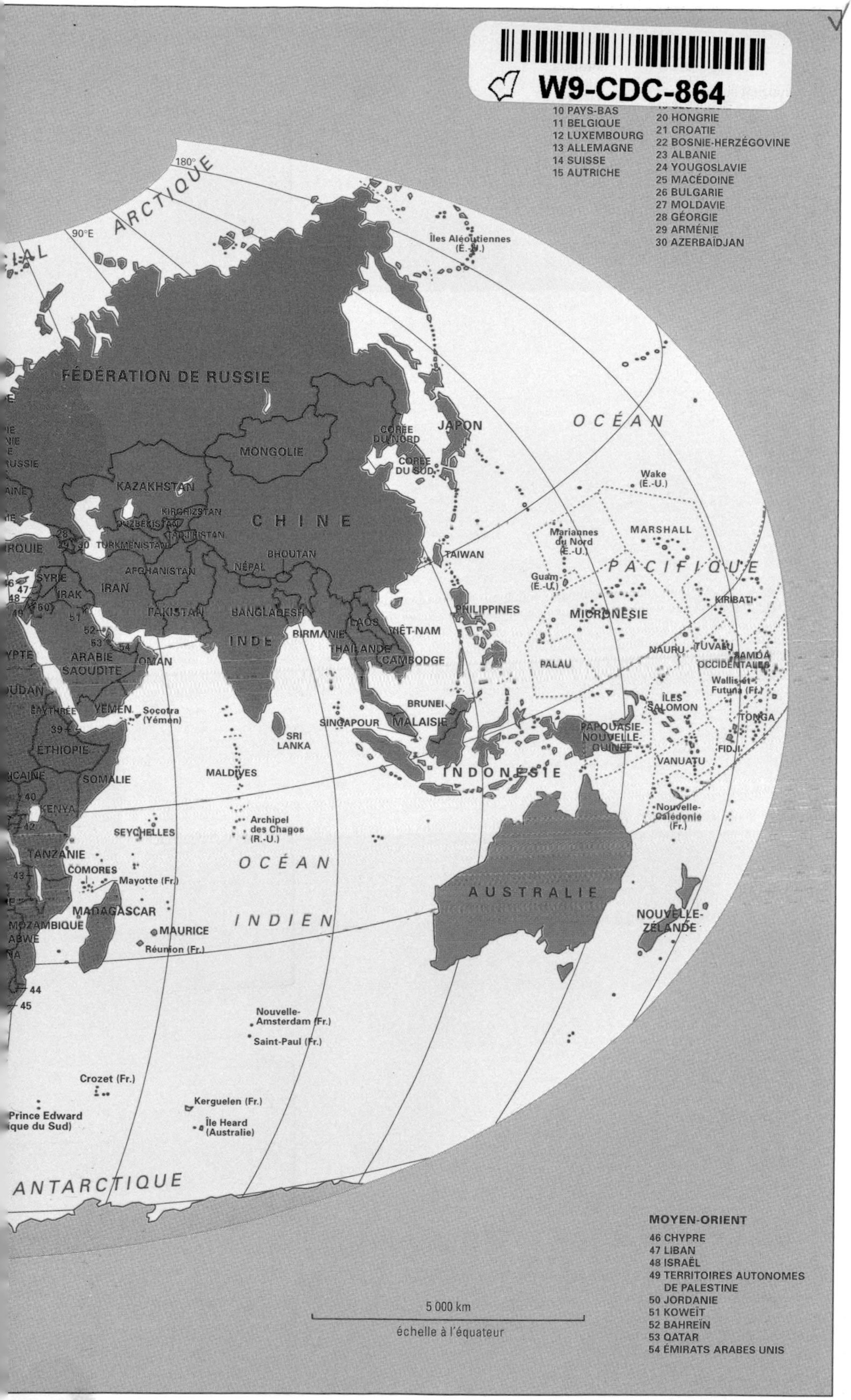

10 PAYS-BAS
11 BELGIQUE
12 LUXEMBOURG
13 ALLEMAGNE
14 SUISSE
15 AUTRICHE

20 HONGRIE
21 CROATIE
22 BOSNIE-HERZÉGOVINE
23 ALBANIE
24 YOUGOSLAVIE
25 MACÉDOINE
26 BULGARIE
27 MOLDAVIE
28 GÉORGIE
29 ARMÉNIE
30 AZERBAÏDJAN

180°
90°E
ARCTIQUE
FÉDÉRATION DE RUSSIE
Îles Aléoutiennes (É.-U.)
MONGOLIE
CORÉE DU NORD
CORÉE DU SUD
JAPON
OCÉAN
KAZAKHSTAN
KIRGHIZSTAN
OUZBÉKISTAN
TADJIKISTAN
TURKMÉNISTAN
CHINE
Wake (É.-U.)
MARSHALL
Mariannes du Nord (É.-U.)
AFGHANISTAN
NÉPAL
BHOUTAN
TAIWAN
PACIFIQUE
SYRIE
IRAK
IRAN
PAKISTAN
BANGLADESH
Guam (É.-U.)
KIRIBATI
PHILIPPINES
MICRONÉSIE
LAOS
VIÊT-NAM
BIRMANIE
INDE
THAÏLANDE
CAMBODGE
ARABIE SAOUDITE
OMAN
NAURU
TUVALU
SAMOA OCCIDENTALES
PALAU
Wallis-et-Futuna (Fr.)
YÉMEN
Socotra (Yémen)
BRUNEI
ÎLES SALOMON
ÉRYTHRÉE
MALAISIE
SINGAPOUR
TONGA
SRI LANKA
PAPOUASIE-NOUVELLE-GUINÉE
ÉTHIOPIE
FIDJI
SOMALIE
MALDIVES
INDONÉSIE
VANUATU
KENYA
Archipel des Chagos (R.-U.)
Nouvelle-Calédonie (Fr.)
SEYCHELLES
TANZANIE
COMORES
OCÉAN
Mayotte (Fr.)
AUSTRALIE
MADAGASCAR
INDIEN
MOZAMBIQUE
MAURICE
NOUVELLE-ZÉLANDE
Réunion (Fr.)
Nouvelle-Amsterdam (Fr.)
Saint-Paul (Fr.)
Crozet (Fr.)
Prince Edward
Kerguelen (Fr.)
Île Heard (Australie)
ANTARCTIQUE

5 000 km
échelle à l'équateur

MOYEN-ORIENT

46 CHYPRE
47 LIBAN
48 ISRAËL
49 TERRITOIRES AUTONOMES DE PALESTINE
50 JORDANIE
51 KOWEÏT
52 BAHREÏN
53 QATAR
54 ÉMIRATS ARABES UNIS

WINGATE
FIDES
SCIENTIA
PIETAS
1896
UNIVERSITY

DICTIONNAIRE UNIVERSEL FRANCOPHONE

NOMS COMMUNS : 116 000 DÉFINITIONS
GRAMMAIRE - CONJUGAISON
NOMS PROPRES : 13 000 ARTICLES
49 DOSSIERS ENCYCLOPÉDIQUES :
LES ÉTATS ET GOUVERNEMENTS
DE LA FRANCOPHONIE

ONT COLLABORÉ À CET OUVRAGE :

Direction : Michel Guillou, Marc Moingeon.

Le *Dictionnaire Universel Francophone* est édité sous la responsabilité de Jacques Demougin.

Rédaction des mots de la langue

Coordination scientifique pour l'AUPELF-UREF : Danièle Latin.

Coordination lexicographique : Véronique Chape-Plazzota.

Rédaction et intégration des bases régionales : Danièle Latin, Véronique Chape-Plazzota.

Constitution et rédaction de la base « Amérique du Nord » : Claude Poirier.

Constitution des bases régionales : Claudine Bavoux *(Madagascar),* Michel Beniamino *(la Réunion),* Jean-Michel Charpentier *(Nouvelle-Calédonie, Vanuatu),* Michel Francard *(Belgique, Luxembourg),* Dominique Gontier *(Polynésie française),* Katia Haddad (*Liban, Proche-Orient*), Pierre Knecht *(Suisse, Val d'Aoste),* Danièle Latin *(harmonisation des nomenclatures africaine et générale),* Bruno Maurer *(Djibouti),* Claire Moyse-Faurie *(Wallis-et-Futuna),* Ambroise Queffélec *(Algérie, Mauritanie, Maroc, Tunisie),* Solo Raharinjanahari *(Madagascar),* Didier de Robillard *(île Maurice),* Sylviane Telchid *(Guadeloupe, Martinique, Guyane),* Toan Vuong *(Viêt-nam),* André Vilaire Chéry *(Haïti),*

Rédacteurs spécialisés et collaborateurs : Jean-René Bourrel *(didactique),* Geneviève Calame-Griaule *(littérature orale),* André Clas *(linguistique),* Tahirou Diaw *(géographie),* Michel Ferlus *(Asie du Sud-Est),* Roger Roy *(zoologie),* Henry Tourneux *(botanique, Antilles françaises),* Albert Valdman *(français hors de France).*

Experts consultants : José-Marie Afoutou, Luc Bouquiaux, Maurice Coyaud, Corinne Doucet, Françoise Grenand, Patrick Griolet, Louise Groznikh-Peltzer, Marie-Christine Hazaël-Massieux, Samir Marzouki, Gillette Staudacher-Valliamée, Henry Tourneux, Martine Vidal, Thierry Viellard.

Rédaction des noms propres et de l'atlas encyclopédique

Rédaction : Hubert Lucot.

Rédaction et coordination : Marina Zolotoukhine.

Principaux collaborateurs et consultants : Luc Bouquiaux, Sophie Le Callenec, Philippe Touzard ; Noël Gueunier, Jean-Marie Klinkenberg, Laurent Mailhot, Phan Huy Duong, Françoise Rombi, Frank Wilhelm.

Correcteurs-réviseurs : Élisabeth Bonvarlet, Mustapha Ourrad.

Édition :

Composition : Christine Clerc *(Onotaxis),* Patricia Gautier.

Recherches iconographiques : Claire Balladur, Brigitte Hamond, Chantal Hanoteau.

Couverture : Alain Dufourcq.

Cartographie : Pascal Thomas, Philippe Decaux.

Conception graphique et maquette : Philippe Latombe.

Informatique éditoriale : Lionel Barth, Pierre Viruega, Philippe Alcouffe.

Fabrication : Jean-Paul Girard, Nathalie Boyer, Xavier Marchandiau.

Coordination administrative pour l'AUPELF-UREF : Benoît Bardet.

Éditeur et coordination générale : Hubert Lucot.

Le *Dictionnaire Universel Francophone* a été réalisé à partir : • des bases lexicographique, encyclopédique et cartographique du *Dictionnaire Hachette* et du *Dictionnaire Universel Afrique* • des bases linguistiques de l'AUPELF-UREF dans le cadre des travaux du réseau *Étude du français en Francophonie* et pour l'adaptation africaine du *Dictionnaire Universel Afrique.*

ISBN 2-84-129345-9

AVANT-PROPOS

C'est au Sommet de Cotonou, en décembre 1995, que fut rendue publique la naissance du *Dictionnaire Universel Afrique*, issu des efforts combinés de l'AUPELF-UREF (Agence francophone pour l'enseignement supérieur et la recherche) et des Éditions Hachette.

Rassemblant à la fois les mots de la langue, les noms propres et les monographies encyclopédiques, la formule du « Tout en Un » a remporté d'emblée un succès considérable dans les pays d'Afrique et de l'océan Indien pour lesquels ce dictionnaire avait été conçu.

Fortes de ce succès, les Éditions Hachette et l'AUPELF-UREF décidaient, dès la fin de l'année 1995, de reconduire l'expérience et de l'étendre à l'ensemble de la Francophonie.

Les équipes des deux partenaires qui avaient mené à bien les travaux du *Dictionnaire Universel Afrique* se remirent au travail et elles ont réalisé le *Dictionnaire Universel Francophone*.

La méthode qui a prévalu pour l'élaboration du *Dictionnaire Universel Afrique* a été reprise et le *Dictionnaire Universel Francophone* présente, pour la première fois d'une manière aussi complète, le panorama des enrichissements dont s'est dotée la langue française au fur et à mesure que son usage se répandait dans le monde.

Voici enfin un ouvrage qui propose les équivalences synonymiques que les mots du français offrent à l'usager à travers l'univers francophone. Voici enfin présentés sur un pied d'égalité avec le français dit « standard » les mots et les expressions du français tel qu'on le parle sur les cinq continents. Voici les termes de la flore et de la faune qui apportent vie et couleur à cet ouvrage. Les enrichissements portent aussi sur les noms propres : on trouvera dans le *Dictionnaire Universel Francophone*, non seulement les personnages ou les lieux que l'on rencontre dans tous les dictionnaires, mais aussi ceux qui font la fierté des peuples francophones qui regrettaient jusqu'alors qu'on les ignore dans les dictionnaires habituellement en usage. Enfin, chaque État ou entité politique de la Francophonie se voit consacrer une monographie qui présente ses traits fondamentaux, géographiques, politiques, économiques, historiques et culturels.

Ce dictionnaire s'adresse à tous ceux qui, à travers le monde, veulent voir dans la Francophonie une réalité que l'on désire qualifier de charnelle.

Pour que sa diffusion soit la plus large possible, l'AUPELF-UREF et l'éditeur ont consenti un impressionnant effort financier, de façon que les couches sociales les moins favorisées puissent acquérir cet ouvrage indispensable.

Nos remerciements vont à l'équipe nombreuse des chercheurs et des enseignants de l'AUPELF-UREF, à celle des Dictionnaires Hachette, à tous ceux qui dans l'enthousiasme et au prix d'un effort considérable ont permis au *Dictionnaire Universel Francophone* d'être présenté au VIIe Sommet des chefs d'État et de gouvernement réunis à Hanoi en novembre 1997.

Marc Moingeon
Délégué Général à la Francophonie
et à l'Export
Hachette Livre

Professeur Michel Guillou
Directeur Général,
Recteur de l'AUPELF-UREF,
Agence francophone pour
l'enseignement supérieur
et la recherche

DICTIONNAIRE : MODE D'EMPLOI

Ordre des mots

• Mots de la langue et noms propres apparaissent ensemble dans l'ordre alphabétique afin de faciliter la consultation et d'éclairer le sens ou la formation d'un mot, comme dans le cas de *macadam* et *MacAdam*, de *Machiavel* et *machiavélique*, de *wallon* et *Wallonie*, de *ampère* et *Ampère*, etc.
• Les mots commençant par « sainte » sont présentés, dans l'ordre alphabétique, après le dernier mot commençant par « saint ».
• Les personnages historiques portant le même prénom sont classés dans l'ordre suivant : les saints, les papes, les souverains de l'Antiquité, les empereurs du Saint Empire romain germanique, les souverains (selon l'ordre alphabétique des pays).
• Les personnages portant le même nom sont classés dans l'ordre chronologique de leur date de naissance.
• Les personnages portant le même nom et appartenant à la même famille sont généralement présentés dans un même article.
• Lorsqu'un personnage et un lieu portent le même nom, le nom de lieu précède le nom de personne.
• En cas d'homonymie entre un mot de la langue et un nom propre, le mot de la langue précède le nom propre. Ainsi, le mot *suisse* précède le nom de pays *Suisse*.

Contenu des articles

Structure des articles consacrés aux mots de la langue:
• Pour chaque mot de la langue, l'article du dictionnaire indique, en plus de sa définition : sa transcription phonétique (V. *l'alphabet phonétique international* p. XII), sa catégorie grammaticale (avec, pour les verbes, le numéro du tableau de conjugaison correspondant), sa zone d'usage au sein de la Francophonie (dans le cas d'un régionalisme), sa marque d'usage ou de spécialité, ses synonymes et antonymes éventuels.
• Lorsque le mot admet une variante orthographique ou un pluriel irrégulier, ceux-ci constituent une entrée placée à l'ordre alphabétique et qui renvoie à ce mot.
• Lorsque la catégorie grammaticale est entre parenthèses, cela signifie que l'usage de cette catégorie est rare.
• Un tiret entre parenthèses au sein d'un mot indique qu'il peut s'écrire en deux mots ou en un seul.
• De nombreux exemples illustrent et précisent l'emploi des mots après la définition, notamment dans le cas des régionalismes.
• Des développements encyclopédiques (plusieurs centaines), précédés de la marque ENCYCL, donnent des compléments d'information à la pointe de l'actualité dans de nombreux domaines : philosophie, linguistique, histoire, art, mathématiques, physique, chimie, biologie, médecine, technique, etc.

Présentation des sens

• Les différents sens d'un mot sont classés selon la fréquence de leur usage : du plus usité au moins fréquent ; le sens régional, d'un usage obligatoirement plus restreint, est donc placé après le sens universel (sauf dans le cas d'une dérivation sémantique évidente).
• Ce classement s'ordonne en divisions de sens à l'importance décroissante : d'abord les lettres majuscules en caractères gras (**A**, **B**, **C**, ...) qui marquent la division de sens la plus importante, puis les chiffres romains (**I**, **II**, **III**, ...), les chiffres arabes (**1**, **2**, **3**, ...), enfin les triangles éclairés (▷) et les tirets (—) qui indiquent une nuance de sens très fine.
• Les sens propres aux zones francophones s'insèrent dans ce classement, indiqués comme tels par une marque géographique placée immédiatement après la marque de division de sens. Mise en facteur, la marque géographique s'applique à tous les sens suivants, s'ils portent une division de sens plus faible. Par exemple, à l'article **sucre**, nous avons :

> **II. 1.** *Sucre d'orge* : sucre parfumé roulé en bâton. Syn. (Guyane) pilibo.
> **2.** (Québec) *Sucre (d'érable)* : sucre doré obtenu par évaporation de la sève de l'érable. ▷ *Sucre à la crème* : confiserie fondante traditionnelle à base de sucre et de crème, que l'on sert découpée en carrés. **III.** (Québec) etc.

Dans cet exemple, le sens **II-1** ne porte pas de marque géographique : il est supposé connu et usité de tous les locuteurs francophones, relevant donc d'un français dit de référence. La marque géographique mentionnée au sens **II-2** s'applique à tous les sens compris dans cette division, c'est-à-dire également au sens précédé d'un triangle. La marque géographique placée après la division de sens **III** s'applique à tous les sens qui suivent jusqu'à une nouvelle division de sens numérotée **IV** (voir *marques géographiques*, p. XI).

• Les indications de vocabulaire de spécialités (INFORM, MUS, ...) et les marques d'usage (litt., péjor., ...) sont également notées pour chaque sens lorsque cela est nécessaire (voir *indications de vocabulaire de spécialités*, p. X et *marques d'usage*, p. XI).

• Une des grandes originalités de ce dictionnaire réside dans le traitement de la synonymie : il permet au lecteur d'enrichir son vocabulaire de mots francophones qui, traités à l'égal du vocabulaire dit de référence, sont de ce fait légitimés. Ainsi, un régionalisme équivalant à un mot du français dit de référence sera défini comme synonyme de ce mot, lequel centralisera tous les usages régionaux. Par exemple :

> **chassepot** [ʃaspo] n. m. (Antilles fr.) Syn. de *lance-pierres*.
> **tire-boulettes** [tiʀbulɛt] n. m. inv. (Maghreb) En Algérie, en Tunisie, syn. de *lance-pierres*.
> **lance-pierres** [lɑ̃spjɛʀ] n. m. inv. Fronde d'enfant, jouet muni de deux élastiques pour lancer des pierres. Syn. (Antilles fr.) chassepot, (Maghreb) tire-boulettes.

Si des mots ou usages régionaux ne peuvent renvoyer à un mot du français dit de référence, un simple renvoi les met en relation. Par exemple :

> **gaguère** [gagɛʀ] n. f. (Haïti) **1.** Arène où sont organisés des combats de coqs. (V. gallodrome.) **2.** Organisation de combats de coqs.
> **gallodrome** [galɔdʀom] n. m. (Mart.) Arène où sont organisés des combats de coqs. (V. gaguère.)

Il en est de même pour les locutions.

Dossiers sur les États et les gouvernements appartenant à la Francophonie
(p. 1380 à p. 1520)

• Ces dossiers, classés par ordre alphabétique de Belgique à Viêt-nam, sont extrêmement étoffés, mais l'indication des rubriques (GÉOGRAPHIE PHYSIQUE, GÉOGRAPHIE HUMAINE, INSTITUTIONS, etc.) et des sous-rubriques (par exemple dans CULTURE : **Art, Littérature, Cinéma, Musique**) permet de trouver rapidement une information précise.

• En outre, chacun de ces dossiers est étroitement lié à la partie dictionnaire, lequel consacre une entrée à la plupart des noms cités dans ces dossiers. L'astérisque qui affecte certains d'entre eux invite tout particulièrement le lecteur à se reporter à cette entrée. Ainsi, dans la sous-rubrique **Littérature** figurant pour la plupart des États, les écrivains importants, marqués d'un astérisque, ne font pas l'objet d'un long développement, car le lecteur trouvera dans le dictionnaire toutes les informations qu'il souhaite.

Planches et tableaux

• Certaines informations étant regroupées en planches et tableaux, des renvois permettent de s'y référer à partir des mots concernés (ex. : l'article **lanthane** comporte la mention ▶ tabl. **éléments**, lequel est placé à proximité de l'article **élément**).

DICTIONNAIRE : MODE D'EMPLOI

catégorie grammaticale

mot d'entrée

nuance de sens

crayon [kʀɛjɔ̃] n. m. **1.** Morceau de minerai coloré, et partic. morceau de graphite, propre à écrire ou à dessiner. **2.** *Crayon,* (Québec) *crayon de plomb,* (France rég.) *crayon à papier* ou (France rég., Madag.) *crayon de bois* : petite baguette de bois, garnie intérieurement d'une mine de crayon (sens 1), servant à écrire ou à dessiner. *Écrire au crayon.* Syn. (Afr. subsah.) mine. ▷ Par ext. *Crayon à bille* : stylo à bille. ▷ (Québec) *Crayon à mine* : portemine. ▷ (Madag.) *Crayon d'ardoise* : craie. **3.** Dessin au crayon. *Une collection de crayons d'Ingres.* **4.** Manière de dessiner. *Avoir le crayon facile.*

variantes régionales

exemple

marque géographique

phonétique

numéro renvoyant au tableau des conjugaisons

gagner [gaɲe]v. **[1]** **A.** v. tr. **I.** *Gagner qqch.* **1.** Acquérir par son travail ou ses activités (un bien

principales divisions de sens

vocabulaire de spécialité

bipenne [bipɛn] ou **bipenné, ée** [bipene] adj. **1.** ZOOL Qui a deux ailes. **2.** BOT Se dit d'une feuille composée pennée dont les folioles sont divisées.

variante orthographique et phonétique

intra-oculaire ou **intraoculaire** [ɛ̃tʀaɔkylɛʀ] adj. Didac. Qui est à l'intérieur de l'œil.

marque d'usage

infographie [ɛ̃fogʀafi] n. f. (Nom déposé.) INFORM Informatique appliquée aux graphiques et à l'image.

information sur le

indices d'entrée distinguant des homographes

1. hilaire ['ilɛʀ] adj. BOT, ANAT Relatif au hile.

2. hilaire ['ilɛʀ] n. f. (Afr. subsah.) AGRIC. En Afrique occid., houe à long manche et au fer en forme de croissant. *L'hilaire sert à débrousser, bêcher et sarcler.*

marque géographique

développement encyclopédique

thème du développement

vaccination [vaksinasjɔ̃] n. f. Action de vacciner.

ENCYCL Méd. – La première vaccination a été pratiquée par Jenner (1796), pour protéger de la

Haïti (république d'), État d'Amérique centrale, dans l'île d'Haïti (partie O.)
▶ V. carte et dossier, p. 1455.

renvoi à la carte et au dossier de l'atlas où les pays francophones sont traités

Birmanie (*Union de Myanma* ou *Myanmar* dep. 1989), le plus occidental des États de l'Asie du S.-E., entre l'Inde et le Bangladesh à l'O., et la Chine au N., le Laos et la Thaïlande à l'E. ; 678 033 km² ; 40 800 000 hab. (croissance 2% par an) ; cap. *Rangoon* (*Yangoun* dep. 1989). Nature de l'État : structure fédérale, parti unique. Langue off. : birman. Monnaie : kyat. Pop. : Birmans (75%), minorités ethniques. Religions : bouddhisme (85%), christianisme (10%) et islam (4%).

nom dans la langue du pays

élément mis en évidence (ici la capitale du pays)

Géogr. phys. et hum. – Le cœur du pays est la dépression centrale, densément peuplée (Birmans)

pour les États non francophones, titre d'un exposé

nom et prénom

Charlebois (Robert) (né en 1944), chanteur et auteur-compositeur québécois. Maniant le joual avec humour, il s'est imposé sur la scène internationale dès la fin des années 60 : *Je reviendrai à Montréal, Lindberg, J'veux d'l'amour.*

date de naissance

principales œuvres

dates de règne

Charles III le Gros (839 - 888), empereur d'Occident (881-887), roi de Germanie (882-887), roi de la *Francia occidentalis* (884-887), fils de Louis le Germanique ; déposé par une diète. — **Charles IV de Luxembourg** (1316-1378), roi de Bohême (Charles Ier, 1347-1378) ; empereur.

dates de naissance et de mort

regroupement des souverains portant le même nom

ABRÉVIATIONS

abb. **abbaye**
abbat. **abbatial(e)**
abrév. **abréviation**
absol. **absolument**
abusiv. **abusivement**
acad. **académie**
Acad. fr. **Académie française**
Acad. des sc. **Académie des sciences**
accus. **accusatif, ive**
acoust. **acoustique**
adj. **adjectif, ive, adjectival, adjectivement**
adject. **adjectivement**
admin. **administration, administratif, administrativement**
adv. **adverbe, adverbial(e), adverbialement**
aéron. **aéronautique**
affl. **affluent**
a. fr. **ancien français**
afr. **africain(e)**
Afr. subsah. **Afrique subsaharienne**
aggl. **agglomération**
aggl. urb. **agglomération urbaine**
agric. **agriculture, agricole**
agroalim. **agro-alimentaire**
alch. **alchimie**
alg. **algèbre**
alim. **alimentaire, alimentation**
all. **allemand(e)**
allus. **allusion**
Alpes-Hte-Prov. **Alpes- de-Haute-Provence**
Alpes-Mar. **Alpes-Maritimes**
alphab. **alphabétique, alphabétiquement**
alt. **altitude**
altér. **altération**
amér. **américain(e)**
anal. **analogie, analogue**
anat. **anatomie, anatomique**
anc. **ancien, ienne, anciennement**
angl. **anglais(e)**
anthrop. **anthropologie, anthropologique**
Antilles fr. **Antilles françaises**
antiphr. **antiphrase**
Antiq. **Antiquité**
antiq. égyp. **antiquité égyptienne**
antiq. gr. **antiquité grecque**
antiq. rom. **antiquité romaine**
apic. **apiculture**
appos. **apposition**
apr. **après**
apr. J.-C. **après Jésus-Christ**
ar. **arabe**
arbor. **arboriculture**
arch. **archaïque**
archéol. **archéologie, archéologique**
archi. **architecture**
arg. **argot, argotique**
arith. **arithmétique**
armur. **armurerie**
arpent. **arpentage**
arr. **arrondissement**
art culin. **art culinaire**
artill. **artillerie**
Arts déc. **Arts décoratifs**
asiat. **asiatique**
Atlant. **Atlantique**
atom. **atomique**
attract. **attraction, attractif, ive**
auj. **aujourd'hui**
auto. **automobile**
auton. **autonome**
autref. **autrefois**
autrich. **autrichien, ienne**
auxil. **auxiliaire**
av. **avant**
avic. **aviculture**
av. J.-C. **avant Jésus-Christ**
avr. **avril**
bactér. **bactériologie**
baln. **balnéaire**
baron. **baronnie**
B.-du-Rh. **Bouches-du-Rhône**
bibl. **bibliographie, bibliographique**
bijout. **bijouterie**
biochim. **biochimie**
biogr. **biographie, biographique**
biol. **biologie, biologique**
bioméd. **biomédical(e)**
blas. **blason**
bot. **botanique**
bouch. **boucherie**
brit. **britannique**
Bx-A. **Beaux-Arts**
c.-à-d. **c'est-à-dire**
cal. **calorie**
calligr. **calligraphie**
cant. **canton**
cap. **capitale**
card. **cardinal(e)**
carr. **carrière**
carross. **carrosserie**
cath. **cathédrale**
cathol. **catholique**
celt. **celtique**
centr. **central(e)**
céram. **céramique**
cert. **certain(e), certainement**
cf. **confer, se reporter à**
chancel. **chancelier, chancellerie**
chap. **chapelle**
Char.-Mar. **Charente-Maritime**
chât. **château**
ch. de f. **chemin de fer**
chim. **chimie, chimique**
chin. **chinois(e)**
chir. **chirurgie, chirurgical(e)**
ch.-l. **chef-lieu**
ch.-l. de cant. **chef-lieu de canton**
chorégr. **chorégraphie, chorégraphique**
chrét. **chrétien, ienne**
chron. **chronologie, chronologique**
Cie **compagnie**
ciné **cinéma**
circonsc. **circonscription**
class. **classique**
clim. **climatique**
climat. **climatologie**
coeff. **coefficient**
col. **colonne**
coll. **collection**
collab. **collaboration, collaborateur, trice**
collect. **collectif, ive**
collectiv. **collectivement**
com. **commune, communal(e)**
comm. ...... **commerce, commercial(e)**
comp. **comparaison**
comp(l). **complément, complétif, ive**
compta. **comptabilité**
confl. **confluent, confluence**
conj. **conjonction, conjonctif, ive**
conjug. **conjugaison**
const. **constant(e)**
constit. **constitutionnel(le), constitutionnellement**
constr. **construction**
contemp. **contemporain(e)**
contract. **contraction**
conurb. **conurbation**
coord. **coordination**
cordon. **cordonnerie**
corr. **correct(e)**
corrél. **corrélatif, ive**
corrupt. **corruption**
cosmol. **cosmologie, cosmologique**
cost. **costume**
Côtes-du-N. **Côtes-du-Nord**
cour. **courant(e), couramment**
cout. **couture**
crois. **croisement**
cryptogr. **cryptographie**
ctr. **contraire**
cuis. **cuisine**
cult. **culture, culturel(le)**
d.d.p. **différence de potentiel**
déb. **début**
déc. **décembre**
déf. **défini(e)**
défect. **défectif, ive**
déform. **déformation**
dém. **démonstratif, ive, démocratie, démocratique**
dénigr. **dénigrement**
dep. **depuis**
dép. **département**
dér. **dérivé(e)**
dét. **déterminatif, ive**
dial. **dialecte, dialectal(e)**
didact. **didactique**
dimin. **diminutif, ive**
diplom. **diplomatie, diplomatique**
dir. **direct(e)**
distill. **distillerie**
distr. **district**
div. **divers(e), diversité**
dj. **donjon**
dout. **douteux, euse**
dr. **droit(e), droit, docteur**
dr. admin. **droit administratif**
dr. anc. **droit ancien**
dr. civ. **droit civil**
dr. coutum. **droit coutumier**
dr. ecclés. **droit ecclésiastique**
dr. féodal **droit féodal**
dr. forest. **droit forestier**
dr. marit. **droit maritime**
dr. romain **droit romain**
dyn. **dynastie**
E. **est**
ébénist. **ébénisterie**
éc. **école**
ecclés. **ecclésiastique**
écol. **écologie**
écon. **économie, économique**
écon. dom. **économie domestique**
éd. **édition, éditeur**
égl. **église**
égypt. **égyptien, ienne**
élect. **élection**
électr. **électricité, électrique**
électroacoust. **électroacoustique**
électrochim. **électrochimie, électrochimique**
électroméca(n). **électromécanique**
électrométall. **électrométallurgie**
électron. **électronique**
ellipt. **elliptique, elliptiquement**
embryol. **embryologie**
empl. **emploi, employé(e)**
empr. **emprunt**
encycl. **encyclopédie, encyclopédique**
enseig. **enseignement**
env. **environ**
environn. **environnement**
épigr. **épigraphie**
équat. **équatorial(e)**
équit. **équitation**
erpét. **erpétologie**
escr. **escrime**
esp. **espagnol(e), espace**
estim. **estimation**

etc. ... **et cætera**
ethn. ... **ethnographie, ethnologie**
étym. ... **étymologie, étymologique**
étymol. ... **étymologiquement**
É.-U. ... **États-Unis**
euph. ... **euphémisme, euphémique**
Eure-et-L. ... **Eure-et-Loir**
ex. ... **exemple**
exag. ... **exagération**
exclam. ... **exclamation, exclamatif, ive**
export. ... **exportation**
expr. ... **expressif, ive, expression**
ext. ... **extérieur(e)**
ext., extens. ... **extensif, ive, extension**
f. ... **féminin**
F (sans point) ... **franc français**
fabr. ... **fabrique, fabrication**
fac. ... **facultatif, ive**
fam. ... **famille, familier, ière**
fauc. ... **fauconnerie**
fbg ... **faubourg**
féd. ... **fédération, fédéral(e), fédératif, ive**
fém. ... **féminin(e)**
f.é.m. ... **force électromotrice**
féod. ... **féodalité, féodal(e)**
ferrug. ... **ferrugineux, euse**
fév. ... **février**
fig. ... **figure, figuratif, ive, figuré(e)**
filat. ... **filature**
fin. ... **finances, financier, ière**
finn. ... **finnois(e)**
fisc. ... **fiscalité, fiscal(e)**
fl. ... **fleuve**
flam. ... **flamand(e)**
flamb. ... **flamboyant(e)**
fluv. ... **fluvial(e)**
forest. ... **forestier, ière**
fortif. ... **fortification, fortifié(e)**
fr., franç. ... **français(e)**
France rég. ... **France régionale**
fréquent. ... **fréquentatif, ive**
frq. ... **francique**
funér. ... **funéraire**
fut. ... **futur**
g. ... **gauche**
gal ... **général**
gaul. ... **gaulois(e)**
G.-B. ... **Grande-Bretagne**
gd, gde ... **grand, grande**
généal. ... **généalogie, généalogique**
génét. ... **génétique**
géod. ... **géodésie, géodésique**
géogr. ... **géographie, géographique**
géol. ... **géologie, géologique**
géom. ... **géométrie, géométrique**
géomorphol. ... **géomorphologie**
géoph. ... **géophysique**
germ. ... **germanique**
gest. ... **gestion**
gl. ... **général**
goth. ... **gothique**
gouv. ... **gouvernement, gouvernemental(e), gouvernorat**
gr. ... **grec, grecque**
gram. ... **grammaire, grammatical(e)**
grav. ... **gravure**
Guad. ... **Guadeloupe**
gymn. ... **gymnastique**
gynécol. ... **gynécologie, gynécologique**
h (sans point) ... **heure**
ha (sans point) ... **hectare**
hab. ... **habitant**
hébr. ... **hébreu**
héral. ... **héraldique**
hist. ... **histoire, historique**
histol. ... **histologie**
holl. ... **hollandais(e)**
hom. ... **homonyme, homonymie**
horl. ... **horlogerie**
hortic. ... **horticulture**
ht, hts ... **haut, hauts**
hte, htes ... **haute, hautes**
Ht-Rhin ... **Haut-Rhin**
Hte-Gar. ... **Haute-Garonne**
Hte-L. ... **Haute-Loire**
Hte-Marne ... **Haute-Marne**
Hte-Sa. ... **Haute-Saône**
Hte-Sav. ... **Haute-Savoie**
Hte-Vienne ... **Haute-Vienne**
Htes-Pyr. ... **Hautes-Pyrénées**
Hts-de-Seine ... **Hauts-de-Seine**
hum. ... **humain(e)**
hydraul. ... **hydraulique**
hydroél. ... **hydroélectricité, hydroélectrique**
hydrogr. ... **hydrographie, hydrographique**
hyg. ... **hygiène**
hyper. ... **hyperbole**
ibid. ... **ibidem**
ichtyol. ... **ichtyologie**
iconogr. ... **iconographie, iconographique**
id. ... **idem**
Ille-et-Vil. ... **Ille-et-Vilaine**
imp. ... **impérial(e)**
imparf. ... **imparfait**
impér. ... **impératif, ive**
impers. ... **impersonnel(le)**
import. ... **important(e), importance, importation**
impr. ... **impropre, improprement**
imprim. ... **imprimerie**
incert. ... **incertain(e)**
incon. ... **inconnu(e)**
incorr. ... **incorrection, incorrect(e)**
ind. ... **indirect(e)**
indéf. ... **indéfini(e)**
indép. ... **indépendant(e), indépendance**
indic. ... **indicatif**
indir. ... **indirect(e)**
industr. ... **industrie, industriel(le), industrialisation**
inf. ... **infinitif, ive**
infér. ... **inférieur(e)**
infl. ... **influence, inflexion**
inform. ... **informatique**
inj., injur. ... **injurieux, ieuse**
instr. ... **instrument, instrumental(e)**
int. ... **interne, intérieur(e)**
intel. ... **intellectuel(le)**
interj. ... **interjection, interjectif, ive**
intern. ... **international(e)**
interrog. ... **interrogation, interrogatif, ive**
intr. ... **intransitif, ive**
inus. ... **inusité(e)**
inv. ... **invariable**
iron. ... **ironie, ironique, ironiquement**
irr. ... **irrégulier, ière**
ital. ... **italien, ienne**
janv. ... **janvier**
jap. ... **japonais(e)**
jard. ... **jardinage**
J.-C. ... **Jésus-Christ**
joaill. ... **joaillerie**
juil. ... **juillet**
jurid. ... **juridique**
jurispr. ... **jurisprudence**
l. ... **lettre**
l (sans point) ... **litre**
lat. ... **latin(e)**
latit. ... **latitude**
L.-Atl. ... **Loire-Atlantique**
législ. ... **législation, législatif, ive**
libr. ... **librairie**
ling. ... **linguistique**
litt. ... **littéraire**
littér. ... **littérature**
littéral. ... **littéralement**
liturg. ... **liturgie, liturgique**
loc. ... **locution**
local. ... **localité**
log. ... **logique, logarithme**
Loir-et-Ch. ... **Loir-et-Cher**
long. ... **longueur**
longit. ... **longitude**
Lot-et-Gar. ... **Lot-et-Garonne**
m. ... **masculin, mot, même, mort**
m (sans point) ... **mètre**
M (sans point) ... **million**
mach. ... **machine**
Madag. ... **Madagascar**
magnét. ... **magnétisme, magnétique**
Maine-et-L. ... **Maine-et-Loire**
manuf. ... **manufacture, manufacturé(e)**
mar. ... **marine**
marit. ... **maritime**
Mart. ... **Martinique**
masc. ... **masculin**
mat. ... **matériel, matériau**
math. ... **mathématiques**
mauv. part. ... **mauvaise part (en)**
max. ... **maximum**
méca(n) ... **mécanique**
méd. ... **médecine, médical(e)**
médiév. ... **médiéval(e)**
Médit. ... **Méditerranée**
médit. ... **méditerranéen, éenne**
méd. lég. ... **médecin légiste**
méd. vét. ... **médecin vétérinaire**
mégalit. ... **mégalithique**
mention. ... **mentionné(e)**
mérid. ... **méridional(e)**
mét. ... **métier**
métall. ... **métallurgie, métallurgique, métallique**
métaph. ... **métaphore, métaphorique**
météo. ... **météorologie, météorologique**
méton. ... **métonymie**
métr. ... **métrique**
métrol. ... **métrologie**
métropol. ... **métropolitain(e)**
Meurthe-et-M. ... **Meurthe-et-Moselle**
Mgr ... **Monseigneur**
microb. ... **microbiologie**
mil. ... **milieu**
milit. ... **militaire**
mill. ... **millénaire**
minér. ... **minéral(e), minéralogique**
mobil. ... **mobilier**
mod. ... **moderne**
mon. ... **monument**
monn. ... **monnaie**
morphol. ... **morphologie, morphologique**
moy. ... **moyen, yenne**
mus. ... **musique**
music. ... **musical(e)**
musulm. ... **musulman(e)**
myth. ... **mythologie, mythologique**
N. ... **nord**
n. ... **nom**
nat. ... **national(e), nationalité**
navig ... **navigation**
N. B. ... **nota bene**
N.-D. ... **Notre-Dame**
N.-E. ... **nord-est**
néerl. ... **néerlandais(e)**
nég. ... **négatif, ive, négation, négativement**
néol. ... **néologisme**
n. f. ... **nom féminin**
n. f. pl. ... **nom féminin pluriel**
n. m. ... **nom masculin**
n. m. pl. ... **nom masculin pluriel**
N.-O. ... **nord-ouest**
nombr. ... **nombreux, euse**
nomi. ... **nominal(e)**
norm. ... **normand(e)**
norv. ... **norvégien, ienne**
notam. ... **notamment**
nouv. ... **nouveau, nouvelle**
Nouv.-Cal. ... **Nouvelle-Calédonie**
Nouv.-Zél. ... **Nouvelle-Zélande**
nov. ... **novembre**
n. pr. ... **nom propre**
nucl. ... **nucléaire**
num. ... **numéral, numismatique**
O. ... **ouest**
obs. ... **observation**
obstétr. ... **obstétrique**
occid. ... **occidental(e)**
occult. ... **occultisme**

océanogr. .... **océanographie, océanographique**
oc. Indien .... **océan Indien**
oct. .... **octobre**
œnol. .... **œnologie**
off. .... **officiel(le), officiellement**
onomat. .... **onomatopée**
oppos. .... **opposition**
opt. .... **optique**
ord. .... **ordinal(e)**
ordin. .... **ordinaire**
orfèvr. .... **orfèvrerie**
orient. .... **oriental(e)**
orig. .... **origine**
ornith. .... **ornithologie**
orthogr. .... **orthographe, orthographique**
orthop. .... **orthopédie, orthopédique**
ouv. .... **ouvrage**
P. Nobel .... **prix Nobel**
paléogr. .... **paléographie**
paléont. .... **paléontologie**
papet. .... **papeterie**
paron. .... **paronyme**
part. .... **participe**
partic. .... **particule, particulier, ière, particulièrement**
Pas-de-Cal. .... **Pas-de-Calais**
pass. .... **passif, ive**
pathol. .... **pathologie, pathologique**
pâtiss. .... **pâtisserie**
pdt .... **président**
p.-ê. .... **peut-être**
pédag. .... **pédagogie, pédagogique**
pédol. .... **pédologie**
peint. .... **peinture**
péj., péjor. .... **péjoratif, ive**
pers. .... **personne, personnel(le)**
P. et Ch. .... **Ponts et Chaussées**
pétrochim. .... **pétrochimie, pétrochimique**
pétrog. .... **pétrographie**
pharm. .... **pharmacie, pharmaceutique**
philo. .... **philosophie, philosophique**
philol. .... **philologie**
phon. .... **phonétique, phonétiquement**
photo. .... **photographie, photographique**
phys. .... **physique**
physiol. .... **physiologie, physiologique**
phys. nucl. .... **physique nucléaire**
pisc. .... **pisciculture**
pl. .... **pluriel, planche**
plaisant. .... **plaisanterie**
plur. .... **pluriel**
plus. .... **plusieurs**
poét. .... **poétique**
polit. .... **politique**
Polynésie fr. .... **Polynésie française**
pop. .... **populaire, population**
portug. .... **portugais(e)**
poss. .... **possessif, ive**
possess. .... **possession**
post. .... **postérieur(e)**
posth. .... **posthume**
pp. .... **participe passé**
ppr. .... **participe présent**
prat. .... **pratique**
préc., précéd. .... **précédent(e), précédemment**
préf. .... **préfecture, préfixe**
préhist. .... **préhistoire, préhistorique**
prem. .... **premier, ière, premièrement**
prép. .... **prépositif, ive, préposition**
prés. .... **présent, président, présidence**
princ. .... **principal(e), principalement**
priv. .... **privatif**
probabl. .... **probable, probablement**
procéd. .... **procédure**
prod. .... **produit, production**
pron. .... **pronom, pronominal(e)**
prononc. .... **prononciation, prononcer**
propos. .... **proposition**
propr. .... **propre, proprement**
prosod. .... **prosodie**
protohist. .... **protohistoire, protohistorique**
prov. .... **proverbe, proverbial(e), province, provenance**
provenç. .... **provençal(e)**
psychan. .... **psychanalyse, psychanalyste**
psychiat. .... **psychiatrie, psychiatrique, psychiatre**
psycho. .... **psychologie, psychologique, psychologue**
Puy-de-D. .... **Puy-de-Dôme**
Pyr. .... **Pyrénées**
Pyr.-Atl. .... **Pyrénées-Atlantiques**
Pyr.-Orient. .... **Pyrénées-Orientales**
pyrot. .... **pyrotechnie, pyrotechnique**
qqch .... **quelque chose**
qqn .... **quelqu'un**
rac. .... **racine**
rad. .... **radical**
radiodif. .... **radiodiffusion**
radioélectr. .... **radioélectrique, radioélectricité**
radioph. .... **radiophonie, radiophonique**
radiotél. .... **radiotélévision**
raff. .... **raffinerie, raffinage**
R.D.A. .... **République démocratique allemande**
R.D.P. .... **république démocratique et populaire**
r. dr. .... **rive droite**
récipr. .... **réciproque**
réfl. .... **réfléchi**
Rég. .... **Région (l'une des 22 Régions françaises)**
rég. .... **région, régional(e)**
rel. .... **reliure**
relat. .... **relatif, ive**
relig. .... **religion, religieux, ieuse**
rem. .... **remarque**
Renaiss. .... **Renaissance**
Rép. .... **République**
rép. auton. .... **république autonome**
rép. dém. .... **république démocratique**
rép. féd. .... **république fédérale, république fédérée**
rép. pop. .... **république populaire**
R.F.A. .... **République fédérale d'Allemagne**
r. g. .... **rive gauche**
Rhén. .... **Rhénanie**
Rhén.-du.N.-Westphalie .... **Rhénanie-du-Nord-Westphalie**
rhét. .... **rhétorique**
riv. .... **rivière**
rom. .... **romain(e)**
roy. .... **royaume**
R.-U. .... **Royaume-Uni**
S. .... **sud**
s.-affl. .... **sous-affluent**
Saint-Pierre-et-M. .... **Saint-Pierre-et- Miquelon**
sanit. .... **sanitaire**
sanscr. .... **sanscrit**
Saône-et-L. .... **Saône-et-Loire**
sc. .... **science**
scand. .... **scandinave**
scientif. .... **scientifique**
sc. nat. .... **sciences naturelles**
scol. .... **scolaire**
scolast. .... **scolastique**
s. comp(l). .... **sans complément (sans le complément attendu)**
sculpt. .... **sculpture**
S. E. .... **Son Excellence**
S.-E. .... **sud-est**
Seine-et-M. .... **Seine-et-Marne**
Seine-Mar. .... **Seine-Maritime**
Seine-St-Denis .... **Seine-Saint-Denis**
s.-ent. .... **sous-entendu**
sept. .... **septembre**
septent. .... **septentrional(e)**
séric. .... **sériciculture**
serv. .... **service**
sidér. .... **sidérurgie, sidérurgique**
signif. .... **signifiant**
simpl. .... **simplement**
sing. .... **singulier**
S.-O. .... **sud-ouest**
soc. .... **socialiste**
sociol. .... **sociologie, sociologique**
sov., soviét. .... **soviétique**
spécial. .... **spécialement**
s.-préf. .... **sous-préfecture**
S. S. .... **Sa Sainteté**
st, ste .... **saint, sainte**
stat. .... **station**
statist. .... **statistique**
sté .... **société**
subj. .... **subjonctif**
subst. .... **substantif, substantivé**
suff. .... **suffixe**
suiv. .... **suivant(e)**
sup. .... **supérieur(e)**
superf. .... **superficie**
superl. .... **superlatif**
syll. .... **syllabe**
sylvic. .... **sylviculture**
symb. .... **symbole**
syn. .... **synonyme**
synopt. .... **synoptique**
synt. .... **syntaxe, syntaxique**
t. .... **terme**
t (sans point) .... **tonne**
tabl. .... **tableau**
tann. .... **tannerie**
Tarn-et-G. .... **Tarn-et-Garonne**
tech. .... **technique, technologie, technologique**
teint. .... **teinturerie**
télécomm. .... **télécommunications**
télégr. .... **télégramme, télégraphe**
téléph. .... **téléphone**
term. .... **terminaison**
territ. .... **territoire**
text. .... **textile**
théât. .... **théâtre**
théol. .... **théologie, théologique**
thérap. .... **thérapeutique**
therm. .... **thermal(e), thermique**
topogr. .... **topographie, topographique**
tourist. .... **touristique**
tr. .... **transitif**
trad. .... **traduit(e), traduction**
tram. .... **tramway**
trans. .... **transitif, ive**
transp. .... **transports**
trav. publ. .... **travaux publics**
trigo. .... **trigonométrie**
triv. .... **trivial**
typo. .... **typographie, typographique**
univ. .... **université**
urb. .... **urbain(e)**
urban. .... **urbanisme**
U.R.S.S. .... **Union des républiques socialistes soviétiques**
us. .... **usité, usuel(le)**
v. .... **verbe, vers, ville**
V. .... **voir**
var. .... **variante**
V.-de-Marne .... **Val-de-Marne**
V.-d'Oise .... **Val-d'Oise**
v. imp. .... **verbe impersonnel**
v. intr. .... **verbe intransitif**
v. pron. .... **verbe pronominal**
v. tr. .... **verbe transitif**
vén. .... **vénerie**
verb. .... **verbal, ale**
verr. .... **verrerie**
versif. .... **versification**
vest. .... **vestiges**
vétér. .... **vétérinaire**
virol. .... **virologie**
vitic. .... **viticulture**
vol. .... **volume**
vulg. .... **vulgaire, vulgairement**
vx .... **vieux**
Wallis-et-F. .... **Wallis-et-Futuna**
wil. .... **wilaya**
Z .... **numéro atomique**
zool. .... **zoologie, zoologique**
zootech. .... **zootechnie**

INDICATIONS DE VOCABULAIRE DE SPÉCIALITÉS

Abréviation	Spécialité
ADMIN	**Administration**
AERON	**Aéronautique**
AGRIC	**Agriculture**
ALG	**Algèbre**
ALPIN	**Alpinisme**
AMEUB	**Ameublement**
ANAT	**Anatomie**
ANTHROP	**Anthropologie**
ANTIQ	**Antiquité**
ANTIQ GR	**Antiquité grecque**
ANTIQ ROM	**Antiquité romaine**
APIC	**Apiculture**
ARBOR	**Arboriculture**
ARCHEOL	**Archéologie**
ARCHI	**Architecture**
ARCHI ANTIQ	**Architecture antique**
ARITH	**Arithmétique**
ART	**Art**
ARTILL	**Artillerie**
ARTS GRAPH	**Arts graphiques**
ASTRO	**Astronomie**
ASTROL	**Astrologie**
AUDIOV	**Audiovisuel**
AUTO	**Automobile**
AVIAT	**Aviation**
BIOCHIM	**Biochimie**
BIOL	**Biologie**
BOT	**Botanique**
BX-A	**Beaux-Arts**
CHASSE	**Chasse**
CH de F	**Chemin de fer**
CHIM	**Chimie**
CHIR	**Chirurgie**
CHOREGR	**Chorégraphie**
CHRET	**Chrétien(ne)**
CINE	**Cinéma**
COMM	**Commerce**
COMPTA	**Comptabilité**
CONJUG	**Conjugaison**
CONSTR	**Construction**
COUT	**Couture**
CUIS	**Cuisine**
CYCLISME	**Cyclisme**
DR	**Droit**
DR ADMIN	**Droit administratif**
DR ANC	**Droit ancien**
DR CANON	**Droit canon**
DR COMM	**Droit commercial**
DR FEOD	**Droit féodal**
DR INTERN	**Droit international**
DR MARIT	**Droit maritime**
DR PUBL	**Droit public**
DR ROM	**Droit romain**
ECOL	**Écologie**
ECON	**Économie**
EDITION	**Édition**
ELECTR	**Électricité**
ELECTROACOUST	**Électroacoustique**
ELECTROCHIM	**Électrochimie**
ELECTRON	**Électronique**
ELEV	**Élevage**
EMBRYOL	**Embryologie**
ENTOM	**Entomologie**
EQUIT	**Équitation**
ESP	**Espace**
ETHNOL	**Ethnologie**
FEOD	**Féodalité**
FIN	**Finance**
FISC	**Fiscalité**
FOREST	**Foresterie**
FORTIF	**Fortification**
GENET	**Génétique**
GEOGR	**Géographie**
GEOL	**Géologie**
GEOM	**Géométrie**
GEOMORPH	**Géomorphologie**
GEOPH	**Géophysique**
GEST	**Gestion**
GOLF	**Golf**
GRAM	**Grammaire**
GRAM GR	**Grammaire grecque**
GYM	**Gymnastique**
HIST	**Histoire**
HISTOL	**Histologie**
HORL	**Horlogerie**
HORTIC	**Horticulture**
HYDROL	**Hydrologie**
ICHTYOL	**Ichtyologie**
IMPRIM	**Imprimerie**
INDUSTR	**Industrie**
INFORM	**Informatique**
ISLAM	**Islam**
JEU	**Jeu**
LEGISL	**Législation**
LING	**Linguistique**
LITTER	**Littérature**
LITURG	**Liturgie**
LITURG CATHOL	**Liturgie catholique**
LOG	**Logique**
MAR	**Marine**
MAR ANC	**Marine ancienne**
MATH	**Mathématique**
MECA	**Mécanique**
MED	**Médecine**
MED BIOL	**Médecine biologique**
MED VET	**Médecine vétérinaire**
METALL	**Métallurgie**
METEO	**Météorologie**
METR ANC	**Métrique ancienne**
METROL	**Métrologie**
MICROB	**Microbiologie**
MILIT	**Militaire**
MINER	**Minéralogie**
MINES	**Mines**
MUS	**Musique**
MYTH	**Mythologie**
OBSTETR	**Obstétrique**
OCEANOGR	**Océanographie**
OPT	**Optique**
ORNITH	**Ornithologie**
PALEONT	**Paléontologie**
PECHE	**Pêche**
PEDAG	**Pédagogie**
PEDOL	**Pédologie**
PEINT	**Peinture**
PETROCHIM	**Pétrochimie**
PETROG	**Pétrographie**
PHARM	**Pharmacie**
PHILO	**Philosophie**
PHILO ANC	**Philosophie ancienne**
PHON	**Phonétique**
PHOTO	**Photographie**
PHYS	**Physique**
PHYSIOL	**Physiologie**
PHYS NUCL	**Physique nucléaire**
POET	**Poétique**
POLIT	**Politique**
PREHIST	**Préhistoire**
PRESSE	**Presse**
PROTOHIST	**Protohistoire**
PSYCHAN	**Psychanalyse**
PSYCHIAT	**Psychiatrie**
PSYCHO	**Psychologie**
PSYCHOPATHOL	**Psychopathologie**
PUB	**Publicité**
RADIOELECTR	**Radioélectricité**
RELIG	**Religion**
RELIG CATHOL	**Religion catholique**
RELIG CHRET	**Religion chrétienne**
RHET	**Rhétorique**
SC NAT	**Sciences naturelles**
SCULPT	**Sculpture**
SOCIOL	**Sociologie**
SPECT	**Spectacle**
SPORT	**Sport**
STATIS	**Statistique**
SYLVIC	**Sylviculture**
TECH	**Technique**
TELECOM	**Télécommunications**
TENNIS	**Tennis**
TEXT	**Textile**
THEAT	**Théâtre**
THEOL	**Théologie**
TOPOGR	**Topographie**
TRANSP	**Transport**
TRAV PUBL	**Travaux publics**
TRIGO	**Trigonométrie**
TURF	**Turf**
TYPO	**Typographie**
URBAN	**Urbanisme**
VERSIF	**Versification**
VETER	**Vétérinaire**
VITIC	**Viticulture**
ZOOL	**Zoologie**

MARQUES D'USAGE

Anc. .... **ancien**	Très fam. .... **très familier**	Poét. .... **poétique**
Ant. .... **antonyme**	Fig. .... **figuré**	Pop. .... **populaire**
Arg. .... **argot**	Inj. .... **injurieux**	Raciste .... **raciste**
Cour. .... **courant, couramment**	Iron. .... **ironique**	Rare .... **rare**
Didac. .... **didactique**	Litt. .... **littéraire**	Syn. .... **synonyme**
Enfantin .... **enfantin**	Mod. .... **moderne**	Vieilli .... **vieilli**
Fam. .... **familier, familièrement**	Péjor. .... **péjoratif**	Vulg. .... **vulgaire, vulgairement**
	Plaisant .... **plaisant**	Vx .... **vieux**

La marque d'usage qualifie les caractéristiques d'emploi du mot. Elle peut être liée au temps (vieux, vieilli, ancien) ou aux faits de société (populaire, familier, etc.).

VIEUX : forme qui n'est plus clairement comprise et jamais spontanément produite dans la communication, sauf par effet de style ou dans certaines régions.

VIEILLI : forme encore compréhensible mais qui tend à sortir de l'usage.

ANCIEN, ANCIENNEMENT : forme ni vieille ni vieillie qui désigne une réalité disparue.

POPULAIRE : forme provenant des couches sociales les moins instruites et peu utilisée par la bourgeoisie cultivée, sauf par effet de style.

VULGAIRE : forme renvoyant à une réalité frappée de tabou (sexuel ou scatologique) qu'il est grossier d'employer en public.

FAMILIER : forme et sens employés dans une communication libre, sans contrainte hiérarchique, pouvant aller jusqu'à un registre franchement grossier (Très fam.).

ARGOTIQUE : forme particulière à un groupe social, généralement inconnue de la majorité des locuteurs, mais un passage de l'argot à la langue familière s'opère souvent.

PÉJORATIF : forme méprisante ; certains emplois péjoratifs sont également injurieux.

INJURIEUX : forme dont le contenu sémantique implique un désir de blesser, d'insulter ; plus fort que péjoratif.

RACISTE : forme injurieuse et péjorative à connotation raciste.

IRONIQUE : antiphrase.

DIDACTIQUE : forme souvent employée dans des situations impliquant la transmission d'un savoir.

ENFANTIN : forme surtout employée par les enfants ou par les adultes qui parlent à des enfants.

LITTÉRAIRE : forme employée par des écrivains dans un registre élevé, ainsi que dans la critique littéraire.

POÉTIQUE : usage littéraire ; en poésie classique et postclassique, la hiérarchie des genres entraîne des spécialisations lexicales.

RARE : forme très peu attestée.

COURANT, MODERNE : marques utilisées afin d'écarter un doute, ou pour indiquer une opposition à un emploi spécial ou vieux.

MARQUES GÉOGRAPHIQUES

• Des marques géographiques précèdent systématiquement les emplois (mot, sens, tournure, locution, variante graphique, synonyme) relevant d'une zone, d'un pays ou d'un territoire de la Francophonie. Lorsque l'emploi concerne plusieurs zones, pays ou territoires, ces derniers sont mentionnés dans l'ordre alphabétique strict des marques (V. liste ci-dessous).

• Ces marques géographiques n'impliquent nullement que les unités lexicales traitées en regard de leur mention appartiennent à une variété de langue unique, homogène ou exclusive. Ainsi la marque conventionnelle (Belgique) recouvre-t-elle plusieurs sous-variétés de langue à l'intérieur du royaume de Belgique et de la Communauté française de Belgique.

• En raison de la portée universelle de ce dictionnaire, dans le cas d'emplois de plus large expansion couvrant deux, trois pays et territoires ou davantage, l'on a eu recours par économie à des marques désignant l'ensemble de la zone géographique (Afrique subsaharienne, Antilles françaises, Maghreb, océan Indien, Polynésie française, etc.).

• Les emplois précédés de la mention (Québec) se retrouvent pour une très large part dans toutes les variétés de français d'Amérique du Nord, notamment au Canada. Ceux qui sont spécifiques à la variété acadienne sont précédés de la marque (Acadie) mais se retrouvent largement en Louisiane. Ceux précédés de la mention (Lousiane) sont particuliers à la variété louisianaise.

Liste des marques géographiques utilisées dans le *Dictionnaire Universel Francophone* :

Acadie
Afr. subsah.
Antilles fr. (Martinique, Guadeloupe)
Aoste
Asie du S.-E. (Viêt-nam, Laos, Cambodge)
Belgique
Djibouti
Égypte
France rég.
Guad.
Guyane
Haïti
Laos
Liban
Louisiane
Luxembourg
Madag.
Maghreb
Mart.
Maurice
Nouv-Cal.
oc. Indien (Seychelles, Comores, Madagascar, Maurice, la Réunion)
Pacifique (Nouvelle-Calédonie, Vanuatu)
Polynésie fr. (Tahiti, Wallis-et-Futuna)
Proche-Orient
Québec
Réunion
Saint-Pierre-et-M.
Suisse
Tahiti
Vanuatu
Viêt-nam
Wallis-et-F.

PRINCIPAUX SIGNES DIACRITIQUES

- **á** hongrois et tchèque [a *long*]
- **ä** allemand [e], finnois et suédois [ɛ], tchèque et slovaque [*entre* a *et* ɛ]
- **ă** bulgare [*proche de* ə], roumain [ϕ]
- **â** portugais [*proche de* ɔ̃]
- **å** danois [ɔ], norvégien et suédois [ϕ]
- **ą** polonais [ɔ̃]
- **ć** polonais [tʃ], serbo-croate [t *mouillé*],
- **č** bulgare, polonais, serbo-croate, tchèque et slovaque [tʃ]
- **ç** albanais et turc [tʃ]
- **ď** tchèque et slovaque [di]
- **đ** serbo-croate [di]
- **ẽ** portugais [e *nasal*]
- **ë** albanais [ø]
- **ě** tchèque et slovaque [iɛ]
- **ę** polonais [ɛ̃]
- **ğ** turc [g, j]
- **ı** turc [*entre* i *et* e]
- **í** hongrois [i *long*]
- **î** roumain [*entre* i *et* y]
- **ł** polonais [y]
- **ń** polonais [ɲ]
- **ñ** espagnol [ɲ]
- **ň** tchèque et slovaque [ɲ]
- **ó** polonais [u], hongrois et tchèque [o]
- **ö** allemand, finnois, hongrois, norvégien, suédois et turc [ø]
- **ő** hongrois [ø *long*]
- **ϕ** danois et norvégien [ø]
- **õ** portugais [ɔ̃]
- **ř** tchèque et slovaque [ʀʒ, ʀʃ]
- **ś** polonais [ʃ *mouillé*]
- **š** bulgare, polonais, serbo-croate, tchèque et slovaque [ʃ]
- **ş** roumain et turc [ʃ]
- **ť** tchèque et slovaque [t *mouillé*]
- **ţ** roumain [ts]
- **ü** allemand, hongrois et turc [y]
- **ú** hongrois, tchèque et slovaque [u *long*]
- **ű** hongrois [y *long*]
- **ý** tchèque [i *long*]
- **ź** polonais [ʒ *mouillé*]
- **ż** polonais [ʒ]
- **ž** bulgare, polonais, serbo-croate, tchèque et slovaque [ʒ]
- **¯** sur une voyelle, indique une voyelle longue

ALPHABET PHONÉTIQUE INTERNATIONAL

CONSONNES

b	de bal	[bal]
d	de dent	[dɑ̃]
f	de foire	[fwaʀ]
g	de gomme	[gɔm]
h	holà!	[hɔla]
	hourrah! (valeur expressive)	[huʀa]
k	de clé	[kle]
l	de lien	[ljɛ̃]
m	de mer	[mɛʀ]
n	de nage	[naʒ]
ɲ	de gnon	[ɲɔ̃]
ŋ	de dancing	[dɑ̃siŋ]
p	de porte	[pɔʀt]
ʀ	de rire	[ʀiʀ]
s	de sang	[sɑ̃]
ʃ	de chien	[ʃjɛ̃]
t	de train	[tʀɛ̃]
v	de voile	[vwal]
x	de jota (esp.)	[xɔta]
	de khamsin (ar.)	[xamsin]
	de buch (all.)	[bux]
z	de zèbre	[zɛbʀ]
ʒ	de jeune	[ʒœn]

VOYELLES

a	de patte	[pat]
ɑ	de pâte	[pɑt]
ɑ̃	de clan	[klɑ̃]
e	de dé	[de]
ɛ	de belle	[bɛl]
ɛ̃	de lin	[lɛ̃]
ə	de demain	[dəmɛ̃]
i	de gris	[gʀi]
o	de gros	[gʀo]
ɔ	de corps	[kɔʀ]
ɔ̃	de long	[lɔ̃]
œ	de leur	[lœʀ]
œ̃	de brun	[bʀœ̃]
ø	de deux	[dø]
u	de fou	[fu]
y	de pur	[pyʀ]

SEMI-VOYELLES (OU SEMI-CONSONNES)

j	de fille	[fij]
ɥ	de huit	[ɥit]
w	de oui	[wi]

CLASSIFICATION DES CONSONNES

	sourde	sonore	nasale
bilabiale	p	b	m
labiodentale	f	v	
dentale	t	d	n
alvéolaire	s	z	
prépalatale	ʃ	ʒ	
palatale			ɲ
vélaire	k	g	ŋ
uvulaire		ʀ	
latérale			l

' note l'absence de liaison ex. un haricot [œ'ariko]

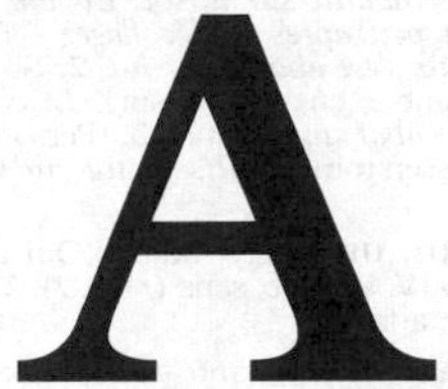

a [a; ɑ] n. m. Première lettre (a, A) et première voyelle de l'alphabet notant les sons [a] ou *a* antérieur (ex. *passage*), [ɑ] ou *a* postérieur (ex. *pas, hâler*) et, suivi de *n* ou *m*, [ɑ̃] ou *a* nasal (ex. *blanc*). *Un e dans l'a :* æ. ▷ Loc. fig. *Prouver par A plus B,* de manière irréfutable. – *De A à Z :* du début à la fin.

à [a] prép. (au, aux : *à le* se contracte en *au* [o] devant les mots commençant par une consonne, à l'exception du *h* non «aspiré», et *à les* en *aux* [o, oz]). **A.** La préposition *à* sert à introduire le complément d'un verbe ou d'un nom exprimant : **I.** La position, sans idée de mouvement. **1.** Le lieu. *Il vit à Bucarest. Une fête au village.* – (Afr. subsah.) S'emploie, suivi de l'art. déf., devant les noms de rues, places, etc. *Habiter à la place de l'Indépendance.* – (Belgique) *À route, à rue :* qui donne sur la route, sur la rue. *Une maison à rue.* ▷ La localisation corporelle. *Avoir mal à un œil. Une blessure au pied.* **2.** Le moment. *Elle mange à midi. Départ au petit matin. Il s'est levé à mon arrivée.* – (Belgique) *À la soirée :* en soirée. **3.** La situation. *Être au travail. Rester à observer les passants.* **II.** La destination, le but. **1.** La direction. *Aller à la ville. Un voyage à Djibouti.* **2.** L'éloignement dans l'avenir. *Remettre au lendemain ce qu'on peut faire le jour même.* **3.** L'extrémité d'un intervalle (*de... à*). *Aller de Bruxelles à Genève. La distance d'Alger à Tunis. Jeûner du lever au coucher du soleil. La semaine du 2 au 8 janvier.* ▷ L'approximation. *Cela prendra de cinq à sept jours. Une foule de cent à cent vingt mille personnes. Coûter de dix à vingt mille dollars.* **4.** L'attribution, le destinataire. *Donner à une bonne œuvre. Lettre ouverte au président de la République.* ▷ Le but. *Des leçons à apprendre.* **5.** L'utilisation. *Corbeille à papier. Fer à souder.* **III.** L'appartenance (seulement après le verbe *être* ou avant un pron. pers. comp. de nom). *La voiture est à mon père. Un vieil ami à nous.* (N. B. Noter la distinction entre *être à* «appartenir à» et *être pour* «être destiné à». – La construction du comp. de nom avec *à* pour exprimer l'appartenance [*la maison à Jeanne*] est du registre populaire.) **IV.** La manière. **1.** La façon, le mode. *À haute voix. Marcher à grands pas. Acheter au comptant.* ▷ Le rapport distributif. *S'abonner à l'année. La vente au numéro. Au jour le jour.* **2.** L'instrument. *Écrire à la machine. Circuler à bicyclette. Rixe au couteau. Attaque à main armée.* **3.** La caractéristique (idée d'être muni de, accompagné de, etc.). *Pirogue à moteur. Robe à volants. Riz au poisson.* **4.** (Belgique) La composante de certains aliments (employé à la place de *de*). *De la confiture aux cerises. Une compote aux pommes.* **V.** Le prix. *Ils soldent leurs cravates à cent francs. Du riz à trois cents francs CFA le kilo.* **B.** La préposition *à* sert à introduire : **1.** L'objet indirect d'un verbe. L'objet peut être : – Un nom. *J'aspire à la tranquillité. Il échappe aux poursuites.* – Un infinitif. *Aimer à lire. Consentir à parler.* **2.** Le complément d'un nom issu d'un v. tr. indir. *Le renoncement aux plaisirs.* **3.** Le complément de certains adjectifs. *Conforme à la loi. Prompt à agir.*

1. a-, an-. Préfixe tiré du grec, dit «a privatif», exprimant le manque, la privation, la suppression (ex. *amoral :* sans morale).

2. a-. Préfixe, du lat. *ad,* marquant la direction vers, le but.

Aaiún (El-). V. Laâyoune.

Aalto (Alvar) (1898 - 1976), architecte, urbaniste et décorateur finlandais.

Aar, princ. riv. de Suisse (295 km), affl. du Rhin (r. g.); naît dans le massif de l'Aar. Centrales hydroélectriques. – Le *massif de l'Aar* (dit aussi *Alpes bernoises*), situé au S. des lacs de Thoune et de Brienz, comprend trois sommets importants : le Finsteraarhorn (4274 m), l'Aletschhorn (4195 m) et le Jungfrau (4166 m), ainsi que le plus grand glacier d'Europe, l'Aletsch. Le Rhin, le Rhône et l'Aar prennent leur source dans ce massif.

Aarau, v. de Suisse, sur l'Aar; 16400 hab.; ch.-l. du canton d'Argovie (dep. 1803). Industries méca., chaussures.

Aaron, personnage biblique; frère de Moïse et premier grand prêtre d'Israël.

ab absurdo [abapsyʀdo] loc. lat. Par l'absurde. *Démonstration ab absurdo.*

abaca [abaka] n. m. Fibre textile (chanvre de Manille) tirée d'un bananier; ce bananier.

Abacha (Sanni) (né en 1943), général et homme politique nigérian. En nov. 1993, il prit le pouvoir et gouverne, assisté d'un Conseil exécutif.

abacos [abakɔs] ou **abacost** [abakɔst] n. m. inv. (Afr. subsah.) Veste d'homme boutonnée jusqu'au cou, qui se porte sans chemise ni cravate, accompagnée ou non d'un pantalon de même tissu. *Abacos est l'abréviation de la formule «à bas le costume».*

Abadan, v. et port d'Iran dans une île du Chatt al-Arab, sur le golfe Persique; 300000 hab. Très importante raffinerie de pétrole.

Abailard. V. Abélard.

abaisse-langue [abɛslɑ̃g] n. m. inv. Palette servant à aplatir la langue pour examiner la gorge.

abaissement [abɛsmɑ̃] n. m. **1.** Action d'abaisser, de s'abaisser; son résultat. **2.** Diminution (d'une grandeur, d'une quantité). *Abaissement de la température.*

abaisser [abese] v. [1] **I.** v. tr. **1.** Faire descendre (qqch) à un niveau inférieur. *Abaisser un store.* – *Abaisser ses regards.* ▷ MATH *Abaisser un chiffre,* le reporter à la droite du reste du dividende, dans une division. – *Abaisser une perpendiculaire :* tracer une perpendiculaire à une droite, à un plan. **2.** Diminuer la hauteur de (qqch). *Abaisser un mur.* ▷ CUIS *Abaisser une pâte,* l'amincir au rouleau. **3.** Diminuer (une grandeur, une quantité). *Abaisser les prix.* Syn. réduire. **4.** *Abaisser qqn,* l'avilir, l'humilier. *La misère abaisse l'homme.* Syn. dégrader. **II.** v. pron. **1.** (Choses) Descendre à un niveau inférieur. *La plage s'abaisse en pente douce.* **2.** Diminuer (grandeurs, quantités). *Le taux de mortalité s'est abaissé.* **3.** (Personnes) S'humilier. ▷ Se diminuer moralement. *S'abaisser à des compromissions.*

abaisseur [abɛsœʀ] n. m. (et adj. m.) ANAT Muscle dont la fonction est d'abaisser la ou les parties qu'il fait mouvoir. ▷ adj. m. ELECTR *Transformateur abaisseur,* dans lequel la tension de sortie est inférieure à la tension d'entrée.

abajoue [abaʒu] n. f. Extension de la joue chez certains mammifères (singes, hamsters), qui leur sert de réserve à aliments.

abandon [abɑ̃dɔ̃] n. m. **1.** Fait, action d'abandonner. ▷ SPORT Action d'abandonner, dans une compétition, une épreuve. ▷ DR *Abandon du domicile conjugal :* fait, pour l'un des époux, de quitter le domicile légal du couple. *Abandon de famille :* fait, pour le père ou la mère, de compromettre gravement, par son comportement, la santé, la sécurité, la moralité de ses enfants, ou fait, pour toute personne, de ne pas contribuer, malgré une décision de justice, aux charges du mariage ou à l'entretien d'un membre de sa famille. *Abandon d'enfant.* **2.** État de la chose, de l'être abandonné. *Mourir dans l'abandon.* ▷ Loc. adv. *À l'abandon :* dans un état de délaissement. *La maison était à l'abandon.* **3.** Fait, action de s'abandonner (sens II, 3); son résultat. *Elle m'a raconté sa vie dans un moment d'abandon.*

abandonnateur, trice [abɑ̃dɔnatœʀ,tʀis] n. DR Personne qui abandonne ses biens.

abandonné, ée [abɑ̃dɔne] adj. et n. Qui a été l'objet d'un abandon. *Un enfant abandonné.* ▷ Subst. *Secourons les abandonnés. Un pauvre abandonné.*

abandonner [abɑ̃dɔne] v. [1] **I.** v. tr. **1.** Renoncer à (qqch). *Abandonner un projet. Abandonner son emploi.* ▷ SPORT (S. comp.) Renoncer à poursuivre une compétition, une épreuve. *Ce cycliste a abandonné.* **2.** Laisser (qqch) à (qqn); mettre (qqch) à la disposition de (qqn). *Il abandonne sa part d'héritage à son frère.* **3.** Ne pas conserver, délaisser (qqch). *Abandonner sa voiture sur la voie publique.* **4.** Quitter (un lieu). *J'abandonne Port-au-Prince pour Mon-*

tréal. ▷ *Ses forces l'abandonnent,* viennent à lui manquer. **5.** Se séparer volontairement de (qqn envers qui on a des obligations, avec qui on est lié). *Abandonner sa famille.* **II.** v. pron. **1.** Se livrer à (une émotion, un sentiment). *S'abandonner à la douleur.* ▷ (S. comp.) Détendre son corps, son esprit. *Vous êtes crispé, laissez-vous aller, abandonnez-vous!* **2.** S'en remettre à (qqch). *S'abandonner au destin.* **3.** (S. comp.) Se confier. *Dans l'intimité, il s'abandonne volontiers.*

abaque [abak] n. m. MATH Graphique qui donne, par simple lecture, la valeur approchée d'une fonction pour divers valeurs et paramètres. *Abaque pour le calcul des marées.* **2.** Boulier compteur.

abasourdir [abazuʀdiʀ; abasuʀdiʀ] v. tr. [3] **1.** Rendre sourd; étourdir par un grand bruit. **2.** Fig. Frapper de stupeur. *Voilà une nouvelle qui m'abasourdit.*

abâtardir [abɑtaʀdiʀ] v. [3] **1.** v. tr. Faire dégénérer. *Le climat a abâtardi cette plante.* – Fig. *La servitude abâtardit le courage.* **2.** v. pron. Dégénérer. *Race qui s'abâtardit.*

abâtardissement [abɑtaʀdismɑ̃] n. m. Litt. Dégénérescence, altération.

abat-jour [abaʒuʀ] n. m. inv. **1.** ARCHI Baie disposée pour diriger la lumière dans une direction déterminée. **2.** Réflecteur qui rabat la lumière (d'une lampe).

abats [aba] n. m. pl. Sous-produits comestibles (viscères essentiellement) des volailles ou des animaux de boucherie (les abats ne font pas partie de la carcasse). *Abats de poulet.*

abattage [abataʒ] n. m. **1.** Action de faire tomber (ce qui est dressé). *Abattage des arbres.* ▷ *Abattage du minerai,* action de le détacher du front de taille. **2.** Mise à mort (d'un animal de boucherie). **3.** Action de mettre à terre, de coucher. *Abattage d'un cheval,* pour le soigner. **4.** Fig. *Avoir de l'abattage,* du brio, de la vivacité.

abattant [abatɑ̃] n. m. Partie d'un meuble (d'un siège notam.) qui se lève ou s'abaisse.

abattement [abatmɑ̃] n. m. **1.** Affaiblissement des forces physiques ou morales. *Il était plongé dans un profond abattement.* Syn. accablement. Ant. alacrité, vigueur. **2.** FISC Partie des revenus imposables exonérée d'impôt.

abattis [abati] n. m. **1.** (Plur.) Abats de volaille. **2.** (Québec) Terrain dont on a abattu les arbres, sans arracher les souches. – (Guyane) Exploitation agricole traditionnelle. ▷ (Nouv.-Cal., Wallis-et-F.) *Sabre d'abattis :* sabre utilisé à diverses fins et spécial. pour le débroussage. Syn. (Vanuatu, vieilli) coupe-coupe.

abattoir [abatwaʀ] n. m. Établissement où se fait l'abattage des animaux de boucherie.

abattre [abatʀ] v. [61] **I.** v. tr. **1.** Mettre à bas, faire tomber (ce qui est dressé). *Abattre un mur.* ▷ *Abattre de la besogne :* faire beaucoup de travail en peu de temps. ▷ *Abattre son jeu :* étaler d'un seul coup toutes ses cartes; fig. montrer clairement ses intentions. **2.** Tuer (un animal). *Abattre un bœuf.* ▷ *Abattre qqn,* le tuer avec une arme à feu. **3.** Déprimer, affaiblir (qqn). *Cette maladie l'a abattu.* ▷ Prov. *Petite pluie abat grand vent :* un événement apparemment sans importance met souvent fin à une situation de crise. **II.** v. pron. **1.** Tomber brutalement. *L'arbre déraciné s'est abattu sur le sol. L'avion s'est abattu peu après le décollage.* – Fig. *Le malheur s'est abattu sur lui.* **2.** Se laisser tomber en volant (sur). *Le charognard s'abat sur sa proie.* **3.** (Personnes) Se laisser tomber. *Il s'abattit sur le divan.*

abattu, ue [abaty] adj. **1.** Qui a été abattu (V. abattre, sens I, 1 et 2). **2.** Déprimé, affaibli.

Abbas *(Abbās)* (566 – 652), oncle et disciple de Mahomet; éponyme de la dynastie des Abbassides.

Abbas Ier le Grand (1571 – 1629), chah de Perse (1587-1629), de la dynastie des Séfévides. Il agrandit ses États.

Abbas (Ferhat) *(Farhāt 'Abbās)* (1899 – 1985), homme politique algérien. Auteur du Manifeste du peuple algérien (1943), il fut président du gouvernement provisoire de la Rép. algérienne (1958-1961) et, après l'indépendance, président de l'Assemblée constituante (1962-1963).

Abbas Hilmi Ier *('Abbās Hilmī)* (1813 – 1854), vice-roi d'Égypte. Il succéda à son oncle Ibrahim en 1848, freina les réformes et soutint les Turcs lors de la guerre de Crimée.

Abbas Hilmi II *('Abbās Hilmī)* (1874 – 1944), khédive d'Égypte (1892-1914). Il chercha à soustraire son pays à l'influence des Brit., qui le déposèrent.

abbasside [abasid] adj. Relatif aux Abbassides.

Abbassides, dynastie de trente-sept califes arabes, descendants de Abbas *('Abbās),* oncle de Mahomet; ils se substituèrent aux Omeyyades en 750 et firent de Bagdad leur capitale et le centre d'une civilisation brillante. Ils furent chassés par les Mongols (prise de Bagdad en 1258).

abbatial, ale, aux [abasjal, o] adj. et n. f. De l'abbaye; de l'abbé ou de l'abbesse. *Palais abbatial.* ▷ n. f. Église d'une abbaye.

abbaye [abei] n. f. **1.** Communauté d'hommes ou de femmes placée sous l'autorité d'un abbé ou d'une abbesse; ensemble des bâtiments de cette communauté. *Abbaye cistercienne.* **2.** (Suisse) Société de tireurs. *L'Abbaye des Écharpes blanches. L'Abbaye des grenadiers.* ▷ Fête de cette société.

Abbe (Ernst) (1840 – 1905), physicien allemand connu par ses travaux d'optique.

abbé [abe] n. m. **1.** Supérieur d'une abbaye d'hommes. **2.** RELIG CATHOL Titre donné à un prêtre séculier. *Monsieur l'abbé. L'abbé X.* **3.** (Afr. subsah.) Prêtre catholique africain.

abbé-président [abepʀezidɑ̃] n. m. (Suisse) Président d'une abbaye (sens 2).

abbesse [abɛs] n. f. Supérieure d'une abbaye de femmes.

abbevillien, enne [abviljɛ̃, ɛn] n. m. et adj. PREHIST Faciès ancien du paléolithique infér., caractérisé par des silex irrégulièrement taillés sur les deux faces (bifaces). Syn. chelléen.

Abbud (Ibrahim)(1900 – 1983), général et homme politique soudanais. Il s'empara du pouvoir en 1958 et exerça une dictature sanglante. En 1964, il se retira.

abc [abese] n. m. inv. Principes élémentaires. *Il ignore l'abc du métier.*

ABC, nom donné à l'axe routier Anvers-Bruxelles-Charleroi.

A.B.C.A. Sigle de *Association* des banques centrales africaines.*

abcès [apsɛ] n. m. Collection de pus dans une cavité formée aux dépens des tissus environnants. – *Abcès chaud,* accompagné d'une inflammation aiguë. *Abcès froid,* qui se forme lentement, sans réaction inflammatoire (par ex., abcès tuberculeux). – *Abcès de fixation :* abcès provoqué en vue de localiser en un seul point une infection générale; fig. point où on laisse se cristalliser un phénomène mauvais pour éviter son extension. ▷ Fig. *Crever* ou *vider l'abcès :* faire éclater une situation de crise latente.

Abd al-Aziz ibn-il-Hassan *('Abd al-'Azīz ibn al-Hasan)* (1878 ou 1881 – 1943), sultan du Maroc (1894-1908), détrôné par son frère Moulay Hafiz.

Abdalla (Hamed) (1917 – 1985), peintre égyptien. Il interprète de façon sensuelle l'alphabet arabe.

Abdallah ou **Abdullah** *('Abd Allāh ibn 'Abd al-Muttalib ibn Hāšim)* (v. 545 – v. 570), père de Mahomet.

Abd Allah Ier *('Abd Allāh)* (1882 – 1951), roi de Jordanie. Émir (1921) puis roi (1946) de Transjordanie, il se nomma roi de Jordanie (1949) et annexa la Cisjordanie (1950). Il mourut assassiné.

Abdallah (Ahmed) (1919 – 1989), homme politique comorien; premier président de la Rép. fédérale islamique des Comores (1978).

Abd al-Malik *('Abd al-Malik)* (v. 646 – 705), cinquième calife omeyyade de Damas (685-705). Il conquit La Mecque, l'Irak et l'Égypte.

Abd al-Mumin *('Abd al-Mu'min)* (v. 1100 – 1163), premier calife de la dynastie des Almohades. Il détrôna les Almoravides au Maroc.

Abd al-Rahman *('Abd ar-Rahmān),* émir arabe d'Espagne qui, selon la tradition, fut vaincu et tué en 732 près de Poitiers par Charles Martel.

Abd al-Rahman III *('Abd ar-Rahmān)* (891 – 961), calife de Cordoue de 912 à sa mort.

Abd al-Rahman *('Abd ar-Rahmān)* (v. 1785 – 1859), sultan du Maroc (1822-1859). Allié d'Abd el-Kader, il fut vaincu par Bugeaud à la bataille de l'Isly (1844).

Abdalwadides, dynastie berbère fondée par Yaghmurasan ibn Zayyan, qui régna à Tlemcen de 1235 à 1550.

Abd el-Kader *('Abd al-Qādir)* (v. 1808 – 1883), émir d'Algérie. Il mena la guerre sainte contre les Français, qui reconnurent son autorité sur les deux tiers de l'Algérie (traités de 1834 et 1837), mais il reprit la lutte en 1839. La perte de sa smala, enlevée en 1843 par le duc d'Aumale, mit fin à son action.

Abd el-Krim *('Abd al-Karīm)* (1882 – 1963), chef nationaliste marocain. De 1919 à 1926, date de sa reddition à la France, il mena la guerre sainte contre Espagnols et Français (guerres du Rif). Il se réfugia au Caire (1947), où il demeura, militant pour l'indépendance de l'Afrique du Nord.

Abdias ou **Obadya,** le quatrième des douze petits prophètes juifs.

abdication [abdikasjɔ̃] n. f. **1.** Action d'abdiquer le pouvoir souverain. **2.** Abandon, renoncement.

abdiquer [abdike] v. tr. [**1**] **1.** Abandonner (le pouvoir souverain). *Abdiquer la royauté.* ▷ (S. comp.) *Napoléon fut contraint d'abdiquer.* **2.** Renoncer à. *Abdiquer tous ses droits.* ▷ (S. comp.) *Jamais je n'abdiquerai,* je ne renoncerai.

abdomen [abdɔmɛn] n. m. **1.** Partie inférieure du tronc, limitée en haut par le diaphragme, en bas par le petit bassin, et qui contient la majeure partie de l'appareil digestif, le foie, la rate et une partie de l'appareil génito-urinaire. Syn. ventre. **2.** Segment postérieur du corps des arthropodes.

abdominal, ale, aux [abdɔminal, o] adj. De l'abdomen. ▷ n. m. pl. *Les abdominaux :* les muscles abdominaux. – *Faire des abdominaux :* faire des exercices de gymnastique pour développer ces muscles.

abducteur [abdyktœʀ] adj. m. (et n. m.) ANAT Qualifie les muscles qui effectuent le mouvement d'abduction. ▷ n. m. *L'abducteur du pouce.*

abduction [abdyksjɔ̃] n. f. Mouvement par lequel un membre s'écarte du plan de symétrie du corps ou un doigt de l'axe de la main ou du pied. Ant. adduction.

Abduh (Muhammad) *(Muhammad 'Abduh)* (1849 – 1905), écrivain égyptien. Mufti d'Égypte, grand réformateur, il proposa une interprétation moderne de l'islam.

Abulcassis *('Abd al-Qāsim)* (? – 1013), auteur arabe d'un traité de médecine et de chirurgie.

Abdülhamid Ier (1725 – 1789), sultan ottoman (1774-1789), plusieurs fois vaincu par les Russes. — **Abdülhamid II** (1842 – 1918), sultan de 1876 à 1909. Le démembrement de l'Empire ottoman commença sous son règne.

Abdullah. V. Abdallah.

Abdülmecid (1823 – 1861), sultan ottoman (1839-1861) qui s'allia aux Français et aux Brit. contre les Russes (guerre de Crimée, notam.).

abécédaire [abesedɛʀ] n. m. Vieilli Livre dans lequel les enfants apprennent les rudiments de la lecture.

Abéché *(Abbechah),* v. de l'E. du Tchad; 95 000 hab.; ch.-l. de la préf. d'Ouaddaï. Centrale thermique. Centre agricole et commercial.

abeille [abɛj] n. f. Insecte hyménoptère aculéate qui vit en société et produit le miel et la cire. *L'abeille symbolise le travail.* Syn. (Acadie, France rég., Guad., Louisiane) mouche à miel. ▷ *Nid d'abeilles :* V. nid. ▷ *Abeille tueuse :* abeille née, en Amérique du Sud, du croisement entre abeilles indigènes et abeilles africaines (elle tue les autres abeilles et se montre dangereuse pour l'homme).
ENCYCL La principale espèce sociale est l'abeille mellifique ou domestique. La société des abeilles comprend plusieurs castes : la reine (long. : 20 mm), dont l'unique fonction est de pondre; les mâles (faux-bourdons), qui assurent la reproduction lors du vol nuptial de la reine; les ouvrières (long. : 15 mm), chargées de nourrir les larves, de nettoyer la ruche, de collecter le pollen et le nectar des fleurs pour en faire le miel, et dont l'abdomen est terminé par un aiguillon venimeux. La piqûre d'abeille est en général sans gravité, sauf au niveau de la bouche et du pharynx, un œdème de la glotte pouvant provoquer l'asphyxie.

Abe Kōbō (1924 – 1993), romancier japonais : *les Murs* (1951), *la Femme des sables* (1962), *l'Homme-boîte* (1973). Théâtre : *les Amis* (1967).

Abel, personnage biblique. Second fils d'Adam et d'Ève, assassiné par son frère Caïn (jaloux de voir Dieu préférer le sacrifice d'Abel au sien).

Abel (Niels Henrik) (1802 – 1829), mathématicien norvégien. Travaux sur les équations algébriques, les fonctions elliptiques, les intégrales.

Abélard ou **Abailard** (Pierre) (1079 – 1142), philosophe et théologien français. Sa passion pour Héloïse, nièce du chanoine Fulbert, qui le fit émasculer, l'a rendu célèbre. Il enseigna à Paris la théologie et la logique; ses doctrines furent condamnées par les conciles de Soissons (1121) et de Sens (1140). Il tenta d'introduire dans la scolastique la dialectique aristotélicienne.

abénaquis, ise [abenaki, iz] adj. Relatif aux Abénaquis.

Abénaquis, peuple autochtone d'Amérique du N. qui occupait, avant l'arrivée des Européens, le nord-est des É.-U. (Nouvelle-Angleterre actuelle). Ce groupe nomade était fort d'env. 28 000 individus v. 1600, mais les maladies transmises par les Européens le décimèrent. Dans la seconde moitié du XVIIe s., certains des survivants s'établirent au Québec. Plus d'un millier y vivent encore, installés notam. dans la rég. de la Mauricie-Bois-Francs.

Abeokuta, ville du Nigeria, sur l'Ogun, à 70 km au N. de Lagos; cap. de l'État d'Ogun; 324 000 hab. Industr. alim., bois, caoutchouc. Marché agricole.

Aberdeen, v. et port d'Écosse, sur la mer du Nord; 212 970 hab.; ch.-l. de la région de Grampian. Chantiers navals. Recherche pétrolière off shore. – Université fondée en 1494.

aberrance [abɛʀɑ̃s] n. f. STATIS Écart important par rapport à une valeur moyenne.

aberrant, ante [abɛʀɑ̃, ɑ̃t] adj. **1.** Qui s'écarte du type habituel, normal. ▷ BIOL Qui présente une (des) variation(s) par rapport à l'espèce. **2.** Contraire à la raison, au bon sens.

aberration [abɛʀasjɔ̃] n. f. **1.** PHYS Déformation des images qui se produit à travers un système optique présentant des imperfections. – *Aberration de la lumière :* phénomène, dû à la rotation de la Terre sur elle-même *(aberration diurne)* ou autour du Soleil *(aberration annuelle),* qui se traduit, lors de l'observation d'un astre, par un écart par rapport à sa direction réelle. **2.** MED Anomalie d'ordre anatomique, physiologique ou psychique. ▷ *Aberration chromosomique :* anomalie relative à la constitution ou au nombre des chromosomes, qui peut être à l'origine de diverses maladies telles que la *trisomie 21* (mongolisme). **3.** Écart de l'imagination, erreur de jugement. *Il a commis cette faute dans un moment d'aberration.* ▷ Idée, façon d'agir contraire à la raison, au bon sens.

Abeti (Abeti Masikini, dite) (1956 – 1994), chanteuse zaïroise. Elle a popularisé hors d'Afrique le style soukouss*.

abêtir [abetiʀ] v. [**3**] **1.** v. tr. Rendre bête, stupide. *Vous abêtissez cet enfant, en le faisant trop travailler.* **2.** v. pron. *Elle s'abêtit, à lire ces illustrés ineptes!*

abêtissant, ante [abetisɑ̃, ɑ̃t] adj. Qui abêtit.

abêtissement [abetismɑ̃] n. m. Action d'abêtir; son résultat; état d'une personne abêtie.

abhorrer [abɔʀe] v. tr. [**1**] Litt. Avoir en horreur. *Abhorrer le mensonge.* Syn. abominer, exécrer, haïr. Ant. adorer.

Abia, État du S.-E. du Nigeria; 11 850 km² avec l'État d'Imo, dont il s'est détaché en 1991; 2 297 978 hab.; cap. *Umuahia.*

Abidjan, port de la Côte d'Ivoire, sur la lagune Ébrié, reliée au golfe de Guinée par le canal de Vridi (3 km); ch.-l. du dép. du m. nom; 2 500 000 d'hab. D'Abidjan part une voie ferrée qui dessert le Burkina Faso. – Université importante. – Centrales therm.; raff. de pétrole; traitement du cacao et du café. Aéroport international. – Capitale du pays jusqu'en 1983, Abidjan est le siège du Conseil* de l'Entente.

abidjanais, aise [abidʒanɛ, ɛz] adj. et n. **1.** adj. D'Abidjan. ▷ Subst. *Un(e) Abidjanais(e).* **2.** n. f. *L'Abidjanaise :* l'hymne national ivoirien.

abîme [abim] n. m. **1.** GEOMORPH Gouffre très profond. Syn. aven. ▷ Par métaphore. *Un abîme sépare ces deux personnes,* il n'y a entre elles aucun point commun, aucune entente possible. **2.** Fig. *Un abîme de... :* une quantité extrême de... *Un abîme de désespoir, de bêtise.* **3.** Fig. Ruine, grand malheur. *Être au bord de l'abîme. Courir à l'abîme.*

abîmer [abime] v. [**1**] **I.** v. tr. Endommager (qqch). *Abîmer ses affaires. Ses chaussures sont tout abîmées.* Syn. (Suisse) brigander. **II.** v. pron. **1.** Litt. S'engloutir. *Le navire s'abîma dans les flots.* ▷ Fig. *S'abîmer dans ses pensées,* s'y absorber complètement. **2.** Se gâter, se détériorer. *Ces fruits s'abîment.*

ab intestat [abɛ̃tɛsta] loc. adv. (lat.) DR En l'absence de testament.

abiotique [abjɔtik] adj. BIOL Où toute vie est impossible. *Milieu abiotique.*

abitibien, enne [abitibjɛ̃, ɛn] adj. et n. De l'Abitibi. – Subst. *Un(e) Abitibien(ne).*

Abitibi-Témiscamingue, région admin. du Québec, située la plus à l'ouest, à la frontière de l'Ontario; 152 000 hab. Région forestière, agric. et minière (or, cuivre) qui ne fut colonisée qu'au début du XXe s. Villes princ. : Rouyn-Noranda, Val-d'Or, Amos et La Sarre.

Abi-Zeyd (Fouad) (1914 – 1958), poète libanais d'expression française : *Poèmes de l'été* (1936); *Prose pour une pensée* (1945).

abject, ecte [abʒɛkt] adj. Qui suscite le mépris, la répulsion. *Créature abjecte. Mensonge abject.* Syn. ignoble, immonde.

abjection [abʒɛksjɔ̃] n. f. **1.** Caractère abject. **2.** État de dégradation, d'abaissement méprisable. *L'abjection dans laquelle il est tombé.*

abjuration [abʒyʀasjɔ̃] n. f. Acte par lequel on abjure.

abjurer [abʒyʀe] v. tr. [**1**] **1.** Renier publiquement par un acte solennel (une religion). *Abjurer l'hérésie.* ▷ (S. comp.) *Léon l'Africain abjura à Tunis.* **2.** Renoncer à (une opinion, une pratique). *Il a abjuré toute fierté.*

Abkhazie, rép. auton. de Géorgie, sur la mer Noire; 8665 km²; 536000 hab. (Abkhazes); cap. *Soukhoumi.* Pop. : Abkhazes, 20 %; Géorgiens, 45 %; Russes, 15 %. Thé, vergers, vins. – Anc. Colchide, la région fut colonisée par les Grecs, les Romains, et, en 1864, passa de la Turquie à la Russie. À partir de 1989, la minorité musulmane (Abkhazes) tenta de se libérer de la tutelle administrative géorgienne (V. Géorgie).

ablatif [ablatif] n. m. LING Cas de la déclinaison latine exprimant le point de départ, l'origine, la séparation, l'éloignement.

ablation [ablasjɔ̃] n. f. **1.** Retranchement, suppression. **2.** CHIR Action d'enlever un membre, un organe, une tumeur. *L'ablation de l'estomac.* **3.** GEOMORPH Perte de matériaux d'un relief soumis à l'érosion (mécanique ou chimique).

-able. Suffixe, du lat. *-abilis,* «qui peut être» (ex. *faisable, mangeable*) ou «enclin à être» (ex. *secourable*). (V. aussi *-ible.*)

ablette [ablɛt] n. f. Petit poisson (fam. cyprinidés) à la nageoire anale allongée, aux écailles argentées, vivant dans les eaux douces d'Europe.

ablution [ablysjɔ̃] n. f. **1.** Toilette purificatrice rituelle, prescrite par de nombreuses religions. ▷ ISLAM *Ablutions majeures, ablutions mineures.* **2.** (Plur.) RELIG CATHOL Vin et eau versés sur les doigts du prêtre après la communion. **3.** Litt. ou vieilli *Faire ses ablutions :* se laver.

abnégation [abnegasjɔ̃] n. f. Renoncement, sacrifice volontaire de soi. Syn. dévouement.

abobo [abɔbɔ] n. m. (Afr. subsah.) Au Bénin, au Togo, pâte ou purée de haricots bouillis pimentée. ▷ Haricots bouillis servant d'offrande dans le rituel vaudou.

aboiement [abwamɑ̃] n. m. **1.** Cri du chien. **2.** Fig., péjor. Invectives importunes. *Les aboiements de la critique.*

abois [abwa] n. m. pl. VEN Loc. *Aux abois. Bête aux abois,* cernée par les chiens qui aboient. – Fig. *Être aux abois,* dans une situation désespérée.

aboiteau [abwato] n. m. (Acadie) Digue pourvue d'une vanne à clapets qui s'ouvrent à marée basse et se referment à marée haute, destinée à assécher les terres marécageuses du littoral.

abolir [abɔliʀ] v. tr. [2] **1.** Supprimer, réduire à néant. *Abolir les distances.* **2.** DR Faire cesser la validité de (un usage, une loi). *La peine de mort a été abolie dans de nombreux pays.*

abolition [abɔlisjɔ̃] n. f. Action d'abolir; son résultat. *Abolition de l'esclavage.*

abolitionnisme [abɔlisjɔnism] n. m. Doctrine réclamant l'abandon de l'esclavage ou de la peine de mort.
ENCYCL Né à la fin du XVIIIᵉ s., le mouvement pour l'abolition de l'esclavage aux États-Unis aboutit au siècle suivant à la guerre de Sécession, qui se termine par la victoire des États du Nord, abolitionnistes, sur les États du Sud, esclavagistes (1865).

abolitionniste [abɔlisjɔnist] n. et adj. Partisan de l'abolition de l'esclavage, de la peine de mort.

Abomey, v. du Bénin; 60000 hab.; ch.-l. de la prov. de *Zou.* – Anc. cap. du royaume du Dahomey*, fondé par des Fon, dit aussi *royaume d'Abomey* (XVIIᵉ-XXᵉ s.).

abominable [abɔminabl] adj. **1.** Qui inspire l'abomination, l'horreur. *Un meurtre abominable.* **2.** *Par ext.* Très désagréable. *Un climat abominable.*

abominablement [abɔminabləmɑ̃] adv. De manière abominable.

abomination [abɔminasjɔ̃] n. f. **1.** Horreur, aversion profonde. *Avoir* (qqn, qqch) *en abomination.* **2.** Ce qui inspire l'horreur, le dégoût. *C'est une véritable abomination. – L'abomination de la désolation :* le comble de l'horreur.

abominer [abɔmine] v. tr. [1] Litt. Avoir en horreur. *J'abomine l'hypocrisie.* Syn. abhorrer, détester, exécrer.

abondamment [abɔ̃damɑ̃] adv. **1.** En grande quantité. **2.** D'une manière plus que suffisante. *Les faits l'ont abondamment démontré.*

abondance [abɔ̃dɑ̃s] n. f. **1.** Grande quantité. *Une abondance de marchandises à l'étalage.* – (Prov.) *Abondance de biens ne nuit pas.* ▷ *En abondance :* en grande quantité, à foison. **2.** Profusion de biens matériels; richesse. *Vivre dans l'abondance. Société d'abondance :* situation d'un pays caractérisée par le bien-être matériel et le haut niveau de vie de la population. ▷ *Corne d'abondance,* débordant de fruits et de fleurs, symbole de la richesse. ▷ *Parler d'abondance,* en improvisant avec brio.

abondant, ante [abɔ̃dɑ̃, ɑ̃t] adj. Qui abonde, qui est en grande quantité. *Nourriture abondante.*

abonder [abɔ̃de] v. intr. [1] **1.** Être, exister en très grande quantité. *Les fruits abondent cette année.* Syn. foisonner. **2.** *Abonder en, de :* avoir, produire en très grande quantité. *Une région qui abonde en gibier.* Syn. regorger. **3.** *Abonder dans le sens de qqn,* soutenir la même opinion que lui et la justifier par des arguments supplémentaires.

abonné, ée [abɔne] adj. et n. Qui bénéficie d'un abonnement. ▷ Subst. *Nos abonnés doivent montrer leur carte.*

abonnement [abɔnmɑ̃] n. m. Convention qu'un client passe avec un fournisseur pour bénéficier d'un service régulier (*spécial.* la livraison d'un quotidien, d'un périodique). *Carte d'abonnement aux transports publics. Résilier son abonnement à une publication.*

abonner [abɔne] v. tr. [1] Prendre un abonnement pour (qqn). ▷ v. pron. *Il s'est abonné à cette revue.*

abord [abɔʀ] n. m. **1.** (Plur.) Alentours. *La forêt se trouve aux abords de la ville.* **2.** Vieilli Action d'aborder, de rencontrer (une personne). ▷ Mod. *Personne d'un abord facile,* qui fait bon accueil, avenante. ▷ Loc. adv. *Dès l'abord :* dès la rencontre (d'une personne). *Dès l'abord, il me fit bonne impression.* **3.** Loc. adv. *D'abord, tout d'abord :* avant toute chose, en premier lieu. *Les femmes et les enfants d'abord. Tout d'abord agissez, vous parlerez ensuite.* ▷ (Québec) Fam. *D'abord :* dans ce cas, puisque c'est ainsi. *Elle ne m'a pas appelé? Je n'irai pas, d'abord!* – Loc conj. *D'abord que :* puisque; à condition que. *Je te crois, d'abord que tu le dis. D'abord que tu seras sage, tu peux rester ici.* **4.** Loc. adv. *Au premier abord, de prime abord :* à première vue. *De prime abord, la chose paraît facile.*

abordable [abɔʀdabl] adj. **1.** (Personnes) Que l'on peut aborder, avenant. **2.** *Prix abordable,* raisonnable.

abordage [abɔʀdaʒ] n. m. **1.** Action d'aborder. **2.** Action de prendre d'assaut un navire. *À l'abordage!* **3.** Collision accidentelle de deux navires.

aborder [abɔʀde] v. [1] **I.** v. tr. **1.** Accoster (un navire) pour lui donner l'assaut. *Corsaire qui aborde un navire.* **2.** Heurter (un navire) accidentellement. **3.** Arriver à (un endroit par où l'on va passer). *Aborder un virage.* **4.** *Aborder qqn,* s'approcher de lui pour lui parler. Syn. accoster. **5.** *Aborder un sujet,* commencer à en parler. **II.** v. intr. Prendre terre, toucher le rivage (navires, embarcations).

aborigène [abɔʀiʒɛn] adj. et n. Qui est né dans le pays qu'il habite. Syn. indigène, autochtone. ▷ n. m. pl. Premiers habitants d'une contrée (par oppos. à ceux qui sont venus s'y établir). *Les aborigènes d'Australie.* ▷ adj. *Cultures aborigènes.*

abortif, ive [abɔʀtif, iv] adj. **1.** Qui fait avorter. ▷ n. m. Produit qui provoque l'avortement. **2.** Qui n'atteint pas le terme normal de son évolution. *Forme abortive d'une maladie.*

Abou (Sélim) (né en 1928), sociologue et essayiste libanais d'expression française, auteur de plus. ouvrages traitant de l'identité culturelle : *le Bilinguisme arabe-français au Liban* (1962), *Liban déraciné* (1978).

abouchement [abuʃmɑ̃] n. m. Action d'aboucher; son résultat.

aboucher [abuʃe] v. [1] **I.** v. tr. Appliquer (un tube à un autre) par l'extrémité. **II.** v. pron. **1.** (Souvent péjor.) Entrer en relation avec (qqn), en général pour affaires. *Il s'est abouché avec un grossiste.* **2.** S'appliquer par une extrémité à (tubes). *La descente d'eau s'abouche au collecteur.*

Abou Dhabi. V. Abu Dhabi.

Aboukir, village d'Égypte, sur une presqu'île. – La flotte française de l'amiral Brueys y fut anéantie par Nelson (1798); sur terre, Bonaparte y écrasa les Turcs (1799). Les Brit. reprirent Aboukir en 1801.

abouler [abule] v. tr. [1] Arg. Donner, remettre. *Aboule le fric vite fait!*

aboulie [abuli] n. f. Absence, diminution de la volonté.

aboulique [abulik] adj. (et n.) Qui est atteint d'aboulie.

Abou Nouwas *(Abū Nuwās)* (v. 762 – v. 813), poète abbasside : *Khamriyyat,* poèmes lyriques qui chantent le vin *(kham)* et les plaisirs.

Abou Simbel. V. Abu Simbel.

about [abu] n. m. Extrémité par laquelle une pièce d'assemblage se joint à une autre.

About (Edmond) (1828 – 1885), romancier français : *le Roi des montagnes* (1857), *l'Homme à l'oreille cassée* (1861), etc. Acad. fr. (1884).

abouti, ie [abuti] adj. Qui a été mené à bien, réussi. *Une œuvre aboutie.*

aboutir [abutiʀ] v. [3] **I.** v. tr. indir. **1.** Arriver en bout de parcours (à un lieu). *Ce chemin aboutit à la maison.* **2.** Fig. Avoir pour résultat. *Cette maladie aboutit à la mort.* **II.** v. intr. Arriver à bonne fin, réussir. *Ses démarches ont abouti.* ▷ (Québec) Fam. (En parlant d'une personne) Finir, achever (qqch). *Tâche d'aboutir!* – (En parlant d'un abcès) Crever.

aboutissants [abutisɑ̃] n. m. pl. *Connaître les tenants et les aboutissants d'une affaire,* la connaître dans toutes ses implications, dans le détail.

aboutissement [abutismɑ̃] n. m. Résultat, fin. *L'aboutissement des efforts de quelqu'un.*

aboyer [abwaje] v. intr. [23] **1.** Crier (en parlant du chien). Syn. (Québec) japper. **2.** Fig. Invectiver (personnes).

aboyeur, euse [abwajœʀ, øz] n. **1.** Chien qui aboie. **2.** Fig., péjor. Personne qui crie beaucoup. **3.** Personne qui annonce en criant (par ex. les invités dans une réception).

abracadabrant, ante [abʀakadabʀɑ̃, ɑ̃t] adj. Invraisemblable. *Histoires abracadabrantes.*

Abraham (plaines d'), plateau à l'O. de Québec. – Le 13 sept. 1759, les Anglais vainquirent les Français de Montcalm, qui trouva la mort.

Abraham ou **Abram** (XIXe s. av. J.-C.), personnage biblique; premier patriarche des Hébreux et «père des croyants» juifs, chrétiens et musulmans. Selon la Genèse, Dieu le conduit d'Ur, en Chaldée, jusqu'au pays de Canaan et lui promet un fils, Isaac, de sa femme Sara, jusque-là stérile. Sara ayant engendré Isaac, Dieu réclame à Abraham le sacrifice de ce fils, mais se contente, au moment de l'holocauste, d'un geste d'obéissance et de foi. Son autre fils, Ismaël, était né d'une esclave, Agar, répudiée à la naissance d'Isaac.

Abrahams (Peter) (né en 1919), écrivain sud-africain d'expression anglaise; métis, il a peint dans ses œuvres autobiographiques (*Je ne suis pas un homme libre,* 1954) et romanesques (*Une couronne pour Udomo,* 1956; *Cette île entre autres,* 1966) les conflits en Afrique du Sud et à la Jamaïque.

Abram. V. Abraham.

abrasif, ive [abʀazif, iv] adj. Qui use par frottement. ▷ n. m. Corps abrasif.

abrasin [abʀazɛ̃] n. m. Arbre d'origine asiatique dont la graine fournit une huile alimentaire, l'huile d'abrasin.

abrasion [abʀazjɔ̃] n. f. **1.** TECH Usure par frottement. **2.** GEOL Érosion par l'eau, la glace ou le vent. **3.** MED Plaie superficielle due à un frottement contre une surface rugueuse.

abréaction [abʀeaksjɔ̃] n. f. PSYCHAN Extériorisation émotionnelle par laquelle un sujet se libère de l'affect qui était lié à un traumatisme et était resté refoulé.

abrégé [abʀeʒe] n. m. **1.** Discours, écrit réduit à l'essentiel. *L'abrégé d'un récit.* ▷ Petit ouvrage exposant succinctement une science, une technique. Syn. mémento. **2.** Loc. adv. *En abrégé :* en peu de mots, sommairement. *Noter en abrégé.* **3.** Litt. Représentation sous une forme réduite. *Un jardin anglais, abrégé de la nature.*

abrégement ou **abrègement** [abʀɛʒmɑ̃] n. m. Action d'abréger. *L'abrégement d'un délai.*

abréger [abʀeʒe] v. tr. [15] Rendre plus court (en durée, en substance). *Abréger une attente fastidieuse. Abréger un article trop long.* Syn. écourter, résumer. Ant. allonger.

abreuver [abʀøve] v. [1] **I.** v. tr. **1.** Faire boire (un animal ou, fam., une personne). *Abreuver son cheval. Abreuver qqn de vin.* **2.** Fig. Imbiber. *Arroser une plante en abreuvant la terre.* **3.** Fig. *Abreuver qqn d'injures,* l'accabler d'injures. **II.** v. pron. **1.** Boire. *Vaches qui s'abreuvent au ruisseau.* **2.** Fig. Jouir à satiété, profiter pleinement de. *Il s'abreuve de musique.*

abreuvoir [abʀøvwaʀ] n. m. **1.** Lieu conçu pour faire boire les animaux; auge destinée à cet usage. *Mener le bétail à l'abreuvoir.* **2.** (Québec) Dans les lieux publics, appareil permettant de boire grâce à un mécanisme qui commande un jet d'eau.

abréviatif, ive [abʀevjatif, iv] adj. Qu'on utilise pour abréger. *Formule abréviative.*

abréviation [abʀevjasjɔ̃] n. f. **1.** Retranchement de lettres dans un mot, de mots dans une phrase, pour gagner en rapidité, en espace. *Abréviation de «ce qu'il fallait démontrer» en C.Q.F.D.* **2.** Mot, groupe de mots abrégés. *Aucune abréviation ne doit figurer dans un acte juridique.*

abri [abʀi] n. m. Lieu de protection, de refuge contre les intempéries ou le danger. *Abri antiatomique.* ▷ (Québec) *Abri d'auto :* petit toit pentu accolé au mur d'une maison, destiné à abriter une voiture. ▷ Loc. adv. *À l'abri :* à un endroit où l'on est protégé. *Se mettre à l'abri.* ▷ Loc. prép. *À l'abri de :* protégé contre; à couvert au moyen de. *La maison est à l'abri du vent. À l'abri du feuillage.*

abribus [abʀibys] n. m. (Nom déposé.) Abri installé aux arrêts des transports en commun (autobus, autocar). Syn. (Afr. subsah., Belgique, France rég.) aubette.

abricot [abʀiko] n. m. Fruit de l'abricotier, d'une saveur délicate et parfumée, de couleur jaune rosé. – *Abricot des Antilles :* fruit de l'abricotier (sens 2).

abricotier [abʀikɔtje] n. m. **1.** Arbre des régions tempérées à fleurs roses (fam. rosacées), dont le fruit est l'abricot. **2.** *Abricotier des Antilles :* arbre tropical (fam. clusiacées) dont le gros fruit rond et rosé ressemble à un abricot.

abricotine [abʀikɔtin] n. f. (Suisse) Eau-de-vie d'abricot.

abrier ou **abriller** [abʀije] v. tr. [1] (On prononce le [j] à toutes les conjugaisons.) (Québec) **I. 1.** Couvrir (qqch) pour le soustraire à la vue, le protéger. *Abrier ses plants de tomates par peur du gel.* Syn. rabrier, rabriller. **2.** Couvrir (qqn) d'une couverture, d'un drap. – v. pron. *S'abrier jusqu'au cou pour la nuit.* **II.** Fig. **1.** Protéger (qqn), l'excuser. *Mère qui abrille ses enfants.* – v. pron. *S'abrier derrière qqn.* **2.** Dissimuler (une affaire). *Abrier la vérité.*

abri-sous-roche [abʀisuʀɔʃ] n. m. Cavité naturelle à la base d'une falaise.

abrité, ée [abʀite] adj. Qui est à l'abri des intempéries.

abriter [abʀite] v. [1] **I.** v. tr. **1.** Mettre à l'abri, protéger par un abri. *Abriter les cultures du vent au moyen d'un paillasson. Garage qui abrite une voiture.* **2.** Servir d'habitation à. *Cette maison abrite de nombreux locataires.* **II.** v. pron. Se mettre à l'abri (des intempéries, du danger). *S'abriter sous un arbre.* ▷ Fig. *S'abriter derrière la loi :* éluder une obligation morale, une responsabilité, en mettant à profit des dispositions légales favorables. – *S'abriter derrière qqn,* se retrancher derrière sa responsabilité.

abrivent [abʀivɑ̃] n. m. Dispositif qui protège les cultures du vent (palissade, haie, etc.).

abrogation [abʀɔgasjɔ̃] n. f. DR Action d'abroger.

abroger [abʀɔʒe] v. tr. [13] DR Rendre légalement nul. *Abroger une loi, des décrets.* Ant. promulguer.

abrupt, upte [abʀypt] adj. **1.** Coupé à pic. *Falaises abruptes.* Syn. escarpé. ▷ n. m. *Escalade d'un abrupt.* **2.** Fig. Rude, direct. *Manières abruptes, style abrupt.*

abruptement [abʀyptəmɑ̃] adv. D'une façon abrupte.

abruti, ie [abʀyti] adj. et n. **1.** adj. Devenu stupide, intellectuellement diminué. *Être abruti de fatigue, de sommeil.* **2.** n. Fam. Personne privée d'intelligence. *Un parfait abruti. Va donc, abruti!*

abrutir [abʀytiʀ] v. tr. [3] Rendre stupide, hébété. *Abrutir d'un flot de paroles.* Syn. abêtir, abasourdir. ▷ v. pron. *S'abrutir de travail.*

abrutissant, ante [abʀytisɑ̃, ɑ̃t] adj. Qui abrutit. *Un bruit abrutissant.*

abrutissement [abʀytismɑ̃] n. m. Action d'abrutir; son résultat.

Abruzzes, massif calcaire de l'Apennin central (Italie); culmine au Gran Sasso d'Italia (2914 m).

Abruzzes, région admin. d'Italie et de la C.E., sur la mer Adriatique, formée des prov. de l'Aquila, Chieti, Pescara et Teramo; 10794 km^2; 1257990 hab.; cap. *L'Aquila.*

Absalon (Xe s. av. J.-C.), personnage biblique, fils de David, qui se révolta contre son père. Arrêté dans sa fuite par sa longue chevelure qui le retint suspendu aux branches d'un arbre, il fut tué par Joab, neveu de David.

abscisse [apsis] n. f. **1.** MATH Nombre permettant de définir la position d'un point sur une droite munie d'un repère (on la représente par le symbole x). **2.** Premier des deux nombres permettant de définir la position d'un point dans le plan muni d'un repère cartésien.

abscons, onse [apskɔ̃, ɔ̃s] adj. Péjor. Obscur, difficile à comprendre. *Un auteur à la pensée absconse.* Syn. hermétique. Ant. clair, évident.

absence [apsɑ̃s] n. f. **1.** Défaut de présence, fait de ne pas être là où on pourrait ou devrait être. *Nous avons regretté votre absence à cette séance de travail.* **2.** DR Situation d'une personne dont la disparition prolongée a rendu l'existence incertaine. **3.** Fait d'être éloigné (d'une autre personne). *L'absence de sa femme lui pèse.* ▷ (S. comp.) *L'absence diminue les passions.* **4.** Inexistence, manque. *Absence de goût.* **5.** *Une absence :* une défaillance de la mémoire, de l'attention. **6.** Loc. prép. *En l'absence de :* à défaut de. *Cette décision a été prise en l'absence de l'intéressé. En l'absence de preuve.*

absent, ente [apsɑ̃, ɑ̃t] adj. et n. **1.** Qui n'est pas (dans un lieu). *Je serai absent de chez moi jusqu'à lundi.* – (S. comp.) *Je voulais le voir, mais il était absent.* ▷ Subst. (Prov.) *Les absents ont toujours tort.* **2.** Qui manque. *L'inspiration est totalement absente de cette œuvre.* **3.** Distrait. *Écouter d'un air absent.*

absentéisme [apsɑ̃teism] n. m. Fait d'être souvent absent (de son lieu de travail, d'études). *Taux d'absentéisme.* ▷ Tendance à être souvent absent sans motif valable.

absenter (s') [apsɑ̃te] v. pron. [1] **1.** S'éloigner momentanément. *Je m'absenterai de chez moi en mai.* ▷ (S. comp.) *Je m'absente un instant.* **2.** (Afr. subsah.) Ne pas être là où l'on devrait être. *Des élèves qui s'absentent trop souvent.*

abside [apsid] n. f. Extrémité d'une église, derrière le chœur.

absinthe [apsɛ̃t] n. f. **1.** Plante aromatique des régions tempérées, à saveur amère. **2.** Liqueur extraite de cette plante.

absolu, ue [apsɔly] adj. et n. m. **1.** Qui est sans limite. *Je suis dans l'incertitude absolue. – Pouvoir absolu :* pouvoir politique que rien ne borne. ▷ DR Opposable à tous. Ant. relatif. **2.** Total; entier. *Impossibilité absolue.* ▷ CHIM Exempt de tout mélange. *Alcool absolu.* **3.** Fig. Intransigeant. *Un caractère absolu.* **4.** Considéré en soi, indépendamment de toute référence à autre chose (par oppos. à *relatif*). *La vérité absolue existe-t-elle?* ▷ GRAM *Emploi absolu d'un verbe transitif :* V. absolument. *Superlatif* absolu.* ▷ MATH *Valeur absolue d'un nombre réel,* sa valeur indépendamment de son signe algébrique. (Ex. : *a* est la valeur absolue de + *a* ou de – *a*.) ▷ PHYS *Zéro absolu :* origine de l'échelle thermodynamique des températures exprimées en kelvins, soit 0 K (qui correspond à la température la plus basse possible – 273,15 °C). ▷ n. m. Ce qui existe en dehors de toute relation. *L'absolu a été longtemps considéré comme l'objet ultime de toute philosophie. Avoir soif d'absolu.*

absolument [apsɔlymɑ̃] adv. De manière absolue. **1.** Sans limite, sans contrôle. *Il dispose absolument de tout dans la maison.* **2.** Totalement, entièrement. *Je suis absolument décidé. En êtes-vous convaincu? Absolument!* **3.** Sans faute, de toute nécessité. *Je dois absolument aller à ce rendez-vous.* **4.** GRAM *Verbe transitif employé absolument,* sans complément d'objet (par ex., *aimer* dans *le temps d'aimer*).

absolution [apsɔlysjɔ̃] n. f. **1.** RELIG CATHOL Pardon accordé au nom de Dieu par le confesseur au pécheur repentant. **2.** Pardon accordé à qui a commis une faute. *Il a eu l'absolution de l'opinion publique.* **3.** DR *Acte d'absolution,* qui constate que le fait pour lequel l'accusé est poursuivi et jugé coupable ne justifie pas une sanction pénale.

absolutisme [apsɔlytism] n. m. Exercice d'un pouvoir absolu; doctrine des partisans d'un tel pouvoir.

absolutoire [apsɔlytwaʀ] adj. DR Qui porte absolution. *Jugement absolutoire.*

absorbant, ante [apsɔʀbɑ̃, ɑ̃t] adj. (et n. m.) **1.** Qui absorbe. *Les poils absorbants des racines puisent les aliments dans le sol.* ▷ n. m. Corps qui a la propriété d'absorber. **2.** Fig. Qui occupe entièrement l'attention. *Tâche absorbante.*

absorber [apsɔʀbe] v. tr. [1] **1.** Laisser pénétrer et retenir (un fluide, un rayonnement, de l'énergie). *Tissu qui absorbe l'eau. Le noir absorbe la lumière.* **2.** Ingérer (qqch). *Il absorbe une énorme quantité de nourriture.* ▷ Fig. *Société qui en absorbe une autre,* qui l'annexe en devenant détentrice de la majeure partie de son capital. **3.** Fig. Consommer entièrement. *Ces travaux ont absorbé tous les crédits.* **4.** Fig. Captiver, occuper totalement (qqn). *Ses tournées l'absorbent entièrement.* ▷ v. pron. Consacrer toute son attention. *S'absorber dans son travail.*

absorption [apsɔʀpsjɔ̃] n. f. **1.** Action d'absorber. ▷ PHYS *Coefficient d'absorption :* quotient de l'énergie absorbée par l'énergie reçue. ▷ ECON *Capacité d'absorption :* somme des biens et services, importés ou non, que peut utiliser une économie. **2.** Action d'ingérer. *Une absorption massive de médicaments.* **3.** Fig. *Absorption d'une petite entreprise par une plus grosse.*

absoudre [apsudʀ] v. tr. [75] **1.** RELIG CATHOL Accorder la rémission des péchés à. **2.** Accorder son pardon à (qqn). **3.** DR Décharger un coupable de l'accusation, en vertu d'un acte d'absolution.

absous, oute [apsu, ut] adj. Qui a reçu l'absolution; pardonné.

absoute [apsut] n. f. RELIG CATHOL Anc. Prières qui suivent la liturgie des funérailles et au cours desquelles on recommande le défunt à Dieu. *L'absoute a pris le nom de «dernier adieu» dans le rituel issu du concile Vatican II.* – (Belgique) (Au plur.) *Les absoutes ont lieu l'après-midi.*

abstenir (s') [apstəniʀ] v. pron. [36] **1.** Se garder de (faire qqch). *S'abstenir de répondre. S'abstenir de toute critique.* **2.** (S. comp.) Ne pas agir. – (Prov.) *Dans le doute, abstiens-toi. – Spécial.* Ne pas prendre part à un scrutin. *Je m'abstiendrai lors des prochaines élections.* **3.** Se priver volontairement de (qqch). *S'abstenir de cigarettes. S'abstenir de boire.*

abstention [apstɑ̃sjɔ̃] n. f. Action de s'abstenir. – *Spécial.* Fait de ne pas participer à un scrutin.

abstentionnisme [apstɑ̃sjɔnism] n. m. Attitude de ceux qui ne prennent pas part à un scrutin, ou refusent d'y participer.

abstentionniste [apstɑ̃sjɔnist] adj. et n. Partisan de l'abstentionnisme.

abstinence [apstinɑ̃s] n. f. Fait de se priver de certains aliments, de certaines activités, pour des motifs religieux ou médicaux. *Pratiquer le jeûne et l'abstinence. – Par euph.* Continence sexuelle.

abstinent, ente [apstinɑ̃, ɑ̃t] adj. Qui pratique l'abstinence.

abstraction [apstʀaksjɔ̃] n. f. **1.** Opération par laquelle l'esprit isole dans un objet une qualité particulière pour la considérer à part. **2.** Idée abstraite. *Raisonner sur des abstractions.* **3.** *Faire abstraction de :* ne pas tenir compte de.

abstraire [apstʀɛʀ] v. [58] **1.** v. tr. Isoler par abstraction (qqch). **2.** v. pron. Isoler son esprit en se plongeant dans la réflexion, la méditation.

abstrait, aite [apstʀɛ, ɛt] adj. et n. m. **I.** adj. **1.** Considéré par abstraction (sens 1). *Notion abstraite.* **2.** Qui s'applique à des relations, et non à des objets du monde. *La logique est une science abstraite.* **3.** *Art abstrait* ou *non figuratif,* qui ne cherche pas à représenter le réel (V. encycl.). **II.** n. m. Ce qui est abstrait (par oppos. à *concret*).

ENCYCL Beaux-Arts. – L'art abstrait, qui se libère de l'imitation de la réalité, est né au début du XXe s. Il s'est développé suivant deux grandes tendances, l'une émotionnelle, souvent gestuelle (Hartung, Pollock, De Kooning), l'autre géométrique (Mondrian, Malevitch, Vasarely).

abstraitement [apstʀɛtmɑ̃] adv. De manière abstraite.

absurde [apsyʀd] adj. et n. m. **1.** adj. Qui est contre le sens commun, la logique. *Une conduite absurde.* ▷ n. m. Absurdité. *Tomber dans l'absurde.* **2.** n. m. *Démonstration, raisonnement par l'absurde,* qui établit la vérité d'une proposition en montrant que son contraire ne peut être vrai. **3.** n. m. PHILO Pour les existentialistes non chrétiens (Sartre, Camus, etc.), l'impossibilité d'attribuer une cause et une finalité au monde et à la destinée de l'homme. ▷ *Théâtre de l'absurde :* genre dramatique dans lequel l'intrigue est désintégrée, la communication et le langage des personnages sont disloqués (Beckett, Ionesco, Adamov).

absurdité [apsyʀdite] n. f. **1.** Caractère de ce qui est absurde. **2.** Conduite, propos absurde. *Commettre une absurdité. Il a débité mille absurdités.*

Abu al-Abbas Abd Allah *(Abū al-'Abbās 'Abd Allāh),* dit le Sanguinaire (m. en 754), premier calife abbasside (750-754).

Abu Bakr *(Abū Bekr)* (573 – 634), beau-père et successeur de Mahomet. Il inaugura en 632 le règne des quatre premiers califes arabes, amorça la conquête islamique et réduisit la *ridda* (révolte de tribus incomplètement islamisées).

Abu Dhabi ou **Abou Dhabi** *(Abū Zabī),* un des Émirats arabes unis, sur le golfe Persique; 73548 km²; 930000 hab. (forte expansion récente); v. princ. et cap. de la féd. *Abu Dhabi :* env. 500000 hab. Import. gisements de pétrole. Forte croissance écon., revenu par habitant élevé.

Abu Hanifa *(Abū Hanīfa)* (v. 696 – 767), commentateur du Coran, promulgateur du rite hanéfite.

Abuja, cap. féd. du Nigeria; env. 120000 hab.; ch.-l. du territoire fédéral (7315 km²; 279000 hab.). Destinée à devenir une métropole aussi importante que Lagos (anc. cap.).

Abuja (traité d'), acte constitutif de la Communauté* économique africaine (C.É.A.), adopté le 3 juin 1991 par les États membres de l'O.U.A.

abus [aby] n. m. **1.** Action d'abuser (de); mauvais usage, usage excessif. *L'abus des somnifères est dangereux. – Spécial.* (S. comp.) Mauvais usage d'un privilège, d'un droit; injustice. *Nous ne tolérerons plus désormais aucun abus.* ▷ Fam. *Il y a de l'abus :* la mesure est comble. **2.** DR *Abus d'autorité,* commis par un fonctionnaire qui outrepasse ses pouvoirs. – *Abus de droit,* commis par le titulaire d'un droit. – *Abus de confiance,* commis par quiconque profite, à des fins délictueuses, de la confiance accordée par un tiers. – *Abus de biens sociaux :* fait (pour un dirigeant de société ou pour un actionnaire) d'utiliser pour son compte personnel les biens ou les profits de la société. – (Québec) *Abus physique :* mauvais traitement à l'égard d'une personne qui n'est pas en état de se défendre. – *Abus sexuel :* action d'abuser sexuellement de qqn.

Abu Seif (Salah) (né en 1915), cinéaste égyptien : *les Aventures d'Antar et Abla* (1948), *le Contremaître Hassan* (1958), *Mort parmi les vivants* (1960), *Marie-toi et vis heureux* (1990).

abuser [abyze] v. [1] **I.** v. tr. ind. **1.** Faire un usage excessif (de qqch). *Il ne faut pas abuser des bonnes choses.* **2.** *Abuser d'une femme,* la violer. – (Québec) *Abuser physiquement (de) qqn :* profiter de la faiblesse d'une personne pour la maltraiter. – *Abuser sexuellement de qqn* ou (Québec) *qqn :* contraindre qqn à des rapports sexuels. **II.** v. tr. Litt. Tromper (qqn). *Il fut facile d'abuser ce naïf.* – (Passif) *J'ai été abusé par une ressemblance.* ▷ v. pron. *Si je ne m'abuse :* si je ne me trompe pas.

abusif, ive [abyzif, iv] adj. Qui constitue un abus.

Abu Simbel ou **Abou Simbel** *(Abū Sunbul),* site archéol. d'Égypte, sur la r. g. du Nil. – Les deux temples creusés sous Ramsès II (v. 1250 av. J.-C.) dans la falaise qui domine le fleuve ont été découpés et remontés à un niveau supérieur (1963-1968) pour éviter leur submersion sous les eaux du barrage d'Assouan.

abusivement [abyzivmɑ̃] adv. D'une manière abusive.

Abydos (auj. *Madfounah*), anc. ville sainte d'Égypte (culte d'Osiris), à 70 km au N.-O. de Thèbes. Temples funéraires de Séthi Ier et de Ramsès II; les *tables d'Abydos* mentionnent deux séries de noms de pharaons allant jusqu'à la XVIIIe dynastie.

abyssal, ale, aux [abisal, o] adj. Des abysses; de la nature de l'abysse.

abysse [abis] n. m. Fosse océanique.

Abyssinie, anc. nom de la rég. correspondant auj. à l'Éthiopie.

abyssinien, enne [abisinjɛ̃, ɛn] ou **abyssin, ine** [abyssɛ̃, ine] adj. et n. De l'Abyssinie.

acabit [akabi] n. m. Péjor. Loc. *De cet acabit, du même acabit :* de ce genre, du même genre. *Faussaires, escrocs et autres malfaiteurs du même acabit.*

acacia [akasja] n. m. **1.** Cour. Robinier, faux acacia (fam. papilionacées), à fleurs blanches odorantes, au bois dur et aux rameaux épineux, originaire d'Amérique du Nord. **2.** BOT Arbre ou arbrisseau, souvent épineux (fam. mimosacées), dont une espèce est cultivée pour ses fleurs (mimosa) et d'autres, communes en zone subsahélienne, fournissent la gomme arabique ou servent de fourrage aux ruminants (gommier, gonakié, arbre du Ténéré).

académicien, enne [akademisjɛ̃, ɛn] n. **1.** Membre d'une académie, spécial., de l'Académie française. **2.** (Luxembourg) Diplômé(e) de l'université.

académie [akademi] n. f. **1.** Société réunissant des savants, des artistes, des hommes de lettres. ▷ *L'Académie :* l'Académie française. **2.** École où l'on s'exerce à la pratique d'un art. *Académie de peinture, de musique.* **3.** En France, circonscription universitaire. *L'académie de Paris.* **4.** Dessin, peinture, exécuté d'après le modèle nu et qui n'entre pas dans une composition.

Académie, école philosophique créée au IVe s. à Athènes par Platon, qui enseignait dans l'*Académia* (jardin d'Akadêmos, héros mythique).

Académie canadienne-française. V. Académie des lettres du Québec.

Académie des beaux-arts, société française fondée en 1795 qui comprend 6 sections : peinture, sculpture, architecture, gravure, musique, critique d'art. V. Institut de France.

Académie des inscriptions et belles-lettres, société française fondée par Colbert en 1663. Ses travaux portent sur les langues, l'archéologie, l'histoire, l'épigraphie et la numismatique. V. Institut de France.

Académie des lettres du Québec, institution qui succéda en 1992 à l'Académie canadienne-française. Fondée en 1944, celle-ci fut érigée en corps public en 1945 sur la demande de Victor Barbeau* et de dix autres écrivains québécois. L'Académie, qui siège à Montréal, comprend 24 membres (masculins ou féminins) dont la langue est le français. Elle attribue des médailles à des œuvres contemporaines et assure de nombr. publications.

Académie des sciences, société française fondée par Colbert en 1666 et qui comprend auj. 11 sections regroupées en 2 divisions : sciences math. et phys.; sciences chim. et naturelles. Dep. 1955, elle dirige un *Comité consultatif du langage scientifique* (notam. chargé de proposer des équivalents français aux termes anglais). V. Institut de France.

Académie des sciences d'outre-mer, société française créée à Paris en 1922 (nommée *Académie des sciences coloniales* de 1922 à 1957) et qui a pour fonction d'étudier, sous leurs aspects scientifiques, politiques, économiques, historiques, sociaux et culturels, les pays situés au-delà des mers.

Académie des sciences morales et politiques, société française créée en 1795 et qui comprend 5 sections : philosophie; morale; droit public et jurisprudence; économie politique, statistiques et finances; histoire et géographie. V. Institut de France.

Académie française, société de gens de lettres érigée en académie par Richelieu en 1635, pour rédiger un dictionnaire du français; la prem. éd. parut en 1694; une 9e éd. est en cours dep. 1981. Les 40 membres, les «Immortels», sont choisis (à vie) par cooptation. V. Institut de France.

Académie Goncourt, société française fondée en 1896, à la mort d'Edmond de Goncourt, dont c'était le vœu testamentaire. Elle rassemble dix écrivains, qui chaque année décernent le *prix Goncourt* à un livre récemment paru.

Académie royale de langue et de littérature françaises, institution créée à Bruxelles en 1920 par le roi des Belges Albert Ier à l'initiative de Jules Destrée*, ministre des Sciences et des Arts. Elle compte 40 membres (masculins ou féminins), répartis ainsi : 30 Belges (20 au titre littéraire, 10 au titre philologique); 10 étrangers (6 au titre littéraire, 4 au titre philologique) choisis dans les pays «où le français est parlé, honoré, cultivé».

académique [akademik] adj. **1.** D'une académie, spécial., de l'Académie française. **2.** D'une académie (au sens 3). *Inspection académique.* **3.** (Belgique, Québec, Suisse) Relatif aux études, en partic. universitaires. *Année académique. Formation académique.* – (Belgique, Québec) *Liberté académique :* liberté d'expression reconnue à ceux qui enseignent dans une université. – (Belgique, Luxembourg) Fam. *Quart d'heure académique :* léger retard théoriquement toléré. **4.** Conventionnel et compassé (en parlant d'une œuvre d'art). – (Québec) Qui est théorique, sans portée pratique. *Une discussion purement académique.* **5.** (Belgique, Luxembourg) Marqué par une certaine solennité. *Salle académique,* où se tiennent des séances solennelles (*académiques*).

académisme [akademism] n. m. Attachement rigoureux aux traditions et aux règles académiques (sens 4). *Peinture d'un académisme froid.*

acadianisme [akadjanism] n. m. LING Tournure, mot ou prononciation propres au français parlé en Acadie. (V. canadianisme, québécisme.)

Acadie, région orientale du Canada, colonisée au XVIIe s. par des Français originaires du Poitou mais qui devint une colonie anglaise en 1713. Appelée alors Nouvelle-Écosse, elle conserve son caractère français et catholique jusqu'à l'arrivée d'un fort contingent de colons anglais à Halifax en 1749. Expulsés entre 1755 et 1762, les Acadiens (français) furent dispersés dans les colonies américaines, au Québec, en France et en Angleterre. Émergeant lentement de la pauvreté et de l'isolement, les communautés acadiennes des trois provinces Maritimes ont évolué différemment : les 210000 Acadiens du Nouveau-Brunswick représentent plus de 30 % de la pop. (et bénéficient d'un enseignement francophone); ceux de l'Île-du-Prince-Édouard et de la Nouvelle-Écosse, 6 %.

► V. carte et dossier Canada, p. 1404

acadien, enne [akadjɛ̃, ɛn] adj. et n. **1.** adj. De l'Acadie. *Le français acadien. La chanson, la littérature acadiennes.* ▷ Subst. *Un(e) Acadien(ne).* **2.** n. m. *L'acadien :* le français, tel qu'il est parlé en Acadie. V. encycl. ci-après.

ENCYCL Ling. – Le français acadien est parlé dans des communautés dispersées dans l'est du Canada : provinces Atlantiques (princ. Nouveau-Brunswick), îles de la Madeleine et régions limitrophes du Québec (baie des Chaleurs, Basse-Côte-Nord). Dans la plupart de ces aires, le français est en contact quotidien avec l'anglais, de sorte qu'une situation de bilinguisme généralisée chez les francophones menace la survie de leur langue. Le français acadien a eu une grande influence sur celui de la Louisiane à la suite de la Déportation* de 1755, un bon nombre d'Acadiens s'étant installés dans les bayous* à l'ouest de La Nouvelle-Orléans. Demeuré très proche de ses origines (français du XVIIe s. comportant de nombreux traits des parlers régionaux de France, surtout du Poitou), le français acadien typique se caractérise par sa prononciation (par ex. *cœur* prononcé [tʃœʀ], *gueule* prononcé [dʒœl]), sa morphologie (par ex. terminaison en *-ont* à la troisième pers. du plur. des verbes en -er, comme dans *ils mangeont*) et son vocabulaire (*bâsir,* «disparaître»; *éloèse,* «éclair»). V. louisianais et québécois.

acajou [akaʒu] n. m. Bois dur, de teinte brun rougeâtre, utilisé en ébénisterie pour sa texture finement striée et le poli qu'il est susceptible d'acquérir. *Salle à manger en acajou.* ▷ Arbre d'Afrique et d'Amérique tropicales qui donne ce bois et qui comprend plusieurs variétés. *Acajou du Sénégal :* caïlcédrat (aire soudanienne). *Acajou d'Afrique* (forêt équatoriale). *Acajou blanc. Acajou rouge. Acajou d'Amérique* ou *acajou vrai. Acajou des Antilles. Acajou de Cayenne. Pommier d'acajou :* anacardier. *Pomme d'acajou :* anacarde. *Noix d'acajou :* amande de l'anacarde.

acalculie [akalkyli] n. f. MED Dans certaines aphasies, perte, d'origine pathologique, de la capacité de calculer et de manier les chiffres.

acalèphes [akalɛf] n. m. pl. ZOOL Classe de cnidaires comprenant de grandes méduses sans voile. – Sing. *Un acalèphe.*

acanthacées [akɑ̃tase] n. f. pl. BOT Famille dont le type est l'acanthe. – Sing. *Une acanthacée.*

acanthaster [akɑ̃tastɛʀ] n. f. Grande étoile de mer (jusqu'à 50 cm), à épines venimeuses, qui se nourrit de madrépores dans les récifs coralliens de l'océan Pacifique.

acanthe [akɑ̃t] n. f. **1.** Plante gamopétale méditerranéenne ornementale épineuse à feuilles longues et découpées. **2.** *Feuille d'acanthe :* ornement d'architecture imité de cette plante.

acanthoptérygiens [akɑ̃topteʀiʒjɛ̃] n. m. pl. ICHTYOL Groupe de poissons téléostéens dont les nageoires comportent des rayons épineux. – Sing. *Un acanthoptérygien.*

a cappella [akapɛlla] loc. adv. (ital.) MUS Sans accompagnement musical. *Chanter a cappella.*

Acapulco de Juárez, v. et port du Mexique, sur le Pacifique; 592 180 hab. Stat. balnéaire célèbre.

acara [akaʀa], **acra** ou **accra** [akʀa] n. m. En Afrique occid. et dans les Antilles, beignet salé, à base de pulpe de légumes (notam. doliques), de farine de froment ou de poisson, généralement servi avec une sauce pimentée. Syn. (Antilles fr., Guyane, Haïti) marinade.

acariâtre [akaʀjɑtʀ] adj. De caractère aigre et querelleur. *Une femme acariâtre.* Syn. acrimonieux, bougon, grincheux, hargneux. Ant. doux, paisible, sociable.

acaricide [akaʀisid] adj. et n. m. Se dit d'un produit qui détruit les acariens parasitant les plantes ou les animaux.

acariens [akaʀjɛ̃] n. m. pl. ZOOL Ordre de petits arachnides, à huit pattes, libres ou parasites (tiques, aoûtats, etc.) qui peuvent transmettre des maladies aux hommes, aux animaux et aux plantes, ou causer des dégâts aux denrées entreposées. – Sing. *Un acarien.*

acariose [akaʀjoz] n. f. MED, MED VET Parasitose provoquée par un acarien.

acassa [akasa] n. m. V. akassa.

acassan ou **akassan** [akasɑ̃] n. m. (Haïti) Bouillie de farine de maïs plus ou moins liquide. (V. akassa.)

acaule [akol] adj. BOT Sans tige apparente. *Le pissenlit est acaule.*

accablant, ante [akablɑ̃, ɑ̃t] adj. Qui accable. *Chaleur accablante.* – *Charges accablantes contre un prévenu,* qui font peser sur lui une très forte présomption de culpabilité.

accablement [akabləmɑ̃] n. m. **1.** Vx Action d'accabler. **2.** État d'une personne accablée. *Son accablement faisait peine à voir.*

accabler [akable] v. tr. [1] **1.** Faire supporter par (qqn) une chose fatigante, pénible. *La chaleur nous accablait.* – *Accabler de :* surcharger de. *Accabler le peuple d'impôts.* – Pp. adj. *Depuis cet échec, il paraît accablé.* **2.** *Accabler une personne de mépris, d'injures,* lui faire sentir qu'on la méprise, lui adresser des injures nombreuses et humiliantes.

accalmie [akalmi] n. f. **1.** Calme momentané dans une tempête, un orage, une averse. *Profiter d'une accalmie pour sortir.* Syn. éclaircie, embellie. **2.** *Par anal.* Moment de calme qui suit l'agitation, l'activité. Syn. répit.

accaparement [akapaʀmɑ̃] n. m. Action d'accaparer; son résultat.

accaparer [akapaʀe] v. tr. [1] **I. 1.** ECON Acquérir ou conserver en grande quantité (une marchandise) pour faire monter son prix. – *Accaparer un marché,* en détenir le monopole. **2.** Prendre, conserver pour son usage exclusif. *Accaparer les bons morceaux. Accaparer l'attention.* – *Accaparer qqn,* l'occuper, le retenir exclusivement. **II.** v. pron. (Belgique; France rég.; Québec, emploi critiqué) *S'accaparer (de) qqch, (de) qqn :* prendre ou conserver (qqch) pour son usage personnel; retenir (qqn) pour soi seul.

accapareur, euse [akapaʀœʀ, øz] n. **1.** Personne qui accapare. **2.** (Réunion) Intermédiaire légal entre les producteurs locaux (pêcheurs, cultivateurs, etc.) et les détaillants.

accastillage [akastijaʒ] n. m. Partie du gréement d'un voilier nécessaire à la manœuvre des voiles, des cordages, des chaînes.

accéder [aksede] v. tr. ind. [14] **1.** Avoir accès à, parvenir à. *On accède à la cuisine par un couloir.* – Fig. *Accéder à de hautes responsabilités.* **2.** *Accéder aux désirs, aux vœux de qqn,* leur donner une suite favorable.

accélérateur, trice [akseleʀatœʀ, tʀis] adj. et n. m. **I.** adj. Qui accélère, qui donne une vitesse plus grande. *Force accélératrice.* **II.** n. m. **1.** Cour. Pédale qui commande l'admission du mélange combustible dans un moteur d'automobile. *Appuyer sur l'accélérateur.* **2.** CHIM Substance qui rend plus rapide une réaction. **3.** ECON *Principe de l'accélérateur :* loi selon laquelle une variation du revenu ou de la production a un effet d'accélération sur l'investissement de la période. **4.** PHYS NUCL *Accélérateur de particules :* appareil qui communique à des particules électriquement chargées une grande énergie cinétique et les dirige sur une cible (matière solide, liquide ou gazeuse) pour en briser les noyaux atomiques, soit en vue d'étudier leur structure, soit en vue de créer d'autres particules. (On accélère les particules soit par un champ électrique seul, soit par un champ électrique associé à un champ magnétique, et on leur adjoint parfois des anneaux* de stockage.)

accélération [akseleʀasjɔ̃] n. f. **1.** Augmentation de vitesse. *L'accélération du train a été sensible dès la sortie de la gare.* **2.** Augmentation de la rapidité d'une action. *L'accélération des travaux.* **3.** MECA Quotient d'une variation de vitesse par l'intervalle de temps correspondant. *Accélération instantanée :* limite de ce quotient quand l'intervalle de temps tend vers zéro.

accéléré, ée [akseleʀe] adj. et n. m. **1.** Qui a subi une accélération. ▷ n. m. CINE Procédé de prise de vues qui permet de faire paraître les mouvements plus rapides qu'ils ne le sont dans la réalité. **2.** (Suisse) Train qui ne dessert pas toutes les gares de sa ligne. – *Bus, tram accéléré,* qui ne dessert pas tous les arrêts d'une ligne.

accélérer [akseleʀe] v. [14] **I.** v. tr. **1.** Augmenter la rapidité de. *Accélérer la marche.* **2.** Fig. Faire évoluer plus rapidement. *Accélérer la décision d'une affaire.* Syn. hâter. **II.** v. pron. Augmenter de vitesse. *Mouvement qui s'accélère.* **III.** v. intr. **1.** Agir sur l'accélérateur d'une automobile pour augmenter sa vitesse. **2.** Rouler plus vite. *Les voitures accélèrent dans les lignes droites.*

accent [aksɑ̃] n. m. **I. 1.** Accroissement de l'intensité d'un son, de la parole. *En français, c'est en général la dernière syllabe du mot qui porte l'accent.* ▷ MUS Accroissement de l'intensité sonore sur un temps de la mesure; signe qui note cet accroissement. **2.** Signe graphique qui précise la valeur d'une lettre. – En français, signe graphique placé au-dessus d'une voyelle pour en indiquer la prononciation, *é (accent aigu) :* [e]; *è (accent grave), ê (accent circonflexe) :* [ɛ]; ¨ *(tréma) :* ex. *mosaïque* [mɔzaik], ou pour distinguer un mot d'un homonyme (par ex. : *du* et *dû*). **II. 1.** Modification expressive de la voix. *Parler avec l'accent de la passion.* **2.** Fig. *Mettre l'accent sur :* souligner l'importance de. *Mettre l'accent sur un aspect d'un problème.* **III.** Prononciation particulière d'une langue. *Parler le français avec l'accent belge. Avoir un accent.*

accenteur [aksɑ̃tœʀ] n. m. ORNITH Oiseau passériforme d'Eurasie, au bec fin et au plumage terne.

accentuation [aksɑ̃tɥasjɔ̃] n. f. **1.** Manière, fait d'accentuer (dans la parole ou l'écriture). **2.** Fait d'accentuer, de s'accentuer (sens 2). *L'accentuation de l'inflation ruinerait le pays.*

accentué, ée [aksɑ̃tɥe] adj. **1.** Qui porte un accent (aux sens I, 1 et 2). *Syllabe accentuée. Lettre accentuée.* **2.** Fig. Fortement marqué. *Des rides accentuées.*

accentuer [aksɑ̃tɥe] v. tr. [1] **1.** Mettre un accent sur (une lettre). ▷ (S. comp.) *Vous ponctuez mal et vous n'accentuez pas.* **2.** Rendre plus perceptible; renforcer. *Sa haute taille accentuait sa maigreur. Cet incident accentuera leur désaccord.* ▷ v. pron. Augmenter. *Infirmité qui s'accentue avec l'âge.*

acceptabilité [aksɛptabilite] n. f. Caractère de ce qui est acceptable. ▷ LING Fait, pour une phrase, d'être reconnue par les locuteurs comme grammaticalement correcte et pourvue d'un sens.

acceptable [aksɛptabl] adj. Qui peut être accepté, admissible. *Une offre acceptable.*

acceptation [aksɛptasjɔ̃] n. f. **1.** Fait d'accepter. *L'acceptation de la mort.* Ant. refus. **2.** DR Consentement formel notifié. *Acceptation d'une traite.* Ant. protestation.

accepter [aksɛpte] v. [1] **I.** v. tr. **1.** Prendre, recevoir volontairement ce qui est proposé. *Accepter un cadeau. Accepter une invitation.* ▷ (S. comp.) *Acceptez-vous?* Ant. refuser. **2.** DR *Accepter une traite,* s'engager à la payer à l'échéance. **3.** Supporter. *Accepter son sort avec résignation.* Syn. endurer. **4.** Tenir pour fondé. *Accepter une théorie.* **5.** *Accepter qqn,* l'admettre comme l'un des siens. *Ses beaux-parents l'ont accepté.* **II.** v. tr. ind. **1.** *Accepter de* (+ inf.) : consentir à. *J'accepte de parler, mais il faut m'écouter.* **2.** *Accepter que* (+ subj.) : admettre que. *Il accepte que vous l'accompagniez.*

accepteur [aksɛptœʀ] n. m. **1.** DR Celui qui accepte une traite. **2.** CHIM Atome susceptible de recevoir un électron supplémentaire. **3.** PHYS NUCL Structure chimique (atome, ion, molécule) susceptible de fixer un ou plusieurs électrons.

acception [aksɛpsjɔ̃] n. f. **1.** DR *Sans acception de personne :* sans préférence envers qqn. **2.** Sens d'un mot. *Ce mot a plusieurs acceptions.*

accès [aksɛ] n. m. **I. 1.** Voie pour se rendre dans, passage vers (un lieu). *Accès d'une autoroute. Accès interdit.* **2.**

Possibilité d'accéder, de parvenir à. *Village d'un accès difficile.* ▷ Fig. *L'accès à une profession,* la possibilité de l'exercer. *Garantir à tous l'accès à l'éducation.* ▷ INFORM *Accès direct :* procédé qui donne la possibilité d'atteindre directement l'emplacement d'une information dans une mémoire (par oppos. à *accès séquentiel*). **II.** Manifestation du symptôme d'une maladie ou d'une émotion. *Accès de fièvre. Il a de brusques accès de fureur.* – *Accès pernicieux :* forme neurologique du paludisme, aussi appelée neuropaludisme. Syn. crise.

accessibilité [aksesibilite] n. f. Caractère de ce qui est accessible. – Possibilité d'accéder.

accessible [aksesibl] adj. **1.** (Lieux) Que l'on peut atteindre. *Une crique accessible seulement par mer.* ▷ Fig. (Choses) Que l'on peut comprendre. *Livre accessible au profane.* ▷ Fig. *Un article accessible à toutes les bourses, d'un prix accessible,* que tout le monde peut acheter, bon marché. **2.** (Personnes) Que l'on peut approcher, rencontrer. *Il n'est accessible que sur rendez-vous.* **3.** Qui est capable d'éprouver (un sentiment, une émotion). *Être accessible à la compassion.*

accession [aksesjɔ̃] n. f. Action de s'approcher de, d'accéder à. *Accession à l'indépendance.* ▷ DR Mode légal d'acquérir la propriété par extension du droit du propriétaire d'une chose aux produits de cette chose, à tout ce qui s'y unit ou s'y incorpore.

accessit [aksesit] n. m. Distinction attribuée à un élève qui, sans avoir obtenu un prix, s'en est approché. *Un accessit de géographie. Des accessits.*

accessoire [akseswaʀ] adj. et n. m. **I.** adj. Subordonné à ce qui est essentiel. *Idée, clause accessoire. N'avoir qu'un intérêt accessoire.* Syn. annexe, secondaire, subsidiaire. – *Revenus accessoires,* qui ne résultent pas de l'activité principale. ▷ n. m. *Examinons d'abord le principal, l'accessoire ensuite.* **II.** n. m. **1.** Pièce qui ne fait pas partie intégrante d'un ensemble mécanique. *Des accessoires d'automobile.* **2.** Petit objet conçu pour un usage précis, déterminé, dans l'exercice d'une activité particulière ou d'une profession. *Outils et accessoires chirurgicaux.* **3.** Objet, élément mobile du décor, du costume, dans un spectacle. *Cette scène requiert divers accessoires.* **4.** Élément ajouté à la tenue vestimentaire (gants, sac, ceinture, etc.).

accessoirement [akseswaʀmɑ̃] adv. D'une manière accessoire.

accessoiriste [akseswaʀist] n. m. Celui qui, au théâtre, au cinéma, à la télévision, s'occupe des accessoires (sens II, 3).

accident [aksidɑ̃] n. m. **I. 1.** Épisode sans réelle importance. *Son échec au baccalauréat n'était qu'un accident, qu'un accident de parcours.* **2.** PHILO Ce qui n'est pas inhérent à l'être, à la substance. *L'essence et l'accident.* **3.** MUS Signe d'altération (dièse, bémol, bécarre) placé devant une note dans le courant d'un morceau. **4.** *Accident de terrain :* inégalité du terrain. – *Accident tectonique :* déformation de l'écorce terrestre. **II.** Événement imprévu aux conséquences fâcheuses. **1.** Événement imprévu, survenant brusquement, qui entraîne des dommages matériels ou corporels. *Accident de voiture, d'avion. Accident du travail.* – (Afr. subsah., Liban, oc. Indien, Québec) *Faire un accident* ou (Afr. subsah.) *faire l'accident :* être la victime ou la cause d'un accident de la circulation. **2.** MED Affection qui survient brutalement. *Être victime d'un accident cardiaque, vasculaire, cérébral.*

accidenté, ée [aksidɑ̃te] adj. et n. **1.** Qui présente des creux et des bosses, inégal. *Terrain accidenté.* **2.** Qui a subi un accident (sens II, 1). *Voiture accidentée.* ▷ Subst. *Une accidentée. Un accidenté du travail.*

accidentel, elle [aksidɑ̃tɛl] adj. Fortuit, qui arrive par accident. *Mort accidentelle.*

accidentellement [aksidɑ̃tɛlmɑ̃] adv. De manière accidentelle; fortuitement.

accises [aksiz] n. f. pl. ADMIN (Belgique, Luxembourg) Ensemble des impôts indirects sur le commerce de certaines denrées, spécial. l'alcool. *Les droits d'accises.*

acclamation [aklamasjɔ̃] n. f. Cri collectif en faveur de quelqu'un. *Acclamations à la fin d'un spectacle, d'un concert.* – *Motion votée par acclamation,* adoptée sans scrutin, dans l'enthousiasme collectif.

acclamer [aklame] v. tr. [1] Saluer par des acclamations. *Acclamer un orateur.* Ant. conspuer, huer.

acclimatation [aklimatasjɔ̃] n. f. Action d'acclimater ou de s'acclimater. Syn. accommodation. ▷ *Jardin d'acclimatation :* parc zoologique où se trouvent des animaux exotiques.

acclimatement [aklimatmɑ̃] n. m. SC NAT Résultat de l'acclimatation; état d'un sujet qui s'est acclimaté.

acclimater [aklimate] v. [1] **1.** v. tr. Habituer (une plante ou un animal) à des conditions de climat, d'environnement, différentes de celles de son milieu d'origine. *Acclimater un arbre tropical en Europe.* **2.** v. pron. S'adapter à un climat, un milieu différent (plantes, animaux). ▷ Fig. S'accoutumer à de nouvelles conditions d'existence (personnes). *Immigré qui s'acclimate à sa patrie d'adoption.*

accointance [akwɛ̃tɑ̃s] n. f. (Surtout plur., souvent péjor.) Fréquentation, relations familières. *Avoir des accointances avec des individus peu recommandables.*

accolade [akɔlad] n. f. **1.** Action de mettre les bras autour du cou ou sur les épaules de qqn pour l'accueillir ou l'honorer. *Donner, recevoir l'accolade. Une accolade fraternelle.* **2.** Signe graphique ({ ou }) utilisé pour réunir plusieurs lignes ou plusieurs colonnes.

accolé, ée [akɔle] adj. Étroitement joint à. *Grange accolée à une ferme.*

accoler [akɔle] v. tr. [1] **1.** Réunir côte à côte, joindre étroitement. *Accoler les lentilles d'un instrument d'optique.* **2.** Unir par une accolade (sens 2). *Accoler les portées d'une partition.*

accommodant, ante [akɔmɔdɑ̃, ɑ̃t] adj. D'humeur facile; complaisant. *Une personne très accommodante.*

accommodat [akɔmɔda] n. m. BIOL Ensemble des variations phénotypiques dues à la vie dans un milieu inhabituel, présenté par un animal, une plante.

accommodation [akɔmɔdasjɔ̃] n. f. **1.** Action d'accommoder ou de s'accommoder. **2.** *Accommodation de l'œil :* variation de la courbure du cristallin qui permet la vision nette à différentes distances.

accommodement [akɔmɔdmɑ̃] n. m. Arrangement, accord à l'amiable. *Il refuse tout accommodement.*

accommoder [akɔmɔde] v. [1] **I.** v. tr. **1.** Préparer (des aliments). *Accommoder un poisson.* **2.** *Accommoder à :* adapter à. *Accommoder sa vie aux circonstances.* **3.** (Afr. subsah.) *Accommoder qqn :* tout mettre en œuvre pour être utile à qqn, pour lui complaire. **II.** v. pron. *S'accommoder de :* se faire à, s'habituer à.

accompagnant [akɔ̃paɲɑ̃] n. m. (Afr. subsah.) Personne qui accompagne un proche à l'hôpital, à l'aéroport, etc. pour l'assister et lui tenir compagnie.

accompagnateur, trice [akɔ̃paɲatœʀ, tʀis] n. **1.** MUS Musicien, musicienne qui assure l'accompagnement instrumental. **2.** Personne qui accompagne, guide ou dirige un groupe.

accompagnement [akɔ̃paɲmɑ̃] n. m. **1.** Ce qui accompagne. *Servir du riz en accompagnement d'un plat de viande.* **2.** MUS Soutien de la mélodie d'une voix ou d'un instrument par une partie exécutée sur un instrument secondaire. – Cette partie de soutien.

accompagner [akɔ̃paɲe] v. tr. [1] **1.** Aller de compagnie avec (qqn). *Il l'accompagne à la gare.* **2.** Joindre, ajouter (qqch) à (qqch). *Il accompagna ces paroles d'un sourire.* ▷ v. pron. Advenir en même temps que. *Sa migraine s'accompagne de nausées.* **3.** MUS Soutenir par un accompagnement (sens 2). *Accompagner un chanteur à la guitare.* ▷ v. pron. *S'accompagner au piano.*

accompli, ie [akɔ̃pli] adj. **1.** Qui est parfait en son genre. *Une maîtresse de maison accomplie.* **2.** Entièrement achevé. *C'est une affaire accomplie.* ▷ *Fait accompli,* sur lequel il n'y a plus à revenir. *Mettre qqn devant le fait accompli.* **3.** Révolu. *Il a dix-huit ans accomplis.* **4.** GRAM Ensemble des formes du verbe qui expriment l'action du point de vue de son achèvement. Syn. perfectif.

accomplir [akɔ̃pliʀ] v. [3] **I.** v. tr. Réaliser entièrement. **1.** Mener à son terme. *Accomplir son temps de service.* Syn. effectuer. **2.** Exécuter (ce qui était prévu). *Accomplir un projet.* **3.** S'acquitter de. *Accomplir sa tâche, ses obligations.* **II.** v. pron. Se réaliser. *Leurs vœux se sont accomplis.*

accomplissement [akɔ̃plismɑ̃] n. m. Fait d'accomplir, de s'accomplir; son résultat.

accord [akɔʀ] n. m. **I. 1.** Entente entre des personnes. – *Vivre en bon accord avec qqn.* **2.** Convention. *Passer un accord avec un fournisseur. Signer un accord commercial.* **II. 1.** Concordance (de choses, d'idées entre elles). *L'accord des couleurs témoigne du goût de la décoratrice.* – *Mettre ses actes en accord avec ses convictions,* en conformité avec elles. ▷ *Être d'accord, tomber d'accord :* être du même avis. ▷ *D'un commun accord* ou (Belgique) *de commun accord :* selon une décision prise en commun. **2.** Assentiment, approbation. *Donner son accord. Il faut l'accord préalable de l'administration.* – *Cette décision a été prise en accord avec l'intéressé,* avec son assentiment. ▷ Ellipt. *D'accord!* (pour manifester son assentiment, son approbation à ce qui vient d'être dit). *Vous venez? D'accord!* – Fam. *Pas d'accord!* ▷ (Québec) *Être d'accord avec qqch* ou (emploi qui se répand en France) *pour qqch :* reconnaître qqch comme acceptable, l'approuver. *On n'est pas d'accord avec ce projet.* – *Être d'accord que :* admettre, reconnaître que. *Je suis d'accord que cette loi s'imposait.* **III. 1.** MUS Combinaison d'au moins trois notes jouées simultanément. *Plaquer quelques accords au piano. Accord parfait. Accord dissonant.* **2.** MUS Réglage d'un instrument de musique à un ton donné. **3.** PHYS Réglage de deux mouvements vibratoires sur la même fréquence. *Chercher l'accord d'un récepteur sur la fréquence d'un émetteur.* **4.** GRAM Concordance entre les marques de genre, de classe, de nombre ou de personne de deux ou plusieurs mots liés syntaxiquement. *L'accord du participe passé.*

accordailles [akɔʀdaj] n. f. pl. Vx (Cour. en France rég.) Fiançailles.

accord-cadre [akɔʀkadʀ] n. m. Accord servant de modèle à des accords entre partenaires sociaux. *Des accords-cadres.*

accordéon [akɔʀdeɔ̃] n. m. Instrument de musique portatif à soufflet et à anches métalliques, muni de touches. Syn. (Louisiane) musique à mains. ▷ Par comparaison. *En accordéon :* qui forme de nombreux plis. *Pantalon en accordéon.*

accordéoniste [akɔʀdeɔnist] n. Personne qui joue de l'accordéon.

accorder [akɔʀde] v. [1] **A.** v. tr. **I.** Établir une entente entre (des personnes). *Il est parvenu à les accorder en obtenant de chacun des concessions.* **II. 1.** Faire concorder (une idée, une chose) avec (une autre). *Comment accorder le goût de la liberté avec les contraintes de la vie sociale?* **2.** Octroyer, concéder. *Accorder une autorisation. Je vous accorde que vous avez raison sur ce point.* ▷ (Afr. subsah.) *Accorder la route :* V. route. **III. 1.** MUS Régler un instrument de musique à un ton donné, le faire sonner juste. *Accorder un piano.* ▷ Fig. *Accordons nos violons :* mettons-nous d'accord. **2.** GRAM Faire correspondre les marques de genre, de classe, de nombre ou de personne de deux ou plusieurs mots liés syntaxiquement. *Accorder le verbe avec son sujet.* **B.** v. pron. **I.** S'entendre. *Louis et Jean s'accordent bien.* ▷ *S'accorder à, pour (faire qqch),* s'entendre pour. *Tout le monde s'accorde à le reconnaître. Ils s'accordent pour le blâmer.* **II. 1.** *S'accorder avec :* être assorti à. *Ces chaises anciennes s'accordent bien avec cette table moderne.* – (Absol.) *Ces couleurs s'accordent parfaitement.* **2.** S'octroyer. *S'accorder un moment de répit.* **III.** GRAM Prendre les marques du genre et du nombre du nom. *L'adjectif s'accorde en genre et en nombre avec le nom.*

accordeur [akɔʀdœʀ] n. m. Personne dont le métier est d'accorder certains instruments de musique. *Accordeur de pianos.*

accostage [akɔstaʒ] n. m. Action d'accoster. ▷ ESP Opération d'approche et de mise en contact de deux engins spatiaux.

accoster [akɔste] v. tr. [1] **1.** Aborder (qqn) pour lui parler. *Un inconnu m'a accosté dans la rue.* **2.** MAR Se ranger le long de (un quai, un autre bateau). *Navire qui accoste une jetée.* ▷ (S. comp.) *Le paquebot a accosté,* s'est rangé à quai.

accotable [akɔtabl] adj. (Québec) *Pas accotable :* avec qui il est difficile de rivaliser. *Au tennis, elle n'est pas accotable.*

accoté, ée [akɔte] adj. et n. (Québec) **1.** Fam. Qui bénéficie d'un appui, d'une protection, d'un moyen d'action. **2.** Péjor. ou fam. Qui vit en concubinage. – Subst. *Des accotés.*

accotement [akɔtmɑ̃] n. m. Espace aménagé, sur le côté d'une route, entre la chaussée et le fossé. *Ranger sa voiture sur l'accotement.*

accoter [akɔte] v. [1] **I.** v. tr. **1.** Faire prendre appui à (qqch) contre. *Accoter une échelle contre un mur, à un mur.* – v. pron. S'appuyer contre (qqch). *S'accoter à un arbre.* **2.** (Québec) Soutenir (qqch) au moyen d'un étai. ▷ Loc. fig. *Accoter qqn :* fournir à qqn un soutien, une protection. **3.** (Québec) Être égal ou supérieur à, rivaliser avec. *Personne ne l'accote pour la pêche.* **4.** v. pron. (Québec) Péjor. Vivre en concubinage. **II.** v. intr. (Québec) *Accoter après (qqch) :* entrer en contact avec (qqch), frotter contre (qqch). *La porte accote après le cadre.*

accotoir [akɔtwaʀ] n. m. Ce qui sert à s'accoter; *spécial.*, partie d'un siège qui sert à accoter la nuque, la tête.

accouchée [akuʃe] n. f. Femme qui vient d'accoucher.

accouchement [akuʃmɑ̃] n. m. **1.** Action de mettre au monde un enfant. **2.** Assistance à une femme qui met un enfant au monde. *Cette sage-femme a une longue expérience des accouchements.* – *Accouchement sans douleur,* ou *dirigé,* ou *psychoprophylactique,* au cours duquel les douleurs du travail sont réduites, grâce à une préparation physique et psychologique de la mère au cours de la grossesse.
ENCYCL L'accouchement à terme a lieu 280 jours après la conception. Il commence par la dilatation du col de l'utérus, qui peut durer plusieurs heures. L'enfant est ensuite expulsé grâce aux contractions réflexes de l'utérus et aux poussées abdominales volontaires de la femme. L'accouchement se termine par l'expulsion du placenta.

accoucher [akuʃe] v. [1] **I.** v. tr. indir. **1.** *Accoucher de :* mettre au monde. *Accoucher d'un fils.* ▷ (S. comp.) *Elle accouchera bientôt.* **2.** Fig., plaisant Produire avec effort (un travail intellectuel). *Accoucher d'un projet.* **3.** Fig, fam. Se décider enfin à parler. *Alors, tu accouches?* **II.** v. tr. Aider (une femme) à mettre un enfant au monde. *C'est le médecin qui l'a accouchée.* **III.** v. pron. (Belgique) *Elle s'est accouchée hier :* elle a accouché hier.

accoucheur, euse [akuʃœʀ, øz] n. Spécialiste des accouchements. – (En appos.) *Médecin accoucheur.*

accouder (s') [akude] v. pron. [1] S'appuyer sur un coude ou les deux. *S'accouder au comptoir.* ▷ Pp. adj. *Être accoudé sur une table.*

accoudoir [akudwaʀ] n. m. Appui pour s'accouder. *L'accoudoir d'un fauteuil.*

accouplé, ée [akuple] adj. **1.** Formant une paire ou un couple. **2.** TECH Réuni par un accouplement (à).

accouplement [akupləmɑ̃] n. m. **1.** Action, fait d'accoupler. **2.** Acte sexuel entre le mâle et la femelle d'une espèce animale. **3.** TECH Dispositif destiné à rendre solidaires deux pièces, deux machines. *Accouplement rigide, semi-élastique, hydraulique. Accouplement à la Cardan :* V. cardan.

accoupler [akuple] v. [1] **I.** v. tr. **1.** Réunir par deux (des animaux). *Accoupler des bœufs.* – Spécial. *Accoupler des animaux :* faire s'unir sexuellement le mâle et la femelle. *Accoupler une jument anglaise à un étalon arabe.* **2.** Fig. Réunir (deux mots, deux choses très différentes). *Accoupler des couleurs qui jurent ensemble.* **3.** TECH Rendre solidaire une pièce, une machine d'une autre. **II.** v. pron. S'unir sexuellement (en parlant d'animaux).

accourir [akuʀiʀ] v. intr. [26] (Auxil. *avoir* ou *être.*) Venir en courant, en hâte. *Les brancardiers ont accouru et emporté le blessé. Je suis accouru, et me voilà.*

accoutrement [akutʀəmɑ̃] n. m. **1.** Habillement étrange ou grotesque. **2.** (Afr. subsah.) (Sans idée péjor.) Habillement, vêtement. *Un bel accoutrement.*

accoutrer [akutʀe] v. tr. [1] Péjor. Habiller (qqn) de façon étrange ou grotesque. ▷ v. pron. *Il s'accoutre de vêtements voyants.* Syn. affubler. – (Afr. subsah.) S'habiller richement. *Pour la cérémonie, il faut s'accoutrer.*

accoutumance [akutymɑ̃s] n. f. **1.** Fait de s'accoutumer, de s'habituer. **2.** MED Phénomène d'adaptation de l'organisme à un médicament ou à une drogue, qui entraîne la nécessité d'en augmenter les doses pour obtenir l'effet habituel.

accoutumé, ée [akutyme] adj. Ordinaire, habituel. *Se promener à l'heure accoutumée.* ▷ Loc. adv. *Comme à l'accoutumée :* comme d'habitude.

accoutumer [akutyme] v. [1] **1.** v. tr. Faire prendre une habitude à (qqn, un animal). *Accoutumer un chien à la propreté.* ▷ *Être accoutumé à :* avoir l'habitude de. *Il est accoutumé à se lever tôt.* **2.** v. pron. S'habituer à.

accouvage [akuvaʒ] n. m. ELEV Technique qui consiste à faire éclore des œufs en couveuse artificielle.

accra [akʀa] n. m. V. acara.

Accra, cap. et princ. port du Ghana, sur le golfe de Guinée; 949 100 hab. (env. 1 500 000 hab. pour le Grand Accra). Son essor rapide est lié à l'export. du cacao, du manganèse, de l'or. Aéroport intern. – Université. Archevêché.

Accra (conférence d'), conférence réunie au Ghana en 1958, à l'initiative de Nkrumah. Le soutien des États arabes aux mouvements d'indépendance africains y fut décidé.

accréditation [akʀeditasjɔ̃] n. f. Action d'accréditer (qqn).

accréditer [akʀedite] v. tr. [1] **1.** Faire reconnaître officiellement la qualité (de qqn). *Accréditer un ambassadeur auprès d'un chef d'État étranger.* ▷ *Être accrédité auprès d'une banque,* y avoir un crédit. **2.** *Accréditer une rumeur,* la rendre plausible.

accréditeur [akʀeditœʀ] n. m. Personne qui accrédite, en donnant sa garantie au bénéfice de quelqu'un.

accréditif, ive [akʀeditif, iv] adj. et n. m. **1.** adj. Qui accrédite (en parlant de choses). **2.** n. m. Crédit ouvert au client d'une banque auprès d'un correspondant étranger ou d'une succursale; document qui ouvre ce crédit. **3.** n. m. (Afr. subsah.) En rép. dém. du Congo, syn. de *bulletin* de paie.*

accrétion [akʀesjɔ̃] n. f. ASTRO et METEO Agglomération d'éléments. *Accrétion de nuages.* – GEOL Apport de matériaux.

accroc [akʀo] n. m. **1.** Déchirure faite en s'accrochant. *Elle a un accroc à son boubou.* **2.** Fig. Difficulté imprévue. *Tout s'est déroulé sans accroc.*

accrochage [akʀɔʃaʒ] n. m. **1.** Action d'accrocher. *L'accrochage d'un wagon à une motrice.* **2.** Choc léger entre deux véhicules. **3.** MILIT Engagement de courte durée. **4.** ELECTRON Perturbation dans une amplification. **5.** Fam. Querelle.

accroche-cœur [akʀɔʃkœʀ] n. m. Boucle de cheveux en forme de crochet plaquée sur la tempe ou le front. *Se faire des accroche-cœurs.*

accrocher [akʀɔʃe] v. [1] **I.** v. tr. **1.** Suspendre à un crochet. *Accrocher un miroir au mur.* **2.** Retenir au moyen d'un objet crochu. *Il a accroché ma veste avec son hameçon.* **3.** Heurter (un véhicule avec un autre). *Accrocher l'aile d'une voiture.* **4.** Fig. Aborder et retenir (qqn). *Il l'a accroché et ne l'a plus lâché.* **5.** (S. comp.) Fig. Se heurter à une difficulté. *La discussion a accroché sur le problème des réfugiés.* **II.** v. pron. Se cramponner. *Monter à un arbre en s'accrochant aux branches.* – Fig. *Un village s'accrochait au flanc de la montagne.* ▷ Fig., fam. *S'accrocher à quelqu'un,* l'importuner en le retenant avec insistance. – *S'accrocher avec qqn,* se quereller avec lui. ▷ Faire preuve de ténacité. *Il s'accroche pour réussir.* **III.** v. intr. (Liban) Établir une connexion (téléphonique). *Je n'ai pas pu t'appeler, car le téléphone n'accroche pas.*

accrocheur, euse [akʀɔʃœʀ, øz] adj. **1.** Qui retient l'attention. *Un titre accrocheur.* **2.** Tenace, obstiné. *Un représentant de commerce accrocheur.*

accroire [akʀwaʀ] v. tr. (Usité seulement à l'inf.) *En faire accroire à qqn,* l'abuser, le tromper. *N'essaie pas de m'en faire accroire!*

accroissement [akʀwasmɑ̃] n. m. **1.** Fait d'augmenter. *L'accroissement des connaissances.* **2.** DR Droit en vertu duquel les cohéritiers ou colégataires acceptant une succession bénéficient de la part d'un ou plusieurs de leurs cohéritiers qui y renoncent. **3.** GEOGR *Accroissement naturel :* différence entre les taux de natalité et de mortalité dans une population. **4.** MATH Différence entre deux valeurs successives d'une variable.

accroître [akʀwatʀ] v. tr. [72] Augmenter, rendre plus grand. *Accroître sa fortune, sa production.* Syn. agrandir, développer. Ant. réduire, amoindrir. – Pp. *Ce cadre a une responsabilité accrue.* ▷ v. pron. Aller en augmentant. *Sa détresse s'est accrue.* Syn. grandir.

accroupir (s') [akʀupiʀ] v. pron. [3] S'asseoir sur sa croupe (animaux); s'asseoir sur ses talons, sans que les genoux touchent le sol (personnes).

A.C.C.T. Sigle de *Agence* de coopération culturelle et technique.*

accueil [akœj] n. m. **1.** Façon de recevoir qqn. *Un accueil glacial, enthousiaste. Faire bon, mauvais accueil à.* – *Spécial.* (Afr. subsah.) Manifestation organisée pour l'arrivée d'une personnalité. *Être, venir à l'accueil.* **2.** *Centre d'accueil,* qui prend en charge à l'arrivée des touristes, des migrants, etc.

accueillant, ante [akœjɑ̃, ɑ̃t] adj. Qui fait bon accueil. *Un homme accueillant. Une maison accueillante.*

accueillir [akœjiʀ] v. tr. [27] **1.** Recevoir qqn (d'une certaine manière). *Accueillir un ami à bras ouverts. Il nous a fort mal accueillis.* ▷ Fig. *Accueillir une nouvelle avec étonnement,* manifester de l'étonnement en l'apprenant. **2.** Donner l'hospitalité à. *J'ai dans cette ville un ami qui peut nous accueillir.*

acculer [akyle] v. tr. [1] Pousser dans un endroit où il est impossible de reculer. *Acculer l'ennemi à la mer.* ▷ Fig. Contraindre à. *Une grave crise politique qui accule un ministre à la démission.*

acculturation [akyltyʀasjɔ̃] n. f. Processus par lequel un groupe humain ou un individu en contact direct et continu avec un autre groupe, assimile, de gré ou de force, totalement ou non, la culture de ce dernier. ▷ DR *Acculturation juridique :* substitution au système juridique d'un groupe humain d'un droit d'origine étrangère.

acculturé, ée [akyltyʀe] adj. et n. (Afr. subsah.) Péjor. Se dit d'une personne qui adopte ou imite le comportement des Européens. *Il y a trop d'intellectuels acculturés.* ▷ Subst. *Elle a tout d'une acculturée.* Syn. assimilé, toubab, (Djibouti) civilisé.

acculturer [akyltyʀe] v. [1] **1.** v. tr. Adapter (qqn, un groupe) à une culture étrangère. **2.** v. pron. Assimiler une culture étrangère.

accumulateur [akymylatœʀ] n. m. Générateur électrochimique qui accumule l'énergie électrique et la restitue sous forme de courant. *Recharger un accumulateur, une batterie d'accumulateurs.* (Abrév. fam. : accus).

accumulation [akymylasjɔ̃] n. f. **1.** Action d'accumuler; son résultat. *Accumulation de déchets. Une accumulation de dettes l'a conduit à la faillite.* **2.** ECON Constitution de ressources ou de moyens de production destinés à accroître le capital d'une entreprise. *Accumulation primitive, extensive, intensive.* **3.** GEOL Entassement de matériaux détritiques en milieu continental. *Accumulation fluviatile, glaciaire, éolienne.*

accumuler [akymyle] v. tr. [1] Mettre ensemble en grande quantité, en grand nombre. *Accumuler des provisions pour l'hiver.* Syn. amasser, entasser. Ant. disperser. ▷ v. pron. S'ajouter les uns aux autres en grande quantité. *Dossiers qui s'accumulent. De gros nuages s'accumulaient dans le ciel.*

accusateur, trice [akyzatœʀ, tʀis] adj. et n. Qui fait peser un soupçon, qui tend à prouver une responsabilité. *Une lettre accusatrice.* ▷ Subst. Personne qui accuse en justice.

accusatif [akyzatif] n. m. LING Cas de déclinaison qui sert principalement à exprimer l'objet direct.

accusation [akyzasjɔ̃] n. f. **I.** Imputation (d'un défaut, d'un vice, d'un méfait). *Accusation d'inconduite.* **II.** DR **1.** Action en justice, plainte par laquelle on porte devant la justice pénale la connaissance d'une infraction pour en obtenir la répression. **2.** *L'accusation :* le ministère public près un tribunal criminel. **3.** *Acte d'accusation,* dressé par le procureur, et exposant les infractions imputées à la personne traduite devant la justice. **4.** *Chef d'accusation :* V. chef.

accusé, ée [akyze] n. **1.** Personne à qui l'on impute une infraction aux lois. **2.** DR Personne qui fait l'objet d'une poursuite devant un tribunal pour y être jugée. **3.** n. m. *Accusé de réception :* document signé par le destinataire d'une lettre, d'un colis pour en attester la livraison.

accuser [akyze] v. tr. [1] **1.** Présenter comme coupable (qqn). *On m'accuse sans preuve.* – *Accuser qqn de qqch,* l'en tenir pour coupable. *Tu m'accuses de négligence.* ▷ v. pron. S'avouer coupable. *Il s'accuse des pires méfaits.* **2.** Dénoncer (qqn) à la justice. *Accuser quelqu'un d'un meurtre.* **3.** Faire ressortir, accentuer. *L'âge a accusé leurs différences.* **4.** Révéler par ses apparences. *Cet homme accuse son âge.* ▷ Manifester une réaction à (une douleur, une émotion). *Boxeur qui accuse un coup.*

ace [ɛs] n. m. (Anglicisme) Au tennis, service imparable.

-acée, -acées. Élément de suffixation, du suff. lat. *-aceus,* «appartenant à, de la nature de», servant en botanique à former les noms de familles.

acéphale [asefal] adj. Didac. Qui est sans tête. *Les moules sont des mollusques acéphales.*

acerbe [asɛʀb] adj. Fig. Caustique, blessant. *Son ton acerbe l'irrita.* Syn. acrimonieux, mordant, sarcastique.

acéré, ée [aseʀe] adj. **1.** Tranchant ou pointu. *Les griffes acérées des félins.* **2.** Fig., litt. Blessant, caustique. *Décrire quelqu'un d'une plume acérée.*

acéricole [aseʀikɔl] adj. (Québec) AGRIC Relatif à l'acériculture.

acériculteur, trice [aseʀikyltœʀ, tʀis] n. (Québec) AGRIC Personne qui pratique l'acériculture.

acériculture [aseʀikyltyʀ] n. f. (Québec) AGRIC Exploitation d'une érablière en vue de tirer divers produits des érables (sirop, tire, sucre).

acescent, ente [asesɑ̃, ɑ̃t] adj. Didac. Qui devient ou est devenu aigre (en parlant d'un liquide).

acétaldéhyde [asetaldeid] n. m. CHIM Aldéhyde éthylique, de formule CH_3–CHO, utilisé comme intermédiaire industriel dans la préparation des dérivés acétiques. Syn. éthanal.

acétate [asetat] n. m. **1.** CHIM Sel ou ester de l'acide acétique. *Les acétates de vinyle et de cellulose sont à l'origine de nombreuses matières plastiques.* **2.** (Québec) Support transparent. *Écrire avec un stylo-feutre sur un acétate.*

acétique [asetik] adj. **1.** Qui a la nature, la saveur du vinaigre. **2.** CHIM *Acide acétique :* acide du vinaigre, de formule CH_3–COOH, qui résulte de l'oxydation de l'alcool éthylique en présence notamment de bactéries *Acetobacter.*

acétone [asetɔn] n. f. CHIM Liquide incolore (CH_3–CO–CH_3), très volatil, d'odeur éthérée, le représentant le plus simple de la famille des cétones. *L'acétone est un excellent solvant organique.*

acétonémie [asetɔnemi] n. f. MED Présence d'acétone et de corps cétoniques dans le sang.

acétonurie [asetɔnyʀi] n. f. MED Présence d'acétone dans les urines.

acétylcholine [asetilkɔlin] n. f. PHYSIOL Médiateur chimique (ester acétique de la choline) transmettant l'influx nerveux au niveau des synapses neuro-musculaires et des synapses parasympathiques du système végétatif.

acétylcoenzyme A [asetilkoɑ̃zima] n. f. BIOL Forme activée de l'acide acétique qui constitue le point de départ de plusieurs processus métaboliques (biosynthèse des acides gras, formation des corps cétoniques, etc.).

acétylène [asetilɛn] n. m. CHIM Hydrocarbure de formule brute C_2H_2 (formule développée : H–C ≡ C–H).

ENCYCL L'acétylène est un gaz incolore, un peu plus léger que l'air, toxique, très soluble dans l'acétone. Il se solidifie à – 85 ^{0}C sous la pression atmosphérique, sans passer par l'état liquide. Sa combustion dégage 3000 ^{0}C, ce qui a conduit à l'utiliser dans le chalumeau à acétylène, pour le découpage ou la soudure des métaux, même sous l'eau. L'acétylène sert de point de départ pour la synthèse de nombreuses substances d'utilisation industrielle (solvants chimiques, matières plastiques vinyliques, caoutchoucs et fibres synthétiques).

acétylénique [asetilenik] adj. *Hydrocarbures acétyléniques* ou *alcynes**, qui dérivent de l'acétylène.

acétylsalicylique [asetilsalisilik] adj. CHIM *Acide acétylsalicylique :* V. aspirine.

Achab (874 – 853 av. J.-C.), roi d'Israël; époux de Jézabel.

Achaïe, rég. de l'anc. Grèce, au N. du Péloponnèse; auj. *nome d'Achaïe* (ch.-l. *Patras*). (V. Morée.)

achaine [akɛn] n. m. V. akène.

achalandage [aʃalɑ̃daʒ] n. m. **1.** Vx Clientèle d'un commerçant. **2.** (Québec) Action de fréquenter en grand nombre un endroit. *L'achalandage d'une route, d'un port.*

achalandé, ée [aʃalɑ̃de] adj. **1.** (Emploi critiqué.) Qui offre un grand choix de marchandises. *Une boutique bien achalandée.* **2.** (Québec) Qui est fréquenté, passant. *Une route peu achalandée. Une période achalandée.*

achalander [aʃalɑ̃de] v. tr. **[1]** **1.** (Emploi critiqué.) Approvisionner (un point de vente) en marchandises. **2.** (Québec) (Surtout au passif.) Fréquenter, envahir (un lieu). *Pendant l'été, ce restaurant a été achalandé par de nombreux touristes*

achalant, ante [aʃalɑ̃, ɑ̃t] adj. et n. (Québec) Fam. **1.** Qui cause du désagrément, du souci. *C'est achalant de toujours avoir à répéter la même chose.* – (Acadie) *Le temps est achalant,* lourd. **2.** Qui ennuie, dérange (par sa présence, ses propos). – Subst. *Je me suis fait draguer par un achalant.*

achalé, ée [aʃale] adj. **1.** (Louisiane) Accablé par la chaleur. **2.** (Québec) Fam. *Pas achalé :* qui ne se soucie pas de l'opinion d'autrui, qui agit à sa guise.

achaler [aʃale] v. tr. **[1]** (Québec) Fam. **1.** Contrarier, incommoder (qqn), être source d'ennuis. – (Acadie) *Le temps m'achale,* est lourd. **2.** Déranger, importuner (qqn). *Arrête de m'achaler!*

achanti [aʃɑ̃ti] adj. V. ashanti.

Achanti. V. Ashanti.

achard [aʃaʀ] n. m. (oc. Indien) Préparation culinaire à base de tomates crues, pouvant accompagner divers plats comme condiment. – (Plur.) *Du poisson aux achards.* Syn. rougail* de tomates.

Achard (Marcel-Augustin Ferréol, dit Marcel) (1899 – 1974), auteur français de comédies légères : *Jean de la Lune* (1929), *Patate* (1956). Acad. fr. (1959).

acharné, ée [aʃaʀne] adj. **1.** Qui manifeste de l'acharnement. *Un travailleur acharné.* **2.** Plein d'acharnement. *Une bataille acharnée.*

acharnement [aʃaʀnəmɑ̃] n. m. **1.** Ardeur opiniâtre pour combattre. *Se défendre avec acharnement.* ▷ MED *Acharnement thérapeutique :* fait de maintenir en vie par les moyens techniques les plus modernes un agonisant dont l'état est irréversible. **2.** Ardeur vive et longtemps soutenue. *Il travaille avec acharnement.*

acharner (s') [aʃaʀne] v. pron. **[1]** **1.** Continuer à exercer des violences (sur un être animé). *La lionne s'acharne sur sa proie. Ils se sont acharnés sur lui et l'ont laissé pour mort.* ▷ *S'acharner sur (qqch) :* s'obstiner avec brutalité sur. *Il s'acharne sur ce vieux piano.* **2.** S'attacher avec opiniâtreté, avec excès à. *Il s'acharne au travail. Il s'acharne à passer ce concours très difficile.* Syn. s'obstiner.

achat [aʃa] n. m. **1.** Action d'acheter. *Faire ses achats dans les grands magasins. Un achat à crédit.* **2.** Ce qui est acheté. *Ranger ses achats.* Syn. acquisition, emplette. **3.** ECON *Pouvoir d'achat :* ensemble des biens et des services qu'un revenu monétaire permet d'acquérir à un moment déterminé.

achatine [akatin] n. f. Mollusque gastéropode pulmoné, à coquille assez grande et de forme allongée, vivant en Afrique tropicale humide et dont une espèce *(Achatina fulica)* s'est répandue dans d'autres régions du monde au climat similaire, où elle nuit aux cultures.

Acheampong (Ignatius Kutu) (1932 – 1979), homme politique ghanéen. Président du Conseil national en 1972, il fut renversé en 1978 par le général Akuffo et exécuté l'année suivante.

acheb [akeb] n. m. Végétation temporaire qui pousse après une pluie dans les régions désertiques.

Achebe (Chinua) (né en 1930), écrivain nigérian de langue anglaise. Sa saga (*Le monde s'effondre,* 1958; *le Malaise,* 1960; *la Flèche de Dieu,* 1964; *le Démagogue,* 1966) commence au début de la colonisation et s'achève peu après l'indépendance du Nigeria.

Achéenne (ligue), fédération qui comprenait 12 cités du nord du Péloponnèse aux Ve-IVe s. av. J.-C. Reconstituée, elle conquit Athènes en 229. Elle ne put résister aux Romains (défaite de Leucopetra, 146 av. J.-C.).

Achéens, peuple indo-européen qui envahit la Grèce v. 1600 av. J.-C. et s'installa en Argolide. Ils s'étendirent jusqu'en Crète et en Asie Mineure, mais succombèrent à l'invasion dorienne (XIIe s. av. J.-C.). (V. Doriens.)

Achéménides, dynastie perse issue d'un personnage légendaire : Achéménès, et fondatrice d'un immense empire sur lequel elle maintint sa domination de 550 à 330 av. J.-C. Les Achéménides ont laissé les témoignages d'un art hautement développé (palais de Suse et de Persépolis).

acheminement [aʃ(ə)minmɑ̃] n. m. Action d'acheminer. *Retard dans l'acheminement du courrier.*

acheminer [aʃ(ə)mine] v. tr. **[1]** Faire avancer, diriger (vers un lieu, un but). *Acheminer une armée vers le front. Acheminer du courrier.* ▷ v. pron. *S'acheminer vers un lieu,* s'y diriger.

Achéron, fleuve des Enfers, dans la mythologie grecque. L'âme des morts le franchissait sur la barque de Charon.

acheter [aʃte] v. tr. **[18]** **1.** Acquérir à prix d'argent. *Acheter du pain, des livres.* Ant. vendre. ▷ Fig. Obtenir (qqch) au prix d'efforts, de sacrifices. *Acheter chèrement une victoire.* **2.** *Acheter qqn,* s'assurer de sa complicité, le corrompre à prix d'argent. *Acheter un témoin compromettant.*

achètes [akɛt] n. m. pl. ZOOL Classe de vers annélides au corps dépourvu de soies dont le type est la sangsue. Syn. hirudinées. – Sing. *Un achète.*

acheteur, euse [aʃtœʀ, øz] n. **1.** Personne qui achète, client. **2.** Employé(e) chargé(e) des achats pour le compte d'une entreprise commerciale.

acheuléen, enne [aʃøleɛ̃, ɛn] n. m. (et adj.) PREHIST Ensemble des phases du paléolithique inférieur, caractérisé par l'apparition de la taille au percuteur tendre. ▷ adj. De cette période.

achevé, ée [aʃ(ə)ve] adj. **1.** Terminé. **2.** Accompli, parfait dans son genre. *Un modèle achevé de toutes les vertus.*

achèvement [aʃɛvmɑ̃] n. m. **1.** Action d'achever; son résultat. *L'achèvement des travaux est retardé.* Ant. commencement. **2.** Perfection. *Une œuvre littéraire qui atteint son achèvement.*

achever [aʃve] v. tr. **[16]** **1.** Mener à bonne fin, terminer (ce qui est commencé). *Achever son travail.* ▷ *Achever de* (+ inf.) : finir de. ▷ v. pron. *L'année s'achève dans la joie.* **2.** *Achever (un être animé),* lui donner le coup de grâce. *Achever une bête blessée.* ▷ Fig. Ôter tout courage à (qqn). *Il était démoralisé, ce coup du sort l'a achevé.*

achigan [aʃigɑ̃] n. m. Poisson d'eau douce originaire d'Amérique du Nord (genre *Micropterus*), de forme allongée, comestible, auquel les pêcheurs attribuent une grande combativité. (Diverses espèces d'achigan ont été introduites en Europe à la fin du XIXe siècle et sont connues en France sous les noms de *perche noire, black-bass, bass de roche.*)

Achille, héros grec, fils de Thétis et roi des Myrmidons; personnage princ. de l'*Iliade.* Lors du siège de Troie, il tua Hector pour venger la mort de son ami Patrocle, mais fut lui-même mortellement blessé par Pâris, qui l'atteignit d'une flèche au talon, seul endroit vulnérable de son corps.

Achkhabad, cap. du Turkménistan; 390000 hab. Industr. alim. Studios de cinéma. Université.

achoppement [aʃɔpmɑ̃] n. m. *Pierre d'achoppement :* difficulté sur laquelle on bute.

achopper [aʃɔpe] v. intr. **[1]** Être arrêté par une difficulté. *Achopper sur un mot difficile.*

achour [aʃuʀ] n. m. ISLAM Aumône* légale.

achoura [aʃuʀa] n. f. Fête religieuse musulmane commémorant le martyre de Hussein, fils de Ali et neveu du prophète Mahomed; fête du nouvel an, célébrée le dixième jour du premier mois de l'année musulmane.

achromatique [akʀɔmatik] adj. **1.** OPT Qualifie un système optique qui donne des images nettes. *Objectif photographique achromatique.* **2.** BIOL Se dit d'une région du noyau de la cellule qui ne prend pas (ou prend mal) les colorants de la chromatine.

achromatisme [akʀɔmatism] n. m. OPT Propriété d'un système optique achromatique.

achromatopsie [akʀɔmatɔpsi] n. f. MED Trouble de la vision qui consiste à ne pas voir les couleurs.

aciculaire [asikylɛʀ] ou **aciculé, ée** [asikyle] adj. SC NAT En forme d'aiguille.

acide [asid] adj. et n. m. **I.** adj. **1.** De saveur aigre, piquante. *Une orange acide.* ▷ Fig. *Propos acides,* désagréables ou blessants. **2.** CHIM Qui a les propriétés des acides. **3.** GEOL *Roche acide,* à forte teneur en silice. **4.** PEDOL *Sol aci-*

de : sol peu propice à la végétation, son pH étant très inférieur à 7. **II.** n. m. **1.** Composé hydrogéné de saveur piquante, qui fait virer au rouge la teinture de tournesol, réagit sur les bases et attaque les métaux (V. encycl. ci-après). **2.** Arg. L.S.D. (acide lysergique diéthylamide).

ENCYCL **Chim.** – Les propriétés que possèdent tous les acides proviennent de leur capacité de fournir un (ou plusieurs) proton H^+ (noyau de l'atome d'hydrogène) à une base qui l'accepte. L'acidité d'une solution aqueuse, qui dépend de sa concentration en ions H^+, est mesurée par son pH* (potentiel hydrogène). Un litre d'eau pure contient 10^{-7} mole d'ions H^+ et 10^{-7} mole d'ions OH^-. Son pH est égal à 7 et permet de définir la neutralité du point de vue acide/base. Une solution dont le pH est inf. à 7 est dite acide; une solution basique aura un pH sup. à 7. Les solutions acides agissent sur les solutions basiques en donnant un sel, de l'eau et un dégagement de chaleur.

acidifiant, ante [asidifjɑ̃, ɑ̃t] adj. et n. m. Se dit d'un produit qui a la propriété d'acidifier.

acidifier [asidifje] v. tr. **[2]** Transformer en acide, rendre acide.

acidimétrie [asidimetʀi] n. f. Mesure du titre d'une solution acide.

acidité [asidite] n. f. **1.** Saveur acide. **2.** Nature de ce qui est acide.

acidophile [asidofil] adj. HISTOL Se dit des constituants cellulaires qui fixent les colorants acides.

acidulé, ée [asidyle] adj. De goût légèrement acide, aigrelet. *Bonbons acidulés.*

acier [asje] n. m. **1.** Alliage de fer et de carbone contenant moins de 2 % de carbone. *Acier inoxydable.* ▷ Fig. *Jarrets, muscles d'acier,* souples et forts. *Regard d'acier,* dur, pénétrant. **2.** Litt. Arme blanche. «*Un homicide acier*» (Racine).

aciérer [asjeʀe] v. tr. **[14]** Recouvrir d'une couche d'acier (une surface métallique).

aciérie [asjeʀi] n. f. Usine qui produit de l'acier.

acineux, euse [asinø, øz] adj. ANAT *Glande acineuse,* dont les éléments *(acini),* en cul-de-sac, sont groupés autour d'un canal comme les grains de raisin d'une grappe.

acinus [asinys], plur. **acini** [asini] n. m. ANAT Élément d'une glande acineuse (ex. : glandes salivaires).

acmé [akme] n. m. Litt. Point de plus haut développement. *L'acmé d'une civilisation.*

acné [akne] n. f. Affection de la peau due à un dysfonctionnement des glandes sébacées ou pilo-sébacées, et se traduisant par une éruption de petites pustules sur le visage et la partie supérieure du thorax. *Acné inflammatoire* ou *boutonneuse* (folliculite), *acné juvénile.*

acœlomate [aselɔmat] n. m. ZOOL Animal dépourvu de cœlome. Ant. cœlomate.

Açoka ou **Asoka** (v. 273 – v. 237 av. J.-C.), empereur de la dynastie Maurya qui, le premier, réalisa l'unité de l'Inde et imposa le bouddhisme.

Acoli ou **Choli,** ethnie établie au N.-E. du lac Mobutu, en Ouganda (env. 850 000 personnes) et au Soudan. Ils parlent une langue nilotique. V. Luo.

acolyte [akɔlit] n. m. **1.** RELIG CATHOL Clerc ayant pour fonction d'assister le prêtre à l'autel. **2.** Péjor. Compère, complice. *Il rôde par ici avec son acolyte.*

acompte [akɔ̃t] n. m. Paiement partiel à valoir au moment du règlement définitif. – *Acompte provisionnel :* somme payée à titre de provision sur un impôt.

Aconcagua, volcan éteint des Andes, en Argentine; un des plus hauts sommets d'Amérique (6959 m).

aconitine [akɔnitin] n. f. BIOCHIM Alcaloïde très toxique extrait des tubercules d'une renonculacée (*Aconit napel*) utilisé pour ses propriétés thérapeutiques.

a contrario [akɔ̃tʀaʀjo] loc. adv. (lat.) *Raisonnement a contrario,* qui, partant d'une opposition dans les hypothèses, conclut à une opposition dans les conséquences.

acoquiner (s') [akɔkine] v. pron. **[1]** Péjor. Se lier (avec qqn). *S'acoquiner avec des personnes peu recommandables.*

Açores (les), archipel portugais (depuis le XVe s.) de l'Atlantique N., formé de neuf îles; 2314 km^2; 253500 hab.; v. princ. *Ponta Delgada,* dans l'île de São Miguel. Tourisme très important (climat océanique chaud). ▷ METEO *Anticyclone des Açores :* région de hautes pressions régissant la trajectoire des perturbations atlant. sur l'Europe occidentale.

à-côté [akote] n. m. **1.** Ce qui est secondaire, par rapport à l'essentiel. *Ne nous égarons pas, ceci n'est qu'un à-côté du problème.* **2.** Gain d'appoint. *Je me fais des à-côtés en travaillant le soir.*

acotylédone [akɔtiledɔn] ou **acotylédoné, ée** [akɔtiledɔne] adj. BOT Se dit d'une graine à embryon peu différencié.

à-coup [aku] n. m. Secousse, discontinuité dans un mouvement. *Il y a eu des à-coups au départ du train.* ▷ *Par à-coups :* sans régularité. *Travailler par à-coups.*

acouphène [akufɛn] n. m. MED Sensation auditive (bourdonnement, sifflement, etc.) qui n'est pas provoquée par une excitation extérieure de l'oreille.

acoustique [akustik] adj. et n. f. **I.** adj. **1.** De l'ouïe. *Nerf acoustique.* **2.** Qui sert à produire, à modifier ou à transmettre les sons; relatif au son, à sa propagation. *Phénomène acoustique.* **II.** n. f. **1.** Branche de la physique qui étudie les vibrations sonores, leur production, leur propagation, leurs effets. **2.** Capacité d'un lieu à laisser entendre les vibrations sonores qu'on y émet. *Cette salle a une mauvaise acoustique.* **3.** n. m. ou f. (Québec) (Emploi critiqué.) Combiné téléphonique. *Décrocher l'acoustique.*

ENCYCL *L'acoustique physique* étudie la production et la propagation des sons dans les fluides et dans les solides. *L'électroacoustique* étudie la conversion de l'énergie acoustique en énergie électrique, la transmission des signaux électriques correspondants, leur amplification, la restitution des sons, leur synthèse. *L'acoustique physiologique* étudie le mécanisme de la sensation auditive, détermine les seuils d'audition et de douleur de l'oreille. *L'acoustique architecturale* se préoccupe notam. de l'atténuation des nuisances dues aux bruits. *L'acoustique médicale* s'intéresse aux mécanismes et aux troubles de l'audition déterminés par des audiogrammes. *L'acoustique musicale* étudie les propriétés des sons utilisés en musique, leur combinaison (harmonie), leur production (instruments de musique, voix humaine) et leur synthèse (électroacoustique musicale), leur propagation et leur réception (en liaison avec l'acoustique architecturale).

acquéreur, euse [akeʀœʀ, øz] n. **1.** n. m. Personne qui acquiert (un bien). *Ce terrain n'a pas trouvé d'acquéreur.* **2.** n. (Afr. subsah.) Dans l'anc. Zaïre, citoyen à qui avait été attribué un bien zaïrianisé.

acquérir [akeʀiʀ] v. **[35]** **I.** v. tr. **1.** Devenir possesseur de. *Acquérir une terre.* **2.** Arriver à avoir. *J'ai acquis la certitude qu'il ment.* **3.** *Acquérir (qqch) à :* procurer à. *Sa probité lui a acquis la confiance de tous.* **II.** v. pron. **1.** (Sens passif.) Être gagné, obtenu. *La fortune s'acquiert parfois par des bassesses.* **2.** (Réfl. indir.) Obtenir pour soi. *Il s'est acquis une réputation de grande probité.*

acquêt [akɛ] n. m. DR Bien acquis à titre onéreux par l'un ou l'autre des époux pendant le mariage.

acquiescement [akjɛsmɑ̃] n. m. Approbation, consentement.

acquiescer [akjese] v. tr. ind. **[12]** **1.** Manifester son consentement (à une proposition, une requête). *Il a acquiescé à ma demande.* ▷ (S. comp.) *Acquiescer d'un signe de tête.* **2.** DR *Acquiescer à une sentence,* renoncer à en appeler.

acquis, ise [aki, iz] adj. et n. m. **I.** adj. **1.** Dont on est devenu possesseur. – (Prov.) *Bien mal acquis ne profite jamais.* **2.** *Acquis à (qqn) :* obtenu par. *Vous pouvez considérer que mon soutien vous est acquis.* **3.** MED, BIOL Qui n'est ni congénital ni héréditaire. *Maladies acquises. Les caractères acquis sont intransmissibles.* **II.** n. m. Connaissances acquises. *Votre acquis vous permettra de trouver facilement du travail.*

acquisition [akizisjɔ̃] n. f. **1.** Action d'acquérir. **2.** Chose acquise. *Montre-moi ta nouvelle acquisition.*

acquit [aki] n. m. Quittance, décharge. *L'acquit doit être signé, daté et motivé en toutes lettres.* – *Pour acquit :* V. acquitter (sens 2). ▷ *Par acquit de conscience :* pour ne pas avoir de doute ou de regret. *Je suis sûr qu'il n'y a pas d'erreur, mais par acquit de conscience, je vais vérifier de nouveau.*

acquittement [akitmɑ̃] n. m. **1.** Action d'acquitter, de s'acquitter. **2.** DR Décision d'une juridiction mettant hors de cause un accusé (ne pas confondre avec *relaxe*).

acquitter [akite] v. **[1]** **I.** v. tr. **1.** Payer (ce qui est dû). *Acquitter des droits de douane.* **2.** COMPTA *Acquitter une facture, un mémoire, etc.,* y inscrire les mots «pour acquit», suivis de la signature, en reconnaissance du paiement. **3.** *Acquitter qqn,* le rendre quitte, le libérer d'une dette ou d'un engagement. *Il ne pouvait pas payer, je l'ai acquitté.* **4.** DR *Acquitter un accusé,* le déclarer non coupable. *Le tribunal l'a acquitté.* **II.** v. pron. **1.** Se libérer (d'une obligation pécuniaire). *Je me suis acquitté de mes dettes.* **2.** Fig. Exécuter (ce à quoi on est tenu). *S'acquitter d'une promesse, d'une tâche.*

acra [akʀa] n. m. V. acara.

acre [akʀ] n. m. **1.** En France, anc. mesure de superficie agraire qui valait environ 50 ares. **2.** Mesure de superficie agraire en usage au Canada et dans les pays anglo-saxons, qui vaut 40,47 ares.

âcre [ɑkʀ] adj. Piquant et irritant au goût, à l'odorat. *L'odeur âcre prend à la gorge.* ▷ Fig., litt. Moralement douloureux. *L'âcre souvenir des échecs passés.*

Acre, État de l'O. du Brésil; 152 589 km²; 385 000 hab.; cap. *Rio Branco.* Grosse prod. de caoutchouc. – La Bolivie céda ce territoire en 1903.

Acre ou **Akko,** v. et port de pêche d'Israël, près du mont Carmel; 36 400 hab. – Phénicienne, grecque, puis arabe, la ville fut prise par les croisés au XIIᵉ s. (Saint-Jean-d'Acre, cap. des possessions chrétiennes en Terre sainte), reprise par les Sarrasins (1291).

âcreté [ɑkʀəte] n. f. Caractère de ce qui est âcre.

acridien, enne [akʀidjɛ̃, ɛn] n. m. et adj. **1.** n. m. pl. Groupe d'insectes orthoptères sauteurs tels que le criquet. – Sing. *Un acridien.* **2.** adj. Relatif aux acridiens. *Péril acridien. Invasion acridienne.*
ENCYCL Le *criquet pèlerin* et le *criquet migrateur* ou *locuste,* se déplaçant en nuages immenses, peuvent ravager des régions étendues en Afrique, à Madagascar et au Moyen-Orient. On lutte contre les acridiens par le bruit, de longs barrages de toile tendus derrière des fossés, et surtout à l'aide de puissants insecticides répandus par voie terrestre ou aérienne *(lutte antiacridienne).*

acrimonie [akʀimɔni] n. f. Mécontentement qui s'exprime par des paroles blessantes. *Parler avec acrimonie.*

acrimonieux, euse [akʀimɔnjø, øz] adj. Litt. Qui manifeste de l'acrimonie.

acrobate [akʀɔbat] n. **1.** Artiste qui exécute des exercices de gymnastique, des tours de force et d'adresse. *Les acrobates d'un cirque.* **2.** Fig. Personne d'une grande habileté dans un domaine donné. *Un acrobate de la politique.*

acrobatie [akʀɔbasi] n. f. **1.** Exercice qu'exécute un acrobate; technique de l'acrobate. *Numéro d'acrobatie.* – *Acrobatie aérienne :* exercice de virtuosité exécuté en avion, (tonneau, vrille, chandelle, looping, etc.). **2.** Fig. Procédé ingénieux mais discutable, utilisé pour résoudre une difficulté. *Des acrobaties financières.*

acrobatique [akʀɔbatik] adj. De la nature de l'acrobatie. *Saut acrobatique.*

acromégalie [akʀɔmegali] n. f. MED Hypertrophie des extrémités et de la face liée à une hypersécrétion de somatotrophine ou hormone de croissance.

acronyme [akʀɔnim] n. m. Sigle que l'on prononce comme un mot ordinaire, sans l'épeler. *Unesco* [ynɛsko] *est un acronyme.*

acropole [akʀɔpɔl] n. f. Partie la plus élevée des cités grecques de l'Antiquité, comportant une citadelle et des lieux de culte. *L'Acropole :* l'acropole d'Athènes. – *Par ext.* Ville antique fortifiée située sur une hauteur. *L'acropole du Grand Zimbabwe.*

Acropole d'Athènes (l'), colline qui domine Athènes. Fortifiée dès la préhistoire, elle fut ruinée par les Perses (480 av. J.-C.). Renonçant à toute fonction milit., elle reçut, au cours de la 2ᵉ moitié du Vᵉ s. av. J.-C., deux temples : le Parthénon* et l'Érechthéion*, et une entrée, les Propylées.

acrosome [akʀɔzom] n. m. BIOL Organite sécrété dans la tête des spermatozoïdes et qui contient des enzymes facilitant leur pénétration dans l'ovule.

acrostiche [akʀɔstiʃ] n. m. Petit poème où les lettres initiales de chaque vers, prises dans l'ordre des vers eux-mêmes, composent le nom d'une personne, une devise, une sentence.

acrotère [akʀɔtɛʀ] n. m. ARCHI Couronnement placé à la périphérie d'une toiture-terrasse.

acrylique [akʀilik] adj. (et n. m.) **1.** CHIM Qualifie l'*acide acrylique* de formule CH_2=CH–COOH, composé synthétique à la base d'autres synthèses telles que la *résine acrylique,* qui sert à la préparation de fibres textiles, de caoutchoucs, de peintures (où la résine, émulsionnée, sert de liant des couleurs). **2.** Qui est préparé avec de la résine acrylique. *Fibre acrylique.* – n. m. *Un vêtement en acrylique.*

actant [aktɑ̃] n. m. LING **1.** Agent. **2.** LITTER Protagoniste de l'action, dans l'analyse structurale du récit.

Acta sanctorum (Actes des saints), recueil contenant la vie de tous les saints. Commencé au XVIIᵉ s. par le jésuite néerlandais H. Rosweyde, continué par le père belge Jean Bolland (1596-1665) et ses disciples.

1. acte [akt] n. m. **I. 1.** Ce qui est fait par une personne. *On connaît l'homme à ses actes. Acte de courage, de foi,* inspiré par le courage, la foi. – BIOL *Acte volontaire, réflexe, instinctif.* ▷ *Acte médical :* consultation, visite, intervention, pratiquée par un membre d'une profession médicale. ▷ *Faire acte de... :* agir avec..., faire preuve de... *Faire acte d'autorité, de bonne volonté.* ▷ *Faire acte de présence :* se montrer dans un lieu où l'on a l'obligation d'être présent sans réellement participer aux activités qui s'y tiennent, uniquement pour y être vu. *Je dois faire acte de présence à ce mariage.* **2.** DR Manifestation de volonté ayant des conséquences juridiques. ▷ Loc. *Faire acte de :* agir en tant que. *Faire acte de propriétaire, d'héritier.* **II.** Pièce écrite qui constate, enregistre. **1.** DR Pièce écrite qui constate légalement un fait. *Acte d'état civil,* qui constate une naissance, un décès, un mariage. *Acte de notoriété. notarié.* – *Acte authentique,* dressé par un officier public dans les formes prescrites par la loi. – *Acte sous seing privé,* passé entre les parties sans le concours d'un officier public. – *Acte d'accusation*.* – (Suisse) *Acte d'origine :* V. origine (sens 6). ▷ *Prendre acte :* faire constater un fait juridiquement, dans les formes légales. – Cour. Prendre bonne note de. ▷ *Dont acte :* le présent acte constate légalement le fait (formule finale d'un acte juridique). – Cour. Il est pris bonne note de ce qui précède. **2.** Recueil des comptes rendus des séances d'une assemblée, d'une société savante. *Les actes d'un congrès, d'un colloque.*

2. acte [akt] n. m. Chacune des divisions principales d'une pièce de théâtre. *Tragédie en cinq actes.*

Acte constitutionnel du Canada. V. Canada.

Acte de l'Amérique du Nord. V. Amérique du Nord (Acte de l').

Acte de Québec. V. Québec (Acte de).

Acte d'Union. V. Union (Acte d').

Actéon (en gr. *Aktaiôn*), dans la myth. gr., jeune chasseur de Thèbes métamorphosé en cerf par Artémis (qu'il avait surprise nue au bain), puis dévoré par ses propres chiens.

Actes des Apôtres, livre du Nouveau Testament, rédigé en grec. Attribué à saint Luc, il retrace les débuts du christianisme à Jérusalem, à Antioche, en Grèce, depuis l'Ascension du Christ jusqu'à la captivité, à Rome, de saint Paul.

acter [akte] v. tr. [1] (Belgique, Luxembourg) ADMIN Prendre acte de, enregistrer. *Acter une déclaration.* ▷ Par ext., cour. *Il faudra acter ça au procès-verbal.*

acteur, trice [aktœʀ, tʀis] n. **1.** Comédien(ne), personne qui joue un rôle dans une pièce de théâtre, un film. ▷ (Afr. subsah.) Protagoniste d'un film, d'une pièce de théâtre. **2.** Fig. Personne qui prend une part active à un événement, à une entreprise. *Les acteurs du développement économique.*

A.C.T.H. n. f. PHYSIOL (Sigle de l'angl. *Adrenocorticotrop(h)ic hormone.*) Hormone sécrétée par l'antéhypophyse, contrôlant les sécrétions hormonales de la corticosurrénale.

actif, ive [aktif, iv] adj. (et n.) **I.** Qui agit, qui a la propriété d'agir. *L'esprit est actif, la matière est passive. Principe actif d'une substance.* ▷ CHIM Se dit de certains adsorbants, de certains catalyseurs auxquels une préparation particulière confère la propriété de réagir très vivement. *Charbon actif.* ▷ ECON Qui est en situation ou en âge de travailler. *Population active.* – Subst. *Les actifs.* **II.** Qui aime agir; vif dans l'action, diligent. *Un ouvrier actif.* Syn. dynamique, travailleur. **III. 1.** ADMIN *Service actif,* qui compte pour la retraite. **2.** DR *Dettes actives :* sommes dont on est créditeur (par oppos. aux *dettes passives :* sommes dont on est débiteur). ▷ n. m. Ensemble des droits évaluables en argent et des biens constituant un patrimoine. *L'actif d'une société.* – COMPTA *Actif du bilan* (d'une entreprise), indique l'emploi des fonds : terrains, immeubles, stocks, sommes dues par les clients, sommes en banque ou en caisse. V. passif. – Fig. *Cette bonne action sera portée à son actif,* jouera en sa faveur. *Avoir à son actif,* parmi les choses que l'on a réussies. **3.** GRAM *Voix active :* ensemble des formes des verbes transitifs qui, aux temps composés, prennent *avoir* comme seul auxiliaire et dont le sujet est le plus souvent agent de l'action. **4.** PEDAG *Méthodes actives,* qui requièrent une initiative effective de l'élève dans son propre apprentissage, et suscitent son intérêt par l'exercice d'activités formatrices diversifiées. **5.** n. f. *L'armée d'active* ou *l'active,* comprenant les militaires effectuant un service actif, sous les drapeaux. *Officier d'active* (par oppos. à *de réserve).*

actinide [aktinid] n. m. CHIM Chacun des éléments qui suit l'actinium (de numéro atomique Z = 89) dans la classification périodique des éléments.

actinies [aktini] n. f. pl. ZOOL Ordre de cnidaires hexacoralliaires, nommés cour. *anémones de mer,* polypes qui vivent isolés, fixés sur les rochers. – Sing. *Une actinie.*

actinium [aktinjɔm] n. m. CHIM Élément radioactif (Ac), de numéro atomique Z = 89, et de masse atomique 227. – Métal (Ac) dont les propriétés sont proches de celles du lanthane.

actinopodes [aktinɔpɔd] n. m. pl. ZOOL Groupe de protozoaires émettant de fins pseudopodes rayonnants. *Les* *radiolaires sont des actinopodes.* – Sing. *Un actinopode.*

actinoptérygiens [aktinopteʀiʒjɛ̃] n. m. pl. ICHTYOL Sous-classe d'ostéichthyens, poissons dont les nageoires sont soutenues par quelques vrais rayons bien ossifiés. *Les actinoptérygiens comprennent les chondrostéens (esturgeon), les holostéens, les téléostéens et le polyptère.* – Sing. *Un actinoptérygien.*

1. action [aksjɔ̃] n. f. **I. 1.** Ce que fait une personne qui réalise une volonté, une pulsion. *La moindre de ses actions est tendue vers le but qu'il s'est fixé. Action irréfléchie.* ▷ *Action d'éclat :* acte de courage, de dévouement, qui distingue particulièrement son auteur. **2.** Fait d'agir (par oppos. à la pensée, à la parole). *La réflexion doit précéder l'action. Un homme d'action. Passer à l'action :* se mettre à agir. **3.** Affrontement, lutte. *L'action s'engage. L'action a été chaude.* ▷ MILIT Petit engagement de troupes. **II. 1.** Opération, fait dû à un agent quelconque et qui occasionne une transformation, produit un effet donné. *C'est par l'action de l'entendement que se forme notre jugement. L'action chimique d'un acide.* ▷ *Mettre en action :* faire opérer, mettre en œuvre. *Mettre une pompe en action.* ▷ CHIM *Loi d'action de masse,* qui rend compte quantitativement du déplacement de l'équilibre dans une réaction chimique réversible. **2.** MECA Ce qu'exerce une force agissant sur un corps. *Si un corps A, en contact avec un corps B, exerce une action sur le corps B, inversement B exerce sur A une force égale et opposée, appelée réaction.* **3.** (Suisse) Cour. Syn. de *promotion de vente. Produit en action,* en promotion. **III. 1.** DR Poursuite en justice. *Intenter une action judiciaire. Action publique :* action du ministère public en matière de crime ou de délit. *Action civile :* action d'un particulier pour obtenir la reconnaissance d'un droit ou la réparation d'un préjudice subi. **2.** Déroulement des événements qui forment la trame d'une fiction. *L'action d'un roman, d'une pièce de théâtre.* Syn. intrigue. ▷ *Roman, film d'action,* dont l'intérêt tient plus aux événements racontés qu'à l'étude sociale ou psychologique.

2. action [aksjɔ̃] n. f. Titre négociable émis par une société, qui confère à son détenteur la propriété d'une fraction du capital de ladite société.

Action catholique, ensemble de mouvements laïcs qui contribuent à l'apostolat de l'Église catholique; la J.O.C. (fondée en 1924) est le plus ancien.

Action française (l'), mouvement polit. nationaliste et monarchiste, créé en 1899 et dominé par Ch. Maurras; quotidien du m. nom (1908-1944). Ce mouvement fut déclaré hérétique (1928) par l'Église, qui leva la condamnation (1939), et fut interdit par les autorités françaises (1944).

actionnaire [aksjɔnɛʀ] n. Personne qui possède des actions émises par une société. – *Actionnaire majoritaire,* qui possède plus de la moitié des actions d'une société.

actionnariat [aksjɔnaʀja] n. m. Ensemble des actionnaires. ▷ *Actionnariat ouvrier :* participation des ouvriers aux bénéfices de leur entreprise, à sa gestion, en tant qu'actionnaires.

actionner [aksjɔne] v. tr. [1] **1.** DR Poursuivre en justice. **2.** Mettre en mouvement, faire fonctionner (une machine, un mécanisme). *C'est la vapeur qui actionne cette turbine. Pour mettre la machine en marche, il faut actionner cette manette.*

Actium, v. anc. et promontoire de la Grèce, à l'entrée du golfe d'Ambracie. Victoire navale d'Octavien sur Antoine et Cléopâtre (31 av. J.-C.).

activation [aktivasjɔ̃] n. f. PHYS NUCL Action de communiquer à une substance des propriétés radioactives.

activement [aktivmɑ̃] adv. De manière active.

activer [aktive] v. tr. [1] **1.** Augmenter l'activité, rendre plus rapide. *Activer des travaux.* ▷ CHIM *Activer une réaction,* l'accélérer par l'adjonction d'un corps étranger ou par un apport d'énergie (lumière, chaleur, etc.). **2.** Rendre plus vif, plus intense. *Activer un feu.* **3.** v. pron. S'affairer. *Le cuisinier s'active devant ses fourneaux.*

activisme [aktivism] n. m. Doctrine qui prône le recours à l'action violente pour faire triompher une idée politique.

activiste [aktivist] n. Partisan de l'activisme. ▷ adj. *Une politique activiste.*

activité [aktivite] n. f. **1.** Puissance, faculté d'agir. *L'activité d'un remède.* ▷ ASTRO *Activité solaire :* ensemble des réactions (surtout thermonucléaires) qui ont lieu à l'intérieur du Soleil, occasionnant des taches, des protubérances et des perturbations du champ magnétique solaire. ▷ PHYS *Activité optique :* propriété d'un corps transparent de faire tourner le plan de polarisation d'un faisceau lumineux polarisé de façon rectiligne. V. isomérie. **2.** Vivacité, diligence dans l'action. *Déployer une grande activité.* **3.** Ensemble d'actions et d'opérations humaines visant un but déterminé. *L'activité industrielle d'une région.* ▷ (Plur.) Occupations. *Ses multiples activités ne lui laissent aucun loisir.* **4.** Exercice d'une fonction, d'un emploi. *Temps d'activité à un poste, dans un grade. Militaire en activité.*

Actors' Studio, école d'art dramatique fondée à New York en 1947. Elle vise à faire de l'acteur un créateur à part entière. En sont sortis M. Brando, P. Newman, M. Monroe.

actuaire [aktɥɛʀ] n. Spécialiste chargé de la partie mathématique des opérations financières ou d'assurances (statistiques, tarifs, etc.).

actualisation [aktɥalizasjɔ̃] n. f. **1.** Action d'actualiser (sens 1); son résultat. *Actualisation des connaissances.* ▷ ECON Technique consistant à ramener la valeur future d'un revenu, d'un bien, à sa valeur actuelle; ce calcul s'effectue à l'aide d'un *taux d'actualisation* que l'on détermine en tenant compte de l'inflation et des taux d'intérêt débiteur et créditeur. **2.** PHILO Passage de la virtualité à la réalité.

actualiser [aktɥalize] v. tr. [1] **1.** Donner un caractère actuel à, mettre à jour. *Actualiser des livres scolaires.* **2.** PHILO Passer de la virtualité à la réalité.

actualité [aktɥalite] n. f. **1.** Nature de ce qui est actuel, de ce qui concerne les hommes d'aujourd'hui. *L'actualité d'un problème. Sujet d'une actualité brûlante.* **2.** Ensemble des événements qui se déroulent au moment où l'on parle ou qui se sont déroulés dans un passé très proche. *Revue qui présente l'actualité hebdomadaire.* ▷ (Plur.) Informations sur les événements récents. *Écouter les actualités à la radio.* **3.** PHILO Nature de ce qui est actuel, en acte.

actuel, elle [aktɥɛl] adj. **1.** Qui existe dans le présent, au moment où l'on parle. *Cette question n'est pas résolue dans l'état actuel de la recherche,* à *l'heure actuelle.* ▷ Qui concerne les hommes d'aujourd'hui. *Ce roman, écrit il y a cinquante ans, reste très actuel.* Ant. démodé, désuet. **2.** PHILO Qui est en acte. *Volonté actuelle* (par oppos. à *volonté potentielle*). Ant. virtuel.

actuellement [aktɥɛlmɑ̃] adv. **1.** À l'heure actuelle, au moment présent. **2.** PHILO En acte, réellement.

acuité [akɥite] n. f. **1.** Qualité de ce qui est aigu. *L'acuité d'un son. L'acuité d'une douleur.* **2.** Pouvoir de discrimination (d'un organe des sens). *Acuité visuelle, auditive.* **3.** Grande perspicacité. *Acuité d'esprit.*

aculéates [akyleat] n. m. pl. ENTOM Sous-ordre d'hyménoptères dont l'abdomen se termine par un aiguillon (abeilles, guêpes, fourmis). – Sing. *Un aculéate.*

acuminé, ée [akymine] adj. BOT Qui se termine en pointe effilée.

acupuncteur ou **acuponcteur, trice** [akypɔ̃ktœʀ, tʀis] n. Médecin qui pratique l'acupuncture.

acupuncture ou **acuponcture** [akypɔ̃ktyʀ] n. f. Thérapeutique utilisée en Chine depuis la plus haute Antiquité, qui consiste à introduire des aiguilles de métal très fines en certains points de la surface du corps répartis le long de méridiens.

ENCYCL L'acupuncture se fonde sur le fait que, par une action non encore élucidée, certains points cutanés deviennent douloureux aussitôt qu'il y a trouble d'une fonction ou d'un organe rapproché ou non de ce point; aussi tente-t-on d'agir, par l'excitation de ce point, sur l'organe qui est en relation avec lui.

acyclique [asiklik] adj. **1.** Qui n'a pas un caractère cyclique. **2.** CHIM *Composé acyclique,* dont la formule développée est une chaîne ouverte. **3.** ELECTR *Génératrice acyclique* ou *unipolaire,* dans laquelle l'induction demeure constante en grandeur et en direction par rapport aux conducteurs induits.

adage [adaʒ] n. m. Sentence, maxime populaire ou juridique. *Un vieil adage.*

adagio [adadʒjo] adv. (ital.) MUS Dans un tempo lent. ▷ n. m. Morceau joué dans ce tempo. *Des adagios.*

Adam, nom attribué par la Bible au premier homme, issu, selon elle, de la matière et animé par Dieu. Il fut chassé avec Ève, sa compagne, du Paradis terrestre pour avoir osé manger le fruit de l'arbre de la science du bien et du mal. Père de Caïn, d'Abel, de Seth et de plus. autres enfants. ▷ LITT *Jeu d'Adam* (XIIe s.), le plus anc. drame écrit en fr. (dialecte normand, env. 1000 vers).

Adam de la Halle ou **Adam le Bossu** (v. 1240 – v. 1285), trouvère français. Auteur du *Jeu de la feuillée* et du *Jeu de Robin et Marion.*

Adam (Robert) (1728 – 1792), architecte et décorateur écossais. Il travailla avec ses trois frères et donna son nom à un style ornemental néo-classique.

Adam (Adolphe Charles) (1803 – 1856), compositeur français; auteur du ballet *Giselle* (1841) et du célèbre noël *Minuit chrétien.*

Adam (dit le Roi). V. Adenet.

adamantin, ine [adamɑ̃tɛ̃, in] adj. **1.** Litt Qui a la dureté et l'éclat du diamant. Syn. diamantin. **2.** BIOL *Cellules adamantines,* qui sécrètent l'émail des dents.

Adamaoua ou **Adamawa,** plateau granitique d'Afrique occidentale, bordé au N.-E. par la Bénoué (Cameroun et Nigeria).

adamawa [adamawa] adj. inv. LING Se dit d'un sous-groupe de langues adamawa-oubanguiennes comprenant des langues parlées au Cameroun, au Tchad et au Nigeria.

Adamawa, État de l'E. du Nigeria; 91 390 km^2 avec l'État de Taraba; 2 124 049 hab.; cap. *Yola.*

adamawa-oriental, ale, aux [adamawaɔʀjɑ̃tal, o] adj. LING Syn. de *adamawa-oubanguien.*

adamawa-oubanguien, enne [adamawaubɑ̃gjɛ̃, ɛn] adj. LING *Langues adamawa-oubanguiennes :* groupe de langues nigéro-congolaises qui comprend les langues adamawa et les langues oubanguiennes. Syn. adamawa-oriental.

Adamov (Arthur Adamian, dit) (1908 – 1970), dramaturge français d'origine russo-arménienne : *Ping-Pong* (1955), *Paolo Paoli* (1958), *le Printemps 71* (1961), etc.

Adams (John) (1735 – 1826), deuxième président des É.-U. (1797-1801). — **John Quincy** (1767 – 1848), fils du préc., sixième président (1825-1829), lutta contre l'esclavage.

Adams (John Couch) (1819 – 1892), astronome anglais. Il calcula, en même temps que Le Verrier, la position de Neptune.

Adangmé ou **Gan,** groupe ethnique du Ghana occupant Accra et sa rég. (env. 3 millions de personnes). Ils parlent une langue nigéro-congolaise du groupe kwa.

Adanson (Michel) (1727 – 1806), botaniste français qui a étudié la flore du Sénégal.

adaptabilité [adaptabilite] n. f. Qualité de ce qui peut être adapté, de ce qui peut s'adapter. *L'adaptabilité d'un matériel.*

adaptable [adaptabl] adj. Qui peut être adapté, s'adapter.

adaptateur, trice [adaptatœʀ, tʀis] n. **1.** Personne qui adapte une œuvre littéraire. **2.** n. m. TECH Organe qui permet à un appareil de fonctionner dans des conditions particulières d'utilisation. *Adaptateur d'une calculatrice permettant d'utiliser le courant du secteur.*

adaptatif, ive [adaptatif, iv] adj. Qui réalise une adaptation. *Les mécanismes adaptatifs d'un animal.*

adaptation [adaptasjɔ̃] n. f. **1.** Action d'adapter ou de s'adapter. **2.** Modification du style, du contenu d'une œuvre littéraire; transposition à la scène ou à l'écran. *Adaptation d'un roman pour le cinéma.* **3.** (Madag.) AUTO Pièce mécanique détournée de sa fonction primitive et remplaçant une pièce manquante. – *Par ext.* Réparation de fortune.

adapter [adapte] v. [1] **I.** v. tr. **1.** Rendre (une chose) solidaire (d'une autre), appliquer en ajustant. *Adapter un manche à un outil.* **2.** Harmoniser, rendre conforme à. *Adapter sa conduite aux circonstances.* **3.** Procéder à l'adaptation de (une œuvre littéraire). *Réalisateur qui adapte une pièce de théâtre pour la télévision.* **4.** Rendre (un dispositif, des mesures, etc.) apte à assurer ses fonctions dans des conditions particulières ou nouvelles. *Adapter un programme d'équipement à une région déterminée.* **5.** (Madag.) AUTO Faire une adaptation (sens 3). **II.** v. pron. **1.** (Êtres vivants.) S'acclimater, s'habituer. *S'adapter au climat des tropiques.* **2.** Pouvoir être appliqué à, rendu solidaire de. *Objectifs qui s'adaptent au boîtier d'un appareil photo.*

addax [adaks] n. m. ZOOL Grande antilope grégaire des confins sahariens, de robe gris clair, aux longues cornes spiralées et divergentes, qui aurait été domestiquée par les Égyptiens.

addendum [adɛ̃dɔm], plur. **addenda** [adɛ̃da] n. m. Addition à la fin d'un ouvrage.

Addis-Abeba ou **Addis-Ababa,** cap. de l'Éthiopie, située à 2 500 m d'alt. sur le plateau Amhara; env. 1 700 000 hab.; ch.-l. de prov. Industr. alim., text. La ville est reliée au port de Djibouti par voie ferrée. Aéroport international. – Fondée en 1887 par Ménélik II, elle devint le siège de l'O.U.A. en 1963. – Musées. Université.

Addis-Abeba (charte d'), traité constitutif de l'Organisation de l'unité africaine (O.U.A.), adopté en 1963 par les États indépendants d'Afrique.

Addis-Abeba (traité d'), acte (1896) par lequel l'Italie reconnut la souveraineté du négus Mélénik II sur l'Éthiopie après sa victoire d'Adoua.

Addison (Thomas) (1793 – 1860), médecin anglais. ▷ MED La *maladie d'Addison* (faiblesse généralisée, hypotension artérielle, pigmentation partic.) est due à une destruction progressive des cortico-surrénales.

additif, ive [aditif, iv] adj. et n. m. **I.** adj. Qui s'additionne, s'ajoute. *Feuillets additifs joints à un rapport.* **II.** n. m. Ce qui est additionné, ajouté. **1.** Texte ajouté à un autre. *Ce décret comporte un additif.* **2.** Substance ajoutée à une autre pour en modifier les propriétés. *Additif alimentaire.*

addition [adisjɔ̃] n. f. **1.** MATH Opération, notée +, par laquelle on ajoute des quantités arithmétiques ou algébriques les unes aux autres, et dont le résultat est une somme. **2.** Total des sommes dues, au restaurant, au café; feuillet sur lequel est mentionné ce total. *Garçon, l'addition, s'il vous plaît!* **3.** Fait, action d'ajouter (une chose) à (une autre); son résultat. *L'addition d'une clause à un contrat.* **4.** CHIM Réaction au cours de laquelle une molécule se fixe sur une molécule organique présentant une liaison insaturée.

additionnel, elle [adisjɔnɛl] adj. Qui est, qui doit être ajouté. *Les pièces additionnelles d'un dossier.*

additionner [adisjɔne] v. tr. [1] **1.** Effectuer une addition. **2.** Ajouter en mêlant. *Il additionne son vin d'un peu d'eau.* – Pp. *Eau additionnée de miel.*

additionneur [adisjɔnœʀ] n. m. INFORM Ensemble des circuits capables, dans un ordinateur, d'effectuer des additions en mode binaire et des opérations d'algèbre de Boole.

adducteur [adyktœʀ] adj. m. (et n. m.) **1.** ANAT Qualifie les muscles qui effectuent un mouvement d'adduction. Ant. abducteur. ▷ n. m. *L'adducteur du pouce.* **2.** Qui amène des eaux dérivées. *Canal adducteur.* ▷ n. m. *Un adducteur.*

adduction [adyksjɔ̃] n. f. **1.** ANAT Mouvement qui rapproche un membre du plan de symétrie du corps, un doigt de l'axe de la main ou du pied. Ant. abduction. **2.** Action de conduire des eaux d'un point à un autre.

-ade. Suffixe servant à former des substantifs fém., indiquant un ensemble (ex. *colonnade*), ou une action (ex. *embrassade, bastonnade*), ou un produit (ex. *citronnade*), parfois avec valeur péjorative.

1. adel [adɛl] n. f. Adresse* électronique. (V. courriel, e-mail.)

2. adel [adɛl], plur. **adoul** [adul] n. m. (Maghreb) Assesseur du juge musulman, auxiliaire de la justice islamique, chargé de la procédure.

Adélaïde, v. d'Australie, capitale de l'État d'Australie-Méridionale, sur la baie Saint Vincent; 987 100 hab.

Adélie (terre), région française de l'Antarctique, à 2 500 km de la Tasmanie; 388 500 km^2.

► V. dossier France d'outre-mer, p. 1442, ainsi que la carte de l'Antarctique, p. 1375.

adén(o)-. Préfixe, du grec *adên,* «glande».

Aden, port de comm. important de la rép. du Yémen, sur le *golfe d'Aden* (mer Rouge); 300 000 hab. Raff. de pétrole. – Colonie britannique de 1839 à 1962, la rég. d'Aden fut membre de la Fédération de l'Arabie du Sud (1963) puis de la Rép. dém. et pop. du Yémen* (1967).

Adenauer (Konrad) (1876 – 1967), homme politique allemand. Co-fondateur du parti chrétien-démocrate, chancelier de la R.F.A. de 1949 à 1963, il fut un partisan résolu de l'Europe des Six et de la réconciliation avec la France.

Adenet le Roi (Adenet ou Adam, dit) (v. 1240 — v. 1300), trouvère brabançon qui remania des chansons de geste *(Bueves de Commarchis, les Enfances Ogier, Berthe au grand pied)* et écrivit un long roman courtois *(Cléomadès).*

adénine [adenin] n. f. BIOCHIM Une des deux bases puriques fondamentales constituant des acides nucléiques (A.D.N. et A.R.N.) et un des constituants des adénosines.

adénite [adenit] n. f. MED Inflammation des ganglions lymphatiques.

adénocarcinome [adenɔkaʀsinom] n. m. MED Formation maligne se développant à partir de tissus glandulaires, ou en prenant l'aspect.

adénoïde [adenɔid] adj. MED Qui concerne le tissu ganglionnaire. ▷ *Végétations adénoïdes :* hypertrophie du tissu constituant l'amygdale pharyngée.

adénome [adenom] n. m. MED Tumeur développée aux dépens d'une glande.

adénosine [adenɔzin] n. f. BIOCHIM Nucléoside constitué par une molécule d'un pentose (ribose ou désoxyribose) et une molécule d'adénine.

adénosine-phosphate [adenɔzin fɔsfat] n. f. BIOCHIM Nucléotide formé de l'union d'une molécule d'adénosine et d'une ou plusieurs molécules d'acide phosphorique. *Adénosine-monophosphate* (A.M.P.), *diphosphate* (A.D.P.), *triphosphate* (A.T.P.) (cette dernière porte une liaison riche en énergie). *Des adénosines-phosphates.*

adepte [adɛpt] n. Personne qui pratique une religion, adhère à une doctrine. *Les adeptes de l'islam.* ▷ Personne qui pratique (une activité quelconque). *Les adeptes du football.*

adéquat, ate [adekwa(t), at] adj. Bien adapté à son usage, à son emploi. *Remède adéquat.*

adéquation [adekwasjɔ̃] n. f. Fait d'être adéquat, conforme à. *Adéquation du fond et de la forme, du mot à l'idée.*

Ader (Clément) (1841 – 1925), ingénieur français. Il construisit une machine volante propulsée, qu'il baptisa «avion», avec laquelle il réussit le premier vol d'un plus lourd que l'air (1890).

adhérence [adeʀɑ̃s] n. f. **1.** Fait, pour une chose, d'adhérer à une autre. *Cette colle permet une bonne adhérence des surfaces.* **2.** MED Réunion de deux surfaces anatomiques normalement séparées. **3.** MECA Force de frottement qui s'oppose au glissement. *Cette automobile dispose d'une bonne adhérence sur route.*

adhérent, ente [adeʀɑ̃, ɑ̃t] adj. et n. **1.** adj. (Choses) Qui adhère. ▷ BOT *Ovaire adhérent* ou *ovaire infère :* ovaire soudé par ses côtés aux enveloppes florales. **2.** n. Personne qui adhère à une organisation. *Ce club a mille adhérents.*

adhérer [adeʀe] v. tr. indir. **[14] 1.** (Choses) Tenir fortement (à qqch), être joint étroitement (à la surface de qqch). *L'écorce de cet arbre adhère fortement au bois.* **2.** Fig. Approuver (une idée). *Je suis loin d'adhérer à vos thèses.* **3.** *Adhérer à une organisation,* en être membre, le devenir.

adhésif, ive [adezif, iv] adj. (Choses) Qui adhère. *Bande adhésive.* ▷ n. m. Tissu, papier collant.

adhésion [adezjɔ̃] n. f. **1.** Consentement, approbation. *Il a donné son adhésion au projet.* Ant. refus. **2.** Action d'adhérer à une organisation. **3.** PHYS Attraction qui se manifeste entre les molécules des corps quand ils sont en contact.

ad hoc [adɔk] loc. adj. (lat.) Qui convient à un usage déterminé, à une situation précise. *Servez-vous, pour cette manipulation, du dispositif ad hoc.*

adiabatique [adjabatik] adj. PHYS *Transformation adiabatique,* ne s'accompagnant d'aucun échange de chaleur avec le milieu extérieur. ▷ *Paroi adiabatique,* empêchant les échanges de chaleur (ex. : paroi d'un congélateur).

Adiaffi (Jean-Marie) (né en 1941), écrivain ivoirien. Son roman *la Carte d'identité* (1980) narre les tracasseries de l'administration coloniale. Il fonde une écriture novatrice dans sa poésie (*D'éclairs et de foudres,* 1980; *Galerie infernale,* 1984).

adieu [adjø] interj. et n. m. **1.** interj. Terme de politesse par lequel on prend congé de qqn qu'on ne doit pas revoir de longtemps, ou qu'on ne doit jamais revoir. *Adieu, les amis!* ▷ Formule exprimant que l'on est contraint de renoncer à qqch. *Dire adieu à qqch,* y renoncer. *Adieu, tous nos beaux projets!* **2.** n. m. Séparation d'avec quelqu'un. *Un adieu déchirant.* ▷ *Faire ses adieux :* prendre congé de qqn.

Adige, fl. de l'Italie du N. (410km); naît dans les Alpes du Tyrol et se jette dans l'Adriatique.

adipeux, euse [adipø, øz] adj. **1.** ANAT Qui est de nature graisseuse, qui contient de la graisse. *Tissu adipeux.* **2.** Cour. Gras, obèse. *Un homme adipeux.*

adiposité [adipozite] n. f. Accumulation localisée de graisses dans le tissu cellulaire.

adja ['adʒa] n. f. V. hadja.

Adja, ethnie du Togo (40000 personnes) et du S.-E. du Bénin. Ils parlent une langue éwé, langue nigéro-congolaise du groupe kwa.

adjacent, ente [adʒasɑ̃, ɑ̃t] adj. **1.** Situé auprès de, contigu. *Les rues adjacentes.* **2.** *Angles adjacents,* qui ont le même sommet, un côté commun, et sont situés de part et d'autre de ce côté commun.

adjectif, ive [adʒɛktif, iv] n. m. et adj. GRAM **1.** n. m. Mot variable qui peut être adjoint à un substantif, qu'il qualifie ou détermine. *Adjectif qualificatif épithète, attribut. Adjectifs déterminatifs* (démonstratif, possessif, numéral, indéfini, relatif, interrogatif ou exclamatif). *Adjectif substantivé,* employé comme substantif. *Adjectif verbal :* participe présent en emploi adjectival. *Un maître exigeant.* **2.** adj. Qui a valeur d'adjectif, est employé comme adjectif. *Forme adjective.*

adjectival, ale, aux [adʒɛktival, o] adj. Relatif à l'adjectif; de la nature d'un adjectif. *Usage adjectival.*

adjectivement [adʒɛktivmɑ̃] adv. Avec la valeur d'un adjectif.

adjectiver [adʒɛktive] ou **adjectiviser** [adʒɛktivise] v. tr. [1] Employer comme adjectif. *Adjectiver un participe passé.*

Adjer. V. Ajjer.

Adjib. V. Anedjib.

adjoindre [adʒwɛ̃dʀ] v. tr. **[56] 1.** Associer (une personne) à une autre comme auxiliaire. *On a dû lui adjoindre quelqu'un pour finir le travail.* ▷ v. pron. *Il s'est adjoint un collaborateur.* **2.** Ajouter (une chose) à une autre. *Adjoindre une pièce à un dossier.*

adjoint, ointe [adʒwɛ̃, wɛ̃t] adj. et n. **1.** Associé comme auxiliaire. *La secrétaire adjointe est très compétente.* ▷ Subst. Personne adjointe à une autre, chargée de l'assister. *Adjoint au maire.* **2.** (Québec) *Professeur adjoint,* en période de probation.

adjonction [adʒɔ̃ksjɔ̃] n. f. **1.** Action d'adjoindre. **2.** Ce qui est adjoint. *Adjonctions dans la nouvelle édition d'un ouvrage.*

adjudant [adʒydɑ̃] n. m. Sous-officier de grade intermédiaire entre celui de sergent-chef ou de maréchal des logis-chef et celui d'adjudant-chef.

adjudant-chef [adʒydɑ̃ʃɛf] n. m. Sous-officier du grade immédiatement inférieur à celui de major. *Des adjudants-chefs.*

adjudicataire [adʒydikatɛʀ] n. et adj. DR Personne en faveur de qui a été prononcée une adjudication. ▷ adj. *Une entreprise adjudicataire.*

adjudicateur, trice [adʒydikatœʀ, tʀis] n. DR Personne (physique ou morale) qui met en adjudication.

adjudication [adʒydikasjɔ̃] n. f. **1.** Attribution par autorité de justice d'un bien vendu aux enchères. *Adjudication volontaire, judiciaire.* **2.** *Adjudication administrative,* ayant pour objet le marché de fournitures ou de travaux qui doivent être payés par des collectivités ou des établissements publics.

adjuger [adʒyʒe] v. tr. **[13] 1.** Attribuer par adjudication. *Maître Untel, commissaire-priseur, adjuge un fauteuil à un enchérisseur. Adjugé, vendu!* **2.** Attribuer (qqch) à (qqn). ▷ v. pron. S'attribuer. *Il s'est adjugé les meilleurs morceaux.*

adjuration [adʒyʀasjɔ̃] n. f. Action d'adjurer; prière pressante, supplication.

adjurer [adʒyʀe] v. tr. **[1]** Prier (qqn) instamment, conjurer (qqn) de (faire qqch). *Je vous adjure de dire la vérité, de ne pas partir.* Syn. supplier.

adjuvant, ante [adʒyvɑ̃, ɑ̃t] n. m. et adj. **1.** MED Médicament qui renforce l'action du médicament principal. *Un adjuvant doit être ajouté à un antigène pour qu'il entraîne une réaction immunitaire de l'organisme.* **2.** TECH, CHIM Corps qui facilite une réaction, une imprégnation (teinture, impression). ▷ CONSTR Produit qui améliore les caractéristiques du béton. **3.** Ce qui renforce l'action de quelque chose. ▷ adj. *Une substance adjuvante.*

Adler (Victor) (1852 – 1918), homme politique autrichien; l'un des dirigeants de la IIe Internationale.

Adler (Alfred) (1870 – 1937), médecin et psychanalyste autrichien. En 1911, insistant sur le sentiment d'infériorité du névrosé face à la société, il se sépara de son maître Freud.

ad libitum [adlibitɔm] loc. adv. (lat.) À volonté, au gré de chacun.

admettre [admɛtʀ] v. tr. **[60] I.** *Admettre quelqu'un.* **1.** Recevoir après agrément. *Admettre qqn dans un club.* **2.** *Admettre un candidat à un examen,* déclarer qu'il a satisfait aux épreuves constituant cet examen. **3.** *Admettre qqn à,* lui permettre de. *Admettre qqn à siéger dans une commission.* **II.** *Admettre quelque chose.* **1.** Accepter pour valable, pour vrai. *J'admets cette hypothèse. Il admet que vous avez de bons arguments.* **2.** Supposer. *Admettons que vous gagniez les élections.* **3.** Prendre en considération, donner une suite favorable à (ce qui est demandé). *Admettre une requête.* **4.** Permettre, souffrir. *Admettre une interprétation, des exceptions.* **5.** Permettre, tenir pour acceptable. *Je n'admets pas qu'on agisse ainsi.* **6.** Laisser entrer dans (un lieu, une enceinte close). *Admettre l'eau dans un bassin.*

administrateur, trice [administʀatœʀ, tʀis] n. Personne chargée d'administrer des biens. *Administrateur de société :* membre du conseil d'administration d'une société anonyme. *Administrateur judiciaire,* nommé par autorité de justice. – *Administrateur des colonies,* puis *de la France d'outre-mer :* fonctionnaire d'autorité de l'administration coloniale française qui, selon son grade, détenait tout pouvoir au niveau local dans les colonies. ▷ *Administrateur de territoire* ou *administrateur territorial,* ayant la responsabilité d'un territoire sous l'administration coloniale belge. – *Administrateur provincial :* au Burundi, depuis 1962, nouvelle appellation de l'administrateur de territoire. – *Administrateur communal :* au Burundi, bourgmestre. ▷ (oc. Indien) *Administrateur sucrier,* dirigeant une propriété* sucrière.

administratif, ive [administʀatif, iv] adj. et n. m. **1.** adj. De l'administration, relatif à l'administration. *Les lenteurs administratives.* **2.** n. m. Personne occupant une fonction dans une administration.

administration [administʀasjɔ̃] n. f. **1.** Gestion. *Administration des biens d'un mineur.* ▷ *Conseil d'administration,* qui gère une société anonyme. **2.**

Direction des affaires publiques ou privées. ▷ *L'administration publique* ou *l'Administration :* la direction des affaires publiques. **3.** Autorité chargée d'une partie de la direction des affaires publiques. *Administration municipale, communale.* ▷ Corps d'employés d'un service public. *L'administration des Finances.* ▷ Siège d'un service public. *Je vais à l'administration des Douanes.* **4.** Action d'administrer (sens II). *Administration des sacrements. Administration de preuves.*

administrativement [administʀativmɑ̃] adv. Suivant les formes, les règlements administratifs.

administré, ée [administʀe] n. Citoyen, citoyenne dépendant d'une administration particulière. *Le maire sera regretté de ses administrés.*

administrer [administʀe] v. tr. [1] **I. 1.** Gérer. *Administrer des biens.* **2.** Diriger au moyen d'une administration. *Administrer un pays.* **II.** Donner, faire prendre (par qqn). **1.** *Administrer des preuves,* les produire en justice. **2.** *Administrer un médicament à un malade,* le lui faire absorber. **3.** RELIG CATHOL *Administrer les sacrements,* les conférer. – *Administrer un malade,* lui donner le sacrement des malades. **4.** *Administrer une correction à qqn,* le battre, le maltraiter physiquement.

admirable [admiʀabl] adj. Qui mérite, suscite l'admiration. *Un spectacle admirable.* ▷ Iron. *Vous êtes admirable de donner des conseils à ceux qui en savent plus que vous!*

admirablement [admiʀabləmɑ̃] adv. D'une manière admirable.

admirateur, trice [admiʀatœʀ, tʀis] n. Personne qui admire (une autre personne). *Bouquet envoyé à une actrice par un admirateur.*

admiratif, ive [admiʀatif, iv] adj. Qui exprime l'admiration. *Exclamation admirative.*

admiration [admiʀasjɔ̃] n. f. Sentiment que fait éprouver ce qui est beau, ce qui est grand. *Cette œuvre fait l'admiration de tous. Être en admiration devant le paysage.* Ant. mépris, dédain.

admirativement [admiʀativmɑ̃] adv. D'une manière admirative.

admirer [admiʀe] v. tr. [1] Considérer avec approbation, enthousiasme. *Admirer une belle action. Admirez les proportions de cet édifice.* ▷ Iron. *J'admire ton inconscience.*

admis, ise [admi, iz] adj. **I. 1.** Reçu (dans une société, un groupe) après agrément. *Personne admise dans un cercle très fermé.* ▷ Reçu à un concours, un examen. *Candidat admis à une grande école.* **2.** Reçu, autorisé à entrer (dans un lieu). *Les animaux ne sont pas admis.* **3.** *Admis à :* autorisé à. *Etre admis à faire valoir ses droits à la retraite.* **II. 1.** Accepté, reconnu pour valable, pour vrai. *C'est l'opinion communément admise.* **2.** Permis par l'usage; autorisé. *Un tel comportement ne saurait être admis ici.* **3.** Qui a pénétré dans une enceinte close. *Les gaz admis dans un cylindre.*

admissibilité [admisibilite] n. f. **1.** Caractère de ce qui peut être admis, reçu pour valable, pour vrai. **2.** Situation d'un candidat admissible. *Admissibilité à l'agrégation.*

admissible [admisibl] adj. **1.** Qu'on peut admettre. **2.** Reçu à la première partie éliminatoire d'un examen ou d'un concours et admis à subir les épreuves complémentaires.

admission [admisjɔ̃] n. f. **1.** Fait d'admettre, d'être admis. ▷ *Admission en franchise*.* **2.** Fait d'être reçu définitivement à un examen ou à un concours. **3.** TECH Entrée des gaz dans le cylindre d'un moteur à explosion (premier temps d'un cycle).

admittance [admitɑ̃s] n. f. ELECTR Quotient (exprimé en siemens) de l'intensité efficace du courant qui parcourt un dipôle par la tension efficace aux bornes de celui-ci. Ant. impédance.

admonestation [admɔnɛstasjɔ̃] n. f. Litt. Réprimande, vive semonce.

admonester [admɔnɛste] v. tr. [1] Litt. Faire une remontrance à, réprimander. Syn. blâmer.

A.D.N. n. m. BIOCHIM Sigle de *acide désoxyribonucléique.* (V. nucléique.)

ado [ado] n. Fam. Adolescent(e). *La mode suit les fantaisies des ados.*

adobe [adɔb] n. m. Brique crue séchée au soleil.

Ado Ekiti, v. du Nigeria (État d'Oyo), à l'E. d'Oshogbo; 310000 hab.

adolescence [adɔlɛsɑ̃s] n. f. Âge compris entre la puberté et l'âge adulte.

adolescent, ente [adɔlesɑ̃, ɑ̃t] n. Garçon, fille dans l'adolescence.

Adolphe de Nassau (1817-1905), grand-duc de Luxembourg (1890-1905). Le grand-duc Guillaume III étant mort sans héritier mâle, il lui succéda au nom d'une lointaine parenté.

adon [adɔ̃] n. m. (Québec) Fam. Coïncidence; chance, occasion favorable. ▷ Loc. adj. *D'adon :* se dit d'une chose qui tombe à propos, qui convient; se dit d'une personne qui est d'un abord facile, aimable.

Adonaï (mot hébr. : «mon seigneur»), un des noms bibliques de Dieu.

adonis [adɔnis] n. m. Jeune homme particulièrement beau.

Adonis dans la myth. gr., jeune chasseur de Byblos (Phénicie), aimé d'Aphrodite pour sa beauté.

Adonis ou **Adunis** ('Alī Ahmad Sa'īd, dit) (né en 1930), poète libanais d'origine syrienne. Animateur à Beyrouth de la revue *Chir** (1957) et fondateur en 1968 de la revue *Mawāqif* (Situations), il rénova la poésie arabe dans une tonalité métaphysique et lyrique : *les Chants de Mihyar le Damascène* (1961), *Célébrations* (1988). Ses essais (*Introduction à la poétique arabe,* 1984; *la Prière et l'Épée,* 1993) éclairent le présent par l'étude de la tradition arabe.

adonnance [adɔnɑ̃s] n. f. (Acadie) Hasard (sens I, 3); coïncidence heureuse.

adonner [adɔne] v. [1] **I.** v. pron. Se livrer (à une activité, une pratique). *S'adonner à l'étude, au jeu.* **II.** (Québec) Fam. Arriver, survenir. **1.** v. intr. (En parlant de choses.) Arriver, tomber bien (ou mal) à propos. *Elle arrive comme je pars : ça adonne mal!* – v. pron. *Ça ne peut pas mieux s'adonner!* – v. tr. ind. *Adonner à :* convenir à. *Viens me voir quand ça t'adonnera.* **2.** v. pron. (En parlant de personnes.) Tomber, arriver bien (ou mal) à propos (pour faire qqch). *Tu as faim? Tu t'adonnes bien, je fais des tartes.* **3.** v. pron. Se trouver, être en tel lieu par hasard. *Si tu t'adonnes à passer, arrête nous voir.* – (En tournure impers.) *Ça s'adonne que, ça adonne que :* il se trouve que. **III.** (Québec) Fam. S'harmoniser. **1.** v. intr. (Peut être aussi v. pron.) (En parlant de choses.) Coïncider (avec), s'adapter (à), s'accorder (à). *Ces rideaux adonnent* (ou *s'adonnent*) *bien avec le tapis.* **2.** v. pron. (En parlant de personnes.) S'entendre (avec qqn), s'accorder. *S'adonner bien ensemble.*

adopter [adɔpte] v. tr. [1] **1.** Prendre pour fils ou pour fille, dans les formes prescrites par la loi. *Adopter un enfant.* ▷ Choisir avec prédilection. *Il m'adopta pour ami.* **2.** (Afr. subsah.) Recueillir un enfant dans sa famille sans que cela entraîne nécessairement les effets juridiques de la filiation par le sang. **3.** Choisir, admettre (une idée). *J'ai adopté cette opinion.* **4.** Donner son approbation à une proposition (en parlant d'une assemblée délibérante). *L'Assemblée a adopté ce projet de loi.*

adoptif, ive [adɔptif, iv] adj. **1.** Qui a été adopté. *Fils adoptif.* **2.** Qui a adopté. *Mère adoptive.*

adoption [adɔpsjɔ̃] n. f. **1.** Action de prendre légalement pour fils ou pour fille. *Enfant par adoption. Adoption plénière,* qui assimile l'adopté à un enfant légitime. *Adoption simple,* qui attribue l'autorité parentale à la personne qui adopte, mais laisse les liens de l'adopté avec sa famille d'origine subsister à titre subsidiaire (obligations alimentaires et droits héréditaires). *Enfant par adoption.* ▷ *Patrie d'adoption :* pays qu'un étranger résident reconnaît pour sien. **2.** (Afr. subsah.) Action d'adopter (sens 2). **3.** Action d'adopter (sens 4), de donner son approbation. *Adoption d'un projet.*

adorable [adɔʀabl] adj. Qui plaît extrêmement par sa beauté, sa grâce. *Une femme adorable.* Syn. délicieux, exquis, charmant.

adorablement [adɔʀabləmɑ̃] adv. D'une manière adorable, charmante.

adorateur, trice [adɔʀatœʀ, tʀis] n. **1.** Personne qui adore, rend un culte à (une divinité). *Les adorateurs du Soleil.* **2.** Personne éprise avec passion. *Cette femme a de nombreux adorateurs.*

adoration [adɔʀasjɔ̃] n. f. **1.** Culte rendu à une divinité. – THEOL CHRET Glorification de la souveraineté de Dieu par le culte de latrie. **2.** Passion, attachement extrême. *Il est en adoration devant elle.*

adorer [adɔʀe] v. tr. [1] **1.** Rendre un culte à (une divinité). *«Oui, je viens dans son temple adorer l'Éternel»* (Racine). **2.** Aimer avec passion (qqn). *Il adore ses petits-enfants.* ▷ Aimer beaucoup (qqch). *Adorer la musique.*

Adorno (Theodor Wiesengrund) (1903 – 1969), philosophe, sociologue et musicologue allemand. Fondateur de l'école de Francfort (1923).

ados [ado] n. m. AGRIC Terre qu'on élève en talus le long d'un mur bien exposé, pour y obtenir des primeurs.

adossement [adosmɑ̃] n. m. État de ce qui est adossé.

adosser [adose] v. tr. [1] Faire prendre appui à, avec le dos, la face postérieure. *Adosser une maison contre un rocher.* ▷ v. pron. S'appuyer avec le dos contre, s'appuyer contre. *S'adosser à un mur. Appentis qui s'adosse à une maison.* – Pp. adj. *Être bien adossé.*

Adoua ou **Adwa,** v. d'Éthiopie et anc. cap. du Tigré; 16000 hab. – Victoire de Ménélik II sur les Italiens (1er mars 1896).

adouber [adube] v. tr. [1] **1.** HIST Au Moyen Âge, armer chevalier. **2.** Aux échecs, aux dames, jouer une pièce à l'essai.

adoucir [adusiʀ] v. [3] **I.** v. tr. **1.** Rendre plus doux (ce qui est acide, amer, salé, piquant, âcre). *Le sucre adoucira ces fruits. Ce savon adoucit la peau. Adoucir sa voix.* **2.** Fig. Atténuer, tempérer. *Adoucir une expression. Adoucir des souffrances.* **3.** TECH Procéder à l'adoucissage ou à l'adoucissement de. **II.** v. pron. Devenir plus doux. *Le temps s'adoucit. Son humeur s'adoucit.*

adoucissage [adusisaʒ] n. m. **1.** Polissage d'une surface (pierre, métal, verre). **2.** Atténuation de la vivacité des teintes (peintures, teintures).

adoucissant, ante [adusisɑ̃, ɑ̃t] adj. (et n. m.) Qui adoucit la peau, calme les irritations. *Pommade adoucissante.*

adoucissement [adusismɑ̃] n. m. **1.** Action d'adoucir; fait de s'adoucir; état d'une chose adoucie. *L'adoucissement de la température.* **2.** Fig. Atténuation, soulagement. *Adoucissement d'une peine.* **3.** TECH Réduction de la teneur en sels de calcium d'une eau, pour la rendre utilisable (potable, par ex.).

adoul [adul] n. m. pl. V. adel (2).

Adoula (Cyrille) (1923 - 1978), homme politique du Congo-Kinshasa. Premier ministre de 1961 à 1964.

Adoulis, anc. port de la mer Rouge, situé sur le territoire actuel de l'Érythrée. C'était le principal débouché du royaume d'Axoum (IVe-Xe s.).

ad patres [adpatʀɛs] loc. adv. (Lat., «vers les ancêtres».) *Envoyer ad patres* : tuer.

adragant [adʀagɑ̃] n. m. ou **adragante** [adʀagɑ̃t] n. f. Matière gommeuse produite par plusieurs astragales.

Adrar, plateau désertique du N. de la Mauritanie, aux confins du Sahara occid. Oasis.

Adrar, oasis saharienne d'Algérie (Touat); ch.-l. de la wilaya du m. nom; 28 500 hab.

Adrar des Ifogha ou **Ifora,** massif montagneux du N.-E. du Mali. Point culminant : l'*Adrar Hegbane,* 853 m.

adrénaline [adʀenalin] n. f. BIOCHIM Hormone sécrétée par la médullosurrénale, qui a une action semblable à celle qui résulte d'une stimulation sympathique.
ENCYCL Son action permet à l'organisme de s'adapter à des agressions extérieures. Elle accélère le rythme cardiaque, contracte les vaisseaux, augmente la tension artérielle, provoque la libération de sucre par le foie, contracte les musculatures intestinale et bronchique.

adressage [adʀesaʒ] n. m. INFORM Action d'adresser une mémoire. *Modes d'adressage* : moyens pour adresser.

1. adresse [adʀɛs] n. f. **1.** Habileté dans les gestes. *Jongler avec adresse.* Syn. dextérité. Ant. gaucherie, maladresse. **2.** Habileté à obtenir un résultat. *Traiter une affaire avec adresse.*

2. adresse [adʀɛs] n. f. **1.** Indication du nom et du domicile d'une personne. *Inscrire une adresse sur une enveloppe.* ▷ *Adresse électronique* : ensemble d'indications permettant d'adresser des messages à une personne sur un réseau informatique. (V. adel 1, courriel, e-mail.) **2.** Lieu du domicile. *Je n'habite plus à cette adresse.* **3.** *À l'adresse de* : destiné à, à l'intention de. *Cette allusion était à mon adresse.* **4.** Didac. Dans un classement, mot ou formule sous lesquels se trouve une information. **5.** INFORM Numéro d'ordre dans une mémoire, permettant d'identifier une information ou une donnée, et d'y accéder.

adresser [adʀese] v. [1] **I.** v. tr. **1.** Dire, exprimer (qqch à l'intention de qqn). *Il m'a adressé ses remerciements. Je ne lui adresse plus la parole.* **2.** Envoyer vers (qqn), faire parvenir (à qqn). *Adressons-lui cette lettre chez ses parents.* **3.** Envoyer (une personne à une autre). *Cet ami m'a adressé son fils.* **4.** INFORM Fournir (à une mémoire) une adresse de mot afin d'accéder au contenu de ce mot (donnée, information). **II.** v. pron. **1.** Parler (à qqn). *Il s'adressa au peuple.* ▷ Être destiné à. *C'est à moi que cette question s'adresse?* **2.** Aller trouver, avoir recours à. *Adressez-vous au gardien!*

adret [adʀɛ] n. m. Versant d'une montagne exposé au soleil, opposé à l'*ubac.*

adriatique [adʀijatik] adj. De l'Adriatique.

Adriatique (mer), mer formée par la Méditerranée entre les péninsules italienne et balkanique; 835 km de long entre Otrante et Trieste.

Adrien. V. Hadrien.

adroit, oite [adʀwa, wat] adj. **1.** Qui a de l'adresse. *Être adroit de ses mains. Un adroit financier.* **2.** Qui est fait avec adresse, habileté. *Un compliment adroit.* Syn. habile, ingénieux. Ant. gauche, maladroit.

adroitement [adʀwatmɑ̃] adv. Avec adresse, habileté.

Adrumète. V. Hadrumète.

adsorber [adsɔʀbe] v. tr. [1] PHYS, CHIM Fixer par adsorption.

adsorption [adsɔʀpsjɔ̃] n. f. PHYS, CHIM Fixation d'ions libres, d'atomes ou de molécules à la surface d'une substance. Ant. désorption.

Adula, massif des Alpes suisses (3 398 m au Rheinwaldhorn), à la limite du Tessin et des Grisons. Ses glaciers alimentent le Rhin postérieur.

adulation [adylasjɔ̃] n. f. Louange enthousiaste ou excessive.

aduler [adyle] v. tr. [1] Multiplier les éloges, les louanges, à l'adresse de (qqn). *Vedette adulée du public.*

adulte [adylt] adj. et n. **1.** adj. Arrivé au terme de sa croissance. *Bête adulte. Plante adulte. L'âge adulte,* qui succède à l'adolescence. **2.** n. Personne arrivée au terme de sa croissance.

1. adultère [adyltɛʀ] adj. (et n.) Qui a, qui a eu des rapports sexuels avec quelqu'un d'autre que son conjoint.

2. adultère [adyltɛʀ] n. m. Fait, pour une personne mariée, d'avoir des rapports sexuels en dehors du mariage.

adultérin, ine [adylteʀɛ̃, in] adj. Né d'un adultère. *Fille adultérine.* – Qui se rapporte à l'adultère. *Des relations adultérines.*

Adunis. V. Adonis.

advection [advɛksjɔ̃] n. f. METEO Mouvement à prédominance horizontale d'une masse d'air atmosphérique.

advenir [advəniʀ] v. intr. défectif (n'est utilisé qu'à l'infinitif et à la 3e pers. du sing.) [36] Arriver, se produire. *Il advint que...* – (Prov.) *Fais ce que dois, advienne que pourra* : fais ton devoir sans t'inquiéter des conséquences.

adventice [advɑ̃tis] adj. (et n. f.) **1.** PHILO *Idées adventices,* qui viennent des sens, par opposition aux *idées innées.* **2.** AGRIC Qui pousse sans avoir été semé. *Plantes adventices* : mauvaises herbes. **3.** n. f. ANAT Couche externe d'un vaisseau ou d'un organe tubulé. **4.** Fig. Annexe, subsidiaire. *Une idée adventice se greffa sur le projet initial.*

adventif, ive [advɑ̃tif, iv] adj. **1.** BOT Se dit des racines et des bourgeons qui croissent hors de leur place normale de développement. *Racines adventives du sorgho.* **2.** GEOL *Cônes adventifs,* qui se forment sur les pentes du cône initial d'un volcan.

adventiste [advɑ̃tist] n. et adj. Membre d'un mouvement chrétien, d'origine américaine, qui attend comme imminente une seconde venue du Christ sur terre. ▷ adj. *Doctrine adventiste.*

adverbe [advɛʀb] n. m. GRAM Mot invariable qu'on joint à un verbe, à un adjectif, à un autre adverbe, à une phrase pour en compléter ou en modifier le sens (par ex. : il lit *couramment;* une maison *trop* petite). *Adverbe de manière, de lieu, de temps, de quantité, d'affirmation, de négation, de doute.*

adverbial, ale, aux [advɛʀbjal, o] adj. GRAM Qui remplit le rôle d'un adverbe. *Locution adverbiale.*

adverbialement [advɛʀbjalmɑ̃] adv. GRAM Avec une valeur d'adverbe. *Les adjectifs employés adverbialement sont invariables.*

adversaire [advɛʀsɛʀ] n. Personne à laquelle on est opposé, contre qui on lutte. *Battre, vaincre un adversaire.* Syn. antagoniste. Ant. auxiliaire, allié.

adverse [advɛʀs] adj. Contraire, opposé. *Équipes adverses. Accablé par un sort adverse.* ▷ DR *La partie adverse* : l'adversaire, dans un procès.

adversité [advɛʀsite] n. f. Sort contraire; situation de celui qui le subit. *Lutter contre l'adversité.* Syn. infortune, misère.

Adwa. V. Adoua.

aède [aɛd] n. m. Dans la Grèce antique, poète qui chantait ses propres œuvres, psalmodiées au son de la lyre.

A.-É.F. Sigle de *Afrique*-Équatoriale française.*

Ægos-Potamos ou **Aigos-Potamos** (auj. *Indjelimen*), rivière de Thrace à l'embouchure de laquelle le Spartiate Lysandre défit la flotte athénienne (405 av. J.-C.).

A.E.L.É. Sigle de *Association européenne de libre-échange.* (V. Europe.)

æpyornis ou **épyornis** [epjɔʀnis] n. m. ZOOL Oiseau géant, voisin de l'autruche, qui vivait à Madagascar à l'ère quaternaire.

aér(o)-. Préfixe, tiré du grec *aêr,* «air», et indiquant un rapport soit avec l'air et l'atmosphère, soit avec la navigation aérienne.

aérateur [aeʀatœʀ] n. m. **1.** Appareil qui sert à renouveler l'air d'un local. **2.** Dispositif qui fournit de l'air ou de l'oxygène pour l'épuration des eaux.

aération [aeʀasjɔ̃] n. f. **1.** Action d'aérer; son résultat. **2.** *Aération des eaux* : introduction d'air ou d'oxygène dans l'eau pour en améliorer la qualité.

aéré, ée [aeʀe] adj. Où l'air circule librement. *Local bien aéré.*

aérer [aeʀe] v. [14] **1.** v. tr. Renouveler l'air de, donner accès à l'air dans (un local clos). *Aérer une chambre.* ▷ Mettre à l'air. *Aérer un matelas.* **2.** v. tr. Fig. Rendre moins dense. *Page dont on aère la présentation,* qu'on rend plus lisible en espaçant les lignes. **3.** v. pron. Respirer, prendre l'air. *Sors t'aérer.*

aérien, enne [aeʀjɛ̃, ɛn] adj. **1.** De l'air; qui appartient à l'air, à l'atmosphère. *Phénomènes aériens.* ▷ Fig. Léger comme l'air, vaporeux. *Créature, grâce aérienne.* **2.** Dont l'air est le milieu vital. *Animaux aériens.* ▷ BOT *Racines aériennes,* qui se développent et vivent hors du sol. **3.** Relatif au transport par air, à l'aviation; qui utilise l'avion. *Lignes aériennes. Attaque aérienne.* **4.** Suspendu au-dessus du sol. *Câble aérien.*

aérium [aeʀjɔm] n. m. Établissement de cure d'air et de repos pour les convalescents ou les sujets fragiles.

aérobic [aeʀɔbik] n. m. Gymnastique pratiquée sur une musique au rythme rapide et qui vise à oxygéner les tissus.

aérobie [aeʀɔbi] adj. BIOL Qui a besoin, pour vivre, d'oxygène gazeux libre. *Bactéries aérobies.* Ant. anaérobie.

aérobiose [aeʀobjoz] n. f. BIOL Mode de vie des cellules et organismes utilisant l'oxygène de l'air.

aéro-club ou **aéroclub** [aeʀoklœb] n. m. Club, société dont les membres pratiquent en amateur les activités aéronautiques. *Des aéro-clubs.*

aérodrome [aeʀodʀom] n. m. Terrain aménagé pour le décollage et l'atterrissage des avions, et pourvu des installations nécessaires à leur maintenance. Syn. (Afr. subsah.) aviation.

aérodynamique [aeʀodinamik] n. f. et adj. **I.** n. f. Science des phénomènes physiques liés au déplacement des corps solides dans l'atmosphère. **II.** adj. **1.** Relatif à cette science. **2.** Caréné de façon à opposer à l'air une résistance minimale. *Carrosserie de voiture aérodynamique.*

aérofrein [aeʀofʀɛ̃] n. m. Dispositif de freinage aérodynamique d'un avion, d'une voiture de course.

aérogare [aeʀogaʀ] n. f. **1.** Ensemble des installations d'un aéroport destinées aux voyageurs et au fret. **2.** Gare assurant la desserte d'un aéroport.

aérogénérateur [aeʀoʒeneʀatœʀ] n. m. Éolienne à axe horizontal produisant directement du courant électrique continu.

aéroglisseur [aeʀoglisœʀ] n. m. Véhicule terrestre ou marin dont la sustentation est assurée par un coussin d'air.

aérogramme [aeʀogʀam] n. m. Feuille de papier à lettres aux bordures préencollées, pour former une enveloppe, vendue affranchie et prête à l'expédition par avion.

aérolithe [aeʀolit] n. f. Météorite pierreuse.

aéromodélisme [aeʀomɔdelism] n. m. Technique de la construction et de l'utilisation des modèles réduits d'avions.

aéronautique [aeʀonotik] adj. Relatif à la navigation aérienne. ▷ n. f. Science de la navigation aérienne; technique de la construction des aéronefs.

aéronaval, ale, als [aeʀonaval] adj. Qui relève à la fois de l'aviation et de la marine. *Puissance aéronavale.*

aéronef [aeʀonɛf] n. m. Tout appareil capable de se sustenter dans l'air par ses propres moyens (avions, hélicoptères, aérostats, etc.).

aérophagie [aeʀofaʒi] n. f. MED Déglutition d'une certaine quantité d'air qui pénètre dans l'estomac et provoque une distension douloureuse et parfois des vomissements.

aéroplane [aeʀoplan] n. m. Vieilli Avion.

aéroport [aeʀopɔʀ] n. m. **1.** Ensemble d'installations (pistes, tour de commande, aérogare, gare de fret, zone industrielle) aménagées pour le trafic aérien. Syn. (Afr. subsah.) aviation. **2.** Organisme qui gère et contrôle cet ensemble.

aéroporté, ée [aeʀopɔʀte] adj. MILIT Qualifie les troupes transportées par voie aérienne et parachutées sur l'objectif. *Division aéroportée.*

aéroscope [aeʀɔskɔp] n. m. Appareil qui permet de mesurer la quantité de poussière en suspension dans l'air.

aérosol [aeʀosɔl] n. m. Dispersion dans un gaz de particules solides ou liquides. ▷ Système permettant la diffusion ou la vaporisation de ces particules.

aérospatial, ale, aux [aeʀospasjal, o] adj. et n. f. Qui relève à la fois de l'aéronautique et de l'astronautique. *Techniques aérospatiales.* – n. f. *L'aérospatiale.*

aérostat [aeʀosta] n. m. Tout appareil qui se sustente dans l'air au moyen d'un gaz plus léger que l'air. *Les ballons, les dirigeables sont des aérostats.*

æschne [ɛskn] n. f. ENTOM Libellule au vol puissant, susceptible de se trouver loin des points d'eau où elle a vécu à l'état larvaire.

Aetius (v. 390 – 454), général romain. Maître de l'Empire (433), il combattit les Barbares et contribua à la défaite d'Attila (bataille des champs Catalauniques, 451). Valentinien III le fit assassiner.

afar [afaʀ] n. m. LING Langue couchitique parlée par les Afars.

Afar(s) ou **Danakil,** groupe ethnique vivant entre la mer Rouge et le plateau éthiopien (plus d'un million de personnes). Ils parlent une langue couchitique orientale. Ces pasteurs nomades, de plus en plus sédentarisés, sont adeptes de l'islam sunnite. Ils peuplent la plaine des Danakil et la rép. de Djibouti.

► V. dossier Djibouti, p. 1428.

Afewerki (Issaias) (né en 1945), premier président de la Rép. d'Érythrée, indép. en 1993.

affabilité [afabilite] n. f. Qualité d'une personne affable. Syn. aménité, courtoisie.

affable [afabl] adj. Qui accueille les autres avec amabilité, douceur. *Manières affables,* courtoises. Syn. aimable, sociable. Ant. froid, hautain.

affabulation [afabylasjɔ̃] n. f. **1.** Trame d'une œuvre de fiction. **2.** Mensonge, travestissement de la vérité.

affabuler [afabyle] v. intr. [1] Se livrer à des affabulations, à des mensonges.

affacturage [afaktyʀaʒ] n. m. Opération qui permet à une entreprise de s'assurer des liquidités en cédant ses créances à une société spécialisée. Syn. off. recommandé de *factoring.*

affadir [afadiʀ] v. tr. [3] Rendre fade, insipide. *Affadir une sauce. Affadir des couleurs.* ▷ v. pron. Fig. *Son style s'est affadi.*

affadissement [afadismɑ̃] n. m. Fait de devenir fade, insipide.

affaiblir [afɛbliʀ] v. tr. [3] Diminuer la force physique ou l'énergie morale de, rendre faible. *La maladie l'a affaibli.* Syn. débiliter, diminuer. Ant. fortifier. ▷ v. pron. Devenir faible. *Ma vue s'affaiblit.* – Fig. *Le sens de ce mot s'est affaibli avec le temps,* a perdu de sa force d'expression.

affaiblissant, ante [afɛblisɑ̃, ɑ̃t] adj. Qui affaiblit. *Régime affaiblissant.*

affaiblissement [afɛblismɑ̃] n. m. Diminution de la force, de la puissance, de l'intensité. *L'affaiblissement de la monarchie. L'affaiblissement de la mémoire.* ▷ PHYS Diminution de l'amplitude d'une onde.

affaire [afɛʀ] n. f. **I. 1.** Ce qui concerne l'intérêt personnel de qqn. *C'est mon affaire :* cela ne concerne que moi. *J'en fais mon affaire :* je m'en charge. *Cela ferait bien mon affaire :* cela me conviendrait. ▷ (Plur.) Objets personnels, vêtements. *Il ne retrouve jamais ses affaires.* ▷ (Québec) Fam. *Une affaire :* un truc, un machin. *Une affaire en bois.* – (Acadie) *Une petite affaire :* un petit peu. *Prendre une petite affaire de sucre dans son café.* **2.** Ensemble de circonstances où des intérêts divers sont en jeu, s'opposent, s'affrontent. *Être mêlé à une affaire de pots-de-vin.* **3.** Ensemble de difficultés avec lesquelles une personne est aux prises; tracas, ennui. *Il s'est attiré une vilaine affaire.* – Fam. *Ce n'est pas une affaire! :* cela n'est pas bien grave. ▷ *Tirer qqn d'affaire,* lui épargner une difficulté, le sauver d'un danger. **4.** Ensemble de faits dont la justice a à connaître. *Plaider une affaire. Affaire criminelle.* ▷ Délit ou crime sur lequel la police est chargée d'enquêter. «*L'Affaire Saint-Fiacre*» (titre d'un roman de Simenon). **5.** Conflit. ▷ Conflit international, militaire ou diplomatique. *L'affaire de Suez.* ▷ Combat, engagement de troupes. *L'affaire fut chaude.* **II. 1.** *Affaire de...,* qui concerne... *Affaire d'honneur,* où l'honneur est en jeu (*spécial., par euph.* : duel). – *Affaire de cœur :* intrigue galante, amourette. ▷ *C'est une affaire de goût :* cela dépend du goût de chacun. – *C'est une affaire d'habitude :* il ne s'agit que de s'exercer, de s'accoutumer. **2.** *Avoir affaire à quelqu'un,* lui parler, traiter ou négocier avec lui. ▷ *Vous aurez affaire à moi!* (avertissement menaçant). ▷ (Québec) *Avoir affaire à* (quelque part) : avoir besoin d'aller à. *Elle a affaire à la banque ce matin.* **3.** (Belgique) Pop. *Être en affaire :* être affairé. – (Antilles fr.) Pop. (À propos d'un enfant.) *Tu es bien en affaire(s) :* tu es bien affairé. **III.** Entreprise industrielle ou commerciale. *L'affaire a été reprise par une société étrangère.* **IV. 1.** Transaction, marché. *Voilà une affaire conclue! Il a fait une affaire, une bonne affaire,* une transaction avantageuse. ▷ (Plur.) Opérations financières, commerciales; spéculations. *Cette maison fait beaucoup d'affaires. Chiffre d'affaires. Homme, femme d'affaires. Les affaires sont les affaires :* quand il s'agit d'intérêt, les autres considérations n'ont pas à intervenir. ▷ (Québec) *Être d'affaires :* être habile en affaires, savoir s'y prendre. **2.** (Plur.) Intérêts pécuniaires d'une personne. *Mettre de l'ordre dans ses affaires.* **V.** (Plur.) Tout ce qui concerne l'administration et le gouvernement des choses publiques. *Les affaires de l'État.*

affairé, ée [afeʀe] adj. Qui a beaucoup à faire, qui s'empresse.

affairement [afɛʀmɑ̃] n. m. Fait d'être affairé.

affairer (s') [afeʀe] v. pron. [1] S'empresser, se montrer actif dans l'exécution d'une tâche. *Manœuvres qui s'affairent sur un chantier.*

affairisme [afeʀism] n. m. Péjor. Préoccupation exclusive de faire des affaires, de gagner de l'argent.

affairiste [afeʀist] n. Péjor. Homme d'affaires sans scrupules.

affaissement [afɛsmɑ̃] n. m. Fait de s'affaisser; état de ce qui est affaissé. *L'affaissement de la chaussée.* – Fig. Accablement. *L'affaissement de son moral fait peine à voir.* ⊳ GEOMORPH Lent mouvement d'abaissement du sol, dû à des phénomènes naturels ou aux activités humaines (extraction de matériaux, pompage d'eau).

affaisser (s') [afese] v. pron. [1] 1. Plier, baisser de niveau sous l'effet d'un poids, d'une pression. *Le mur de soutènement s'est affaissé sous la poussée des terres.* 2. Tomber lourdement, sans forces (êtres animés). *Il a eu une faiblesse et il s'est affaissé tout d'un coup.*

affaler [afale] v. [1] 1. v. tr. MAR Faire descendre rapidement. *À affaler la grand-voile!* 2. v. pron. Se laisser tomber. *S'affaler sur son lit.*

affamé, ée [afame] adj. et n. 1. Qui a une très grande faim. *Lion affamé.* ⊳ Subst. *Nourrir les affamés.* 2. Fig. *Affamé de :* avide de. *Être affamé de gloire, d'argent.*

affamer [afame] v. tr. [1] Causer la faim en privant de nourriture. *Affamer la population d'une ville assiégée.*

affameur, euse [afamœʀ, øz] n. Personne qui affame autrui.

affect [afɛkt] n. m. PSYCHO État affectif.

1. affectation [afɛktasjɔ̃] n. f. 1. Imitation, faux-semblant. *Affectation de vertu.* 2. Manque de naturel, de simplicité. *Il parle avec affectation.* Syn. afféterie.

2. affectation [afɛktasjɔ̃] n. f. 1. Destination (d'une chose) à un usage. *Affectation d'une somme à telle dépense.* 2. Désignation à un poste, une fonction. *L'affectation d'un militaire.* 3. (Afr. subsah.) Syn. de *mutation* (sens 2). *Son directeur a demandé son affectation.*

1. affecté, ée [afɛkte] adj. 1. Feint, imité. *Humilité affectée.* Ant. sincère. 2. Qui manque de naturel, de simplicité. *Manières affectées.*

2. affecté, ée [afɛkte] adj. 1. Qui a reçu une affectation. *Officier récemment affecté.* 2. (Afr. subsah.) Muté.

3. affecté, ée [afɛkte] adj. 1. Ému, affligé. *Il semble très affecté.* 2. MATH Doté (d'un coefficient, etc.). *10^{-4} est un nombre affecté d'un exposant négatif.*

1. affecter [afɛkte] v. tr. [1] 1. Feindre. *Affecter la modestie. Il affecta de prendre pour argent comptant tous ces mensonges.* 2. Prendre (une forme, une apparence). *Les cristaux de sel marin affectent la forme cubique.*

2. affecter [afɛkte] v. tr. [1] 1. Destiner (qqch) à un usage. *Affecter un véhicule au transport des denrées.* 2. Donner une affectation à (qqn). *On a affecté ce fonctionnaire à un poste plus intéressant.* ⊳ (Afr. subsah.) (S. comp. de lieu.) Nommer à un poste. *Il serait temps d'affecter ce jeune instituteur.* 3. (Afr. subsah.) Syn. de *muter.*

3. affecter [afɛkte] v. tr. [1] 1. Mettre dans une certaine disposition; influer, agir sur (l'esprit, les sens). *Ces sons affectent désagréablement l'oreille.* 2. Causer une impression pénible, de la peine. *Ce deuil m'affecte douloureusement.* ⊳ v. pron. S'affliger, souffrir moralement de. *Ce malade s'affecte beaucoup de son état.* 3. MATH Munir de, adjoindre à, afin d'obtenir une variation. *Affecter un nombre d'un coefficient, d'un exposant.*

affectif, ive [afɛktif, iv] adj. PSYCHO Relatif au plaisir, à la douleur, aux émotions. *Plaisir, douleur, émotions, sentiments sont des états affectifs.* – Cour. *La vie affective :* l'ensemble des sentiments, des joies, des peines.

affection [afɛksjɔ̃] n. f. 1. Attachement pour un être que l'on aime. *Affection paternelle.* Syn. inclination, tendresse. Ant. antipathie, aversion, haine. 2. MED État morbide, maladie. *Affection cutanée.*

affectionné, ée [afɛksjɔne] adj. Attaché par l'affection. *Votre fils affectionné.*

affectionner [afɛksjɔne] v. tr. [1] 1. Avoir de l'affection pour. *Il affectionne particulièrement sa fille cadette.* Syn. aimer, chérir. Ant. détester. 2. Avoir un goût marqué pour. *J'affectionne particulièrement cet endroit.*

affectivité [afɛktivite] n. f. Ensemble des phénomènes affectifs.

affectueusement [afɛktɥøzmɑ̃] adv. D'une manière affectueuse.

affectueux, euse [afɛktɥø, øz] adj. Qui manifeste de l'affection.

1. afférent, ente [afeʀɑ̃, ɑ̃t] adj. DR Qui revient à chacun dans un partage. *Part afférente.*

2. afférent, ente [afeʀɑ̃, ɑ̃t] adj. ANAT Se dit d'un vaisseau sanguin, lymphatique, d'un nerf, etc., qui arrive à un organe. Ant. efférent.

affermage [afɛʀmaʒ] n. m. Location à ferme ou à bail.

affermer [afɛʀme] v. tr. [1] Donner ou prendre à ferme ou à bail. *Affermer une terre. Cultivateur qui afferme un domaine.* Syn. louer.

affermir [afɛʀmiʀ] v. tr. [3] 1. Rendre ferme, stable, solide. *Affermir une muraille. L'exercice affermit les muscles.* 2. Rendre plus fort, plus assuré. *Affermir sa voix. Affermir son pouvoir.* Ant. affaiblir, ébranler. ⊳ v. pron. Devenir plus ferme.

affermissement [afɛʀmismɑ̃] n. m. Action d'affermir; son résultat.

afféterie [afetʀi] ou **affèterie** [afɛtʀi] n. f. Litt. Affectation dans le comportement, le style.

affichage [afiʃaʒ] n. m. 1. Action d'afficher (au sens 1); résultat de cette action. *Panneaux d'affichage.* 2. TECH Présentation de données, de résultats, sur un écran de visualisation.

affiche [afiʃ] n. f. Feuille imprimée, comportant un texte ou une représentation graphique, ou les deux, placardée et destinée à informer le public. *Affiche publicitaire. Affiche officielle.*

afficher [afiʃe] v. tr. [1] 1. Publier, annoncer au moyen d'affiches; apposer (une affiche). *Afficher un avis officiel.* 2. Fig. Montrer ostensiblement, faire étalage de. *Il affiche un air satisfait.* ⊳ v. pron. Péjor. Se montrer avec ostentation (spécial. en faisant étalage de sa vie privée). *Elle s'affiche avec son dernier amant.* 3. TECH Visualiser par affichage.

affichette [afiʃɛt] n. f. Petite affiche.

afficheur [afiʃœʀ] n. m. Celui qui pose ou fait poser des affiches.

affichiste [afiʃist] n. Spécialiste de la création d'affiches.

affilage [afilaʒ] n. m. Action d'affiler un outil.

affilée (d') [dafile] loc. adv. À la suite, sans discontinuer. *Dormir dix heures d'affilée.*

affiler [afile] v. tr. [1] 1. Donner du fil à, aiguiser. *Affiler un rasoir.* ⊳ Fig. *Avoir la langue bien affilée :* être médisant ou caustique. 2. (Québec) Tailler en pointe. *Affiler un crayon.*

affiliation [afiljasjɔ̃] n. f. Action d'affilier ou de s'affilier; fait d'être affilié.

affilié, ée [afilje] n. Membre d'une organisation.

affilier [afilje] v. [2] 1. v. tr. Faire entrer (une organisation) dans un groupement d'organisations similaires. *Affilier un club sportif à une fédération.* 2. v. pron. Adhérer (à une organisation).

affin, ine [afɛ̃, in] adj. 1. BIOL *Formes affines,* présentant des similitudes suggérant une parenté. 2. MATH *Géométrie affine,* qui étudie les propriétés indépendamment de la distance (l'alignement, le parallélisme, le barycentre).

affinage [afinaʒ] n. m. Action de rendre plus fin, de débarrasser des impuretés. – *Affinage des eaux :* élimination des substances polluantes qui subsistent après un premier traitement.

affinement [afinmɑ̃] n. m. Fait de s'affiner.

affiner [afine] v. tr. [1] 1. Purifier, enlever les éléments étrangers mêlés à (une substance). *Affiner de l'or.* 2. Fig. Rendre plus fin, plus subtil. *Affiner le goût.* ⊳ v. pron. Devenir plus fin, plus délié. *L'esprit s'affine par la conversation.*

affinité [afinite] n. f. 1. Attirance, sympathie due à une conformité de caractères, de goûts. *Il y avait entre eux une grande affinité.* Ant. antipathie. ⊳ Analogie, accord entre des choses; rapport d'harmonie. *Décoration qui tient compte des affinités entre les formes et les couleurs.* 2. CHIM Tendance qu'ont les corps de nature différente à réagir les uns sur les autres. *L'affinité chimique est mesurée par la diminution d'énergie libre du système entre l'état initial des réactants et leur état final.* 3. GEOM *Transformation par affinité :* transformation plane qui fait correspondre à un point de coordonnées (x, y) un point (x, ky) où k est un nombre réel constant.

affirmatif, ive [afiʀmatif, iv] adj. 1. Qui exprime l'affirmation. *Geste affirmatif.* 2. (Personnes) Qui affirme. *C'est un homme trop sûr de lui et trop affirmatif.* 3. *Proposition affirmative,* qui n'exprime ni une négation ni une interrogation. ⊳ n. f. *Répondre par l'affirmative :* répondre «oui» à une proposition.

affirmation [afiʀmasjɔ̃] n. f. 1. Action d'affirmer. *Ton affirmation est bien catégorique!* 2. Chose affirmée. *Il ne contrôle pas toujours ses affirmations.* 3. Fait de se manifester nettement, avec autorité. *L'affirmation de soi.*

affirmativement [afiʀmativmɑ̃] adv. D'une manière affirmative.

affirmer [afiʀme] v. [1] **I.** v. tr. **1.** Soutenir qu'une chose est vraie. *J'affirme que vous vous trompez. Il affirme avoir vu un homme s'enfuir.* **2.** Manifester nettement. *Affirmer son autorité.* **II.** v. pron. Se manifester avec force. *Ses progrès s'affirment tous les jours.*

affixe [afiks] n. m. GRAM Élément qui apparaît au commencement (préfixe), dans le corps (infixe) ou à la fin (suffixe) d'un radical seul ou déjà combiné avec des affixes. (ex. : dés-in-tox-iquer-as [radical : *tox*]).

affleurement [aflœʀmɑ̃] n. m. État de ce qui affleure (sens 2). ▷ GEOL Partie d'une couche géologique qui apparaît en surface.

affleurer [aflœʀe] v. [1] **I.** v. tr. **1.** TECH Mettre au même niveau (deux pièces contiguës). *Affleurer des planches jointes.* **2.** (Choses) Arriver au niveau de. *L'eau affleure le quai.* **II.** v. intr. Être au niveau de la surface de l'eau, du sol. *Rochers qui affleurent à marée basse.* ▷ Fig. *Le pessimisme foncier de l'auteur affleure dans ce roman.*

afflictif, ive [afliktif, iv] adj. DR *Peines afflictives et infamantes :* détention criminelle, réclusion criminelle.

affliction [afliksjɔ̃] n. f. Litt. Peine morale, douleur profonde. *Deuil qui plonge une famille dans l'affliction.* Syn. chagrin, tristesse, désolation.

affligé, ée [afliʒe] adj. **1.** Qui ressent de l'affliction. **2.** Qui est éprouvé par un malheur, un désagrément. *Pays affligé par la peste. – Elle est affligée d'un mari grincheux.*

affligeant, ante [afliʒɑ̃, ɑ̃t] adj. **1.** Qui cause de l'affliction. *Une nouvelle affligeante.* **2.** Désolant (par sa médiocrité). *Un film d'une banalité affligeante.*

affliger [afliʒe] v. tr. [13] **1.** Causer de l'affliction à. *Cette nouvelle l'a affligé.* ▷ v. pron. Ressentir de l'affliction. **2.** Litt. Faire endurer de grandes souffrances à. *Une grave épidémie afflige ce pays.*

affluence [aflyɑ̃s] n. f. **1.** Rassemblement d'un grand nombre de personnes arrivant en même temps dans un lieu. *Les heures d'affluence.* **2.** Abondance. *L'affluence des denrées fait baisser les prix.* Ant. disette, rareté.

affluent [aflyɑ̃] n. m. Cours d'eau qui se jette dans un autre de plus grande importance ou dans un lac.

affluer [aflye] v. intr. [1] **1.** Couler en abondance vers (en parlant du sang). *Sous l'effet de l'émotion, le sang lui afflua au visage.* **2.** Arriver en abondance, en nombre. *Les clients affluaient.*

afflux [afly] n. m. **1.** Fait d'affluer (sens 1). *Afflux sanguin.* **2.** Arrivée d'un grand nombre de personnes. *L'afflux des réfugiés aux frontières.*

affolant, ante [afɔlɑ̃, ɑ̃t] adj. **1.** Qui affole, provoque une émotion violente. *Nouvelle affolante.* **2.** Fam. Angoissant, alarmant. *C'est affolant, ce que vous nous racontez là.*

affolement [afɔlmɑ̃] n. m. **1.** Action de s'affoler; état d'une personne affolée. *Allons, pas d'affolement!* Syn. panique. **2.** État de l'aiguille d'un compas, d'une boussole, affolée.

affoler [afɔle] v. tr. [1] **1.** Rendre comme fou, égarer. *Cette nouvelle nous a affolés, nous ne savions plus que faire.* – Pp. adj. *Ils ont couru, affolés.* ▷ v. pron. Se troubler profondément, perdre la tête. *Ne vous affolez pas!* **2.** Faire subir à (une aiguille de compas) des variations brusques et irrégulières.

Affonso Ier ou **Alfonso Ier**, roi *(mani)* du Kongo (1507-1543), propagandiste du christianisme et du modèle administratif portugais.

affouillement [afujmɑ̃] n. m. Enlèvement localisé de matériau meuble par un courant ou un remous de l'eau. *Affouillement des berges.*

affranchi, ie [afʀɑ̃ʃi] adj. et n. **1.** Libéré de la servitude, de l'esclavage. ▷ Subst. Esclave affranchi. **2.** Qui s'est libéré de traditions, de préjugés, de façons de penser intellectuellement contraignantes. *Un esprit affranchi, libre de toute idée préconçue.* ▷ Subst. Fam. Personne qui vit en marge des lois, de la morale sociale.

affranchir [afʀɑ̃ʃiʀ] v. tr. [3] **I. 1.** Rendre libre (une personne), indépendant (un pays). *Affranchir un esclave.* ▷ v. pron. Se rendre libre, indépendant. *S'affranchir de la tyrannie.* **2.** Délivrer, libérer (d'une gêne, d'une contrainte). *Sa cordialité m'avait affranchi de toute timidité.* ▷ v. pron. *Affranchissez-vous des préjugés de votre milieu.* **II.** *Affranchir un envoi postal,* en payer le port.

affranchissement [afʀɑ̃ʃismɑ̃] n. m. **1.** Action d'affranchir, de rendre libre. *L'affranchissement d'un peuple.* Syn. émancipation. **2.** Paiement du port d'un objet confié à la poste.

affres [afʀ] n. f. pl. Litt. *Les affres de la mort :* les souffrances de l'agonie. ▷ *Les affres de...,* l'angoisse causée par... *Les affres du doute.*

affrètement [afʀɛtmɑ̃] n. m. Action d'affréter; convention réglant les conditions de la location d'un véhicule.

affréter [afʀete] v. tr. [14] Louer (un véhicule : car, avion, navire, etc.) pour un certain temps ou pour un voyage déterminé.

affreusement [afʀøzmɑ̃] adv. D'une manière affreuse.

affreux, euse [afʀø, øz] adj. et n. m. **I.** adj. **1.** Qui suscite la répulsion, l'effroi. *Un spectacle affreux. Un affreux visage grimaçant.* **2.** Désagréable, pénible. *De la pluie, du brouillard, bref, un temps affreux.* **II.** n. m. Mercenaire blanc à la solde d'un État africain.

affriolant, ante [afʀiɔlɑ̃, ɑ̃t] adj. Qui séduit, excite le désir. *Des dessous affriolants.*

affriquée [afʀike] adj. f. et n. f. PHON Se dit d'une consonne composite dont la prononciation commence par une occlusive et se prolonge par la fricative qui a le même point d'articulation. ▷ n. f. *[ts] et [dz] sont des affriquées.*

affront [afʀɔ̃] n. m. Avanie, insulte publique. *Subir un affront humiliant.*

affrontement [afʀɔ̃tmɑ̃] n. m. Action d'affronter ou de s'affronter.

affronter [afʀɔ̃te] v. [1] **1.** v. tr. Aller avec courage au-devant de (un ennemi, un danger). *Soldat qui affronte le feu pour la première fois.* **2.** v. pron. (récipr.) Combattre l'un contre l'autre. *Les deux armées s'affrontaient.*

affubler [afyble] v. tr. [1] Habiller avec un vêtement bizarre ou ridicule. *On l'affubla d'un vieux manteau.* Syn. accoutrer. – Pp. Fig. *Être affublé d'un nom ridicule.* ▷ v. pron. *S'affubler de nippes multicolores.*

affût [afy] n. m. **1.** ARTILL Bâti qui sert à supporter et à mouvoir une pièce d'artillerie. **2.** Guet derrière un couvert pour tirer le gibier au passage. *Un bon endroit pour l'affût.* ▷ Fig. *Être à l'affût de :* épier, attendre pour saisir l'occasion. *Être à l'affût d'une bonne affaire.*

affûtage [afytaʒ] n. m. Action d'affûter, d'aiguiser (un outil); son résultat.

affûter [afyte] v. tr. [1] Aiguiser (un outil), le rendre tranchant.

afghan, ane [afgɑ̃, an] adj. De l'Afghānistān. ▷ *Lévrier afghan,* longiligne, au poil long et souple.

Afghānistān (État islamique d'), État d'Asie entre l'Iran, le Turkménistan, l'Ouzbékistan, le Tadjikistan, la Chine et le Pākistān; 647 500 km²; près de vingt millions d'hab.; cap. *Kaboul.* Nature de l'État : rép. islamique. Pop. : Pachtouns, Tadjiks, etc. Langues off. : dari et pachtou. Monnaie : afghani. Relig. : islam sunnite et chiite.

Géogr. phys., hum. et écon. – La chaîne centrale de ce pays montagneux, l'Hindou Kouch, est coupée de profondes vallées. La steppe domine, adaptée à un climat continental sec, froid en hiver, chaud et aride en été. Terre d'invasion, carrefour ethnique, l'Afghānistān compte 1 500 000 nomades. La croissance démographique dépasse 2,5 % par an. La guerre (1978-1988) a fait plus d'un million de morts; 3 millions d'Afghans sont exilés au Pākistān, 2 en Iran. L'agric. emploie 60 % des actifs. La culture du pavot s'est développée à ses dépens. La prod. artisanale de tapis est réputée. Le gaz naturel est la prem. ressource commerciale. L'Afghānistān fait partie des pays les moins avancés. **Hist. –** Par sa situation, ce pays a toujours été exposé aux invasions. Intégré à l'Empire perse (VIe-IVe s. av. J.-C.), conquis par Alexandre, l'Afghānistān a fait partie du royaume de Bactriane. Islamisé à partir du VIIIe s., le pays est ravagé par les invasions mongoles des XIIIe s. (Gengis khān) et XIVe s. (Tamerlan). Ahmed Chāh Durrāni fonde le premier royaume afghan (1747). Au XIXe s., les Afghans luttent contre les Brit. et acquièrent leur indépendance en 1921. Un coup d'État (1973) met fin à la monarchie et instaure la république. En avril 1978 s'installe un régime prosoviétique; en sept. 1979, le président Taraki est renversé et tué par son Premier ministre H. Amin. L'armée sov. intervient (déc.); la résistance de la pop. rurale, soutenue depuis le Pākistān, s'organise au nom de l'islam. En 1986, B. Karmal, démissionnaire, est remplacé par Mohammed Najibullah. Les Soviétiques retirent leurs troupes après mai 1988, mais soutiennent le régime militaire; divisée, la résistance constitue cependant un gouv. provisoire en fév. 1989. En avril 1992, une coalition de moudjahidin tadjiks, dirigés par le commandant Massoud, renverse Najibullah et institue une république islamique avec Burhanuddin Rabbani à la présidence. Les différentes factions s'engagent alors dans une violente lutte pour le pouvoir. Rabbani et Massoud, à la tête des unités tadjikes, se battent contre les *talibans* (étudiants islamiques partisans de l'islam le plus rigoureux), qui s'emparent de Kaboul en septembre 1996 et contrôlent la quasi-totalité du pays au printemps 1997.

afin [afɛ̃] **1.** *Afin de* (+ inf.). Loc. prép. marquant l'intention, le but. *On écrème le lait afin de faire le beurre.* **2.** *Afin que*

(+ subj.). Loc. conj. marquant l'intention, le but.

aflatoxine [aflatɔksin] n. f. BIOL Toxine produite par des champignons proliférant sur des graines conservées en atmosphère chaude et humide, en partic. sur l'arachide, et qui serait responsable de cancers primitifs du foie. (Le traitement des graines par l'ammoniaque élimine ce champignon.)

AFNOR, acronyme pour *Association française de normalisation.* Association (créée en 1928) qui coordonne la normalisation technique et scientifique.

afocal, ale, aux [afɔkal, o] adj. OPT Dont les foyers sont situés à l'infini.

a fortiori [afɔʀsjɔʀi] loc. adv. (lat.) À plus forte raison.

A.F.P. Sigle de l'*Agence* France-Presse.*

africain, aine [afʀikɛ̃, ɛn] adj. (et n.). De l'Afrique, spécial., de l'Afrique noire. ▷ Subst. *Un(e) Africain(e).*

africain-américain, africaine-américaine [afʀikɛ̃amerikɛ̃, afʀikɛnameʀikɛn] adj. et n. Syn. de *afro-américain.*

Africains (jeux), manifestations sportives multidisciplinaires et panafricaines qui se déroulent tous les quatre ans (avec un décalage de deux ans par rapport aux jeux Olympiques).

africanisation [afʀikanizasjɔ̃] n. f. Fait d'africaniser, d'être africanisé.

africaniser [afʀikanize] v. [1] **1.** v. tr. Donner un caractère africain à, renforcer ce caractère. – Spécial. *Africaniser une entreprise, un service,* y remplacer le personnel européen par du personnel africain. – Pp. adj. *Un secteur totalement africanisé.* **2.** v. pron. Adopter les façons de vivre et de penser africaines.

africanisme [afʀikanism] n. m. LING Tournure, terme ou prononciation propres au français parlé en Afrique.

africaniste [afʀikanist] n. et adj. **1.** n. Spécialiste de l'étude des cultures, des langues africaines. **2.** adj. Relatif à cette étude. *La recherche africaniste.*

africanité [afʀikanite] n. f. **1.** Caractère de ce qui est africain. **2.** Spécificité culturelle de l'Afrique et des Africains. *Revendiquer son africanité.*

African National Congress (A.N.C.) («Congrès national africain»), parti nationaliste, le plus ancien d'Afrique* du Sud, créé en 1912 (sous un autre nom jusqu'en 1923) pour faire reconnaître les droits des Noirs. Durant son emprisonnement (1962-1990), Nelson Mandela fut le président honorifique de l'A.N.C. qui, en 1994, remporta les premières élections libres d'Afrique du Sud. Depuis, N. Mandela et l'A.N.C. exercent le pouvoir.

africanthrope [afʀikɑ̃tʀɔp] n. m. Fossile découvert en 1935, en Tanzanie, et qui serait une forme récente d'*Homo erectus.*

afrikaans [afʀikans] n. m. (et adj. inv.) Langue d'origine néerlandaise qui, en Afrique du Sud, a le statut de langue officielle.

Afrikakorps, troupes all. commandées par Rommel, qui combattirent en Libye, en Égypte et en Tunisie de 1941 à 1943.

afrikander [afʀikɑ̃dɛʀ] ou **afrikaner** [afʀikanɛʀ] adj. et n. Relatif aux habitants de l'Afrique du Sud d'origine néerlandaise (parlant l'afrikaans). ▷ Subst. *Un(e) Afrikander* ou *Afrikaner.* (V. Boers.)

Afrikaner (parti), parti fondé en 1910 par Louis Botha, lors de la création de l'Union sud-africaine.

Afrique (province d'), province romaine constituée après la destruction de Carthage (146 av. J.-C.) dans la partie orientale du Maghreb actuel. Administrée par Rome puis, à partir de 533, par Byzance, elle survécut jusqu'à la conquête arabe (fin du VIIe s.).

Afrique, troisième continent par la superficie; 30 500 000 km^2; env. 700 millions d'hab. (estimations de 1995); relié à l'Asie par l'isthme de Suez et séparé de l'Europe par le détroit de Gibraltar, il s'étend entre le 37e degré de latitude nord et le 35e degré de latitude sud.

Géogr. phys. – L'Afrique est un continent massif au littoral peu découpé. De ce bloc se sont détachés l'Amérique du Sud, l'Australie, l'Antarctique et le Dekkan, lorsque les terres émergées ne formaient que l'Eurasie et le Gondwana. L'Afrique est quasiment restée à sa place. Le socle précambrien, constitué de roches cristallines et métamorphiques, affleure sur de très vastes étendues, dont une grande partie n'a pas été recouverte par les mers depuis le début de l'ère primaire. Les mouvements tectoniques consécutifs à l'orogenèse hercynienne ont contribué à façonner les immenses cuvettes du Kalahari, du Sahara, du Congo et du Tchad. Au miocène, la Rift Valley s'ouvre depuis la mer Morte jusqu'au Mozambique et abrite les Grands Lacs, tandis que s'érigent le Kilimandjaro (Tanzanie), le Nyiragongo (rép. dém. du Congo) et le mont Kenya (Kenya). À l'exception de l'Anti-Atlas (ère primaire), les chaînes de l'Afrique du Nord se sont formées à l'ère tertiaire. Au quaternaire, les épisodes pluvieux et secs contribuent à former les grands déserts de sable et les paysages tabulaires couverts de latérite.

Relief. En raison de la rigidité du socle, la plus grande partie du continent est constituée de plaines et de plateaux plus ou moins élevés. Les plateaux sont fréquemment surmontés de reliefs isolés, vestiges des couches géologiques antérieures, et parfois recouverts de «croûtes» d'argile extrêmement dures, les latérites. Les étroites plaines côtières, le plus souvent rectilignes, dominent des plates-formes continentales généralement étroites.

► V. carte p. 1370.

Hydrographie. Long de 6 671 km, le Nil naît de la convergence de plusieurs cours d'eau venus des régions équatoriales et tropicales. Le Congo, deuxième fleuve mondial par son débit après l'Amazone, draine un très vaste bassin de 3 800 000 km^2. Le Niger prend sa source dans le Fouta-Djalon, en Guinée; il se dirige vers le nord, avant d'effectuer une grande boucle pour se jeter dans le golfe de Guinée, au Nigeria. Le Zambèze prend sa source sur les plateaux de Zambie, franchit les célèbres chutes Victoria et aboutit à l'océan Indien à travers un important delta. Qu'ils soient érigés sur la Volta, le Niger, le Sénégal ou le Nil, sur des lacs naturels ou artificiels, les barrages bouleversent les écosystèmes et les sociétés traditionnelles. Les déserts, où les eaux se perdent dans les dépressions intérieures, sont parcourus par des oueds, cours d'eau intermittents qui peuvent connaître de violentes crues.

Le climat. Les grandes zones climatiques se répartissent en bandes parallèles de part et d'autre de l'équateur. Les rayons du soleil sont à la verticale du tropique du Cancer le 21 juin et du Capricorne le 21 décembre, ce qui crée les grands anticyclones tropicaux des Açores, du Sahara et d'Arabie dans l'hémisphère Nord, de l'Atlantique Sud, du Kalahari et du sud de l'océan Indien dans l'hémisphère Sud. Ils se déplacent vers le nord de décembre à juin, et vers le sud de juin à décembre. Les vents anticycloniques, les alizés, soufflent vers le nord-ouest dans l'hémisphère Sud et vers le sud-ouest dans l'hémisphère Nord. Leur convergence intertropicale (CIT) est responsable d'une grande partie des précipitations. La zone équatoriale est en permanence soumise aux pluies de la CIT et la saison sèche, lors des solstices, est brève. Quand on s'éloigne de l'équateur, la durée de la saison sèche s'allonge, la hauteur des précipitations diminue et l'amplitude thermique augmente. Dans la zone tropicale humide, deux courtes saisons sèches coupent la longue saison des pluies. Au-delà de cette zone, une saison humide, appelée «hivernage» en Afrique de l'Ouest, succède à une saison sèche. Les pays bordant le Sahara connaissent des années de sécheresse accusée lorsque la CIT remonte moins haut vers le nord. Le climat désertique saharien est lié à la présence d'un anticyclone. (V. Sahel et Sahara.)

Géogr. hum. – Si les bords des lacs est-africains ont livré les plus anciens restes d'hominidés, les conditions naturelles et surtout historiques ont nui au peuplement de l'Afrique; ainsi, la traite des esclaves a sévi du VIIIe s. (surtout à partir du XVIe s.) au XIXe s. Mais la rapidité de la croissance démographique depuis le milieu du XXe s. bouleverse les données du développement social et économique. La densité moyenne s'élève à 23 hab./km^2, contre 77 en Asie et 68 en Europe. La population africaine se divise en deux grands groupes. Le groupe noir, qui domine largement, se compose de plusieurs branches. Le groupe mélano-africain, numériquement le plus important, est répandu du Soudan à l'extrémité méridionale du continent; il comprend une infinité de peuples et d'ethnies que l'on classe suivant leurs langues. Les plus anciennement implantés sont les Pygmées dans la forêt équatoriale, les Boschimans (ou San) et les Hottentots (ou Khoi) en Afrique australe. Le groupe blanc est limité à l'Afrique du Nord : Berbères et Égyptiens se sont mêlés aux Arabes. D'origine austronésienne, la population malgache a reçu des apports africains, arabes et européens. Les Éthiopiens constituent un groupe intermédiaire entre l'Afrique noire, au sud du Sahara (*Afrique subsaharienne*), et l'Afrique blanche, au nord. Les religions offrent aussi une extrême variété : aux multiples croyances de l'Afrique ancestrale se sont progressivement superposées les différentes expressions de l'islam et du christianisme.

Langues. – La plupart des linguistes répartissent les langues africaines en quatres familles : afro*-asiatique (Nord et Est), khoisan* (extrême Sud), nilo*-saharienne (Centre-Est et congo*-kordofanienne (Ouest, Centre et Sud). (Pour plus de détails, voir la carte des principales langues africaines, p. 1371.) L'Afrique subsaharienne compte moins de 50 États mais de 1200 à 1500 langues. À l'exclusion du Rwanda et du Burundi, tous les États sont linguistiquement hétérogènes, mais à des degrés divers. Quelques États possèdent une langue dominante : République centrafricaine (où domine le Sango), Sénégal (wolof), Burkina Faso (moré), Mauritanie (arabe mauritanien), Gabon (fang), Somalie (somali), Mali (langues mandé). D'autres États ont une hétérogénéité relative. Ainsi, au Togo, l'éwé prédomine dans le Sud, le kabiyé dans le Centre; au Bénin, le yorouba et le fon prédominent dans leSud, le bariba et le dendi dans le Nord. Enfin, des États ont une forte hétérogénéité linguistique : Côte d'Ivoire, Tchad, rép. du Congo, rép. dém. du Congo, Cameroun (où 248 langues ont été recensées). On comprend qu'en Afrique le monolinguisme soit une rareté et le bilinguisme, sinon le trilinguisme, une nécessité. Une cinquantaine de langues ont émergé et on voit s'accroître le nombre de leurs locuteurs, qui abandonnent progressivement leur langue maternelle. On les nomme *langues de grande communication* ou *véhiculaires.* L'Afrique est, aussi divisée en zones francophone, anglophone, lusophone, mais l'usage réel du français, de l'anglais ou du portugais concerne rarement plus de 15% de la population de tel ou tel État.

Géogr. écon. – *Agriculture.* Les régions subsahéliennes produisent des tubercules (manioc, igname, taro) et des céréales (sorgho, mil et petit mil), dont le cycle végétatif correspond à la saison des pluies. Plante amérindienne comme le maïs, la pomme de terre et l'arachide, le manioc, malgré sa pauvreté en matières grasses, est devenu la princ. source de calories pour les Africains. Les principales plantes d'exportation, introduites par les Européens, sont l'arachide et le coton. Les terres ne sont pas fumées, agriculture et élevage n'étant presque jamais associés, sauf en Afrique du Nord. L'instrument le plus employé demeure la houe; un labour profond ferait remonter la matière infertile. À cause de l'explosion démographique, le paysan doit raccourcir, voire supprimer, les jachères. L'élevage est traditionnellement pratiqué dans le Sahel et en Afrique de l'Est. Les sécheresses répétées et la volonté des États de mieux contrôler les éleveurs amènent une partie des pasteurs transhumants et des nomades à se sédentariser. Les produits de la pêche représentent moins de 5 % des prises mondiales.

Industrie. L'industrialisation demeure peu avancée et les voies de communication sont souvent insuffisantes. Au cours des années 80 et 90, une régression économique a presque partout entraîné une baisse du niveau de vie. Or la richesse potentielle de l'Afrique repose sur l'extraction des ressources minières ou sur l'agro-alimentaire. L'Afrique continue de subir les effets déstructurants du «pacte colonial» : les colonies devaient fournir les métropoles en matières premières brutes, leur acheter des produits manufacturés et ne pas développer d'industries concurrentes. Les recettes sont majoritairement constituées par la vente de matières premières : cuivre zambien, cobalt de la rép. dém. du Congo et de Zambie, diamants (Afrique du Sud, rép. dém. du Congo et Botswana), bauxite (Guinée), uranium (Namibie, Niger et Gabon), or (Afrique du Sud), argent, fer, autres métaux rares. Le continent africain produit 9,5 % du pétrole mondial (Nigeria, Libye, Algérie, Égypte, Gabon, ainsi que le Cameroun, le Congo et la Tunisie). Le gaz est principalement produit par l'Algérie (2,4 % de la production mondiale). L'Afrique du Sud demeure la plus grande puissance industrielle (près de 70 % de l'énergie électrique du continent, 45 % de la production minière et 40 % de la production industrielle). L'industrie constitue 20 % du produit intérieur brut (P.I.B.) des États du Maghreb et de l'Égypte, 45 % en Afrique du Sud, mais seulement 7,9 % au Mali et 4,1 % au Niger. Le tourisme se développe surtout en Égypte, en Tunisie, au Kenya et en Tanzanie.

Hist. – Les paléontologues voient généralement dans l'Afrique intertropicale la souche du peuplement de l'Ancien Monde. Sur le continent africain, cela se traduisit par une phase humide, suivie entre 20000 et 10000 av. J.-C. par une phase d'extrême aridité qui a vraisemblablement divisé le continent en zones refuges (étendues d'eau et vallées, notamment) et en zones abandonnées : déserts du Nord et du Sud, et forêt inhospitalière. Vers 8000 av. J.-C., les précipitations redeviennent plus importantes; la forêt regagne des territoires perdus, mais l'homme la connaît mieux et parvient à y survivre dans les zones moins denses. Les crues énormes de nombreux cours d'eau interdisent à l'homme de s'installer dans les vallées, mais la pêche reprend avec vigueur. Une zone importante de concentration de populations est la vallée de la Bénoué, véritable corridor entre le fleuve Niger et le lac Tchad. On voit dans cette région (élargie) le site originel des «Proto-Bantous». Le secteur centre-saharien est dynamique : les populations proches de l'Aïr fabriquaient des poteries vers 7500 av. J.-C. Le foyer du Hoggar, dont l'influence s'étend vers l'est jusqu'au Tibesti, se développe peu après. Autour des points d'eau importants de la rive gauche du Nil se rassemblent des groupes humains qui n'osent pas encore occuper la vallée; vers 6000 av. J.-C., certains de ces groupes ont commencé à domestiquer des animaux.

Les cinq millénaires av. J.-C. Pendant cette période, l'humidité décroît : le Sahara redevient moins hospitalier; les fleuves, moins alimentés, sont plus contrôlables; l'homme domestique des plantes et des animaux. Dans la vallée du Nil se développe, depuis 5000 av. J.-C., la brillante culture de Nagada, qui est à l'origine de l'organisation pharaonique de la Haute-Égypte. Au dernier millénaire av. J.-C. émerge une culture éthiopienne qui débouche sur la culture d'Axoum*. Le travail des métaux marque, à la fin du IIe millénaire et durant la première moitié du Ier millénaire, un changement important. Le cuivre est exploité en Mauritanie, au Niger, en Nubie, en Zambie et au Congo; la métallurgie du fer par réduction directe se développe au Cameroun et au Niger, puis sur les axes de migration des Bantous. Célèbre culture du fer, Nok (dans le Nigeria) a laissé aussi d'abondants vestiges de la statuaire en terre cuite. En Afrique du Nord, les cultures berbères sont bien développées quand les Phéniciens établissent des comptoirs à partir du XIIe s. av. J.-C., fondant Carthage au IXe s. av. J.-C. (V. Berbères et Maghreb.)

La fin du Ier millénaire av. J.-C. L'influence des colonisations du nord du continent est demeurée faible à l'intérieur de l'Afrique : Phéniciens, Carthaginois, Grecs, Romains, Vandales, Byzantins n'ont pas poussé vers le sud les limites du blé, de la vigne ou de l'olivier. C'est seulement à la fin du Ier millénaire av. J.-C. que l'on peut commencer à parler d'une «Afrique noire», mais celle-ci n'est fermée à aucun contact. La côte orientale participe pleinement à l'effervescence commerciale dans l'océan Indien. L'apparition massive du dromadaire dans le Sahara occidental donne une nouvelle ampleur aux échanges transsahariens. L'axe nilotique est, comme celui de la mer Rouge, essentiel pour l'Égypte, qui prélève en Nubie or, granit (pour les obélisques) et surtout une main-d'œuvre militaire importante, jusqu'au XIIe s. apr. J.-C.

Le Ier millénaire apr. J.-C. En Afrique du N.-E., l'axe nilotique et la mer Rouge servent de vecteurs à la christianisation (qui s'étend également vers l'Afrique du Nord). Entre l'Atlantique et l'océan Indien, un changement important, fort mal connu, concerne de possibles migrations de peuples ayant en commun une souche linguistique, appelée par convention le *proto-bantou,* qui a donné naissance aux multiples langues bantoues parlées aujourd'hui. Ces peuples, au cours de leurs séculaires «migrations», auraient apporté l'agriculture et la métallurgie du fer jusque dans l'est et le sud du continent. Un fait est établi : à la fin du Ier millénaire apr. J.-C., ces peuples occupent tout le centre et le sud du continent. Des villages sédentaires se multiplient dans toute la région bantouphone. Plus au nord, Nok poursuit jusque vers le milieu du millénaire sa production culturelle; la région d'Ife connaît, à partir du VIe s., une multiplication des villages, et sert d'intermédiaire commercial entre le Nord et la côte. Le dessèchement et, peut-être, les raids esclavagistes chassent des populations (dites «Sao*») dans la cuvette du Tchad avant le Ve s. Dans le delta intérieur du Niger (au Mali), des vestiges d'une occupation humaine remontent au début du Ier millénaire. L'Afrique subsaharienne est considérée, dès le Ve s. av. J.-C., comme la «terre de l'or». Les villages agricoles ou les enclos d'élevage constituent la base de l'organisation sociale. En raison de la forte division du travail entre agriculteurs et producteurs de fer, des pouvoirs forts (dits «royautés») s'imposent : Ife, Ghana, Gao.

L'islam gagne le nord du continent aux VIIe et VIIIe s. (V. Maghreb). Sous l'influence des commerçants musulmans, les échanges avec les pays subsahariens connaissent un nouvel essor. Les axes qui mènent de la Tripolitaine au lac Tchad et à Tombouctou se développent. L'axe nilotique, avec ses annexes asiatiques, continue de fonctionner. Peu à peu apparaissent des comptoirs musulmans à Muqdisho (Mogadiscio) et à Kilwa (sur la côte de la Tanzanie actuelle). L'islam qui s'y installe est différent (chiisme) de celui, malikite et sunnite, qui s'impose à l'ouest du continent. Au sud de l'actuelle Mauritanie, le royaume du

Ghana contrôle les routes qui apportent l'or du Sud et reçoit du Nord le sel qui a transité par Aoudaghost. Plus à l'est, l'empire du Mali puis l'Empire songhay jouent ce même rôle d'intermédiaires. Au terme de la route du Tchad, un royaume, le Kanem, s'organise. Son souverain devient musulman à la fin du XIe s. et noue des relations avec la Tripolitaine, la Tunisie et l'Égypte. La Nubie, par les vallées fréquentées depuis des millénaires et qui descendent vers la cuvette tchadienne, établit des contacts avec l'Afrique centrale, réserve d'esclaves et de produits. Au sud de l'équateur, la zone du Limpopo voit apparaître une société complexe, qui, après le XIe s., construit le Grand Zimbabwe.Vers le nord, dans le bassin du Zaïre, les cultures installées au millénaire précédent se développent. Au sud du fleuve Sénégal, l'islamisation progresse. Durant la seconde moitié du XIe s., des groupes berbérophones d'Afrique occidentale, auxquels se joignent des musulmans noirs, conquièrent un immense territoire : les Almoravides du Maroc unissent les terres encore musulmanes d'Espagne au Sahel; vers l'est, leur influence se fait sentir aux XIe et XIIe s. sur le Ghana, et peut-être jusqu'au Tchad.

Le XIVe s. est un siècle de développement pour nombre de cultures africaines. Puissance internationale, le Mali musulman diversifie son commerce avec le Nord. De nombreuses régions se dotent de monnaies. Le Kanem joue un rôle croissant d'intermédiaire entre les pays situés au sud du Tchad et l'Égypte, la Tripolitaine, la Tunisie. Le royaume du Kongo est politiquement et socialement structuré. Au Shaba circulent des croisettes de cuivre. Au sud, le XIVe s. marque l'apogée de Zimbabwe. L'encerclement maritime du continent par les Portugais, puis par leurs rivaux européens, crée, à partir du XVIe s., de nouveaux réseaux de relations. Naissent alors des pouvoirs côtiers, rivaux heureux des pouvoirs (plus anciens) de l'intérieur du pays et qui deviennent les partenaires des Européens.

La traite des esclaves. Entre le VIIIe et le XVIe s., le monde musulman s'est livré à la traite des esclaves ; plusieurs millions de personnes ont été déportées dans le N. et l'E. de l'Afrique, et vers l'Asie. Les peuples les plus menacés ont gagné les montagnes et les lacs. Les historiens relèvent d'autres réactions probables : affirmation des solidarités religieuses; création de sociétés d'initiation; fabrication de masques de bois, emblèmes de la non-islamisation; scarifications identitaires; surnatalité en vue de compenser les captures. Commencée dès la fin du XVe s. par les Portugais, la recherche d'esclaves par les Européens s'est considérablement intensifiée au XVIe s., et surtout au XVIIIe s., quand se développèrent les plantations de canne à sucre puis de coton et l'exploitation des mines en Amérique et dans l'océan Indien. Ouverte jusqu'en 1815, clandestine ensuite mais active, par exemple, entre l'Angola et le Brésil, la traite européenne a enlevé environ 20 millions d'hommes à l'Afrique. Cette fois, la surnatalité n'a pas compensé les pertes. Le développement économique, prometteur au XIVe s., a été profondément affecté; le repli sur ellesmêmes des sociétés africaines a entravé le développement culturel; néanmoins, des plantes américaines offrant un bon rendement nutritionnel furent adoptées.

Les XVIIIe et XIXe siècles. Les confréries musulmanes antiesclavagistes et antieuropéennes bouleversent la carte de l'Afrique occidentale. Les Peuls convertis propagent à leur tour l'islam; ils progressent, au fil des décennies, jusqu'au Cameroun central, où l'Adamaoua stoppe leur avance. Ousmane dan Fodio (1757-1817) renverse les souverains officiellement musulmans, mais jugés laxistes, et établit autour d'une capitale sainte, Sokoto, sur un immense territoire s'étendant jusqu'au Cameroun, une nouvelle terre d'islam orthodoxe. D'autres expériences suivent, dont celle d'Al Hadj Omar, au Sénégal et au Mali, durant la première moitié du XIXe s. Ces grands mouvements ont enraciné un islam «populaire», qui se développe encore aujourd'hui.

Des pouvoirs nouveaux, beaucoup plus forts et violents que naguère, tentent de s'imposer à de vastes territoires et de «moderniser» leur société. À Madagascar, à partir de la fin du XVIIIe s., la monarchie merina unifie la majeure partie de l'île. En Afrique australe, Chaka, le fondateur d'une «nation» zouloue en 1812-1818, a imposé une discipline de fer à ses guerriers et unifié par la force de vastes territoires. À sa mort (1828), les Zoulous étaient maîtres de tout le Sud-Est de l'Afrique. En Afrique occidentale, Samori Touré, avec l'aide des Dioula musulmans, unifie, entre 1875 et 1898, un territoire s'étendant de la haute vallée du Niger à la Côte d'Ivoire et à l'ouest du Burkina Faso.

Le partage de l'Afrique. La colonisation du continent a abouti au découpage de l'Afrique, que la conférence de Berlin* de (1884-1885); ainsi, un même peuple s'est trouvé scindé en deux ou trois par des frontières. Les échanges de territoires ont été fréquents, en particulier entre les Allemands et les Français. La première phase de la colonisation, jusqu'en 1914, est marquée par l'occupation militaire progressive des territoires reconnus à chaque pays européen, par l'installation d'administrations, par une exploitation désordonnée des ressources et par l'implantation de missions chrétiennes. Après 1918, on assiste à l'exploitation plus rationnelle des ressources des colonies pour le compte des métropoles. Les investissements lourds, profitables aux Africains, ne sont qu'exceptionnels. Après la Seconde Guerre mondiale, la pression de l'ONU et de l'U.R.S.S., longtemps considérée par certains anticolonialistes comme un modèle, la conférence de Bandung* (1955), le développement des mouvements indépendantistes conduisent à une légère transformation des économies africaines. Les réalisations ne sont pas négligeables : équipements routiers, voies ferrées, quelques barrages, des usines de traitement du cuivre et de la bauxite. L'Afrique du Sud occupe dans ce contexte une place à part.

L'indépendance. Après 1945 sont nés, au Kenya, au Sénégal, en Côte d'Ivoire, dans le Congo belge et en Rhodésie du Sud, notamment, des mouvements nationalistes qui ont utilisé les moyens mis en place par le colonisateur : enseignement, presse, système de partis ou de syndicats. La décolonisation a adopté des allures diverses : elle fut progressive (du Soudan en 1956 au Lesotho dix ans plus tard) pour les possessions britanniques (malgré l'insurrection des Mau-Mau, au Kenya, de 1952 à 1956 et la sécession de la Rhodésie), plus ordonnée pour l'Afrique française (les États de la Communauté créée par la Constitution de 1958 devinrent indépendants en 1960), brutale pour le Congo belge (1960), confuse pour l'Empire portugais, qui acquit l'indépendance peu après la «révolution des œillets» à Lisbonne en 1974. Depuis la reconnaissance internationale de leur statut d'États souverains, sanctionné par leur admission à l'ONU, à des dates échelonnées entre 1960 et 1975, et pour le Zimbabwe en 1980, les anciens pays colonisés de l'Afrique noire doivent faire face à de graves problèmes : les frontières héritées du colonialisme, la poussée démographique, la situation sanitaire, l'organisation de l'État (calquée sur l'Occident). Depuis la fin des années 1980, deux évolutions fondamentales ont touché l'Afrique subsaharienne. La première consiste en une démocratisation politique et une libéralisation économique conjointes, conséquences de l'effondrement de l'empire soviétique aussi bien que de la crise budgétaire interne de la plupart des États africains. La seconde provient d'une réaction progressive contre un certain laxisme dans la pratique religieuse et les manifestations extérieures de la foi dans les pays à population musulmane, qui a produit un retour de tension avec les diverses formes locales d'un christianisme lui-même agité.

► V. carte Afrique politique, p. 1370.

Afrique du Sud (république d') *(Republic of South Africa)*, État fédéral d'Afrique australe, situé à l'extrémité du continent, bordé par l'océan Atlantique et l'océan Indien; 1221037 km^2; 41465000 hab. (Sud-Africains) selon l'estimation de 1995; croissance démographique : 2,6 %; cap. administrative *Pretoria*; cap. législative *Le Cap*. Nature de l'État : république de type présidentiel et pluraliste. Langues off. : afrikaans, anglais et neuf langues africaines. Monnaie : rand.

Géogr. phys. – L'Afrique du Sud est une immense cuvette centrale entourée de régions côtières élevées. Le socle porte des traces de plissements très anciens. De longues périodes d'érosion ont produit d'énormes masses de débris. Des failles ont brisé ce bâti, provoquant des épanchements volcaniques. Le rebord cristallin de la cuvette centrale est relevé plus ou moins fortement. À l'est, le Drakensberg est une véritable montagne. Au sud-ouest, le rebord perd de son importance. Face à la mer, le plateau intérieur tombe brutalement : ce «Grand Escarpement» constitue le trait essentiel du relief sud-africain. Entre le «Grand Escarpement» et la mer, les régions marginales s'étalent en demi-cercle. Les principaux cours d'eau sont l'Orange (2250 km), le Limpopo (1600 km) et le Vaal (1200 km). Le climat est de type tropical à saison sèche mais chaud et humide dans le KwaZulu-Natal et méditerranéen dans la région du Cap.

Géogr. hum. – La population est composée de Noirs (76,1 %), de Blancs (12,8 %), de Métis (8,5 %) et d'Asiatiques (2,6 %). La communauté noire comprend presque exclusivement des Bantous : Zoulous (env. 22 % de la pop. sud-africaine), Sotho (env. 20 %), Xhosa (18 %), Tswana (7 %), Tsonga (3,5 %), Swazi (3 %), etc.

Les chrétiens sont majoritaires (66,4 %); parmi eux, 58,8 % appartiennent à des Églises protestantes et 7,6 % à l'Église catholique. Les adeptes des religions traditionnelles formaient env. le quart de la pop. Le taux d'urbanisation est de 48,8 %. Quatre agglomérations excèdent le million d'hab. : Le Cap, Johannesburg, Durban et Pretoria.

Écon. – Pays le plus développé d'Afrique, possédant de bonnes infrastructures et des ports modernes, l'Afrique du Sud est d'abord une grande puissance minière. Elle approvisionne l'Europe, les États-Unis et le Japon en or, chrome (premier producteur mondial), manganèse, charbon, platine, uranium, antimoine, titane, diamants. Les matières premières minérales représentent plus de 50 % de ses exportations. Dans l'ensemble, celles-ci sont nettement supérieures aux importations. Une industrie diversifiée s'est développée dans les grandes rég. minières : Transvaal (Pretoria-Witwatersrand), KwaZulu-Natal (Durban) et les métropoles du S. (Le Cap et Port Elizabeth). À l'élevage important, aux céréales et à la vigne s'ajoute une prod. croissante de fruits et légumes exportés sur les marchés d'hiver de l'hémisphère Nord. Cependant, les conséquences économiques et sociales de l'apartheid, notamment la trop faible qualification des Noirs (50 % d'analphabètes), conjuguées aux effets des sanctions économiques internationales de 1985 à 1992, ont provoqué une crise durable : le chômage frappe le tiers de la pop. active, il est près de cinq fois supérieur dans la pop. noire que dans la pop. blanche. Mais la croissance est revenue.

Hist. – Durant des millénaires, l'Afrique du Sud eut un faible peuplement. Les premiers habitants étaient les San (Boschimans ou Bushmen) et les Khoi (Hottentots). La grande migration des Bantous semble avoir atteint la région vers 1500. En 1487, le navigateur portugais Bartolomeu Dias découvrit le cap de Bonne-Espérance. En 1497, Vasco de Gama le franchit. En 1652, la Compagnie néerlandaise des Indes orientales (V.O.C.) fonda le premier établissement, escale vers l'Asie. En 1657, neuf *free burghers* (citoyens libres) établirent des fermes. Ils furent rejoints par d'autres Européens (180 protestants français en 1689). Les colons firent venir du nord des esclaves noirs, puis des Malgaches et des Asiatiques. En 1760, des *boers* (en néerl. «paysans»), pour se libérer de la V.O.C. et pour pratiquer l'élevage extensif, franchirent le fl. Orange. Cette migration s'appelle *Trek*. Ils affrontèrent les Khoi (1659-1660 et 1672-1677) puis les San, qu'ils massacrèrent de 1770 à 1810. En 1794, la V.O.C. se déclara en banqueroute. En 1795, les Brit. occupèrent Le Cap. Le traité de Paris (1814) leur accorda le territ., où ils abolirent l'esclavage (1833), ce qui révolta les Boers. De 1834 à 1839, le *Grand Trek* mena ceux-ci aux futurs Transvaal et Natal. Les Boers vainquirent les Xhosa, dits alors Cafres (huit guerres entre 1779 et 1853), les Zoulous, conduits par Dingaan (le successeur du grand Chaka*), qui fut écrasé à Blood River en 1838, puis les Sotho (1846-1868). Les Brit. cherchèrent à s'emparer des territ. des Boers. Ils annexèrent en 1843 le Natal, où ils vainquirent les Zoulous (1873-1879), mais l'annexion du Transvaal leur prit plus d'un demi-siècle (au cours duquel la découverte de gisements de diamants et d'or provoqua une ruée). En 1899, Paul Krüger, président du Transvaal, déclencha la guerre des Boers contre les Brit. En mai 1902, les Boers se rendirent, perdant leurs deux républiques (Transvaal et État libre d'Orange). Ces deux États, le Natal et Le Cap, formèrent en 1910 l'Union sud-africaine, dotée d'un gouvernement et d'un parlement. Dès 1911, les lois racistes se succédèrent et la résistance des Africains fut précoce : en 1912, fut créé l'*African National Congress* (A.N.C.). En 1931, l'Union obtint son indépendance. En 1948, l'apartheid fut érigé en système (par le Premier ministre D. F. Malan*). L'A.N.C. organisa en 1950 une grève générale et en 1952 une campagne de défiance qui alerta l'ONU, impuissante. En 1954, le gouv. décida de créer des bantoustans, promis à l'«indépendance» (que le Transkei obtint en 1976), mais qui étaient des «réserves indigènes» hors des grandes aggl. blanches. En 1960, la police réprima dans le sang une manifestation; excédé par la réprobation internationale, le Premier ministre H. F. Verwoerd fit instaurer par référendum la république, qui sortit du Commonwealth. En 1962, on arrêta Nelson Mandela, leader de l'A.N.C. En 1964, Mandela et sept autres leaders furent condamnés à la détention à vie. En 1976, une manifestation d'écoliers, à Soweto, entraîna une tuerie, ce qui révolta l'opinion mondiale; l'ONU vota l'embargo sur les ventes d'armes à l'Afrique du Sud. Succédant au Premier ministre B. J. Vorsters (1966-1978), P. W. Botha fit approuver en 1983 une nouvelle Constitution accordant des droits aux Indiens et aux Métis, et donnant le pouvoir au président, fonction à laquelle il accéda (1984). En 1985, le boycott international lamina l'économie du pays. En 1989, Frederick De Klerk succéda à Botha. Naguère partisan de l'apartheid, il fit libérer des leaders noirs dès 1989 et rencontra Mandela, libéré en 1990. En 1992, un référendum approuva un projet de réforme constitutionnelle. Mais dès 1985, des affrontements opposèrent l'A.N.C. et l'Inkatha Freedom Party (I.F.P.), parti nationaliste zoulou, dirigé par M. Buthelezi. Toutefois, les prem. élections multiraciales se déroulèrent dans le calme en avril 1994. L'A.N.C. les remporta. La communauté internationale leva les dernières sanctions. En mai, Mandela devint président de la Rép. et choisit comme vice-président De Klerk, mais celui-ci démissionna en 1995. En mai 1996, une nouvelle Constitution fut promulguée. En 1997, c'est avec l'assentiment général que Mandela a servi d'intermédiaire entre Mobutu et Kabila pour dénouer la crise dans l'anc. Zaïre.

Afrique-Équatoriale française (A.-É.F.), gouvernement général qui, de 1910 à 1958, groupa en fédération quatre territ. français : Tchad, Oubangui-Chari, Moyen-Congo, Gabon; cap. *Brazzaville.*

Afrique-Occidentale française (A.-O.F.), gouvernement général qui, de 1895 à 1958, groupa en fédération huit territ. français : Sénégal, Guinée, Côte d'Ivoire, Dahomey, Soudan, Haute-Volta, Niger, Mauritanie; cap. *Dakar.*

Afrique-Orientale allemande, colonie all. de 1891 à 1919, correspondant au Tanganyika, au Rwanda et à l'Urundi. En 1919, elle fut répartie entre la G.-B. et la Belgique.

Afrique-Orientale britannique, nom donné aux anc. possessions brit. d'Afrique orient. : Kenya, Ouganda, Tanganyika et Zanzibar.

Afrique-Orientale italienne, nom donné aux anc. territ. ital. de l'Érythrée, de l'Éthiopie, de la Somalie (1936). L'Italie les perdit pendant la Seconde Guerre mondiale.

Afrique-Orientale portugaise, nom donné aux anc. possessions portugaises constituant l'actuel Mozambique.

afro-. Préfixe désignant une origine, une appartenance africaine.

afro [afʀo] adj. inv. *Coiffure afro :* coupe de cheveux crépus ou frisés, en forme de boule volumineuse. ▷ loc. adv. *Être coiffé à l'afro.*

afro-américain, aine [afʀoameʀikɛ̃, ɛn] adj. et n. Des Noirs américains. Syn. africain-américain. ▷ Subst. *Des Afro-Américains.*

afro-asiatique [afʀoazjatik] adj. **1.** De l'Afrique et de l'Asie. *Les États afro-asiatiques.* **2.** LING Se dit d'une famille de langues d'Afrique et d'Asie qui compte cinq groupes : le sémitique, l'égyptien, le berbère, le couchitique et le tchadique. *Le haoussa est une langue afro-asiatique.* Syn. anc. chamito-sémitique.

afro-beat [afʀobit] n. m. inv. Concept musical créé par Fela* pour désigner un style de free-jazz africain qui repose sur une base rythmique mêlant juju, highlife et jazz.

afro-brésilien, enne [afʀobʀeziljɛ̃, ɛn] n. et adj. **1.** Africain revenant du Brésil où lui-même ou ses ancêtres avaient été déportés comme esclaves. **2.** Brésilien d'origine africaine. *Les Afro-Brésiliens.* ▷ adj. *La musique afro-brésilienne.*

afro-cubain, aine [afʀokybɛ̃, ɛn] adj. D'origine africaine, à Cuba. *Rythmes afro-cubains.*

afro-jazz [afʀodʒaz] n. m. inv. **1.** Jazz joué par des musiciens africains. **2.** Style de musique urbaine né de la fusion du jazz et de différentes cultures musicales africaines.

afro-tropical, ale, aux [afʀotʀɔpikal, o] adj. ORNITH Se dit des oiseaux qui nidifient en Afrique, au sud du tropique du Cancer.

after-shave [aftœʀʃɛv] n. m. inv. (Anglicisme) Syn. de *après-rasage.*

afzelia [afzelja] n. m. BOT Arbre aux fleurs odorantes (fam. césalpiniacées) des régions chaudes d'Afrique et d'Asie, comportant plusieurs espèces dont l'une, malgache, fournit un bois ressemblant au palissandre. Syn. doussié.

aga [aga] n. m. V. agha.

agaçant, ante [agasɑ̃, ɑ̃t] adj. Qui agace, irrite. *Un petit bruit agaçant.*

agacement [agasmɑ̃] n. m. Énervement, irritation.

agace-pissette [agaspisɛt] n. f. (Québec) Fam. Femme qui prend plaisir à exciter les hommes sans se donner sexuellement. *Des agace-pissettes.* – (Par ellipse.) *Une agace.*

agacer [agase] v. tr. [12] **1.** Énerver et impatienter. *Tu commences à nous agacer, avec tes hésitations!* – Taquiner en provoquant. *Il agace son chien pour le faire aboyer.* ▷ (Québec) Taquiner pour plaisanter, pour faire rire. **2.** Produire une sensation d'irritation sur. *Une saveur un peu acide qui agace les dents.*

agaceries [agasʀi] n. f. pl. Manières coquettes et provocantes d'une femme qui cherche à séduire.

Agadez (anc. *Agadès*), v. du Niger dans le S. de l'Aïr; 50000 hab.; ch.-l. du dép. du m. nom. Centre comm. et industrie artisanale. Centrale électrique, mines d'étain et de sel. Aéroport international. – Mosquée du XVIe s.

Agadir, v. et port du Sud marocain, sur l'Atlantique; 420000 hab.; ch.-l. de la prov. du m. nom (5910 km^2; 779000 hab.). Centre de pêche industrielle; cultures maraîchères. Aéroport. – En 1960, un tremblement de terre détruisit la ville, qui, reconstruite, est devenue un important centre touristique.

Agadir (incident d'), envoi, le 1er juil. 1911, par le gouv. allemand d'une canonnière devant Agadir pour protester contre l'entrée des troupes françaises à Fès et à Meknès; un accord fut conclu : une partie du Congo français fut cédée aux Allemands, qui n'intervinrent pas au Maroc.

Agadja, roi d'Abomey (1708-1727), auteur de conquêtes.

Aga Khan. V. Agha Khan.

agame [agam] adj. et n. m. **1.** adj. BIOL *Reproduction agame,* qui s'effectue sans fécondation. **2.** n. m. ZOOL Lézard africain insectivore, qui vit sur le sol ou dans les arbres, près des habitations. *Le margouillat est un agame.*

Agamemnon, fils d'Atrée, roi légendaire d'Argos et de Mycènes, chef des Grecs devant Troie. Il sacrifia sa fille Iphigénie* pour obtenir des vents favorables à la flotte grecque bloquée à Aulis. Sa femme, Clytemnestre, et l'amant de celle-ci, Égisthe, l'assassinèrent à son retour à Argos.

agami [agami] n. m. Gros oiseau gruiforme (50 cm), très bruyant, vivant en troupes dans les sous-bois d'Amérique du Sud, appelé communément *oiseau-trompette.*

agamidés [agamide] n. m. pl. ZOOL Importante famille de sauriens des régions chaudes de l'Ancien Monde, comprenant notam. l'agame. – Sing. *Un agamidé.*

agamie [agami] n. f. BIOL Absence de fusion des gamètes, dans la reproduction.

Aga Muhammad (1742 - 1797), fondateur de la dynastie des Qādjārs, qui régna en Perse jusqu'en 1925.

agape [agap] n. f. **1.** HIST Repas en commun des premiers chrétiens. **2.** (Plur.) Plaisant Banquet entre amis. Syn. festin.

Agar, dans la Genèse, esclave d'Abraham, mère d'Ismaël.

agar-agar [agaʀagaʀ] n. m. CHIM Substance extraite de certaines algues, qui forme avec l'eau une gelée utilisée en bactériologie comme milieu de culture et dans l'industrie comme produit d'encollage. *Des agars-agars.* Syn. gélose.

agaric [agaʀik] n. m. Champignon basidiomycète, sans volve, avec anneau, à lamelles rosées, tel que le champignon de couche.

agaricacées [agaʀikase] n. f. pl. BOT Famille de champignons basidiomycètes, comestibles ou vénéneux. – Sing. *Une agaricacée.*

agate [agat] n. f. **1.** Minéral très dur formé de silice déposée en couches concentriques diversement colorées, utilisé dans l'industrie et pour la fabrication de bijoux (cornaline, jaspe, etc.). **2.** Bille de verre imitant l'agate.

agave [agav] n. m. BOT Plante grasse (fam. amaryllidacées), cultivée dans les régions chaudes pour le sisal fourni par ses feuilles.

Agbossahessou (Vinakpon Gutemberg Martins, dit) (1911-1983), poète béninois. *Les haleines sauvages* (1972) célèbrent la beauté et les forces occultes de la nature.

âge [ɑʒ] n. m. **I. 1.** Période écoulée depuis la naissance. *Quel âge a-t-il? Nous sommes du même âge, nous avons le même âge. Un âge avancé :* un grand âge. *Un homme d'un certain âge,* proche de la vieillesse. – Période écoulée depuis le début de l'existence d'un être vivant. *L'âge d'un animal, d'un arbre.* ▷ *Être d'âge à, en âge de :* être à l'âge convenable pour. *Être d'âge à se marier. Il est en âge de partir pour le service militaire.* ▷ *L'âge de raison :* l'âge auquel un enfant est considéré comme capable de discerner le bien du mal. ▷ DR *Âge légal,* fixé par la loi pour l'exercice de certains droits civils ou politiques. ▷ PSYCHO *Âge mental :* niveau d'aptitude mentale (mesuré par des tests) d'un individu, comparé au niveau d'aptitude mentale de l'ensemble des individus d'un âge civil donné (notion introduite par Binet et Simon). ▷ SOCIOL, STATIS *Classe d'âge :* ensemble d'individus nés la même année dans une population donnée. ▷ ANTHROP Dans certaines sociétés, groupe social comprenant les individus de même sexe et de même âge, qui subissent en même temps les rites de l'initiation. **2.** *Par ext.* Période écoulée depuis le moment où une chose a commencé d'exister. *L'âge de la Terre.* **3.** Les années écoulées, considérées dans leur durée par rapport à la vie d'un homme. *Votre myopie s'atténuera avec l'âge.* **4.** (Dans quelques expressions.) Étendue de la vie humaine. *La fleur de l'âge. La force de l'âge. Le retour d'âge :* la ménopause. ▷ (S. comp.) *L'âge :* la vieillesse. – *Un homme d'âge,* vieux. **5.** Période de la vie d'un être humain. *Bas âge, jeune âge, âge mûr. Un homme entre deux âges,* ni jeune ni vieux. – *L'âge ingrat* ou (Maurice) *l'âge cochon :* la puberté. – *L'âge critique :* la ménopause, l'andropause. – *Le troisième âge :* période de qui vient après l'âge adulte. ▷ (Québec) *L'âge d'or :* la période de la vie qui commence à la retraite et qui coïncide avec la vieillesse. – *Club de l'âge d'or :* cercle réservé aux personnes de plus de cinquante ans, qui se consacrent à diverses activités socioculturelles. **II.** Grande période de l'histoire. – *Spécial.,* chacune des grandes périodes de l'ère quaternaire, caractérisées par l'état d'avancement de l'industrie humaine. *Âge de pierre* (préhistoire) *: âge de la pierre taillée, de la pierre polie. Âge des métaux* (protohistoire) *: âge du cuivre, du bronze, du fer.* ▷ Plur. *Une superstition venue du fond des âges,* très ancienne. ▷ *Le mythe de l'âge d'or,* d'une époque lointaine où les hommes étaient tous bons et vertueux. – *Âge d'or :* époque de prospérité, période particulièrement favorable. *L'âge d'or de la peinture.* ▷ *D'âge en âge :* de siècle en siècle, de génération en génération.

âgé, ée [ɑʒe] adj. **1.** (Personnes) Vieux. *Une femme âgée. Il est plus âgé que moi.* **2.** *Âgé de... :* qui a l'âge de... *Un homme âgé de trente ans.*

agence [aʒɑ̃s] n. f. **1.** Établissement commercial qui propose un ensemble de services déterminés, ou se charge d'effectuer pour le compte de ses clients certaines opérations ou certaines démarches, moyennant le versement d'une commission. *Agence de voyages. Agence immobilière. Agence matrimoniale.* – *Agence de presse,* qui centralise les nouvelles, les dépêches, et les transmet à ses abonnés, à la presse. ▷ Succursale d'une société de crédit. *Le siège et les agences d'une banque.* **2.** Nom de certains organismes publics. – (Afr. subsah.) *Agence spéciale :* service administratif chargé de tous les maniements de fonds pour le compte de l'État.

Agence de coopération culturelle et technique (A.C.C.T.), nom de l'Agence* de la francophonie de 1970, date de sa création, à 1995.

Agence de la francophonie, organisme intergouvernemental qui, en 1995, par décision du Sommet francophone de Cotonou, a succédé à l'Agence de coopération culturelle et technique (A.C.C.T.). Celle-ci avait été créée en 1970, à Niamey, pour promouvoir la coopération, notam. dans les domaines de l'éducation, de la culture et du développement. Elle est l'opérateur principal des sommets francophones (V. francophonie), dont elle assure le secrétariat et la préparation. Elle regroupe quarante-neuf pays et gouvernements ayant le français en partage. Siège : Paris (France).

Agence France-Presse, agence de presse française fondée à la Libération, le 30 sept. 1944. Elle remplaçait l'*Office français d'information,* créé par le gouv. de Vichy (à partir de l'*Agence Havas**).

Agence francophone pour l'enseignement supérieur et la recherche (AUPELF-UREF), organisation créée en 1961 afin de promouvoir «la coopération internationale et les échanges scientifiques par la mise en réseau de chercheurs, de directeurs, d'établissements, d'auteurs...» dans le cadre de la Francophonie. Son sigle a pour signification : Association* des universités partiellement ou entièrement de langue française-Université des réseaux d'expression française. Siège : Montréal (Québec), bureaux régionaux. V. francophonie.

agencement [aʒɑ̃smɑ̃] n. m. Action d'agencer; son résultat (disposition, arrangement). *L'agencement d'une cuisine. L'agencement des parties d'un film.*

Agence panafricaine d'information (connue sous l'acronyme anglais de PANA, *Panafrican News Agency*), institution spécialisée de l'O.U.A., créée en 1979 à Addis-Abeba pour améliorer la communication entre les États africains et faire office d'agence de presse écrite et audiovisuelle. Siège : Dakar (Sénégal).

agencer [aʒɑ̃se] v. tr. [**12**] **1.** Disposer, arranger (les éléments d'un tout) d'une manière cohérente, régulière. *Agencer les péripéties d'une intrigue romanesque. Appartement bien agencé.* **2.** (Suisse) Équiper, aménager. *Cuisine agencée.*

agencier [aʒɑ̃sje] n. m. (Maghreb) En Algérie, employé d'agence et spécial. agent immobilier.

agenda [aʒɛ̃da] n. m. Registre, carnet sur lequel on note, jour par jour, les choses que l'on se propose de faire. *Des agendas.*

agender [aʒɛ̃de; aʒɑ̃de] v. tr. [1] (Suisse) Noter dans son agenda.

agénésie [aʒenezi] n. f. MED Impossibilité d'engendrer par impuissance sexuelle, stérilité, etc.

agenouillement [aʒ(ə)nujmɑ̃] n. m. Action, fait de s'agenouiller.

agenouiller (s') [aʒ(ə)nuje] v. pron. [1] Se mettre à genoux. *S'agenouiller pour frotter le carrelage.*

agent [aʒɑ̃] n. m. **I. 1.** Celui qui agit. ▷ GRAM Personne ou chose qui, dans un énoncé, effectue l'action ou est dans l'état exprimé par le verbe. *Dans «les feuilles tombent en automne» et «cet enfant s'ennuie», «feuilles» et «enfant» sont agents. – Complément d'agent :* complément d'un verbe à la voix passive, désignant la personne ou la chose effectuant l'action. *Dans «la pomme est mangée par Jean», «Jean» est complément d'agent.* **2.** Ce qui accomplit une action, produit un effet déterminé. *Les agents atmosphériques :* le vent, la pluie, le gel, etc. *Agent physique, chimique, mécanique, thérapeutique.* ▷ ECON *Agents économiques :* individus ou organismes constituant, du point de vue des mouvements économiques, des centres de décision et d'action élémentaires (entreprises non financières, ménages, administrations, institutions financières). **II. 1.** Personne chargée d'agir pour le compte d'une autre, ou pour le compte d'une administration ou d'une société dont elle représente les intérêts. *Agent diplomatique. Agent d'affaires. Agent d'assurances.* ▷ *Agent secret,* appartenant à un service de renseignements, espion. ▷ *Agent de change :* officier ministériel qui détient le monopole des négociations des effets publics, des obligations et des actions de sociétés susceptibles d'être cotées, dont il constate officiellement les cours. ▷ *Agent de liaison :* militaire chargé d'assurer la liaison entre le commandant d'unité et ses unités subordonnées ou entre deux unités. ▷ (Afr. subsah.) Vieilli *Agent spécial :* fonctionnaire dirigeant une agence spéciale. V. agence (sens 2.) **2.** Employé d'une société, d'une administration. *Vous recevrez la visite d'un de nos agents. Agent de conception, d'exécution.* – (Afr. subsah.) *Agent de santé. Agent d'agriculture.*

ager [agɛʀ; aʒɛʀ] n. m. ECOL Ensemble des terres mises en valeur et entretenues.

Agésilas II (v. 444 – v. 360 av. J.-C.), roi de Sparte de 398 à sa mort. Vainqueur des Perses en Asie Mineure, des Thébains et des Athéniens à Coronée (394), vaincu à Mantinée (362).

Aggée ou **Haggaï,** un des douze petits prophètes juifs (VIᵉ s. av. J.-C.).

aggiornamento [adʒjɔʀnamɛnto] n. m. Adaptation à l'évolution du monde, au progrès, notam. dans l'Église.

agglo [aglo] n. m. Fam. Abrév. de *aggloméré. Des agglos.*

agglomérat [aglɔmeʀa] n. m. GEOL Agrégat naturel de minéraux.

agglomération [aglɔmeʀasjɔ̃] n. f. **1.** Didac. Action d'agglomérer, fait de s'agglomérer. **2.** Ensemble d'habitations constituant un village, un bourg, une ville. *La vitesse est limitée dans les agglomérations.* ▷ Ensemble urbain. *L'agglomération kinoise :* Kinshasa et sa banlieue.

aggloméré [aglɔmeʀe] n. m. CONSTR Matériau obtenu par mélange de matières inertes que réunit un liant. *Parpaings en aggloméré.* ▷ Bois reconstitué, fait de copeaux agrégés sous pression au moyen d'une colle.

agglomérer (s') [aglɔmeʀe] v. pron. [14] Se rassembler en une masse compacte. *Neige qui s'agglomère en congère.* Syn. agglutiner, agréger. Ant. désagréger.

agglutinant, ante [aglytinɑ̃, ɑ̃t] adj. Propre à agglutiner, à coller ensemble. *Substance agglutinante.* ▷ LING *Langues agglutinantes,* qui utilisent l'agglutination.

agglutination [aglytinasjɔ̃] n. f. **I.** Action d'agglutiner; fait de s'agglutiner. ▷ BIOL *Réaction d'agglutination :* réaction antigène-anticorps dans laquelle les anticorps complets normaux provoquent l'agglutination des cellules (bactéries, globules rouges, etc.) présentant les antigènes correspondants sur leur surface. **II.** LING **1.** Procédé d'expression des rapports grammaticaux par accumulation autour du radical d'affixes distincts. **2.** Fait d'unir en un seul mot des éléments initialement séparés (*lendemain,* de *l'endemain*).

agglutiner [aglytine] v. tr. [1] Coller ensemble, assembler de manière à former une masse compacte. Syn. agréger. Ant. désagréger. ▷ v. pron. Fig. *La foule s'agglutinait devant l'entrée du stade.*

agglutinine [aglytinin] n. f. BIOL Anticorps du sérum sanguin capable de provoquer l'agglutination de bactéries, de cellules sanguines ou de particules.

aggravant, ante [agʀavɑ̃, ɑ̃t] adj. Qui rend plus grave. *Circonstances* aggravantes.*

aggravation [agʀavasjɔ̃] n. f. **1.** Action d'aggraver; son résultat. **2.** Fait de s'aggraver. *Aggravation rapide d'une maladie.* **3.** (Afr. subsah.) SPORT Amélioration (d'un score).

aggraver [agʀave] v. [1] **I.** v. tr. **1.** Rendre plus grave, plus pénible, plus douloureux. *Ses mensonges aggravent sa faute. La grêle a aggravé les dégâts causés par la sécheresse.* Syn. augmenter, renforcer. Ant. diminuer, atténuer. **2.** (Afr. subsah.) SPORT *Aggraver un score,* l'améliorer. **II.** v. pron. Devenir plus grave, empirer. *Le mal s'aggrave de jour en jour.*

agha ou **aga** [aga] n. m. **1.** Chef des janissaires sous l'administration coloniale turque. **2.** Fonctionnaire musulman sous l'administration coloniale française.

Agha Khan ou **Aga Khan,** imam des ismaéliens* d'une obédience (nizarite) répandue en Inde et au Pākistān; l'Agha Khan IV (né à Genève en 1936) est leur actuel imam.

aghdine [axdin] n. m. V. ardine.

Aghlabides (800-909), dynastie musulmane vassale des Abbassides; fondée par Ibrahim ibn al-Aghlab, elle régna sur l'Ifriqiyya (Tunisie et Est algérien) avec pour cap. *Kairouan.* Elle fut détrônée par les Fatimides.

agile [aʒil] adj. Dont les mouvements sont rapides, aisés. *Une démarche souple et agile.* ▷ Fig. *Un esprit agile.*

agilement [aʒilmɑ̃] adv. Avec agilité.

agilité [aʒilite] n. f. Légèreté, facilité à se mouvoir. *L'agilité des doigts d'un pianiste.–* Fig. *Agilité d'esprit.*

agio [aʒjo] n. m. Commission perçue par une banque sur une opération bancaire. *Facturer des agios.*

agir [aʒiʀ] v. [3] **I.** v. intr. **1.** Faire qqch, accomplir une action. *Assez parlé; il faut agir.* **2.** Se conduire, se comporter d'une certaine façon. *Agir en sage. Il a bien agi envers moi.* **3.** Exercer une action, opérer un effet. *Il faut laisser agir le médicament. Le bruit agit sur le système nerveux.* **4.** *Agir auprès d'une personne,* intervenir. *Il agit auprès du ministre pour les intérêts de sa région.* **5.** DR Exercer une action en justice. *Agir au criminel, au civil.* **II.** v. pron. impers. **1.** *Il s'agit de :* il est question de. *De quoi s'agit-il?* **2.** *Il s'agit de* (+ inf.) : il faut, il importe de. *Il s'agit non seulement de trouver la bonne méthode, mais encore de l'appliquer. Il s'agit de savoir ce que vous voulez!* **3.** *S'agissant de :* puisqu'il s'agit de.

agissant, ante [aʒisɑ̃, ɑ̃t] adj. Qui agit avec efficacité, actif. *Un remède agissant.*

agissements [aʒismɑ̃] n. m. pl. Façons d'agir, procédés condamnables. *Surveiller les agissements d'un suspect.*

agitateur, trice [aʒitatœʀ, tʀis] n. Personne qui suscite ou entretient des troubles politiques ou sociaux.

agitation [aʒitasjɔ̃] n. f. **1.** État de ce qui est parcouru de mouvements irréguliers. *L'agitation de la mer.* **2.** État d'une personne que des émotions diverses bouleversent. *Calmer l'agitation d'un anxieux.* **3.** État de mécontentement politique ou social, qui se traduit par des revendications, des troubles. *Agitation scolaire.*

agité, ée [aʒite] adj. et n. **1.** adj. En proie à l'agitation. *Mer agitée. Une existence agitée.* **2.** n. Personne très nerveuse, qui s'agite beaucoup. – MED Malade mental en proie à une agitation incessante. *Le pavillon des agités.*

agiter [aʒite] v. tr. [1] **1.** Remuer, secouer par des mouvements irréguliers. *Les vagues agitent le bateau.* **2.** Fig. Causer du trouble à. *Les passions qui nous agitent.* **3.** Fig. *Agiter des idées,* les examiner, en débattre. **4.** v. pron. Remuer, aller et venir. *Un malade ne doit pas s'agiter.* ▷ Fam., péjor. S'affairer sans résultat.

aglobulie [aglɔbyli] n. f. MED Diminution du nombre des globules rouges du sang.

aglyphe [aglif] adj. ZOOL Se dit des serpents non venimeux à dents lisses.

agnat [agna] n. m. DR Parent par les mâles. Ant. cognat.

agnathes [agnat] n. m. pl. ZOOL Classe des vertébrés les plus primitifs, dépourvus de mâchoires, comme la lamproie, et classés jadis parmi les poissons. – Sing. *Un agnathe.*

agnatique [agnatik] adj. *Parenté agnatique,* par les mâles.

agneau [aɲo] n. m. **1.** Petit de la brebis. *Agneau de lait :* agneau nourri de lait, à la chair blanche et tendre. ▷ *Doux comme un agneau,* se dit d'une personne calme et paisible. **2.** HIST, RELIG *Agneau pascal :* agneau que les juifs mangeaient à la pâque. – RELIG CATHOL *L'Agneau mystique, l'Agneau de Dieu :* le Christ, comme victime immaculée. **3.** Viande d'agneau. *Gigot d'agneau.* **4.** Fourrure d'agneau. *Une veste d'agneau.*

agnelage [aɲəlaʒ] n. m. Mise bas, chez la brebis. – Époque de l'année où la brebis met bas.

agneler [aɲəle] v. intr. [19] Mettre bas, en parlant de la brebis.

agnelet [aɲəlɛ] n. m. Petit agneau.

agnelle [aɲɛl] n. f. Agneau femelle.

Agnès Sorel (v. 1422 – 1450), favorite du roi de France Charles VII.

agni [agni] adj. inv. Relatif aux Agni. *Effigie agni.*

Agni, population établie en Côte d'Ivoire (près de 1500000 personnes) et au Ghana. Ils parlent une langue nigéro-congolaise du groupe kwa, sous-groupe akan.

Agnon (Samuel Joseph Tchatchkes, dit) (1888 – 1970), écrivain israélien de langues yiddish et hébraïque; chantre du sionisme et du hassidisme. P. Nobel 1966.

agnosie [agnozi] n. f. MED Trouble de la reconnaissance des objets dû à une perturbation des fonctions cérébrales supérieures. *Agnosie auditive, visuelle, tactile.*

agnosticisme [agnɔstisism] n. m. Doctrine ou attitude tenant a priori pour vaine toute métaphysique et déclarant que l'absolu est inconnaissable pour l'esprit humain.

agnostique [agnɔstik] adj. et n. **1.** adj. Qui concerne l'agnosticisme. **2.** n. Personne qui professe l'agnosticisme.

agnus Dei [agnysdei] n. m. inv. (lat.) RELIG CATHOL Prière de la messe en lat. débutant par les mots *Agnus Dei* («Agneau de Dieu»).

-agogie, -agogue. Suffixe, du gr. *agôgos,* «qui conduit».

Agoli Agbo (prince Goutchili, dit) (XIXe siècle), dernier roi d'Abomey (1894-1900). Soutenu par le général Dodds, il succéda à son frère Béhanzin et se vit imposer le protectorat français sur le royaume.

agonie [agɔni] n. f. **1.** Période de transition entre la vie et la mort, caractérisée par un ralentissement circulatoire et une altération de la conscience. **2.** Fig. Déclin final. *L'agonie d'une civilisation.*

agonir [agɔniʀ] v. tr. [**3**] Rare *Agonir qqn d'injures,* l'accabler d'injures.

agonisant, ante [agɔnizɑ̃, ɑ̃t] adj. (et n.) Qui est à l'agonie.

agoniser [agɔnize] v. intr. [**1**] **1.** Être à l'agonie. *Le blessé agonise.* **2.** Fig. Décliner, toucher à sa fin. *La révolte agonise.*

agoniste [agɔnist] adj. et n. m. Se dit d'un muscle dont la contraction avec raccourcissement provoque le déplacement d'un segment du corps.

agora [agɔʀa] n. f. Place publique et marché des anciennes villes grecques.

agoraphobe [agɔʀafɔb] adj. (et n.) MED Qui souffre d'agoraphobie.

agoraphobie [agɔʀafɔbi] n. f. MED Crainte pathologique des espaces ouverts, des places publiques. Ant. claustrophobie.

Agou (mont), massif montagneux du S.-O. du Togo, culminant au pic Baumann (986 m), le point le plus élevé du pays.

Agoult (Marie de Flavigny, comtesse d') (1805 – 1876), femme de lettres française. De sa liaison avec Liszt, elle eut trois enfants (dont Cosima, qui épousa Wagner).

agouti [aguti] n. m. **1.** Rongeur nocturne d'Amérique du Sud. **2.** (Afr. subsah.) Nom cour. de l'aulacode. *Sauce à l'agouti.*

Āgra, v. du N. de l'Inde (Uttar Pradesh), sur la Yamunā; 899000 hab. – Cap. de l'anc. Empire moghol.

agrafage [agʀafaʒ] n. m. Action d'agrafer.

agrafe [agʀaf] n. f. **1.** Petit crochet qu'on passe dans un anneau pour fermer un vêtement. *Attacher les agrafes d'un blouson.* **2.** Petit fil de métal recourbé permettant de réunir des papiers ou d'autres objets. *Des agrafes de bureau.* Syn. (Québec) broche. **3.** CHIR Petite lame de métal servant à joindre les bords d'une plaie. **4.** CONSTR Accessoire, en forme de crampon ou de pince à ressort, servant à réunir des éléments de construction.

agrafer [agʀafe] v. tr. [**1**] **1.** Fixer à l'aide d'agrafes. *Elle agrafe son chemisier. Agrafer des documents.* Syn. (Québec) brocher. **2.** (Québec) Fig. Empoigner, attraper (qqn) en vue de lui faire un mauvais parti. – *Par ext.* Apostropher (qqn).

agrafeuse [agʀaføz] n. f. Machine à poser des agrafes (sens 2). Syn. (Québec) brocheuse.

agraire [agʀɛʀ] adj. **1.** Des champs, des terres. *Mesure agraire.* ▷ *Civilisation agraire.* **2.** Qui concerne le sol, les intérêts de ceux qui le cultivent ou qui le possèdent. *Parti agraire.* ▷ *Réforme agraire.*

agrammatical, ale, aux [agʀamatikal, o] adj. LING Qui n'est pas conforme aux règles grammaticales.

agrandir [agʀɑ̃diʀ] v. [**3**] **I.** v. tr. **1.** Rendre plus grand. *Agrandir une maison.* ▷ *Agrandir une photographie,* en tirer une épreuve plus grande que le négatif original. ▷ Faire paraître plus grand. *Mettre des glaces dans une pièce pour l'agrandir.* **2.** Fig. Élever, ennoblir. *La générosité agrandit celui qui l'exerce.* **II.** v. pron. Devenir plus grand. *Ce supermarché s'est encore agrandi.*

agrandissement [agʀɑ̃dismɑ̃] n. m. **1.** Action d'agrandir. *L'agrandissement d'une villa.* **2.** PHOTO Opération qui permet d'obtenir une épreuve plus grande que le négatif original. – L'épreuve ainsi obtenue. **3.** Fig. Augmentation de l'importance.

agrandisseur [agʀɑ̃disœʀ] n. m. Appareil qui permet d'agrandir des photographies.

agraphie [agʀafi] n. f. MED Perte de la capacité d'écrire.

agrarien, enne [agʀaʀjɛ̃, ɛn] n. et adj. **1.** n. HIST Défenseur des lois agraires, du partage du sol entre les cultivateurs. **2.** adj. Se dit des partis politiques qui défendent les propriétaires fonciers.

agréable [agʀeabl] adj. et n. m. **1.** Qui agrée, qui plaît (à qqn). *Vous serait-il agréable que nous dînions ensemble?* **2.** Plaisant pour les sens. *Physionomie agréable. Une agréable demeure.* ▷ (Personnes) Sympathique, avenant. *Un homme fort agréable.* **3.** n. m. *Joindre l'utile à l'agréable.*

agréablement [agʀeabləmɑ̃] adv. De manière agréable. *Le prix modique de cet objet m'a agréablement surpris.*

agréation [agʀeasjɔ̃] n. f. (Afr. subsah., Belgique) ADMIN Agrément officiel donné à un acte administratif.

agréé, ée [agʀee] adj. et n. m. Reconnu conforme à certains règlements. *Traitement agréé par les autorités sanitaires. Expert agréé.* ▷ n. m. Homme de loi qui représente les parties au tribunal de commerce, appartenant auj. à la m. profession qu'avoués et avocats.

agréer [agʀee] v. [**11**] **1.** v. tr. *Agréer qqch,* l'accepter. *Agréer une demande.* ▷ *Veuillez agréer mes hommages, mes excuses* (formule de politesse). **2.** v. tr. indir. Être au gré, à la convenance de. *Cela ne m'agrée pas du tout.*

agrégat [agʀega] n. m. **1.** Assemblage de diverses parties qui forment masse. *Un agrégat de gneiss.* **2.** PHYS Amas de matière constitué de plusieurs substances solidement liées, ayant des dimensions de l'ordre du nanomètre. **3.** ECON Terme qui désigne une grandeur caractéristique de l'activité économique globale d'un pays à partir de la comptabilité nationale (revenu national, produit intérieur brut, etc.). **4.** (Plur.) TRAV PUBL Ensemble des éléments inertes, tels que sables et gravillons, qui entrent dans la fabrication du béton.

agrégation [agʀegasjɔ̃] n. f. **1.** Réunion de parties homogènes qui forment un tout. ▷ TRAV PUBL Matériau, à base de sable ou de débris de pierres, utilisé comme revêtement routier. **2.** En France, concours assurant le recrutement de professeurs de lycée et d'université (médecine, droit, pharmacie, etc.). *L'agrégation de lettres modernes.* **3.** En Belgique, habilitation à enseigner dans l'enseignement secondaire ou dans l'enseignement supérieur reconnue après la réussite à un examen. **4.** Au Québec, procédure administrative en vue de la nomination d'un professeur au rang d'agrégé; la nomination elle-même.

agrégé, ée [agʀeʒe] n. et adj. **1.** n. En France, personne reçue à l'agrégation (sens 2). *Une agrégée d'espagnol.* **2.** n. En Belgique, titulaire d'un diplôme d'agrégation (sens 3). *Agrégé de l'enseignement secondaire inférieur, de l'enseignement secondaire supérieur.* **3.** adj. *Professeur agrégé :* au Québec, professeur rattaché au personnel permanent d'une université, après une période de probation.

agréger [agʀeʒe] v. tr. [**15**] **1.** Réunir (des solides). – Pp. adj. *Le granit est formé de cristaux agrégés.* **2.** Fig. Admettre, incorporer (dans un groupe, une société).

agrément [agʀemɑ̃] n. m. **1.** Approbation, consentement qui vient d'une autorité. *Soumettre un projet à l'agrément d'un directeur.* – DR Validation d'un accord par un tiers. *L'agrément d'une convention collective par le ministre.* **2.** Qualité qui rend agréable (qqn, qqch). *Une physionomie pleine d'agrément.* **3.** Plaisir. – *Voyage d'agrément,* de détente, par oppos. à *voyage d'affaires.*

agrémenter [agʀemɑ̃te] v. tr. [**1**] Enjoliver, orner. *Agrémenter un exposé de citations.* ▷ Iron. *Une lettre agrémentée de fautes d'orthographe.*

agrès [agʀɛ] n. m. pl. **1.** MAR Gréement. **2.** Appareils de gymnastique (trapèze, barre fixe, anneaux, etc.). **3.** (Québec) *Agrès (de pêche, de chasse) :* attirail, équipement. **4.** (Au sing.) (Québec) Fam., péjor. Personne mal accoutrée, d'apparence rebutante ou désagréable.

agressant [agʀesɑ̃] n. m. INDUSTR Substance susceptible de nuire à l'environnement.

agresser [agʀese] v. tr. [**1**] **1.** Attaquer de façon brutale, physiquement ou moralement. **2.** (Sujet nom de chose.) Être nuisible pour. *Le soleil agresse la peau.*

agresseur [agʀesœʀ] n. m. **1.** Celui qui attaque le premier. – DR INTERN État qui en attaque un autre. **2.** Personne qui attaque brusquement quelqu'un. *Identifier son agresseur.*

agressif, ive [agʀesif, iv] adj. **1.** Qui a le caractère d'une agression. *Des paroles agressives.* ▷ Provocant. *Elle arbore un maquillage agressif.* **2.** Qui recherche le conflit, l'affrontement, la lutte. *Un État belliqueux et agressif.* **3.** PSYCHO Qui traduit l'agressivité.

agression [agʀesjɔ̃] n. f. **1.** Attaque brusque. ▷ DR INTERN Attaque militaire d'un État par un autre. *L'agression irakienne contre le Koweït. – Pacte de non-agression :* renoncement par des États au recours à la force dans leurs rapports. **2.** Attaque brusque et violente contre une personne. *Passant victime d'une agression dans la rue.* **3.** PSYCHO Tout acte de caractère hostile envers autrui, réel, simulé dans le jeu ou imaginé. **4.** Atteinte à l'intégrité physique ou psychique des personnes, par des agents nuisibles. *Le bruit dans les villes constitue une agression permanente.* **5.** *Agression contre l'environnement :* acte ou phénomène nuisible à l'environnement.

agressivement [agʀesivmɑ̃] adv. D'une façon agressive.

agressivité [agʀesivite] n. f. **1.** Caractère agressif. *Il devrait modérer l'agressivité de ses paroles.* **2.** PSYCHO Activité d'un sujet tournée vers l'extérieur et dans laquelle il s'affirme.

agreste [agʀɛst] adj. Litt. Champêtre, rustique. *Des plantes agrestes.*

Agricola (Cnaeus Julius) (40 – 93), général romain qui soumit et gouverna la Grande-Bretagne. Son gendre, Tacite, écrivit sa vie.

agricole [agʀikɔl] adj. **1.** Qui s'adonne à l'agriculture. *Une population agricole. Un ouvrier agricole.* **2.** Qui concerne l'agriculture. *Matériel, travaux agricoles. Coopérative agricole.*

agriculteur, trice [agʀikyltœʀ, tʀis] n. Personne dont le métier est de cultiver la terre, de pratiquer l'élevage.

agriculture [agʀikyltyʀ] n. f. Travail de la terre, exploitation du milieu naturel permettant la production des végétaux et des animaux nécessaires à l'homme. – *Agriculture biologique,* qui n'utilise pas de produits chimiques (engrais, pesticides).

Agrigente (en ital. *Agrigento; Girgenti* av. 1927), v. d'Italie (Sicile); 55 350 hab.; ch.-l. de la prov. du m. nom. – Ruines des temples gr. (VIe-Ve s. av. J.-C.) de Junon, Jupiter, Hercule, etc.

Agrippa (Marcus Vipsanius) (63 – 12 av. J.-C.), général romain, le fidèle bras droit d'Octave (V. Auguste, Agrippine).

agripper [agʀipe] v. tr. [1] Saisir avec force en s'accrochant. *Il m'a agrippé par les revers de ma veste.* ▷ v. pron. S'accrocher avec force. *S'agripper à une branche.*

Agrippine l'Aînée (v. 14 av. J.-C. – 33 apr. J.-C.), fille d'Agrippa et de Julie, petite-fille d'Auguste, épouse de Germanicus et mère de Caligula. — **Agrippine la Jeune** (16 – 59), fille de la préc. et de Germanicus; elle épousa Domitius Ahenobarbus (dont elle eut Néron), puis l'empereur Claude. Néron, devenu empereur, la fit assassiner.

agro-. Préfixe, du gr. *agros,* «champ».

agro-alimentaire ou **agroalimentaire** [agʀoalimɑ̃tɛʀ] adj. et n. m. Se dit de l'ensemble des activités de transformation des produits de l'agriculture (culture, élevage, pêche) destinés à l'alimentation. *Des industries agro-alimentaires.* – n. m. *L'agro-alimentaire.*

agrochimie [agʀoʃimi] n. f. Chimie appliquée à l'agriculture.

agroclimatologie [agʀoklimatɔlɔʒi] n. f. Science expérimentale qui étudie les interactions entre les facteurs du climat et l'agriculture.

agro-écologie [agʀoekɔlɔʒi] n. f. Étude de l'environnement dans ses interactions avec les activités agricoles.

agroforesterie [agʀofɔʀestəʀi] n. f. Méthode d'aménagement des terres combinant les plantes cultivées et éventuellement les pâturages avec des arbres et arbustes.

agro-industrie [agʀoɛ̃dystʀi] n. f. Ensemble des industries concernées par l'agriculture (agro-alimentaire; engrais et matériel agricole).

agrologie [agʀɔlɔʒi] n. f. Science qui a pour objet la connaissance des terrains et des sols en vue de leur exploitation agricole.

agronome [agʀɔnɔm] n. m. Spécialiste de l'agronomie. *Ingénieur agronome.*

agronomie [agʀɔnɔmi] n. f. Ensemble des connaissances théoriques et pratiques relatives à l'agriculture.

agronomique [agʀɔnɔmik] adj. De l'agronomie; relatif à l'agronomie.

agropasteur [agʀopastœʀ] n. m. Didac. Celui qui pratique l'agropastoralisme.

agropastoral, ale, aux [agʀopastɔʀal, o] adj. Didac. Qui pratique à la fois l'agriculture et l'élevage.

agropastoralisme [agʀopastɔʀalism] n. m. Didac. Association de l'agriculture et de l'élevage.

agrosystème [agʀosistɛm] n. m. Système écologique modifié par le développement de l'agriculture.

agrumes [agʀym] n. m. pl. Nom collectif des citrons, oranges, mandarines, clémentines, pamplemousses. – Sing. *Un agrume.*

aguerrir [ageʀiʀ] v. tr. [3] **1.** Accoutumer aux épreuves de la guerre. *Aguerrir de nouvelles recrues.* **2.** Accoutumer à des choses pénibles, endurcir. *Les épreuves l'ont aguerri.* ▷ v. pron. *Il s'est aguerri. S'aguerrir à la douleur.*

aguets (aux) [ozagɛ] loc. adv. *Être aux aguets :* guetter, être attentif et sur ses gardes.

Aguézat, peuple, venu d'Arabie, qui s'installa dans le royaume d'Axoum*, entre les Xe et IVe s. av. J.-C. Leur langue (sémitique), le guèze, fixée par l'écriture au Ier s. apr. J.-C., demeure la langue liturgique de l'Église d'Éthiopie.

aguichant, ante [agiʃɑ̃, ɑ̃t] ou **aguicheur, euse** [agiʃœʀ, øz] adj. Qui aguiche.

aguicher [agiʃe] v. tr. [1] Exciter par des agaceries, des manières provocantes.

aguiller [agɥije] v. tr. [1] (Suisse) Mettre dans une position élevée et souvent instable. *Aguiller un vase sur une étagère.*

Aguinaldo (Emilio) (1869 – 1964), nationaliste philippin. Il souleva les îles contre les Espagnols (1896), puis contre les É.-U., et fut emprisonné (1901).

ah ! [ɑ] interj. et n. m. inv. **I.** interj. **1.** Exprime une vive émotion morale ou physique. *Ah! quel bonheur! Ah! que je souffre!* **2.** Renforce une négation, une affirmation. *Ah! ça, non! Ah! je te l'avais bien dit!* **3.** Redoublée, exprime la raillerie, l'ironie. *Ah! ah! je vous y prends.* **II.** n. m. inv. *Pousser des oh! et des ah! de surprise.*

Ahaggar. V. Hoggar.

ahaner [aane] v. intr. [1] Litt. Respirer bruyamment pendant un effort physique pénible.

Ahasvérus, personnage légendaire popularisé à partir du XVIIe s. sous l'aspect du Juif errant.

Ahidjo (Ahmadou) (1924 – 1989), homme politique camerounais; président de la République de 1960 à 1982. Il fut emprisonné de 1984 à sa mort.

Ahmadou de Ségou (m. en 1898), souverain de Ségou (dans le Mali actuel). Il résista héroïquement à la colonisation française et fut vaincu par les troupes d'Archinard en 1890.

Ahriman, divinité mazdéenne, principe du Mal. Il s'oppose à Ahura Mazdâ.

Ahura Mazdâ, Ormuzd ou **Ormazd,** divinité suprême dans la religion mazdéenne des anciens Perses (v. VIIIe s. av. J.-C.). Principe du Bien, il s'oppose à Ahriman.

ahuri, ie [ayʀi] adj. Frappé de stupeur, hébété. *Brutalement réveillé, il était tout ahuri.*

ahurir [ayʀiʀ] v. tr. [3] Étourdir, rendre stupéfait.

ahurissant, ante [ayʀisɑ̃, ɑ̃t] adj. Qui ahurit. *Une nouvelle ahurissante.*

ahurissement [ayʀismɑ̃] n. m. État d'une personne ahurie.

aï [ai] n. m. ZOOL Mammifère xénarthre arboricole, végétarien, vivant dans la forêt brésilienne.

Aicha ou **Aichah** *('Ā'iša)* (v. 614 – v. 678), fille d'Abu Bakr et femme préférée de Mahomet. S'opposa à la nomination d'Ali ibn Abi Talib comme calife (656).

aïd [aid] n. m. Toute fête religieuse musulmane.

aide [ɛd] n. **A.** n. f. **I. 1.** Action d'aider, d'unir ses efforts à ceux d'une autre personne. *Son aide m'a été précieuse pour finir ce travail. – À l'aide! :* au secours! ▷ Loc. prép. *À l'aide de :* grâce à, au moyen de. *Arracher un clou à l'aide de tenailles.* **2.** Secours ou subside accordé aux personnes démunies. *Aide sociale. Aide judiciaire.* ▷ ECON *Aide au développement :* transfert de ressources (prêts, investissements, dons) entre deux pays. **II.** Plur. **1.** EQUIT Moyens employés par le cavalier pour agir sur son cheval. *Aides naturelles* (assiette, jambes, rênes); *aides artificielles* (cravache, éperons, mors, etc.). **2.** *Aides à la navigation :* moyens optiques, radioélectriques, etc., destinés à faciliter la navigation des navires et des aéronefs. **B.** n. Personne qui en aide une autre dans une fonction, un travail, et lui est subordonnée. *S'adjoindre un aide pour accomplir une tâche délicate. – Aide de camp :* officier attaché à un chef militaire. ▷ (En composition.) *Un aide-maçon. Des aides-comptables.*

Aïd el-Adha. V. Aïd el-Kebir.

Aïd el-Fitr, fête musulmane marquant la fin du ramadan, aussi appelée Aïd el-Seghir ou, localement, Korité.

Aïd el-Kebir *(al-'īd al-Kabīr)* (en arabe, «la grande fête»), une des trois grandes cérémonies de l'année musulmane, célébrée pour commémorer le sacrifice d'Abraham; chaque famille sacrifie habituellement un mouton ce jour-là.

Aïd el-Mouloud. V. Mouloud.

Aïd el-Seghir *(al-'īd as-Saġīr)* (en arabe, «la petite fête»), fête musulmane qui marque la fin du ramadan.

aide-mémoire [ɛdmemwaʀ] n. m. inv. Résumé des éléments essentiels sur un sujet déterminé.

aider [ede] v. [1] **I.** v. tr. dir. Faciliter les actions, les entreprises d'une personne, la soulager dans ses difficultés; assister (qqn). *Ses amis l'aideront à réaliser ce projet. Ta présence m'a aidé.* **II.** v. tr. indir. (Compl. de chose.) *Aider à quelque chose. Un séjour à la montagne aidera à son rétablissement.* **III.** v. pron. **1.** *S'aider de :* se servir de, utiliser. *Marcher en s'aidant d'une canne.* **2.** (Récipr.) Se soutenir, s'apporter un mutuel appui. *Aidez-vous les uns les autres.*

aide-soignant, ante [ɛdswaɲɑ̃, ɑ̃t] n. Personne qui donne des soins aux malades sous la responsabilité d'un infirmier ou d'une infirmière. *Des aides-soignants.*

aïe ! [aj] interj. Exclamation de douleur, de désagrément. *Aïe! aïe! que je souffre! Aïe! je crois que je vais avoir des ennuis.*

aïeul, aïeule [ajœl] n. **1.** (plur. *aïeuls, aïeules*) Grand-père, grand-mère. *L'aïeul somnolait au soleil.* **2.** Litt. (plur. *aïeux* [ajø]) Ancêtre. *Nos aïeux ont beaucoup guerroyé.*

aigle [ɛgl] n. **I.** n. m. **1.** Oiseau rapace diurne de l'ordre des falconiformes qui comprend des espèces telles que l'aigle royal d'Europe (2,50 m d'envergure) et, en Afrique, l'aigle blanchard (forêts), l'aigle huppard et l'aigle bateleur (savanes), l'aigle pêcheur (marigots). *L'aigle a des pattes armées de griffes très puissantes, les serres. L'aigle glatit. Aire d'un aigle,* son nid. ▷ *Avoir un œil d'aigle,* une vue perçante. ▷ *Un nez en bec d'aigle,* crochu. **2.** Fig. *Ce n'est pas un aigle :* ce n'est pas une personne très intelligente, d'une grande valeur. **II.** n. f. **1.** Femelle de l'aigle. **2.** Emblème héraldique figurant un aigle. *L'aigle impériale.* **3.** ASTRO *L'Aigle :* constellation boréale dont l'étoile principale est Altaïr.

aiglon, onne [ɛglɔ̃, ɔn] n. Petit de l'aigle. ▷ *L'Aiglon :* surnom du fils de Napoléon Ier (fils de l'Aigle).

Aigos-Potamos V. Ægos-Potamos.

aigre [ɛgʀ] adj. (et n. m.) **1.** Qui a une acidité désagréable au goût. *Fruit aigre.* **2.** Perçant, criard (en parlant d'un son). *La sonorité aigre du fifre.* **3.** Froid et vif. *Une bise aigre.* **4.** Fig. Revêche, acrimonieux. *Un caractère aigre. Parler d'un ton aigre.* Syn. acerbe. ▷ n. m. *Conversation qui tourne à l'aigre,* qui s'envenime.

aigre-doux, -douce [ɛgʀədu, dus] adj. **1.** Dont la saveur est à la fois douce et aigre. *Fruits aigres-doux.* **2.** Fig. Dont l'aigreur, l'acrimonie perce sous une apparente douceur. *Des paroles aigres-douces.*

aigrefin [ɛgʀəfɛ̃] n. m. Péjor. Individu sans scrupule, escroc.

aigrelet, ette [ɛgʀəlɛ, ɛt] adj. Légèrement aigre. *Une saveur aigrelette.*

aigrement [ɛgʀəmɑ̃] adv. Avec aigreur, acrimonie.

aigrette [ɛgʀɛt] n. f. **I.** Grand héron blanc et gris perle des pays chauds dont la tête est pourvue de longues plumes. *Grande aigrette. Aigrette garzette.* **II. 1.** Faisceau de plumes qui couronne la tête de certains oiseaux. *Aigrette d'un paon.* – Ornement qui rappelle l'aigrette des oiseaux. *Aigrette d'un casque. Aigrette de diamants.* **2.** BOT Touffe de soies fines qui couronne certaines graines et certains fruits. **3.** PHYS Effet lumineux prenant naissance à l'extrémité d'un conducteur porté à un potentiel élevé.

aigreur [ɛgʀœʀ] n. f. **1.** Caractère de ce qui est aigre. *Aigreur d'un vin.* ▷ Fig. *Répondre avec aigreur.* **2.** *Aigreurs d'estomac :* régurgitations acides après les repas.

aigri, ie [ɛgʀi] adj. et n. Se dit d'une personne que les épreuves de la vie ont rendue amère et irritable. *Il est tellement aigri qu'il a perdu le sens de l'humour.* ▷ Subst. *Des aigris.*

aigrir [ɛgʀiʀ] v. [3] **I.** v. tr. **1.** Rendre aigre. *La chaleur aigrit le lait.* ▷ v. pron. *Ce vin s'aigrit.* **2.** Fig. Rendre aigre, amer (qqn). *Tant d'échecs l'ont aigri.* ▷ v. pron. *Son caractère s'aigrit de jour en jour.* **II.** v. intr. Devenir aigre, tourner à l'aigre. *Le lait a aigri.*

aigu, uë [egy] adj. **1.** Terminé en pointe ou en tranchant. *Des crocs aigus.* ▷ *Angle aigu,* inférieur à 90 degrés. **2.** D'une fréquence élevée, haut dans l'échelle tonale. *Une voix aiguë.* Ant. grave. ▷ *Accent aigu :* V. accent. ▷ n. m. *L'aigu :* le registre aigu. *Aller du grave à l'aigu.* **3.** Vif, intense. *Une douleur aiguë.* ▷ MED *Maladie aiguë,* survenant brusquement et évoluant rapidement (par oppos. à *chronique*). **4.** Pénétrant, subtil. *Une intelligence aiguë.*

aigue-marine [ɛgmaʀin] n. f. MINER Béryl bleu-vert. *Des aigues-marines.*

aiguillage [egɥijaʒ] n. m. **1.** CH de F Appareil reliant deux ou plusieurs voies de chemin de fer et permettant à un convoi de passer de l'une à l'autre. – Manœuvre de cet appareil. *Faux aiguillage,* engageant un train sur une voie qu'il ne devrait pas suivre. **2.** Fam. Orientation d'une personne dans une direction. *Vous vous êtes trompé de porte; il y a eu une erreur d'aiguillage.*

aiguille [egɥij] n. f. **I. 1.** Tige de métal petite et mince, pointue à un bout et percée à l'autre d'un chas où l'on passe le fil qui sert à coudre. *Enfiler une aiguille.* ▷ Loc. fig. *De fil en aiguille :* en passant d'un propos à un autre; une chose en entraînant une autre. ▷ Loc. fig. *Chercher une aiguille dans une botte de foin :* chercher une chose difficile à trouver au milieu de nombreuses autres. **2.** Tige longue et mince. *Aiguille à tricoter.* **3.** Fine tige métallique creuse, terminée en pointe, utilisée pour les injections et les ponctions. – *Aiguille d'acupuncture,* ne comportant pas de canal. **4.** Fine tige qui se déplace devant le cadran d'un appareil de mesure et qui sert d'index. *Aiguilles d'une montre. Aiguille d'un baromètre. Aiguille aimantée d'une boussole.* **II. 1.** Sommet très aigu d'un massif montagneux. **2.** Partie d'un monument se terminant en pointe très aiguë. **3.** CONSTR Tige boulonnée reliant deux éléments de charpente. **4.** TECH *Roulement à aiguilles :* roulement constitué de cylindres de faible diamètre. **5.** Feuille étroite et pointue d'un conifère. *Aiguilles de filao.* **6.** *Aiguille de mer :* orphie. **7.** (Liban) *Aiguille de poisson :* arête de poisson.

aiguillée [egɥije] n. f. Longueur de fil sur laquelle une aiguille est enfilée.

aiguiller [egɥije] v. tr. [1] **1.** Diriger (un train) sur une voie par la manœuvre de l'aiguillage. **2.** Fig. Orienter (qqn) dans une direction, vers un but. *Il a aiguillé ses filles vers les études scientifiques.*

Aiguilles (cap des), pointe la plus méridionale de l'Afrique, à l'E. du cap de Bonne-Espérance.

aiguillette [egɥijɛt] n. f. **1.** Ornement militaire au bout duquel sont suspendus des ferrets. *Aiguillettes d'un officier d'état-major.* **2.** Tranche mince et longue de la poitrine de certaines volailles. *Des aiguillettes de canard.* **3.** Nom donné à différents poissons marins au corps allongé et pourvus d'un rostre long et mince.

aiguilleur [egɥijœʀ] n. m. CH de F Employé chargé de manœuvrer les aiguillages. – *Aiguilleur du ciel :* spécialiste du contrôle de la navigation aérienne.

aiguillon [egɥijɔ̃] n. m. **1.** Long bâton terminé par une pointe de fer utilisé pour piquer les bœufs. ▷ Fig. Ce qui stimule, incite à l'action. *L'appât du gain est un aiguillon.* **2.** Dard des insectes dits aculéates (guêpes, abeilles, etc.). **3.** BOT Épine.

aiguillonner [egɥijɔne] v. tr. [1] **1.** Piquer (un bœuf) avec l'aiguillon. **2.** Fig. Stimuler. *Aiguillonner un enfant pour le faire travailler.*

aiguisage [egizaʒ] n. m. Action d'aiguiser (un outil, un instrument).

aiguise-crayon [egizkʀɛjɔ̃] n. m. (Québec) Syn. de *aiguisoir* (sens 2). *Des aiguise-crayons.*

aiguiser [egize] v. tr. [1] **1.** Rendre tranchant, pointu. *Aiguiser le fil d'un rasoir, des patins à glace. Aiguiser ses griffes.* ▷ (Québec) Tailler en pointe. *Aiguiser un crayon.* **2.** Fig. Rendre plus vif. *Aiguiser l'appétit.* **3.** Fig. Rendre plus aigu, plus fin (l'esprit). *Lectures qui aiguisent l'intelligence.*

aiguisoir [egizwaʀ] n. m. **1.** Outil à aiguiser. **2.** (Maurice, Québec) Syn. de *taille-crayon.* Syn. (Québec) aiguise-crayon.

aïkido [ajkido] n. m. Art martial japonais, sport de combat à mains nues utilisant principalement les clés aux articulations.

ail [aj], plur. **ails** [aj] ou (vieilli) **aulx** [o] n. m. Plante vivace monocotylédone (fam. liliacées) dont les bulbes, à l'odeur forte et au goût âcre, sont employés comme condiment. *Une tête d'ail. Des gousses d'ail.*

aile [ɛl] n. f. **I. 1.** Partie du corps de certains animaux, qui leur sert à voler. *Oiseau qui étend, déploie ses ailes. Battre de l'aile. S'envoler à tire-d'aile.* (Chez les oiseaux, il s'agit du membre antérieur entier; chez les chauves-souris, de l'extrémité de ce membre, la main; chez les insectes, l'aile est un organe spécifique du groupe.) ▷ Fig. *La peur donne des ailes,* fait courir très vite. – *Ne battre plus que d'une aile :* avoir beaucoup perdu de sa vigueur. – *Avoir du plomb* dans l'aile.* – *Rogner* les ailes à quelqu'un.* – *Voler de ses propres ailes :* agir sans le secours d'autrui, être autonome. – *Être sous l'aile de quelqu'un,* sous sa protection. ▷ Fig. *Les ailes du temps, de la victoire.* **2.** Morceau d'une volaille, d'un gibier à plume, constitué par la chair du membre antérieur. *Une aile de perdrix.* **II. 1.** Plan de sustentation d'un avion. **2.** *Ailes d'un moulin à vent :* châssis entoilés qui, en tournant sous l'action du vent, font mouvoir la meule. **III.** Chacune des deux parties latérales de certaines choses. **1.** ARCHI Partie latérale d'un édifice. *Les ailes d'un château.* **2.** Chacune des parties latérales de la ligne formée par une troupe rangée en bataille. ▷ Au football, au rugby, etc., partie extrême, sur les côtés du terrain, de la ligne d'attaque. – Chacune des parties latérales du terrain. **3.** AUTO Élément de carrosserie recouvrant une roue. **4.** *Aile du nez :* chacune des parties latérales inférieures du nez. **5.** BOT Chacun des deux pétales latéraux de la corolle des papilionacées. **6.** TECH Partie d'un profilé métallique, perpendiculaire à l'âme.

ailé, ée [ele] adj. Pourvu d'ailes. *Mammifère ailé.* ▷ BOT Se dit des organes d'une plante pourvus d'une membrane analogue à une aile. *Graine ailée.*

aileron [ɛlʀɔ̃] n. m. **1.** Extrémité de l'aile d'un oiseau. ▷ Nageoire (d'un requin). **2.** AVIAT Volet mobile, à incidence variable, situé sur le bord de fuite de l'aile. **3.** MAR Quille latérale ou prolongement de la quille servant de plan de dérive, sur certains petits bateaux.

ailette [ɛlɛt] n. f. **1.** Lame métallique adaptée à un projectile d'artillerie pour augmenter la précision du tir. **2.** Saillie adaptée à un radiateur, un cylindre de moteur, pour augmenter la surface radiante. **3.** Petite branche proéminente de certains mécanismes. *Écrou à ailettes,* que l'on peut serrer à la main, appelé aussi «écrou papillon».

Ailey (Alvin) (1931 – 1989), danseur et chorégraphe américain, fondateur de l'*Alvin Ailey Dance Theater* qui, à l'origine, groupait uniquement des artistes noirs.

ailier [elje] n. m. Au football, au rugby, etc., avant dont la place est à l'aile de l'équipe.

-aille. Élément donnant une valeur péjorative et collective aux substantifs (ex. *marmaille, valetaille*).

-ailler. Suffixe verbal, péjoratif et fréquentatif (ex. *discutailler, écrivailler*).

ailler [aje] v. tr. [1] Garnir, frotter d'ail. *Ailler un gigot.*

ailleurs [ajœʀ] adv. **1.** En un autre lieu. *Ne le cherchez pas ailleurs. Vous ne trouverez pas ailleurs une telle qualité.* – *Nous avons dit ailleurs...,* dans un autre ouvrage, dans un autre passage. – *Son mécontentement vient d'ailleurs,* tient à une autre cause. ▷ Fig. *Être ailleurs :* rêver, penser à autre chose. **2.** *D'ailleurs :* d'un autre endroit. *Un inconnu venu d'ailleurs.* **3.** Loc. adv. *D'ailleurs :* de plus, en outre (avec une nuance nouvelle ou une restriction). *Je n'ai pas envie de vous voir, d'ailleurs je n'ai pas le temps.* **4.** Loc. adv. *Par ailleurs :* d'un autre côté, d'autre part. *Il est séduisant mais par ailleurs bien sot.*

aimable [ɛmabl] adj. Affable, courtois. *Vous êtes bien aimable de m'aider. Il m'a dit quelques mots aimables.* ▷ Subst. *Faire l'aimable :* s'efforcer de plaire. Syn. charmant, sociable.

aimablement [ɛmabləmɑ̃] adv. D'une manière aimable.

1. aimant [ɛmɑ̃] n. m. Corps attirant le fer ou l'acier. ▷ MINER *Aimant naturel :* oxyde naturel de fer.

2. aimant, ante [ɛmɑ̃, ɑ̃t] adj. Enclin à l'affection, à la tendresse. *Une nature aimante.*

aimantation [ɛmɑ̃tasjɔ̃] n. f. Action d'aimanter; état de ce qui est aimanté.

aimanter [ɛmɑ̃te] v. tr. [1] Communiquer des propriétés magnétiques à (un corps).

aimer [eme] v. [1] **I.** v. tr. **1.** Éprouver de l'affection, de l'attachement, de l'amitié pour (qqn). *Aimer ses amis, sa famille.* **2.** Éprouver de l'amour, de la passion pour (qqn). *Il aime passionnément sa maîtresse.* ▷ (Par euph.) Faire l'amour à (qqn). ▷ (S. comp.) *Le temps d'aimer.* **3.** Avoir un penchant, du goût pour (qqch). *Aimer les voyages.* – Fig. *Le riz aime l'eau,* trouve dans l'eau des conditions favorables à sa croissance. **4.** *Aimer* (+ inf.) Prendre plaisir à. *Il aime travailler.* (Litt. *Il aime à travailler.*) ▷ *Aimer* (+ subj.) Trouver bon, avoir pour agréable. *J'aime que vous veniez me voir souvent.* **5.** *Aimer mieux, aimer autant :* préférer. *Il aime mieux la pipe que le cigare. J'aime autant qu'il ne voie pas ce gâchis.* ▷ (Belgique) Fam. *Aimer autant :* V. autant (sens I, 4). **II.** v. pron. **1.** (Réfl.) Être content de soi. *S'aimer tel qu'on est.* **2.** (Récipr.) Éprouver un mutuel attachement, amoureux ou amical. *«Deux pigeons s'aimaient d'amour tendre»* (La Fontaine). *Aimez-vous les uns les autres.*

Ain, rivière de France (205 km), affl. du Rhône (r. dr.); naît dans le Jura. – Dép. : 5756 km^2; 471019 hab.; ch.-l. *Bourg-en-Bresse* (42955 hab.). V. Rhône-Alpes (Rég.).

aine [ɛn] n. f. Partie du corps comprise entre le bas-ventre et le haut de la cuisse. *Le pli de l'aine.*

aîné, ée [ene] adj. et n. **1.** adj. Né le premier (des enfants d'une famille). *C'est mon fils aîné.* ▷ Subst. Celui qui est le plus âgé d'un groupe. *C'est l'aîné de la famille,* le plus âgé. Syn. (Afr. subsah., Québec) grand. **2.** n. Frère, sœur aînés. ▷ Personne plus âgée qu'une autre. *Il est mon aîné de cinq ans.*

aînesse [enɛs] n. f. Priorité due à l'âge qui, dans certaines sociétés, confère divers privilèges.

Aïn-Hanech, site préhist. d'Algérie, proche de Sétif (vestiges de la faune villafranchienne).

Aïn-Meterchem, site préhistorique de Tunisie au N. de Feriana; sépulture attribuée à l'homme capsien typique.

Aïnous ou **Aïnos,** minorité ethnique (env. 25000 individus) des îles Sakhaline et Kouriles (Russie), et Hokkaidō (Japon); derniers survivants des populations paléosibériennes.

Aïn Sefra, v. d'Algérie, au pied des monts des Ksour, desservie par ch. de fer; 22000 hab.

ainsi [ɛ̃si] adv. **1.** adv. de manière. De cette façon. *Il a raison d'agir ainsi. Il commença ainsi son discours.* ▷ *Ainsi soit-il :* expression d'un souhait, à la fin d'une prière. ▷ *Pour ainsi dire :* formule atténuant la phrase qu'elle accompagne. *Elle lui a pour ainsi dire interdit de partir.* ▷ *Ainsi donc :* par conséquent. *Ainsi donc, vous leur donnez tort.* **2.** adv. de comparaison. De même, de la même façon. *Comme un coup de tonnerre, ainsi a éclaté la nouvelle.* ▷ *Ainsi que.* Loc. conj. de subordination. Comme. *Ainsi que vous me l'avez demandé, je vous écris dès mon arrivée.* – Loc. conj. de coordination. Et, de même que. *Ces comprimés sont à prendre le matin, ainsi qu'à midi.*

A.I.P.L.F. Sigle de *Assemblée* internationale des parlementaires de langue française.*

1. air [ɛʀ] n. m. **1.** Mélange gazeux qui constitue l'atmosphère terrestre et que de nombreux êtres vivants respirent. *Une bouffée d'air pur. Air pollué. Ouvrir la fenêtre pour faire un courant d'air.* ▷ *Sortir pour prendre l'air :* aller se promener. – *Air conditionné.* ▷ METEO *Air équatorial, tropical :* masse d'air chauffée par un séjour près de l'équateur ou des tropiques. ▷ Fig. *Vivre de l'air du temps,* sans ressources. **2.** Ce fluide quand il est en mouvement. *Fermez les fenêtres, il y a trop d'air ici.* ▷ *À l'air libre, en plein air, au grand air :* à l'extérieur, en un lieu où l'air circule. – Fig. *Être libre comme l'air :* pouvoir agir sans contrainte. **3.** Espace que ce fluide emplit autour de la Terre. *Une fumée monte dans l'air.* – (Plur.) Litt. *La montgolfière s'éleva dans les airs.* ▷ Fig., fam. *Jouer la fille de l'air :* fuir. ▷ *En l'air :* vers le haut. *Regarder, tirer en l'air.* – Fig. Sans fondement. *Des menaces, des paroles, des promesses en l'air.* – *Parler en l'air,* sans réfléchir. – *Une tête en l'air :* une personne distraite. – Sens dessus dessous. *Les enfants ont mis toute la chambre en l'air.* – Loin. *Envoyer, ficher, flanquer quelque chose en l'air,* s'en débarrasser. **4.** *L'Air :* l'aviation, l'aéronautique. *Ministère de l'Air.* – *Hôtesse de l'air. Mal de l'air :* mal des transports qu'on éprouve en avion. **5.** Fig. Ambiance, atmosphère. *Quitter sa famille pour changer d'air.* – *Il y a de la bagarre, de l'électricité, de l'orage dans l'air :* l'atmosphère est tendue. **6.** *Air comprimé,* produit par des compresseurs sous une pression généralement inférieure à 10 bars (1 million de pascals). – *Air liquide :* air à l'état liquide, de couleur bleue, de la densité de l'eau, qui bout vers – 190 °C.

ENCYCL *L'air atmosphérique* contient (en volume) 78 % d'azote, 21 % d'oxygène, 0,9 % d'argon et 0,03 % d'anhydride carbonique, ainsi que d'autres gaz en quantités plus faibles (néon, hélium, krypton, hydrogène et xénon) ou à l'état de traces (ozone et radon). Il contient également, mais en quantités très variables suivant les lieux, de la vapeur d'eau, de l'ammoniac, du dioxyde de soufre, des gaz polluants, des poussières et des microorganismes. L'air est peu soluble dans l'eau (30 cm^3 par litre à 0 °C). Sa masse volumique, à 0 °C et sous la pression atmosphérique, est égale à 1,3 gramme par litre.

2. air [ɛʀ] n. m. **1.** Apparence qu'une personne a en général. *Avoir grand air, un drôle d'air, l'air comme il faut.* – *Un air de famille :* une ressemblance due à des liens de parenté. – *Il a un faux air d'empereur romain,* une vague ressemblance avec un empereur romain. ▷ Plur. *Prendre de grands airs :* affecter des manières de grand seigneur. – *Prendre des airs de :* singer. *Prendre des airs entendus,* une attitude de complicité. – Plaisant *Prendre des airs penchés,* une attitude rêveuse, la tête penchée. **2.** Loc. *Avoir l'air :* sembler, paraître. *Ils ont l'air contents. Elle a l'air heureuse. Il a l'air d'être au courant.* (N.B. Si le sujet est un nom de chose, l'attribut s'accorde avec le sujet : *cette statue a l'air ancienne.* Si le sujet est un nom de personne, l'attribut s'accorde soit avec le sujet, soit avec «air». *Grand-mère a l'air heureux* ou *heureuse.*) **3.** *N'avoir l'air de rien :* paraître sans importance, sans valeur, sans difficulté (mais à tort). *Elle n'a l'air de rien mais, pendant la guerre, elle a été héroïque.* **4.** (Québec) Fam. *Être en air :* être d'humeur gaie, disposé à faire qqch. *Je ne suis pas en air d'aller jouer aux quilles ce soir.*

3. air [ɛʀ] n. m. **1.** Suite de sons musicaux formant une mélodie. *Je me souviens des paroles de cette chanson, mais j'ai oublié l'air. Les airs célèbres des opéras de Verdi.* ▷ (Plur.) Chansons. *Cet ethnologue recueille des airs traditionnels auprès des paysans.* **2.** Mélodie jouée par un instrument seul. *Un air de flûte.*

Aïr, massif montagneux du Sahara mérid., situé au Niger, culminant à 1944 m (mont Gréboun). Gisement d'uranium, mines d'étain et de tungstène près d'Arlit.

Air Afrique, compagnie aérienne créée en 1961 pour reprendre l'exploitation du réseau U.T.A. C'est une société multinationale détenue par dix États d'Afrique francophone (Bénin, Burkina Faso, Congo, Côte d'Ivoire, Mauritanie, Niger, Rép. centrafricaine, Sénégal, Tchad et Togo). Siège : Abidjan (Côte d'Ivoire).

airain [ɛʀɛ̃] n. m. **1.** Vx Bronze, alliage à base de cuivre. *Statue d'airain.* **2.** Fig. *D'airain :* dur, impitoyable. *Un cœur d'airain.*

Airbus n. m. Nom commercial d'un type d'avion capable de transporter un grand nombre de passagers, construit, depuis 1972, par un groupement de plusieurs pays, dont la France.

aire [ɛʀ] n. f. **I.** Surface plane. **1.** Terrain plat où l'on bat le grain. **2.** Nid, établi sur une surface plane, de certains grands oiseaux de proie. *L'aire de l'aigle, du vautour.* **3.** GEOL *Aires continentales :* plates-formes de grande étendue d'un continent, où se sont déposées, de façon régulière, des couches sédimentaires. **4.** Terrain équipé pour une activité ou des manœuvres particulières. *Aire d'atterrissage,* pour les avions. ▷ ESP *Aire de lancement,* pour les engins spatiaux. *Aire de jeu.* **II. 1.** GEOM Superficie d'une figure géométrique. *Aire d'un carré.* **2.** MAR *Aire de vent :* rhumb. **III. 1.** Étendue géographique où vivent certaines espèces animales ou végétales, où l'on constate certains phénomènes. *Aire de répartition du blé. – Aire culturelle,* propre à un certain type de culture. *– Aire linguistique,* où l'on trouve un ensemble de faits linguistiques. **2.** ANAT Région de l'encéphale ayant une fonction spécifique. *Aire motrice.* **3.** BOT *Aire germinative :* portion du germe où se développe l'embryon.

airelle [ɛʀɛl] n. f. Arbrisseau des régions tempérées froides aux baies comestibles rouges ou bleu foncé; ces baies.

Air France, compagnie française de navigation aérienne, fondée en 1933 et nationalisée en 1945.

aisance [ɛzɑ̃s] n. f. **1.** État de fortune qui permet une vie agréable. *Les habitants de ce quartier vivent dans l'aisance.* **2.** Facilité, grâce naturelle, liberté de corps ou d'esprit dans la manière d'être. *Agir, parler avec aisance. Elle manie avec aisance plusieurs langues étrangères.* **3.** *Lieux d'aisances :* toilettes.

aise [ɛz] n. f. et adj. **I.** n. f. **1.** État d'une personne qui n'est pas gênée. *Être à l'aise dans un vêtement. Se sentir à l'aise, à son aise.* **2.** (Plur.) *Aimer ses aises :* apprécier son confort personnel. *– Prendre ses aises :* s'installer sans se soucier d'autrui. **3.** Fig. *Mettre quelqu'un à l'aise, à son aise (mal à l'aise, mal à son aise) :* procurer à qqn une impression de bien-être (de gêne). *Cette réflexion désagréable l'a mis mal à son aise. – En prendre à son aise avec... :* ne pas se soucier de... *– Parler à son aise de qqch,* en parler de manière détachée, sans être personnellement mis en cause. ▷ *À votre aise! :* comme il vous plaira! **4.** Litt. Joie, contentement. *Pousser un soupir d'aise.* **II.** adj. Litt. Content, joyeux. *Je suis bien aise de vous voir.*

aisé, ée [eze] adj. **1.** Facile, qui se fait sans peine. *Un travail aisé.* **2.** Fig. Qui a de l'aisance, du naturel. *Un style aisé.* **3.** Qui vit dans l'aisance. *Des bourgeois aisés.*

aisément [ezemɑ̃] adv. Facilement. *Il surmonta aisément cette épreuve.*

Aisne, riv. de France (270 km), affl. de l'Oise (r. g.); naît dans l'Argonne. – Dép. : 7378 km²; 537259 hab.; ch.-l. *Laon* (28670 hab.) V. Picardie (Rég.).

aisselle [ɛsɛl] n. f. **1.** Région située au-dessous de la jonction du bras avec le tronc, pourvue de poils chez l'adulte et riche en glandes sudoripares. **2.** BOT Région de la tige située immédiatement au-dessus de l'insertion d'une feuille.

Aït Ahmed (Hocine) (né en 1926), homme politique algérien d'origine kabyle, l'un des chefs historiques du F.L.N. Contraint à l'exil par Ben Bella en 1962, il retourna en Algérie en 1989 et créa le Front des forces socialistes.

aïto ou **aito** [aito] n. m. (Polynésie fr.) Arbre voisin du casuarina. *Utiliser un aïto comme sapin de Noël.*

Aix-en-Provence, v. de France, ch.-l. d'arr. des B.-du-Rh.; 126854 hab. Université. Festival de musique. – Fondée par les Romains en 123 av. J.-C. – Cath. St-Sauveur (XIIIe-XIVe s.).

Aix-la-Chapelle (en all. *Aachen*), v. d'Allemagne (Rhén.-du-N.-Westphalie), près des frontières belge et néerl.; 239170 hab. Stat. therm. – Chapelle palatine carolingienne (796-814) à partir de laquelle fut édifiée une cath. gothique (XIIIe-XVe s.). – Cette anc. cité romaine *(Aquæ Grani)* fut la résidence préférée de Charlemagne et le lieu de couronnement des empereurs germaniques. En 1668, le traité d'Aix-la-Chapelle mit fin à la guerre de Hollande (ou guerre de Dévolution); la France obtint de l'Espagne une partie de la Flandre (Lille, notam.). En 1748, un autre traité mit fin à la guerre de la Succession* d'Autriche. En 1818, le *congrès d'Aix-la-Chapelle* réunit les puissances de la Sainte-Alliance.

Ajaccio, v. de France, ch.-l. du dép. de Corse-du-Sud et de la Rég. Corse, sur la côte O. de l'île *(golfe d'Ajaccio);* 59318 hab. – Maison natale de Napoléon.

Ajantā, site archéol. de l'Inde, au N.-O. du Dekkan, près d'Hyderābād. Ensemble de sanctuaires bouddhiques creusés dans les parois d'une falaise, décorés de sculptures et de peintures murales (IIe s. av. J.-C.-VIIe s. apr. J.-C.) qui illustrent la vie du Bouddha.

Ajax, héros grec qui devint fou parce qu'on avait donné à Ulysse les armes d'Achille mort; croyant tuer des ennemis, il massacra le bétail des Grecs et se suicida.

ajië [ajie] n. m. Langue austronésienne parlée dans le nord de la Nouvelle-Calédonie.

Ajjer ou **Adjer,** confédération de Touareg vivant dans la région du *tassili des Ajjer,* vaste plateau du Sahara algérien au N.-E. du Hoggar. Explorés par Henri Lhote (1903-1991) à partir de 1956, les abris-sous-roche du tassili ont livré des centaines de peintures polychromes et de gravures rupestres du néolithique (env. 3500 av. J.-C.).

ajonc [aʒɔ̃] n. m. Arbrisseau épineux (fam. papilionacées), à fleurs jaunes, poussant en terrain sec, non calcaire, dans les régions tempérées et les zones montagneuses des régions tropicales.

ajoupa [aʒupa] n. f. **1.** (Madag.) À l'époque coloniale, hutte de bois ou de feuillage. **2.** (Antilles fr.) En milieu rural haïtien, chaumière très modeste. *La plupart des paysans haïtiens vivent dans des ajoupas.*

ajouré, ée [aʒuʀe] adj. **1.** Percé de jours. **2.** Orné de jours.

ajourer [aʒuʀe] v. tr. [1] Percer, orner de jours. *Ajourer une nappe.*

ajournement [aʒuʀnəmɑ̃] n. m. Action d'ajourner. *Ajournement des débats.*

ajourner [aʒuʀne] v. tr. [1] **1.** Renvoyer à une date ultérieure. *Ajourner un procès.* **2.** *Ajourner un étudiant,* l'obliger à se représenter à l'examen. – Pp. adj. *Les candidats ajournés préparent la prochaine session.*

ajout [aʒu] n. m. Élément ajouté à un ensemble. *Les ajouts architecturaux.* Syn. (Afr. subsah., Belgique, Luxembourg) ajoute.

ajoute [aʒutə] n. f. **1.** (Afr. subsah., Belgique, Luxembourg) Ajout (surtout à un texte écrit). *Il faudrait une ajoute à l'acte de vente.* **2.** (Belgique) Annexe d'une construction.

ajouter [aʒute] v. [1] **I.** v. tr. **1.** Mettre en plus. *Ajouter du sel à un plat.* **2.** Dire en plus. *Il sortit sans ajouter un mot.* **3.** Loc. litt. *Ajouter foi à :* croire. *Ne pas ajouter foi à certaines rumeurs.* **II.** v. tr. indir. Augmenter (qqch). *En parler ne ferait qu'ajouter au malaise.* **III.** v. pron. Se joindre, s'additionner. *À cela s'ajoute le fait que c'est très loin.*

ajustage [aʒystaʒ] n. m. Action d'ajuster. ▷ TECH Assemblage de pièces effectué avec précision.

ajustement [aʒystəmɑ̃] n. m. **1.** Action d'ajuster; fait d'être ajusté. **2.** Fig. Adaptation. *L'ajustement des horaires.* **3.** ECON *Ajustement structurel :* ensemble de mesures de politique économique destinées à corriger les déséquilibres majeurs d'un pays en le dotant de structures, de mécanismes de fonctionnement et d'un système des prix proches de ceux en vigueur sur le marché mondial, tout en visant, à long terme, à infléchir les décisions de production et d'investissement.

ajuster [aʒyste] v. tr. [1] **1.** Réaliser l'adaptation exacte d'une chose à une autre, joindre à. *Ajuster une porte dans son huisserie. Ajuster un piston à un cylindre.* ▷ v. pron. S'adapter; aller avec. **2.** Rendre juste, mettre à une dimension donnée. *Ajuster la longueur d'un vêtement.* Syn. (oc. Indien) amarrer. **3.** Viser. *Tireur qui ajuste la cible.* **4.** Mettre en accord, en harmonie. *Ajuster la théorie à la pratique.*

ajusteur [aʒystœʀ] n. m. Ouvrier spécialisé dans les travaux d'ajustage.

Akaba ou **Aqaba,** port de Jordanie, au N. du *golfe d'Akaba,* qui sépare le Sinaï de l'Arabie Saoudite; 10000 hab.

Akaba, roi d'Abomey (1685-1708). Il succéda à son père Ouegbadja et agrandit son royaume aux dépens, notam., du royaume Oyo.

akan [akɑ̃] n. m. LING Sous-groupe de langues du groupe kwa, parlées au Ghana et en Côte d'Ivoire.

Akan, population du Ghana. Ils parlent une langue nigéro-congolaise du groupe kwa (sous-groupe akan). Leur nombre excédant les 8 millions de personnes, ils constituent le groupe princ. du Ghana. Leur ville princ. est Kumasi.

akassa ou **acassa** [akasa] n. m. (Afr. subsah.) Pâte de farine de maïs fermentée, cuite et présentée en boulettes. *L'akassa est la base de l'alimentation au Bénin et au Togo.* (V. acassan.)

akassan [akasɑ̃] n. m. V. acassan.

Akbar (Mohammed) (1542 – 1605), empereur moghol de l'Inde, descendant de Tamerlan.

Aké (Loba). V. Loba Aké.

Akendengue (Pierre) (né en 1942), chanteur-compositeur gabonais.

akène ou **achaine** [akɛn] n. m. BOT Fruit sec qui ne contient qu'une seule graine et ne s'ouvre pas à maturité (ex. : la noix de cajou).

Akerman (Chantal) (née en 1950), cinéaste belge. Elle va jusqu'au bout du cinéma-vérité dans *Jeanne Dielman* (1975), puis scrute le sentiment amoureux : *Toute une nuit* (1983), *Nuit et Jour* (1991).

Akhenaton ou **Akhnaton.** V. Aménophis IV.

Akhmatova (Anna Andreïevna Gorenko, dite) (1889 – 1966), poétesse russe, adepte de l'«acméisme», qui prône clarté, équilibre et harmonie.

Akhtal (Al-) *(al-'Ahtal)* (v. 640 – v. 710), poète arabe, d'origine chrétienne, attaché à la cour des Omeyyades de Damas.

Akihito (né en 1933), empereur du Japon depuis la mort de son père, Hirohito, en 1989.

Akinari (Ueda) (1734 – 1809), écrivain japonais, auteur de récits fantastiques : *Contes de pluie et de lune* (1776).

akinésie [akinezi] n. f. MED Impossibilité, distincte de la paralysie, d'effectuer certains mouvements.

Akkad (pays d'), rég. de Mésopotamie qui devint le centre d'un vaste royaume sémitique fondé par Sargon l'Ancien (IIIe millénaire av. J.-C.), englobant le pays de Sumer et la Babylonie. Ébranlé par les révoltes de Babylone, il s'effondra lors de l'invasion des Goutis.

akkadien, enne [akadjɛ̃, ɛn] adj. et n. **1.** adj. Du pays d'Akkad. ▷ Subst. *Un(e) Akkadien(ne).* **2.** n. m. *L'akkadien :* la langue sémitique (considérée comme la plus ancienne) parlée dans le pays d'Akkad.

Akko. V. Acre.

Akl (Saïd) *('Aql S'aïd)* (né en 1908), poète libanais. Brillant représentant de l'école symboliste libanaise, auteur d'œuvres lyriques (*Rindala,* 1954), de tragédies en vers (*Qadmūs,* 1945) et de poèmes en arabe dialectal (*Yāra,* 1961).

aklé [akle] n. m. Champ de dunes peu élevées dans lequel les couloirs interdunaires sont barrés par des cordons transversaux.

ako [ako] n. m. BOT Arbre des régions tropicales (fam. moracées) dont le bois tendre et léger est utilisé notam. pour la sculpture des masques et des statuettes.

Akosombo, barrage du Ghana, sur la Volta, au N. d'Accra; sa retenue forme un des plus grands lacs artificiels du monde (lac Volta).

Aksoum. V. Axoum.

Akwa-Ibom, État du S.-E. du Nigeria; 27237 km^2 avec l'État de Cross River; 2359736 hab.; cap. *Uyo.*

Alabama, État du S.-E. des É.-U., sur le golfe du Mexique; 133667 km^2; 4041000 hab., dont un tiers de Noirs; cap. *Montgomery.* L'État doit son nom au fleuve (507 km) qui le parcourt. Vingt-deuxième État de l'Union en 1819, il fit sécession en 1861.

alacrité [alakʀite] n. f. Litt. Enjouement, gaieté.

Alain (Émile Chartier, dit) (1868 – 1951), universitaire et philosophe français, humaniste cartésien : *Système des beaux-arts* (1920); nombreux *Propos,* dont *Propos sur le bonheur* (1928).

Alain-Fournier (Henri Alban Fournier, dit) (1886 – 1914), écrivain français, mort à la guerre : *le Grand Meaulnes* (1913), roman autobiographique et fiction poétique.

alaire [alɛʀ] adj. Didac. Qui se rapporte aux ailes (d'oiseaux, d'avions). *Plumes alaires. Surface alaire.*

alaise ou **alèse** [alɛz] n. f. **1.** Pièce de toile, souvent imperméable, qui protège le matelas, notam. dans le lit d'un malade, d'un petit enfant. **2.** Planche ajoutée à un panneau pour lui donner la dimension voulue.

Al-Akhdaria. V. Lakhdaria.

Alamans, confédération de peuples germaniques installés sur la r. dr. du Rhin au IIIe s. Battus et soumis par Clovis à Tolbiac (496).

alambic [alɑ̃bik] n. m. Appareil de distillation composé d'une chaudière à laquelle est relié un tube à plusieurs coudes.

alambiqué, ée [alɑ̃bike] adj. Complexe, confus, maniéré. *Style alambiqué.*

Alamein (Al-) *(al-'Alamayn),* village d'Égypte sur la Méditerranée, à 100 km à l'O. d'Alexandrie. – Le Brit. Montgomery y remporta sur l'All. Rommel une gigantesque bataille de chars (du 23 oct. au 3 nov. 1942).

alanguir [alɑ̃giʀ] v. tr. [3] Abattre, affaiblir, rendre languissant. *La maladie l'a alangui.* ▷ v. pron. Perdre de son énergie, être dans un état de langueur. *S'alanguir au soleil.* ▷ Pp. adj. *Être alangui par la chaleur.*

alanguissement [alɑ̃gismɑ̃] n. m. État d'une personne alanguie.

alanine [alanin] n. f. BIOCHIM Acide aminé aliphatique présent dans toutes les protéines.

Alantika (monts), massif montagneux situé aux confins du Cameroun et du Nigeria, au S. de la haute Bénoué; il culmine à env. 1400 m.

alaouite [alawit] adj. Relatif aux Alaouites.

Alaouites, dynastie marocaine qui règne sur le Maroc depuis 1660.

Alaouites. V. Ansariyyah.

Alaric Ier (v. 370 – 410), roi des Wisigoths. Il envahit la Thrace, la Grèce, par deux fois l'Italie, prenant et saccageant Rome (410). — **Alaric II,** roi des Wisigoths (484-507), tué par Clovis à Vouillé.

alarmant, ante [alaʀmɑ̃, ɑ̃t] adj. De nature à alarmer. *Des rumeurs alarmantes circulaient dans les couloirs.*

alarme [alaʀm] n. f. **1.** Signal, cri pour appeler aux armes, annoncer un danger. *Il hurla pour donner l'alarme.* ▷ *Signal d'alarme :* dispositif installé dans un train pour demander l'arrêt en cas de danger. **2.** Frayeur subite, vive émotion devant quelque chose d'alarmant. *Une fausse alarme. L'alarme a été chaude :* le danger est passé très près.

alarmer [alaʀme] v. [1] **1.** v. tr. Inquiéter par l'annonce d'un danger. *Cette découverte l'alarma sérieusement.* **2.** v. pron. S'effrayer. *Une mère s'alarme vite.*

alarmiste [alaʀmist] n. et adj. Personne qui répand délibérément des bruits alarmants. ▷ adj. *Ouvrage qui expose des vues alarmistes.*

Alaska, État des É.-U., situé à l'extrémité N.-O. du continent amér.; 1518775 km^2; 550000 hab.; cap. *Juneau;* v. princ. *Anchorage.* Cette grande presqu'île comprend au N. la chaîne de Brooks (2816 m), au centre la vallée du Yukon, au S. la chaîne de l'Alaska (6887 m au mont McKinley). La population vit sur la côte S., où le climat est plus doux. Les ressources minières sont import. : or, argent, cuivre, houille; gisements de pétrole et de gaz, considérables, surtout exploités depuis 1968 (en 1989, marée noire). – En 1867, les É.-U. achetèrent aux Russes l'Alaska, qui devint le quarante-neuvième État de l'Union en 1958.

'Alawītes ou **Alaouites,** communauté religieuse musulmane. V. Ansariyyah.

albacore [albakɔʀ] n. m. Poisson téléostéen comestible présent dans tout l'Atlantique tropical, aussi appelé *thon à nageoires jaunes.*

Alba Iulia, v. de Roumanie; 51000 hab.; ch.-l. de district (Transylvanie). Industr. alim. – Cath. romano-gothique (XIIIe s.), citadelle reconstruite au XVIIIe s. (musée archéol.), bibliothèque. Le 1er déc. 1918 y fut proclamée l'union de la Transylvanie (jusqu'alors hongroise) et de la Roumanie.

albanais, aise [albanɛ, ɛz] adj. et n. **1.** adj. De l'Albanie. ▷ Subst. *Un(e) Albanais(e).* **2.** n. m. *L'albanais :* la langue indo-européenne parlée en Albanie.

Albanie *(Republika e Shqipërisa),* État situé au S.-O. de la péninsule balkanique; 28748 km^2; 3290000 hab.; cap. *Tirana.* Nature de l'État : démocratie parlementaire. Pop. : Albanais (90 %), Grecs (8 %). Langue off. : albanais. Monnaie : lek. Relig. : islam, christianisme (orthodoxe et catholique), athéisme officiel.

Géogr. phys. et écon. – Trois unités de relief se succèdent d'est en ouest : des massifs montagneux au climat continental, alimentant de nombreux cours d'eau et qui furent longtemps des refuges de peuplement, des collines argileuses fertiles et une plaine côtière au climat méditerranéen qui groupent aujourd'hui l'essentiel de la population. L'Albanie est au premier rang européen pour la croissance démographique (près de 2 % par an). Collectivisée à partir de 1945, l'économie est largement agraire (65 % de ruraux dans la pop. totale, et 55 % des actifs dans l'agriculture) et fut caractérisée jusqu'en 1990 par l'autarcie et l'immobilisme. La situation économique s'est améliorée en 1994, puis c'est à nouveau dégradée à partir de 1996.
Hist. – L'Albanie, qui fit partie de la province romaine d'Illyrie, a connu la domination byzantine puis celle de la Serbie avant d'être conquise par les Ottomans au XVe s. Même islamisée, l'Albanie s'est révoltée inlassablement contre les Turcs dont elle s'est affranchie en 1912, mais elle ne fut vraiment indépendante qu'en 1919. Président de la Rép. en 1925, Ahmed Zogu devint roi en 1928 sous le nom de Zog Ier. L'Italie envahit et conquit l'Albanie en avril 1939. Enver Hodja, communiste, organisa la résistance et exerça le pouvoir jusqu'à sa mort (1985); Ramiz Alia lui succéda. Pays «stalinien» (environ 100000 victimes), l'Albanie a rompu ses relations avec l'U.R.S.S. en 1961, puis avec la Chine postmaoïste en 1978. En 1990, le gouvernement autorise l'exil de plusieurs milliers d'Albanais et amorce une libéralisation. Après les élections de mars 1991 (remportées par le Parti du travail, communiste, rebaptisé socialiste en mai), un cabinet de coalition est formé en juin. En 1992, Sali Berisha, chef de l'opposition victorieuse aux législatives de mars, devient président (avril). Il a voulu réformer la Constitution mais le référendum de novembre 1994 a été un échec, la population protestant contre la misère. En janvier 1997, la faillite de sociétés d'investissements qui avaient capté l'épargne populaire déclenche des émeutes qui sèment le trouble dans le pays, de nombreux groupes ayant pris les armes. Le chaos gagnant peu à peu tout le pays, le président Berisha accepte la tenue d'élections législatives anticipées en juin. L'opposition remporte les élections et Berisha démissionne en juillet.

Albany, v. des É.-U., sur l'Hudson, capitale de l'État de New York; 101080 hab.(aggl. urb. 842900 hab.).

Albany (Jean) (1917 – 1985), poète français d'origine réunionnaise. Il vécut à Paris et chanta le déracinement : *Zamal* (1951), *Bleu mascarin* (1969), *Bal Indigo* (1976), où il utilise le créole, dont il publia un *P'tit Glossaire* en 1974.

albâtre [albɑtʀ] n. m. **1.** Variété de gypse d'un blanc immaculé, utilisée pour sculpter de petits objets. ▷ Fig. *D'albâtre :* d'une blancheur éclatante. *Des épaules d'albâtre.* **2.** *Albâtre calcaire :* variété de calcite, veinée et colorée.

albatros [albatʀos] n. m. Grand oiseau (ordre des procellariiformes), habitant les mers australes et le Pacifique Nord, muni d'un bec robuste et de très longues ailes. *L'albatros hurleur a la plus grande envergure connue chez les oiseaux (3,60 m).*

Albe (Fernando Álvarez de Tolède, duc d') (1508 – 1582), général et homme politique espagnol. Gouverneur des Pays-Bas (1567-1573), il réprima durement la révolte des «gueux», puis soumit le Portugal soulevé contre l'Espagne (1582).

albédo [albedo] n. m. ASTRO Grandeur qui caractérise la proportion d'énergie lumineuse renvoyée par un corps éclairé.

Albee (Edward) (né en 1928), dramaturge américain : *Qui a peur de Virginia Woolf?* (1962).

Albe la Longue, ancienne ville du Latium, rivale de Rome, enjeu du combat légendaire des Horaces et des Curiaces, détruite par Rome en 665 av. J.-C.

Albéniz (Isaac) (1860 – 1909), pianiste et compositeur espagnol : *Rapsodie espagnole* (1898), *Iberia* (1905-1908).

Alberon. V. Oberon.

Albers (Josef) (1888 – 1976), peintre américain d'origine allemande, maître de l'abstraction géométrique.

Albert (canal), canal belge (129 km) qui relie l'Escaut à la Meuse entre Anvers et Liège.

Albert (lac). V. Mobutu (lac).

Albert le Grand (saint) (v. 1193 – 1280), dominicain allemand. Docteur de l'Église, il professa à Paris et à Cologne, commentant les œuvres d'Aristote de manière à les faire admettre dans l'enseignement scolastique. Maître de saint Thomas d'Aquin.

AUTRICHE

Albert Ier de Habsbourg (v. 1248 – 1308), duc d'Autriche (1282-1308) et empereur germanique (1298-1308). — **Albert II** ou **Albert V de Habsbourg** (1397 – 1439), duc d'Autriche (1404-1439) et empereur germanique sous le nom d'Albert II en 1438.

BELGIQUE

Albert Ier (1875 – 1934), roi des Belges (1909-1934). Luttant aux côtés des Alliés pendant la Première Guerre mondiale, il mérita le surnom de *Roi-Chevalier.* Il se tua en escaladant les rochers de Marche-les-Dames (près de Namur). — **Albert II** (né en 1934), roi des Belges dep. 1993. Il succéda à son frère aîné Baudouin Ier, décédé. En 1959, il avait épousé Paola Ruffo di Calabria (née en 1937).

GRANDE-BRETAGNE

Albert (1819 – 1861), prince de Saxe- Cobourg-Gotha, époux (1840) de la reine Victoria, prince consort de Grande-Bretagne (1857).

MONACO

Albert Ier (Honoré Charles Grimaldi, qui régna sous le nom d') (1848 – 1922), prince de Monaco (1889-1922). Océanographe, il organisa des recherches en Méditerranée et dans l'Atlantique, et fonda l'Institut océanographique de Paris et le Musée océanographique de Monaco.

PRUSSE

Albert de Brandebourg (1490 – 1568), premier duc de Prusse (1525-1568). Il embrassa le luthéranisme et fit des terres de l'ordre Teutonique, dont il était le grand maître, un duché vassal de la Pologne (1525).

Alberta, province de l'ouest du Canada qui fait partie des Prairies; 661388 km^2; 2545550 hab., dont 60000 francophones; cap. *Edmonton.* Import. céréaliculture. Pétrole, gaz naturel. – L'Alberta fut cédée en 1870 par la Compagnie de la baie d'Hudson au dominion du Canada et devint une province en 1905.

albertain, aine [albɛʀtɛ̃, ɛn] adj. et n. De l'Alberta. – Subst. *Un(e) Albertain(e).*

Alberti (Leon Battista) (1404 – 1472), peintre, sculpteur et architecte italien, auteur de traités. Il conçut la façade du palais Rucellai (Florence) et le temple des Malatesta (Rimini).

Albertina, anc. palais archiducal de Vienne (Autriche) qui abrite une collection publique de dessins.

Albertville, v. de France, ch.-l. d'arr. de la Savoie; 18121 hab. Industrie métall. – J.O. d'hiver 1992.

Albi, v. de France, ch.-l. du dép. du Tarn, sur le Tarn; 48707 hab. Verreries. – Cath. gothique en brique (XIIIe-XVe s.); musée Toulouse-Lautrec.

albigeois, oise [albiʒwa, waz] n. HIST Au Moyen Âge, membre de sectes chrétiennes (vaudois et cathares) dans le midi de la France (notam. à Albi).
ENCYCL La secte des albigeois, qui professait le manichéisme, était dirigée par les *purs* (d'où le nom, d'orig. gr., de cathares). Après l'assassinat d'un légat pontifical, en 1208, le pape Innocent III décréta en 1209 la croisade contre les albigeois. Dirigée par Simon de Montfort, puis par son fils Amaury (1218), elle se termina par le bûcher de Montségur (1244). La France profita du conflit pour annexer le Languedoc (1229).

albinisme [albinism] n. m. MED Absence héréditaire de pigmentation, partielle (poils, iris) ou totale (tous les téguments).

Albinoni (Tomaso) (1671 – 1751), compositeur italien. L'*Adagio* qui lui fut attribué est un pastiche composé dans les années 1950.

albinos [albinos] adj. et n. Atteint d'albinisme. *Lapin albinos.* ▷ Subst. Sujet atteint d'albinisme.

Albion, nom ayant servi aux Anciens pour désigner l'Angleterre, aux blanches (lat. *albus,* «blanc») falaises.

album [albɔm] n. m. **1.** Cahier, recueil personnel destiné à recevoir des cartes postales, des photos, des timbres, des collections diverses. *Ranger des timbres dans un album.* **2.** Livre de grand format abondamment illustré. ▷ *Album de disques :* pochette contenant plusieurs disques vinyle vendus ensemble; disque compact (CD) comprenant plusieurs morceaux. – *Par ext.* Disque.

albumen [albymɛn] n. m. **1.** BOT Tissu nourricier typique des angiospermes, servant à l'élaboration de la graine. **2.** Blanc de l'œuf.

albumine [albymin] n. f. BIOCHIM Protéine simple, contenue dans le sérum, dont la fonction principale est de régulariser la pression osmotique du plasma car elle est soluble dans l'eau.

albuminoïde [albyminɔid] adj. BIOCHIM De même nature que l'albumine.

albuminurie [albyminyʀi] n. f. MED Présence d'albumine dans l'urine.

Albuquerque, ville des États-Unis (Nouv.-Mexique), sur le rio Grande;

384 700 hab. Centre de recherche nucléaire.

Albuquerque (Alfonso de) (1453 – 1515), navigateur portugais. Il assit la puissance portug. aux Indes, dont il fut vice-roi (1508).

alcali [alkali] n. m. **1.** Cour. Ammoniaque. **2.** CHIM Nom générique donné aux oxydes et hydroxydes des métaux alcalins. ▷ *Alcalis caustiques :* potasse, soude.

alcalin, ine [alkalɛ̃, in] adj. **1.** CHIM *Corps alcalins,* qui possèdent des propriétés basiques. ▷ *Métaux alcalins :* famille de six métaux (lithium, sodium, potassium, rubidium, césium et francium) caractérisés par leur tendance à s'ioniser. **2.** PEDOL *Sol alcalin :* ayant un pH supérieur à 7 (sols calcaires, halomorphes ou de steppe).

alcaliniser [alkalinize] v. tr. **[1]** Rendre alcalin.

alcalinité [alkalinite] n. f. CHIM Caractère alcalin d'une substance.

alcalino-terreux, euse [alkalinotɛʀø, øz] adj. CHIM *Métaux alcalino-terreux :* famille de quatre métaux groupés dans la deuxième colonne de la classification périodique des élé-ments (calcium, strontium, baryum et radium), auxquels on ajoute quelquefois les deux premiers éléments de la colonne (béryllium et magnésium).

alcaloïde [alkalɔid] n. m. BIOCHIM Nom générique de diverses substances organiques d'origine végétale (ex. : caféine, nicotine, mescaline) comportant une ou plusieurs fonctions amine, à caractère nettement basique. *Les alcaloïdes, très utilisés en pharmacologie, ont une grande action physiologique, soit toxique, soit thérapeutique (quinine, morphine, etc.).*

alcane [alkan] n. m. CHIM Nom générique des hydrocarbures saturés de formule C_nH_{2n+2} (ex. : méthane, éthane, propane, butane, etc.). *Les alcanes sont abondants dans les pétroles, dont ils forment parfois la quasi-totalité.*

Alcatraz, île des É.-U., dans la baie de San Francisco. – Anc. prison féd.

alcène [alsɛn] n. m. CHIM Nom générique des hydrocarbures possédant une double liaison entre deux atomes de carbone (ex. : l'éthylène, de formule C_2H_4, le propène, le butène). Syn. oléfine.

Alceste, dans la myth. gr., femme d'Admète, roi de Phères en Thessalie. Ayant accepté de mourir pour sauver la vie de son époux, elle fut délivrée des Enfers par Héraclès.

Alceste, principal personnage du *Misanthrope* de Molière (1666). Il refuse les concessions liées à la vie en société.

alchimie [alʃimi] n. f. Science occulte du Moyen Âge qui, en se fondant sur un symbolisme minéral et planétaire issu d'une tradition ésotérique, cherchait à établir des correspondances entre le monde matériel et le monde spirituel, et à découvrir la pierre philosophale*.

alchimique [alʃimik] adj. De l'alchimie; relatif à l'alchimie.

alchimiste [alʃimist] n. m. Celui qui s'occupe d'alchimie.

Alcibiade (v. 450 – v. 404 av. J.-C.), général et homme politique athénien, qui entraîna les Athéniens dans l'expédition désastreuse de Sicile (415).

Alcmène, dans la myth. gr., femme d'Amphitryon, aimée de Zeus, dont elle eut Héraclès.

alcool [alkɔl] n. m. **1.** *Alcool* ou *alcool éthylique :* liquide incolore, volatil et de saveur brûlante, produit par la distillation de jus sucrés fermentés (de betterave, de raisin, de céréales, etc.). *Désinfecter, frictionner à l'alcool.* Syn. éthanol. **2.** Boisson spiritueuse à fort titre en éthanol obtenue par la distillation de produits de fermentation. *Servir les alcools. Alcools blancs :* eaux-de-vie, incolores, de fruits à noyau. – (Viêt-nam) *Alcool de jarre :* alcool produit par la fermentation du riz dans une jarre. Syn. bière de riz. **3.** *L'alcool :* toute boisson alcoolisée. *Il ne boit jamais d'alcool.* ▷ Loc. *Ne pas tenir l'alcool :* ne pas supporter de boire de l'alcool. **4.** *Alcool à brûler :* alcool additionné de méthanol, donc extrêmement toxique, utilisé comme combustible ou produit nettoyant. – *Alcool dénaturé :* alcool, rendu impropre à la consommation par l'ajout de produits toxiques, dont l'usage est réservé à l'industrie. – (Québec) *Alcool à friction :* alcool utilisé à des fins thérapeutiques. **5.** CHIM Nom générique des composés organiques neutres possédant un ou plusieurs groupements hydroxyles de formule OH.

alcoolat [alkɔla] n. m. PHARM Préparation obtenue par distillation de l'alcool sur des substances aromatiques (eau de Cologne, par ex.).

alcoolémie [alkɔlemi] n. f. Taux d'alcool dans le sang.

alcoolique [alkɔlik] adj. et n. **1.** Qui est à base d'alcool. *Liqueur, teinture alcoolique.* ▷ *Fermentation alcoolique :* transformation en alcool sous l'influence d'un ferment. **2.** Qui a rapport à l'alcoolisme. *Cirrhose alcoolique.* ▷ Qui est atteint d'alcoolisme. *Un vieillard alcoolique.* – Subst. Personne atteinte d'alcoolisme. Syn. (Antilles fr.) distillerie.

alcoolisation [alkɔlizasjɔ̃] n. f. **1.** Transformation en alcool. **2.** Addition d'alcool à un liquide. **3.** Intoxication progressive par absorption d'alcool.

alcooliser [alkɔlize] v. **[1]** **1.** v. tr. Mêler de l'alcool à d'autres liquides. – Pp. adj. *Une boisson alcoolisée,* qui contient de l'alcool. **2.** v. pron. Consommer trop d'alcool; devenir alcoolique. *Il s'alcoolise à la bière.*

alcoolisme [alkɔlism] n. m. Toxicomanie à l'alcool. *Alcoolisme chronique. Alcoolisme aigu,* dû à l'absorption, en peu de temps, d'une grande quantité d'alcool et qui provoque l'euphorie avec levée des contraintes, anomalies du comportement et de la coordination, et, dans les cas graves, stupeur puis coma, lequel peut entraîner la mort par dépression respiratoire.

alcoomètre [alkɔmɛtʀ] ou **alcoolomètre** [alkɔlɔmɛtʀ] n. m. Instrument mesurant la teneur des liquides en alcool.

alcootest ou **alcotest** [alkɔtɛst] n. m. (Nom déposé.) Test servant au dépistage de l'alcool dans l'air expiré; appareil utilisé pour ce test. Syn. (Québec) ivressomètre.

alcôve [alkov] n. f. Renfoncement pratiqué dans une chambre pour y placer un lit. ▷ *Les secrets de l'alcôve,* de la vie intime d'un couple.

alcoyl ou **alcoyle** [alkɔil] n. m. CHIM Syn. de *alkyle.*

alcyne [alsin] n. m. CHIM Nom générique des hydrocarbures possédant une triple liaison entre deux atomes de carbone, de formule C_nH_{2n-2}.

alcyon [alsjɔ̃] n. m. **1.** MYTH Oiseau de mer fabuleux dont la rencontre passait chez les Anciens pour un heureux présage. **2.** ZOOL Octocoralliaire formant des colonies au large des côtes, principalement dans les océans Indien et Pacifique.

Aldébaran, étoile géante rouge du Taureau (magnitude visuelle 0,9).

aldéhyde [aldeid] n. m. CHIM Nom générique (élément *-al*) des composés organiques possédant le groupement fonctionnel –CHO (ex. : éthanal ou aldéhydeéthylique).

aldostérone [aldosteʀɔn] n. f. BIOCHIM Hormone, sécrétée par les corticosurrénales, réglant la réabsorption de l'eau et du sodium et l'excrétion du potassium au niveau du rein.

Aldrich (Robert) (1918 – 1983), cinéaste américain : westerns (*Vera Cruz,* 1954), films noirs (*En quatrième vitesse,* 1955), films de guerre (*Attaque,* 1956; *les Douze Salopards,* 1967).

aléa [alea] n. m. Risque, tournure hasardeuse que peuvent prendre les événements. *Affaire pleine d'aléas.*

aléatoire [aleatwaʀ] adj. **1.** Dont la réussite est conditionnée par le hasard, la chance. *Un placement aléatoire.* Syn. hasardeux, incertain. **2.** MATH Qui dépend du hasard, soumis aux lois des probabilités. *Variable, fonction aléatoire,* dont la valeur est aléatoire. Syn. stochastique. ▷ MUS *Musique aléatoire,* dont la conception ou l'exécution relève partiellement de la liberté laissée à l'interprète.

Alechinsky (Pierre) (né en 1927), peintre, graveur et poète belge; membre du groupe Cobra. Il allie expressionnisme, figuration stylisée et abstraction gestuelle. Il a illustré de nombreux livres.

Alecsandri (Vasile) (1821 - 1890), écrivain et homme politique roumain. Il participa, en Moldavie, au renouveau politique et littéraire. Auteur de pièces de théâtre, de poèmes lyriques et patriotiques : *Romances et Fleurs de muguet* (1853), *Légendes* (1875).

Alemán (Mateo) (1547 – 1614), écrivain espagnol : *Guzmán de Alfarache* (1599 et 1603), roman picaresque imité par Lesage (1732).

alémanique [alemanik] adj. et n. m. **1.** LING Se dit des dialectes germaniques parlés dans une partie de la Suisse, en Allemagne du Sud-Ouest et en Alsace. – n. m. *Parler l'alémanique.* **2.** *Suisse alémanique :* partie de la Suisse dont les habitants parlent l'allemand.

ENCYCL Ling. – Les dialectes alémaniques appartiennent au domaine haut-allemand. En tant que langue de conversation, l'alémanique est concurrencé en Allemagne par l'allemand standard et en Alsace par le français. En Suisse, l'allemand standard est resté confiné à l'écrit et n'a jamais pu conquérir le statut de langue spontanément parlée, fonction qui reste le monopole du dialecte alémanique.

Alembert (Jean Le Rond d') (1717 – 1783), philosophe, écrivain et mathématicien français. Collaborateur de l'*Encyclopédie,* il en rédigea le *Discours préliminaire* (1751). Acad. fr. (1754).

Alemdjrodo (Kangui) (né en 1966), auteur dramatique togolais : *Chemins de croix* (1990), *la Saga des rois* (1992), *Nuit de cristal* (1994).

ALÉNA, acronyme pour *Accord de libre-échange nord-américain* (NAFTA : *North American Free Trade Agreement*), entre le Canada, les États-Unis et le Mexique, en vigueur dep. 1994.

alêne [alɛn] n. f. Poinçon d'acier utilisé pour percer le cuir.

Alentejo, région du Portugal et de la C.E., au S. du Tage; 26930 km^2, 558500 hab.; cap. *Evora.*

alentour [alɑ̃tuʀ] adv. Tout autour, dans les environs. *Rôder alentour. Les chemins d'alentour,* des environs.

alentours [alɑ̃tuʀ] n. m. pl. **1.** Lieux environnants. *Les alentours de la ville.* **2.** Fig. Ce qui se rapporte à qqch. *Les alentours d'un procès.*

Aléoutiennes (îles), longue chaîne d'îles volcaniques, dans le S. de la mer de Béring, reliant la presqu'île de l'Alaska au Kamtchatka; env. 15000 hab. (Aléoutes). Possessions des É.-U. depuis 1867.

Alep, v. de Syrie; 1308000 hab.; ch.-l. de la prov. du m. nom. Centre comm. et industr. important. – Attestée depuis le XXe s. av. J.-C., la ville devint musulmane en 637 à la suite des conquêtes arabes et le centre d'une principauté prospère. Assiégée par les croisés en 1124, prise par Saladin en 1183, elle passa ensuite sous la domination des Mongols (1260), puis des mamelouks et des Ottomans (1516). Placée en 1918, avec la Syrie, sous mandat français, elle fut la capitale de l'*État d'Alep* (1920-1925). – Grande Mosquée (VIIIe s., reconstruite au XIIe s.), Citadelle (XIIe s.), medersa (XIIIe s.), souks couverts (XVIe-XVIIe s.).

aleph [alɛf] n. m. Première lettre (א) de l'alphabet hébreu, utilisée en mathématique pour noter la puissance des ensembles infinis.

alépin, ine [alepɛ̃, in] adj. et n. D'Alep. – n. f. Étoffe, originaire d'Alep, faite de soie et de laine.

1. alerte [alɛʀt] adj. Vif, agile. *Un vieillard encore alerte.*

2. alerte [alɛʀt] n. f. **1.** Signal qui avertit d'un danger imminent et appelle à la vigilance. *Donner, sonner l'alerte. Alerte cyclonique. – État d'alerte :* état d'une troupe prête à intervenir à tout moment. **2.** Menace soudaine d'un danger. *À la première alerte, nous nous enfuyons.*

alerter [alɛʀte] v. tr. [1] Avertir d'un danger. *Alerter les pompiers. – Par ext.* Attirer (sur une difficulté, un problème grave) l'attention de. *Alerter l'opinion.*

Alès (*Alais* av. 1926), v. de France, ch.-l. d'arr. du Gard, sur le *gardon d'Alès;* 42296 hab. – Grand centre protestant du XVIe s. – La *paix d'Alais* (1629) mit fin à la dernière guerre de Religion.

alésage [alezaʒ] n. m. TECH Usinage de la paroi intérieure d'une pièce de révolution (cylindre, par ex.), destiné à lui donner ses dimensions définitives. ▷ AUTO Diamètre d'un cylindre de moteur.

aléser [aleze] v. tr. [14] Opérer l'alésage de.

Alésia, citadelle gauloise. En 52 av. J.-C., Vercingétorix s'y retrancha devant César, qui la prit. On la situe dans la Bourgogne actuelle.

Aletsch, le plus long (25 km) glacier d'Europe, en Suisse, dans le massif de l'Aar, au S. de l'*Aletschhorn* (4195 m).

aleurite [aløʀit] n. f. Arbre d'Asie et d'Océanie (fam. euphorbiacées), introduit en Afrique, dont certaines espèces (bancoulier) donnent des huiles alimentaires ou siccatives.

alevin [alvɛ̃] n. m. **1.** Jeune poisson destiné à peupler les étangs et les rivières. **2.** ICHTYOL Poisson non adulte.

alevinage [alvinaʒ] n. m. Peuplement des eaux en alevins.

aleviner [alvine] v. tr. [1] Peupler avec des alevins.

Alexander of Tunis (Harold George, comte) (1891 – 1969), maréchal brit. qui s'illustra en Tunisie et dans toute la Méditerranée pendant la Seconde Guerre mondiale.

Alexandre III (Rolando Bandinelli) (? – 1181), pape de 1159 à 1181, adversaire de Frédéric Barberousse. — **Alexandre VI** (Rodrigo Borgia) (1431 – 1503), pape de 1492 à 1503, intrigant débauché. Vanezza Catanei lui donna César et Lucrèce Borgia. Il statua sur les nouvelles possessions (Amérique notam.) de l'Espagne et du Portugal. Il excommunia Savonarole.

ANTIQUITE

Alexandre le Grand (356 – 323 av. J.-C.), roi de Macédoine, fils de Philippe II et d'Olympias. Ambitieux, cultivé (éduqué par Aristote), il est roi à vingt ans (336) et maître de la Grèce un an plus tard, après avoir réduit Thèbes et Athènes. Il décide alors une expédition contre les Perses. D'abord vainqueur de Darius III sur les bords du Granique (334), puis à Issos (333), il entre en Syrie, soumet la Phénicie (siège et prise de Tyr en 332) et conquiert quasi pacifiquement l'Égypte, où il fonde Alexandrie (332-331). À la faveur d'une nouvelle campagne contre Darius, dont il écrase la puissante armée près d'Arbèles (331), au-delà du Tigre, il occupe Babylone, Suse, Persépolis, qu'il aurait incendiée, puis la Bactriane et la Sogdiane (329). Ayant franchi l'Indus et vaincu le roi indien Pôros (326), il doit, devant le mécontentement de son armée épuisée, regagner Suse, où il prend pour seconde épouse Statira, fille de Darius III (324). Il meurt de maladie l'année suivante, à Babylone. Son empire, auquel il avait donné un essor économique et culturel, se disloqua : l'époque hellénistique était née.

MOLDAVIE

Alexandre Ier le Bon (1400 - 1432), prince de Moldavie. Durant son règne, il paracheva l'administration de la principauté de Moldavie et lutta contre l'expansionnisme des royaumes hongrois et polonais, et de l'Empire ottoman.

POLOGNE

Alexandre Ier Jagellon (1461 – 1506), grand-duc de Lituanie en 1492, roi de Pologne en 1501.

RUSSIE

Alexandre Nevski (1220 – 1263), grand-duc de Novgorod, puis grand-prince de Vladimir. Il battit les Suédois (1240) sur les bords de la Neva (d'où son nom), puis les chevaliers Porte-Glaive (1242); il fut canonisé par l'Église orthodoxe en 1547. ▷ CINÉ Film d'Eisenstein (1938).

Alexandre Ier (1777 – 1825 [?]), empereur de Russie (1801-1825). Vaincu par Napoléon Ier à Austerlitz, à Eylau et à Friedland, il signa la paix de Tilsit (1807). Les hostilités reprirent en 1812 (campagne de Russie). Mystique, il disparut en 1825, sans que sa mort soit attestée. — **Alexandre II** (1818 – 1881), empereur de 1855 à 1881. Il signa le traité de Paris qui terminait la guerre de Crimée (1856), affranchit les serfs (1861) et lutta contre l'Empire ottoman (1876-1878). Il fut victime d'un attentat nihiliste. — **Alexandre III** (1845 – 1894), empereur de 1881 à 1894, tenant de l'absolutisme. Il se rapprocha de la France (accord de 1892).

SERBIE ET YOUGOSLAVIE

Alexandre Ier Obrenović (1876 – 1903), roi de Serbie (1889-1903), assassiné par des officiers serbes.

Alexandre Ier Karadjordjević (1888 – 1934), roi de Yougoslavie (1921-1934). Il fut assassiné à Marseille par des terroristes croates.

Alexandrie *(al-Iskandariyah),* v. et port princ. d'Égypte, à l'O. du delta du Nil; 3,5 millions d'hab.; ch.-l. du gouv. du m. nom. Grand centre comm. Constr. navales, industr. chimiques et textiles. – Fondée en 332-331 av. J.-C. par Alexandre le Grand, la ville a été, sous les premiers Ptolémées, le plus brillant centre de l'hellénisme et du comm. méditerranéen, possédant deux ports (signalés par un phare connu comme l'une des Sept Merveilles du monde et dont les vestiges ont été mis au jour en 1995), de nombreux temples, un musée et une bibliothèque riche d'env. 700000 vol., qui brûla lors de la révolte de la ville contre César (48-47 av. J.-C., *guerre d'Alexandrie*). Elle fut occupée par les Perses (616), les Arabes (642), les Turcs (1517), prise par Bonaparte (1798), bombardée et occupée par les Anglais (1882) et menacée par Rommel (1942). Une importante communauté grecque a vécu à Alexandrie jusqu'en 1956. – LITT V. alexandrin 1.

1. alexandrin, ine [alɛksɑ̃dʀɛ̃, in] adj. **1.** De la ville d'Alexandrie. **2.** Qui appartient à l'école d'Alexandrie. *Philosophe alexandrin.* **3.** Relatif à la littérature grecque qui s'épanouit à Alexandrie postérieurement au IVe s. av. J.-C. (V. alexandrinisme). *Poésie alexandrine.* ENCYCL La littérature grecque alexandrine fut princ. représentée par les historiens Diodore de Sicile, Denys d'Halicarnasse, Plutarque, Appien; les géographes Strabon, Pausanias, Ptolémée; les poètes Théocrite, Callimaque, Apollonios de Rhodes.

2. alexandrin [alɛksɑ̃dʀɛ̃] adj. m. Se dit d'un vers de 12 syllabes. *Un vers alexandrin.* ▷ n. m. *Un alexandrin.*

alexandrinisme [alɛksɑ̃dʀinism] n. m. Didac. **1.** Doctrine néo-platonicienne de l'école d'Alexandrie. V. néo-platonisme. **2.** Style de la littérature grecque de l'époque alexandrine, savant et raffiné.

alexie [alɛksi] n. f. MED Perte de la faculté de lire. Syn. cécité verbale.

Alexis (Jacques-Stephen) (1922 – 1961), écrivain haïtien. Ses qualités de romancier (*Compère général Soleil,* 1955; *les Arbres musiciens,* 1957; *l'Espace d'un cillement,* 1959) et de conteur (*Romancero aux étoiles,* 1960) étaient liées à son engagement marxiste. Il aurait été exécuté sur l'ordre du dictateur Duvalier.

Alexis Mikhaïlovitch (1629 – 1676), tsar de Russie (1645-1676). Il agrandit considérablement l'État moscovite; père de Pierre le Grand.

Alexis Petrovitch (1690 – 1718), prince russe, fils de Pierre le Grand qui le fit torturer à mort.

alezan, ane [alzɑ̃, an] adj. De couleur fauve, en parlant de la robe d'un cheval, d'un mulet. ▷ n. m. *Un alezan :* un cheval de robe alezane.

alfa [alfa] n. m. Plante herbacée (fam. graminées), cultivée en Afrique du Nord, dont on fait de la pâte à papier.

alfatier, ère [alfatje, ɛʀ] adj. et n. (Maghreb) **1.** adj. Relatif à l'alfa. **2.** n. Ouvrier, ouvrière qui récolte l'alfa.

Alfieri (Vittorio) (1749 - 1803), poète et dramaturge italien, chantre de la liberté dans des tragédies d'inspiration classique : *Antigone* (1776), *Saül* (1782), *Agamemnon* (1783). Il écrivit un traité : *De la tyrannie* (1779).

Alfonso Ier. V. Affonso Ier.

Alfred le Grand (saint) (v. 849 - 899), roi des Anglo-Saxons (878-899), qui reconquit l'Angleterre sur les Scandinaves (prise de Londres, 886). Poète, il contribua au renouveau culturel du pays.

Alfvén (Hannes) (1908 - 1995), physicien suédois, prix Nobel de physique (1970) pour ses recherches sur les plasmas.

algarade [algaʀad] n. f. Querelle, brusque altercation (avec qqn). *Avoir une algarade avec un collègue.*

Algarve, région du Portugal et de la C.E., au S. du pays; 4960 km^2, 339400 hab., cap. *Faro.*

algèbre [alʒɛbʀ] n. f. Partie des mathématiques qui traite des propriétés des quantités et de leurs relations au moyen de chiffres, lettres et symboles, dans le but de généraliser les problèmes. *Un traité d'algèbre.*

ENCYCL L'algèbre traitait à l'origine uniquement de la résolution des équations algébriques (*algèbre scolaire*). Apparue au XIXe s., et de plus en plus abstraite dans son évolution, l'*algèbre moderne* a pour objet l'étude des *structures d'ensembles* (nombres, vecteurs, matrices, tenseurs, etc.) et des opérations (addition, multiplication, etc.) pouvant relier les éléments qui leur appartiennent. Les premières études ont porté sur les *structures de groupe,* découvertes au XVIIIe s. par Cauchy, Gauss, Galois. D'importants travaux leur ont été consacrés depuis, non seulement en mathématique, mais également en physique (classification des particules élémentaires notamment), en chimie (théorie de la molécule), en linguistique, en psychologie. Les *anneaux* et les *corps,* qui constituent la prolongation de la notion de groupe, font intervenir d'autres ensembles et opérations. Ils ont été introduits au XIXe s. L'*algèbre linéaire,* introduite au XVIIe s. par les travaux de Fermat et de Descartes, a trouvé de très nombreuses applications dans toutes les branches des mathématiques et de la physique. Les notions fondamentales de l'algèbre linéaire sont les *espaces vectoriels* (ex. : l'ensemble des vecteurs dans le plan), les *structures d'algèbre,* puis, généralisant des structures connues à des espaces de dimensions supérieures, le *calcul matriciel* et les *déterminants.* Enfin, à partir de la notion d'*espaces duals,* les *formes multilinéaires* et les *tenseurs* ont été étudiés à la fin du XIXe s. D'autres branches sont nées ensuite : *algèbres non commutatives, algèbre topologique.*

algébrique [alʒebʀik] adj. Qui appartient à l'algèbre. *Calcul algébrique.* ▷ *Structure algébrique :* ensemble muni de lois de composition internes et externes.

Alger *(El-Djezaïr),* cap. de l'Algérie, port import. sur la Méditerranée, à l'abri d'anc. îlots fermant le bassin de l'Amirauté; ch.-l. de la wilaya du m. nom; 1690190 hab. (agglomération, près de 4 millions). Industries alimentaires (huileries, minoteries), chimiques (raffineries de pétrole), ciment, constructions mécaniques. – Grande Mosquée (XIe-XIVe s.), minbar de 1096; mosquée de la Pêcherie (XVIIe s.), mosquée de Sidi-Abd al-Rahman (XVIIIe s.). Maisons turques. Célèbre casbah. Musées du Bardo (ethnographie et préhistoire), Stéphane-Gsell (Antiquité et art musulman) et des Beaux-Arts. – Colonie punique, puis romaine *(Icosium),* Alger fut rebâti au Xe s. par les Berbères, sous le nom d'*al-Djazair* («les îles»). Au XVIe s., les frères Barberousse en firent la cap. des corsaires barbaresques. Les Français prirent la ville en 1830. Les Américains y débarquèrent en 1942; le Comité français de libération nationale y fut créé en 1943 et se transforma en 1944 en Gouvernement provisoire de la République française. De 1954 à 1962, elle fut le théâtre de violences entre l'armée française et le F.L.N. (bataille d'Alger, 1957), et des putschs des partisans de l'Algérie française (13 mai 1958, avril 1961). Depuis 1992, Alger est le théâtre d'attentats dus à des extrémistes se réclamant de l'islamisme.

Alger (conférence arabe d'), sommet qui a réuni les chefs d'État arabes, du 26 au 28 nov. 1973, au lendemain du conflit israélo-arabe d'oct. 1973; il reconnut l'Organisation de libération de la Palestine comme unique représentant du peuple palestinien.

algérianisation [alʒeʀjanizasjɔ̃] n. f. Action d'algérianiser. *L'algérianisation des hydrocarbures.*

algérianiser [alʒeʀjanize] v. tr. **[1]** Rendre algérien; attribuer à des Algériens. *L'État a algérianisé le corps enseignant.*

algérianité [alʒeʀjanite] n. f. Ensemble des traits spécifiques relevant de l'identité algérienne.

Algérie (République algérienne démocratique et populaire), État d'Afrique du Nord, baigné au N. par la mer Méditerranée, situé entre le Maroc, à l'ouest, et la Tunisie, à l'est; 2381741 km^2; 23000000 d'hab. (Algériens); croissance démographique : 2,3 %; cap. *Alger.* Nature de l'État : rép. présidentielle. Langue off. : arabe (mais 20 % de la pop. parle le berbère et lutte pour préserver son identité culturelle). Monnaie : dinar. Relig. (d'État) : islam.

Géogr. phys. et hum. – Trois domaines naturels se succèdent du N. au S. Les montagnes méditerranéennes de l'Atlas tellien (2308 m au Djurdjura) alimentent de rares cours d'eau; elles sont jalonnées de bassins et bordées de plaines côtières qui comptent aujourd'hui les plus fortes concentrations humaines du pays. Plus au S., les hautes plaines semi-arides, ponctuées de dépressions, les chotts, ont une végétation steppique et un peuplement clairsemé. L'Atlas saharien et les Aurès séparent les hautes plaines et le Sahara, qui en Algérie s'étend sur 2000000 de km^2 et où le peuplement se concentre dans les oasis. Le climat méditerranéen touche les zones côtières et devient aride à partir des hautes plaines. Les cours d'eau sont de peu d'importance et souvent intermittents. Du fait du climat, la pop. se concentre dans le N. Elle a plus que doublé depuis l'indépendance (moins de 30 ans : 68,4 % en 1995) et la pop. urbaine est passée de 30 % à 55,8 %.

Écon. – De grandes difficultés, aggravées par une démographie galopante (croissance de 2,7 % par an, malgré une baisse récente de la natalité), traduisent l'échec des politiques de développement conduites depuis l'indépendance. L'agric., sacrifiée par les régimes successifs, désorganisée par la collectivisation (1971) et par la privatisation (dep. 1990), se caractérise par les rendements très faibles des prod. vivrières (blé, orge, élevage) et le recul des cultures d'export. (vigne, agrumes). La majorité des besoins alim. doit être couverte par des importations. Le choix de développer les industries lourdes s'est révélé néfaste : la production sidérurgique et chim. (Oran, Skikda, Annaba) ne correspond pas aux besoins intérieurs et s'exporte mal. Leurs effets entraînants ont été limités et les installations ne fonctionnent qu'à 50 % de leur capacité. Les revenus tirés de l'exportation du gaz et du pétrole sahariens (98 % des recettes commerciales) ont longtemps permis d'atténuer les effets de la crise mais la baisse du cours des hydrocarbures a accru l'endettement du pays (25 milliards de dollars) et révélé l'ampleur de la crise sociale : chômage, qui touchait 27,3 % des actifs en 1994, forte inflation, pénuries chroniques. Les réformes de 1990 ont tenté d'engager l'écon. sur la voie du libéralisme, mais l'extension du terrorisme islamiste a accéléré sa dégradation.

Hist. – Des Berbères* occupaient le pays quand Carthage commença à exercer son influence, au IXe s. av. J.-C. Au IIIe s. av. J.-C., des royaumes berbères apparurent. Le roi de Numidie*, Masinissa, s'allia, contre Carthage, à Rome, qui, ayant vaincu Carthage (146 av. J.-C.) se dirigea vers l'ouest. Le roi de Numidie, Jugurtha, lui opposa une farouche résistance jusqu'en 105 av. J.-C. En 42 apr. J.-C., Rome fit du territoire la Maurétanie* Césarienne. Au IIIe s., celle-ci devint un foyer du christianisme; le donatisme* manifesta la résistance berbère à l'autorité romaine, alors que saint Augustin, évêque d'Hippone (Annaba) de 395 à 430, combattit toutes les hérésies. Passant le détroit de Gibraltar en 429, les Vandales établirent leur domination jusqu'à ce que le Byzantin Bélisaire les vainque en 534. En 647, une première vague arabe assaillit le pays; une seconde, à partir de 669, le conquit et l'islamisa. Sous le califat de Cordoue, divers royaumes berbères se formèrent au VIIIe s. À la domination arabe, les Berbères répondirent en développant le kharidjisme*. Au XIe s., les Hilaliens, venus d'Égypte, morcelèrent le pays. Au XIIIe s., les Abdalwadides* de Tlemcen étendirent leur royaume sur la majeure partie du pays jusqu'au XVIe s. Pour résister aux Espagnols, les villes du littoral font appel à des pirates turcs. Ainsi, dès 1492, les frères Barberousse fondèrent la régence d'Alger qui domina le pays à partir de 1587. Vassale de l'Empire ottoman, elle a pour chef un dey (à partir de 1671) et sa piraterie sévit en mer Méditerranée. Le dey ayant, lors d'une entrevue, donné un coup de chasse-mouches au consul de France, celle-ci s'empara d'Alger le 5 juillet 1830 et organisa une conquête systématique. L'émir Abd el-Kader (auteur de poèmes) fut le héros de la résistance à la France (1832-1837 puis 1839-1847), vaincu par le général Bugeaud. La France créa routes, voies ferrées, villes, confisqua des terres, repoussa des populations dans les montagnes. En 1881, elle instaura le régime de l'indigénat*. Dans les années 1920, trois formes de résistance se dessinèrent : les oulémas se réclament de l'islam et de la langue arabe; les élites francophones demandent une démocratie; Messali* Hadj fonde en 1924 l'Étoile nord-africaine, qui devient le Parti populaire algérien (P.P.A.) en 1937. De 1939 à 1945, de nombreux Algériens combattirent pour la France; Alger fut le siège du gouv. provisoire de la République française en 1944. En mai 1945, un soulèvement, dû notam. au P.P.A., fut écrasé dans l'Est (Sétif, etc.). Les nationalistes fondèrent l'Organisation spéciale (O.S.); celle-ci créa le Comité révolutionnaire pour l'unité et l'action (C.R.U.A.), qui le 1er nov. 1954 déclencha l'insurrection, puis forma le Front de libération nationale (F.L.N.) et l'Armée de libération nationale (A.L.N.). La répression fut brutale, notam. à Alger («bataille d'Alger» : janv.-mars 1957). Craignant l'abandon de l'Algérie, les Européens se soulevèrent le 13 mai 1958, ce qui porta au pouvoir, en France, le général de Gaulle, lequel fonda la Ve République. Opérant par étapes, il proclama en sept. 1959 le «droit à l'autodétermination» du peuple algérien (droit reconnu en 1958 à toute l'Afrique francophone). Les Européens lui répondirent par des barricades (fin janv. 1960) puis par un putsch de l'armée (général Salan), en avril 1961, que les soldats du contingent firent échouer. Les putschistes créèrent l'Organisation de l'armée secrète (O.A.S.), dont le terrorisme frappa l'Algérie et la France. Le 18 mars 1962, des accords de paix furent signés à Évian et le peuple français les approuva par référendum (8 avril). Le 1er juillet, les Algériens se prononcèrent par référendum pour l'indépendance, proclamée le 5. Les Européens quittèrent l'Algérie. Soutenu par l'A.L.N. de Boumediene, Ben Bella s'imposa en sept. comme chef du gouvernement. Il devint président de la Rép. quand un référendum approuva la Constitution (sept. 1963). La contestation kabyle dura jusqu'à l'accord du 16 juin 1965. Le 19 juin, Boumediene renversa Ben Bella. La Charte de 1976 confirma l'Algérie comme État socialiste et islamique. À la mort de Boumediene (1978), le F.L.N. désigna Chadli Bendjedid comme son successeur; élu président en 1979, réélu en 1984 et 1988, il fit adopter, en fév. 1989, une nouvelle Constitution, qui consacra le «multipartisme». Le Front islamique du salut (FIS) remporta les municipales de juin 1990. Ses éléments extrémistes affrontèrent la police en 1991 et les princ. dirigeants islamistes furent emprisonnés. Au premier tour des législatives de décembre 1991, le FIS obtint 47 % des voix; l'armée contraignit Chadli à démissionner, annula les élections et institua un Haut Comité d'État (H.C.É.), que dirigea Mohammed Boudiaf*, revenu d'exil (janv. 1992). Le nouv. pouvoir a dissous le FIS en mars et il a procédé à des milliers d'arrestations. L'assassinat, en juin 1992, de M. Boudiaf a accentué l'instabilité. En janv. 1994, le général Liamine Zéroual a été placé à la tête de l'État. Malgré la répression, la violence islamiste s'est encore accrue. En nov. 1995, Zéroual a remporté l'élection présidentielle à une très large majorité. En nov. 1996, un référendum a porté sur la mise hors la loi du FIS; l'opposition toute entière a préconisé l'abstention; la large approbation populaire a exprimé un désir de paix plus qu'un soutien au gouv. Le terrorisme islamiste n'a pas désarmé. Les élections législatives du 5 juin 1997 ont été remportées par le parti qu'avait récemment créé le président Zéroual. L'opposition et divers observateurs ont contesté la régularité du scrutin.

Littérature arabe. – Les poèmes mystiques d'Abd* el-Kader marquent, au XIXe siècle, la fin de la littérature arabe classique, étouffée par la colonisation. Cheikh Ben* Badïs crée en 1925 la revue *Ech-Chahib* et en 1931 l'*Association des ulémas musulmans algériens*. Leurs revues publient des nouvelles, un genre où Reda Houhoui excelle, et des études historiques, dues à Tawfiq al-Madani et Mubarak al-Milli. Le roman naît en 1971 : *le Vend du Sud* d'Abdelhamid Benhedouga*. Tahar Ouattar et bien d'autres s'illustreront dans ce genre. Le théâtre en arabe dialectal rencontre un public fervent. La troupe de Kateb Yacine a touché les ouvriers et les paysans avec *Mohammed prends ta valise* et *la Guerre de deux mille ans* (1974).

Littérature en langue française. – À partir de 1920, de nombreux Algériens imitent les modèles français, mais Jean Amrouche* traduit des *Chants berbères de Kabylie* (1939), ouvrant la voie à sa sœur, Marie-Louise Taos* Amrouche. L'écrivain français Albert Camus* (né en Algérie) donne pour cadre Alger à *l'Étranger* (1942) et Oran à *la Peste* (1947). Dès 1950, la réalité algérienne inspire à Mouloud Feraoun *le Fils du pauvre*, et à Mouloud Mammeri*, en 1952, *la Colline oubliée*. La misère des paysans suscite la révolte de Mohammed Dib* (*la Grande Maison*, 1952), qui dominera les lettres algériennes avec Kateb Yacine*. Celui-ci, en 1956, magnifie l'Algérie dans *Nedjma*, de même que Malek Ouary (*le Grain dans la meule*, 1956). La poésie milite pour l'indépendance : *le Malheur en danger* (1956) de Malek Haddad, *Liberté première* (1957) d'Henri Kréa, *Matinale de mon peuple* (1961) de Jean Sénac; nombreux recueils publiés après l'indépendance (*Algérie, capitale Alger*, d'Anna Gréki, 1963; *Chant pour le 1er novembre* de Djamel Amrani, 1964). Dès *les Enfants du nouveau monde* (1962), la romancière Assia Djebar* prône la libération de la femme. Mourad Bourboune dénonce les bien-pensants dans *le Muezzin* (1968). Rachid Boudjedra fustige une société archaïque (*la Répudiation*, 1969). Nabile Farès*, poète et romancier, revendique le pluralisme des cultures (*Mémoire de l'absent*, 1974). Poésie (Habib Tengour), nouvelles (Mouloud Achour), romans (Tahar Djaout, Rachid Mimouni, Malika Mokeddem), florissants dans les années 80, affrontent ensuite l'islamisme qui les condamne : en 1993, T. Djaout est assassiné et R. Mimouni publie *la Malédiction*.

Cinéma. – Il naît peu après l'indépendance. *Une si jeune paix* (1964) de Jacques Charby décrit les séquelles d'une guerre atroce. Lakhdar Hamina réalise *le Vent des Aurès* (1965), *Chronique des années de braises* (1975), palme d'or à Cannes, *Vent de sable* (1985). Film d'action, *l'Opium et le bâton* (1969) d'Ahmed Rahedi s'inspire du roman de M. Mammeri. *Le Charbonnier* (1972) de Mohammed Bouamari ouvre la voie au réalisme social, auquel Merzak Allouache apporte le succès populaire (*Omar Gatlato*, 1976; *Bab el-Oued city*, 1994). Le réalisme poétique inspire Tbrahim Tsaki dans *les Enfants du vents* et *la Rencontre* (1983). Le comique est présent dans *Hassan Taxi* de Slim Riad, *les Folles Années du twist* de Mamoud Zemouri. La romancière Assia Djebar tourne *la Nouba des femmes du mont Chenoua* (1980). L'acteur-réalisateur Mohamed Chouikh, déjà remarqué pour *la Citadelle*, montre dans *Youcef ou la légende du septième dormant* (1995) l'Algérie en proie à la montée de l'intégrisme.

algérien, enne [alʒeʀjɛ̃, ɛn] adj. De l'Algérie. ▷ Subst. *Un(e) Algérien(ne)*.

algérois, oise [alʒeʀwa, waz] adj. et n. D'Alger. ▷ Subst. *Un(e) Algérois(e)*. ▷ *L'Algérois*, la région d'Alger.

Algésiras, v. et port d'Espagne (Andalousie), sur le détroit de Gibraltar; 96880 hab. – La *conférence d'Algésiras* (1906, treize pays) concéda des droits de police à la France et à l'Espagne dans les ports marocains.

algie [alʒi] n. f. MED Douleur.

algologie [algɔlɔʒi] n. m. BOT Étude scientifique des algues.

algonkien, enne [algɔ̃kjɛ̃, ɛn] adj. et n. m. GEOL Se dit de l'étage le plus récent du précambrien. – n. m. *L'algonkien*.

algonquin, ine [algɔ̃kɛ̃, in] adj. (et n. m.) Relatif aux Algonquins. *Les réserves algonquines*. ▷ n. m. LING *L'algonquin* : la famille de langues parlées dans la région des Grands Lacs d'Amérique du Nord.

Algonquins ou **Algonkins**, ensemble de peuples autochtones d'Amérique du N. Auj., 6000 personnes sont établies au Québec.

algorithme [algɔʀitm] n. m. MATH Méthode de résolution d'un problème utilisant un nombre fini d'applications d'une règle. – *Algorithme d'Euclide*, permettant de calculer le plus grand commun diviseur de deux nombres entiers.

algue [alg] n. f. BOT Végétal inférieur essentiellement aquatique, presque toujours pourvu de chlorophylle.
ENCYCL Le groupe des algues comprend aussi bien des êtres unicellulaires que des formes aux thalles géants et très ramifiés. L'association d'une algue et d'un champignon constitue un lichen. On utilise les algues comme engrais et comme amendement; on en extrait des mucilages (ex. : agar-agar). Leur production industrielle est possible pour l'alimentation humaine et animale (chlorelles, spiruline).

Al Hadj Omar (v. 1797 – 1864), empereur toucouleur. Devenu calife de la confrérie musulmane Tidjaniyya, il conquit à partir de 1852 un empire sur les rives du Niger, dans le Mali actuel. Il résista à la conquête française à partir de 1854. En 1862, il s'empara du roy. peul du Macina, mais mourut mystérieusement peu après. L'Empire toucouleur lui survécut et la France ne put asseoir sa domination qu'en 1893.

Alhambra, palais et forteresse des rois maures à Grenade (XIIIe-XIVe s.) : cour des Lions, jardins du Generalife, résidence d'été.

Ali (ibn Abi Talib) *('Ali ibn Abī Tālib)* (v. 600 – 661), quatrième calife musulman, époux de Fatima, fille du Prophète (622). Élu calife en 656, déposé par Mu'awiyah Ier en 659, il fut assassiné en 661. Les chiites lui attribuèrent un pouvoir semi-divin, qu'il aurait tenu de Mahomet et dont auraient hérité ses deux enfants, Hassan et Husayn.

Ali (Cassius Clay, devenu Muhammad) (né en 1942), boxeur américain. Champion du monde (poids lourds) en 1964, il a dominé la boxe mondiale jusqu'en 1978.

alias [aljas] adv. Autrement appelé (de tel autre nom, surnom ou pseudonyme). *Jean-Baptiste Poquelin, alias Molière.*

Ali Baba, héros d'un conte des *Mille et Une Nuits.* Il découvre le trésor des 40 voleurs caché dans une caverne que la formule magique («Sésame, ouvre-toi») lui ouvrit.

Ali Bey *('Ali Bē)* (1728 – 1773), bey d'Égypte en 1757. Chef des mamelouks, il affranchit l'Égypte de la suzeraineté ottomane et se fit proclamer sultan (1768). Il fut renversé par ses troupes.

alibi [alibi] n. m. **1.** DR Moyen de défense, qui consiste à invoquer le fait qu'on se trouvait ailleurs qu'à l'endroit où un délit, dont on est accusé, a été commis. *Fournir un alibi très solide.* **2.** Fig. Ce qui permet de se disculper, de s'excuser. *Il a invoqué, pour ne pas venir, l'alibi d'une importante réunion de travail.*

Alicante, v. d'Espagne, sur la Méditerranée; 267480 hab.; ch.-l. de la prov. du m. nom (dans la communauté de Valence). Industries.

aliénable [aljenabl] adj. Qui peut être aliéné (sens I, 1). *Un bien aliénable.* Ant. inaliénable.

aliénant, ante [aljenɑ̃, ɑ̃t] adj. Qui prive de liberté, soumet à des contraintes.

aliénation [aljenasjɔ̃] n. f. **1.** DR Action de céder un bien. *Aliénation d'une propriété.* **2.** *Aliénation mentale :* démence. Syn. folie. **3.** PHILO Selon Marx, condition de l'homme qui ne possède ni le produit ni les instruments de son travail. – *Par ext.* Asservissement de l'être humain, dû à des contraintes extérieures (économiques, politiques, sociales), et qui conduit à la dépossession de soi, de ses facultés, de sa liberté. *L'aliénation des femmes dans une société régie par les hommes.* **4.** Perte, par un peuple ou un individu, de son identité culturelle. *L'aliénation des peuples colonisés.*

aliéné, ée [aljene] adj. et n. **1.** Malade mental. Syn. fou. **2.** Qui a subi une aliénation (sens 3 et 4).

aliéner [aljene] v. [14] **I.** v. tr. **1.** DR Céder ou vendre (qqch). *Aliéner une terre.* – Fig. *Aliéner sa liberté.* **2.** PHILO Engendrer l'aliénation. *La misère qui aliène l'homme.* **II.** v. pron. *S'aliéner quelqu'un,* perdre sa sympathie, son affection.

aliéniste [aljenist] n. Médecin spécialiste de l'aliénation mentale.

Aliénor ou **Éléonore d'Aquitaine** (1122 – 1204), héritière du duché d'Aquitaine. Elle épousa le roi de France Louis VII (1137), qui la répudia (1152), puis le futur roi d'Angleterre Henri Plantagenêt, lui apportant en dot la Guyenne, la Gascogne et le Poitou.

alifère [alifɛʀ] adj. ZOOL Qui porte des ailes.

aliforme [alifɔʀm] adj. Didac. Qui a la forme d'une aile. *Membranes aliformes.*

alignement [aliɲ(ə)mɑ̃] n. m. **1.** Action d'aligner; disposition sur une ligne droite. *Un alignement de chaises.* ▷ AUTO Réglage des roues avant destiné à éviter qu'elles s'écartent lorsque le véhicule roule. ▷ DR *Alignement général,* fixation par l'Administration des limites des voies publiques par rapport aux riverains; ligne ainsi fixée. ▷ (Plur.) ARCHEOL Rangées de menhirs implantés en lignes parallèles. *Alignements de Tondidarou (Mali).* **2.** Tracé en ligne effectué au moyen de repères, de jalons; droite imaginaire reliant deux, plusieurs repères. *Prendre des alignements.* ▷ Fig. Fait de s'aligner. *Alignement d'une politique.* – ECON *Alignement monétaire :* correction de la parité entre deux ou plusieurs monnaies en fonction de leur pouvoir d'achat réel ou supposé.

aligner [aliɲe] v. [1] **I.** v. tr. **1.** Disposer, ranger sur une même ligne droite. *Aligner les poteaux d'une clôture.* **2.** Fig. ECON *Aligner une monnaie,* en déterminer officiellement la valeur par rapport à une monnaie étrangère. **II.** v. pron. (Sens réfl.) Se mettre sur la même ligne. *Les élèves s'alignent dans la cour.* ▷ Fig. Se conformer à la ligne politique d'un parti.

aliment [alimɑ̃] n. m. **1.** Toute substance qui sert à la nutrition des êtres vivants. *Consommer des aliments. Faire cuire des aliments. Aliment de base,* qui permet de satisfaire les besoins en calories d'une population, surtout en cas de pénurie. ▷ DR *Les aliments :* les frais de subsistance et d'entretien d'une personne dans le besoin. **2.** Fig. Ce qui entretient, nourrit. *Des griefs, aliments d'une querelle.*

alimentaire [alimɑ̃tɛʀ] adj. **1.** Qui est propre à servir d'aliment. *Denrées alimentaires.* ▷ Relatif à l'alimentation. *Régime alimentaire. Chaîne* alimentaire.* **2.** DR *Pension alimentaire,* servie à une personne pour assurer sa subsistance. **3.** Péjor. *Travail, besogne alimentaire,* dont l'unique intérêt est d'assurer une rémunération.

alimentation [alimɑ̃tasjɔ̃] n. f. **1.** Action, manière de fournir ou de prendre de la nourriture. *Surveiller son alimentation. Commerce d'alimentation,* de denrées comestibles. **2.** Approvisionnement. *L'alimentation en eau d'une ville. L'alimentation d'un marché.* ▷ TECH Approvisionnement des machines en fluides (eau, carburant, etc.) ou en énergie nécessaire à leur fonctionnement. *Il y a une panne d'alimentation.*

alimenter [alimɑ̃te] v. tr. [1] **1.** Nourrir, fournir les aliments nécessaires à. *Alimenter un enfant, un malade.* ▷ v. pron. *Il s'alimente tout seul depuis qu'il va mieux.* **2.** *Par ext.* Approvisionner. *Alimenter une ville en eau.* ▷ Fig. Donner matière à. *Incidents qui alimentent une discorde.*

alinéa [alinea] n. m. Commencement en retrait de la première ligne d'un texte, d'un paragraphe. ▷ Passage d'un texte compris entre deux de ces lignes en retrait. *Cet alinéa est fort long.*

Ali Pacha de Tebelen (v. 1744 – 1822), pacha de Ioánnina. Il s'empara de l'Albanie et du nord de la Grèce (1809-1810), mais les forces ottomanes l'acculèrent dans Ioánnina (1820-1822) et le tuèrent.

Ali Sabieh, v. de la rép. de Djibouti; 4500 hab.; ch.-l. du district du m. nom. Sur la voie ferrée Addis-Abeba-Djibouti.

Aliscamps (les). V. Alyscamps.

alitement [alitmɑ̃] n. m. Fait, pour un malade, de rester au lit.

aliter [alite] v. tr. [1] Faire garder le lit à. ▷ v. pron. Se mettre au lit (s'agissant d'un malade).

alizé [alize] adj. et n. m. *Vent alizé* ou, n. m., *alizé :* vent régulier soufflant la plus grande partie de l'année dans la zone intertropicale (du N.-E. au S.-O. dans l'hémisphère N., du S.-E. au N.-O. dans l'hémisphère S.), dû à la quasi-permanence des anticyclones sur les régions subtropicales et de basses pressions sur les régions équatoriales (en altitude, le champ de pression se renverse : *contre-alizé*).

alkyle [alkil] adj. CHIM Qualifie les radicaux acycliques obtenus par enlèvement d'un atome d'hydrogène à une molécule d'alcane. Syn. alcoyl.

all(o)-. Préfixe, du gr. *allos,* «autre».

allable [alabl] adj. (Québec) Praticable (sens 2). – *Pas allable :* se dit d'un chemin, d'une route que l'on ne peut utiliser. – *C'est pas allable :* on ne peut pas sortir, se rendre à tel endroit (en raison du temps, de la distance, de l'état des routes).

Allada (royaume d'), État fondé par les Adja au XVe s. en Guinée orientale. Il connut son apogée au XVIIe s. Le roi d'Abomey Agadja s'en empara en 1723.

Allah *(Allāh),* nom («le Dieu») le plus souvent donné à Dieu par les Arabes d'avant l'islam et, ensuite, par tous les musulmans.

Allahābad, v. sainte de l'Inde (Uttar Pradesh); 806000 hab.

Allais (Alphonse) (1855 – 1905), humoriste français.

allaitement [alɛtmɑ̃] n. m. Action d'allaiter; alimentation en lait du nourrisson jusqu'à son sevrage. *Allaitement maternel,* au sein. *Allaitement mixte,* au sein et au biberon.

allaiter [alete] v. tr. [1] Nourrir de lait, de son lait (un nouveau-né, un petit); élever au sein. *Elle a allaité son enfant plus de six mois.*

Allal al-Fasi *('Allāl al-Fāsī)* (v. 1908 – 1974), homme politique et écrivain marocain. Il participa à la fondation de l'Istiqlal* (1937) et fut déporté au Gabon par la France. Réfugié au Caire en 1947, président de l'Istiqlal, il anima la résistance au colonisateur. Son œuvre (en arabe) est politique (*Autocritique,* 1951) et religieuse (*Défense de la chari'a,* 1966).

allant, ante [alɑ̃, ɑ̃t] n. m. et adj. **1.** n. m. Vivacité dans l'action, entrain. *Avoir de l'allant.* **2.** adj. Qui aime à se déplacer, actif. *Elle est encore très allante pour son âge.*

alléchant, ante [al(l)eʃɑ̃, ɑ̃t] adj. Qui allèche, séduit. *Proposition alléchante.*

allécher [al(l)eʃe] v. tr. [14] Attirer par quelque appât qui met les sens en éveil. Syn. appâter. ▷ Fig. Attirer par l'espoir d'un plaisir ou d'un avantage. Syn. séduire.

allée [ale] n. f. **1.** Action d'aller (seulement dans la loc. *allées et venues*). **2.** Chemin de parc, de forêt, de jardin. *Allée cavalière.* ▷ Dans une ville, avenue plantée d'arbres. **3.** Couloir, passage.

allégation [al(l)egasjɔ̃] n. f. **1.** DR ou litt. Citation d'une autorité. **2.** Ce que l'on affirme. *Justifiez vos allégations.*

allège [alɛʒ] n. f. MAR Chaland à fond plat servant au chargement et au déchargement des navires.

allégé, ée [al(l)eʒe] adj. Qui contient peu ou pas de matières grasses ou de sucre par rapport au produit habituel. *Beurre allégé. Confiture allégée.*

allégeance [al(l)eʒɑ̃s] n. f. **1.** HIST Fidélité de l'homme lige envers son suzerain. ▷ Fidélité à son souverain, à sa nation. *Double allégeance :* double nationalité. **2.** Fig. *Faire allégeance à... :* se soumettre à...

allégement ou **allègement** [al(l)ɛʒmɑ̃] n. m. Action d'alléger; diminution d'une charge, d'un poids. *Allégement d'un véhicule. Allégement fiscal. – Allégement de la dette :* annulation partielle d'une dette concédée par un pays créancier à un pays débiteur.

alléger [al(l)eʒe] v. tr. [**15**] **1.** Rendre plus léger, diminuer le poids de. *Alléger un fardeau.* Ant. alourdir. **2.** Rendre moins pénible. *Alléger une douleur.* ▷ *Alléger les impôts,* les diminuer.

Alleghany (monts), rebord du plateau appalachien, qui s'étend de la Pennsylvanie à la Virginie-Occid.

allégorie [al(l)egɔʀi] n. f. LITTER Description, récit, qui, pour exprimer une idée générale ou abstraite, recourt à une suite de métaphores. *L'allégorie de la caverne, dans «la République» de Platon.*

allégorique [al(l)egɔʀik] adj. Qui tient de l'allégorie, qui appartient à l'allégorie. *Personnage allégorique.*

allègre [al(l)ɛgʀ] adj. Vif, plein d'entrain.

allégrement ou **allègrement** [al(l)ɛgʀəmɑ̃] adv. De manière allègre.

allégresse [al(l)egʀɛs] n. f. Joie très vive qui se manifeste avec vivacité. *Cris d'allégresse.*

allegretto ou **allégretto** [al(l)egʀɛt(t)o] adv. MUS D'un mouvement un peu moins vif qu'allegro. ▷ n. m. Morceau joué dans ce tempo.

allegro ou **allégro** [al(l)egʀo] adv. MUS D'un mouvement vif et rapide. ▷ n. m. Morceau joué dans ce tempo.

alléguer [al(l)ege] v. tr. [**14**] **1.** Citer (une autorité) pour se défendre, se justifier. «*Jean Lapin allégua la coutume et l'usage*» (La Fontaine). **2.** Mettre en avant comme justification, comme excuse. *Alléguer de bonnes raisons.* Syn. prétexter, se prévaloir (de).

allèle [alɛl] n. m. GENET Chacune des diverses formes d'un même gène. (V. encycl. gène.)

alléluia [al(l)eluja] n. m. RELIG CHRET Mot exprimant l'allégresse des fidèles, ajouté par l'Église à des prières ou à des psaumes.

Allemagne (république fédérale d'), pays d'Europe centrale bordé au N. par la mer du Nord, la Baltique et le Danemark, à l'E. par la Pologne, la Rép. tchèque, au S. par l'Autriche, la Suisse et la France, à l'O. par le Luxembourg, la Belgique et les Pays-Bas. L'Allemagne a été divisée, de 1949 à 1990, en deux États indépendants : à l'O., la république fédérale d'Allemagne (R.F.A.), correspondant aux zones d'occupation anglaise, américaine et française; à l'E., la République démocratique allemande (R.D.A.), correspondant à la zone soviétique. 356758 km^2; 79800000 hab.; cap. *Berlin*. Nature de l'État : rép. fédérale. Langue off. : allemand. Monnaie : deutsche Mark. Relig. : protestantisme et catholicisme.
Géogr. phys. – On définit trois Allemagne géographiques. L'Allemagne du N. fait partie de la grande plaine d'Europe septentrionale, aux terroirs variés, drainée par l'Ems, la Weser et l'Elbe. Son climat est à tendance océanique alors que, partout ailleurs, règne un climat continental. Le centre est une succession de vieux massifs (Massif schisteux rhénan, Harz, Thuringe), coupée de vallées (Moselle, Rhin, Main) et de bassins. Le Sud est constitué des Préalpes (2968 m au Zugspitze) et de leur piémont, ordonnés autour du Danube et de ses affluents de rive droite (Isar, Inn). Le peuplement est très dense sur tout le territoire.
Écon. – Après les ravages provoqués par la guerre de 1939-1945, qui entraîna des pertes humaines considérables, la **R.F.A.** opéra un redressement rapide («miracle allemand») et devint la prem. puissance écon. d'Europe. L'agric., surtout localisée dans les bassins du Centre, ne couvre pas les besoins d'une pop. urbanisée à 80 %. L'expansion industrielle all., née au XIXe s. de l'exploitation des énormes gisements de houille et des mines de fer, n'est plus dominée par la sidérurgie, mais par la chimie, l'automobile et l'électromécanique (40 % en tout). Due à une organisation et une gestion exemplaires, elle fut favorisée par l'excellence et la densité des voies de communication. La crise mondiale née en 1973 a frappé les secteurs traditionnels de l'industrie : aciéries, chantiers navals, machines-outils et textile. Les industries de pointe (électronique, inform.), la chimie et l'auto. ont maintenu une forte croissance. Entre 1970 et 1989, le P.N.B. a été multiplié par trois. En 1989, la R.F.A. est devenue le premier exportateur mondial (réalisant 70 % de ses ventes en Europe) et le deuxième créancier. Elle a réussi à intégrer 8 millions de réfugiés venus des territoires annexés par l'U.R.S.S. et la Pologne, puis 3 à 4 millions d'Allemands de l'Est, mais auj. elle doit développer l'anc. R.D.A. et notam. moderniser son agriculture (10 % de la pop. active). L'industrie, qui se développa grâce au lignite (bassin de Leipzig, Halle, Lusace), était dominée par la sidérurgie et la chimie; elle subit auj. une désocialisation brutale (faillites, chômage).

Hist. – Rome a fixé ses frontières sur le Rhin et le Danube. La dernière vague d'invasions germaniques (406) fit s'écrouler l'Empire qui fit place à des royaumes «barbares». La plupart des pays germaniques se fondirent dans l'État franc, puis carolingien, et se christianisèrent. Le partage de l'empire de Charlemagne entraîna la constitution d'un royaume de Germanie (843), de la Meuse à l'Oder. Les ducs de Saxe s'emparèrent de la Couronne. Otton Ier, se faisant couronner à Rome en 962, fonda le Saint Empire romain germanique. Le principe de l'élection impériale et le conflit avec la papauté provoquèrent l'émiettement de l'Allemagne en principautés féodales. Rodolphe Ier de Habsbourg (1273-1291) annonça une dynastie qui garda la couronne impériale de 1440 à 1806. Au XVIe s., la Réforme protestante souleva les princes et les paysans contre Charles Quint et brisa l'unité du pays. Au XVIIe s., la lutte des États du N., protestants, contre les États du S., catholiques, suscita la guerre de Trente Ans qui ruina et acheva de morceler l'Allemagne (traité de Westphalie, 1648). En 1701, l'Électeur de Brandebourg prit le titre de «roi en Prusse». L'ascension de cette maison se poursuivit avec Frédéric II (1740-1786). Bonaparte ramena, en 1803, le nombre des États de 350 à 39 et abolit l'empire (1806). Les traités de Vienne (1815) créèrent une Confédération germanique de 39 États sous la présidence de l'Autriche. Victorieuse de l'Autriche à Sadowa (1866) puis de la France (1871), la Prusse proclama l'Empire allemand, dont la puissance écon. et démographique ne cessa de croître, mais qui subit un grave échec au cours de la Première Guerre* mondiale; l'empereur Guillaume II abdiqua (9 nov. 1918) et la république fut proclamée. Le traité de Versailles (28 juin 1919) démembra l'Allemagne et lui enleva ses colonies. De 1919 à 1923, la république de Weimar fut troublée par des soulèvements de gauche (V. Spartakus) et de droite, et l'inflation ruina les classes moyennes. Malgré le redressement économique et diplomatique, elle fut victime de la crise économique de 1929 et le président Hindenburg nomma Hitler chancelier le 30 janv. 1933. Celui-ci instaura un régime de terreur fondé notam. sur le racisme (persécution des Juifs, des Tsiganes). Pour effacer le traité de Versailles, il réoccupa la Rhénanie (1936), annexa l'Autriche (Anschluss, mars 1938) et une partie de la Tchécoslovaquie (affaire des Sudètes) après les accords de Munich (sept. 1938), puis la Bohême (mars 1939); le 1er sept. 1939, il envahit la Pologne, ce qui déclencha la Seconde Guerre* mondiale (1939-1945). L'Allemagne, vaincue, capitula le 8 mai 1945; divisée en quatre zones d'occupation (amér., franç., brit., soviét.), elle perdit ses territoires à l'est de l'Elbe. En 1949, elle fut partagée en deux États.
La R.F.A. : république fédérale fondée le 23 mai 1949 (248580 km^2), dont la capitale était Bonn, comprenant dix Länder plus Berlin-Ouest. Les chrétiens-démocrates, seuls au pouvoir de 1949 à 1966 (K. Adenauer, puis L. Erhard) ou dans un gouv. de coalition (K. G. Kiesinger, 1966-1969, H. Kohl depuis 1982), ont dû compter avec le parti social-démocrate (les chanceliers W. Brandt, 1969-1974, puis H. Schmidt, 1974-1982). Membre de l'OTAN depuis 1955, de la C.É.E. depuis 1957, la R.F.A. reconnut la R.D.A. en 1972. **La R.D.A. :** démocratie populaire fondée le 23 mai 1949 (108178 km^2) dont la capitale était Berlin-Est. Par le traité de 1955, la R.D.A. arriva à se dégager de l'admin. militaire soviétique. Elle conserva des liens étroits avec les pays de l'E. (adhésion au pacte de Varsovie, 1955; traité d'amitié avec l'U.R.S.S., 1964). La construction du mur de Berlin, en 1961, arrêta les départs massifs vers la R.F.A., qui vidaient la R.D.A. de ses personnels qualifiés. Membre de l'ONU et du Comecon, elle fut la deuxième puissance socialiste. Elle eut pour dirigeants W. Pieck (1949-1960), W.

Ulbricht (1960-1973), W. Stoph (1973-1976), E. Honecker (1976-1989), puis E. Krenz (1989-1990).
La réunification. – En 1989, l'exode massif d'Allemands de l'Est vers la R.F.A. (via la Hongrie, notam.) et des manifestations sans précédent à Leipzig et à Berlin-Est provoquèrent un bouleversement. Après la destitution des dirigeants communistes, l'ouverture des frontières et la destruction du mur de Berlin*, des élections libres (mars 1990) portèrent au pouvoir un gouvernement de coalition, dominé par les chrétiens-démocrates, et l'Allemagne fut réunifiée le 3 oct. 1990. Les anc. Alliés, préparant le retrait de leurs troupes, décidèrent de rendre sa souveraineté à l'Allemagne réunifiée mais aussi de garantir l'intangibilité de la frontière Oder*-Neisse (confirmée par le traité germano-polonais de juin 1991). L'Allemagne unie désire un siège permanent au Conseil de sécurité des Nations unies et modifier sa constitution pour participer aux opérations militaires de l'ONU. À partir de 1991, l'aggravation du chômage en ex-R.D.A. et l'afflux de réfugiés de l'Est ont coïncidé avec une violente montée de la xénophobie. Mais le retour de la croissance et la puissance du deutsche Mark ont permis des augmentations de salaires et, en mai 1994, H. Kohl a remporté les élections législatives, mais en 1996 la croissance s'atténue et le chômage progresse.

allemand, ande [almɑ̃, ɑ̃d] adj. et n. **1.** adj. De l'Allemagne. ▷ Subst. *Un(e) Allemand(e).* **2.** n. m. *L'allemand :* la langue indo-européenne du groupe germanique occidental, parlée en Allemagne, en Autriche, en Belgique, en Suisse, au Liechtenstein et au Luxembourg.

Allen (Allen Stewart Konigsberg, dit Woody) (né en 1935), acteur, cinéaste et écrivain américain, représentant de l'humour juif new-yorkais : *Annie Hall* (1977), *Manhattan* (1979), *Alice* (1990).

Allende (Salvador) (1908 – 1973), président de la république du Chili (1970-1973). Socialiste, il appliqua le programme de l'Union populaire (avec les communistes). Il fut tué quand une junte milit. prit le palais présidentiel.

allène [alɛn] n. m. CHIM Hydrocarbure ayant deux doubles liaisons adjacentes de formule $H_2C = C = CH_2$.

1. aller [ale] v. **[9]** **I.** v. intr. **1.** (Êtres animés.) Se mouvoir (dans une direction). *Aller et venir :* se mouvoir dans une direction, puis en sens inverse. *Aller à grands pas :* marcher vite. ▷ Avec un complément, une préposition, un adverbe indiquant les modalités de l'action, la manière, le moyen. *Je vais à pied, en train, par mer. Le cheval va au trot. Aller à fond de train,* très vite. *J'allais seul, avec des amis.* ▷ Avec un compl. de destination, de direction. *Nous allons de Marseille à Lausanne. Aller en brousse. Aller au théâtre. Où va-t-on? Il est allé dans le sud du pays. Tu vas jusqu'à la voiture. Aller de ville en ville, de port en port. Aller devant, derrière, à côté de quelqu'un. J'irai jusqu'à lui, s'il ne vient pas à moi.* – Pop. *Aller au boucher, au docteur :* se rendre chez le boucher, chez le médecin. – Pop. *Aller au pain, au lait :* aller acheter ces denrées. – (Suisse) Syn. de *partir* (sens I, 1). *Il est l'heure, il faut aller.* – Fig. *Cet enfant ira loin,* réussira. – *Vous allez trop loin! :* vous exagérez. – Loc. fam. *Allez au diable! :* je ne veux plus entendre parler de vous! – Fig. *Aller au plus pressé*.* *Aller au fond des choses :* examiner une question avec soin. ▷ (Sujet nom de chose.) *La voiture va vite. L'eau va jusqu'aux genoux,* monte jusqu'aux genoux. – Fig. *Sa gentillesse m'est allée droit au cœur,* m'a touché. **2.** Fig. *Y aller :* faire une chose (d'une certaine manière). *Il y va fort :* il exagère. *Ne pas y aller de main* morte. J'y suis allé carrément. Je n'y suis pas allé par quatre chemins :* j'ai agi sans détour. *Elle y allait de sa petite larme :* elle pleurait. ▷ JEU *J'y vais de 100 francs :* je mise 100 francs. – Par ext. *Y aller de ses économies :* risquer ses économies. **3.** À l'impératif, pour renforcer une affirmation, marquer la surprise, l'indignation, etc. *«Va, je ne te hais point»* (Corneille). *Allez, les gars, courage! Allons, laisse-moi tranquille!* **4.** Indiquant un état, un fonctionnement. – (État de santé.) *Aller bien. Aller mal. Comment allez-vous? Ça va mieux?* – (État de choses.) *Tout va parfaitement. Le commerce va mal.* ▷ Loc. *Cela va tout seul,* ne présente pas de difficulté. *Cela va de soi :* c'est évident. ▷ *Il y va de* (impers.). *Il y va de votre vie :* votre vie est en jeu. ▷ *En aller de. Il en va de même pour lui :* c'est le même cas pour lui. **5.** S'adapter à, être en harmonie avec (qqn, qqch). *Cette robe vous allait bien. Le jaune et le violet ne vont pas ensemble.* **6.** Suivi d'un gérondif ou d'un participe présent marquant la continuité ou la progression de l'action. *La tristesse ira en s'atténuant. Le mal va croissant.* **7.** *Laisser aller.* – Ne pas retenir. *Il n'y a qu'à laisser les choses aller.* – Abandonner. *Laisser tout aller.* ▷ v. pron. *Se laisser aller à la douleur,* s'y abandonner. – (S. comp.) Se décourager. *Il ne faut pas vous laisser aller.* **8.** (Belgique) Fam. *Faire aller qqn,* le taquiner. **II.** v. pron. *S'en aller :* partir, quitter un lieu. *S'en aller de chez soi.* – À l'impératif. *Allez-vous-en!* – Fig. *Il s'en est allé :* il est mort. – Fam. *Tout s'en est allé en fumée,* a disparu. – À la première personne, suivi d'un infinitif, marque le futur proche. *Je m'en vais vous dire.* – Suivi d'un participe présent, marque la continuité. *Ils s'en vont chantant le long des routes.* **III.** Auxiliaire de temps. **1.** Au présent ou à l'imparfait, suivi d'un infinitif, marque un futur proche, dans le passé ou dans l'avenir. *Il va mourir. On allait rire.* **2.** À tous les temps, suivi d'un infinitif : se disposer à, se trouver dans la situation de. *Vous n'iriez pas lui dire cela.* – En tournure négative, indique quelquefois une mise en garde. *N'allez pas croire, penser que...*

2. aller [ale] n. m. **1.** Action d'aller; parcours effectué pour se rendre dans un lieu précis. *L'aller a été difficile. Prendre le métro à l'aller.* ▷ *Un aller :* un billet de transport valable pour un seul voyage. *Un aller et retour,* valable pour l'aller et le retour. **2.** Fig. *Au pis aller :* dans le cas le plus défavorable.

allergène [alɛʀʒɛn] n. m. et adj. Substance qui peut déterminer l'allergie. – adj. *Produit allergène.*

allergénique [alɛʀʒenik] adj. MED Se dit d'une substance capable de déclencher une réaction allergique.

allergie [alɛʀʒi] n. f. MED Réaction anormale et inadaptée lors de la rencontre de l'organisme avec une substance allergène avec laquelle il a déjà été en contact. *Allergie à la poussière.* ▷ Fig. *Il développe une allergie au sport.*

allergique [alɛʀʒik] adj. Qui développe une allergie. ▷ Relatif à l'allergie. ▷ Fig. *Je suis allergique à ce type d'homme.*

allergologie [alɛʀgɔlɔʒi] n. f. Étude de l'allergie, de ses manifestations morbides, de leur traitement.

allergologue [alɛʀgɔlɔg] n. Médecin spécialiste de l'allergologie.

alliage [aljaʒ] n. m. METALL Corps obtenu par combinaison d'éléments d'apport (métalliques ou non) à un métal de base, et qui présente les caractéristiques de l'état métallique.

alliance [aljɑ̃s] n. f. **1.** Pacte entre plusieurs partis, puissances ou groupes. *Alliance militaire.* ▷ THEOL Pacte entre Dieu et le peuple hébreu (Ancien Testament), renouvelé et étendu à la descendance spirituelle d'Abraham (Nouveau Testament). *Arche d'alliance.* **2.** Accord, entente. **3.** Union par mariage. ▷ Anneau de mariage porté à l'annulaire. Syn. (Québec) jonc. **4.** LEGISL Lien juridique établi par l'effet du mariage entre chaque époux et les parents de l'autre, qui crée, entre alliés les plus proches, des droits et obligations comparables à ceux qui résultent de la parenté (ex. : gendre et belle-mère se doivent des aliments).

Alliance (Quadruple-), traité entre la France, l'Angleterre, les Provinces-Unies et l'Autriche, contre l'Espagne (1718).

Alliance (Sainte-), pacte conclu en 1815, après Waterloo, entre l'Autriche, la Prusse et la Russie, pour réprimer les mouvements libéraux et nationalistes qui se développaient en Europe.

Alliance (Triple-), traité entre l'Angleterre, la Suède et les Provinces-Unies, contre la France (1668). – Alliance de 1717 entre les Provinces-Unies, l'Angleterre et la France. V. Alliance (Quadruple-).

Alliance (Triple-) ou **Triplice,** pacte entre l'Allemagne, l'Autriche et l'Italie, contre une agression de la France ou de la Russie (1882).

Alliance française, association française fondée en 1883 pour développer la connaissance de la langue et de la culture françaises dans le monde entier.

allié, ée [alje] adj. et n. **1.** Uni par un traité d'alliance. *Peuples alliés.* ▷ Subst. *Un(e) allié(e).* – *Les alliés :* les pays qui ont contracté une alliance pour lutter contre un autre pays; *spécial.* (avec une majuscule) les pays opposés à l'Allemagne au cours de la Première et de la Seconde Guerre mondiale. – *Par anal.* Celui qui secourt, qui apporte son aide. *Un allié fidèle.* **2.** Uni par un mariage. *Familles alliées.* ▷ Subst. *Les parents et les alliés.* **3.** METALL *Acier allié,* dans la composition duquel entrent des éléments d'addition (*acier inoxydable,* par ex.).

allier [alje] v. **[2]** **I.** v. tr. **1.** Unir par une alliance. *L'attrait du pouvoir a allié ces deux partis longtemps opposés.* **2.** Combiner des métaux. *Allier l'or avec l'argent.* – Fig. Unir des éléments différents. *Allier la clémence à la justice.* **II.** v. pron. Contracter une alliance. *S'allier contre des ennemis.*

Allier, riv. franç. du Massif central (410 km), affl. de la Loire (r. g.); naît en Lozère. – Département : 7381 km²; 357710 hab.; ch.-l. *Moulins* (23353 hab.). V. Auvergne (Rég.).

alligator [aligatɔʀ] n. m. Crocodilien au museau court dont une espèce habite la Chine et l'autre l'Amérique.

allitération [al(l)iteʀasjɔ̃] n. f. RHET Répétition d'une consonne ou d'un groupe de consonnes dans une phrase, un vers. Par ex. : «*Aboli bibelot d'inanité sonore*» (Mallarmé).

allô ! [alo] interj. Appel conventionnel dont on se sert dans une communication téléphonique.

Allobroges, peuple celte de la Gaule qui habitait le Dauphiné et la Savoie actuels.

allocataire [al(l)ɔkatɛʀ] n. Personne qui bénéficie d'une allocation.

allocation [al(l)ɔkasjɔ̃] n. f. **1.** Action d'allouer. *Allocation d'un prêt.* ▷ ECON *Allocation de ressources :* processus par lequel une économie répartit et met en œuvre les facteurs productifs au sein des différents secteurs et branches de production. **2.** Somme allouée par un organisme. ▷ *Allocations familiales :* sommes versées au chef de famille par des caisses alimentées par les cotisations des employeurs et des travailleurs indépendants, destinées à l'éducation des enfants. **3.** INFORM *Allocation dynamique :* attribution à un programme en cours d'exécution des zones de mémoire qui serviront à l'exécuter.

allocution [al(l)ɔkysjɔ̃] n. f. Bref discours.

allofécondation [alofekɔ̃dasjɔ̃] n. f. BIOL Mode de reproduction sexuée où la fécondation se fait entre parents différents. Ant. autofécondation.

allogamie [al(l)ɔgami] n. f. BIOL Aptitude à se reproduire par allofécondation.

allogène [al(l)ɔʒɛn] adj. ANTHROP Se dit de populations d'origine étrangère mêlées à la population du pays. Ant. indigène, autochtone.

allonge [alɔ̃ʒ] n. f. **1.** Pièce servant à allonger qqch. *Mettre une allonge à une table.* **2.** SPORT Longueur des bras chez un boxeur. **3.** (Afr. subsah., Belgique) Rallonge (sens 1). *Il me faudrait une allonge pour ma lampe de bureau.*

allongé, ée [alɔ̃ʒe] adj. Dont la longueur l'emporte sur les autres dimensions. *Un visage de forme allongée.*

allongement [alɔ̃ʒmɑ̃] n. m. Action d'allonger; résultat de cette action. *Allongement d'une rue. Allongement d'une robe.* Ant. raccourcissement.

allonger [alɔ̃ʒe] v. **[13]** **I.** v. tr. **1.** Augmenter la longueur de. *Allonger un texte. Allonger une promenade par des détours.* ▷ CUIS *Allonger une sauce,* la rendre plus liquide. **2.** Faire paraître plus long. *Cette robe allonge ta silhouette.* **3.** Étendre, déployer (un membre). *Allonger le bras.* – *Allonger le pas :* se presser. **II.** v. intr. Devenir plus long. «*Puis c'était le mois de mars, les jours allongeaient*» (Hugo). **III.** v. pron. **1.** (Sens passif.) Devenir plus long. – Fig. *Sa mine s'allonge,* marque le dépit. **2.** (Sens réfl.) S'étendre. *S'allonger dans l'herbe.*

allopathie [al(l)ɔpati] n. f. MED Médecine scientifique, qui emploie des médicaments tendant à contrarier les symptômes et les phénomènes morbides (par oppos. à *homéopathie*).

allophone [al(l)ɔfɔn] n. et adj. **1.** n. Personne dont la langue maternelle est autre que celle(s) officiellement en usage dans le pays qu'elle habite. *Au Canada, on distingue les allophones des francophones et des anglophones.* **2.** adj. *La population allophone.* ▷ *Par ext.* Qui est relatif aux allophones. *Le vote allophone.*

allotropie [al(l)ɔtʀɔpi] n. f. CHIM Existence de plusieurs organisations structurales d'un corps chimique qui diffèrent par leurs propriétés physiques tout en gardant des propriétés chimiques identiques (ex. : le carbone, qui peut se trouver à l'état de graphite ou de diamant).

allouer [alwe] v. tr. **[1]** Attribuer, accorder (de l'argent, du temps). *Allouer un salaire à quelqu'un. Trois jours lui sont alloués pour terminer son travail.*

allumage [alymaʒ] n. m. **1.** TECH Inflammation du mélange combustible dans les moteurs à explosion. *Un système d'allumage défectueux. Retard à l'allumage.* ▷ *Par ext.* Système produisant cette inflammation. **2.** Action d'allumer. *L'allumage de ce four est délicat.* **3.** Fait de s'allumer. *L'allumage des rétrofusées est automatique.*

allume-cigares [alymsigaʀ] n. m. inv. Dispositif servant à allumer les cigares, les cigarettes (notam. dans une automobile).

allume-gaz [alymgɑz] n. m. inv. Petit appareil pour allumer le gaz d'une cuisinière.

allumer [alyme] v. tr. **[1]** **1.** Mettre le feu à. *Allumer un cigare. Allumer un fourneau.* ▷ *Allumer le feu. Allumer un incendie.* ▷ Par ext. *Allumer un réchaud électrique.* ▷ Fam. Mettre en marche (un appareil électrique ne produisant pas de chaleur). *Allumer la radio.* – (Afr. subsah., Belgique, Liban) Mettre en marche (un moteur, un appareil à moteur). *Allumer un cyclomoteur.* ▷ Fig. Faire naître. *Allumer la discorde au sein d'un groupe. Allumer la colère de quelqu'un. Allumer qqn,* provoquer son désir. **2.** Enflammer afin d'éclairer. *Allumer une bougie.* ▷ Par ext. *Allumer une lampe électrique, allumer l'électricité.* – (S. comp.) Faire de la lumière. *Allumer dans le salon.* ▷ v. pron. Devenir lumineux. *Les vitrines s'allumèrent.* – Fig. *Son regard s'alluma,* devint brillant.

allumette [alymɛt] n. f. **1.** Bâtonnet combustible dont une extrémité est enduite d'un corps inflammable par frottement, et qui sert à mettre le feu. Syn. (Afr. subsah.) brin d'allumette. **2.** Gâteau feuilleté de forme allongée.

allumeur [alymœʀ] n. m. **1.** Dispositif destiné à mettre le feu à une charge explosive. **2.** Système d'allumage d'un moteur à explosion, qui comprend la bobine, le distributeur, le rupteur, les bougies et les câbles de liaison.

allumeuse [alymøz] n. f. Fam. Femme qui aime provoquer le désir, qui aguiche.

allure [alyʀ] n. f. **1.** Vitesse. *Marcher à vive allure.* **2.** Aspect, apparence. *Un individu aux allures louches. La discussion prit l'allure d'une querelle.* ▷ *Avoir de l'allure :* avoir de la prestance, de l'élégance, de la classe (en parlant d'une personne); de la beauté, de l'originalité, de l'harmonie (en parlant d'une chose). *Ce projet a de l'allure.* – (Québec) Avoir du jugement, du savoir-vivre (en parlant d'une personne); être vraisemblable, sensé (en parlant d'une chose). – (Belgique) (Employé surtout négativement.) Avoir du savoir-faire, de l'ordre, dans une activité ménagère ou professionnelle. *Elle n'a pas d'allure chez elle :* elle tient mal sa maison. ▷ *Sans allure :* (Belgique) dont la présentation est négligée; (Québec) qui manque de jugement, de savoir-vivre. – Subst. *Un(e) sans-allure.* **3.** MAR Orientation d'un navire à voiles par rapport à la direction du vent.

allusif, ive [alyzif, iv] adj. Qui tient d'une allusion; qui renvoie à une allusion. *Une plaisanterie allusive.*

allusion [alyzjɔ̃] n. f. Évocation non explicite d'une personne ou d'une chose. *Une allusion perfide. Parler par allusions. Tu fais allusion à son avarice?*

alluvial, ale, aux [al(l)yvjal, o] adj. Produit par des alluvions.

alluvionnaire [al(l)yvjɔnɛʀ] adj. Qui tient de l'alluvion. *Terres alluvionnaires.*

alluvionnement [al(l)yvjɔnmɑ̃] n. m. Formation d'alluvions.

alluvions [al(l)yvjɔ̃] n. f. pl. Dépôts de matériaux détritiques charriés par les eaux. ▷ GEOL Terrains meubles déposés à la surface des continents par divers agents. *Alluvions glaciaires. Alluvions fluviales.*

Alma-Ata (en kazakh *Almaty*), cap. du Kazakhstan; 1 134 000 hab. – Cathédrale orthodoxe du XVIIIe s. Université. – Le *sommet d'Alma-Ata* (21-22 déc. 1991) décréta la dissolution de l'U.R.S.S. et la fondation de la C.E.I.

Almageste (l'), traité d'astronomie de Ptolémée (140 apr. J.-C.), nommé ainsi par les Arabes à partir du gr. *megistos* («le plus grand»).

Almagro (Diego de) (1475 – 1538), conquistador espagnol, compagnon, au Pérou, de Pizarro, qui le fit étrangler. — **Diego** (1518 – 1542), fils du préc., tua Pizarro dont le successeur le fit décapiter.

almamy ou **almami** [almami] n. m. (Afr. subsah.) Chef religieux (musulman) et politique des Peuls.

almanach [almana(k)] n. m. Calendrier, souvent illustré, contenant des renseignements de tous ordres : astronomiques, religieux, historiques, pratiques, etc.

Almeida (Fernando d') (né en 1955), poète camerounais : *Au seuil de l'exil* (1976), *En attendant le verdict* (1982).

Almeida Garrett (João Baptista da Silva Leitão de) (1799 – 1854), poète (*Camões,* 1825) et dramaturge romantique portugais : *Un auto de Gil Vicente* (1838).

Almohades, dynastie musulmane berbère (1147-1269) qui détrôna les Almoravides. À l'origine, le réformateur musulman Ibn Tumart réunit des «unitariens» (c.-à-d. qui ont foi en l'unicité de Dieu, nom francisé en Almohades) et pourfendit les mœurs des Almoravides. Il conquit des villes par ruse. Après sa mort (1130), son disciple Abd al-Mumin prit Marrakech (1147) et fonda la dynastie des Almohades, qui domina l'Espagne musulmane et le Maghreb, mais cet empire se disloqua progressivement.

Almoravides, dynastie musulmane berbère, fondée par Abd Allah ibn Yasin, qui régna sur le Maroc et sur une partie de l'Algérie et de l'Espagne de 1055 à 1147. Son pouvoir s'étendit aussi plus au sud : elle conquit les princ. villes de l'empire du Ghana (Aoudaghost en 1054, Koumbi-Saleh en 1076). V. Almohades.

Almquist (Carl Jonas Love) (1793 – 1866), écrivain suédois : *le Livre de l'églantine* (1832-1835).

al Nadha. V. Nadha (al).

Alodes ou **Alodia** (royaume des), royaume de Nubie fondé après la chute du royaume de Méroé, au IVe s., au S. du confluent du Nil Blanc et du Nil Bleu. Sa cap. était Soba, près de l'actuelle Khartoum. Il fut évangélisé par le prêtre Julien au VIe s. Il disparut en 1504.

aloès [alɔɛs] n. m. **1.** Plante des pays chauds, à feuilles charnues (fam. liliacées). **2.** Suc résineux amer, tiré de l'aloès, purgatif énergique.

aloi [alwɑ] n. m. **1.** Titre légal des matières d'or et d'argent. **2.** Loc. fig. *De bon aloi, de mauvais aloi :* de bonne qualité, de mauvaise qualité. *Plaisanterie de mauvais aloi. Néologismes de bon aloi.*

Along (baie d') *(Vinh Ha Long),* baie du golfe du Tonkin (ou du Bac* Bô), au N.-E. de Haiphong. Elle est parsemée d'innombrables blocs rocheux percés de grottes. Selon la légende, ce relief accidenté est dû au passage d'un dragon (*Long*) qui descendit des hauts plateaux pour se jeter dans la mer.

alopécie [alɔpesi] n. f. MED Chute partielle ou totale des cheveux ou des poils.

alors [alɔʀ] adv. **1.** Dans ce temps-là, à ce moment-là. *Nous étions heureux alors. Nous pourrons alors réaliser nos projets.* ▷ *Jusqu'alors :* jusqu'à ce moment-là. *Jusqu'alors, il avait été prudent.* ▷ *D'alors :* de cette époque-là. *C'étaient les mœurs d'alors.* **2.** Dans ce cas-là. *S'il venait à mourir, alors elle hériterait.* – Fam. Ponctue une exclamation de joie, d'indignation, de surprise. *Chic alors! Non mais alors? Ça alors!* **3.** Loc. conj. *Alors que.* Marque le temps et l'opposition. *Il partit alors que le jour se levait. Vous jouez alors qu'il faudrait travailler.*

alose [aloz] n. f. ICHTYOL Poisson marin (ordre des clupéiformes), de grande taille (jusqu'à 80 cm), à chair fine, qui, au printemps, remonte les fleuves des régions tempérées pour frayer.

Alost (en néerl. *Aalst*), v. de Belgique (Flandre-Orientale), sur la Dendre; 78940 hab. Comm. du houblon; industrie textile. – Collégiale Saint-Martin (goth. flamboyant); maison des juges-échevins (XIIIe-XVe s.); beffroi (XVe s.).

alouette [alwɛt] n. f. Oiseau passériforme (genre *Alauda*), au bec robuste, au plumage terne, habitant les champs et les steppes. *L'alouette construit son nid sur le sol.* ▷ Loc. prov. *Il attend que les alouettes lui tombent toutes rôties dans le bec :* il voudrait obtenir sans peine ce qu'il désire.

alourdir [aluʀdiʀ] v. tr. [3] **1.** Rendre plus lourd. **2.** Fig. *L'âge alourdit sa démarche,* la rend moins aisée, moins souple. *Ce mot alourdit la phrase,* la rend maladroite, peu élégante. Syn. embarrasser. ▷ v. pron. Devenir lourd, plus lourd. – Fig. *Le silence s'alourdit.*

alourdissement [aluʀdismɑ̃] n. m. État de ce qui devient lourd.

aloyau [alwajo] n. m. Quartier de bœuf situé le long des reins et comprenant notam. le filet.

alpaga [alpaga] n. m. ZOOL Ruminant voisin du lama (fam. camélidés) élevé en Amérique du Sud pour sa laine légère et soyeuse. ▷ Étoffe de laine légère et brillante faite avec la laine de l'alpaga. *Veston d'alpaga.*

alpage [alpaʒ] n. m. **1.** Pâturage saisonnier de haute montagne. **2.** Temps passé par les troupeaux dans ces pâturages.

alper [alpe] v. tr. [1] (Aoste, Suisse) (En parlant d'un troupeau.) Mener dans les pâturages de haute montagne.

Alpes, princ. chaîne de montagnes d'Europe, formant un arc de cercle orienté S.-N., de près de 1500 km de long et d'env. 200 km dans sa largeur maximale, s'étendant de la Médit. à Vienne (Autriche); 4808 m au mont Blanc. En raison des divisions polit., on distingue : les Alpes* françaises, suisses, italiennes, allemandes, autrichiennes et slovènes. – Un plissement tertiaire soulève une chaîne hercynienne arasée et couverte de sédiments secondaires. Cinq sortes de relief apparaissent, d'E. en O. : les Préalpes calcaires, au-dessous de 3000 m; les Alpes du N., dépassant 4000 m et couvertes de glaciers nés au quaternaire; les vallées longitudinales, entre les Préalpes et les Alpes du N., et entre les Préalpes et les massifs centraux; les massifs centraux, les plus élevés; une zone plissée sédimentaire. Le climat, froid, varie suivant l'alt. Les pluies abondantes font des Alpes un véritable château d'eau (Rhin, Rhône, Pô). – Lieu de passage entre l'Europe du N. et du S., les Alpes, coupées par des cluses, ont un peuplement anc. et relativement dense. Depuis le XIXe s., les nouvelles techniques agric., l'hydroél., les voies ferrées, les tunnels (Mont-Blanc) ont bouleversé la vie alpine : élevage intensif, bovin au N., ovin au S.; électrochim. et électrométall.; stations de sports d'hiver.

Alpes dolomitiques. V. Dolomites.

Alpes françaises, partie occid. des Alpes. Le Nord appartient à la Rég. Rhône*-Alpes et le Sud, à la Rég. Provence*-Côte d'Azur, qui comprend notamment les départements suivants : — **Alpes-de-Haute-Provence :** 6944 km^2; 130883 hab.; ch.-l. *Digne-les-Bains* (17425 hab.); — **Hautes-Alpes :** 5520 km^2; 113300 hab.; chef-lieu *Gap* (35647 hab.); — **Alpes-Maritimes :** 4294 km^2; 971829 hab.; chef-lieu *Nice**.

alpestre [alpɛstʀ] adj. Des Alpes, propre aux Alpes. *Paysages alpestres.* ▷ BOT *Plantes alpestres,* qui vivent autour de 1000 m d'altitude.

alpha [alfa] n. m. **1.** Première lettre (A, α) de l'alphabet grec. ▷ *L'alpha et l'oméga :* le commencement et la fin. **2.** PHYS (En appos.) *Particules alpha* (symbole α) : noyaux d'hélium émis lors de certaines réactions nucléaires. Syn. hélion. *Rayonnement alpha,* constitué de particules alpha.

alphabet [alfabɛ] n. m. **1.** Ensemble des lettres servant à transcrire les sons d'une langue. *L'alphabet latin est issu de l'alphabet grec. Alphabet cyrillique*.* – *Réciter l'alphabet :* énumérer les lettres dans leur ordre traditionnel. ▷ *Alphabet phonétique,* au moyen duquel on peut transcrire les sons de la plupart des langues. ▷ TELECOM *Alphabet morse*.* **2.** Livre de lecture élémentaire. Syn. abécédaire, syllabaire.

alphabète [alfabɛt] adj. et n. (Afr. subsah., Maghreb) Qui sait lire et écrire. *Il n'y a pas beaucoup d'alphabètes dans le village.* Syn. (Afr. subsah.) lettré. Ant. analphabète.

alphabétique [alfabetik] adj. Établi selon l'ordre de l'alphabet. *Index alphabétique.*

alphabétiquement [alfabetikmɑ̃] adv. Dans l'ordre alphabétique.

alphabétisation [alfabetizasjɔ̃] n. f. Enseignement de l'écriture et de la lecture à des personnes analphabètes. *Une campagne d'alphabétisation des adultes.* – *Alphabétisation fonctionnelle,* conçue en fonction d'un groupe social déterminé et visant à inculquer des connaissances pratiques (travail et vie quotidienne).

alphabétisé, ée [alfabetize] adj. et n. **1.** adj. Se dit d'une personne ou d'une population qui a reçu une alphabétisation. **2.** n. Personne qui a reçu une alphabétisation.

alphabétiser [alfabetize] v. tr. [1] Enseigner l'écriture et la lecture (à des personnes non scolarisées).

alphabétiseur [alfabetizœʀ] n. m. Personne chargée d'alphabétiser.

alphanumérique [alfanymeʀik] adj. INFORM Qui comprend ou qui utilise des lettres et des chiffres. *Clavier alphanumérique. Code alphanumérique.*

Alphonse VI (v. 1042-1109), roi de Léon (1065-1109) et roi de Castille (1072-1109), enleva Tolède aux Maures (1085). — **Alphonse VIII le Noble** (1155 – 1214), roi de Castille (1158-1214), battit les Maures à Las Navas de Tolosa (1212). — **Alphonse X le Sage** (1221 – 1284), roi de Castille et de Léon (1252-1284), empereur germanique (1257-1272), fit dresser les *tables Alphonsines* (astronomiques), établir une histoire de l'Espagne et composa 420 cantiques à la Vierge.

Alphonse XII (1857 – 1885), roi d'Espagne (1874-1885). — **Alphonse XIII** (1886 – 1941), fils posthume du préc., roi d'Espagne (1886-1931); il dut s'exiler.

alpin, ine [alpɛ̃, in] adj. **1.** Des Alpes. ▷ *Plissement alpin :* plissement de l'écorce terrestre qui a formé les Alpes (ainsi que l'*Apennin*, les *Pyrénées*, les *Carpates*, etc.). ▷ SPORT *Ski alpin :* ski de descente. **2.** *Par ext.* Des hautes montagnes (du même type que les Alpes). *Un relief alpin.* ▷ BOT *Plantes alpines,* qui vivent en haute montagne (plus haut que les plantes alpestres).

alpinisme [alpinism] n. m. Pratique sportive des ascensions en montagne.

alpiniste [alpinist] n. Personne qui pratique l'alpinisme.

Alsace, région historique de France. Au IVe s., les Alamans* s'en emparent. Clovis les vainc à Tolbiac en 496. Après le traité de Verdun (843), la rég. revient finalement à la Germanie (870). Dès le XIIe s., elle connaît une prospérité écon., puis culturelle. La guerre de Trente Ans la dévaste et elle est réunie à la France (1648). En 1871, elle devient allemande, redevient franç. (1919-1940), puis all. et enfin (1945) française.

Alsace, Région admin. française et région de la C.E., formée des dép. du Bas-Rhin et du Haut-Rhin; 8310 km^2; 1648849 hab.; cap. *Strasbourg**.

Géogr. phys. et hum. – À l'E., le grand fossé du Rhin et de l'Ill, au climat semi-continental, groupe l'essentiel de la pop. (75 % de citadins). À l'O. s'élèvent les Vosges, humides et forestières (1424 m au ballon de Guebwiller), peuplées dans les vallées.

Écon. – Traversée par le principal couloir de circulation de la C.E., l'Alsace est prospère (mais la crise du textile a affecté les Vosges) : vignoble, polyculture de la plaine, élevage laitier et sylviculture des Vosges; l'industrie (notam. à Strasbourg et à Mulhouse), dispose d'une hydroélectricité abondante (barrages du Rhin et centrale nucléaire de Fessenheim), de gisements de potasse et offre une gamme variée de productions. Strasbourg est le siège d'import. organisations européennes.

Alsace (ballon d'), sommet (1250 m) des Vosges (France), au nord de Belfort.

Alsace-Lorraine, ensemble de ces deux prov. franç., annexées par l'Allemagne de 1871 à 1918.

alsacien, enne [alzasjɛ̃, ɛn] adj. De l'Alsace. *Maison alsacienne.* ▷ Subst. *Les Alsaciens :* les habitants de l'Alsace. ▷ n. m. *L'alsacien :* l'ensemble des dialectes germaniques parlés en Alsace.

Altaï, chaîne de montagnes de l'Asie centrale (4506 m au mont Bieloukha), formant en partie la frontière entre la Russie et la Mongolie, puis la Chine. – *La république de l'Altaï* (Russie), au nord du Kazakhstan, a 261700 km² et 2759000 hab.; cap. *Gorno-Altaïsk.*

altaïque [altaik] adj. LING *Langues altaïques :* famille de langues comprenant les langues turques (le turc, le tatar, l'ouzbek, etc.), mongoles et toungouses (le mandchou, etc.). Syn. anc. turco-mongol.

Altaïr, étoile bleue de la constellation de l'Aigle (magnitude visuelle apparente 0,89).

Altamira, grottes préhistoriques d'Espagne (prov. de Santander); célèbres peintures du magdalénien (12000 à 9000 av. J.-C. env.).

Altdorf, v. de Suisse, dans la vallée de la Reuss; 8200 hab.; ch.-l. du cant. d'Uri. Industr. chim. et des dérivés du caoutchouc. – Maisons anc. Musée d'histoire.

Altdorfer (Albrecht) (v. 1480 – 1538), peintre et graveur allemand. Il accorda une large place au paysage, minutieusement peint.

altérable [alterabl] adj. Qui peut subir une altération.

altération [alterasjɔ̃] n. f. **1.** Modification dans l'état d'une chose (dans quelques emplois). – GEOL *Altération des roches :* modification due à des phénomènes physiques, chimiques ou biologiques (à l'exception du métamorphisme). – MUS Signe placé devant une note pour en modifier la hauteur. **2.** Modification qui dénature. *Ce texte a subi des altérations.* **3.** DR Falsification.

altercation [alterkasjɔ̃] n. f. Dispute, échange de propos violents entre des personnes. Syn. querelle.

altéré, ée [altere] adj. Assoiffé. – Fig. *Être altéré de pouvoir :* être avide de pouvoir.

alter ego [alterego] n. m. inv. (Lat., «autre moi-même».) Personne de confiance; ami inséparable. *C'est mon alter ego.*

1. altérer [altere] v. tr. **[14] 1.** Provoquer la modification, le changement de. Syn. transformer. **2.** Modifier en mal. *Cette épreuve a altéré sa santé.* – Fig. *Une voix altérée par la peur.* ▷ v. pron. *Des couleurs qui s'altèrent avec le temps.* – Fig. *Sa confiance s'est altérée.* **3.** Dénaturer, falsifier. *Altérer la vérité :* mentir. – Spécial. *Altérer les monnaies,* en changer la valeur légale.

2. altérer [altere] v. tr. **[14]** Exciter la soif de. *La chaleur altère les animaux.* Ant. désaltérer.

altérité [alterite] n. f. PHILO Caractère de ce qui est autre. *L'amour ne détruit pas l'altérité de l'être aimé.* Ant. identité.

alternance [altɛrnɑ̃s] n. f. Action d'alterner; état de ce qui est alterné. *Alternance des formes, des couleurs.* ▷ ELECTR Demi-période d'un courant alternatif. ▷ AGRIC *Alternance des cultures,* leur rotation sur un même champ. ▷ LING *Alternance vocalique, consonantique :* modification du vocalisme ou du consonantisme d'un radical dans certaines conditions (par ex., wolof *fas,* «nouer», *fecci* «dénouer»). ▷ POLIT *Alternance démocratique :* changement de gouvernement par voie légale.

alternant, ante [altɛrnɑ̃, ɑ̃t] adj. Qui alterne.

alternateur [altɛrnatœr] n. m. ELECTR Machine destinée à produire des courants monophasés ou polyphasés alternatifs.

alternatif, ive [altɛrnatif, iv] adj. Qualifie des choses, des phénomènes qui se succèdent tour à tour. *Des périodes alternatives de chaleur et de froid.* ▷ AGRIC *Cultures alternatives,* qui se succèdent sur un même champ. ▷ ECON *Coût alternatif :* coût d'opportunité*. ▷ MECA *Mouvement alternatif :* mouvement qui s'effectue tantôt dans un sens, tantôt dans l'autre. ▷ ELECTR *Courant alternatif :* courant d'un circuit qui change de sens à chaque demi-période (par oppos. à *courant continu*). ▷ *Stationnement alternatif des véhicules,* de l'un ou l'autre côté de la rue selon des périodes régulières.

alternative [altɛrnativ] n. f. **1.** (Plur.) Succession d'états qui se répètent. *Passer par des alternatives de richesse et de pauvreté.* **2.** Situation dans laquelle on ne peut choisir qu'entre deux solutions possibles. *Il se trouve devant une cruelle alternative.* (Improprement : l'une de ces solutions.) ▷ LOG Système de deux propositions dont une seule est vraie.

alternativement [altɛrnativmɑ̃] adv. Tour à tour.

alterne [altɛrn] adj. BOT *Feuilles alternes,* insérées sur une tige, à raison d'une seule par nœud. ▷ GEOM *Angles alternes-internes :* V. angle.

alterné, ée [altɛrne] adj. Qui alterne. *Chants alternés.*

alterner [altɛrne] v. **[1] 1.** v. intr. Se succéder à tour de rôle. *Dans le verger, les manguiers alternent avec les goyaviers.* **2.** v. tr. AGRIC Faire produire successivement à une terre des récoltes différentes. *Alterner les cultures.*

altesse [altɛs] n. f. **1.** Titre qui se donne aux princes et aux princesses du sang. *Altesse royale. Son Altesse le prince de...* **2.** Personne qui porte ce titre. *On remarquait dans l'assistance plusieurs altesses.*

altier, ère [altje, ɛr] adj. Qui a ou qui marque de l'orgueil, de la fierté. *Démarche altière. Caractère altier.*

altimètre [altimɛtr] n. m. PHYS Appareil mesurant les altitudes.

Altiplano, haut plateau (4000 m) des Andes, en Bolivie.

altiste [altist] n. Musicien, musicienne qui joue de l'alto.

altitude [altityd] n. f. Élévation verticale d'un lieu par rapport au niveau de la mer. *Ce mont a mille mètres d'altitude.* – *Spécial.* Grande élévation verticale. *Il souffre de l'altitude. En altitude :* à une grande altitude. ▷ *La fusée prend de l'altitude,* s'élève dans les airs.

Altman (Robert) (né en 1925), cinéaste américain : *M.A.S.H.* (1970), *Nashville* (1975), *Short Cuts* (1993).

alto [alto] n. m. MUS **I.** V. contralto. **II.** Nom de plusieurs instruments de musique. **1.** Instrument à cordes frottées, un peu plus grand que le violon et s'accordant une quinte au-dessous. **2.** *Saxophone alto* ou *alto :* saxophone en mi bémol.

altocumulus [altokymylys] n. m. METEO Nuage blanc ou gris, formant des bancs ou des nappes d'aspect pommelé (altitude moyenne : 3000 m).

altostratus [altostratys] n. m. METEO Nuage formant une couche grisâtre, parfois bleutée, d'aspect uniforme ou strié (altitude moyenne : 3500 m).

altruisme [altrɥism] n. m. Propension à aimer et à aider son prochain. Ant. égoïsme. ▷ PHILO «*Doctrine [...] qui pose au point de départ l'intérêt de nos semblables comme but de la conduite morale*» (Lalande).

altruiste [altrɥist] adj. et n. Qui est inspiré par l'altruisme. ▷ Subst. *Un altruiste.* Ant. égoïste.

aluminate [alyminat] n. m. CHIM Nom générique des sels où l'alumine joue le rôle d'anhydride d'acide.

alumine [alymin] n. f. CHIM et MINER Oxyde (Al_2O_3) ou hydroxyde ($Al[OH]_3$) d'aluminium. (L'oxyde d'aluminium, coloré ou non par des oxydes métalliques, constitue certaines pierres précieuses : rubis, saphir, etc.)

aluminerie [alyminri] n. f. (Québec) Usine de production d'aluminium; industrie de l'aluminium.

aluminium [alyminjɔm] n. m. Élément métallique (symbole Al) de numéro atomique Z = 13, l'élément terrestre le plus abondant. – Métal (Al) blanc léger, ductile et malléable, bon conducteur de la chaleur et de l'électricité, qui entre dans la composition d'alliages légers et est utilisé en quincaillerie et dans les industries aéronautique, automobile, électrique, mécanique.

alun [alœ̃] n. m. CHIM Nom générique des sels isomorphes, de formule générale $M_2SO_4 \cdot M'_2(SO_4)_3 \cdot 24H_2O$, dans laquelle M est un métal alcalin ou l'ammonium NH_4, et M' un métal trivalent (Fe, Al, Cr, Mn, Co, Rh). *On utilise les aluns en tannerie, en photographie, en teinture et en médecine.*

alunir [alyniR] v. intr. **[3]** Prendre contact avec le sol de la Lune. (Mot d'emploi critiqué.)

Alur ou **Luri,** peuple réparti entre l'Ouganda et le Zaïre. Ils parlent une langue nilo-saharienne du sous-groupe nilotique. Traditionnellement, ce sont des pasteurs agriculteurs. V. Luo.

alvéolaire [alveɔlɛr] adj. **1.** ANAT Des alvéoles. *Gaz alvéolaire,* contenu dans les alvéoles pulmonaires, intermédiaire entre l'air et le sang. **2.** PHON Se dit d'un son articulé au niveau des alvéoles des dents d'en haut. [z] *est une fricative alvéolaire.*

alvéole [alveɔl] n. m. (Fém. dans l'usage courant.) **1.** Petite cellule de cire construite par les abeilles pour y élever les larves et y déposer miel et pollen. **2.** GEOL Cavité dans une roche homogène. **3.** ANAT *Alvéole dentaire :* cavité des maxillaires où se logent les racines des dents. ▷ *Alvéole pulmonaire :* petit sac situé à l'extrémité d'une bronchiole, au niveau duquel s'effectuent les échanges gazeux avec le sang. **4.**

ELECTR Pièce conductrice recevant une broche de contact.

alvéolé, ée [alveɔle] adj. Qui est creusé d'alvéoles.

Alyscamps ou **Aliscamps** (les), voie bordée de tombeaux gallo-romains, aux portes d'Arles.

Alzette, riv. du Luxembourg, affl. de la Sûre. Née en France, elle arrose Esch et Luxembourg; 65 km.

Alzheimer (Aloïs) (1864 - 1917), psychiatre allemand. ▷ MED *Maladie d'Alzheimer :* atrophie cérébrale progressive entraînant démence et aphasie.

amabilité [amabilite] n. f. Caractère d'une personne aimable; manifestation de ce caractère. *On vante son amabilité.*

Amado (Jorge) (né en 1912), romancier brésilien qui décrit la misère du peuple : *Terre violente* (1942).

amadou [amadu] n. m. Combustible spongieux tiré d'un champignon.

amadouer [amadwe] v. tr. [1] Apaiser (une personne); employer avec elle des manières douces et adroites, pour en obtenir quelque chose.

amaigrir [amegʀiʀ] v. tr. [3] **1.** Rendre maigre. *L'excès de travail l'a amaigri.* – Pp. *Un homme amaigri par la maladie.* **2.** CONSTR Diminuer l'épaisseur de (une pièce de bois, de fer, etc.).

amaigrissant, ante [amegʀisɑ̃, ɑ̃t] adj. Qui fait maigrir. *Régime amaigrissant.*

amaigrissement [amegʀismɑ̃] n. m. Fait de maigrir, d'être plus maigre.

Amal (abréviation de l'arabe *Afwād al-muqāwamat al-Lubnāniyya,* «bataillons de la résistance libanaise»), mouvement politico-militaire de la communauté chiite du Liban, constitué en 1975, soutenu par la Syrie et dirigé depuis 1980 par Nabih Berri, président de l'Assemblée nationale.

amalgame [amalgam] n. m. **1.** CHIM Alliage du mercure avec un autre métal. **2.** Fig. Mélange d'éléments qui ne s'accordent pas nécessairement. **3.** POLIT Procédé consistant à assimiler injustement un adversaire à un groupe pour le déconsidérer.

amalgamer [amalgame] v. tr. [1] CHIM Faire un amalgame. ▷ Fig. Mélanger, rapprocher ce qui ne va guère ensemble. ▷ v. pron. *Le mercure s'amalgame facilement avec l'étain.* – Fig. *Des idées disparates s'amalgament dans son esprit.*

Amalthée, dans la myth. grecque, chèvre qui allaita Zeus et dont une corne, brisée par le dieu enfant, devint la *corne d'abondance.*

aman [aman] n. m. Chez les musulmans, fait d'accorder la vie sauve à un ennemi vaincu, un rebelle. *Accorder l'aman.*

amanché, ée [amɑ̃ʃe] adj. (Québec) Fam. **1.** Pourvu d'avantages physiques remarquables. *Un gars amanché, bien amanché,* musclé, costaud. **2.** *Mal amanché :* mal habillé, mal accoutré. – Fig. *Mal* ou *bien amanché :* dans une mauvaise situation. *J'ai perdu mon portefeuille, me voilà bien amanché!*

amancher [amɑ̃ʃe] v. tr. [1] (Québec) Fam. **I. 1.** Mettre un manche à (un outil). **2.** Adapter un objet à un autre, assembler des choses, les réparer. *Amancher une barrière.* **3.** Donner (un coup) avec la main, le pied ou un objet. *Amancher une claque, un coup de bâton à qqn.* **II.** Fig. Tromper, rouler (qqn) dans une transaction, une affaire. *Se faire amancher par un vendeur.* **III.** v. pron. **1.** Péjor. S'habiller sans goût. *S'amancher comme un quêteux.* **2.** S'arranger, prendre des dispositions (en vue de qqch). *Amanche-toi pour être prêt quand je vais arriver.*

amanchure [amɑ̃ʃyʀ] n. f. (Québec) Fam. **I. 1.** Objet mal adapté à sa fonction; appareil, système compliqué. *Peux-tu réparer cette amanchure-là?* **2.** Accoutrement. *Lui as-tu vu l'amanchure?* **II.** Fig. **1.** Situation complexe résultant de circonstances fâcheuses. *Être pogné dans une amanchure.* **2.** Personne laide, mal habillée ou extravagante.

amande [amɑ̃d] n. f. **1.** Fruit oblong à coque dure de l'amandier, dont la graine, comestible, est riche en huile. *Amande douce. Amande amère,* contenant de l'acide cyanhydrique. – *Yeux en amande :* de forme oblongue. ▷ *Par ext.* Toute graine contenue dans un noyau. *Amande de la noix de karité.* **2.** (Afr. subsah., Antilles fr.) Fruit du badamier. **3.** (Afr. subsah.) *Amande de terre :* souchet.

amandier [amɑ̃dje] n. m. **1.** Arbre cultivé dans les régions méditerranéennes pour son fruit comestible : l'amande. **2.** (Afr. subsah., Antilles fr., Haïti) *Amandier* ou *amandier de Cayenne :* badamier.

amanite [amanit] n. f. BOT Champignon basidiomycète caractérisé par des lamelles rayonnantes sous le chapeau, un anneau à mi-hauteur du pied et une volve enserrant la base du pied. Parmi les nombr. espèces, certaines sont comestibles (oronge), d'autres vénéneuses (*amanite tue-mouche* ou fausse oronge, *amanite panthère*), d'autres mortelles (*amanite phalloïde*).

amant, ante [amɑ̃, ɑ̃t] n. **1.** n. Vx Celui, celle qui éprouve pour une personne de l'autre sexe un amour partagé. **2.** n. (Afr. subsah.) Celui, celle qui éprouve pour une personne de l'autre sexe un amour partagé ou non. Syn. amoureux. **3.** n. m. Homme qui a des relations sexuelles avec une femme hors du mariage. *Femme qui prend, a un amant.* ▷ n. f. (Afr. subsah.) Syn. de *maîtresse* (sens 2). ▷ (Plur.) Deux personnes entretenant une relation sexuelle et affective. **4.** n. (Afr. subsah.) Fiancé(e), soupirant(e) officiel(le).

amarantacées [amaʀɑ̃tase] n. f. pl. BOT Famille de plantes dicotylédones dont le type est l'amarante. – Sing. *Une amarantacée.*

amarante [amaʀɑ̃t] n. et adj. inv. **I.** n. f. Plante annuelle aux fleurs en grappes le plus souvent rouges, nuisible aux cultures, dont certaines espèces sont cultivées comme plantes ornementales et d'autres pour leurs feuilles comestibles. ▷ adj. inv. De la couleur rouge de ces fleurs. *Étoffes amarante.* **II.** n. m. **1.** Arbre de Guyane (*acajou de Cayenne*) dont le bois violet est utilisé en ébénisterie. **2.** Colorant de produits alimentaires. **3.** Petit oiseau granivore d'Afrique occidentale et équatoriale au plumage amarante ou rose.

Amarāvatī, v. du S.-E. de l'Inde (Āndhra Pradesh); 434 000 hab. Cap. du royaume des Āndhra. – Stupa monumental (Ier s. av. J.-C.-IIIe s. apr. J.-C.).

amareyeur [amaʀɛjœʀ] n. m. Ouvrier chargé de l'entretien des parcs à huîtres.

amaril, ile [amaʀil] adj. MED De la fièvre jaune. *Virus amaril.*

Amarnah (Tell al-) *(Tall-al-'Amārina)* (anc. *Akhenaton),* site archéol. égyptien à 300 km au S. du Caire, où l'on découvrit les archives d'Aménophis IV Akhenaton. Il a donné son nom à l'art *amarnien.* (V. Aménophis IV.)

amarrage [amaʀaʒ] n. m. **1.** Action d'amarrer; état de ce qui est amarré. *Amarrage d'engins spatiaux.* **2.** (Réunion) Syn. de *amarre* (sens 2).

amarre [amaʀ] n. f. **1.** Cordage utilisé pour attacher un objet quelconque sur un navire. ▷ Cordage ou câble servant à retenir un navire. *Larguer les amarres.* **2.** (Acadie, Réunion, Saint-Pierre-et-M.) Lien, attache. Syn. (Réunion) amarrage. – (Acadie) *Amarre à soulier :* lacet.

amarrer [amaʀe] v. tr. [1] **1.** Attacher (une embarcation) avec une amarre. *Amarrer un navire à quai.* ▷ *Par ext.* Assujettir avec un cordage. *Amarrer des colis.* **2.** (Acadie, Réunion, Saint-Pierre-et-M.) Lier, attacher. – (Réunion) Fig. Lier sentimentalement. *Être amarré avant le mariage.* **3.** (oc. Indien) Ajuster (un vêtement). *Amarrer son langouti.*

amaryllidacées [amaʀilidase] n. f. pl. BOT Famille de plantes monocotylédones dont le type est l'amaryllis (agave, narcisse, etc.). – Sing. *Une amaryllidacée.*

amaryllis [amaʀilis] n. f. BOT Genre de plantes monocotylédones, bulbeuses et vivaces, dont une espèce a de grandes fleurs diversement colorées.

amas [ama] n. m. **1.** Masse confuse formée d'une quantité d'objets semblables ou divers accumulés. *Amas de décombres, de ferraille, de paperasse.* **2.** GEOL Dépôt de matières enveloppées, en totalité ou en partie, par des matières d'un genre différent. **3.** ASTRO *Amas d'étoiles :* groupement plus ou moins serré d'étoiles physiquement liées, de même âge et de même origine.

Amasis (568 - 526 av. J.-C.), cinquième pharaon de la XXVIe dynastie égyptienne. Il détrôna Apriès après la bataille de Momemphis. Il entreprit de vastes réformes sociales et rétablit la maîtrise maritime de l'Égypte.

amasser [amase] v. [1] **I.** v. tr. Réunir en grande quantité. *Amasser des matériaux, de l'argent.* Ant. disperser, éparpiller. ▷ (S. comp.) Thésauriser. *Il ne cesse d'amasser.* **II.** v. pron. **1.** S'entasser, s'accumuler. *Les preuves s'amassent contre lui.* **2.** Se rassembler. *La foule s'amassait devant le tribunal.*

amateur [amatœʀ] n. m. **1.** Personne qui aime, qui a du goût pour (qqch). *Un amateur de chevaux.* **2.** Personne qui pratique un art, une science, un sport sans en faire sa profession. – (En appos.) *Cinéaste amateur.* **3.** Péjor. Personne qui ne fait pas sérieusement son travail. *Travailler en amateur.* Syn. dilettante.

amateurisme [amatœʀism] n. m. **1.** SPORT Statut du sportif amateur (qui ne reçoit ni rétribution ni prix en espèces). **2.** Péjor. Caractère d'une personne qui effectue une tâche avec négligence, sans le soin qui caractérise un professionnel.

amazigh [amaziʀ] n. et adj. Nom ou qualificatif que se donnent les Berbères; relatif aux Berbères. – n. m. *L'amazigh* ou *le tamazight :* la langue berbère, qui appartient à la famille des langues afro-asiatiques.

amazighité [amaziʀite] n. f. Appartenance à la communauté berbère (amazigh); ensemble des traits culturels de cette communauté.

1. amazone [amazon] n. f. Cavalière. ▷ *Monter en amazone,* les deux jambes du même côté de la selle.

2. amazone [amazon] n. m. ou f. Perroquet vert (fam. psittacidés) d'Amérique du Sud. – (En appos.) *Un perroquet amazone.*

Amazone, fl. d'Amérique du S. (6280 km); naît dans les Andes du Pérou, traverse l'État brésilien d'*Amazonas* et se jette dans l'Atlant. par un vaste estuaire. Le plus puissant fleuve du monde : entre 70000 et 212000 m^3/s. Navigable jusqu'à Manaus.

Amazones, dans la myth. gr., peuple composé exclusivement de femmes guerrières qui vivaient au bord de la mer Noire; elles affrontèrent plus. fois les héros grecs. Selon la légende, elles se brûlaient le sein droit (d'où leur nom gr. de «sans sein»), pour mieux tirer à l'arc, et tuaient les enfants mâles. On pense auj. que les guerriers scythes (mâles mais chevelus) inspirèrent ce mythe. V. Antiope.

Amazonie, vaste plaine de l'Amérique du Sud (4500000 km^2) drainée par l'Amazone et ses affl. Limitée par le plateau des Guyanes, le plateau brésilien et la chaîne des Andes, elle est située sous l'équateur : climat chaud et humide, forêt dense, hostile à la vie humaine. Toutefois, après le rush sur le caoutchouc (1886-1912), les recherches (après 1966) ont révélé les fabuleuses richesses du sous-sol, que le Brésil veut exploiter; la construction de la Transamazonienne (5000 km), le déboisement (de l'ordre de 10% actuellement), la disparition des Amérindiens soulèvent des inquiétudes.

ambages [ɑ̃baʒ] n. f. pl. *Dire, déclarer, parler sans ambages,* sans détour ni faux-fuyants, franchement.

ambassade [ɑ̃basad] n. f. **1.** Députation envoyée auprès d'un gouvernement étranger à titre occasionnel. *Une ambassade extraordinaire.* **2.** Mission diplomatique permanente auprès d'un gouvernement étranger. – Personnel et services attachés à cette mission. *S'adresser à l'ambassade.* ▷ Résidence, bureaux d'un ambassadeur. *Aller à l'ambassade.* **3.** Démarche faite par une personne en tant que déléguée d'une autre. *Il a envoyé un ami en ambassade auprès de son père.*

ambassadeur, drice [ɑ̃basadœʀ, dʀis] n. **1.** n. m. Personne ayant le caractère et le titre de représentant d'un État auprès d'un autre État. **2.** n. Personne chargée d'une mission. *Une ambassadrice de la peinture haïtienne.* **3.** n. f. Épouse d'un ambassadeur.

ambi-. Préfixe, du lat. *ambo,* «tous les deux».

ambi [ɑ̃bi] n. m. (Nom déposé.) (Afr. subsah.) Produit qui éclaircit la couleur de la peau. *Elle vend de l'ambi.*

ambiance [ɑ̃bjɑ̃s] n. f. **1.** Milieu physique dans lequel se trouvent des êtres vivants. **2.** Milieu intellectuel et moral où sont placés des individus. *Ambiance de fête. Ambiance hostile.* – *Spécial.* Animation joyeuse. ▷ Fam. *Il y a de l'ambiance. Mettre de l'ambiance.* **3.** (Afr. subsah.) Syn. de *soirée* dansante. Faire une ambiance :* organiser une soirée dansante.

ambiancer [ɑ̃bjɑ̃se] v. intr. [**14**] (Afr. subsah.) **1.** Engendrer une joyeuse animation, se comporter gaiement. **2.** Fréquenter les lieux de plaisir.

ambianceur [ɑ̃bjɑ̃sœʀ] n. m. (Afr. subsah.) **1.** Personne qui met de l'animation dans une fête, un lieu de plaisir, etc. *Si vous avez besoin d'un ambianceur, pensez à moi.* **2.** Fêtard, noceur.

ambiant, ante [ɑ̃bjɑ̃, ɑ̃t] adj. Qui entoure de toutes parts. *L'air ambiant. La gaieté ambiante.*

ambidextre [ɑ̃bidɛkstʀ] adj. Qui se sert des deux mains avec une égale facilité.

ambifiée [ɑ̃bifje] n. f. (Afr. subsah.) Femme qui éclaircit la couleur de sa peau à l'aide d'ambi.

ambifier (s') [ɑ̃bifje] v. pron. [**2**] (Afr. subsah.) Éclaircir la couleur de sa peau à l'aide d'ambi. *Elle s'ambifie pour plaire aux hommes.*

ambigu, uë [ɑ̃bigy] adj. **1.** Qui a plusieurs sens et ne permet donc pas une interprétation sans équivoque. *Réponse ambiguë.* **2.** Qui participe de qualités contraires. *Sourire ambigu. Personnage ambigu.* Ant. clair, précis.

ambiguïté [ɑ̃bigɥite] n. f. **1.** Caractère de ce qui est ambigu. Ant. clarté, netteté, précision. **2.** Expression ambiguë. *Un discours truffé d'ambiguïtés.*

Ambiorix, roi des Éburons en Gaule Belgique. Il prit la tête d'une révolte contre César, qui le battit (54 av. J.-C.).

ambitieux, euse [ɑ̃bisjø, øz] adj. et n. **1.** Qui a de l'ambition. *C'est un homme très ambitieux.* ▷ Subst. *Un ambitieux, une ambitieuse.* **2.** Qui dénote de l'ambition. *Politique ambitieuse.*

ambition [ɑ̃bisjɔ̃] n. f. **1.** Désir d'atteindre à la gloire, au pouvoir, à la réussite sociale. *Un homme dévoré par l'ambition.* **2.** Aspiration, volonté marquée. *Son ambition est de se rendre utile.*

ambitionner [ɑ̃bisjɔne] v. [**1**] **I.** v. tr. **1.** Chercher à obtenir par ambition, briguer. *Ambitionner le titre de directeur.* ▷ *Ambitionner de* (+inf.) : avoir l'ambition de, désirer vivement. *Il ambitionnait de monter en grade.* **2.** v. pron. (Québec) Trouver du courage, de la stimulation. *S'ambitionner à l'ouvrage.* **II.** v. intr. (Québec) Fam. **1.** Aller au-delà de ce qui est raisonnable, conforme à la réalité. **2.** *Ambitionner sur :* abuser de. *N'ambitionne pas sur les sucreries.* **3.** Loc. fam. *Ambitionner sur le pain bénit :* exagérer.

ambivalence [ɑ̃bivalɑ̃s] n. f. **1.** PSYCHO Existence simultanée de deux sentiments opposés à propos de la même représentation mentale, un des symptômes de la schizophrénie. **2.** Caractère de ce qui présente une dualité de valeurs, de sens, d'aspects.

ambivalent, ente [ɑ̃bivalɑ̃, ɑ̃t] adj. Doué d'ambivalence.

amble [ɑ̃bl] n. m. Allure, naturelle ou acquise, de certains quadrupèdes qui se meuvent en déplaçant simultanément les deux pattes d'un même côté. *Aller, marcher l'amble.*

amblyope [ɑ̃bljɔp] adj. et n. Qui est atteint d'amblyopie.

amblyopie [ɑ̃bljɔpi] n. f. MED Affaiblissement de la vue en l'absence de lésion organique.

Amboise, v. de France (Indre-et-Loire), sur la Loire; 11541 hab. – Chât. goth. et Renaiss. – *L'édit d'Amboise* (1563) autorisa l'exercice du culte protestant.

Amboseli (parc national d'), réserve naturelle du Kenya située au pied du Kilimandjaro, près du lac du m. nom; 392 km^2.

ambre [ɑ̃bʀ] n. m. Nom donné à diverses substances aromatiques ou résineuses. **1.** *Ambre jaune :* résine fossile de conifères du tertiaire, utilisée en bijouterie. **2.** *Ambre gris :* concrétion qui se forme dans l'appareil digestif du cachalot, utilisée en parfumerie. **3.** *Ambre blanc :* blanc de baleine*.

Ambre (cap d') (en malgache *Tanjona Bobaomby*), pointe la plus septentrionale de Madagascar; plus au S., la montagne d'Ambre constitue un massif volcanique culminant à 1475 m et derrière lequel s'abrite la baie d'Antsiranana.

ambré, ée [ɑ̃bʀe] adj. Qui a le parfum de l'ambre gris ou la couleur de l'ambre jaune.

ambrevade [ɑ̃bʀəvad] n. f. Arbrisseau des régions tropicales cultivé pour ses graines comestibles.

Ambroise (saint) (339 - 397), évêque de Milan, Père et docteur de l'Église. Il contribua à la conversion de saint Augustin, qu'il baptisa en 387.

ambroisie [ɑ̃bʀwazi] n. f. MYTH Nourriture qui procurait l'immortalité aux dieux de la Grèce antique.

Ambrosienne (bibliothèque), bibliothèque fondée à Milan en 1602 par le cardinal Frédéric Borromée.

ambulacre [ɑ̃bylakʀ] n. m. ZOOL Fin tube situé sur la face inférieure du corps des échinodermes et qui, terminé par une ventouse, leur permet de se déplacer.

ambulance [ɑ̃bylɑ̃s] n. f. Véhicule équipé pour le transport des malades et des blessés.

ambulancier, ère [ɑ̃bylɑ̃sje, ɛʀ] n. Conducteur d'ambulance.

ambulant, ante [ɑ̃bylɑ̃, ɑ̃t] adj. Qui se déplace, va de lieu en lieu pour remplir sa fonction ou exercer sa profession. *Hôpital ambulant. Comédien ambulant.* ▷ *Marchand ambulant,* qui se déplace avec ses marchandises. ▷ Fam. *Un cadavre* ambulant.*

ambulatoire [ɑ̃bylatwaʀ] adj. **1.** ZOOL Se dit des organes qui ne servent qu'à la marche, particulièrement chez les insectes et les crustacés. **2.** MED *Traitement, soin ambulatoire,* qui n'interrompt pas les activités du malade.

Amda Tsiyon, négus d'Éthiopie (1314-1344) de la dynastie salomonienne.

âme [ɑm] n. f. **I. 1.** Principe spirituel, agent essentiel de la vie, qui, uni au corps, constitue l'être vivant. – *Rendre l'âme :* mourir. – *Âme abandonnée, âme damnée*, âme en peine*.* ▷ Par anal. *L'âme d'une nation, d'un peuple.* ▷ *Par ext.* Être vivant. *Un village de 500 âmes.* – *Ne pas rencontrer âme qui vive :* ne rencontrer personne. **2.** RELIG Essence spirituelle de l'individu, qui subsiste après la mort. *Prier pour le repos de l'âme de quelqu'un.* **3.** Principe des facultés morales, sentimentales, intellectuelles; siège de la pensée et des passions. *En mon âme et conscience. Avoir l'âme sensible. Chanter avec âme,* avec émotion et chaleur. **II.** Élément essentiel d'une chose, d'un instrument. *L'âme d'un soufflet,* la soupape de cuir pour l'entrée de l'air. *L'âme d'un violon,* le petit cylindre de bois placé entre le fond et la table, qu'il soutient. *L'âme d'un canon, d'un fusil,* l'intérieur du tube. *L'âme d'un câble, d'une poutre,* sa partie centrale. **III. 1.** *L'âme d'un complot,* son instigateur. **2.** *L'âme damnée de quelqu'un,* celui qui l'incite à faire le mal.

améliorable [ameljɔʀabl] adj. Qui peut être amélioré.

améliorant, ante [ameljɔʀɑ̃, ɑ̃t] adj. Qui améliore. ▷ AGRIC *Plantes, cultures améliorantes,* qui augmentent la fertilité d'un sol pauvre ou dégradé (le haricot, le cadd enrichissent le sol en azote utilisable par d'autres végétaux).

amélioration [ameljɔʀasjɔ̃] n. f. Action d'améliorer; fait de s'améliorer.

améliorer [ameljɔʀe] v. tr. [1] Rendre meilleur, perfectionner. *Améliorer le rendement d'un sol par des engrais. Améliorer le niveau de vie de la population.* ▷ v. pron. Devenir meilleur. *Le temps s'améliore.* Ant. empirer.

amen [amɛn] interj. Mot hébreu («ainsi soit-il») qui termine la plupart des prières juives et chrétiennes. ▷ Fam. *Dire amen à tout :* tout approuver, consentir à tout.

aménagement [amenaʒmɑ̃] n. m. Action d'aménager; résultat de cette action. **1.** Organisation en vue d'améliorer les conditions d'utilisation. *Aménagement d'une école.* ▷ *Aménagement d'une forêt,* réglementation de son exploitation. ▷ *Aménagement du territoire :* organisation d'ensemble d'un territoire national du point de vue de l'implantation des équipements nécessaires aux populations et de la mise en valeur des ressources naturelles. *Aménagement rural, urbain.* **2.** Assouplissement apporté dans l'application d'un règlement. *Aménagements fiscaux.* **3.** *Aménagement linguistique :* V. encycl. linguistique.

aménager [amenaʒe] v. tr. [13] **1.** Préparer, organiser en vue d'une utilisation précise. *Aménager une maison,* la rendre habitable. *Aménager une salle en auditorium.* **2.** SYLVIC Réglementer la coupe, l'exploitation d'une forêt.

aménageur, euse [amenaʒœʀ, øz] n. Personne, organisme qui est spécialisé dans l'aménagement du territoire.

aménagiste [amenaʒist] n. SYLVIC Personne chargée de l'aménagement des forêts.

amendable [amɑ̃dabl] adj. **1.** AGRIC Améliorable. *Un sol amendable.* **2.** LEGISL Qui peut être corrigé par amendement. **3.** (Suisse) Passible d'une amende.

amende [amɑ̃d] n. f. Somme que doit payer au Trésor public l'auteur d'une infraction à une loi, à un règlement. *Être condamné à 100000 francs d'amende. Payer une amende.* ▷ Pénalité imposée, dans un jeu. ▷ *Faire amende honorable :* reconnaître ses torts, présenter des excuses.

amendement [amɑ̃dmɑ̃] n. m. **1.** AGRIC Amélioration des caractères physiques d'un sol cultivé à l'aide de substances calcaires ou humiques notam.; cette substance elle-même. **2.** POLIT Action d'amender (une proposition de texte légal); modification apportée (à une proposition de texte légal) par les membres d'une assemblée législative. *Les amendements votés ont défiguré le projet de loi.*

amender [amɑ̃de] v. [1] **I.** v. tr. **1.** AGRIC Améliorer. *Amender une terre.* **2.** LEGISL Apporter des modifications à un texte légal. **II.** v. pron. Se corriger. *Pêcheur qui s'est amendé.* **III.** v. tr. (Afr. subsah., Suisse) Infliger une amende à, mettre à l'amende. *Le policier m'a amendé.*

amène [amɛn] adj. Litt. Agréable, courtois, aimable. *Un caractère amène. Un ton amène.*

amener [amne] v. tr. [16] **I. 1.** Faire venir (qqn) avec soi en un lieu ou auprès d'une personne. *Amenez-nous vos amis.* – Loc. fig., fam. *Quel bon vent vous amène? – Par ext.* Conduire, transporter quelque part. *Ce bus vous amènera à l'aéroport. Conduite qui amène l'eau jusqu'au village.* ▷ Fig. *Amener quelqu'un à une opinion,* la lui faire adopter. **2.** Entraîner avec soi. *Un malheur en amène un autre.* **3.** Faire venir avec préparation préalable. *Amener une conclusion, une comparaison.* **4.** JEU Faire (des points) d'un coup de dés. *Amener deux as et un six.* **5.** v. pron. Fam. Venir. *Alors, tu t'amènes?* **II. 1.** Tirer à soi. *Pêcheur qui amène son filet.* **2.** MAR Faire descendre. *Amener une voile.* – *Amener le pavillon,* en signe de reddition.

aménité [amenite] n. f. Litt. Amabilité, charme, affabilité. *Sans aménité :* avec rudesse. ▷ Par antiphr. (Plur.) *Échanger des aménités,* d'aigres propos.

aménokal [amenɔkal] n. m. En Algérie, au Mali, au Niger, chef touareg.

Aménophis IV Akhenaton ou **Akhnaton,** pharaon égyptien (v. 1372-1354), époux de Néfertiti. Il instaura en Égypte, contre les prêtres d'Ammon, une religion monothéiste fondée sur le culte d'Aton, divinité solaire, et transporta sa capitale de Thèbes à Akhetaton (auj. *Tell al-Amarnah*), libérant l'art égyptien de son cadre rigide (art *amarnien :* V. Amarnah). Les Hittites lui ravirent la Syrie et la Palestine.

aménorrhée [amenɔʀe] n. f. MED Absence des règles due à la grossesse, au début de l'allaitement ou encore à des causes endocriniennes, psychologiques ou secondaires à une maladie générale.

amentifère [amɑ̃tifɛʀ] adj. BOT Qui porte des inflorescences en chatons.

amenuisement [amənɥizmɑ̃] n. m. Action d'amenuiser; fait de s'amenuiser.

amenuiser [amənɥize] v. [1] **1.** v. tr. Rendre plus menu, amincir. **2.** v. pron. Devenir plus menu, moins nombreux, moins fort. *Nos ressources s'amenuisent.*

1. amer, ère [amɛʀ] adj. **1.** Qui a une saveur âpre, désagréable. *La bile a un goût amer.* ▷ Fig. Pénible, douloureux. *Chagrin amer.* **2.** Dur, mordant. *Critique amère.*

2. amer [amɛʀ] n. m. MAR Tout point des côtes très visible (clocher, balise, etc.), porté sur une carte, servant de repère pour la navigation.

amèrement [amɛʀmɑ̃] adv. Avec amertume. *Critiquer, regretter amèrement.*

américain, aine [ameʀikɛ̃, ɛn] adj. (et n.) **1.** De l'Amérique. *Continent américain.* **2.** Des États-Unis (d'Amérique). *Parler l'anglais avec l'accent américain. Cigarettes américaines.* ▷ Subst. *Un(e) Américain(e) :* un(e) habitant(e) de l'Amérique; *spécial.,* un(e) citoyen(ne) des États-Unis. – (Louisiane) Vieilli Anglo-Saxon; personne anglophone (par oppos. à *Français*). – n. m. *L'américain :* l'anglais parlé aux États-Unis. **3.** (Belgique) *Un filet américain* ou, n. m., *un américain :* viande de bœuf hachée; steak tartare*. *Un américain frites.*

américanisation [ameʀikanizasjɔ̃] n. f. Action d'américaniser; fait de s'américaniser.

américaniser [ameʀikanize] v. tr. [1] Donner un caractère américain à. ▷ v. pron. Adopter l'allure, les manières, le mode de vie américains.

américanisme [ameʀikanism] n. m. **1.** Ensemble des sciences concernant les civilisations et les langues du continent américain. **2.** Tournure propre à l'anglais parlé en Amérique.

américaniste [ameʀikanist] n. et adj. **1.** n. Spécialiste de l'étude des langues et civilisations du continent américain. **2.** adj. De l'américanisme.

America's Cup, coupe remise en 1851 par la reine Victoria au voilier américain *America* qui avait remporté une course autour de l'île de Wight. Depuis, le New York Yacht Club organise tous les 4 ans une épreuve de voile récompensée par cette coupe.

américium [ameʀisjɔm] n. m. CHIM Élément radioactif artificiel (symbole Am) appartenant à la famille des actinides, de numéro atomique Z = 95.

amérindianisme [ameʀɛ̃djanism] n. m. LING Mot emprunté à une langue amérindienne. *Le mot* babiche, *en usage chez les francophones d'Amérique du Nord, est un amérindianisme.*

amérindien, enne [ameʀɛ̃djɛ̃, ɛn] adj. Relatif aux peuples autochtones de l'Amérique, en partic. de l'Amérique du N. (à l'exception des Inuit). *Langues amérindiennes.*

Amérindiens, ensemble des populations qui peuplaient l'Amérique avant l'arrivée des Européens. (Généralement on excepte de ces populations les Inuit.) Au cours de l'histoire, de nombreux noms les ont désignés : Indiens, Sauvages, Peaux-Rouges et, récemment, Amérindiens. Comme «Indien» suscitait un rapprochement avec les hab. de l'Inde (car les premiers découvreurs avaient confondu l'Amérique et les Indes), les spécialistes ont opté pour le terme «Amérindien». (V. Précolombiens.)

Amérique, deuxième continent par sa superficie (42 millions de km^2); 691 millions d'hab.; 15000 km de l'océan Arctique (71^0 2' de latit. N.) aux mers australes (57^0 5' de latit. S.); baigné à l'O. par le Pacifique, à l'E. par l'Atlantique. Deux masses triangulaires (*Amérique du Nord* et *Amérique du Sud*) sont reliées par un isthme (*Amérique centrale*).

► V. cartes p. 1372 et 1373.

Géogr. phys. – À l'O. du continent se dresse une puissante cordillère volcanique : Rocheuses au N. (6187 m au mont McKinley), Andes au S. (6959 m à l'Aconcagua). À l'E. s'étendent des plateaux cristallins aplanis et de vieux massifs : bouclier canadien, Appalaches, massif des Guyanes, bouclier brésilien, plateau de Patagonie. Entre les deux, de vastes plaines et bassins sont drainés par de grands fleuves surtout tributaires de l'Atlantique : Mississippi, Amazone, Paraná. La variété des milieux est considérable : froid du Grand Nord arctique et de la Terre de Feu, climat tempéré du Canada méridional, des États-Unis et du sud de l'Amérique latine, tropical du Sud-Est brésilien au Mexique. Autre opposition : les influences atlantiques pénètrent largement dans le continent alors que les chaînes de l'O. limitent celles du Pacifique à un étroit littoral.

Géogr. hum. – Les pop. amérindiennes d'origine ont été décimées ou submergées par les immigrants européens qui ont aussi introduit, comme esclaves, des Noirs africains. L'origine de la colonisation permet de distinguer une Amérique anglo-saxonne au Canada et aux États-Unis (Britanniques dominants et autres minorités d'Europe du N., dont les Français) et une Amérique latine où Espagnols, Portugais et, secondairement, Italiens furent majoritaires. La pop. actuelle est largement urbanisée. Jusqu'aux années 1950, le peuplement était équilibré entre le N. et le S. du continent. Aujourd'hui, l'Amérique latine connaît une forte croissance démographique.

Écon. – La partie anglo-saxonne du continent, en partic. les É.-U., a une puissante écon. diversifiée, alors que les États latins sont des pays sous-développés : prédominance de l'agriculture, mais faiblesse des techniques agric.; infrastructure industr. souvent limitée aux activités extractives, mais le Brésil et le Mexique ont connu une industrialisation rapide; manque de voies de communication. Cet état de fait tient à la différence des colonisations (développement autonome dans le N., dépendance vis-à-vis de la métropole dans le S.) et à l'absence de réformes agraires après l'indép. des colonies esp. et portug. (immenses domaines consacrés aux cult. du café, de la canne à sucre, du coton, et à l'élevage extensif). L'Amérique latine demeure sous la dépendance écon. des É.-U., auj. concurrencés par l'Europe et le Japon. Depuis la fin des années 70, elle subit une crise tragique : dette extérieure considérable, déclin des investissements, évasion fiscale, solde commercial déficitaire.

Hist. – Jusqu'au XVe s., l'histoire de l'Amérique est celle des multiples civilisations précolombiennes. Christophe Colomb, qui débarqua dans les Bahamas en 1492, ouvrit le continent aux Européens. Les conquistadores (Cortés au Mexique, Pizarro au Pérou, etc.) forgèrent un empire espagnol en Amérique centrale et dans les Andes. Le traité de Tordesillas* assura le partage de l'Amérique latine, en 1494, entre les Portug. (Brésil) et les Esp. L'exploitation minière (or, argent) fut très tôt développée. Le N. du continent, colonisé plus tardivement (XVIe et XVIIe s.) et par paliers, devint le domaine des Anglais et, pour une moindre part, des Français, qui perdirent le Canada en 1763. L'accession à l'indép. des colonies anglaises (É.-U.) en 1783 encouragea les révoltes en Amérique latine. San Martin libéra les régions andines (1816-1821), Iturbide le Mexique (1821), Sucre et Bolívar les autres colonies esp. (1819-1825). Le Brésil se déclara indépendant en 1822. En 1825, à l'exception du Canada, dominion brit. jusqu'en 1931, tous les États actuels étaient libres. Au lieu d'acquérir, comme le Nord, une unité polit., les pays latins se morcelèrent et s'opposèrent, aux dépens de l'expansion écon. En 1948, à Bogotá, fut créée une organisation panaméricaine (O.É.A.), où l'influence des É.-U. est grande. De la fin du XIXe s. à nos jours, les É.-U. sont intervenus politiquement et militairement à plusieurs reprises (Guatemala, 1954; rép. Dominicaine, 1965; Chili, 1973; Salvador, 1981; Grenade, 1983; Panamá, 1990; Haïti, 1994).

Amérique du Nord (Acte de l'), loi, votée le 29 mars 1867 par le Parlement britannique, qui créa la Confédération* canadienne. Formé par les prov. du Nouveau-Brunswick, de la Nouvelle-Écosse, du Haut-Canada (Ontario) et du Bas-Canada (Québec), cet État fédéral, dirigé par un gouv. fédéral et par les gouv. des provinces, jouissait d'une autonomie interne.

Amérique latine, partie sud du continent américain, où l'on parle l'espagnol (Argentine, Bolivie, Chili, Colombie, Costa Rica, Cuba, Équateur, Salvador, Guatemala, Haïti, Honduras, Mexique, Nicaragua, rép. Dominicaine, Panamá, Paraguay, Pérou, Uruguay, Venezuela) ou le portugais (Brésil). (V. aussi Amérique.)

amerrir [ameʀiʀ] v. intr. [**3**] Se poser sur un plan d'eau. *Hydravion, vaisseau spatial qui amerrit.*

amerrissage [ameʀisaʒ] n. m. Action d'amerrir.

amertume [amɛʀtym] n. f. **1.** Goût amer. *L'amertume de l'aloès, de la bile.* **2.** Fig. Aigreur, mélancolie due à un sentiment de mécontentement, de déception. *L'ingratitude de ses enfants le remplissait d'amertume.*

améthyste [ametist] n. f. MINER Variété violette de quartz hyalin, utilisée en joaillerie.

amétrope [ametʀɔp] adj. Atteint d'amétropie.

amétropie [ametʀɔpi] n. f. MED Trouble de la réfraction oculaire dû à une mauvaise mise au point de l'image sur la rétine. (V. hypermétropie, myopie et astigmatisme.)

ameublement [amœbləmɑ̃] n. m. Ensemble du mobilier et des objets décorant une pièce, une maison. *Un ameublement ultramoderne.*

ameublir [amœbliʀ] v. tr. [**3**] **1.** AGRIC Rendre (une terre) plus meuble, plus légère. **2.** DR Faire entrer un immeuble dans la communauté légale des époux.

ameublissement [amœblismɑ̃] n. m. Action d'ameublir; son résultat.

ameuter [amøte] v. [**1**] **1.** v. tr. Attrouper (des personnes) dans l'intention de susciter des réactions hostiles. *Ses cris ameutent le voisinage.* ▷ Alerter. *Les articles de ce journaliste ont ameuté l'opinion publique.* **2.** v. pron. S'assembler pour manifester de façon hostile.

Amhara, région de l'O. de l'Éthiopie, au N. du Nil Bleu, correspondant à l'anc. Abyssinie. Les Amhara, population de langue amharique (près de 20 millions de personnes), ont créé une civilisation rurale dans des temps reculés. Certains ont migré vers le S., dans la région de l'actuel Addis-Abeba.

amharique [amaʀik] n. m. Langue sémitique parlée sur le plateau abyssin, langue officielle de l'Éthiopie.

ami, ie [ami] n. et adj. **I.** n. **1.** Personne à laquelle on est lié par une affection réciproque. *Une amie d'enfance. Je me suis fait un ami de ce garçon.* – (Québec) Fam. *Ami de garçon, amie de fille, amie de femme :* personne que l'on fréquente beaucoup, avec laquelle on entretient une relation privilégiée. ▷ *Par euph.* Amant, maîtresse. *Petit ami, petite amie :* flirt, amant, maîtresse. ▷ *Par ext.* Personne avec laquelle on a des relations cordiales. Syn. camarade. **2.** Personne bien disposée, animée de bonnes intentions. *Venir en ami. C'est un ami qui vous parle.* Ant. ennemi. **II.** adj. **1.** D'un ami. *Une main, une maison amie.* ▷ *Un regard ami,* amical, bienveillant. **2.** Allié. *Des pays amis.* ▷ De son propre camp. *Des troupes amies.* Ant. ennemi.

amiable [amjabl] adj. Qui se fait par entente mutuelle. *Vente amiable. Procédure amiable,* sans instruction judiciaire. ▷ Loc. adv. *À l'amiable :* par voie de conciliation, par accord volontaire des parties. *Litige réglé à l'amiable.*

amiante [amjɑ̃t] n. m. CHIM Silicate hydraté de calcium et de magnésium résistant au feu et aux acides et dont les filaments servent à fabriquer des cordes et des tissus incombustibles.

amiantose [amjɑ̃toz] n. f. MED Maladie professionnelle due à l'accumulation de poussières d'amiante dans les poumons.

amibe [amib] n. f. Protozoaire rhizopode dont il existe plusieurs espèces (l'une pathogène pour l'homme) vivant en mer, en eau douce ou dans l'intestin comme parasite.

amibiase [amibjaz] n. f. MED Parasitose du gros intestin, due à une amibe *Entamœba histolytica,* qui peut parfois provoquer une diarrhée aiguë (dysenterie amibienne) ou chronique et des lésions viscérales graves, en partic. du foie. *L'amibiase est endémique en zone tropicale et intertropicale.*

amibien, enne [amibjɛ̃, ɛn] adj. **1.** Dû aux amibes. *Dysenterie amibienne.* **2.** Qui est spécifique des amibes.

amical, ale, aux [amikal, o] adj. Qui est inspiré par l'amitié. *Un conseil amical.* Ant. hostile, malveillant.

amicale [amikal] n. f. Association de personnes pratiquant une même activité. *L'amicale des secrétaires de la présidence.*

amicalement [amikalmɑ̃] adv. D'une manière amicale. *Bavarder amicalement.*

amicalisme [amikalism] ou **matsawanisme** [matsawanism] n. m. (Afr. subsah.) Mouvement syncrétique politico-religieux fondé par André Matswa (1899-1942), responsable d'émeutes au Congo-Brazzaville entre 1926 et 1942.

amide [amid] n. m. CHIM Composé organique dérivant de l'ammoniac ou des amines par substitution d'un ou plusieurs radicaux R–CO– à un ou plusieurs atomes d'hydrogène.

amidon [amidɔ̃] n. m. Substance de réserve végétale, de nature glucidique, dont les granules broyés avec de l'eau chaude fournissent un empois. Syn. (Maurice) cange.

amidonnage [amidɔnaʒ] n. m. Action d'amidonner.

amidonner [amidɔne] v. tr. [**1**] Enduire d'amidon. *Amidonner un grand boubou.*

Amiel (Henri-Frédéric) (1821 – 1881), écrivain suisse de langue française. Après des études en Allemagne, il enseigna à Genève l'esthétique (1849) puis la philosophie (1853), publiant en 1849 *Du mouvement littéraire dans la Suisse romande et de son avenir.* Parallèlement, il tint de 1839 à sa mort un *Journal intime* de 17000 pages (publié posth.) dont l'introspection fait toute la valeur; se mettant à nu, il montre son angoisse devant sa propre vie, qu'il juge précaire.

Amiens, v. de France, ch.-l. du dép. de la Somme et de la Rég. Picardie, sur la Somme; 136234 hab. – Université. La cath. d'Amiens, goth. (XIIIe s.), est la plus vaste égl. de France. – La *paix d'Amiens* (1802), entre la France et la G.-B., mit fin à la deuxième coalition. – Le *congrès d'Amiens* (1906) et sa *Charte* ont consacré l'essor du syndicalisme français.

amigne [amiɲ] n. m. (Suisse) Cépage de vin blanc du Valais; le vin produit.

amigo [amigo] n. m. (Belgique) Prison, poste de police. ▷ Loc. (Afr. subsah., Belgique) *À l'amigo :* en prison, au poste. *Il a passé la nuit à l'amigo.*

Amilcar Barca. V. Hamilcar.

amincir [amɛ̃siʀ] v. tr. [**3**] **1.** Rendre plus mince. *Amincir une tôle.* ▷ v. pron. Devenir plus mince. Ant. épaissir. **2.** Faire paraître plus mince. *Cette robe l'amincit.*

amincissant, ante [amɛ̃sisɑ̃, ɑ̃t] adj. Qui est destiné à faire maigrir. *Crème amincissante.* – Qui fait paraître plus mince. *La coupe amincissante d'une jupe.*

amincissement [amɛ̃sismɑ̃] n. m. **1.** Action d'amincir; son résultat. **2.** Fait de s'amincir.

Amin Dada (Idi) (né en 1925), homme politique ougandais. Général en chef (1966), il renversa le président Obote (janv. 1971) et lui succéda. Dictateur sanguinaire, il fut renversé en 1979.

1. amine [amin] n. f. CHIM Nom générique des composés organiques obtenus par substitution des radicaux hydrocarbonés monovalents à un ou plusieurs des atomes d'hydrogène de l'ammoniac.

2. amine [amin], plur. **omana** ou **omanas** [umana] n. m. (Égypte, Maghreb) Représentant des artisans dans chaque corps de métier; chef d'une corporation d'artisans ou de commerçants.

aminé, ée [amine] adj. BIOCHIM *Acides aminés :* acides organiques possédant une ou plusieurs fonctions amine, et dont vingt sont les constituants de base des peptides et des protéines.

ENCYCL Le nombre des acides aminés détermine la forme de la protéine et, de là, sa fonction. La séquence des acides aminés d'une protéine est directement liée à la séquence des nucléotides de l'acide nucléique par traduction du code génétique.

a minima [aminima] loc. adv. (lat.) DR *Appel a minima,* interjeté par le ministère public quand il estime trop faible la peine appliquée.

aminoacide [aminoasid] n. m. Acide aminé.

amiral, aux [amiʀal, o] n. m. Officier général de la marine militaire. ▷ adj. m. *Bâtiment amiral,* sur lequel se trouve l'amiral, le chef d'escadre.

amirale [amiʀal] n. f. **1.** Femme officier général de la marine militaire. **2.** Épouse d'un amiral.

amirauté [amiʀote] n. f. **1.** État et office d'amiral; résidence, services et bureaux de l'amiral. **2.** Corps des amiraux, formant l'état-major de la marine militaire.

Amirauté (îles de l'), archipel de la Mélanésie, dépendance de la Papouasie-Nouvelle-Guinée; 28000 hab. – L'archipel fut occupé par les Japonais de 1942 à 1944.

amitié [amitje] n. f. **1.** Affection mutuelle qui lie deux personnes en l'absence de liens de famille et d'attirance sexuelle. *Se lier d'amitié avec quelqu'un.* ▷ *Amitié particulière :* relation homosexuelle. **2.** Témoignage d'affection bienveillante. *Faites-nous l'amitié d'accepter ce cadeau. Transmettez mes amitiés à votre époux.* Ant. antipathie, inimitié.

Amitiés acadiennes, organisation créée en 1976 qui réunit des Acadiens du Québec, des autres prov. canadiennes, des É.-U. et de France.

amitieux, euse [amisjø, øz] adj. (Belgique, France rég.) Fam. De caractère aimable; affectueux. *Elle est amitieuse, cette petite fille.*

amitose [amitoz] n. f. BIOL Division cellulaire sans mitose, chez les protozoaires.

Amman *('Ammān),* cap. de la Jordanie; 972000 hab. Centre comm.; raffinerie de pétrole.

Ammarides ou **Banu Ammar,** dynastie musulmane qui régna en Tripolitaine de 1327 à 1401.

Ammon ou **Amon,** dieu principal de Thèbes, que les prêtres égyptiens identifièrent avec Rê.

Ammon, dans la Bible, fils de Loth, frère de Moab (V. Ammonites).

1. ammoniac [amɔnjak] n. m. Gaz composé d'azote et d'hydrogène (NH_3), incolore et d'odeur suffocante, extrêmement soluble dans l'eau, utilisé notam. pour la fabrication d'engrais.

2. ammoniac, aque [amɔnjak] adj. *Sel ammoniac :* chlorure d'ammonium.

ammoniacal, ale, aux [amɔnjakal, o] adj. Qui est constitué par l'ammoniac ; qui en contient, ou en a les propriétés. *Urine ammoniacale.*

ammoniaque [amɔnjak] n. f. Solution aqueuse de l'ammoniac.

ammonite [amɔnit] n. f. PALEONT Mollusque céphalopode tétrabranchial fossile, à coquille spiralée, très abondant dans les terrains du secondaire.

Ammonites, peuple sémite issu d'Ammon, selon la Bible. Installés sur la r. dr. du Jourdain (XIVe s. av. J.-C.), ils furent soumis par les Hébreux au VIIIe s. av. J.-C.

ammonium [amɔnjɔm] n. m. CHIM Radical de formule NH_4, que ses propriétés font classer parmi les métaux alcalins. – *Ion ammonium :* ion monovalent [NH_4^+].

ammophile [amɔfil] adj. et n. m. ZOOL, BOT Qui vit dans le sable. Syn. arénicole.

amnésie [amnezi] n. f. Diminution ou perte totale de la mémoire.

amnésique [amnezik] adj. (et n.) Qui est frappé d'amnésie.

Amnesty International, association internationale (siège à Londres) fondée en mai 1961 pour lutter contre la répression politique dans le monde. P. Nobel de la paix 1977.

amniocentèse [amnjosɛ̃tɛz] n. f. MED Prélèvement, aux fins d'analyse, de liquide amniotique, réalisé par ponction transabdominale.

amnios [amnjos] n. m. BIOL Annexe embryonnaire la plus interne chez les vertébrés supérieurs qui constitue une poche emplie de liquide dans lequel baigne le fœtus (appelée *poche des eaux* chez les mammifères).

amnioscopie [amnjɔskɔpi] n. f. MED Observation par le col utérin du liquide amniotique à travers la membrane placentaire.

amniote [amnjɔt] n. m. ZOOL Vertébré dont les annexes embryonnaires comportent un amnios (reptiles, oiseaux, mammifères).

amniotique [amnjɔtik] adj. Qui appartient à l'amnios. *Le liquide amniotique protège et hydrate le fœtus.*

amnistiable [amnistjabl] adj. Qui peut être amnistié.

amnistie [amnisti] n. f. Acte du pouvoir législatif qui annule des condamnations et leurs conséquences pénales. *Un délit couvert par l'amnistie. Amnistie fiscale, douanière.*

amnistier [amnistje] v. tr. [**2**] Accorder une amnistie à.

Amo (Antoine-Guillaume) (v. 1703 – v. 1760), philosophe de la Côte-de-l'Or (Ghana). Venu en Hollande en 1707, il enseigna la philosophie en Europe puis revint au pays natal (1753). Œuvres princ. : *Des droits des Africains en Europe* (1729), *l'Apathie de l'esprit humain* (1734).

amocher [amɔʃe] v. tr. [**1**] Fam. Abîmer, défigurer, blesser. ▷ v. pron. *Il s'est rudement amoché!*

amoindrir [amwɛ̃dʀiʀ] v. [**3**] **1.** v. tr. Diminuer, rendre moindre. *La fatigue amoindrissait ses capacités.* Syn. réduire, restreindre. Ant. accroître, agrandir. **2.** v. pron. Diminuer, devenir moindre. *Ses revenus se sont bien amoindris.*

amoindrissement [amwɛ̃dʀismɑ̃] n. m. Diminution, affaiblissement.

amollir [amɔliʀ] v. tr. [**3**] **1.** Rendre mou. *La chaleur amollit le beurre.* **2.** Fig. Rendre plus faible, enlever de la force. *De nombreuses pressions amollirent ses résolutions.* Syn. affaiblir, alanguir. Ant. affermir, endurcir. ▷ v. pron. *Son ardeur s'amollissait.*

amollissant, ante [amɔlisɑ̃, ɑ̃t] adj. Qui amollit.

amollissement [amɔlismɑ̃] n. m. Action d'amollir; état de ce qui est amolli.

amome [amɔm] n. m. Plante (fam. zingibéracées) d'Afrique tropicale, dont la graine est la maniguette ou graine de paradis. Syn. cardamome.

Amon. V. Ammon.

amonceler [amɔ̃sle] v. [**19**] **1.** v. tr. Entasser, mettre en monceau. *Ils amoncellent des piles de livres.* ▷ Fig. Réunir, accumuler. *Amonceler des preuves.* **2.** v. pron. *Des nuages s'amoncelaient au large.*

amoncellement [amɔ̃sɛlmɑ̃] n. m. Entassement, accumulation (de qqch).

amont [amɔ̃] n. m. Partie d'un cours d'eau comprise entre un point donné et sa source. Ant. aval. ▷ Loc. prép. *En amont de :* du côté où se trouve la source (par rapport à un point donné). ▷ Partie d'un processus technique ou économique qui en précède une autre. *Occupez-vous des recherches en amont, je me charge de l'édition en aval.*

amoral, ale, aux [amɔʀal, o] adj. Qui ignore les principes de la morale. Ant. moral.

amoralisme [amɔʀalism] n. m. Attitude d'une personne amorale. Ant. moralisme.

amoralité [amɔralite] n. f. Caractère de ce qui est étranger à la notion de moralité. Ant. moralité.

amorçage [amɔrsaʒ] n. m. Action d'amorcer. ▷ ELECTR Phénomène transitoire précédant l'établissement du régime permanent dans une génératrice dont le courant est fourni par l'induit. ▷ ELECTRON *Amorçage d'un arc :* processus d'établissement d'un arc ou d'une étincelle.

amorce [amɔrs] n. f. **1.** Appât jeté dans l'eau ou disposé autour d'un piège pour attirer le poisson, le gibier. **2.** Capsule à poudre fulminante servant à mettre à feu une charge de poudre, d'explosif. – Pastille de produit détonant collée entre deux papiers, servant de jeu pour les enfants. *Pistolet à amorces.* **3.** *Par ext.* Ébauche (d'un ouvrage, d'un processus). *L'amorce d'une autoroute. L'amorce de pourparlers.*

amorcer [amɔrse] v. tr. [12] **1.** PECHE Garnir d'une amorce. *Amorcer un hameçon.* ▷ Attirer en jetant une amorce. *Amorcer les poissons.* Syn. appâter. **2.** Munir d'une amorce (une charge de poudre, d'explosif). **3.** *Amorcer une pompe,* y verser ou y amener du liquide pour déclencher son fonctionnement normal. **4.** *Par ext.* Ébaucher (un ouvrage, une action). *Amorcer une route. Amorcer une discussion.*

amorphe [amɔrf] adj. **1.** Qualifie une personne sans caractère, sans énergie. *C'est un être amorphe,* sans volonté. Syn. inconsistant, mou. Ant. énergique. **2.** CHIM Qui n'a pas le caractère cristallin.

Amorrites ou **Amorrhéens,** peuple sémitique qui nomadisait dans le pays d'Amourrou (Hte-Syrie); établi en Mésopotamie v. 1830 av. J.-C., il s'organisa en un puissant royaume dont Babylone fut la capitale, et Hammourabi le chef le plus prestigieux.

amorti [amɔrti] n. m. SPORT Manière de frapper une balle (tennis, tennis de table) ou un ballon (football) qui en réduit ou en supprime le rebond.

amortie [amɔrti] n. f. SPORT Au tennis, au tennis de table, balle qui a subi un amorti.

amortir [amɔrtir] v. tr. [3] **1.** Diminuer la force, l'intensité de. *Amortir un choc, un bruit.* ▷ Fig. *Une longue vie commune a amorti leur passion.* Syn. affaiblir. ▷ v. pron. *Bruits qui s'amortissent dans le lointain.* **2.** FIN Effectuer un amortissement. *Amortir une dette,* en rembourser progressivement le montant jusqu'à son extinction. ▷ Cour. Récupérer une somme consacrée à l'achat d'un bien par l'utilisation de celui-ci.

amortissable [amɔrtisabl] adj. FIN Qui peut être amorti (sens 2).

amortissement [amɔrtismɑ̃] n. m. **1.** Atténuation, réduction de l'intensité. *Amortissement d'un choc.* ▷ PHYS Réduction progressive de l'amplitude d'un mouvement oscillatoire, d'une onde. **2.** FIN Action d'amortir (sens 2). *Amortissement d'un emprunt, de la dette publique. Amortissement linéaire,* dans lequel la somme à amortir est répartie également sur plusieurs années. *Amortissement dégressif,* dans lequel une part plus importante de la somme à amortir est affectée sur les premières années. ▷ COMPTA Technique comptable et fiscale destinée à compenser, par provisions, l'usure ou la perte de valeur subie par des immobilisations.

amortisseur [amɔrtisœr] n. m. Dispositif permettant de réduire l'amplitude des oscillations engendrées lors d'un choc brutal. *Les amortisseurs d'une automobile.*

Amos (VIIIe s. av. J.-C.), un des douze petits prophètes juifs.

Amou-Daria (anc. *Oxus*), fl. d'Asie centrale (2 600 km); naît dans le Pamir et se jette dans la mer d'Aral. Il sépare l'Afghānistān du Tadjikistan, de l'Ouzbékistan et du Turkménistan.

amour [amur] n. m. **I. 1.** Sentiment d'affection passionnée, attirance affective et sexuelle d'un être humain pour un autre. *Elle lui a inspiré un grand amour. Aimer d'amour. Filer le parfait amour :* s'aimer dans une entente parfaite. – (Québec) (Emploi critiqué.) Fam. *Être, tomber en amour (avec qqn) :* être, devenir subitement amoureux. *Être en amour par-dessus la tête.* – *Faire l'amour (avec qqn),* avoir des rapports sexuels. ▷ n. f. pl. Litt. *De folles amours.* Syn. passion, tendresse, attachement. **2.** La personne aimée. *Mon amour.* – *Vous êtes un amour :* vous êtes très aimable, charmant(e). – Fam. *Un amour d'enfant :* un enfant charmant. **3.** Représentation allégorique de la divinité à laquelle les Grecs et les Romains attribuaient le pouvoir de faire naître l'amour. *Des amours joliment sculptés.* **II.** Vif sentiment d'affection que ressentent les uns pour les autres les membres d'une même famille. *Amour maternel, filial, fraternel.* **III. 1.** Sentiment de profond attachement (à une valeur ressentie comme supérieure et à laquelle on est prêt à se sacrifier). *L'amour du prochain, de la patrie.* ▷ *Amour de Dieu :* piété, ferveur. – *Pour l'amour de Dieu :* je vous en prie, par pitié. **2.** Goût très vif, enthousiasme pour une chose, une activité. *L'amour de la musique, de l'argent, du sport.* – *Faire un travail avec amour,* avec grand plaisir et en y mettant tout son soin. Ant. aversion, dégoût. **IV.** Fig. *Amour caché :* à la Martinique, gâteau à la noix de coco. – *Tourment d'amour :* à la Guadeloupe, ce même gâteau. ▷ Plur. (Suisse) Dernières gouttes d'une bouteille. *À vous les amours! :* à votre santé! – (Acadie) Bardane; chacune de ses capitules (qui s'accrochent aux vêtements). (V. amoureux, sens 4.)

Amour ou **Heilongjiang,** fl. d'Extrême-Orient (4 354 km), qui sert de frontière entre la Russie et la Chine du N.-E.; se jette dans la mer d'Okhotsk.

Amour (djebel), massif de l'Atlas saharien, en Algérie méridionale.

Amour, dieu identifié avec l'Éros grec, amant de Psyché*, et avec le Cupidon latin.

amouracher (s') [amuraʃe] v. pron. [1] Péjor. S'éprendre soudainement (de qqn). *Il s'est amouraché d'une fille.*

amourette [amurɛt] n. f. **1.** Aventure sentimentale sans conséquence. **2.** (Antilles fr., Guyane) Nom courant de divers arbres tropicaux. – *Bois d'amourette,* utilisé en ébénisterie et en marqueterie.

amoureusement [amurøzmɑ̃] adv. D'une façon amoureuse; avec amour.

amoureux, euse [amurø, øz] adj. (et n.) **1.** Propre à l'amour, qui dénote de l'amour. *Sentiments, regards amoureux.* **2.** Qui éprouve de l'amour. *Être, tomber amoureux.* **3.** n. Celui, celle qui éprouve de l'amour. *C'est son amoureux.* **4.** n. m. pl. (Acadie) Capitules de la bardane qui s'accrochent aux vêtements.

amour-propre [amurprɔpr] n. m. Sentiment très vif qu'une personne a de sa propre valeur, dont elle veut garantir l'image aux yeux d'autrui. *Il a trop d'amour-propre pour commettre cette bassesse. Des amours-propres.*

amovible [amɔvibl] adj. **1.** DR Qui peut être déplacé, muté. *Certains fonctionnaires sont amovibles.* Ant. inamovible. **2.** Qui peut être démonté, enlevé. *Pièce amovible d'un mécanisme. Doublure, capuchon amovible.* Ant. fixe, inamovible.

Amoy. V. Xiamen.

ampélidacées [ɑ̃pelidase] n. f. pl. BOT Famille de dicotylédones dialypétales, dont la vigne est le type, comprenant surtout des arbustes grimpant à l'aide de vrilles. – Sing. *Une ampélidacée.*

ampère [ɑ̃pɛr] n. m. ELECTR Unité d'intensité des courants électriques (symbole A).

Ampère (André Marie) (1775 – 1836), physicien et mathématicien français. Il étudia l'action des courants électriques sur les aimants et l'action mutuelle des courants, créant ainsi l'électrodynamique.

ampère-heure [ɑ̃pɛrœr] n. m. Quantité d'électricité transportée en 1 heure par un conducteur parcouru par un courant de 1 ampère (symbole Ah). *Des ampères-heures.*

ampèremètre [ɑ̃pɛrmɛtr] n. m. Appareil de mesure de l'intensité d'un courant.

amphétamine [ɑ̃fetamin] n. f. MED Excitant du système nerveux central, classé parmi les toxiques, qui accroît les capacités physiques et psychiques de l'individu, mais entraîne accoutumance, assuétude et dépendance. *Les amphétamines sont souvent employées dans le dopage.*

amphi-. Préfixe, du gr. *amphi,* «autour de, des deux côtés».

amphi [ɑ̃fi] n. m. Fam. (Abrév. de *amphithéâtre*). Amphithéâtre d'un lycée, d'une université.

amphibie [ɑ̃fibi] adj. (et n.) **1.** Qui vit dans l'air et dans l'eau. *Les silures, les tortues de mer sont amphibies.* ▷ Subst. *Un amphibie.* **2.** Qui peut se déplacer sur terre et dans l'eau. *Véhicule amphibie.*

amphibiens [ɑ̃fibjɛ̃] n. m. pl. ZOOL Classe de vertébrés tétrapodes poïkilothermes, à peau nue, généralement ovipares, comprenant trois ordres : les anoures (grenouilles, crapauds), les urodèles (tritons, salamandres) et les apodes (géotrypète). Syn. anc. batraciens. – Sing. *Un amphibien.*

amphibole [ɑ̃fibɔl] n. f. MINER Minéral composé de silicates de fer, calcium et magnésium, de couleur noire, brune ou verte, entrant dans la constitution des roches éruptives et métamorphiques.

amphibologie [ɑ̃fibɔlɔʒi] n. f. GRAM Construction vicieuse qui donne un double sens à une phrase (par ex. : *j'ai volé une pomme à ma sœur qui n'est pas bonne*); équivoque.

amphibologique [ɑ̃fibɔlɔʒik] adj. GRAM À double sens, ambigu.

amphigouri [ɑ̃figuri] n. m. RHET Discours, écrit confus et obscur.

amphigourique [ɑ̃figurik] adj. RHET Confus, embrouillé. *Un style un peu trop amphigourique.*

amphioxus [ɑ̃fjɔksys] n. m. ZOOL Invertébré marin céphalocordé *(Branchiostoma lanceolatum)*, dont le squelette, interne, dorsal, est réduit à la corde et l'œil à une tache oculaire, insensible à la lumière.

amphipodes [ɑ̃fipɔd] n. m. pl. ZOOL Ordre de petits crustacés d'eau douce et d'eau de mer, comprenant notam. les puces de mer. – Sing. *Un amphipode.*

amphisbéniens [ɑ̃fisbenjɛ̃] n. m. pl. ZOOL Sous-ordre de reptiles apodes des régions tropicales semblables à de gros vers de terre, qui se déplacent aussi bien vers l'avant que vers l'arrière, d'où leur nom de *serpents à deux têtes.* – Sing. *Un amphisbénien.*

amphithéâtre [ɑ̃fiteɑtʀ] n. m. **1.** ANTIQ ROM Vaste édifice à gradins, de forme ronde ou elliptique, destiné principalement aux combats de gladiateurs et aux jeux publics. *Amphithéâtre de Pompéi.* ▷ *Terrain en amphithéâtre,* aux pentes incurvées et s'élevant graduellement. *Alger est bâtie en amphithéâtre.* **2.** *Par anal.* Salle de cours, garnie de gradins. (Abrév. fam. : amphi). Syn. (Afr. subsah., Belgique, France rég., Suisse) auditoire. **3.** GEOMORPH Construction morainique en forme de rempart à convexité tournée vers l'aval.

Amphitrite, dans la myth. gr., déesse des Mers, épouse de Poséidon et mère de Triton.

amphitryon [ɑ̃fitʀijɔ̃] n. m. Litt. Personne chez qui on est invité à prendre un repas; hôte.

Amphitryon, dans la myth. gr., roi de Tirynthe, fils d'Alcée. Uni à Alcmène sans être autorisé à consommer le mariage, il fut trompé par Zeus qui séduisit celle-ci en prenant ses traits.

amphore [ɑ̃fɔʀ] n. f. ANTIQ Vase ovoïde en terre cuite, à deux anses. *Les amphores contenaient des grains ou des liquides destinés à être transportés.*

amphotère [ɑ̃fɔtɛʀ] adj. CHIM Qui se comporte comme un acide ou comme une base, selon le milieu.

ample [ɑ̃pl] adj. **1.** Vaste, large. *Un vêtement ample.* Ant. ajusté, étriqué, étroit. **2.** Important, abondant. *Faire une ample provision de souvenirs.* ▷ Loc. *Jusqu'à plus ample informé :* avant d'avoir recueilli plus d'informations.

amplement [ɑ̃pləmɑ̃] adv. D'une manière ample, abondamment. *La question a été amplement débattue.*

ampleur [ɑ̃plœʀ] n. f. **1.** Caractère de ce qui est ample (sens 1). *Cette manche a trop d'ampleur.* **2.** Importance, étendue. *On mesure l'ampleur de la crise.*

ampliatif, ive [ɑ̃plijatif, iv] adj. DR Qui complète un acte précédent.

ampliation [ɑ̃plijasjɔ̃] n. f. DR Copie authentique de l'original d'un acte notarié ou administratif. ▷ *Pour ampliation :* formule placée en bas des actes ampliatifs.

amplificateur, trice [ɑ̃plifikatœʀ, tʀis] adj. et n. m. **1.** adj. Qui amplifie (qqch). *Un effet amplificateur.* **2.** n. m. ELECTRON Appareil qui amplifie un signal dont l'amplitude est trop faible pour qu'on puisse l'utiliser directement. (Abrév. fam. : ampli). – *Spécial.* Élément qui, dans une chaîne haute-fidélité, précède les haut-parleurs.

amplification [ɑ̃plifikasjɔ̃] n. f. **1.** ELECTRON Action d'amplifier un signal. **2.** BIOL *Amplification génétique :* présence de plusieurs copies d'un gène dans le génome d'un individu, due à des causes naturelles ou provoquée par génie génétique. **3.** LITTER Développement d'un sujet en littérature. – Péjor. Développement verbeux, exagération.

amplifier [ɑ̃plifje] v. [2] **1.** v. tr. Augmenter la quantité, le volume, l'étendue, l'importance de. *Amplifier le courant, le son. Amplifier les échanges commerciaux.* Ant. abréger, diminuer, réduire, restreindre. **2.** v. pron. Devenir plus important. *Rumeur qui s'amplifie.*

amplitude [ɑ̃plityd] n. f. **1.** Écart entre deux valeurs extrêmes de la température. *L'amplitude entre le jour et la nuit est considérable au Sahara.* ▷ ECOL Variation entre deux termes limites d'une possibilité de vie. **2.** *Amplitude d'un mouvement oscillatoire,* son élongation maximale. **3.** ASTRO Arc de l'horizon compris entre le point où un astre se lève ou se couche et les directions de l'est et de l'ouest.

ampoule [ɑ̃pul] n. f. **1.** Petit tube de verre, terminé en pointe et soudé, contenant un médicament liquide; son contenu. **2.** *Ampoule (électrique) :* enveloppe de verre enfermant le filament des lampes à incandescence et généralement remplie d'un gaz inerte pour éviter la destruction du filament par oxydation. *L'ampoule est grillée.* **3.** Petit gonflement de l'épiderme, rempli de sérosité, consécutif à un frottement ou à une brûlure. *Il s'est fait des ampoules aux pieds.* Syn. cloque, (Belgique) cloche. (V. phlyctène.)

ampoulé, ée [ɑ̃pule] adj. Emphatique, pompeux. *Tenir un discours ampoulé.* Ant. naturel, simple.

amputation [ɑ̃pytasjɔ̃] n. f. **1.** CHIR Ablation d'un membre, d'un segment de membre ou de certains organes. *Amputation d'une jambe, d'un sein.* **2.** Fig. *Amputation d'un texte.*

amputé, ée [ɑ̃pyte] adj. et n. Se dit d'une personne qui a subi l'ablation d'un membre ou d'un segment de membre. ▷ Subst. *Un amputé du bras.*

amputer [ɑ̃pyte] v. tr. [1] **1.** Pratiquer l'amputation de. *Amputer un membre.* **2.** Fig. *Amputer un texte,* en retrancher un ou plusieurs passages.

Amr (ibn il-As) *('Amr ibn al-'Ās)* (v. 580 – v. 663-664), membre de la tribu des Qurayshites, compagnon de Mahomet, converti à l'islam vers 629. À la tête d'une des armées du calife Abn Bakr, il s'empara de l'Égypte et la gouverna jusqu'à sa mort.

Amritsar, v. de l'Inde (Pendjab); 709 000 hab. – Cité sainte des sikhs : Temple d'or, élevé du XVIe au XVIIIe s.

Amrouche (Jean) (1906 – 1962), écrivain algérien d'expression française. Poète (*Cendres,* 1934), il traduisit en français des *Chants berbères de Kabylie* (1939). Il a laissé une *Histoire de ma vie* (posth., 1968). — **Marie-Louise Taos Amrouche** (1913 – 1976), sœur du préc. : V. Taos Amrouche (Marie-Louise).

Amsterdam, cap. et très import. port de comm. des Pays-Bas (dont la cap. admin. est *La Haye*), ville sillonnée de canaux, à l'embouchure de l'*Amstel*; 691 740 hab.– Célèbres musées : Rijksmuseum (Rembrandt, notam.) et Stedelijkmuseum (Van Gogh). – Dès le XVe s., elle fut le princ. centre comm. de la Hollande. En 1568, elle fit partie des Provinces-Unies. Au XVIIe s., sa prospérité s'accrut par la création de la Compagnie des Indes orientales et de la Banque d'Amsterdam.

amuïr (s') [amɥiʀ] v. pron. [3] PHON Cesser d'être prononcé. *Le* s *de* teste *s'est amuï pour donner* tête.

amuïssement [amɥismɑ̃] n. m. PHON Fait de s'amuïr. *L'élision est l'amuïssement d'une des voyelles finales, a, e, i, devant une initiale vocalique.*

amulette [amylɛt] n. f. Petit objet que l'on porte sur soi et auquel on attribue un pouvoir magique de protection. Syn. (Afr. subsah.) gris-gris.

Amundsen (Roald) (1872 – 1928), explorateur norvégien, le premier à avoir atteint le pôle Sud (14 déc. 1911). Il disparut en portant secours à Nobile.

amusant, ante [amyzɑ̃, ɑ̃t] adj. Qui amuse, divertit.

amuse-gueule [amyzgœl] n. m. inv. Fam. Petit hors-d'œuvre servi avec l'apéritif. Syn. (Maurice) gajaque, (Afr. subsah.) niama-niama.

amusement [amyzmɑ̃] n. m. Ce qui amuse. *Les cartes sont pour lui un amusement.* Syn. distraction, récréation.

amuser [amyze] v. [1] **I.** v. tr. **1.** Distraire, divertir. *Ses plaisanteries m'ont bien amusé.* Syn. égayer. Ant. ennuyer. – *Cela ne l'amuse pas de travailler si tard,* ne lui plaît pas. **2.** Détourner l'attention de qqn pour l'empêcher d'agir ou de voir qqch au moyen d'habiles diversions. *Il amuse l'auditoire pour gagner du temps.* ▷ (Réunion) En parlant du temps, occuper, meubler. *Amuser le temps d'alitement d'un malade.* **II.** v. pron. **1.** Se distraire, se divertir. *Ils s'amusent à le mettre en colère.* – Jouer. *Les enfants s'amusent.* – Litt. *S'amuser de quelqu'un,* se moquer de lui. ▷ Fam. *Ne vous amusez pas à* (+ inf.) : ne vous avisez pas de. **2.** Fam. Perdre son temps, traîner. *Si vous voulez être à l'heure, ne vous amusez pas en chemin.* **3.** (Belgique) *S'amuser bien :* se plaire. *S'amuser mal :* s'ennuyer. **III.** v. intr. (Réunion) Musarder, flâner.

amusette [amyzɛt] n. f. Distraction sans portée, à laquelle on n'attache pas d'importance.

amuseur, euse [amyzœʀ, øz] n. Personne qui amuse.

amygdale [amidal] n. f. Amas de follicules lymphoïdes volumineux encastré dans une muqueuse de la région de la bouche et du pharynx.
ENCYCL Les cinq amygdales sont l'*amygdale pharyngienne* (fam. végétations), dans la paroi postérieure du rhino-pharynx, les deux *amygdales palatines,* entre les piliers antérieurs et postérieurs du voile du palais, les deux *amygdales linguales,* à la base de la langue; les amygdales palatines sont souvent enlevées (amygdalectomie).

amygdalectomie [amidalɛktɔmi] n. f. CHIR Ablation des amygdales.

amygdalite [amidalit] n. f. MED Inflammation des amygdales.

amylacé, ée [amilase] adj. CHIM Qui contient de l'amidon.

amylase [amilɑz] n. f. BIOCHIM Enzyme d'origine salivaire et pancréatique, qui scinde l'amidon et le glycogène en dextrines et maltose, au cours de la digestion intestinale.

amyle [amil] n. m. CHIM Radical monovalent C_5H_{11}, caractéristique des composés amyliques.

amylique [amilik] adj. CHIM Qui contient le radical amyle. *Alcool amylique.*

amylose [amiloz] n. **1.** n. m. BIOCHIM Polyoside constituant de l'amidon, formé de 250 à 300 monomères *(glucose).* **2.** n. f. MED Maladie grave caractérisée par l'infiltration dans les différents tissus d'une glycoprotéine mal connue.

Amyot (Jacques) (1513 – 1593), humaniste français, évêque d'Auxerre (1570). Ses traductions d'Héliodore, de Longus, de Plutarque ont contribué à la formation de la langue classique.

amyotrophie [amjɔtʀɔfi] n. f. MED Atrophie musculaire.

Amyrtée, pharaon égyptien, fondateur et unique roi de la XXVIIIe dynastie (404-398 av. J.-C.). Il fut détrôné par Néphéritès.

an-. V. 1. a-.

an [ɑ̃] n. m. Période correspondant à la durée d'une révolution de la Terre autour du Soleil; année. *Il y a trois ans... Il a cinquante ans.* – Loc. *Bon an, mal an :* les bonnes années compensant les mauvaises. – Plur. Poét. *Le poids des ans.* ▷ Période allant du 1er janvier au 31 décembre, dans le calendrier grégorien. *L'an prochain, l'an dernier. Le jour de l'an :* le premier jour de l'année. *Le Maouloud est le jour de l'an musulman.* – Indiquant une date. *L'an 1280 après J.-C. L'an 923 de l'hégire.*

ana-. Préfixe, du gr. *ana,* «de bas en haut», marquant une idée de mouvement en arrière, de répétition, de changement, d'inversion de sens.

anabaptisme [anabatism] n. m. Mouvement protestant qui dénie toute valeur au baptême des enfants et réserve ce sacrement aux adultes. *L'anabaptisme est apparu en Allemagne au XVIe siècle.*

anabas [anabas] n. m. ICHTYOL Poisson perciforme des eaux douces et saumâtres d'Asie du S.-E. (longueur 20 cm), à respiration amphibie.

anableps [anableps] n. m. ICHTYOL Poisson des mangroves d'Amérique tropicale, dont les yeux divisés en deux parties lui permettent de voir à la fois dans l'air et dans l'eau. V. quatre-yeux.

anabolisant, ante [anabolizɑ̃, ɑ̃t] adj. et n. m. Qui favorise l'anabolisme. ▷ n. m. Stéroïde de synthèse qui entraîne une augmentation de l'anabolisme protidique. *L'emploi des anabolisants dans l'élevage est réglementé.*

anabolisme [anabɔlism] n. m. BIOL Ensemble des réactions de synthèse s'effectuant dans un organisme vivant.

anacarde [anakaʀd] n. m. Fruit de l'anacardier, dont l'amande oléagineuse (noix de cajou) et le pédoncule hypertrophié jaune ou rouge (pomme-cajou) sont comestibles.

anacardiacées [anakaʀdjase] n. f. pl. BOT Famille de plantes dicotylédones dialypétales, surtout des régions tropicales, comprenant des arbres et des arbustes à fruits comestibles : anacardier, manguier, pistachier, etc. Syn. anc. térébinthacées.

anacardier [anakaʀdje] n. m. Petit arbre des zones tropicales (fam. anacardiacées) cultivé pour son fruit, l'anacarde. Syn. pommier-cajou, pommier d'acajou, darcassou.

anachorète [anakɔʀɛt] n. m. **1.** Religieux qui vit seul, retiré du monde. Syn. ermite. Ant. cénobite. **2.** *Par ext.* Personne qui vit par goût dans une totale solitude.

anachronique [anakʀɔnik] adj. **1.** Entaché d'anachronisme (sens 1). **2.** Suranné, désuet.

anachronisme [anakʀɔnism] n. m. **1.** Faute contre la chronologie; attribution à une époque d'usages, de notions, de pratiques qu'elle n'a pas connus. *Représenter un Amérindien du XVIIIe s. sur une motoneige est un anachronisme.* **2.** Usage suranné, désuet. ▷ Caractère de ce qui est anachronique.

anacoluthe [anakɔlyt] n. f. RHET Rupture dans la construction d'une phrase. Par ex. : *«Vous, ministre de paix [...], Le sang, à votre gré, coule trop lentement» (Racine).*

anaconda [anakɔ̃da] n. m. ZOOL Serpent des marais et des fleuves d'Amérique tropicale (*Eunectes murinus,* fam. boïdés), qui peut atteindre dix mètres. Syn. eunecte.

Anacréon (v. 570 av. J.-C.), poète lyrique grec. Il célébra les plaisirs de la vie dans des odes bachiques, dont il reste des fragments.

anaérobie [anaeʀɔbi] adj. BIOL Qui ne peut vivre au contact de l'air. *Processus anaérobies,* qui se déroulent en l'absence d'oxygène. Ant. aérobie.

anaérobiose [anaeʀɔbjoz] n. f. BIOL Ensemble des conditions nécessaires au développement des organismes anaérobies. Ant. aérobiose.

anagramme [anagʀam] n. f. Mot obtenu par transposition des lettres d'un autre mot (ex. : *chien, niche, chine*). *Alcofribas Nasier, pseudonyme de François Rabelais, est une anagramme.*

anal, ale, aux [anal, o] adj. De l'anus, relatif à l'anus. *Le sphincter anal.* ▷ PSYCHAN *Stade anal :* V. sadique-anal.

analgésie [analʒezi] n. f. MED Abolition de la sensibilité douloureuse.

analgésique [analʒezik] adj. (et n. m.) Qui diminue ou supprime la douleur.

analité [analite] n. f. PSYCHAN Organisation psychique liée au stade sadique-anal.

anallergique [analɛʀʒik] adj. MED Qui ne provoque pas d'allergie. *Un savon anallergique.*

analogie [analɔʒi] n. f. **1.** Rapport de ressemblance établi par l'intelligence ou l'imagination entre deux ou plusieurs objets. *L'analogie entre l'homme et le singe. Une analogie frappante.* ▷ *Raisonner par analogie,* en induisant d'une ressemblance partielle entre deux objets une ressemblance plus générale ou une similitude totale. Ant. dissemblance, contraste. **2.** LING Influence assimilatrice exercée sur certaines formes par d'autres formes que l'esprit leur associe (par ex. formation de : *«vous disez»* – barbarisme –, pour *«vous dites»* – forme correcte –, sur le modèle de *«vous lisez»*). **3.** MATH Proportionnalité.

analogique [analɔʒik] adj. **1.** Fondé sur l'analogie. *Dictionnaire analogique,* qui regroupe les mots d'après leur sens. **2.** INFORM Qui est représenté par la variation continue d'une certaine grandeur (par oppos. à *numérique*). **3.** *Signal analogique :* signal pouvant prendre une infinité continue de valeurs. *Le son d'un violon est un signal analogique.*

analogue [analɔg] adj. (et n. m.) Qui présente une analogie. Syn. ressemblant, similaire. Ant. contraire, opposé. ▷ n. m. Ce qui est analogue à autre chose. *Un mot peul sans analogue en français.* Syn. correspondant, équivalent.

analphabète [analfabɛt] adj. (et n.) Qui ne sait ni lire ni écrire. – Subst. *Analphabète fonctionnel :* personne qui ne possède pas les rudiments de lecture, d'écriture et de calcul nécessaires à son insertion sociale. Syn. illettré.

analphabétisme [analfabetism] n. m. État de l'analphabète. – *Taux d'analphabétisme :* pourcentage d'analphabètes dans une population donnée. *Si le taux d'analphabétisme est très élevé dans les pays pauvres, les pays industrialisés ont eux aussi des analphabètes fonctionnels.*

analysable [analizabl] adj. Qui peut être analysé.

analyse [analiz] n. f. Décomposition d'un tout en ses parties. Ant. synthèse. **1.** Opération par laquelle l'esprit, pour parvenir à la connaissance d'un objet, le décompose en ses éléments (regroupés ensuite dans l'opération de *synthèse*). ▷ Étude détaillée de nos sentiments, des mobiles profonds de nos actes. *Roman d'analyse.* ▷ Loc. *En dernière analyse :* une fois l'analyse faite, dans le fond. **2.** CHIM Détermination de la composition d'une substance. – MED Examen biologique permettant d'établir ou de préciser un diagnostic. *Analyse de sang.* ▷ ELECTRON Lecture et interprétation d'informations. – *Analyse d'une image de télévision,* décomposition de cette image en lignes et points. ▷ PHYS *Analyse spectrale :* détermination de la structure d'un composé à partir de son spectre d'émission ou d'absorption. **3.** Étude des idées essentielles constitutives d'une œuvre artistique ou littéraire. *Analyse d'une pièce de théâtre.* **4.** GRAM Décomposition d'une phrase en propositions *(analyse logique),* d'une proposition en mots *(analyse grammaticale),* dont on établit la nature et la fonction. **5.** MATH Partie des mathématiques comprenant les calculs différentiel et intégral, ainsi que leurs applications. – *Analyse combinatoire,* qui étudie le dénombrement de combinaisons, d'arrangements et de permutations d'éléments d'un ensemble fini. **6.** Traitement psychanalytique, psychanalyse. **7.** INFORM Ensemble des opérations qui interviennent avant la programmation. – *Analyse fonctionnelle :* description des données du problème à traiter, des algorithmes de calcul et de l'organisation générale du traitement. – *Analyse organique :* description détaillée des programmes et des traitements.

analyser [analize] v. tr. [1] Procéder à l'analyse de. *Analyser une substance. Analyser ses sentiments. Analyser une œuvre.* ▷ Pp. adj. Qui a suivi une analyse (sens 6).

analyseur [analizœʀ] n. m. et adj. m. **1.** n. m. PHYS Système optique permettant de définir l'état de polarisation d'un faisceau lumineux. – ELECTRON *Analyseur d'images :* tube électronique qui transforme une image en signaux électriques. **2.** adj. m. Qui analyse. *Système analyseur.*

analyste [analist] n. **1.** Spécialiste de l'analyse (chimique, mathématique, financière). **2.** INFORM Personne chargée de l'analyse. **3.** Personne versée dans l'analyse psychologique. **4.** Psychanalyste.

analyste-programmeur [analistpʀɔgʀamœʀ] n. m. INFORM Spécialiste de l'analyse et de la programmation. *Des analystes-programmeurs.*

analytique [analitik] adj. et n. f. **1.** adj. Qui contient une analyse, procède par analyse. *Table analytique des matières.* Ant. synthétique. ▷ MATH Qui relève du domaine de l'analyse. *Fonction analytique. – Géométrie analytique,* appliquant le calcul algébrique à la géométrie. ▷ LING *Langues analytiques,* qui utilisent peu d'affixes et expriment les rapports syntaxiques par des mots distincts (par oppos. aux *langues synthétiques*). ▷ *Technique* ou *traitement analytique,* qui utilise la psychanalyse. **2.** PHILO *Philosophie analytique :* courant philosophique du XXe s., surtout anglo-saxon (B. Russel, G.E. Moore), qui s'écarte tant de l'essentialisme que de l'existentialisme, pour s'attacher à l'analyse du rapport entre le monde et la nature de notre structure conceptuelle, rapport dont le lieu est le langage. ▷ n. f. Chez Aristote, logique qui concerne la démonstration; chez Kant, critique de l'entendement.

analytiquement [analitikmɑ̃] adv. Didac. Par voie d'analyse.

Anambra, État du centre-S. du Nigeria; 17 675 km^2 avec l'État d'Enugu, qui s'en est détaché en 1991; 2 767 903 hab.; cap. *Awka.*

anamnèse [anamnɛz] n. f. LITURG CATHOL Prière de la messe qui suit l'élévation et qui rappelle la passion, la résurrection et l'ascension du Christ.

anamniote [anamnjɔt] n. m. ZOOL Vertébré dont les annexes embryonnaires ne comportent pas d'amnios (cyclostomes, poissons et amphibiens).

anamorphose [anamɔʀfoz] n. f. PEINT Représentation volontairement déformée d'un sujet, dont le véritable aspect ne peut être découvert par le spectateur que sous un angle déterminé par rapport au plan du tableau. ▷ CINE Procédé optique consistant à rendre, à la projection, des proportions normales à l'image comprimée à la prise de vues (utilisé dans le cinémascope, par ex.). ▷ MATH Transformation géométrique des figures où les coordonnées sont multipliées par deux constantes différentes.

ananas [anana] n. m. **1.** Plante originaire de l'Amérique tropicale (fam. broméliacées). **2.** Fruit, comestible, de cette plante. *Tranches d'ananas.* ▷ (Viêt-nam) *Vin d'ananas :* boisson alcoolisée à base d'ananas. **3.** (Afr. subsah.) *Ananas de brousse :* plante forestière dont le fruit ressemble à un ananas et qui est utilisée en médecine traditionnelle. **4.** (Cambodge, Laos, Viêtnam) *Ananas sauvage :* variété d'ananas dont les feuilles sont utilisées comme fibres pour confectionner des chapeaux coniques.

ananas-fleur [ananaflœʀ] n. m. Variété ornementale d'ananas à fruit rose. *Des ananas-fleurs.*

ananeraie [ananʀɛ] n. f. Grande plantation d'ananas.

anango [anɑ̃go] n. m. et adj. (Afr. subsah.) **1.** n. m. Ample vêtement d'homme, à manches longues et larges. **2.** adj. inv. Qui ressemble à ce vêtement. *Chemise, complet anango.*

Ananou (David Kouessan) (né en 1917), écrivain togolais. Son roman, *le Fils du fétiche* (1955), étudie la société togolaise. Ananou est également musicien et peintre.

anapeste [anapɛst] n. m. METR ANC Pied d'un vers grec ou latin composé de deux syllabes brèves et d'une syllabe longue.

anaphase [anafaz] n. f. BIOL Phase de séparation et de migration des chromosomes vers les deux pôles de la cellule, lors de la division cellulaire (mitose).

anaphore [anafɔʀ] n. f. **1.** RHET Répétition d'un mot ou d'un groupe de mots au début de plusieurs phrases successives, pour insister sur une idée, produire un effet de symétrie. **2.** LING Dans le discours, reprise d'un segment d'énoncé par un mot qui y renvoie (souvent un pronom).

anaphorique [anafɔʀik] adj. et n. m. **1.** adj. Relatif à l'anaphore. **2.** n. m. LING Mot qui renvoie à un mot précédent.

anaphylaxie [anafilaksi] n. f. MED Réaction souvent violente d'un organisme à une substance à laquelle il a déjà été sensibilisé lors d'un contact antérieur.

anarchie [anaʀʃi] n. f. **1.** État de désordre et de confusion qu'entraîne la faiblesse de l'autorité politique. *Pays où règne l'anarchie.* **2.** *Par ext.* Désordre, confusion. *Entreprise en pleine anarchie.* **3.** Anarchisme.
ENCYCL L'anarchie (préférer ce terme à *anarchisme*), en tant que doctrine, date du XIXe s. Ses théoriciens furent des Russes (M.A. Bakounine, P.A. Kropotkine), des Allemands (M. Stirner) et des Français (Proudhon, É. Reclus). Les anarchistes sont les ennemis radicaux de toute hiérarchie, de tout État; passée l'époque de l'attentat terroriste (nihilistes russes), ils prônent la spontanéité des masses dans l'organisation du travail (Russie de 1917, guerre d'Espagne, voire Mai 1968 en France) et seule une partie d'entre eux (militants de l'anarcho-syndicalisme, né à la fin du XIXe s.) se déclara favorable à l'action syndicale.

anarchique [anaʀʃik] adj. **1.** Marqué par le désordre, la confusion. *Gestion anarchique d'une affaire. – Prolifération anarchique des cellules.* **2.** De l'anarchisme; relatif à l'anarchisme.

anarchiquement [anaʀʃikmɑ̃] adv. D'une façon anarchique.

anarchisant, ante [anaʀʃizɑ̃, ɑ̃t] adj. Qui a des tendances anarchistes.

anarchisme [anaʀʃism] n. m. Doctrine politique qui prône la suppression de l'État. *L'anarchisme de Proudhon.* Syn. anarchie. V. anarchie (encycl.).

anarchiste [anaʀʃist] adj. et n. De l'anarchisme, de ses partisans. *Un complot anarchiste.* ▷ Subst. *Un anarchiste.*

anarcho-syndicalisme [anaʀkosɛ̃dikalism] n. m. Mouvement qui introduisit dans le syndicalisme la notion d'hostilité à tout État des anarchistes.

anarthrie [anaʀtʀi] n. f. MED Perte de la capacité de parler par atteinte de la langue ou du pharynx. (V. aphasie.)

anastome [anastɔm] n. m. ORNITH Syn. de *bec-ouvert.*

anastomose [anastɔmoz] n. f. **1.** ANAT Communication naturelle ou pratiquée chirurgicalement entre deux conduits de même nature et, par ext., entre deux nerfs. **2.** GEOGR *Anastomose fluviale :* ensemble de chenaux instables qui se séparent ou se réunissent fréquemment, enserrant des bancs sableux ou caillouteux.

anastomoser [anastɔmoze] v. tr. [1] CHIR Créer une anastomose. ▷ v. pron. ANAT Se joindre, se réunir. – BOT Se réunir en réseau (en parlant de nervures).

anastrophe [anastʀɔf] n. f. GRAM Renversement de l'ordre habituel des mots dans la phrase. «*D'amour mourir me font, belle marquise, vos beaux yeux*» (Molière).

anathématiser [anatematize] v. tr. [1] RELIG CATHOL Frapper d'anathème. ▷ *Par ext.* Litt. Condamner, désapprouver fortement.

anathème [anatɛm] n. m. **1.** RELIG CATHOL Sentence d'excommunication. ▷ *Par ext.* Réprobation, blâme solennel. *Jeter l'anathème sur ses adversaires.* **2.** Personne qui est l'objet d'un anathème, d'une sentence d'excommunication.

anatidés [anatide] n. m. pl. ORNITH Famille d'oiseaux ansériformes comprenant les cygnes, les oies et les canards. – Sing. *Un anatidé.*

anatife [anatif] n. m. ZOOL Crustacé cirripède à carapace formée de cinq plaques calcaires, pourvu d'un pédoncule, qui vit fixé sur des objets flottants.

Anatolie (du gr. *anatolê,* «lever du soleil»), nom donné par les Byzantins à l'Asie Mineure; auj. Turquie d'Asie.

anatomie [anatɔmi] n. f. **1.** Science fondamentale qui étudie, en partic. par la dissection, les moulages et les coupes, la structure et les rapports dans l'espace des différents organes et tissus chez les êtres organisés. ▷ *Anatomie pathologique :* étude des lésions provoquées par les maladies et les traumatismes dans les tissus et les viscères, par analyses microscopique, histologique et cellulaire. **2.** Structure générale d'un organisme, disposition des organes les uns par rapport aux autres. *La complexité de l'anatomie du corps humain.* – Par anal. *Anatomie d'une automobile.* ▷ Fam. Aspect extérieur du corps. *Exhiber une piètre anatomie.*

anatomique [anatɔmik] adj. Qui relève de l'anatomie. *Une planche anatomique.*

anatomiste [anatɔmist] n. Didac. Spécialiste de l'anatomie.

anatoxine [anatɔksin] n. f. BIOL Toxine ayant perdu son pouvoir pathogène grâce à un traitement adéquat, mais gardant ses propriétés immunisantes. *Anatoxine diphtérique de Ramon.*

anavenin [anavənɛ̃] n. m. MED Vaccin qui protège contre le venin des serpents.

Anaxagore (v. 500 – v. 428 av. J.-C.), philosophe et mathématicien grec. Selon lui, l'intelligence est le principe ordonnateur du monde.

Anaximandre (v. 610 – v. 547 av. J.-C.), philosophe grec de l'école ionienne. Il plaça à l'origine de l'univers un principe qu'il appela *l'infini.*

Anaximène (v. 550 – v. 480 av. J.-C.), philosophe grec de l'école ionienne. Dans sa cosmogonie, l'air est le principe de toutes choses.

A.N.C. Sigle de *African* National Congress.*

ancestral, ale, aux [ɑ̃sɛstʀal, o] adj. Qui appartient aux ancêtres; transmis par les ancêtres. *Coutumes, croyances ancestrales.*

ancêtre [ɑ̃sɛtʀ] n. **1.** Personne de qui l'on descend, ascendant (en général plus éloigné que le grand-père). ▷ *Les ancêtres :* ceux de qui l'on descend, l'ensemble des ascendants. *Marcher sur la trace de ses ancêtres. Autel des ancêtres. Culte des ancêtres. Temple des ancêtres.* **2.** (Plur.) Ensemble des hommes qui vécurent avant nous. **3.** Initiateur

lointain. *Bakary Diallo peut être considéré comme l'ancêtre des romanciers sénégalais.* **4.** *Par anal.* Objet d'autrefois dont dérivent des objets modernes. *Le vélocipède est l'ancêtre de la bicyclette.*
ENCYCL Culte des ancêtres. – Dans les sociétés traditionnelles d'Afrique, le culte rendu par un membre du lignage à ses ascendants, aînés vivants et ancêtres morts, tend à fondre l'individu avec les défunts en un principe unique garant de la cohésion du groupe, de son unité et de sa pérennité. À tout moment, le doyen d'un clan ou d'un lignage peut demander à un ancêtre mort ses bons offices en lui faisant une offrande ou un sacrifice; en contrepartie, le culte qui leur est rendu par les vivants permet aux ancêtres défunts de se survivre dans le monde des morts. En Asie, au Viêtnam, notam., le culte des ancêtres est également important. Il repose sur la croyance en une permanence de la vie des ancêtres parmi leurs descendants et s'est renforcé au contact du confucianisme. Le culte familial rendu aux morts des cinq générations ascendantes est rendu par le plus âgé du clan. Les rites de ce culte renforcent la notion de clan familial, qui constitue la base du système social vietnamien. Chaque génération est représentée par une *tablette funéraire* déposée sur l'*autel des ancêtres* et ultérieurement dans le temple familial.

anche [ɑ̃ʃ] n. f. MUS Languette placée dans le bec de certains instruments à vent (clarinette, saxophone, tuyau d'orgue, etc.) et qui, par vibration, produit les sons. *Anche simple. Anche double.*

Anchise, prince troyen, amant d'Aphrodite, dont il eut un fils, Énée.

anchois [ɑ̃ʃwa] n. m. Poisson téléostéen (ordre des clupéiformes), de petite taille (15 à 20 cm) et dont la gueule est fendue au-delà des yeux. *Beurre d'anchois :* filets d'anchois pilés avec du beurre.

Anchorage, ville princ. de l'Alaska (É.-U.), sur le golfe du m. nom; 226300 hab., en expansion.

ancien, enne [ɑ̃sjɛ̃, ɛn] adj. et n. m. **I.** adj. **1.** Qui existe depuis longtemps. *Coutume ancienne.* ▷ (Afr. subsah.) Âgé et, de ce fait, plein de sagesse. *Un homme ancien.* **2.** Qui a de l'ancienneté dans un emploi, une fonction, un grade. *Il est plus ancien que vous dans la profession.* **3.** (Devant un substantif.) Qui a cessé d'être (ce qu'indique le substantif). *Un ancien juge.* **4.** Qui n'existe plus depuis longtemps. *Les anciens Égyptiens.* **II.** n. m. **1.** Prédécesseur dans un métier, un service, une école, un régiment, etc. *Demander l'avis d'un ancien. Les anciens de l'École William Ponty au Sénégal.* **2.** (Le plus souvent au plur.) Personne âgée. *Les anciens du village.* ▷ (Afr. subsah.) (Plur.) Hommes respectés pour leur âge et leur sagesse, dont les avis font autorité dans une communauté. *Le conseil des anciens.* **3.** (Plur.) Peuples de l'antiquité. – (Avec une majuscule.) Auteur, personnage de l'Antiquité. ▷ *Querelle des Anciens et des Modernes :* querelle littéraire qui, à la fin du XVIIe s., opposa Perrault, Fontenelle, etc., partisans des auteurs modernes, à Boileau, Racine, etc., défenseurs de la supériorité des auteurs de l'Antiquité.

anciennement [ɑ̃sjɛnmɑ̃] adv. Dans les temps anciens, autrefois.

ancienneté [ɑ̃sjɛnte] n. f. **1.** Caractère de ce qui est ancien (sens 1). **2.** Temps passé dans l'exercice d'une fonction, d'un grade. *Avancement à l'ancienneté,* selon l'ancienneté des postulants.

Ancien Régime (l'), l'ensemble des institutions qui régissaient la France avant la Révolution de 1789.

Anciens (Conseil des), sous la Révolution française, pendant le Directoire*, assemblée qui formait avec le Conseil des Cinq*-Cents le corps législatif.

Ancien Testament, nom donné par les chrétiens aux livres de la Bible* hébraïque qu'ils jugent inspirés par Dieu. V. Nouveau Testament.

ancillaire [ɑ̃silɛʀ] adj. Litt. De la servante. *Amours ancillaires,* entre le maître et la servante.

ancive ou **ansive** [ɑ̃siv] n. f. (Madag.; Réunion, litt.) Conque marine utilisée traditionnellement comme instrument à vent.

ancolie [ɑ̃cɔli] n. f. Plante ornementale (fam. renonculacées) aux fleurs diversement colorées dont les pétales se terminent en éperon.

Ancône, port d'Italie, sur la mer Adriatique; 105580 hab.; ch.-l. de prov. – Cath. (XIe-XIIIe s.); arc de Trajan.

ancrage [ɑ̃kʀaʒ] n. m. TECH Fixation, attache à un point fixe. *Point d'ancrage d'un câble.* ▷ Fig. Implantation, fixation. *L'ancrage d'un individu dans sa culture.* – *Point d'ancrage :* élément fondamental sur lequel s'appuie l'organisation d'un ensemble.

ancre [ɑ̃kʀ] n. f. **1.** Instrument de métal qui, jeté au fond de l'eau à l'aide d'un câble ou d'une chaîne, s'y accroche et retient le navire. *Navire à l'ancre.* ▷ Fig. et fam. *Lever l'ancre :* partir. **2.** CONSTR Pièce métallique reliant deux éléments de construction pour éviter qu'ils ne s'écartent l'un de l'autre.

ancrer [ɑ̃kʀe] v. tr. [1] **1.** Vx Immobiliser (un navire) au moyen de l'ancre. **2.** Fig. *Ancrer une idée dans l'esprit de quelqu'un,* l'y fixer. ▷ v. pron. *Cette conviction s'est ancrée en lui.* **3.** TECH Fixer au moyen d'un dispositif d'ancrage. *Ancrer un hauban, un tirant.*

andafe [ɑ̃daf] ou **andafy** [ɑ̃dafi] n. m. (Madag.) **1.** Ensemble des pays situés au-delà des mers, par rapport à Madagascar. **2.** (Sens restrictif.) La France. ▷ *Malgache d'andafe :* Malgache expatrié.

Andalousie, communauté autonome de l'extrême S. de l'Espagne et région de la C.E., formée des provinces d'Almería, Cadix, Cordoue, Grenade, Huelva, Jaén, Málaga, Séville; 87268 km^2 ; 7100060 hab. *(Andalous, Andalouses).* Cap. : *Séville.* – Le relief comprend, au N., la sierra Morena, riche en pyrite, plomb, étain; au centre, la dépression où coule le Guadalquivir; au S., la cordillère Bétique, coupée par des bassins fertiles. La rég. vit surtout de l'agric. Le tourisme est important. Émigration intense. – Du VIIIe au XIIIe s., les Maures firent de cette région le centre d'une civilisation raffinée.

Andaman et **Nicobar** (îles), terr. de l'Union indienne dans le golfe du Bengale, au sud de la Birmanie : 8293 km^2; 190000 hab.; ch.-l. *Port Blair.*

andante [ɑ̃dɑ̃t(e)] adv. MUS D'un mouvement modéré. ▷ n. m. Morceau joué dans ce mouvement.

Anderlecht, v. de Belgique, dans la banlieue ouest de Bruxelles; 94760 hab. Industr. text., alim.; cuir. – Égl. Saints-Pierre-et-Paul-Guidon (XIVe-XVe s.). Maison d'Érasme.

Andersen (Hans Christian) (1805 – 1875), écrivain danois. Il écrivit des romans et des pièces de théâtre; ses *Contes* (1835-1872), inspirés de légendes populaires, firent sa gloire, mondiale.

Anderson (Sherwood) (1876 – 1941), auteur américain de romans et nouvelles (*Winesburg-en-Ohio,* 1919).

Andes (cordillère des), puissante chaîne de montagnes d'Amérique du Sud, bordant toute la côte Pacifique; 8000 km de long; 7084 m à l'Ojos del Salado. – Cette chaîne est caractérisée par un volcanisme actif et de hauts plateaux où se localise la pop. Les ressources minières sont immenses, mais difficilement exploitables. Les pays andins (Chili, Colombie, Pérou, Venezuela, Bolivie, Équateur) ont constitué le Groupe andin (1966), rendu officiel en 1969 (accord de Carthagène, ou «Pacte andin»).

andésite [ɑ̃dezit] n. f. MINER Roche éruptive renfermant souvent des vacuoles et surtout composée de feldspaths.

Āndhra, dynastie indienne bouddhiste qui régna sur le S.-E. de l'Inde du Ier s. av. J.-C. au IIIe s. apr. J.-C.

Āndhra Pradesh, État du S.-E. de l'Inde; 275000 km^2; 66304850 hab.; cap. *Hyderābād.* Rég. agric. – Royaume dravidien des Āndhra.

Andjar ou **Anjar,** site archéologique du Liban, dans la plaine de la Beqaa. Les califes omeyyades y avaient fait construire une ville, riche de palais et de mosquées.

Andorre (principauté d') *(Valls d'Andorra),* pays situé sur le versant S. des Pyrénées orient.; 465 km^2; 44000 hab.; cap. *Andorre-la-Vieille* (17000 hab.) *(Andorrans).* Langue off. : catalan. Monnaies off. : le franc français et la peseta. Tourisme import. – Au XIIIe s., le pays devint vassal du comte de Foix (France) et de l'évêque d'Urgel (Espagne), qui, auj., est coprince d'Andorre avec le président de la Rép. française. Le pays tire la plupart de ses ressources de cette situation (régime fiscal privilégié).

andosol [ɑ̃dɔsɔl] n. m. PEDOL Sol pauvre en argile, qui gonfle peu sous l'action d'eau.

andouille [ɑ̃duj] n. f. **1.** Charcuterie consistant en un boyau de porc farci de tripes du même animal. **2.** Pop. Individu sans intelligence.

andouiller [ɑ̃duje] n. m. Ramification des bois des cervidés (cerf, daim, chevreuil, etc.). *Les andouillers permettent de déterminer l'âge de l'animal.*

andouillette [ɑ̃dujɛt] n. f. Petite andouille consommée chaude, initialement fabriquée à Troyes, en France.

Andrade (Mário de) (né en 1928), homme polit. et écrivain angolais. En 1954, il fonda avec A. Neto le Mouvement de libération de l'Angola. Il écrivit en français *Liberté pour l'Angola* (1962), *la Guerre en Angola* (1971), *Amilcar Cabral* (1980).

Andrássy (Gyula, comte) (1823 – 1890), homme polit. hongrois. D'abord révolutionnaire, il œuvra ensuite à la grandeur de l'Autriche-Hongrie.

André (saint), un des douze apôtres, frère de saint Pierre, supplicié sur une croix en forme de X (croix de Saint-André).

Andrea del Sarto (Andrea Angeli ou Andrea d'Agnolo di Francesco, dit) (1486 – 1530), peintre italien.

Andreas-Salomé (Élisabeth Salomé, Mme Friedrich Carl Andreas, dite Lou) (1861 – 1937), écrivain allemand d'origine russe, amie de Rilke et de Nietzsche.

andriana [ɑ̃dʀijana] ou **andriane** [ɑ̃dʀijan] adj. et n. (Madag.) **1.** Anc. Se disait de la noblesse dans les anc. royaumes malgaches, spécial. dans celui qui dominait l'Imerina. **2.** Syn. de *aristocrate* (sens 1 et 2).

Andrianampoinimerina (v. 1740 – 1810), roi de l'Imerina (v. 1785-1810), dans la région centrale de Madagascar. Il agrandit fortement son royaume.

Andrić (Ivo) (1892 – 1975), écrivain bosniaque : *le Pont sur la Drina* (1945), *Chronique de Travnik* (1945). P. Nobel 1961.

Andringitra, massif granitique de Madagascar, au S. de Fianarantsoa, culminant au pic Boby (2666 m).

Andrinople, ville de Turquie, auj. nommée Edirne*. Anc. ville thrace conquise par les Turcs (1326). – *Traité d'Andrinople* : traité russo-turc de 1829, reconnaissant l'indépendance de la Grèce; en 1831, le tsar Nicolas Ier imposa l'élection de princes autochtones, appelée «règlement organique», dans les principautés de Moldavie et de Valachie, renforçant ainsi son influence aux dépens des Ottomans.

andro-. Élément, du gr. *anêr, andros,* «homme, mâle».

androcée [ɑ̃dʀɔse] n. f. BOT Ensemble des étamines d'une fleur.

Androclès (Ier s.), esclave romain qui, jeté dans l'arène, fut épargné par un lion qu'il avait jadis soigné.

androgène [ɑ̃dʀɔʒɛn] adj. et n. m. BIOL Qui provoque l'apparition de caractères secondaires sexuels mâles. ▷ n. m. Hormone androgène.
ENCYCL Les hormones androgènes sont des hormones stéroïdes sécrétées par les testicules (testostérone) et, pour les deux sexes, par les corticosurrénales.

androgenèse [ɑ̃dʀɔʒənɛz] n. f. **1.** BIOCHIM Formation des androgènes. **2.** BIOL Reproduction à partir des seuls chromosomes du père.

androgyne [ɑ̃dʀɔʒin] adj. (et n.) Qui tient des deux sexes; hermaphrodite. ▷ BOT Syn. de *monoïque.*

Andromaque, dans la myth. gr., épouse d'Hector et mère d'Astyanax, tués lors de la chute de Troie; elle fut donnée comme esclave à Pyrrhus*, dont elle eut un enfant (Molosse), mais il épousa Hermione. Celle-ci se montra jalouse d'Andromaque et s'enfuit avec Oreste. ▷ LITT Tragédie d'Euripide (v. 426 av. J.-C.). Dans sa tragédie (1667), Racine a modifié les faits.

Andromède, galaxie spirale, la plus grande des galaxies proches de la nôtre.

Andromède, dans la myth. gr., fille du roi d'Éthiopie Céphée. Livrée à un monstre marin sur ordre de Poséidon, elle fut délivrée par Persée, qui l'épousa.

andropause [ɑ̃dʀɔpoz] n. f. MED Chez l'homme, ensemble des manifestations organiques et psychiques survenant entre 50 et 70 ans, notam. une diminution des activités génitales.

andropogonées [ɑ̃dʀɔpɔgɔne] n. f. pl. Groupe de plantes herbacées (fam. graminées) cultivées dans les régions tropicales comme plantes alimentaires (sorgho, canne à sucre), aromatiques (citronnelle, vétiver) ou fourragères. – Sing. *Une andropogonée.*

Andropov (Iouri Vladimirovitch) (1914 – 1984), homme politique soviétique. Chef du K.G.B. dep. 1967, il succéda à Brejnev (nov. 1982).

androstérone [ɑ̃dʀɔsteʀɔn] n. f. BIOCHIM Hormone présente dans l'urine et qui joue un rôle au cours du développement de la puberté chez l'homme (dérivée de la testostérone, principale hormone mâle).

Androuet Du Cerceau, famille d'architectes français. — **Jacques Ier** v. 1510 – v. 1585). — **Baptiste** (v. 1544 – 1590), fils aîné du préc., poursuivit à Paris la construction du Louvre (apr. Lescot) et commença le Pont-Neuf.

Androy, région aride de l'extrême S. de Madagascar, correspondant à l'anc. royaume d'Antandroy*.

âne [ɑn] n. m. **1.** Mammifère domestique (genre *Asinus,* fam. équidés), plus petit que le cheval, dont la tête très puissante est munie de longues oreilles. *L'âne brait.* ▷ Loc. fig. *Être têtu comme un âne.* ▷ *Le coup de pied de l'âne :* la basse vengeance d'un faible ou d'un lâche à l'égard d'un adversaire jadis puissant mais affaibli et sans défense. ▷ Loc. adj. *En dos d'âne :* qui présente une élévation arrondie, une bosse. *Route en dos d'âne.* **2.** Fig. Homme sot, borné et ignorant. *C'est un âne bâté.* – *Pont aux ânes :* difficulté facilement surmontable, qui n'arrête que les ignorants. **3.** (Saint-Pierre-et-M.) Églefin.

anéantir [aneɑ̃tiʀ] v. **[3] I.** v. tr. **1.** Réduire à néant (qqch), faire disparaître. *Les criquets peuvent anéantir les récoltes d'un pays entier.* **2.** Fig. Plonger (qqn) dans un état d'abattement. *Cet échec inattendu l'a anéanti.* Syn. accabler. Ant. créer, fortifier. **II.** v. pron. Disparaître. *Au fil des jours s'est anéanti mon espoir de le revoir.*

anéantissement [aneɑ̃tismɑ̃] n. m. **1.** Fait d'entrer dans le néant. Syn. destruction, mort, extinction. **2.** Fig. Abattement profond. Syn. accablement, prostration.

anecdote [anɛgdɔt] n. f. Bref récit d'un fait curieux, parfois historique, révélateur d'un détail significatif.

anecdotique [anɛgdɔtik] adj. **1.** Qui s'attache à l'anecdote. **2.** Qui contient des anecdotes. *Histoire anecdotique.*

Anedjib ou **Adjib,** roi égyptien, pharaon de la Ire dynastie thinite (3200-2778 av. J.-C.).

anémie [anemi] n. f. **1.** MED Diminution du nombre des globules rouges ou de la concentration sanguine en hémoglobine se traduisant par une accélération du rythme cardiaque, un essoufflement, une sensation de fatigue générale. *Anémie à cellules falciformes :* V. drépanocytose. **2.** Fig. Affaiblissement. *L'anémie de l'économie.*

anémier [anemje] v. tr. **[2]** Rendre anémique. ▷ v. pron. Devenir anémique. – Pp. adj. *Un malade anémié.*

anémique [anemik] adj. **1.** Atteint d'anémie. **2.** Fig. Faible, sans vigueur. *Une âme anémique. Un style anémique.*

anémo-. Élément, du gr. *anemos,* «vent».

anémomètre [anemomɛtʀ] n. m. Appareil servant à mesurer la vitesse du vent ou d'un écoulement d'air.

anémone [anemɔn] n. f. **1.** Plante herbacée des régions tempérées, dont plusieurs espèces sont cultivées pour leurs fleurs de couleurs vives. **2.** *Anémone de mer :* actinie.

anémophile [anemofil] adj. BOT *Plante anémophile,* dont le pollen est disséminé par le vent.

anencéphale [anɑ̃sefal] adj. (et n.) BIOL Qui n'a pas d'encéphale.

anergie [anɛʀʒi] n. f. MED Disparition de la faculté de réaction contre un antigène à l'égard duquel l'organisme était immunisé. – *Anergie tuberculinique :* cutiréaction à la tuberculine après certaines maladies virales (rougeole, varicelle, etc.) qui peut faire croire à l'absence d'immunité antituberculeuse.

anergisant, ante [anɛʀʒizɑ̃, ɑ̃t] adj. Qui entraîne une anergie.

ânerie [ɑnʀi] n. f. **1.** Bêtise, stupidité. *Un livre d'une ânerie incroyable.* Syn. (Suisse) bœufferie. **2.** Acte ou propos stupide. *Un tissu d'âneries.* Syn. (Suisse) bœufferie.

ânesse [ɑnɛs] n. f. Femelle de l'âne.

anesthésie [anɛstezi] n. f. MED Disparition plus ou moins complète de la sensibilité superficielle ou profonde. *Anesthésie générale,* qui atteint l'organisme entier, avec perte de conscience (narcose). *Anesthésie locale,* qui touche un territoire limité, sans perte de conscience. *Anesthésie péridurale.*

anesthésier [anɛstezje] v. tr. **[2]** Rendre momentanément insensible à la douleur au moyen d'un anesthésique. Syn. endormir, insensibiliser.

anesthésiologie [anɛstezjɔlɔʒi] n. f. MED Branche de la science médicale comprenant l'anesthésie et la réanimation.

anesthésique [anɛstezik] adj. (et n. m.) Qui détermine l'anesthésie.

anesthésiste [anɛstezist] n. Médecin spécialiste qui dirige l'anesthésie au cours d'une intervention chirurgicale. – (En appos.) *Infirmier, infirmière anesthésiste,* spécialisé dans l'anesthésie.

Anet, com. de France (Eure-et-Loir); 2813 hab. – Château bâti (1545-1555) par Philibert Delorme pour Diane de Poitiers; une partie demeure.

Aneto (pic d') ou **Néthou,** point culminant (3404 m) des Pyrénées, en Espagne (massif de la Maladetta).

anévrisme [anevʀism] n. m. MED **1.** Dilatation localisée d'une artère. *Rupture d'anévrisme :* éclatement de la poche d'un anévrisme, qui entraîne presque toujours la mort. *Anévrisme artério-veineux :* communication permanente d'une artère et d'une veine. **2.** *Par ext.* Dilatation d'une paroi du cœur.

anfractuosité [ɑ̃fʀaktɥozite] n. f. (Surtout au plur.) Cavité sinueuse et profonde. *Les anfractuosités de la montagne, d'une côte.*

angade [ɑ̃gad] n. f. (Madag.) Bêche à long manche. *Laboureur à angade.*

Ang Chan II (1792 - 1834), roi du Cambodge. Pour échapper à la tutelle du Siam (auj. Thaïlande), il s'allia au

Viêt-nam qui s'assura le contrôle du pays.— **Ang Duong** (m. en 1860), frère du préc.; roi du Cambodge (1845-1860). Vassal du Siam et du Viêt-nam, il reconquit son trône, chercha l'aide de la France contre les empiètements de ses voisins et réorganisa son pays en ruine.

ange [ɑ̃ʒ] n. m. **1.** Créature spirituelle, servant d'intermédiaire entre les hommes et Dieu (généralement représentée dans l'art religieux chrétien sous la forme d'une créature ailée portant une auréole). – *Ange gardien,* qui protège chaque être humain (relig. cathol.); *par ext.* personne qui agit en tant que protecteur, bienfaiteur d'une autre; plaisant garde du corps d'une personnalité. ▷ *Être le bon ange, le mauvais ange de quelqu'un,* avoir sur lui une bonne, une mauvaise influence. ▷ *Être aux anges,* ravi de joie. ▷ *Rire aux anges :* rire seul et sans raison. ▷ *Une patience d'ange :* une très grande patience. **2.** Fig. Personne dotée de toutes les qualités. – *Cette femme est un ange de bonté, de vertu.* ▷ *Vous êtes un ange :* vous êtes très gentil. **3.** ICHTYOL *Ange de mer* ou *ange :* poisson chondrichthyen intermédiaire entre la raie et le requin.

angéite [ɑ̃ʒeit] n. f. MED Inflammation d'un vaisseau.

Angelico (Guido ou Guidolino di Pietro, en relig. Fra Giovanni da Fiesole, dit il Beato et Fra) (v. 1400 – 1455), dominicain et peintre italien. Ses œuvres savantes et naïves témoignent de sa foi : fresques du couvent de San Marco (Florence).

1. angélique [ɑ̃ʒelik] adj. **1.** Qui est propre à l'ange. ▷ RELIG CATHOL *Salutation angélique :* l'Ave Maria. **2.** Fig. Digne d'un ange, aussi parfait qu'un ange. *Douceur angélique.*

2. angélique [ɑ̃ʒelik] n. f. Plante ombellifère odoriférante dont les racines ont des propriétés stimulantes et dont on emploie la tige en confiserie. ▷ Tige confite de cette plante.

Angélique (Mère). V. Arnauld.

angélisme [ɑ̃ʒelism] n. m. Attitude d'une personne qui se pose en pur esprit, délivré des contingences matérielles.

angelot [ɑ̃ʒlo] n. m. Petit ange (dans l'iconographie religieuse).

angélus [ɑ̃ʒelys] n. m. RELIG CATHOL Prière en l'honneur de la Vierge, récitée le matin, à midi et le soir, et qui commence par le mot latin *angelus.* ▷ Son de cloche annonçant cette prière. *Sonner l'angélus.*

Angers, v. de France, ch.-l. du dép. de Maine-et-Loire, sur la Maine; 146 163 hab. Université. – Anc. cap. de l'Anjou; chât. du roi René (XIIIe et XVe s.) abritant le musée de la Tapisserie *(Apocalypse).*

Angevins. V. Anjou (maison d').

angi(o)-. Élément, du gr. *aggeion,* «capsule, vaisseau».

angine [ɑ̃ʒin] n. f. MED Inflammation aiguë du pharynx et des amygdales provoquant souvent une gêne à la déglutition et présentant un aspect variable selon la cause (angine érythémateuse, herpétique, diphtérique, de Vincent). ▷ *Angine de poitrine :* douleur dans la poitrine provoquée par l'effort et témoignant d'une insuffisance coronarienne. Syn. angor.

angiographie [ɑ̃ʒjɔgʀafi] n. f. MED Radiographie des vaisseaux après injection d'une substance opaque aux rayons X.

angiologie [ɑ̃ʒjɔlɔʒi] n. f. ANAT, MED Partie de l'anatomie qui étudie les vaisseaux sanguins et lymphatiques.

angiome [ɑ̃ʒjom] n. m. MED Malformation vasculaire consistant en une agglomération circonscrite des vaisseaux sanguins (hémangiome) ou lymphatiques (lymphangiome).

angiosperme [ɑ̃ʒjɔspɛʀm] adj. et n. f. BOT **1.** adj. *Plante angiosperme,* dont les ovules sont protégés par un ovaire complètement clos qui, à maturité, donnera le fruit contenant la graine. **2.** n. f. pl. Sous-embranchement des spermatophytes, comprenant les plantes angiospermes, qui se divise en monocotylédones et dicotylédones. (Les angiospermes forment, avec les gymnospermes, les phanérogames, qui sont les plus évolués des végétaux.) – Sing. *Une angiosperme.*

angiotensine [ɑ̃ʒjotɑ̃sin] n. f. PHYSIOL Polypeptide circulant, hypertenseur et vasoconstricteur.

Angkar (en khmer, «organisation»), organisation qui regroupait les cadres Khmers rouges, au Cambodge, de la prise de Phnom Penh (avril 1975) à l'intervention vietnamienne (1978). Elle fit régner la terreur.

Angkor (en khmer, «la ville»), site archéologique du Cambodge, au N.-O. du Tonlé Sap; anc. capitale de l'Empire khmer (de 889 au XVe s.), fondée par Yasorvarman Ier et reconstruite à plusieurs reprises. La ville, de savante construction géométrique, comportait en son centre le Phnom Bakheng (temple-montagne, symbole d'une civilisation ordonnée autour du pouvoir royal), et d'importants aménagements hydrauliques (*barays*). Ce site s'enrichira, au cours des siècles, de nombreuses constructions, dont Angkor* Vat. Au XIXe s., l'École française d'Extrême*-Orient entama les travaux de conservation du site qui a beaucoup souffert des conflits cambodgiens entre 1973 et 1991.

Angkor Thom (en khmer, «la grande ville»), la nouvelle capitale de Jayavarman VII (1181-1218), fut bâtie au N. du Phnom Bakheng, sur un carré de 3 km de côté, centré sur le *Bayon,* entouré d'une muraille percée de cinq portes. Monumental ensemble avec ses terrasses et ses temples extra-muros, ses bassins, cette cité des dieux bouddhiques, prise et pillée par les Siamois (1431), a connu un bref regain d'activité culturelle dans la seconde moitié du XVe s.

Angkor Vat (en khmer, «la ville-temple»), le plus grand des temples khmers (200 ha), édifié au sud d'Angkor Thom par Suryavarman II (1113-1150) en l'honneur de Vishnu, son dieu protecteur. Par la succession harmonieuse de ses niveaux, la majesté de ses cinq tours, la richesse et la variété de ses décors, il représente le sommet de l'art khmer.

anglais, aise [ɑ̃glɛ, ɛz] adj. et n. **I.** adj. **1.** De l'Angleterre, des habitants de ce pays. *La campagne anglaise. L'humour anglais.* ▷ *Clé anglaise :* clé de mécanicien à mâchoires mobiles. **2.** (Québec) De langue anglaise. *Les quartiers anglais de Montréal.* – Du Canada anglais. *Les provinces anglaises.* **3.** Loc. adv. *À l'anglaise :* à la manière anglaise. CUIS *Légumes à l'anglaise,* cuits à la vapeur. – *Filer à l'anglaise,* sans être vu et sans prendre congé. **II.** n. **1.** Habitant ou personne originaire d'Angleterre. *Un(e) Anglais(e).* **2.** (Québec) Habitant du Canada d'expression anglaise. *Les Anglais sont minoritaires au Québec.* **3.** n. m. Langue indo-européenne du groupe germanique parlée notam. en Grande-Bretagne, aux États-Unis, au Canada, dans le Commonwealth. **4.** n. f. *L'anglaise :* l'écriture cursive dont les lettres sont penchées à droite. **5.** n. f. pl. Longues boucles de cheveux en spirale.

angle [ɑ̃gl] n. m. **1.** Saillie ou renfoncement que forment deux surfaces ou deux lignes qui se coupent. *L'angle d'un mur.* ▷ (Afr. subsah.) Près de, au croisement avec. *Avenue El Hadj Malick Sy angle Blaise Diagne.* ▷ Fig. *Arrondir les angles :* minimiser, avec diplomatie, les différends entre des personnes. **2.** GEOM Figure formée par deux demi-droites de même origine, mesurée en degrés, en grades ou en radians. *Angles adjacents :* angles qui ont le même sommet et un côté commun. *Angle plat,* dont les côtés sont portés par une même droite. *Angle droit,* dont les côtés sont perpendiculaires. *Angle aigu,* dont la mesure est comprise entre 0^0 et 90^0. *Angle obtus,* dont la mesure est comprise entre 90^0 et 180^0. *Angles complémentaires,* dont la somme des mesures est égale à 90^0. *Angles supplémentaires,* dont la somme des mesures est égale à 180^0. *Angles alternes-internes,* formés par deux droites parallèles coupées par une troisième, situés de part et d'autre de cette troisième droite et à l'intérieur de l'angle formé par les deux premières; *angles alternes-externes,* situés de part et d'autre de cette troisième droite en dehors des deux parallèles. *Angle solide :* portion d'espace située dans un cône. *Angle dièdre :* figure formée par deux demi-plans qui se coupent. *Angle trièdre :* V. trièdre. – Fig. *Voir les choses sous un certain angle, sous l'angle de. ..,* d'un certain point de vue, du point de vue de... ▷ ASTRO *Angle horaire d'un astre :* angle formé par le méridien du lieu d'observation et le méridien origine passant par le zénith de ce lieu. ▷ AVIAT *Angle d'attaque :* angle formé par le plan de la voilure et la direction de l'écoulement de l'air. ▷ MECA *Angle de frottement :* angle formé par la normale à la surface de contact et la force de réaction de contact entre deux solides, lorsque la vitesse relative de ces solides cesse d'être nulle. ▷ OPT *Angle d'incidence, de réflexion, de réfraction :* angle formé par le rayon incident, réfléchi, réfracté, avec la normale à la surface. – *Angle limite :* angle de réfraction pour un angle d'incidence égal à 90^0, lorsque la lumière passe dans un milieu d'indice supérieur. ▷ ANTHROP *Angle facial**.

Angles, peuple du N. de la Germanie qui envahit la G.-B. au VIe s. et qui a donné son nom à l'Angleterre.

Angleterre (en angl. *England*), partie centrale et méridionale de la G.-B., limitée au N. par l'Écosse et à l'O. par le pays de Galles; 131 760 km^2; 46 170 000 hab.; cap. *Londres.* (V. Royaume-Uni de Grande-Bretagne et d'Irlande du Nord.)

Angleterre (bataille d'), ensemble des combats aériens que se livrèrent, au-dessus de l'Angleterre, à partir du 13 août 1940, la G.-B. et l'Allemagne, qui voulait envahir celle-là. En oct., Hitler dut renoncer à ce dessein.

anglican, ane [ɑ̃glikɑ̃, an] adj. et n. Qui a rapport à l'anglicanisme. *Rite anglican.* ▷ Subst. Personne qui appartient à l'Église anglicane.
ENCYCL L'Église anglicane (Église d'État ayant pour chef le souverain

britannique) fut instituée après la rupture d'Henri VIII avec le pape, qui refusait d'annuler son mariage avec Catherine d'Aragon (1534). Dans sa liturgie et son dogme, elle constitue un compromis entre le catholicisme et le calvinisme.

anglicanisme [ɑ̃glikanism] n. m. Ensemble des rites et des institutions propres à l'Église anglicane.

anglicisation [ɑ̃glisizasjɔ̃] n. f. LING Processus par lequel la langue anglaise a tendance à s'imposer comme langue hégémonique.

angliciser [ɑ̃glisize] v. tr. [1] Donner un aspect anglais à. ▷ v. pron. Prendre un aspect anglais.

anglicisme [ɑ̃glisism] n. m. **1.** Façon de parler, locution propre à la langue anglaise. **2.** Mot, expression empruntés à l'anglais par une autre langue. *Opportunité, dans le sens d'occasion, est un anglicisme en français.*

angliciste [ɑ̃glisist] n. Spécialiste de la civilisation et de la langue anglaises.

anglo-. Préfixe, du rad. de *anglais.*

anglo-américain, aine [ɑ̃gloameʀikɛ̃, ɛn] adj. et n. m. **1.** adj. Relatif à la Grande-Bretagne et aux États-Unis. **2.** n. m. *L'anglo-américain :* l'anglais parlé aux États-Unis.

anglo-canadien, enne [ɑ̃glokanadjɛ̃, ɛn] adj. et n. Relatif aux Canadiens d'expression anglaise. ▷ Subst. *Les Anglo-Canadiens.*

anglomane [ɑ̃gloman] n. Litt. Personne qui admire à l'excès et imite sans discernement tout ce qui est anglais.

anglomanie [ɑ̃glomani] n. f. Litt. Manie des anglomanes.

Anglo-Normandes (îles) (en angl. *Channel Islands*), archipel brit. de la Manche, à l'O. du Cotentin, dépendant directement de la Couronne britannique : Jersey, Guernesey, Aurigny, Sercq (les îles Chausey sont franç.); 195 km^2; 135700 hab.

anglophile [ɑ̃glofil] adj. (et n.) Qui aime les Anglais.

anglophilie [ɑ̃glofili] n. f. Sentiment de sympathie à l'égard des Anglais.

anglophobe [ɑ̃glofɔb] adj. (et n.) Qui déteste les Anglais.

anglophobie [ɑ̃glofɔbi] n. f. Sentiment d'aversion pour les Anglais, pour tout ce qui est anglais.

anglophone [ɑ̃glofɔn] adj. (et n.) Dont l'anglais est la langue; qui parle anglais. *L'Afrique anglophone. Les Canadiens anglophones.*

anglo-québécois, oise [ɑ̃glokebekwa, waz] adj. et n. Relatif aux Québécois de langue anglaise. *La communauté anglo-québécoise de Montréal.* – Subst. *Les Anglo-Québécois.*

anglo-saxon, onne [ɑ̃glɔsaksɔ̃, ɔn] adj. et n. **1.** adj. Relatif aux peuples de civilisation britannique. **2.** n. Individu faisant partie des peuples de langue anglaise. *Les Anglo-Saxons.* **3.** n. m. pl. HIST Peuples germaniques qui envahirent la Grande-Bretagne aux Ve et VIe siècles.

angoissant, ante [ɑ̃gwasɑ̃, ɑ̃t] adj. Qui cause de l'angoisse.

angoisse [ɑ̃gwas] n. f. Cour. Sentiment d'appréhension, de profonde inquiétude qui s'accompagne de symptômes physiques (tachycardie, gêne respiratoire, transpiration, etc.). Syn. anxiété. ▷ PHILO Inquiétude métaphysique, pour les philosophes existentialistes.

angoissé, ée [ɑ̃gwase] adj. et n. **1.** adj. Qui ressent de l'angoisse. **2.** adj. et n. Se dit d'une personne qui est sujette à l'angoisse.

angoisser [ɑ̃gwase] v. tr. [1] Causer de l'angoisse à.

Angol(e) [ɑ̃gɔl] *Pois d'Angol(e) :* graines du cajan (V. ce mot).

Angola (république d'), État du S.-O. de l'Afrique, limité au N. par les deux Congo, à l'E. par la Zambie, au S. par la Namibie et à l'O. par l'océan Atlantique; 1246700 km^2; 11558000 hab. (Angolais), selon l'estimation de 1995; croissance démographique : 3,2 % par an; cap. *Luanda.* Nature de l'État : rép. présidentielle pluraliste. Langue off. : portugais. Monnaie : kwanza. Princ. ethnies : Ovimbundu (37 %), Mbundu (23 %), Kongo (13,2 %). Relig. : catholicisme (70 %), protestantisme (20 %), relig. traditionnelles (10 %).

Géogr. phys. et hum. – Si la frontière avec le Zaïre était régulière, l'Angola formerait un carré de 1 300 km de côté. La plaine côtière de l'O., peu fertile, devient aride au S. (désert du Namib). Cette plaine s'élève par paliers jusqu'au plateau de Bihé qui atteint en son centre des hauteurs supérieures à 2000 m (mont Moco 2620 m). Vers l'est, l'altitude tend à décroître (plateau de Lunda). Le climat tropical est sujet à de fortes variations locales dues au courant froid de Benguela sur la côte et aux différences d'altitude à l'intérieur. La savane, plus ou moins arborée, est la formation végétale de base. La pop. se concentre dans le Centre-Ouest, château d'eau du pays, et sur le littoral nord. Rurale (71,7 %), elle a des taux de natalité et de mortalité très élevés (5 % et 1,9 %).

Écon. – Seules 2,8 % des terres sont cultivables. Les prairies (23,3 %) permettent l'élevage de 3 millions de bovins et de 1,5 million de chèvres. La pêche fournit 80000 t de poisson. La production alimentaire correspond à 60 % de la production dans les années 1980. Le bois constitue une richesse appréciable (7 millions de m^3 en 1995). L'hydroélectricité est abondante. La guerre civile et la collectivisation ont ruiné l'économie, l'endettement est colossal, mais la croissance, qui a repris en 1994, a atteint 10 % en 1996. La production de pétrole (près de la moitié du P.N.B.) et l'extraction de diamants (naguère détournés par l'UNITA) constituent de puissants atouts.

Hist. – Le royaume du Kongo s'étendait sur le Zaïre actuel et sur le nord de l'Angola, où son roi, le *mani Kongo,* siégeait à Mbanza. En 1491, des religieux portugais vinrent à sa cour et le convertirent au christianisme. Sous le règne d'Alfonso Ier (1506-1543), les conversions devinrent massives. Contre des envahisseurs venus de l'E., son successeur demanda en 1569 l'aide des Portugais qui imposèrent leur domination. En 1622, ils vainquirent le royaume du Ndongo, qui, dirigé par un ngola (roi), s'était libéré du Kongo en 1556. Le Ndongo poursuivit sa résistance à la colonisation sous la conduite d'une femme de sang royal, A-Nzinga; vaincue en 1648, celle-ci se replia à l'intérieur, où les Portugais ne purent pénétrer. En 1665, ils vainquirent et tuèrent le mani Kongo, Antonio Ier, révolté. Quelques années après, ils constituèrent la colonie d'Angola («pays du ngola»). En 1704, ils brûlèrent une jeune femme, Kimpa Vita, qui avait mobilisé des milliers de rebelles. Ayant perdu le Brésil (1822), les Portugais se lancèrent dans l'exploration (1836) puis la conquête (1852) de l'intérieur. Ils livrèrent une guerre contre le royaume ovimbundu (1890-1904), affrontèrent les Lunda (1894-1926), les populations du Sud (1895-1915). Ils créèrent de grandes plantations, exploitèrent les mines de diamants, mais ne mirent aucunement le pays en valeur. En 1954, Agostinho Neto et Mario de Andrade fondèrent le Mouvement populaire de libération de l'Angola (M.P.L.A.). En 1955, l'Angola devint une province portugaise d'outre-mer. Des mouvements de libération entrèrent en concurrence avec le M.P.L.A., de sorte que la guérilla fut peu efficace, mais la «révolution des œillets» (1974), à Lisbonne, mena le pays à l'indépendance, proclamée le 11 nov. 1975, alors que le M.P.L.A., soutenu par l'U.R.S.S. et renforcé par 4000 Cubains, affrontait l'Union nationale pour l'indépendance totale de l'Angola (UNITA). En 1976, le M.P.L.A. l'emporta, car les É.-U. avaient retiré leur soutien à l'UNITA. L'Afrique du Sud continua d'aider celle-ci, et la débâcle écon. s'accentuait. En 1979, José Eduardo dos Santos succéda à A. Neto, décédé. En 1988, Cuba et l'Afrique du Sud renoncèrent à participer à la lutte. En 1990, J. E. dos Santos décréta le multipartisme et négocia avec l'UNITA (accord d'Estoril, à l'O. de Lisbonne, 1991), qui refusa de reconnaître la victoire électorale du M.P.L.A. (sept. 1992), pourtant incontestable. En sept. 1993, l'ONU déclara un embargo pétrolier contre l'UNITA, qui contrôlait désormais la moitié du pays. En nov. 1994, le M.P.L.A. et l'UNITA conclurent un accord à Lusaka (Zambie), mais en vain. La formation, en avril 1997, d'un gouvernement d'union nationale (comprenant des ministres issus de l'UNITA) constitue une étape importante vers une paix durable.

angolais, aise [ɑ̃gɔlɛ, ɛz] adj. et n. De l'Angola. ▷ Subst. *Un(e) Angolais(e).*

angor [ɑ̃gɔʀ] n. m. MED Syn. de *angine de poitrine.*

angora [ɑ̃gɔʀa] adj. inv. et n. m. **1.** Se dit de variétés de chats, de lapins, de chèvres remarquables par la longueur de leurs poils. *Une chèvre angora.* **2.** *Laine angora,* faite de poils de chèvre ou de lapin angora. ▷ n. m. *Tricot en angora.*

Angoulême, v. de France, ch.-l. du dép. de la Charente, sur la Charente; 46194 hab. Industries. – Cathédrale St-Pierre (XIIe s.).

angström [ɑ̃gstrœm] n. m. PHYS Unité non légale de longueur, valant un dix-millionième de millimètre (symbole Å).

Ångström (Anders Jonas) (1814 – 1874), physicien suédois : travaux sur le spectre solaire.

Anguilla, île des Petites Antilles, État associé au Commonwealth; 91 km^2; 7000 hab. *(Anguillais);* cap. *La Vallée.*

anguille [ɑ̃gij] n. f. **1.** Poisson téléostéen d'eau douce (mais se reproduisant en mer des Sargasses), de forme très effilée, à peau visqueuse très glissante. ▷ Loc. fig. *Il y a anguille sous roche,* qqch qui se prépare et qu'on nous cache. **2.** *Anguille de mer :* congre.

anguillule [ɑ̃gijyl] n. f. ZOOL Petit ver nématode vivant dans les sols humides et dont certains sont parasites des plantes, des animaux ou de l'homme.

anguillulose [ɑ̃gijyloz] n. f. MED Maladie causée par une anguillule duodénale (*Strongyloides stercoralis*), fréquente dans les régions tropicales, humides et chaudes, mais que l'on rencontre également en Europe. Syn. strongyloïdose. ENCYCL L'anguillule femelle, profondément enchâssée dans la muqueuse du duodénum, pond des œufs qui éclosent dans l'intestin; les larves sont rejetées dans les selles. La contamination de l'homme se fait par la peau (marche pieds nus, bain en cours d'eau ou piscine). La maladie se manifeste surtout par des troubles digestifs et des douleurs intestinales. On s'en prémunit par l'hygiène anale, le lavage fréquent des mains et le port de chaussures.

angulaire [ɑ̃gylɛʀ] adj. Qui forme un ou plusieurs angles. *Forme angulaire.* ▷ *Pierre angulaire,* qui est à l'angle d'un édifice; fig. fondement, base. *La pierre angulaire d'un raisonnement.* ▷ ASTRO *Distance angulaire de deux étoiles :* angle formé par les rayons lumineux parvenant à l'observateur depuis ces étoiles. ▷ MECA *Vitesse* angulaire.*

anguleux, euse [ɑ̃gylø, øz] adj. Qui présente des angles vifs. *Un visage anguleux.* – Fig. Peu abordable, rude. *Esprit anguleux.*

anhinga [anɛ̃ga] n. m. ORNITH Oiseau pélécaniforme au long cou souple des pays tropicaux, voisin du cormoran. Syn. oiseau-serpent.

anhydre [anidʀ] adj. CHIM Qui ne contient pas d'eau.

anhydride [anidʀid] n. m. CHIM Oxyde résultant de l'élimination d'une molécule d'eau d'un oxacide, par ex. l'anhydride sulfurique, SO_3, qui dérive de l'acide sulfurique H_2SO_4.

Aniaba (déb. XVIIIe s.), prince d'Assinie (dans la Côte d'Ivoire actuelle) qui, venu en France, fut baptisé par Bossuet, Louis XIV étant son parrain.

anichettes [aniʃɛt] n. f. pl. (Saint-Pierre-et-M.) Copeaux de bois servant à allumer le feu.

anicroche [anikʀɔʃ] n. f. Petite difficulté qui arrête, contretemps. *Arriver sans anicroche(s).*

ânier, ère [ɑnje, ɛʀ] n. Conducteur d'ânes.

aniline [anilin] n. f. CHIM Liquide huileux, incolore, toxique, isolé des produits de distillation de l'indigo et employé notam. dans la fabrication des colorants.

1. animal, aux [animal, o] n. m. **1.** Être vivant, doué de sensibilité et de mouvement (par oppos. aux végétaux). *Les végétaux sont autotrophes, les animaux hétérotrophes.* **2.** Être vivant privé du langage, de la faculté de raisonner (par oppos. à l'homme). *L'ignorance rabaisse l'homme au rang des animaux.* **3.** Fig. Personne stupide ou grossière. *Quel animal!*

2. animal, ale, aux [animal, o] adj. **1.** Qui est propre à l'animal, qui concerne l'animal (en tant qu'opposé aux végétaux). *Règne animal. Chaleur animale. Fonctions animales.* **2.** Qui est propre à l'animal (en tant qu'opposé à l'homme). *Nourriture animale.* **3.** Bestial. *Une fureur animale.*

animalerie [animalʀi] n. f. Local annexe d'un laboratoire où l'on garde les animaux réservés aux expériences.

animalier, ère [animalje, ɛʀ] n. m. et adj. Peintre ou sculpteur d'animaux. – (En appos.) *Un peintre animalier.* ▷ adj. *La peinture animalière.*

animalité [animalite] n. f. Ensemble des caractères, des facultés propres à l'animal.

animateur, trice [animatœʀ, tʀis] n. **1.** Personne qui anime. *C'est l'animateur du groupe.* – Personne responsable des activités d'un centre culturel. – Personne qui présente un spectacle, une émission de radio ou de télévision, etc. *Un animateur sportif.* – CINE Technicien spécialiste des dessins animés. **2.** (Afr. subsah.) *Animateur rural :* fonctionnaire chargé de diffuser en milieu rural les méthodes modernes d'agriculture. **3.** (Afr. subsah.) Militant politique membre d'un groupe d'animation.

animation [animasjɔ̃] n. f. **1.** Caractère de ce qui vit, bouge; activité. *L'animation de la rue.* **2.** CINE Procédé permettant d'obtenir des images animées à partir de dessins ou de photographies. *Cinéma d'animation.* **3.** (Afr. subsah.) Sensibilisation des masses à une idéologie politique par des activités publiques (danses, chants, etc.); ces activités. *Groupe d'animation. Séance d'animation.*

animé, ée [anime] adj. **1.** Qui est vivant. *Un être animé.* ▷ *Par ext.* Où il y a de la vie, du mouvement. *Un quartier animé.* ▷ Fig. Vif et enflammé. *Un débat animé.* **2.** Dirigé, guidé par. *Un garçon animé d'un grand courage.*

animer [anime] v. [1] **I.** v. tr. **1.** Communiquer la vie, rendre vivant. *L'âme anime le corps.* ▷ Donner l'apparence de la vie à (une œuvre d'art). *Animer une toile d'un coup de pinceau.* ▷ Donner de l'animation à. *Les oiseaux animent la forêt.* – Fig. *Il anima le débat.* **2.** (Personnes) Encourager, exciter. *César animait ses soldats par son exemple.* Syn. stimuler. ▷ Être l'élément moteur de (une organisation, une entreprise). *Animer un parti.* **3.** (Choses) Aviver, enflammer. *Le vin de palme animait les regards.* ▷ *L'amour (la passion) l'anime,* l'inspire, le guide. **4.** v. pron. Se mettre à vivre, à bouger. *La maison et ses habitants s'animaient à 7 heures.* ▷ Fig. *Il s'animait fort en discutant.* **II.** v. intr. (Afr. subsah.) **1.** Créer de l'animation dans une fête. **2.** Participer à une séance d'animation politique.

animisme [animism] n. m. **1.** Croyance en l'existence d'une âme dans les choses et dans tous les êtres. **2.** Vieilli Religion traditionnelle africaine. (Les religions africaines relèvent rarement de l'animisme au sens 1.)

animiste [animist] adj. et n. Qui relève de l'animisme. *Religions animistes.* – Subst. Adepte de l'animisme. *Un animiste.*

animosité [animozite] n. f. **1.** Volonté de nuire à qqn, inspirée par le ressentiment, l'antipathie. *Il garde de l'animosité contre elle.* Ant. bienveillance, cordialité. **2.** Violence dans une discussion. *Débat marqué par l'animosité.*

anion [anjɔ̃] n. m. CHIM Ion possédant une ou plusieurs charges électriques négatives. Ant. cation.

anis [ani; anis] n. m. **1.** Plante (fam. ombellifères) dont les différentes espèces (anis vrai, anis vert, carvi, cumin, etc.) sont cultivées pour leurs propriétés aromatiques et médicinales. **2.** *Anis étoilé :* fruit de la badiane, utilisé pour la fabrication de l'anisette.

anisette [anizɛt] n. f. Liqueur ou apéritif à l'anis.

anisotrope [anizɔtʀɔp] adj. PHYS Dont les propriétés varient selon la direction considérée. Ant. isotrope.

anisotropie [anizɔtʀɔpi] n. f. PHYS Propriété des corps anisotropes.

Anjar. V. Andjar.

Anjou, anc. prov. et rég. de l'O. de la France (auj. dans la Rég. Pays de la Loire*); v. princ. *Angers.* – La douceur du climat favorise les cult. dans les nombr. vallées. Vignobles réputés. – La rég. appartint au XIIe s. aux Plantagenêts, mais Philippe Auguste la conquit (1203). Érigée en duché en 1360, elle fut réunie à la Couronne en 1481.

Anjou (maison d'), nom de trois dynasties françaises. L'une, fondée en 878, régna sur l'Angleterre (les Plantagenêts en sont issus) et sur Jérusalem (1131); une autre conquit le royaume de Naples en 1266, régna sur la Hongrie, la Pologne et l'empire latin de Constantinople; la troisième régna sur l'Anjou, le Maine et la Provence jusqu'en 1481.

Anjouan (auj. *Ndzouani*), île de l'archipel des Comores; 424 km²; 197 000 hab. Ch.-l. *Moutsamoudou* (14 000 hab.).

Ankara (anc. *Ancyre* ou *Angora*), cap. de la Turquie (depuis 1924), dans l'Anatolie centrale; 2 235 040 hab. – Musée des Civilisations anatoliennes.

Ankaratra, massif volcanique montagneux de Madagascar, au S.-O. d'Antananarivo. Son point culminant est le Tsiafajavona (2 643 m).

ankylose [ɑ̃kiloz] n. f. Impossibilité mécanique de mobiliser normalement une articulation naturellement mobile.

ankyloser [ɑ̃kiloze] v. tr. [1] Déterminer l'ankylose. ▷ v. pron. Être frappé d'ankylose. *Ses doigts s'ankylosent.* ▷ Pp. adj. *Je me suis réveillé ankylosé.* – *Par ext.* Perdre de sa capacité à se mouvoir, par manque d'activité.

ankylostome [ɑ̃kilostom] n. m. ZOOL Petit ver rond dont la larve vit dans le sol et qui parasite l'intestin grêle de l'homme, causant une anémie pernicieuse.

ankylostomiase [ɑ̃kilɔstɔmjaz] n. f. MED Maladie causée par la présence d'ankylostomes dans l'intestin grêle de l'homme, fréquente dans les régions tropicales, subtropicales et tempérées en atmosphère chaude et humide (ainsi que dans certaines mines où règne une forte chaleur). *L'ankylostomiase atteint environ le quart de l'humanité.* ENCYCL La femelle de l'ankylostome pond dans l'intestin grêle de l'homme des œufs qui sont éliminés dans les selles. La larve se développe dans le sol, puis pénètre chez l'homme par la peau, notamment des pieds, et va se fixer sur la muqueuse de l'intestin grêle où le ver, devenu adulte, prélève du sang, causant ainsi une anémie qui peut être grave chez l'enfant et chez l'adulte carencé. La lutte contre le péril fécal et le port de chaussures sont à la base de la prophylaxie de cette maladie.

Annaba (anc. *Bône*), ville et port d'Algérie; 348 000 hab.; ch.-l. de la wil. du m. nom. Complexe sidérurgique d'*Al Hadjar;* usines chim. – Université.

annal, ale, aux [anal, o] adj. DR *Possession annale,* valable un an seulement.

annales [anal] n. f. pl. **1.** Ouvrage, récit qui rapporte les événements année par année. *Annales militaires. Annales littéraires.* **2.** *Par ext.* Périodique de caractère scientifique, littéraire ou religieux, qui rapporte les travaux marquants de l'année. **3.** Histoire. *Son nom restera dans les annales.*

Annales d'histoire économique et sociale, revue fondée en janv. 1929 par deux historiens français : Lucien Febvre* et Marc Bloch*, qui, refusant l'histoire événementielle, utilisèrent les acquis de l'économie et de la sociologie.

Annam, ancien nom donné par les Européens au centre du Viêt-nam, correspondant au Trung* Bô actuel.

annamite [anamit] adj. (et n.) De l'Annam, de ses habitants.

Annamitique (cordillère) (en vietnamien *Truong Son*), chaîne de montagnes qui s'étend entre le Viêt-nam et le Laos, composée de massifs cristallins hercyniens (culminant à 2598 m au Ngoc Linh), séparés par de larges dépressions et par de vastes plateaux basaltiques (Dac Lac, Mnôngs). Elle surplombe l'étroite plaine littorale du centre et descend en pente douce vers le Mékong (plateau des Boloven). Couverte de forêts, cette région peu peuplée abrite des minorités montagnardes (dont les Thaïs au N., les Cham au S.) qui pratiquent une culture itinérante sur brûlis.

Annan (Kofi) (né en 1938), diplomate ghanéen; secrétaire général de l'ONU depuis 1996.

Annapolis, v. du Canada (Nouv.-Écosse), sur la baie de Fundy (dans laquelle se jette le fl. *Annapolis*); env. 1000 hab. – Sous le nom de *Port-Royal,* elle fut la cap. de l'Acadie, que l'Angleterre prit à la France en 1710.

Annapūrnā, sommet de l'Himalaya (8078 m), au Népal. Vaincu en 1950 par la mission française de M. Herzog.

Anne (sainte), épouse de saint Joachim et mère de la Vierge Marie.

Anne d'Autriche (1601 – 1666), reine de France. Fille de Philippe III d'Espagne, elle épousa Louis XIII (1615). Guidée par Mazarin, qu'elle épousa probabl., elle exerça la régence (1643-1661) pendant la minorité de son fils Louis XIV.

Anne Boleyn (v. 1507 – 1536), reine d'Angleterre. Deuxième épouse d'Henri VIII (1533), elle fut condamnée à mort pour adultère et décapitée. Mère d'Élisabeth Ire.

Anne de Bretagne (1477 – 1514), reine de France. Duchesse de Bretagne à la mort de son père (1488), elle épousa Charles VIII (1491), puis Louis XII (1499), préparant ainsi la réunion du duché à la Couronne.

Anne de France ou **Anne de Beaujeu** (1460 – 1522), fille aînée de Louis XI, épouse de Pierre de Beaujeu, avec qui elle exerça la régence (1483-1491) pendant la minorité de son frère Charles VIII.

Anne Stuart (1665 – 1714), reine d'Angleterre et d'Irlande (1702-1714). Fille de Jacques II, elle signa en 1707 l'Acte d'union, dans le Royaume-Uni, des États d'Angleterre et d'Écosse. Elle désigna pour lui succéder l'Électeur de Hanovre.

anneau [ano] n. m. **1.** Cercle de matière dure qui sert à attacher, à suspendre, à retenir. *Les anneaux d'un rideau.* ▷ Cercle de métal, généralement précieux, qu'on porte au doigt. *Anneau nuptial :* alliance. ▷ (Plur.) Agrès de gymnastique composés de deux anneaux de métal suspendus chacun à une corde. *Exercice aux anneaux.* **2.** Ce qui affecte une forme circulaire. *Les anneaux du serpent.* ▷ BOT Bague membraneuse, reste du voile partiel, autour du pied de certains champignons. ▷ ASTRO *Anneaux de Saturne :* couronnes concentriques constituées de blocs de glace qui ceinturent cette planète. ▷ GEOM *Anneau sphérique :* volume engendré par un segment circulaire tournant autour d'un diamètre. ▷ OPT *Anneaux de Newton :* franges lumineuses obtenues en éclairant la lame d'air comprise entre une plaque de verre parfaitement plane et la surface sphérique d'une lentille en contact avec la plaque. ▷ PHYS NUCL *Anneaux de stockage :* réservoirs de particules animées de grandes vitesses, en forme d'anneaux, et permettant de produire des collisions entre particules. (Ils équipent de nombreux accélérateurs* de particules.) **3.** ALG Ensemble muni de deux lois de composition interne : une loi de groupe commutatif (ou abélien) et une loi associative et distributive par rapport à celle-ci.

Annecy, v. de France, ch.-l. du dép. de la Hte-Savoie, sur le *lac d'Annecy;* 51143 hab. – Palais de l'Isle (XVe s.); château de Menthon (XVIe s.).

année [ane] n. f. **1.** ASTRO Durée d'une révolution de la Terre autour du Soleil. – *Année sidérale :* durée de la révolution sidérale de la Terre par rapport aux étoiles fixes (365,2564 jours). – *Année anomalistique :* durée entre deux passages successifs au périhélie. – *Année tropique**. – *Année de lumière* ou *année-lumière**. – *Année lunaire :* période de douze ou treize mois lunaires (V. calendrier). **2.** Cour. Période de douze mois comptant 365 ou 366 jours (*année bissextile*), commençant le 1er janvier et finissant le 31 décembre. *Année civile. Souhaits de bonne année,* qu'on adresse au début de chaque année. ▷ (Maurice) Nouvel an. *Faire l'année :* fêter le nouvel an. ▷ Chacune de ces périodes, envisagées dans leurs successions chronologiques et datées. *L'année 1950. Les années 60,* dont le chiffre des dizaines est 6. **3.** Période de douze mois commençant à une date quelconque et envisagée du point de vue des événements qui s'y produisent. *Il entre dans sa quatrième année.* **4.** Période consacrée à certaines activités, qui peut être inférieure à douze mois. *L'année scolaire, universitaire :* temps compris entre le début des cours et les grandes vacances. *Année judiciaire :* période pendant laquelle siègent les tribunaux. **5.** HYDROL Période qui s'écoule d'un étiage absolu à l'autre.

année-lumière [anelymjɛʀ] n. f. ASTRO Unité de longueur égale à la distance parcourue par la lumière en un an (env. 9461 milliards de km). *Une année-lumière est égale à 0,307 parsec et à 63240 unités astronomiques. Des années-lumière.* (On dit aussi *année de lumière.*)

annelé, ée [anle] adj. BIOL Composé d'anneaux distincts. *Vers annelés* (annélides). *Vaisseaux annelés du bois.*

annélides [anelid] n. m. pl. ZOOL Embranchement d'invertébrés cœlomates divisé en trois classes : polychètes (vers marins), oligochètes (lombrics), hirudinées ou achètes (sangsues). *Les annélides, ou vers annelés, sont formés d'une succession d'anneaux (métamères), tous semblables, à l'exception de la tête et de la queue.* – Sing. *Un annélide.*

1. annexe [anɛks] adj. Qui est uni à la chose principale, qui en dépend. *Les documents annexes d'un rapport.*

2. annexe [anɛks] n. f. **1.** Ce qui est adjoint à la chose principale ou qui en est une partie complémentaire, accessoire. *Les annexes d'un dossier. L'annexe d'un bâtiment.* **2.** ANAT *Annexes de l'œil :* paupières, cils. – *Annexes de l'utérus :* trompes, ovaires. ▷ BIOL *Annexes embryonnaires :* l'allantoïde, l'amnios, le chorion et le placenta; le sac vitellin des poissons.

annexer [anɛkse] v. tr. [1] **1.** Joindre, rattacher (une chose secondaire) à la chose principale. *Annexer une procuration à un acte.* **2.** Réunir à son territoire, rendre dépendant (un État) d'un autre.

annexion [anɛksjɔ̃] n. f. Action d'annexer.

annexionnisme [anɛksjɔnism] n. m. Politique d'annexion.

annexionniste [anɛksjɔnist] adj. et n. **1.** adj. Qui vise à annexer un pays à un autre. **2.** n. Partisan de l'annexionnisme.

Annibal. V. Hannibal.

annihilation [aniilasjɔ̃] n. f. **1.** Action d'annihiler; son résultat. Syn. anéantissement. **2.** PHYS NUCL Transformation de la masse d'une particule en énergie par désintégration totale.

annihiler [aniile] v. tr. [1] **1.** Réduire à rien (qqch), rendre de nul effet. *Annihiler un droit. Annihiler les efforts de qqn.* **2.** Réduire à néant la volonté de (qqn). *Le chagrin l'annihile.* Syn. anéantir.

anniversaire [anivɛʀsɛʀ] adj. et n. m. Qui rappelle le souvenir d'un événement antérieur arrivé à pareille date. *Cérémonie anniversaire de la proclamation de la République.* ▷ n. m. Jour anniversaire. *Célébrer l'anniversaire d'une victoire. C'est mon anniversaire,* l'anniversaire de ma naissance.

Annobón. V. Pagalu.

annonacées [anɔnase] n. f. V. anonacées.

annonce [anɔ̃s] n. f. **1.** Avis par lequel on informe le public. *L'annonce d'une vente. Faire passer une annonce dans un journal,* pour offrir ou demander un emploi, louer ou vendre un appartement, etc. *Les petites annonces.* – DR *Annonces judiciaires, légales,* dont l'insertion dans les journaux est prescrite par la loi. ▷ JEU Déclaration par chaque joueur du contrat qu'il s'engage à remplir, des atouts ou des combinaisons qu'il possède. *Faire une annonce.* **2.** Ce qui annonce qqch. *Le retour des vents alizés est l'annonce de la saison sèche.*

annoncer [anɔ̃se] v. [12] **I.** v. tr. **1.** Faire savoir, donner connaissance de (qqch). *Annoncer une victoire, une fête.* ▷ Publier, porter à la connaissance du public. *Les journaux annoncent la nouvelle.* ▷ *Annoncer qqn :* dire le nom d'un visiteur qui désire être reçu. **2.** Faire connaître par avance, prédire. *Les astronomes ont annoncé le retour de cette comète.* **3.** (Choses) Être l'indice de, présager. *Nuages qui annoncent un orage.* ▷ Signaler. *La cloche annonce la fin des cours.* **II.** v. pron. **1.** Se manifester par des signes précurseurs. *Son génie s'annonça de bonne heure.* **2.** Se présenter favorablement ou défavorablement. *L'affaire s'annonce avantageuse, délicate.* **3.** (Suisse) Se présenter à un bureau, un guichet; s'inscrire à une compétition, un jeu.

annonceur [anɔ̃sœʀ] n. m. **1.** Personne, entreprise qui fait passer des annonces publicitaires. **2.** (Québec) À la radio ou à la télévision, personne qui fait les annonces, donne des informations (en dehors des bulletins d'information).

annonciateur, trice [anɔ̃sjatœʀ, tʀis] adj. Qui annonce, qui présage.

Annonciation [anɔ̃sjasjɔ̃] n. f. RELIG CHRET **1.** Annonce faite à la Vierge Marie par l'ange Gabriel pour lui apprendre qu'elle serait mère de Jésus-Christ. **2.** Fête commémorant cette annonce (25 mars).

annone [anɔn] n. f. V. anone.

annotation [anɔtasjɔ̃] n. f. Remarque explicative ou critique accompagnant un texte. *Les annotations figurent en dernière page.*

annoter [anɔte] v. tr. [**1**] Ajouter à un texte des notes critiques. *Annoter un texte en marge,* y inscrire des remarques personnelles. *Exemplaire annoté de la main de l'auteur.*

annuaire [anɥɛʀ] n. m. Recueil annuel donnant divers renseignements. *Annuaire du téléphone. Annuaire des avocats.*

annualiser [anɥalize] v. tr. [**1**] **1.** Faire qu'une chose, un événement se produise tous les ans. **2.** Établir (qqch) en prenant l'année comme référence. *Annualiser des statistiques.*

annualité [anɥalite] n. f. Didac. Caractère de ce qui est annuel, qui vaut pour un an. *Annualité de l'impôt.*

annuel, elle [anɥɛl] adj. **1.** Qui dure un an seulement. *Contrat annuel.* – AGRIC *Plantes annuelles,* qui ne vivent qu'une année (par oppos. à *plantes vivaces*). **2.** Qui revient tous les ans. *Redevances annuelles,* perçues chaque année.

annuellement [anɥɛlmɑ̃] adv. Par an, chaque année.

annuité [anɥite] n. f. **1.** Somme versée annuellement en vue de rembourser le capital et les intérêts d'un emprunt d'une durée déterminée. **2.** Équivalence d'une année de service, dans le calcul des pensions.

1. annulaire [anylɛʀ] adj. En forme d'anneau. ▷ ASTRO *Éclipse annulaire du Soleil,* ne laissant apparaître que la couronne solaire qui se profile en anneau autour de la Lune. ▷ ANAT *Protubérance* annulaire.*

2. annulaire [anylɛʀ] n. m. Le quatrième doigt de la main à partir du pouce, auquel il est d'usage, dans certains pays, de porter l'anneau nuptial.

annulation [anylasjɔ̃] n. f. Action d'annuler. *L'annulation d'un contrat, d'un mariage.* Syn. abrogation, invalidation. Ant. validation, confirmation.

annuler [anyle] v. [**1**] **I.** v. tr. **1.** DR Rendre nul (qqch), frapper de nullité. *Annuler un verdict, une élection.* Ant. valider. **2.** Cour. Supprimer, rendre de valeur nulle. *Annuler une réception, une commande.* Ant. confirmer, maintenir. **II.** v. pron. (récipr.) Devenir nul, se neutraliser en s'opposant. *En physique, des forces égales et opposées s'annulent.*

Annunzio (Gabriele D'). V. D'Annunzio.

anoblir [anɔbliʀ] v. tr. [**3**] Faire noble, conférer un titre de noblesse à.

anoblissement [anɔblismɑ̃] n. m. Action d'anoblir.

anode [anɔd] n. f. PHYS Électrode reliée au pôle positif d'un générateur électrique lors d'une électrolyse, et siège d'une réaction d'oxydation.

anodin, ine [anɔdɛ̃, in] adj. **1.** Sans gravité, sans importance, inoffensif. *Une grippe anodine. Des propos anodins.* Syn. bénin. **2.** (Personnes) Insignifiant, sans intérêt. *Je trouve ce garçon anodin.*

anodique [anɔdik] adj. PHYS Qui se produit à l'anode. *Oxydation anodique.* ▷ TECH *Protection anodique :* protection contre la corrosion des métaux au moyen d'un film superficiel qui, électropositif, joue le rôle d'anode.

anodisation [anɔdizasjɔ̃] n. f. TECH Procédé de protection des pièces en aluminium par oxydation anodique.

anodonte [anɔdɔ̃t] adj. et n. m. **1.** adj. ZOOL, MED Qui n'a pas de dents. **2.** n. m. ZOOL Mollusque lamellibranche d'eau douce, commun en France.

anolis ou **anoli** [anɔli] n. m. Petit saurien arboricole, voisin des iguanes, courant aux Antilles.

anomal, ale, aux [anɔmal, o] adj. Qui présente une anomalie. *Fleurs anomales,* dont la constitution est différente de celle de la fleur habituelle. ▷ GRAM *Forme, construction anomale,* qui, sans être incorrecte, présente des divergences par rapport à un type ou à une règle.

anomalie [anɔmali] n. f. **1.** Cour. Bizarrerie, particularité qui rend une chose différente de ce qu'elle devrait être normalement; écart par rapport à une règle. *Relever des anomalies dans un compte.* **2.** GRAM Caractère d'une forme, d'une construction anomale. **3.** ASTRO *Anomalie vraie :* angle formé par le grand axe de l'ellipse que décrit une planète autour du Soleil et la droite menée de la planète au Soleil. *Anomalie excentrique :* angle formé par le grand axe et la droite qui joint le centre du cercle circonscrit à l'ellipse et le point du cercle situé sur le prolongement de la droite passant par la planète et perpendiculaire au grand axe. **4.** BIOL Écart par rapport au type normal. *Anomalie du crâne.*

anomalistique [anɔmalistik] adj. ASTRO *Année anomalistique :* V. année. – *Révolution anomalistique :* mouvement d'une planète entre deux passages successifs au périhélie.

anomalure [anɔmalyʀ] n. m. ZOOL Mammifère rongeur des forêts d'Afrique, voisin de l'écureuil, mais muni d'une membrane réunissant de chaque côté le membre antérieur et le membre postérieur, ce qui lui permet de planer sur de courtes distances.

anomie [anɔmi] n. f. SOCIOL Absence ou désintégration des normes sociales.

ânon [ɑnɔ̃] n. m. **1.** Petit de l'âne. **2.** (Saint-Pierre-et-M.) Syn. de *âne* (sens 3).

anonacées ou **annonacées** [anɔnase] n. f. pl. BOT Famille de dicotylédones comprenant des arbres et des arbustes tropicaux dont le type est l'anone. – Sing. *Une an(n)onacée.*

anone ou **annone** [anɔn] n. f. Arbre ou arbrisseau des régions tropicales (fam. anonacées) dont différentes espèces sont cultivées pour leurs fruits sucrés et parfumés; son fruit (corossol, pomme-cannelle, cœur de bœuf).

ânonnement [ɑnɔnmɑ̃] n. m. Action d'ânonner.

ânonner [ɑnɔne] v. intr. [**1**] Parler, réciter avec peine, en balbutiant, en hésitant. ▷ v. tr. *Enfant qui ânonne la table de multiplication.*

anonymat [anɔnima] n. m. Caractère de ce qui est anonyme.

anonyme [anɔnim] adj. et n. **1.** Se dit d'une personne dont on ignore le nom, ou d'une œuvre sans nom d'auteur. *Écrivain anonyme. Ouvrage anonyme.* – Subst. *Don d'un anonyme.* – *Lettre anonyme,* que son auteur n'a pas voulu signer. – DR *Société anonyme :* société commerciale par actions dans laquelle la responsabilité des associés est limitée au montant de l'apport. **2.** Fig. Sans personnalité, froid. *Le décor anonyme d'une salle d'attente.*

anonymement [anɔnimmɑ̃] adv. D'une manière anonyme.

anophèle [anɔfɛl] n. m. ENTOM Moustique (ordre des diptères) dont la femelle transmet le paludisme ainsi que la filariose lymphatique et certaines encéphalites à virus.

ENCYCL L'anophèle femelle pond ses œufs à la surface des eaux stagnantes; les larves ont une vie aquatique. Lorsqu'une femelle adulte pique (la nuit) un paludéen, elle absorbe des plasmodiums qui accomplissent chez elle un cycle complexe dont le produit est un sporozoïte infestant. Celui-ci se loge dans les glandes salivaires de l'anophèle et peut ainsi être inoculé à un homme sain lors de la piqûre suivante. Pour se protéger contre les anophèles adultes, on utilise des moustiquaires, de préférence imprégnées d'un insecticide. Les moyens permettant de détruire les larves sont la suppression des eaux stagnantes, la lutte chimique (DDT, etc.), la lutte biologique (poissons mangeurs de larves).

anorak [anɔʀak] n. m. Veste de sport imperméable à capuchon.

anorexie [anɔʀɛksi] n. f. MED Absence d'appétit, perte de l'appétit. ▷ *Anorexie mentale :* syndrome d'origine psychologique qui se voit en particulier chez le nourrisson et la jeune fille, caractérisé par le refus de s'alimenter.

anorexigène [anɔʀɛksiʒɛn] adj. et n. m. MED Qui coupe l'appétit. *Médicament anorexigène.*

anorexique [anɔʀɛksik] adj. et n. Qui souffre d'anorexie.

anormal, ale, aux [anɔʀmal, o] adj. Qui semble contraire aux règles, aux usages habituels ou à la raison. *Un froid anormal pour la saison. Il est anormal de payer si cher pour cette bagatelle.* – *Enfant anormal,* qui présente des anomalies psychiques ou physiques. Syn. particulier, exceptionnel, singulier, insolite. Ant. normal, naturel, régulier.

anormalement [anɔʀmalmɑ̃] adv. D'une manière anormale.

Anoual, local. dans le Rif du Maroc oriental. En juil. 1921, Abd el-Krim y vainquit le général français Silvestre.

Anouilh (Jean) (1910 – 1987), dramaturge français; auteur prolifique de pièces «noires» : *Antigone* (1944);

« roses » ; « brillantes » et « grinçantes » : *Pauvre Bitos* (1956).

anoure [anuʀ] adj. et n. m. ZOOL **1.** adj. Dépourvu de queue. **2.** n. m. pl. Ordre d'amphibiens dépourvus de queue au stade adulte (crapauds, grenouilles).

anovulatoire [anɔvylatwaʀ] adj. MED Qui n'est pas accompagné d'ovulation. *Un cycle anovulatoire.*

anoxémie [anɔksemi] n. f. MED Diminution de la quantité d'oxygène dans le sang.

Anquetil (Jacques) (1934 - 1987), coureur cycliste français, vainqueur du Tour de France en 1957 et de 1961 à 1964.

Ansariyyah *(Ansāriya)*, habitants du djebel al-Ansariyyah, ou monts Alaouites (Syrie), qui s'étend au N. du Liban. Ils constituent une secte chiite, fondée par Ibn Nusayr (*Ibn Nusayr*) au IXe s. ; on les appelle également *Nusayris* ou *Alaouites.* Ils jouent un rôle important dans la Syrie contemporaine, le président Assad étant membre de cette secte.

Anschluss, rattachement (mars 1938) de l'Autriche au IIIe Reich allemand.

anse [ɑ̃s] n. f. **1.** Partie saillante et souvent recourbée par laquelle on saisit certains objets. *L'anse d'un panier, d'une tasse.* ▷ Partie en forme d'arc. **2.** GEOGR Petite baie. **3.** ANAT Courbure que décrit un vaisseau, un rameau nerveux, un organe. *Anse vasculaire.*

ansé, ée [ɑ̃se] adj. *Croix ansée,* surmontée d'une anse (symbole de vie éternelle chez les anciens Égyptiens).

ANSEA, acronyme pour *Association* des nations du Sud-Est asiatique,* en angl. ASEAN *(Association of South East Asian Nations).*

Anselme (saint) (1033 - 1109), théologien, né à Aoste. Abbé de l'abbaye du Bec (Normandie), puis archevêque de Canterbury (où il mourut). Il chercha à interpréter rationnellement la foi chrétienne : *Monologium, Proslogium, Cur Deus homo.*

ansériformes [ɑ̃seʀifɔʀm] n. m. pl. ICHTYOL Ordre d'oiseaux palmipèdes dont le bec est garni intérieurement de lamelles cornées (oies, cygnes, canards). – Sing. *Un ansériforme.*

Ansermet (Ernest) (1883 - 1963), chef d'orchestre suisse. À la tête de l'orchestre de Suisse romande, il contribua à révéler de nombreux musiciens contemporains.

ansive [ɑ̃siv] n. f. V. ancive.

ant-. V. anti-.

antagonique [ɑ̃tagɔnik] adj. Qui est en lutte, en opposition. *Forces antagoniques.*

antagonisme [ɑ̃tagɔnism] n. m. Opposition de deux forces ; rivalité hostile. *L'antagonisme entre deux peuples.*

antagoniste [ɑ̃tagɔnist] adj. et n. **1.** Opposé, hostile. *Factions antagonistes.* ▷ Subst. *On sépara les deux antagonistes.* **2.** ANAT *Muscles antagonistes,* se dit de muscles dont les actions s'opposent. **3.** MECA *Couple antagoniste,* dont les forces s'exercent en sens contraire du couple produisant le mouvement.

Antaimoure, population du S.-E. de Madagascar.

Antalaote ou **Antaloatra,** population africaine composée de commerçants musulmans, qui s'installa dans le N.-O. de Madagascar du XIe au XVIIe s. Ils parlent un dialecte swahili.

antalgique [ɑ̃talʒik] adj. et n. m. MED Qui atténue la douleur.

antan (d') [dɑ̃tɑ̃] loc. adj. Litt. D'autrefois, de jadis.

Antananarivo (anc. *Tananarive*), cap. de Madagascar, sur le plateau de l'Imerina ; 1 300 000 hab. ; ch.-l. de prov. Centre admin., culturel et comm. Industr. alim. et textile. Aéroport intern. – Université. Archevêché. Dans la partie haute de la ville, anciennes demeures royales malgaches, palais Mahitsielafanjaca (1796) et Manampisóa (1866) et de la Reine (1839).

Antandroy, population qui occupe l'extrême sud de la côte malgache (région nommée *Androy*) ; environ 500 000 personnes. – Un anc. royaume antandroy connut son apogée au XVIIIe s.

antaque [ɑ̃tak] n. m. (Réunion) Variété de fève.

Antar ou **Antara** (Ibn Shaddad al-Absi) *('Antara ibn Šaddād al-'Absī)* (fin VIe s. – déb. VIIe s.), poète arabe. Ses exploits guerriers et sa passion pour sa bien-aimée Ablah ont inspiré *le Roman d'Antar* (une partie serait son œuvre).

antarctique [ɑ̃taʀktik] adj. Relatif au pôle Sud et aux régions polaires australes.

Antarctique ou **Antarctide,** un des continents ; env. 14 000 000 de km^2. Il se localise à l'intérieur du cercle polaire austral (66^0 33′ de latit. S.). Entouré par l'océan Antarctique, formé de montagnes et de bassins recouverts d'un inlandsis dont la glace a une épaisseur moyenne de 2 200 m mais peut dépasser 4 000 m, il culmine au mont Vinson (5 140 m). Des vents violents accentuent la rigueur du climat ; la moyenne annuelle est de –50^{0}C. Flore et faune sont rares. – Le continent fut atteint au XVIIIe s. ; en 1911, le Norvégien Amundsen parvint au pôle. En 1959, les États qui y possèdent des terres ou y ont installé des stations scientifiques (Australie, France, G.-B., Norvège, Nouvelle-Zélande, Argentine, Chili, U.R.S.S., É.-U., Afrique du Sud, Belgique, Japon) signèrent un traité destiné à promouvoir une recherche scientifique commune. Un nouveau traité regroupa une quarantaine de pays en 1988 ; en 1991, il a interdit pendant 50 ans l'exploitation des ressources minières, pour protéger l'environnement.
▶ V. carte, p. 1375.

Antarctique, Glacial ou **Austral** (océan), océan qui entoure le continent antarctique, au S. des océans Atlantique, Indien et Pacifique. Fosses de plus de 5 000 m.

anté-. Élément, du latin *ante,* « avant », marquant l'antériorité (ex. *antédiluvien,* etc.).

antécambrien, enne [ɑ̃tekɑ̃bʀijɛ̃, ɛn] adj. et n. m. GEOL Syn. de *précambrien.*

antécédent [ɑ̃tesedɑ̃] n. m. **1.** Chacun des actes, des faits du passé d'une personne, en rapport avec son existence actuelle. *Avoir de bons, de fâcheux antécédents.* **2.** MATH et LOG Premier terme d'un rapport par opposition au second terme, appelé *conséquent.* **3.** TECH En ordonnancement : tâche qui précède une autre tâche. *Méthode des antécédents.* **4.** GRAM *Antécédent d'un pronom, d'un relatif :* mot qui précède et que remplace ce pronom, ce relatif. **5.** MED Accident de santé qui a précédé une maladie et peut contribuer à l'expliquer.

antéchrist [ɑ̃tekʀist] n. m. THEOL (Avec une majuscule.) Faux messie qui, d'après l'Apocalypse, paraîtra peu avant la fin du monde pour prêcher une religion hostile à celle du Christ, qui finalement le vaincra.

antédiluvien, enne [ɑ̃tedilyvjɛ̃, ɛn] adj. Antérieur au Déluge. *Animaux antédiluviens.* ▷ Fig., souvent iron. Très ancien, démodé. *Un tacot antédiluvien.*

Antée, dans la myth. gr., géant fils de Gaia, déesse de la Terre, et de Poséidon. Comme il retrouvait ses forces dès qu'il touchait le sol, Héraclès le souleva de terre et l'étouffa.

Antef, nom des trois premiers pharaons de la XIe dynastie, dite thébaine. Fondateurs du Moyen Empire, ils réunifièrent l'Égypte et y étendirent le culte d'Amon. — **Antef Ier** (règne : v. 2130-v. 2115 av. J.-C.). — **Antef II** (règne : v. 2115-v. 2066 av. J.-C.). — **Antef III** (règne : v. 2066-v. 2059 av. J.-C.). D'autres pharaons portèrent le même nom, mais ils ne sont connus que par les vestiges de leurs tombes : **Antef IV** (XIIIe dynastie), **Antef V, VI** et **VII** (XVIIIe dynastie).

antéhypophyse [ɑ̃teipɔfiz] n. f. PHYSIOL Lobe antérieur de l'hypophyse qui sécrète des hormones contrôlant les glandes endocrines périphériques (thyroïde, corticosurrénales, glandes génitales).

antéislamique [ɑ̃teislamik] adj. Antérieur à l'islam (fondé en 622).

antennates [ɑ̃tenat] n. m. pl. ZOOL Sous-embranchement d'arthropodes comprenant les crustacés, les myriapodes et les insectes, qui tous possèdent des antennes. – Sing. *Un antennate.*

antenne [ɑ̃tɛn] n. f. **1.** MAR Longue vergue oblique soutenant une voile triangulaire. **2.** ZOOL Appendice sensoriel mobile, situé sur la tête de la plupart des arthropodes (antennates). – Fig. *Avoir des antennes :* avoir de l'intuition, du flair. **3.** RADIOELECTR Conducteur capable d'émettre ou de capter une onde électromagnétique. – Fig. *Passer sur (à) l'antenne,* dans une émission de radio ou de télévision. **4.** MILIT *Antenne chirurgicale :* poste chirurgical mobile avancé.

antépénultième [ɑ̃tepenyltjɛm] adj. Didac. Qui précède l'avant-dernière syllabe ou pénultième. – n. f. *L'antépénultième :* la syllabe antépénultième.

antéposer [ɑ̃tepoze] v. tr. [1] LING Placer devant. – Pp. adj. *Dans « un grand homme », « grand » est un adj. antéposé.*

antérieur, eure [ɑ̃teʀjœʀ] adj. **1.** Qui précède dans le temps. *Les événements antérieurs.* Ant. ultérieur. – GRAM *Passé antérieur, futur antérieur,* exprimant l'antériorité d'une action par rapport à une autre. **2.** Situé en avant. *La partie antérieure d'une maison, du corps.* Ant. postérieur. – PHON *Voyelles antérieures :* voyelles dont le point d'articulation se situe dans la partie avant de la cavité buccale, dites aussi palatales (ex. [a, ɛ, e, i]).

antérieurement [ɑ̃teʀjœʀmɑ̃] adv. Précédemment, avant.

antériorité [ɑ̃teʀjɔʀite] n. f. Caractère de ce qui est antérieur. *Antériorité d'un fait.* Ant. postériorité.

antéropostérieur, eure [ɑ̃teʀopɔsteʀjœʀ] adj. Qui est orienté d'avant en arrière.

anthère [ɑ̃tɛʀ] n. f. BOT Terminaison renflée de l'étamine, qui contient le pollen.

anthèse [ɑ̃tɛz] n. f. BOT Syn. de *floraison.*

anthologie [ɑ̃tɔlɔʒi] n. f. Recueil de morceaux choisis d'œuvres littéraires ou musicales. *Anthologie de la poésie romantique.*

anthozoaires [ɑ̃tozɔɛʀ] n. m. pl. ZOOL Superclasse de cnidaires comprenant les octocoralliaires (corail des bijoutiers) et les hexacoralliaires (actinies, madréporaires). – Sing. *Un anthozoaire.*

anthracite [ɑ̃tʀasit] n. m. Charbon à combustion lente, qui brûle sans flamme. ▷ adj. inv. Gris foncé. *Un costume anthracite.*

anthracnose [ɑ̃tʀaknoz] n. f. BOT Maladie des végétaux (cacaoyer, bananier, légumineuses, etc.) causée par divers champignons et qui se manifeste par l'apparition de taches brunes sur les feuilles, les fleurs, les fruits.

anthrax [ɑ̃tʀaks] n. m. MED Tuméfaction causée par la réunion de plusieurs furoncles. *Les complications de l'anthrax sont le phlegmon et la septicémie.*

-anthrope, -anthropie, -anthropique, anthropo-. Éléments, du gr. *anthrôpos,* «homme».

anthropique [ɑ̃tʀɔpik] adj. Didac. Fait par l'homme, dû à l'homme. *Une dégradation anthropique.*

anthropocentrique [ɑ̃tʀɔposɑ̃tʀik] adj. Didac. Qui fait de l'homme le centre et la fin de tout. *Philosophie anthropocentrique.*

anthropocentrisme [ɑ̃tʀɔposɑ̃tʀism] n. m. Didac. Doctrine, attitude, qui fait de l'homme le centre et la fin de tout.

anthropogenèse [ɑ̃tʀɔpoʒənɛz] ou **anthropogénie** [ɑ̃tʀɔpoʒeni] n. f. Didac. Étude de l'origine et de l'évolution de l'homme.

anthropoïde [ɑ̃tʀɔpoid] adj. et n. m. **1.** adj. Qui ressemble à l'homme, en parlant d'un animal. *Singe anthropoïde.* **2.** n. m. pl. ZOOL Sous-ordre de primates comprenant les singes et les hominidés. – Sing. *Un anthropoïde.*

anthropologie [ɑ̃tʀɔpɔlɔʒi] n. f. **1.** *Anthropologie physique :* étude de l'espèce humaine des points de vue anatomique, physiologique, biologique, génétique et phylogénétique. **2.** *Anthropologie sociale, culturelle :* étude des cultures des différentes collectivités humaines (institutions, structures familiales, croyances, technologies). Syn. ethnologie.

anthropologique [ɑ̃tʀɔpɔlɔʒik] adj. Qui relève de l'anthropologie.

anthropologue [ɑ̃tʀɔpolɔg] n. m. Spécialiste de l'anthropologie.

anthropométrie [ɑ̃tʀɔpometʀi] n. f. Ensemble des procédés de mensuration des diverses parties du corps humain. – *Anthropométrie judiciaire,* appliquée à l'identification des délinquants.

anthropométrique [ɑ̃tʀɔpometʀik] adj. Relatif à l'anthropométrie. *Fiche anthropométrique.*

anthropomorphe [ɑ̃tʀɔpomɔʀf] adj. Didac. Qui a la forme, l'apparence humaine. ▷ ZOOL Se dit des grands singes tels que le gorille, le chimpanzé, l'ourang-outang, qui sont les animaux les plus proches de l'homme.

anthropomorphique [ɑ̃tʀɔpomɔʀfik] adj. Caractérisé par l'anthropomorphisme.

anthropomorphisme [ɑ̃tʀɔpomɔʀfism] n. m. Didac. Représentation de Dieu sous l'apparence humaine. – *Par ext.* Tendance à attribuer aux êtres et aux choses des manières d'être et d'agir, des pensées humaines.

anthroponymie [ɑ̃tʀɔponimi] n. f. Didac. Étude des noms de personnes.

anthropophage [ɑ̃tʀɔpofaʒ] adj. et n. **1.** adj. Se dit d'une personne qui mange de la chair humaine (V. cannibale). ▷ Subst. *Un anthropophage.* **2.** n. (Afr. subsah.) Sorcier réputé pouvoir s'emparer du principe vital de ses victimes. Syn. mangeur d'âmes.

anthropophagie [ɑ̃tʀɔpofaʒi] n. f. **1.** Fait de manger de la chair humaine (V. cannibalisme). – *Anthropophagie rituelle :* pratique consistant à manger certaines parties du corps d'un être humain en pensant ainsi acquérir ses qualités. **2.** ANTHROP Pouvoir surnaturel d'agression ou de destruction des êtres humains attribué aux sorciers.

anti-. Élément, du gr., «contre», indiquant une idée d'hostilité (ex. *anticommuniste, antisocial*), de protection (ex. *antiallergique, antimicrobien*) ou d'opposition (ex. *antimatière, antipsychiatrie*).

antiacridien, enne [ɑ̃tiakʀidjɛ̃, ɛn] adj. Qui vise à détruire les acridiens. *Lutte antiacridienne :* V. criquet.

antiadhésif, ive [ɑ̃tiadezif, iv] adj. et n. m. Qui empêche les aliments de coller à un récipient en cuisant. *Un revêtement antiadhésif.* – n. m. *Un antiadhésif.*

antiaérien, enne [ɑ̃tiaeʀjɛ̃, ɛn] adj. MILIT Qui combat les attaques aériennes, protège de leurs effets. *Défense antiaérienne. Abri antiaérien.*

antialcoolique [ɑ̃tialkɔlik] adj. Qui lutte contre l'alcoolisme. *Ligue antialcoolique.*

antiallergique [ɑ̃tialɛʀʒik] adj. Qui inhibe les réactions allergiques.

antiamaril, ile [ɑ̃tiamaʀil] adj. Qui agit contre la fièvre jaune. *Vaccination antiamarile. Traitement antiamaril.*

antiapartheid [ɑ̃tiapaʀtɛd] adj. inv. Qui était contre l'apartheid en vigueur en Afrique du S. – *Par ext.* Qui est contre toute forme de ségrégation raciale.

antiassimilationniste [ɑ̃tiasimilasjɔnist] adj. et n. Se dit d'une personne, d'une chose opposée à l'idéologie coloniale d'assimilation.

Anti-Atlas, massif du S.-O. du Maroc. (V. Atlas.)

antiatomique [ɑ̃tiatɔmik] adj. Qui s'oppose aux rayonnements nucléaires. *Abri antiatomique.*

antiaviaire [ɑ̃tiavjɛʀ] adj. Qui vise à détruire les oiseaux nuisibles. *La lutte antiaviaire.*

antibactérien, enne [ɑ̃tibakteʀjɛ̃, ɛn] adj. et n. m. Qui détruit les bactéries.

antibiogramme [ɑ̃tibjɔgʀam] n. m. MED Analyse qui permet de choisir l'antibiotique le plus efficace pour lutter contre une bactérie donnée.

antibiotique [ɑ̃tibjɔtik] n. m. (et adj.) MED Substance qui détruit les bactéries (bactéricide) ou s'oppose à leur multiplication (bactériostatique).

ENCYCL La pénicilline a été découverte par Fleming en 1929 et fabriquée industriellement en 1941. Depuis, des centaines d'antibiotiques différents sont fabriqués à partir de micro-organismes ou par synthèse. Il en existe plusieurs groupes; certains ont un spectre bactérien particulier. Il est possible, avec une dizaine d'antibiotiques seulement, de traiter la plupart des infections bactériennes.

antibourbouille [ɑ̃tibuʀbuj] adj. inv. MED (Afr. subsah.) Qui soigne la bourbouille. *Lotion antibourbouille.*

antibrouillard [ɑ̃tibʀujaʀ] adj. inv. et n. m. Qui permet de voir et d'être vu dans le brouillard. ▷ n. m. *Des antibrouillards :* des phares antibrouillard.

antibruit [ɑ̃tibʀɥi] adj. inv. Qui protège du bruit ou lutte contre le bruit.

anticancéreux, euse [ɑ̃tikɑ̃seʀø, øz] adj. Qui est destiné à combattre le cancer. *Médicament anticancéreux.* Syn. antitumoral. ▷ Qui assure la lutte contre le cancer. *Un centre anticancéreux.*

antichambre [ɑ̃tiʃɑ̃bʀ] n. f. **1.** Pièce qui précède une chambre ou un appartement. **2.** Pièce qui sert de salle d'attente. ▷ Loc. *Faire antichambre :* attendre avant d'être reçu.

antichar [ɑ̃tiʃaʀ] adj. inv. en genre (et n. m.) MILIT Se dit d'un engin ou d'un dispositif qui sert à la lutte contre les chars de combat. *Canon antichar. Mines antichars.* – n. m. *Un antichar.*

antichoc [ɑ̃tiʃɔk] adj. inv. Qui protège contre les chocs. *Casque antichoc.* ▷ Qui résiste aux chocs. *Montre antichoc.*

anticipation [ɑ̃tisipasjɔ̃] n. f. **1.** Action d'anticiper, de faire par avance. *Régler son loyer par anticipation,* avant l'échéance. **2.** DR Empiétement sur les droits, les biens d'autrui. *Attaquer en justice contre une anticipation.* **3.** *Roman, récit d'anticipation,* qui décrit un futur imaginaire. **4.** ECON Fait de prendre en compte, dans les décisions et les comportements économiques actuels, des événements futurs considérés comme plus ou moins certains. **5.** RHET Figure par laquelle on réfute d'avance une objection possible.

anticipé, ée [ɑ̃tisipe] adj. Fait à l'avance, avant la date fixée. *Son arrivée anticipée a bouleversé mes projets. Des remerciements anticipés.* – *Paiement anticipé,* fait avant échéance. Ant. retardé.

anticiper [ɑ̃tisipe] v. [1] **1.** v. tr. Faire par avance. *Anticiper un paiement,* le régler avant l'échéance. **2.** v. tr. indir. ou intr. *Anticiper sur l'avenir :* considérer un événement futur comme s'il s'était produit. ▷ (S. comp.) *N'anticipons pas :* procédons par ordre, en respectant la succession logique des choses. **3.** v. tr. (Québec) (Emploi critiqué.) Prévoir, s'attendre à (qqch), s'en réjouir ou s'en inquiéter à l'avance. *Anticiper une bonne récolte.*

anticlérical, ale, aux [ɑ̃tikleʀikal, o] adj. (et n.) Qui s'oppose au clergé, à son influence sociale, politique.

anticléricalisme [ɑ̃tikleʀikalism] n. m. Attitude politique anticléricale.

anticlinal, ale, aux [ɑ̃tiklinal, o] adj. et n. m. GEOL *Un pli anticlinal* ou, n. m., *un anticlinal :* un pli dont la convexité est tournée vers le haut. Ant. synclinal.

anticoagulant, ante [ɑ̃tikɔagylɑ̃, ɑ̃t] adj. et n. m. MED Qui s'oppose à la coagulation du sang, partic. dans le traitement des thromboses. – n. m. *L'héparine est un anticoagulant physiologique.*

anticolonialisme [ɑ̃tikolɔnjalism] n. m. Opposition, hostilité au colonialisme et à la domination coloniale. (V. encycl. décolonisation.)

anticolonialiste [ɑ̃tikɔlɔnjalist] adj. et n. Qui est hostile au colonialisme. ▷ Subst. *Une anticolonialiste convaincue.*

anticommunisme [ɑ̃tikɔmynism] n. m. Opposition, hostilité au communisme.

anticommuniste [ɑ̃tikɔmynist] adj. et n. Qui est hostile au communisme.

anticonceptionnel, elle [ɑ̃tikɔ̃sɛpsjɔnɛl] adj. Qui empêche la conception, évite la grossesse. *Pilules anticonceptionnelles.* Syn. contraceptif.

anticonformisme [ɑ̃tikɔ̃fɔʀmism] n. m. Attitude de l'anticonformiste.

anticonformiste [ɑ̃tikɔ̃fɔʀmist] adj. et n. Qui est opposé au conformisme. ▷ Subst. *En matière d'art, c'est un anticonformiste.*

anticonstitutionnel, elle [ɑ̃tikɔ̃stitysjɔnɛl] adj. Contraire à la Constitution.

anticonstitutionnellement [ɑ̃tikɔ̃stitysjɔnɛlmɑ̃] adv. D'une manière anticonstitutionnelle.

anticorps [ɑ̃tikɔʀ] n. m. MED Protéine sérique, dite aussi *immunoglobuline* (abrév. : Ig), synthétisée par les cellules lymphoïdes en réponse à l'introduction d'une substance étrangère dite *antigène.*

ENCYCL Chaque anticorps est adapté à un antigène correspondant, ce qui lui permet de s'y accrocher et de l'éliminer de l'organisme. Il existe 5 groupes d'anticorps : Ig G, Ig M, Ig A, Ig E, Ig D. Les principaux sont les Ig G, aussi appelés *gammaglobulines.* Les anticorps *naturels* sont liés aux groupes sanguins, génétiquement déterminés; les anticorps *immuns* apparaissent après une infection ou une vaccination; ils sont le support de l'immunité. Enfin, par clonage, on obtient aujourd'hui des anticorps hors du sérum sanguin afin de les utiliser pour les diagnostics (réaction positive si l'antigène est présent) ou pour la prévention (fabrication de vaccins ou de sérums actifs).

Anticosti, île du Québec, orientée du N.-O. au S.-E., à l'embouchure du Saint-Laurent; 8200 km^2; quelques centaines d'hab.; ch.-l. *Port Menier.* Forêts, réserves animales. Aéroport à Port Menier. – Jacques Cartier la découvrit en 1534 et la nomma *île de l'Assomption.*

anticyclone [ɑ̃tisiklon] n. m. METEO Centre de hautes pressions atmosphériques (par oppos. à *dépression*).

antidater [ɑ̃tidate] v. tr. [1] Indiquer (sur un document) une date antérieure à la date réelle. *Antidater un contrat.* Ant. postdater.

antidémocratique [ɑ̃tidemɔkʀatik] adj. Qui est contraire ou opposé à la démocratie.

antidépresseur [ɑ̃tidepʀesœʀ] adj. m. et n. m. MED Se dit d'un produit capable d'améliorer l'état dépressif d'un sujet. – n. m. *Un antidépresseur.*

antidérapant, ante [ɑ̃tideʀapɑ̃, ɑ̃t] adj. TECH Qui réduit les risques de dérapage. *Pneus antidérapants.*

antidiphtérique [ɑ̃tidifteʀik] adj. Qui combat, prévient la diphtérie. *Vaccin antidiphtérique.*

antidiurétique [ɑ̃tidjyʀetik] adj. (et n. m.) MED Qui diminue l'élimination urinaire. *Une hormone antidiurétique.*

antidopage [ɑ̃tidɔpaʒ] adj. inv. Qui s'oppose au dopage. *Réglementation antidopage.*

antidote [ɑ̃tidɔt] n. m. **1.** MED Substance qui s'oppose aux effets d'un poison ou d'un médicament. **2.** Fig. Ce qui atténue une peine, une souffrance morale. *La lecture est un bon antidote contre l'ennui.*

antienne [ɑ̃tjɛn] n. f. LITURG CHRET Verset qui est chanté avant un psaume ou un cantique.

antiesclavagiste [ɑ̃tiɛsklavaʒist] adj. et n. Qui est opposé à l'esclavage.

antifasciste [ɑ̃tifaʃist] adj. et n. Qui s'oppose au fascisme.

antifongique ou **antifungique** [ɑ̃tifɔ̃ʒik] adj. et n. m. AGRIC, MED Qui agit contre les champignons. ▷ n. m. Médicament traitant les mycoses. Syn. antimycosique.

antigel [ɑ̃tiʒɛl] n. m. (et adj. inv.) Produit qui empêche ou qui retarde la congélation (d'un liquide).

antigène [ɑ̃tiʒɛn] n. m. BIOL, MED Substance étrangère (microbes, toxines, nombr. matières organiques) qui provoque la formation d'anticorps si elle est introduite dans un organisme animal. (V. anticorps.)

antigénique [ɑ̃tiʒenik] adj. BIOL et MED Qui a trait à un antigène ou à sa fonction.

Antigone, dans la myth. gr., fille de Jocaste et d'Œdipe. Créon la condamna à être enterrée vivante pour avoir donné une sépulture à son frère Polynice, tué devant Thèbes, sa patrie, qu'il voulait prendre. Son fiancé, Hémon, fils de Créon, se poignarda. ▷ LITT Tragédie de Sophocle (441 av. J.-C.), opposant le respect des lois divines (Antigone) et la raison d'État (Créon).

antigouvernemental, ale, aux [ɑ̃tiguvɛʀnəmɑ̃tal, o] adj. Opposé au gouvernement.

antigrippal, ale, aux [ɑ̃tigʀipal, o] adj. Qui protège de la grippe; qui est efficace pour soigner la grippe.

Antigua et Barbuda, État membre du Commonwealth formé de trois îles des Petites Antilles : Antigua (280 km^2), Barbuda et Redonda (442 km^2); 80000 hab.; cap. *Saint John's.* Sucre, fruits. Industr. Tourisme.

antihéros [ɑ̃tieʀo] n. m. Héros d'une fiction ne présentant pas les caractéristiques du héros conventionnel.

antihistaminique [ɑ̃tiistaminik] adj. et n. m. BIOL, MED Se dit d'une substance qui empêche la formation d'histamine dans l'organisme ou s'oppose à son action. ▷ n. m. *Un antihistaminique.*

anti-impérialiste [ɑ̃tiɛ̃peʀjalist] adj. et n. Qui s'oppose à l'impérialisme.

anti-inflammatoire [ɑ̃tiɛ̃flamatwaʀ] adj. et n. m. MED Qui combat l'inflammation. – n. m. *Des anti-inflammatoires.*

anti-inflationniste [ɑ̃tiɛ̃flasjɔnist] adj. Qui permet de lutter contre l'inflation.

Anti-Liban, chaîne de montagnes à la frontière libano-syrienne, parallèle au Mont Liban dont elle est séparée par la plaine de la Beqaa (2659 m au Tal at Musa). Elle se rattache, plus au S., au massif de l'Hermon.

antillais, aise [ɑ̃tijɛ, ɛz] adj. et n. Qui est relatif ou propre aux Antilles, à leurs habitants. ▷ Subst. *Un(e) Antillais(e).*

antillanité [ɑ̃tijanite] n. f. **1.** Caractère de ce qui est antillais. **2.** Spécificité culturelle des Antillais. (Cette notion a été introduite par Édouard Glissant pour désigner l'affirmation culturelle des communautés antillaises et leur volonté d'assurer leur insertion dans l'espace insulaire ainsi que leur histoire propre.)

Antilles, archipel d'Amérique centrale, en forme d'arc, isolant de l'océan Atlantique la mer des Antilles. Il se divise en *Bahamas, Grandes Antilles* (Cuba, Haïti, rép. Dominicaine, Porto Rico, Jamaïque) et *Petites Antilles,* lesquelles se composent des îles du Vent et des îles Sous-le-Vent; 236500 km^2; env. 26000000 d'hab. Cette zone est également nommée *les Caraïbes.* – L'archipel, montagneux et d'orig. volcanique, jouit d'un climat tropical atténué par les influences océaniques. La pop. comprend des Blancs, mais surtout des Noirs et des métis, dont le niveau de vie est bas; le taux de natalité est élevé. Cult. d'exportation : canne à sucre (rhum), tabac, café, bananes. L'industrie est peu développée.

Hist. – C'est dans les Antilles que Christophe Colomb aborda, en oct. 1492, quand il découvrit l'Amérique : Bahamas, puis Cuba et une île qu'il nomma *Hispaniola* et que nous nommons auj. l'île d'Haïti. Deux peuples amérindiens habitaient alors les Antilles : les Arawaks* et les Caraïbes*. Ils furent quasiment exterminés par la guerre et les maladies. Bientôt, les Espagnols délaissèrent presque complètement les Antilles pour le continent et, à partir de la fin du XVIe s., des corsaires français, anglais et néerlandais s'établirent peu à peu dans les îles; les Français en Guadeloupe et en Martinique en 1635, à Saint-Domingue (partie O. d'Hispaniola) en 1697; les Anglais, à la Jamaïque, en 1655. Au XVIIIe s., Français et Anglais firent cultiver la canne à sucre par des esclaves importés d'Afrique (en tout : un million de personnes). La Révolution française abolit l'esclavage dans les Antilles franç. (à l'exception de la Martinique) en 1794. Poussé par son épouse créole, Joséphine, Bonaparte le rétablit en 1802. Toussaint Louverture, qui avait chassé les Anglais de Saint-Domingue, se révolta, fut trahi et mourut captif en France en 1803. Dessalines poursuivit la lutte et en 1804 proclama la première république «noire» de l'histoire de l'humanité; elle prit le nom amérindien d'Haïti (qui, depuis, désigne également l'ensemble de l'île). En 1815, la longue rivalité entre la France et l'Angleterre cessa définitivement; Sainte-Lucie (qui avait changé quatorze fois de possesseur du XVIe au XVIIIe s.) et la Dominique furent décrétées anglaises, mais elles demeurèrent francophones. En 1844, les colons espagnols de la partie E. de l'île d'Haïti se libérèrent de l'Espagne et proclamèrent la république Dominicaine. À Cuba, après une première rébellion contre l'Espagne (1868-1878), le soulèvement de 1895 fut maté, mais en 1898 les É.-U. contraignirent l'Espagne à leur céder Porto Rico, annexé, et Cuba, à laquelle ils accordèrent une indépendance formelle en 1901.

Au XXe s., une grande instabilité politique caractérisa les Grandes Antilles. Des dictateurs monopolisèrent le pouvoir en Haïti (François Duvalier, puis son fils Jean-Claude, de 1957 à 1986), dans la rép. Dominicaine (Rafael Leónidas Trujillo de 1930 à 1961) et à

Cuba (Gerardo Machado de 1925 à 1933, puis Fulgencio Batista de 1952 à 1959). Les États-Unis s'imposèrent dans la région pour protéger d'importants intérêts économiques et intervinrent fréquemment pour établir ou rétablir des régimes qui leur soient favorables, à Cuba (1906, 1912 et 1917), à Haïti (entre 1915 et 1934) et en république Dominicaine qui, contrôlée par l'administration nord-américaine entre 1916 et 1924, fut de nouveau envahie en 1965. En 1959, la révolution dirigée par Fidel Castro renversa Batista. Le nouveau régime mit en place une réforme agraire et nationalisa les grands domaines. En réaction, les États-Unis soumirent l'île à un blocus économique encore en vigueur. Fidel Castro se tourna vers l'U.R.S.S. et adopta le modèle communiste. Dans les années 60 et 80, les colonies britanniques accédèrent pacifiquement à l'indépendance : la Jamaïque et Trinité-et-Tobago, en 1962; les Bahamas, en 1973; Saint-Christophe et Niévès, en 1983. Toutes les îles ne forment pas des États indépendants. La Guadeloupe et la Martinique sont des départements français d'outre-mer (DOM) ayant acquis le statut de Région en 1982. Porto Rico est, depuis 1952, un État libre associé aux États-Unis. Les Antilles néerlandaises forment un État autonome associé aux Pays-Bas. Les Bahamas, la Jamaïque, Saint-Christophe et Niévès, Antigua et Barbuda, la Dominique, Sainte-Lucie, Saint-Vincent et les Grenadines, la Barbade et la Grenade font partie du Commonwealth. Quelques petites îles sont des dépendances anglaises (Montserrat, les îles Caïmans), d'autres américaines (une partie des îles Vierges) et françaises (Saint-Barthélemy). Treize pays font partie de la Communauté des Caraïbes, organisation économique créée en 1973.

► V. carte des Antilles, p. 1374, ainsi que les cartes et dossiers Martinique et Guadeloupe (dans France d'outre-mer, p. 1442), Dominique (p. 1429), Haïti (p. 1455), Sainte-Lucie (p. 1493).

Antilles (mer des) ou **Caraïbes** (mer des), mer de l'Atlant. comprise entre l'Amérique centrale, la Colombie, le Venezuela et les Antilles.

Antilles françaises, ensemble composé par la Guadeloupe et la Martinique.

► V. dossier France d'outre-mer, p. 1442

Antilles néerlandaises, ensemble des possessions néerlandaises dans l'archipel des Petites Antilles, comprenant des îles Sous-le-Vent situées au large du Venezuela (Curaçao et Bonaire) et des îles du Vent situées au N. de la Guadeloupe (Saba, Saint-Eustache et une partie de Saint-Martin); 993 km²; 238 000 hab.; ch.-l. *Willemstad* (Curaçao).

antilope [ɑ̃tilɔp] n. f. Bovidé à cornes creuses, répandu en Afrique et en Inde, dont il existe de nombreuses espèces, leur taille variant de celle du lièvre à celle du bœuf. *Antilope rouanne :* V. hippotrague. *Antilope royale :* la plus petite des antilopes.

antilope-son [ɑ̃tilɔpsɔ̃] n. f. (Afr. subsah.) Cob de Buffon. *Des antilopes-son.*

antimatière [ɑ̃timatjɛʀ] n. f. PHYS NUCL Ensemble d'antiparticules.

antimilitarisme [ɑ̃timilitaʀism] n. m. Opinion, doctrine de ceux qui sont hostiles à l'esprit ou aux institutions militaires.

antimilitariste [ɑ̃timilitaʀist] adj. et n. Relatif à l'antimilitarisme. ▷ Subst. Personne qui fait preuve d'antimilitarisme.

antimissile [ɑ̃timisil] adj. inv. Qui concerne la défense contre les missiles.

antimite(s) [ɑ̃timit] adj. et n. m. Qui éloigne et qui détruit les mites. ▷ n. m. *Un antimite(s).*

antimitotique [ɑ̃timitɔtik] adj. et n. m. BIOL, MED Se dit de tout agent chimique ou physique agissant sur la division cellulaire en la ralentissant ou en la bloquant. ▷ n. m. *Un antimitotique.*

antimoine [ɑ̃timwan] n. m. CHIM Élément (symbole Sb) de numéro atomique Z=51. – Métal (Sb) d'un blanc bleuâtre, ni malléable ni ductile, surtout rencontré sous forme de *stibine* (sulfure d'antimoine), qui durcit les métaux auxquels on l'allie.

antimoustiques [ɑ̃timustik] n. m. inv. Substance que l'on brûle pour éloigner les moustiques.

antimycosique [ɑ̃timikosik] adj. et n. m. MED Syn. de *antifongique.*

antinataliste [ɑ̃tinatalist] adj. Qui vise à réduire le nombre de naissances dans un pays. *Politique antinataliste.*

antinomie [ɑ̃tinɔmi] n. f. **1.** Contradiction entre deux systèmes, deux concepts. Syn. contradiction, opposition. **2.** DR Contradiction entre deux lois ou deux principes juridiques dans leur application pratique. **3.** PHILO Chez Kant, contradiction inévitable, résultant des lois mêmes de la raison pure, entre deux propositions pouvant être chacune rationnellement démontrée.

antinomique [ɑ̃tinɔmik] adj. Qui présente une antinomie.

Antinoüs ou **Antinoos,** jeune Grec célèbre par sa beauté; esclave, puis favori de l'empereur Hadrien.

Antioche (auj. *Antakya*), v. de Turquie, sur l'Oronte; 91 550 hab.; ch.-l. d'il. Stat. estivale; centre comm. – Fondée par Séleucos Ier Nikatôr vers 300 av. J.-C., elle fut la cap. des Séleucides et la plus import. cité de l'Orient hellénistique. Annexée à l'Empire romain en 64 av. J.-C., elle devint ensuite l'un des principaux centres de la chrétienté. Les Perses sassanides s'en emparèrent en 540. Elle fut une principauté franque de 1098 à 1268.

Antiochos III Mégas (le Grand) (242 – 187 av. J.-C.), roi séleucide de Syrie en 223, fut battu par les Romains en 191 et 189 av. J.-C.

Antiope, dans la myth. gr., reine des Amazones, fille d'Arès; Thésée l'enleva et l'épousa.

Antiope, acronyme pour *acquisition numérique et télévisualisation d'images organisées en pages d'écriture,* système de téléinformatique qui permet de diffuser des informations numérisées par un canal de télévision.

antipaludéen, enne [ɑ̃tipalydeɛ̃, ɛn] ou **antipaludique** [ɑ̃tipalydik] adj. et n. m. Se dit d'un produit préventif ou curatif contre le paludisme.

antipape [ɑ̃tipap] n. m. Usurpateur de la papauté.

antiparasite [ɑ̃tipaʀazit] adj. et n. m. **1.** adj. TECH Qualifie les dispositifs destinés à réduire la production de parasites notam. dans les récepteurs radio. **2.** n. m. MED Produit destiné à lutter contre les parasites du corps humain.

antiparlementarisme [ɑ̃tipaʀləmɑ̃taʀism] n. m. Opposition au régime parlementaire.

antiparticule [ɑ̃tipaʀtikyl] n. f. PHYS NUCL Particule dont la masse est la même que celle de la particule qui lui est homologue, mais dont la charge électrique est de signe contraire. (De même que la matière est constituée de particules, l'antimatière serait constituée d'antiparticules. La rencontre d'une particule et de son antiparticule fait disparaître la matière en produisant un rayonnement électromagnétique. (V. particule.)

antipathie [ɑ̃tipati] n. f. Sentiment d'aversion à l'égard de qqn. *Son arrogance suscite immédiatement l'antipathie.* Ant. sympathie.

antipathique [ɑ̃tipatik] adj. Qui suscite l'antipathie. *Un individu prétentieux et des plus antipathique.* Syn. déplaisant, désagréable. Ant. attirant, sympathique.

Antipatros ou **Antipater** (v. 397 – 319 av. J.-C.), général macédonien. Il gouverna la Macédoine pendant l'expédition d'Alexandre le Grand en Asie et, à la mort de ce dernier, vainquit la révolte des Athéniens et de leurs alliés (322 av. J.-C.).

antiphrase [ɑ̃tifʀaz] n. f. RHET Figure de style qui consiste à employer un mot, une phrase, dans un sens contraire à sa véritable signification. *C'est par antiphrase que les Grecs donnaient aux Furies le nom d'Euménides* («Bienveillantes»).

antipode [ɑ̃tipɔd] n. m. **1.** GEOGR Lieu de la Terre diamétralement opposé à un autre. *L'Uruguay, antipode de la Corée. Point situé à l'antipode, aux antipodes d'un autre.* ▷ Par exag. *Voyager aux antipodes,* dans un pays lointain. **2.** Fig. *A l'antipode de :* à l'opposé de.

antipoison(s) [ɑ̃tipwazɔ̃] adj. et n. m. Qui agit contre le poison. – *Centre antipoison(s) :* centre médical spécialisé dans le traitement des empoisonnements. ▷ n. m. (Afr. subsah.) En médecine traditionnelle, potion destinée à prévenir les empoisonnements.

antipollution [ɑ̃tipɔlysjɔ̃] adj. inv. Propre à combattre la pollution.

antiproton [ɑ̃tipʀɔtɔ̃] n. m. PHYS NUCL Antiparticule du proton. V. antimatière.

antipsychiatrie [ɑ̃tipsikjatʀi] n. f. Mouvement de libéralisation du traitement psychiatrique qui rejette la répression de la folie.

antipyrétique [ɑ̃tipiʀetik] adj. (et n. m.) MED Qui combat la fièvre. Syn. fébrifuge.

antiquaille [ɑ̃tikaj] n. f. Fam., péjor. Objet ancien de peu de valeur. Syn. vieillerie.

antiquaire [ɑ̃tikɛʀ] n. **1.** Marchand d'objets anciens. **2.** (Afr. subsah.) Marchand de curiosités africaines authentiques ou d'imitation. *Les antiquaires s'installent souvent près des grands hôtels.*

antique [ɑ̃tik] adj. et n. m. **1.** Très ancien. *Une antique demeure.* ▷ Vieux et démodé. *Une bicyclette antique.* **2.** Qui date de l'Antiquité. *Une statuette antique.* ▷ n. m. Ensemble des œuvres d'art qui nous viennent des Anciens. *S'inspirer de l'antique.*

antiquité [ɑ̃tikite] n. f. **1.** Grande ancienneté (d'une chose). *Maison vénérable par son antiquité.* **2.** Époque très reculée. *Usage qui remonte à la plus* *haute antiquité.* **3.** *L'Antiquité* : l'époque des plus anciennes civilisations, spécial. des civilisations grecque et romaine. *Les philosophes de l'Antiquité.* **4.** (Plur.) Monuments des civilisations de l'Antiquité. *Les antiquités de Rome. Les antiquités précolombiennes.* **5.** (Plur.) Objets d'art anciens. *Magasin d'antiquités.* ▷ Plaisant Vieille chose démodée. *Sa voiture est une véritable antiquité.* **6.** (Afr. subsah.) Curiosité africaine, ancienne ou non.

antirabique [ɑ̃tiʀabik] adj. MED Qui combat la rage. *Vaccin antirabique.*

antiracisme [ɑ̃tiʀasism] n. m. Opposition au racisme.

antiraciste [ɑ̃tiʀasist] adj. et n. Qui s'oppose au racisme.

antiradar [ɑ̃tiʀadaʀ] adj. inv. MILIT Qualifie les dispositifs servant à brouiller et à rendre inefficace la détection par radar. *Des dispositifs antiradar.*

antirides [ɑ̃tiʀid] adj. inv. et n. m. inv. Qui prévient la formation des rides ou les atténue.

antirougeoleux, euse [ɑ̃tiʀuʒɔlø, øz] adj. MED Qui prévient la rougeole. *Vaccin antirougeoleux.*

antirouille [ɑ̃tiʀuj] adj. inv. et n. m. Qui préserve de la rouille ou qui l'enlève. *Des peintures antirouille.*

antiscorbutique [ɑ̃tiskɔʀbytik] adj. MED Qui prévient ou guérit le scorbut.

antisèche [ɑ̃tisɛʃ] n. f. (Argot des écoles.) Document qu'un élève prépare à l'avance pour l'utiliser en fraude lors d'un examen. Syn. (Belgique) copion.

antiségrégationniste [ɑ̃tisegʀegasjɔnist] adj. Qui est opposé à la ségrégation raciale.

antisémite [ɑ̃tisemit] n. et adj. Personne qui manifeste du racisme à l'égard des Juifs. ▷ adj. *Doctrine, attitude antisémite.*

antisémitisme [ɑ̃tisemitism] n. m. Racisme à l'égard des Juifs.

antisepsie [ɑ̃tisɛpsi] n. f. MED Ensemble des méthodes de destruction des bactéries.

antiseptique [ɑ̃tisɛptik] adj. et n. m. Se dit d'un produit qui détruit les bactéries et empêche leur prolifération.
ENCYCL Les antiseptiques varient selon le domaine d'application (la peau, le nez). Ils peuvent être administrés par voie interne, locale (pommade ou solution) ou générale (antibiotiques, sulfamides). Parmi les antiseptiques, les plus répandus sont le savon, l'eau de Javel, l'alcool éthylique, l'acide borique, le formol, le bleu de méthylène. La conduite antiseptique élémentaire consiste à éliminer le plus grand nombre possible de germes facteurs de maladies par l'hygiène : propreté de la peau, des muqueuses, des vêtements, de la literie et de la vaisselle, usage de la cuillère, surélévation du matériel de couchage, lutte contre le péril fécal.

antisocial, ale, aux [ɑ̃tisɔsjal, o] adj. **1.** Contraire aux lois de la société, à l'ordre social. **2.** Qui va à l'encontre des besoins, des intérêts des travailleurs.

antisolaire [ɑ̃tisɔlɛʀ] adj. **1.** TECH Qualifie un matériau qui réduit les apports calorifiques dus aux rayons solaires. **2.** Qui protège des radiations solaires.

antisoleil [ɑ̃tisɔlɛj] n. m. ou f. pl. (Afr. subsah.) En Afrique centrale, syn. de *lunettes* de soleil.*

antispasmodique [ɑ̃tispasmɔdik] adj. et n. m. MED Qui combat les spasmes.

antistatique [ɑ̃tistatik] adj. et n. m. Qui réduit, annule l'électricité statique; qui limite, empêche sa formation. *Un chiffon antistatique.* – n. m. *Ce produit est un antistatique.*

antistrophe [ɑ̃tistʀɔf] n. f. METR ANC Seconde strophe des stances lyriques grecques, de même structure que la première et lui répondant.

antisudoral, ale, aux [ɑ̃tisydɔʀal, o] adj. et n. m. MED Se dit d'un produit qui combat la transpiration excessive.

antitabac [ɑ̃titaba] adj. inv. Qui est contre l'usage du tabac.

Anti-Taurus, massif de Turquie, au N.-E. du Taurus; 3014 m au Berit Dağ.

antiterroriste [ɑ̃titɛʀɔʀist] adj. Qui lutte contre le terrorisme.

antitétanique [ɑ̃titetanik] adj. MED Qui prévient le tétanos. *Sérum, vaccin antitétanique.*

antithèse [ɑ̃titɛz] n. f. **1.** Rapprochement de deux termes opposés (souvent abstraits), afin de les mettre en valeur l'un par l'autre. **2.** Chose, idée opposée à une autre. *L'anarchie est l'antithèse de la dictature.* **3.** PHILO Deuxième temps du raisonnement dialectique, opposé à la thèse et dépassé avec elle dans la synthèse, qui résout l'antinomie.

antithétique [ɑ̃titetik] adj. Qui forme antithèse. *Arguments antithétiques.*

antitoxine [ɑ̃titɔksin] n. f. MED Anticorps qui neutralise les toxines sécrétées par certaines bactéries. *Antitoxine diphtérique, tétanique.*

antituberculeux, euse [ɑ̃titybɛʀkylø, øz] adj. MED Propre à dépister, à combattre la tuberculose.

antitumoral, ale, aux [ɑ̃titymɔʀal, o] adj. et n. m. MED Syn. de *anticancéreux.*

antitussif, ive [ɑ̃titysif, iv] adj. et n. m. MED Se dit des médicaments qui calment ou suppriment la toux. ▷ n. m. *Un antitussif.*

antivariolique [ɑ̃tivaʀjɔlik] adj. Qui agit contre la variole.

antivénérien, enne [ɑ̃tiveneʀjɛ̃, ɛn] adj. MED Propre à dépister, à combattre les maladies vénériennes.

antivenimeux, euse [ɑ̃tivənimø, øz] adj. Qui prévient, combat les effets d'un venin. *Sérum antivenimeux.*

antiviral, ale, aux [ɑ̃tiviʀal, o] adj. et n. m. MED Qui détruit les virus.

antivitamine [ɑ̃tivitamin] n. f. BIOCHIM Substance naturelle ou synthétique qui entre en compétition dans l'organisme avec une vitamine, en contrariant son action sans en posséder les effets. *L'antivitamine K est un médicament anticoagulant.*

antivol [ɑ̃tivɔl] n. m. et adj. inv. Dispositif de sécurité destiné à empêcher le vol. *Un antivol pour bicyclette.* ▷ (Maurice) Barreaux, grilles de sécurité fixés aux issues d'un immeuble. – adj. inv. *Des installations antivol.*

Antoine (saint) (251 – 356), anachorète de la Thébaïde. Pendant son séjour dans le désert, il fut soumis à des visions et à des tentations.

Antoine de Padoue (saint) (1195 – 1231), franciscain portugais. Il évangélisa les Maures, prêcha en France et en Italie.

Antoine (Marcus Antonius, en franç. Marc) (v. 83 – 30 av. J.-C.), général romain. Lieutenant de César, il forma après la mort de celui-ci le second triumvirat avec Octave (Octavien) et Lépide (43 av. J.-C.). Vainqueur de Brutus et Cassius à Philippes, il obtint l'Orient en partage. Il s'éprit de Cléopâtre VII, reine d'Égypte, négligeant Rome et son épouse, Octavie, sœur d'Octave; ce dernier le vainquit à Actium (31 av. J.-C.); assiégé dans Alexandrie, il s'y donna la mort.

Antoine (André) (1858 – 1943), acteur et metteur en scène français, fondateur du *Théâtre-Libre* (1887), réaliste et naturaliste. Il fut aussi cinéaste.

Antonello da Messina (Antonio di Salvatore, dit) (v. 1430 – 1479), peintre italien. Propagateur en Italie du procédé flamand de la peinture à l'huile.

Antonescu (Ion) (1882 – 1946), maréchal roumain; sympathisant de la Garde* de fer, parti fasciste. En 1940, nommé Premier ministre par le roi Carol II, dont il exigea immédiatement l'abdication, il exerça une dictature absolue et engagea son pays dans la guerre aux côtés de l'Axe. Arrêté sur ordre du roi Michel Ier en 1944, il fut livré aux Russes, jugé et exécuté.

Antongil (baie d'), baie du N.-E. de Madagascar. Elle abrite la ville de Maroantsetra.

Antonin le Pieux (Titus Aurelius Fulvius Antoninus Pius) (86 – 161), fils adoptif d'Hadrien, empereur romain de 138 à 161.

Antonins (les), nom donné aux sept empereurs romains qui se succédèrent de 96 à 192 : Nerva, Trajan, Hadrien, Antonin le Pieux, Marc Aurèle (associé à Lucius Verus) et Commode.

Antonioni (Michelangelo) (né en 1912), cinéaste italien : *le Cri* (1957), *l'Avventura* (1959), *Blow up* (1966), *Identification d'une femme* (1982).

antonomase [ɑ̃tɔnɔmaz] n. f. RHET Emploi d'un nom commun ou d'une périphrase à la place d'un nom propre ou inversement : *le père de la tragédie française* pour *Corneille; un Néron* pour *un tyran cruel.*

antonyme [ɑ̃tɔnim] n. m. Mot dont le sens est opposé à celui d'un autre (*grand* et *petit; haut* et *bas*). Ant. synonyme.

antonymie [ɑ̃tɔnimi] n. f. Relation d'opposition entre des antonymes. Ant. synonymie.

antre [ɑ̃tʀ] n. m. **1.** Cavité naturelle, souterraine, servant de repaire à un animal, spécial. à un fauve. ▷ Plaisant Habitation d'une personne un peu sauvage, qui s'entoure de mystère. *Allons le déranger dans son antre!* **2.** ANAT Cavité naturelle de divers organes du corps humain. *Antre pylorique, mastoïdien.*

Antsirabé, v. de Madagascar, sur le plateau de l'Imerina; 78940 hab. Station thermale.

Antsiranana (anc. *Diégo-Suarez*), port de Madagascar, à l'extrémité N. de l'île, sur la baie du m. nom; 100000 hab.; ch.-l. de la province du m. nom. Industr. alimentaires. Fonderie de métaux; chantier naval. Base navale.

Anu. V. Chao Anu.

Anubis, dieu égyptien des Morts, au corps humain et à tête de chacal.

anurie [anyRi] n. f. MED Absence d'urine dans la vessie, due, le plus souvent, à l'arrêt de la sécrétion rénale.

anus [anys] n. m. Extrémité extérieure du tube digestif par où sortent les excréments, constituée, chez les mammifères, par deux sphincters qui en assurent la fermeture. – CHIR *Anus artificiel,* établi chirurgicalement et débouchant sur la paroi abdominale.

Anvers (en néerl. *Antwerpen*), v. et port de Belgique, sur l'Escaut, à 88 km de la mer du Nord; 185900 hab. (aggl. urb. 486580 hab.); ch.-l. de la prov. d'Anvers*. Le port, relié par canaux à Liège (canal Albert) et au Rhin, est le 3e port européen. Centre industr. important. – Cath. goth. Notre-Dame (XIVe-XVIe s.), la plus grande de Belgique; nombr. égl. des XVIe et XVIIe s. Hôtel de ville Renaissance. Nombr. musées, notam. le musée royal des Beaux-Arts, l'un des plus riches d'Europe, et le musée Plantin-Moretus (hist. de l'imprimerie); maison de Rubens. Parc zoologique, l'un des premiers du monde. – Au XIIe s., la ville était déjà un centre commercial prospère. En 1585, les Espagnols s'en emparèrent à l'issue d'un long siège, ce qui provoqua son éclipse. Occupée par les Français durant la Révolution et l'Empire, elle fut attribuée par le Congrès de Vienne (1815) au royaume des Pays-Bas. Lors de sa sécession, en 1830, la Belgique enleva la ville aux Néerlandais avec l'aide des Français (1832).

Anvers (prov. d'), prov. du N. de la Belgique; 2861 km^2; 1582790 hab.; ch.-l. *Anvers.* Elle s'étend sur la plaine sableuse de Campine. Vouée à l'élevage et aux cult. maraîchères à l'O., autour d'Anvers, elle est industrialisée à l'E. (bassin houiller), où se situe la centrale nucléaire de Mol, et dans la partie N. de l'axe ABC*.

anxiété [ɑ̃ksjete] n. f. Grande inquiétude. Syn. angoisse. Ant. calme, quiétude, tranquillité.

anxieux, euse [ɑ̃ksjø, øz] adj. **1.** Qui exprime l'anxiété. *Elle lui lança un regard anxieux.* **2.** Qui s'accompagne d'anxiété. *Une attente anxieuse.* **3.** Qui éprouve de l'anxiété. *L'incertitude la rend anxieuse.* **4.** Par ext. *Être anxieux de :* désirer fortement. *Je suis anxieuse de revoir le lieu où je suis née.*

anxiolytique [ɑ̃ksjɔlitik] adj. et n. m. MED Se dit des substances destinées à combattre l'anxiété.

A-Nzinga (XVIIe s.), princesse angolaise qui résista aux Portugais. V. Angola.

aodai ou **ao dai** [aoʒai] n. m. (Viêt-nam) Longue tunique traditionnelle fendue sur le côté, ajustée, à manches longues et au col montant, portée par les femmes sur un pantalon.

A.-O.F. Sigle de *Afrique*-Occidentale française.*

aoriste [aɔRist] n. m. GRAM Temps de la conjugaison grecque indiquant un passé indéterminé.

aorte [aɔRt] n. f. Artère principale de l'organisme par laquelle le sang chargé d'oxygène, expulsé du ventricule gauche, gagne les artères viscérales et celles des membres, par des collatérales et des branches de division. (Son trajet, chez l'homme, passe par le thorax en décrivant une crosse et descend verticalement dans la partie postérieure et médiane de l'abdomen; elle se divise en deux artères iliaques au niveau du petit bassin.)

Aoste, v. d'Italie, sur la Doire Baltée, à 580 m d'altitude; 37680 hab.; ch.-l. de la rég. auton. du Val d'Aoste. – Monuments romains dont les plus anc. sont datés du Ier s. apr. J.-C. : Arc d'Auguste, Porta Pretoria, théâtre, enceinte en partie conservée. Collégiale San Orso (XIe-XVIe s.). Cath. (XIIe-XVIe s.). – Fondée en 25 av. J.-C. sous le nom d'*Augusta Praetoria,* la ville eut toujours une grande importance stratégique. V. Val* d'Aoste.

Aouach ou **Awash,** riv. d'Éthiopie. Elle naît près d'Addis-Abeba et se jette dans le lac Abbé, à la frontière de la rép. de Djibouti; 900 km env. Elle alimente plusieurs centrales hydroélectriques.

aouad [awad] n. m. pl. V. oud.

Aouad (Toufic Youssef) *(Tawfiq Yūsuf 'Awwād)* (1911 – 1989), écrivain libanais. Son œuvre est à l'origine d'une école moderne de la nouvelle et du roman arabes : *l'Enfant boiteux* (1936), *le Pain* (1939), *les Moulins de Beyrouth* (1973).

aouara [awaRa] n. m. (Guyane) Graine d'un palmier oléagineux dont le fruit est comestible; pulpe rouge de ce fruit, consommée crue ou en bouillon.

Aoudaghost, centre caravanier et commerçant qui se trouvait dans le S. de la Mauritanie actuelle. Fondé au IXe s. par les Berbères Zenaga, il fut annexé à la fin du Xe s. par l'empire du Ghana, mais les sultans almoravides du Maroc le prirent en 1054. Il constituait la plaque tournante du commerce entre le Maghreb et l'Afrique noire.

Aoun (Michel) (né en 1935), général et homme politique libanais. Chrétien maronite, commandant en chef de l'armée libanaise, opposé aux Syriens, il rejeta les accords de Taef* (oct. 1989), contesta l'élection du prés. Hraoui (nov. 1989) et attaqua (janv. 1990) les Forces* libanaises (chrétiennes). Vaincu par l'armée syrienne et l'armée libanaise du prés. Hraoui (oct. 1990), il s'exila en France (1991).

août [u(t)] n. m. Huitième mois de l'année, comprenant trente et un jours. *La mi-août. Le 15 août :* fête chrétienne de l'Assomption.

août 1789 (nuit du **4**), nuit (du 4 au 5) au cours de laquelle l'Assemblée* nationale constituante vota l'abrogation des derniers privilèges de la noblesse et du clergé. V. Révolution française.

août 1792 (journée du **10**), journée au cours de laquelle les sections révolutionnaires de Paris et les fédérés marseillais prirent les Tuileries. Le roi se plaça sous la protection de l'Assemblée législative, qui suspendit ses pouvoirs. V. Révolution française.

aoûtat [auta] n. m. Larve d'un trombidion, dont la piqûre provoque des démangeaisons douloureuses.

aoûtement [(a)utmɑ̃] n. m. Maturation des fruits par la chaleur.

Aozou (bande d'), région désertique du nord du Tchad (114000 km^2), occupée par la Libye en 1973 et restituée au Tchad en 1994.

Apaches, Amérindiens de l'Amérique du Nord. Autrefois chasseurs et nomades, ils vivent auj. dans des réserves du S.-O. des É.-U. (princ. au Nouveau-Mexique).

apaisant, ante [apɛzɑ̃, ɑ̃t] adj. Qui calme. *Lecture apaisante.*

apaisement [apɛzmɑ̃] n. m. **1.** Retour à la quiétude, à la paix. *L'apaisement d'une colère.* **2.** Plur. *Donner des apaisements à qqn,* le tranquilliser par des promesses, des assurances.

apaiser [apeze] v. tr. [**1**] **1.** Ramener (qqn) au calme. *Apaiser une foule.* ▷ v. pron. *Avec le temps il s'apaise.* Syn. s'adoucir, se calmer. Ant. s'exciter. **2.** Rendre (qqch) moins violent, moins agité. *Apaiser une rancœur. Boisson qui apaise la soif.* ▷ v. pron. *La mer s'apaise.* Ant. (se) déchaîner.

apanage [apanaʒ] n. m. **1.** HIST Portion du domaine royal attribuée par le roi à ses fils puînés et à leur descendance mâle. **2.** Fig. Ce qui est le propre de qqn ou de qqch. *La raison est l'apanage de l'homme.* Syn. privilège.

à part [apaR] loc. adv. V. part 2.

aparté [apaRte] n. m. **1.** Ce qu'un acteur dit à part soi et qui est censé n'être entendu que par les spectateurs. **2.** Bref entretien particulier dans une réunion. ▷ Loc. adv. *En aparté :* en tête à tête, en confidence.

apartheid [apaRtɛd] n. m. Ségrégation raciale institutionnalisée, qui fut pratiquée systématiquement en Afrique du Sud jusqu'en 1991.

apatam [apatam] n. m. (Afr. subsah.) **1.** Grand panneau de végétaux tressés soutenu par des pieux, qui protège du soleil. *Dans la cour, un grand apatam abritait les invités.* **2.** Case de plage.

apathie [apati] n. f. **1.** PHILO ANC Indifférence du sage à tout mobile sensible. **2.** Insensibilité, caractère d'une personne indifférente à l'émotion ou aux désirs. *On ne peut le tirer de son apathie.* Syn. indolence, inertie, mollesse.

apathique [apatik] adj. (et n.) Sans énergie, insensible à tout. Syn. indolent, mou.

apatride [apatRid] n. (et adj.) Personne sans patrie. ▷ DR Personne sans nationalité.

Apelle (IVe s. av. J.-C.), portraitiste grec de la cour d'Alexandre le Grand, seulement connu par ses écrits.

Apennin (l') ou **Apennins** (les), chaîne de montagnes qui s'étend du N. au S. de l'Italie, sur 1300 km env.; 2914 m au Gran Sasso (Abruzzes).

aperception [apɛRsɛpsjɔ̃] n. f. PHILO, PSYCHO Perception claire, par oppos. à perception inconsciente.

apercevoir [apɛRsəvwaR] v. [**5**] **I.** v. tr. **1.** Discerner, distinguer. *J'aperçois une barque à l'horizon.* – Voir (qqn, qqch qui apparaît brièvement). *Je l'ai aperçu hier.* **2.** Fig. Saisir par la pensée. *Apercevoir ce qu'il y a de juste dans une affirmation.* **II.** v. pron. **1.** Fig. Remarquer, prendre conscience de. *Il s'est aperçu du piège qu'on lui tendait.* **2.** (Réfl.) Voir sa propre image. *S'apercevoir dans un miroir.* – (Récipr.) Se voir mutuellement. *Ils s'aperçoivent, se reconnaissent, se serrent la main.* – (Pass.) Se remarquer, pouvoir être vu. *Imperfection qui ne s'aperçoit que de près.*

aperçu [apɛRsy] n. m. **1.** Coup d'œil rapide; première vue sur une question, un objet. *Nous n'avons eu qu'un aperçu du pays.* **2.** Exposé sommaire. *Il nous a donné un aperçu de l'affaire.*

apériodique [apeʀjɔdik] adj. PHYS *Appareil apériodique,* tendant sans oscillation vers sa position d'équilibre.

apéritif, ive [apeʀitif, iv] adj. et n. m. **1.** adj. Qui ouvre l'appétit. *Médicament apéritif.* **2.** n. m. Boisson, alcoolisée ou non, qui se sert avant les repas. – Moment où l'on prend l'apéritif. *Retrouvons-nous à l'apéritif.*

aperture [apɛʀtyʀ] n. f. PHON Ouverture du canal buccal pendant l'émission phonique.

apesanteur [apəzɑ̃tœʀ] n. f. ESP Absence de pesanteur. *État d'apesanteur,* dans lequel les effets de la pesanteur ne se font pas sentir.

apétale [apetal] adj. BOT Qui n'a pas de pétales. ▷ n. f. Plante dicotylédone dépourvue de corolle (chêne, gui, oseille, etc.).

à-peu-près [apøpʀɛ] n. m. inv. Chose vague, imprécise, incomplète.

apeurer [apœʀe] v. tr. [1] Effaroucher, effrayer. Syn. (Québec) épeurer.

apex [apɛks] n. m. **1.** ANAT Extrémité d'un organe. *L'apex du cœur,* sa pointe. **2.** ASTRO Point de l'espace vers lequel le système solaire semble se diriger.

aphaniptères [afanipteʀ] n. m. pl. ENTOM Syn. de *siphonaptères.*

aphasie [afazi] n. f. MED Perte de la parole due à une lésion du cerveau. – *Aphasie motrice,* où dominent les troubles de l'expression. – *Aphasie sensorielle,* où domine la perte de compréhension du langage.

aphasique [afazik] adj. (et n.) MED Atteint d'aphasie.

aphélie [afeli] n. m. ASTRO Point de l'orbite d'une planète ou d'une comète le plus éloigné du Soleil. Ant. périhélie.

aphérèse [afeʀɛz] n. f. LING Chute d'un son, d'une syllabe au début d'un mot (ex. : *bus* pour *autobus*). (V. apocope.)

aphone [afon] adj. Qui n'a pas ou n'a plus de voix. *Il a tant crié qu'il est aphone.*

aphorisme [afɔʀism] n. m. Proposition concise résumant un point essentiel d'une théorie, d'une morale. *Les aphorismes d'Hippocrate.* Syn. apophtegme, sentence.

aphrodisiaque [afʀɔdizjak] adj. et n. m. Qui stimule les désirs sexuels. – n. m. *Un aphrodisiaque.*

Aphrodite, déesse de l'Amour et de la Beauté, dans la myth. gr. (Vénus dans la myth. lat.). Elle déchaîne les passions des humains (ainsi que son fils Éros).

aphte [aft] n. m. MED Petite ulcération de la muqueuse de la bouche, de la langue ou du pharynx.

aphteux, euse [aftø, øz] adj. MED Accompagné d'aphtes. – *Stomatite aphteuse :* maladie éruptive due à un virus, très contagieuse. ▷ *Fièvre aphteuse :* maladie éruptive d'origine virale, très contagieuse, qui atteint surtout les bovins et les porcs, transmissible au mouton et au chien, parfois à l'homme.

aphylle [afil] adj. BOT Se dit d'une tige dépourvue de feuilles, souvent par adaptation à la sécheresse.

api [api] adj. inv. (Polynésie fr.) Neuf, nouveau. *Un avion api pour Air Tahiti.*

Apia, cap. et port des Samoa occid. ; 34 000 hab.

à-pic [apik] n. m. Pente abrupte. *Des à-pics.*

apical, ale, aux [apikal, o] adj. **1.** ANAT Relatif à l'apex d'un organe. **2.** PHON Se dit d'un son prononcé avec la pointe de la langue appuyée contre les dents, les alvéoles ou la voûte du palais (ex. : [t, d]).

apicole [apikɔl] adj. Qui a rapport à l'apiculture.

apiculteur, trice [apikyltœʀ, tʀis] n. Éleveur d'abeilles.

apiculture [apikyltyʀ] n. f. Art d'élever les abeilles en vue de récolter les produits de la ruche : le miel et la cire. *On distingue la cueillette du miel sauvage et l'apiculture proprement dite.*

apioler [apjɔle] v. tr. [1] (Saint-Pierre-et-M.) Appâter.

Apis, dieu égyptien, adoré sous la forme d'un taureau; incarnation successive du dieu Ptah et d'Osiris (*Osiris-Apis,* dieu des Morts).

apitoiement [apitwamɑ̃] n. m. Fait de s'apitoyer, compassion.

apitoyer [apitwaje] v. tr. [23] Toucher de pitié. *Le récit de tous ses malheurs m'a apitoyé.* Syn. émouvoir, attendrir. ▷ v. pron. Éprouver de la pitié. *Il ne mérite pas qu'on s'apitoie sur son sort.*

aplacophores [aplakɔfɔʀ] n. m. pl. ZOOL Classe de mollusques primitifs marins à corps allongé et à tégument pourvu de spicules calcaires. – Sing. *Un aplacophore.*

aplanir [aplaniʀ] v. tr. [3] **1.** Rendre plan, uni. *Aplanir un terrain.* Syn. niveler, égaliser. **2.** Fig. *Aplanir les difficultés, les obstacles,* diminuer leur importance, les faire disparaître.

aplanissement [aplanismɑ̃] n. m. Action d'aplanir; son résultat.

aplat [apla] n. m. **1.** TECH Surface sans aucun dégradé ni blanc pur. **2.** BX-A Teinte plate, unie et soutenue sur toute sa surface.

aplatir [aplatiʀ] v. [3] **I.** v. tr. Rendre plat. *Aplatir des coutures. Le forgeron aplatit un morceau de fer sur l'enclume.* **II.** v. pron. **1.** Plaquer son corps (contre qqch). *Ils s'aplatissent contre le mur pour se cacher.* ▷ Fig. Agir servilement. *S'aplatir devant son chef.* **2.** Fam. Tomber brutalement. *Il s'est aplati par terre.*

aplatissement [aplatismɑ̃] n. m. Action d'aplatir; état de ce qui est aplati. *L'aplatissement de la Terre aux pôles.*

aplomb [aplɔ̃] n. m. et adj. **I.** n. m. **1.** Direction verticale indiquée par le fil à plomb. *Prendre les aplombs d'un édifice.* – *Par ext.* Position d'équilibre du corps. *Il a pu, en s'appuyant sur moi, reprendre son aplomb.* **2.** (Plur.) *Aplombs du cheval :* positions des membres de l'animal par rapport au sol. **3.** Fig. Grande assurance. ▷ Péjor. Audace excessive, effronterie. *Il ne manque pas d'aplomb, celui-là!* Syn. fam. culot, toupet. **4.** Loc. adv. *D'aplomb :* exactement vertical. *Ce mur n'est pas d'aplomb.* – Fig. En bonne santé. *Je ne me sens pas d'aplomb.* **II.** adj. (Mart.) Adroit, qui vise juste. *Être aplomb au tir, au jeu de billes.*

apnée [apne] n. f. MED Blocage, volontaire ou non, de la respiration. – *Plongée sous-marine en apnée,* sans bouteille à air comprimé.

apo-. Préf., du gr. *apo,* «au loin, à l'écart».

apocalypse [apɔkalips] n. f. **1.** Texte des religions juive et chrétienne prophétisant la fin du monde. ▷ Spécial. *L'Apocalypse :* le dernier livre du Nouveau Testament, écrit v. 95, attribué à saint Jean l'Évangéliste, qui décrit ses visions sur la fin du monde. **2.** Fin du monde. ▷ *Par ext.* Destruction brutale et importante.

apocalyptique [apɔkaliptik] adj. **1.** Relatif à une apocalypse, spécial. à l'Apocalypse. **2.** Qui fait penser à la fin du monde, qui évoque de grandes catastrophes. *Une vision apocalyptique.*

apocope [apɔkɔp] n. f. LING Chute d'un ou de plusieurs sons, d'une ou de plusieurs syllabes à la fin d'un mot (ex. : *auto* pour *automobile*). (V. aphérèse.)

apocryphe [apɔkʀif] adj. **1.** Dont l'authenticité est douteuse. *Document apocryphe.* **2.** Se dit d'un texte qui n'est pas admis dans le canon biblique juif ou chrétien.

apocynacées [apɔsinase] n. f. pl. BOT Famille de plantes gamopétales des régions chaudes, dont certaines sont ornementales (frangipanier, laurier-rose) et d'autres fournissent un latex (landolphia) ou des substances utilisées en pharmacie (pervenche de Madagascar, strophantus). – Sing. *Une apocynacée.*

apode [apɔd] adj. et n. m. **I.** adj. **1.** Didac. Dépourvu de pied. *Vase apode,* sans pied. **2.** ZOOL Dépourvu de pattes ou de nageoires paires. **II.** n. m. pl. **1.** ZOOL Ordre d'amphibiens dépourvus de pattes. – Sing. *Le géotrypète est un apode.* **2.** ICHTYOL Sous-ordre de téléostéens. – Sing. *La murène est un apode.*

apodictique [apɔdiktik] adj. PHILO Incontestable; nécessaire (par oppos. à *problématique*).

apodiformes [apɔdifɔʀm] n. m. pl. ORNITH Ordre d'oiseaux de petite taille, très bons voiliers, qui comprend les martinets (genre *Apus*) et les colibris. – Sing. *Un apodiforme.*

apogamie [apɔgami] n. f. BIOL Mode de reproduction non sexuée, dans lequel le développement se fait à partir d'une seule cellule végétative.

apogée [apɔʒe] n. m. **1.** ASTRO Point où la Lune, ou un corps céleste artificiel, se trouve à sa plus grande distance de la Terre. Ant. périgée. **2.** Fig. Point le plus élevé où l'on puisse parvenir. *Il est à l'apogée de sa gloire.* Syn. comble, faîte, sommet.

apolitique [apɔlitik] adj. Qui se situe en dehors de la lutte politique. *Association apolitique.*

Apollinaire (Wilhelm Apollinaris de Kostrowitzky, dit Guillaume) (1880 – 1918), poète français d'origine italienne et polonaise. Dans ses poésies (*Alcools,* 1913; *Calligrammes,* 1918), ses récits *(le Poète assassiné),* ses chroniques *(le Flâneur des deux rives),* il associe le modernisme à un lyrisme traditionnel. Il fut aussi le théoricien du mouvement cubiste (*les Peintres cubistes,* 1913).

apollinien, enne [apɔlinjɛ̃, ɛn] adj. Caractérisé par l'ordre, la mesure (par oppos. à *dionysiaque*), chez Nietzsche.

apollo [apɔlo] n. m. (Afr. subsah.) Syn. de *conjonctivite.* (Plusieurs pays d'Afrique connurent une épidémie de conjonctivite lors de la mission Apollo XI.)

Apollo, astéroïde (découvert en 1932) dont l'orbite très excentrique passe tout près de la Terre.

Apollo (programme), programme spatial (1968-1972) qui permit aux Américains de débarquer le premier homme sur la Lune (21 juillet 1969).

apollon [apɔlɔ̃] n. m. **1.** Fam. Homme très beau. **2.** ENTOM Lépidoptère diurne des montagnes d'Europe et d'Asie.

Apollon ou **Phébus,** dieu grec du Jour, personnification du Soleil, symbole de la lumière civilisatrice; fils de Zeus et de Léto, il possédait divers pouvoirs, mais il est avant tout le protecteur des arts et des lettres.

Apollonios de Rhodes (v. 295 – v. 230 av. J.-C.), poète épique *(les Argonautiques)* et grammairien grec.

apologétique [apɔlɔʒetik] adj. et n. f. **1.** adj. Didac. Qui contient une apologie. ▷ Qui fait l'apologie de la religion. **2.** n. f. THEOL CHRET Partie de la théologie qui a pour objet de défendre le christianisme.

apologie [apɔlɔʒi] n. f. **1.** Paroles ou écrits destinés à justifier ou à défendre qqn ou qqch. *L'Apologie de Socrate,* œuvre de Platon. *Faire l'apologie d'une idée.* **2.** Éloge que l'on fait de qqn ou de qqch. *Faire l'apologie de la vertu.* Syn. panégyrique, dithyrambe. Ant. critique.

apologiste [apɔlɔʒist] n. Didac. Personne qui fait l'apologie de qqn ou de qqch.

apologue [apɔlɔg] n. m. Petit récit allégorique exposant une vérité morale.

apomixie [apɔmiksi] n. f. BOT Reproduction des végétaux sans fécondation, sans formation de graines (reproduction végétative) ou avec production de graines. (La descendance est identique à la plante femelle ou aux gamètes femelles.)

aponévrose [apɔnevʀoz] n. f. ANAT Membrane fibreuse qui enveloppe les muscles et, par ses prolongements, les fixe sur les os.

apophonie [apɔfɔni] n. f. GRAM Modification du vocalisme d'une racine ou d'un radical dans une conjugaison, une déclinaison (par ex. : il *fait,* futur *fera*).

apophtegme [apɔftɛgm] n. m. Didac. Maxime mémorable d'un personnage éminent.

apophyse [apɔfiz] n. f. ANAT Partie saillante des os qui permet leur articulation ou la fixation des muscles. *Apophyse articulaire, musculaire.*

apoplectique [apɔplɛktik] adj. (et n.) Relatif à l'apoplexie. ▷ (Personnes) Prédisposé à l'apoplexie.

apoplexie [apɔplɛksi] n. f. MED Perte brusque de la connaissance et de la mobilité volontaire, due le plus souvent à une hémorragie cérébrale.

apoptose [apɔptoz] n. f. BIOL Destruction physiologique des cellules, normale ou pathologique.

aporie [apɔʀi] n. f. LOG Difficulté logique sans issue.

apostasie [apɔstazi] n. f. **1.** THEOL Abandon public d'une religion au profit d'une autre. **2.** Fig. Reniement.

apostasier [apɔstazje] v. intr. [**2**] Faire acte d'apostasie.

apostat [apɔsta] n. m. Celui qui a apostasié. *Julien l'Apostat.*

a posteriori [apɔsteʀjɔʀi] loc. adv. (lat) LOG En remontant des effets aux causes, des données de l'expérience aux lois. *Raisonner a posteriori.* – Cour. *Prendre une décision a posteriori,* compte tenu d'une expérience, d'un résultat. ▷ adj. inv. *Notions a posteriori,* tirées de l'expérience. Ant. a priori.

apostille [apɔstij] n. f. Didac. Annotation ou recommandation en marge d'un écrit, d'une pétition, d'un mémoire.

apostolat [apɔstɔla] n. m. **1.** Ministère d'un apôtre. **2.** Propagation de la foi. – Fig. Zèle à propager une doctrine, une cause. Syn. prosélytisme. **3.** Tâche, travail exigeant une abnégation, une générosité exceptionnelles. *La médecine est un apostolat.*

apostolique [apɔstɔlik] adj. **1.** Qui vient des apôtres. *La Sainte Église catholique, apostolique et romaine.* **2.** Propre à l'apostolat. *Zèle apostolique.* **3.** Qui émane du Saint-Siège, relève de lui. *Lettres apostoliques. Nonce apostolique.*

1. apostrophe [apɔstʀɔf] n. f. **1.** RHET Figure de rhétorique par laquelle on s'adresse directement aux personnes ou aux choses personnifiées. *«Ô cendres d'un époux! ô Troyens! ô mon père!»* (Racine). **2.** GRAM *Mot mis en apostrophe,* par lequel on interpelle une personne ou une chose personnifiée (par ex. : «poète» dans *«Poète, prends ton luth»* de Musset). **3.** Interpellation discourtoise. *Essuyer une apostrophe.*

2. apostrophe [apɔstʀɔf] n. f. Signe (') qui marque l'élision d'une voyelle. *S'il le faut, j'irai.*

apostropher [apɔstʀɔfe] v. tr. [**1**] Interpeller (qqn) brutalement et sans égards. ▷ v. pron. *Ils se sont apostrophés sans ménagement.*

apothème [apɔtɛm] n. m. GEOM Perpendiculaire abaissée du centre d'un polygone régulier sur un de ses côtés ou du sommet d'une pyramide sur l'un des côtés de son polygone de base.

apothéose [apɔteoz] n. f. Honneurs extraordinaires rendus à qqn, triomphe. ▷ Fig. *Finir en apothéose,* triomphalement.

apothicaire [apɔtikɛʀ] n. m. Vx Pharmacien. ▷ Par métaph. Péjor. *Comptes d'apothicaire,* très compliqués.

apôtre [apotʀ] n. m. **1.** Chacun des douze disciples de Jésus-Christ, qu'il choisit pour prêcher l'Évangile. *L'Apôtre des gentils :* saint Paul. **2.** Ardent défenseur (d'une idée, d'une doctrine, etc.). *Se faire l'apôtre d'une cause.* **3.** Péjor. *Faire le bon apôtre :* contrefaire l'homme de bien.

Appalaches, massif hercynien de l'E. des É.-U., entre le Saint-Laurent et l'Alabama, s'étendant sur 2 000 km; 2 037 m au mont Mitchell. La chaîne, qui s'élargit au S., est coupée de dépressions. Le *système* (tectonique) *appalachien* se prolonge jusqu'à Terre-Neuve. – Gisements houillers.

appalachien, enne [apalaʃjɛ̃, ɛn] adj. *Relief appalachien,* issu de l'aplanissement d'une structure plissée et soumis, à la suite d'un soulèvement, à l'érosion qui dégage des crêtes de roches dures.

apparaître [apaʀɛtʀ] v. intr. [**73**] **1.** Devenir visible, se montrer brusquement. *Une voile apparaît à l'horizon.* – *Spécial.* Se manifester par une apparition. *Hamlet vit apparaître le spectre de son père.* **2.** Fig. Se montrer, se découvrir. *Votre hypocrisie apparaît au grand jour.* Syn. se révéler, surgir. **3.** (Avec attribut.) Sembler. *L'obscurité lui apparaissait terrifiante.* ▷ *Apparaître comme :* se présenter à l'esprit sous un certain aspect. *Cet homme m'apparaît comme un misérable.* **4.** *Il apparaît que :* il résulte de ces faits que, il est clair que.

apparat [apaʀa] n. m. **1.** Majesté pompeuse, faste solennel. *Tenue d'apparat.* ▷ *En grand apparat :* en grande pompe. **2.** *Apparat critique :* ensemble des notes et des variantes figurant dans l'édition critique d'un texte.

appareil [apaʀɛj] n. m. **1.** Ensemble de pièces, d'organes mécaniques destinés à un usage particulier. *Appareil photographique. Comment marche cet appareil?* Syn. machine, instrument. ▷ Téléphone. *Qui est à l'appareil?* ▷ Avion. *L'appareil va décoller.* ▷ Instrument qui maintient un membre cassé, une partie du corps déformée. *Appareil orthopédique.* ▷ Dentier. *Porter un appareil.* **2.** Ensemble d'éléments qui participent à une même fonction. *Appareil d'État :* ensemble des organes administratifs d'un État. *L'appareil d'un parti,* l'ensemble de ses cadres administratifs. **3.** ARCHI Disposition des pierres dans un ouvrage de maçonnerie. *Édifice en grand (en petit) appareil.* **4.** ANAT Ensemble d'organes qui remplissent une même fonction dans le corps. *Appareil respiratoire, digestif.* **5.** *Être dans son plus simple appareil :* être nu.

1. appareillage [apaʀɛjaʒ] n. m. MAR Action d'appareiller; ensemble des manœuvres faites au moment de quitter le port, le mouillage.

2. appareillage [apaʀɛjaʒ] n. m. TECH Ensemble d'appareils, de dispositifs. *Appareillage électrique.*

1. appareiller [apaʀeje] v. [**1**] **I.** v. tr. **1.** MED Mettre en place un appareil prothétique sur (qqn). *Appareiller un sourd.* **2.** TECH *Appareiller des pierres,* les tailler en vue de leur pose. **II.** v. intr. MAR Quitter le mouillage. *La flotte a appareillé.*

2. appareiller [apaʀeje] v. tr. [**1**] **1.** Réunir (des choses pareilles), assortir. *Appareiller des assiettes.* **2.** Accoupler (des animaux) pour la reproduction.

appareilleur [apaʀejœʀ] n. m. (Suisse) Syn. de *plombier.*

apparemment [apaʀamɑ̃] adv. Selon les apparences, vraisemblablement. Ant. effectivement.

apparence [apaʀɑ̃s] n. f. **1.** Aspect extérieur d'une chose ou d'une personne; façon dont elle se présente à notre vue. *L'immeuble a belle apparence.* Syn. air, aspect, mine, tournure. **2.** Ce qu'une chose semble être, par oppos. à ce qu'elle est réellement. *Cette table n'a qu'une apparence de solidité. Il ne faut pas se fier aux apparences. Sauver les apparences :* dissimuler ce qui pourrait nuire à sa propre réputation ou à celle d'autrui. Syn. façade, dehors. ▷ Loc. adv. *En apparence :* extérieurement, d'après ce que l'on voit. **3.** PHILO Phénomène (par oppos. à *noumène*). **4.** DR *Théorie de l'apparence,* selon laquelle l'apparence suffit à produire des effets à l'égard des tiers qui, par suite d'erreur légitime, ont ignoré la réalité.

apparent, ente [apaʀɑ̃, ɑ̃t] adj. **1.** Qui est bien visible, qui apparaît clairement. *Un détail apparent.* **2.** Qui n'est pas tel qu'il paraît être. *La grandeur apparente du Soleil.* ▷ ASTRO *Mouvement apparent :* mouvement que paraît avoir un corps lorsque l'observateur est lui-même en mouvement. *Mouvement apparent du Soleil.* ▷ PHYS *Poids apparent d'un corps dans un fluide :* différence entre le poids réel et la poussée d'Archimède. ▷ DR *Acte apparent :* acte simulé destiné à cacher un acte réel (vente fictive dissimulant une donation, par ex.). – *Héritier apparent,* qui passe pour héritier sans l'être réellement, mais dont les actes antérieurs à son éviction peuvent être maintenus pour la sécurité des tiers de bonne foi.

apparenté, ée [apaʀɑ̃te] adj. Lié par le mariage. ▷ Lié par une communauté d'idées.

apparentement [apaʀɑ̃tmɑ̃] n. m. **1.** Fait de s'apparenter. **2.** POLIT Alliance électorale qui permet que les voix d'une liste soient reportées sur l'autre, dans certains systèmes de représentation proportionnelle.

apparenter (s') [apaʀɑ̃te] v. pron. [1] **1.** S'allier par un mariage. ▷ Fig. S'unir par communauté d'idées, d'intérêts. *Ces deux groupes politiques se sont apparentés.* **2.** Fig. (Choses) *S'apparenter à :* avoir des points communs avec. *Le style de Maunick s'apparente parfois à celui de Césaire.*

appariement [apaʀimɑ̃] n. m. GENET Rapprochement des chromosomes homologues au cours de la méiose.

apparier [apaʀje] v. tr. [2] Accoupler un mâle et une femelle. *Apparier des pigeons.* ▷ v. pron. *Certaines espèces s'apparient plus facilement que d'autres.*

appariteur [apaʀitœʀ] n. m. Huissier. – *Spécial.* Huissier d'une faculté.

apparition [apaʀisjɔ̃] n. f. **1.** Action d'apparaître. *Ne faire qu'une apparition :* ne rester qu'un instant. **2.** Manifestation visible d'un être surnaturel. *Apparitions de la Vierge à Lourdes.*

appartement [apaʀtəmɑ̃] n. m. **1.** Ensemble de pièces faisant partie d'un immeuble collectif, constituant une habitation indépendante. *Appartement en location.* **2.** (Québec) Chacune des pièces d'un logement, d'un bâtiment.

appartenance [apaʀtənɑ̃s] n. f. Fait d'appartenir. *Appartenance à la classe ouvrière.* ▷ MATH *Relation d'appartenance :* relation qui exprime que certains éléments appartiennent à un ensemble donné (symbole ∈).

appartenir [apaʀtəniʀ] v. tr. indir. [36] **1.** Être la propriété de qqn en vertu d'un droit, d'une autorité. *Cette maison appartient à un ministre. Je suis libre et n'appartiens à personne.* ▷ v. pron. Ne dépendre que de soi-même. *Depuis qu'elle a des enfants, elle ne s'appartient plus.* **2.** Être propre à. *La gaieté appartient à l'enfance.* ▷ (Impers.) *Il ne m'appartient pas de choisir :* ce n'est pas mon rôle de choisir. **3.** Faire partie de (un corps, un groupe). *Appartenir à une administration.*

appas [apɑ] n. m. pl. **1.** Ce qui séduit, charme. *Les appas de la gloire.* **2.** Vieilli ou plaisant Formes épanouies du corps féminin qui éveillent le désir.

appât [apɑ] n. m. **1.** Nourriture employée pour attirer les animaux qu'on veut prendre. *Mettre l'appât à un piège.* Syn. amorce. **2.** *Par métaph.* Ce qui attire, exerce une attraction sur qqn. *L'appât du gain.*

appâter [apɑte] v. tr. [1] Attirer avec un appât. Syn. (Saint-Pierre-et-M.) apioler. – Fig. Attirer (qqn) par des propositions alléchantes. *Il l'a appâté en lui promettant une très belle situation.*

appauvrir [apovʀiʀ] v. [3] **1.** v. tr. Rendre pauvre. *Sa prodigalité l'a appauvri.* – Fig. *Appauvrir un terrain,* en diminuer la fertilité. **2.** v. pron. Perdre de sa richesse, de sa valeur.

appauvrissement [apovʀismɑ̃] n. m. Action d'appauvrir; fait de s'appauvrir. *L'appauvrissement d'une région, d'une terre. L'appauvrissement d'un peuple. Appauvrissement intellectuel.*

appeau [apo] n. m. **1.** Instrument imitant le cri d'un oiseau. **2.** Oiseau ou simulacre que l'on emploie pour attirer des oiseaux de même espèce.

appel [apɛl] n. m. **1.** Action d'appeler par la voix, par un geste. *J'ai entendu votre appel.* **2.** Action d'appeler nommément quelqu'un pour s'assurer de sa présence. *Répondre à l'appel. Faire l'appel des écoliers.* **3.** Action d'appeler au moyen d'un signal des hommes à s'assembler. *Battre, sonner l'appel.* **4.** Action de convoquer des militaires. *Appel des réservistes, du contingent.* **5.** *Appel à :* invitation, incitation à. *Appel à la révolte. Appel à l'épargne publique.* ▷ COMM *Produit d'appel,* destiné à attirer la clientèle par son prix avantageux. **6.** Action de réclamer, d'invoquer. ▷ FIN *Appel de fonds :* demande de nouveaux fonds aux actionnaires, aux copropriétaires, etc. ▷ ADMIN *Appel d'offres :* procédure administrative mettant en concurrence divers fournisseurs avant conclusion d'un marché public. ▷ DR Voie de recours ordinaire par laquelle une partie qui n'a pas obtenu satisfaction devant le juge au premier degré soumet le jugement à une juridiction au second degré, pour en obtenir la réformation. *Faire appel d'un jugement. Cour d'appel :* V. encycl. cour. **7.** TECH *Appel d'air :* courant d'air qui facilite la combustion d'un foyer. **8.** SPORT *Prendre son appel :* prendre son élan en appuyant sur le sol le pied qui va assurer la projection du corps.

appelant, ante [aplɑ̃, ɑ̃t] adj. et n. DR Qui fait appel d'un jugement. ▷ Subst. *L'appelant, l'appelante.*

appelé, ée [aple] adj. et n. **I.** adj. **1.** Nommé. *Une jeune fille appelée Marie.* **2.** *Appelé à :* dans l'obligation de, destiné à. *Il sera appelé à vendre sa maison. Il est appelé à une brillante carrière.* **II.** n. **1.** *Un appelé :* un jeune homme convoqué pour faire son service militaire. **2.** *«Il y a beaucoup d'appelés et peu d'élus»* (Évangiles). – Mod. *Un poste où il y a beaucoup d'appelés et peu d'élus,* très convoité mais difficilement accessible.

appeler [aple] v. [19] **I.** v. tr. **1.** Se servir de la voix pour faire venir (une personne, un animal). *Appeler son chien. Appeler au secours.* **2.** Inviter (qqn) à venir. *Appeler le médecin, les pompiers.* – *Appeler qqn sous les drapeaux,* l'incorporer dans l'armée. *Appeler qqn à une fonction, à un poste,* le désigner pour qu'il occupe cette fonction, ce poste. Syn. convoquer, prier. **3.** Téléphoner à. *Je vous appellerai demain.* **4.** (Choses) Rendre nécessaire, exiger. *La faute appelle la punition.* Syn. nécessiter, impliquer, entraîner. **5.** Nommer, donner un nom à. *J'appellerai mon fils Jean. Appeler les choses par leur nom,* les nommer sans détour. **6.** INFORM Donner à un ordinateur une instruction permettant d'installer (un programme ou un fichier) en mémoire centrale, à partir d'une disquette ou d'un disque dur. *Appeler le fichier ventes.* **II.** v. tr. indir. DR *Appeler d'un jugement :* déférer un jugement à la censure d'une juridiction supérieure. ▷ *En appeler à. J'en appelle à votre générosité,* je l'invoque. **III.** v. pron. **1.** (Récipr.) *Des voix s'appelaient dans la nuit.* **2.** Avoir pour nom. *Comment t'appelles-tu? Je m'appelle Bikila.*

appellatif, ive [apɛl(l)atif, iv] adj. GRAM *Nom appellatif,* qui convient à toute une espèce.

appellation [apɛl(l)asjɔ̃] n. f. Action, façon d'appeler une chose. *Appellation injurieuse.* ▷ COMM *Appellation d'origine :* nom donné à un produit en fonction de sa provenance.

appendice [apɛ̃dis] n. m. **1.** Partie qui est le prolongement d'une autre. Syn. extrémité. ▷ ANAT *Appendice caudal :* queue. *Appendice vermiculaire* ou *appendice :* petite cavité allongée prolongeant le cæcum. **2.** Supplément à un ouvrage, comportant des pièces justificatives, des notes, etc.

appendicectomie [apɛ̃disɛktɔmi] n. f. CHIR Ablation de l'appendice vermiculaire.

appendicite [apɛ̃disit] n. f. MED Inflammation aiguë ou chronique de l'appendice. *Crise d'appendicite.*

appendiculaire [apɛ̃dikylɛʀ] adj. et n. **1.** adj. Qui constitue un appendice, qui s'y rapporte. *Prolongement appendiculaire.* **2.** n. m. pl. ZOOL Classe de tuniciers pélagiques qui possèdent un très long appendice caudal. – Sing. *Un appendiculaire.*

appentis [apɑ̃ti] n. m. ARCHI **1.** Toit d'un seul versant, appuyé contre un mur du côté supérieur et supporté par des piliers. **2.** Petite construction s'appuyant contre un bâtiment.

Appenzell, v. du N.-E. de la Suisse; 4 900 hab.; ch.-l. du demi-cant. des Rhodes-Intérieures (relig. protestante), qui forme avec le demi-cant. des Rhodes-Extérieures (relig. cathol.) le *canton d'Appenzell,* enclavé dans celui de Saint-Gall; cette division date de 1597. En 1989, le vote et l'éligibilité des femmes furent admis dans le demi-canton des Rhodes-Extérieures uniquement.

appert (il) [ilapɛʀ] v. (3ᵉ pers. de l'ind. de l'anc. verbe *apparoir.*) *Il appert que :* il est évident que.

Appert (Nicolas) (1749 – 1841), industriel français; inventeur de l'appertisation.

appertisation [apɛʀtizasjɔ̃] n. f. TECH Procédé de conservation des aliments consistant en une stérilisation par la chaleur dans un récipient clos.

appertisé, ée [apɛʀtize] adj. Qui a subi l'appertisation.

appesantir [apəzɑ̃tiʀ] v. [3] **1.** v. tr. Rendre moins léger, moins actif. *L'âge appesantit sa démarche, son esprit.* Syn. alourdir. Ant. alléger. **2.** v. pron. *S'appesantir sur un sujet,* s'y attarder exagérément.

appesantissement [apəzɑ̃tismɑ̃] n. m. État d'une personne rendue moins vive, moins active.

appétence [apetɑ̃s] n. f. Litt. Inclination qui pousse quelqu'un à satisfaire un désir, un besoin (plus partic. alimentaire). Ant. inappétence.

appétissant, ante [apetisɑ̃, ɑ̃t] adj. **1.** Qui excite l'appétit. *Gâteau appétissant.* **2.** Fig., fam. Qui éveille le désir, séduit. *Femme appétissante.*

appétit [apeti] n. m. **1.** Besoin, plaisir de manger. *Manger de bon appétit. Avoir un gros appétit.* – (Prov.) *L'appétit vient en mangeant :* plus on a de biens, plus on en désire. ▷ (Plur.) Inclination qui a pour objet la satisfaction d'un besoin organique. *Appétits sexuels.* Syn. besoin, désir. **2.** *Par ext.* Désir impérieux de qqch. *Appétit d'honneurs.*

Appienne (voie) (en lat. *via Appia*), route amorcée en 312 av. J.-C. et qui, terminée par Auguste, allait de Rome à Brindisi par Capoue.

applaudir [aplodiʀ] v. [3] **1.** v. intr. Battre des mains en signe d'approbation. ▷ v. tr. *Applaudir une pièce, un acteur.* **2.** v. tr. indir. *Applaudir à :* approuver avec enthousiasme et sans réserve. *Applaudir à une proposition.* **3.** v. pron. (réfl.) Se féliciter de. *Il s'applaudit de la décision qu'il a prise.*

applaudissement [aplodismɑ̃] n. m. (Le plus souv. au plur.) Battement répété des mains l'une contre l'autre en signe d'enthousiasme. *Une tempête d'applaudissements.*

applicabilité [aplikabilite] n. f. Caractère de ce qui est applicable (en parlant d'une loi, d'une théorie, d'une méthode).

applicable [aplikabl] adj. Qui doit ou qui peut être appliqué. *La loi est applicable à tous.*

applicateur [aplikatœʀ] n. m. Instrument qui permet d'appliquer un produit sur une surface. ▷ adj. *Bouchon applicateur.*

application [aplikasjɔ̃] n. f. **1.** Action d'appliquer une chose sur une autre. *L'application d'un pansement sur une plaie.* **2.** Fig. Emploi de qqch à une destination particulière. *Application d'une somme d'argent à une dépense.* **3.** Mise en pratique. *Application d'un principe. Mettre une théorie en application.* **4.** Attention soutenue à l'étude. Syn. attention, zèle. **5.** MATH Correspondance qui, à chaque élément d'un ensemble, associe un élément, et un seul, d'un autre ensemble. (V. fonction.) **6.** INFORM Programme conçu en vue d'une utilisation particulière (jeu, calcul, gestion, etc.). **7.** (Maurice) (Anglicisme) Lettre officielle de candidature, de demande d'emploi ou d'inscription. *Formulaire d'application.*

applique [aplik] n. f. Pièce, accessoire que l'on ajoute à un objet, généralement pour l'orner. *Des appliques de dentelles.* ▷ *Applique (murale)* : appareil d'éclairage qui se fixe au mur.

appliqué, ée [aplike] adj. **1.** Qui est studieux, attentif. *Élève appliqué.* **2.** *Sciences appliquées,* qui recherchent les applications techniques possibles des découvertes scientifiques.

appliquer [aplike] v. [1] **I.** v. tr. **1.** Mettre une chose au contact d'une autre, de façon qu'elle la recouvre, y adhère ou y laisse son empreinte. *Appliquer une compresse sur une plaie. Appliquer des couleurs sur une toile.* **2.** Fig. Faire servir une chose à tel usage. *Appliquer son esprit à une chose,* y apporter une extrême attention. **3.** Réaliser, mettre en pratique. *Appliquer une théorie, un conseil.* – DR *Appliquer une loi,* la faire exécuter. **II.** v. pron. **1.** Se placer, se poser sur. *Une crème qui s'applique sur le visage.* **2.** Fig. S'adapter (à), être applicable. *La règle s'applique à tous.* **3.** Mettre tout son soin à faire qqch. *Il écrit en s'appliquant.* **III.** (Maurice) (Anglicisme) Faire une application (sens 6) pour un acte de candidature.

appoint [apwɛ̃] n. m. **1.** Complément exact en menue monnaie d'une somme que l'on doit. *Faire l'appoint.* ▷ COMM Toute somme qui fait le solde d'un compte. **2.** Fig. Ce qui s'ajoute à une chose pour la compléter. *Salaire d'appoint,* qui s'ajoute à un salaire principal. – *Par ext.* Secours, appui. *Votre recommandation a été un grand appoint.*

appointé [apwɛ̃te] pp. adj. et n. m. **1.** pp. adj. (France, vx) *Soldat appointé,* qui touche une solde plus importante que les autres. **2.** n. m. (Suisse) Dans l'armée, soldat de première classe. ▷ Dans la police, grade supérieur à celui de simple agent.

appointements [apwɛ̃tmɑ̃] n. m. pl. Rétribution (plus particulièrement d'un employé) attachée à un emploi, à un travail régulier.

1. appointer [apwɛ̃te] v. tr. [1] Rétribuer. *Appointer un contremaître.*

2. appointer [apwɛ̃te] v. tr. [1] **1.** Tailler en pointe. **2.** Réunir, à l'aide de pointes, deux pièces de cuir, d'étoffe.

Appomattox, village des É.-U. (Virginie) où la capitulation du général Lee (1865) mit fin à la guerre de Sécession.

appondre [apɔ̃dʀ] v. tr. [6] (France rég., Suisse) Joindre, attacher. *Appondre une remorque.*

appontement [apɔ̃tmɑ̃] n. m. Construction flottante ou sur pilotis qui permet l'accostage des bateaux.

apport [apɔʀ] n. m. **1.** Action d'apporter. *Apport d'engrais à un sol.* **2.** DR Biens apportés dans la communauté par les époux, par un associé dans une société commerciale. **3.** Fig. Contribution, appui. *L'apport de la science à la technique.*

apporter [apɔʀte] v. tr. [1] **I. 1.** Porter (qqch) à (qqn), là où il est. *Apportez-moi ce livre.* ▷ Porter soi-même en venant dans un lieu. *Apporter ses outils.* **2.** Fournir pour sa part. *Apporter des capitaux.* **II.** Fig. **1.** *Apporter de bonnes, de mauvaises nouvelles à qqn,* les lui apprendre. **2.** Donner, procurer. *Apporter la consolation.* **3.** Employer, mettre. *Apporter tous ses soins à une affaire,* s'y employer avec application. **4.** (Choses) Causer, produire. *L'électricité a apporté de grands changements.*

apposer [apoze] v. tr. [1] **1.** Appliquer, mettre (qqch) sur. *Apposer un avis sur un panneau d'affichage. Apposer sa signature :* signer. ▷ DR *Apposer les scellés, le scellé :* appliquer un sceau sur une chose pour en interdire l'usage. **2.** DR *Apposer une condition, une clause, à un contrat,* l'insérer dans le contrat.

apposition [apozisjɔ̃] n. f. **1.** Action d'apposer. *Apposition d'une affiche.* **2.** GRAM Mot ou groupe de mots qui, placé à côté d'un nom ou d'un pronom, lui donne une qualification sans l'intermédiaire d'un verbe (ex. *Yaoundé, capitale du Cameroun. Ligoté, il ne pouvait marcher*).

appréciable [apʀesjabl] adj. **1.** Qui peut être apprécié, dont on peut donner une estimation. *Un préjudice appréciable.* – Par ext. *Revenus appréciables,* importants. **2.** Digne d'estime. *Qualité appréciable.*

appréciation [apʀesjasjɔ̃] n. f. **1.** Estimation, évaluation. *Appréciation d'un immeuble.* **2.** Opinion, jugement. *Donner son appréciation sur le travail d'un subordonné.* **3.** ECON *Appréciation d'une monnaie :* hausse de sa valeur par rapport à une ou plusieurs autres monnaies. Ant. dépréciation.

apprécier [apʀesje] v. [2] **I.** v. tr. **1.** Estimer, évaluer le prix d'une chose, en fixer la valeur. *Le juge a apprécié le montant de l'indemnité.* **2.** Évaluer approximativement une grandeur. *Apprécier une distance.* **3.** Priser, avoir de l'estime pour. *Apprécier qqn.* **II.** v. pron. (récipr.) S'aimer, faire cas l'un de l'autre. *Ils s'apprécient beaucoup.* Syn. estimer.

appréhender [apʀeɑ̃de] v. tr. [1] **1.** Prendre, arrêter. *Appréhender un criminel.* **2.** Litt. Saisir par l'esprit. **3.** Craindre par avance, redouter. *J'appréhende sa colère.*

appréhension [apʀeɑ̃sjɔ̃] n. f. **1.** Crainte, anxiété vague. *Avoir des appréhensions.* Syn. inquiétude. **2.** PHILO Opération intellectuelle simple et immédiate qui s'applique à un objet.

apprenant, ante [apʀənɑ̃, ɑ̃t] n. Personne qui apprend.

apprendre [apʀɑ̃dʀ] v. tr. [52] **I. 1.** Acquérir des connaissances sur, étudier. *Apprendre l'histoire.* ▷ (S. comp.) S'instruire. *La volonté d'apprendre.* **2.** Se mettre dans la mémoire. *Apprendre une leçon. Apprendre par cœur.* **3.** *Apprendre à* (+ inf.) : acquérir les connaissances nécessaires pour. *Apprendre à lire.* **4.** Être informé de. *J'apprends votre arrivée.* **II.** Donner à (qqn) la connaissance de (qqch). **1.** Enseigner, instruire. *Apprendre la grammaire à un élève.* **2.** *Apprendre à* (+ inf.) *à qqn. J'apprends à conduire à ma fille.* **3.** Annoncer, faire savoir. *Il nous a appris son mariage.*

apprenti, ie [apʀɑ̃ti] n. **1.** Personne qui apprend un métier. *Apprentie d'une couturière. Apprenti maçon.* **2.** Personne qui est malhabile (comme quelqu'un qui apprend un métier). *Ce livre est l'œuvre d'un apprenti.* **3.** *Apprenti sorcier* (par allus. à une ballade de Goethe) : celui qui provoque des événements graves dont il n'est plus le maître. **4.** (Afr. subsah.) Aide d'un chauffeur de camion ou de car. *Chaque car rapide a au moins un chauffeur et un apprenti.* – *Spécial.* Receveur d'un car rapide.

apprentissage [apʀɑ̃tisaʒ] n. m. **1.** Acquisition d'une formation professionnelle. *Apprentissage en usine.* **2.** *Par anal.* Première expérience. *L'apprentissage de l'amour.*

apprêt [apʀɛ] n. m. **1.** TECH Manière de préparer les étoffes, les peaux pour leur donner l'aspect marchand; la préparation elle-même. *Donner un apprêt à un tissu. Passer une couche d'apprêt sur un mur.* – Matière utilisée à cet effet (colle, gomme, enduit). ▷ CONSTR Matériau dont on enduit un support avant de le peindre, pour obtenir un aspect mieux fini. **2.** Fig. Recherche, affectation du style, des manières. *Un style naturel et sans apprêt.*

apprêté, ée [apʀete] adj. Qui est peu naturel, maniéré. *Une coiffure trop apprêtée. Un style apprêté.* Syn. affecté.

apprêter [apʀete] v. [1] **I.** v. tr. **1.** Litt. Préparer, mettre en état. *Apprêter ses valises. Apprêter un mets,* l'accommoder. **2.** TECH Donner l'apprêt à. *Apprêter un cuir, une étoffe.* **II.** v. pron. (réfl.) **1.** Se préparer à. *S'apprêter à partir.* **2.** *Absol.* Se parer, revêtir une toilette. *Elle s'apprêtait pour le bal.*

apprivoisement [apʀivwazmɑ̃] n. m. Action d'apprivoiser; son résultat.

apprivoiser [apʀivwaze] v. [1] **I.** v. tr. **1.** Rendre (un animal) moins farouche, plus familier. *Apprivoiser un ours.* **2.** Fig. Rendre (qqn) plus sociable, plus doux. *Apprivoiser un enfant timide.* **II.** v. pron. Devenir moins farouche (animaux), plus sociable (personnes).

approbateur, trice [apʀɔbatœʀ, tʀis] adj. (et n.) Qui marque l'approbation. *Murmure approbateur.*

approbatif, ive [apʀɔbatif, iv] adj. Qui exprime l'approbation.

approbation [apʀɔbasjɔ̃] n. f. **1.** Agrément, consentement que l'on donne. *Donner son approbation. Cette mesure a reçu l'approbation de l'administration.* **2.** Jugement favorable, marque d'estime. *Mériter l'approbation générale.*

approchant, ante [apʀɔʃɑ̃, ɑ̃t] adj. Qui se rapproche, qui est comparable. *N'avez-vous rien d'approchant?* ▷ adv. (France, vieilli ou rég.; Suisse) Environ, à peu près. *Elle doit avoir la quarantaine ou approchant.*

approche [apʀɔʃ] n. f. **1.** Action de s'approcher; mouvement par lequel on se dirige vers qqn, qqch. *À notre approche, il prit la fuite.* ▷ AVIAT Dernière phase d'un vol avant l'atterrissage. **2.** (Plur.) Ce qui est à proximité d'un lieu; les parages. *Les approches d'une ville, d'une côte.* **3.** Arrivée, venue de qqch. *L'approche du soir.*

approché, ée [apʀɔʃe] adj. Approximatif.

approcher [apʀɔʃe] v. [1] **I.** v. tr. dir. **1.** Mettre près, avancer (qqch) auprès (de qqn, de qqch). *Approcher une table du mur. Approcher une chaise.* **2.** Venir près de (qqn). *Ne m'approchez pas!* ▷ Fig. Avoir libre accès auprès de (qqn). *Approcher des ministres.* **II.** v. tr. indir. **1.** Venir près (de), s'avancer auprès de (qqn, qqch). *Nous approchons de la frontière.* ▷ (S. comp.) *Approchez, mes enfants!* **2.** Fig. Être près (de). *Approcher du but, de la perfection. L'hiver approche.* **III.** v. pron. S'avancer, se mettre auprès (de). *La voiture s'approcha de nous.* – Fig. *Le jour s'approche.* Syn. avancer, venir.

approfondi, ie [apʀɔfɔ̃di] adj. Minutieux, poussé plus avant. *L'examen approfondi d'une question.*

approfondir [apʀɔfɔ̃diʀ] v. tr. [3] **1.** Rendre plus profond, creuser plus avant. *Approfondir un trou.* ▷ v. pron. *La faille s'approfondit.* **2.** Fig. Pénétrer plus avant dans (la connaissance, l'étude de qqch). *Approfondir une recherche. Approfondir sa foi.*

approfondissement [apʀɔfɔ̃dismɑ̃] n. m. Action d'approfondir; fait de devenir plus profond. ▷ Fig. *Approfondissement d'un sujet.*

appropriation [apʀɔpʀijasjɔ̃] n. f. **1.** Action d'approprier, de rendre propre à une utilisation. *L'appropriation d'une terre à la culture maraîchère.* **2.** Action de s'attribuer qqch, d'en devenir propriétaire. *L'appropriation d'une maison.*

approprié, ée [apʀɔpʀije] adj. Qui convient. *Je ne trouve pas les mots appropriés.* Syn. adéquat, convenable. Ant. impropre, inadéquat.

approprier [apʀɔpʀije] v. [2] **1.** v. tr. Rare Rendre propre à une destination. *Approprier les lois aux mœurs.* **2.** v. pron. S'emparer de, s'attribuer. *S'approprier les biens, les idées d'autrui.*

approuver [apʀuve] v. tr. [1] **1.** Donner son consentement à (qqch). *Approuver un mariage. Le conseil des ministres a approuvé un accord international.* – Pp. adj. *Lu et approuvé.* **2.** Juger louable, digne d'estime. *J'approuve sa décision.*

approvisionnement [apʀɔvizjɔnmɑ̃] n. m. **1.** Action d'approvisionner. *L'approvisionnement d'une ville en eau.* **2.** Ensemble des provisions réunies. *Un approvisionnement de blé.*

approvisionner [apʀɔvizjɔne] v. [1] **1.** v. tr. Fournir selon les besoins. – *Spécial.* Fournir en provisions alimentaires. *Approvisionner un magasin en fruits et en légumes.* ▷ *Approvisionner un compte bancaire,* le nantir d'une provision, y verser de l'argent. Syn. pourvoir. **2.** v. pron. Se fournir en provisions. *Je m'approvisionne au marché.*

approximatif, ive [apʀɔksimatif, iv] adj. **1.** Déterminé, fixé par approximation. *Chiffre approximatif.* **2.** Peu rigoureux, qui manque de précision. *Caractère approximatif d'un raisonnement.*

approximation [apʀɔksimasjɔ̃] n. f. Estimation, évaluation peu rigoureuse. *Dites-moi par approximation ce que vaut ceci. En première approximation.* Ant. exactitude, précision. ▷ MATH *Calcul par approximations successives :* méthode consistant à partir d'une première valeur approchée pour en calculer une seconde plus exacte et ainsi de suite.

approximativement [apʀɔksimativmɑ̃] adv. D'une manière approximative.

appui [apɥi] n. m. **1.** Ce qui sert de soutien, de support. **2.** Soutien, support qui empêche de tomber. *Appui d'une fenêtre, barre d'appui :* partie sur laquelle on peut s'accouder. **3.** *Par anal.* Assistance matérielle, aide. *Comptez sur mon appui.* **4.** Loc. prép. *À l'appui de :* pour appuyer (une déclaration, une affirmation). *Donner des arguments à l'appui d'une thèse.*

appui-tête ou **appuie-tête** [apɥitɛt] n. m. **1.** Dispositif réglable qui sert à maintenir la tête. *Siège muni d'un appui-tête.* **2.** Pièce d'étoffe brodée qui sert de protection à un fauteuil à l'endroit où l'on pose sa tête. *Des appuis-tête* ou *des appuie-tête.* **3.** (Afr. subsah.) Petit meuble sur lequel on repose la tête, en partic. pour dormir. *Certains appuis-tête sont en forme d'oiseau.*

appuyé, ée [apɥije] adj. Qui insiste. *Regard appuyé. Plaisanterie appuyée,* lourde, sans discrétion.

appuyer [apɥije] v. [22] **I.** v. tr. **1.** Soutenir (qqch) par un appui. *Appuyer une muraille par des piliers. Appuyer une échelle contre un mur, à un mur.* **2.** Fig. *Appuyer sur, par, de... :* fonder, rendre plus solide par... *Il appuie son raisonnement sur des preuves. Il appuie son sentiment par de bonnes raisons.* **3.** Aider, soutenir (qqn, qqch). *Appuyer une demande.* **II.** v. tr. indir. **1.** Exercer une pression sur. *Appuyer sur l'accélérateur.* **2.** *Appuyer sur une phrase, sur une syllabe,* l'accentuer fortement de manière à la mettre en valeur. **3.** Fig. Insister avec force sur. *Appuyer sur un argument.* **4.** *Appuyer sur la droite, sur la gauche :* se porter sur la droite, sur la gauche. **III.** v. pron. *S'appuyer sur.* **1.** Se servir comme d'un appui de, s'aider de. *S'appuyer sur une canne.* **2.** Fig. Se servir de qqn, de qqch comme d'un soutien. *Sur qui voulez-vous qu'il s'appuie? Je m'appuie sur un raisonnement scientifique.*

âpre [ɑpʀ] adj. **1.** Qui produit une sensation désagréable par sa rudesse. *Un froid âpre. Une voix âpre.* ▷ Spécial. *Le goût âpre d'un fruit,* qui râpe la gorge. **2.** Fig. Rude, violent, dur. *Une discussion âpre.* – *Âpre au gain :* avide.

âprement [ɑpʀəmɑ̃] adv. Avec âpreté, violemment.

après [apʀɛ] prép., adv. et n. m. pl. **I.** Prép. marquant : **1.** La postériorité dans le temps. *Après le coucher du soleil. Ils sont partis les uns après les autres. Ceux qui viendront après nous.* – *Après quoi :* ensuite, après cela. *Écoute ton frère, après quoi tu parleras.* ▷ Loc. adv. *Après coup*.* ▷ Loc. adv. *Après tout :* tout bien considéré. *Après tout, fais ce que tu veux.* ▷ Loc. adv. Vieilli (Cour. en Afr. subsah., en Belgique, au Québec) *Par après :* après, par la suite. *Par après, on ne l'a plus revu.* ▷ Loc. conj. *Après que* (+ indic.). *Après qu'il a parlé, tout le monde se tait.* (N.B. L'emploi du subjonctif est critiqué.) ▷ *Après* (+ inf. passé.). *Après avoir bien ri.* **2.** La postériorité dans l'espace. *La chambre est après l'entrée. Traîner après soi :* avoir derrière soi, à sa traîne. *Elle traîne après elle une foule d'adorateurs.* **3.** Une succession dans un rang, dans un ordre. *Le seul maître à bord après Dieu. Après vous :* formule de politesse pour inviter qqn à passer avant soi. **4.** (France rég., Québec) La proximité, le contact. *La clé est après la porte. Avoir une tache après son manteau.* **5.** L'aspiration, la tendance vers ou contre qqn, qqch. – Loc. *Courir après une chose,* la rechercher avec ardeur. *Courir après la fortune.* ▷ Loc. pop. *Crier après qqn,* le réprimander. **6.** (Québec) Fam. *Être après* (+ inf.), en train de. *Elle est après travailler.* **7.** Loc. prép. *D'après :* selon, suivant. *Un portrait d'après nature. D'après les anciens auteurs.* **II.** Adv. marquant : **1.** Un rapport de temps. *Trois ans après. Bien après. – Après? (Pour interroger.) Après, qu'arriva-t-il?* **2.** Un rapport d'espace, de rang, d'ordre. *Il me plaça immédiatement après lui.* Ant. avant. **III.** n. m. pl. (Antilles fr.) *Les après :* la période qui suit Noël.

après-demain [apʀɛdmɛ̃] adv. Le second jour après aujourd'hui. *Nous avons rendez-vous après-demain.*

après-guerre [apʀɛgɛʀ] n m. ou f. Période qui suit une guerre. *Des après-guerres.*

après-midi [apʀɛmidi] n. m. ou f. inv. Période de temps comprise entre midi et le déclin du jour.

après-rasage [apʀɛʀazaʒ] adj. inv. et n. m. Se dit d'un produit cosmétique (lotion, crème) destiné à adoucir la peau après le rasage. ▷ n. m. *Des après-rasages.*

après-shampooing [apʀɛʃɑ̃pwɛ̃] n. m. Produit cosmétique appliqué sur les cheveux après lavage pour les traiter ou les embellir. *Des après-shampooings.*

après-ski [apʀɛski] n. m. inv. Chaussure de repos que l'on met aux sports d'hiver quand on ne skie pas.

après-vente [apʀɛvɑ̃t] adj. inv. *Service après-vente :* ensemble des services et prestations assurés à un client après l'achat d'une machine ou d'un appareil (dépannage, entretien, etc.).

âpreté [ɑpʀəte] n. f. Caractère de ce qui est âpre. **1.** Litt. *Âpreté d'un fruit :* goût âpre, râpeux d'un fruit. **2.** Fig. Brutalité, violence. *Discuter avec âpreté.*

Apriès, quatrième pharaon de la XXVIe dynastie égyptienne (588-568 av. J.-C.), fils et successeur de Psammétik II. Il s'opposa aux prétentions de Nabuchodonosor sur l'Égypte et accueillit les colonies juives expulsées de Jérusalem par Babylone. V. Amasis.

a priori [apʀijɔʀi] loc. adv. et n. m. inv. (lat.) **1.** LOG, PHILO D'après des principes antérieurs à l'expérience. *Connaître a priori.* ▷ Loc. adj. *Un raisonnement a priori.* ▷ n. m. inv. *Vous avez des a priori.* **2.** Cour. À première vue. *À priori, je ne peux rien décider.*

apriorisme [apʀijɔʀism] n. m. Didac. Méthode de raisonnement a priori. ▷ Litt. Caractère de ce qui est un a priori.

à-propos [apʀɔpo] n. m. inv. V. propos (sens 2).

apside [apsid] n. f. ASTRO Chacun des deux points situés aux extrémités du grand axe de l'orbite d'une planète. *Apside supérieure :* aphélie. *Apside inférieure :* périhélie. *Ligne des apsides,* qui joint ces deux points.

apte [apt] adj. Propre à, qui réunit les conditions requises pour. *Apte à un emploi,* à remplir un emploi. – *Être déclaré apte au service,* dans un état physique et mental satisfaisant pour effectuer son service militaire.

aptère [aptɛʀ] adj. **1.** ZOOL Dépourvu d'ailes. **2.** SCULP *La Victoire aptère :* statue de la Victoire du temple d'Athènes, exceptionnellement sans ailes (pour qu'elle ne s'envole pas d'Athènes).

aptérygotes [apteʀigɔt] n. m. pl. ENTOM Sous-classe d'insectes (ex. : les collemboles, les thysanoures) tous dépourvus d'ailes et à développement sans métamorphoses. – Sing. *Un aptérygote.*

aptitude [aptityd] n. f. **1.** Don naturel. *Des aptitudes pour le dessin.* **2.** Faculté, compétence acquise. *Aptitude professionnelle.* **3.** DR Capacité légale. *Aptitude à succéder.*

Apulée (Lucius Apuleius) (v. 125 – v. 180), philosophe et écrivain latin, né dans une ville de Numidie (correspondant auj. à la ville algérienne de Mdawruch) et mort à Carthage. Il est l'auteur de *l'Âne d'or.*

Apulie, région de l'ancienne Italie. V. Pouilles.

apurement [apyʀmɑ̃] n. m. Vérification définitive d'un compte.

apurer [apyʀe] v. tr. [1] Vérifier (un compte), s'assurer qu'il est en règle.

Apuseni (monts) (anc. *Bihor*), massif de l'ouest de la Roumanie, formant la majeure partie des Carpates occidentales. Il culmine à 1 848 m au Curcubăta Mare.

Aqaba. V. Akaba.

aquaculture [akwakyltyʀ] ou **aquiculture** [akɥikyltyʀ] n. f. Ensemble des techniques d'élevage des êtres vivants aquatiques (animaux et végétaux).

aquafortiste [akwafɔʀtist] n. Artiste qui grave à l'eau-forte.

aquaplanage [akwaplanaʒ] n. m. Phénomène réduisant l'adhérence des roues d'un véhicule lorsque celui-ci roule à grande vitesse sur un sol mouillé.

aquarelle [akwaʀɛl] n. f. Peinture exécutée avec des couleurs délayées dans l'eau, sur une feuille de papier dont le grain demeure visible par transparence.

aquarelliste [akwaʀelist] n. Peintre d'aquarelles.

aquarium [akwaʀjɔm] n. m. Bassin ou bocal à parois transparentes où l'on élève des animaux et des plantes aquatiques. *Des aquariums.* – Muséum abritant des animaux aquatiques vivants.

aquatinte [akwatɛ̃t] n. f. Didac. Gravure à l'eau-forte imitant le lavis, l'aquarelle.

aquatique [akwatik] adj. Qui vit dans l'eau ou au bord de l'eau. *Plantes, animaux aquatiques.*

aqueduc [akdyk] n. m. **1.** Canal destiné à conduire l'eau d'un lieu à un autre. *Aqueduc souterrain.* ▷ *Pont aqueduc* ou *aqueduc,* portant une conduite d'eau. **2.** (Québec) Réseau de canalisations assurant la distribution de l'eau courante dans une agglomération. – Distribution de l'eau courante. *Service d'aqueduc.*

aqueux, euse [akø, øz] adj. **1.** Qui ressemble à de l'eau, qui est de la nature de l'eau. ▷ CHIM *Solution aqueuse,* dont le solvant est l'eau. **2.** Qui contient de l'eau. *Légumes, fruits aqueux.*

aquiculture [akyikyltyʀ] n. f. V. aquaculture.

aquifère [akɥifɛʀ] adj. Didac. Qui porte, contient de l'eau. *Couche aquifère.*

aquilin [akilɛ̃] adj. m. Courbé en bec d'aigle. *Nez aquilin, profil aquilin.*

aquilon [akilɔ̃] n. m. Poét. Vent du nord, froid et violent.

Aquin (Hubert) (1929 – 1977), écrivain québécois. Pour lui, l'écriture élabore « un tissu dont on recouvre une morte », mais c'est aussi une pratique révolutionnaire. Romans : *Prochain Épisode* (1965), *Trou de mémoire* (1968), *Neige noire* (1974). Théâtre : *Double Sens* (1972). Essais : *Blocs erratiques* (1977).

Aquino (Benigno) (1932 – 1983), homme politique philippin. Leader de l'opposition au président Marcos, il fut assassiné à son retour d'exil. — **Corazon,** dite **Cory** (née en 1933), épouse du préc., chef de l'État philippin (1986-1992).

Aquitain (bassin) ou **Aquitaine** (bassin de l'), en France, vaste dépression sédimentaire entre le Massif armoricain et le Massif central, les Pyrénées et l'océan Atlantique. – Le bassin, drainé par la Garonne, jouit d'un climat océanique. (V. Aquitaine [Région] et Midi-Pyrénées.)

Aquitaine, région historique de France correspondant au bassin Aquitain. Anc. province romaine, le « Pays des eaux » passa aux Wisigoths (Ve s.), que Clovis vainquit à Vouillé (507), intégrant le territoire au royaume franc. Royaume vassal de l'Empire carolingien, elle devint, à la fin du IXe s., un duché qui passa aux rois d'Angleterre quand Aliénor* d'Aquitaine épousa (1152) le futur Henri II d'Angleterre (1154). Nommée alors *Guyenne,* elle fut disputée par la France et l'Angleterre jusqu'en 1453, quand le roi de France Charles VII remporta la bataille de Castillon (dans le dép. actuel de la Gironde).

Aquitaine, Région admin. française et région de la C.E., formée des dép. de la Gironde, de la Dordogne, du Lot-et-Gar., des Landes et des Pyr.-Atl. ; 41 407 km^2 ; 2 858 293 hab. ; cap. *Bordeaux*.*
Géogr. phys. et hum. – Bordée au S. par les Pyrénées, limitée au N.-E. par les plateaux calcaires du Périgord, l'Aquitaine s'ouvre sur l'Atlantique. Aux étés méditerranéens succèdent des hivers à caractère océanique. Population et villes se concentrent dans les grandes vallées. L'installation d'Italiens, d'Espagnols et de rapatriés d'Algérie a partiellement compensé un exode important.
Écon. – L'agriculture garde pour fleuron le vignoble du Bordelais. La polyculture s'est orientée vers le maïs, les fruits et légumes, l'élevage de qualité. Les industries du bois traitent le pin des Landes (premier massif forestier d'Europe). Les ressources minérales (gaz de Lacq, notam.) sont en voie d'épuisement. Auj. se développent des activités de pointe : chimie, aérospatiale, biotechnologies. Le tourisme est florissant.

ara [aʀa] n. m. Grand perroquet d'Amérique du Sud remarquable par ses couleurs vives et sa longue queue.

arabe [aʀab] adj. et n. **1.** adj. D'Arabie; des peuples du pourtour méditerranéen, qui parlent l'arabe. *L'écriture arabe. L'art arabe.* – *Les pays arabes,* de civilisation arabe (par la langue, la religion). V. aussi islam. – Subst. Habitant, personne originaire d'un pays arabe. *Un(e) Arabe.* ▷ *Chiffres arabes* (par oppos. à *chiffres romains*) : chiffres de la numération usuelle (rapportés de l'Inde par les Arabes). ▷ *Cheval arabe :* cheval de petite taille, résistant et sobre, originaire de l'Arabie. **2.** n. m. Langue sémitique du groupe méridional. – *L'arabe littéral,* ou *classique :* langue du Coran et de la littérature médiévale. – *Arabe dialectal :* langue différente selon les régions (Maghreb, Proche-Orient). – *Arabe moderne :* langue de communication unique pour la presse, la radio, la télévision, la littérature, la diplomatie, depuis le XIXe s. – *Arabe choa :* parler arabe servant de langue véhiculaire au Tchad, au Nigeria, au Cameroun. – *Arabe hassaniya :* parler arabe de Mauritanie et du Niger.
ENCYCL Histoire de la langue arabe. – Ce que l'on appelle couramment l'arabe renvoie historiquement à des réalités linguistiques différentes. D'abord, l'arabe, langue sémitique originaire de l'Arabie centrale, atteint sa forme la plus élaborée dans le Coran (612-632 apr. J.-C.), et son destin est étroitement associé à l'essor de l'empire arabo-islamique. Pendant près de six siècles, des Pyrénées à l'Indonésie, l'arabe s'impose comme l'une des principales langues véhiculaires du monde. Son déclin suit la chute de Cordoue (1236) et de Bagdad (1258), et se confirme avec l'ascension progressive des Turcs sur l'ensemble de l'empire musulman au XVIe s. La langue arabe devient marginale dans les lieux de pouvoir, sauf au Maroc et dans la péninsule arabique. Cette situation et la présence de groupes ethniques non arabes contribuent à la formation de différents dialectes et à l'usage quotidien de langues minoritaires. L'écart entre langue parlée et langue écrite s'accentuera durant l'époque coloniale pour aboutir à des variétés dialectales de l'arabe standard. Ces variétés ont donné lieu à des littératures importantes, notam. au Moyen-Orient et en Égypte. Au XIXe s., un mouvement nationaliste issu d'Égypte et du Proche-Orient (Palestine, Liban, Syrie) favorise une nouvelle stabilisation institutionnelle de l'arabe en une langue commune dérivée de l'arabe classique. Cet arabe dit moderne, qui devient progressivement la langue de l'information (presse), du savoir (textes scientifiques et techniques) et de la communication officielle, indépendamment de l'enseignement où il prévaut, reste peu employé dans la communication orale, les médias, le théâtre, la chanson, le cinéma, où dominent les formes diverses d'arabe dialectal.
Structure de la langue arabe. – Le système phonologique de l'arabe moderne compte trois voyelles brèves (a, i, u), trois voyelles longues (ā, ī, ū), et vingt-cinq consonnes. La langue possède ses propres caractères d'écriture, qui se lisent de droite à gauche. Les consonnes constituent l'armature du mot. Les noms portent généralement des désinences qui indiquent leur fonction syntaxique. Le verbe, dont le radical est le plus souvent composé de trois consonnes, offre de riches possibilités de dérivation. Il se conjugue à l'accompli (pronom-sujet suffixé) et à l'inaccompli (pronom-sujet préfixé).

Arabe (Légion). V. Légion arabe.

arabe (Ligue), organisation constituée le 22 mars 1945, sur la base de la solidarité des pays arabes, par l'Égypte, la Syrie, le Liban, l'Irak, la

Transjordanie (auj. Jordanie), l'Arabie Saoudite et le Yémen, auxquels se sont joints la Libye (1953), le Soudan (1956), la Tunisie et le Maroc (1958), le Koweït (1961), l'Algérie (1962). Auj., outre les États préc., en font partie : Bahreïn, Oman, le Qatar, les Émirats arabes unis, la Mauritanie, la Somalie, l'O.L.P., Djibouti et les Comores. Les crises qui agitent le monde arabe, l'invasion du Koweït par l'Irak (1990) suivie par la guerre du Golfe (1991) sont autant de facteurs d'affaiblissement de l'organisation.

Arabes, peuple dont la langue est l'arabe. – Le lien linguistique unit fortement le peuple arabe (env. 185 millions d'individus), formé de populations anthropologiquement différentes, qui occupent une vaste zone, de l'Irak au Maroc, englobant quelques minorités musulmanes non arabophones telles que Kurdes et Berbères. V. arabe (Ligue). L'origine des Arabes reste obscure. À partir du XIIIe s. av. J.-C., ils furent mêlés à l'histoire des pays du Croissant fertile. Au IIe millénaire, des éléments restés nomades auraient effectué une importante migration vers l'intérieur de la péninsule Arabique, où, au cours des siècles, se formèrent deux royaumes : sabéen au sud, nabatéen au nord. Chaque groupe avait ses dieux et ses pierres sacrées (bétyles); cependant, bien avant Muhammad (Mahomet), émergeait la notion d'un dieu supérieur créateur : Allah. Muhammad commença la prédication de l'islam vers 610; il dut émigrer à Yathrib en 622 (début de l'ère hégirienne). La ville prit alors le nom de «ville du Prophète» (Madina el Nabi : Médine) et devint la capitale de l'État théocratique que Muhammad organisa en rassemblant les tribus, qui se rallièrent toutes après la prise de La Mecque en 630. Dès lors, l'unification de la péninsule Arabique était presque réalisée. Le calife Abu Bakr (632-634), successeur du Prophète, la compléta par les conquêtes de l'Oman, de Bahreïn, du Yémen et de l'Hadramaout; puis commença, hors d'Arabie, la conquête poursuivie par les califes Umar (634-644) et Uthman (644-656) et par la dynastie des Umayyades (Omeyyades). L'expansion, arrêtée devant Constantinople en 717, avait en quelques décennies porté les limites du monde musulman de l'Indus à l'Espagne, annexant tour à tour la Syrie, la Mésopotamie, la Perse, l'Égypte, l'Afrique du Nord, l'Espagne, l'Arménie, le Caucase, le Sind. Ce «miracle arabe» réalisa un brassage des civilisations et des cultures, véhicula vers l'Occident les connaissances scientifiques et techniques de l'Orient, donna un essor considérable aux échanges commerciaux et suscita la création de grandes villes nouvelles. Aux Umayyades succédèrent les Abbassides (750), qui transférèrent de Damas à Bagdad le siège du califat (762). C'est l'apogée de la civilisation d'expression arabe, synthèse de tous les apports culturels des peuples conquis. Mais, peu à peu, l'Empire arabe se désagrégea (relâchement des liens avec l'administration centrale de Bagdad et fondation de petits royaumes indépendants). Les pays arabes qui conservèrent en commun la langue et la religion entrèrent sous la domination politique des Turcs, Seldjoukides (XIe-XIVe s.) puis Ottomans jusqu'au XXe s. Le contact avec les pays européens engendra la Nahda (Renaissance) : réveil culturel, prise de conscience de l'unité du monde arabe. V. arabe (Ligue), ainsi que Mahomet, coran, islam.

arabesque [arabɛsk] n. f. **1.** Ornement formé de combinaisons capricieuses de fleurs, de fruits, de lignes, etc. **2.** Ligne sinueuse, irrégulière. **3.** CHOREGR Figure de danse classique dans laquelle le corps, incliné en avant, porte sur une seule jambe.

arabe unie (Rép.). V. République arabe unie et Égypte.

arabica [arabika] n. m. **1.** Caféier originaire d'Arabie, cultivé entre 500 et 2000 m dans les régions tropicales, donnant un café à l'arôme doux et fin. *L'arabica est le caféier le plus cultivé dans le monde.* (V. caféier.) **2.** Graine de ce caféier.

Arabie, péninsule, à l'extrémité S.-O. de l'Asie, située entre la mer Rouge, la mer d'Oman et le golfe Persique; 3000000 km^2; env. 23000000 d'hab. – Les conquêtes romaine (IIe s.) et perse (VIe s.) de certaines parties de la péninsule ne lui donnèrent pas l'unité de civilisation que lui apporta l'islam à partir du VIIe s. Auj. les États arabiques sont : l'Arabie Saoudite, le Yémen, Oman, le Qatar, le Koweït, Bahreïn, les Émirats arabes unis. Le pétrole constitue la grande ressource écon. de la péninsule, qui abrite par ailleurs les principaux lieux saints de l'islam.

Arabie du Sud (fédération de l'), formée par les Brit. de 1959 à 1963 à partir du territ. d'Aden et des sultanats voisins. Elle est devenue, en 1967, la rép. dém. et pop. du Yémen (Yémen du Sud), avant de faire partie de la rép. du Yémen (1990).

Arabie Saoudite ou **Arabie Séoudite,** royaume recouvrant les 2/3 de la péninsule d'Arabie; env. 2150000 km^2; 14 millions d'hab.; cap. *Riyad;* v. saintes : La Mecque, Médine. Nature de l'État : monarchie. Langue off. : arabe. Monnaie : riyal. Religion : islam (sunnite, petite minorité chiite).

Géogr. phys. et hum. – Le relief, plateau en pente douce vers le golfe Persique, domine la mer Rouge d'un bourrelet montagneux. Le désert est omniprésent, mais l'économie pétrolière a révolutionné le pays : auj. 75 % de la population est urbaine.

Écon. – Au cours de la décennie 80, l'Arabie Saoudite a tiré de ses ventes de pétrole (premier pays exportateur, plus du quart des réserves mondiales), et de gaz, des recettes considérables et elle a amplifié son développement : infrastructures, aménagements urbains, raffinage et pétrochimie (à Jubail et Yanbu), périmètres irrigués par forages (céréales, légumes, fourrage).

Hist. – Abd al-Aziz ibn Saoud groupa sous son autorité les rég. conquises sur les Turcs et donna son nom au pays (1932). Son fils, Sa'ûd, lui succéda (1953). En 1964, son frère Faysal, pro-américain et conservateur, prit le pouvoir. Assassiné en 1975, ce dernier fut remplacé par son demi-frère Khalid, puis, en 1982, par son demi-frère Fahd. L'Arabie Saoudite doit son importance dans le monde arabe au prestige que lui donne la garde des lieux saints de l'islam et aux subsides qu'elle distribue. En 1991, elle a fait partie de la coalition contre l'Irak (guerre du Golfe*). Depuis 1995, la maladie du roi Fahd a accentué la crise du pouvoir royal, alors que la poussée islamiste (notam. en 1996) et le désir de démocratisation se manifestent.

Arabi Pacha. V. Urabi Pacha.

arabique [arabik] adj. **1.** D'Arabie, qui vient d'Arabie. **2.** *Gomme arabique :* V. gomme.

arabique (Désert), désert montagneux qui, en Égypte, longe le golfe de Suez et le nord-est de la mer Rouge.

Arabique (Golfe). V. Persique.

arabisant, ante [arabizɑ̃, ɑ̃t] n. et adj. **1.** n. Spécialiste de la langue et de la civilisation arabes. ▷ (Afr. subsah., Maghreb) Personne qui a fait ses études dans des établissements où l'enseignement est donné en langue arabe. **2.** adj. Qui arabise. *Politique arabisante.*

arabisation [arabizasjɔ̃] n. f. Fait d'arabiser, de s'arabiser, et, spécial., de restituer le caractère culturel arabe, dans les pays naguère colonisés.

arabiser [arabize] v. tr. [1] **1.** Rendre arabe; faire adopter la langue, les mœurs des Arabes à (un peuple). **2.** Donner un caractère culturel, un contenu, une expression linguistique arabe à. *Arabiser l'enseignement, l'administration.* **3.** v. pron. Devenir arabe.

arabisme [arabism] n. m. **1.** Tournure propre à la langue arabe. **2.** Mouvement politique et culturel visant à l'épanouissement de la nation arabe. (V. panarabisme.)

arabité [arabite] n. f. **1.** Caractère de ce qui est arabe; appartenance au monde arabe. **2.** Revendication de l'identité culturelle arabe.

arable [arabl] adj. Qui peut être retourné par la charrue; cultivable. *Terre arable.*

arabo-africain, aine [araboafrikɛ̃, ɛn] adj. **1.** Relatif à la fois aux Arabes et aux Africains. *Coutumes arabo-africaines.* **2.** Relatif aux pays arabes d'Afrique.

arabo-berbère [aroboberbɛr] adj. Qui concerne à la fois les Arabes et les Berbères. *Les traditions arabo-berbères.*

arabo-islamique [araboislamik] adj. Qui concerne le monde arabe envisagé dans ses rapports à l'islam. *Des cultures arabo-islamiques.*

arabophone [arabofɔn] adj. et n. Qui parle l'arabe.

arabusta [arabysta] n. m. Variété de caféier alliant les qualités de l'arabica à celles du robusta.

arac [arak] n. m. V. arack.

aracées [arase] n. f. pl. BOT Famille de monocotylédones herbacées ou ligneuses, croissant principalement dans les régions tropicales (taro, arum, philodendron, etc.). – Sing. *Une aracée.*

arachide [araʃid] n. f. **1.** Plante annuelle originaire du Brésil (fam. papilionacées), cultivée dans les pays chauds pour son fruit, mûri sous terre. – (Afr. subsah.) *Paille d'arachide :* fanes d'arachides. **2.** (Afr. subsah., Nouv.-Cal., Québec) Fruit de cette plante; graine de ce fruit, qui fournit une huile alimentaire (huile d'arachide) ou est consommée entière après torréfaction. Syn. cacahuète, pistache de terre. (V. pistache.) – (Afr. subsah.) *Arachide de bouche :* variété de graine consommée entière. – *Arachide grillée :* graine torréfiée de l'arachide. – *Pâte* ou (Québec) *beurre d'arachide :* graines d'arachide torréfiées réduites en pâte. Syn. beurre de cacahuète. – *Sauce (d')arachide :* ragoût à la pâte d'arachide.

arachidier, ère [aʀaʃidje, ɛʀ] adj. Relatif à l'arachide et à sa culture. *Bassin arachidier. Campagne arachidière.*

arachnéen, enne [aʀakneɛ̃, ɛn] adj. Litt. Dont la légèreté ou la transparence rappelle la toile d'araignée. *Dentelle arachnéenne.*

arachnides [aʀaknid] n. m. pl. ZOOL Classe d'arthropodes (araignées, scorpions, acariens, etc.) possédant un céphalothorax*, quatre paires de pattes et une paire de chélicères. – Sing. *Un arachnide.*

arachnoïde [aʀaknɔid] n. f. ANAT Membrane intermédiaire entre la pie-mère et la dure-mère, les trois formant les méninges.

arack, arac ou **arak** [aʀak] n. m. Eau-de-vie dont la composition diffère selon les régions (à base de mélasse de canne, dans l'o. Indien et en Inde, de riz fermenté et saccharifié en Asie du S.-E., de raisin pressé et distillé, aromatisé d'anis au Proche-Orient (spécial. au Liban). Syn. (oc. Indien) rhum.

Arafat (Yasir ou Yasser) *(Yāsir 'Arafāt)* (Jérusalem, 1929), homme politique palestinien, chef du mouvement palestinien Fath (1968), président (depuis 1969) de l'Organisation* pour la libération de la Palestine (O.L.P.). Un des principaux protagonistes de l'accord israélo-palestinien (*accord d'Oslo*) en 1993, il est élu prés. du Conseil de l'autonomie palestinienne en 1996. V. Palestine. Prix Nobel de la paix 1994 (avec S. Peres et Y. Rabin).

Arago (François) (1786 – 1853), physicien et astronome français; ministre en 1848.

Aragon, communauté autonome du N.-O. de l'Espagne et région de la C.E., formée des prov. de Huesca, Teruel, Saragosse. 47 669 km^2; 1 201 340 hab.; cap. *Saragosse.* Le N. du pays est occupé par les Pyrénées (3 404 m au pic d'Aneto). Au centre s'étend la vallée de l'Èbre (agricole), que domine le N. de la chaîne Ibérique (fer, soufre, lignite). Le climat est continental. L'hydroél. est abondante. – Au XIe s., l'Aragon devint un petit royaume indép. qui, résistant aux Almohades, puis aux Almoravides, s'agrandit de la vallée de l'Èbre, de la Catalogne, de la rég. de Valence, des Baléares, du versant français des Pyrénées, de la Sicile (1282), de la Sardaigne (1325). Le mariage de Ferdinand d'Aragon avec Isabelle de Castille (1469) prépara la réunion des royaumes d'Aragon et de Castille.

Aragon (Louis) (1897 – 1982), écrivain français. D'abord surréaliste : *le Paysan de Paris* (1926), il adhéra au parti communiste (1927) et adopta un style réaliste. Romans : *Aurélien* (1945), *la Semaine sainte* (1958), *Blanche ou l'Oubli* (1967), etc. Poète (*le Crève-Cœur,* 1941), il a notam. célébré Elsa Triolet, sa compagne. Il dirigea *les Lettres françaises* de 1953 à 1972.

Ara'ich (Al-) *(Al-'Arā'ich)* ou **Arayich (Al-)** *(Al-'Arāyich).* V. Larache.

araignée [aʀeɲe] n. f. **1.** Arthropode (ordre des aranéides) qui tisse, au moyen de filières abdominales, des toiles, pièges à insectes. (Dans les contes de certaines régions forestières d'Afrique, l'araignée est un personnage masculin incarnant la fourberie et l'égoïsme, mais parfois on voit en elle un civilisateur.) ▷ Fig., fam. *Avoir une araignée au plafond :* être un peu fou. ▷ TECH *Pattes d'araignée :* rainures en forme de croix ménagées à la surface des coussinets d'arbre de moteurs pour favoriser le graissage des parties frottantes. **2.** Crochet métallique à plusieurs pointes aiguës. **3.** Appareil qui retient les détritus à la partie supérieure d'une descente d'eaux pluviales. **4.** ECON *Toile d'araignée :* ensemble des fluctuations des quantités et des prix autour de leur niveau d'équilibre concurrentiel. **5.** *Araignée de mer :* crabe (genre *Maia*) à la carapace épineuse, aux pattes longues et fines.

araire [aʀɛʀ] n. m. Charrue simple dépourvue d'avant-train.

arak [aʀak] n. m. V. arack.

Araks. V. Araxe.

Aral (mer ou lac d'), mer intérieure bordée par l'Ouzbékistan et le Kazakhstan, à l'E. de la mer Caspienne, alimentée par le Syr-Daria et l'Amou-Daria. Sa superficie (35 000 km^2, autref. 64 000 km^2) diminue et sa salinité augmente à cause des alluvions et surtout des ponctions dues à l'irrigation.

araméen, enne [aʀameɛ̃, ɛn] adj. Relatif aux Araméens. ▷ n. m. *L'araméen :* la langue sémitique parlée au Proche-Orient de l'Antiquité à la conquête arabe.

Araméens, anc. tribus sémitiques (issues, selon la légende, d'Aram, fils de Sem) nomades de la Mésopotamie du Nord, qui, au XIIe s. av. J.-C., formèrent en Syrie et au Liban de petits États, ennemis des Hébreux. Les Araméens furent asservis par l'Assyrie au VIIIe s. av. J.-C. Leur dissémination assura la diffusion de leur langue, qui fut celle des Palestiniens au temps du Christ et resta celle du commerce au Proche-Orient (jusqu'à la conquête arabe).

aranéides [aʀaneid] n. m. pl. ZOOL Ordre d'arachnides comprenant toutes les araignées. – Sing. *Un aranéide.*

Aranjuez, v. d'Espagne (prov. de Madrid), sur le Tage; 35 620 hab. – Palais royal bâti sous Philippe II (1561).

Arany (János) (1817 – 1882), poète épique hongrois : trilogie de *Toldi* (1847, 1854, 1879).

Ararat (mont), volcan éteint d'Arménie, le plus haut sommet de la Turquie orientale (5 165 m); l'arche de Noé s'y serait immobilisée.

arasement [aʀazmɑ̃] n. m. Action d'araser; son résultat.

araser [aʀaze] v. tr. [1] **1.** CONSTR Mettre de niveau un mur, un terrain. **2.** TECH Mettre une pièce d'assemblage à ses dimensions en enlevant au ras du tracé le bois superflu. *Araser un tenon.* **3.** GEOL Aplanir (un relief) par usure.

aratoire [aʀatwaʀ] adj. Qui concerne le labourage, l'agriculture. *Instruments aratoires.*

Araucanie, anc. nom du S. du Chili.

Araucans, Amérindiens du Chili auj. regroupés dans des réserves. Ils ne furent soumis qu'au XIXe s.

araucaria [aʀokaʀja] n. m. BOT Conifère subtropical cultivé pour ses qualités ornementales.

Arawaks, Amérindiens princ. établis dans le delta de l'Orénoque et le bassin de l'Amazone. Sur cette aire immense, on compte peu de représentants, mais une multitude de tribus, dotées d'une langue commune. Des Arawaks occupaient les Antilles avant la venue de Christophe Colomb, mais les Caraïbes* les avaient repoussés dans l'intérieur. Comme ceux-ci, ils furent décimés par la colonisation (travail forcé, guerres, maladies), mais la langue arawak n'a pas disparu des Antilles.

Araxe ou **Araks,** riv. d'Asie (994 km), affl. de la Koura (r. dr.) en Azerbaïdjan; elle sépare la Turquie, puis l'Iran, de la Géorgie.

arbalète [aʀbalɛt] n. f. Arc puissant d'acier (Europe) ou de bois (Afr. subsah., Chine) monté sur un fût, se bandant à la main ou mécaniquement et tirant des balles ou des flèches (carreaux). *Autrefois arme de guerre, l'arbalète est restée une arme de chasse ou de tir.*

arbalétrier [aʀbaletʀije] n. m. **1.** Anc. Soldat armé de l'arbalète. **2.** CONSTR Chacune des deux poutres inclinées suivant la ligne de la plus grande pente d'un toit et soutenant les pannes et la couverture.

Arbèles ou **Arbelles** (auj. *Erbil,* Irak), v. d'Assyrie; Alexandre y vainquit le Perse Darios III (331 av. J.-C.).

Arbil. V. Erbil.

arbitrage [aʀbitʀaʒ] n. m. **1.** Règlement d'un différend par un arbitre. *Soumettre un litige à l'arbitrage d'un tiers.* **2.** FIN Opération boursière de vente et d'achat simultanés, qui permet de réaliser un profit fondé sur la différence des cotes d'une même valeur sur des marchés différents, ou de valeurs différentes mais comparables, sur un même marché. **3.** SPORT Action d'arbitrer; façon d'arbitrer. *Un arbitrage contesté.*

arbitraire [aʀbitʀɛʀ] adj. **1.** Qui est laissé à la libre volonté de chacun, qui ne relève d'aucune règle. *Choix arbitraire.* **2.** Qui dépend uniquement de la volonté, du caprice d'un homme; despotique. *Pouvoir arbitraire.* ▷ n. m. Autorité que ne borne aucune règle. *L'arbitraire royal.*

arbitrairement [aʀbitʀɛʀmɑ̃] adv. D'une façon arbitraire.

arbitral, ale, aux [aʀbitʀal, o] adj. DR Rendu par un (des) arbitre(s). *Jugement arbitral.* ▷ Composé d'arbitres. *Tribunal arbitral.*

1. arbitre [aʀbitʀ] n. m. **1.** Personne choisie d'un commun accord par les parties intéressées pour régler le différend qui les oppose. *Prendre pour arbitre...* ▷ DR *Tiers arbitre :* arbitre désigné en cas de désaccord entre les deux premiers. ▷ *Être l'arbitre des élégances :* avoir le goût particulièrement sûr en matière d'habillement, de mode. **2.** Maître souverain. *Vous êtes l'arbitre de mon sort.* **3.** SPORT Personne qui veille à la régularité d'une compétition sportive. *Arbitre d'un match de football, de tennis.*

2. arbitre [aʀbitʀ] n. m. Vx Volonté. ▷ Mod. *Libre* arbitre.*

arbitrer [aʀbitʀe] v. tr. [1] **1.** Régler en qualité d'arbitre. *Arbitrer un conflit du travail. Arbitrer un combat de boxe.* **2.** FIN *Arbitrer des valeurs,* procéder à leur arbitrage en Bourse.

arboré, ée [aʀbɔʀe] adj. **1.** Parsemé d'arbres. *Savanes arborées.* **2.** (Belgique) Qui est planté d'arbres fruitiers ou ornementaux.

arborer [aʀbɔʀe] v. tr. [1] **1.** *Arborer un drapeau (un pavillon, un étendard,* etc.), le hisser, le faire voir. **2.** Porter sur soi de manière ostentatoire, faire étalage de. *Arborer une décoration, une toilette. Arborer un large sourire.*

arborescence [aʀbɔʀesɑ̃s] n. f. État de ce qui est arborescent. ▷ MATH Arbre dont un des sommets est relié à tous les autres par un seul chemin. ▷ INFORM Structure (de données, de programmes, etc.) en forme d'arbre.

arborescent, ente [aʀbɔʀesɑ̃, ɑ̃t] adj. Dont la forme ou le port rappelle un arbre. *Fougères arborescentes. Structure arborescente.*

arboretum [aʀbɔʀetɔm] n. m. Parc botanique planté de nombreuses espèces d'arbres.

arboricole [aʀbɔʀikɔl] adj. **1.** Qui vit dans les arbres. *Le colobe, singe arboricole.* **2.** Qui a trait à l'arboriculture. *Travaux arboricoles.*

arboriculteur, trice [aʀbɔʀikyltœʀ, tʀis] n. Spécialiste de la culture des arbres.

arboriculture [aʀbɔʀikyltyʀ] n. f. Culture des arbres. *Arboriculture fruitière.*

arborisé, ée [aʀbɔʀize] pp. adj. (Suisse) Planté d'arbres, arboré. *Un terrain, un jardin arborisé.*

arbouse [aʀbuz] n. f. Fruit de l'arbousier.

arbousier [aʀbuzje] n. m. Arbre ou arbuste toujours vert, dont il existe plusieurs espèces, aux fruits rouges (arbouses), comestibles et aigrelets, ayant la forme d'une fraise.

arbovirose [aʀboviʀoz] n. f. MED Maladie infectieuse causée par un arbovirus (fièvre jaune, dengue, fièvres hémorragiques, etc.).

arbovirus [aʀboviʀys] n. m. BIOL Virus transmis aux vertébrés par des arthropodes.

arbre [aʀbʀ] n. m. **1.** Végétal ligneux de grande taille (6 ou 7 m au minimum), dont la tige (*tronc*), simple à la base, ne se ramifie qu'à partir d'une certaine hauteur. – *Arbre à feuillage persistant,* portant des feuilles tout au long de l'année. – *Arbre à feuilles caduques,* dont toutes les feuilles tombent une fois par an. ▷ *Arbre à beurre :* karité. – (Nouv.-Cal., oc. Indien) *Arbre à caoutchouc :* ficus au latex abondant (*Ficus elastica,* fam. moracées) dont on tire un caoutchouc, dit de l'Inde, et un masticatoire apprécié au Viêt-nam. – (Afr. subsah.) *Arbre à éventail :* ravenala. – (Viêt-nam) *Arbre à durian :* V. durian. – (Afr. subsah., Antilles fr., Nouv.-Cal., oc. Indien) *Arbre à pain :* artocarpus. Syn. (Pacifique, Polynésie fr.) uru. – (Viêt-nam) *Arbre à laque :* laquier. – *Arbre à soie :* arbuste des savanes (fam. asclépiadacées), dont le fruit contient une bourre soyeuse. – *Arbre à éventail* ou (Afr. subsah., Madag., Nouv.-Cal.) *arbre du voyageur :* ravenala. – (Haïti) *Arbre véritable :* variété d'artocarpus donnant de gros fruits ronds, sans graines. ▷ (Afr. subsah.) *Arbre à palabres :* grand arbre qui sert de lieu de réunion dans un village. ▷ *Arbre de Noël :* sapin garni de jouets et de bougies, au moment de Noël. ▷ (Prov.) *Entre l'arbre et l'écorce* il ne faut point mettre le doigt.* **2.** TECH Axe entraîné par un moteur et transmettant le mouvement de rotation à un organe, à une machine. *Arbre de transmission.* **3.** *Arbre généalogique :* figure en forme d'arbre dont les rameaux partant d'une souche commune représentent la filiation des membres d'une famille. **4.** MATH Graphe orienté, sans cycle et convexe.

Arbre de Jessé, arbre généalogique de Jésus-Christ.

arbre-fétiche [aʀbʀəfetiʃ] n. m. (Afr. subsah.) Arbre sacré au pied duquel se déroulent certains rites des cultes traditionnels. *Des arbres-fétiches.*

arbre-parapluie [aʀbʀəpaʀaplɥi] n. m. (Afr. subsah.) Grand arbre (fam. combrétacées) aux frondaisons en forme de parapluie. *Des arbres-parapluies.*

arbrisseau [aʀbʀiso] n. m. Petit arbre (moins de 6 ou 7 m) au tronc ramifié dès la base (V. arbuste).

arbuste [aʀbyst] n. m. Arbre ou arbrisseau de très petite taille (moins de 2,5 à 3 m). *Le caféier, le cacaoyer, le jujubier sont des arbustes.* (N.B. *Arbuste* et *arbrisseau* sont employés l'un pour l'autre dans la langue usuelle.)

arbustif, ive [aʀbystif, iv] adj. Didac. Qui se rapporte aux arbustes. *Savane arbustive,* constituée d'arbustes.

arc [aʀk] n. m. **1.** Arme constituée d'une pièce longue et mince en matière élastique, courbée par une corde assujettie à ses deux extrémités et servant à lancer des flèches. *Bander un arc avant de décocher une flèche. Le tir à l'arc, sport olympique.* ▷ Loc. fig. *Avoir plusieurs cordes à son arc :* disposer de plusieurs moyens pour parvenir à un but; avoir des talents variés. **2.** Objet naturel ou façonné dont l'aspect évoque cette arme. ▷ ANAT Forme courbe que présentent certains organes, certains tissus. *Arc pleural.* ▷ ARCHI Courbure que présente une voûte. *Arc brisé,* en ogive. *Arc en plein cintre,* dont la courbure est parfaitement semi-circulaire. – *Arc de triomphe :* portique monumental consacrant le souvenir d'un personnage ou d'un événement glorieux. ▷ MUS *Arc sonore* ou *musical :* instrument de musique traditionnel africain composé d'un arc et d'une corde que l'on fait vibrer devant la bouche. ▷ PHYS *Arc électrique :* étincelle jaillissant entre deux électrodes électrisées. *Lampe à arc.* **3.** GEOM Portion de courbe. *La corde d'un arc est la droite qui joint ses deux extrémités.* ▷ ASTRO *Arc diurne* (ou *nocturne*) : portion de cercle qu'un astre parcourt au-dessus (ou au-dessous) de l'horizon. ▷ MAR *Arc de grand cercle :* orthodromie.

Arc (Jeanne d'). V. Jeanne d'Arc.

arcade [aʀkad] n. f. **1.** ARCHI Ouverture en forme d'arc dans sa partie supérieure. *Percer une arcade dans un mur.* ▷ Par anal. *Des arcades de verdure.* **2.** (Suisse) Local commercial. *À louer, arcade divisible.* – (Québec) Établissement commercial où l'on peut jouer à des jeux électroniques. **3.** ANAT Partie du corps en forme d'arc. *Arcade sourcilière. Arcade dentaire.*

Arcadie, contrée montagneuse de l'anc. Grèce, dans le Péloponnèse, célèbre pour le bonheur paisible qui y régnait. – Auj. *nome d'Arcadie :* 4419 km^2; 103800 hab.; ch.-l. *Tripolis.*

Arcand (Denys) (né en 1941), cinéaste québécois : *la Maudite Galette* (1972), *Réjeanne Padovani* (1973), *le Déclin de l'Empire américain* (1986), *Jésus de Montréal* (1989).

arcane [aʀkan] n. m. **1.** Opération mystérieuse des alchimistes. **2.** (Plur.) Secret, mystère. *Les arcanes de l'histoire, de la politique.*

arc-boutant [aʀkbutɑ̃] n. m. ARCHI Maçonnerie en forme d'arc qui sert de soutien extérieur à un mur ou à une voûte. *Des arcs-boutants.*

arc-bouter [aʀkbute] v. [1] **1.** v. tr. Soutenir, consolider au moyen d'un arc-boutant. *Arc-bouter une voûte.* **2.** v. pron. S'appuyer solidement (sur qqch, par ex. sur le sol) pour exercer un effort. *Les pêcheurs s'arc-boutèrent pour tirer le filet.*

arc de triomphe de l'Étoile, monument de Paris érigé (1806-1836) au centre de la place Charles-de-Gaulle (anc. place de l'Étoile) et dans l'axe des Champs-Élysées. Depuis 1920, il abrite la tombe du Soldat inconnu de la guerre 1914-1918.

arceau [aʀso] n. m. **1.** ARCHI Courbure d'une voûte. – *Par ext.* Toute ouverture en arc. **2.** Objet en forme d'arc. *Les arceaux d'un panier :* brins recourbés qui en forment la carcasse. ▷ MED Arc métallique servant à maintenir le drap à distance d'une partie du corps.

arc-en-ciel [aʀkɑ̃sjɛl] n. m. Arc lumineux qui se forme dans le ciel par réfraction dans des gouttes de pluie. *Les sept couleurs de l'arc-en-ciel sont le violet, l'indigo, le bleu, le vert, le jaune, l'orangé, le rouge, en allant de l'intérieur vers l'extérieur. Des arcs-en-ciel.*

archaïque [aʀkaik] adj. **1.** Ancien. *Expressions archaïques,* qui ne sont plus en usage. ▷ Suranné, démodé. *Des goûts archaïques.* Ant. moderne. **2.** BX-A Antérieur à l'âge classique. *Statues archaïques des îles grecques.* **3.** ETHNOL *Sociétés archaïques,* à base économique non industrielle. Syn. primitif.

archaïsant, ante [aʀkaizɑ̃, ɑ̃t] adj. Qui fait usage d'archaïsmes. *Auteur archaïsant.*

archaïsme [aʀkaism] n. m. **1.** Mot, expression sortis de l'usage contemporain. Ant. néologisme. **2.** Caractère archaïque. ▷ Imitation des auteurs ou des artistes anciens.

archange [aʀkɑ̃ʒ] n. m. Ange qui occupe une place prééminente dans la hiérarchie angélique. *Les archanges Gabriel, Michel et Raphaël.*

1. arche [aʀʃ] n. f. ARCHI Voûte en arc soutenant le tablier d'un pont.

2. arche [aʀʃ] n. f. HIST, RELIG **1.** *Arche de Noé :* selon la Bible, vaisseau construit par Noé sur l'ordre de Yahvé pour sauver du Déluge sa famille, sept couples d'animaux purs et un couple d'animaux impurs. (V. Ararat [mont].) **2.** *Arche d'alliance, arche sainte :* coffre de bois imputrescible dans lequel les Hébreux conservaient les Tables de la Loi.

3. arche [aʀʃ] n. f. ZOOL Mollusque lamellibranche à coquille épaisse et côtelée, vivant sur les rochers, les pierrailles ou les amas coquilliers des fonds sous-marins, notam. en Afrique.

archéen, enne [aʀkeɛ̃, ɛn] adj. et n. m. GEOL Antérieur au cambrien. (Dépourvu de fossiles, l'archéen comprend les plus anciennes roches connues, vieilles de 4,5 milliards d'années.) – n. m. *L'archéen.*

archégone [aʀkegɔn] n. m. BOT Organe produisant un gamète femelle, l'oosphère, chez les bryophytes et les cryptogames vasculaires.

archéo-. Préfixe, du gr. *arkhaio-,* de l'adj. *arkhaios,* «ancien».

archéologie [aʀkeɔlɔʒi] n. f. Science qui étudie les vestiges matériels des civilisations du passé pour en reconstituer l'environnement, les techniques, l'économie et la société.

archéologique [aʀkeɔlɔʒik] adj. Qui a rapport à l'archéologie.

archéologue [aʀkeɔlɔg] n. Spécialiste d'archéologie.

archéoptéryx [aʀkeɔpteʀiks] n. m. PALEONT Petit oiseau fossile du jurassique présentant certains caractères des reptiles, qui est le plus ancien genre d'oiseau connu.

archer [aʀʃe] n. m. **1.** HIST Soldat armé d'un arc. **2.** Mod. Tireur à l'arc. **3.** ICHTYOL *Archer(-)cracheur :* poisson perciforme des eaux douces et saumâtres de l'Asie du S.-E. projetant avec sa bouche des gouttes d'eau qui frappent les insectes et les font tomber à l'eau.

archet [aʀʃɛ] n. m. **1.** Baguette flexible, tendue de crins, qui sert à mettre en vibration les cordes de certains instruments de musique (violon, violoncelle, instruments africains divers, etc.). – *Avoir un bon coup d'archet :* jouer avec une grande dextérité. **2.** TECH Arc dont on se sert dans certains métiers pour imprimer à une pièce, à l'axe d'un tour, un mouvement de rotation. **3.** ZOOL Appareil sonore des sauterelles.

archétypal, e, aux [aʀketipal, o] adj. Didac. Relatif aux archétypes.

archétype [aʀketip] n. m. **1.** Didac. Type primitif ou idéal; modèle sur lequel on fait un ouvrage. ▷ En philol., manuscrit d'où dérivent d'autres textes. **2.** PHILO Selon Platon, modèle idéal, intelligible et éternel de toute chose sensible, laquelle n'en est que le reflet. **3.** PSYCHAN Chez Jung, chacun des grands thèmes de l'inconscient collectif.

archevêché [aʀʃəveʃe] n. m. **1.** Archidiocèse. **2.** Ville où réside un archevêque; sa demeure.

archevêque [aʀʃəvɛk] n. m. Prélat placé à la tête d'une circonscription ecclésiastique comprenant plusieurs diocèses.

archi-. Élément, du grec *arkhi,* servant à former librement des superlatifs familiers : *archimillionnaire, archiconnu, archifacile,* etc.

archidiacre [aʀʃidjakʀ] n. m. RELIG CATHOL Dignitaire ecclésiastique ayant pouvoir de visiter les curés d'un diocèse.

archidiocèse [aʀʃidjɔsɛz] n. m. Circonscription ecclésiastique placée sous la responsabilité d'un archevêque.

archiduc, archiduchesse [aʀʃidyk, aʀʃidyʃɛs] n. Titre porté par les princes et princesses de la maison impériale d'Autriche.

-archie, -arque. Éléments, du gr. *arkhein,* «commander».

archiépiscopal, ale, aux [aʀʃiepiskɔpal, o] adj. Qui appartient à l'archevêque; relatif à sa fonction.

Archimède (287 – 212 av. J.-C.), le plus célèbre savant de l'Antiquité. Il inventa le levier («Donnez-moi un point d'appui et je soulèverai le monde»), la vis sans fin *(vis d'Archimède),* les roues dentées; grâce à ses machines, il tint trois ans en échec les Romains qui assiégeaient sa ville. Il détermina (dans son bain, dit-on, d'où il s'élança dans la rue en criant *Eurêka! :* «J'ai trouvé!») la poussée qu'un fluide environnant imprime à un solide *(principe d'Archimède).*

Archinard (Louis) (1850 – 1932), général français. En 1891, il assura la domination française sur le Soudan (république du Mali actuelle).

archipel [aʀʃipɛl] n. m. **1.** Groupe d'îles. *L'archipel des Petites Antilles.* **2.** *L'Archipel :* dénomination courante du territoire de la république du Vanuatu.

Archipenko (Alexander) (1887 – 1964), sculpteur américain d'orig. ukrainienne; cubiste.

archiprêtre [aʀʃipʀɛtʀ] n. m. Titre honorifique, conférant au curé qui en est investi une certaine prééminence.

architecte [aʀʃitɛkt] n. m. **1.** Personne possédant les diplômes et qualités requis pour dresser les plans d'un édifice, pour établir le devis de sa construction et pour en diriger les travaux. **2.** Personne qui conçoit et réalise qqch. *Être l'architecte de la réforme de l'enseignement.* ▷ Fig. *L'Architecte de l'Univers, le Grand Architecte :* Dieu.

architectonique [aʀʃitɛktɔnik] adj. Qui a rapport aux procédés techniques de l'architecture. ▷ n. f. Ensemble des règles de la construction.

architectural, ale, aux [aʀʃitɛktyʀal, o] adj. Qui se rapporte à l'architecture. *Décoration architecturale.*

architecture [aʀʃitɛktyʀ] n. f. **1.** Art de construire des édifices selon des proportions et des règles déterminées par leur caractère et leur destination. *Architecture religieuse, civile et militaire* (ouvrages de défense). *Architecture industrielle :* art de la construction des usines, des matériels industriels complexes, etc. *Architecture navale :* art de construire les vaisseaux. **2.** Ordonnance, style d'un bâtiment. *Architecture baroque.* **3.** Fig. Structure, principe d'organisation (d'une œuvre, d'un ensemble de formes). *L'architecture du visage.*

architecturer [aʀʃitɛktyʀe] v. tr. [1] Donner une structure, une ordonnance régulière à. *Il a architecturé son discours.*

architrave [aʀʃitʀav] n. f. ARCHI Partie inférieure de l'entablement reposant directement sur les chapiteaux des colonnes.

archivage [aʀʃivaʒ] n. m. Action d'archiver (un document).

archiver [aʀʃive] v. tr. [1] Classer dans les archives (une pièce, un écrit, un document). *Archiver des manuscrits.*

archives [aʀʃiv] n. f. pl. **1.** Documents anciens concernant une famille, un groupe de personnes, une société, un lieu, un édifice, un État. **2.** Fondation, lieu qui conserve ces documents. *Les Archives nationales.*

archiviste [aʀʃivist] n. Personne qui est chargée de la conservation des archives. ▷ *Archiviste-paléographe :* V. paléographe.

archivolte [aʀʃivɔlt] n. f. Bandeau mouluré qui orne le cintre d'un arc.

archonte [aʀkɔ̃t] n. m. ANTIQ GR Magistrat principal des cités grecques, notam. d'Athènes, chargé de gouverner.

Arcimboldo (Giuseppe) (v. 1527 – 1593), peintre italien; dans ses portraits, le personnage se dégage d'un assemblage de livres *(le Bibliothécaire),* de végétaux *(l'Été),* etc.

Arcole, bourg d'Italie (prov. de Vérone), sur l'Alpone; 4430 hab. – Bonaparte enleva le pont aux Autrichiens le 15 nov. 1796.

arçon [aʀsɔ̃] n. m. **1.** Pièce arquée constituant l'armature d'une selle. **2.** SPORT *Cheval* d'arçons* ou *cheval-arçons.*

arctique [aʀ(k)tik] adj. Qui est situé, sur le globe terrestre, dans les régions polaires du Nord. *Pôle arctique. Cercle polaire arctique.* Syn. boréal. Ant. antarctique, austral.

Arctique ou **Glacial Arctique** (océan), ensemble des mers limitées par les côtes septent. de l'Asie, de l'Europe, de l'Amérique, et par le cercle polaire arctique (66° 33′ de latit. N.), recouvertes en grande partie par la banquise.

Arctique, vaste région, à l'intérieur du cercle polaire (66° 33′ de latit. N.), formée par les franges septent. de l'Amérique, de l'Europe et de l'Asie (N. de l'Alaska et du Canada, îles du N. du Canada, N. du Groenland et de la Norvège, Spitzberg, N. de la Sibérie, archipels François-Joseph, de la Nouvelle-Zemble, de la Terre du Nord, de la Nouvelle-Sibérie). – Le climat est froid (–28 °C en hiver au Groenland), les vents violents, la végétation (bouleaux, lichens) et la faune pauvres. Les groupes humains (Lapons, Samoyèdes, Esquimaux) se sédentarisent. L'importance stratégique (communications par air) et écon. (ressources minières considérables) des rég. arctiques est grande. – Certaines terres (Barents, Davis, Hudson) furent explorées au XVIe s. En 1728, Béring découvrit le détroit qui porte son nom; Amundsen le franchit en 1906. L'Américain Peary atteignit en 1909 le pôle Nord.
► V. carte p. 1375.

arcure [aʀkyʀ] n. f. ARBOR Courbure des rameaux ou des branches qui provoque des accumulations de sève et favorise la fructification.

-ard, -arde. Suffixe d'adj. et de noms, à valeur péjor. ou vulgaire (ex. *vantard*), ou à valeur neutre (ex. *campagnard*).

Ardèche, riv. de France (120 km), affl. du Rhône (r. dr.). – Dép. : 5523 km^2; 277581 hab.; ch.-l. *Privas* (10490 hab.). V. Rhône-Alpes (Rég.).

ardéiformes [aʀdeifɔʀm] n. m. pl. ORNITH Syn. de *ciconiiformes.* – Sing. *Un ardéiforme.*

ardemment [aʀdamɑ̃] adv. Avec ardeur. *Aimer, désirer ardemment.*

ardennais, aise [aʀdənɛ, ɛz] adj. Des Ardennes ou de l'Ardenne. *Les forêts ardennaises. Cheval de race ardennaise.* ▷ Subst. Habitant, personne originaire des Ardennes ou de l'Ardenne. *Un(e) Ardennais(e).*

Ardenne (l') ou **Ardennes** (les), région naturelle (dont le nom celte signifie «les chênes») qui couvre le S.-E. de la Belgique, la moitié N. du Luxembourg et le N. du département français des Ardennes. Le massif hercynien du primaire (grès et schistes) a été raboté par l'érosion, et les rivières (Meuse et affluents de la Moselle) y ont incrusté leurs méandres. Le sommet le plus élevé est le signal de Botrange (694 m), point culminant de la Belgique. Le plateau est couvert de bois et de tourbières (fagnes). Le climat est rude. L'économie du pays est surtout pastorale et forestière. Au Moyen Âge, de nombreuses abbayes furent fondées en Ardenne. Le XVIe s. vit la création de villes fortifiées, notam. Sedan (France), Dinant, Rocroi (Belgique). Formant une ceinture autour du massif ardennais, refuge de pillards, elles étaient destinées à protéger les régions environnantes. Au XIXe s., la révolution industrielle a doté plusieurs villes (dans la vallée de la Meuse, notam.) d'usines métallurgiques. Auj., le tourisme constitue une ressource import. à côté de l'élevage et de l'exploitation forestière.– En mai 1940, les blindés de von Kleist y percèrent le front français. En déc. 1944, une contre-offensive allemande y fut stoppée par les Américains (notam. à Bastogne).

Ardennes, dép. franç. : 5229 km^2; 296357 hab.; ch.-l. *Charleville-Mézières* (59439 hab.). V. Champagne-Ardenne (Rég.).

ardent, ente [aʀdɑ̃, ɑ̃t] adj. **1.** Qui est en feu, qui brûle. *Une fournaise ardente.* ▷ *Chapelle ardente :* pièce éclairée par des cierges, où l'on expose le corps d'un défunt. **2.** Dont la chaleur est très vive. *Un soleil ardent.* **3.** Qui cause une sensation de brûlure. *Une soif ardente.* **4.** Fig. Plein d'ardeur, fougueux. *Un garçon ardent.* Ant. froid, indolent. **5.** Fig. Vif, violent (sentiments). *Un amour ardent.*

ardeur [aʀdœʀ] n. f. **1.** Chaleur vive. *Les ardeurs de la canicule.* **2.** Fig. Vivacité, entrain. *Travailler avec ardeur.* Ant. indolence, inertie.

ardillon [aʀdijɔ̃] n. m. Pointe de métal servant à arrêter dans la boucle la courroie qu'on y passe.

ardine [aʀdin] ou **aghdine** [axdin] n. m. (Maghreb) En Mauritanie princ., instrument de musique composé d'une demi-calebasse tendue de peau, qui sert de caisse de résonance, et d'un manche d'où partent quatorze cordes.

ardoise [aʀdwaz] n. f. **1.** Schiste à grain fin, habituellement gris foncé, qui se clive en minces plaques régulières utilisées pour les toitures. **2.** Tablette (autref. d'ardoise, auj. le plus souvent de carton ou de matière plastique) sur laquelle on écrit ou dessine. *Une ardoise d'écolier. Un crayon d'ardoise.* ▷ Fam. Total des sommes dues pour des marchandises achetées à crédit. *Il a une ardoise dans tous les bistrots du quartier.*

ardoisier [aʀdwazje] n. m. (Belgique) Couvreur. *L'ardoisier a réparé la toiture.*

ardoisière [aʀdwazjɛʀ] n. f. Carrière d'ardoise.

ardu, ue [aʀdy] adj. Difficile à résoudre, à mener à bien. *Questions ardues. Entreprise ardue.* Ant. aisé, facile.

are [aʀ] n. m. Unité de surface pour les mesures de terrains, valant 100 m^2 (symbole a).

arec [aʀɛk] n. m. BOT **1.** Syn. de *aréquier.* **2.** *Arec* ou *noix d'arec :* fruit de l'aréquier dont l'amande broyée sert à la fabrication du bétel.

aréique [aʀeik] adj. GEOGR Se dit d'une région privée d'écoulement régulier des eaux (ex. : les dunes du Sahara).

areligieux, euse [aʀəliʒjø, øz] adj. Qui n'a pas de religion.

aréna [aʀenɑ] n. m. (Québec) Vaste édifice à gradins occupé au centre par une patinoire, princ. destiné à la pratique du hockey sur glace.

Arendt (Hannah) (1906 – 1975), philosophe américaine d'origine allemande : *les Origines du totalitarisme* (1951).

arène [aʀɛn] n. f. **1.** ANTIQ ROM Partie sablée d'un amphithéâtre où avaient lieu les combats de gladiateurs. ▷ (Afr. subsah.) *Arène* ou *arènes :* enceinte où se déroulent les rencontres de lutte. – (Québec) Ring. *Arène de lutte, arène de boxe.* ▷ Fig. *Entrer, descendre* ou (Québec) *monter, sauter dans l'arène :* s'engager dans un combat (politique, idéologique, notam.). **2.** (Plur.) Amphithéâtre romain. *Les arènes de Lutèce.* ▷ Amphithéâtre où se déroulent des courses de taureaux. **3.** GEOL Sable grossier dû à la décomposition de roches cristallines.

arénicole [aʀenikɔl] adj. et n. f. ZOOL **1.** adj. Qui vit dans le sable. Syn. ammophile. **2.** n. f. Annélide polychète (genre *Arenicola*) vivant dans le sable des plages de l'Atlantique Nord.

aréolaire [aʀeɔlɛʀ] adj. **1.** ANAT De l'aréole du sein. **2.** GEOMORPH *Érosion aréolaire* (par oppos. à *érosion linéaire* ou *verticale*), qui s'exerce en surface, en aplanissant les reliefs.

aréole [aʀeɔl] n. f. **1.** ANAT Cercle pigmenté qui entoure le mamelon du sein. **2.** MED Zone rougeâtre qui entoure les points enflammés de vaccine, les piqûres d'insectes, etc.

aréomètre [aʀeɔmɛtʀ] n. m. PHYS Instrument qui permet de déterminer, par simple lecture, la densité d'un liquide par rapport à l'eau.

aréopage [aʀeɔpaʒ] n. m. **1.** ANTIQ GR *L'Aréopage :* le tribunal athénien qui siégeait sur la colline consacrée au dieu Arès et qui était chargé de réprimer l'impiété, de punir les vols et les crimes. **2.** *Par ext.* Assemblée de savants, de personnes compétentes.

aréquier [aʀekje] n. m. BOT Palmier originaire de l'Asie du S.-E. (*Areca catechu*), cultivé également aux Antilles pour son fruit (l'arec) et pour son bourgeon (le chou-palmiste). Syn. arec.

Arès, dieu grec de la Guerre, fils de Zeus et de Héra (Mars pour les Romains).

arête [aʀɛt] n. f. **1.** Os long et mince propre aux poissons. Syn. (Liban) aiguille de poisson. **2.** Fig. Ligne formée par la rencontre de deux plans. *L'arête du nez.* ▷ GEOGR Ligne qui sépare les deux versants d'une chaîne de montagnes. ▷ ARCHI Angle saillant que forment deux plans. *Arête d'un toit.* – *Voûte d'arête,* formée par l'intersection de deux voûtes en plein cintre. ▷ GEOM Ligne d'intersection de deux plans, de deux surfaces. *Les six arêtes du cube.*

Arétin (Pietro Aretino, dit l') (1492 – 1556), auteur italien de poèmes satiriques, de comédies, de pamphlets et des *Ragionamenti* (1534), roman de mœurs licencieux et humoristique.

Arezzo, ville d'Italie (Toscane), sur l'Arno; 91540 hab.; ch.-l. de la prov. du m. nom. – Égl. San Francesco (fresques célèbres de Piero della Francesca); maison de Pétrarque.

argamasse [aʀgamas] n. f. Plate-forme en terrasse au sommet d'un édifice. *Faire sécher les graines de café sur des argamasses pavées.*

argan [aʀgan] n. m. **1.** Syn. de *arganier.* **2.** Fruit de l'arganier, utilisé en pharmacopée (aussi appelé *noix d'argan*).

Argand (Émile)(1879 – 1940), géologue suisse. Précurseur de la théorie de la dérive* des continents, il étudia la chaîne des Alpes et la *Tectonique de l'Asie* (1922).

arganier [aʀganje] n. m. Arbre à fruits oléagineux (fam. sapotacées), florissant exclusivement dans le sud du Maroc, dont les racines très développées servent à fixer le sol. Syn. argan.

argas [aʀgas] n. m. ZOOL, MED Acarien parasite de certains animaux (poule, pigeon, chameau), dont il suce le sang, et qui peut transmettre à l'homme des maladies infectieuses.

argémone [aʀʒemɔn] n. f. BOT *Argémone du Mexique :* plante d'Amérique tropicale (fam. papavéracées), répandue en Afrique, qui ressemble au pavot, dont le latex et les graines sont toxiques. *Les graines d'argémone fournissent une huile purgative.*

argent [aʀʒɑ̃] n. m. **1.** Élément (symbole Ag) de numéro atomique Z=47. – Métal (Ag) blanc, brillant, très ductile et malléable, peu altérable donc précieux (noble). *L'argent est utilisé en photographie, en chirurgie dentaire, en thérapeutique (argent colloïdal), en électricité, en miroiterie,* etc. *Mine d'argent. Vaisselle d'argent.* **2.** Monnaie faite avec ce métal. ▷ *Par ext.* Toute espèce de numéraire : billets de banque, pièces. *Gagner beaucoup d'argent.* Syn. flouse, flouze, (Maghreb) flouss, (Québec) piastre et cenne. – *Avoir de l'argent :* être riche. ▷ Loc. *Payer argent comptant,* au moment de l'achat. – Fig. *Prendre ce qu'on raconte pour argent comptant,* le croire trop facilement.

argentan [aʀʒɑ̃tɑ̃] n. m. TECH Alliage de cuivre, de nickel et de zinc, employé en orfèvrerie à cause de sa blancheur et en électricité pour sa résistance élevée.

argenté, ée [aʀʒɑ̃te] adj. **1.** Recouvert d'argent. *Métal argenté.* **2.** Fig. Qui ressemble à de l'argent, qui a la couleur de l'argent. *Les rayons argentés de la Lune. Gris argenté.* **3.** Fam. *Être argenté :* avoir de l'argent, être riche.

argenter [aʀʒɑ̃te] v. tr. [1] Couvrir d'une couche d'argent. ▷ Fig., poét. Donner l'éclat de l'argent.

argenterie [aʀʒɑ̃tʀi] n. f. Vaisselle, ustensiles d'argent ou de métal argenté. *Une pièce d'argenterie finement ciselée.*

argentier [aʀʒɑ̃tje] n. m. Plaisant *Le grand argentier :* le ministre des Finances.

argentifère [aʀʒɑ̃tifɛʀ] adj. MINER Qui contient de l'argent. *Minerai argentifère.*

1. argentin, ine [aʀʒɑ̃tɛ̃, in] adj. Qui a le même son clair que l'argent. *Une voix argentine.*

2. argentin, ine [aʀʒɑ̃tɛ̃, in] adj. De l'Argentine. ▷ Subst. *Un(e) Argentin(e).*

Argentine (rép.) (*República Argentina*), État fédéral d'Amérique du Sud, bordé par l'Atlantique, s'étirant sur 3700 km de la frontière bolivienne au cap Horn; 2766889 km^2; env. 31900000 d'hab.; cap. *Buenos Aires.* Nature de l'État : rép. fédérale. Langue off. : espagnol. Monnaie : peso. Relig. : catholicisme.

Géogr. phys. et hum. – Adossée à la puissante barrière des Andes, l'Argentine est formée de plateaux et de plaines qui s'abaissent vers l'Atlantique. Le climat est subtropical au N. (Gran Chaco), tempéré au centre et froid au S. (Patagonie). Les pays fertiles et tempérés : bassin du Paraná, Río de la Plata et Pampa concentrent la pop., qui, citadine à plus de 80 %, compte 85 % de descendants d'Européens (Espagnols et Italiens surtout).

Écon. – Grande puissance agricole, l'Argentine exporte du blé, du soja, de la viande, du cuir et de la laine (l'agro-alimentaire assure 65 % des recettes extérieures). Le pays est indépendant énergétiquement (pétrole et gaz du piémont andin) et développe ses équipements hydroélectriques (notam. sur le Paraná). L'industrie est tournée vers le marché intérieur. Les principaux partenaires sont les États-Unis, la C.É.E. et les États latino-américains. Une grave crise écon. et financière (hyperinflation)

s'est installée dans les années 1980. La libéralisation, voulue par le F.M.I., a aboli le péronisme en 1991. En 1995, l'économie entière était privatisée. La croissance avait augmenté de 50 % par rapport à 1992, mais le chômage et le bas niveau de vie marquent le pays.
Hist. – Un petit nombre de tribus indiennes peuplait l'Argentine avant la conquête espagnole. En 1516, l'Esp. Díaz de Solís découvrit le Río de la Plata. Buenos Aires, fondée en 1536, fut détruite par les Indiens et reconstruite en 1580 : son territ. releva de la vice-royauté du Pérou jusqu'en 1776, date de création de la vice-royauté du Río de la Plata. Quand Napoléon occupa l'Espagne, une révolte éclata en 1810. Grâce à San Martín, le territ. argentin fut libéré (1816). Le XIXe s. fut marqué par les guerres civiles entre les partisans du centralisme politique, libre-échangistes, s'appuyant sur Buenos Aires, et les éleveurs *(gauchos)*, protectionnistes et fédéralistes. Le dictateur Rosas (1829-1852) fonda un régime fédéral qui aboutit à la Constitution de 1853. Les présidents Mitre et Sarmiento (1862-1874) soumirent brutalement les *gauchos*. Une très importante immigration accéléra le développement, mais la crise écon. mondiale ouvrit une ère de coups d'État militaires (1930). J. D. Perón, s'appuyant sur le prolétariat urbain, instaura une dictature nationaliste et populaire (1946-1955). Il fut renversé par l'armée, mais il revint en 1973. À sa mort (1974), sa troisième épouse, Isabelita (vice-présidente), lui succéda. En 1976, une junte conduite par le g[al] Videla instaura une sanglante dictature. En 1982, après l'échec de la campagne des Malouines (îles Falkland*), un régime démocratique fut rétabli. Raúl Alfonsín, prés. de la République de 1983 à 1989, ne parvint pas à maîtriser la crise écon. et resta sous la surveillance de l'armée. En mai 1989, le candidat péroniste Carlos Menem emporta les élections présidentielles. En oct., il amnistia les putschistes; en 1990, rétablit les relations diplomatiques avec la G.-B.; en 1991, signa avec le Chili des accords frontaliers qui mettent fin à plus d'un siècle de tension. Il mena une politique de rigueur qui enraya l'inflation et fut réélu en 1995. Cette même année, le Mercosur* était inauguré.

argenture [aʀʒɑ̃tyʀ] n. f. **1.** Couche d'argent appliquée sur un objet. *L'argenture des glaces.* **2.** Action d'argenter.

Arges, rivière de Roumanie (344 km). Elle naît dans les Carpates méridionales, traverse la Valachie avant de confluer (r. g.) dans le Danube.

Arghezi (Ion N. Theodorescu, dit Tudor) (1880 - 1967), poète roumain. Il allie l'interrogation métaphysique à l'évocation en langage cru de la réalité quotidienne : *Mots assortis* (1927), *Fleurs de moisissure* (1931), *Hymne à l'Homme* (1956). Accusé de «décadence» par les critiques communistes en 1948, il est réhabilité en 1954 et deviendra le poète officiel du pays.

argile [aʀʒil] n. f. **1.** Roche terreuse donnant une pâte plastique imperméable lorsqu'elle est imprégnée d'eau et qui, façonnée et cuite, donne des poteries, des tuiles, etc. Syn. glaise. ▷ *Argile blanche :* kaolin. ▷ Fig. *Un colosse aux pieds d'argile,* dont la puissance, mal établie, est illusoire. **2.** MINER Groupe de silicates d'alumine hydratée. **3.** PETROG Roche contenant plus de 50 % d'argiles.

argileux, euse [aʀʒilø, øz] adj. Formé d'argile, ou qui en contient. *Un terrain argileux.*

arginine [aʀʒinin] n. f. BIOCHIM Acide aminé, constituant de nombreuses protéines, qui, combiné à l'acide phosphorique, joue un rôle important dans les phénomènes de contractions musculaires.

Argolide, rég. de Grèce, au N.-E. du Péloponnèse. – Nome du m. nom : 2214 km^2; 97250 hab.; ch.-l. *Nauplie.* – Du XVIe au XIIe s. av. J.-C., la civilisation mycénienne (Mycènes, Argos, Tirynthe) s'y développa.

argon [aʀgɔ̃] n. m. CHIM Élément (symbole Ar) de numéro atomique Z = 18. – Gaz (Ar) rare de l'air, incolore et inodore. (Il est employé comme atmosphère inerte en soudure et dans les ampoules électriques.)

argonaute [aʀgɔnot] n. m. ZOOL Mollusque céphalopode des mers chaudes, dont la femelle fabrique une nacelle calcaire pour abriter sa ponte.

Argonautes (les), dans la myth. gr., navigateurs (Héraclès, Orphée, Castor, Pollux, etc.) qui, commandés par Jason*, atteignirent sur l'*Argo* la Colchide, où ils conquirent la Toison d'or.

Argos, v. de Grèce (Péloponnèse); 20700 hab. – Anc. cap. de l'Argolide, Argos fut la rivale souvent malheureuse de Sparte.

Argos. V. Argus.

argot [aʀgo] n. m. Langage particulier à un groupe social ou professionnel. *L'argot des corps de métier, des écoles, des sportifs.* ▷ *Spécial.* Langage des malfaiteurs, du milieu. ▷ *Par ext.* et *abusiv.* Langage familier.

argotique [aʀgɔtik] adj. Qui appartient à l'argot. *La verve argotique d'un conteur populaire.*

argotisme [aʀgotism] n. m. LING Mot, expression argotique.

Argovie (en all. *Aargau*), cant. du N. de la Suisse, traversé par l'Aar; 1404 km^2; 518900 hab.; ch.-l. *Aarau.* Élevage, polyculture. L'industrie bénéficie d'excellentes voies de communication et de l'énergie hydroélectrique. – Le canton fut créé en 1803, quand Napoléon Ier rétablit le fédéralisme helvétique.

arguer [aʀgɥe] v. [1] **1.** v. tr. dir. Litt. Tirer un argument, une conclusion (de qqch). *Que voulez-vous arguer de ce fait?* **2.** v. tr. indir. *Arguer de quelque chose :* prétexter quelque chose, en tirer un argument. *Il arguait de sa situation de famille pour obtenir un passe-droit.* (N.B. Le *u* du radical se prononce dans toute la conjugaison : *il arguë* [aʀgy].)

Arguin (baie d'), baie du N.-O. de la Mauritanie. – Parc national du banc d'Arguin, espace maritime protégé entre le cap Blanc et le cap Timiris.

argument [aʀgymɑ̃] n. m. **1.** Raisonnement tendant à établir une preuve, à fonder une opinion. *Un argument solide, irréfutable, contestable.* ▷ *Tirer argument de :* utiliser comme preuve, comme raison, prétexter (qqch). *Il tire argument de sa fatigue pour ne pas participer aux tâches ménagères.* **2.** Résumé succinct du sujet d'un ouvrage littéraire, dramatique. *L'argument d'une pièce de théâtre.* **3.** MATH Variable dont la valeur permet de définir celle d'une fonction (x est l'argument de la fonction sin x, par ex.). – *Argument d'un nombre complexe :* angle formé par l'axe réel et le vecteur qui représente ce nombre complexe. ▷ INFORM Syn. de *paramètre* (dans une fonction ou une procédure d'appel de sous-programme).

argumentaire [aʀgymɑ̃tɛʀ] n. m. **1.** Ensemble d'arguments en faveur d'une thèse, d'une opinion. **2.** Liste des arguments de vente.

argumentation [aʀgymɑ̃tasjɔ̃] n. f. **1.** Fait, art d'argumenter. **2.** Ensemble des arguments tendant à la même conclusion. *Une argumentation aussi serrée est difficile à réfuter.*

argumenter [aʀgymɑ̃te] v. intr. [1] Faire usage d'arguments. *Argumenter contre un adversaire.* – *Argumenter de quelque chose,* en tirer des conséquences.

argus [aʀgys] n. m. Publication qui fournit des renseignements spécialisés. *L'argus de l'automobile. Voiture d'occasion cotée à l'argus.*

Argus ou **Argos,** dans la myth. gr., prince d'Argos aux cent yeux; cinquante demeuraient toujours ouverts.

argutie [aʀgysi] n. f. (Généralement plur.) Péjor. Raisonnement subtil et vainement minutieux.

arhant [aʀɑ̃] n. m. (Viêt-nam) RELIG Nom (sanskrit) du plus haut niveau selon les écritures sacrées du bouddhisme. – Dignitaire bouddhiste.

Århus, port du Danemark (Jutland), sur la *baie d'Århus;* 264130 hab.; ch.-l. du comté du m. nom. Industries. Université.

1. aria [aʀja] n. f. Air, mélodie, accompagné par quelques instruments ou un seul. *Une aria de Bach. Des arias.*

2. aria [aʀja] n. m. (Québec) Fam. **1.** Bruit, mouvements désordonnés. *Quel aria! on ne s'entend plus parler!* – Fig. Situation embrouillée. **2.** Complication, contrariété; entreprise difficile. *C'est tout un aria pour trouver un emploi.* **3.** Ensemble d'objets que l'on transporte avec soi; barda, attirail. **4.** Personne pénible, peu intéressante.

Ariana (L'), v. de Tunisie au N. de Tunis, au pied du djebel Ahmar; 137000 hab.; ch.-l. du gouvernorat du m. nom. Vergers.

Ariane, dans la myth. gr., fille de Minos et de Pasiphaé, sœur de Phèdre; elle donna à Thésée, qu'elle aimait, le fil qui l'aida à sortir du Labyrinthe après avoir tué le Minotaure. Elle s'enfuit avec Thésée, qui l'abandonna sur l'île déserte de Naxos (où Dionysos, Bacchus en lat., vint la consoler).

Ariane, fusée construite en France par l'Agence spatiale européenne et lancée (1979) à Kourou, en Guyane française.

arianisme [aʀjanism] n. m. Hérésie chrétienne d'Arius qui ne reconnaissait pas à Jésus-Christ la plénitude de la divinité.

Arich (Al-) *(al-'Arīš),* port d'Égypte, au N. du Sinaï; 4 000 hab.; ch.-l. du gouvernorat du Sinaï-Nord. – En 1800, les Français y signèrent le traité qui les obligeait à évacuer l'Égypte.

aride [aʀid] adj. **1.** Sec. *Climat aride. Zone aride.* ▷ Stérile, sans végétation. *Une colline, un plateau aride.* Ant. fertile, fécond. **2.** Fig. Dépourvu de tendresse, de sensibilité. *Un cœur aride.* **3.** Fig. Privé d'attrait, difficile. *Une lecture aride.*

aridité [aʀidite] n. f. **1.** Sécheresse. *L'aridité des régions de climat sec, où les* *cours d'eau ne coulent qu'épisodiquement. Aridité du sol.* **2.** Fig. Insensibilité. **3.** Fig. Manque d'attrait, difficulté. *Être rebuté par l'aridité d'un sujet.*

aridoculture [aʀidɔkyltyʀ] n. f. AGRIC Méthodes de production agricole dans les milieux arides.

Ariège, riv. de France (170 km), affl. de la Garonne (r. dr.); naît dans les Pyrénées-Orientales. – Dép. : 4 890 km^2; 136455 hab.; ch.-l. *Foix* (10446 hab.). V. Midi-Pyrénées (Rég.).

arien, enne [aʀjɛ̃, ɛn] n. et adj. **1.** n. Disciple d'Arius. **2.** adj. D'Arius. *Hérésie arienne.*

arille [aʀij] n. m. BOT Tégument entourant la graine de certaines plantes (cotonnier, passiflore, etc.).

Arimathie, anc. v. de Judée (auj. *Rantis,* en Israël); patrie de Joseph, à qui Pilate permit d'ensevelir Jésus-Christ. (V. Graal.)

arion [aʀjɔ̃] n. m. ZOOL Mollusque gastéropode pulmoné sans coquille, très connu en Europe (aussi appelé *limace rouge*). Syn. loche.

Arioste (Ludovico Ariosto, dit l') (1474 – 1533), poète italien. Auteur de *Poésies lyriques latines* (1493-1503), de comédies (*I Suppositi,* 1509; *la Lena,* 1528), de *Satires* (1517-1525), il a laissé un chef-d'œuvre : *Orlando furioso (Roland* furieux,* 1516-1532), sorte de parodie de l'épopée chevaleresque.

Aristarque de Samos (310 – 230 av. J.-C.), astronome grec. Il aurait pensé, le premier, que la Terre tourne sur elle-même et autour du Soleil, et calculé les distances Terre-Lune et Terre-Soleil.

Aristide (v. 540 – v. 467 av. J.-C.), homme polit. athénien, surnommé *le Juste.* Il fut l'un des dix stratèges athéniens qui vainquirent les Perses à Marathon en 490 av. J.-C. Combattu par Thémistocle, frappé d'ostracisme (482 av. J.-C.), rappelé, il combattit à Salamine (480 av. J.-C.).

Aristide (Jean-Bertrand, père) (né en 1953), père salésien haïtien exclu de son ordre en 1988 en raison de positions réputées d'extrême gauche. Élu prés. de la République en déc. 1990, il fut chassé du pouvoir par un putsch le 30 sept. 1991. En oct. 1994, l'armée amér. le rétablit dans ses fonctions. Conformément à la Constitution, il ne s'est pas représenté à l'élection de 1995.

Aristippe de Cyrène (IVe s. av. J.-C.), philosophe grec, disciple de Socrate. Il fonda l'école cyrénaïque*.

aristo [aʀisto] n. Fam. Aristocrate (sens 1 et 2).

aristocrate [aʀistɔkʀat] n. et adj. **1.** n. Membre de l'aristocratie. Syn. (Madag.) andriana. **2.** adj. Syn. de *aristocratique* (sens 1). Syn. (Madag.) andriana. **3.** adj. (Guad., Mart.) Fier, hautain. *Être aristocrate.*

aristocratie [aʀistɔkʀasi] n. f. **1.** Forme de gouvernement dans laquelle le pouvoir souverain, en général héréditaire, est détenu par un petit nombre de personnes. ▷ Classe qui détient le pouvoir, dans un tel système politique. Syn. noblesse. **2.** Ensemble de ceux qui constituent l'élite dans un domaine quelconque. *L'aristocratie du sport.*

aristocratique [aʀistɔkʀatik] adj. **1.** De l'aristocratie; digne d'un aristocrate. *Des manières aristocratiques.* **2.** Gouverné par l'aristocratie.

aristoloche [aʀistɔlɔʃ] n. f. BOT Plante grimpante, apétale, dont le calice est en forme de cornet.

Aristophane (v. 445 – v. 380 av. J.-C.), poète comique grec, le plus grand de l'Antiquité. Il aurait écrit quarante-quatre pièces (mais onze seulement nous sont parvenues), violentes satires contre Cléon, le démagogue athénien (*les Cavaliers,* 424), Socrate (*les Nuées,* 423), le militarisme (*la Paix,* 421; *Lysistrata,* 411), Euripide (*les Grenouilles,* 405), les utopies politiques (*les Oiseaux,* 414; *l'Assemblée des femmes,* 392).

Aristote (384 – 322 av. J.-C.), philosophe grec. Fils du médecin Nicomaque, disciple de Platon, précepteur d'Alexandre le Grand, puis fondateur du Lycée, ou école péripatéticienne. Ses écrits couvrent tout le savoir de l'époque : la *Logique (Organon),* la *Physique* (laquelle comprend des traités de sciences naturelles, de météorologie, d'astronomie, etc.), la *Métaphysique,* l'*Éthique à Nicomaque,* la *Politique,* la *Rhétorique,* la *Poétique,* la *Constitution d'Athènes.* Ses méthodes d'observation et de classification rigoureuses exercèrent une influence décisive sur la culture de l'Occident, grâce aux philosophes arabes Avicenne et Averroès, puis à Thomas d'Aquin, qui tenta de concilier la Révélation chrétienne et l'aristotélisme. Celui-ci devint, à partir du XIIIe s., un dogme répressif.

aristotélicien, enne [aʀistɔtelisjɛ̃, ɛn] adj. PHILO Relatif à Aristote, à sa doctrine. ▷ Subst. Partisan de cette doctrine.

aristotélisme [aʀistɔtelism] n. m. PHILO Doctrine, système d'Aristote.

arithmétique [aʀitmetik] n. f. et adj. **I.** n. f. Partie des mathématiques consacrée à l'étude des nombres entiers et des nombres rationnels. *L'arithmétique fait auj. partie de l'algèbre.* (V. algèbre et nombre.) **II.** adj. **1.** Qui repose sur les nombres. **2.** Qui concerne l'arithmétique et ses règles.

Arius (v. 256 – 336), prêtre hérésiarque, fondateur de l'arianisme.

Arizona, État du S.-O. des É.-U., à la frontière du Mexique; 295023 km^2; 3665000 hab.; cap. *Phoenix.* – Le plateau du Colorado (Grand Canyon) occupe le N. du pays; à une rég. montagneuse, au centre, succède une plaine désertique. Le climat est aride. – L'irrigation permet les cult. (coton, céréales) et l'élevage. Le sous-sol est très riche en cuivre, zinc et plomb. – L'Arizona passa du Mexique aux É.-U. en 1848. Territ. fédéral en 1863, il devint en 1912 le quarante-huitième État de l'Union.

Arkansas, État du centre-sud des É.-U.; 137539 km^2; 2351000 hab.; cap. *Little Rock.* – Pays de plaines, drainé par l'*Arkansas* (2333 km), affl. du bas Mississippi. – Les cult. progressent (soja, coton, fruits). L'industr. bénéficie des richesses minérales : bauxite, pétrole, gaz naturel. – Cédé aux É.-U. par la France en 1803, territ. fédéral en 1819, l'Arkansas devint le vingt-cinquième État de l'Union en 1836.

Arkhangelsk, port de Russie, sur la mer Blanche; 408000 hab.; ch.-l. de la prov. du m. nom. Constr. navales, industrie du bois.

Arlberg, col des Alpes autrichiennes à 1802 m d'alt. Le *tunnel ferroviaire de l'Arlberg* (10239 m) réunit en 1884 la Suisse et l'Autriche (Vorarlberg).

arlequin, ine [aʀləkɛ̃, in] n. **1.** n. m. (Avec une majuscule.) Personnage bouffon de la comédie italienne *(commedia dell'arte)* au costume fait de pièces rapportées multicolores, au masque noir et au sabre de bois. (Arlequin devient un personnage charmant chez Marivaux.) – *Habit d'arlequin,* confectionné avec des pièces disparates. ▷ Fig. Homme peu fiable. **2.** n. f. Femme portant un habit d'arlequin. **3.** n. m. ENTOM *Arlequin de Cayenne :* coléoptère longicorne de grande taille, à longues pattes antérieures et au corps bariolé, qui vit dans la forêt guyanaise.

arlequinade [aʀləkinad] n. f. **1.** Bouffonnerie d'Arlequin. **2.** Pièce de théâtre où figure Arlequin.

Arles, v. de France, ch.-l. d'arr. des B.-du-Rh., sur le Rhône; 52593 hab. – Arènes (déb. IIe s.), théâtre antique (Ier s., en grande partie ruiné), tombeaux des Alyscamps*. Cloître (XIIIe-XIVe s.) et église St-Trophime (XIe-XVe s.).

Arles (abbé Henri Beaudé, dit Henri d') (1870 – 1930), critique d'art québécois : *Propos d'art* (1903), *Pastels* (1905), *Estampes* (1926).

Arletty (Léonie Bathiat, dite) (1898 – 1992), comédienne française, interprète de M. Carné : *Hôtel du Nord* (1938), *les Visiteurs du soir* (1942), *les Enfants du paradis* (1945).

Arlington, v. des É.-U. (Virginie), séparée de Washington par le Potomac; 170900 hab. – *Cimetière national,* contenant les corps de glorieux soldats, ainsi que ceux de J. F. Kennedy et de son épouse.

Arlit, v. du Niger, dans l'Aïr, au N. d'Agadès; 20000 hab. Principal centre minier d'Afrique pour l'uranium.

Arlon, v. de Belgique, sur la Semois; 22280 hab.; ch.-l. de la prov. de Luxembourg. Tourisme. – Monuments rom. – Victoires du Français Jourdan sur les Autrich. (en 1793 et en 1794).

armada [aʀmada] n. f. **1.** Flotte importante. **2.** Fam. Grande quantité. *Une armada de représentants officiels.*

Armada (l'Invincible), flotte de cent trente navires lancée par Philippe II d'Espagne contre l'Angleterre, en 1588, pour détrôner Élisabeth Ire. La tempête et les attaques anglaises transformèrent cette expédition en désastre.

armagnac [aʀmaɲak] n. m. Eau-de-vie de raisin fabriquée en Armagnac.

Armagnac, anc. comté de France, réuni définitivement à la Couronne en 1607, correspondant au dép. du Gers.

Armagnacs (parti des), faction qui, en France, de 1407 à 1435 s'opposa, durant la guerre de Cent Ans, à la faction des Bourguignons qui soutenait les Anglais. Ce parti devait son nom à l'un de leurs chefs, Bernard d'Armagnac. Le traité d'Arras (1435) mit fin à cette guerre civile.

Armah (Ayi Kwei) (né en 1939), romancier ghanéen d'expression anglaise : *L'âge d'or n'est pas pour demain* (1968), *Fragments* (1970), *The Healers* (1978).

armailli [aʀmaji] n. m. (Suisse) Vacher dans les alpages de la région de Fribourg.

armateur [aʀmatœʀ] n. m. Celui qui équipe et exploite un navire pour le commerce ou pour la pêche.

armature [aʀmatyʀ] n. f. **1.** CONSTR Ensemble d'éléments destinés à accroître la rigidité d'une pièce, d'un ouvrage ou d'un matériau. – *Spécial.* Ensemble des éléments incorporés au béton armé pour accroître sa résistance à la traction et à la flexion. **2.** Fig. Ce qui constitue l'élément essentiel, le soutien. *L'armature d'une société, d'une politique.* **3.** ELECTR Pièce conductrice d'un électroaimant ou d'un condensateur. **4.** MUS Ensemble des altérations (dièses et bémols) placées à la clef et indiquant la tonalité du morceau. Syn. armure.

arme [aʀm] n. f. **I. 1.** Instrument qui sert à attaquer ou à se défendre. *Arme offensive, défensive. Arme blanche* (par oppos. à *arme à feu) :* V. blanc. *Arme de jet* ou *de trait :* V. jet. – *Armes de parade.* ▷ Loc. fig., fam. *Passer l'arme à gauche :* mourir. – *Salle d'armes :* salle d'escrime. *Maître d'armes,* qui enseigne l'escrime. ▷ Fig. Ce qui sert à combattre un adversaire. *La calomnie est une arme redoutable.* **2.** Chacune des grandes divisions de l'armée correspondant à une activité spécialisée. *L'arme blindée.* **II.** Plur. **1.** *La carrière des armes :* le métier militaire. *Être sous les armes :* être soldat. ▷ *Un fait d'armes :* un exploit guerrier. ▷ *Déposer les armes :* cesser le combat. ▷ *Prise d'armes :* parade militaire. ▷ *Passer quelqu'un par les armes,* le fusiller. ▷ Fig. *Faire ses premières armes :* faire ses débuts. **2.** Armoiries.

armé, ée [aʀme] adj. et n. m. **1.** adj. Muni d'une arme. *Un homme armé. Être armé d'un bâton. Vol à main armée.* **2.** adj. Pourvu d'une armature. *Verre armé. Béton armé.* **3.** n. m. Position d'une arme prête à tirer.

armée [aʀme] n. f. **1.** Ensemble des forces militaires d'un État. *L'armée française.* **2.** Grande unité réunissant plusieurs corps. *La troisième armée.* ▷ *Corps d'armée :* partie d'une armée comprenant plusieurs divisions avec des troupes de toutes armes, commandée par un général de corps d'armée. **3.** Fig. Grand nombre. *Une armée de mendiants.*

Armée de libération nationale (A.L.N.), organisation militaire algérienne créée en 1954. Au service du Front de libération nationale (F.L.N.), elle combattit l'armée française jusqu'à l'indépendance (1962).

Armée du Salut, association protestante internationale d'origine méthodiste fondée à Londres, en 1864, par William Booth. Organisée comme une armée, elle prêche l'Évangile dans les rues et secourt les indigents.

armement [aʀməmɑ̃] n. m. **1.** Action d'armer. *L'armement des recrues.* **2.** Ensemble des armes. *L'armement d'un char.* **3.** Action de pourvoir un navire de tout ce qui est nécessaire à son utilisation (équipage et matériel). ▷ *L'armement :* le corps des armateurs. **4.** ELECTR Ensemble des éléments qui supportent les conducteurs d'une ligne aérienne.

Arménie (*Hayastan,* en arménien), rég. montagneuse d'Asie occid., partagée entre la Turquie, qui en possède la plus grande partie, l'Iran et la Géorgie. L'Arménie est sujette aux séismes (des dizaines de milliers de morts en 1988). – Terre d'invasion, elle maintint rarement son indép. Au XIe s., une partie de la pop. dut s'exiler et fonda le royaume de Petite Arménie (Cilicie). Au XVIe s., les Perses et les Turcs se partagèrent l'Arménie; en 1827, les Russes occupèrent la rég. d'Erevan. Les populations soumises aux Turcs, chrétiennes, subirent des massacres qui entraînèrent une forte émigration dès le XVIIe s. Les années 1895-1896 et surtout 1915-1916 (génocide perpétré par les Turcs) furent terribles. Turcs et Soviétiques se partagèrent en 1920 le pays, qui avait formé une république indép. de 1918 à 1920.

Arménie, État d'Asie occidentale, république fédérée de l'U.R.S.S. jusqu'en 1991; 29 800 km^2; 3 410 000 hab.; cap. *Erevan.* Nature de l'État : rép. présidentielle. Pop. : Arméniens (95 %); Kurdes (1,7 %); Russes (1,3 %); Azéris (0,2 %). Langue off. : arménien. Religion : chrétiens monophysites (95%).
Écon. – Le pays a renoué avec la croissance en 1996 mais son agriculture reste peu productive et la balance agricole est déficitaire. L'Arménie, qui ne possède pas d'hydrocarbures, a été contrainte de réouvrir la centrale nucléaire de Medzamor en 1995. Son écon. souffre du conflit qui l'oppose à l'Azerbaïdjan.
Hist. – Des violences ethniques ayant opposé les Arméniens aux Azéris (V. Azerbaïdjan et Karabakh [Haut-]) dep. 1988, les troupes sov. se sont interposées jusqu'en 1991; les combats ont repris en 1992. En juil. 1990, L. Ter-Petrossian a été élu prés. de la République. En 1991, un référendum approuva l'indépendance de l'Arménie, qui devint membre de la Communauté des États indépendants. En 1992, elle a été admise à l'ONU et au F.M.I. En mai 1994, elle a signé un cessez-le-feu avec l'Azerbaïdjan. En juil. 1995, une nouvelle Constitution a instauré un régime présidentiel fort. En sept. 1996, Ter-Petrossian a été réélu président.

arménien, enne [aʀmenjɛ̃, ɛn] adj. et n. **1.** adj. De l'Arménie. ▷ Subst. *Un(e) Arménien(ne).* **2.** n. m. *L'arménien :* la langue indo-européenne parlée dans la région du Caucase.

armer [aʀme] v. [1] **I.** v. tr. **1.** Pourvoir d'armes. *Armer des volontaires. Armer une nation. Armer un hélicoptère.* **2.** Garnir d'une armature. *Armer du béton.* **3.** Mettre en état de fonctionnement (certains mécanismes). *Armer un fusil, un appareil photo.* **4.** Équiper (un navire) de tout ce qui lui est nécessaire pour naviguer. **5.** Fig. *Armer qqn contre qqch,* lui donner des moyens de défense contre qqch. ▷ *Armer qqn de qqch,* l'en munir. *Ses études l'ont armé d'un solide bagage.* **II.** v. pron. **1.** Se munir d'armes. *S'armer jusqu'aux dents.* **2.** Fig. Se munir. *Armez-vous de patience.*

armillaire [aʀmi(l)lɛʀ] n. f. BOT Champignon basidiomycète comestible jeune, toxique ensuite, couleur de miel.

armistice [aʀmistis] n. m. Suspension des hostilités après accord entre les belligérants.

armoire [aʀmwaʀ] n. f. **1.** Meuble haut destiné au rangement, fermé par une ou plusieurs portes. *Armoire à linge.* ▷ TECH *Armoire électrique :* meuble métallique contenant des appareillages électriques et dont la façade est équipée d'organes de commande et de contrôle. **2.** (Québec) Placard (sens I). **3.** Fig., fam. *Armoire à glace :* personne de forte carrure.

armoiries [aʀmwaʀi] n. f. pl. Emblèmes qui distinguent une famille, une collectivité. *Les armoiries d'une ville.* Syn. armes.

armoise [aʀmwaz] n. f. Plante aromatique des régions tempérées (fam. composées).

armorial, ale, aux [aʀmɔʀjal, o] adj. Relatif aux armoiries. ▷ n. m. Recueil d'armoiries.

armoricain (Massif), région de l'O. de la France (Bretagne, Basse-Normandie, Pays de Loire). C'est une pénéplaine rajeunie à l'ère tertiaire (384 m dans les monts d'Arrée).

armorier [aʀmɔʀje] v. tr. [2] Orner d'armoiries (qqch).

Armstrong (Louis) (1900 – 1971), trompettiste et chanteur de jazz américain; il porta à son apogée le style New Orleans.

Armstrong (Neil) (né en 1930), cosmonaute américain, le premier homme qui posa le pied sur la Lune (20 juil. 1969), suivi d'Edwin Aldrin (né en 1930).

armure [aʀmyʀ] n. f. **1.** Ensemble des défenses (de métal, de tissu, de cuir, de vannerie) protégeant le corps des hommes d'armes. ▷ *Par anal.* Défenses naturelles de certains animaux (piquants, carapace). **2.** Fig. Ce qui protège. *Une armure de mépris.* **3.** TECH Mode d'entrecroisement de la chaîne et de la trame d'un tissu. **4.** MUS Syn. de *armature.*

armurerie [aʀmyʀʀi] n. f. **1.** Technique de la fabrication et de l'entretien des armes. **2.** Boutique, atelier d'un armurier.

armurier [aʀmyʀje] n. m. Celui qui fabrique, entretient ou vend des armes.

A.R.N. n. m. BIOCHIM Sigle de *acide ribonucléique.* V. nucléique.

arnaque [aʀnak] n. f. Fam. Escroquerie, tromperie.

arnaquer [aʀnake] v. tr. [1] Fam. Escroquer, duper.

arnaqueur, euse [aʀnakœʀ, øz] n. Fam. Personne qui arnaque.

Arnauld, nom d'une famille française de jansénistes. — **Antoine** (1560 – 1619), membre du parlement de Paris, restaura l'abbaye de Port-Royal; il eut vingt enfants, notam. : — **Jacqueline Marie Angélique** (1591 – 1661), en religion Mère Angélique, abbesse de Port-Royal, où elle introduisit le jansénisme. — **Antoine,** dit le Grand Arnauld (1612 – 1694), théologien, défenseur du jansénisme contre les jésuites, auteur (avec Lancelot) de la *Grammaire générale et raisonnée* (1660) et (avec Nicole) de la *Logique de Port-Royal* (1662).

arnica [aʀnika] n. f. BOT Genre de composées des montagnes d'Europe dont on extrait une teinture, utilisée contre les contusions; cette teinture.

Arnim (Ludwig Joachim, dit Achim von) (1781 – 1831), écrivain allemand. Il mêla de façon originale le romantique au fantastique : romans (*les Gardiens de la couronne,* 1817), nouvelles (*Isabelle d'Égypte,* 1812), drames (*Halle et Jérusalem,* 1811). — **Elisabeth Brentano,** dite Bettina (1785 – 1859), épouse du préc., femme de lettres, correspondante de Goethe.

Arno, fl. d'Italie (241 km); naît dans les Apennins, traverse Florence et Pise, et se jette dans la Méditerranée; crues dangereuses.

Arnold de Melchtal. V. Melchtal (Arnold de).

Arnold de Winkelried (m. en 1386), paysan suisse du cant. d'Unterwald; la bataille de Sempach contre les Autrichiens, au cours de laquelle il mourut, aurait été gagnée grâce à son sacrifice.

arobas [aʀobas] n. m. Signe @ du clavier du micro-ordinateur, utilisé dans les adresses électroniques pour signifier l'anglais «at» (en français «à [tel lieu]»).

arol ou **arolle** [aʀɔl] n. m. (Rarement fém.) (Suisse) Cembro.

aromate [aʀɔmat] n. m. Substance odoriférante d'origine végétale (laurier, menthe, vanille, etc.).

aromatique [aʀɔmatik] adj. **1.** Qui dégage un parfum agréable. *Des herbes aromatiques.* **2.** CHIM *Série aromatique :* ensemble des composés cycliques formés à partir du benzène et de ses dérivés.

aromatisant, ante [aʀɔmatizɑ̃, ɑ̃t] adj. et n. m. Qui sert à aromatiser. ▷ n. m. Produit aromatisant utilisé dans l'alimentation.

aromatisation [aʀɔmatizasjɔ̃] n. f. **1.** Action d'aromatiser (un aliment). **2.** CHIM Transformation en composé aromatique (d'un composé organique).

aromatiser [aʀɔmatize] v. tr. [**1**] Parfumer avec une substance aromatique.

arôme [aʀom] n. m. Odeur agréable qui se dégage de certaines substances. *L'arôme d'un café, d'un vin.*

Aron (Raymond) (1905 – 1983), philosophe et sociologue français, adversaire du marxisme.

aronde [aʀɔ̃d] n. f. TECH *Assemblage à* (ou *en*) *queue d'aronde :* assemblage en forme de queue d'hirondelle.

aroubi [aʀubi] n. f. Genre musical traditionnel en Algérie.

Arouet, nom de famille de Voltaire.

Aroumains, population d'origine roumaine (env. 300 000 pers.) disséminée en Grèce, en Macédoine, en Albanie et en Bulgarie, et parlant le macédo-roumain, un dialecte roumain.

Arp (Jean ou Hans) (1886 – 1966), sculpteur, peintre et poète (*Jours effeuillés,* 1966) français qui participa aux mouvements Dada et surréaliste. Ses sculptures, non figuratives, sont un jeu de formes simples.

arpège [aʀpɛʒ] n. m. MUS Exécution successive de toutes les notes d'un accord.

arpent [aʀpɑ̃] n. m. **1.** Ancienne mesure de superficie agraire dont la valeur variait entre 20 et 50 ares selon les régions. – Au Canada, mesure de superficie valant 34,19 ares. **2.** Au Canada, mesure de longueur valant 58,47 mètres.

arpentage [aʀpɑ̃taʒ] n. m. Évaluation de la superficie d'un terrain. ▷ *Documents d'arpentage :* documents qui définissent les limites d'une parcelle.

arpenter [aʀpɑ̃te] v. tr. [**1**] **1.** Mesurer la superficie (d'un terrain). **2.** Parcourir à grands pas. *Arpenter les couloirs.*

arpenteur [aʀpɑ̃tœʀ] n. m. Spécialiste du relèvement des terrains et du calcul des surfaces. ▷ *Chaîne d'arpenteur* (ou *d'arpentage*) : chaîne de mesure d'une longueur de dix mètres.

arpenteuse [aʀpɑ̃tøz] adj. f. et n. f. ENTOM *Chenille arpenteuse* ou, n. f., *arpenteuse :* chenille de certaines phalènes qui, pour se déplacer, replie son corps en forme de U inversé, donnant ainsi l'impression de mesurer le chemin parcouru.

arpian [aʀpjɑ̃] n. m. (Aoste) Gardien de vaches sur l'alpage.

-arque. V. -archie.

arqué, ée [aʀke] adj. Courbé en arc. *Avoir les jambes arquées.*

arquebuse [aʀkəbyz] n. f. Anc. Arme à feu portative (XVe-XVIe s.), dont la mise à feu se faisait au moyen d'une mèche ou d'une roue dentée.

arquer [aʀke] v. [**1**] **1.** v. tr. Courber en arc. *Arquer une tige de fer.* **2.** v. intr. Devenir courbe. *Poutre qui arque.* **3.** v. pron. Se courber en arc.

Arrabal (Fernando) (né en 1932), écrivain et cinéaste espagnol d'expression française. Il allie dérision, violence et onirisme : *le Grand Cérémonial* (1965), *Viva la muerte* (1971).

arrachage [aʀaʃaʒ] n. m. AGRIC Action d'arracher une plante, une racine. *Arrachage du vétiver.*

arraché [aʀaʃe] n. m. SPORT Mouvement par lequel on porte un haltère du sol au-dessus de la tête, à bout de bras et en un seul temps. ▷ Loc. adv. Fig. *À l'arraché :* au prix d'un violent effort, d'un grand acharnement.

arrachement [aʀaʃmɑ̃] n. m. **1.** OCEANOGR *Courant d'arrachement :* courant littoral qui entraîne en direction du large les eaux apportées par le jet de rive sur les plages. **2.** Douleur morale intense due à une séparation, à un sacrifice.

arrache-pied (d') [daʀaʃpje] loc. adv. Avec acharnement.

arracher [aʀaʃe] v. [**1**] **I.** v. tr. **1.** Déraciner (une plante, une racine). *Arracher des mauvaises herbes.* – (Réunion) Fig. et fam. *Arracher sa vie :* trimer, gagner sa vie avec peine. **2.** Détacher avec effort. *Arracher une dent.* **3.** Ôter de force à une personne, à une bête, ce qu'elle retient. *Arracher qqch des mains de qqn. Arracher qqch à qqn.* – Fig. Soustraire. *Arracher qqn à la misère, à la mort.* **4.** Obtenir difficilement. *Je lui ai arraché la promesse qu'il viendrait me voir.* **II.** v. pron. **1.** *S'arracher à, s'arracher de :* se séparer à regret, se détacher avec effort de. *S'arracher à une passion. S'arracher du lit.* **2.** *S'arracher qqch :* se disputer qqch. ▷ Fig. *S'arracher qqn,* se disputer sa compagnie. – Fam. *On se l'arrache.* ▷ Loc. fig. *S'arracher les cheveux :* être désespéré, ne plus savoir comment agir.

arracheur, euse [aʀaʃœʀ, øz] n. **1.** Personne qui arrache. – Loc. prov. *Mentir comme un arracheur de dents :* mentir effrontément. **2.** n. f. Machine qui arrache les plantes, les tubercules (pommes de terre, betteraves, arachides).

arrachis [aʀaʃi] n. m. SYLVIC **1.** Arrachage des arbres. **2.** Plant, arbre arraché. **3.** Terre défrichée par l'arrachage des arbres.

arrachoir [aʀaʃwaʀ] n. m. AGRIC Outil qui sert à arracher.

arraisonnement [aʀɛzɔnmɑ̃] n. m. Action d'arraisonner.

arraisonner [aʀɛzɔne] v. tr. [**1**] *Arraisonner un navire,* l'arrêter en mer et contrôler son équipage, sa feuille de route et sa cargaison, etc.

arrangeant, ante [aʀɑ̃ʒɑ̃, ɑ̃t] adj. Disposé à la conciliation.

arrangement [aʀɑ̃ʒmɑ̃] n. m. **1.** Action d'arranger; état de ce qui est arrangé. *L'arrangement d'une salle, d'une coiffure.* **2.** MUS Adaptation d'une œuvre à d'autres instruments que ceux pour lesquels elle a été écrite. **3.** Conciliation, convention amiable. *Affaire terminée par un arrangement.* ▷ ECON *Arrangement monétaire, commercial, douanier :* accord sur des mesures mutuellement avantageuses pour les parties contractantes et visant à instaurer un ordre économique international. **4.** PHYS Disposition des atomes dans un réseau cristallin. **5.** MATH *Arrangement de n éléments pris p à p :* toute suite de *p* de ces éléments.

arranger [aʀɑ̃ʒe] v. [**13**] **I.** v. tr. **1.** Placer dans l'ordre qui convient. *Arranger des bibelots.* **2.** Régler à l'amiable. *Arranger une affaire.* **3.** Convenir à. *Cela m'arrange.* **4.** (Afr. subsah.) Rendre service à, faciliter des démarches à (qqn). *Il m'a beaucoup arrangé pour obtenir mes pièces.* **5.** Remettre en état. ▷ *Par antiphrase.* Abîmer. – Fam. *Il s'est fait drôlement arranger.* **II.** v. pron. **1.** Être remis en état, aller mieux. *Tout s'arrangera.* **2.** S'accorder à l'amiable. **3.** *S'arranger pour :* faire en sorte de. *Arrange-toi pour venir.* **4.** *S'arranger de qqch,* s'en accommoder.

arrangeur, euse [aʀɑ̃ʒœʀ, øz] n. Personne qui adapte une œuvre musicale.

Arras, v. de France, ch.-l. du dép. du Pas-de-Calais; 42 715 hab. Industries. – Cap. de l'Artois, la ville fut au Moyen Âge un centre de la tapisserie. Elle appartint définitivement à la France en 1659. – *Confédération d'Arras* (1579) : réunion des catholiques wallons contre les provinces protestantes (qui en 1588 formèrent les Provinces-Unies : V. Pays-Bas). – Remparts romains. Cath. (XVIIIe s.). Hôtel de ville (XVIe s.).

Arrée (monts d'), chaîne de collines granitiques du N. de la Bretagne (France); 384 m (point culminant de la Bretagne). – Centrale nucl. à Brennilis.

arrérages [aʀeʀaʒ] n. m. pl. Termes échus d'une rente, d'une pension.

arrestation [aʀɛstasjɔ̃] n. f. **1.** Action de se saisir d'une personne pour l'emprisonner ou la garder à vue. **2.** État d'une personne arrêtée. Ant. élargissement, libération.

arrêt [aʀɛ] n. m. **1.** Action d'arrêter; fait de s'arrêter. *Ne pas ouvrir la portière avant l'arrêt complet du train.* ▷ CHASSE *Chien d'arrêt,* dressé à s'arrêter devant le gibier. **2.** Pièce qui sert à arrêter, à bloquer. *Arrêt de porte.* **3.** Endroit où s'arrête un véhicule de transports en commun. *Un arrêt d'autobus.* **4.** (Québec) Signal routier ordonnant d'immobiliser un instant son véhicule. Syn. stop. **5.** Décision d'une juridiction supérieure. *Arrêt d'une cour d'appel.* **6.** Action d'arrêter (qqn). *Mandat d'arrêt :* ordre d'arrestation. ▷ *Maison d'arrêt :* prison. **7.** (Plur.) Sanction (défense de sortir ou de s'éloigner d'un lieu fixé pendant une période déterminée) prise contre un officier ou un sous-officier. *Mettre qqn aux arrêts.*

1. arrêté [aʀete] n. m. Décision écrite d'une autorité administrative. *Un arrêté ministériel.* ▷ FIN *Arrêté de compte :* règlement d'un compte.

2. arrêté, ée [aʀete] adj. **1.** Décidé, définitif. *C'est une chose arrêtée.* **2.**

Qu'on ne peut fléchir. *Une volonté bien arrêtée.*

arrêter [arete] v. [1] **I.** v. tr. **1.** Empêcher d'avancer. *Arrêter un passant, une voiture.* **2.** Empêcher d'agir. *Le moindre obstacle l'arrête.* **3.** Interrompre (un processus). *Arrêter une hémorragie.* **4.** Appréhender (qqn). *Arrêter un bandit.* **5.** Déterminer par choix. *Arrêter une date.* **6.** Fig. Tenir fixé. *Arrêter sa pensée, ses regards sur.* **II.** v. intr. **1.** Cesser d'avancer. *Chauffeur, arrêtez!* **2.** Cesser d'agir ou de parler. *Il n'arrête jamais.* **III.** v. pron. **1.** Cesser d'aller ou d'agir. *Le train de Paris à Cologne s'arrête à Verviers. S'arrêter de peindre.* **2.** Cesser de fonctionner. *La pendule s'est arrêtée.* **3.** *S'arrêter à :* fixer son attention sur. *S'arrêter à l'essentiel.*

Arrhenius (Svante) (1859 - 1927), chimiste et physicien suédois. Il a donné (1887) une définition des acides (donneurs de proton H^+) et des bases (donneurs d'ions hydroxyde OH^-). Prix Nobel de chimie 1903.

arrhes [aʀ] n. f. pl. Somme donnée comme gage ou dédit de l'exécution d'un marché, d'un contrat (l'acheteur peut se dédire en abandonnant les arrhes, le vendeur le peut, mais doit rembourser le double des arrhes).

arriération [aʀjeʀasjɔ̃] n. f. PSYCHO *Arriération mentale :* faiblesse intellectuelle par rapport à la normalité pour l'âge, évaluée par le quotient intellectuel (Q.I.).

1. arrière [aʀjɛʀ] adv. **I.** Derrière, du côté opposé à devant; à l'opposé de la direction dans laquelle on va, vers laquelle on se tourne. **1.** MAR *Naviguer vent arrière,* en recevant le vent de l'arrière. **2.** *Faire marche arrière, machine arrière :* faire reculer (un véhicule), inverser l'ordre de marche d'un moteur; fig. revenir sur ses paroles, sur une décision. **3.** *Arrière!* (employé seul, comme exclamation) : Reculez! *Arrière, les médisants!* **II.** Loc. adv. *En arrière.* **1.** Dans une direction opposée à celle qui est devant soi. *Faire un pas en arrière.* ▷ Loc. exclam. *En arrière! :* V. sens I, 3. **2.** Derrière. *Ne restez pas en arrière!* **3.** (Suisse) Syn. de *auparavant. Quelques années en arrière, il était encore en bonne santé.* **III.** Loc. prép. *En arrière de.* Derrière et à une certaine distance de. *Rester en arrière de la ligne de bataille.*

2. arrière [aʀjɛʀ] n. m. (et adj. inv.) **1.** Partie postérieure d'une chose. *L'arrière d'une voiture, d'un navire.* Ant. avant. **2.** MILIT Territoire, population d'un pays en guerre, qui se trouve en arrière du front. *Blessé évacué sur l'arrière.* ▷ Plur. *Les arrières d'une troupe, d'une formation.* **3.** SPORT Joueur placé à l'arrière d'une équipe pour défendre les approches du but. **4.** (Québec) Retard (sens 2). *Montre qui a deux minutes d'arrière.* **5.** adj. inv. Qui est à l'arrière. *Les roues arrière, la lunette arrière d'une voiture.*

1. arriéré [aʀjeʀe] n. m. **1.** Dette ou partie d'une dette non payée à la date échue. *Régler un arriéré.* ▷ *Spécial.* Rentes, dettes dont l'État retarde le paiement. **2.** Ce qui reste en retard. *Un arriéré de travail.*

2. arriéré, ée [aʀjeʀe] adj. **1.** Qui reste dû. *Une dette arriérée.* **2.** Péjor. Qui appartient à un passé révolu. *Des idées arriérées.* **3.** Retardé dans son développement mental. *Un enfant arriéré.* ▷ Subst. *Un arriéré mental.*

arrière-ban [aʀjɛʀbɑ̃] n. m. V. ban. *Des arrière-bans.*

arrière-boutique [aʀjɛʀbutik] n. f. Pièce située à l'arrière d'une boutique. *Des arrière-boutiques.*

arrière-cour [aʀjɛʀkuʀ] n. f. Cour située à l'arrière d'un bâtiment ou d'une cour principale. *Des arrière-cours.*

arrière-cousin, ine [aʀjɛʀkuzɛ̃, in] n. Enfant, fils ou fille d'un cousin, d'une cousine. *Des arrière-cousins.*

arrière-cuisine [aʀjɛʀkɥizin] n. f. Pièce, petit local situé derrière une cuisine. *Des arrière-cuisines.*

arrière-garde [aʀjɛʀgaʀd] n. f. Partie d'une armée en mouvement chargée de protéger les arrières de celle-ci. *Des arrière-gardes.* ▷ Fig. *D'arrière-garde :* dépassé (dans le domaine intellectuel, politique, etc.).

arrière-gorge [aʀjɛʀgɔʀʒ] n. f. Partie supérieure du pharynx, limitée en avant par le voile du palais. *Des arrière-gorges.*

arrière-goût [aʀjɛʀgu] n. m. Goût que laisse dans la bouche l'absorption de certains aliments, de certaines boissons. *Un arrière-goût de papaye.* ▷ Fig. Impression laissée par un événement. *Un arrière-goût de tristesse. Des arrière-goûts.*

arrière-grand-mère [aʀjɛʀgʀɑ̃mɛʀ] n. f. Mère du grand-père ou de la grand-mère. *Des arrière-grand(s)-mères.*

arrière-grand-oncle [aʀjɛʀgʀɑ̃tɔ̃kl] n. m. Frère de l'un des arrière-grands-parents. *Des arrière-grands-oncles.*

arrière-grand-parent [aʀjɛʀgʀɑ̃paʀɑ̃] n. m. (Le plus souvent au plur.) Arrière-grand-père, arrière-grand-mère. *Des arrière-grands-parents.*

arrière-grand-père [aʀjɛʀgʀɑ̃pɛʀ] n. m. Père du grand-père ou de la grand-mère. *Des arrière-grands-pères.*

arrière-grand-tante [aʀjɛʀgʀɑ̃tɑ̃t] n. f. Sœur de l'un des arrière-grands-parents. *Des arrière-grand(s)-tantes.*

arrière-pays [aʀjɛʀpei] n. m. inv. Partie d'un pays située en retrait de la zone côtière. ▷ (Afr. subsah.) Ensemble du pays (par oppos. à *la capitale*). Syn. province, brousse, intérieur.

arrière-pensée [aʀjɛʀpɑ̃se] n. f. Pensée, intention dissimulée, et différente de celle qu'on exprime. *Des arrière-pensées.*

arrière-petite-fille [aʀjɛʀpətitfij] n. f. Fille d'un petit-fils ou d'une petite-fille. *Des arrière-petites-filles.*

arrière-petit-enfant [aʀjɛʀpətitɑ̃fɑ̃] n. m. Enfant d'un petit-fils ou d'une petite-fille. *Des arrière-petits-enfants.*

arrière-petite-nièce [aʀjɛʀpətitnjɛs] n. f. Fille d'un petit-neveu ou d'une petite-nièce. *Des arrière-petites-nièces.*

arrière-petit-fils [aʀjɛʀpətifis] n. m. Fils d'un petit-fils ou d'une petite-fille. *Des arrière-petits-fils.*

arrière-petit-neveu [aʀjɛʀpətinəvø] n. m. Fils d'un petit-neveu ou d'une petite-nièce. *Des arrière-petits-neveux.*

arrière-plan [aʀjɛʀplɑ̃] n. m. **1.** Plan d'une perspective le plus éloigné du spectateur. **2.** Fig. *Rester à l'arrière-plan,* à l'écart, dans une position peu en vue. *Des arrière-plans.*

arrière-saison [aʀjɛʀsɛzɔ̃] n. f. Dans les climats tempérés, automne, fin de l'automne.

arrière-salle [aʀjɛʀsal] n. f. Salle qui est derrière une autre. *L'arrière-salle d'un restaurant. Des arrière-salles.*

arrière-train [aʀjɛʀtʀɛ̃] n. m. **1.** Arrière du tronc et membres postérieurs d'un animal (par oppos. à *avant-train*). ▷ Fam. Fesses d'une personne. **2.** Partie postérieure d'un véhicule à quatre roues. *Des arrière-trains.*

arrimage [aʀimaʒ] n. m. Action d'arrimer; son résultat.

arrimer [aʀime] v. tr. [1] **1.** Répartir et fixer (un chargement) dans la cale d'un navire, d'un avion, à l'intérieur d'un véhicule spatial, etc. **2.** *Par ext.* Assujettir (une charge). *Arrimer des bagages sur le toit d'une voiture.*

arrivage [aʀivaʒ] n. m. Arrivée de marchandises sur le lieu où elles seront vendues. ▷ Ces marchandises elles-mêmes. *Un arrivage de bananes, de riz.*

arrivant, ante [aʀivɑ̃, ɑ̃t] n. Celui, celle qui vient d'arriver. *Les premiers arrivants.*

arrivé, ée [aʀive] adj. Qui a réussi socialement. *Un artiste arrivé.*

arrivée [aʀive] n. f. **1.** Action d'arriver. *Annoncer son arrivée.* – (Afr. subsah.) *Bonne arrivée! :* bienvenue! **2.** Lieu où l'on arrive. *Je t'attendrai à l'arrivée.* **3.** Moment où arrive qqch ou qqn. *Attendre l'arrivée du courrier.* **4.** TECH Endroit par où un fluide débouche d'une canalisation. *Arrivée d'eau.*

arriver [aʀive] v. intr. [1] **I. 1.** *Arriver à bon port :* parvenir heureusement au terme de son voyage. **2.** Parvenir en un lieu, au lieu prévu. *Arriver à Alger. Arriver à cinq heures.* ▷ Fig. *Arriver à ses fins :* obtenir ce qu'on voulait, réussir ce qu'on avait projeté. – *Arriver à* (+ inf.) *:* réussir à. *Il est arrivé à terminer son travail à temps.* **3.** *Arriver sur :* se diriger rapidement vers. *L'orage arrive sur nous.* **4.** Fig. (S. comp.) S'élever socialement, réussir dans sa carrière, son métier. *Voilà un jeune homme qui veut arriver. Il est enfin arrivé!* **5.** Fig. *En arriver à :* en venir à (faire qqch). *Il en est arrivé à m'injurier.* **II.** Survenir, se produire. *Dites-moi comment c'est arrivé.* ▷ Loc. impers. *Quoi qu'il arrive :* de toute façon, quels que soient les événements. ▷ *Il arrive que...* (marquant une éventualité). *Il arrive parfois qu'un menteur dise la vérité.* ▷ *Il arrive à (qqn) de* (+ inf.). *Il arrive à tout le monde de se tromper.*

arrivisme [aʀivism] n. m. Attitude, ligne de conduite de l'arriviste.

arriviste [aʀivist] n. (et adj.) Personne qui vise à la réussite sociale ou politique, sans scrupules sur le choix des moyens. *Un jeune arriviste.* Syn. (Suisse) grimpion.

arrogance [aʀɔgɑ̃s] n. f. Orgueil, morgue; manières hautaines et méprisantes. *Parler avec arrogance.* Ant. affabilité, humilité, modestie.

arrogant, ante [aʀɔgɑ̃, ɑ̃t] adj. **1.** Qui montre de l'arrogance. *Personnage arrogant.* **2.** Qui marque de l'arrogance. *Une attitude arrogante.*

arroger (s') [aʀɔʒe] v. pron. [13] S'attribuer illégitimement (un droit, un pouvoir). *Ils se sont arrogé des privilèges exorbitants.*

Arromanches-les-Bains, com. de France (Calvados), sur la Manche; 411 hab. Stat. baln. – Le 6 juin 1944, les Alliés y débarquèrent et construisirent un port de guerre artificiel en quelques jours. – Musée du Débarquement.

arrondi, ie [aʀɔ̃di] adj. et n. m. **1.** adj. De forme ronde. *Des contours arrondis.* **2.** adj. PHON *Voyelles arrondies,* qui se prononcent en avançant et en arrondissant les lèvres (ex. [u]). **3.** n. m. Partie arrondie (de quelque chose).

arrondir [aʀɔ̃diʀ] v. [3] **I.** v. tr. **1.** Doter d'une forme ronde. *Arrondir les coins d'une table. Arrondir les bras.* ▷ Fig. *Arrondir les angles**. **2.** Fig. *Arrondir son bien, sa fortune,* l'augmenter. *Arrondir une somme, un poids,* en supprimer les fractions pour faire une somme ronde, un poids rond. ▷ *Arrondir ses fins de mois :* faire des travaux annexes pour compléter son salaire. **II.** v. pron. **1.** Prendre une forme ronde, pleine. *Son visage s'est arrondi.* **2.** Devenir plus considérable (biens, argent). *Fortune qui s'arrondit à la suite d'un héritage.*

arrondissement [aʀɔ̃dismɑ̃] n. m. **1.** Action de modifier un nombre pour obtenir un chiffre rond. **2.** Subdivision administrative d'une région, d'un département, d'une grande ville.

arrosage [aʀozaʒ] n. m. Action d'arroser, de fournir de l'eau. *Un tuyau d'arrosage. Arrosage à la raie, goutte à goutte, par aspersion.*

arrosé, ée [aʀoze] adj. **1.** Qui a reçu la pluie, un arrosage. **2.** Irrigué. **3.** Accompagné de boissons alcoolisées. *Repas bien arrosé.*

arroser [aʀoze] v. tr. [1] **1.** Humecter (en répandant de l'eau ou un autre liquide). *Arroser son jardin.* ▷ Fam. *Se faire arroser :* recevoir une pluie violente. ▷ Litt *Arroser de ses larmes :* mouiller de ses larmes. **2.** Faire circuler de l'eau dans, irriguer. *De nombreux canaux arrosent cette plaine.* – Couler à travers, baigner. *La Loire arrose la Touraine.* **3.** Fam. Célébrer en buvant. *Arroser sa promotion.* **4.** Fig. *Arroser l'ennemi de projectiles,* le bombarder violemment.

arroseur, euse [aʀozœʀ, øz] n. **1.** Celui, celle qui arrose. **2.** n. m. Appareil utilisé pour l'arrosage. **3.** n. f. Véhicule qui sert au nettoyage des voies publiques. *Arroseuse municipale.*

arrosoir [aʀozwaʀ] n. m. **1.** Récipient muni d'une anse, d'un bec et d'une extrémité amovible, criblée de trous (appelée *pomme d'arrosoir*), qui sert à arroser. **2.** (Québec) Appareil automatique utilisé pour arroser les pelouses, les jardins.

arrow-root [aʀoʀut] n. m. Fécule comestible extraite du rhizome de diverses plantes tropicales (taro, manioc, patate douce, maranta des Antilles). *Des arrow-roots.*

arroyo [aʀɔjo] n. m. Canal naturel ou artificiel reliant des cours d'eau (en Amérique tropicale, en Extrême-Orient). ▷ (Viêt-nam) Chenal, ordinairement à sec, que les fortes pluies tropicales tranforment en cours d'eau momentané. *On rencontre souvent des arroyos en Indochine.*

Ars (curé d'). V. Jean-Marie Vianney (saint).

Arsace, fondateur (v. 255 av. J.-C.) de l'empire des Parthes; les *Arsacides* régnèrent jusqu'en 224 (?) apr. J.-C.

Ars antiqua, période de la mus. occid. qui va de la fin du IXe s. (déb. de la polyphonie) au début du XIVe s. Le genre motet et la forme rondeau (Adam de la Halle) s'y sont développés, ouvrant la voie à l'*Ars* nova.*

arsenal, aux [aʀsənal, o] n. m. **1.** *Arsenal maritime :* lieu où se fabriquent, se conservent ou se réparent les navires de guerre. **2.** Dépôt d'armes et de munitions. *Un arsenal d'artillerie.* **3.** Grande quantité d'armes, et, par ext., d'objets usuels compliqués. *L'arsenal d'un bricoleur.* ▷ Fig. *L'arsenal des lois.*

arséniate [aʀsenjat] n. m. CHIM Autre nom de l'anhydride arsénieux As_2O_3.

arsenic [aʀsənik] n. m. **1.** Cour. Acide arsénieux, poison violent. **2.** CHIM Élément (symbole As), de numéro atomique Z=33. – Métalloïde (As) d'apparence métallique, de couleur gris acier, que l'on rencontre sous forme de sulfure et qui s'emploie pour durcir les métaux (plomb de chasse) et doper les semiconducteurs. (Ses composés, en général toxiques, entrent dans la fabrication des insecticides et des colorants.)

arsenical, ale, aux [aʀsənikal, o] adj. Qui contient de l'arsenic.

arsénieux, euse [aʀsenjø, øz] adj. CHIM Qualifie l'anhydride As_2O_3 et l'acide qui en est dérivé.

arsin [aʀsɛ̃] adj. m. SYLVIC *Bois arsin,* que le feu a endommagé.

Ars nova, mots désignant : **1.** le style polyphonique qui s'élabora en France de 1320 env. à 1377 (mort de Guillaume de Machaut); **2.** le traité de théorie musicale de Philippe de Vitry (1291 – 1361); **3.** les formes musicales de l'Italie du Trecento (madrigal, notam.).

Arsonval (Arsène d') (1851 – 1940), médecin et physicien français. Il étudia diverses utilisations du courant électrique (à haute fréquence, notam.).

arsouille [aʀsuj] n. Pop. Voyou, débauché, mauvais sujet. (S'emploie au masc. ou au fém. pour désigner un homme.)

art [aʀ] n. m. **I. 1.** Activité humaine qui aboutit à la création d'œuvres. *Les chefs-d'œuvre de l'art.* – *Spécial.* (excluant la création littéraire). Cette activité en tant qu'elle s'exerce dans le domaine de la création plastique ou musicale. V. beaux-arts. *Histoire de l'art. Œuvre d'art.* – Plur. *Les arts et les lettres.* ▷ *D'art :* artistique. *Cinéma d'art et d'essai.* **2.** Chacun des domaines dans lesquels les facultés créatrices de l'homme peuvent exprimer un idéal esthétique. *Cultiver tous les arts. L'art pictural. L'art dramatique :* le théâtre. *Le septième art :* le cinéma. *L'art sacré,* religieux. **3.** Ensemble d'œuvres caractéristiques d'une époque, d'une contrée, d'un style. *L'art antique. L'art nègre. L'art baroque.* **4.** Style particulier à un artiste. *L'art du Bernin.* **II. 1.** Ensemble de connaissances, de techniques nécessaires pour maîtriser une pratique donnée. *L'art militaire, médical. La critique est aisée et l'art est difficile. Le grand art, l'art sacré, l'art hermétique :* l'alchimie. – *Travailler dans les règles de l'art,* en se conformant aux principes qui régissent l'activité exercée; le mieux possible. *Un homme de l'art :* un médecin. **2.** Plur. *Les sept arts libéraux des universités médiévales* (la grammaire, la logique, la rhétorique, qui formaient le cours d'études appelé *trivium;* l'arithmétique, la géométrie, la musique et l'astronomie, qui composaient le *quadrivium).* ▷ Mod. *Arts industriels,* dans lesquels les modes de production industriels interviennent au plus haut point. *Arts ménagers,* qui se rapportent à l'entretien d'une maison. *Arts appliqués. Arts décoratifs.* **3.** Ce qui est l'œuvre de l'homme (par opposition aux objets naturels). *L'art gâte parfois la nature.* ▷ Artifice. *Il y a dans sa grâce plus d'art que de naturel.* **4.** Adresse, talent. *L'art de plaire.*

ENCYCL Art nouveau. Mouvement d'art décoratif (v. 1860 - v. 1910) caractérisé par des lignes sinueuses, des courbes et des formes organiques, qui apparut avec les théories de W. Morris. On l'appelle *modern style* dans les pays anglo-saxons. En France, on parle aussi de *style nouille* ou *style métro.* – **Art déco.** Style qui s'illustra dans les années 1920-1930, notam. avec l'Exposition des Arts décoratifs de 1925, à Paris, et qui, sous l'influence du fauvisme, du cubisme et de l'art nègre*, dépasse l'art nouveau dans tout ce qui a trait à la décoration. – **Art brut.** Notion mise en avant par J. Dubuffet (1945) pour qualifier la production artistique de personnes «indemnes de culture», qui remet en cause le professionnalisme comme véhicule d'une culture «asphyxiante». – **Art africain.** (V. Afrique encycl. Bx-arts.) L'art africain par excellence est la sculpture, absente seulement chez quelques peuples nomades. La matière est le plus souvent le bois (Bamiléké au Cameroun, Kongo au Congo, Kuba en rép. dém. du Congo, Baoulé, Dan et Sénoufo en Côte d'Ivoire, Fon et Yorouba au Bénin, Ashanti au Ghana, Baga et Kissi en Guinée, Bobo au Burkina Faso, Dogon et Bambara au Mali, Igbo et Yorouba au Nigeria), et, plus sporadiquement, la terre cuite (Nigeria), la pierre (Guinée, Zimbabwe), le bronze (Nigeria, Bénin, Cameroun). Les pièces sculptées ont fréquemment une fonction religieuse (statues d'ancêtres, de génies, masques de cérémonie) ou politique (statues royales, emblèmes et masques de sociétés secrètes). Les styles et les procédés diffèrent suffisamment dans l'espace et le temps pour qu'il soit possible de reconnaître la provenance ethnique d'un objet. Les arts graphiques sont moins bien représentés; il faut néanmoins citer les peintures pariétales d'Afrique orientale et méridionale, les étoffes appliquées du Dahomey, sans oublier les peintures corporelles réalisées à l'occasion de certaines cérémonies. On voit aujourd'hui se développer des formes d'art «savantes», inspirées des techniques européennes (peinture à l'huile ou fresque, sculpture abstraite), et des formes d'art populaires (fresques figuratives ou à motifs géométriques sur les cases, statues funéraires en ciment). – **Art nègre.** V. encycl. nègre.

Artagnan (Charles de Batz, dit de Montesquiou, comte d') (v. 1611 – 1673), gentilhomme gascon; capitaine des mousquetaires, chargé par Louis XIV d'arrêter Fouquet (1661); tué au siège de Maastricht. – Héros des *Trois Mousquetaires* d'A. Dumas.

Artaud (Antonin) (1896 – 1948), écrivain, comédien et homme de théâtre français. Surréaliste de 1924 à 1926, il prôna sur scène le «théâtre de la cruauté». Interné dans des hôpitaux psychiatriques à partir de 1937 (notam. à Rodez, 1943-1945 : *Lettres de Rodez,* publ. 1946). Œuvres princ. : *l'Ombilic des limbes* (1925), *le Pèse-Nerfs* (1925), *le Théâtre et son double* (1938), *Van Gogh, le suicidé de la société* (1947).

artefact ou **artéfact** [aʀtefakt] n. m. Didac. Phénomène ou structure artificiels dont l'apparition est liée à la méthode utilisée lors d'une expérience, biologique notamment.

Artémis, divinité grecque, fille de Zeus et de Léto, et sœur jumelle d'Apollon; déesse de la Chasse assimilée à Diane par les Romains.

Artémise II (IVe s. av. J.-C.), reine d'Halicarnasse qui fit élever à Mausole, son frère-époux, le Mausolée (tombeau).

artère [aʀtɛʀ] n. f. **1.** ANAT Vaisseau sanguin conduisant le sang du cœur vers les différents organes et tissus. **2.** Fig. Grande voie de circulation. *Les artères d'une ville.*

artériel, elle [aʀteʀjɛl] adj. Qui appartient aux artères; relatif aux artères. *Sang artériel :* sang rouge, oxygéné.

artériographie [aʀteʀjogʀafi] n. f. MED Radiographie des artères après injection d'un produit de contraste.

artériole [aʀteʀjɔl] n. f. ANAT Petite artère.

artériosclérose [aʀteʀjosklɛʀoz] n. f. MED Sclérose siégeant sur les artères musculaires et rénales, liée à un déséquilibre nutritionnel, à la sénescence.

artérite [aʀteʀit] n. f. MED Épaississement de la paroi artérielle, d'origine inflammatoire ou dégénérative.

artésien [aʀtezjɛ̃] adj. m. *Puits artésien,* duquel l'eau jaillit sous l'effet de la pression de la nappe souterraine.

Artevelde (Jacob Van) (v. 1290 – 1345), riche drapier et échevin de Gand. Chef de la commune révoltée contre le comte de Flandre (1337), il s'allia à Édouard III d'Angleterre et périt dans une émeute. — **Filips** (1340 – 1382), fils du préc. Chef des bourgeois de Gand, Bruges et Ypres, révoltés contre Louis de Mâle comte de Flandre (1379), il fut tué à la bataille de Rozebeke.

arthr(o)-. Élément, du gr. *arthron,* «articulation».

arthrite [aʀtʀit] n. f. MED Inflammation aiguë ou chronique des articulations, d'origine bactérienne ou rhumatismale.

arthritique [aʀtʀitik] adj. Relatif à l'arthrite; qui souffre d'arthrite. ▷ Subst. Malade atteint d'arthrite.

arthrographie [aʀtʀɔgʀfi] n. f. MED Examen radiologique d'une articulation après injection d'un produit opaque aux rayons X.

arthropodes [aʀtʀɔpɔd] n. m. pl. ZOOL Embranchement de métazoaires invertébrés cœlomates caractérisés par un tégument rigide, inextensible, qui leur impose une croissance par mues et une structure articulée. *Les arthropodes, qui représentent 80 % des espèces animales connues, comprennent notam. les crustacés, les insectes, les myriapodes et les arachnides.* – Sing. *Un arthropode.*

arthrose [aʀtʀoz] n. f. MED Affection chronique dégénérative des articulations, avec déformation et impotence, survenant habituellement après cinquante ans.

Arthur ou **Artus,** roi celte, semi-légendaire, du S. de l'Écosse (fin V^e-déb. VIe s.), qui, entouré des chevaliers de la Table ronde, est le héros des romans en vers regroupés sous le nom de *roman breton** (XIIe-XIIIe s.).

artichaut [aʀtiʃo] n. m. BOT Légume (fam. composées) dont la tige florale porte un gros capitule. ▷ Ce capitule, dont certaines parties sont comestibles : base des bractées *(feuilles d'artichaut)* et réceptacle *(fond d'artichaut).* – Loc. *Avoir un cœur d'artichaut :* être volage.

article [aʀtikl] n. m. **I. 1.** Chaque partie d'une loi, d'une convention, etc., qui établit une disposition, une stipulation. *Article du Code pénal.* ▷ *Article de foi :* point de dogme religieux. **2.** *Par ext.* Partie distincte d'un compte, d'un mémoire, d'une facture, d'un inventaire. *Porter une somme à l'article des recettes, des dépenses.* **3.** Chacun des textes, distincts par leur auteur, leur titre ou leur sujet, qui composent un journal, une publication, un dictionnaire. *Un article de presse.* **4.** Chacun des sujets distincts sur lesquels porte un écrit. – *Par ext.* Question, sujet. *Il est très strict sur l'article de l'honneur.* ▷ *À l'article de la mort :* au dernier moment de la vie. ▷ INFORM Élément d'information contenu dans un fichier. **II.** Marchandise vendue dans un magasin. *Article de luxe.* ▷ *Faire l'article :* vanter un produit. – *Par ext.* Faire valoir les avantages de quelque chose. **III.** GRAM Mot lié à un substantif qu'il détermine et dont il indique le genre et le nombre. *«Le» est un article défini. Article indéfini, partitif. Article élidé, contracté.* **IV. 1.** ZOOL Toute pièce simple et mobile située entre deux articulations (ex. : phalange d'un doigt; élément d'un appendice d'arthropode). **2.** BOT Partie comprise entre deux discontinuités de structures nettes, entre deux nœuds. *Article de tige.*

articulaire [aʀtikylɛʀ] adj. Des articulations; relatif aux articulations (sens I, 1). *Rhumatisme articulaire.*

articulation [aʀtikylasjɔ̃] n. f. **I. 1.** Mode de jonction de pièces osseuses, mobiles ou non, entre elles. *L'articulation du fémur avec le bassin.* ▷ Ensemble des éléments de jonction des os. **2.** Assemblage de deux pièces permettant leur mouvement relatif. **3.** Fig. Organisation des parties d'un ensemble. *L'articulation d'un discours, d'un raisonnement.* **II. 1.** PHON Mouvement des organes de la parole pour l'émission des sons. *Articulation orale, nasale, dentale, vélaire.* ▷ Manière de prononcer les sons d'une langue. *Une articulation nette.* **2.** DR *Articulation de faits :* énumération de faits, article par article.

articulatoire [aʀtikylatwaʀ] adj. PHON Qui se rapporte à l'articulation. *Mouvements articulatoires.*

articulé, ée [aʀtikyle] adj. **1.** Qui s'articule (sens II, 2). *Les membres articulés des crustacés.* **2.** Prononcé distinctement. *Phrase bien articulée.*

articuler [aʀtikyle] v. [1] **I.** v. tr. **1.** Joindre (une pièce mécanique à une autre) par un dispositif qui permet le mouvement. *Articuler une bielle sur un piston.* **2.** Prononcer distinctement. *Articulez si vous voulez qu'on vous comprenne!* **3.** DR Énoncer article par article. **II.** v. pron. **1.** PHON Se prononcer. *Le* r *grasseyé s'articule avec la luette.* **2.** ANAT Être joint par une articulation. *La main s'articule sur l'avant-bras.* ▷ Fig. S'organiser, être structuré. *Un raisonnement qui s'articule autour de trois arguments principaux.*

artifice [aʀtifis] n. m. **1.** Technique élaborée. *Artifice de style.* **2.** Litt. Moyen ingénieux destiné à tromper. *Les artifices d'une coquette.* **3.** *Pièce d'artifice :* combinaison de corps très inflammables dont la combustion donne des flammes colorées. ▷ *Feu d'artifice :* spectacle réalisé au moyen de pièces d'artifice et autres dispositifs pyrotechniques (fusées, feux, etc.). ▷ Fig. *C'est un feu d'artifice,* se dit d'un dialogue, d'une œuvre écrite ou jouée, où les traits d'esprit se succèdent de façon continue.

artificiel, elle [aʀtifisjɛl] adj. **1.** Qui est le produit de l'activité humaine (par oppos. à *naturel*). *Des fleurs artificielles. Un rein artificiel, une jambe artificielle.* **2.** Fig. Qui manque de simplicité. *Style artificiel.* **3.** TECH Qualifie les matières obtenues à partir de produits qui existent dans la nature (par oppos. à *synthétique*). *Textile artificiel.*

artificiellement [aʀtifisjɛlmɑ̃] adv. Par un moyen artificiel.

artificier [aʀtifisje] n. m. Celui qui confectionne des pièces d'artifice ou les met en œuvre.

artificieux, euse [aʀtifisjø, øz] adj. Litt. Qui est empreint d'artifice, de ruse. *Une conduite artificieuse.*

Artigas (José) (1764 – 1850), général uruguayen. Il battit les Esp. en 1811 et forma le premier gouv. uruguayen en 1815. Vaincu en 1820 par les Argentins et les Brésiliens, il se réfugia au Paraguay.

artillerie [aʀtijʀi] n. f. **1.** MILIT Matériel de guerre comprenant les bouches à feu, leurs munitions et les engins servant à leur transport. *Artillerie motorisée. Artillerie lourde. Artillerie anti-aérienne.* **2.** Ensemble du personnel servant ces armes.

artilleur [aʀtijœʀ] n. m. Militaire servant dans l'artillerie.

artimon [aʀtimɔ̃] n. m. MAR *Mât d'artimon* ou *artimon :* le plus petit des mâts, situé à l'arrière d'un navire ayant deux mâts ou plus. *Voile d'artimon.*

Artin (Yacoub) (1842 – 1919), administrateur égyptien et écrivain de langue française. Il étudia notam. la tradition orale : *Contes populaires inédits de la vallée du Nil* (1895), *Contes populaires du Soudan* (1909).

artiodactyles [aʀtjɔdaktil] n. m. pl. ZOOL Ordre de mammifères ongulés dont chaque membre se termine par un nombre pair de doigts (suidés, ruminants, etc.). – Sing. *Un artiodactyle.*

artisan, ane [aʀtizɑ̃, an] n. (Le fém. est peu usité.) Personne qui exerce pour son propre compte un art mécanique ou un métier manuel, souvent de type traditionnel. ▷ Fig. Auteur, cause de qqch. *Il est l'artisan de sa fortune.* – (Prov.) *À l'œuvre on connaît l'artisan.*

artisanal, ale, aux [aʀtizanal, o] adj. **1.** De l'artisan, de l'artisanat. *Travail artisanal. Village artisanal.* **2.** Fait avec une méthode, des moyens rudimentaires.

artisanalement [aʀtizanalmɑ̃] adv. À la manière des artisans.

artisanat [aʀtizana] n. m. **1.** Profession d'artisan. *L'artisanat du cuir, du bois.* **2.** Ensemble des artisans. **3.** Technique de l'artisan. **4.** Production artisanale.

artiste [aʀtist] n. **1.** Personne qui pratique un art, créateur dans le domaine des arts. *Artiste peintre.* ▷ Par ext. *Artiste capillaire, culinaire.* **2.** Interprète d'œuvres musicales, théâtrales, cinématographiques, etc. **3.** Souvent péjor. *C'est un artiste,* un bohème, un fantaisiste.

artistement [aʀtistəmɑ̃] adv. Avec goût, habileté. *Artistement aménagé.*

artistique [aʀtistik] adj. **1.** Relatif aux arts. *Activités artistiques.* **2.** Fait, présenté avec art. *Un bouquet artistique.*

artistiquement [aʀtistikmɑ̃] adv. D'une manière artistique.

artocarpus [aʀtɔkaʀpys] ou **artocarpe** [aʀtɔkaʀp] n. m. BOT Genre d'arbres (fam. moracées) dont une espèce tropicale, l'arbre à pain, donne un fruit comestible volumineux, très riche en amidon, le fruit à pain.

Artois, anc. prov. de France, qui correspond auj. au dép. du Pas-de-Calais; cap. *Arras.* – C'est un pays de cult. et d'élevage (bovins). L'industr. s'est développée au N.-E., sur le bassin houiller. – Conquis en 1640 par Louis XIII, il fut définitivement reconnu à la France par la paix des Pyrénées (1659).

Artois (Robert Ier, comte d'). V. Robert Ier le Vaillant.

Arts d'Afrique et d'Océanie (musée national des), ancien musée des Colonies (1931), puis de la France d'outre-mer (1961), à Paris, porte Dorée. Il renferme des objets et des sculptures d'Afrique noire, du Maghreb et d'Océanie.

Artus. V. Arthur.

Aruba, île des Petites Antilles, face aux côtes du Venezuela, naguère néerl., autonome dep. 1986; 193 km^2; 60274 hab.; cap. *Oranjestad.* Raff. de pétrole. Tourisme. – Indépendance prévue en 1996.

arum [aʀɔm] n. m. Plante herbacée (fam. aracées) aux feuilles lancéolées, aux fleurs en épi entourées d'une bractée blanche en cornet, la spathe.

aruspice ou **haruspice** [aʀyspis] n. m. ANTIQ ROM Devin qui interprétait la volonté des dieux en examinant les entrailles des animaux immolés.

Arvernes, peuple de la Gaule qui occupait l'Auvergne actuelle. Il eut pour chef Vercingétorix.

Arvida, v. du Canada (Québec), créée en 1926, sur le fleuve Saguenay (rive droite), près de Chicoutimi; 20000 hab. Usine d'aluminium.

arvine [aʀvin] n. f. (Suisse) Cépage de vin blanc du Valais; vin produit par ce cépage.

aryen, enne [aʀjɛ̃, ɛn] adj. et n. De «race pure», blanche, selon les théoriciens nazis. ▷ Subst. *Un(e) Aryen(ne).*

Aryens, peuple de langue indo-européenne qui s'établit en Iran et dans le N. de l'Inde entre 2000 et 1500 av. J.-C., refoulant vers le S. de l'Inde les populations dravidiennes.

aryle [aʀil] adj. CHIM Qualifie les radicaux qui dérivent d'un hydrocarbure aromatique par perte d'un atome d'hydrogène (ex. : radical phényle $-C_6H_5$).

arythmie [aʀitmi] n. f. MED Irrégularité du rythme cardiaque ou respiratoire. *Arythmie par fibrillation auriculaire.*

Arzew ou **Arziw,** port d'Algérie, sur le *golfe d'Arzew,* à l'est d'Oran; 41020 hab. Terminus d'un gazoduc venant de Hassi-R'Mel et d'un oléoduc venant de Hassi-Messaoud. Raffinerie. Usine de liquéfaction de gaz. Usine de superphosphates.

as [ɑs] n. m. **1.** JEU Un point seul, marqué sur une des faces d'un dé à jouer, sur une carte ou sur une moitié de domino. *As de pique. As de cœur.* ▷ Loc. fam. *Être fichu comme l'as de pique :* être très négligé dans sa tenue. – *Être plein aux as :* avoir beaucoup d'argent. **2.** Fam. Personne qui excelle dans un domaine, une activité. *C'est un as! Un as du volant.*

Asad. V. Assad.

Asbestos, v. du Canada (Québec); 6480 hab. Importante mine d'amiante.

ascaridiose [askaʀidjoz] n. f. MED Parasitose de l'intestin grêle due à un ascaris et provoquée par l'ingestion de crudités souillées.
ENCYCL Les larves d'ascaris traversent l'intestin, gagnent le foie, puis les poumons, et vont se fixer sur l'intestin grêle, provoquant nausées, vomissements et diarrhées. La prophylaxie repose sur l'hygiène et la lutte contre le péril fécal.

ascaris [askaʀis] n. m. ZOOL Nématode parasite de l'intestin grêle des mammifères, dont une espèce, *Ascaris lumbricoides,* infeste l'homme.

ascendance [asɑ̃dɑ̃s] n. f. **1.** Ensemble des ancêtres directs d'un individu, d'une lignée. *Ascendance paternelle, maternelle.* Ant. descendance. **2.** ASTRO Marche ascendante d'un astre à l'horizon.

1. ascendant [asɑ̃dɑ̃] n. m. **1.** ASTROL Point de l'écliptique qui se lève à l'horizon au moment de la naissance d'une personne. **2.** (Surtout au plur.) Parent dont on descend. **3.** Fig. Influence dominante, autorité exercée sur la volonté de quelqu'un. *Avoir de l'ascendant sur quelqu'un.*

2. ascendant, ante [asɑ̃dɑ̃, ɑ̃t] adj. Qui va en montant. *Mouvement ascendant.* ▷ ASTRO Qui s'élève au-dessus de l'horizon. ▷ DR *Ligne ascendante :* série des parents dont on descend directement. ▷ MUS *Gamme ascendante,* qui va du grave à l'aigu. Ant. descendant.

ascender [asɑ̃de] v. intr. [1] (Suisse) Syn. de *s'élever à* (en parlant d'une somme d'argent). *Le capital de cette société ascende à 26000 francs suisses.*

ascenseur [asɑ̃sœʀ] n. m. Appareil à déplacement vertical, servant au transport des personnes.

ascension [asɑ̃sjɔ̃] n. f. **I.** Action de s'élever. **1.** Action de gravir une montagne. *L'ascension de l'Everest.* **2.** Action de s'élever dans les airs au moyen d'un aérostat. ▷ Fig. Élévation vers la réussite sociale. *Une ascension semée d'embûches.* **II. 1.** THEOL CHRET *L'Ascension :* l'élévation miraculeuse dans le ciel du Christ ressuscité. **2.** Jour où l'Église célèbre ce mystère.

Ascension (île de l'), île brit. de l'Atlant. Sud, dépendant de Sainte-Hélène; 88 km^2; 1500 hab. env.; ch.-l. *Georgetown.* Agriculture vivrière et élevage. Pêche à la tortue. Centre de télécomm. et de surveillance des expériences spatiales de la NASA. – Découverte en 1501, le jour de l'Ascension.

ascensionnel, elle [asɑ̃sjɔnɛl] adj. Qui tend à monter, à faire monter. *Mouvement ascensionnel.*

ascèse [asɛz] n. f. **1.** RELIG Ensemble d'exercices de mortification visant à une libération spirituelle. **2.** Doctrine de perfectionnement moral visant le dépassement de la vie instinctuelle et des plaisirs des sens. ▷ *Par ext.* Rigueur extrême dans la façon de vivre, de penser, de créer.

ascète [asɛt] n. **1.** RELIG Personne qui s'impose, par piété, des mortifications. **2.** Personne qui se livre à l'ascèse (sens 2). ▷ *Par ext.* Personne qui mène une vie particulièrement austère. *Vivre en ascète.*

ascétique [asetik] adj. Qui a rapport à la vie, aux conceptions des ascètes (sens 1 et 2). *Une spiritualité ascétique.* ▷ *Par ext.* Austère. *Mener une vie ascétique.*

ascétisme [asetism] n. m. **1.** Vie religieuse des ascètes. *L'ascétisme chrétien.* **2.** Ascèse (sens 2). ▷ *Par ext.* Vie austère.

ascidie [asidi] n. f. **1.** BOT Appendice creux terminant les feuilles de certaines plantes carnivores. **2.** ZOOL Animal marin (sous-embranchement des tuniciers) dont le corps, en forme d'outre, est recouvert d'une tunique cellulosique. (V. cordés.)

asclépiadacées [asklepjadase] n. f. pl. BOT Famille de plantes gamopétales, surtout des régions chaudes, contenant souvent un latex toxique (ex. l'arbre à soie). – Sing. *Une asclépiadacée.*

Asclépiade (v. 124 – 40 av. J.-C.), médecin grec. Établi à Rome, il fonda l'école méthodique, adversaire des doctrines d'Hippocrate.

Asclépios, dieu grec de la Médecine, nommé Esculape par les Romains. Son princ. sanctuaire était à Épidaure.

ascomycètes [askɔmisɛt] n. m. pl. BOT Vaste embranchement de champignons dont les spores sont formées dans des asques et comprenant notam. les levures, des moisissures *(penicillium),* des parasites des plantes (oïdium) et des champignons comestibles (morille). – Sing. *Un ascomycète.*

ascorbique [askɔʀbik] adj. BIOCHIM *Acide ascorbique :* vitamine C, antiscorbutique et stimulant général.

Asdrubal. V. Hasdrubal.

-ase. Élément, tiré de *diastase,* désignant certaines enzymes.

ASEAN, acronyme pour *Association* des nations du Sud-Est asiatique.*

aselle [azɛl] n. m. ZOOL Petit crustacé isopode (genre *Asellus*), très fréquent dans les eaux douces européennes.

Asénides, dynastie bulgare (1186-1280), fondée par Jean Ier* Asen Ier. Elle connut son apogée sous les règnes de Jean II Kalojan (1197-1207) et Jean III Asen II (1218-1241).

asepsie [asɛpsi] n. f. MED **1.** Absence de tout germe microbien. **2.** Destruction des micro-organismes par stérilisation. ▷ Ensemble des procédés utilisés dans ce but.

aseptique [asɛptik] adj. Exempt de tout microbe.

aseptisation [asɛptizasjɔ̃] n. f. MED Action de rendre aseptique.

aseptiser [asɛptize] v. tr. [1] MED Rendre aseptique. – Pp. adj. *Un champ opératoire aseptisé.*

Aser, dans la Bible, huitième fils de Jacob, chef de l'une des douze tribus d'Israël.

Ases, divinités des mythologies germanique et scandinave.

asexué, ée [asɛksɥe] adj. Privé de sexe. – BIOL *Reproduction asexuée* (ou *végétative*) *:* apomixie. (V. encycl. reproduction.)

ashanti ou **achanti** [aʃɑ̃ti] adj. inv. Des Ashanti.

Ashanti, rég. admin. du Ghana; 24390 km^2; 2308000 hab.; ch.-l. *Kumasi.* – Plateau peu élevé, l'Ashanti a une vocation agricole (cacao, canne à sucre, café) et recèle des mines d'or et de bauxite.

Ashanti ou **Achanti,** population occupant le centre du Ghana. Ils parlent une langue du groupe kwa, sous-groupe akan. Ils fondèrent un puissant royaume (XVIIe-XIXe s.) établi sur le territoire du Ghana actuel, la Confédération ashanti. Ce royaume, fortement centralisé, exploita avec efficacité ses mines d'or, ce qui lui permit d'acheter des armes à feu. Le roi Osei Tutu fonda en 1695 la ville de Kumasi. À la fin du XIXe s., les Brit. vainquirent les Ashanti et annexèrent la Confédération ashanti (1901), puis le reste du Ghana (1902).

ashkénaze [aʃkenaz] n. et adj. Juif d'Europe centrale ou septentrionale. – adj. *La tradition ashkénaze.*

ashram [aʃʀam] n. m. En Inde, lieu où vit une communauté groupée autour d'un maître spirituel.

Ashtart ou **Astarté.** V. Ishtar.

asiate [azjat] n. et adj. Péjor. Qui est originaire d'Asie.

asiatique [azjatik] adj. De l'Asie. *Les civilisations asiatiques.* ▷ Subst. *Un(e) Asiatique.*

Asie, le plus vaste des continents : 44 000 000 km^2, soit le tiers des terres émergées; le plus peuplé : env. 3,5 milliards d'hab., soit 60 % de la population du globe. Situé en grande partie dans l'hémisphère N., il s'étend sur 160 degrés de longitude. Séparé de l'Amérique par le détroit de Béring, de l'Afrique par la mer Rouge, de l'Europe, qui le prolonge (Eurasie), par la chaîne de l'Oural, il comprend les archipels malais, de l'Indonésie, des Philippines, du Japon. L'Asie est bordée au N. par l'océan Arctique, à l'E. et au S.-E. par l'océan Pacifique, au S. par l'océan Indien, où l'étroite mer de Timor la sépare du continent australien.

► V. carte, p. 1376.

Géogr. phys. – Cet imposant continent oppose une partie centrale, très montagneuse, aux grandes plaines et plateaux de Sibérie au N., d'Inde et d'Arabie au S. Les hautes montagnes tertiaires parcourent l'Asie depuis la Turquie jusqu'à la Birmanie (ou *Myanmar*); les plus élevées se trouvent au N. de l'Inde avec la chaîne de l'Himalaya (Everest, 8 880 m, point culminant) dont le versant S. s'allonge jusqu'à la vallée du Gange à 300 m, alors que le versant N. s'interrompt au plateau tibétain à 4 000 m. L'Asie montagneuse se prolonge vers le N., les altitudes s'abaissant du Pamir (7 791 m), dans le Tadjikistan, aux montagnes de Sibérie orient. (3 147 m, monts Tcherski). À partir de cette zone de piémonts, la Sibérie se partage entre la grande plaine de Sibérie occid. et les plateaux de Sibérie centrale. Les reliefs de la Chine et de l'Indochine sont moins élevés; la Chine se divise en deux grands domaines morphologiques : les paysages ouverts du N. et les reliefs mouvementés du S.; au N.-E., des plateaux surplombent une des plus vastes plaines de remblaiement alluvial du monde. L'est et le sud de l'Himalaya appartiennent à la ceinture de feu volcanique du Pacifique : chaînes d'Extrême-Orient et arcs insulaires du Japon, des Philippines et d'Indonésie. La péninsule Arabique est constituée de plateaux relevés vers le golfe Persique. L'éventail des climats est large : équatorial et polaire, océanique et continental. L'Asie se caractérise par l'immensité de déserts froids (Tibet) et chauds (Arabie) qui contrastent avec la présence, à l'est de l'océan Indien, des régions les plus arrosées de la Terre grâce à la mousson. Les îles situées près de l'équateur sont arrosées toute l'année, le Japon et la Chine sont dans la zone limite entre le domaine de la mousson et celui des latitudes tempérées. À l'extrême N. domine la toundra, suivie, en descendant vers le S., de la taïga puis de la steppe qui se dégrade vers les déserts. En Chine occid. et au Japon, la transition entre la végétation des hivers froids et celle de la zone tropicale s'établit progressivement. Les moyennes montagnes et les plateaux de l'Asie méridionale sont couverts de forêts tropicales humides (toujours vertes) ou de forêts caducifoliées. L'Anatolie (Turquie) est le domaine de la végétation méditerranéenne. Les montagnes alimentent de grands fleuves : Ienisseï, Lena, Ob et son affluent l'Irtych, Amour, Yangzijiang (fleuve Bleu), Huanghe (fleuve Jaune), Mékong, Sông Hông (fleuve Rouge), Gange, Tigre, Euphrate, etc. Ils se caractérisent par des crues violentes, le transport de grandes quantités de sédiments et de vastes deltas.

Géogr. hum. – L'Asie centrale, la Sibérie et le Moyen-Orient comportent de vastes régions vides; l'Asie des moussons concentre 50 % de la pop. mondiale (90 % du continent). De même, aux faibles taux d'urbanisation des régions du N. et de l'O. s'opposent ceux du S. et de l'E. Si la croissance démographique de certains États a baissé (Chine, Indonésie, Corée du Sud,...), elle atteint, ailleurs, des taux de 2 ou 3 % (Inde, Viêt-nam, Pākistān, Iran, etc.).

Langues. – Les langues asiatiques se rattachent à une dizaine de grandes familles : l'indo-européen (avec les langues indo-iraniennes, dont le sanskrit, le persan, le kurde, le tadjik, le hindi, le bengali, le nepali, le kashmiri, etc.), les langues ouraliennes, les langues altaïques (turc, mongol, toungouse, etc.), le paléo-sibérien, l'afro-asiatique (du groupe sémitique avec l'arabe, l'hébreu), les langues dravidiennes (tamoul, telugu, etc.), le sino-tibétain (chinois, tibétain, birman), l'austronésien (une centaine de langues dont le tagalog, le malais), les langues dites austroasiatiques (avec une branche mundā en Inde et une branche môn-khmer en Asie du Sud-Est : môn, khmer, vietnamien, etc.), le thaï-kadaï (thaï ou siamois, lao, etc.) et le miao-yao (hmong) et deux isolats (le japonais et le coréen). Cette classification génétique ne doit pas faire oublier les influences transversales, certaines langues (vietnamien) ou familles de langues (miao-yao, thaï-kadaï) ont été fortement marquées par des formes anciennes du chinois. Ainsi, dans l'état actuel des recherches, la classification des langues asiatiques est encore source de discussions entre les chercheurs et, pour certains, le thaï, le vietnamien, le mundā, le môn-khmer sont des entités autonomes. Par ailleurs, les langues des anciens colonisateurs sont encore usitées (conservant parfois une fonction véhiculaire) : l'anglais demeure la seconde langue officielle de l'Inde; le français reste important au Liban et joue un certain rôle dans l'ancienne Indochine française (Viêtnam, Laos, Cambodge).

Écon. – L'agric., sauf au Japon, demeure la princ. activité. Plus de 85 % de la prod. mondiale de riz provient de l'Asie des moussons (Chine du Sud, Inde, Japon et Asie du S.-E.). Le blé, le millet et l'orge dominent dans les régions plus sèches (le Dekkan, en Inde, et l'Asie occid.); la Chine, l'Asie centrale, le Pākistān, la Turquie font partie des dix prem. producteurs de coton. L'Inde, la Chine et le Sri Lanka sont les trois prem. producteurs de thé. L'Asie (Chine, Thaïlande) est le prem. producteur de caoutchouc. L'élevage se développe : bovins et ovins en Inde, porcins et ovins en Chine. Sept des dix premiers producteurs de produits de la mer sont asiatiques : Chine, Japon, Russie, Inde... Le sous-sol contient d'immenses richesses : pétrole (Proche-Orient avec 54 % des réserves, Asie centr., Sibérie), gaz (Asie centr. et Sibérie, 40 % des réserves), charbon (Chine, Inde), minerai de fer (Chine). La Sibérie a d'importantes réserves de minerais : or, cuivre, diamants, etc. Le Japon, 2e puissance écon. du monde après les É-U., domine l'industrie asiatique. Les «quatre dragons», Corée du S., Hong Kong, Singapour, Taiwan, ont pris la suite du Japon dans certains domaines (assemblage électronique, sidérurgie) et délocalisent à leur tour une partie de leur production vers les États de l'Asie orient. où le coût de la main-d'œuvre est plus bas : Chine, Indonésie, Thaïlande, Philippines, Malaisie; la rapide croissance industr. de ces pays s'accompagne d'une intense activité commerciale (40 % des échanges se font à l'intérieur de la zone) et financière (banques, assurances); Hong Kong et Singapour sont les deux grandes places financières après Tōkyō. Le monde indien, auparavant engagé dans une industrialisation plus autarcique, s'ouvre aux marchés ext. L'industrie du Moyen-Orient se développe, mais ne représente que 15 % du P.I.B. (contre plus de 20 % dans les pays en voie d'industrialisation du S.-É. asiatique) des États de la rég. (sauf Israël, 21 %), les pétrodollars ayant surtout enrichi une partie de la population. L'Asie centrale et la Sibérie, qui alimentaient l'U.R.S.S. en énergie et en matières prem., conservent ce rôle au sein de la C.É.I., tout en tentant d'attirer les capitaux occid. et de réformer leur industrie lourde. Dans l'ensemble, le continent poursuit son expansion écon., mais l'ONU classe quelques États parmi les pays les plus démunis : Bangladesh, Bhoutan, Birmanie, Népal.

Hist. – La présence des ancêtres de l'homme est attestée en Asie tout au long du pléistocène. L'*Homo sapiens sapiens*, l'homme moderne, y est présent depuis 40 000 ans.

De la préhistoire à l'Antiquité. Le développement des techniques de stockage donna le jour à des villages permanents de pêcheurs-cueilleurs et de chasseurs-cueilleurs. L'apparition de l'agriculture fut l'aboutissement d'efforts conjugués et parallèles dans des rég. où la flore pouvait être domestiquée : aux variétés connues à Jéricho au VIIIe millénaire avant J.-C. s'en ajoutèrent d'autres de Mésopotamie ou du Béloutchistan actuel. Le même mouvement affecta la riziculture. Outre les céréales, d'autres plantes furent domestiquée : tubercules, légumineuses, cucurbitacées, plantes textiles, arbres fruitiers (abricotiers, pêchers, pommiers), etc. La domestication des animaux est faite au VIIe millénaire. Ainsi, le cheval, agent essentiel de l'hist. asiatique, est attesté au IVe mill. (Iran, Anatolie). Les sociétés asiatiques surent également inventer

des techniques : polissage de la pierre en Syrie-Palestine (VIIIe millénaire), invention de la céramique au Japon (XIe mill.); métallurgie en Chine (culture de Longshan), en Mésopotamie, en Iran (VI-Ve mill.). Dans ses applications utilitaires, l'usage du fer est généralisé au Ier millénaire. Les communications sont favorisées, à partir du IIIe millénaire, par la domestication d'animaux de bât, l'invention des véhicules à roues dans les steppes indo-européennes et la navigation hauturière dans les mers de Chine, mise au point par des peuples habitant l'actuelle Asie du S.-E.
Les pôles de développement (IV-IIe mill). Des pôles de haute culture appartiennent au Moyen-Orient (Mésopotamie*), à la vallée de l'Indus, à l'Asie du S.-E., au S. du Yangzijiang et à la vallée du Huanghe (fleuve Jaune). L'avancée de ces sociétés paysannes sur de vastes espaces provoqua l'apparition de villes et d'un appareil d'État capable de gérer la production, les ressources publiques et les populations. Certains de ces États en vinrent à recourir à des systèmes d'écriture, efficaces instruments d'administration, en Mésopotamie et dans l'Indus (IIIe mill.), dans la région du Huanghe (IIe mill.). La recherche de matières prem. intensifia les échanges : le pays de Sumer, par ex., créa des colonies sur le haut Euphrate, commerça avec l'Arabie et, plus loin, la vallée de l'Indus. Cette dernière commerçait également avec l'Arabie, les métropoles dravidiennes (Mohenjo-Dāro) diffusaient leur culture jusqu'en Bactriane (Asie centrale). Désormais, les hommes vécurent dans des espaces sociaux élargis aux terres lointaines. Au IIe mill., les cavaliers-archers des steppes se mirent en mouvement vers les terres plus riches : les Aryens pénétrèrent en Inde, les Mèdes et les Perses sur le plateau iranien, d'autres s'élancèrent vers la Chine. Selon le cas, les confédérations de nomades furent tantôt alliées ou tributaires, mercenaires ou conquérantes; elles assimilèrent (création de l'empire des Seldjoukides*, Xe s. apr. J.-C.) ou furent assimilées (fondation de l'empire des Yuan en Chine, XIIIe-XIVe s.). Ces mouvements migratoires firent des pays d'Asie une mosaïque ethnique, linguistique, religieuse, source de conflits, mais qui favorisa aussi la créativité culturelle, philosophique et religieuse, en particulier aux VIIe-VIe s. av. J.-C. : la philosophie grecque naquit en Asie mineure avant de s'épanouir en Grèce, le taoïsme et le confucianisme préparèrent les courants de la philosophie chinoise, le bouddhisme se répandit en Inde; le Proche-Orient vit la naissance des trois religions monothéistes, le judaïsme suivi du christianisme et de l'islam.
Modernités asiatiques. À la veille des Temps modernes, alors que s'estompait l'influence indienne, les progrès de l'avancée thaï, de l'emprise chinoise et du prosélytisme musulman rompirent l'ancien équilibre régional. Les prémices de l'expansion coloniale européenne, à partir du XVIe s., achevèrent de disposer les éléments du jeu politique et social moderne. Toutefois, au XVIIe s., réseaux commerciaux et missions chrétiennes ne touchent qu'une infime partie des pop. asiatiques. Il faut attendre la seconde moitié du XIXe s., et le début du XXe s. pour que l'Europe, forte de son industrie et persuadée de la supériorité de sa civilisation, renforce son emprise et crée l'Empire britannique des Indes, l'Indonésie néerlandaise et l'Indochine française; au N., les Russes ont achevé la conquête de la Sibérie et de l'Asie centrale. Ce processus s'amplifie à la fin de la Première Guerre mondiale : les provinces ottomanes passent sous contrôle britannique ou français. Le Japon, fermé aux Occidentaux du XVIe s. à 1867, s'ouvre à l'Occident. Les idéaux de la Révolution française de 1789 paraissent progresser, comme le montrent la République turque de Mustafa Kemal et la Chine de Sun Yat-sen. Au lendemain de la Seconde Guerre mondiale, les luttes engagées aboutissent à l'indépendance de grands États qui adoptent les institutions républicaines : Philippines (1946), Inde et Pākistān (1947), Indonésie (1949)(V. aussi : Asie du Sud-Est). Par ailleurs, soutenu par l'U.R.S.S., le communisme, déjà installé en Mongolie extérieure (1942), triomphe en Corée du N. (1945) et en Chine (1949). Mais en 1991, la dissolution de l'Union soviétique ouvre aux peuples de l'Asie centrale de nouvelles perspectives politiques et économiques, les États encore communistes connaissant également des bouleversements économiques. Les années 90 voient la montée en puissance des États asiatiques qui, malgré des rivalités internes, s'organisent face aux États-Unis et à l'Europe.

Asie centrale, partie de l'Asie qui, entre la mer Caspienne et la Mongolie, comprend le Kazakhstan, le Kirghizstan, l'Ouzbékistan, le Tadjikistan, le Turkménistan, ainsi que le Xinjiang (Chine).
► V. carte p. 1376.

Asie du Sud-Est, partie de l'Asie des moussons composée d'un ensemble continental : Viêt-nam, Laos, Cambodge, Thaïlande, Birmanie, Malaisie occid. et Singapour; d'un ensemble insulaire : Indonésie, Brunei, Philippines et Malaisie orient. (V. carte, p. 1376.) – Dotés de cultures très anc., les peuples de la région ont connu la pression de l'Inde et de la Chine, la pénétration de l'islam et l'expansion coloniale européenne. Sauf en Thaïlande, qui n'avait pas été colonisée, l'indépendance intervint après la Seconde Guerre mondiale : Philippines (1946), Birmanie (1948), Indonésie (1949), Laos et Cambodge (1953), Viêt-nam (1954), Malaisie (1957) et Singapour (1965). Commença alors une nouvelle période de turbulences, car les rivalités entre le bloc occidental et le bloc communiste provoquèrent des conflits armés dans l'ancienne Indochine* française : guerre du Viêt-nam (1954-1975), dictature des Khmers rouges au Cambodge (1975-1979), suivie de l'invasion vietnamienne (1979-1989). Les pays pro-occidentaux, qui se regroupèrent en 1967 au sein de l'Association* des nations du Sud-Est asiatique, connurent aussi des difficultés : coups d'État en Thaïlande, régimes autoritaires de Marcos aux Philippines (1965-1986), de Sukarno (1949-1965) et de Suharto (1965) en Indonésie, des militaires en Birmanie, etc. Les années 90 voient le retour à une relative stabilité politique et un développement économique qui entraîne des échanges avec les pays industrialisés, partic. les États-Unis et le Japon.

Asie Mineure, nom donné par les spécialistes de l'Antiquité à l'extrémité occidentale de l'Asie, au S. de la mer Noire, l'actuelle Turquie d'Asie *(Anatolie).*

asilaire [azilɛʀ] adj. Relatif aux asiles de vieillards ou aux hôpitaux psychiatriques.

asile [azil] n. m. **1.** Lieu inviolable où l'on est à l'abri des poursuites de la justice, des persécutions, des dangers. *Les églises furent longtemps des asiles.* ▷ *Droit d'asile :* immunité accordée aux ressortissants de pays étrangers, poursuivis dans leur pays pour crimes ou délits politiques, qui évitent ainsi l'extradition. **2.** *Par ext.* Demeure, habitation. *Être sans asile.* **3.** Vieilli Établissement où l'on recueillait les indigents, les vieillards. ▷ *Asile d'aliénés* ou *asile :* anc. nom de l'hôpital psychiatrique.

Asimov (Isaac) (1920 – 1992), biochimiste américain d'origine russe, auteur de romans de science-fiction.

asinien, enne [azinjɛ̃, ɛn] adj. ZOOL Propre à l'âne.

askari [askaʀi] n. m. HIST **1.** Homme armé assurant la protection des caravanes en Afrique orientale. **2.** Soldat africain des armées italienne, allemande ou britannique en Afrique orientale.

askia [askja] n. m. HIST Souverain de l'Empire songhay.

Askia, dynastie songhay qui régna dans la boucle du Niger, fondée en 1492 par l'Askia* Mohammed.

Askia Mohammed (Mohammed Touré, dit), souverain songhay. Général de Sonni* Ali Ber, il prit le pouvoir après sa mort en 1492, devint empereur *(askia)* du Songhay (1493-1528) et étendit sa suzeraineté sur la plus grande partie de l'Afrique occidentale. Il fut déposé par ses fils.

Asmara, cap. de l'Érythrée à 2 300 m d'altitude; 430 000 hab. Industries diverses. Aéroport.

Asmodée, personnage biblique (livre de Tobie), démon de l'amour impur.

Asmonéens, dynastie sacerdotale et royale de Judée, qui prit le pouvoir après le soulèvement des Maccabées (134-37 av. J.-C.).

Asnam (El-) *(al-'Asnām).* V. Cheliff (Ech-).

asocial, ale, aux [asɔsjal, o] adj. (et n.) Qui n'est pas adapté à la vie en société.

Asoka. V. Açoka.

asparagus [aspaʀagys] n. m. BOT Variété d'asperge (fam. liliacées) dont le feuillage ornemental est utilisé dans la confection de bouquets.

aspartique [aspaʀtik] adj. BIOCHIM *Acide aspartique :* acide aminé présent dans toutes les protéines.

Aspasie (Ve s. av. J.-C.), Athénienne qui vécut auprès de Périclès. Sa maison fut un foyer intellectuel.

aspect [aspɛ] n. m. **1.** Manière dont une personne ou une chose s'offre à la vue. *Maison à l'aspect accueillant.* **2.** Point de vue sous lequel on peut considérer un objet, une affaire. *Examiner une chose sous tous ses aspects.* **3.** LING Façon d'envisager l'action exprimée par le verbe dans son déroulement temporel. *Aspect imperfectif, perfectif. Aspect itératif, inchoatif.*

asperge [aspɛʀʒ] n. f. **1.** Plante potagère (fam. liliacées), aux pousses comestibles. **2.** Fig., fam. Personne grande et très mince.

asperger [aspɛʀʒe] v. tr. [**13**] Arroser légèrement en surface. *Asperger du linge pour le repasser.*

aspergillus [aspɛʀʒilys] n. m. BOT Genre de champignons ascomycètes, moisissure qui se développe sur les substances en décomposition (confitures, fruits, etc.) et qui peut produire des toxines (aflatoxine sur les arachides, par ex.).

aspérité [aspeʀite] n. f. Petite saillie qui rend une surface inégale, rude. *Les aspérités d'un rocher.*

asperme [aspɛʀm] adj. BOT Dont les fruits sont sans graines.

aspermie [aspɛʀmi] n. f. MED Absence de sperme.

asperseur [aspɛʀsœʀ] n. m. Syn. de *sprinkler.*

aspersion [aspɛʀsjɔ̃] n. f. Action d'asperger. ▷ AGRIC *Irrigation par aspersion :* arrosage ou irrigation qui vise à reproduire les conditions de la pluie.

asphaltage [asfaltaʒ] n. m. Action d'asphalter.

asphalte [asfalt] n. m. PETROG Roche sédimentaire, calcaire, poreuse, imprégnée naturellement de bitume. ▷ TRAV PUBL Revêtement pour les chaussées préparé avec cette roche, pulvérisée et mélangée à chaud à du bitume.

asphalter [asfalte] v. tr. [**1**] Étendre de l'asphalte sur.

asphaltique [asfaltik] adj. Qui contient de l'asphalte.

asphodèle [asfɔdɛl] n. m. Plante herbacée (fam. liliacées) à fleurs blanches des régions méditerranéennes.

asphyxiant, ante [asfiksjɑ̃, ɑ̃t] adj. Qui asphyxie. *Des gaz asphyxiants.* ▷ Fig. Moralement étouffant.

asphyxie [asfiksi] n. f. **1.** Défaut d'oxygénation du sang et arrêt consécutif des battements du cœur, pouvant entraîner la mort. **2.** Fig. Oppression, contrainte. *L'asphyxie de l'opinion publique par les médias.* **3.** Fig. Diminution, arrêt de l'activité économique. *L'asphyxie d'une région.*

asphyxier [asfiksje] v. tr. [**2**] Provoquer l'asphyxie de. ▷ v. pron. Souffrir d'asphyxie, mourir par asphyxie. ▷ Pp. adj. *Il est mort asphyxié.*

1. aspic [aspik] n. m. Vipère d'Europe *(Vipera aspis),* au venin très toxique.

2. aspic [aspik] n. m. Plat froid de viande, de poisson moulé dans une gelée. *Aspic de poulet.*

aspirant, ante [aspiʀɑ̃, ɑ̃t] adj. et n. **I.** adj. Qui aspire. *Une pompe aspirante.* **II.** n. **1.** Personne qui aspire à obtenir une place, un titre, un poste. *Un aspirant au doctorat.* **2.** n. m. Grade attribué aux élèves officiers avant leur promotion au grade de sous-lieutenant. ▷ Élève officier de marine.

aspirateur [aspiʀatœʀ] n. m. **1.** Appareil aspirant qui sert à dépoussiérer. *Passer l'aspirateur.* **2.** CHIR Instrument destiné à pratiquer l'aspiration de liquides, de gaz.

aspiration [aspiʀasjɔ̃] n. f. **1.** Action d'aspirer. *Aspiration des buées.* **2.** PHON Bruit produit par l'air sortant de la glotte. **3.** Fig. Élan, mouvement de l'âme vers un idéal. *L'aspiration vers un monde meilleur.*

aspirer [aspiʀe] v. [**1**] **I.** v. tr. dir. **1.** Attirer un fluide. *Aspirer l'air, l'eau.* – Pp. adj. *Le volume d'air aspiré.* ▷ (S. comp.) Attirer l'air dans ses poumons. *Aspirer lentement.* **2.** PHON Prononcer en expulsant de l'air au fond du gosier. *Aspirer une consonne.* ▷ Pp. adj. *H aspiré :* signe (la lettre h) qui interdit la liaison. **II.** v. tr. indir. Fig. Désirer fortement, ambitionner. *Aspirer aux honneurs, au repos.*

aspirine [aspiʀin] n. f. (Nom déposé.) Acide acétylsalicylique, utilisé comme analgésique, pour lutter contre la fièvre, comme anti-inflammatoire, etc. *Un comprimé d'aspirine.* ▷ Fam. Comprimé de ce produit. *Prendre une aspirine.*

asque [ask] n. m. BOT Cellule reproductrice, caractéristique des champignons ascomycètes, à l'intérieur de laquelle se forment en général huit spores qui sont le résultat d'une méiose.

Asquith (Herbert Henry) (1852 – 1928), 1er comte d'Oxford et Asquith, Premier ministre brit. (1908-1916), chef du parti libéral. Il fit adopter le Home Rule (1914).

asri [asʀi] n. m. (Maghreb) En Algérie, chant moderne.

Assad ou **Asad** (Hafīz al-) (né en 1928), homme politique syrien appartenant à la secte chiite des Alaouites (V. Ansariyyah). Général en chef en 1966, il est responsable, en 1970, d'un coup d'État qui le porte au pouvoir. Il devient alors secrétaire général du parti Baas et est élu président de la République en 1971, puis réélu en 1985. Il a fait partie de la coalition contre l'Irak au cours de la guerre du Golfe (1991).

assagir [asaʒiʀ] v. tr. [**3**] Rendre sage. ▷ v. pron. Devenir sage. *S'assagir avec l'âge.*

assagissement [asaʒismɑ̃] n. m. Action de rendre ou de devenir sage.

assaillant, ante [asajɑ̃, ɑ̃t] adj. Qui assaille. ▷ Subst. (Sens collectif.) *Repousser les assaillants,* ou *l'assaillant.*

assaillir [asajiʀ] v. tr. [**28**] **1.** Attaquer vivement à l'improviste. *Assaillir un camp militaire. Être assailli par les moustiques.* **2.** Fig. *Assaillir qqn de questions,* le harceler de questions.

assainir [aseniʀ] v. tr. [**3**] Rendre sain ou plus sain, plus pur. *Assainir un quartier.* – Fig. *Assainir les finances publiques :* prendre des mesures pour réduire le déficit du budget de l'État.

assainissement [asenismɑ̃] n. m. Action d'assainir; résultat de cette action. *L'assainissement d'une ville.* – *Spécial.* Action visant à éliminer de l'environnement tout ce qui peut être nuisible à la santé. ▷ TRAV PUBL *Réseau d'assainissement :* ensemble de collecteurs assurant l'évacuation des eaux usées et des eaux pluviales.

assainisseur [asenisœʀ] n. m. Appareil ou produit qui combat les odeurs désagréables. *Un assainisseur d'air.*

assaisonnement [asɛzɔnmɑ̃] n. m. **1.** Action et manière d'assaisonner. **2.** Ce qui sert à relever le goût. *Utiliser des assaisonnements variés.*

assaisonner [asɛzɔne] v. tr. [**1**] Accommoder des aliments avec des ingrédients propres à en relever le goût. *Assaisonner une salade.* ▷ Fig. *Assaisonner ses écrits de traits d'esprit.*

Assal (lac), lac de la rép. de Djibouti, à 155 m au-dessous du niveau de la mer; 57 km^2.

Assam, État de l'Inde, de part et d'autre du Brahmapoutre; 78523 km^2; 22294560 hab.; capitale *Dispur.* Région très humide; thé, riz, jute. Pétrole.

assamela [asamela] n. m. Arbre de la forêt équatoriale africaine (fam. papilionacées), exploité pour son bois.

assaper [asape] v. [**1**] (Acadie) **1.** v. tr. Tasser (sens I, 1). *Assaper la terre au pied d'un arbre.* **2.** v. pron. Se tasser, avoir un volume moindre. – Fig. (Personnes) Se calmer.

assassin, ine [asasɛ̃, in] n. m. et adj. **1.** n. m. Celui qui attente à la vie d'autrui avec préméditation. ▷ *Par ext.* Celui qui provoque la mort de qqn par négligence ou incompétence. *Cet anesthésiste est un assassin.* **2.** adj. Fig. Qui blesse; qui provoque. *Une pique assassine. Un clin d'œil assassin.*

assassinat [asasina] n. m. Homicide volontaire commis avec circonstances aggravantes (préméditation, guet-apens). *Commettre un assassinat.*

assassiner [asasine] v. tr. [**1**] Tuer avec préméditation.

Assassins ou **Haschischins** («fumeurs de haschisch»), musulmans ismaéliens disciples de Hassan ibn as-Sabbah. Ils fondèrent une dynastie (XIIe s.), anéantie en 1256 par les Mongols.

assaut [aso] n. m. **1.** Attaque pour emporter de force une position. *Monter à l'assaut. Prendre d'assaut,* par la force. *Repousser un assaut.* ▷ Fig. Attaque violente. *Les assauts de la tempête.* **2.** SPORT Combat opposant deux escrimeurs. *Un assaut d'armes.* ▷ Fig *Faire assaut d'esprit :* rivaliser sur le plan intellectuel.

-asse. Suffixe donnant une valeur péjorative (ex. *mollasse, dégueulasse*).

Assebrouck (en néerl. *Assebrœk*), v. de Belgique (Flandre-Occid.), sur le canal de Bruges à Gand; 15000 hab. Industrie textile.

assèchement [asɛʃmɑ̃] n. m. Action d'assécher; résultat de cette action.

assécher [aseʃe] v. tr. [**14**] Mettre à sec. *Assécher un marais.* ▷ v. pron. *Une rivière qui s'assèche.*

assemblage [asɑ̃blaʒ] n. m. **1.** Action d'assembler. *L'assemblage des pièces d'un moteur.* **2.** Réunion de choses diverses qui forment un tout. *Un curieux assemblage de couleurs.* **3.** TECH Dispositif, procédé destiné à relier entre elles plusieurs pièces. *Assemblage à tenon et mortaise.*

assemblée [asɑ̃ble] n. f. **1.** Réunion de plusieurs personnes en un même lieu. *Une grande, une nombreuse assemblée.* **2.** Corps délibérant. *Convoquer, dissoudre, présider une assemblée. Assemblée générale.* – *Assemblée nationale :* V. encycl. ci-après. – (Suisse) *Assemblée fédérale :* réunion des deux chambres fédérales, la chambre du peuple et la chambre des cantons. – (Algérie) *Assemblée populaire communale :* mairie. *Assemblée populaire nationale :* Assemblée nationale. – (Québec) *Assemblée nationale du Québec* (anc. *Assemblée législative*), où siègent les députés provinciaux québécois. ▷ Par anal. *Assemblée d'actionnaires.*

ENCYCL 1. Révolution* française de 1789-1799. – **Assemblée nationale constituante** ou **Constituante,** nom que prirent les États* généraux le 9 juil. 1789. Comprenant 1200 députés, la Constituante siégea jusqu'au 30 sept. 1791. Elle abolit la féodalité, proclama la souveraineté nat., la séparation des pouvoirs, l'égalité des citoyens devant la loi, organisa la France en départements, vota la Constitution civile du clergé. – **Assemblée législative,** assemblée qui succéda à la Constituante (V. ci-dessus), mais avec des membres entièrement nouveaux (au nombre de 745), et qui siégea du 1er oct. 1791 au 21 sept. 1792. Le pouvoir fut exercé par des modérés, les Feuillants (264 élus), et par les Girondins (136). Timide face à la Commune de Paris, la Législative suspendit les pouvoirs de Louis XVI le 13 août* 1792 (V. août [10]) et ne réprima pas les massacres de Septembre* (2-6 sept.). La Convention* lui succéda. **2.** Révolution* française de 1848. – **Assemblée constituante,** composée de 880 membres élus le 23 avril 1848 conformément à la volonté du Gouvernement* provisoire. Elle siégea du 4 mai 1848 au 27 mai 1849. Elle réprima les *journées de Juin* et organisa l'élection du président de la Rép. le 10 déc. 1848 (Louis Napoléon Bonaparte). – **Assemblée législative,** composée de 750 membres élus le 13 mai 1849; 250 seulement étaient républicains. Elle siégea du 28 mai 1849 au 2 déc. 1851, dissoute par le coup d'État de Louis Napoléon Bonaparte (V. Napoléon III). **3.** De 1871 à 1875. – **Assemblée nationale,** composée de 650 membres élus le 8 fév. 1871 (apr. l'armistice du 28 janv. accordé par Bismarck), en majorité monarchistes bien que la république ait été proclamée le 4 sept. 1870. Elle siégea à Bordeaux dès le 8 fév., puis se transféra à Versailles le 20 mars et affronta la Commune* de Paris, constituée le 18 mars et que l'armée «versaillaise» écrasa du 22 au 28 mai. Le 10 mai l'Assemblée avait signé avec l'Allemagne le traité de Francfort*-sur-le-Main. De 1871 à 1875, l'état de crise fut constant et l'Assemblée vota sa dissolution le 31 déc. 1875. La prem. Chambre des députés de la IIIe République proprement dite lui succéda. **4.** De 1946 à nos jours. – **Assemblée constituante,** composée de 579 membres, élus le 21 oct. 1945. Siégeant du 6 nov. 1945 au 2 juin 1946, elle soumit un projet de Constitution au référendum, qui la repoussa. La deuxième *Assemblée constituante,* élue le 2 juin 1946, siégea du 11 juin au 5 oct. 1946; elle proposa avec succès au référendum (13 oct. 1946) la Constitution de la IVe République. – **Assemblée nationale,** dans la Constitution de la Ve Rép. (en vigueur dep. 1958), comme dans celle de la IVe Rép. (1946-1958), assemblée élue au suffrage universel qui exerce le pouvoir législatif avec le Sénat*, tous deux formant le Parlement. En cas de désaccord entre l'Assemblée (parfois cour. appelée «la Chambre», car elle correspond à la Chambre des députés de la IIIe Rép.) et le Sénat, l'assemblée tranche. Elle seule peut renverser le gouvernement. V. France (Administration et institutions).

Assemblée internationale des parlementaires de langue française (A.I.P.L.F), organisation (nommée *Association* en 1967 et *Assemblée* depuis 1989) créée au Luxembourg en 1967 pour favoriser, à travers la coopération interparlementaire, le rayonnement de la langue française. Elle regroupe quarante-cinq sections nationales dans les pays ayant le français en partage. Reconnue *Assemblée consultative de la Francophonie* par le Sommet de Maurice, elle émet des avis et des recommandations (V. francophonie).

assembler [asɑ̃ble] v. [1] **I.** v. tr. **1.** Mettre ensemble, réunir. *Assembler des mots pour en faire une phrase.* **2.** Réunir par convocation. *Assembler le conseil.* **3.** Joindre des pièces pour en former un tout. *Assembler les pièces d'une machine, les feuillets d'un volume.* **II.** v. pron. Se réunir. *Les Chambres se sont assemblées.* ▷ (Prov.) *Qui se ressemble s'assemble.*

assembleur, euse [asɑ̃blœʀ, øz] n. **1.** Personne qui assemble. **2.** n. m. INFORM Programme qui permet de traduire un langage symbolique en langage machine en supprimant la phase de compilation.

assener [asene] [16] ou **asséner** [14] v. tr. Porter, donner (un coup violent). *Assener un coup de matraque.*

assentiment [asɑ̃timɑ̃] n. m. Adhésion, consentement (donné à une proposition, à un acte). *Donner son assentiment à un mariage.* Syn. approbation. Ant. refus.

asseoir [aswaʀ] v. [41] **I.** v. tr. **1.** Mettre (qqn) en appui sur ses fesses. *Asseoir un enfant sur ses genoux.* **2.** Établir solidement. *Asseoir une maison sur ses fondations.* ▷ Fig. *Asseoir un raisonnement sur des bases solides.* **II.** v. pron. *S'asseoir par terre, à une table, sur une chaise, à califourchon.*

assermentation [asɛʀmɑ̃tasjɔ̃] n. f. (Québec, Suisse) Action de faire prêter ou de prêter serment.

assermenté, ée [asɛʀmɑ̃te] adj. Qui a prêté serment. *Expert, traducteur assermenté. Témoin assermenté.*

assertif, ive [asɛʀtif, iv] adj. LING Qui indique une assertion. *Une forme verbale assertive.*

assertion [asɛʀsjɔ̃] n. f. Proposition que l'on avance comme vraie. *Des assertions mensongères.*

asservir [asɛʀviʀ] v. [3] **I.** v. tr. **1.** Rendre esclave, assujettir, réduire à la servitude. *Asservir une nation.* Ant. libérer, délivrer, affranchir. **2.** Soumettre (qqn). *Asservir qqn à ses caprices.* **3.** TECH Réaliser un asservissement. **II.** v. pron. Se soumettre. *S'asservir à la règle.*

asservissant, ante [asɛʀvisɑ̃, ɑ̃t] adj. Qui asservit. *Un travail asservissant.*

asservissement [asɛʀvismɑ̃] n. m. **1.** Action d'asservir. **2.** État de ce qui est asservi. *Tenir un peuple dans l'asservissement.* ▷ Fig. *Asservissement aux usages.* **3.** TECH Réaction d'un organe ou d'un système sur les circuits de commande, assurant une régulation; dispositif utilisant une telle réaction.

assesseur [asesœʀ] n. m. **1.** DR Magistrat adjoint à un juge principal pour l'aider dans ses fonctions ou le suppléer en son absence. ▷ *Par ext.* Personne qui en seconde une autre dans ses fonctions. **2.** (Vanuatu) Avant l'indépendance, interlocuteur autochtone choisi dans un village par les administrateurs britanniques et français.

assez [ase] adv. **1.** Autant qu'il faut. *Il a assez dormi. Assez de sel. Ne creusez plus, le puits est assez profond. Il ne travaille pas assez.* ▷ *C'est assez, c'en est assez* ou *assez!,* pour faire taire un contradicteur, arrêter un importun. – Fam. *En avoir assez de :* ne plus pouvoir supporter (qqn, qqch). ▷ (Québec) Fam. *Assez de* (suivi d'un nom) *:* beaucoup de, trop de. *Construire un escalier, c'est assez d'ouvrage.* **2.** Avec un adj. ou un adv., sert à restreindre la signification du mot qui le suit. *Elle est assez jolie. Courir assez vite.* (La négation correspondante est *ne...pas très. Ce n'est pas très bon.*) ▷ *Assez peu :* pas beaucoup. **3.** *Assez pour :* suffisamment pour que telle conséquence s'en suive. *Il travaille assez, il est assez travailleur pour réussir son examen.* – (Belgique, France rég.) Placé après un adj., un nom ou un adv. *Il est malin assez pour s'en sortir. Tu ne cours pas vite assez pour me suivre.* **4.** (Belgique, France rég.) Fam. *Assez bien :* pas mal, de manière appréciable. *Il a neigé assez bien cette nuit.* – (Suisse) *Je verrais assez bien mon fils faire des études de médecine.* **5.** (Québec) Fam. Avec un adj., un adv. ou un verbe, exprime l'intensité. *Elle est assez grande! J'ai assez hâte aux vacances!* **6.** Loc. conj. (Québec) *Assez que :* tellement que. *J'ai eu assez peur que je n'y suis pas retourné.* – (Après une ponctuation forte.) *Les joueurs étaient pitoyables sur la glace. Assez que la foule les a hués.*

assidu, ue [asidy] adj. **1.** Qui se trouve constamment auprès de quelqu'un ou dans quelque lieu. *Être assidu auprès d'un malade.* ▷ *Visites assidues,* fréquentes. **2.** Ponctuel, exact. *Un élève assidu.* **3.** Qui s'applique avec persévérance. *Assidu au travail.* **4.** Constant. *Des soins assidus.*

assiduité [asidɥite] n. f. Présence régulière là où l'on doit s'acquitter de ses obligations. *Assiduité d'un bon élève.* ▷ Plur. Péjor. Empressement auprès d'une femme. *Repousser des assiduités.*

assidûment [asidymɑ̃] adv. De manière assidue, régulière. *Travailler assidûment.*

assiégé, ée [asjeʒe] adj. et n. Qui subit un siège.

assiégeant, ante [asjeʒɑ̃, ɑ̃t] adj. et n. Qui assiège.

assiéger [asjeʒe] v. tr. [15] **1.** MILIT Mettre le siège devant (une place, une forteresse). ▷ Par anal. *La foule assiège les guichets.* **2.** Fig. Poursuivre, obséder. *Les ennuis m'assiègent.*

assiette [asjɛt] n. f. **I. 1.** Pièce de vaisselle dans laquelle on sert les aliments pour une personne. *Assiette plate.* – *Assiette creuse, assiette à soupe* ou (Belgique) *assiette profonde :* assiette dans laquelle on sert notam. la soupe. – *Assiette à dessert :* petite assiette plate. – *Assiette à pain :* petite assiette placée à gauche du couvert d'un convive pour y poser le pain. ▷ (Afr. subsah.) Plat. *Toute la famille était réunie autour d'une assiette de couscous.* ▷ (Québec) *Assiette à tarte :* moule, plat à tarte. – *Assiette à pizza :* plaque de métal ronde pour faire cuire la pizza. **2.** Assiettée. *Une assiette de soupe.* ▷ *Assiette anglaise :* plat composé de viandes froides et de charcuterie. ▷ *Pique-assiette :* parasite. **II. 1.** Manière qu'a le cavalier de se tenir en selle. *Avoir une bonne assiette.* **2.** *L'assiette d'une route,* la surface nécessaire à sa construction. **3.** FIN *L'assiette de l'impôt,* sa répartition, sa base de calcul. **4.** Loc. fig. *Ne pas être dans son assiette :* se sentir mal.

assiettée [asjete] n. f. Contenu d'une assiette.

assignation [asiɲasjɔ̃] n. f. **1.** Action d'affecter un fonds au paiement d'une dette, d'une rente. **2.** DR Acte par lequel une personne est sommée à comparaître en justice à un jour déterminé. ▷ *Assignation à résidence :* obligation pour qqn de résider dans un lieu déterminé.

assigner [asiɲe] v. tr. [1] **1.** Attribuer (qqch) à qqn. *Assigner une mission à une personne de confiance.* **2.** Fixer, déterminer. *Assigner une date de livraison.* **3.** Affecter un fonds ou une recette déterminée au paiement d'une dette, d'une rente, etc. **4.** DR Sommer par exploit judiciaire à comparaître devant un tribunal statuant en matière civile, à un jour déterminé.

assimilable [asimilabl] adj. Qui peut être assimilé.

assimilation [asimilasjɔ̃] n. f. **1.** Fait de considérer deux ou plusieurs choses comme semblables. *L'assimilation d'un artisan à un artiste.* ▷ Équivalence de certaines catégories de fonctionnaires. **2.** BIOL Action d'assimiler. ▷ *Assimilation chlorophyllienne :* fonction spéciale des végétaux renfermant de la chlorophylle, qui consiste à absorber le gaz carbonique de l'air en présence de lumière, et à l'incorporer dans des molécules glucidiques (amidon) avec un rejet d'oxygène. Syn. photosynthèse. ▷ *Par ext.* Fait de se pénétrer des choses étudiées. *L'assimilation d'un théorème.* **3.** Insertion d'un étranger sur le plan social et culturel dans un pays d'immigration. *L'assimilation des immigrés.* **4.** PHON Phénomène par lequel un phonème adopte un ou plusieurs traits distinctifs du phonème avec lequel il est en contact. *Assimilation progressive, régressive, à distance.*

assimilé, ée [asimile] adj. (et n.) **1.** Rendu semblable; considéré comme semblable. ▷ Subst. Personne qui remplit la même fonction qu'une autre sans en avoir le titre. **2.** À l'époque coloniale, Africain régi par le droit civil. **3.** (Afr. subsah.) Péjor. Africain qui se comporte comme les Européens. Syn. acculturé, toubab.

assimiler [asimile] v. [1] **I.** v. tr. **1.** Présenter, considérer comme semblable. *Assimiler un cas à un autre.* **2.** BIOL En parlant d'un organisme vivant, prendre des molécules simples, organiques ou minérales, dans le milieu où il vit (N.B. : ne pas confondre avec *digérer* et *métaboliser*). *Assimiler du glucose.* ▷ Fig. *Assimiler une théorie,* la comprendre pleinement. **3.** Incorporer (des étrangers) dans une nation. *Assimiler les immigrés.* **II.** v. pron. **1.** Se considérer comme semblable (à qqn). **2.** PHYSIOL (Impropre, employé pour *se métaboliser.*) S'intégrer aux structures cellulaires d'un organisme. *Les graisses animales s'assimilent plus mal que les graisses végétales.* **3.** Devenir semblable aux membres d'un groupe social, d'une nation. *Les immigrants cherchent à s'assimiler dans le pays d'accueil.*

assin [asɛ̃] n. m. (Afr. subsah.) Guéridon de fer forgé que l'on fixe dans le sol grâce à son pied pointu et qui sert au culte des ancêtres, au Bénin et au Togo.

Assiniboine, riv. du Canada (960 km), affl. de la rivière Rouge (r. g.); conflue à Winnipeg.

Assiniboins, Sioux de l'O. du Canada (groupe linguistique des Dakotas), vivant auj. dans des réserves, au Canada (Alberta) et aux États-Unis (Montana).

Assinie, complexe touristique de la Côte d'Ivoire établi sur le littoral atlantique, à l'E. d'Abidjan. Il doit son nom à une anc. cité-État; la France y établit un comptoir à la fin du XVIIe s.

Assiout ou **Assiut,** v. de Moyenne-Égypte, sur le Nil; 273 000 hab.; ch.-l. du gouvernorat du m. nom. Grand barrage sur le Nil.

assis, ise [asi, iz] adj. **1.** Qui est sur son séant. *J'ai voyagé assis sur un strapontin.* ▷ *Magistrature* assise.* ▷ *Place assise,* où l'on peut s'asseoir. **2.** Fig. Solidement établi. *Une réputation assise.*

assise [asiz] n. f. CONSTR Rang de pierres, de briques qu'on pose horizontalement pour construire un mur. ▷ Fig. Base, fondement. *Les assises d'un raisonnement.*

Assise, v. d'Italie (Ombrie), dans la prov. de Pérouse; 24 440 hab. – Centre religieux; basilique St-François, aux deux églises superposées (1228-1253), que décorèrent à fresque Cimabue et Giotto *(Vie de saint François).*

assises [asiz] n. f. pl. Session que tiennent les *cours d'assises.* (V. encycl. cour.) ▷ *Par ext.* Réunion d'un groupement, d'une association, etc. *Tenir ses assises une fois par an.*

assistanat [asistana] n. m. **1.** Fonction d'assistant, princ. dans l'enseignement supérieur, dans les métiers du cinéma et du théâtre. **2.** Fait de recevoir une assistance, d'être pris en charge.

assistance [asistɑ̃s] n. f. **1.** Assemblée, auditoire. *Une nombreuse assistance.* **2.** Aide apportée à qqn. *Demander, porter assistance à un ami.* ▷ *Assistance technique :* aide apportée (par un pays, un gouvernement, un organisme...) au développement d'un pays par la fourniture d'experts, de techniciens, de matériel et de savoirs. ▷ TECH Dispositif capable d'amplifier un effort manuel et de le transmettre à un mécanisme. **3.** DR Fait d'être secondé par un magistrat, un officier public. *Se prévaloir du droit d'assistance.* **4.** Nom donné à différentes administrations qui prennent en charge, qui aident certaines catégories d'individus. *Assistance sociale. Assistance médicale. Assistance psychiatrique.*

assistant, ante [asistɑ̃, ɑ̃t] n. **1.** Personne présente en un lieu. *Les assistants applaudirent l'orateur.* **2.** Celui ou celle qui seconde qqn. *Le premier assistant du metteur en scène. Les assistants d'un professeur de faculté. Maître* assistant.* ▷ *Assistant(e) social(e) :* personne dont le rôle est d'apporter une aide aux individus et aux familles dans le cadre des lois sociales. ▷ *Assistant technique :* personne, agent appartenant à l'assistance technique.

assisté, ée [asiste] adj. et n. Qui bénéficie de l'assistance (publique, médicale, judiciaire). *Une personne assistée.* ▷ Subst. *Un(e) assisté(e).* – Péjor. Qui se complaît dans une situation d'assistance. *Une psychologie d'assisté.* ▷ TECH Muni d'un dispositif d'assistance. *Direction assistée. Freinage assisté.* – *Conception* assistée par ordinateur.*

assister [asiste] v. [1] **1.** v. tr. indir. Être présent. *Assister à un mariage, à une inauguration.* **2.** v. tr. Aider, seconder qqn. *Un avocat assistait le prévenu. Dieu vous assiste!* ▷ Vieilli (Cour. en Afr. subsah.) Prêter secours matériellement et moralement à. *Assister des amis à l'occasion d'un décès.* ▷ TECH Équiper d'un dispositif d'assistance.

Assiut. V. Assiout.

Associated Press, agence américaine de presse, auj. la plus puissante du monde, dérivant de la *Harbour Press Association* fondée par six journaux de New York en 1848.

associatif, ive [asɔsjatif, iv] adj. Qui a rapport avec une (des) association(s). *La vie associative.*

association [asɔsjasjɔ̃] n. f. **I.** Union de personnes dans un intérêt commun. *Une association sportive. Une association à trois. Association à but non lucratif.* **II. 1.** Action d'associer des choses; son résultat. *Une association de couleurs inattendue. Association d'idées :* processus par lequel les idées s'évoquent les unes les autres. **2.** ASTRO Groupe diffus d'étoiles très jeunes ou en formation au sein de la matière interstellaire.

Association des banques centrales africaines (A.B.C.A.), organisme créé en 1968 à Accra pour favoriser la coopération monétaire et financière entre les banques centrales africaines.

Association des écrivains de langue française (ADELF), organisation qui en 1968 succéda à l'Association nationale des écrivains maritimes et coloniaux (créée en 1926). Elle groupe plus de 2 000 écrivains, aux nombreuses nationalités.

Association des nations du Sud-Est asiatique (ANSEA) ou, en angl., **Association of South East Asian Nations** (ASEAN), organisation régionale créée en 1967 par les Philippines, l'Indonésie, Singapour, la Thaïlande et la Malaisie, pays non communistes, en vue d'une coopération économique mutuelle. Brunei y adhère en 1984, le Viêt-nam en 1995. Elle compte quatre observateurs : le Laos, le Cambodge, la Birmanie et la Papouasie-Nouvelle-Guinée, et siège à Bangkok. La croissance de l'ANSEA, après 1975, est due aux richesses naturelles des pays membres et surtout à une ouverture commerciale permanente, avec la décision de la création d'une zone de libre-échange en 2003.

Association des universités partiellement ou entièrement de langue française-Université des réseaux d'expression française (AUPELF-UREF). V. Agence francophone pour l'enseignement supérieur et la recherche ainsi que francophonie.

Association francophone d'amitié et de liaison (AFAL), association fondée en 1974, remaniée en 1983, qui réunit 120 associations non gouvernementales de nombreux pays œuvrant dans les divers domaines de la francophonie. Elle siège à Paris.

Association internationale africaine (A.I.A.), association fondée en 1876 par le roi des Belges Léopold II pour explorer l'Afrique. En fait, elle colonisa la rég. du Congo.

Association internationale des maires et responsables des capitales et métropoles partiellement ou entièrement francophones (A.I.M.F.), association créée en 1979, à Québec, par J. Chirac (alors maire de Paris), afin d'établir, grâce à l'usage commun de la langue française, une coopération privilégiée dans les domaines de l'activité municipale. V. francophonie.

Association internationale des parlementaires de langue française (A.I.P.L.F.), organisation créée en 1967 pour amplifier le rayonnement de la langue française.

Association internationale du Congo (A.I.C.), association qui succéda à l'Association* internationale africaine en 1884.

Association nationale des scientifiques pour l'usage de la langue française (ANSULF), organisation qui rassemble «les scientifiques soucieux de développer l'expression française dans l'échange et la diffusion de l'information scientifique».

associationnisme [asɔsjasjɔnism] n. m. PHILO Doctrine selon laquelle tous les phénomènes psychologiques résultent d'associations d'idées purement automatiques.

associé, ée [asɔsje] n. Personne qui fait partie d'une société. *Il s'entend mal avec ses associés.* ▷ (En appos.) *Membre associé :* membre d'une académie qui participe aux travaux sans être titulaire.

associer [asɔsje] v. [2] **I.** v. tr. **1.** Unir, joindre (des choses). **2.** Réunir (des personnes) dans une entreprise commune (politique, économique, sociale, intellectuelle). *Associer des gouvernements, des entrepreneurs.* ▷ *Associer qqn à une entreprise, à une activité, à un profit,* l'y faire participer. – Fig. *Associer qqn à sa gloire, à son succès.* **II.** v. pron. **1.** *S'associer à qqn, avec qqn :* s'unir à qqn dans une entreprise commune. ▷ Fig. *S'associer aux vues de qqn,* y adhérer. **2.** Former une association. *Ils s'associèrent pour pouvoir moderniser leur matériel.* **3.** (Choses) Aller ensemble. *Ces couleurs s'associent parfaitement.*

assoiffé, ée [aswafe] adj. Qui a soif. ▷ Fig. Avide. *Être assoiffé d'honneurs.*

assoiffer [aswafe] v. tr. [1] Donner soif à. *La chaleur nous a assoiffés.*

assolement [asɔlmɑ̃] n. m. AGRIC Alternance des cultures sur un terrain donné. (Les différentes plantes ne tirant pas les mêmes aliments du sol, celui-ci peut alors récupérer ses qualités originelles entre deux passages d'une même plante, ce qui permet l'obtention d'un rendement maximal.) *Assolement triennal,* avec retour de la jachère ou d'une même culture tous les trois ans.

assoler [asɔle] v. tr. [1] AGRIC Aménager (des terres agricoles) en parcelles (ou *soles*) destinées à une succession ou à une alternance déterminée de cultures.

assombrir [asɔ̃bʀiʀ] v. [3] **I.** v. tr. **1.** Rendre sombre. *Ces couleurs assombrissent l'appartement.* Ant. éclairer. **2.** Attrister. *Les soucis ont assombri son caractère.* **II.** v. pron. **1.** Devenir sombre. *L'horizon s'est assombri.* **2.** Devenir triste, prendre une expression triste.

assombrissement [asɔ̃bʀismɑ̃] n. m. Fait d'assombrir ou de s'assombrir; état de ce qui est assombri.

assommant, ante [asɔmɑ̃, ɑ̃t] adj. Fam. Accablant, ennuyeux. *Un travail assommant.*

assommer [asɔme] v. tr. [1] **1.** Tuer en donnant un coup sur la tête. *Assommer un bœuf avec un merlin.* **2.** Faire perdre connaissance par des coups sur la tête. ▷ v. pron. *S'assommer contre un mur.* **3.** *Par métaph.* Accabler. *La chaleur m'assomme.* **4.** Ennuyer. *Vous m'assommez avec vos récriminations.*

assommoir [asɔmwaʀ] n. m. Instrument servant à assommer, à tuer des animaux.

assomption [asɔ̃psjɔ̃] n. f. RELIG CATHOL (Avec une majuscule.) **1.** Montée au ciel de la Vierge Marie. **2.** Jour où est fêté ce miracle (15 août).

Assomption. V. Asunción.

assomptionniste [asɔ̃psjɔnist] n. m. Religieux appartenant à la congrégation des *Pères augustins de l'Assomption* (fondée en 1845).

assonance [asɔnɑ̃s] n. f. Répétition d'un son dans la syllabe tonique de mots, notam. à la fin des vers.

assonant, ante [asɔnɑ̃, ɑ̃t] adj. Qui forme une assonance. *Plage et sable sont assonants.*

assorossi [asɔʀɔsi] n. m. (Haïti) Plante amère à petites feuilles, que l'on prend en tisane contre le paludisme ou pour stimuler l'appétit.

assorti, ie [asɔʀti] adj. **1.** Adapté, en harmonie avec. *Une cravate et une pochette assorties. Un couple bien assorti.* **2.** Pourvu de marchandises. *Une épicerie bien assortie.* **3.** (Plur.) Variés. *Hors-d'œuvre assortis.*

assortiment [asɔʀtimɑ̃] n. m. **1.** Harmonie de plusieurs choses unies en un tout. *Assortiment de couleurs.* **2.** Assemblage de choses allant ensemble. *Un assortiment de bonbons.* ▷ COMM Collection de marchandises de même sorte, mais de qualité et de prix différents. *Un assortiment de dentelles.*

assortir [asɔʀtiʀ] v. [3] **1.** v. tr. Mettre ensemble des choses, des personnes qui conviennent les unes avec les autres. *Assortir des couleurs. Assortir une cravate à une chemise.* **2.** v. pron. Aller ensemble. *Des meubles qui s'assortissent.*

assotor [asɔtɔʀ] n. m. Le plus grand tambour utilisé dans le culte vaudou. Syn. tambour assotor.

Assouan (anc. *Syène*), v. de Haute-Égypte, sur le Nil; 195 700 hab.; ch.-l. du gouvernorat du m. nom. (679 km^2; 884 000 hab.). Gisement de fer. Aciéries; usine d'engrais. – Grand barrage construit de 1960 à 1971 *(Sadd al-Ali),* créant une vaste retenue d'eau *(lac Nasser).*

assoupir [asupiʀ] v. [3] **1.** v. tr. Provoquer l'engourdissement qui précède le sommeil. *Les vapeurs du vin l'assoupissent.* ▷ Fig. Calmer, apaiser, atténuer. *Assoupir la douleur.* **2.** v. pron. Commencer à s'endormir. *S'assoupir dans un fauteuil.* ▷ Fig. Se calmer, s'affaiblir.

assoupissement [asupismɑ̃] n. m. Fait de s'assoupir; état de demi-sommeil.

assouplir [asupliʀ] v. tr. [3] Rendre souple, flexible. *Assouplir le cuir, un ressort.* ▷ Fig. Rendre moins strict. *Assouplir un règlement.* ▷ v. pron. Devenir souple. *Étoffe qui s'assouplit à l'usage.* – Fig. *Son caractère s'est assoupli,* est devenu plus accommodant, plus sociable.

assouplissement [asuplismɑ̃] n. m. **1.** Action d'assouplir; fait de s'assouplir. *Mouvements d'assouplissement.* **2.** Correctif apporté à ce qui est trop strict. *L'assouplissement d'une règle.*

Assour. V. Assur.

Assourbanipal. V. Assurbanipal.

assourdir [asuʀdiʀ] v. [3] **I.** v. tr. **1.** Causer une surdité passagère (à qqn). *Le bruit du canon l'a assourdi.* **2.** Rendre moins sonore. *Ce tapis assourdit les pas.* – Pp. adj. *Un bruit assourdi.* **3.** Fig. Diminuer la force, atténuer l'éclat (d'une couleur). *Assourdir un rouge en y mêlant du vert.* **II.** v. pron. PHON Perdre son caractère sonore, en parlant d'une consonne. *En français, le [b] s'assourdit devant une consonne sourde* (par ex. dans *absolu,* prononcé [apsɔly]).

assourdissant, ante [asuʀdisɑ̃, ɑ̃t] adj. **1.** Qui assourdit. **2.** (Afr. subsah.) Syn. de *stupéfiant. Des nouvelles assourdissantes.*

assourdissement [asuʀdismɑ̃] n. m. **1.** Action d'assourdir; état d'une personne assourdie. **2.** PHON Perte par une consonne du trait de sonorité.

assouvir [asuviʀ] v. tr. [3] **1.** Rassasier. *Assouvir sa faim.* **2.** Fig. Satisfaire. *Assouvir ses désirs, sa passion.* ▷ v. pron. *Haine qui s'assouvit dans la vengeance.*

assouvissement [asuvismɑ̃] n. m. **1.** Action d'assouvir. **2.** État de ce qui est assouvi, de celui qui est assouvi.

Assuérus, personnage biblique, roi de Perse, probablement Xerxès Ier qui aurait épousé Esther.

assuétude [asɥetyd] n. f. MED **1.** Tolérance de l'organisme à une drogue qui y est introduite de façon habituelle. **2.** Dépendance psychique et physique d'un toxicomane vis-à-vis de son toxique.

assujetti, ie [asyʒeti] adj. Soumis. ▷ Subst. Personne que la loi soumet au paiement d'un impôt ou d'une taxe, ou à l'affiliation à un organisme.

assujettir [asyʒetiʀ] v. [3] **I.** v. tr. **1.** Asservir, ranger sous sa domination. *Assujettir un peuple.* ▷ Ôter toute liberté à. *Cette tâche l'assujettit entièrement.* **2.** *Assujettir à :* soumettre à. *Il l'assujettit à ses caprices. Assujettir des contribuables à un impôt.* **3.** Fixer solidement, immobiliser (qqch). *Assujettir un chargement sur un camion.* **II.** v. pron. S'astreindre, se soumettre. *S'assujettir à une règle.*

assujettissant, ante [asyʒetisɑ̃, ɑ̃t] adj. Astreignant, qui exige de l'assiduité. *Métier assujettissant.*

assujettissement [asyʒetismɑ̃] n. m. **1.** Action d'assujettir; état de ce qui est assujetti, asservissement. *L'assujettissement d'un pays.* **2.** État de contrainte habituelle, dépendance. *Assujettissement aux usages. Assujettissement à l'impôt.*

assumer [asyme] v. tr. [1] Prendre sur soi la charge de. *Assumer une fonction, une responsabilité. Assumer sa condition,* l'envisager lucidement et supporter avec résolution les obligations qui en résultent. ▷ v. pron. Accepter, prendre en charge sa condition (psychique, sociale, morale, etc.).

Assur ou **Assour** (auj. *Qalat Chergat,* en Irak), v. anc., cap. primitive de l'Assyrie, sur le Tigre (IIIe millénaire av. J.-C.).

assurance [asyʀɑ̃s] n. f. **1.** Comportement confiant et ferme. *Perdre son assurance :* se décontenancer. **2.** Gage ou garanties qui rassurent. *Exiger des assurances.* ▷ (Formule épistolaire.) *Veuillez agréer l'assurance de ma considération.* **3.** Contrat passé entre une personne et une société (compagnie d'assurances) qui la garantit contre des risques éventuels. *Contracter une assurance.* ▷ (Plur.) La compagnie qui assure. *Se renseigner auprès des assurances.* ▷ *Assurances sociales,* qui garantissent les travailleurs contre divers risques (accidents du travail, maladie, invalidité, décès).

assurance-crédit [asyʀɑ̃skʀedi] n. f. Assurance qui garantit un créancier contre le risque d'insolvabilité de son débiteur. *Des assurances-crédits.*

assurance-vie [asyʀɑ̃svi] n. f. Contrat d'assurance qui garantit, en cas de décès, le versement d'un capital ou d'une rente au conjoint, à un ayant droit ou à un tiers, ou, en cas de non-décès, à l'assuré à une date préalablement fixée. *Des assurances-vie.*

Assurbanipal ou **Assourbanipal,** roi d'Assyrie (669-631 av. J.-C.). Il conquit l'Égypte, la Chaldée, l'Élam. Assimilé à Sardanapale par les Grecs.

assuré, ée [asyʀe] adj. et n. **1.** Hardi, sans crainte. *Un air assuré.* **2.** Certain, inévitable, infaillible. *Succès assuré.* **3.** Garanti par un contrat d'assurance. ▷ Subst. Personne qui est garantie par un contrat d'assurance. – Personne qui verse des cotisations à un organisme d'assurances. *Un assuré social.*

assurément [asyʀemɑ̃] adv. Certainement, sûrement.

assurer [asyʀe] v. [1] **I.** v. tr. **1.** Donner pour certain. *Je vous assure que...* ▷ Garantir, autoriser à croire. *Son effort nous assure de sa réussite.* **2.** Protéger par un dispositif de sûreté. *Assurer ses frontières.* ▷ Rendre sûr, garantir. *Ce traité assure la paix.* **3.** Rendre stable, ou, fig., résolu. *Assurer un mur. Assurer sa contenance.* ▷ ALPIN Donner une position, une prise sûre à. *Assurer son pied, sa main.* – Garantir la sécurité de. *Assurer un camarade de cordée.* **4.** Garantir le fonctionnement, la réalisation de. *Les ailes assurent la sustentation. L'interne assure la garde.* **5.** Garantir un droit. *Assurer une hypothèque.* ▷ Garantir ou faire garantir d'un risque par contrat. *Assurer un véhicule.* ▷ *Assurer une personne,* la garantir contre tel ou tel risque. **II.** v. pron. **1.** Vérifier, contrôler. *Assurez-vous que la porte est fermée. Assure-toi de sa bonne volonté.* **2.** Affermir sa position. *S'assurer en selle.* **3.** *S'assurer contre :* prendre des mesures de défense contre. ▷ Contracter une assurance couvrant tel ou tel risque. *S'assurer contre l'incendie.* **4.** *S'assurer de qqn,* utiliser les moyens nécessaires pour le contraindre à agir, à obtempérer, partic., l'emprisonner. ▷ *S'assurer de qqch,* utiliser les moyens nécessaires pour s'en rendre maître. **III.** v. intr. Fam. S'assumer avec brio. *Elle n'a plus vingt ans, mais elle assure.*

assureur [asyʀœʀ] n. m. Personne qui garantit contre un risque par contrat.

Assyrie, empire mésopotamien qui s'illustra du XVIIIe au VIIe s. av. J.-C. – D'abord soumis à la domination de Sumer, puis d'Akkad, les Assyriens apparaissent dans l'histoire au IIIe millénaire av. J.-C. (fondation d'Assur). Ils constituèrent au XVIIIe s. av. J.-C. un premier empire, dont l'essor fut brisé par Babylone (conquête de Hammourabi). La puissance assyrienne renaquit : Téglath-Phalasar Ier (roi de 1112 à 1074 av. J.-C.) vainquit les Araméens. Téglath-Phalasar III (746-727 av. J.-C.), annexa la Syrie et exerça son contrôle sur Babylone. Sous la dynastie des Sargonides, fondée par Sargon II (722-705 av. J.-C.), l'Assyrie s'étendit sur toute l'Asie occidentale, de la Perse à la Méditerranée, et Assurbanipal (669-631 av. J.-C.) soumit l'Égypte. Ses grandes villes furent Assur et Ninive, ainsi que Dour-Sharroukîn (auj. *Khursabad**, en Irak), nouvelle cap. des Sargonides. Mais cet empire immense s'écroula en 614-612 av. J.-C. (chute de Ninive), face à une coalition des Mèdes et des Babyloniens.
Bx-A. – L'art assyrien se distingue par ses énormes monuments en brique, mal conservés (palais, temples, hautes ziggourats polychromes), sa sculpture massive (bas-reliefs d'albâtre), ses décors de brique émaillée et sa gravure en intaille des gemmes. Il glorifie la guerre et la chasse.

assyrien, enne [asiʀjɛ̃, ɛn] adj. et n. De l'Assyrie; de sa civilisation. ▷ Subst. *Un(e) Assyrien(ne).*

Astaire (Frederick E. Austerlitz, dit Fred) (1899 – 1987), danseur, chanteur et acteur américain, vedette, notam. avec Ginger Rogers*, de nombr. comédies musicales : *Top Hat* (1935), *Mariage royal* (1951), *Tous en scène* (1953).

Astarté. V. Ishtar.

astate [astat] n. m. CHIM Élément radioactif (symbole At), appartenant à la famille des halogènes, de numéro atomique Z = 85.

1. aster [astɛʀ] n. m. **1.** BOT Genre de composées ornementales, à petites fleurs en forme d'étoiles. **2.** BIOL Figure constituée par un centrosome et des filaments rayonnants. *Les asters apparaissent lors des divisions cellulaires, sauf chez les végétaux chlorophylliens.*

2. aster [astɛʀ] loc. adv. (Réunion) Maintenant, présentement. (V. heure et astheure.)

astéracées [asteʀase] n. f. pl. BOT Famille d'angiospermes (plus de 20000 espèces) qui comprend notam. le tournesol et la laitue. – Sing. *Une astéracée.*

astérie [asteʀi] n. f. ZOOL Échinoderme en forme d'étoile à cinq branches. Syn. cour. étoile de mer.

astérisque [asteʀisk] n. m. Signe typographique (*) indiquant un renvoi, annonçant une note, etc.

astéroïde [asteʀɔid] n. m. ASTRO Petite planète. (Le nombre des astéroïdes est supérieur à 30000 et leur masse totale est inférieure au 1/1000 de celle de la Terre. Le plus gros, Cérès, a un diamètre de 1000 km.)

asthénie [asteni] n. f. MED Fatigue générale.

asthénique [astenik] adj. et n. Qui est atteint d'asthénie.

asthénosphère [astenɔsfɛʀ] n. f. GEOPH Couche visqueuse à l'intérieur de la Terre, sur laquelle se déplacent les plaques rigides. (V. lithosphère, manteau).

astheure [astœʀ] adv. (Québec) Fam. **1.** À présent, maintenant. *Astheure, tu peux aller jouer.* (V. heure et aster 2.) – De nos jours. *Les chapeaux se portent moins astheure.* – Loc. conj. *Astheure que :* maintenant que. **2.** Désormais. *Astheure, on n'aura plus le droit de fumer dans les locaux.* **3.** (Introduisant une idée nouvelle.) Cela dit.

asthmatique [asmatik] adj. et n. Qui est sujet à l'asthme.

asthme [asm] n. m. Maladie caractérisée par une difficulté à rejeter l'air des poumons, accompagnée de sécrétions importantes de mucus par les glandes des parois internes des bronches. (Son origine peut être allergique – pollen, par ex. – psychologique, infectieuse ou cardiaque.)

Asti, ville d'Italie (Piémont), sur le Tanaro; 76950 hab.; ch.-l. de la prov. du m. nom, qui produit l'*asti,* vin blanc mousseux. – Cath. goth. (1309-1354).

asticot [astiko] n. m. Larve de la mouche dorée *(Lucilia cæsar),* servant d'appât pour la pêche.

asticoter [astikɔte] v. tr. [1] Fam. Tracasser; agacer.

astigmate [astigmat] adj. et n. Qui est atteint d'astigmatisme.

astigmatisme [astigmatism] n. m. **1.** MED Défaut de courbure des milieux réfringents de l'œil, rendant impossible la convergence en un seul point des rayons passant par un même point et entraînant donc une vision floue et déformée. **2.** OPT Défaut d'un instrument d'optique qui ne donne pas d'un point une image ponctuelle.

astiquage [astikaʒ] n. m. Action d'astiquer.

astiquer [astike] v. tr. [1] Frotter pour faire reluire. ▷ *Par métaph.* (Nouv.-Cal.) Fam. Battre, frapper. – Réprimander.

astragale [astʀagal] n. m. **1.** BOT Genre de papilionacées, dont certaines espèces produisent la gomme adragante. **2.** ANAT Os du tarse articulé en haut avec les os de la jambe, en bas avec le calcanéum et le scaphoïde.

astrakan [astʀakɑ̃] n. m. Peau d'agneau (karakul) nouveau-né à laine frisée, recherchée comme fourrure.

Astrakhan, v. et port de pêche de Russie, dans le delta de la Volga, sur la mer Caspienne; 519000 hab.; ch.-l. de la prov. du m. nom.

astral, ale, aux [astʀal, o] adj. Relatif aux astres. *Signes astraux.*

astre [astʀ] n. m. **1.** Corps céleste. *Le mouvement des astres.* ▷ Poét. *L'astre du jour, de la nuit :* le Soleil, la Lune. – *Beau comme un astre :* très beau. **2.** (Plur.) Corps célestes, considérés par rapport à leur influence sur les hommes et leur destinée. *Consulter les astres.* ▷ Sing. Fig. Destin. *Être né sous un astre favorable.*

astreignant, ante [astʀɛɲɑ̃, ɑ̃t] adj. Qui astreint; qui constitue une contrainte. *Travail astreignant.*

astreindre [astʀɛ̃dʀ] v. [55] **1.** v. tr. Obliger, soumettre, assujettir. *Astreindre à des travaux pénibles.* **2.** v. pron. *S'astreindre à :* s'imposer (qqch) comme discipline. *Elle s'astreignait à une gymnastique quotidienne.*

astreinte [astʀɛ̃t] n. f. **1.** DR Moyen de contraindre un débiteur récalcitrant, qui consiste à lui faire payer une certaine somme par jour de retard dans l'exécution de son obligation. **2.** *Par ext.* Contrainte.

Astrid Bernadotte (1905 – 1935), princesse suédoise, reine des Belges, épouse de Léopold III; morte dans un accident d'automobile.

astringent, ente [astʀɛ̃ʒɑ̃, ɑ̃t] adj. et n. m. Qui resserre les tissus vivants. *Lotion astringente.* – n. m. *Utiliser un astringent.*

astrolabe [astʀɔlab] n. m. Instrument qui permet de déterminer la latitude d'un lieu en observant le passage apparent des étoiles sous une hauteur et à une heure données. *Astrolabe à prisme.*

astrologie [astʀɔlɔʒi] n. f. Étude des corrélations entre la position des astres lors d'un événement terrestre et la nature et les développements de cet événement. (L'astrologie est pratiquée depuis la plus haute antiquité et a servi d'élément moteur au développement de l'astronomie, avec laquelle elle s'est longtemps confondue.)

astrologique [astʀɔlɔʒik] adj. Qui se réfère à l'astrologie. *Prédictions astrologiques.*

astrologue [astʀɔlɔg] n. Personne qui pratique l'astrologie.

astrométrie [astʀɔmetʀi] n. f. Didac. Branche de l'astronomie qui étudie la position des astres telle qu'elle est déterminée par des mesures d'angles.

astronaute [astʀɔnot] n. Spationaute.

astronautique [astʀɔnotik] n. f. Ensemble des sciences et des techniques qui permettent à des engins propulsés de sortir de l'atmosphère terrestre.

astronef [astʀɔnɛf] n. m. Vieilli Véhicule spatial.

astronome [astʀɔnɔm] n. Personne qui pratique l'astronomie.

astronomie [astʀɔnɔmi] n. f. Étude scientifique des astres, de la structure de l'Univers. *Astronomie fondamentale :* branche de l'astronomie qui comprend l'astrométrie et la mécanique* céleste.
ENCYCL L'astronomie est née des besoins de la vie courante des premiers agriculteurs tant en Égypte qu'en Mésopotamie et en Chine. Elle s'est ensuite développée avec les Grecs Aristote (IVe s. av. J.-C.), Hipparque (IIe s. av. J.-C.) et Ptolémée (140 apr. J.-C.), puis avec Copernic, Kepler et surtout Newton, qui publia en 1687 la loi de l'attraction universelle. La lunette astronomique est inventée par Galilée en 1609 et le télescope par Newton en 1671. La mise au point de télescopes de plus en plus grands permet d'étendre au domaine des étoiles l'astronomie jusque-là limitée à l'étude du système solaire. Dès le XVIIIe s., des mathématiciens contribuent au développement de la mécanique céleste. Au XIXe s., les progrès de la physique permettent l'analyse spectrale de la lumière transmise; c'est le début de l'astrophysique : l'astronome ne se contente plus de mesurer la position des astres, il tente d'en expliquer la nature. L'astronomie moderne, qui s'appuie sur les acquis de la physique (mécanique quantique, physique des particules, relativité) et sur les innovations tech. (détection des ondes radioélectriques, science de l'espace, détecteurs électroniques), a permis, en moins de 70 ans, de reculer les limites de l'Univers observable, composé d'une myriade de galaxies. La mise en évidence de l'expansion de l'Univers accrédite l'hypothèse du big-bang.

astronomique [astʀɔnɔmik] adj. **1.** De l'astronomie. **2.** Fig. Exagéré, démesuré. *Des sommes astronomiques.*

astrophysicien, enne [astʀɔfizisjɛ̃, ɛn] n. Personne qui pratique l'astrophysique.

astrophysique [astʀɔfizik] n. f. Partie de l'astronomie qui étudie la nature physique des astres.
ENCYCL L'astrophysique étudie le rayonnement visible et l'ensemble du spectre électromagnétique. La radioastronomie étudie les ondes radioélectriques émises par les astres. On lui doit la découverte des quasars, des pulsars et du rayonnement cosmique à 2,7 kelvins. Les techniques spatiales permettent d'étudier les rayonnements qui ne peuvent être observés à partir du sol terrestre. On distingue l'astronomie infrarouge (qui concerne les astres les plus froids : planètes, naines brunes, nuages interstellaires), l'astronomie U.V. (étoiles chaudes), l'astronomie X et l'astronomie gamma (étoiles effondrées, trous noirs). L'astrophysique tire profit des avancées de la physique et étudie les rayons cosmiques, les neutrinos émis au cœur des étoiles, les ondes gravitationnelles engendrées lors de l'effondrement d'une étoile.

astuce [astys] n. f. **1.** Esprit d'ingéniosité. *Il a montré beaucoup d'astuce.* **2.** Procédé ingénieux. *Multiplier les astuces pour atteindre son but.* **3.** Trait d'esprit, jeu de mots. *Faire des astuces.*

astucieusement [astysjøzmɑ̃] adv. Avec astuce.

astucieux, euse [astysjø, øz] adj. **1.** D'une finesse rusée. *Diplomate astucieux.* **2.** Plein d'ingéniosité. *Bricoleur astucieux.* **3.** Qui dénote de l'astuce. *Physionomie éveillée et astucieuse.*

Asturias (Miguel Ángel) (1899 – 1974), poète et romancier guatémaltèque. Il évoqua les civilisations précolombiennes et dénonça les dictatures locales : *Légendes du Guatemala* (1930), *Monsieur le Président* (1946). P. Nobel 1967.

Asturies, communauté autonome du N.-O. de l'Espagne et région de la C.E., 10565 km^2; 1128370 hab.; cap. *Oviedo.* – La rég., montagneuse, a un climat océanique qui favorise l'élevage; la pêche est très active. Les richesses naturelles sont import. : houille (2/3 de la production nat.), fer, houille blanche. Nombr. centres industr. – Rome conquit le pays (v. 22 av. J.-C.) dont s'emparèrent les tribus germaniques en 411. Les Arabes s'y installèrent dès 711, mais du royaume fondé dans les montagnes (v. 717) par Pélage partit la «Reconquista». Ce royaume, qui s'agrandit de la Galice et du Léon, eut pour cap. Léon (v. 914). Le titre de *prince des Asturies* est donné depuis 1388 à l'héritier du trône d'Espagne.

Astyanax, dans la myth. gr., fils d'Hector et d'Andromaque.

Asunción (en franç. *Assomption*), cap. du Paraguay, sur le Paraguay; 477100 hab. Port fluvial import.

asymétrie [asimetʀi] n. f. Absence de symétrie.

asymétrique [asimetʀik] adj. Qui manque de symétrie.

asymptote [asɛ̃ptɔt] n. f. MATH Droite, courbe dont la distance à une courbe tend vers zéro quand cette droite ou cette courbe s'éloigne vers l'infini. ▷ adj. *Droite asymptote à une courbe. Courbe asymptote à une parabole.*

asymptotique [asɛ̃ptɔtik] adj. MATH De l'asymptote. *Courbe asymptotique.*

asynchrone [asɛ̃kʀon] adj. Didac. Qui n'est pas synchrone. ▷ ELECTR *Moteur asynchrone :* moteur à courant alternatif dont le rotor tourne à une vitesse inférieure à celle du champ magnétique qui l'entraîne (par oppos. à *moteur synchrone,* tournant à la même vitesse).

asyndète [asɛ̃dɛt] n. f. GRAM Suppression des mots de liaison entre les termes d'une même phrase ou de plusieurs phrases (conjonctions de coordination, adverbes), qui donne au discours plus de vigueur.

Ataba (Apollinaire Anova), écrivain néo-calédonien d'expression française, le premier écrivain canaque : *D'Ataï à l'indépendance* (1984).

Atahualpa (1500 – 1533), dernier empereur inca (1525-1533). Pizarro le fit étrangler.

Ataï (en canaque «grand chef»), héros de l'insurrection canaque de 1878, en Nouvelle-Calédonie.

Atakora, chaîne de montagnes qui couvre le N. du Bénin, le N. du Togo, et s'étend du Niger au Ghana.

ataraxie [ataʀaksi] n.f. PHILO Tranquillité de l'âme, fondée notam. sur la connaissance raisonnée de la «limite d'accroissement des plaisirs» (chez Démocrite). ▷ Quiétude de l'esprit que «rien ne peut troubler», absence de douleur morale (dans les philosophies épicurienne et stoïcienne).

Atatürk. V. Kemal (Mustafa).

atavique [atavik] adj. Qui a trait à l'atavisme.

atavisme [atavism] n. m. **1.** BIOL Réapparition, chez un descendant, d'un caractère des ascendants, qui peut avoir été latent pendant plusieurs générations. **2.** Cour. Ensemble des caractères héréditaires.

ataxie [ataksi] n. f. MED Trouble de la coordination musculaire causant un manque de précision dans les mouvements.

-ate. Suffixe employé en chimie, pour former des substantifs (ex. *sulfate, carbonate*).

atèle [atɛl] n. m. Singe d'Amérique du Sud, aux membres très longs, aux mains sans pouce, à la queue préhensile, appelé également *singe-araignée.*

atelier [atəlje] n. m. **1.** Local où travaille une personne exerçant une activité manuelle. *Atelier de menuisier. L'atelier d'un bricoleur.* **2.** Subdivision d'une usine, d'une fabrique, où s'exécute un type déterminé de travail. *Atelier de montage.* ▷ Groupe de travail, dans un congrès, un séminaire, etc. **3.** Local où travaillent un ou plusieurs artistes plasticiens. *L'atelier d'un sculpteur.* – *Par ext.* Ensemble des élèves travaillant sous la conduite d'un maître.

Ateliers nationaux, institués en France, sous la révolution* de 1848, le 27 fév. (V. Blanc [Louis]), pour donner du travail aux chômeurs. Leur fermeture provoqua une insurrection populaire (23-26 juin : «journées de Juin»), réprimée par Cavaignac (1500 morts).

a tempera [atɑ̃peʀa] loc. adj. et adv. (ital.) PEINT Se dit d'une couleur délavée dans de l'eau mêlée à un agglutinant (jaune d'œuf, gomme, etc.), et de l'utilisation de cette peinture.

atemporel, elle [atɑ̃pɔʀɛl] adj. Didac. Qui n'a pas de rapport avec le temps.

atérien [ateʀjɛ̃] n. m. PREHIST Industrie typique du Maghreb, du Sahara méridional et de la Nubie égyptienne (paléolithique moyen).

atermoiement [atɛʀmwamɑ̃] n. m. (Le plus souvent au plur.) Action d'atermoyer. *Décision prise après bien des atermoiements.*

atermoyer [atɛʀmwaje] v. intr. **[23]** Chercher des délais, remettre à plus tard une décision. *Nous ne pouvons plus atermoyer, prenons une décision.*

Ath (en néerl. *Aat*), v. de Belgique (Hainaut), sur la Dendre; 24040 hab.; ch.-l. d'arr. Industries alim., text.; meubles.

Athabasca ou **Athabaska,** riv. (1200 km) du Canada occid.; naît dans les Rocheuses et se jette dans le *lac Athabaska.* Import. gisements de sable bitumineux.

Athalie, fille d'Achab et de Jézabel, reine de Juda de 841 env. à 835 av. J.-C.; épouse de Joram. Pour assurer son pouvoir, elle extermina la race de David; mais son petit-fils Joas échappa au massacre, fut mis sur le trône par le grand prêtre Joad et la fit périr. ▷ LITT. Tragédie de Racine (1651).

athée [ate] adj. et n. Qui ne croit pas en Dieu, qui en nie l'existence.

athéisme [ateism] n. m. Opinion ou doctrine de l'athée.

Athéna, déesse grecque de la Sagesse, des Sciences et des Arts, assimilée par les Romains à Minerve. Sortie tout armée du cerveau de Zeus, elle est aussi une déesse guerrière. Athènes porte son nom.

Athênagoras (1886 – 1972), prélat grec orthodoxe. Évêque de Corfou (1923), patriarche œcuménique de Constantinople (1948), il œuvra, avec le pape Paul VI, à la réconciliation des Églises orthodoxe et catholique.

athénée [atene; atœne] n. m. (Afr. subsah., Belgique) Établissement d'enseignement secondaire qui, avant l'instauration de la mixité, était réservé aux garçons (V. lycée). (Employé parfois au féminin en Belgique dans la langue parlée.)

Athènes (en gr. mod. *Athina*), cap. de la Grèce et du nome d'Attique; 748 110 hab. (aggl. urb. 3 027 330 hab.). Centre politique, administratif, elle rassemble, avec sa région, les trois quarts du potentiel industriel du pays. Université. Archevêché. Tourisme très important. – Acropole, avec les restes du Parthénon, de l'Érechthéion et des Propylées. Nombreux musées, dont le Musée national d'archéologie.
Hist. – Gouvernée d'abord par les Eupatrides, Athènes connut tour à tour les réformes législatives de Dracon (v. 621 av. J.-C.), celles de Solon (594 av. J.-C.), la tyrannie relativement modérée de Pisistrate (561 à 528 av. J.-C.), puis les institutions démocratiques de Clisthène, qu'une assemblée du peuple *(ecclesia)* porta au pouvoir en 508 av. J.-C. Ses victoires (Marathon, Salamine) dans les guerres médiques, la formation de la Ligue maritime de Délos (477 av. J.-C.), qu'elle domine, inaugurent l'empire maritime d'Athènes et favorisent son rayonnement intellectuel. C'est le grand Ve siècle, le «siècle de Périclès», de Phidias, d'Ictinos et de Callicratès (architectes du Parthénon), d'Eschyle, de Sophocle, d'Euripide, d'Aristophane, de Socrate. La guerre du Péloponnèse (431-404 av. J.-C.) est remportée par Sparte, qui lui impose le régime oligarchique des Trente Tyrans. Pourtant, au IVe s., la culture athénienne continue de briller avec Thucydide, Xénophon, Platon, Aristote, Démosthène, Praxitèle, etc. L'écrasement des Spartiates par les Thébains (362 av. J.-C.) redonne à Athènes une liberté que lui fait perdre Philippe de Macédoine (Chéronée, 338 av. J.-C.). À la domination macédonienne succède la domination romaine (86 av. J.-C.), puis la civilisation athénienne, un temps menacée par les Barbares, s'ouvre, par l'influence byzantine, au christianisme triomphant. La ville perd de son importance sous les dominations byzantine, puis turque (1456-1822). Elle devient cap. de la Grèce indépendante en 1834.

athénien, enne [atenjɛ̃, ɛn] adj. et n. D'Athènes. ▷ Subst. *Un(e) Athénien(ne).*

athermane [atɛʀman] ou **athermique** [atɛʀmik] adj. PHYS Qui ne laisse pas passer la chaleur. *Paroi athermane.*

athérome [ateʀom] n. m. MED Lésion de la tunique interne des artères, constituée par des dépôts de cholestérol.

athérosclérose [ateʀɔskleʀoz] n. f. MED Sclérose artérielle secondaire à l'athérome.

athérure [ateʀyʀ] n. m. ZOOL Rongeur d'Afrique et de Malaisie, au corps couvert de piquants courts et raides et dont la queue porte une touffe de soies blanches.

athlète [atlɛt] n. **1.** ANTIQ Celui qui concourait dans les jeux gymniques solennels de la Grèce et de Rome. **2.** Personne qui s'adonne à l'athlétisme. *Les athlètes olympiques.* ▷ Par ext. *Un athlète :* un homme fort, bien bâti.

athlétique [atletik] adj. **1.** Propre à l'athlétisme. *Sports athlétiques.* ▷ Semblable à un athlète. *Un gaillard athlétique.* **2.** Propre à l'athlète. *Force athlétique.*

athlétisme [atletism] n. m. Ensemble des exercices physiques qui forment aujourd'hui l'un des sports individuels de compétition officiellement reconnus (lancers, courses, sauts). *Les épreuves d'athlétisme des jeux de la Francophonie.*

Athos (mont), montagne de la Grèce (2033 m), en Macédoine. Le territoire du mont Athos, qui bénéficie de l'autonomie administrative depuis 1926, abrite vingt monastères; fondés depuis le Xe s., ils constituent auj. le princ. centre religieux de l'Église orthodoxe.

atiéké [atjeke] n. m. V. attiéké.

atipa [atipa] n. m. Poisson siluriforme cuirassé des eaux douces de Guyane, qui construit un nid flottant.

Atlanta, v. des É.-U., cap. de la Georgie; 394 000 hab. (aggl. urb. 2 380 000 hab.). – Pendant la guerre de Sécession, cette cap. des sudistes fut prise et incendiée par Sherman (1864).

Atlantide, île fabuleuse que les Anciens, partic. les Grecs, situaient à l'O. des colonnes d'Hercule (détroit de Gibraltar), dans l'océan Atlantique, où elle se serait engloutie.

atlantique [atlɑ̃tik] adj. **1.** De l'océan Atlantique; relatif à l'océan Atlantique. *Littoral atlantique. – Les provinces Atlantiques :* Terre-Neuve et les provinces Maritimes du Canada. **2.** Relatif au pacte Atlantique (entre les pays de l'OTAN*). *Politique, alliance atlantique.*

Atlantique (océan), deuxième océan après le Pacifique, par la superf. (env. 106 000 000 de km^2). Il s'étend entre l'Europe et l'Afrique à l'E., et l'Amérique à l'O. Il est bordé au N. par l'océan Arctique, au S. par l'océan Antarctique, et comprend de grandes cuvettes (9219 m dans la fosse de Porto Rico) séparées par une chaîne de montagnes, la dorsale médio-atlantique, dont les émergences forment des îles : Açores, Sainte-Hélène, Asunción. L'existence de courants froids (Canaries, Labrador, Groenland) et de courants chauds (Brésil, Guinée et, surtout, Gulf Stream) influe sur les climats côtiers.

Atlantique (mur de l'), imposante série de fortifications édifiées par les Allemands entre 1941 et 1944 sur les côtes françaises de l'Atlantique pour empêcher le débarquement des Alliés.

Atlantique, dép. du S. du Bénin; 3220 km^2; 1 054 000 hab.; ch.-l. *Cotonou.*

atlantique-occidental, ale, aux [atlɑ̃tikɔksidɑ̃tal, o] adj. LING Syn. de *ouest-atlantique.*

1. atlas [atlas] n. m. ANAT Première vertèbre cervicale, qui supporte la tête.

2. atlas [atlas] n. m. Recueil de cartes géographiques ou astronomiques. ▷ *Par ext.* Recueil de planches, de tableaux. *Atlas botanique.*

Atlas, système montagneux de l'Afrique du Nord, s'étendant du S.-O. du Maroc au N.-E. de la Tunisie. La chaîne la plus import., le *Haut Atlas,* se trouve au Maroc (4165 m au djebel Toubkal); elle est flanquée au N. du *Moyen Atlas,* au S. de l'*Anti-Atlas.* L'Algérie comprend au N. l'*Atlas tellien,* séparé de l'*Atlas saharien* par des hauts plateaux. Ces chaînes convergent en Tunisie *(dorsale tunisienne)* vers le cap Bon.

Atlas, dans la myth. gr., géant, fils du Titan Japet et de Clyméné. Zeus, pour le punir d'avoir participé à la guerre des Géants contre les dieux, le condamna à supporter sur ses épaules le poids de la voûte céleste.

atmosphère [atmɔsfɛʀ] n. f. **1.** Enveloppe gazeuse qui entoure le globe terrestre. ▷ Enveloppe gazeuse qui entoure une planète. *L'atmosphère de Mars, de Vénus. – Atmosphère stellaire :* zone qui entoure la surface d'une étoile et que traversent les rayonnements d'origine thermonucléaire émis par celle-ci. **2.** Air que l'on respire en un lieu donné. *Une atmosphère enfumée, irrespirable.* **3.** Fig. Milieu, ambiance morale et intellectuelle. *Une atmosphère de corruption et d'intrigues.* **4.** CHIM Couche de fluide libre qui entoure un corps isolé. *Atmosphère oxydante, réductrice.* **5.** METROL *Atmosphère normale :* unité de pression atmosphérique correspondant à 1 atm = $1{,}013.10^5$ pascals.
ENCYCL Géophys. et météo. – L'atmosphère est constituée par un mélange de gaz et de particules solides d'origine terrestre et cosmique. On admet qu'au-delà de 1000 km d'altitude, du fait de la raréfaction des molécules d'air, l'atmosphère ne donne plus lieu à des phénomènes observables : c'est l'*exosphère.* La classification des couches de l'atmosphère repose sur la répartition verticale des températures. La *troposphère,* comprise entre le sol et une altitude de 7 km (– 50 ^{0}C) aux pôles et 16 km (– 56 ^{0}C) à l'équateur, représente 90% de la masse de l'atmosphère; elle contient 100 % de la vapeur d'eau atmosphérique; elle est le siège de phénomènes météorologiques (V. météorologie et nuage). La *stratosphère* (ou *ozonosphère*), où la température moyenne est de 0 ^{0}C, s'étend jusqu'à une cinquantaine de kilomètres d'altitude; on y rencontre des vents violents pouvant atteindre 350 km/h; le rayonnement solaire y transforme une partie de l'oxygène (O_2) en ozone (O_3). Dans la *mésosphère,* qui s'étend jusqu'à 80 km d'altitude, la température décroît jusqu'à atteindre – 90 ^{0}C. Dans la *thermosphère,* la température a une grande variation diurne, mais croît toujours à mesure qu'on s'élève (plusieurs centaines de degrés au-dessus de 200 km). Dans la mésosphère et la thermosphère, des couches ionisées, réunies sous le nom de *ionosphère,* jouent un rôle électromagnétique important (aurores polaires, absorption ou réflexion des ondes radioélectriques, etc.).

atmosphérique [atmɔsfeʀik] adj. De l'atmosphère; qui se rapporte à l'atmosphère. *Pression atmosphérique. Conditions atmosphériques :* état des éléments qui déterminent le temps qu'il fait.

atoca [atoka] n. m. (Québec) Arbrisseau à tiges rampantes (fam. éricacées) qui pousse dans les tourbières et qui produit de petites baies rougeâtres à saveur acidulée. – (Général. au plur.) Fruit de cet arbrisseau, souvent vendu sous le nom de *canneberge. Confiture d'atocas. Dinde aux atocas.* (V. canneberge, pomme*de pré.).

atoll [atɔl] n. m. Île corallienne en forme d'anneau, entourant une lagune. *Les atolls du Pacifique.*

atome [atom] n. m. **1.** CHIM Plus petite quantité d'un corps simple (de 0,1 à 1 millionième de millimètre) qui puisse entrer dans une combinaison. ▷ PHYS Assemblage de particules négatives, appelées électrons, et de particules positives, appelées protons, et liées éventuellement à des neutrons au sein du noyau. ▷ Par ext. *L'atome :* l'énergie atomique; ses applications. **2.** Fig. Quantité minuscule. *Il n'a pas un atome de bon sens.* **3.** PHILO *Atomes crochus :* dans le système de Démocrite et d'Épicure, atomes qui peuvent s'accrocher les uns aux autres de façon à former les corps, la matière. ▷ Fig. *Atomes crochus entre deux personnes,* affinités qui les rapprochent.
ENCYCL Historique. – L'atome, «essence de toutes choses», ne fut dans l'Antiquité qu'un concept philosophique sans base scientifique. La première théorie atomique a été élaborée par Lavoisier, Proust, Dalton et Gay-Lussac entre 1789 et 1815. Elle se perfectionna grâce à Mendeleïev (classification périodique des éléments en 1868), Einstein (équivalence masse-énergie en 1900), Planck (théorie des quanta en 1905), Rutherford (découverte du noyau en 1911), Bohr et Sommerfeld (modèles de l'atome en 1913 et 1915), de Broglie (bases de la mécanique ondulatoire en 1923), Chadwick (découverte du neutron en 1932), I. et F. Joliot-Curie (transmutation artificielle en 1934), et aboutit à la mise au point du premier réacteur nucléaire en 1942 (V. divergence) et à l'explosion de la première bombe atomique en 1945.
Structure de l'atome. – Bohr a élaboré un premier modèle *(atome de Bohr),* illustrant la structure de l'atome : autour d'un *noyau* central, chargé positivement, des *électrons,* chargés négativement, sont en mouvement. Pour expliquer le comportement des éléments autres que l'hydrogène, on supposa d'abord que les orbites décrites par l'électron pouvaient être elliptiques *(atome de Sommerfeld)* puis que l'électron tournait sur lui-même (*hypothèse du spin,* 1925). Un électron peut tourner dans un sens ou dans l'autre (spin égal à + 1/2 ou – 1/2). Le modèle actuel de l'atome repose sur la mécanique ondulatoire, dont les lois ont été définies par Louis Victor de Broglie. Un atome est défini par son nombre de masse *A,* qui indique le nombre de nucléons, et par son nombre de charge *Z,* qui indique le nombre de nucléons chargés positivement, ou *protons* (les autres nucléons, dont le nombre est *A – Z,* sont des neutrons).

atomicité [atɔmisite] n. f. **1.** CHIM Nombre d'atomes contenus dans une molécule. *La molécule d'eau H_2O a une atomicité égale à 3.* **2.** ECON *Atomicité du marché :* caractère d'un marché concurrentiel qui fait qu'aucun acteur n'est de taille à influencer les prix.

atomique [atɔmik] adj. **1.** PHYS et CHIM Qui a trait à l'atome, qui le caractérise. *Noyau atomique. Théorie atomique.* – *Chaleur atomique :* produit de la masse atomique par la chaleur massique à l'état solide. *Masse atomique d'un élément, d'un isotope :* nombre mesurant la masse de moles d'atomes d'un élément ou d'un isotope de celui-ci, dans une échelle dont la base est la masse de l'isotope de masse 12 du carbone. (V. tabl. **éléments.**) – *Poids atomique :* poids, en un lieu déterminé, d'une masse d'élément égale à sa masse atomique. – *Nombre* ou *numéro atomique :* nombre de charges élémentaires positives du noyau de l'atome. *Mendeleïev a classé les éléments selon leur nombre atomique.* – *Volume atomique :* quotient du volume molaire par le nombre de moles d'atomes de la mole. **2.** Relatif au noyau de l'atome, aux réactions nucléaires. *Énergie atomique,* produite par la fission du noyau de l'atome. *Bombe atomique.*

atomisation [atɔmizasjɔ̃] n. f. Didac. Action d'atomiser, fait d'être atomisé.

atomisé, ée [atɔmize] adj. **1.** Réduit en fines particules. ▷ Fig. Morcelé à l'extrême. **2.** Qui a subi les effets des radiations atomiques.

atomiser [atɔmize] v. tr. [1] **1.** Réduire un corps en particules extrêmement fines. **2.** (Surtout au passif.) Détruire au moyen d'armes atomiques. *Hiroshima et ses habitants furent atomisés en 1945.* **3.** Fig. Morceler à l'extrême, détruire la cohésion de. *La vie moderne atomise les groupes sociaux traditionnels.*

atomiseur [atɔmizœʀ] n. m. Appareil qui permet de pulvériser très finement un liquide.

atomisme [atɔmism] n. m. PHILO Doctrine philosophique des Anciens (Leucippe, Démocrite, Épicure, Lucrèce) selon laquelle la matière est constituée d'atomes juxtaposés indivisibles.

atomiste [atɔmist] n. (et adj.) **1.** Partisan de l'atomisme. **2.** Spécialiste de la physique atomique.

Aton, dieu solaire égyptien auquel Aménophis IV Akhenaton (v. 1372-1354 av. J.-C.) voua un culte qui préfigurait peut-être le monothéisme.

atonal, ale, als [atɔnal] adj. MUS Qui n'obéit pas aux règles du système tonal de l'harmonie classique. *Les musiques dodécaphonique et sérielle sont atonales.*

atonalité [atɔnalite] n. f. Caractère de l'écriture musicale atonale; ensemble des principes qui la régissent.

atone [atɔn] adj. **1.** MED Qui manque de tonicité. *Muscle atone.* **2.** Sans expression, sans vie (en parlant du regard). *Des yeux atones.* **3.** LING Dépourvu d'accent tonique. *Syllabe, voyelle atone.*

atonie [atɔni] n. f. **1.** MED Faiblesse des tissus d'un organe. *Atonie musculaire.* **2.** Fig. Inertie morale ou intellectuelle.

atours [atuʀ] n. m. pl. Plaisant Éléments de la parure féminine (vêtements, linge, bijoux). *Revêtir ses plus beaux atours.*

atout [atu] n. m. **1.** Dans les jeux de cartes, couleur qui l'emporte sur les autres au cours d'une partie; carte de cette couleur. *Jouer un atout.* **2.** Fig. *Avoir, mettre tous les atouts dans son jeu :* réunir tous les moyens de succès.

-âtre. Suffixe exprimant un caractère approchant (ex. *brunâtre, jaunâtre*) ou une nuance péjorative (ex. *bellâtre*).

âtre [ɑtʀ] n. m. Foyer d'une cheminée. ▷ *Par ext.* La cheminée elle-même.

Atrébates, peuple de la Gaule Belgique dont la capitale était *Nemetacum* (auj. Arras).

Atrée, dans la myth. gr., roi de Mycènes, fils de Pélops et d'Hippodamie; il haïssait son frère Thyeste.

atriau [atʀijo] n. m. (Suisse) CUIS Crépinette ronde.

Atrides, nom des descendants d'Atrée, notam. Agamemnon et Ménélas, héros de la guerre de Troie.

atrium [atʀijɔm] n. m. ANTIQ Pièce centrale de la maison romaine, dont le toit ouvert permettait de recueillir l'eau de pluie.

atroce [atʀɔs] adj. **1.** D'une cruauté horrible. *Vengeance atroce.* **2.** Insupportable. *Une douleur atroce.* ▷ Extrêmement désagréable, pénible. *Des images atroces.* **3.** Fam. Très laid. *Un nez atroce.*

atrocement [atʀɔsmɑ̃] adv. D'une manière atroce. *Il a atrocement souffert.*

atrocité [atʀɔsite] n. f. **1.** Caractère de ce qui est atroce. *Crime d'une atrocité révoltante.* **2.** Action atroce. *Commettre des atrocités.* **3.** Propos calomnieux. *On raconte sur lui des atrocités.*

atrophie [atʀɔfi] n. f. MED Diminution du volume ou du poids d'un tissu, d'un organe. *Atrophie d'un muscle.* – Fig. Affaiblissement d'une faculté, d'un sentiment, etc. *Une atrophie intellectuelle.*

atrophier [atʀɔfje] v. [2] **1.** v. tr. Diminuer ou faire disparaître par l'atrophie. *La suppression de l'influx nerveux atrophie les membres.* – Fig. Empêcher de se développer, intellectuellement ou moralement. *Une existence difficile a atrophié le talent de cet artiste.* ▷ Pp. adj. *Une aile atrophiée. Un sens moral atrophié.* **2.** v. pron. Diminuer, disparaître par atrophie. – Fig. Cesser de se développer. *Intelligence qui s'atrophie.*

atropine [atʀɔpin] n. f. BIOCHIM Alcaloïde, extrait de la belladone, de la jusquiame et du datura, utilisé surtout comme antispasmodique et dilatateur de la pupille.

attabler (s') [atable] v. pron. [1] S'asseoir à table.

attachant, ante [ataʃɑ̃, ɑ̃t] adj. Qui inspire un intérêt mêlé de bienveillance. *Enfant d'un caractère attachant.*

attache [ataʃ] n. f. **1.** Ce qui sert à attacher. *Attache métallique. Animal à l'attache.* – Loc. fig. *Être, tenir à l'attache :* être, tenir dans une étroite dépendance. ▷ (Plur.) Fig. Liens affectifs avec qqn ou qqch. *Je n'ai pas d'attaches dans ce pays.* **2.** MAR *Port d'attache :* port d'immatriculation d'un navire. **3.** ANAT Endroit où s'insère un muscle, un ligament. ▷ (Plur.) Poignets et chevilles. *Avoir des attaches fines.*

attaché, ée [ataʃe] adj. et n. **1.** adj. Qui a été attaché, qui s'est attaché (V. attacher, sens I, II et III). **2.** n. Fonctionnaire diplomatique ou ministériel. *Attaché d'ambassade. Attaché de cabinet,* auprès d'un ministère. *Attaché militaire, attaché naval :* officier spécialisé délégué par son gouvernement auprès d'un gouvernement étranger. *Attaché commercial :* attaché d'ambassade, ou fonctionnaire spécialisé dans les questions économiques. – Cour. Personne appartenant à un service. *Attaché de direction. Attachée de presse.*

attaché-case [ataʃekɛz] n. m. (Anglicisme) Mallette plate qui sert de porte-documents. *Des attachés-cases.*

attachement [ataʃmɑ̃] n. m. **1.** Sentiment d'affection durable. *Être incapable d'un attachement quelconque.* **2.** Grande application. *Attachement à l'étude.* **3.** GEST Relevé quotidien des travaux effectués par une entreprise, spécial. une entreprise de travaux publics.

attacher [ataʃe] v. [**1**] **I.** v. tr. **1.** Joindre, fixer (à une chose) à l'aide d'un lien. *Attacher un chien à sa niche avec une chaîne.* **2.** Joindre, tenir serré. *Attachez vos ceintures!* – Fig. Lier (qqn) par devoir, sentiment, intérêt. *Une vieille amitié nous attache à lui.* ▷ (Afr. subsah.) Envoûter pour empêcher d'agir. *Un marabout a attaché mes chevaux.* Syn. marabouter. **3.** *Attacher du prix, de l'importance à une chose,* y tenir, la considérer comme précieuse, importante. **4.** *Attacher ses regards sur :* regarder fixement. **II.** v. intr. Fam. Rester collé au fond d'un récipient (aliments). *La viande a attaché.* **III.** v. pron. **1.** Se fixer par un lien. **2.** S'accrocher de manière à adhérer. *Les lianes s'attachent aux arbres.* **3.** S'appliquer, s'intéresser fortement (à qqch). *Historien qui s'attache à ressusciter le passé.* **4.** Loc. *S'attacher aux pas de (qqn),* le suivre avec obstination. **5.** Se dévouer (à qqch). *S'attacher au sort d'un homme politique.* **6.** Éprouver une affection durable (pour qqn, qqch). *Elle s'est attachée à lui.*

attache-tout [ataʃtu] n. m. inv. (Belgique) Trombone (sens 2).

attaquant, ante [atakɑ̃, ɑ̃t] n. **1.** Personne qui engage une attaque. ▷ *Spécial.* Joueur de la ligne d'attaque dans certains sports d'équipe. Ant. défenseur. **2.** n. m. ECON Syn. (off. recommandé) de *raider.*

attaque [atak] n. f. **1.** Action d'attaquer. *Une vigoureuse attaque.* **2.** Acte de violence agressive. *Attaque nocturne.* **3.** SPORT *Ligne d'attaque,* et, par ext., *attaque* (au football, au rugby, etc.), ensemble des joueurs qui attaquent. **4.** Fig. Critique âpre. *Les attaques d'un journal satirique contre un ministre.* **5.** Retour d'une affection périodique, accès. *Attaque de goutte, d'épilepsie.* – Absol. *Il a eu une attaque* (d'apoplexie). **6.** Loc. adv. fam. *Être d'attaque :* être en forme.

attaquer [atake] v. [**1**] **I.** v. tr. **1.** Agir avec violence contre (autrui), engager le combat contre. *Attaquer une place forte. Attaquer une passante.* ▷ (S. comp.). Prendre l'offensive. *Demain, à l'aube, nous attaquerons.* **2.** *Par ext.* Critiquer âprement. *L'opposition attaque le gouvernement.* ▷ Tâcher de renverser, de détruire. *Attaquer un préjugé.* **3.** Ronger, détériorer. *Les termites attaquent le bois.* **4.** Commencer d'exécuter. *L'orchestre attaqua une valse.* – Loc. *Écrivain, orateur qui attaque son sujet,* qui commence à le traiter. – Fig., fam. Entamer un plat. *Attaquer une dinde farcie.* **5.** Affecter. *Maladie qui attaque surtout les enfants.* **6.** DR Intenter une action judiciaire contre. *Attaquer qqn en justice.* **7.** CHIM Ronger, altérer. *Acide qui attaque le cuivre.* **II.** v. pron. **1.** Engager une attaque contre. *S'attaquer à plus fort que soi.* ▷ Fig. *Acteur qui s'attaque à un rôle difficile,* qui entreprend de le jouer. – Fig., fam. *S'attaquer aux hors-d'œuvre,* les entamer. **2.** Détériorer. *Maladie qui s'attaque au bétail.*

attardé, ée [ataʀde] adj. **1.** Qui est en retard. *Un passant attardé,* qui tarde à rentrer chez lui. **2.** Spécial. *Enfant attardé,* en retard, par rapport aux enfants de son âge, dans son évolution physiologique ou intellectuelle.

attarder (s') [ataʀde] v. pr. [**1**] **1.** Se mettre en retard. *La tornade approche, ne nous attardons pas.* **2.** Rester plus longtemps qu'il ne faudrait. *S'attarder chez des amis.*

atte [at] n. m. **1.** (Antilles fr., Maurice) Syn. de *attier.* **2.** (Maurice) Fruit de l'attier, pomme-cannelle.

atteindre [atɛ̃dʀ] v. [**55**] **I.** v. tr. **1.** Toucher de loin avec un projectile. *Atteindre une cible.* ▷ (En parlant du projectile lui-même.) *Flèche qui atteint la cible. Une balle l'atteignit au front.* **2.** Parvenir à. *Atteindre une ville. Atteindre sa majorité. Atteindre un prix, une hauteur.* **3.** Porter atteinte à, léser. *Ses calomnies ne sauraient m'atteindre.* **II.** v. tr. indir. *Atteindre à :* parvenir avec effort à. *Atteindre au sublime.*

atteint, einte [atɛ̃, ɛ̃t] adj. Attaqué, affligé. *Atteint de folie, d'une maladie grave.*

atteinte [atɛ̃t] n. f. **1.** Effet nuisible, dommage, préjudice. *Cultures exposées aux atteintes des criquets. Les atteintes de la médisance. Les premières atteintes d'une maladie,* ses premiers effets, ses premières manifestations. ▷ *Porter atteinte à qqn,* lui nuire. ▷ Loc. *Hors d'atteinte :* impossible à atteindre. *Les fugitifs sont maintenant hors d'atteinte.* **2.** (Maghreb) Action d'atteindre (un objectif que l'on s'est fixé).

attelage [atlaʒ] n. m. **1.** Action d'atteler; manière d'atteler. **2.** Ensemble d'animaux attelés. **3.** TECH Dispositif servant à accrocher les wagons de chemin de fer. **4.** ESP Amarrage d'un engin spatial à un autre destiné à le propulser; dispositif qui sert à cette opération.

atteler [atle] v. [**19**] **1.** v. tr. Attacher (des animaux de trait) à une charrue, à une voiture. – Par ext. *Atteler un wagon, une remorque,* l'attacher au véhicule qui doit le (la) traîner. **2.** v. pron. Fig. *S'atteler à un travail :* entreprendre un travail long, s'y appliquer avec ardeur et persévérance.

attelle [atɛl] n. f. **1.** Pièce du collier d'un cheval à laquelle les traits sont attachés. **2.** Lame rigide ou manchon gonflable qui sert à maintenir immobile un membre fracturé.

attenant, ante [at(ə)nɑ̃, ɑ̃t] adj. Contigu, qui touche à. *Son jardin est attenant au mien.* Syn. adjacent.

attendre [atɑ̃dʀ] v. [**6**] **I.** v. tr. **1.** Rester en place pour la venue de qqn ou de qqch. *Attendre un ami. Attendre l'autobus. J'attends qu'il vienne.* – *J'attends de vos nouvelles,* j'espère en avoir bientôt. ▷ Loc. *Vous ne perdez rien pour attendre :* vous aurez quand même le châtiment que vous méritez. **2.** Différer d'agir jusqu'à un terme fixé. *Nous attendons le beau temps pour partir.* **3.** Être prêt, préparé pour. *Un excellent repas nous attend.* **4.** Être prévu ou prévisible; menacer. *De graves ennuis vous attendent si vous persistez dans votre attitude.* **5.** v. tr. indir. Fam. *Attendre après qqch,* en avoir besoin. *J'attends après cet argent.* **6.** (Belgique, Guinée) *Attendre famille :* être enceinte. – Absol. (Belgique) Pop. *Elle attend pour le mois de mai.* **II.** v. pron. Compter sur, se tenir assuré de. *Je m'attends à le voir d'un moment à l'autre. Je m'attends qu'il vienne* (ou : *à ce qu'il vienne*). ▷ *On peut s'attendre à ce que... :* il est fort possible que... ▷ Loc. *S'attendre à tout :* estimer que tout, même le pire, peut arriver. **III.** Loc. adv. *En attendant :* jusqu'à ce qu'arrive ce qu'on attend. ▷ Loc. conj. *En attendant que :* jusqu'à ce que.

attendrir [atɑ̃dʀiʀ] v. [**3**] **I.** v. tr. **1.** Rendre tendre. *Attendrir un bifteck.* **2.** Émouvoir, exciter la sensibilité de. *Ses larmes m'ont attendri.* **II.** v. pron. Être ému, ressentir de la pitié. *Il s'est attendri sur le sort de ces malheureux.*

attendrissant, ante [atɑ̃dʀisɑ̃, ɑ̃t] adj. Qui émeut, éveille l'attendrissement. *Un spectacle attendrissant.*

attendrissement [atɑ̃dʀismɑ̃] n. m. Action de s'attendrir; état d'une personne attendrie.

attendrisseur [atɑ̃dʀisœʀ] n. m. Appareil utilisé en boucherie pour attendrir la viande.

attendu, ue [atɑ̃dy] adj. et n. m. **1.** adj. Espéré, escompté. *Le triomphe tant attendu.* **2.** Loc. prép. inv. *Attendu les événements, les circonstances :* étant donné les événements, les circonstances. ▷ Loc. conj. DR *Attendu que :* vu que. *Attendu que l'accusé déclare...* **3.** n. m. DR *Les attendus d'un jugement :* les alinéas exposant ses motifs (qui commencent tous par : *attendu que*).

attentat [atɑ̃ta] n. m. **1.** Entreprise criminelle contre une personne ou contre ses biens, contre une institution. *Préparer, déjouer un attentat. Attentat contre les libertés publiques.* **2.** DR *Attentat à la pudeur :* acte contraire à la pudeur commis en public.

attentatoire [atɑ̃tatwaʀ] adj. Litt. (Choses) Qui porte atteinte à. *Mesure attentatoire à la liberté de la presse.*

attente [atɑ̃t] n. f. **1.** Fait d'attendre. *L'attente d'une naissance.* **2.** Temps pendant lequel on attend. *L'attente prolongée engendre l'impatience. Une heure d'attente.* ▷ *Salle d'attente, salon d'attente :* pièce où l'on attend (dans une gare, chez un médecin, etc.). **3.** Espérance, prévision. *Cet événement comble notre attente. Il a déçu, trompé notre attente. Répondre à l'attente de qqn.* **4.** *File d'attente :* file formée par des gens qui attendent (à l'entrée d'un commerce, d'un spectacle, etc.). Syn. cour. queue. **5.** ARCHI *Pierres d'attente :* pierres en saillie destinées à former une liaison avec une construction ultérieure.

attenter [atɑ̃te] v. intr. [**1**] Commettre un attentat sur. *Attenter à la vie de qqn, à la sûreté de l'État.*

attentif, ive [atɑ̃tif, iv] adj. Qui a de l'attention, qui montre de l'attention. *Un écolier attentif. Être attentif (à) :* être en éveil, en alerte. *Oreille attentive au moindre bruit.*

attention [atɑ̃sjɔ̃] n. f. **1.** Tension de l'esprit qui s'applique à quelque objet. *Réveiller, fixer, concentrer l'attention.* ▷ *Faire attention à :* prendre garde à. *Faire attention aux virages. Fais attention à ce que tu écris.* – *Faire attention que* (+ subj.) : faire en sorte que. *Faites attention que cet enfant ne vous entende.* – *Faire attention que* (+ ind.) : ne pas perdre de vue. *Faites attention que le chemin est semé d'embûches.* – Interj. *Attention! Faites attention!* ▷ *Attention à... :* prenez garde à... *Attention à la peinture!* **2.** Marque de prévenance. *Une attention délicate.* – (Plur.) Égards, ménagements. *Il est plein d'attentions pour sa mère.*

attentionné, ée [atɑ̃sjɔne] adj. Qui est plein d'attentions (au sens 2), de prévenances. *Enfant attentionné pour ses parents.*

attentisme [atɑ̃tism] n. m. Politique d'attente, de temporisation.

attentiste [atɑ̃tist] adj. et n. Qui pratique l'attentisme.

attentivement [atɑ̃tivmɑ̃] adv. Avec attention. Ant. distraitement.

atténuant, ante [atenɥɑ̃, ɑ̃t] adj. Propre à atténuer. *Il a des circonstances atténuantes.* ▷ DR *Excuses atténuantes,* qui entraînent la substitution à la peine normale d'une peine plus douce.

atténuation [atenɥasjɔ̃] n. f. **1.** Diminution de la force, de la gravité. *Atténuation d'une douleur.* **2.** DR *Atténuation d'une peine,* par application des circonstances atténuantes. **3.** ELECTR Diminution d'une grandeur (puissance, tension, intensité). ▷ TELECOM Rapport entre l'intensité (ou la tension) à l'arrivée d'une ligne et l'intensité (ou la tension) au départ, mesurées en bels.

atténuer [atenɥe] v. tr. [**1**] Rendre moins fort, moins grave. *Atténuer le bruit. Atténuer une souffrance.* ▷ v. pron. *Spasmes nerveux qui s'atténuent.*

atterrant, ante [ateʀɑ̃, ɑ̃t] adj. Consternant. *Une nouvelle atterrante.*

atterrer [ateʀe] v. tr. [**1**] Accabler, consterner. *Cette défaite nous a atterrés.* ▷ Pp. adj. *Ils ont des mines atterrées.*

atterrir [ateʀiʀ] v. intr. [**3**] Se poser sur le sol. *Avion qui atterrit. Atterrir sur la Lune.* – Fam. Tomber brutalement. *Le cavalier désarçonné atterrit dans un fossé.*

atterrissage [ateʀisaʒ] n. m. Action d'atterrir. *Terrain d'atterrissage. Faire un atterrissage forcé. Train* d'atterrissage.*

attestation [atɛstasjɔ̃] n. f. **1.** Acte d'attester. **2.** Certificat, témoignage par écrit confirmant la vérité, l'authenticité d'une chose. *Attestation du médecin, du maire.*

attester [atɛste] v. tr. [**1**] **1.** Affirmer, certifier la vérité d'une chose. *Il a attesté que cela s'était passé ainsi.* Syn. affirmer. Ant. nier, dénier. ▷ Pp. adj. *Des faits attestés.* **2.** Servir de preuve à. *Des efforts qui attestent la bonne volonté.*

attiédir [atjediʀ] v. [**3**] **1.** v. tr. Rendre tiède (ce qui est chaud ou froid). *La brise attiédit l'atmosphère.* – Fig. Affaiblir (un sentiment). *Le temps a attiédi leur amour.* **2.** v. pron. Devenir tiède; devenir plus faible.

attiéké ou **atiéké** [atjeke] n. m. (Afr. subsah.) En Afrique occid., couscous de manioc.

attier [atje] n. m. (Antilles fr., Maurice) Arbre (fam. anonacées) qui produit la pomme-cannelle. Syn. atte.

attifer [atife] v. tr. [**1**] Fam. Orner, parer (qqn) d'une façon excessive ou bizarre. *Qui vous a ainsi attifée?* ▷ v. pron. *S'attifer à la mode d'autrefois.*

attikamek [atikamɛk] adj. Relatif aux Attikameks. *La langue attikamek. Noms de lieux attikameks.*

Attikameks, peuple amérindien d'Amérique du N. qui au XVIIe s. fut presque entièrement décimé par les maladies et les affrontements avec les Iroquois. Auj., plus de 3000 personnes vivent au Québec, dans la Haute-Mauricie. Alliés aux Montagnais dans le Conseil attikamek-montagnais (CAM), ils se sont engagés dans des négociations avec les gouvernements féd. et prov. pour faire reconnaître leurs droits.

Attila (v. 395 – 453), chef unique des Huns en 445. Il envahit et ravagea les empires d'Orient et d'Occident. En France, il évita Lutèce (auj. Paris); Aetius, Théodoric Ier et Mérovée, coalisés, le vainquirent aux champs Catalauniques, en Champagne (451). En 452, il dévasta l'Italie du N., puis se retira en Pannonie (auj. Hongrie), le pape Léon Ier lui ayant versé un tribut.

attique [atik] adj. et n. m. **1.** adj. D'Athènes, des Athéniens, de l'Attique. **2.** n. m. ARCHI Partie supérieure d'un édifice, qui dissimule le toit.

Attique, péninsule de la Grèce, située entre le golfe d'Égine et la mer Égée; région grecque et de la C.E.; 3808 km^2; 3522760 hab.; cap. *Athènes.*

attirail, ails [atiʀaj] n. m. Équipement compliqué. *Attirail d'un pêcheur à la ligne.* – Bagage encombrant ou inutile.

attirance [atiʀɑ̃s] n. f. Force qui attire moralement, affectivement. *L'attirance du plaisir. Éprouver de l'attirance pour la haute montagne.* Syn. attrait. Ant. répulsion.

attirant, ante [atiʀɑ̃, ɑ̃t] adj. Qui exerce un attrait, une séduction. *Physionomie attirante. Un spectacle attirant.*

attirer [atiʀe] v. [**1**] **I.** v. tr. **1.** Faire venir à soi. *L'aimant attire le fer.* **2.** Inciter à venir. *Le miel attire les mouches.* **3.** Provoquer (l'intérêt, l'attention). *Jeune femme qui attire les regards, les hommages.* ▷ Éveiller un sentiment (de sympathie, d'amour) chez qqn. *J'avoue qu'elle m'attire.* **II.** v. pron. **1.** (Récipr.) *Les molécules s'attirent.* **2.** Encourir, être l'objet de. *Par sa conduite, il s'est attiré nos reproches.*

attisée [atize] n. f. (Québec) Feu vif que l'on fait avec une seule charge de bois, pour chasser l'humidité, se réchauffer. – La charge de bois elle-même. *Mettre une attisée de bois dans le poêle.*

attiser [atize] v. tr. [**1**] Aviver (le feu). ▷ Fig. Exciter, aviver (un sentiment). *Attiser la discorde, la jalousie.*

attitré, ée [atitʀe] adj. Chargé nommément, par un titre, d'une fonction ou d'un office. *Représentant attitré d'une puissance étrangère.* – Cour. *Marchand attitré,* chez qui l'on se fournit habituellement.

attitude [atityd] n. f. **1.** Manière de tenir son corps. *Prendre diverses attitudes. Une attitude penchée, cambrée, raide, décidée. L'attitude de la soumission, du commandement.* ▷ CHOREGR Figure d'équilibre sur une seule jambe, l'autre se repliant en arrière. **2.** Conduite que l'on adopte en des circonstances déterminées. *Pays qui règle son attitude sur celle d'une grande puissance.* ▷ (Belgique) *Prendre attitude :* adopter une attitude, prendre position. *Le gouvernement a pris attitude sur cette question.*

Attlee (Clement, comte) (1883 – 1967), homme politique brit. Premier ministre (travailliste) de 1945 à 1951, il procéda à des nationalisations et entreprit la décolonisation.

attoquer [atɔke] v. tr. (Acadie) Appuyer (un objet) contre (qqch). – v. pron. *S'attoquer contre le poteau de téléphone.*

attorney [atɔʀnɛ] n. m. **1.** En Grande-Bretagne, auxiliaire de justice qui remplit pour le compte d'un client les fonctions de mandataire, d'avoué. – Aux États-Unis, auxiliaire de justice cumulant les fonctions d'avocat et d'avoué. **2.** *Attorney général :* en Grande-Bretagne, officier de la Couronne chargé des poursuites criminelles au nom de celle-ci. – Aux États-Unis, fonction correspondant à celle de ministre de la Justice.

attouchement [atuʃmɑ̃] n. m. Action de toucher avec la main. *Soulager une douleur par de simples attouchements.*

attractif, ive [atʀaktif, iv] adj. **1.** Qui a la propriété d'attirer. **2.** Qui exerce une attraction, une séduction.

attraction [atʀaksjɔ̃] n. f. **1.** Action d'attirer; effet produit par ce qui attire. *L'attraction du fer par l'aimant.* ▷ PHYS *Attraction électrostatique :* force d'attraction entre charges électriques de signes contraires. – *Attraction magnétique :* force d'attraction entre les pôles d'aimants de noms contraires; force exercée par un aimant sur certains objets. – *Attraction terrestre :* force d'attraction exercée par la Terre, et qui se manifeste par la pesanteur. – *Attraction universelle :* V. gravitation. **2.** Ce qui séduit, ce qui attire. *Ressentir l'attraction de l'inconnu.* **3.** Élément d'un spectacle, d'une exposition, spécialement destiné à attirer le public. *Les attractions d'un music-hall.* – Par ext. *Un parc d'attractions,* où sont présentées des attractions. ▷ Fam. Objet de curiosité. *Il est l'attraction de la soirée.*

attrait [atʀɛ] n. m. **1.** Ce qui attire. *L'attrait de la gloire. Un projet qui manque d'attrait.* ▷ (Plur.) Charmes d'une femme. *Coquette qui déploie tous ses attraits.* **2.** *Éprouver de l'attrait, se sentir de l'attrait pour... :* éprouver un certain goût, une inclination pour...

attrape [atʀap] n. f. **1.** Tromperie, tour plaisant. ▷ (Plur.) Objets destinés à mystifier. *Marchand de farces et attrapes.* **2.** (Antilles fr.) Syn. de *piège* (sens 2). *Tendre une attrape.* – Fig. *Être pris dans une attrape :* être pris au piège.

attrape-nigaud [atʀapnigo] n. m. Ruse grossière. *Ce ne sont que des attrape-nigauds.*

attraper [atʀape] v. [**1**] **I.** v. tr. **1.** Prendre à une trappe, à un piège. *Attraper un oiseau avec de la glu.* **2.** Atteindre et saisir. *Attraper un papillon.* **3.** Surprendre. *Je l'ai attrapé à me voler.* **4.** Duper. *C'est un filou qui m'a attrapé.* ▷ Fam. *Être attrapé :* éprouver un mécompte, une déception. **5.** Mystifier, faire une attrape, par plaisanterie. *Je t'ai bien attrapé!* **6.** Obtenir par hasard. *J'ai attrapé le meilleur lot.* **7.** Fam. Recevoir de manière imprévue. *Attraper des coups. Attraper un rhume.* **8.** Fig., fam. Saisir et reproduire avec exactitude; maîtriser (un savoir-faire). *Il a bien attrapé le tour de main.* **9.** Fam. Réprimander vivement. *Son père l'a attrapé. Se faire attraper par son patron.* **II.** v. pron. (Récipr.) Fam. Se disputer gravement. *Ils se sont attrapés et sont restés brouillés.*

attrayant, ante [atʀɛjɑ̃, ɑ̃t] adj. Qui exerce de l'attrait. *Un programme attrayant.*

attribuer [atʀibɥe] v. [**1**] **I.** v. tr. **1.** Conférer, concéder. *Attribuer une place à quelqu'un.* **2.** Supposer (des qualités bonnes ou mauvaises) chez qqn. *On lui attribue du courage.* **3.** Considérer comme causé ou fait par. *Attribuer un incendie à la malveillance. Ce tableau fut longtemps attribué à Raphaël.* **II.** v. pron. *Spécial.* S'adjuger, revendiquer (sans y avoir droit). *Il s'attribue tout le mérite de cet ouvrage collectif.*

attribut [atʀiby] n. m. **1.** Caractère particulier d'un être, d'une chose. *« La faculté de voler est un attribut essentiel* *de l'oiseau» (Buffon).* ▷ PHILO Caractère essentiel d'une substance. **2.** LOG Ce qu'on affirme ou ce qu'on nie du sujet dans une proposition. Syn. prédicat. **3.** GRAM Mot exprimant une qualité, une manière d'être, attribuée à un nom (sujet ou complément d'objet direct) par l'intermédiaire d'un verbe comme *être, sembler, paraître, trouver, nommer,* etc. **4.** Emblème, signe distinctif d'une fonction, d'un personnage allégorique. *La couronne est l'attribut de la royauté.*

attributaire [atʀibytɛʀ] n. DR Personne qui a bénéficié d'une attribution par voie de droit.

attribution [atʀibysjɔ̃] n. f. **1.** Action d'attribuer. *Attribution de crédits.* **2.** (Plur.) Droits et devoirs attachés à certaines charges. ▷ *Spécial.* Limites de compétence. *Les attributions d'un ministre, d'un tribunal. Entrer dans les attributions de... :* être du ressort, de la compétence de... **3.** GRAM *Complément d'attribution :* autre dénomination du complément d'objet indirect ou second (ex. : Donner un livre à l'enfant).

attristant, ante [atʀistɑ̃, ɑ̃t] adj. Qui attriste, qui déçoit.

attrister [atʀiste] v. [1] **1.** v. tr. Rendre triste, affliger. **2.** v. pron. Devenir triste. *S'attrister de qqch.*

attroupement [atʀupmɑ̃] n. m. **1.** Action de s'attrouper, de se rassembler. **2.** Groupe de personnes attroupées. *Disperser un attroupement.*

attrouper [atʀupe] v. tr. [1] Assembler en troupe tumultueuse. *L'accident attroupa plus de cent personnes.* ▷ v. pron. *Les enfants s'attroupèrent.*

Atwood (George) (1746 - 1807), physicien anglais; la *machine d'Atwood* permet de mesurer le déplacement vertical des masses.

atypique [atipik] adj. Différent du type normal.

au, aux [o] article défini, contraction de la préposition *à* et des articles définis *le, les. Au* ne s'emploie que devant les noms masculins commençant par une consonne ou un *h* aspiré. *Au roi, au hameau.* – Le plur. *aux* s'emploie devant tous les noms, masc. ou fém. *Aux hommes, aux femmes, aux enfants.*

aubade [obad] n. f. Concert donné à l'aube sous les fenêtres de quelqu'un pour l'honorer.

aubaine [obɛn] n. f. Avantage inespéré. *La bonne aubaine!*

1. aube [ob] n. f. **1.** Premières lueurs de l'aurore; moment où le ciel blanchit à l'est. *À l'aube, dès l'aube.* **2.** Fig. Débuts, naissance. *L'aube de l'humanité.*

2. aube [ob] n. f. LITURG Ample tunique de toile blanche.

3. aube [ob] n. f. Palette solidaire d'une roue, qui reçoit la pression d'un fluide ou qui exerce une pression sur celui-ci. *Turbine à aubes. Roue à aubes.*

Aube, riv. de France (248 km), affl. de la Seine (r. dr.). – Dép. : 6002 km²; 289207 hab.; ch.-l. *Troyes**. V. Champagne-Ardenne (Rég.).

aubépine [obepin] n. f. Arbrisseau épineux (fam. rosacées), à fleurs blanches, des régions tempérées. *Les Québécois nomment cenellier l'aubépine sauvage.*

Auber (Daniel François Esprit) (1782 - 1871), compositeur français d'opéras et d'opéras-comiques : *Fra Diavolo* (1830), *Manon Lescaut* (1856).

auberge [obɛʀʒ] n. f. **1.** Vieilli Hôtel de campagne, simple et sans luxe. ▷ Loc. fam. *On n'est pas sorti de l'auberge :* les difficultés promettent d'être considérables. (V. on n'est pas sorti du bois*.) – Loc. fig. *Auberge espagnole :* lieu où l'on trouve ce qu'on y apporte. **2.** Mod. Restaurant dont le décor évoque une auberge (sens 1), mais qui offre une chère et un service de qualité.

aubergine [obɛʀʒin] n. f. **1.** Plante potagère (fam. solanacées), originaire de l'Inde. – Fruit comestible de cette plante, de forme oblongue ou ronde, de couleur violette, verte ou blanche. **2.** (Afr. subsah.) *Aubergine amère* ou *aubergine :* plante potagère (fam. solanacées) dont le fruit, au goût amer, a la forme d'une tomate. Syn. tomate amère.

aubergiste [obɛʀʒist] n. Vieilli Personne qui tient une auberge.

Aubert de Gaspé. V. Gaspé (Philippe Aubert de).

aubette [obɛt] n. f. **1.** (Afr. subsah., Belgique, France rég.) Syn. de *abribus.* **2.** (Belgique) Kiosque où l'on vend des journaux, des revues. *J'ai acheté le journal à l'aubette de la gare.*

aubier [obje] n. m. Partie ligneuse du tronc et des branches d'un arbre, tendre et blanchâtre, qui se trouve entre le cœur du bois et l'écorce, correspondant aux couches les plus récemment formées.

Aubigné (Théodore Agrippa d') (1552 - 1630), écrivain français. Calviniste dévoué à Henri IV, il dut s'exiler à la mort du roi. Auteur d'un poème satirique et lyrique, *les Tragiques** (1616), et d'une *Histoire universelle* (1620).

Aubisque (col d'), col (1704 m) des Pyrénées-Atlantiques (France).

Aubry (Gilbert) (né en 1942), prélat et écrivain français originaire de la Réunion; évêque de la Réunion (1976). Sa poésie, qui bannit l'exotisme, se dresse contre les inégalités : *Rivages d'alizé* (1971), *Hymne à la Créolie* (1978).

auburn [obœʀn] adj. inv. Brun-roux (en parlant des cheveux).

Auckland, princ. port de la Nouvelle-Zélande (île du Nord); ch.-l. de district; 820750 hab. Industr. métall., text., alimentaire; constructions navales.

aucun, une [okœ̃, yn] pron. et adj. **I.** pron. **1.** (Accompagné de *ne* ou en réponse à une question.) Nul, pas un seul, personne. *J'ai écrit à plusieurs, aucun ne m'a répondu. Aucun de ces livres n'a de valeur littéraire. Combien de réponses avez-vous reçues? Aucune.* ▷ Litt. *D'aucuns :* quelques-uns, certains. *D'aucuns le blâmeront de ce choix.* **2.** (Sans négation) *Aucun de, aucune de :* quelqu'un, quelqu'une, certain(e), un(e) quelconque (parmi d'autres). *Il saura faire ce travail mieux qu'aucun de nous. De toutes mes amies, aucune m'a-t-elle secourue?* **II.** adj. **1.** Litt. Quelque. *Je doute qu'aucun homme le fasse.* **2.** (Accompagné de *ne* ou de *sans.*) Nul, nulle, pas un, pas une. *Il n'a aucun défaut. Sans aucune hésitation.* (N.B. *Aucun,* adj., s'emploie toujours au sing. sauf devant un nom qui n'est utilisé qu'au plur., ou dont le plur. n'a pas le même sens que le sing. *Aucuns frais. Aucunes représailles.*)

aucunement [okynmɑ̃] adv. (Employé avec *ne* ou en réponse à une question.) Nullement, en aucune façon. *Je ne lui en veux aucunement. Craignez-vous d'être mal jugé? Aucunement.*

audace [odas] n. f. **1.** Tendance à oser des actions hardies, en dépit des dangers ou des obstacles. ▷ Innovation qui brave les habitudes. *Les audaces de versification de Victor Hugo par rapport aux règles classiques. Les audaces de la mode.* **2.** Péjor. Impudence. *Il a eu l'audace de prétendre...*

audacieusement [odasjøzmɑ̃] adv. Avec audace.

audacieux, euse [odasjø, øz] adj. et n. **1.** Qui a de l'audace. *Un homme audacieux.* ▷ Subst. *La fortune sourit aux audacieux.* **2.** Qui dénote de l'audace. *Projet audacieux.*

Aude, fl. de France (223 km); naît dans les Pyr.-Orient., se jette dans la Méditerranée. – Dép. : 6232 km²; 298712 hab.; ch.-l. *Carcassonne**. V. Languedoc-Roussillon (Rég.).

au-dedans, au-dehors [odədɑ̃, odəɔʀ] loc. adv. V. dedans, dehors.

au-delà [od(ə)la] loc. adv. Plus loin. ▷ n. m. inv. *L'au-delà :* l'autre monde, après la mort.

Audenarde (en néerl. *Oudenaarde*), com. de Belgique (Flandre-Orientale), sur l'Escaut; ch.-l. d'arr.; 27320 hab. Industr. textiles. – Égl. Ste-Walburge, des XIIIe et XVe s. – Victoire du Prince Eugène et de Marlborough sur le duc de Vendôme (1708).

au-dessus, au-devant. [odəsy, odəvɑ̃] loc. adv. V. dessus, devant.

Audiberti (Jacques) (1899 - 1965), écrivain français «baroque»; poète, romancier et dramaturge (*Le mal court,* 1947; *l'Effet Glapion,* 1959).

audibilité [odibilite] n. f. Caractère de ce qui est audible.

audible [odibl] adj. Susceptible d'être entendu. Ant. inaudible.

audience [odjɑ̃s] n. f. **1.** Intérêt que suscite auprès d'un public une œuvre, une pensée, etc. *Avoir l'audience des intellectuels.* **2.** Entretien accordé par un personnage de haut rang à des visiteurs. *Demander audience à un ministre.* **3.** (Haïti) (Souvent au plur.) Histoire drôle racontée en groupe. *Donner des audiences :* raconter des blagues, des histoires drôles ou distrayantes. **4.** Ceux qui écoutent; auditoire. *Audience passionnée par un conférencier.* **5.** Séance de tribunal. *Une audience publique, à huis clos, solennelle.*

audienceur [odjɑ̃sœʀ] n. m. (Haïti) Homme qui aime raconter des histoires drôles ou distrayantes.

audimètre [odimɛtʀ] n. m. AUDIOV Appareil placé sur un récepteur, qui renseigne sur l'audience auprès d'un échantillon de téléspectateurs.

audio-. Élément, du lat. *audire,* «entendre».

audio [odjo] adj. inv. et n. inv. Qui concerne l'enregistrement et la reproduction du son (par oppos. à *vidéo*).

audiofréquence [odjofʀekɑ̃s] n. f. PHYS Fréquence audible (comprise entre 20 et 20000 Hz env.). Syn. basse fréquence, fréquence acoustique.

audiogramme [odjogʀam] n. m. ACOUST et MED Courbe qui indique la sensibilité de l'oreille aux sons.

audiomètre [odjɔmɛtʀ] n. m. Appareil qui sert à mesurer l'acuité auditive et à établir les audiogrammes.

audionumérique [odjonymeʀik] adj. et n. m. TECH Se dit des techniques de production et de reproduction du son faisant appel à l'informatique pour le numériser. *Disque audionumérique.* ▷ n. m. Ensemble de ces techniques.

audio-oral, ale, aux [odjoɔʀal, o] adj. Didac. Qui concerne l'écoute et la parole (par oppos. à *audiovisuel*). *Une méthode d'enseignement audio-orale.*

audiophone [odjofɔn] n. m. Petit appareil acoustique servant à amplifier le son, utilisé par les malentendants.

audioprothésiste [odjopʀɔtezist] n. Praticien qui délivre et contrôle les prothèses auditives.

audiovisuel, elle [odjovizɥɛl] adj. et n. m. **1.** adj. Qualifie l'ensemble des techniques de communication qui font appel à la sensibilité visuelle et auditive. *Méthode audiovisuelle de l'enseignement des langues.* **2.** n. m. Ensemble de ces techniques.

audit [odit] n. m. Opération destinée à contrôler, dans une entreprise, la bonne gestion et la sauvegarde du patrimoine financier et l'application correcte des décisions prises. – Personne qui a pour fonction d'effectuer de telles opérations.

auditeur, trice [oditœʀ, tʀis] n. **1.** Personne qui écoute. *Les auditeurs d'une station radiophonique.* **2.** *Auditeur libre :* étudiant qui assiste à des cours sans l'obligation d'être soumis à l'examen. **3.** Nom de divers fonctionnaires.

auditif, ive [oditif, iv] adj. Propre à l'ouïe, à ses organes. *Conduit auditif, nerf auditif.* – *Prothèse auditive,* pour corriger la surdité.

audition [odisjɔ̃] n. f. **1.** Perception des sons par l'oreille. ▷ *Seuil d'audition :* intensité minimale d'un son, à fréquence donnée, produisant une sensation auditive. **2.** Écoute. *Une audition radiophonique.* ▷ DR *Audition des témoins.* **3.** Essai que passe un artiste en vue d'un engagement.

auditionner [odisjɔne] v. [1] **1.** v. intr. Présenter un échantillon de son répertoire (artistes). **2.** v. tr. *Auditionner un artiste,* assister à une présentation de son numéro pour l'engager.

auditoire [oditwaʀ] n. m. **1.** Ensemble des auditeurs. Syn. audience, public. **2.** (Afr. subsah., Belgique, France rég., Suisse) Amphithéâtre, salle de cours ou de conférences. *Le nouvel auditoire compte près de 500 places.*

auditorium [oditɔʀjɔm] n. m. **1.** Salle équipée pour l'écoute, l'enregistrement, la reproduction d'œuvres sonores. **2.** Dans un édifice public, vaste local aménagé comme un théâtre et qui peut servir de salle de conférences, de spectacle.

Aufklärung (mot all., littéral. : *montée des lumières*), courant d'idées qui, au XVIIIe s., en Allemagne (en France on parle de «philosophie des Lumières»), se fonda sur la raison et sur l'expérience des faits (en bannissant les dogmes religieux, monarchiques, etc.) pour «éclairer» les hommes.

auge [oʒ] n. f. **1.** Bassin servant à donner à boire ou à manger aux animaux. **2.** Récipient utilisé par les maçons pour délayer le plâtre. **3.** GEOGR *Auge glaciaire :* vallée, d'origine glaciaire, au fond large et aux parois raides. Syn. vallée en U.

Augereau (Pierre François Charles) (1757 – 1816), général français. Lié à Bonaparte, il participa au coup d'État du 18 fructidor (4 sept. 1797), devint maréchal, s'illustra à Iéna, à Eylau.

Augias, dans la myth. gr., roi d'Élide, l'un des Argonautes. Héraclès nettoya ses écuries en y détournant le fleuve Alphée.

augmentatif, ive [ɔgmɑ̃tatif, iv] adj. et n. m. LING Se dit d'une forme grammaticale, préfixe ou suffixe, renforçant le sens d'un mot (ex. : *super* dans *superchampion*). ▷ n. m. *Un augmentatif.*

augmentation [ɔgmɑ̃tasjɔ̃] n. f. **1.** Action, fait d'augmenter. *Augmentation de volume, de poids, de durée.* **2.** Majoration d'appointements. *Obtenir une augmentation.*

augmenter [ɔgmɑ̃te] v. [1] **I.** v. tr. **1.** Rendre plus grand, plus considérable. *Augmenter le son, la longueur, les prix, la surface, les intérêts.* **2.** Majorer les appointements de. *Augmenter les ouvriers, les fonctionnaires.* **3.** (Afr. subsah.) Accroître la quantité de, rendre plus abondant ou plus nombreux. *Augmenter la lumière d'une lampe.* **II.** v. intr. (Choses) Devenir plus grand, croître en quantité, en prix, etc. *La vie ne cesse d'augmenter. Augmenter de volume.*

Augsbourg, ville d'Allemagne (Bavière), sur le Lech; 245960 hab. Industries. – Colonie romaine, puis ville impériale. – Cath. XIe-XVe s.; hôtel de ville XVIIe s. – La *Confession d'Augsbourg,* profession de foi luthérienne rédigée par Melanchthon, fut présentée à la diète impériale d'Augsbourg convoquée par Charles Quint (1530). – La *ligue d'Augsbourg,* formée de 1686 à 1697 par l'Angleterre, l'Espagne, les principautés all., les Provinces-Unies, la Suède, fut vaincue par la France (1697 : traités de Ryswick).

augure [ogyʀ] n. m. **I. 1.** ANTIQ ROM Devin qui tirait présage de certains signes. **2.** Personne qui prétend prédire l'avenir. **II. 1.** ANTIQ ROM Présage tiré par les augures. **2.** Ce qui semble présager l'avenir. *J'en accepte l'augure.* ▷ Loc. *Oiseau de bon, de mauvais augure :* personne qui annonce, par sa présence ou ses propos, de bonnes, de mauvaises nouvelles.

augurer [ogyʀe] v. tr. [1] Conjecturer, prévoir à partir de l'observation de certains signes. *Je n'augure rien de bon de tout cela.*

1. auguste [ogyst] adj. Vénérable et solennel. *Une auguste assemblée.*

2. auguste [ogyst] n. m. Type de clown au maquillage bariolé.

Auguste (Caius Julius Caesar Octavianus Augustus) (63 av. J.-C. – 14 apr. J.-C.), empereur romain. Petit-neveu et fils adoptif de César, connu d'abord sous le nom d'Octave, puis sous celui d'Octavien. À la mort de César (44 av. J.-C.), il forma, avec Antoine et Lépide, le second triumvirat. En 36 av. J.-C., il fit déposer Lépide; en 31 av. J.-C., il vainquit Antoine à Actium. En 28 av. J.-C., le sénat l'éleva à la dignité militaire d'*imperator;* en 27 av. J.-C., à celle d'*augustus* (vénérable) : il avait désormais tous les pouvoirs. Il ne put se maintenir en Germanie et ramena au Rhin la limite N.-E. de l'Empire, mais il annexa les régions correspondant auj. à la Bavière, à l'Autriche et à la Bulgarie. Il réorganisa la société, les finances, le gouvernement. Rome lui doit de nombr. monuments. Virgile, Horace, Ovide, Tite-Live illustrèrent le *siècle d'Auguste.* Son beau-fils Tibère, qu'il avait adopté, lui succéda.

augustin, ine [ogystɛ̃, in] n. Religieux, religieuse qui suit la règle dite de saint Augustin.

Augustin (saint) (354 – 430), évêque africain, docteur et Père de l'Église. Né à Tagaste (auj. Souk-Ahras, v. d'Algérie) d'un païen et d'une chrétienne (sainte Monique), il enseigna la rhétorique à Carthage, Rome et Milan, où, sous l'influence de saint Ambroise, il se convertit au christianisme (386). De retour en Afrique (388), ordonné prêtre (391), évêque d'Hippone (395), il combattit les hérétiques (manichéens, donatistes, pélagiens) et écrivit : *Confessions* (391-400), récit de sa conversion; *De la Trinité* (399-422); *la Cité de Dieu* (413-424), synthèse de sa théologie; *Rétractations* (426-427), etc. Il a vu, dans la connaissance, une participation à la connaissance divine, et a fait des idées platoniciennes les idées de la sagesse de Dieu. Pour ce «Docteur de la grâce», Dieu ne fait que couronner ses dons quand il couronne nos mérites.

aujourd'hui [oʒuʀdɥi] adv. et n. m. **1.** Au jour où l'on est. *Il arrive aujourd'hui.* – (Afr. subsah., Belgique) *Aujourd'hui matin :* ce matin. *Aujourd'hui soir :* ce soir. **2.** Au temps où nous sommes, à notre époque. ▷ n. m. L'époque actuelle. *Les manières de vivre d'aujourd'hui.*

aula [ola] n. f. (Suisse) Dans un bâtiment d'enseignement, salle des cérémonies officielles et des fêtes.

Âu Lac, anc. royaume (v. 257-111 av. J.-C.) qui s'étendait dans le centre-nord du Viêt-nam actuel. Issu de la civilisation du bronze du Dông* Son, il dut se soumettre vers 208 av. J.-C. au royaume du Nam Viêt dont la capitale était située près de la ville actuelle de Canton (Chine du S.). Le Nam Viêt tout entier (jusqu'au 16e parallèle) fut intégré à la Chine en 111 av. J.-C. Dès lors, l'ancien Viêt-nam subit pendant plus de mille ans la domination chinoise.

aulacode [olakɔd] n. m. Rongeur d'Afrique tropicale d'assez grande taille, à la chair comestible.

aulnaie ou **aunaie** [onɛ] n. f. SYLVIC Lieu planté d'aulnes.

aulne ou **aune** [on] n. m. Arbre des régions tempérées poussant au bord de l'eau.

Aulu-Gelle (Aulus Gellius) (v. 130 – v. 180), érudit latin. Ses *Nuits attiques,* recueil de «notes», fournissent de nombr. renseignements sur l'histoire, l'art et les sciences antiques.

aulx [o] n. m. pl. Plur. vieilli de *ail.*

Aumale (Henri Eugène Philippe d'Orléans, duc d') (1822 – 1897), général et historien franç., quatrième fils de Louis-Philippe. En Algérie, il enleva la smala d'Abd el-Kader (1843).

aumône [omon] n. f. **1.** Ce qu'on donne aux pauvres par charité. *Vivre d'aumônes. Faire, demander l'aumône.* Syn. obole. – (Asie du S.-E.) *Bol d'aumône :* V. bonze. – ISLAM *Aumône légale :* obligation, pour tout musulman, de donner aux indigents une part de ses biens, qui constitue l'un des cinq piliers de l'islam. Syn. achour, zakat. **2.** (Afr. subsah.) Don fait pour s'attirer la faveur divine. – *Spécial.* Menus dons (biscuits, bougies, notam.) faits à ceux qui assistent à des funérailles ou à une cérémonie religieuse pour un défunt. *Pensez aux biscuits pour l'aumône après la messe.* **3.** Fig. Faveur parcimonieuse. *L'aumône d'un sourire.*

aumônerie [omonʀi] n. f. **1.** Charge d'aumônier. **2.** Service administratif qui regroupe les aumôniers. *L'aumônerie des prisons.* **3.** Local réservé à un aumônier.

aumônier [omonje] n. m. Ecclésiastique qui exerce son ministère auprès d'une collectivité donnée. *Aumônier militaire. Aumônier d'un lycée.*

aunaie [onɛ] n. f. V. aulnaie.

1. aune [on] n. f. Ancienne mesure de longueur valant 1,188 m (encore utilisée en Haïti). ▷ Loc. fig. *Mesurer les autres à son aune,* les juger d'après soi-même.

2. aune [on] n. m. V. aulne.

Aung San Suu Kyi (née en 1945), femme politique birmane. Fondatrice de la Ligue nationale pour la démocratie (1988), elle fut détenue en résidence surveillée à Rangoon de 1989 à 1995. Prix Nobel de la paix 1991.

auparavant [opaʀavɑ̃] adv. Avant, antérieurement. *Il l'avait rencontré peu auparavant. Un mois auparavant.* Syn. (Suisse) arrière.

AUPELF-UREF, acronyme pour *Association* des universités partiellement ou entièrement de langue française – Université des réseaux d'expression française.*

auprès de [opʀɛdə] loc. prép. **1.** Dans la proximité de. *Être assis auprès de qqn ou de qqch.* **2.** Fig. Par comparaison avec. *Auprès de votre complaisance, la sienne est peu de chose.* **3.** Aux yeux de, de l'avis de. *Il passe pour érudit auprès des ignorants.*

au prorata de [opʀɔʀatadə] loc. prép. V. prorata (au).

auquel [okɛl] pron. relat. V. lequel.

aura [ɔʀa] n. f. **1.** Corps immatériel qui, selon les occultistes, entourerait certaines substances. **2.** Fig. Influence mystérieuse qui semble émaner d'une personne, atmosphère qui l'entoure. *Baigner dans une aura de mystère.*

Aurangābād, ville de l'Inde (Mahārāshtra); 284610 hab. – Grottes décorées de scènes bouddhiques (V^e^-VIIe s).

Aurélien (Lucius Domitius Aurelianus) (v. 212 – 275), empereur romain de 270 à 275. Il vainquit les Goths, les Alamans et Zénobie, reine de Palmyre, restaura l'unité romaine, réforma le culte (il fut divinisé de son vivant), entoura Rome par le *mur d'Aurélien.*

Aurélienne (voie) (en lat. *via Aurelia*), route qui, sous l'Empire romain, partant de Rome, allait à Civitavecchia, Pise, Gênes et finissait à Arles.

auréole [ɔʀeɔl] n. f. **1.** Couronne lumineuse dont les peintres entourent symboliquement la tête du Christ, de la Vierge et des saints. **2.** Fig. Prestige, gloire. *Parer qqn d'une auréole.* **3.** Syn. de *halo.* **4.** Trace circulaire laissée par une tache qu'on a nettoyée.

auréoler [ɔʀeɔle] v. tr. [1] Parer d'une auréole. ▷ Fig. Glorifier.

Aurès (les), massif calcaire de l'Atlas saharien; 2328 m au djebel Chelia; habité par des populations berbères. Il fut le centre d'âpres combats pendant la guerre d'Algérie (1954-1962).

auriculaire [ɔʀikylɛʀ] adj. et n. m. **1.** adj. Qui se rapporte à une oreille. – ANAT Qui se rapporte à une oreillette du cœur. *Fibrillation auriculaire.* ▷ *Témoin auriculaire,* qui rapporte ce qu'il a entendu. **2.** n. m. Le plus petit doigt de la main (qu'on peut introduire dans le conduit de l'oreille).

auricule [ɔʀikyl] n. f. ANAT Prolongement de chacune des oreillettes du cœur.

aurifère [ɔʀifɛʀ] adj. MINER Qui contient, qui charrie de l'or. *Terrains, cours d'eau aurifères.*

aurige [ɔʀiʒ] n. m. ANTIQ Conducteur de char.

aurignacien, enne [ɔʀiɲasjɛ̃, ɛn] n. m. et adj. PREHIST Faciès culturel de la première moitié du paléolithique supérieur, en Europe et au Moyen-Orient. ▷ adj. *La culture aurignacienne.*

Auriol (Vincent) (1884 – 1966), homme politique français. Socialiste, il fut le premier président de la IVe République (1947-1954).

aurochs [ɔʀɔk] n. m. Bovidé noir de grande taille (2 m au garrot) qui vécut en Europe, à l'état sauvage, jusqu'au Moyen Âge.

aurore [ɔʀɔʀ] n. f. **1.** Crépuscule du matin, lumière rosée qui précède le lever du soleil. **2.** Fig. Origine, début. *L'aurore de la vie.* **3.** *Aurore polaire :* phénomène lumineux observable dans les régions polaires en période de forte activité du Soleil, résultant du bombardement des molécules de la haute atmosphère par le vent solaire et qui s'étend entre 110 et 400 km d'altitude. *Aurore boréale, australe.*

Aurore (l'), quotidien français républicain-socialiste (1897-1914). En publiant (1898) la lettre de Zola *J'*accuse,* il déclencha l'affaire Dreyfus*.

Auschwitz (en polonais *Oświęcim*), v. de Pologne; 28 000 hab. – Les nazis y implantèrent un camp d'extermination de 45 km², où périrent env. 1 million de Juifs et de Polonais entre 1940 et 1945.

auscultation [ɔskyltasjɔ̃] n. f. Action d'ausculter.

ausculter [ɔskylte] v. tr. [1] Écouter, directement ou à l'aide d'un stéthoscope, les bruits qui se produisent dans certaines parties internes du corps, en vue d'un diagnostic. *Ausculter le cœur. Ausculter qqn.*

Ausone *(Decimus Magnus Ausonius)* (v. 310 – v. 394), poète et grammairien latin, né à Bordeaux; auteur d'*Idylles.*

auspice [ɔspis] n. m. **1.** (Surtout plur.) ANTIQ ROM Signe où l'augure* voyait un présage. **2.** Fig. *Sous d'heureux, de funestes auspices :* dans des circonstances qui présagent le succès ou l'échec. – *Sous les auspices de qqn,* sous sa protection, son patronage.

aussi [osi] adv. et conj. **I.** adv. **1.** Également, de même. *Son père le gâte, sa mère aussi.* (On emploie *non plus* lorsque l'idée est négative. *Son père ne le gâte pas, sa mère non plus.*) **2.** Devant un adj. ou un adv. dans une comparaison, exprime l'égalité. *Cette moto est aussi rapide qu'une voiture. Ma nièce est aussi belle que gracieuse.* – (Avec ellipse du second terme de la comparaison.) *Je ne le croyais pas aussi égoïste* (qu'il l'est). **3.** Loc. adv. *Aussi... que :* quelque... que, bien que. *Aussi bizarre que cela paraisse, il est arrivé à l'heure.* **4.** (Afr. subsah., Antilles fr.) Après un pron. pers., exprime la surprise ou la réprobation. *Toi aussi! Il ne fallait pas le provoquer.* **II.** conj. (En tête de proposition.) C'est pourquoi, en conséquence. *Il travaille, aussi réussit-il.* ▷ Loc. conj. *Aussi bien :* après tout, d'ailleurs. *Je ne lui écris plus, aussi bien nous sommes fâchés.* ▷ *Aussi bien que :* de même que. *Cela me concerne aussi bien que vous.*

aussitôt [osito] adv. Dans le même moment. *Il est entré et aussitôt il s'est dirigé vers moi.* ▷ Loc. conj. *Aussitôt que :* dès que.

Austen (Jane) (1775 – 1817), écrivain anglais; auteur de romans de mœurs : *Orgueil et Préjugé* (1813), *Emma* (1815).

austère [ɔstɛʀ] adj. **1.** (Personnes) Qui présente dans son attitude ou son caractère un penchant pour la gravité, la sévérité morale, la rigueur puritaine. *Un moraliste austère.* Ant. dissolu, hédoniste, libertin. **2.** (Choses) Dénué d'agréments ou de fantaisie. *Un intérieur austère.* Syn. rude, sévère. Ant. gai.

austérité [ɔsteʀite] n. f. **1.** Caractère de ce qui est austère. ▷ ECON *Politique d'austérité,* qui consiste à réduire les dépenses de consommation privée et publique essentiellement par une diminution des salaires. **2.** (Plur.) Mortifications du corps et de l'esprit.

Austerlitz (en tchèque *Slavkov*), bourg de Moravie où Napoléon Ier battit les Autrichiens et les Russes le 2 déc. 1805 *(bataille des Trois Empereurs),* alors que brillait le « soleil d'Austerlitz ». Le 26 déc., Napoléon imposa le traité de Presbourg.

Austin, cap. du Texas (É.-U.), sur le Colorado; 465600 hab. Centre industriel et culturel.

Austin (John Langshaw) (1911 – 1960), logicien anglais, théoricien de la communication.

austral, ale, als ou **aux** [ostʀal, o] adj. Qui se trouve dans l'hémisphère Sud. *Terres australes,* voisines du pôle Sud. Ant. boréal.

Austral (océan). V. Antarctique (océan).

Australes (îles). V. Tubuaï (îles).

Australes et Antarctiques françaises (terres), territoire franç. d'outre-mer comprenant les archipels Crozet et Kerguelen, la terre Adélie, les îles de la Nouvelle-Amsterdam et de Saint-Paul.

► V. carte et dossier France d'outre-mer p. 1442.

Australie *(Commonwealth of Australia),* État fédéral d'Océanie, membre du Commonwealth, formant lui-même un Commonwealth (continent australien, Tasmanie, territ. extérieurs), situé dans l'hémisphère Sud, entre l'océan Indien à l'ouest et l'océan Pacifique à l'est; 7682300 km²; 16670000 hab. ; cap. *Canberra.* Nature de l'État : rép. fédérale. Langue off. : angl. Monnaie : dollar australien. Relig. : protestants (37 %), catholiques (26 %).

► V. carte p. 1377.

Géogr. phys. et hum. – Continent massif, l'Australie est formée, à l'O., d'un vaste plateau; au centre, de plaines; à l'E., de la Cordillère australienne : 2230 m au mont Kosciusko. Le climat tropical sec domine : importance des déserts (Gibson, Victoria) et du « bush », formation semi-aride buissonnante. Le peuplement se con-

centre : dans les bordures S.-E. et E., au climat océanique et tropical; autour de Perth et d'Adélaïde, au climat méditerranéen. Les Blancs d'origine européenne constituent 95 % de la pop., les aborigènes sont 1 %, l'immigration asiatique progresse. Le taux d'urbanisation approche 90 %.
Écon. – L'économie est surtout agricole et minière. Producteur important de céréales (blé, orge) et de moutons (1er troupeau mondial), l'Australie a de très import. ressources minières : charbon, pétrole, gaz, fer, bauxite, or, uranium, argent, zinc, cuivre. Exportatrice de matières premières, elle importe (Japon, États-Unis, C.E.E. surtout) 75 % des biens d'équipement et produits manufacturés. Le tourisme, en développement rapide, est la deuxième source de recettes extérieures après la laine. Le chômage qui accompagne la crise, plus tardive qu'ailleurs, a dépassé la barre des 10 % en 1991.
Hist. – Découvert par les Holl., le continent fut colonisé par les Angl. après le voyage de Cook (1770). De 1787 à 1840, la Nouvelle-Galles du Sud, première colonie, accueillit les bagnards *(convicts)*. Organisé par les gouverneurs Macquarie et Brisbane, le pays, prospère grâce au mouton et à l'or (1851), se constitua (1901) en une fédération de six États autonomes (plus le Territoire fédéral de Canberra) auxquels s'ajoutèrent le S.-E. (1906-1975) et le N.-E. (1921-1975) de la Nouvelle-Guinée, et le Territ. antarctique australien. Au cours des deux guerres mondiales, le pays fournit une aide import. aux Alliés. Libéraux et travaillistes recherchent l'alliance américaine. Ils ont alterné au pouvoir, détenu par les travaillistes de 1983 à 1996 et par les libéraux depuis 1996.

australien, enne [ostʀaljɛ̃, ɛn] adj. et n. De l'Australie. ▷ Subst. *Un(e) Australien(ne).*

australopithèque [ostʀalɔpitɛk] n. m. PALEONT Hominidé fossile découvert en Afrique australe et orientale qui savait tailler des outils de pierre et faire du feu. (Ses restes connus les plus anciens remontent à 3,5, voire à 5 millions d'années.)

Austrasie, royaume orient. de la Gaule mérovingienne (s'oppose à la Neustrie), berceau de la dynastie carolingienne; cap. *Metz.*

austroasiatique [ostʀoazjatik] adj. LING *Langues austroasiatiques :* ensemble de langues que certains linguistes considèrent comme une famille, comprenant les groupes thaï et môn-khmer, ainsi que le miao-yao, le vietnamien et le mundā qui constitueraient des groupes à eux-seuls. (V. Asie, langues.)

austronésien, enne [ostʀonezjɛ̃, ɛn] n. m. et adj. LING Famille linguistique comprenant des langues parlées en Indonésie, aux Philippines, en Polynésie, au Viêt-nam et à Madagascar. – adj. *Les langues austronésiennes.* Syn. anc. malayo-polynésien.

austro-prussienne (guerre), fomentée en 1866 par la Prusse (Bismarck), à laquelle s'allia l'Italie, contre l'Autriche, alliée aux princ. États all. Provoquée, l'Autriche déclencha les hostilités le 14 juin. L'envahissant le 28 juin, l'armée prussienne de Moltke remporta le 3 juil. la victoire de Sadowa. Dès lors, la Prusse domina l'Allemagne; l'Italie, malgré ses défaites, se libéra de l'Autriche et obtint la Vénétie.

autant [otɑ̃] adv. **I.** *Autant... que.* Marque l'égalité entre deux quantités. **1.** (Avec les quantités dénombrables.) Le même nombre de. *Autant de femmes que d'hommes.* **2.** (Avec les termes abstraits ou les quantités non dénombrables.) La même quantité de. *Autant à boire qu'à manger. Je ne gagne pas autant d'argent que lui.* **3.** Marquant l'égalité entre deux idées exprimées par un verbe ou un adjectif. *Il travaille autant qu'il s'amuse. Bizarre autant qu'étrange!* **4.** Loc. *Autant que possible :* dans la mesure du possible. ▷ Loc. (Belgique) Fam. *Aimer autant :* formule utilisée pour exprimer son consentement (à ce qui est proposé, demandé). *Tu manges avec nous? J'aime autant.* **5.** (Belgique) (Pour exprimer une quantité qu'on ne veut ou qu'on ne peut préciser.) Tant. *Imaginons que tu paies autant pour ton loyer.* **II. 1.** La même quantité, le même degré, la même intensité. *J'en voudrais deux fois autant. – Tous ses serments sont autant de mensonges :* chacun de ses serments est un mensonge. ▷ Loc. prov. *Autant en emporte le vent :* ce sont choses sans lendemain. **2.** *Autant..., autant.* Pour comparer les degrés et les opposer à la fois. *Autant il peut être gai, autant il est parfois mélancolique.* **III.** Dans des loc. adv. ou conj. exprimant la proportionnalité. ▷ *D'autant :* à proportion. *Remboursez la moitié, vous serez libéré d'autant.* ▷ *D'autant plus :* à plus forte raison. ▷ *Pour autant :* malgré cela. *Il a voyagé, mais il n'a rien appris pour autant.* ▷ *D'autant (plus, moins) que :* avec cette raison (en plus ou en moins) que. *Malade, il ne viendra pas, d'autant (plus) qu'il n'en a pas envie.* ▷ *(Pour) autant que :* dans la mesure où (avec indic. ou subj.). *(Pour) autant qu'il m'en souvient,* ou *souvienne...*

Autant-Lara (Claude) (né en 1901), cinéaste français : *Douce* (1943); *le Diable au corps* (1946), *le Rouge et le Noir* (1954), *la Traversée de Paris* (1956).

autarcie [otaʀsi] n. f. Système économique d'un État, d'une région fermés aux échanges avec l'extérieur et vivant de leurs propres ressources.

autarcique [otaʀsik] adj. Relatif à l'autarcie.

autel [otɛl] n. m. **1.** ANTIQ Table destinée aux sacrifices. **2.** Dans les rites chrétiens, table consacrée sur laquelle se célèbre la messe. **3.** *Autel des ancêtres :* V. ancêtre.

auteur [otœʀ] n. m. **1.** Celui qui est la cause première de qqch. *Les auteurs de mes jours :* mes parents. *L'auteur de l'Univers :* Dieu. **2.** DR Celui de qui on tient un droit ou une propriété. *Appeler ses auteurs en garantie.* **3.** Personne qui a fait un ouvrage de littérature, de science ou d'art. ▷ Personne qui a pour métier d'écrire, de composer. *La Société des auteurs. Une femme auteur. – Un auteur-compositeur.*

authenticité [otɑ̃tisite] n. f. **1.** Qualité de ce qui est authentique. **2.** (Afr. subsah.) Ensemble des valeurs proprement africaines.
ENCYCL Le président du Zaïre, Mobutu Sese Seko, a défini en 1971 sa doctrine politique et culturelle de *l'authenticité,* qui préconisait le retour aux sources négro-africaines et s'est traduite notam. par le renforcement du pouvoir du chef, la substitution de prénoms zaïrois aux prénoms chrétiens, le port de vêtements spécifiques (abacost), etc. En 1990, toutes les contraintes liées à la pratique de l'authenticité ont été abandonnées. En 1997, Laurent-Désiré Kabila a aboli la «zaïrinisation»; c'est ainsi que le Zaïre devint la rép. dém. du Congo.

authentification [otɑ̃tifikasjɔ̃] n. f. Action d'authentifier.

authentifier [otɑ̃tifje] v. tr. [2] Certifier authentique, conforme, certain.

authentique [otɑ̃tik] adj. **1.** DR *Acte authentique :* V. acte 1. **2.** Se dit d'une œuvre qui émane effectivement de l'auteur auquel on l'attribue, ou dont l'origine est incontestable. *Un Picasso authentique. Un authentique bronze du Bénin.* Ant. faux. **3.** Dont la vérité ou l'exactitude ne peut être contestée. *La version authentique des faits.* Ant. imaginaire, fantaisiste. **4.** Qui émane de la nature profonde d'une personne. *Des émotions, des sentiments authentiques.* Ant. conventionnel, affecté, artificiel. **5.** (Afr. subsah.) Conforme, relatif à la doctrine de l'authenticité.

authentiquement [ɔtɑ̃tikmɑ̃] adv. De manière authentique.

autisme [otism] n. m. PSYCHIAT Repliement pathologique sur soi-même, accompagné de perte de contact avec la réalité extérieure. V. schizophrénie.

autiste [otist] adj. et n. Relatif à l'autisme; atteint d'autisme. *L'enfant autiste ne parle pas.*

autistique [otistik] adj. Qui est relatif à l'autisme. *Activité autistique.*

auto-. Élément, du gr. *autos,* «soi-même».

auto [oto] n. f. Abréviation de *automobile. Des autos.*

auto-allumage [otoalymaʒ] n. m. Inflammation du carburant en l'absence d'étincelle à la bougie, dans les moteurs à explosion. *Des auto-allumages.*

autobiographie [otobjɔgʀafi] n. f. Biographie d'une personne écrite par elle-même. Syn. mémoires.

autobiographique [otobjɔgʀafik] adj. Qui a les caractères de l'autobiographie.

autobus [otobys] n. m. Véhicule automobile destiné aux transports en commun urbains. (Abrév. cour. : bus). Syn. (Maghreb) trolley. – (Belgique, Québec) Véhicule automobile destiné aussi bien aux lignes interurbaines qu'aux lignes urbaines. – (Québec) *Autobus scolaire :* autocar servant au ramassage scolaire.

autocar [otokaʀ] n. m. Véhicule automobile destiné au transport collectif interurbain ou de tourisme. (Abrév. cour. : car).

autocaravane [otokaʀavan] n. f. Véhicule automobile habitable aménagé pour le camping. Syn. (off. déconseillé) camping-car, (Québec) roulotte motorisée.

autocariste [otokaʀist] n. m. **1.** Propriétaire ou exploitant d'une compagnie d'autocars. **2.** (Belgique) Conducteur d'autocar.

autocassable [otokasabl] adj. *Ampoule autocassable,* dont les extrémités se cassent par simple pression.

autocensure [otosɑ̃syʀ] n. f. Censure préventive exercée sur soi-même, et en particulier par un auteur sur ses propres œuvres.

autocentré, ée [otosɑ̃tʀe] adj. ECON Centré principalement sur la production et les besoins intérieurs.

autocéphale [otosefal] adj. (En parlant d'une Église orthodoxe.) Qui ne dépend d'aucune autorité, qui élit elle-même son primat. (Les Églises autocéphales ont d'abord été intégrées dans des patriarcats anciens, par exemple à Alexandrie, à Constantinople, à Antioche, avant de s'en détacher à partir du XVIe s. : Moscou, Serbie, Roumanie, Bulgarie, Géorgie.)

autochtone [otokton] adj. et n. Se dit des populations originaires des pays qu'elles habitent. Syn. aborigène, indigène. ▷ Subst. *Les autochtones du Canada.*

autoclave [otoklav] n. m. TECH Récipient fermé hermétiquement à l'intérieur duquel est maintenue une forte pression, pour cuire, stériliser des substances diverses (aliments, milieux de culture, pâte à papier).

autocollant, ante [otokɔlɑ̃, ɑ̃t] adj. et n. m. Qui peut être collé par simple pression. *Enveloppe autocollante.* ▷ n. m. Vignette autocollante.

autoconsommation [otokɔ̃sɔmasjɔ̃] n. f. Consommation des produits par leur producteur.

autoconstructeur [otokɔ̃stʀyktœʀ] n. m. (Maghreb) Personne qui construit son logement par ses propres moyens en ayant bénéficié d'un terrain à bâtir.

autocorrection [otokɔʀɛksjɔ̃] n. f. Didac. **1.** Correction de ses propres erreurs. **2.** Dans un test de connaissances, système qui permet au sujet d'apprécier la justesse de ses réponses.

autocrate [otokʀat] n. m. **1.** Souverain dont le pouvoir n'est limité par aucun contrôle. **2.** *Par anal.* Personne autoritaire, tyrannique.

autocratie [otokʀasi] n. f. Système politique dans lequel le monarque possède une autorité absolue.

autocratique [otokʀatik] adj. Qui a les caractères de l'autocratie.

autocritique [otokʀitik] n. f. **1.** POLIT Dans la pratique d'inspiration marxiste, analyse critique publique de son propre comportement. ▷ *Par ext.* Aveu de ses torts. **2.** PSYCHO Critique de soi-même, de ses comportements.

autocuiseur [otokɥizœʀ] n. m. Cour. Autoclave utilisé pour la cuisson rapide des aliments. Syn. (Belgique) casserole à pression.

autodafé [otodafe] n. m. **1.** HIST Cérémonie où les hérétiques condamnés par l'Inquisition étaient incités à confesser la foi catholique avant d'être brûlés. **2.** Destruction par le feu. *Faire un autodafé de ses papiers de famille.*

autodéfense [otodefɑ̃s] n. f. **1.** Défense assurée par ses propres moyens par un individu, une collectivité, etc. **2.** PHYSIOL Réaction spontanée d'un organisme contre un agent pathogène.

autodestruction [otodɛstʀyksjɔ̃] n. f. Destruction physique ou morale de soi-même.

autodétermination [otodetɛʀminasjɔ̃] n. f. Fait, pour un peuple, de déterminer par lui-même, librement, son statut international, politique et administratif. *Le droit à l'autodétermination s'inscrit dans la Charte des Nations unies (droit des peuples à disposer d'eux-mêmes).*

autodidacte [otodidakt] adj. et n. Qui s'est instruit seul, sans maître. ▷ Subst. *Un, une autodidacte.*

autodiscipline [otodisiplin] n. f. Maintien de la discipline sans intervention extérieure. – *Spécial.* Dans un établissement scolaire, maintien de la discipline par les élèves.

auto-école [otoekɔl] n. f. Entreprise autorisée par l'État à dispenser des cours de conduite automobile en vue de l'obtention du permis de conduire. *Des auto-écoles.*

autofécondation [otofekɔ̃dasjɔ̃] n. f. BIOL Union de deux gamètes, mâle et femelle, produits par le même individu.

autofinancement [otofinɑ̃smɑ̃] n. m. GEST Financement des investissements d'une entreprise par prélèvement sur ses propres ressources.

autofinancer (s') [otofinɑ̃se] v. pron. [12] Financer soi-même ses investissements.

autogamie [otogami] n. f. **1.** BIOL Mode de reproduction dans lequel la fécondation s'effectue à partir de deux gamètes formés dans la même cellule. **2.** BOT Mode de reproduction s'effectuant, dans une fleur hermaphrodite, par fécondation de ses ovules par son propre pollen. Syn. autopollinisation.

autogare [otogaʀ] n. m. (Afr. subsah.) Syn. de *gare* routière. Il habite près de l'autogare.*

autogène [otoʒɛn] adj. TECH *Soudure autogène :* soudure de pièces métalliques de même nature sans apport d'un métal étranger.

autogéré, ée [otoʒeʀe] adj. Où est pratiquée l'autogestion. *Entreprise autogérée.*

autogestion [otoʒɛstjɔ̃] n. f. Gestion d'une entreprise par les travailleurs eux-mêmes.

autogestionnaire [otoʒɛstjɔnɛʀ] adj. Relatif à l'autogestion; favorable à l'autogestion. *Socialisme autogestionnaire.*

autogoal [otogol] n. m. (Suisse) SPORT But marqué contre son camp. ▷ Fig. Préjudice que l'on cause à soi-même.

autographe [otogʀaf] adj. et n. m. Écrit de la propre main de l'auteur. *Testament autographe.* ▷ n. m. *Un autographe.* – *Spécial.* Signature d'une personne célèbre.

autographier [otogʀafje] v. tr. [2] (Québec) Dédicacer (un livre).

autogreffe [otogʀɛf] n. f. CHIR Greffe faite à partir d'un greffon prélevé sur le sujet lui-même.

autoguidage [otogidaʒ] n. m. TECH Système qui permet à un engin de se diriger automatiquement.

autoguidé, ée [otogide] adj. Dirigé par autoguidage. *Missile autoguidé.*

auto-immun, une [otoimœ̃, yn] adj. MED Dû à une auto-immunisation. *Maladie auto-immune. Processus auto-immuns.*

auto-immunisation [otoimynizasjɔ̃] ou **auto-immunité** [otoimynite] n. f. MED Production par l'organisme d'anticorps réagissant sur un ou plusieurs de ses propres constituants. *Des auto-immunisations. Des auto-immunités.*

auto-induction [otoɛ̃dyksjɔ̃] n. f. ELECTR Création d'une force électromotrice dans un circuit, par variation de son flux propre. *Des auto-inductions.* Syn. (off. déconseillé) self-induction.

autolyse [otoliz] n. f. BIOL Destruction d'un tissu par ses propres enzymes. *Lors de la métamorphose, la queue du têtard se détache à la suite d'une autolyse.*

automate [otomat] n. m. **1.** Appareil présentant l'aspect d'un être animé et capable d'en imiter les gestes. ▷ Fig. Personne dénuée d'initiative, de réflexion. **2.** TECH Appareil équipé de dispositifs qui permettent l'exécution de certaines tâches sans intervention humaine. **3.** (Surtout en Suisse.) Distributeur automatique.

automation [otomasjɔ̃] n. f. Automatisation.

automatique [otomatik] adj. et n. **I.** adj. **1.** Qualifie les mouvements du corps humain exécutés sans l'intervention de la volonté, de la conscience. **2.** Qualifie un dispositif qui exécute de lui-même certaines opérations définies à l'avance. *Distributeur automatique de café.* ▷ Fig. Qui s'accomplit lorsque certaines conditions sont remplies. *Une mise à la retraite automatique.* **II.** n. f. Science qui étudie les automates. **III.** n. m. **1.** Pistolet automatique. **2.** Système de liaison téléphonique automatique.

automatiquement [otomatikmɑ̃] adv. De façon automatique.

automatisation [otomatizasjɔ̃] n. f. **1.** Utilisation de procédés automatiques visant à réduire ou supprimer l'intervention humaine dans les processus de production industrielle et de traitement de l'information. *L'automatisation d'une usine.* **2.** Ensemble de ces procédés.

automatiser [otomatize] v. tr. [1] Rendre automatique le fonctionnement de, réaliser l'automatisation de. *Automatiser la gestion des stocks.* – Pp. adj. *Une chaîne de production automatisée.*

automatisme [otomatism] n. m. **1.** PHYSIOL Accomplissement des mouvements sans participation de la volonté. *L'automatisme cardiaque.* **2.** Fig. Comportement qui échappe à la volonté ou à la conscience réfléchie. *Fumer est devenu chez lui un automatisme.* **3.** TECH Dispositif dont le fonctionnement ne nécessite pas l'intervention de l'homme.

Automatistes (les), groupe de peintres québécois (Fernand Leduc, Marcel Barbeau, Marcelle Ferron, Madeleine Arbour, Jean-Paul Riopelle*, etc.) qui se constitua autour de Paul-Émile Borduas* au déb. des années 40. Adeptes d'une peinture spontanée et libre de toute contrainte, ils signèrent le *Refus global* (1948), contestation des valeurs traditionnelles de la société québécoise.

automédication [otomedikasjɔ̃] n. f. MED Pratique consistant à prendre des médicaments sans avis médical et, donc, sans ordonnance.

automitrailleuse [otomitʀajøz] n. f. MILIT Véhicule automobile blindé puissamment armé (canon, mitrailleuse).

automnal, ale, aux [otɔnal, o] adj. D'automne, qui appartient à l'automne.

automne [otɔn] n. m. Saison qui, dans les zones tempérées, succède à l'été et précède l'hiver, et se situe entre l'équinoxe (21, 22 ou 23 septembre) et le solstice (21 ou 22 décembre), dans l'hémisphère Nord. ▷ Fig. *L'automne de la vie :* l'âge qui précède la vieillesse.

automobile [otomɔbil] n. f. et adj. Véhicule à moteur assurant le transport terrestre d'un nombre limité de personnes. ▷ adj. De l'automobile. *Industrie automobile.* (Abrév. : auto).

automobiliste [otomɔbilist] n. Personne qui conduit une automobile.

automoteur, trice [otomɔtœʀ, tʀis] adj. et n. **1.** adj. Qualifie un véhicule équipé d'un moteur qui lui permet de se déplacer. **2.** n. m. Péniche à moteur. **3.** n. f. CH de F Voiture propulsée par un moteur.

autonettoyant, ante [otonetwajɑ̃, ɑ̃t] adj. Qui se nettoie automatiquement, sans intervention manuelle. *Four autonettoyant.*

autonome [otonɔm] adj. **1.** Se dit d'une collectivité ou d'un territoire qui, à l'intérieur d'une structure plus vaste, s'administre librement. *Une filiale autonome. Des régions autonomes.* ▷ *Syndicat autonome,* qui n'est pas affilié à une centrale syndicale. **2.** Qui fonde son comportement sur des règles choisies librement. ▷ Qui fait preuve d'indépendance, qui se passe de l'aide d'autrui. *Un adolescent autonome.*

autonomie [otonɔmi] n. f. **1.** Indépendance dont jouissent les pays autonomes. **2.** Liberté, indépendance morale ou intellectuelle. **3.** Distance que peut parcourir (ou temps pendant lequel peut fonctionner) sans ravitaillement un véhicule terrestre, maritime, aérien ou spatial.

autonomisme [otonɔmism] n. m. Doctrine, mouvement politique des autonomistes.

autonomiste [otonɔmist] n. et adj. Partisan de l'autonomie d'un pays, d'une province. ▷ adj. *Revendications autonomistes.*

auto-patrouille [otopatʀuj] n. f. (Québec) Voiture de police. *Des autos-patrouilles.*

autophagie [otofaʒi] n. f. BIOL Survie d'un être vivant sous-alimenté aux dépens de sa propre substance.

autopompe [otopɔ̃p] n. f. Véhicule automobile sur lequel est montée une pompe actionnée par le moteur du véhicule.

autoportrait [otopɔʀtʀɛ] n. m. Portrait d'un artiste exécuté par lui-même.

autoproclamer (s') [otopʀɔklame] v. pron. [**1**] Déclarer de sa propre autorité que l'on accède à (un poste, une fonction, un rang).

autopropulsé, ée [otopʀɔpylse] adj. TECH Qui possède son propre système de propulsion.

autopsie [otɔpsi] n. f. **1.** Dissection d'un cadavre et inspection de ses différents organes en vue d'un examen scientifique ou médico-légal. **2.** Fig. Examen attentif.

autopsier [otɔpsje] v. tr. [**2**] Faire l'autopsie de.

autoradio [otoʀadjo] n. f. ou m. Poste de radio spécialement conçu pour être installé dans une automobile.

autorail [otoʀaj] n. m. CH de F Automotrice à moteur Diesel.

autoréglage [otoʀeglaʒ] n. m. TECH Propriété d'un système capable de rétablir son fonctionnement normal sans intervention extérieure en cas de perturbation.

autorégulation [otoʀegylasjɔ̃] n. f. Syn. de *autoréglage* (pour des systèmes autres que technologiques). *Autorégulation d'un processus métabolique.*

autorisation [otɔʀizasjɔ̃] n. f. **1.** Action d'autoriser; permission. **2.** Permis délivré par une autorité. ▷ *Autorisation de crédit :* ouverture d'un crédit (par une banque).

autorisé, ée [otɔʀize] adj. **1.** (Personnes) Pourvu d'une autorisation. **2.** (Choses) Permis. **3.** Qui fait autorité. *Un jugement autorisé. Une information de source autorisée.*

autoriser [otɔʀize] v. [**1**] **I.** v. tr. **1.** *Autoriser qqn à* (+ inf) : accorder à qqn la permission de (faire qqch). *Sa mère ne l'a pas autorisé à sortir.* **2.** Permettre. *J'ai autorisé cette démarche. Son médecin lui autorise quelques sucreries.* – *Par ext.* Fournir un motif, un prétexte (pour faire quelque chose). *Ce précédent semble nous autoriser à...* **II.** v. pron. **1.** S'accorder (qqch). *Il s'est autorisé un répit.* **2.** Prendre (qqch) comme référence, comme justification, pour... *Il s'autorise de votre exemple pour agir ainsi.*

autoritaire [otɔʀitɛʀ] adj. **1.** Qui veut toujours imposer son autorité. Syn. tyrannique. **2.** Fondé sur l'autorité. *Un régime autoritaire.*

autoritarisme [otɔʀitaʀism] n. m. **1.** Caractère arbitraire, autoritaire, du pouvoir (politique, administratif, etc.). **2.** Tendance (de qqn) à abuser de son autorité.

autorité [otɔʀite] n. f. **1.** Pouvoir de commander, d'obliger à quelque chose. *L'autorité des lois.* ▷ *Autorité de justice :* pouvoir des juges. ▷ Loc. *D'autorité, de sa propre autorité :* en vertu du seul pouvoir qu'on s'attribue. **2.** Gouvernement, administration publique chargés de faire respecter la loi. *Force restera à l'autorité.* ▷ (Plur.) *Les autorités :* les personnes qui exercent l'autorité. **3.** Crédit, influence, ascendant. *Il a une grande autorité sur ses élèves.* **4.** *Faire autorité :* faire loi, servir de règle en la matière. *Les travaux de Pasteur sur la prophylaxie font autorité.*

autoroute [otoʀut] n. f. **1.** Voie routière comportant au moins deux chaussées à sens unique sans carrefour à niveau, conçue pour la circulation rapide des seuls véhicules automobiles. Syn. (Aoste; Belgique, vieilli; Liban) autostrade. **2.** Par métaph. *Autoroute de l'information :* syn. de *inforoute.*

autoroutier, ère [otoʀutje, ɛʀ] adj. Relatif aux autoroutes; des autoroutes. *Réseau autoroutier.*

autosatisfaction [otosatisfaksjɔ̃] n. f. Satisfaction de soi-même, de sa propre façon de penser, d'agir.

autosome [otozom] n. m. BIOL Chromosome ne jouant aucun rôle dans la détermination du sexe. Ant. hétérochromosome.

auto-stop ou **autostop** [otostɔp] n. m. sing. Pratique consistant à arrêter un véhicule (en faisant signe avec le pouce relevé) pour être transporté gratuitement. *Faire de l'auto-stop.* Syn. fam. stop, (Québec) pouce.

auto-stoppeur ou **autostoppeur, euse** [otostɔpœʀ, øz] n. Personne qui pratique l'auto-stop. *Des auto-stoppeuses.* Syn. (Québec, fam.) pouceux.

autostrade [otostʀad] n. f. (Aoste; Belgique, vieilli; Liban) Syn. de *autoroute* (sens 1).

autosubsistance [otosybzistɑ̃s] n. f. ECON Fait de couvrir ses besoins par sa propre production.

autosuffisance [otosyfizɑ̃s] n. f. Autonomie de ressources ou de moyens d'un pays ou d'un groupe qui dispense d'un recours à un autre pays ou à un autre groupe.
ENCYCL *L'autosuffisance alimentaire* est assurée dans un pays s'il n'y a pas de déficit vivrier. L'indice de ce déficit est exprimé par le taux de couverture des besoins alimentaires. On considère que l'autosuffisance est atteinte à partir de 90%.

autosuffisant, ante [otosyfizɑ̃, ɑ̃t] adj. Qualifie un pays ou un groupe se suffisant à lui-même, sans recours à un autre pays ou à un autre groupe.

autosuggestion [otosygʒestjɔ̃] n. f. Suggestion exercée sur soi-même. (V. suggestion.)

autotracté, ée [ototʀakte] adj. Se dit d'un engin qui comporte son propre système de traction.

autotransfusion [ototʀɑ̃sfyzjɔ̃] n. f. MED Transfusion sur un individu de son propre sang prélevé précédemment dans ce but et conservé. *L'autotransfusion est utilisée notamment pour éviter une éventuelle contamination.*

autotrophe [ototʀɔf] adj. BIOL Se dit d'un organisme capable de se développer en n'utilisant que des composés chimiques simples (sels minéraux). *Les végétaux chlorophylliens sont autotrophes.* Ant. auxotrophe, hétérotrophe.

1. autour [otuʀ] adv. **I.** Dans l'espace environnant. *Un jardin avec des murs autour.* Syn. alentour. **II.** Loc. prép. *Autour de.* **1.** Dans l'espace qui fait le tour de. *La Terre tourne autour du Soleil.* **2.** Aux environs de, dans l'entourage de. *Autour de l'église. Autour du professeur.* **3.** (Suivi d'une quantité, d'une date.) Environ. *Avoir autour de quarante ans.*

2. autour [otuʀ] n. m. ORNITH Oiseau de proie diurne au vol rapide (ordre des falconiformes), qui fut longtemps utilisé en Europe pour la chasse et dont plusieurs espèces se rencontrent en Afrique (autour gabar, autour minulle, autour shikra).

autovaccin [otovaksɛ̃] n. m. MED Vaccin obtenu après culture du germe prélevé sur le sujet atteint.

autre [otʀ] adj. indéf., adj. et n. **A.** adj. indéf. (Dans des locutions.) *Autre chose (que) :* une chose différente. *Il ne fait pas autre chose que dormir.* – *Autre part (que) :* ailleurs. *Cherchons autre part.* – *D'autre part :* en outre, par ailleurs. *D'autre part, le soleil s'était couché.* **B.** adj. **I.** (Placé avant le nom, fonction épithète.) **1.** Qui n'est pas le même (parmi des personnes, des objets de même nature). *Passons sur l'autre rive. Il habite dans cette autre rue. Je veux voir un autre modèle que celui-ci. Nous avons d'autres projets que vous.* – *Personne d'autre. Rien d'autre. Qui d'autre?* – (Fonction nominale.) *J'ai vu un film, mon frère un autre. Prenez ces timbres, j'en achèterai d'autres.* ▷ Loc. *Un autre jour, une autre fois :* plus tard. *L'autre jour :* un de ces derniers jours. *L'autre fois :* l'une des fois précédentes. – *L'autre monde :* l'au-delà. ▷ *Entre autres possibilités :* parmi diverses possibilités. – *Entre autres* (choses, personnes) : notamment. **2.** Supplémentaire. *Apportez d'autres chaises.* – (En fonction nominale.) *Ce thé est bon, j'en prendrais bien un autre.* ▷ Nouveau, en reproduction. *Un autre César. Un autre moi-même.* ▷ *Sans autre* (accompagné d'un nom de chose) *:* sans supplément, sans rien de plus. *Sans autre commentaire. Sans autre forme de procès.* ▷ Loc. adv. (Suisse) *Sans autre :* sans préalable, sans commentaire, directement. *Je compte sur vous sans autre.* **II.**

(Épithète précédant le nom ou attribut.) Différent. *C'est un tout autre cas. Depuis sa maladie, elle est devenue autre.* – (Différence due à une supériorité.) *C'est un (tout) autre musicien!* **III.** (Après les pronons pers. nous, vous) *Nous autres, vous autres :* quant à nous, à vous. *Vous autres, taisez-vous!* – (Québec) Fam. *Nous autres, vous autres, eux autres :* nous, vous, eux. *C'est eux autres qui ont été les plus rapides.* **C.** n. **1.** n. m. PHILO Toute conscience, par oppos. au sujet. *L'histoire de la personnalité est déterminée par son rapport à l'autre.* **2.** n. Personne distincte. *Un(e) autre aurait pris la fuite. Tout autre que lui aurait accepté. D'autres pardonneraient, pas lui.* – *Les autres :* le reste de l'humanité. – *«L'enfer, c'est les autres»* (J.-P. Sartre, dans *Huis clos*). – *L'autre, les autres :* la personne, les personnes ou les groupes humains qui n'appartiennent pas à la communauté considérée. *Il faut respecter l'autre, les autres.* – Fam. *Comme dit l'autre :* comme on dit couramment. ▷ *À d'autres! :* je ne crois pas ces sornettes. **3.** n. f. pl. *J'en ai vu d'autres :* j'ai vu des choses plus extraordinaires, plus pénibles. – *Il n'en fait jamais d'autres :* il commet toujours les mêmes sottises. **D.** (Avec valeur d'adj. ou de nom.) *Autre* est opposé à *un* dans différentes constructions. (V. un.) **E.** n. (Afr. subsah.) *L'Autre* ou *l'autre :* une personne qu'on n'ose ou ne peut nommer. *C'est l'Autre qui m'a appris cela.*

autrefois [otʀəfwa] adv. Dans un temps plus ou moins lointain; jadis.

autrement [otʀəmɑ̃] adv. **1.** D'une autre façon. *Tiens-toi autrement!* ▷ *Autrement dit :* en d'autres termes. **2.** Sans quoi, sinon. *Reposez-vous, autrement vous serez malade.* **3.** À un plus haut degré. *J'ai à traiter une affaire autrement importante.*

Autriche *(Republik Österreich)*, État fédéral d'Europe centrale, limité par l'Allemagne, la Suisse, le Liechtenstein, la Hongrie, l'Italie et la Slovénie; 83 853 km^2; 7 790 000 hab.; cap. *Vienne.* Nature de l'État : rép. fédérale. Langue off. : allemand. Monnaie : schilling. Religion : catholicisme.
Géogr. phys. et hum. – Les Alpes orientales, humides, boisées et herbagères, couvrent les trois quarts du pays (le Grossglockner culmine à 3 797 m). Les grandes vallées des montagnes, les plaines et collines de l'Autriche danubienne (au N.) et du S.-E., au climat continental plus sec et ensoleillé, concentrent peuplement et activités.
Écon. – L'Autriche a développé une écon. dynamique et diversifiée. L'agric. et la sylviculture sont actives. Le tissu industriel varié s'appuie sur un excellent réseau de communications et une hydroélectricité abondante (40% de l'énergie). Le tourisme montagnard et culturel est important.
Hist. – Rome fit du pays trois prov. que, plus tard, les Barbares saccagèrent. En 796, Charlemagne constitua le territoire en marche de l'Est *(Ostwark)* après sa victoire sur les Avares. En 976, la marche fut attribuée à la famille de Babenberg, qui s'éteignit en 1246. Ses possessions (Autriche, Styrie, Carinthie) revinrent au roi de Bohême, Ottokar II, puis à Rodolphe de Habsbourg, empereur en 1273. Les Habsbourg affermirent leur pouvoir sur l'Autriche; empereurs du Saint Empire de 1438 à 1806, ils furent également rois de Bohême et de Hongrie (1526-1918). Par mariage, ils se trouvèrent à la tête d'immenses territ. enserrant la France des Pays-Bas à l'Espagne. Ils affrontèrent l'Empire ottoman (Vienne fut assiégée par les Turcs, pour la dernière fois, en 1683), s'opposa à la Réforme et fut l'adversaire de la France pendant trois siècles. Les guerres napoléoniennes contraignirent François II à renoncer au titre d'empereur romain germanique (1806). Ses États avaient pris, dès 1804, le nom d'empire d'Autriche. Les territ. enlevés par Napoléon furent rétrocédés (Congrès de Vienne 1814-1815) à l'Autriche, qui gagna la Bohême, la Hongrie, la Galicie, le N. de l'Italie, la Croatie, la Slavonie; l'empereur devenait le président de la Confédération germanique. Après 1848, l'Empire dut combattre les mouvements libéraux et nationaux; il perdit la Lombardie (1859); la défaite de Sadowa (1866) contre la Prusse marqua la fin de la présence autrich. en Allemagne et en Italie. Les négociations avec la Hongrie aboutirent en 1867 à une monarchie dualiste (Autriche*-Hongrie) sous un seul souverain : François-Joseph (1848-1916), qui en 1908, annexa la Bosnie et l'Herzégovine. L'attentat de Sarajevo (28 juin 1914) l'amena à déclarer la guerre à la Serbie, ce qui déclencha la Première Guerre mondiale (1914-1918), à l'issue de laquelle Charles Ier (1916-1918) dut abdiquer; disloquée, l'Autriche devenait une petite république (proclamée le 12 nov. 1918). Déchirée par des luttes sociales et politiques aiguës (écrasement des socialistes par la force en 1927), l'Autriche fut menacée par l'Allemagne nazie (assassinat du chancelier Dollfuss en juill. 1934), qui l'annexa (*Anschluss*, mars 1938). Occupée par les quatre puissances alliées jusqu'en 1955, elle devint alors un pays neutre. Les socialistes, au pouvoir de 1971 à 1983, firent de l'Autriche un modèle d'équité sociale. À partir de 1983, ils formèrent avec les libéraux une coalition qui ne remit pas en question les acquis sociaux. L'audience des deux partis s'amenuisa, au profit d'une montée de l'extrême-droite qui inquiète l'Europe (22,6 % des voix en 1995). Le 1er janv. 1995, l'Autriche est entrée dans l'Union européenne.

Autriche-Hongrie, nom donné de 1867 à 1918 à la double monarchie *(monarchie bicéphale)* comprenant l'empire d'Autriche, ou *Cisleithanie* (Autriche, Bohême, Moravie, Galicie, Bucovine, Slovénie, Dalmatie, Trentin, Gorizia) et le royaume de Hongrie, ou *Transleithanie* (Hongrie, Slovaquie, Transylvanie, Banat, Croatie, Slavonie), la Bosnie-Herzégovine, annexée en 1908, étant possession commune. Après la défaite de 1918, les traités de Saint-Germain-en-Laye (1919) et de Trianon (1920) la démembrèrent. Des États indép. se formèrent : Autriche, Hongrie, Tchécoslovaquie. La Pologne, la Roumanie, l'Italie s'agrandirent. La Yougoslavie fut constituée.

autrichien, enne [otʀiʃjɛ̃, ɛn] adj. et n. D'Autriche. ▷ Subst. *Un(e) Autrichien(ne).*

autruche [otʀyʃ] n. f. Le plus grand des oiseaux actuels (2,50 m de haut), seul représentant de l'ordre des struthioniformes, incapable de voler mais très bon coureur (40 km/h), qui vit en bandes dans les savanes africaines et qu'on chasse pour sa chair, sa graisse et ses magnifiques plumes noires ou blanches (confection de parures). ▷ *Faire, pratiquer la politique de l'autruche :* refuser délibérément de voir un danger (car l'autruche dissimule sa tête quand elle est menacée).

autruchon [otʀyʃɔ̃] n. m. Petit de l'autruche.

autrui [otʀɥi] pron. indéf. inv. Litt. Les autres, le prochain. *Le bien d'autrui.*

auvent [ovɑ̃] n. m. **1.** Petit toit incliné au-dessus d'une porte. **2.** (Afr. subsah.) Construction légère à toit plat servant d'abri devant une maison, sur une place. *Les vieux sont assis sous l'auvent, près de la mosquée.*

Auvergne, anc. prov. franç. correspondant à la Région Auvergne*. – Peuplée dès le paléolithique, elle résista aux Romains avec Vercingétorix (échec de César à Gergovie). Conquise par Clovis en 507, elle fit partie du duché d'Aquitaine et devint un comté en 979. En 1155, elle fut divisée. Ces fiefs revinrent à la Couronne entre 1531 et 1693.

Auvergne, Région admin. française et de la C.E., formée des dép. de l'Allier, du Cantal, de la Haute-Loire et du Puy-de-Dôme; 25 988 km^2; 1 358 609 hab. ; cap. *Clermont-Ferrand*.*
Géogr. phys. et hum. – Plus de 60% du territoire auvergnat, situé au cœur du Massif central, se trouve en zone montagneuse (1 885 m au puy de Sancy). Humides et rudes en hiver, auj. faiblement peuplés, les hauts plateaux, souvent surmontés de massifs volcaniques (chaîne des Puys, mont Dore, Cantal, Velay), sont couverts de forêts et de pâturages. Ils s'opposent aux plaines, vallées et bassins, qui concentrent la majorité des hab. Château d'eau naturel, la région alimente les bassins de la Loire et de la Garonne. La pop. émigre depuis le XIXe s.
Écon. – Le secteur primaire reste important (plus de 10% des actifs) : élevage laitier, fromages; ressources en bois, eaux minérales (Vichy, Volvic). Industries : pneus (Michelin), équipements auto., coutellerie de Thiers (70% de la prod. nationale). Le tourisme est actif. La construction d'autoroutes désenclave l'Auvergne.

auxiliaire [ɔksiljɛʀ] adj. et n. **I. 1.** adj. Qui aide. *Machine auxiliaire.* – Subst. *Un auxiliaire précieux.* ▷ *Fonctionnaire auxiliaire*, ou, subst., *un(e) auxiliaire :* personne recrutée provisoirement par l'administration. Ant. titulaire. **2.** n. *Auxiliaires de justice :* personnes (avocat, secrétaire, greffier, huissier, etc.) qui contribuent au fonctionnement de la justice. ▷ *Auxiliaires médicaux :* soignants non médecins. **II.** GRAM *Verbes auxiliaires* ou, n. m., *auxiliaires* (en français, *être* et *avoir*), qui servent à former les temps composés des verbes.

auxine [oksin] n. f. BOT Hormone végétale synthétisée au niveau du bourgeon terminal, qui agit sur la croissance des racines et stimule celle des fruits.

auxotrophe [oksotʀɔf] adj. BIOL Se dit d'un organisme qui nécessite pour se développer tel ou tel composé organique. Ant. autotrophe.

auxquels, auxquelles [okɛl] pron. relat. V. lequel.

ava [ava] n. m. Boisson alcoolisée de Polynésie obtenue à partir de la fermentation d'une racine de poivrier local et de lait de coco.

avachir [avaʃiʀ] v. [**3**] **1.** v. tr. Amollir ou déformer. – Pp. adj. *Des chaussures avachies.* ▷ (S. comp.) Rendre incapable d'effort. – Pp. adj. *Il est avachi par l'oisiveté.* **2.** v. pron. (Choses) Se déformer. *Vêtement qui s'avachit.* ▷ (Personnes) Se laisser aller. *S'avachir sur un lit.*

avachissement [avaʃismɑ̃] n. m. État d'une chose ou d'une personne avachie.

1. aval, als [aval] n. m. DR Engagement pris par un tiers de payer un effet de commerce au cas où le débiteur principal serait défaillant. *Bon pour aval.* ▷ Fig. Caution. *Donner son aval à un projet.*

2. aval [aval] n. m. **1.** Côté vers lequel coule un cours d'eau. Ant. amont. **2.** Côté situé vers le bas d'une pente. **3.** Partie d'un processus technique ou économique qui en suit une autre. **4.** Loc. prép. *En aval de :* au-delà de, en descendant le courant.

avalanche [avalɑ̃ʃ] n. f. **1.** Glissement d'une masse considérable de neige mêlée de terre, de pierres, etc., le long des pentes d'une montagne. ▷ *Couloir* d'avalanche.* **2.** Fig. Grande quantité de. *Une avalanche d'injures.*

avalasse [avalas] n. f. (Réunion) Inondation violente consécutive à des pluies torrentielles.

avaler [avale] v. tr. [1] **1.** Faire descendre par le gosier dans le tube digestif. *Avaler un bouillon, un œuf.* ▷ Loc. fig. *Avaler des couleuvres*.* **2.** Fig. Lire avidement. *Avaler un roman.* **3.** Fig. Croire naïvement. *Tu avales ces sornettes?*

avaleur [avalœʀ] n. m. (En loc.) *Avaleur de sabres :* bateleur dont le numéro consiste à s'introduire une lame dans le gosier.

avaliser [avalize] v. tr. [1] FIN Donner son aval à. *Avaliser un effet.* ▷ Fig. Cautionner.

avaloir [avalwaʀ] n. m. TRAV PUBL Orifice le long d'un trottoir servant à l'évacuation des eaux pluviales vers le réseau d'assainissement.

à-valoir [avalwaʀ] n. m. inv. Règlement partiel d'une somme.

avance [avɑ̃s] n. f. **1.** Progression. *Il faut freiner l'avance de ces troupes.* **2.** Espace parcouru avant qqn. *Le premier avait deux longueurs d'avance.* **3.** Temps gagné (sur qqn, qqch). *Avoir deux jours d'avance.* Ant. retard. ▷ (Belgique) (En tournure négative.) Avantage (sens 3). *Il n'y a pas d'avance à laver les fenêtres, il va pleuvoir.* ▷ TECH *Avance à l'allumage :* dispositif permettant de régler l'instant de l'allumage, dans un moteur à explosion. ▷ Loc. adv. *À l'avance, d'avance, par avance :* de façon anticipée, avant le moment fixé. *Se réjouir d'avance.* ▷ Loc. adv. *En avance :* avant le moment prévu. **4.** Somme d'argent donnée ou reçue à titre d'acompte. *Solliciter une avance sur son salaire.* ▷ FIN *Avance en compte courant :* crédit ou découvert accordé sur un compte bancaire courant. ▷ (Plur.) Somme investie dans un capital. *Récupérer ses avances.* **5.** (Toujours au plur.) Premières démarches, premières offres pour nouer ou renouer les relations. *Répondre aux avances de qqn.*

avancé, ée [avɑ̃se] adj. **1.** Qui se situe en avant. *Sentinelle avancée,* fort avant vers l'ennemi. **2.** Précoce. *Une fillette avancée pour son âge.* ▷ *Des idées avancées,* d'avant-garde. **3.** Arrivé à un certain degré de perfection. *Une civilisation avancée.* **4.** Dont une grande partie est écoulée, ou qui touche à son terme. *Âge avancé :* grand âge. *Après-midi bien avancé. Son manuscrit est très avancé.* **5.** Proche de la décomposition. *Viande avancée.*

avancée [avɑ̃se] n. f. **1.** Ce qui est en avant, qui fait saillie. ▷ Fig. Progrès. *Les avancées de la science.* **2.** PECHE Partie terminale de la ligne.

avancement [avɑ̃smɑ̃] n. m. **1.** Progrès, développement. *L'avancement d'une construction.* **2.** Promotion. *Avancement au choix, à l'ancienneté.* **3.** DR *Avancement d'hoirie :* don fait par anticipation à un héritier.

avancer [avɑ̃se] v. [12] **I.** v. intr. **1.** Aller en avant. *Il recule au lieu d'avancer.* **2.** Faire des progrès vers un terme. *Ce travail avance lentement.* ▷ Fig. *Avancer en âge, en sagesse.* **3.** Obtenir de l'avancement (au sens 2). **4.** Indiquer une heure plus avancée que l'heure réelle (montres). Ant. retarder. **5.** Faire saillie, dépasser de l'alignement. **II.** v. tr. **1.** Porter en avant. *Avancer un fauteuil.* **2.** Faire progresser. *Avance ton travail pour demain.* **3.** Payer par anticipation. *On lui avança mille francs sur sa facture.* **4.** Prêter. *Avance-moi le prix du repas, je te rembourserai.* **5.** Faire advenir plus tôt que prévu. *La chaleur avance la végétation.* ▷ *Avancer une montre,* la mettre en avance sur l'heure réelle ou la remettre à l'heure quand elle retarde. **6.** Mettre en avant. *Ce journaliste n'avance rien de neuf.* **III.** v. pron. **1.** (Personnes) Se porter en avant. **2.** (Choses) Faire saillie. **3.** (Temps) S'écouler. *L'après-midi s'avance et nous sommes loin de conclure.* **4.** Fig. S'engager trop avant dans ses propos ou ses démarches. *Vous vous avanceriez jusqu'à dire que...* ▷ (S. comp.) *Je crois que je me suis avancé.*

avanie [avani] n. f. Vexation, affront public. *Essuyer des avanies.*

1. avant [avɑ̃] adv. et prép. **I.** adv. **1.** Marque l'antériorité. *Lisez avant, vous répondrez ensuite.* ▷ Loc. (Liban) *En avant d'une heure :* avec une heure d'avance. **2.** Marque une priorité dans la succession spatiale. *Avant, il y a un carrefour et après, une église.* **3.** Marque un éloignement du point de départ, un progrès. *N'allez pas trop avant dans le bois. Pénétrer fort avant dans la connaissance.* **4.** Loc. adv. *En avant :* devant soi. ▷ Fig. *Mettre en avant (qqch),* l'alléguer. – *Mettre en avant (qqn),* se retrancher derrière son autorité. – *Se mettre en avant :* se faire valoir. **5.** Loc. prép. *En avant de :* devant. **II.** prép. **1.** Marque l'antériorité. *Avant l'orage, il faisait très chaud.* **2.** Marque la priorité, l'ordre dans une succession spatiale. *La boulangerie est juste avant le feu rouge.* **3.** Marque la hiérarchie, la préférence. *Mettre Napoléon avant César.* **4.** Loc. prép. *Avant de* (avec l'infinitif) : antérieurement au fait de. (Litt. *Avant que de.*) **5.** Loc. conj. *Avant que* (avec le subjonctif). *Ne descendez pas avant que le train (ne) se soit complètement arrêté.* **6.** Loc. adv. (Suisse) Fam. *Ne plus pouvoir en avant :* ne plus pouvoir continuer.

2. avant [avɑ̃] n. m. et adj. inv. **I.** n. m. **1.** Partie antérieure d'un véhicule, d'un navire, etc. *La montée se fait par l'avant.* **2.** MILIT Front des combats. *Les soldats de l'avant.* **3.** SPORT Joueur placé devant tous les autres. **II.** adj. inv. Placé à l'avant. *La portière avant droite.* **III.** Loc. *Aller de l'avant :* progresser vivement; fig., s'engager résolument dans une affaire. – (Québec) *Prendre, avoir de l'avant,* de l'avance (en parlant d'une montre, d'une horloge).

avantage [avɑ̃taʒ] n. m. **1.** Ce dont on peut tirer parti pour un profit, un succès; supériorité. *Quel avantage a-t-il sur moi? – Avoir, prendre l'avantage :* gagner, prendre le dessus. ▷ ECON *Théorie des avantages comparatifs :* théorie qui fonde l'avantage des pays dans les échanges internationaux sur les différences relatives de coûts ou de dotation en ressources productives. **2.** JEU Au tennis, point marqué par un joueur lorsque la marque est à quarante partout. **3.** Profit. *Tirer avantage d'une situation.* Syn. (Belgique) avance. ▷ *Avoir avantage à :* gagner à. ▷ *Avantages en nature :* élément du revenu d'un salarié qu'il ne reçoit pas sous forme d'argent (logement, voiture de fonction, etc.).

avantager [avɑ̃taʒe] v. tr. [13] Favoriser.

avantageusement [avɑ̃taʒøzmɑ̃] adv. De manière avantageuse ou honorable.

avantageux, euse [avɑ̃taʒø, øz] adj. **1.** Qui procure des avantages. *Prix avantageux.* **2.** Flatteur. *Avoir une opinion avantageuse de qqn.* **3.** Vain, présomptueux. *Prendre un air avantageux.*

avant-bras [avɑ̃bʀa] n. m. inv. Segment du membre supérieur compris entre le coude et le poignet.

avant-centre [avɑ̃sɑ̃tʀ] n. m. SPORT Au football, hand-ball, etc. : joueur qui occupe la partie centrale de la ligne des avants. *Des avant(s)-centres.*

avant-coureur [avɑ̃kuʀœʀ] adj. Précurseur. *Les signes avant-coureurs de la maladie.*

avant-dernier, ère [avɑ̃dɛʀnje, ɛʀ] adj. et n. Qui est situé avant le dernier. *L'avant-dernière page.* ▷ Subst. *Des avant-derniers.*

avant-garde [avɑ̃gaʀd] n. f. **1.** MILIT Ensemble des éléments de reconnaissance et de protection qu'une troupe détache en avant d'elle. *Des avant-gardes.* **2.** Fig. *À l'avant-garde de :* au premier rang de, à la pointe de. – *D'avant-garde :* à la tête des innovations dans un domaine, notam. littéraire ou artistique. *Une pièce d'avant-garde.*

avant-goût [avɑ̃gu] n. m. Impression, sensation qu'on a par avance. *Des avant-goûts des plaisirs à venir.*

avant-guerre [avɑ̃gɛʀ] n. m. ou f. Période qui a précédé la guerre et, spécial., l'une des deux guerres mondiales. *Une mode d'avant-guerre. Des avant-guerres.*

avant-hier [avɑ̃tjɛʀ] adv. La veille d'hier.

avant-midi [avɑ̃midi] n. m. ou f. inv. (Afr. subsah., Belgique, Québec, Suisse) Période de temps correspondant à la matinée. *Au cours, au milieu de l'avant-midi. Onze heures de l'avant-midi.*

avant-plan [avɑ̃plɑ̃] n. m. Premier plan. *Des avant-plans.*

avant-port [avɑ̃pɔʀ] n. m. Partie d'un port ouverte sur la mer. *Des avant-ports.*

avant-poste [avɑ̃pɔst] n. m. MILIT Poste avancé. *Des avant-postes.*

avant-première [avɑ̃pʀəmjɛʀ] n. f. Spectacle donné à l'intention des critiques avant la première représentation publique. *Des avant-premières.*

avant-projet [avɑ̃pʀɔʒɛ] n. m. Étude préliminaire d'un projet. *Des avant-projets.*

avant-propos [avɑ̃pʀɔpo] n. m. inv. Préface écrite par l'auteur.

avant-scène [avɑ̃sɛn] n. f. **1.** Partie de la scène comprise entre le rideau et la rampe. **2.** Loge située près de la scène. *Des avant-scènes.*

avant-train [avɑ̃tʀɛ̃] n. m. Jambes de devant et poitrail d'un quadrupède. *Des avant-trains.* Ant. arrière-train.

avant-veille [avɑ̃vɛj] n. f. Jour qui précède la veille. *Des avant-veilles.*

avare [avaʀ] adj. et n. **1.** Qui a la passion de l'argent et l'accumule sans vouloir l'utiliser. Ant. prodigue, dépensier. ▷ Subst. *Un avare.* **2.** Fig. *Être avare de son temps. Être avare de paroles* : parler peu.

Avares ou **Avars,** peuple de race mongolique, parent des Huns, qui envahit l'Europe jusqu'en Autriche et en Italie à partir du VIe s. et fut arrêté par Charlemagne (791-799).

avarice [avaʀis] n. f. Amour excessif de l'argent pour lui-même.

avarie [avaʀi] n. f. **1.** Dommage causé à un navire ou à sa cargaison. **2.** Fig., litt. Dommage subi par un objet.

avarié, ée [avaʀje] adj. **1.** Qui a éprouvé une avarie. *Navire, fret avarié.* **2.** Détérioré, gâté. *Viande avariée.*

avarier [avaʀje] v. tr. [2] Endommager. *La pluie a avarié les récoltes.* ▷ v. pron. S'abîmer.

avatar [avataʀ] n. m. **1.** Fig. Transformation, métamorphose. ▷ RELIG Dans le brahmanisme, incarnation d'un dieu (Vishnu, notam.). **2.** *Abusiv.* Tracas, malheur. **3.** INFORM Représentation d'un être humain en deux ou trois dimensions.

à vau-l'eau [avolo] loc. adv. À l'abandon, à la ruine. *Affaire qui va à vau-l'eau.*

Ave [ave] ou **Ave Maria** [avemaʀja] n. m. inv. Prière à la Vierge commençant par *Ave,* dite *salutation* angélique.*

avec [avɛk] prép. et adv. **A.** prép. **I. 1.** En compagnie de. *Il voyage avec un ami. Viens avec moi.* ▷ Pop. (Fam. en Belgique) Absol. *Je m'en vais. Est-ce que tu viens avec?* – Pop. (Cour. en Afr. subsah.) *Ensemble avec* : avec. **2.** (Afr. subsah., Liban) *Être avec* : entre les mains de. *La clé est avec Koffi,* c'est Koffi qui l'a. **3.** À l'égard de. *Comment se comporte-t-il avec ses enfants?* **4.** Contre. *Se battre avec qqn.* **5.** S'agissant de. *Avec lui, il n'y a rien à faire.* **6.** Conformément à. *Penser avec Descartes que les animaux sont des machines.* ▷ Selon, aux yeux de. *Avec vous, il n'y a que le plaisir qui compte.* **7.** Pour marquer une relation entre individus. *Être ami, d'accord, en opposition, dans les pires termes,* etc., *avec qqn.* **8.** Loc. prép. *D'avec.* Pour marquer l'idée de séparation. *Divorcer d'avec...* **II. 1.** À l'aide de, grâce à. *Manger avec une fourchette.* **2.** En même temps que. *Un vent violent s'est levé avec le soleil.* **3.** En plus de. *Et avec cela, que désirez-vous?* **4.** En ayant pris, emporté. *Il sort avec un parapluie.* **5.** Pour exprimer une relation circonstancielle. *Parler avec élégance* (manière). *Boire son whisky avec de l'eau,* à l'eau. **B.** adv. **1.** Fam. Avec cela. *Il a acheté un crayon, il dessine avec.* **2.** (Belgique, pop.; Québec) Également, pareillement. *J'étais mal à l'aise, lui avec.*

aven [avɛn] n. m. Gouffre naturel creusé par les eaux d'infiltration dans les régions calcaires.

1. avenant, ante [avnɑ̃, ɑ̃t] adj. Qui a bon air, affable. *Visage avenant. Manières avenantes.*

2. avenant [avnɑ̃] n. m. DR Addition, modification à un contrat en cours. *Avenant à un marché.*

avenant (à l') [alavnɑ̃] loc. adv. À proportion, en conformité. ▷ Loc. prép. *À l'avenant de* : en conformité avec.

avènement [avɛnmɑ̃] n. m. **1.** THEOL CHRET Venue (du Messie). **2.** Accession à la souveraineté. *L'avènement de Hassan II.* **3.** Fig. Arrivée, instauration. *L'avènement d'une ère de justice.*

avenir [avniʀ] n. m. **1.** Temps à venir, événements futurs. *Prévoir l'avenir.* ▷ Loc. adv. *À l'avenir* : désormais. **2.** Situation de qqn dans le futur. *Assurer, compromettre l'avenir de ses enfants.* ▷ Loc. adj. *D'avenir* : dont on peut espérer la réussite. *Un sportif d'avenir.*

Avenir de la langue française (A.L.F.), association créée en 1992 pour «réagir contre la domination croissante d'une langue étrangère dans les grandes entreprises, la publicité, la recherche scientifique, l'audiovisuel...». Elle siège à Paris.

Avent [avɑ̃] n. m. LITURG CHRET Période comprenant les quatre dimanches qui précèdent Noël, consacrée à préparer cette fête. ▷ (Antilles fr.) *Les avents* : période de mauvais temps qui précède Noël.

Aventin (mont), une des sept collines de Rome.

aventure [avɑ̃tyʀ] n. f. **1.** Événement imprévu, extraordinaire. *Chercher l'aventure. Une aventure surprenante.* **2.** Intrigue amoureuse. *Avoir eu de nombreuses aventures.* **3.** Entreprise risquée. *Il y a un siècle, c'était une aventure de traverser l'Afrique.* **4.** (Plur.) (Afr. subsah.) Syn. de *bandes* dessinées. Prête-moi des aventures.* **5.** Loc. adv. *D'aventure, par aventure* : par hasard.

aventurer [avɑ̃tyʀe] v. [1] **1.** v. tr. Risquer, hasarder. *Aventurer sa fortune.* ▷ Pp. adj. Risqué, hasardeux. *Accusations aventurées.* **2.** v. pron. Se risquer. *S'aventurer en pays inconnu.*

aventureusement [avɑ̃tyʀøzmɑ̃] adv. De façon aventureuse.

aventureux, euse [avɑ̃tyʀø, øz] adj. **1.** (Personnes) Qui aime le risque. *Esprit aventureux.* **2.** (Choses) Qui comporte des risques. *Projet aventureux.* **3.** Plein d'aventures. *Vie aventureuse.*

aventurier, ère [avɑ̃tyʀje, ɛʀ] n. **1.** Personne qui cherche les aventures. *De courageux aventuriers.* **2.** Personne qui vit d'intrigues.

aventurisme [avɑ̃tyʀism] n. m. Tendance à prendre des mesures aventureuses.

avenu, ue [avny] pp. de l'anc. verbe *avenir.* Loc. *Nul(le) et non avenu(e)* : considéré(e) comme inexistant(e), sans valeur.

avenue [avny] n. f. **1.** Voie, rue large. *L'avenue des Champs-Élysées.* **2.** Fig. Moyen d'accès. *Les avenues du pouvoir.*

avéré, ée [aveʀe] adj. Reconnu pour certain. *C'est un fait avéré.*

avérer (s') [aveʀe] v. pron. [14] Se révéler. *Il s'avère que* : il apparaît que. ▷ (Suivi d'un adj.) Se manifester comme. *Cette manœuvre s'est avérée utile.*

Averescu (Alexandru) (1859-1938), maréchal et homme politique roumain. Il fut chef d'état-major pendant les guerres balkaniques (1912-1913), un des commandants des armées roumaines au cours de la Première Guerre mondiale et chef du gouvernement en 1920-1921 et en 1926.

Averroès (*'Abū-l-Walīd Muhammad ibn Ruchd,* connu sous le nom d') (1126 – 1198), philosophe et médecin arabe; commentateur d'Aristote. Il naquit à Cordoue, vécut dans cette ville, à Séville, puis au Maroc et mourut à Marrakech. Sa doctrine, l'*averroïsme,* caractérisée par la théorie de l'éternité de la matière et celle de «l'intellect actif», intermédiaire entre Dieu et les hommes, fut condamnée par l'Église en 1240, par le Ve concile de Latran en 1513 (Léon X) et par l'orthodoxie musulmane.

avers [avɛʀ] n. m. Face d'une pièce, d'une médaille, opposée au revers.

averse [avɛʀs] n. f. Pluie soudaine et abondante de courte durée. ▷ Fig. Grande quantité de. *Une averse d'insultes.*

aversion [avɛʀsjɔ̃] n. f. Violente antipathie, répugnance. *Avoir de l'aversion pour* ou *contre qqch* ou *qqn. Prendre qqn en aversion.* Ant. goût, penchant.

averti, ie [avɛʀti] adj. **1.** Informé, sur ses gardes. *Tenez-vous pour averti.* **2.** Expérimenté. *Un critique averti.*

avertir [avɛʀtiʀ] v. tr. [3] Appeler l'attention de (qqn) sur. *Je l'avais averti du danger. Il t'avertit qu'il ne viendra pas.*

avertissement [avɛʀtismɑ̃] n. m. **1.** Appel à l'attention. *Un sage avertissement.* Syn. recommandation. **2.** Note placée en tête d'un ouvrage pour prévenir, mettre en garde le lecteur. **3.** Remontrance avant la sanction. Syn. observation. **4.** FISC Avis invitant le contribuable à payer un impôt.

avertisseur, euse [avɛʀtisœʀ, øz] n. m. et adj. **1.** n. m. Dispositif sonore qui avertit. *Avertisseur d'incendie, de voiture.* **2.** adj. Qui avertit. *Signal avertisseur.*

Avery (Fred, dit Tex) (1908 – 1980), réalisateur américain de dessins animés.

Avesta, ensemble des livres sacrés des anc. Perses, qui réformèrent les principes du zoroastrisme. V. Zoroastre.

aveu [avø] n. m. **1.** Action de reconnaître qu'on a fait ou dit quelque chose. *L'aveu d'une erreur, d'un crime. Passer aux aveux* : reconnaître qu'on est coupable. ▷ *Faire un aveu à qqn,* lui avouer qqch. Ant. dénégation. **2.** DR Déclaration reconnaissant un fait ou un droit allégué par la partie adverse. ▷ Loc. prép. *De l'aveu de* : selon le témoignage de. *De l'aveu de tous, c'est un homme intelligent.* **3.** Litt. Consentement. *Il ne fait rien sans mon aveu.* **4.** *Homme sans aveu* : vagabond sans feu ni lieu.

aveuglant, ante [avœglɑ̃, ɑ̃t] adj. Éblouissant. ▷ Fig. Qu'on ne peut nier. *Vérité aveuglante.* Syn. flagrant.

aveugle [avœgl] adj. et n. **1.** Privé du sens de la vue. *Devenir aveugle.* ▷ Subst. *Un aveugle. Une aveugle-née* : une aveugle de naissance. Syn. non-voyant. **2.** Fig. Manquant de clairvoyance et de discernement. *La passion le rend aveugle.* **3.** Qui ne souffre pas l'examen ou la discussion (sentiments). *Une foi, une obéissance, une soumission aveugle.* **4.** Loc. adv. *En aveugle* : sans réflexion. *Juger en aveugle. – Essai en aveugle,* sans que le sujet d'un test ait connaissance de certaines informations. **5.** ARCHI *Fenêtre aveugle* : fausse fenêtre ou fenêtre obturée, qui ne laisse pas passer le jour. *Pièce aveugle,* sans fenêtre.

aveuglement [avœgləmɑ̃] n. m. Manque de discernement.

aveuglément [avœglemɑ̃] adv. Sans réflexion, sans examen. *Croire, obéir aveuglément.*

aveugler [avœgle] v. [1] **I.** v. tr. **1.** Rendre aveugle. **2.** Gêner momentanément la vue. *L'éclat du soleil m'aveugle.* Syn. éblouir. **3.** Fig. Priver de la faculté de discernement. *La vanité l'aveugle.* Syn. égarer. **II.** v. pron. Se faire illusion, se cacher volontairement la vérité. *S'aveugler sur ses défauts.*

aveuglette (à l') [alavøglɛt] loc. adv. **1.** Sans voir. **2.** Fig. Au hasard.

aveulir [avøliʀ] v. tr. [3] Litt. Rendre veule.

Aveyron, riv. de France (250 km), affl. du Tarn (r. dr.). – Dép. : 8 735 km^2; 270 141 hab.; ch.-l. *Rodez* (26 794 hab.). V. Midi-Pyrénées (Rég.).

aviaire [avjɛʀ] adj. Didac. Des oiseaux, relatif aux oiseaux, à la volaille. *Peste aviaire.*

aviateur, trice [avjatœʀ, tʀis] n. Pilote ou membre du personnel navigant d'un avion.

aviation [avjɑsjɔ̃] n. f. **1.** Locomotion dans l'atmosphère à l'aide d'appareils plus lourds que l'air. **2.** Ensemble des moyens permettant la navigation aérienne. ▷ *Par ext.* Tout ce qui se rapporte aux avions, à leur utilisation et au personnel qui les met en œuvre. **3.** (Afr. subsah.) Vieilli Aérodrome; aéroport (sens 1). *Ils ont quitté pour aller à l'aviation.*

Avicébron (Salomon ibn Gabirol ou Gebirol, connu sous le nom d') (v. 1020 – v. 1058), philosophe et poète juif néo-platonicien, auteur du traité *Fons vitae* («Source de vie»), commentaire mystique de la Loi de Moïse.

Avicenne (*Ibn Sīnā,* connu sous le nom d') (980 – 1037), philosophe et médecin arabe, né près de Boukhara (dans l'Ouzbékistan actuel), auteur d'un *Canon de la médecine* et d'une encyclopédie philosophique (*Kitāb al-Chifa,* «le Livre de la guérison»). Grâce à son œuvre et à celle d'Averroès, les scolastiques connurent Aristote et la pensée grecque.

avicole [avikɔl] adj. Didac. Qui concerne l'aviculture.

aviculteur, trice [avikyltœʀ, tʀis] n. Personne qui élève des oiseaux et de la volaille.

aviculture [avikyltyʀ] n. f. Élevage des oiseaux et de la volaille.

avide [avid] adj. **1.** Qui désire ardemment se procurer qqch. *Avide de gloire, de richesse.* ▷ Cupide. *Un héritier avide.* **2.** CHIM Qui se combine facilement avec (un autre corps).

avidement [avidmɑ̃] adv. De manière avide.

avidité [avidite] n. f. **1.** Désir immodéré, cupidité. **2.** CHIM Caractère d'un produit avide.

avifaune [avifon] n. f. Faune ailée. *L'avifaune des parcs nationaux.*

Avignon, v. de France, ch.-l. du dép. du Vaucluse, sur le Rhône; 89 440 hab. – Siège de la papauté de 1309 à 1378; sept papes s'y succédèrent; acheté en 1348 par Clément VI à la comtesse de Provence; réuni à la France en 1791. – Pont St-Bénézet, appelé «pont d'Avignon» (XIIe s.), rompu au XVIIe s.; cath. romane N.-D.-des-Doms. Égl. St-Didier (XI-Ve s.). Palais des Papes (XIVe s.); musées. Festival de théâtre (créé en 1947 par J. Vilar).

Ávila, v. d'Espagne (Castille et Léon), à 1 121 m d'alt.; 40 170 hab.; ch.-l. de la prov. du m. nom. – Enceinte fortifiée (XIIe s.); cath. mi-romane mi-goth. (XIIe-XIIIe s.); égl. romanes. – V. Thérèse d'Ávila.

avilir [aviliʀ] v. [3] **I.** v. tr. **1.** Litt. Déprécier, abaisser la valeur de. *Avilir une monnaie.* **2.** Rendre méprisable. *Avilir son nom.* Syn. déconsidérer. **II.** v. pron. Se déprécier, se dégrader. *Marchandises qui s'avilissent. S'avilir par des bassesses.*

avilissant, ante [avilisɑ̃, ɑ̃t] adj. Qui avilit. Syn. dégradant.

avilissement [avilismɑ̃] n. m. **1.** Dépréciation (d'une monnaie). **2.** Action d'avilir; état de ce qui est avili.

aviné, ée [avine] adj. Ivre. ▷ Qui dénote l'ivresse. *Démarche avinée.*

avion [avjɔ̃] n. m. Aéronef plus lourd que l'air, destiné au transport aérien des personnes et des marchandises. *Prendre l'avion. Voyager par avion.*
ENCYCL Un avion est constitué du fuselage, de la voilure, d'un ou de plusieurs moteurs, du train d'atterrissage et des équipements. Le fuselage, partie habitable de l'avion, comporte, à l'avant, le poste de pilotage, puis la cabine pour le fret et les passagers, la cuisine et les toilettes. C'est grâce à la voilure (ailes et empennages) que l'avion se soutient dans l'air sous l'effet de la *portance.* Les moteurs assurent la propulsion de l'avion en compensant la *traînée.* La plupart des avions militaires et commerciaux sont équipés de turboréacteurs (avions à réaction). Lorsque la vitesse est inférieure à Mach 1, le vol est dit *subsonique;* lorsqu'elle avoisine Mach 1, *transsonique* et au-delà *supersonique* (*hypersonique* au-delà de Mach 5). Le premier vol supersonique date du 14 oct. 1947; le 2 mars 1969 a lieu le premier vol d'un avion supersonique civil, le Concorde. Le train d'atterrissage comporte une ou deux roues sous les ailes et à l'avant du fuselage. Certains équipements servent au pilotage et à la navigation (servocommandes, pilote automatique), d'autres assurent la sécurité (radars, radiophares pour l'atterrissage) ou le confort (pressurisation, climatisation). Les avions civils sont essentiellement les avions légers (avions de tourisme) et les avions de transport (moyen-courriers jusqu'à 100 passagers et gros-porteurs long-courriers au-delà). Il existe aussi des avions civils pour la photographie aérienne, la lutte contre les criquets ou les incendies. Parmi les avions militaires, on distingue ceux qui servent au transport de troupes et de matériel, à la chasse, au bombardement, les chasseurs-bombardiers, les avions-radars pour l'observation, les avions-citernes pour le ravitaillement en vol.

avion-cargo [avjɔ̃kaʀgo] n. m. Avion aménagé pour le transport des marchandises. *Des avions-cargos.*

avion-citerne [avjɔ̃sitɛʀn] n. m. Avion rempli de carburant destiné à ravitailler d'autres avions en vol. *Des avions-citernes.*

avionique [avjɔnik] n. f. AVIAT Ensemble des équipements d'un avion qui fonctionnent avec un matériel informatique ou électronique. ▷ Technique de conception et de réalisation de ces équipements.

avionnerie [avjɔnʀi] n. f. (Québec) Usine de construction d'avions. – Science, industrie de l'aéronautique.

avionneur [avjɔnœʀ] n. m. Constructeur de cellules d'avions.

avion-radar [avjɔ̃ʀadaʀ] n. m. Avion équipé d'un système de radars. *Des avions-radars.*

avion-taxi [avjɔ̃taksi] n. m. Petit avion pouvant transporter des voyageurs à la demande. *Des avions-taxis.*

avipelviens [avipɛlvjɛ̃] n. m. pl. PALEONT Ordre de reptiles dinosauriens typiquement herbivores, à bec corné, dont le bassin avait une structure semblable à celui des oiseaux, et qui vécurent du trias au crétacé. – Sing. *Un avipelvien.*

aviron [aviʀɔ̃] n. m. **1.** MAR Rame. ▷ Cour. Rame à long manche utilisée pour les embarcations légères. – (Québec) Petite rame, pagaie. **2.** Sport du canotage. *Une équipe d'aviron.*

avis [avi] n. m. **1.** Opinion. *Donner un, son avis.* Syn. point de vue. ▷ *Être d'avis de* (+ inf.), *que* (+ subj.). *Je suis d'avis de partir. Il est d'avis qu'on parte.* **2.** Conseil. *Un avis charitable, paternel, amical.* **3.** Annonce d'un événement, d'un fait qu'on porte à la connaissance de qqn, du public. *Avis de décès. Avis d'imposition.* **4.** FISC *Avis au tiers détenteur :* notification par laquelle le Trésor public bloque à son profit les fonds déposés dans une banque par le contribuable. **5.** *Avis au lecteur :* avertissement (sens 2).

avisé, ée [avize] adj. Prudent, qui agit avec à-propos. *Un conseiller avisé.*

1. aviser [avize] v. tr. [1] Informer par un avis. *On m'a avisé que...* Syn. avertir.

2. aviser [avize] v. [1] **1.** v. tr. ind. *Aviser à :* réfléchir sur. *Aviser à la situation.* ▷ (S. comp.) Prendre une décision. *Il est temps d'aviser.* **2.** v. pron. *S'aviser de :* se rendre compte brusquement de, avoir soudainement l'idée de. *S'aviser de l'arrivée de qqn. S'aviser d'un stratagème.* ▷ *S'aviser de* (+ inf.) : être assez audacieux pour. *Si jamais vous vous avisez de me tromper...*

aviso [avizo] n. m. MAR Navire de guerre, d'escorte ou de lutte contre les sous-marins.

avitailler [avitaje] v. tr. [1] **1.** Fournir (un navire) en provisions, en matériel. **2.** Ravitailler (un aéronef) en carburant.

avitaminose [avitaminoz] n. f. MED Affection provoquée par la carence en une ou plusieurs vitamines.

aviver [avive] v. tr. [1] **1.** Rendre plus vif. *Aviver le feu.* Syn. attiser. **2.** Donner de l'éclat à. *Aviver une couleur, le teint.* Syn. rehausser. Ant. ternir. **3.** Fig. Exciter, irriter. *Aviver une querelle, une jalousie.* **4.** CHIR *Aviver une plaie,* en mettre les parties saines à vif.

avocaillon [avɔkajɔ̃] n. m. Péjor., fam. Avocat sans talent ou sans clientèle.

1. avocat, ate [avɔka, at] n. **1.** Personne qui fait profession de défendre des causes en justice et de conseil juridique. *L'ordre des avocats. Consulter un avocat. Avocat-conseil :* avocat dont le rôle se limite au conseil juridique. ▷ *Avocat général :* magistrat du parquet, représentant du ministère public. *Avo-*

cat commis d'office, désigné. **2.** *Avocat du diable :* personne qui soulève, pour mieux y répondre, des objections systématiques. **3.** Personne qui prend fait et cause pour une personne, une idée. *Se faire l'avocat d'une cause perdue.* **4.** (Afr. subsah.) En rép. dém. du Congo, syn. de *pot-de-vin.*

2. avocat [avɔka] n. m. Fruit de l'avocatier, à la peau verte, brune ou violette selon les variétés, dont la pulpe comestible, onctueuse à maturité, est riche en vitamines et contient une huile utilisée dans l'alimentation, en cosmétologie et en pharmacie.

avocatier [avɔkatje] n. m. Arbre originaire d'Amérique tropicale (fam. lauracées), cultivé dans tous les pays chauds. *L'avocatier est exigeant en eau.*

avocette [avɔsɛt] n. f. Petit échassier limicole des étangs saumâtres (ordre des charadriiformes), à long bec recourbé vers le haut et plumage noir et blanc.

avodiré [avɔdiʀe] n. m. Arbre de la forêt tropicale et équatoriale africaine (*Turræanthus africana,* fam. méliacées). – Bois de cet arbre utilisé en ébénisterie.

Avogadro (Amedeo di Quaregna e Ceretto, comte) (1776 – 1856), chimiste italien. Il détermina en 1811 la constitution moléculaire des gaz. ▷ PHYS et CHIM *Nombre d'Avogadro :* nombre d'entités élémentaires (atomes, électrons, ions, etc.) égal à $6{,}022098.10^{23}$ mol^{-1} contenues dans une mole.

avoine [avwan] n. f. Graminacée à panicule dont une espèce est cultivée partic. en Europe pour la nourriture des chevaux (picotin d'avoine) et des volailles.

1. avoir [avwaʀ] v. tr. [8] **I. 1.** Posséder. *Avoir une voiture, la télévision.* ▷ Entrer en possession de, obtenir. *Il a eu le téléphone. Elle a eu un emploi de comptable.* ▷ Fam. *Avoir les moyens, avoir de quoi :* être riche. ▷ Bénéficier de. *J'espère que vous avez du beau temps.* **2.** Être dans une relation (de parenté, d'amitié, etc.) avec. *Il a une femme et deux enfants. Avoir eu de bons maîtres.* ▷ Recevoir. *Avoir du monde à déjeuner.* **3.** Posséder sexuellement. ▷ Fig., fam. Duper, l'emporter sur. *Tu nous as bien eus. Courage, on les aura!* **4.** Atteindre, attraper. *Il a tiré sur une biche mais ne l'a pas eue.* Ant. manquer. **II. 1.** (Sans article.) Éprouver une sensation, un sentiment de. *Avoir chaud, faim, froid, sommeil, peur.* **2.** Ressentir. *Avoir de la peine, du souci.* **3.** (Avec compl. d'objet direct.) Porter sur soi. *Avoir ses papiers. Avoir un beau boubou.* **4.** Être caractérisé par, comporter. *Avoir de grandes jambes. La maison n'a que trois pièces.* **5.** Mesurer. *La table a deux mètres de long.* – Avoir l'âge de. *Avoir quarante ans.* **6.** (Avec compl. d'objet direct et adj. ou propos. relat. en fonction d'attribut.) Équivaut à un possessif. *Il a les cheveux gris :* ses cheveux sont gris. *J'ai une dent qui bouge :* une de mes dents bouge. **7.** *Avoir qqch :* ne pas se trouver bien (personnes); mal fonctionner (choses). *Elle n'est pas encore arrivée, elle a peut-être quelque chose.* **8.** Manifester, faire, prononcer. *Avoir un sourire de connivence. Avoir un beau geste. Avoir un mot malheureux.* **9.** Loc. (Belgique) *Avoir le temps long :* s'ennuyer. **III.** (Tournures et expressions particulières.) **1.** *Avoir beau* (+ inf.). *Elle a beau se farder, elle paraît son âge :* elle se farde en vain... **2.** *En avoir pour :* mettre (du temps, de l'argent). *J'en aurai pour une heure. Il en a eu pour mille francs.* **3.** (Tournures impersonnelles.) *Il y a :* il existe. ▷ *Il y a cinq minutes :* cinq minutes plus tôt. *Il y a deux jours qu'il est parti :* il est parti depuis deux jours. ▷ *Il n'y a qu'à :* il suffit de. ▷ *Qu'est-ce qu'il y a? :* qu'est-ce qu'il se passe? ▷ *Il n'y en a que pour lui :* il est le seul objet d'attention. **4.** (Belgique) Pop. *Avoir difficile à, de* (+ inf.) ou *avoir dur à, de* (+ inf.) : éprouver des difficultés à. *J'ai eu difficile de m'habituer à cet horaire. Elle a dur à se lever tôt.* – *Avoir facile à, de* (+ inf.) : avoir des facilités pour. *Il a facile d'étudier.* ▷ *Avoir bon de* (+ inf.) : éprouver du plaisir, de la joie à. *J'ai bon de te voir rire ainsi.* **IV.** (Auxiliaire) **1.** *Avoir à,* exprimant l'obligation. *J'ai à travailler.* ▷ *N'avoir qu'à :* avoir simplement à. *Il n'avait qu'à avouer, il était pardonné!* – (Avec nuance d'ordre.) *Tu n'as qu'à partir.* **2.** (Afr. subsah.) *Avoir à :* avoir l'occasion de. *J'ai déjà eu à donner mon avis.* **3.** (Auxiliaire des formes composées actives de tous les verbes transitifs et de la plupart des verbes intransitifs.) *J'ai écrit, j'ai eu, j'ai été.*

2. avoir [avwaʀ] n. m. **1.** Biens, possession. *Un petit avoir.* **2.** FIN Somme due à une personne, susceptible d'être déduite du montant du prochain paiement qu'elle devra effectuer.

avoisinant, ante [avwazinɑ̃, ɑ̃t] adj. Voisin, proche.

avoisiner [avwazine] v. tr. [1] **1.** Être à proximité de. **2.** Fig. Ressembler à. *Cela avoisine le génie.*

avortement [avɔʀtəmɑ̃] n. m. **1.** MED, MED VET Expulsion du produit de la conception avant qu'il soit viable. **2.** Cour. Interruption provoquée de la grossesse. **3.** BOT Non-développement d'un organe. **4.** Fig. Insuccès. Ant. aboutissement.

avorter [avɔʀte] v. intr. [1] **1.** Expulser le produit de la conception avant qu'il soit viable. **2.** BOT Ne pas parvenir à sa pleine maturité (fruits, fleurs). **3.** Fig. Ne pas aboutir, ne pas avoir le succès prévu (plans, entreprises). *Révolution qui avorte.* Syn. échouer. **4.** (Emploi transitif.) *Faire avorter un projet.* ▷ Pp. adj. *Entreprise avortée.*

avorton [avɔʀtɔ̃] n. m. Péjor. Individu difforme et chétif.

avouable [avwabl] adj. Qu'on peut avouer sans en avoir honte. *Motifs avouables.*

avoué [avwe] n. m. Officier ministériel chargé de représenter les parties, notam. près les cours d'appel.

avouer [avwe] v. [1] **1.** v. tr. Confesser, reconnaître. *Avouer ses erreurs.* ▷ (S. comp.) Faire des aveux. *Le prévenu a avoué.* **2.** v. pron. *S'avouer* (+ adj.) : se reconnaître (coupable, fautif, etc.).

Avranches, v. de France, ch.-l. d'arr. de la Manche; 9523 hab. – Les Amér. y percèrent les défenses all. le 31 juillet 1944 *(percée d'Avranches).*

avril [avʀil] n. m. Quatrième mois de l'année, comprenant trente jours. ▷ *Poisson d'avril :* plaisanterie, farce faite traditionnellement le 1er avril. *Faire un poisson d'avril à quelqu'un.* – (Québec) *Courir le poisson d'avril :* être l'objet d'une telle farce.

avunculat [avɔ̃kyla] n. m. ETHNOL Régime de certaines sociétés matrilinéaires dans lesquelles le rôle de l'oncle maternel est prédominant par rapport à celui du père.

awalé [awale], **awélé** [awele] ou **walé** [wale] n. m. Jeu de stratégie africain qui se joue sur un plateau à douze trous, chacun des deux joueurs disposant de vingt-quatre pions (graines ou cauris).

Awara (plaine d'), plaine désertique de l'extrême N.-E. du Kenya.

Awash. V. Aouach.

awélé [awele] n. m. V. awalé.

Awoonor (Kofi) (né en 1935), écrivain ghanéen d'expression anglaise; poète (*Rediscovery,* 1964; *Night of my blood,* 1971) et romancier (*This Earth, my Brother* 1971).

axe [aks] n. m. **1.** Droite autour de laquelle un corps tourne. *Axe du monde,* qui relie les deux pôles de la Terre. ▷ MINER *Axe d'ordre n d'un cristal :* axe tel que les arêtes du cristal se recouvrent après une rotation de 2 π/n. **2.** TECH Pièce cylindrique autour de laquelle tourne un corps. *Axe d'une roue.* **3.** MATH Droite qui sert de référence. *Axe des abscisses.* ▷ *Axe de symétrie :* axe permettant de définir une symétrie. **4.** Ligne centrale. *L'axe d'une rue.* – Voie de communication. *Les grands axes routiers.* **5.** BOT Toute partie d'un végétal qui supporte des organes appendiculaires (tige, rameau, etc.). ▷ ANAT *Axe cérébrospinal :* ensemble formé par le cerveau et la moelle épinière. Syn. névraxe. **6.** Ligne directrice (d'un projet, d'un plan). *Les grands axes de la réforme foncière.* **7.** (Guad.) *Être en axe :* être comme il faut.

Axe (l'), alliance formée en 1936 par l'Allemagne et l'Italie *(Axe Rome-Berlin),* étendue au Japon, à la Roumanie, à la Bulgarie et à la Hongrie, durant la Seconde Guerre mondiale.

axer [akse] v. tr. [1] **1.** Diriger selon un axe. **2.** Fig. Orienter selon telle direction. *Axer sa vie sur un idéal.*

axial, ale, aux [aksjal, o] adj. Qui se rapporte à un axe.

axillaire [aksilɛʀ] adj. **1.** ANAT Qui se rapporte à l'aisselle. *Creux axillaire.* **2.** BOT *Bourgeon axillaire,* né à l'aisselle d'une feuille.

axiologie [aksjɔlɔʒi] n. f. PHILO Théorie des valeurs, plus partic. des valeurs morales (le bon, le bien, etc.).

axiomatique [aksjɔmatik] adj. et n. f. Didac. **1.** Qui tient de l'axiome. *Vérité axiomatique.* **2.** MATH, LOG Qui raisonne à partir d'axiomes contenant des symboles. Syn. formel, formalisé. ▷ n. f. Ensemble des axiomes d'une science, branche de la logique qui recherche et organise en système de tels ensembles.

axiomatisation [aksjɔmatizasjɔ̃] n. f. Formulation d'un système d'axiomes susceptible de constituer la base d'une théorie.

axiome [aksjom] n. m. Proposition générale reçue et acceptée comme vraie sans démonstration. *Tout système d'axiomes cohérents possède un modèle.* ▷ *Par ext.* Principe posé a priori. *L'axiome selon lequel il n'y a plus de saisons.*

ENCYCL Math. – D'un axiome on déduit des propositions appelées *théorèmes.* Un système d'axiomes doit conduire à des propositions qui ne se contredisent pas et soient en nombre suffisant.

Philo. – L'*axiome,* qui doit être accepté comme vrai, se distingue du *postulat,* qui peut être mis en doute.

1. axis [aksis] n. m. ANAT Deuxième vertèbre cervicale, qui permet les mouvements de rotation de la tête.

2. axis [aksis] n. m. ZOOL Le plus commun et le plus beau des cervidés de l'Asie du S.-E., au pelage brun-roux parsemé de taches blanches.

axolotl [aksɔlɔtl] n. m. ZOOL Larve d'un amphibien urodèle du Mexique, qui peut se reproduire sans passer par le stade adulte.

axone [akson] n. m. ANAT Prolongement cylindrique et allongé du neurone qui conduit l'influx nerveux vers une synapse. Syn. cylindraxe.

Axoum ou **Aksoum,** v. d'Éthiopie, dans le N. de la région du Tigré; 17750 hab. – Selon la légende, la ville aurait été fondée au Xe s. av. J.-C. par la reine de Saba (venue du Yémen). Au Ier s. av. J.-C., peut-être avant, un royaume se constitua. Au IVe s. apr. J.-C., son souverain, Ezana, se convertit au christianisme et les échanges se multiplièrent, notam. avec l'Empire byzantin. L'empire d'Axoum domina la Nubie et une partie du littoral de la mer Rouge, où son port, Adoulis, était florissant. Au Ve s., l'avancée des Perses entraîna son repli. À partir du VIIe s., les Arabes le menacèrent. Le royaume s'effondra au Xe siècle. – D'importantes ruines demeurent : stèles monolithiques, obélisques.

Ay, pharaon égyptien qui accéda au trône v. 1320 av. J.-C. Il est enterré dans la vallée des Rois.

Ayacucho, v. du Pérou, au S.-E. de Lima; 68540 hab; ch.-l. de la prov. du m. nom. Mines de plomb et d'argent. – En 1824, la victoire du général Sucre sur les Espagnols assura l'indép. de l'Amérique du Sud.

ayant cause [ɛjɑ̃koz] n. m. DR Celui auquel les droits d'une personne ont été transmis. *Les ayants cause.*

ayant droit [ɛyɑ̃dʀwa] n. m. Personne qui a droit, ou qui est intéressée à qqch. *Les ayants droit aux allocations familiales.* ▷ Spécial. (Suisse) Personne qui a le droit de circuler ou de stationner malgré une interdiction.

ayapana [ajapana] n. m. (Réunion) Herbe (fam. composées) utilisée dans la fabrication de tisanes.

ayatollah [ajatɔla] n. m. Dignitaire musulman chiite.

aye-aye [ajaj] n. m. ZOOL Mammifère lémurien arboricole de Madagascar à longue queue touffue et à doigts minces. *Des ayes-ayes.*

Ayers Rock, montagne sacrée (867 m) des aborigènes, qui la nomment *Uluru*, au centre (désertique) de l'Australie.

Aymarás, Indiens du Pérou et de Bolivie, fondateurs d'une prestigieuse civilisation (v. de Tiahuanaco, près du lac Titicaca); ils subirent la conquête inca, puis espagnole (XVIe s.). Leur nombre actuel avoisine le million.

Aymé (Marcel) (1902 – 1967), écrivain français : nombr. romans (*la Jument verte,* 1941) et nouvelles pleins de verve (*le Passe-Muraille,* 1943), pièces de théâtre, contes (*Contes du chat perché,* 1934-1958).

Aymon (les Quatre Fils), personnages légendaires de la chanson de geste française *Renaud de Montauban* (XIIe s.).

Ayuthia ou **Ayudhyā,** ville de Thaïlande, ch.-l. de prov., au N. de Bangkok; 38400 hab. – Anc. cap. du Siam (à partir de 1350, remplaçant Sukhotai*), elle fut détruite par les Birmans en 1767 et abandonnée. De nombreuses ruines, en partie restaurées, y subsistent (temples, stūpa).

Ayyubides, dynastie musulmane fondée par Salah ad-Din ibn Yusuf ibn Ayyub (Saladin) en 1171 et qui gouverna l'Égypte, la Syrie et le Yémen; elle remplaça les Fatimides et fut renversée à son tour par les Mamelouks, en 1250 (Égypte) et en 1260 (Syrie).

azalée [azale] n. f. Arbuste ornemental (fam. éricacées) cultivé en Europe pour ses fleurs colorées.

Azandé. V. Zandé.

Azarias ou **Ozias,** roi de Juda de 781 à 740 av. J.-C.

Azay-le-Rideau, com. de France (Indre-et-Loire), sur l'Indre; 3116 hab. – Chât. bâti de 1518 à 1529.

Azéma (Jean-Henri) (né en 1913), poète réunionnais : *Olographe* (1978), *le Pétrolier couleur antaque* (1982).

azéotrope [azeɔtʀɔp] n. m. (et adj.) CHIM Mélange de liquides caractérisé, comme un corps pur, par une température d'ébullition constante sous une pression donnée. ▷ adj. *Un mélange azéotrope.*

azer [azɛʀ] n. m. Dialecte berbère résiduel de Mauritanie.

Azerbaïdjan, État d'Asie occidentale (république de l'U.R.S.S. jusqu'en 1991), en Transcaucasie, s'ouvrant à l'E. sur la mer Caspienne; 86600 km^2; 7500000 hab.; cap. *Bakou.* Nature de l'État : rép. parlementaire. Pop. : Azéris (80 %), Russes (4,7 %), Arméniens (3,6 %). Langue off. : azeri. Relig. : islam chiite.

Géogr. et écon. – Des bassins drainés par la Koura occupent le centre et le S. du pays. À l'O. et au N. s'étendent les chaînes du Grand et du Petit Caucase. Le climat est aride. L'irrigation permet cult. (coton, tabac, céréales) et élevage. Une industrie diversifiée utilise les ressources du sous-sol (import. gisements de pétrole, fer, cuivre, alunite).

Hist. – Cette anc. province de l'empire perse fut cédée à la Russie en 1828. Rép. indép. en 1918, elle devint une rép. socialiste soviétique en 1920. En 1988, les Arméniens (chrétiens) habitant le Haut-Karabakh* réclament leur rattachement à la rép. soviétique d'Arménie. En janv. 1990, des pogroms antiarméniens obligent l'armée Rouge à intervenir contre les nationalistes musulmans d'Azerbaïdjan (Azéris). L'indépendance a été proclamée par un vote du Parlement, le 30 août 1991. Le président Moutalibov, ex-premier secrétaire du P.C., démissionna en mars 1992 et fut remplacé par le nationaliste Aboulfaz Elchibey. Celui-ci a été renversé et l'ex-communiste Gueïdar Aliev a été élu président en oct. 1993. En 1994, un accord de cessez-le-feu a été signé avec l'Arménie. En 1995, une nouvelle Constitution, approuvée par référendum, a renforcé les pouvoirs présidentiels. En 1997, le conflit avec l'Arménie à propos du Haut-Karabakh continue.

azerbaïdjanais, aise [azɛʀbajdʒanɛ, ɛz] adj. et n. D'Azerbaïdjan. – Subst. *Un(e) Azerbaïdjanais(e).*

Azéris ou **Azeri,** peuple d'Azerbaïdjan et des provinces frontalières iraniennes, de religion islamique.

Azhar (Al-) *(al-Azhar),* célèbre mosquée et université musulmane du Caire, édifiée par les Fātimides en 970 (reconstruite au XIVe s.), l'un des plus importants centres théologiques de l'islam.

Azikiwe (Nnamdi) (1904 –1966), homme politique nigérian; premier président de la Rép. du Nigeria (1963), renversé et assassiné en 1966.

azimut [azimyt] n. m. ASTRO Angle compris entre le plan vertical passant par l'axe de visée et le plan vertical de référence (plan du méridien de l'observateur). *Azimut d'un astre.* ▷ MILIT *Défense tous azimuts,* efficace dans toutes les directions. ▷ Fam. *Dans tous les azimuts, tous azimuts :* dans toutes les directions en même temps. *Courir dans tous les azimuts.*

Azincourt, commune de France (Pas-de-Calais); 253 hab. – Henri V d'Angleterre y vainquit l'armée française en 1415.

Aznar (José Maria) (né en 1953), homme politique espagnol. Prés. du Parti populaire (1990), il est devenu Premier ministre en 1996.

Aznavour (Shandour Varenagh Aznavourian, dit Charles) (né en 1924), chanteur, auteur-compositeur et comédien français.

azobé [azɔbe] n. m. BOT Arbre de la forêt tropicale et équatoriale africaine (fam. ochnacées), au bois brun dur et lourd, utilisé en grosse menuiserie.

azoospermie [azɔɔspɛʀmi] n. f. MED Absence de spermatozoïdes dans le sperme.

azote [azɔt] n. m. Élément (symbole N) de numéro atomique Z = 7. *L'azote est un des principaux éléments constitutifs de la matière vivante.* – Gaz (N_2 : *diazote*), incolore et inodore, peu réactif et peu soluble dans l'eau. *L'azote constitue 78% environ du volume de l'atmosphère terrestre.*

ENCYCL **Biochim.** – *Cycle de l'azote.* Les végétaux supérieurs absorbent les nitrates du sol et incorporent l'azote dans des composés organiques (acides nucléiques, protéines). Les animaux consomment ces végétaux et incorporent ainsi l'azote. Quand ils meurent, les microorganismes responsables de la putréfaction de leurs cadavres libèrent les produits ammoniacaux qui vont être transformés en nitrates réutilisables par les végétaux supérieurs.

azoté, ée [azɔte] adj. Qui contient de l'azote. *Composés azotés.*

azotémie [azɔtemi] n. f. MED Taux des produits d'excrétion azotés (urée, urates) dans le sang.

azotobactériales [azɔtobakteʀjal] n. f. pl. MICROB Classe de mycobactéries, fixant dans certaines conditions l'azote atmosphérique.

azoturie [azɔtyʀi] n. f. MED Élimination, parfois excessive, des composés azotés (urates, urée) par l'urine.

Azov (mer d'), petite mer au N.-E. de la Crimée, s'ouvrant sur la mer Noire.

Azraël, messager d'Allāh et ange de la Mort, dans la théologie islamique.

A.Z.T. n. m. ou f. MED (Sigle de *azidothymidine.*) Médicament antiviral utilisé dans le traitement du sida.

aztèque [astɛk] adj. Relatif aux Aztèques, à leur civilisation dans l'anc. Mexique.

Aztèques, peuple amérindien qui formait à l'origine une tribu de Chichimèques, au N. du Mexique précolombien. Ils s'installèrent vers 1325 en territoire toltèque, dans la région du lac Texcoco, où ils fondèrent Tenochtitlán (cité bâtie sur l'eau dans le site actuel de Mexico). En 200 ans, ils dominèrent tous les peuples d'Amérique centrale. Leur civilisation reposait sur une culture en partie héritée des Toltèques (architecture, motifs de la sculpture), une organisation politico-économique très évoluée et une religion polythéiste complexe impliquant des sacrifices humains. Mais l'Empire aztèque n'assura jamais son homogénéité, et Cortés, qui parvint à rallier les Indiens sous domination aztèque, le renversa facilement. Il fit tuer Cuauhtémoc, le dernier souverain, en 1525.

azur [azyʀ] n. m. Litt. Couleur bleu clair limpide. ▷ Poét. Ciel. *Contempler l'azur.* ▷ *La Côte d'Azur :* la côte méditerranéenne entre Toulon et Menton en France.

azuré, ée [azyʀe] adj. Litt. De la couleur de l'azur. *La voûte azurée :* le ciel. *La plaine, les plaines azurée(s) :* la surface de la mer.

azygos [azigos] adj. inv. et n. f. ANAT *Une veine azygos* ou, n. f., *une azygos :* chacune des trois veines asymétriques qui drainent les parois thoracique et abdominale et font communiquer entre elles les veines caves supérieure et inférieure.

azyme [azim] adj. *Pain azyme :* pain sans levain que mangent les juifs à la Pâque pour commémorer la sortie d'Egypte; pain dont on fait les hosties destinées à la communion.

B

b [be] n. m. Deuxième lettre (b, B) et première consonne de l'alphabet, notant l'occlusive bilabiale sonore [b] et, devant une consonne sourde, l'occlusive bilabiale sourde [p] (*obtus* [ɔpty]). ▷ Loc. fig. *Le b.a.-ba :* les rudiments, les connaissances élémentaires.

ba-, préfixe qui, dans les langues bantoues, caractérise le pluriel des noms de personnes et d'ethnies. (Ex. : littéralement *Baluba* signifie «les Luba».)

ba [ba] n. m. ANTIQ Chez les Égyptiens, principe constituant de l'individu, qui s'échappe du corps après la mort.

Bâ. V. Hampâté Bâ.

Bâ (Mariama) (1929 - 1981), romancière sénégalaise. *Une si longue lettre* (1979) déplore la polygamie. *Un chant écarlate* (1981) s'interroge sur les couples mixtes.

Baader (Andreas) (1943 - 1977), terroriste allemand, créateur (1968) de la «Fraction armée rouge», dite aussi «bande à Baader».

Baal, dans les langues sémitiques occidentales, nom donné aux divinités locales de la Fertilité du sol et de l'Orage.

Baalbek ou **Balbek,** v. du Liban située dans la plaine de la Beqaa; 20000 hab. Temples romains de Bacchus, de Jupiter et de Vénus. - D'origine phénicienne, elle prit le nom d'Héliopolis (cité du Soleil) après la conquête d'Alexandre le Grand. Colonisée par les Romains sous Auguste, la ville connut son apogée au IIe s. apr. J.-C.

Baas ou **Ba'th,** parti politique nationaliste panarabe fondé en 1952 par fusion du parti de la Renaissance arabe de Michel Aflak et Salah Eddine al-Bitar et du parti socialiste arabe d'Akram Hourani. Le Baas est au pouvoir en Syrie (depuis 1963) et en Irak (depuis 1968).

baasisme [baasism] ou **baathisme** [baatism] n. m. Doctrine du Baas.

baasiste [baasist] adj. et n. Qui se rapporte au Baas; partisan du Baas.

Bāb (Sayyid Alī Muhammad, dit le) (1819 - 1850), chef religieux persan fondateur du babisme; il se proclama «Bāb» en 1844, c'est-à-dire «porte (de la Vérité)».

1. baba [baba] adj. inv. Fam. Stupéfait. *J'en suis resté baba.*

2. baba [baba] n. m. Gâteau qu'on imbibe de sirop et de rhum.

3. baba [baba] n. m. (Réunion) **1.** Bébé, petit enfant. **2.** *Baba de chiffon :* syn. de *poupée* (sens I, 1).

baba figue [babafig] n. m. (Réunion) Influorescence constituée par les enveloppes de fleurs mâles (sans fruits) du bananier.

babakoute [babakut] n. m. Grand lémurien blanc et noir de Madagascar, à courte queue, dont le cri ressemble à une plainte humaine. ▷ (Madag.) Cour., inj. Idiot, imbécile.

Bab al-Mandab *(Bāb al-Mandab),* la «porte des Pleurs», détroit qui unit la mer Rouge au golfe d'Aden.

Babbage (Charles) (1792 - 1871), mathématicien anglais; il conçut l'une des premières calculatrices.

Babel, nom hébreu de Babylone. - *Tour de Babel :* dans la Bible, tour que les descendants de Noé prétendaient élever pour atteindre le ciel; Dieu fit échouer l'entreprise en introduisant la diversité des langues; *par ext.,* lieu où règne la confusion.

Babel (Isaac Emmanouilovitch) (1894 - 1941), écrivain soviétique : *Cavalerie rouge* (1926), *Contes d'Odessa* (1928), *Maria* (1935). Staline le fit exécuter comme trotskiste.

babelute ou **babelutte** [babœlyt; bablyt] n. f. (Belgique) Genre de sucre d'orge, entortillé dans du papier.

Bāber ou **Bābur** (Zāhir al-Dīn Muhammad) (1483 - 1530), arrière-petit-fils de Tamerlan, fondateur de l'Empire moghol de l'Inde.

Babeuf (François Noël, dit Gracchus) (1760 - 1797), révolutionnaire français, fondateur du *babouvisme* (de type communiste). Chef de la «conjuration des Égaux» (1796), dirigée contre le Directoire, il fut dénoncé et exécuté.

babeurre [babœʀ] n. m. Liquide séreux, aigrelet, qui reste après qu'on a battu la crème pour obtenir le beurre. Syn. (Belgique, Luxembourg) lait battu.

babiche [babiʃ] n. f. (Québec) Peau non tannée (de caribou, d'orignal, d'anguille, etc.) qui, découpée en lanières, sert à la fabrication de raquettes, de fonds de chaise, etc. *Tressage de babiche. Coudre à la babiche.*

babil [babil] n. m. Babillage. Syn. caquet. - Par anal. *Le babil des tisserins.*

babillage [babijaʒ] n. m. **1.** Action de babiller. **2.** PSYCHO Émission par l'enfant de sons plus ou moins articulés avant la période d'acquisition du langage.

babillard, arde [babijaʀ, aʀd] adj. et n. m. **1.** adj. Qui babille sans cesse; bavard. **2.** n. m. (Québec) Panneau servant à afficher des messages. - INFORM *Babillard électronique :* service de consultation et d'échange de messages auquel on peut se relier au moyen d'un ordinateur; écran sur lequel s'affiche le message.

babiller [babije] v. intr. [1] Bavarder beaucoup, futilement.

babines [babin] n. f. pl. Lèvres pendantes de certains animaux. *Singe qui remue les babines.* ▷ Loc. fam. (Personnes) *Se lécher, se pourlécher les babines :* se passer la langue sur les lèvres en signe de gourmandise satisfaite. - Loc. fig., fam. *S'en lécher les babines :* s'en délecter à l'avance.

Babinga. V. Binga.

Babinski (Joseph) (1857 - 1932), neurologue français d'origine polonaise. ▷ MED *Signe de Babinski :* altération du réflexe cutané plantaire liée à une atteinte de la transmission de l'influx moteur.

babiole [babjɔl] n. f. **1.** Petit objet sans grande valeur. **2.** Fig. Fait sans importance, bagatelle.

babisme [babism] n. m. Doctrine du Bāb, issue de l'islam chiite. *Le babisme fut supplanté par le bahāisme.*

bâbord [babɔʀ] n. m. MAR Côté situé à gauche de l'axe longitudinal du navire lorsqu'on regarde vers l'avant (par oppos. à *tribord*).

Babors (djebel), chaîne de l'Atlas tellien faisant partie de la Petite Kabylie, en Algérie, et culminant à 2004 m.

babouche [babuʃ] n. f. Chaussure en cuir sans quartier ni talon, en usage dans les pays islamiques. - Pantoufle, de même forme, en cuir ou en tissu.

babouchier [babuʃje] n. m. (Maghreb) En Algérie, au Maroc, fabricant ou marchand de babouches.

babouin [babwɛ̃] n. m. Singe cercopithécidé africain (diverses espèces du genre *Papio :* babouin vrai, hamadryas, mandrill, etc.). V. cynocéphale.

baboune [babun] n. f. (Québec) Fam. **1.** (Général. au plur.) Lèvres épaisses. *Avoir de grosses babounes.* - Partie inférieure de la figure. **2.** Air contrarié. *Se lever avec la baboune. Faire la baboune :* être d'humeur maussade, bouder.

Bābur. V. Bāber.

baby-boom [bɛbibum; babibum] n. m. (Anglicisme) Augmentation importante du taux de natalité. *Les baby-booms.*

baby-foot [babifut] n. m. inv. Jeu de football miniature constitué d'une table représentant un terrain de football et de figurines fixées sur des tringles. ▷ Cette table elle-même.

Babylone, anc. v. de Mésopotamie, sur l'Euphrate, à 160 km au S.-E. de Bagdad. Cette ville existait dès le XXIIIe s. av. J.-C., au temps de la splendeur d'Akkad. Elle passa ensuite sous la domination des Amorrites (XIXe s. av. J.-C.) pour devenir la cap. de leur sixième roi, Hammourabi. Razziée par les Hittites au XVIe s. av. J.-C., elle fut dominée par les Kassites jusqu'au XIIe s. av. J.-C., puis par les Élamites, avant de devenir assyrienne (VIIIe-VIIe s. av. J.-C.). La liberté lui fut rendue par Nabopolassar, qui fonda l'Empire néo-babylonien (626 av. J.-C.). Sous le règne de son fils Nabuchodonosor II, la ville resplendit : elle comprenait une double enceinte fortifiée jalonnée de tours, la porte d'Ishtar, des palais pourvus de toits en terrasses (les *Jardins suspendus*), la colossale ziggourat Étemenanki, des temples du dieu Mardouk richement décorés. Devenue prov. perse sous Cyrus II (539 av. J.-C.), elle entra en décadence. Alexandre le Grand l'annexa en 331 av. J.-C. et y mourut. En 300 av. J.-C., Séleucos Ier la délaissa au profit de Séleucie. Dès le Ier s. av. J.-C., le site était désert.

Babylone (Captivité de) ou **Exil,** déportation de nombr. juifs à Babylone par Nabuchodonosor II en 586 av. J.-C. En 538, Cyrus II autorisa leur rapatriement.

Babylonie, royaume dont Babylone était la capitale.

baby-sitter [bebisitœʀ] n. Personne rémunérée pour garder un bébé, un jeune enfant, à la demande des parents. *Des baby-sitters.*

1. bac [bak] n. m. **1.** Bateau à fond plat servant à faire traverser un bras d'eau ou un lac à des personnes, des véhicules. ▷ AVIAT *Bac aérien :* avion qui transporte des automobiles et leurs passagers sur de courtes distances. **2.** Récipient destiné à des usages variés. *Bac à glace d'un réfrigérateur. Bac à douche.* ▷ (Belgique) *Bac à cendres :* cendrier (sens 2). – *Bac à charbon :* seau à charbon. – *Bac à linge :* panier à linge. – *Bac à ordures* (connu aussi en France) : poubelle. – *Bac à papier :* corbeille à papier. – *Bac à outils :* caisse à outils. – Par ext. *Bac de bière, d'eau minérale :* porte-bouteilles (de bière, d'eau minérale). **3.** (Haïti) Récipient en bois à fond plat qui sert à transporter ou à exposer des marchandises. *Porter un bac d'oranges sur sa tête.*

2. bac [bak] n. m. Fam. Abrév. de *baccalauréat.*

Bacău, v. de Roumanie (Moldavie); 204500 hab.; ch.-l. du district. du m. nom. Industr. du bois, alimentaire.

Bac Bô (ancien *Tonkin* des Européens), rég. du N. du Viêt-nam, bordée à l'E. par la mer de Chine méridionale (V. dossier Viêt-nam, p. 1516). Le territoire, montagneux au N. et à l'O. (3143 m au Fan Si Pan), est axé sur le fleuve Rouge (Sông Hông) et son delta. Les hautes rég. sont relativement peu peuplées (minorités miao, thaï, muong, tay, etc.); les plaines, couvertes aux deux tiers de rizières, concentrent de fortes densités de population et des grandes villes (Hanoi, Haiphong). Le sous-sol est riche (zinc, étain, houille, fer, etc.). – Jusqu'à la conquête française (XIXe s.), l'histoire de cette région, berceau du peuple vietnamien, se confond avec celle du Viêt-nam (V. dossier et carte, p. 1516). Après l'échec relatif de Francis Garnier, qui s'empara de Hanoi en 1873, mais périt en combattant les Pavillons*-Noirs, l'expansion française reprit en 1882 et, l'année suivante, un protectorat fut établi sur le Tonkin et l'Annam (Trung Bô actuel). La Chine fut contrainte de reconnaître ce protectorat à l'issue d'un conflit armé (1884-1885). Le Tonkin (Bac Bô) entra dans l'Union indochinoise en 1887 et devint une colonie de fait (V. Indochine française). Il fut le centre de la résistance contre la France après 1945.

Bac Bô (golfe du). V. Tonkin (golfe du).

baccalauréat [bakaloʀea] n. m. **1.** Premier grade universitaire, qui donne le titre de bachelier. – Examen qui donne ce grade, à la fin des études du second degré. *Il a obtenu le baccalauréat.* (Abrév. fam. : bac, bachot). **2.** (Québec) Grade qui sanctionne le premier cycle des études universitaires.

baccara [bakaʀa] n. m. Jeu de hasard qui se joue entre un banquier et des joueurs *(pontes).*

bacchanale [bakanal] n. f. **1.** Plur. ANTIQ ROM Fêtes religieuses dédiées à Bacchus. **2.** Fig., vieilli Débauche tapageuse.

bacchante [bakɑ̃t] n. f. ANTIQ ROM Femme participant au culte de Bacchus.

bacchantes [bakɑ̃t] ou **bacantes** [bakɑ̃t] n. f. pl. Fam. Moustaches. *Il a de belles bacchantes.*

Bacchus, dieu du Vin chez les Romains. V. Dionysos.

Bach, nom d'une dynastie de musiciens allemands issue de Hans Bach (v. 1520). — **Johann Sebastian** (en fr. *Jean-Sébastien*) (1685 – 1750), organiste virtuose, claveciniste, violoniste et professeur de musique à la Thomasschule de Leipzig (1723). Son œuvre abondante comprend tous les genres, sauf l'opéra : *Clavier bien tempéré* (1722-1744), six *Concertos brandebourgeois* (1721), *Passion selon saint Jean* (1722), *Passion selon saint Matthieu* (1729), *Messe en si mineur* (1732-1737-1749), *l'Art de la fugue* (inachevé, 17 fugues et 4 canons). Bach accomplit le plus important travail de synthèse de l'histoire de la musique. Il eut vingt enfants; neuf moururent en bas âge; quatre devinrent des musiciens célèbres. — **Wilhelm Friedemann** (1710 – 1784), compositeur, claveciniste et organiste, donna leurs formes modernes à la sonate et au concerto. — **Carl Philipp Emanuel** (1714 – 1788), compositeur, claveciniste virtuose, précurseur de la musique romantique, écrivit près de 700 pièces. — **Johann Christoph Friedrich** (1732 – 1795) écrivit, en collab. avec le poète Johann Gottfried Herder, des oratorios et des cantates. — **Johann Christian** (en français *Jean-Chrétien*) (1735 – 1782) composa de nombreux opéras, 44 symphonies, 37 concertos et de la musique de chambre.

Bach (Alexander, baron von) (1813 – 1893), ministre autrichien de l'Intérieur (1849-1859) qui donna son nom au système répressif mis en place en 1848.

bâchage [bɑʃaʒ] n. m. Action de bâcher.

bâche [bɑʃ] n. f. **1.** Forte toile, souvent rendue imperméable et imputrescible, destinée à protéger des voitures, des chargements, des récoltes, etc. **2.** HORTIC Châssis vitré utilisé pour protéger des plantes. **3.** TECH Réservoir d'eau alimentant une chaudière.

bâchée n. f. ou **bâché** n. m. [baʃe] (Afr. subsah., Maghreb) Automobile ou camionnette dont l'arrière est muni d'une bâche amovible. (On dit aussi *taxi-bâché.*)

Bachelard (Gaston) (1884 – 1962), philosophe français. Épistémologue (*le Nouvel Esprit scientifique,* 1934), il a entrepris une «psychanalyse existentielle» de la matière : *Psychanalyse du feu* (1938), *l'Eau et les Rêves* (1942), *l'Air et les Songes* (1943), *la Poétique de la rêverie* (1960).

bachelier, ère [baʃəlje, ɛʀ] n. Titulaire du baccalauréat.

bâcher [baʃe] v. [1] **I.** v. tr. **1.** Couvrir d'une bâche. **2.** (Réunion) Faire l'école buissonnière*. *Bâcher les cours.* **II.** v. intr. (Suisse) Fam. Finir sa journée de travail. *Venez! On bâche, c'est l'heure.*

bachique [baʃik] adj. Litt. Qui a rapport au dieu Bacchus ou au vin. *Fête bachique.*

Bachir II Chihab (1767-1851), émir du Liban (1789-1840). Il s'appuya sur Méhémet-Ali, vice-roi d'Égypte, soutenu par la France, pour lutter contre l'influence des Ottomans, aidés par les Anglais. Destitué en 1840, il dut quitter le Liban.

Bachkirie, rép. auton. de Russie, dans le S. de l'Oural; 143600 km^2; 3894000 hab.; cap. *Oufa.* Import. gisements de pétrole, fer, cuivre, or, houille. – Les *Bachkirs,* d'origine mongole, furent soumis par Ivan le Terrible.

Bachokwé. V. Chokwé.

1. bachot [baʃo] n. m. Petit bac.

2. bachot [baʃo] n. m. Fam. Baccalauréat. *Il a raté son bachot.*

bachotage [baʃɔtaʒ] n. m. Fam. Action de bachoter.

bachoter [baʃɔte] v. intr. [1] Fam. Préparer le baccalauréat, un examen, par un travail intensif dans le seul but de réussir.

bacillaire [basilɛʀ] adj. Qui se rapporte aux bacilles. *Infection bacillaire.* ▷ Subst. Malade atteint de tuberculose (porteur de bacilles de Koch).

bacille [basil] n. m. Bactérie en forme de bâtonnet. *Bacille de Koch :* V. Koch. *Bacille de Hansen :* V. lèpre.

bacilliforme [basilifɔʀm] adj. En forme de bacille.

bacillose [basiloz] n. f. MED Toute maladie causée par des bacilles.

background [bakgʀawnd] n. m. (Anglicisme) Arrière-plan, contexte (d'une action, d'une situation). ▷ Ensemble de connaissances constituant une référence. *Avoir un bon background.*

Bačkovo, village de Bulgarie, dans le Rhodope. – Monastère fondé en 1083, rénové au XVIIe s. Peintures et fresques (XVIIe s.); musée.

bâclage [bɑklaʒ] n. m. Action de bâcler.

bâcle [bɑkl] n. f. Traverse assurant la fermeture d'une porte, d'une fenêtre.

bâcler [bɑkle] v. tr. [1] Fam. Faire (un travail) à la hâte et sans application.

bacon [bekɔn] ou (Belgique) [bakɔ̃] n. m. Lard fumé.

Bacon (Roger) (1214 – 1294), moine franciscain; théologien et savant anglais, surnommé *le Docteur admirable,* précurseur de la science expérimentale. Ses livres *(Opus majus, minus et tertium)* attaquent la logique scolastique.

Bacon (Francis, baron Verulam) (1561 – 1626), homme politique, savant et philosophe anglais; chancelier d'Angleterre sous Jacques Ier. Adversaire de la scolastique et partisan de la méthode expérimentale dans *Instauratio magna,* il établit une théorie de l'induction dans *Novum Organum* (1620); ses *Essais de politique et de morale* ont paru en angl. et en trad. latine (1597-1624).

Bacon (Francis) (1909 – 1992), peintre brit. Difformes et flous, ses personnages semblent des hallucinations isolées dans l'espace.

bacove [bakɔv] n. f. (Guyane) Nom donné à toutes les variétés de bananes sucrées. Syn. banane-dessert.

bactéricide [bakteʀisid] adj. Qui tue les bactéries.

bactérie [bakteʀi] n. f. Être vivant unicellulaire, procaryote (sans noyau individualisé) et dépourvu de chlorophylle.
ENCYCL Ayant une taille de l'ordre du micromètre, les bactéries sont munies d'une paroi externe, rigide, de nature glucidique. Elles possèdent un seul chromosome, de structure circulaire, qui se trouve plus ou moins replié sur lui-même dans le cytoplasme, sans aucune membrane autour : les bactéries sont des procaryotes. L'envahissement d'un milieu favorable se fait par division très rapide (toutes les trente minutes) des individus, ce qui correspond à une reproduction asexuée (végétative), mais des phénomènes sexuels existent : les bactéries se conjuguent et échangent des portions de chromosomes. Les bactéries pratiquent tous les types de nutrition : – *autotrophie :* bactéries possédant un pigment (la bactérioviridine) qui leur permet d'effectuer une sorte de photosynthèse; – *saprophytisme :* bactéries de la putréfaction; – *parasitisme :* bactéries pathogènes qui agissent sur l'hôte soit directement, soit par la sécrétion de toxines, soit de ces deux façons. Les bactéries jouent un grand rôle en biotechnologie (notam. fermentation bactérienne et manipulations génétiques).

bactérien, enne [bakteʀjɛ̃, ɛn] adj. Qui se rapporte aux bactéries; provoqué par une bactérie. *Infection bactérienne.*

bactériologie [bakteʀjɔlɔʒi] n. f. Partie de la microbiologie qui étudie les bactéries et les infections bactériennes.

bactériologique [bakteʀjɔlɔʒik] adj. Qui se rapporte à la bactériologie. *Arme bactériologique.*

bactériologiste [bakteʀjɔlɔʒist] n. Biologiste qui pratique la bactériologie.

bactériophage [bakteʀjɔfaʒ] n. m. MICROB Virus parasite de certaines bactéries. (On dit mieux *phage.*)

bactériostatique [bakteʀjɔstatik] adj. (et n. m.) Qui bloque la multiplication bactérienne. *Antibiotique bactériostatique,* ou, n. m., *un bactériostatique.*

Bactriane, anc. contrée de l'Asie centrale, au nord de l'Iran et de l'Afghānistān actuels; cap. *Bactres* (auj. *Balkh,* en Afghānistān). – Satrapie de l'Empire perse (VIe-IVe s. av. J.-C.), la Bactriane fut soumise par Alexandre le Grand (329-327), intégrée à l'Empire séleucide, et devint un royaume indépendant (fondé par Diodote v. 250), dont la civilisation gréco-bouddhique brilla sous Démétrios Ier (188-175). Elle fut asservie par les Kouchans (Ier-IIIe s. apr. J.-C.), les Huns Hephthalites (IVe s.) et les Turcs, avant d'être islamisée (VIIe s.).

BAD, acronyme pour *Banque* africaine de développement.*

Badajoz, v. d'Espagne (Estrémadure), sur le Guadiana; 126780 hab.; ch.-l. de la prov. du m. nom. – Cap. d'un royaume musulman (XIe s.), elle fut conquise en 1228 par les rois de Léon – Vestiges arabes.

badame [badam] n. m. (Afr. subsah.) Fruit du badamier, dont la graine comestible (amande) fournit la laque de Chine et le benjoin.

badamier [badamje] n. m. (Afr. subsah.) Arbre ornemental des régions tropicales (fam. combrétacées) dont le fruit est le badame et dont le bois est utilisé en menuiserie. Syn. (Afr. subsah.; Antilles fr., anc.; Haïti) amandier, amandier de Cayenne.

Badarou (Wally) (né en 1955), musicien franco-béninois. Il a dirigé la production musicale du bicentenaire de la Révolution française en 1989.

badaud, aude [bado, od] n. et adj. **1.** n. (Rare au fém.) Flâneur dont la curiosité est éveillée par le moindre spectacle de la rue. ▷ adj. *Une allure badaude.* **2.** n. m. (Afr. subsah.) Personne sans emploi qui traîne dans les rues.

Bade (en all. *Baden*), région d'Allemagne, comprenant une partie de la Forêt-Noire, de la plaine rhénane et du bassin de Souabe et Franconie; ville principale Karlsruhe. V. Bade-Wurtemberg.

badèche [badɛʃ] n. f. Poisson voisin du mérou, qui vit en Méditerranée et dans la zone tropicale de l'Atlantique.

Baden-Baden, ville d'Allemagne (Bade-Wurtemberg); 49260 hab. Station thermale.

Baden-Powell (Robert Stephenson Smith, 1er baron) (1857 – 1941), général brit., fondateur du scoutisme (1908).

baderne [badɛʀn] n. f. Fam. *Baderne, vieille baderne :* homme (partic., militaire) âgé et tatillon.

Bade-Wurtemberg, Land d'Allemagne et région de la C.E., formé en 1951 par la réunion du pays de Bade et des Länder de Wurtemberg-Bade et de Wurtemberg-Hohenzollern; 35750 km^2; 9350000 hab.; cap. *Stuttgart.* Son agriculture intensive et sa puissante industrie font de ce Land l'une des régions les plus dynamiques d'Europe.

badge [badʒ] n. m. **1.** Insigne scout. **2.** Insigne porté sur un vêtement à des fins publicitaires ou pour indiquer son appartenance à un groupe, à un service, son nom, sa fonction, etc. Syn. (Québec) épinglette et macaron.

Badian (Seydou Badian Kouyaté, dit Seydou) (né en 1928), homme politique et écrivain malien. Son essai *les Dirigeants africains face à leur peuple* (1965), ses romans (*Sous l'orage,* 1957; *le Sang des masques,* 1976; *Noces sacrées,* 1977) et son théâtre (*la Mort de Chaka,* 1961) montrent dans la modernité mensonge et corruption.

badiane [badjan] n. f. ou **badianier** [badjaɲe] n. m. BOT Plante dicotylédone originaire de l'Asie du S.-E., arbuste (fam. magnoliacées) dont le fruit est l'*anis étoilé.*

badigeon [badiʒɔ̃] n. m. **1.** Peinture grossière dont on enduit les murs ou les plafonds. **2.** MED Liquide médicamenteux (désinfectant, analgésique, etc.) dont on enduit une partie malade.

badigeonnage [badiʒɔnaʒ] n. m. Action de badigeonner; son résultat.

badigeonner [badiʒɔne] v. tr. [1] **1.** Peindre avec un badigeon. **2.** MED Enduire d'un liquide médicamenteux. *Badigeonner une écorchure de mercurochrome.*

badin, ine [badɛ̃, in] adj. Enjoué, plaisant. *Être d'humeur badine.*

badinage [badinaʒ] n. m. Litt. Action de badiner. *Un badinage amoureux.*

badine [badin] n. f. Baguette mince et souple.

badiner [badine] v. [1] **1.** v. intr. Plaisanter, parler de manière enjouée et légère. *Il ne badine pas avec... :* il prend au sérieux, attache de l'importance à... **2.** v. tr. (Antilles fr.) *Badiner qqn,* le tromper.

badinerie [badinʀi] n. f. Litt. Ce qu'on dit, ce qu'on fait en badinant.

badja [badʒa] n. m. (Maurice) Beignet cuisiné à la façon indienne.

bad-lands [badlɑ̃ds] n. f. pl. GEOGR Région argileuse entaillée par l'érosion linéaire en ravins étroits et profonds que séparent des crêtes. (Fréquente sur les versants à pente forte, dans les zones de climat subdésertique ou méditerranéen, aux pluies rares et violentes.)

badminton [badmintɔn] n. m. Jeu apparenté au tennis, qui se joue avec un volant au lieu d'une balle.

Badoglio (Pietro) (1871 – 1956), maréchal italien. Gouverneur de Libye (1928-1933), vice-roi d'Éthiopie (1938), chef du gouv. après la chute de Mussolini (1943), il rangea l'Italie aux côtés des Alliés.

Baedeker (Karl) (1801 – 1859), libraire allemand, éditeur de guides pour touristes.

Baekeland (Leo Hendrik) (1863 – 1944), chimiste américain d'origine belge. Il mit au point en 1909 la bakélite.

baffe [baf] n. f. Fam. Gifle.

Baffin (terre de), la plus vaste (env. 470000 km^2) et la plus orient. des îles de l'archipel Arctique canadien, séparée du Groenland par la *mer* ou *baie de Baffin.*

Baffin (William) (1584 – 1622), navigateur angl. Il découvrit en 1616 la terre de Baffin.

baffle [bafl] n. m. (Anglicisme) **1.** AUDIOV Écran acoustique rigide sur lequel sont fixés un ou plusieurs haut-parleurs. **2.** Abusiv. Cour. Enceinte acoustique.

bafouer [bafwe] v. tr. [1] Traiter avec mépris, d'une manière outrageante; ridiculiser. Syn. outrager.

bafouillage [bafujaʒ] n. m. Action de bafouiller; propos confus, incohérents.

bafouille [bafuj] n. f. Fam. Lettre. *Écrire une longue bafouille.*

bafouiller [bafuje] v. intr. [1] S'exprimer d'une manière embarrassée et incohérente. ▷ v. tr. *Bafouiller des excuses, des promesses.*

Bafoussam, ville du Cameroun, 113000 hab.; ch.-l. de la prov. de l'O. (13872 km^2; 1450000 hab.). Industr. du bâtiment, du bois et alimentaires (rizeries).

bâfrer [bɑfʀe] v. intr. [1] Fam., péjor. Manger avec avidité et avec excès.

baga [baga] adj. inv. De l'ethnie des Baga.

bagage [bagaʒ] n. m. **1.** (Plur.) Objets que l'on transporte avec soi en voyage. *Avoir beaucoup de bagages. – Partir, quitter un endroit avec armes et bagages,* en emportant tout ce qui peut être emporté. ▷ (Afr. subsah.) Ce que l'on emporte ou peut emporter avec soi, effets personnels, *spécial.* matériel de l'écolier. ▷ (Sing.) Ensemble des objets que l'on emporte en voyage. *Tout son baga-*

ge tenait dans une seule valise. ▷ Loc. fam. *Plier bagage :* partir. **2.** Fig. Ensemble des connaissances acquises. *Il a un sérieux bagage scientifique.*

bagagiste [bagaʒist] n. m. Préposé aux bagages dans un hôtel, une gare, un aéroport, etc.

bagarre [bagaʀ] n. f. Rixe. *Une bagarre de rue.* Syn. (France rég.) castagne. ▷ *Par ext.* Fig., fam. Conflit.

bagarrer [bagaʀe] v. [1] **1.** v. pron. Fam. Se battre. *Gamins qui se bagarrent.* **2.** v. intr. Fam., vieilli Lutter.

bagarreur, euse [bagaʀœʀ, øz] adj. (et n.) Fam. Qui aime se bagarrer.

1. bagasse [bagas] n. f. Résidu végétal (tige de canne à sucre, de l'indigo, marc de raisin ou d'olive, etc.) dont on extrait divers produits.

2. bagasse [bagas] ou **bagassier** [bagasje] n. m. BOT Arbre de Guyane (fam. rosacées) au bois brun ocré, exploité pour la construction.

bagatelle [bagatɛl] n. f. **1.** Objet de peu de prix, sans utilité. *Offrir une bagatelle.* Syn. babiole, bricole. ▷ *Acheter un objet pour une bagatelle,* pour une somme d'argent très peu élevée. – (Par antiphrase.) *Cela m'a coûté la bagatelle de trois mille francs.* **2.** Fig. Chose futile et sans importance. *Se disputer pour une bagatelle.* **3.** Fam. *La bagatelle :* l'amour, le plaisir physique.

Bagaza (Jean-Baptiste) (né en 1946), officier et homme politique burundais, président de la République de 1976 à 1987.

Bagdad ou **Baghdad** *(Bagdād),* cap. de l'Irak, sur le Tigre; aggl. urb. 4 648 610 hab. Centre comm. et industr. – La ville, dont le calife abbaside Al-Mansur fit sa cap. en 762, connut une splendeur dont il ne reste que divers bâtiments tardifs (XIIe-XIVe s.). Dans sa maison de la Sagesse, Harun ar-Rachid réunit à la fin du VIIIe s. les plus grands savants et esprits de l'époque, arabes et non arabes. – *Pacte de Bagdad :* pacte politico-militaire conclu en 1955, à la suite de la conférence de Bagdad, groupant l'Irak, la Turquie, le Pakistan, puis l'Iran (oct. 1955); après le retrait de l'Irak (1959), le pacte de Bagdad a fait place au CENTO (Central Treaty Organization), qui a été dissous en 1979.

Bagdadi (Maroun) (1951 – 1993), cinéaste libanais : *Beyrouth ya Beyrouth* (1975), *L'homme voilé* (1987), *Hors la vie* (1991), *la Fille de l'air* (1993).

bagel [bagɛl] n. m. (Québec) Petit pain en forme d'anneau, à la mie très ferme.

Baggara, pop. nomade arabophone répartie dans le centre et l'O. du Soudan (env. 500 000 personnes).

Baghdad. V. Bagdad.

bagnard [baɲaʀ] n. m. Forçat.

bagne [baɲ] n. m. Lieu où étaient détenus les condamnés aux travaux forcés. ▷ Fig. Endroit où l'on est maltraité, tenu en servitude.

bagnole [baɲɔl] n. f. Fam. Automobile. *Quelle belle bagnole tu as!*

bagou ou **bagout** [bagu] n. m. Fam. Grande facilité à se servir de la parole pour faire illusion, duper.

Bagrjana (Elisaveta Belčeva, dite Elisaveta) (1893 – 1991), poétesse bulgare. Entre réel et imaginaire, la passion et le désir d'évasion sont ses thèmes préférés : *l'Éternelle et la Sainte* (1927), *l'Étoile du marin* (1932), *Contrepoints* (1972).

baguage [bagaʒ] n. m. **1.** ZOOL Action de baguer (la patte d'un oiseau, d'un chiroptère; un poisson, etc.), pour pouvoir l'identifier, notam. après une migration. **2.** ARBOR Incision annulaire faite dans l'écorce pour arrêter la sève.

bague [bag] n. f. **1.** Anneau, parfois orné d'une pierre, que l'on porte au doigt. *Une bague de fiançailles.* ▷ *Par anal.* Anneau que l'on met à la patte de certains animaux pour les reconnaître. **2.** Objet ayant la forme d'un anneau. ▷ ELECTR Anneau conducteur en laiton ou en bronze fixé sur l'arbre d'une machine. ▷ TECH Pièce creuse à paroi cylindrique. ▷ AUDIOV Anneau qui sert à fixer un objectif ou un filtre sur un appareil photo, une caméra.

baguenauder [bagnode] v. intr. [1] Fam. Flâner. ▷ v. pron. Se balader.

baguer [bage] v. tr. [1] **1.** Garnir d'une bague, de bagues. **2.** ARBOR Faire un baguage à.

baguette [bagɛt] n. f. **1.** Bâton mince et flexible. – Fig. *Mener (qqn) à la baguette,* d'une manière impérieuse et rigide. ▷ *Baguettes de tambour :* petits bâtons avec lesquels on bat du tambour. ▷ *Baguette de chef d'orchestre,* pour diriger les musiciens. ▷ *Baguette magique :* attribut des magiciens et des fées. **2.** Pain allongé de 250 g. Syn. (Maghreb) miche. **3.** ARCHI Petite moulure ronde, unie ou ornée. **4.** TECH Moulure de menuiserie. ▷ *Baguette électrique,* pour protéger et dissimuler des fils électriques. ▷ *Baguette de soudure :* tige utilisée comme métal d'apport pour le soudage.

Baguirmi, anc. royaume fondé au XVIe s., entre le lac Tchad et le Chari, dans le Tchad actuel, et islamisé au XVIIe s. Au XVIIIe s., il tire sa prospérité du commerce des esclaves. Pour échapper à la convoitise du sultanat du Ouaddaï et de l'empire du Bornou, son souverain accepta le protectorat français en 1897.

baguirmien, enne [bagiʀmjɛ̃, ɛn] adj. **1.** Relatif à l'empire du Baguirmi. **2.** Relatif à des langues nilo-sahariennes du groupe soudanais central parlées au Tchad. (V. sara.)

Bagzane (monts), massif culminant du Niger au sud-est de l'Aïr (2 022 m).

bah ! [ba] interj. Marque l'indifférence, le dédain, l'insouciance. *Bah! on verra bien.*

Bahā Allāh (Mīrzā Hussein 'Alī, dit) (1817 – 1892), fondateur du bahāisme.

bahāisme ou **bahaïsme** [baaism] n. m. Religion, fondée par Bahā Allāh, dérivée du *babisme.*

Bahamas (anc. *Lucayes*), archipel de l'Atlant., au S.-E. de la Floride, formé de 700 îles ou îlots, dont une trentaine sont habités; 13 864 km²; 250 000 hab. (Bahamiens); cap. *Nassau,* dans l'île de *New Providence.* Tourisme très import. – Colonie angl. en 1783, l'archipel est indép. depuis 1973.

bahia [baja] n. m. Grand arbre des forêts marécageuses d'Afrique (fam. rubiacées), exploité pour son bois.

Bahia, État du N.-E. du Brésil; 561 026 km²; 11 396 000 hab. ; cap. *Salvador* (appelée aussi *Bahia*). Coton, cacao. Import. gisements de pétrole; pétrochimie.

Bahía Blanca, port d'Argentine (prov. de Buenos Aires), près de la baie du m. nom; 214 370 hab. Industries.

Bahnar(s), pop. des hauts plateaux du centre du Viêt-nam. De parler môn-khmer, ils pratiquent l'agriculture sur brûlis.

Bahr al-Abiad *(Nil Blanc)* et **Bahr al-Azrak** *(Nil Bleu),* rivières dont la réunion, à Khartoum, forme le Nil*.

Bahr al-Djebel, autre nom du Nil Blanc (*Bahr* al-Abiad*) au Soudan, avant qu'il ne reçoive le Bahr al-Ghazal. V. Nil.

Bahr al-Ghazal, affluent du Nil Blanc (r.g.). – Rég. admin. du Soudan réunissant les prov. du Bahr al-Ghazal occidental et oriental, et du Buhayrah; 200 894 km²; 2 300 000 hab.; cap. *Wau.*

Bahreïn *(al-Bahrayn),* archipel et émirat du golfe Persique, relié à l'Arabie Saoudite par un pont de 30 km; 678 km²; 490 000 hab. *(Bahreïnis),* croissance démographique : + 2,7 % par an; cap. *Manama,* dans l'île de Bahreïn. Monnaie : dinar. Relig. : islam (90 %). Gaz et pétrole font la richesse du pays, grande place financière du Golfe (zone franche). Industries. – Gouverné à partir de 1783 par la dynastie Khalifah, l'émirat devint protectorat brit. en 1820; il est indépendant depuis 1971.

bahut [bay] n. m. Meuble massif servant au rangement.

Bahutu. V. Hutu(s).

bai, baie [bɛ] adj. Rouge-brun, en parlant de la robe d'un cheval (à la queue et à la crinière noires).

Baia Mare, ville du N.-O. de la Roumanie; 148 800 hab.; ch.-l. du district de Maramureș. Centre minier (plomb, zinc, cuivre, or). Industries métallurgiques. – Anc. hongroise, sous le nom de Nagybánya, la ville fut, au XIXe s., le centre des activités d'un groupe de peintres impressionnistes, animé par Simon Hollósy.

1. baie [bɛ] n. f. BOT Fruit indéhiscent, très charnu, à graines ou à pépins (ex. papaye, tomate).

2. baie [bɛ] n. f. **1.** Partie rentrante d'une côte occupée par la mer. *La baie d'Antongil.* **2.** Golfe. *La baie d'Hudson.*

3. baie [bɛ] n. f. **1.** Large ouverture pratiquée dans un mur, servant de porte ou de fenêtre. **2.** ELECTRON Châssis métallique qui reçoit des appareillages.

Baie-Comeau, ville et port du Québec, sur l'estuaire du Saint-Laurent (r. g.); 26 700 hab.

Baïf (Jean Antoine de) (1532 – 1589), l'un des sept poètes de la Pléiade *(Amours, Jeux, Passe-temps).*

baignade [bɛɲad] n. f. Action de prendre un bain dans la mer, une rivière, un lac, pour le plaisir. *Rivière interdite à la baignade.* ▷ *Par ext.* Lieu où l'on prend ce bain.

baigner [beɲe] v. [1] **I.** v. tr. **1.** Mettre dans l'eau, dans un liquide. *Baigner ses pieds.* ▷ Faire prendre un bain à. *Baigner un enfant.* **2.** (Afr. subsah.) Asperger, laver sans immerger. **3.** Fig. Toucher (mer, fleuves). *L'Atlantique baigne le Sénégal.* **4.** *Par ext.* Mouiller, arroser. *Les pleurs baignaient son visage.* **II.** v. intr. **1.** Être entièrement plongé dans un liquide. *Cornichons qui baignent dans le vinaigre.* – Par exag. *Baigner* *dans son sang.* **2.** Fig. Être entouré, imprégné. *La rue baignait dans la lumière du petit jour.* **III.** v. pron. **1.** Se plonger dans un liquide. *Se baigner dans la mer, dans une baignoire.* **2.** (Afr. subsah.) S'asperger, se laver sans se plonger dans l'eau. *Se baigner avec l'eau d'un canari.* **3.** (Pacifique) Se doucher.

baigneur, euse [bɛɲœʀ, øz] n. Personne qui se baigne (sens III, 1). ▷ n. m. Jouet figurant un bébé.

baignoire [bɛɲwaʀ] n. f. **1.** Grande cuve servant à prendre des bains. *Faire déborder la baignoire. Baignoire encastrée.* ▷ (Afr. subsah.) Grande bassine. **2.** *Par ext.* Loge de théâtre, au rez-de-chaussée.

Baïkal, lac profond (1 620 m) de Sibérie orient.; 31 500 km^2; longueur 636 km, largeur moyenne 48 km. Ses eaux s'évacuent par le fleuve Angara.

Baïkonour (cosmodrome de), au Kazakhstan. Princ. base spatiale de l'ex-U.R.S.S.

bail [baj], plur. **baux** [bo] n. m. **1.** DR Contrat par lequel une personne, propriétaire d'un bien, meuble ou immeuble, en cède la jouissance à une autre personne, moyennant un prix convenu, et pour une durée déterminée. *Extinction, reconduction d'un bail. Bail commercial. – Bail à loyer :* louage d'une maison ou de meubles. *– Bail à ferme :* louage d'une terre. *– Bail à cheptel :* louage d'animaux. *– Bail emphytéotique :* V. emphytéotique. **2.** Fig., fam. *Un bail :* un long espace de temps. *Ça fait un bail qu'il est parti.*

Baillairgé ou **Baillargé,** famille d'architectes et de sculpteurs canadiens d'origine française. — **Jean** (1726 - 1805), né dans le Poitou (France) et ses deux fils, — **François** (1759 - 1830) et **Pierre Florent** (1761 - 1812), nés à Québec, travaillèrent à la cathédrale Notre-Dame de Québec. — **Charles** (1826 - 1906), adepte du néogothique, éleva l'université Laval et l'Académie de musique de Québec.

baillarge [bɑjaʀʒ] n. f. (Acadie) Orge. *Soupe à la baillarge.*

baille [bɑj] n. f. (Acadie) Cuve à lessive.

bâillement [bɑjmɑ̃] n. m. Action de bâiller. *Un bâillement intempestif. –* Fig. État de ce qui est entrouvert. *Le bâillement d'un corsage.*

bailler [bɑje] v. tr. [**1**] Vx ou litt. (Cour. en Acadie) Donner. *Il lui a baillé cinq piastres pour son accordéon.*

bâiller [bɑje] v. intr. [**1**] **1.** Faire, involontairement, en ouvrant largement la bouche, une inspiration profonde suivie d'une expiration prolongée. *Bâiller de fatigue, d'ennui.* **2.** Fig. Être entrouvert, mal joint. *Porte qui bâille.*

bailleur, bailleresse [bajœʀ, bajʀɛs] n. **1.** DR Personne qui cède (un bien) à bail (par oppos. à *preneur*). **2.** COMM *Bailleur de fonds :* personne qui fournit des capitaux à une entreprise, à un État, pour financer un projet.

bailli [baji] n. m. **1.** HIST Au Moyen Âge, dans la France du N., officier remplissant des fonctions judiciaires, militaires et financières au nom du roi. (V. sénéchal.) **2.** Titre donné à certains magistrats, en Italie, en Suisse et dans des régions d'Allemagne.

bâillon [bɑjɔ̃] n. m. Morceau d'étoffe qu'on met dans ou devant la bouche de qqn pour l'empêcher de crier. ▷ Fig. Entrave à l'expression de la pensée, des sentiments. *Mettre un bâillon à la critique, à la presse.*

Baillon (André) (1875 – 1932), écrivain belge d'expression française. Il a décrit la vie simple, ses disgrâces et ses angoisses dans *En sabots* (1922), *Chalet* (1926), *Délires* (1927).

bâillonnement [bɑjɔnmɑ̃] n. m. **1.** Action de bâillonner. **2.** État de celui, de ce qui est bâillonné.

bâillonner [bɑjɔne] v. tr. [**1**] Mettre un bâillon à (qqn). ▷ Fig. Forcer au silence. *Bâillonner l'opposition.*

Bailly (François Anatole) (1833 – 1911), auteur français d'un *Dictionnaire grec-français* (1894).

bain [bɛ̃] n. m. **I. 1.** Immersion plus ou moins prolongée du corps ou d'une partie du corps dans l'eau, dans un liquide. *Prendre un bain de mer. Un bain de pieds, de siège. – Bain moussant,* additionné d'un produit moussant; *par méton.* ce produit. – Par anal. *Bain de sable, de boue, de cendres.* ▷ Par anal. *Bain de soleil :* exposition aux rayons du soleil. ▷ Loc. fig., fam. *Se mettre dans le bain :* aborder délibérément une tâche nouvelle et s'y accoutumer. **2.** Élément dans lequel on se baigne. *Préparer un bain.* **3.** (Afr. subsah.) Action de s'asperger, de se laver sans plonger dans l'eau. *Il est dans la douchière en train de prendre un bain.* **4.** Baignoire. *Remplir le bain.* – (Québec) *Bain tourbillon :* jacuzzi. **5.** Bain de vapeur. *Bain turc.* – (Maghreb) *Bain maure :* au Maroc, en Tunisie, bain public composé de plus. salles chauffées à des degrés de température croissants. **6.** (Antilles fr.) *Bain démarré :* bain lustral, généralement pris en groupe, supposé utile pour se débarrasser de ses ennuis et de tout ce qui est néfaste. **7.** (Plur.) Établissement public où l'on peut prendre des bains. **8.** Vieilli *Bain-douche* ou *bains :* établissement public où l'on prend des douches. – (Maghreb) *Bain-douche :* établissement public qui possède un hammam et des douches. *Des bains-douches.* **II. 1.** TECH Solution, liquide dans lequel on plonge un objet. *Bains révélateurs, fixateurs des photographes. Bain d'électrolyse pour métalliser une pièce.* **2.** *Bain de bouche :* action de se nettoyer la bouche avec une solution antiseptique; *par ext.* cette solution.

bain-marie [bɛ̃maʀi] n. m. Eau bouillante dans laquelle on plonge un récipient contenant des substances à faire chauffer lentement, sans contact direct avec le feu. *Réchauffer une sauce au bain-marie.* ▷ *Par ext.* Récipient contenant ce bain. *Des bains-marie.*

bain-sauna [bɛ̃sona] n. m. (Québec) Syn. de *sauna* (sens 3). *Des bains-saunas.*

baïonnette [bajɔnɛt] n. f. **1.** Arme métallique pointue qui s'adapte au canon d'un fusil. *Charger à la baïonnette.* **2.** TECH *Joint à baïonnette,* dont le mode de fixation rappelle celui de la baïonnette. – (En appos.) *Douille baïonnette.*

baise [bɛz] n. f. (Belgique) Baiser affectueux, bise. (V. bec, sens I, 4.)

baisemain [bɛzmɛ̃] n. m. Geste de politesse consistant, pour un homme, à saluer une dame en lui baisant la main.

baisement [bɛzmɑ̃] n. m. RELIG Action de baiser (qqch) en signe de vénération.

1. baiser [beze] v. tr. [**1**] **1.** Poser les lèvres sur. *Baiser le sol. – Par ext.* Poser les lèvres sur la joue, sur les lèvres de qqn. Syn. embrasser. **2.** Vulg. Avoir des relations sexuelles (avec). ▷ Fig., vulg. *Baiser quelqu'un,* le tromper. *On les a tous baisés!* Syn. posséder. **3.** (Maurice) Fig., plaisant, fam. Consommer qqch avec un plaisir particulier. *Baiser un bon cari.* ▷ (Réunion) Péjor. *Baiser le rhum, l'arack :* boire du rhum, de l'arack avec excès.

2. baiser [beze] n. m. Action de baiser (sens 1). *Dérober un baiser. – Baiser de paix,* qui scelle une réconciliation. *– Baiser de Judas :* baiser d'un traître.

baiseur [bɛzœʀ] n. m. **1.** Vulg. ou fam. Personne qui aime baiser (sens 2). **2.** (Réunion) Fig., péjor. *Baiseur de rhum :* personne qui boit beaucoup de rhum.

baisse [bɛs] n. f. **1.** Abaissement du niveau. *La rivière est en baisse.* ▷ Diminution. *Baisse de la température.* **2.** Diminution du prix, de la valeur. *Les fruits sont en baisse. Grande baisse sur la viande. – Spécial.* Recul du prix des valeurs en Bourse. *Jouer à la baisse.*

baisser [bese] v. [**1**] **I.** v. tr. **1.** Faire aller plus bas, diminuer la hauteur de. *Baisser un store.* ▷ *Baisser les yeux :* regarder vers le bas. ▷ *Baisser la radio,* en diminuer le son. ▷ Fig. *Baisser le ton :* parler avec moins d'assurance, d'insolence. *– Baisser le nez :* être confus. *– Baisser les bras :* s'avouer vaincu. **2.** MAR *Baisser pavillon :* amener son pavillon pour montrer qu'on se rend à l'ennemi ou pour saluer un autre navire. – Fig. Capituler, s'avouer vaincu. **II.** v. intr. **1.** Aller en diminuant de hauteur. *La mer baisse.* **2.** Aller en diminuant d'intensité. *La lumière baisse. Sa vue baisse,* est de moins en moins bonne. ▷ Fig. Perdre ses forces. *Ce vieillard baisse de jour en jour.* **3.** Diminuer de prix, de valeur. *Les légumes baissent.* **III.** v. pron. Se courber. *Se baisser pour passer sous une voûte.*

Bajazet Ier (en turc *Bāyazīd*) (1347 – 1403), sultan ottoman de 1389 à 1402. Il conquit une partie des Balkans et de l'Anatolie, et battit les chrétiens à Nicopolis (1396). Tamerlan le captura en 1402.

Ba Jin ou **Pa Kin** (né en 1905), romancier chinois. Il a décrit la vie sociale en Chine au début du XXe s.

bajoue [baʒu] n. f. Joue, chez les animaux. ▷ Fam. Joue pendante, chez l'homme.

bakchich [bakʃiʃ] n. m. Fam. (Cour. en Afr. subsah., au Maghreb, à Djibouti) Pourboire; pot-de-vin.

bakchicher [bakʃiʃe] v. tr. [**1**] (Djibouti) **1.** Faire l'aumône à qqn d'une petite somme d'argent. **2.** Corrompre qqn en vue d'obtenir un avantage.

bakélite [bakelit] n. f. (Nom déposé.) Matière plastique obtenue par traitement du formol par le phénol.

Baker (sir Samuel White) (1821 – 1893), explorateur britannique de l'Afrique centrale. Il découvrit (1864) le lac Albert, auj. *Mobutu.* De 1869 à 1873, le pacha d'Égypte lui confia des missions au Soudan égyptien.

Baker (Joséphine) (1906 – 1975), artiste de music-hall américaine, naturalisée française.

Bākhtarān. V. Kermānchāh.

Baki (Mahmud Abdül, dit) (1526 – 1600), poète turc, auteur d'un célèbre *Diwan,* recueil d'odes, de poèmes lyriques et d'oraisons funèbres.

Bakiga. V. Kiga.

Bakin (Takizawa Kai, dit Kyokutei) (1767 – 1848), romancier japonais, auteur de la monumentale *Histoire des huit chiens de Satomi* (1814-1841).

bakis [bakis] n. m. Arbuste d'Afrique tropicale, dont la racine est utilisée en médecine traditionnelle pour traiter les ictères.

baklava [baklava] ou (Maghreb) **baklawa, baklaoua** [baklawa] n. m. Gâteau feuilleté très sucré, en forme de losange, à base d'amande et de miel, consommé au Maghreb (Algérie, Tunisie) et en Méditerranée orientale.

Bakongo. V. Kongo.

Bakou, cap. et port de la république d'Azerbaïdjan, sur la mer Caspienne; 1116000 hab. Grand centre pétrolier.

Bakou (Second-), rég. pétrolifère située entre l'Oural et la Volga.

Bakouba. V. Kuba.

Bakounine (Mikhaïl Alexandrovitch) (1814 – 1876), révolutionnaire russe. Membre de la Ire Internationale, il s'opposa à Marx. Ses idées eurent une grande influence sur le mouvement anarchiste : *l'État et l'Anarchie* (1873).

Bakst (Lev Samoïlevitch Rosenberg, dit Léon) (1866 – 1924), peintre et décorateur russe. Il travailla pour les Ballets russes (1909-1921).

Bakuba. V. Kuba.

Bakwanga. V. Mbuji-Mayi.

bal, plur. **bals** [bal] n. m. **1.** Réunion consacrée à la danse. *Donner un bal. Ouvrir le bal :* être le premier, la première à danser. *Bal masqué*. Bal costumé*.* **2.** Local où se donnent des bals publics. *Bal musette :* bal populaire. *Bal poussière* (vieilli) : bal populaire en plein air. **3.** *Bal-cabaret :* V. cabaret. ▷ *Bal tamoul :* dans les populations tamoules des États de l'océan Indien, soirée au cours de laquelle on donne des représentations de théâtre sacré.

balade [balad] n. f. Fam. Promenade, flânerie; excursion. *Aller en balade.*

balader [balade] v. [1] **1.** v. tr. Fam. Promener. *Balader sa famille.* **2.** v. pron. *J'ai envie de me balader.*

baladeur, euse [baladœʀ, øz] adj. et n. **I. 1.** adj. Fam. *Avoir l'humeur, l'âme baladeuse,* aimer se promener. **2.** n. m. Lecteur de cassettes portatif relié à un casque d'écoute. Syn. (off. déconseillé) walkman. **3.** n. f. Lampe électrique munie d'un long fil souple qui permet de la déplacer. **II.** adj. AUTO *Train baladeur :* organe d'une boîte de vitesses qui permet d'obtenir plusieurs rapports par déplacement des pignons.

baladia ou **baladya** [baladija] n. f. **1.** En Algérie, commune. **2.** (Maghreb) Municipalité, mairie, hôtel-de-ville.

balafon [balafɔ̃] n. m. Instrument à percussion de l'Afrique occid., proche du xylophone, constitué de lames de bois fixées sur des calebasses servant de caisses de résonance.

balafoniste [balafɔnist] n. m. (Afr. subsah.) Joueur de balafon.

balafre [balafʀ] n. f. Longue entaille faite au visage; cicatrice qu'elle laisse. ▷ (Afr. subsah.) Cicatrice laissée sur le visage par une incision superficielle destinée à marquer l'appartenance ethnique. Syn. scarification.

balafré, ée [balafʀe] adj. et n. Se dit d'une personne marquée d'une balafre.

balafrer [balafʀe] v. tr. [1] Blesser en faisant une balafre.

balai [balɛ] n. m. **1.** Ustensile de ménage destiné au nettoyage du sol, composé d'une brosse ou d'un faisceau de tiges (végétales ou de matière plastique), fixé ou non sur un long manche. *Donner un coup de balai.* Syn. (Belgique) brosse. – *Balai mécanique,* comportant des brosses rotatives et un réservoir à poussière. ▷ (Afr. subsah., Maurice, Réunion) *Balai coco :* balai en fibres de noix de coco ou en nervures de palmes de cocotier. ▷ *Balais d'essuie-glaces,* en caoutchouc. ▷ *Manche à balai :* bâton par lequel on tient le balai; AVIAT levier de commande d'un avion; fig., fam. personne maigre. ▷ Fam. Dernier train, dernier autobus de la journée. – (En appos.) Fig. *Voiture balai,* qui recueille les coureurs cyclistes qui ont abandonné. **2.** ELECTR Organe qui, par frottement, transmet ou recueille le courant électrique sur la partie tournante d'une machine.

balaise [balɛz] adj. et n. V. balèze.

Balakirev (Mili Alexeïevitch) (1837 – 1910), compositeur russe. Fondateur du « groupe des Cinq ».

balalaïka [balalaika] n. f. Petit luth à trois cordes (musique russe).

balan [balɑ̃] n. m. **1.** (Louisiane) Métronome. **2.** Loc. (Suisse) *Être sur le balan :* être en équilibre.

balance [balɑ̃s] n. f. **1.** Instrument qui sert à peser. *Une balance juste. Balance de précision. Balance romaine*, de Roberval*, électronique.* **2.** Équilibre. *La balance des forces, des pouvoirs.* ▷ Loc. fig. *En balance :* dans l'indécision. *Être, rester en balance. Mettre en balance :* comparer. *Faire entrer en balance,* en ligne de compte. *Faire pencher la balance du côté de... :* faire prévaloir... *Jeter dans la balance :* apporter (un élément nouveau) pour obtenir un résultat. – (Québec) POLIT *Balance du pouvoir :* possibilité qu'a un parti tiers de faire basculer la majorité à la chambre vers l'un ou l'autre des deux partis dominants. **3.** ASTRO *La Balance :* constellation zodiacale de l'hémisphère austral. ▷ ASTROL Signe du zodiaque* (24 sept.-23 oct.). **4.** ECON *Balance des comptes* ou *des paiements :* relevé comptable, pour une période déterminée, de toutes les transactions économiques et financières entre un État et l'étranger. *Balance commerciale :* comparaison des exportations et des importations de marchandises. *Balance courante,* incluant les services. – FISC *Balance des disponibilités :* comparaison entre les revenus d'un contribuable et ses dépenses, à fin de vérification de déclaration. **5.** (Maurice, Réunion) Syn. de *balançoire.* **6.** Filet rond et creux qui sert à pêcher les petits crustacés.

balancé, ée [balɑ̃se] adj. Fam. (Personnes) *Bien balancé :* bien bâti.

balancelle [balɑ̃sɛl] n. f. **1.** Banc de jardin sur lequel on peut se balancer. **2.** MAR Embarcation pointue aux deux extrémités, à un seul mât.

balancement [balɑ̃smɑ̃] n. m. **1.** Mouvement d'oscillation d'un corps qui s'incline alternativement d'un côté et de l'autre de son centre d'équilibre. **2.** Fig. Disposition équilibrée des parties (d'une phrase, d'un tableau, etc.).

balancer [balɑ̃se] v. [12] **I.** v. tr. **1.** Mouvoir, agiter par balancement. *Balancer les bras.* **2.** Fig. Faire un examen comparatif de. *Balancer le pour et le contre.* ▷ Spécial. *Balancer un compte :* réaliser l'équilibre entre débits et crédits. **3.** Compenser. *Son gain balance ses pertes.* **4.** Fam. Lancer (qqch). **5.** Par ext., fam. Jeter (qqch); renvoyer (qqn). ▷ Arg. Dénoncer (qqn). **II.** v. intr. Être en suspens, hésiter. *Balancer entre l'espoir et la crainte.* **III.** v. pron. **1.** S'incliner alternativement d'un côté et de l'autre. *Fleurs qui se balancent au gré du vent.* Syn. (Québec) bercer. **2.** Utiliser une balançoire. Syn. (Québec) se bercer, (Acadie) se galancer. **3.** Fam. *S'en balancer :* s'en moquer.

Balanchine (Gueorgui Melitonovitch Balanchivadze, dit George) (1904 – 1983), danseur et chorégraphe russe, naturalisé américain. Il travailla pour les Ballets russes puis (1935) à New York.

balancier [balɑ̃sje] n. m. **1.** Pièce oscillante qui sert à régler le mouvement d'une horloge ou d'une montre. **2.** Longue perche utilisée par les funambules pour se maintenir en équilibre. **3.** Flotteur placé sur le côté d'une embarcation pour en assurer la stabilité. *Pirogue à balancier.* **4.** ENTOM Organe propre aux diptères, qui sert à diriger et à régulariser leur vol.

balancine [balɑ̃sin] ou **balancigne** [balɑ̃siɲ] n. f. (Québec) Fam. Balançoire.

balanciner (se) [balɑ̃sine] ou **balancigner (se)** [balɑ̃siɲe] v. pron. [1] (Québec) Fam. Se balancer (dans une balançoire).

balançoire [balɑ̃swaʀ] n. f. Longue pièce (de bois, de métal, etc.) posée en équilibre sur un point d'appui et sur laquelle se balancent deux personnes, placées aux deux bouts. ▷ Siège suspendu par deux cordes et sur lequel on se balance. *Pousser une balançoire.* Syn. (Maurice, Réunion) balance. ▷ (Québec) Sorte de balancelle composée de deux sièges qui sont placés face à face, accrochés par le haut à un châssis et attachés à un plancher auquel on transmet le mouvement en poussant avec la jambe.

Balandier (Georges) (né en 1920), sociologue et ethnologue français : *Sociologie actuelle de l'Afrique noire* (1955), *Sens et Puissance, les dynamiques sociales* (1971), *Histoires d'autres* (1977), *le Désordre, éloge du mouvement* (1988).

balane [balan] n. f. ZOOL Crustacé cirripède très commun *(Balanus)* qui vit fixé sur un support dur (rochers, navires, moules, etc.), dans une carapace pyramidale qu'il sécrète.

balanites [balanitɛs] n. m. BOT Arbuste épineux des régions sahéliennes dont le fruit (datte du désert) est comestible.

balanoglosse [balanoglɔs] n. m. ZOOL Ver des plages de la classe des entéropneustes.

balante [balɑ̃t] n. m. LING Langue du groupe ouest-atlantique parlée au Sénégal et en Guinée-Bissau. Syn. fca.

Balante, ethnie vivant en Guinée-Bissau (env. 300000 personnes) et au Sénégal. Ils parlent le balante, ou fca, langue nigéro-congolaise du groupe ouest-atlantique.

balanzan [balɑ̃zɑ̃] n. m. BOT Grand arbre d'Afrique (fam. mimosacées) vert en saison sèche, dont les gousses et les feuilles servent d'aliment pour le bétail et dont les racines fertilisent le sol en fixant l'azote. Syn. (Afr. subsah.) cadd.

Balaton, lac de l'O. de la Hongrie; 596 km². Eaux riches en soude. Nombreuses stations balnéaires.

balatum [balatɔm] n. m. Linoléum de qualité inférieure.

balayage [balɛjaʒ] n. m. **1.** Action de balayer. **2.** ELECTRON Déplacement horizontal ou vertical du faisceau d'électrons sur la surface d'un tube cathodique (écran de télévision, oscilloscope). ▷ INFORM Exploration des informations se trouvant sur un support. **3.** En coiffure, décoloration de mèches réparties dans toute la chevelure.

balayer [baleje] v. tr. [21] **1.** Nettoyer avec un balai; enlever avec un balai. *Balayer une chambre. Balayer la poussière.* Syn. (Belgique) brosser. ▷ Fig. *Le vent a balayé le ciel, a balayé les nuages*, a chassé les nuages. – *Balayer une objection*, l'écarter. **2.** *Par anal.* Parcourir. *Faisceau lumineux d'un projecteur qui balaie le ciel nocturne.*

balayette [balejɛt] n. f. Petit balai à manche court.

balayeur, euse [balɛjœʀ, øz] adj. et n. **1.** adj. Qui balaie. – n. m. *Spécial.* Ouvrier chargé de balayer la voie publique. **2.** n. f. Véhicule automobile destiné au nettoiement de la voie publique. **3.** n. f. (Québec) Fam. Aspirateur.

balayures [balɛjyʀ] n. f. pl. Ce qu'on enlève avec un balai. *Pelle à balayures.*

Balbek. V. Baalbek.

Balboa (Vasco Núñez de) (1475 – 1517), navigateur espagnol. Il découvrit en 1513 l'océan Pacifique en franchissant l'isthme de Darién, en Amérique centrale.

balbutiant, ante [balbysjɑ̃, ɑ̃t] adj. Qui balbutie. *Voix balbutiante.*

balbutiement [balbysimɑ̃] n. m. Action de balbutier; paroles balbutiées. *Les premiers balbutiements d'un enfant.* ▷ (Surtout au plur.) Fig. Commencements incertains. *Les balbutiements de l'unité africaine.*

balbutier [balbysje] v. [2] **1.** v. intr. Articuler des mots avec difficulté, bredouiller. **2.** v. tr. Dire en bredouillant. *Balbutier des excuses.*

balbuzard [balbyzaʀ] n. m. ZOOL Oiseau de proie diurne *(Pandion haliaetus)* falconiforme, piscivore, d'environ 160 cm d'envergure (appelé aussi *aigle pêcheur*).

balcon [balkɔ̃] n. m. **1.** Terrasse entourée d'une balustrade, suspendue en encorbellement sur la façade d'un édifice, et accessible par une ou plusieurs baies. ▷ Balustrade d'un balcon. *Être accoudé au balcon.* **2.** Galerie d'une salle de spectacle. *Fauteuil de balcon.*

balconnet [balkɔnɛ] n. m. Soutien-gorge à armature laissant le haut des seins découvert.

baldaquin [baldakɛ̃] n. m. **1.** Tenture suspendue au-dessus d'un trône, d'un lit, etc. **2.** Ouvrage d'architecture qui surmonte l'autel dans une église. *Le baldaquin de la basilique Saint-Pierre de Rome.*

Baldung Grien (Hans Baldung, dit) (v. 1484 – 1545), peintre et graveur allemand; élève de Dürer.

Baldwin (Robert) (1804 – 1858), homme politique canadien. Formant avec Louis Hippolyte Lafontaine deux ministères (1842-1843 et 1848-1851), il libéralisa le régime.

Bâle (en all. *Basel*), v. de Suisse, sur le Rhin; 175420 hab.; ch.-l. du demi-cant. de Bâle-Ville. Port fluvial, ville d'affaires. Industr. (notam. chim. et pharm.). – Cath. goth. Musée des Bx-A. Université. – Le *concile de Bâle* (1431-1449) affirma la supériorité du concile sur le pape. – Anc. colonie romaine *(Basilea)* devenue évêché au VIIe s., Bâle fit partie du Saint Empire (XIe s.). En 1501, elle entra dans la Confédération helvétique. L'introduction de la Réforme eut pour conséquence la fuite de l'évêque en 1528. Le long conflit entre la bourgeoisie urbaine et les ruraux aboutit à la partition du canton en Bâle*-Campagne et Bâle*-Ville (1833).

Baléares, archipel de la Médit. au large de Valence, communauté autonome de l'Espagne depuis 1983 et région de la C.E., comprenant cinq îles princ. (Majorque, Minorque, Ibiza, Formentera et Cabrera); 5014 km^2; 767900 hab.; cap. *Palma de Majorque.* Ressource princ. : tourisme. – L'archipel, conquis en 1229 sur les Normands par Jacques Ier d'Aragon, forma un royaume indépendant (1276-1343), puis revint à l'Aragon.

Bâle-Campagne, demi-canton du N.-O. de la Suisse (V. Bâle); 428 km^2; 234900 hab.; ch.-l. *Liestal.*

Bâle-Ville, demi-canton du N.-O. de la Suisse (V. Bâle); 37 km^2; 197400 hab.; ch.-l. *Bâle.*

baleine [balɛn] n. f. **I. 1.** Mammifère marin mysticète (genres *Balaena, Eubalaena* et *Neabalaena)* comptant parmi les plus gros animaux (jusqu'à une vingtaine de mètres et plus de 50 tonnes). (Les baleines sont auj. très rares, les derniers représentants se trouvent dans les mers polaires, où l'on tente de les protéger.) **2.** Nom donné à des cétacés mysticètes proches des baleines (mégaptères, balénoptères). *Blanc de baleine :* partie solide de l'huile que l'on extrait notam. des sinus du cachalot et qui entre dans la fabrication de certains cosmétiques. **II.** Tige flexible (en métal ou de matière plastique) utilisée pour tendre du tissu. *Baleines de parapluie.*

baleineau [balɛno] n. m. Petit de la baleine.

baleinier, ère [balɛnje, ɛʀ] adj. Relatif aux baleines, à leur chasse. ▷ n. m. Navire équipé et armé spécialement pour la chasse à la baleine.

baleinière [balɛnjɛʀ] n. f. Petit canot à bord de tous les bâtiments de commerce et de guerre.

baleinoptère ou **balénoptère** [balenɔptɛʀ] n. m. ZOOL Mammifère cétacé mysticète voisin des baleines, dont il se distingue par son aileron dorsal, ses fanons plus courts et les sillons longitudinaux de sa gorge. *Le baleinoptère bleu peut atteindre 33 mètres et peser 150 tonnes.* Syn. rorqual.

balèze ou **balaise** [balɛz] adj. et n. Fam. **1.** Qui a une carrure imposante. – Subst. *Un balèze, ce type!* **2.** Fig. Très instruit dans un domaine particulier. – Subst. *C'est un(e) balèze en chimie.*

Balfour (Arthur James, 1er comte) (1848 – 1930), homme politique brit. Premier ministre conservateur (1902-1906), ministre des Affaires étrangères (1917-1919), il promit aux Juifs, dans la *déclaration Balfour* (1917), un foyer national en Palestine.

Bali, île d'Indonésie, séparée de Java par le *détroit de Bali;* 5561 km^2; 2649000 hab.; cap. *Denpasar.* Rizières en terrasses. Tourisme. – Dès le VIIIe s., l'influence de l'Inde à Bali est notable. Au XVIe siècle, l'île devint le centre de la culture indo-javanaise dont témoignent, encore aujourd'hui, la musique, les danses et le théâtre de marionnettes.

Balint (Michael) (1896 – 1970), psychanalyste britannique d'origine hongroise, promoteur de la psychothérapie de groupe.

balisage [balizaʒ] n. m. Action de baliser; ensemble des signaux et des marques qui servent à faciliter la navigation maritime ou aérienne.

1. balise [baliz] n. f. **1.** Marque très apparente destinée à faciliter la navigation maritime ou aérienne. ▷ Appareil émettant des signaux optiques ou radioélectriques pour guider les navires ou les avions. **2.** Signal qui matérialise le tracé d'une route. **3.** (Québec) Tige de bois ou de métal de couleur voyante qu'on pique l'hiver le long des routes et des terrains pour guider les opérations de déneigement. – Fig. (Au plur.) Ce qui sert à guider, norme à suivre. *Les balises d'un projet de loi.*

2. balise [baliz] n. f. Fruit du balisier, dont la graine fournit un colorant pourpre.

baliser [balize] v. tr. [1] **1.** Munir de balises, marquer par des balises. *Baliser un terrain d'atterrissage.* – (Québec) *Baliser un chemin sur une rivière gelée.* – Pp. adj. *Une piste de motoneige bien balisée.* **2.** (Québec) Fig. Établir les limites à respecter (dans la préparation d'un projet, l'application d'un programme, etc.). *Baliser une loi.*

balisier [balizje] n. m. BOT Plante monocotylédone originaire d'Amérique tropicale, cultivée dans les régions chaudes pour son rhizome riche en amidon, et dont certaines espèces à fleurs jaunes ou rouges sont ornementales. Syn. canna.

baliste [balist] n. m. Poisson téléostéen des massifs coralliens des mers chaudes.

balistique [balistik] adj. et n. f. **1.** adj. Relatif au mouvement des projectiles. *Théorie, expériences balistiques.* ▷ AVIAT *Vol balistique d'un avion :* phase du vol au cours de laquelle les effets de la pesanteur sont annulés. ▷ *Engin balistique*, fonctionnant sous l'effet de la gravitation seule. **2.** n. f. Science du mouvement des projectiles lancés dans l'espace.

baliveau [balivo] n. m. SYLVIC Jeune arbre réservé, lors de la coupe d'un taillis.

baliverne [balivɛʀn] n. f. (Surtout au plur.) Propos frivole; sornette.

Balkan (mont) ou **Stara Planina** («Vieille Montagne»), chaîne montagneuse de Bulgarie (2376 m au pic Botev). Constitué de roches cristallines, il s'étend sur 550 km du défilé danubien des Portes de Fer à la mer Noire. Un réseau de vallées, dont la célèbre «Vallée des roses», le sépare des petits massifs de la Sredna Gora («Montagne moyenne») et de la Sărnena Gora («Montagne des Cerfs») qui le doublent au S. Le mont Balkan marque la limite entre les climats de types continental et méditerranéen.

balkanique [balkanik] adj. Relatif aux Balkans.

balkanisation [balkanizasjɔ̃] n. f. Fractionnement arbitraire d'une entité politique ou territoriale en unités autonomes. *La balkanisation de l'Afrique.*

Balkans (péninsule des) ou **péninsule balkanique,** la plus orientale des trois grandes péninsules médit. de l'Europe qui englobe les pays de l'anc. Yougoslavie, l'Albanie, la Bulgarie, la Grèce et la Turquie d'Europe. Cette région de montagnes, qui appartient au système alpin, comprend de nombreux massifs : chaînes dinariques, de l'Albanie, du Pinde en Grèce à l'O. et au centre, du Péloponnèse au S., monts Balkan et Rhodope au N.-O., arc insulaire de la mer Égée. Ces diverses chaînes sont séparées par des bassins d'effondrement (Sofia, Thrace) et quelques plaines fluviales (Morava, Vardar, Marica); des rivières torrentielles caractérisent l'hydrographie. Les côtes ont un climat médit.; l'intérieur a un climat continental. L'écon. est en voie de développement (agric. et industr. extractives), et de nombreux habitants ont émigré vers l'Europe occidentale. – Pont entre l'Europe et l'Asie, sur la route des grandes invasions, la péninsule a des populations très diverses, mais à dominante slave. Son histoire se confond avec celles de la Grèce, de Rome et de Byzance jusqu'à la conquête des Turcs ottomans (XIVe-XVe s.), dont la domination fut rejetée au XIXe s., au prix de plusieurs guerres (V. Orient [question d']). La première des *guerres balkaniques* (1912-1913) opposa la Serbie, la Bulgarie, la Grèce, le Monténégro à la Turquie, et se conclut par le traité de Londres (mai 1913) qui entama le démembrement de l'Empire ottoman et ratifia l'indépendance de l'Albanie. La seconde guerre (1913) opposa la Bulgarie à la Serbie et à la Grèce, aidées par la Roumanie et la Turquie, pour le partage des territoires conquis. Vaincue, la Bulgarie dut (traité de Bucarest, août 1913) renoncer à la Macédoine, partagée entre la Grèce et la Serbie, céder la Dobroudja du N. à la Roumanie. De ces guerres résultent la fin de l'Empire ottoman en Europe (1918) mais aussi la balkanisation de la péninsule en États indépendants que l'éclatement de la Yougoslavie (à partir de 1991) a multipliés.

ballade [balad] n. f. **1.** Poème français de forme fixe, composé de trois strophes, terminées par un refrain, et clos par une strophe plus courte (envoi). *Les ballades de Villon.* ▷ Poème de forme libre, comportant souvent un refrain, sur un sujet familier ou fantastique. **2.** MUS Pièce vocale ou instrumentale de forme libre, typique de la musique romantique.

Balladur (Édouard) (né en 1929), homme politique français (R.P.R.). Ministre de l'Économie (1986-1988), Premier ministre (1993-1995), vaincu au 1er tour de l'élection présidentielle de 1995.

ballant, ante [balɑ̃, ɑ̃t] adj. et n. m. **I.** adj. Qui se balance. *Il marchait les bras ballants.* **II.** n. m. **1.** Mouvement de balancement. **2.** Partie ballante d'un cordage. *Ballant d'une drisse.*

ballast [balast] n. m. **1.** MAR Réservoir de plongée. *Ballasts d'un sous-marin.* **2.** Lit de pierres sur lequel reposent les traverses d'un chemin de fer.

1. balle [bal] n. f. **1.** Petite sphère de matière élastique qui sert dans certains jeux. *Balle de tennis.* ▷ Loc. fig. *Saisir la balle au bond :* profiter d'une occasion favorable au bon moment. – *Renvoyer la balle :* répliquer avec vivacité. – *Se renvoyer la balle :* s'accuser réciproquement de quelque chose. – *La balle est dans votre camp :* c'est à vous de parler ou d'agir. ▷ Fig. *Enfant de la balle :* personne élevée dans le milieu des artistes de théâtre et de cirque. **2.** Projectile métallique des armes à feu portatives. *Balle de fusil, de mitrailleuse. Balle explosive,* qui éclate à l'impact. *Balle traçante,* dont le sillage est rendu visible par une composition chimique.

2. balle [bal] n. f. **1.** Gros paquet de marchandises, souvent enveloppé et lié de cordes. *Une balle de coton.* **2.** Fam. (Toujours au plur.) Francs. *T'as pas cent balles?*

3. balle [bal] n. f. Ensemble des enveloppes des grains des graminées, séparées de ces derniers au battage. *Balle de riz.*

balle-molle [balmɔl] n. f. (Québec) Sport semblable au base-ball, où la balle, plus grosse et moins dure, atteint une moins grande rapidité.

balle-pelote [balpəlɔt] n. f. (Belgique) Jeu de balle opposant deux équipes sur un terrain dont la forme est celle d'un rectangle accolé à un trapèze.

ballerine [balʀin] n. f. **1.** Danseuse de profession qui fait partie d'un ballet. **2.** Chaussure légère de femme, sans talon.

ballet [balɛ] n. m. **1.** Danse exécutée par plusieurs personnes, qui comporte le plus souvent de la pantomime, avec un accompagnement de musique et quelquefois de texte parlé. ▷ Musique qui accompagne cette danse. *Les ballets de Lulli, de Stravinski.* ▷ Troupe de danseurs et de danseuses. *Corps de ballet.* **2.** Fig. Allées et venues incessantes.

Ballets russes, compagnie cosmopolite de ballets que Diaghilev* fonda en 1909 à Saint-Pétersbourg et qu'il dirigea jusqu'à sa mort (1929).

1. ballon [balɔ̃] n. m. **1.** Grosse balle gonflée d'air dont on se sert pour jouer, pour pratiquer certains sports. *Ballon de football, de basket. – Ballon de rugby,* de forme ovale. – *Ballon d'or :* récompense attribuée chaque année au meilleur footballeur africain. ▷ (Afr. subsah.) Balle, sans distinction de taille. **2.** Vessie gonflée d'un gaz plus léger que l'air, qui sert de jouet aux enfants. **3.** Aéronef constitué par une enveloppe contenant un gaz plus léger que l'air. *Ballon aérostatique. – Ballon captif,* relié au sol par un câble. – *Ballon-sonde,* équipé pour explorer la haute atmosphère. **4.** CHIM Vase de verre sphérique utilisé dans les laboratoires. **5.** *Verre ballon* ou, ellipt., *ballon :* verre à boire de forme hémisphérique. ▷ (Suisse) Mesure de vin valant un décilitre. **6.** (Suisse) Petit pain rond. **7.** *Ballon d'oxygène :* vessie, bouteille d'oxygène que l'on donne à respirer à un malade, à un blessé.

2. ballon [balɔ̃] n. m. Montagne au sommet arrondi, dans les Vosges.

ballonné, ée [balɔne] adj. Gonflé, distendu. *Ventre ballonné :* distendu par les gaz intestinaux.

ballonnement [balɔnmɑ̃] n. m. État du ventre ballonné.

ballonner [balɔne] v. tr. [1] Gonfler comme un ballon; produire le ballonnement.

ballonnet [balɔnɛ] n. m. Petit ballon.

ballot [balo] n. m. **1.** Petite balle, petit paquet de marchandises. **2.** Fig., fam. Niais.

ballottage [balɔtaʒ] n. m. **1.** Action de ballotter; son résultat. **2.** POLIT Dans une élection à deux tours, situation d'un candidat qualifié pour le second tour mais non encore élu. *Candidat en ballottage.*

ballottement [balɔtmɑ̃] n. m. Mouvement d'un corps qui ballotte.

ballotter [balɔte] v. [1] **1.** v. intr. Aller d'un côté et de l'autre comme une balle qu'on se renvoie. *La barque ballotte dans les vagues.* **2.** v. tr. Agiter en secouant de côté et d'autre. *Les secousses du train ballottent les voyageurs.*

balloune [balun] n. f. (Québec) Fam. **1.** Ballon, vessie gonflée d'air. *Faire péter une balloune.* – Bulle de savon. – Ballon d'alcootest. *Souffler dans la balloune.* **2.** Loc. *Prendre une balloune, partir sur la balloune :* se soûler.

ball-trap [baltʀap] n. m. Appareil lançant des disques d'argile sur lesquels on s'exerce au tir aux oiseaux; tir effectué avec cet appareil. *Des ball-traps.*

balluchon ou **baluchon** [balyʃɔ̃] n. m. Fam. Petit paquet.

Bally (Charles) (1865 – 1947), linguiste suisse. En collaboration avec A. Séchehaye, il publia en 1916 le *Cours de linguistique générale* de son maître, F. de Saussure. Princ. œuvres : *Traité de stylistique française* (1909), *Linguistique générale et Linguistique française* (1932).

Balmat (Jacques) (1762 – 1834), guide français qui, le premier, atteignit le sommet du mont Blanc (1786).

Balmer (Johann Jakob) (1825 – 1898), physicien suisse. Il étudia les spectres d'émission des gaz (notam. de l'hydrogène).

balnéaire [balneɛʀ] adj. Qui concerne les bains de mer. *Saison, station balnéaire.*

bâlois, oise [balwa, waz] adj. et n. De la ville, du canton de Bâle. ▷ Subst. *Un(e) Bâlois(e).*

baloné ou **baloney** [balone] n. m. (Québec) Fam. Gros saucisson à pâte claire, jugé de qualité inférieure.

Balouba. V. Luba.

1. balourd [baluʀ] n. m. MECA Défaut d'équilibrage d'une pièce tournant autour d'un axe.

2. balourd, ourde [baluʀ, uʀd] n. et adj. **1.** n. Personne sans finesse, sans délicatesse. **2.** adj. *Un air balourd.*

balourdise [baluʀdiz] n. f. **1.** Chose faite ou dite niaisement, sans finesse. **2.** Caractère d'un balourd.

Baloutchistan. V. Béloutchistan.

balsa [balza] n. m. Bois d'un arbre d'Amérique tropicale (fam. bombacacées), très peu dense mais résistant, utilisé comme isolant phonique dans la réalisation de maquettes et en construction navale.

balsamier [balzamje] n. m. Arbuste épineux des régions chaudes, dont de nombreuses espèces donnent des baumes (baume de La Mecque, base du saint chrême, myrrhe, myrrhe d'Afrique).

balsamine [balzamin] n. f. Plante dicotylédone, à la tige translucide, aux fleurs brillamment colorées, dont les fruits, à maturité, éclatent et projettent leurs graines dès qu'on les touche.

balsamique [balzamik] adj. Qui contient du baume; qui agit comme un baume. *Le benjoin est une plante aux vertus balsamiques.* ▷ n. m. Médicament balsamique.

Balsamo. V. Cagliostro.

Baltard (Victor) (1805 – 1874), architecte français; l'un des premiers, il utilisa les ossatures métalliques : anciennes Halles de Paris (1854).

balte [balt] adj. et n. **1.** adj. De la mer Baltique. – *Les pays Baltes :* les trois pays qui bordent la Baltique orient. (Estonie, Lettonie, Lituanie). ▷ Subst. *Les Baltes.* **2.** n. m. LING *Le balte :* le groupe de langues indo-européennes comprenant le letton et le lituanien.

Balthazar, l'un des Rois mages*.

Bălţi (anc. Beltsy), v. de Moldavie, au nord du plateau bessarabien; 159000 hab. Industr. alimentaires.

Baltimore, v. des É.-U. (Maryland), au fond de la baie de Chesapeake; 736000 hab. (aggl. urb. 2244700 hab.). Grand port comm. Industries.

Baltique (mer), mer intérieure de l'Atlant., bordant la Suède, la Finlande, l'Estonie, la Lettonie, la Lituanie, la Pologne, l'Allemagne, le Danemark. Elle communique avec la mer du N. par les détroits de l'Øresund, du Grand-Belt et du Petit-Belt, et forme entre la Suède et la Finlande le golfe de Botnie. Le trafic maritime y est intense.

Baluba. V. Luba.

baluchon [balyʃɔ̃] n. m. V. balluchon.

Balunda. V. Lunda.

balustrade [balystʀad] n. f. ARCHI Mur plein ou ajouré qui se termine à hauteur d'appui. ▷ *Par ext.* Clôture ajourée et à hauteur d'appui.

balustre [balystʀ] n. m. **1.** Petit pilier renflé. **2.** TECH Compas pour tracer des cercles de très petit diamètre.

Balzac (Jean-Louis Guez, seigneur de) (v. 1595 - 1654), essayiste français; l'un des créateurs de la prose classique.

Balzac (Honoré de) (1799 - 1850), écrivain français. D'abord clerc de notaire, puis d'avoué, il commence par écrire des romans d'aventures. Après des tentatives malheureuses dans le domaine de l'édition et de l'imprimerie, il revient à la littérature : *le Dernier Chouan* (1829, prem. édition des *Chouans*), *la Physiologie du mariage* (1830), *la Peau de chagrin* (1831) ont du succès. Près de 100 ouvrages suivront : la quasi-totalité forme un ensemble qu'il a appelé, en 1841, *la Comédie humaine* (dont certains personnages réapparaissent dans des dizaines de romans) et qu'il a découpé en *Scènes de la vie privée (Gobseck, la Femme de trente ans), de province (Eugénie Grandet, le Lys dans la vallée, Illusions perdues), parisienne (le Père Goriot, César Birotteau, Splendeurs et misères des courtisanes, la Cousine Bette, le Cousin Pons, Histoire des Treize), politique (Un épisode sous la Terreur), militaire (les Chouans), de campagne (le Médecin de campagne),* en *Études philosophiques (Louis Lambert, Séraphita)* et *analytiques (Petites Misères de la vie conjugale).* Il a également écrit les *Contes drolatiques,* une abondante correspondance (*Lettres à l'Étrangère,* adressées à la comtesse polonaise Hanska, qu'il épousa en 1850) et des pièces de théâtre (*Vautrin, la Marâtre,* etc.). Maître du roman dit réaliste, il a peint la passion, l'énergie, la prise du pouvoir (par le monde de l'argent, notamment).

balzacien, enne [balzasjɛ̃, ɛn] adj. LITTER Relatif à Balzac, à son œuvre. ▷ *Personnage balzacien.*

balzan [balzɑ̃] adj. m. Se dit d'un cheval noir ou bai qui a des balzanes.

balzane [balzan] n. f. Tache blanche circulaire au-dessus du sabot et au-dessous du genou d'un cheval.

Bam, prov. du centre-N. du Burkina Faso; ch.-l. *Kongoussi,* au N. duquel se trouve le *lac de Bam.*

Bamako, cap. du Mali, sur le Niger; 646000 hab. (aggl. urb. 800000 hab.); ch.-l. de région. Reliée à Kayes et à Dakar par voie ferrée; à Abidjan, par route. Centre commercial; industr. alimentaire. Industr. du cuir; égrenage du coton; hydroélectricité (barrages de Sotuba et de Selingue). Aéroport intern. – Université. Centre de recherches zootechniques. – En 1957 s'y tint le 3e Congrès international du Rassemblement démocratique africain; en déc. 1958, une conférence réunit le Dahomey, la Haute-Volta (Burkina Faso), le Sénégal et le Soudan (Mali).

Bamba (Sorry) (né en 1938), musicien et compositeur malien représentant la musique dogon.

bambara [bɑ̃baʀa] adj. inv. et n. m. **1.** adj. De l'ethnie des Bambara. **2.** n. m. Langue du groupe mandé, principale langue du Mali, parlée aussi au Burkina Faso, en Côte d'Ivoire, en Gambie et au Sénégal.

Bambara, groupe ethnique d'Afrique occid., vivant princ. au Mali (plus de 3000000 personnes). Ils parlent des langues nigéro-congolaises du groupe mandé. Original et divers, l'art bambara est caractérisé surtout par la sculpture sur bois : statuettes, masques, marionnettes, etc. Citons : les *n'domo* (masques à faces humaines surmontés de cornes), les masques *komo* (la plupart à figures animales, encroûtés de sang sacrificiel et réservés aux sociétés d'adultes) et les *tyi-wara,* coiffures représentant une antilope, qu'on utilise lors des rites agraires.

Bambari, v. de la République centrafricaine, sur la rivière Ouaka, à l'E. de Bangui; 94000 hab.; ch.-l. de préfecture. Centre d'égrenage du coton.

bambin [bɑ̃bɛ̃] n. (Le fém. est rare.) Fam. Petit enfant.

bamboche [bɑ̃bɔʃ] n. f. **1.** Fam., vieilli Débauche, grosse gaieté; bringue, bombance. *Faire bamboche.* **2.** (France rég.) Syn. de *pantoufle.*

bambocher [bɑ̃bɔʃe] v. intr. [1] Vieilli (Fam. en Haïti, en Louisiane) Faire bamboche (sens 1), faire la fête, boire à outrance.

bambocheur, euse [bɑ̃bɔʃœʀ, øz] n. Vieilli (Fam. en Haïti, en Louisiane) Personne qui aime bambocher.

Bamboté (Pierre Makombo) (né en 1932), écrivain centrafricain. Poète (plusieurs recueils, dont *Chant funèbre pour un héros d'Afrique,* 1962), il a publié un roman de mœurs (*Princesse Mandapu,* 1972) et des *Nouvelles de Bangui* (1981).

bambou [bɑ̃bu] n. m. **1.** Graminée arborescente de grande taille (jusqu'à 40 m) des forêts tropicales, à tige aux nœuds proéminents, utilisée dans la construction des cases, la fabrication de meubles légers, l'artisanat. Il existe env. 40 genres de cette graminée. **2.** Pétiole de la feuille de palmier raphia. **3.** Canne, bâton fait avec du bambou. **4.** (Haïti) Instrument de musique traditionnel fait d'un tronçon de bambou dans lequel on souffle. Syn. vaccine. **5.** Loc. fig., fam. *Coup de bambou :* grande fatigue soudaine, défaillance. – Note excessive à régler.

Bambouk (le), rég. de l'O. du Mali entre la Falémé et le Sénégal. Il fut longtemps considéré comme le pays de l'or.

bambounière [bɑ̃buɲɛʀ] n. f. (Nouv.-Cal.) Bosquet de bambous.

Bambous (montagnes), massif du S.-E. de l'île Maurice, dans le district de Grand Port.

bambouseraie [bɑ̃buzʀɛ] n. f. Plantation de bambous véritables destinés à l'exploitation.

bami [bami] n. m. CUIS Mets à base de vermicelle, de haricots verts, de choux, de crevettes et de poulet, spécialité de Nouvelle-Calédonie.

bamiléké [bamileke] adj. inv. De l'ethnie des Bamiléké.

Bamiléké(s), ensemble d'ethnies vivant dans le S.-O. du Cameroun (près de 2500000 personnes avec les Bamun). Ils parlent des langues bantoues du sous-groupe bantoïde. L'architecture bamiléké est l'une des plus belles d'Afrique. Les sièges en bois des dignitaires sont recouverts de perles multicolores.

Bamingui-Bangoran, préf. du N.-O. de la Rép. centrafricaine (ch.-l. *Ndélé*) qui abrite plusieurs réserves naturelles et possède de nombreuses curiosités (grottes, chutes).

Bāmiyān, v. d'Afghānistān; 40000 hab.; ch.-l. de la prov. du m. nom. – Centre comm. import. du Ier au VIIe s., sur la route de l'Inde à la Chine. – À proximité se trouvent deux immenses statues rupestres du Bouddha.

Bamongo. V. Mongo.

bamun, bamoun [bamun], **bamum** ou **bamoum** [bamum] adj. inv. De l'ethnie des Bamun.

Bamun, Bamoun, Bamum ou **Bamoum,** ethnie du Cameroun. Ils parlent une langue bantoue du sous-groupe bantoïde. Ce sont des agriculteurs. Leur art rappelle celui de leurs voisins, les Bamiléké*. Dans une production abondante et diverse (sculpture, broderie, fonderie, art de la perle, etc.), la sculpture sur bois joue un rôle important, en particulier les statuettes et les masques.

ban [bɑ̃] n. m. **1.** FEOD Mandement par lequel un seigneur convoquait ses vassaux. ▷ Loc. fam. *Convoquer le ban et l'arrière-ban,* tout le monde. **2.** *Ouvrir et fermer le ban :* faire entendre une sonnerie de clairon, de trompette ou une batterie de tambour avant et après une cérémonie militaire. ▷ Applaudissements rythmés. **3.** *Bans de mariage :* publication à la mairie, à l'église d'une promesse de mariage. *Afficher les bans.* **4.** *Condamné en rupture de ban,* qui enfreint une interdiction de séjour. – Fig. *Être en rupture de ban :* avoir changé de métier, d'occupation. – Fig. *Mettre qqn au ban de la société,* le condamner au mépris public. **5.** Loc. (Suisse) *À ban :* dont l'accès est réservé à certaines personnes. *Chantier, passage, propriété à ban.* ▷ Loc. (Suisse) *Lever les bans :* autoriser les vignerons à commencer les vendanges. **6.** (Luxembourg) Territoire d'une commune.

bana-bana [banabana] n. m. (Afr. subsah.) En Afrique occid., marchand ambulant. *Elle a acheté des pagnes à un bana-bana. Des bana-banas.*

banabanisme [banabanism] n. m. (Afr. subsah.) En Côte d'Ivoire, forme de commerce informel qui utilise les bana-banas.

banal, ale, aux ou **als** [banal, o] adj. et n. m. **1.** (Plur. en *-aux.*) HIST Dont l'usage était imposé aux vassaux d'un seigneur moyennant une redevance. *Four banal.* **2.** (Plur. en *-als.*) Commun, sans originalité. *Un incident assez banal. Des idées banales.* ▷ n. m. *Le banal.*

banalement [banalmɑ̃] adv. D'une manière banale, sans originalité.

banalisation [banalizɑsjɔ̃] n. f. **1.** Action de banaliser. **2.** CH de F Aménagement d'une voie ferrée (et notam. de sa signalisation) qui permet de faire circuler les trains indifféremment dans les deux sens sur cette voie.

banalisé, ée [banalize] adj. Qui a été soumis à une banalisation. ▷ *Véhicule banalisé :* voiture de police qui ne possède aucune marque distinctive.

banaliser [banalize] v. tr. [1] Rendre banal, dépouiller de son originalité ou de son caractère exceptionnel.

banalité [banalite] n. f. **1.** Caractère de ce qui est banal, commun. *Paysage d'une grande banalité.* **2.** Propos, idée banals. *Il m'a dit une ou deux banalités.*

banane [banan] n. f. **1.** Fruit comestible du bananier, à peau jaune ou verte, à pulpe très riche en amidon, dont il existe des variétés peu sucrées consommées cuites comme légumes (*banane plantain, banane à cuire, banane-cochon*) et des variétés sucrées consommées crues. Syn. (Antilles fr., Haïti) figue. ▷ (Afr. subsah.) *Banane jaune, verte :* mûre ou non. – (Madag.) *Banane batavia* ou *batavia :* banane de taille moyenne, la plus prisée et la plus commercialisée. ▷ (Afr. subsah.) *Banane doigt :* en Côte d'Ivoire, syn. de *mignonnette* (sens 4). – (Madag.) *Banane mignonne :* variété de banane, de la grosseur d'un doigt. (V. mignonnette, sens 4). – (Afr. subsah.) *Banane à bière :* variété de banane dont on fait, en rép. dém. du Congo notam., une boisson alcoolisée, la *bière de banane* ou *pombe.* **2.** (Haïti) *Banane pesée :* morceau de banane frit dans l'huile après avoir été écrasé.

banane-cochon [banankɔʃɔ̃] n. f. (Afr. subsah., Pacifique) Variété de banane peu sucrée, consommée cuite comme légume. *Des bananes-cochon.* Syn. (Afr. subsah.) banane-foutou.

banane-dessert [banandesɛʀ] n. f. (Guyane) Syn. de *bacove. Des bananes-dessert.*

banane-figue [bananfig] n. f. (Afr. subsah.) **1.** Très petite banane au goût de figue. **2.** Banane séchée après avoir été pelée. *Des bananes-figues.*

banane-foutou [bananfutu] n. f. (Afr. subsah.) Syn. de *banane-cochon. Des bananes-foutou.*

banane-pomme [bananpɔm] n. f. (Afr. subsah.) En Côte d'Ivoire, banane au goût de pomme. *Des bananes-pommes.* (V. figue-pomme).

bananeraie [bananʀɛ] n. f. Plantation de bananiers.

bananier, ère [bananje, ɛʀ] n. m. et adj. **I.** n. m. **1.** Monocotylédone géante (fam. musacées) à très grandes feuilles, originaire d'Asie, cultivée dans toutes les régions chaudes pour ses fruits (bananes) groupés en énormes grappes (régimes). *La culture du bananier est très exigeante en eau.* – (Afr. subsah.) *Bananier plantain,* qui produit des bananes à cuire. **2.** Navire équipé pour le transport des bananes. **II.** adj. Qui concerne les bananes. *Port bananier. Cargo bananier.* ▷ Fig. *République bananière,* où, à l'image de certaines républiques latino-américaines, les groupes de pression économiques font et défont les pouvoirs politiques.

bananier-pomme [bananjepɔm] n. m. (Afr. subsah.) Variété de bananier dont le fruit, très parfumé, est la banane-pomme. *Des bananiers-pommes.*

Banat, rég. du S.-E. de l'Europe, occupée successivement par les Hongrois, les Turcs (1552) et l'Autriche (1718). Le Banat fut partagé en 1920 (traité de Trianon) entre la Hongrie (pour une faible part au N.-O.), la Roumanie, qui en reçut la plus grande partie, et la Yougoslavie à qui fut attribuée la plaine du Sud. V. princ. : Timișoara.

banc [bɑ̃] n. m. **I. 1.** Long siège sur lequel plusieurs personnes peuvent prendre place côte à côte. *Les bancs de l'école.* ▷ (Afr. subsah.) *Être sur les bancs, faire les bancs :* aller à l'école, faire ses études. *Quitter les bancs.* ▷ MAR *Banc de nage,* sur lequel se placent les rameurs d'une embarcation. **2.** (Québec) Petit siège sans bras ni dossier. *Ajuster le banc du piano.* **3.** Siège, emplacement réservé. – (Au tribunal) *Banc des avocats, banc des accusés.* ▷ (Québec) *Banc d'œuvre* (à l'église) : banc réservé aux marguilliers*. – (Au hockey) *Banc des joueurs,* où se tiennent les joueurs pendant un match, quand ils ne sont pas en train de jouer. *Banc des punitions,* où doit se rendre un joueur pris en faute par l'arbitre. **II. 1.** Couche naturelle, consistante, plus ou moins régulière et horizontale, de matières minérales superposées. *Banc de sable, de calcaire, de grès.* ▷ Relief en saillie des fonds sous-marins ou des lits fluviaux. *Le banc de Terre-Neuve.* ▷ Par anal. *Banc de glace.* ▷ (Québec) *Banc de neige :* amoncellement de neige dû au vent ou à un travail de déblaiement. **2.** Amas régulier. *Banc de brouillard.* **3.** Masse de poissons qui se déplacent ensemble. *Banc de harengs.* Syn. (Acadie) mouvée. – Par anal. *Banc d'huîtres.* **4.** TECH *Banc d'essai :* installation qui permet de mettre à l'épreuve le bon fonctionnement d'une machine; fig. ce par quoi on évalue les capacités de quelqu'un. **5.** TECH Établi. *Banc de tourneur.*

bancable ou **banquable** [bɑ̃kabl] adj. Se dit de tout projet ou titre remplissant les conditions nécessaires à son financement bancaire.

bancaire [bɑ̃kɛʀ] adj. Qui se rapporte à la banque. *Opérations bancaires.*

bancal, ale, als [bɑ̃kal] adj. Dont les jambes sont d'inégale longueur, boiteux. ▷ Fig. *Meuble bancal.* – *Phrase bancale,* mal équilibrée, peu correcte.

1. banco [bɑ̃ko] n. m. *Faire banco :* tenir seul l'enjeu contre la banque, au baccara notamment.

2. banco [bɑ̃ko] n. m. inv. (Afr. subsah.) Matériau de construction fait d'argile sableuse délayée et mêlée, selon les régions, de paille hachée, de gravillons, etc. *Maison en banco.*

bancoulier [bɑ̃kulje] n. m. Variété d'aleurite des régions chaudes dont le fruit, ou *noix de bancoul,* contient une huile purgative.

Banda, population de la République centrafricaine (plus de 800 000 personnes). Ils parlent le banda, une langue nigéro-congolaise du sous-groupe oubanguien.

Banda (Hastings Kamuzu) (né en 1906), homme politique du Malawi. Premier ministre (1964), président de la République (1966) puis président à vie (1971), il démissionna en 1993.

bandage [bɑ̃daʒ] n. m. **1.** Application d'un lien, d'une bande ou de tout autre appareil servant à maintenir un pansement ou une partie du corps lésée. **2.** Cet appareil lui-même. *Épingler un bandage.* – *Spécial.* Appareil servant à contenir les hernies ou les ptôses d'organes. **3.** Bande de métal, de caoutchouc entourant la jante d'une roue, pour la tenir en place et la protéger. *Bandage plein. Bandage pneumatique.*

Bandama (le), fleuve de la Côte d'Ivoire (env. 600 km). Le *Bandama blanc* naît dans le N. du pays et alimente le lac de Kossou, d'où il ressort (sous le nom de Bandama). Il reçoit le Marahoué (ou *Bandama rouge*) puis se jette dans le golfe de Guinée.

bandana [bɑ̃dana] n. m. Petit foulard de coton.

Bandaranaike (Salomon West Ridgeway Dias) (1899 – 1959), homme politique cinghalais. Premier ministre de Ceylan (auj. Sri Lanka) de 1957 à son assassinat par un bouddhiste. Sa veuve, *Sirimavo Ratwatte Dias* (née en 1916), Premier ministre en 1960-1965 et 1970-1977, occupe à nouveau ce poste depuis 1994. Leur fille, *Chandrika Kumaratunga* (née en 1945), est depuis cette date prés. de la République.

Bandar Seri Begawan (anc. *Brunei*), cap. du sultanat de Brunei, sur la côte nord-ouest de Bornéo; 55 070 hab.

1. bande [bɑ̃d] n. f. **1.** Morceau d'étoffe, de papier, de cuir, etc., beaucoup plus long que large. *Bande de velours. Bande à pansements.* ▷ (Québec) *Bande élastique :* ruban circulaire de caoutchouc servant de lien. ▷ *Bande de terre* ou *bande :* isthme étroit; petit territoire allongé. *La bande de Gaza.* **2.** Rebords intérieurs d'un billard. *Faire un point par la bande.* ▷ Loc. fig. *Par la bande :* indirectement. *J'ai obtenu, je possède cette information par la bande.* **3.** Partie allongée et bien délimitée d'une chose. *Bandes d'une chaussée* ou (Belgique, Luxembourg) *de circulation,* signalées par une ligne peinte. – *Par ext.* Rayures d'un tissu. *Étoffe à larges bandes.* **4.** PHYS *Spectre de bandes :* spectre optique formé d'un ensemble de bandes lumineuses. **5.** AUDIOV *Bande sonore* ou *bande-son :* partie d'un film cinématographique réservée à l'enregistrement optique du son. ▷ *Bande magnétique :* ruban en matière plastique qui sert de support à l'enregistrement sonore. ▷ *Bande vidéo :* bande magnétique servant à enregistrer des images et éventuellement des sons. **6.** TELECOM *Bande publique :* syn. (off. recommandé) de *citizen band.* **7.** *Bande dessinée :* suite d'images dessinées racontant une histoire. (Abrév. : B.D. ou bédé.) Syn. (Afr. subsah.) aventures. **8.** (Québec) Clôture à hauteur d'appui qui entoure une patinoire; chacune des sections composant cette clôture. *Le joueur de hockey lance la rondelle sur la bande.*

2. bande [bɑ̃d] n. f. **1.** Groupe de personnes combattant sous les ordres d'un chef. *Bande de rebelles.* ▷ Groupe. *Une bande d'amis.* – Spécial. (Haïti) Groupe musical évoluant dans les rues. *Bande de rara. Bandes carnavalesques.* ▷ Loc. *Faire bande à part :* rester à l'écart d'un groupe. **2.** (Québec) Communauté d'Amérindiens constituée conformément à la loi canadienne et vivant sur un territoire déterminé. *Conseil de bande.*

3. bande [bɑ̃d] n. f. MAR *Donner de la bande :* pencher de façon permanente sur un côté (navire).

bandé, ée [bɑ̃de] adj. **1.** Recouvert d'un bandeau. *Avoir les yeux bandés.* **2.** Protégé par une bande, un bandage. *Front bandé d'un blessé.*

bande-annonce [bɑ̃danɔ̃s] n. f. AUDIOV Sélection d'extraits d'un film pour la publicité. *Des bandes-annonces.*

bandeau [bɑ̃do] n. m. **1.** Bande qui couvre les yeux, ou le front. – Loc. fig. *Avoir un bandeau sur les yeux :* ne pas voir ce qu'on devrait voir. ▷ *Par anal.* Coiffure qui applique les cheveux de chaque côté du front. **2.** ARCHI Ornement en saillie qui marque les différents étages d'un édifice. – Moulure unie.

bandelette [bɑ̃dlɛt] n. f. Bande très longue et très mince. *Momie enveloppée de bandelettes.*

bander [bɑ̃de] v. [1] **I.** v. tr. **1.** Serrer au moyen d'une bande, d'un bandage. *Bander une plaie. Bander une jambe blessée.* – Recouvrir d'un bandeau. *Bander les yeux de qqn.* **2.** Tendre avec effort. *Bander un arc, un ressort.* – Par ext. *Athlète qui bande ses muscles.* – Fig. *Bander sa volonté, ses forces.* **II.** v. intr. Vulg. Être en érection.

banderole [bɑ̃dʀɔl] n. f. Longue bande d'étoffe qui sert à décorer. ▷ Grande bande de tissu qui porte une inscription. *Les banderoles des grévistes.*

Bandiagara, localité du Mali (5 000 hab.) qui donne son nom au plateau limité par des falaises auxquelles sont accrochés les villages dogon.

bandit [bɑ̃di] n. m. (et adj. m.) **1.** Vieilli Malfaiteur dangereux. Syn. brigand. **2.** *Par ext.,* péjor. Homme sans scrupules. **3.** (Afr. subsah.) Syn. de *voyou* (sens 2). – Fam. *Faire le bandit :* se comporter de manière inconvenante. ▷ adj. m. (En parlant d'un enfant.) Coquin, espiègle. *Tu es trop bandit.*

banditisme [bɑ̃ditism] n. m. Mœurs, activités des bandits. – *Grand banditisme :* ensemble des actions criminelles les plus répréhensibles.

Bandoeng. V. Bandung.

bandonéon [bɑ̃dɔneɔ̃] n. m. Petit accordéon de forme hexagonale.

bandoulière [bɑ̃duljɛʀ] n. f. Bande de cuir ou d'étoffe pour soutenir une arme ou un sac, qui passe sur une épaule et retombe sur la partie opposée du corps. ▷ Loc. *En bandoulière. Porter une sacoche en bandoulière.*

Bandung ou **Bandoeng,** ville d'Indonésie; 2 300 000 hab.; ch.-l. de la prov. de Java occidentale. Industr. alim., text. Caoutchouc. – La conférence afro-asiatique qui s'y tint (avril 1955) rassembla pour la première fois vingt-neuf pays du tiers monde et condamna le colonialisme.

Banèn. V. Nèn.

bang [bɑ̃g] n. m. Bruit violent créé par un avion qui franchit le mur du son.

bangala [bɑ̃gala] n. m. (Afr. subsah.) Fam. Pénis, zizi.

Bangalore, v. de l'Inde, cap. de l'État de Karnātaka; 4 500 000 hab. Industries.

Bangkok (en thaï *Krung Thép*), port et cap. de la Thaïlande, sur le Ménam; 5 620 600 d'hab. Cité royale fondée en 1772, quadrillée de canaux. Centre admin., culturel (universités), commercial et industriel. – Palais royal (XVIIIe s.); nombreux temples bouddhiques (XIXe s.). – Siège de l'ANSEA.

Bangladesh, État d'Asie, au N.-E. du subcontinent indien; 143 948 km^2; env. 120 000 000 hab.; cap. *Dhākā.* Nature de l'État : rép. de type présidentiel. Langue off. dep. 1988 : bengali. Monnaie : taka. Relig. : islam (83%), hindouisme (10,5%).

Géogr. phys. et hum. – Le pays est une vaste plaine submersible qui correspond à la moitié orientale du delta du Gange et du Brahmapoutre, limitée à l'E. par les reliefs plus accidentés des chaînes prébirmanes. Il connaît un climat de mousson chaud, très arrosé de mai à octobre (2 000 mm de pluie par an). La plaine deltaïque est souvent ravagée par les cyclones et les crues annuelles (désastres en 1974, 1987, 1988, 1991). Les sols alluviaux fertiles sont propices à la riziculture, qui autorise des densités de 800 hab. au km^2. La pop., rurale à plus de 85 %, a une croissance de plus de 2,5 % par an. Le sous-développement est extrême. Le Bangladesh fait partie des pays les moins avancés. Chittagong et Dhākā sont ses deux princ. centres économiques.

Hist. – Partie intégrante du Pākistān dep. 1948 *(Pākistān oriental),* le Bangladesh («pays du Bengale») a proclamé son indépendance en 1971, quand l'Inde eut vaincu le Pākistān. Le régime réformiste de Mujibur Rahman, co-fondateur de la ligue Awami (1949), héros de l'indépendance, Premier ministre, puis président de la Rép., miné par l'autoritarisme, le népotisme et la corruption, fut renversé en 1975 par un coup d'État militaire et M. Rahman fut exécuté. Ziaur Rahman, son successeur, mit fin à la monoculture du jute; il fut renversé et tué par des militaires rebelles. Mohammed Ershad prit le pouvoir en 1982, mais dut démissionner sous la pression d'un mouvement populaire en 1990. Khaleda Zia, veuve de l'anc. prés. Ziaur Rahman, est devenue Premier ministre après la victoire du parti national bengalais aux élections de 1991. En 1996, le parti national a été vaincu par la ligue Awami et Hassina Wajed, fille de Mujibur Rahman, est devenue Premier ministre. Le problème de la répartition des eaux du Gange et du sous-sol marin, riche en gisements de gaz, provoque des tensions avec l'Inde.

bangladeshi [bɑ̃gladeʃi] adj. (inv. en genre) ou **bangladais, aise** [bɑ̃gladɛ, ɛz] adj. et n. Du Bangladesh. ▷ Subst. *Un(e) Bangladeshi* ou *un(e) Bangladais(e).*

Bangui, cap. de la Rép. centrafricaine, sur le bas Oubangui; 600 000 hab. Centre commercial, industries textiles et alimentaires (huile, bière, café). Port fluvial près de la chute de M'Bali qui alimente une centrale hydroélectrique. – Université. – Aéroport international.

Bangui (Antoine Rombaye, dit Antoine) (né en 1933), homme politique et écrivain tchadien. Ministre (1962-1972), il fut incarcéré de 1972 à 1975. Romans autobiographiques : *Prisonnier de Tombalbaye* (1980), *les Ombres de Kôh* (1983).

Bangwa, groupe de Bamiléké célèbre pour sa statuaire réaliste.

Bangweolo ou **Bangweulu,** lac marécageux de Zambie, au S. du lac Tanganyika, traversé par la riv. Luapula; env. 5 000 km^2.

banh chung [banʃuŋ] n. m. (Viêt-nam) Gâteau cuit à l'étuvée, composé de riz gluant, de viande, de haricots, et qui est donné en offrande aux ancêtres lors de la fête du Têt.

banian [banjɑ̃] n. m. **1.** Membre d'une secte brahmanique qui comptait de nombreux commerçants. **2.** BOT *Banian* ou *figuier banian :* figuier originaire de l'Inde (fam. moracées) dont les nombreuses racines aériennes et pendantes rejoignent le sol et forment de nouveaux troncs. **3.** (Nouv.-Cal.) Tout arbre de genre ficus à racines aériennes. **4.** (Vanuatu) *Familles banian :* V. famille (sens I, 2).

Banja Luka, v. de Bosnie-Herzégovine; 123 940 hab. Lignite, métall. – Mosquée (XVIe s.); forteresse turque.

banjo [bɑ̃dʒo] n. m. Instrument à cordes pincées (de cinq à neuf cordes) ayant pour table une peau tendue.

Banjul (anc. *Bathurst*), cap. de la Gambie, sur l'Atlantique; à l'entrée de l'estuaire du fleuve Gambie; 54 000 hab. (aggl. urb. 110 000 hab.). Port de commerce (exportation d'arachides et de noix de palme, notam.). Aéroport international.

Banks (île ou terre de), île du Canada (territ. du N.-O.), en Arctique occidental. Elle fut explorée par l'Anglais sir Joseph Banks (1743-1820).

banlieue [bɑ̃ljø] n. f. Ensemble des agglomérations autour d'une grande ville.

banlieusard, arde [bɑ̃ljøzaʀ, aʀd] n. Habitant de la banlieue.

banneton [bantɔ̃] n. m. **1.** TECH ou rég. Caisse percée de trous, qu'on immerge pour conserver vivant le poisson qu'on a pêché. **2.** Petit panier d'osier sans anse, garni de toile, où l'on fait lever la pâte à pain. **3.** (Guad.) Pain d'une livre.

banni, ie [bani] adj. et n. **1.** Exilé ou expulsé de sa patrie; exilé, proscrit. ▷ Subst. Personne bannie. *Le rappel des bannis.* **2.** Fig. Exclu ou éloigné.

bannière [banjɛʀ] n. f. Étendard d'une confrérie, d'une société. *La bannière d'un orphéon.* ▷ Loc. fig. *Se ranger sous une bannière :* se rallier à un parti, combattre dans ses rangs. ▷ Loc. fig., fam. *C'est la croix et la bannière :* c'est laborieux, difficile.

Banningville. V. Bandundu.

bannir [baniʀ] v. tr. [3] **1.** Condamner (qqn) au bannissement, exiler, proscrire. *Bannir un opposant.* **2.** Fig. Chasser, exclure. *Il est banni de ma mémoire.*

bannissement [banismɑ̃] n. m. Peine criminelle, infamante, politique et temporaire, consistant à expulser un condamné de son pays.

banquable [bɑ̃kabl] adj. V. bancable.

banque [bɑ̃k] n. f. **1.** Entreprise qui se consacre au commerce de l'argent et des titres (effets de commerce, titres de Bourse, épargne, réinvestissements). *Banque d'affaires. Banque privée. Banque contrôlée par l'État. Compte en banque. Coffres-forts d'une banque.* – *Banque centrale,* qui, dans un pays ou un groupe de pays, assure l'émission de la monnaie et le contrôle du volume de la monnaie et du crédit. – *Banque mondiale :* institution financière internationale, dépendant de l'ONU, qui accorde des prêts pour des projets de développement aux pays les plus défavorisés. V. BIRD. **2.** *La banque :* l'ensemble des banques. *La haute banque.* **3.** Somme que l'un des joueurs tient devant lui pour payer les gagnants, à certains jeux de hasard. *Faire sauter la banque :* gagner tout l'argent mis en jeu. **4.** Par anal. *Banque du sang, banque d'organes :* établissement médical qui recueille et conserve du sang, certains organes, pour les transfusions ou les greffes. – *Banque de gènes :* lieu où l'on conserve et évalue la variabilité d'espèces végétales et animales pour sauvegarder leur patrimoine génétique. ▷ INFORM *Banque de données :* ensemble d'informations réunies dans des fichiers.

Banque africaine de développement (BAD), établissement public international, créé en 1963 (accord de Khartoum) et dont le capital provient de pays africains et de partenaires étrangers. Siège : Abidjan (Côte d'Ivoire).

Banque centrale des États de l'Afrique de l'Ouest (B.C.É.A.O.), institut d'émission de l'Union monétaire ouest-africaine (UMOA), créé en 1962. L'unité monétaire en est le franc de la Communauté financière africaine (franc CFA) qui équivaut à 0,01 franc français (V. franc). Siège : Dakar (Sénégal).

Banque de développement des États de l'Afrique centrale (B.D.É.A.C.), institution sous-régionale de financement du développement, créée en 1975 (accord de Bangui). Siège : Brazzaville (Congo).

Banque des États de l'Afrique centrale (BEAC), institut d'émission monétaire créé à Brazzaville en 1972 et regroupant le Cameroun, le Congo, le Gabon, la Guinée équatoriale, la République centrafricaine et le Tchad. L'unité monétaire en est le franc de la Coopération financière africaine (franc CFA) qui équivaut à 0,01 franc français (V. franc). Siège : Yaoundé (Cameroun).

Banque mondiale. V. banque et BIRD.

banqueroute [bɑ̃kʀut] n. f. **1.** DR Infraction pénale commise par un failli. *Banqueroute frauduleuse :* infraction tenant à des actes graves impliquant une certaine malhonnêteté. **2.** *Banqueroute d'État :* action d'un gouvernement qui cesse de payer tout ou partie des arrérages des rentes à ses créanciers.

banquet [bɑ̃kɛ] n. m. Festin, repas solennel, avec de nombreux convives.

banqueter [bɑ̃kte] v. intr. [20] **1.** Participer à un banquet. **2.** Fam. Faire bonne chère.

banquette [bɑ̃kɛt] n. f. **1.** Banc rembourré. ▷ *Banquette arrière d'une automobile.* **2.** AGRIC Replat artificiel étroit établi horizontalement ou en pente douce, pour lutter contre l'érosion du sol. ▷ Remblai de terre servant de parapet le long d'un ravin. – (France rég.) Accotement herbeux. ▷ Gradin pratiqué au flanc d'un talus. ▷ *Banquette de tir :* dans une fortification, marche permettant d'accéder à un emplacement de tir. **3.** ARCHI Banc de pierre dans une embrasure.

banquier, ère [bɑ̃kje, ɛʀ] n. (Rare au fém.) **1.** Personne qui fait le commerce de la banque. *De puissants banquiers.* **2.** Personne qui tient la banque, dans certains jeux de hasard.

banquise [bɑ̃kiz] n. f. Très vaste amas de glaces permanentes, formé par la congélation des eaux marines au large des côtes polaires, et dont se détachent parfois des blocs flottants (packs).

Banteay Srei, temple-montagne khmer (Xe s.) situé à l'E. du site principal d'Angkor.

banteng [bɑ̃tɛŋ] n. m. Bovidé d'assez grande taille (1,50 m au garrot, 500 kg), de couleur brune, tacheté de blanc, qui vit dans les forêts d'Asie du S.-E. et est parfois domestiqué. Syn. bœuf rouge.

Banting (sir Frederick Grant) (1891 – 1941), médecin canadien. Il découvrit l'insuline, avec J. J. R. Macleod; tous deux reçurent le prix Nobel de médecine 1923.

bantoïde [bɑ̃tɔid] adj. et n. m. LING Se dit d'un important sous-groupe de langues nigéro-congolaises du groupe Bénoué-Congo, incluant notam. les langues bantoues. – n. m. *Le bantoïde.*

bantou, oue [bɑ̃tu] adj. et n. m. Se dit d'un vaste ensemble de langues du sous-groupe bantoïde, comprenant notam. le ciluba, le kikongo, le kirundi, le lingala, le swahili, le zoulou. – n. m. *Le bantou.*

ENCYCL Les langues bantoues sont parlées au sud d'une ligne allant du mont Cameroun à l'embouchure du Tana sur l'océan Indien. Leur unité a été établie vers 1860 par W.H. Bleek, créateur du terme *bantou,* formé de la racine *ntu,* « homme », et du préfixe marquant le pluriel des noms d'êtres humains. Les langues bantoues se rattachent à la grande sous-famille des langues nigéro-congolaises du groupe Bénoué-Congo; parmi elles, on distingue divers sous-groupes : mbamnkam, herrero, etc. Les traits qui les définissent sont : 1) l'existence de classes nominales (de 10 à 20) marquées par des préfixes et associées en paires singulier/pluriel; 2) l'accord de classe par répétition du préfixe devant tous les mots dépendants du nom (ex. : douala *ba-na ba-sadi ba-lalo* « trois petits enfants »); 3) la possibilité d'établir des correspondances phonétiques qui rattachent un pourcentage significatif du vocabulaire aux racines du *bantou commun,* obtenues par comparaison des langues actuelles. Le nombre des langues bantoues varie, selon les spécialistes, de 300 à 600. Parmi elles, le lingala et le kikongo (ou plus précisément le munukutuba) sont des langues véhiculaires internationales.

Bantou(s), ensemble linguistique constitué par la plupart des populations de l'Afrique sud-équatoriale; elles sont localisées au sud d'une ligne allant de Douala (Cameroun) jusqu'à l'embouchure du Tana (Kenya). Les très nombreuses ethnies parlent des langues parentes mais ne présentent pas des traits culturels communs. Le dessèchement du Sahara au néolithique déclencha les grandes migrations des Proto-Bantous. Partis, selon de nombr. auteurs, de la région comprise entre le Niger et l'Oubangui, ils traversèrent le domaine des Pygmées et arrivèrent dans la région drainée par le cours inférieur du fleuve Congo; ils refoulèrent ou assimilèrent des populations qui vivaient de la chasse et de la cueillette. Une autre branche de Bantous atteignit la région des Grands Lacs et gagna ensuite l'Afrique australe. V. bantou et Afrique.

bantouistique [bɑ̃tuistik] n. f. LING Étude des langues bantoues.

bantoustan ou **bantustan** [bɑ̃tustɑ̃] n. m. En Afrique du Sud, sous le régime de l'apartheid, tout territoire, « indépendant » ou non, qui était attribué, sur une base ethnolinguistique, à l'un des peuples noirs de l'État.

Banu Ammar. V. Ammarides.

Banu Hammad. V. Hammanides.

Banu Hilal. V. Hilaliens.

Banyiginya, dynastie qui régna sur le Rwanda du XIVe s. à 1960.

baobab [baɔbab] n. m. Gros arbre d'Afrique, de Madagascar et d'Australie (fam. bombacacées), caractéristique des savanes, au tronc épais (jusqu'à 25m de circonférence à la base), dont les feuilles et le fruit (*pain de singe*) sont comestibles, et dont l'écorce sert à fabriquer des cordages. *Le baobab est considéré en Afrique comme un arbre fétiche.*

Bao Dai (nom de règne de Nguyên Phuc Vinh Thuy) (1913 – 1997), empereur du Viêt-nam (1925) (règne effectif, 1932), sous protectorat français. En 1945, il proclame (11 mars) l'indépendance du Viêt-nam, puis, à la demande du Viêt-minh, abdique (25 août). Exilé en 1946, il revient en 1948 à la demande des Français et forme en 1949 le gouvernement d'un État associé à la France. En 1954, après la partition du pays, le chef du gouvernement du Viêt-nam du Sud, Ngô Dinh Diêm, fait abolir la monarchie par référendum (1955). Bao Dai finit sa vie en France.

Bao Ninh (né en 1954), écrivain vietnamien. Il s'attache, au-delà des idéologies, à retrouver le vrai visage de son peuple : *le Chagrin de la guerre* (1991).

baoulé [baule] adj. inv. et n. m. **1.** adj. De l'ethnie des Baoulé. **2** n. m. *Le baoulé :* la langue kwa de Côte d'Ivoire servant de langue véhiculaire.

Baoulé, population de la Côte d'Ivoire (près de 2,5 millions de personnes). Ils parlent diverses langues nigéro-congolaises du groupe kwa, sous-groupe akan.

baptême [batɛm] n. m. **1.** Sacrement qui fait de celui qui le reçoit un chrétien. *Le baptême se confère par immersion complète dans l'eau ou par simple ablution sur le front. Acte de baptême :* extrait du registre paroissial certifiant qu'une personne a été baptisée. ▷ Loc. *Nom de baptême :* prénom conféré lors du baptême. **2.** Cérémonie de l'imposition du nom. *Chez les musulmans, le baptême a lieu sept jours après la naissance.* **3.** Par anal. *Baptême d'un navire.* **4.** Fig. Initiation. *Baptême du feu :* débuts d'un militaire au combat. *Baptême de l'air :* premier voyage en avion ou en hélicoptère.

baptiser [batize] v. tr. [1] **1.** Conférer le baptême à. – Pp. adj. *Un enfant baptisé,* qui a reçu le baptême. **2.** Fig., fam. *Baptiser son vin,* le couper d'eau.

baptismal, ale, aux [batismal, o] adj. Relatif au baptême. *Fonts* baptismaux.*

baptisme [batism] n. m. Doctrine religieuse selon laquelle le baptême doit être administré aux adultes (et non aux enfants), par immersion complète.

baptiste [batist] adj. et n. Qui a rapport au baptisme. ▷ Subst. Adepte du baptisme.

baptistère [batistɛʀ] n. m. Chapelle où se trouvent les fonts baptismaux.

baquet [bakɛ] n. m. Petit cuvier, généralement en bois.

1. bar [baʀ] n. m. **1.** Débit de boissons où le client consomme au comptoir. ▷ (Afr. subsah.) Débit de boissons où l'on danse. **2.** Le comptoir luimême. **3.** Petit meuble contenant des bouteilles de boisson.

2. bar [baʀ] n. m. PHYS Unité de pression égale à 10^5 pascals. *La pression atmosphérique normale vaut env. 1 bar.*

3. bar [baʀ] n. m. **1.** Poisson perciforme marin *(Labrax lupus)* de l'Atlantique et de la Méditerranée, carnivore très vorace, à la chair estimée. Syn. loup. **2.** (Afr. subsah.) Nom cour. du tassergal.

Barabbas ou **Barrabas,** agitateur politique. Condamné à mort, il fut gracié par Pilate, à la place de Jésus, sous la pression de la foule (Évangiles).

Bārābudur ou **Borobudur,** monument bouddhique composé d'un ensemble de stūpa, élevé dans l'île de Java, près de Jogjakarta, vers le milieu du IXe s. C'est un chef-d'œuvre de l'art indo-javanais.

barachois [baʀaʃwa] n. m. (Surtout en Acadie) Petite baie peu profonde abritée par un banc de sable. (Nom de lieu fréquent en Acadie.)

Bărăgan, rég. de Roumanie, formant la partie orientale de la Valachie. La terre, au sol riche, est propice aux cultures irriguées : céréales et tournesol.

baragne [baʀaɲ] n. f. (France rég.) Syn. de *haie* (sens 1).

baragouin [baʀagwɛ̃] n. m. Langage incompréhensible. ▷ *Par ext.* Langue étrangère que l'on ne comprend pas.

baragouiner [baʀagwine] v. [1] Fam. **1.** v. tr. Parler une langue incorrectement. *Il baragouine l'espagnol.* **2.** v. intr. Péjor. Parler une langue inintelligible.

baraka [baʀaka] n. f. **1.** Dans les pays musulmans, bénédiction de Dieu et des saints. ▷ *Par ext.* Chance extrême comparable à une bénédiction. **2.** Fam. Chance. *Avoir la baraka.*

baraque [baʀak] n. f. Construction légère et temporaire. *Les baraques de la foire. – Par ext.* Fam. Maison mal bâtie, mal agencée ou mal tenue. *Une vieille baraque.*

baraqué, ée [baʀake] adj. Fam. Robuste (en parlant d'une personne). *Un gaillard bien baraqué.*

baraquement [baʀakmɑ̃] n. m. Ensemble de baraques, servant notam. de logement provisoire à des soldats ou à des travailleurs.

baraquer [baʀake] v. [1] **1.** v. intr. S'accroupir, en parlant d'un dromadaire, d'un chameau. **2.** v. tr. (Maghreb) Faire agenouiller un dromadaire.

baratin [baʀatɛ̃] n. m. Fam. Discours, flot de paroles pour enjôler ou abuser; paroles sans portée réelle. *Tout ça, c'est du baratin!*

baratiner [baʀatine] v. [1] Fam. **1.** v. intr. Parler beaucoup, tenir des propos sans intérêt. **2.** v. tr. Essayer de séduire par un baratin. *Baratiner une fille.*

baratineur, euse [baʀatinœʀ, øz] adj. (et n.) Fam. Qui baratine.

barattage [baʀataʒ] n. m. Action de baratter.

baratte [baʀat] n. f. Récipient clos dans lequel on bat la crème pour en extraire le beurre; machine à baratter.

baratter [baʀate] v. tr. [1] Agiter (de la crème) dans une baratte pour en faire du beurre.

Barbade (la), île des Petites Antilles; 431 km^2; 270000 hab.; cap. *Bridgetown.* Sucre, rhum. Tourisme. – Colonie brit. en 1627, cet État fait partie du Commonwealth depuis 1966.

barbadine [baʀbadin] n. f. (Antilles fr., Guyane, Haïti) Passiflore; fruit de la Passion*. Syn. (Haïti) grenadia, grenadine.

barbant, ante [baʀbɑ̃, ɑ̃t] adj. Fam. Ennuyeux, fastidieux.

barbare [baʀbaʀ] adj. et n. **1.** ANTIQ Étranger, chez les Grecs et les Romains. ▷ Subst. *Un barbare.* **2.** *Par ext.* Qui n'est pas civilisé. *Une peuplade barbare.* ▷ Mod. Cruel, féroce. *Une foule barbare voulut assister à l'exécution.* **3.** (Choses) Grossier, qui choque le goût. *Quelle musique barbare!*

Barbares (les), nom donné aux peuples d'origine slave, germanique ou asiatique qui envahirent l'Empire romain aux IVe et Ve siècles. – La poussée des Huns, peuple nomade venu d'Asie centrale, provoqua chez les Goths, à la fin du IVe s., une fuite vers l'Empire romain, refuge puis proie. En 376, autorisés à pénétrer dans l'Empire, une partie des Goths, les Wisigoths, se ruèrent vers Constantinople et la mer. En 378, ils écrasèrent l'armée romaine à Andrinople. Après un répit, ils repartirent vers l'ouest et, sous la conduite d'Alaric, s'emparèrent de Rome en 410. Vandales et Suèves passèrent le Rhin en 406 sans rencontrer de résistance et ravagèrent la Gaule puis l'Espagne, où les Wisigoths les rejoignirent. À leur suite d'autres peuples se précipitèrent dans l'Empire. L'invasion des Huns (pourtant battus en 452 aux champs Catalauniques) et la chute de l'Empire romain d'Occident marquèrent la fin de cette phase tumultueuse. Au VIe s. on assista à une pénétration plus lente, plus méthodique. Les Lombards envahirent l'Italie. Au IXe s., les Normands se livrèrent à des invasions maritimes.

barbaresque [baʀbaʀɛsk] adj. et n. Relatif à la Barbarie; de Barbarie. ▷ Subst. *Un(e) Barbaresque.*

barbarie [baʀbaʀi] n. f. **1.** État d'un peuple qui n'est pas civilisé. **2.** Cruauté, inhumanité. *Exercer sa barbarie sur les vaincus.*

Barbarie, nom (qui provient de *Berbérie,* «le pays des Berbères») donné jusqu'au début du XIXe s. aux régions d'Afrique du Nord situées à l'O. de l'Égypte et peuplées de Berbères.

barbarin [baʀbaʀɛ̃] n. m. Poisson courant en Guyane (fam. mullidés).

barbarisme [baʀbaʀism] n. m. Emploi d'un mot inventé ou déformé, ou d'un mot détourné de son sens normal, qui constitue une faute. (Ex. *colidor* pour *corridor, recouvrir la vue* pour *recouvrer la vue.*)

1. barbe [baʀb] n. f. **1.** (Chez l'homme.) Poils du menton et des joues. *Porter la barbe. Barbe en pointe, en collier.* ▷ Loc. fig. *Rire dans sa barbe :* rire, se moquer sans le laisser paraître. *– Parler dans sa barbe,* sans se faire entendre, de façon inintelligible. *– Faire qqch à la barbe de qqn,* en sa présence et sans qu'il s'en aperçoive. ▷ Fam. *La barbe! Quelle barbe! :* exclamations marquant l'ennui, l'impatience. ▷ *Barbe à papa :* confiserie faite de sucre chaud étiré en filaments enroulés autour d'un bâtonnet. *Des barbes à papa.* **2.** *Par anal.* Touffe de poils sous le menton de certains animaux. *Barbe d'un bouc.* **3.** (Presque toujours au plur.) Fines aiguilles qui terminent les glumes de certaines graminées. *Les barbes d'un épi de blé.* ▷ Filaments ramifiés à angles droits, que portent les tuyaux des plumes d'oiseaux. ▷ Plur. TECH Bavures ou aspérités d'une pièce brute.

2. barbe [baʀb] n. m. Cheval originaire des pays d'Afrique du Nord. ▷ adj. *Une jument barbe.*

barbeau [baʀbo] n. m. **1.** Poisson téléostéen d'eau douce (genre *Barbus,* fam. cyprinidés), à bouche munie de quatre barbillons, dont il existe diverses espèces. **2.** (Acadie) Petit poisson (genre *Fundulus*) vivant en eau peu profonde (douce ou saumâtre), utilisé comme appât.

Barbeau (Marius) (1883 – 1969), ethnologue québécois. Il a étudié diverses tribus amérindiennes et le folklore québécois (contes, légendes, musique, coutumes).

Barbeau (Victor) (1896 – 1994), écrivain québécois. Il a étudié la société québécoise et sa langue : *le Ramage de mon pays* (1939), *le Français du Canada* (1963). Prem. président (1944-1947) de l'Académie canadienne-française (V. Académie des lettres du Québec), il la présida à nouveau de 1953 à 1974.

barbecue [baʀbəkju] n. m. **1.** Appareil à charbon de bois muni d'une grille, pour la cuisson en plein air. (Abrév. cour. au Québec : bar-B-Q ou B.B.Q.). **2.** Repas en plein air où sont servies des viandes grillées ou rôties sur un barbecue. **3.** *Sauce barbecue :* sauce épicée dont on badigeonne les viandes à cuire sur le barbecue ou qu'on sert en accompagnement. – (Québec) *Poulet barbecue :* poulet rôti badigeonné et servi accompagné de cette sauce.

barbelé, ée [baʀbəle] adj. Garni de pointes ou de dents. *Flèche barbelée. – Fil de fer barbelé :* fil de fer garni de pointes, employé pour les clôtures. ▷ n. m. (le plus souvent au plur.) Fils de fer barbelés. *Camp entouré de barbelés.*

barber [baʀbe] v. tr. [1] Pop. Ennuyer. *Ce travail me barbe.* ▷ v. pron. *On s'est barbé en vous attendant.*

Barberousse. V. Frédéric Ier Barberousse.

Barberousse, nom donné par les Européens à deux frères : **'Arūdj** (1473 – 1518) et, surtout, **Khayr al-Dīn** (1475 – 1546), pirates turcs qui régnèrent successivement sur Alger et sa région avec l'accord du sultan ottoman Selim. Khayr al-Dīn dota Alger d'un port et s'allia aux Français contre Charles Quint (1543).

Barberousse (opération), nom de code que Hitler, par allusion aux conquêtes de l'empereur germanique Frédéric Ier, donna à l'invasion de l'U.R.S.S. (juin 1941).

Barbès (Armand) (1809 – 1870), homme politique français. Député d'extrême gauche, il tenta, le 15 mai 1848, de former un gouv. insurrectionnel. Emprisonné, il s'exila en 1854.

barbet [baʀbɛ] n. m. Chien d'arrêt, griffon à poils longs (55 à 60 cm au garrot). – adj. m. *Un chien barbet.*

Barbey d'Aurevilly (Jules) (1808 – 1889), auteur français de romans, de nouvelles (*les Diaboliques,* 1874), d'études littéraires.

barbiche [barbiʃ] n. f. Petite barbe à la pointe du menton.

barbier [barbje] n. m. **1.** Anc. Celui dont la profession était de tailler ou de raser la barbe. ▷ (Liban) Coiffeur pour hommes. **2.** Poisson (genres *Lepadogaster* et *Anthrias*) commun en mer Méditerranée.

1. barbillon [barbijɔ̃] n. m. **1.** Filament tactile de la bouche de certains poissons. **2.** (Plur.) Replis membraneux sous la langue du cheval et du bœuf.

2. barbillon [barbijɔ̃] n. m. ICHTYOL Petit barbeau.

barbiturique [barbityrik] n. m. (et adj.) Médicament utilisé comme hypnotique, sédatif, anesthésique, anticonvulsif, dérivé de *l'acide barbiturique* (ex. : penthotal, véronal, gardénal).

Barbizon, com. de France (Seine-et-Marne); 1 273 hab. – *École de Barbizon :* groupe d'artistes (Th. Rousseau, Corot, Millet, Dupré, Daubigny, Harpignies, Diaz, Troyon) précurseurs de l'impressionnisme (1830-1860).

barbotage [barbɔtaʒ] n. m. **1.** Fait de barboter dans l'eau. **2.** CHIM Passage d'un gaz, d'une vapeur dans un liquide.

barboter [barbɔte] v. [1] **I.** v. intr. **1.** Remuer l'eau en nageant. *Les canards barbotent dans la mare.* ▷ S'agiter dans l'eau, dans la boue. *Les enfants barbotent dans le marigot.* **2.** CHIM *Faire barboter un gaz :* faire passer un gaz à travers un liquide. **II.** v. tr. Fam. Voler. *On m'a barboté ma montre.*

barboteuse [barbɔtøz] n. f. Vêtement pour enfants, d'une seule pièce, fermé entre les jambes et qui laisse nues celles-ci.

barbotine [barbɔtin] n. f. Pâte fluide utilisée en céramique, pour confectionner par coulage des pièces ou des motifs décoratifs de porcelaine tendre.

barbotte [barbɔt] n. f. (Québec) Poisson siluriforme d'eau douce (genre *Ameiurus* ou *Noturus*), originaire d'Amérique, dont la tête, grosse et aplatie, est garnie de barbillons.

barbouillage [barbujaʒ] ou **barbouillis** [barbuji] n. m. **1.** Écriture peu lisible. **2.** Enduit de couleur fait rapidement à la brosse. **3.** Fam. Mauvaise peinture.

barbouiller [barbuje] v. tr. [1] **1.** Salir, tacher grossièrement. *Barbouiller ses cahiers de taches d'encre.* – Fam. *Barbouiller du papier :* faire des écritures; écrire beaucoup. ▷ Loc. fig., fam. *Barbouiller le cœur, l'estomac :* donner des nausées. **2.** Peindre grossièrement.

barbouilleur, euse [barbujœr, øz] n. Peintre sans talent.

barbouillis [barbuji] n. m. V. barbouillage.

barbouze [barbuz] n. f. ou m. Péjor., fam. Agent plus ou moins officiel d'un service de renseignements.

barbu, ue [barby] adj. ou n. m. **I.** adj. Qui a de la barbe, qui porte la barbe. *Jeune homme barbu. Menton barbu, joues barbues.* **II.** n. m. **1.** Homme qui porte la barbe. ▷ (Maghreb, neutre ou péjor.) *Spécial.* En Algérie, au Maroc, homme qui porte la barbe comme symbole de son appartenance au mouvement islamiste. **2.** Oiseau arboricole à fort bec entouré de vibrisses (ordre piciformes), dont il existe diverses espèces dans les forêts tropicales d'Afrique, d'Asie et d'Amérique du Sud.

Barbuda. V. Antigua.

barbue [barby] n. f. Poisson de mer plat voisin du turbot, qui atteint 80 cm de long.

Barbusse (Henri) (1873 – 1935), écrivain français. *Le Feu* (1916, prix Goncourt) dénonce l'horreur de la guerre de 1914-1918. Ses derniers ouvrages célèbrent l'U.R.S.S.

barcarolle [barkarɔl] n. f. **1.** Chanson cadencée des gondoliers de Venise. **2.** Chant ou air sur un rythme à trois temps. *Les barcarolles de Mendelssohn.*

barcasse [barkas] n. f. Grosse barque à fond plat servant surtout au transbordement des passagers et des marchandises.

Barcelone, ville d'Espagne, port import. sur la Médit.; 1 707 280 hab.; cap. de la communauté auton. de Catalogne; ch.-l. de la prov. du m. n. Grand centre industr. – Cath. goth. Ste-Eulalie (XIVe-XIXe s.), égl. Santa María del Mar (XIVe s.), égl. de la Sagrada Familia, de Gaudí (1884, inachevée). Jeux Olympiques de 1992. – De juillet 1936 au 25 janv. 1939, la ville résista aux troupes franquistes.

bard [bar] n. m. Civière pour le transport des matériaux.

1. barda [barda] n. m. Arg. (des militaires) Équipement individuel du soldat en déplacement. ▷ *Par ext.,* fam. Bagage encombrant. *Déposez donc votre barda.*

2. barda [bardɑ] n. m. (Québec) Fam. **1.** Vieilli Ménage, tenue d'une maison. – *Grand barda :* grand ménage de la maison qu'on fait une ou deux fois par an. **2.** Bruit, vacarme; remue-ménage. *Faire un barda épouvantable.* (V. train [sens IV, 1], sassaquoi.) **3.** Désordre matériel, ensemble de choses placées pêle-mêle.

bardane [bardan] n. f. Plante (fam. composées) d'Europe et d'Eurasie, très fréquente sur les décombres, dont la racine a des usages médicinaux. (On l'appelle *cour. amour* en Acadie.)

bardasser [bardase] ou **berdasser** [bɛrdase] v. [1] (Québec) Fam. **I.** v. intr. S'occuper à des riens. *Bardasser dans ses affaires.* **II.** v. tr. **1.** Manipuler (qqch) sans ménagement et bruyamment. *Bardasser de la vaisselle.* **2.** Molester (qqn) physiquement. – Réprimander (qqn). *Se faire bardasser par son père.* **III.** v. tr. (Acadie, surtout *berdasser*) Gaspiller, dépenser follement. *Bardasser ou berdasser son argent.*

bardasserie [bardasri] n. f. **1.** (Québec) Vx Bruit, tapage. **2.** Plur. (Acadie, *berdasseries*) Occupations futiles. – Dépenses inutiles.

1. barde [bard] n. m. **1.** Poète celte qui célébrait les héros en musique. **2.** *Par ext.* Poète national, épique et lyrique.

2. barde [bard] n. f. Tranche mince de lard dont on enveloppe certaines viandes à rôtir.

Barde (Alexandre) (1816 – 1868), écrivain français. Il s'installa en Louisiane en 1842 : *les Pirates de la Louisiane* (roman, 1848).

1. bardeau [bardo] n. m. Planchette mince et courte utilisée pour le revêtement des façades et des toits. Syn. (Suisse) tavillon. ▷ (Québec) Matériau à base d'asphalte pour le revêtement des toits, en feuilles imitant la forme de cette planchette. ▷ Latte de bois posée sur des solives, pour recevoir un carrelage.

2. bardeau [bardo] n. m. V. bardot.

Bardeen (John) (1908 – 1991), physicien américain. P. Nobel en 1956 (travaux sur les semiconducteurs, invention, en 1954, du transistor) et 1972 (travaux sur la supraconductivité).

1. barder [barde] v. tr. [1] **1.** Revêtir d'une armure. *Les chevaliers étaient bardés de fer.* ▷ Fig. *Il est bardé de décorations. – Être bardé de préjugés.* **2.** Entourer de bardes. *Barder une volaille.*

2. barder [barde] v. impers. [1] Fam. Tourner mal, se gâter, devenir violent. *Ça va barder, ça barde.*

Bardo (Le), v. de Tunisie, dans la banlieue de Tunis; 65 660 hab. – Anc. palais des beys de Tunis, où fut signé le *traité du Bardo* (1881) établissant le protectorat franç. sur le pays. – Musée archéologique.

bardocher [bardoʃe] v. tr. ou intr. [1] (Acadie) Recouvrir de bardeaux.

bardot ou **bardeau** [bardo] n. m. Hybride issu d'un cheval et d'une ânesse.

Bardot (Brigitte) (née en 1934), comédienne française. Sa personnalité, révélée dans *Et Dieu créa la femme* (1956), a marqué les années 1950-1960.

barea [barea] ou **baria** [barja] n. m. Bœuf sauvage que l'on rencontre dans l'ouest de Madagascar.

barème [barɛm] n. m. Répertoire de données chiffrées.

barémique [baremik] adj. (Belgique) Qui se rapporte à un barème. *L'échelle barémique des salaires.*

Barents (mer de), mer de l'océan Arctique, bordant le Spitzberg, la Nouvelle-Zemble et le N. de l'Europe.

Barents ou **Barentzs** (Willem) (v. 1550 – 1597), marin et explorateur néerl., découvrit la Nouvelle-Zemble (1594) et le Spitzberg (1596).

1. barge [barʒ] ou **berge** [bɛrʒ] n. f. ORNITH Oiseau charadriiforme des marais (genre *Limosa*), de la taille d'une bécasse, aux pattes et au bec très longs.

2. barge [barʒ] n. f. MAR Embarcation à fond plat et à faible tirant d'eau. *Barge de débarquement. – Barge océanique,* utilisée pour le transport de marchandises ou de matériel en haute mer.

barguigner [bargiɲe] v. intr. [1] Vieilli *Sans barguigner :* sans hésiter. (V. barguiner.)

barguiner [bargine] v. [1] (Québec) Fam. **1.** v. intr. Marchander. **2.** v. tr. *Barguiner (qqch) :* marchander (un objet usagé, un service). *Barguiner une vieille moto.* (V. barguigner.)

Bari (anc. *Barium*), port d'Italie, sur l'Adriatique; 368 900 hab.; ch.-l. des Pouilles. Raffineries de pétrole. Centr. therm. Industries. – Université. – Basilique St-Nicolas (XIe et XIIe s.).

baria [barja] n. m. V. barea.

bariba [bariba] n. m. LING Langue nigéro-congolaise du groupe gur parlée par les Batomba (env. 550 000 personnes), qui habitent le Borgou, dans le N.-E. du Bénin.

baricaut [bariko] n. m. TECH Un tout petit baril.

barigot [barigo] n. m. (Afr. subsah., France rég.) Fût métallique, tonneau, poterie utilisés pour recueillir ou transporter l'eau.

baril [baril] n. m. **1.** Petit tonneau de bois. *Un baril de poudre, d'anchois.* **2.** Unité de mesure du pétrole (1 baril : 0,159 m^3).

Barilier (Étienne) (né en 1947), écrivain suisse d'expression française. Sensibilité romantique et ironie caractérisent ses romans : *le Chien Tristan* (1977), *le Duel* (1983).

barillet [barijɛ] n. m. Dispositif mécanique de forme cylindrique. *Barillet d'un revolver,* où sont logées les balles.

Baring (Evelyn), premier comte Cromer (1841 - 1917), homme politique britannique. Ministre plénipotentiaire (1883-1907) chargé de réorganiser l'Égypte nouvellement occupée, il ne put empêcher le désastre de Khartoum (1885).

bariolage [barjɔlaʒ] n. m. Assemblage disparate de différentes couleurs.

bariolé, ée [barjɔle] adj. Se dit d'objets dont les couleurs sont nombreuses, vives et mal assorties. *Robe bariolée.*

barioler [barjɔle] v. tr. [1] Couvrir de diverses couleurs mal assorties.

barjaquer [barjake] v. intr. [1] (France rég., Suisse) Fam. Bavarder.

barka [barka] adv. (Maghreb) En Algérie surtout, exclamation qui sert à exprimer son impatience, sa résolution de mettre fin à une situation, à un propos. *Barka! :* assez, ça suffit. ▷ *Par ext.* Basta!

barkhane [barkan] n. f. Dune en forme de croissant, d'une dizaine de mètres de haut, qui progresse rapidement sur le substrat rocheux. *Les barkhanes de Mauritanie.*

Bar-Kokheba (Simon Ben Koseva, dit) (m. en 135 apr. J.-C.), héros national juif, chef de la révolte contre Hadrien (132-135); acculé dans la forteresse de Béthar, il périt avec ses compagnons.

barlong, ongue [barlɔ̃, ɔ̃g] adj. Qui est plus long d'un côté que de l'autre.

Barlow (Peter) (1776 - 1862), physicien anglais. La *roue de Barlow* (1828) fut considérée comme le premier moteur électrique.

barmaid [barmɛd] n. f. Serveuse d'un bar. *Des barmaids.*

barman, plur. **barmen** [barman, barmɛn] n. m. Serveur d'un bar.

Barnabé (saint) (Ier s.), disciple de saint Paul; il évangélisa avec lui la Syrie et la Grèce. Il mourut lapidé.

Barnard (Christian) (né en 1922), médecin et chirurgien sud-africain. Il réalisa en 1967, au Cap, la première greffe du cœur humain.

Barnave (Antoine) (1761 - 1793), homme politique français. Favorable à une monarchie constitutionnelle, il fut guillotiné sous la Terreur.

Barnum (Phineas Taylor) (1810 - 1891), créateur américain d'un cirque (1871).

baro-. Élément, du gr. *baros,* «pesanteur», impliquant une idée de gravité ou de pression atmosphérique.

barocentrique [barɔsɑ̃trik] adj. GEOM *Courbe barocentrique,* formée par les intersections, sur un plan méridien, des verticales contenues dans ce plan.

baromètre [barɔmɛtr] n. m. **1.** Appareil servant à mesurer la pression atmosphérique et qui permet de prévoir le temps qu'il fera. *Baromètre à mercure,* qui équilibre la pression atmosphérique par le poids d'une colonne de mercure dont on mesure la hauteur. **2.** Fig. Ce qui sert à mesurer, à estimer. *Les sondages sont un bon baromètre.*

barométrique [barɔmetrik] adj. Relatif au baromètre ou aux variations de la pression atmosphérique.

1. baron [barɔ̃] n. m. **1.** FEOD Grand seigneur du royaume. **2.** Titre nobiliaire immédiatement inférieur à celui de vicomte. **3.** Fig. Personnage important dans le monde de la politique, de la finance, de l'industrie, etc.

2. baron [barɔ̃] n. m. *Baron d'agneau :* pièce d'agneau (ou de mouton) comportant la selle et les gigots.

baronne [barɔn] n. f. Femme noble possédant une baronnie; épouse d'un baron.

baronnie [barɔni] n. f. FEOD Terre seigneuriale donnant à qui la possède le titre de baron; ce titre lui-même.

baroque [barɔk] adj. et n. m. **1.** *Perle baroque :* perle de forme irrégulière. ▷ D'une irrégularité qui étonne, qui choque. *Une idée baroque,* bizarre, excentrique. **2.** BX-A Se dit d'un style exubérant (XVIIe s.-première moitié du XVIIIe s.). *Une église baroque.* – n. m. *Le baroque :* ce style. ▷ *Par ext.* Qui évoque ce style, à d'autres époques, en art et en littérature. **3.** *Musique baroque,* qui s'est constituée vers le milieu du XVIIIe siècle.
ENCYCL Bx.-A. Dans son sens historique, le mot *baroque* s'applique au style qui a dominé les arts en Europe au XVIIe s. et qui est caractérisé par une débauche décorative et la recherche d'effets bizarres. Inauguré par le Bernin en Italie, le style baroque donna sa pleine mesure dans le domaine de l'architecture avec Borromini et dans celui de la peinture avec Pierre de Cortone et ses émules. Le baroque s'étendit en Allemagne, en Autriche, en Bohême, en Pologne, en Russie. Il fut supplanté par le classicisme* en France, où il marque toutefois le château de Versailles. Les Flandres, qui au XVIIe s. sont un des bastions du catholicisme face à l'expansion protestante (V. Réforme catholique), constituent le foyer septentrional le plus important de l'art baroque, qu'il s'agisse d'architecture religieuse ou civile (Grand-Place de Bruxelles), de la sculpture ou de la peinture.

baroquisme [barɔkism] n. m. Caractère propre au style baroque, à une œuvre de ce style.

barorécepteur [barɔreseptœr] n. m. PHYSIOL Neurone sensible aux variations de la pression artérielle.

barotraumatisme [barɔtromatism] n. m. MED Ensemble de troubles graves provoqués (partic. chez un plongeur sous-marin) par une variation trop forte et trop rapide de la pression.

baroud [barud] n. m. **1.** (Maghreb) Combat, opération militaire. – (Argot milit.) Bataille, bagarre, échauffourée. ▷ Fig. (Argot milit., puis fam.) Désordre, esclandre. *Il est venu faire du baroud.* **2.** (Maghreb) *Baroud d'honneur :* cérémonie au cours de laquelle des cavaliers au galop tirent des coups de fusil. – (Argot milit.) *Baroud d'honneur :* combat (au propre et au fig.) livré sans espoir, pour sauver l'honneur.

baroudeur [barudœr] n. m. (et adj. m.) **1.** (Maghreb) Combattant, lutteur. **2.** (Maghreb) Cavalier participant à un baroud d'honneur. **3.** Fam. Homme qui aime le baroud, la bagarre. ▷ Homme qui voyage beaucoup, dans des conditions peu confortables. – Homme qui a beaucoup d'expérience.

barque [bark] n. f. **1.** Petit bateau non ponté. ▷ Loc. fig. *Conduire, mener sa barque :* conduire, de telle ou telle manière, une entreprise. *Il a bien mené sa barque.* **2.** MYTH, RELIG Nacelle. *Barque des défunts.* – ANTIQ GR *Barque de* (ou *à*) *Charon,* que Charon utilisait pour passer les morts de l'autre côté de l'Achéron.

barquette [barkɛt] n. f. **1.** Tartelette en forme de barque. *Barquette à l'ananas.* **2.** Petit récipient utilisé pour le conditionnement de fruits ou d'aliments délicats.

Barrabas. V. Barabbas.

barracon [barakɔ̃] n. m. HIST Au temps de la traite des esclaves, hangar où ceux-ci étaient détenus jusqu'à leur embarquement. (V. captiverie.)

barracuda [barakyda] n. m. Poisson perciforme marin *(Sphyræna barracuda),* commun le long des côtes africaines, atteignant 2 m, rapide et très vorace (il peut attaquer l'homme). Syn. bécune, (Afr. subsah.) brochet.

barrage [baraʒ] n. m. **1.** Ce qui barre (une voie); action de barrer (une voie). *Barrage d'une route à l'aide de chevaux de frise.* ▷ *Barrage de police :* dispositif policier empêchant de passer. **2.** Ouvrage disposé en travers d'un cours d'eau pour créer une retenue ou exhausser le niveau amont. **3.** MILIT *Tir de barrage :* tir d'artillerie destiné à interdire un accès. **4.** GEOL *Lac de barrage :* lac résultant de la présence d'un obstacle (moraine, éboulis, etc.) qui empêche l'écoulement des eaux. **5.** SPORT *Match de barrage :* épreuve servant à départager deux concurrents à égalité.

Barranquilla, princ. port de Colombie, à l'embouchure du Magdalena; 896650 hab.; ch.-l. de dép.

Barras (Paul, vicomte de) (1755 - 1829), homme politique français. Conventionnel, il œuvra à la chute de Robespierre. Membre du Directoire, il démissionna après le 18 Brumaire.

Barrault (Jean-Louis) (1910 - 1994), acteur français de cinéma (*les Enfants du paradis,* 1944), acteur et metteur en scène de théâtre. V. Renaud (Madeleine).

barre [bar] n. f. **1.** Pièce longue et rigide, de bois, de métal, etc. *Barre de fer. Barre d'appui :* barre horizontale à hauteur d'appui, sur une fenêtre, un balcon. – (oc. Indien) *Barre de bois,* qui permet de fermer les fenêtres et les portes des maisons de type traditionnel. ▷ Par anal. *Barre de chocolat, de sel.* ▷ Loc. fig., fam. *Avoir un coup de barre :* se sentir brusquement fatigué. ▷ TECH *Barre d'attelage,* qui relie deux véhicules. – *Barre à mine,* qui sert de levier ou d'outil de perforation. ▷ SPORT *Barre fixe* (en hauteur), *barres parallèles* (à hauteur d'homme) : agrès de gymnastique. ▷ Lingot. *Une barre d'or fin.* – Fig., fam. *C'est de l'or en barre :* c'est une bonne affaire. **2.** Trait de plume ou de crayon pour biffer ou souligner quelque chose. ▷ (Québec) Fam. *La barre blanche d'une rue, d'une route :* la ligne blanche de signalisation. **3.** MAR Levier fixé à la mèche du gouvernail et permettant de l'orienter. – *Par ext.* Système permettant d'orienter le gouvernail.

Barre mécanique, électrique, commande de barre. ▷ Fig. *Être à la barre, tenir la barre :* diriger une entreprise, gouverner. **4.** GEOGR Accumulation d'alluvions fluviales en forme d'arête sur le fond marin, parallèlement à la côte, au large de vastes estuaires, là où le courant fluvial est annulé par la mer. *Barre du Mississippi, du Sénégal.* **5.** Zone de hautes vagues qui viennent se briser en avant de certaines côtes. *Pirogue qui franchit la barre.* (V. mascaret.) **6.** MUS *Barre de mesure :* signe notant la division en mesures. **7.** Emplacement réservé dans les salles d'audience judiciaire aux dépositions des témoins, parfois aux plaidoiries, et qui est généralement marqué par une barre. *Témoin appelé à la barre.* **8.** Espace entre les dents labiales (incisives et canines) et les dents jugales (prémolaires et molaires) de la mâchoire inférieure des ruminants, solipèdes, lagomorphes, etc. *Le mors du cheval se place à l'endroit de la barre.* **9.** (Réunion) *Barre de rein :* syn. de *colonne* vertébrale.* **10.** Vx ou litt. (Cour. au Québec et à la Réunion) *La barre du jour :* l'aube, les premières lueurs de l'aurore.

Barre (Raymond) (né en 1924), économiste et homme politique français. Premier ministre de 1976 à 1981.

barré, ée [baʀe] adj. **I. 1.** *Rue, voie barrée,* où la circulation est interdite. **2.** (Afr. subsah., Québec) Fermé à clé. *Porte barrée, auto barrée.* **3.** *Chèque barré :* V. chèque. **4.** (Québec, vieilli) Rayé. *Tissu barré.* **5.** *Dent barrée :* dent dont la configuration des racines rend l'extraction difficile. **II.** (Québec) (En parlant de personnes.) **1.** Fam. Exclu d'un endroit, d'un groupe. **2.** Paralysé (sous l'effet du froid, de la fatigue, etc.). *Les joueurs sont barrés.* – Contracté. *Avoir le dos barré.* **3.** Loc. adj. Fam. *Pas barré, pas barré à quarante :* qui agit avec assurance, audace; sans gêne. – Qui ne regarde pas à la dépense. *Quand on fête, on n'est pas barré.*

barreau [baʀo] n. m. **1.** Barre de bois, de fer qui sert d'assemblage, de clôture, etc. *Les barreaux d'une chaise, d'une grille.* **2.** Emplacement garni de bancs, réservé aux avocats dans les salles d'audience judiciaire, et clôturé autrefois par un barreau amovible. – Fig. Profession d'avocat. *Se destiner au barreau.* ▷ Ensemble des avocats établis auprès d'un même tribunal de grande instance. *Le barreau d'Abidjan.*

barreaudage [baʀodaʒ] ou **barreautage** [baʀotaʒ] n. m. (Maurice, Réunion) Action de poser des barreaux sur les ouvertures d'un bâtiment pour éviter toute effraction.

Barre du jour (la) revue littéraire québécoise fondée en 1965 (princ. par Nicole Brossard) pour promouvoir une nouvelle écriture. Elle est devenue en 1977 *la Nouvelle Barre du jour.*

barrer [baʀe] v. [1] **I.** v. tr. (En parlant de choses.) **1.** Clore au moyen d'une barre. *Barrer une porte.* ▷ *Par ext.* Vx (Cour. en Afr. subsah., au Québec) Fermer par un mécanisme quelconque (verrou, cadenas, chaîne). – *Spécial.* Fermer à clé. *Barrer la porte derrière soi.* **2.** Obstruer, interrompre par un obstacle. *Barrer une route.* – (Québec) Bloquer, empêcher momentanément le fonctionnement de. *Barrer le volant, les roues d'un véhicule. Barrer sa bicyclette avec une chaîne.* **3.** Tirer un trait de plume sur, biffer, rayer. *Barrer un mot.* **4.** MAR Tenir la barre de (un bateau de plaisance). **II.** v. tr. (Québec) (Personnes) **1.** Fig. Refuser (à qqn) l'entrée d'un établissement. – Exclure qqn. *Barrer un médecin de la corporation.* **2.** Fig. Paralyser, figer, immobiliser. – Produire une contraction au niveau d'un membre, d'un organe. *Le froid nous barrait les jambes.* – v. intr. *Un genou qui barre.* – *Barrer les jambes à qqn :* syn. de *enfarger* (sens I, 2). – Fig. Empêcher (qqn) de progresser, entraver ses projets. – *Se barrer les pieds, les jambes :* se prendre les pieds, les jambes (dans qqch). Syn. s'enfarger. **III.** v. pron. Fam. S'en aller, se sauver. *Barre-toi, on va nous repérer.*

Barrès (Maurice) (1862 – 1923), écrivain et homme politique français. Il exalta le « culte du moi » *(Sous l'œil des Barbares,* 1888), puis le nationalisme : *les Déracinés* (1897), *la Colline inspirée* (1913). Acad. fr. (1906).

1. barrette [baʀɛt] n. f. Bonnet carré des ecclésiastiques. ▷ Bonnet rouge des cardinaux.

2. barrette [baʀɛt] n. f. **1.** Petite barre. **2.** Petite barre formant un bijou, une broche. *Barrette de diamants.* – *Par ext.* Ruban d'étoffe monté sur une petite barre, insigne d'une décoration. **3.** Petite pince pour tenir les cheveux.

barreur, euse [baʀœʀ, øz] n. Personne qui barre (sens I, 4).

Barré Zyad. V. Zyad Barré.

barricade [baʀikad] n. f. Retranchement élevé avec des moyens de fortune pour barrer un passage, une rue et se mettre à couvert, notam. pendant une insurrection. *Les barricades parisiennes de mai 1968.* ▷ Fig. *Ne pas être du même côté de la barricade :* avoir des opinions ou des intérêts opposés.

barricader [baʀikade] v. [1] **I.** v. tr. **1.** Obstruer par des barricades. **2.** Fermer solidement. *Barricader un portail.* **II.** v. pron. S'enfermer.

Barrie (sir James Matthew) (1860 – 1937), écrivain écossais : *l'Admirable Crichton* (comédie, 1903), *Peter Pan* (conte féerique, 1904).

barrière [baʀjɛʀ] n. f. **1.** Assemblage de pièces de bois ou de métal formant une clôture. *Barrière d'un champ.* – *Spécial.* Clôture mobile au croisement d'une voie ferrée et d'une route. *Barrière automatique.* ▷ (Belgique, Québec) *Barrière nadar* (ou *Nadar*) : barrière de protection destinée à contenir la foule. **2.** TRANSP *Barrière de péage :* installation destinée à percevoir les péages sur une autoroute. ▷ (Afr. subsah.) *Barrière de pluie,* interdisant l'accès aux pistes devenues impraticables durant la saison des pluies. **3.** Obstacle naturel important. *Barrière de corail.* ▷ Fig. *Les barrières douanières s'opposent au libre-échange.* **4.** GENET Interaction des génomes de deux espèces différentes, conduisant à empêcher le développement normal d'hybrides.

Barrière (Grande), chaîne corallienne bordant la côte N.-E. de l'Australie, sur 2 400 km environ.

barrique [baʀik] n. f. Tonneau contenant 200 à 250 litres; son contenu.

barrir [baʀiʀ] v. intr. [3] Crier, en parlant de l'éléphant, du rhinocéros.

barrissement [baʀismɑ̃] ou **barrit** [baʀi] n. m. Cri de l'éléphant, du rhinocéros.

Barry (Jeanne Bécu, comtesse du) (1743 – 1793), favorite du roi de France Louis XV; elle fut guillotinée.

Barsbay (al-Malik al-Ashraf Sayf al-Din), neuvième sultan de la dynastie des mamelouks circassiens (1422-1438). Il captura le roi Janus après une expédition victorieuse contre Chypre.

Bart (Jean) (1650 – 1702), corsaire français. Il s'illustra contre les Angl. et les Holl., fut anobli (1694) et nommé chef d'escadre (1697) par Louis XIV.

Bartas (Guillaume de Salluste, seigneur du) (1544 – 1590), poète protestant français; *la Semaine ou la Création du monde* (1578-1584), d'après la Bible.

bartavelle [baʀtavɛl] n. f. Perdrix (*Alectoris graeca*) du Jura et des Alpes, très voisine de la perdrix rouge.

Barth (Heinrich) (1821 – 1865), géographe allemand; explorateur de l'Afrique occidentale (1850-1855).

Barth (Karl) (1886 – 1968), théologien protestant suisse.

Barthélemy (saint), l'un des douze apôtres.

Barthélemy (René) (1889 – 1954), physicien français qui mit au point, en France, la télévision (1935).

Barthes (Roland) (1915 – 1980), critique français : *le Degré zéro de l'écriture* (1953), *Sur Racine* (1963), *Sade, Fourier, Loyola* (1971).

Bartholdi (Frédéric Auguste) (1834 – 1904), sculpteur français : *le Lion de Belfort* (1880), *la Liberté éclairant le monde* (1886, New York).

Bartók (Béla) (1881 – 1945), compositeur hongrois. Son art procède de Bach, Liszt, Debussy et du folklore national ; *le Mandarin merveilleux* (1919), *Musique pour cordes, percussion et célesta* (1936), *Concerto pour orchestre* (1943).

Baruch (VIIe s. av. J.-C.), scribe hébreu qui aurait en partie rédigé les prophéties de son maître Jérémie; son *Livre de Baruch* succède aux *Lamentations.*

bary-. Élément, du gr. *barus,* « lourd ».

barycentre [baʀisɑ̃tʀ] n. m. MATH Centre de gravité dans un espace affine.

Barychnikov (Mikhaïl Nikolaïevitch) (né en 1948), danseur et chorégraphe américain d'origine russe.

Barye (Antoine Louis) (1795 – 1875), sculpteur et aquarelliste français, le plus grand sculpteur animalier (lions, notam.) de l'école romantique.

baryon [baʀjɔ̃] n. m. PHYS NUCL Particule* qui subit l'interaction* forte (comme tous les hadrons) et qui est constituée de trois quarks*. (Ex. : proton, neutron.)

barysphère [baʀisfɛʀ] n. f. GEOL Syn. de *nifé.*

baryte [baʀit] n. f. CHIM Hydroxyde de baryum ($Ba[OH]_2$), utilisé en radiologie pour opacifier le tube digestif.

baryté, ée [baʀite] adj. Qui contient ou utilise de la baryte.

baryton [baʀitɔ̃] n. m. MUS Voix intermédiaire entre le ténor et la basse. – *Par ext.* Chanteur qui a cette voix.

baryum [baʀjɔm] n. m. CHIM Élément alcalino-terreux (symbole Ba), de numéro atomique Z=56. – Métal (Ba) blanc et mou.

barza [baʀza] n. f. (Afr. subsah.) Terrasse couverte à l'entrée d'un bâtiment.

Bārzānī (Mustafā al-) (1903 – 1979), chef du parti qui, au Kurdistān irakien, réclame l'autonomie politique des Kurdes.

1. bas, basse [bɑ, bɑs] adj. **I.** Qui a peu de hauteur ou d'élévation. **1.** Qui est au-dessous d'une hauteur moyenne ou normale. *Porte basse.* – Qui est au-dessous d'un degré pris comme terme d'une comparaison. *À cette heure-ci, la mer est basse. Le baromètre, le thermomètre est bas.* – Spécial. *Ciel bas,* par ext., *temps bas,* couvert, avec des nuages peu élevés. ▷ (En parlant de l'âge.) *Enfant en bas âge,* très jeune, tout petit. – (Afr. subsah.) *Enfant en (à) bas âge :* enfant (sens 1). **2.** (Par comparaison avec une autre partie d'un même ensemble.) *Les basses branches d'un arbre.* – (Dans l'espace géographique.) *La ville basse* (par oppos. à *la ville haute*), le bas pays. – (Avec un nom propre.) *Le bas Congo :* la partie du Congo la plus voisine de son embouchure. – *Basse-Côte-Nord* (au Québec) *:* V. côte. – *Bas-Canada :* V. Canada (Bas-). ▷ *Ce bas monde :* ce monde où nous vivons (par oppos. au *ciel* des chrétiens). **3.** (En parlant de la voix ou du chant.) Grave (par oppos. à *haut,* à *aigu*). – *À voix basse :* sans élever la voix. ▷ *Messe basse :* messe non chantée. – Loc. fam. *Faire des messes basses :* chuchoter. **4.** Loc. *Avoir la vue basse :* ne distinguer les objets que de fort près. ▷ *Marcher la tête basse,* la tête inclinée vers l'avant. – Fig. *Avoir la tête basse :* être honteux. ▷ *Faire main basse sur :* dérober, piller. **5.** Dont la valeur matérielle est moindre. *Pratiquer des prix bas,* des prix modiques. – Loc. *Au bas mot :* V. mot, sens 2. **II.** D'un niveau inférieur, avec ou sans idée de comparaison sociale ou morale. **1.** D'un rang considéré comme inférieur dans la hiérarchie sociale. *Le bas peuple. Les basses classes de la société.* **2.** Inférieur, subalterne. *De basses fonctions. Besognes de basse police.* **3.** Vil, moralement méprisable. *Un individu bas. Une basse jalousie.* **4.** Trivial. *Cette expression est basse.* **5.** Qui appartient à une époque relativement récente. *Le bas latin, le Bas-Empire.* **III.** (Pris comme adv.) **1.** Dans la partie basse, inférieure. *Le coup est parti de plus bas.* – Loc. *Chapeau bas :* en ayant enlevé son chapeau; fig. en marquant du respect. ▷ *Mettre bas :* V. mettre (sens I, 2). ▷ Loc. *Plus bas :* plus loin en descendant. *Il habite trois maisons plus bas.* – Ci-dessous, ci-après. *Voyez dix lignes plus bas.* ▷ *Être très bas,* près de mourir. **2.** *Bas, plus bas, tout bas :* en baissant la voix; à mi-voix. **3.** Loc. *À bas. Jeter, mettre à bas :* renverser, détruire. ▷ Suivi d'un nom, marque le mépris et la révolte. *À bas la tyrannie!* **4.** Loc. adv. *En bas :* dans le lieu qui est en dessous. *Il habite en bas. Regardez en bas.* **5.** Loc. prép. *À bas de, en bas de, au bas de* (avec ou sans mouvement) : au pied de. *Être jeté à bas de son lit. Il habite en bas de la colline. La rivière coule au bas de notre jardin.* **6.** Loc. adv. *Ici-bas :* V. ici. *Là-bas :* V. là.

2. bas [bɑ] n. m. **1.** Partie inférieure. *Le bas de la montagne. Le bas de la page. Le bas de son visage est ridé.* – Loc. fig. *Avoir des hauts et des bas,* de bons et de moins bons moments. **2.** (Québec) Étage inférieur d'un immeuble, sous-sol. *Rester, habiter dans un bas.* **3.** (Québec) *Le bas d'une paroisse, d'une terre,* leur partie la plus proche du fleuve Saint-Laurent. – Partie (de territoire) située en aval, à l'est (le fleuve Saint-Laurent coulant vers l'est). – (Avec une majuscule.) *Le Bas-du-Fleuve* (ou *Bas-Saint-Laurent*) *:* région de la rive sud du Saint-Laurent s'étendant de La Pocatière jusqu'à Mont-Joli. **4.** *Les bas :* la partie la moins élevée d'une île. **5.** MUS Grave.

3. bas [bɑ] n. m. Vêtement très ajusté, tricoté ou tissé, qui couvre le pied et la jambe. *Une paire de bas. Des bas de soie, des bas nylon.* – (France rég., Québec) Syn. de *chaussette.* ▷ Loc. fig. *Bas de laine :* économies d'un petit épargnant.

Basa. V. Bassa.

basal, ale, aux [bɑzal, o] adj. De base. *Métabolisme basal :* quantité d'énergie (exprimée en joules) utilisée par un organisme au repos.

basalte [bazalt] n. m. Roche éruptive compacte, très dure, formée d'un agrégat de petits cristaux de feldspath, de pyroxène et d'olivine noyés dans un verre noir.

basaltique [bazaltik] adj. Formé de basalte.

basane [bazan] n. f. **1.** Cuir très souple obtenu à partir d'une peau de mouton tannée, employé en sellerie, en maroquinerie, en reliure. **2.** (Plur.) Bandes de cuir souple protégeant l'entrejambe et le fond d'une culotte de cheval.

basané, ée [bazane] adj. De couleur brune. – *Par ext.* Hâlé, bruni. *Teint basané.*

Bas-Canada. V. Canada (Bas-).

bas-canadien, enne [bɑkanadjɛ̃, ɛn] adj. et n. HIST Relatif au Bas-Canada. (V. Canada [Bas-].) – Subst. Habitant du Bas-Canada. *Les Bas-Canadiens.*

bas-côté [bɑkote] n. m. **1.** ARCHI Galerie ou nef latérale d'une église. **2.** Accotement d'une route entre la chaussée et le fossé. *Des bas-côtés.*

basculant, ante [baskylɑ̃, ɑ̃t] adj. Qui peut basculer. *Benne basculante.*

bascule [baskyl] n. f. **1.** Pièce de bois ou de métal, qui peut osciller librement autour de son axe. ▷ Balançoire faite d'une seule pièce en équilibre. ▷ Fig. *Jeu de bascule :* équilibre instable entre deux éléments contraires. **2.** Machine à peser les lourdes charges.

basculer [baskyle] v. [1] **I.** v. intr. **1.** Imprimer un mouvement de bascule à. *Faire basculer une poutre.* **2.** Décrire un mouvement de bascule, tomber. *Le camion a basculé dans le ravin.* **II.** v. tr. Imprimer un mouvement de bascule à. *Basculer un fardeau.*

bas-culotte [bɑkylɔt] n. m. (Québec) Syn. de *collant* (sens II).

bas-de-casse [bɑdkɑs] n. m. inv. TYPO Partie inférieure de la casse d'imprimerie, où sont les caractères des lettres minuscules; ces lettres elles-mêmes.

base [bɑz] n. f. **1.** Partie inférieure d'un corps, sur laquelle il repose. *La base d'une colonne.* ▷ Fig. Ensemble des militants d'un parti politique, d'un syndicat (par oppos. aux *dirigeants*). **2.** Principal ingrédient d'un mélange. *Un produit à base de chlore.* **3.** Fig. Principe, donnée fondamentaux. *Les bases d'un système.* ▷ Loc. *Sur la base de* ou (Belgique, Luxembourg) *sur base de :* en s'appuyant sur tel principe, en utilisant tel paramètre. ▷ *Base d'imposition :* éléments sur lesquels repose le calcul d'un impôt. ▷ Loc. *De base :* fondamental, de référence. *Produit de base. Enseignement de base.* **4.** ANAT Extrémité la plus large d'un organe. *La base du cœur.* **5.** CHIM Substance capable de fixer les protons (ions H^+) contenus dans les acides, au moyen de doublets d'électrons, et de favoriser ainsi la libération de ces protons. **6.** ELECTRON *Base d'un transistor :* couche qui sépare l'émetteur et le collecteur. **7.** FIN *Base monétaire :* part de la monnaie mise en circulation sous le contrôle ou à l'initiative de la banque centrale. **8.** GEOM Face particulière de certains volumes. *Base d'un prisme.* ▷ Côté particulier de certaines figures. *Base d'un triangle isocèle.* **9.** INFORM *Base de temps :* générateur de signaux réglant le cycle de fonctionnement d'un calculateur. – *Base de données :* ensemble de fichiers contenant des informations à traiter. **10.** MATH *Base de numération :* nombre de chiffres ou de symboles utilisés dans un système de numération. *Système à base 2,* ou *binaire. Base d'un système de logarithmes :* nombre tel que si $y = \log_a x$ (logarithme à base *a* de x) on $a\ x = a^y$. (La base des logarithmes *décimaux* est égale à 10, celle des logarithmes *népériens* à *e,* soit 2,71828...) **11.** MILIT Zone où sont rassemblés les équipements et les services nécessaires à une action offensive ou défensive. ▷ ESP *Base de lancement :* lieu où sont réunies les installations nécessaires au lancement, au contrôle en vol et au guidage d'engins spatiaux. ▷ SPORT *Base nautique.*

base-ball ou **baseball** [bɛzbol] ou (Québec) [bɛzbɑl] n. m. Jeu de balle, créé aux États-Unis, opposant deux équipes de neuf joueurs, qui consiste à renvoyer, à l'aide d'une batte (au Québec, bâton) de bois, une balle dure lancée par un joueur de l'équipe adverse et à parcourir un circuit jalonné de quatre bases (au Québec, buts) afin de marquer un point.

Basedow (Karl von) (1799 – 1854), médecin allemand. ▷ MED *Maladie de Basedow :* hyperfonctionnement thyroïdien avec goitre et exophtalmie.

baselle [bazɛl] n. f. Plante originaire d'Asie, cultivée dans les régions tropicales pour ses feuilles, que l'on consomme cuites.

Bas-Empire, la dernière phase de l'Empire romain (IIIe s.-Ve s.).

baser [bɑze] v. [1] **I.** v. tr. **1.** Prendre ou donner pour base. *Baser sa conduite sur l'exemple d'un grand homme.* **2.** MILIT Établir une unité dans une base militaire. *Escadrille basée à l'arrière du front.* **II.** v. pron. S'appuyer, se fonder. *Je me base sur cette probabilité.* – (Emploi critiqué.) *Baser sur, se baser sur.*

bas-fond [bɑfɔ̃] n. m. **1.** Terrain plus bas que ceux qui l'entourent. *Les bas-fonds sont souvent marécageux.* **2.** Endroit peu profond dans un cours d'eau, un lac, une mer. Syn. haut-fond. **3.** Fig. (Toujours au plur.) Couches les plus misérables et les plus dépravées dans une société, dans une population urbaine.

Bashō (Matsuo Munefusa, dit) (1644 – 1694), poète, peintre et moine bouddhiste japonais. Il porta le haïku à sa perfection : *le Recueil de sept opuscules de l'école de Bashō* parut en 1774.

basic [bazik] n. m. INFORM Langage de programmation.

baside [bazid] n. f. BOT Cellule sporifère, en forme de massue, caractéristique des basidiomycètes.

basidiomycètes [bazidjɔmisɛt] n. m. pl. BOT Classe très importante (env. 1 500 espèces) de champignons caractérisés par la possession de basides, comprenant notam. les champignons à lamelles (amanite, russule, lactaire, lépiote), à pores (bolet), ainsi que certaines formes parasites des végétaux (rouille de blé, charbon du maïs, etc.). – Sing. *Un basidiomycète.*

Basie (William Bill, dit Count) (1904 – 1984), pianiste, compositeur et chef d'orchestre américain de jazz.

Basile le Grand (saint) (329 – 379), Père et docteur de l'Église, évêque de Césarée (370). Il combattit l'arianisme. Pénétrée de platonisme, sa pensée marque l'Église orthodoxe grecque.

Basile Ier le Macédonien (v. 812 – 886), empereur byzantin (867-886), fondateur de la dynastie macédonienne. — **Basile II le Bulgaroctone** («Tueur de Bulgares») (957 – 1025), empereur byzantin de 963 à 1025. Il combattit énergiquement les Bulgares (989-1018). Une fois victorieux, il mena une politique mesurée. Sous son règne, l'Empire atteignit son apogée.

Basile le Loup (en roumain, *Vasile Lupu*) (XVIIe s.), prince de Moldavie (1634-1653). Originaire de Macédoine, il conquit la Moldavie et guerroya contre la Valachie. Son règne fut marqué par une grande activité culturelle.

Basile (Jean-Basile Dezroudnoff, dit Jean) (né en 1930), romancier québécois né à Paris, émigré au Québec en 1962 : trilogie *Acide* (*la Jument des Mongols*, 1964; *le Grand Khan*, 1967; *le Voyage d'Irkoutsk*, 1970).

1. basilic [bazilik] n. m. **1.** ZOOL Saurien arboricole d'Amérique tropicale à crête dorsale très développée. **2.** MYTH Serpent fabuleux dont le regard passait pour être mortel.

2. basilic [bazilik] n. m. Plante aromatique (fam. labiacées), employée comme condiment.

Basilicate, région admin. d'Italie mérid. et région de la C.E., formée des prov. de Potenza et de Matera; 9992 km²; 660220 hab.; cap. *Potenza.*

basilique [bazilik] n. f. **1.** Église chrétienne des premiers siècles. **2.** Grande église métropolitaine ou archiépiscopale. *La basilique Saint-Pierre de Rome.* – *Par ext.* Titre concédé par le pape à certaines grandes églises.

basin ou (Afr. subsah.) **bazin** [bazɛ̃] n. m. **1.** Tissu croisé dont la chaîne est en fil et la trame en coton. **2.** Tissu damassé présentant des effets de bandes longitudinales. **3.** (Afr. subsah.) Tissu damassé en coton utilisé pour confectionner les grands boubous d'apparat. – *Bazin riche,* de qualité supérieure. ▷ Boubou confectionné dans ce tissu.

basique [bazik] adj. **1.** CHIM Qui possède les caractères de la fonction base. *Sel basique.* **2.** GEOL *Roche basique :* roche éruptive contenant peu de silice.

bâsir [basir] v. intr. [3] (Acadie) **1.** Cesser d'être visible; disparaître. **2.** *Par ext* Syn. de *mourir.*

bas-jointé, ée [baʒwɛ̃te] adj. *Cheval bas-jointé,* dont le paturon est très incliné vers l'horizontale.

basket [basket] n. f. Chaussure de basket et, par ext., chaussure de sport à lacet, montante et antidérapante.

basket-ball [basketbol] ou **basket** [basket] n. m. Jeu de ballon opposant deux équipes de cinq joueurs et consistant à faire pénétrer le plus souvent possible le ballon dans le panier de l'équipe adverse. *Des basket-balls.*

basketteur, euse [basketœʀ, øz] n. Joueur de basket.

Basoga. V. Soga.

basophile [bazɔfil] adj. BIOCHIM Qui a de l'affinité pour les colorants basiques. *Cellule basophile.*

basophilie [bazɔfili] n. f. BIOCHIM Affinité pour les colorants basiques.

1. basque [bask] n. f. (Le plus souvent au plur.) Pan de vêtement qui part de la taille. – Loc. fig., fam. *Être pendu aux basques de qqn,* ne pas le quitter; l'importuner.

2. basque [bask] adj. et n. **1.** Du Pays basque. ▷ Subst. Habitant, personne originaire du Pays basque. *Un(e) Basque.* **2.** n. m. *Le basque :* la langue non indo-européenne que parlent les Basques.

basque (Pays), rég. des Pyrénées occid., divisée entre l'Espagne et la France. Le *Pays basque espagnol,* 7261 km², 2191100 hab., cap. *Vitoria,* communauté autonome depuis 1979, est une région de la C.E., comprenant les provinces de Guipúzcoa, d'Álava, de Biscaye et une partie de la Navarre. Le *Pays basque français* occupe une partie du dép. des Pyrénées-Atlantiques. Très montagneux, le Pays basque a une agric. assez développée et, en Espagne, une industr. forte grâce au sous-sol (plomb, zinc, fer). Les ports (pêche, comm., industr.) sont import. : Bayonne, Bilbao. Le tourisme est florissant. – Le pays perdit son unité vers le XIe s. Les frontières actuelles furent fixées en 1659 (traité des Pyrénées). En 1936, les prov. basques esp. formèrent un État auton. (Euzkadi), bientôt supprimé par les franquistes. Fondé en 1959, l'E.T.A. (*Euzkadi ta Askatasuna* : «le Pays basque et sa liberté») a mené après 1968 des actions violentes. L'autonomie limitée a été accordée (1979), mais la fraction militaire de l'E.T.A. n'a pas désarmé. Une organisation terroriste (Iparretarak) est apparue en France vers 1980.

Basra. V. Bassorah.

bas-relief [baʀəljɛf] n. m. Sculpture faisant peu saillie par rapport au bloc qui lui sert de support. *Les bas-reliefs du Parthénon.* ▷ *Sculpture en bas relief.*

Bas-Rhin. V. Rhin (Bas-).

Bass (détroit de), détroit qui sépare l'Australie de la Tasmanie (200 km de large).

1. bassa [basa] n. m. Langue bantoue parlée au Cameroun.

2. bassa [basa] n. m. Langue du groupe kru parlée au Liberia.

Bassa ou **Basa,** ethnie du centre du Cameroun (250000 personnes) et du Liberia (env. 400000 personnes). Ils parlent une langue bantoue. (V. bassa 1 et 2.)

Bassac, bras nord-ouest du delta du Mékong, au Cambodge et au Viêt-nam.

Bas-Saint-Laurent, région administrative du Québec située entre la Chaudière-Appalaches et la Gaspésie-Îles-de-la-Madeleine; 22385 km²; 210050 hab. V. princ. *Rimouski.*

Bassano (Jacopo) (v. 1510 – 1592), peintre italien. Il inaugura un style réaliste fondé sur des effets de lumière. (V. luminisme.)

Bassari (monts), contreforts du Fouta-Djalon situés aux confins S.-E. du Sénégal, à proximité de la Guinée; alt. 581 m.

1. basse [bas] n. f. MUS **1.** Partie la plus grave d'un morceau. – *Voix de basse :* voix apte à chanter les parties basses. ▷ Chanteur capable de chanter ces parties. *Paul Robeson fut une célèbre basse.* ▷ Instrument de musique (à vent ou à cordes) servant à exécuter la basse. **2.** (Toujours au plur.) Grosses cordes de certains instruments.

2. basse [bas] n. f. MAR Fond rocheux suffisamment profond pour ne jamais découvrir, mais où la mer brise aux grandes marées.

Basse-Casamance (parc national de). V. Casamance (parc national de Basse-).

basse-cour [baskuʀ] n. f. Cour, loges et petits bâtiments d'une exploitation rurale, où l'on élève la volaille et les lapins. *Des basses-cours.* ▷ Ensemble de ces animaux.

basse-fosse [basfos] n. f. Cachot souterrain des anciens châteaux forts. ▷ *Cul*-de-basse-fosse. Des basses-fosses.*

bassement [basmɑ̃] adv. D'une manière basse, vile. *Il a agi bassement.*

Basse-Normandie. V. Normandie (Basse-).

bassesse [basɛs] n. f. **1.** Dégradation morale, absence de fierté. *Bassesse de sentiments.* **2.** Action vile.

basset [basɛ] n. m. Chien aux pattes très courtes, le plus souvent torses.

Basse-Terre, île occidentale de la Guadeloupe, au relief accidenté (volcan de la Soufrière, 1467 m); 842 km². Forêts et cultures tropicales. ▶ V. dossier France d'outre-mer, p. 1442.

Basse-Terre, ch.-l. du département français de la Guadeloupe, sur la côte sud-ouest de l'île de Basse-Terre; 14107 hab. Centre administratif et commercial. – Siège de l'évêché de Basse-Terre et de Pointe-à-Pitre.

bassin [basɛ̃] n. m. **1.** Grand plat creux, généralement rond ou ovale. *Bassin de bronze, de porcelaine.* **2.** Pièce d'eau aménagée, de grandes dimensions. *Les bassins du parc de Versailles.* ▷ *Petit bassin* (d'une piscine) : partie de la piscine où les nageurs ont pied, où les enfants peuvent se baigner, par oppos. au *grand bassin.* ▷ Vieilli (Cour. en Belgique, au Luxembourg) *Bassin de natation* ou (fam.) *bassin :* piscine. **3.** MAR Plan d'eau d'un port, bordé de quais. *Bassin ouvert.* Syn. darse. – *Bassin de radoub :* cale sèche. **4.** GEOGR et GEOL Territoire dont les eaux de ruissellement vont se concentrer dans une mer ou un océan *(bassin maritime),* dans un fleuve *(bassin fluvial)* ou dans un lac *(bassin lacustre). Le bassin du Congo, du Mékong.* – *Bassin fermé,* dont les eaux de ruissellement sont privées d'écoulement vers la mer. – *Bassin sédimentaire :* région en cuvette d'un socle où la sédimentation s'est effectuée en couches continues et concentriques, les plus récentes au centre, les plus anciennes à la périphérie. *Le bassin sénégalo-mauritanien.* – *Bassin d'effondrement :* zone affaissée d'un socle limitée par des failles. Syn. fossé d'effondrement. – *Bassin minier :* région dont le sous-sol contient un gisement de minerais de grande étendue exploité par de nombreuses mines. *Bassin houiller.* – *Bassin arachidier :* région où prédomine la culture de l'arachide. **5.** ANAT Structure osseuse en forme de ceinture, qui constitue la base du tronc, et où s'attachent les membres inférieurs, chez les mammifères supérieurs et chez l'homme. *Fracture du bassin. Petit bassin :* partie inférieure du bassin, étroite, au niveau du rectum et des organes génito-urinaires.

bassine [basin] n. f. Grande cuvette servant à divers usages domestiques. ▷ Contenu d'une bassine.

bassiner [basine] v. tr. [1] **1.** Humecter, arroser légèrement. ▷ v. pron. *Se bassiner les yeux.* **2.** Fam. Lasser, ennuyer. *Tu me bassines avec cette vieille histoire!*

bassinet [basinɛ] n. m. ANAT Cavité contractile située dans le hile rénal où se collectent les urines, qui viennent des grands calices et seront évacuées par les uretères.

bassiste [bɑsist] n. m. Musicien qui joue de la basse (c.-à-d., dans un orchestre classique, du violoncelle), de la contrebasse (dans un orchestre de jazz).

basson [basɔ̃] n. m. MUS Instrument à vent, en bois et à anche double, la basse de la famille des bois.

Bassorah ou **Basra,** princ. port d'Irak, sur le Chatt al-Arab; ch.-l. du gouvernorat du m. nom.; env. 600 000 hab. Industries. – La ville a été très endommagée par la guerre du Golfe (1991).

Bassoutho. V. Sotho.

basta ! [basta] interj. Fam. Marque l'irritation ou la lassitude. *Basta! Laisse tomber.* Syn. (Maghreb) barka!

baster [baste] v. tr. indir. [1] (Suisse) Syn. de *céder* (sens II).

bastide [bastid] n. f. **1.** Au Moyen Âge, ouvrage de fortification. ▷ Ville fortifiée. **2.** Mod. En Provence, petite maison de campagne.

Bastié (Maryse) (1898 – 1952), aviatrice française. Elle traversa en solitaire l'Atlantique Sud (1936).

bastille [bastij] n. f. Au Moyen Âge, ouvrage de fortification détaché en avant d'une enceinte ou faisant corps avec elle. – *Par ext.* Château fort. ▷ *La Bastille :* le château qui se trouvait à l'emplacement de l'actuelle place de la Bastille, à Paris, pris d'assaut par le peuple (14 juillet 1789) et détruit en 1790.

bastingage [bastɛ̃gaʒ] n. m. MAR Garde-corps.

bastion [bastjɔ̃] n. m. MILIT Ouvrage fortifié formant saillie. – Fig. Lieu de plus grande résistance, de ferme soutien. *Ce pays archaïque est le bastion de l'intolérance.*

Bastogne, v. de Belgique (Luxembourg); 11 390 hab. Industries alim. (jambons d'Ardenne). – En déc. 1944, les Américains y résistèrent à l'encerclement allemand (contre-offensive des Ardennes).

bastonnade [bastɔnad] n. f. Coups de bâton. *La bastonnade joue un grand rôle dans certaines farces de Molière.*

bastonner [bastɔne] v. tr. [1] **1.** Vx Donner des coups de bâton à. **2.** (Afr. subsah.) Frapper, rosser (avec ou sans bâton). *Son père l'a bien bastonné.*

bastringue [bastʀɛ̃g] n. m. **1.** Vieilli, fam. Bal de guinguette; orchestre bruyant. **2.** Fam. Tapage, vacarme.

Basuto. V. Sotho.

Basutoland. V. Lesotho.

bas-ventre [bavɑ̃tʀ] n. m. Partie inférieure du ventre. *Des bas-ventres.*

bât [bɑ] n. m. Harnachement des bêtes de somme pour le transport des fardeaux. *Un bât de mulet.* ▷ Fig. *C'est là que le bât blesse :* c'est là le point sensible, ce qui peut inquiéter.

Bata, v. et port de la Guinée équatoriale, sur le littoral du Rio Muni; 52 000 hab.; ch.-l. de la prov. du Littoral. Centrale hydroélectrique. Industries. Artisanat.

bataclan [bataklɑ̃] n. m. Fam. Attirail embarrassant. Syn. (Belgique) brol. ▷ *Et tout le bataclan :* et cætera; et tout le reste.

bataille [batɑj] n. f. **1.** Combat général entre deux armées, deux flottes, deux forces aériennes. *Engager la bataille. La bataille de Marengo. – Troupes en bataille,* déployées pour le combat. – *Champ de bataille :* lieu où se déroule un combat. – *Cheval de bataille :* anc. cheval propre à bien servir un jour de combat; fig., mod. idée favorite, sur laquelle quelqu'un revient sans cesse. – *Ordre de bataille :* liste et implantation des unités constituant une armée qui livre bataille. ▷ Loc. *En bataille :* en désordre. *Cheveux en bataille.* **2.** Combat violent. *Bataille de chats.* – Fig. *Bataille d'idées. Bataille politique.* **3.** Jeu de cartes très simple qui se joue à deux.

Bataille (Nicolas) (fin XIVe s.), tapissier français : *Apocalypse* (Angers), pour le duc d'Anjou.

Bataille (Georges) (1897 – 1962), écrivain français. Athée, il s'interrogea sur l'éros, la culpabilité, la mort : *l'Érotisme* (1957), *le Bleu du ciel* (roman, 1957).

batailler [bataje] v. intr. [1] **1.** Discuter avec chaleur, avec âpreté. *Il a fallu batailler pour arracher cette concession.* **2.** Fam. Mener une lutte incessante. *J'ai bataillé pour faire fortune.*

batailleur, euse [batajœʀ, øz] adj. **1.** Qui aime à se battre. *Enfant batailleur.* **2.** Qui aime la discussion, la lutte. *Tempérament batailleur.*

bataillon [batajɔ̃] n. m. Subdivision d'un régiment d'infanterie, groupant plusieurs compagnies. *Un bataillon de chasseurs. Bataillons d'Afrique :* V. bat' d'Af. ▷ Loc. fig., fam. *Inconnu au bataillon :* totalement inconnu.

Batalha, ville du Portugal (Estrémadure); 7 000 hab. – Monastère dominicain (XIVe-XVIe s.), œuvre maîtresse de l'architecture gothique au Portugal.

Batandji ou **Hosséré Vokré** (mont), sommet dominant la cuvette de la Bénoué au Cameroun, au N. de l'Adamoua; 2 049 m.

bâtard, arde [bɑtaʀ, aʀd] adj. et n. **I.** adj. **1.** *Enfant bâtard,* qui est né hors du mariage. *Une fille bâtarde.* ▷ Subst. *Légitimer un bâtard.* **2.** En parlant des végétaux et des animaux, qui n'est pas d'une variété, d'une race pure. *Lévrier bâtard.* ▷ Fig. Qui résulte d'un mélange de styles. *Architecture bâtarde.* **3.** Qui tient le milieu entre deux autres choses. ▷ CONSTR *Ciment bâtard,* dont le liant comprend du ciment et de la chaux. ▷ Péjor. *Cette affaire s'est terminée par une solution bâtarde.* **II.** n. **1.** n. m. *Un bâtard :* un pain court. **2.** n. f. *Bâtarde* (ou *écriture bâtarde*) : écriture intermédiaire entre l'anglaise et la ronde.

bâtardise [bɑtaʀdiz] n. f. État de celui qui est bâtard.

Bataves, ancien peuple germanique établi à l'embouchure du Rhin. – *République batave :* nom des Pays-Bas sous la domination française entre 1795 et 1806.

batavia [batavja] n. f. BOT Variété de laitue.

Batavia. V. Djakarta.

bat' d'Af [batdaf] n. m. Arg. (des militaires) Abrév. pour *bataillons d'Afrique,* anciens bataillons disciplinaires de l'armée française formés de jeunes délinquants.

bateau [bato] n. m. **1.** Engin conçu pour naviguer. *Bateau à voile, à moteur. – Bateau de sauvetage,* destiné à secourir les naufragés ou les nageurs en difficulté. – *Bateau pneumatique,* constitué de flotteurs gonflés. ▷ Loc. fig. *Être du même bateau,* de la même coterie, du même bord. ▷ Fam. *Mener* qqn en bateau.* – *Un bateau :* une plaisanterie, une supercherie. *Il lui a monté un bateau.* ▷ (Québec) Fam. *Manquer le bateau :* rater une occasion. **2.** MAR Embarcation de faible tonnage (par oppos. à *navire*). **3.** DR Engin de rivière (par oppos. à *navire,* engin de mer). **4.** Abaissement de la bordure d'un trottoir devant une porte permettant l'entrée des voitures. **5.** (Maurice) Syn. de *blanc* de poulet.*

bateau-citerne [batositɛʀn] n. m. Bateau aménagé pour le transport des liquides. *Des bateaux-citernes.*

bateau-feu [batofø] n. m. Bateau fixe ou ponton portant un phare pour signaler un haut-fond dangereux. *Des bateaux-feux.*

Bateau-Lavoir (le), ancienne maison de Montmartre où vécurent, au début du XXe siècle, des écrivains et des artistes encore inconnus (Picasso, Juan Gris, Max Jacob, notam.). Détruit par un incendie en 1970.

bateau-mouche [batomuʃ] n. m. Bateau de promenade sur la Seine. *Des bateaux-mouches.*

bateau-pilote [batopilɔt] n. m. Bateau qui assure un service de pilotage pour les navires. *Des bateaux-pilotes.*

bateau-pompe [batopɔ̃p] n. m. Bateau pourvu de pompes à incendie. *Des bateaux-pompes.*

batée [bate] n. f. Récipient pour le lavage des sables aurifères.

Batéké. V. Téké.

bateler [batle] v. tr. [19] Charger et transporter par bateau.

bateleur, euse [batlœʀ, øz] n. Vieilli Personne qui, en plein air, amuse le public par des tours et des pitreries.

batelier, ère [batəlje, ɛʀ] n. Personne dont le métier est de conduire les bateaux sur les cours d'eau. Syn. marinier.

batellerie [batɛlʀi] n. f. Ensemble des bateaux assurant le transport sur les cours d'eau; ce type de transport.

bâter [bɑte] v. tr. [1] Munir d'un bât (une bête de somme). *Bâter un mulet.* – Pp. adj. Fig. *Âne bâté :* homme ignorant.

Bateso. V. Teso.

Batétéla. V. Tétéla.

batey [batej] n. m. (Haïti) Village communautaire où vivent les coupeurs de canne haïtiens émigrés en République dominicaine. *Des bateys* ou *des bateyes.*

bat-flanc [baflɑ̃] n. m. inv. **1.** Planche de séparation entre deux chevaux dans une écurie. **2.** Lit de planches, dans une prison, dans une caserne, etc.

Ba'th. V. Baas.

batha [bata] n. f. En Mauritanie, lit sablonneux d'une rivière, le plus souvent asséchée.

Báthory ou **Báthori,** anç. famille princière hongroise. — **Élisabeth Báthory** (v. 1560 - 1614), célèbre pour ses actes de cruauté. — **Étienne I**[er] **Báthory.** (V. ce nom.)

Bathurst. V. Banjul.

bathy-. Élément, du gr. *bathus,* «profond».

bathyal, ale, aux [batjal, o] adj. OCEANOGR Se dit des fonds océaniques compris entre 300 et 3000 m de profondeur, et correspondant à peu près au talus continental.

bathymétrie [batimetʀi] n. f. OCEANOGR Mesure, par échosondage, des profondeurs marines.

bathyscaphe [batiskaf] n. m. Appareil autonome pour l'exploration des grandes profondeurs marines.

bathysphère [batisfɛʀ] n. f. Sphère d'acier suspendue à un câble porteur, destinée à l'exploration des grandes profondeurs marines.

1. bâti, ie [bɑti] adj. **1.** Constitué, construit de telle ou telle manière. *Une maison mal bâtie.* ▷ Sur quoi on a édifié un bâtiment. *Terrain bâti.* **2.** Fig. (Personnes) *Être bien (mal) bâti :* être robuste (contrefait).

2. bâti [bɑti] n. m. **1.** Cadre d'une porte ou d'une croisée. *Bâti dormant,* fixe. **2.** Ensemble de montants et de traverses destiné à supporter ou à fixer une machine. **3.** Assemblage provisoire des pièces d'un vêtement.

batifolage [batifɔlaʒ] n. m. Fam. Action de batifoler, de folâtrer.

batifoler [batifɔle] v. intr. [1] Fam. Jouer à la manière des enfants, en manifestant de la joie ou en s'amusant à des futilités. *Batifoler dans l'herbe.*

batik [batik] n. m. Procédé de décoration consistant à masquer certaines zones d'un tissu avec de la cire pour empêcher leur imprégnation par la teinture. ▷ Tissu obtenu par ce procédé. – (Afr. subsah.) Pagne, boubou, tapisserie confectionnés dans ce tissu.

bâtiment [bɑtimɑ̃] n. m. **1.** Construction; spécial., construction destinée à l'habitation. *Corps de bâtiment. Peintre en bâtiment.* **2.** Ensemble des corps de métiers qui concourent à la construction. ▷ Fam. *Être du bâtiment :* être de la partie; s'y connaître. **3.** Bateau ou navire de dimensions assez importantes. *Bâtiment de ligne :* cuirassé ou croiseur de bataille.

bâtir [bɑtiʀ] v. [3] **I.** v. tr. **1.** Construire, édifier. *Bâtir une maison.* ▷ Loc. fig. *Bâtir en l'air* ou *sur le sable. – Être bâti à chaux et à sable :* V. sable. **2.** Faire construire. **3.** Fig. Établir, fonder. *Bâtir sa fortune sur un trafic.* **4.** Assembler à grands points les parties d'un vêtement. *Bâtir un chemisier.* **II.** v. pron. Être construit. *Cette maison s'est bâtie vite.*

bâtisse [bɑtis] n. f. Grand bâtiment, édifice (neutre ou péjor. en France).

bâtisseur, euse [bɑtisœʀ, øz] n. **1.** Personne qui fait construire de nombreux bâtiments. *Le roi de France Louis XIV fut un grand bâtisseur.* ▷ Personne qui participe à la construction de qqch. **2.** Fig. *Lyautey, bâtisseur d'empires.*

Batista y Zaldívar (Fulgencio) (1901 - 1973), militaire et homme politique cubain. Président de la Rép. (1940-1944), il s'empara du pouvoir en 1952. Ce dictateur fut renversé par F. Castro (1959).

batiste [batist] n. f. Toile de lin d'un tissu très fin et serré.

Batna, v. d'Algérie, au nord de l'Aurès; 184830 hab.; ch.-l. de la wil. du m. nom. Centre commercial. Université.

batoiller [batwaje] v. intr. [1] (Suisse) Syn. de *bavarder* (sens 2).

Batomba. V. bariba.

bâton [bɑtɔ̃] n. m. **1.** Morceau de bois long et mince, souvent fait d'une branche d'arbre. *Bâton noueux. Coups de bâton. – Bâton à fouir,* servant à déterrer des racines comestibles ou à travailler le sol. – *Bâton de ski :* tige de bois ou de métal munie d'une poignée et d'une dragonne et terminée par une rondelle et une pointe, qui permet au skieur de prendre appui. ▷ (Québec) *Bâton de baseball :* bâton droit et arrondi dont le bout est plus gros que le manche, avec lequel le joueur frappe la balle. – *Bâton de hockey,* composé d'un long manche et d'une palette formant entre eux un angle obtus, avec lequel le joueur maîtrise la rondelle. Syn. hockey. – *Bâton de golf :* syn. de *club.* ▷ Fig. *Bâton de vieillesse :* personne qui assiste une personne âgée. ▷ *Bâton de commandement :* bâton porté en signe d'autorité, par des chefs militaires ou civils, à diverses époques de l'histoire. ▷ Loc. fig. *Mettre des bâtons dans les roues :* créer des difficultés. **2.** Objet en forme de bâtonnet. *Un bâton de colle.* – (Afr. subsah.) Fam. Cigarette. – (Afr. subsah.) *Bâton de manioc :* pâte de manioc enveloppée d'une feuille de bananier. – (Belgique, Luxembourg) *Bâton de chocolat :* barre de chocolat. ▷ Loc. *Parler à bâtons rompus,* sans suite, avec des interruptions ou en changeant fréquemment de sujet. **3.** Trait, barre que fait un enfant qui apprend à écrire, à compter.

bâtonner [bɑtɔne] v. tr. [1] Frapper à coups de bâton.

bâtonnet [bɑtɔnɛ] n. m. **1.** Petit bâton; petit objet en forme de bâton. – (Afr. subsah.) *Bâtonnet dentaire :* syn. de *cure-dents* (sens 2). **2.** ANAT Cellules nerveuses photoréceptrices de la rétine, responsables de la vision en lumière faible (vision *scotopique*) et de la vision en noir et blanc.

bâtonnier [bɑtɔnje] n. m. Chef et représentant de l'ordre des avocats, dans le ressort de chaque barreau. *Le bâtonnier préside le conseil de l'ordre.*

Baton Rouge, v. des É.-U., cap. de la Louisiane, sur le bas Mississippi; 219500 hab. (aggl. 538000 hab.). Industries.

Batoumi ou **Batoum,** v. de Géorgie; 132000 hab.; capitale de la rép. autonome d'Adjarie. Port pétrolier import. sur la mer Noire.

batraciens [batʀasjɛ̃] n. m. pl. ZOOL Anc. nom des amphibiens.

battage [bataʒ] n. m. Action de battre. *Battage des tapis. – Battage des céréales,* pour séparer le grain des épis. – *Battage de l'or :* martelage des lames d'or pour les réduire en feuilles très minces. – *Battage de pieux :* enfoncement de pieux dans un terrain peu résistant, par ex. pour servir de fondation à une construction. ▷ Fig. et fam. *Faire du battage :* faire une publicité tapageuse et excessive.

Battambang, v. du Cambodge, à l'E. du lac Tonlé Sap; 45000 hab. Marché agricole. – La prov. du même nom fut annexée au XVIIIe s. par la France qui la céda au Siam en 1867. Rendue au Cambodge en 1907, reprise par la Thaïlande en 1941, elle fut rétrocédée au Cambodge en 1946.

1. battant, ante [batɑ̃, ɑ̃t] adj. Qui bat. *Pluie battante,* abondante et violente. *Porte battante,* qui se referme d'elle-même. ▷ Fig. *Faire une chose tambour battant,* avec célérité et autorité.

2. battant [batɑ̃] n. m. **1.** Marteau intérieur d'une cloche. **2.** Vantail d'une porte ou d'une fenêtre. *Ouvrir une porte à deux battants.* **3.** MAR Dimension horizontale d'un pavillon, qui bat au vent. **4.** (Maurice) *Battant de la lame* ou (Réunion) *battant des lames :* niveau atteint par la mer sur une plage.

3. battant, ante [batɑ̃, ɑ̃t] n. Sportif particulièrement combatif. ▷ Personne énergique, qui aime à combattre. *Cet homme politique est un battant.*

batte [bat] n. f. **1.** TECH Action de battre l'or ou l'argent pour le réduire en feuilles très minces. **2.** Maillet de bois plat, à long manche. **3.** SPORT Bâton à bout renflé qui sert à renvoyer la balle au base-ball, au cricket.

battée [bate] n. f. (Guyane) Ustensile utilisé par les orpailleurs pour séparer l'eau de l'or alluvionnaire.

battement [batmɑ̃] n. m. **I. 1.** Choc, bruit que produit ce qui bat; mouvement de ce qui bat. *Battement de mains, d'ailes. – Les battements du cœur,* ses pulsations. **2.** PHYS Oscillation d'amplitude, due à la superposition de deux mouvements vibratoires de fréquences voisines, utilisée en radio pour obtenir la moyenne fréquence. **3.** Intervalle de temps, délai. *Laissons une heure de battement entre les séances.* **II.** CONSTR **1.** Pièce contre laquelle s'applique le battant d'une porte. **2.** Pièce d'arrêt pour les persiennes.

Battenberg (Alexandre de) (1857 - 1893), premier prince de Bulgarie (1879-1886). Élu sur la proposition du tsar, il tenta vainement de s'affranchir de la tutelle russe et dut abdiquer.

batterie [batʀi] n. f. **1.** Réunion de bouches à feu. *Une batterie de 105.* ▷ Subdivision d'un groupe d'artillerie; matériel composant l'armement de cette unité. ▷ MAR Emplacement des canons sur un vaisseau de guerre. ▷ Loc. *Mettre en batterie :* disposer pour le tir (une pièce d'artillerie). – Fig. *Changer ses batteries :* modifier ses projets. **2.** *Batterie de cuisine :* ensemble des ustensiles qui servent à la cuisine. **3.** ELECTR Ensemble de piles ou d'accumulateurs associés en série ou en parallèle, destiné à produire du courant électrique. *Batterie (d'accumulateurs) d'une voiture.* ▷ Fig. *Recharger ses batteries :* reprendre des forces. ▷ (Luxembourg) Pile électrique. **4.** Ensemble de machines semblables. *Une batterie de téléscripteurs.* **5.** AGRIC *Élevage en batterie :* élevage industriel. **6.** MUS Nom collectif des instruments de percussion dans l'orchestre. ▷ Formule rythmique, ponctuant la vie militaire, exécutée sur le tambour.

batteur [batœʀ] n. m. **1.** Celui qui effectue le battage des céréales. **2.** Celui qui bat les métaux. *Batteur d'or.* **3.** Musicien qui joue de la batterie dans un orchestre de jazz, de danse. ▷ (Afr. subsah.) *Batteur (de tam-tam) :* musicien qui joue du tam-tam. – (Maurice) *Batteur de ravane.* **4.** Instrument pour battre les œufs, la crème, etc. **5.** Dans une batteuse (sens 2), pièce cylindrique tournant à très grande vitesse, garnie de battes qui frappent les épis pour en détacher les grains.

batteuse [batøz] n. f. **1.** Machine transformant les métaux en feuilles par martelage. **2.** Machine servant à séparer les grains de la balle et de la paille.

battle-dress [batəldʀɛs] n. m. inv. (Anglicisme) MILIT Tenue de combat à veste courte.

battoir [batwaʀ] n. m. Instrument qui sert à battre (le linge).

battre [batʀ] v. [**61**] **A.** v. tr. **I. 1.** Donner des coups à, frapper (un être vivant). *Battre un homme à terre. Battre qqn avec un bâton, une matraque.* **2.** Vaincre, avoir le dessus sur (qqn, un groupe). *Il a battu tous les candidats. Notre équipe de rugby a battu celle de la ville voisine.* ▷ Par ext. *Battre un record.* **II. 1.** Donner des coups sur (qqch) avec un instrument. *Battre un tapis, des tentures avec une tapette pour en faire sortir la poussière. Battre l'or, l'argent,* pour le réduire en feuilles très minces. – *Battre monnaie :* fabriquer des pièces de monnaie. ▷ *Battre le fer sur l'enclume.* – Loc. fig. et prov. *Il faut battre le fer quand il est chaud :* il faut profiter sans attendre de l'occasion qui se présente. **2.** Remuer, mêler en frappant à petits coups. *Battre des œufs :* mêler le blanc et le jaune. *Battre des œufs en neige*.* ▷ Par ext. *Battre les cartes,* les mélanger avant de jouer. **3.** *Battre les buissons,* les fouiller avec un bâton pour faire sortir le gibier. ▷ Par ext. *Battre le pays, la contrée, la campagne,* les parcourir pour faire des recherches. – Fig. *Battre la campagne :* laisser son esprit, son imagination errer, rêver. – (France rég.) *Battre les quatre coins de la route :* tituber sous l'effet de l'alcool. **4.** *Battre la mesure :* marquer la mesure, le rythme. ▷ *Battre le tambour, le tam-tam :* jouer du tambour, du tam-tam. – (Maurice, Réunion) *Battre la ravane.* ▷ (Maurice) Péjor. *Battre la langue :* parler pour ne rien dire. ▷ *Battre la retraite, le rappel :* jouer l'air de la retraite, du rappel sur le tambour. – Fig. *Battre le rappel :* appeler, rassembler des personnes. **5.** Loc. *Battre la semelle :* frapper le sol avec chaque pied alternativement (pour se réchauffer). – *Battre le pavé :* le fouler en marchant; fig. errer. **6.** (Choses) Heurter, frapper contre. *La mer bat les rochers. Le vent lui bat le visage.* **7.** MAR *Battre pavillon belge, haïtien,* etc. : arborer au mât de pavillon le pavillon belge, haïtien, etc. **III.** v. pron. **1.** Se porter des coups, lutter. *Deux enfants qui se battent.* **2.** Combattre, entrer en conflit, en lutte avec un adversaire. *Nos troupes se battent depuis un an. Se battre pour obtenir une augmentation de salaire.* **B.** v. intr. et v. tr. indir. **1.** Être agité de mouvements répétés. *Le cœur bat. La porte bat dans le vent.* **2.** *Battre contre :* frapper. *Les volets battent contre le mur.* **3.** Agiter (une partie du corps) de façon répétée. *Battre des mains. Battre des paupières.* – Fig. *Battre de l'aile :* aller mal. *Un magasin qui bat de l'aile.* **4.** *Le tambour bat :* on bat le tambour. **C.** Loc. fig. **1.** *Battre froid à qqn,* être froid, inamical avec lui. **2.** (Choses) *Battre son plein*.* **3.** *Battre en retraite*.*

battu, ue [baty] adj. **1.** Défait, vaincu. *Armée, équipe battue.* **2.** Qui a reçu des coups. *Un chien battu.* ▷ Fig. *Avoir les yeux battus,* cernés, qui marquent la fatigue. – *Une mine battue :* un air fatigué. **3.** Foulé, tassé. *Terre battue. Sentiers, chemins battus,* très fréquentés. – Fig. *Suivre les sentiers battus :* agir comme tout le monde, sans originalité. **4.** (Choses) Exposé aux coups de. *Falaise battue par les vents.* **5.** CHOREGR *Pas, jeté battu,* accompagné de croisements rapides des jambes.

battue [baty] n. f. Action de battre le terrain pour en faire sortir le gibier et le rabattre vers les chasseurs. ▷ *Par ext.* Action de battre le terrain pour rechercher un malfaiteur, un animal égaré, une personne disparue, etc.

batture [batyʀ] n. f. (Québec) Portion du littoral découverte à marée basse.

Bātū khān (v. 1204 – 1255), petit-fils de Gengis khān. Khān de la Horde d'Or (1241-1245), il conquit la Russie et la Pologne.

Batutsi. V. Tutsi.

Batwa. V. Twa.

baud [bo] n. m. TELECOM Unité de vitesse de modulation en télégraphie et en téléinformatique.

Baudelaire (Charles) (1821 – 1867), poète français. Partagé entre «l'horreur et l'extase de la vie», entre le péché et la pureté, il est proche des romantiques et annonce le symbolisme. La publication, en 1857, des *Fleurs du mal,* son unique recueil de vers, jugé licencieux, lui valut des poursuites judiciaires. Il a écrit des chroniques littéraires et artistiques (*Curiosités esthétiques, l'Art romantique,* posth., 1868), des poèmes en prose (*le Spleen de Paris,* posth., 1869), des journaux intimes (*Fusées,* 1851; *Mon cœur mis à nu,* 1862-1864). Ses traductions d'Edgar Poe sont des chefs-d'œuvre.

baudet [bodɛ] n. m. Fam. Âne. – Loc. *Être chargé comme un baudet,* très chargé. – *Spécial.* Âne étalon.

Baudouin Ier (1930 – 1993), roi des Belges de 1951 à sa mort.

baudrier [bodʀije] n. m. Bande de cuir ou d'étoffe qui se porte en écharpe et qui soutient une arme, un tambour.

baudroie [bodʀwa] n. f. Poisson téléostéen marin qui attire les petits poissons en agitant devant son énorme gueule un lambeau membraneux de sa nageoire dorsale. (Une espèce, *Lophius piscatorius,* très commune sur les côtes européennes, est vendue sous le nom de *lotte de mer.*)

baudruche [bodʀyʃ] n. f. **1.** Membrane très mince faite avec les intestins du bœuf ou du mouton. **2.** Fig. Homme sans caractère, sans volonté.

Bauer (Bruno) (1809 – 1882), philosophe allemand, chef de file des *jeunes hégéliens* (V. Hegel).

bauge [boʒ] n. f. **1.** Lieu fangeux où gîte le sanglier. ▷ Fig. Habitation sale et mal tenue. **2.** Mortier de terre grasse mêlée de paille. Syn. torchis.

Bauhaus (*Staatliches Bauhaus,* «maison d'État du bâtiment»), centre d'enseignement esthétique et tech. fondé en 1919 à Weimar par Gropius*. La section d'architecture (ouverte seulement en 1927) prôna le fonctionnalisme. Le Bauhaus, transféré à Dessau (1925) puis à Berlin (1932), fut fermé par les nazis en 1933. La plupart de ses membres (Moholy-Nagy, Mies van der Rohe et Gropius, notam.) se réfugièrent en Suisse et, surtout, aux États-Unis.

bauhinia [boinja] n. m. BOT Arbre ou arbuste de toutes les régions tropicales (fam. césalpiniacées) dont certaines espèces sont décoratives.

baume [bom] n. m. **1.** Substance résineuse et odorante qui coule de certains végétaux. **2.** Anc. Médicament aromatique à usage externe (frictions ou onctions). ▷ Fig. Apaisement, consolation. *Cette heureuse nouvelle est un baume pour son chagrin.*

Baumé (Antoine) (1728 – 1804), pharmacien et chimiste français. Il a mis au point un aréomètre.

Baur (Harry) (1880 – 1943), acteur de théâtre et de cinéma français.

Bausch (Pina) (née en 1940), chorégraphe allemande expressionniste.

baux [bo] n. m. pl. V. bail.

bauxite [boksit] n. f. Minerai renfermant surtout de l'alumine hydratée, plus ou moins mêlée d'oxydes de fer et de silicium, dont on extrait l'aluminium.

bavard, arde [bavaʀ, aʀd] adj. et n. **I.** adj. **1.** Qui parle beaucoup, qui aime parler. ▷ Subst. *Un bavard impénitent.* **2.** Qui commet des indiscrétions. **II.** n. **1.** Arg. Avocat. **2.** n. f. (France rég.) Fig. Syn. de *bouilloire.*

bavardage [bavaʀdaʒ] n. m. **1.** Action de bavarder. **2.** Propos vains, indiscrets ou médisants.

bavarder [bavaʀde] v. intr. [**1**] **1.** Parler avec excès. **2.** Parler familièrement avec qqn, causer. Syn. (Suisse) batoiller. **3.** Divulguer ce qu'on devrait taire.

bavarois [bavaʀwa] n. m. ou **bavaroise** [bavaʀwaz] n. f. Entremets froid à base de crème anglaise et de gélatine, diversement parfumé.

bavassage [bavasaʒ] n. m. (Québec) Fam. Action de médire. – (Plur.) Propos médisants. (V. jasage.)

bavasser [bavase] v. intr. [**1**] Fam. **1.** Parler beaucoup. **2.** Médire. *Bavasser sur le compte de qqn.*

bavasseux, euse [bavasø, øz] n. (Québec) Fam. **1.** Personne qui parle beaucoup, de façon inutile. (V. placoteux, sens 1.) **2.** Personne qui est médisante. (V. placoteux, sens 2.)

bave [bav] n. f. **1.** Salive visqueuse qui s'échappe de la bouche d'une personne, ou de la gueule d'un animal. **2.** Sécrétion gluante de certains mollusques. *Bave d'escargot.*

baver [bave] v. intr. [**1**] **1.** Laisser couler de la bave. **2.** Fig., fam. *Baver de :* être saisi de. *Baver d'envie.* **3.** Fig., fam. *En baver :* passer par de rudes épreuves. *Il en a bavé pour réussir.* **4.** Faire des bavures.

bavette [bavɛt] n. f. **1.** Bavoir. **2.** Partie supérieure d'un tablier, d'une salopette. **3.** En boucherie, morceau situé au-dessous de l'aloyau. **4.** AUTO Pièce de caoutchouc protégeant les roues contre les projections d'eau, de boue. **5.** Loc. fam. *Tailler une bavette :* bavarder.

baveux, euse [bavø, øz] adj. **1.** Qui bave. ▷ Fig. *Omelette baveuse,* peu cuite et molle. **2.** Qui présente des bavures.

Bavière (en all. *Bayern*), Land du S.-E. de l'All. et région de la C.E.; 70547 km^2; 11026490 hab.; cap. *Munich.* Limitée au S. par les Préalpes calcaires et au N.-E. par des massifs anciens, la Bavière est traversée d'O. en E. par le Danube. L'agriculture est diversifiée, le patrimoine naturel et culturel attire le tourisme, l'industrie est dynamique. – Occupée par les Celtes, puis par les Romains, la rég. subit les invasions barbares; elle fit partie (788) de l'État carolingien.

Royaume, devenu en 911 un duché, qui appartint aux guelfes de 1070 à 1180, la Bavière passa aux Wittelsbach (1180-1918). Allié à Napoléon Ier, Maximilien IV reçut le titre de roi de Bavière (1806) et agrandit son État, qui entra en 1871 dans l'Empire allemand, contre le désir de Louis II, dont les constructions ont marqué le pays. Après 1919, la Bavière vit naître le nazisme.

bavoir [bavwaʀ] n. m. Pièce de tissu munie d'une attache, destinée à protéger des salissures la poitrine des bébés. Syn. bavette.

bavure [bavyʀ] n. f. **1.** Trace des joints du moule sur un objet moulé. **2.** Trace d'encre ou de couleur débordant d'un trait peu net. ▷ Fig. Imperfection d'un travail. *Un travail sans bavures,* irréprochable. – Par euph. *Cette opération de police a comporté des bavures :* des actes (notam. de violence), des faits contraires au droit et à l'éthique.

baxter [bakstɛʀ] n. m. (Nom déposé.) (Belgique, Luxembourg) Flacon contenant du sérum pour perfusion. – *Par ext.* Perfusion. *Être sous baxter.*

Baya. V. Gbaya.

bayadère [bajadɛʀ] n. f. Danseuse indienne. ▷ (En appos.) *Étoffe bayadère,* à raies multicolores.

Bayard (Pierre Terrail, seigneur de) (1476 – 1524), gentilhomme français, surnommé *le Chevalier sans peur et sans reproche;* mortellement blessé lors de la retraite de l'armée française en Italie.

Bāyazīd. V. Bajazet.

bayer [baje] v. intr. [**21**] Loc. *Bayer aux corneilles :* regarder en l'air niaisement. (Ne pas confondre avec bâiller.)

Bayeux, v. de France, ch.-l. d'arr. du Calvados, sur l'*Aure*; 15 106 hab. – Cath. goth. (XIIIe s.). La bibliothèque abrite la *tapisserie de Bayeux* (70,34 m de long) représentant la conquête de l'Angleterre par les Normands.

Bayle (Pierre) (1647 – 1706), philosophe français. Auteur des *Pensées sur la comète* (1694) et d'un *Dictionnaire historique et critique* (1695-1697), il annonce les philosophes des Lumières.

Bayon (le), grand temple khmer (fin XIIe-début XIIIe s.) du site d'Angkor, célèbre par ses tours sculptées de quatre visages.

Bayonne, v. de France, ch.-l. d'arr. des Pyrénées-Atlantiques, sur l'Adour, à 6 km de l'Atlant.; 41 846 hab. (env. 164 400 hab. dans l'aggl.). Port. – Cath. Ste-Marie (XIIIe-XIVe s.). Remparts de Vauban.

bayou [baju] n. m. Dans le S.-O. de la Louisiane, eau peu profonde et stagnante; bras de rivière que n'anime aucun courant. ▷ Par ext. *Les bayous :* région de bayous.

bayoud [bajud] n. m. BOT Maladie des palmiers, due à un champignon, qui provoque la mort rapide des arbres.

Bayreuth, v. d'All. (Bavière), sur le Main; 72 330 hab. Porcelaines. – Louis II de Bavière y fit construire un théâtre (1876) pour représenter les opéras de Wagner; festival annuel.

Bazaine (François Achille) (1811 – 1888), maréchal de France (1864). Bloqué dans Metz, il capitula (27 oct. 1870); sa condamnation à mort (en 1873) fut commuée en détention; il s'évada (1874) et mourut à Madrid.

bazar [bazaʀ] n. m. **1.** Marché public, en Orient. ▷ (Madag., Maurice, Réunion) *Spécial.* Marché de fruits et légumes, de poisson, etc.; denrées vendues au marché. – Loc. *Faire (le) son bazar :* faire son marché. **2.** (Maghreb) Au Maroc, ensemble de boutiques où l'on vend des produits artisanaux. **3.** Magasin où l'on vend toutes sortes d'objets. **4.** Fig., fam. Lieu où tout est en désordre. ▷ Objets en désordre.

bazarder [bazaʀde] v. tr. [**1**] Fam. Se défaire à bas prix de. *Bazarder des livres.*

bazardier, ère [bazaʀdje, ɛʀ] n. (Maurice, Réunion) Marchand(e) de fruits et légumes, parfois de poisson, installé dans un bazar ou un marché ambulant. Syn. (Maurice) bazarier.

bazarier, ère [bazaʀje, ɛʀ] n. (Maurice) Syn. de *bazardier.*

bazariste [bazaʀist] n. m. (Maghreb) Au Maroc, commerçant qui tient une boutique dans un bazar (sens 2).

bazin [bazɛ̃] n. m. V. basin.

Bazin (Jean-Pierre Hervé-Bazin, dit Hervé) (né en 1911), romancier français : *Vipère au poing* (1948), *la Mort du petit cheval* (1950).

bazooka [bazuka] n. m. MILIT Lance-roquettes antichar portatif.

bazou [bazu] n. m. (Québec) Fam. Automobile démodée ou délabrée.

B.B.C. Sigle de *British Broadcasting Corporation.* Service officiel de radiodiffusion et télévision britannique.

B.B.Q. [baʀbəkju] n. m. (Québec) Abrév. cour. de barbecue.

B.C.D.A.O.A. Sigle de *Banque* de commerce et de développement pour l'Afrique orientale et australe.*

B.C.É.A.O. Sigle de *Banque* centrale des États de l'Afrique de l'Ouest.*

B.C.G. [beseʒe] n. m. (Nom déposé.) Sigle de (vaccin) *bilié de Calmette et Guérin.* Vaccin antituberculeux.

B.D. ou **bédé** [bede] n. f. Abrév. fam. de *bande* dessinée.*

B.D.É.A.C. Sigle de *Banque* de développement des États de l'Afrique centrale.*

BÉAC, acronyme pour *Banque* des États de l'Afrique centrale.*

beach [bitʃ] n. m. (Anglicisme) (Afr. subsah.) **1.** Quai d'un port fluvial. **2.** Plage au bord d'un fleuve. **3.** Point par où on traverse un cours d'eau. **4.** Ville basse, centre commercial d'une ville. *Descendre faire ses courses au beach. Des beachs* ou *des beaches.*

beach-rock [bitʃʀɔk] n. m. GEOL Matériau sableux durci qui affleure sur les estrans des mers chaudes. *Des beach-rocks.*

beagle [bigl] n. m. Chien basset à jambes droites.

bean ou **bine** [bin] n. f. (Québec) **1.** Pop. Haricot sec. *Une assiette de beans.* **2.** Loc. pop. *Envoyer qqn aux beans,* le repousser sans ménagement, l'envoyer au diable. – Fam. *Avoir les yeux dans la graisse de beans :* avoir un regard traduisant un désir sexuel, ou un état de fatigue; avoir les yeux dans le vague.

béance [beɑ̃s] n. f. Vx ou litt. État de ce qui est béant.

béant, ante [beɑ̃, ɑ̃t] adj. Largement ouvert. *Un trou béant.*

Béarn, ancienne province française, aujourd'hui partie du département des Pyr.-Atl., réunie à la Couronne en 1620. Il eut pour capitale *Pau.*

béarnais, aise [beaʀnɛ, ɛz] adj. et n. Du Béarn. ▷ n. f. *Béarnaise* ou *sauce béarnaise :* sauce relevée à base de vinaigre, de beurre et d'œufs.

béat, ate [bea, at] adj. **1.** Bienheureux, tranquille. *Mener une vie béate.* **2.** Satisfait de soi-même et un peu niais. **3.** Qui exprime la béatitude. *Une mine béate.*

béatement [beatmɑ̃] adv. D'une manière béate.

beat generation, mouvement littéraire (et état d'esprit) né aux É.-U. dans les années 1950 et illustré par J. Kerouac* (*Sur la route,* 1957), A. Ginsberg* et W. Burroughs*. Ses adeptes, les *beatniks,* préfiguraient les *hippies.*

béatification [beatifikasjɔ̃] n. f. RELIG CATHOL Acte du pape mettant au rang des bienheureux une personne décédée, à qui peut être rendu un culte public provisoire.

béatifier [beatifje] v. tr. [**2**] RELIG CATHOL Mettre au rang des bienheureux.

béatifique [beatifik] adj. RELIG Qui donne la félicité céleste. – *Vision béatifique :* vision de Dieu dont jouissent, au ciel, les élus.

béatitude [beatityd] n. f. **1.** État de plénitude heureuse, de grand bonheur. **2.** Bonheur parfait de l'élu au ciel. **3.** *Les Béatitudes :* les huit sentences du Christ, commençant par le mot *beati* («bienheureux»), qui ouvrent le Sermon sur la Montagne et détaillent les voies d'accès au royaume des cieux.

Beatles (The), groupe anglais de musique pop (1962-1970) fondé à Liverpool : *George Harrison* (né en 1943), guitare solo, *John Lennon* (1940 – 1980), guitare d'accompagnement, *Paul McCartney* (né en 1942), guitare basse, et *Ringo Starr,* pseudonyme de Richard Starkey (né en 1940), batterie.

beatnik [bitnik] n. et adj. **1.** n. Aux États-Unis, adepte de la *beat* generation.* **2.** adj. *La génération beatnik.*

Béatrice Portinari (v. 1265 – v. 1290), jeune Florentine immortalisée par Dante dans *la Divine Comédie.*

Beatrix Ire (née en 1938), reine des Pays-Bas depuis 1980, fille aînée de Juliana Ire.

1. beau ou **bel, belle** [bo, bɛl] adj. (La forme *bel* s'emploie devant les noms masculins singuliers commençant par une voyelle ou un h muet. *Un bel enfant, un bel homme.*) **I.** Qui suscite un plaisir esthétique, qui plaît par l'harmonie de ses formes, de ses couleurs, de ses sons. *Un beau paysage, une belle femme.* Ant. laid. ▷ Loc. fam. *Se faire* ou (Québec) *se mettre beau :* s'habiller avec soin. – (Québec) *Faire beau :* produire un bel effet. **II.** Qui suscite l'admiration. **1.** Qui plaît, qui satisfait intellectuellement. *Une belle œuvre, un beau talent.* **2.** Qui mérite l'estime. *Un beau geste.* **3.** Distingué, raffiné. *De belles manières.* ▷ Fam. *Le beau monde :* la haute société. ▷ Iron. *Un beau parleur*.* ▷ *Un beau joueur,* qui sait perdre avec bonne grâce. **4.** Clair, ensoleillé (temps). *Le beau temps. À la belle saison.* ▷ Loc. *Il fait beau.* ▷ Subst. *Le temps est au beau.* ▷ Fig. *Un beau jour, un beau matin :* un jour, un matin. **5.** (Québec) Praticable, en bon état (en parlant d'une route). *La souffleuse a passé, le chemin est beau.* **6.** Qui est satisfaisant, réussi. *Un beau* *travail. Un beau match. Faire un beau coup :* réussir un coup adroit. ▷ *Avoir la partie belle :* disposer de tous les éléments favorables. ▷ *N'être pas beau à voir :* offrir un spectacle lamentable, désolant (en parlant de qqch ou de qqn). *J'étais sur les lieux de l'accident, ce n'était pas beau à voir.* **7** *Par ext.* Qui est grand, important, considérable. *Une belle fortune.* ▷ Loc. *Au beau milieu :* juste au milieu. – Fig. *À belles dents :* V. dent. ▷ *Il y a beau temps que :* il y a longtemps que. **8.** Par antiphrase. *Une belle entorse. De belles promesses,* auxquelles on ne doit pas se fier. – (Augmentatif) *Un bel égoïste. Une belle fripouille.* ▷ Loc. *En faire de belles :* faire de grosses sottises. ▷ Fig., fam. *Cela te fera une belle jambe :* cela te sera bien inutile. ▷ *L'échapper* belle.* **9.** Loc. verb. *Avoir beau* (+ inf.). *Il a beau dire, il a beau faire :* quoi qu'il dise, quoi qu'il fasse. ▷ *Il ferait beau voir :* il serait étrange de voir. ▷ (Québec) *Avoir (bien) beau* (faire, à faire, de faire qqch) : avoir le loisir, la possibilité de. *Tu as beau à rester à coucher ici, si tu veux.* **10.** Loc. adv. *Bel et bien :* réellement, incontestablement. *Il a bel et bien échoué.* ▷ *De plus belle :* encore plus, plus que jamais.

2. beau, belle [bo, bɛl] n. **I.** n. m. Ce qui est beau, ce qui suscite un plaisir esthétique, un sentiment d'admiration. *Avoir l'amour du beau.* **II. 1.** n. m. *Un vieux beau :* un homme âgé qui cherche à séduire. **2.** Loc. *Faire le beau* ou (Québec) *la belle, une belle :* parader en parlant d'un animal, se tenir en équilibre sur ses pattes de derrière. **3.** n. f. *Une belle :* une belle femme. *Il courtise les belles.* – Fam. *Une belle :* une chose surprenante. *Je viens d'en apprendre une belle.* ▷ *Jouer, faire la belle,* la partie décisive quand deux adversaires ont gagné chacun une manche. **III. 1.** n. m. (Afr. subsah.) Fam. Beau-frère, beau-père. ▷ *Les beaux :* la belle-famille. *Visiter ses beaux.* **2.** n. f. Arg. *(Se) faire la belle :* s'évader.

Beau Bassin, v. de l'ouest de l'île Maurice; l'aggl. *Beau Bassin-Rose Hilla* a 94 236 hab. Centre commercial et artisanal. Canne à sucre.

Beauce, rég. fertile de France, au S.-O. de Paris; ville princ. : Chartres. Céréales, betterave. Élevage.

Beauce, région du Québec, dans la rég. admin. de Chaudière-Appalaches, qui doit son nom à la rég. française car elle constituait une bonne terre à blé.

beauceron, onne [bosʀɔ̃, ɔn] adj. et n. De la Beauce (rég. de France). – De la Beauce (rég. du Québec). – Subst. *Les Beaucerons.*

Beauchamp (Charles Louis ou Pierre) (1636 – 1719), chorégraphe français. Maître à danser de Louis XIV, il régla plus. comédies-ballets de Molière et Lully.

beaucoup [boku] adv. **1.** *Beaucoup de* (+ subst.) : une grande quantité, un grand nombre de. *Il a beaucoup d'argent.* **2.** (Emploi nominal.) Un grand nombre (de personnes, de choses). *Beaucoup l'ont cru. Je lui dois beaucoup.* **3.** (Avec un verbe, un adverbe.) *Il a beaucoup bu. Il est beaucoup trop fatigué.* ▷ (Avec un comparatif.) *Il va beaucoup mieux. Il est beaucoup plus doué que moi.* **4.** Loc. adv. *De beaucoup :* nettement. *C'est de beaucoup préférable.*

Beau de Rochas (Alphonse) (1815 – 1893), ingénieur français, inventeur d'un cycle thermodynamique à la base du moteur à quatre temps.

beauf [bof] n. m. Fam. Beau-frère. – Pop. Petit-bourgeois stupide et vulgaire.

beau-fils [bofis] n. m. **1.** Fils que la personne que l'on a épousée a eu d'un précédent lit. **2.** Gendre. *Des beaux-fils.*

Beaufort (sir Francis) (1774 – 1857), amiral anglais, auteur d'une échelle météorologique (1806), qui associe à la vitesse du vent un état de la mer, coté de 0 (calme) à 12 (ouragan).

beau-frère [bofʀɛʀ] n. m. **1.** Frère du conjoint. **2.** Mari d'une sœur ou d'une belle-sœur. **3.** (Afr. subsah.) Frère du conjoint d'une sœur ou d'un frère. *Des beaux-frères.*

Beauharnais ou **Beauharnois** (Charles de) (1670[?] – 1759), administrateur français; gouverneur général de la Nouvelle-France (Canada) de 1726 à 1747. – Le *canal Beauharnois* contribue à régulariser la navigation sur le Saint-Laurent. — **Eugène** (1781 – 1824), fils du préc. et de Joséphine, vice-roi d'Italie (1805-1814). — **Hortense,** sœur du préc. (V. Hortense de Beauharnais.)

Beauharnais (Alexandre, vicomte de) (1760 – 1794), général franç., premier époux de la future impératrice Joséphine, fut guillotiné.

beaujolais [boʒɔlɛ] n. m. Vin du Beaujolais.

Beaujolais, rég. de France en bordure orient. du Massif central, entre la Loire et la Saône. Les *monts du Beaujolais* précèdent la *côte,* pays de vignobles (beaujolais).

Beaulieu (Victor-Lévy) (né en 1945), romancier québécois. Influencé par Kerouac, il décrit l'errance et l'échec : *les Grands-Pères* (1971), *Don Quichotte de la démanche* ,(c.-à-d. «de la dérive», 1974).

Beaumarchais (Pierre Augustin Caron de) (1732 – 1799), écrivain français. Successivement horloger, professeur de musique, financier, politicien, agent d'affaires, il a raconté ses démêlés judiciaires dans d'étonnants *Mémoires* (1773-1774). Au théâtre, *le Barbier* de Séville* (1775) et *le Mariage* de Figaro* (1784), satires sociales et politiques que complète *la Mère coupable* (1792), ont consacré son génie dramatique.

beau-père [bopɛʀ] n. m. **1.** Père du conjoint. **2.** Second mari de la mère pour les enfants d'un premier lit. **3.** (Afr. subsah.) Frère ou cousin du père du conjoint. *Des beaux-pères.*

beaupré [bopʀe] n. m. MAR Mât incliné ou horizontal, à l'avant d'un navire.

beauté [bote] n. f. **1.** Qualité de ce qui suscite un sentiment d'admiration, un plaisir esthétique. *La beauté d'un visage, d'une fleur. Le culte de la beauté.* ▷ Loc. *De toute beauté :* très beau. – *En beauté :* avec noblesse, avec grande allure. *Finir en beauté.* **2.** Qualité d'une personne qui est belle. *La beauté d'un enfant. – Produits de beauté :* produits destinés à embellir le visage et la peau. ▷ Loc. *La beauté du diable :* l'éclat de la jeunesse. ▷ Absol. *Une beauté :* une femme très belle. ▷ Fam. *Se (re)faire une beauté :* se faire beau (belle), spécial. en se maquillant. ▷ *Être en beauté :* être plus beau (belle) qu'à l'accoutumée. **3.** (Plur.) Éléments de la beauté, parties belles d'une chose. *Les beautés d'une pièce de théâtre.*

Beau Ténébreux. V. Amadis de Gaule.

Beauvais, v. de France, ch.-l. du dép. de l'Oise; 56 278 hab. Industr. – La Manufacture nat. de tapisserie, fondée en 1664, a été transférée en 1936 à Paris (Gobelins). – Cath. St-Pierre, goth. de transition (XIIIe-XIVe s.).

Beauvoir (Simone de) (1908 – 1986), écrivain français lié à Sartre : *le Deuxième Sexe* (1949), *Mémoires d'une jeune fille rangée* (1958), *la Force de l'âge* (1960).

beaux-arts [bozaʀ] n. m. pl. **1.** Ensemble des arts plastiques : peinture, sculpture, architecture, gravure, etc. **2.** Ensemble des arts en général.

beaux-parents [bopaʀɑ̃] n. m. pl. Les deux parents du conjoint (pour l'autre conjoint). ▷ (Afr. subsah.) Syn. de *belle-famille.*

1. bébé [bebe] n. m. **1.** Enfant en bas âge, nourrisson. ▷ Fig. Personne d'un caractère infantile. *C'est un vrai bébé.* **2.** (En composition avec un nom d'animal.) Très jeune animal. *Des bébés phoques* ou *des bébés-phoques.*

2. bébé [bebe] adj. inv. Désigne un culte syncrétique de Côte d'Ivoire.

bébé-éprouvette [bebeepʀuvɛt] n. m. Enfant issu d'une fécondation* in vitro. *Des bébés-éprouvette(s).*

Bebel (August) (1840 – 1913), homme politique allemand, l'un des dirigeants de la IIe Internationale.

bebelle [bœbɛl] n. f. (Québec) Fam. (Surtout au plur.) Jouet.

bébête [bebɛt] adj. et n. f. **1.** adj. Fam. Niais. **2.** n. f. Enfantin, fam. (Cour. dans le Pacifique) Tout insecte insignifiant et inoffensif. (V. bibe et bibite.)

Bebey (Francis) (né en 1929), écrivain et chanteur-musicien camerounais. Romans : *le Fils d'Agatha Moudio* (1967), *le Ministre et le griot* (1992); essai : *Musique de l'Afrique* (1969); poésie : *Concert pour un vieux masque* (1980).

be-bop [bibɔp] ou **bop** [bɔp] n. m. Style de jazz né dans les années 1940.

bec [bɛk] n. m. **I. 1.** Partie cornée et saillante, composée de deux mandibules, qui tient lieu de bouche aux oiseaux. *Un long bec, un bec crochu.* **2.** Par anal., fam. Bouche (dans certains emplois). *Avoir la cigarette au bec. – Un bec fin :* un gourmet. – *Faire le bec fin :* faire le difficile. – Loc. fam. *Se sucrer le bec :* manger des sucreries, des mets sucrés. – Loc fig. *Avoir qqch tout cuit, tout rôti dans le bec,* l'obtenir sans faire d'effort.**3.** Loc. fig. *Avoir bec et ongles :* être pourvu de moyens de défense. – Fam. *Avoir une prise de bec (avec qqn) :* se quereller. – *Donner un coup de bec :* lancer un trait piquant. – Fam. *Rester le bec dans l'eau :* ne pas trouver de réponse, de riposte. – *Clouer* le bec à qqn.* – Fam. *Fermer son bec :* se taire. **4.** Vieilli (Cour. en France rég., en Louisiane, au Québec; Suisse, fam. et enfantin) Baiser affectueux, bisou, bécot. *Donner un bec.* (V. baise.) **II.** (Par analogie de forme.) **1.** GEOGR Pointe de terre au confluent de deux rivières ou à l'embouchure d'un fleuve. **2.** MUS Embouchure de certains instruments à anche. *Bec d'une clarinette, d'un saxophone.* **3.** Partie pointue ou saillante de certains objets, de certains outils. *Le bec d'une plume. Les becs d'un pied à coulisse.* ▷ *Bec verseur :* partie saillante d'un récipient permettant de vider son contenu liquide. *Le bec verseur d'une brique de lait.*

Syn. (Belgique) buse. **4.** CHIM *Bec Bunsen :* brûleur à gaz utilisé dans les laboratoires.

bécane [bekan] n. f. **1.** Fam. Bicyclette. **2.** Arg. (de diverses professions) Appareil, machine, en général.

bécarre [bekaʀ] n. m. Signe de notation musicale que l'on place devant une note altérée par un dièse ou un bémol à la clé, pour la rétablir dans son ton naturel. ▷ adj. *Ré bécarre.*

bécasse [bekas] n. f. **1.** Oiseau charadriiforme (genre *Scolopax*) migrateur qui hiverne en Inde et en Afrique, à plumage brun-roux, haut sur pattes (30 cm env.), dont le très long bec lui sert à sonder la vase. ▷ Par anal. *Bécasse de mer :* nom vulg. du *Centriscus,* poisson à long rostre. **2.** Fig., fam. Femme peu intelligente.

bécasseau [bekaso] n. m. **1.** Nom de divers oiseaux migrateurs charadriiformes, généralement de la taille d'une alouette. **2.** Petit de la bécasse.

bécassine [bekasin] n. f. Oiseau migrateur charadriiforme des marais (genre *Gallinago*) au très long bec.

Beccaria (Cesare Bonesana, marquis de) (1738 – 1794), juriste italien : *Des délits et des peines* (1764).

1. bec-de-cane [bɛkdəkan] n. m. Serrure sans fermeture par clé, ne comportant qu'un pêne demi-tour. ▷ Poignée recourbée d'une telle serrure. *Des becs-de-cane.*

2. bec-de-cane [bɛkdəkan] n. m. (Nouv.-Cal.) Poisson de mer (*Lethrinus nebulosus*) dont le museau ressemble à un bec de canard, l'un des poissons les plus pêchés et les plus appréciés en Nouvelle-Calédonie. *Des becs-de-cane.*

bec-de-lièvre [bɛkdəljɛvʀ] n. m. Malformation congénitale de la face se présentant le plus souvent comme une fissure verticale de la lèvre supérieure. *Des becs-de-lièvre.*

bec-de-perroquet [bɛkdəpɛʀɔkɛ] n. m. **1.** MED Excroissance osseuse en forme de crochet apparaissant au niveau des vertèbres dans certains rhumatismes chroniques. **2.** Plante originaire d'Amérique tropicale, cultivée pour ses fleurs décoratives orangées. *Des becs-de-perroquet.*

bec-en-ciseaux [bɛkɑ̃sizo] n. m. ORNITH Oiseau lariforme (genre *Rhynchops*) noir et blanc, fréquentant les eaux calmes, dont le bec est orangé à la partie inférieure, bien plus longue que la partie supérieure. *Des becs-en-ciseaux.*

becfigue [bɛkfig] n. m. Nom cour. de divers petits oiseaux passériformes et migrateurs (pipits, gobe-mouches, etc.).

bêchage [bɛʃaʒ] n. m. Action de bêcher, de cultiver à la bêche.

béchamel [beʃamɛl] n. f. CUIS Sauce blanche faite de beurre, de farine et de lait.

Béchar (anc. *Colomb-Béchar*), ville d'Algérie, au N.-O. du Sahara; 108 380 hab; ch.-l. de la wilaya du m. nom. Centre ferroviaire, au cœur d'un bassin houiller.

bêche [bɛʃ] n. f. **1.** Outil de jardinage constitué d'un fer plat, large et tranchant et d'un manche. **2.** ARTILL *Bêche de crosse :* appendice de l'affût d'un canon, servant à l'ancrer dans le sol.

bêche-de-mer [bɛʃdmɛʀ] ou (Madag., Pacifique) **biche-de-mer** [biʃdmɛʀ] n. **1.** n. f. Grosse holothurie comestible. Syn. tripang. **2.** n. m. LING *Bêche-de-mer :* syn. de *bichelamar* (sens 1). *Des bêches-de-mer* ou *des biches-de-mer.*
ENCYCL Au XIXe s., ces échinodermes, qui ressemblent à des boudins de 5 à 6 cm de diamètre de 20 à 30 cm de long, étaient pêchés, vidés de leurs viscères puis vendus aux Chinois qui leur attribuaient des vertus aphrodisiaques. Une langue véhiculaire est née de ce commerce. (V. bichelamar.)

bêcher [beʃe] v. tr. [1] Couper et retourner (la terre) avec une bêche.

Bechet (Sidney) (1897 – 1959), clarinettiste, saxophoniste (soprano) et chef d'orchestre de jazz américain. Il popularisa en France le New Orléans.

bêcheur, euse [bɛʃœʀ, øz] n. Fam. Personne hautaine et prétentieuse.

Bechir (Omar Hassan el) (né en 1932), général et homme politique soudanais. Il prit le pouvoir en 1989 et devint président de la République en 1993.

Bechuanaland, protectorat britannique de 1865 à 1966, date de son accession à l'indépendance sous le nom de Botswana*.

Becker (Jacques) (1906 – 1960), cinéaste français : *Casque d'or* (1952), *Touchez pas au grisbi* (1954).

Becket (Thomas). V. Thomas Becket (saint).

Beckett (Samuel) (1906 – 1989), écrivain irlandais d'expression angl. et fr. Il exprime la catastrophe existentielle. Romans ; *Murphy* (1938, version angl.; 1947, trad. fr.), *Molloy* (1951), *Malone meurt* (1951), *l'Innommable* (1953). Théâtre : *En attendant Godot* (1952), *Fin de partie* (1957), *Oh! les beaux jours* (1961). P. Nobel 1969.

Beckford (William) (v. 1760 – 1844), écrivain anglais. Riche aristocrate à l'esprit subversif, il écrivit en français *Vathek, conte arabe* (1782, version anglaise 1786).

bécosse [bekɔs] n. f. (Québec) Fam. (Généralement au plur.) Cabinet d'aisances aménagé en forêt, à la campagne. – Plaisant Tout cabinet d'aisances.

bécot [beko] n. m. Fam. Petit baiser. (V. baise, bec sens I, 4.)

bécoter [bekɔte] v. tr. [1] Fam. Donner des bécots. ▷ v. pron. Échanger des bécots.

bec-ouvert [bɛkuvɛʀ] n. m. ORNITH Oiseau aquatique voisin des cigognes, dont le bec a les branches écartées. Syn. anastome. *Des becs-ouverts.*

Becque (Henry François) (1837 – 1899), écrivain français, fondateur du théâtre naturaliste : *les Corbeaux,* (1882); *la Parisienne,* (1885).

becquée ou **béquée** [beke] n. f. Quantité de nourriture qu'un oiseau peut prendre avec son bec pour nourrir ses petits. *Donner la becquée.*

becquer [bɛke] v. tr. [1] (Acadie) Donner un baiser, un bec à. *Becquer un ami.*

becquerel [bɛkʀɛl] n. m. Unité d'activité radioactive du système international (SI) qui correspond à une désintégration par seconde (symbole Bq).

Becquerel (Henri) (1852 – 1908), physicien français. Étudiant la phosphorescence, il découvrit la radioactivité de l'uranium. Prix Nobel de physique 1903.

becquet [bɛkɛ] ou **béquet** [bekɛ] n. m. **1.** Petit bec. **2.** TYPO Feuillet additif ou rectificatif collé sur une épreuve.

becqueter ou **béqueter** [bɛkte] v. tr. [20] Piquer à coups de bec. *Les oiseaux ont becqueté ces fruits.* Syn. picorer.

bec-scie [bɛksi] n. m. (Québec) Canard plongeur (fam. anatidés) dont le long bec se termine en crochet. *Des becs-scie* ou *becs-scies.*

bécune [bekyn] n. f. Syn. de *barracuda.*

bedaine [bədɛn] n. f. Fam. Panse, gros ventre.

bedawiye [bedawije] n. m. V. beja.

bédé [bede] n. f. V. B.D.

bedeau [bədo] n. m. Laïc employé au service d'une église.

bedja [beja] n. m. V. beja.

bedon [bədɔ̃] n. m. Fam. Ventre rebondi. Syn. bedaine.

bedonnant, ante [bədɔnɑ̃, ɑ̃t] adj. Fam. Qui bedonne.

bedonner [bədɔne] v. intr. [1] Fam. Prendre du ventre.

bédouin, ine [bedwɛ̃, in] adj. et n. **1.** Relatif aux Bédouins. *Un campement bédouin.* **2.** Membre d'une communauté de Bédouins. – Par ext. et parfois péjor. (Djibouti, Maghreb) Personne aux coutumes rurales, peu habituée aux usages citadins. (V. broussard, sens 3 et nomade, sens 2.)

Bédouins, population nomade originaire de l'Arabie et vivant dans les rég. désertiques du Moyen-Orient et d'Afrique du N. Ils parlent un arabe relativement archaïque et conservateur souvent prôné par les lettrés comme norme de référence. Éleveurs, princ. de chameaux, ils vivent dans des campements où les tentes sont le plus souvent en toile. Le monde moderne les conduit à la sédentarisation.

bée [be] adj. f. (Seulement dans la loc.) *Bouche bée :* bouche ouverte, béante (d'étonnement, d'admiration, etc.).

Beecher-Stowe (Harriet Elizabeth Beecher, Mrs. Stowe, dite Mrs.) (1811 – 1896), romancière américaine : *la Case de l'oncle Tom* (1852), sur les souffrances des esclaves noirs.

beefsteak [biftɛk] n. m. (Anglicisme) V. bifteck.

béer [bee] v. intr. [11] **1.** Litt. Être grand ouvert. **2.** Litt. Avoir la bouche grande ouverte. *Il en béait de surprise.*

Beernaert (Auguste) (1829 – 1912), homme politique belge. Catholique modéré, il succéda à Malou comme prés. du Conseil (1884-1894). P. Nobel de la paix 1909 avec P. Balluat d'Estournelles de Constant.

Beersheba ou **Beer-Shev'a,** v. d'Israël, au bord du Néguev; 115 000 hab.; ch.-l. de district.

Beethoven (Ludwig van) (1770 – 1827), compositeur allemand. Son œuvre s'est développée à partir des formes classiques (influence de Mozart) mais il a révolutionné la symphonie, la sonate et le quatuor. Il a laissé notam. : 2 messes, l'opéra *Fidelio,* 9 symphonies, 5 concertos pour piano, un pour violon, un pour violon, violoncelle et piano, des sonates pour piano (32), pour violon (10) et pour violoncelle (5), 8 trios avec piano, 5 à cordes, 17 quatuors à cordes, 2 quintettes, un septuor, l'*Hymne à* *la joie* et de nombreux lieder. Son existence fut tourmentée par les difficultés matérielles et morales, et par la surdité à partir de la trentaine.

beffroi [befʀwa] n. m. Tour de guet élevée dans l'enceinte d'une ville. – *Par ext.* Tour, clocher d'une église.

bégaiement [begɛmɑ̃] n. m. **1.** Trouble de la parole, d'origine psychomotrice, se manifestant par l'impossibilité de prononcer une syllabe ou une voyelle sans la répéter, et par un débit ralenti des mots. *L'émotion entraîne parfois le bégaiement.* **2.** *Par ext.* Élocution maladroite et difficile.

bégayer [begeje] v. intr. [**21**] Parler avec une élocution difficile et en répétant certaines syllabes. ▷ v. tr. *Bégayer des excuses,* les exprimer maladroitement en bredouillant.

Begin (Menahem) (1913 – 1992), homme politique israélien. Dirigeant de la droite sioniste, Premier ministre de 1977 à 1983, il conclut la paix avec l'Égypte (1979) mais envahit le Liban en 1982. P. Nobel de la paix 1978.

bégonia [begɔnja] n. m. Plante dicotylédone originaire d'Amérique tropicale dont diverses espèces sont cultivées pour leurs fleurs blanches ou colorées ou pour leurs feuillages panachés.

bègue [bɛg] adj. et n. Qui bégaie.

bégueule [begœl] n. f. et adj. Femme prude qui s'effarouche au moindre propos un peu libre. ▷ adj. *Elle est assez bégueule. Un critique bégueule.*

béguin [begɛ̃] n. m. **1.** Coiffe de femme rappelant celle des béguines. – *Par ext.* Bonnet pour les enfants. **2.** Fig. et fam. Passion passagère. *Il a le béguin pour elle.* ▷ Personne qui en est l'objet.

Béguin (Albert)(1901 – 1957), essayiste et critique suisse d'expression française. Professeur à Bâle, puis à Paris, directeur de la revue *Esprit,* il est l'auteur de *l'Âme romantique et le Rêve* (1937) et d'essais sur Nerval, Balzac et Ramuz.

béguinage [beginaʒ] n. m. Communauté de béguines.

béguine [begin] n. f. Aux Pays-Bas et en Belgique, religieuse vivant en communauté sans prononcer de vœux perpétuels.

bégum [begɔm] n. f. Titre honorifique donné aux princesses indiennes.

Béhanzin (v. 1844 – 1906), roi du Dahomey (1889-1894), résistant à la conquête coloniale. Vaincu par les Français, fait prisonnier, il fut déporté à la Martinique, puis à Blida, où il mourut.

béhaviorisme [beavjɔʀism] ou **behaviourisme** [beavjuʀism] n. m. PSYCHO Doctrine, élaborée à partir de 1913 aux É.-U. par J. B. Watson, qui propose de substituer une psychologie du comportement à une psychologie introspective qui cherchait à décrire et à expliquer les «états de conscience».

Behring. V. Béring.

Beida (El-) *(al-Baydā'),* v. de Libye, en Cyrénaïque, à proximité de l'antique Cyrène; 60000 hab.; ch.-l. de la prov. al-Jabal al Akhdar. Centre commercial.

beïdane [bejdan] n. Habitant de la Mauritanie d'origine arabo-berbère. ▷ (Afr. subsah.) Au Sénégal, Maure blanc(he).

beige [bɛʒ] adj. Brun très clair. ▷ n. m. *Un beige clair.*

1. beigne [bɛɲ] n. f. Pop. Gifle.

2. beigne [bɛɲ] n. et adj. (Québec) **1.** n. m. (Parfois fém.) Pâtisserie en forme d'anneau, faite d'une pâte sucrée cuite à grande friture. – *Trou de beigne :* petite boule de pâte retirée du centre d'un beigne avant sa cuisson et frite séparément. **2.** adj. et n. Fam. Se dit d'une personne naïve, gauche dans son comportement. *Avoir l'air beigne.*

beignet [bɛɲɛ] n. m. Pâte frite, seule ou enveloppant un petit morceau de fruit, de viande, etc. *Beignet de pomme.*

Beijing. V. Pékin.

Beira, port du Mozambique, sur le canal de Mozambique; 298000 hab.; ch.-l. de la prov. de Sofala. Centre ferroviaire, comm. et industr.; oléoduc vers le Zimbabwe. Princ. débouché du Malawi. Pêche industr. Aéroport international.

beja, bedja [beja] ou **bedawiye** [bedawije] n. m. LING Langue couchitique essentiellement parlée dans le N.-E. du Soudan.

Beja, population du N.-E. du Soudan (env. 1500 personnes). Ils parlent le beja.

Béja *(Bāğa),* v. de Tunisie, à l'O. de Tunis; 47000 hab.; ch.-l. du gouvernorat du m. nom. Sucrerie; céréales. – Enceinte byzantine.

Bejaia (anc. *Bougie*), v. d'Algérie, sur le *golfe de Bejaia* à l'embouchure de la *Soummam*; 120100 hab.; ch.-l. de la wilaya du m. nom. Port pétrolier, relié par un oléoduc à Hassi-Messaoud. Raffinerie. – En 1091, les Hammanides en firent leur capitale et la développèrent.

Béjart, famille de comédiens français appartenant à la troupe de Molière. — **Madeleine** (1618 – 1672) jouait surtout les rôles de soubrette. — **Armande** (v. 1642 – 1700), sœur cadette (ou fille) de Madeleine, épousa Molière en 1662.

Béjart (Maurice Berger, dit Maurice) (né en 1927), danseur, chorégraphe et metteur en scène français. Il dirigea à Bruxelles le *Ballet du XX*[e] *siècle* (1960-1987), puis le *Ballet Béjart Lausanne.*

béjaune [beʒon] n. m. FAUC Oiseau jeune et non dressé.

béjel [beʒɛl] n. m. MED Syphilis non vénérienne, endémique en Afrique sahélienne.

Bekaa. V. Beqaa.

béké [beke] n. (Antilles fr.) Syn. de *créole* (sens I, 1). Syn. blanc-créole.

Bektāchi ou (turc) **Bektaşi,** ordre de derviches dont les croyances mêlaient à l'islam (chiite) des éléments chrétiens. Ils furent aumôniers des janissaires.

1. bel [bɛl] adj. m. V. beau 1.

2. bel [bɛl] n. m. PHYS Unité sans dimension (symbole B) exprimant le *logarithme décimal* du rapport entre deux grandeurs (tensions, courants électriques, puissances). (On utilise surtout le décibel [dB], dixième partie du bel.)

bélangère [belɑ̃ʒɛʀ] n. f. Sorte d'aubergine.

bêlant, ante [bɛlɑ̃, ɑ̃t] adj. Qui bêle.

Belau. V. Palau.

bel canto [bɛlkɑ̃to] n. m. (loc. ital.) Technique du chant dans la tradition lyrique italienne (pureté, virtuosité).

beldi [bɛldi] adj. (inv. en genre) et n. m. (Maghreb) Se dit d'une personne dont la famille est établie en ville depuis plusieurs générations.

Belém (anc. *Pará*), cap. de l'État de Pará (Brésil); 1120780 hab. Grand port sur l'Amazone. Université.

bêlement [bɛlmɑ̃] n. m. Cri des animaux de race ovine et caprine.

bêler [bɛle] v. intr. [**1**] Faire entendre un bêlement. *Brebis qui bêle.*

belette [bəlɛt] n. f. Petit carnivore (fam. mustélidés) brun sur le dessus, au ventre blanc, et dont le pelage, dans les pays froids, devient blanc en hiver.

Belfast, cap. et port princ. de l'Irlande du Nord; 295100 hab.; ch.-l. de comté.

Belfort, v. de France, 51913 hab., ch.-l. du *Territoire de Belfort* (dép., 610 km^2; 134097 hab. V. Franche-Comté [Rég.]). – Située entre les Vosges et le Jura (*trouée de Belfort* ou *porte de Bourgogne*), la v. soutint plusieurs sièges, notam. celui de 1870.

belge [bɛlʒ] adj. et n. De Belgique. ▷ Subst. *Un(e) Belge.*

belgicain, aine [bɛljikɛ̃, ɛn] n. et adj. **I.** n. (Afr. subsah.) **1.** À l'époque coloniale, Belge de la métropole (par oppos. aux Belges vivant en Afrique). *Un(e) Belgicain(ne).* **2.** *Par ext.* Africain(e) européanisé(e) par un séjour en Belgique. **II.** n. et adj. (Belgique) **1.** Belge de la colonie revenu vivre en Belgique. **2.** Péjor. Qui prône le maintien de la Belgique unitaire.

belgicisme [bɛlʒisism] n. m. Particularité du français en usage en Belgique.

Belgique (royaume de), État fédéral de l'Europe occid., sur la mer du Nord, entre les Pays-Bas, l'Allemagne, le Luxembourg et la France.

► V. carte et dossier Belgique, p. 1380.

Belgique (Gaule). V. Gaule Belgique.

Belgique Première, province romaine qui au Bas-Empire avait Trêves pour cap. et s'étendait sur la Lorraine actuelle (France).

Belgique Seconde, province romaine qui au Bas-Empire s'étendait du N.-O. de la France actuelle jusqu'à Reims, la capitale, et Tournai (dans la Belgique actuelle).

belgiques unis (États), confédération créée à Bruxelles le 11 janv. 1790 après que la Révolution brabançonne (1789) eut contraint à la fuite l'armée autrich. Celle-ci occupa à nouveau le pays en déc. 1790.

belgitude [bɛljityd] n. f. Sentiment d'appartenance sociologique et esthétique à la Belgique en tant qu'entité culturelle spécifique. (Ce concept, qui remonte aux années 1970, anima de nombreux intellectuels belges soucieux de se dégager de l'attraction aliénante de Paris.)

belgo-luxembourgeoise (Union économique), ensemble d'accords commerciaux et économiques conclus en 1922 avec la Belgique par le Luxembourg, qui s'était tourné en vain vers la France.

Belgrade (en serbe *Beograd*), cap. de la rép. de Serbie et cap. de la rép. fédérale de Yougoslavie, au confl. du Danube et de la Save; 1500000 hab. Port fluv. import. Centre comm. Nombreuses industries. – Après 1945, une ville nouvelle *(Novi Beograd)* fut construite sur la rive g. de la Save.

bélier [belje] n. m. **1.** Mouton non castré. **2.** ASTRO *Le Bélier :* constellation zodiacale de l'hémisphère boréal. ▷ ASTROL Signe du zodiaque* (21 mars-20 avril). – Ellipt. *Il est bélier.* **3.** Machine de guerre des Anciens, constituée d'une forte poutre de bois armée à l'une de ses extrémités d'une masse métallique figurant la tête d'un bélier. *Le bélier ébranlait et abattait les murailles.* **4.** *Coup de bélier :* choc produit sur les parois d'une conduite par la dissipation de l'énergie cinétique d'un liquide dont l'écoulement est brusquement interrompu. ▷ *Bélier hydraulique :* élévateur d'eau qui utilise le phénomène du coup de bélier.

Belin (Édouard) (1876 – 1963), inventeur français de la phototélégraphie (bélinographe*).

bélinographe [belinɔgʀaf] n. m. Appareil qui permet la transmission par fil d'images, de photographies *(bélinogrammes).*

Belinski. V. Bielinski.

Bélisaire (v. 500 – 565), général byzantin. Sa loyauté sauva Justinien en 532. Il reconquit l'Afrique sur les Vandales (533-534), puis entama la reconquête de l'Italie sur les Ostrogoths (535-540), mais les Goths reprirent Rome (546-548). La jalousie de Justinien le contraignit à une longue retraite.

Belize (*Honduras britannique* jusqu'en 1973), État de l'Amérique centrale, membre du Commonwealth, bordé par l'Atlantique; 22 965 km^2; 170 000 hab.; cap. *Belmopan.* Langue off. : angl. Monnaie : dollar. Relig. : cathol., protestantisme. – Des hauteurs couvertes de forêts dominent les terres côtières, marécageuses. Ressources : agrumes, maïs, canne à sucre, exploitation forestière. – Occupé par les Angl. au XVIIe s., colonie en 1862, le pays devint indépendant en 1981.

Belize, port du Belize, cap. jusqu'en 1970; ch.-l. du district du m. nom; 47 000 hab. Centre commercial.

Bell (Alexander Graham) (1847 – 1922), ingénieur américain d'origine brit. Il émigra au Canada, puis aux É.-U., et revint au Canada. Ses travaux d'acoustique médicale (oreille artificielle pour sourds) l'amenèrent à inventer le téléphone (1876).

bella ou **bellah** [bela] n. m. (Afr. subsah.) HIST Captif noir des Touareg.

Bella Bellow (Georgette) (1946 – 1973), chanteuse togolaise.

belladone [beladɔn] n. f. Plante annuelle (fam. solanacées) à grande tige rougeâtre, à fleurs pourpres, à baies noires, qui contient divers alcaloïdes très toxiques, notam. l'atropine.

bellah [bela] n. m. V. bella.

bellâtre [bɛlɑtʀ] n. m. Homme d'une beauté conventionnelle, dépourvue d'expression; fat.

Bellay (Joachim du) (1522 – 1560), poète français. Membre de la Pléiade, il écrivit son manifeste (*Défense et illustration de la langue française,* 1549). Ses sonnets, souvent mélancoliques, utilisent une langue délicate : *l'Olive* (1549), *les Regrets* (1558), *les Antiquités de Rome* (1558).

belle [bɛl] adj. f. V. beau 1 et 2.

Belleau (Rémy) (1528 – 1577), poète français du groupe de la Pléiade : *la Bergerie* (1565).

belle-dame [bɛldam] n. f. ENTOM Papillon migrateur fréquent dans de nombreuses régions d'Afrique, d'Amérique du Nord, d'Asie et d'Europe (aussi appelé *vanesse du chardon*). *Des belles-dames.*

belle-de-jour [bɛldəʒuʀ] n. f. Liseron dont la fleur se ferme au coucher du soleil. *Des belles-de-jour.*

belle-de-nuit [bɛldənɥi] n. f. **1.** Nom cour. d'une plante ornementale, dont les fleurs ne s'ouvrent que le soir. **2.** Fig. Prostituée. *Des belles-de-nuit.*

belle-famille [bɛlfamij] n. f. Famille du conjoint. *Des belles-familles.* Syn. (Afr. subsah.) beaux-parents.

belle-fille [bɛlfij] n. f. **1.** Fille née d'un premier mariage de la personne que l'on a épousée. **2.** Bru, femme d'un fils. *Des belles-filles.*

Bellegarde (Dantès) (1877 – 1966), diplomate et écrivain haïtien. Il défendit aux É.-U. et à la S.D.N. les traits francophones de son pays : *la Résistance haïtienne* (1937), *Histoire du peuple haïtien* (1953).

Belle-Isle (détroit de), bras de mer, large de 20 km, qui sépare l'île de Terre-Neuve du Labrador.

belle-mère [bɛlmɛʀ] n. f. **1.** Mère du conjoint. **2.** Seconde épouse du père, pour les enfants du premier lit. *Des belles-mères.*

belles-lettres [bɛllɛtʀ] n. f. pl. Vieilli Ensemble constitué par la grammaire, l'éloquence, la poésie, l'histoire, la littérature. *Académie* des inscriptions et belles-lettres.*

belle-sœur [bɛlsœʀ] n. f. **1.** Sœur du conjoint. **2.** Épouse d'un frère ou d'un beau-frère. **3.** (Afr. subsah.) Sœur du conjoint d'une sœur ou d'un frère. *Des belles-sœurs.*

bellicisme [bɛl(l)isism] n. m. Amour de la guerre; théorie, tendance des bellicistes. Ant. pacifisme.

belliciste [bɛl(l)isist] n. et adj. Partisan de la guerre, qui prône la guerre. ▷ adj. *Des théories bellicistes.* Ant. pacifiste.

belligérance [bɛl(l)iʒeʀɑ̃s] n. f. Situation d'un pays, d'un peuple en état de guerre.

belligérant, ante [bɛl(l)iʒeʀɑ̃, ɑ̃t] adj. et n. **1.** Se dit d'un État qui est en guerre. *Puissances belligérantes.* ▷ Subst. *Les belligérants :* les États en guerre. **2.** DR Se dit d'un combattant régulier dans une armée en guerre.

Bellini, famille de peintres vénitiens. — **Iacopo** (v. 1400 – v. 1470) a un style encore proche du goth. tardif. — **Gentile** (v. 1429 – 1507), fils aîné du préc., portraitiste et peintre officiel de la république. — **Giovanni** (dit Giambellino) (v. 1430 – 1516), frère du préc., s'attacha à l'effet tonal et à l'unité chromatique (*Transfiguration,* 1480-1485); l'influence de son atelier fut immense.

Bellini (Vincenzo) (1801 – 1835), compositeur italien d'opéras : *la Somnambule* (1831), *Norma* (1831), *les Puritains* (1835).

Bellinzona, v. de Suisse; ch.-l. de cant. du Tessin; 17 600 hab. – Monuments médiévaux.

belliqueux, euse [bɛl(l)ikø, øz] adj. **1.** Qui aime faire la guerre. *Nation belliqueuse.* Ant. pacifique. **2.** Qui aime engager des polémiques, agressif. *Tempérament belliqueux.* Ant. paisible.

Bello (Muhammad) (m. en 1837), homme d'État peul, fils et successeur (1817) d'Ousmane dan Fodio.

Bellonte (Maurice) (1896 – 1984), aviateur français. Il réussit, avec D. Costes*, le premier vol Paris - New York sans escale (1930).

Bellovaques, peuple de la Gaule Belgique. Ils ont donné leur nom à la ville française de Beauvais.

Bellow (Saul) (né en 1915), romancier américain qui peint le déracinement de l'homme dans les villes. P. Nobel 1976.

Belmondo (Jean-Paul) (né en 1933), acteur français. Jeune premier de la Nouvelle* Vague *(À bout de souffle,* 1959, de J.-L. Godard), il se spécialisa, après 1970, dans les films d'action.

Belo Horizonte, ville du Brésil, capitale de l'État de Minas Gerais; 2 122 070 hab. Grand centre industriel. Université.

belon [bəlɔ̃] n. f. Huître à coquille plate et ronde.

belote [bəlɔt] n. f. Jeu de cartes qui se joue à 2, 3 ou 4 joueurs avec 32 cartes. *Faire une belote.* ▷ Réunion dans une même main de la dame et du roi d'atout, à ce jeu.

beloter [bəlɔte] v. intr. [1] Fam. Jouer à la belote. *Passer une soirée à beloter.*

beloteur [bəlɔtœʀ] n. m. Fam. Celui qui joue à la belote.

Béloutchistan ou **Baloutchistan,** rég. montagneuse s'étendant sur l'Iran sud-oriental et le Pākistān sud-occidental, peuplée par les Baloutches, ethnie de tradition pastorale nomade.

Belphégor («le Seigneur du mont Phégor»), divinité moabite qui faisait l'objet d'un culte licencieux.

Belt (Grand- et **Petit-),** détroits entre la mer du Nord et la Baltique.

béluga [belyga] ou **bélouga** [beluga] n. m. ZOOL **1.** Cétacé odontocète sans nageoire dorsale des mers arctiques, appelé aussi *baleine blanche.* **2.** Grand esturgeon blanc, qui peut atteindre 8 m et 1 400 kg.

belvédère [bɛlvedɛʀ] n. m. **1.** ARCHI Petit pavillon construit sur une éminence, au sommet d'un édifice, d'où l'on peut contempler le paysage. **2.** *Par ext.* Éminence, lieu dégagé d'où la vue s'étend au loin.

Belzébuth ou **Belzébul,** nom biblique (Nouveau Testament) du dieu philistin Baal Zebub (le «dieu des mouches»). Il désigne le diable.

Bemba, population vivant dans le N.-E. de la Zambie (env. 3 000 000 personnes). Ils parlent une langue bantoue.

Bemba (Sylvain) (né en 1934), écrivain de la rép. du Congo. Son théâtre (*Tarentelle noire et diable blanc,* 1976) et ses romans (*Rêves portatifs,* 1979; *Le soleil est parti à M'Pemba,* 1982; *le Dernier des Cargonautes,* 1984) peignent les tristes réalités sociales de l'Afrique et de l'Occident.

bémol [bemɔl] n. m. Signe d'altération musicale ([flat]) que l'on place devant une note qui doit être baissée d'un demi-ton. ▷ adj. *Ré bémol.*

ben [bɛ̃] adv. et interj. (Québec) Fam. **I.** adv. Mêmes emplois que *bien.* **1.** (Exprime la manière.) *La petite se débrouille ben. Une ouvrage ben faite.* **2.** (Exprime l'intensité.) *Je suis ben tanné.*

Elle aime ben ça aller voir un film. Ça fait ben trois semaines que je ne l'ai pas vu. – *Ben de, ben des :* beaucoup de. *Il a ben de l'argent. Il y a ben des fautes dans ta lettre!* **II.** interj. (Exprime l'impatience ou la surprise.) *Ben, tu viens pas? Ben voyons!*

Ben (Benjamin Vautier, dit) (né en 1935), artiste suisse d'expression française, connu pour ses aphorismes provocateurs inscrits en lettres manuscrites blanches sur des supports à fond noir.

Ben Ali (Zein al-Abidin) *(Zayn al-'Ābidīn ibn 'Alī)* (né en 1936), homme politique tunisien. Ministre de l'Intérieur et Premier ministre (oct. 1987), il dépose en nov. le président Bourguiba pour «incapacité». Il est élu prés. de la République en 1989 et réélu en 1994.

Bénarès (auj. *Vārānasi*), v. sainte (pour les hindouistes) de l'Inde (Uttar Pradesh), sur le Gange; 708650 hab. Artisanat. Aéroport. Universités. – Nombreux temples.

Ben Arous, v. de Tunisie, au S. de Tunis; 73000 hab.; ch.-l. du gouvernorat du m. nom.

Ben Badīs (Cheikh) (1889 – 1940), écrivain algérien de langue arabe. Il créa le mensuel *Ech-Chahib* (1925-1940), qui fit renaître la poésie. En 1931, il fonda l'Association des oulémas musulmans algériens.

Ben Barka (Al-Mahdi) (1920 – disparu à Paris en 1965), homme politique marocain, secrétaire général de l'U.N.F.P. (Union nationale des forces populaires). Exilé, condamné à mort par contumace, il fut enlevé en oct. 1965, à Paris, par des agents des services secrets marocains et leurs complices français; son corps n'a pas été retrouvé.

Ben Bella (Ahmed) *(Ahmad bin Balla)* (né en 1916), homme politique algérien. L'un des chefs de la révolution algérienne, il fut emprisonné en France de 1956 à 1962. Libéré, il s'opposa à Ben Khedda (sept. 1962) et devint président du Conseil puis président de la République algérienne (sept. 1963). Renversé en juin 1965, emprisonné, libéré (1980), il s'exila et revint au pays en 1990.

Bender ou **Bendery.** V. Tighina.

bendir [bendiʀ], plur. **bnader** [bnadɛʀ] n. m. (Maghreb) Tambourin rond en peau de mouton, d'environ 50 cm de diamètre.

Bendjedid (Chadli). V. Chadli.

bénédicité [benedisite] n. m. RELIG CATHOL Prière dite avant le repas, qui commence par le mot lat. *benedicite.*

bénédictin, ine [benediktɛ̃, in] n. et adj. Religieux, religieuse de l'ordre de saint Benoît de Nursie. – Fig. *Travail de bénédictin :* travail long, exigeant une application minutieuse. ▷ adj. Relatif à l'ordre bénédictin. *La règle bénédictine.*

bénédiction [benediksjɔ̃] n. f. **1.** Action de bénir. *Bénédiction nuptiale :* cérémonie religieuse du mariage. *Bénédiction urbi et orbi («à la ville et au monde») :* bénédiction du pape à toute la chrétienté en certaines occasions. **2.** Grâce et faveur du ciel. ▷ Fig. *C'est une bénédiction,* un événement heureux.

bénéfice [benefis] n. m. **I. 1.** Avantage, privilège, faveur. *Gracié au bénéfice du doute.* **2.** DR Bienfait particulier accordé par la loi, en général subordonné à une décision de justice (par ex. bénéfice d'un délai de grâce pour un débiteur, de la légitimation pour un enfant naturel). ▷ *Bénéfice d'inventaire :* mode d'acceptation d'une succession permettant à l'héritier de n'être tenu des dettes héréditaires que sur les biens de la succession. – Fig. *Sous bénéfice d'inventaire :* provisoirement, sous toutes réserves. **II.** Différence entre le prix de vente et le prix de revient. *Bénéfice brut,* calculé sans déduction des charges. *Bénéfice net,* charges déduites. *Bénéfices industriels et commerciaux. Bénéfices non commerciaux.* Syn. gain, profit. Ant. déficit, perte.

bénéficiaire [benefisjɛʀ] n. et adj. **1.** n. Personne qui tire un avantage de qqch. ▷ adj. *Tiers bénéficiaire* ou, subst., *bénéficiaire :* personne à l'ordre de qui est établi un chèque, un billet à ordre, une traite. ▷ adj. DR *Héritier bénéficiaire,* qui n'a accepté une succession que sous bénéfice d'inventaire. **2.** adj. Qui a rapport au bénéfice, qui produit un bénéfice. *Une opération bénéficiaire.*

bénéficier [benefisje] v. tr. ind. [**2**] Tirer un avantage, un profit (d'une chose). Syn. profiter. *Il a bénéficié de la situation de son père.*

bénéfique [benefik] adj. Dont l'action, l'influence est favorable. *Un pouvoir bénéfique.*

Benelux, union douanière formée en 1944 (effective en 1948) entre la Belgique, les Pays-Bas *(Nederland)* et le Luxembourg, renforcée en 1958 par une union écon. (effective en 1960).

Beneš (Edvard) (1884 – 1948), homme politique tchécoslovaque, président de la Rép. de 1935 à 1938 et de 1945 à 1948. Il se démit (fév. 1948) face aux exigences des communistes.

benêt [bənɛ] n. m. et adj. m. Niais, sot.

bénévolat [benevɔla] n. m. Tâche accomplie à titre bénévole.

bénévole [benevɔl] adj. et n. Qui fait qqch sans y être obligé et gratuitement. *Une infirmière bénévole.* – Subst. *Un(e) bénévole.* ▷ (Choses) Qui est fait sans obligation, à titre gratuit.

bénévolement [benevɔlmɑ̃] adv. D'une manière bénévole.

Bengale, région, située au N.-E. du subcontinent indien, qui correspond au vaste delta engendré par le Gange et le Brahmapoutre, et aux collines sous-himalayennes. Le climat (forte humidité) et la langue bengali renforcent l'unité de cette région, mais, en 1947, lors de la partition de l'Empire brit. des Indes, le Bengale-Oriental, peuplé de musulmans, a constitué le Pākistān oriental, devenu en 1971 le Bangladesh, tandis que l'O., autour de Calcutta, à majorité hindouiste, restait à l'Inde. Le Bengale (env. 150000000 d'hab.) est l'une des rég. les plus densément peuplées et les plus misérables du monde (culture du riz et du jute).

Bengale (golfe du), partie N.-E. de l'océan Indien, comprise entre l'Inde, le Bangladesh et la Birmanie.

bengali [bɛ̃gali] adj. et n. (inv. en genre) **1.** Du Bengale. – Subst. *Un(e) Bengali.* ▷ n. m. *Le bengali :* la langue indo-européenne du groupe indien parlée au Bengale et au Bangladesh. **2.** n. m. ORNITH Oiseau passériforme (divers genres) au plumage coloré, qui vit en Asie et en Afrique tropicale.

Benghazi *(Bingāzi)* (anc. *Bérénice*), port de Libye (Cyrénaïque), sur le golfe de la Grande Syrte; 650000 hab. (2ᵉ ville du pays); ch.-l. de la prov. du m. nom. Industr. alim. (minoteries, brasseries) et text. Salines; pêche artisanale; préparation des éponges. – Université. Aéroport international. – Violents combats entre les forces de l'Axe et les Brit. pendant la campagne de Libye (1941-1942).

Ben Gourion (David Grün, dit) (1886 – 1973), homme politique israélien, travailliste; chef du gouv. de 1948 à 1953 et de 1955 à 1963.

Benguela, port d'Angola, sur l'Atlantique; 200000 hab.; ch.-l. de la province du même nom. Tête de ligne de la voie ferrée reliant l'Atlantique à la rép. dém. du Congo. – *Courant du Benguela :* courant marin froid venu du S., qui longe l'Angola, le Congo et le Gabon.

Benhedouga (Abdelhamid) (né en 1929), écrivain algérien. Poète, nouvelliste (*Ombres algériennes,* 1960), il a publié en 1971 le premier roman algérien en langue arabe, *le Vent du Sud,* suivi de *la Fin d'hier* (1975), *la Mise à nu* (1980).

béni, ie [beni] adj. Qui semble bénéficier d'une protection divine.

bénichon [beniʃɔ̃] n. f. (Suisse) Fête de village annuelle dans le canton de Fribourg.

bénignité [beniɲite] n. f. Caractère d'une personne, d'une chose bénigne. Ant. malignité.

Beni Mellal *(Banī Mallāl),* v. du Maroc dans le Moyen Atlas, au N.-E. de Marrakech; 95000 hab.; ch.-l. de la prov. du m. nom. Centre comm. Orangeraies.

bénin, igne [benɛ̃, iɲ] adj. **1.** Doux, bienveillant. *Un naturel bénin.* Ant. méchant. **2.** Qui est sans gravité. *Accident bénin.* ▷ MED Qui ne donne pas de métastases. *Tumeur bénigne.*

Bénin ou **Benin,** anc. royaume d'Afrique occid., à l'O. du delta du Niger, dont le territoire est auj. partagé entre la rép. du Bénin, le Nigeria et le Togo. Son histoire est connue à partir du XIIIᵉ s.; son apogée se situe au XVIIᵉ s. En 1897, les Anglais imposèrent leur protectorat aux *obas,* les souverains traditionnels. – L'art du Bénin est un art de cour essentiellement représenté par des ivoires (salières, cuillers, trompes, masques) et des bronzes à la cire perdue : statues et portraits royaux en ronde bosse, plaques ornementales. Vers les XIIIᵉ-XIVᵉ s., un fondeur venu d'Ife aurait initié les artistes locaux à la tech. du bronze. L'apogée de cet art se situe aux XVᵉ-XVIIᵉ s.

Bénin (golfe du), partie du golfe de Guinée, à l'O. du delta du Niger.

Bénin (république du) (rép. du *Dahomey* de 1960 à 1975), État d'Afrique occidentale.

► V. carte et dossier, p. 1386.

Benin City, v. du Nigeria; cap. de l'État d'Edo et de l'anc. royaume du Bénin; 166000 hab. Marché agricole. – Musée national.

béninisation [beninizasjɔ̃] n. f. (Afr. subsah.) Fait de béniniser.

béniniser [beninize] v. tr. [**1**] (Afr. subsah.) Rendre béninois, notam. en remplaçant, dans une entreprise, le personnel étranger par des Béninois.

béninois, oise [beninwa, waz] adj. Du Bénin. ▷ Subst. *Un(e) Béninois(e).*

bénir [beniʀ] v. tr. [3] **1.** Répandre sa grâce, sa bénédiction sur (en parlant de Dieu). **2.** Appeler la bénédiction divine sur. *Le prêtre a béni les fidèles.* **3.** Consacrer au culte divin. *Bénir une chapelle.* **4.** Louer, rendre grâce avec reconnaissance à. *Les malheureux bénissent sa mémoire.* ▷ *Par ext.* Se féliciter, se réjouir de. *Je bénis cette rencontre.*

Beni Snassen (mont des), massif calcaire du N.-E. du Maroc. Point culminant à 1532 m.

Beni-Souef, v. de la Haute-Égypte, sur le Nil; 146000 hab.; ch.-l. de la prov. du m. nom. Centre agric. – Temple d'Osiris et nécropole.

bénit, ite [beni, it] adj. Qui a reçu une bénédiction liturgique. *Pain bénit, eau bénite.*

bénitier [benitje] n. m. **1.** Bassin ou vase destiné à contenir de l'eau bénite. ▷ Fig., fam. *Se démener comme un diable dans un bénitier :* faire tous ses efforts pour sortir d'une situation difficile. ▷ Fig., fam. *Grenouille de bénitier :* bigote. **2.** Tridacne *(Tridacna gigas)* à la chair comestible et dont l'énorme coquille côtelée (1 m de diamètre) a souvent servi de bénitier.

benjamin, ine [bɛ̃ʒamɛ̃, in] n. Le plus jeune enfant d'une famille; le plus jeune membre d'un groupe.

Benjamin, dans la Bible, douzième et dernier fils de Jacob et de Rachel, à l'origine de l'une des douze tribus d'Israël.

Benjamin (Walter) (1892 – 1940), philosophe, critique et essayiste allemand; membre de l'école de Francfort* : *Mythe et Violence* (posth., 1955), *Poésie et Révolution* (posth., 1961). Il se suicida pour échapper aux nazis.

Ben Jelloun (Tahar) (né en 1944), écrivain marocain de langue française. Ses essais et ses romans *(Moha le fou, Moha le sage,* 1978; *la Nuit sacrée,* prix Goncourt 1987; *l'Homme rompu,* 1994) expriment notam. le déracinement des émigrés.

benjoin [bɛ̃ʒwɛ̃] n. m. Résine de différents arbres d'Asie tropicale, utilisée en parfumerie et en pharmacie.

Ben Jonson. V. Jonson (Benjamin).

Ben Khedda (Youssef) *(Yūsuf ibn Hadda)* (né en 1920), homme politique algérien, président du G.P.R.A. (Gouvernement provisoire de la Rép. algérienne) lors des accords d'Évian et de l'indépendance de l'Algérie.

benne [bɛn] n. f. **1.** Caisson pour la manutention des matériaux en vrac; son contenu. *Des bennes de bauxite.* ▷ *Benne preneuse :* benne à mâchoires, qui s'ouvre pour prendre les matériaux. **2.** Cabine d'ascenseur ou de téléphérique.

Bennett (Richard Bedford) (1870 – 1947), homme politique canadien; chef du parti conservateur, Premier ministre de 1930 à 1935.

Ben Nevis, point culminant (1340 m) de la G.-B., dans la chaîne des Grampians, en Écosse.

benoît, oîte [bənwa, wat] adj. Qui a une mine doucereuse.

Benoît de Nursie (saint) (v. 480 – v. 547), fondateur de l'ordre bénédictin dont il établit la règle au monastère du Mont-Cassin.

Benoît de Sainte-Maure ou **de Sainte-More** (XIIe s.), chroniqueur anglo-normand; il poursuivit la rédaction en vers de la *Chronique des ducs de Normandie,* commencée par Wace, et écrivit le *Roman de Troie.*

Benoit (Pierre) (1886 – 1962), auteur français de romans d'aventures : *l'Atlantide* (1919). Acad. fr. (1931).

benoîtement [bənwatmɑ̃] adv. D'une manière benoîte.

Bénoué (la), riv. d'Afrique occid. (1400 km), affl. du Niger (r. g.). Née au Cameroun, elle s'écoule principalement au Nigeria; elle est navigable en aval de Garoua (Cameroun) en période de crue.

Bénoué, État du S.-E. du Nigeria; 45174 km^2; 2780398 hab.; cap. *Makurdi.*

Bénoué-Congo [benuekɔ̃go] (Expr. adj.) LING *Langues Bénoué-Congo :* groupe de langues de la sous-famille nigéro-congolaise incluant notam. les langues bantoues.

benténier [bɛ̃tenje; bentenje] n. m. (Afr. subsah.) Fromager 2.

Bentham (Jeremy) (1748 – 1832), philosophe et jurisconsulte anglais. Sa morale utilitariste (recherche du bonheur individuel) caractérise le libéralisme du XIXe s.

benthique [bɛ̃tik] adj. Du benthos.

benthos [bɛ̃tos] n. m. BIOL Ensemble des organismes vivant sur les fonds marins ou d'eau douce, ou s'en éloignant peu (par oppos. à *necton* et *plancton*).

Benveniste (Émile) (1902 – 1976), linguiste français. Spécialiste des langues indo-européennes, héritier du courant comparatiste.

Benz (Carl) (1844 – 1929), ingénieur allemand qui fit breveter en 1886 un tricycle muni d'un moteur à quatre temps.

benzène [bɛ̃zɛn] n. m. **1.** CHIM Liquide incolore, mobile, réfringent, à l'odeur caractéristique, dangereux à respirer. **2.** (Liban) Carburant, essence pour voiture.

ENCYCL Le benzène est un hydrocarbure cyclique de formule C_6H_6. C'est un solvant organique (il dissout les corps gras), insoluble dans l'eau, inflammable. Il est utilisé dans l'industrie comme matière première de la synthèse de composés organiques importants.

benzénique [bɛ̃zenik] adj. Du benzène, de la nature du benzène. ▷ Chimiquement apparenté au benzène.

benzine [bɛ̃zin] n. f. **1.** Nom commercial d'un mélange d'hydrocarbures provenant de la rectification du benzol. **2.** (Suisse) Essence pour voiture.

benzodiazépine [bɛ̃zodjazepin] n. f. PHARM Composé cyclique, comprenant des éléments autres que le carbone, notam. deux atomes d'azote, employé comme tranquillisant.

benzoïque [bɛ̃zɔik] adj. CHIM *Acide benzoïque :* acide aromatique dont certains esters sont utilisés en parfumerie.

benzol [bɛ̃zɔl] n. m. CHIM Mélange de benzène, de toluène et de xylène obtenu par distillation du goudron de houille.

benzyle [bɛ̃zil] n. m. CHIM Radical toluène $C_6H_5–CH_2–$.

Béotie, région de la Grèce anc., au N. de l'Attique; cap. Thèbes. Auj., le *nome de Béotie* comprend l'ancien pays de ce nom et une partie de la Phocide; 134000 hab.; ch.-l. *Lebadeia.*

béotien, enne [beɔsjɛ̃, ɛn] adj. et n. **1.** De la Béotie. ▷ Subst. Habitant, personne originaire de ce pays. *Un(e) Béotien(ne).* **2.** Lourd d'esprit, ignorant (les Béotiens passaient pour tels parmi les anciens Grecs).

Beqaa ou **Bekaa** (en arabe *al-Biqā'*), haute plaine du Liban, entre le Mont Liban et l'Anti-Liban. Cette dépression fertile est arrosée par l'Oronte au N. et le Litani au S. La communauté musulmane chiite y cultive des céréales, des fruits et des légumes.

béquée [beke] n. f. V. becquée.

béquet [bekɛ] n. m. V. becquet.

béqueter [bekte] v. tr. V. becqueter.

béquille [bekij] n. f. **1.** Instrument orthopédique aidant à la marche, composé d'une ou deux tiges surmontées d'un coussinet qui sert d'appui sous l'aisselle. ▷ Canne anglaise. ▷ Fig. Appui, soutien. **2.** Poignée de serrure. **3.** Pièce destinée à soutenir, à étayer. *Béquille de queue d'avion, de navire en carénage.*

ber [bɛʀ] n. m. **1.** MAR Charpente en forme de berceau qui sert à soutenir un bateau hors de l'eau. Syn. berceau. **2.** (Québec) Vieilli Berceau.

Béranger (Pierre Jean de) (1780 – 1857), poète français dont les chansons sentimentales et patriotiques touchèrent un immense public.

Berbera, port de Somalie, sur le golfe d'Aden; 70000 hab. Centre comm.; mines de gypse; sucreries. Aéroport. Base militaire.

Berbérati, v. du S.-O. de la Rép. centrafricaine; ch.-l. de préfecture; 91000 hab. Café, industr. du bois, extraction de diamants.

berbère [bɛʀbɛʀ] adj. et n. **1.** adj. Relatif aux Berbères ▷ Subst. *Un(e) Berbère.* **2.** n. m. Langue de la famille afro-asiatique, parlée par les Berbères (nombreux dialectes).

Berbères, habitants de l'Afrique du Nord depuis la préhistoire, qui parlent différents dialectes berbères (lesquels appartiennent à la grande famille des langues afro-asiatiques). Ils sont actuellement répartis au Maroc (plaine du Sous, Anti-Atlas, Haut Atlas, Moyen Atlas, Rif), en Algérie (Kabylie, Mzab, Aurès, Sahara), au S. de la Tunisie et en Libye. Certaines populations adoptèrent le judaïsme, d'autres le christianisme, mais, après la conquête arabe (fin du VIIe s.), la plupart d'entre elles se convertirent à l'islam. Leur nombre, au Maghreb et dans l'immigration, excède les 15 millions de personnes. En outre, le Mali et le Niger comptent de nombreux Touareg*.

Les origines. – Au VIIIe millénaire av. J.-C., un type d'homme fit son apparition, probablement d'origine orientale : *Homo sapiens sapiens* «capsien» (de Capsa, nom antique de Gafsa, en Tunisie). Il aurait d'abord peuplé les parties orientale et centrale du Maghreb, puis le Sahara. Le Maghreb s'enrichit aussi d'autres apports : à travers les détroits de Messine et de Gibraltar, arrivèrent des populations européennes. Certaines nécropoles et tombes maghrébines témoignent de la présence, dès le IIIe millénaire av. J.-C., d'une population noire venue du sud, probablement à la suite de l'assèchement du Sahara. Au IIe millénaire, d'autres petits groupes continuèrent à affluer au Maghreb pour former un fonds «proto-berbère». Les Proto-Berbères installés à l'ouest du Nil réussirent au début du Ier millénaire av. J.-C. à se rendre maîtres de l'Égypte. L'art préhistorique nous montre l'apparition des Proto-Berbères dans les massifs centraux sahariens : les fresques du tassili des Ajjer, du IVe au milieu du IIe millénaire, représentent pour la première fois des Proto-Berbères. L'introduction du cheval dans cette région, probablement à partir de l'Égypte, permit aux Proto-Berbères de dominer les pasteurs noirs (qui émigrèrent vers le sud). Au Ier millénaire av. J.-C., les Berbères se répartissaient en une multitude de peuples : Nasamons et Psylles en Tripolitaine et en Cyrénaïque, Garamantes au Sahara oriental, Numides au Maghreb oriental et central, Gétules nomadisant entre le désert et les hauts plateaux, Maures au Maghreb occidental. Divisés en de nombreuses tribus parfois rivales, ils ne purent s'unifier face à leurs conquérants carthaginois, romains, vandales, byzantins, etc. V. Maghreb et Sahara.

Berbérie, nom donné parfois à l'Afrique du N. dans son ensemble.

berbérisant, ante [bɛʀbeʀizɑ̃, ɑ̃t] adj. et n. (Maghreb) Syn. de *berbériste.*

berbérisme [bɛʀbeʀism] n. m. Mouvement revendicatif des Berbères, soucieux de préserver leur identité linguistique et culturelle.

berbériste [bɛʀbeʀist] adj. et n. (Maghreb) En Algérie, qui est partisan du berbérisme. Syn. berbérisant.

berbérité [bɛʀbeʀite] n. f. (Maghreb) Caractère de ce qui est berbère. – *Spécial.* Identité linguistique et culturelle des Berbères.

berbérophone [bɛʀbeʀɔfɔn] adj. et n. Qui parle le berbère.

bercail [bɛʀkaj] n. m. sing. **1.** Rare Bergerie. **2.** Fig. *Ramener une brebis au bercail :* ramener un hérétique au sein de l'Église; ramener qqn à sa famille, à une meilleure conduite. ▷ *Rentrer au bercail :* rentrer chez soi.

berçante [bɛʀsɑ̃t] adj. f. et n. f. (Québec) *Chaise berçante* ou *berçante :* syn. de *berceuse* (sens 2).

berceau [bɛʀso] n. m. **1.** Petit lit de bébé que l'on peut généralement faire se balancer. ▷ Fig. *Dès le berceau :* dès la plus tendre enfance. ▷ Fig. Lieu où une personne est née, où une chose a commencé. *L'Afrique est le berceau de l'espèce humaine.* **2.** (Par anal. de forme.) ARTILL Partie cintrée d'un affût de canon. – HORTIC Treillage en voûte couvert de plantes grimpantes. – MAR Syn. de *ber.* – ARCHI *Voûte en berceau,* en plein cintre.

bercement [bɛʀsəmɑ̃] n. m. Action de bercer.

bercer [bɛʀse] v. [**12**] **I.** v. tr. **1.** Balancer (un enfant) dans son berceau. ▷ *Par ext.* Balancer (un enfant) en le portant dans les bras. – *Par anal.* Balancer mollement. *La mer berce les navires.* **2.** Fig. Apaiser, calmer, endormir. *Bercer sa douleur.* **3.** Fig. Tromper, amuser par de fausses espérances. *Bercer qqn de vaines promesses.* Syn. leurrer. ▷ v. pron. *Il se berce d'illusions.* **II.** v. intr. (Québec) Se balancer (en parlant d'un siège tel que la berceuse). *Elle berce bien, cette chaise-là.* – v. pron. Se balancer (dans une berceuse). *Il se berce sur la galerie.*

berceuse [bɛʀsøz] n. f. **1.** Chanson destinée à endormir les enfants. ▷ *Par ext.* Pièce de musique d'un genre doux. *La berceuse de Jocelyn.* **2.** *Berceuse* ou (Québec) *chaise berceuse :* siège dans lequel on peut se balancer. Syn. (Québec) berçante et chaise berçante.

BERD, acronyme pour *Banque européenne pour la reconstruction et le développement,* créée en 1990 pour favoriser, en Europe de l'Est, la nouvelle économie de marché.

berdasser [bɛʀdase] v. V. bardasser.

Berdiaeff ou **Berdiaev** (Nicolas) (1874 – 1948), philosophe russe. Marxiste devenu chrétien, il professa en France, à partir de 1925, un existentialisme théiste.

Bérénice (v. 28 – 79), princesse juive, fille d'Hérode Agrippa Ier, roi de Judée. L'empereur Titus, n'osant affronter la réprobation des Romains, renonça à l'épouser. ▷ LITT *Bérénice,* tragédie (non sanglante) en cinq actes et en vers de Racine (1670).

Berenson (Bernard) (1865 – 1959), collectionneur et écrivain d'art américain. Il étudia surtout la peinture italienne de la Renaissance.

béret [beʀɛ] n. m. Coiffure en feutre, ronde et plate. *Béret basque.*

Berezina (la), riv. de Biélorussie (587 km), affl. du Dniepr (r. dr.). Franchie dans des conditions désastreuses par l'armée française, lors de la retraite de Russie (nov. 1812), grâce à l'héroïsme des pontonniers du général Éblé.

Berg (Alban) (1885 – 1935), compositeur autrichien. Ayant rejeté la tonalité vers 1909-1910 *(Quatuor à cordes opus 3),* il écrivit deux opéras : *Wozzeck* (1925) et *Lulu* (1928-1935, inachevé), un concerto pour violon *À la mémoire d'un ange* (1935).

Bergame, v. d'Italie (Lombardie); 120 510 hab.; ch.-l. de prov. – Égl. Santa Maria Maggiore (XIIe-XIVe s.).

bergamote [bɛʀgamɔt] n. f. **1.** Variété de poire fondante. **2.** Variété d'agrume dont on tire une huile essentielle utilisée en parfumerie et en confiserie.

1. berge [bɛʀʒ] n. f. Bord d'un cours d'eau. *Nous avons marché sur la berge.*

2. berge [bɛʀʒ] n. f. Arg. An, année. *Il a dans les cinquante berges.*

3. berge [bɛʀʒ] n. f. V. barge 1.

Bergen, port de Norvège, sur l'Atlant.; 187 380 hab.; ch.-l. de comté. Pêche. Au large, import. gisement de pétrole. Industries. – Université.

berger, ère [bɛʀʒe, ɛʀ] n. **1.** Personne qui garde les moutons. Syn., litt. Pâtre. ▷ *Par ext.* (Afr. subsah.) Personne qui garde les troupeaux de ruminants. ▷ Loc. *Réponse du berger à la bergère :* réplique qui, du tac au tac, met fin à une discussion. – *L'étoile du berger :* la planète Vénus. **2.** n. m. Fig. Chef, guide. *Les bons, les mauvais bergers.* **3.** n. m. Chien de berger. *Un berger allemand.*

bergère [bɛʀʒɛʀ] n. f. Fauteuil large et profond, aux accotoirs capitonnés.

bergerie [bɛʀʒəʀi] n. f. Lieu où l'on parque les moutons. Syn. (Acadie) tet à brebis. ▷ Fig. *Enfermer le loup dans la bergerie :* introduire un élément dangereux là où l'on a précisément lieu de craindre sa présence.

bergeronnette [bɛʀʒəʀɔnɛt] n. f. Oiseau passériforme (genre *Motacilla*) à silhouette svelte, dont la longue queue s'agite sans arrêt.

Bergman (Ingrid) (1915 – 1982), comédienne suédoise, découverte à Hollywood : *Casablanca* (1942), *les Enchaînés* (1946), *Stromboli* (1949), *Sonate d'automne* (1978).

Bergman (Ingmar) (né en 1918), cinéaste et metteur en scène de théâtre suédois. Il traite le tragique de la destinée humaine : *Jeux d'été* (1950), *le Septième Sceau* (1957), *le Silence* (1963), *Cris et Chuchotements* (1972), *Fanny et Alexandre* (1982).

Bergson (Henri) (1859 – 1941), philosophe français. Spiritualiste, il utilise les concepts de durée, de mémoire, d'élan vital et d'intuition : *Essai sur les données immédiates de la conscience* (1889), *Matière et Mémoire* (1896), *le Rire* (1900), *l'Évolution créatrice* (1907), *l'Énergie spirituelle* (1919), *les Deux Sources de la morale et de la religion* (1932), *la Pensée et le Mouvant* (1934). Acad. fr. (1914). P. Nobel de litt. 1927.

Beria (Lavrenti Pavlovitch) (1899 – 1953), homme polit. soviétique. Chef de la police secrète, l'un des trois dirigeants de l'U.R.S.S. après la mort de Staline. Il fut arrêté et exécuté.

béribéri [beʀibeʀi] n. m. Affection due à une avitaminose (B1), fréquente surtout en Extrême-Orient où elle est liée à la consommation exclusive de riz décortiqué.

Béring ou **Behring** (mer de), mer du Pacifique, au N. des îles Aléoutiennes, entre le Kamtchatka et l'Alaska; profondeur : 1 440 m.

Béring ou **Behring** (détroit de), détroit reliant l'Arctique au Pacifique entre l'Asie et l'Amérique. Il fut découvert entre 1725 et 1728 par Vitus Béring (1681 – 1741), navigateur danois au service du tsar.

Berio (Luciano) (né en 1925), compositeur italien. Formé aux techniques traditionnelles et sérielles, il s'est orienté vers la musique électronique.

Berkeley, v. des É.-U. (Californie); 102 700 hab. – Université réputée.

Berkeley (George) (1685 – 1753), théologien et philosophe irlandais; évêque anglican. Hostile à l'idée de matière, il ramène la réalité du monde à la perception que nous en avons («l'Être, c'est l'être perçu»), les objets perçus nous étant *donnés* par Dieu : *Dialogues entre Hylas et Philonoüs* (1713).

berkélium [bɛʀkeljɔm] n. m. CHIM Élément radioactif artificiel (symbole Bk) appartenant à la famille des actinides*, de numéro atomique Z = 97.

berlicoco [bɛʀlikoko] n. m. (Acadie) Cône de conifère. (V. cocotte 3.)

Berlin, capitale de l'Allemagne, sur la Sprée, Land d'Allemagne et région de la C.E.; 884 km^2; 3 400 000 hab. (*Berlinois*). Avant 1990, la ville était divisée en : *Berlin-Ouest,* Land de R.F.A., isolé en R.D.A. (480 km^2; 2 000 000 d'hab.), et *Berlin-Est,* cap. de la R.D.A. (404 km^2; 1 200 000 hab.). Grand centre industriel, tertiaire et culturel. – Le chât. de Charlottenburg, édifice baroque du XVIIIe s., seul château des Hohenzollern qui

subsiste, abrite un musée (peinture, Extrême-Orient, égyptologie). La cathédrale Ste-Edwige (XVIIIe s.), l'église Ste-Marie, l'opéra et des monuments anc. ont échappé aux destructions de 1944-1945 (quartier du Linden-Forum). La Museumsinsel (l'île des musées) groupe l'Atlas Museum, la Nationalgalerie (peintures des XIXe et XXe s.) et le Pergamon Museum (Antiquité). Les musées de Dahlem contiennent peintures, sculptures, estampes, etc. Après 1945, les constructions sont résolument modernes : Philharmonie; Nouvelle Galerie nationale (Mies van der Rohe, 1968). Universités. Festival de cinéma.
Hist. – Fondée vers 1230, la ville devint capitale du Brandebourg (1486), de la Prusse (1701), de l'Allemagne (1871-1945). Son essor date du XVIIIe s. Après sa chute face à l'Armée rouge (mai 1945), elle fut divisée en quatre secteurs d'occupation, jusqu'en 1949. Berlin-Est correspondit au secteur sov., Berlin-Ouest aux secteurs amér., brit. et français. Un pont aérien fonctionna en 1948-1949 pour ravitailler Berlin-Ouest soumis à un blocus par les Sov. En 1961, la R.D.A. édifia le mur de Berlin pour empêcher l'émigration. Devant l'exode massif des Allemands de l'Est et l'ampleur des manifestations de l'automne 1989, le gouvernement de la R.D.A. décida, en nov., d'abattre le mur de Berlin. En 1991, après la réunification de l'Allemagne (1990), Berlin en est redevenu la capitale. – *Le congrès de Berlin* (juil. 1878) modifia le traité de San* Stefano par lequel les Ottomans favorisèrent la Russie et les Slaves des Balkans au détriment de l'Autriche et de l'Angleterre. V. Orient (question d').

Berlin (conférence de), conférence réunie par le chancelier allemand Bismarck de nov. 1884 à fév. 1885 pour étudier divers problèmes relatifs à l'Afrique. Les participants étaient les suivants : Allemagne, Autriche-Hongrie, Belgique, Danemark, Espagne, États-Unis, France, Grande-Bretagne, Italie, Pays-Bas, Portugal, Russie, Suède, Turquie. La conférence affirma la liberté de navigation sur le Niger et le Congo, et la liberté de commerce dans le bassin du Congo. Elle établit les règles de l'occupation coloniale. De nombreux historiens ont vu dans cette clause subsidiaire le «partage de l'Afrique*».

berline [bɛʀlin] n. f. **1.** Automobile à quatre portes. **2.** Wagonnet assurant le transport des minerais.

berlingot [bɛʀlɛ̃go] n. m. Bonbon de sucre en forme de tétraèdre.

Berlinguer (Enrico) (1922 – 1984), secrétaire général du parti communiste italien (1972-1984). Il prôna le «compromis historique» (V. Italie).

Berlioz (Hector) (1803 – 1869), compositeur français. Son œuvre romantique a une grande richesse instrumentale. Opéras : *Benvenuto Cellini* (1838); *la Damnation de Faust* (1828-1846); *les Troyens* (1855-1858). Musique religieuse : *Requiem* (1837), *l'Enfance du Christ* (1854). Mus. symphonique : *Symphonie fantastique* (1830), *Harold en Italie* (1834), *Roméo et Juliette* (1839), *Carnaval romain* (ouverture, 1844).

berlue [bɛʀly] n. f. Fam. *Avoir la berlue :* voir quelque chose qui n'existe pas. – Fig. Être la proie d'une illusion.

berme [bɛʀm] n. f. **1.** Chemin entre une levée de terre et le bord d'un canal ou d'un fossé. ▷ TRAV PUBL Passage étroit ménagé entre le bord d'une tranchée et les déblais de son terrassement. **2.** (Belgique, Suisse) Terre-plein séparant les deux chaussées d'une autoroute. (V. berne 2.)

bermuda [bɛʀmyda] n. m. Short dont les jambes descendent jusqu'au genou.

Bermudes, archipel brit. de l'Atlantique, au N.-E. des Antilles, jouissant depuis 1968 d'une autonomie interne; 53 km^2; 58 000 hab.; cap. *Hamilton,* dans l'île de Main Island. Tourisme.

bernache [bɛʀnaʃ] n. f. Oie sauvage (genre *Branta,* fam. anatidés). *La bernache du Canada, cour. appelée outarde, se distingue par son long cou noir et sa large tache blanche sous la gorge.*

Bernadette Soubirous (sainte) (1844 – 1879), paysanne française. Elle eut plusieurs visions de la Vierge, en 1858, dans une grotte de Lourdes, devenue un lieu de pèlerinage. Canonisée en 1933.

Bernadotte (Charles Jean-Baptiste) (1763 – 1844), maréchal de France, roi de Suède de 1818 à 1844 sous le nom de Charles XIV ou Charles-Jean. Il se distingua dans les guerres de la Révolution et de l'Empire. En 1810, il fut pressenti par la diète de Stockholm comme héritier du trône de Suède. Ayant accepté, il engagea en 1812 sa nouvelle patrie contre Napoléon. Son règne fut libéral. Les souverains actuels sont de sa descendance.

Bernanos (Georges) (1888 – 1948), écrivain français catholique. Romans : *Sous le soleil de Satan* (1926), *le Journal d'un curé de campagne* (1936). Pamphlet : *la Grande Peur des bien-pensants* (1931). Théâtre : *Dialogues des carmélites* (posth., 1949).

Bernard (Samuel) (1651 – 1739), financier français qui renfloua le trésor royal sous Louis XIV et Louis XV.

Bernard (Claude) (1813 – 1878), médecin français. Son *Introduction à l'étude de la médecine expérimentale* (1865) fit progresser la science : à l'observation objective succède une hypothèse inventive soumise à l'expérimentation. Acad. fr. (1868).

Bernard (Paul, dit Tristan) (1866 – 1947), auteur français de comédies : *L'anglais tel qu'on le parle* (1899), *Triplepatte* (1905), etc.

Bernard de Clairvaux (saint) (1090 – 1153), religieux bourguignon, moine de Cîteaux, fondateur de l'abbaye de Clairvaux, docteur de l'Église. Il fit condamner Abélard par l'Église (1140), prêcha à Vézelay et à Spire la 2e croisade (1146-1147), fonda de nombreux monastères et écrivit des traités de théologie, notam. *De diligendo Deo* (1126).

Bernard de Menthon (saint) (v. 923 – v. 1009), archidiacre d'Aoste, fondateur des hospices du Grand-Saint-Bernard et du Petit-Saint-Bernard.

Bernard de Ventadour (XIIe s.), troubadour limousin : *Chansons* pour la cour d'Éléonore d'Aquitaine.

bernardin, ine [bɛʀnaʀdɛ̃, in] n. RELIG CATHOL Religieux, religieuse cistercien(ne) qui obéit à une règle issue de la réforme de saint Bernard de Clairvaux.

Bernardin de Saint-Pierre (Jacques Henri) (1737 – 1814), écrivain français, disciple de Rousseau : *Voyage à l'île de France* (1773), *Paul et Virginie* (1787; idylle ayant pour cadre l'île de France, auj. île Maurice).

bernard-l'ermite ou **bernard-l'hermite** [bɛʀnaʀlɛʀmit] n. m. inv. Nom cour. du pagure.

1. berne [bɛʀn] n. f. MAR *Mettre un pavillon, un drapeau en berne,* le hisser à mi-mât seulement, en signe de détresse ou de deuil. ▷ *Mettre les drapeaux en berne :* descendre à mi-mât les drapeaux des édifices publics, ou les attacher pour qu'ils ne flottent pas, en signe de deuil.

2. berne [bɛʀn] n. f. (Belgique, France rég.) Terre-plein séparant les deux chaussées d'une autoroute. (V. berme, sens 2.)

Berne, capitale de la Suisse et ch.-l. du canton de Berne, sur l'Aar; 139 590 hab. Centre industr., culturel et tourist. – Cath. goth. (XVe-XVIe s.); hôtel de ville (XVe s.); tour de l'Horloge; musée des Bx-A.; fondation Paul-Klee. – Fondée en 1191 par Berthold V de Zähringen*, Berne devint libre en 1218 et entra dans la Confédération helvétique en 1353. Elle s'empara d'une partie de l'Argovie (1415) et du pays de Vaud (1536). En 1528, elle adopta la Réforme. Aux XVIIe et XVIIIe s., plusieurs rébellions se dressèrent contre l'oligarchie en place. Sous la Révolution française, les Français pillèrent son trésor et amputèrent le cant. de l'Argovie et du pays de Vaud. En 1848, Berne devint la cap. fédérale de la Suisse. – *Canton de Berne :* 6 049 km^2; 956 600 hab.; ch.-l. *Berne;* le Jura francophone s'en est détaché en 1974.

berner [bɛʀne] v. tr. [1] Tromper et ridiculiser. *Berner un être crédule.*

Bernhard (Thomas) (1931 – 1989), écrivain autrichien : *le Gel* (1963), *le Souffle* (1978), *Maîtres anciens* (1985).

Bernhardt (Rosine Bernard, dite Sarah) (1844 – 1923), actrice et directrice de théâtre française. Princ. rôles dans *Phèdre, la Dame aux camélias, l'Aiglon.* Elle tourna quelques films.

Bernin (Giovanni Lorenzo Bernini, dit le Bernin ou le Cavalier Bernin) (1598 – 1680), peintre, sculpteur et architecte italien; le maître du baroque monumental. À Rome : fontaines des places Barberini et Navona, anges du pont St-Ange, égl. St-André du Quirinal, double colonnade de la place St-Pierre, baldaquin à colonnes torses du maître-autel (1624) de la basilique St-Pierre; sculptures en marbre qui exacerbent le mouvement et le volume.

Bernina (la), massif des Alpes suisses (Grisons) culminant au *pic Bernina* (4049 m). – Le *col de la Bernina* (2330 m) relie l'Engadine (Suisse) à la Valteline (Italie).

Bernoulli, famille de savants, originaire d'Anvers, qui s'exila à Bâle à la fin du XVIe s. — **Jacques Ier** (1654 – 1705) poursuivit les travaux de Leibniz (calculs différentiel et intégral), ainsi que son frère **Jean Ier** (1667 – 1748), avec qui il se brouilla, et ses neveux **Nicolas Ier** (1687 – 1759), **Nicolas II** (1695 – 1726) et **Daniel** (1700 – 1782). Daniel étendit son domaine à la physique et fonda l'hydrodynamique.

Bernstein (Eduard) (1850 – 1932), homme politique allemand. Social-démocrate, il critiqua le marxisme dans de nombreux ouvrages.

Bernstein (Leonard) (1918 - 1990), compositeur et chef d'orchestre américain : *West Side Story* (1957).

bérouel [berUɛl] n. m. Rythme traditionnel bédouin de la région de Benghazi, obtenu sur un *t'bal* (tambour à une peau) ou un bendir*.

Béroul, trouvère anglo-normand du XIIe s., auteur du *Roman de Tristan,* long poème en vers octosyllabiques.

Berry, anc. prov. de France qui couvrait le sud et le sud-est de l'actuelle Région Centre*; cap. *Bourges.*

Berry (Jean de France, duc de) (1340 - 1416), prince capétien, fils du roi de France Jean le Bon. Mécène, il fit exécuter les *Très Riches Heures du duc de Berry,* très beau manuscrit enluminé.

Berry (Charles Ferdinand de Bourbon, duc de) (1778 - 1820), second fils de Charles X. Un ouvrier l'assassina. — **Marie-Caroline de Bourbon-Sicile,** duchesse de Berry (1798 - 1870), épouse du préc., tenta, en 1832, de soulever la Vendée contre Louis-Philippe, au profit de son fils, le comte de Chambord.

Berry (Chuck) (né en 1926), guitariste américain. Il contribua à la création du rock and roll : *Roll Over Beethoven* (1956).

Berthelot (Marcellin) (1827 - 1907), chimiste français. Autodidacte, il réalisa des synthèses organiques et fonda la thermochimie. Acad. fr. (1901).

Berthier (Louis Alexandre) (1753 - 1815), maréchal français, major général de la Grande Armée (1805-1814). Il se rallia à Louis XVIII en 1814.

Berthollet (comte Claude) (1748 - 1822), chimiste français. Il inventa l'eau de Javel.

bertillonnage [bɛRtijɔnaʒ] n. m. Méthode d'identification des criminels fondée sur l'anthropométrie.

Bertolucci (Bernardo) (né en 1940), cinéaste italien : *Prima della Rivoluzione* (1964), *le Dernier Tango à Paris* (1972), *1900* (1974-1975).

Bertran de Born (v. 1140 - v. 1215), troubadour périgourdin.

Bertrand (Louis, dit Aloysius) (1807 - 1841), poète français. En prose, *Gaspard de la nuit* (posth., 1842) préfigure la poésie moderne.

Bertrand (Jean-Jacques) (1916 - 1973), homme politique québécois; Premier ministre du Québec de 1968 à 1970.

Bérulle (Pierre de) (1575 - 1629), cardinal français, fondateur de la congrégation de l'Oratoire (1611).

béryl [beRil] n. m. Pierre précieuse de couleur variable : bleu ciel (aigue-marine), verte (émeraude), jaune (héliodore), rose ou incolore (silicate d'aluminium et de béryllium).

béryllium [beRiljɔm] n. m. CHIM Élément (symbole Be) de numéro atomique Z=4. - Métal (Be) utilisé dans des alliages et dans l'industrie nucléaire.

Berzelius (Jöns Jacob, baron) (1779 - 1848), chimiste suédois. Il a inventé la notation chimique moderne, élaboré les notions d'allotropie, d'isomérie et de polymérie, formulé les lois de l'électrochimie.

Bès, génie mythologique égyptien du Plaisir et des Arts, nain difforme qui protège les femmes en couches et les nouveau-nés.

besace [bəzas] n. f. Sac à deux poches, avec une ouverture au milieu.

Besançon, v. de France, ch.-l. de la Région Franche-Comté et du dép. du Doubs, sur le Doubs; 119194 hab. *(Bisontins)*; Industries. Centre horloger. - Université. - Cath. St-Jean (romane et goth.). Citadelle de Vauban. Palais Granvelle et hôtel de ville (XVIe s.). Théâtre de Ledoux (1778). Musées.

Bescherelle (Louis Nicolas) (1802 - 1884), auteur français, avec son frère **Henri** (1804 - 1852), d'un *Dictionnaire national* (1843-1846).

besef, bésef ou **bézef** [bezɛf] adv. Arg. ou fam. (Cour. au Maghreb) (Surtout employé nég.) Beaucoup. *Il n'y en a pas bésef.*

besicles ou **bésicles** [bezikl] n. f. pl. **1.** Vx Lunettes rondes. **2.** Plaisant Lunettes.

bésigue [bezig] n. m. Jeu de cartes d'autrefois.

Beskra. V. Biskra.

besogne [bəzɔɲ] n. f. **1.** Ouvrage à faire, travail à effectuer. *Une dure besogne. - Abattre* de la besogne. - Aller vite en besogne :* travailler avec rapidité; fig. être expéditif. **2.** Ouvrage fait, travail effectué. *C'est de la belle besogne.*

besogner [bəzɔɲe] v. intr. [1] Faire un travail rebutant.

besogneux, euse [bəzɔɲø, øz] adj. et n. **1.** Qui vit dans la gêne. **2.** Qui fait un travail rebutant et peu rétribué.

besoin [bəzwɛ̃] n. m. **1.** Sensation qui porte les êtres vivants à certains actes qui leur sont ou leur paraissent nécessaires. *Manger, boire, dormir sont des besoins organiques. Il ne prend pas de vacances cette année, il n'en sent pas le besoin.* ▷ (Plur.) Ce qui est indispensable à l'existence quotidienne. *Subvenir aux besoins de sa famille.* ▷ (Plur.) Fam. *Faire ses (petits) besoins, ses besoins naturels :* uriner, déféquer. - (Afr. subsah.; Belgique, vieilli) Toilettes (sens 4). *Aller aux besoins.* **2.** Loc. verbale. *Avoir besoin de qqch, de qqn :* ressentir comme nécessaire qqch, la présence de qqn. *Elle est fatiguée, elle a besoin de repos. Cet enfant a besoin de sa mère. - Avoir besoin de* (+ inf.) : ressentir la nécessité de. *Elle a besoin de partir, de se changer les idées. - Avoir besoin que* (+ subj.). *Ils ont besoin qu'on leur vienne en aide.* - (Impers.) Litt. *Être besoin. Est-il besoin que...? :* faut-il que...? *Si besoin est :* si c'est nécessaire. **3.** Loc. adv. *Au besoin :* en cas de nécessité. *Écrivez-moi vite, et au besoin n'hésitez pas à téléphoner.* **4.** Dénuement, manque du nécessaire. *Être dans le besoin. Le besoin l'a réduit à mendier.* **5.** ECON (Surtout plur.) Désir de faire usage d'un bien ou d'un service en vue de mettre fin à un état de privation. ▷ État de manque. *Besoin de trésorerie.*

Bessarabie, rég. du S.-E. de l'Europe, au N.-O. de la mer Noire, entre le Prout et le Dniestr; partagée auj. entre les rép. de Moldavie (majeure partie du territoire) et d'Ukraine. - Le nom de Bessarabie était, à l'origine, appliqué à la plus grande partie de la Valachie (S. de la Roumanie), gouvernée par la dynastie des Besarab. Les Russes reprirent ce nom pour désigner un territoire situé entre le Prout et le Dniestr, et intégré à la Moldavie (XIVe s); ils le disputèrent aux Turcs à partir du XVIe s., puis le reçurent du traité de Bucarest (1812). Le traité de Paris (1856), afin d'éviter le contrôle russe sur l'embouchure du Danube, rattacha la Bessarabie méridionale à la Moldavie, mais le congrès de Berlin (1878) rendit cette région à la Russie. À la suite de la révolution russe de 1917, le plébiscite de 1920 donna à la Roumanie toute la Bessarabie, qui la céda à l'U.R.S.S. en 1940, puis la reprit, avec l'aide des Allemands (1941), avant de la restituer à nouveau aux Soviétiques en 1944. En 1994, les Moldaves de la rép. de Moldavie refusèrent par référendum leur rattachement à la Roumanie.
► V. dossier Moldavie (république de), p.1481.

Bessarion (Jean) (v. 1400 - 1472), théologien et humaniste byzantin. Il tenta de réconcilier les Églises grecque et romaine aux deux conciles de 1439.

Bessemer (sir Henry) (1813 - 1898), ingénieur anglais, inventeur du *convertisseur Bessemer,* qui transforme la fonte en acier.

Bessette (Gérard) (né en 1920), romancier québécois. Contestataire (*la Bagarre,* 1958), il multiplia les expérimentations : *l'Incubation* (1965), *Cycle* (1972), *les Anthropoïdes* (1977), *le Semestre* (1979), *les Dires d'Omer Maria* (1985) jette un regard sur son œuvre.

Besson (Benno) (né en 1922), metteur en scène et directeur de théâtre suisse. Assistant de B. Brecht en 1949, il mit en scène cet auteur et des œuvres classiques. De 1982 à 1989, il a dirigé le Théâtre de la Comédie, à Genève.

bestiaire [bɛstjɛR] n. m. **1.** Traité didactique du Moyen Âge décrivant des animaux réels ou légendaires. ▷ *Par ext.* Ensemble des représentations d'animaux (d'une culture, d'une époque, d'un pays, etc.). *Le bestiaire roman.* **2.** Mod. Recueil, traité sur les animaux, généralement illustré. *Le Bestiaire* (œuvre d'Apollinaire).

bestial, ale, aux [bɛstjal, o] adj. Qui tient de la bête, qui fait descendre l'être humain au niveau de la bête. *Physionomie, fureur bestiale.*

bestialité [bɛstjalite] n. f. État de quelqu'un qui a les instincts grossiers de la bête.

bestiaux [bɛstjo] n. m. pl. Ensemble des troupeaux d'une exploitation agricole.

bestiole [bɛstjɔl] n. f. Petite bête, et, spécial., insecte.

best-seller [bɛstsɛlœR] n. m. (Anglicisme) Livre à succès, qui a une grosse vente. *Les best-sellers de l'été.*

1. bêta [beta] n. m. et adj. inv. **1.** n. m. Deuxième lettre (B; β, initial; ϐ) de l'alphabet grec. **2.** adj. PHYS NUCL *Rayons bêta,* constitués d'électrons émis par les corps radioactifs. **3.** adj. PHYSIOL *Onde bêta, rythme bêta,* observés sur l'électroencéphalogramme normal d'un adulte au repos, les yeux fermés.

2. bêta, asse [beta, as] n. et adj. **1.** n. Fam. Personne sotte, niaise. *Un gros bêta.* **2.** adj. Niais. *Air bêta.*

bêtabloquant, ante [betablɔkɑ̃, ɑ̃t] adj. et n. m. MED Se dit d'un médicament qui bloque les récepteurs bêta du système sympathique. - n. m. *Les bêtabloquants réduisent la tension artérielle et ralentissent le rythme cardiaque.*

bétail [betaj] n. m. Ensemble des animaux de pâture, dans une exploitation agricole. – *Gros bétail :* bœufs, chevaux, ânes, chameaux, etc. *Petit bétail :* moutons, chèvres, porcs, etc.

bétaillère [betajɛʀ] n. f. Camion utilisé pour transporter le bétail.

bêtatron [betatʀɔ̃] n. m. PHYS NUCL Accélérateur d'électrons non linéaire.

bête [bɛt] n. f. et adj. **I.** n. f. **1.** Tout être animé, à l'exception de l'être humain. *Bête à cornes. Bête de somme*.* – *Bête à bon Dieu :* coccinelle. – *Bêtes puantes :* V. puant. – *Bêtes féroces :* carnassiers, comme le lion, le tigre, etc. ▷ (Plur.) *Les bêtes :* le bétail. *Mener les bêtes aux champs.* **2.** Loc. *Reprendre du poil de la bête :* réagir avec succès, recouvrer un état (santé, moral, situation, etc.) qui était compromis. – *C'est sa bête noire :* V. noir (sens I, 5). – *Chercher la petite bête :* faire preuve d'une minutie tatillonne dans la recherche d'un détail compromettant. – *Regarder quelqu'un comme une bête curieuse,* avec une curiosité déplaisante. – Fam. ou plaisant *Bête à concours :* étudiant qui réunit toutes les qualités indispensables pour réussir les concours. – Fam. *Travailler comme une bête,* énormément. **II.** n. f. **1.** Être humain qui se livre à ses instincts. *Une vile bête.* **2.** Personne dépourvue de bon sens, d'esprit, d'intelligence. *Une vieille bête.* **III.** adj. **1.** Stupide, sot. *Être bête comme ses pieds, à manger du foin. Raconter des histoires bêtes.* – *Pas si bête :* pas assez sot (pour faire ou croire qqch). **2.** Irréfléchi, distrait. *Je suis bête, j'ai oublié ma carte de crédit.* **3.** (En parlant de qqch) Fâcheusement incompréhensible. **4.** Stupéfait, interdit. *Je suis resté tout bête* ou (Québec) *j'ai attrapé l'air bête.* **5.** (Québec) D'humeur exécrable, désagréable. *Être bête avec les autres. Être bête comme ses (deux) pieds.* – Par ext. *Un air bête, une réponse bête.* – *Un air bête :* un individu désagréable. **6.** (Belgique) (Devant un nom.) Qui est de peu de valeur. *J'ai écrit cela sur un bête papier.*

1. bété [bete] n. m. Langue nigéro-congolaise du groupe kru largement parlée en Côte d'Ivoire.

2. bété [bete] n. m. BOT Grand arbre des forêts d'Afrique équatoriale (fam. sterculiacées), dont le bois est recherché en ébénisterie.

Bété, population de l'ouest de la Côte d'Ivoire (plus de 2,5 millions de personnes). (V. bété 1.)

bétel [betɛl] n. m. **1.** Espèce de poivrier grimpant d'Extrême-Orient (fam. pipéracées). **2.** Masticatoire stimulant utilisé dans les régions tropicales, préparé avec des feuilles de bétel et de tabac, de la noix d'arec et de la chaux. *Chique de bétel, feuille de bétel. Au Viêt-nam, on offre des chiques de bétel et des noix d'arec lors des fiançailles.*

Bételgeuse, étoile supergéante rouge d'Orion.

bêtement [bɛtmɑ̃] adv. D'une manière stupide. *Se conduire bêtement.* ▷ *Tout bêtement :* tout simplement.

Béthanie (auj. *El-Azariyeh*), v. de Palestine, à 2 km de Jérusalem, où habitaient Marthe, Marie et Lazare.

Bethe (Hans Albrecht) (né en 1906), physicien et astronome américain d'origine all. P. Nobel 1967. – Le *cycle de Bethe,* ou *cycle du carbone,* est un ensemble de réactions thermonucléaires au sein des étoiles.

Bethléem (en ar. *Bayt Lahm*), v. de Jordanie, dans les territ. occupés par Israël dep. 1967; 25000 hab. – Lieu où naquit le Christ. – Basilique à cinq nefs du IVe s., remaniée par Justinien (VIe s.) et les croisés (XIIe s.).

Bethsabée, personnage biblique, épouse d'Urie, enlevée par le roi David qui fit périr son mari, l'épousa et eut d'elle quatre fils, dont Salomon.

beti ou **béti** [beti] n. m. LING Langue bantoue comportant divers dialectes (bulu, ewondo, fang, par ex.) parlés notam. au Cameroun (langue véhiculaire), au Gabon et au Congo.

Beti, Béti ou **Ewondo,** ethnie qui occupe le centre du Cameroun (env. 500000 personnes). (V. beti.)

Beti (Alexandre Bidiyi-Awala, dit Mongo) (né en 1932), écrivain camerounais. Pourfendeur du colonialisme (*Ville cruelle,* 1954; *le Pauvre Christ de Bomba,* 1956; *la France contre l'Afrique,* 1993), il s'inquiète de l'évolution postcoloniale (*Remember Ruben,* 1974; *Guillaume Ismaël Dzewatama,* 2 vol., 1983 et 1984).

bêtifiant, ante [betifjɑ̃, ɑ̃t] adj. Qui bêtifie.

bêtifier [betifje] v. intr. [2] Dire, faire des bêtises, des niaiseries.

Bétique, anc. prov. romaine d'Espagne (Andalousie actuelle), arrosée par le *Bétis* (auj. Guadalquivir). – La *cordillère Bétique* s'étend au S.-E. de l'Espagne; 3482 m au Mulhacén, dans la sierra Nevada.

bêtise [betiz] n. f. **1.** Défaut d'intelligence, de jugement; sottise, stupidité. **2.** Action ou propos bête. *Il fait, dit des bêtises.* ▷ Action, propos, chose insignifiants. *Se fâcher pour une bêtise,* pour un motif futile. **3.** Action imprudente ou dangereuse. *Surveillez-le, il risque de faire une bêtise.* **4.** (Haïti, Québec) Plur. *Par euph.* Injures, invectives. *Dire, crier, chanter des bêtises à qqn,* l'injurier, l'invectiver. **5.** (Afr. subsah.) En Côte d'Ivoire, au Bénin, au Togo, petite statuette à caractère érotique.

bêtisier [betizje] n. m. Recueil de bêtises, de bévues. Syn. sottisier.

bétoine [betwan] n. f. Plante (fam. labiacées) ayant une rosette de feuilles bien développées à la base.

bétoire [betwaʀ] n. f. GEOL Dans un terrain calcaire, petite excavation où coule un cours d'eau. Syn. (Belgique) chantoir.

béton [betɔ̃] n. m. Matériau obtenu par malaxage d'un mélange de gravier et de sable (agrégats) avec un liant hydraulique (généralement du ciment), en présence d'eau. *Barrage, jetée en béton.* – *Béton armé,* coulé autour d'armatures en acier qui augmentent sa résistance à la traction et au cisaillement. – *Béton précontraint*.*

bétonnage [betɔnaʒ] n. m. Action de bétonner.

bétonner [betɔne] v. [1] **1.** v. tr. Construire, recouvrir ou renforcer avec du béton. *Bétonner une route.* – Pp. adj. *Abri bétonné.* **2.** v. intr. SPORT Au football, grouper les joueurs d'une équipe devant ses buts, à la façon d'un mur, pour parer à toute action adverse.

bétonneuse [betɔnøz] n. f. Syn. cour. de *bétonnière.*

bétonnière [betɔnjɛʀ] n. f. CONSTR Machine servant à préparer le béton. Syn. cour. bétonneuse.

betsabetsa ou **betsa-betsa** [bɛtsabɛtsa] n. m. (Parfois fém.) À Madagascar, jus de canne fermenté et aromatisé avec des décoctions de plantes diverses.

Betsiboka (la), fleuve du N.-O. de Madagascar, né dans les hauts plateaux de l'Imerina; 520 km.

Betsiléo, partie du plateau central de Madagascar, au S.-E. de l'île. Rég. très riche : riz, élevage, mines.

Betsiléo, ethnie établie dans la partie centrale de Madagascar (env. 1600000 personnes). Ils parlent un dialecte malgache.

Betsimisaraka, peuple occupant la côte est de Madagascar (env. 1900000 personnes). Ils parlent un dialecte malgache.

bette [bɛt] ou **blette** [blɛt] n. f. Plante comestible voisine de la betterave, aux feuilles amples, aux côtes épaisses et tendres.

Bettelheim (Bruno) (1903 – 1990), psychanalyste américain d'orig. autrichienne : *la Forteresse vide* (1967), sur l'autisme.

betterave [bɛtʀav] n. f. Plante bisannuelle dicotylédone apétale (fam. chénopodiacées) cultivée dans les régions tempérées pour sa racine pivotante charnue de forte taille. *Betterave sucrière,* dont la racine est très riche en saccharose (15 à 20 %). *Betterave fourragère,* dont la racine sert d'aliment pour le bétail. ▷ Cour. Betterave rouge, variété potagère.

betteravier, ère [bɛtʀavje, ɛʀ] adj. Qui a rapport à la betterave. *Culture betteravière.*

beuglement [bøgləmɑ̃] n. m. **1.** Cri des animaux qui beuglent. *Le beuglement des vaches.* **2.** *Par anal.* Son intense et prolongé qui assourdit.

beugler [bøgle] v. [1] **I.** v. intr. **1.** Mugir, en parlant du taureau, du bœuf et de la vache. **2.** *Par anal.,* fam. Faire entendre un son puissant et désagréable. *Haut-parleur qui beugle.* **II.** v. tr. Hurler. *Beugler une chanson.*

beur [bœʀ] n. et adj. (inv. en genre) **1.** Maghrébin vivant en France, appartenant à la deuxième génération de l'immigration; homme ou femme d'origine maghrébine et de nationalité française. **2.** Arabe, en verlan (déformé).

beurrage [bœʀaʒ] n. m. (Québec) Fam. **1.** Action d'enduire (le corps, une partie du corps) d'une substance grasse. **2.** Action de salir exagérément.

beurre [bœʀ] n. m. **1.** Substance alimentaire onctueuse obtenue par barattage de la crème du lait, mélange complexe de divers glycérides (notam. ceux des acides butyrique, oléique, palmitique et stéarique). *Beurre frais. Beurre salé.* ▷ *Beurre noir,* fondu jusqu'à noircir dans la poêle. – Loc. fig., fam. *Œil au beurre noir,* noirci par un coup. ▷ Loc. fig., fam. *Faire son beurre :* s'enrichir. – *Mettre du beurre dans les épinards :* améliorer sa situation matérielle. – *On ne peut pas avoir le beurre et l'argent du beurre :* il faut choisir entre deux avantages incompatibles. – *Assiette au beurre :* source de profits. – (Belgique) Fam. *Battre le beurre :* perdre son sang froid, agir de façon maladroite. – (Belgique) *Être dans le beurre :* avoir une position sociale très confortable. – (Québec) Fam. *Passer, frapper dans le beurre :* rater la personne ou la chose sur laquelle on voulait frapper. – (Québec) *Avoir les yeux dans le beurre,* dans le vague. **2.** Substance grasse extraite de divers végétaux. *Beurre de cacao.* – *Beurre de karité :* matière grasse, à odeur forte, extraite de l'amande de la noix de karité. – *Beurre de cacahuète :* cacahuètes grillées réduites en pâte. (V. arachide.) – (Québec) *Beurre d'arachide* ou (fam.) *de peanut :* beurre de cacahuète. – (Antilles fr., Nouv.-Cal., oc. Indien, Vanuatu) *Beurre de pistache :* beurre de cacahuète. – (Québec) *Beurre d'érable :* pâte obtenue à partir du sirop d'érable. – (Antilles fr.) *Beurre rouge :* condiment pâteux de couleur rouge qui sert à colorer les sauces. **3.** (Antilles fr.) *Beurre blanc :* saindoux, margarine.

beurrée [bœʀe] n. f. (Québec) Tranche de pain tartinée (de beurre ou d'une autre substance). *Une beurrée de beurre. Une beurrée de cretons.*

beurrer [bœʀe] v. [1] **I.** v. tr. **1.** Recouvrir de beurre. *Beurrer des tartines, des toasts.* **2.** (Québec) Recouvrir d'une substance autre que le beurre. *Beurrer des toasts avec de la confiture.* ▷ Fam. Enduire (son visage, ses mains, etc.) d'une substance grasse. *Beurrer son visage avec de la crème solaire.* – v. pron. *Se beurrer les jambes.* **3.** (Québec) Syn. de *salir* (sens 1). *Beurrer le plancher.* – v. pron. *L'enfant s'est beurré.* **4.** (Québec) Fig. Tromper, duper (qqn). – Soudoyer (qqn). – Dénoncer (qqn), salir sa réputation. **5.** (Maurice) Fam. (En parlant de moustiques.) Piquer le corps tout entier. *Les moustiques m'ont beurré.* **II.** v. pron. Fam. S'enivrer. – Pp. *Être beurré :* être ivre.

beurrier [bœʀje] n. m. Récipient destiné à conserver ou à servir le beurre.

beuverie [bøvʀi] n. f. Réunion où l'on boit avec excès.

Beuys (Josef) (1921 – 1986), peintre et sculpteur allemand. Il utilisa des matériaux non traditionnels (graisse, feutre, etc.).

Beveridge (lord William Henry) (1879 – 1963), économiste britannique, député libéral. Le *plan Beveridge* (1942) a révolutionné la sécurité sociale en Grande-Bretagne.

Beverly Hills, fbg N.-E. de Los Angeles (Californie); quartier résidentiel habité par de nombreuses personnalités des arts et du cinéma.

bévue [bevy] n. f. Erreur grossière, commise par ignorance, inadvertance ou faute de jugement.

bey [bɛ] ou (Liban) **beyl** [bɛl] n. m. Titre porté par de hauts dignitaires dans l'Empire ottoman (ex. le chef des janissaires), par des souverains vassaux du sultan. – *Les beys de Tunis :* dynastie d'orig. ottomane qui régna sur la Tunisie de 1705 à 1957.

Beyala (Calixthe) (née en 1961), romancière camerounaise : *C'est le soleil qui m'a brûlée* (1987), *Tu t'appelleras Tanga* (1988), *Assèze l'Africaine* (1994), *les Honneurs perdus* (1996).

beylical, ale, aux [belikal, o] adj. Qui a rapport à un bey. *Pouvoir beylical.*

beylicat [belika] ou (Maghreb) **beylik** [bɛ(j)lik] n. m. Souveraineté du bey; division territoriale (province) gouvernée par un bey.

Beyrouth (en ar. *Bayrūt*), cap. du Liban et port sur la Méditerranée; 1 100 000 hab. Avant les ravages de la guerre civile, ce centre culturel et financier de première importance excerçait son influence sur tout le Proche-Orient. – Fondée par les Phéniciens (vers le IIe millénaire av. J.-C.), l'ancienne *Beryte* fut prise par les Romains en 15 av. J.-C. Elle fut détruite par un tremblement de terre en 551. Les Arabes l'occupèrent en 635; en 1110, elle tomba aux mains des croisés, qui la perdirent en 1291. Siège de l'administration pendant la période du mandat français sur la Syrie, elle devint, en 1919, la cap. du Liban, dont l'indépendance fut proclamée en 1943. La guerre civile qui opposa les chrétiens aux musulmans et aux Palestiniens (1975-1976), puis l'invasion israélienne en 1982 et la reprise de la guerre civile (1983-1991) ont dévasté la ville. Sa reconstruction, à partir de 1994, soulève quelques polémiques, mais devrait lui permettre de retrouver son rôle politique et culturel.

beyrouthin, ine [bɛʀutɛ̃, in] adj. et n. De Beyrouth. ▷ Subst. *Les Beyrouthins.*

Bèze (Théodore de) (1519 – 1605), écrivain et théologien protestant, disciple de Calvin.

bézef [bezɛf] adv. V. besef.

Béziers, v. de France, ch.-l. d'arr. de l'Hérault; 72 362 hab. *(Biterrois).* Marché des vins et alcools. Industries. – Égl. St-Nazaire (XIIe-XIVe s.). – La v. fut dévastée (1209) pendant la guerre des albigeois et rattachée à la France en 1229.

Bhêly-Quénum (Olympe) (né en 1928), écrivain béninois, auteur de romans régionalistes : *Un piège sans fin* (1960), *le Chant du lac* (1965), *l'Initié* (1979).

bhojpuri ou **bojpuri** [bodʒpuʀi] n. m. LING **1.** Langue indo-aryenne, proche de l'hindi. **2.** Dialecte hindi intégrant des éléments du créole mauricien.

Bhopāl, v. de l'Inde, cap. du Madhya Pradesh; 1 604 000 hab. – En 1984, des fuites de gaz dans une fabrique d'insecticides firent plus de 6 000 morts.

Bhoutan ou **Bhutān** *(Druk-Yul),* État d'Asie, sur le versant S. de l'Himalaya; 47 000 km^2; 1 447 000 hab.; cap. *Thimphu.* Nature de l'État : monarchie. Langue : tibétain. Monnaie : roupie. Relig. : bouddhisme et hindouisme. – La pop. (plus de 30 % est d'origine népalaise au S. du pays) se concentre dans les vallées, cultivant riz, maïs, fruits (climat très humide). – Protectorat brit. de 1910 à 1949, le pays dépend de l'Inde pour sa vie écon. et pour sa politique extérieure.

bhoutanais, aise [butanɛ, ɛz] adj. et n. Du Bhoutan. ▷ Subst. *Un(e) Bhoutanais(e).*

Bhutto (Zulfikar Ali) (1928 – 1979), homme politique pakistanais. Président de la Rép. (1971-1973), puis Premier ministre (1973-1977), renversé, jugé (1978) et exécuté. — **Benazir** (née en 1953), fille du préc.; Premier ministre de 1988 à 1990, puis de 1993 à 1996.

bi-, bis-. Éléments, du lat. *bis,* signifiant deux fois, double. (Ex. : *bicolore :* de deux couleurs; *biscuit :* deux fois cuit.)

Bia (la), fleuve qui, né au Ghana, se jette dans le golfe de Guinée, à l'extrême est de la Côte d'Ivoire. Hydroélectricité.

Bia (pic) ou **Phou Bia,** point culminant (2 820 m) du Laos, sur le plateau du Xieng Khouang.

Biafra (rép. du), nom pris par la partie S.-E. du Nigeria, en sécession de 1967 à 1970. Le Biafra, rég. minière très riche, peuplée surtout d'Igbo*, fut réduit après une guerre extrêmement meurtrière : plus d'un million de morts dans les combats, désastre économique, blocus, famine.

biafrais, aise [bjafʀɛ, ɛz] adj. et n. Du Biafra. ▷ Subst. *Un(e) Biafrais(e).*

biais [bjɛ] n. m. **1.** Ligne oblique. ▷ COUT Diagonale, par rapport aux fils du tissu. *Tailler dans le biais.* **2.** Fig. Moyen détourné et ingénieux. *Chercher un biais pour engager la conversation.* ▷ STATIS Artifice qui fausse une statistique. **3.** Loc. adv. *De biais, en biais :* de côté. *Jeter des regards en biais.* – Fig. *Prendre quelqu'un de biais,* de façon détournée.

biaiser [bjɛze] v. [1] **1.** v. intr. Être, aller de biais. **2.** v. intr. Fig. User de détours. *Soyez franc, ne biaisez pas.* **3.** v. tr. Fausser intentionnellement. – Pp. adj. *Des résultats biaisés.*

Białystok, v. de Pologne orientale; 247 550 hab.; ch.-l. de la voïévodie du m. nom. Industries. Centre culturel.

Biarritz, v. de France (Pyr.-Atl.), sur l'Atlant.; 28 887 hab. *(Biarrots).* Aéroport. Grande station balnéaire.

biaural [biɔʀal] ou **binaural, ale, aux** [binɔʀal, o] adj. Qui concerne l'audition par les deux oreilles.

bibacier [bibasje] n. m. V. bibasse, bibassier.

Bibans (chaîne des), dans l'Atlas tellien (Algérie); 1 735 m. La route Alger-Constantine passe par le défilé des Portes de fer.

bibasse [bibas] ou **bibacier** [bibasje] n. m. BOT Fruit du bibassier, orangé, poussant en grappes, dont la pulpe est savoureuse.

bibassier ou **bibacier** [bibasje] n. m. BOT Plante dicotylédone (fam. moracées) cultivée en Asie, dans les pays de l'océan Indien et les pays méditerranéens. (Aussi appelé *néflier du Japon.*)

bibe [bib] n. m. (Madag.) **1.** Bête, bestiole, parasite. *Il a des bibes.* (V. bébête, sens 2.) **2.** Fig. et fam. *Gros bibe! :* gros bêta!

bibelot [biblo] n. m. Petit objet de décoration.

biberon [bibʀɔ̃] n. m. Petite bouteille graduée, munie d'une tétine, avec laquelle on fait boire un nourrisson.

biberonner [bibʀɔne] v. intr. [1] Fam. Boire beaucoup d'alcool et souvent.

Bibesco ou **Bibescu,** famille princière de Valachie. — **Gheorghe Dimitrie** (1804 – 1873) succéda à Alexandre Ghica (1842). Il ouvrit la voie à l'union des principautés de Valachie et de Moldavie mais dut céder le pouvoir à son frère, **Dimitrie Barbu** (1801 – 1869).

1. bibi [bibi] n. m. Fam., vieilli Petit chapeau de femme.

2. bibi [bibi] pron. Pop. Moi. *Et l'addition, c'est pour qui? C'est pour bibi!*

bibine [bibin] n. f. Fam. Mauvaise boisson. ▷ Bière.

bibite [bibit] ou **bébite** [bebit] n. f. (Québec, Vanuatu) Fam. Insecte, petite bête. (V. bébête, sens 2). ▷ (Québec) *Bibite à patate(s) :* doryphore.

bible [bibl] n. f. **1.** RELIG (Avec une majuscule.) Ensemble des textes reconnus d'inspiration divine par les juifs et les chrétiens. (À la Bible juive qu'ils considèrent comme l'Ancien Testament, les chrétiens ont ajouté le Nouveau Testament. La Bible est connue selon trois versions : hébraïque, grecque – traduc-

tion des *Septante,* Alexandrie, IIIe s. av. J.-C. – et latine – *Vulgate*.*) – Livre, volume contenant ces textes. ▷ (En appos.) *Papier bible,* très mince et opaque, comme celui des bibles. **2.** Manifeste, ouvrage fondamental d'une doctrine. **3.** *Par ext.* Ouvrage que l'on consulte souvent. *Ce livre, c'est ma bible.*
ENCYCL Le recueil *juif palestinien* (38 livres) comprend trois parties. **1.** La Loi (la Torah*) : les 5 livres du Pentateuque sont la Genèse, l'Exode, le Lévitique, les Nombres et le Deutéronome. **2.** Prophètes (21 livres) : a) les Prophètes antérieurs sont les 6 livres historiques couvrant la période qui va de la conquête de la Terre promise à la fin de la Royauté (XIIe-VIe s.) : Josué, Juges, Samuel (1 et 2), Rois (1 et 2); on pensait jadis qu'ils avaient les prophètes pour auteurs; b) les Prophètes postérieurs sont les 15 recueils des 3 grands (Isaïe, Jérémie, Ézéchiel) et des 12 petits prophètes*; le *Livre de Daniel** n'en fait pas partie. **3.** Hagiographes (12 livres) : 4 livres historiques (Esdras, Néhémie, Chroniques 1 et 2), 3 livres poétiques (Psaumes, Lamentations, Cantique des Cantiques), 3 livres sapientaux (Job, Proverbes, Ecclésiaste), 2 récits en prose (Ruth, Esther). Le recueil *juif alexandrin* (51 livres) comprend deux parties. **1.** 45 livres inspirés : les livres ci-dessus et, en plus, Judith, Tobie, Maccabées 1 et 2, la Sagesse, l'Ecclésiastique, Baruch et certains compléments du livre de Daniel. **2.** 6 livres apocryphes (que ni les juifs ni les chrétiens n'ont finalement acceptés) : Esdras 3 et 4, Maccabées 3 et 4, les Odes et les Psaumes dits de Salomon. Le recueil *chrétien* (72 livres) comprend les ouvrages du recueil *juif alexandrin,* sauf les 6 apocryphes, et les 27 livres du *Nouveau Testament* (4 Évangiles, Actes des Apôtres, 14 Épîtres du recueil paulinien, 7 Épîtres dites «catholiques», l'Apocalypse).

biblio-. Élément, du gr. *biblion,* «livre».

bibliobus [biblijɔbys] n. m. inv. Véhicule servant de bibliothèque publique itinérante.

bibliographe [biblijɔgʀaf] n. Spécialiste de bibliographie.

bibliographie [biblijɔgʀafi] n. f. **1.** Science du livre, de l'édition. **2.** Liste des écrits se rapportant à un sujet. *Établir la bibliographie d'un auteur.*

bibliographique [biblijɔgʀafik] adj. Qui a rapport à la bibliographie.

bibliophile [biblijɔfil] n. Personne qui aime les livres précieux et rares.

bibliophilie [biblijɔfili] n. f. Amour des livres, science du bibliophile.

bibliothécaire [biblijɔtekɛʀ] n. Personne préposée à la garde et aux soins d'une bibliothèque.

bibliothéconomie [biblijɔtekɔnɔmi] n. f. Didac. Science de l'organisation et de la gestion des bibliothèques.

bibliothèque [biblijɔtɛk] n. f. **1.** Meuble ou assemblage de planches, de tablettes, permettant de ranger des livres. *Chercher un livre sur les rayons d'une bibliothèque.* **2.** Pièce ou édifice où sont conservés des livres, mis à la disposition du public. *Bibliothèque municipale.* **3.** Collection de livres. *Une bibliothèque de dix mille volumes.*

Bibliothèque de France François-Mitterrand, nouvelle Bibliothèque nationale de France, à Paris (13e), inaugurée en 1996.

Bibliothèque nationale, établissement public français situé à Paris (2e), bibliothèque d'étude chargée de conserver les collections nationales de livres, imprimés, manuscrits, cartes, photographies, etc.

biblique [biblik] adj. Qui appartient, qui est propre à la Bible.

bic [bik] n. m. (Nom déposé.) Stylo à bille. – (Afr. subsah., Maghreb) Stylo à bille ou à plume.

bicaméralisme [bikameʀalism] n. m. POLIT Doctrine préconisant le bicamérisme.

bicamérisme [bikameʀism] n. m. POLIT Système fondé sur un Parlement composé de deux Chambres. (Par ex. : Chambre des députés et Sénat, en France; Chambre des lords et Chambre des communes, en G.-B.)

bicarbonate [bikaʀbɔnat] n. m. CHIM Sel qui contient un atome d'hydrogène acide ($-HCO_3$). *Bicarbonate de soude* ou cour. *bicarbonate :* sel employé contre les maux d'estomac.

bicarburation [bikaʀbyʀasjɔ̃] n. f. TECH Carburation dans un système permettant l'emploi alternatif de deux carburants.

bicentenaire [bisɑ̃tnɛʀ] adj. et n. m. Âgé de deux cents ans. *Un arbre bicentenaire.* ▷ n. m. Deuxième centenaire.

bicéphale [bisefal] adj. À deux têtes. – (Abstrait) Dirigé par deux chefs. *Pouvoir bicéphale.*

biceps [bisɛps] n. m. Nom de deux muscles fléchisseurs à double renflement et dont l'extrémité supérieure est divisée en deux portions : *biceps brachial,* du bras; *biceps crural,* de la cuisse.

biche [biʃ] n. f. **1.** Femelle du cerf. – *Par ext.* Femelle d'autres cervidés. – (Afr. subsah.) Antilope ou gazelle mâle ou femelle de petite ou moyenne taille. *Biche royale :* antilope royale. **2.** *Ventre de biche :* couleur d'un blanc roussâtre.

biche-cochon [biʃkɔʃɔ̃] n. f. (Afr. subsah.) Nom cour. du céphalophe. *Des biches-cochons.*

biche-de-mer [biʃdmɛʀ] n. f. (Madag., Pacifique) Syn. de *bêche-de-mer* (sens 1).

bichelamar ou **bichlamar** [biʃlamaʀ] n. m. LING **1.** Pidgin mélanésien utilisé comme langue commerciale véhiculaire dans les îles du Pacifique où l'on parle anglais. Syn. bêche-de-mer. **2.** Spécial. *Bichelamar* ou *bislama :* langue nationale véhiculaire de la république de Vanuatu, déclarée langue officielle.
ENCYCL Née en mer de Chine, du commerce des holothuries appelées par les Portugais *bicho do mar* («bête de mer» : V. bêche-de-mer), cette langue véhiculaire avait, à l'origine, une base lexicale portugaise qui devint presque exclusivement anglaise dans le Pacifique Sud. Elle prit alors le nom de bichelamar, graphie française dont la prononciation en pidgin du Vanuatu est *bislama* [bislama].

biche-mina [biʃmina] n. f. (Afr. subsah.) Guib harnaché. *Des biches-mina.*

biche-Robert [biʃʀɔbɛʀ] n. f. (Afr. subsah.) Grande gazelle du Sahel et du Sahara. *Des biches-Robert.* Syn. gazelle-dama.

bichique [biʃik] n. m. (Madag.) CUIS Alevin préparé à la façon créole. *Un carri de bichique.*

Bichkek (*Frounzé* de 1925 à 1991), cap. du Kirghizstan; 646000 hab. Industr. méca., text. et alimentaires.

bichlamar [biʃlamaʀ] n. m. V. bichelamar.

bichon [biʃɔ̃] n. m. Petit chien à poil long, issu du croisement d'un barbet et d'un épagneul.

bichonner [biʃɔne] v. [1] **I.** v. tr. **1.** Parer avec soin, avec coquetterie. **2.** Fig. Traiter avec de grands soins. *Elle le bichonne, son petit mari!* **II.** v. pron. Se parer avec coquetterie.

bichromate [bikʀɔmat] n. m. CHIM Sel de l'acide chromique.

bichromie [bikʀomi] n. f. TECH Impression en deux couleurs.

Bickford (William) (1774 – 1834), inventeur anglais du *cordeau Bickford,* mèche permettant de mettre à feu un explosif à distance.

bicolore [bikɔlɔʀ] adj. Qui présente deux couleurs. *Une étoffe bicolore.*

biconcave [bikɔ̃kav] adj. Qui présente deux faces concaves opposées. *Lunettes à verres biconcaves.*

biconvexe [bikɔ̃vɛks] adj. Qui présente deux faces convexes opposées. *Lentille biconvexe.*

bicoque [bikɔk] n. f. Fam., péjor. Petite maison peu solide, inconfortable. *Retaper une vieille bicoque.*

bicorne [bikɔʀn] adj. et n. m. **1.** adj. Qui a deux cornes. *Utérus bicorne.* **2.** n. m. Chapeau à deux pointes.

bicross [bikʀɔs] n. m. inv. (Nom déposé.) **1.** Bicyclette tous terrains à pneus épais, sans garde-boue. **2.** Sport pratiqué avec cette bicyclette.

biculturalisme [bikyltyʀalism] n. m. Coexistence dans un même pays de deux cultures nationales (Belgique, Canada, etc.).

biculturel, elle [bikyltyʀɛl] adj. Qui possède deux cultures. ▷ (Afr. subsah.) *Établissement scolaire biculturel,* où sont enseignés, dans des sections séparées, les programmes nationaux et les programmes français.

bicuspide [bikyspid] adj. ANAT *Valvule bicuspide,* formée de deux valves.

bicycle [bisikl] n. m. **1.** Anc. Vélocipède à deux roues de tailles différentes. **2.** (Québec) (Emploi critiqué) Bicyclette. *Bicycle de gars, de fille.* – (Abus.) *Bicycle à trois roues :* tricycle.

bicyclette [bisiklɛt] n. f. Cycle à deux roues d'égal diamètre, dont la roue avant est directrice et dont la roue arrière est mise en mouvement par un pédalier. *Aller, monter, rouler à bicyclette;* fam. *en bicyclette.* Syn. (Québec, emploi critiqué) bicycle.

Bidassoa (la), fl. (61 km) d'Espagne qui se jette, en France, dans l'Atlantique; sépare les deux pays.

Bidault (Georges) (1899 – 1983), homme polit. français; président du Conseil national de la Résistance, président du Conseil (1949 – 1950).

bide [bid] n. m. **1.** Fam. Ventre. *Avoir du bide.* **2.** Arg. Manque de succès, échec. *Son nouveau récital a fait un bide.*

bidet [bidɛ] n. m. **1.** Petit cheval de selle trapu. ▷ *Par ext.* Cheval. **2.** Cuvette sur pied de forme oblongue, utilisée pour la toilette intime.

bidimensionnel, elle [bidimɑ̃sjɔnɛl] adj. Qui a deux dimensions.

bidirectionnel, elle [bidiʀɛksjɔnɛl] adj. Qui fonctionne dans deux directions.

bidoche [bidɔʃ] n. f. Pop. Viande.

bidon [bidɔ̃] n. m. et adj. **1.** Récipient métallique portatif destiné à contenir un liquide. *Bidon d'huile.* **2.** Fam. Ventre. *Il a pris du bidon.* **3.** Fam. *Du bidon :* quelque chose de faux. *Sa réussite, c'est du bidon.* ▷ adj. inv. *Une histoire bidon.*

bidonnant, ante [bidɔnɑ̃, ɑ̃t] adj. Fam. Très drôle. *Une histoire bidonnante.*

bidonner (se) [bidɔne] v. pron. [1] Fam. Rire, bien s'amuser.

bidonville [bidɔ̃vil] n. m. Agglomération d'habitations précaires, construites en matériaux de récupération, en partic. de vieux bidons, et qui se trouvent à la périphérie de certaines villes.

bidonvillisation [bidɔ̃vilizasjɔ̃] n. f. **1.** Transformation (d'un terrain) en bidonville. **2** (Maghreb) Apparition de bidonvilles dans un milieu urbain. – *Spécial.* Dégradation d'immeubles d'habitation par la construction et l'aménagement illicites de parties communes et de terrasses.

bidonvillisé, ée [bidɔ̃vilize] adj. (Maghreb) (En parlant des immeubles, des cités) Qui a pris l'aspect d'un bidonville.

bidonvillois, oise [bidɔ̃vilwa, waz] adj. et n. (Maghreb) Qui habite un bidonville.

bidule [bidyl] n. m. Fam. Chose, objet quelconque, machin, truc.

bief [bjɛf] n. m. **1.** Canal conduisant l'eau sur la roue d'un moulin. **2.** Sur un cours d'eau, espace entre deux écluses ou entre deux chutes.

Bielinski ou **Belinski** (Vissarion Grigorievitch) (1811 – 1848), fondateur de la critique littéraire en Russie.

bielle [bjɛl] n. f. MECA Pièce de certains mécanismes destinée à transmettre un mouvement, à transformer un mouvement rectiligne alternatif en un mouvement circulaire ou inversement. – *Couler une bielle :* faire fondre accidentellement une partie de la tête de bielle d'un moteur à explosion.

biélorusse [bjelɔʀys] adj. et n. **1.** adj. De Biélorussie. ▷ Subst. *Un(e) Biélorusse.* **2.** n. m. LING *Le biélorusse :* la langue indo-européenne du groupe slave parlée en Biélorussie.

Biélorussie (*Respublika Belarus,* «République de Russie Blanche»), État d'Europe qui fut, jusqu'en 1991, l'une des rép. fédérées de l'U.R.S.S., à la frontière de la Pologne; 207600 km^2; 10200000 hab.; cap. *Minsk.* Nature de l'État : régime présidentiel. Langue off. : biélorusse. Monnaie : rouble (SUR). Pop. : Biélorusses (78 %), Russes (13 %), Polonais (4 %).
Géogr. et écon. – C'est une vaste plaine, dont le tiers est couvert par des forêts, où les lacs et marais sont nombreux. L'agric. est essentielle : élevage bovin et porcin, cult. du lin, de la pomme de terre, de la betterave à sucre, du tabac, qui forment la base des industr. avec les ressources forestières. Prod. importante d'engrais potassiques.
Hist. – La Pologne et la Russie se disputèrent le pays dès le XVIe s. La frontière actuelle a été fixée en 1945, au bénéfice de l'U.R.S.S. Les Biélorusses sont marqués par la culture polonaise et le catholicisme. En juil. 1990, la Biélorussie a proclamé sa souveraineté et, en 1991, son indépendance. La Biélorussie, qui siège à l'ONU depuis 1945, est membre fondateur de la Communauté* des États indépendants (C.É.I.). Élu à la tête de l'État, en 1994, Alexandre Loukachenko a signé, en avril 1996, un traité d'union avec la Russie. En nov. de cette m. année, il a fait adopter par référendum une Constitution accordant un renforcement des pouvoirs présidentiels.

Biely ou **Bielyï** (Boris Nicolaïevitch Bougaïev, dit Andreï) (1880 – 1934), poète russe; promoteur du symbolisme (*les Arabesques,* 1911) et auteur de romans (*Pétersbourg,* 1913).

1. bien [bjɛ̃] adv., interj. et adj. inv. **I.** adv. de manière. **1.** De manière satisfaisante. *Je dors bien. Un enfant bien élevé.* **2.** De manière raisonnable, juste, honnête. *Il a fort bien agi.* **3.** De manière plaisante, agréable. *Un compliment bien tourné.* **4.** De manière habile. *Savoir bien parler est un art. Bien joué!* **II.** adv. d'intensité. **1.** *Bien de, bien des :* beaucoup de. *Il a manqué bien des occasions.* – Par antiphr. *Je vous souhaite bien du plaisir.* **2.** (Devant un adjectif, un participe passé, un adverbe.) Très, tout à fait. *Tu es bien beau ce matin. Il est bien reposé. Restez là bien tranquillement.* **3.** (Devant un verbe.) Beaucoup. *J'espère bien vous revoir.* **4.** (Avec une quantité.) Au moins. *Il y a bien deux ans que je ne l'ai pas vu. Cela fait bien un kilo.* **5.** (Avec un conditionnel.) Volontiers. *Je vous dirais bien de rester.* **6.** (Belgique) (Pour contredire une formule négative.) Si. *Il n'apprécie pas la bière, moi bien.* **III.** interj. **1.** *Bien! Très bien! :* marques d'approbation. **2.** *Eh bien? :* marque d'interrogation. *Eh bien, qu'en penses-tu?* ▷ *Eh bien, soit! :* marque d'acquiescement. ▷ *Eh bien! :* marque de surprise, d'indignation. *Eh bien! je ne l'aurais pas cru!* **IV.** adj. inv. **1.** (Attribut) Bon, satisfaisant, agréable. *Tout est bien qui finit bien. Cet acteur est très bien.* **2.** En bonne santé, à l'aise. *Se sentir bien.* **3.** Convenable, d'un point de vue moral. *Ce n'est pas bien de mentir.* **4.** Beau. *Il est bien physiquement.* **5.** (Épithète et attribut.) Fam. Qui est plein de qualités. *C'est un garçon bien, on peut compter sur lui.* **6.** Convenable, d'un point de vue social. *Ce sont des gens bien.* **V.** Loc. **1.** *Bien plus :* en outre, et plus encore. *Il lui a pardonné, bien plus il est devenu son ami.* **2.** *Aussi bien :* d'ailleurs. *Qu'il parte, aussi bien nous ne l'en empêcherons pas.* **VI.** Loc. conj. *Bien que :* marque la concession, la restriction portant sur un fait réel. *Bien que d'aspect chétif, il est solide. Il sort bien qu'il pleuve.*

2. bien [bjɛ̃] n. m. **I. 1.** Ce qui est bon, avantageux, profitable. *Buvez un peu, cela vous fera du bien. Travailler pour le bien public,* l'intérêt général. *Le bien le plus précieux, c'est la santé. Dire du bien de qqch, de qqn,* en parler en termes élogieux. *Mener à bien (qqch) :* réussir (dans une entreprise). **2.** Ce que l'on possède (en argent, en propriétés). *Avoir un petit bien. Hériter des biens paternels.* – (Prov.) *Bien mal acquis ne profite jamais.* **3.** (Plur.) DR Éléments mobiliers ou immobiliers qui composent le patrimoine d'une personne. – *Biens corporels,* qui ont une existence matérielle, comme les objets, les animaux, la terre. – *Biens incorporels,* qui représentent une valeur pécuniaire, comme le nom commercial, les droits de créance. – (Afr. subsah.) ANTHROP *Biens individuels :* selon la conception négro-africaine, choses appartenant en propre à un individu (bijoux, armes, etc.) par oppos. aux *biens lignagers**. ▷ ECON (Surtout plur.) Chose produite pour satisfaire un besoin. *Biens de consommation, d'équipement, de production.* **II.** Ce qui est conforme au devoir moral, ce qui est juste, honnête, louable. *Rendre le bien pour le mal.* – *Homme de bien,* vertueux et charitable. ▷ Loc. adv. *En tout bien tout honneur :* sans arrière-pensée, sans mauvaise intention.

bien-aimé, ée [bjɛ̃neme] adj. et n. **1.** adj. Qui est tendrement aimé. **2.** n. Litt. Personne dont on est amoureux. *Être avec sa bien-aimée. Des bien-aimés.*

bien-être [bjɛ̃nɛtʀ] n. m. sing. **1.** État agréable du corps et de l'esprit. *Éprouver une sensation de bien-être total.* **2.** Situation matérielle qui rend l'existence aisée et agréable. *Il jouit d'un bien-être suffisant.* **3.** (Québec) *Bien-être (social) :* nom donné à l'organisme public qui apporte une aide économique aux personnes dans le besoin. – Fam. *Être, vivre sur le bien-être :* vivre des prestations de l'aide sociale.

bienfacture [bjɛ̃faktyʀ] n. f. (Suisse) Exécution soignée d'un travail, d'un ouvrage.

bienfaisance [bjɛ̃fəzɑ̃s] n. f. **1.** Inclination à faire du bien aux autres. *Sa bienfaisance est inépuisable.* **2.** Action de faire du bien aux autres; le bien que l'on fait dans un intérêt social. *Établissement, société de bienfaisance.*

bienfaisant, ante [bjɛ̃fəzɑ̃, ɑ̃t] adj. **1.** (Personnes) Qui fait du bien aux autres. **2.** (Choses) Qui fait du bien, qui a une influence salutaire.

bienfait [bjɛ̃fɛ] n. m. **1.** Bien que l'on fait à quelqu'un. – (Prov.) *Un bienfait n'est jamais perdu.* **2.** Avantage, utilité. *Les bienfaits de la science.* **3.** Résultat bienfaisant. *Vous constaterez les bienfaits de ce médicament.*

bienfaiteur, trice [bjɛ̃fɛtœʀ, tʀis] n. Personne qui fait du bien. *Un bienfaiteur de l'humanité.*

bien-fondé [bjɛ̃fɔ̃de] n. m. **1.** DR Conformité d'une demande, d'un acte, à la justice et au droit. *Le bien-fondé d'une requête. Des bien-fondés.* **2.** *Par ext.* Conformité à la raison. *Le bien-fondé d'une opinion.*

bienheureux, euse [bjɛ̃nøʀø, øz] adj. et n. **1.** Très heureux. *Une vie bienheureuse.* **2.** THEOL Qui jouit de la béatitude céleste. *Âmes bienheureuses.* ▷ Subst. Dans l'Église catholique, personne qui a été béatifiée.

Biên Hoa, v. du Viêt-nam méridional (proche de Hô Chi Minh-Ville), sur le Dong Nai; ch.-l. de la prov. du m. nom; 313000 hab. Centre indust. Elle fut une importante base militaire américaine (1966-1975).

biennal, ale, aux [bjenal, o] adj. et n. f. **I.** adj. **1.** Qui dure deux ans. *Charge biennale.* **2.** Qui a lieu tous les deux ans. *Foire biennale.* **II.** n. f. Manifestation artistique, culturelle, etc. qui a lieu tous les deux ans.

Biennale de la langue française, réunion internationale sur un sujet concernant le français ou la francophonie. Les premières biennales se tinrent à Namur (1965), à Québec (1967), à Liège (1969), à Menton (France, Alpes-Marit., 1971), à Dakar (1973), à Echternach (1975), à Moncton (1977).

Bienne (en all. *Biel*), v. de Suisse (cant. de Berne), à l'extrémité N. du *lac de Bienne* (42 km^2) qui est relié au lac de Neuchâtel par la Thièle; 62 700 hab. Horlogerie, industrie métall. et mécanique.

bien-pensant, ante [bjɛ̃pɑ̃sɑ̃, ɑ̃t] adj. et n. Attaché(e) à des valeurs traditionnelles, spécial., en matière de religion. ▷ Subst. *La Grande Peur des bien-pensants (essai de Bernanos).*

bienséance [bjɛ̃seɑ̃s] n. f. Conduite publique en conformité avec les usages. *Cela choque la bienséance.*

bienséant, ante [bjɛ̃seɑ̃, ɑ̃t] adj. Conforme à la bienséance.

bientôt [bjɛ̃to] adv. **1.** Dans peu de temps. *Ils reviendront bientôt.* **2.** Loc. adv. *À bientôt :* formule utilisée pour prendre congé de quelqu'un que l'on compte revoir peu après. **3.** Rapidement. *Ce fut bientôt fait.*

bienveillance [bjɛ̃vɛjɑ̃s] n. f. Disposition favorable à l'égard de quelqu'un. *Montrer, témoigner de la bienveillance à, envers quelqu'un.*

bienveillant, ante [bjɛ̃vɛjɑ̃, ɑ̃t] adj. Qui a, qui marque une disposition favorable à l'égard de qqn. *Il est resté bienveillant envers ses cadets.*

bienvenu, ue [bjɛ̃vəny] adj. et n. **1.** adj. (Choses) Qui arrive à propos. *Une explication bienvenue.* ▷ (Personnes) Qui est accueilli avec plaisir. *Il est bienvenu partout.* **2.** n. Chose, personne qui est accueillie avec plaisir. *Soyez les bienvenus. Cette proposition est la bienvenue.*

bienvenue [bjɛ̃vəny] n. f. **1.** Heureuse arrivée. *Je te souhaite la bienvenue. Bienvenue chez nous! :* formule d'accueil. Syn. (Afr. subsah.) bonne arrivée! **2.** (Québec) interj. *Bienvenue!,* en réponse à un remerciement.

Bienvenüe (Fulgence) (1852 – 1936), ingénieur français, créateur du métropolitain parisien.

1. bière [bjɛʀ] n. f. **1.** Boisson alcoolisée produite par la fermentation du malt dans de l'eau. *Les bières sont parfumées par des fleurs de houblon* (bière blonde), *du caramel* (bière brune), *des piments* (bière âcre). *Une chope de bière, une canette de bière.* – *Bière à la pression* ou (Québec) *bière en fût,* tirée directement du tonneau grâce à la pression des gaz qu'elle dégage. **2.** Boisson alcoolisée de fabrication artisanale, à base de céréales ou de fruits. – (Afr. subsah.) *Bière de banane, d'éleusine. Bière de mil :* syn. de *dolo, tchapalo.* (V. vin.) – (Viêt-nam) *Bière de riz :* syn. de *alcool* de jarre.* – (Québec) *Bière d'épinette :* boisson fabriquée avec des rameaux ou de l'écorce d'épinette*, ou aromatisée artificiellement.

2. bière [bjɛʀ] n. f. Cercueil. *La mise en bière a lieu au domicile du défunt.*

biface [bifas] n. m. Outil du paléolithique inférieur, obtenu à partir d'un galet de pierre dure, plus ou moins grossièrement taillé sur les deux faces.

biffer [bife] v. tr. [1] Rayer, barrer ce qui est écrit. *Il a biffé cette clause.* Syn. (Suisse) tracer.

bifide [bifid] adj. SC NAT Se dit d'un organe fendu longitudinalement. *La langue bifide des serpents.*

bifidus [bifidys] n. m. inv. Bactérie présente dans la flore intestinale et favorisant le transit. *Le bifidus entre dans la préparation de laits fermentés.*

bifocal, ale, aux [bifɔkal, o] adj. OPT Se dit d'un verre, d'une lentille ayant un double foyer.

bifteck [biftɛk] n. m. Tranche de bœuf grillée, à griller. ▷ Fig., fam. *Gagner son bifteck :* gagner de quoi vivre. – *Défendre son bifteck :* défendre ses intérêts. (On écrit parfois *beefsteak.*)

bifurcation [bifyʀkasjɔ̃] n. f. **1.** Endroit où une chose se divise en deux parties, de directions différentes. *La bifurcation d'une tige, d'un chemin, d'une voie ferrée.* **2.** Fig. Possibilité de choix.

bifurquer [bifyʀke] v. intr. [1] **1.** Se diviser en deux, comme une fourche. *Ici, le chemin bifurque.* **2.** Changer de direction à un croisement. *Bifurquer à droite.* **3.** Fig. Changer d'orientation. *Le colonel a bifurqué dans l'industrie.*

bigaille [bigaj] n. f. **1.** Vx, fam. Insecte volant. ▷ (Haïti) Petit insecte ressemblant à un moustique, dont la piqûre est très douloureuse. **2.** (France rég.) Fretin, petits poissons. **3.** Arg. Menue monnaie.

bigame [bigam] adj. et n. Qui est marié à deux personnes à la fois.

bigamie [bigami] n. f. **1.** État d'une personne qui, déjà mariée, a contracté un second mariage sans que le premier ait été annulé. **2.** État d'une personne légalement mariée à deux personnes en même temps.

bigarade [bigaʀad] n. f. Orange amère.

bigaradier [bigaʀadje] ou (Afr. subsah.) **bigaratier** [bigaʀatje] n. m. Oranger produisant des bigarades et dont les pétales, par distillation, servent à préparer une essence parfumée *(essence de néroli)* et l'eau de fleur d'oranger.

bigarré, ée [bigaʀe] adj. **1.** Qui a des couleurs, des dessins variés. *Une étoffe bigarrée.* **2.** Fig. Disparate. *Une foule bigarrée.*

bigarrer [bigaʀe] v. tr. [1] **1.** Assembler des couleurs qui tranchent. **2.** Fig. Produire un ensemble disparate.

bigarrure [bigaʀyʀ] n. f. **1.** Assemblage de couleurs, de dessins variés. **2.** Fig. Assemblage de choses, de gens disparates.

big-bang [bigbɑ̃g] n. m. ASTRO *Théorie du big-bang,* selon laquelle l'Univers se serait formé, il y a env. 15 milliards d'années, à la suite d'une explosion originelle (le big-bang) qui aurait provoqué l'émission de protons, de neutrons, d'électrons et de photons à une température très élevée.

bigleux, euse [biglø, øz] adj. et n. **1.** Fam. Qui louche. **2.** Fam. Qui voit mal.

bignone [biɲɔn] ou **bignonia** [biɲɔnja] n. m. BOT Liane ornementale (fam. bignoniacées) à grosses fleurs orangées ou rouges en trompette, cultivée surtout dans les régions chaudes.

bignoniacées [biɲɔnjase] n. f. pl. BOT Fam. de dicotylédones gamopétales à grosses fleurs ornementales en trompette, comprenant notam. le *catalpa* et le *calebassier.* – Sing. *Une bignoniacée.*

bigorne [bigɔʀn] n. f. Petite enclume d'orfèvre à deux pointes.

bigorneau [bigɔʀno] n. m. Petit mollusque comestible à coquille en spirale. Syn. (Belgique) caricole, (France rég.) vignot et vigneau. (V. littorine.)

1. bigot, ote [bigo, ɔt] n. (et adj.) Péjor. Chrétien(ne) qui fait preuve d'une dévotion étroite et pointilleuse.

2. bigot [bigo] n. m. TECH Pioche à deux dents.

bigoterie [bigɔtʀi] n. f. ou **bigotisme** [bigɔtism] n. m. Péjor. Dévotion bornée et pointilleuse.

bigoudi [bigudi] n. m. Rouleau, cylindre utilisé pour friser les cheveux.

bigre ! [bigʀ] interj. Fam. Atténuation de *bougre,* pour marquer l'étonnement.

bigrement [bigʀəmɑ̃] adv. Fam. Atténuation de *bougrement,* extrêmement.

bigue [big] n. f. TECH, MAR Appareil de levage pour charges importantes, constitué par un bâti dont l'extrémité supérieure porte une poulie ou un palan. *Bigue flottante.*

biguine [bigin] n. f. Danse antillaise.

Bihar. V. Apuseni.

Bihār, État du N.-E. de l'Inde, à cheval sur la plaine du Gange et le plateau du Dekkan; 173 900 km^2; 86 338 850 hab.; cap. *Patnā.* Mines de charbon.

bihebdomadaire [biɛbdɔmadɛʀ] adj. Qui a lieu, qui paraît deux fois par semaine.

Bihor. V. Apuseni.

bijectif, ive [biʒɛktif, iv] adj. MATH *Application bijective,* par laquelle à chaque élément de l'ensemble de départ correspond un seul élément de l'ensemble d'arrivée, et à chaque élément de celui-ci correspond un seul élément de l'ensemble de départ.

bijection [biʒɛksjɔ̃] n. f. MATH Application bijective.

bijou, oux [biʒu] n. m. **1.** Petit objet de parure, façonné généralement en métal noble, et associant souvent des pierres précieuses ou semi-précieuses brutes ou travaillées. *Un bijou en argent, en or, en strass. Offrir des bijoux à une femme.* **2.** Fig. Chose très jolie, fabriquée avec grand soin. *Cette voiture de sport, c'est un vrai bijou!*

bijouterie [biʒutʀi] n. f. **1.** Fabrication, commerce des bijoux. ▷ Les bijoux, en tant qu'objets d'industrie, de commerce. **2.** Magasin où l'on vend des bijoux.

bijoutier, ère [biʒutje, ɛʀ] n. **1.** Fabricant de bijoux. **2.** Personne qui tient un magasin de bijoux. **3.** (Afr. subsah.) Au Sénégal, membre d'une caste dont la profession traditionnelle est le travail des métaux précieux.

bikbachi [bikbaʃi] n. m. Haut fonctionnaire de l'armée égyptienne ottomane.

bikini [bikini] n. m. (Nom déposé.) Costume de bain pour femme, composé d'un slip et d'un soutien-gorge.

Bikini, atoll du Pacifique, au N.-O. des îles Marshall. – Théâtre d'expériences nucléaires américaines (1946-1958).

bilabiale [bilabjal] adj. f. (et n. f.) PHON Se dit d'une consonne dont l'articulation met en jeu le mouvement des deux lèvres (ex. : [p], [b]).

bilabié, ée [bilabje] adj. **1.** SC NAT Qui est partagé en deux lèvres. **2.** BOT Se dit d'une corolle gamopétale divisée en deux lèvres.

bilan [bilɑ̃] n. m. **1.** FIN Document qui précise le solde de tous les comptes d'une entreprise à une date donnée. (V. actif et passif.) – *Dépôt de bilan :* déclaration, au tribunal de commerce, de cessation de paiements. *Passif* d'un bilan.* **2.** AGRIC *Bilan hydrique :* calcul comparatif de la répartition de l'eau absorbée par un sol entre différentes destinations : utilisation par les plantes, évaporation, etc. **3.** HYDROL *Bilan hydrologique :* balance entre la quantité d'eau reçue par une région et les pertes dues à l'écoulement, l'évaporation, l'infiltration et l'alimentation des nappes souterraines. **4.** PHYS *Bilan thermique :* calcul des différentes quantités de chaleur fournies et reçues par une machine ou par une installation. **5.** *Bilan de santé :* ensemble d'examens permettant d'apprécier l'état de santé (d'une personne). **6.** Fig. *Faire le bilan de qqch,* en tirer les enseignements qui s'imposent.

bilatéral, ale, aux [bilateʀal, o] adj. **1.** Qui a deux côtés. **2.** Qui a ou qui se rapporte à deux côtés symétriques. *Stationnement bilatéral,* autorisé sur les deux côtés d'une voie. **3.** DR Qui lie deux parties. *Un traité bilatéral.* – *Aide bilatérale,* apportée directement par un pays industrialisé à un État en voie de développement. – *Coopération bilatérale,* entre deux gouvernements.

bilatéralement [bilateʀalmɑ̃] adv. De manière bilatérale.

Bilbao, port d'Espagne, sur l'estuaire du Nervión; 383790 hab.; ch.-l. de la prov. basque de Biscaye. Centre industriel. – Musée. – La ville fut prise en juin 1937 par les franquistes.

bilboquet [bilbɔkɛ] n. m. Jouet formé d'une boule percée d'un trou et reliée par une ficelle à un manche à bout pointu qu'il faut faire pénétrer dans le trou de la boule lancée en l'air.

bile [bil] n. f. **1.** Liquide sécrété par le foie, contenant des sels et des pigments, stocké par la vésicule biliaire et excrété par le canal cholédoque dans le duodénum pendant la digestion. *La bile permet la digestion des graisses.* **2.** Fig. *S'échauffer la bile :* se mettre en colère. – *Décharger* sa bile sur qqn.* **3.** Fig., fam. *Se faire de la bile :* s'inquiéter.

bileux, euse [bilø, øz] adj. Fam. Qui s'inquiète facilement, de tempérament anxieux. *C'est un type pas bileux.*

bilharzie [bilaʀzi] n. f. Ver plathelminthe trématode (genre *Schistosoma*) vivant en parasite dans les vaisseaux de divers organes (reins, vessie, foie, rate, etc.) qu'il lèse, provoquant des hémorragies.

bilharziose [bilaʀzjoz] n. f. MED Maladie parasitaire provoquée par des bilharzies. Syn. schistosomiase.
ENCYCL Les principales espèces de bilharzies qui s'attaquent à l'homme sont : *Schistosoma haematobium,* responsable de la bilharziose vésicale, principale cause de l'hématurie, fréquente en Afrique; *Schistosoma mansoni,* responsable de la bilharziose intestinale, présente en Afrique et en Amérique centrale, notam. aux Antilles; *Schistosoma intercalatum,* à l'origine de la bilharziose rectosigmoïdienne, qui sévit en Afrique équatoriale; *Schistosoma japonicum,* responsable de la bilharziose artéroveineuse, la plus grave, fréquente en Asie du S.-E. et en Extrême-Orient. Les larves, dont l'hôte intermédiaire est un mollusque aquatique, infestent l'homme par voie cutanée lors de baignades en eau douce.

biliaire [biljɛʀ] adj. Qui a rapport à la bile. *Calculs biliaires.* ▷ Qui produit ou conduit la bile. *Vésicule biliaire.*

bilieux, euse [biljø, øz] adj. (et n. f.) **1.** Qui a rapport à la bile, qui résulte de l'abondance de bile. ▷ n. f. *Bilieuse* ou *fièvre bilieuse hémoglobinurique :* accès grave de paludisme accompagné d'émission de sang dans les urines. **2.** Fig. D'un tempérament coléreux et anxieux.

biligenèse [biliʒənɛz] n. f. PHYSIOL Synthèse des sels et des pigments biliaires.

bilingue [bilɛ̃g] adj. **1.** Écrit en deux langues différentes. *Un dictionnaire bilingue.* **2.** Qui connaît, parle deux langues. *Une secrétaire bilingue.* ▷ *Par méton.* Où l'on parle deux langues. *La Belgique et le Canada sont des pays bilingues.*

bilinguisme [bilɛ̃gɥism] n. m. **1.** Situation linguistique dans laquelle un individu utilise alternativement, selon les lieux ou les circonstances, deux langues différentes. **2.** Situation linguistique d'un pays ou d'une région où l'on utilise deux langues différentes. **3.** Ensemble des lois et règlements qui assurent à deux langues différentes un statut officiel.
ENCYCL La plupart des États connaissent, avec de nombreuses nuances, une situation linguistique où deux langues sont utilisées alternativement selon les milieux ou les situations. Aussi, des questions linguistiques, psychologiques, économiques, politiques et culturelles peuvent se poser aux citoyens de ces États. Les situations varient en fonction du statut des locuteurs et de celui des langues. Ainsi, un groupe peut utiliser une langue dans les relations au sein de ce groupe, et une autre langue dans d'autres situations de communication; tel est le cas de nombreux États africains où des langues ou dialectes sont utilisés à l'intérieur de la même ethnie ou lors de circonstances particulières, en famille, au marché, etc., où le français est la langue institutionnalisée; c'est également le cas dans la plupart des zones bordant un pays ou une région qui utilisent une autre langue. Dans les cas où l'une des deux langues a un statut social ou politique inférieur, on parle de diglossie*. Le bilinguisme inclut également la tendance à promouvoir, par l'enseignement généralisé ou d'autres mesures incitatives (bourses, subventions à des institutions culturelles, etc.), l'usage courant d'une langue autre que la langue maternelle. L'étude des situations de bilinguisme fait aujourd'hui l'objet d'analyses linguistiques approfondies. Celles-ci portent notamment sur la description des changements structurels qui s'opèrent dans une langue à la suite de ses contacts avec la ou les autres langues également utilisées et sur les stratégies qu'entraîne l'emploi alterné de deux langues dans le discours de deux locuteurs bilingues (*discours métissé*). L'étude des représentations sociales et symboliques qu'ont de ces langues les membres d'une communauté linguistique donnée constitue un aspect important de la sociolinguistique*. On peut considérer qu'un locuteur de deux langues (ou même d'un nombre supérieur à deux : V. plurilinguisme) appartient à des titres divers à plusieurs communautés linguistiques. Les langues qu'il utilise répondant pour lui à des besoins de communication différents, on parle alors de *bilinguisme fonctionnel* et l'on cherche à faire en sorte que l'acquisition et l'utilisation de ces langues constituent pour lui un enrichissement de sa personnalité. Les États bilingues doivent se livrer à l'aménagement linguistique (V. encycl. linguistique) des langues en présence (langues véhiculaires ou vernaculaires), à leur instrumentalisation* en vue de leur enseignement (*didactique des langues*), déterminer la politique à adopter concernant la reconnaissance officielle de certaines langues et fixer leurs fonctions institutionnelles (langues officielles, langues nationales, langues d'enseignement). Ces deux derniers points font le plus souvent l'objet de décrets officiels.

bilirubine [biliʀybin] n. f. BIOCHIM Pigment biliaire acide, jaune rougeâtre, provenant de la dégradation de l'hémoglobine des hématies.

Bill (Max) (1908 – 1994), architecte, peintre et sculpteur suisse; l'un des maîtres de l'abstraction géométrique dans la ligne constructiviste.

billard [bijaʀ] n. m. **1.** Jeu qui se joue avec des billes d'ivoire ou de plastique, que l'on frappe avec une queue, sur une table couverte d'un tapis de drap vert. *Une boule de billard. Faire une partie de billard* ou *un billard.* **2.** Table rectangulaire, recouverte d'un tapis de drap vert, sur laquelle on joue au billard. ▷ Fam. Table d'opération. *Passer sur le billard :* subir une opération chirurgicale. **3.** Salle où l'on joue au billard. **4.** *Billard américain, chinois, japonais, russe :* jeux où l'on cherche à placer des boules dans des cases ou des trous. **5.** *Billard électrique :* syn. de *flipper.*

1. bille [bij] n. f. **1.** Boule pour jouer au billard. **2.** Petite boule de pierre, de verre, d'acier, d'argile, avec laquelle jouent les enfants. *Les jeux de billes remontent à l'Antiquité.* Syn. (Madag., Maurice) canette. ▷ Loc. fig. *Bille en tête :* avec audace. – *Reprendre ses billes :* ne plus participer à une affaire. **3.** TECH *Roulement à billes :* organe de roulement muni de sphères métalliques qui réduisent le frottement d'un axe tournant. **4.** *Crayon, stylo à bille,* dont le bout est constitué d'une petite bille de métal en contact avec de l'encre très grasse. **5.** Fam. Tête, figure. *Une bille de clown,* comique.

2. bille [bij] n. f. Pièce de bois de toute la grosseur du tronc, destinée à être équarrie et débitée.

Bille (S. Corinna) (1912 – 1979), écrivain suisse de langue française; épouse de Maurice Chappaz. Ses nouvelles s'interrogent sur la condition féminine : *la Fraise noire* (1968), *la Demoiselle sauvage* (1974).

billet [bijɛ] n. m. **1.** Lettre très courte. – *Billet doux, galant :* lettre d'amour. – Lettre d'avis d'une naissance, d'un mariage, d'un décès. *Billet de faire-part.* **2.** Engagement écrit de payer une somme d'argent. *Négocier un billet.* – *Billet à ordre*.* **3.** *Billet de banque :* papier-monnaie. *Une liasse de billets de mille francs.* **4.** Petit papier imprimé servant de carte d'entrée ou de parcours. *Un billet de théâtre. Billet de faveur,* gratuit. *Billet de train, d'avion. Billet ouvert :* billet d'avion non daté. – *Billet de loterie :* bulletin portant un numéro permettant de participer au tirage d'une loterie. – (Québec) *Billet de saison :* abonnement (pour la saison de hockey, notam.). **5.** *Billet de logement,* qui autorise la réquisition d'un logis pour un militaire. **6.** Papier servant d'attestation. *Billet de santé :* certificat de conformité au règlement sanitaire, établi au nom d'un individu. ▷ Fig., fam. *Je vous fiche mon billet que... :* je vous garantis que...

billetage [bijtaʒ] n. m. (Afr. subsah.) Paiement des salaires en espèces.

billeteur [bijtœʀ] n. m. (Afr. subsah.) Agent chargé du billetage dans une administration ou une entreprise.

billette [bijɛt] n. f. **1.** Bois de chauffage scié et fendu. **2.** TECH Petite barre d'acier laminé.

billetterie [bijɛtʀi] n. f. **1.** Lieu où l'on vend ou distribue des billets. **2.** Conception, émission et délivrance des billets de transport. **3.** Distributeur de billets de banque auquel donne accès une carte magnétique individuelle.

billevesée [bilvəze; bijvəze] n. f. Chose, propos frivole.

billion [biljɔ̃] n. m. Un million de millions, soit mille milliards.

billon [bijɔ̃] n. m. AGRIC Talus formé entre deux sillons par la charrue. *Labour en billons.*

billonnage [bijɔnaʒ] n. m. AGRIC Action de billonner.

billonner [bijɔne] v. tr. [1] AGRIC Labourer en formant des billons.

billot [bijo] n. m. **1.** Bloc de bois posé verticalement et qui présente une surface plane à sa partie supérieure. Syn. (France rég., Suisse) plot. **2.** Pièce de bois sur laquelle le condamné à la décapitation posait la tête.

biloculaire [bilokylɛʀ] adj. ANAT Se dit d'une cavité naturelle divisée en deux. *Estomac, utérus biloculaire.*

biloko [biloko] n. m. (Afr. subsah.) Fam. En Afrique centrale, chose, truc. ▷ (Plur.) Effets personnels. *Prends tes bilokos et va-t-en!*

bimane [biman] adj. (et n.) Didac. Qui a deux mains à pouces opposables.

bimbachi [bimbaʃi] n. m. HIST Officier supérieur de l'armée ottomane.

bimbeloterie [bɛ̃blɔtʀi] n. f. **1.** Fabrication, commerce de bibelots. **2.** Ensemble de bibelots.

bimensuel, elle [bimɑ̃sɥɛl] adj. et n. m. Qui a lieu, qui paraît deux fois par mois. – *Une publication bimensuelle* ou, n. m., *un bimensuel.*

bimestre [bimɛstʀ] n. m. Didac. Durée de deux mois.

bimestriel, elle [bimɛstʀijɛl] adj. et n. m. Qui a lieu, qui paraît tous les deux mois. – n. m. Revue bimestrielle.

bimétallique [bimetalik] adj. **1.** ECON Qui a rapport au bimétallisme. **2.** Composé de deux métaux.

bimétallisme [bimetalism] n. m. ECON Système monétaire à double étalon, or et argent.

bimillénaire [bimil(l)enɛʀ] adj. et n. m. **1.** adj. Qui a deux mille ans. **2.** n. m. Deux millième anniversaire.

bimoteur [bimɔtœʀ] adj. (et n. m.) *Avion bimoteur,* muni de deux moteurs. ▷ n. m. *Un bimoteur.*

binage [binaʒ] n. m. AGRIC Action de biner.

binaire [binɛʀ] adj. **1.** CHIM Composé de deux éléments. *L'eau (H_2O) est un composé binaire.* **2.** MATH *Numération binaire :* numération à base deux, utilisant uniquement les chiffres 0 et 1. (En informatique, les deux états 1 et 0 correspondent au passage ou à l'interruption du courant électrique.) **3.** MUS *Rythme binaire,* à deux temps.

binational, ale, aux [binasjɔnal, o] adj. et n. **1.** Qui concerne deux nations. **2.** Qui possède deux nationalités. – Subst. *Les binationaux.*

binationalité [binasjɔnalite] n. f. Double nationalité.

binaural [binɔʀal] adj. V. biaural.

Binche, commune de Belgique (Hainaut); 34200 hab. – Célèbre carnaval. – Fortif. (XIIe s.); collégiale St-Ursmer (XIIe s.); hôtel de ville (XVe-XVIe s.); musée intern. du Carnaval.

Binchois (Gilles) (v. 1400 – 1460), compositeur franco-flamand du Hainaut (chansons et œuvres religieuses).

bine [bin] n. f. V. bean.

biner [bine] v. tr. [1] AGRIC **1.** Ameublir à la houe la couche superficielle du sol pour faciliter la croissance des plantes et la pénétration de l'eau. Syn. sarcler. **2.** Désherber à la binette ou à la houe.

binerie [binʀi] n. f. (Québec) Fam. **1.** Petit restaurant médiocre. **2.** Petit magasin bon marché.

Binet (Alfred) (1857 – 1911), médecin français, pionnier de la psychologie physiologique : le *test de Binet-Simon* fut le premier test d'intelligence (1905).

1. binette [binɛt] n. f. AGRIC Petite pioche à manche court et fer large et plat.

2. binette [binɛt] n. f. Fam. Visage.

bineuse [binøz] n. f. AGRIC Machine servant à effectuer les binages.

Binga (mont), point culminant du Mozambique (2436 m), à la frontière du Zimbabwe.

Binga ou **Babinga,** populations pygmées dispersées dans l'Afrique centrale (env. 250000 personnes).

bingo [bingo] n. m. (Québec) Jeu de hasard qui ressemble au loto, souvent organisé en vue d'amasser de l'argent pour des œuvres charitables.

Binh-Dinh, province du sud du Viêt-nam central. La ville de Binh-Dinh porte aujourd'hui le nom du port de Qui* Nhon, qui la prolonge. La région fut le centre du royaume champa à partir du XIe s. En 1471, les Chams y livrèrent leur dernière grande bataille contre les Vietnamiens qui, victorieux, continuèrent leur progression vers le Sud. En 1793, les Tay* Son y résistèrent face à l'armée de Nguyên Anh, le futur empereur Gia* Long.

Bini. V. Édo.

biniou [binju] n. m. Cornemuse bretonne.

binocle [binɔkl] n. m. **1.** Anc. Lorgnon. **2.** (Plur.) Plaisant Lunettes.

binoculaire [binɔkylɛʀ] adj. et n. f. **1.** adj. Relatif aux deux yeux. *Vision binoculaire.* **2.** adj. OPT Muni de deux oculaires. *Microscope binoculaire.* **3.** n. f. MILIT Jumelle d'observation.

binôme [binom] n. m. **1.** MATH Expression algébrique composée de la somme ou de la différence de deux monômes (ex. : $b^2 - 4a$). – *Binôme de Newton :* formule donnant la n[ième] puissance d'un binôme (ex. : $(x + a)^3 = x^3 + 3ax^2 + 3a^2x + a^3$). **2.** BIOL Ensemble des deux noms latins, de genre et d'espèce, désignant les espèces dans la nomenclature scientifique (ex. : *Canis familiaris,* le chien domestique).

binomial, ale, aux [binɔmjal, o] adj. MATH *Loi binomiale :* loi de probabilité se référant au binôme* de Newton.

Bintimane (pic), point culminant de l'Afrique occidentale (1948 m), dans le massif des monts Loma, à l'E. de la Sierra Leone.

bintje [bintʃ] n. f. Variété de pomme de terre à chair peu ferme.

binturong [bɛ̃tyʀɔ̃] n. m. ZOOL Mammifère carnivore arboricole des forêts de l'Asie du S.-E. (fam. viverridés).

bio-. Élément, du gr. *bios,* «vie».

bio [bjo] adj. inv. Fam. De fabrication biologique, naturelle; cultivé sans pesticide ni engrais chimique. *Du pain et un yaourt bio. Une orange bio.*

biocapteur [bjokaptœʀ] n. m. Capteur utilisé pour des phénomènes biologiques. *La réalité virtuelle utilise la technique des biocapteurs.*

biocarburant [bjokaʀbyʀɑ̃] n. m. Carburant de substitution d'origine végétale.

biocatalyseur [bjokatalizœʀ] n. m. BIOCHIM Composé chimique synthétisé par un être vivant, qui l'utilise pour catalyser une réaction de son métabolisme. *Les enzymes sont des biocatalyseurs.*

biocénose ou **biocœnose** [bjosenoz] n. f. BIOL Ensemble d'êtres vivants en équilibre biologique (les effectifs de chaque espèce restant constants dans le temps).

biochimie [bjoʃimi] n. f. Science qui étudie la structure chimique des êtres vivants et les phénomènes chimiques qui accompagnent les diverses manifestations de la vie.

biochimique [bjoʃimik] adj. Relatif à la biochimie.

biochimiste [bjoʃimist] n. Biologiste qui étudie la biochimie.

bioclimat [bjoklima] n. m. Didac. Ensemble des éléments du climat (d'une région) qui ont un effet sur la flore et la faune.

bioclimatologie [bjoklimatɔlɔʒi] n. f. BIOL Science qui étudie les effets des climats sur les êtres vivants.

Bioco ou **Bioko** (anc. *Fernando Poo* ou *Pó*), île volcanique de la Guinée équatoriale, près de la côte africaine, au fond du golfe de Guinée; 2017 km²; env. 100000 hab.; divisée en deux régions, celle du N., ch.-l. *Malabo,* celle du S., ch.-l. *Luba.* Le plus haut sommet excède 3000 m d'altitude. Cultures tropicales (café, cacao). – Elle fut découverte par les Portugais en 1470. Elle porta, de 1973 à 1979, le nom de *Macias Nguema.*

biocœnose [bjosenoz] n. f. V. biocénose.

biodégradable [bjodegʀadabl] adj. Qui peut subir une biodégradation. *Détergent biodégradable.*

biodégradation [bjodegʀadasjɔ̃] n. f. CHIM Processus selon lequel des composés chimiques sont détruits par des organismes vivants (micro-organismes, par ex.).

bioélectricité [bjoelɛktʀisite] n. f. Ensemble des phénomènes cellulaires mettant en jeu des différences de potentiel électrique entre deux milieux dont les concentrations ioniques sont différentes.

bioélectrique [bjoelɛktʀik] adj. Relatif à la bioélectricité. *La mort est la cessation des fonctions bioélectriques du cerveau.*

bioélectronique [bjoelɛktʀɔnik] n. f. et adj. Science qui associe l'électronique et la biologie. ▷ adj. *Des processeurs bioélectroniques.*

bioélément [bjoelemɑ̃] n. m. BIOCHIM Élément chimique constitutif de la matière vivante.

bioénergétique [bjoenɛʀʒetik] adj. et n. f. BIOL **1.** adj. Dont les êtres vivants tirent de l'énergie. *Les sucres sont bioénergétiques.* **2.** n. f. Partie de la biochimie qui étudie les transformations que les êtres vivants font subir aux différentes formes d'énergie (lumière, chaleur, etc.).

bioénergie [bjoenɛʀʒi] n. f. Didac. **1.** Énergie tirée de la biomasse. **2.** Énergie produite par les tissus vivants. ▷ PSYCHO Ensemble de l'énergie somatique et mentale sur lequel s'appuient certaines méthodes à visée thérapeutique.

bio-éthanol [bioeanɔl] n. m. TECH Éthanol obtenu à partir de produits agricoles.

bioéthique [bjoetik] n. f. Étude des préceptes moraux qui doivent présider aux pratiques médicales et biologiques concernant l'être humain.

biogaz [bjɔgaz] n. m. inv. Gaz combustible produit par fermentation anaérobie des déchets animaux et végétaux et des résidus urbains.
ENCYCL Le biogaz est constitué d'un mélange de méthane, de dioxyde de carbone, d'hydrogène, d'oxygène, d'azote, etc., dans des proportions qui varient avec les conditions de fermentation. Le méthane CH_4 constituant 50 à 80 % du biogaz, on nomme souvent celui-ci *biométhane* et la production (selon un mode continu ou discontinu), *biométhanisation*. Une *énergie renouvelable,* qui utilise des déchets végétaux et animaux, permet de satisfaire les besoins énergétiques de nombreux pays en voie de développement disposant d'une biomasse suffisante.

biogenèse [bjoʒənɛz] n. f. BIOL Théorie selon laquelle tout être vivant vient d'un être qui lui a donné naissance.

biogéographie [bjoʒeɔgʀafi] n. f. Étude de la répartition des êtres vivants à la surface du globe, en fonction du climat, de l'altitude, des sols, etc.

biographe [bjɔgʀaf] n. Auteur d'une biographie, de biographies. *André Maurois, biographe de Shelley et de Proust.*

biographie [bjɔgʀafi] n. f. Texte, livre retraçant la vie d'un individu.

biographique [bjɔgʀafik] adj. Qui a trait à la biographie. *Des renseignements biographiques.*

Bioko. V. Bioco.

bio-industrie [bjoɛ̃dystʀi] n. f. Industrie utilisant des processus de production biologiques. *Des bio-industries.*

biologie [bjɔlɔʒi] n. f. Science de la vie, des êtres vivants.
ENCYCL La biologie (de plus en plus souvent nommée *sciences de la vie* ou *biosciences*) traite de toutes les manifestations de l'état vivant, depuis la réaction biochimique jusqu'à la vie en société. Chaque aspect de la vie a donné naissance à une branche particulière de la biologie : biochimie, cytologie, histologie, physiologie, etc., ainsi que botanique, zoologie, etc., génétique, immunologie, etc., qui ont leurs buts, leurs méthodes et leurs techniques propres.

biologique [bjɔlɔʒik] adj. **1.** Relatif à la biologie. **2.** Propre à l'état vivant. *La reproduction est une fonction biologique.*

biologiste [bjɔlɔʒist] n. **1.** Spécialiste de l'étude de la vie, des êtres vivants. **2.** Professionnel qui met en œuvre les méthodes et les techniques de la biologie (la biochimie, partic.) au service de la médecine.

bioluminescence [bjolyminesɑ̃s] n. f. BIOL Émission de lumière provenant de certains êtres vivants (bactéries, insectes, poissons, etc.).

biomasse [bjomas] n. f. BIOL Masse de l'ensemble des organismes vivant dans un biotope délimité.
ENCYCL On sait mesurer la *biomasse annuelle,* taux d'accroissement de la biomasse, ainsi que son *taux de renouvellement,* qui informe davantage sur l'*évolution* des biotopes. Celle-ci varie selon le climat et l'environnement. La biomasse constitue une source *énergétique.* C'est le cas pour les bois des forêts naturelles, pour les plantations (betterave, canne à sucre, sorgho, tournesol, etc.), mais aussi pour les déchets agricoles, le fumier, etc. ou encore pour les cultures aquatiques (jacinthe d'eau, certaines algues). La transformation de la biomasse à des fins énergétiques représente un enjeu capital au niveau mondial. Les techniques utilisées peuvent être *thermochimiques* (utilisation de la chaleur) ou *biologiques* (fermentation, distillation...). La fermentation en vue de la production de méthane (V. biogaz) ou de compost est particulièrement adaptée à la biomasse humide. Elle exige l'installation de digesteurs. Cette technique est singulièrement apte à répondre aux besoins en énergie des pays en développement. Elle est exploitée en Afrique, à Madagascar, au Viêt-nam, en Inde et en Chine.

biomatériau [bjomateʀjo] n. m. MED Matériau naturel (corail, par ex.) ou de synthèse (téflon, notam.) non rejeté par l'organisme humain et sans effet secondaire fâcheux. *La chirurgie plastique utilise des biomatériaux.*

biome [bjom] n. m. BIOL Ensemble écologique présentant une grande uniformité sur une vaste surface (savane africaine, dunes littorales, forêt équatoriale, toundra, etc.).

biomécanique [bjomekanik] n. f. Mécanique du vivant.

biomédical, ale, aux [bjomedikal, o] adj. Qui concerne la biologie et la médecine. – *Génie biomédical :* art de construire des appareils au service de la biologie et de la médecine.

biométrie [bjometʀi] n. f. BIOL Partie de la biologie qui étudie le vivant par les méthodes statistiques.

bionique [bjɔnik] n. f. BIOL Science qui étudie les phénomènes et les mécanismes biologiques en vue de leurs applications industrielles. (Ainsi, l'hélicoptère a été inspiré par le vol de certains insectes, le sonar par le système d'ultrasons dont dispose la chauve-souris, etc.)

biophysique [bjofisik] n. f. BIOL Science biologique qui applique les méthodes et les techniques de la physique à l'étude des êtres vivants.

biopsie [bjɔpsi] n. f. MED Prélèvement d'un fragment de tissu sur un être vivant, aux fins d'examen histologique.

biorythme [bjoʀitm] n. m. Selon certaines théories, variation périodique régulière du niveau d'énergie et de performance d'un individu sur les plans physique, psychique, intellectuel. ▷ Rythme biologique (d'un individu), déterminé par les variations de son propre organisme et celles de son environnement.

biosciences [bjosjɑ̃s] n. f. plur. Ensemble des sciences concernant la vie.

biosphère [bjosfɛʀ] n. f. Partie de l'écorce terrestre et de l'atmosphère où il existe une vie organique.

biosynthèse [bjosɛ̃tɛz] n. f. BIOCHIM Synthèse de composés organiques par un être vivant.

biotechnologie [bjotɛknɔlɔʒi] n. f. Ensemble des procédés et techniques utilisant des processus biologiques à des fins industrielles : en agriculture (cultures sans sol, amélioration génétique et adaptation des espèces, aquaculture, etc.), dans l'industrie alimentaire et pharmaceutique (fermentations, conservation, génie génétique, bionique, diététique).

biotique [bjɔtik] adj. BIOL **1.** Qui a pour origine un être vivant. **2.** Qui permet le développement d'êtres vivants. *Un milieu biotique.*

biotope [bjɔtɔp] n. m. BIOL Aire géographique où les facteurs écologiques gardent des valeurs à peu près constantes, qui permettent le développement de telle ou telle espèce.

biotype [bjɔtip] n. m. BIOL Ensemble de caractères permettant une classification des êtres humains.

biotypologie [bjotipɔlɔʒi] n. f. ANTHROP Étude des types morphologiques ou constitutionnels humains.

bioxyde [bjɔksid] n. m. CHIM Oxyde qui renferme deux fois plus d'oxygène que l'oxyde le moins oxygéné du même corps.

bip [bip] ou **blip** [blip] loc. verb. (Antilles fr.) *Être bip* (Guad.), *être blip* (Mart.) : être peu raffiné, sans finesse. Syn. (Guad.) grosso-modo.

biparti, ie [bipaʀti] ou **bipartite** [bipaʀtit] adj. **1.** Divisé en deux parties. **2.** Composé par l'union de deux partis politiques. *Un gouvernement bipartite.*

bipartisme [bipaʀtism] n. m. Régime politique où deux partis gouvernent, ensemble ou tour à tour.

bipartition [bipaʀtisjɔ̃] n. m. Division en deux parties.

bip-bip [bipbip] n. m. Signal acoustique basé sur la répétition d'émissions sonores brèves et identiques. *Des bips-bips.*

bipède [bipɛd] adj. et n. m. **1.** adj. Qui marche sur deux pieds. *Un animal bipède.* – n. m. *L'être humain est un bipède.* **2.** n. m. Deux des jambes d'un cheval. *Bipède antérieur, postérieur, latéral, diagonal.*

bipenne [bipɛn] ou **bipenné, ée** [bipene] adj. **1.** ZOOL Qui a deux ailes. **2.** BOT Se dit d'une feuille composée pennée dont les folioles sont divisées.

biphasé, ée [bifaze] adj. et n. m. ELECTR Se dit d'un système de courants résultant de la superposition de deux courants monophasés, déphasés d'un quart de période.

biplace [biplas] adj. et n. m. À deux places. – n. m. *Un biplace.*

biplan [biplɑ̃] n. m. (et adj.) Avion dont les ailes sont formées de deux plans superposés.

bipolaire [bipɔlɛʀ] adj. **1.** PHYS Qui a deux pôles. **2.** MATH *Système de coordonnées bipolaires,* dans lequel la position d'un point dans un plan est définie par ses distances à deux points fixes. **3.** BIOL *Neurone bipolaire,* qui a son axone et une dendrite.

bipolarisation [bipɔlaʀizasjɔ̃] n. f. POLIT Tendance des courants politiques à se rassembler en deux blocs opposés.

bipolarité [bipɔlaʀite] n. f. **1.** PHYS État d'un corps qui a deux pôles magnétiques, électriques, etc. **2.** BIOL *Bipolarité d'un neurone,* son caractère bipolaire.

bique [bik] n. f. **1.** Fam. Chèvre. **2.** Fam., péjor. *Une vieille bique :* une vieille femme désagréable.

biquet, ette [bikɛ, ɛt] n. Fam. **1.** n. m. Petit de la chèvre. **2.** n. f. Jeune chèvre.

bircher [biʀʃe] n. m. (Suisse) CUIS Mélange de céréales et de fruits apprêté avec du lait ou du yaourt; muesli.

BIRD, acronyme pour *Banque internationale pour la reconstruction et le développement,* appelée aussi *Banque mondiale.* Cette institution bancaire, créée en 1946, siège à Washington.

biréacteur [biʀeaktœʀ] adj. (et n. m.) AVIAT Qui comporte deux réacteurs.

biréfringence [biʀefʀɛ̃ʒɑ̃s] n. f. PHYS Propriété des corps biréfringents.

biréfringent, ente [biʀefʀɛ̃ʒɑ̃, ɑ̃t] adj. PHYS Se dit d'un cristal qui produit une double réfraction d'un rayon lumineux, parce que ses propriétés varient suivant les directions.

Bir Hakeim, local. de Libye, au S. de Tobrouk, où les forces françaises dirigées par Kœnig résistèrent victorieusement aux troupes allemandes de Rommel (27 mai-11 juin 1942).

birman, ane [biʀmɑ̃, an] adj. et n. **1.** adj. De Birmanie. – Subst. *Un(e) Birman(e).* **2.** n. m. Langue du groupe tibéto-birman parlée en Birmanie.

Birmanie (*Union de Myanma* ou *Myanmar* dep. 1989), le plus occidental des États de l'Asie du S.-E., entre l'Inde et le Bangladesh à l'O., la Chine au N., le Laos et la Thaïlande à l'E.; 678033 km^2; 40800000 hab. (croissance : 2 % par an); capitale *Rangoon* (*Yangoun* dep. 1989). Nature de l'État : structure fédérale, parti unique. Langue off. : birman. Monnaie : kyat. Pop. : Birmans (75 %), minorités ethniques. Religions : bouddhisme (85 %), christianisme (10 %) et islam (4 %).
Géogr. phys. et hum. – Le cœur du pays est la dépression centrale, densément peuplée (Birmans d'origine mongolo-tibétaine); elle est drainée par l'Irrawady, navigable sur 1600 km, qui se termine par un puissant delta. Le plateau Shan, à l'E., et le pourtour montagneux du pays sont des régions de forêts peu pénétrables, où vivent de nombr. minorités souvent en rébellion : Karens, Shans, Kachins, Shins, Môns. Le climat tropical de mousson se dégrade au N. et en altitude. La population est rurale à 75 %.
Écon. – Le riz, base de l'alimentation, est la première culture du pays. Autres ressources : hévéa, canne à sucre, coton, sésame, teck (1er producteur mondial), un peu de pétrole et de gaz, quelques produits miniers (plomb, cuivre, zinc, étain, tungstène, argent). La culture du pavot, dans le Triangle* d'or (plateau Shan), fait de la Birmanie le 1er producteur mondial d'opium. Le socialisme autoritaire et autarcique instauré en 1962 a développé pénurie et corruption. La Birmanie fait partie des pays les moins avancés.
Hist. – De multiples petits royaumes (Pyu, Môn, Pagan) se disputèrent au cours des siècles la plaine centrale et la prééminence politique. Les Brit., au cours de trois guerres, conquirent le pays, qu'ils annexèrent à l'empire des Indes (1886). Ils en firent une colonie séparée en 1937, reconquise après l'occupation japonaise (1942-1945). U Nu, l'un des artisans de l'indépendance en 1948, Premier ministre (bouddhiste et neutraliste) jusqu'en 1962, fut renversé par le général Ne Win. Celui-ci démissionna en 1981 mais resta maître du parti unique qui imposa un socialisme national. Un mouvement populaire l'écarta en 1988, mais les militaires continuèrent d'exercer la dictature. Au nom des opposants, Mme Aung San Suu Kyi reçut le prix Nobel de la paix en 1991. À la fin de cette même année, la rébellion et l'exode des populations musulmanes de l'Arakan, État fédéré birman à la frontière du Bangladesh, créaient une tension entre les deux pays. En 1995, la junte a relâché sa pression. Mais, libérée, Mme Aung San Suu Kyi a dénoncé de nouvelles exactions, alors que les milieux d'affaires internationaux vantent l'ouverture du pays, qui depuis 1993 connaît une bonne croissance.

Birmingham, v. de G.-B., ch.-l. des Midlands de l'Ouest; 934900 hab. Grand centre industr. dès le XVIIIe s. (bassin houiller, auj. en déclin).

Birmingham, ville des États-Unis (Alabama), au sud des Appalaches; 265900 hab. Import. centre industr., près de mines de fer et de charbon.

Biruni (Abu-r-Rayhan Al-) *(Abū r-Rayhān al-Bīrūnī)* (973 - 1048), savant arabe, d'origine iranienne.

bis-. V. bi-.

1. bis, bise [bi, biz] adj. Gris tirant sur le brun. *Du pain bis. Une toile bise.*

2. bis [bis] interj., adv. et n. m. **1.** interj. Une seconde fois. (S'emploie pour obtenir que l'on répète ce que l'on vient de dire, de faire, de chanter ou de jouer.) *Le public ravi criait «bis!».* ▷ n. m. *Un bis. La cantatrice a donné en bis un air d'Aïda.* **2.** adv. Indique que le même numéro est répété. *Habiter le 9 bis, rue Saint-Jacques, à Paris.*

Bisa, ethnie du centre-E du Burkina Faso (env. 120000 personnes). Ils parlent une langue nigéro-congolaise du groupe mandé.

bisaïeul, eule [bizajœl] n. Litt. Arrière-grand-père, arrière-grand-mère. *Des bisaïeuls.*

bisannuel, elle [bizanɥɛl] adj. **1.** Qui a lieu tous les deux ans. *Une foire bisannuelle.* **2.** Se dit d'une plante dont le cycle évolutif dure deux ans.

bisbille [bizbij] n. f. Fam. Petite querelle pour des motifs futiles. *Ils sont en bisbille depuis longtemps.*

Biscaye (en esp. *Vizcaya*), une des prov. basques d'Espagne; 2217 km^2; 1184040 hab.; ch.-l. *Bilbao.* Mines de fer. – Rattachée à la Castille en 1379. V. Guernica.

biscôme [biskom] n. m. (Suisse) Sorte de pain d'épice.

biscornu, ue [biskɔʀny] adj. **1.** Qui a une forme irrégulière. *Une maison biscornue.* **2.** Fig., fam. Surprenant, extravagant. *Quelle idée biscornue!*

biscotte [biskɔt] n. f. Tranche de pain de mie recuite au four.

biscuit [biskɥi] n. m. **I. 1.** Pain en forme de galette, qui peut se conserver longtemps. *Biscuit de soldat.* **2.** Gâteau sec. *Une boîte de petits biscuits.* **3.** Pâtisserie à pâte légère, de consistance molle. *Biscuit de Savoie.* ▷ (Québec) *Biscuit soda :* biscuit salé qui accompagne la soupe, les hors-d'œuvre. **II.** Porcelaine qui a subi deux cuissons et qu'on laisse dans son blanc mat, sans peinture. *Une figurine en biscuit.*

biscuiterie [biskɥitʀi] n. f. Fabrique de biscuits, de gâteaux.

1. bise [biz] n. f. Vent de nord à nord-est, sec et froid.

2. bise [biz] n. f. Fam. Baiser. *Faire la bise :* donner un baiser.

biseau [bizo] n. m. **1.** Bord, extrémité, coupé en biais, en oblique. *Une glace taillée en biseau.* **2.** Outil à tranchant en biseau. **3.** MUS Bec de l'embouchure de certains instruments. – Partie terminale d'un tuyau d'orgue.

biseautage [bizotaʒ] n. m. Action de tailler en biseau.

biseauter [bizote] v. tr. [1] **1.** Tailler en biseau. – Pp. adj. *Une glace biseautée.* **2.** *Biseauter des cartes,* leur faire une marque en biais, pour pouvoir les reconnaître et tricher.

biset [bizɛ] n. m. ORNITH Pigeon sauvage *(Columba livia),* dit *pigeon de roche,* au plumage gris ardoise avec un croupion blanc et des pattes rouges, souche de nombreuses races domestiques et du pigeon des villes.

bisexualité [bisɛksɥalite] n. f. **1.** BIOL État des organismes bisexués. **2.** PSYCHAN Caractère bisexuel des tendances psychiques, constitutionnel chez l'être humain.

bisexué, ée [bisɛksɥe] adj. BIOL Qui possède des organes sexuels mâles et femelles. *Fleur bisexuée.*

bisexuel, elle [bisɛksɥɛl] adj. **1.** Qui concerne les deux sexes chez l'être humain. **2.** Qui est à la fois hétérosexuel et homosexuel.

bisingue ou **bizingue** [bizɛ̃gə] loc. adv. (Suisse) De travers.

Biskra, Biskrah ou **Beskra,** v. d'Algérie, au S. du massif des Aurès, dans une grande oasis; 128920 hab.; ch.-l. de la wilaya du m. nom.

Biskra (révolte de), révolte dirigée par le colonel algérien Chaabani contre le gouv. de Ben Bella, qui la terrassa (juil. 1964).

bislama [bislama] n. m. V. bichelamar.

Bismarck (archipel), îles rattachées à la Papouasie-Nouvelle-Guinée; 400000 hab.; v. princ. *Rabaul* (île de la Nouvelle-Bretagne). – Colonie allemande de 1885 à 1914, sous tutelle australienne de 1921 à 1975. – L'une des plus importantes zones d'expansion artistique de la Mélanésie : masques, «malanggans» (mâts de bois polychromes taillés en ronde bosse), «uli» (petites figurines ou grandes effigies)

Bismarck (Otto, prince von) (1815 - 1898), homme politique prussien. Président du Conseil en 1863, il donna à la Prusse des moyens de lutte (finances, armée), annexa les duchés danois (1864) et, grâce à la victoire de Sadowa (1866), élimina l'Autriche de la Confédération germanique, dont les États septent. formèrent la Confédération de l'Allemagne du N., sous autorité prussienne. Il chercha alors la guerre avec la France (1870-1871) et la victoire acheva l'unité allemande. Chancelier de l'empire proclamé à Versailles en 1871, il réduisit les particularismes, fit voter d'importantes mesures sociales en réponse à l'agitation socialiste, instaura un protectionnisme écon. et fit acquérir à l'Empire ses premières colonies. Contre la France, il noua en 1872 l'Entente des trois empereurs (Allemagne, Autriche, Russie) et en 1884 la Triple-Alliance, avec l'Autriche et l'Italie. En 1890, le nouvel empereur (1888), Guillaume II, exigea sa démission.

bismuth [bismyt] n. m. Élément (symbole Bi) de numéro atomique Z = 83. – Corps simple (Bi) qui sert à fabriquer des alliages très fusibles. (Certains de ses composés ont été utilisés pour soigner les infections intestinales.)

bison [bizɔ̃] n. m. Grand bovidé sauvage (1,80 m au garrot), bossu, à collier laineux. (Deux espèces autref. très fréquentes, l'une en Amérique du Nord, et l'autre en Europe centrale, sont réduites à quelques centaines de représentants, confinés dans des parcs.)

bisou [bizu] n. m. Fam. (langage enfantin) Baiser. (V. baise, bec, bécot.)

bisque [bisk] n. f. Potage fait d'un coulis de crustacés ou de volaille.

bisquer [biske] v. intr. [1] Fam. Éprouver du dépit. *Faire bisquer quelqu'un.*

Bissagos (îles), archipel de la Guinée-Bissau (alt. max. 300 m), qui comprend plus de 80 îles dont 15 seulement sont habitées; 1 500 km^2; 29 700 hab. Les princ. îles sont : Bolama, Caravela, Formosa, Orango, Roxa, Bubaque.

Bissandougou, loc. de Guinée, au S. de Kankan. – *Traité de Bissandougou :* traité par lequel la France réduisit l'empire de Samory Touré, dans le haut Niger (1887).

bissap [bisap] n. m. (Afr. subsah.) En Afrique occid., variété d'hibiscus (*Hibiscus sabdarifla*), cultivée pour ses feuilles et ses sépales verts ou rouges, utilisés dans l'alimentation et la médecine traditionnelle. *Jus, sirop de bissap.* Syn. oseille de Guinée.

Bissau, cap. et port de la Guinée-Bissau, sur l'estuaire du fleuve Geba; 140 000 hab. Centre comm. : arachide, huile de palme, pâte à papier. Aéroport international.

bissauguinéen, enne [bisaoginеɛ̃, ɛn] adj. et n. De Guinée-Bissau. ▷ Subst. *Un(e) Bissauguinéen(ne).*

bisse [bis] n. m. (Suisse) Dans le Valais, canal d'irrigation.

bissecteur, trice [bisɛktœʀ, tʀis] adj. et n. f. GEOM **1.** adj. Qui partage en deux parties égales. **2.** n. f. Demi-droite qui partage un angle en deux parties égales.

bissection [bisɛksjɔ̃] n. f. GEOM Division géométrique en deux parties égales.

bissel [bisɛl] n. m. TECH Essieu porteur d'une locomotive, pouvant pivoter autour d'un axe vertical.

bisser [bise] v. tr. [1] **1.** Solliciter (un artiste) par des applaudissements, des acclamations, pour qu'il rejoue un morceau de musique, redonne une tirade, etc. *Bisser une cantatrice.* ▷ *Bisser un morceau,* le jouer une deuxième fois. **2.** (Belgique) Redoubler. – (Employé absol.) *Quand l'échec est grave en juillet, on est sûr de bisser.*

bisseur, euse [bisœʀ, øz] n. (Belgique) Redoublant, redoublante.

bissextile [bisɛkstil] adj. f. Se dit de l'année de 366 jours, qui revient tous les quatre ans (février a alors 29 jours), sauf les années centenaires.

bistouri [bistuʀi] n. m. **1.** Instrument de chirurgie composé d'une lame tranchante fixe ou mobile sur un manche. *Bistouri électrique. Bistouri laser.* ▷ Loc. fig. *Donner un coup de bistouri :* employer des solutions radicales. **2.** (Guyane) Passage entre les rapides d'un fleuve, d'une rivière.

bistournage [bistuʀnaʒ] n. m. Procédé de castration des animaux domestiques par torsion des cordons testiculaires.

bistourner [bistuʀne] v. tr. [1] **1.** Tourner, courber un objet dans un sens contraire au sens naturel pour le déformer. **2.** Castrer (un animal) par le procédé du bistournage.

bistre [bistʀ] n. m. et adj. **1.** n. m. Couleur qui est intermédiaire entre le brun et le jaune rouille. **2.** adj. inv. *Teinte bistre.*

bistrer [bistʀe] v. tr. [1] Donner la couleur bistre à.

Bistrita (la), rivière de Roumanie (290 km), principal affluent du Siret. Elle coule dans les Carpates orientales. Centrales hydroélectriques (500 MWh) sur son cours inférieur.

bistro(t) [bistʀo] n. m. Fam. Café, petit bar. ▷ *Style bistro(t) :* se dit de mobilier, de vaisselle rappelant ceux des bistrots du début du XXe siècle.

bisulfate [bisylfat] n. m. CHIM Sulfate acide dérivant de l'acide sulfurique et renfermant un atome d'hydrogène.

bisulfite [bisylfit] n. m. CHIM Sulfite acide dérivant de l'acide sulfureux et renfermant un atome d'hydrogène.

bisulfure [bisylfyʀ] n. m. CHIM Sulfure acide dérivant de l'acide sulfhydrique SH_2.

bit [bit] n. m. INFORM Unité de la numération binaire (0 ou 1).

B.I.T. Sigle de *Bureau international du travail,* organisme qui constitue le secrétariat permanent de l'Organisation* internationale du travail.

bitension [bitɑ̃sjɔ̃] adj. inv. *Appareil électrique bitension,* qui peut fonctionner sous deux tensions différentes.

Bithynie, anc. royaume du N.-O. de l'Asie Mineure, légué aux Romains par son souverain Nicomède III (75 av. J.-C.). Villes princ. : *Nicée, Nicomédie.*

bitis [bitis] n. f. ZOOL Grosse vipère d'Afrique tropicale (long. jusqu'à 1,80 m, largeur jusqu'à 14 cm) à tête triangulaire munie de grands crochets venimeux (jusqu'à 5 cm), très dangereuse. (L'espèce princ., *Bitis arietans,* est cour. appelée *vipère heurtante.*)

1. bitte [bit] n. f. MAR Borne d'amarrage placée sur un quai.

2. bit(t)e [bit] n. f. Vulg. Pénis.

bitter [bitɛʀ] n. m. Boisson alcoolisée ou non, au goût amer, fabriquée avec du genièvre.

bitu [bity] adj. inv. (Belgique) Arg. (des écoles) Ivre.

bit(t)ure [bityʀ] n. f. **1.** MAR Partie du câblot ou de la chaîne d'une ancre, disposée à plat sur le pont pour filer librement quand on mouille. **2.** Fig., fam. (Arg. en Belgique) Ivresse. Syn. cuite. – *Prendre une biture :* s'enivrer.

bitumage [bitymaʒ] n. m. Action de bitumer.

bitume [bitym] n. m. **1.** GEOL Roche sédimentaire noirâtre ou brunâtre plus ou moins visqueuse, imprégnant des roches poreuses (roches magasins) et qui, mélangée à du calcaire concassé, fournit l'asphalte artificiel. **2.** PETROCHIM Résidu de distillation sous vide du fuel-oil, ayant la même utilisation que le bitume naturel. **3.** Fam. *Le bitume :* le sol des rues.

bitumer [bityme] v. tr. [1] Revêtir de bitume. *Bitumer un trottoir.*

bitumineux, euse [bityminø, øz] adj. TECH Qui contient du bitume. *Sables bitumineux. – Schistes bitumineux,* dont on tire une huile aux caractéristiques voisines de celles du pétrole.

biture [bityʀ] n. f. V. bitture.

biunivoque [biynivɔk] adj. MATH *Correspondance biunivoque,* telle qu'à un élément d'un premier ensemble correspond un seul élément d'un second ensemble et réciproquement.

bivalence [bivalɑ̃s] n. f. CHIM Propriété d'un corps possédant la valence 2. *La bivalence de l'oxygène dans H_2O.*

bivalent, ente [bivalɑ̃, ɑ̃t] adj. CHIM Qui possède la valence 2.

bivalve [bivalv] adj. et n. m. ZOOL Qui a une coquille constituée de deux parties mobiles jointes par une charnière. ▷ n. m. pl. Classe de mollusques ayant une telle coquille (ex. : huître, moule).

bivitellin, ine [bivitelɛ̃, in] adj. BIOL *Jumeaux bivitellins,* provenant de la fécondation de deux ovules différents («faux jumeaux»). Syn. dizygote.

bivouac [bivwak] n. m. Campement temporaire en plein air (militaires, alpinistes, etc.).

bivouaquer [bivwake] v. intr. [1] Camper dans un bivouac.

Biya (Paul) (né en 1933), homme politique camerounais. En nov. 1982, il remplaça à la tête de l'État A. Ahidjo, démissionnaire. En 1984, il fut élu président de la République et réélu en 1987 et en 1992.

bizarre [bizaʀ] adj. (et n. m.) **1.** adj. Étrange, singulier et surprenant. *Un accoutrement bizarre.* ▷ n. m. Ce qui est étrange. *Avoir un goût marqué pour le bizarre.* **2.** Fantasque, capricieux.

bizarrement [bizaʀmɑ̃] adv. D'une façon bizarre.

bizarrerie [bizaʀʀi] n. f. **1.** Caractère de ce qui est bizarre. *La bizarrerie des modes.* **2.** Caractère d'une personne qui se montre bizarre (sens 2). **3.** Action, chose bizarre. *Les bizarreries de l'orthographe.*

bizarroïde [bizaʀɔid] adj. Fam. Insolite, étrange.

Bizerte, port de Tunisie, au débouché du *lac de Bizerte,* relié à la Médit. par un canal; 94 510 hab.; ch.-l. du gouvernorat du m. nom. Raff. de pétrole. Pêcheries, cimenterie. – Médina, fort espagnol. Plages. – Base navale, française de 1882 (date de sa création) à 1963.

Bizet (Georges) (1838 – 1875), compositeur français. Charme mélodique et brio de l'instrumentation caractérisent la *Symphonie en ut* (1855), *les Pêcheurs de perles* (opéra, 1863), *l'Arlésienne* (1872), *Carmen* (opéra-comique, 1875).

bizingue [bizɛ̃gə] loc. adv. V. bisingue.

bizut(h) [bizy(t)] n. m. **1.** Arg. (des écoles) Élève de première année dans une classe préparatoire aux grandes écoles ou à l'université. **2.** *Par ext.* Élève, soldat nouvellement arrivé.

bizutage [bizytaʒ] n. m. Arg. (des écoles) Action de bizuter.

bizuter [bizyte] v. tr. [**1**] Arg. (des écoles) Faire subir les brimades traditionnelles à (un, des bizuts).

Björnson (Björnstjerne) (1832 – 1910), écrivain norvégien. Ses contes, romans, poèmes et drames magnifient son peuple : *Une faillite* (1875), *Au-delà des forces humaines I et II* (1883 et 1895). P. Nobel 1903.

blabla [blabla] n. m. Fam. Verbiage, bavardage vide de sens.

black [blak] n. et adj. Fam. *Un(e) Black :* une personne de race noire. ▷ adj. *Une musique black.*

black-bass [blakbas] n. m. inv. Poisson perciforme (*Micropterus salmoides*) carnivore, très vorace, atteignant 35 cm, originaire d'Amérique du Nord et acclimaté dans les eaux douces européennes.

blackbouler [blakbule] v. tr. [**1**] Faire échouer lors d'une élection.

Black Muslims (mots angl. signif. «musulmans noirs»), groupe fondé v. 1930 par des Noirs américains qui voyaient dans l'islam l'adversaire le plus radical du «pouvoir blanc», chrétien. Le mouvement se radicalisa sous la conduite de Malcolm* X, assassiné en 1965.

black-out [blakaut] n. m. inv. (Anglicisme) **1.** Suppression de toute lumière extérieure, pour éviter qu'un objectif soit repéré par l'ennemi. **2.** Fig. *Faire le black-out sur :* garder le secret à propos de.

Black Panthers (mots anglais signif. «panthères noires»), groupe fondé en 1966 par des Noirs américains qui voulaient répondre au «pouvoir blanc» par le «pouvoir noir» (*black power*).

black-rot [blakʀɔt] n. m. AGRIC Maladie due à un champignon, qui atteint différentes plantes, dont la patate douce et la vigne. *Des black-rots.*

blafard, arde [blafaʀ, aʀd] adj. D'une couleur pâle, terne. *Teint blafard. Les lueurs blafardes de l'aube.*

Blaga (Lucian) (1895 – 1961), poète, philosophe et dramaturge roumain. Il poursuit à travers ses ouvrages philosophiques, *Trilogie de la connaissance* (1931-1934) et *Trilogie de la culture* (1936-1937), ses recueils de poèmes, *les Pas du Prophète* (1921), *le Partage des eaux* (1933), *les Marches insoupçonnées* (1943) et ses pièces de théâtre, sa méditation sur la spiritualité roumaine et le «mystère du monde».

1. blague [blag] n. f. Petit sac, pochette pour le tabac.

2. blague [blag] n. f. **1.** Fig., fam. Histoire inventée pour mystifier quelqu'un. *Raconter des blagues.* – Fam. *Sans blague!* Interjection employée à l'annonce d'une chose qui paraît incroyable. **2.** Fam. Plaisanterie, farce. *Une sale blague.* **3.** Fam. Bêtise. *Faire des blagues. Pas de blagues!*

blaguer [blage] v. [**1**] **1.** v. intr. Fam. Dire des blagues, des plaisanteries, des mensonges. *Non mais tu blagues?* ▷ (France rég., Liban, Maurice) *Par ext.* Bavarder plaisamment. **2.** v. tr. Fam. Se moquer de (qqn) sans méchanceté.

blagueur, euse [blagœʀ, øz] adj. et n. **1.** Fam. Qui dit des blagues, qui aime blaguer. *Il est très blagueur.* **2.** (Antilles fr.) Syn. de *vantard(e).*

Blair (Tony) (né en 1953), homme politique britannique. En 1994, il est devenu le leader du Parti travailliste, qu'il a rajeuni fortement. Après l'éclatante victoire des travaillistes aux législatives de mai 1997, il est devenu Premier ministre.

blaireau [blɛʀo] n. m. **1.** Mammifère carnivore (fam. mustélidés) plantigrade d'Eurasie et d'Amérique, à la fourrure épaisse. **2.** Pinceau fabriqué avec le poil de cet animal. **3.** Pinceau fourni, pour se savonner la barbe avant de se raser.

blairer [bleʀe] v. tr. [**1**] Fam. (Surtout dans les phrases négatives.) Supporter. *Il ne peut pas me blairer.*

Blais (Marie-Claire) (née en 1939), romancière, poétesse et dramaturge québécoise. Contestataire, elle a surtout étudié les déchirements de la jeunesse : *Une saison dans la vie d'Emmanuelle* (1964); *le Sourd dans la ville* (1979); *Pierre : la guerre du printemps 81* (1984); *l'Ange de la solitude* (1989).

Blake (William) (1757 – 1827), poète, peintre et graveur anglais; visionnaire, romantique et présymboliste : *Chants d'innocence* (1789), *Milton* (1804).

blâmable [blɑmabl] adj. Qui mérite d'être blâmé, répréhensible. *Action blâmable.*

blâmage [blɑmaʒ] n. m. (Luxembourg) Déshonneur, fait de se couvrir de ridicule. *Il a échoué. Quel blâmage!*

blâme [blɑm] n. m. **1.** Jugement défavorable. *Encourir le blâme des honnêtes gens.* Ant. approbation, louange. **2.** Réprimande officielle faisant partie de la gamme des sanctions scolaires, administratives, etc.

blâmer [blɑme] v. [**1**] **I.** v. tr. **1.** Désapprouver. *Blâmer l'attitude de qqn.* «*Sans la liberté de blâmer, il n'est point d'éloge flatteur*» (Beaumarchais). **2.** Réprimander; infliger un blâme officiel. **II.** v. pron. (Luxembourg) Se couvrir de ridicule.

1. blanc, blanche [blɑ̃, blɑ̃ʃ] adj. **1.** Qui est de la couleur commune à la neige, à la craie, au lait, etc. *Le lis et la marguerite sont des fleurs blanches. Drapeau* blanc.* **2.** D'une couleur pâle qui se rapproche du blanc. *La race blanche. Un vieillard à cheveux* blancs. Être blanc,* pâle. *Il est blanc comme un linge.* **3.** De couleur claire (par oppos. à d'autres choses de même espèce mais de couleur foncée). *Du vin blanc et du vin rouge. Du boudin blanc. Viande blanche :* chair de la volaille, du veau, du lapin, etc. ▷ *Armes blanches,* telles que sabre, baïonnette, etc. (par oppos. aux *armes à feu*). **4.** Vierge, non écrit. *Papier blanc. Remettre une copie blanche. Bulletin blanc,* lors d'une élection. ▷ Loc. fig. *Donner carte blanche :* laisser toute initiative, donner pleins pouvoirs. **5.** Fig. Innocent. *Sortir d'une accusation blanc comme neige.* **6.** Qui ne se solde ni par un bénéfice ni par une perte. *Opération blanche.* **7.** Loc. fig. *Nuit* blanche.* – *Voix blanche,* sans timbre. – *Vers blancs :* vers non rimés. – *Mariage blanc,* célébré légalement, mais entre des personnes qui n'ont pas l'intention de vivre en époux. – *Examen blanc :* ensemble d'épreuves organisées dans des conditions analogues à celles d'un examen, pour y préparer les candidats. – *Année blanche :* année scolaire qui ne peut être sanctionnée par des examens.

2. blanc, blanche [blɑ̃, blɑ̃ʃ] n. **I.** n. m. **1.** Couleur blanche. *Un blanc mat. Un blanc cassé,* avec des nuances d'une autre couleur. – *Être en blanc,* habillé de vêtements blancs. *En Asie, le blanc est signe de deuil.* **2.** Couleur ou matière blanche employée pour blanchir une surface. *Blanc de titane.* **3.** Espace vierge, sans inscriptions, dans une page manuscrite ou imprimée. *Les actes de l'état civil ne doivent comporter aucun blanc. Laisser un blanc.* **4.** Partie blanche de certaines choses. – *Un blanc de poulet,* morceau de chair blanche. Syn. (Maurice) bateau. – *Blanc d'œuf,* par oppos. à la partie jaune. ▷ *Le blanc de l'œil :* la cornée. – *(Se) regarder dans le blanc des yeux,* bien en face. **5.** Linge de maison. *Une exposition de blanc.* **6.** (Belgique, rare; Québec; Suisse) Fig. Trou de mémoire. *Excusez-moi, j'ai eu un blanc.* **7.** Maladie des plantes causée par des champignons microscopiques qui répandent une poudre blanche. *Blanc du rosier.* **8.** CHIM *Blanc d'alumine :* variété d'alumine hydratée. *Blanc d'argent :* carbonate de plomb. ▷ *Blanc de baleine*.* **9.** Loc. *À blanc :* jusqu'à amener la couleur blanche. *Métal chauffé à blanc.* – *Saigner à blanc :* vider de son sang; fig. dépouiller. – *De but en blanc :* directement. – *Tirer à blanc,* avec une cartouche sans balle. – SYLVIC *Coupe à blanc,* pratiquée sur tous les arbres d'un peuplement. **II.** n. *Un Blanc, une Blanche :* un homme, une femme de race blanche. – (Antilles fr.) *Blanc-créole :* syn. de *béké.* – (Afr. subsah.) *Petit Blanc :* Blanc de condition modeste vivant en Afrique. ▷ (Afr. subsah.) Africain(e) occidentalisé(e).

Blanc (cap), **Ras al-Abyad** ou **Ras Nouadhibou,** cap de Mauritanie, près de Nouadhibou.

Blanc (cap), cap de Tunisie, au N. de Bizerte.

Blanc (mont), point culminant de l'Europe (4808 m), dans les Alpes françaises, en Hte-Savoie. Le sommet fut atteint pour la première fois en 1786, par le guide J. Balmat et le docteur Paccard. — **Massif du Mont-Blanc,** massif cristallin traversé par un tunnel routier (11,6 km) reliant la vallée de Chamonix au val d'Aoste.

Blanc (Louis) (1811 – 1882), journaliste et révolutionnaire socialiste français. Doctrinaire (*le Droit au travail* 1848), membre du Gouvernement provisoire (fév. 1848), il fit créer les Ateliers* nationaux. Il s'exila à Londres (juin 1848-1870).

blanc-bec [blɑ̃bɛk] n. m. Péjor. Jeune homme sans expérience. *Des blancs-becs.*

blanchard [blɑ̃ʃaʀ] n. m. *Aigle blanchard :* très grand aigle des forêts africaines.

Blanchard (Jean-Pierre) (1753 – 1809), aéronaute français. Il effectua la première traversée de la Manche en ballon (1785).

blanchâtre [blɑ̃ʃɑtʀ] adj. D'une couleur tirant sur le blanc.

blanche [blɑ̃ʃ] n. f. MUS Figure de note dont la valeur en temps est égale à la moitié de celle de la ronde. *Une blanche vaut deux noires.*

Blanche (mer), mer formée par une partie de la mer de Barents, dans l'océan Arctique, au N. de la Russie.

Blanche de Castille (1188 – 1252), reine de France, épouse de Louis VIII. Régente, elle exerça le pouvoir avec autorité pendant la minorité de son fils Louis IX (1226-1234) et lors de la 7e croisade (1248-1252).

blancheur [blɑ̃ʃœʀ] n. f. **1.** Couleur blanche; qualité de ce qui est blanc. *La blancheur de la neige.* ▷ TECH Critère d'appréciation du papier évalué en pourcentage du blanc absolu. **2.** Fig. Candeur, innocence.

blanchi, e [blɑ̃ʃi] adj. Guéri de la lèpre. *Un lépreux blanchi.*

blanchiment [blɑ̃ʃimɑ̃] n. m. **1.** Action de blanchir. *Blanchiment d'un mur.* **2.** TECH Action de décolorer pour faire devenir blanc. *Blanchiment de la pâte à papier.* **3.** Fig. Action d'introduire dans les circuits financiers et bancaires des capitaux d'origine illicite pour effacer le caractère frauduleux de leur provenance.

blanchir [blɑ̃ʃiʀ] v. [3] **I.** v. tr. **1.** Rendre blanc. *Blanchir de la laine.* – *Blanchir des fruits, des légumes,* leur donner une première cuisson dans l'eau avant de les apprêter. **2.** Couvrir d'une couleur blanche. *Blanchir un mur.* **3.** Rendre propre. *Blanchir le linge.* ▷ Pp. adj. *Un domestique nourri, logé et blanchi.* **4.** Fig. Disculper. *Blanchir un accusé.* **5.** Fig. *Blanchir de l'argent,* par blanchiment*. **6.** (Québec) SPORT Fig. Battre, écraser (une équipe, qui n'a pas marqué un seul point). **II.** v. intr. **1.** Devenir blanc. *Ses cheveux ont blanchi.* **2.** Fig. *Blanchir sous le harnois*.* **III.** v. pron. **1.** Être blanchi. *Ce drap se blanchit facilement.* **2.** Se salir avec du blanc. **3.** Fig. Se disculper. *Se blanchir d'une accusation.*

blanchissage [blɑ̃ʃisaʒ] n. m. **1.** Action de blanchir le linge; résultat de cette action. *Le blanchissage d'un bleu de travail.* **2.** TECH Raffinage du sucre. **3.** (Québec) SPORT Action de blanchir (sens I, 6) une équipe.

blanchissant, ante [blɑ̃ʃisɑ̃, ɑ̃t] adj. Qui fait devenir blanc. *Une lessive qui contient des agents blanchissants.*

blanchissement [blɑ̃ʃismɑ̃] n. m. Action, fait de blanchir.

blanchisserie [blɑ̃ʃisʀi] n. f. **1.** Lieu où l'on blanchit le tissu, la cire, etc. **2.** Entreprise commerciale pour le lavage du linge. *Une blanchisserie-teinturerie.* Syn. (Québec) buanderie.

blanchisseur, euse [blɑ̃ʃisœʀ, øz] n. Celui, celle qui blanchit le linge.

blanchon [blɑ̃ʃɔ̃] n. m. (Québec) Petit du phoque du Groenland. Syn. bébé phoque.

Blanchot (Maurice) (né en 1907), écrivain français : *Thomas l'obscur* (1941), *l'Espace littéraire* (1955).

blanc-seing [blɑ̃sɛ̃] n. m. Papier vierge signé, que peut remplir à sa convenance la personne à qui il est remis. *Des blancs-seings.*

1. blanquette [blɑ̃kɛt] n. f. Vin blanc mousseux issu d'un cépage blanc.

2. blanquette [blɑ̃kɛt] n. f. Ragoût de viande blanche à la sauce blanche. *Blanquette de veau.*

Blanqui (Louis Auguste) (1805 – 1881), homme politique et théoricien socialiste français. Pour lui, l'action révolutionnaire doit préparer un coup d'État qui instaurera une dictature ouvrière. Il fut plus. fois emprisonné.

Blantyre, v. du Malawi, au S. du lac Malawi; 420000 hab.; cap. de la rég. Sud. Centre agricole et industr. du tabac et du thé. Aéroport international.

Blasco Ibañez (Vicente) (1867 – 1928), romancier espagnol : *Arènes sanglantes* (1908).

blase [blaz] n. m. V. blaze.

blasé, ée [blaze] adj. Dégoûté de tout, rendu indifférent, insensible, par l'expérience ou la satiété. *Des snobs blasés.*

blaser [blaze] v. [1] **I.** v. tr. **1.** Émousser les sens. **2.** Fig. Rendre incapable d'émotions, de sentiments. *Les excès l'ont blasé.* **II.** v. pron. Devenir blasé.

blason [blazɔ̃] n. m. **1.** Ensemble des pièces qui constituent un écu héraldique. *Le blason d'une ville.* **2.** Science des armoiries, héraldique.

blasphémateur, trice [blasfematœʀ, tʀis] n. Personne qui blasphème.

blasphématoire [blasfematwaʀ] adj. Qui contient un blasphème. *Des propos blasphématoires.*

blasphème [blasfɛm] n. m. **1.** Parole qui outrage la divinité, qui insulte la religion. *Blasphème contre le Saint-Esprit.* Syn. (Québec) sacre. **2.** *Par ext.* Paroles injurieuses.

blasphémer [blasfeme] v. [14] **1.** v. tr. Outrager par des blasphèmes. *Blasphémer le nom de Dieu.* **2.** v. intr. Proférer des blasphèmes. – *Par ext.* Proférer des injures, des imprécations.

-blaste, blasto-. Éléments, du gr. *blastos,* «germe».

blastoderme [blastɔdɛʀm] n. m. BIOL Membrane de l'œuf des mammifères, constituée de deux feuillets et qui donne naissance à l'embryon.

blastome [blastom] n. m. MED Tumeur maligne ayant pour origine des cellules souches *(blastes)* et atteignant le plus souvent le système nerveux central.

blastomère [blastɔmɛʀ] n. m. BIOL **1.** Cellule provenant de la segmentation de l'œuf lors de la formation de la blastula. **2.** Chacune des premières cellules des embryons végétaux.

blastomycètes [blastɔmisɛt] n. m. pl. BOT Groupe de champignons microscopiques se reproduisant par bourgeonnement (les levures, le muguet, etc.). – Sing. *Un blastomycète.*

blastula [blastyla] n. f. BIOL Sphère creuse constituée par les blastomères accolés, au stade final de la segmentation de l'œuf.

blatérer [blateʀe] v. intr. [14] Crier, en parlant du chameau.

blatte [blat] n. f. Nom de plusieurs espèces d'insectes nocturnes au corps ovale légèrement aplati, vivant dans les cuisines et les lieux où se trouvent des détritus. Syn. cafard, cancrelat, (Antilles fr.) ravet.

Blaue Reiter (Der) *(le Cavalier bleu),* groupe d'artistes constitué à Munich en 1910-1911 : W. Kandinsky, leur chef de file, Fr. Marc et A. Macke.

blaze ou **blase** [blaz] n. m. Pop. Nez.

blazer [blezœʀ; blazɛʀ] n. m. Veste légère, bleue ou noire.

blé [ble] n. m. **1.** Plante graminée à épi cylindrique compact, dont le grain fournit une farine panifiable. *Blé tendre, blé dur.* ▷ Loc. fig. *Manger son blé en herbe :* V. herbe. **2.** Le grain lui-même. **3.** *Blé noir :* sarrasin. **4.** (Québec) *Blé d'Inde :* maïs. *Épluchette* de blé d'Inde.* **5.** Arg. Argent.

bled [blɛd] n. m. **1.** Pays, région, en Afrique du Nord. **2.** (Maghreb) Péjor. Campagne lointaine. ▷ Péjor. et fam. Pays perdu, campagne déserte, village isolé. *Passer ses vacances dans un bled perdu.*

blédard, arde [blɛdaʀ, aʀd] (Maghreb) adj. et n. **1.** adj. Relatif au bled (sens 1). **2.** n. Personne qui vit dans un bled (sens 1).

blême [blɛm] adj. **1.** Pâle, livide, en parlant du visage. *Il est blême de fatigue.* **2.** Terne, blafard. *Une lueur blême.*

blêmir [blemiʀ] ou (Acadie) **blêmezir** [blɛmziʀ] v. intr. [3] Devenir blême. *Blêmir de colère. Blêmezir de peur.*

blende [blɛ̃d] n. f. MINER Minerai sulfuré de zinc (notam. le sulfure de zinc, ZnS).

blennorragie [blenɔʀaʒi] n. f. MED Maladie vénérienne due au gonocoque, caractérisée par une inflammation des organes génitaux, un écoulement purulent et une sensation de brûlure lors de la miction. Syn. gonococcie.

blennorragique [blenɔʀaʒik] adj. MED Qui se rapporte à la blennorragie; atteint de blennorragie.

blépharite [blefaʀit] n. f. MED Inflammation du bord libre des paupières.

Blériot (Louis) (1872 – 1936), aviateur et constructeur d'avions français. Il réalisa la première traversée de la Manche (1909).

blèsement [blɛzmɑ̃] n. m. Fait de bléser.

bléser [bleze] v. intr. [16] Didac. Parler en substituant les consonnes sifflantes aux consonnes chuintantes (*seval* pour *cheval, zerbe* pour *gerbe*).

blessant, ante [blesɑ̃, ɑ̃t] adj. Qui blesse, qui offense. *Des propos blessants.*

blesse [blɛs] n. f. (Antilles fr., Guyane) Grave affection causée par un mouvement violent (chute, coup, effort excessif) qui provoque une douleur dans la poitrine.

blessé, ée [blese] adj. et n. **1.** adj. Qui a reçu une blessure. *Un soldat blessé.* ▷ Fig. *Blessé dans son honneur.* **2.** n. Personne blessée. *Un blessé léger.*

blesser [blese] v. tr. [1] **1.** Donner un coup qui fait une plaie, une fracture ou une contusion. *Blesser d'un coup d'épée, de bâton, de revolver.* ▷ Provoquer une blessure. *Ce collier blesse le cheval.* – *Par ext.* Gêner jusqu'à causer une douleur. *Ses chaussures neuves la blessent.* **2.** Causer une impression désagréable (à la vue, à l'ouïe). *Une fausse note qui blesse l'oreille.* **3.** Fig. Choquer, froisser, outrager. *Son orgueil en fut blessé.* – *Blesser quelqu'un au cœur, à vif,* douloureusement. **4.** Litt. Enfreindre. *Blesser la pudeur, le bon goût.* **5.** Causer un tort, un préjudice à. *Blesser l'honneur de quelqu'un.* **6.** v. pron. *Se blesser avec un couteau.* – Fig. *Elle se blesse pour un rien.*

blessure [blesyʀ] n. f. **1.** Lésion comportant une plaie. *Une blessure superficielle.* **2.** Fig. Atteinte morale. *Une blessure d'amour-propre. Rouvrir une blessure :* raviver un chagrin.

blet, blette [blɛ, blɛt] adj. Se dit des fruits trop mûrs, dont la chair est ramollie et tachée. *Des mangues blettes.*

blette [blɛt] n. f. V. bette.

blettir [bletiʀ] v. intr. [3] Devenir blet.

1. bleu, bleue [blø] adj. **1.** Qui est couleur d'azur. *Des yeux bleus. Un ciel bleu,* sans nuages. *Des chemises bleu ciel.* ▷ Fig. *Sang bleu,* noble. ▷ CUIS *Un steak bleu,* à peine cuit. ▷ *Carte* bleue.* **2.** D'une teinte livide. *Avoir les mains bleues de froid.* ▷ *Maladie bleue :* état pathologique dû à des malformations du cœur et des gros vaisseaux, avec une coloration bleue des téguments. *Enfant bleu,* atteint de cette maladie. ▷ (Québec) *Glace bleue :* V. glace. ▷ Loc. fig. (Belgique) *Être bleu(e) de qqn* ou *de qqch :* être épris(e) de qqn, être passionné(e) de qqch. *Il est bleu de cette fille. Elle est bleue de tennis.*

2. bleu, bleue [blø] n. m. et f., adj. et adv. **1.** Couleur bleue. *Le bleu du ciel.* ▷ Fig., fam. *N'y voir que du bleu :* ne s'apercevoir de rien, n'y rien comprendre. *Passer au bleu :* escamoter. ▷ n. f. Loc. *La grande bleue :* la mer, spécial. la Méditerranée. **2.** Matière colorante bleue. *Bleu de cobalt, d'outremer, de Prusse.* **3.** Fam. Recrue nouvellement incorporée. *Par ici les bleus!* ▷ n. Arg. (des écoles) Bizut. **4.** Meurtrissure ayant déterminé un épanchement sanguin sous-cutané. *Se faire un bleu à la cuisse.* **5.** CUIS *Cuire une truite au bleu,* la cuire en la jetant vivante dans un court-bouillon. **6.** Fromage à moisissure bleue. *Bleu de Bresse.* **7.** *Bleu de méthylène :* antiseptique de couleur bleue. **8.** Vêtement de travail, en grosse toile bleue. *Bleu de chauffe*.* **9.** (Suisse) Fam. Permis de conduire. **10** (Québec) Fam. Membre ou partisan du parti conservateur fédéral ou provincial (par oppos. à *rouge*). – adj. Relatif à ce parti. *Un gouvernement bleu.* – adv. *Voter bleu.*

Bleu (fleuve). V. Yangzijiang.

bleuâtre [bløɑtʀ] adj. Qui tire sur le bleu.

bleuet [bløɛ] ou **bluet** [blyɛ] n. m. **1.** Centaurée bleue des pays tempérés, poussant dans les champs de céréales. **2.** (Québec) Petit arbrisseau (fam. éricacées), qui produit des baies bleues ou noirâtres, comestibles. – Cette baie. *Une tarte aux bleuets. Du vin de bleuet.*

bleuetière [bløtjɛʀ] n. f. (Québec) Terrain aménagé pour la production de bleuets (sens 2). *Les bleuetières de la région du Lac-Saint-Jean.*

bleuir [bløiʀ] v. [3] **1.** v. tr. Faire devenir bleu. *Ce colorant bleuit l'eau.* **2.** v. tr. (Afr. subsah.) Arg. (des écoles) Bizuter. **3.** v. intr. Devenir bleu.

bleuissement [bløismɑ̃] n. m. **1.** Passage d'une couleur au bleu. **2.** Action de bleuir (au sens 1).

Bleuler (Eugen) (1857 – 1939), psychiatre suisse. Il fonda le concept de schizophrénie (1911). Il eut C. G. Jung pour assistant.

Bleus (monts), chaîne de montagnes du N.-E. de la rép. dém. du Congo culminant à 2 445 m. Gisements aurifères.

bleusaille [bløzaj] n. f. **1.** Arg. (des militaires) Conscrit. *La bleusaille :* l'ensemble des jeunes recrues. **2.** (Afr. subsah., Belgique) Arg. (des écoles) Ensemble des nouveaux. **3.** (Afr. subsah.) Arg. (des écoles) Bizutage.

bleuté, ée [bløte] adj. Qui a une teinte tirant sur le bleu.

Blida. V. Boulaïda (El-).

blindage [blɛ̃daʒ] n. m. **1.** Action de blinder; ouvrage qui sert à blinder (sens 1). **2.** Revêtement métallique qui protège un navire, un véhicule, une porte. **3.** ELECTR Gaine métallique qui empêche un circuit, un câble, de subir l'action de champs électriques et magnétiques, ou de rayonner. **4.** PHYS NUCL Écran qui assure une protection contre les rayonnements.

blindé, ée [blɛ̃de] adj. et n. m. **I.** adj. **1.** Qui est blindé. *Train blindé.* **2.** MILIT Équipé de véhicules blindés. *Division blindée. Arme blindée.* **3.** Fig., fam. Endurci. **4.** (Afr. subsah.) Qui est protégé contre le mauvais sort. **II.** n. m. MILIT Véhicule muni d'un blindage (automitrailleuse, char de combat). ▷ *Les blindés :* unités utilisant ces véhicules.

blinder [blɛ̃de] v. tr. [1] **1.** CONSTR Consolider les parois d'une tranchée, d'un tunnel par un coffrage, afin de réduire les risques d'éboulement. **2.** Protéger par un blindage (sens 2). **3.** Fig., fam. Endurcir. *Ce coup dur l'a blindé.* ▷ v. pron. *Se blinder contre le chagrin.*

Blind River, v. du Canada (Ontario), près du lac Huron; 3 350 hab. Gisements d'uranium.

blinquer [blɛ̃ke] v. intr. [1] (Belgique) Fam. Reluire, étinceler (à force d'avoir été frotté).

blip [blip] loc. verb. V. bip.

Blitz (le), nom all. («éclair») donné aux raids aériens menés par les Allemands contre la G.-B. de 1940 à 1945.

Blixen (Karen Dinesen, baronne) (1885 – 1962), romancière danoise : *la Ferme africaine* (en angl., 1937).

blizzard [blizaʀ] n. m. GEOGR Vent du Grand Nord, très rapide (200 à 250 km/h), très froid, chargé de neige.

bloc [blɔk] n. m. **I. 1.** Masse, gros morceau d'une matière pesante et dure à l'état brut. *Des blocs de pierre.* **2.** Fam. Prison. **3.** Carnet de feuilles de papier détachables. **4.** Fig. Assemblage d'éléments homogènes. *Faire bloc :* s'unir fortement. **5.** SPORT *Bloc de départ ;* syn. (off. recommandé) de *starting-block.* **6.** Ensemble de bâtiments, d'équipements. *Bloc d'immeubles. Bloc technique. Bloc opératoire*.* ▷ (Afr. subsah., Québec, Suisse) Immeuble à plusieurs étages. **7.** Loc. adv. *En bloc :* en gros, en totalité. *Il a refusé en bloc mes propositions.* **II.** MED *Bloc cardiaque :* arythmie due à une interruption de la propagation de l'activation électrique du cœur. **III.** Loc. adv. *À bloc.* **1.** De façon à bloquer, à fond. *Serrer un frein à bloc.* **2.** Fig., fam. (Comme augmentatif.) *Être gonflé* à bloc.*

blocage [blɔkaʒ] n. m. **1.** Action de bloquer. *Le blocage des freins.* **2.** Fig. ECON Mesure prise pour assurer une stabilisation des prix. *Blocage des prix, des salaires.* **3.** Fait d'être empêché de fonctionner. *Blocage du genou.* **4.** Inhibition psychologique, incapacité de surmonter une difficulté. *Avoir un blocage à un examen.*

bloc-cylindres [blɔksilɛ̃dʀ] n. m. AUTO Ensemble des cylindres d'un moteur. *Des blocs-cylindres.*

Bloch (Oscar) (1877 – 1937), linguiste français; auteur, en collaboration avec W. von Wartburg, d'un *Dictionnaire étymologique de la langue française* (1932).

Bloch (Marc) (1886 – 1944), historien français. Il a fondé en 1929, avec L. Febvre, la revue *Annales* d'histoire économique et sociale.*

blockhaus [blɔkos] n. m. Réduit fortifié.

bloc-moteur [blɔkmɔtœʀ] n. m. AUTO Ensemble comportant le moteur, l'embrayage et la boîte de vitesses. *Des blocs-moteurs.*

bloc-notes [blɔknɔt] n. m. Carnet de feuilles de papier détachables, pour prendre des notes. *Des blocs-notes.*

blocus [blɔkys] n. m. **1.** Investissement d'une place forte, d'un port, d'un pays. ▷ *Blocus économique :* mesures visant à l'isolement économique d'un pays. **2.** (Afr. subsah., Belgique) Préparation intensive à un examen, à un concours. Syn. bloque.

Blocus continental, ensemble des mesures prises par Napoléon Ier en 1806 et 1807 pour ruiner économiquement la G.-B. en interdisant aux navires brit. tous les ports du continent.

Bloemfontein, v. d'Afrique du Sud, cap. de l'État libre d'Orange; 233 000 hab. Raff. de pétrole. Centre agricole; industr. alimentaires et textiles. Aéroport.

Bloemfontein (convention de), accord par lequel les Britanniques reconnurent l'indépendance de l'État libre d'Orange (fév. 1854).

Blois, v. de France, ch.-l. du dép. de Loir-et-Cher, sur la Loire; 51 549 hab. *(Blésois).* – Château (XIIIe et XIVe s., remanié du XVe au XVIIe s.); cath. St-Louis (XVIIe s.).

Blok (Alexandre Alexandrovitch) (1880 – 1921), poète russe, symboliste (*Vers à la belle dame,* 1904) et chantre de la révolution (*les Douze,* 1918).

blond, blonde [blɔ̃, blɔ̃d] adj. et n **1.** adj. Qui est d'une couleur proche du jaune, entre le doré et le châtain clair. *Des cheveux blonds.* **2.** n. Personne dont les cheveux sont blonds. *Un beau blond.* **3.** n. m. Couleur blonde. *Un blond vénitien,* lumineux, tirant sur le roux. **4.** adj. *Par anal.* De couleur jaune pâle. *Du tabac blond. De la bière blonde.* **5.** n. f. Vieilli (Cour. au Québec) Jeune fille courtisée; maîtresse. *Aller voir sa blonde.* – *Par ext.* Conjointe (mariée ou non). ▷ (Afr. subsah.) Belle jeune fille.

blondasse [blɔ̃das] adj. Péjor. D'un blond fade.

Blondel (Maurice) (1861 – 1949), philosophe français catholique : *l'Action* (1893).

blondeur [blɔ̃dœʀ] n. f. Caractère de ce qui est blond.

blondinet, ette [blɔ̃dinɛ, ɛt] n. Enfant blond.

blondir [blɔ̃diʀ] v. intr. [3] Devenir blond. *Les blés blondissent déjà.* – CUIS *Faire blondir des oignons.*

Blondy (Seydou Koné, dit Alpha) (né en 1953), chanteur ivoirien d'expression française, anglaise et diola.

blongios [blɔ̃ʒjɔs] n. m. ORNITH Petit héron brun-noir et beige qui vit caché dans les roseaux.

Blood River (bataille de), victoire du général Pretorius sur l'armée zouloue de Dingaan (16 déc. 1838).

Bloomfield (Leonard) (1887 – 1949), linguiste américain; chef de file de l'école distributionnelle : *Introduction à l'étude du langage* (1914), *le Langage* (1933). (V. encycl. linguistique.)

bloquant [blɔkɑ̃] adj. m. et n. m. BIOL Se dit de toute molécule synthétique présentant une analogie structurale avec des récepteurs* de la membrane cellulaire mais ne déclenchant pas l'activité pharmacologique prévisible. ▷ n. m. *Un bloquant.*

bloque [blɔk] n. f. (Afr. subsah., Belgique) Arg. (des écoles) Syn. de *blocus* (sens 2).

bloquer [blɔke] v. tr. [1] **1.** Mettre en bloc. *Il a bloqué ses jours de congé pour partir en vacances.* **2.** Fermer par un blocus. *Bloquer un port.* **3.** Empêcher de bouger. *Bloquer un écrou.* **4.** SPORT *Bloquer le ballon,* l'arrêter net. **5.** Fig. Empêcher, interdire (une augmentation). *Bloquer les salaires.* – Empêcher le fonctionnement de. *Bloquer un compte en banque.* – Pp. adj. *Avoir les reins bloqués. Compte bloqué.* **6.** *Par ext.* Obstruer. *Route bloquée.* **7.** (Afr. subsah., Belgique) Arg. (des écoles) Potasser, bûcher.

bloqueur, euse [blɔkœʀ, øz] adj. et n. (Afr. subsah., Belgique) Arg. (des écoles) Qui étudie avec ardeur, bûcheur.

blottir (se) [blɔtiʀ] v. pron. [3] Se ramasser sur soi-même. *Se blottir dans son lit.*

blousant, ante [bluzɑ̃, ɑ̃t] adj. Qui blouse (vêtements). *Cette veste n'est pas assez blousante.*

blouse [bluz] n. f. **1.** Vêtement de travail fait de grosse toile. *Blouse d'infirmier, d'écolier.* **2.** Corsage de femme en tissu léger. *Une blouse froncée à la taille.*

1. blouser [bluze] v. intr. [1] Avoir une ampleur donnée par des fronces retenues par une ceinture. *Faire blouser un chemisier.*

2. blouser [bluze] v. tr. [1] **1.** Au billard, envoyer la bille de son adversaire dans un trou. **2.** Fig., fam. *Blouser quelqu'un,* le tromper.

blouson [bluzɔ̃] n. m. Veste courte qui blouse. *Un blouson de cuir.*

Bloy (Léon) (1846 – 1917), romancier et polémiste français, catholique. *La Femme pauvre* (roman, 1897) et son *Journal* (1892-1917) montrent sa vie misérable et sa quête de l'absolu.

Blücher (Gebhard Leberecht, prince Blücher von Wahlstatt) (1742 – 1819), maréchal prussien. L'arrivée de ses troupes à Waterloo décida de la défaite française.

blue-jean(s) [bludʒin(s)] n. m. Pantalon sport de grosse toile, généralement de couleur bleue, porté indifféremment par les deux sexes. (Abrév. : jean(s)). *Des blue-jeans.*

blues [bluz] n. m. **1.** Chant populaire des Noirs américains, d'inspiration souvent mélancolique. **2.** MUS Séquence harmonique qui sert de canevas à des improvisations, dans le jazz. (Issu des chants de travail des Noirs dans les plantations de coton, le blues est né au XIXe siècle. Le jazz et la musique rock en dérivent directement.)

bluet [blyɛ] n. m. V. bleuet.

bluette [bəlɥɛt; blyɛt] n. f. (Acadie) Étincelle.

bluff [blœf] n. m. **1.** Dans une partie de cartes, attitude destinée à tromper l'adversaire. **2.** *Par ext.* Parole, action dont le but est de faire illusion, d'en imposer à quelqu'un. – Loc. *Au bluff :* à l'esbroufe.

bluffer [blœfe] v. [1] **1.** v. tr. Fam. *Bluffer quelqu'un,* le tromper. **2.** v. intr. Se vanter, faire du bluff.

bluffeur, euse [blœfœʀ, øz] n. et adj. Qui bluffe.

Blum (Léon) (1872 – 1950), homme politique et écrivain français. Chef du parti socialiste S.F.I.O. après le congrès de Tours (1920), il présida deux gouv. du Front populaire (1936-1937 et 1938). Les Allemands le déportèrent en 1943. Il fut président du Conseil en 1946-1947.

Blum-Violette (loi), projet d'une loi (1937) qui aurait accordé les droits politiques aux «évolués algériens»; il se heurta à l'opposition des colons et des ulémas.

blutage [blytaʒ] n. m. Action de bluter.

bluter [blyte] v. tr. [1] Séparer la farine du son par tamisage.

blutoir [blytwaʀ] n. m. Tamis à bluter.

bnader [bnadɛʀ] n. m. pl. V. bendir.

boa [bɔa] n. m. **I. 1.** Grand serpent non venimeux d'Amérique du Sud. (L'espèce *Boa constrictor,* ou *constricteur,* atteint 6 m et tue ses proies en les étouffant dans ses anneaux.) **2.** Nom donné à de nombreux autres boïdés, notam., en Afrique, au python. **II.** Parure de plumes ou de fourrure que les femmes portent autour du cou.

Boabdil (n. déformé de *'Abū 'Abdallah*) (m. au Maroc apr. 1492), dernier roi maure de Grenade, sous le nom de Muhammad XI (1482-1483, puis 1486-1492), chassé d'Espagne par Ferdinand et Isabelle en 1492.

boat people [botpipœl] n. inv. Réfugié qui quitte avec un groupe son pays sur un bateau de fortune, spécial. dans le Sud-Est asiatique.

bob [bɔb] n. m. Coiffure de tissu souple, en forme de cloche, dont le bord peut être relevé.

bobard [bɔbaʀ] n. m. Fam. Histoire fantaisiste; nouvelle inventée.

bobèche [bɔbɛʃ] n. f. Disque adapté sur un chandelier pour recevoir les gouttes de bougie fondue.

bobet [bɔbɛ] n. m. Fam. Sot, niais.

Bobet (Louis, dit Louison) (1925 – 1983), coureur cycliste français, vainqueur du Tour de France (1953 à 1955).

bobinage [bɔbinaʒ] n. m. **1.** Action d'enrouler sur une bobine (un fil, un ruban, etc.). **2.** ELECTR Ensemble des fils enroulés, dans une machine, un transformateur.

bobine [bɔbin] n. f. **1.** Cylindre à rebords qui sert à enrouler du fil, des pellicules photographiques, etc. **2.** ELECTR Enroulement de fil conducteur. ▷ AUTO Appareil qui produit le courant alimentant les bougies.

bobineau ou **bobinot** [bɔbino] n. m. **1.** TECH Bobine où s'enroule le fil dans un métier à filer. **2.** AUDIOV Petite longueur de bande magnétique enroulée sur un noyau. **3.** Petite bobine.

bobiner [bɔbine] v. tr. [1] Mettre en bobine.

bobineuse [bɔbinøz] n. f. ou **bobinoir** [bɔbinwaʀ] n. m. TECH Machine pour bobiner (du fil, du câble, etc.).

1. bobo [bobo] n. m. **1.** Dans le langage des enfants, mal physique. *Avoir bobo.* **2.** Mal bénin. *Ce n'est qu'un bobo.* **3.** (Québec) Fam. Toute maladie ou blessure. *Parler sans cesse de ses bobos.* – Fig. Difficulté, problème. *Trouver le bobo,* la cause du problème.

2. bobo [bobo] n. m. Langue du groupe mandé parlée au Burkina Faso et au Mali.

Bobo, ensemble de populations du Burkina Faso n'ayant aucune unité ethnique ou linguistique : elles parlent des langues nigéro-congolaises appartenant soit au groupe mandé (700 000 personnes), soit au groupe gur.

Bobo-Dioulasso, ville du Burkina Faso (2e v. du pays); 450 000 hab.; ch.-l. de la prov. *Houet* ou *Houé.* Centre agric. Industr. alimentaires et text. – Grande Mosquée. Cathédrale. Aéroport international.

bobo-oulé [boboule] n. m. LING Langue nigéro-congolaise du groupe gur, parlée par les Bwaba.

bobre [bobʀ] n. m. (Réunion) Instrument de musique d'origine africaine composé d'un arc et d'une calebasse qui sert de caisse de résonance.

bobsleigh [bɔbslɛg] n. m. SPORT Traîneau articulé à plusieurs places, qui peut glisser très vite sur des pistes de glace. (Abrév. : bob).

Boby (pic), point culminant du massif de l'Andringitra, à Madagascar; 2 666 m.

bocage [bɔkaʒ] n. m. Pays de prairies et de cultures coupées de haies vives et de bois. *Le bocage de Vendée et le Bocage normand, en France.*

bocal, aux [bɔkal, o] n. m. Récipient en verre ou en grès à large goulot. *Des bocaux à cornichons.*

Boccace (Giovanni Boccaccio, dit en franç.) (1313 – 1375), écrivain italien; il a donné ses lettres de noblesse à la prose italienne dans un recueil de cent nouvelles, groupées en dix journées de récit : le *Décaméron** (v. 1348-1353), tableau des mœurs (souvent licencieuses) de son époque. Il a laissé également des poèmes épiques allégoriques et de nombreux ouvrages en latin.

Boccador (Domenico Bernarbei, dit Domenico da Cortona ou, en fr., le) (? – v. 1549), architecte italien : plans du chât. de Chambord et de l'anc. hôtel de ville de Paris (1533).

Boccherini (Luigi) (1743 – 1805), compositeur et violoncelliste italien. Il aborda tous les genres.

Bocchoris ou **Bokénranef,** pharaon de la XXIVe dynastie (v. 720-v. 715 av. J.-C.), grand législateur.

Bocchus (IIe s. av. J.-C.), roi de Maurétanie, beau-père de Jugurtha, avec qui il combattit les Romains et qu'il livra ensuite à Sylla (105 av. J.-C.).

bochiman, ane [boʃimɑ̃, an] adj. et n. m. V. boschiman.

Bochiman(s). V. Boschiman(s).

bock [bɔk] n. m. **1.** Verre à bière, d'un quart de litre environ. *Boire un bock.* **2.** *Bock à injections :* récipient muni d'un tube terminé par une canule, utilisé pour les lavements. **3.** (Belgique, Luxembourg) SPORT Cheval* d'arçons.

Böcklin (Arnold) (1827 – 1901), peintre suisse. Auteur de nombr. paysages (Italie, rég. de Bâle), il s'orienta vers un symbolisme (*l'Île des morts,* 1880; *la Peste,* 1898) qui annonce l'expressionnisme.

bocor [bɔkɔʀ] n. m. V. bokor.

Bode (Johann Elert) (1747 – 1826), astronome allemand. La *loi de Bode-Titius* permet de calculer approximativement la distance d'une planète au Soleil selon son rang; la relation est exacte jusqu'à $n = 7$ (Uranus).

Bodel (Jean). V. Jean Bodel.

Bodhgayā, local. de l'Inde (Bihār). Haut lieu de pèlerinage bouddhiste; temple de la *Mahābodhi* (fin IIe s.).

bodhisattva [bɔdisatva] n. m. inv. Dans le bouddhisme, être promis à l'éveil, futur bouddha*.

Bodin (Jean) (1530 – 1596), philosophe, magistrat et économiste français. Ses *Six Livres de la République* (1576) vantent la monarchie absolue.

Bodléienne (bibliothèque), bibliothèque fondée à Oxford en 1602 par sir Thomas Bodley (1545-1613).

Bodmer (Johann Jakob) (1698 – 1783), écrivain et critique suisse de langue all., qui vécut à Zurich : *Traité critique du merveilleux dans la poésie* (1740). Il publia une partie des *Nibelungen* (1757).

Bodoni (Giambattista) (1740 – 1813), imprimeur italien.

body [bɔdi] n. m. (Anglicisme) Syn. de *justaucorps.*

body-building [bɔdibildiŋ] n. m. (Anglicisme) Syn. de *culturisme.*

Boèce (Anicius Manlius Torquatus Severinus Boetius) (v. 480 – v. 524), philosophe et homme politique latin. Ministre de Théodoric, accusé de complot, il fut jeté en prison, où il écrivit un dialogue, *De la consolation de la philosophie.* Il mourut sous la torture.

Boehme ou **Böhme** (Jakob) (1575 – 1624), philosophe mystique allemand. Il soutient que tout provient de Dieu, les contraires notamment.

Boeing Company, société aéronautique américaine fondée en 1916.

boer [bɔɛʀ; buʀ] adj. (inv. en genre) Des Boers.

Boers (mot néerl. : «paysans»), nom donné aux colons (néerl. en majorité, et protestants français émigrés après la révocation de l'édit de Nantes) qui s'installèrent après 1652 dans la rég. du Cap. Fuyant l'occupation brit., ils chassèrent de leurs terres les habitants noirs et fondèrent les États d'Orange et du Transvaal (1836-1852). Leur refus de l'hégémonie brit. provoqua la *guerre des Boers* (1899-1902). En 1910, les colonies boers jointes aux colonies brit. du Cap et du Natal formèrent l'Union sud-africaine.

Boesmans (Philippe) (né en 1936), compositeur belge : *Cassation* (1962), *Explosives* (1968), *Intervalles I* (1972), *II* (1973), *III* (1976).

boët(t)e [bwɛt] ou **boitte** [bwat] n. f. PECHE Appât.

Boétie (Étienne de La). V. La Boétie.

bœuf, bœufs [bœf, bø] n. m. (et adj. inv.) **1.** Mammifère ruminant de grande taille (fam. bovidés), dont le taureau et la vache domestiques constituent l'espèce *Bos primigenius taurus.* (*Bos primigenius* était l'aurochs. Au genre *Bos* appartiennent notamment les zébus et les yacks.) – (Afr. subsah.) *Bœuf porteur,* servant de monture. *Bœuf à bosse :* zébu. *Bœuf rouge :* V. banteng. **2.** Taureau castré. ▷ Fig. *Avoir un bœuf sur la langue :* se taire obstinément. **3.** Chair de cet animal. *Un filet de bœuf.* **4.** Arg. (des musiciens) Syn. de *jam-session.* **5.** adj. inv. Fam. Énorme, considérable. *Un effet, un toupet bœuf.* **6.** adj. inv. (Suisse) Fam. Stupide (sens 1 et 2).

bœufferie [bœfʀi] n. f. (Suisse) Fam. Ânerie.

bof ! [bof] interj. Exprime le mépris, l'indifférence.

Bofill (Ricardo) (né en 1939), architecte espagnol.

Boganda (Barthélemy) (1910 – 1959), prêtre et homme politique centrafricain. Président de la Rép. autonome (1958), il mourut dans un accident d'avion.

Bogart (Humphrey De Forest, dit) (1899 – 1957), acteur de cinéma américain. Gangster, détective ou aventurier, il devint un mythe : *le Faucon maltais* (1942), *Casablanca* (1942), *le Grand Sommeil* (1946), *African Queen* (1952).

Bogdan, nom de plusieurs princes de Moldavie. — **Bogdan Ier** (1359 – 1365) s'émancipa des Hongrois et fonda la principauté de Moldavie. — **Bogdan II** (1449 – 1451), fils d'Alexandre* Ier le Bon, père d'Étienne* III le Grand, fut assassiné par son demi-frère. — **Bogdan III le Borgne** (1504 – 1517) lutta contre les Polonais et les Ottomans auxquels il dut se soumettre. — **Bogdan IV** (1568 – 1572) fut renversé par le tsar Ivan le Terrible.

bogey [bɔgɛ] n. m. SPORT Au golf, nombre de coups que réalise un joueur de bon niveau sur un parcours.

bogie ou **boggie** [bɔgi] n. m. CH de F Chariot à plusieurs essieux permettant à un wagon, une voiture ou une locomotive de s'articuler.

bogolan [bɔgɔlɑ̃] n. m. (Afr. subsah.) Pagne des Bambara, de fabrication artisanale, décoré de motifs symboliques.

bogomile [bɔgɔmil] n. (et adj.) Membre d'une secte néo-manichéenne apparue en Bulgarie au Xe s., dont la doctrine se répandit dans les Balkans et gagna l'Empire byzantin au XIIe s. (Sévèrement combattus en Bulgarie et en Serbie, les bogomiles se réfugièrent en Bosnie.) – adj. *La nécropole bogomile de Radimlje, en Bosnie-Herzégovine.*

Bogomoletz ou **Bogomolets** (Alexandre Alexandrovitch) (1881 – 1946), biologiste ukrainien. Le sérum qu'il mit au point à partir de tissus humains injectés à un cheval devait remédier à la sénescence.

bogota [bɔgɔta] n. f. (Haïti) Vieille voiture en mauvais état.

Bogotá, cap. de la Colombie, dans les Andes, à 2 600 m d'alt.; aggl. urb. 3 974 810 hab. Grand centre financier, industriel et culturel. – La ville, fondée en 1538 par les Espagnols, sur le site de Bacatá, foyer des Indiens Chibchas, fut la cap. de la vice-royauté de Nouvelle-Grenade (1549-1819). – Université, musée de l'or.

1. bogue [bɔg] n. f. Enveloppe épineuse du fruit du rocouyer, de la châtaigne.

2. bogue [bɔg] n. f. ou **bug** [bœg] n. m. INFORM Erreur de programmation se manifestant par des anomalies de fonctionnement.

boguet [bɔgɛ] n. m. (Suisse) Syn. de *vélomoteur.*

bohème [bɔɛm] n. et adj. **1.** n. m. Fig. Personne qui a une vie vagabonde, au jour le jour. *Un artiste, un bohème. Une vie de bohème.* – adj. *Mener une existence bohème.* **2.** n. f. (collectif) Ensemble des gens qui mènent une vie désordonnée. *La bohème des cafés.*

Bohême (en tchèque *Čechy*), partie occid. de la Rép. tchèque, où se trouve la cap., *Prague.* Elle forme un quadrilatère bordé par des massifs hercyniens rajeunis. Au N.-O., le lignite des monts Métallifères est à l'origine d'une import. industr. diversifiée. Le plateau intérieur est drainé, au N.-E., par l'Elbe. À l'O., le bassin de Plzeň est très industrialisé. Le climat est continental. – La Bohême, peuplée par les Slaves tchèques évangélisés au IXe s., forma un duché, électorat d'Empire en 1114, puis un royaume héréditaire (1198). La réforme religieuse de Jan Hus (XVe s.) entraîna une grave crise polit. Les Habsbourg d'Autriche, devenus rois de Bohême (1526), luttèrent contre le protestantisme et germanisèrent le pays, qui perdit toute autonomie (XVIe-XVIIe s.). Le traité de Saint-Germain-en-Laye (1919) engloba la Bohême dans le nouvel État tchécoslovaque.

bohémien, enne [bɔemjɛ̃, ɛn] n. et adj. Membre de tribus vagabondes qu'on croyait originaires de la Bohême.

Bohémond Ier (v. 1050 – 1111), un des chefs de la 1re croisade. Il fonda la principauté d'Antioche, dont il s'était emparé en 1098.

Böhm (Karl) (1894 – 1981), chef d'orchestre autrichien.

Böhme (Jakob). V. Boehme.

Bohr (Niels) (1885 – 1962), physicien danois; il appliqua la théorie quantique à l'atome, dont il conçut un modèle planétaire. P. Nobel 1922. — **Aage** (né en 1922), fils du préc. P. Nobel en 1975 pour ses travaux de phys. nucléaire.

Boian, local. de Roumanie, au S.-E. de Bucarest, qui a donné son nom à une culture néolithique qui s'étendait du Danube aux Balkans (IVe millénaire av. J.-C.).

Boiardo (Matteo Maria) (v. 1441 – 1494), poète italien : *Roland amoureux* (1476-1492), épopée.

boïdés [bɔide] n. m. pl. ZOOL Famille de reptiles à laquelle appartiennent les boas, pythons et autres grands serpents constricteurs. – Sing. *Un boïdé.*

Boieldieu (François Adrien) (1775 – 1834), compositeur français, l'un des premiers maîtres de l'opéra-comique français.

Boilat (David) (1814 – 1901), prêtre sénégalais, l'un des tout premiers écrivains africains d'expression française (*Esquisses sénégalaises,* 1853; *Grammaire de la langue wolof,* 1858).

Boileau (Nicolas, dit Boileau-Despréaux) (1636 – 1711), écrivain français. Ses *Satires* (1660-1667, 1694, 1701 et 1711), ses *Épîtres* (1669-1695) et surtout son *Art poétique* (1674) font de lui le grand théoricien du classicisme. Les *Réflexions sur Longin* (1694 et 1710), en prose, prennent, contre Perrault, le parti des Anciens*. Il fut historiographe du roi (1677). Acad. fr. (1684).

boiler [bwalɛʀ] n. m. (Belgique, Suisse) Chauffe-eau.

boille [bɔj] n. f. (Suisse) Bidon servant au transport du lait.

1. boire [bwaʀ] v. tr. [**70**] **1.** Avaler (un liquide). *Buvez pendant que c'est chaud!* ▷ Loc. fam. *Boire un coup, un verre. Boire comme un trou, comme une éponge,* excessivement. ▷ *Boire à la santé de quelqu'un,* exprimer des vœux pour sa santé au moment de boire. **2.** Loc. fig. *Il y a là à boire et à manger,* du bon et du mauvais. *Ce n'est pas* *la mer* à boire. Boire un bouillon.* Quand le vin* est tiré, il faut le boire. Qui a bu, boira :* on retombe toujours dans ses mauvaises habitudes. *Boire les paroles de quelqu'un,* l'écouter avec avidité. *Boire du petit lait :* écouter avec plaisir (des flatteries). – Fam. *Boire la tasse*. Avoir toute honte* bue.* **3.** (S. comp.) Boire de l'alcool avec excès. *Il a l'habitude de boire.* **4.** Absorber, s'imprégner de. *La terre boit l'eau.* – (S. comp.) *Ce papier boit,* absorbe l'encre.

2. boire [bwaʀ] n. m. *Le boire et le manger :* ce que l'on boit et mange. – *En perdre le boire et le manger :* être entièrement absorbé par une occupation, un chagrin, une passion. *Après boire :* après avoir trop bu d'alcool. *Des propos tenus après boire.*

bois [bwa; bwɑ] n. m. **I. 1.** Espace couvert d'arbres. *Un bois d'eucalyptus. La lisière du bois.* – (Afr. subsah.) *Bois sacré :* lieu boisé où se célèbrent certains rites traditionnels, notam. les rites d'initiation. ▷ *Homme des bois :* individu fruste. – *Je ne voudrais pas le rencontrer le soir au coin d'un bois,* se dit à propos de quelqu'un dont l'allure est inquiétante. **2.** (Québec) Étendue de terrain peuplée d'arbres, qu'il s'agisse d'un lieu restreint ou d'une forêt. *Un bois de sapins, d'épinettes.* – Loc. *Aller, monter, travailler dans le bois,* dans les chantiers d'exploitation forestière. – *Coureur de bois :* V. coureur. – (Louisiane) Forêt (sens 1). *Petit bois, grand bois.* ▷ Loc. fig., fam. (Québec) *On n'est pas sorti du bois :* les difficultés promettent d'être considérables. (V. on n'est pas sorti de l'auberge*.) **II.** Nom de divers arbres. ▷ (Québec) *Bois blanc :* syn. de *tilleul* (sens 1). – *Bois barré* ou *bois d'orignal :* érable de Pennsylvanie (dont l'orignal se nourrit des feuilles). ▷ (Afr. subsah.) *Bois noir :* arbre originaire de l'Inde (fam. mimosacées), dont l'écorce a des propriétés médicinales. – *Bois rouge :* arbre (fam. césalpiniacées) dont l'écorce (bouranne*) contient un poison. ▷ *Bois de fer* ou *bois-de-fer :* en zone tropicale, nom de divers arbres dont le bois est réputé imputrescible et résistant aux termites. **III.** Substance fibreuse, plus ou moins dense, qui compose le tronc, les branches et les grosses racines des arbres. *Ramasser du bois mort. Faire un feu de bois. Un stère de bois. Du bois de chauffage* ou (Afr. subsah.) *de feu. Du bois de charpente.* ▷ (Québec) *Bois de corde,* débité spécial. pour le chauffage et vendu à la corde*. – *Bois debout,* sur pied, non coupé. – *Bois franc* ou *bois dur :* bois des arbres à texture serrée, comme l'érable, le chêne. – *Bois mou :* bois tendre des résineux, du peuplier, du tremble. – *Bois rond :* pièce de bois non équarrie. *Cabane en bois rond.* ▷ (Afr. subsah.) *Bois blanc, bois rouge :* bois de couleur blanche, rouge, quelle que soit l'essence. ▷ (Afr. subsah., Québec) Morceau de bois (branche, bâton, etc.). *Donner un coup de bois à qqn.* ▷ Loc. fig. *Faire feu de tout bois :* utiliser toutes les opportunités. – *On verra de quel bois je me chauffe :* V. chauffer. – *Touchons du bois,* formule pour conjurer le sort. – *On n'est pas de bois :* on n'est pas insensible aux charmes de l'autre sexe. – (Belgique) *Trouver porte de bois :* trouver porte close, rencontrer un visage fermé. **IV.** Par méton. (ou métaph.) **1.** Partie en bois d'un objet. *Bois d'une raquette de tennis.* **2.** MUS *Les bois :* les instruments à vent en bois. **3.** (Plur.) *Par métaph.* Os pairs ramifiés du front des cervidés mâles, qui tombent et repoussent chaque année. Syn. (Québec) panache.

boisage [bwɑzaʒ] n. m. Action de boiser (sens 1 et 2). – Ouvrage ainsi réalisé.

boisé, ée [bwɑze] adj. et n. m. **1.** adj. Planté d'arbres. **2.** n. m. (Québec) Petit espace couvert d'arbres.

boisement [bwɑzmɑ̃] n. m. SYLVIC Action de planter des arbres sur un terrain; les plantations d'arbres de ce terrain.

boiser [bwɑze] v. tr. [1] **1.** CONSTR Garnir d'une boiserie. **2.** MINES Procéder au soutènement à l'aide d'étais en bois. **3.** Planter d'arbres.

boiserie [bwɑzʀi] n. f. Revêtement d'un mur au moyen d'un ouvrage en menuiserie; cet ouvrage lui-même.

bois-fétiche [bwafetiʃ] n. m. (Afr. subsah.) **1.** Arbre sacré. Syn. arbre-fétiche. **2.** Au Burkina Faso, poteau de bois garni de gris-gris protecteurs, à l'entrée d'une concession.

boisseau [bwaso] n. m. **1.** Anc. Mesure de capacité pour les grains (env. 13 litres). – (Québec) Mesure de capacité pour les grains et les matières sèches valant 8 gallons* ou 36,37 litres. **2.** CONSTR Élément préfabriqué, à emboîtement, pour les conduits de fumée ou de ventilation. **3.** TECH *Robinet à boisseau :* robinet muni d'un axe qu'on tourne avec une clé pour le fermer.

boisselier, ère [bwasəlje, ɛʀ] n. (Afr. subsah.) Litt. Membre de la caste dont le métier traditionnel est le travail du bois. *Elle dansait à la manière des boisselières.*

boissellerie [bwasɛlʀi] n. f. Fabrication de boisseaux (sens 1) et d'ustensiles ménagers en bois.

boisson [bwasɔ̃] n. f. **1.** Tout liquide que l'on peut boire. *Une boisson rafraîchissante.* **2.** *Spécial.* Boisson alcoolisée. *Débit de boissons.* – Loc. litt. *Être pris de boisson* ou (Québec) *être en boisson :* être ivre. **3.** Fig. Passion de boire de l'alcool. *S'adonner à la boisson.* **4.** (Antilles fr.) Liqueur, vin doux (par oppos. au rhum, au punch).

boîte [bwat] n. f. **1.** Récipient de bois, de métal, de plastique, de carton, etc., généralement à couvercle. *Boîte carrée, ronde. Boîte à bijoux.* – (Québec) Fam. *Boîte à lunch :* récipient pourvu d'une poignée servant à transporter un repas qu'on prend à l'école, au travail. ▷ Loc. fam. *Mettre en boîte :* se moquer de. *Boîte à malice :* ruses dont une personne dispose. **2.** *Par ext.* Contenu d'une boîte. *Avaler toute une boîte de bonbons.* **3.** *Boîte à musique :* coffret contenant un mécanisme qui reproduit une mélodie. **4.** *Boîte aux (à) lettres* ou (Québec, fam.) *boîte à malle :* réceptacle installé dans la rue ou dans une poste, où l'on dépose le courrier à acheminer; boîte où le facteur dépose le courrier; fig. personne qui transmet des messages parfois clandestins. – *Boîte postale* (abrév. B.P.) : boîte aux lettres d'un particulier située dans un bureau de poste. Syn. (Québec, Suisse) case postale. **5.** ANAT *Boîte crânienne :* cavité osseuse renfermant l'encéphale. **6.** AERON *Boîte noire :* appareil enregistreur placé à l'abri des chocs, qui permet de reconstituer les circonstances d'un accident d'avion. **7.** AUTO *Boîte à gants :* casier voisin du tableau de bord. *Boîte de vitesses :* organe qui sert à modifier le rapport entre la vitesse du moteur et celle des roues motrices. **8.** TECH *Boîte de dérivation, de jonction,* à l'intérieur de laquelle on raccorde des conducteurs électriques. **9.** Fam. École, lieu de travail. **10.** *Boîte de nuit :* cabaret qui sert des boissons alcoolisées, qui présente des spectacles et où l'on danse. – Absol. *Aller en boîte.* ▷ (Québec) *Boîte à chansons :* petit cabaret (en vogue dans les années 60) où des chansonniers donnent des spectacles.

boiter [bwate] v. intr. [1] **1.** Incliner le corps plus d'un côté que de l'autre en marchant. *Boiter du pied droit.* **2.** Fig. Être défectueux, en parlant d'un raisonnement, d'un plan. – *Un vers qui boite,* qui n'a pas le nombre régulier de pieds.

boiterie [bwatʀi] n. f. Action de boiter, en parlant des êtres humains et des animaux.

boiteux, euse [bwatø, øz] adj. (et n.) **1.** Qui boite. ▷ Subst. *Un boiteux.* **2.** (En parlant de choses.) En déséquilibre. *Table boiteuse.* **3.** Fig. Qui manque d'équilibre. *Une paix boiteuse.* – Irrégulier. *Phrase boiteuse.*

boîtier [bwatje] n. m. **1.** Coffret compartimenté. **2.** Partie d'une montre renfermant le mouvement.

boitillement [bwatijmɑ̃] n. m. Légère claudication.

boitiller [bwatije] v. intr. [1] Boiter légèrement.

boiton [bwatɔ̃] n. m. (Suisse) Syn. de *porcherie.*

Bojador. V. Boujdour.

Bojana, église de Bulgarie aux environs de Sofia. Elle abrite de remarquables fresques du XIIIe s.

bojpuri [bodʒpuʀi] n. m. V. bhojpuri.

Bokassa (Jean Bedel) (1921 –1996), homme politique centrafricain. Président de la Rép. en 1966 (à la suite d'un coup d'État), président à vie en 1972, empereur (Bokassa Ier) en 1977, il fut renversé en 1979. En 1986, il rentra d'exil et fut emprisonné jusqu'en 1993.

Bokénranef. V. Bocchoris.

bokor ou **bocor** [bɔkɔʀ] n. m. (Haïti) Prêtre du vaudou.

Bokoum (Saïdou) (né en 1945), romancier guinéen : *Chaîne* (1974), descente aux enfers dans les bas-fonds de Paris.

Boksburg, v. d'Afrique du Sud, à l'E. de Johannesburg (Gauteng); 162 890 hab. Mines d'or, houillères.

1. bol [bɔl] n. m. **1.** Petit récipient hémisphérique sans anses, destiné à contenir des liquides. *Remplir un bol de café.* – *Bol à punch :* grand récipient creux dans lequel on présente le punch. **2.** Contenu d'un bol. *Un bol de lait.* – (Afr. subsah.) *Un bol de riz au poisson. Apporter son bol,* son repas. ▷ Fig. *Prendre un (bon) bol d'air :* sortir au grand air. **3.** Fam. *Avoir du bol,* de la chance. – Fam. *En avoir ras le bol :* en avoir assez. **4.** (Afr. subsah., oc. Indien) Récipient large et creux, avec ou sans couvercle, pour servir la nourriture. **5.** (Québec) *Bol des toilettes :* V. bolle.

2. bol [bɔl] n. m. MED *Bol alimentaire :* masse que forme, au moment d'être avalé, un aliment qui a été soumis à la mastication.

Bolamba (J'ongungu Lokolé, dit Antoine-Roger) (né en 1913), écrivain du Congo-Kinshasa : contes traditionnels (*l'Échelle de l'araignée,* 1938), essai (*les Problèmes de l'évolution de la femme noire,* 1948), poèmes (*Esanzo, Chants pour mon pays,* 1955).

bolchevik [bɔlʃevik; bɔlʃəvik] n. m. **1.** HIST Partisan des thèses de Lénine, qui, au IIe Congrès du Parti ouvrier social-démocrate de Russie, en 1903, obtinrent une légère majorité contre les thèses de Martov (V. menchevik). **2.** Vieilli Communiste.

bolchevique [bɔlʃevik; bɔlʃəvik] adj. Vieilli Qui se rapporte au bolchevisme.

bolchevisme [bɔlʃevism; bɔlʃəvism] n. m. **1.** HIST Ensemble des positions idéologiques et des pratiques révolutionnaires des bolcheviks. **2.** Péjor. Communisme russe.

Bolchoï, théâtre de Moscou construit en 1824, détruit par un incendie (1853), puis reconstruit en 1856 par Alberto Cavos. Il est célèbre par ses ballets et sa troupe d'opéra.

boldo [bɔldo] n. m. BOT Arbre du Chili dont la feuille contient un alcaloïde aux propriétés thérapeutiques.

bole [bɔl] n. f. V. bolle.

bolé [bɔle] adj. et n. V. bollé.

bolée [bɔle] n. f. Contenu d'un bol. *Une bolée de cidre.*

boléro [bɔleʀo] n. m. **1.** Danse espagnole de rythme ternaire. **2.** Air sur lequel elle se danse. **3.** Veste sans manches, courte et ouverte.

bolet [bɔlɛ] n. m. Champignon basidiomycète dont le dessous du chapeau est garni de tubes accolés. (De nombr. espèces sont comestibles, d'autres sont toxiques ou allergéniques.)

bolide [bɔlid] n. m. **1.** Grosse météorite qui produit une trace fortement lumineuse en traversant les hautes couches de l'atmosphère. ▷ Fig. *Arriver en bolide, comme un bolide,* brusquement et à toute vitesse. **2.** *Par ext.* Véhicule allant à grande vitesse.

Bolívar (Simón) (1783 – 1830), général et homme polit. sud-américain. Principal protagoniste des guerres d'Indépendance des colonies espagnoles d'Amérique du Sud, il essuya d'abord plusieurs échecs (1811-1814). Après la victoire de Bayacá (1819), il fit proclamer la république de Grande-Colombie (Nouvelle-Grenade, Venezuela et, en 1822, Équateur) et libéra par la suite les États actuels de Colombie, de Bolivie et du Pérou. Impuissant à unifier l'Amérique latine (le congrès de Panamá, qu'il convoqua en 1826, fut un échec), il fut accusé de vouloir la dominer et se retira. Il mourut désespéré.

Bolivie (république de) *(República Boliviana),* État d'Amérique du Sud, entouré par le Brésil, le Pérou, le Chili, l'Argentine et le Paraguay; 1098581 km^2; 6 611 383 hab.; cap. gouv. *La Paz;* cap. admin. *Sucre.* Nature de l'État : rép. présidentielle. Langue off. : espagnol. Monnaie : boliviano (BOP). Population : Indiens (Aymaras sur les hauts plateaux, Quechuas dans les vallées), métis (27 %) et Blancs. Relig. : cathol.
Géogr. phys. et hum. – À l'O., la Bolivie andine, au climat tropical d'altitude, est formée de chaînes élevées encadrant un haut plateau (4000 m) parsemé de lacs : l'Altiplano (80 % de la pop.). À l'E., les bas pays chauds et humides de l'Oriente (70 % du territ. et 20 % de la pop.) appartiennent aux bassins de l'Amazone et du Paraguay; la colonisation agraire et l'exploitation pétrolière y progressent. La population, citadine à 50 %, a une forte croissance.
Écon. – L'agriculture occupe la moitié de la pop. active; la coca constitue la première source de revenus du pays. Gaz naturel, étain, zinc et argent excèdent 75 % des exportations légales. La crise écon. et fin. des années 80 a été sévère. L'austérité préconisée par le F.M.I. a renforcé l'agitation sociale.
Hist. – Le Haut-Pérou précolombien (qui comprenait la Bolivie actuelle) fut surtout peuplé par les Aymaras (civilisation de Tiahuanaco, Xe-XIIIe s.). Il fit partie de l'Empire inca jusqu'à la conquête espagnole (1538). Les mines d'argent du Potosí, exploitées dès 1545, enrichirent l'Europe pendant 150 ans; des milliers d'Indiens y trouvèrent la mort. Après de nombreux soulèvements du XVIe au XVIIIe s., la guerre de libération aboutit en 1825 à la fondation de la république par Bolívar et Sucre, son lieutenant. Dès lors, se succédèrent coups d'État, massacres de paysans et de mineurs par l'armée, guerres contre les pays voisins : la façade maritime fut cédée au Chili (guerre du Pacifique, 1879-1894), le Chaco au Paraguay (1935). Après le gouvernement civil de V. Paz Estenssoro (1952-1964), qui effectua la nationalisation des mines et la réforme agraire, les dictatures militaires se sont succédé. Le mouvement de guérilla fondé par «Che» Guevara (tué en 1967) fut anéanti. Les élections de 1982 ont rendu le pouvoir aux civils, mais le malaise économique et social ne se dissipe pas.

bolivien, enne [bolivjɛ̃, ɛn] adj. De Bolivie. ▷ Subst. *Un(e) Bolivien(ne).*

Böll (Heinrich) (1917 – 1985), romancier allemand, peintre critique de l'Allemagne d'après-guerre : *l'Honneur perdu de Katharina Blum* (1974). P. Nobel 1972.

Bolland (Jean) (1596 – 1665), jésuite de la principauté de Liège qui poursuivit l'établissement des *Acta* sanctorum*. Ses disciples, les *bollandistes,* achevèrent cette œuvre.

bolle ou **bole** [bɔl] n. f. (Québec) *La bolle* ou *bole* (ou *le bol*) *de toilette* ou *des toilettes :* la cuvette des cabinets. ▷ Fig. fam. Tête. *Se cogner, se péter la bolle contre qqch. Avoir mal à la bolle.* – Personne très douée, très intelligente. *Ce gars, c'est une bolle, toute une bolle!* (V. bollé.)

bollé ou **bolé, ée** [bɔle] adj. et n. (Québec) Fam. Se dit d'une personne très douée, très intelligente. *Être bollé en maths.* (V. bolle.)

Bologne, v. d'Italie; 445140 hab.; ch.-l. de l'Émilie-Romagne. Industr. alim., métall., chim. – Archevêché. – Très anc. université (XIIe s.); foyer artistique dès le XVIe s. Mon. du Moyen Âge et de la Renaissance (portiques).

Bologne (Jean de). V. Giambologna.

bolon [bolɔ̃] n. m. HYDROL (Courant au Sénégal) Chenal de marée dans les zones de mangroves. *Des bolons bordés de palétuviers.*

Boloven (plateau des), plateau gréseux recouvert de basalte, situé dans le S. du Laos, entre le Mékong à l'O et le Kong à l'E.

Boltzmann (Ludwig) (1844 – 1906), physicien autrichien; pionnier de la thermodynamique. ▷ PHYS La *constante de Boltzmann (k)* est le quotient R/N, R étant la constante des gaz parfaits et N le nombre d'Avogadro.

Bolzano (Bernhard) (1781 – 1848), logicien et mathématicien tchèque d'origine italienne.

Boma (djebel), rég. montagneuse du S.-E. du Soudan.

bombacacées [bɔ̃bakase] n. f. pl. BOT Famille de plantes dicotylédones comprenant des arbres gigantesques des régions intertropicales (baobab, kapokier). – Sing. *Une bombacacée.*

bombage [bɔ̃bɑʒ] n. m. Action de bomber (sens 1 et 2).

bombance [bɔ̃bɑ̃s] n. f. Bonne chère en abondance, ripaille. *Faire bombance.*

bombardement [bɔ̃baʀdəmɑ̃] n. m. **1.** Action de bombarder, d'attaquer par bombes ou obus. *Un bombardement aérien.* **2.** PHYS Action de diriger un faisceau de particules (le plus souvent accélérées par un accélérateur de particules) sur une cible matérielle en vue de produire des rayonnements divers, ou sur un noyau en vue de provoquer des réactions nucléaires. ▷ TECH *Soudage par bombardement électronique.*

bombarder [bɔ̃baʀde] v. tr. [1] **1.** Attaquer à coups de bombes. *Bombarder une ville.* **2.** Lancer (des projectiles) en grand nombre sur (qqn, qqch). *Les enfants bombardaient de cailloux une vieille boîte de conserve.* ▷ Fig., fam. Accabler. *Il me bombarde de coups de téléphone.* **3.** PHYS Soumettre à un bombardement de particules. **4.** Fig., fam. Revêtir (qqn) avec précipitation d'un titre, d'une fonction, d'une dignité. *On l'a bombardé ambassadeur.*

bombardier [bɔ̃baʀdje] n. m. **1.** Avion de bombardement. **2.** ENTOM Nom de différents insectes qui projettent une sécrétion caustique sur l'agresseur lorsqu'ils sont attaqués.

Bombay (auj. *Mumbai*), deuxième ville et premier port de l'Inde; cap. du Mahārāshtra, sur la côte ouest du Dekkan; 9990000 hab. La riche communauté parsi et les Brit. firent de la ville un grand centre écon. L'E. (docks, usines, quartiers pop.) s'oppose à l'O., sur la baie (quartiers riches de Marine Drive et de Malabar Hill); le N., plus industriel, attire la masse des déshérités. Très import. centre industriel (textile, notam.). Aéroport. – Le développement de la ville commença au XVIIe s. (possession de la Compagnie des Indes orient. de 1668 à 1783).

1. bombe [bɔ̃b] n. f. Fam. *Faire la bombe :* manger, boire, se réjouir.

2. bombe [bɔ̃b] n. f. **I. 1.** Projectile explosif qu'on lançait autref. avec un canon, qu'on largue auj. d'avion. *Bombe atomique*.* ▷ *Bombe thermonucléaire*,* qu'un missile projette sur sa cible. **2.** *Par ext.* Projectile ou engin explosif. *Une bombe à retardement.* **II.** Par anal. **1.** *Bombe glacée :* glace moulée. **2.** *Bombe calorimétrique :* appareil isolé thermiquement qui mesure le pouvoir calorifique des corps ou les quantités de chaleur accompagnant les réactions chimiques telles que les combustions. **3.** GEOL Projection volcanique solidifiée. **4.** EQUIT Casquette de cavalier. **5.** *Bombe aérosol* ou, absol., *bombe :* récipient dans lequel un liquide destiné à être pulvérisé est maintenu sous pression par un gaz comprimé.

bombé, ée [bɔ̃be] adj. Convexe. *Un verre bombé. Il a le front bombé.*

bombement [bɔ̃bmɑ̃] n. m. Convexité, renflement.

bomber [bɔ̃be] v. [1] **1.** v. tr. Rendre convexe. *Bomber une tôle.* – Fig. *Bomber le torse :* prendre un air avantageux. **2.** v. tr. Écrire, dessiner (sur les murs) avec une peinture en bombe. **3.** v. intr. Devenir convexe. *Ce panneau bombe.*

bombonne [bɔ̃bɔn] n. f. V. bonbonne.

bombyx [bɔ̃biks] n. m. ENTOM Nom de divers papillons nocturnes. *La chenille du bombyx du mûrier est le ver à soie.*

bôme [bom] n. f. MAR Espar horizontal sur lequel est enverguée une voile aurique, au tiers ou triangulaire.

bomme [bɔm] n. f. GYM Agrès constitué d'une poutre horizontale dont le côté plat sert aux exercices d'équilibre et le côté arrondi, aux exercices de suspension. (Un dispositif permet de retourner cet agrès en fonction des exercices prévus.)

1. bon, bonne [bɔ̃, bɔn] adj., adv. et interj. **A.** adj. **I. 1.** Qui a les qualités propres à sa destination, qui est utile. *Avoir de bons yeux, une bonne digestion. Donner de bons conseils.* – Loc. fig. *Avoir bon pied*, bon œil.* ▷ Loc. *Il est bon de, bon que... :* il est utile de, que... *Croire, juger, trouver bon.* – *Rien de bon :* rien qui vaille. **2.** Qui a acquis un certain degré de perfection dans un travail, un métier, une science. *Un bon élève. Un bon nageur. Il est bon en anglais.* Syn. sûr, capable, compétent. **3.** Qui possède une valeur intellectuelle ou artistique. *Un bon livre.* **4.** Conforme aux règles morales ou sociales. *Avoir bon esprit. Un jeune homme de bonne famille. Le bon droit.* Syn. équitable, juste, droit, honnête, correct. **5.** Agréable. *De la bonne cuisine.* – (Formule de vœux.) *Souhaiter la bonne année. Bon appétit!* ▷ (Afr.subsah.) *Bonne arrivée! :* syn. de *bienvenue!* **6.** Spirituel, amusant. *Un bon mot.* – *Elle est bien bonne! :* elle est très drôle, en parlant d'une histoire; (par antiphrase) c'est déplaisant, surprenant, en parlant d'un événement. ▷ Subst. Fam. *En avoir de bonnes :* exagérer, plaisanter. **7.** Aimable; simple. ▷ Loc. *Bon enfant*.* – *Bon vivant*.* **8.** Juste, correct. *Avoir un bon jugement. Ce calcul est bon. Écrire en bon français. Arriver au bon moment.* – (Suisse) *Bon allemand :* allemand courant, par oppos. aux dialectes alémaniques. **9.** Loc. *Bon pour :* qui convient à. *Un médicament bon pour le foie.* ▷ *Bon pour le service :* apte à faire son service (militaire). – Fam. *Être bon pour... :* ne pas pouvoir échapper à... *Je suis bon pour un rhume avec ce froid!* ▷ *Bon à :* propre à. *Il n'est bon à rien :* il est incapable de faire quoi que ce soit d'utile. ▷ (Belgique) *Avoir (qqch) de bon,* l'avoir en réserve. *J'ai cinquante francs de bon.* **II. 1.** Qui aime faire le bien (personnes). *«Un sot n'a pas assez d'étoffe pour être bon»* (La Rochefoucauld). **2.** De disposition agréable; bienveillant, poli. *Être de bonne humeur. De bon gré. Bon accueil.* **3.** Qui montre de la bonté. *Avoir bon cœur. Un homme bon. Une bonne action.* ▷ *Ce bon monsieur de La Palice.* **III. 1.** Très important. *Une bonne quantité. Cela fait un bon moment qu'il est parti.* ▷ *Une bonne fois pour toutes :* définitivement. ▷ *Arriver bon premier :* le premier loin devant les autres. **2.** (Par antiphrase.) Fort, violent. *Il a pris une bonne correction.* ▷ Loc. *Une (bien) bonne :* une chose surprenante. *Je vais t'en raconter une bonne!* **B.** adv. **1.** adv. de manière. *Sentir bon. Tenir bon :* résister fermement. *Il fait bon :* la température est agréable. *Il fait bon* (+ inf.) : il est agréable de. *Il fait bon marcher.* – (Négativement) *Il ne fait pas bon s'y frotter :* on risque des désagréments à le mécontenter. ▷ (Suisse) (Joint à un adj.) Très. *Il fait bon chaud.* **2.** Loc. adv. *À quoi bon? :* à quoi sert-il de...? *À quoi bon tant de discours?* ▷ *Pour de bon :* réellement (litt. *tout de bon*). *Se fâcher pour de bon.* ▷ (Suisse) *Tout de bon :* formule de souhait que l'on prononce en prenant congé. ▷ Fam. *À la bonne :* en sympathie. *Elle m'a à la bonne.* **3.** Loc. adv. (Afr. subsah.) Fam. *Bien bon :* beaucoup, très bien. *Son père l'a bastonné bien bon.* **C.** interj. **1.** *Bon! :* marque la satisfaction. **2.** Marque la surprise, la déception. *Allons bon!* **3.** Marque le mécontentement, la restriction ironique. *Je n'ai pas fini.* – *Bon, voilà autre chose!* **4.** *C'est bon! :* assez! – N.B. Le comparatif de supériorité de *bon* est *meilleur. Bon* épithète est en général placé avant le nom.

2. bon [bɔ̃] n. m. **I. 1.** Ce qui est bon. *Le beau et le bon.* ▷ Loc. *Bon à tirer :* autorisation d'imprimer donnée par l'auteur ou l'éditeur à l'imprimeur. **2.** Ce qui est avantageux, important, intéressant. *Le bon de l'affaire. Avoir du bon :* offrir des avantages. **3.** Personne qui a de la bonté. *Les bons et les méchants.* **II.** Autorisation écrite permettant à quelqu'un de toucher de l'argent, de recevoir un objet, une marchandise, etc. *Un bon de caisse de vingt mille francs. Bon du Trésor :* obligation émise par le ministère des Finances. ▷ (Afr. subsah.) *Bon pour :* reconnaissance de dette.

Bon (cap), péninsule au N.-E. de la Tunisie (gouvernorat de Nabeul), dirigée vers la Sicile; région extrêmement fertile.

bonace [bɔnas] n. f. MAR Calme plat.

Bonald (Louis, vicomte de) (1754 – 1840), philosophe et homme politique français. Catholique, monarchiste, il combattit les idées nouvelles.

Bonaparte (à l'origine *Buonaparte*), famille française originaire d'Italie et établie en Corse au XVIe s. — **Charles Marie** (1746 – 1785), avocat corse, époux de **Maria Letizia Ramolino** (1750 – 1836), qui fut sous l'Empire *Madame Mère.* De cette union, huit enfants survécurent : — **Joseph** (1768 – 1844), roi de Naples de 1806 à 1808, roi d'Espagne de 1808 à 1813. — **Napoléon** (V. Napoléon Ier). — **Lucien** (1775 – 1840), président du Conseil des Cinq-Cents, joua un rôle décisif lors du coup d'État du 18 Brumaire. Il fut prince de Canino. — **Maria-Anna,** dite Élisa (1777 – 1820), fut grande-duchesse de Toscane. — **Louis** (1778 – 1846), époux d'Hortense de Beauharnais, roi de Hollande de 1806 à 1810, père de Louis Napoléon (V. Napoléon III). — **Marie-Paulette,** dite Pauline (1780 – 1825), veuve du général Leclerc en 1802, épouse du prince Borghèse en 1803, duchesse de Guastalla en 1806. — **Marie-Annonciade,** dite Caroline (1782 – 1839), épouse de Murat, roi de Naples de 1808 à 1815. — **Jérôme** (1784 – 1860), roi de Westphalie de 1807 à 1813; fait maréchal de France en 1850.

Bonaparte (Marie) (1882 – 1962), psychanalyste française, cofondatrice de la Société psychanalytique de Paris (1926) : *la Sexualité de la femme* (1951).

bonapartiste [bɔnapaʀtist] adj. (et n.) Qui est attaché au régime impérial fondé par Napoléon Bonaparte et à sa dynastie.

bonasse [bɔnas] adj. Bon jusqu'à la niaiserie; simple et sans malice.

Bonaventure (Giovanni Fidanza, saint) (1217 – 1274), théologien italien; il fut surnommé le Docteur séraphique.

bonbon [bɔ̃bɔ̃] n. m. **1.** Petite friandise faite avec du sucre. **2.** (Afr. subsah., Belgique) Petit gâteau sec. **3.** (Antilles fr.) Gros gâteau bon marché, qui se vend découpé en portions. **4.** (oc. Indien) Gâteau ou beignet sucré. **5.** (Afr. subsah.) *Bonbon glacé :* bâtonnet de glace faite de sirop coloré et d'eau.

bonbonne ou **bombonne** [bɔ̃bɔn] n. f. Grosse bouteille servant à garder et à transporter de l'huile, des acides, etc. *Une bonbonne de verre.* ▷ *Une bonbonne de gaz* ou absol. (Belgique, Luxembourg) *une bonbonne,* emplie de gaz.

bonbonnière [bɔ̃bɔnjɛʀ] n. f. **1.** Boîte à bonbons. **2.** Fig. Petit appartement arrangé avec recherche.

bond [bɔ̃] n. m. **1.** Saut brusque. *Faire un bond. Les bonds d'un tigre.* **2.** Rejaillissement, rebondissement d'un corps inerte. ▷ Fig. *Saisir la balle* au bond.* – *Faire faux bond :* manquer à une promesse, décevoir l'attente.

bonde [bɔ̃d] n. f. **1.** Ouverture par laquelle s'écoule l'eau d'un étang, d'un réservoir. – Pièce qui obture cet orifice. *Hausser, lâcher la bonde.* **2.** Trou fait à un tonneau pour le remplir et le vider; le bouchon en bois qui le bouche.

bondé, ée [bɔ̃de] adj. Rempli (de gens). *Un autobus bondé.*

bondelle [bɔ̃dɛl] n. f. (Suisse) Poisson des lacs de Neuchâtel et de Bienne, très estimé pour sa chair.

bondérisation [bɔ̃deʀizasjɔ̃] n. f. TECH Protection des métaux contre la rouille par un traitement de surface à base de phosphates.

bondieuserie [bɔ̃djøzʀi] n. f. Fam., péjor. **1.** Dévotion outrée. **2.** Objet de piété de mauvais goût.

bondir [bɔ̃diʀ] v. intr. [3] **1.** Faire des bonds, sauter. *Chien qui bondit.* **2.** S'élancer. *Bondir au secours de quelqu'un.* **3.** Fig. Tressaillir. *Mon cœur bondit de joie. Cela me fait bondir,* me scandalise.

bondissement [bɔ̃dismɑ̃] n. m. Mouvement de ce qui bondit.

bonduc [bɔ̃dyk] n. m. BOT Arbuste épineux buissonnant (fam. césalpiniacées) du littoral des régions tropicales, utilisé en médecine traditionnelle.

Bône. V. Annaba.

1. bongo [bɔ̃go] n. m. ZOOL Grande antilope des forêts équatoriales d'Afrique, à la robe rousse striée de bandes blanches.

2. bongo [bɔ̃go] n. m. Instrument de percussion d'origine cubaine, composé de deux petits tambours juxtaposés, recouverts de peau sur un seul côté.

Bongo (Albert Bernard, puis Omar) (né en 1935), homme politique gabonais. En 1967, il succéda comme président de la Rép. à Léon M'Ba, décédé. En 1973, il se convertit à l'islam (adoptant le prénom Omar) et fut réélu prés., ainsi qu'en 1979, 1986 et 1993. En 1990, il avait autorisé le multipartisme.

Bongor, v. du S.-O. du Tchad, sur la riv. Logône; 69000 hab. Ch.-l. de la préf. de Mayo-Kebbi. Centre agricole. Pêche.

bonheur [bɔnœʀ] n. m. **1.** Événement heureux, hasard favorable, chance. *Cet héritage est un bonheur inespéré.* – *Porter bonheur :* favoriser, faire réussir. – *Au petit bonheur :* au hasard. – *Par bonheur :* heureusement. *Par bonheur, il est venu.* **2.** État de bien-être, de félicité. *Au comble du bonheur. Faire le bonheur de quelqu'un,* le rendre heureux. **3.** *Par ext.* Ce qui rend heureux. *J'ai eu le bonheur de vous rencontrer* (formule de politesse). – Prov. *Le malheur des uns fait le bonheur des autres.*

Bonhoeffer (Dietrich) (1906 – 1945), pasteur et théologien allemand, adversaire du nazisme.

bonhomie [bɔnɔmi] n. f. Bonté et simplicité; bienveillance. *Un vieillard plein de bonhomie.*

bonhomme [bɔnɔm], plur. **bonshommes** [bɔ̃zɔm] n. m. (et adj. inv.) **1.** Vieilli Homme simple, doux, naïf. ▷ adj. inv. Simple, doux, naïf. *Il a des aspects bonhomme.* **2.** Fam., péjor. Homme. *Qui est ce bonhomme?* **3.** Terme d'affection (en parlant à un petit garçon). *Mon petit bonhomme!* **4.** Figure humaine grossièrement dessinée ou façonnée. *Un bonhomme de neige.* – *Bonhomme Carnaval :* V. carnaval. – (Québec) *Bonhomme sept heures :* croquemitaine, personnage invoqué pour que les enfants aillent au lit. **5.** Loc. *Aller son petit bonhomme de chemin :* vaquer tranquillement à ses affaires.

boni [bɔni] n. m. Excédent, bénéfice dans une opération financière; supplément. *Des bonis.*

Boni (Nazi) (1912 – 1969), écrivain et homme politique burkinabé. Son unique roman, *Crépuscule des temps anciens* (1962), conte trois siècles d'histoire avant la colonisation.

bon(n)iche [bɔniʃ] n. f. Péjor., vieilli Bonne, employée de maison.

Boniface VIII (Benedetto Caetani) (v. 1235 – 1303), pape de 1294 à 1303; il eut de violents démêlés avec le roi de France Philippe IV le Bel.

Bonifacio, com. de France (Corse-du-Sud), sur la Médit., séparée de la Sardaigne par le *détroit* (ou *bouches*) *de Bonifacio;* 2 701 hab.

1. bonification [bɔnifikasjɔ̃] n. f. **1.** Avantage accordé sur le taux d'intérêt d'un emprunt. **2.** SPORT Points supplémentaires accordés à un concurrent, à une équipe.

2. bonification [bɔnifikasjɔ̃] n. f. Amélioration. *Bonification d'une terre.*

1. bonifier [bɔnifje] v. tr. [2] Accorder une bonification sur un taux d'intérêt. – Pp. adj. *Emprunt bonifié.*

2. bonifier [bɔnifje] v. [2] **1.** v. tr. Rendre meilleur, améliorer. *Le fumier bonifie la terre.* **2.** v. pron. Devenir meilleur. *Le vin se bonifie en vieillissant.*

boniment [bɔnimɑ̃] n. m. **1.** Discours tenu en public par les camelots, les bateleurs, etc. **2.** Fam. Propos mensonger.

bonimenteur, euse [bɔnimɑ̃tœʀ, øz] n. Personne qui fait des boniments.

bonite [bɔnit] n. f. ICHTYOL Nom donné à différents poissons voisins des thons.

bonitier [bonitje] n. m. (Polynésie fr.) Petit bâteau de pêche à moteur, utilisé pour capturer à la ligne des bonites.

Bonivard ou **Bonnivard** (François de) (1493 – 1570), patriote genevois. Il lutta pour l'indépendance de Genève contre le duc de Savoie, qui le fit enfermer de 1530 à 1536 au château de Chillon. Il est le héros du poème de Byron, *le Prisonnier de Chillon.*

bonjour [bɔ̃ʒuʀ] n. m. Salutation qui signifie littéralement «heureuse journée», mais qu'on emploie sans distinction d'heure. *Il lui souhaite le bonjour. Dire bonjour à qqn.* – (France rég., Québec) Salutation employée dans la journée quand on quitte qqn. ▷ Loc. *Facile, simple comme bonjour :* très facile.

bonjour-bonsoir [bɔ̃ʒuʀbɔ̃swaʀ] n. m. (Afr. subsah.) Pervenche* de Madagascar. *Des bonjours-bonsoirs.*

Bonn, ville d'Allemagne (Rhén.-du-N.-Westphalie), sur le Rhin; 288 000 hab. Port fluvial. Ville résidentielle et universitaire. Cap. de la R.F.A. de 1949 à 1990. – Collégiale romane (XIe-XIIIe s., cloître du XIIe s.). Maison natale de Beethoven; musées.

Bonnard (Pierre) (1867 – 1947), peintre, graveur et affichiste français. Il fit de la couleur la marque lyrique, intimiste et sensuelle du monde sensible.

bonne [bɔn] n. f. **1.** Servante, domestique. – *Bonne d'enfants,* chargée de préparer leurs repas, de veiller à leur hygiène, à leur sécurité, etc. Syn. (oc. Indien) nénène. **2.** *Bonne à tout faire* ou (cour.) *bonne :* employée de maison nourrie, logée et rétribuée qui s'occupe des travaux domestiques. Syn. (Afr. subsah.) boyesse, (Madag.) ramatou.

Bonne-Espérance (cap de), pointe mérid. de l'Afrique, découverte en 1487 par Bartolomeu Dias, qui l'appela *cap des Tempêtes.* En 1497 Vasco de Gama le doubla. S'étendant au S. de la ville du Cap, il abrite la base navale de Simonstown. Le cap des Aiguilles, à 150 km plus à l'E., constitue l'extrême pointe de l'Afrique.

bonnement [bɔnmɑ̃] adv. Simplement. *Je vous le dis tout bonnement.*

bonnet [bɔnɛ] n. m. **1.** Coiffure sans rebord. *Bonnet en laine. Bonnet de nuit,* qu'on mettait pour dormir. – *Bonnet phrygien :* coiffure rouge retombant sur le côté adoptée par les révolutionnaires de 1789 et devenue l'emblème de la République française. – *Bonnet d'âne :* coiffure à longues oreilles qu'on mettait aux élèves punis. – *Bonnet de bain :* coiffure imperméable qui empêche les cheveux d'être mouillés. **2.** Loc. fig. *Opiner* du bonnet.* – *Avoir la tête près du bonnet :* être prompt à se fâcher. – *Prendre sous son bonnet :* prendre sous sa responsabilité. – Fam. *Un gros bonnet :* un personnage important. – *C'est bonnet blanc et blanc bonnet :* il n'y a pas de différence. (V. c'est chou* vert et vert chou.) **3.** Deuxième estomac des ruminants. **4.** Chacune des deux poches d'un soutien-gorge.

Bonnet (Charles) (1720 – 1793), naturaliste et philosophe genevois. Il découvrit la parthénogenèse des pucerons (1740) et fut un précurseur de la psychologie expérimentale.

bonneteau [bɔnto] n. m. Jeu de hasard et d'escamotage qui se joue avec trois cartes ou trois gobelets.

bonneterie [bɔnɛtʀi] n. f. **1.** Industrie ou commerce des articles en tissu à mailles (lingerie, sous-vêtements, chaussettes, etc.). **2.** Ces articles. **3.** Boutique d'un bonnetier.

bonnetier, ère [bɔntje, ɛʀ] n. **1.** Personne qui fabrique ou vend de la bonneterie. **2.** n. f. Petite armoire.

bonnette [bɔnɛt] n. f. **1.** FORTIF Ouvrage formant saillie avancé au-delà du glacis. **2.** MAR Petite voile en forme de trapèze, que l'on ajoute aux autres voiles par temps calme. **3.** OPT Partie de la monture d'un oculaire servant d'appui à l'œil d'un observateur. ▷ Lentille additionnelle d'un objectif.

bonniche [bɔniʃ] n. f. V. boniche.

Bonnivard (François de). V. Bonivard.

Bonnot (Jules Joseph) (1876 – 1912), anarchiste français; abattu par la police. Les attaques à main armée rendirent célèbre la *bande à Bonnot.*

bonsaï ou **bonzaï** [bɔ̃nzaj] n. m. Arbre ou arbuste miniaturisé selon une technique et un art japonais.

bon sens [bɔ̃sɑ̃s] n. m. V. sens.

bonsoir [bɔ̃swaʀ] n. m. **1.** Formule de salutation employée le soir. – Fig., fam. *Bonsoir! :* c'est fini. *Tout est dit, bonsoir!* **2.** (Afr. subsah.) Formule de salutation employée dès le début de l'après-midi.

Bonstetten (Charles Victor de) (1745 – 1832), écrivain suisse. Familier de Mme de Staël, il écrivit en français des essais : *Recherches sur la nature et les lois de l'imagination* (1807), *l'Homme du Midi et l'Homme du Nord* (1824).

bonté [bɔ̃te] n. f. **1.** Rare (En parlant de choses.) Qualité de ce qui est bon. *La bonté d'une terre.* **2.** (En parlant de personnes.) Qualité qui pousse à faire le bien, à être bon envers autrui. *Recourir à la bonté de quelqu'un.* **3.** (Formule de politesse.) *Ayez la bonté de...* – Iron. *Ayez la bonté de vous taire.* **4.** (Plur.) Actes de bonté, de bienveillance, d'amabilité. *Avoir des bontés pour quelqu'un.*

bonus [bɔnys] n. m. **1.** Réduction du montant de la prime d'une assurance automobile accordée à un conducteur qui n'a pas été responsable d'accident pendant un certain laps de temps. Ant. malus. **2.** Gratification accordée par une entreprise à un salarié, représentant une participation aux bénéfices.

bonzaï [bɔ̃nzaj] n. m. V. bonsaï.

bonze [bɔ̃z] n. m. **1.** Moine bouddhiste. **2.** Fig., fam. Personnage officiel d'une solennité ridicule. **3.** Fam. (Souvent péjor.) *Bonze* ou *vieux bonze :* vieillard.

bonzerie [bɔ̃zʀi] n. f. Annexe, dépendance où logent les bonzes (sens 1).

boogie-woogie [bugiwugi] n. m. MUS Style de jazz proche du be-bop. *Des boogie-woogies.*

bookmaker [bukmekœʀ] n. m. Personne qui prend et inscrit les paris sur les courses de chevaux.

Boole (George) (1815 – 1864), mathématicien et logicien anglais. *L'algèbre de Boole* codifie les opérations et fonctions logiques.

booléen, enne [buleẽ, ɛn] adj. MATH Qui concerne l'algèbre de Boole. *Logique booléenne.*

boom [bum] n. m. Syn. de *boum.*

boomer [bumœʀ] n. m. AUDIOV Haut-parleur pour les sons graves.

boomerang [bumʀɑ̃g] n. m. **1.** Arme des aborigènes d'Australie, lame de bois recourbée qui revient vers celui qui l'a lancée si elle n'atteint pas son but. ▷ Fig. (En appos.) *Son mensonge a eu un effet boomerang.* **2.** Volant ayant la forme de cette arme, employé pour le jeu ou le sport. – Sport utilisant un tel volant.

Boon (Louis Paul) (1912 – 1979), écrivain belge d'expression néerlandaise. Hostile aux bien-pensants, il a décrit avec verve la Flandre et les milieux ouvriers : *Le faubourg grandit* (1941), *Ma petite guerre* (1946), *Été à Termuren* (1956), *Pieter Daens* (1971).

Boone (Daniel) (1734 – 1820), aventurier américain qui colonisa, notam., le Kentucky. Sa vie inspira F. Cooper.

Booth (William) (1829 – 1912), prédicateur et réformateur anglais. Il fonda en 1864 la Mission chrétienne, qui devint en 1878 l'Armée du Salut.

Boothia (péninsule de), péninsule du N. du Canada (Territ. du N.-O.), séparée de la terre de Baffin par le *golfe de Boothia.*

boots [buts] n. (m. ou f.) pl. (Anglicisme) Bottes courtes.

Booz, personnage biblique; époux de Ruth, bisaïeul de David.

bop [bɔp] n. m. V. be-bop.

Bophuthatswana, ensemble de districts de l'Afrique du Sud, dans la prov. du Nord-Ouest, qui correspond à un anc. bantoustan (1959-1994, «indépendant» en 1977) dont les diverses parcelles se situaient au N. du Vaal.

Bopp (Franz) (1791 – 1867), linguiste allemand, un des fondateurs de la grammaire comparée.

boqué, ée [bɔke] adj. (Québec) Fam. Récalcitrant, boudeur.

boquer [bɔke] v. intr. [1] (Québec) Fam. Refuser d'obéir. *Cheval qui boque.* ▷ v. pron. Se buter. *Enfant qui se boque.*

boqueteau [bɔkto] n. m. Petit bois.

Bór (Tadeusz Komorowski, dit) (1895 – 1966), général polonais. Chef de l'armée secrète (1943), il déclencha l'insurrection de Varsovie (1er août 1944).

Bora Bora, île volcanique de la Polynésie française (archipel de la Société), au N.-O. de Tahiti; 38 km^2; 2572 hab.

borasse [bɔʀas] n. m. BOT Grand palmier d'Afrique et d'Inde aux feuilles en éventail, au bois imputrescible, dont le bourgeon et les fruits (*rones*) sont comestibles. *La sève du borasse fournit un vin de palme.* Syn. (Afr. subsah.) rônier.

borate [bɔʀat] n. m. CHIM Sel ou ester de l'acide borique.

boraté, ée [bɔʀate] adj. CHIM Qui contient de l'acide borique.

borax [bɔʀaks] n. m. CHIM Borate de sodium hydraté ($Na_2B_4O_7.10H_2O$), utilisé notamment comme décapant en soudure.

borborygme [bɔʀbɔʀigm] n. m. **1.** Gargouillement produit par le déplacement des gaz dans le tube digestif. **2.** Fig., péjor. (souvent plur.) Paroles incompréhensibles.

bord [bɔʀ] n. m. **I. 1.** Extrémité, limite d'une surface. *Le bord de la mer. Le bord d'un chemin. – Un verre plein à ras bord.* **2.** Ce qui borde. *Un feutre à larges bords.* ▷ Ruban, galon sur le pourtour d'un vêtement. ▷ Loc. adv. *Bord à bord :* en mettant les bords l'un contre l'autre, sans les superposer. **3.** (Québec) Cour. Côté, direction (au sens large). *Traverser de l'autre bord de la rue. Mettre un objet de l'autre bord,* le retourner. *De quel bord arrive-t-il?* ▷ Loc. fam. *Prendre le bord de,* la direction de. – *Prendre le bord :* partir subitement, s'enfuir. **4.** Loc. fig. *Au bord de :* très près de. *Avoir un mot au bord des lèvres :* être prêt à le dire. *Être au bord des larmes, de la tombe.* – (Québec) *Être* ou *venir sur le bord de :* être sur le point de (faire qqch). ▷ Fam. *Sur les bords :* légèrement. **II. 1.** MAR Côté d'un navire, d'un vaisseau. *Faire feu des deux bords. Virer de bord :* changer d'amures. *Passer par-dessus bord :* tomber à la mer. **2.** *Par ext.* Le navire même. *Dîner à bord. Livre de bord.* **3.** Fig. Parti, opinion. *Nous sommes du même bord.* – *Virer de bord :* changer de parti, d'opinion.

bordage [bɔʀdaʒ] n. m. **1.** MAR Revêtement appliqué sur les membrures d'un navire. **2.** Plur. (Québec) Bordure de glace qui se forme en hiver sur les rives des cours d'eau.

bordé [bɔʀde] n. m. MAR Ensemble des bordages.

bordeaux [bɔʀdo] n. m. et adj. inv. **1.** n. m. Vin produit dans la région de Bordeaux. **2.** adj. inv. D'une couleur proche de celle des vins rouges de Bordeaux (rouge foncé).

Bordeaux, v. de France, ch.-l. de la Rég. Aquitaine et du dép. de la Gironde, sur la Garonne; 213274 hab. (env. 696400 hab. dans l'aggl.). Grand port de comm. Aéroport. Centre du comm. des vins de Bordeaux. Industries. – La ville fut la cap. des Bituriges, puis d'une prov. romaine (370-507). Elle se développa sous la domination angl. (1154-1453), grâce au comm. des vins. Au XVIIIe s., la traite des Noirs, associée au comm. avec les Antilles, lui rendit sa prospérité. Le gouv. s'y installa en 1870, 1914 et 1940. – Ruines romaines (palais Gallien, amphithéâtre). Nombr. égl. des XIIe-XVe s.

bordée [bɔʀde] n. f. **1.** MAR Décharge simultanée de tous les canons du même bord d'un navire. ▷ Fig. *Une bordée d'injures.* **2.** Moitié de l'équipage d'un navire. **3.** MAR Chemin que parcourut un navire qui louvoie entre deux virements de bord. **4.** Fig., fam. *Être en bordée,* en escapade. **5.** (Québec) *Bordée (de neige) :* abondante chute de neige.

bordel [bɔʀdɛl] n. **1.** n. m. Vulg. Lieu de prostitution. **2.** n. m. Fig., très fam. Désordre. **3.** n. f. (Afr. subsah.) V. bordelle.

Bordelais, rég. viticole d'Aquitaine (France), autour de Bordeaux.

bordélique [bɔʀdelik] adj. Fam. Particulièrement désordonné. *Organisation bordélique. Un type bordélique.*

bordelle ou **bordel** [bɔʀdɛl] n. f. (Afr. subsah.) Péjor., vulg. Prostituée.

Borden (sir Robert Laird) (1854 – 1937), homme politique canadien. Premier ministre (1911-1920), il engagea son pays dans la Première Guerre mondiale (1914) et fit adopter la conscription obligatoire (1917).

border [bɔʀde] v. tr. [1] **1.** Servir de bord, longer. *Le quai borde la rivière.* **2.** Garnir le bord d'une chose pour l'orner, la renforcer. *Border de fourrure un manteau. – Border un lit :* rentrer le bord des draps et des couvertures sous le matelas. – Par ext. *Border qqn (dans son lit).* **3.** MAR *Border une voile :* en raidir les écoutes. ▷ *Border un navire :* revêtir ses membrures de bordages.

bordereau [bɔʀdəʀo] n. m. État détaillé d'articles, de pièces d'un dossier, d'opérations effectuées.

Bordet (Jules) (1870 – 1961), médecin et microbiologiste belge. Il a mis au point avec A. Wassermann la réaction sérologique de détection de la syphilis. P. Nobel de médecine 1919.

bordier, ère [bɔʀdje, ɛʀ] adj. et n. m. **1.** adj. GEOGR Qui borde. *Mer bordière d'un océan.* **2.** n. m. (Suisse) Syn. de *riverain.*

bordj ou **borj** [bɔʀʒ] n. m. (Maghreb) Bastion, fort, poste fortifié, militaire ou administratif.

Bordj bu Areridj *(Burğ bū Arārīğ),* v. d'Algérie à l'O. de Sétif, au pied des monts du Hodna; 87650 hab.; ch.-l. de la wil. du m. nom.

Bordj el-Kifan *(Burğ al-Kifan)* (anc. *Fort-de-l'Eau*), ville d'Algérie (wil. d'Alger); 46590 hab. Station balnéaire.

Borduas (Paul-Émile) (1905 – 1960), peintre québécois, princ. animateur du mouvement des Automatistes*.

bordure [bɔʀdyʀ] n. f. **1.** Ce qui orne, marque, renforce le bord. *La bordure d'une tapisserie. Une bordure de fleurs. Une bordure de trottoir.* **2.** MAR *Bordure d'une voile,* son côté inférieur. **3.** *En bordure de :* au bord de.

bore [bɔʀ] n. m. CHIM Élément non métallique (B), de numéro atomique Z = 5, utilisé comme élément d'addition dans les aciers pour améliorer certaines de leurs propriétés.

boréal, ale, aux [bɔʀeal, o] adj. Du Nord, septentrional. *Hémisphère boréal. Mers boréales. Aurore* boréale.*

Borée, dieu grec du Vent du nord, fils d'un Titan et de l'Aurore.

Borel (Pierre Joseph Borel d'Hauterive, dit Pétrus) (1809 – 1859), écrivain français, chef de file des «petits romantiques».

Borel (Émile) (1871 – 1956), mathématicien (calcul des probabilités) et homme politique français.

Borg (Björn) (né en 1956), joueur de tennis suédois. Il domina le tennis mondial de 1976 à 1981.

Borgerhout, com. de Belgique, dans l'aggl. d'Anvers; 51000 hab. Industr. métall. et chim.; taille du diamant.

Borges (Jorge Luis) (1899 – 1986), écrivain argentin. Ses récits, dont l'érudition imaginaire joue un grand rôle, relèvent des genres fantastique, policier, et de la philosophie : *Fictions* (1944), *Labyrinthes* (1949), *l'Aleph* (1950), etc.

Borghèse, famille italienne venue de Sienne, établie à Rome au XVIe s. Elle compte le pape **Paul* V** et **Camillo Borghèse** (1775 – 1832), qui épousa Pauline Bonaparte. – À Rome furent construits : le *palais Borghèse* (1590-1607); la *villa Borghèse* (1615).

Borgia, famille italienne originaire de Borja (Espagne), établie à Rome. — **Alonso** (1378 – 1458) fut pape (Calixte III). — **Rodrigue** (1431 – 1503), neveu du précédent, fut pape (Alexandre VI). — **César** (1475 – 1507), fils du préc., cardinal, duc de Valentinois; il tenta de se constituer une principauté en Italie centrale. Il inspira *le Prince* à Machiavel. — **Lucrèce** (1480 – 1519), sœur du préc.; belle, cultivée, elle protégea les arts et les sciences. Hugo en a fait une courtisane criminelle dans son drame *Lucrèce Borgia* (1833).

borgne [bɔʀɲ] n. et adj. **1.** n. et adj. Qui n'a qu'un œil. – (Prov.) *Au royaume des aveugles, les borgnes sont rois.* **2.** adj. ARCHI Sans aucune ouverture. *Mur borgne.* **3.** adj. Fig. Obscur, mal famé. *Hôtel, rue borgne.*

Borgne d'Hérémence (la). V. Dixence (la).

borgo [bɔʀgo] n. m. (Acadie) Porte-voix. *Le prêtre chantait dans son borgo pendant la procession.*

Borinage (le), région de Belgique (Hainaut), anc. bassin houiller.

borique [bɔʀik] adj. CHIM Qualifie les composés oxygénés du bore. *Acide borique. Anhydride borique.*

boriqué, ée [bɔʀike] adj. PHARM *Eau boriquée :* solution aqueuse d'acide borique, utilisée comme antiseptique, notam. pour la désinfection des yeux.

Boris Ier (m. en 907), khan des Bulgares (852-889). Devenu chrétien, il força son peuple à se convertir. Il recueillit Cyrille et Méthode, apôtres des Slaves, et unifia son pays en le dotant d'une langue slave commune au clergé, à l'aristocratie et au peuple. — **Boris II** (v. 949 – 979), tsar de Bulgarie (969-972). Il dut se soumettre à Constantinople. — **Boris III** (1894 – 1943), roi de Bulgarie. Il régna de 1918 à 1943. Durant la Seconde Guerre mondiale, il se rangea dans le camp allemand (accord de Berchtesgaden, 1941); mais, refusant de déclarer la guerre à l'U.R.S.S., il mourut (peut-être assassiné par les nazis) au retour d'une entrevue avec Hitler.

Boris Godounov (v. 1551 – 1605), tsar de Russie de 1598 à 1605. Il exerça le pouvoir dès 1584, au nom de son beau-frère Féodor Ier, faible d'esprit. Moussorgski* l'a immortalisé dans un drame musical (1868-1872).

borj [bɔʀʒ] n. m. V. bordj.

borlette [bɔʀlɛt] n. f. (Haïti) Loterie populaire. ▷ *Banque de borlette :* établissement où l'on peut jouer à la borlette.

Born (Bertran de). V. Bertran de Born.

Born (Max) (1882 – 1970), physicien all., naturalisé brit. (1939). Fuyant le nazisme, il travailla en Inde, puis à Édimbourg. Il est un des pionniers de la mécanique quantique. P. Nobel 1954.

bornage [bɔʀnaʒ] n. m. **1.** Opération qui consiste à déterminer, puis à matérialiser par des bornes la limite entre deux terrains non bâtis. **2.** MAR Navigation côtière.

borne [bɔʀn] n. f. **1.** Marque qui matérialise sur le terrain les limites d'une parcelle. *Planter, reculer une borne.* **2.** *Borne kilométrique,* indiquant les distances en kilomètres sur les routes. ▷ Fam. Kilomètre. *C'est à trois bornes d'ici.* **3.** Grosse pierre plantée au pied d'un mur, d'un bâtiment, pour les protéger des roues des voitures. **4.** ELECTR Pièce de connexion (d'une pile à laquelle est relié un circuit extérieur). **5.** MATH *Borne supérieure d'un ensemble :* plus petit des majorants d'un ensemble; *borne inférieure d'un ensemble :* plus grand des minorants d'un ensemble. **6.** (Plur.) Limites, frontières. *Les bornes d'un État. – Un horizon sans bornes.* ▷ Fig. *Une ambition sans bornes. – Passer, dépasser les bornes :* exagérer.

borné, ée [bɔʀne] adj. **1.** Limité, restreint. **2.** Fig. Peu intelligent. *Un esprit des plus borné.*

borne-fontaine [bɔʀn(ə)fɔ̃tɛn] n. f. **1.** Petite fontaine en forme de borne. **2.** (Québec) Prise d'eau en forme de borne, réservée notam. à l'usage des pompiers. *Des bornes-fontaines.*

Bornéo, la plus grande île de l'Insulinde, la troisième du monde; 750 000 km²; environ 9 000 000 d'hab. Elle est partagée entre l'Indonésie (Kalimantan), la Malaisie (Sarawak et Sabah) et le sultanat de Brunei. Les plateaux et les montagnes (4 175 m au Kinabalu), couverts par la forêt équatoriale, sont le domaine d'ethnies nomades ou semi-nomades (Dayaks, Punans). Des populations sédentaires (Dayaks islamisés, Malais, Chinois) se concentrent sur les plaines côtières. Ressources : plantations d'hévéas et gisements de pétrole, en début d'exploitation. – L'île fut découverte par les Européens au XVIe s. Les Néerlandais, les Anglais et les Espagnols se la disputèrent aux XVIIe et XVIIIe s.

borner [bɔʀne] v. [1] **I.** v. tr. **1.** Marquer avec des bornes les limites de. *Borner un champ.* **2.** Limiter. *La mer et les Alpes bornent l'Italie. Borner la vue,* la limiter. **3.** Fig. Modérer, restreindre. *Borner ses ambitions.* **II.** v. pron. **1.** Se contenter de. *Se borner au nécessaire.* ▷ (S. comp.) Se restreindre. *Il faut savoir se borner.* **2.** Se limiter à. *Sa culture se borne à de vagues souvenirs.*

Bornou, ancien empire qui s'étendait sur le Niger, le Kanem, le nord du Cameroun. Né probablement au IXe s., il connut son apogée au XVIe s. sous le sultan Idriss III Alaoma (1580-1603 ou 1617), prosélyte de l'islam. En 1900, son territoire fut partagé entre les Français (Niger), les Allemands (Cameroun) et les Britanniques (Nigeria).

Bornou, État du N.-E. du Nigeria; 116 400 km² avec l'État de la Yobe qui s'en est détaché en 1991; 2 596 600 hab.; cap. *Maiduguri.*

Bornouans, locuteurs du kanuri, langue nilo-saharienne du groupe saharien parlée dans le nord-est du Nigeria.

bornoyer [bɔʀnwaje] v. [23] **1.** v. intr. Regarder d'un seul œil, pour vérifier si un alignement est droit, si une surface est plane. **2.** v. tr. Placer des jalons pour aligner des arbres, bâtir un mur.

Borobudur. V. Bārābudur.

Borodine (Alexandre Porfirievitch) (1833 – 1887), compositeur russe. Membre du groupe des Cinq, il composa notam. *Dans les steppes de l'Asie centrale,* tableau symphonique (1880), et *le Prince Igor,* opéra (1869-1887, achevé par Glazounov et Rimski-Korsakov).

Borodino, village de Russie, proche de Moscou. Le 7 sept. 1812 y fut livrée la *bataille* dite, en France, *de la Moskova* (*de Borodino* en Russie).

Bororo, population de bergers nomades vivant dans la région du lac Tchad, de la Bénoué et du plateau Adamoua. Leur langue est un parler peul.

Borotra (Jean) (1898 – 1994), joueur de tennis français, un des Quatre* Mousquetaires.

borraginacées [bɔʀaʒinase] n. f. pl. BOT Famille de dicotylédones gamopétales, le plus souvent très velues (héliotrope, cynoglosse, myosotis). – Sing. *Une borraginacée.*

borréliose [bɔʀeljoz] n. f. MED Fièvre récurrente due à des bactéries, transmise par les tiques et les poux.

Borromée (saint Charles). V. Charles Borromée (saint).

Borromées (îles), groupe de quatre îles du lac Majeur (Italie du N.).

Borromini (Francesco Castelli, dit) (1599 – 1667), architecte baroque italien.

Borschette (Albert) (1920 – 1976), romancier luxembourgeois d'expression française : *Continuez à mourir* (1959), *Itinéraires soviétiques* (1971).

bortsch [bɔʀ(t)ʃ] n. m. Potage russe aux choux et aux betteraves.

Borzage (Frank) (1893 – 1962), cinéaste américain. À la complexité psychologique de ses films muets succède le réalisme : *Ceux de la zone* (1933), *Trois camarades* (1938), *The Mortal Storm* (1940).

Bosch (Hiëronymus Van Aeken ou Aken, dit Jérôme) (v. 1450 ou 1460 – 1516), peintre hollandais. Ses œuvres aux composantes mystiques, sexuelles et symboliques préfigurent le surréalisme : *la Nef* des fous* (v. 1490-1500, Louvre), *le Jardin des délices* (v. 1500-1505, le Prado), *la Tentation de saint Antoine* (1485-1505, Lisbonne).

boschiman ou **bochiman, ane** [bɔʃimɑ̃, an] adj. et n. m. **1.** adj. Du peuple des Boschimans. **2.** n. m. LING Ensemble de langues de la famille khoisan parlées par les Boschimans.

Boschiman(s), Bochiman(s) ou **San** (en angl. *Bushmen*), peuple de l'Afrique australe (auj. moins de 100 000 personnes nomadisant dans le désert du Kalahari, en Namibie et au Botswana), dont la présence sur le continent est quasiment attestée au paléolithique supérieur. Ils parlent le *san,* une langue de la famille khoisan. L'art boschiman consiste en décoration d'objets (œufs d'autruche) et en peintures et gravures pariétales qui représentent des hommes et des animaux dans des compositions enchevêtrées. Certaines remonteraient à plusieurs millénaires.

bosco [bɔsko] n. m. **1.** MAR Maître de manœuvre. **2.** (Madag.) *Par ext.* Homme grand et fort. (Surtout usité dans les régions à tradition maritime.)

Bosco (John Mwendo) (né en 1925), chanteur-compositeur de la rép. dém. du Congo : *Masanga* (1952).

boscot, otte [bɔsko, ɔt] adj. (France rég., Louisiane) Bossu, contrefait.

boscoyo [bɔskojo] n. m. (Louisiane) **1.** Rejeton de cyprès. **2.** Personne bossue, décrépite.

Bose (Satyendranath) (1894 – 1974), physicien indien; pionnier de la mécanique statistique, qu'Einstein développa par la suite. V. boson.

Bosio (François Joseph) (1768 – 1845), sculpteur français, né à Monaco, élève de Canova; auteur du *Louis XIV* équestre de la place des Victoires et du quadrige de l'arc de triomphe du Carrousel, à Paris.

bosniaque [bɔsnjak] adj. et n. De Bosnie-Herzégovine. ▷ Subst. *Un(e) Bosniaque.*

Bosnie-Herzégovine, État d'Europe (membre de la rép. fédérée de Yougoslavie jusqu'en 1992); 51 129 km²; 4 356 000 hab.; cap. *Sarajevo.* Langue : serbo-croate. Monnaie : dinar yougoslave. Pop. : Slaves musulmans, 43 %; Serbes orthodoxes, 32 %; Croates catholiques, 18 %. La rég., montagneuse, se consacre à l'éle-

vage. Le sous-sol est riche : charbon, fer, lignite, manganèse, sel gemme.
Hist. – Le pays fait partie de l'Empire ottoman (1463-1878), puis est administré par l'Autriche-Hongrie, qui l'annexe en 1908; l'opposition de ses hab. donne naissance au mouvement Jeune-Bosnie, inspirateur de l'attentat de Sarajevo*. En 1918, la Bosnie-Herzégovine s'unit au nouvel État yougoslave et forme en 1945 une rép. fédérée. La Bosnie-Herzégovine opte pour l'indépendance en mars 1992 par référendum (abstention des Serbes). En avril, sa reconnaissance par la C.E.E. et les É.-U., et son admission à l'ONU sont suivies d'une violente offensive des Serbes contre Sarajevo et plus. villes de province. L'ONU décrète alors un embargo contre la fédération de Yougoslavie et envoie des casques bleus à Sarajevo. Elle condamne la purification ethnique, autorise l'usage de la force pour protéger les missions humanitaires, renforce les sanctions contre la Serbie (qui contrôle les deux tiers du territ.) et interdit le survol de la Bosnie à l'aviation serbe. Les négociations sont entamées en août 1992 sous l'égide de l'ONU et de la C.E.E. Les accords de Dayton (Ohio), signés le 21 nov. 1995, sous l'égide du prés. Clinton, par les présidents serbe, bosniaque et croate, ont instauré une paix plus durable : l'État de Bosnie-Herzégovine comprendra la Fédération croato-bosniaque et la Rép. serbe de Bosnie; la capitale, Sarajevo, ne sera pas divisée. (V. Yougoslavie.)

boson [bɔzɔ̃] n. m. PHYS NUCL Particule de spin entier obéissant à la statistique de Bose*-Einstein. (Le comportement statistique des bosons s'oppose à celui des fermions, soumis au principe de Pauli; le photon, les mésons, les nucléides de nombre de masse pair, sont des bosons. Les interactions* entre particules* sont véhiculées par des bosons.)

Bosphore, détroit resserré (300 m à 3 km) qui relie la mer de Marmara à la mer Noire, entre l'Europe et l'Asie; franchi par un pont dep. 1973. Istanbul est situé sur la rive ouest.

bosquet [bɔskɛ] n. m. Petit groupe d'arbres, petit bois.

Bosra (en ar. *Bosrā,* «forteresse»), local. du S.-O. de la Syrie. Nombr. vestiges romains et chrétiens; les Arabes transformèrent un théâtre en forteresse. Fortifications (XIe-XIIe s.). – Ville nabatéenne (Ier s. av. J.-C.), elle a été la cap. de la province romaine d'Arabie (IIe s.). Devenue musulmane (634), elle fut une étape importante sur la route du pèlerinage à La Mecque.

boss [bɔs] n. m. **1.** (Américanisme) Fam. Patron, chef. **2.** (Haïti) Artisan spécialisé dans une technique. *Il a fait venir un boss pour réparer le meuble.* – Titre par lequel on désigne un ouvrier. *Boss Marcel est un bon maçon.*

bossage [bɔsaʒ] n. m. ARCHI Saillie laissée à dessein sur un ouvrage de bois ou de pierre pour servir d'ornement.

Bossangoa, v. de l'O. de la Rép. centrafricaine; 120000 hab.; ch.-l. de préfecture. Marché agricole et pêche fluviale.

bossa-nova [bɔsanɔva] n. f. MUS Danse brésilienne. *Des bossas-novas.*

bosse [bɔs] n. f. **1.** Tuméfaction due à une contusion. *En tombant il s'est fait une bosse au front.* – Loc. *Ne rêver que plaies* et bosses.* **2.** Grosseur dorsale due à une déviation de la colonne vertébrale, du sternum ou des côtes. – Loc. fig., fam. *Rouler sa bosse :* voyager. **3.** Protubérance sur le dos de certains animaux. *Le dromadaire a une bosse, le chameau en a deux.* **4.** ANAT Protubérance du crâne considérée autref. comme indice des facultés des individus. *La bosse des sciences.* – Loc. fig., fam. *Avoir la bosse de... :* être doué pour... **5.** Relief. *Ornements en bosse. Terrain rempli de bosses.* **6.** MAR Nom de divers cordages. *Bosse d'amarrage. Bosse de ris.*

bossé [bɔse] n. m. BOT Arbre d'Afrique tropicale (fam. méliacées), dont le bois est utilisé notam. pour construire des embarcations légères.

bosselage [bɔslaʒ] n. m. En orfèvrerie, travail en bosse, en relief.

bosseler [bɔsle] v. tr. **[19]** **1.** En orfèvrerie, travailler en bosse. **2.** Faire des bosses à (qqch). Syn. (Québec) bosser.

bosselure [bɔslyʀ] n. f. **1.** En orfèvrerie, objet ou travail en bosse. **2.** Déformation d'une surface par des bosses.

bosser [bɔse] v. **[1]** **I.** v. tr. **1.** MAR Maintenir avec une bosse. **2.** (Québec) Syn. de *bosseler* (sens 2). *Bosser une aile de son auto.* ▷ Pp. *Un pare-chocs tout bossé.* **II.** v. intr. Fam. Travailler.

bosseur, euse [bɔsœʀ, øz] n. Fam. Celui, celle qui travaille dur.

bossoir [bɔswaʀ] n. m. MAR Potence située en abord d'un navire qui permet de soulever une embarcation et de la mettre à son poste de mer.

bossu, ue [bɔsy] adj. et n. **1.** Qui a une ou plusieurs bosses dans le dos. – Loc. fam. *Rire comme un bossu,* beaucoup. **2.** n. m. ICHTYOL En Nouvelle-Calédonie, nom courant de divers poissons marins.

Bossuet (Jacques Bénigne) (1627 – 1704), prélat et écrivain français. Évêque de Condom (Gers) en 1669, précepteur du Dauphin, pour qui il écrivit le *Discours sur l'histoire universelle* (1681, remanié en 1700), évêque de Meaux (1681), il soutint le gallicanisme et combattit les protestants puis le quiétisme. Ses sermons (*Sur la mort, Sur la Providence,* etc.), ses douze *Oraisons funèbres* font de ce styliste classique un poète puissant. Acad. fr. (1671).

Boston, v. et port des É.-U., cap. du Massachusetts; 574280 hab. (aggl. urb. 4026000 hab.). Import. centre comm. et industr. Universités. – La ville, fondée en 1630 par des colons angl., fut un foyer du puritanisme.

bostriche ou **bostryche** [bɔstʀiʃ] n. m. ENTOM Coléoptère de forme allongée, en général de couleur brune, qui attaque le bois de différents arbres.

bot, bote [bo, bɔt] adj. Déformé congénitalement, souvent par suite d'une mauvaise position dans l'utérus maternel. *Pied bot. Main bote.*

botanique [bɔtanik] n. f. et adj. **1.** n. f. Science qui traite des végétaux. **2.** adj. Qui concerne les végétaux, leur étude. *Jardin botanique,* où sont réunies les plantes que l'on veut étudier.
ENCYCL Un végétal «parfait» est caractérisé par : des parois cellulaires cellulosiques, rigides à un stade de la vie de l'individu; la présence de la fonction chlorophyllienne; un cycle de reproduction sexuée. La botanique étudie les algues, les bryophytes («mousses»), les cryptogames vasculaires, les phanérogames (gymnospermes et angiospermes), qui sont toutes des plantes chlorophylliennes, et les champignons. Elle se subdivise en morphologie, anatomie, physiologie, cytologie, histologie, etc., auxquelles on ajoute l'épithète *végétale.* Elle représente la base scientifique de l'agronomie.

botaniste [bɔtanist] n. Personne qui étudie la botanique.

Botev (pic), point culminant du Balkan (2376 m), au centre de la Bulgarie.

Botev (Hristo) (1848 – 1876), poète et patriote bulgare. Socialiste, il fut influencé par les révolutionnaires russes et Proudhon. Héros de la révolution nationale bulgare, il périt en combattant les Turcs. Sa poésie, proche de la chanson populaire, ouvrit la voie à une forme poétique moderne : *Chants et poésies* (1875).

Botha (Louis) (1862 – 1919), général et homme politique sud-africain. Commandant en chef de l'armée des Boers (1899-1902), il fut Premier ministre du Transvaal (1907-1910), puis de l'Union sud-africaine (1910-1919).

Botha (Pieter Willem) (né en 1916), homme politique sud-africain. Premier ministre (1978), il poursuivit la politique d'apartheid de Vorsters. Président de la Rép. (1984-1989), il fit partie (1994-1996) du gouvernement de N. Mandela.

bothriocéphale [bɔtʀijɔsefal] n. m. Genre *(Diphyllobothrium)* de plathelminthe cestode, voisin du ténia, parasite de l'homme, qui se fixe à sa paroi intestinale, la contamination se faisant par la consommation de certains poissons d'eau douce.

Botnie (golfe de), mer intérieure entre la Suède et la Finlande.

Botrange (signal de), point culminant de la Belgique (694 m), dans l'Ardenne.

Bótsaris. V. Botzaris.

Botswana (république du) *(Republic of Botswana),* État d'Afrique australe limité à l'ouest par la Namibie, au nord par l'Angola et la Zambie, à l'est par le Zimbabwe, au sud par l'Afrique du Sud; 600370 km^2; env. 1500000 hab. ; croissance démographique : 3 %; cap. *Gaborone.* Nature de l'État : rép. présidentielle et pluraliste. Langue off. : anglais. Monnaie : pula. Ethnies : Tswana (75,5 %), Shona (12,4 %), Boschimans (3,4 %); Hottentots (2,5 %), etc. Relig. : relig. traditionnelles (49,2 %), protestantisme (29 %), Églises indép. (11,8 %), cathol. (9,4 %).
Géogr. phys. et hum. – Le Botswana est un vaste plateau semi-désertique. À l'ouest, le désert du Kalahari couvre les deux tiers du territoire. La population se concentre sur une bande étroite longeant les frontières du Zimbabwe et de l'Afrique du Sud. Essentiellement rurale (74 %), elle est très jeune (72 % avaient moins de 30 ans en 1995). L'agriculture (sorgho) n'est pratiquée que sur 0,7 % du territ. L'élevage est important : 2,8 millions de bovins; 2,5 millions de chèvres. La production de diamants, la troisième du monde, est souvent considérée comme la première pour la qualité. Elle fournit 79 % des exportations. L'Afrique du Sud constitue le seul débouché (ferroviaire).
Hist. – En 1885, la Grande-Bretagne fit du royaume des Tswana (par angli-

cisation : Betchuanaland) un protectorat, afin d'éviter son annexion par les Boers, qui convoitaient sa richesse minière. Bientôt, de nombreux Tswana durent partir travailler dans les mines sud-africaines. À partir de 1919, la G.-B. associa les chefs locaux à la gestion du pays. En 1960, celui-ci reçut une Constitution. En sept. 1966, il accéda à l'indépendance et reprit son nom bantou de Botswana. Leader du Parti démocratique (créé en 1962), Premier ministre (1965), Seretse Khama le présida jusqu'à sa mort (1980). Son successeur, Quett Masire, poursuivit la politique de développement entreprise dans les années 70. Depuis sa création, le Botswana est très écouté sur la scène internationale.

botswanais, aise adj. et n. Du Botswana. ▷ Subst. *Un(e) Botswanais(e).*

Botta (Mario) (né en 1943), architecte suisse.

1. botte [bɔt] n. f. Réunion de végétaux de même nature liés ensemble. *Une botte de paille, de radis, de fleurs.*

2. botte [bɔt] n. f. **1.** Chaussure de cuir, de caoutchouc ou de plastique qui enferme le pied et la jambe, parfois la cuisse. *Des bottes de cavalier.* – (Québec) Chaussure d'extérieur basse. *Botte d'hiver, de ski, de marche.* **2.** Loc. fam. *Lécher les bottes de quelqu'un,* le flatter avec bassesse. – *En avoir plein les bottes :* être harassé; être excédé. – *Être droit dans ses bottes :* avoir la conscience tranquille.

3. botte [bɔt] n. f. SPORT En escrime, coup porté à l'adversaire avec un fleuret ou une épée. *Pousser, porter, parer une botte. Botte secrète.*

botteler [bɔtle] v. tr. [**19**] AGRIC Lier en bottes.

botteleuse [bɔtløz] n. f. AGRIC Machine à botteler.

botter [bɔte] v. tr. [**1**] **1.** Pourvoir de bottes, chausser de bottes. **2.** Fig., fam. Convenir. *Ça me botte!* **3.** Fam. Donner un coup de pied à. *Botter le derrière de qqn.* ▷ *Par ext.* (Afr. subsah.) Frapper, malmener. *Laisse-moi ou je vais te botter!*

Botticelli (Sandro di Mariano Filipepi, dit) (v. 1445 – 1510), peintre, dessinateur et graveur italien. Il fut l'élève de F. Lippi et de Verrochio. Inflexion des contours, fraîcheur des tons, mouvement, intensité caractérisent *le Printemps* (1478, Offices), *la Naissance de Vénus* (1485, Offices).

bottier [bɔtje] n. m. Celui qui fait des bottes, des chaussures sur mesure.

bottillon [bɔtijɔ̃] n. m. Chaussure à tige montante, souvent fourrée.

bottin [bɔtɛ̃] n. m. Annuaire du téléphone.

Bottin (Sébastien) (1764 – 1853), administrateur français. Il publia le premier annuaire statistique français (1798).

bottine [bɔtin] n. f. **1.** Chaussure montante serrée à la cheville. **2.** (Québec) Petite botte qui couvre la cheville et qui s'attache avec des lacets. *Bottines de ski,* utilisées pour le ski de fond. – Loc. fam. *Avoir les deux pieds dans la même bottine :* être maladroit, manquer d'initiative.

botulisme [bɔtylism] n. m. MED Intoxication due aux toxines sécrétées par *Clostridium botulinum,* bacille contenu dans certaines conserves et charcuteries avariées.

Botzaris ou **Bótsaris** (Márkos) (1788 – 1823), patriote grec, un des chefs de l'insurrection de 1820. Il participa à la défense de Missolonghi (1822-1823) contre les Turcs.

Bou-. V. Bu-.

Boua. V. Bwaba.

Bouaké, v. de la Côte d'Ivoire, à l'E. du lac Kossou; 333000 hab; ch.-l. du dép. du m. nom. Industr. text. (coton). Centre comm. Nœud ferroviaire. À proximité, gîtes d'or, de niobium et de tantale. Aéroport.

Bouar, v. de l'O. de la Rép. centrafricaine; 105000 hab.; ch.-l. de préf.

Bou Attifel, gisement pétrolifère de Libye, en Cyrénaïque.

Boubastis. V. Bubastis.

boubou [bubu] n. m. **1.** Tunique africaine ample et longue. *Des boubous colorés.* – (Afr. subsah.) *Boubou bazin*.* *Grand boubou :* boubou de cérémonie. **2.** (Afr. subsah.) Vêtement sans manches, court et ample, porté par les hommes sur un pantalon. **3.** (Afr. subsah.) V. caftan.

bouc [buk] n. m. **1.** Mâle de la chèvre. **2.** Mâle de toute espèce caprine. **3.** *Bouc émissaire :* bouc que les Juifs chassaient dans le désert après l'avoir chargé des iniquités d'Israël; fig. personne que l'on charge des fautes commises par d'autres. **4.** Barbe limitée au menton. *Porter le bouc.*

1. boucan [bukɑ̃] n. m. **1.** Grand feu de bois ou d'herbes séchées. **2.** (Antilles fr., Haïti, oc. Indien, Québec) Viande fumée. – *Par ext.* Gril pour fumer la viande. **3.** (Nouv.-Cal.) Poison.

2. boucan [bukɑ̃] n. m. (oc. Indien) Hutte, cabane rudimentaire.

3. boucan [bukɑ̃] n. m. Fam. Tapage. *Faire du boucan.*

boucane [bukan] n. f. **1.** (Québec) Fam. Fumée. – (Par plaisant.) *Faire de la boucane :* fumer (une cigarette). – *Par ext.* Vapeur d'eau. **2.** (Louisiane) Brouillard 1.

boucaner [bukane] v. [**1**] **1.** v. tr. Fumer de la viande, du poisson. – *Par ext.* Tanner. *Le soleil boucane la peau.* **2.** v. intr. (Québec) Fam. Dégager de la fumée, de la vapeur. *Le poêle boucane dans la pièce.*

boucanier [bukanje] n. m. Chasseur de bœufs sauvages dans les Antilles. *Les boucaniers s'allièrent aux flibustiers au XVII siècle.*

bouchage [buʃaʒ] n. m. Action de boucher.

bouchain [buʃɛ̃] n. m. MAR Partie de la carène d'un navire entre les fonds et la muraille.

Bouchard (Lucien) (né en 1938), homme politique québécois. Après la démission de J. Parizeau, il fut élu en janv. 1996 chef du Parti québécois et devint Premier ministre du Québec.

boucharde [buʃaʀd] n. f. TECH **1.** Massette de sculpteur, de tailleur de pierre, dont les têtes sont garnies de pointes de diamant. **2.** Rouleau des cimentiers.

bouche [buʃ] n. f. **1.** Cavité de la partie inférieure du visage, chez l'être humain, en communication avec l'appareil digestif et les voies respiratoires. *Avoir la bouche pleine.* – *Avoir la bouche sèche, pâteuse.* ▷ Les lèvres. *Avoir la bouche grande, petite.* – *Rester bouche bée*.* ▷ *La bouche,* organe du goût. *Garder (qqch) pour la bonne bouche :* réserver (le meilleur) pour la fin. – *Faire la fine bouche,* le difficile. – *Faire venir l'eau à la bouche :* exciter la soif, l'appétit; fig. exciter les désirs. – *Ôter le pain* de la bouche à qqn.* – Péjor. *Les bouches inutiles :* les personnes à charge, qui ne rapportent rien. ▷ *La bouche,* organe de la parole. *Il n'ouvre pas la bouche. Rester bouche close.* – *Fermer la bouche de qqn,* lui imposer silence. – *Avoir toujours un mot à la bouche,* le répéter sans cesse. – *Bouche cousue! :* gardez le secret! – *Son nom est dans toutes les bouches :* tout le monde parle de lui. *De bouche à oreille :* oralement. **2.** Cavité buccale de certains animaux. *La bouche d'un cheval.* (On dit la *gueule* pour les carnivores.) **3.** *Par anal.* Ouverture. *La bouche d'un four, d'un égout, d'un canon. Bouche de métro :* accès à une station de métro. *Bouche à feu :* pièce d'artillerie. *Bouche d'aération.* ▷ *Spécial.* Ouverture d'une canalisation, permettant d'adapter un tuyau. *Bouche d'incendie. Bouche d'arrosage.* **4.** Embouchure. *Les bouches du Nil.*

bouché, ée [buʃe] adj. **1.** Fermé, obstrué, encombré. *Avoir le nez bouché.* **2.** Fig., fam. Peu intelligent. *Avoir l'esprit bouché, être bouché.*

bouche-à-bouche [buʃabuʃ] n. m. inv. Méthode de respiration artificielle pratiquée par un sauveteur sur un asphyxié et consistant à lui insuffler de l'air par la bouche.

bouchée [buʃe] n. f. **1.** Morceau qu'on met dans la bouche en une seule fois. *Une bouchée de pain.* Syn. (Suisse) morce. – Loc. (Québec) *Prendre une bouchée :* faire une collation rapide. ▷ Loc. fig. *Pour une bouchée de pain*,* – *Ne faire qu'une bouchée d'un plat,* le dévorer. – *Ne faire qu'une bouchée de qqn,* en triompher aisément. **2.** CUIS *Bouchée à la reine :* petit vol-au-vent garni. – *Bouchée au chocolat :* gros chocolat fourré.

1. boucher [buʃe] v. [**1**] **I.** v. tr. Fermer (une ouverture, l'ouverture de qqch). *Boucher un trou, un tonneau.* – Par ext. *Boucher un chemin,* l'obstruer. – *Boucher la vue :* empêcher de voir. ▷ Loc. fig., fam. *En boucher un coin à quelqu'un,* l'étonner. **II.** v. pron. **1.** Se fermer. *Se boucher le nez* (à cause de la puanteur). – Fig. *Se boucher les yeux, les oreilles :* refuser de voir, d'écouter. **2.** Être obstrué. *Le tuyau s'est bouché.*

2. boucher, ère [buʃe, ɛʀ] n. **1.** Personne qui abat le bétail, qui vend de la viande crue au détail. *Un garçon boucher.* **2.** n. m. Fig., fam., péjor. Chirurgien malhabile. *Un vrai boucher.*

Boucher (François) (1703 – 1770), peintre, graveur et décorateur français, auteur de scènes galantes, libertines, mythologiques ou allégoriques (*Diane sortant du bain,* Louvre).

Boucher (Hélène) (1908 – 1934), aviatrice française. Elle établit plusieurs records de vitesse.

Boucher de Perthes (Jacques Boucher de Crèvecœur de Perthes) (1788 – 1868), préhistorien français : *Antiquités celtiques et antédiluviennes* (1847-1864).

boucherie [buʃʀi] n. f. **1.** Commerce de la viande des bestiaux. **2.** Boutique où se vend de la viande. **3.** (Québec, Suisse) Abattage et dépeçage du porc à la ferme. **4.** Massacre, carnage. *Mener les soldats à la boucherie.*

Bouches-du-Rhône, dép. franç.; 5112 km^2; 1759371 hab.; ch.-l. *Marseille*.* V. Provence-Alpes-Côte d'Azur.

bouche-trou [buʃtʀu] n. m. Fam. Personne, objet occupant momentanément une place vide. *Servir de bouche-trou. Des bouche-trous.*

bouchon [buʃɔ̃] n. m. **I.** Poignée de paille tortillée. *Mettre en bouchon :* tortiller, froisser. **II. 1.** Pièce servant à fermer une bouteille, une carafe, un flacon. *Bouchon de liège, de cristal, en matière plastique.* **2.** PECHE Flotteur (notam. en liège) qui maintient une ligne à la surface. **3.** *Par ext.* Ce qui empêche le passage, ou le gêne. – Spécial. *Un bouchon :* masse des véhicules arrêtés dans un embouteillage. **4.** (France rég.) Café, café-restaurant.

bouchonner [buʃɔne] v. [1] **I.** v. tr. **1.** Mettre en bouchon, chiffonner. **2.** Frotter (un animal, notam. un cheval) avec un bouchon de paille, pour l'essuyer et le nettoyer. **3.** Pp. adj. *Vin bouchonné,* qui a un goût de bouchon. **II.** v. intr. Former un embouteillage.

bouchot [buʃo] n. m. Ensemble de pieux placés près des côtes, servant à la culture des moules, des coquillages.

bouchure [buʃyʀ] n. f. (Acadie) Syn. de *clôture* (sens 1). *Sauter par-dessus la bouchure.*

bouclage [buklaʒ] n. m. **1.** TECH Mise en communication de deux circuits électriques, de deux canalisations d'eau ou de gaz (pour en équilibrer les pressions). **2.** Encerclement d'une région, d'une ville, d'un quartier par des troupes ou la police. **3.** PRESSE Fin de la rédaction (d'un numéro d'un journal).

boucle [bukl] n. f. **1.** Agrafe, anneau, muni d'une ou plusieurs pointes mobiles (ardillons), servant à tendre une ceinture, une courroie. *Une boucle de ceinture.* **2.** Pendant d'oreille. *Des boucles d'oreilles.* **3.** MAR Gros anneau métallique. **4.** Spirale formée par les cheveux frisés. *Des boucles blondes.* Syn. (Belgique) crolle. **5.** Courbe d'un cours d'eau. **6.** Acrobatie aérienne, cercle vertical effectué par un avion. **7.** ELECTROACOUST Bande magnétique fermée. **8.** INFORM Séquence d'instruction qui se répète cycliquement.

bouclement [bukləmɑ̃] n. m. (Suisse) Clôture d'un compte bancaire.

boucler [bukle] v. [1] **I.** v. tr. **1.** Attacher par une boucle. *Boucler sa ceinture.* ▷ Fig. Achever, terminer. *Boucler un dossier.* – *Boucler le budget,* l'équilibrer. **2.** Fam. Fermer. *Boucler une chambre.* – Loc. fam. *La boucler :* se taire. – Fig., fam. Enfermer. *Boucler un cambrioleur. Se faire boucler.* **3.** Mettre en boucles (des cheveux). **4.** PRESSE *Boucler un journal,* en terminer la rédaction. **II.** v. intr. Prendre la forme qui caractérise les boucles. *Ses cheveux bouclent.* Syn. (Belgique) croller. – Pp. adj. *Des cheveux bouclés. Un enfant bouclé.*

bouclette [buklɛt] n. f. Petite boucle. *Bouclette de cheveux.* – (En appos.) *Laine bouclette* ou, n. f., *bouclette :* laine à tricoter constituée de deux fils dont l'un est en boucle autour de l'autre.

bouclier [buklije] n. m. **1.** Arme défensive, plaque portée au bras pour parer les coups. ▷ *Levée de boucliers :* geste des soldats romains contestant les ordres de leur général; fig. manifestation d'opposition. **2.** Fig. Protection, défense. **3.** PHYS NUCL Blindage entourant un réacteur. *Bouclier biologique,* qui protège contre les radiations ionisantes. **4.** ZOOL Pièce anatomique plate protégeant des organes mous. *Le bouclier céphalique des poissons cuirassés.* **5.** TECH Appareil utilisé pour le percement des souterrains. **6.** GEOL Masses de terrains continentaux formés de roches primitives. *Le Bouclier* canadien.* Syn. socle.

Bouclier canadien, masse rocheuse, datant du précambrien, qui entoure la baie d'Hudson. À l'E., ce socle domine la vallée du Saint-Laurent et atteint au N.-E. une forte altitude (1 500 à 2 000 m). À l'O., il est recouvert de terrains sédimentaires et s'élève progressivement jusqu'aux montagnes Rocheuses.

Boucourechliev (André) (né à 1925), compositeur français d'origine bulgare, un des plus importants représentants de la musique dite « aléatoire ».

bouddha [buda] n. m. **1.** Dans le bouddhisme, sage parvenu à la perfection et à la connaissance de la vérité. **2.** BX-A Représentation du Bouddha.

Bouddha (du sanskrit *bodh,* « s'éveiller ») ou **Çākyamuni** (« le Sage des Çakya »), nom donné au fondateur du bouddhisme, Siddhartha Gautama (v. 560 – v. 480 av. J.-C.), issu de la tribu des Çakya (Népal). À 29 ans, il quitte sa famille pour chercher comment mettre fin à la souffrance inhérente à l'existence humaine. Après avoir suivi l'enseignement de divers maîtres, il décide de chercher seul la réponse dans la pratique de la méditation. Parvenu à l'Éveil (*bodhi*), il passera les quarante dernières années de sa vie à enseigner que la souffrance naît de l'attachement à l'idée du Soi et du désir égoïste. De nombreux disciples le rejoignent, formant le *Sangha** qui devient une communauté monastique. (V. bouddhisme.)

bouddhique [budik] adj. Qui se rapporte au bouddhisme et à son étude.

bouddhisme [budism] n. m. Doctrine spirituelle, plutôt que religieuse, prêchée par le Bouddha*.
ENCYCL Au VIe s. av. J.-C., dans le bassin du Gange, celui qu'on appelle le *Bouddha* (l'Éveillé) enseigne une doctrine (*dharma*) fondée sur son expérience personnelle. À l'opposé du brahmanisme, il proclame l'inexistence du Soi (*ātman*). L'homme, attaché à ses désirs égoïstes, est plongé dans l'Illusion : sa croyance en un Soi indépendant et permanent est l'origine de la souffrance qu'il éprouve dans un monde soumis au cycle perpétuel des naissances et des morts (*sāmsara*). Grâce à l'Éveil (*bodhi*), il met fin à son ignorance, accède à la réalité absolue (*nirvāna*), qu'il voit « telle qu'elle est » (tout est impermanent et inter-dépendant), et développe la compassion à l'égard de tous les êtres. Dès son premier discours (les *Quatre Nobles Vérités*), le Bouddha enseigne la « Juste voie du milieu » : les disciples doivent éviter tous les extrêmes et suivre l'*Octuple Noble Sentier* qui présente les fondements d'une conduite éthique et d'une discipline mentale, et permet l'obtention d'une sagesse intuitive (*prajna*), notamment par la pratique de la méditation.
Très tôt, le bouddhisme se divise en plusieurs écoles. Une rupture importante a lieu au Ier s. av. J.-C. Le *Mahāyāna,* ou *Grand Véhicule,* introduit l'idéal du bodhisattva*, celui qui souhaite la libération de tous avant la sienne. Par dérision, les écoles fidèles aux enseignements anciens sont appelées *Hinayāna,* ou *Petit Véhicule,* parce qu'elles s'attachent surtout à une libération individuelle. Le bouddhisme, qui disparaît en Inde au XIIe s., s'est répandu dans toute l'Asie où il compte aujourd'hui env. 300 millions d'adeptes, répartis en deux grands courants. **1.** Le *Theravāda,* ou *École des Anciens,* est répandu en Asie du Sud-Est (Sri Lanka, Birmanie, Thaïlande, Laos, Cambodge). **2.** Le *Mahāyāna,* surtout connu à travers le *Tch'an,* est né en Chine; il est présent au Japon (sous le nom de zen*), au Viêt-nam et en Corée, ainsi qu'au Tibet, au Népal et en Mongolie sous le nom de tantrisme*, ou *Vajrayāna* ou *Véhicule du diamant.* C'est sous ces deux dernières formes que le bouddhisme est le plus connu en Occident depuis le milieu du XXe s.

bouddhiste [budist] n. Adepte du bouddhisme.

bouder [bude] v. [1] **1.** v. intr. Témoigner de la mauvaise humeur par une mine renfrognée. **2.** v. tr. *Elle boude son mari.* ▷ v. pron. *Ils se boudent encore.*

bouderie [budʀi] n. f. **1.** Mauvaise humeur. **2.** Fâcherie.

boudeur, euse [budœʀ, øz] adj. **1.** Qui boude volontiers. *Un enfant boudeur.* **2.** Qui marque la bouderie. *Humeur boudeuse.*

Boudiaf (Mohammed) (1919 – 1992), homme politique algérien. L'un des dirigeants de la révolution algérienne (1954), emprisonné en France (1956-1962), vice-président du Gouvernement provisoire de la Rép. algérienne (1962), il dut s'exiler de 1963 à 1992. Prés. du Haut Comité d'État (janv. 1992), il fut assassiné en juin.

boudin [budɛ̃] n. m. **1.** Boyau rempli de sang et de graisse de porc, qu'on mange cuit. – *Boudin blanc,* fait avec du lait et du blanc de volaille. – *Boudin créole,* épicé. – (Afr. subsah., Belgique) *Boudin rouge :* cervelas. **2.** Objet dont la forme rappelle celle du boudin. ▷ MINES Mèche avec laquelle on met le feu à une mine. ▷ TECH Saillie de la jante d'une roue de wagon ou de locomotive. ▷ *Ressort à boudin,* formé d'une hélice d'acier. **3.** Fam., péjor. Fille petite, grosse et laide. **4.** (Nouv.-Cal.) Nom cour. de l'holothurie.

Boudin (Eugène) (1824 – 1898), peintre français; précurseur de l'impressionnisme.

boudiné, ée [budine] adj. **1.** En forme de boudin. *Doigts boudinés.* **2.** Serré dans des vêtements trop étroits.

Boudjedra (Rachid) (né en 1941), écrivain algérien de langue française; romancier (*la Répudiation,* 1969), essayiste et scénariste (*Chronique des années de braise,* 1975).

boudoir [budwaʀ] n. m. **1.** Salon intime d'une habitation. **2.** Petit biscuit saupoudré de sucre, de forme allongée.

boue [bu] n. f. **1.** Mélange de terre ou de poussière et d'eau. Syn. fange. ▷ Fig. Abjection. *Traîner qqn dans la boue, couvrir qqn de boue,* l'accabler de propos insultants. **2.** Limon déposé par les eaux minérales et utilisé en thérapeutique. *Bains de boue.* ▷ GEOL Sédiment très fin, riche en eau, d'origine rocheuse, se déposant sur les fonds aquatiques calmes. ▷ TECH (Plur.) Résidus plus ou moins pâteux de diverses opérations industrielles. **3.** *Par ext.* Dépôt épais. *La boue d'un encrier.*

bouée [bwe] n. f. **1.** MAR Engin flottant qui sert à signaler une position, à baliser un chenal ou à repérer un corps immergé. **2.** Engin flottant qui maintient une personne à la surface de l'eau. *Bouée de sauvetage.* ▷ Fig. *Bouée de sauvetage :* tout ce à quoi l'on peut se raccrocher pour se sortir d'une situation difficile ou dangereuse.

bouette [bwɛt] n. f. (Québec) Fam. Boue. *Piler, jouer dans la bouette.*

Bouet-Willaumez (Louis Édouard) (1808 – 1871), amiral français. Il signa plusieurs accords entre la France et les rois gabonais Denis, Louis et Kaben (1839-1842).

1. boueux, euse [buø, øz] adj. **1.** Plein, couvert de boue. *Chemin, souliers boueux.* **2.** Pâteux.

2. boueux [buø] ou (vieilli) **boueur** [buœʀ] n. m. Syn de *éboueur.*

bouffant, ante [bufɑ̃, ɑ̃t] adj. Qui bouffe, qui gonfle. *Manche bouffante. Pantalon bouffant.* ▷ TECH *Papier bouffant,* grenu.

1. bouffe [buf] adj. **1.** *Opéra bouffe :* opéra d'un genre léger, sur un thème de comédie. **2.** Comique, dans le genre de la farce italienne.

2. bouffe [buf] n. f. Fam. Cuisine, nourriture, repas. *Il ne pense qu'à la bouffe.*

bouffée [bufe] n. f. **1.** Souffle, exhalaison. *Bouffée de fumée, de tabac.* – Par anal. *Bouffée de vent, de chaleur.* **2.** Fig. Accès passager. *Bouffées d'orgueil.*

bouffer [bufe] v. **[1] I.** v. intr. **1.** Se gonfler, prendre une forme ample. *Cheveux qui bouffent.* **2.** (Afr. subsah., Maghreb) En Algérie, en rép. du Congo, dilapider les biens publics, accepter des pots-de-vin. **II.** v. tr. Fam. Manger. – *Bouffer des briques :* V. brique. ▷ Fig., fam. *Se bouffer le nez :* se quereller.

bouffi, ie [bufi] adj. Boursouflé, gonflé. *Bouffi de graisse. Yeux bouffis.* – Fig. *Bouffi d'orgueil.*

bouffir [bufiʀ] v. **[3] 1.** v. tr. Rendre enflé, boursoufler. **2.** v. intr. Devenir enflé.

bouffissure [bufisyʀ] n. f. **1.** Enflure des chairs, embonpoint malsain. **2.** Fig. Vanité. – *Bouffissure du style :* affectation, emphase.

1. bouffon [bufɔ̃] n. m. **1.** Anc. Personnage de théâtre dont l'emploi est de faire rire. **2.** Anc. Personnage chargé de divertir un seigneur par ses facéties. Syn. fou. **3.** *Par ext.* Personne qui s'efforce de faire rire.

2. bouffon, onne [bufɔ̃, ɔn] adj. **1.** Plaisant, facétieux. *Personnage bouffon.* **2.** (Choses) Ridicule, grotesque. *Une prétention bouffonne.*

bouffonnerie [bufɔnʀi] n. f. Facétie, plaisanterie de bouffon.

Boug. V. Bug.

Bougainville, île de l'archipel Salomon (Papouasie-Nouvelle-Guinée), en Mélanésie; 10600 km²; 96400 hab. Cuivre. – Découverte par Bougainville en 1768, elle appartint à l'Allemagne de 1899 à 1914. Depuis l'indépendance de la Papouasie-Nouvelle-Guinée, en 1975, elle manifeste son séparatisme.

Bougainville (Louis Antoine, comte de) (1729 – 1811), navigateur français. Il fit, de 1766 à 1769, un voyage autour du monde qu'il relata (1771).

bougainvillée [bugɛ̃vile] n. f. ou **bougainvillier** [bugɛ̃vilje] n. m. Plante dicotylédone apétale grimpante, ornementale, originaire d'Amérique du Sud, cultivée dans les régions chaudes, aux bractées rouges, violettes, orangées ou blanches.

Bouganda . V. Buganda.

bouge [buʒ] n. m. **1.** Partie renflée d'un objet. *Bouge d'un tonneau.* ▷ MAR Convexité du pont d'un navire. **2.** Petit logement pauvre, obscur et sale. *Habiter un bouge.* ▷ Maison mal famée. *Hanter bouges et tripots.*

bougeoir [buʒwaʀ] n. m. Petit chandelier à anse.

bougeotte [buʒɔt] n. f. Fam. Envie de déplacements, de voyages. – Manie de bouger son corps. *Avoir la bougeotte.*

bouger [buʒe] v. **[13] I.** v. intr. **1.** (Personnes) Faire un geste. *Il est assommé, il ne bouge pas.* ▷ Changer de place. *Je n'ai pas bougé de la maison.* ▷ Fig. S'agiter de manière hostile. *Les mécontents n'osèrent bouger.* **2.** (Choses) Remuer. *Dent, manche de couteau qui bouge.* Syn. branler. **II.** v. tr. Déplacer. *Bouger un objet.* ▷ v. pron. Fam. Se remuer, s'activer.

bougie [buʒi] n. f. **1.** Cylindre de cire, de stéarine, de paraffine, qui brûle grâce à une mèche noyée dans la masse. *Souffler une bougie.* **2.** MECA Dispositif d'allumage électrique qui déclenche la combustion du mélange gazeux dans le cylindre d'un moteur. **3.** OPT Ancienne unité d'intensité lumineuse, remplacée par la *candela.*

Bougie. V. Bejaia.

bougna ou **bougnat** [buɲa] n. m. **1.** Pop. et vieilli Marchand de charbon et de bois qui débite aussi des boissons. **2.** (Afr. subsah.) Fig. Petit supplément de marchandise donné par un commerçant à un client. **3.** CUIS Plat traditionnel de Nouvelle-Calédonie, à base de légumes et de poisson arrosés de lait de coco et enveloppés de feuilles de bananier.

bougo [bugo] n. m. (Guad.) Variété de bigorneau.

bougon, onne [bugɔ̃, ɔn] adj. (et n.) Qui est enclin à bougonner.

bougonnement [bugɔnmɑ̃] n. m. Fait de bougonner; paroles dites en bougonnant.

bougonner [bugɔne] v. intr. **[1]** Murmurer entre ses dents, dire en grondant des choses désagréables. ▷ v. tr. *Bougonner des reproches.*

bougre, esse [bugʀ, ɛs] n. **1.** Fam. Individu, gaillard. *Un bon bougre :* un brave homme. *Ah! le bougre! La petite bougresse!* **2.** (Maurice) Petit(e) ami(e). **3.** (Louisiane) *Petit bougre :* enfant. **4.** (Pour renforcer une injure.) *Bougre d'âne.* ▷ Interj. *Bougre! :* diable!

bougrement [bugʀəmɑ̃] adv. Fam. Très. *C'est bougrement embêtant.* Syn. rudement.

bougrine [bugʀin] n. f. (Québec) Vieilli Grosse veste d'extérieur pour homme.

boui-boui [bwibwi] n. m. Fam. Caféconcert, restaurant de qualité inférieure. *Des bouis-bouis.*

bouillabaisse [bujabɛs] n. f. Mets provençal à base de poissons cuits dans un bouillon aromatisé.

bouillant, ante [bujɑ̃, ɑ̃t] adj. **1.** Qui bout. ▷ Très chaud. *Du café bouillant.* **2.** Fig. Plein d'une ardeur impatiente. *Le bouillant Achille.*

bouille [buj] n. f. Fam. Figure, tête. *Il a une bonne bouille.*

bouillée [buje] n. f. (Acadie) Touffe de plantes, bouquet d'arbres. – Fig. Grande quantité. *Une bouillée d'enfants.*

bouilleur [bujœʀ] n. m. Celui qui fabrique de l'eau-de-vie. *Bouilleur de cru :* propriétaire qui distille sa propre récolte.

bouilli, ie [buji] adj. et n. m. **I.** adj. **1.** (En parlant d'un liquide.) Porté à ébullition. **2.** Cuit dans un liquide qui bout. *Des légumes bouillis.* **II.** n. m. Viande bouillie. *Du bouilli de bœuf.* – (Québec) Pot-au-feu.

bouillie [buji] n. f. Aliment, souvent destiné aux bébés, constitué de farine cuite dans un liquide (le plus souvent du lait) en ébullition, ou de farine précuite mélangée à un liquide chaud. *Bouillie d'avoine, de mil, de sarrasin.* – *Par ext.* Substance ayant perdu toute consistance. *Cette viande s'en va en bouillie. Mettre en bouillie :* écraser. – Fam. *Mettre qqn en bouillie,* le blesser gravement.

bouillir [bujiʀ] v. intr. **[31] 1.** (En parlant d'un liquide.) Entrer en ébullition. *La lave bout dans le volcan.* **2.** Cuire dans un liquide qui bout. *Faire bouillir les légumes.* – Par ext. *Faire bouillir du linge,* pour le nettoyer. **3.** Loc. fig., fam. *Faire bouillir la marmite :* procurer des moyens de subsistance. **4.** Fig. Être dans un état d'emportement violent. *Bouillir d'impatience.* – Absol. *Cela me fait bouillir.*

bouilloire [bujwaʀ] n. f. Récipient à bec et à anse servant à faire bouillir de l'eau. *Bouilloire électrique.* Syn. (France rég.) bavarde, (Acadie) coquemar.

bouillon [bujɔ̃] n. m. **I. 1.** Bulles d'un liquide en ébullition. *Éteindre au premier bouillon.* ▷ Bulles que forme un liquide qui tombe ou jaillit. *Sang qui coule à gros bouillons.* **2.** COUT Fronces d'étoffe bouffante. **3.** Plur. PRESSE Exemplaires invendus d'une publication. **II. 1.** Aliment liquide obtenu en faisant bouillir dans de l'eau viande, poisson ou légumes. *Bouillon gras.* Syn. (Vanuatu) lasoupe. ▷ Fam. *Boire un bouillon :* boire en se débattant dans l'eau; fig. faire de mauvaises affaires. **2.** *Bouillon de culture :* milieu stérilisé préparé en vue de la culture de micro-organismes; fig. terrain où peut se développer un phénomène néfaste.

Bouillon, v. de Belgique (Luxembourg), sur la Semois; 6000 hab. Tourisme. – Château fort des ducs de Bouillon.

Bouillon (Henri de La Tour d'Auvergne, vicomte de Turenne, duc de) (1555 – 1623), maréchal de France. Il se rallia à Henri IV et fut un des chefs des protestants; il est le père de Turenne. — **Frédéric Maurice de La Tour d'Auvergne, duc de Bouillon** (1605 – 1652), fils du préc., s'allia aux Esp. pour renverser Richelieu, vainquit les Français (1641) et participa à la Fronde.

Bouillon. V. Godefroi de Bouillon.

bouillonnant, ante [bujɔnɑ̃, ɑ̃t] adj. **1.** Qui bouillonne. *La vapeur s'élève de l'eau bouillonnante. Un torrent bouillonnant.* Syn. tumultueux. **2.** Fig. Agité par une émotion forte.

bouillonné, ée [bujɔne] adj. COUT Froncé en bouillons. ▷ n. m. Ornement d'étoffe froncé en bouillons.

bouillonnement [bujɔnmɑ̃] n. m. **1.** État d'un liquide qui bouillonne. **2.** Fig. État d'une personne agitée par des émotions fortes.

bouillonner [bujɔne] v. **[1] I.** v. intr. **1.** En parlant d'un liquide, former des bouillons. **2.** Fig. S'agiter sous le coup d'une émotion forte. **II.** v. tr. COUT Froncer en bouillons (un tissu). *Bouillonner une manche.*

bouillotte [bujɔt] n. f. **1.** Récipient rempli d'eau bouillante pour chauffer un lit. **2.** Syn. de *bouilloire.*

Bouin (Jean) (1888 - 1914), athlète français; recordman du monde du 10000 m (1911), du 5000 m et de l'heure (1913).

Bouiti ou **Bwiti,** mouvement religieux syncrétique, autant que rite initiatique, implanté au Gabon par les Tsogo; au travers des visions que donne la manducation de l'iboga, *arbre de la science,* il vise à la connaissance de soi et de l'Univers.

Boujdour ou **Bojador** (cap), promontoire du littoral du Sahara occidental.

boukarou [bukaʀu] n. m. (Afr. subsah.) Au Cameroun et au Tchad, case ronde à toit de chaume conique.

boukha [buka; buxa] n. f. Alcool de figue fabriqué en Tunisie.

Boukhara, ville d'Ouzbékistan; 209000 hab.; ch.-l. de la prov. du m. nom. Marché du coton. Industr. text. (tapis renommés) et du cuir. - Cap. des Sāmānides (874-999); nombreux monuments islamiques.

Boukharine (Nikolaï Ivanovitch) (1888 - 1938), économiste et homme politique soviétique. En 1924, il s'allia, contre Trotski, à Staline, qui l'élimina en 1929 puis le fit condamner à mort.

boula [bula] n. m. (Guad.) Syn. de *tambourin.*

Boulaïda (El-) (anc. *Blida*), v. d'Algérie; 161000 hab.; ch.-l. de la wil. du m. nom, au pied de l'Atlas de Blida. Centre agricole.

1. boulanger, ère [bulɑ̃ʒe, ɛʀ] n. et adj. **1.** n. Personne qui fait, qui vend du pain. **2.** adj. De boulangerie. *Levure boulangère.*

2. boulanger [bulɑ̃ʒe] v. intr. [**13**] Pétrir et faire cuire le pain. ▷ v. tr. *Boulanger de la farine.*

Boulanger (Georges) (1837 - 1891), général français. Ministre de la Guerre (1886-1887), très populaire, il fut inculpé de complot et s'enfuit en Belgique (1889), où il se suicida.

boulangerie [bulɑ̃ʒʀi] n. f. **1.** Fabrication, commerce du pain. **2.** Boutique du boulanger.

boulangisme [bulɑ̃ʒism] n. m. Doctrine, parti du général Boulanger.

boule [bul] n. f. **1.** Objet sphérique. *Rond comme une boule. Boule de neige.* - Fig. *Faire boule de neige :* s'amplifier. ▷ *Se mettre en boule :* se pelotonner en une attitude défensive (animaux); fig., fam. se mettre en colère. **2.** MATH Volume intérieur d'une sphère. **3.** Corps sphérique de dimension variable utilisé dans certains jeux. *Jeu de la boule :* jeu de hasard, à 9 numéros. *Jeu de boules :* jeu d'adresse qui consiste à placer des boules le plus près possible d'un but. - *Boule de billard, boule de loto.* - (Maurice) *Boule casse-côte :* jeu d'enfant consistant à se viser les uns les autres avec une balle de tennis. **4.** *Boule-de-neige :* nom cour. de l'obier; (Afr. subsah.) chou-fleur. **5.** Fam. Tête. - Fig. *Perdre la boule :* déraisonner. **6.** (Afr. subsah.) Morceau de pâte de féculents de forme sphérique, qui constitue dans plusieurs pays la base de l'alimentation. - *Manger la boule et la sauce,* à la manière africaine. - (oc. Indien) *Boule de riz :* riz aggloméré en forme de boule. **7.** (Belgique, Luxembourg) Pelote (sens 2). *Boule de ficelle, boule de laine.*

bouleau [bulo] n. m. Arbre (fam. bétulacées) commun en Europe, dont l'écorce blanche, lisse et brillante, porte quelques taches noires. - (Québec) *Bouleau à papier, bouleau à canot :* bouleau blanc. - *Bouleau d'Afrique :* arbre à feuilles argentées (fam. combrétacées) caractéristique des savanes d'Afrique occidentale.

bouledogue [buldɔg] n. m. Chien de France aux pattes courtes et torses, au museau plat, aux oreilles dressées.

Bou Lemane, v. du centre-N. du Maroc; 25000 hab.; ch.-l. de la prov. du m. nom. Gorges du Récifa.

bouler [bule] v. intr. [**1**] Rouler à terre comme une boule. *Lièvre qui boule.* ▷ Fam. *Envoyer bouler qqn,* l'éconduire, le renvoyer brutalement.

boulet [bulɛ] n. m. **1.** HIST Projectile sphérique dont on chargeait les canons. *Boulet rouge :* boulet rougi au feu. ▷ Loc. fig. *Tirer à boulets rouges sur qqn :* tenir des propos très violents contre lui. **2.** Boule métallique que les bagnards traînaient au pied. - Fig. Personne ou chose ressentie comme une charge. **3.** ZOOL Chez le cheval, articulation du canon avec le paturon.

boulette [bulɛt] n. f. **1.** Petite boule. ▷ CUIS Viande hachée ou pâte en boule. **2.** Fig., fam. Sottise, bévue.

boulevard [bulvaʀ] n. m. **1.** Large voie plantée d'arbres dans une ville ou sur son pourtour. (Abrév. : bd). - (Québec) Voie routière assurant une circulation rapide entre plusieurs localités. **2.** Genre théâtral, illustré par des comédies légères (naguère représentées à Paris sur les *Grands Boulevards*). *Théâtre de boulevard.*

boulevardier, ère [bulvaʀdje, ɛʀ] adj. *Esprit boulevardier :* comique facile. - *Auteur boulevardier,* de pièces de boulevard.

bouleversant, ante [bulvɛʀsɑ̃, ɑ̃t] adj. Particulièrement émouvant. *Images bouleversantes d'une catastrophe.*

bouleversement [bulvɛʀsəmɑ̃] n. m. Changement profond, perturbation radicale. *Un bouleversement politique.*

bouleverser [bulvɛʀse] v. tr. [**1**] **1.** Mettre dans une confusion extrême, déranger. *Bouleverser un tiroir.* **2.** Modifier totalement. *Cet événement bouleversa ses plans.* **3.** Fig. Émouvoir vivement (qqn). *Ce récit m'a bouleversé.*

Boulez (Pierre) (né en 1925), compositeur et chef d'orchestre français : *le Marteau sans maître* (1955), *Pli selon pli* (1960), *Répons* (1981). De 1975 à 1991, il dirigea l'Institut de recherche musicale du Centre Georges-Pompidou (Paris).

Boulgakov (Mikhaïl Afanassievitch) (1891 - 1940), écrivain russe. *Le Maître et Marguerite* (posth., 1966), qui flétrit le stalinisme, mêle le fantastique à l'histoire du Christ et à celle de Faust.

boulier [bulje] n. m. Abaque, cadre comportant des boules qui glissent sur des tringles, servant à compter.

boulimie [bulimi] n. f. Augmentation pathologique de l'appétit accompagnant certains troubles psychiques.

boulimique [bulimik] adj. (et n.) Qui est atteint de boulimie, qui a trait à la boulimie.

boulin [bulɛ̃] n. m. TECH Trou destiné à recevoir, dans un mur, un support d'échafaudage; ce support lui-même.

bouliste [bulist] adj. et n. Qui a trait au jeu de boules. *Club bouliste.* ▷ Subst. Joueur de boules.

Boulle (André Charles) (1642 - 1732), ébéniste français. Sa marqueterie utilisait le cuivre pour le fond et l'écaille pour le dessin, ou inversement. - *École Boulle :* lycée technique fondé à Paris en 1886.

Boullée (Étienne Louis) (1728 - 1799), architecte français. Il conçut une architecture à la fois rationnelle et fantastique (cénotaphe de Newton, 1784).

boulocher [bulɔʃe] v. intr. [**1**] En parlant d'un tissu, d'un tricot, former à l'usage des petites boules de fibre.

boulodrome [bulɔdʀom] n. m. Terrain aménagé pour le jeu de boules.

Boulogne (bois de), parc de Paris, à la frontière O. de la ville.

boulon [bulɔ̃] n. m. Tige cylindrique munie d'une tête et d'un filetage sur lequel est vissé un écrou.

boulonnage [bulɔnaʒ] n. m. **1.** Action de boulonner; son résultat. **2.** Ensemble des boulons d'un montage.

boulonner [bulɔne] v. [**1**] **1.** v. tr. Fixer avec des boulons. **2.** v. intr. Fig., fam. Travailler beaucoup.

1. boulot [bulo] n. m. Fam. Travail. *C'est l'heure du boulot.*

2. boulot, otte [bulo, ɔt] adj. (et n.) **1.** Fam. Se dit d'une personne (le plus souvent d'une femme) petite et grosse. **2.** Vieilli (Cour. en Belgique) *Pain boulot :* pain de forme arrondie ou oblongue.

boulotter [bulɔte] v. intr. [**1**] Fam. **1.** Manger. **2.** (Afr. subsah.) Travailler.

1. boum [bum] interj. et n. m. **1.** interj. Onomat. imitant le bruit d'un choc, d'une détonation. *Boum! Et ce fut tout.* **2.** n. m. Bruit produit par ce qui tombe; bruit d'une explosion. ▷ Fig. Réussite, succès important et soudain. *Cette nouvelle mode fait un boum.* ▷ Loc. *En plein boum :* en état d'activité intense. **3.** n. m. Hausse subite des valeurs en Bourse. ▷ Forte poussée de prospérité économique, souvent éphémère. Syn. (Anglicisme) boom.

2. boum [bum] n. Fam. **1.** n. f. Surprise-partie. **2.** n. m. (Afr. subsah.) Soirée dansante.

Boumediene (Muhammad Bukharrubah, dit Houari) (1932 - 1978), militaire et homme politique algérien. Chef (colonel) de l'Armée de libération nationale (A.L.N.), cantonnée en Tunisie de 1960 à l'indépendance, il contribua à porter au pouvoir, en sept. 1962, Ben Bella, qu'il renversa en juin 1965. Il fut président de la République de 1965 à sa mort et président de l'O.U.A. en 1974.

1. bouquet [bukɛ] n. m. **1.** Petit bois, groupe d'arbres. **2.** Assemblage de fleurs, d'herbes liées ensemble. *Bouquet de roses.* ▷ CUIS *Bouquet garni :* persil, thym et laurier. **3.** *Par anal.* Parfum, arôme (d'un vin, d'une liqueur). **4.** Gerbe de fusées qui termine un feu d'artifice. ▷ Fam. *C'est le bouquet :* c'est le comble. **5.** TELECOM Ensemble de chaînes diffusées par un opérateur depuis un même satellite.

2. bouquet [bukɛ] n. m. Grosse crevette rose.

bouquetière [buktjɛʀ] n. f. Marchande ambulante de fleurs.

bouquetin [buktɛ̃] n. m. Chèvre sauvage à longues et puissantes cornes annelées, arquées vers l'arrière, que l'on trouve dans les montagnes d'Europe, d'Éthiopie et d'Arabie.

1. bouquin [bukɛ̃] n. m. **1.** Vieux livre. **2.** Fam. Livre. *Avoir toujours le nez dans ses bouquins.*

2. bouquin [bukɛ̃] n. m. Lièvre ou lapin mâle.

bouquiner [bukine] v. intr. [1] Fam. Lire.

bouquiniste [bukinist] n. Marchand de livres d'occasion, en partic., à Paris, le long des quais de la Seine.

bouranne [buʀan] n. f. Écorce toxique d'un arbre (*Erythrophlœum guineense,* fam. césalpiniacées), utilisée autref. comme poison d'épreuve.

Bourassa (Henri) (1868 – 1952), journaliste et homme politique québécois. Petit-fils de L. J. Papineau, il fonda le journal *le Devoir* (1910), qu'il dirigea jusqu'en 1932, défendant la langue et la culture québécoises contre l'impérialisme britannique.

Bourassa (Robert) (1933 – 1996), homme politique québécois; chef du parti libéral et Premier ministre du Québec de 1970 à 1976, puis de 1985 à 1994.

Bourbaki (Nicolas), pseudonyme collectif de mathématiciens français qui se consacrent depuis 1939 à l'exposé logique des mathématiques.

bourbe [buʀb] n. f. Fange formée dans les eaux croupissantes.

bourbeux, euse [buʀbø, øz] adj. Plein de bourbe. *Chemin bourbeux.*

bourbier [buʀbje] n. m. Lieu fangeux. ▷ Fig. Situation embarrassante et fâcheuse. *S'enliser dans un bourbier.*

bourbillon [buʀbijɔ̃] n. m. MED Masse blanchâtre de tissus nécrosés, située au centre d'un furoncle.

1. bourbon [buʀbɔ̃] n. m. Whisky américain à base d'alcool de maïs.

2. bourbon [buʀbɔ̃] adj. inv. (Réunion) Relatif à la Réunion, produit à la Réunion (autref. île Bourbon).

Bourbon (île). V. Réunion (île de la).

Bourbon (maison de), maison souveraine française qui tire son nom de Bourbon-l'Archambault (Allier). Au XIIIe s., cette seigneurie échut à Robert de Clermont, sixième fils de Saint Louis. – Une première branche s'éteignit en 1527. – Une deuxième branche parvint au trône de Navarre, Antoine de Bourbon ayant épousé Jeanne d'Albret (1555). Leur fils accéda, sous le nom d'Henri IV, au trône de France (1589), qui resta à sa lignée directe jusqu'à Charles X. Le dernier représentant en fut le comte de Chambord (m. en 1883). – Une troisième branche (Bourbon-Orléans), issue de Philippe, frère de Louis XIV, donna Louis-Philippe Ier, roi des Français de 1830 à 1848 (V. Orléans, maison d'). – Une quatrième branche, issue de Philippe V, roi d'Espagne, petit-fils de Louis XIV, régna sur l'Espagne de 1700 à 1931, et règne depuis 1975 avec Juan Carlos Ier. À cette branche appartiennent la maison de Bourbon, qui occupa le trône des Deux-Siciles jusqu'en 1860, et celle des Bourbon-Parme (duché de Parme et Plaisance, jusqu'en 1860).

Bourbon (palais), hôtel construit à Paris (1722-1728) pour la duchesse de Bourbon. C'est auj. le siège de l'Assemblée nationale (Palais-Bourbon).

bourbonnais, aise [buʀbonɛ, ɛz] adj. et n. (Réunion) Vieilli De la Réunion (autref. île Bourbon). ▷ Subst. *Un(e) Bourbonnais(e).*

bourbouille [buʀbuj] n. f. MED Éruption de boutons causée par l'inflammation des glandes sudoripares, fréquente dans les climats chauds et humides. *La bourbouille cause des démangeaisons.*

Bourdaloue (Louis) (1632 – 1704), jésuite français, prédicateur célèbre.

bourde [buʀd] n. f. **1.** Propos mensonger, baliverne. *Raconter des bourdes.* **2.** *Par ext.* Erreur, bévue.

Bourdelle (Émile Antoine) (1861 – 1929), sculpteur français : *Héraclès archer* (1909), *Beethoven* (21 bustes, de 1887 à 1929).

1. bourdon [buʀdɔ̃] n. m. ENTOM **1.** Nom de divers genres d'insectes hyménoptères aculéates, notam. le *Bombus terrestris* qui vit en colonies annuelles souterraines et auquel sa forte pilosité donne une allure globuleuse. (Ses couleurs peuvent être très vives – bandes alternées jaunes et noires – et sa taille respectable : jusqu'à 2,5 cm.) **2.** Fig., fam. *Avoir le bourdon :* éprouver de la tristesse, de la mélancolie; avoir le cafard.

2. bourdon [buʀdɔ̃] n. m. **1.** MUS Basse continue dans divers instruments. **2.** Grosse cloche à son grave.

3. bourdon [buʀdɔ̃] n. m. TYPO Omission d'un mot, d'une phrase ou d'un paragraphe lors de la composition.

bourdonnant, ante [buʀdonɑ̃, ɑ̃t] adj. Qui bourdonne.

bourdonnement [buʀdɔnmɑ̃] n. m. **1.** Bruit de certains insectes quand ils volent. **2.** Bruit qui rappelle le son grave et continu de ce vol. **3.** *Par anal.* Murmure sourd et confus d'une foule. **4.** *Bourdonnement d'oreilles :* impression de bruit sourd, parfois continu, due princ. à des troubles circulatoires ou neurologiques.

bourdonner [buʀdɔne] v. intr. [1] Bruire sourdement. *Machine qui bourdonne.* Syn. (Belgique) muser.

Bouré (le), rég. de la Haute-Guinée traversée par le Tinkisso, affluent du Niger, à proximité de Siguiri. Grand secteur aurifère.

bourg [buʀ] n. m. Gros village.

bourgade [buʀgad] n. f. Village aux habitations dispersées.

Bourgas ou **Burgas,** grand port de Bulgarie, sur la mer Noire, au fond du *golfe de Bourgas;* 198 400 hab.; ch.-l. de la rég. du m. nom dans la Dobroudja. Industr. alim., chim. Raff. de pétrole.

bourgeois, oise [buʀʒwa, waz] n. et adj. **I.** n. **1.** Anc. Citoyen d'un bourg, jouissant de certains privilèges. *Bourgeois de Paris.* – (Suisse) Mod. Personne ayant droit de cité dans une commune. **2.** Anc. En France, sous l'Ancien Régime, personne qui n'était ni noble, ni ecclésiastique, ni travailleur manuel. V. roturier. **3.** Mod. Personne de la classe moyenne. – *Petit*-bourgeois.* **4.** *En bourgeois :* en civil. **5.** Péjor. Personne conformiste, terre à terre, fermée à la culture. **6.** Dans le vocabulaire marxiste, personne de mœurs rangées, aux opinions conservatrices. **II.** adj. **1.** Simple, familial. *Cuisine bourgeoise.* **2.** Traditionaliste, conservateur. *Presse bourgeoise.* **3.** Péjor. Qui est sans originalité, conformiste. *Goûts bourgeois.*

bourgeoisement [buʀʒwazmɑ̃] adv. De façon bourgeoise. ▷ *Maison louée bourgeoisement,* où le locataire ne doit pas installer de commerce.

bourgeoisie [buʀʒwazi] n. f. **1.** Anc. Qualité de bourgeois. – (Suisse) Syn. de *indigénat* (sens 2). **2.** En France, sous l'Ancien régime, classe sociale également appelée *tiers état.* **3.** Dans le vocabulaire marxiste, classe dominante, qui possède les moyens de production dans un pays capitaliste. **4.** Ensemble des bourgeois (sens I, 3).

bourgeon [buʀʒɔ̃] n. m. **1.** Organe végétal écailleux des phanérogames, situé soit à l'extrémité d'une tige (*bourgeon terminal* ou *apical*), soit à l'aisselle d'une feuille (*bourgeon axillaire*), et contenant à l'état embryonnaire les organes du stade ultérieur : les feuilles et la tige qui les portera (*bourgeons à bois,* dans le cas des arbres) ou les fleurs (*bourgeons à fleurs*). **2.** MED *Bourgeons charnus :* excroissances rougeâtres qui constituent le signe de la cicatrisation des plaies.

bourgeonnement [buʀʒɔnmɑ̃] n. m. **1.** Formation et développement des bourgeons. **2.** ZOOL Mode de reproduction asexuée par bourgeons, fréquent chez les cnidaires.

bourgeonner [buʀʒɔne] v. intr. [1] **1.** Jeter, pousser des bourgeons. *Les arbres bourgeonnent.* **2.** MED Produire des bourgeons charnus. *Plaie qui bourgeonne.* **3.** Fig. Se couvrir de boutons (visage).

Bourges, v. de France, ch.-l. du dép. du Cher, anc. cap. du Berry; 78 773 hab. Industries. – Archevêché. Cath. St-Étienne (XIIIe s.), hôtel Jacques-Cœur (goth., XVe s.).

Bourget (lac du), lac des Alpes franç., en Savoie; 44 km². – Lamartine l'a célébré dans ses *Méditations.*

Bourget (aéroport du), troisième aéroport de Paris, en Seine-Saint-Denis.

bourghol [buʀgɔl] n. m. (Liban) Blé concassé.

bourgmestre [buʀgmɛstʀ] n. m. (Afr. subsah., Belgique, Suisse) Premier magistrat d'une commune, maire.

bourgogne [buʀgɔɲ] n. m. et adj. **1.** n. m. Vin de Bourgogne. **2.** adj. inv. (Québec) Rouge foncé. *Des cravates bourgogne.*

Bourgogne, rég. historique, anc. province de France. – Le territ. des Éduens, soumis par Rome au Ier s. av. J.-C., fut envahi par les Alamans, puis par les Burgondes (auxquels la Bourgogne doit son nom), qui y fondèrent un royaume au Ve s. Celui-ci passa aux Mérovingiens en 534. Un second royaume, qui s'étendit jusqu'à la Médit., se constitua en 561 et fut annexé par Charlemagne en 771. Il se reconstitua avec Boson (3e roy.), en 879, mais se morcela en fiefs. L'un d'eux, le duché de Bourgogne, connut du Xe au XIIe s. une intense vie monastique (Cluny, Cîteaux); l'art roman fleurit (Cluny, Vézelay). Au XVe s., avec Jean sans Peur, puis Philippe III le Bon (1419-1467), les États de la maison de Bourgogne (le duché, les Pays-Bas, le comté de Bourgogne, etc.) devinrent une puissance européenne. Charles le Téméraire voulut réunir les Pays-Bas et la Bourgogne en conquérant la Lorraine, mais il fut tué devant Nancy (1477). En Suisse, il avait également subi des échecs (1476). À sa mort, le duché revint à la France, et son unique héritière, Marie de Bourgogne (1457-1482) épousa Maximilien Ier de Habsbourg : les Pays-Bas (y compris la Belgique et le Luxembourg actuels) et la Franche-Comté devenaient ainsi des possessions de la maison d'Autriche.

Bourgogne, Région admin. française et région de la C.E., formée des dép. de la Côte-d'Or, de la Nièvre, de la Saône-et-Loire et de l'Yonne; 31 592 km^2; 1 649 517 hab.; cap. *Dijon**.
Géogr. et écon. – À cheval sur les bassins de la Seine, au N., de la Loire, à l'O. et de la Saône, au S., la Bourgogne est une région seuil. Au S. et au centre, le massif cristallin du Morvan, humide, boisé, est propice aux herbages. Les hab. et les villes se concentrent sur les périphéries, dans les vallées; le cœur de la région est peu occupé. La Bourgogne tire son prestige mondial de ses vins (chablis, côte-de-nuits, côte-de-beaune puis beaujolais) et des autres produits agric. : polyculture, lait et volailles de Bresse, élevage du Morvan et de ses bordures (bœuf charolais), grandes cultures au N.-O., production de bois, la forêt couvrant 31 % de la région. Les industries lourdes ont disparu; la filière agro-alimentaire, les activités de recherche et de haute technologie sont en essor.

bourgou [burgu] n. m. (Afr. subsah.) **1.** Graminée aquatique robuste des vallées inondables d'Afrique sahélienne, qui forme des pâturages recherchés des troupeaux après la décrue et dont le suc, riche en sucre, peut être distillé. **2.** Peuplement de cette plante.

Bourguiba (Habib ibn Ali) *(Ḥabīb ibn 'Alī bū Rqība)* (né en 1903), homme politique tunisien. Fondateur du parti Néo-Destour (1934), plusieurs fois emprisonné et exilé, il négocia avec le gouvernement de Mendès France, en 1955, l'indépendance de son pays, et devint président du Conseil, puis Premier ministre en 1956. Il devint président de la Rép., fut sans cesse réélu, fut fait président à vie par référendum (1975), puis destitué en 1987.

bourguignon, onne [burgiɲɔ̃, ɔn] adj. et n. **1.** De Bourgogne. ▷ Subst. Personne originaire de Bourgogne. *Un(e) Bourguignon(ne).* **2.** *Bœuf bourguignon* ou, n. m., *bourguignon :* plat de viande de bœuf cuite dans du vin rouge avec des oignons.

Bourguignons (faction des), parti qui, en France, au XVe s., s'opposa à celui des Armagnacs*. Son chef, Jean sans Peur, duc de Bourgogne, laissa les Anglais battre les Armagnacs (1415). Cette guerre civile dura jusqu'en 1435.

Bouriates, peuple mongol de Sibérie, implanté en Mongolie et dans la rép. de Bouriatie.

Bouriatie (rép. de la Fédération de Russie), division administrative de la Russie, en Sibérie orientale; 351 300 km^2; 1 030 000 hab.; cap. *Oulan-Oude.*

bourjane [burʒan] n. m. (Madag.) **1.** Anc. Porteur de colis ou de filanzane. **2.** Personne qui tire un pousse-pousse.

bourlinguer [burlɛ̃ge] v. intr. [**1**] **1.** MAR En parlant d'un navire, rouler et tanguer violemment, en n'ayant presque pas d'erre. **2.** Naviguer beaucoup. – Fig., fam. Courir le monde.

bourlingueur, euse [burlɛ̃gœr, øz] n. Fam. Personne qui court le monde, mène une vie aventureuse.

Bourmont (Louis, comte de Ghaisnes de) (1773 – 1846), général français. Il abandonna l'armée impériale en juin 1815 pour rejoindre, à Gand, Louis XVIII. Il commanda l'expédition d'Alger et fut fait maréchal (1830).

bourne [burn] n. f. (Acadie) Nasse à anguilles. – Casier à homards.

bourrache [buraʃ] n. f. Plante des régions méditerranéennes (fam. borraginacées), à poils forts et rêches dont les fleurs bleues sont utilisées, en infusion, notam. comme diurétique.

bourrade [burad] n. f. Coup de poing, de coude, d'épaule.

bourrage [buraʒ] n. m. **1.** Action de bourrer. *Bourrage d'un pouf. – Par ext.* Matériau utilisé pour bourrer. **2.** Fig., fam. *Bourrage de crâne :* propos répétés avec insistance pour tromper ou endoctriner; *spécial.* propagande intensive. Syn. matraquage. **3.** TECH Accumulation accidentelle de pellicule, de papier, etc., en un point d'une caméra, d'un projecteur, d'une imprimante, etc.

bourrasque [burask] n. f. Brusque coup de vent tourbillonnant. – Fig. *Arriver en bourrasque.*

bourrasser [burase] v. [**1**] (Québec) **1.** v. tr. Brusquer, malmener (qqn). **2.** v. intr. Être de mauvaise humeur.

bourratif, ive [buratif, iv] adj. Fam. Qui bourre (aliments). *Un gâteau bourratif.*

bourre [bur] n. f. **1.** Couche de fond (protection thermique) des fourrures des mammifères, constituée de poils fins, souples, courts et ondulés. *Les poils de bourre sont différents des jarres et des crins.* **2.** Amas de poils détachés de la peau d'animaux. **3.** *Bourre de laine, de soie,* déchets de ces matières. **4.** Duvet couvrant de jeunes bourgeons. **5.** Rondelle de feutre qui, dans une cartouche, sépare la poudre du plomb. **6.** Loc. fam. *À la bourre :* en retard.

bourreau [buro] n. m. **1.** Exécuteur des jugements criminels (spécial. de la peine de mort). **2.** *Par ext.* Homme cruel, inhumain. ▷ *Bourreau des cœurs :* séducteur. ▷ *Bourreau de travail :* travailleur forcené.

bourrée [bure] n. f. (Québec) Effort de courte durée mais intense, produit pendant un travail. *Donner une bourrée.*

bourreler [burle] v. tr. [**19**] Usité au pp. dans la loc. *bourrelé de remords :* torturé par le remords.

bourrelet [burlɛ] n. m. **1.** Cercle rembourré permettant de porter des charges sur la tête. **2.** Nom donné à divers objets allongés et renflés. ▷ *Par anal.* Partie du corps présentant une enflure. *Bourrelet de graisse.*

bourrelier [burəlje] n. m. Celui qui fabrique, vend ou répare des articles de cuir, partic. des harnachements.

bourrellerie [burɛlri] n. f. Artisanat et commerce du bourrelier.

bourrer [bure] v. tr. [**1**] **1.** Garnir de bourre. *Bourrer un matelas.* **2.** Remplir complètement. *Bourrer une pipe, ses poches.* ▷ *Par ext.* Fam. Faire trop manger (qqn). *Bourrer ses invités.* ▷ v. pron. Manger avec excès, se gaver. **3.** Fig., fam. *Bourrer le crâne à qqn,* chercher à le tromper par des propos mensongers réitérés. ▷ (Afr. subsah.) Fam. En faire accroire à. *Ne viens pas me bourrer avec tes histoires.* **4.** *Bourrer de coups :* frapper à coups répétés. **5.** (Nouv.-Cal.) Vulg. Avoir des rapports sexuels avec (qqn).

bourreur [burœr] n. m. (Afr. subsah.) Fam. Menteur, fabulateur. *Je ne vais pas croire un bourreur comme toi.*

bourriche [buriʃ] n. f. Long panier pour transporter du poisson, du gibier, etc.; son contenu. *Une bourriche d'huîtres.*

bourricot ou **bourriquot** [buriko] n. m. Petit âne. ▷ Loc. fig., fam. *C'est kif*-kif bourricot :* c'est la même chose.

bourrique [burik] n. f. **1.** Ânesse. **2.** Fig., fam. Personne têtue et stupide. ▷ Loc. fam. *Faire tourner qqn en bourrique,* l'abrutir à force d'exigences contradictoires.

bourru, ue [bury] adj. **1.** Âpre et rude comme la bourre. *Drap bourru.* – Par ext. *Vin bourru :* vin nouveau qui est en train de fermenter. *Lait bourru,* qui vient d'être trait. **2.** Fig. D'humeur rude et peu accommodante. *Un caractère bourru.* Ant. doux, affable.

1. bourse [burs] n. f. **1.** Petit sac destiné à contenir de l'argent, de la monnaie. – (Québec) Fam. Sac à main. ▷ Loc. fig. *Tenir les cordons de la bourse :* disposer de l'argent. *Sans bourse délier :* sans payer. ▷ *Par ext.* Argent dont on dispose. *Faire bourse commune :* partager les recettes et les dépenses. **2.** Pension versée par un organisme public ou privé à un élève, à un étudiant, pendant ses études. **3.** ANAT *Bourse séreuse :* petite poche muqueuse qui facilite le glissement de certains organes, en partic. autour des articulations. ▷ (Plur.) Syn. de *scrotum.*

2. bourse [burs] n. f. **1.** Édifice, lieu public où s'assemblent, à certaines heures, les négociants, les agents de change, les courtiers, pour traiter d'affaires. *Bourse des valeurs. Bourse de commerce. La Bourse d'Abidjan.* ▷ *Par ext.* La réunion même de ces personnes. *La Bourse a été agitée.* **2.** *Bourse du travail :* réunion des adhérents des syndicats d'une ville ou d'une région, en vue de la défense de leurs intérêts et de l'organisation de services collectifs; lieu de cette réunion et lieu d'information. **3.** *Bourse professionnelle :* manifestation permettant un échange d'informations ou des négociations entre professionnels d'un ou de plusieurs secteurs d'activités.
ENCYCL L'institution de la Bourse date du XVe s. Elle doit son origine à la famille Van der Burse qui possédait un hôtel dans lequel les commerçants de Bruges venaient négocier leurs valeurs et leurs marchandises. Les échanges se font sous la forme de «marché au comptant» et «à terme» (livraison des titres et paiements sont reportés à une date de «liquidation» fixée de façon réglementaire chaque mois). La fixation des cours (ou cotation), longtemps établie selon une méthode orale (dite «à la criée»), s'effectue auj. par télématique. Cette technique fait bénéficier les valeurs importantes d'une cotation dite «en continu» et les transactions consistent en un simple transfert d'ordre par ce réseau et par téléphone. Les principales Bourses de valeurs sont : Francfort, Londres, Milan, New York, Ōsaka, Paris, Singapour, Sydney, Tōkyō, Toronto.

boursicotage [bursikɔtaʒ] n. m. Fait de boursicoter.

boursicoter [bursikɔte] v. intr. [**1**] Jouer à la Bourse en effectuant de petites opérations.

1. boursier, ère [bursje, ɛr] n. Élève, étudiant qui bénéficie d'une bourse.

2. boursier, ère [bursje, ɛr] n. et adj. **I. 1.** n. Professionnel de la Bourse. **2.** adj. Qui se rapporte à la Bourse. *Transactions boursières.* **II.** n. m. (Suisse) Trésorier, receveur communal.

boursouflage [bursuflaʒ] ou **boursouflement** [bursufləmɑ̃] n. m. Action de boursoufler; son résultat.

boursouflé, ée [bursufle] adj. **1.** Enflé, bouffi. *Visage boursouflé.* **2.** Fig. Ampoulé, emphatique. *Style boursouflé.*

boursoufler [bursufle] v. tr. [1] Rendre boursouflé, enflé.

boursouflure [bursuflyr] n. f. Enflure. – Fig. *Boursouflure du style.*

Bourvil (André Raimbourg, dit) (1917 - 1970), acteur et chanteur français. Au cinéma, il excella dans les rôles comiques (*le Corniaud,* 1965) et dramatiques (*la Traversée de Paris,* 1956).

Bou-Sāda. V. Boussada.

bousculade [buskylad] n. f. **1.** Action de bousculer. **2.** Mouvement produit par le remous d'une foule.

bousculer [buskyle] v. tr. [1] **1.** Renverser, faire basculer. *Bousculer un pot de fleurs.* **2.** Pousser, heurter (qqn). ▷ v. pron. *On se bousculait à la fête.* **3.** *Par ext.* Activer, presser. *Ne le bouscule pas, il a le temps.*

bouse [buz] n. f. Fiente des ruminants.

bouseux, euse [buzø, øz] n. Fam., péjor. Paysan.

bousier [buzje] n. m. Nom donné à divers coléoptères qui pondent leurs œufs dans des excréments, certains, comme le scarabée sacré, roulant ces derniers en boule.

bousillage [buzijaʒ] n. m. CONSTR Mortier de chaume et de boue.

bousiller [buzije] v. [1] **I.** v. intr. CONSTR Maçonner avec un mélange de chaume et de boue. **II.** v. tr. **1.** CONSTR Construire en bousillage. **2.** *Par ext.* Fam. Faire précipitamment et sans soin. *Bousiller son travail.* **3.** Fam. Abîmer, démolir (qqch); tuer (qqn).

Boussada *(bū Sa'āda)* (anc. *Bou-Sāda*), v. d'Algérie, à l'extrême N. de l'Atlas saharien, dans une oasis arrosée par l'oued *Boussada;* 55 000 hab.

boussole [busɔl] n. f. Instrument constitué par un cadran au centre duquel est fixé un axe vertical autour duquel pivote une aiguille aimantée qui indique la direction du nord magnétique (un peu différent du nord géographique, du fait de la déclinaison magnétique). *La boussole, dont le principe fut découvert par les Chinois au IIe s. apr. J.-C., ne fut utilisée en navigation qu'au XIe s.* Syn. (Luxembourg) compas. ▷ Loc. fig., fam. *Perdre la boussole :* perdre la tête, devenir fou.

boustifaille [bustifaj] n. f. Fam. Nourriture.

1. bout [bu] n. m. **1.** Extrémité d'un corps; limite d'un espace. *Le bout des doigts. Au bout de la ville.* – Loc. *D'un bout à l'autre* [dœbutalotr]. *À bout portant :* le bout de l'arme à feu touchant l'objectif. ▷ Loc. fig. *Brûler la chandelle par les deux bouts :* V. chandelle. – *Manger du bout des dents, rire du bout des lèvres,* de mauvaise grâce. – *Savoir qqch sur le bout du doigt, des doigts,* à fond. – *Je l'ai sur le bout de la langue*.* – *Montrer le bout de l'oreille*.* – *Ne pas voir plus loin que le bout de son nez*.* – *On ne sait par quel bout le prendre :* il est d'un caractère difficile. – *Avoir de la peine à joindre les deux bouts :* manquer d'argent, boucler difficilement son budget. – *Au bout de la terre, du monde :* très loin. – Loc. fig., fam. *C'est le bout du monde :* on ne peut aller plus loin dans une telle supposition, une telle possibilité. **2.** Ce qui garnit l'extrémité de certaines choses. *Mettre un bout à une canne.* **3.** Petite partie, morceau. *Un bout de ruban, un bout de pain.* ▷ Loc. fam. *Petit bout :* petit garçon, petite fille. – *Un bout d'homme :* un homme très petit. ▷ *Un (bon) bout de chemin :* une distance relativement importante. – (Québec) *Il y a un (bon) bout d'ici au dépanneur.* **4.** Terme, fin. *Le bout de l'année.* ▷ Loc. fam. *Être au bout de son* (ou *du*) *rouleau*.* – *Il n'est pas au bout de ses peines :* il n'en a pas fini avec les difficultés. ▷ *Au bout du compte*.* ▷ (Québec) Fam. *C'est le bout! :* c'est le comble, c'est incroyable! ▷ *À bout :* sans ressource, épuisé. *Être à bout.* – *Pousser à bout :* faire perdre patience. ▷ *À bout de :* à la fin de. – Loc. *Venir à bout de... :* réussir, vaincre. ▷ *À tout bout de champ*.* ▷ *Mettre bout à bout* [butabu] *:* joindre par les extrémités. ▷ *De bout en bout :* d'une extrémité à l'autre; du début à la fin. ▷ (Québec) *L'auto a viré bout pour bout,* a fait un tête-à-queue.

2. bout [but] n. m. MAR Morceau de cordage, cordage. *Passer un bout à un bateau pour le remorquer.*

boutade [butad] n. f. Plaisanterie.

boute-en-train [butɑ̃trɛ̃] n. m. inv. **1.** Personne qui sait amuser, mettre en gaieté une assemblée. **2.** Mâle que les éleveurs utilisent pour vérifier qu'une femelle est prête pour la saillie (notam. une jument).

boutefas [butfa] n. m. Gros saucisson de porc, spécialité suisse.

boutefeu [butfø] n. m. MINES Personne responsable des tirs à l'explosif.

bouteille [butɛj] n. f. **1.** Récipient à col étroit et à goulot destiné à contenir des liquides. *Bouteille de verre. Mettre du vin en bouteilles.* – Son contenu. *Boire une bouteille de bière. Une bonne bouteille :* une bouteille de bon vin. ▷ *Aimer la bouteille :* aimer le vin, la boisson. ▷ *Vin qui a de la bouteille,* qui s'est amélioré en vieillissant. – Fig., fam. *Prendre de la bouteille :* vieillir. ▷ Fig. *La bouteille à l'encre*.* **2.** Récipient métallique pour gaz liquéfiés. *Bouteille de butane.*

bouter [bute] v. tr. [1] **1.** Vx ou litt. Pousser. **2.** Vx (Cour. en France rég.) Placer, pousser. *Bouter l'ennemi hors de France.* **3.** Loc. (Belgique, vieilli; Suisse) *Bouter le feu :* mettre le feu.

bouteur [butœr] n. m. TRAV PUBL Engin de terrassement constitué par un tracteur à chenilles équipé à l'avant d'une lame pour pousser des terres, des déblais. Syn. (off. déconseillé) bulldozer, (Suisse) trax.

boutique [butik] n. f. **1.** Lieu où un marchand expose et vend sa marchandise, magasin. *Une petite boutique. Tenir boutique.* ▷ (Afr. subsah., Antilles fr., Djibouti, oc. Indien) Petit commerce sommairement installé où l'on peut acheter, en quantités minimes, des produits d'épicerie, de droguerie, etc. – (oc. Indien) *Boutique de Chinois :* ce genre de boutique souvent tenue par un Chinois. (V. chinois.) ▷ Loc. fam. *Parler boutique :* parler de son métier. **2.** Magasin de vêtements, d'accessoires féminins portant le nom d'un grand couturier. **3.** *Boutique franche,* où les marchandises ne sont pas soumises au paiement des droits ou des taxes. **4.** Fig., fam. Maison mal tenue. *Quelle boutique!* **5.** PECHE Boîte à fond percé, pour conserver dans l'eau le poisson vivant.

boutiquier, ère [butikje, ɛr] n. (et adj.) Personne qui tient boutique (sens 1). ▷ Péjor. Personne à l'esprit étroit. – adj. *Des calculs boutiquiers.*

boutoir [butwar] n. m. **1.** Extrémité du groin des porcins. **2.** *Coup de boutoir :* coup violent; fig. trait d'humeur, mots blessants.

bouton [butɔ̃] n. m. **1.** Bourgeon. – *Spécial.* Fleur non encore épanouie. *Bouton de rose.* **2.** Petite pièce, le plus souvent ronde, qui sert à attacher ensemble les différentes parties d'un vêtement. *Recoudre un bouton.* **3.** Pièce saillante et arrondie. *Bouton de porte.* ▷ Petite pièce ou touche servant à la commande d'un appareil, d'un mécanisme. *Tourner le bouton de la radio.* **4.** Petit gonflement rouge de la peau. *Avoir le visage couvert de boutons.* **5.** *Bouton blanc :* herbe annuelle aromatique des régions tropicales (fam. labiées), à petites fleurs blanches. – *Bouton violet :* plante herbacée d'Afrique tropicale (fam. composées) à fleurs violacées, utilisée en médecine traditionnelle.

bouton-d'or [butɔ̃dɔr] n. m. Renoncule à fleurs jaune d'or des régions froides et tempérées. *Des boutons-d'or.*

boutonnage [butɔnaʒ] n. m. **1.** Action de boutonner. **2.** Manière dont un vêtement se boutonne.

boutonner [butɔne] v. [1] **1.** v. intr. S'attacher avec des boutons. *Blouse qui boutonne par-derrière.* ▷ v. pron. *Jupe qui se boutonne sur le côté.* **2.** v. tr. Attacher (un vêtement) avec des boutons.

boutonneux, euse [butɔnø, øz] adj. Qui a des boutons sur la peau. *Visage boutonneux.*

boutonnière [butɔnjɛr] n. f. **1.** Petite fente pratiquée dans un vêtement, souvent bordée d'un point spécial (*point de boutonnière*), dans laquelle on passe le bouton. **2.** CHIR Incision longue et étroite. *Faire une boutonnière pour passer une sonde cannelée.* **3.** GEOMORPH Dépression allongée, creusée par l'érosion dans les terrains tendres occupant l'axe d'un bombement anticlinal. *La boutonnière du Hodh mauritanien.*

bouton-pression [butɔ̃prɛsjɔ̃] n. m. Bouton dont une partie s'engage dans une autre et y reste maintenue par un petit ressort. *Des boutons-pression.*

boutre [butr] n. m. MAR Petit navire à voile latine, utilisé pour la pêche et le cabotage sur la côte est de l'Afrique.

Boutros-Ghali (Boutros) (né en 1922), universitaire et diplomate égyptien. De 1954 à 1977 il enseigna le droit international, puis devint ministre des Affaires étrangères. De 1992 à 1996 il fut secrétaire général de l'ONU.

Bouts (Dierick ou Thierry) (v. 1415 – 1475), peintre hollandais, influencé par Van der Weyden.

bouts-rimés [burime] n. m. pl. Rimes données d'avance pour écrire une pièce en vers. – Sing. *Un bout-rimé :* une pièce en vers composée de bouts-rimés.

bouturage [butyraʒ] n. m. Action de bouturer.

bouture [butyʀ] n. f. Jeune pousse d'un végétal (autre que celles ayant naturellement un rôle dans la multiplication végétative : tubercules, bulbilles, etc.) qui, séparée de la plante originelle et mise en terre, régénère les organes manquants pour donner un végétal entier.

bouturer [butyʀe] v. [1] **1.** v. tr. Planter une bouture. **2.** v. intr. Donner, par accident, des boutures. *Cette plante a bouturé.*

bouvier, ère [buvje, ɛʀ] n. **1.** Personne qui garde les bœufs et les conduit pour les travaux des champs. ▷ n. m. ASTRO *Le Bouvier :* la constellation boréale dont fait partie l'étoile Arcturus. **2.** n. m. Nom donné à diverses races de chiens de berger.

bouvillon [buvijɔ̃] n. m. Jeune bœuf.

Bouvines, com. de France (Nord), sur la Marcq; 684 hab. – Le 27 juil. 1214, Philippe Auguste sauva la France en vainquant une coalition (Allemands, Flamands, Anglais).

bouvreuil [buvʀœj] n. m. Oiseau passériforme des régions tempérées d'Eurasie, au plumage gris et noir et à la poitrine rose vif.

bouza [buza] n. f. En Tunisie, dessert à base de féculent et de fruits secs.

bouzalouf [buzaluf] n. m. En Algérie, plat traditionnel à base de cervelle de mouton.

bouzaque [buzak] n. m. ou f. Herbe sèche; *spécial.*, graminée (*Andropogon eucomus*) qui couvre les collines de Madagascar.

bovarysme [bɔvaʀism] n. m. Insatisfaction de soi de nature romanesque. *Barbey d'Aurevilly a forgé le mot* bovarysme *pour définir le trouble de l'héroïne du roman de Gustave Flaubert* Madame Bovary.

Bovet (Daniel) (1907 – 1992), pharmacologiste italien d'origine suisse. Il découvrit le premier antihistaminique (1944) et mit au point des composés utilisés en anesthésie. Prix Nobel de médecine 1957.

bovidés [bɔvide] n. m. pl. ZOOL Famille de mammifères comprenant tous les ruminants à cornes creuses (cavicornes), en partic. les bovins, les ovins, les caprins et les antilopes. – Sing. *Un bovidé.*

bovin, ine [bɔvɛ̃, in] adj. et n. m. **1.** adj. Relatif au bœuf. *La race bovine.* ▷ Fig., fam. *Un regard bovin,* stupide. **2.** n. m. pl. Espèce engendrée par le taureau domestique (taureaux, bœufs, vaches, veaux). – Sing. *Un bovin.*

bovinés [bɔvine] n. m. pl. ZOOL Sous-famille de bovidés comprenant, outre le bœuf, le buffle, le bison, le zébu, le yack. – Sing. *Un boviné.*

bowal [bowal] n. m. GEOMORPH Cuirasse latéritique fréquemment rencontrée en Afrique de l'Ouest.

bowalisation [bowalizasjɔ̃] n. f. GEOMORPH Transformation (d'un sol) en bowal par durcissement de ses couches superficielles.

bowaliser (se) [bowalize] v. pron. [1] GEOMORPH Se transformer en bowal.

bowling [buliŋ] n. m. (Anglicisme) Jeu de quilles d'origine américaine (le joueur doit, avec deux boules, renverser dix quilles placées à 25 m). – Établissement, lieu où l'on y joue.

box, plur. **box** ou **boxes** [bɔks] n. m. **1.** Stalle d'écurie pour un seul cheval. **2.** Compartiment de garage pour une automobile. **3.** Espace en partie cloisonné dans un lieu public. *Le box des accusés,* au tribunal.

box-calf [bɔkskalf] n. m. Peau de veau imprégnée de chrome dont on fait des souliers, des sacs, etc. *Des box-calfs.*

boxe [bɔks] n. f. Sport de combat dans lequel deux adversaires, munis de gants, se frappent à coups de poing, selon des règles déterminées. *Boxe anglaise. Boxe française,* comportant des attaques avec le pied. *Gants de boxe :* fortes moufles de cuir, rembourrées, qui protègent les poings des boxeurs.

1. boxer [bɔkse] v. [1] **1.** v. intr. Se battre à coups de poing selon les règles de la boxe. **2.** v. tr. Fam. Frapper qqn à coups de poing.

2. boxer [bɔksɛʀ] n. m. Chien de garde de grande taille (60 à 65 cm au garrot), du groupe des dogues, à la robe le plus souvent fauve, à museau plat.

Boxers, membres d'une société secrète chinoise, qui assiégèrent, en 1900, les légations européennes de Pékin qui organisèrent contre eux une terrible expédition militaire.

boxeur [bɔksœʀ] n. m. Celui qui pratique la boxe. *Le visage tuméfié d'un boxeur.*

box-office [bɔksɔfis] n. m. (Anglicisme) Enregistrement périodique de la cote commerciale d'un acteur, d'un chanteur, etc. *Il vaut 5 millions au box-office. Des box-offices.* Syn. (off. recommandé) cote de succès.

boy [bɔj] n. m. **1.** Dans les pays autrefois colonisés (Asie, Afrique, Océanie, etc.), employé de maison indigène. *Une vie de boy,* roman de Ferdinand Oyono. **2.** (Afr. subsah.; Viêt-nam, vieilli) Serveur, dans un café, un restaurant, etc. **3.** Danseur de music-hall.

boyard [bɔjaʀ] n. m. Seigneur, dans l'ancienne Russie et dans d'autres pays slaves.

boyau [bwajo] n. m. **1.** Intestin des animaux. – Plur. Fam. Intestin de l'homme. ▷ *Corde de boyau* ou *boyau :* corde faite avec des intestins de chat ou de mouton, servant à garnir les violons, guitares, etc. (autref. les raquettes de tennis). **2.** *Par anal.* Conduit souple en cuir, en toile caoutchoutée, etc. **3.** FORTIF Fossé en zigzag mettant en communication deux tranchées. – Souterrain, corridor long et étroit. **4.** CYCLISME Enveloppe de caoutchouc, plus légère que le pneu.

boy-chauffeur [bɔjʃofœʀ] n. m. (Afr. subsah.) Aide d'un chauffeur de camion. *Des boys-chauffeurs.*

boycottage [bɔjkɔtaʒ] ou **boycott** [bɔjkɔt] n. m. **1.** Mise en interdit d'un patron par ses ouvriers, d'un commerçant par ses employés, etc. **2.** Refus d'acheter des marchandises provenant d'une firme, d'un pays. **3.** *Par ext.* Refus collectif de participer à (une manifestation, un événement publics).

boycotter [bɔjkɔte] v. tr. [1] Appliquer le boycott à.

boy-cuisinier [bɔjkɥizinje] n. m. (Afr. subsah.) Employé de maison chargé de la cuisine, du ménage et du service à table. *Des boys-cuisiniers.*

Boyer (Jean-Pierre) (1776 – 1850), homme politique haïtien. Chef de file des métis, il succéda en 1818 à Pétion à la présidence de la République d'Haïti. En 1820, à la mort d'Henri Ier, il annexa le royaume du Nord. En 1822, il s'empara de la partie esp. de l'île, mais l'oligarchie de métis qui dominait la rép. dressa contre elle des rébellions et en 1843 il fut renversé. Il s'exila à Paris, où il mourut.

boyerie [bɔjʀi] n. f. (Afr. subsah.) Vieilli **1.** Local où logent les domestiques. **2.** Local où travaillent les domestiques. **3.** Domesticité.

boyesse [bɔjɛs] n. f. (Afr. subsah.) Vieilli **1.** Bonne à tout faire. **2.** Bonne d'enfants.

Boyle (sir Robert) (1627 – 1691), physicien et chimiste irlandais. Il étudia la compressibilité des gaz *(loi de Mariotte-Boyle)* et introduisit la notion d'analyse en chimie.

bozo [bozo] n. m. (Québec) Fam. Individu simple d'esprit, peu déluré. *Faire le bozo.*

bpi [bepei] n. m. (Abrév. de l'angl. *bit per inch.*) INFORM Unité de densité d'information sur un support.

brabançon, onne [bʀabɑ̃sɔ̃, ɔn] adj. et n. Du Brabant. ▷ Subst. *Un(e) Brabançon(ne).*

Brabançonne (la), hymne national belge, composé par Fr. Van* Campenhout lors de la proclamation de l'indépendance en 1830. Paroles : L.A. Déchet, auteur français; en 1860, C.L. Rogier* a récrit le dernier couplet.

brabant [bʀabɑ̃] n. m. AGRIC Charrue métallique à deux jeux de socs.

Brabant, ancien duché, formé au XIe s., dont le territoire est divisé auj. entre les Pays-Bas (prov. du Brabant*-Septentrional) et la Belgique.
Hist. – Issu de la réunion, au XIe s., des comtés de Louvain et de Bruxelles, le duché devint en 1430 la propriété du duc de Bourgogne, Philippe III le Bon. Son destin fut alors celui des Pays*-Bas bourguignons, devenus autrichiens en 1477, puis espagnols en 1516. En 1609, Maurice de Nassau, stathouder des Provinces-Unies, qui s'étaient affranchies de la domination espagnole, conclut une *trêve de Douze Ans* avec l'Espagne, qui lui céda la partie N. du Brabant (V. Brabant-Septentrional). La partie S. se révolta souvent contre l'occupant. En 1789, la Révolution* brabançonne chassa l'armée autrichienne et en janv. 1790 les États belgiques* unis furent proclamés, mais ils ne surmontèrent pas leurs divisions et l'Autriche occupa en déc. le pays. En 1792, la France chassa celle-ci et en 1795 annexa les territ. jusqu'aux Pays-Bas. De 1815 à 1830, le Brabant fut néerlandais. En 1830, quand la Belgique devint indép., les Pays-Bas gardèrent le Brabant-Septentrional. Au S., le Brabant belge eut pour ch.-l. Bruxelles, cap. de la Belgique. Les révisions constitutionnelles qui s'achevèrent en 1993 ont fait de Bruxelles-capitale l'une des trois Régions belges. En 1995, le Brabant a été divisé en deux prov. : au N., le Brabant flamand, qui fait partie de la Région flamande; au S., le Brabant wallon, qui fait partie de la Région wallonne.

Brabant, anc. province du centre de la Belgique qui avait pour ch.-l. Bruxelles et qui est divisée auj. en deux prov. : le Brabant flamand et le Brabant wallon, auxquelles il faut ajouter la Région Bruxelles-capitale.
Géogr. – Le Brabant belge, qui appartient au bassin de l'Escaut, est sillonné par les vallées de la Senne et de la Dyle. Il se compose d'une plaine et d'un bas plateau au relief tertiaire val-

lonné. Les terrains sont recouverts d'un lœss fertile (céréales, betteraves, primeurs et cultures maraîchères). Ils laissent parfois apparaître des sables (forêts, dont celle de Soignes) ou, vers le N., des argiles (prairies et élevage). Toutes les industries sont largement représentées dans le Brabant.

Brabant flamand, prov. du centre de la Belgique, au N. du Brabant wallon; 2106 km²; 989000 hab.; ch.-l. Louvain (siège d'une université néerlandophone).

Brabant wallon, prov. du centre de la Belgique, au S. du Brabant flamand; 1100 km²; 330000 hab.; ch.-l. Wavre. – Université de Louvain-la-Neuve (dans la com. d'Ottignies).

bracelet [bʀaslɛ] n. m. Ornement en forme d'anneau qui se porte autour du poignet, du bras. ▷ *Bracelet de cheville :* anneau de métal, rang de perles porté autour de la cheville. ▷ *Bracelet de force,* en cuir, qui bande étroitement le poignet et le protège.

bracelet-montre [bʀaslɛmɔ̃tʀ] n. m. Montre que l'on porte attachée au poignet par un bracelet. *Des bracelets-montres.*

bracero [bʀaseʀo] n. m. (Haïti) Coupeur de canne haïtien, employé comme travailleur saisonnier en République dominicaine.

brachial, ale, aux [bʀakjal, o] adj. ANAT Qui appartient, qui a rapport au bras. *Plexus brachial.*

brachiopodes [bʀakjɔpɔd] n. m. pl. ZOOL Classe d'invertébrés marins à coquille formée de deux valves calcaires (dorsale et ventrale) et souvent munis d'un pédoncule qui les fixe à un support. – Sing. *Un brachiopode.*

brachy-. Élément, du gr. *brakhus,* «court, bref».

brachycéphale [bʀakisefal] adj. et n. ANTHROP Se dit des hommes dont le crâne, vu du dessus, a une longueur et une largeur sensiblement égales. Ant. dolichocéphale.

brachycères [bʀakisɛʀ] n. m. pl. ENTOM Sous-ordre de diptères à antennes courtes et à tête très mobile comprenant les mouches communes, la mouche tsé-tsé, le taon, la drosophile, etc. – Sing. *Un brachycère.*

brachyoures [bʀakjuʀ] n. m. pl. ZOOL Sous-ordre de crustacés décapodes à abdomen large et court. Syn. crabes. – Sing. *Un brachyoure.*

braconnage [bʀakɔnaʒ] n. m. Action de braconner.

braconner [bʀakɔne] v. intr. [**1**] Chasser ou pêcher sans permis, ou en temps et lieux prohibés, ou avec des engins défendus.

braconnier [bʀakɔnje] n. m. Chasseur, pêcheur qui braconne.

bractée [bʀakte] n. f. BOT Petite feuille simple, souvent de couleurs vives, fixée au pédoncule floral.

Bradbury (Ray Douglas) (né en 1920), écrivain américain de science-fiction (*Chroniques martiennes,* 1950; *Fahrenheit 451,* 1953).

brader [bʀade] v. tr. [**1**] Vendre à vil prix. *Brader ses meubles.*

braderie [bʀadʀi] n. f. Foire où l'on vend au rabais. – Vente au rabais.

Bradford, v. de G.-B. (West Yorkshire); 449100 hab. Centre textile.

Bradley (James) (1693 – 1762), astronome anglais. Observant l'aberration de la lumière des étoiles (1727), il démontra le mouvement de translation de la Terre.

bradycardie [bʀadikaʀdi] n. f. MED Lenteur du rythme cardiaque (moins de 60 pulsations par minute), pathologique (pouls lent permanent) ou physiologique (cœur des sportifs).

Braga (Teófilo) (1843 – 1924), homme politique et écrivain portugais.

Bragance (maison de), famille issue d'Alphonse Iᵉʳ, fils naturel de Jean Iᵉʳ, roi de Portugal, et fait duc de Bragance (v. du nord du Portugal) en 1442. Elle a régné au Portugal de 1640 à 1910, et au Brésil de 1822 à 1889.

Bragg (sir William Henry) (1862 – 1942), physicien anglais. Il étudia la diffraction des rayons X par les cristaux *(loi de Bragg),* dont il précisa la structure. Son fils **sir William Lawrence** (1890 – 1971) poursuivit son œuvre. Ils reçurent le prix Nobel en 1915.

braguette [bʀagɛt] n. f. Ouverture verticale partant de la ceinture, sur le devant d'un pantalon, d'un short.

Brahe (Tycho) (1546 – 1601), astronome danois. Il perfectionna les instruments astronomiques. De son ouvrage *De nova stella anni 1572* et de recueils d'observations, Kepler, son élève, tira les lois qui portent son nom.

Brahmā, divinité hindoue; père de toutes les choses créées. Reflet du principe producteur du monde, il compose, avec Vishnu, puissance conservatrice, et Çiva, puissance destructrice (ou transformatrice), une triade (la Trimurti : «triple corps») qui personnifie les trois aspects fondamentaux et corrélatifs de l'Être universel. V. brahmanisme.

brahmane [bʀaman] n. m. Membre de la caste sacerdotale hindoue.

brahmanique [bʀamanik] adj. Relatif au brahmanisme.

brahmanisme [bʀamanism] n. m. Religion de l'Inde (courant le plus orthodoxe de l'hindouisme) liée à un système socioreligieux caractérisé par une division de la société en castes*. (Le brahmanisme comporte de grandes variations de croyances et de philosophies issues de la doctrine contenue dans le *Veda*.*)

Brahmapoutre (le), fl. d'Asie (env. 2900 km); naît au Tibet, qu'il traverse d'O. en E. sous le nom de Zangbo, draine l'Assam (Inde orient.) et le Bangladesh, où il confond son delta avec celui du Gange dans le golfe du Bengale. Il est navigable sur 1300 km.

Brahms (Johannes) (1833 – 1897), compositeur et chef d'orchestre allemand. Romantique, il a cependant conservé les formes classiques, surtout dans sa musique de chambre et ses quatre symphonies. On lui doit notam. *Un requiem allemand,* des concertos, des sonates.

brai [bʀɛ] n. m. Résidu solide ou pâteux de la distillation de matières organiques. *Brai de houille, de pétrole.*

Brăila, v. de Roumanie, sur le Danube inférieur; ch.-l. du distr. du m. nom en Valachie; 234700 hab. Grand port fluv. Industr. chim., métall., méca.; chantiers navals.

braillage [bʀajaʒ] n. m. (Québec) Fam. Action de brailler (1, sens 3).

braillard, arde [bʀajaʀ, aʀd] ou **brailleur, euse** [bʀajœʀ, øz] adj. et n. Se dit d'une personne qui braille, qui a l'habitude de brailler.

braille [bʀaj] n. m. Écriture en relief qui se lit avec les doigts, à l'usage des aveugles.

Braille (Louis) (1809 – 1852), inventeur français. Professeur à l'Institut des aveugles, lui-même non-voyant, il créa l'alphabet Braille (ou braille*).

braillement [bʀajmɑ̃] n. m. Cri d'une personne qui braille.

1. brailler [bʀaje] v. intr. [**1**] **1.** Parler, crier, chanter trop fort. ▷ v. tr. *Brailler un refrain.* **2.** Crier en pleurant (en parlant d'un enfant). **3.** (Québec) Pleurer, se lamenter (sans crier).

2. brailler (se) [bʀaje] v. pron. Vx (Cour. en Afr. subsah.) Ajuster sa chemise dans son pantalon.

brailleur, euse [bʀajœʀ, øz] adj. et n. V. braillard.

braiment [bʀɛmɑ̃] n. m. Cri de l'âne.

Braine-l'Alleud, com. de Belgique (Brabant); 24000 hab. Text. – La bataille de Waterloo eut lieu en partie sur son territoire.

Braine-le-Comte, com. de Belgique (Hainaut); 10700 hab. Centre import. de communications.

brainstorming [bʀɛnstɔʀmiŋ] n. m. (Anglicisme) Méthode de travail en groupe qui fait appel à l'imagination et à la créativité des participants pour résoudre un problème. Syn. (off. recommandé) remue-méninges.

brain-trust [bʀɛntʀœst] n. m. (Anglicisme) Groupe de chercheurs, de spécialistes, qui sont chargés de seconder une direction. *Des brain-trusts.*

braire [bʀɛʀ] v. intr. [**58**] Crier, en parlant de l'âne. ▷ Fam. Brailler.

braise [bʀɛz] n. f. Charbons ardents résultant de la combustion de bois, de houille, etc. *Des patates cuites sous la braise.*

braiser [bʀeze] v. tr. [**1**] Faire cuire à feu doux et à l'étouffée. *Une viande braisée.*

Bramante (Donato d'Angelo Lazzari, dit) (1444 – 1514), peintre et architecte italien. Il implanta la Renaiss. class. à Rome. Ses plans de la nouvelle basilique St-Pierre furent radicalement modifiés lors de la construction.

bramer [bʀame] v. intr. [**1**] Crier, en parlant du cerf et du daim. ▷ Fig., fam. Brailler, se lamenter bruyamment.

Brampton, v. du Canada (Ontario), à l'O. de Toronto; 234400 hab. Constr. automobile.

brancard [bʀɑ̃kaʀ] n. m. **1.** Chacune des deux pièces fixées à une charrette, entre lesquelles on attelle une bête de trait. ▷ Fig. *Ruer dans les brancards :* se rebeller. **2.** Civière à bras. *Évacuer un blessé sur un brancard.*

brancardier [bʀɑ̃kaʀdje] n. m. Porteur de brancard.

branchage [bʀɑ̃ʃaʒ] n. m. Ensemble des branches d'un arbre. ▷ (Plur.) Amas de branches. *Une litière de branchages.*

branche [bʀɑ̃ʃ] n. f. **1.** Ramification qui pousse du tronc d'un arbre. *Branche maîtresse. – Par ext.* Ramification d'une plante. *Céleris en branches,* dont on mange les côtes. ▷ Loc. *Être comme l'oiseau sur la branche :* être dans une situation incertaine, précaire. ▷

Fam. *Vieille branche :* apostrophe d'amitié. ▷ Loc. fam. (Québec) *Apprendre, entendre dire à travers les branches, au travers des branches (que),* de façon indirecte, par ouï-dire. **2.** *Par anal.* Ce qui évoque une branche par sa forme ou sa position par rapport à un axe. *Chandelier à sept branches. Les branches d'un compas.* ▷ ANAT *Les branches d'une artère, d'un nerf.* **3.** Division, ramification. *Les branches d'une science.* ▷ (Belgique, Suisse) Discipline étudiée. *Branche principale, secondaire.* **4.** *Par anal.* Une des familles issues d'un ascendant commun. *La branche aînée, cadette.*

branché, ée [bʀɑ̃ʃe] adj. (et n.) **1.** Fam. À la mode, dans le vent. **2.** (Maghreb) (En parlant des dattes.) Qui tient à une branchette. **3.** (Maghreb) En Algérie, qui est équipé d'une antenne de télévision parabolique.

branchement [bʀɑ̃ʃmɑ̃] n. m. **1.** Action de brancher. **2.** Organe de raccordement, canalisation. *Branchement d'eau.* ▷ CH de F Appareil d'aiguillage. **3.** INFORM Instruction qui permet de poursuivre un programme à partir d'une autre instruction.

brancher [bʀɑ̃ʃe] v. [1] **1.** v. tr. Relier un circuit secondaire à un circuit principal. *Brancher un fer à repasser.* ▷ v. pron. *Se brancher sur un émetteur,* de façon à en recevoir les signaux, les émissions. ▷ Fam. *Brancher qqn sur qqn, sur une affaire,* le mettre en contact avec, l'aiguiller sur. **2.** v. intr. Percher sur les arbres. *Les oiseaux branchent.* **3.** v. pron. (Québec) Fig., fam. Se décider. *Oui ou non? Branche-toi!*

branchette [bʀɑ̃ʃɛt] n. f. Litt. Petite branche. ▷ (Maghreb) *Spécial.* Petite tige servant à attacher les dattes.

branchial, ale, aux [bʀɑ̃kjal, o] adj. ZOOL Qui a rapport aux branchies.

branchie [bʀɑ̃ʃi] n. f. ZOOL Organe d'animaux aquatiques (crustacés, larves d'insectes, poissons, têtards d'amphibiens) qui l'utilisent pour respirer l'oxygène dissous dans l'eau. (Les branchies sont des expansions de tissus très minces, richement vascularisées, au niveau desquelles s'effectuent les échanges gazeux entre le sang et l'eau.)

branchiopodes [bʀɑ̃kjɔpɔd] n. m. pl. ZOOL Sous-classe de crustacés entomostracés aux pattes aplaties et lobées. – Sing. *Un branchiopode.*

Brancusi (Constantin) (1876 – 1957), sculpteur roumain de l'école de Paris. À mi-chemin entre la figuration et l'abstraction, ses bronzes et marbres frappent par l'extrême simplification des formes, vigoureuses et expressives (*le Baiser,* 1908; *le Coq,* 1941).

Brand. V. Ibrahim.

brandade [bʀɑ̃dad] n. f. Mets provençal à base de morue pilée.

Brandberg, montagne de Namibie, au N. de Swakopmund, culminant à 2606 m. Ses grottes recèlent des peintures rupestres dont la célèbre *Dame blanche.*

Brandebourg (en allemand *Brandenburg*), Land d'Allemagne et région de la C.E.; 29059 km^2; 2641000 hab.; cap. *Potsdam.* Plaine d'origine glaciaire parsemée de lacs et de forêts; agriculture, maraîchage, foyers d'industries lourdes. – Marche créée par Charlemagne pour arrêter les Slaves, le Brandebourg devint un margraviat (XIIe s.), puis un électorat (1361) qui échut aux Hohenzollern en 1415, formant ainsi le noyau du futur royaume de Prusse (1701).

brandir [bʀɑ̃diʀ] v. tr. [3] **1.** Agiter en l'air; élever pour mieux frapper ou lancer. *Brandir un coupe-coupe.* ▷ *Par ext.* Agiter, maintenir en l'air pour faire voir. *Il brandissait une pancarte.* **2.** Fig. Présenter comme une menace. *Brandir le Code à tout instant.*

Brando (Marlon) (né en 1924), acteur et réalisateur de cinéma américain : *Un tramway nommé désir* (1951), *Sur les quais* (1954), *le Dernier Tango à Paris* (1972), *Apocalypse Now* (1979).

brandon [bʀɑ̃dɔ̃] n. m. **1.** Corps enflammé s'élevant d'un feu. *Le vent dispersait les brandons.* **2.** Fig. *Un brandon de discorde :* un provocateur, ou une cause de querelles.

Brandt ou **Brant** (Sebastian) (1458 – 1521), jurisconsulte et poète alsacien : *la Nef des fous* (1494), satire des mœurs du temps.

Brandt (Herbert Karl Frahm, dit Willy) (1913 – 1992), homme politique allemand; chef du parti social-démocrate (1964-1987), chancelier de la R.F.A. (1969-1974). Prés. de l'Internationale socialiste de 1976 à 1992. P. Nobel de la paix 1971.

brangeoler [bʀɑ̃ʒɔle] v. intr. [1] (Acadie) Syn. de *branler. La table brangeole.*

branlant, ante [bʀɑ̃lɑ̃, ɑ̃t] adj. Qui branle, peu stable.

branle [bʀɑ̃l] n. m. **1.** Mouvement oscillant d'un corps. *Le branle d'une cloche.* **2.** Fig. Impulsion donnée. *Donner le branle, mettre en branle :* faire entrer en mouvement, donner une impulsion. *Se mettre en branle,* en mouvement.

branle-bas [bʀɑ̃lbɑ] n. m. inv. **1.** MAR *Branle-bas de combat :* ensemble des dispositions prises en vue d'un combat. **2.** Bouleversement, agitation. *Un branle-bas général.*

branlement [bʀɑ̃lmɑ̃] n. m. Mouvement de ce qui branle.

branler [bʀɑ̃le] v. [1] **1.** v. tr. *Branler la tête,* la mouvoir, la faire aller deçà delà. **2.** v. intr. Bouger; être mal assuré, fixé. *Dent qui branle.* Syn. (Acadie) brangeoler. ▷ *Branler dans le manche :* être mal emmanché, en parlant d'un outil; fig. être peu stable, peu sûr (situation, fortune, etc.). ▷ (Québec) Hésiter, tergiverser. **3.** v. tr. Vulg. Masturber. ▷ v. pron. Se masturber.

branleur, euse [bʀɑ̃lœʀ, øz] n. (et adj.) Pop. Personne dénuée de sérieux, de constance, sur laquelle on ne peut pas compter.

branleux, euse [bʀɑ̃lø, øz] n. (et adj) (Québec) Fam. Personne indécise, qui tergiverse, sur laquelle on ne peut pas compter.

Branly (Édouard) (1844 – 1940), physicien français. Son «cohéreur» (tube radioconducteur à limaille, 1890) a permis le développement de la radiodiffusion.

Brant (Sebastian). V. Brandt.

brante [bʀɑ̃t] n. f. (Suisse) Hotte pour les vendanges.

Brantford, v. du Canada (Ontario), à l'O. d'Hamilton; 81990 hab. Centre industr. (machines agricoles).

Brantôme (Pierre de Bourdeille, seigneur et abbé de) (v. 1540 – 1614), écrivain français, brillant chroniqueur et conteur libertin *(Vies des dames galantes).*

Brao(s), pop. montagnarde disséminée dans l'E. de la Thaïlande, le N. du Cambodge et le S. du Laos. Ils parlent une langue môn-khmer. Ils cultivent le riz sur brûlis.

braquage [bʀakaʒ] n. m. **1.** Action de braquer; son résultat. – *Rayon de braquage :* rayon du cercle parcouru par la roue avant d'un véhicule, le volant étant tourné à fond. **2.** Arg. Attaque à main armée.

1. braque [bʀak] n. m. Chien de chasse d'arrêt à poil court, aux oreilles tombantes.

2. braque [bʀak] adj. et n. Fam. Qui est écervelé, un peu fou.

Braque (Georges) (1882 – 1963), peintre français. Après une période fauve (1906-1907), il inventa le cubisme avec Picasso. Après 1918, il a peint des formes plus classiques.

braquer [bʀake] v. tr. [1] **1.** Diriger vers un point, dans une direction (un instrument d'optique, une pièce d'artillerie, une arme à feu). *Braquer un télescope sur la Lune. Braquer un pistolet sur qqn.* ▷ Fig. *Braquer ses regards sur qqn, qqch.* **2.** Arg. Attaquer à main armée. *Braquer une banque.* **3.** *Braquer les roues d'une automobile dans une direction* (ou, absol., *braquer*), les orienter le plus possible dans cette direction. **4.** *Braquer qqn,* provoquer son opposition têtue. *Braquer un enfant en le punissant.* ▷ v. pron. S'obstiner dans son opposition.

braquet [bʀakɛ] n. m. Développement d'une bicyclette. *Le dérailleur permet de changer de braquet.*

braquette [bʀakɛt] n. f. (Québec) Petit clou à tête aplatie.

braqueur, euse [bʀakœʀ, øz] n. Arg. Personne qui exécute un braquage.

bras [bʀa] n. m. **1.** Membre supérieur de l'homme, rattaché à l'épaule, terminé par la main. *Lever, plier les bras.* – *Spécial.* Partie du membre supérieur comprise entre l'épaule et le coude (par oppos. à l'*avant-bras,* entre le coude et le poignet). – *Donner le bras à une femme,* l'accompagner en lui tenant le bras. – Fig. *Les bras m'en tombent :* j'en suis stupéfait. – Fig. *Couper bras et jambes à qqn,* le mettre dans l'impuissance d'agir, le décourager. – *Rester les bras croisés,* à ne rien faire. – *Recevoir à bras ouverts,* chaleureusement, avec amitié. – *Avoir sur les bras :* être responsable de, ou accablé par. *Avoir beaucoup d'affaires sur les bras.* – *Être dans les bras de Morphée :* dormir. ▷ *Bras de fer :* jeu opposant deux adversaires se tenant la main, bras replié et coude sur une table, dans le but de faire fléchir le bras de l'autre par la force du poignet. Syn. (Québec) tir au poignet. – Fig. Épreuve de force. **2.** *Par métom.* Homme qui agit, qui travaille. *Manquer de bras,* de travailleurs. *Être le bras droit de qqn,* son principal collaborateur. **3.** Pouvoir, autorité. *Le bras séculier*.* – Fam. *Avoir le bras long :* avoir du crédit, du pouvoir. – (Djibouti) *Bras cassé :* fonctionnaire relégué à un poste non opérationnel. **4.** *Par anal.* Ce qui présente une certaine ressemblance avec les bras humains. *Les bras d'un fauteuil :* les accoudoirs. *Les bras d'une croix, d'un sémaphore.* ▷ (Québec) *Bras d'escalier :* syn. de *rampe* (sens 2). ▷ ASTRO Développement extérieur d'une galaxie spirale, prenant naissance dans son noyau. ▷ MAR Manœuvre courante fixée à l'extrémité d'une vergue ou d'un tangon et servant à l'orienter. ▷ AUDIOV *Bras de lecture :* pièce d'une platine de tourne-disque qui porte la tête de lecture. ▷ MECA *Bras de levier :* distance du support d'une force à l'axe de rotation. ▷ TECH Tige ou poutre articulée. **5.** GEOGR Affluent ou subdivision du cours d'une rivière. – *Bras de mer :* étendue de mer entre deux terres rapprochées. **6.** Loc. *À bras :* en utilisant la force des muscles de l'homme. *Pompe à bras,* qui se manie avec le bras. – *À tour de bras, à bras raccourcis :* de toute sa force. *Tomber sur qqn à bras raccourcis.* – *Bras dessus, bras dessous :* en se donnant le bras.

brasage [bʀazaʒ] n. m. TECH Procédé de soudage consistant à assembler des pièces métalliques par apport d'un alliage dont la température de fusion est plus basse que celle des surfaces à souder.

brasero [bʀazeʀo] n. m. Récipient de métal, sur pieds, destiné à recevoir des braises, utilisé notam. pour le chauffage en plein air.

brasier [bʀazje] n. m. **1.** Feu très vif, violent incendie. *Le brasier gênait les sauveteurs.* **2.** Fig. Passion, violence intense. *Le brasier de la guerre civile.*

Brasília, cap. du Brésil depuis 1960, au centre du pays à 1200 m d'alt., à 940 km au N.-E. de Rio de Janeiro, l'anc. cap.; 1 800 000 hab.; ch.-l. d'un distr. fédéral. Université. Aéroport. – Cette création (due à l'urbaniste L. Costa et à l'architecte O. Niemeyer) a stimulé la pénétration de la pop. dans l'intérieur du pays, mais les bidonvilles de l'époque de la construction n'ont pas été résorbés.

brasiller [bʀazije] v. intr. [1] Scintiller sous les rayons du soleil ou de la lune (en parlant de la mer).

bras-le-corps (à) [abʀalkɔʀ] loc. adv. Avec les deux bras passés autour du corps (de qqn). – Fig. *Prendre la vie à bras-le-corps,* vivre intensément.

Brașov, ville de Roumanie centrale (Transylvanie); 324 100 hab.; ch.-l. du district du m. nom. Industr. méca., chim., text. et alim. – La vieille ville a gardé le charme des cités médiévales : égl. St-Bartolomé (XIIIe-XIVe s.); égl. Noire (XIVe-XVe s.); hôtel de ville (XVe s.); citadelle et fortifications (XVe s.). Brașov fut le centre de la Réforme en Transylvanie aux XVe et XVIe s.

brassage [bʀasaʒ] n. m. **1.** Action de brasser, de remuer; fait d'être brassé. – Fig. *Le brassage des populations.* **2.** TECH Opération consistant à extraire les matières solubles du malt, dans la fabrication de la bière.

Brassaï (Gyula Halász, dit) (1899 – 1984), photographe et sculpteur français d'origine hungaro-roumaine, attiré par l'insolite (*Graffiti,* 1961) et le monde de la nuit (*Paris secret,* 1976).

brassard [bʀasaʀ] n. m. **1.** HIST Pièce de l'armure qui couvrait le bras. **2.** Ornement ou signe de reconnaissance fixé au bras. *Brassard de secouriste.*

Brasschaat, com. de Belgique (banlieue d'Anvers); 32 220 hab. Taille du diamant. – Camp milit. (artillerie).

brasse [bʀas] n. f. **1.** Vx Longueur des deux bras étendus. **2.** Anc. unité de longueur (environ 1,60 m en France, 1,80 m en G.-B.). ▷ MAR Unité de profondeur équivalente. **3.** Nage sur le ventre dans laquelle les mouvements des bras et des jambes sont symétriques. *Brasse coulée, brasse papillon.* ▷ Distance parcourue par le nageur à chaque cycle de ces mouvements.

1. brassée [bʀase] n. f. Ce que peuvent contenir les deux bras. *Une brassée de bois.*

2. brassée [bʀase] n. f. (Québec) Quantité de linge que peut contenir une machine à laver. *Une brassée de chemises, de serviettes.* – *Faire, mettre une brassée :* laver du linge.

Brassempouy, commune de France (Landes); 280 hab. – Gisement du paléolithique supérieur (statuettes féminines en ivoire : la *Vénus de Brassempouy,* dite aussi la *Dame à la capuche,* est la seule représentation du faciès humain à cette époque).

Brassens (Georges) (1921 – 1981), auteur-compositeur et chanteur français.

1. brasser [bʀase] v. tr. [1] MAR Agir sur le bras (d'une vergue, etc.) pour lui donner l'orientation voulue.

2. brasser [bʀase] v. tr. [1] **1.** Opérer les mélanges pour la fabrication de la bière. **2.** Remuer pour mélanger. *Brasser un mélange.* ▷ Fig. *Brasser des affaires :* s'occuper de nombreuses affaires. ▷ Fig., fam. *Brasser de l'air :* s'affairer beaucoup sans résultat.

brasserie [bʀasʀi] n. f. **1.** Fabrique de bière; industrie de la bière. **2.** Lieu faisant à la fois café et restaurant.

brasseur, euse [bʀasœʀ, øz] n. **1.** Fabricant de bière; négociant en bière. **2.** n. m. *Brasseur d'affaires :* homme qui traite beaucoup d'affaires.

Brasseur (Pierre Espinasse, dit Pierre) (1905 – 1972), acteur français de théâtre et de cinéma (*les Enfants du paradis,* 1945).

brassière [bʀasjɛʀ] n. f. **1.** Petite chemise de bébé en toile fine ou en tricot. **2.** MAR *Brassière de sauvetage :* gilet de sauvetage.

brasure [bʀazyʀ] n. f. Soudure faite avec un métal ou un alliage dont le point de fusion est infér. à celui du métal à souder; cet alliage ou ce métal d'apport.

Brătianu, famille roumaine de grands propriétaires terriens dont sont issus des hommes politiques. — **Ion** (1821 – 1891), chef du parti national libéral. Président du Conseil de 1876 à 1888 (avec une brève interruption en 1881), il œuvra pour l'indép. de la Roumanie, reconnue au congrès de Berlin (1878). — **Ion** (dit Ionel) (1864 – 1927), fils du précédent; chef du parti national libéral; président du Conseil à cinq reprises entre 1909 et 1927. Il fit entrer son pays en guerre aux côtés des Alliés (1916).

Bratislava (anc. en all. *Pressburg,* en fr. *Presbourg*), cap. de la Slovaquie, grand port fluv. sur le Danube; 413 000 hab. Industries. – Centre universitaire et cult. – Presbourg fut, après la prise de Buda par les Turcs (1541), la cap. polit. de la Hongrie, siège de la diète jusqu'en 1848. – Chât. (XIe s.); basilique St-Martin (XIIIe s.); égl. St-François (XIIIe s.); hôtel de ville (XVe s.).

Bratsk, ville de Russie (Sibérie orient.); 240 000 hab. Importante centrale hydroél. sur l'Angara. Métall. de l'aluminium.

Braudel (Fernand) (1902 – 1985), historien français. Analyste de la longue durée, il considère l'« événement » comme l'écume de l'histoire : *Écrits sur l'histoire* (1969), *Civilisation matérielle, économie et capitalisme, XVe-XVIIIe siècles* (1979); *l'Identité de la France* (posth., 1986). Acad. fr. (1984).

Brault (Michel) (né en 1928), cinéaste québécois : *les Raquetteurs* (1958), *Entre la mer et l'eau douce* (1967), *l'Acadie, l'Acadie* (1971) en collab. avec P. Perrault, *les Ordres* (1974), *les Noces de papier* (1989).

Brault (Jacques) (né en 1933), poète québécois : *Mémoire* (1965), *l'En-dessous l'admirable* (1975).

Braun (Karl Ferdinand) (1850 – 1918), physicien allemand. Il mit au point l'oscillographe cathodique (1897). P. Nobel 1909.

Braun (Wernher von) (1912 – 1977), ingénieur allemand; le « père du V2 » (1944-1945). En 1945, il fut emmené aux É.-U., où il collabora à la recherche spatiale.

Brauner (Victor) (1903 – 1966), peintre et graveur français d'origine roumaine, proche des surréalistes (*l'Étrange Cas de Monsieur K,* 1934).

Brauwer (Adriaen) V. Brouwer.

bravache [bʀavaʃ] n. m. et adj. Faux brave, matamore. ▷ adj. *Un air bravache.*

bravade [bʀavad] n. f. Défi, provocation en paroles ou en actes.

brave [bʀav] adj. et n. **1.** Vaillant, courageux. *Un soldat brave.* Ant. lâche. ▷ Subst. *Un brave.* **2.** (Avant le nom.) Honnête, bon, serviable. *De braves gens.* ▷ n. m. *Mon brave,* appellation familière et condescendante. **3.** (Luxembourg) Sage, docile, obéissant.

bravement [bʀavmɑ̃] adv. Avec bravoure.

braver [bʀave] v. tr. [1] **1.** Résister à, tenir tête à, en témoignant qu'on ne craint pas. *Braver le pouvoir, le danger.* **2.** Manquer à, ne pas respecter. *Braver la morale. Braver un ordre.*

bravo [bʀavo] interj. Exclamation qui accompagne un applaudissement, une approbation. ▷ n. m. *Des bravos répétés.*

bravoure [bʀavuʀ] n. f. **1.** Courage face au danger. **2.** *Morceau de bravoure,* de virtuosité.

brayon, onne [bʀɛjɔ̃, ɔn] n. (Acadie) **1.** n. m. Chiffon; torchon. **2.** n. Sobriquet donné aux habitants du Madawaska (nord-ouest du Nouveau-Brunswick). *Un(e) Brayon(ne). Les Brayons.*

Brazza (Pierre Savorgnan de) (1852 – 1905), explorateur français d'origine italienne. Il établit pacifiquement la domination française sur la r. dr. du Congo inférieur (1875-1885). V. Brazzaville.

Brazzaville, cap. de la république du Congo, sur la r. dr. du Congo, au bord du Malebo Pool (sur la rive opposée se trouve Kinshasa, au S.); 937 000 hab. (avec les faubourgs de Poto-Poto et Bacongo). Port fluv. et centre comm. import. Industr. alim., text. La voie ferrée *Congo-Océan* relie Brazzaville à Pointe-Noire, sur l'Atlant. Aéroport international. – Université. – Établie à l'emplacement du poste de Ntamo, fondé par Brazza en 1880, la ville prit plus tard le nom de l'explorateur et devint cap. de l'A.-É.F. en 1910. – *Conférence de Brazzaville :* conférence ouverte par le général de Gaulle et qui réunit, en janvier 1944, les gouverneurs des colonies françaises d'Afrique noire. Elle tenta de définir un nouveau statut des territoires appartenant à l'empire français. – *Discours de Brazzaville,* prononcé en 1958 par le général de Gaulle, qui proposa aux nations africaines d'entrer dans la Communauté*.

1. break [bʀɛk] n. m. Automobile qui possède un hayon sur sa face arrière, et dont la banquette arrière est généralement repliable.

2. break [bʀɛk] n. m. (Anglicisme) MUS En jazz, arrêt momentané du jeu de l'orchestre, pour souligner une intervention d'un seul instrument.

Bréal (Michel) (1832 – 1915), linguiste français. Son *Essai de sémantique* (1897) fonda en France cette discipline.

brebis [bʀəbi] n. f. **1.** Mouton femelle. *Fromage de brebis.* **2.** (Par une métaph. fréquente dans la Bible.) Chrétien par rapport à son pasteur. *Une brebis égarée :* un pécheur. Syn. ouaille. **3.** Fig., péjor. *Brebis galeuse* ou (Luxembourg) *brebis noire :* personne dont la mauvaise réputation ou la mauvaise conduite risquent de discréditer ou de corrompre le groupe auquel elle appartient.

1. brèche [bʀɛʃ] n. f. **1.** Ouverture faite à un mur, une haie, etc. – *Spécial.* Trouée dans les remparts d'une ville assiégée. *Monter à l'assaut par une brèche.* ▷ Loc. fig. *Sur la brèche :* en pleine activité. – *Battre en brèche :* combattre avec succès. *Battre en brèche les idées reçues.* **2.** Partie brisée d'un tranchant, du bord de qqch. ▷ Fig. *Faire une brèche dans son capital,* l'entamer.

2. brèche [bʀɛʃ] n. f. GEOL Conglomérat de cailloux anguleux noyés dans un ciment de nature variable.

bréchet [bʀeʃɛ] n. m. Crête médiane, verticale, ventrale, du sternum de la plupart des oiseaux, sur laquelle sont insérés les muscles moteurs des ailes.

Brecht (Bertolt) (1898 – 1956), poète, essayiste et dramaturge allemand. D'abord expressionniste, il devint célèbre avec *l'Opéra de quat' sous* (1928, mus. de Kurt Weill) et fonda son théâtre sur l'analyse marxiste et la distanciation *(Verfremdung effekt).* Il quitta l'Allemagne nazie (1933) pour les É.-U. (1941-1947) : *Mère Courage et ses enfants* (1938), *Galileo Galilei* (1939), *la Résistible Ascension d'Arturo Ui* (1941), *le Cercle de craie caucasien* (1945), *la Bonne Âme de Sé-Tchouan* (1948). À Berlin-Est (1948), il fonda le Berliner Ensemble, que sa veuve, Helene Weigel (1900-1971), dirigea après sa mort.

Breda, ville des Pays-Bas (Brabant-Septentrional); 120210 hab. Brasseries. Machines. – Château (XVe-XVIe s.). Égl. goth. – *Compromis de Breda* (1566) : les Gueux présentèrent leurs revendications à Marguerite de Parme, régente de Philippe II d'Espagne.

brède [bʀɛd] n. f. (Afr. subsah., Nouv.-Cal., oc. Indien) (Souvent plur.) CUIS Feuilles tendres utilisées dans un bouillon ou pour accompagner le riz.

bredouillage [bʀədujaʒ] ou **bredouillement** [bʀədujmɑ̃] n. m. Action de bredouiller. – Ce qu'on bredouille.

bredouille [bʀəduj] adj. (En loc.) *Revenir bredouille* (de la chasse, de la pêche), sans gibier, sans poisson; fig. en ayant échoué dans une démarche.

bredouiller [bʀəduje] v. intr. [1] Parler de manière précipitée et confuse. ▷ v. tr. *Bredouiller de vagues excuses.* Syn. bafouiller.

1. bref, brève [bʀɛf, bʀɛv] adj. et adv. **I.** adj. **1.** Qui dure peu. *La vie est brève.* ▷ Rapide. *À bref délai :* sous peu. Syn. court. Ant. long. **2.** Qui s'exprime en peu de mots, concis. *Soyez bref. Un bref discours.* Ant. prolixe. ▷ *Un ton bref,* sec et autoritaire. Syn. tranchant. **3.** *Syllabe, voyelle brève,* d'une courte durée d'émission. **II.** adv. Pour résumer. *Bref, cela ne se peut.*

2. bref [bʀɛf] n. m. Rescrit du pape, traitant d'affaires généralement de moindre importance que celles évoquées par une bulle.

Breguet (Louis) (1880 – 1955), pilote français, pionnier de la construction aéronautique : le *Breguet XIV* participa aux opérations milit. de 1918; le *Breguet XIX,* piloté par Costes et Bellonte, accomplit la première traversée de l'Atlant. N. (1930) dans le sens E.-O.

bréhaigne [bʀeɛɲ] adj. f. Stérile (en parlant des femelles de certains animaux). – *Jument bréhaigne,* qui est stérile et possède des canines (caractère sexuel secondaire de l'étalon).

Brejnev (Leonid Ilitch) (1906 – 1982), homme politique soviétique. Il succéda à Khrouchtchev comme premier secrétaire du P.C.U.S. en 1964. En 1976, le titre de maréchal lui fut décerné.

Brel (Jacques) (1929 – 1978), chanteur et auteur-compositeur belge : *Amsterdam, Ne me quitte pas, le Plat pays, Marieke.* En 1967, il abandonna la scène et devint la vedette de films dont il réalisa certains. Après sa mort, on a publié son *Œuvre intégrale* (1982).

brelan [bʀəlɑ̃] n. m. JEU Réunion de trois cartes de même valeur ou, aux dés, de trois faces semblables.

brelles [bʀɛl] n. f. pl. (Belgique) Ciboulette. *Une omelette aux brelles.*

breloque [bʀəlɔk] n. f. **1.** Menu bijou attaché à une chaîne de montre, à un bracelet. **2.** (Réunion) Repos accordé aux travailleurs au milieu de la journée.

brème [bʀɛm] n. f. Poisson téléostéen (fam. cyprinidés) des eaux douces européennes, lentes et profondes. (Son corps, comprimé latéralement, atteint 70 cm de long.)

Brême (en all. *Bremen*), v. d'Allemagne, sur la Weser, à 65 km de la mer du Nord; 521980 hab; cap. du plus petit Land d'All. (du m. nom), région de la C.E. : 404 km²; 675000 hab. Grand port de comm. à *Bremerhaven* (132910 hab.). Industries. – Anc. ville hanséatique. – Brême fut détruite aux deux tiers par les bombardements alliés en 1945. – Cath. goth., églises, maisons des XVIe, XVIIe et XVIIIe s., très restaurées.

Brenn ou **Brennus** (IVe s. av. J.-C.), nom (*Brenn* signifie «chef» en celte) donné au chef gaulois qui prit Rome v. 390 av. J.-C. et prononça l'invective *Vae victis!* («Malheur aux vaincus!»).

Brenner (col du), col des Alpes orient. (1370 m), reliant la vallée de l'Adige à celle de l'Inn, à la frontière italo-autrichienne.

Brennus. V. Brenn.

Brentano (Clemens) (1778 – 1842), poète et romancier romantique allemand : *Godwin ou la Statue de la mère* (1801-1802), *le Cor merveilleux de l'enfant,* recueil de «Volkslieder» (chants populaires) (1806-1808, avec A. von Arnim), etc.

Brentano (Élisabeth, dite Bettina). V. Arnim.

Brentano (Franz) (1838 – 1917), philosophe et psychologue allemand : la conscience ne peut être décrite indépendamment des objets qu'elle appréhende.

Brera (palais), palais de Milan (XVIIe s.) qui abrite un observatoire, une bibliothèque et la *galleria Brera,* célèbre pinacothèque.

Brescia, v. d'Italie (Lombardie), à l'O. du lac de Garde; 203190 hab.; ch.-l. de la prov. du m. nom. Centre comm. et industr. – Anc. cath., dite «la Rotonda» (XIe-XVe s.); musée.

Brésil (république fédérale du) *(República federativa do Brasil),* État le plus grand d'Amérique du Sud et le 4e au monde par la superficie; 8511965 km²; 147405000 hab.; cap. *Brasília.* Nature de l'État : rép. fédérale de type présidentiel. Langue off. : portugais. Monnaie : réal (BRR). Population : env. 60 % de Blancs, 28% de métis, 10% de Noirs, 2 % d'Indiens (mais la notion de «race» n'est plus tenue en compte par les recensements officiels depuis 1950). Relig. : cathol. (93%).

Géogr. phys. et hum. – La vaste cuvette équatoriale de l'Amazone (fleuve le plus puissant du monde), humide et couverte de forêt dense, occupe le N. du pays. Au S., lui succèdent les plateaux plus secs du Mato Grosso, domaines de la savane (les *campos*). Le reste du pays est constitué de plateaux qui s'inclinent à l'O., alors que des hauteurs (les *serras*) dominent une étroite plaine atlantique. Le climat tropical d'alizés de la façade atlantique prend des nuances tempérées au S., alors que le N.-E. intérieur, le Sertão, est un îlot de sécheresse couvert d'une végétation aride (la *caatinga*). La population, aux trois quarts citadine et dont la croissance annuelle atteint 2 %, se concentre sur la façade atlantique et surtout dans le «Sudeste», cœur écon. du pays, mais la colonisation progresse au Mato Grosso et en Amazonie.

Écon. – Le Brésil est la première puissance écon. du tiers monde. L'agriculture oppose un secteur moderne et exportateur (café, cacao, canne à sucre, soja, maïs, sorgho, agrumes, grands élevages bovins) à une agriculture vivrière pauvre; 65 % des exploitants possèdent moins de 10 hectares et ne contrôlent que 3 % des terres. Les ressources naturelles sont abondantes : bois, hydroélectricité (le barrage d'Itaipu sur le Parana alimente la plus puissante centrale du monde), pétrole (régions de Salvador et de Rio de Janeiro) et surtout gisements miniers du Minas Gerais et du bassin amazonien. Premier exportateur mondial de fer, premier producteur d'étain, le Brésil extrait bauxite, or, manganèse, tungstène, pierres précieuses. L'industrie, très diversifiée, se place au 10e rang mondial pour biens d'équipement, véhicules, armement, agro-alimentaire, textile, chaussure. Le véritable problème du pays est un développement inégal : contrastes sociaux, contrastes entre villes et campagnes, entre régions pauvres et régions riches (le Nordeste est une poche de misère). La colonisation du Mato Grosso et de l'Amazonie, depuis 1970, n'a pas sauvé l'économie mais mutile l'environnement.

Les princ. partenaires écon. sont les États-Unis, la C.É.E., le Japon et les voisins latino-américains. L'excédent commercial est important mais la dette ext. est la plus élevée du tiers monde. En mars 1990, un plan d'austérité draconien a été adopté; il est toujours en vigueur.
Hist. – Le Portugais Cabral aborda la côte du Brésil en 1500. La colonisation de la bordure atlant. fut faible jusqu'au XVIIe s.; elle se développa alors grâce à l'apport d'esclaves noirs astreints à cultiver la canne à sucre de Bahia à Recife. Bientôt, on exploita les mines d'or et de diamants du Minas Gerais (1696). Divisé en capitaineries dès 1548, le Brésil devint une vice-royauté (1720) qui, en 1808, accueillit la famille royale du Portugal, chassée par Napoléon. Il se constitua en empire constitutionnel indép. en 1822, avec Pierre Ier, fils du roi Jean VI reparti au Portugal. De grands progrès économiques furent accomplis sous le règne de Pierre II (1831-1889) : introduction de la cult. du café (1860), «boom» du caoutchouc, ouverture du pays aux immigrants européens. L'esclavage fut définitivement aboli en 1888. Un coup d'État militaire instaura la rép. en 1889. De 1930 à 1945 et de 1951 à 1954, le président G. Vargas amorça l'essor industriel du pays. J. Kubitschek (1956-1960) créa Brasília. La prise du pouvoir par les militaires en 1964 ouvrit une période de progrès écon. (grâce à l'aide américaine), mais accentua les inégalités sociales. L'élection du g^{al} Geisel, en 1974, marqua le retour à la vie constitutionnelle. Son successeur le g^{al} Figueiredo (1979-1985) rendit le pouvoir aux civils. J. Sarney (1985-1989) affronta l'inflation démesurée. En déc. 1989 eut lieu la première élection, depuis trente ans, d'un président de la République au suffrage universel : Fernando Collor de Mello, destitué pour corruption en 1992 et remplacé par le vice-président. En 1994, F. Cardoso (centre droit) fut élu président. Il s'est attaché à réduire l'inflation. En 1995, le Mercosur* a été inauguré.

brésilien, enne [bʀeziljɛ̃, ɛn] adj. et n. Du Brésil. ▷ Subst. *Un(e) Brésilien(ne).*

Breslau. V. Wrocław.

Bresson (Robert) (né en 1907), cinéaste français qui prône l'ascèse : *les Dames du bois de Boulogne* (1945), *le Journal d'un curé de campagne* (1951), *Un condamné à mort s'est échappé* (1956), *Pickpocket* (1959), *l'Argent* (1983).

Brest, v. de France, ch.-l. d'arr. du Finistère, au fond de la *rade de Brest*; 153099 hab. Port milit. et comm. Aéroport. Arsenal. Industries. Instituts océanographiques. – La ville fut détruite par les bombardements alliés en 1944.

Brest (jusqu'en 1921 *Brest-Litovsk*), v. de Biélorussie; 222000 hab.; ch.-l. de la prov. du m. nom. – En mars 1918, le *traité de Brest-Litovsk* conclut la paix entre l'Allemagne et les Soviets. La ville fut polonaise de 1919 à 1939.

Bretagne, anc. prov. franç., un peu plus étendue que la Rég. de Bretagne actuelle. – D'imposants mégalithes attestent la présence d'une population préceltique. L'Armorique, conquise par Rome en 57 av. J.-C., reçut au Ve s. les Bretons (Celtes) de G.-B. (d'où son nom de Bretagne), qui fuyaient devant les Angles et les Saxons, et fut évangélisée (nombr. monastères). La suzeraineté franque resta nominale. Aux IXe et Xe s., l'arrivée des Normands provoqua des guerres. Après l'assassinat du Plantagenêt Arthur Ier (1203), le comté de Bretagne (duché en 1297) passa à Pierre Ier Mauclerc (1213), prince capétien, qui fit de Nantes sa capitale. Après une guerre de Succession (1341-1365), Jean IV de Montfort fut reconnu duc par le roi de France. Le mariage de la duchesse Anne avec les rois de France Charles VIII (1491), puis Louis XII (1498), prépara l'annexion du duché, effective en 1532.

Bretagne, Région admin. française et région de la C.E., formée des dép. des Côtes-d'Armor, du Finistère, de l'Ille-et-Vilaine et du Morbihan; 27184 km^2; 2872705 hab.; cap. *Rennes**.
Géogr. et écon. – Extrémité péninsulaire du Massif armoricain, la région oppose une Bretagne maritime (Armor) à une Bretagne intérieure (Arcoat). L'Armor, doux et humide, groupe, sur 1100 km de côtes, la majorité de la pop. et la plupart des villes. Jusqu'en 1960, l'économie reposait sur l'agriculture et la pêche. De grandes infrastructures et les initiatives locales ont métamorphosé la Région. Les productions agricoles, la pêche et l'aquaculture (1er rang national) ont créé une puissante filière agro-alimentaire. L'électronique, les télécommunications, l'automobile sont venues s'ajouter.

bretelle [bʀətɛl] n. f. **1.** Sangle passée sur les épaules, servant à porter certains fardeaux. *Tenir un fusil par la bretelle.* ▷ Bande élastique passée sur chaque épaule et retenant un pantalon, une jupe. *Une paire de bretelles.* – Bande de tissu maintenant une combinaison, un soutien-gorge, etc. **2.** *Par anal.* MILIT Ligne intérieure reliant deux lignes de défense. ▷ CH de F Dispositif d'aiguillage. ▷ TRAV PUBL Portion de route raccordant une autoroute à une autre voie routière.

Breteuil (pavillon de), à Sèvres (France, Hauts-de-Seine), siège du Bureau international des poids et mesures.

breton, onne [bʀətɔ̃, ɔn] adj. et n. **1.** adj. De Bretagne. ▷ Subst. *Un(e) Breton(ne).* **2.** n. m. LING *Le breton :* la langue celtique parlée dans l'ouest de la Bretagne.

breton (roman), ensemble des légendes relatives au roi Arthur et aux preux chevaliers qui l'entourent. Le mot *breton* serait mieux traduit par *britannique.* Roi semi-légendaire celte du S. de l'Écosse, Arthur combattit les Angles (fin du Ve-déb. du VIe s.), qui le repoussèrent vers le pays de Galles. Après le Gallois Nennius (IXe s.), le prélat gallois Geoffroi* de Monmouth (v. 1100 – 1155) écrit en lat. une *Histoire des rois de Bretagne* dont le poète anglo-normand Wace* tire v. 1155 les décasyllabes français du *Roman de Brut :* le Troyen Brutus, petit-fils d'Énée, serait l'ancêtre des «Bretons»; évoquant Arthur, Wace invente «la Table ronde». S'inspirant, à la fin du XIIe s., du *Roman de Brut,* Chrétien* de Troyes écrit, en octosyllabes, des romans *courtois* : Arthur réunit autour d'une Table ronde ses chevaliers, considérés comme ses pairs; le chevalier (Lancelot ou Perceval, par ex.) combat pour sa dame, défend les faibles, se lance à la conquête du Graal*. À cette même époque, les lais de Marie* de France (qui vivait en Angleterre) abordent le fonds breton et Robert de Boron, dans *l'Estoire dou Graal,* fait de cet objet mystérieux le calice dans lequel Joseph d'Arimathie recueillit le sang du Christ.

Breton (André) (1896 – 1966), écrivain français; promoteur du surréalisme, qu'il a défini dans deux *Manifestes* (1924 et 1930), il a exploré l'inconscient : *Nadja* (1928), *les Vases communicants* (1932), *l'Amour fou* (1937), *Anthologie de l'humour noir* (1940), *Arcane 17* (1947), *Poèmes 1917-1948* (1948).

bretter [bʀete] v. intr. **[1]** (Québec) Fam. Syn. de *taponner* (sens II, 1).

Bretton Woods (accords de), conclus lors de la conférence monétaire et financière internationale qui se tint à Bretton Woods, dans le New Hampshire, en juil. 1944. Ils instituèrent une unité de change internationale, l'or, et deux monnaies de réserve, le dollar américain et la livre sterling, et créèrent le Fonds monétaire international (F.M.I.).

Breuer (Joseph) (1842 – 1925), psychiatre autrichien, auteur, avec Freud d'*Études sur l'hystérie* (1895).

Breuer (Marcel) (1902 – 1981), architecte américain d'origine hongroise; enseigna au Bauhaus.

Breughel. V. Bruegel.

Breuil (abbé Henri) (1877 – 1961), préhistorien français, l'un des premiers qui étudièrent les industries et l'art paléolithiques.

breuvage [bʀœvaʒ] n. m. **1.** Vx ou litt. Boisson. – (Québec) Dans un restaurant, boisson non alcoolisée. **2.** Mod. Boisson spécialement composée, médicamenteuse ou non. *Un breuvage sédatif.* ▷ (Réunion) Tisane aux vertus magiques.

brève [bʀɛv] n. f. Syllabe, voyelle brève.

brevet [bʀəvɛ] n. m. **1.** DR Acte dont le notaire ne garde pas les minutes et qu'il relève sans y inclure la formule exécutoire. **2.** HIST Acte non scellé par lequel le roi de France accordait une grâce, un titre. **3.** Spécial. *Brevet d'invention* ou, absol., *brevet :* titre délivré par le gouvernement à l'inventeur d'un dispositif ou d'un produit nouveau, et qui, sous certaines conditions, lui confère un droit exclusif d'exploitation pour un temps déterminé. **4.** Nom de plusieurs diplômes.

breveté, ée [bʀəvte] adj. et n. **1.** Qui a obtenu un brevet d'invention. ▷ Subst. *Un breveté.* **2.** Qui a fait l'objet d'un brevet. **3.** (Afr. subsah.) Qui est titulaire d'un diplôme d'études secondaires du premier cycle appelé brevet. ▷ Subst. *Un concours ouvert aux seuls brevetés.*

breveter [bʀəvte] v. tr. **[20] 1.** Décerner un brevet d'invention à (qqn). **2.** Protéger par un brevet. *Faire breveter une invention.*

bréviaire [bʀevjɛʀ] n. m. **1.** RELIG CATHOL Livre contenant les offices, que les clercs lisent chaque jour. **2.** Fig. Livre dont on fait sa lecture habituelle.

bréviligne [bʀeviliɲ] adj. Didac. Qui a des mensurations courtes, un aspect trapu. Ant. longiligne.

Breytenbach (Breiten) (né en 1939), poète et peintre sud-africain d'expression afrikaans : *Katastrofes*

(1964), *la Gangrène* (1969), *Lotus* (1970). Hostile à l'apartheid, il fut emprisonné (1975-1982).

Brialmont (Henri Alexis) (1821 – 1903), général belge; auteur d'un plan de fortifications, d'Anvers à la Meuse.

Briand (Aristide) (1862 – 1932), homme politique français. Ministre des Affaires étrangères, il s'attacha à maintenir la paix : accords de Locarno avec l'Allemagne, 1925; *pacte Briand-Kellog* de renonciation à la guerre, signé en 1928 par 60 nations. P. Nobel de la paix 1926.

bribe [bʀib] n. f. Petit morceau, fragment. *Une bribe de chocolat.* ▷ Fig. *Des bribes de conversation.*

bric-à-brac [bʀikabʀak] n. m. inv. Amas d'objets de peu de valeur et de toutes provenances. *Marchand de bric-à-brac.* ▷ Fig. Fatras.

bricelet [bʀislɛ] n. m. (France rég., Suisse) Petite gaufre très mince.

bric et de broc (de) [dəbʀikedbʀɔk] loc. adv. De pièces et de morceaux disposés au hasard.

brick [bʀik] n. m. MAR Petit navire à deux mâts à voiles carrées.

bricolage [bʀikɔlaʒ] n. m. Action de bricoler. ▷ Installation, réparation de fortune.

bricole [bʀikɔl] n. f. **1.** Partie du harnais d'un cheval de trait contre laquelle s'appuie son poitrail. – *Par ext.* Courroie, lanière pour porter un fardeau, pour tirer une charrette. **2.** Petite chose sans valeur; occupation futile ou travail mal rétribué. *Perdre son temps à des bricoles.*

bricoler [bʀikɔle] v. [1] **I.** v. intr. **1.** Se livrer à de menus travaux, peu rémunérés. **2.** Exécuter de menus travaux de réparation, d'agencement, etc. *Passer ses dimanches à bricoler.* **II.** v. tr. Fabriquer, réparer (qqch) avec des moyens de fortune. *Bricoler un réveil.*

bricoleur, euse [bʀikɔlœʀ, øz] n. Personne qui aime à bricoler. ▷ adj. *Elle est très bricoleuse.*

bride [bʀid] n. f. **1.** Harnais de tête du cheval servant à le conduire. **2.** Les rênes seules. *Rendre, lâcher la bride à un cheval. Mener par la bride :* tenir les rênes sans monter. ▷ Fig. *Tenir en bride :* refréner, modérer. *Tenir la bride haute, courte à qqn,* lui accorder peu de liberté. *Laisser la bride sur le cou :* laisser libre d'agir. ▷ Loc. *À bride abattue :* très vite. **3.** *Par anal.* Pièce servant à attacher, à retenir. *Les brides d'un chapeau.* ▷ COUT Petit arceau, de fil ou de ganse, servant à retenir un bouton ou une agrafe, ou utilisé comme point arrêt. – Fils unissant les motifs d'une dentelle. **4.** CHIR Petite bande de tissu fibreux qui se forme dans une plaie ou entre deux organes. **5.** TECH Pièce d'assemblage des éléments d'une canalisation.

bridé, ée [bʀide] adj. **1.** À qui on a passé une bride. **2.** *Yeux bridés,* dont le larmier est dissimulé par un repli de peau *(épicanthus)* qui bride la paupière supérieure. (Trait caractéristique de la grand-race jaune.)

brider [bʀide] v. tr. [1] **1.** Mettre la bride à. *Brider un mulet.* **2.** Assurer par une bride, un lien. ▷ COUT Arrêter par une bride. ▷ CUIS *Brider une volaille,* la ficeler pour la cuisson. ▷ MAR Serrer étroitement par un amarrage (deux ou plusieurs cordages parallèles). ▷ *Par ext.* Serrer trop. *Ce veston le bride.* **3.** AUTO *Brider un moteur,* le munir d'un dispositif qui le fait tourner à un régime inférieur à son régime normal. **4.** Fig. Contenir, refréner. *Brider sa spontanéité.*

1. bridge [bʀidʒ] n. m. Jeu de cartes qui se joue avec un jeu de 52 cartes entre deux équipes de deux partenaires.

2. bridge [bʀidʒ] n. m. Appareil de prothèse dentaire fixé par chacune de ses extrémités sur une dent saine. Syn. (Québec) pont.

bridger [bʀidʒe] v. intr. [13] Jouer au bridge.

Bridgetown, cap. et port de la Barbade (Antilles); 7470 hab.

bridgeur, euse [bʀidʒœʀ, øz] n. Personne qui joue au bridge.

brie [bʀi] n. m. Fromage de lait de vache à pâte molle fermentée.

Brie (la), riche région agricole de France, entre la Marne et la Seine.

briefer [bʀife] v. tr. [1] Fam. Informer, donner des consignes au sujet d'une tâche à accomplir.

briefing [bʀifiŋ] n. m. (Anglicisme) AVIAT Réunion où sont données des informations et des consignes, avant un départ en mission. ▷ *Par ext.* Courte réunion d'information.

Brienz (lac de), lac du centre de la Suisse (30 km²), formé par l'Aar.

brièvement [bʀijɛvmɑ̃] adv. En peu de mots. Syn. succinctement.

brièveté [bʀijɛvte] n. f. Courte durée. *La brièveté de la vie.*

brigade [bʀigad] n. f. **1.** MILIT Corps de troupe, dont la composition et les effectifs ont varié selon les époques. – De nos jours, unité d'une division, composée de plusieurs régiments. **2.** Groupe de quelques hommes. *Brigade de police.* **3.** Groupe d'ouvriers commandés par un même chef. *Brigade de cantonniers.*

Brigades internationales, pendant la guerre d'Espagne* (1936-1939), régiments de volontaires (20000 env.) qui vinrent de toute l'Europe et même des É.-U. aider la République espagnole assaillie par Franco.

Brigades rouges (en ital. *Brigate rosse*), groupe d'extrême gauche italien, fondé en 1970, qui perpétra à partir de 1974 de nombreux attentats parmi lesquels l'assassinat d'Aldo Moro (1978).

brigadier [bʀigadje] n. m. **1.** MILIT Chef d'une brigade. ▷ Fam. Général de brigade. **2.** Dans l'artillerie, la cavalerie, grade correspondant à caporal dans les autres armes. ▷ *Spécial.* Chef d'une brigade de gendarmes. ▷ Gradé de police. ▷ MAR Matelot aidant à la manœuvre d'accostage d'une embarcation. **3.** Chef d'une équipe d'ouvriers.

brigand [bʀigɑ̃] n. m. Malfaiteur qui vole, pille, commet des crimes. *Bande de brigands.* Syn. bandit. ▷ *Par ext.* Homme malhonnête. ▷ Terme de reproche affectueux. *Mon brigand de fils.*

brigandage [bʀigɑ̃daʒ] n. m. Pillage, vol à main armée. ▷ *Par ext.* Action très malhonnête, concussion.

brigander [bʀigɑ̃de] v. tr. [1] (Suisse) Brutaliser, maltraiter. *Brigander un chien.* ▷ Syn. de *abîmer* (sens I). *Brigander un vélo.*

brigantine [bʀigɑ̃tin] n. f. MAR Voile de misaine trapézoïdale.

Brighton, v. de G.-B., sur la Manche, au S. de Londres; 133400 hab. La plus importante station balnéaire de Grande-Bretagne.

Brigitte, Birgitte ou **Brite** (sainte) (v. 1303 – 1373), religieuse suédoise. Ses *Révélations* sont le plus célèbre écrit mystique de Scandinavie. Sainte patronne de la Suède.

brigue [bʀig] n. f. Vx ou litt. Intrigue pour obtenir une place, un honneur.

briguer [bʀige] v. tr. [1] **1.** Tâcher d'obtenir par brigue. *Briguer une faveur.* **2.** Solliciter, rechercher avec empressement. *Briguer une décoration.*

brik [bʀik] n. m. ou f. (Maghreb) En Algérie, en Tunisie, chausson aux œufs frits, plié en forme de triangle et fourré d'ingrédients variables.

Brikama, v. de Gambie, au S. de Banjul; 91000 hab.; ch.-l. de la division Ouest. Marché agricole.

brillamment [bʀijamɑ̃] adv. De manière brillante. *Exécuter brillamment une sonate.*

brillance [bʀijɑ̃s] n. f. Luminosité.

1. brillant, ante [bʀijɑ̃, ɑ̃t] adj. **1.** (Choses) Qui brille. *Un soleil brillant. Des yeux brillants.* Syn. éclatant, étincelant. Ant. sombre, terne. **2.** (Choses) Qui se manifeste avec éclat, qui attire l'attention. *Une fête brillante. Une victoire brillante. Un style brillant.* ▷ (Personnes) Qui s'impose par ses qualités intellectuelles, son esprit, sa finesse. *Un élève brillant.* **3.** *Par ext.* Excellent, riche. *Un brillant mariage. Une affaire brillante.* Syn. magnifique, splendide. Ant. médiocre.

2. brillant [bʀijɑ̃] n. m. **1.** Éclat, lustre. *Le brillant d'une pierre.* – Fig. *Le brillant de sa conversation.* **2.** Diamant taillé à facettes. *Bague ornée de brillants.*

brillantine [bʀijɑ̃tin] n. f. Huile parfumée pour lustrer les cheveux.

Brillat-Savarin (Anthelme) (1755 – 1826), magistrat et gastronome français : *Physiologie du goût* (1826).

briller [bʀije] v. intr. [1] **1.** Jeter une lumière éclatante, avoir de l'éclat. *Le soleil brille. Un bijou qui brille.* Ant. pâlir. **2.** Fig. Se manifester clairement. *La joie brillait sur son visage.* **3.** Fig. Attirer l'attention, provoquer l'admiration. *Elle aime briller,* se faire admirer. ▷ Exceller. *Briller dans l'improvisation.* **4.** (Liban) Fig. Syn. de *élancer* (sens 1). *Mon estomac brille douloureusement.*

brimade [bʀimad] n. f. **1.** Plaisanterie, épreuve à caractère plus ou moins vexatoire que les anciens d'une école, d'un régiment, font subir aux nouveaux. (V. bizutage.) **2.** *Par ext.* Mesure désobligeante, mesquine. *Les brimades d'une administration.*

brimborion [bʀɛ̃bɔʀjɔ̃] n. m. Vieilli Colifichet, babiole, bagatelle.

brimer [bʀime] v. tr. [1] **1.** Soumettre (qqn) à des brimades (sens 1). **2.** Faire subir des vexations à.

brin [bʀɛ̃] n. m. **1.** Mince pousse, tige (d'une plante). *Brin d'herbe, de muguet.* ▷ Fig. *Un beau brin de fille :* une fille grande et bien faite. **2.** Parcelle mince et longue. *Un brin de paille, de fil.* **3.** TECH Chacun des fils d'un cordage, d'un câble électrique, etc. **4.** MAR Chacune des parties d'une manœuvre passant dans une poulie. *Brins d'un palan.* **5.** Fig. Très petite quantité. *Ajoutez un brin de sel.* ▷ Loc. adv. *Un brin :* un peu. *Nous avons causé un brin.* **6.** (Afr. subsah.) *Brin d'allumette :* syn. de *allumette* (sens 1).

brindille [bʀɛ̃dij] n. f. Branche mince et courte. *Feu de brindilles.*

Brindisi, v. d'Italie (Pouilles), sur l'Adriatique; ch.-l. de la prov. du m. nom; 88 950 hab. Archevêché. Port de voyageurs vers la Médit. orientale.

Brinell (Johan August) (1849 – 1925), ingénieur suédois. Il mit au point une méthode pour évaluer la dureté d'un matériau.

1. bringue [bʀɛ̃g] n. f. Pop. *Une grande bringue :* une femme dégingandée.

2. bringue [bʀɛ̃g] n. f. **1.** Pop. Beuverie, fête, bombance. *Faire la bringue :* faire la noce. **2.** (Polynésie fr.) Fête, soirée où l'on mange et l'on boit, souvent agrémentée de musique et de chants. **3.** (Suisse) Fam. Querelle.

bringuebaler [bʀɛ̃gbale] v. V. brinquebaler.

bringuer [bʀɛ̃ge] v. intr. [1] (Suisse) Fam. *Bringuer pour (qqch) :* demander avec insistance (qqch). *Il n'arrête pas de bringuer pour un vélo.* Syn. faire la meule.

Brink (André Philippus) (né en 1935), romancier sud-africain d'expression afrikaans, hostile à l'apartheid : *Die Ambassadeur* (1963), *le Rebelle* (1970), *Une saison blanche et sèche* (1980), *État d'urgence* (1988).

brinquebaler [bʀɛ̃kbale] ou **bringuebaler** [bʀɛ̃gbale] v. [1] **1.** v. tr. Balancer, ballotter. **2.** v. intr. Cahoter.

brio [bʀijo] n. m. Vivacité, virtuosité dans l'exécution d'une œuvre musicale. *Jouer avec brio.* – *Par ext.* Virtuosité (dans une activité quelconque).

brioche [bʀijɔʃ] n. f. Pâtisserie faite avec de la farine, du beurre, des œufs et de la levure. – Fig., fam. *Prendre de la brioche,* du ventre. ▷ (Québec) Petite pâtisserie en forme de spirale, fourrée de fruits et saupoudrée d'épices.

brioché, ée [bʀijɔʃe] adj. Qui est confectionné comme la brioche, qui en a le goût. *Pâte briochée.*

brique [bʀik] n. f. (et adj. inv.) **1.** Parallélépipède rectangle de terre argileuse, cuit au four ou séché au soleil. *Une maison de brique.* – (Québec) *Brique à feu :* brique réfractaire. ▷ adj. inv. De la couleur rougeâtre de la brique. *Un velours brique.* **2.** *Par anal.* Parallélépipède rectangle d'aggloméré. ▷ Objet de forme parallélépipédique. *Brique de verre.* – Récipient cartonné de forme parallélépipédique; son contenu. *Une brique de lait, de jus d'orange.* ▷ MAR Bloc de grès qui sert à brosser le pont. ▷ Fam. *Une brique :* en France, un million de centimes, dix mille francs. **3.** Loc. fig., fam. *Bouffer des briques :* n'avoir rien à manger. **4.** Loc. fig. (Belgique) *Avoir une brique dans le ventre :* aimer construire. **5.** Loc. fam. (Québec) *Attendre qqn avec une brique et un fanal,* se préparer à lui demander des comptes. **6.** (Suisse) Miette, morceau. *Une brique de pain.*

briquer [bʀike] v. tr. [1] **1.** MAR Frotter (le pont) avec une brique. **2.** Nettoyer avec soin. **3.** (Suisse) Briser, casser. *Briquer des skis.*

briquet [bʀikɛ] n. m. Appareil servant à produire du feu.

briqueterie [bʀikɛtʀi] n. f. Fabrique de briques.

bris [bʀi] n. m. DR Rupture. *Bris de scellés, bris de clôture.*

brisant [bʀizɑ̃] n. m. (Souvent au plur.) Écueil sur lequel la mer brise et écume. ▷ (Maurice) Ceinture de corail protégeant une côte ou un lagon.

Brisbane, v. et 3e port d'Australie, cap. de l'État du Queensland, à l'embouchure de la *rivière Brisbane* (côte E.); 1 157 200 hab. – Université.

briscard ou **brisquard** [bʀiskaʀ] n. m. HIST Vieux soldat chevronné. ▷ *Par ext.* Cour. *Un vieux briscard :* un homme rusé et de grande expérience.

brise [bʀiz] n. f. Vent modéré et régulier. ▷ MAR Vent de 2 à 10 m/s. *Brise de terre,* qui souffle, la nuit, vers le large. *Brise de mer,* qui souffle, le jour, vers la terre.

brisé, ée [bʀize] adj. **1.** Rompu, mis en pièces. *Os brisé.* ▷ Fig. – *Être brisé de fatigue. Avoir le cœur brisé.* **2.** GEOM *Ligne brisée,* composée de segments de droites consécutifs qui forment des angles. ▷ ARCHI *Arc brisé,* aigu. **3.** (Québec) Qui ne fonctionne plus. *Un téléviseur brisé.* – Abîmé, endommagé. *Raccommoder des bas brisés.*

brisées [bʀize] n. f. pl. VEN Branches rompues par le veneur pour marquer la voie. ▷ Fig. *Aller sur les brisées de qqn,* entrer en rivalité avec lui sur son propre terrain.

brise-fer [bʀizfɛʀ] n. m. inv. Enfant turbulent, qui brise tout.

brise-glace(s) [bʀizglas] n. m. inv. **1.** Éperon placé en avant d'une pile d'un pont pour briser les glaces flottantes. **2.** MAR Éperon placé à l'avant d'un navire pour briser la glace. ▷ *Navire brise-glace* ou *brise-glace :* navire à étrave renforcée, conçu pour briser la glace.

brise-jet [bʀizʒɛ] n. m. inv. Dispositif adapté à un robinet, afin d'atténuer la force du jet.

brise-lames [bʀizlam] n. m. inv. Ouvrage destiné à protéger un port contre la mer en amortissant la houle. Syn. jetée, môle. – MAR Bordure verticale, sur la plage avant d'un navire, empêchant le ruissellement de l'eau vers l'arrière.

brise-mottes [bʀizmɔt] n. m. inv. AGRIC Lourd cylindre dentelé servant à briser les mottes de terre.

briser [bʀize] v. [1] **I.** v. tr. **1.** Rompre, casser. *Briser une glace.* – Fig. *Voix brisée par le chagrin.* ▷ Fig. Détruire, anéantir. *Briser des espérances. Briser la carrière de qqn.* – *Briser le joug, ses liens :* s'affranchir. – *Briser le cœur :* peiner, affliger. **2.** Fatiguer, abattre. *Toutes ces émotions m'ont brisé.* **3.** Litt., vieilli Interrompre soudainement. *Briser une conversation.* ▷ (S. comp.) *Brisons là :* ne poursuivons pas la discussion. **4.** (Québec) Abîmer, endommager. *Briser son auto.* **II.** v. intr. *Mer qui brise,* qui déferle. **III.** v. pron. Se casser. *Le miroir est tombé et s'est brisé.* – Fig. *Ses efforts se brisent sur l'obstacle.* ▷ *La mer se brise sur les écueils,* déferle, écume.

briseur, euse [bʀizœʀ, øz] n. Celui, celle qui brise. – n. m. *Briseur de grève :* ouvrier qui ne fait pas grève ou qui remplace un gréviste.

brise-vent [bʀizvɑ̃] n. m. inv. Ouvrage ou plantation qui protège contre le vent.

brisquard [bʀiskaʀ] n. m. V. briscard.

Brissot de Warville (Jacques Pierre Brissot, dit) (1754 – 1793), journaliste et homme politique français; un des chefs des Girondins (appelés aussi *Brissotins*), membre de la société des Amis des Noirs (société anti-esclavagiste fondée à Paris en 1788); il fut guillotiné.

bristol [bʀistɔl] n. m. Carton mince d'aspect satiné, utilisé notam. pour les cartes de visite. *Chemise de bristol.*

Bristol, port du S.-O. de la G.-B.; 370 300 hab.; ch.-l. du comté d'Avon. Centre industr. – Égl. St. Mary Redcliffe (XIVe-XVe s.); cath., abbatiale (XIIe s., reconstruite du XIIIe au XIXe s.). – Le *canal de Bristol,* golfe de l'Atlant., sépare le pays de Galles et la Cornouailles.

brisure [bʀizyʀ] n. f. **1.** Cassure; partie brisée, détachée, fragment. *Brisures de riz.* **2.** TECH Partie articulée d'un ouvrage de menuiserie qui se replie sur lui-même.

Britannicus (Tiberius Claudius) (v. 41 – 55 apr. J.-C.), fils de l'empereur Claude et de Messaline. Héritier du trône, sa belle-mère Agrippine l'en écarta; il fut empoisonné par Néron. ▷ LITT Tragédie en cinq actes et en vers de Racine (1669).

britannique [bʀitanik] adj. (et n.) Du Royaume-Uni. *Les îles Britanniques.* ▷ Subst. *Un(e) Britannique.*

Britanniques (îles), archipel comprenant la Grande-Bretagne, les îles de Wight, de Man, les Hébrides, les Orcades, les Shetland et l'Irlande.

British Museum, musée de Londres, créé en 1753; l'un des plus vastes et des plus riches du monde. La bibliothèque comprend plus de deux millions de volumes.

Britten (Benjamin) (1913 – 1976), compositeur anglais.

Brno (en all. *Brünn*), v. de la Rép. tchèque, ch.-l. de la Moravie-Méridionale; 384 550 hab. Industries. – Université. – Dans la citadelle du Špilberk (prison autrichienne) fut détenu S. Pellico. – Églises gothiques et baroques.

Broadway, une des grandes artères de New York (dans Manhattan); quartier des salles de spectacles.

1. broc [bʀo] n. m. Vase à anse et à bec évasé, pour tirer ou transporter de l'eau, du vin, etc. *Broc en métal émaillé.* – Son contenu. *Il a bu tout le broc.*

2. broc [bʀɔk] adv. V. bric et de broc (de).

Broca (Paul) (1824 – 1880), chirurgien français. Il découvrit l'importance de la troisième circonvolution gauche du cerveau, dite *de Broca,* dans l'acquisition et la pratique du langage.

brocante [bʀɔkɑ̃t] n. f. Activité, commerce du brocanteur.

brocanter [bʀɔkɑ̃te] v. intr. [1] Acheter, troquer des marchandises d'occasion, des objets anciens, pour les revendre.

brocanteur, euse [bʀɔkɑ̃tœʀ, øz] n. Personne qui fait métier de brocanter.

brocart [bʀɔkaʀ] n. m. Étoffe de soie brodée d'or, d'argent.

Brocéliande, forêt légendaire de Bretagne (France), séjour de la fée Viviane et de Merlin.

Broch (Hermann) (1886 – 1951), romancier autrichien. *Les Somnambules* (1929-1932) dépeint la société all. décadente. Émigré aux É.-U. (1938), il y acheva *la Mort de Virgile* (1945).

brochage [bʀɔʃaʒ] n. m. **1.** Action de brocher un livre (suite d'opérations comportant le pliage, l'assemblage, la couture, la pose de la couverture et le massicotage); résultat de cette action. **2.** Procédé de tissage permettant de former dans l'étoffe des dessins en relief.

broche [bʀɔʃ] n. f. **1.** Tige pointue que l'on passe au travers d'une pièce de viande, d'une volaille à rôtir, pour pouvoir la faire tourner pendant qu'elle cuit. *Mettre un poulet à la broche.* ▷ Tige métallique adaptée aux métiers à filer, sur laquelle s'enroulent les fils. ▷ Long clou sans tête. ▷ Tige d'une serrure, qui pénètre dans le trou d'une clé forée. ▷ CHIR Tige métallique servant à maintenir des os fracturés. ▷ ELECTR Tige conductrice d'un contact électrique. ▷ TECH Arbre principal d'une machine-outil. **2.** (Québec) Fil de fer. *Une clôture de broche.* – *Broche à foin,* qui servait à attacher les balles de foin. ▷ Loc. adj. Fam. *De broche à foin* ou *broche à foin :* qui manque d'organisation, improvisé. *Un hôtel broche à foin.* ▷ Syn. de *agrafe* (sens 2). **3.** Bijou de femme muni d'un fermoir à épingle, que l'on pique dans l'étoffe d'un vêtement. Syn. (Québec) épinglette.

brocher [bʀɔʃe] v. tr. [1] **1.** Procéder au brochage d'un livre. – Pp. adj. *Volume broché,* dont la couverture est en papier ou en carton mince (par oppos. à *volume relié* ou *cartonné*). **2.** Passer dans une étoffe, lors du tissage, des fils d'or, de soie, etc., qui forment un dessin en relief. **3.** (Québec) Syn. de *agrafer* (sens 1). *Brocher le reçu avec la facture.*

brochet [bʀɔʃɛ] n. m. **1.** Poisson téléostéen d'eau douce, très vorace, de couleur verdâtre, qui vit en Europe, en Asie tempérée et en Amérique du Nord. ▷ (Afr. subsah.) *Brochet du Nil :* poisson d'eau douce appelé aussi *capitaine, perche du Nil.* **2.** (Afr. subsah.) *Brochet de mer* ou *brochet :* barracuda.

brochette [bʀɔʃɛt] n. f. **1.** Petite broche à rôtir; les morceaux enfilés sur la brochette. *Manger des brochettes.* ▷ Plaisant Groupe de personnes alignées. **2.** Petite broche à laquelle on suspend des médailles de décorations.

brocheur, euse [bʀɔʃœʀ, øz] n. **1.** Personne qui broche des livres (ou des tissus). **2.** n. f. Machine qui sert à brocher (les livres). **3.** n. f. (Québec) Syn. de *agrafeuse.*

brochure [bʀɔʃyʀ] n. f. **1.** Dessin broché sur une étoffe. **2.** Brochage (d'un livre). **3.** Ouvrage imprimé, peu épais, à couverture brochée. *Brochure publicitaire.* **4.** (Acadie) Tricot (sens 1).

brocoli [bʀɔkɔli] n. m. **1.** Variété de chou à tige érigée, à inflorescence verte moins compacte que celle du chou-fleur. **2.** Pousse de fleurs de chou ou de navet consommée comme légume.

Brod (Max) (1884 – 1968), écrivain israélien d'expression allemande. Il édita les œuvres (posthumes) de Kafka, son ami.

broder [bʀɔde] v. [1] **I.** v. tr. Orner (une étoffe) de dessins à l'aiguille. *Broder un grand boubou.* – (S. comp.) *Soie à broder.* **II.** v. intr. **1.** Fig. Amplifier, embellir un récit. **2.** MUS Ajouter des ornements, des variations à un thème.

broderie [bʀɔdʀi] n. f. **1.** Dessin exécuté à l'aiguille sur une étoffe déjà tissée. *Faire de la broderie.* ▷ Ouvrage brodé. *La «tapisserie» de Bayeux est en réalité une broderie.* **2.** Fig. Embellissement apporté à un récit, fabulation.

brodeur, euse [bʀɔdœʀ, øz] n. **1.** Personne qui brode. **2.** n. f. Machine à broder.

Brodsky (Iossif) (1940 – 1996), poète américain d'origine russe : *Une halte dans le désert* (1970), *Partie du discours* (1972-1976). P. Nobel 1987.

Broglie, famille française (depuis 1650), d'origine piémontaise. — **Albert** , duc de Broglie (1821 – 1901), historien; président du Conseil en 1873-1874 et en 1877; allié monarchiste de Mac-Mahon. Acad. fr. (1862). — **Maurice** , duc de Broglie (1875 – 1960), petit-fils du préc.; physicien, spécialiste des rayons X. Acad. des sciences (1924). Acad. fr. (1934). — **Louis Victor** (1892 – 1987), frère du préc.; prince puis duc de Broglie; physicien, créateur en 1923 de la mécanique ondulatoire; spécialiste de mécanique quantique. Nombreux ouvrages : *Ondes et Corpuscules* (1930), *Matière et Lumière* (1937), etc. P. Nobel 1929. Acad. fr. (1944).

Broken Hill. V. Kabwe.

brol [bʀɔl] n. m. (Belgique) Fam., péjor. **1.** Désordre, fouillis. *Quel brol ici!* **2.** Bataclan.

brome [bʀom] n. m. CHIM Élément non métallique (symbole Br) appartenant à la famille des halogènes, de numéro atomique Z=35. – Corps simple liquide (Br_2 : *dibrome*).

broméliacées [bʀɔmeljase] n. f. pl. BOT Famille de monocotylédones originaires d'Amérique tropicale, très souvent épiphytes, comprenant notam. l'*ananas.* – Sing. *Une broméliacée.*

Bromfield (Louis) (1896 – 1956), romancier américain : *la Mousson* (1937).

bromhydrique [bʀɔmidʀik] adj. CHIM *Acide bromhydrique :* bromure d'hydrogène (HBr).

bromique [bʀɔmik] adj. CHIM *Acide bromique,* de formule $HBrO_3$.

bromure [bʀɔmyʀ] n. m. **1.** CHIM Nom générique des composés du brome. ▷ Sel ou ester de l'acide bromhydrique. **2.** IMPRIM Tirage photographique noir.

bronche [bʀɔ̃ʃ] n. f. Chacun des conduits aériens nés de la division de la trachée en deux, et chacune de leurs ramifications. *Bronches du premier, du deuxième, du troisième ordre. Une affection des bronches.*

broncher [bʀɔ̃ʃe] v. intr. [1] **1.** En parlant d'un cheval, faire un faux pas, trébucher. **2.** Fig. Faire un geste, prononcer une parole pour protester, manifester sa désapprobation ou son impatience. *Gare à lui s'il bronche. Sans broncher :* sans protester.

bronchiole [bʀɔ̃ʃjɔl; bʀɔ̃kjɔl] n. f. Nom des ramifications les plus fines des bronches.

bronchique [bʀɔ̃ʃik] adj. ANAT Qui a rapport aux bronches. *Artère bronchique.*

bronchite [bʀɔ̃ʃit] n. f. Inflammation de la muqueuse des bronches.

bronchitique [bʀɔ̃ʃitik] adj. (et n.) Qui a rapport à la bronchite. ▷ Qui est atteint de bronchite. – Subst. *Un bronchitique chronique.*

broncho-. Élément, du grec *brogkhia,* «bronches».

broncho-dilatateur, trice [bʀɔ̃kodilatatœʀ, tʀis] adj. MED Qui dilate les bronches et les bronchioles. *Des produits broncho-dilatateurs.*

broncho-pneumonie [bʀɔ̃kopnømɔni] n. f. MED Inflammation des bronches et du parenchyme pulmonaire, généralement causée par un microbe, notam. le pneumocoque. *Des broncho-pneumonies.*

bronchoscopie [bʀɔ̃koskɔpi] n. f. MED Examen visuel des bronches au moyen d'un tube muni d'une source lumineuse *(bronchoscope).*

Brongniart (Alexandre Théodore) (1739 – 1813), architecte français : à Paris, plans de la Bourse (bâtie de 1808 à 1827) et du cimetière du Père-Lachaise.

Bronsted (Johannes Nicolaus) (1879 – 1947), chimiste danois. Il donna une définition des acides (donneurs de protons) et des bases (accepteurs de protons).

Brontë (les sœurs), romancières anglaises. — **Charlotte** (1816 – 1855) écrivit *Jane Eyre* (1847). — **Emily** (1818 – 1848), *les Hauts de Hurlevent* (1847), longtemps méconnu. — **Anne** (1820 – 1849), *Agnes Grey* (1847).

brontosaure [bʀɔ̃tozɔʀ] n. m. PALEONT Reptile fossile, le plus grand (40 m de long) des dinosauriens (crétacé), herbivore semi-aquatique.

Bronx, quartier de New York (É.-U.), au nord-est de Manhattan, dont le sépare la rivière Harlem; 1 200 000 hab.

bronzage [bʀɔ̃zaʒ] n. m. **1.** TECH Traitement de la surface d'un objet, qui lui donne l'aspect du bronze. **2.** Hâle.

bronze [bʀɔ̃z] n. m. **1.** Alliage de cuivre et d'étain. *Statue de bronze. Couler en bronze.* Syn. (litt.) airain. – Alliage de cuivre et d'un autre métal, peu altérable, facile à mouler, et dont on améliore la dureté par addition de phosphore, la malléabilité par du zinc, la conductibilité électrique par du silicium. *Bronze d'aluminium :* alliage de cuivre et d'aluminium. ▷ *Âge du bronze :* époque précédant l'âge du fer, où les hommes savaient fabriquer des outils et des armes en bronze (de la fin du IIIe mill. à 800 av. J.-C. env. en Europe continentale). **2.** Objet sculpté, moulé en bronze. *Un bronze du Bénin.*

bronzer [bʀɔ̃ze] v. tr. [1] **1.** TECH Pratiquer le bronzage d'un objet. *Bronzer un canon de fusil.* **2.** Hâler. *Le soleil et le vent l'ont bronzé.* – Pp. adj. *Une peau bronzée.* ▷ v. pron. *Se bronzer sur la plage.* ▷ v. intr. *Elle bronze facilement.*

Bronzino (Agnolo Tori, dit il) (1503 – 1572), peintre maniériste italien.

Brook (Peter) (né en 1925), metteur en scène de théâtre et de cinéma anglais.

Brooklyn, quartier de New York (É.-U.), dans l'O. de Long Island, séparé de Manhattan par l'East River; 2 200 000 hab.

Brooks (Louise) (1906 – 1985), actrice américaine. *Loulou* (de Pabst, 1929) fit d'elle une star.

Broqueville (Charles) (1860 – 1940), homme politique belge. Membre du Parti cathol., il fut plus. fois Premier ministre, notam. de 1912 à 1918.

brossage [bʀɔsaʒ] n. m. Action de brosser.

Brossard (Nicole) (née en 1939), poétesse québécoise. Elle fonda la revue *la Barre* du jour.*

brosse [bʀɔs] n. f. **1.** Ustensile fait d'une plaque garnie de poils durs, de brins de chiendent, de fils métalliques ou synthétiques, etc., pour nettoyer. *Brosse à habits, à cheveux.* ▷ *Cheveux* *taillés en brosse,* droits sur la tête comme les soies d'une brosse. ▷ (Belgique) Balai (sens 1). – *Un manche de brosse :* un manche à balai. **2.** Gros pinceau pour étendre les couleurs. **3.** Poils du corps ou des pattes de certains insectes (abeilles, notam.). **4.** Loc. fig., fam. (Québec) *Prendre, virer, revirer une brosse :* s'enivrer.

Brosse (Salomon de) (v. 1570 – 1626), architecte français : palais du Luxembourg, à Paris (1615-1620).

brosser [bʀɔse] v. [1] **1.** v. tr. Nettoyer avec une brosse. *Brosser une veste.* – *Brosser qqn,* brosser ses vêtements. ▷ (Belgique) Balayer (sens 1). *Brosser le trottoir.* **2.** v. pron. Brosser ses propres vêtements. – *Se brosser les cheveux, les dents.* ▷ Fig., fam. *Il peut se brosser :* il n'obtiendra rien. **3.** v. tr. Peindre à la brosse, par larges touches. *Brosser un décor.* ▷ Fig. Décrire à grands traits. *Brosser un tableau de la situation.* **4.** v. tr. (Afr. subsah., Belgique) Arg. (des écoles) Manquer, sécher (un cours, une réunion).

brosserie [bʀɔsʀi] n. f. Fabrication, vente des brosses.

Brosses (Charles de, dit le Président de) (1709 – 1777), magistrat et écrivain français; ses *Lettres familières* (posth., 1799) relatent son voyage en Italie.

brosseur, euse [bʀɔsœʀ, øz] n. (Belgique) Arg. (des écoles) Étudiant(e) qui a l'habitude de manquer les cours.

brou [bʀu] n. m. Écale des noix fraîches. ▷ *Brou de noix :* teinture brun foncé faite avec l'écale des noix.

Brouckère (Charles de) (1796 – 1860), économiste et homme politique belge. Il joua un rôle important dans la révolution de 1830, fut plusieurs fois ministre et bourgmestre de Bruxelles (1848-1860).

broue [bʀu] n. f. (Québec) Fam. Mousse, écume. *Broue de savon. Broue d'une bière.* ▷ Loc. fam. *Péter de la broue :* se vanter. – *Péteux de broue :* vantard.

brouet [bʀuɛ] n. m. Vx Mets liquide et peu consistant. – Plaisant Mauvais potage.

brouette [bʀuɛt] n. f. Petit tombereau à une roue et deux brancards.

brouettée [bʀuete] n. f. Charge d'une brouette. *Une brouettée de terre.*

brouetter [bʀuete] v. tr. [1] Transporter dans une brouette.

brouhaha [bʀuaa] n. m. Bruit confus qui s'élève dans une assemblée nombreuse. *Un grand brouhaha.*

brouillage [bʀujaʒ] n. m. RADIOELECTR Superposition à une émission de radio, etc., de signaux parasites qui la rendent inintelligible.

1. brouillard [bʀujaʀ] n. m. Nuage formé au voisinage du sol par des gouttelettes microscopiques dues à un refroidissement de l'air humide. *Le brouillard voile le paysage.* Syn. (Louisiane) boucane. ▷ *Voir à travers un brouillard :* avoir la vue troublée. – Fam. *Foncer dans le brouillard :* aller résolument son chemin sans se laisser arrêter par les difficultés.

2. brouillard [bʀujaʀ] n. m. Registre sur lequel on inscrit des opérations comptables, à mesure qu'elles se font.

brouillasser [bʀujase] v. impers. [1] **1.** Pleuvoir en fines gouttelettes. **2.** Faire du brouillard.

brouille [bʀuj] ou **brouillerie** [bʀujʀi] n. f. Mésintelligence, fâcherie.

brouiller [bʀuje] v. [1] **I.** v. tr. **1.** Mettre pêle-mêle; mélanger, mêler. *Brouiller des papiers.* – *Œufs brouillés,* dont on a mélangé les blancs et les jaunes pendant la cuisson. **2.** Troubler. *Brouiller la vue.* ▷ *Brouiller une émission de radio,* empêcher par le brouillage de l'entendre clairement. **3.** Mettre du désordre, de la confusion dans. *L'émotion brouillait ses souvenirs.* – *Brouiller la combinaison d'un cadenas, d'un coffre,* pour la dissimuler. **4.** Désunir (des personnes), susciter le désaccord entre elles. **II.** v. pron. **1.** Se troubler. *Ma vue se brouille.* ▷ *Le temps se brouille :* le ciel se couvre de nuages. **2.** Devenir confus. *Idées qui se brouillent.* **3.** *Se brouiller avec qqn :* se fâcher avec qqn.

brouillerie [bʀujʀi] n. f. V. brouille.

1. brouillon, onne [bʀujɔ̃, ɔn] adj. et n. Qui n'a pas d'ordre, qui embrouille tout. *Caractère brouillon.* ▷ Subst. *Un brouillon.*

2. brouillon [bʀujɔ̃] n. m. Ce que l'on écrit d'abord, avant de mettre au net. ▷ *Par méton.* Papier servant à la rédaction des brouillons. *As-tu du brouillon?* ▷ Loc. adv. *Au brouillon. Faire sa rédaction au brouillon puis au propre.*

broussaille [bʀusaj] n. f. (Rare au sing.) Ensemble d'arbustes et d'arbrisseaux souvent épineux, ayant poussé en s'entremêlant. *Terrain couvert de broussailles.* Syn. (Québec) fardoches. ▷ Par anal. *Sourcils en broussaille,* durs et embrouillés.

broussailleux, euse [bʀusajø, øz] adj. Plein de broussailles.

broussard, arde [bʀusaʀ, aʀd] n. et adj. **1.** n. Habitant des zones rurales en Afrique subsaharienne, à Madagascar, en Nouvelle-Calédonie et à Djibouti. **2.** n. (Afr. subsah., Madag.) Personne qui aime parcourir la brousse, qui aime y vivre, qui sait faire face aux difficultés de la vie en brousse. *C'est un vrai broussard; en ville, il est malheureux.* **3.** n. et adj. (Afr. subsah., Djibouti) Péjor. Paysan, balourd. *Cette petite est vraiment trop broussarde.* (V. bédouin, sens 2 et nomade, sens 2.)

brousse [bʀus] n. f. **1.** Végétation clairsemée, caractéristique de l'Afrique tropicale (hautes graminées mêlées d'arbres peu nombreux, formations à épineux). – *Feu* de brousse.* ▷ Étendue couverte d'une telle végétation. ▷ (Nouv.-Cal.) Toute forme de végétation. **2.** Fam. Rase campagne. *Un patelin perdu en pleine brousse.* **3.** (Afr. subsah.) Zone non cultivée, domaine des forces naturelles (par oppos. au terroir aménagé par l'homme). *Les génies de la brousse.* ▷ (Wallis-et-F.) *Aller dans la brousse :* aller à la campagne. ▷ (Afr. subsah.) Fam. *Aller en brousse :* aller uriner, déféquer en plein air. **4.** *Par ext.* Tout ce qui n'est pas la ville. *En brousse. Village de brousse.* – (Afr. subsah., Madag., Nouv.-Cal.) Province (par oppos. à la capitale), intérieur du pays (par oppos. à une zone littorale économiquement plus développée).

Brousse (en turc *Bursa*), v. de Turquie, au S.-E. de la mer de Marmara; 476 000 hab.; ch.-l. de l'il du m. nom. Industr. de la soie. Stat. therm. et tourist. – Anc. *Prousa,* cap. des rois de Bithynie. Résidence des sultans ottomans au XIVe s. – Mosquées; tombeaux de sultans; musées.

broutard [bʀutaʀ] n. m. ELEV Jeune veau mis au pâturage.

brouter [bʀute] v. [1] **1.** v. tr. Paître de l'herbe, des feuilles vertes. *Les moutons broutent l'herbe.* ▷ (S. comp.) *La chèvre broute.* – (Djibouti) Fig. Mâcher du khat. *Ce soir, pour la fête, nous brouterons.* **2.** v. intr. TECH Couper par saccades et d'une façon irrégulière (outils). ▷ Entrer en action de façon saccadée, en parlant d'un embrayage, d'un système de freinage, d'une machine.

broutille [bʀutij] n. f. Futilité, chose sans valeur.

Brouwer ou **Brauwer** (Adriaen) (v. 1605 – 1638), peintre de genre flamand : *Buveurs attablés; Intérieur de tabagie; la Douleur.*

Brown (Robert) (1773 – 1858), botaniste écossais. Il découvrit le *mouvement brownien*.*

Brown (John) (1800 – 1859), abolitionniste américain. Sa pendaison contribua au déclenchement de la guerre de Sécession (1861).

Brown (James) (né en 1933), musicien et chanteur américain, créateur du funk v. 1970.

brownien, enne [bʀɔnjɛ̃, ɛn] adj. PHYS *Mouvement brownien :* mouvement désordonné des particules microscopiques en suspension dans un fluide (gaz, liquide), dû à l'agitation thermique des molécules du fluide.

browning [bʀɔniŋ] n. m. Pistolet automatique à chargeur.

Browning (Elizabeth Barrett) (1806 – 1861), poétesse anglaise : *Sonnets de la Portugaise* (1850), *Aurora Leigh* (en 4000 vers, 1856). — **Robert** (1812 – 1889), mari de la préc., poète et dramaturge : *l'Anneau et le Livre* (1868-1869), analyse psychologique en 20 000 vers.

broyage [bʀwajaʒ] n. m. Action de broyer. *Le broyage d'un minerai.*

broyer [bʀwaje] v. tr. [23] Réduire en poudre ou en pâte, écraser. *Les dents broient les aliments. Broyer des couleurs :* pulvériser des substances colorantes. ▷ Fig. *Broyer du noir*.*

broyeur, euse [bʀwajœʀ, øz] n. m. et adj. **1.** n. m. Appareil à broyer. *Broyeur d'évier :* dispositif qui pulvérise déchets et détritus pour les évacuer par le réseau d'égout. **2.** adj. Qui broie. *Appareil buccal broyeur,* typique de certains insectes qui déchiquettent leurs aliments (guêpe, hanneton).

brrr ! [bʀʀ] interj. marquant une sensation de froid, un sentiment de peur.

bru [bʀy] n. f. Vieilli Femme du fils.

bruant [bʀyɑ̃] n. m. ORNITH Genre d'oiseaux passériformes comprenant de nombreuses espèces de la taille d'un moineau, à bec conique, qui nichent au sol ou près du sol.

Bruant (Libéral) (1635 – 1697), architecte français : hôtel des Invalides à Paris (1670-1676).

Bruant (Aristide) (1851 – 1925), chansonnier français : *Nini Peau d'chien.*

Brubeck (David Brubeck, dit Dave) (né en 1920), pianiste de jazz américain; il fonda un quartette.

brucelles [bʀysɛl] n. f. pl. (Suisse) Syn. de *pince* à épiler.*

brucellose [bʀyseloz] n. f. MED VET Maladie infectieuse due à une bactérie (genre *Brucella*), fréquente chez les grands animaux d'élevage (elle peut provoquer l'avortement des femelles gravides) et transmissible à l'homme, en partic. par le lait (elle se manifeste par une fièvre ondulante et des atteintes articulaires). Syn. fièvre de Malte, fièvre ondulante.

bruche [bʀyʃ] n. f. ENTOM Coléoptère de petite taille et de forme ovoïde qui s'attaque aux graines des légumineuses (arachide, niébé, etc.).

Brücke (Die) (en fr. *le Pont*), groupe qui réunit à Dresde (1905) des peintres expressionnistes.

Bruckner (Anton) (1824 – 1896), compositeur autrichien; auteur de musique religieuse (messes, psaumes, etc.) et de symphonies.

Brue (André) (1654 – 1738), administrateur français. Directeur du commerce français au Sénégal (1697-1723).

Bruegel, Brueghel ou **Breughel,** famille de peintres flamands. — **Pieter** ou **Pierre,** dit Bruegel le Vieux (v. 1525 – 1569), peintre flamand. Ses paysages et scènes de genre sont une méditation sur la destinée humaine : *la Chute d'Icare, les Chasseurs dans la neige, Noces villageoises.* — **Pieter II,** dit Bruegel le Jeune ou d'Enfer (v. 1564 – 1638), fils aîné du préc.; auteur de scènes «infernales» (d'où son surnom) dans la manière de Jérôme Bosch. — **Jan I**[er], dit Bruegel de Velours (1568 – 1625), second fils de Bruegel le Vieux, peignit des fleurs et des fruits.

Bruges (en néerl. *Brugge*), v. de Belgique, ch.-l. de la Flandre-Occid., la «Venise du Nord» (nombr. canaux); 118000 hab. Industries. Port de pêche (V. Zeebrugge). Tourisme. – Bruges fut une très importante cité commerciale et drapière (XIIIe-XVe s.) : cath. goth. St-Sauveur (XIIIe-XIVe s.); basilique du St-Sang (XIIe-XVe s.); égl. N.-D. (XIIIe-XVe s.); hôtel de ville goth. (XIVe s.); halles (XIIIe-XVIe s.). Musée Memling. À partir du XVIe s., la concurrence d'Anvers atténua le développement de la ville jusqu'au XXe s.

brugnon [bʀyɲɔ̃] n. m. Pêche à peau lisse, à noyau adhérent.

Brugnon (Jacques) (1895 – 1978), joueur de tennis français, l'un des Quatre* Mousquetaires.

bruine [bʀɥin] n. f. Petite pluie fine.

bruiner [bʀɥine] v. impers. [1] Pleuvoir en bruine. *Il ne cesse de bruiner.*

bruire [bʀɥiʀ] v. intr. (défect.) [3] Produire un bruissement. *Les vagues bruissaient.*

bruissement [bʀɥismɑ̃] n. m. Bruit confus et prolongé. *Le bruissement du vent dans les feuilles.*

bruit [bʀɥi] n. m. **I. 1.** Sensation perçue par l'oreille. *Le bruit du tonnerre. Les bruits de la rue. Faire du bruit.* – Cette sensation ressentie de manière désagréable. *Le bruit des voitures.* ▷ MED Son caractéristique et révélateur entendu à l'auscultation. ▷ PHYS Ensemble de sons à caractère le plus souvent accidentel. *L'intensité d'un bruit se mesure en décibels.* ▷ TELECOM *Bruit de fond :* son parasite dans un récepteur. **2.** Tumulte, agitation. *Fuir le bruit du monde.* **3.** Nouvelle qui circule, rumeur. *Le bruit court. Un faux bruit immédiatement démenti.* ▷ *Faire du bruit :* provoquer l'intérêt, l'émotion du public. *Ce scandale a fait trop de bruit.* **II.** PHYS Fluctuations aléatoires de la lumière.

bruitage [bʀɥitaʒ] n. m. Reconstitution des bruits qui doivent accompagner une scène (théâtre, cinéma, radio, télévision); les bruits ainsi créés (bruits de pas, de tonnerre, etc.).

bruiter [bʀɥite] v. tr. [1] Réaliser le bruitage de (une émission de radio, de télévision, un film, etc.).

bruiteur [bʀɥitœʀ] n. m. Celui qui fait les bruitages.

brûlage [bʀylaʒ] n. m. **1.** Action de brûler, partic. les herbes sèches. **2.** Traitement des cheveux dont on brûle les pointes. *Se faire faire un brûlage.*

brûlant, ante [bʀylɑ̃, ɑ̃t] adj. et n. m. **I.** adj. **1.** Qui brûle, qui dégage une chaleur intense. *Soleil brûlant. Une casserole brûlante.* ▷ Fig. *Une question brûlante,* qu'il est préférable de ne pas aborder ou qui passionne vivement. ▷ (Liban) *Des mots brûlants,* grossiers, choquants. **2.** Accompagné d'une très grande chaleur. *Fièvre brûlante.* **3.** Fig. Ardent, fervent. *Brûlant d'amour, d'ambition. Désir brûlant.* Ant. froid, glacé. **II.** n. m. **1.** (Belgique) Aigreurs d'estomac. *Avoir le brûlant. La tarte au sucre me donne le brûlant.* **2.** (Guad.) Méduse urticante.

brûlé, ée [bʀyle] adj. et n. m. **I.** adj. **1.** Qui a brûlé. *Du riz brûlé.* **2.** Fig. *Une tête, une cervelle brûlée :* un esprit exalté, téméraire. **3.** Fig., fam. Démasqué, découvert. *Un agent secret brûlé.* **II.** n. m. **1.** Ce qui a brûlé. *Sentir le brûlé. Avoir goût de brûlé.* ▷ Fig., fam. *Ça sent le brûlé :* l'affaire est suspecte ou la situation dangereuse. **2.** (Québec) Syn. de *brûlis* (sens 2).

brûle-gueule [bʀylgœl] n. m. inv. Pipe à tuyau très court.

brûle-parfum [bʀylpaʀfœ̃] n. m. Vase, réchaud dans lequel on brûle des parfums. *Des brûle-parfum(s).*

brûle-pourpoint (à) [abʀylpuʀpwɛ̃] loc. adv. Sans préambule, brusquement. *Poser une question à brûle-pourpoint.*

brûler [bʀyle] v. [1] **I.** v. tr. **1.** Consumer, détruire par le feu. *Brûler des papiers, du bois.* – Fig. *Brûler ses vaisseaux :* s'engager dans une affaire en s'ôtant tout moyen de retraite. ▷ *Spécial.* Utiliser comme combustible ou comme luminaire. *Brûler du charbon, de la bougie.* **2.** Causer une altération, une douleur, sous l'effet du feu, de la chaleur, d'un corrosif. *Ce tison m'a brûlé. Acide qui brûle la peau. Brûler un plat,* en le laissant cuire trop longtemps. ▷ v. pron. *Je me suis brûlé.* ▷ Loc. fig. *Se brûler la cervelle*.* **3.** Soumettre au feu pour produire des modifications. *Brûler du café,* le torréfier. **4.** Fig. Ne pas s'arrêter à. *Brûler un feu rouge.* ▷ Loc. *Brûler les étapes :* progresser rapidement. – *Brûler la politesse à qqn,* partir sans prendre congé de lui. ▷ THEAT *Brûler les planches :* jouer avec fougue. **5.** Fig., fam. Démasquer, compromettre. *Brûler un espion.* ▷ v. pron. *Il s'est brûlé.* **II.** v. intr. **1.** Être consumé par le feu. *La maison a brûlé.* ▷ Fig. *Le torchon* brûle.* **2.** Subir une cuisson trop prolongée. *L'omelette brûle.* **3.** Être très chaud. *La tête me brûle.* ▷ Fig. Être ardent, possédé d'un grand désir. *Brûler d'impatience. Il brûle de vous voir.* – *Brûler à petit feu :* être dans une grande anxiété. **4.** (Belgique, France rég., Luxembourg) Rester allumé (en parlant d'un appareil d'éclairage). *La lumière du grenier a brûlé toute la nuit.* **III.** v. pron. (Québec) S'exténuer, ruiner sa santé. *Se brûler à travailler la nuit.*

brûlerie [bʀylʀi] n. f. Lieu où l'on torréfie le café.

brûleur [bʀylœʀ] n. m. **1.** Fabricant d'eau-de-vie. **2.** TECH Appareil destiné à mélanger un combustible et un comburant et à en assurer la combustion.

brûlis [bʀyli] n. m. **1.** Partie de forêt incendiée. **2.** AGRIC Champ dont on brûle la végétation pour le défricher ou le fertiliser. Syn. (Québec) brûlé, (Asie du S.-E.) ray. – *Culture sur brûlis :* technique agricole primitive consistant à brûler la végétation (feux de brousse) pour fertiliser les champs, pratiquée encore dans les pays tropicaux, où elle contribue à la dégradation des sols.

brûloir [bʀylwaʀ] n. m. Appareil de torréfaction.

brûlon [bʀylɔ̃] n. m. (Suisse) Partie brûlée d'un aliment.

brûlot [bʀylo] n. m. **1.** Navire que l'on chargeait de matières inflammables pour incendier les vaisseaux ennemis. ▷ Fig. *Lancer des brûlots :* attaquer par un écrit polémique irréfutable. **2.** (Québec) Très petit moustique noir dont la piqûre semble une brûlure.

brûlure [bʀylyʀ] n. f. **1.** Sensation douloureuse. *Des brûlures d'estomac.* **2.** Lésion tissulaire produite par le feu, par un corps très chaud ou par une substance corrosive. *Une brûlure aux mains.* ▷ *Par ext.* Marque laissée sur ce qui a brûlé. *Brûlure de cigarette sur une nappe.* **3.** AGRIC Flétrissement provoqué par le soleil frappant des plantes gelées.

brumaire an VIII (18), journée (9 nov. 1799) au cours de laquelle Bonaparte fut nommé commandant des forces armées de Paris. Le 19 brumaire, il lança les grenadiers de Murat contre le Conseil des Cinq-Cents sur la demande de leur président, Lucien Bonaparte. Le soir, le Consulat* succédait au Directoire*.

brumasser [bʀymase] v. impers. [1] Faire un peu de brume. *Il brumasse.*

brume [bʀym] n. f. Suspension dans l'atmosphère de gouttelettes d'eau microscopiques ou de particules qui réduisent la visibilité. *Brume de chaleur,* due à la réduction de la transparence de l'air sous l'effet de la chaleur. ▷ MAR Brouillard. – METEO *Brume sèche, brume de poussière, brume de sable.* ▷ Fig. État confus de la pensée. *Les brumes de son esprit.*

brumeux, euse [bʀymø, øz] adj. **1.** Affecté par la brume. *Climat brumeux.* **2.** Fig. Qui manque de clarté. *Des idées brumeuses.* Ant. clair.

brun, brune [bʀœ̃, bʀyn] adj. et n. **1.** adj. De couleur foncée entre le roux et le noir. *Cheveux bruns. Le marron est un rouge brun.* – (Québec) *Un chandail brun pâle, clair, foncé.* ▷ Dont les cheveux sont bruns. *Elle est très brune.* ▷ Subst. *Une jolie brune.* – *Une brune,* en parlant d'une bière* ou d'une cigarette. **2.** adj. (En parlant de la peau.) Jaune foncé. *Teint brun.* ▷ Subst. (Afr. subsah.) Personne de race noire dont la peau n'est pas très sombre. Syn. teint clair. **3.** n. m. Couleur brune. *Ce drap est d'un beau brun.*

brunante [bʀynɑ̃t] n. f. (Québec) *À la brunante :* à la tombée de la nuit. (V. à la brune*.)

brunâtre [bʀynɑtʀ] adj. Tirant sur le brun.

brunch [bʀœnʃ] n. m. (Anglicisme) Petit déjeuner copieux, servant également de déjeuner, pris au milieu de la matinée.

bruncher [bʀœnʃe] v. [1] Prendre le brunch.

brune [bʀyn] n. f. Vx Commencement de la nuit. – Mod. *À la brune* : à la tombée de la nuit. (V. à la brunante*.)

Brunehaut (v. 534 – 613), reine d'Austrasie. Ayant épousé le roi Sigebert en 567, elle administra le royaume après son veuvage. Livrée à Clotaire II, fils de sa rivale Frédégonde, reine de Neustrie, elle périt dans les tortures.

Brunehilde ou **Brünhild,** personnage de la myth. germanique, héroïne de la trilogie des *Nibelungen* de Hebbel (1861). V. Nibelungen.

Brunei, État de Bornéo, sur la côte N.-O. de l'île; 5765 km^2; env. 220000 hab.; cap. *Bandar Seri Begawan.* Nature de l'État : sultanat. Langues : malais, (off.) angl. Monnaie : dollar. Relig. : islam. – Import. gisements de pétrole et de gaz. – Anc. protectorat brit., Brunei est indépendant depuis 1984 au sein du Commonwealth.

Brunelleschi (Filippo di Ser Brunellesco) (1377 – 1446), sculpteur et architecte florentin; l'un des grands initiateurs de l'architecture de la Renaissance : à Florence, coupole de Santa Maria del Fiore (1420-1436), chapelle et palais des Pazzi (1429-1446).

brunet, ette [bʀynɛ, ɛt] n. (Surtout au fém.) Personne dont les cheveux sont bruns. *Une petite brunette.*

Brunhes (Jean) (1869 – 1930), géographe français : *Géographie humaine* (1910).

Brünhild. V. Brunehilde.

bruni [bʀyni] n. m. Partie polie (d'un métal) (par oppos. à *mat*).

brunir [bʀyniʀ] v. [3] **I.** v. tr. **1.** Rendre brun. *Le soleil l'a bruni.* **2.** TECH Polir (un métal). *Brunir l'or.* **II.** v. intr. Devenir brun. *Il a bruni au soleil.*

brunissage [bʀynisaʒ] n. m. TECH Opération consistant à brunir (sens I, 2); son résultat. *Brunissage de l'or.*

brunisseur, euse [bʀynisœʀ, øz] n. TECH Ouvrier, ouvrière qui brunit les métaux.

brunissure [bʀynisyʀ] n. f. **1.** Poli d'un ouvrage qui a été bruni. **2.** Façon donnée à une étoffe que l'on teint.

Brunnen, station touristique suisse (cant. de Schwyz), sur le lac des Quatre-Cantons. – En 1315, une alliance perpétuelle, renouvelant le Pacte de 1291, y fut conclue entre les cantons de Schwyz, d'Uri et d'Unterwald.

Bruno (saint) (v. 1030 – 1101), mystique allemand; fondateur (1084) de l'ordre des Chartreux.

Bruno (Giordano) (1548 – 1600), philosophe italien. Dominicain jusqu'en 1576, il critiqua l'aristotélisme, défendit la théorie de Copernic et développa une philosophie panthéiste : *l'Infini, l'univers et les mondes* (1584). Accusé d'hérésie par l'Inquisition, incarcéré pendant sept ans, il fut brûlé vif.

Brunswick (en all. *Braunschweig*), v. d'Allemagne (Basse-Saxe); 248000 hab. Grand centre industr. – Cathédrale romane (XIIe-XIII^{e}s.). Palais ducal de Dankwarderode (XIIe s.).

Brunswick (Charles Guillaume Ferdinand, duc de) (1735 – 1806), général au service de la Prusse. Chef des armées coalisées, il lança, le 25 juillet 1792, le *manifeste de Brunswick,* qui menaçait de détruire Paris et provoqua l'insurrection du 10 août 1792. Vaincu à Valmy (1792), Brunswick fut tué à Auerstaedt.

brushing [bʀœʃiŋ] n. m. Procédé déposé de mise en plis, consistant à travailler les cheveux par mèches avec une brosse ronde tout en les séchant au séchoir.

brusque [bʀysk] adj. **1.** Qui a une vivacité rude, sans ménagement. *Un homme brusque. Des manières brusques.* Syn. bourru. Ant. aimable, affable. **2.** Subit, inopiné. *Un brusque départ.*

brusquement [bʀyskəmɑ̃] adv. D'une manière brusque, soudaine. *Il est parti brusquement.*

brusquer [bʀyske] v. tr. [1] **1.** Traiter sans ménagement. *Brusquer les gens.* **2.** Précipiter. *Brusquer les choses. Brusquer une décision.* Ant. ralentir, différer. – *Attaque brusquée* : coup de main rapide, inattendu.

brusquerie [bʀyskəʀi] n. f. Manières brusques à l'égard d'autrui. *Répondre avec brusquerie.* Syn. rudesse.

brut, brute [bʀyt] adj., n. m. et adv. **1.** Qui est encore dans son état naturel, n'a pas été modifié par l'homme. *Bois brut. Diamant brut,* non taillé. ▷ Dont la mise en œuvre n'est encore qu'ébauchée. *Sucre brut. Champagne brut,* très sec, qui n'a pas fermenté une deuxième fois. Syn. naturel. ▷ n. m. *Du brut* : des hydrocarbures non raffinés. **2.** Grossier, peu civilisé. **3.** COMM *Poids brut,* celui de la marchandise et de l'emballage (par oppos. à *poids net*). ▷ adv. *Ce colis pèse brut quarante kilos.* **4.** ECON Évalué avant la déduction des taxes, des frais ou avant l'addition des indemnités, des primes, etc. *Produit brut. Salaire brut.* – n. m. *Le brut* (par oppos. au *net*). ▷ adv. *Cela rapporte brut deux mille francs.* **5.** *Art brut* : expression créée en 1945 par J. Dubuffet pour désigner les productions artistiques de personnes «indemnes de toute culture».

brutal, ale, aux [bʀytal, o] adj. (et n.) **1.** Qui tient de la brute. *Passion brutale.* Syn. bestial. **2.** Grossier, violent. *Un geste brutal. Un homme brutal.* ▷ Subst. *Agir en brutal.* **3.** Dénué de ménagements, de douceur. *Franchise brutale.* – *Couleurs brutales,* éclatantes, vives. **4.** Rude et inopiné. *Une nouvelle brutale.*

brutalement [bʀytalmɑ̃] adv. Avec violence. *Parler, manier qqch brutalement.* Syn. rudement. Ant. délicatement.

brutaliser [bʀytalize] v. tr. [1] Traiter avec rudesse, avec brutalité. *Brutaliser une femme.* Syn. maltraiter.

brutalité [bʀytalite] n. f. **1.** Dureté, violence. *La brutalité des soldats. La brutalité de son caractère.* Ant. douceur. **2.** Caractère violent et inopiné de qqch. *La brutalité d'un choc.*

brute [bʀyt] n. f. **1.** Litt. Animal, envisagé sous l'aspect de sa bestialité. **2.** Personne grossière, violente. *Cet homme est une brute.*

Brutus (Lucius Junius) (VIe s. av. J.-C.), héros semi-légendaire romain. Il chassa de Rome les Tarquins et fonda la rép. (509 av. J.-C.).

Brutus (Marcus Junius) (v. 85 – 42 av. J.-C.), homme politique romain. Neveu de Caton d'Utique, il prit part, avec Cassius, au meurtre de César (44 av. J.-C.). Vaincu par Octavien et Antoine à Philippes (Macédoine), il se suicida.

Brutus (Dennis) (né en 1924), poète sud-africain d'expression anglaise. Emprisonné, il put s'exiler aux États-Unis.

Bruxelles (en néerlandais *Brussel*), capitale de la Belgique, sur la Senne. *Bruxelles-ville* compte 139680 hab.; la Région de *Bruxelles-Capitale,* qui est aussi Région de la C.E., compte 160 km^2 et 997290 hab. Bruxelles forme une des trois Régions autonomes de la Belgique (V. dossier Communauté française de Belgique, p. 1385). Grande métropole tertiaire et industrielle, Bruxelles abrite les principales institutions de l'Union européenne et de l'OTAN. Aéroport international (Brussels South Charleroi Airport). – La ville se développa aux XIIe et XIIIe s. Au XVIe s., Philippe II d'Espagne en fit la cap. des Pays-Bas. Ch.-l. du dép. français de la Dyle de 1794 à 1814, elle fit partie ensuite des Pays-Bas et devint en 1830 la cap. du nouvel État belge. – Nombreux monuments gothiques : cathédrale Saint-Michel (XIIIe-XVe s., XVIe et XVIIe s.); égl. N.-D.-des-Victoires, au Sablon (XIVe-XVe s.); Grand-Place*, magnifique ensemble architectural comprenant l'hôtel de ville (XVe s.), la Maison du Roi (XVIe s.) et les maisons des corporations. Archevêché (avec Malines). Université. Musées.

Bruxelles (conférence de), conférence organisée en 1889, à l'initiative de Léopold II de Belgique, qui institua des mesures antiesclavagistes en Afrique noire.

bruxellois, oise [bʀysɛlwa, waz] adj. et n. De la ville de Bruxelles. ▷ Subst. *Les Bruxellois.*

bruyamment [bʀyjamɑ̃] adv. Avec grand bruit.

bruyant, ante [bʀyjɑ̃, ɑ̃t] adj. **1.** Qui fait du bruit. *Conversation bruyante.* **2.** Où il se fait beaucoup de bruit. *Une rue bruyante.* Ant. silencieux.

bruyère [bʀyjɛʀ] n. f. **1.** Sous-arbrisseau (fam. éricacées), à fleurs violacées, poussant sur des landes ou dans des sous-bois siliceux. (Diverses espèces arborescentes ont des racines qui servent à la confection des pipes.) **2.** Lieu où poussent les bruyères. **3.** *Coq de bruyère* : tétras.

bryophytes [bʀijɔfit] n. f. pl. BOT Embranchement comprenant en partic. les mousses et les hépatiques. – Sing. *Une bryophyte.*

Bu- ou **Bou-.** Préfixe indiquant les noms de lieux dans les langues bantoues. Ex. : le Buganda est le pays des Ganda. (V. U- ou Ou-.)

buanderie [bɥɑ̃dʀi] n. f. **1.** Lieu où l'on fait la lessive. **2.** (Québec) Blanchisserie.

bubale [bybal] n. m. ZOOL Antilope africaine (genre *Alcelaphus*), haute de 1,30 m au garrot, dont les cornes divergent à partir d'un support commun qui prolonge le crâne.

Bubastis ou **Boubastis** («le lieu de Bastet»), v. de l'Égypte anc. située à l'E. du delta du Nil, une des cap. des Hyksôs. On y célébrait des fêtes en l'honneur de la déesse Bastet; nom actuel : *Tell Basta.*

Buber (Martin) (1878 – 1965), philosophe et théologien israélien.

Bubi, ethnie vivant dans l'île de Bioco (env. 350000 personnes). Ils parlent une langue bantoue.

bubinga [bybiŋga] n. m. BOT Arbre de la forêt tropicale africaine (fam. rubiacées) dont le bois brun, résistant aux termites, est utilisé en ébénisterie.

bubon [bybɔ̃] n. m. MED Tuméfaction ganglionnaire. *Bubon de la peste, de la syphilis.*

bubonique [bybɔnik] adj. Caractérisé par des bubons. *Peste bubonique.*

Bucaramanga, v. de Colombie, dans la Cordillère orientale, au N. de Bogotá; 341 510 hab.; ch.-l. de dép. Industries.

Bucarest (en roumain *Bucureşti*), cap. de la Roumanie, en Valachie, sur la Dîmbovița, sous-affl. du Danube; 2 066 700 hab. Centre industr. du pays (métall., constr. mécaniques, industr. chim.). Aéroport international. – Centre culturel et universitaire; monuments anciens, musées. Ceauşescu y entreprit des travaux gigantesques qui ont gravement endommagé les quartiers historiques. – Mentionnée pour la prem. fois dans un document de 1459, la ville devint la cap. de la Valachie et, en 1862, celle de la Roumanie. – Quatre *traités de Bucarest :* le traité de 1812, entre la Turquie et la Russie, reconnaissait à cette dernière la possession de la Bessarabie; celui de 1886 mettait fin à la guerre bulgaro-serbe; celui de 1913 consacrait la défaite de la Bulgarie au cours de la seconde guerre balkanique; celui de 1918, entre la Roumanie et les puissances centrales, imposait à celle-ci des conditions très dures (perte de la Dobroudja méridionale et soumission économique aux Austro-Allemands), mais ne fut jamais ratifié en raison de la victoire des Alliés.

buccal, ale, aux [bykal, o] adj. Qui a rapport à la bouche. *Cavité buccale.*

buccin [byksɛ̃] n. m. ZOOL Genre de mollusques gastéropodes marins à coquille hélicoïdale.

bucco-dentaire [bykodɑ̃tɛʀ] adj. Qui se rapporte à la bouche et aux dents. *Des soins bucco-dentaires.*

Bucentaure (le), galère sur laquelle montait le doge de Venise le jour (de l'Ascension) de ses *noces avec la mer.*

Bucéphale, nom du cheval d'Alexandre le Grand.

Bucer ou **Butzer** (Martin) de son vrai nom Kuhhorn (1491 – 1551), théologien alsacien. Il prêcha la Réforme à Strasbourg et à Cambridge.

Buchanan, v. et port du Liberia, au S.-E. de Monrovia; 24 000 hab.; ch.-l. du comté de Grand Bassa. Centre industriel : huilerie, traitement du minerai de fer de Yekepa (relié à Buchanan par une voie ferrée de 265 km).

Buchanan (James) (1791 – 1868), homme politique américain; président des É.-U. de 1857 à 1861; partisan de l'esclavage.

1. bûche [byʃ] n. f. Gros morceau de bois de chauffage. ▷ *Bûche de Noël :* bûche mise au feu pendant la veillée de Noël; *par anal.* pâtisserie en forme de bûche que l'on fait pour Noël.

2. bûche [byʃ] n. f. Fam. Chute. – Loc. *Ramasser une bûche :* tomber.

Buchenwald, localité de Thuringe (Allemagne) où fut installé de 1937 à 1945 un camp de concentration nazi.

1. bûcher [byʃe] n. m. **1.** Lieu où l'on range le bois à brûler. **2.** Amas de bois sur lequel les Anciens brûlaient les morts (ainsi que les fidèles de certaines religions le font auj.). ▷ Amas de bois sur lequel on brûlait les condamnés au supplice du feu.

2. bûcher [byʃe] v. [1] **I.** v. tr. **1.** TECH Dégrossir une pièce de bois. – Par anal. *Bûcher une pierre,* en enlever les saillies. **2.** Fam. Travailler avec ardeur. *Bûcher les mathématiques.* Syn. (Afr. subsah., Belgique) bloquer. ▷ (S. comp.) *Il bûche.* **II.** v. intr. (Québec) Abattre des arbres, couper du bois avec une hache.

bûcheron, onne [byʃʀɔ̃, ɔn] n. **1.** Personne qui abat et débite des arbres dans une forêt. **2.** (Afr. subsah.) Au Gabon, exploitant forestier.

bûcheronnage [byʃʀɔnaʒ] n. m. Activité du bûcheron.

bûchette [byʃɛt] n. f. **1.** Menu morceau de bois sec. **2.** (Afr. subsah.) Fam. Allumette.

bûcheur, euse [byʃœʀ, øz] ou (Québec) **bucheux, euse** [byʃø, øz] adj. et n. **1.** adj. Fam. Qui étudie avec ardeur. *Un étudiant bûcheur.* Syn. (Afr.subsah., Belgique) bloqueur. ▷ Subst. *C'est une bûcheuse.* **2.** n. m. (Québec) Vieilli Bûcheron.

Büchner (Georg) (1813 – 1837), poète et dramaturge allemand. Il s'interrogea sur le destin tragique de l'homme confronté à l'exigence révolutionnaire ou écrasé par la société : *la Mort de Danton* (drame, 1835), *Woyzeck* (drame, 1836), *Léonce et Léna* (comédie, 1836).

Buck (Pearl Sydenstriker, dite Pearl) (1892 – 1973), auteur américain de romans sur la Chine. P. Nobel 1938.

Buckingham Palace, palais londonien, construit en 1705 pour le duc de Buckingham (plusieurs fois remanié au XIXe s.); résidence actuelle de la famille royale britannique.

bucolique [bykɔlik] n. f. et adj. **1.** n. f. Poème pastoral. **2.** adj. Qui concerne la poésie pastorale. *Un poète bucolique.*

Bucovine, rég. du S.-E. de l'Europe qui s'étend sur le N. de la Moldavie et sur les vallées supérieures du Prout et du Siret, dans les Carpates orientales. Elle est partagée entre l'Ukraine, où se trouve la ville principale, Tchernovtsy (en roumain *Cernăuți*), et la Roumanie. – Elle appartint aux Turcs, comme le reste de la Moldavie, de 1538 à 1775 (mais les Russes l'occupèrent de 1769 à 1774), puis à l'Autriche. Au cours de la Première Guerre mondiale, le pays est conquis par les Russes, repris par les Autrichiens et, enfin, réuni à la Roumanie (1918). En 1940, la Bucovine du Nord (comme la Bessarabie) est annexée par l'U.R.S.S., puis reconquise par la Roumanie avant d'être rattachée à l'Ukraine (1947). – Nombr. monastères dans la Bucovine roumaine, dont certains (les Cinq Merveilles) ont une église peinte à fresque intérieurement et extérieurement : Humor (v. 1530), Moldovița (1532), Arbore (1503; peint. de 1541), Voronet (1488; peint. de 1547), Sucevița (1582-1596).

Budapest, cap. de la Hongrie, sur le Danube; 2 073 740 hab. Formée par la réunion (1873) de *Buda,* anc. cité située sur la r. dr. du fl., et de *Pest,* située sur la r. g. Centre culturel et industriel. – À Buda : égl. du Couronnement (XIIIe et XIVe s.) et de la Garnison (XIIIe et XVIIIe s.); Palais royal, reconstruit au XVIIIe s.

Budé (Guillaume) (1467 – 1540), humaniste français : *Commentaires sur la langue grecque* (1529). Il créa le Collège de France (1530).

budget [bydʒɛ] n. m. **1.** État prévisionnel et contrôlé de dépenses et recettes, généralement relatif à une année. *Budget d'activité. Budget de fonctionnement.* ▷ DR PUBL État des recettes et des dépenses présumées qu'une personne morale (État, département, commune, établissement, etc.) aura à encaisser et à effectuer pendant une période donnée. *Le budget d'une commune. Équilibre du budget.* – *Absol.* Budget de l'État. *Le Parlement a voté le budget.* **2.** *Par anal.* Revenus et dépenses d'un simple particulier.

budgétaire [bydʒetɛʀ] adj. Relatif au budget. *Contrôle budgétaire.*

budgétisation [bydʒetizasjɔ̃] n. f. Inscription au budget.

budgétiser [bydʒetize] v. tr. [1] ou **budgéter** [bydʒete] v. tr. [14] Inscrire au budget.

buée [bɥe] n. f. **1.** Vapeur qui se condense sur un corps froid. *De la buée sur les vitres.* **2.** Vapeur d'eau qui se dégage d'un liquide chauffé.

Buenos Aires, cap. et port de commerce important de l'Argentine, sur la rive sud du río de la Plata; 2 922 830 hab. (Porteños) (aggl. urb. 10 728 000 hab.). Princ. centre écon. du pays. – La ville, fondée en 1580, devint en 1776 la cap. de la vice-royauté de La Plata. Capitale fédérale depuis 1880.

Buffalo, v. et grand port fluv. des É.-U. (État de New York), à l'extrémité E. du lac Érié, près du Niagara; 328 100 hab. Industries.

Buffalo Bill (William Frederick Cody, dit) (1846 – 1917), éclaireur américain au service de l'armée, puis directeur de cirque. Célèbre pour son adresse au tir (sur les bisons).

buffet [byfɛ] n. m. **1.** Meuble où l'on range la vaisselle, l'argenterie. **2.** Table couverte de mets, de rafraîchissements, dans une réception. **3.** Salle d'une gare où l'on sert des repas et des boissons. **4.** Ouvrage de menuiserie qui renferme un orgue. *Buffet d'orgue.*

Buffet (Bernard) (né en 1928), peintre français.

buffle [byfl] n. m. Nom de divers grands bovinés d'Europe du Sud, d'Afrique et d'Asie du Sud. – *Buffle d'eau :* buffle domestique, à longues cornes, élevé dans les régions humides en Europe méridionale, en Égypte et surtout en Asie du Sud-Est. – *Buffle nain :* buffle des forêts tropicales africaines, de petite taille. – *Buffle noir :* buffle des savanes africaines, aux cornes puissantes, qui peut peser plus de 800 kg.

bufflesse [byflɛs] n. f. V. bufflonne.

buffleterie [byflɛtʀi] n. f. Ensemble des bandes de cuir (à l'origine, de cuir de buffle) servant à l'équipement d'un soldat.

bufflon [byflɔ̃] n. m. Jeune buffle.

bufflonne [byflɔn] ou **bufflesse** [byflɛs] n. f. Rare Femelle du buffle.

Buffon (Georges Louis Leclerc, comte de) (1707 – 1788), naturaliste et écrivain français : *Histoire naturelle* (36 vol., 1749-1804, inachevée), avec des suppléments, dont l'*Histoire des sept époques de la nature* (1778). Les qualités de son style (*Discours sur le style,* lors de sa réception à l'Acad. fr., 1753) sont notoires.

bufonidés [byfɔnide] n. m. pl. ZOOL Famille d'amphibiens regroupant les crapauds vrais (genre *Bufo*). – Sing. *Un bufonidé.*

bug [bœg] n. m. V. bogue 2.

Bug ou **Boug,** fl. d'Ukraine, 856 km; se jette dans la mer Noire.

Buganda ou **Bouganda** (royaume du), royaume de langue bantoue dont l'existence est attestée au XVe s. dans la rég. des Grands Lacs, au N.-O. du lac Victoria. S'affranchissant progressivement de la tutelle du Bunyoro*, il devint, au XIXe s., la principale puissance de la zone interlacustre. Protectorat britannique en 1893, il accéda à l'indépendance au sein de l'État d'Ouganda le 9 oct. 1962.

Bugatti (Ettore) (1881 – 1947), constructeur français d'automobiles, d'origine italienne.

Bugeaud (Thomas Robert, marquis de La Piconnerie, duc d'Isly) (1784 – 1849), maréchal de France. Gouverneur général de l'Algérie (1840-1847), il acheva sa conquête et vainquit les Marocains sur l'Isly (1844).

buggy [bygi] n. m. Petit cabriolet découvert.

bugle [bygl] n. m. Instrument à vent en cuivre, à pistons.

Bui Giang (né en 1926), écrivain vietnamien. Célèbre pour sa poésie (*Feuille et fleur d'alcool,* 1963), il est également philosophe : *Martin Heidegger et la pensée moderne.*

building [bildiŋ] n. m. (Anglicisme) Vaste immeuble comptant de nombreux étages. *Building administratif,* qui abrite un ministère, des bureaux, etc.

buis [bɥi] n. m. Arbrisseau toujours vert (fam. buxacées) dont le bois, jaunâtre, dur et à grain fin, est employé pour le tournage et la sculpture.

buisson [bɥisɔ̃] n. m. Touffe d'arbustes ou d'arbrisseaux épineux. *Buisson d'acacias.* ▷ Spécial. *Buisson ardent,* forme sous laquelle, d'après la Bible, Dieu apparut à Moïse pour le charger de sa mission.

buissonnant, ante [bɥisɔnɑ̃, ɑ̃t] adj. BOT Qui a le port d'un buisson. *Un arbre buissonnant.*

buissonneux, euse [bɥisɔnø, øz] adj. **1.** Couvert de buissons. *Terrain buissonneux.* **2.** En forme de buisson. *Arbre buissonneux.*

buissonnier, ère [bɥisɔnje, ɛʀ] adj. *Faire l'école buissonnière :* aller jouer, se promener au lieu d'aller à l'école, au travail. Syn. (Réunion) bâcher.

Bujumbura (anc. *Usumbura*), cap. du Burundi, sur le lac Tanganyika, à la frontière de la rép. dém. du Congo; 300000 hab. Industr. alim. et textile. Centrale thermique. Aéroport. – Université.

Bukavu (anc. *Costermansville*), v. de la rép. dém. du Congo, sur le lac Kivu, à proximité de la frontière du Rwanda; 418000 hab.; ch.-l. de la prov. du Kivu*. Centre comm. Industrie textile. Brasseries. Nœud routier. Aéroport international.

Bukhari (al-) (810 – 870), écrivain arabe d'origine persane : le *Sahīh* («le Vrai») contient plus de 6000 traditions relatives à Mohammed.

Bulawayo, v. du S.-O. du Zimbabwe, à 1360 m d'alt. (2e ville du pays); 850000 hab.; ch.-l. de la prov. de Matabeleland* septentrional. Sidérurgie, métall. Industr. alimentaire. Centre minier (or, étain, amiante). Chemin de fer.

bulbaire [bylbɛʀ] adj. ANAT D'un bulbe; du bulbe rachidien.

bulbe [bylb] n. m. **1.** Organe végétal de réserve de forme arrondie constitué par une tige à entre-nœuds très courts portant des feuilles (écailles) de taille relativement importante. *Bulbe solide* (glaïeul, crocus, etc.), dont la tige est remplie de réserves, les feuilles étant desséchées. *Bulbe feuillé* (lis, tulipe, oignon, etc.), dont les feuilles sont remplies de réserves et deviennent charnues. **2.** ANAT Nom de certains organes, ou de certaines parties d'organes renflés ou globuleux. *Bulbe de l'œil, bulbe urétral. Bulbe rachidien :* renflement de la partie supérieure de la moelle épinière où se trouvent plusieurs centres nerveux importants, notam. le centre respiratoire. **3.** ARCHI Coupole en forme de bulbe. **4.** MAR Partie profilée de l'étrave ou de la quille de certains bateaux.

bulbeux, euse [bylbø, øz] adj. *Plante bulbeuse,* pourvue d'un bulbe.

bulbille [bylbij] n. f. BOT Petit bulbe qui se développe à l'aisselle des feuilles et qui, détaché de la plante mère, peut donner une nouvelle plante.

bulbul [bylbyl] n. m. ORNITH Oiseau passériforme dont il existe différentes espèces en Afrique et en Asie tropicales, et dans les îles de l'océan Indien.

bulgare [bylgaʀ] adj. et n. **1.** adj. De la Bulgarie. ▷ Subst. *Un(e) Bulgare.* **2.** n. m. *Le bulgare :* la langue slave du groupe méridional parlée en Bulgarie.

Bulgares de la Volga et de la Kama, tribus turques qui fondèrent, au IXe s., un roy. dans la région comprise entre la Volga et son affl., la Kama. Ce royaume, islamisé par les Arabes au Xe s., devint, du Xe au XIIIe s., un grand centre comm. (fourrures, ivoire, esclaves) et fut conquis par les Mongols en 1237.

Bulgarie (rép. démocratique de), État de la péninsule balkanique qui s'ouvre à l'O. sur la mer Noire
► V. carte et dossier, p. 1389.

bulin [bylɛ̃] n. m. ZOOL Petit mollusque gastéropode pulmoné des eaux douces africaines (*Bulinus forskali*), à coquille senestre, vecteur de la bilharziose vésicale.

Bull (John) (en fr. *Jean Taureau*), sobriquet donné par John Arbuthnot au peuple anglais à cause de son obstination (*Histoire de John Bull,* 1712).

bull-dog [buldɔg] n. m. Chien anglais à poil ras, de taille moyenne, robuste et musclé. *Des bull-dogs.*

bulldozer [byldozɛʀ] n. m. Syn. (off. déconseillé) de *bouteur.*

1. bulle [byl] n. f. *Bulle pontificale :* acte émanant du pape, désigné par son premier ou ses deux premiers mots. *Bulle «Unigenitus» de Clément XI.*

2. bulle [byl] n. f. **1.** Globule de gaz dans un liquide. – Globule de gaz inclus dans une matière fondue ou coulée. ▷ *Bulle de savon :* sphère remplie d'air dont la paroi est une pellicule d'eau savonneuse. **2.** *Par anal.* Espace graphique cerné d'un trait, dans lequel sont inscrites les paroles qu'un personnage de bande dessinée est censé prononcer. **3.** MED Grosse vésicule soulevant l'épiderme par accumulation d'un liquide séreux. **4.** PHYS NUCL *Chambre à bulles :* enceinte servant à la détection des particules.

3. bulle [byl] adj. inv. *Papier bulle :* papier grossier, beige ou jaune pâle, fait de pâte non blanchie. ▷ n. m. *Du bulle.*

bulletin [byltɛ̃] n. m. **1.** Avis communiqué par une autorité et destiné au public. *Bulletin de santé,* périodiquement communiqué par les médecins qui soignent un personnage important. ▷ *Bulletin trimestriel,* où sont consignées les appréciations portées sur le travail et la conduite d'un élève. ▷ (Belgique, Luxembourg, Suisse) *Bulletin de versement* ou (Belgique, Luxembourg) *bulletin de virement :* mandat de virement. **2.** Notice, récépissé. *Bulletin de bagages.* ▷ *Bulletin-réponse :* formulaire servant à un concours, à un jeu. **3.** Revue périodique d'une administration, d'une société. *Bulletins officiels des ministères.* **4.** Rubrique d'un journal, qui donne à intervalles réguliers des informations dans tel ou tel domaine. *Bulletin économique.* **5.** Papier spécialement destiné à exprimer un vote. *Bulletin blanc,* qui n'exprime aucun choix. *Bulletin nul,* qui ne peut être pris en compte. **6.** *Bulletin de salaire* (ou *de paie*) *:* fiche où sont consignés les éléments constitutifs d'un salaire. Syn. (Afr. subsah.) accréditif.

Bullom, ethnie habitant le littoral de la Sierra Leone (moins de 200000 personnes) et le S.-E. de la Guinée. Ils parlent une langue nigéro-congolaise du groupe ouest-atlantique.

Bülow (Bernhard, prince von) (1849 – 1929), homme politique allemand, chancelier de 1900 à 1909.

bulu [bulu] n. m. Dialecte du beti, qui sert de langue véhiculaire au Cameroun.

Bulwer-Lytton (Edward George), premier baron Lytton (1803 – 1873), homme politique et écrivain anglais : *les Derniers Jours de Pompéi* (1834).

Bund (en yiddish «fédération»), organisation politique des ouvriers révolutionnaires juifs fondée en Russie en 1897. Il joua un rôle important avant et pendant la révolution de 1917, après laquelle il fut éliminé.

Bundesrat, nom du Conseil fédéral de l'Allemagne, assemblée législ. instituée en 1949 et composée de représentants des Länder.

Bundestag, nom de l'Assemblée fédérale de l'Allemagne, assemblée législ. instituée en 1949, élue au suffrage universel direct.

bungalow [bœ̃galo] n. m. **1.** Habitation basse entourée d'une véranda. – *Par ext.* Petite maison en matériaux légers servant de résidence de vacances. **2.** (Québec) Maison de plain-pied dont le toit comporte des versants à faible pente.

bunker [bunkɛʀ] n. m. Casemate.

Bunsen (Robert Wilhelm) (1811 – 1899), chimiste et physicien allemand, inventeur du brûleur appelé *bec Bunsen* et de la prem. méthode d'analyse spectrale des éléments (avec Kirchhoff).

Buñuel (Luis) (1900 – 1983), cinéaste espagnol surréaliste : *Un chien andalou* (1928, en collab. avec S. Dalí), *l'Âge d'or* (1930), *Los Olvidados* (1950), *Nazarin* (1958), *l'Ange exterminateur* (1962), *Tristana* (1970), *Cet obscur objet du désir* (1977).

Bunyan (John) (1628 – 1688), prédicateur baptiste anglais. Emprisonné (1660-1672), il écrivit *le Voyage du pèlerin,* allégorie sur les chemins de la perfection chrétienne.

Bunyoro ou **Bunyoro-Kitara** (royaume du), ancien royaume fondé par une pop. de langue bantoue au N.-O. du lac Victoria. Il se constitua au XIIe s., ou même avant, et au XVIIe s. domina la quasi-totalité de l'Ouganda actuel. Mais progressivement le Buganda* (au S.-E.) se libéra du Bunyoro et s'étendit à ses dépens.

Buonarroti. V. Michel-Ange.

Buonarroti (Philippe) (1761 – 1837), révolutionnaire français d'origine italienne. Il fit connaître l'action et la pensée de Babeuf, son ami.

buphage [byfaʒ] n. m. ORNITH Nom générique du pique-bœuf.

bupreste [bypʀɛst] n. m. ENTOM Coléoptère dont les larves creusent des galeries dans divers arbres. (Certaines espèces sont brillamment colorées.)

buraliste [byʀalist] n. **1.** Personne préposée à un bureau de recette, de distribution, de poste, etc. **2.** Personne qui tient un bureau de tabac.

Burckhardt (Johann Ludwig) (1784 – 1817), explorateur suisse; le premier Européen qui pénétra dans les villes saintes d'Égypte et du Soudan, déguisé en marchand arabe. Il mourut au Caire.

bure [byʀ] n. f. Grosse étoffe de laine, généralement brune. *Manteau de bure.*

bureau [byʀo] n. m. **I. 1.** Table de travail, ou meuble à tiroirs, à casiers, comportant une table pour écrire. *Garniture de bureau.* ▷ (Québec) Commode (sens II, 1). *Bureau d'une chambre.* **2.** Pièce où se trouve la table de travail. *Le bureau du directeur.* **3.** Lieu de travail des employés, des gens d'affaires, etc. *Dès l'ouverture des bureaux. Aller au bureau. Immeuble de* ou (Québec) *à bureaux.* ▷ Établissement d'administration publique. *Bureau d'enregistrement. – Bureau d'aide sociale,* où fonctionne le secours public. ▷ (Afr. subsah., Belgique) *Bureau communal :* mairie d'une commune rurale. ▷ *Spécial.* (Québec) Pièce dans laquelle un professionnel reçoit ses clients. *Bureau d'avocat, de notaire, de médecin.* Syn. cabinet. – *Bureau de comté,* où un député reçoit ses électeurs. ▷ Subdivision (dans un ministère). *Chef de bureau.* ▷ (Afr. subsah., Madag.) Plaisant *Deuxième bureau* ou, absol., *bureau :* maîtresse d'un homme marié. **4.** Guichet d'une salle de spectacle. *Jouer à bureaux fermés,* alors que toutes les places ont déjà été retenues. **5.** MILIT Chacune des divisions spécialisées d'un état-major. **II. 1.** Ensemble des membres directeurs élus d'une assemblée, d'une association. *Élire, réunir le bureau. Le bureau de l'Assemblée nationale.* **2.** *Bureau électoral :* autorité temporaire chargée de présider aux opérations d'un scrutin, d'en assurer la régularité et la police. **3.** (Québec) (Emploi critiqué) *Bureau-chef :* siège social (d'une compagnie). – Secrétariat, cabinet. *Le bureau du maire, du ministre.*

bureaucrate [byʀokʀat] n. m. Péjor. (Non péjor. en Afr. subsah.) Employé de bureau. ▷ adj. *Il est terriblement bureaucrate.*

bureaucratie [byʀokʀasi] n. f. **1.** Pouvoir excessif de l'administration. **2.** Péjor. L'administration publique, l'ensemble des fonctionnaires.

bureaucratique [byʀokʀatik] adj. Relatif à la bureaucratie.

bureaucratiser [byʀokʀatize] v. tr. **[1]** Augmenter le poids de la bureaucratie dans. ▷ v. pron. *Ce parti se bureaucratise de plus en plus.*

Bureau des longitudes, organisme français créé par la Convention en 1795 pour le développement de l'astronomie et de ses applications

bureautique [byʀotik] n. f. INFORM Ensemble des techniques et des moyens qui visent à automatiser les activités de bureau.

burette [byʀɛt] n. f. **1.** Petit flacon destiné à contenir l'huile ou le vinaigre. ▷ Flacon destiné à contenir l'eau ou le vin de la messe. **2.** Récipient, généralement métallique, à tubulure effilée, servant au graissage de pièces mécaniques. **3.** CHIM Tube gradué vertical, portant un robinet à sa partie inférieure et servant à des dosages volumétriques.

Burgas. V. Bourgas.

burgau [buʀgo] n. m. (Polynésie fr.) Mollusque gastéropode marin (*Turbo marmoratus*), recherché pour sa nacre. *Le burgau est une espèce protégée et sa pêche est réglementée.*

Burgondes, peuple germanique qui s'établit sur le Rhin au déb. du Ve s. Leur royaume, anéanti en 436 par les mercenaires huns du général romain Aetius, se reconstitua en Gaule dans le bassin du Rhône et en Savoie (443). Les Francs l'annexèrent en 534. V. Bourgogne.

Burgos, v. d'Espagne; 163 500 hab.; cap. de la communauté auton. de Castille-Léon; ch.-l. de la prov. de Burgos. Métallurgie. – Le gouv. de Franco y siégea pendant la guerre civile (de 1936 à 1939). – Cath. goth. Ste-Marie (XIIIe-XVe s.); abb. cistercienne; chartreuse de Miraflores; maison du Cid.

Buridan (Jean) (v. 1300 – apr. 1358), philosophe scolastique, à Paris. Il aurait proposé ce sophisme : un âne *(l'âne de Buridan)* placé à égale distance d'un seau d'eau et d'un picotin d'avoine ne sait choisir et en meurt.

burin [byʀɛ̃] n. m. Outil d'acier taillé en biseau, qui sert dans de nombreux métiers à entailler les matériaux durs. *Sculpter au burin. Gravure au burin.*

buriner [byʀine] v. tr. **[1]** Travailler au burin. – Pp. adj. Fig. *Visage buriné,* aux traits marqués.

burkinabé [byʀkinabe] ou **burkinais, aise** [byʀkinɛ, ɛz] adj. et n. Du Burkina Faso. *La jeunesse burkinabé.* ▷ Subst. *Un(e) Burkinabé* ou *un(e) Burkinais(e).*

Burkina Faso (République démocratique et populaire du) (ancienne *Haute-Volta*), État intérieur d'Afrique occidentale.

▶ V. carte et dossier, p. 1392

burkinais, aise [byʀkinɛ, ɛz] adj. et n. V. burkinabé.

Burkitt (tumeur de) MED Cancer des vaisseaux lymphatiques de la face, découvert en 1947 par le médecin anglais Burkitt en Afrique équatoriale où la maladie est endémique. C'est le seul cancer humain dont un agent infectieux, un virus du groupe herpès, est reconnu responsable.

burlesque [byʀlɛsk] adj. (et n. m.) **1.** Qui est d'une bouffonnerie outrée. *Une scène burlesque.* ▷ n. m. *Le burlesque :* le genre, le style burlesque. **2.** *Par ext.* Qui est plaisant par sa bizarrerie. *Chanson, projet burlesque.* Syn. grotesque.

burnous [byʀnu(s)] n. m. **1.** Grand manteau de laine à capuchon et sans manches porté par les Arabes. ▷ Loc. (Maghreb) *Sous le burnous :* clandestinement. (V. sous le manteau, sous la couverte*.) **2.** Manteau à capuchon dont on enveloppe les bébés.

Burns (Robert) (1759 – 1796), poète écossais. Ses œuvres (en dialecte écossais) exaltent la nature, son village, ses amours.

Burroughs (William Steward) (1857 – 1898), inventeur américain de la prem. calculatrice.

Burroughs (Edgar Rice) (1875 – 1950), écrivain américain, créateur de Tarzan (1914).

Burroughs (William) (1914 – 1997), écrivain américain, un des principaux poètes de la «beat generation» (V. beatnik) : *Junkie* (1953), *le Festin nu* (1959), *Havre des saints* (1973).

Burton (Richard Francis) (1821 – 1890), voyageur anglais. Il explora l'Afrique orientale et découvrit le lac Tanganyika (1858).

Burton (Richard Walter Jenkins Jr, dit Richard) (1925 – 1984), acteur britannique de théâtre et de cinéma.

burundais, aise [buʀundɛ, ɛz] adj. et n. Du Burundi. ▷ Subst. *Un(e) Burundais(e).*

Burundi (rép. du) (anc. *Urundi*), État d'Afrique centrale.

▶ V. carte et dossier, p. 1395

burundisation [buʀundizasjɔ̃] n. f. (Afr. subsah.) Action de burundiser.

burundiser [buʀundize] v. tr. **[1]** (Afr. subsah.) Rendre burundais, notam. en remplaçant le personnel étranger par des Burundais.

Bury (Pol) (né en 1922), artiste belge. Ses œuvres les plus marquantes sont des structures en métal poli à l'intérieur desquelles des billes métalliques se déplacent lentement.

1. bus [bys] n. m. inv. (Souvent fém. au Québec.) Fam. Abrév. de *autobus.*

2. bus [bys] n. m. inv. INFORM Ensemble des conducteurs électriques et des conventions d'échange de signaux qui permet la transmission parallèle d'informations entre les organes d'un système informatique qui y sont connectés.

busard [byzaʀ] n. m. Oiseau falconiforme aux longues ailes et au plumage terne, dont différentes espèces vivent en Afrique et en Europe. *Busard des roseaux. Busard cendré.*

1. buse [byz] n. f. **1.** Canalisation. *Buse d'assainissement,* destinée à l'écoulement des eaux usées ou pluviales. – *Buse de carburateur,* tube calibré qui règle l'entrée de l'air. **2.** (Belgique) Bec* verseur. *La buse de la cafetière.*

2. buse [byz] n. f. **1.** Nom de divers oiseaux falconiformes appartenant à différents genres. (La *buse variable* [genre *Buteo*], qui doit son nom au fait que son plumage varie du brun clair au brun foncé, est très fréquente en Europe.) **2.** Fig., fam. Personne ignorante et stupide.

3. buse [byz] n. f. (Afr. subsah., Belgique) Arg. (des écoles) Échec (à un examen).

buser [byze] v. tr. **[1]** (Afr. subsah., Belgique) Arg. (des écoles) Recaler (sens 2).

Le prof de maths m'a busé. Syn. (Belgique) mofler.

bush [buʃ] n. m. (Anglicisme) Végétation des régions sèches (Australie, Afrique orient., Madagascar) constituée de buissons et d'arbres bas clairsemés.

Bush (George) (né en 1924), homme politique américain. Directeur de la C.I.A. (1976-1977), vice-président des États-Unis (1980-1988). Républicain, il fut élu président en 1988 et vaincu par B. Clinton en 1992.

business [biznɛs] n. m. inv. Fam. **1.** *Le business :* les affaires. **2.** Chose compliquée, situation embrouillée. *Je ne comprends rien à tout ce business.*

busqué, ée [byske] adj. Arqué. *Nez busqué.*

Bussy-Rabutin (Roger de Rabutin, comte de Bussy, dit) (1618 – 1693), général et écrivain français : *Histoire amoureuse des Gaules* (1665).

buste [byst] n. m. **1.** Tête et partie supérieure du corps humain. – *Spécial.* Poitrine de la femme. **2.** Peinture, sculpture représentant un buste.

bustier [bystje] n. m. Sous-vêtement féminin ou corsage, couvrant partiellement le buste et soutenant la poitrine.

but [by(t)] n. m. **1.** Point que l'on vise. *Toucher le but.* ▷ Loc. adv. *De but en blanc :* brusquement. **2.** Terme où l'on s'efforce de parvenir. *Le but d'un voyage. Nous touchons au but.* **3.** Fig. Fin que l'on se propose. *Avoir un but dans la vie.* Syn. objectif, dessein. – *Aller droit au but :* aller directement à la fin que l'on se propose, au principal d'une affaire, d'un discours. ▷ Loc. prép. *Dans un but, dans le but de :* en vue de, pour. **4.** SPORT Au football, au handball, au hockey, etc., rectangle délimité de chaque côté du terrain par deux poteaux verticaux et une barre transversale, et au-delà duquel l'équipe attaquante doit placer ou projeter le ballon (ou la balle, le palet, etc.). ▷ Point marqué par l'envoi du ballon au but. *Marquer un but.*

butadiène [bytadjɛn] n. m. CHIM Hydrocarbure diénique, de formule CH_2=CH–CH=CH_2, dont la polymérisation, en présence de styrène ou de nitrile acrylique, fournit les principaux caoutchoucs de synthèse actuels.

butane [bytan] n. m. CHIM Nom des hydrocarbures saturés de formule C_4H_{10}, facilement liquéfiables, que l'on trouve dans le pétrole brut, le gaz naturel et les gaz de craquage du pétrole et qui servent de combustible.

buté, ée [byte] adj. Obstiné, entêté. *Esprit buté.*

butée [byte] n. f. **1.** TRAV PUBL Massif de pierre aux extrémités d'un pont pour résister à la poussée des arches. Syn. culée. **2.** TECH Pièce empêchant ou limitant le mouvement d'un organe mécanique. *Butée en caoutchouc.*

butène [bytɛn] n. m. CHIM Hydrocarbure éthylénique, C_4H_3, provenant du craquage des pétroles.

1. buter [byte] v. [1] **1.** v. intr. Heurter le pied, trébucher (contre un obstacle). *Buter contre une pierre.* – Fig. *Il bute sur une difficulté mineure.* ▷ v. pron. Se heurter. *Se buter à un obstacle.* **2.** v. tr. TRAV PUBL Étayer, soutenir. *Buter un mur.* **3.** v. tr. Provoquer l'opposition têtue de. *Buter un enfant.* Syn. braquer. ▷ v. pron. S'obstiner, s'entêter.

2. buter [byte] v. intr. [1] (Afr. subsah.) SPORT Marquer un but au football.

buteur [bytœʀ] n. m. SPORT Joueur adroit qui marque des buts.

Buthelezi (Mangosuthu) (né en 1928), homme politique sud-africain d'ethnie zouloue. Hostile à l'A.N.C. de Mandela, il se réconcilia avec lui en 1994.

butin [bytɛ̃] n. m. **1.** Ce que l'on a pris à l'ennemi après une victoire, ou par pillage. – *Par ext.* Ce que rapporte un pillage, un vol. *Un butin estimé à plusieurs millions.* **2.** Fig. Ce qu'on se procure à la suite de travaux, de recherches. *Il a recueilli un riche butin dans ces manuscrits.* **3.** Récolte, produit d'un travail. *Le butin de l'abeille.*

butinage [bytinaʒ] n. m. Action de butiner.

butiner [bytine] v. [1] **1.** v. intr. Recueillir sur les fleurs le nectar et le pollen (en parlant des insectes, notam. des abeilles). ▷ v. tr. *Abeilles qui butinent les fleurs.* **2.** v. tr. (Québec) Fam. Naviguer (sens 7) sur Internet. *Butiner la toile.*

butineur, euse [bytinœʀ, øz] adj. et n. **1.** adj. Qui butine. **2.** n. (Québec) Fam. *Butineur de toile :* internaute.

Butler (Samuel) (1835 – 1902), écrivain et philosophe anglais. *Erewhon* (1872) critique les universités, les Églises et les tribunaux.

butoir [bytwaʀ] n. m. **1.** Pièce contre laquelle vient buter le vantail d'une porte. **2.** CH de F Obstacle à l'extrémité d'une voie pour arrêter les locomotives, les wagons. **3.** SPORT Au saut à la perche, dispositif qui permet le blocage de la perche. **4.** Fig. Limite fixée à l'avance. *La date(-)butoir pour le paiement d'une taxe.*

butor [bytɔʀ] n. m. **1.** Genre d'oiseaux ciconiiformes voisins des hérons, dont une espèce africaine, le *butor à crête blanche,* affectionne les petits cours d'eau et les marais à palétuviers. *Le cri du butor est une sorte de fort beuglement.* **2.** Fig. Homme grossier, malappris.

Butor (Michel) (né en 1926), écrivain français; représentant du «nouveau roman» : *l'Emploi du temps* (1956), *la Modification* (1957), *Degrés* (1960); ensuite, il se livra à de grandes compositions (*Mobile,* 1962).

butte [byt] n. f. **1.** Petite élévation de terre. ▷ *Spécial.* Petit tertre où l'on place une cible. *Butte de tir.* – Loc. fig. *Être en butte à :* être exposé à. **2.** Colline. *La butte Montmartre. Une butte de sable.* ▷ GEOGR *Butte-témoin :* hauteur, vestige d'un relief ancien arasé.

butter [byte] v. tr. [1] Entourer de terre le pied (d'un arbre, d'une plante). *Butter des pommes de terre.*

butyle [bytil] n. m. CHIM Radical monovalent C_4H_9.

butyrine [bytiʀin] n. f. CHIM Ester de la glycérine et de l'acide butyrique, dont l'hydrolyse fait rancir le beurre.

butyrique [bytiʀik] adj. CHIM, BIOCHIM *Acide butyrique :* acide de formule CH_3–CH_2–CH_2–CO_2H, présent dans de nombreux corps gras. – *Ferment butyrique :* ferment anaérobie, capable de transformer le lactose en acide butyrique et gaz carbonique *(fermentation butyrique).*

Butzer (Martin). V. Bucer.

buvable [byvabl] adj. Qui peut être bu, qui n'a pas un goût déplaisant.

buvard [byvaʀ] n. m. **1.** Sous-main composé ou recouvert d'un papier qui absorbe l'encre. **2.** (En appos.) *Papier buvard* ou *buvard :* papier qui absorbe l'encre.

buvette [byvɛt] n. f. Endroit où l'on vend des boissons et des repas légers à consommer sur place, dans certains lieux publics. *Buvette d'une gare.*

buveur, euse [byvœʀ, øz] n. **1.** Personne qui boit. *Buveur d'eau.* **2.** Personne qui s'adonne à la boisson. *Un franc buveur.*

buxacées [byksase] n. f. pl. BOT Famille de dicotylédones des régions tempérées ou subtropicales, à fleurs apétales et fruits charnus ou secs, dont le type est le buis. – Sing. *Une buxacée.*

Buxtehude (Dietrich) (1637 – 1707), compositeur danois; organiste à Lübeck (1668). Ses œuvres (cantates, sonates, pièces d'orgue et de clavecin) influencèrent J.-S. Bach et Haendel.

Buyo, barrage de la Côte d'Ivoire, sur la haute Sassandra; la retenue d'eau couvre 900 km².

Buyoya (Pierre) (né en 1949), militaire et homme politique burundais d'ethnie tutsi. Il renversa Bagaza en 1987 et devint président de la Rép. En 1992, il fit adopter le multipartisme et l'opposition hutu remporta les élections de 1993. En 1996, à la suite d'un coup d'État, il est revenu au pouvoir.

Buysse (Cyriel) (1859 – 1932), écrivain belge naturaliste d'expression néerlandaise. Romans : *le Droit du plus fort* (1893), *Un lion des Flandres* (1900). Théâtre : *la Famille Van Paemel* (1903).

Büyük Menderes. V. Menderes.

Bwa, ethnie du N.-E. de la rép. dém. du Congo (env. un million de personnes). Ils parlent une langue bantoue.

Bwaba ou **Boua,** population du Mali (env. 200 000 personnes) et du Burkina Faso. Ils parlent le bwamu, ou bobo-oulé, qui est une langue nigéro-congolaise du groupe gur.

Bwiti. V. Bouiti.

Byblos (auj. *Djebail** au Liban), anc. cité phénicienne, partic. florissante au IIIᵉ millénaire av. J.-C., puis à l'époque romaine. L'influence égyptienne y fut très importante. Les fouilles de 1923 ont mis au jour le sarcophage en pierre du roi Ahiram (début du Xᵉ s. av. J.-C.), orné de bas-reliefs et portant une inscription; celle-ci, qui utilise un alphabet aux lettres cursives, constitue le plus ancien texte phénicien connu.

by-pass [bajpas] n. m. inv. (Anglicisme) **1.** TECH Canalisation ou dispositif de dérivation d'un fluide. **2.** CHIR Syn. de *pontage.*

Byrd (William) (1543 – 1623), musicien anglais; promoteur de la musique de clavier, l'un des grands compositeurs religieux du XVIᵉ s.

Byrd (Richard Evelyn) (1888 – 1957), aviateur et explorateur américain. Il atteignit les pôles Nord (1926) et Sud (1929). Il explora l'Antarctique (1933-1935 et 1946-1947).

Byron (George Gordon Noel, 6ᵉ baron Byron, dit Lord) (1788 – 1824), poète romantique anglais. Les deux premiers chants du *Pèlerinage de Childe* Harold* (1812) et des nouvelles en vers, *la Fiancée d'Abydos* (1813), *le Giaour* (1813), *le Corsaire* (1814), le rendent célèbre. En 1816, sa vie privée scandaleuse le contraint à gagner la Suisse, où il écrit *le Prisonnier de Chillon* (1816) et *Manfred* (1817); en Italie, il compose *Don Juan* (1819-1824). Rejoignant (1823) les Grecs soulevés contre les Turcs, il meurt de la malaria dans Missolonghi assiégée.

byssus [bisys] n. m. ZOOL Appareil de fixation, sur substrat dur, de certains lamellibranches (notam. la moule), constitué par une touffe de filaments cornés que sécrète une glande située à la base du pied.

byte [bajt] n. m. (Anglicisme) INFORM Ensemble de huit bits. Syn. (off. recommandé) octet.

Byzance, ville grecque qui devint au IVe s. Constantinople. Le terme désigne aussi l'Empire byzantin.

byzantin, ine [bizɑ̃tɛ̃, in] adj. (et n.). **1.** De Byzance. *Empire byzantin. Style byzantin.* **2.** adj. Fig. Qui fait preuve de byzantinisme. *Esprit byzantin.*

byzantin (Empire), nom donné à l'Empire romain d'Orient après qu'il se fut séparé en 395 de l'Empire romain d'Occident (apr. la mort de Théodose). Cet État subsista jusqu'à la prise de Constantinople par les Turcs (1453). Il fut en butte dès le IVe s. à de graves crises relig. et sociales, et dut lutter contre les invasions barbares qui provoquèrent la chute de Rome (476). Justinien Ier (527-565) ne parvint pas à reconstituer l'Empire rom. Son règne fut un des plus grands, par l'éclat des institutions (Code justinien), des arts et des écoles, propagatrices de l'hellénisme chrétien. Mais la constitution d'un puissant État franc protégeant Rome fit abandonner à Byzance ses visées unitaires (VIIIe s.). L'Empire, affaibli par les querelles intestines, dut lutter contre les envahisseurs arabes (dès le VIIe s.) et slaves. La stabilisation polit. due à la dynastie macédonienne (867-1057) permit un renouveau culturel et une reconquête territoriale, achevée sous Basile II (976-1025). Malgré les efforts des Comnènes (1081-1185), l'intégrité de l'Empire, qui avait rejeté l'autorité papale (schisme d'Orient, 1054), ne put être conservée devant les invasions turques, slaves et normandes. La conquête latine née de la 4e croisade (prise de Constantinople en 1204) divisa l'État : Empire latin d'Orient, empires de Trébizonde et de Nicée, despotat d'Épire, ces trois derniers restant aux Byzantins. Les Latins, chassés de Constantinople en 1261 par les Byzantins, se maintinrent dans le Péloponnèse et dans les îles. L'Empire ne retrouva pas son unité territoriale et subit les attaques des Turcs. Ceux-ci prirent Constantinople en 1453, le Péloponnèse en 1460 et Trébizonde en 1461. L'Occident n'avait point secouru Byzance. – L'art byzantin a fondu des apports gréco-romains, orientaux (perse, syrien, anatolien) et barbares. On distingue trois « âges d'or » : la période justinienne (VIe-VIIIe s.); celle des empereurs macédoniens (IXe-XIe s.) et des Comnènes (fin XIe-XIIe s.), marquée par une diffusion dans les pays méditerranéens, slaves et caucasiens; la «Renaissance» du temps des Paléologues, période d'expansion dans les pays balkaniques.

byzantinisme [bizɑ̃tinism] n. m. Goût des disputes oiseuses, subtiles à l'excès, comme celles qui opposaient les théologiens de Byzance.

C

c [se] n. m. **1.** Troisième lettre (c, C) et deuxième consonne de l'alphabet notant : la fricative dentale sourde [s] devant *e, i, y* (ex. *cendre, ciel, cygne*) et, avec une cédille, devant *a, o, u* (ex. *façade, garçon, reçu*); l'occlusive sourde vélaire [k] devant *a, o, u* et devant les consonnes autres que h (ex. *car, corps, cure, croc,* etc., excepté dans *second* [səgɔ̃] et ses dérivés); dans la combinaison *ch,* la fricative prépalatale sourde [ʃ] (ex. *cheval*) ou, dans les mots savants, l'occlusive sourde vélaire [k] (ex. *chiasme*). **2.** C : chiffre romain qui vaut 100.

1. ça [sa] pron. dém. Fam. (Forme très usuelle dans la langue parlée.) Cela. *Donne-moi ça. À part ça, ça va? Ah non, pas de ça!* – (Québec) (Remplace le pron. impers. *il.*) *Ça a gelé cette nuit.* – (Louisiane) *Ça mouille**. – (Québec) (Désigne des êtres animés.) *Ces gars-là, ça boit tout le temps.* ▷ *Sans ça :* sinon. *Tu vas obéir, sans ça, gare!* ▷ *Comme ça :* de cette manière. *Ne te fatigue pas comme ça.* – Loc. adj. (Belgique; France, fam.; Québec; Suisse) *Comme ça :* pareil, de ce genre. *Si j'avais des enfants comme ça,* tels que ceux-là. ▷ *Comme ci, comme ça :* médiocrement. *Comment ça va? Comme ci, comme ça.* ▷ Renforçant une interrogation. *Où ça? Quand ça?* ▷ Marquant la surprise, la colère, etc. *Ça, alors!*

2. ça [sa] n. m. inv. PSYCHAN *Le ça :* l'ensemble des pulsions et des tendances que le refoulement maintient dans l'inconscient. (Prend souvent la majuscule : *le Ça.*)

çà [sa] adv. de lieu. *Çà et là :* de côté et d'autre. *Elle jetait ses affaires çà et là,* au hasard.

Caaba. V. Kaaba.

cabale [kabal] n. f. **I.** *Cabale* (vieilli) ou *Kabbale.* **1.** Ensemble des traditions juives relatives à l'interprétation mystique de l'Ancien Testament. (V. Kabbale.) **2.** Science occulte qui prétend mettre ses adeptes en communication avec le monde des esprits. **II.** Fig. **1.** Intrigues visant à faire échouer qqn, qqch. *Cabale montée contre un auteur, une pièce.* Syn. complot. ▷ Ensemble des gens qui forment une cabale. Syn. faction. **2.** (Québec) Fam. Propagande faite à domicile en faveur d'un candidat ou d'un parti politique, surtout à l'occasion d'une campagne électorale. *Une cabale électorale. Faire de la cabale.*

cabaler [kabale] v. [1] (Québec) Fam. **1.** v. tr. Solliciter (qqn) à domicile pour le gagner à la cause d'un candidat ou d'un parti politique. *Cabaler qqn.* **2.** v. intr. Faire de la cabale (sens II, 2).

cabaleur [kabalœʀ] n. m. (Québec) Vieilli Personne qui fait de la cabale (sens II, 2). *Cabaleur d'élections.* (*Une cabaleuse* est rare.)

cabalistique [kabalistik] adj. **1.** Qui se rapporte à la Cabale juive. *Science cabalistique.* **2.** Qui se rapporte à la cabale, à la science occulte. ▷ Qui a un air de mystérieuse obscurité. *Signes cabalistiques.*

caban [kabɑ̃] n. m. Veste de marin, en drap de laine épais.

cabane [kaban] n. f. **1.** Petite construction en matériaux légers, pouvant servir d'abri. *Cabane de berger. Cabane de pêcheur. Cabane à outils.* **2.** (Suisse) Syn. de *refuge* (sens 2). **3.** (Québec) Petite maison d'apparence misérable. *Cabane de colon.* – (Par antiphrase) Fam. Maison luxueuse. *As-tu vu la cabane?* ▷ Loc. fam. *Pas de chicane dans la cabane! :* exhortation d'une tierce personne pour calmer une discussion qui s'envenime. **4.** (Québec) *Cabane à sucre :* dans une érablière, bâtiment équipé d'un évaporateur où l'on fabrique les produits de l'érable (sirop, tire, sucre, etc.). **5.** (Antilles fr.) Lit fait de haillons. *Dormir sur une cabane.*

cabaner [kabane] v. intr. [1] (Guad.) Pour un fruit, mûrir dans des chiffons ou de la paille afin de devenir plus onctueux. (V. mûrir* en case.)

Cabanis (Pierre Jean Georges) (1757 – 1808), médecin et philosophe français. Membre du groupe des « idéologues ».

cabanon [kabanɔ̃] n. m. **1.** Petite cabane. ▷ Remise. *Mettre la tondeuse dans le cabanon.* **2.** Petite maison de campagne, en Provence. – Maison de plaisance près d'une plage. **3.** (Afr. subsah., France rég., Maghreb) Maison de plaisance près d'une plage. **4.** (Réunion) Grand établissement où l'on logeait les engagés*.

cabaret [kabaʀɛ] n. m. **1.** Établissement qui présente un spectacle (chansons, attractions diverses) et où le public peut boire ou se restaurer. **2.** Vx Modeste débit de boisson. ▷ (Afr. subsah.) Établissement où l'on sert surtout des boissons de fabrication artisanale. **3.** Vx Petit meuble aménagé pour servir des liqueurs. ▷ (Antilles fr., Québec) Plateau sur lequel on sert à boire et à manger. **4.** (Madag.) Soirée musicale.

cabas [kaba] n. m. Panier à provisions en matériau souple, à deux anses.

cabestan [kabɛstɑ̃] n. m. TECH Treuil à tambour vertical.

Cabet (Étienne) (1788 – 1856), théoricien socialiste français. Il tenta de fonder une communauté idéale au Texas; auteur du *Voyage en Icarie* (1840), roman philosophique.

cabiai [kabjɛ] n. m. Le plus gros rongeur actuel (*Hydrochoerus hydrochoerus,* 1 m de long et plus de 50 kg), végétarien, vivant en Amérique du Sud près des cours d'eau, cour. appelé *capybara.*

cabillaud [kabijo] n. m. Morue fraîche.

Cabinda, port de l'Angola; 23000 hab.; ch.-l. de la prov. du m. nom, enclavée dans la rép. du Congo et la rép. dém. du Congo. Une plaine littorale alluvionnaire (cacao, huile de palme) est bordée à l'intérieur par un massif forrestier. Ses eaux territoriales recèlent un gisement de pétrole.

cabine [kabin] n. f. **1.** Chambre, à bord d'un navire. **2.** Petit réduit, local exigu servant à divers usages. *Cabine de bain,* où les baigneurs changent de vêtements. *Cabine téléphonique. Cabine de peinture,* pour peindre au pistolet. **3.** Enceinte pour le transport des personnes (ascenseurs, téléphériques). ▷ Partie du fuselage d'un avion réservée aux passagers. – *Cabine de pilotage,* où sont regroupées les commandes de l'appareil. ▷ Partie d'un véhicule spatial dans laquelle prennent place les astronautes.

cabiner [kabine] v. intr. [1] (Afr. subsah.) Fam. Aller à la selle.

cabinet [kabinɛ] n. m. **I. 1.** Petite pièce retirée d'une habitation, destinée à différents usages. *Cabinet de toilette, de débarras. Cabinet noir,* sans fenêtre. – Spécial., plur., *cabinets :* pièce utilisée pour uriner et déféquer. *Cuvette de cabinets.* – Par euph. Loc. *Aller aux cabinets.* – (Afr. subsah.) Fam. Excréments. **2.** Bureau, pièce destinée au travail, à l'étude. *Cabinet de travail.* **3.** Ensemble des bureaux, des locaux où les membres des professions libérales reçoivent leurs clients. *Cabinet dentaire, médical. Cabinet d'un avocat.* – Ensemble des affaires traitées dans un cabinet, clientèle. *Architecte qui vend son cabinet.* **II. 1.** Ensemble des ministres et secrétaires d'État. *Le cabinet a été renversé.* **2.** Ensemble des personnes, des services qui dépendent directement d'un ministre, d'un préfet. *Chef de cabinet.* **III.** Lieu où l'on place, où l'on expose des objets d'étude ou de curiosité; *par méton.,* la collection constituée par ces objets. *Le cabinet des estampes de la Bibliothèque nationale à Paris.*

câblage [kablaʒ] n. m. **1.** Action de câbler; son résultat. **2.** Ensemble des conducteurs d'un dispositif électrique ouélectronique.

câble [kabl] n. m. **1.** Ensemble de brins d'une matière textile ou synthétique, ou de fils de métal retordus ou tressés. *Câble en chanvre, en coton, en aloès, en nylon, en acier.* – *Spécial.* Gros cordage très résistant. *Câbles en acier d'un ascenseur.* **2.** Ensemble de fils conducteurs. *Câble nu, isolé, armé. Câble à âmes multiples. Câble coaxial*.* – *Télévision par câble :* système de transmission télévisuel dans lequel des signaux représentant l'information sonore et visuelle sont transportés par câble. ▷ *Par ext.* Télévision transmise par câble. *Avoir le câble. S'abonner au câble.* ▷ *Par ext.* Dépêche télégraphique. **3.** *Câble hertzien :* liaison par ondes hertziennes.

câbler [kɑble] v. tr. [1] **1.** Réunir par torsion (les brins d'un câble). **2.** Faire parvenir (une information) par télégramme. *J'ai câblé la nouvelle dès que je l'ai apprise.* **3.** Poser les conducteurs de la télévision par câble dans (un secteur).

câblier [kɑblije] n. m. (et adj. m.) Navire spécialement construit pour la pose, l'entretien et le relevage des câbles sous-marins. ▷ adj. m. *Navire câblier.*

câblodistributeur [kɑblodistʀibytœʀ] n. m. (Québec) Entreprise qui exploite un système de câblodistribution.

câblodistribution [kɑblodistʀibysjɔ̃] n. f. (Québec) Procédé de transmission par câble de programmes visuels et sonores vers des usagers. *Système de câblodistribution.* (Le mot se répand en France.)

caboche [kabɔʃ] n. f. Fam. Tête. *Qu'est-ce qui se passe dans ta caboche?*

cabochon [kabɔʃɔ̃] n. m. **I.** Pierre précieuse polie mais non taillée. – Par ext. *Cabochon de cristal.* **II.** (Québec) Fam. **1.** Tête. *Ne rien avoir dans le cabochon.* Syn. caboche. **2.** Individu entêté, opiniâtre. **3.** Individu dépourvu d'intelligence, d'adresse. – Mauvais ouvrier.

Cabon (Marcel) (1912 – 1972), écrivain mauricien de langue française. Romans : *la Séraphine* (1948), *Namasté* (1965), *Brasse-au-Vent* (1969); poèmes : *Kéliba-Kélibé* (1951); biographie : *Ramgoolam* (1963); notes de voyage : *le Rendez-vous de Lucknow* (1966); théâtre : *Mallika et l'enfant* (1973).

Cabora Bassa, barrage-voûte sur le Zambèze, dans le N.-E. du Mozambique, un des plus importants du monde, achevé en 1975. Ayant une retenue d'eau de 76 milliards de m^3, il peut produire 50 milliards de kWh par an et irriguer une vaste zone.

cabosse [kabɔs] n. f. **1.** Fruit du cacaoyer. *La cabosse, qui rappelle par sa forme un concombre ventru, contient de 15 à 40 fèves de cacao.* **2.** (Afr. subsah.) Fruit du colatier.

cabosser [kabɔse] v. tr. [1] **1.** Déformer en faisant des bosses. *Cabosser l'aile de sa voiture contre un pare-chocs.* – Pp. adj. *Un vieux chapeau tout cabossé.* **2.** (Saint-Pierre-et-M.) Courber, plier.

cabot [kabo] n. m. **1.** Fam. Chien. **2.** (oc. Indien) Nom cour. de divers poissons à grosse tête, notam. le chabot. ▷ (Maurice) Fig., fam. À la pêche, prise de peu d'intérêt par la taille et le poids. *Ce matin, je n'ai pris que des cabots.*

Cabot (Jean; en ital. *Giovanni Caboto*) (v. 1450 – v. 1498), navigateur vénitien au service de l'Angleterre. Il découvrit Terre-Neuve, les côtes du Labrador et celles de la Nouvelle-Angleterre (1497) avec son fils **Sébastien,** en ital. *Sebastiano* (v. 1476 – 1557), qui, passé en 1518 au service de l'Espagne, reconnut le Río de La Plata (1526).

cabotage [kabɔtaʒ] n. m. Navigation marchande à faible distance des côtes (par oppos. à *navigation au long cours*).

caboter [kabɔte] v. intr. [1] **1.** Faire du cabotage. **2.** (Acadie) Flâner, aller de part et d'autre. *Caboter le long de la route avant d'arriver à l'école.*

caboteur [kabɔtœʀ] n. m. Navire qui fait du cabotage.

cabotin, ine [kabɔtɛ̃, in] n. et adj. Fam., péjor. **1.** Mauvais comédien, qui cherche à séduire le public par des effets faciles et peu naturels. **2.** Personne vaniteuse, qui aime attirer l'attention sur elle. ▷ adj. *Il est un peu cabotin.*

cabotinage [kabɔtinaʒ] n. m. Fam. **1.** Jeu affecté d'un cabotin, d'un mauvais acteur. **2.** Manière d'agir d'un cabotin (sens 2).

Cabrai. V. Kabiyè.

Cabral (Pedro Álvares) (v. 1467 – 1526), navigateur portugais. Il découvrit le Brésil en 1500 puis explora les côtes du Mozambique et de l'Inde.

Cabral (Amilcar) (1921 – 1973), homme polit. bissau-guinéen. Fondateur (1956) du parti africain pour l'indép. de la Guinée portugaise et des îles du Cap-Vert (P.A.I.G.C.), il dirigea, à partir de 1959, la lutte armée contre le pouvoir portugais. Ses textes doctrinaux, écrits en français, ont été réunis en 1975 sous les titres *l'Arme de la théorie* et *la Pratique révolutionnaire.* Il fut assassiné. — **Luís de Almeida** (né en 1931), demi-frère du préc., fut président de la rép. de Guinée-Bissau de 1974 à son renversement en 1980.

cabrer [kabʀe] v. [1] **I.** v. tr. **1.** Faire se dresser (un animal, partic. un cheval) sur ses pattes, ses jambes postérieures. **2.** Fig. Provoquer l'opposition, la révolte de (qqn). *Il est très susceptible, vous risquez de le cabrer.* (V. braquer, buter.) **3.** Par ext. *Cabrer un avion,* faire pointer son avant vers le haut. **II.** v. pron. **1.** Se dresser sur les pattes, les jambes postérieures, en parlant d'un animal, partic. d'un cheval. **2.** Fig. S'emporter avec indignation, se révolter. **III.** v. intr. *Avion, hélicoptère qui cabre,* qui relève anormalement l'avant.

cabri [kabʀi] n. m. **1.** Chevreau, petit de la chèvre. **2.** Chèvre naine.

cabriole [kabʀijɔl] n. f. **1.** Gambade, saut léger (comme celui d'un cabri); pirouette. ▷ CHOREGR Pas sauté dans lequel une jambe bat l'autre. **2.** EQUIT Saut du cheval les quatre pieds en l'air avec ruade.

cabrioler [kabʀijɔle] v. intr. [1] Faire des cabrioles.

cabriolet [kabʀijɔlɛ] n. m. Automobile décapotable.

cabrouet [kabʀuɛ] n. m. Vx Charrette servant, dans les colonies, au transport de la canne à sucre et lors de cérémonies (mariage à l'ancienne, enterrement, etc.) ▷ (Antilles fr.) Charrette tractée par des bœufs (Guadeloupe) ou par des mulets (Martinique), utilisée notam. pour le transport de la canne à sucre.

cabrouetier [kabʀuətje] n. m. (Antilles fr.) Personne qui conduit un cabrouet.

cabus [kaby] adj. m. *Chou cabus :* chou pommé à feuilles lisses.

caca [kaka] n. m. Fam. (Langage enfantin.) Excrément. *Faire caca.* ▷ Loc. adj. inv. *Caca d'oie :* de couleur jaune verdâtre.

cacahuète [kakaɥɛt], **cacahouète** ou **cacahouette** [kakawet] n. f. **1.** Fruit souterrain de l'arachide, très riche en corps gras. *Beurre de cacahuète.* **2.** Cour. Graine contenue dans ce fruit, que l'on consomme torréfiée. *Cacahuètes salées.* Syn. (Antilles fr., Nouv.-Cal., oc. Indien) pistache, (Afr. subsah., Québec) arachide. – (Afr. subsah.) *Cacahuète sucrée* ou *cacahuète :* sorte de praline de cacahuète.

cacaille [kakaj] n. f. (France rég.) Syn. de *quincaillerie* (sens 3).

cacao [kakao] n. m. **1.** BOT Graine de cacaoyer, qui, torréfiée puis broyée, sert à fabriquer le chocolat. *Le cacao contient de la théobromine.* Syn. fève de cacao. – *Beurre de cacao :* corps gras contenu dans le cacao. **2.** Cour. Poudre de graines de cacaoyer. – Boisson chaude faite avec cette poudre délayée dans de l'eau ou du lait.

cacaoté, ée [kakaɔte] adj. Qui contient du cacao. *Poudre cacaotée.*

cacaotier [kakaɔtje] n. m. V. cacaoyer (1).

cacaotière [kakaɔtjɛʀ] n. f. V. cacaoyère.

cacaoui [kakawi] n. m. Canard sauvage (fam. anatidés) à longue queue effilée, qui niche dans l'Arctique. (On l'appelle aussi *canard kakawi.*)

1. cacaoyer [kakaɔje] ou **cacaotier** [kakaɔtje] n. m. Petit arbre (fam. sterculiacées) originaire du Mexique, cultivé pour ses graines, les fèves de cacao, dans les régions chaudes et humides, surtout en Afrique.

2. cacaoyer, ère [kakaɔje, ɛʀ] adj. Qui concerne le cacao ou le cacaoyer.

cacaoyère [kakaɔjɛʀ] ou **cacaotière** [kakaɔtjɛʀ] n. f. Plantation de cacaoyers.

cacatoès ou **kakatoès** [kakatɔɛs] n. m. Perroquet (genre *Kakatoe,* fam. psittacidés) d'Australie et de Nouvelle-Guinée.

cachabia ou **kachabia** [kaʃabia] n. f. (Maghreb) Manteau traditionnel, en laine ou en poil de chameau, à manches longues et à capuchon.

cachalot [kaʃalo] n. m. Mammifère marin (sous-ordre des odontocètes) à la mâchoire inférieure pourvue de dents. (*Physeter macrocephalus,* le grand cachalot, atteint 25 m de long et peut peser plus de 50 t; sa tête énorme contient le blanc de baleine, et ses intestins l'ambre gris; c'est un carnassier vorace des mers chaudes. *Kogia breviceps,* le cachalot pygmée, très rare, ne dépasse pas 3 m.)

cache [kaʃ] n. **1.** n. f. Lieu où l'on peut cacher qqch, se cacher. ▷ (Québec) HIST Lieu secret où un explorateur, un trappeur cachait ses provisions en vue du retour. **2.** n. m. PHOTO Feuille, lame opaque destinée à soustraire partiellement une surface sensible à l'action de la lumière. ▷ TECH Feuille de carton ajourée utilisée par les encadreurs. – Petit cadre en carton ou en plastique utilisé pour le montage des diapositives.

cache-cache [kaʃkaʃ] n. m. inv. Jeu d'enfants où l'un des joueurs doit trouver les autres qui se sont cachés. Syn. (Québec) cachette.

cache-col [kaʃkɔl] n. m. inv. Écharpe portée autour du cou.

cachectique [kaʃɛktik] adj. (et n.) MED De la cachexie; atteint de cachexie, très amaigri.

cachemire [kaʃmiʀ] n. m. **1.** Tissu ou tricot fait de poil de chèvre du Cachemire ou du Tibet. *Écharpe en cachemire.* **2.** Étoffe à dessins indiens caractéristiques. *Châle, nappe de cachemire.*

Cachemire ou **Kashmīr,** anc. État du N.-O. de l'Inde. Depuis 1949, le N. appartient au Pākistān (Azad Cachemire), le S. à l'Inde (État de Jammu-et-Cachemire; cap. *Srinagar* en été, *Jammu* en hiver); 222800 km^2; env. 6 millions d'hab. Montagneux, le pays a des vallées fertiles. – Le contrôle stratégique du Cachemire, à majorité musulmane, crée un état de guerre entre l'Inde et le Pākistān, réelle (1947-1949, 1965) ou larvée. La Chine occupe le N.-E. (distr. d'Aksai Chin; 4 300 km^2) dep. 1962.

cache-nez [kaʃne] n. m. inv. Longue écharpe qui entoure le cou, préservant du froid le bas du visage.

cache-pot [kaʃpo] n. m. inv. Vase ou enveloppe dissimulant un pot de fleurs.

cache-poussière [kaʃpusjɛʀ] n. m. inv. Blouse portée pour protéger les vêtements lors de travaux salissants.

cache-prise [kaʃpʀiz] n. m. Dispositif destiné à boucher une prise électrique pour éviter les risques d'électrocution. *Des cache-prise(s).*

1. cacher [kaʃe] v. [1] **I.** v. tr. **1.** Mettre en un lieu secret; soustraire à la vue. *Cacher un trésor.* Syn. celer (litt.), dissimuler, planquer (fam.). – Loc. *Cacher son jeu,* aux cartes; fig. déguiser ses intentions. **2.** Empêcher de voir. *Cet immeuble cache la mer. Tu me caches le soleil.* Syn. masquer, voiler. **3.** Ne pas exprimer; taire. *Cacher sa joie. Cacher son âge.* **II.** v. pron. **1.** Se soustraire à la vue pour n'être pas trouvé. *Le voleur s'est caché.* – (Choses) *Où donc se cachent mes lunettes?* **2.** *Se cacher de qqn,* lui cacher ce qu'on fait. – *Se cacher de qqch,* le garder secret.

2. cacher [kaʃɛʀ] adj. V. casher.

cache-sexe [kaʃsɛks] n. m. inv. Pièce de vêtement qui ne couvre que le sexe.

cachet [kaʃɛ] n. m. **1.** Pièce gravée faite d'une matière dure, qu'on applique sur de la cire pour y produire une empreinte; l'empreinte elle-même. ▷ Morceau de cire qui porte cette empreinte. *Le cachet a été rompu.* **2.** Marque imprimée apposée avec un tampon. *Le cachet de la poste faisant foi* (pour le lieu, la date, l'heure d'envoi d'une lettre). **3.** Fig. Marque, caractère distinctif. *On reconnaît le cachet de cet écrivain.* – (S. comp.) *Peinture qui a du cachet, un certain cachet.* **4.** PHARM Capsule de pain azyme contenant un médicament. – Cour. Comprimé. *Cachet d'aspirine.* **5.** Rétribution d'un artiste pour une séance de travail.

cachetage [kaʃtaʒ] n. m. Action de cacheter.

cacheter [kaʃte] v. tr. [20] **1.** Fermer à la cire. *Cire à cacheter.* – Pp. adj. *Pli diplomatique cacheté.* **2.** Clore (un pli) par collage. *Cacheter une enveloppe.* **3.** (Afr. subsah.) Apposer un tampon sur. *Cacheter un passeport.*

cachette [kaʃɛt] n. f. **1.** Endroit où l'on peut se cacher, cacher qqch. **2.** (Québec) Jeu de cache-cache. *Jouer à la cachette.* **3.** Loc. adv. *En cachette :* en se cachant, en dissimulant ce qu'on fait. – *En cachette de :* en dissimulant son action à. *Il est sorti en cachette de sa mère.*

cachexie [kaʃɛksi] n. f. **1.** MED Altération profonde de toutes les fonctions de l'organisme à la suite d'une maladie chronique grave. **2.** MED VET *Cachexie aqueuse du mouton, du bœuf, du porc,* provoquée par un parasite, notam. la douve.

cachiman [kaʃimɑ̃] n. m. Fruit comestible du cachimantier dont une variété est parfois confondue avec le corossol. Syn. (Afr. subsah., Madag., Maurice) cœur-de-bœuf.

cachimantier [kaʃimɑ̃tje] n. m. Arbre des régions tropicales (*Anona reticulata,* fam. anonacées) dont le fruit est le cachiman.

cachimbo [kaʃimbo] n. m. (Haïti) Pipe en terre cuite dont le tuyau est un morceau de roseau.

cachot [kaʃo] n. m. Cellule de prison, étroite et sombre. *Mettre au cachot.*

cachotterie [kaʃɔtʀi] n. f. Manière d'agir ou de parler avec mystère pour cacher des choses sans importance. *Faire des cachotteries.*

cachottier, ère [kaʃɔtje, ɛʀ] adj. et n. Qui aime faire des cachotteries. – Subst. *C'est un cachottier.*

cachou [kaʃu] n. m. et adj. inv. Substance solide brune extraite de la noix d'arec. – Petite pastille à base de cette substance. ▷ adj. inv. De la couleur brun foncé du cachou. *Une robe cachou.*

caciquat [kasika] n. m. (Haïti) Territoire, ou royaume, soumis à l'autorité d'un cacique.

cacique [kasik] n. m. **1.** Chef, dans diverses tribus amérindiennes. **2.** Mod. Personnalité (politique en général).

caco-. Préfixe, du gr. *kakos,* «mauvais».

cacophonie [kakofɔni] n. f. Assemblage désagréable de sons discordants. – *Spécial.* Rencontre de sons de la parole jugés désagréables à l'oreille. *«Non, il n'est rien que Nanine n'honore»* (Voltaire).

cacophonique [kakofɔnik] adj. Qui fait une cacophonie.

Cacos, au XIXe s. et au début du XXe s. en Haïti, paysans du Nord révoltés contre le pouvoir central. (V. Piquets.)

cactacées [kaktase] ou **cactées** [kakte] n. f. pl. BOT Plantes dicotylédones (dites plantes grasses ou succulentes) originaires de l'Amérique centrale, à tige charnue (servant de réserve d'eau), aux feuilles réduites à des épines, cultivées souvent pour leurs fleurs colorées. – Sing. *Une cactacée* ou *une cactée.*

cactus [kaktys] n. m. Plante grasse épineuse de la famille des cactacées (nopal, figuier d'Inde, etc.).

c.-à-d. Abrév. graphique de *c'est-à-dire.*

cadastral, ale, aux [kadastʀal, o] adj. Du cadastre. *Plan cadastral.*

cadastre [kadastʀ] n. m. **1.** Ensemble des documents qui répertorient les caractéristiques des parcelles foncières, et qui servent notam. à déterminer l'impôt foncier. **2.** Administration qui gère le cadastre. *Employé du cadastre.*

cadastrer [kadastʀe] v. tr. [1] Inscrire au cadastre.

cadavéreux, euse [kadaveʀø, øz] adj. Qui tient du cadavre. *Un teint cadavéreux.*

cadavérique [kadaveʀik] adj. Qui a rapport au cadavre. *Rigidité, pâleur cadavérique.*

cadavre [kada(ɑ)vʀ] n. m. Corps d'homme ou d'animal mort. *Après la bataille, le sol était jonché de cadavres.* ▷ Fig., fam. *Un cadavre ambulant :* une personne très affaiblie, très maigre.

cadd, kad ou **kade** [kad] n. m. (Afr. subsah.) En Afrique occ., autre nom du balanzan.

caddie [kadi] n. m. **1.** Personne qui, au golf, porte les clubs des joueurs. **2.** (Nom déposé.) Petit chariot qui sert à transporter les bagages dans une gare, les achats dans un magasin, etc.

cade [kad] n. m. Genévrier du pourtour méditerranéen. *Huile de cade :* goudron à odeur très forte, extrait du cade, utilisé en dermatologie.

cadeau [kado] n. m. (et adv.) Ce que l'on donne en présent; objet offert. *Un cadeau de mariage.* Prov. *Les petits cadeaux entretiennent l'amitié.* – *Faire cadeau de :* offrir. ▷ Loc. fam. *Ne pas faire de cadeau à qqn,* le traiter durement; ne pas tolérer de faute de sa part. ▷ (Afr. subsah., Maghreb, oc. Indien) Supplément de marchandise donné en prime par un vendeur; supplément d'argent donné en pourboire par un acheteur. – adv. *Avoir qqch cadeau.* ▷ (Afr. subsah.) Petit don en espèces.

cadeauter [kadote] v. tr. [1] (Afr. subsah.) Fam. Donner en prime, en cadeau. *Je lui ai cadeauté ce bic.*

cadenas [kadna] n. m. Serrure mobile dont le pêne en arceau est articulé de manière à pouvoir être passé dans un anneau, dans les maillons d'une chaîne, etc. *Clef, combinaison d'un cadenas.*

cadenasser [kadnase] v. tr. [1] Fermer avec un cadenas. *Cadenasser une porte.*

cadence [kadɑ̃s] n. f. **1.** Succession rythmique de mouvements, de sons. ▷ Succession d'accents marquant le rythme en poésie, en musique. *La cadence d'un vers.* ▷ CHOREGR Mesure qui règle le mouvement de la danse. *Suivre la cadence.* ▷ *En cadence :* en mesure; avec un rythme régulier. **2.** Rythme de production (*spécial.*, dans le travail à la chaîne). *Augmenter les cadences. Cadence infernale.* **3.** MUS Succession harmonique marquant la conclusion d'une phrase musicale.

cadencé, ée [kadɑ̃se] adj. Qui a une cadence, rythmé. *Pas cadencé.*

cadencer [kadɑ̃se] v. tr. [12] **1.** Régler (ses mouvements) sur un rythme donné. *Cadencer le pas.* **2.** Donner par l'accentuation une cadence à. *Cadencer ses phrases.*

cadet, ette [kadɛ, ɛt] n. et adj. **1.** Chacun des enfants d'une famille nés après l'aîné. – Dernier-né, benjamin. ▷ adj. *Branche cadette,* issue d'un cadet. **2.** *Être le cadet de qqn,* être moins âgé que lui (sans lien de parenté). *Il est mon cadet de deux ans.* **3.** Loc. *C'est le cadet de mes soucis,* le moindre. **4.** MILIT Élève d'une école militaire, candidat au grade d'officier. **5.** SPORT Sportif âgé de 15 à 17 ans.

Cadet (parti), nom donné au parti russe constitutionnel-démocrate (Konstitoutsionno-Demokratitcheskaïa, en abrégé *K.D.,* d'où Cadet), partisan, sous Nicolas II, d'une monarchie constitutionnelle.

Cadet Rousselle, héros et titre d'une chanson populaire française de 1792, d'auteur anonyme.

cadi [kadi] n. m. (Égypte, Maghreb) Magistrat musulman qui exerce des fonctions civiles et religieuses.

cadien, enne [kadjɛ̃, ɛn] n. **1.** Syn. de *cajun.* **2.** n. m. LING Acadien de Louisiane introduit par les Acadiens que les Anglais chassèrent d'Acadie en 1755.

Cadix (en esp. *Cádiz*), port d'Espagne (Andalousie), sur l'Atlant., au N. de l'île de León, à l'O. du *golfe de Cadix;* 156 900 hab.; ch.-l. de la prov. du m. nom. Industries; port militaire;

tourisme. – Ville fondée par les Phéniciens v. 1100 av. J.-C. – Cathédrale (XIIIe-XVIIe s.).

cadjin, ine [kadʒɛ̃, in] n. et adj. Syn. de *cajun.*

cadmium [kadmjɔm] n. m. CHIM Élément métallique (symbole Cd), de numéro atomique Z=48. – Métal (Cd) blanc aux propriétés voisines de celles du zinc, utilisé en alliage (protection des métaux).

Cadoudal (Georges) (1771 - 1804), insurgé français; chef chouan, arrêté et exécuté.

cadrage [kadʀaʒ] n. m. AUDIOV, CINE Action de cadrer un sujet; son résultat.

cadran [kadʀɑ̃] n. m. Surface graduée sur laquelle se déplace l'aiguille d'un appareil de mesure. *Cadran d'une montre, d'un baromètre.* – Par anal. *Cadran d'appel du téléphone automatique.* ▷ *Cadran solaire,* donnant l'heure selon la position de l'ombre portée par un style. ▷ Loc. *Faire le tour du cadran :* dormir douze heures d'affilée.

cadre [kadʀ] n. m. **I. 1.** Bordure entourant un tableau, un miroir, etc. *Cadre à moulures d'une glace. Gravures dans un cadre.* **2.** Assemblage rigide de pièces formant un châssis, une armature. *Cadre de bicyclette. Cadres mobiles d'une ruche. Cadre d'une porte, d'une fenêtre,* scellé dans l'embrasure, et dans la feuillure duquel vient (viennent) battre le vantail (les vantaux). **3.** Grande caisse pour le transport (du mobilier notam.). **4.** ELECTR Circuit ou antenne mobile. **II.** Fig. **1.** Ce qui circonscrit, délimite. *Cela sort du cadre de mes fonctions. Dans le cadre de cet ouvrage, nous tenterons d'expliquer...* **2.** Ce qui constitue le milieu, l'environnement; paysage, décor. *Les montagnes formaient un cadre grandiose. Vivre dans un cadre luxueux.* **3.** MILIT Tableau de formation des divisions et subdivisions que comporte un corps. ▷ *Cadre de réserve :* corps des officiers généraux qui ne sont plus en activité (par oppos. à *cadre d'active*). ▷ *Les cadres d'une unité,* ses gradés. **4.** (Plur.) Tableau des services de l'Administration et de leurs fonctionnaires. *Être rayé des cadres.* **5.** Personne qui assure des fonctions d'encadrement. *Un cadre moyen, supérieur. Jeune cadre dynamique.*

cadrer [kadʀe] v. [1] **1.** v. intr. S'adapter à, convenir à, concorder. *Son comportement ne cadre pas avec ses idées.* **2.** v. tr. AUDIOV , CINE Placer (un sujet) dans le champ d'un appareil photo, d'une caméra, etc. – Pp. adj. *Photo mal cadrée.*

cadreur, euse [kadʀœʀ, øz] n. AUDIOV Personne chargée du maniement d'une caméra, opérateur de prises de vues. Syn. (déconseillé) cameraman.

caduc, uque [kadyk] adj. **1.** Qui est tombé en désuétude, qui n'a plus cours. *Théorie caduque, usage caduc.* ▷ DR Se dit d'un acte qui cesse d'être valable, la condition de sa pleine efficacité n'étant plus remplie. *Legs caduc,* qui reste sans effet, par refus d'en jouir, incapacité ou décès du légataire. **2.** BOT *Organes caducs,* qui se renouvellent chaque année puis meurent et se détachent spontanément de la plante. *Feuilles caduques* (par oppos. à *persistantes*). **3.** ZOOL, MED Se dit d'un organe qui se sépare du corps au cours de la croissance. *Les dents de lait sont caduques.* ▷ *Membrane caduque* ou, n. f., *la caduque :* muqueuse utérine qui tapisse l'œuf implanté et qui est expulsée avec le placenta lors de l'accouchement ou de l'avortement.

caducée [kadyse] n. m. Baguette entourée de deux serpents et surmontée de deux ailes, emblème des pharmaciens et des médecins.

caducifolié, ée [kadysifɔlje] adj. BOT Se dit des plantes qui perdent leurs feuilles en hiver, ou à la saison sèche sous les tropiques; se dit d'une forêt composée de tels arbres.

caducité [kadysite] n. f. Didac. Caractère caduc. *Caducité d'un acte juridique.*

cæcal, ale, aux [sekal, o] adj. Du cæcum. *Inflammation de l'appendice cæcal,* ou *appendicite.*

cæcum [sekɔm] n. m. ANAT Segment initial du gros intestin, formant un cylindre creux fermé à sa partie inférieure, prolongé à sa partie supérieure par le côlon, et communiquant par sa face interne avec l'intestin grêle au niveau de la *valvule de Bauhin.*

C.A.É.M. Sigle de *Centre* africain d'études monétaires.*

Caen, v. de France, ch.-l. du dép. du Calvados et de la Rég. Basse-Normandie, sur l'Orne; 115 624 hab. Port relié à la Manche par un canal (14 km). Industries. – Monuments du règne de Guillaume le Conquérant (XIe s.); églises médiév.; musée des Bx-A. Université (fondée au XVe s.).

cafard [kafaʀ] n. m. **1.** Blatte. **2.** Fig. Tristesse, mélancolie sans motif précis. *Avoir le cafard.*

cafardage [kafaʀdaʒ] n. m. Action de cafarder (1).

1. cafarder [kafaʀde] v. intr. [1] Fam. Dénoncer. Syn. rapporter.

2. cafarder [kafaʀde] v. intr. [1] Avoir des idées noires.

cafardeux, euse [kafaʀdø, øz] adj. **1.** Qui a le cafard. **2.** Qui donne le cafard. *Un décor cafardeux.*

1. café [kafe] n. m. (et adj. inv.) **1.** BOT Chacune des deux graines contenues dans la drupe (fruit) du caféier; cette graine torréfiée. *Café en grains, moulu. Une demi-livre, un paquet de café. Moulin à café.* ▷ *Café décaféiné,* partiellement privé de sa caféine au moyen de solvants organiques. **2.** Boisson (le plus souvent chaude) obtenue par infusion de cette graine torréfiée et broyée. *Café noir,* sans lait. *Café au lait, café crème,* mélangé de lait. – (Suisse) *Café nature,* sans lait. – (Aoste) *Café long,* allongé d'eau. ▷ adj. inv. *Des robes café.* – *Café au lait :* de la couleur brun clair du café au lait. **3.** *Café complet :* en France, petit déjeuner accompagné de café; en Suisse, repas du soir accompagné de café au lait. **4.** *Café liégeois :* glace au café accompagnée de crème Chantilly.

2. café [kafe] n. m. Lieu public où l'on consomme des boissons. *Prendre une bière à la terrasse d'un café.* ▷ (Maghreb) *Café maure :* établissement où l'on sert le café.

café-cerise [kafesʀiz] n. m. sing. (Afr. subsah.) Fruit du caféier. Syn. cerise.

café-concert [kafekɔ̃sɛʀ] n. m. Anc. Café où se produisaient des artistes, des chanteurs. *Des cafés-concerts.*

café-coque [kafekɔk] n. m. sing. Café marchand obtenu par dépulpage des cerises de caféier sèches. (V. café-parche.)

café-couette [kafekuɛt] n. m. sing. (Haïti) Mode d'hébergement touristique proposant le couchage et le petit déjeuner chez l'habitant. *Le café-couette est la version française du bed and breakfast.*

caféiculteur, trice [kafeikyltœʀ, tʀis] n. Personne qui cultive le caféier.

caféier [kafeje] n. m. Arbuste (fam. rubiacées) à feuilles persistantes, cultivé pour sa graine (café).
ENCYCL Originaire d'Afrique équatoriale, le caféier fut cultivé (au XIVe ou XVe s.) aux environs de Moka (dans le Yémen actuel), puis aux Indes, dans les îles de l'océan Indien, aux Antilles, et dans tout l'Orient à partir du XVe s. Auj., le Brésil et la Colombie sont les deux princ. producteurs et exportateurs de café. En Afrique francophone, des pays dont la Côte d'Ivoire, la rép. dém. du Congo, le Cameroun, le Burundi, le Rwanda et la Guinée, sont également producteurs de café. Le caféier dit d'Arabie (*Coffea arabica*) fournit les cafés les plus estimés, comme le moka. Le caféier Robusta (*Coffea robusta*), rustique, est très productif. La variété *arabusta* allie les qualités des deux précédents.

caféière [kafejɛʀ] n. f. Terrain planté de caféiers.

caféine [kafein] n. f. Alcaloïde du café, stimulant du système nerveux, que l'on trouve également dans le thé et le maté.

caféiné, ée [kafeine] adj. Qui contient de la caféine.

café-parche [kafepaʀʃ] n. m. sing. Café marchand obtenu par dépulpage des cerises de caféier non séchées. (V. café-coque.)

cafetan [kaftɑ̃] n. m. V. caftan.

cafétéria ou **cafeteria** [kafeteʀja] n. f. Lieu public généralement situé à l'intérieur d'un bâtiment officiel, d'une entreprise, d'un centre commercial, etc., où l'on sert du café, des boissons, des repas légers.

café-théâtre [kafeteɑtʀ] n. m. Petit théâtre où l'on peut assister au spectacle en consommant. *Des cafés-théâtres.*

cafetier, ère [kaftje, ɛʀ] n. Personne qui tient un café.

cafetière [kaftjɛʀ] n. f. Récipient dans lequel on prépare le café; récipient pour servir le café.

cafouillage [kafujaʒ] n. m. Mauvais fonctionnement; la confusion qui en résulte.

cafouiller [kafuje] v. intr. [1] Fam. Agir de façon brouillonne et maladroite; mal fonctionner.

cafre [kafʀ] adj. et n. **I.** adj. De la Cafrerie. **II.** n. (Afr. subsah.) Musulman non pratiquant; non musulman. (V. kafir.) – *Spécial.* Européen. **III. 1.** adj. et n. (Maurice, Réunion) Relatif aux personnes d'origine africaine, aux traits négroïdes. (À la Réunion, le fém. *cafrine* est cour.) ▷ Subst. *Un cafre.* **2.** adj. (Réunion) *Type cafre :* critère de signalement officiel.

Cafrerie ou **pays des Cafres,** nom donné par les géographes arabes, à partir du XVIIe s., aux rég. africaines non musulmanes situées au S. de l'équateur.

Cafres (plaine des), plateau élevé de la Réunion, entre le massif qui culmine au piton des Neiges (centre-O. de l'île) et celui qui culmine au piton de la Fournaise (S.-E.).

Cafres. V. Xhosa et Cafrerie.

caftan, cafetan ou **kaftan** [kaftɑ̃] n. m. **1.** (Maghreb) Robe longue et ample, richement décorée, généralement portée par les femmes les jours de fête. – Tenue traditionnelle d'apparat portée par les femmes. **2.** (Afr. subsah.) Vêtement d'homme, long et sans ampleur, fendu sur la poitrine.

cage [kaʒ] n. f. **I.** Loge garnie de grillage ou de barreaux où l'on enferme des oiseaux, des animaux sauvages. *Cage à perroquets. La cage aux lions d'une ménagerie.* – (Acadie) *Cage à homards :* piège qu'on place au fond de l'eau pour attraper les homards, fait d'une structure de bois à claire-voie fermée par un filet comportant une ouverture. ▷ Fig. Prison. **II. 1.** CONSTR *La cage d'une maison,* ses murs extérieurs. ▷ Espace à l'intérieur duquel se trouve un escalier, un ascenseur. **2.** Pièce, ensemble de pièces qui entourent certains mécanismes. ▷ HORL *Cage d'une horloge, d'une montre,* contenant les rouages. ▷ TECH Bâti. *Cage de laminoir.* ▷ MAR *Cage d'hélice :* évidement pratiqué à l'arrière d'un navire pour permettre à l'hélice d'effectuer sa rotation. **3.** ELECTR *Cage d'écureuil :* rotor d'un moteur, entraîné par induction sous l'action d'un champ tournant et constitué de conducteurs disposés suivant les génératrices d'un cylindre. **4.** MINES *Cage, cage d'extraction,* reliée par câbles à la machine d'extraction, et destinée à faire monter et descendre les berlines. **5.** *Cage thoracique :* thorax.

Cage (John) (1912 – 1992), compositeur américain. Élève de Schönberg, inventeur du «piano préparé» (insertion d'objets divers entre les cordes), il fut un pionnier de la musique aléatoire.

cageot [kaʒo] n. m. ou **cagette** [kaʒɛt] n. f. Petite caisse à claire-voie, en bois léger, destinée au transport des denrées alimentaires.

cagibi [kaʒibi] n. m. Fam. Pièce de petite dimension servant de débarras.

Cagliari, port d'Italie, sur la côte S. de la Sardaigne; 224 500 hab.; ch.-l. de la rég. admin. de Sardaigne. Université. Industries. – Musée archéologique.

Cagliostro (Giuseppe Balsamo, dit Alexandre, comte de) (1743 – 1795), aventurier et charlatan italien qui parcourut l'Europe. V. Collier (affaire du).

cagna [kaɲa] n. f. Vieilli, pop. et arg. Dans le vocabulaire des guerres coloniales de la fin du XIXe s., abri de campagne. – *Par ext.* Cabane. ▷ (Viêt-nam) Maison sans confort.

1. cagnard [kaɲaʀ] n. m. (France rég.) Syn. de *soleil* (sens 3).

2. cagnard, arde [kaɲaʀ, aʀd] ou **caniard, arde** [kanjaʀ, aʀd] adj. et n. (Réunion) **1.** Inj. Se dit d'une personne paresseuse, marginale. **2.** Se dit d'un lieu fréquenté par des cagnards.

cagnardise [kaɲaʀdiz] n. f. (Réunion) État d'une personne cagnarde.

cagne [kaɲ] n. f. (France rég., Réunion) Syn. de *paresse* (sens 1). – (Réunion) *Être en cagne, faire la cagne :* ne pas se rendre à son travail, se reposer.

cagneux, euse [kaɲø, øz] adj. Qui a les genoux tournés vers l'intérieur. *Une jument cagneuse.* ▷ (Choses) *Genoux cagneux.*

cagnotte [kaɲɔt] n. f. **1.** Boîte où l'on conserve tout ou partie des mises des joueurs, à certains jeux; son contenu. *Ramasser la cagnotte.* **2.** Argent économisé par les membres d'un groupe, caisse commune.

cagou [kagu] n. m. V. kagou.

cagoulard, arde [kagulaʀ, aʀd] n. **1.** Membre d'une organisation terroriste d'extrême droite, la *Cagoule,* dans les années 1930 en France. – Activiste d'extrême droite. **2.** (Québec) Malfaiteur qui se cache le visage avec une cagoule (ou ce qui en tient lieu) pour commettre un méfait.

cagoule [kagul] n. f. **1.** Vêtement de moine à capuchon et sans manches. **2.** Capuchon fermé, percé à la hauteur des yeux. **3.** Passe-montagne.

cahier [kaje] n. m. **1.** Assemblage de feuilles de papier liées par couture ou agrafage, destiné à l'écriture manuscrite. *Cahier d'essai. Déchirer une feuille d'un cahier. Cahier d'écolier.* **2.** IMPRIM Ensemble de pages foliotées, constitué par une feuille pliée. **3.** DR ADMIN *Cahier des charges :* acte qui précise les conditions d'un marché (vente, travaux, fournitures). **4.** (Plur.) Mémoires, journal. *Les cahiers des états généraux.* **5.** (Plur.) Revue. *Les Cahiers de la Quinzaine,* dirigés par Ch. Péguy de 1900 à 1914.

Cahiers vaudois, revue littéraire de Suisse romande fondée par C.F. Ramuz*, Edmond Gilliard (1875-1969), Paul Budry (1883-1949) et E. Ansermet*. De 1914 à 1919, quarante-huit cahiers parurent, collectifs et individuels. L'intention profonde des fondateurs était d'échapper au régionalisme.

cahin-caha [kaɛ̃kaa] adv. Fam. Avec peine, tant bien que mal. *Avancer cahin-caha. Les affaires marchent? Cahin-caha!*

cahot [kao] n. m. Saut que fait un véhicule en mouvement sur un terrain inégal.

cahotant, ante [kaɔtɑ̃, ɑ̃t] adj. **1.** Qui cahote. *Un vieux car cahotant.* **2.** Qui fait faire des cahots. *Chemin cahotant.*

cahotement [kaɔtmɑ̃] n. m. Fait de cahoter; secousses causées par les cahots.

cahoter [kaɔte] v. [1] **1.** v. tr. Secouer par des cahots. *La route cahote la voiture.* – Fig. *Être cahoté par la vie.* **2.** v. intr. Éprouver des cahots. *Voiture qui cahote.*

cahoteux, euse [kaɔtø, øz] adj. Qui fait éprouver des cahots. *Route cahoteuse.*

cahoua [kawa] n. m. V. caoua.

cahute [kayt] n. f. Petite hutte; bicoque, cabane.

caïd [kaid] n. m. **1.** (Maghreb) Magistrat assurant des fonctions judiciaires et administratives. **2.** Fam. Chef d'une bande de malfaiteurs. ▷ Homme énergique, ayant un grand ascendant sur les autres.

caïdal, ale, aux [kaidal] adj. (Maghreb) Qui se rapporte au caïd. ▷ *Tente caïdale :* grande tente abritant les personnalités invitées lors d'une fête.

caïdat [kaida] n. m. (Maghreb) **1.** Pouvoir administratif exercé par un caïd. **2.** Division territoriale placée sous l'autorité d'un caïd (système d'administration encore en vigueur au Maroc).

caïeu ou **cayeu** [kajø] n. m. BOT Bulbe qui se forme sur le bulbe principal à partir d'un bourgeon axillaire. *Caïeu d'ail. Des caïeux* ou *des cayeux.* Syn. cour. gousse.

caïlcédrat [kailsedʀa] n. m. Grand arbre des savanes tropicales (fam. méliacées) au bois rouge, utilisé en menuiserie, et dont l'écorce est fébrifuge; bois de cet arbre. Syn. acajou du Sénégal.

caillant, ante [kajɑ̃, ɑ̃t] adj. (Belgique) Fam. Très froid, glacé. *L'eau est caillante. – Il fait caillant :* il fait très froid, on caille. (V. cailler, sens 2.)

caillasse [kajas] n. f. **1.** GEOL Dépôt caillouteux tertiaire. **2.** Caillou (sens I, 1). *Buter sur une caillasse.* ▷ (Nouv.-Cal.) Fam. et plaisant *À fond loulou dans la caillasse :* à toute vitesse. **3.** Fam. Accumulation de gros cailloux.

caillasser [kajase] v. tr. [1] **1.** Fam. Lancer des cailloux contre (une personne, un animal). **2.** (Pacifique) Lancer des branches dans un arbre pour en faire tomber les fruits. **3.** (Nouv.-Cal.) Fig. et fam. Assommer (en parlant d'une boisson, du soleil). *Le rhum, ça caillasse.*

caille [kaj] n. f. **1.** Oiseau migrateur galliforme ressemblant à une petite perdrix, et dont une espèce, *Coturnix coturnix,* niche dans les champs européens et hiverne en Afrique. **2.** (Afr. subsah.) Cour. Nom donné au turnix ou *fausse caille.*

caillé, ée [kaje] adj. et n. m. **1.** adj. Qui s'est coagulé. **2.** n. m. Lait caillé. ▷ Partie solide du lait caillé (caséine), qui sert à fabriquer le fromage.

caillebotis [kajbɔti] n. m. Treillis en acier galvanisé (sur les caniveaux) ou en lattes de bois (sur les sols humides ou boueux), laissant passer l'eau. *Le caillebotis d'une douche.*

caillelouche [kajluʃ] ou **cailledouche** [kajduʃ] adj. et n. (Maurice) Fam. Qui a une mauvaise vue.

cailler [kaje] v. intr. [1] **1.** Se figer, former des caillots (lait, sang). *Mettre du lait à cailler.* – Pp. adj. *Sang caillé.* ▷ v. tr. *Le jus de citron caille le lait.* ▷ v. pron. *Le lait se caille vite par temps chaud.* **2.** Fam. Avoir froid. *On caille, ici!*

cailles [kaj] n. f. pl. (Antilles fr.) Récifs coralliens. *Pêcher des palourdes sur les cailles.* (V. caye.)

caillette [kajɛt] n. f. Quatrième poche de l'estomac des ruminants, qui sécrète un suc (présure) faisant cailler le lait.

Caillié (René) (1799 – 1838), voyageur français. Venu en Afrique en 1816, il fut le prem. Européen à pénétrer dans Tombouctou (1828). Il écrivit *Journal d'un voyage à Tombouctou et à Jenné* (1830).

caillot [kajo] n. m. Petite masse coagulée d'un liquide (surtout le sang). *Le caillot sanguin est constitué par un réseau de fibrine enserrant des globules rouges.*

caillou, plur. **cailloux** [kaju] n. m. (et adj.) **I.** n. m. **1.** Pierre petite ou moyenne; débris de roche. *Les cailloux du chemin.* **2.** Fragment de cristal de roche travaillé pour la joaillerie. **3.** Fam. Crâne. *Il n'a plus un seul cheveu sur le caillou.* **II.** n. m. et adj. **1.** n. m. (Nouv.-Cal.) Fam. Personne au physique harmonieux. *C'est un beau caillou!* **2.** adj. (inv. en genre) (Djibouti) Se dit d'une personne de peu d'intelligence, d'un benêt. Syn. dur (sens I, 3).

cailloutage [kajutaʒ] n. m. **1.** Action de caillouter. **2.** Ouvrage constitué de cailloux noyés dans un mortier. **3.** Pâte de faïence faite d'argile et de sable ou de quartz pulvérisé.

caillouter [kajute] v. tr. [1] Couvrir, garnir de cailloux.

caillouteux, euse [kajutø, øz] adj. Couvert, plein de cailloux. *Un chemin caillouteux.*

cailloutis [kajuti] n. m. Mélange de cailloux concassés, servant de revêtement routier. ▷ GEOL *Cailloutis glaciaire :* amas de cailloux, de graviers et de sable charrié par un glacier.

caïman [kaimɑ̃] n. m. Reptile crocodilien d'Amérique du Sud (genre *Caïman,* fam. alligatoridés), aux mâchoires très larges, au ventre vert-jaune. ▷ (Afr. subsah., Madag.) Cour. Crocodile; (Madag.) gros crocodile. – (Afr. subsah.) Fig. Individu rusé et sans scrupules. *Il s'est fait rouler par un caïman.*

Caïmans (îles) ou **Cayman Islands,** archipel britannique de la mer des Antilles, au S. de Cuba; 259 km^2; 23000 hab.; ch.-l. *Georgetown.* Tourisme.

caïmite [kajmit] n. f. Cour. Fruit du caïmitier, rond et violet, dont la peau épaisse contient du latex.

caïmitier [kajmitje] n. m. BOT Arbre à suc laiteux (fam. sapotacées) d'Amérique tropicale, dont les fruits (caïmite) sont comestibles.

Cain (James Mallahan) (1892 – 1977), romancier américain : *Le facteur sonne toujours deux fois* (1934).

Caïn, fils aîné d'Adam et d'Ève; il tua son frère Abel, Dieu ayant préféré l'offrande de ce dernier à la sienne.

Ça ira, chanson de la Révolution française, au refrain violent («...les aristocrates à la lanterne...»).

Caire (Le) (en ar. *al-Qāhira),* cap. de l'Égypte et la plus grande v. d'Afrique., en amont du delta du Nil; 9750000 hab. (aggl. urb. 12 millions d'hab. env.). Grand centre comm., industr., culturel et polit. Industries métallurgiques, textiles, chimiques et alimentaires; manufactures de tabac, savonneries; édition, disques, cinéma. Aéroport international. – Universités de Giza et de Ayn Chams (1950). Musée d'antiq. égypt. d'une extraordinaire richesse. Musées d'art arabe et copte. Nombr. mosquées, notam. la mosquée-université d'al-Azhar (970-978), fondée par les Fatimides, et la mosquée d'al-Hakim (990-1004). – Il n'y avait pas, dans l'Égypte ancienne, d'agglomération notable sur l'emplacement de la ville actuelle. Au VIIe s., le conquérant arabe Amr ibn al-As fit construire Fustat. Au Xe s. fut fondée, après la conquête fatimide, la ville d'*Al-Qahira* (en arabe «la Victorieuse»), au N. de Fustat. Au XIIe s., Saladin agrandit considérablement la ville et l'entoura, avec Fustat, d'une enceinte de pierre. Le Caire, qui connut sous les Mamelouks (XIIIe-XVe s.) une période fastueuse, fut pris par les Turcs en 1517. Les Français l'occupèrent de 1798 à 1801 et les Anglais de 1882 à 1936. En 1943, une importante conférence s'y tint entre Roosevelt, Churchill et Tchang Kaï-chek au sujet de la guerre en Asie et de l'avenir de celle-ci.

cairn [kɛʀn] n. m. Monticule de pierres ou de glaçons, par lequel des explorateurs, des alpinistes jalonnent leur itinéraire.

cairote [kɛʀɔt] adj. et n. Du Caire. ▷ Subst. Habitant ou personne originaire du Caire. *Un(e) Cairote.*

caisse [kɛs] n. f. **I. 1.** Grande boîte (souvent en bois) servant au transport ou à la conservation des marchandises, ou au rangement d'objets divers. *Expédier, décharger des caisses. Une caisse de champagne, une caisse à outils.* ▷ *Par méton.* Contenu d'une caisse. **2.** TECH Dispositif de protection qui entoure certaines pièces, certains mécanismes. *Caisse d'une horloge. Caisse de poulie.* ▷ AUTO Carcasse de la carrosserie; carrosserie. – Fam. Voiture. **3.** HORTIC Coffre ouvert, plein de terre, où l'on fait pousser certaines petites plantes, certains arbres. **4.** ANAT *Caisse du tympan :* cavité située derrière le tympan contenant la chaîne des osselets et formant l'oreille moyenne. **5.** MUS Corps d'un instrument à cordes qui vibre par résonance. ▷ Cylindre en bois léger ou en métal mince fermé par deux peaux tendues et formant le corps d'un tambour. – *Caisse claire :* tambour plat sous lequel est tendu un timbre métallique réglable. – *Grosse caisse :* gros tambour à la sonorité mate et sourde, qu'on frappe avec une mailloche; tambour le plus grave de la batterie. **II. 1.** Appareil à l'usage des commerçants où est déposé l'argent perçu pour chaque vente. *Caisse enregistreuse.* **2.** Fonds contenus dans la caisse. *Livre de caisse.* – *Faire sa caisse :* vérifier la correspondance entre les mouvements de fonds enregistrés et l'argent effectivement en caisse. **3.** Bureau, guichet où s'effectuent les versements et les paiements. – *Passer à la caisse :* recevoir son salaire; recevoir le solde de son compte; fig. être licencié. **4.** Établissement où des fonds sont déposés pour y être gérés. *Une caisse de prévoyance.* ▷ (Québec) *Caisse (populaire)* ou, fam., *caisse pop. :* établissement financier coopératif.

caisse-popote [kɛspɔpɔt] n. f. (Afr. subsah.) Coffre dans lequel on transporte les vivres et les ustensiles ménagers lors des voyages en brousse. *Des caisses-popote.*

caissette [kɛsɛt] n. f. Petite caisse.

caissier, ère [kesje, ɛʀ] n. Personne qui tient la caisse dans un magasin, une banque, une administration.

caisson [kɛsɔ̃] n. m. **1.** ARCHI Compartiment creux, orné de moulures, qui décore un plafond ou une voûte. **2.** TECH Grande caisse étanche immergée, contenant de l'air, et permettant de travailler sous l'eau. ▷ MED *Caisson hyperbare,* dans lequel on augmente la pression de l'air, utilisé en thérapeutique (traitements des accidents de décompression et de la gangrène gazeuse). **3.** (Maurice) Coffre de voiture. *Quand on part en vacances, le caisson est plein.*

cajan [kaʒɑ̃] adj. m. *Pois cajan :* ambrevade.

cajoler [kaʒɔle] v. [1] **1.** v. tr. Avoir des paroles, des gestes tendres pour. *Cajoler un enfant.* **2.** v. intr. Crier (pie ou geai).

cajolerie [kaʒɔlʀi] n. f. **1.** Parole tendre, caresse affectueuse. **2.** Flatterie.

cajoleur, euse [kaʒɔlœʀ, øz] adj. et n. Qui cajole.

cajou ou **caju** [kaʒu] n. m. *Noix de cajou :* fruit comestible de l'anacardier.

cajun [kaʒœ̃] n. et adj. (inv. en genre) **1** Habitant francophone de la Louisiane. *Un(e) Cajun. Les Cajuns.* ▷ adj. (inv. en genre) *La culture cajun.* **2** LING *Le cajun :* la variété de français propre à la Louisiane. Syn. cadien, cadjin.

cake [kɛk] n. m. Gâteau contenant des raisins secs et des fruits confits.

Çākyamuni. V. Bouddha.

cal, plur. **cals** [kal] n. m. **1.** Induration localisée de l'épiderme, due au frottement. **2.** CHIR Formation osseuse qui soude les deux parties d'un os fracturé.

Calabar, v. et port du S.-E. du Nigeria, à l'embouchure du fleuve du m. nom; env. 150000 hab.; cap. de l'État de Cross River. Industries.

Calabre, région admin. d'Italie méridionale et région de la C.E., formée des prov. de Catanzaro, Cosenza et Reggio di Calabria; 15080 km^2; 2146720 hab.; cap. *Catanzaro.* Rég. montagneuse agricole et pauvre, terre d'émigration, la Calabre connaît auj. quelque essor. – Conquise au XIe s. par les Normands, la Calabre fit partie du royaume de Sicile. Réunie à l'Italie en 1860-1861.

calage [kalaʒ] n. m. **1.** Action de caler, de rendre stable à l'aide d'une cale. **2.** TECH Réglage d'un organe dans la position où il procure le meilleur rendement. *Calage des balais d'une dynamo.*

Calais, v. de France, ch.-l. d'arr. du Pas-de-Calais, sur le *pas de Calais;* 75836 hab. Premier port franç. de voyageurs (entre la France et la G.-B.). Terminal du tunnel sous la Manche à *Coquelles.* Port de comm. Industries. – Prise par les Anglais en 1347, la ville fut reconquise en 1558.

Calais (pas de), détroit entre la France et la G.-B.; large de 31 km , long de 185 km, il relie la Manche à la mer du Nord.

calalou [kalalu] n. m.**1.** Plante vivace d'Amérique tropicale (*Xanthosoma brasiliense,* fam. aracées). ▷ (Guad.) Préparation culinaire à base de feuilles de cette plante. **2.** (Afr. subsah.) Syn. de *foufou* (sens 2). **3.** (Guyane, Haïti) Gombo (sens 1).

calamar [kalamaʀ] n. m. V. calmar.

calamine [kalamin] n. f. **1.** MINER Silicate hydraté de zinc utilisé comme minerai. **2.** TECH Résidu charbonneux encrassant la chambre de combustion, les pistons et les soupapes d'un moteur à explosion. **3.** Oxyde qui se forme à la surface des pièces métalliques soumises à une haute température.

calaminé, ée [kalamine] adj. Encrassé par la calamine.

calamité [kalamite] n. f. **1.** Malheur, désastre collectif qui afflige tout un pays, toute une population. *La famine, la guerre sont des calamités.* **2.** Malheur irréparable, infortune extrême. *Cette infirmité est une calamité.*

calamiteux, euse [kalamitø, øz] adj. Qui abonde en calamités.

calandre [kalɑ̃dʀ] n. f. **1.** TECH Machine composée de cylindres et servant à fabriquer des feuilles (métal, plastique, etc.), à lustrer et à lisser des étoffes ou à glacer du papier. **2.** Garniture de tôle découpée protégeant le radiateur de certaines automobiles.

calao [kalao] n. m. Oiseau d'Afrique, d'Asie et d'Océanie dont l'énorme bec, arqué, porte près des yeux une protubérance osseuse *(casque).*

calc(i)-, calco-. Élément, du latin *calx, calcis,* «chaux», indiquant la présence de calcium.

calcaire [kalkɛʀ] adj. et n. m. **1.** adj. Qui renferme du carbonate de calcium. *Une roche calcaire. Un terrain calcaire. Eau trop calcaire qu'il faut adoucir.* **2.** n. m. Roche sédimentaire essentiellement constituée par du carbonate de calcium.

calcanéum [kalkaneɔm] n. m. ANAT Os court, le plus gros du tarse, situé à la base de l'arrière du pied, articulé en haut avec l'astragale, en avant avec le cuboïde et constituant le talon.

calcareux, euse [kalkaʀø, øz] adj. (Belgique) Calcaire. *Une eau calcareuse.*

calcédoine [kalsedwan] n. f. Quartz fibreux imparfaitement cristallisé dont de nombreuses variétés (agate, chrysoprase, cornaline, jaspe, onyx, sardoine, etc.) sont utilisées en joaillerie.

calcémie [kalsemi] n. f. MED Teneur du sang en calcium (0,100 g/l normalement).

calci-. V. calc(i)-.

calciférol [kalsifeʀɔl] n. m. BIOCHIM Vitamine D_2 antirachitique, obtenue par irradiation de l'ergostérol.

calcification [kalsifikasjɔ̃] n. f. Dépôt de sels calcaires intervenant dans le processus normal de formation de l'os.

calcifier [kalsifje] v. tr. [2] Recouvrir ou imprégner de carbonate de calcium. – Pp. adj. *Un squelette normalement calcifié.* ▷ v. pron. *Ses artères se sont calcifiées.*

calcination [kalsinasjɔ̃] n. f. **1.** CHIM Transformation du carbonate de calcium en chaux sous l'action de la chaleur. **2.** Traitement d'une substance par le feu; transformation sous l'effet d'une haute température.

calciner [kalsine] v. tr. [1] **1.** Transformer (du calcaire) en chaux par l'action du feu. **2.** Soumettre à une haute température (une matière quelconque). **3.** Brûler. ▷ Pp. adj. *Rôti calciné. Poutres calcinées par un incendie.* – Fig. *Des champs calcinés par le soleil.*

calcique [kalsik] adj. Relatif au calcium ou aux composés du calcium.

calcite [kalsit] n. f. MINER Carbonate naturel de calcium cristallisant dans le système rhomboédrique, constituant principal de nombreuses roches sédimentaires (calcaires, marnes, etc.).

calcitonine [kalsitɔnin] n. f. BIOCHIM Syn. de *thyrocalcitonine.*

calcium [kalsjɔm] n. m. CHIM Élément (symbole Ca) alcalino-terreux très abondant dans la nature, de numéro atomique Z = 20. *Le calcium, constituant du tissu osseux, est apporté à l'organisme par les aliments, notam. par les produits laitiers.* – Métal (Ca) blanc. – *Oxyde de calcium :* chaux vive. – *Hydroxyde de calcium :* chaux éteinte, peu soluble dans l'eau, dont la solution (eau de chaux) permet de détecter la présence de CO_2, et qui, en suspension dans l'eau (lait de chaux), est utilisée dans l'agriculture pour augmenter le pH des terrains acides (chaulage). – *Carbonate de calcium,* qui se trouve dans la nature sous forme de calcaire, calcite. – *Sulfate de calcium,* qui existe sous forme de gypse et sert à fabriquer le plâtre.

calco-. V. calc(i)-.

1. calcul [kalkyl] n. m. **1.** Opération, suite d'opérations portant sur des combinaisons de nombres, sur des grandeurs. *Calcul numérique, algébrique. Calcul infinitésimal, différentiel, intégral. Règle à calcul. Calcul mental,* fait de tête, sans poser les opérations. **2.** Technique de la résolution des problèmes d'arithmétique. *Leçon de calcul.* **3.** Fig. Moyens prémédités pour le succès d'une affaire, d'une entreprise. *Les calculs de l'ambition. Déjouer les calculs de l'adversaire.* – *Agir par calcul,* par intérêt.

2. calcul [kalkyl] n. m. Concrétion pierreuse qui se forme dans les réservoirs glandulaires et les canaux excréteurs. (Les plus fréquents sont les calculs biliaires et rénaux dont la migration dans le canal cholédoque ou dans l'uretère provoque une crise douloureuse : colique hépatique ou néphrétique.)

calculable [kalkylabl] adj. Qui peut être calculé.

calculateur, trice [kalkylatœʀ, tʀis] n. et adj. **1.** n. Personne qui s'occupe de calcul, qui sait calculer. **2.** adj. Habile à combiner des projets. ▷ Péjor. Qui agit par calcul. *Avoir l'esprit calculateur.* ▷ Subst. *C'est un calculateur.* **3.** n. m. Machine à calculer qui effectue des opérations arithmétiques et logiques à partir d'informations alphanumériques, selon un programme établi au préalable. *Calculateur numérique, analogique, hybride.* **4.** n. f. *Calculatrice de bureau, de poche :* machine à calculer électronique de petite dimension.

calculer [kalkyle] v. tr. [1] **1.** Établir, déterminer par le calcul. *Calculer la surface d'un terrain.* – Pp. *Prix de revient calculé au plus juste.* ▷ (S. comp.) *Il ne sait pas calculer.* **2.** Fig. Prévoir, combiner. *Il a mal calculé son coup.* **3.** Apprécier, supputer. *Calculer ses chances de succès.*

calculette [kalkylɛt] n. f. Calculatrice de poche.

Calcutta, v. et port de l'Inde, cap. du Bengale-Occidental, dans le delta du Gange; 3 305 000 hab. (aggl. urb. 10 916 000 hab.). Import. centre comm., bancaire et textile. – Université. – Cap. de l'Inde brit. de 1772 à 1912.

caldeira [kaldɛʀa] n. f. GEOL Cuvette de grande dimension résultant de l'effondrement du cratère d'un volcan.

Calder (Alexander) (1898 - 1976), sculpteur et peintre américain : *mobiles,* assemblages de formes légères.

Calderón de la Barca (Pedro) (1600 - 1681), poète dramatique espagnol. Baroques dans la forme et le fond, ses pièces comprennent des «comedias» religieuses (*la Dévotion à la Croix,* 1633), philosophiques (*La vie est un songe,* v. 1635), historiques (*l'Alcade de Zalamea,* 1636), psychologiques (*le Médecin de son honneur,* 1637) et de nombr. «autos sacramentales» (pièces brèves en un acte).

caldoche [kaldɔʃ] n. et adj. **1.** (Nouv.-Cal.) Fam. Descendant d'un Européen(ne) établi(e) en Nouvelle-Calédonie. **2.** *Par ext.* (hors Nouv.-Cal.) Personne née ou habitant en Nouvelle-Calédonie, sans être d'origine mélanésienne. ▷ adj. *Les familles caldoches.*

Caldwell (Erskine Preston) (1903 - 1987), romancier américain. Il peint le «Sud profond» : *la Route au tabac* (1932), *le Petit Arpent du Bon Dieu* (1933).

1. cale [kal] n. f. **1.** Partie du navire située sous le pont le plus bas. *Arrimer le fret dans la cale, à fond de cale.* – Compartiment dans cette partie. *Cale à charbon.* **2.** *Cale sèche, cale de radoub :* fosse étanche, communiquant avec la mer par des portes, qui sert à mettre les navires à sec.

2. cale [kal] n. f. Objet qui sert à caler, à maintenir d'aplomb ou à immobiliser quelque chose. – SPORT *Cale de départ :* syn. (off. recommandé) de *starting-block.*

calé, ée [kale] adj. Fam. Qui a beaucoup de connaissances. *Il est calé en géographie.*

calebasse [kalbas] n. f. **1.** Fruit de différentes espèces de cucurbitacées ou de bignoniacées, qui, vidé et séché, peut servir de récipient; ce récipient; son contenu. *La caisse de résonance du balafon est formée de petites calebasses.* **2.** *Calebasse douce :* variété de calebasse courante aux Antilles. **3.** (Afr. subsah.) Récipient de bois en forme de demi-calebasse.

calebassée [kalbase] n. f. (Afr. subsah.) Contenu d'une calebasse. *Une calebassée de couscous.*

calebassier [kalbasje] n. m. Petit arbre des régions tropicales (fam. bignoniacées), dont le fruit sert de récipient.

calèche [kalɛʃ] n. f. **1.** Voiture à cheval très légère, à quatre roues, munie, à l'arrière, d'une capote repliable et, à l'avant, d'un siège surélevé. **2.** (Afr. subsah.) Voiture à cheval découverte, à deux roues et une seule banquette. **3.** (Madag.) Petite charrette à bras fabriquée avec des matériaux de récupération. *De jouet, la calèche est devenue un moyen de transport de marchandises, souvent conduit par des enfants.* (V. pousse-pousse, sens 2.)

caleçon [kalsɔ̃] n. m. Sous-vêtement masculin en forme de culotte collante, courte ou longue. ▷ *Caleçon de bain :* maillot de bain fait d'un caleçon court. (V. slip* de bain.) ▷ (Afr. subsah.) Sous-vêtement couvrant le bas du tronc et parfois le haut des cuisses; slip, culotte.

Calédonie, nom donné par les Romains à l'Écosse actuelle.

Calédonie (Nouvelle-). V. Nouvelle-Calédonie.

calédonien, enne [kaledɔnjɛ̃, ɛn] adj. et n. **1.** De Calédonie. **2.** De Nouvelle-Calédonie. ▷ Subst. *Un(e) Calédonien(ne).* (V. canaque.)

caléfaction [kalefaksjɔ̃] n. f. **1.** Didac. Action de chauffer; son résultat. **2.** PHYS Phénomène par lequel un liquide projeté sur une plaque métallique fortement chauffée se résout en globules sphériques affectés d'un mouvement rapide et désordonné, dû à la pellicule de gaz qui se forme entre la plaque et le liquide.

calembour [kalɑ̃buʀ] n. m. Jeu de mots fondé sur une différence de sens entre des mots de prononciation similaire. *«Et quand tu vois ce beau carrosse... Ne dis plus qu'il est amarante / Dis plutôt qu'il est de ma rente» est un calembour emprunté par Molière à l'abbé Cotin.*

calembredaine [kalɑ̃bʀədɛn] n. f. Propos fantaisiste, dénué de bon sens.

calendaire [kalɑ̃dɛʀ] adj. Relatif au calendrier. *Année calendaire,* du 1er janvier au 31 décembre.

calendes [kalɑ̃d] n. f. pl. ANTIQ Premier jour de chaque mois, chez les Romains. – Fig. *Renvoyer aux calendes grecques :* remettre à une époque qui n'arrivera jamais.

calendrier [kalɑ̃dʀije] n. m. **1.** Système de division du temps en périodes adaptées aux besoins de la vie sociale et concordant en général avec des phénomènes astronomiques. *Calendrier solaire, lunaire, luni-solaire.* – *Calendriers anciens* (égyptien, grec, julien, copte*, romain). – *Calendrier perpétuel :* tableau permettant d'établir le calendrier d'une année quelconque. – *Calendriers* *religieux* (hindou, juif, musulman, tamoul, etc.). – *Calendrier chrétien :* calendrier grégorien doté de fêtes religieuses s'articulant sur la fête de Pâques. – *Calendrier musulman :* calendrier purement lunaire, qui comporte des mois de 29 ou 30 jours et des années de 12 mois, le 9e mois, ou mois de ramadan, étant marqué par un jeûne total du lever au coucher du soleil. – *Calendriers traditionnels* (hindou, cambodgien, laotien, tamoul, chinois, etc.). *Le calendrier tamoul découpe l'année selon le zodiaque.* **2.** Tableau des jours de l'année, indiquant généralement les grandes fêtes religieuses et civiles. **3.** *Par ext.* Emploi du temps fixé à l'avance. *Cette entreprise n'a pas respecté son calendrier.*

cale-pied [kalpje] n. m. Butoir maintenant le pied sur la pédale d'une bicyclette. *Des cale-pieds.*

calepin [kalpɛ̃] n. m. Petit carnet servant à prendre des notes.

1. caler [kale] v. [1] **I.** v. tr. **1.** Mettre (un objet) de niveau ou d'aplomb, ou l'immobiliser à l'aide d'une cale. *Caler une table bancale avec un morceau de carton.* **2.** Immobiliser, rendre stable. *Caler une pile de livres avec un dictionnaire.* ▷ v. pron. (Personnes) *Se caler dans un bon fauteuil :* s'installer confortablement dans un fauteuil. **3.** TECH Fixer, immobiliser (une pièce). *Caler un volant sur un arbre à l'aide d'une clavette.* ▷ *Par ext.* Régler (un organe, un système, etc.) pour en obtenir le rendement optimal. *Caler l'avance à l'allumage.* **II.** v. intr. S'arrêter brusquement (machines). *Moteur qui cale.* ▷ v. tr. *Caler le moteur d'une voiture en embrayant trop vite.*

2. caler [kale] v. intr. [1] **1.** S'enfoncer dans l'eau. *Navire qui ne cale pas assez de l'arrière.* ▷ v. tr. *Ce navire cale six mètres.* **2.** Fig. Reculer, céder. *Il a calé devant la menace.*

calfat [kalfa] n. m. MAR Ouvrier chargé du calfatage.

calfatage [kalfataʒ] n. m. MAR Opération consistant à calfater; son résultat.

calfater [kalfate] v. tr. [1] MAR Boucher avec de l'étoupe goudronnée les joints des bordages (d'un bâtiment en bois), pour les rendre étanches. ▷ *Par ext.* Boucher hermétiquement.

calfeutrage [kalføtʀaʒ] n. m. Action de calfeutrer; son résultat.

calfeutrer [kalføtʀe] v. [1] **1.** v. tr. Boucher les fentes (d'une porte, d'une fenêtre, etc.) pour empêcher l'air et le froid de pénétrer. **2.** v. pron. S'enfermer, se mettre au chaud. *Il s'est calfeutré chez lui.*

Calgary, v. du Canada (Alberta); 710 670 hab. Import. centre pétrolier.

Cali, v. de Colombie, dans la cordillère occidentale des Andes; 1 323 940 hab.; ch.-l. de dép. Industries.

Caliban, personnage de *la Tempête* de Shakespeare. Gnome difforme, il personnifie les puissances infernales.

calibrage [kalibʀaʒ] n. m. Action de donner, de mesurer un calibre. ▷ IMPRIM Évaluation de la longueur d'un texte avant la composition.

calibre [kalibʀ] n. m. **1.** Diamètre intérieur d'un tube; *spécial.*, du canon d'une arme à feu. – *Par ext.* Diamètre extérieur d'un projectile. *Un obus de gros calibre.* **2.** Diamètre d'un objet cylindrique ou sphérique. *Oranges triées selon leur calibre. Calibre d'une colonne.* **3.** ELECTR *Calibre d'un appareil de mesure,* valeur maximale que celui-ci peut mesurer. **4.** MECA Instrument permettant de contrôler une dimension, un écartement, etc. *Calibre de forme. Calibre à limites.* **5.** Fig., fam. Importance, qualité, état. *Deux individus de même calibre.*

calibrer [kalibʀe] v. tr. [1] **1.** Donner le calibre convenable à (qqch). **2.** Mesurer le calibre de. **3.** *Par ext.* Classer selon le calibre. *Calibrer des œufs.* – Pp. adj. *Pommes de terre calibrées.* **4.** IMPRIM Procéder au calibrage d'un texte.

calice [kalis] n. m. **I. 1.** LITURG CATHOL Coupe qui contient le vin consacré par le prêtre pendant la messe. **2.** Fig. Épreuve pénible. *Boire le calice jusqu'à la lie :* endurer une souffrance jusqu'au bout. **II. 1.** BOT Partie la plus externe du périanthe d'une fleur, constituée par les sépales. **2.** ANAT *Calices rénaux :* tubes collecteurs de l'urine dont la réunion forme le bassinet.

calicot [kaliko] n. m. Toile de coton, moins fine que la percale. ▷ Banderole de cette étoffe portant une inscription. – *Par ext.* Banderole. *Calicot publicitaire.*

Calicut. V. Kozhikode.

califat ou **khalifat** [kalifa] n. m. **1.** Dignité de calife. **2.** Durée du règne d'un calife ou d'une dynastie. *Le califat des Abbassides.* **3.** Territoire soumis à l'autorité d'un calife.

calife ou **khalife** [kalif] n. m. **1.** HIST Titre adopté après la mort de Mahomet par les dirigeants de la communauté musulmane. (Le calife détenait les pouvoirs spirituels et temporels. Le premier fut Abu Bakr, en 632, auquel succédèrent Umar, Uthman et Ali.) **2.** (Maghreb) *Calife, khalife* ou *khalifa :* en Tunisie et en Algérie, gouverneur d'une province sous l'administration coloniale turque; au Maroc actuel, fonctionnaire d'autorité, adjoint d'un gouverneur.

Californie, État de l'O. des É.-U., le plus peuplé, sur le Pacifique; 411 012 km²; 29 760 000 hab.; cap. *Sacramento.* – Une chaîne côtière (Coast Range) borde le littoral, où se situent les princ. v. : San Francisco, Los Angeles. Lui succède une longue plaine (Grande Vallée) drainée par le Sacramento et le San Joaquin. L'E. est occupé par la sierra Nevada (4 418 m au mont Whitney). Le climat est chaud et sec. L'agriculture a suscité une import. industrie alimentaire. Une industr. très diversifiée est née des richesses du sous-sol (fer, houille, pétrole surtout). Constr. aéron. Électron.; informatique (Silicon Valley). – Colonie esp., le pays appartint au Mexique de 1822 à 1848 et devint le trente et unième État de l'Union en 1850.

Californie (Basse-), péninsule du Mexique, de plus de 1 000 km de long, au S. de la Californie, entre le Pacifique et le *golfe de Californie,* partagée en deux États : la *Basse-Californie du N.,* 70 113 km² ; 1 657 900 hab.; la *Basse-Californie du S.,* 73 667 km² ; 290 000 hab. Sous-sol riche : cuivre, plomb, argent. Cultures irriguées.

californien, enne [kalifɔʀnjɛ̃, ɛn] adj. et n. De Californie. ▷ Subst. *Un(e) Californien(ne).*

californium [kalifɔʀnjɔm] n. m. CHIM Élément radioactif artificiel (symbole Cf) de numéro atomique Z = 98.

califourchon (à) [akalifuʀʃɔ̃] loc. adv. Avec une jambe de chaque côté de ce que l'on chevauche.

Caligula (Caius Caesar Germanicus, dit) (12 – 41), empereur romain (37-41), fils de Germanicus et d'Agrippine. Tyrannique et cruel, il fut assassiné par un tribun de la garde prétorienne.

câlin, ine [kɑlɛ̃, in] adj. et n. **1.** adj. Qui aime à câliner, à être câliné. *Un enfant câlin.* – Subst. *Elle fait la câline.* **2.** adj. Doux, caressant. *Un regard très câlin. Parler sur un ton câlin.* **3.** n. m. Gestes tendres, caresses affectueuses. Syn. (oc. Indien) gâté.

câliner [kɑ(a)line] v. tr. [1] Avoir des gestes tendres pour; caresser, cajoler.

câlinerie [kɑ(a)linʀi] n. f. Tendre caresse; manières câlines.

Călinescu (George) (1899 – 1965), écrivain roumain. Poète, dramaturge et essayiste, il est l'auteur d'une monumentale *Histoire de la littérature roumaine* (1941). Romancier, il décrit la société de Bucarest (*l'Énigme d'Otilia,* 1938; *Ce pauvre Ioanide,* 1953) qu'il intègre dans les tourments politiques de l'époque.

calipa [kalipa] n. m. (Maurice) Personne de grande compétence dans un domaine particulier. *En droit, c'est un calipa.*

Calixte ou **Calliste II** (Guy de Bourgogne) (v. 1060 – 1124), pape de 1119 à 1124; il mit fin, par le concordat de Worms (1122), à la querelle des Investitures.

Callao, princ. port du Pérou, près de Lima; 512 200 hab.; ch.-l. de la prov. du m. nom. Pêche, comm. (1er exportateur mondial de farine de poisson).

Callas (Maria Kalogeropoulos, dite Maria) (1923 – 1977), cantatrice grecque. Sa voix de soprano étendue (presque trois octaves) et ses dons de tragédienne l'imposèrent.

calleux, euse [kalø, øz] adj. **1.** Qui a des callosités. *Avoir les mains calleuses.* **2.** ANAT *Corps calleux :* bande de substance blanche unissant les deux hémisphères cérébraux et formant la base du sillon interhémisphérique.

call-girl [kolgœʀl] n. f. Prostituée avec laquelle on prend contact par téléphone. *Des call-girls.*

calli-. Élément, du gr. *kallos,* «beauté».

Callières (Louis Hector de) (1645 – 1703), administrateur colonial français. Gouverneur général de la Nouvelle-France (1699-1703), il signa la paix avec les Iroquois (Montréal, 1701).

calligramme [kaligʀam] n. m. Poème dont la typographie forme un dessin. (Mot forgé par G. Apollinaire, *Calligrammes, poèmes de la paix et de la guerre, 1913-1916,* publié en 1918.)

calligraphe [kaligʀaf] n. Personne qui pratique la calligraphie. – Personne qui a une belle écriture.

calligraphie [kaligʀafi] n. f. **1.** Art de bien tracer les caractères de l'écriture. **2.** *Par ext.* Belle écriture.

calligraphier [kaligʀafje] v. tr. [2] Écrire en traçant bien les caractères. *Calligraphier un poème.*

Callimaque d'Athènes (fin du Ve s. av. J.-C.), sculpteur grec, principal disciple de Phidias.

Callimaque (v. 315 av. J.-C. – v. 240 av. J.-C.), poète et grammairien grec; il dirigea la bibliothèque d'Alexandrie.

Calliope, dans la myth. grecque, muse de la Poésie épique, mère de Linos et d'Orphée.

callipyge [kalipiʒ] adj. Dont les fesses sont belles et, *par ext.*, volumineuses. *Vénus callipyge.*

Calliste. V. Calixte.

callosité [kalozite] n. f. Épaississement et durcissement d'une partie de l'épiderme (à la paume des mains, au genou, à la plante des pieds, etc.) dus à des frottements répétés.

Callot (Jacques) (1592 – 1635), graveur, dessinateur et aquafortiste français. Son œuvre gravé, expressif, comprend notam. les séries des *Caprices* (1617), des *Gueux* (1622) et des *Misères* et malheurs de la guerre* (1633).

Calloway (Cabell, dit Cab) (1907 – 1994), chanteur et chef d'orchestre de jazz américain.

calmant, ante [kalmɑ̃, ɑ̃t] adj. et n. m. **1.** MED Qui apaise la nervosité, qui calme la douleur. *Une infusion calmante.* ▷ n. m. Médicament calmant. **2.** Qui apaise. *Des paroles calmantes.*

calmar [kalmaʀ] ou **calamar** [kalamaʀ] n. m. Mollusque céphalopode à corps cylindrique et dont la coquille interne est réduite à une simple *plume* cornée. (La taille des calmars va de quelques décimètres à une vingtaine de mètres.) Syn. (oc. Indien) mourgate.

1. calme [kalm] n. m. (Généralement au sing.) **1.** Absence de bruit, d'agitation, de mouvement. *La foule s'est dispersée dans le calme. Rétablir le calme.* ▷ MAR *Calme plat :* absence de vent sur la mer. ▷ GEOGR *Calmes équatoriaux, tropicaux :* zones de basses pressions, de vents faibles. **2.** État de sérénité, absence d'énervement chez qqn. *Retrouver, perdre son calme. Du calme!*

2. calme [kalm] adj. **1.** Se dit de ce qui est sans agitation, sans perturbation, de faible activité. *La mer est calme ce matin. Le marché de l'or est calme ces derniers jours. Avoir une vie bien calme.* **2.** Tranquille, maître de soi. *Être d'une humeur calme et régulière.*

calmement [kalməmɑ̃] adv. Avec calme, dans le calme. *Bavarder calmement. L'année s'est achevée calmement.*

calmer [kalme] v. tr. [1] **1.** Rendre plus calme, apaiser. *Ils ont calmé les enfants et les ont envoyés dormir.* ▷ v. pron. *Calme-toi, tu cries trop fort.* **2.** Atténuer, diminuer l'intensité (d'une sensation, d'un sentiment). *Un médicament qui calme les maux de tête.*

Calmette (Albert) (1863 – 1933), bactériologiste français. Il mit au point avec C. Guérin un vaccin antituberculeux (B.C.G.).

calmir [kalmiʀ] v. intr. [3] MAR Devenir calme, en parlant de la houle, du vent.

calomniateur, trice [kalɔmnjatœʀ, tʀis] n. et adj. **1.** n. Personne qui calomnie. *Lutter contre les calomniateurs.* **2.** adj. *Des lettres calomniatrices.*

calomnie [kalɔmni] n. f. Accusation mensongère qui attaque la réputation, l'honneur. *Être en butte à la calomnie, aux calomnies.*

calomnier [kalɔmnje] v. tr. [2] Attaquer la réputation, l'honneur de (qqn) par des accusations volontairement mensongères. ▷ *Par ext.* Accuser à tort, même sans intention de nuire.

calomnieux, euse [kalɔmnjø, øz] adj. Qui est de la nature de la calomnie. *Des propos calomnieux. La dénonciation calomnieuse est un délit.*

caloporteur [kalopɔʀtœʀ] ou **caloriporteur** [kalɔʀipɔʀtœʀ] adj. m. *Fluide caloporteur ou caloriporteur :* fluide qui circule dans une machine thermique et en évacue la chaleur.

calori-. Élément, du lat. *calor, caloris*, «chaleur».

calorie [kalɔʀi] n. f. PHYSIOL Unité de mesure de la valeur énergétique des aliments.

calorifère [kalɔʀifɛʀ] n. m. Radiateur à eau chaude relié à un appareil de chauffage central.

calorification [kalɔʀifikasjɔ̃] n. f. PHYSIOL Production de chaleur dans le corps des organismes vivants.

calorifique [kalɔʀifik] adj. Relatif à la chaleur; qui produit de la chaleur. *Pouvoir calorifique.*

calorifuge [kalɔʀifyʒ] adj. (et n. m.) Qui conduit mal la chaleur, qui constitue un isolant thermique.

calorifugeage [kalɔʀifyʒaʒ] n. m. Action de calorifuger; son résultat.

calorifuger [kalɔʀifyʒe] v. tr. [13] Revêtir d'un matériau calorifuge.

calorimètre [kalɔʀimɛtʀ] n. m. PHYS Appareil servant à mesurer la quantité de chaleur dégagée ou absorbée par un corps au cours d'un phénomène physique, d'une réaction chimique.

calorimétrie [kalɔʀimetʀi] n. f. PHYS Technique de la mesure des quantités de chaleur.

caloriporteur [kalɔʀipɔʀtœʀ] adj. m. V. caloporteur.

calorique [kalɔʀik] adj. Relatif à la calorie. *Ration calorique.*

calot [kalo] n. m. Coiffure militaire sans bords, appelée aussi *bonnet de police.*

1. calotte [kalɔt] n. f. **1.** Petit bonnet rond qui ne couvre que le sommet du crâne. – *Spécial.* Coiffure ecclésiastique. ▷ (Québec) Casquette, en partic. de forme arrondie. *Calotte de baseball.* **2.** Péjor. Ensemble du clergé et de ses partisans. **3.** ANAT *Calotte crânienne :* partie supérieure du crâne. **4.** GEOM *Calotte sphérique :* portion de sphère délimitée par un plan ne passant pas par le centre. **5.** ARCHI Voûte hémisphérique dont le cintre a peu d'élévation. **6.** GEOGR *Calotte glaciaire :* épaisse couche de glace des régions polaires.

2. calotte [kalɔt] n. f. Fam. Tape donnée sur la joue, sur la tête.

calotter [kalɔte] v. tr. [1] Fam. Donner une tape, une calotte.

calou [kalu] n. m. (Seychelles) Boisson fermentée obtenue avec de la sève de cocotier.

calquage [kalkaʒ] n. m. Action de calquer.

calque [kalk] n. m. **1.** Copie d'un dessin obtenue généralement grâce à un papier transparent appliqué sur le modèle. *Prendre le calque d'une carte de géographie.* Syn. décalque. ▷ Papier servant à cette opération. – (En appos.) *Papier calque.* **2.** Fig. Imitation très proche du modèle. *Son dernier livre est le calque du précédent. Le fils est le calque du père!* **3.** LING Traduction littérale d'un mot, d'une locution d'une autre langue. *Le calque diffère de l'emprunt. «Moyen-Orient» est un calque de l'américain «Middle East».*

calquer [kalke] v. tr. [1] **1.** Faire le calque de. *Calquer un motif de broderie.* **2.** Fig. Imiter de façon très fidèle. *Calquer son comportement sur celui de qqn.*

calumet [kalymɛ] n. m. Pipe à long tuyau des Indiens d'Amérique du Nord. ▷ Fig. *Fumer le calumet de la paix :* se réconcilier.

calvados [kalvados] n. m. Eau-de-vie de cidre. *Un café arrosé de calvados.*

Calvados, dép. franç.; 5536 km²; 618478 hab.; ch.-l. *Caen**. V. Normandie (Basse-) (Rég.).

calvaire [kalvɛʀ] n. m. **1.** Représentation de la croix du Calvaire ou des scènes de la passion du Christ. *Les calvaires peints par Giovanni Bellini.* – *Spécial.* Monument sculpté, élevé en plein air, pour commémorer la Passion. **2.** Fig. Suite d'épreuves douloureuses. *Ses dernières années ont été un vrai calvaire.*

Calvin (Jean Cauvin, dit) (1509 – 1564), réformateur religieux et écrivain français. Initié au luthéranisme alors qu'il étudiait le droit à Orléans, il adhéra à la Réforme en 1533, puis s'installa à Bâle (1534), où il publia, en 1536, la première édition (en latin) de l'*Institution de la religion chrétienne,* qui deviendra la «Somme» du calvinisme (trad. fr. : 1540, remaniée en 1543 et 1559). Citons aussi : *Catéchisme* (1537), *Petit Traité de la sainte Cène* (1541), *Traité sur l'éternelle prédestination* (1552). Après un premier séjour à Genève (1536-1537) et un exil à Strasbourg (1538-1541), il institua, à Genève, un gouvernement théocratique sévère (condamnation de Michel Servet, brûlé vif en 1553). Sur le modèle genevois se fondèrent de nombr. Églises réformées.

calvinisme [kalvinism] n. m. Doctrine religieuse du réformateur Jean Calvin qui introduisit le protestantisme en France.

ENCYCL Le calvinisme repose sur trois principes. 1. L'unique source de la foi est l'Écriture sainte (Ancien et Nouveau Testament). 2. L'humanité, dépravée par la Chute, est par nature indigne face à la grâce toute-puissante d'un Dieu rédempteur qui, de toute éternité, a décidé le salut de l'homme en Jésus-Christ (le corollaire de cette affirmation est la prédestination). 3. Le culte n'admet que deux sacrements : le baptême et la communion, mais Calvin rejette la transsubstantiation romaine et la consubstantiation luthérienne.

calviniste [kalvinist] adj. et n. **1.** adj. Relatif au calvinisme, à Calvin. **2.** n. Adepte du calvinisme.

calvitie [kalvisi] n. f. Absence plus ou moins complète de cheveux. *Une calvitie précoce.* Syn. (Guad.) fada.

calypso [kalipso] n. m. Danse jamaïcaine à deux temps.

Calypso, dans la myth. grecque, nymphe, reine de l'île d'Ogygie, où elle retint Ulysse pendant dix ans.

Cam ou **Cão** (Diogo) (XVe s.), navigateur portugais. Il découvrit l'embouchure du Congo en 1482.

camaïeu [kamajø] n. m. **1.** Pierre fine taillée, présentant deux couches d'une même couleur mais de nuances différentes. **2.** Œuvre peinte où sont utilisées les diverses nuances d'une même couleur. ▷ Fig. *Une colline en camaïeu.*

camail, ails [kamaj] n. m. **1.** Petite pèlerine à capuchon que portent certains dignitaires du clergé catholique. **2.** ZOOL Ensemble des longues plumes du cou et de la poitrine chez certains oiseaux, notam. le coq.

Camara (Laye). V. Laye (Camara).

camarade [kamaRad] n. **1.** Personne avec qui on partage certaines occupations, certaines habitudes et qui de ce fait devient familière, proche; compagnon. *Camarade de régiment, d'école, d'atelier.* Syn. (Afr. subsah.) collègue. – *Par ext.* Ami. *Un vrai camarade.* ▷ (Appellation familière.) *Ça va, camarade?* **2.** Appellation utilisée dans les partis et organisations socialistes, communistes, ainsi que dans certains syndicats. *Le camarade Untel.*

camaraderie [kamaRadRi] n. f. Familiarité entre camarades. *Un geste de camaraderie.* – *Par ext.* Solidarité.

camard, arde [kamaR, aRd] adj. et n. f. **1.** adj. Se dit d'un nez plat et écrasé. **2.** n. f. Litt. *La Camarde :* la Mort.

Camargue (la), rég. marécageuse de France, en Provence, entre le Grand et le Petit Rhône; 740 km². Élevage de taureaux et de chevaux. Rizières; marais salants. Vigne. Le tourisme endommage cette terre, menacée par les crues du Rhône.

camaron [kamaRɔ̃] n. m. (Madag., Maurice) Grosse crevette d'eau douce.

Ca Mau (cap), pointe à l'extrémité S. (bec tourné vers l'O.) du Viêt-nam.

Cambacérès (Jean-Jacques Régis de), duc de Parme (1753 – 1824), juriste et homme polit. français. Deuxième consul, il fut, sous le Premier Empire, un des rédacteurs du Code civil. Acad. fr. (1803).

cambe [kɑ̃b] n. f. (France rég.) Syn. de *jambe* (sens 2).

camber [kɑ̃be] v. tr. [1] (Suisse) Syn. de *enjamber* (sens 1). *Camber un mur, une haie.*

cambiaire [kɑ̃bjɛR] adj. FIN Relatif au change. *Droit cambiaire.*

cambiste [kɑ̃bist] n. FIN Personne qui s'occupe d'opérations de change.

cambium [kɑ̃bjɔm] n.m. BOT Couche de cellules entre le bois et le liber, qui donne naissance à ces deux formations par multiplication cellulaire.

Cambodge, État d'Asie du S.-E., situé entre la Thaïlande, le Laos et le Viêt-nam.
▶ V. carte et dossier, p. 1413.

cambodgien, enne [kɑ̃bɔdʒjɛ̃, ɛn] adj. et n. Du Cambodge. ▷ Subst. *Un(e) Cambodgien(ne).* ▷ n. m. LING *Le cambodgien :* la langue khmère parlée par les Cambodgiens.

cambouis [kɑ̃bwi] n. m. Huile, graisse ayant servi à la lubrification d'organes mécaniques, noircie par les poussières et le frottement.

Cambrai, v. de France, ch.-l. d'arr. du Nord, sur l'Escaut; 34210 hab. Centre comm. Industr. – Archevêché. Beffroi (XVe-XVIIIe s.). – La *paix de Cambrai* ou *paix des Dames* y fut signée, en 1529, entre Louise de Savoie, au nom du roi de France François Ier, et Marguerite d'Autriche, au nom de Charles Quint.

cambré, ée [kɑ̃bRe] adj. Courbé, arqué. *Un dos cambré,* creusé au niveau des reins. *Un pied cambré,* dont la plante est concave.

cambrer [kɑ̃bRe] v. tr. [1] **1.** Courber légèrement, arquer (qqch). *Cambrer un madrier.* **2.** *Cambrer le corps, les reins, la taille :* se redresser en courbant légèrement le corps en arrière. ▷ v. pron. *Ne te cambre pas trop.*

Cambridge, v. de G.-B., au N.-E. de Londres; 101100 hab.; ch.-l. du comté du m. nom. – Université célèbre, fondée au XIIIe s., rivale de celle d'Oxford.

Cambridge, v. des É.-U., dans le Massachusetts; 95800 hab. – Université Harvard, la plus anc. des É.-U. (1636); Massachusetts Institute of Technology.

cambrien, enne [kɑ̃bRijɛ̃, ɛn] n. m. et adj. Première période de l'ère primaire; ensemble des terrains formés pendant cette période, qui contiennent les plus anciens fossiles connus. ▷ adj. De cette période. *La faune cambrienne.*

cambriolage [kɑ̃bRijɔlaʒ] n. m. Action de cambrioler; son résultat. *S'assurer contre le cambriolage.*

cambrioler [kɑ̃bRijɔle] v. tr. [1] Voler en s'introduisant dans (une maison, un lieu fermé). *Cambrioler un appartement.* – Par ext. *On a cambriolé les voisins pendant les vacances. Se faire cambrioler.*

cambrioleur, euse [kɑ̃bRijɔlœR, øz] n. Personne qui cambriole.

Cambronne (Pierre, vicomte) (1770 – 1842), général français. À Waterloo, il commandait la Vieille Garde. Il a toujours nié avoir prononcé le mot («Merde!») qui lui est attribué.

cambrure [kɑ̃bRyR] n. f. **1.** État, aspect de ce qui est courbe, arqué. *Cambrure d'une poutre de bois.* **2.** Partie cambrée. *La cambrure des reins, des pieds. Cambrure d'une chaussure,* entre la semelle et le talon.

cambuse [kɑ̃byz] n. f. MAR Magasin à vivres d'un navire.

1. came [kam] n. f. Pièce arrondie non circulaire ou munie d'une encoche, d'une saillie, dont la rotation permet d'imprimer à une autre pièce un mouvement rectiligne alternatif. *Un arbre à cames. Des cames à disques.*

2. came [kam] n. f. Arg. Drogue.

camée [kame] n. m. Pierre fine (onyx, agate, etc.) formée de couches de différentes couleurs, et sculptée en relief. *Un camée monté en pendentif.*

caméléon [kameleɔ̃] n. m. **1.** Reptile saurien, arboricole et insectivore, long d'environ 30 cm, qui a la faculté de changer de couleur en fonction du milieu. (Les caméléons vivent en Andalousie, en Afrique, à Madagascar, en Asie du Sud. Leurs yeux ont des mouvements indépendants. Ils projettent leur langue très en avant pour capturer leurs proies.) **2.** Fig. Personne qui change fréquemment d'humeur, d'opinion, de conduite, selon les circonstances.

camélia [kamelja] n. m. **1.** Plante arborescente (genre *Camellia,* fam. théacées) à grandes fleurs, à feuilles coriaces et persistantes. (*Camellia sinensis* ou *Thea sinensis* est l'arbre à thé*.) **2.** Fleur du camélia.

camélidés [kamelide] n. m. pl. ZOOL Famille de mammifères artiodactyles sélénodontes (ruminants), sans cornes, à sabots réduits, comprenant les chameaux, les dromadaires, les lamas et les vigognes. – Sing. *Un camélidé.*

camelot [kamlo] n. m. **1.** Marchand forain, vendeur de menus objets sur la voie publique. **2.** (Québec) Personne (en général un jeune garçon, une jeune fille) qui distribue des journaux à domicile.

camelote [kamlɔt] n. f. Fam. **1.** Marchandise de mauvaise qualité. **2.** Marchandise.

camembert [kamɑ̃bɛR] n. m. Fromage de lait de vache à croûte fleurie, en forme de cylindre aplati.

camer (se) [kame] v. pron. [1] Arg. Se droguer.

caméra [kameRa] n. f. **1.** Appareil de prises de vues (cinéma, télévision). *Caméra électronique,* transformant une image optique en une image électronique. **2.** (Proche-Orient; Québec, emploi critiqué) Appareil photographique.

cameraman, men [kameRaman, mɛn] n. m. (Anglicisme) Syn. (off. déconseillé) de *cadreur.*

camerlingue [kamɛRlɛ̃g] n. m. Cardinal qui gère les affaires de l'Église durant la vacance du Saint-Siège.

Cameron (Verney Lovett) (1844 – 1894), explorateur anglais. Il réalisa, entre Zanzibar (1873) et l'Angola (1875), la première traversée E.-O. du continent africain.

Cameroun (mont), massif volcanique de l'O. du Cameroun dominant la côte orientale du golfe de Guinée; il culmine à 4095 m.

Cameroun (République du) *(United Republic of Cameroon),* État de l'Afrique occidentale.
▶ V. carte et dossier, p. 1400.

camerounais, aise [kamRunɛ, ɛz] adj. et n. Du Cameroun. ▷ Subst. *Un(e) Camerounais(e).*

CAMES, acronyme pour *Conseil* africain et mauricien pour l'enseignement supérieur.*

caméscope [kameskɔp] n. m. (Nom déposé.) Appareil portatif réunissant dans le même boîtier une caméra électronique et un magnétoscope.

camfranglais [kamfRɑ̃glɛ] n. m. (Afr. subsah.) Langage urbain associant des formes camerounaises, françaises et anglaises.

Camille (Marcus Furius Camillus) (V^e-IVe s. av. J.-C.), général romain. Dictateur, il s'empara de Véies (396 av. J.-C.) et, selon la légende, chassa de Rome les Gaulois, qui l'avaient prise en 390 av. J.-C.

1. camion [kamjɔ̃] n. m. **1.** Véhicule automobile destiné au transport de charges lourdes et volumineuses. *Camion à benne basculante. Camion-grue. Camion-citerne.* **2.** TECH Récipient dans lequel les peintres en bâtiment délaient la peinture.

2. camion [kamjɔ̃] n. m. TECH Très petite épingle.

camionnage [kamjɔnaʒ] n. m. Transport par camion. *Frais de camionnage.* ▷ Prix de ce transport.

camionner [kamjɔne] v. tr. [1] Transporter par camion.

camionnette [kamjɔnɛt] n. f. **1.** Petit camion. **2.** (Haïti) Petit véhicule de transport en commun.

camionneur [kamjɔnœR] n. m. **1.** Personne qui conduit un camion. **2.** Entrepreneur de camionnage.

camion-siffleur [kamjɔ̃siflœR] n. m. (Madag.) Plaisant Blatte sans ailes, vivant à l'extérieur dans des débris végétaux. *Lorsqu'on le dérange, le camion-siffleur pousse un sifflement comparable au bruit des freins hydrauliques d'un camion. Des camions-siffleurs.*

camisard [kamizaʀ] n. m. HIST Protestant français des Cévennes, révolté contre Louis XIV à la suite de la révocation de l'édit de Nantes, pendant la guerre de Succession d'Espagne.

camisole [kamizɔl] n. f. **1.** Vx Blouse courte, à manches, portée sur des vêtements. ▷ (Afr. subsah.) Vêtement de femme court et à petites manches; robe vague, froncée sous la poitrine et ornée de volants. **2.** (Afr. subsah.; Belgique, VX; Suisse) Maillot de corps. (V. chemisette sens 3, singlet.) ▷ (Québec) *Spécial.* Sous-vêtement masculin sans manches. – Sous-vêtement semblable, qui peut comporter des manches courtes, porté par les bébés. – Sous-vêtement féminin à bretelles, sans boutonnage. – (Louisiane) Chemise, chemise de nuit. **3.** *Camisole de force :* combinaison employée autref. couramment pour immobiliser les malades mentaux agités.

Camoëns ou **Camões** (Luís Vaz de) (v. 1524 – 1580), le plus grand poète portugais de la Renaiss. *Les Lusiades* (1572) est un poème épique qui retrace l'histoire du Portugal, en exaltant plus partic. le voyage aventureux de Vasco de Gama. Autres œuvres : comédies dramatiques (*Amphitryon,* v. 1540), sonnets, odes, églogues, élégies.

camomille [kamɔmij] n. f. Plante herbacée (fam. composées), dont les capitules sont utilisés en infusion pour stimuler la digestion. ▷ Infusion des capitules de cette plante.

camouflage [kamuflaʒ] n. m. Action de camoufler; son résultat.

camoufler [kamufle] v. tr. [1] Déguiser, rendre méconnaissable ou moins visible. *Camoufler des engins de guerre avec du feuillage.* – Fig. *Camoufler son écriture. Camoufler ses sentiments.* ▷ v. pron. *Il se camoufle derrière une écharpe.*

camouflet [kamuflɛ] n. m. **1.** Litt. Mortification, affront. *Infliger un camouflet à quelqu'un.* Syn. vexation, offense. **2.** MILIT Mine utilisée pour détruire un ouvrage adverse.

camp [kɑ̃] n. m. **1.** Espace de terrain où des troupes, des forces militaires, stationnent. *Camp volant,* provisoire. *Camp retranché :* place forte. **2.** Espace de terrain servant de lieu d'internement ou d'habitat provisoire. *Camp de prisonniers, de réfugiés. Camp de concentration :* V. concentration et nazisme. ▷ (Maurice) *Camp sucrier :* cité ouvrière rattachée à l'industrie sucrière. **3.** Lieu où des campeurs, des alpinistes dressent leurs tentes. **4.** Loc. fig. *Lever, ficher* (fam.), *foutre* (fam.) *le camp :* s'en aller, déguerpir. **5.** Parti, faction. *Il a changé de camp.* **6.** Dans certains jeux, terrain de base d'une équipe. – Chacune des équipes qui s'opposent. **7.** (Québec) *Camp* ou *campe :* cabane de bois construite en forêt, aménagée sommairement pour servir d'abri. – *Par ext.* Emplacement comportant plusieurs camps. *Un camp forestier.*

Camp (Maxime Du). V. Du Camp.

campagnard, arde [kɑ̃paɲaʀ, aʀd] adj. et n. De la campagne; qui vit à la campagne. *Habitudes campagnardes.* ▷ Subst. *Un(e) campagnard(e).*

campagne [kɑ̃paɲ] n. f. **I. 1.** Étendue de pays plat et non boisé. *Tomber en panne d'essence en rase (pleine) campagne.* ▷ GEOGR Paysage rural présentant des champs non clôturés et un habitat groupé. **2.** Les régions rurales (par oppos. à *la ville*). *Aller respirer l'air de la campagne. Maison de campagne.* – Loc. fig. *Battre la campagne :* V. battre. (V. bled, brousse.) **II. 1.** Expédition, ensemble d'opérations militaires. *Campagne d'Italie.* **2.** Période d'activité d'une durée déterminée; ensemble d'opérations qui se déroulent suivant un programme établi à l'avance. *Campagne agricole, arachidière. Campagne publicitaire, électorale.* – (oc. Indien) *Campagne sucrière :* période de récolte et de commercialisation de la canne à sucre. – (Afr. subsah.) *Campagne café :* période de récolte et de commercialisation du café, et, par ext., du cacao et des arachides.

campagnol [kɑ̃paɲɔl] n. m. Rongeur muridé de petite taille à queue courte, qui cause d'importants dégâts dans les cultures. Syn. rat des champs.

Campanella (Tommaso) (1568 – 1639), philosophe italien. Dominicain suspecté d'hérésie, puis accusé d'avoir pris la tête d'une révolte paysanne en Calabre, il passa vingt-sept ans en prison. Sa *Cité du Soleil* (v. 1602) décrit une cité théocratique idéale, fondée sur la communauté de vie.

Campanie, région admin. d'Italie et région de la C.E., au S. de Rome, sur la mer Tyrrhénienne, formée des prov. d'Avellino, de Bénévent, de Caserte, de Naples et de Salerne; 13 595 km²; 5 731 430 hab.; cap. *Naples.* Fruits, légumes, vigne, céréale occupent les plaines littorales fortement peuplées, dominées par les hauteurs calcaires de l'Apennin et ponctuées de volcans (Vésuve, champs Phlégréens).

campanile [kɑ̃panil] n. m. ARCHI **1.** Clocher à jour. – *Par ext.* Clocher isolé du corps de l'église. **2.** Lanterne qui surmonte certains édifices civils.

campanule [kɑ̃panyl] n. f. Plante herbacée des régions tempérées et méditerranéennes, à fleurs gamopétales, en forme de clochettes.

Camp David (accords de), traité de paix conclu, sur les instances de J. Carter, entre l'Égypte (Sadate) et Israël (Begin), dans une résidence des présidents des É.-U. (Maryland), en 1978.

Camp du Drap d'or, lieu situé dans le dép. fr. du Pas-de-Calais, où en 1520 François Ier de France et Henri VIII d'Angleterre s'allièrent contre Charles Quint.

campé, ée [kɑ̃pe] adj. **1.** *Bien campé :* bien bâti, vigoureux. *Un garçon bien campé.* – Fig. *Un personnage de roman bien campé,* qui s'impose avec précision. **2.** EQUIT Se dit d'un cheval dont les aplombs sont défectueux.

campêche [kɑ̃pɛʃ] n. m. Bois d'un arbre d'Amérique latine, qui, par infusion, donne un colorant brun-rouge.

Campeche, v. et port du Mexique; 172 200 hab.; cap. de l'État du m. nom. – Le *golfe* (ou *baie*) *de Campeche* constitue le S. du golfe du Mexique.

campement [kɑ̃pmɑ̃] n. m. **1.** Action de camper. **2.** Lieu où l'on campe. **3.** Installation sommaire, provisoire. – (Afr. subsah.) *Campement de culture,* où les paysans résident à la saison des travaux des champs. **4.** (Afr. subsah.) Installation relativement sommaire pour l'hébergement des hôtes de passage (fonctionnaires, touristes) dans les zones rurales.

camper [kɑ̃pe] v. [1] **I.** v. intr. **1.** Établir un camp; vivre dans un camp. *La troupe campait aux abords de la ville.* **2.** Faire du camping. **3.** Fig. S'installer sommairement et provisoirement. *Camper chez un ami.* **II.** v. tr. **1.** Établir dans un camp. *Camper son régiment sur la rive d'un fleuve.* **2.** Établir, poser solidement, hardiment. *Camper sa casquette sur l'oreille.* ▷ Fig. Représenter avec exactitude, avec relief. *Auteur qui campe rapidement un personnage.* – Pp. *Un récit bien campé.* **III.** v. pron. Se placer, s'installer avec audace, avec autorité. *Il se campa hardiment en face de lui.*

campeur, euse [kɑ̃pœʀ, øz] n. Personne qui pratique le camping.

camphre [kɑ̃fʀ] n. m. Substance de saveur âcre et aromatique, cétone terpénique et bicyclique ($C_{10}H_{16}O$) extraite du camphrier, aux propriétés stimulantes et antiseptiques.

camphré, ée [kɑ̃fʀe] adj. Qui contient du camphre. *Huile camphrée.*

camphrier [kɑ̃fʀije] n. m. Arbuste d'Asie du S.-E. et d'Océanie (fam. lauracées), dont on extrait le camphre par distillation du bois.

Campin (Robert) (v. 1378 – 1444), peintre flamand. V. Flémalle (le Maître de).

Campine (en flam. *Kempen*), plaine du N. de la Belgique (Limbourg), se prolongeant aux Pays-Bas. La forte urbanisation autour de l'import. bassin houiller situé à l'est ainsi que la présence d'Anvers ont provoqué son développement agricole (fertilisation des sols sableux) : élevage laitier, cultures maraîchères. Industr. métall. et chim.; centrale nucléaire de Mol.

camping [kɑ̃piŋ] n. m. Activité touristique qui consiste à camper, à vivre en plein air en couchant, la nuit, sous la tente. *Terrain de camping.*

camping-car [kɑ̃piŋkaʀ] n. m. (Anglicisme) Syn. (off. déconseillé) de *autocaravane. Des camping-cars.*

camping-gaz [kɑ̃piŋgaz] n. m. inv. (Nom déposé.) Réchaud à gaz portatif.

Campoformio, v. d'Italie (Vénétie) où Bonaparte, vainqueur, et l'Autriche signèrent un traité en 1797. La France obtint notam. les anciens Pays-Bas espagnols (y compris les territoires correspondant à la Belgique et au Luxembourg actuels).

Campra (André) (1660 – 1744), compositeur français, créateur de l'opéra-ballet (*l'Europe galante,* 1697).

campus [kɑ̃pys] n. m. Parc, terrain qui entoure les bâtiments de certaines universités. – *Par ext.* Université dont les divers bâtiments sont séparés; territoire d'une telle université.

Cam Ranh (baie de), baie sur la côte mérid. du Viêt-nam, au S. de Nha Trang. Elle abrite le port de *Cam Ranh* (118 110 hab.). Une importante base aéronavale y a été aménagée, en 1965, par les Américains. De leur départ, en 1975, jusqu'en 1989, date du retrait des troupes soviétiques du Viêt-nam, elle a été utilisée par l'U.R.S.S.

camus, use [kamy, yz] adj. et n. Se dit d'un nez court et plat. ▷ Subst. Personne dont le nez est court et plat.

Camus (Albert) (1913 – 1960), écrivain français, né en Algérie. Son humanisme repose sur le sentiment d'absurdité de l'Univers. Essais : *le Mythe de Sisyphe* (1942), *l'Homme révolté* (1951), *l'Été* (1954); théâtre : *Caligula* (1938, remanié en 1958), *le Malentendu* (1942-1943), *les Justes* (1949); romans et nouvelles : *l'Étranger* (1942), *la Peste* (1947), *la Chute* (1956). P. Nobel 1957.

Cana, bourg de Galilée; l'Évangile y situe le premier miracle de Jésus : l'eau changée en vin.

Canaan (terre ou pays de), territoire comprenant la Palestine et la Syrie; c'est le nom biblique de la Terre promise par Dieu aux Hébreux.

Canaan, personnage biblique; fils de Cham, petit-fils de Noé.

Canada, État fédéral de l'Amérique du Nord, deuxième pays du monde par la superf., s'étendant du Pacifique à l'Atlantique et des É.-U. à l'océan Arctique.
▸ V. carte et dossier, p. 1404.

Canada (Bas-), nom que porta le Québec de 1791 à 1840.

Canada (Haut-), nom que porta la prov. d'Ontario de 1791 à 1840.

Canada-France-Hawaii (télescope), installé (dep. 1979) au sommet d'un volcan hawaïen. Il fut construit par l'université d'Hawaii, la France et le Canada.

canadair [kanadɛʀ] n. m. (Nom déposé.) Avion de lutte contre les incendies de forêts. Syn. bombardier d'eau.

canadianisme [kanadjanism] n. m. LING Façon de parler (prononciation, mot, tournure, etc.) caractéristique du français du Canada. V. acadianisme, québécisme.

canadien, enne [kanadjɛ̃, ɛn] adj. et n. **1.** adj. Du Canada; relatif au Canada. *Le français canadien (ou franco-canadien) comprend deux variantes principales, le québécois et l'acadien.* **2.** n. Habitant du Canada. *Les Canadiens anglais (ou Anglo-Canadiens) sont plus nombreux que les Canadiens français.*

canadienne [kanadjɛn] n. f. **1.** Canoë aux extrémités relevées. **2.** Veste épaisse doublée de fourrure. **3.** (Québec) Manteau trois-quarts d'hiver avec capuchon, qui se ferme au moyen de boutons en forme de fuseau glissés dans une bride de tissu ou de cuir.

canaille [kanaj] n. f. et adj. **1.** n. f. Ramassis de gens méprisables. *Être insulté par la canaille.* Syn. racaille. **2.** n. f. Individu malhonnête, méprisable. *Cette canaille lui a extorqué un million.* Syn. fripouille, escroc, scélérat. **3.** adj. Débraillé et polisson. *Une allure canaille.*

canaillerie [kanajʀi] n. f. **1.** Caractère, comportement d'une canaille. **2.** Acte malhonnête et méprisable.

canal, aux [kanal, o] n. m. **I. 1.** Voie navigable artificielle. *Canal de navigation fluviale.* – *Canal maritime,* reliant deux mers, deux océans. *Canal de Suez, de Panamá.* **2.** GEOGR Espace de mer, relativement étroit et prolongé, entre deux rives. *Canal de Mozambique.* **3.** Tranchée creusée pour permettre la circulation des eaux. *Canaux d'irrigation,* qui amènent l'eau nécessaire aux cultures. *Canaux de drainage,* assurant l'évacuation de l'eau excédentaire. *Canaux d'amenée, de fuite, de dérivation des usines hydroélectriques.* **4.** Conduit, tuyauterie. **5.** TELECOM Voie par laquelle transitent des informations. **6.** Loc. fig. *Par le canal de :* par l'intermédiaire, l'entremise de. *J'ai obtenu ce renseignement par le canal d'un ami.* **II.** Conduit naturel d'un organisme vivant. **1.** ANAT *Canal cholédoque. Canal excréteur. Canaux semi-circulaires de l'oreille interne,* organes de l'équilibre. **2.** BOT Élément tubulaire de forme allongée.

Canaletto (Giovanni Antonio Canal, dit) (1697 – 1768), peintre et graveur italien, auteur d'innombrables *vedute* (vues) de Venise et de Londres. — **Canaletto le Jeune** (Bernardo Bellotto, dit) (1721 – 1780), neveu du préc., peintre de *vedute,* émigra en Pologne.

canalisation [kanalizasjɔ̃] n. f. **1.** Action de canaliser; son résultat. **2.** Conduit destiné à véhiculer un fluide. *Canalisations d'eau.* ▷ Conducteur électrique. *Canalisation haute tension.*

canaliser [kanalize] v. tr. [1] **1.** Aménager (un cours d'eau) pour le rendre navigable. **2.** Pourvoir (une région) d'un système de canaux. **3.** Fig. Rassembler et diriger dans le sens choisi. *Canaliser des manifestants.*

cananéen, enne [kananeɛ̃, ɛn] adj. (et n.) **1.** adj. Du pays de Canaan. **2.** n. m. *Le cananéen :* le groupe des langues sémitiques (hébreu, moabite, phénicien, punique).

canapé [kanape] n. m. **1.** Long siège à dossier où plusieurs personnes peuvent s'asseoir. Syn. (Québec) divan, sofa. – *Canapé-lit :* canapé transformable en lit. Syn. (Québec) divan-lit, sofa-lit. **2.** CUIS Tranche de pain de mie sur laquelle on dispose une garniture.

canaque ou **kanak** [kanak] adj. et n. Relatif aux Canaques. ▷ Subst. (Parfois péjor.) Mélanésien de Nouvelle-Calédonie. *Un(e) Canaque* ou *un(e) Kanak.* (V. calédonien.)

canard [kanaʀ] n. m. **1.** Oiseau aquatique palmipède (fam. anatidés) de taille moyenne (inférieure à celle de l'oie), au bec large, au cri nasillard caractéristique, dont certaines espèces sont domestiques et d'autres sauvages. *Le canard cancane, nasille,* pousse son cri. *La cane est la femelle du canard.* **2.** Cour. *Canard siffleur :* dendrocygne. – *Canard armé :* très gros canard à dos noir et ventre blanc, aussi appelé *oie de Gambie.* – *Canard kakawi :* cacaoui. **3.** Fausse note, son discordant. **4.** Fam. Journal.

canarder [kanaʀde] v. tr. [1] Fam. Faire feu sur, en étant à couvert.

1. canari [kanaʀi] n. m. Serin des Canaries, au plumage généralement jaune, apprécié pour son chant.

2. canari [kanaʀi] n. m. (Afr. subsah., Haïti) Récipient en terre cuite dans lequel on conserve ou transporte des liquides. ▷ (Guyane) Syn. de *récipient.*

Canaries, archipel de l'Atlantique, au N.-O. du Sahara, comptant sept îles princ.; communauté autonome d'Espagne et région de la C.E., formée des prov. de Las Palmas et de Santa Cruz de Tenerife; 7242 km^2; 1589400 hab.; cap. *Las Palmas.* – Le climat océanique, stable et doux (18 à 28 ^{0}C), favorise le tourisme. Ressources agricoles : céréales, bananes, agrumes, primeurs, vin, tabac. Pêche. Industries text., alim., chim., raffinerie de pétrole. Toutefois, les problèmes écon. sont graves. – Connues des Grecs, des Carthaginois et des Romains, qui les nommaient îles Fortunées, les Canaries furent redécouvertes au XIVe s. Le Normand Jean de Béthencourt les soumit partiellement en 1402, et les Espagnols en achevèrent la conquête en 1478. Auj., un mouvement indépendantiste s'est fait jour.

Canaris (Constantin). V. Kanáris.

Canaris (Wilhelm) (1887 – 1945), amiral allemand. Chef du service des renseignements de l'armée (1935-1944), il fut exécuté après l'attentat manqué contre Hitler (1944).

canasson [kanasɔ̃] n. m. Fam. Mauvais cheval; cheval.

canasta [kanasta] n. f. Jeu de cartes qui se joue avec deux jeux de 52 cartes et 4 jokers. ▷ Série de 7 cartes, de même valeur, à ce jeu.

Canaveral (cap). V. Kennedy (Centre spatial John F.).

canayen, enne [kanajɛ̃, ɛn] adj. et n. (Québec) Vieilli **1.** adj. Qui appartient aux descendants des colons français établis dans la vallée du Saint-Laurent; qui est relatif au caractère authentique de leur façon de vivre et de penser. – Subst. *Un(e) Canayen(ne).* **2.** n. m. Vieilli Français en usage au Québec, notam. son emploi populaire. *Parler en canayen, en bon canayen.* (Ce mot est remplacé auj. par *québécois.*)

Canberra, cap. fédérale de l'Australie, dans le S.-E. de la Nouvelle-Galles du Sud, où son territ. (2400 km^2) est enclavé; 273600 hab. – La ville fut inaugurée en 1927.

1. cancan [kɑ̃kɑ̃] n. m. (Souvent au plur.) Fam. Bavardage malveillant. Syn. potin, ragot, commérage.

2. cancan [kɑ̃kɑ̃] n. m. *French cancan* ou *cancan :* quadrille acrobatique dansé par des «girls», au music-hall.

1. cancaner [kɑ̃kane] v. intr. [1] Faire des cancans (1).

2. cancaner [kɑ̃kane] v. intr. [1] Crier, en parlant du canard.

cancanier, ère [kɑ̃kanje, ɛʀ] adj. et n. Qui aime à cancaner, à rapporter des ragots.

cancer [kɑ̃sɛʀ] n. m. **1.** MED Tumeur maligne caractérisée par la prolifération anarchique des cellules d'un organe, d'un tissu. **2.** Fig. Danger insidieux, mal qui ronge. **3.** ASTRO *Le Cancer :* constellation zodiacale de l'hémisphère boréal. *Tropique du Cancer :* tropique boréal. ASTROL Signe du zodiaque* (22 juin-22 juillet). – Ellipt. *Il est cancer.*

ENCYCL La cancérisation peut atteindre tout organe. Les plus souvent atteints sont : chez la femme, le sein, l'intestin, l'estomac, l'utérus; chez l'homme, le poumon, la trachée, l'estomac, la prostate, l'œsophage; chez l'enfant, le sang et la moelle osseuse. Les recherches, notam. épidémiologiques, ont permis de savoir qu'il n'y a pas une cause unique des cancers, mais qu'entrent en jeu divers facteurs : terrain immunitaire, prédispositions génétiques, processus viral, environnement, etc. Le cancer peut s'étendre localement, régionalement, et à distance, par dissémination sanguine ou lymphatique (métastase). Le traitement est d'autant plus efficace qu'il est précoce. Il dépend de la localisation, du type histologique, du stade d'évolution. Plusieurs thérapeutiques sont utilisées : chirurgie, radiothérapie, chimiothérapie, immunothérapie. De nombreux cancers traités à temps sont auj. guéris.

cancéreux, euse [kɑ̃seʀø, øz] adj. et n. **1.** adj. Du cancer, de la nature du cancer. *Tumeur cancéreuse.* **2.** adj. et n. Qui est atteint d'un cancer.

cancérigène [kɑ̃seʀiʒɛn] ou **cancérogène** [kɑ̃seʀɔʒɛn] adj. Qui peut provoquer le développement d'un cancer. Syn. carcinogène.

cancérisation [kɑ̃seʀizasjɔ̃] n. f. Transformation des cellules saines en cellules cancéreuses.

cancériser (se) [kɑ̃seʀize] v. pron. [**1**] Subir une transformation cancéreuse. *Des polypes qui se cancérisent.*

cancérogène [kɑ̃seʀɔʒɛn] adj. V. cancérigène.

cancérologie [kɑ̃seʀɔlɔʒi] n. f. Étude du cancer et de son traitement. Syn. carcinologie.

cancérologique [kɑ̃seʀɔlɔʒik] adj. Relatif à l'étude ou au traitement du cancer.

cancérologue [kɑ̃seʀɔlɔg] n. Spécialiste du cancer.

cancoillotte [kɑ̃kwajɔt] n. f. Fromage à base de lait de vache écrémé et caillé, égoutté puis fondu avec du beurre et de l'eau, spécialité de la Franche-Comté et du Luxembourg.

cancre [kɑ̃kʀ] n. m. Écolier paresseux, mauvais élève.

cancrelat [kɑ̃kʀəla] n. m. Blatte. ▷ *Spécial.* Blatte d'Amérique.

Cancún, v. du Mexique, dans l'île du m. n. (mer des Caraïbes); 50000 hab. Station balnéaire internationale.

candela [kɑ̃dela] n. f. PHYS Unité d'intensité lumineuse (symbole cd), représentant la soixantième partie de l'intensité lumineuse d'un centimètre carré de surface d'un corps noir porté à haute température (2046 K). *Candela par mètre carré.*

candélabre [kɑ̃delabʀ] n. m. Grand chandelier à plusieurs branches.

candeur [kɑ̃dœʀ] n. f. Pureté d'âme, innocence naïve. *Un visage plein de candeur.* Syn. ingénuité.

1. candi [kɑ̃di] adj. m. et n. m. *Sucre candi :* sucre en gros cristaux, obtenu par refroidissement lent de sirops très concentrés. *Fruits candis :* fruits confits sur lesquels on a fait se candir une couche de sucre. ▷ n. m. *Du candi blanc.*

2. candi [kɑ̃di] n. f. inv. (Afr. subsah., Belgique) Abrév. fam. de *candidature* (sens 2).

candida [kɑ̃dida] n. m. BOT, MED Genre de champignons deutéromycètes dont une espèce, *Candida albicans,* est l'agent du muguet intestinal ou vaginal.

candidat, ate [kɑ̃dida, at] n. **1.** Personne qui postule une charge, un emploi, un mandat, ou qui se présente à un examen, à un concours. *Les candidats aux élections.* **2.** (Belgique) Étudiant ayant terminé une candidature (sens 2). *Il est candidat en philologie romane.*

candidature [kɑ̃didatyʀ] n. f. **1.** Action, fait d'être candidat. *Poser sa candidature. Candidature spontanée,* présentée pour postuler un poste sans qu'il y ait eu d'annonce pour recruter. **2.** (Afr. subsah., Belgique) Premier cycle universitaire. *Candidature en droit.* (Abrév. fam. : candi).

candide [kɑ̃did] adj. Qui a, qui dénote de la candeur. *Des paroles candides.*

candidement [kɑ̃didmɑ̃] adv. D'une manière candide.

candidose [kɑ̃didoz] n. f. MED Infection due à un candida (muguet buccal, atteinte digestive, localisation cutanée).

Candie. V. Crète et Héraklion.

candir [kɑ̃diʀ] v. tr. [**3**] Faire fondre jusqu'à cristallisation (du sucre). ▷ v. pron. Se cristalliser.

Candolle (Augustin Pyrame de) (1778 – 1841), botaniste suisse qui travailla à Genève : *Système naturel des végétaux* (1817).

candomblé [kɑ̃dɔ̃ble] n. m. Au Brésil, culte fondé sur des croyances d'origine africaine.

cane [kan] n. f. Femelle du canard. *La cane canquette.*

canéficier [kanefisje] n. m. BOT Arbre (fam. légumineuses) produisant la casse. Syn. cassier.

caneton [kantɔ̃] n. m. Petit du canard.

1. canette [kanɛt] n. f. Petite cane; petite sarcelle.

2. canette ou **cannette** [kanɛt] n. f. Petit tube garni du fil de trame, dans les métiers à tisser. ▷ Bobine de fil que l'on introduit dans la navette d'une machine à coudre.

3. canette [kanɛt] n. f. **1.** Petite bouteille de bière; son contenu. **2.** Petite boîte métallique dans laquelle est vendue une boisson; son contenu.

4. canette [kanɛt] n. f. (Madag., Maurice) Bille (1, sens 2). *Jouer à la canette :* jouer aux billes.

Canetti (Elias) (1905 – 1994), écrivain britannique d'origine espagnole, d'expression allemande, auteur de romans (*Autodafé,* 1936) et d'essais. P. Nobel 1981.

canevas [kanva] n. m. **1.** Grosse toile lâche servant de support pour les ouvrages de tapisserie. **2.** Ensemble de points relevés en vue de l'établissement d'une carte. **3.** Plan, ébauche, esquisse. *Le canevas d'un discours, d'un roman.*

cange [kɑ̃ʒ] n. m. (Maurice) Syn. de *amidon.* – Loc. adv. *En cange :* trop cuit, en parlant du riz.

cangnan [kɑ̃ɲɑ̃] adj. (inv. en genre) (Mart.) Se dit d'une personne apathique, nonchalante. *Elle est vraiment cangnan.*

Canguilhem (Georges) (1904 –1995), philosophe français, spécialiste d'épistémologie.

caniard, arde [kanjaʀ, aʀd] adj. et n. (Réunion) V. cagnard.

caniche [kaniʃ] n. m. Chien de compagnie à poils crépus ou bouclés.

caniculaire [kanikylɛʀ] adj. De la canicule. *Une chaleur caniculaire.*

canicule [kanikyl] n. f. Période de fortes chaleurs; temps très chaud.

canidés [kanide] n. m. pl. ZOOL Famille de mammifères carnivores fissipèdes digitigrades comprenant les chiens et les loups, le renard, le fennec, etc. – Sing. *Un canidé.*

canif [kanif] n. m. Petit couteau de poche à lame(s) pliable(s).

canin, ine [kanɛ̃, in] adj. Qui se rapporte au chien. *Race canine.*

canine [kanin] n. f. Dent pointue entre les incisives et les prémolaires.

caniveau [kanivo] n. m. **1.** Rigole au bord de la chaussée servant à l'écoulement des eaux. **2.** CONSTR Canal maçonné utilisé pour le passage de tuyauteries, de conducteurs électriques, etc.

Cankov (Alexandăr) (1879 – 1959), homme politique bulgare. À la tête d'une coalition d'extrême-droite, il renversa Stambolijski en 1923 et instaura une dictature au cours de laquelle communistes et partisans de Stambolijski furent exécutés en grand nombre. Après la Seconde Guerre mondiale, il fut arrêté par les Alliés. Libéré, il émigra en Argentine.

canna [kana] n. m. BOT Syn. de *balisier.*

cannabinacées [kanabinase] n. f. pl. BOT Famille de plantes dicotylédones apétales comprenant le chanvre indien et le houblon. – Sing. *Une cannabinacée.*

cannabis [kanabis] n. m. BOT Nom scientif. du chanvre indien.

cannabisme [kanabism] n. m. MED Intoxication par le cannabis.

cannage [kanaʒ] n. m. Action de tresser des joncs, des roseaux pour garnir un siège. – Fond canné d'un siège.

canne [kan] n. f. **1.** Bâton léger sur lequel on s'appuie en marchant. *Canne blanche d'aveugle.* – *Canne anglaise :* canne orthopédique. **2.** *Canne à pêche :* gaule, généralement en plusieurs pièces, qu'on utilise pour pêcher à la ligne. *Une canne à pêche en fibre de verre.* **3.** TECH Tube métallique dont on se sert pour souffler le verre. **4.** Nom vulgaire de certains roseaux ou bambous. ▷ *Canne à sucre :* graminée de grande taille (2 à 3 m de haut), originaire de l'Asie du S.-E. et des îles du Pacifique, cultivée dans de nombreux pays tropicaux pour le sucre que l'on extrait de sa sève. Abrév. (Afr. subsah., Madag., oc. Indien) canne. – (Afr. subsah., Madag.) Graminée des régions sèches dont on consomme la moelle sucrée. – (Madag.) *Par méton.* Syn. de *sucre.* **5.** TECH Bobine de fil.

canneberge [kanbɛʀʒ] n. f. Variété d'airelle à baies rouges comestibles; fruit de cette airelle. (En usage, surtout au Québec, dans le langage commercial.) (V. atoca, pomme* de pré.)

canneler [kanle] v. tr. [**19**] Orner, munir de cannelures.

cannelier [kanəlje] n. m. Arbre des régions tropicales (fam. lauracées) dont l'écorce fournit la cannelle.

cannelle [kanɛl] n. f. Écorce aromatique du cannelier utilisée comme condiment. ▷ adj. inv. De la couleur brun rosé de la cannelle.

cannelloni [kane(ɛl)lɔni] n. m. CUIS Pâte alimentaire de forme cylindrique, garnie de farce.

cannelure [kanlyʀ] n. f. **1.** Cour. Rainure, sillon longitudinal ornant certains objets. *Un meuble décoré de cannelures finement ciselées.* ▷ ARCHI *Les cannelures d'un pilastre.* **2.** BOT Rainure longitudinale sur la tige de certaines plantes.

canner [kane] v. tr. [**1**] Garnir d'un cannage (le fond, le dossier d'un siège).

Cannes (auj. *Canne della Battaglia*), anc. v. d'Apulie (Pouilles actuelles), sur l'Aufidus *(Ofanto).* Victoire d'Hannibal sur les Romains (216 av. J.-C.).

Cannes, v. de France (Alpes-Mar.), sur la Médit.; 69 363 hab. Stat. baln. – Festival international du cinéma.

cannette [kanɛt] n. f. V. canette 2.

cannibale [kanibal] adj. et n. m. **1.** adj. Qui pratique le cannibalisme. ▷ n. m. Fig. Homme cruel, féroce. **2.** n. m. (Belgique) Toast au steak tartare.

cannibalisme [kanibalism] n. m. Fait de manger les êtres de sa propre espèce. ▷ Fig. Cruauté.

cannier, ère [kanje, ɛʀ] adj. (Réunion) Relatif à la culture de la canne à sucre. *Un bassin cannier.*

canoë [kanɔe] n. m. Canot léger, aux extrémités relevées, que l'on manœuvre à la pagaie; sport pratiqué avec ce canot. Syn. (Québec) canot.

1. canon [kanɔ̃] n. m. **I. 1.** Pièce d'artillerie servant à lancer autref. des boulets, auj. des obus. *Tirer un coup de canon. Un canon de 75,* de 75 mm de calibre. ▷ Loc. *Chair à canon :* les soldats sans grade, qu'on expose au danger sans égard pour leur vie. **2.** Tube d'une arme à feu. *Canon d'un fusil, d'un pistolet.* **3.** PHYS *Canon à électrons,* servant à produire un faisceau d'électrons. **II. 1.** TECH Nom de divers objets cylindriques. *Canon d'une clef.* ▷ TRAV PUBL Dispositif d'amarrage constitué d'un fût cylindrique vertical solidement ancré sur le bord des quais. **2.** Pop. Petit verre de vin. **3.** ZOOL Partie de la jambe des équidés, entre le genou et le boulet.

2. canon [kanɔ̃] n. m. et adj. **1.** Règle, type, modèle. **2.** THEOL CHRET Recueil des décisions solennelles des conciles. *Les canons de Nicée.* ▷ Liste des livres inspirés. *Canon des Écritures.* ▷ Ensemble des prières qui constituent l'essentiel, la partie immuable de la messe. ▷ Collection des textes juridiques de l'Église. ▷ adj. *Droit canon.* **3.** BX-A Ensemble de règles déterminant le rapport idéal entre les dimensions des diverses parties du corps humain. *Le canon grec.* **4.** Pièce de musique dans laquelle la mélodie est reprise successivement par une ou plusieurs voix. *Chanter en canon.*

cañon ou **canyon** [kanjɔ̃; kanjɔn] n. m. GEOGR Gorge profonde creusée par un cours d'eau en terrain calcaire. *Les cañons du Colorado.*

canonique [kanɔnik] adj. **1.** Conforme aux canons de l'Église. *Doctrine canonique.* ▷ *Âge canonique :* âge exigé par le droit canon (minimum 40 ans) pour remplir certaines fonctions. – Fam. *Une femme d'âge canonique,* d'âge assez avancé. **2.** MATH *Application, forme canonique :* formulations mathématiques liées de façon privilégiée à une structure. *On peut ramener certaines équations à une forme canonique par un simple changement de variable.*

canonisation [kanɔnizasjɔ̃] n. f. Action de canoniser. *Procès en canonisation.*

canoniser [kanɔnize] v. tr. [1] Faire figurer au catalogue des saints.

canonnade [kanɔnad] n. f. Feu soutenu de canons.

canonnage [kanɔnaʒ] n. m. **1.** Art du canonnier. **2.** Fait de canonner. *Canonnage des lignes ennemies.*

canonner [kanɔne] v. tr. [1] Attaquer au canon.

canonnier [kanɔnje] n. m. Servant d'un canon. ▷ adj. ZOOL Relatif au canon (1, sens II, 3). *Muscles canonniers.*

canonnière [kanɔnjɛʀ] n. f. **1.** Petit navire armé de canons. **2.** ARCHI Ouverture pratiquée dans un mur de soutènement pour permettre l'écoulement des eaux.

canope [kanɔp] n. m. ANTIQ Vase funéraire employé par les Égyptiens et les Étrusques pour recevoir les viscères des morts momifiés.

Canossa, village d'Italie (Émilie, province de Reggio). – En 1077, l'empereur germanique Henri IV, excommunié, vint s'y humilier devant le pape Grégoire VII, d'où l'expression *aller à Canossa :* s'humilier.

canot [kano] n. m. **1.** Embarcation légère et non pontée. – *Canot de sauvetage,* insubmersible, destiné à évacuer les passagers d'un navire en détresse. – *Canot pneumatique,* gonflable, en toile caoutchoutée. **2.** (Québec) Embarcation de forme allongée et à extrémités relevées, de structure légère, mue à la pagaie. *Canot d'écorce, d'aluminium, de fibre de verre. Les canots utilisés pour le commerce des fourrures pouvaient porter des charges considérables.* **3.** (Madag., oc. Indien) V. canote.

canotage [kanɔtaʒ] n. m. Navigation sur un canot.

canote ou **canot** [kanɔt] n. m. (Madag., oc. Indien) Embarcation légère et pontée à l'avant, utilisée pour la pêche côtière.

canoter [kanɔte] v. intr. [1] Manœuvrer un canot (à l'aviron).

canoteur, euse [kanɔtœʀ, øz] n. **1.** Personne qui canote. **2.** n. m. (Québec) HIST À l'époque de la traite des fourrures et de la découverte de nouveaux espaces, robuste rameur dont le métier était de conduire et de porter un canot (sens 2). *Les habiles canoteurs.*

canotier [kanɔtje] n. m. **1.** MAR Marin qui fait partie de l'équipage d'un canot. **2.** Chapeau de paille à bords et à fond plats.

canoun ou **kanoun** [kanun] n. m. (Maghreb) Fourneau à charbon en terre cuite.

Canova (Antonio) (1757 – 1822), sculpteur italien néo-classique : *l'Amour et Psyché, Pauline Borghèse.*

cantabile [kɑ̃tabile] n. m. MUS Moment ou phrase musicale au mouvement lent, ample et mélodieux. ▷ adv. *Jouer cantabile.*

Cantabrie, communauté autonome du N. de l'Espagne, sur l'Atlantique, et région de la C.E.; 5289 km²; 534690 hab.; cap. *Santander.* Élevage, pêche, industr. lourde.

Cantabriques (monts), prolongement des Pyrénées (2665 m aux Picos de Europa), en Espagne, près du golfe de Biscaye. Houille, fer, zinc.

Cantal (monts du), massif volcanique de France, en Auvergne (1858 m au *plomb du Cantal*). – Dép. : 5741 km²; 158723 hab.; ch.-l. *Aurillac* (32654 hab.). V. Auvergne (Rég.).

cantaloup [kɑ̃talu] n. m. Melon à côtes rugueuses et à chair rouge-orangé.

cantate [kɑ̃tat] n. f. Pièce musicale à caractère lyrique composée pour une ou plusieurs voix avec accompagnement d'orchestre.

cantatrice [kɑ̃tatʀis] n. f. Chanteuse de profession, dont le domaine est essentiellement celui du chant classique et de l'opéra.

Cantemir, famille de boyards moldaves. — **Constantin** (XVIIe s.) gouverna la Moldavie de 1685 à 1693. — **Dimitrie** (1673 – 1723), fils du préc., prince de Moldavie en 1710, s'allia à la Russie pour chasser les Ottomans. Vaincu, il s'exila à la cour de Pierre le Grand (1711), dont il fut l'ami, et épousa une princesse Troubetskoï. Érudit, historien, il écrivit notam. : *Histoire de la grandeur et de la décadence de l'Empire ottoman* et *Description de la Moldavie* (1716) où il affirme que le peuple moldo-valaque a une origine latine.

canter [kɑ̃te] v. [1] (Québec) Fam. **1.** v. tr. Pencher, incliner (qqch). *Canter un vase pour y mettre de l'eau.* ▷ v. intr. *Couper un arbre qui cante trop.* – Avoir sommeil. *Je commence à canter.* **2.** v. pron. Se coucher. *Se canter une petite demi-heure dans l'après-midi.*

Canterbury (en fr. *Cantorbéry*), v. de G.-B. (Kent); 127100 hab. – Université. Cath. (XIe-XVIe s.) mi-romane, mi-gothique.

cantharide [kɑ̃taʀid] n. f. ENTOM Coléoptère à tête large et abdomen mou, de couleur métallique, long de 2 à 3 cm, produisant une substance corrosive, présent, notam. en Afrique, dans les cultures en saison des pluies.

Can Tho, v. du Viêt-nam méridional, ch.-l. de la prov. du m. nom; 284000 hab. Port fluvial sur le Bassac, un des bras du delta du Mékong. Industries agroalimentaire.

cantilène [kɑ̃tilɛn] n. f. **1.** Mélodie douce et mélancolique. **2.** LITTER Récit lyrique et épique médiéval d'un événement malheureux. *La Cantilène de sainte Eulalie* (premier poème en français, v. 880).

cantilever [kɑ̃tiləvœʀ; kɑ̃tiləvɛʀ] adj. inv. (et n. m.) Suspendu en porte à faux, sans haubanage. *Poutre cantilever. Pont cantilever.*

cantine [kɑ̃tin] n. f. **1.** Local où les repas sont servis aux militaires d'une caserne, aux travailleurs d'une entreprise, aux enfants d'une école. ▷ (Afr. subsah.) Établissement servant des repas sommaires. ▷ (Québec) *Cantine mobile :* service de restauration rapide assuré par un petit camion spécial. aménagé qui fait la tournée de chantiers de construction, de garages, etc., à l'heure de la pause, des repas. **2.** Malle robuste. ▷ (Afr. subsah., oc. Indien) Récipient utilisé pour transporter un repas. **3.** (Afr. subsah.) Emplacement fermé qu'occupe un petit détaillant dans un marché ou sur la voie publique. ▷ (Réunion) Débit de boissons installé dans un box sur un marché.

cantinier, ère [kɑ̃tinje, ɛʀ] n. Personne qui tient, qui gère une cantine; serveur, serveuse dans une cantine.

cantique [kɑ̃tik] n. m. **1.** RELIG CATHOL Chant religieux de forme analogue à celle des psaumes. ▷ Chant religieux en langue vulgaire (et non en latin). **2.** Chez les protestants, tout chant religieux autre que les psaumes.

Cantique des cantiques (le), livre de l'Ancien Testament attribué à Salomon, mais vraisemblablement rédigé par un lettré du IVe ou Ve s. av. J.-C.

canton [kɑ̃tɔ̃] n. m. **1.** Portion de route ou de voie ferrée dont l'entretien incombe à un ou plusieurs cantonniers. – Portion de voie ferrée délimitée par une signalisation. **2.** En France, subdivision administrative d'un arrondissement. ▷ (Québec) Unité territoriale, en général de forme rectangulaire, relevant d'un mode de division du territoire instauré à la fin du XVIIIe s. dans le but d'accorder à des particuliers des terres publiques libres de toute redevance. ▷ Au Luxembourg, division administrative. ▷ (Belgique) *Cantons rédimés :* V. rédimer. ▷ Anc. En Afrique sous domination française, subdivision d'un arrondissement. *Chef de canton.* **3.** Chacun des 23 États de la Confédération suisse.

Canton ou **Guangzhou,** port de la Chine du S., cap. du Guangdong, à l'embouchure du Xijiang; 3 181 510 hab. Foyer de l'expansion écon. chinoise dep. les années 1980. – Des comptoirs franç. et brit. s'y installèrent dès le milieu du XIXe s. En 1917, Sun Yat-sen y établit une rép. de la Chine du S. En 1927, une insurrection communiste y fut écrasée par Tchang Kaï-chek.

cantonade [kɑ̃tɔnad] n. f. Chacun des côtés de la scène au-delà duquel se trouvent les coulisses. ▷ Loc. *Parler à la cantonade :* parler à un personnage qui est supposé être dans les coulisses. – *Par ext.* Parler sans s'adresser à un interlocuteur précis.

cantonais, aise [kɑ̃tɔnɛ, ɛz] adj. et n. **1.** adj. De Canton. – *Riz cantonais :* plat chinois composé de riz mêlé à quelques légumes et à de l'œuf. ▷ Subst. *Un(e) Cantonais(e).* **2.** n. m. Dialecte chinois de la région de Canton.

cantonal, ale, aux [kɑ̃tɔnal, o] adj. Qui appartient, qui a rapport au canton.

cantonnement [kɑ̃tɔnmɑ̃] n. m. **1.** Installation temporaire de troupes de passage dans une localité; localité où des troupes sont cantonnées. **2.** Action de diviser un terrain en parcelles délimitées; chacune de ces parcelles.

cantonner [kɑ̃tɔne] v. [1] **I.** v. tr. Établir (des troupes) dans une localité. **II.** v. pron. **1.** Se renfermer, s'isoler. *Il se cantonne chez lui depuis quelques jours.* **2.** Fig. Se spécialiser étroitement (dans), se limiter, se borner (à). *Il se cantonne dans les études théoriques.*

cantonnier [kɑ̃tɔnje] n. m. Ouvrier chargé de l'entretien des routes et des voies ferrées.

cantonnière [kɑ̃tɔnjɛʀ] n. f. Bande d'étoffe formant encadrement autour d'une porte ou d'une fenêtre.

Cantons-de-l'Est. V. Estrie.

Cantor (Georg) (1845 – 1918), mathématicien allemand. Ses travaux sur les nombres réels l'amenèrent à utiliser, le premier, la notion d'ensembles.

canular [kanylaʀ] n. m. Mystification. ▷ *Par ext.* Plaisanterie, farce.

canule [kanyl] n. f. Petit tube rigide que l'on introduit dans une cavité du corps, par voie naturelle ou artificielle, de façon à assurer une communication facile entre l'extérieur et cette cavité *(canule trachéale),* à y introduire un liquide *(canule à lavement)* ou à drainer des liquides pathologiques qu'elle contient *(canule urétrale, vaginale).*

canut, use [kany, yz] n. (Rare au fém.) Ouvrier de la soie, dans la région de Lyon. *La révolte des canuts.*

canyon [kanjɔn] n. m. V. cañon.

Cão (Diogo). V. Cam.

Cao Bang, v. du N. du Viêt-nam, près de la frontière chinoise; 35 000 hab.; ch.-l. de la prov. du m. nom. Mines d'étain, fonderies, tapis. – La *bataille de Cao Bang* (oct. 1950) fut le premier succès militaire de l'armée régulière du Viêt-minh sur le corps expéditionnaire français.

Cao Ba Quat (1809 – 1853), poète vietnamien d'écriture démotique (nôm) et chinoise. Lettré, ce poète rebelle sut faire vibrer le langage populaire et excella dans les «poèmes-chants».

Cao Dai, secte religieuse du Viêt-nam méridional. Fondée en 1926 par Ngô Van Chiêu, un érudit en matière de religions orientales et occidentales, elle mêle bouddhisme, confucianisme, taoïsme et christianisme à un rituel spiritualiste complexe. Cao Dai, mot vietnamien qui signifie «palais suprême», désigne Dieu.

caodaïsme [kaɔdaism] n. m. Religion syncrétique de la secte Cao Dai.

caodaïste [kaɔdaist] adj. et n. Relatif au caodaïsme. *Un temple caodaïste.* ▷ Subst. Adepte du caodaïsme.

caoua [kawa] n. m. Fam. Café.

caouane ou **caouanne** [kawan] n. f. Syn. de *caret.*

caoutchouc [kautʃu] n. m. **I. 1.** Substance élastique provenant du traitement du latex de certains végétaux *(caoutchouc naturel)* ou du traitement d'hydrocarbures éthyléniques *(caoutchouc synthétique). Gants en caoutchouc.* **2.** Bracelet élastique en caoutchouc. **3.** (Afr. subsah., Maurice, Proche-Orient) Pneu d'un véhicule automobile. – Ensemble constitué par le pneu et la chambre à air d'un véhicule automobile. **II.** Nom usuel d'un ficus (fam. moracées), plante ornementale.

caoutchouter [kautʃute] v. tr. [1] Enduire de caoutchouc.

caoutchouteux, euse [kautʃutø, øz] adj. Qui a la consistance du caoutchouc. *Un fromage caoutchouteux.*

caoutchoutier, ère [kautʃutje, ɛʀ] adj. et n. Relatif au caoutchouc. – Qui contient ou qui produit du caoutchouc.

cap [kap] n. m. **I.** Vx Tête. ▷ Loc. mod. *De pied en cap :* des pieds à la tête. **II. 1.** GEOGR Partie d'une côte, souvent élevée, qui s'avance dans la mer. *Le cap Horn. Doubler, passer, franchir un cap.* ▷ Fig. *Passer, franchir un cap,* une limite, une étape. *Passer le cap de la cinquantaine,* des cinquante ans. **2.** Direction d'un navire ou d'un aéronef, définie par l'angle formé par l'axe longitudinal de l'appareil et la direction du nord. *Cap vrai, cap magnétique, cap compas.*

Cap (Le) (en angl. *Cape Town,* en afrikaans *Kaapstad*), grand port et v. de l'Afrique du Sud, sur l'Atlantique, dans la baie de la Table, près du cap de Bonne-Espérance; 1 900 000 hab.; cap. de la prov. du Cap occidental. Centre industr. et comm. Université. Aéroport intern. – La colonie du Cap fut fondée par les Hollandais au XVIIe s. et annexée par l'Angleterre en 1806. En 1910, la région devint une prov. de l'Union sud-africaine. En 1994, elle fut divisée en trois prov. : le Cap occidental, le Cap oriental et le Cap septentrional.

Capa (Andrei Friedmann, dit Robert) (1913 – 1954), photographe américain d'origine hongroise. Il fut l'un des maîtres du reportage de guerre, de la guerre d'Espagne à celle d'Indochine, où il mourut.

capable [kapabl] adj. **1.** Qui est susceptible d'avoir (une qualité), de faire (une chose). *Il est capable de gentillesse. Il est capable de tout,* des pires excès pour arriver à ses fins. ▷ *Capable de* (+ inf.) : qui est à même de, qui est apte à. *Capable de réussir. Il est capable de comprendre s'il veut s'en donner la peine.* ▷ (S. comp.) *Un homme très capable,* habile, compétent. ▷ (Québec) Fam. Qui est fort, robuste. *Un gars encore capable, malgré son âge.* – (Avec ou sans comp.) Fam. *Être capable :* pouvoir. *Je (ne) suis pas capable d'y aller ce soir.* ▷ (Afr. subsah.) Riche (en parlant d'un homme). **2.** DR Qui a les qualités requises par la loi pour. *Capable de tester, de voter.* **3.** GEOM *Arc capable :* ensemble des points d'où l'on voit la corde d'un arc de cercle sous un angle donné.

capacitaire [kapasitɛʀ] n. Personne titulaire de la capacité en droit.

capacité [kapasite] n. f. **I. 1.** Contenance d'un récipient ; volume. *La capacité d'un vase. Mesures de capacité.* **2.** ELECTR Rapport (exprimé en farads) entre la quantité d'électricité qu'un corps ou un condensateur peuvent emmagasiner et la tension qui leur a été appliquée. – *Capacité d'un accumulateur :* quantité d'électricité (exprimée en ampères-heures) que cet accumulateur peut rendre jusqu'à décharge complète. **3.** PHYS *Capacité calorifique* ou *thermique d'un corps,* quantité de chaleur nécessaire pour élever sa température de 1 °C. **II. 1.** Aptitude, habileté. *Il n'a aucune capacité pour ce travail.* ▷ (S. comp., plur.) *Il a des capacités réduites.* **2.** Pouvoir (de faire). *La capacité d'écouter les autres.* **3.** DR Compétence légale. *Capacité de tester, de voter.* **4.** *Capacité en droit :* diplôme délivré après examen, par les facultés de droit, à des étudiants bacheliers ou non (deux ans d'études).

caparaçon [kapaʀasɔ̃] n. m. Anc. Harnachement d'un cheval de bataille.

caparaçonner [kapaʀasɔne] v. tr. [1] **1.** Couvrir d'un caparaçon. **2.** Recouvrir entièrement pour protéger.

Cap-Breton (île du), île du Canada (Nouvelle-Écosse), à l'entrée du golfe du Saint-Laurent; 10 322 km^2; v. princ. *Sydney.* Pêche. Houillères. – L'île fut découverte en 1497 par Jean Cabot.

Cap-de-la-Madeleine, v. du Canada (Québec); 33 700 hab. Centre industriel – Pèlerinage au sanctuaire Notre-Dame-du-Cap.

1. cape [kap] n. f. Manteau ample et sans manches. – *Roman, film de cape et d'épée :* roman, film d'aventures, dont l'action est située à une époque où l'on portait la cape et l'épée, et qui met en scène des héros chevaleresques, batailleurs et généreux. ▷ Loc. fig. *Rire sous cape :* rire à la dérobée, en cachette.

2. cape [kap] n. f. MAR Allure d'un voilier qui fait tête au vent en dérivant, d'un navire à moteur qui réduit sa vitesse et prend le meilleur cap pour être protégé du choc des lames (manœuvre de gros temps). *Prendre la cape, se mettre à la cape.*

Čapek (Karel) (1890 – 1938), écrivain tchèque : *R.U.R., les robots universels de Rossum,* drame de science-fiction dans lequel apparaît le mot «robot» (1924).

capelan [kaplɑ̃] n. m. **1.** Nom de deux poissons du genre *Gadus,* vendus séchés et fumés. **2.** (Québec) Petit poisson marin argenté (fam. salmonidés), apparenté à l'éperlan, qui vient frayer près des côtes.

capeline [kaplin] n. f. Chapeau de femme à bords larges et souples.

Capella. V. Chèvre (la).

caper [kape] v. tr. [1] (Maurice) **1.** Mordre (en parlant d'un chien). *Le chien lui a capé le mollet.* **2.** Loc. fam. *Caper l'école,* ne pas y aller.

CAPES [kapɛs] n. m. Acronyme pour *certificat d'aptitude professionnelle à l'enseignement secondaire.*

CAPET [kapɛt] n. m. Acronyme pour *certificat d'aptitude professionnelle à l'enseignement technique.*

Capet, surnom d'Hugues Ier, fondateur de la dynastie capétienne.

capétien, enne [kapesjɛ̃, ɛn] adj. Relatif à la dynastie des rois de France que fonda en 987 Hugues Capet.

Capétiens, dynastie fondée par Hugues Capet et qui, succédant aux Carolingiens, régna sur la France en ligne directe de 987 à 1328. La branche des Valois régna de 1328 à 1589, et celle des Bourbons de 1589 à 1830.

Cap-Haïtien, port d'Haïti, sur la côte atlantique (au N. de l'île); 64400 hab. Raff. de sucre. Tourisme. – Appelée *Cap-Français,* la ville fut la cap. de Saint-Domingue (colonie franç. qui est auj. la république d'Haïti) de 1670 à 1770.

capharnaüm [kafaʀnaɔm] n. m. Fam. Lieu qui renferme beaucoup d'objets entassés pêle-mêle, endroit en désordre.

Capharnaüm (auj. *Kefar Nahum*), v. de l'anc. Galilée, près du lac de Tibériade. Jésus y prêcha.

1. capillaire [kapilɛʀ] adj. et n. m. **1.** Relatif aux cheveux. *Lotion capillaire. Soins capillaires.* **2.** Fin comme un cheveu. ▷ ANAT *Vaisseaux capillaires :* vaisseaux sanguins très fins, organisés en réseaux complexes entre les artérioles et les veinules dans tous les tissus. *C'est au niveau des vaisseaux capillaires que s'effectuent les échanges gazeux et nutritifs, et l'élimination des déchets.* ▷ n. m. *Les capillaires.* **3.** PHYS Relatif aux phénomènes de capillarité.

2. capillaire [kapilɛʀ] n. m. Fougère au pétiole fin et long portant de nombreuses folioles très découpées.

capillarité [kapilaʀite] n. f. **1.** Qualité, état de ce qui est capillaire. **2.** Propriété des tubes capillaires. **3.** PHYS Phénomène d'ascension des liquides dans les tubes fins.

capine [kapin] n. f. (Québec) Bonnet de bébé à bords souples qui s'attache sous la gorge.

capita [kapita] n. m. (Afr. subsah.) **1.** Chef d'un petit village; son adjoint. **2.** En Afrique Centrale, syn. de *contremaître.*

capitaine [kapitɛn] n. m. **I. 1.** Officier des armées de terre et de l'air, se situant au-dessus du lieutenant et au-dessous du commandant dans la hiérarchie militaire. *Le capitaine commande une compagnie, un escadron ou une batterie.* **2.** MAR *Capitaine de vaisseau, de frégate, de corvette :* officiers de la marine militaire dont les grades correspondent, dans l'armée de terre, respectivement à ceux de colonel, de lieutenant-colonel et de commandant. **3.** Officier commandant un navire de commerce. – *Capitaine d'un port.* ▷ Cour. Commandant d'un navire. **4.** Litt. Chef militaire. *Alexandre et Napoléon furent de grands capitaines.* **5.** Chef d'une équipe sportive. **II. 1.** (Antilles fr., Madag.) Poisson téléostéen des eaux côtières tropicales (genres *Polydactylus* et *Pentanemus*). **2.** (Afr. subsah.) Poisson d'eau douce, aussi appelé *perche du Nil,* dont la chair savoureuse est appréciée.

capitainerie [kapitɛnʀi] n. f. Bureau et services du capitaine d'un port.

1. capital, ale, aux [kapital, o] adj. et n. f. **I.** adj. **1.** Principal, essentiel. *Le point capital de cette affaire. Une découverte capitale. Les sept péchés capitaux.* **2.** *Peine capitale :* peine de mort. **II.** n. f. **1.** Ville où siègent les pouvoirs publics d'un État, d'une province. *Paris, capitale de la France.* **2.** Lettre majuscule. *Écrire en capitales d'imprimerie.*

2. capital, aux [kapital, o] n. m. **1.** Cour. Bien, fortune. *Avoir un petit capital.* – *Manger son capital :* se ruiner. ▷ Fig. *Le capital historique de la France.* **2.** ECON Somme de richesses produisant d'autres richesses. **3.** Ensemble des moyens (financiers et techniques) dont dispose une entreprise industrielle ou commerciale. *Évaluer le capital réel d'une société. Capital technique.* ▷ *Capital nominal* ou *social :* somme des apports initiaux contractuels des actionnaires qui constituent une société. *Société anonyme au capital de cent mille francs.* **4.** ECON (Collectif) Ceux qui détiennent les moyens de production, les capitalistes; le capitalisme. **5.** *Spécial.* (Plur.) Moyens financiers dont dispose une entreprise ou un particulier pour investir. *La fuite des capitaux à l'étranger. Réunir, investir des capitaux. Manquer de capitaux.* ▷ *Capitaux fixes* (biens meubles et immeubles), *circulants* (liquidités destinées à recouvrir des traites, à payer les salaires). *Capitaux propres* ou *fonds propres :* capital social et réserves appartenant en propre à une entreprise. *Capitaux permanents :* capitaux propres et dettes à long et moyen terme. *Capitaux fébriles* ou *flottants :* V. fébrile.

capitalisable [kapitalizabl] adj. Qui peut être capitalisé.

capitalisation [kapitalizasjɔ̃] n. f. Action de capitaliser ; son résultat.

capitaliser [kapitalize] v. [1] **1.** v. intr. Cour. Accumuler de l'argent pour constituer ou augmenter un capital. **2.** v. tr. ECON Accroître un capital par l'addition (des intérêts qu'il procure).

capitalisme [kapitalism] n. m. **1.** Régime économique fondé sur la primauté des capitaux privés. *L'essor du capitalisme au XIXe s.* **2.** *Par ext.* Régime politique dans lequel le pouvoir est dépendant des détenteurs de capitaux.

capitaliste [kapitalist] adj. et n. **1.** adj. Qui a rapport au capitalisme. *Régime capitaliste.* **2.** n. Personne qui détient des capitaux.

capiteux, euse [kapitø, øz] adj. Qui porte à la tête, qui enivre. *Vin, parfum capiteux.*

Capitole ou **Capitolin** (mont), une des sept collines de Rome; située à l'O. de la v. primitive, entre le Tibre et le Forum. Sur l'un des sommets, Tarquin l'Ancien édifia un temple, le *Capitolium.*

capiton [kapitɔ̃] n. m. **1.** Bourre de soie. **2.** Rembourrage piqué à intervalles réguliers (formant souvent des losanges); chacun de ces losanges. **3.** PHYSIOL Masse épaissie du tissu adipeux sous-cutané.

capitonnage [kapitɔnaʒ] n. m. Action de capitonner; garniture capitonnée.

capitonner [kapitɔne] v. tr. [1] Rembourrer, garnir de capiton. – Pp. adj. *Un siège capitonné. Une porte entièrement capitonnée.*

capitoula [kapitula] ou **capitula** [kapityla] n. m. (Afr. subsah.) Short de toile long, à jambes larges.

capitulaire [kapitylɛʀ] adj. Qui appartient à un chapitre de chanoines ou de religieux. *Salle capitulaire.*

capitulation [kapitylasjɔ̃] n. f. **1.** MILIT Convention pour la reddition d'une place, d'une troupe. *Signer une capitulation.* **2.** (Plur.) HIST Conventions réglant le statut des étrangers chrétiens, notam. dans l'Empire ottoman (1569-1923), en Iran et dans divers pays d'Extrême-Orient. **3.** Fig. Fait de composer avec un adversaire, de céder.

capitule [kapityl] n. m. BOT Inflorescence formée de très nombreuses fleurs sessiles fixées sur un renflement terminal de l'axe floral.

capituler [kapityle] v. intr. [1] **1.** Traiter avec l'ennemi la reddition d'une place, d'une ville, d'une armée. **2.** Fig. Venir à composition, céder.

Cap occidental (Le), prov. d'Afrique du Sud, créée en 1994 (129386 km^2; 3620000 hab.); cap. *Le Cap.* Il présente deux façades maritimes, une à l'O. sur l'Atlantique, une au S. sur l'océan Indien, et englobe les plateaux du Petit et du Grand Karroos.

capon, onne [kapɔ̃, ɔn] adj. (Louisiane, Réunion, Saint-Pierre-et-M.) Peureux, lâche.

Capone (Alphonse Capone, dit Al) (1899 – 1947), gangster américain de Chicago au temps de la prohibition, mort en prison.

capor [kapɔʀ] adj. m. et n. m. (Maurice) Qui est musclé, fort (en parlant d'un homme). *Les déménageurs étaient vraiment capors.*

caporal, aux [kapɔʀal, o] n. m. **1.** Militaire qui a le grade le moins élevé, dans l'infanterie et l'aviation. – *Le Petit Caporal :* Napoléon Ier. – *Caporal-chef :* militaire du grade supérieur à celui de caporal et inférieur à celui de sergent. *Des caporaux-chefs.* **2.** Tabac fort, à fumer. *Du caporal supérieur.*

caporalisme [kapɔʀalism] n. m. Régime politique autoritaire, manière de conduire un État militairement.

Cap oriental (Le), prov. d'Afrique du Sud, créée en 1994 (170616 km^2; 6665000 hab.); cap. *Bisho.* Baignée par l'océan Indien, il comprend une succession de plateaux à l'E. des Karroos et au S.-O. du Drakensberg.

1. capot [kapo] n. m. (Québec) **1.** Vieilli Manteau d'hiver pour homme. *Capot de fourrure, de chat sauvage.* **2.** Loc. fam. *Virer, revirer, changer son capot de bord :* changer d'opinion, d'allégeance de façon radicale (en partic. sur le plan politique). – *En avoir plein son capot :* en avoir assez, être excédé.

2. capot [kapo] n. m. **1.** MAR Toile de protection. **2.** Tôle protectrice recouvrant un moteur.

3. capot [kapo] adj. inv. Se dit d'un joueur qui n'a fait aucune levée, aux cartes. *Être capot.* ▷ Loc. fam. (Québec) *Faire capot :* ne faire aucune levée (aux cartes); revenir bredouille (de la pêche, de la chasse); manquer son coup.

capote [kapɔt] n. f. **1.** Grand manteau à capuchon. **2.** Grand manteau militaire. **3.** Couverture d'une voiture qui se plie à la manière d'un soufflet. **4.** Fam. *Capote anglaise :* préservatif masculin.

Capote (Strekfus Persons, dit Truman) (1924 – 1984), écrivain américain : *la Harpe d'herbe* (1951), *De sang froid* (1966).

capoter [kapɔte] v. [1] **I.** v. intr. **1.** MAR Chavirer. **2.** Se retourner par accident (automobile, avion). **3.** Fig. Échouer. **4.** (Québec) Fam. Devenir fou, s'affoler (face à une situation). – Pp. adj. *Une fille capotée.* **II.** v. tr. **1.** (Afr. subsah., Madag.) Mettre (qqn) capot aux cartes. ▷ Ravir (qqch) à (qqn). **2** (Réunion) Renverser qqch.

Capoue (en ital. *Capua*), v. d'Italie (Campanie), sur le fleuve Volturno; 18 050 hab. Industr. alimentaire. Archevêché. – L'armée d'Hannibal la prit (215 av. J.-C.) et s'y affaiblit («délices de Capoue»). Les Romains reprirent la ville en 211 av. J.-C.

capoule [kapul] n. f. (Belgique, vieilli; Guad.) Frange de cheveux.

Cappadoce, anc. pays d'Asie Mineure, partie intégrante de l'Empire hittite durant le IIe millénaire av. J.-C. Ce fut l'un des premiers centres d'expansion du christianisme. Auj. en Turquie. – Monuments byzantins.

cappella (a) [akapɛlla] Loc. adv. V. a cappella.

Capra (Frank) (1897 - 1991), cinéaste américain d'origine italienne. Il s'illustra dans la comédie sociale et morale : *l'Extravagant Monsieur Deeds* (1936), *Monsieur Smith au Sénat* (1939).

câpre [kɑpʀ] n. f. Bouton floral du câprier, qui, confit dans le vinaigre, sert de condiment.

Capri, île d'Italie (Campanie), à l'entrée S. du golfe de Naples; 7 490 hab.; v. princ. *Capri.* Les rivages sont creusés de grottes. Tourisme.

caprice [kapʀis] n. m. **1.** Fantaisie, volonté soudaine et irréfléchie. *Satisfaire les caprices d'un enfant.* **2.** (Plur.) Changements imprévisibles. *Les caprices de la mode.* **3.** Fantaisie amoureuse. *«Les Caprices de Marianne», comédie de Musset* (1833).

capricieusement [kapʀisjøzmɑ̃] adv. Par caprice.

capricieux, euse [kapʀisjø, øz] adj. et n. **1.** (Personnes) Qui a des caprices, fantasque. *Une diva capricieuse.* ▷ Subst. *Un capricieux.* **2.** (Choses) Irrégulier, dont la forme change. *Les flots capricieux.*

capricorne [kapʀikɔʀn] n. m. **1.** ASTRO *Le Capricorne :* constellation zodiacale de l'hémisphère austral. – *Tropique du Capricorne :* tropique austral. ▷ ASTROL Signe du zodiaque* (22 déc.-20 janv.). – Ellipt. *Il est capricorne.* **2.** Coléoptère aux longues antennes (fam. cérambycidés), dont les larves vivent dans le bois.

câprier [kɑpʀije] n. m. Arbuste épineux des zones périméditerranéennes, à grandes fleurs odorantes. – *Câprier d'Afrique :* plante épineuse dont les racines ont des propriétés médicinales.

caprifoliacées [kapʀifɔljase] n. f. pl. BOT Famille de dicotylédones gamopétales, comprenant le chèvrefeuille, le sureau, les viornes, etc. – Sing. *Une caprifoliacée.*

caprimulgiformes [kapʀimylʒifɔʀm] n. m. pl. ORNITH Ordre d'oiseaux nocturnes au plumage terne et aux pattes courtes, comprenant notam. l'engoulevent. – Sing. *Un caprimulgiforme.*

caprin, ine [kapʀɛ̃, in] adj. Qui se rapporte à la chèvre; de la chèvre. *Une race caprine.*

caprinés [kapʀine] n. m. pl. ZOOL Sous-famille de bovidés ayant des cornes à grosses côtes transversales (chèvres, bouquetins, chamois, moutons). – Sing. *Un capriné.*

Cap septentrional (Le), prov. d'Afrique du Sud, créée en 1994 (363 389 km²; 763 000 hab.); cap. *Kimberley.* Il s'étend de l'Atlantique au fleuve Orange et couvre une partie du Kalahari.

capside [kapsid] n. f. MICROB Formation de molécules protéiques, en forme de coque, qui entoure le matériel génétique (A.D.N. ou A.R.N.) d'un virus.

capsule [kapsyl] n. f. **1.** ANAT *Capsule articulaire :* enveloppe membraneuse qui entoure une articulation. – *Capsules surrénales :* glandes surrénales. **2.** BOT Fruit sec déhiscent contenant plusieurs graines (des lis, des tulipes, etc.). **3.** MICROB Enveloppe protectrice de certaines bactéries. **4.** CHIM Vase en forme de calotte dont on se sert pour faire évaporer un liquide. **5.** Couvercle en métal ou en plastique que l'on applique sur le bouchon ou le goulot d'une bouteille. **6.** Enveloppe soluble de certains médicaments. **7.** *Capsule spatiale :* habitacle hermétique destiné à être satellisé.

capsuler [kapsyle] v. tr. [1] Boucher (une bouteille) avec une capsule.

captage [kaptaʒ] n. m. Action de capter (des eaux).

captation [kaptasjɔ̃] n. f. DR Manœuvre malhonnête destinée à amener quelqu'un à consentir à une donation, un legs.

capter [kapte] v. tr. [1] **1.** Obtenir par insinuation, par artifice. *Capter la confiance de quelqu'un.* **2.** Recueillir, canaliser. *Capter les eaux d'une source.* **3.** Recevoir (une émission radioélectrique) sur un poste récepteur. Syn. (Maghreb) réceptionner. **4.** PHYS NUCL *Atome qui capte un électron,* qui l'intègre à sa couche périphérique.

capteur [kaptœʀ] n. m. TECH Organe capable de détecter un phénomène (bruit, lumière, etc.) à sa source et d'envoyer l'information vers un système plus complexe (calculateur en temps réel, par ex.). – *Capteur solaire :* panneau creux peint en noir, à l'intérieur duquel circule un fluide qui absorbe l'énergie calorifique transportée par le rayonnement solaire.

captieux, euse [kapsjø, øz] adj. Litt. Qui tend à tromper, à surprendre par de fausses apparences; insidieux. *Discours captieux.*

captif, ive [kaptif, iv] adj. et n. **1.** Privé de la liberté, emprisonné, enfermé. *Un oiseau captif.* ▷ Subst. HIST ou litt. *Un captif, une captive :* une personne privée de sa liberté et, *spécial.*, faite prisonnière au cours d'une guerre et réduite en esclavage. – (Afr. subsah.) HIST *Captif de case :* esclave attaché à une famille. *Captif de la couronne :* esclave du roi. – (Afr. subsah.) Descendant d'anciens captifs. **2.** *Ballon captif :* aérostat retenu au sol par un câble. **3.** Litt. Assujetti.

captivant, ante [kaptivɑ̃, ɑ̃t] adj. Qui captive, qui charme. *Un livre captivant.*

captiver [kaptive] v. tr. [1] Attirer et retenir l'attention de ; séduire, charmer. *Cette histoire m'a captivé.*

captiverie [kaptivʀi] n. f. HIST En Afrique, bâtiment dans lequel on détenait les captifs avant leur déportation.

captivité [kaptivite] n. f. État d'une personne captive. *Vivre en captivité.*

capture [kaptyʀ] n. f. **1.** Fait de capturer. *La capture d'un animal, d'un criminel.* ▷ PHYS *Capture d'une particule,* par le noyau d'un atome. ▷ GEOGR *Capture d'un cours d'eau par un autre :* détournement naturel du premier vers le lit du second. **2.** Ce qui a été pris.

capturer [kaptyʀe] v. tr. [1] **1.** Prendre vivant (un être humain, un animal). *Capturer un lion.* – Par anal. *Capturer un navire ennemi.* **2.** PHYS (En parlant du noyau d'un atome.) Absorber (une particule).

capuche [kapyʃ] n. f. **1.** Capuchon ample qui se rabat sur les épaules. **2.** Capuchon amovible d'un vêtement.

capuchon [kapyʃɔ̃] n. m. **1.** Grand bonnet fixé sous le col d'une veste, d'un manteau, etc. **2.** Élément servant à protéger, à fermer. *Le capuchon d'un stylo.*

capucin, ine [kapysɛ̃, in] n. **1.** Religieux d'une branche de l'ordre des Franciscains. **2.** n. m. ZOOL Nom de divers singes d'Amérique du Sud. ▷ (Afr. subsah.) Nom cour. donné à certains cercopithèques.

capucine [kapysin] n. f. **1.** Plante ornementale cultivée pour ses fleurs vivement colorées. (Une espèce est grimpante.) **2.** Célèbre ronde enfantine. *Danser la capucine.*

Capulets (les). V. Roméo et Juliette.

capverdien, enne [kapvɛʀdjɛ̃, ɛn] adj. et n. Du Cap-Vert ▷ Subst. *Un(e) Capverdien(ne).*

Cap-Vert (république des îles du) (*República das Ilhas do Cabo Verde*), État d'Afrique occidentale.
▸ V. carte et dossier, p. 1412.

capybara [kapibaʀa] n. m. Nom cour. du cabiai.

caque [kak] n. f. Baril où l'on met les harengs salés.

caquelon [kaklɔ̃] n. m. Poêlon en terre cuite ou en fonte, utilisé pour faire cuire la fondue.

caquet [kakɛ] n. m. **1.** Gloussement de la poule qui vient de pondre. **2.** Fig. *Rabaisser, rabattre le caquet de qqn,* le faire taire.

caquetage [kaktaʒ] n. m. **1.** Action de caqueter (sens 1). **2.** Bavardage, commérage.

caqueter [kakte] v. intr. **[20]** **1.** Glousser après avoir pondu (poules). **2.** Fig. Bavarder à tort et à travers.

1. car [kaʀ] conj. de coord. (Pour indiquer que l'on va énoncer la cause, la preuve, la raison de ce que l'on vient de formuler.) *Il ne sort pas, car il pleut.*

2. car [kaʀ] n. m. **1.** Autocar. **2.** (Afr. subsah., Madag.) Véhicule de transport en commun urbain, interurbain et de tourisme. – *Car rapide :* petit autobus appartenant à une entreprise privée.

carabe [kaʀab] n. m. ENTOM Coléoptère (genre *Carabus*) généralement noir à reflets métalliques, commun surtout en Europe et en Asie.

carabella [kaʀabɛla] n. f. (Haïti) **1.** Tissu bleu gris. **2.** Robe ample taillée dans ce tissu, portée plus partic. par les paysannes.

carabine [kaʀabin] n. f. Fusil léger à canon court.

carabiné, ée [kaʀabine] adj. Fam. D'une grande force, violent. *Un rhume carabiné.*

carabistouille [kaʀabistuj] n. f. (Belgique, France rég.) Fam. Baliverne. (Souvent employé au plur. en France rég.)

Carabosse, fée malfaisante et contrefaite dans les contes de Perrault.

caracal [kaʀakal] n. m. ZOOL Lynx d'Afrique et d'Asie, au pelage fauve clair.

Caracalla (Marcus Aurelius Antoninus Bassianus, dit) (188 – 217), empereur romain (211-217), fils de Septime Sévère. Il accorda la citoyenneté romaine à tous les hommes libres de l'Empire. Bâtisseur (thermes de Caracalla, à Rome), guerrier (contre les Alamans et les Parthes), il fut assassiné.

Caracas, cap. du Venezuela, à 1050 m d'alt.; 1232250 hab. (aggl. urb. 3400000 hab.). Reliée à La Guaira, port sur la mer des Antilles. Industr. – Université. Archevêché.

caraco [kaʀako] n. m. **1.** Sous-vêtement féminin couvrant le buste. **2.** (Haïti) Robe longue et ample, portée à la campagne.

caracole [kaʀakɔl] n. f. (Belgique, France rég.) Escargot (sens 1).

caracoler [kaʀakɔle] v. intr. [1] **1.** Faire des voltes, en parlant de chevaux et de leurs cavaliers. **2.** *Par ext.* Cabrioler. ▷ (Louisiane) Gesticuler, gambader; danser. Syn. corcobier. **3.** Fig. Évoluer avec aisance. *Cycliste qui caracole en tête de la course.*

caractère [kaʀaktɛʀ] n. m. **I.** Empreinte, marque, figure. **1.** Signe d'une écriture. *Les caractères cunéiformes d'une tablette assyrienne. Écrivez en gros caractères.* **2.** TYPO Bloc métallique portant une figure de lettre en relief. *Caractères d'imprimerie.* – Dessin propre à un type de lettre. *Choisir les caractères d'une brochure.* **3.** Fig. Empreinte. **II.** Marque distinctive. **1.** Ce qui distingue une personne, une chose. *Les caractères innés s'opposent aux caractères acquis.* **2.** Élément particulier (à une chose). *Sa maladie a un caractère grave.* **3.** *Absol.* Personnalité, originalité. *Cette œuvre manque de caractère.* **III. 1.** Ensemble des possibilités de réactions affectives et volontaires qui définissent la structure psychologique d'un individu; manière d'être, d'agir. *Ces deux frères ont des caractères opposés. Montrer un bon caractère.* **2.** Force d'âme, fermeté. *Montrer du caractère.* **3.** Ensemble de traits distinctifs (d'une personne, d'un groupe); leur transcription littéraire. *Le caractère de Joad dans «Athalie».* **4.** Personnalité (d'un peuple, d'une nation). *Le caractère national italien.*

caractériel, elle [kaʀakteʀjɛl] adj. et n. PSYCHO **1.** adj. Relatif au caractère (sens III, 1). *Troubles caractériels.* **2.** n. Personne qui présente des troubles du caractère.

caractérisation [kaʀakteʀizasjɔ̃] n. f. Manière dont qqch se caractérise ; action, fait de caractériser.

caractérisé, ée [kaʀakteʀize] adj. Dont les caractères propres apparaissent immédiatement. *Une maladie caractérisée. Des injures caractérisées.*

caractériser [kaʀakteʀize] v. tr. [1] **1.** Décrire avec précision (une personne ou une chose) par ses traits distinctifs. *Proust caractérise ses personnages avec subtilité.* **2.** Constituer les traits caractéristiques de. *La sottise qui caractérise cet homme.* ▷ v. pron. Être déterminé par tel ou tel caractère (sens II).

caractéristique [kaʀakteʀistik] adj. et n. f. **I.** adj. Qui distingue d'autre chose. *Une différence caractéristique.* **II.** n. f. **1.** Ce qui caractérise (qqn ou qqch). – Trait particulier. **2.** MATH *Caractéristique d'un logarithme,* sa partie entière (par oppos. à *mantisse,* sa partie décimale).

caractérologie [kaʀakteʀɔlɔʒi] n. f. Partie de la psychologie qui étudie les types de caractères.

caracul [kaʀakyl] n. m. V. karakul.

carafe [kaʀaf] n. f. **1.** Bouteille de verre à base élargie et col étroit. – Son contenu. *Boire une carafe d'eau.* **2.** Loc. fam. *Rester en carafe :* être laissé de côté ou rester en panne.

carafon [kaʀafɔ̃] n. m. Petite carafe.

Caragiale (Ion Luca) (1852 – 1912), écrivain roumain. Ses comédies aux accents tragiques montrent avec un réalisme atteignant parfois à la caricature une humanité petite-bourgeoise captive de sa médiocrité : *Une nuit orageuse* (1878), *M. Léonidas face à la réaction* (1879), *Une lettre perdue* (1884), *Calamités* (drame, 1890). Nouvelles et contes : *Un cierge de Pâques* (1892), *Kir Ianulea* (1909).

caraïbe [kaʀaib] adj. et n. **I.** adj. **1.** Des Caraïbes; des îles de la mer des Caraïbes. *La zone caraïbe.* **2.** Du groupe ethnique des Caraïbes. ▷ Subst. *Un(e) Caraïbe.* **II.** n. m. *Le caraïbe :* le groupe des langues de cette région.

Caraïbes, groupe ethnique qui peuplait les Petites Antilles et la côte de Guyane lors de l'arrivée des Européens (XVᵉ s.). En 1660, il n'y avait que 6000 survivants, dont les très rares descendants résident auj. à la Dominique, à Saint-Vincent, au Honduras et au Guatemala.

Caraïbes (mer des). V. Antilles (mer des).

caraille ou **carail** [kaʀaj] n. f. (ou m.) (Maurice, Réunion) Récipient culinaire de forme hémisphérique, pourvu d'anses, utilisé pour la cuisson à feu vif. *La caraille est utilisée pour la cuisine chinoise ou indienne.*

Caramanlis (Constantin) (1907), homme politique grec. Président du Conseil (1955-1963 et 1974-1980) puis président de la Rép. ((1980-1985 et 1990-1995).

carambolage [kaʀɑ̃bɔlaʒ] n. m. **1.** Au billard, coup par lequel une bille en touche deux autres. **2.** Fig. Chocs répétés, en série.

carambole [kaʀɑ̃bɔl] n. f. Fruit sphérique et orangé du carambolier. – *Par ext.* Bille rouge, au jeu de billard.

caramboler [kaʀɑ̃bɔle] v. [1] **1.** v. intr. Au billard, toucher deux billes avec la sienne. **2.** v. tr. Fig. Heurter, bousculer, renverser.

carambolier [kaʀɑ̃bɔlje] n. m. Petit arbre originaire de l'Inde, cultivé dans les régions tropicales pour son fruit comestible, la carambole.

carambouillage [kaʀɑ̃bujaʒ] n. m. ou **carambouille** [kaʀɑ̃buj] n. f. Escroquerie qui consiste à revendre au comptant des marchandises non payées.

caramel [kaʀamɛl] n. m. (Peut être fém. en Belgique, au Luxembourg) **1.** Produit obtenu en chauffant du sucre. ▷ adj. inv. Brun clair. *Une étoffe caramel.* **2.** Bonbon au caramel.

caramélisation [kaʀamelizasjɔ̃] n. f. Transformation du sucre en caramel.

caraméliser [kaʀamelize] v. tr. [1] **1.** Transformer du sucre en caramel. – Pp. adj. *Sucre caramélisé.* **2.** Additionner de caramel. **3.** Enduire de caramel.

carangue [kaʀɑ̃g] n. f. ICHTYOL Poisson perciforme pélagique (genre *Caranx* et voisins) au corps comprimé, commun dans toutes les mers chaudes, pouvant dépasser 1 m de long.

carapa [kaʀapa] n. m. Arbre d'Afrique (fam. méliacées), aussi appelé *touloucouna,* dont les graines fournissent une huile médicinale.

carapace [kaʀapas] n. f. **1.** Formation tégumentaire très dure, enveloppe protectrice du corps de certains animaux. *Carapace cornée des chéloniens. Carapace calcifiée des crustacés.* **2.** Fig. Ce qui protège. *Un égoïste protégé par une carapace d'indifférence.*

carat [kaʀa] n. m. **1.** Vingt-quatrième partie d'or fin contenue dans une masse d'or. **2.** Unité de masse pour les diamants, les pierres précieuses (0,2 g).

Caravage (Michelangelo Merisi, ou Amerighi ou Merighi, dit *il Caravaggio,* en fr. le) (v. 1573 – 1610), peintre italien. Les contrastes violents qui accentuent le réalisme de ses œuvres exercèrent une influence sur la peinture européenne.

caravanage [kaʀavanaʒ] n. m. Camping itinérant avec une caravane. Syn. (off. déconseillé) caravaning.

1. caravane [kaʀavan] n. f. **1.** Groupe de personnes (commerçants, pèlerins, nomades, etc.) voyageant ensemble pour traverser un désert. **2.** *Par ext.* Groupe de personnes voyageant ensemble. *Une caravane de touristes.*

2. caravane [kaʀavan] n. f. Roulotte de tourisme remorquée par une voiture. Syn. (Québec) roulotte.

1. caravanier, ère [kaʀavanje, ɛʀ] n. m. et adj. **1.** n. m. Conducteur des bêtes de somme d'une caravane. **2.** adj. Relatif aux caravanes. *Une piste caravanière.*

2. caravanier, ère [kaʀavanje, ɛʀ] n. Personne qui utilise une caravane.

caravaning [kaʀavaniŋ] n. m. (Anglicisme) Syn. (off. déconseillé) de *caravanage.*

caravansérail [kaʀavɑ̃seʀaj] n. m. Lieu destiné à abriter les caravanes et à héberger les voyageurs, en Orient.

caravelle [kaʀavɛl] n. f. Anc. Navire à trois ou quatre mâts, à voiles latines, utilisé aux XVᵉ et XVIᵉ s., notam. dans les grands voyages de découverte. *La* Santa-Maria, *caravelle de Christophe Colomb.*

carb(o)-. Élément, du lat. *carbo, carbonis,* «charbon».

carbet [kaʀbɛ] n. m. (Antilles fr., Guyane) Grande case, commune à plusieurs familles. ▷ Hangar abritant les embarcations et les engins de pêche.

Carbet (Le), ch.-l. de cant. de la Martinique (arr. de Fort-de-France), à l'embouchure du *Carbet,* riv. née dans les *pitons du Carbet* (1196 m d'alt.); 3022 hab.

carbochimie [kaʀboʃimi] n. f. Chimie industrielle des dérivés provenant de la cokéfaction de la houille (ammoniac, méthane, éthylène, acétylène, benzols, etc.).

carbonades ou **carbonnades** [kaʀbonad] n. f. pl. CUIS Plat à base de viande de bœuf cuite à l'étuvée, spécialité belge. – *Carbonades flamandes,* dont les morceaux de bœuf sont imbibés de bière avant la cuisson. ▷ *Par méton.* Morceau de bœuf de second choix utilisé pour préparer ce plat. *Un kilo de carbonades.*

carbonarisme [karbɔnarism] n. m. **1.** Ensemble des principes, de la doctrine des carbonari. **2.** Organisation, mouvement politique des carbonari.

carbonaro, plur. **ari** [karbɔnaro, ari] n. m. Membre d'une société secrète, active en Italie au XIXe s., qui luttait pour la libération et l'unité nationales. *Les carbonari étaient groupés en sections appelées «ventes».*

carbonate [karbɔnat] n. m. CHIM Sel ou ester de l'acide carbonique.

carbone [karbɔn] n. m. **1.** Élément non métallique (symbole C), de numéro atomique Z = 6. *La masse atomique du carbone 12, isotope* ^{12}C *(M = 12), a été choisie comme base pour le calcul des masses atomiques des éléments.* ▷ *Fibre de carbone,* obtenue par pyrolyse de matières acryliques, et que l'on incorpore dans une matrice en résine époxy ou en alliage léger pour obtenir un matériau composite de très haute résistance. **2.** Cour. *Papier carbone* ou *carbone :* papier enduit d'un apprêt coloré sur une face, permettant d'exécuter des doubles, notam. en dactylographie.
ENCYCL Le carbone est peu abondant à l'état natif. On le trouve sous forme de diamant, de graphite (variétés allotropiques) et de charbons minéraux (houille et lignite). En composition, l'élément carbone se rencontre dans les hydrocarbures et les carbonates; c'est l'un des constituants fondamentaux de la matière vivante. L'atmosphère contient 0,03 % de dioxyde de carbone (CO_2), lequel joue un rôle fondamental dans la photosynthèse. L'oxyde de carbone (CO), produit par la combustion incomplète de composés carbonés, présente une grande toxicité. L'isotope radioactif carbone 14 (^{14}C) permet la datation* des corps organiques.
Biochim. – *Cycle du carbone.* Les végétaux chlorophylliens et certaines bactéries, dits autotrophes, assimilent sous forme de CO_2 (assimilation chlorophyllienne ou photosynthèse) le carbone à partir duquel ils synthétisent leur matière vivante. Les autotrophes sont consommés par les animaux qui, hétérotrophes, sont incapables d'une telle assimilation; le CO_2 dégagé lors de la respiration est récupéré par les autotrophes, mais une partie importante se perd, fixée sous forme de calcaire (squelettes, coquilles, etc.).

carboné, ée [karbɔne] adj. CHIM Qui contient du carbone.

carbonifère [karbɔnifɛr] n. m. et adj. **1.** n. m. GEOL *Le carbonifère :* la période de la fin de l'ère primaire, allant du dévonien au permien, pendant laquelle se constituèrent d'importantes couches de houille. ▷ adj. *La période carbonifère.* **2.** adj. Qui contient du carbone. *Roche carbonifère.*

carbonique [karbɔnik] adj. CHIM *Anhydride* ou *gaz carbonique :* dioxyde de carbone (CO_2). ▷ *Acide carbonique :* acide faible (H_2CO_3), que l'on ne trouve jamais à l'état libre. ▷ *Neige carbonique :* gaz carbonique solidifié.

carbonisation [karbɔnizasjɔ̃] n. f. Réduction de matières organiques à l'état de charbon sous l'action de la chaleur.

carboniser [karbɔnize] v. tr. [1] **1.** Réduire (un corps) en charbon par la chaleur. *Les poutres ont été carbonisées par l'incendie.* **2.** *Par ext.* Cuire, rôtir à l'excès. *Le pain est presque carbonisé.*

carbonnades [karbɔnad] n. f. pl. V. carbonades.

carbonyle [karbɔnil] n. m. CHIM Radical bivalent C=O que possèdent les aldéhydes, les cétones et les composés résultant de l'union du fer ou du nickel avec l'oxyde de carbone.

car-brousse [karbrus] n. m. (Madag.) Car circulant hors des villes. *Des cars-brousse(s).* (V. taxi-brousse.)

carburant, ante [karbyrɑ̃, ɑ̃t] adj. et n. m. **1.** adj. Qui contient une matière combustible. **2.** n. m. Combustible qui, mélangé à l'air, est facilement inflammable. (Les carburants les plus utilisés proviennent de la distillation du pétrole : essence, gazole, etc.; on peut également fabriquer des carburants synthétiques : essences, benzol, méthanol, alcool éthylique, etc.) Syn. (Djibouti) mazout.

carburateur, trice [karbyratœr, tris] adj. et n. m. **1.** adj. Qui sert à la carburation. **2.** n. m. Appareil servant à mélanger à l'air le carburant vaporisé qui alimente un moteur à explosion.

carburation [karbyrasjɔ̃] n. f. **1.** METALL Addition de carbone à un métal. *Acier obtenu par carburation du fer.* **2.** Mélange de l'air et du carburant dans un moteur à explosion.

carbure [karbyr] n. m. **1.** CHIM Combinaison binaire du carbone avec un métal. **2.** Cour. Carbure de calcium.

carburé, ée [karbyre] adj. **1.** CHIM Qui contient du carbone. **2.** TECH Mélangé à un carburant. *Gaz carburé.*

carburer [karbyre] v. [1] **1.** v. tr. Additionner de carbone (un métal). *Carburer du fer.* **2.** v. intr. (Choses) Faire la carburation. *Un moteur qui carbure bien.*

carcajou [karkaju] n. m. (Québec) Mammifère carnivore du nord de l'Amérique du N. (fam. mustélidés), au corps massif, au pelage brun foncé marqué de deux larges bandes jaunâtres. *Le carcajou est plus rusé que le renard.*

carcan [karkɑ̃] n. m. **1.** Anc. Cercle de fer avec lequel les condamnés étaient attachés par le cou au pilori. ▷ Fig. *Ce col empesé est un carcan.* **2.** Ce qui entrave la liberté (d'action, de pensée, etc.). *Le carcan des institutions.*

carcasse [karkas] n. f. **1.** Squelette entier d'un animal. – *Spécial.* Cadavre d'un animal de boucherie débarrassé de la peau, de la tête, des pieds et des boyaux. **2.** Assemblage de pièces résistantes, structure qui supporte, soutient, assure la rigidité d'un ensemble. *Carcasse d'un navire en construction. Carcasse radiale* (d'un pneu) : armature d'arceaux métalliques.

Carcassonne, v. de France, ch.-l. du dép. de l'Aude; 44991 hab. Marché du vin. Industr. – Dans la Cité : la plus remarquable enceinte fortifiée du Moyen Âge européen; égl. St-Nazaire, romano-gothique. – La v. fut prise et ravagée en 1209 par Simon de Montfort, et cédée au roi de France en 1247.

carcéral, ale, aux [karseral, o] adj. De la prison, relatif à la prison. *Le régime carcéral.*

carcino-. Élément, du gr. *karkinos,* «cancer».

carcinogène [karsinɔʒɛn] adj. Syn. de *cancérigène.*

carcinologie [karsinɔlɔʒi] n. f. **1.** MED Cancérologie. **2.** ZOOL Étude des crustacés.

carcinome [karsinom] n. m. MED Cancer du tissu épithélial. Syn. épithélioma, épithéliome.

Carcopino (Jérôme) (1881 – 1970), historien français; spécialiste de la Rome antique. Acad. fr. (1955).

cardage [kardaʒ] n. m. Action de carder ; son résultat.

cardamome [kardamɔm] n. f. Plante du S.-E. asiatique, dont les graines très odorantes sont utilisées notam. comme condiment.

Cardamomes (chaîne des), montagne boisée et très arrosée du S.-O. du Cambodge; 1771 m au Phnom Aural.

cardan [kardɑ̃] n. m. Dispositif comportant deux axes de rotation orthogonaux et constituant une liaison mécanique à deux degrés de liberté. *Joint de Cardan, à la Cardan,* pour accoupler deux arbres dont les axes, situés dans le même plan, ne sont ni alignés ni parallèles.

Cardan (Gerolamo Cardano, dit, en fr., Jérôme) (1501 – 1576), mathématicien, médecin et astrologue italien. Il inventa le cardan* et résolut l'équation du troisième degré.

-carde. V. cardi(o)-.

carde [kard] n. f. **1.** Instrument pour carder. ▷ Machine à un ou plusieurs cylindres garnis de pointes, qui sert à carder la laine, le coton. **2.** Côte médiane, comestible, des feuilles de cardon, de bette, etc.

carder [karde] v. tr. [1] Peigner à l'aide d'une carde (les fibres textiles) pour les démêler et les nettoyer. *Carder le coton, la laine.* – Pp. adj. *Laine cardée.*

cardeur, euse [kardœr, øz] n. **1.** Personne chargée du cardage. **2.** n. f. Machine à carder.

cardi(o)-, -carde, -cardie. Éléments, du gr. *kardia,* «cœur».

cardia [kardja] n. m. ANAT Orifice œsophagien de l'estomac.

cardiaque [kardjak] adj. et n. **1.** Du cœur. *Insuffisance cardiaque. Crise cardiaque.* **2.** Qui souffre d'une maladie de cœur. ▷ Subst. *Un(e) cardiaque.*

Cardiff, port de G.-B., sur le canal de Bristol; 272600 hab.; cap. du pays de Galles. Houille; industr. – Archevêché. Université. Chât. (XVe-XVIe s.).

cardigan [kardigɑ̃] n. m. Veste de laine tricotée, à manches longues, boutonnée sur le devant jusqu'en haut, sans col ni revers. Syn. (Suisse) jaquette.

Cardijn (Joseph) (1882 – 1967), prêtre belge. Il jeta les bases de la J.O.C.* (1925); cardinal en 1965.

1. cardinal, ale, aux [kardinal, o] adj. **1.** Litt. Qui sert de pivot, d'articulation, de base; principal. *L'idée cardinale de cette doctrine est... – Les vertus cardinales* (justice, prudence, force, tempérance) *et les vertus théologales. – Les points cardinaux :* le nord, l'est, le sud et l'ouest. **2.** *Nombres cardinaux,* qui désignent une quantité (par opposition aux *nombres ordinaux,* qui désignent un ordre, un rang). ▷ Subst. MATH *Cardinal d'un ensemble fini :* nombre des éléments de cet ensemble (noté card). *S'il existe une bijection entre deux ensembles A et B, card (A) = card (B).*

2. cardinal, aux [kardinal, o] n. m. **1.** Haut dignitaire ecclésiastique, membre du Sacré Collège, électeur et conseiller du pape. *Les cardinaux réunis en conclave élisent le pape.* **2.** ORNITH Oiseau passériforme américain (fam embérizidés) huppé, à bec fort et de couleur vive. ▷ (Afr. subsah., Madag.) Nom donné à divers ignicolores.

cardinalat [kardinala] n. m. Dignité de cardinal.

cardio-. V. cardi(o)-.

cardiogramme [kardjogram] n. m. Tracé obtenu avec le cardiographe.

cardiographe [kardjograf] n. m. Appareil enregistrant les pulsations du cœur.

cardiographie [kardjografi] n. f. Enregistrement des battements du cœur à l'aide du cardiographe.

cardiologie [kardjolɔʒi] n. f. Étude du système cardio-vasculaire et de ses maladies.

cardiologue [kardjolɔg] n. Médecin spécialiste de cardiologie.

cardiopathie [kardjopati] n. f. MED Affection du cœur.

cardiotonique [kardjotɔnik] adj. et n. m. MED Qui augmente la tonicité du muscle cardiaque (médicaments). ▷ n. m. *La digitaline est un cardiotonique.*

cardio-vasculaire [kardjovaskylɛr] adj. Qui concerne le cœur et les vaisseaux. *Les maladies cardio-vasculaires.*

cardon [kardɔ̃] n. m. Plante potagère (fam. composées) cultivée en Europe et en Afrique du Nord.

Carducci (Giosue) (1835 – 1907), poète et critique italien néo-classique : *Odes barbares* (1877-1889). P. Nobel 1906.

Carélie, région du nord de l'Europe, s'étendant de la mer Baltique au cercle polaire. La *Carélie finlandaise* couvre 60 000 km^2. La *Carélie russe* (172 400 km^2; 795 000 hab.; cap. *Petrozavodsk*) fut prise par l'U.R.S.S. à la Finlande en 1940. – Pêche; industr. forestière et papetière.

carême ou **Carême** [karɛm] n. m. **1.** RELIG CATHOL Période de quarante jours, du mercredi des Cendres à Pâques, consacrée par les catholiques à la préparation spirituelle de la fête de Pâques, notam. par l'abstinence et le jeûne. **2.** Abstinence, privation de certains plaisirs pendant les jours de carême. *Faire carême.* ▷ Loc. fam. *Face de carême :* mine triste et austère. **3.** (Réunion) Période de jeûne, quelle que soit la religion pratiquée. ▷ RELIG (Afr. subsah., Maghreb) Jeûne du mois de ramadan. **4.** Aux Antilles françaises, saison chaude et sèche qui s'étend de janvier à mai.

Carême (Maurice) (1899 – 1978), écrivain belge d'expression française. Il a surtout écrit pour les enfants : *Mère* (1935), *la Lanterne magique* (1947), *la Grange bleue* (1961).

carénage [karenaʒ] n. m. **1.** Nettoyage, réparation de la carène d'un navire. **2.** Partie d'un port où l'on carène. **3.** Carrosserie aérodynamique. *Carénage d'une moto.*

carence [karɑ̃s] n. f. **1.** Fait pour une personne, une autorité, de manquer à ses obligations, de se dérober devant ses responsabilités. *La carence du gouvernement.* **2.** MED Absence ou insuffisance dans l'organisme d'un ou de plusieurs éléments indispensables à son équilibre et à son développement. ▷ PSYCHO *Carence affective :* manque d'affection parentale, susceptible de provoquer chez un enfant certains troubles psychologiques. **3.** DR Manque total ou partiel de ressources ou de biens mobiliers permettant de couvrir la dette d'un débiteur. *Procès-verbal de carence.*

carencé, ée [karɑ̃se] adj. MED **1.** Qui présente une carence. *Régime carencé.* **2.** Qui souffre d'une carence. *Organisme carencé.*

carencro [karɑ̃kro] n. m. (Louisiane) Vautour, busard. *Carencro tête noire :* vautour noir. *Carencro tête rouge :* busard de Turquie.

carène [karɛn] n. f. **1.** Partie de la coque d'un navire située au-dessous de la ligne de flottaison, œuvres vives. **2.** BOT Partie inférieure saillante de la corolle des papilionacées, composée des deux pétales opposés à l'étendard.

caréner [karene] v. tr. [14] **1.** MAR Procéder au carénage de (un navire). **2.** Donner une forme aérodynamique à (une carrosserie).

carent, ente [karɑ̃, ɑ̃t] adj. (Afr. subsah.) Incompétent, déficient. *Le gouvernement est carent.*

carentiel, elle [karɑ̃sjɛl] adj. Dû à, relatif à une carence. *Polynévrite carentielle.*

caressant, ante [karesɑ̃, ɑ̃t] adj. **1.** Qui aime caresser, être caressé. *Un animal caressant. Une enfant caressante.* **2.** Fig. Qui procure une impression de douceur. *Des regards caressants.*

caresse [karɛs] n. f. **1.** Attouchement tendre, affectueux ou sensuel. *Faire des caresses à un chat. Couvrir, combler un enfant de caresses.* **2.** Fig. Manifestation tendre d'amour, d'affection. *Une caresse du regard, de la voix.* **3.** Fig. Effleurement. *La caresse du vent sur la peau.*

caresser [karese] v. tr. [1] **1.** Faire des caresses à. ▷ Fig. *Caresser du regard, des yeux :* regarder avec douceur, insistance et envie. **2.** Litt. Frôler, effleurer avec douceur. *Caresser les cordes, les touches d'un instrument.* **3.** Fig. *Caresser un espoir, une idée, un projet,* le cultiver complaisamment.

caret [karɛ] n. m. Grande tortue des mers tropicales et subtropicales (*caretta caretta*), pouvant peser plus de 400 kg, comestible, dont l'écaille est très recherchée. Syn. caouane.

carex [karɛks] n. m. BOT Genre de roseau des zones humides à feuilles rubanées coupantes (fam. cypéracées).

car-ferry [karferi] n. m. Syn. (off. déconseillé) de *transbordeur. Des car-ferries.*

cargaison [kargɛzɔ̃] n. f. **1.** Ensemble des marchandises dont est chargé un navire, un avion ou un camion. *Décharger une cargaison de bananes.* **2.** Fam. Grande quantité.

cargo [kargo] n. m. Navire destiné au transport des marchandises. – *Cargo mixte,* qui peut transporter aussi des passagers.

carguer [karge] v. tr. [1] MAR Replier (une voile) contre la vergue à l'aide de cordages *(cargues).*

cari, carri, carry, cary, kari [kari] n. m. **1.** Syn. de *curry* (sens 1). **2.** Plat de viande, de poisson ou d'œufs, préparé avec cet assaisonnement. Syn. curry. **3.** (Réunion) Repas constitué d'un plat unique. *Le cari est dans l'île de la Réunion ce que les frites sont en Belgique.* Syn. curry.

cariat ou **caria** [karja] n. m. (oc. Indien) Termite. ▷ *Par métaph.* Personne qui tire profit de tout.

cariaté, ée [karjate] adj. (oc. Indien) Qui est vermoulu par les cariats. ▷ *Par métaph.* (Personnes) Qui est fatigué, démoralisé. – Qui est corrompu.

cariatide ou **caryatide** [karjatid] n. f. ARCHI Statue figurant une femme debout soutenant sur la tête un balcon, une corniche, etc.

caribou [karibu] n. m. **1.** Grand cervidé d'Amérique du Nord, aux bois longs et aplatis (chez le mâle et la femelle), qui se déplace en troupeaux importants. *Le caribou et le renne d'Europe et d'Asie septentrionale forment une seule espèce.* **2.** (Québec) Boisson faite d'un mélange de vin rouge et d'alcool, consommée notam. pendant la saison froide.

caricatural, ale, aux [karikatyral, o] adj. Qui a les caractères de la caricature. *Un nez caricatural. Une représentation caricaturale.*

caricature [karikatyr] n. f. **1.** Dessin, peinture qui, par l'exagération de certains traits choisis, donne d'une personne une représentation satirique. **2.** Représentation délibérément déformée de la réalité, dans une intention satirique ou polémique. *Ce reportage est une caricature de la réalité.* **3.** Personne très laide ou ridiculement habillée.

caricaturer [karikatyre] v. tr. [1] Faire la caricature de. *Molière a caricaturé la médecine de son époque.*

caricaturiste [karikatyrist] n. Artiste, dessinateur qui fait des caricatures.

caricole [karikɔl] n. f. (Belgique) Bigorneau.

carie [kari] n. f. **1.** MED *Carie osseuse :* inflammation et destruction du tissu osseux. ▷ *Carie dentaire :* altération de l'émail et de l'ivoire de la dent, évoluant vers l'intérieur par formation de cavités qui aboutissent à la destruction de celle-ci. **2.** BOT *Carie du bois :* altération et décomposition des tissus ligneux. ▷ *Carie des céréales :* maladie cryptogamique qui détruit les grains.

ENCYCL Méd. – *La carie dentaire* est favorisée notam. par les maladies générales, les carences en substances minérales, l'abus d'aliments sucrés et la mauvaise hygiène dentaire. On la prévient en se brossant verticalement les dents après chaque repas pour éliminer les débris d'aliments restés entre les dents et en ne consommant pas de sucre entre les repas; du fluor doit être administré aux femmes enceintes et aux enfants de moins de 15 ans.

carié, ée [karje] adj. Atteint par la carie. *Une dent cariée.*

carier [karje] v. tr. [2] **1.** Gâter, détruire par la carie. **2.** v. pron. Être atteint par la carie.

Carignan-Salières (régiment de), troupe française d'élite qui fut envoyée au Canada, en 1665, pour combattre les Iroquois. Une partie des soldats du régiment choisit de s'installer dans le pays, contribuant ainsi à son peuplement.

carillon [karijɔ̃] n. m. **1.** Ensemble de cloches accordées à différents tons. ▷ Sonnerie que ces cloches font entendre. **2.** Sonnerie d'une horloge, d'une pendule, qui se déclenche à intervalles réguliers. ▷ Horloge, pendule possedant un carillon. **3.** Instrument de musique constitué de lames ou de timbres accordés que l'on fait résonner en les frappant avec un petit marteau.

Carillon (fort), fort de la Nouvelle-France édifié en 1756 par les Français au S. du lac Champlain. Le 8 juil. 1758, Montcalm y vainquit des forces angl., quatre fois supérieures.

carillonner [kaʀijɔne] v. [1] **I.** v. intr. **1.** Sonner en carillon, à la manière d'un carillon. *Les cloches, l'horloge carillonnent.* **2.** Faire résonner bruyamment, avec insistance la sonnette d'une porte. *Carillonner chez qqn pour le réveiller.* **II.** v. tr. **1.** Annoncer, indiquer par un carillon. *L'horloge a carillonné minuit.* **2.** Annoncer, répandre avec bruit. *Carillonner une naissance.*

carinates [kaʀinat] n. m. pl. ORNITH Sous-classe comprenant les oiseaux munis d'un bréchet. – Sing. *Un carinate.*

Carinthie (en all. *Kärntern*), Land d'Autriche mérid., drainé par la Drave; 9533 km^2; 552400 hab.; cap. *Klagenfurt.* – La région passa à l'Autriche en 1335. La partie sud fut rattachée à la Yougoslavie en 1919; elle est auj. slovène.

Carissimi (Giacomo) (1605 – 1674), organiste et compositeur italien; maître de la cantate profane; il créa l'oratorio (*Jephté*, 1656).

cariste [kaʀist] n. m. Conducteur d'un chariot de manutention.

caritatif, ive [kaʀitatif, iv] adj. **1.** Qui se consacre à l'aide des plus démunis (individus, groupes sociaux, populations). *Les organisations caritatives internationales.* **2.** Qui constitue une aide, un secours. *Une action caritative.*

Carle (Gilles) (né en 1929), cinéaste québécois. Ses films témoignent de l'effervescence culturelle qui s'empara de la société québécoise dans les années 70 : *les Mâles* (1970), *la Vraie Nature de Bernadette* (1971), *les Plouffe* (1981), *Fantastica* (1980), *la Guêpe* (1986), *la Postière* (1992).

Carleton (Guy) (1724 – 1808), général britannique. Gouverneur du Canada (1768-1778 et 1786-1796), il mena une politique de conciliation avec les Canadiens français (Acte de Québec, 1774).

carlingue [kaʀlɛ̃g] n. f. **1.** MAR Forte pièce reposant sur les couples et servant de liaison longitudinale dans le fond d'un navire. **2.** AVIAT Ensemble formé par la cabine d'un avion et le poste de pilotage.

Carloman (v. 751 – 771), roi d'Austrasie (768-771), fils de Pépin le Bref. À sa mort, Charlemagne, son frère, se saisit de son royaume et fit cloîtrer ses enfants.

Carlos (don) (1788 – 1855), infant d'Espagne. Frère de Ferdinand VII, il fut prétendant au trône dont avait hérité sa nièce Isabelle et provoqua la première guerre carliste (1833-1840). Ses descendants eurent ces prétentions.

Carlot Korman (Maxime) (né en 1941), homme politique francophone de Vanuatu; Premier ministre dep. 1991.

Carlsbad. V. Karlovy Vary.

Carlyle (Thomas) (1795 – 1881), historien, critique et philosophe écossais : *Histoire de la Révolution française* (1837), *les Héros et le Culte des héros* (1841).

Carmagnole (la), chant et danse révolutionnaires français (1792 : «Dansons la carmagnole, vive le son du canon...»), d'auteur inconnu.

carme [kaʀm] n. m. Religieux catholique de l'ordre du Carmel.

Carmel (ordre de Notre-Dame-du-Mont-Carmel et, par abrév., le), ordre religieux catholique, né v. 1180 d'une communauté d'ermites rassemblés sur le mont Carmel, en Palestine. On distingue auj. les *grands carmes* ou *carmes chaussés*, les *carmes déchaux* (réformés), les *carmélites* (de l'anc. observance et réformées).

carmélite [kaʀmelit] n. f. Religieuse de l'ordre du Carmel.

carmin [kaʀmɛ̃] n. m. et adj. inv. **1.** Colorant d'un rouge éclatant, fourni à l'origine par la cochenille du nopal. **2.** Couleur rouge éclatant. ▷ adj. inv. *Des tentures carmin.*

Carmona (António Óscar de Fragoso) (1869 – 1951), maréchal et homme politique portugais. Président de la Rép. de 1928 à 1951, il eut Salazar comme président du Conseil.

Carnac, com. de France (Morbihan), près de la baie de Quiberon; 4322 hab. – Monuments mégalithiques, notam. alignements de menhirs disposés parallèlement sur 4 km env. Tumulus Saint-Michel. Musée de préhistoire.

Carnac. V. Karnak.

carnage [kaʀnaʒ] n. m. Tuerie, massacre.

Carnap (Rudolf) (1891 – 1970), philosophe et logicien américain d'origine all., cofondateur du *cercle de Vienne**.

carnassier, ère [kaʀnasje, ɛʀ] adj. et n. **I.** adj. **1.** Qui se nourrit de chair. *Le renard est un animal carnassier.* **2.** *Dent carnassière* ou, n. f., *carnassière :* grosse dent tranchante (4e prémolaire supérieure et 1re molaire inférieure) caractéristique des carnivores. **II.** n. m. Animal qui se nourrit de viande crue. *Le lion est un carnassier.*

carnassière [kaʀnasjɛʀ] n. f. Sac destiné à porter le gibier tué à la chasse.

carnation [kaʀnasjɔ̃] n. f. Teint, couleur de la chair d'une personne.

carnaval, als [kaʀnaval] n. m. **1.** Période de divertissements précédant le carême. *Le carnaval se termine par le Mardi gras.* **2.** Réjouissances (défilés de chars, bals, etc.) se déroulant pendant cette période. *Le carnaval de Rio, de Venise, de Québec.* – (Québec) *Bonhomme Carnaval :* personnage représentant un bonhomme de neige, associé aux fêtes du carnaval de Québec.

carnavalesque [kaʀnavalɛsk] adj. **1.** Qui rappelle le carnaval; relatif au carnaval. *Défilé carnavalesque.* **2.** *Par ext.* Grotesque.

carnavaleux, euse [kaʀnavalø, øz] n. (France rég., Québec) Personne qui participe à un carnaval. *Le bruit des trompettes des carnavaleux qui saluent le Bonhomme Carnaval.*

carne [kaʀn] n. f. Fam. **1.** Viande de mauvaise qualité, dure. **2.** Mauvais cheval.

carné, ée [kaʀne] adj. Qui est à base de viande. *Alimentation carnée.*

Carné (Marcel) (1906 – 1996), cinéaste français, le maître du réalisme poétique : *Drôle de drame* (1937), *Quai des brumes* (1938), *Le jour se lève* (1939), *les Visiteurs du soir* (1942), *les Enfants du paradis* (1945), tous écrits par J. Prévert; *Hôtel du Nord* (1938).

Carnegie (Andrew) (1835 – 1919), industriel et philanthrope américain. – *Carnegie Hall :* salle de spectacle (concerts) de New York.

carnet [kaʀnɛ] n. m. **1.** Cahier de petit format sur lequel on consigne des renseignements, des notes. *Carnet d'adresses. Carnet de rendez-vous.* ▷ (Belgique) *Carnet de mariage :* syn. de *livret* de mariage.* – *Carnet d'épargne :* livret de caisse d'épargne. ▷ (oc. Indien) Carnet consignant les crédits qu'un commerçant a accordés à un client. – Loc. *Avoir un carnet :* avoir un compte chez un commerçant. **2.** Ensemble de feuillets, souvent détachables, réunis en cahier de format variable. *Carnet de chèques. Carnet de reçus, de quittances.* **3.** Ensemble de billets, tickets, bons, etc., que l'on n'a pas achetés à l'unité. *Carnet de timbres.*

carnier [kaʀnje] n. m. Petite carnassière (sac).

carnivore [kaʀnivɔʀ] adj. et n. **1.** adj. Qui se nourrit de viande. *Mammifères, insectes carnivores.* ▷ BOT *Plantes carnivores*, dont les feuilles capturent de petites proies animales qu'elles digèrent grâce à une enzyme. *Les droseras sont des plantes carnivores.* **2.** n. m. pl. ZOOL Ordre de mammifères caractérisés par le développement des canines (crocs) et des carnassières, et dont l'alimentation est fondamentalement carnée. (On les divise en trois sous-ordres : les créodontes, les fissipèdes et les pinnipèdes.) – Sing. *Un carnivore.*

Carnot (Lazare Nicolas) (1753 – 1823), officier du génie, conventionnel et mathématicien français. Il mérita le surnom d'«Organisateur de la Victoire» : membre du Comité de salut public, il créa les armées de la République. Il se tint à l'écart sous l'Empire. La Restauration le bannit comme régicide. Il fut l'un des fondateurs de la géom. moderne. — **Nicolas Léonard Sadi** (1796 – 1832), fils du préc.; physicien français, auteur de *Réflexions sur la puissance motrice du feu et des machines propres à développer cette puissance* (1824), fondateur de la thermodynamique. ▷ PHYS *Principe de Carnot :* un moteur thermique ne peut fournir du travail que s'il emprunte de la chaleur à une source chaude et en restitue à une source froide. *Théorème de Carnot :* deux moteurs thermiques réversibles qui fonctionnent avec deux sources de chaleur dont les températures de source froide sont égales, et celles de source chaude aussi, ont le même rendement. *Cycle de Carnot :* cycle composé de deux isothermes et de deux adiabatiques. — **Lazare Hippolyte** (1801 – 1888), frère du préc.; homme polit. français, il adhéra à la révolution de 1830 et à celle de 1848, qui le fit membre du Gouvernement provisoire. — **Marie François Sadi** (1837 – 1894), neveu du préc.; président de la République en 1887, il fut assassiné par un anarchiste italien, Santo Jeronimo Caserio (1873-1894), qui fut guillotiné.

carnotset ou **carnotzet** [kaʀnɔtsɛ] n. m. (Suisse) Local rustique aménagé dans le sous-sol d'une maison privée ou d'un établissement public, où l'on se réunit entre amis pour boire et manger.

Carol Ier ou **Charles Ier** (1839 – 1914), prince, puis roi de Roumanie

(1881-1914). Second fils du prince Charles de Hohenzollern-Sigmaringen, il fut élu prince de Roumanie en 1866, puis, après que son pays eut obtenu de la Turquie une pleine indépendance (congrès de Berlin, 1878), il se fit proclamer roi. En août 1914, son gouvernement le contraignit à maintenir la neutralité de la Roumanie. Il eut pour successeur son neveu Ferdinand Ier. — **Carol II** ou **Charles II** (1893 – 1953), fils de Ferdinand Ier, roi de Roumanie (1930-1940). Ayant renoncé à ses droits au trône au profit de son fils Michel (1927), il s'exila, puis revint en Roumanie et remonta sur le trône (1930). À la suite du démantèlement de la Roumanie, prévu par le pacte germano-soviétique en 1939, le général Antonescu*, appelé au gouvernement par Carol II, força celui-ci à abdiquer au profit de son fils Michel Ier (sept. 1940). Il mourut au Portugal. V. dossier Roumanie, p. 1486.

Caroline du Nord, État du S.-E. des É.-U., sur l'Atlant.; 136197 km^2; 6629000 hab.; cap. *Raleigh.* – D'O. en E. s'étendent les Appalaches et un piémont, couvert de pinèdes, qui retombe sur une plaine côtière où l'on cultive tabac, maïs, coton, arachides. Le climat, doux à l'E. et au S.-E., est continental à l'intérieur. – La rég., colonisée par les Angl. au XVIe s., se sépara en 1730 de la Caroline du Sud et devint un État de l'Union en 1789.

Caroline du Sud, État du S.-E. des É.-U., sur l'Atlant.; 80432 km^2; 3487000 hab.; cap. *Columbia.* – À une plaine côtière succède le piémont appalachien. Le climat est doux. La cult. du coton a créé l'industr. textile. – Cet État, membre de l'Union depuis 1788, fut le prem. à faire sécession (1860).

Carolines (îles), archipel de l'Océanie, à l'E. des Philippines, formé d'environ 500 îles; 1194 km^2; 75000 hab. – Espagnoles dès 1686, les îles furent allemandes à partir de 1899 et sous mandat japonais de 1919 à 1945. Depuis 1947, les É.-U. les administrent au nom de l'ONU. En 1980, une partie d'entre elles, regroupées dans l'État fédéré de Micronésie, ont acquis une certaine autonomie interne.

carolingien, enne [kaʀɔlɛ̃ʒjɛ̃, ɛn] adj. Qui a rapport à la dynastie des Carolingiens. *L'art carolingien.*

Carolingiens, dynastie franque, fondée par Pépin le Bref en 751; Charlemagne lui donna son nom. Succédant aux Mérovingiens, elle régna sur la France jusqu'en 987 et en Germanie jusqu'en 911.

carolorégien, enne [kaʀoloʀeʒjɛ̃, ɛn] adj. et n. De Charleroi. ▷ Subst. *Un(e) Carolorégien(ne).*

Caron (Louis) (né en 1942), auteur québécois de romans hist. : *l'Emmitoufle* (1977), *les Canards de bois* (1981).

caroncule [kaʀɔ̃kyl] n. f. **1.** Petite excroissance charnue. *Caroncule lacrymale,* à l'angle interne de l'œil. ▷ Excroissance charnue de couleur rougeâtre sous le bec ou sur la tête de certains oiseaux (dindon, coq). **2.** BOT Petite protubérance de la graine de certaines plantes.

carotène [kaʀɔtɛn] n. m. BIOCHIM Pigment jaune ou rouge, hydrocarbure présent dans certains végétaux (carotte, surtout) et animaux (carapace de certains crustacés, corps jaune de l'ovaire), précurseur de la vitamine A.

carotide [kaʀɔtid] n. f. Artère principale qui irrigue la face et le cerveau. ▷ adj. *Artères carotides.* (Les deux artères carotides principales, droite et gauche, issues de la crosse de l'aorte, se divisent chacune en une *carotide externe,* qui irrigue la face, et une *carotide interne,* qui irrigue la majeure partie de l'encéphale.)

carotidien, enne [kaʀɔtidjɛ̃, ɛn] adj. De la carotide.

carotte [kaʀɔt] n. f. (et adj. inv.) **I. 1.** Plante (fam. ombellifères) à racine pivotante rouge, jaune ou blanche, dont certaines variétés (dites *potagères*) sont cultivées pour leur racine comestible et d'autres (dites *fourragères*) pour l'alimentation des animaux. **2.** Racine rouge orangé de la carotte potagère. ▷ Loc. fam. *Les carottes sont cuites :* les dés sont jetés, il n'y a plus rien à faire. **3.** adj. inv. De la couleur de la carotte potagère; roux. **II.** Par anal. **1.** *Carotte de tabac :* feuilles de tabac à chiquer roulées en forme de carotte. **2.** Échantillon cylindrique prélevé d'un sol par sondage. **III.** Fig. *La carotte et le bâton :* la récompense et la sanction.

carotter [kaʀɔte] v. [1] Fam. **I.** v. tr. **1.** Escroquer, obtenir (qqch) par ruse. *Il a carotté quelques francs.* – Loc. (Maurice) *Carotter le travail :* ralentir le rythme de travail en signe de mécontentement. **2.** Prélever une carotte (sens II, 2). **II.** v. intr. **1.** (Belgique) Tenter d'échapper à une corvée. **2.** (Maurice) Avoir des ratés, en parlant d'un moteur.

carotteur, euse [kaʀɔtœʀ, øz] ou (Belgique) **carottier, ère** [kaʀɔtje, ɛʀ] n. Fam. **1.** Personne qui a l'habitude d'obtenir ce qu'elle veut par ruse, escroc. **2.** (Belgique) Personne qui tente d'échapper à une corvée. – Personne paresseuse.

caroube [kaʀub] ou **carouge** [kaʀuʒ] n. f. Fruit du caroubier, à pulpe comestible et sucrée. *La poudre de caroube est utilisée contre la diarrhée.*

caroubier [kaʀubje] n. m. Arbre méditerranéen (fam. légumineuses), produisant la caroube. – *Caroubier d'Afrique :* néré.

carouge [kaʀuʒ] n. **1.** n. m. Oiseau passériforme américain (fam. embérizidés) de la taille d'un étourneau, à bec conique et pointu, au plumage largement noir, commun dans les lieux humides. **2.** n. f. V. caroube.

Carpaccio (Vittore Scarpazza, dit) (v. 1455 – 1525 ou 1526), peintre italien, chroniqueur de la vie vénitienne. Influencé par les Bellini, il atteignit avec le cycle de la *Légende de sainte Ursule* (1490-1496, Venise) à une maîtrise exceptionnelle.

Carpates, chaîne de montagnes du système alpin, située en Europe centr., formant un arc de cercle orienté du N.-O. au S.-E. (plus de 1500 km de long), s'étendant sur la Slovaquie, la Pologne, l'Ukraine, la Roumanie; moins élevées que les Alpes (2663 m dans les Hautes Tatras et 2543 m au Moldoveanu), elles sont peu marquées par l'érosion glacière. Un plissement tertiaire souleva des terrains sédimentaires (nappes de charriage) et cristallins qui constituent l'ossature de la chaîne : Tatras, massif de Maramureş, Alpes de Transylvanie (Carpates méridionales). Les Carpates, très boisées et longtemps peu fréquentées, ont servi de refuge aux populations autochtones (Slaves, Hongrois et Roumains) chassées des plaines par les invasions tatares et turques. Auj., la vie se concentre dans les vallées (nombreuses rivières) et dans les bassins. L'exploitation forestière est très importante. Le sous-sol recèle des gisements en voie d'épuisement : bauxite, charbon et, en Roumanie, pétrole et gaz naturel.

1. carpe [kaʀp] n. f. **1.** Poisson d'eau douce (*Cyprinus carpis,* fam. cyprinidés), de grande taille, à longue nageoire dorsale, dont la mâchoire supérieure est garnie de barbillons. ▷ (Madag.) Nom cour. de différents poissons d'eau douce ressemblant aux carpes, notam. les tilapias. **2.** Loc. fam. *Rester muet, silencieux comme une carpe :* ne pas prononcer un mot. – Loc. fig. *Saut de carpe,* par lequel on se retourne sur le dos, en un seul mouvement, sans l'aide des mains, alors qu'on est allongé sur le ventre; *par ext.* bond.

2. carpe [kaʀp] n. m. ANAT Ensemble des huit petits os du poignet, répartis en deux rangées, reliant l'avant-bras au métacarpe. *Le grand os et l'os crochu font partie du carpe.*

Carpeaux (Jean-Baptiste) (1827 – 1875), sculpteur et peintre français. Il rechercha le mouvement gracieux : *Triomphe de Flore* (1863-1866, Louvre), *la Danse* (1869, façade de l'Opéra, Paris). Sa peinture annonce l'impressionnisme.

carpelle [kaʀpɛl] n. m. BOT Chacune des pièces florales dont la réunion constitue le pistil, chez les angiospermes.

Carpentier (Georges) (1894 – 1975), boxeur français. Champion du monde des mi-lourds en 1920, il fut battu par Jack Dempsey (lourd) en 1921.

Carpentier (Alejo) (1904 – 1980), romancier cubain des coutumes antillaises, de l'affrontement des cultures, des conflits sociopolitiques.

carpette [kaʀpɛt] n. f. Petit tapis.

carpien, enne [kaʀpjɛ̃, ɛn] adj. ANAT Du carpe. *Les huit os carpiens.*

carpophage [kaʀpofaʒ] n. m. ORNITH Oiseau columbiforme d'Océanie (genre *Ducula*) qui, grâce à l'élasticité de sa bouche, peut se nourrir de gros fruits, en partic. de noix muscade.

carpophore [kaʀpofɔʀ] n. m. BOT Appareil qui porte les organes sporifères, chez les champignons ascomycètes et basidiomycètes.

carquois [kaʀkwa] n. m. Étui à flèches.

Carr (Emily) (1871 – 1945), peintre et écrivain canadien. Elle peignit les Amérindiens de la côte ouest du Canada, sur laquelle elle naquit et vécut.

Carra (Carlo Dalmazzo) (1881 – 1966), peintre italien, futuriste jusqu'en 1916.

Carrache (les) (en ital. *Carracci*), peintres italiens. — **Ludovico** (1555 – 1619), fondateur à Bologne, avec Agostino et Annibale, d'une académie (v. 1585). — **Agostino** (1557 – 1602), cousin du préc., surtout graveur. — **Annibale** (1560 – 1609), frère du préc.; le princ. initiateur du classicisme.

Carrare, v. d'Italie (Toscane), près de la Médit.; 68460 hab. Import. carrières de marbre réputées dès l'Antiquité.

carre [kaʀ] n. f. **1.** TECH Coin, angle saillant d'un objet. **2.** SYLVIC Entaille faite au tronc des résineux pour en extraire la résine. **3.** SPORT Baguette de métal encastrée le long des bords inférieurs d'un ski.

1. carré [kaʀe] n. m. **I. 1.** Quadrilatère aux côtés égaux et perpendiculaires deux à deux. *Si le côté d'un carré vaut a, la diagonale vaut a2 et l'aire a^2.* **2.** Surface quadrangulaire, dont la forme s'apparente à celle d'un carré. *Un carré de ciel bleu.* – *Carré de laitues :* partie d'un jardin plantée de laitues. – *Carré de soie, de coton :* foulard carré de soie, de coton. ▷ (Québec) (Dans des noms de lieux.) Place ou jardin public. *Carré Saint-Louis, à Montréal.* ▷ (Afr. subsah.) Lot de terrain bâti qui constitue une unité d'habitation. *Chef de carré.* Syn. concession. **3.** Chacune des surfaces (carrées ou non) délimitées par plusieurs perpendiculaires. *Les carrés d'un échiquier. Un carré de chocolat.* – (Québec) Petite pâtisserie découpée à angles droits. *Des carrés aux dattes.* **4.** ANAT Muscle d'une forme proche de celle du carré. *Le carré de la cuisse.* **5.** (Boucherie) *Carré de côtes :* ensemble des côtes découvertes, premières et secondes chez le bœuf. ▷ *Carré de côtelettes :* ensemble des côtelettes du mouton, du porc, du veau. **6.** PECHE Filet carré tendu sur deux arceaux croisés, attachés à une perche. Syn. carreau, carrelet. **7.** MAR Local où les officiers, sur un navire, se réunissent, prennent leurs repas. **8.** TECH Palier d'un escalier. **9.** JEU Réunion de quatre cartes de même valeur. *Un carré de rois, d'as.* **10.** *Carré magique :* tableau de nombres composé de telle façon que la somme des nombres situés sur une ligne, une colonne ou une diagonale est toujours la même. **11.** *Au carré :* d'une forme qui rappelle celle d'un carré; fig. net, rigoureux. **II.** MATH Produit d'une expression, d'un nombre par lui-même. *Carré d'un nombre entier, d'une fraction. Le carré de l'hypoténuse. Élever un nombre au carré. Trois au carré (3^2) égale neuf.*

2. carré, ée [kaʀe] adj. **I. 1.** Qui a la forme d'un carré. *Les surfaces carrées d'un dé.* – (Québec) *Tournevis à tête carrée.* ▷ *Un mètre carré :* une surface carrée d'un mètre de côté. ▷ *Centimètre, mètre, kilomètre... carré :* mesure d'une surface d'un centimètre, mètre, kilomètre... de côté. **2.** *Racine carrée* (d'un nombre donné) : nombre dont le produit par lui-même est égal au nombre donné. *Racine carrée de seize égale quatre (16 = 4).* ▷ *Nombre carré,* dont la racine carrée est un entier. **II.** Dont la forme est celle, ou rappelle celle d'un carré, d'un cube. *Une cour carrée, une boîte carrée.* ▷ Qui a des angles bien découpés, nettement marqués. *Un menton, un front carré.* – Fig. *Être carré d'épaules.* ▷ MAR *Voile carrée :* voile quadrangulaire aux vergues horizontales hissées par le milieu. – *Mât carré,* portant des voiles carrées. **III.** Qui a un caractère tranché, net et catégorique. *Se montrer carré en affaires. Un homme carré,* rude mais franc.

carreau [kaʀo] n. m. **I. 1.** Pavé plat de terre cuite, faïence, linoléum, etc., de forme géométrique régulière, servant au revêtement des sols, des murs. *Carreaux protégeant un mur au-dessus d'un évier.* Syn. (Suisse) planelle, (Québec) tuile. ▷ *Par ext.* Sol revêtu de carreaux. *Laver, vernir le carreau.* ▷ Loc. *Sur le carreau :* à terre, en parlant d'une personne vaincue, blessée ou tuée dans une lutte. *Rester sur le carreau. Laisser qqn sur le carreau.* ▷ (Québec) (Sujet inanimé.) *Laisser, mettre (qqn) sur le carreau,* l'exclure, ou le laisser dans une situation financière difficile. *L'incendie a laissé les travailleurs de l'usine sur le carreau.* – (Sujet animé.) *Rester, se retrouver sur le carreau :* être éliminé; se retrouver sans emploi, sans ressources. *Un joueur sur le carreau,* blessé, incapable de jouer. **2.** Vitre d'une porte, d'une fenêtre. *Poser un carreau.* **3.** TECH Fer à repasser des tailleurs. ▷ (Antilles fr., Haïti, oc. Indien) Cour. Fer à repasser. **4.** PECHE Syn. de *carré* 1 (sens I, 6). **5.** (Afr. subsah., Québec) (En parlant d'un aliment.) Morceau (de sucre), carré (de chocolat). – (Québec) *Couper des patates en carreaux.* – (Guyane) *Sucre carreau :* V. sucre. **6.** (Québec) Vieilli ou rural Compartiment ou ouverture carrés. – *Carreau à patates,* servant à ranger ces légumes. – *Carreau à fumier,* par lequel on sort le fumier de l'étable. ▷ (Maurice) Superficie de terrain cultivé. *Carreau de canne.* **II. 1.** Dessin, motif carré ou rectangulaire. *Tissu à carreaux. Des copies à grands, à petits carreaux.* – (Québec) Case d'un échiquier, d'un damier. **2.** *Carreau de réduction, d'agrandissement :* réseau de lignes tracées sur le papier, la toile, permettant de réduire ou d'agrandir le modèle à reproduire. *Mise au carreau d'un modèle.* **III. 1.** MINES Emplacement au jour où se trouvent les bâtiments et les installations nécessaires à l'exploitation. **2.** (Madag., Maurice, Réunion) Lopin de terre, cultivé ou non. **3.** (Madag., Réunion) Emplacement réservé aux bazardiers sur un marché. **IV.** Une des quatre couleurs d'un jeu de cartes, dont la marque est un carreau rouge. *Roi de carreau.* – Carte de cette couleur. *Il a trois carreaux.* ▷ Loc. fig., fam. *Se tenir à carreau :* surveiller sa conduite afin d'éviter tout ennui ou erreur.

carreauté, ée [kaʀɔte] adj. et n. m. (Québec) **1.** adj. À carreaux. *Chemise carreautée rouge et noir.* **2.** n. m. Motif à carreaux. *Le carreauté d'un veston.*

carrefour [kaʀfuʀ] n. m. **1.** Endroit où se croisent plusieurs routes, plusieurs chemins, plusieurs rues. **2.** Fig. Point de rencontre. *Le carrefour de deux civilisations.* ▷ Moment où doit s'effectuer un choix important. *Se trouver au carrefour de sa vie.* ▷ Réunion organisée en vue d'un échange d'opinions.

Carrel (Alexis) (1873 – 1944), physiologiste et chirurgien français; auteur de *l'Homme, cet inconnu* (1936). P. Nobel 1912.

carrelage [kaʀlaʒ] n. m. **1.** Action de carreler. **2.** Surface carrelée, revêtement constitué de carreaux.

carreler [kaʀle] v. tr. [19] **1.** Paver avec des carreaux. **2.** Tracer des carreaux sur. *Carreler un calque.*

carrelet [kaʀlɛ] n. m. **I. 1.** Poisson de mer plat (fam. pleuronectidés), portant de petites taches orange approximativement carrées. Syn. plie, (Acadie) plaise. **2.** PECHE Syn. de *carré 1 (sens I, 6).* **3.** Filet pour prendre les petits oiseaux. **II. 1.** Règle à section carrée. **2.** Petite lime à quatre faces. **3.** Aiguille à extrémité quadrangulaire des cordonniers, des selliers, etc.

carreleur [kaʀlœʀ] n. m. Ouvrier qui pose le carrelage.

carrément [kaʀemɑ̃] adv. **1.** En carré, à angles droits. **2.** Fig. D'une façon nette, ferme et sans détour. *Je lui ai parlé, avoué carrément.*

carrer [kaʀe] v. [1] **1.** v. tr. TECH Donner une forme carrée à. *Carrer une poutre, une pierre.* **2.** v. pron. S'installer confortablement, en prenant ses aises. *Se carrer sur son siège.*

Carrère (Charles-Justin Carrère-Mobdj, dit Charles) (né en 1928), poète sénégalais : *Océanes* (1979), *Mémoires de la pluie* (1983), *Insula* (1983).

carri [kaʀi] n. m. V. cari et curry.

carrier [kaʀje] n. m. Ouvrier ou entrepreneur travaillant à l'exploitation d'une carrière.

Carrier (Jean-Baptiste) (1756 – 1794), conventionnel français. Il fit régner la terreur *(les noyades de Nantes).* Il fut guillotiné.

Carrier (Roch) (né en 1937), écrivain québécois. Contestataire, il a peint avec truculence une communauté paysanne à la double appartenance linguistique pendant les années 1940 dans une trilogie (*la Guerre, yes Sir!,* 1968; *Floralie, où es-tu?,* 1969; *Il est par là le soleil,* 1970), portée ensuite à la scène. Autres œuvres : *Il n'y a pas de pays sans grand-père* (1977), *l'Ours et le Kangourou* (1986).

1. carrière [kaʀjɛʀ] n. f. Lieu, excavation (généralement à ciel ouvert) d'où l'on extrait des matériaux destinés à la construction. *Carrière de marbre.*

2. carrière [kaʀjɛʀ] n. f. **1.** EQUIT Terrain d'exercice en plein air pour les cavaliers. ▷ Fig. *Donner carrière à :* donner libre cours à. *Donner carrière à sa fantaisie.* **2.** Fig., litt. Voie, chemin sur lequel on s'engage. *Entrer dans la carrière,* dans la vie. **3.** Profession, activité impliquant une série d'étapes. *Il s'est lancé dans une carrière politique. Une carrière littéraire,* d'homme de lettres. ▷ Branche d'activité professionnelle. *La carrière des armes, de la magistrature.* – Fig. *Il a une carrière de séducteur devant lui.* ▷ Ensemble des étapes de la vie professionnelle. *Mener sa carrière habilement.* ▷ *La carrière* ou *la Carrière* : la carrière diplomatique.

carriérisme [kaʀjeʀism] n. m. Attitude d'une personne qui ne choisit une activité que pour satisfaire ses ambitions et ses intérêts personnels.

carriériste [kaʀjeʀist] n. (Souvent péjor.) Personne qui fait preuve de carriérisme.

carriole [kaʀjɔl] n. f. **1.** Petite charrette couverte. **2.** (Québec) Voiture d'hiver montée sur patins et tirée par un cheval.

Carroll (Charles Lutwidge Dodgson, dit Lewis) (1832 – 1898), écrivain et mathématicien anglais. Professeur de mathématiques à Oxford (*Traité élémentaire des déterminants,* 1867), il écrivit *Alice au pays des merveilles* (1865), suivi par *De l'autre côté du miroir* (1871), et un poème humoristique, *la Chasse au Snark* (1876).

carrossable [kaʀɔsabl] adj. Praticable pour les voitures. *Chemin carrossable.*

carrosse [kaʀɔs] n. m. **1.** Anc. Luxueuse voiture à chevaux, à quatre roues, suspendue et couverte. ▷ Fig. *Rouler carrosse :* vivre dans l'opulence. ▷ *La cinquième roue du carrosse :* personne dont on ne tient pas compte. **2.** (Québec) Landau. *Bébé qui dort dans son carrosse.*

carrosser [kaʀɔse] v. tr. [1] Doter (un véhicule) d'une carrosserie.

carrosserie [kaʀɔsʀi] n. f. **1.** Caisse, généralement en tôle, revêtant le châssis d'un véhicule. ▷ (Afr. subsah.) Partie d'un camion destinée aux objets à transporter. **2.** Industrie, commerce des carrosseries.

carrossier [kaʀɔsje] n. m. Celui qui fabrique, répare des carrosseries.

carrousel [kaʀuzɛl; kaʀusɛl] n. m. **1.** Tournoi, parade où des cavaliers exécutent des joutes, des courses, des exercices divers. – Lieu où se donne un carrousel. ▷ Fig. *Un carrousel bruyant d'automobiles.* **2.** (Belgique, Maurice, Québec, Suisse) Syn. de *manège* (sens I, 3). **3.** Appareil transportant des objets en circuit fermé. *Carrousel de distribution des bagages d'une aérogare.*

carroyage [kaʀwajaʒ] n. m. TECH Quadrillage servant à agrandir ou à réduire un dessin, une carte d'après modèle.

carrure [kaʀyʀ] n. f. **1.** Largeur du dos à la hauteur des épaules. *Avoir une belle, une forte carrure. La carrure d'une veste.* **2.** Configuration large et carrée (du corps, d'une partie du corps). **3.** Fig. Envergure, valeur d'une personne.

carry kaʀi] n. m. V. cari et curry.

cartable [kaʀtabl] n. m. **1.** Serviette, sacoche d'écolier. Syn. (Belgique) mallette, (Québec) sac d'école. **2.** (Québec) Classeur (sens 1).

Cartagena, port de Colombie, sur la mer des Antilles; 491 370 hab.; ch.-l. de dép. Industr.

carte [kaʀt] n. f. **I. 1.** Petit carton rectangulaire dont un côté est marqué d'une figure, spécial. d'une figure et d'une couleur (trèfle, carreau, cœur, pique), et dont on se sert pour jouer. *Un jeu de trente-deux, de cinquante-deux cartes. Des cartes à jouer. Battre les cartes. Une partie de cartes. – Tours de cartes :* tours de prestidigitation exécutés avec des cartes. – *Faire, tirer les cartes* ou (Québec) *tirer (qqn) aux cartes :* prédire l'avenir d'après les cartes. – *Château de cartes :* petit échafaudage, construction instable faite avec des cartes à jouer. *S'écrouler comme un château de cartes. – Par anal.* Construction, projet fragile. **2.** Loc. fig. *Brouiller les cartes :* semer volontairement la confusion, embrouiller une affaire. – *Jouer, mettre cartes sur table :* ne rien cacher. – *Jouer sa dernière carte :* tenter sa dernière chance. – *Connaître le dessous des cartes :* connaître les dessous d'une affaire. **II.** Pièce attestant l'identité de qqn ou son appartenance à un groupe. *Carte nationale d'identité. Avoir la carte d'un parti, d'un syndicat. – Carte de presse,* délivrée aux journalistes. *Carte de séjour, de travail. Carte d'étudiant. – Carte d'électeur :* carte attestant l'inscription de son titulaire sur une liste électorale et lui permettant de voter. – *Carte grise,* indiquant les caractéristiques d'un véhicule et le nom de son propriétaire. **III. 1.** Au restaurant, liste des mets et des boissons, avec leurs prix. – *Déjeuner, dîner à la carte,* qu'on compose en choisissant les plats sur la carte (par oppos. à *déjeuner au menu*). **2.** *Carte de visite* ou *carte :* petit carton rectangulaire sur lequel on fait imprimer son nom, éventuellement son adresse, sa profession, ses titres. *Laisser, envoyer, donner sa carte.* **3.** *Carte postale* ou *carte :* carte dont le recto est illustré et dont le verso est destiné à la correspondance. **4.** (Québec) Petit carton comportant au recto une illustration, destiné aux collectionneurs. *Cartes de joueurs de hockey.* ▷ *Carte mortuaire,* comportant au recto la photographie d'un défunt et au verso une prière à son intention, servant à commémorer son souvenir. **5.** (Madag.) Billet de réservation, ticket d'entrée (à un spectacle, etc.). **6.** TECH *Carte perforée,* dont les perforations constituent la notation d'informations à traiter par une machine. – *Carte magnétique,* munie de pistes magnétiques sur lesquelles sont enregistrées des informations. – *Carte à puce* ou *carte à mémoire :* carte magnétique comportant un dispositif de mémorisation. **7.** Loc. fig. *Donner carte blanche à qqn :* V. blanc (1, sens 4). **IV.** GEOGR Représentation plane à échelle réduite d'une surface de terrain. *Dessiner, reproduire la carte de (la) France. Une carte des climats. Carte politique, démographique. Carte marine. Carte de la Lune, du ciel.* – (Québec) Plan (d'une ville, d'un lieu). *Carte de la ville de Montréal.*

cartel [kaʀtɛl] n. m. **1.** ECON Groupement, coalition de sociétés industrielles ou commerciales tendant à s'assurer la domination du marché en éliminant la concurrence et en évitant la baisse des prix. **2.** POLIT Union, accord passé entre des organisations politiques, syndicales, etc., en vue d'une action commune.

carte-lettre [kaʀtəlɛtʀ] n. f. Feuille de papier utilisée pour la correspondance, pliée et collée sans enveloppe. *Des cartes-lettres.*

cartellisation [kaʀtelizasjɔ̃] n. f. ECON Fait de se grouper en cartel.

carter [kaʀtɛʀ] n. m. Enveloppe métallique rigide destinée à protéger un mécanisme ou à éviter les accidents qu'il est susceptible de provoquer.

Carter (James Earl Carter, dit Jimmy) (né en 1924), homme politique américain, président (démocrate) de 1977 à 1981. Il promut le «dégel» avec l'Est et rapprocha l'Égypte et Israël (1978). R. Reagan le vainquit aux élections présidentielles de 1980.

cartésianisme [kaʀtezjanism] n. m. Philosophie de Descartes. ▷ *Par ext.* Philosophie de ses disciples ou continuateurs (notam. Malebranche, Spinoza, Leibniz).

cartésien, enne [kaʀtezjɛ̃, ɛn] adj. (et n.) **1.** Relatif à la doctrine, à la pensée de Descartes. ▷ Subst. Partisan de la philosophie, des théories de Descartes. **2.** Qui présente les caractères attribués à la pensée de Descartes (ordre, rigueur, méthode). **3.** *Coordonnées cartésiennes :* système de coordonnées imaginé par Descartes, dans lequel un point est défini par ses distances à trois axes. ▷ *Produit cartésien de deux ensembles E et F :* ensemble des couples (x, y), x appartenant à E et y à F.

Carthage (en phénicien *Qart Hadasht,* «ville neuve»), v. de Tunisie, aux environs de Tunis; 7 150 hab. – Prélature cathol.; cath. (1890) de style byzantino-mauresque. – Site de la v. anc. du m. nom. Nombreuses ruines de l'époque romaine (amphithéâtre, odéon, thermes, aqueduc, nécropole du IIe s., etc.). – *Journées cinématographiques de Carthage :* festival annuel du cinéma africain créé en 1966. – Fondée v. 814-813 av. J.-C. par des Phéniciens de Tyr, conduits, selon la légende, par leur reine Didon, Carthage fut une grande puissance commerciale et maritime, gouvernée par une oligarchie financière et marchande; elle lutta, surtout contre Rome, pour l'hégémonie en Méditerranée occid. (possession de la Sicile); ce furent les *guerres puniques** (264-146 av. J.-C.). Malgré Hannibal, elle fut vaincue, puis détruite totalement par Scipion Émilien, à l'issue de la troisième guerre punique (146 av. J.-C.). Colonie romaine, d'abord rebâtie en 122 av. J.-C. *(Colonia Junonia)* puis par César, en 44 av. J.-C. (*Colonia Julia*), elle s'ouvrit à la pénétration du christianisme et redevint prospère. Ravagée en 439 par les Vandales, annexée à l'Empire byzantin par Bélisaire (534), elle connut son déclin définitif après la conquête arabe de 698.

Carthagène, v. et port d'Espagne (Murcie), sur la Médit.; 172 750 hab. Industr.– La ville fut fondée par les Carthaginois v. 223 av. J.-C.

carthaginois, oise [kaʀtaʒinwa, waz] adj. et n. De Carthage. ▷ Subst. *Un(e) Carthaginois(e).*

carthame [kaʀtam] n. m. Plante épineuse des régions sèches (fam. composées). *Le carthame des teinturiers donne deux colorants (jaune et rouge).*

Cartier (Jacques) (1491 – 1557), navigateur français. Parti de sa ville natale, Saint-Malo, le 20 avril 1534, avec deux petits bâtiments, pour chercher le fameux passage du Nord-Ouest vers les Indes et la Chine, il traversa l'océan Atlantique, explora l'estuaire du Saint-Laurent, débarqua à Gaspé (24 juil.) et prit possession du pays au nom du roi de France. L'année suivante, il remonta le Saint-Laurent jusqu'à Hochelaga (village indien près duquel fut fondé Montréal un siècle plus tard). Au cours de son troisième voyage, en 1541, il poursuivit l'exploration du fleuve. Le récit de ses voyages connut un grand succès.

Cartier (sir George Étienne) (1814 – 1873), homme politique canadien. Défenseur des Canadiens français, il œuvra pour l'établissement de la Confédération (proclamée en 1867).

Cartier-Bresson (Henri) (né en 1908), dessinateur et, surtout, photographe français.

cartilage [kaʀtilaʒ] n. m. Tissu conjonctif typique des cordés, dur, élastique, blanc laiteux, constituant le squelette primaire des embryons avant leur ossification. (Sauf chez les poissons chondrichtyens, ce tissu ne persiste chez les adultes qu'au niveau des articulations – cartilages articulaires – et de quelques organes – pavillons auriculaires, nez, larynx, etc.)

cartilagineux, euse [kaʀtilaʒinø, øz] adj. De la nature du cartilage, composé de cartilage. *Tissus cartilagineux.*

cartographe [kaʀtɔgʀaf] n. Spécialiste de la cartographie.

cartographie [kaʀtɔgʀafi] n. f. Technique de l'établissement des cartes, des plans.

cartographier [kaʀtɔgʀafje] v. tr. [2] Établir la carte de (qqch).

cartographique [kaʀtɔgʀafik] adj. De la cartographie, relatif à la cartographie. *Recherches cartographiques.*

cartomancie [kaʀtɔmɑ̃si] n. f. Divination à partir des cartes à jouer.

cartomancien, enne [kaʀtɔmɑ̃sjɛ̃, ɛn] n. Personne pratiquant la cartomancie.

carton [kaʀtɔ̃] n. m. **1.** Feuille assez rigide, d'épaisseur variable, constituée d'une couche de pâte à papier ou de plusieurs feuilles de papier collées ensemble. *Une boîte de carton. – Recevoir un carton (d'invitation).* ▷ *Carton-pâte*.* ▷ *Carton-paille,* dont la pâte est à base de fibres de paille hachées. ▷ *Carton-cuir :* carton enduit de caoutchouc, de résines synthétiques, etc., imitant le cuir. ▷ *Carton-pierre :* carton à la pâte duquel on a incorporé de l'argile, de la craie, etc., et dont la consistance et l'aspect rappellent la pierre. ▷ *Carton ondulé*, présentant des ondulations qui le rendent plus rigide. **2.** Boîte, emballage de carton fort. *Carton à dessins.* ▷ (Vanuatu) Ensemble de bouteilles de bière emballées. ▷ Casier en carton destiné à ranger, à classer des papiers, des documents. (V. cartonnier.) – Fig. *Projet qui reste dans les cartons,* qui reste en attente, qui n'est pas exploité, utilisé. – (Québec) *Carton d'allumettes :* pochette d'allumettes. **3.** BX-A Composition exécutée sur un carton léger, destinée à être reproduite (vitrail, tapisserie, fresque). *Les cartons de Raphaël.* **4.** Cible de carton sur laquelle on s'exerce au tir. *Faire un carton :* tirer sur une cible d'exercice en carton; *par ext.*, fam., gagner facilement (à un sport).

cartonnage [kaʀtɔnaʒ] n. m. **1.** Emballage, ouvrage en carton. **2.** Fabrication d'objets en carton. **3.** Action de cartonner (un livre). ▷ Reliure ainsi obtenue.

cartonner [kaʀtɔne] v. tr. [1] **1.** Munir, garnir de carton. **2.** Relier (un livre) avec du carton. **3.** Fam. Faire un carton (sens 4).

cartonnier, ère [kaʀtɔnje, ɛʀ] n. **1.** Personne qui fabrique, qui vend du carton. **2.** n. m. Meuble de bureau pour le classement des dossiers, dont les tiroirs sont des boîtes en carton. **3.** BX-A Artiste réalisant des cartons (sens 3).

carton-pâte [kaʀtɔ̃pɑt] n. m. Carton fabriqué à partir de vieux chiffons, de cartons usagés. *Décors en carton-pâte.* – Loc. fig. *De, en carton-pâte :* dont le caractère factice est évident. *Personnages en carton-pâte d'un mauvais film.*

cartoon [kaʀtun] n. m. **1.** Bande illustrée à caractère humoristique. **2.** Chacun des dessins composant un film de dessins animés. – Ce film lui-même.

cartouchard [kaʀtuʃaʀ] n. m. (Afr. subsah.) Arg. (des écoles) Étudiant qui en est à sa troisième année dans le premier cycle universitaire et qui, en cas d'échec, ne pourra pas redoubler.

1. cartouche [kaʀtuʃ] n. m. **1.** Ornement sculpté, présentant une surface destinée à recevoir une inscription, des armoiries. **2.** Encadrement de certaines inscriptions hiéroglyphiques. **3.** Encadrement renfermant les références d'une carte, d'un plan (numéro d'ordre, titre, date, échelle, etc.).

2. cartouche [kaʀtuʃ] n. f. **1.** Étui de carton ou de métal contenant la charge d'une arme à feu. *Le culot, la douille, l'amorce d'une cartouche. Cartouche à blanc,* sans projectile. **2.** Étui contenant des matières explosives. *Une cartouche de dynamite.* **3.** Petit étui, généralement cylindrique, contenant un produit qui nécessite une certaine protection. *Cartouche d'encre pour stylo. Cartouche de gaz pour briquet.* **4.** Emballage contenant plusieurs paquets de cigarettes.

Cartouche (Louis Dominique) (1693 – 1721), brigand français. Il subit le supplice de la roue.

cartoucher [kaʀtuʃe] v. intr. [1] (Afr. subsah.) Arg. (des écoles) Au Sénégal, échouer à l'examen après avoir passé trois ans dans le premier cycle universitaire, perdant ainsi toute chance de poursuivre ses études.

cartoucherie [kaʀtuʃʀi] n. f. **1.** Atelier, fabrique de cartouches. **2.** Dépôt de cartouches.

cartouchière [kaʀtuʃjɛʀ] n. f. Sac de cuir, de toile, ou série d'étuis montés en ceinture ou en baudrier pour porter les cartouches.

Cartwright (Edmund) (1743 – 1823), ingénieur anglais. Il utilisa la machine à vapeur dans l'industrie textile (1785).

Caruso (Enrico) (1873 – 1921), chanteur italien, premier ténor au Metropolitan Opera de New York (1903-1920).

carvi [kaʀvi] n. m. Ombellifère d'Europe, dont la racine et les fruits sont aromatiques.

cary [kaʀi] n. m. V. cari et curry.

caryatide [kaʀjatid] n. f. V. cariatide.

caryogamie [kaʀjɔgami] n. f. BIOL Fusion du noyau du gamète mâle avec le noyau du gamète femelle, dernier stade de la fécondation. Syn. amphimixie.

caryogramme [kaʀjɔgʀam] n. m. BIOL Nombre de chromosomes défini par une formule constante pour une espèce donnée et comprenant les paires de chromosomes identiques *(autosomes)* et le ou les chromosomes sexuels (*allosomes* ou *hétérochromosomes*). (Le caryogramme de l'espèce humaine est de 46 chromosomes, soit deux fois 22 autosomes et 2 chromosomes sexuels. V. chromosome.)

caryolyse [kaʀjɔliz] n. f. BIOL Mort du noyau cellulaire.

caryophyllacées [kaʀjɔfilase] n. f. pl. Famille de plantes dicotylédones dialypétales, à ovaires libres et feuilles opposées. – Sing. *Une caryophyllacée.*

caryopse [kaʀjɔps] n. m. BOT Fruit sec indéhiscent, typique des graminées, dans lequel le péricarpe est soudé à l'unique graine qu'il contient.

caryotype [kaʀjɔtip] n. m. MED Nombre de chromosomes contenus dans les cellules d'un individu, dont l'examen (par culture cellulaire et microphotographie) permet d'établir le diagnostic de certaines maladies chromosomiques (la trisomie 21, par ex.).

1. cas [kɑ] n. m. **I. 1.** Ce qui arrive ou est arrivé; ce qui peut se produire; situation. *Cas grave, rare, imprévu. J'ai évoqué votre cas à la dernière réunion.* **2.** *Cas de conscience**. **3.** Ce qui peut être la cause de qqch. *Un cas de guerre :* V. casus belli. *C'est un cas de divorce.* **4.** Manifestation d'une maladie, atteinte. *On a relevé dix cas de choléra.* **5.** *Faire cas de :* apprécier, accorder de l'importance à. *Il fait grand cas de votre avis.* **6.** (Précédant un nom propre.) *Le cas X :* la personne de X, considérée sous l'angle des questions ou des problèmes particuliers qu'elle soulève. – *Untel est un cas.* **7.** Loc. *C'est le cas de le dire :* cette parole est à propos. **II.** Loc. **1.** Loc. prép. *En cas de :* dans l'hypothèse de. *En cas d'incendie, appeler les pompiers.* **2.** Loc. adv. *En tout cas, dans tous les cas :* quoi qu'il en soit, quoi qu'il arrive. ▷ (Dans une propos. nég.) *En aucun cas :* quoi qu'il arrive. **3.** Loc. conj. *Dans le cas où, pour le cas où :* s'il arrivait que.

2. cas [kɑ] n. m. LING Chacune des formes qu'un mot est susceptible de prendre dans une langue à flexions, et qui exprime sa relation aux autres parties du discours. *Le latin, l'allemand, le russe sont des langues à cas. Les cas directs :* le nominatif, l'accusatif, et parfois le vocatif. – *Cas régime :* V. régime. – *Les cas obliques :* les autres cas du paradigme.

Casablanca (en ar. *Dar el-Beïda* ou *ad-Dār al-Baydā),* princ. port et plus grande ville du Maroc; 997000 hab. (aggl. urb. 3200000 hab.); préfecture. Premier centre écon. du pays : industr. chim., alim., méca. et text. Exportation de phosphates. Aéroport international. – Mosquée (20000 places) en construction. – L'anc. ville, construite par les Berbères, fut détruite, en 1468, par les Portugais. Ceux-ci rebâtirent une agglomération et l'appelèrent *Casabranca,* «Maison blanche». Les Français l'occupèrent en 1907. – La *conférence de Casablanca* (janv. 1943), entre Churchill et Roosevelt, coordonna la politique de guerre des Alliés.

Casals (Pablo) (1876 – 1973), violoncelliste espagnol.

Casamance (la), fl. côtier du Sénégal (300 km), au S. de la Gambie.

Casamance (la), partie du Sénégal méridional (28350 km^2; 1000100 hab.), irriguée par le fl. Casamance. Elle correspond aux régions admin. de Ziguinchor et de Kolda. Cette rég. produit du riz, du coton, de l'arachide, du maïs, des bananes, des ananas. Le tourisme connaît un bel essor. Le *parc national de Basse-Casamance* couvre 5000 ha.

casanier, ère [kazanje, ɛʀ] adj. et n. **1.** Qui aime rester chez soi, qui ne veut pas bouleverser ses habitudes. *Une femme casanière.* ▷ Subst. *C'est un casanier.* **2.** Propre aux personnes casanières. *Une vie, des goûts casaniers.*

Casanova (Giovanni Giacomo) (1725 – 1798), aventurier et écrivain italien. Il a beaucoup écrit, mais il est connu par ses *Mémoires,* récit (en franç.) de ses aventures galantes (vraies ou fictives), dont le texte intégral n'a été publié qu'en 1960-1963.

casaque [kazak] n. f. **1.** Manteau ample à larges manches. ▷ Loc. fig. *Tourner casaque :* changer d'avis, de parti. **2.** Veste de jockey en soie, de couleur voyante.

casbah ou **kasba** [kasba; kazba] n. f. **1.** (Maghreb) Ville fortifiée. **2.** Agglomération entourant une ville fortifiée. **3.** Arg. Maison.

cascade [kaskad] n. f. **1.** Chute d'eau, succession étagée de chutes d'eau. *L'eau tombait en cascade, de plusieurs dizaines de mètres de hauteur.* – Fig. *Une cascade de rires, de paroles, de chiffres.* ▷ Loc. fig. *En cascade :* à de courts intervalles. *Avoir des ennuis en cascade.* **2.** Chute, numéro périlleux d'un acrobate, d'un coureur automobile, d'un gymnaste, etc. **3.** ELECTR *Association en cascade :* montage d'appareils en série.

cascader [kaskade] v. intr. [1] Tomber en cascade.

Cascades (chaîne des) ou **Cascade Range,** montagnes de l'O. des É.-U. et du Canada, parallèles à la chaîne côtière; 4391 m au mont Rainier.

cascadeur, euse [kaskadœʀ, øz] n. Acrobate qui exécute des sauts périlleux, des chutes diverses. ▷ CINE Personne qui exécute une cascade.

cascher [kaʃɛʀ] adj. V. casher.

casco [kasko] n. f. (Belgique, rare; Luxembourg; Suisse) Assurance automobile. *Casco partielle, complète.* (V. omnium.)

case [kɑz] n. f. **I. 1.** Habitation traditionnelle en matériaux légers des pays chauds. ▷ (Afr. subsah.) *Case à impluvium**. – *Case à fétiche :* case destinée au culte des ancêtres. – *De case :* élevé ou cultivé à proximité de l'habitation. *Mouton de case, jardin de case.* **2.** (Afr. subsah., Guyane, Pacifique, Réunion) Maison d'habitation. – *Case de passage :* logement pour les visiteurs. Syn. logement de passage. – (Nouv.-Cal.) *Grande case :* maison d'habitation occupée par une personne socialement importante. – (Madag.) Maison modeste. **II. 1.** Compartiment d'un tiroir, d'une boîte, d'un meuble, etc., à usage déterminé. **2.** (Québec, Suisse) *Case postale :* syn. de *boîte* postale.* (Abrév. C.P.) **3.** Division, compartiment délimité sur une surface. *Mettez une croix dans la case correspondant à votre choix. Les cases d'un jeu de dames.*

caséine [kazein] n. f. Protéine contenue dans le lait.

casemate [kazmat] n. f. Abri servant de protection contre les tirs d'artillerie et les attaques aériennes.

caser [kɑze] v. [1] **I.** v. tr. Trouver une place pour; mettre à la place qui convient. *Caser des bagages dans le coffre d'une voiture.* **II.** Fam. **1.** v. tr. Trouver un emploi, une situation pour (qqn). *Caser ses enfants dans l'Administration.* **2.** v. pron. Se marier.

caserne [kazɛʀn] n. f. **1.** Bâtiment destiné au logement des troupes. ▷ Ensemble des troupes logées dans un tel bâtiment. **2.** Par anal. Fam. Vaste bâtiment peu avenant.

casernement [kazɛʀnəmɑ̃] n. m. **1.** Action de caserner. **2.** Lieu où l'on caserne les troupes.

caserner [kazɛʀne] v. tr. [1] Loger (des troupes) dans une caserne.

cash [kaʃ] adv. (Anglicisme) Fam. *Payer cash :* payer comptant.

casher, cacher, cascher, kascher ou **kasher, ère** [kaʃɛʀ] adj. Conforme aux lois du judaïsme concernant les aliments et leur préparation. *Viande cashère.*

cash-flow [kaʃflo] n. m. (Anglicisme) FIN Capacité d'une entreprise à produire de la richesse, évaluée d'après l'ensemble de ses amortissements, de ses provisions et de ses bénéfices. *Des cash-flows.* Syn. (off. recommandé) marge brute d'autofinancement.

casier [kɑzje] n. m. **I. 1.** Meuble de rangement composé de rayons, de compartiments. *On peut ranger cent bouteilles dans ce casier.* **2.** Petit meuble de rangement individuel. *Il y a un casier muni d'un cadenas au-dessus de chaque lit.* **3.** Case d'un meuble. **4.** PÊCHE Nasse destinée à la pêche aux crustacés. **II.** Fig. *Casier judiciaire :* relevé des condamnations criminelles ou correctionnelles dont un individu a fait l'objet; lieu, service où sont enregistrées ces condamnations. *Casier judiciaire vierge,* ne comportant aucune condamnation. ▷ *Casier fiscal :* relevé des amendes et des impositions de chaque contribuable.

Casimir (saint) (1458 – 1484), fils du roi Casimir IV de Pologne. Il se fit ermite après avoir disputé le trône de Hongrie à Mathias Corvin. Proclamé patron de la Pologne en 1602.

Casimir, nom de cinq ducs et rois de Pologne. — **Casimir III le Grand** (1310 – 1370), roi de 1333 à 1370; il agrandit et réorganisa le royaume. — **Casimir IV Jagellon** (1427 – 1492), roi de 1445 à 1492, prit la Prusse occidentale aux chevaliers Teutoniques.

casino [kazino] n. m. Établissement de jeux, où l'on donne aussi des spectacles.

casoar [kazɔaʀ] n. m. **1.** Oiseau coureur, atteignant deux mètres, au cou et à la tête déplumés, portant sur le crâne une sorte de casque corné; il vit en Australie et en Nouvelle-Guinée. **2.** Plumet ornant la coiffure militaire des saint-cyriens.

Caspienne (mer), la plus grande mer intérieure du monde, aux confins de l'Europe et de l'Asie (Caucase, Russie, Asie centrale, Iran); env. 360 000 km². Elle se dessèche malgré l'apport de la Volga. Ses eaux, très salées, se situent à –28 m. Trafic pétrolier important.

casque [kask] n. m. **I. 1.** Coiffure rigide, faite d'un matériau résistant, pour protéger la tête. *Un casque de spéléologue. Le port du casque est obligatoire sur le chantier.* ▷ *Casque intégral,* qui protège le crâne, le visage et les cervicales. **2.** *Casque bleu* : membre des forces d'interposition militaire de l'ONU. **3.** Ensemble de deux écouteurs, appliqués sur les oreilles par un ressort cintré. Syn. (France, vx; Québec) écouteurs. **4.** Appareil chauffant emboîtant la tête utilisé pour le séchage des cheveux. **5.** (Québec) Bonnet de fourrure avec visière et rabats pour les oreilles. – (Souvent par plaisant.) Coiffure quelconque pour homme ou enfant. *Petit casque.* – *Casque de bain :* bonnet de bain. ▷ Loc. fam. *En avoir plein le casque, son casque :* en avoir par-dessus la tête, en avoir assez. – *Parler à qqn dans le casque,* le réprimander ou lui dire son fait. **II. 1.** Mollusque gastéropode des mers chaudes dont on découpe l'épaisse coquille en fragments pour y sculpter des camées. **2.** BOT Partie supérieure, en forme de casque, du calice ou de la corolle de certaines fleurs. **3.** Protubérance sur la tête ou le bec de certains oiseaux.

casqué, ée [kaske] adj. Coiffé d'un casque.

casquer [kaske] v. intr. [1] Fam. Donner de l'argent, débourser.

casquette [kaskɛt] n. f. Coiffure ronde et plate, à visière.

cassable [kasabl] adj. Qui peut se casser. Ant. incassable.

cassage [kasaʒ] n. m. Action de casser.

Cassandre (en gr. *Kassandra*), princesse troyenne, fille de Priam et d'Hécube. Apollon la dota du don de prophétie, mais, repoussé par elle, il décida que personne ne la croirait.

cassant, ante [kasɑ̃, ɑ̃t] adj. **1.** Qui est fragile, qui se casse facilement. *Une pâte à tarte desséchée et cassante.* **2.** Autoritaire, dur, tranchant. *Un ton cassant.*

cassate [kasat] n. f. Crème glacée de différents parfums fourrée de fruits confits. *Une tranche de cassate.*

cassation [kasasjɔ̃] n. f. **1.** Sanction par laquelle un militaire gradé est cassé. **2.** DR Annulation par une juridiction compétente (Cour suprême, Cour de cassation), sur pourvoi, de tout ou partie d'un jugement rendu en dernier ressort mais entaché d'illégalité ou d'irrégularité. *Pourvoi en cassation.* ▷ *Cour de cassation :* dans certains pays, juridiction suprême de l'ordre judiciaire. *La Cour de cassation rejette un pourvoi, ou casse (annule) la décision de la cour d'appel.*

cassave [kasav] n. f. (Antilles fr., Haïti) Galette de manioc râpé.

Cassavetes (John) (1929 – 1989), acteur et cinéaste américain.

1. casse [kɑs] n. f. IMPRIM Boîte plate, divisée en cassetins de taille inégale, et contenant les caractères typographiques. – *Haut de casse :* ensemble des cassetins du haut, contenant les majuscules. – *Bas de casse :* ensemble des cassetins du bas contenant les signes les plus employés, notam. les minuscules. – n. m. inv. (Avec traits d'union.) *Texte en bas-de-casse,* en minuscules.

2. casse [kɑs] n. f. **1.** Fruit du canéficier, longue gousse contenant une pulpe laxative. **2.** Laxatif préparé avec ce fruit. ▷ Prov. *Passe-moi la casse, je te passerai le séné :* faisons-nous des concessions mutuelles.

3. casse [kɑs] n. **1.** n. f. Action de casser; dommage qui en résulte. *Payer la casse.* – *Mettre, envoyer à la casse une voiture hors d'usage,* pour qu'elle soit dépecée. – *Vendre à la casse,* au prix de la matière première. **2.** n. m. Arg. Cambriolage. *Faire un casse.*

1. cassé [kase] n. m. Degré de cuisson du sucre qui, jeté dans de l'eau froide, devient cassant.

2. cassé, ée [kase] adj. **1.** Brisé. **2.** Qui ne fonctionne plus. **3.** DR Annulé. *Arrêt cassé :* V. cassation, sens 2. **4.** Privé de son grade. *Un sergent cassé :* V. cassation, sens 1. **5.** *Voix cassée,* éraillée, qui a perdu la clarté de son timbre normal. **6.** Usé, courbé par l'âge. *Un vieillard tout cassé.* – Très fatigué. – (Antilles fr.) Dont les facultés intellectuelles sont diminuées. **7.** *Blanc cassé :* blanc modifié par l'adjonction d'une très petite quantité de couleur.

casseau [kɑso] n. m. V. cassot.

casse-cou [kasku] n. m. inv. et adj. inv. **1.** Endroit où l'on risque de tomber. *Cet escalier est un vrai casse-cou.* ▷ adj. inv. *Des parcours casse-cou.* **2.** Fam. Personne téméraire, qui prend des risques sans réfléchir. ▷ adj. inv. *Elles sont très casse-cou.* **3.** (Maurice) Galipette.

casse-croûte [kaskʀut] n. m. inv. **1.** Fam. Petit repas léger pris rapidement. **2.** (Québec) Snack-bar.

casse-gueule [kasgœl] n. m. inv. et adj. inv. Fam. **1.** n. m. inv. Entreprise qui présente des risques. **2.** adj. inv. Qui présente des risques. *Décision, itinéraire casse-gueule.*

Cassel. V. Kassel.

casse-noisettes [kasnwazɛt] n. m. inv. Petit instrument, petite pince qui sert à casser la coque des noisettes.

casse-noix [kasnwa] n. m. inv. **1.** Instrument du même type que le casse-noisettes, utilisé pour casser les noix. **2.** ORNITH Nom cour. des passériformes du genre *Nucifraga,* vivant dans le nord de l'Europe, de l'Asie et de l'Amérique, et dont le puissant bec, droit, casse les noisettes et les graines de pin.

casse-pieds [kaspje] adj. inv. (et n. inv.) Fam. Qui ennuie, dérange. *Un voisin casse-pieds.* Syn. importun, raseur. – *Une affaire casse-pieds.* ▷ Subst. *Des casse-pieds.*

casser [kase] v. [1] **I.** v. tr. **1.** Briser, réduire en morceaux. *Casser un vase. Le vent a cassé les branches.* ▷ Fig. (Prov.) *Qui casse les verres les paie :* qui cause un préjudice doit le réparer. ▷ Loc. *Casser la tête* ou, fam., *les pieds à qqn,* l'importuner. – *Casser du sucre* sur (le dos de) qqn.* ▷ Loc. fam. *À tout* *casser :* extraordinaire. – *Cela ne casse rien :* cela ne sort pas de l'ordinaire, de la banalité. – *Casser le morceau :* avouer. ▷ (Proche-Orient) *Casser les cartes :* battre les cartes. ▷ ECON *Casser les prix, les cours :* provoquer une baisse brusque des prix, des cours. ▷ Loc. (Maurice) *Casser la paresse :* s'étirer dans tous les sens. – *Casser les yeux :* éblouir par une trop forte lumière. – *Casser paletot :* ôter sa veste ou se mettre torse nu. – *Casser un œil :* faire un clin d'œil. **2.** DR Annuler. *Casser un jugement.* **3.** Dégrader. *Casser un officier.* **4.** Arg. (Surtout employé négativement.) Parler. *T'en casses pas une! :* tu ne parles pas ou peu. ▷ (Djibouti) Ne connaître que quelques rudiments d'une langue. *Il casse un peu d'anglais.* **5.** (Afr. subsah.) Causer des dommages à, détériorer, démolir, ravager. – *Le bouton est cassé,* décousu. – *Casser un élève :* lui donner de mauvaises notes. **6** (Maurice, Québec, Réunion) Syn. de *cueillir. Casser des pommes. Casser le blé d'Inde.* **II.** v. intr. **1.** Se rompre, se briser. *Ce bois casse facilement.* **2.** (Afr. subsah.) Commettre une faute de prononciation. **3.** (Maurice) SPORT À la pétanque, déplacer une boule de l'adversaire. ▷ Jouer trop brutalement. **III.** v. pron. Se rompre, se briser. *La vitre s'est cassée.* ▷ Loc. fig., fam. *Se casser la tête :* s'appliquer à une chose avec acharnement; s'efforcer de trouver une solution à un problème. ▷ Loc. fig., fam. *Se casser le nez :* trouver porte close; ne pas réussir dans une entreprise.

casserole [kasʀɔl] n. f. **1.** Ustensile de cuisine cylindrique à fond plat muni d'un manche. Syn. (Belgique) poêlon. **2.** (Belgique) Fait-tout. – *Casserole à pression :* autocuiseur.

casse-tête [kastɛt] n. m. inv. **1.** Courte massue utilisée comme arme. **2.** Bruit fatigant. **3.** Travail, problème demandant beaucoup d'application, de concentration. ▷ *Casse-tête chinois :* question, jeu, problème, dont la solution est difficile à trouver. ▷ (Québec) Puzzle.

cassetin [kastɛ̃] n. m. **1.** IMPRIM Compartiment d'une casse d'imprimerie. **2.** Bureau des correcteurs.

cassette [kasɛt] n. f. **1.** Petit coffre où l'on range ordinairement des objets précieux, de l'argent. *La cassette d'Harpagon dans «l'Avare».* **2.** Trésor personnel d'un roi, d'un prince. **3.** Étui contenant une bande magnétique, permettant de charger instantanément un magnétophone ou un magnétoscope.

casseur, euse [kasœʀ, øz] n. **1.** Personne dont le métier est de casser. *Casseur de pierres.* ▷ Commerçant qui casse et revend au poids brut des objets usagés. – *Spécial.* Ferrailleur. **2.** *Un casseur :* un mauvais garçon, un affranchi, un dur. *Jouer les casseurs.* ▷ Personne qui profite d'une manifestation pour dégrader la voie publique (mobilier urbain, magasins, etc.) ou des bâtiments publics ou privés. **3.** n. m. (Maurice) SPORT À la pétanque, joueur dont la spécialité est de déplacer les boules de l'adversaire. ▷ Joueur qui joue trop brutalement.

cassia [kasja] n. m. **1.** Plante des régions chaudes (fam. césalpiniacées) à feuilles composées, dont il existe de nombreuses espèces (cassier, dartrier, séné). **2.** (Afr. subsah.) Gonakié.

cassier [kasje] n. m. BOT Syn. de *canéficier.*

Cassin (mont) (en ital. *Monte Cassino*), mont d'Italie (519 m), dans la prov. de Frosinone, entre Rome et Naples. – Saint Benoît y fonda en 529 un monastère, ancêtre des abbayes bénédictines (détruit en 1944; auj. reconstruit).

Cassin (René) (1887 – 1976), juriste français, à l'origine de la Déclaration universelle des droits de l'homme votée par l'O.N.U. en 1948. P. Nobel de la paix 1968.

Cassiopée, reine légendaire d'Éthiopie; après sa mort, elle fut changée en constellation. ▷ ASTRO Grande constellation en forme de W.

1. cassis [kasis] n. m. **1.** Arbuste des régions tempérées à baies noires aromatiques et comestibles. **2.** Fruit de cet arbuste. **3.** Liqueur tirée de ce fruit.

2. cassis [kasis] n. m. Rigole traversant perpendiculairement une route, un chemin. ▷ Creux, enfoncement, dans le sol d'une route.

cassolette [kasɔlɛt] n. f. Petit réchaud à couvercle percé de trous, servant à brûler des parfums.

cassonade [kasɔnad] n. f. Sucre brut de canne.

cassot ou **casseau** [kaso] n. m. (Québec) Petit récipient fait d'écorce, d'éclisses ou de carton, utilisé pour récolter des petits fruits ou vendre certains produits alimentaires. *Ramasser trois cassots de framboises. Un cassot de frites.* (V. barquette, sens 2.)

cassoulet [kasulɛ] n. m. Ragoût de viande aux haricots blancs.

cassure [kasyʀ] n. f. **1.** Endroit où un objet est cassé. ▷ GEOL Fissure, fracture de l'écorce terrestre. **2.** *Cassure d'un vêtement,* pliure de son étoffe. **3.** Fig. Rupture. *Ce deuil a été une cassure dans sa vie.*

castagne [kastaɲ] n. f. (France rég.) Fam. Bagarre.

castagnettes [kastaɲɛt] n. f. pl. Instrument à percussion fait de deux petites pièces en matière dure, attachées aux doigts par un cordon, et que l'on frappe l'une contre l'autre.

castard, arde [kastaʀ, aʀd] n. et adj. (Belgique) Personne vigoureuse et de forte carrure. – Personne remarquable, du point de vue physique ou intellectuel. ▷ Qui est solide. *Avec cette chape de béton, ce sera du castard.* ▷ adj. Qui est remarquable physiquement ou intellectuellement.

caste [kast] n. f. **1.** Chacune des quatre classes sociales dans la société hindoue. **2.** En Afrique occ., groupe social caractérisé par une activité artisanale ou artistique. *Les forgerons, les pêcheurs, les griots, forment trois castes distinctes.* – *Femme, homme de caste,* non noble. **3.** Classe, groupe social fermé qui cherche à maintenir ses privilèges, à préserver ses caractères. *Avoir l'esprit de caste.*

casté, ée [kaste] adj. (Afr. subsah.) **1.** Qui relève d'une caste. *Les métiers castés.* **2.** Qui appartient à une caste d'artisans ou d'artistes. *Les gens castés.*

Castel Gandolfo, com. d'Italie (Latium), au S. de Rome; 6240 hab. – Villa Barberini et palais pontifical (du Bernin). – Résidence d'été des papes.

Castelo Branco (Humberto de Alencar) (1900 – 1967), maréchal et homme politique brésilien. En 1964, il instaura un régime militaire, mais se retira en 1967.

castillan, ane [kastijɑ̃, an] adj. et n. **1.** adj. De Castille. ▷ Subst. *Un(e) Castillan(e).* **2.** n. m. *Le castillan :* la langue romane, parlée en Castille, devenue langue officielle de l'Espagne. Syn. (cour.) espagnol.

Castille, région et ancien royaume du centre de l'Espagne, aujourd'hui divisée en deux communautés autonomes qui sont aussi deux régions de la C.E. : *Castille-Léon* (formée des prov. d'Ávila, Burgos, Léon, Palencia, Salamanque, Ségovie, Soria, Valladolid et Zamora; 94193 km^2; 2610270 hab.; cap. *Valladolid*) et *Castille-la Manche* (formée des prov. d'Albacete, Ciudad Real, Cuenca, Guadalajara et Tolède; 79230 km^2; 1695140 hab.; cap. *Tolède*). Les sierras de Gredos et de Guadarrama (alt. max. 2592 m) coupent le plateau central (Meseta) : au N., la Vieille-Castille, drainée par le Douro; au S., la Nouvelle-Castille, drainée par le Tage et le Guadiana. Le climat méditerranéen, chaud et sec en été, est continental en hiver. La céréaliculture, les oliveraies, la vigne, l'élevage ovin dominent. Le tourisme est important. La métropole écon. est Madrid, entité administrative autonome par rapport aux deux régions. – La Castille, comté au IXe s., royaume à partir du Xe s., fut rattachée à la Navarre (XIe s.) puis, en 1230, au Léon. La Reconquista l'agrandit de la Nouvelle-Castille. Le mariage d'Isabelle de Castille avec Ferdinand d'Aragon, en 1469, aboutit à l'union définitive de ces royaumes (1479).

casting [kastiŋ] n. m. (Anglicisme) Choix de la distribution dans un spectacle, notam. dans un film. Syn. (off. recommandé) distribution artistique.

castor [kastɔʀ] n. m. **1.** Rongeur aquatique de grande taille (90 cm queue comprise, 30 kg), à la fourrure serrée, brune, fort recherchée, aux pattes postérieures palmées, à la large queue écailleuse. *Le castor est l'emblème du Canada.* **2.** Fourrure de cet animal. ▷ (Québec) Anc. *Chapeau de castor, tuyau de castor :* haut-de-forme en fourrure de castor ou en soie. **3.** (Québec) Vieilli (Emploi critiqué.) *Huile de castor :* huile de ricin*. **4.** Plur. *Les Castors :* nom pris par des associations dont les membres travaillent en commun à l'édification de leurs habitations.

Castor et Pollux, héros grecs, fils jumeaux de Léda* et de Zeus, frères d'Hélène et Clytemnestre. Sous le nom de *Dioscures* (*Dioskouroi,* «enfants de Zeus»), ils protégeaient l'hospitalité et les athlètes. ▷ ASTRO Les deux étoiles les plus brillantes des Gémeaux.

castrat [kastʀa] n. m. Individu mâle castré. ▷ *Spécial.* Chanteur qu'on castrait avant la puberté pour qu'il garde une voix aiguë.

castrateur, trice [kastʀatœʀ, tʀis] adj. PSYCHO Qui provoque ou peut provoquer un complexe de castration (chez qqn). *Une mère castratrice.*

castration [kastʀasjɔ̃] n. f. Ablation des glandes génitales (spécial. des testicules). Syn. émasculation (pour les mâles, les hommes); ovariectomie (pour les femelles, les femmes). ▷ PSYCHAN *Angoisse de castration,* qui se traduit, chez le petit garçon, par une peur fantasmatique de l'ablation du pénis et, chez la petite fille, par un sentiment coupable de manque. – *Complexe de castration :* persistance chez l'adulte de l'angoisse de castration.

castrer [kastʀe] v. tr. [1] Pratiquer la castration sur. Syn. châtrer.

Castries, cap. de Sainte-Lucie et port, située dans la partie nord de la côte ouest de l'île; 2063 hab. (aggl. 13500 hab.). – Ravagée par quatre incendies entre 1796 et 1948, elle n'a conservé que quelques maisons coloniales. Cath. goth. (fin du XIXe s.).

castrisme [kastʀism] n. m. Doctrine, due à Fidel Castro, qui préconise la guérilla rurale pour venir à bout des régimes autoritaires d'Amérique latine.

Castro (Inès de). V. Inès de Castro.

Castro (Fidel) (né en 1927), révolutionnaire et homme politique cubain. Après six ans de guérilla, il renversa le dictateur Batista (1959); dénonçant l'ingérence écon. des É.-U. à Cuba, il instaura un régime socialiste (1961) et voulut libérer le monde latino-américain (V. castrisme). Mais l'appui grandissant de l'U.R.S.S. a démenti le non-alignement du régime, qui, ayant perdu cette aide en 1990, se débat dans les difficultés économiques.

Castro y Bellvís (Guilhem ou Guillén de) (1569 – 1631), dramaturge espagnol. En 1618, il publia deux pièces en vers : *les Enfances (Mocedades) du Cid*, qui inspira Corneille, et *les Entreprises de jeunesse (Hazanas) du Cid*.

casuarina [kazyaʀina] n. m. Grand arbre originaire d'Australie et de Malaisie, à bois très dur, planté notam. pour fixer les dunes littorales. Syn. filao.

casuel, elle [kazɥɛl] adj. et n. m. **1.** adj. Didac. Qui peut arriver ou non, fortuit, accidentel. **2.** n. m. Revenu éventuel venant s'ajouter au revenu fixe.

casuiste [kazɥist] n. m. **1.** THEOL CHRET Théologien qui étudie la morale et cherche à se prononcer sur les cas de conscience. **2.** Péjor. Personne qui argumente d'une manière trop subtile.

casuistique [kazɥistik] n. f. **1.** Partie de la morale chrétienne portant sur les cas de conscience. **2.** Péjor. Façon trop subtile d'argumenter.

casus belli [kazysbɛlli] n. m. inv. (lat.) Fait pouvant motiver, entraîner une déclaration de guerre.

cata-. Élément, du gr. *kata*, «en dessous, en arrière».

catabolisme [katabɔlism] n. m. BIOCHIM Chez les organismes vivants, ensemble des réactions biochimiques de dégradation au cours desquelles les grosses molécules sont transformées en molécules plus simples, avec libération d'énergie utilisable.

catachrèse [katakʀɛz] n. f. RHET Figure de rhétorique qui consiste à étendre la signification d'un mot au-delà de son sens propre (ex. *les bras d'un fauteuil*).

cataclysme [kataklism] n. m. **1.** Bouleversement de la surface terrestre. **2.** Fig. Grand malheur, bouleversement.

cataclysmique [kataklismik] adj. Didac. Qui a le caractère d'un cataclysme. ▷ GEOL Qui évoque comme cause la survenue d'un cataclysme. *Une théorie cataclysmique.*

catacombes [katakɔ̃b] n. f. pl. Cimetières souterrains où les premiers chrétiens se réunissaient. *Les catacombes de Rome.* – Cavités souterraines ayant servi de sépulture ou d'ossuaire. *Les catacombes de Paris.*

catadioptre [katadjɔptʀ] n. m. Surface réfléchissante placée à l'arrière d'un véhicule ou sur un obstacle, qui permet de les rendre visibles la nuit. Syn. cataphote.

catafalque [katafalk] n. m. Estrade décorée, destinée à recevoir un cercueil.

catalan, ane [katalɑ̃, an] adj. et n. **1.** adj. De Catalogne. ▷ Subst. *Un(e) Catalan(e).* **2.** n. m. *Le catalan :* la langue romane du groupe méridional parlée en Espagne (essentiellement en Catalogne et aux Baléares), en France (Roussillon) et en Andorre (langue off.).

Catalauniques (champs), plaine de Champagne (France) où Attila fut défait par Aetius en 451.

catalepsie [katalɛpsi] n. f. MED Perte provisoire de la faculté du mouvement volontaire.

cataleptique [katalɛptik] adj. (et n.) Qui est atteint de catalepsie; de la nature de la catalepsie.

Catal Hüyük, site préhistorique de Turquie, au S.-E. de Konya, où l'on a pu reconstituer une ville du néolithique (VIIe-VIe millénaires).

catalogne [katalɔɲ] n. f. (Québec) Étoffe de fabrication artisanale, constituée de bandes de tissu de diverses couleurs, dont on fait des couvertures, des tapis; couverture, tapis confectionnés avec cette étoffe. *Catalogne carreautée. Abrier un enfant avec une catalogne.*

Catalogne, communauté autonome du N.-E. de l'Espagne et région de la C.E., formée des prov. de Barcelone, Gérone, Lérida et Tarragone; 31930 km^2; 6165630 hab.; cap. *Barcelone**. Langues : catalan, espagnol. Au N., les Pyrénées se consacrent à l'élevage et au tourisme montagnard. Dans le bassin inférieur de l'Èbre, au S., l'irrigation permet la polyculture. Le littoral, très découpé (Costa Brava), vit d'agriculture intensive, de pêche et du tourisme balnéaire. Barcelone est la grande métropole portuaire et industr. – Romaine au IIe s. av. J.-C., la Catalogne, occupée par les Wisigoths, puis par les Arabes, devint une marche franque (IXe s.). Réunie à l'Aragon en 1137, elle voit croître sa puissance jusqu'au XVe s. Après une période de déclin, elle redevient, au XVIIIe s., la région la plus riche d'Espagne et développe le particularisme catalan. Elle a un statut d'autonomie dep. 1979.

catalogue [katalɔg] n. m. **1.** Liste énumérative méthodique. *Le catalogue des livres d'une bibliothèque.* **2.** Brochure, souvent illustrée, proposant des objets à vendre. *Catalogue de jouets. Catalogue de vente par correspondance.*

cataloguer [katalɔge] v. tr. [1] **1.** Enregistrer et classer dans un catalogue. **2.** *Cataloguer qqn*, le classer dans une catégorie d'une manière péremptoire.

catalyse [kataliz] n. f. CHIM Modification de la vitesse d'une réaction chimique due à la présence d'un catalyseur. (La catalyse a une importance capitale en biologie et dans l'industr. chim. : synthèse de l'acide sulfurique, de l'acide nitrique et de l'ammoniac, industr. des matières plastiques, des textiles et des caoutchoucs synthétiques.) – *Four à catalyse :* four autonettoyant dont les parois oxydent, lors de la cuisson, les graisses projetées.

catalyser [katalize] v. tr. [1] **1.** CHIM Provoquer ou accélérer par catalyse (une réaction chimique). **2.** Fig. Entraîner une réaction, un processus quelconque.

catalyseur [katalizœʀ] n. m. **1.** CHIM Substance qui modifie, sans subir elle-même d'altération appréciable, la vitesse d'une transformation chimique. **2.** Fig. Chose, personne qui déclenche une réaction, un processus.

catalytique [katalitik] adj. **1.** CHIM De la catalyse. **2.** AUTO *Pot* catalytique.*

catamaran [katamaʀɑ̃] n. m. **1.** MAR Embarcation faite de deux coques accouplées. **2.** Système de flotteurs de l'hydravion.

Catane, port de Sicile, au pied de l'Etna, dont les éruptions ont souvent dévasté la ville; 379040 hab.; ch.-l. de la prov. du m. nom. Industr. – Archevêché. Université.

cataphote [katafɔt] n. m. (Nom déposé.) Syn. de *catadioptre.*

cataplasme [kataplasm] n. m. Bouillie médicinale que l'on applique, entre deux linges, sur une partie du corps enflammée ou indurée. *Cataplasme à la farine de lin, de moutarde.*

catapultage [katapyltaʒ] n. m. Action de catapulter.

catapulte [katapylt] n. f. **1.** Machine de guerre dont les Anciens se servaient pour lancer des pierres ou des traits. **2.** Appareil pour lancer les avions du pont d'un porte-avions.

catapulter [katapylte] v. tr. [1] **1.** Faire décoller (un avion) avec une catapulte. **2.** Lancer (qqch) avec force. – Fig. *Il a été catapulté dans un ministère.*

1. cataracte [kataʀakt] n. f. **1.** Chute à grand débit sur le cours d'un fleuve. *Cataractes du Nil, du Zambèze.* Syn. chute. **2.** *Par ext.* Pluie violente.

2. cataracte [kataʀakt] n. f. Affection oculaire aboutissant à l'opacité du cristallin ou à celle de sa capsule, qui frappe notam. les personnes âgées.

catar(r)hiniens [kataʀinjɛ̃] n. m. pl. ZOOL Singes de l'Ancien Monde, aux narines rapprochées et séparées par une cloison nasale très mince (cercopithèque, gibbon, orang-outang, chimpanzé, gorille, etc.). – Sing. *Un catar(r)hinien.*

catarrhe [kataʀ] n. m. **1.** Vx Rhume de cerveau. **2.** MED VET *Catarrhe auriculaire :* otite externe eczémateuse.

catastrophe [katastʀɔf] n. f. **1.** Événement désastreux, calamiteux. *Catastrophe ferroviaire. Catastrophe financière.* **2.** Fam. Événement malheureux, qui porte préjudice. *La perte de son emploi a été pour lui une catastrophe.* ▷ Loc. *En catastrophe :* en prenant de gros risques. *Atterrissage en catastrophe :* atterrissage d'un avion qui, à la suite d'une avarie, doit se poser d'urgence. – *Par ext.* À la hâte, sans préparation. *Partir en catastrophe.* **3.** LITTER Dénouement, événement principal d'une tragédie. **4.** MATH *Théorie des catastrophes :* théorie, due à René Thom, qui réalise le passage de la géométrie qualitative à une modélisation de toutes les formes (celles de l'univers physique, par ex.).

catastrophé, ée [katastʀɔfe] adj. Fam. Consterné, atterré.

catastrophique [katastʀɔfik] adj. **1.** Qui constitue une catastrophe. *Carambolage catastrophique sur l'autoroute.* **2.** Fam. Qui constitue ou entraîne un événement malheureux ou inopportun. *Ses résultats scolaires sont catastrophiques.*

catatonie [katatɔni] n. f. PSYCHIAT Syndrome, souvent observé dans la schizophrénie, caractérisé par une inertie psychomotrice, une négation du monde extérieur et, accessoirement, des attitudes et des gestes paradoxaux.

Catay. V. Cathay.

catch [katʃ] n. m. Lutte où presque tous les coups sont permis et qui constitue un spectacle sportif.

catcheur, euse [katʃœʀ, øz] n. Personne qui pratique le catch.

catéchèse [kateʃɛz] n. f. Enseignement de la doctrine chrétienne.

catéchiser [kateʃize] v. tr. [1] **1.** Enseigner les éléments de la doctrine chrétienne à. *Catéchiser des enfants.* **2.** *Par ext.* Tâcher de persuader (qqn) de croire, de faire qqch. Syn. endoctriner.

catéchisme [kateʃism] n. m. **1.** Enseignement de la doctrine chrétienne, généralement destiné à des enfants. – Leçon pendant laquelle est donné cet enseignement. – Livre qui contient cet enseignement. **2.** Principes fondamentaux d'une doctrine.

catéchiste [kateʃist] n. Personne qui enseigne le catéchisme.

catéchumène [katekymɛn] n. **1.** RELIG Personne à qui l'on enseigne, en vue du baptême, les éléments de la doctrine chrétienne. **2.** Personne qui aspire à un enseignement, à une initiation.

catégorie [kategɔʀi] n. f. **1.** Classe dans laquelle on range des objets, des personnes présentant des caractères communs. Syn. ensemble, espèce, famille, genre. **2.** PHILO Qualité qui peut être attribuée à un objet. *Les dix catégories de l'être d'Aristote :* substance, quantité, qualité, relation, lieu, temps, situation, manière d'être, action, passion. ▷ *Les catégories de Kant :* les concepts fondamentaux de l'entendement pur, dont la fonction est d'unifier la diversité des intuitions sensibles. **3.** MATH Être mathématique généralisant la notion d'ensemble (ex. : catégorie des ensembles ayant les ensembles comme objets et les applications comme morphismes).

catégoriel, elle [kategɔʀjɛl] adj. Qui concerne une catégorie déterminée de personnes.

catégorique [kategɔʀik] adj. Clair, net, sans équivoque. *Faire une réponse catégorique.* – *Par ext.* Qui n'accepte pas la discussion. *Je suis catégorique : ma réponse est non.* ▷ PHILO *Impératif catégorique :* chez Kant, obligation absolue que constitue la loi morale. ▷ LOG *Proposition catégorique :* proposition énoncée isolément, indépendante d'une proposition antérieure.

catégoriquement [kategɔʀikmɑ̃] adv. D'une manière catégorique.

catégorisation [kategɔʀizasjɔ̃] n. f. Action de catégoriser; son résultat.

catégoriser [kategɔʀize] v. tr. [1] Ranger par catégories.

catelle [katɛl] n. f. (France rég., Suisse) Carreau ou brique en faïence.

caténaire [katenɛʀ] adj. et n. f. CH de F *Suspension caténaire,* ou, n.f., *caténaire :* système de suspension qui maintient, à une hauteur constante par rapport à la voie, le câble distribuant le courant aux véhicules électriques.

catgut [katgyt] n. m. CHIR Lien utilisé pour suturer les plaies, et qui est résorbé facilement par les tissus.

cathare [kataʀ] n. (et adj.) Membre d'une secte hétérodoxe du Moyen Âge, répandue surtout dans le S.-O. de la France. (V. albigeois.)

catharsis [kataʀsis] n. f. **1.** PHILO Chez Aristote, effet de purification des passions que produit la tragédie sur le spectateur. **2.** PSYCHAN Libération, sous forme d'émotion, d'une représentation refoulée dans l'inconscient et responsable de troubles psychiques.

Cathay ou **Catay** (le), nom donné à la Chine par Marco Polo.

cathédrale [katedʀal] n. f. **1.** Église du siège de l'autorité épiscopale. – *Par ext.* Grande église. *Cathédrales romanes d'Autun, d'Avignon. Cathédrales gothiques de Paris, de Strasbourg.* ▷ (Proche-Orient) Église (sens 2). **2.** (En appos.) *Verre cathédrale :* verre translucide, à surface granulée.

Catherine d'Alexandrie (sainte) (m. v. 307), martyre chrétienne. Jésus lui serait apparu le jour de son baptême et l'aurait choisie pour fiancée (mariage mystique); les anges auraient porté son corps sur le Sinaï.

Catherine de Sienne (sainte) *(Caterina Benincasa)* (1347 – 1380), dominicaine italienne. Elle décrivit ses extases. Docteur de l'Église (1970).

Catherine d'Aragon (1485 – 1536), première femme d'Henri VIII d'Angleterre (1509), qui la répudia en 1533, rompant avec le pape.

Catherine Howard (v. 1522 – 1542), cinquième femme d'Henri VIII d'Angleterre (1540), qui, la soupçonnant d'adultère, la fit décapiter.

Catherine de Médicis (1519 – 1589), fille de Laurent II de Médicis, reine de France par son mariage avec Henri II, mère des trois derniers rois Valois : François II, Charles IX, Henri III. Régente (1560), elle exerça le pouvoir pendant tout le règne de Charles IX (mort en 1574). Pour maintenir le pouvoir royal lors des guerres de Religion, elle divisa les partis, mais n'empêcha pas les Guise (chefs des catholiques) d'accomplir le massacre de la Saint-Barthélemy (1572).

Catherine Ire (Martha Skavronskaïa) (1684 – 1727), impératrice de Russie de 1725 à 1727. Paysanne originaire de Livonie, elle épousa en 1712 Pierre le Grand, qui la fit couronner en 1724. Intelligente et courageuse, elle fut portée au pouvoir par la garde peu après la mort de son mari et gouverna avec l'aide du maréchal Menchikov (1672-1729).

Catherine II la Grande (1729 – 1796), impératrice de Russie de 1762 à 1796. Fille du duc allemand d'Anhalt-Zerbst, elle épousa Pierre III de Russie, qu'elle contraignit à abdiquer et qu'elle fit assassiner. Son règne fut très autocratique, mais, correspondante de Diderot, Voltaire, etc., elle acquit la réputation de «despote éclairé». Elle agrandit ses États aux dépens de la Turquie (1787) et de la Pologne (1793, 1795), procéda à de nombr. réformes, développa la colonisation des régions de l'O. et du S. (Ukraine, Volga).

cathéter [kateteʀ] n. m. MED Tube long et mince destiné à être introduit dans un canal, un conduit, un vaisseau ou un organe creux pour l'explorer, injecter un liquide ou vider une cavité.

cathode [katɔd] n. f. **1.** PHYS Électrode reliée au pôle négatif d'un générateur électrique. **2.** ELECTR Filament conducteur émettant des électrons sous l'action d'une différence de potentiel.

cathodique [katɔdik] adj. **1.** PHYS De la cathode. *Rayons cathodiques :* faisceau d'électrons produits par la cathode d'un tube à gaz sous faible pression. *Tube cathodique :* tube à vide très poussé comportant un écran fluorescent (écran de télévision). **2.** TECH *Protection cathodique,* destinée à ralentir la corrosion d'une surface métallique en contact avec l'eau ou exposée à l'humidité.

catholicisme [katɔlisism] n. m. Religion pratiquée par les chrétiens de l'Église catholique romaine (V. encycl. catholique).

catholicité [katɔlisite] n. f. Didac. **1.** Caractère de ce qui est catholique. **2.** Ensemble des catholiques.

catholique [katɔlik] adj. et n. **1.** Qui se rapporte, qui est propre au catholicisme. *Culte catholique.* ▷ Subst. Personne dont la religion est le catholicisme. **2.** Fig., fam. *Une affaire qui n'a pas l'air très catholique,* qui semble irrégulière, louche, suspecte.

ENCYCL L'Église catholique (un peu moins d'un milliard de catholiques dans le monde) se définit elle-même comme l'assemblée visible des chrétiens organisés hiérarchiquement, sous l'autorité du pape et des évêques. Cette Église «romaine» se donne comme le nouveau peuple de Dieu, peuple messianique succédant à l'Ancienne Alliance mosaïque, «bien que des éléments nombreux de sanctification et de vérité subsistent hors de ses structures», note le concile Vatican II.

catholique belge (Parti). V. social-chrétien belge (Parti).

Catilina (Lucius Sergius) (v. 108 – 62 av. J.-C.), patricien romain; chef d'une conspiration déjouée en 63 av. J.-C. par Cicéron, consul; tué à la bataille de Pistorium.

catimini (en) [ɑ̃katimini] loc. adv. En cachette.

catin [katɛ̃] n. f. **1.** Vieilli Femme de mœurs dissolues. **2.** (Québec) Vieilli Poupée (sens I, 1). *Jouer à la catin.* **3.** (Québec) Fam. Pansement entourant un doigt, poupée (sens I, 3). **4.** (Saint-Pierre-et-M.) Employée qui accomplit de gros travaux de ménage.

cation [katjɔ̃] n. m. CHIM Ion porteur d'une ou de plusieurs charges électriques positives.

catir [katiʀ] v. tr. [3] TECH Donner à (une étoffe) un aspect ferme et lustré. Ant. décatir.

Caton l'Ancien ou **le Censeur** (en lat. *Marcus Porcius Cato*) (234 – 149 av. J.-C.), homme politique romain; célèbre par la sévérité des mesures qu'il prit comme censeur, à partir de 184 av. J.-C., contre le luxe et par son désir de détruire Carthage.

Caton d'Utique (en lat. *Marcus Porcius Cato*) (95 – 46 av. J.-C.), homme politique romain; arrière-petit-fils de Caton l'Ancien; stoïcien inflexible. Adversaire de César, il prit le parti de Pompée; après la défaite de ce dernier (à Thapsus), il se tua.

Catroux (Georges) (1877 – 1969), général français. Le général de Gaulle le nomma haut-commissaire au Levant (Liban, Syrie) en 1941, puis gouverneur général de l'Algérie (1943-1944).

Catulle (en lat. *Caius Valerius Catullus*) (v. 87 – v. 54 av. J.-C.), poète lyrique latin; imitateur du Grec Callimaque : *la Chevelure de Bérénice, les Noces de Thétis et de Pélée, Attis,* etc. Élégiaque, il chanta sa passion pour sa maîtresse, Lesbie.

Caucase, chaîne de montagnes d'Asie occid., s'étendant de la mer Noire à la Caspienne sur 1 200 km de long; 5 642 m au mont Elbrouz (volcan éteint). – Au N., le *Grand Caucase* est une «chaîne barrière» (alt. moyenne 4 000 m), séparée du *Petit Caucase,* suite de massifs que fragmentent des bassins intérieurs. Le sous-sol est riche : manganèse, cuivre, pétrole surtout. Le Caucase du Nord comprend des républiques de la Fédération de Russie (d'Adyguée, du Daghestan, d'Ingouchie, de Kabardino-Balkarie, d'Ossétie du Nord, des Karatchaïs et des Tcherkesses, de Tchétchénie); au sud, le Caucase regroupe les trois rép. de *Transcaucasie* (Arménie, Azerbaïdjan, Géorgie). Cette grande diversité de peuples peut déboucher sur des conflits : en Abkhazie*, Ossétie*, Kabardino*-Balkarie et dans le Haut-Karabakh*. V. aussi Tchétchénie et Ingouchie.

caucasien, enne [kokazjɛ̃, ɛn] ou **caucasique** [kokazik] adj. et n. **1.** adj. Du Caucase. ▷ Subst. *Un(e) Caucasien(ne).* **2.** LING *Langues caucasiennes* ou *caucasiques :* famille de langues parlées dans le Caucase (ex. : le géorgien).

cauchemar [koʃmaʀ] n. m. **1.** Rêve pénible, effrayant et angoissant. **2.** Fig. Chose ennuyeuse, obsédante; personne insupportable. *Ce cours de math, c'est mon cauchemar.*

cauchemarder [koʃmaʀde] v. intr. [1] Faire des cauchemars.

cauchemardesque [koʃmaʀdɛsk] ou **cauchemardeux, euse** [koʃmaʀdø, øz] adj. Qui tient du cauchemar. *Une vision cauchemardesque.*

Cauchon (Pierre) (v. 1371 – 1442), prélat français; évêque de Beauvais, rallié au parti bourguignon. Il présida le tribunal qui condamna Jeanne d'Arc (1431).

Cauchy (baron Augustin Louis) (1789 – 1857), mathématicien français : nombreux travaux, notam. en analyse mathématique.

caucus [kɔkys] n. m. (Québec) **1.** Réunion à huis clos de parlementaires discutant des affaires de leur parti. *Le président d'un caucus. – Par méton.* Ensemble des personnes qui participent à cette réunion. **2.** *Par ext.* Réunion où un petit groupe de personnes discutent de questions qui les concernent. *Caucus de famille, de bureau.*

caudal, ale, aux [kodal, o] adj. De la queue. *Nageoire caudale.*

Caudines (fourches) (auj. *Stretto di Arpaja*), défilé situé près de l'anc. v. italienne de Caudium (auj. *Montesarchio,* Campanie). – Les Romains, cernés par les Samnites, y furent humiliés en passant sous le joug (321 av. J.-C.), d'où l'expression *passer sous les fourches* Caudines.*

cauri [koʀi] n. m. Coquillage du groupe des porcelaines (*Cypraea moneta* ou *Cypraea annulus*), originaire de l'océan Indien, qui a servi autrefois de monnaie en Afrique tropicale et qui est encore utilisé pour la divination et pour l'ornementation des masques, des coiffures, des parures.

causal, ale, aux [kozal, o] adj. et n. f. **1.** Qui implique un rapport de cause à effet. **2.** GRAM Se dit des conjonctions introduisant un complément de cause, ou de la subordonnée introduite par cette conjonction. ▷ n. f. Proposition causale.

causalité [kosalite] n. f. PHILO *Rapport de causalité :* rapport de cause à effet. – *Principe de causalité :* principe selon lequel tout phénomène a une cause.

causant, ante [kozɑ̃, ɑ̃t] adj. Fam. Qui cause volontiers. *Un homme peu causant.* Syn. loquace. Ant. taciturne.

causatif, ive [kozatif, iv] adj. GRAM Syn. de *factitif.*

1. cause [koz] n. f. **1.** Procès qui se plaide et se juge à l'audience. *Gagner, perdre une cause. Bonne, mauvaise cause. Plaider une cause.* ▷ *Avoir, obtenir gain de cause :* obtenir l'avantage dans un procès, dans une discussion. ▷ *En connaissance de cause :* en connaissant les faits. ▷ *Être en cause :* être concerné, faire l'objet d'un débat. ▷ *Être hors de cause* ou (Belgique, Luxembourg) *hors cause :* ne pas être concerné. *Le suspect fut mis hors de cause,* fut disculpé. **2.** Ensemble des intérêts d'une personne, d'un groupe, d'une idée. *Une cause juste.* ▷ *La bonne cause :* la cause que l'on croit juste. ▷ *Faire cause commune avec qqn,* s'allier avec lui. ▷ *Prendre fait et cause pour qqn,* prendre sa défense.

2. cause [koz] n. f. **1.** Ce qui fait qu'une chose est ou se fait. *La sécheresse fut la cause des mauvaises récoltes. Il s'est fâché, et non sans cause.* ▷ *Être cause de :* être responsable de, entraîner. *Les enfants sont souvent cause de soucis.* ▷ *Pour cause de :* en raison de. *Fermé pour cause d'inventaire.* ▷ GRAM *Complément de cause :* complément indiquant la raison, le motif pour lesquels une action se produit. ▷ PHILO *Cause première :* cause au-delà de laquelle on ne peut en concevoir d'autre. – *Cause finale*.* **2.** Loc. prép. *À cause de :* en tenant compte de, par l'action de. *Il est resté à cause de vous. Il n'a rien vu à cause du brouillard.* ▷ (Québec) Loc. conj. Fam. *À cause que :* parce que. *Elle n'est pas venue à cause qu'elle était malade.* – adv. Rég. *À cause? :* pourquoi? **3.** DR Fait auquel la loi attache la vertu de produire un effet de droit et qui justifie l'application d'une règle. *L'obligation sans cause ne peut avoir aucun effet.*

1. causer [koze] v. tr. [1] Être cause de, occasionner. *Causer un malheur.*

2. causer [koze] v. intr. [1] **1.** S'entretenir familièrement (avec qqn). *J'ai causé avec lui à ton sujet. Nous causions.* (Incorrect : *causer à qqn.)* Syn. parler, bavarder. – Ellipt. *Causer peinture, voyages.* **2.** Fam. Parler trop, inconsidérément. **3.** (Mart.) S'entretenir avec qqn par téléphone. *Il cause depuis une demi-heure.* **4.** (Réunion) *Causer avec (qqn) :* flirter avec (qqn). ▷ *Causer sur, en travers de (qqn) :* médire de (qqn).

causerie [kozʀi] n. f. Conversation; exposé fait sur le mode familier.

causette [kozɛt] n. f. Fam. Bavardage, conversation. *Faire un brin de causette.* Syn. (Québec) jasette. – *Faire la causette :* bavarder.

causeur, euse [kozœʀ, øz] n. Personne qui cause. *Une aimable causeuse.*

causse [kos] n. m. GEOGR Plateau calcaire presque stérile, dans le centre et le sud de la France. *Causse du Larzac.*

Causses (les), plateaux calcaires de France, dans le S. du Massif central. Ces pays pauvres, minés par les eaux souterraines, sont creusés de profonds cañons (gorges du Tarn).

causticité [kostisite] n. f. **1.** Propriété d'une substance caustique. **2.** Fig. Caractère satirique, mordant. *La causticité d'une épigramme.*

caustique [kostik] adj. (et n. m.) **1.** Corrosif, qui attaque les substances organiques. *Soude caustique.* ▷ n. m. Substance caustique. *Un caustique puissant.* **2.** Fig. Satirique et mordant.

cauteleux, euse [kotlø, øz] adj. Litt. Rusé et hypocrite. *Des manières cauteleuses.* Syn. doucereux, mielleux, sournois.

cautère [kotɛʀ] n. m. **1.** CHIR Instrument porté à haute température ou produit chimique utilisé pour brûler les tissus. **2.** Loc. prov. *Un cautère sur une jambe de bois :* un remède inutile.

cautérisation [koteʀizasjɔ̃] n. f. Destruction d'un tissu vivant à l'aide d'un cautère.

cautériser [koteʀize] v. tr. [1] Appliquer un cautère sur. *Cautériser une plaie.*

caution [kosjɔ̃] n. f. **1.** Garantie d'un engagement, somme consignée à cet effet. *Payer une caution. Être libéré sous caution.* ▷ *Être sujet à caution :* être douteux, suspect. **2.** Personne qui répond pour une autre. – *Spécial.* DR Personne qui s'engage à remplir l'obligation contractée par une autre dans le cas où celle-ci n'y satisferait pas. *Se porter caution pour qqn.* Syn. garant.

cautionnement [kosjɔnmɑ̃] n. m. **1.** DR Contrat par lequel une personne en cautionne une autre. *Cautionnement solidaire.* **2.** Dépôt servant de garantie.

cautionner [kosjɔne] v. tr. [1] **1.** Se porter caution pour (qqch ou qqn). *Cautionner qqn pour cent mille francs. Cautionner l'honnêteté de quelqu'un.* **2.** Donner son appui à. *Je refuse de cautionner cette attitude.* Syn. soutenir, approuver.

Cavaignac (Louis Eugène), (1802 – 1857), général français. Il participa à la conquête de l'Algérie. Chef du gouv. de juin à déc. 1848, il dirigea la répression lors des journées de Juin. Il fut battu aux élections présidentielles par Louis Napoléon Bonaparte.

cavaillon [kavajɔ̃] n. m. Petit melon jaune, de forme arrondie, à chair orangée et parfumée.

cavalcade [kavalkad] n. f. **1.** Défilé de cavaliers. **2.** Défilé grotesque de gens à cheval, de chars, etc. **3.** Course bruyante et tumultueuse.

cavalcader [kavalkade] v. intr. [1] Faire des cavalcades (sens 3).

1. cavale [kaval] n. f. Litt. Jument.

2. cavale [kaval] n. f. Arg. Évasion. *Être en cavale :* être en fuite et recherché.

cavaler [kavale] v. intr. [1] Fam. **1.** Courir, fuir. ▷ v. pron. S'enfuir. **2.** Se conduire en cavaleur.

cavalerie [kavalʀi] n. f. **1.** Anc. Ensemble des troupes militaires à cheval. *Charge de cavalerie.* ▷ Mod. Ensemble des troupes militaires motorisées. **2.** Traite frauduleuse sans contrepartie de marchandise. *Papiers de cavalerie.*

cavaleur, euse [kavalœʀ, øz] adj. et n. Fam. Se dit de personnes constamment en quête d'aventures galantes.

cavalier, ère [kavalje, ɛʀ] n. et adj. **I.** n. **1.** Personne qui monte à cheval. **2.** Personne avec qui on forme un couple dans un bal, un cortège, etc. – (Belgique, Québec) Vieilli ou plaisant Amoureux, prétendant. ▷ *Faire cavalier seul :* s'engager seul dans une entreprise. **3.** n. m. Militaire qui sert dans la cavalerie. **4.** n. m. JEU Pièce du jeu d'échecs. ▷

Carte du tarot (entre la dame et le valet). **II.** adj. **1.** Propre au cavalier; réservé aux cavaliers. *Route, allée cavalière.* **2.** Qui fait preuve de liberté excessive; inconvenant. *Ce procédé est un peu cavalier.* Syn. impertinent. **III.** n. m. et adj. **1.** PHYS Pièce métallique servant à réaliser l'équilibre, sur une balance de précision. **2.** TECH Clou, pièce de métal ou de matière plastique en forme de U, servant à fixer un câble au mur. **3.** Petite pièce servant d'index dans un fichier. **4.** Butée mobile d'une machine à écrire. **5.** adj. GEOM *Perspective cavalière :* projection oblique. – *Vue cavalière :* dessin représentant un paysage vu d'un point élevé.

cavalièrement [kavaljɛʀmɑ̃] adv. D'une manière cavalière. Syn. insolemment. Ant. respectueusement.

Cavalli (Pier Francesco Caletti, dit) (1602 – 1676), compositeur italien; représentant de l'opéra vénitien.

Cavally (la), fl. de l'Afrique occidentale qui prend sa source dans le massif du Nimba et sert de frontière entre la Côte d'Ivoire et le Liberia. Elle se jette dans l'Atlantique près du cap des Palmes; env. 400 km.

1. cave [kav] n. f. **1.** Local souterrain servant généralement de réserve, d'entrepôt. ▷ Quantité et choix des vins que l'on a en cave. **2.** (Québec) Étage inférieur d'une construction sous le rez-de-chaussée. *Aménager deux chambres dans la cave.* (Auj., on dit plutôt *sous-sol.*) **3.** (Québec) Petite construction en partie souterraine, souvent située à flanc de coteau, destinée autref. à la conservation des fruits et légumes. *Cave à légumes, à patates.*

2. cave [kav; kɑv] adj. **1.** Litt. Se dit de joues creuses, d'yeux enfoncés dans les orbites. **2.** ANAT *Veine cave :* chacune des deux veines principales de l'organisme, qui aboutissent à l'oreillette droite. *Veine cave supérieure, veine cave inférieure.*

3. cave [kav] n. f. Somme d'argent que chaque joueur met devant lui pour la miser.

4. cave [kav] n. et adj. **1.** n. m. Arg. Personne qui n'appartient pas au milieu (sens II, 3). – Personne niaise. **2.** adj. (Québec) Fam. Qui manque d'intelligence, de jugement. *Avoir l'air cave.* – n. *Faire le cave, la cave. Une bande de caves.*

caveau [kavo] n. m. **1.** Construction souterraine servant de sépulture. **2.** Cabaret de chansonniers situé en sous-sol.

Cavendish (Henry) (1731 – 1810), physicien et chimiste anglais. Il étudia la composition de l'eau et les propriétés de l'hydrogène.

caverne [kavɛʀn] n. f. **1.** Cavité naturelle dans le roc. *L'âge des cavernes.* Syn. grotte. **2.** MED Cavité pathologique située dans l'épaisseur d'un parenchyme, partic. dans le poumon.

caverneux, euse [kavɛʀnø, øz] adj. **1.** ANAT Qui comporte des cavernes pathologiques. – *Tissu caverneux,* formé de capillaires qui se dilatent. – *Corps caverneux :* organes érectiles (de la verge, du clitoris). **2.** Qui semble venir d'une caverne. *Voix caverneuse.* Syn. grave, sépulcral.

cavernicole [kavɛʀnikɔl] adj. et n. m. SC NAT Se dit d'un animal qui habite dans les anfractuosités des cavernes.

caviar [kavjaʀ] n. m. Mets composé d'œufs d'esturgeon salés.

caviarder [kavjaʀde] v. tr. [1] Cacher, noircir (un passage d'un texte censuré).

cavicornes [kavikɔʀn] n. m. pl. ZOOL Ensemble des ruminants (les bovidés) dont les cornes gainent un os (le cornillon). – Sing. *Un cavicorne.*

caviste [kavist] n. m. Personne chargée d'une cave à vin.

cavitaire [kavitɛʀ] adj. MED Relatif aux cavernes pulmonaires.

cavité [kavite] n. f. Partie creuse dans un corps solide, un tissu organique, etc. *Cavités d'un rocher. Cavité thoracique.* Ant. protubérance, saillie.

Cavour (Camillo Benso, comte de) (1810 – 1861), homme politique italien. Député à partir de 1848, président du Conseil de 1852 à 1859 et de 1860 à 1861, il développa l'écon. du Piémont et le dota d'une solide armée. Il appela la France contre les Autrichiens (victoire de Magenta, 1859) et utilisa les mouvements révolutionnaires (il rallia à lui Garibaldi), de sorte que le royaume d'Italie fut proclamé en janv. 1861.

caye ou **cayes** [kɛ] n. f. (Québec) Récif corallien. (V. cailles.)

cayennais, aise [kajɛnɛ, ɛz] adj. et n. De Cayenne. ▷ Subst. *Un(e) Cayennais(e).*

cayenne [kajɛn] n. m. Poivre* de Cayenne.

Cayenne, v. de la Guyane française, ch.-l. de ce DOM, sur l'Atlant.; 41 659 hab. Aéroport. – Mat. de constr. Centre comm. – Anc. lieu de déportation de condamnés de droit commun (1852-1945).

cayeu [kajø] n. m. V. caïeu.

Cayley (Arthur) (1821 – 1895), astronome et mathématicien anglais.

Cayman Islands. V. Caïmans (îles).

Cayor ou **Kayoor,** province du centre-O. du Sénégal, peuplée de Wolof. Arachide, phosphates. – Ancien royaume dont le dernier souverain, Lat-Dior Diop, fut chassé du trône par les Français en 1871. Il reprit la lutte en 1878 et fut tué en 1886.

caza [kaza] n. m. (Liban) Subdivision administrative du pays. *Les mohafazats sont divisés en cazas.*

Cazotte (Jacques) (1719 – 1792), écrivain français; auteur de poèmes, de contes et d'un récit fantastique (*le Diable amoureux,* 1772). Il mourut sur l'échafaud.

C.B. [sibi] n. f. Abrév. de *citizen band.*

CD n. m. (Nom déposé; sigle de *Compact Disc.*) Disque* compact. (Abrév. cour. : compact).

CD-I n. m. INFORM (Nom déposé; sigle de l'angl. *Compact Disc interactive.*) Disque compact interactif sur lequel sont stockés du son et de l'image vidéo.

CD-ROM n. m. inv. (Nom déposé; acronyme pour *Compact Disc read only memory,* «disque compact à mémoire figée».) INFORM Disque optique dont la mémoire conserve des informations inscrites une fois pour toutes (et donc impossibles à modifier ou compléter) et lisibles par un ordinateur. Syn. (off. recommandé) cédérom.

C.D.U. Sigle de *Christlich-Demokratische Union.* V. chrétienne-démocrate (Union).

1. ce, [sə], **cet** [sɛt] (devant une voyelle, un h muet) adj. dém. m. sing., **cette** [sɛt] f. sing., **ces** [se] m. pl. et f. pl. **I.** Forme simple. **1.** Indique une personne ou une chose que l'on montre ou que l'on a déjà citée. *Cette montagne. Ce conseil est excellent.* **2.** Avec une expression de temps, désigne un moment rapproché. *Ce matin, il a plu. Cette année, j'irai souvent chez vous.* ▷ *Un de ces jours :* un jour prochain. **3.** Dans une phrase exclamative, implique une valeur emphatique ou péjorative. *Ah! ce coucher de soleil! Ce nigaud!* **II.** En construction avec les adv. *-ci* et *-là,* marque respectivement la proximité et l'éloignement, ou insiste sur le signe démonstratif. *Je préfère ce livre-ci à celui-là. Ce visage-là m'est inconnu.*

2. ce [sə] (c' devant e; ç' devant a), pron. dém. neutre. Désigne la personne ou la chose dont on parle, et représente *ceci* ou *cela.* **1.** *Ce* + v. *être,* présentatif non analysable précédant un nom, un adj., un infinitif, une proposition introduite par *qui* ou *que. C'est mon frère. Ce sont eux qui me l'ont dit. C'est à toi de jouer. C'est dommage. Partir, c'est mourir un peu. S'il se tait, c'est qu'il n'a rien à dire. Ce doit être fini maintenant. Ç'a été une grande joie.* ▷ *C'en est fait :* le sort en est jeté. ▷ *C'est pourquoi :* telle est la cause, le motif pour lequel... ▷ *Est-ce que...?* Formule interrogative. *Est-ce que vous viendrez ce soir?* **2.** *Ce,* antécédent d'un pron. relatif. *Je suis surpris de ce que vous me dites. C'est justement ce à quoi je pense. Ce dont je vous parle.* **3.** *Ce,* complément (surtout dans cert. expressions figées). *Ce faisant, il a déçu tout le monde. Et ce, parce qu'il voulait partir. Pour ce faire, je devrais y aller. Sur ce, il se retira.* **4.** *Ce que,* loc. adv. exclamative. *Ce qu'il m'ennuie avec ses histoires! Ce que c'est que d'être vieux!*

C.E. Sigle de *Communauté* européenne.*

C.É.A. Sigle de *Communauté* économique africaine.*

céans [seɑ̃] adv. Plaisant *Le maître de céans :* le maître de maison.

Ceausescu (Nicolae) (1918 – 1989), homme politique roumain. Il adhéra dès 1933 au parti communiste, dont il devint secrétaire général en 1965. Président du Conseil d'État (chef de l'État) en 1967, il fut réélu en 1974, avec le titre de président de la République. Malgré sa relative indépendance vis-à-vis de Moscou, il mena une politique intérieure marquée par le népotisme, le culte de la personnalité et des aberrations dans les domaines économique et social. Déchu lors de la révolte de déc. 1989, il fut exécuté avec son épouse, Elena, au terme d'un procès sommaire.

cébette [sebɛt] n. f. (Afr. subsah.) Cour. Donax.

cébidés [sebide] n. m. pl. ZOOL Famille de singes platyrrhiniens comprenant notam. les sajous, les atèles et les hurleurs. – Sing. *Un cébidé.*

Cebu, île et prov. des Philippines, dans l'archipel des Visayas; 5088 km^2; 2 645 730 hab.; chef-lieu *Cebu* (610 417 hab.), port import.

C.E.C.A. Sigle de *Communauté* européenne du charbon et de l'acier.*

ceci [səsi] pron. dém. neutre. La chose la plus proche. *Ceci est à moi, cela est à vous.* – Ce qui va suivre (par oppos. à *cela*). *Retenez bien ceci.*

Cecil (William), baron Burleigh ou Burghley (1520 – 1598), homme politique anglais; conseiller de la reine Élisabeth Ire.

Cécile (sainte) (m. à Rome, 232), vierge et martyre romaine, patronne des musiciens.

cécilie [sesili] n. f. ZOOL Amphibien apode d'Amérique du S. (genre *Cecilia*), fouisseur aveugle à l'aspect d'un gros vers (50 cm de long).

cécité [sesite] n. f. **1.** État d'une personne aveugle. *Cécité congénitale, accidentelle. Cécité corticale,* due à une lésion cérébrale, sans atteinte de l'œil. – (Afr. subsah.) *Cécité des rivières :* onchocercose. ▷ *Cécité psychique :* perte de la reconnaissance de la nature et de l'usage des objets. ▷ *Cécité verbale :* alexie. **2.** Fig. Aveuglement. Ant. clairvoyance.

cédant, ante [sedɑ̃, ɑ̃t] n. DR Personne qui cède son droit (vendeur, donateur).

céder [sede] v. [**14**] **I.** v. tr. **1.** Laisser, abandonner (qqch à qqn). *Céder sa place.* ▷ *Céder du terrain :* reculer, fléchir; fig. faire des concessions. ▷ *Céder le pas (à une personne) :* s'effacer pour la laisser passer; fig. lui laisser la prééminence en telle ou telle occasion. – (Choses) Perdre de l'importance au profit de. ▷ *Le céder à :* s'avouer, être inférieur à. *Il ne le cède à personne en courage.* **2.** DR Transférer un droit sur une chose à une autre personne. – *Par ext.* Revendre. *Céder un fonds de commerce.* Syn. vendre. **II.** v. tr. indir. **1.** Ne pas résister, ne pas s'opposer, se soumettre à. *Céder au nombre, à la raison. Elle céda à la tentation de tout lui raconter.* ▷ (S. comp.) *Les troupes durent céder.* Syn. capituler, (Suisse) baster. ▷ S'abandonner (à un homme, en parlant d'une femme). **2.** (Choses) Rompre, s'affaisser. *La branche céda sous son poids.* Syn. (Suisse) baster.

cédérom [sedeʀɔm] n. m. inv. INFORM Syn. (off. recommandé) de *CD-ROM.*

cedi [sedi] n. m. Unité monétaire du Ghana.

cédille [sedij] n. f. Signe placé sous la lettre c devant a, o, u, quand elle doit être prononcée [s] (ex. *garçon*).

cédrat [sedʀa] n. m. Fruit du cédratier, ressemblant à un gros citron à peau épaisse, que l'on consomme confit.

cédratier [sedʀatje] n. m. Arbre originaire de l'Inde (*Citrus medica,* fam. rutacées), cultivé pour ses fruits (cédrats) dans la région méditerranéenne et en Asie tropicale.

cèdre [sɛdʀ] n. m. **1.** Conifère de grande taille (jusqu'à 40 m de haut et 3,50 m de diamètre à la base), à ramure étalée, à bois assez dur et odorant. *Le cèdre est l'emblème du Liban.* **2.** (Québec) Conifère d'Amérique du Nord (genre *Thuya*), aux feuilles en forme d'écailles, et dont le bois léger, odorant, est imputrescible. *Haie de cèdres.*

C.É.E. ou **C.E.E.** Sigle de *Communauté* économique européenne.* V. Europe.

cégep [seʒɛp] n. m. (Acronyme pour *collège d'enseignement général et professionnel*). Au Québec, établissement public dispensant un enseignement général en deux ans (conduisant à l'université) ou professionnel en trois ans (débouchant sur un emploi). – Par méton. *Faire, commencer, finir son cégep,* son cours collégial.

cégépien, enne [seʒepjɛ̃, ɛn] n. (Québec) Étudiant(e) qui fréquente un cégep.

C.É.I. Sigle de *Communauté* des États indépendants.*

ceindre [sɛ̃dʀ] v. tr. [**55**] Litt. **1.** Entourer (une partie du corps). *Une corde lui ceignait les reins.* ▷ v. pron. *Se ceindre d'un pagne. Se ceindre la tête d'un bandeau.* – (Afr. subsah.) Loc. fig. *Se ceindre les reins :* se mettre à l'ouvrage, prendre ses responsabilités. ▷ Par ext. *Ceindre une ville de murailles,* l'en entourer. **2.** *Ceindre le diadème, la couronne :* devenir roi.

ceinturage [sɛ̃tyʀaʒ] n. m. CONSTR Mise en place d'une ceinture autour d'un ouvrage.

ceinture [sɛ̃tyʀ] n. f. **I. 1.** Ruban, bande souple, en tissu, en cuir, etc., dont on s'entoure la taille pour y ajuster un vêtement. ▷ (Québec) *Ceinture fléchée :* longue ceinture traditionnelle à franges dont le tissage multicolore reproduit des pointes de flèches et que l'on porte nouée sur son manteau à l'occasion de fêtes populaires (par ex., le carnaval). ▷ *Par ext.* Bord supérieur d'un pantalon ou d'une jupe. ▷ Fig., fam. *Se serrer* la ceinture.* **2.** *Par ext.* Taille. *Avoir de l'eau au-dessus de la ceinture.* ▷ Fig., fam. *Il ne lui arrive pas à la ceinture :* il lui est très inférieur. **3.** Ce qui entoure la taille. *Ceinture de sauvetage,* en matière insubmersible, qui permet de se soutenir sur l'eau. ▷ *Ceinture de sécurité,* ou *ceinture :* sangle destinée à retenir sur son siège le passager d'un avion ou d'une automobile, en cas de choc. ▷ *Ceinture médicale* ou *orthopédique,* qui sert à maintenir les muscles de l'abdomen. ▷ (Afr. subsah.) *Ceinture de grossesse :* cordon garni de gris-gris que les femmes enceintes portent pour se protéger des maléfices. ▷ (Haïti) *Être en pleine ceinture :* être enceinte de plusieurs mois. **4.** *Ceinture de judo, de karaté, d'aïkido,* dont la couleur indique le niveau atteint par la personne pratiquant l'un de ces arts martiaux. *Ceinture noire,* indiquant les degrés les plus élevés. (V. dan.) **II. 1.** Ce qui entoure. *Ceinture de murailles d'une ville.* Syn. enceinte. **2.** Ce qui est périphérique. *Boulevards de ceinture,* qui font le tour d'une ville. **3.** CONSTR Bande métallique qui maintient un ouvrage. **III.** ANAT Ensemble des os qui rattachent les membres au tronc. *Ceinture pelvienne :* bassin. *Ceinture scapulaire :* omoplate et clavicule.

ceinturer [sɛ̃tyʀe] v. tr. [**1**] **1.** Entourer d'une ceinture. **2.** Entourer avec ses bras pour maîtriser (une personne). *Ceinturer un malfaiteur.* **3.** CONSTR Entourer d'une ceinture (un ouvrage).

ceinturon [sɛ̃tyʀɔ̃] n. m. Large ceinture solide.

cela [səla] pron. dém. neutre (contracté en *ça* dans la langue parlée). **1.** Cette chose. *Montrez-moi cela. Cela n'est pas vrai. Cela se passait hier. Nous verrons cela demain.* ▷ *Et cela* (Forme d'insistance.) *Il nous a conduits jusqu'à Paris, et cela sans accepter un centime.* ▷ *Comment cela? :* de quelle manière? (Marque l'étonnement.) ▷ *C'est cela :* pour marquer qu'on a bien compris, qu'on acquiesce. **2.** La chose la plus éloignée. *Ceci est à moi, cela est à vous.* – Ce dont on vient de parler; ce qui précède (par oppos. à *ceci*). *Cela vous étonne? Cela dit, restons-en là.*

Cela (Camilo José) (né en 1916), romancier réaliste espagnol. P. Nobel 1989.

céladon [seladɔ̃] n. m. et adj. inv. Vert pâle légèrement grisé. ▷ adj. inv. *Vert céladon.*

Celan (Paul Antschel, dit Paul) (1920 – 1970), poète français d'origine roumaine et d'expression allemande. Survivant du génocide (sa famille fut exterminée par les nazis), il vécut à Paris de 1948 jusqu'à son suicide en 1970. Son œuvre, à l'écriture dense et allusive, s'interroge sur la finalité de la poésie dans de nouveaux «temps de détresse» : *Pavot et souvenir* (1952), *la Grille du langage* (1959), *la Rose de personne* (1962).

Célèbes ou **Sulawesi,** île montagneuse et très découpée d'Indonésie; 189035 km^2; 11552920 hab.; v. princ. *Ujungpandang.* Coprah, café; nickel. – La *mer de Célèbes* (océan Pacifique) baigne le nord de l'île Célèbes et Bornéo.

célébrant [selebʀɑ̃] n. m. Celui qui dit la messe.

célébration [selebʀasjɔ̃] n. f. Action de célébrer. *Célébration du centenaire de la naissance, de la mort d'un grand musicien. Célébration d'un mariage.*

célèbre [selɛbʀ] adj. Qui est connu de tous, qui a une grande renommée. *Un auteur célèbre. Un personnage tristement célèbre.* Syn. illustre, renommé.

célébrer [selebʀe] v. tr. [**14**] **1.** Fêter avec éclat (un événement). *Célébrer un anniversaire, la victoire.* **2.** Accomplir avec solennité. *Célébrer la messe,* ou (s. comp.) *célébrer :* dire la messe. **3.** Louer, exalter publiquement et avec force. *Célébrer le talent, le mérite de qqn.*

célébrité [selebʀite] n. f. **1.** Large réputation, grande renommée. **2.** *Par ext.* Personne célèbre.

céleri [selʀi] n. m. Plante potagère (fam. ombellifères) dont une variété est cultivée pour sa racine *(céleri-rave)* et une autre pour ses feuilles dont on consomme les côtes *(céleri en branches).*

célérité [seleʀite] n. f. **1.** Promptitude, diligence. **2.** PHYS Vitesse de propagation (d'un signal). *La célérité de l'onde lumineuse.*

célesta [selɛsta] n. m. MUS Instrument de musique à clavier dont le son est produit par le choc de marteaux sur des lames d'acier.

céleste [selɛst] adj. **1.** Qui appartient au ciel. *Corps célestes.* Ant. terrestre. **2.** Relatif au ciel, en tant que séjour de la Divinité. *Les esprits célestes.* – *Le père céleste :* Dieu. ▷ *Par ext.* Divin. *«Objet infortuné des vengeances célestes»* (Racine). – Litt. Merveilleux. *Elle était d'une beauté céleste.* **3.** *Le Céleste Empire :* la Chine, dont l'empereur était considéré comme le fils du Ciel. **4.** *Eau céleste :* solution aqueuse bleu azur de cuivre et d'ammoniac.

céliaque [seljak] adj. V. cœliaque.

célibat [seliba] n. m. État d'une personne qui n'a jamais été mariée. *Vivre dans le célibat.* Ant. mariage.

célibataire [selibatɛʀ] adj. (et n.) Qui vit dans le célibat. *Mère célibataire.* – Subst. *Il vit en célibataire.* – PHYS NUCL *Électron célibataire,* qui se trouve seul sur une des orbites de l'atome.

Célimène, héroïne de la comédie de Molière *le Misanthrope* (1666) jeune, jolie, spirituelle, incapable de vivre hors des salons.

Céline (Louis Ferdinand Destouches, dit Louis-Ferdinand) (1894 – 1961), écrivain français. Il a utilisé le langage parlé, avec virulence : *Voyage au bout de la nuit* (1932), *Mort à crédit* (1936), *D'un château l'autre* (1957), *Nord* (1960), *le Pont de Londres* (posth., 1964, suite de *Guignol's*

Band, 1944). Son soutien au gouv. de Pétain l'incita à s'exiler (1944-1951).

celle [sɛl] pron. dém. f. s. V. celui.

celle-ci [sɛlsi] pron. dém. f. s. V. celui-ci.

celle-là [sɛlla] pron. dém. f. s. V. celui-ci.

cellier [selje] n. m. Pièce dans laquelle on conserve le vin et les provisions.

Cellini (Benvenuto) (1500 – 1571), orfèvre et sculpteur italien; maniériste : *Nymphe de Fontainebleau* (bas-relief, Louvre), *Salière de François Ier* (Vienne), *Persée** (loge des Lanzi, Florence). Il a laissé d'intéressants *Mémoires.*

cellophane [selɔfan] n. f. (Nom déposé.) Pellicule cellulosique transparente servant de matériau d'emballage.

cellulaire [selylɛʀ] adj. **1.** Composé de cellules. *Tissu cellulaire.* **2.** De la cellule. *Organites cellulaires. Division cellulaire.* **3.** Qui a rapport aux cellules des prisonniers. *Régime cellulaire.* ▷ *Fourgon cellulaire :* voiture à compartiments fermés servant au transport des prisonniers.

cellulase [selylaz] n. f. BIOCHIM Enzyme qui hydrolyse la cellulose.

cellule [selyl] n. f. **I. 1.** Local étroit dans une prison, où sont enfermés isolément certains prisonniers. **2.** Petite chambre, partic. d'un religieux, d'une religieuse. **3.** Alvéole d'une ruche. **II. 1.** BIOL Le plus petit élément organisé et vivant possédant son métabolisme propre (ce qui l'oppose au virus). V. encycl. ci-après. **2.** POLIT Groupement élémentaire à la base de certaines organisations politiques. **3.** SOCIOL Groupe d'individus considéré comme unité constitutive de l'organisation sociale. *La cellule familiale.* ▷ Cour. Groupe de personnes réunies dans un but particulier, pour une occasion exceptionnelle. *Cellule de crise.* **4.** AVIAT Ensemble des structures (voilure et fuselage). **III.** *Cellule photoélectrique* ou *cellule :* dispositif transformant un flux lumineux en courant électrique, utilisé notam. en photographie pour mesurer l'intensité de la lumière.
ENCYCL Biol. – Les cellules sont classées en deux types fondamentaux : les cellules procaryotes, rudimentaires, n'ont pas de noyau nettement différencié; les cellules eucaryotes sont les éléments de base des êtres vivants pluricellulaires, dans lesquels elles se spécialisent pour former des tissus : *cellules hépatiques, rénales, nerveuses* ou *neurones,* etc. Leur taille varie de quelques µm à plusieurs cm de diamètre (jaune d'œuf).

cellulite [selylit] n. f. **1.** Cour. Infiltration du tissu conjonctif sous-cutané qui donne à la peau un aspect capitonné, en «peau d'orange». **2.** MED Inflammation du tissu cellulaire sous-cutané, responsable de vives douleurs et d'une induration localisée ou diffuse.

celluloïd [selylɔid] n. m. (Nom déposé.) Matière plastique très inflammable, formée de nitrocellulose plastifiée par du camphre.

cellulose [selyloz] n. f. Substance constitutive des parois cellulaires végétales $(C_6H_{10}O_5)_n$, dont la forme la plus pure est le coton. *La cellulose est l'aliment de base des animaux herbivores.*

cellulosique [selylɔzik] adj. De la nature de la cellulose. *Colle cellulosique.*

célosie [selozi] n. f. *Célosie argentée :* plante des lieux humides d'Afrique (fam. amarantacées), dont les feuilles sont utilisées en cuisine.

Celsius (Anders) (1701 – 1744), astronome suédois. ▷ PHYS *Échelle Celsius :* échelle thermométrique centésimale dont le point 0 correspond à la température de la glace fondante et le point 100 à celle de l'ébullition de l'eau sous la pression atmosphérique normale. *Degré Celsius :* degré de l'échelle Celsius (symbole °C).

celte [sɛlt] ou **celtique** [sɛltik] adj. et n. m. **1.** adj. Relatif aux Celtes. **2.** n. m. *Le celte* ou *le celtique :* l'ensemble des langues celtiques, d'origine indo-européenne, encore vivantes en Irlande, en Écosse, au pays de Galles et en Bretagne.

Celtes, groupement humain de langue indo-européenne, aux origines mal définies, qui couvrit d'abord l'Europe centr., puis se répandit en Gaule (surtout), du VIe au IIIe s. av. J.-C. De Gaule, certains traversèrent la Manche; d'autres gagnèrent l'Espagne, l'Italie du Nord (IVe s. av. J.-C.), la Grèce, l'Asie Mineure. Princ. bases : vallées du Danube et du Rhin, nord et centre de la Gaule, Belgique actuelle, sud de l'Allemagne actuelle, Suisse actuelle, Gaule Cisalpine (Italie du N.), îles Britanniques. L'art y fleurit, excellant dans la stylisation.

Celtibères, anc. peuple de l'Espagne septentrionale et centrale, produit de la fusion des Celtes et des Ibères.

celui [səlɥi] pron. dém. m. s., **celle** [sɛl] f. s., **ceux** [sø] m. pl., **celles** [sɛl] f. pl. (Désigne les personnes et les choses qu'on est en train d'évoquer.) **1.** Employé comme antécédent d'un relatif. *Son cousin, c'est celui qui porte une chemise bleue.* **2.** Suivi de la préposition *de. J'ai pris mon livre et celui de mon frère. Lequel voulez-vous? Celui de gauche.* **3.** Mod. Devant un participe (emploi critiqué). *Les plus beaux coquillages sont ceux ramassés par Paul.*

celui-ci [səlɥisi], **celui-là** [səlɥila] pron. dém. m. s.; **celle-ci** [sɛlsi], **celle-là** [sɛlla] f. s.; **ceux-ci** [søsi], **ceux-là** [søla] m. pl.; **celles-ci** [sɛlsi], **celles-là** [sɛlla] f. pl. **1.** *Celui-ci* (pour désigner une chose, une personne rapprochée dans le temps et dans l'espace, ce dont il va être immédiatement question). **2.** *Celui-là* (pour désigner ce qui est le plus éloigné, ce qui a été dit précédemment). *J'aime la mer autant que la montagne; celle-là est plus vivante, celle-ci plus reposante.*

cembro [sɑ̃bʀo] n. m. Pin (*Pinus cembro*) dont les aiguilles sont groupées par cinq, fréquent dans les hautes zones des Alpes. Syn. (Suisse) arol.

cément [semɑ̃] n. m. **1.** ANAT Couche osseuse recouvrant la racine des dents. **2.** METALL Substance servant à la cémentation d'un métal.

cémentation [semɑ̃tasjɔ̃] n. f. METALL Modification de la composition superficielle d'un métal ou d'un alliage (acier, par ex.) auquel on incorpore en surface divers éléments provenant d'un cément (charbon de bois apportant du carbone à l'acier doux, par ex.).

cénacle [senakl] n. m. **1.** Salle dans laquelle le Christ prit son dernier repas, en compagnie de ses disciples (V. cène) et où le Saint-Esprit descendit sur les apôtres à la Pentecôte. **2.** Réunion de gens de lettres, d'artistes, partageant les mêmes goûts. *Le cénacle romantique.*

Cenci, famille romaine citée du XIe au XVIe s. — **Francesco** (1549 – 1598), tyran débauché, assassiné à l'instigation de sa fille **Béatrice** (1577 – 1599), de sa seconde femme et d'un de ses fils, **Giacomo,** eux-mêmes exécutés (1599) à la requête du pape Clément VIII.

Cendrars (Frédéric Sauser, dit Blaise) (1887 – 1961), écrivain français d'origine suisse. Poème : *la Prose du Transsibérien et de la petite Jehanne de France* (1913); contes : *Anthologie nègre* (1919), *Petits Contes nègres pour les enfants des Blancs* (1921); romans : *l'Or* (1925), *Moravagine* (1926), *Rhum* (1930); récits autobiographiques : *la Main coupée* (1946), *Bourlinguer* (1948).

cendre [sɑ̃dʀ] n. f. **I.** Résidu pulvérulent de matières brûlées. *La cendre de bois fournit un excellent engrais.* ▷ *Réduire en cendres :* anéantir en brûlant. – Fig. *Ses espérances furent réduites en cendres.* ▷ Fig. *Couver sous la cendre :* se développer insidieusement. *Le mécontentement couvait sous la cendre.* **II. 1.** Plur. *Les cendres :* les restes des morts. ▷ Fig. *Renaître de ses cendres :* ressusciter (par allus. au phénix*). *Un vieux mythe qui renaît de ses cendres.* **2.** RELIG CATHOL *Mercredi des Cendres :* premier jour du Carême, où le prêtre signe le front des fidèles avec une pincée de cendre pour les appeler à la pénitence.

cendré, ée [sɑ̃dʀe] adj. Qui est couleur de cendre, tirant sur le gris. *Lumière cendrée :* lumière due à la réflexion sur la Lune de la lumière solaire renvoyée par la Terre.

cendreux, euse [sɑ̃dʀø, øz] adj. Qui a l'aspect de la cendre. *Teint cendreux.*

cendrier [sɑ̃dʀije] n. m. **1.** Partie inférieure d'un foyer destinée à recueillir la cendre. **2.** Récipient destiné à recevoir la cendre de tabac et les mégots. Syn. (Belgique) bac à cendres.

cène (la) [sɛn] n. f. **1.** RELIG CATHOL (Avec une majuscule.) Dernier repas que Jésus-Christ prit avec ses apôtres et au cours duquel il institua l'eucharistie. **2.** *La sainte cène :* la communion dans le culte protestant.

cenelle [s(ə)nɛl] n. f. (Québec) Baie rouge de l'aubépine sauvage ou cenellier.

cenellier [s(ə)nɛlje] n. m. (Québec) Nom cour. de l'aubépine sauvage.

cénesthésie [senɛstezi] n. f. Ensemble des sensations internes contribuant à la perception qu'un sujet a de son corps sans le concours des organes sensoriels.

Cenis (Mont-), massif des Alpes occid. (3320 m), en France. La route de Lyon à Turin passe par le *col du Mont-Cenis* (2083 m), au N. du massif.

cenne [sɛn] n. f. (Québec) Fam. **1.** La centième partie du dollar canadien (aussi appelée sou*). – *Une cenne noire :* pièce de monnaie valant un sou. *Dix sous en cennes noires.* – *Calculer à la cenne,* de façon précise. – Pièce de monnaie quelconque. *Une poignée de cennes.* **2.** (Le plus souvent au plur.) Argent. *Compter ses cennes.* – *Être proche de ses cennes :* être avare. **3.** Loc. *Couper les cennes en quatre :* être économe. – *Ça ne vaut pas une cenne, cinq cennes :* ça ne vaut rien. – *Ne pas avoir deux cennes de patience,* en être tout à fait dépourvu. – *Pas méchant pour cinq cennes,* pas méchant du tout. (V. cent 2.)

cénobite [senɔbit] n. m. Moine qui vit en communauté. Ant. anachorète, ermite.

cénozoïque [ʃenɔzɔik] adj. GEOL Des ères tertiaire et quaternaire. ▷ n. m. *Le cénozoïque.*

cens [sɑ̃s] n. m. **1.** ANTIQ Dénombrement des citoyens romains effectué tous les cinq ans. **2.** *Cens électoral :* en France, quotité d'impôt qu'un individu devait payer pour être électeur ou éligible (supprimé en 1848).

censé, ée [sɑ̃se] adj. Supposé (suivi d'un inf.). *Nul n'est censé ignorer la loi.*

censément [sɑ̃semɑ̃] adv. Par supposition, apparemment.

censeur [sɑ̃sœʀ] n. m. **1.** Celui qui appartient à une commission de censure officielle. (V. censure, sens 1.) **2.** *Par ext.* Celui qui s'érige en autorité pour juger défavorablement. *Ce critique se conduit en censeur.* **3.** Personne chargée de l'organisation des études et de la discipline dans les lycées.

censitaire [sɑ̃sitɛʀ] adj. Qui relevait du cens. *Suffrage censitaire.*

censure [sɑ̃syʀ] n. f. **1.** Examen qu'un gouvernement fait faire des publications, des pièces de théâtre, des films, en vue d'accorder ou de refuser leur présentation au public. – *Par ext.* Instance administrative chargée de cet examen. *Délivrer un visa de censure.* **2.** POLIT *Motion de censure :* désapprobation, votée par la majorité du Parlement, de la politique du gouvernement. **3.** RELIG CATHOL Peine disciplinaire (excommunication, interdit) que l'Église peut infliger aux fidèles par l'intermédiaire de ses ministres. **4.** PSYCHAN Opposition exercée par le sur-moi contre des pulsions inconscientes.

censurer [sɑ̃syʀe] v. tr. [1] **1.** Interdire ou expurger, en parlant de la censure officielle. *Certains passages de ce film ont été censurés.* **2.** *Le Parlement a censuré le gouvernement,* a voté une motion de censure. **3.** RELIG CATHOL Infliger la peine de la censure à.

1. cent [sɑ̃] adj. num. et n. m. **I.** adj. num. **1.** (Cardinal. Prend un s au plur. sauf s'il est suivi d'un autre adj. num. cardinal.) Dix fois dix (100). *Cent francs. Deux cents ans. Deux cent cinquante francs.* ▷ Un nombre indéterminé, assez élevé. *Il l'a fait cent fois !* ▷ *Faire les cent pas :* aller et venir. – Fam. *Faire les quatre cents coups :* mener une vie désordonnée. **2.** (Ordinal) Centième. *Page cent.* **II.** n. m. **1.** Le nombre cent. ▷ Chiffres représentant le nombre cent (100). ▷ Numéro cent. *Habiter au cent.* ▷ *Pour cent. Bénéfice de trois pour cent (3 %) :* bénéfice de 3 F sur 100 F. ▷ Fam. *(À) cent pour cent :* totalement, entièrement. **2.** Centaine. *Deux cents d'œufs.*

2. cent [sɛnt] n. m. Centième partie du dollar américain ou canadien (symbole : ¢). – Pièce de monnaie valant un cent. ▷ n. f. (Québec) Fam. *Cent* ou *cenne :* V. cenne.

centaine [sɑ̃tɛn] n. f. (Collectif) **1.** Nombre de cent, ou de cent environ. *Une centaine de francs.* – *Par centaines :* en grand nombre. **2.** *La centaine :* l'âge de cent ans.

Cent Ans (guerre de), conflit qui opposa la France et l'Angleterre de 1337 à 1453. La vassalité qui liait le roi d'Angleterre (pour ses fiefs franç.) au roi de France créa la discorde dès le XIIe s. En 1337, Édouard III affirma, en tant que petit-fils de Philippe IV le Bel, ses droits à la couronne franç. détenue par Philippe VI de Valois depuis 1328. L'Angleterre voulait notam. obtenir les Flandres (lainières). Entrecoupé de longues périodes de paix, ce conflit comprend quatre phases. **1.** Sous Philippe VI et Jean II le Bon, la France fut écrasée à Crécy (1346) et à Poitiers (1356); au traité de Brétigny (1360), l'Angleterre reçut le quart du royaume. **2.** Le règne de Charles V vit l'amorce d'une reconquête (victoires de Du Guesclin), les Angl. ne gardant en 1380 que Calais et la Guyenne. **3.** Sous Charles VI, atteint de folie, une guerre civile opposa Armagnacs* et Bourguignons, et les Anglais vainquirent à Azincourt (1415). **4.** Sous Charles VII, l'impulsion donnée par Jeanne d'Arc (1429 : libération d'Orléans) entraîna la reconquête progressive, qui s'acheva en 1453 (victoire de Castillon, en Gironde); seul Calais restait aux Anglais.

Cent-Associés (Compagnie des). V. Nouvelle-France.

centaure [sɑ̃tɔʀ] n. m. **1.** MYTH Être fabuleux représenté comme un monstre moitié homme (tête et torse) et moitié cheval. **2.** ASTRO *Le Centaure :* constellation du ciel austral. (Une de ses étoiles, *Proxima Centauri,* l'étoile la plus proche de la Terre : 4,3 années-lumière.) **3.** ENTOM Gros coléoptère à deux cornes des forêts denses, parfois appelé impr. *rhinocéros* en Afrique.

centaurée [sɑ̃tɔʀe] n. f. BOT Composée, le plus souvent à fleurs bleues, comprenant un grand nombre d'espèces dont le bleuet.

centenaire [sɑ̃tnɛʀ] adj. et n. **1.** adj. Qui a cent ans. *Arbre centenaire.* ▷ Subst. *Un(e) centenaire :* personne âgée de cent ans ou plus. **2.** adj. Qui se produit, qui est censé se produire environ tous les cent ans. *Crue centenaire.* **3.** n. m. Centième anniversaire.

centésimal, ale, aux [sɑ̃tezimal, o] adj. Relatif aux divisions d'une quantité en cent parties égales. *Fraction centésimale.* ▷ PHYS *Échelle centésimale :* échelle déterminée à partir de deux graduations marquées 0 et 100, chaque degré de l'échelle représentant la centième partie de l'intervalle 0-100.

centi-. Élément, du latin *centum,* «cent», impliquant l'idée d'une division en centièmes.

centiare [sɑ̃tjaʀ] n. m. Centième partie de l'are, équivalant à 1 m^2 (symbole : ca).

centième [sɑ̃tjɛm] adj. et n. **I.** adj. num. ord. Dont le rang est marqué par le nombre 100. *Le centième jour.* **II.** n. **1.** Personne qui occupe la centième place. **2.** n. m. Chaque partie d'un tout divisé en cent parties égales. *L'augmentation a été d'un centième.*

centigrade [sɑ̃tigʀad] adj. et n. m. **1.** adj. Cour. *Degré centigrade :* syn. impropre de *degré Celsius.* **2.** n. m. GEOM Centième partie du grade (symbole : cgr).

centigramme [sɑ̃tigʀam] n. m. Centième partie du gramme (symbole : cg).

centile [sɑ̃til] n. m. STATIS Centième partie d'un ensemble de données classées.

centilitre [sɑ̃tilitʀ] n. m. Centième partie du litre (symbole : cl).

centime [sɑ̃tim] n. m. Centième partie du franc. *Douze francs et dix centimes.* (On dit aussi *douze francs dix.*)

centimètre [sɑ̃timɛtʀ] n. m. **1.** Centième partie du mètre (symbole : cm). ▷ *Par ext.* Règle ou ruban divisé en centimètres. *Un centimètre de couturière.* **2.** PHYS Unité de longueur fondamentale de l'ancien système C.G.S.

centimétrique [sɑ̃timetʀik] adj. De l'ordre du centimètre.

Cent-Jours (les), période comprise entre le 20 mars 1815 (retour de Napoléon Ier, échappé de l'île d'Elbe, à Paris) et le 22 juin 1815 (seconde abdication), après la défaite de Waterloo, le 18 juin.

cent-pieds [sɑ̃pje] n. m. (Polynésie fr.) Scolopendre.

CENTO. V. Bagdad (pacte de Bagdad).

centrafricain, aine [sɑ̃tʀafʀikɛ̃, ɛn] adj. et n. De l'État d'Afrique centrale nommé République centrafricaine. ▷ Subst. *Un(e) Centrafricain(e).*

centrafricaine (République) ou **Centrafrique,** État d'Afrique équatoriale.
► V. carte et dossier, p. 1413.

centrage [sɑ̃tʀaʒ] n. m. TECH Action de centrer. ▷ Action de placer les axes de différents éléments sur une même droite.

central, ale, aux [sɑ̃tʀal, o] adj. et n. **I.** adj. **1.** Qui est au centre. *Place centrale.* Ant. périphérique. **2.** Principal, où tout converge, qui distribue tout. *Climatisation centrale.* – *Le système nerveux central :* l'encéphale et la moelle épinière. **3.** *École centrale des arts et manufactures* ou, n. f., *Centrale,* assurant, en France, la formation d'ingénieurs (*centraliens*). **4.** MECA *Force centrale :* force dont la direction passe par un point fixe. **II.** n. m. Bureau, poste assurant la centralisation des communications téléphoniques ou télégraphiques. *Un central téléphonique.* **III.** n. f. **1.** *Centrale d'achat :* organisme commun à plusieurs entreprises dont il centralise les achats. **2.** Groupement de fédérations syndicales. *Centrale ouvrière.* **3.** Usine productrice d'énergie. *Centrale nucléaire, centrale hydraulique, centrale thermique, centrale solaire.*

centralisateur, trice [sɑ̃tʀalizatœʀ, tʀis] adj. Qui centralise. *Bureau centralisateur.*

centralisation [sɑ̃tʀalizasjɔ̃] n. f. **1.** Action de centraliser. *Centralisation des demandes d'abonnement.* **2.** POLIT Réunion sous l'autorité d'un organisme central des diverses attributions de la puissance publique. Ant. décentralisation.

centraliser [sɑ̃tʀalize] v. tr. [1] Concentrer, réunir en un même centre, sous une même autorité.

centralisme [sɑ̃tʀalism] n. m. **1.** Tendance à la centralisation. **2.** POLIT Dans les partis communistes, système qui consistait à centraliser le pouvoir de décision, confié aux seuls dirigeants.

centre [sɑ̃tʀ] n. m. **I. 1.** Point situé à égale distance de tous les points d'une circonférence ou de la surface d'une sphère. ▷ GEOM *Centre de répétition d'ordre n d'une figure plane :* point de cette figure tel que celle-ci reste identique à elle-même par rotation d'un énième de tour. – *Centre de symétrie :* point C qui fait correspondre à tout point A d'une figure un point A' tel que CA' = CA. – *Centre d'homothétie,* tel que CA' = k.CA. – *Centre de courbure :* point de rencontre des normales d'une courbe en deux points infiniment voisins de cette courbe. **2.** *Par* *ext.* Milieu d'un espace quelconque. *Le centre de l'agglomération.* ▷ (Québec) *Centre de table :* napperon brodé ou crocheté que l'on place au centre d'une table pour y déposer un objet décoratif. **3.** POLIT Partie d'une assemblée politique qui siège entre la droite et la gauche. (V. centrisme.) **II.** PHYS, MECA **1.** Point d'application de la résultante des forces exercées sur un corps. ▷ *Centre de masse* ou *d'inertie* (d'un système de points matériels) *:* V. masse (sens III, 1). ▷ *Centre de gravité*.* ▷ *Centre instantané de rotation :* point d'une figure plane en mouvement, dont la vitesse est nulle à l'instant considéré. ▷ *Centre de poussée :* point d'application de la résultante des forces qui s'exercent sur un corps. **2.** *Centre optique :* V. optique (sens I, 2). **III. 1.** Fig. Point d'attraction. *Centre d'intérêt.* **2.** Point de grande concentration d'activité; point d'où s'exerce une action. *Centre commercial* (au Québec, aussi *centre d'achats,* cour. mais critiqué). *Centre culturel. – Centre sportif,* pour la pratique des sports. – (Québec) *Centre de congrès,* équipé pour la tenue de congrès. ▷ (Afr. subsah.) *Centre coutumier :* à l'époque coloniale, en Afrique centr., localité soumise au droit coutumier. **3.** ANAT Région du système nerveux central qui commande le fonctionnement de certains organes vitaux. *Centre respiratoire.* **4.** Organisme qui centralise certaines activités. *Centre hospitalier universitaire (C.H.U.).*

Centre, Région admin. française et rég. de la C.E., formée des dép. du Cher, d'Eure-et-Loir, de l'Indre, d'Indre-et-Loire, du Loir-et-Cher et du Loiret; 39 150 km^2; 2 427 688 hab.; cap. *Orléans*.*

Géogr. – Partie S. du Bassin* parisien, le Centre est traversé d'E. en O. par la Loire. Doux et océanique, le climat a très tôt favorisé l'occupation humaine. La région enregistre un fort excédent migratoire. Réputé pour son agriculture puissante et variée (céréales : 1er rang de la C.É.E. pour le blé; vignoble et horticulture du val de Loire, élevage des bordures S. et S.-E.), pour sa sylviculture (10 % du chêne français) et pour son patrimoine touristique (châteaux de la Loire, cathédrales de Bourges et de Chartres), le Centre possède des centrales nucléaires sur la Loire. Dep. les années 50, la Région a été la principale bénéficiaire de la décentralisation industrielle et a attiré les investissements étrangers.

Centre national d'art et de culture Georges-Pompidou. V. Pompidou (Centre national d'art et de culture Georges-).

Centre national de la cinématographie (C.N.C.), organisme public, créé en 1946, chargé de conserver et de réglementer le patrimoine cinématographique français, ainsi que de subventionner le développement de son industrie.

centré, ée [sɑ̃tʀe] adj. **1.** MECA Qui tourne autour d'un point. **2.** MATH *Variable aléatoire centrée :* variable dont l'espérance mathématique est nulle. **3.** (Suisse) Qui est situé au centre d'une agglomération.

centrer [sɑ̃tʀe] v. tr. [1] **1.** Déterminer le centre (d'une figure, d'un objet). ▷ Placer, ramener au centre. ▷ Régler les pièces tournantes d'une machine, la position de leurs axes de rotation. **2.** Fig. *Centrer le débat sur une question essentielle,* se la donner pour objet principal de discussion.

centre-ville [sɑ̃tʀəvil] n. m. Quartier central d'une ville, le plus ancien et le plus animé. *Des centres-villes.*

centrifugation [sɑ̃tʀifygasjɔ̃] n. f. TECH Séparation, sous l'action de la force centrifuge, de particules inégalement denses en suspension dans un liquide, un mélange. *Séparer la crème du lait par centrifugation.*

centrifuge [sɑ̃tʀifyʒ] adj. *Force centrifuge,* qui tend à éloigner du centre. Ant. centripète. ▷ *Pompe centrifuge,* dans laquelle le fluide circule du centre vers l'extérieur du corps de la pompe.

centrifuger [sɑ̃tʀifyʒe] v. tr. [13] TECH Soumettre à la centrifugation.

centrifugeur [sɑ̃tʀifyʒœʀ] n. m. ou **centrifugeuse** [sɑ̃tʀifyʒøz] n. f. TECH Appareil utilisé pour la centrifugation.

centriole [sɑ̃tʀiɔl] n. m. BIOL Organite intracellulaire, cytoplasmique, situé près du noyau. *Les centrioles forment le fuseau de division pendant la mitose.*

centripète [sɑ̃tʀipɛt] adj. Qui tend à rapprocher du centre d'une trajectoire; qui est dirigé vers le centre. *Force centripète. Accélération centripète :* composante de l'accélération dirigée vers le centre de courbure de la trajectoire. Ant. centrifuge. ▷ PHYSIOL *Nerfs centripètes,* qui conduisent l'excitation de la périphérie vers le centre.

centrisme [sɑ̃tʀism] n. m. POLIT Position polit., idéologie de ceux qui siègent au centre, à l'Assemblée, entre les conservateurs et les progressistes.

centriste [sɑ̃tʀist] adj. (et n.) Relatif au centrisme; partisan du centrisme.

centromère [sɑ̃tʀɔmɛʀ] n. m. BIOL Zone de constriction qui sépare le chromosome en deux bras et joue un rôle important lors de la division cellulaire.

centrosome [sɑ̃tʀozom] n. m. BIOL Organite cellulaire située près du noyau, qui, après une duplication, devient le centre organisateur de la formation du fuseau achromatique lors de la division cellulaire. (Elle commande aussi les mouvements des cils et flagelles lorsque les cellules en possèdent.)

centuple [sɑ̃typl] adj. et n. m. **1.** adj. Qui vaut cent fois. *Nombre centuple d'un autre.* **2.** n. m. Quantité qui vaut cent fois une autre quantité. *Le centuple de dix est mille.* ▷ Loc. adv. Par exag. *Au centuple :* un grand nombre de fois en plus. *Je lui rendrai cela au centuple.*

centupler [sɑ̃typle] v. tr. [1] **1.** Multiplier par cent, rendre cent fois plus grand. *Centupler un nombre.* ▷ v. intr. *Son chiffre d'affaires a centuplé en moins de dix ans.* **2.** *Par exag.* Rendre un grand nombre de fois plus grand.

centurion [sɑ̃tyʀjɔ̃] n. m. ANTIQ ROM Officier de l'armée romaine, placé à la tête de cent soldats *(centurie).*

cénure [senyʀ] n. m. V. cœnure.

cep [sɛp] n. m. **1.** Pied de vigne. **2.** Partie de la charrue qui porte le soc.

cépage [sepaʒ] n. m. Variété de vigne cultivée.

cèpe [sɛp] n. m. Nom donné à divers bolets d'Europe comestibles.

cépée [sepe] n. f. Touffe de plusieurs tiges de bois ayant poussé à partir de la souche d'un arbre abattu.

cependant [səpɑ̃dɑ̃] conj. Néanmoins, toutefois, malgré cela. *Il ne devait pas venir et cependant le voici. Vous avez été très gentil, j'ai cependant un reproche à vous faire.*

céphalalgie [sefalalʒi] n. f. MED Mal de tête.

céphalaspides [sefalaspid] n. m. pl. PALEONT Ordre d'agnathes (fin du primaire) au céphalothorax recouvert d'une cuirasse, munis d'un œil pinéal, et dont les nerfs aboutissaient à des aires qui étaient p.-ê. des organes électriques. – Sing. *Un céphalaspide.*

-céphale, -céphalie, céphalo-. Éléments, du gr. *kephalê,* «tête».

céphalée [sefale] n. f. MED Céphalalgie violente et tenace.

céphalique [sefalik] adj. ANAT Qui a rapport à la tête. *Veine céphalique :* grosse veine superficielle du bras, qu'on croyait jadis venir de la tête. ▷ ANTHROP *Indice céphalique :* rapport du diamètre transverse au diamètre antéropostérieur du crâne.

céphalocordés [sefalokɔʀde] n. m. pl. ZOOL Sous-embranchement de cordés chez lesquels la corde dorsale se prolonge jusque dans la tête. – Sing. *Un céphalocordé.*

Céphalonie, la plus grande des îles Ioniennes (Grèce); 935 km^2; 32 300 hab.; v. princ. *Argostoli.*

céphalophe [sefalɔf] n. m. Petite antilope des régions boisées d'Afrique tropicale, caractérisée par une touffe de poils entre les cornes, qui sont courtes et généralement présentes dans les deux sexes. (Cour. appelée *biche-cochon,* en Afrique.)

céphalopodes [sefalopɔd] n. m. pl. ZOOL Classe de mollusques (divisée en dibranchiaux et tétrabranchiaux) chez lesquels le pied, rabattu vers l'avant autour de la bouche armée d'un bec de perroquet, est découpé en tentacules garnis de ventouses. *Les céphalopodes tels que la seiche, le calmar, le poulpe sont tous d'excellents nageurs marins.* – Sing. *Un céphalopode.*

céphalorachidien, enne [sefaloʀaʃidjɛ̃, ɛn] adj. ANAT, MED *Liquide céphalorachidien :* liquide contenu dans les espaces méningés, constitué d'eau à 99 %, et dont l'examen par ponction lombaire permet de déceler une méningite, une encéphalite, etc.

céphalothorax [sefalotɔʀaks] n. m. ZOOL Partie antérieure du corps des arachnides et des crustacés décapodes, comprenant tête et thorax soudés et protégés par une carapace commune.

céphéide [sefeid] n. f. ASTRO Étoile pulsante dont l'éclat varie périodiquement. (La relation qui lie la période des céphéides à leur luminosité absolue constitue l'un des plus sûrs indicateurs de distance dans l'Univers.)

cérambycidés [seʀɑ̃biside] n. m. pl. ENTOM Famille de coléoptères aux couleurs souvent vives, caractérisés par leurs longues antennes et dont les larves creusent le bois. Syn. longicornes. – Sing. *Un cérambycidé.*

cérame [seʀam] adj. *Grès cérame,* qui sert à faire des vases, des appareils sanitaires, des carrelages.

céramique [seʀamik] n. f. **1.** Art du potier; art du façonnage et de la cuisson des objets en terre cuite (faïence, grès, porcelaine). ▷ adj. *Les arts céramiques.* **2.** Matière dont sont faits ces objets. **3.** TECH Matériau manufacturé qui n'est ni organique ni métallique. **4.** CHIM Produit obtenu par chauffage avec un liant ou par cuisson d'une poudre minérale. *Certaines céramiques sont su-*

praconductrices à des températures supérieures à celle de l'azote liquide.

céramiste [seʀamist] n. Personne qui fabrique des objets en céramique.

céraste [seʀast] n. m. ZOOL Vipère saharienne et asiatique, appelée *vipère cornue* en raison des protubérances cornées qu'elle porte au-dessus des yeux. – (En appos.) *Vipère céraste.*

cératopsiens [seʀatɔpsjɛ̃] n. m. pl. PALEONT Sous-ordre de dinosauriens cuirassés du crétacé (genres *Protoceratops* et *Triceratops,* sorte de rhinocéros à trois cornes).– Sing. *Un cératopsien.*

cerbère [sɛʀbɛʀ] n. m. Litt. Portier, gardien intraitable.

Cerbère, dans la myth. gr., chien à trois, cinquante ou cent têtes qui gardait les Enfers. Orphée le charma avec sa lyre; Héraclès le dompta.

cerceau [sɛʀso] n. m. **1.** Lame circulaire de fer ou de bois, utilisée comme armature. *Cerceau de tonneau.* **2.** Jouet d'enfant, cercle de bois léger que l'on fait rouler en le poussant à l'aide d'une baguette. **3.** Demi-cercle de bois, de fer. *Cerceau de tonnelle.*

Cerceau (Androuet du). V. Androuet du Cerceau.

cerclage [sɛʀklaʒ] n. m. **1.** Action de cercler. **2.** MED Resserrement chirurgical du col de l'utérus, au cours de la grossesse, pour éviter une fausse couche.

cercle [sɛʀkl] n. m. **I. 1.** GEOM Courbe plane fermée, dont tous les points sont à égale distance d'un point appelé centre. ▷ *Cercle d'Euler :* cercle qui passe par les milieux des côtés d'un triangle, les pieds des hauteurs, et les milieux des segments compris entre les sommets et l'orthocentre. ▷ *Grand cercle d'une sphère,* situé dans un plan qui passe par le centre de cette sphère (les autres cercles sont appelés *petits cercles*). *Les cercles méridiens sont des grands cercles.* ▷ *Cercle polaire*.* ▷ ASTRO *Cercle horaire d'un astre :* demi-grand cercle de la sphère céleste locale, qui passe par les pôles célestes et la direction de l'astre. **2.** Périmètre d'un cercle; ligne circulaire. *L'aigle décrit des cercles dans le ciel.* **3.** Objet de forme circulaire. ▷ PHYS *Cercle oculaire :* pupille de sortie d'un instrument d'optique, sur laquelle l'observateur place son œil. **4.** ASTRO Instrument qui sert à mesurer les angles au moyen d'un cercle gradué sur toute sa circonférence. *Cercle méridien.* **5.** TECH Cerceau servant d'armature. **II. 1.** Personnes, objets formant une circonférence. *Un cercle de chaises.* **2.** Réunion de personnes dans un local réservé; ce local lui-même. *Cercle littéraire, politique, militaire, sportif.* **III. 1.** Fig. Étendue. *Le cercle de nos connaissances.* **2.** LOG *Cercle vicieux :* raisonnement défectueux qui consiste à démontrer une proposition à l'aide d'une autre proposition, laquelle à son tour est démontrée par la première; cour. *par ext.* situation sans issue. **IV.** À l'époque coloniale, subdivision administrative d'un territoire placée sous l'autorité d'un commandant de cercle.

cercler [sɛʀkle] v. tr. [1] Garnir, entourer de cercles, de cerceaux.

cercopithécidés [sɛʀkɔpiteside] n. m. pl. ZOOL Famille de catarhiniens dont font partie notam. la guenon, le macaque et le babouin. – Sing. *Un cercopithécidé.*

cercopithèque [sɛʀkɔpitɛk] n. m. ZOOL Singe catarhinien d'Afrique à longue queue grêle et au pelage souvent peu coloré.

cercueil [sɛʀkœj] n. m. Coffre dans lequel on enferme un cadavre pour l'ensevelir. Syn. bière, (Québec) tombe.

Cerdan (Marcel) (1916 – 1949), boxeur français; champion du monde des moyens en 1948. Mort dans un accident d'avion.

ceré [seʀe] n. m. Fromage blanc sans matière grasse, issu du petit-lait, spécialité valdôtaine.

céréale [seʀeal] n. f. Nom générique de toutes les plantes (graminées, polygonacées) cultivées pour leur production de grains. *Le blé, le mil, le fonio, le maïs, le riz sont des céréales.* ▷ (Plur.) Produit à base de grains de céréales que l'on consomme dans du lait.

céréaliculture [seʀealikyltyʀ] n. f. Culture des céréales.

céréalier, ère [seʀealje, ɛʀ] adj. et n. m. **I.** adj. De céréales. *Culture céréalière. – Faim céréalière,* due à la rareté des céréales. **II.** n. m. **1.** Producteur de céréales. **2.** Navire spécialement conçu pour le transport des céréales.

cérébelleux, euse [seʀebɛllø, øz] adj. ANAT Qui se rapporte au cervelet.

cérébral, ale, aux [seʀebʀal, o] adj. (et n.) **1.** ANAT Qui concerne le cerveau, l'encéphale. *Une hémorragie cérébrale.* **2.** Qui a trait à l'esprit. *Le travail cérébral.* **3.** Se dit d'une personne chez qui l'intellect prime la sensibilité. ▷ Subst. *Un(e) cérébral(e).*

cérébrospinal, ale, aux [seʀebʀospinal, o] adj. Du cerveau et de la moelle épinière.

cérémonial, als [seʀemɔnjal] n. m. **1.** Usage réglé que l'on observe lors de certaines cérémonies. **2.** RELIG Livre où sont contenues les règles du cérémonial des fêtes liturgiques.

cérémonie [seʀemɔni] n. f. **1.** Ensemble des formes extérieures réglées pour donner de l'éclat à une solennité religieuse. *Une cérémonie liturgique.* **2.** Ensemble des formalités observées dans certaines occasions importantes de la vie sociale. *Les cérémonies d'une visite officielle.* **3.** Péjor. Politesse exagérée, importune. *Sans cérémonies :* en toute simplicité.

cérémoniel, elle [seʀemɔnjɛl] adj. Qui a trait aux cérémonies.

cérémonieusement [seʀemɔnjøzmɑ̃] adv. D'une façon cérémonieuse.

cérémonieux, euse [seʀemɔnjø, øz] adj. Qui fait trop de cérémonies (sens 3). *Un ton cérémonieux,* affecté.

Cérès, déesse latine des Moissons, identifiée à la Déméter grecque.

Cérès, astéroïde de 750 km de diamètre, qui parcourt autour du Soleil une orbite de 2,8 UA en 1 680 jours.

cerf [sɛʀ] n. m. Mammifère ruminant de la famille des cervidés, vivant en forêt; *spécial.* le mâle adulte, portant des bois qui se renouvellent chaque année avant le rut. (Il en existe une quarantaine d'espèces, des zones boréales d'Europe et d'Asie jusqu'en Afrique et en Amérique.) – *Le cerf d'Europe* (Cerfus elaphus) *mesure jusqu'à 2 m de long pour 1,30 m au garrot.* ▷ *Cerf de Virginie :* nom scientif. du chevreuil (sens 2). ▷ *Cerf de Berberie* ou *cerf de Barbarie :* cerf d'Afrique du Nord (*Cerfus elaphus barbarus*).

cerfeuil [sɛʀfœj] n. m. Ombellifère cultivée pour ses feuilles aromatiques, qu'on utilise comme condiment.

cerf-volant [sɛʀvɔlɑ̃] n. m. **1.** Lucane. **2.** Jouet de papier ou de toile qu'on fait planer en le tirant contre le vent avec une ficelle. Syn. (oc. Indien) papangue. *Des cerfs-volants.*

cérificateur [seʀifikatœʀ] n. m. TECH Appareil utilisé en apiculture pour fondre et épurer la cire.

cerisaie [s(ə)ʀizɛ] n. f. Plantation de cerisiers.

cerise [s(ə)ʀiz] n. f. et adj. inv. **1.** Drupe comestible du cerisier. ▷ adj. inv. De la couleur de la cerise. *Des robes cerise. Rouge cerise :* rouge vif. **2.** Fruit du caféier, qui contient deux graines appelées fèves. Syn. (Afr. subsah.) café-cerise. **3.** *Cerise de Cayenne :* fruit comestible du cerisier de Cayenne. – (Afr. subsah.) *Cerise du Cayor :* fruit comestible du cerisier du Cayor. – (Québec) *Cerise de France :* fruit charnu et sucré du cerisier cultivé. – *Cerises à grappes :* fruits noirâtres et à chair pâteuse que le cerisier de Virginie produit en grappes.

cerisier [s(ə)ʀizje] n. m. **1.** Arbre des régions tempérées (fam. rosacées) cultivé pour ses fruits (cerises et griottes) et son bois rosé, utilisé en ébénisterie. **2.** *Cerisier des bois :* V. merisier. – *Cerisier de Cayenne :* arbuste des régions tropicales (fam. myrtacées) à petits fruits rouges aromatiques. – (Afr. subsah.) *Cerisier du Cayor :* petit arbre d'Afrique (fam. sapindacées) dont les fruits contiennent une pulpe comestible et des graines toxiques. – *Cerisier de Virginie* ou *cerisier à grappes :* cerisier sauvage *(Prunus virginiana),* cour. en Amérique du Nord.

cérithe [seʀit] n. m. ZOOL Mollusque gastéropode à coquille allongée et rugueuse (genre *Cerithium* et voisins), abondant à l'état fossile dans le Bassin parisien et encore présent dans toutes les mers.

cérium [seʀjɔm] n. m. CHIM Élément appartenant à la famille des lanthanides (symbole Ce), de numéro atomique Z=58.

Cern ou **CERN,** acronyme pour *Conseil* (puis *Centre*) *européen pour la recherche nucléaire,* fondé en 1952 par douze États européens. Son siège est à Meyrin, près de Genève, où il a construit le plus grand collisionneur du monde.

cerne [sɛʀn] n. m. **1.** Cercle bleu ou bistre, qui entoure des yeux fatigués. **2.** Cercle livide autour d'une plaie. **3.** BOT Chacun des cercles concentriques visibles sur la section des racines, du tronc, des branches d'un arbre. (Un cerne correspond à une période de végétation; le nombre de cernes indique donc l'âge du végétal.)

cerné, ée [sɛʀne] adj. Entouré d'un cerne. *Avoir les yeux cernés.*

cerneau [sɛʀno] n. m. Amande de la noix verte.

cerner [sɛʀne] v. tr. [1] **1.** Faire comme un cerne autour de; souligner en entourant. ▷ Entourer d'un trait (un dessin). **2.** *Par ext.* Entourer, investir (un lieu) en le coupant de toute communication avec l'extérieur. *Cerner une place forte.* – (Personnes) *Nous sommes cernés!* **3.** Fig. *Cerner une question,* préciser ses limites, l'appréhender.

certain, aine [sɛʀtɛ̃, ɛn] adj. et pron. **I.** adj. (Placé après le nom.) **1.** (Choses) Sûr, indubitable. *La nouvelle est certaine.* **2.** (Attribut) (Personnes) Assuré de la vérité de (qqch), qui en a la certitude. *Je suis certain de ce que j'avance.*

II. adj. (Placé avant le nom.) **1.** Se dit, en un sens vague, des personnes et des choses en quantité indéfinie. *Depuis un certain temps. Un homme d'un certain âge,* qui n'est pas très âgé mais qui n'est plus jeune, par oppos. à *d'un âge certain,* âgé. **2.** (Plur.) Quelques. *Certains savants affirment que...* **3.** Devant un nom de personne. (Marquant parfois une nuance de mépris.) *Un certain X a osé le dire.* **III.** pron. (Plur.) Quelques personnes.

certainement [sɛʀtɛnmɑ̃] adv. **1.** D'une manière certaine, indubitable. **2.** *Par ext.* En vérité. *Il a certainement de vastes connaissances.* **3.** Oui (renforcé). *Viendrez-vous? – Certainement. – Certainement pas :* sûrement pas.

certes [sɛʀt] adv. (En signe d'acquiescement, de concession.) *A-t-il raison? Certes, mais...*

certificat [sɛʀtifika] n. m. **1.** Écrit émanant d'une autorité et qui fait foi d'un fait, d'un droit. *Certificat de bonne conduite. Certificat de travail,* remis par l'employeur pour indiquer la nature et la durée du travail du salarié. ▷ FIN *Certificat d'investissement :* titre représentant une action mais ne donnant pas de droit de vote au porteur. **2.** Attestation, diplôme prouvant la réussite à un examen; cet examen lui-même. *Certificat d'aptitude professionnelle.*

certification [sɛʀtifikasjɔ̃] n. f. DR Assurance, donnée par écrit, de la régularité d'une pièce, d'un acte, d'une saisie, de l'authenticité d'une signature.

certifié, ée [sɛʀtifje] n. (et adj.) **1.** Personne titulaire du CAPES*. *Une certifiée d'anglais.* – adj. *Professeurs certifiés et agrégés.* **2.** (Afr. subsah.) Titulaire du certificat d'études primaires. *Un simple certifié.*

certifier [sɛʀtifje] v. tr. [2] **1.** Assurer, attester qu'une chose est vraie, certaine. *Je vous certifie que ce renseignement est exact.* **2.** DR Garantir. – Pp. adj. *Chèque certifié.*

certitude [sɛʀtityd] n. f. **1.** Qualité de ce qui est certain. *La certitude des lois mathématiques.* **2.** Conviction qu'a l'esprit d'être dans la vérité. *Ses soupçons se changèrent en certitude.* **3.** PHILO Adhésion complète de l'esprit.

Cérulaire (Michael Keroularios, en fr. Michel) (v. 1000 – 1059), patriarche de Constantinople (1043-1059). Excommunié par les légats du pape (16 juil. 1054), il réunit un synode qui les excommunia (25 juil.), consommant le schisme entre les Églises de Rome et d'Orient. La puissance de Cérulaire dura, mais, accusé de complot, il mourut en prison.

cérumen [seʀymɛn] n. m. Matière molle, jaunâtre et grasse, sécrétée par les glandes sébacées du conduit auditif externe qu'elle lubrifie et protège. *Bouchon de cérumen.*

céruse [seʀyz] n. f. CHIM Carbonate de plomb, toxique, autref., utilisé comme pigment blanc. Syn. blanc d'argent.

Cervantès (Miguel de Cervantes Saavedra, en fr.) (1547 – 1616), écrivain espagnol. Soldat, il fut prisonnier des pirates barbaresques de 1575 à 1580. En 1585 parut son roman pastoral, *Galatée.* En 1605, la prem. partie de son chef-d'œuvre *Don* Quichotte de la Manche* eut un grand succès. Il publia ses *Nouvelles exemplaires* et le *Voyage au Parnasse* en 1614, une série de comédies (*Ocho Comedias*) et la fin de *Don Quichotte* en 1615. Ce roman illustre l'opposition entre le réel et l'idéal, la vérité poétique et la vérité concrète.

cerveau [sɛʀvo] n. m. **1.** ANAT Partie antérieure de l'encéphale. – *Par ext.* Substance nerveuse, en son entier, contenue dans la boîte crânienne. **2.** Facultés mentales, esprit. – Fam. *Avoir le cerveau dérangé :* être fou. **3.** *Un cerveau :* une personne très intelligente. **4.** Fig. Centre intellectuel; centre de direction.
ENCYCL Le cerveau, que divise en deux hémisphères symétriques un sillon antéropostérieur et que de nombreuses scissures répartissent en lobes, est formé de substance blanche et de substance grise. Parmi les cavités liquidiennes qu'il renferme, les plus importantes sont les deux ventricules latéraux. Le cerveau comprend les centres de la mémoire, de la sensibilité, de la motricité, du langage, etc.

cervelas [sɛʀvəlɑ] n. m. Saucisson cuit, gros et court, assaisonné d'ail. Syn. (Afr. subsah., Belgique) boudin rouge.

cervelet [sɛʀvəlɛ] n. m. ANAT Partie de l'encéphale située au-dessous des hémisphères cérébraux et en arrière du bulbe et de la protubérance, formée de deux hémisphères symétriques et d'une partie médiane, le vermis, qui assure le contrôle de l'équilibre et la coordination des mouvements.

cervelle [sɛʀvɛl] n. f. **1.** Substance nerveuse qui constitue le cerveau. ▷ *Se brûler la cervelle :* se tuer d'un coup d'arme à feu tiré dans la tête. **2.** CUIS Cerveau de certains animaux, destiné à servir de mets. *Cervelle d'agneau.* **3.** Fig. Facultés mentales, esprit. *Cela lui a troublé la cervelle. Se creuser* la cervelle.*

Červenkov (Vălko) (1900 – 1980), homme politique bulgare. Communiste, il s'exila à Moscou après le coup d'État de Cankov (1923), revint en Bulgarie en 1946, devint secrétaire général du parti communiste et chef du gouvernement (1950). Fidèle de Staline, il fut rétrogradé en 1956, exclu du parti en 1962, mais réhabilité en 1969.

cervical, ale, aux [sɛʀvikal, o] adj. ANAT **1.** Du cou. *Vertèbre cervicale.* **2.** Du col utérin. *Cape cervicale :* préservatif féminin. **3.** Du col de la vessie.

cervidés [sɛʀvide] n. m. pl. ZOOL Famille de mammifères artiodactyles ruminants, dont le cerf est le type, caractérisés par les bois pleins, caducs, que le mâle porte sur le front (la femelle en porte chez les rennes). – Sing. *Un cervidé.*

cervier [sɛʀvje] adj. m. V. loup-cervier.

Cervin (mont) (en all. *Matterhorn*), aiguille des Alpes du Valais (4478 m), en Suisse, à la frontière italienne.

ces [se] adj. dém. m. pl. ou f. pl. V. ce.

Césaire (Aimé) (né en 1913), écrivain et homme politique français d'origine martiniquaise. Poète d'inspiration surréaliste (*Soleil cou coupé,* 1948; *Cadastre,* 1961) et anticolonialiste (*Cahier d'un retour au pays natal,* 1939), il exprime la révolte de l'homme noir dans son théâtre (*la Tragédie du roi Christophe,* 1963; *Une saison au Congo,* 1965). Il a élaboré le concept de *négritude** par lequel l'homme noir doit s'assumer en tant que tel. Au cours de sa longue carrière parlementaire (1945-1993), il a participé à tous les débats mouvementés sur les rapports entre la France et l'Outre-mer.

Césalpin (Andrea Cesalpino, en fr. André) (1519 – 1603), médecin et naturaliste italien. Le premier, il postula la reproduction sexuée chez les végétaux.

césalpiniacées [sezalpinjase] n. f. pl. BOT Sous-famille de légumineuses, surtout des régions chaudes, à feuilles composées et fleurs en grappes, dont le fruit est une gousse, et qui comprend notam. le flamboyant, le copalier, le tamarinier, le cassia. – Sing. *Une césalpiniacée.*

1. césar [sezaʀ] n. m. **1.** HIST Empereur romain. **2.** Despote.

2. césar [sezaʀ] n. m. CINÉ Récompense décernée chaque année en France.

César (Caius Julius Caesar, en fr. Jules) (101 – 44 av. J.-C.), général et homme politique romain. Issu d'une illustre famille patricienne, il gravit les échelons du *cursus honorum* et forma en 60 un triumvirat avec Pompée et Crassus. Élu consul en 59, il se fit attribuer en 58 le gouv. de l'Illyrie, de la Gaule cisalpine et de la Narbonnaise, et conquit la Gaule «chevelue» (58-51). Fait consul unique par le Sénat (52), Pompée ordonne en 49 à César de rentrer à Rome sans son armée; César franchit alors le Rubicon et occupe l'Italie (janv.-fév. 49). Pompée est en fuite, la guerre civile a pour théâtre l'Empire (49-45), César écrase Pompée à Pharsale (48), le poursuit en Égypte (48), dont il donne le trône à Cléopâtre, et écrase les partisans de Pompée à Thapsus (Afrique) en 46 et à Munda (Espagne) en 45. Maître de l'Empire, *imperator,* dictateur et censeur à vie (44), il devint un véritable souverain. Grand général et habile politique, il est l'auteur de célèbres «commentaires» : *Sur la guerre des Gaules, Sur la guerre civile.* Victime d'une conspiration patricienne, il fut poignardé par Cassius et Brutus au sénat.

César (César Baldaccini, dit) (né en 1921), sculpteur français. Il a notam. utilisé des ferrailles de rebut.

Césarée de Cappadoce, métropole chrétienne importante au IVe s. (auj. *Kayseri,* en Turquie).

Césarée de Maurétanie. V. Cherchell.

césarienne [sezaʀjɛn] n. f. CHIR Ouverture de la paroi abdominale et de l'utérus pour extraire le fœtus vivant lorsque l'accouchement par voie basse n'est pas possible.

césium [sezjɔm] n. m. CHIM Élément alcalin (symbole Cs) de numéro atomique Z=55. – Métal qui entre dans la fabrication de cathodes photoémissives et de tubes électroniques.

cessant, ante [sesɑ̃, ɑ̃t] adj. *Toute(s) affaire(s) cessante(s) :* immédiatement.

cessation [sesasjɔ̃] n. f. Fait de mettre fin à quelque chose. *Cessation des paiements :* état de celui qui cesse de payer ses créanciers. *Cessation des hostilités :* fin effective de la guerre.

cesse [sɛs] n. f. (En loc. nég. seulement.) **1.** *N'avoir (point, pas) de cesse que... :* ne pas s'arrêter avant que... **2.** *Sans cesse :* continuellement.

cesser [sese] v. [1] **1.** v. intr. Prendre fin. *La pluie a cessé.* ▷ *Faire cesser :* interrompre. *Faire cesser une injustice.* **2.** v. tr. indir. *Cesser de* (+ inf.) : finir de. *Cesser de parler. Il a cessé de vivre :* il est mort. ▷ *Ne pas cesser de :* continuer à. – *Ne cesser de :* continuer, avec régularité et constance, à. *Il ne cesse de répéter la même chose.* **3.** v. tr. dir. Arrêter. *Cesser le combat.*

cessez-le-feu [seselfø] n. m. inv. Armistice, suspension des hostilités.

cessible [sesibl] adj. DR Qui peut être cédé.

cession [sesjɔ̃] n. f. DR Action de céder (un droit, un bien, une créance). *Cession de biens,* par un débiteur à ses créanciers.

cessionnaire [sesjɔnɛʀ] n. DR Personne qui bénéficie d'une cession (acquéreur, acheteur, donataire, successeur, etc.).

c'est-à-dire [setadiʀ] loc. conj. **1.** Précède et annonce une explication (abrév. : c.-à-d.). *Un mille marin, c'est-à-dire 1852 mètres.* ▷ Annonce une qualification, une comparaison. *Un chien, c'est-à-dire un compagnon.* **2.** *C'est-à-dire que :* par conséquent. *Ma voiture est en panne, c'est-à-dire que j'arriverai en retard.* ▷ Marque une gêne, un désir d'atténuation, une rectification, au début d'une réponse.. *Tu viens au cinéma? - C'est-à-dire que j'ai du travail.*

cestodes [sɛstɔd] n. m. pl. ZOOL Classe de plathelminthes dont le corps comporte des anneaux (par ex. le ténia) et dont tous les représentants vivent à l'état adulte fixés dans l'intestin de vertébrés. – Sing. *Un cestode.*

césure [sezyʀ] n. f. **1.** Coupe ou repos qui divise le vers après une syllabe accentuée. **2.** Coupe d'un mot en fin de ligne.

cet [sɛt] adj. dém. m. sing. V. ce.

cétacés [setase] n. m. pl. ZOOL Ordre de mammifères marins, comprenant les mysticètes (baleines, etc.) et les odontocètes (dauphins, etc.), de taille importante, adaptés à la vie en pleine eau grâce à leur corps pisciforme, à leurs membres antérieurs transformés en palettes natatoires et à une large nageoire caudale. – Sing. *Un cétacé.*

cétoine [setwan] n. f. ENTOM Coléoptère (divers genres) de taille variée, dont les élytres restent jointifs pendant le vol et qui vit aux dépens des fleurs et des fruits. (Différentes espèces sont remarquables par leur coloration métallique ou leur aspect velouté.)

cétone [setɔn] n. f. CHIM Nom générique des composés de formule R–CO–R', R et R' étant deux radicaux hydrocarbonés.
ENCYCL Les cétones ont des propriétés voisines de celles des aldéhydes. Elles sont difficiles à oxyder et se trouvent, dans la nature, dans les essences végétales (camphre, par ex.) auxquelles elles donnent leur parfum.

cétonique [setɔnik] adj. CHIM Qui possède la fonction cétone.

cétonurie [setɔnyʀi] n. f. MED Présence de corps cétoniques dans l'urine.

cétose [setoz] n. m. BIOCHIM Sucre simple qui possède une fonction cétone.

cétostéroïdes [setɔsteʀɔid] n. m. pl. MED Groupe d'hormones dérivées des stérols et caractérisées par la présence en C_{17} d'un radical cétone. (Sécrétées par le testicule et la corticosurrénale, elles possèdent presque toutes une action androgène et agissent sur le métabolisme des protides et des électrolytes. Elles sont éliminées dans les urines, où on peut les doser.)

cette [sɛt] adj. dém. f. sing. V. ce.

Ceuta, v. espagnole, sur la côte médit. du Maroc, face à Gibraltar; 19,3 km^2; 71 403 hab. Port franc et port de voyageurs. Usine de dessalement de l'eau de mer. – Annexée par l'Espagne en 1580, la ville fut déclarée port franc en 1956. Le Maroc la revendique.

ceux [sø] pron. dém. m. pl. V. celui.

Cévennes (les), région de France, en bordure sud-est du Massif central; 1 699 m au mont Lozère.

Ceylan, vaste île au sud de l'Inde. État indép. (depuis 1972) sous le nom de *Sri Lanka* (V. ce nom).

Cézanne (Paul) (1839 – 1906), peintre français. Proche des impressionnistes, il construit par la couleur et non par la lumière, superposant des plans rythmés par la géométrie : série de la *Montagne* Sainte-Victoire.* Son art annonce le cubisme et les grands courants picturaux du XXe s., mais son génie ne fut reconnu qu'après 1900, notam. grâce à A. Vollard*.

cf. Abrév. de l'impér. lat. *confer,* «compare», et signifiant : se reporter à.

C.F.A. n. m. (Du sigle de *Communauté financière africaine.*) *Franc C.F.A. :* unité monétaire de nombreux pays africains. V. franc.

C.F.P. n. m. (Du sigle de *Communauté française du Pacifique.*) *Franc C.F.P. :* unité monétaire de la Polynésie franç., de la Nouvelle-Calédonie et de Wallis-et-Futuna. V. franc.

C.G.S. n. m. METROL *Système C.G.S. :* anc. système d'unités fondé sur le centimètre, le gramme et la seconde.

chaabi [ʃaabi] adj. inv. et n. m. (Maghreb) Se dit d'un genre musical d'origine algéroise.

chaabiste [ʃaabist] adj. et n. (Maghreb) **1.** adj. Relatif à la musique chaabi. **2.** n. Amateur de musique chaabi.

chab [ʃab] ou **cheb** [ʃɛb], plur. **choubane** [ʃuban] n. m. (Maghreb) Jeune chanteur, interprétant notam. du raï. (V. cheba.)

Chaban-Delmas (Jacques Delmas, dit) (né en 1915), homme politique français. Gaulliste, résistant, maire de Bordeaux (1947-1995), ministre sous la IVe Rép., prés. de l'Assemblée sous la Ve Rép., Premier ministre (1969-1972).

chabin, ine [ʃabɛ̃, in] n. (Antilles fr., Haïti) Antillais(e) à la peau claire et aux cheveux crépus blonds ou roux.

chablon [ʃablɔ̃] n. m. (Suisse) Pochoir.

chabot [ʃabo] n. m. Nom cour. de nombreux poissons téléostéens de mer ou de rivière (fam. cottidés) à grosse tête, mais ne mesurant, au maximum, que 30 cm de long, non comestibles. (La plupart des espèces du genre *Cottus* sont marines.) Syn. (oc. Indien) cotte et cabot.

Chabrier (Emmanuel) (1841 – 1894), compositeur français.

Chabrol (Claude) (né en 1930), cinéaste français. Pionnier de la Nouvelle* Vague avec *le Beau Serge* et *les Cousins* (1958), il se consacre ensuite au drame bourgeois.

chacal, als [ʃakal] n. m. Canidé d'Asie et d'Afrique de taille moyenne (30 cm au garrot), au pelage brun doré, au museau pointu et à la queue touffue, de mœurs grégaires, se nourrissant surtout des reliefs laissés par les grands fauves et par l'homme.

cha-cha-cha [tʃatʃatʃa] n. m. inv. Danse d'origine mexicaine.

Chaco ou **Gran Chaco,** vaste plaine d'Amérique du Sud, semi-aride, peu peuplée, s'étendant en Argentine et au Paraguay. – La *guerre du Chaco* (1928-1929, puis 1932-1935) opposa le Paraguay à la Bolivie, qui y perdit le *désert du Chaco.*

chacoter [ʃakɔte] v. [1] (Acadie) Tailler (un morceau de bois) avec un canif. (V. gosser.)

chacun, une [ʃakœ̃, yn] pron. indéf. et n. f. **1.** Personne, chose faisant partie d'un ensemble et considérée individuellement. *Chacun d'eux, chacune d'elles. Ils ont chacun sa voiture,* ou *leur voiture. Tout un chacun :* n'importe qui. **2.** *Absol.* Tout le monde. *Chacun a ses défauts.* **3.** n. f., seulement dans l'expression familière *chacun avec sa chacune :* chaque garçon étant accompagné d'une fille.

chadèque ou **chadek** [ʃadɛk] n. m. (Antilles fr., Guyane, Haïti) Syn. de *pamplemousse.*

Chadli (Chadli Bendjedid, dit) (né en 1929), officier et homme politique algérien. Succédant à Boumediene (1978), il fut président de la Rép. jusqu'à sa démission en 1992.

chadouf [ʃaduf] n. m. Dispositif à balancier utilisé pour puiser l'eau en Égypte et en Afrique de l'Ouest.

Chadwick (sir James) (1891 – 1974), physicien brit. Il reconnut en 1932 l'existence du neutron. P. Nobel 1935.

chafaud [ʃafo] n. m. (Acadie) Petite construction sur pilotis, au bord de la mer, dont les pêcheurs se servent pour préparer, faire sécher leur poisson, ranger leur équipement de pêche.

Chafi'i. V. Shafi'i.

chafi'isme, chafi'ite [ʃafism, ʃafiit] n. m. et adj. V. shafi'isme, shafi'ite.

chafouin, ine [ʃafwɛ̃, in] adj. Sournois et rusé. *Un air chafouin.*

Chagall (Marc) (1887 – 1985), peintre français d'origine russe. Il a évoqué, en un réalisme poétique, le folklore russe, la tradition juive et l'enfance.

Chagga, population de la Tanzanie qui occupe les environs du Kilimandjaro (env. 400 000 personnes). Ils parlent une langue bantoue.

1. chagrin, ine [ʃagʀɛ̃, in] adj. Litt. Qui est porté à la tristesse; qui manifeste de la tristesse. *Humeur chagrine.*

2. chagrin [ʃagʀɛ̃] n. m. **1.** Peine morale, affliction. *Il a du chagrin.* **2.** Peine due à une cause précise. *Chagrin d'amour.*

3. chagrin [ʃagʀɛ̃] n. m. **1.** Cuir à surface grenue, préparé à partir de peaux de chèvre ou de mouton, utilisé pour les reliures. **2.** Loc. *Peau de chagrin :* se dit d'une chose qui se réduit, se rétrécit régulièrement, par allus. au roman de Balzac, *la Peau de chagrin* (1831).

chagriner [ʃagʀine] v. tr. [1] Causer du chagrin, de la peine. *Cette séparation les chagrine.*

chah [ʃa] n. m. V. schah.

chahada ou **chahadda** [ʃahada] n. f. (Maghreb) Formule rituelle musulmane signifiant «j'atteste qu'il n'y a de

Dieu que Dieu et que Mohammed est l'envoyé de Dieu».

Chahine (Youssef) (né en 1926), cinéaste égyptien : *Gare centrale* (1957), *l'Aube d'un jour nouveau* (1964), *la Terre* (1969), *Adieu Bonaparte* (1985), *l'Émigré* (1995).

chahut [ʃay] n. m. Tapage (partic. d'écoliers, de lycéens, pendant un cours). Syn. (Afr. subsah.) sabotage.

chahuter [ʃayte] v. [1] **1.** v. intr. Se livrer à des manifestations tapageuses (partic. pendant le cours d'un professeur). **2.** v. tr. Importuner (qqn, partic. un professeur) par des manifestations tapageuses. Syn. (Afr. subsah.) saboter.

chahuteur, euse [ʃaytœʀ, øz] adj. (et n.) Qui aime chahuter, tapageur.

chai [ʃɛ] n. m. Magasin au niveau du sol, utilisé pour entreposer des fûts de vin, d'eau-de-vie.

Chaillu (monts du), massif du S. du Gabon, culminant au mont Iboundji (980 m).

chaînage [ʃɛnaʒ] n. m. **1.** Opération de mesure avec une chaîne d'arpenteur. **2.** Armature destinée à renforcer une maçonnerie.

chaînard, arde [ʃɛnaʀ, aʀd] adj. et n. (Maghreb) (Personnes) Qui patiente dans une file d'attente.

chaîne [ʃɛn] n. f. **I.** Succession d'anneaux métalliques engagés les uns dans les autres. **1.** Lien. *La chaîne d'une ancre de navire.* **2.** Ornement. *Elle porte une chaîne d'or autour du cou.* **3.** TECH *Chaîne de Vaucanson, de Galle :* chaîne de transmission, sans fin. ▷ *Chaîne de vélo,* qui transmet à la roue le mouvement du pédalier. **4.** *Chaîne d'arpenteur**. **II.** Fig. **1.** Litt., vieilli *Les chaînes :* la servitude. *Ce peuple a brisé ses chaînes,* s'est libéré. **2.** Plur. Litt. Liens d'affection, d'intérêt, qui unissent des personnes. *Les chaînes de l'amitié, de l'amour.* **3.** Enchaînement, continuité, succession. *La chaîne des événements.* **4.** *Chaîne alimentaire :* succession des espèces végétales et animales qui vivent de la consommation des unes par les autres (végétaux – herbivores – petits carnivores – nécrophages). **III.** Fig. (Choses liées par une fonction ou unies en une structure.) **1.** Ensemble des fils longitudinaux d'un tissu. **2.** *Chaîne de montagnes :* série de montagnes se succédant dans une direction marquée. **3.** ARCHI Syn. de *chaînage,* sens 2. *Chaîne d'angle.* **4.** ANAT *Chaîne nerveuse :* suite de ganglions nerveux réunis par des tissus conjonctifs. **5.** CHIM *Chaîne carbonée :* suite d'atomes de carbone formant le squelette de la molécule d'un composé organique. ▷ PHYS, CHIM *Réaction en chaîne,* qui, une fois amorcée, se poursuit d'elle-même. **6.** *Chaîne haute-fidélité :* ensemble stéréophonique comprenant un lecteur de disques, un ou deux amplificateurs, plusieurs haut-parleurs, éventuellement un magnétophone et un tuner, et permettant une bonne restitution des sons. **7.** AUDIOV Groupement de stations de radiodiffusion ou de télévision diffusant simultanément le même programme. **8.** Ensemble de magasins, d'hôtels, etc. appartenant à une même société. **9.** INDUSTR Suite de postes de travail où chaque ouvrier effectue toujours les mêmes opérations sur l'objet en cours de fabrication, qui défile devant lui. *Une chaîne de montage d'automobiles. Travail à la chaîne.* – *Par ext.* Travail répétitif, monotone. **IV.** Fig. Suite de personnes qui se tiennent par la main, se passent un objet de main en main. *Faire la chaîne avec des seaux pour éteindre un incendie.* ▷ (Maghreb) File d'attente.

chaînette [ʃɛnɛt] n. f. **1.** Petite chaîne. **2.** COUT *Points de chaînette,* dont la succession imite les maillons d'une chaîne. **3.** MECA Courbe que forme une corde, une chaîne flexible, un fil, d'épaisseur et de densité uniformes, suspendu librement à deux points fixes et abandonné à l'action de la pesanteur.

chaînon [ʃɛnɔ̃] n. m. **1.** Anneau d'une chaîne. **2.** Fig. Élément d'un ensemble. *Chaque être humain est un chaînon de la société.* – *Chaînon manquant :* élément qui reste à découvrir pour former le lien entre deux étapes d'un processus, notam. celui de l'hominisation. **3.** Chaîne secondaire formée par un élément montagneux.

chair [ʃɛʀ] n. f. **I. 1.** Chez l'être humain et les animaux, substance fibreuse, irriguée de sang, située entre la peau et les os. *Être bien en chair :* être un peu gros, potelé. – *En chair et en os :* en personne. ▷ *Marchand de chair humaine :* trafiquant d'esclaves. **2.** Peau (chez l'être humain). *La chair douce d'un enfant.* ▷ *Chair de poule :* aspect grenu que prend la peau sous l'effet du froid, de la peur. **3.** (En appos.) *Couleur chair :* couleur blanc rosé. *Un maillot couleur chair.* **4.** Viande hachée. *Chair à pâté, à saucisses.* **5.** Partie comestible de certains animaux (viande proprement dite exclue), de certains végétaux. *La chair tendre d'une carpe, d'une sapotille.* **II. 1.** RELIG *La chair :* le corps humain (par oppos. à *l'âme*). *La résurrection de la chair. La chair est faible.* **2.** Litt. *La chair :* les instincts, spécial. l'instinct sexuel. – RELIG *Le péché de la chair :* les relations sexuelles en dehors du mariage.

chaire [ʃɛʀ] n. f. **1.** Trône d'un évêque dans une cathédrale, du pape à Saint-Pierre de Rome. **2.** Dans une église, tribune élevée réservée au prédicateur. – Fig. Prédication. *L'éloquence de la chaire.* **3.** Tribune d'un professeur. – *Par ext.* Poste d'un professeur d'université.

chaise [ʃɛz] n. f. **1.** Siège sans bras, à dossier. *Une chaise de jardin.* ▷ *Chaise roulante :* syn. de *fauteuil** *roulant.* ▷ *Chaise longue* ou (Afr. subsah.) *chaise pliante,* où l'on peut s'allonger, à dossier inclinable. ▷ (Québec) *Chaise berçante**, *chaise berceuse**. ▷ Loc. fig. *Être assis entre deux chaises :* se trouver dans une situation instable, inconfortable. **2.** *Chaise électrique,* sur laquelle on assoit les condamnés à mort pour les électrocuter (dans certains États des É.-U.). **3.** Anc. *Chaise à porteurs :* véhicule à une place, porté par deux hommes. **4.** MAR *Nœud de chaise,* formant une boucle qui ne peut se resserrer.

Chaka ou **Tchaka** (1787 – 1828), roi zoulou. Il fonda la nation zouloue en 1816-1818. S'appuyant sur une armée réorganisée, il se rendit maître du KwaZulu actuel. Il fut assassiné par son frère Dingaan*. Symbole de l'indépendance de l'Afrique (bien que ce fût Dingaan qui affronta les colonisateurs) et de son unité, son action donna lieu à de multiples récits épiques et à des œuvres modernes.

chakchouka [ʃakʃuka] n. f. Préparation culinaire à base de légumes cuits dans de l'huile, spécialité nord-africaine. *La chakchouka traditionnelle se prépare avec des tomates, des piments, de l'oignon et de l'ail.*

1. chaland [ʃalɑ̃] n. m. Bateau à fond plat qui sert à transporter les marchandises sur les fleuves et les canaux.

2. chaland, ande [ʃalɑ̃, ɑ̃d] n. Vx Achateur, client. *Attirer le chaland.*

chalandise [ʃalɑ̃diz] n. f. COMM *Zone de chalandise :* zone d'attraction commerciale.

Chalcédoine (auj. *Kadikoy,* en Turquie), anc. v. d'Asie Mineure, sur la rive asiatique du Bosphore. Siège du IVe concile œcuménique (451) qui reconnut au Christ une double nature, divine et humaine.

chalcididés [kalsidide] n. m. pl. ENTOM Famille d'insectes hyménoptères, aux couleurs métalliques, dont les larves vivent à l'intérieur des œufs d'autres insectes ou dans les chrysalides de lépidoptères. – Sing. *Un chalcididé.*

chalcolithique [kalkolitik] adj. et n. m. De la période transitoire entre le néolithique et l'âge du bronze, où l'on entreprit de travailler le cuivre, le premier métal connu. – n. m. *Le chalcolithique.*

Chaldée, terme ancien désignant le pays de Sumer (plus tard la *Babylonie*) et la basse Mésopotamie.

chaldéen, éenne [kaldeɛ̃, eɛn] adj. et n. **1.** De Chaldée. ▷ Subst. *Un(e) Chaldéen(ne).* **2.** *Église chaldéenne :* Église uniate* orientale.

châle [ʃɑl] n. m. Grande pièce d'étoffe dont les femmes se couvrent les épaules.

châlée [ʃale] n. f. (France rég.) Chemin tracé dans la neige.

chalet [ʃalɛ] n. m. Maison de bois des régions montagneuses. *Un chalet savoyard.* – (Suisse) *Chalet d'alpage :* bâtiment principal d'un alpage. ▷ Habitation champêtre dont la forme s'inspire de celle des chalets. ▷ (Québec) Cabane de bois en forêt, aménagée de façon sommaire. *Chalet de chasse, de pêche.* – Maison de plaisance au bord d'un lac, d'un cours d'eau. *Aller passer la fin de semaine au chalet.* – Bâtiment central offrant divers services aux sportifs (par ex. dans une station de ski).

chaleur [ʃalœʀ] n. f. **I. 1.** Cour. Qualité, nature de ce qui est chaud; sensation produite par ce qui est chaud. *La chaleur d'un radiateur, du soleil.* ▷ Température élevée de l'air, temps chaud. *Vague de chaleur.* – Plur. *Les chaleurs :* la saison où le temps est chaud. **2.** PHYS Quantité d'énergie échangée entre deux corps en contact portés à des températures différentes. ▷ *Chaleur massique**. ▷ *Chaleur latente :* V. latent. *Chaleur latente de vaporisation,* absorbée par un corps pur pour passer de l'état liquide à l'état de vapeur. ▷ *Chaleur de combustion :* quantité de chaleur dégagée par la combustion de l'unité de masse d'un corps. **3.** PHYSIOL *Chaleur animale,* produite par le corps des animaux dits à *sang chaud* (homéothermes*) grâce au catabolisme de leurs réserves. **II. 1.** Sensation de chaud, lors d'un malaise physique. *La chaleur de la fièvre. Coup de chaleur.* **2.** État des femelles de certains animaux quand elles recherchent l'approche du mâle. *Femelle en chaleur.* **3.** Fig. Ardeur, impétuosité, véhémence. *Il a pris votre défense avec chaleur.* **4.** Grande cordialité. *Accueillir qqn avec chaleur.*

ENCYCL La chaleur est une forme dégradée de l'énergie. Elle apparaît lors du frottement entre deux corps, au cours des réactions chimiques exothermiques et des réactions nucléaires, lors du passage d'un courant électrique dans un conducteur (effet Joule). La chaleur se propage par rayonnement, convection ou conductibilité. Elle se mesure en joules, unité légale de chaleur et de travail à préférer à la calorie (qui équivaut à 4,18 joules). On peut transformer intégralement du travail en chaleur, mais l'inverse n'est pas possible (le rendement limite d'un moteur thermique, inférieur à l'unité, dépend des températures des sources avec lesquelles il est en liaison). V. thermodynamique.

chaleureux, euse [ʃaløʀø, øz] adj. Plein d'ardeur, d'animation, de cordialité. *Un discours chaleureux. Un accueil chaleureux.*

Chaleurs (baie des), baie du Canada, ainsi nommée par Jacques Cartier en 1534, formée par le golfe du Saint-Laurent, au nord du Nouveau-Brunswick.

Chalgrin (Jean-François) (1739 – 1811), architecte français. Il dessina les plans de l'arc de triomphe de l'Étoile.

Chaliapine (Fedor Ivanovitch) (1873 – 1938), chanteur (baryton-basse) russe. Il interpréta *Boris Godounov* et *le Prince Igor*.

chalin [ʃalɛ̃] n. m. (Acadie) Éclair de chaleur. (On dit aussi : *feu chalin*) (V. éloèse.)

châlit [ʃɑli] n. m. Bois de lit ou cadre métallique supportant le sommier ou le matelas.

challenge [ʃalɑ̃ʒ] n. m. (Anglicisme) **1.** Épreuve sportive dont le vainqueur garde un prix, un titre, jusqu'à ce qu'un concurrent le lui enlève. **2.** *Par ext.* Défi.

challenger [ʃalɑ̃ʒœʀ] n. m. (Anglicisme) **1.** Concurrent participant à un challenge pour tenter de ravir son titre au champion. **2.** *Par ext.* Rival.

chaloupe [ʃalup] n. f. **1.** Grosse embarcation non pontée, destinée au service des navires ou utilisée pour naviguer le long des côtes et sur les grands cours d'eau. *Chaloupe de sauvetage.* – (Madag.) Embarcation réservée à la pêche. **2.** (Québec) Embarcation légère, utilisée surtout pour la navigation de plaisance ou pour la pêche sportive. *Chaloupe en bois, en aluminium.*

chalouper [ʃalupe] v. intr. [1] Marcher, danser en balançant les hanches et les épaules. – Pp. adj. *Une démarche chaloupée.*

chalumeau [ʃalymo] n. m. **1.** TECH Appareil destiné à produire une flamme à haute température à partir de gaz sous pression. *Chalumeau oxhydrique* (oxygène et hydrogène), *oxyacétylénique* (oxygène et acétylène), *à hydrogène atomique* (recombinaison d'atomes d'hydrogène dissociés par un arc électrique), *à plasma* (recombinaison d'ions au contact du métal). **2.** Vx Petit tuyau en bambou ou en plastique, par lequel on aspire un liquide. Syn. paille (sens A, I, 4).

chalut [ʃaly] n. m. Filet de pêche en forme de poche traîné sur le fond de la mer ou entre deux eaux, par un ou deux bateaux.

chalutier [ʃalytje] n. m. **1.** Pêcheur au chalut. **2.** Bateau équipé pour la pêche au chalut.

Cham, second fils de Noé. Selon la Bible (Genèse, 10), des descendants de Cham (V. Hamites) auraient peuplé l'Afrique.

Cham(s), population qui fonda le royaume Champa* et dont des descendants subsistent dans le sud du Viêt-nam central où ils cultivent des rizières irriguées (env. 76000 personnes). Ils sont hindouistes ou musulmans. Ceux qui vivent dans le S. du Viêt-nam et au Cambodge sont musulmans. Au Cambodge, on les appelle parfois «Khmers islam».

chamade [ʃamad] n. f. *Cœur qui bat la chamade,* dont les battements s'accélèrent sous l'effet de l'émotion.

chamailler (se) [ʃamaje] v. pron. [1] Fam. Se disputer bruyamment pour des vétilles.

chamaillerie [ʃamajʀi] n. f. Fam. Querelle bruyante et sans motif sérieux.

chaman [ʃaman] n. m. Prêtre, sorcier, guérisseur dans le chamanisme.

chamanisme [ʃamanism] n. m. Ensemble de pratiques magico-religieuses faisant appel aux esprits de la nature et comportant notam. des techniques de guérison, que l'on observe princ. chez des peuples de Sibérie, de Mongolie et de l'Extrême-Nord américain.

chamarré, ée [ʃamaʀe] adj. **1.** Surchargé d'ornements. *Un costume chamarré.* ▷ Fig. *Un style chamarré.* **2.** Bariolé. *Un oiseau au plumage chamarré.*

chamarrer [ʃamaʀe] v. tr. [1] **1.** Garnir d'ornements très colorés. **2.** Litt. Parer, orner.

chamarrure [ʃamaʀyʀ] n. f. (Le plus souvent au plur.) Ornement qui sert à colorer.

chambardement [ʃɑ̃baʀdəmɑ̃] n. m. Fam. Bouleversement.

chambarder [ʃɑ̃baʀde] v. tr. [1] Fam. Bouleverser. *Il a chambardé toute sa chambre.*

chambellan [ʃɑ̃bellɑ̃] n. m. HIST Officier chargé du service de la chambre d'un souverain.

Chamberlain (Joseph) (1836 – 1914), homme polit. brit., un des chefs du parti libéral. — **Sir Joseph Austen** (1863 – 1937), fils du préc., ministre (conservateur) des Affaires étrangères (1924-1929). Artisan des *accords de Locarno* (1925), il reçut le P. Nobel de la paix 1925. — **Arthur Neville** (1869 – 1940), demi-frère du préc., Premier ministre de 1937 à 1940. Il mena une politique d'«apaisement» à l'égard de Hitler (*accords de Munich*, sept. 1938).

Chamberland (Paul) (né en 1939), poète québécois. Cofondateur de la revue *Parti* pris*, il prône un art révolutionnaire : *Terre Québec* (1964), *L'afficheur hurle* (1964), *Demain les dieux naîtront* (1974), *Compagnons chercheurs* (1984).

Chambers (Ephraïm) (v. 1680 – 1740), écrivain anglais. Son *Dictionnaire universel des arts et des sciences* (1728) inspira *l'Encyclopédie** de Diderot.

Chambers (sir William) (1723 – 1796), architecte néo-classique et paysagiste anglais.

Chambéry, v. de France, ch.-l. du dép. de la Savoie; 55603 hab. Industr. Tourisme. – Cap. de la Savoie de 1232 à 1562. Cath. (XVIe s.). Chât. des ducs de Savoie (XIVe et XVe s.).

Chambi (djebel), point culminant de la Tunisie, au N.-O. de Kasserine; 1544 m.

Chambord, commune de France (Loir-et-Cher); 214 hab. – Château (1519-1537).

Chambord (Henri de Bourbon, duc de Bordeaux, comte de) (1820 – 1883), prince français. Après la mort de son grand-père Charles X (1836), il prétendit au trône («Henri V»). Son refus du drapeau tricolore lui ôta toute chance de régner (1871-1873).

chambranle [ʃɑ̃bʀɑ̃l] n. m. Encadrement d'une porte, d'une fenêtre.

chambre [ʃɑ̃bʀ] n. f. **I. 1.** Pièce où l'on couche. *Chambre d'enfants. Chambre à coucher* (surtout en parlant de mobilier). *Chambre garnie, meublée,* qu'on loue garnie de meubles. ▷ *Garder la chambre :* rester chez soi à cause d'une maladie. ▷ *Valet, femme de chambre :* employés chargés du service de la maison, ainsi que du service particulier de leur employeur. ▷ *Musique* de chambre.* **2.** (Afr. subsah.; Belgique; Québec, vieilli; Suisse) Pièce d'habitation. – (Suisse) *Chambre à manger* ou (Québec, vieilli) *chambre à dîner :* salle à manger. – (Québec) *Chambre de bain, chambre de toilette :* salle de bains; *par ext.* toilettes (dans un endroit public). – (Afr. subsah., Belgique) *Chambre de passage :* logement réservé aux visiteurs. **3.** Pièce spécialement aménagée pour un usage précis. *Chambre froide :* local réfrigéré où l'on entrepose des aliments périssables. – *Chambre forte,* blindée, pour entreposer de l'argent, des valeurs, des objets précieux. **II. 1.** Section d'une cour, d'un tribunal. *Chambre correctionnelle. Chambre d'accusation :* section de la cour d'appel qui intervient comme deuxième degré d'instruction en matière pénale. *Chambre des requêtes.* – *Chambre du conseil :* salle d'un tribunal où ont lieu les délibérations. **2.** Assemblée parlementaire. **3.** Assemblée constituée. *Chambre de commerce :* assemblée qui représente les intérêts commerciaux et industriels d'une région auprès des pouvoirs publics. **III. 1.** ARTILL Partie du canon d'une arme à feu où est mise la charge explosive. **2.** OPT *Chambre noire :* boîte dont une paroi est percée d'un trou de petit diamètre à l'opposé duquel se forme une image renversée des objets extérieurs. ▷ *Chambre claire :* appareil permettant de superposer deux vues, l'une directe, l'autre réfléchie. **3.** TECH *Chambre de combustion :* cavité d'un moteur dans laquelle un mélange combustible est injecté, et où s'effectue la combustion. **4.** *Chambre à air :* tube en caoutchouc, dans lequel on comprime de l'air et que l'on adapte à la jante des roues, à l'intérieur d'un pneumatique. **5.** ACOUST *Chambre sourde :* local traité de manière à offrir le minimum de réverbération aux ondes sonores. **6.** PHYS NUCL *Chambre d'ionisation :* enceinte à l'intérieur de laquelle on réalise l'ionisation d'un gaz. – *Chambre à bulles :* V. bulle 2. **7.** ANAT *Chambre de l'œil :* partie contenant l'humeur aqueuse, en avant du cristallin, et l'humeur vitrée, en arrière du cristallin.

Chambre des communes. V. communes (Chambre des).

Chambre des lords. V. lords (Chambre des).

chambrée [ʃɑ̃bʀe] n. f. Ensemble des occupants d'une même chambre, partic. dans une caserne. *Camarade de chambrée.* ▷ Cette pièce elle-même.

Chambre francophone des affaires économiques, association créée en 1991 pour «promouvoir l'industrie, le commerce et les activités technologiques des pays associés à la communauté francophone et des entreprises se réclamant de la mouvance francophone». Elle siège à Paris.

chambrer [ʃɑ̃bʀe] v. [1] **1.** v. tr. Laisser (un vin) prendre la température de la pièce où il sera bu. – Pp. *Un vin chambré.* **2.** v. intr. (Québec) Loger dans une chambre en location.

chambrette [ʃɑ̃bʀɛt] n. f. Petite chambre.

chambreur, euse [ʃɑ̃bʀœʀ, øz] n. (Québec) Personne qui loue une chambre chez un particulier. *Prendre, garder des chambreurs.*

chambrier [ʃɑ̃bʀije] n. m. (Aoste) Garçon de salle, dans un restaurant.

chameau, eaux [ʃamo] n. m. (et adj.) **1.** Mammifère ruminant (fam. camélidés) à une ou deux bosses dorsales graisseuses qui constituent des réserves énergétiques. (*Camelus bactrianus,* le chameau à deux bosses, est asiatique. *Camelus dromedarius :* V. dromadaire.) *Chameau qui blatère,* qui pousse son cri, *qui baraque,* qui se couche sur le ventre en fléchissant les membres antérieurs. **2.** Fig., fam. Personne méchante, d'humeur désagréable. ▷ adj. (inv. en genre) *Ce qu'elle est chameau!*

chamelier [ʃaməlje] n. m. Celui qui est chargé de conduire et de soigner les chameaux.

chamelle [ʃamɛl] n. f. Femelle du chameau.

Chamfort (Sébastien Roch Nicolas, dit de) (1740 – 1794), écrivain français : *Maximes, pensées, caractères et anecdotes* (posth., 1795). Arrêté sous la Terreur, il se suicida. Acad. fr. (1781).

Chamisso (Louis Charles Adélaïde Chamisso de Boncourt, dit Adelbert von) (1781 – 1838), écrivain et naturaliste allemand d'origine française : *la Merveilleuse Histoire de Peter Schlemihl* (1814), récit fantastique de l'homme qui a perdu son ombre.

Chamites. V. Hamites.

chamito-sémitique [ʃamitosemitik] adj. LING Syn. anc. de *afro-asiatique. Les langues chamito-sémitiques.*

chamois [ʃamwa] n. m. (et adj. inv.) **1.** Mammifère ruminant des montagnes d'Europe (*Rupicapra,* fam. bovidés, sous-fam. caprinés), à cornes recourbées en crochet vers l'arrière. **2.** Peau préparée du chamois. ▷ *Peau de chamois :* cuir de chamois, ou peau de mouton traitée par chamoisage. **3.** adj. inv. *Étoffe chamois,* d'un jaune clair légèrement ocré.

chamoisage [ʃamwazaʒ] n. m. Traitement de certaines peaux qui donne un cuir lavable, souple et velouté comme le cuir de chamois.

Chamoiseau (Patrick) (né en 1953), écrivain français d'origine martiniquaise : *Solitude de la mulâtresse* (1977), *Chronique des sept misères* (1986), *Texaco* (prix Goncourt 1992), *Écrire en pays dominé* (1997), *l'Esclave vieil homme et le molosse* (id.).

chamoiser [ʃamwaze] v. tr. [1] Préparer (une peau) par chamoisage.

chamoisette [ʃamwazɛt] n. f. (Belgique) Chiffon à poussière. (V. chamoisine.)

chamoiseur [ʃamwazœʀ] n. m. Personne qui chamoise les peaux ou qui vend des peaux chamoisées.

chamoisine [ʃamwazin] n. f. **1.** Morceau d'étoffe rappelant la peau de chamois. **2.** (France rég.) Chiffon à poussière. (V. chamoisette.)

Chamoun (Camille) (1900 – 1987), homme politique libanais. Chrétien maronite, il fut président de la République de 1952 à 1958 et fit appel à l'armée américaine lors de la crise de juillet 1958. L'un des chefs du camp chrétien durant la guerre civile, il fut contraint en 1980 d'unir ses milices aux phalanges de Bechir Gemayel.

champ [ʃɑ̃] n. m. **I. 1.** Étendue, pièce de terre cultivable. *Labourer un champ. Un champ de mil.* Syn. (Louisiane) clos. **2.** (Plur.) Campagne, terres cultivées. *Les fleurs des champs. – À travers champs :* sans prendre les chemins. – *Prendre la clef des champs :* s'enfuir. **3.** Terrain. *Champ de bataille. Tomber au champ d'honneur :* être tué à la guerre. *Champ de foire, de courses.* **4.** *Laisser le champ libre :* se retirer d'un lieu; laisser quelqu'un libre d'agir à sa guise. **II.** Fig. **1.** Domaine. *Un vaste champ d'action. Le champ d'une science. Champ d'application de l'impôt.* **2.** Loc. adv. *Sur-le-champ :* sur l'heure même, sans délai. *À tout bout de champ :* à chaque instant, à tout propos. **III. 1.** OPT *Champ d'un instrument d'optique :* portion de l'espace vue à travers l'instrument. ▷ *Champ visuel :* toute l'étendue embrassée par l'œil immobile. **2.** CHIR *Champ opératoire :* zone cutanée intéressée par l'incision opératoire; *par ext.* chacun des linges qui délimitent cette zone. **3.** PHYS Portion de l'espace où s'exerce une action, où se manifeste un phénomène. *Champ de forces, champ acoustique, champ électromagnétique.* **4.** INFORM Rubrique. **5.** MATH *Champ de vecteurs :* ensemble de vecteurs dont les composantes sont des fonctions des coordonnées des points auxquels ces vecteurs sont associés.

Champa, royaume des Chams (IIᵉ-XVIIᵉ s.). Situé, à l'origine, au centre du Viêt-nam actuel (vers Huê), il fut progressivement repoussé vers le Sud. Les Vietnamiens le vainquirent au XVᵉ s. et en effacèrent les derniers vestiges au XVIIᵉ s. Le royaume dut également combattre la Chine et l'Empire khmer aux XIIᵉ-XIIIᵉ s. Des témoignages d'un passé brillant subsistent (site de My Son).

1. champagne [ʃɑ̃paɲ] n. f. GEOL Plaine calcaire, nue et sèche.

2. champagne [ʃɑ̃paɲ] n. m. Vin mousseux de Champagne.

Champagne, anc. prov. française, plus vaste que la Champagne*-Ardenne (mais sans les Ardennes); cap. *Troyes*.*
Hist. – À partir du Xᵉ s., les seigneurs de Troyes regroupèrent les territ. formant la prov. de Champagne. Du XIIᵉ au XIVᵉ s., les foires dites «de Champagne» furent les centres d'un trafic européen. Le comté fut réuni à la couronne de France en 1361. Ses vignobles se sont développés à partir du XVIIIᵉ s.

Champagne (Philippe de). V. Champaigne.

Champagne (Adonaï Disparois, dit Claude) (1891 – 1965), compositeur canadien influencé par le folklore : *Images du Canada français* (1943).

Champagne-Ardenne, Région admin. française et rég. de la C.E., formée des dép. des Ardennes, de l'Aube, de la Marne et de la Haute-Marne; 25064 km^2; 1388402 hab.; cap. *Châlons-sur-Marne* (51553 hab.).
Géogr. phys. et hum. – Au N., le vieux massif ardennais est un plateau forestier entaillé par la Meuse; au centre, la Champagne crayeuse sèche (dite autrefois pouilleuse, car pauvre) fait place, à l'O., aux plateaux limoneux de la Brie et du Tardenois que bordent la côte d'Île-de-France et son prestigieux vignoble champenois. Au S., s'étend la Champagne humide, argileuse et herbagère; à l'E. s'élèvent des hauteurs boisées. Partout les étés ensoleillés s'opposent aux hivers rudes. Les densités sont modestes; le peuplement et les villes se concentrent dans les vallées.
Écon. – L'agriculture reste fondamentale : grandes cultures (céréales, betterave, oléagineux et fourrage); le vignoble a doublé sa superficie depuis 1950. La tradition industrielle est très anc., mais depuis les années 1970, la crise a entraîné un important chômage. D'autres branches sont nées de la déconcentration parisienne et de l'investissement étranger. Deux centrales nucléaires sont puissantes.

champagniser [ʃɑ̃paɲize] v. tr. [1] **1.** TECH Induire la transformation en champagne d'un vin blanc de Champagne. **2.** Cour. Rendre (un vin) mousseux. – Pp. *Un vin champagnisé.*

Champaigne ou **Champagne** (Philippe de) (1602 – 1674), peintre français d'origine flamande; maître du portrait classique (*Richelieu,* 1640).

Champassak, prov. du sud du Laos, en bordure du Mékong; ch.-l. *Pakxe.*– Le *royaume de Champassak* appartint au royaume du Lan* Xang (XIVᵉ s.), devint indépendant en 1713, mais passa sous domination siamoise au milieu du XVIIIᵉ s. Protectorat français en 1893, il fut amputé de la rég. du plateau du Korat que la France céda au Siam. Il fut rattaché en 1945 au Laos unifié.

Champeaux (Guillaume de). V. Guillaume de Champeaux.

champenois, oise [ʃɑ̃pənwa, waz] adj. et n. De la Champagne. ▷ Subst. Habitant ou personne originaire de la Champagne. *Un(e) Champenois(e).*

champêtre [ʃɑ̃pɛtʀ] adj. **1.** Litt. Qui appartient aux champs. *Divinités champêtres,* qui présidaient aux travaux de la terre. **2.** Propre à la campagne. *Plaisirs champêtres.*

champignon [ʃɑ̃piɲɔ̃] n. m. **1.** Cour. Végétal sans chlorophylle, au pied généralement surmonté d'un chapeau, qui pousse dans les lieux humides. *Ramasser des champignons. Champignon de couche :* agaric cultivé. ▷ Loc. fig. *Pousser comme un champignon :* grandir très vite. – (En appos.) *Ville champignon.* ▷ BOT Végétal dont le corps est un thalle, sans chlorophylle. **2.** Ce qui rappelle la forme du champignon. – Fam. Pédale de l'accélérateur d'une automobile.
ENCYCL Les champignons sont classés d'après leurs modes de reproduction. Les *champignons supérieurs* ne possèdent jamais de cellules flagellées. Les *champignons inférieurs* présentent des affinités avec le règne animal. L'association d'une algue et d'un champignon donne un lichen. Tous les milieux contenant des matières organiques ont été conquis par les champignons, dont l'appareil végétatif varie de quelques cellules isolées (levures) au mycélium des moisissu-

res et au carpophore des basidiomycètes. Le parasitisme est très développé dans certains groupes, agents des *mycoses* animales et humaines, et des *maladies fongiques*, ou *cryptogamiques*, des végétaux. Les espèces comestibles sont toutes des champignons supérieurs; quelques zygomycètes sont cultivés pour leurs sécrétions d'antibiotiques.

champignonneur, euse [ʃɑ̃piɲɔnœʀ, øz] n. (Suisse) Cueilleur de champignons.

champion, onne [ʃɑ̃pjɔ̃, ɔn] n. **1.** Défenseur d'une cause. *Se poser en champion des droits de l'Homme.* **2.** Vainqueur d'une compétition sportive. *Champion du monde de boxe.* – En appos. *L'équipe de football championne d'Afrique.* – *Par ext.* Sportif de grande valeur. **3.** Fig., fam. Personne exceptionnelle.

championnat [ʃɑ̃pjɔna] n. m. Épreuve sportive organisée pour décerner un titre au meilleur dans une spécialité.

Champlain (lac), lac situé aux frontières du Canada (Québec) et des É.-U., et communiquant, grâce à des canaux, avec l'Hudson et le lac Érié. La riv. Richelieu déverse ses eaux dans le Saint-Laurent. Tourisme. – Découvert par Champlain en 1609.

Champlain (Samuel de) (v. 1567 – 1635), explorateur et colonisateur français du Canada. Né à Brouage (Charente-Marit.) dans une famille de marins probablement calvinistes, il fit une premier séjour en Nouvelle-France (1603-1604). De 1604 à 1607, il participa à une mission d'exploration de cette terre comme géographe. En 1608, il revint en Nouvelle-France et fonda la ville de Québec, d'où il rayonna. Par la suite, il séjourna plus souvent en Nouvelle-France qu'en France. Lieutenant du vice-roi de Nouvelle-France (1612), lieutenant-gouverneur (1619), il fut l'explorateur et le colonisateur de ce vaste pays. En 1629, il dut se rendre aux Anglais qui assiégeaient Québec. Il regagna l'Europe et obtint que l'Angleterre rende à la France la terre immense que peuplaient seulement 150 colons, tous français (traité de Saint-Germain-en-Laye, 1632). En 1633, il revint en Nouvelle-France et mourut à Québec.

champlever [ʃɑ̃l(ə)ve] v. tr. [**16**] Pratiquer des alvéoles dans une plaque de métal pour y dessiner des figures ou y incruster des émaux. *Émail champlevé.*

champlure [ʃɑ̃plyʀ] n. f. (Québec) Fam. Robinet. *La champlure d'un lavabo. Faire couler la champlure.*

Champmeslé (Marie Desmares, dite la) (1642 – 1698), actrice française; maîtresse de Racine.

Champollion (Jean-François), dit le Jeune (1790 – 1832), égyptologue français. Ayant étudié la pierre de Rosette* (196 av. J.-C.), il détermina la correspondance de trois écritures (hiéroglyphique, hiératique, démotique) et put déchiffrer la langue des anc. Égyptiens (*Précis du système hiéroglyphique*, 1824).

Champs-Élysées, avenue de Paris (8ᵉ arr.) qui joint la place de la Concorde à la place Charles-de-Gaulle (anc. *place de l'Étoile*). Elle fut tracée, dans le prolongement du jardin des Tuileries, par Le Nôtre en 1670; les prem. bâtiments (auj. démolis) furent édifiés au XIXᵉ siècle.

Chan(s). V. Shan(s).

chance [ʃɑ̃s] n. f. **1.** Éventualité heureuse ou malheureuse. *Courir une chance. Souhaiter bonne chance.* **2.** (Plur.) Probabilités, possibilités. *Il y a peu de chances pour qu'il accepte.* **3.** Hasard heureux. *Quelle chance!*

Chancelade, com. de France (Dordogne); 3 740 hab. – *L'homme de Chancelade* (restes découverts en 1888) vivait à la fin du magdalénien.

chancelant, ante [ʃɑ̃slɑ̃, ɑ̃t] adj. **1.** Qui chancelle, vacille. *Une passerelle chancelante.* **2.** Fig. Faible, ébranlé. *Santé chancelante. Courage chancelant.*

chanceler [ʃɑ̃sle] v. intr. [**19**] **1.** Être peu ferme sur ses pieds, sur sa base; osciller, perdre l'équilibre. *Chanceler comme un homme ivre.* **2.** Fig. Être menacé de chute, de ruine. *Un régime qui chancelle.* **3.** Fig. Hésiter.

chancelier [ʃɑ̃səlje] n. m. Titre de certains grands dignitaires et de certains fonctionnaires dépositaires de sceaux. *Un chancelier d'ambassade.* ▷ Premier ministre, en Allemagne et en Autriche.

chancellerie [ʃɑ̃sɛlʀi] n. f. **1.** Bureaux, services d'un chancelier. **2.** Administration centrale du ministère de la Justice. **3.** Services d'une ambassade. *Des intrigues de chancellerie.*

chanceux, euse [ʃɑ̃sø, øz] adj. Que la chance favorise. – Loc. fam. (Québec) *Être chanceux dans sa malchance :* sortir d'un mauvais pas sans trop de dommages.

chancre [ʃɑ̃kʀ] n. m. **1.** Ulcération qui marque le début de certaines infections (maladies vénériennes, maladies infectieuses). *Chancre syphilitique, lépreux. Chancre mou :* chancrelle. ▷ (Acadie) Nom cour. du cancer. **2.** ARBOR Maladie des arbres, provoquée par un champignon, qui détruit l'écorce et réduit le bois en pourriture. Syn. ulcère. **3.** Fig. Ce qui dévore, détruit, dévaste. *La corruption est un chancre qui ruine toute société.* **4.** (Acadie) Nom cour. du crabe. *Poser le pied sur un chancre.*

chancrelle [ʃɑ̃kʀɛl] n. f. MED Lésion locale due au bacille de Ducrey, à bords taillés à pic, à fond suppurant, s'accompagnant d'une adénopathie inflammatoire. Syn. Chancre mou.

chandail [ʃɑ̃daj] n. m. Gros tricot de laine.

Chandeleur [ʃɑ̃dlœʀ] n. f. RELIG CATHOL Fête de la présentation de Jésus au Temple et de la purification de la Vierge, célébrée le 2 février.

chandelier [ʃɑ̃dəlje] n. m. Support pour une bougie, un cierge, une chandelle. *Chandelier à sept branches :* chandelier traditionnel du culte juif.

chandelle [ʃɑ̃dɛl] n. f. **1.** Anc. Petit cylindre de suif muni d'une mèche, qui servait à l'éclairage. ▷ Mod. Bougie. *Un dîner aux chandelles.* **2.** Loc. fig. *Devoir une fière chandelle à qqn,* lui être redevable d'un grand service. – *Des économies de bouts de chandelles,* mesquines et inefficaces. – *Le jeu n'en vaut pas la chandelle :* le but ne justifie pas la peine, le risque. **3.** CONSTR Étai vertical. **4.** AVIAT *Monter en chandelle,* presque verticalement. **5.** SPORT *Faire une chandelle :* envoyer la balle à la verticale.

Chandernagor ou **Chandannagar,** v. de l'Inde (Bengale-Occidental); 101 930 hab. Text. (jute). – Comptoir franç. de 1686 à 1951.

Chandler (Raymond Thornton) (1888 – 1959), maître du roman policier «noir» américain : *le Grand Sommeil* (1939), *la Dame du lac* (1943).

Chanel (Gabrielle Bonheur, dite Coco) (1883 – 1971), couturière française. Elle fonda en 1914 une maison de couture.

1. chanfrein [ʃɑ̃fʀɛ̃] n. m. Partie de la tête du cheval et de certains mammifères comprise entre les sourcils et le naseau.

2. chanfrein [ʃɑ̃fʀɛ̃] n. m. TECH Surface obtenue en abattant l'arête d'une pièce.

Chang. V. Shang.

change [ʃɑ̃ʒ] n. m. **1.** Action de changer, d'échanger; troc. *Perdre au change.* **2.** Conversion d'une monnaie, d'une valeur en une autre. *Marché des changes. Cours du change :* rapport des valeurs de monnaies différentes. *Taux de change. Contrôle des changes,* par lequel l'État équilibre offre et demande de devises. – FIN *Risque de change,* encouru par les entreprises importatrices et exportatrices du fait des fluctuations du taux de change. *Couverture de change :* protection contre le risque de change par des opérations d'achat ou de vente de devises. ▷ Par ext. *Change :* cours du change. ▷ *Agent de change.* V. agent (sens II, 2). ▷ *Lettre de change :* V. lettre (sens III, 2). **3.** (Afr. subsah., Liban, Québec) (Anglicisme) Monnaie que l'on fait ou que l'on rend. *Avoir le change.* **4.** *Donner le change à qqn,* le tromper en lui faisant prendre une chose pour une autre.

changeant, ante [ʃɑ̃ʒɑ̃, ɑ̃t] adj. **1.** Variable, qui change facilement. *Son humeur est changeante.* **2.** Chatoyant.

changement [ʃɑ̃ʒmɑ̃] n. m. **I. 1.** Fait de changer, de passer d'un état à un autre. Syn. modification, mutation, transformation, variation. Ant. invariabilité, stabilité. ▷ Transformation de ce qui change ou est changé. *Un changement radical.* **2.** THEAT *Changement à vue :* changement de décor opéré sans que le rideau soit baissé; fig. changement brusque. **II. 1.** MATH *Changement d'axes :* passage d'un système de coordonnées à un autre. **2.** PHYS *Changement d'état :* passage d'un corps d'un état physique à un autre. *La fusion et la solidification sont des changements d'état.*

changer [ʃɑ̃ʒe] v. [**13**] **I.** v. tr. **1.** Céder en échange (une chose pour une autre). – *Spécial.* Convertir. *Changer des francs en dollars. Changer des francs pour des livres sterling.* **2.** Renouveler, remplacer (qqch, qqn). *Changer la décoration d'une pièce.* ▷ *Changer un bébé,* changer ses couches. **3.** Rendre différent. *Changer ses plans. Son mariage l'a changé.* – Fam. *Changer les idées :* distraire. **4.** *Changer (qqch) en... :* transformer en... *Son attitude a changé mes soupçons en certitude.* **II.** v. tr. indir. *Changer de.* **1.** Quitter un lieu pour un autre. *Changer de place. Changer d'air :* partir. **2.** Quitter une (des) chose(s) pour une (d')autre(s). *Changer de chaussures. Il change d'avis très souvent.* **3.** Quitter une (des) personne(s) pour une (d')autre(s). *Changer de partenaire.* **III.** v. intr. Évoluer, se modifier. *Le temps est en train de changer.* – Par antiphrase. Iron. *Pour changer :* comme toujours. **IV.** v. pron. **1.** Se transformer. *La chenille se change en papillon.* **2.** Changer de vêtements. *Change-toi pour sortir.*

changeur [ʃɑ̃ʒœʀ] n. m. **1.** Personne dont le métier est d'effectuer des opérations de change. **2.** Appareil qui, contre des pièces de monnaie, des billets de banque, fournit la même somme en pièces de valeur inférieure. **3.** TECH Dispositif de changement. *Changeur automatique.*

Chang-hai. V. Shanghai.

Changjiang. V. Yangzijiang.

Chang Kaï-chek. V. Tchang Kaï-chek.

chank [ʃɑ̃k] n. m. ZOOL Mollusque gastéropode d'assez grande taille, à coquille épaisse et lourde, vivant dans l'océan Indien et dans la zone tropicale de l'Atlantique Ouest. *Chank sacré des hindous.*

channe [ʃan] n. f. (Suisse) Broc à vin en étain.

chanoine [ʃanwan] n. m. **1.** Dignitaire ecclésiastique faisant partie d'un chapitre. **2.** Religieux, dans certaines congrégations.

chanoinesse [ʃanwanɛs] n. f. Religieuse, dans certaines congrégations.

chanson [ʃɑ̃sɔ̃] n. f. **1.** Petite composition chantée; texte mis en musique, divisé en strophes ou couplets, avec ou sans refrain. *Les paroles d'une chanson. Chanson à boire, chanson d'amour, chanson de corps de garde.* – Loc. fig. *L'air ne fait pas la chanson :* les apparences sont souvent trompeuses. ▷ Musique (d'une chanson). ▷ Texte (d'une chanson). **2.** *Par ext.* Chant. *La chanson du rossignol.* – Bruit plaisant, murmure. *La chanson du ruisseau.* **3.** Fig., fam. Propos futiles, sornettes. *Chanter toujours la même chanson :* radoter. **4.** *Chanson de geste :* en France, au Moyen Âge, poème épique en langue romane, célébrant les héros de l'histoire et de la légende et leurs exploits. V. encycl. ci-après et geste 2.
ENCYCL Apparues en France au XIe s., les chansons de geste, composées ou interprétées par des trouvères (en langue d'oïl) et des troubadours (en langue d'oc), connurent un succès éclatant jusqu'à la fin du XVIe s. et se répandirent dans toute l'Europe, qui les imita. Le vers de 12 syllabes, ou alexandrin, s'imposa à partir du XIIIe s. Aux XIVe et XVe s., les poèmes sont mis en prose et se chargent d'épisodes romanesques. Près de cent chansons de geste nous sont parvenues. On distingue trois grands groupes. **1.** La *Geste de Charlemagne,* dite aussi *cycle carolingien,* est relative au grand empereur et à sa famille. Le chef-d'œuvre de cette geste est *la Chanson* de Roland.* **2.** La *Geste de Guillaume d'Orange* ou *de Narbonne* raconte l'histoire merveilleuse de Guillaume, comte de Toulouse, qui arrêta les Sarrasins à la bataille de l'Orbieu en 793. **3.** La *Geste de Doon de Mayence* a pour chanson princ. *Renaud de Montauban,* l'un des quatre fils d'Aymon de Dordogne, descendant de Doon.

chansonnette [ʃɑ̃sɔnɛt] n. f. Petite chanson légère ou frivole.

chansonnier, ère [ʃɑ̃sɔnje, ɛʀ] n. **1.** n. m. LITTER Recueil de chansons. **2.** Auteur, compositeur, interprète de sketches ou de chansons satiriques d'actualité. ▷ (Québec) Artiste qui écrit, compose et interprète ses propres chansons.

1. chant [ʃɑ̃] n. m. **1.** Succession de sons musicaux produits par l'appareil vocal; musique vocale. *Apprendre le chant avec un professeur.* ▷ *Chant grégorien*. Chant choral.* **2.** Composition musicale destinée à être chantée. *Chants profanes, chants sacrés.* ▷ Partie mélodique d'une composition vocale ou instrumentale. **3.** *Par anal.* Ramage des oiseaux. *Le chant du rossignol.* **4.** Poésie destinée à être chantée. *Chant nuptial, funèbre.* **5.** Chacune des divisions d'un poème épique ou didactique. *Épopée en douze chants.* **6.** Plur. POET *Les chants :* la poésie, les poèmes. *«Les Chants du crépuscule», de Victor Hugo.*

2. chant [ʃɑ̃] n. m. TECH Partie la plus étroite d'une pièce, par oppos. aux parties plus longues ou plus larges. *Poser des briques sur chant,* horizontalement, sur la face la plus étroite.

chantage [ʃɑ̃taʒ] n. m. **1.** Manière d'extorquer de l'argent à qqn en le menaçant de représailles, de révélations scandaleuses. *Le chantage est un délit puni par la loi.* **2.** *Par ext.* Pression morale exercée sur qqn. *Elle lui fait du chantage au suicide.*

chantant, ante [ʃɑ̃tɑ̃, ɑ̃t] adj. **1.** Qui chante. **2.** Qui se chante aisément. **3.** Mélodieux. *Des intonations chantantes.*

chantefable [ʃɑ̃t(ə)fabl] n. f. LITTER Récit médiéval comportant des parties récitées (fable), d'autres chantées.

chanter [ʃɑ̃te] v. [1] **I.** v. intr. **1.** Former avec la voix une suite de sons musicaux. *Chanter juste, faux. Chanter en chœur.* **2.** Produire des sons harmonieux (en parlant des oiseaux, de certains insectes, etc.). *Le rossignol chante.* – Par anal. *L'eau chante dans la bouilloire.* **3.** Loc. fam. *Faire chanter qqn,* exercer sur lui un chantage. *Si cela vous chante :* si vous en avez envie. **II.** v. tr. **1.** Exécuter une partie ou un morceau de musique vocale. *Chanter des chansons.* – *Que me chantez-vous là? :* que me dites-vous? **2.** Poét. Célébrer, vanter, raconter. *Les griots chantent les hauts faits des anciens.* – *Chanter les louanges de qqn,* faire son éloge.

1. chanterelle [ʃɑ̃tʀɛl] n. f. **1.** Corde d'un instrument qui a le son le plus aigu. **2.** Appeau.

2. chanterelle [ʃɑ̃tʀɛl] n. f. Champignon basidiomycète comestible dont le chapeau est évasé en forme de pavillon de trompette (girolle, par ex.).

chanteur, euse [ʃɑ̃tœʀ, øz] n. et adj. **1.** n. Personne qui chante; personne qui fait métier de chanter. *Une chanteuse légère, réaliste, d'opéra. Un chanteur de charme,* spécialisé dans les chansons sentimentales. **2.** adj. Se dit des oiseaux dont le chant est agréable. **3.** n. m. (En appos.) *Maître chanteur :* celui, celle qui pratique le chantage.

chantier [ʃɑ̃tje] n. m. **1.** TECH Pièce de bois, de pierre, etc., servant de support. **2.** Lieu où l'on entrepose des matériaux de construction, du bois de chauffage, etc. **3.** Lieu où l'on effectue la construction (ou la démolition) d'un ouvrage, d'un bâtiment. – *Chantier naval,* où sont construits des navires. – MINES Lieu d'abattage du minerai. ▷ (Québec) Vieilli Exploitation forestière. *Travailler sur les chantiers. Homme de chantier :* bûcheron. ▷ Fig *Mettre un ouvrage en chantier, sur le chantier,* le commencer.

chantilly [ʃɑ̃tiji] n. **1.** n. m. Dentelle à mailles hexagonales. **2.** n. f. Crème fouettée sucrée. – (En appos.) *Crème Chantilly.*

Chantilly, v. de France (Oise), près de la *forêt de Chantilly;* 11 125 hab. Hippodrome. – Chât. (1528-1531, reconstruit au XIXe s.) devenu le musée Condé.

chantoir ou **chantoire** [ʃɑ̃twaʀ] n. m. ou f. (Belgique) Syn. de *bétoire.*

chantonner [ʃɑ̃tɔne] v. intr. [1] Chanter à mi-voix. ▷ v. tr. *Chantonner un air.*

chantoung [ʃɑ̃tuŋ] n. m. V. shantung.

Chantoung. V. Shandong.

chantourner [ʃɑ̃tuʀne] v. tr. [1] TECH Découper, évider (une pièce) selon un profil déterminé.

chantre [ʃɑ̃tʀ] n. m. **1.** Celui dont la fonction est de chanter aux offices, dans une église. **2.** Fig., litt. Celui qui célèbre, qui se fait le laudateur de. *Ce poète s'est fait le chantre des exclus.*

chanvre [ʃɑ̃vʀ] n. m. **1.** Plante annuelle (fam. cannabinacées) dont une variété est cultivée pour ses fibres textiles. ▷ *Chanvre indien (Cannabis sativa),* dont on tire le haschisch. Syn. (Pacifique, Polynésie fr.) pakalolo, (Afr. subsah.) yamba. – (Afr. subsah.) *Chanvre de Guinée :* variété d'hibiscus qui fournit une fibre textile grossière et très solide. Syn. dah, kénaf. **2.** Textile fabriqué à partir des fibres du chanvre.

Chanzy (Alfred) (1823 – 1883), général français, gouverneur de l'Algérie en 1873.

Chao Anu (1767 – 1835), roi de Vientiane (1805-1826). Placé sur le trône par les Siamois, il essaya, en vain, de se débarrasser de leur tutelle; son royaume fut annexé par le Siam.

chaos [kao] n. m. **1.** RELIG *Le Chaos :* la confusion, le néant précédant la création du monde. **2.** GEOL Amoncellement désordonné de blocs rocheux que l'érosion a isolés de terrains hétérogènes. **3.** Fig. Désordre, confusion extrême.

chaotique [kaotik] adj. Qui donne une impression de chaos, qui ressemble au chaos.

chaouch [ʃauʃ] n. m. (Maghreb) Agent subalterne chargé de diverses tâches matérielles dans un service, une entreprise. (V. planton, sens 2.)

1. chaoui, ouïa [ʃawi, wija] adj. et n. (Maghreb) **1.** adj. Qui habite les Aurès algériens. ▷ Subst. *Un Chaoui, une Chaouïa.* **2.** n. m. *Le chaoui :* la langue berbère des Chaouis.

2. chaoui [ʃawi] n. m. (Louisiane) Raton laveur.

Chaouïa (la). V. Chawiyah (ach-).

Chapais (sir Thomas) (1858 – 1946), homme politique et historien canadien : *Cours d'histoire du Canada* (1919-1933).

chaparder [ʃapaʀde] v. tr. [1] Fam. Dérober (des objets de peu de valeur). Syn. chiper.

chapardeur, euse [ʃapaʀdœʀ, øz] adj. (et n.) Fam. Qui chaparde.

chape [ʃap] n. f. **1.** LITURG CATHOL Long manteau ecclés. sans manches, agrafé par-devant, porté à l'occasion de certaines cérémonies. **2.** CONSTR Couche de ciment ou de mortier appliquée sur un sol pour le rendre plan et uni. **3.** TECH Pièce servant de monture, de couverture ou de protection dans divers mécanismes ou objets. *Chape de bielle. Chape d'un pneumatique,* sa bande de roulement. **4.** Fig. *La dictature a fait peser une chape de plomb sur le pays.*

chapeau [ʃapo] n. m. **I.** Coiffure de matière variable (laine, feutre, paille, etc.), plus ou moins rigide, portée surtout au-dehors. *Chapeau d'homme, de femme.* – *Chapeau melon* ou (Belgique) *chapeau boule :* V. melon. ▷ (Québec)

Passer le chapeau : faire la quête auprès d'un groupe de personnes. *Passer le chapeau pendant qu'un artiste de rue donne un spectacle.* ▷ *Donner un coup de chapeau, tirer son chapeau à qqn,* le saluer en soulevant son chapeau; Fig., témoigner de l'admiration à son endroit. ▷ Fig., fam. *Chapeau!* (Exclamation marquant l'admiration.) ▷ (Québec) *Tour du chapeau :* au hockey, fait pour un joueur de marquer trois buts au cours d'un même match. *Réussir le tour du chapeau.* **II.** Loc. fig., fam. **1.** *Porter le chapeau :* endosser les responsabilités pour les autres. ▷ (Québec) *Porter, mettre son (le) chapeau de :* agir en tant que. *Mettre son chapeau de chef de parti.* – *Porter un double chapeau :* cumuler deux fonctions. **2.** *Travailler du chapeau* ou (Québec) *faire du chapeau :* déraisonner, souffrir de troubles mentaux. **3.** (Québec) *Parler à travers son chapeau,* à tort et à travers. **III.** Par anal. **1.** Ce qui couvre ou surmonte certains objets. *Un chapeau de lampe.* ▷ Partie de champignons supérieurs, supportée par le pied. ▷ MECA Pièce qui couvre, protège une autre pièce. – Loc. fam. *Démarrer, virer sur les chapeaux de roues,* à grande vitesse. **2.** MUS *Chapeau chinois :* instrument à percussion composé d'une calotte métallique garnie de clochettes. **3.** PRESSE Petit texte qui présente un article de journal, de revue.

chapeauter [ʃapote] v. tr. [1] **1.** Coiffer d'un chapeau. – Pp. adj. *Une femme élégamment chapeautée.* **2.** PRESSE Introduire (un texte) par un chapeau. **3.** Fig. Contrôler, avoir sous sa responsabilité. *M. Untel chapeaute ce service.*

chapelain [ʃaplɛ̃] n. m. Prêtre qui dessert une chapelle privée.

chapelet [ʃaplɛ] n. m. **I. 1.** RELIG Objet de dévotion composé de grains enfilés que l'on fait passer un à un entre les doigts, en récitant chaque fois une prière. **2.** Prières récitées en égrenant un chapelet. *Dire son chapelet.* **II.** Série d'objets dont la disposition rappelle celle des grains d'un chapelet. *Un chapelet de saucisses.* – *Par ext.* Série, suite. *Un chapelet de jurons.*

chapelier, ère [ʃapəlje, ɛʀ] n. Personne qui confectionne ou qui vend des chapeaux.

chapelle [ʃapɛl] n. f. **I. 1.** Lieu de culte privé. *La chapelle d'un collège.* **2.** Partie d'une église comprenant un autel secondaire. **3.** Petite église qui n'a pas rang d'église paroissiale. **4.** Ensemble des chanteurs et des musiciens d'une église. ▷ *Maître de chapelle :* celui qui dirige la musique et les chants dans une église. **5.** *Chapelle ardente :* V. ardent. **II.** Groupement fermé de personnes ayant les mêmes idées; coterie, clan. *Une chapelle littéraire.*

chapellerie [ʃapɛlʀi] n. f. **1.** Commerce, fabrication des chapeaux. **2.** Lieu où l'on fabrique, où l'on vend des chapeaux.

chapelure [ʃaplyʀ] n. f. Pain séché et concassé.

chaperon [ʃapʀɔ̃] n. m. **1.** Anc. Capuchon. *Le Petit Chaperon rouge,* conte de Perrault (1697). **2.** Coiffe de cuir dont on couvre la tête des oiseaux de proie. **3.** Ornement placé sur l'épaule gauche du costume de cérémonie porté par les magistrats, les avocats, les professeurs d'université, etc. **4.** CONSTR Faîtage protégeant un mur de l'infiltration des eaux de pluie. **5.** Anc. ou iron. Personne qui accompagnait une jeune fille quand elle sortait.

chaperonner [ʃapʀɔne] v. tr. [1] **1.** CONSTR Couvrir d'un chaperon. *Chaperonner une muraille.* **2.** Anc. ou iron. Servir de chaperon à (une jeune fille).

chapiteau [ʃapito] n. m. **1.** ARCHI Partie supérieure d'une colonne, posée sur le fût. *Chapiteau dorique, ionique, corinthien.* **2.** Tente d'un cirque ambulant. ▷ Par méton. *Le chapiteau :* le cirque, le monde du cirque. ▷ *Par ext.* Abri provisoire dressé pour une manifestation (spectacle, réunion, etc.).

chapitre [ʃapitʀ] n. m. **I. 1.** Division d'un livre, d'un traité, d'un registre. *Cet ouvrage est divisé en sept chapitres.* ▷ *Spécial.* COMPTA *Chapitre des recettes, des dépenses :* ensemble des recettes, des dépenses. **2.** Matière, sujet (dont il est question). – *Sur le chapitre de, au chapitre de :* en ce qui concerne, au sujet de. **II. 1.** Corps des chanoines d'une église cathédrale ou collégiale. **2.** Assemblée délibérante de chanoines ou de religieux; lieu où elle se réunit. ▷ Fig. *Avoir voix au chapitre :* avoir le droit de donner son avis.

chapitrer [ʃapitʀe] v. tr. [1] Adresser des remontrances à.

chapka [ʃapka] n. f. Coiffure en fourrure à rabats pour la nuque et les oreilles.

Chaplin (sir Charles Spencer, dit Charlie) (1889 – 1977), cinéaste anglais, acteur, réalisateur, scénariste et musicien. Aux É.-U., en 1913, il créa le personnage de Charlot : *l'Émigrant* (1917), *The Kid* («le Gosse», 1921), *le Pèlerin* (1923), *la Ruée vers l'or* (1925), *le Cirque* (1928), *les Lumières de la ville* (1931). À partir des *Temps modernes* (1936), et surtout du *Dictateur* (1940), son premier film parlant, les références sociales et politiques appuyèrent la satire : *Monsieur Verdoux* (1947), *Limelight* («les Feux de la rampe», 1952), *Un roi à New York* (1957).

chapon [ʃapɔ̃] n. m. Jeune coq châtré, engraissé pour la table.

Chappaz (Maurice) (né en 1916), poète suisse d'expression française. Il traduit les rythmes saisonniers de la terre et de la vie quotidienne dans le Valais en visionnaire épris d'absolu : *Testament du Haut-Rhône* (1953), *le Valais au gosier de grive* (1960), *le Chant de la Haute-Dixence* (1965), *le Match Valais-Judée* (1968), *À rire et à mourir* (1983). V. Bille (S. Corinna).

Chappe (Claude) (1763 – 1805), physicien français qui créa le télégraphe aérien (1794 : entre Paris et Lille).

Chaptal (Jean Antoine), comte de Chanteloup (1756 – 1832), chimiste et homme polit. français. Il inventa la chaptalisation*. Ministre de l'Intérieur (1800-1804), il promut l'industrie chimique.

chaptalisation [ʃaptalizasjɔ̃] n. f. TECH Procédé pour augmenter le degré d'alcool des vins, consistant à ajouter du sucre au moût de raisin.

chaque [ʃak] adj. indéf. (Marquant que tout élément faisant partie de l'ensemble considéré est envisagé en soi, isolément.) *Chaque âge a ses plaisirs. Une place pour chaque chose, chaque chose à sa place. À chaque instant.*

char [ʃaʀ] n. m. **1.** ANTIQ Voiture à deux roues tirée par des chevaux. *Char romain.* **2.** Voiture à traction animale servant dans les campagnes au transport de lourdes charges. **3.** *Char* ou (Québec) *char allégorique :* voiture décorée pour les cortèges de carnaval. **4.** *Char funèbre :* corbillard. **5.** (Québec) Par ext., vieilli Wagon; son contenu. *Un char de céréales.* – Fig., fam *Un char de :* une grande quantité de. *Un char de bêtises :* un tas d'injures. *Ça ne vaut pas les chars :* ça ne vaut pas grand-chose. *Ce n'est pas les chars, les gros chars :* ce n'est pas ce qu'il y a de mieux, ce n'est pas terrible. – Vieilli *Les chars :* le train. *Prendre les chars.* **6.** (Québec) Fam. Automobile. *Char neuf, usagé. Char de police.* (V. chaland, sens 2.) **7.** SPORT *Char à voile :* véhicule à roues, surmonté d'une voile et propulsé par l'action du vent. **8.** Véhicule blindé, armé (canon, mitrailleuses, missiles) et monté sur chenilles. *Char d'assaut, de combat.*

Char (René) (1907 – 1988), poète français : *le Marteau sans maître* (1934), *Feuillets d'Hypnos* (1946), *Fureur et Mystère* (1948), *la Parole en archipel* (1962), *le Nu perdu* (1971).

charabia [ʃaʀabja] n. m. Fam. Parler confus, inintelligible et incorrect.

characées [ʃaʀase] n. f. pl. BOT Famille d'algues vertes très évoluées que certains caractères rapprochent des mousses. – Sing. *Une characée.*

charade [ʃaʀad] n. f. Série d'énigmes donnant à deviner une suite de mots qui forment phonétiquement un autre mot ou une phrase.

charadriiformes [kaʀadʀiifɔʀm] n. m. pl. ZOOL Ordre d'oiseaux aux pattes longues et au bec effilé qui vivent dans les lieux marécageux (pluviers, vanneaux, bécasses, etc.). – Sing. *Un charadriiforme.*

charançon [ʃaʀɑ̃sɔ̃] n. m. Nom cour. de coléoptères dont la tête est prolongée par un rostre et qui rongent les graines, les légumes et le bois.

charançonné, ée [ʃaʀɑ̃sɔne] adj. Attaqué par les charançons.

charbon [ʃaʀbɔ̃] n. m. **I. 1.** Combustible solide, de couleur noire, contenant une forte proportion de carbone. *Charbon de terre :* houille. *Charbon de bois :* résidu de la pyrolyse du bois. *Charbon actif,* traité de façon à présenter une très grande surface par unité de masse (env. 2000 m^2/g) et utilisé comme catalyseur, adsorbant, décolorant, etc. ▷ Poussière, morceau de charbon. *Il a un charbon dans l'œil.* ▷ (Afr. subsah., Réunion) Charbon de bois. ▷ Loc. fig. *Être sur des charbons ardents :* être impatient, ou dans un état de grande tension. **2.** ELECTR Morceau de charbon constituant un balai de dynamo, de moteur. **3.** Fusain. *Dessin au charbon.* **II. 1.** Maladie des céréales causée par des champignons parasites dont les spores noires envahissent les grains. *Charbon du maïs, du mil, du riz.* **2.** Maladie infectieuse, contagieuse, commune à certains animaux (porc, mouton, bœuf, cheval, lapin, etc.) et à l'homme, causée par le bacille charbonneux *(Bacillus anthracis)* et se traduisant par des pustules qui se rompent en laissant des escarres noires.

charbonnage [ʃaʀbɔnaʒ] n. m. Exploitation d'une houillère. (V. houillerie.) ▷ (Plur.) Houillères.

Charbonneau (Robert) (1911 – 1967), romancier québécois : *Ils posséderont la terre* (1941), *Aucune créature* (1961).

charbonner [ʃaʀbɔne] v. [1] **I.** v. intr. Se réduire en charbon sans faire de flammes. **II.** v. tr. **1.** Réduire en charbon. **2.** Noircir au charbon.

charbonneux, euse [ʃaʀbɔnø, øz] adj. **1.** Qui a l'aspect, la couleur du charbon. **2.** Relatif au charbon (sens II).

charbonnier, ère [ʃaʀbɔnje, ɛʀ] n. et adj. **I.** n. **1.** Personne qui vit du commerce du charbon, ou qui fait du charbon de bois. ▷ Loc. *La foi du charbonnier :* la foi naïve et confiante de l'homme simple. – Loc. *Charbonnier est maître chez soi :* chacun vit chez soi comme il lui plaît. **2.** n. m. Cargo aménagé pour le transport du charbon. **3.** n. f. Lieu où l'on fait du charbon de bois. **II.** adj. Relatif au charbon.

charbonnière [ʃaʀbɔnjɛʀ] n. f. ORNITH Mésange à calotte noire et ventre jaune (*Parus major*), commune en Europe.

Charcot (Jean Martin) (1825 – 1893), neurologue français. Ses recherches sur l'hystérie et l'hypnotisme inspirèrent les prem. travaux de Freud. ▷ MED *Maladie de Charcot :* sclérose latérale avec atrophie musculaire. — **Jean** (1867 – 1936), fils du préc.; océanographe; explorant les rég. polaires, il disparut lors du naufrage de son bateau, le *Pourquoi-Pas ?*, près du Groenland.

charcuter [ʃaʀkyte] v. tr. [1] Fam., péjor. Opérer maladroitement (un patient).

charcuterie [ʃaʀkytʀi] n. f. **1.** Industrie, commerce du charcutier. **2.** Spécialités à base de porc (boudins, saucisses, pâté, etc.) faites par le charcutier. **3.** Boutique de charcutier.

charcutier, ère [ʃaʀkytje, ɛʀ] n. **1.** Personne qui prépare et qui vend de la charcuterie (sens 2). **2.** Fam., péjor. Chirurgien, dentiste maladroit.

Chardin (Jean-Baptiste Siméon) (1699 – 1779), peintre français. Maître de la nature morte, il exécuta aussi des scènes de genre et, vers la fin de sa vie, des portraits et autoportraits au pastel.

chardon [ʃaʀdɔ̃] n. m. Nom cour. de diverses plantes épineuses des régions tempérées d'Europe et d'Asie et des régions méditerranéennes.

chardonneret [ʃaʀdɔnʀɛ] n. m. **1.** Petit oiseau passériforme commun en Europe (*Carduelis carduelis*), au plumage rouge et jaune, friand de graines de chardon. **2.** (Québec) Tarin.

Charente (la), fl. de France (360 km); naît dans le Limousin, arrose Angoulême, se jette dans l'Atlantique. – Dép. : 5 953 km^2; 341 993 hab.; ch.-l. *Angoulême**. V. Poitou-Charentes (Rég.). – *Charente-Maritime*, dép. : 6 848 km^2; 527 146 hab.; ch.-l. *La Rochelle**. V. Poitou-Charentes (Rég.).

Charette de La Contrie (François Athanase de) (1763 – 1796), insurgé français. Chef vendéen, il fut capturé et exécuté.

charge [ʃaʀʒ] n. f. **I. 1.** Ce qui est porté; ce que peut porter une personne, un animal, un véhicule, un navire, etc. *La charge d'un mulet. Charge utile d'un véhicule,* charge maximale compatible avec son bon fonctionnement. **2.** MAR Action de charger un navire. **3.** TECH Poussée. ▷ HYDROL Pression qui s'exerce sur les parois d'une conduite. **4.** Quantité de poudre, d'explosif qui propulse un projectile ou qui le fait exploser. *La charge d'un fusil.* **5.** Mesure. *Une charge de fagots.* **6.** PHYS *Charge électrique :* quantité d'électricité portée par un corps, par une particule. **7.** CHIM Nombre entier relatif indiquant le nombre d'électrons en excès portés par un ion négatif (anion) ou manquant à un ion positif (cation). **8.** GEOMORPH Masse totale des particules solides transportées par un cours d'eau, en dissolution, en suspension ou roulées sur le fond du lit. **II. 1.** Attaque impétueuse d'une troupe. *Charge de cavalerie.* **2.** Batterie ou sonnerie accompagnant une charge. *Battre, sonner la charge.* **3.** Fig. *Revenir, retourner à la charge :* réitérer ses démarches, ses reproches, etc. **III.** Ce qui pèse sur qqn, sur qqch. **1.** Ce qui embarrasse, incommode. *Imposer une charge à qqn.* **2.** Tout ce qui met dans la nécessité de faire des dépenses. *Les frais sont à votre charge. Charges de famille.* – Spécial. *Les charges :* les frais d'entretien d'un immeuble. – *Les charges de l'État :* les dépenses publiques. *Charges sociales :* dépenses imposées à un employeur par la législation sociale. **3.** *À charge de :* avec obligation de. *Il lui laisse sa maison, à charge pour lui de la réparer. À charge de revanche**. **4.** Fonction d'officier ministériel; office ministériel. *Une charge de notaire.* **5.** Fig. Responsabilité. *Prendre en charge,* sous sa responsabilité. *Avoir charge d'âme(s) :* avoir la responsabilité morale d'une ou de plusieurs personnes. **6.** Fonction, mission, travail donné à accomplir. *Il s'est bien acquitté de sa charge.* **7.** Indice, preuve qui pèse sur un accusé. *Témoin* à charge.* **8.** Représentation caricaturale.

chargé, ée [ʃaʀʒe] adj. et n. m. **I.** adj. **1.** Qui porte une charge. *Un porteur chargé de bagages.* **2.** *Fusil chargé,* prêt à tirer. – Par ext. *Appareil photo chargé :* prêt à l'utilisation. **3.** *Lettre chargée,* qui contient des valeurs. **4.** Embarrassé, alourdi. *Avoir l'estomac chargé. Langue chargée,* blanchâtre. **5.** Fig. Couvert de. *Ciel chargé de nuages noirs. Un vieillard chargé d'ans et d'honneurs.* **6.** Exagéré. *Un récit chargé.* **7.** Responsable. *Être chargé de famille. Chargé d'une mission officielle.* **8.** (Afr. subsah.) Surchargé, accablé de travail, de charges. **9.** Qui porte une charge électrique. *Corps chargé positivement, négativement.* **II.** n. m. **1.** *Chargé de cours :* professeur non titularisé de l'enseignement supérieur. **2.** *Chargé d'affaires :* diplomate qui assure l'intérim d'une ambassade. **3.** *Chargé de mission,* lié par contrat en vue d'une mission donnée.

chargement [ʃaʀʒəmɑ̃] n. m. **1.** Action de charger (sens I). *Chargement d'un train de marchandises.* ▷ *Par ext.* Ensemble des marchandises chargées. *Arrimer le chargement.* **2.** Action de charger un fusil, un canon, un appareil photographique, etc.

charger [ʃaʀʒe] v. tr. [13] **I. 1.** Mettre une certaine quantité d'objets sur (un homme, un animal, un véhicule). *Charger un âne. Charger un cargo.* **2.** Placer (un objet qui constitue une charge). *Charger une valise dans une voiture.* **3.** *Absol.* Prendre en charge. – *Taxi qui charge un client.* **4.** Introduire dans une arme à feu une charge, un projectile. *Charger un fusil.* **5.** *Charger un appareil photographique, une caméra,* y introduire de la pellicule vierge. **6.** ELECTR *Charger une batterie électrique, un condensateur, un accumulateur,* y accumuler une certaine quantité d'électricité. ▷ TECH *Charger un fourneau,* le remplir de combustible. **7.** Peser sur. *Cette poutre charge trop le mur.* **8.** *Charger de :* emplir, couvrir avec excès de. *Charger un mur de tableaux.* **II.** Attaquer avec impétuosité. *Charger l'ennemi.* – Absol. *Chargez!* **III. 1.** *Charger (qqch, qqn) de :* faire porter à, supporter par. *Charger une planche de livres. Charger un enfant d'un énorme cartable.* ▷ Confier à (qqn) l'exécution d'une tâche, la conduite d'une affaire. *Charger un avocat d'une cause.* **2.** *Charger un accusé,* faire des déclarations qui tendent à le faire condamner. **3.** Exagérer. *Cet acteur charge.* **IV.** v. pron. **1.** Prendre pour soi, porter une charge. *Ne vous chargez pas trop.* **2.** Fig. *Se charger d'une faute,* s'en dire responsable. **3.** Prendre le soin, la responsabilité (de qqch, qqn). *Se charger d'une affaire.* **4.** (Sens passif.) Recevoir une charge, en parlant des armes à feu.

chargeur [ʃaʀʒœʀ] n. m. **1.** Celui qui charge les marchandises. ▷ MAR Celui à qui appartient une cargaison. **2.** Celui qui alimente une pièce d'artillerie, une arme automatique. **3.** Dispositif approvisionnant en cartouches une arme à répétition. **4.** Dispositif permettant d'approvisionner (un appareil photographique, une caméra) en pellicule vierge. **5.** ELECTR Appareil servant à la recharge d'accumulateurs.

chargeuse [ʃaʀʒøz] n. f. TECH Engin automoteur équipé d'un godet relevable pour ramasser des matériaux et les déverser ailleurs.

Chari (le), fl. d'Afrique centrale; 1 450 km. Né en Rép. centrafricaine, il pénètre au Tchad, arrose N'Djamena et unit ses eaux au Logone, dans un delta commun, pour alimenter le lac Tchad. Il joue un rôle essentiel pour l'agriculture, l'élevage et la pêche.

chari'a, charia, chariaa, chari'ah, ou **shari'ah** [ʃaʀija] n. f. Loi canonique de l'islam touchant la vie religieuse, privée, sociale et politique, en vigueur dans de nombreux pays musulmans.

Chari-Nil [ʃaʀinil] ou **chari-nilotique** [ʃaʀinilɔtik] adj. et n. m. LING Se dit d'une sous-famille de langues nilo-sahariennes, qui comprend principalement les groupes soudanais oriental (langues nilotiques, notam.) et soudanais central. – n. m. *Le Chari-Nil ou le chari-nilotique.*

chariot [ʃaʀjo] n. m. **1.** Voiture à quatre roues pour le transport des fardeaux. *Chariot élévateur :* engin de manutention qui sert à gerber les matériaux. ▷ *Le Petit Chariot :* la Petite Ourse. *Le Grand Chariot :* la Grande Ourse (constellations boréales). V. Ourse. **2.** TECH Pièce, partie d'une machine qui se déplace sur des glissières, des rails, des galets, etc. *Le chariot d'une machine à écrire.* **3.** Petite table roulante.

charismatique [kaʀismatik] adj. **1.** Relatif à un charisme. ▷ RELIG *Mouvement charismatique* ou *renouveau charismatique :* mouvement de renouveau de la foi catholique, né aux É.-U. en 1966, qui met en valeur les manifestations sensibles de la vie spirituelle. **2.** Qui possède, qui dégage un magnétisme particulier en raison de qualités exceptionnelles. *Personnalité charismatique.*

charisme [kaʀism] n. m. **1.** THEOL Grâce imprévisible et passagère accordée par Dieu à un chrétien pour le bien de la communauté des fidèles. **2.** Dons exceptionnels d'un individu. – *Par ext.* Influence, prestige extraordinaire.

charitable [ʃaʀitabl] adj. **1.** Qui a de la charité pour son prochain. **2.** Qui part d'un principe de charité. *Conseil charitable.*

charitablement [ʃaʀitabləmɑ̃] adv. Avec charité (souvent ironiquement).

Je te préviens charitablement que si tu continues...

charité [ʃaʀite] n. f. **1.** THEOL CHRET Amour de Dieu et du prochain, l'une des trois vertus théologales. **2.** Bonté, indulgence. **3.** Acte de bonté, de générosité envers autrui. *Faire la charité. Demander la charité,* une aumône.

charivari [ʃaʀivaʀi] n. m. Bruit discordant, tapage.

charlatan [ʃaʀlatɑ̃] n. m. **1.** Guérisseur qui se vante de guérir toutes sortes de maladies. ▷ Péjor. Médecin incompétent. **2.** Personne qui exploite la crédulité d'autrui, imposteur. **3.** (Afr. subsah.) Non péjor. Guérisseur, jeteur de sorts, devin. *Les rois avaient souvent un charlatan pour conseiller.*

charlatanisme [ʃaʀlatanism] n. m. **1.** Comportement, procédés de charlatan. **2.** (Afr. subsah.) Non péjor. Activité de charlatan; savoir secret des charlatans.

Charlebois (Robert) (né en 1944), chanteur et auteur-compositeur québécois. Maniant le joual avec humour, il s'est imposé sur la scène internationale dès la fin des années 60 : *Je reviendrai à Montréal, Lindberg, J'veux d'l'amour.*

Charlemagne (en latin *Carolus Magnus,* «Charles le Grand») (742 – 814), fils de Pépin le Bref, roi des Francs à partir de 768 (Charles Ier), empereur d'Occident de 800 à 814. À la mort de son frère Carloman (771), il hérita de l'État franc (territ. de Neustrie, d'Austrasie, d'Aquitaine, d'Alsace, de Bourgogne, etc.). En 774, il vainquit Didier, roi des Lombards, puis conquit la Bavière (781), la Saxe et la Frise (799), la Pannonie (Hongrie) en 805. De 778 à 811, il enleva aux musulmans les pays au N. de l'Èbre (marche d'Espagne). À l'ouest, il créa une marche de Bretagne (789-790). Le catholicisme, implanté dans les territ. païens conquis, unit les peuples, et le pape couronna Charles Ier empereur d'Occident (en 800). Il réunit les hommes les plus instruits, qui formèrent *l'école du palais,* et créa des écoles au sein des cathédrales et des monastères. Son fils, Louis le Pieux, ne put assurer l'unité de cet empire.

Charleroi, v. de Belgique (Hainaut), sur la Sambre; 222 240 hab. Industr. chim., métall. Depuis la fermeture des houillères, cette ville industr. entreprend sa reconversion. – Les Allemands y vainquirent les Français (août 1914).

Charles Borromée (saint) (1538 – 1584), prélat italien, neveu de Pie IV; il fut le pionnier de la Réforme catholique.

Charles Ier le Grand. V. Charlemagne.

Charles II, empereur d'Occident. V. Charles II le Chauve, roi de France.

ALLEMAGNE

Charles III le Gros (839 – 888), empereur d'Occident (881-887), roi de Germanie (882-887), roi de la *Francia occidentalis* (884-887), fils de Louis le Germanique; déposé par une diète. — **Charles IV de Luxembourg** (1316 – 1378), roi de Bohême (Charles Ier, 1347-1378); empereur germanique (1355-1378) , il érigea le Luxembourg en duché (1354) et promulgua la Bulle d'or (1356), charte du Saint Empire jusqu'en 1806. — **Charles V.** V. Charles Quint. — **Charles VI** (1685 – 1740), empereur germanique (1711-1740), roi de Hongrie (Charles III, 1711-1740) et de Sicile (Charles VI, 1711-1738), fils de Léopold Ier de Habsbourg. Il combattit contre la France (1702-1714). La pragmatique* sanction (1713) fit de sa fille Marie-Thérèse l'héritière de ses États. Il perdit Naples et la Sicile. — **Charles VII Albert** (1697 – 1745), Électeur de Bavière (1726-1745), empereur germanique (1742-1745). Avec l'appui de la France, il se fit élire empereur malgré la pragmatique* sanction, mais fut défait par Marie-Thérèse.

Charles Quint (1500 – 1558), roi d'Espagne (Charles Ier, 1516-1556), prince des Pays-Bas (1516-1555), roi de Sicile (Charles IV, 1516-1556), empereur germanique (Charles V : *Quint,* 1519-1556), fils de Philippe le Beau, archiduc d'Autriche, et de Jeanne, reine de Castille. Une suite d'héritages lui constitua de vastes domaines : Flandres, Franche-Comté, territ. autrich. des Habsbourg, Espagne, Naples, Sicile, colonies d'Amérique. Candidat à l'Empire, il l'emporta sur François Ier. Désirant imposer à l'Europe sa *monarchie universelle* et donc le catholicisme, il affronta les princes protestants allemands, soutenus par la France, et les Turcs. L'or et l'argent d'Amérique latine financèrent ses guerres, d'abord victorieuses : contre la France, victoire de Pavie (1525); contre les Turcs, prise de Tunis (1535); contre les princes allemands (1547). Après de graves échecs (Alger, 1541; au Piémont, 1544; en Lorraine, 1552) la paix d'Augsbourg (1555) consacra la division de l'Allemagne en deux confessions. Charles Quint abdiqua ses couronnes (oct. 1555 - janv. 1556), en faveur de son fils et de son frère, puis se retira au monastère de Yuste (Estrémadure).

ANGLETERRE

Charles Ier (1600 – 1649), roi d'Angleterre, d'Écosse et d'Irlande (1625-1649), fils de Jacques Ier Stuart. Son absolutisme, ses démêlés avec les Écossais, ses complaisances pour le catholicisme créèrent des luttes avec le Parlement, puis des guerres civiles (1642-1649) opposant les partisans du roi, les «Cavaliers», aux «Têtes rondes», partisans du Parlement, menés par Cromwell. Livré à ce dernier, le roi fut jugé et décapité. — **Charles II** (1630 – 1685), roi d'Angleterre, d'Écosse et d'Irlande (1660-1685), fils du préc. Rappelé sur le trône par le général Monk, il gouverna avec prudence et accepta *l'habeas* corpus* (1679).

AUTRICHE

Charles Ier (1887 – 1922), empereur d'Autriche et roi de Hongrie (Charles IV, 1916-1918), petit-neveu et successeur de François-Joseph; à l'issue de la Première Guerre mondiale, il dut abdiquer.

BOURGOGNE

Charles le Téméraire (1433 – 1477), fils de Philippe le Bon et d'Isabelle de Portugal, duc de Bourgogne (1467). Il voulut en vain reconstituer l'anc. Lotharingie, entre la France et l'Empire germanique. Il humilia Louis XI à Péronne (1468) et l'emprisonna. Battu en 1476 par les Suisses à Grandson (S. du lac de Neuchâtel) et sur la rive du lac Morat, il attaqua la Lorraine et fut tué au cours du siège de Nancy. La France reçut la Bourgogne. Sa fille, Marie, apporta ses autres États (correspondant aux Pays-Bas, à la Belgique et au Luxembourg actuels) à son mari Maximilien Ier d'Autriche (1477).

ESPAGNE

Charles Ier, roi d'Espagne. V. Charles Quint. — **Charles II** (1661 – 1700), roi d'Espagne (1665-1700) et de Sicile (Charles V), fils de Philippe IV, dernier descendant des Habsbourg d'Espagne. Battu par Louis XIV, il céda à la France la Flandre (1668), l'Artois et la Franche-Comté (1678). Il fit du petit-fils de Louis XIV son héritier (V. Succession d'Espagne [guerre de la]). — **Charles III** (1716 – 1788), duc de Parme (1731-1735), roi des Deux-Siciles (1734-1759), roi d'Espagne (1759-1788), fils de Philippe V. Ses nombr. réformes ne lui survécurent pas. — **Charles IV** (1748 – 1819), roi de 1788 à 1808, fils du préc.; il abdiqua en faveur de Napoléon Ier, qui fit roi d'Espagne son frère Joseph.

FRANCE

Charles Martel (v. 685 – 741), maire du palais d'Austrasie et de Neustrie, fils de Pépin de Herstal. Il rétablit l'État mérovingien et aurait arrêté à Poitiers* (732) l'invasion musulmane. Il fut le père de Pépin le Bref.

Charles Ier le Grand, roi des Francs. V. Charlemagne. — **Charles II le Chauve** (823 – 877), roi de France de 843 à 877, fils de Louis Ier le Pieux, empereur d'Occident (875-877). Le traité de Verdun (843), qui partagea l'empire de Charlemagne, lui accorda la *Francia occidentalis.* Des guerres incessantes l'opposèrent à ses frères Lothaire et Louis le Germanique. — **Charles III le Simple** (879 – 929), roi de 898 à 923, fils de Louis II le Bègue; il donna la Normandie en fief à Rollon (911). Détrôné, il mourut en prison. — **Charles IV le Bel** (1294 – 1328), roi de France et de Navarre (Charles Ier) (1322-1328); il renforça, au détriment de la noblesse, le pouvoir royal. Il fut le dernier des Capétiens directs. — **Charles V le Sage** (1338 – 1380), roi de 1364 à 1380. Régent durant la captivité de son père, Jean II le Bon, en Angleterre (1356-1360), il fit face à des troubles graves (révolte parisienne dirigée par Étienne Marcel, jacquerie) et dut accepter le désastreux traité franco-anglais de Brétigny (1360). Aidé par Du Guesclin, il reconquit les territ. perdus : à sa mort les Anglais ne tenaient plus que cinq villes françaises. En outre, il avait mis fin aux troubles intérieurs, assaini les finances et fut un prince cultivé : construction de palais (Louvre notam.), collection de manuscrits, mécénat. — **Charles VI le Fol** ou **le Bien-Aimé** (1368 – 1422), roi de 1380 à 1422, fils de Charles V. Sa folie (première crise en 1392) livra le pays aux factions (Armagnacs* et Bourguignons) et facilita la conquête angl. En 1420, au traité de Troyes, et avec l'aide d'Isabeau de Bavière, épouse du roi, la France fut livrée à Henri V d'Angleterre. — **Charles VII** (1403 – 1461), roi de 1422 à 1461, fils de Charles VI. Sa légitimité (contestable selon le traité de Troyes) fut reconnue par les Armagnacs. Les victoires de Jeanne d'Arc sur les Anglais lui ouvrirent le chemin de Reims, où, appelé jusque-là le «roi de Bourges», il se fit sacrer en 1429. L'impulsion donnée par Jeanne se poursuivit : en 1453, les Anglais ne conservaient plus que Calais. Charles VII fortifia l'autorité royale par la création d'une armée et d'impôts permanents (taille, aides), et restreignit (1438) le pouvoir du pape sur l'Église de France. — **Charles VIII** (1470 - 1498), roi de 1483 à 1498, fils de Louis XI. Régente jusqu'en 1494, sa sœur Anne de Beaujeu le maria à Anne de Bretagne (1491) pour attacher le duché à la Couronne. En 1494, il voulut en vain faire valoir ses droits sur le royaume de Naples (début des guerres d'Italie); il acheta la neutralité espagnole et autrichienne en cédant le Roussillon, l'Artois et la Franche-Comté. — **Charles IX** (1550 - 1574), roi de 1560 à 1574, fils d'Henri II et de Catherine* de Médicis. Celle-ci exerça le pouvoir durant tout le règne, que marquèrent les guerres de Religion. Elle s'opposa à Coligny, qui avait obtenu la faveur du roi (1570-1572), et contribua au massacre de la Saint-Barthélemy (1572). — **Charles X** (1757 - 1836), roi de 1824 à 1830, frère de Louis XVI et de Louis XVIII. En 1789, alors comte d'Artois, il émigra. En 1824, il accéda au trône. Ses idées absolutistes provoquèrent la révolution de juillet 1830 et il abdiqua. Sous son règne débuta la conquête de l'Algérie (1830).

ROUMANIE

Charles Ier et **Charles II.** V. Carol Ier et Carol II.

SUÈDE

Charles XII (1682 - 1718), roi de Suède de 1697 à 1718. Son génie militaire s'exprima dès 1700 contre les Danois, les Russes (victoire de Narva) et les Polonais, qui briguaient les territ. perdus au XVIIe s. Mais il s'enlisa dans la conquête de la Pologne (1700-1706), alors que Pierre le Grand fortifiait son armée. En 1709, les Russes le battirent à Poltava, et il se réfugia en Turquie. Il regagna la Suède en 1715. Attaquant la Norvège, il fut tué au cours d'un siège. — **Charles XIII** (1748 - 1818), roi de Suède (1809-1818) et de Norvège (1814-1818), désigna, en 1810, Bernadotte comme son successeur et lui laissa la direction du gouv. — **Charles XIV** ou **Charles-Jean.** V. Bernadotte. — **Charles XV** (1826 - 1872), roi de Suède de 1859 à 1872, petit-fils de Bernadotte. — **Charles XVI Gustave** (né en 1946), roi depuis 1973, à la mort de son grand-père Gustave VI Adolphe.

Charles III (1818 - 1889), prince de Monaco (1856-1889). Il céda les com. de Roquebrune et Menton à la France (1861), qui reconnut l'autonomie de la principauté.

Charles de Belgique (1903 - 1983), second fils du roi des Belges, Albert Ier. Il exerça la régence de 1944 à 1950.

Charles d'Orléans. V. Orléans (maisons d').

Charles (Charles Robinson, dit Ray) (né en 1932), chanteur, pianiste et compositeur de jazz américain. Aveugle à l'âge de six ans, il s'imposa à partir de 1959.

Charles (Mary Eugenia) (née en 1919), femme politique de la Dominique. Leader du Parti conservateur, elle est Premier ministre dep. 1980.

Charles-Albert (1798 - 1849), roi de Sardaigne (1831-1849). Il fut vaincu par l'Autriche (1848-1849) et abdiqua en faveur de son fils Victor-Emmanuel II.

Charles-de-Gaulle (aéroport), le princ. aéroport de Paris implanté en 1974 près de Roissy-en-France (Val-d'Oise).

charleston [ʃaʀlɛstɔn] n. m. Danse imitée des danses des Noirs des É.-U.

Charleston, port des É.-U. (Caroline du Sud), sur l'Atlant.; 80 400 hab. (aggl. urb. 472 500 hab.). - Ville fondée en 1670, centre de la résistance sudiste (1861 à 1865), dont la chute marqua la fin de la guerre de Sécession.

charlevoisien, enne [ʃaʀləvwasjɛ̃, ɛn] adj. et n. De Charlevoix (au Québec). - Subst. *Un(e) Charlevoisien(ne).*

Charlevoix (François-Xavier de) (1682 - 1761), jésuite français qui explora les rég. du Saint-Laurent et du Mississippi (1720-1722) et écrivit une *Histoire de Saint-Domingue* (1730), c.-à-d. d'Haïti, et une *Histoire et description générale de la Nouvelle-France* (1744) dont Chateaubriand s'inspira.

Charlevoix, région du Québec, située dans la rég. admin. Saguenay-Lac-Saint-Jean, sur la rive N. du Saint-Laurent.

charlot [ʃaʀlo] n. m. Fam. Homme qui manque de sérieux.

Charlot, personnage créé et interprété par Charlie Chaplin*; ce vagabond au grand cœur est le héros de nombr. films entre 1913 et 1936 *(les Temps* modernes).*

charlotte [ʃaʀlɔt] n. f. Entremets fait de fruits ou de crème, et de biscuits ramollis dans un sirop.

Charlotte Amalie, ch.-l. des îles Vierges amér. (Petites Antilles), dans l'île Saint Thomas; 13 000 hab. - Ville anc. Tourisme.

Charlotte de Nassau (1896 - 1985), grande-duchesse de Luxembourg (1919-1964). Épouse de Félix de Bourbon-Parme, elle abdiqua en faveur de son fils Jean.

Charlotte de Belgique (1840 - 1927), princesse de Saxe-Cobourg-Gotha et de Belgique, fille de Léopold Ier, roi des Belges. Épouse de Maximilien d'Autriche, empereur du Mexique de 1864 à 1867, elle perdit la raison à la mort de ce dernier (1867).

Charlotte de Monaco (1898 - 1977), fille de Louis II de Monaco, épouse (1920) de Pierre de Polignac (1895-1964). En 1944, elle renonça à son droit de succession en faveur de son fils Rainier.

Charlottetown, v. et port du Canada, cap. de l'île du Prince-Édouard; 15 390 hab. Industries métall., alim. Pêche.

charmant, ante [ʃaʀmɑ̃, ɑ̃t] adj. **1.** Qui charme, séduit comme par ensorcellement. *Le prince charmant :* dans les contes de fées, jeune prince d'une grande beauté, protecteur des jeunes filles innocentes et persécutées. **2.** Plein de charme, d'agrément. *Un site charmant. Une histoire charmante.* ▷ *Par antiphrase.* Déplaisant, désagréable.

1. charme [ʃaʀm] n. m. **1.** Enchantement magique. *Rompre un charme.* Syn. Envoûtement, maléfice, sortilège. ▷ Fig. *Rompre le charme :* couper court à qqch qui semble magique. ▷ Loc. fig. *Se porter comme un charme :* jouir d'une santé parfaite. **2.** Effet d'attirance, de séduction, produit sur qqn par une personne ou une chose. *Le charme de la musique.* ▷ *Chanteur* de charme.* ▷ *Faire du charme à qqn,* essayer de le séduire.

2. charme [ʃaʀm] n. m. Arbre des forêts des régions tempérées (fam. bétulacées), au bois blanc et dense.

charmer [ʃaʀme] v. tr. [1] **1.** Litt. Adoucir, apaiser comme avec un charme. *Charmer l'ennui de qqn.* **2.** Plaire beaucoup, ravir par son charme. *Cette chanteuse a charmé son auditoire.* **3.** (Terme de politesse.) *Je suis charmé de vous voir,* j'en suis heureux.

charmeur, euse [ʃaʀmœʀ, øz] n. et adj. Personne qui plaît, qui séduit. ▷ adj. *Un air charmeur.*

charmille [ʃaʀmij] n. f. Allée bordée d'arbres taillés en berceau.

charnel, elle [ʃaʀnɛl] adj. **1.** Qui appartient à la chair (sens II). **2.** Qui a trait à la chair, à l'instinct sexuel. *Plaisir charnel. - Union charnelle :* acte sexuel.

charnier [ʃaʀnje] n. m. Amoncellement de cadavres.

charnière [ʃaʀnjɛʀ] n. f. **1.** Assemblage mobile de deux pièces enclavées l'une dans l'autre, jointes par une tige qui les traverse et forme pivot. *Les charnières d'une porte d'armoire.* **2.** ZOOL Partie où s'unissent les coquilles bivalves. **3.** Fig. Point d'articulation, de jonction. *Vivre à la charnière de deux siècles.* **4.** (Madag.) Fig. Période intermédiaire qui s'étend depuis l'époque de l'année où le riz vient à manquer sur le marché, jusqu'à la commercialisation de la nouvelle récolte. (V. soudure, sens 4.)

charnu, ue [ʃaʀny] adj. **1.** Formé de chair. *Les parties charnues du corps.* **2.** Bien en chair. *Des épaules charnues.* ▷ (En parlant d'un fruit.) *Cerise charnue,* à la pulpe épaisse.

charognard [ʃaʀɔɲaʀ] n. m. **1.** Animal qui se nourrit de charognes. - *Spécial.* Vautour. - (Afr. subsah.) Vautour moine, fréquent près des villes et des villages. **2.** Fig., péjor. Personne toujours prête à tirer parti du malheur d'autrui.

charogne [ʃaʀɔɲ] n. f. **1.** Corps d'animal mort, en décomposition. **2.** Péjor. Mauvaise viande, viande avariée. *De la charogne.* **3.** Injur. Individu ignoble.

Charon, dans la myth. grecque, nocher des Enfers; il passait les morts de l'autre côté de l'Achéron pour une obole.

Charon, unique satellite de Pluton, découvert en 1978 par l'Américain James Christy. V. Pluton.

Charonton, Charreton, Charton (Enguerrand). V. Quarton.

charophycées [kaʀɔfise] n. f. pl. BOT Syn. de *characées.* - Sing. *Une charophycée.*

charoual [ʃaʀwal] ou **cheroual** [ʃeʀwal] n. m. **1.** Anc. Culotte large et bouffante, à sous-pieds, des soldats de Napoléon pendant la campagne d'Égypte. **2.** (Liban) Pantalon traditionnel, ample et resserré aux chevilles, porté auj. par les montagnards libanais.

charpente [ʃaʀpɑ̃t] n. f. **1.** Assemblage de pièces de bois ou de métal servant de soutien à une construction. *Bois de charpente,* propre à la construction. **2.** Ensemble des parties osseuses du corps humain. *La charpente osseuse :* le squelette. *Avoir une solide charpente :* être bien constitué. **3.** Fig. Structure, plan d'un ouvrage. *La charpente d'un roman.*

charpenté, ée [ʃaʀpɑ̃te] adj. **1.** Pourvu d'une charpente. **2.** Fig. *Un garçon charpenté,* solidement bâti. – *Un roman bien charpenté,* bien structuré.

charpenter [ʃaʀpɑ̃te] v. tr. [**1**] **1.** Tailler (des pièces de charpente). **2.** Fig. Bâtir, agencer selon un plan régulier (un ouvrage de l'esprit).

charpenterie [ʃaʀpɑ̃tʀi] n. f. TECH **1.** Art, travail, technique du charpentier. **2.** Chantier de charpente.

charpentier [ʃaʀpɑ̃tje] n. m. Ouvrier qui fait des travaux de charpente.

Charpentier (Marc Antoine) (v. 1636 – 1704), compositeur français.

Charpentier (Gustave) (1860 – 1956), compositeur français : *Louise* (drame lyrique, 1900).

charpie [ʃaʀpi] n. f. **1.** Substance absorbante faite de toile effilée ou râpée. *La charpie était utilisée autrefois pour panser les plaies.* **2.** Fig. *Mettre en charpie :* mettre en pièces.

charrer [ʃɑʀe] v. intr. [**1**] (Louisiane) Causer, converser.

charretée [ʃaʀte] n. f. Charge d'une charrette. *Une charretée de foin.*

charretier, ère [ʃaʀtje, ɛʀ] n. Conducteur de charrette. *Jurer comme un charretier,* très grossièrement.

charrette [ʃaʀɛt] n. f. Voiture à deux roues servant à porter des fardeaux, qui a ordinairement deux brancards et deux ridelles. *Atteler une charrette. Charrette à bras :* petite charrette traînée par un ou deux hommes. ▷ (Madag.) Voiture tirée par un bœuf, un zébu ou à bras d'homme, utilisée pour le transport de marchandises.

charriage [ʃaʀjaʒ] n. m. **1.** Action de charrier, de transporter. **2.** GEOL *Nappe de charriage :* couche entière de terrain se déplaçant sur une très longue distance, au cours de mouvements tectoniques, et perdant tout contact avec le lieu d'où elle provient.

charrier [ʃaʀje] v. [**2**] **I.** v. tr. **1.** Transporter. *Charrier du fumier.* **2.** Entraîner dans son courant, en parlant d'un cours d'eau. *La rivière charrie des glaçons.* **3.** Fig., fam. *Charrier qqn,* le tourner en dérision. **II.** v. intr. Fam. *Il charrie :* il exagère. *Faut pas charrier!*

charroi [ʃaʀwa] n. m. **1.** Transport par chariot, charrette, etc. **2.** (Afr. subsah., Belgique) Parc d'automobiles.

charron [ʃaʀɔ̃] n. m. Ouvrier, artisan qui fait des trains de voitures, des chariots, des charrettes.

charroyer [ʃaʀwaje] v. tr. [**23**] Transporter sur un tombereau, une charrette, un chariot, etc.

charroyeur [ʃaʀwajœʀ] n. m. (France rég., Réunion) Employé chargé de transporter des fardeaux.

charrue [ʃaʀy] n. f. Instrument servant à labourer la terre sur de grandes surfaces. *Le coutre et le soc de la charrue découpent une bande de terre que le versoir retourne.* ▷ Loc. fig. *Mettre la charrue avant, devant les bœufs :* commencer par où l'on devrait finir.

charte [ʃaʀt] n. f. **1.** *L'École (nationale) des chartes :* école française fondée en 1821, formant des archivistes, des bibliothécaires, des spécialistes des documents anciens. **2.** Document définissant solennellement des droits et des devoirs. ▷ DR INTERN *Charte des Nations unies :* traité constitutif de l'Organisation* des Nations unies (ONU), signé en 1945 à San Francisco. ▷ HIST *Compagnie à charte :* V. compagnie (sens 3). ▷ *Charte de Chièvre* (province de Hainaut) *:* le plus ancien document administratif en langue d'oïl (1194). ▷ *Charte de la langue française* ou *Loi 101 :* loi votée au Québec (1977) pour protéger et promouvoir la langue française, déclarée langue officielle du Québec. ▷ *Banque* à charte.*

charter [ʃaʀtɛʀ] n. m. Avion affrété pour un groupe à un tarif inférieur à celui d'un vol régulier.

Chartier (Alain) (v. 1385 – v. 1433), poète courtois français (*la Belle Dame sans merci,* 1424) et auteur d'ouvrages politiques.

chartiste [ʃaʀtist] n. Élève ou ancien élève de l'École nationale des chartes.

Chartres, v. de France, ch.-l. du dép. d'Eure-et-Loir; 41 850 hab. Important centre agric. Industr. – Cath. Notre-Dame, chef-d'œuvre de l'art gothique (1194-1225).

chartreuse [ʃaʀtʀøz] n. f. **1.** Couvent de chartreux. **2.** Liqueur jaune ou verte fabriquée par les chartreux avec des plantes aromatiques.

chartreux, euse [ʃaʀtʀø, øz] n. **1.** Religieux, religieuse de l'ordre de saint Bruno. **2.** Race de chat européen à poil gris bleuté.

Charybde, nom donné par les Anciens à un tourbillon du détroit de Messine, proche d'un rocher nommé *Scylla.* – Loc. fig. *Tomber, aller de Charybde en Scylla,* de mal en pis.

chas [ʃa] n. m. Trou d'une aiguille où passe le fil.

Chase (René Brabazon Raymond, dit James Hadley) (1906 – 1985), auteur anglais de romans policiers : *Pas d'orchidées pour Miss Blandish* (1938), *Eva* (1947).

Chasles (Michel) (1793 – 1880), mathématicien français : travaux sur les espaces vectoriels.

chasse [ʃas] n. f. **I. 1.** Action de chasser, de poursuivre des animaux afin de les tuer pour leur chair, leur fourrure, etc., afin d'éliminer ceux qui sont nuisibles, ou par goût du sport. *Un permis de chasse. Un chien de chasse. Chasse à tir,* au fusil. *Chasse à courre*.* – *Chasse sous-marine,* dans laquelle on chasse le poisson avec un fusil-harpon. **2.** (Sens collectif.) Ensemble des chasseurs, des chiens, des rabatteurs et de tout l'équipage. **3.** Période où la chasse est autorisée. *La chasse n'est pas encore ouverte.* **4.** Domaine réservé pour la chasse. *Chasse gardée.* **5.** Gibier pris ou tué. *Manger sa chasse.* **6.** Prov. *Qui va à la chasse perd sa place :* celui qui quitte sa place risque de la retrouver occupée par un autre. **II. 1.** Action de poursuivre. *Faire, donner la chasse à :* poursuivre. *Chasse à l'homme.* – Fig. *Faire la chasse aux abus.* **2.** Poursuite d'un navire, d'un avion ennemi. *Prendre en chasse un bombardier.* ▷ *Avion de chasse :* avion militaire chargé notam. d'intercepter les avions ennemis et d'attaquer des objectifs terrestres. **III. 1.** *Chasse d'eau :* masse d'eau libérée brusquement pour nettoyer un égout, un appareil sanitaire, etc. – Dispositif libérant cette eau. **2.** TECH Espace libre donné à une machine ou à certains de ses éléments pour en faciliter le mouvement. ▷ AUTO *Angle de chasse,* formé par la verticale et l'axe des pivots des fusées des roues avant.

châsse [ʃɑs] n. f. **1.** Coffre d'orfèvrerie où sont gardées les reliques d'un saint. **2.** TECH Cadre servant à enchâsser ou à protéger divers objets. *Châsse de verres optiques.*

chasse-clou [ʃasklu] n. m. TECH Poinçon servant à enfoncer les têtes de clous. *Des chasse-clous.*

chassé-croisé [ʃasekʀwaze] n. m. Changement réciproque et simultané de place, de situation. *Des chassés-croisés.*

chasséen, enne [ʃaseɛ̃, ɛn] adj. et n. m. PREHIST Du néolithique moyen, période caractérisée par une céramique décorée de motifs géométriques. ▷ n. m. *Le chasséen.*

chasse-galerie [ʃasgalʀi] n. f. (Québec) MYTH Légende d'après laquelle des personnes, après avoir conclu un pacte avec le diable, sont transportées de nuit à grande vitesse vers l'endroit de leur choix, à bord d'un canot volant. – Ce groupe de personnes que l'on croit entendre passer en canot dans un bruit infernal. *Des chasse-galeries.*

chasselas [ʃasla] n. m. Raisin de table blanc.

chasse-mouches [ʃasmuʃ] n. m. inv. Éventail, touffe de crins servant à chasser les mouches.

chasse-neige [ʃasnɛʒ] n. m. inv. Dispositif placé à l'avant d'un véhicule ou véhicule qui sert à déblayer les routes ou les voies ferrées enneigées.

chassepot [ʃaspo] n. m. (Antilles fr.) Syn. de *lance-pierres.*

chasser [ʃase] v. [**1**] **I.** v. tr. **1.** Poursuivre (des animaux) pour les tuer ou les prendre vivants. *Chasser l'éléphant.* – Prov. *Bon chien chasse de race :* les qualités viennent de l'atavisme. **2.** Pousser, faire marcher devant soi. *Chasser un troupeau de moutons.* **3.** Mettre dehors avec force, contraindre à sortir. *Chasser le chat de la cuisine.* ▷ *Par ext.* Congédier. *Il a chassé son employé.* ▷ Fig. *Chasser les mauvaises odeurs d'un lieu,* en l'aérant. *Chassez ces sombres pensées,* éloignez-les de votre esprit. **II.** v. intr. **1.** MAR *Navire qui chasse sur ses ancres,* qui entraîne ses ancres sous l'effet du vent ou du courant. *Ancre qui chasse,* qui ne tient pas sur le fond. **2.** Déraper. *Dans le virage, les roues arrière ont chassé.* **3.** (Belgique) Souffler (en parlant du vent).

chasseresse [ʃasʀɛs] n. f. et adj. f. Poét. Chasseuse. – adj. f. *Diane chasseresse.*

Chassériau (Théodore) (1819 – 1856), peintre français romantique.

chasseur, euse [ʃasœʀ, øz] n. **1.** Personne qui pratique la chasse. **2.** *Chasseur d'images :* photographe, cinéaste en quête d'images originales. **3.** *Chasseurs de têtes,* se dit d'Indiens d'Amazonie qui conservaient comme trophées les têtes coupées des ennemis qu'ils avaient tués. **4.** n. m. Groom qui fait les commissions, dans un hôtel, un restaurant. **5.** n. m. Nom donné à des subdivisions de l'infanterie et de la cavalerie et aux hommes qui les composent. *Chasseurs d'Afrique :* anc. régiments français de cavalerie légère, en Afrique. **6.** n. m. MAR Navire rapide qui fait la chasse à d'autres navires, aux sous-marins en partic. **7.** n. m. Avion de chasse. *Chasseur-bombardier,* spécialisé dans l'attaque au sol et le bombardement tactique.

chassie [ʃasi] n. f. Matière visqueuse qui s'amasse sur le bord des paupières.

chassieux, euse [ʃasjø, øz] adj. Qui a de la chassie. *Des yeux chassieux.*

châssis [ʃasi] n. m. **1.** Assemblage en métal ou en bois qui sert à encadrer ou à soutenir un objet, un vitrage, etc. *Châssis à tabatière.* ▷ *Par méton.* (Québec) (Emploi critiqué.) Fenêtre. *Ouvrir, fermer un châssis.* – *Châssis double :* cadre vitré ajouté à une fenêtre, destiné à empêcher le froid de pénétrer. *Poser, enlever les châssis doubles.* **2.** BX-A Cadre sur lequel est tendue la toile d'un tableau, d'un décor de théâtre. **3.** PHOTO Cadre contenant la plaque sensible d'un appareil photo. ▷ Cadre servant au tirage d'une épreuve photographique. **4.** *Châssis de wagon, d'automobile :* assemblage métallique rigide servant à supporter la carrosserie, le moteur, etc.

chaste [ʃast] adj. **1.** Qui pratique la chasteté. *Un homme chaste.* **2.** Pur, éloigné de tout ce qui blesse la pudeur. *Des oreilles chastes* (souvent iron.).

Chastellain (Georges) (v. 1410 – 1475), chroniqueur flamand (né à Alost) d'expression française. Conseiller de Philippe le Bon, il écrivit une *Chronique des ducs de Bourgogne,* qui traite les années 1420-1474, et de nombreux poèmes.

chastement [ʃastəmɑ̃] adv. De manière chaste.

chasteté [ʃastəte] n. f. Vertu qui consiste à s'abstenir des plaisirs charnels jugés illicites; comportement d'une personne chaste. – *Vœu de chasteté :* vœu de continence prononcé par les prêtres, les religieux, les religieuses.

chasuble [ʃazybl] n. f. **1.** Ornement liturgique que le prêtre met par-dessus l'aube et l'étole pour dire la messe. *Une chasuble brodée d'or.* **2.** *Chasuble* ou, en appos., *robe chasuble :* robe de femme, sans manches, portée sur un autre vêtement dont les manches apparaissent.

chat, chatte [ʃa, ʃat] n. **1.** Petit mammifère domestique ou sauvage (fam. félidés) au pelage soyeux, à la tête surmontée d'oreilles triangulaires, aux longues vibrisses («moustaches»), aux pattes garnies de griffes rétractiles. *Chat européen, tigré, persan, siamois.* Syn. (France rég.) ministre. – (Viêt-nam) *Chat doré d'Asie, chat marbré, chat pêcheur :* noms de diverses espèces de félins sauvages. ▷ *Acheter chat en poche* ou (Belgique, Luxembourg) *acheter un chat dans un sac :* acheter sans voir l'objet que l'on achète. ▷ *Appeler un chat un chat :* parler franchement. ▷ *Avoir un chat dans la gorge :* être enroué. ▷ *Avoir d'autres chats à fouetter*.* ▷ *Il n'y a pas un chat :* il n'y a personne. ▷ *Il n'y a pas de quoi fouetter* un chat.* ▷ *Donner sa langue au chat :* déclarer que l'on renonce à chercher la solution d'une énigme, d'une devinette. ▷ *S'entendre comme chien et chat :* ne pas pouvoir se supporter. ▷ Prov. *Chat échaudé craint l'eau froide :* V. échauder. – *La nuit, tous les chats sont gris :* dans l'obscurité, toutes les confusions sont possibles. – *Quand le chat n'est pas là, les souris dansent :* en l'absence du chef, les subordonnés se relâchent. **2.** (Québec) *Chat sauvage :* nom cour. du raton laveur, de sa fourrure. *Manteau de chat sauvage.* – Vieilli *Chat :* fourrure du raton laveur. **3.** Terme de tendresse. *Mon petit chat.* **4.** Jeu de poursuite enfantin. *Jouer à chat.* **5.** CHOREGR *Saut de chat* ou *pas de chat :* saut latéral exécuté en série, au cours duquel les jambes s'écartent tout en se repliant.

châtaigne [ʃatɛɲ] n. f. **1.** Fruit du châtaignier (V. marron 1). ▷ *Châtaigne d'eau :* fruit de la macre. **2.** (Guyane, Haïti) Fruit à graines d'une variété d'arbre à pain qui, jeune, est couvert de pointes molles. ▷ (Afr. subsah.) Nom parfois donné au fruit sans graines de l'arbre à pain. **3.** ZOOL *Châtaigne de mer :* syn. de *oursin.* **4.** Fam. Coup de poing.

châtaigner [ʃatɛɲe] v. intr. [1] (France rég.) Ramasser des châtaignes.

châtaigneraie [ʃatɛɲʀɛ] n. f. Lieu planté de châtaigniers.

châtaignier [ʃatɛɲe] n. m. **1.** Arbre des régions tempérées (fam. fagacées) produisant les châtaignes. – *Par méton.* Bois de cet arbre. **2.** (Guyane, Haïti) Variété d'arbre à pain, dont le fruit à graines est couvert de pointes molles.

châtain, aine [ʃatɛ̃, ɛn] adj. et n. (Rare au fém.) De la couleur de la châtaigne, brun clair. *Cheveux châtains.* ▷ n. m. Cette couleur. ▷ Subst. (Personnes) *Un châtain clair.*

château, eaux [ʃato] n. m. **1.** Forteresse entourée de fossés et défendue par de gros murs flanqués de tours ou de bastions. *Château fort. Les oubliettes d'un château.* **2.** Habitation royale ou seigneuriale. **3.** Demeure belle et vaste, à la campagne. **4.** Loc. fig. *Bâtir des châteaux en Espagne :* former des projets irréalisables. **5.** *Château de cartes :* V. carte. **6.** MAR Superstructure dominant le pont d'un navire. *Château de proue :* gaillard d'avant. **7.** *Château d'eau :* réservoir surélevé permettant la mise sous pression d'un réseau de distribution d'eau.

chateaubriand ou **châteaubriant** [ʃatobʀijɑ̃] n. m. Morceau de filet de bœuf grillé très épais.

Chateaubriand (François René, vicomte de) (1768 – 1848), écrivain français. Il passa sa jeunesse en Bretagne, puis entama une carrière militaire, qu'il interrompit sous la Révolution pour voyager en Amérique (1791); il en revint en 1792, puis émigra à Londres en 1793. Rentré en France en 1800, il publia *Atala* (1801) et *René* (1802), récits qui se rattachent au *Génie du christianisme* (1802). Ministre plénipotentiaire de Bonaparte, il démissionna après l'exécution du duc d'Enghien (1804). Il publia les *Martyrs* (1809), puis *Itinéraire de Paris à Jérusalem* (1811). Sous la Restauration, il fut ambassadeur et ministre. Il publia *les Aventures du dernier Abencérage, les Natchez* (1826) et le *Voyage en Amérique* (1827), puis la *Vie de Rancé* (1844). Les *Mémoires d'outre-tombe* (écrits de 1809 à 1841), autobiographiques, son chef-d'œuvre, furent publiés immédiatement après sa mort. Acad. fr. (1811).

Châteauguay (la), rivière des É.-U. et du Canada (Québec), affl. du Saint-Laurent (r. dr.). – Victoire des Canadiens français sur les Américains, qui avaient envahi le pays (1813).

châtelain [ʃatlɛ̃] n. m. Propriétaire d'un château.

châtelaine [ʃatlɛn] n. f. **1.** Femme d'un châtelain; propriétaire d'un château. **2.** Bijou, chaîne de ceinture.

Châtelet (Émilie Le Tonnelier de Breteuil, marquise du) (1706 – 1749), érudite française, liée à Voltaire.

chat-huant [ʃayɑ̃] n. m. Nom cour. de la hulotte. *Des chats-huants.*

châtier [ʃatje] v. tr. [2] **1.** Litt. Infliger une peine à. *Châtier un criminel.* – Prov. *Qui aime bien châtie bien :* c'est aimer véritablement qqn que de le reprendre de ses fautes. **2.** Fig., litt. Punir (qqch). *Châtier l'audace de qqn.* **3.** Fig. Rendre plus pur, plus correct. *Châtier son style.* – Pp. adj. *Langage châtié.*

chatière [ʃatjɛʀ] n. f. **1.** Trou pratiqué dans le bas d'une porte pour laisser passer les chats. **2.** CONSTR Trou d'aération dans une toiture.

châtiment [ʃatimɑ̃] n. m. Correction, punition. *Un châtiment injuste.*

chatini [ʃatini] n. m. V. chutney.

chatoiement [ʃatwamɑ̃] n. m. Reflet brillant et changeant. – Fig. *Le chatoiement d'un style.*

1. chaton [ʃatɔ̃] n. m. **1.** Jeune chat. **2.** Inflorescence des amentifères dont la forme rappelle la queue d'un chat. Syn. (Québec) minou.

2. chaton [ʃatɔ̃] n. m. Partie saillante d'une bague, marquée d'un chiffre ou portant une pierre précieuse.

1. chatouille [ʃatuj] n. f. Fam. Syn. de *chatouillement. Faire des chatouilles.*

2. chatouille [ʃatuj] n. f. Nom cour. de la petite lamproie européenne de rivière.

chatouillement [ʃatujmɑ̃] n. m. **1.** Action de chatouiller. Syn. (fam.) chatouille. **2.** Picotement désagréable.

chatouiller [ʃatuje] v. [1] **I.** v. tr. **1.** Causer, par un attouchement léger, un tressaillement spasmodique qui provoque un rire nerveux. *Chatouiller un bébé.* **2.** Produire une impression agréable. *Ce vin chatouille le palais.* **3.** Fig. Exciter. *Chatouiller la curiosité de qqn.* **II.** v. tr. ou intr. (Belgique, France rég.) Syn. de *démanger* (sens 1). *Mon dos me chatouille.*

chatouilleux, euse [ʃatujø, øz] adj. **1.** Sensible au chatouillement. **2.** Fig. Susceptible. *Un caractère chatouilleux.*

chatoyant, ante [ʃatwajɑ̃, ɑ̃t] adj. **1.** Qui chatoie. *Une étoffe chatoyante.* **2.** Litt., fig. *Style chatoyant,* où les images sont variées et nombreuses.

chatoyer [ʃatwaje] v. intr. [23] Avoir des reflets changeants. ▷ Fig. *Style qui chatoie par la richesse de ses images.*

châtrer [ʃɑtʀe] v. tr. [1] **1.** Rendre stérile (un humain ou un animal) par l'ablation des testicules ou des ovaires. **2.** HORTIC Supprimer les organes de multiplication végétative de (une plante). *Châtrer un fraisier,* couper ses stolons.

Chatt al-Arab (le) *(Šatt al 'Arab),* fleuve d'Irak (200 km), formé par la réunion du Tigre et de l'Euphrate; arrose Bassorah, se jette dans le golfe Persique.

chatte [ʃat] n. f. (et adj. f.) **1.** Femelle du chat. ▷ adj. f. *Des manières chattes :* des manières câlines. **2.** MAR Grappin à dents acérées qui sert à draguer des câbles, des chaînes, etc. **3.** (Guyane) Coiffe créole traditionnelle.

chatterie [ʃatʀi] n. f. **1.** Caresse câline. **2.** Friandise.

chatterton [ʃatɛʀtɔn] n. m. Ruban adhésif employé comme isolant en électricité.

Chatterton (Thomas) (1752 – 1770), poète anglais. Sa vie misérable, à laquelle il mit fin, a inspiré Vigny (*Chatterton,* 1835).

chat-tigre [ʃatigʀ] n. m. Nom vulgaire du serval. *Des chats-tigres.*

Chaucer (Geoffrey) (v. 1340 – 1400), le premier grand poète anglais. Il se libéra des influences franco-italiennes (G. de Machaut, Boccace); son recueil, les *Contes de Cantorbéry* (1387-1400), dépeint l'Angleterre du XIVe s. avec réalisme et humour.

chaud, chaude [ʃo, ʃod] adj., n. m. et adv. **I.** adj. **1.** Qui procure une sensation de chaleur, qui présente une température plus élevée que celle du corps humain. *Un climat chaud. De l'eau trop chaude.* **2.** Qui donne, qui produit, qui garde, qui transmet la chaleur. *Du manioc trop chaud. Avoir les mains chaudes.* – (Afr. subsah.) *Avoir le corps chaud :* avoir de la fièvre. **3.** PHYSIOL *Les animaux à sang chaud,* homéothermes. **4.** Fig. *Une nouvelle toute chaude,* récente. **5.** Fig. Ardent, sensuel. *Avoir le sang* chaud.* **6.** (Québec) Fig., fam. Ivre. *Un gars chaud. Se mettre chaud.* **7.** Fig. *Une chaude affection,* passionnée, zélée. **8.** Fig. *L'alerte aura été chaude,* rude. **9.** Fig. *Une voix chaude,* animée, bien timbrée. **10.** Fig. PEINT *Coloris, tons chauds,* qui évoquent le feu (rouge, orangé, etc.). **11.** (Afr. subsah.) Qui présente des difficultés, du danger. *L'examen était très chaud. La situation est chaude en ville.* **12.** Loc. fam. *Ne pas être chaud pour :* ne pas avoir vraiment envie de, ne pas trop vouloir. *Je ne suis pas chaud pour sortir ce soir.* **II.** n. m. **1.** Chaleur. *Il ne craint ni le chaud ni le froid.* **2.** *Un chaud et froid :* refroidissement brusque alors que l'on est en sueur. **3.** *Au chaud :* de manière que la chaleur se conserve. *Tenir un plat au chaud.* **4.** (Nominal après un verbe.) *Avoir chaud.* – *Avoir eu chaud :* avoir échappé de bien peu à un désagrément. – *Il fait chaud.* – Fam. *Cela ne me fait ni chaud ni froid,* m'est indifférent. **III.** adv. **1.** *Mangez donc chaud.* **2.** Loc. adv. *Opérer à chaud,* en pleine crise.

chaudement [ʃodmɑ̃] adv. **1.** De façon à avoir chaud. *Se vêtir chaudement.* **2.** Fig. Avec ardeur, vivacité. *Cet avocat l'a chaudement défendu.*

chaudet, ette [ʃode, ɛt] ou (Québec) [ʃodɛt] adj. **1.** (France rég.) Installé au chaud. *Être bien chaudet sous la couette.* **2.** (Québec) Fam. Légèrement ivre.

chaudière [ʃodjɛʀ] n. f. **1.** Récipient, cuve destinée à porter un fluide (généralement de l'eau ou de la vapeur) à une température élevée. *Chaudière de bateau.* **2.** (Québec) Seau; son contenu. *Une chaudière d'eau.*

Chaudière-Appalaches, région admin. du Québec située au S. de la région admin. de Québec et entre les rég. admin. Mauricie-Bois-Francs et Estrie, à l'O., et Bas-Saint-Laurent, à l'E.; 15031 km^2; 380000 hab.

chaudiérée [ʃɔdjeʀe] n. f. (Québec) Contenu d'une chaudière (sens 2).

chaudron [ʃodʀɔ̃] n. m. Petit récipient, de cuivre ou de fonte, muni d'une anse, surtout destiné aux usages culinaires; son contenu. *Un chaudron de légumes.*

chaudronnerie [ʃodʀɔnʀi] n. f. Industrie concernant la fabrication d'objets en métal par emboutissage, estampage, rivetage, martelage et soudage. ▷ Usine, atelier où l'on fabrique ces objets. ▷ Produit de cette industrie.

chaudronnier, ère [ʃodʀɔnje, ɛʀ] n. Personne qui fabrique ou vend des articles de chaudronnerie. *Un chaudronnier d'art.*

chauffage [ʃofaʒ] n. m. **1.** Action de chauffer; production de chaleur. *Appareil de chauffage.* **2.** Mode de production de chaleur; appareil destiné à chauffer. *Chauffage central,* par des radiateurs alimentés par une chaudière unique.

chauffant, ante [ʃofɑ̃, ɑ̃t] adj. Qui chauffe. *Couverture chauffante.*

chauffard [ʃofaʀ] n. m. Automobiliste maladroit, imprudent, ou qui ne respecte pas les règles de la conduite.

chauffe [ʃof] n. f. **1.** TECH Action, fait de chauffer. *Contrôle de chauffe.* ▷ *Surface de chauffe :* surface d'une chaudière (parois et tubes) recevant la chaleur fournie par le foyer. ▷ *Bleu de chauffe :* vêtement de grosse toile bleue utilisé par divers corps de métiers (d'abord par les chauffeurs, sens 1). **2.** *Chambre de chauffe :* lieu où l'on brûle le combustible qui chauffe les fourneaux de fonderies, les chaudières de navires.

chauffe-bain [ʃofbɛ̃] n. m. Chauffe-eau servant à alimenter une salle de bains. *Des chauffe-bains électriques.*

chauffe-eau [ʃofo] n. m. inv. Appareil de production d'eau chaude domestique. *Des chauffe-eau électriques, à gaz.* Syn. (Belgique, Suisse) boiler.

chauffe-moteur [ʃofmɔtœʀ] n. m. (Québec) Appareil électrique fixé dans le bloc-moteur d'une automobile, que l'on peut brancher pour réchauffer l'huile en vue de faciliter le démarrage du moteur quand il fait très froid. *Des chauffe-moteurs.*

chauffe-plat(s) [ʃofpla] n. m. Plaque chauffante, réchaud de table ou de desserte. *Des chauffe-plats.*

chauffer [ʃofe] v. [1] **I.** v. tr. **1.** Rendre chaud, plus chaud; donner une sensation de chaleur. ▷ *Chauffer au rouge, à blanc :* élever la température jusqu'à ce que le corps chauffé devienne rouge, blanc. **2.** TECH Mettre sous pression (une machine à vapeur). **3.** Fig., fam. Exciter, enthousiasmer (qqn). *Un chanteur qui chauffe son public.* ▷ *Chauffer un candidat,* le préparer à une épreuve, à un examen, par un travail intensif. ▷ *Chauffer les oreilles à qqn,* l'irriter. **II.** v. intr. **1.** Devenir chaud. *Le dîner est en train de chauffer.* **2.** Dégager de la chaleur. *La houille chauffe plus que le bois.* **3.** S'échauffer à l'excès. *Cet essieu va chauffer s'il n'est pas graissé.* – Fig., fam. *Ça chauffe, ça va chauffer :* cela va prendre une tournure violente. **III.** v. pron. **1.** S'exposer à la chaleur. *Se chauffer au coin du feu.* **2.** Être chauffé. *Se chauffer au mazout.* ▷ Fig., fam. *Vous verrez de quel bois je me chauffe :* vous verrez de quoi je suis capable (menace).

chaufferette [ʃofʀɛt] n. f. (Québec) **1.** Radiateur, le plus souvent portatif, utilisé pour le chauffage d'appoint. **2.** Radiateur à l'intérieur d'un véhicule automobile, relié au circuit de refroidissement du moteur et muni d'un ventilateur servant à propulser de l'air chaud.

chaufferie [ʃofʀi] n. f. Local où sont installés des appareils de chauffage.

chauffeur [ʃofœʀ] n. m. **1.** Ouvrier chargé de l'alimentation d'un foyer. **2.** Personne qui conduit une automobile. *Chauffeur de taxi.* ▷ (Afr. subsah., Madag.) Personne qui est à la fois chauffeur, mécanicien et percepteur d'un taxi-brousse.

chauffeuse [ʃoføz] n. f. Siège bas à dossier pour s'asseoir auprès du feu.

chaulage [ʃolaʒ] n. m. Action de chauler; traitement par la chaux. *Chaulage des sols, des arbres.*

chauler [ʃole] v. tr. [1] **1.** AGRIC Amender un sol en y incorporant de la chaux. **2.** Enduire de chaux. *Chauler un mur.*

chaume [ʃom] n. m. **1.** BOT Tige herbacée des graminées (blé, avoine, etc.). **2.** AGRIC Partie des céréales qui reste dans un champ après la moisson. Syn. éteule. ▷ *Par ext.* (Surtout au plur.) Champ où le chaume est encore sur pied. *Se promener dans les chaumes.* **3.** Paille qui sert de couverture à certaines habitations rurales; cette couverture elle-même. *Un toit de chaume.*

chaumer [ʃome] v. tr. et intr. [1] AGRIC Couper, ramasser le chaume d'un champ.

chaumière [ʃomjɛʀ] n. f. Maison couverte de chaume.

chaussé, ée [ʃose] adj. **1.** Qui porte une, des chaussure(s). *Bien, mal chaussé. Chaussé de sandales.* – Prov. *Les cordonniers sont les plus mal chaussés :* V. cordonnier. **2.** Muni de pneus. *Voiture chaussée de pneus cloutés.*

chaussée [ʃose] n. f. **1.** Partie d'une route aménagée pour la circulation. *Chaussée glissante par temps de pluie.* **2.** Levée de terre servant à retenir l'eau d'un étang, d'une rivière, etc., ou utilisée comme chemin de passage dans les lieux marécageux.

Chaussée des Géants (en angl. *Giant's Causeway*), site d'Irlande du Nord constitué par une coulée basaltique cristallisée en prismes et érodée par la mer.

chausse-pied [ʃospje] n. m. Instrument en forme de lame incurvée, dont on se sert pour se chausser plus facilement. *Des chausse-pieds.*

chausser [ʃose] v. tr. [1] **I. 1.** Mettre à ses pieds (des chaussures). *Chausser des bottes.* – Ellipt. *Chausser du 41,* porter des chaussures de cette pointure. ▷ EQUIT *Chausser les étriers :* mettre les pieds dans les étriers. ▷ Fig. *Chausser des lunettes,* les ajuster sur son nez. **2.** Mettre des chaussures à (qqn). ▷ v. pron. *Se baisser pour se chausser.* **3.** Fournir en chaussures. *Un bottier célèbre qui chausse les plus grandes actrices.* **4.** (En parlant de chaussures.) S'ajuster, être bien ou mal adapté. *Ce modèle vous chausse bien.* **5.** Munir de pneumatiques (un véhicule). **II.** ARBOR *Chausser un arbre,* entourer son pied de terre. Syn. butter 1.

chausse(-)trape [ʃostʀap] n. f. **1.** Trou recouvert où est dissimulé un piège, destiné à attraper les animaux sauvages. **2.** Fig. Piège que l'on tend à qqn. *Attirer qqn dans des chausse-trapes.*

chaussette [ʃosɛt] n. f. Bas court (porté par les deux sexes). *Chaussettes en laine, en fil, en nylon.* ▷ Loc. *Laisser tomber qqn comme une vieille chaussette :* abandonner qqn qui n'a plus d'intérêt.

chausseur [ʃosœʀ] n. m. Commerçant en chaussures, généralement sur mesure. Syn. bottier.

chausson [ʃosɔ̃] n. m. **1.** Chaussure d'intérieur souple, légère et confortable. **2.** Chaussure souple utilisée dans certains sports. – *Chausson de gymnastique,* en toile, muni d'une semelle de caoutchouc. Syn. (Belgique) pantoufle de gymnastique. – *Chausson de danse :* V. pointe. **3.** Chaussette basse tricotée pour nouveau-né. **4.** CUIS Pâtisserie faite d'un rond de pâte feuilletée plié en deux et fourré aux fruits.

chaussure [ʃosyʀ] n. f. **1.** Partie de l'habillement qui sert à couvrir et à protéger le pied (sandales, souliers, pantoufles, bottes, etc.). *Cirer, décrotter ses chaussures. Lacets, semelles de chaussures.* Syn. soulier. ▷ Fig. *Trouver chaussure à son pied :* trouver ce qui convient, spécial. une personne avec qui se marier. **2.** Industrie de la chaussure.

chaut [ʃo] (D'un verbe défectif, *chaloir.*) Loc. *Peu me chaut, peu m'en chaut :* peu m'importe.

chauve [ʃov] adj. et n Qui n'a plus, ou presque plus, de cheveux. *Avoir la tête chauve. – Être chauve.* ▷ Subst. *Un chauve.*

chauve-souris [ʃovsuʀi] n. f. Mammifère muni d'ailes membraneuses, dont le corps rappelle celui d'une souris. (Nom cour. de tous les chiroptères, ordre comprenant de nombr. espèces.) *Des chauves-souris.*

chauvin, ine [ʃovɛ̃, in] adj. et n Péjor. Qui professe un patriotisme exagéré et aveugle. *Un comportement chauvin.* ▷ Subst. *Un chauvin de la pire espèce.* ▷ *Par ext.* Qui manifeste une admiration exclusive pour sa ville, sa région, etc.

chauvinisme [ʃovinism] n. m. État d'esprit, sentiments chauvins.

chaux [ʃo] n. f. Oxyde de calcium, de formule CaO. ▷ *Chaux éteinte :* hydroxyde de calcium $Ca(OH)_2$. ▷ *Lait de chaux :* chaux éteinte étendue d'eau jusqu'à consistance de badigeon. ▷ *Eau de chaux :* solution de chaux dans l'eau. ▷ *Chaux vive :* anc. nom de l'oxyde de calcium anhydride. ▷ Loc. fig. *Être bâti à chaux et à sable :* être d'une constitution robuste.

Chaux-de-Fonds (La), ville de Suisse (canton de Neuchâtel), dans une vallée sèche du plateau jurassien, à 997 m d'alt.; 36 900 hab. Centre horloger de la Suisse. – Musée de l'Horlogerie.

Chavée (Achille) (1906 – 1970), poète surréaliste belge d'expression française : *Pour cause déterminée* (1935), *le Cendrier de chair* (1936), *D'ombre et de sang* (1946), *le Grand Cardiaque* (1969).

Chavín de Huantar, site archéol. du Pérou septentrional (IXe au IIIe s. av. J.-C.) : pyramides tronquées, bas-reliefs, rondes-bosses.

chavirer [ʃaviʀe] v. [1] **I.** v. intr. **1.** Se retourner, en parlant d'un navire. *Un voilier qui chavire.* ▷ *Par ext.* Se renverser, se retourner. *La carriole chavira.* **2.** Fig. Tourner retourner. *L'émotion lui chavirait la tête.* – Pp. adj. *Avoir le cœur chaviré.* **3.** (Québec) Fig., fam. Devenir fou, déraisonner. *Es-tu en train de chavirer?* **II.** v. tr. Renverser, culbuter. – (Madag., Réunion) Fig. Provoquer la chute de qqn ou de qqch. *Ce nouveau scandale a chaviré l'un des leaders de l'opposition.*

chawarma [ʃawaʀma] n. m. (Afr. subsah., Liban) Sandwich à la viande grillée assaisonnée au piment et au vinaigre, assortie de tomates. ▷ (Afr. subsah.) Bar ou restaurant où l'on sert ce sandwich.

Chawiyah (ach-) *(aš-Šawiya)* ou **Chaouia** (la), riche plaine du N.-O. du Maroc, entre l'Atlantique et le Moyen Atlas, arrière-pays de Casablanca. Céréales, primeurs. Élevage ovin et bovin. Phosphates.

Chawqi (Ahmad) *(Ahmad Šawqi)* (1868 – 1932), poète égyptien, le premier dramaturge arabe : *la Fin de Cléopâtre* (1929), *Kaïs et Leïla* (1931).

chayotte [ʃajɔt] n. f. Plante potagère (*Sechiumedule,* fam. cucurbitacées) dont les fruits sont consommés crus en salade, bouillis ou cuits au four, et les tubercules, cuits à l'eau ou farcis. Syn. (oc. Indien) chouchou ou chouchoute, (Antilles fr.) christophine.

Chazal (Malcolm de) (1902 – 1981), écrivain mauricien d'expression française et peintre : *Pensées* (7 vol., 1940-1945), *Sens plastique* (1947), *la Vie filtrée* (1949), *Pétrusmok* (1951), *Sens magique* (1957). À partir de 1952, il s'adonna à la peinture naïve.

chè [tje] n. m. inv. Compote de doliques noirs ou de riz gluant, parfumée à la noix de coco et aux graines de lotus, spécialité vietnamienne.

cheb [ʃɛb] n. m. (V. chab.)

cheba [ʃeba], plur. **chabate** [ʃabat] n. f. (Maghreb) Jeune chanteuse, interprétant notam. du raï. V. chab.

chebakia [ʃebakja] ou **zelabia** [zelabja] n. f. Gâteau frit et trempé dans du miel, spécialité nord-africaine.

chebec ou **chebek** [ʃəbɛk; ʃebɛk] n. m. Anc. Trois-mâts léger à rames, utilisé en mer Méditerranée aux XVIIe et XVIIIe s.

Chébéli (le), fleuve de l'Afrique orientale, qui naît sur le plateau central de l'Éthiopie, arrose Muqdisho et se jette dans la mer Rouge; env. 1900 km.

Chéchanq. V. Sheshonq.

chèche [ʃɛʃ] n. m. Bande de tissu léger s'enroulant en turban autour de la tête, portée dans les pays arabes.

chéchia [ʃeʃja] n. f. Calotte de laine portée dans certains pays d'islam. *La chéchia rouge des anciennes troupes coloniales françaises.*

check-list [(t)ʃɛklist] n. f. (Anglicisme) TECH Liste des vérifications à effectuer avant la mise en marche d'un appareil (notam. d'un avion). *Des check-lists.* Syn. (off. recommandé) liste de contrôle.

check-up [(t)ʃɛkœp] n. m. inv. (Anglicisme) Bilan de santé.

cheddar [ʃɛdaʀ] n. m. Fromage de lait de vache, à pâte dure, jaunâtre ou orangée, fabriqué selon un procédé d'origine anglaise. *Cheddar canadien. Cheddar doux, fort.*

cheddite [ʃedit] n. f. Explosif à base de chlorate de potassium ou de sodium et de nitrotoluène.

Chedid (Andrée) (née en 1920), écrivain égyptien d'origine syro-libanaise et d'expression française. Née au Caire, vivant en France. Elle est l'auteur de poèmes lyriques (*Double-pays,* 1965; *Cavernes et Soleils,* 1979), de romans dans lesquels elle s'interroge sur la destinée humaine (*le Sommeil délivré,* 1952; *le Survivant,* 1982; *À la mort, à la vie,* nouvelles, 1995) et se montre sensible aux problèmes du Moyen-Orient (*Cérémonial de la violence,* 1976).

chef [ʃɛf] n. m. **I. 1.** Personne qui est à la tête d'un corps constitué, qui a le premier rang, la première autorité. – *Le chef de l'État :* le souverain, le président de la République. – *Le chef du gouvernement :* le Premier ministre. ▷ (Afr. subsah.) *Chef coutumier* ou (Pacifique) *chef :* dirigeant d'une communauté chargé de représenter l'État et de veiller au respect de la tradition. ▷ *Chef de file*.* – *Chef d'école :* celui dont les doctrines sont admises par des disciples qui les propagent. **2.** Dans les armées, tout militaire pourvu d'un grade lui conférant une autorité. *Obéir à ses chefs.* ▷ *Sergent-chef, maréchal des logis-chef,* appelés chefs. *À vos ordres, chef!* ▷ MAR Gradé placé à la tête d'un service. *Chef de quart.* **3.** Titre d'un fonctionnaire à la tête d'un service, d'une division administrative. *Chef de service, chef de bureau. Chef de mission. Chef de cabinet d'un ministre.* ▷ (Nouv.-Cal.) Homme d'origine mélanésienne chargé de représenter l'autorité européenne en milieu canaque. ▷ (Afr. subsah.) *Chef de quartier :* auxiliaire de l'Administration dans un quartier d'une localité. ▷ (Haïti) Civil rattaché à l'armée, ayant fonction d'agent de police dans une section rurale. **4.** Personne qui dirige qqch, qui en est responsable. *Chef d'entreprise. Chef de projet. Chef de chantier. Chef de gare, chef de train. Le chef de cuisine d'un restaurant* ou, ellipt., *le chef.* – (Québec) *Chef de parti,* son leader. – (Belgique) *Chef-garde :* V. ce mot. – (Afr. subsah.) *Chef de terre :* dépositaire coutumier des terres héritées des ancêtres, responsable de leur gestion. – (Afr. subsah.) *Chef de village.* ▷ MUS *Chef d'orchestre*, chef de chœur(s).* **5.** Loc. adv. *En chef :* en qualité de chef suprême. *Général en chef des armées alliées.* ▷ *Ingénieur en chef.* **6.** Fam. Mot utilisé comme vocatif. *Salut, chef!* **II. 1.** Vx ou litt. Tête. ▷ Loc. adv. *De son (propre) chef :* de sa propre initiative, de sa seule autorité. *Agir de son propre chef.* **2.** Mod. DR Article, point principal. *Les chefs d'accusation qui pèsent sur l'accusé.* ▷ Loc. adv. *Au premier chef :* au plus haut point.

Chefchaouen, v. du N.-O. du Maroc; 26 500 hab.; ch.-l. de la prov. du m. nom. À proximité, gisements de magnésite, de chrome et de nickel.

chef-d'œuvre [ʃɛdœvʀ] n. m. **1.** Anc. Ouvrage exemplaire que devait faire un artisan pour accéder à la maîtrise, au sein d'une corporation. **2.** Œuvre capitale, parfaite en son genre. *Les chefs-d'œuvre de la sculpture dogon.* – Par ext. *Un chef-d'œuvre d'habileté, de malice,* etc. : ce qui dénote une habileté, une malice exceptionnelles.

chefferie [ʃɛfʀi] n. f. **1.** En Afrique subsaharienne et dans diverses autres régions du monde, territoire placé sous l'autorité d'un chef* coutumier. ▷ Autorité, charge d'un chef* coutumier. ▷ (Nouv.-Cal.) Lieu de résidence et d'autorité d'un chef*. **2.** (Québec) Direction d'un parti politique. *Candidat, course à la chefferie.*

chef-garde [ʃɛfgaʀd] n. m. (Belgique) Chef de train. *Des chefs-garde(s).*

chef-lieu [ʃɛfljø] n. m. En France, localité qui est le siège d'une division administrative. *Chef-lieu de canton. Des chefs-lieux de région.*

cheftaine [ʃɛftɛn] n. f. Dans le scoutisme, jeune fille chargée de la direction d'un groupe de louveteaux, de guides ou d'éclaireuses.

Chehab (Fouad) (1903 – 1973), homme politique libanais. Chrétien maronite, il fut président de la République de 1958 à 1964.

cheik, cheikh, scheikh [ʃɛk; ʃɛjx] ou **chikh** [ʃix], fém. **cheikha** [ʃeka; ʃɛjxa] n. **I.** n. m. (Maghreb) **1.** Titre des chefs de tribu. – Au Maroc, représentant du pouvoir central dans un village ou une tribu. **2.** Titre honorifique donné à un théologien ou à un chef spirituel musulman. **3.** MUS Chef d'orchestre également chanteur et musicien. **II.** n. (Liban) Titre honorifique accordé aux membres des grandes familles féodales de la montagne libanaise, sans connotation religieuse.

cheikh [ʃɛjx] n. m. V. cheik.

1. cheikha [ʃɛjxa], plur. **cheikhates** [ʃɛjxat] n. f. (Maghreb) En Algérie et au Maroc, chanteuse et danseuse populaire.

2. cheikha [ʃɛjxa] n. f. V. cheik.

cheikh akl [ʃɛjxakl] n. m. (Liban, Maghreb) Plus haut dignitaire religieux druze. *Des cheikhs akl.*

Cheikhou Amadou (Amadou Lobbo, dit) (1775 - 1844), marabout peul qui en 1818 fonda le royaume théocratique du Macina* (dans le delta central du Niger, au centre du Mali actuel, cap. Hamdallaye). Il vainquit le roi bambara de Ségou.

Cheik-Saïd *(Šayh Saīd),* anc. territ. français du S.-O. de l'Arabie, sous la souveraineté yéménite depuis 1939.

chéiroptères [keiʀɔptɛʀ] n. m. pl. V. chiroptères.

Cheki. V. Shiji.

Che-king. V. Shijing.

Chê Lan Viên (1920 - 1989), poète vietnamien. Il s'illustre dès 1936 par des poèmes sur la destruction du peuple cham (*Ruines*). Lyrique et tourmenté, il fut l'un des premiers qui s'écartèrent de la poésie classique.

chelem ou **schelem** [ʃlɛm] n. m. **1.** Réalisation de toutes les levées, par un seul joueur ou une seule équipe, à certains jeux de cartes (tarot, bridge). **2.** SPORT *Grand chelem :* série ininterrompue de victoires.

Chelia (djebel), point culminant du massif des Aurès, en Algérie; 2 328 m.

chélicérates [keliseʀat] n. m. pl. ZOOL Sous-embranchement d'arthropodes comprenant les arachnides, les mérostomes et les pycnogonides, tous pourvus d'une paire de chélicères, à l'aide de laquelle ils capturent leur proie et souvent lui inoculent un venin ou des enzymes destructrices. – Sing. *Un chélicérate.*

chélicère [kelisɛʀ] n. f. ZOOL Appendice céphalique le plus antérieur, chez les arthropodes chélicérates.

Chélif (le), le plus long fl. d'Algérie (700 km); arrose Ech-Cheliff et se jette dans la Méditerranée au nord de Mostaganem.

Cheliff (Ech-) *(aš-Šalif)* (anc. *Orléansville*, puis *El-Asnam*), v. d'Algérie, dans la plaine du Chélif; 130 000 hab.; ch.-l. de la wilaya du m. nom. Centre agric. – La ville a été fondée par Bugeaud en 1843, à l'emplacement de l'anc. *Castellum Tingitanum.* Graves séismes en 1954 et 1980. – Ruines d'une basilique chrétienne du IVe s.; mosaïques.

chelléen, enne [ʃeleɛ̃, ɛn] n. m. (et adj.) PREHIST Syn. de *abbevillien.*

chéloïde [kelɔid] n. f. MED Excroissance cutanée, en forme de bourrelet allongé et ramifié, qui se forme parfois sur une cicatrice.

chéloniens [kelɔnjɛ̃] n. m. pl. ZOOL Ordre de reptiles, couramment nommés tortues, dont le corps est protégé par une carapace et un plastron ventral osseux recouverts de corne. (Leur gueule, dépourvue de dents, est armée d'un puissant bec corné. Herbivores ou carnivores, ils vivent en mer, en eau douce ou sur terre.) – Sing. *Un chélonien.*

chemin [ʃ(ə)mɛ̃] n. m. **I. 1.** Voie par laquelle on peut aller d'un point à un autre, généralement à la campagne. *Chemin de terre. Chemin vicinal. Prenez le petit chemin!* ▷ (oc. Indien) *Chemin de cannes :* chemin de terre traversant les champs de canne à sucre. – Voie de circulation (rue, route, trottoir, etc.). ▷ (Maurice) *Chemin de rat :* cicatrice dans le cuir chevelu, visible lorsque les cheveux sont coupés très courts. ▷ (Québec) (Dans certaines loc.) Route. *Le chemin est beau :* la route est belle. – HIST *Chemin du roi,* qui reliait autref. les villes et les villages. **2.** Par anal. *Chemin de ronde*.* ▷ *Se frayer un chemin à travers des taillis, la foule,* etc. : s'ouvrir un passage. ▷ *Demander son chemin :* se renseigner sur l'itinéraire à suivre pour aller quelque part. *Perdre son chemin.* **II. 1.** Distance. *La droite est le plus court chemin d'un point à un autre.* – *Faire du chemin :* parcourir une longue distance. ▷ *Par ext.* Durée d'un trajet. *Vous en avez pour deux heures de chemin.* **2.** Ce qui mène à une fin. *Il veut faire fortune mais n'en prend pas le chemin.* ▷ Prov. *Tous les chemins mènent à Rome :* on peut atteindre le même but de nombreuses façons différentes. **3.** Loc. fig. *Il n'y va pas par quatre chemins :* il va droit au but, sans ménagements. – *S'arrêter en chemin :* abandonner une entreprise déjà commencée. – *Faire son chemin, faire du chemin :* s'enrichir, arriver. – *Aller son petit bonhomme de chemin :* V. bonhomme. – *Suivre le droit chemin :* se conduire conformément aux principes moraux de son époque. – *Montrer le chemin :* montrer l'exemple. – (Québec) Fam. *Être dans le chemin :* être ruiné, avoir tout perdu. **4.** MATH *Chemin d'un graphe :* suite d'arcs allant d'un point du graphe (origine) à un autre (destination). – *Chemin critique (d'un graphe),* le plus court. **5.** PHYS *Chemin optique :* produit de la distance parcourue par un rayon lumineux dans une substance donnée par l'indice de réfraction de cette substance. **6.** *Chemin de table :* napperon long et étroit. **7.** LITURG et BX-A *Chemin de croix*.*

chemin de fer [ʃ(ə)mɛ̃dfɛʀ] n. m. **1.** Moyen de transport qui utilise les voies ferrées. *Voyager en chemin de fer. Accident de chemin de fer.* Syn. train. **2.** Administration qui dirige et exploite un réseau de chemin de fer. *Travailler dans les chemins de fer.* **3.** Jeu de casino, variante du baccara. **4.** TECH Appareil ou organe qui se déplace sur des glissières, des rails ou des galets.

Chemin des Dames, route de crête dans le dép. de l'Aisne (France), enjeu de combats meurtriers entre Franç. et All. en 1917 et en 1918.

cheminée [ʃ(ə)mine] n. f. **1.** Construction à l'intérieur d'une habitation, aménagée en foyer et dans laquelle on fait du feu. Syn. (Québec) foyer. **2.** Extrémité du conduit de cheminée, destiné à évacuer la fumée et qui dépasse du toit; ce conduit lui-même. – *Feu de cheminée :* inflammation de la suie déposée sur les parois d'un conduit de cheminée. **3.** Tuyau servant à l'évacuation des fumées dans les machines et dans certains foyers industriels. *Cheminée d'usine.* **4.** GEOL *Cheminée d'un volcan :* canal par lequel se fait l'ascension des gaz, des fumées et de la lave. ▷ *Cheminée de fée :* colonne argileuse dégagée par l'érosion et que protège un chapeau de roche résistante. **5.** ALPIN Étroite fente rocheuse.

cheminement [ʃ(ə)minmɑ̃] n. m. **1.** Action de cheminer. **2.** Fig. Évolution, progression (d'une idée, d'un sentiment). *C'est par un lent cheminement qu'il fut amené à la révolte.* ▷ Démarche intellectuelle ou artistique (d'un créateur). **3.** MILIT Trajet suivi pour s'approcher à couvert des positions ennemies. **4.** TOPOGR Procédé de levée de plans consistant en mesures d'angles et de longueurs, le long d'une ligne polygonale.

cheminer [ʃ(ə)mine] v. intr. [1] **1.** Faire du chemin; aller à pied. *Ils cheminaient à travers bois.* **2.** Fig. Évoluer, progresser, en parlant d'une idée, d'un sentiment. **3.** MILIT Progresser à couvert des positions ennemies. **4.** TOPOGR Effectuer une levée par cheminement.

cheminot [ʃ(ə)mino] n. m. Employé, ouvrier de chemin de fer.

chemisage [ʃ(ə)mizaʒ] n. m. TECH Opération par laquelle on chemise; son résultat.

1. chemise [ʃ(ə)miz] n. f. **1.** Vêtement, surtout masculin, de tissu léger qui couvre le torse. *Chemise en coton. Chemise d'homme* ou, absol., *chemise.* – *Être en manches, en bras de chemise,* en chemise, sans veste. – *Chemise de nuit :* long vêtement de nuit. Syn. (Québec) jaquette. **2.** Loc. fig., fam. *Changer de (qqch) comme de chemise,* en changer très souvent, sans réflexion. *Il change d'opinion comme de chemise.* – *Ils sont (comme) cul et chemise,* inséparables.

2. chemise [ʃ(ə)miz] n. f. **1.** Couverture en papier ou en carton dans laquelle on range des papiers, des documents. **2.** En armurerie, enveloppe métallique d'un projectile. *Chemise d'une balle, d'un obus.* **3.** CONSTR Revêtement de protection extérieur. **4.** TECH Enveloppe métallique intérieure ou extérieure d'une pièce. *Chemise d'un piston.*

chemiser [ʃ(ə)mize] v. tr. [1] **1.** TECH Garnir d'une chemise 2 (sens 2 et 4). **2.** CUIS Garnir (les parois d'un moule) d'une substance, de papier.

chemiserie [ʃ(ə)mizʀi] n. f. **1.** Fabrique, magasin de chemises. **2.** Industrie de la chemise et de la lingerie masculine.

Chemises brunes, nom donné aux membres du parti nazi qui, à l'instar de Hitler, arboraient des chemises de cette couleur (à partir de 1925).

Chemises noires, nom des fascistes italiens, qui portaient culotte grise et chemise noire.

Chemises rouges, nom donné, à cause de leur uniforme, aux partisans de Garibaldi.

chemisette [ʃ(ə)mizɛt] n. f. **1.** Chemise d'homme légère à manches courtes. **2.** Corsage léger. **3.** (Belgique, Luxembourg) Maillot de corps. V. camisole (sens 2), singlet.

chemise-veste [ʃəmizvɛst] n. f. (Afr. subsah.) Veste d'homme légère, à manches courtes ou longues, qui se porte sans chemise. *Des chemises-vestes.* Syn. contre-veste.

1. chemisier [ʃ(ə)mizje] n. m. Vêtement féminin analogue à la chemise d'homme.

2. chemisier, ère [ʃ(ə)mizje, ɛʀ] n. Personne qui confectionne ou vend des chemises.

Chemnitz (*Karl-Marx-Stadt* de 1953 à 1990), v. d'Allemagne (Saxe); 319000 hab. Grand centre industriel.

chenal, aux [ʃ(ə)nal, o] n. m. **1.** Partie navigable d'un cours d'eau ou d'un bras de mer, donnant accès à un port ou à la haute mer, ou permettant de passer entre des îles, des écueils. *Chenal balisé d'un estuaire.* **2.** Canal amenant l'eau à un moulin, une usine.

chenapan [ʃ(ə)napɑ̃] n. m. Vaurien, garnement (en parlant d'un enfant). *Bande de chenapans!* Syn. galopin.

chêne [ʃɛn] n. m. **1.** Grand arbre des forêts des régions tempérées (fam. fagacées), à fleurs apétales et à feuilles lobées. *Le gland est le fruit du chêne.* – *Chêne vert :* chêne à feuillage persistant des régions méditerranéennes. ▷ Fig. *Solide comme un chêne :* d'une santé à toute épreuve. **2.** Bois de cet arbre. *Porte en chêne massif.*

cheneau [ʃ(ə)no] n. f. (Suisse) Chéneau.

chéneau [ʃeno] n. m. Conduit placé à la base d'un toit pour recueillir les eaux de pluie et les déverser dans les tuyaux de descente. Syn. gouttière, (Suisse) cheneau.

chêne-liège [ʃɛnljɛʒ] n. m. Chêne à feuilles persistantes des régions méditerranéennes dont l'écorce fournit le liège. *Des chênes-lièges.*

chenet [ʃənɛ] n. m. Support métallique sur lequel on dispose le bois, dans une cheminée.

chènevis [ʃɛnvi] n. m. Graine de chanvre, dont on extrait une huile, utilisée en savonnerie et dans la fabrication des peintures.

cheni [ʃni] n. m. (Suisse) Fam. Désordre, pagaille.

Chénier (André de) (1762 – 1794), poète français. Il s'enthousiasma pour la Révolution, puis en condamna les excès. Il fut guillotiné. La plupart de ses œuvres sont posth. Si la forme est classique, les idées annoncent les romantiques français. — **Marie-Joseph** (1764 – 1811), frère du préc.; homme politique, poète et dramaturge français. Il aurait écrit les paroles du *Chant* du départ* (1794). Acad. fr. (1803).

chenil [ʃəni(l)] n. m. Lieu où l'on garde, où l'on élève des chiens.

chenille [ʃ(ə)nij] n. f. **1.** Larve des papillons, formée d'anneaux ou segments, munie de mandibules dont elle se sert pour ronger feuilles et fleurs. *La chenille du bombyx du mûrier est le ver à soie.* **2.** *Par anal.* Bande métallique articulée passant sur deux roues motrices qui permet aux véhicules automobiles de circuler sur des terrains peu consistants ou accidentés. *Chenilles d'un char d'assaut.* **3.** Gros cordon tors, de soie veloutée, dont on fait des objets de passementerie.

Chenonceaux, com. de France (Indre-et-Loire); 317 hab. – Chât. de la Renaissance, sur le Cher (1515-1522); Henri II le donna à Diane de Poitiers, qui le relia par un pont à la rive g. du Cher (1560).

chénopodiacées [kenopɔdjase] n. f. pl. BOT Famille de dicotylédones apétales comprenant notam. la betterave et l'épinard. – Sing. *Une chénopodiacée.*

chenu, ue [ʃəny] adj. Litt. Que l'âge a rendu blanc. *Tête chenue.*

Chéops ou **Khéops,** deuxième pharaon de la IVe dynastie (v. 2600 av. J.-C.). Il fit élever la grande pyramide de Gizeh.

Chéphren ou **Khéphren,** troisième pharaon de la IVe dynastie. Successeur de Chéops, il fit construire la deuxième pyramide de Gizeh et le Grand Sphinx.

cheptel [ʃɛptɛl] n. m. **1.** Ensemble des troupeaux d'une propriété rurale. ▷ *Cheptel national :* ensemble des têtes de bétail d'un pays. *Cheptel bovin, porcin,* etc. **2.** DR *Bail à cheptel :* contrat par lequel l'une des parties donne à l'autre un fonds de bétail pour garder un troupeau, le nourrir et le soigner. ▷ *Cheptel vif :* bétail ainsi donné à bail. – *Cheptel mort :* ensemble des moyens de production (bâtiments, matériel) donnés à bail.

chèque [ʃɛk] n. m. Mandat de paiement adressé à un banquier et servant au titulaire d'un compte à effectuer, à son profit ou au profit d'un tiers, le retrait de tout ou partie des fonds disponibles à ce compte. *Faire, émettre un chèque. Payer par chèque. Endosser un chèque.* – *Chèque barré,* qui ne peut être touché que par l'intermédiaire d'un établissement bancaire. – *Chèque à ordre,* sur lequel est indiqué le nom du bénéficiaire. – *Chèque au porteur :* chèque ne portant pas le nom du bénéficiaire, payable au porteur. – *Chèque certifié,* dont la banque émettrice garantit le recouvrement. – *Chèque sur place* ou *sur rayon, hors place* ou *hors rayon :* V. place. – *Chèque sans provision* ou, fam., *chèque en bois,* qui ne peut être honoré faute de fonds disponibles au compte de l'émetteur. – *Chèque en blanc,* signé sans indication de somme. – *Chèque-voyage* (de l'angl. *traveller's cheque*) : titre permettant au porteur de toucher des fonds dans un pays autre que le pays d'émission. ▷ *Compte chèque postal,* ouvert par l'administration des Postes. *Chèque postal.*

chéquier [ʃekje] n. m. Carnet de chèques.

cher, chère [ʃɛʀ] adj. et adv. **I. 1.** Qui est tendrement aimé, auquel on tient beaucoup. *Un ami qui m'est cher. C'est mon vœu le plus cher.* **2.** (Langue écrite.) *Cher Monsieur, Cher Maître, Cher Ami,* etc. : formules par lesquelles on commence généralement une lettre à qqn que l'on connaît déjà. ▷ (Langue parlée, avec une nuance de politesse familière ou affectée.) *Comment allez-vous, chère madame?* **II. 1.** Dont le prix est élevé. *La viande est chère.* ▷ Fig. Précieux, rare. *Le temps est cher.* **2.** Qui vend à haut prix. *Un couturier cher.* **3.** adv. *Cher :* à haut prix. *Acheter, payer cher.* ▷ Fig., fam. *Ça va vous coûter cher! :* vous allez avoir de gros ennuis. – *Il me le paiera cher :* je me vengerai de lui durement. – *Il ne vaut pas cher :* il est peu estimable.

Cher (le), riv. de France (320 km), affl. de la Loire (r. g.); arrose Tours*. – Dép. : 7228 km²; 321559 hab.; ch.-l. *Bourges**>. V. Centre (Rég.).

Cherchell, v. et port d'Algérie (wilaya d'El-Boulaïda); 33270 hab. Pêche, vins. – Anc. *Césarée,* sous le roi de Maurétanie Juba II (25 av. J.-C.). – Aqueduc, thermes, musée.

chercher [ʃɛʀʃe] v. tr. [1] **1.** S'efforcer de trouver, de découvrir ou de retrouver. *Chercher qqn dans la foule. Chercher une clé égarée.* ▷ Loc. prov. Fig. *Chercher midi* à quatorze heures.* **2.** Tâcher de trouver, de se procurer. *Il cherche une secrétaire. Chercher un emploi, un logement.* ▷ (Afr. subsah.) Aller chercher, aller se faire établir. *Chercher un passeport, un extrait de naissance.* **3.** S'efforcer de trouver par la réflexion, par l'analyse. *Chercher la solution d'un problème.* ▷ *Spécial.* Tâcher de se rappeler. *Je cherche son nom.* ▷ v. pron. S'efforcer de mieux se connaître. *Un adolescent qui se cherche.* **4.** *Chercher à :* s'efforcer de, essayer de parvenir à. *Chercher à nuire.* **5.** Quérir, aller prendre. *Aller chercher le médecin.* **6.** Fam. Provoquer. *Quand on me cherche, on me trouve.* – Fam. *Tu l'as bien cherché!* **7.** Fam. *Ça va chercher dans les mille francs :* cela coûte environ mille francs.

chercheur, euse [ʃɛʀʃœʀ, øz] n. et adj. **1.** n. Rare Personne qui cherche. – Cour. *Chercheur d'or.* **2.** n. Personne qui s'adonne à des recherches scientifiques. **3.** adj. *Tête* chercheuse.*

chère [ʃɛʀ] n. f. Nourriture. – *Faire bonne chère :* faire un bon repas.

chèrement [ʃɛʀmɑ̃] adv. Au prix de lourds sacrifices. *Une victoire chèrement acquise.*

chergui [ʃɛʀgi] n. m. (Maghreb) Syn. de *sirocco.*

Chergui (chott ech-) (*aš-šatt aš-Šarqī),* cuvette lacustre d'Algérie; longue de 145 km, sur les hauts plateaux (alt. 987 m). Elle forme deux bassins séparés par le seuil du Kreider, qu'empruntent la voie ferrée et la route vers Béchar.

chéri, ie [ʃeʀi] adj. et n. Que l'on chérit. *Ma fille chérie.* Syn. (Maurice) gâté. ▷ Subst. *Mon chéri, ma chérie.* Syn. (Maurice) gâté.

chérif, ifa [ʃeʀif, ifa] n. (Maghreb) **1.** Personne descendant de Mahomet par sa fille Fatima, jouissant à ce titre d'une grande considération; prince, chez les Arabes. **2.** Titre honorifique accordé à une personne de grande piété, lui conférant respectabilité et considération. *Des chérifs* ou *des chorfa.*

chérifat [ʃeʀifa] n. m. **1.** Qualité, dignité du chérif. **2.** Territoire sur lequel s'étend son autorité.

chérifien, enne [ʃeʀifjɛ̃, ɛn] adj. Qui concerne le chérif. ▷ *Spécial.* Relatif au Maroc. – *Le royaume chérifien :* le Maroc, la dynastie régnante étant issue du prophète Mahomet.

chérimole [ʃeʀimɔl] n. f. Fruit du chérimolier, à chair blanche pulpeuse.

chérimolier [ʃeʀimɔlje] n. m. Petit arbre des régions tropicales (fam. anonacées) dont le fruit (chérimole) est comestible.

chérir [ʃeʀiʀ] v. tr. [3] **1.** Aimer tendrement. *Chérir ses enfants. Chérir sa patrie.* **2.** Être très attaché à, se complaire dans. *Chérir la liberté. Chérir les idées noires.*

chermes [kɛʀm] ou **chermès** [kɛʀmɛs] n. m. ZOOL Puceron parasite des conifères (épicéa, notam.) sur les aiguilles desquels il provoque des galles.

Cherokees, Indiens d'Amérique du Nord, de la famille des Iroquois. Établis jadis au S. des Appalaches, ils subsistent auj. en Oklahoma.

Chéronée, v. de Béotie (Grèce anc.). – Victoire de Philippe II de Macédoine sur les Athéniens et les Thébains (338 av. J.-C.).

cheroual [ʃeʀwal] n. m. V. charoual.

cherry, plur. **cherries** [ʃeʀi] n. m. Liqueur de cerise.

Chersonèse Taurique. V. Tauride.

cherté [ʃɛʀte] n. f. État de ce qui est cher; prix élevé. *La cherté de la vie en période d'inflation. La cherté de l'or.*

chérubin [ʃeʀybɛ̃] n. m. **1.** Ange tutélaire des lieux sacrés. – THEOL CHRET *Chérubins :* deuxième chœur dans la première hiérarchie des anges. **2.** BX-A Tête ou buste d'enfant porté par deux ailes. **3.** Fig. Enfant beau et doux.

Cherubini (Luigi) (1760 – 1842), compositeur italien : messes, motets, cantates, opéras (*Médée,* 1797).

Chesapeake, profonde baie de la côte atlantique des É.-U. (Maryland et Virginie).

Chessex (Jacques) (né en 1934), écrivain suisse d'expression française. Inspiré par Gide, il écrit des poèmes (*le Jour proche,* 1954; *Bataille dans l'air,* 1959; *le Calviniste,* 1983), un truculent *Portrait des Vaudois* (1967) et des romans flaubertiens qui opposent la passion aux contraintes sociales et familiales (*la Confession du pasteur Burg,* 1967; *Carabas,* 1971; *l'Ogre,* 1973; *Où vont mourir les oiseaux,* 1980). V. Bille (S. Corinna).

Chesterton (Gilbert Keith) (1874 – 1936), auteur anglais de romans policiers métaphysiques : *le Dénommé Jeudi* (1908), *Histoires du père Brown* (1911-1935).

Chestov (Lev Isaakovitch Chvartsman, dit Léon) (1866 – 1938), philosophe russe; l'un des précurseurs de l'existentialisme chrétien.

Che-t'ao. V. Shitao.

chétif, ive [ʃetif, iv] adj. Faible, maigre et maladif. *Enfant chétif.* ▷ Fig. Chiche, mesquin. *Des idéaux chétifs.*

chevaine [ʃəvɛn] n. m. V. chevesne.

cheval, aux [ʃ(ə)val, o] n. m. **I. 1.** Animal domestique périssodactyle (fam. équidés). *Cheval de trait, de selle, de labour, de course. Monter un cheval :* être sur un cheval. ▷ *Par ext.,* fig. *Cheval de bataille**. **2.** Équitation. *Faire du cheval. Bottes de cheval.* **3.** Loc. fig., fam. *Fièvre de cheval,* violente. *Remède de cheval,* très énergique. **4.** Fam. (En parlant d'une personne.) *Cheval de retour :* délinquant récidiviste. **5.** Loc. *À cheval :* sur un cheval; *par ext.* à califourchon. *Être à cheval sur un mur.* – Par anal. *Ce domaine est à cheval sur une route.* ▷ Fig. *Être à cheval sur les principes,* ne pas admettre que l'on s'en écarte. ▷ Fig. *Monter sur ses grands chevaux :* s'emporter, le prendre de haut avec qqn. **II.** Représentation plus ou moins fidèle d'un cheval. **1.** *Chevaux de bois,* dans un manège de fête foraine; ce manège. – *Petits chevaux :* jeu de société dans lequel des figurines, représentant des chevaux, progressent selon les points indiqués par un dé. **2.** MILIT *Cheval de frise :* obstacle mobile constitué par une monture de bois garnie de pieux ou de barbelés. **3.** *Cheval marin :* hippocampe (sens 2). **4.** SPORT *Cheval d'arçons* ou *cheval-arçons :* appareil au milieu duquel sont fixées des poignées, qui sert d'appui pour des exercices de gymnastique. Syn. (Belgique, Luxembourg) bock. **III.** PHYS *Cheval-vapeur :* unité de puissance (hors système) valant 736 W (symbole ch). *Des chevaux-vapeur.* ▷ *Cheval-heure :* unité d'énergie mécanique (hors système) égale au travail fourni en une heure par un moteur de 1 ch (symbole chh). *Des chevaux-heure.* ▷ *Cheval fiscal* ou *cheval :* unité prise en compte pour taxer les automobiles en fonction de leur puissance (abrév. : CV). *Une 2 CV.*

Cheval (Ferdinand), dit *le Facteur Cheval* (1836 – 1924), facteur rural français qui construisit, à Hauterives (Drôme), un «palais idéal», chef-d'œuvre de l'art naïf (1879-1912).

chevalement [ʃ(ə)valmɑ̃] n. m. **1.** TECH Ensemble d'étais destinés à soutenir provisoirement une construction ou une partie de construction à reprendre en sous-œuvre. **2.** MINES Construction supportant les molettes d'extraction.

chevaleresque [ʃ(ə)valʀɛsk] adj. Digne d'un chevalier. *Bravoure, courtoisie chevaleresque.*

chevalerie [ʃ(ə)valʀi] n. f. **1.** FEOD Institution militaire propre à la féodalité; rang, qualité de chevalier. *La cérémonie de l'adoubement consacrait l'accession de l'écuyer à la chevalerie.* ▷ (Collectif) Ensemble des chevaliers. **2.** FEOD *Ordres de chevalerie,* consacrés à la défense des Lieux saints et des pèlerins (*l'ordre du Saint-Sépulcre, l'ordre de Malte*). ▷ Mod. Distinction honorifique instituée par différents États.

chevalet [ʃ(ə)valɛ] n. m. **1.** Support en bois, sur pieds, réglable en hauteur, que les peintres utilisent pour poser leur toile. – *Tableau de chevalet,* de petite dimension. **2.** Bâti en bois sur lequel on travaille dans plusieurs métiers. *Chevalet de tisserand.* **3.** MUS Pièce de bois qui soutient les cordes tendues de certains instruments.

chevalier [ʃ(ə)valje] n. m. **I. 1.** FEOD Celui qui appartenait à l'ordre de la chevalerie. *Un preux chevalier.* – *Le Chevalier de la triste figure :* Don Quichotte. – *Les chevaliers de la Table ronde :* les compagnons du roi Arthur. – *Les chevaliers du Temple :* V. Templiers. ▷ Fig., plaisant *Être le chevalier servant d'une femme,* l'entourer de soins, de prévenance. **2.** Grade le plus bas d'une décoration civile ou milit., d'un ordre de chevalerie; le titulaire de ce grade. *Chevalier de l'ordre de Malte.* **3.** Fig., fam. *Chevalier d'industrie :* escroc, aventurier. **II.** ORNITH Nom cour. de divers oiseaux charadriiformes (genres *Tringa* et voisins) élancés, à long bec fin et à longues pattes. *Le chevalier gambette est commun en Europe et dans le nord de l'Asie. Le chevalier combattant niche en Europe du Nord et hiverne en Afrique.* – *Omble chevalier :* V. omble.

Chevalier (Maurice) (1888 – 1972), chanteur fantaisiste français et acteur de cinéma.

chevalière [ʃ(ə)valjɛʀ] n. f. Bague large et épaisse ornée d'un chaton sur lequel sont souvent gravées des initiales, des armoiries.

chevalin, ine [ʃ(ə)valɛ̃, in] adj. **1.** Du cheval; qui a rapport au cheval. *Race chevaline. Boucherie chevaline.* **2.** Qui tient du cheval. *Profil chevalin.*

chevauchée [ʃ(ə)voʃe] n. f. Course, promenade à cheval.

chevauchement [ʃ(ə)voʃmɑ̃] n. m. Disposition de pièces, d'objets qui se chevauchent. *Le chevauchement des ardoises d'un toit.*

chevaucher [ʃ(ə)voʃe] v. [1] **I.** v. intr. **1.** Litt. Aller à cheval. **2.** Se recouvrir en partie. *Tuiles qui chevauchent régulièrement.* – TYPO *Caractères qui chevauchent,* qui sont mal alignés. ▷ v. pron. *Les lettres se chevauchent.* **II.** v. tr. **1.** Être à cheval sur. *Chevaucher une mule.* **2.** Être à califourchon sur. *Chevaucher un canon.*

chevêche [ʃəvɛʃ] n. f. Chouette de petite taille (*Athene noctua,* 24 cm) commune dans les forêts d'Eurasie et d'Afrique du Nord.

chevêchette [ʃəvɛʃɛt] n. f. Chouette de petite taille (*Glaucidium perlatum,* 21 cm) fréquente en Afrique dans les savanes arborées.

chevelu, ue [ʃəvly] adj. (et n.) **1.** Dont les cheveux sont longs et fournis. ▷ Subst. *Regardez-moi tous ces chevelus!* **2.** ANAT *Cuir chevelu :* enveloppe cutanée du crâne où prennent racine les cheveux. **3.** BOT *Racines chevelues,* qui portent un grand nombre de radicelles. ▷ n. m. *Le chevelu d'une racine :* l'ensemble de ses radicelles. **4.** *Astre chevelu :* comète dont le centre est entouré d'une lumière diffuse.

chevelure [ʃəvlyʀ] n. f. **1.** Ensemble des cheveux d'une personne. **2.** ASTRO Halo lumineux qui se développe autour du noyau d'une comète quand elle se rapproche du Soleil.

chevesne, chevaine ou **chevenne** [ʃəvɛn] n. m. Poisson cyprinidé des eaux douces européennes (*Leuciscus cephalus*), à tête large et museau arrondi, très vorace. Syn. meunier.

chevet [ʃəvɛ] n. m. **1.** Tête du lit. *Table de chevet,* que l'on place près du lit, à sa portée. Syn. table de nuit. – *Livre de chevet :* livre de prédilection, que l'on garde près de soi pour y revenir souvent. ▷ *Être au chevet de qqn,* près de son lit pour le veiller ou le soigner. *Se rendre au chevet d'un malade.* **2.** ARCHI Partie semi-circulaire qui constitue l'extrémité du chœur d'une église.

cheveu [ʃ(ə)vø] n. m. **1.** Poil du crâne, dans l'espèce humaine. *Cheveux frisés, crépus.* – *Perdre ses cheveux :* devenir chauve. – (Afr. subsah., Madag.) *Faire les cheveux de :* coiffer (une femme), en partic. en lui tressant les cheveux. ▷ *Les cheveux blancs,* en tant que signe de vieillesse. *Par égard pour vos cheveux blancs :* par égard pour votre grand âge. ▷ (Collectif) *Le cheveu :* les cheveux. *Avoir le cheveu terne.* **2.** Loc. fig. *Faire dresser les cheveux sur la tête :* épouvanter. – *S'arracher les cheveux,* de désespoir. – *Tiré par les cheveux,* amené d'une manière forcée, présenté de façon peu naturelle. – Loc. fam. *Comme un cheveu sur la soupe :* au mauvais moment, hors de propos. **3.** Loc. fig. *Ne tenir qu'à un cheveu, s'en falloir d'un cheveu :* dépendre de très peu de chose. *Il s'en est fallu d'un cheveu que nous ne rations le train.* – Fam. *Couper les cheveux en quatre :* user de subtilités à l'excès. ▷ CUIS *Cheveux d'ange :* vermicelles longs très fins.

chevillard [ʃ(ə)vijaʀ] n. m. Boucher qui vend en gros ou demi-gros.

cheville [ʃ(ə)vij] n. f. **I. 1.** Petite pièce de bois, de métal ou de matière plastique, dont on se sert pour réaliser divers assemblages, ou que l'on enfonce dans un mur pour y introduire une vis. **2.** *Cheville ouvrière :* grosse cheville qui sert de pivot; fig. agent principal, indispensable, dans une affaire quelconque. ▷ Fig., fam. *Se mettre en cheville avec qqn,* s'associer avec lui dans une entreprise quelconque. **3.** Crochet de boucherie qui sert à suspendre de grosses pièces de viande dans un abattoir. – *Vente à la cheville :* vente de la viande en gros. **4.** MUS Pièce de bois ou de métal qui sert à régler la tension des cordes d'un instrument. **5.** VERSIF Mot ou groupe de mots inutile quant au sens, placé dans un vers pour compléter une rime ou la mesure. **II.** Articulation de la jambe et du pied. *La cheville présente deux* *saillies : la malléole du péroné externe, la malléole du tibia interne.* – Loc. fig., fam. *Ne pas arriver à la cheville de qqn,* lui être très inférieur.

cheviller [ʃ(ə)vije] v. tr. [1] Joindre, assembler avec des chevilles. – Loc. fig. *Avoir l'âme chevillée au corps :* être indestructible, avoir la vie dure.

chèvre [ʃɛvʀ] n. f. **1.** Mammifère ruminant (fam. bovidés) élevé pour son lait, sa viande et sa peau; la seule femelle (par oppos. au *bouc*). *Un fromage de chèvre* ou, n. m., *un chèvre :* fromage fait avec du lait de chèvre. (V. cabri, sens 2.) **2.** Nom donné à des bovidés sauvages du genre *Capra* (bouquetins), de mœurs montagnardes. **3.** Loc. fig., fam. *Ménager la chèvre et le chou :* ne pas prendre parti. **4.** TECH Appareil de levage constitué d'une charpente munie d'une poulie.

Chèvre (la) ou **Capella,** système double d'étoiles du Cocher.

chevreau [ʃəvʀo] n. m. **1.** Petit de la chèvre, cabri (sens 1). **2.** Cuir de cet animal.

chèvrefeuille [ʃɛvʀəfœj] n. m. Liane aux fleurs odorantes, des régions chaudes et tempérées (fam. caprifoliacées).

chevreter [ʃəvʀəte] v. intr. [1] V. chevroter 1.

chevrette [ʃəvʀɛt] n. f. **1.** Petite chèvre. **2.** Femelle du chevreuil. **3.** (Louisiane, Polynésie fr.) Crevette d'eau douce (genre *Macrobachium*). **4.** (Madag.) Crevette de mer.

chevreuil [ʃəvʀœj] n. m. **1.** Cervidé d'Europe dont le mâle porte des bois verticaux peu ramifiés. **2.** (Québec) Cervidé d'Amérique du Nord apparenté au chevreuil d'Europe, mais plus grand. Syn. cerf de Virginie.

chevrier, ère [ʃɛvʀije, ɛʀ] n. Personne qui mène, qui garde les chèvres.

chevrillard [ʃəvʀijaʀ] n. m. Petit du chevreuil, âgé de six mois à un an et demi. (V. chevrotin.)

chevron [ʃəvʀɔ̃] n. m. **1.** CONSTR Pièce de bois équarrie, placée dans le sens de la pente du toit, qui supporte la couverture. **2.** Par anal. (de forme). MILIT Galon en forme de V renversé, qui se porte sur la manche d'un uniforme comme insigne d'un grade. ▷ Motif décoratif en forme de chevron. *Une veste à chevrons.*

chevronné, ée [ʃəvʀɔne] adj. Qui a de l'ancienneté et une grande compétence dans un métier, une activité. *Un pilote chevronné.*

chevrotain [ʃəvʀɔtɛ̃] n. m. Nom donné aux divers petits ruminants d'Asie ou d'Afrique, sans cornes ni bois. – Le *chevrotain porte-musc* (*Moschus moschiferus,* 50 cm au garrot) vit en Sibérie orientale et en Chine. (Les mâles ont des cornes supérieures très longues et une glande abdominale qui secrète le musc.) – Le *chevrotain pygmée* ou *kanchil* (*Tragulus kanchil,* 20 cm au garrot), à pattes très fines, vit dans l'Asie du Sud-Est. – Le *chevrotain aquatique* (*Hyemoschus aquaticus,* 30 cm au garrot) vit dans les forêts humides d'Afrique.

chevrotant, ante [ʃəvʀɔtɑ̃, ɑ̃t] adj. Qui chevrote. *Une voix chevrotante.*

chevrotement [ʃəvʀɔtmɑ̃] n. m. Tremblement de la voix.

1. chevroter [ʃəvʀɔte] v. intr. [1] ou **chevreter** [ʃəvʀəte] v. intr. [20] Mettre bas des chevreaux.

2. chevroter [ʃəvʀɔte] v. intr. [1] Parler ou chanter d'une voix tremblotante qui rappelle le bêlement.

chevrotin [ʃəvʀɔtɛ̃] n. m. **1.** Petit du chevreuil avant six mois. (V. chevrillard.) **2.** Peau de chevreau apprêtée. **3.** (France, rég.) Fromage au lait de chèvre.

chevrotine [ʃəvʀɔtin] n. f. Plomb de chasse de fort calibre, pour le gros gibier.

Chevtchenko (Tarass Grigorovitch) (1814 – 1861), poète lyrique national ukrainien : *Kobzar* («le Barde», 1840), *les Haïdamaks* (1841).

chewing-gum [ʃwiŋgɔm] n. m. (Anglicisme) Gomme à mâcher aromatisée. *Des chewing-gums.*

Cheyennes, Indiens des plaines d'Amérique du Nord, de la famille linguistique des Algonquins; ils subsistent auj. dans des réserves en Oklahoma et dans le Montana.

Cheyney (Peter Southouse-Cheyney, dit Peter) (1896 – 1951), auteur anglais de romans policiers.

chez [ʃe] prép. **1.** Dans la maison de, au logis de. *Je suis allé chez vous. Rester chacun chez soi. Chez Durand.* – Précédé d'une autre prép. *Passez par chez moi. Je viens de chez vous.* **2.** *Par ext.* Dans tel pays, dans telle catégorie de gens, dans tel groupe animal. *Chez les Anglais, chez les républicains, chez les mammifères.* ▷ *Ces gens-là ne sont pas de chez nous :* ils ne sont pas de la région. – Fam. *Un petit vin bien de chez nous.* ▷ Au temps de. *Chez les Romains, les jeux du cirque étaient fort prisés.* **3.** En, dans la personne de, dans l'œuvre de. *C'est une manie chez lui. On trouve chez Mallarmé...* **4.** (Afr. subsah., Liban) Fam. *Être chez qqn :* être entre les mains de. *Où est ton crayon? – Chez Marie. Regarde! Elle dessine avec.*

chez-moi [ʃemwa], **chez-soi** [ʃeswa] n. m. inv. Fam. Domicile, lieu où l'on habite. *Aimer son chez-soi.* – (Québec) Aussi *chez-toi, chez-lui, chez-elle, chez-nous, chez-vous, chez-eux, chez-elles. Ils ont maintenant leur chez-eux :* ils possèdent leur propre maison.

chialage [ʃjalaʒ] n. m. (Québec) Fam. Fait de chialer (sens 2). *C'est pas fini, le chialage?*

chialer [ʃjale] v. intr. [1] **1.** Fam. Pleurer. **2.** (Québec) Fam. Se plaindre; critiquer. *Elle est toujours en train de chialer.*

chialeux, euse [ʃjalø, øz] adj. et n. (Québec) Fam. (Personnes) Qui chiale (sens 2). – Subst. *Il y a toujours des chialeux qui (ne) sont pas contents.*

Chiangmai, v. du nord de la Thaïlande; 158000 hab. – Fondée en 1296, la ville fut la cap. d'un royaume thaï.

Chianti, rég. d'Italie (Toscane), au N. de Sienne. Ses collines donnent un vin rouge célèbre *(chianti).*

chiasma [kjasma] n. m. ANAT Croisement en forme d'X. *Chiasma optique :* lieu d'entrecroisement des nerfs optiques au niveau du corps de l'os sphénoïde.

chiasme [kjasm] n. m. RHET Figure de style disposant en ordre inverse les mots de deux propositions qui s'opposent (ex. : il était très riche en défauts, en qualités très pauvre).

Chibcha(s) ou **Muisca(s),** anc. peuple de la cordillère des Andes (Colombie). Sa civilisation fut détruite au XVIe s. par les Espagnols.

Chibougamau, v. du Québec, près du *lac Chibougamau;* 12000 hab. Mines de cuivre.

chic [ʃik] n. m., adj. inv. et interj. **I.** n. m. **1.** Habileté, savoir-faire. *Il a le chic pour dire ce qu'il faut dans ces moments-là.* ▷ Loc. *De chic :* sans l'aide d'un modèle; d'inspiration et avec habileté. *Dessiner de chic.* **2.** Qualité de ce qui est élégant, de bon goût, distingué. *Ce chapeau a du chic.* **II.** adj. inv. **1.** Élégant, distingué. *S'habiller chic. Un dîner très chic.* Syn. huppé. – *Bon chic bon genre :* d'une élégance classique, de bon ton (abrév. B.C.B.G.). **2.** Amical et serviable. *Un chic type.* **III.** interj. Fam. Marque l'approbation, une surprise agréable. *Chic alors!*

Chicago, v. et port import. des É.-U. (Illinois), sur le lac Michigan; 2783700 hab. (aggl. urb. 8035000 hab., la 3e des É.-U.). Grand centre comm. et industr. – Nombr. chefs-d'œuvre de l'archi. contemp. (Crown Hall, par Mies van der Rohe, 1950-1956). Musées import. : Art Institute of Chicago, Museum of Science and Industry, Field Museum of Natural History. Université. – *L'école architecturale de Chicago,* à la fin du XIXe s., a révolutionné la construction en édifiant des bâtiments à ossature métallique, qui sont à l'origine des gratte-ciel.

chicane [ʃikan] n. f. **I. 1.** Procédure subtile que l'on engage sans fondement, de mauvaise foi. **2.** *Par ext.* Querelle sans fondement, tracasserie déplacée. *Chercher chicane à qqn.* **II. 1.** Passage en zigzag installé sur une route et qui oblige les voitures à ralentir. **2.** TECH Aménagement destiné à modifier le trajet normal d'un liquide ou d'un gaz. **3.** JEU Au bridge, absence de cartes d'une couleur dans la distribution d'une main.

chicaner [ʃikane] v. [1] **1.** v. intr. User de chicane, dans un procès. **2.** v. intr. Contester sans fondement et avec malveillance. *On ne peut pas discuter avec vous, vous chicanez tout le temps.* ▷ v. tr. *Il n'a pas cessé de me chicaner sur les mots.* **3.** v. pron. Se disputer pour des vétilles.

chicanerie [ʃikanʀi] n. f. Fait de chicaner.

chicaneur, euse [ʃikanœʀ, øz] n. Personne qui chicane. ▷ adj. *Un esprit chicaneur.*

chicanier, ère [ʃikanje, ɛʀ] n. Personne qui chicane sur la moindre chose. ▷ adj. *Il est très chicanier.*

chicha [ʃiʃa] n. f. (Maghreb) Pipe composée d'un flacon et d'un long tuyau flexible servant à aspirer la fumée.

1. chiche [ʃiʃ] adj. **1.** Qui ne se laisse pas aller à dépenser, parcimonieux. – Fig. *Il est chiche de compliments.* **2.** (Choses) Peu abondant, qui témoigne d'un esprit mesquin. *Il m'a offert un repas très chiche.*

2. chiche [ʃiʃ] adj. V. pois (chiche).

3. chiche [ʃiʃ] interj. et adj. Fam. **1.** interj. Marque le défi. *Chiche que tu n'y vas pas!* **2.** adj. *Tu n'es pas chiche de le faire,* tu n'en es pas capable.

chiche-kebab [ʃiʃkebab] n. m. (Maghreb) Syn. de *kebab. Des chiche(s)-kebabs.*

chichement [ʃiʃmɑ̃] adv. D'une manière chiche, avec parcimonie.

Chichén Itzá, local. mexicaine située au N. de la prov. du Yucatán; autref., l'une des plus grandes cités de la civilisation toltèque-maya. – Pyramide *El Castillo,* temple des Guerriers.

chichi [ʃiʃi] n. m. Fam. Comportement maniéré. *Faire des chichis.*

Chichimèques, tribus nomades du nord du Mexique qui se répandirent, à partir du XIIe s., dans le centre du pays, où leur culture se fondit dans la civilisation toltèque.

chicon [ʃikɔ̃] n. m. (Afr. subsah., Belgique, Luxembourg) Endive.

chicoracées [ʃikɔʀase] n. f. pl. Syn. de *liguliflores.* – Sing. *Une chicoracée.*

chicorée [ʃikɔʀe] n. f. **1.** Genre de composées, dont plusieurs espèces, annuelles (chicorée frisée, scarole, etc.) sont cultivées en Europe et en Afrique. Syn. (Belgique, Luxembourg) endive. **2.** *Chicorée à café* ou *chicorée :* poudre ou petits morceaux de racines torréfiées de variétés de chicorée sauvage, que l'on peut consommer en décoction ou mélanger au café.

chicot [ʃiko] n. m. **1.** Reste dressé du tronc d'un arbre brisé ou coupé. ▷ Loc. (Québec) *Maigre comme un chicot,* très maigre. – Personne d'une grande maigreur. **2.** Reste d'une dent cariée ou cassée.

chicoter [ʃikote] v. tr. [1] (Québec) Fam. Tracasser, inquiéter. *Ça me chicote qu'elle ne m'ait pas encore appelé.*

chicotte [ʃikɔt] n. f. (Afr. subsah.) Fouet, bâton, utilisé pour infliger des châtiments corporels.

chicotter [ʃikɔte] v. tr. [1] (Afr. subsah.) Fam. Donner des coups de chicotte à. *Chicotter un enfant turbulent.*

chicouangue [ʃikwɑ̃ŋ] n. f. V. chikwangue.

Chicoutimi, ville du Canada (Québec), sur le Saguenay; 62670 hab. (aggl. urb. 139400 hab.). Centre administratif et industriel (bois, text., papeteries). – Université. Carnaval célèbre.

chien, chienne [ʃjɛ̃, ʃjɛn] n. **I. 1.** Quadrupède domestique de la famille des canidés. *Chien qui aboie, qui hurle, qui jappe.* – *Chien savant :* chien dressé à faire des tours; *par ext.,* fig., péjor. personne (souvent un enfant) qui répète ce qu'elle a appris à la seule fin de plaire. – (Québec) Péjor. *Chien de poche :* enfant qui suit toujours ses parents, ou ses frères et sœurs; personne qui fait tout ce que veut un autre. **2.** Loc. fig. *Mourir comme un chien :* mourir dans l'abandon. – *Mener une vie de chien,* une vie misérable. – *Entre chien et loup :* moment du crépuscule où l'on commence à ne plus reconnaître les objets. – Prov. *Qui veut noyer son chien l'accuse de la rage :* on trouve toujours un prétexte quand on veut se débarrasser de qqn, de qqch. – (Québec) Fam. *Son chien est mort :* il a raté son coup et il ne peut se reprendre. **3.** Fig., fam. (En parlant des choses ou des personnes, par dénigrement.) *Un temps de chien. Quelle chienne de vie!* ▷ Terme injurieux. *Chien d'Untel!* **4.** interj., juron fam. *Nom d'un chien!* **5.** *Elle a du chien :* elle a de l'allure, elle plaît par son piquant. – (Québec) Fam. *Avoir du chien dans le corps :* avoir beaucoup d'énergie, de détermination. **6.** ASTRO *Le Grand Chien, le Petit Chien :* constellations australes. **7.** n. m. (Mart.) ou n. f. (pl.) (Belgique, Luxembourg) Frange de cheveux. ▷ n. m. pl. (Belgique, France rég.) Mèche de cheveux retombant sur le front. **II.** n. m. **1.** Pièce d'une arme à feu portative, qui assure la percussion de l'amorce de la cartouche. *Le chien d'un pistolet.* ▷ (Par anal. de forme avec le chien d'un fusil.) *Être couché en chien de fusil,* ramassé sur soi-même, les jambes repliées. **2.** *Chien de prairie :* petit rongeur d'Amérique du Nord, ainsi nommé en raison de son cri.

ENCYCL Les nombreuses races de chiens auraient pour origine commune le loup. On les classe ainsi : *chiens de garde et d'utilité :* chiens de berger, dogues, saint-bernard, etc.; *chiens de chasse :* terriers, chiens courants, chiens d'arrêt, lévriers, etc.; *chiens de luxe et d'agrément :* caniches, pékinois, etc.

chiendent [ʃjɛ̃dɑ̃] n. m. Mauvaise herbe à rhizome envahissante et difficile à détruire (fam. graminées). *Brosse de chiendent,* fabriquée avec les rhizomes séchés du chiendent. ▷ (Afr. subsah.) *Chiendent africain :* syn. de *impérata.*

chienlit [ʃjɑ̃li] n. f. Fam. Agitation, désordre, pagaille. *La chienlit règne.*

chien-loup [ʃjɛ̃lu] n. m. Chien de berger (berger allemand), dont l'aspect rappelle celui du loup. *Des chiens-loups.*

chier [ʃje] v. intr. [2] **1.** Vulg. Déféquer. **2.** Fig., fam. *Faire chier qqn,* l'ennuyer, lui causer des désagréments. Syn. emmerder. – *Se faire chier :* s'ennuyer.

Chiers (la), riv. de France (112 km), affl. de la Meuse (r. dr.); naît au Luxembourg, arrose Longwy et Montmédy.

Chièvres (Guillaume de Croÿ, seigneur de, duc de Soria) (1458 – 1521), ministre espagnol d'origine wallonne. Il servit deux rois de France, Charles VIII et Louis XII, puis fut nommé, en 1509, gouverneur du futur Charles Quint qui, devenu roi d'Espagne (1516), fit de lui son principal ministre.

chiffe [ʃif] n. f. **1.** Vx Morceau de tissu de mauvaise qualité. **2.** Fig. *C'est une chiffe molle :* il est sans énergie (physique ou morale).

chiffon [ʃifɔ̃] n. m. **1.** Morceau de vieux linge, de vieille étoffe. *Essuyer un meuble avec un chiffon.* Syn. (Acadie) brayon, (Québec) guenille, (Suisse) patte. – (Maghreb) *Chiffon de parterre :* serpillière. ▷ (Plur.) Loc. fam. *Parler chiffons :* parler de vêtements, de toilette. **2.** *Chiffon de papier :* contrat, traité dénué de valeur.

chiffonnage [ʃifɔnaʒ] ou **chiffonnement** [ʃifɔnmɑ̃] n. m. **1.** Action de chiffonner. **2.** TECH Ponçage d'une peinture à l'aide d'un morceau de drap ou d'un abrasif très fin.

chiffonné, ée [ʃifɔne] adj. Froissé. *Une robe chiffonnée.* – Fig. *Avoir la mine chiffonnée,* fatiguée.

chiffonner [ʃifɔne] v. [1] **I.** v. tr. **1.** Froisser. ▷ v. pron. *Ma robe s'est chiffonnée.* **2.** Fig., fam. Contrarier, chagriner. *Il y a qqch qui me chiffonne dans ce que vous dites.* **II.** v. intr. **1.** S'occuper de vêtements, de toilettes féminines. **2.** Exercer l'activité de chiffonnier.

chiffonnier, ère [ʃifɔnje, ɛʀ] n. **1.** Personne qui ramasse les chiffons, les vieux papiers, la ferraille; personne qui en fait commerce. **2.** n. m. Petit meuble à tiroirs haut et étroit.

chiffrable [ʃifʀabl] adj. Qui peut être chiffré; qu'on peut évaluer en chiffres.

chiffrage [ʃifʀaʒ] n. m. **1.** Action de chiffrer. *Chiffrage d'une dépense.* **2.** Syn. de *chiffrement.* **3.** MUS Caractère numérique placé au-dessus ou au-dessous des notes de la basse pour indiquer les accords qu'elle comporte.

chiffre [ʃifʀ] n. m. **1.** Caractère dont on se sert pour représenter les nombres. *Chiffres romains. Chiffres arabes.* **2.** Somme totale. *Diminuer le chiffre de ses dépenses.* ▷ Spécial. *Chiffre d'affaires :* montant total des ventes effectuées par une entreprise au cours d'une seule année (abrév. cour. : C.A.). **3.** Écriture codée utilisée pour transmettre des messages secrets. – *Service du chiffre :* service de certains ministères où l'on chiffre et déchiffre les dépêches. **4.** Arrangement artistique de lettres initiales d'un nom, entrelacées. *Mouchoirs brodés à son chiffre.*

chiffrement [ʃifʀəmɑ̃] n. m. Action de chiffrer (sens 3).

chiffrer [ʃifʀe] v. tr. [1] **1.** Évaluer, fixer le chiffre de. *Chiffrer une dépense.* – Pp. adj. *Estimations chiffrées.* **2.** Numéroter. *Chiffrer des pages.* **3.** Traduire dans un code secret. *Chiffrer un texte.* **4.** MUS Écrire le chiffre d'un accord.

Chiga. V. Kiga.

chignole [ʃiɲɔl] n. f. Perceuse à main.

chignon [ʃiɲɔ̃] n. m. **1.** Masse de cheveux roulés ou tressés, sur la nuque ou au sommet du crâne. **2.** Loc. fig., fam. *Se crêper* le chignon.*

Chiha (Michel) (1891 – 1954), poète, journaliste et essayiste libanais d'expression française. Tourmenté par la condition humaine (*la Maison des champs,* 1934), il se tourna ensuite vers l'essai politique et social.

Chihab, dynastie d'émirs druzes libanais (1697-1841). Cette famille, jadis influente, est aujourd'hui partagée entre druzes et maronites. V. Bachir II Chihab.

chihuahua [ʃiwawa] n. m. Chien terrier d'origine mexicaine, le plus petit de tous les chiens.

Chihuahua, v. du Mexique septent., à 1450 m d'alt.; 530480 hab.; cap. de l'État du m. nom. Centre comm. d'une import. région minière (or, plomb, zinc, uranium).

chiisme ou **chi'isme** [ʃiism] n. m. Courant de l'islam qui ne reconnaît ni la succession d'Abou Bakr au califat ni la doctrine de sa fille Aïcha, veuve du prophète Mahomet. ▷ Ensemble des chiites au sein de l'islam.

chiite ou **chi'ite** [ʃiit] adj. et n. **1.** Relatif au chiisme. **2.** Adepte du chiisme. ▷ Subst. *Les chiites sont majoritaires en Iran.*

Chikamatsu Monzaemon (Sugimori Nobumori, dit) (1653 – 1724), dramaturge japonais. Il écrivit d'abord pour le théâtre de poupées (*bunraku*). Avec *Double Suicide d'amour à Sonezaki* (1703) et les très nombr. pièces qui suivirent, il créa le théâtre japonais moderne.

chikh [ʃix] n. m. V. cheik.

chikwangue ou **chicouangue** [ʃikwɑ̃ŋ] n. f. (Afr. subsah.) En Afrique centr., rouleau de pâte de manioc enveloppé d'une feuille de bananier, que l'on cuit à l'étuvée. Syn. bâton de manioc.

Childebert Ier (v. 495 – 558), roi franc (511-558) du pays situé entre la Seine et la Loire et dont Paris était la capitale; troisième fils de Clovis. — **Childebert II** (570 – 596), roi d'Austrasie (575-596), de Bourgogne et d'Orléans (593-596). — **Childebert III** (683 – 711), roi de Neustrie et de Bourgogne (695-711). Pépin le Jeune, maire du palais, exerça le pouvoir.

Childéric Ier (v. 440 – 481), roi des Francs Saliens (457-481), fils présumé de Mérovée et père de Clovis. — **Childéric II** (653 – 675), roi d'Austrasie (662-675); il occupa la Neustrie de 673 à sa mort (par assassinat). — **Childéric III** (v. 711 – 754), le dernier des rois de France mérovingiens (743-751), déposé par Pépin le Bref.

Chili (république du) *(República de Chile),* État de l'Amérique du Sud, bordé par le Pacifique; 756945 km^2; 13700000 hab.; cap. *Santiago.* Nature de l'État : rép. Langue off. : esp. Monnaie : peso chilien. Relig. : cathol. (89 %).

Géogr. phys. et hum. – Étendu sur 4200 km du N. au S., le Chili a une largeur moyenne de 200 km. La cordillère volcanique orientale, très élevée, et la cordillère côtière, moins haute, encadrent une dépression de 1000 km entre Santiago et Puerto Montt : le Valle Central, cœur économique du pays. Le climat est aride au N., méditerranéen au centre, océanique frais au S., subpolaire ensuite. La pop. (métis de Blancs et d'Amérindiens, et immigrants européens) est citadine à 85 %.

Écon. – Le Valle Central, au climat méditerranéen, a développé une agriculture intensive (céréales, vigne, fruits et légumes) et un élevage ovin et bovin. Au sud on exploite la forêt. La pêche est active (5e rang mondial). Les Andes recèlent du cuivre (1er rang mondial), du fer, des nitrates, de l'argent, de l'or et du molybdène. L'hydroélectricité est abondante. Après le coup d'État de 1973, l'industrie a diversifié ses productions; elle exporte des produits manufacturés. Le Chili a retrouvé v. 1990 une croissance forte, une inflation et un endettement relativement réduits. Le prix social de ce redressement est lourd.

Hist. – Les Espagnols, conduits par Diego de Almagro puis Pedro de Valdivia, conquirent le pays sur les Araucans à partir de 1536. Les Indiens ne furent définitivement soumis qu'au XIXe s. Dès 1810, le Chili revendiqua son indépendance, acquise en 1818, par la victoire de Maipú remportée par San Martín et O'Higgins dont l'armée avait franchi les Andes. L'exploitation minière du pays commença. Aux conservateurs (1831-1861) succédèrent les libéraux (1861-1891), qui développèrent l'économie. Victorieux dans la guerre du Pacifique contre le Pérou et la Bolivie (1879-1884), le Chili acquit les régions de l'Atacama et d'Antofagasta (gisements de nitrate et de cuivre) et le territoire d'Arica. Dès la fin du XIXe s., la classe ouvrière commença à s'organiser, fait rare en Amérique latine, et des partis de gauche participèrent au gouv. de 1938 à 1958 (dont les communistes sous la présidence de G. González Videla). La droite gouverna de 1958 à 1964, puis le démocrate-chrétien E. Frei (1964-1970) rendit au Chili la propriété de ses mines et entama une réforme agraire. L'expérience d'unité populaire conduite par S. Allende (1970-1973) fut interrompue par le coup d'État du général Pinochet qui exerça une sanglante répression. La montée des oppositions obligea, constitutionnellement, Pinochet à remettre son pouvoir en jeu (1988). Aux présidentielles de 1989, le candidat centriste P. Aylwin fut élu, le g[al] Pinochet gardant cependant le contrôle de l'armée. En 1991, le Chili normalisa ses relations avec l'Argentine (sur leur frontière commune; 5 400 km) et signa avec le Mexique le premier accord de libre-échange entre pays latino-américains. En 1993, Eduardo Frei (démocrate-chrétien), fils de l'anc. président, remporta les présidentielles.

chilien, enne [ʃiljɛ̃, ɛn] adj. et n. Du Chili. ▷ Subst. *Un(e) Chilien(ne).*

Chillon, château fort de Suisse (XIIIe s.), construit sur un rocher en bordure du lac Léman, près de Vevey, autref. propriété des ducs de Savoie. François de Bonivard* y fut emprisonné de 1530 à 1536.

Chilpéric Ier (539 – 584), roi de Neustrie et de Soissons (561-584); fils de Clotaire Ier, époux de Frédégonde; il fut assassiné.

Chiluba (Frederik) (né en 1943), syndicaliste et homme politique de Zambie; élu président de la Rép. en 1991.

Chimay, v. de Belgique (Hainaut); 9270 hab. Brasserie célèbre. – La ville et ses environs, forts d'une anc. tradition sidérurgique, devinrent une principauté en 1486. – Chât. (XVe s.). Tombe de Froissart dans l'église (XIIIe-XVIe s.).

Chimborazo, volcan des Andes, en Équateur (6272 m).

Chimène, personnage de la poésie castillane; partagée entre l'honneur et l'amour chez Castro y Belvís (*les Enfances du Cid,* 1618) et Corneille (*le Cid,* 1637). V. Cid Campeador.

chimère [ʃimɛʀ] n. f. **1.** MYTH Monstre fabuleux à tête de lion, corps de chèvre et queue de dragon qui vomit des flammes. **2.** Imagination vaine, illusion. **3.** ZOOL Poisson holocéphale des grandes profondeurs marines, à grosse tête et à corps effilé. **4.** BOT Produit d'une greffe possédant les caractères du greffon et ceux du porte-greffe. ▷ GENET Individu porteur de caractères génétiques issus de deux génotypes différents.

chimérique [ʃimeʀik] adj. **1.** Qui se complaît dans des chimères. *Esprit chimérique.* **2.** Qui a le caractère illusoire des chimères. *Espérance chimérique.*

chimie [ʃimi] n. f. Science des caractères et des propriétés des corps, de leurs actions mutuelles et des transformations qu'ils peuvent subir.

ENCYCL On divise la chimie en chimie pure et en chimie appliquée. La chimie pure comprend la *chimie générale,* qui étudie les lois fondamentales, la *chimie minérale,* qui décrit les propriétés des corps et de leurs composés, à l'exception des composés du carbone, qu'étudie la *chimie organique.* Celle-ci se prolonge par l'étude des corps présents dans les tissus vivants *(biochimie).* La chimie pure a des ramifications interdisciplinaires : thermochimie, géochimie, électrochimie, physicochimie, etc. La chimie appliquée fait profiter l'industrie de ses travaux. Au XXe s. la chimie générale (ou *chimie physique*) a permis de rendre compte des *liaisons** entre les atomes d'une molécule. La *chimie nucléaire* procède de la physique du noyau. ► **tabl. éléments (classification périodique des éléments).**

chimioluminescence [ʃimjolyminesɑ̃s] n. f. PHYS Luminescence provoquée par une oxydation lente.

chimioprophylaxie [ʃimjopʀɔfilaksi] n. f. Prévention d'une maladie par l'administration d'un médicament. *La chimioprophylaxie du paludisme.*

chimiorécepteur [ʃimjoʀeseptœʀ] ou **chimiosensible** [ʃimjosɑ̃sibl] adj. PHYSIOL Sensible aux excitants chimiques (en parlant d'un organe ou d'une région du corps).

chimiorésistance [ʃimjoʀezistɑ̃s] n. f. MED Résistance de micro-organismes ou de cellules cancéreuses aux substances employées en chimiothérapie.

chimiosensibilité [ʃimjosɑ̃sibilite] n. f. Sensibilité aux excitants chimiques.

chimiosynthèse [ʃimjosɛ̃tɛz] n. f. BIOCHIM Synthèse de corps organiques réalisée par les végétaux inférieurs à partir de l'énergie dégagée par une réaction chimique.

chimiotactisme [ʃimjotaktism] n. m. BIOL Propriété que possèdent certaines cellules (spermatozoïdes, globules blancs, etc.) d'être attirées (*chimiotactisme positif*) ou repoussées (*chimiotactisme négatif*) par certaines substances chimiques.

chimiothérapie [ʃimjoteʀapi] n. f. Traitement des maladies par des substances chimiques, notam. antibiotiques et anticancéreuses.

chimique [ʃimik] adj. De la chimie; relatif aux corps, aux transformations des corps que la chimie étudie. *Les symboles chimiques. Le danger des engrais chimiques.*

chimiquement [ʃimikmɑ̃] adv. D'après les lois de la chimie. *Corps chimiquement pur,* tel qu'aucun réactif n'y détecte des substances étrangères.

chimisme [ʃimism] n. m. Didac. Ensemble de phénomènes biologiques considérés du point de vue de la chimie. *Chimisme stomacal.*

chimiste [ʃimist] n. Spécialiste de la chimie.

chimpanzé [ʃɛ̃pɑ̃ze] n. m. Grand singe anthropoïde, de mœurs arboricoles, dont les diverses races peuplent l'Afrique, du Sénégal aux Grands Lacs.

chinage [ʃinaʒ] n. m. TECH Opération qui consiste à teindre des fils, avant tissage, de différentes couleurs, pour que les brins placés au hasard forment une étoffe chinée.

chinchilla [ʃɛ̃ʃila] n. m. **1.** Petit rongeur de la cordillère des Andes, à fine fourrure grise très recherchée. **2.** Fourrure de cet animal.

Chine (mer de), mer du Pacifique, longeant la Chine et l'Indochine. Au N. du détroit de Taiwan s'étend la *mer de Chine orientale,* qui baigne, outre la côte orientale de la Chine, le S. de la Corée et du Japon; au S., la *mer de Chine méridionale,* mer intérieure, borde toute la côte S.-E. de l'Asie, Bornéo, les Philippines et Taiwan.

Chine (république populaire de), État d'Asie orient., le plus peuplé du monde (env. 1,2 milliard d'hab.), le troisième par la superficie (9596961 km^2); cap. *Pékin (Beijing).* Nature de l'État : rép. pop. Langue off. : mandarin. Monnaie : yuan (yuan renminbi). Religion : athéisme officiel, mais les pratiques religieuses sont tolérées.

Géogr. phys. – La Chine de l'O. est un bastion de hautes terres occupé par le plateau tibétain (3000 à 5000 m), flanqué au S. de l'Himalaya (plus de 8000 m). Cet ensemble, partagé entre les milieux froids d'altitude et les déserts, couvre les 2/3 du territoire mais ne compte que 6 % de la population. La Chine de l'E. appartient à l'Extrême-Orient asiatique. Ensemble compartimenté où dominent les plaines, elle compte 94 % des Chinois. Le N. de la Chine orientale est la Chine du Huanghe (le fleuve Jaune, le plus puissant d'Asie), surtout peuplée de Hans. Le climat continental, rude en hiver, chaud et arrosé en été, favorise les céréales (blé et millet) : là est née la civilisation chinoise. La Chine du Sud appartient à l'Asie des moussons, aux hivers plus cléments et aux étés très chauds et humides. Elle comprend le bassin du Yangzijiang, le plus long fleuve d'Asie, et des plateaux et collines plus au sud; c'est la Chine du riz peuplée par des Hans et de nombr. minorités, ruraux à 74 %. Malgré la faible urbanisation (26 %), plus de 40 villes dépassent le million d'hab. La politique draconienne de réduction des naissances a ramené la croissance démographique à env. 1,5 % par an.

Écon. – Le revenu annuel par hab. dépasse de peu 300 dollars. La situation alimentaire s'est améliorée et le pays occupe le premier rang mondial pour de nombreux produits (blé, riz, porc, coton). Entre 1950 et 1990, la prod. céréalière globale a presque été multipliée par trois mais, vu la croissance démographique, la production par hab. n'a augmenté que de 25 %. Dans le Sud, la riziculture inondée fournit deux ou trois récoltes par an; riz, maïs, blé, tabac, canne à sucre, agrumes, fruits tropicaux viennent de ces régions. Au Nord, les millets et le sorgho ainsi que le soja et le coton sont associés au blé. Dans l'Ouest montagneux et aride domine l'élevage, surtout ovin. Le petit élevage (porc, volailles) est présent dans tous les villages de Chine orientale, où la pêche a aussi une grande importance (3e rang mondial). Le pays dispose de bases énergétiques importantes : houille (1er rang), pétrole (7e), gaz, hydroélectricité, richesses minérales (fer, or, tungstène, antimoine, cuivre, zinc, étain, bauxite, molybdène). Les héritages de la colonisation (grands pôles portuaires, bases d'industries lourdes en Mandchourie) ont permis un important développement industriel depuis 1945 mais le retard est immense dans le secteur automobile et les filières de pointe (chimie de synthèse, biotechnologies, électronique, nucléaire), qui dépendent de l'extérieur. Le réseau ferroviaire, surtout important en Chine orientale, mais totalement saturé, assure, avec la navigation fluviale, l'essentiel des échanges. Les carences du transport routier sont considérables, tant en ce qui concerne le réseau que le parc de véhicules. Peu après la mort de Mao Zedong (1976), en 1978, la Chine a prôné les «quatre modernisations» (agriculture, industrie, sciences et techniques, défense). En 1980, elle a adhéré au F.M.I., ouvert des zones économiques spéciales sur le littoral afin d'attirer les capitaux étrangers, entrepris la privatisation du travail agricole et du petit commerce et donné priorité aux industries exportatrices. La forte croissance économique depuis la fin des années 1980 est due aux provinces côtières (plus de 50 % du revenu national, plus de 60 % des exportations, dont l'augmentation s'accélère). Les inégalités sociales s'aggravent dans le même temps.

Hist. – Les vestiges humains les plus anciens, connus sous le nom d'*homme de Pékin*, datent de 500000 ans. Le néolithique (IVe-IIe millénaire av. J.-C.) se développe sur le cours moyen du Huanghe. Sous la prem. dynastie, celle du Xia, le Nord-Est de la Chine est gagné à la vie agricole (IIe mill.). La dynastie des Shang (v. 1800-v. 1100 av. J.-C.) voit le début de la civilisation chinoise, fondée sur le bronze, les cités murées, le régime féodal, l'usage du char à timon, un système de numération et une écriture. Sous la dynastie Zhou (v. XIe s.-221 av. J.-C.), cette civilisation gagne le Centre et le Sud. À partir du VIIIe s., des États de type féodal se constituent. Dans cette époque de confusion, la pensée chinoise crée les grands systèmes de valeur qui vont durer jusqu'à nos jours, avec Lao-tseu, fondateur du taoïsme, et Confucius (VIe-Ve s. av. J.-C.). Le souverain Qin met fin à l'anarchie des «Royaumes combattants». Shi Huangdi (221-210 av. J.-C.) crée, pour la première fois, un empire chinois unifié; contre les nomades turco-mongols, il édifie la Grande Muraille. La dynastie Han dure de 206 av. J.-C. à 220 apr. J.-C. Du IIIe au VIe s., le morcellement de la Chine en de nombreux royaumes favorisa les invasions étrangères et le bouddhisme pénétra la Chine. La dynastie Sui (581-617) réorganisa le pays et prépara la renaissance Tang (618-907), qui accomplit de grandes réformes et de vastes conquêtes (Asie centrale, Mongolie, Viêt-nam); une civilisation brillante s'épanouit : âge d'or de la poésie, invention de la xylographie (méthode d'impression par planches gravées); puis, au cours de la période Song (960-1279) : généralisation de l'imprimerie, invention de l'aiguille magnétique, de la boussole, de la poudre. À la fin du XIIIe s.,le Mongol Gengis khān conquit toute la Chine; son petit-fils Koubilaï khān fonda la dynastie des Yuan (1261-1368) et fit de Pékin sa capitale, où il accueillit Marco Polo. Sous la dynastie des Ming (1368-1644), les grands travaux d'irrigation et de drainage firent passer la Chine de 60 millions à 150 millions d'hab. Au XVIIe s., les Mandchous imposèrent la dynastie des Qing (1644-1911). Elle accomplit une importante expansion territoriale (Mongolie, Tibet, Yunnan, Asie centrale, Taiwan, Corée, Viêt-nam, Népal, Birmanie), mais, au XIXe s., elle ne put résister aux pays industrialisés (États européens, É.-U., puis Japon). Conclusion de la guerre de l'Opium avec l'Angleterre (1839-1842), le traité de Nankin (1842) ouvrit des ports aux Occidentaux, qui exigèrent l'accès aux ports chinois : la révolte des Taiping (1853-1864) fut le prétexte d'une intervention franco-anglaise. Toutes les puissances obtinrent des territoires à bail. À l'issue de la guerre sino-japonaise (1894-1895), la Chine perdit Taiwan et la Corée. La révolte des Boxers (1900), nationalistes et xénophobes, encouragée par l'impératrice Ci Xi, fut matée par un corps expéditionnaire occidental. En 1912, les Mandchous abdiquèrent face au Guomindang nationaliste et républicain de Sun Zhongshan (Sun Yat-sen), dont l'alliance avec le parti communiste (1921) fut rompue en 1925, après la mort de Sun Zhongshan; son successeur, Jiang Jieshi (Tchang Kaï-chek), s'empara du pouvoir. Massacrés en 1927 à Canton et à Shanghai, les communistes, sous la direction de Mao Zedong, fondèrent en 1931 une «République soviétique chinoise» dans les montagnes du Jiangxi, d'où ils devaient atteindre, au terme de la Longue Marche (1934-1935), le Shānxi. La guerre sino-japonaise (1937-1945) provoqua leur alliance avec Jiang Jieshi, rompue en 1945, après la défaite du Japon. Ce fut la guerre civile (1945-1949), remportée par Mao Zedong, qui, en promulguant la réforme agraire, se rallia les masses paysannes. Jiang Jieshi se réfugia à Taiwan; le 1er oct. 1949 fut proclamée à Pékin la république populaire de Chine. Après la signature d'un traité d'amitié avec l'U.R.S.S. (1950), les relations se tendirent puis se rompirent en 1960. La révolution ininterrompue, décidée par Mao Zedong et exécutée par le Premier ministre Zhou Enlai, connut plusieurs phases : campagne de critiques du Parti, dite des «Cent Fleurs», suivie d'une «rectification» (1956-1957); «grande révolution culturelle» (1966-1967), qui renouvela les cadres (destitution de Liu Shaoqi); campagne commune contre Lin Biao (ancien ministre de la Défense) et contre la pensée de Confucius (1974); enfin campagne contre Deng Xiaoping, accusé d'économisme. Malgré ces luttes, le rôle de la Chine dans le monde n'a cessé de s'affirmer : entrée dans le «club nucléaire» (1964), admission à l'ONU (1971), voyage de Nixon (fév. 1972). Après la mort de Mao Zedong (1976) et avec la défaite de la gauche (condamnation de la «bande des quatre» dont la veuve de Mao) et, implicitement, du maoïsme, Deng Xiaoping (réhabilité en 1977) a accédé au pouvoir par personnes interposées. Il a libéralisé l'économie (V. ci-dessus **Écon.**) mais non le régime politique. Les relations avec l'U.R.S.S. s'apaisèrent, mais avec le Viêt-nam (soutenu par l'U.R.S.S.) un conflit armé éclata en fév. 1979, mais les relations reprirent en 1988. En 1987, Hu Yaobang, secrétaire du Parti, fut mis à l'écart. En mai 1989, alors qu'une visite officielle de Gorbatchev mit fin à trente ans de brouille entre Moscou et Pékin, des étudiants réclamèrent la réhabilitation de Hu Yaobang sur la place Tien Anmen. Manifestations et troubles affectèrent l'ensemble du pays. L'armée intervint en juin (plusieurs milliers de morts, des dizaines de milliers d'arrestations). La loi martiale ne fut levée à Pékin qu'en janv. 1990. En outre, le Tibet et le Xinjiang musulman réclament de plus en plus fermement leur indépendance. Condamnée, pour sa violation des droits de l'homme, par la communauté internationale, la Chine est toutefois entrée en force dans l'économie de la planète. En 1997, la mort de Deng Xiaoping n'a entraîné aucun bouleversement. Secrétaire général du parti communiste depuis 1989, Jiang Zemin est devenu chef de l'État.

Chine (rép. de) ou **Chine nationaliste.** V. Taiwan.

chiné, ée [ʃine] adj. et n. m. **I.** adj. Dont le fil est de plusieurs couleurs. *Laine chinée.* **II.** n. m. **1.** Dessin formé par la juxtaposition irrégulière de traits de couleurs différentes. **2.** Tissu chiné.

1. chiner [ʃine] v. tr. [**1**] **1.** Procéder au chinage de. *Chiner des fils de laine, de soie.* **2.** Tisser (une étoffe) au moyen de fils chinés. **3.** Imprimer un chiné sur.

2. chiner [ʃine] v. intr. [1] Rechercher des objets d'occasion, anciens, rares ou curieux, soit en amateur, soit pour en faire commerce.

3. chiner [ʃine] v. tr. [1] *Chiner qqn*, le railler sans malveillance.

chineur, euse [ʃinœʀ, øz] n. Personne qui aime chiner (2).

Chingola, v. du centre de la Zambie; 201 000 hab. Centre minier (métaux non ferreux, cuivre) relié par voie ferrée au port mozambicain de Beira, sur l'océan Indien.

Chinguetti, local. de Mauritanie, à l'E. d'Atar. – Anc. cap. culturelle et religieuse de la Mauritanie, fondée au XIIIe s. par les Almoravides.

chinois, oise [ʃinwa, waz] adj. et n. **I.** adj. **1.** De Chine. *Du thé chinois.* **2.** Fig., fam. Qui est formaliste, minutieux à l'excès. **II.** n. **1.** Habitant ou personne originaire de Chine. *Un(e) Chinois(e).* – (Madag.) Métis d'origine chinoise, établi à Madagascar. **2.** n. m. LING Langue de la famille des langues sino-tibétaines, comprenant le mandarin (langue nationale) et de nombreux dialectes parlés en Chine. ▷ *Abusiv.* Mandarin. ▷ Fig., fam. *C'est du chinois :* c'est obscur, inintelligible. **3.** n. m. Passoire à grille très fine, de forme conique, utilisée en cuisine. **4.** n. m. (Polynésie fr.) Fam. Épicier d'origine chinoise. ▷ (Guyane, Réunion) Épicier ou tenancier d'un débit de boissons (chinois ou non). – (Réunion) *Par ext.* Épicerie ou débit de boissons. – (oc. Indien) *Boutique de Chinois :* V. boutique (sens 1). **5.** n. m. Fam. (Cour. à Madag.) Restaurant servant de la cuisine chinoise.

chinoiserie [ʃinwazʀi] n. f. **1.** Meuble, bibelot venant de Chine, ou de style chinois. **2.** Fig., fam. Complication, chicane mesquine.

chintz [ʃints] n. m. Percale glacée, utilisée surtout en ameublement.

Chio, île grecque de la mer Égée, proche de la Turquie; 904 km², 52 690 hab.; ch.-l. *Chio* (24 100 hab.). Vins réputés, olives, fruits. – Les Turcs s'emparèrent de l'île en 1566 et massacrèrent les habitants révoltés en 1822. – Site préhist. Ruines d'un temple d'Apollon et d'un château du XIIIe s.

chiot [ʃjo] n. m. Très jeune chien.

chiottes [ʃjɔt] n. f. pl. Vulg. Cabinets, w.-c.

chiper [ʃipe] v. tr. [1] Fam. Dérober (un objet sans grande valeur) souvent par taquinerie ou plaisanterie.

chipie [ʃipi] n. f. Fam. Jeune fille ou femme capricieuse, acariâtre ou malveillante.

chipolata [ʃipɔlata] n. f. Saucisse de porc mince et longue.

chipotage [ʃipɔtaʒ] n. m. Action de chipoter, fait de se chipoter; querelle mesquine.

chipoter [ʃipɔte] v. [1] **1.** v. intr. Fam. Manger peu et sans appétit, du bout des dents. **2.** v. intr. Marchander, contester pour des vétilles. ▷ v. tr. *Il me chipote chaque centime.* **3.** v. intr. ou tr. (Belgique) Fam. Tripoter, farfouiller. *Ne chipote pas la nourriture.* ▷ v. intr. Occuper son temps à de petites choses, utiles ou non. ▷ v. tr. Tracasser, préoccuper. *Cette histoire me chipote.*

Chippendale (Thomas) (v. 1718 – 1779), ébéniste anglais. Son recueil de gravures (1754-1762) présente le *style* (rocaille) *Chippendale.*

chips [ʃips] n. f. inv. (Employé le plus souvent au plur.) Très mince rondelle de pomme de terre, frite. ▷ En appos. *Des pommes chips.*

1. chique [ʃik] n. f. **1.** Boulette de tabac à mâcher. **2.** Loc. fig., fam. *Être mou comme une chique :* être sans énergie, sans entrain. – (Belgique) *Mordre sur sa chique :* se maîtriser, se contenir.

2. chique [ʃik] n. f. Puce des régions tropicales dont la femelle, pénétrant sous la peau, peut provoquer diverses infections.

chiqué [ʃike] n. m. Fam. **1.** Feinte, simulation. *C'est truqué, c'est du chiqué!* **2.** *Faire du chiqué :* poser, faire des manières.

chiquenaude [ʃiknod] n. f. Petit coup donné par la détente brusque d'un doigt préalablement plié et raidi contre le pouce. Syn. pichenette.

chiquer [ʃike] v. tr. et intr. [1] Mâcher (une chique de tabac). *Tabac à chiquer.*

chiquet [ʃike] n. m. (France rég.) Supplément de marchandise offert par un vendeur.

chiqueur, euse [ʃikœʀ, øz] n. Personne qui chique.

Chir *(Chi'r)*, revue littéraire libanaise (1957-1970), qui regroupa des poètes, dont Adonis, désireux d'apporter un souffle nouveau à la poésie arabe afin de passer du «poème-paysage», descriptif et décoratif, à la «poésie-création». La poésie arabe va ainsi, pour la première fois, s'élaborer sur des bases indépendantes de la versification pure.

chir(o)-. Élément, du gr. *kheir*, «main».

Chirac (Jacques) (né en 1932), homme politique français. Gaulliste, il soutient en 1974 Giscard d'Estaing, qui en fait son Premier ministre. Démissionnaire en 1976, il transforme l'U.D.R. en Rassemblement pour la République (R.P.R.), qu'il préside, et devient maire de Paris (1977-1995). Vaincu à l'élection présidentielle de 1981, Premier ministre de la première «cohabitation» (1986-1988), il est vaincu à l'élection présidentielle de 1988 et remporte celle de 1995. En avril 1997, il dissout l'Assemblée pour donner «un nouvel élan» à sa majorité, mais celle-ci perd les élections législatives et, le 3 juin, J. Chirac nomme Premier ministre Lionel Jospin, premier secrétaire du parti socialiste, avec lequel il devra «cohabiter».

chiral, ale, aux [kiʀal, o] adj. Didac. Se dit d'une figure géométrique qui, comme les deux mains, n'est pas superposable à son image dans un miroir plan. *En chimie, les molécules chirales sont appelées isomères optiques.*

chiralité [kiʀalite] n. f. Didac. Propriété d'une figure géométrique chirale.

Chirāz, v. d'Iran mérid., à 1 600 m d'altitude; 800 000 hab.; ch.-l. de la prov. du Fārs. Tapis réputés; soieries; orfèvrerie. Vins. Roses. – La ville fut fondée au VIIe s. par les Arabes.

Chirico (Giorgio De). V. De Chirico.

chiro-. V. chir(o)-.

chiromancie [kiʀɔmɑ̃si] n. f. Pratique qui consiste à prédire l'avenir et à décrire le caractère des personnes d'après les lignes de leurs mains.

chiromancien, enne [kiʀɔmɑ̃sjɛ̃, ɛn] n. Personne qui pratique la chiromancie.

chiropracteur [kiʀɔpʀaktœʀ] n. m. Celui qui pratique la chiropraxie.

chiropraticien, enne [kiʀɔpʀatisjɛ̃, ɛn] n. (Québec) Personne qui pratique la chiropraxie.

chiropraxie [kiʀɔpʀaksi] **chiropractie** [kiʀɔpʀakti] ou (Québec) **chiropratique** [kiʀɔpʀatik] n. f. Méthode de traitement des douleurs rachidiennes par manipulations au niveau de la colonne vertébrale.

chiroptères [kiʀɔptɛʀ] ou **chéiroptères** [keiʀɔptɛʀ] n. m. pl. ZOOL Ordre de mammifères communément appelés chauves-souris, adaptés au vol grâce aux membranes de leurs membres antérieurs qui forment des ailes. *Les grands chiroptères sont frugivores, les plus petits généralement insectivores.* – Sing. *Un chiroptère* ou *un chéiroptère.*

chirurgical, ale, aux [ʃiʀyʀʒikal, o] adj. Qui a rapport à la chirurgie.

chirurgie [ʃiʀyʀʒi] n. f. Branche de la thérapeutique médicale faisant appel à la pratique des interventions manuelles ou instrumentales. *Chirurgie générale. Chirurgie esthétique.*

chirurgien [ʃiʀyʀʒjɛ̃] n. m. **1.** Praticien spécialiste de la chirurgie. **2.** ICHTYOL Poisson comestible des eaux tropicales, muni, à la base de la nageoire caudale, d'une épine érectile tranchante. Syn. cour. (Afr. subsah.) docteur.

chirurgien-dentiste [ʃiʀyʀʒjɛ̃dɑ̃tist] n. m. Dentiste qui pratique la chirurgie dentaire. *Des chirurgiens-dentistes.*

Chişinău (anc. *Kichinev*), cap. de la rép. de Moldavie, sur le Bicu, affl. de la r. g. du Dniestr; 735 000 hab. Industries métall. et méca. – Université. – Pouchkine y fut exilé de 1920 à 1923.

Chissano (Joaquim Alberto) (né en 1939), homme politique mozambicain, président de la Rép. depuis 1986.

chitine [kitin] n. f. BIOL Substance organique (polysaccharide) qui constitue les téguments des arthropodes et est présente dans la membrane des champignons.

chiton [kitɔ̃] n. m. ZOOL Mollusque fréquent sur les rochers de la zone littorale, dont la coquille est formée de huit plaques (classe des polyplacophores).

Chitungwiza, v. du N.-E. du Zimbabwe, au S. de Harare; 250 000 hab.

chiure [ʃjyʀ] n. f. Excrément d'insecte.

Chivu (Stoica) (1908 – 1975), homme politique roumain. Communiste dès 1931, président du Conseil d'État de 1965 au 9 déc. 1967, il fut alors évincé par Ceauşescu.

chlamydia [klamidja] n. f. MED Organisme présentant les caractères d'une bactérie et d'un virus, responsable de diverses infections transmissibles.

chleuh [ʃlø] adj. inv. et n. (Maghreb) Au Maroc, se dit de toutes les populations berbères, et non pas des seuls Chleuh*. ▷ Subst. *Un(e) Chleuh.*

Chleuh, population berbère vivant, au Maroc, dans le Haut Atlas occidental, l'Anti-Atlas et la vallée du Sous.

chlor(o)-. Élément, du gr. *khlôros*, «vert».

chlorate [klɔʀat] n. m. CHIM Nom générique des sels ou esters des acides oxygénés dérivés du chlore. *Les mélanges de chlorates alcalins et de combustibles constituent des explosifs.*

chloration [klɔʀasjɔ̃] n. f. Traitement de l'eau par le chlore, pour la rendre potable.

chlore [klɔʀ] n. m. CHIM Élément non métallique, de la famille des halogènes (symbole Cl), de numéro atomique Z=17. – Gaz (Cl_2 : *dichlore*) à l'odeur suffocante.

chloré, ée [klɔʀe] adj. Qui renferme du chlore.

chlorelles [klɔʀɛl] n. f. pl. Algues vertes unicellulaires, très communes, libres ou symbiotiques. – Sing. *Une chlorelle.*

chlorer [klɔʀe] v. tr. [1] Traiter par le chlore, ou par le chlorure de chaux.

chlorhydrate [klɔʀidʀat] n. m. CHIM Sel résultant de l'action de l'acide chlorhydrique sur une base azotée.

chlorhydrique [klɔʀidʀik] adj. CHIM *Acide chlorhydrique :* chlorure d'hydrogène HCl, gaz incolore d'odeur piquante, extrêmement soluble dans l'eau, qui attaque presque tous les métaux. ▷ Solution aqueuse de ce gaz.

chloro-. V. chlor(o)-.

chlorofluorocarbone [klɔʀoflyɔʀokaʀbɔn] n. m. Composé fluorocarboné*. (Abrév. : C.F.C.)

chloroforme [klɔʀɔfɔʀm] n. m. CHIM Nom usuel du trichlorométhane $CHCl_3$, utilisé autref. comme anesthésique général.

chloroformer [klɔʀɔfɔʀme] v. tr. [1] Anesthésier, endormir au chloroforme.

chlorophycées [klɔʀɔfise] n. f. pl. BOT Classe d'algues des eaux douces et marines, appelées aussi algues vertes, dont la chlorophylle est le seul pigment. – Sing. *Une chlorophycée.*

chlorophylle [klɔʀɔfil] n. f. Pigment végétal vert qui permet aux végétaux le possédant d'assimiler le carbone par photosynthèse. (Il existe diverses sortes de chlorophylles, qui ne sont synthétisées qu'à la lumière et dont la structure moléculaire commune est voisine de celle de l'hémoglobine.)

chlorophyllien, enne [klɔʀɔfiljɛ̃, ɛn] adj. Qui a rapport à la chlorophylle. *Assimilation chlorophyllienne,* par photosynthèse. – *Végétaux chlorophylliens,* qui renferment de la chlorophylle (tous les végétaux, à l'exception de certaines algues et des champignons).

chloroplaste [klɔʀɔplast] n. m. BOT Organite cytoplasmique siège de la photosynthèse.

chloroquine [klɔʀɔkin] n. f. MED Dérivé de la quinoléine employé dans la prévention et le traitement du paludisme.

chloroquinisation [klɔʀɔkinizasjɔ̃] n. f. Opération consistant à distribuer des médicaments contre le paludisme. *Campagne de chloroquinisation.* Syn. (Afrique) nivaquinisation.

chloroquino-résistance [klɔʀɔkinɔʀezistɑ̃s] n. f. MED Résistance à la chloroquine de l'hématozoaire agent du paludisme. *Des chloroquino-résistances.*

chlorose [klɔʀoz] n. f. BOT Maladie des plantes, due au manque d'air, de lumière, ou à un excès de calcaire, caractérisée par la décoloration des feuilles.

chlorure [klɔʀyʀ] n. m. CHIM Nom générique des sels ou esters de l'acide chlorhydrique et de certains dérivés renfermant du chlore. *Chlorure de sodium (NaCl) :* sel marin. ▷ *Chlorure décolorant :* mélange de chlorures et d'un sel, d'un monoacide de formule Cl–OH (eau de Javel, chlorure de chaux).

chlorurer [klɔʀyʀe] v. tr. [1] CHIM Transformer un corps en chlorure par combinaison avec du chlore.

choa [ʃoa] adj. inv. LING *Arabe choa :* parler arabe véhiculaire au Cameroun, au Tchad, au Nigeria.

choc [ʃɔk] n. m. et adj. **I.** n. m. **1.** Heurt d'un corps contre un autre. *Tomber sous la violence d'un choc.* **2.** MILIT Rencontre et combat de deux troupes armées. ▷ *Troupes de choc,* spécialisées dans les coups de main et les combats en première ligne. – Fig. *Un médecin, un curé de choc,* qui n'hésite pas à affronter les situations difficiles. **3.** Fig. Conflit, opposition. *Le choc des opinions, des générations.* **4.** MED Diminution importante et brutale du débit circulatoire, provoquant une hypotension et des troubles de la conscience, qui peut être due à une agression extérieure (choc infectieux, choc opératoire, choc des brûlés) ou à une défaillance interne (origine cardiaque ou hémorragique). *Le choc, dont l'évolution spontanée est mortelle, requiert un traitement immédiat.* ▷ Fig. *Traitement de choc :* mesure drastique. **5.** Émotion violente, perturbation causée par un événement brutal. **6.** METEO *Choc en retour :* effet indirect de la chute de tension qui suit l'éclair; fig. contrecoup d'un événement réagissant sur sa propre cause. **II.** adj. Qui surprend, étonne. *Des prix choc(s).*

chocard [ʃokaʀ] n. m. Oiseau corvidé (*Pyrrhocorax graculus*) des hautes montagnes d'Europe et d'Asie, à bec jaune, au plumage noir et aux pattes rouges. (On l'appelle aussi, mais à tort, *choucas.*)

chocolat [ʃɔkɔla] n. m. et adj. inv. **I.** n. m. **1.** Substance comestible à base de cacao torréfié et de sucre. *Une tablette, une barre de chocolat. Du chocolat noir, au lait.* **2.** Boisson au chocolat. *Un chocolat chaud.* **II.** adj. inv. **1.** De la couleur brun foncé du chocolat. **2.** Fam. *Être chocolat :* être déçu, trompé.

chocolaté, ée [ʃɔkɔlate] adj. Contenant du chocolat, parfumé au chocolat.

chocolaterie [ʃɔkɔlatʀi] n. f. Fabrique de chocolat.

chocolatier, ère [ʃɔkɔlatje, ɛʀ] n. Personne qui fait, qui vend du chocolat.

Choderlos de Laclos. V. Laclos.

chœur [kœʀ] n. m. **I. 1.** ANTIQ Groupe de personnes, représentant un personnage collectif, qui chantaient, en dansant ou non, les vers d'une tragédie et prenaient ainsi part à l'action. ▷ *Par ext.* Ce que chante, déclame le chœur dans les tragédies grecques ou inspirées du modèle grec. *Les chœurs d'«Athalie».* **2.** Groupe de chanteurs qui exécutent ensemble une œuvre musicale. *Les chœurs de l'Opéra.* ▷ *Par ext.* Morceau de musique chanté par un chœur. **3.** Fig. Réunion de personnes qui expriment ensemble la même chose. *Le chœur des créanciers.* ▷ *En chœur :* tous ensemble, d'un commun accord. *Ils le conspuèrent en chœur.* **II.** Partie de l'église où se trouve le maître-autel. – *Enfant de chœur :* enfant qui assiste le prêtre pendant la célébration des offices; fig. personne très naïve, crédule.

choir [ʃwaʀ] v. intr. [51] (Surtout à l'inf. et au pp.) **1.** Litt. ou vieilli Tomber. **2.** Fam. *Laisser choir :* abandonner. *Elle l'a laissé choir sans explications!*

Choiseul, (Étienne-François), duc de Choiseul, comte de Stainville (1719 – 1785), homme politique français. De 1758 à 1770, il dirigea la polit. extérieure de la France.

choisi, ie [ʃwazi] adj. **1.** Qui a fait l'objet d'un choix. *Cocher la réponse choisie.* **2.** *Par ext.* Qui est considéré comme ce qu'il y a de meilleur. *Société choisie.* ▷ Recherché, raffiné. *Il a formulé sa requête en termes choisis.*

choisir [ʃwaziʀ] v. tr. [3] **1.** Adopter, sélectionner selon une préférence. *Choisir ses amis. Choisir un cadeau.* **2.** Décider de (faire une chose de préférence à une autre, à d'autres). *Il a choisi de vivre seul et de rester à Paris.* ▷ (S. comp.) *Être incapable de choisir.*

choix [ʃwa] n. m. **1.** Action de choisir; décision prise lorsqu'on choisit. *Arrêter son choix sur qqch.* **2.** Pouvoir, faculté, liberté de choisir. *Laisser, donner le choix à quelqu'un. N'avoir que l'embarras du choix.* **3.** Ensemble de choses que l'on donne à choisir. *Présenter un choix de bagues.* **4.** Chose choisie, ensemble de choses choisies. *Voici mon choix. Un choix de poésies.* ▷ *Des marchandises de choix, de premier choix,* de qualité supérieure. **5.** *Au choix :* en ayant la possibilité de choisir. *Fromage ou dessert, au choix.* **6.** MATH *Axiome du choix,* selon lequel on peut définir une fonction qui associe à toute partie non vide d'un ensemble un et un seul élément de cet ensemble.

choke [ʃok; ʃɔk; tʃok] n. m. (Belgique, Luxembourg, Maurice, Suisse) Starter (sens 2).

Chokwé, Bachokwé, Cokwé ou **Tchokwé,** population répartie entre le N. de l'Angola, le S. de la rép. dém. du Congo et la Zambie (env. 1300000 personnes). Ils parlent une langue bantoue.

chol(é)-. Élément, du grec *kholê,* «bile».

cholagogue [kɔlagɔg] adj. et n. m. MED Se dit des substances facilitant l'évacuation de la bile. ▷ n. m. *Un cholagogue.*

cholécystite [kɔlesistit] n. f. MED Inflammation de la vésicule biliaire.

cholédoque [kɔledɔk] adj. m. et n. m. ANAT *Canal cholédoque* ou, n. m., *le cholédoque,* qui s'abouche dans le duodénum et par lequel s'écoule la bile.

choléra [kɔleʀa] n. m. Infection intestinale aiguë, très contagieuse, due au vibrion cholérique et à sa variété El Tor, qui se traduit par une diarrhée aqueuse intense avec forte déshydratation. (La contamination se fait par les mains sales et l'absorption d'eau ou de crudités contenant l'agent infectieux.)

cholérique [kɔleʀik] adj. et n. MED **1.** adj. Du choléra, relatif au choléra. *Le vibrion cholérique, ou bacille virgule.* **2.** adj. et n. Qui est atteint du choléra.

cholestérol [kɔlɛsteʀɔl] n. m. Variété de stérol apportée par l'alimentation et synthétisée par le foie, présente dans les tissus et les liquides de l'organisme, dans laquelle on reconnaît auj. plusieurs fractions. *En excès, le cholestérol représente un facteur de risque cardio-vasculaire.*

cholestérolémie [kɔlɛsteʀɔlemi] n. f. MED Concentration sanguine en cholestérol, dont l'augmentation, dans certaines hyperlipémies, favorise l'athérosclérose.

Choli. V. Acoli.

choline [kɔlin] n. f. BIOCHIM Alcool azoté entrant dans la composition de certains lipides et qui se trouve, à l'état libre ou estérifié (acétylcholine), dans toutes les cellules de l'organisme.

Cholokhov (Mikhaïl Alexandrovitch) (1905 – 1984), écrivain soviétique : *le Don paisible* (1928-1940), fresque sur les années 1912-1922 (dont on lui a contesté la paternité). P. Nobel 1965.

Cho Lon, anc. v. du Viêt-nam, depuis longtemps rattachée à Saigon (auj. *Hô Chi Minh-Ville*), dont elle constitue un puissant fbg industr., portuaire (sur un arroyo) et commercial.

chômable [ʃomabl] adj. Que l'on peut ou que l'on doit chômer. *Une fête chômable.*

chômage [ʃomaʒ] n. m. Fait de chômer, interruption de travail; état d'une personne privée d'emploi. – *Chômage partiel,* par réduction des horaires. – *Chômage technique,* imposé à certains secteurs par l'impossibilité, pour d'autres secteurs ou entreprises, de fournir les éléments indispensables à la fabrication. – *Chômage structurel,* dû à l'inadéquation qualitative entre l'offre et la demande de travail. – *Être au chômage* ou (Québec) *en chômage.* ▷ (Québec) Fam. Indemnités versées par une assurance-chômage. – *Avoir son chômage, retirer du chômage, être sur le chômage :* toucher des indemnités.

chômé, ée [ʃome] adj. Se dit d'un jour où l'on ne travaille pas et qui est payé (par oppos. à *ouvré*). *Fête chômée.*

chômer [ʃome] v. [1] **I.** v. intr. **1.** Cesser de travailler pendant les jours fériés. **2.** Être sans travail, être privé d'emploi. **3.** Cesser de fonctionner, d'être productif. *Laisser chômer une terre.* **II.** v. tr. Célébrer (une fête) en cessant le travail. *Chômer le 1er Mai.* – (Luxembourg) Célébrer (une fête) en manquant l'école.

chômeur, euse [ʃomœʀ, øz] n. Personne privée d'emploi.

Chomsky (Avram Noam) (né en 1928), linguiste américain. Il élabora la théorie de la grammaire générative. Il condamna l'intervention des É.-U. au Viêt-nam (*Bains de sang,* 1973).

Chona. V. Shona.

chondr(o)-. Élément, du gr. *khondros,* «cartilage».

chondricht(h)yens [kɔ̃dʀiktjɛ̃] n. m. pl. ZOOL Classe de poissons à squelette cartilagineux (poissons cartilagineux) comprenant, notam., les sélaciens. – Sing. *Un chondricht(h)yen.*

chondriome [kɔ̃dʀijom] n. m. BIOL Ensemble des chondriosomes d'une cellule.

chondriosome [kɔ̃dʀijozom] n. m. BIOL Syn. de *mitochondrie.*

chondroblaste [kɔ̃dʀoblast] n. m. ANAT Cellule élémentaire du tissu cartilagineux.

chondrostéens [kɔ̃dʀosteɛ̃] n. m. pl. ZOOL Superordre de poissons actinoptérygiens dont la colonne vertébrale demeure cartilagineuse. – Sing. *L'esturgeon est un chondrostéen.*

Chongqing ou **Tchong-k'ing,** v. de Chine (Sichuan), sur le Yangzijiang; 2 673 170 hab. (aggl. urb. 6 511 130 hab.). – Quartier général de Tchang Kaï-chek de 1938 à 1946.

Chooz, com. de France sur la Meuse (Ardennes); 805 hab. Centrale nucléaire franco-belge.

chope [ʃɔp] n. f. Verre à bière à paroi épaisse muni d'une anse; son contenu.

choper [ʃɔpe] v. tr. [1] Pop. **1.** Prendre, voler. *Choper un portefeuille.* **2.** Arrêter, attraper. *Se faire choper.* **3.** Contracter (une maladie), recevoir (un coup). *Choper la rougeole.*

Chopin (Frédéric) (1810 – 1849), pianiste et compositeur polonais (de père français). En 1831, il vint à Paris; de 1836 à sa mort (due à la tuberculose) il eut une liaison orageuse avec George Sand. Son style procède de la musique de piano préromantique (Weber), de la tradition classique (Mozart, Beethoven) et du folklore polonais. Citons : *Nocturnes* (1827-1846), *Marche funèbre* (1837), *Préludes* (1839-1841) pour piano seul, deux concertos pour piano.

chopine [ʃɔpin] n. f. **1.** Anc. mesure de capacité valant une demi-pinte (46,5 cl). – Au Canada, mesure de capacité valant une demi-pinte, ou deux demiards (56,8 cl); récipient pouvant contenir une chopine. *Une chopine de crème.* **2.** Pop. Bouteille de vin; son contenu. – (Réunion) Bouteille de bière ou de limonade.

chopinette [ʃɔpinɛt] n. f. (Maurice) Enjoliveur.

choquant, ante [ʃɔkɑ̃, ɑ̃t] adj. Qui choque. *Une conduite choquante. Une histoire choquante.*

choquer [ʃɔke] v. tr. [1] **I. 1.** Donner un choc à, heurter. *Choquer les verres :* trinquer. ▷ v. pron. *Verres qui se choquent.* **2.** Heurter moralement. *Votre conduite l'a beaucoup choqué.* ▷ v. pron. *Elle se choque pour bien peu.* **3.** Être en opposition avec. *Cela choque le bon sens.* **4.** Produire une impression désagréable sur. *Un hiatus qui choque l'oreille.* **5.** Fig. Donner un choc émotionnel à. *Ce deuil l'a beaucoup choqué.* **II.** MAR *Choquer une amarre, une écoute,* lui donner du mou.

choral, ale, als ou, rare, **aux** [kɔʀal, o] adj. Relatif à un chœur. *Chant choral.* ▷ n. m. Chant liturgique protestant créé par Luther. – Composition pour clavecin ou orgue sur le thème de ce chant. *Bach porta le choral à son sommet.*

chorale [kɔʀal] n. f. Groupe, société de chanteurs qui exécute des chœurs. *La chorale paroissiale.*

chorba [ʃɔʀba] n. f. Soupe composée de viande de mouton, de légumes secs, de tomates et de pâtes, parfumée à la menthe, spécialité nord-africaine. – *Par ext.* (Maghreb) Toute sorte de soupe.

chorde [kɔʀd] n. f. V. corde (II, sens 2).

chordés [kɔʀde] n. m. pl. V. c(h)ordés.

chorée [kɔʀe] n. f. MED Affection neurologique caractérisée par des mouvements involontaires amples et désordonnés des muscles. *La chorée, ou chorée de Sydenham ou danse de Saint-Guy, maladie aiguë de l'enfant, a probablement une origine infectieuse.*

chorégraphe [kɔʀegʀaf] n. Personne qui compose et règle des ballets.

chorégraphie [kɔʀegʀafi] n. f. **1.** Art de noter les pas et les figures de danse. **2.** Art de composer, de régler des ballets. **3.** Ensemble des figures de danse qui composent un ballet.

chorégraphique [kɔʀegʀafik] adj. Relatif à la chorégraphie, à la danse.

chorfa [ʃɔʀfa] n. m. pl. V. chérif.

choriste [kɔʀist] n. Personne qui chante dans un chœur, une chorale.

choroïde [kɔʀɔid] n. f. ANAT Membrane mince située entre la sclérotique et la rétine. ▷ (En appos.) *Plexus choroïde :* repli méningé où se forme le liquide céphalo-rachidien.

chorologie [kɔʀɔlɔʒi] n. f. ECOL Répartition des êtres vivants sur un territoire donné. (On distingue : l'*autochorologie,* qui concerne les individus et les espèces; la *synchorologie,* qui concerne les associations animales et végétales.)

chorus [kɔʀys] n. m. **1.** *Faire chorus :* répéter en chœur; se joindre à d'autres pour manifester son approbation. *Il dit que cela devait cesser, et les autres firent chorus.* **2.** MUS Ensemble des mesures du thème, qui constituent le canevas des improvisations de jazz.

Chorzów (anc. *Królewska-Huta;* en all. *Königshütte*), v. de Pologne, en haute Silésie; 143 350 hab. Centre industriel.

chose [ʃoz] n. f. **I. 1.** Toute réalité concrète ou abstraite conçue comme une unité. **2.** Ce que l'on ne nomme pas précisément. *Insister serait la dernière chose à faire. Chaque chose en son temps. Il pleut, chose rare en cette saison. Il a très bien pris la chose. Il y a de bonnes choses dans cet ouvrage,* de bons passages, de bonnes idées. ▷ DR *Chose jugée :* ce qui a été définitivement réglé par la juridiction compétente. *L'autorité de la chose jugée.* **II.** *Spécial.* **1.** Être inanimé (par oppos. à *être vivant*); objet matériel (par oppos. à *mot,* à *idée*). *Les personnes et les choses. Le mot et la chose.* Syn. objet. **2.** Ce que l'on possède en propre. *C'est mon bien, ma chose.* **3.** DR *Choses communes :* biens non susceptibles d'appropriation. *L'air, la pierre sont des choses communes.* **4.** PHILO *Chose en soi :* réalité, par oppos. à l'idée, à la représentation. **5.** *La chose publique :* l'État. **6.** (Plur.) Ce qui existe, se fait, a lieu. *Les choses étant ce qu'elles sont. Il faut regarder les choses en face. Aller au fond des choses :* approfondir un sujet. **7.** n. m. Désignant un objet que l'on ne peut ou que l'on ne veut pas nommer, ou (fam.) une personne. *Passez-moi le chose, là-bas. C'est chose qui me l'a dit.* Syn. (fam.) machin, truc. **8.** (Avec valeur d'adj.) Souffrant, fatigué. *Je me sens toute chose. Rester tout chose,* stupéfait, désorienté. **III.** Loc. **1.** Loc. pron. indéf., masc. *Quelque chose :* une certaine chose. *Vous prendrez bien quelque chose :* vous mangerez ou vous boirez un peu. ▷ Suivi de *de* et d'un adj. au masc. *Quelque chose de beau, de nouveau.* ▷ *Il y a quelque chose comme un an que je ne l'ai vu :* il y a environ un an... ▷ *C'est quelque chose! :* exprime l'admiration, l'indignation. **2.** *Autre chose :* quelque chose d'autre. *Passons à autre chose.* **3.** *Pas grand-chose :* V. grand-chose. **4.** *Peu de chose :* quelque chose de peu d'importance, de faible valeur. *Il suffit de peu de chose pour le contenter. Nous sommes peu de chose.* **5.** *Avant toute chose :* tout d'abord. – *De deux choses l'une... :* il faut choisir entre deux possibilités. **6.** *Dites-lui bien des choses (de ma part) :* formule de politesse.

chosifier [ʃozifjeʀ] v. tr. [2] PHILO Syn. de *réifier.*

Chostakovitch (Dimitri Dimitrievitch) (1906 – 1975), compositeur soviétique. Après des œuvres modernistes (*le Nez,* opéra, 1928; *le Boulon,* ballet, 1931), il dut écrire des symphonies plus classiques (*N°* 5, 1937; *N°* 7, dite de «Leningrad», 1941).

chott [ʃɔt] n. m. (Maghreb) **1.** Étendue de végétation halophile entourant une sebkha. **2.** *Par ext.* Sebkha.

chotte [ʃɔt] n. f. (Suisse) Loc. *À la chotte :* à l'abri (des intempéries, notam.).

1. chou, choux [ʃu] n. m. **1.** Crucifère du genre *Brassica* dont de nombreuses espèces et variétés sont cultivées. (Le *chou pommé,* ou *chou cabus,* est le chou commun; le *navet,* le *chou de Bruxelles,* dont on consomme les bourgeons axillaires, le *chou-fleur,* le *chou rouge,* le *colza,* la *navette,* etc., sont également des *Brassica.*) – (Antilles fr., Madag., Nouv.-Cal.) *Chou de Chine :* pé-tsai. ▷ *C'est bête comme chou :* c'est très simple. ▷ *Faire chou blanc :* échouer dans une démarche. ▷ *Faire ses choux gras de qqch :* faire son profit de qqch. ▷ (Belgique) *C'est chou vert et vert chou :* il n'y a pas de différence. (V. c'est bonnet* blanc et blanc bonnet.) **2.** Petite coque bouffante de rubans. **3.** Pâtisserie soufflée. *Chou à la crème. Pâte à choux.*

2. chou, choute [ʃu, ʃut] n. Fam. (Mot de tendresse.) *Mon chou.* ▷ adj. inv. Gentil, mignon. *Qu'elle est chou!*

chouan [ʃwɑ̃] n. m. Insurgé royaliste de l'ouest de la France, sous la Iʳᵉ République.

choubane [ʃuban] n. m. (Maghreb) V. chab.

chou-caraïbe [ʃukaʀaib] n. m. Taro (*Xanthosoma sagittoefolium*) originaire d'Amérique tropicale dont les jeunes feuilles sont consommées comme des épinards, et les tubercules, après cuisson, comme des pommes de terre. *Des choux-caraïbes.*

choucas [ʃuka] n. m. Oiseau corvidé d'Europe (32 cm de long), qui vit en bandes dans les falaises, clochers, etc. (Ne pas confondre avec *chocard.*)

1. chouchou, oute [ʃuʃu, ut] n. Fam. Préféré, favori. *Les chouchous du professeur.*

2. chouchou [ʃuʃu] ou **chouchoute** [ʃuʃut] n. m. ou f. (oc. Indien) Syn. de *chayotte.*

chouchouter [ʃuʃute] v. tr. [**1**] Fam. Traiter en favori, dorloter. *Elle chouchoute trop son fils.* Syn. choyer.

choucroute [ʃukʀut] n. f. CUIS Chou haché et fermenté dans la saumure. – *Spécial.* Plat constitué de ce chou cuit, de pommes de terre et de charcuterie.

Chou En-lai. V. Zhou Enlai.

1. chouette [ʃwɛt] n. f. Nom donné à tous les oiseaux strigiformes (rapaces nocturnes) dont la tête est dépourvue d'aigrettes, comme la hulotte, l'effraie, la chevêchette, etc.

2. chouette [ʃwɛt] adj. Fam. Beau, agréable, réussi. *Une chouette robe.* ▷ Interj. (Marque une surprise agréable.) *Ils viennent? Chouette!*

chouf [ʃuf] n. (Djibouti) Personne occasionnellement chargée de veiller à la sécurité de maisons ou de voitures garées dans la rue. *Les choufs qui gardent les voitures sont souvent des enfants.* Syn. choufeur.

Chouf (plaine du), rég. du Liban située au sud de Beyrouth, entre le Mont Liban et la mer Méditerranée.

choufer [ʃufe] v. tr. [**1**] (Djibouti) Fam. Veiller à la sécurité d'une maison ou d'une voiture garée dans la rue. *C'est moi qui choufe la voiture, patron.*

choufeur [ʃufœʀ] n. m. (Djibouti) Syn. de *chouf.*

chou-fleur [ʃuflœʀ] n. m. Chou dont on consomme les inflorescences, de couleur blanche et extrêmement serrées. *Des choux-fleurs.* Syn. (Afr. subsah.) boule-de-neige.

chouïa, chouia ou **chouya** [ʃuja] adv. Fam. (Emploi nominal.) *Un chouïa :* un peu. ▷ n. m. (Maghreb) Petite quantité.

chou-kanak [ʃukanak] n. m. (Pacifique) Plante potagère (*Hibiscus manihot* ou *Abelmoschus manihot*) dont les feuilles, très découpées sur de longues tiges, sont consommées comme des épinards et ont une consistance gluante après cuisson. *Des choux-kanaks.*

Chou-king. V. Shujing.

choum [ʃum] ou **choum-choum** [ʃumʃum] n. m. (Viêt-nam) Alcool de riz, obtenu après distillation du riz fermenté. – *Par méton.* Jatte contenant de l'alcool de riz ou de l'eau.

chou-palmiste [ʃupalmist] n. m. (Madag., Réunion) Bourgeon terminal du palmiste, consommé en salade, en gratin ou en achards. *Des choux-palmistes.* (On dit aussi *chou de palmiste.*)

chou-rave [ʃuʀav] n. m. Crucifère dont les racines forment des tubercules, à chair blanche, comestibles. *Des choux-raves.*

chourouq [ʃuʀuk] n. m. (Maghreb) Prière du petit matin.

Chou Teh. V. Zhu De.

chouya [ʃuja] adv. V. chouïa.

choyer [ʃwaje] v. tr. [**23**] **1.** Soigner avec tendresse, entourer de prévenances. *Choyer un enfant.* **2.** Fig. *Choyer une idée,* l'entretenir, la cultiver.

Chraïbi (Driss) (né en 1926), écrivain marocain d'expression française. D'abord hostile à la tradition (*le Passé simple,* 1954), il a dépeint les travailleurs émigrés (*les Boucs,* 1955) et la société maghrébine (*l'Âne,* 1956; *Une enquête au pays,* 1981; *l'Inspecteur Ali,* 1991).

chrême [kʀɛm] n. m. Huile consacrée mêlée de baume servant à certaines onctions sacramentelles des Églises catholique et orthodoxe.

chrétien, enne [kʀetjɛ̃, ɛn] adj. et n. **1.** Qui est baptisé, et, à ce titre, disciple du Christ. ▷ Subst. *Un chrétien, une chrétienne.* **2.** Relatif au christianisme. *Foi, morale chrétienne.*

Chrétien (Jean) (né en 1934), homme politique canadien, plusieurs fois ministre. Premier ministre (libéral) du Canada dep. 1993.

Chrétien de Troyes (v. 1135 – v. 1183), poète français, auteur de romans courtois en vers octosyllabes : *Érec et Énide* (v. 1170). Il a porté à son sommet le roman breton* : *Lancelot ou le Chevalier à la charrette, Yvain ou le Chevalier au lion, Perceval* ou le Conte du Graal.*

chrétienne-démocrate (Union) (*Christlich-Demokratische Union :* C.D.U.), parti conservateur de la R.F.A. fondé en 1949 par Adenauer et dont les leaders successifs gouvernèrent celle-ci de 1949 à 1969 et dep. 1982 (H. Kohl).

chrétiennement [kʀetjɛnmɑ̃] adv. D'une manière chrétienne.

chrétienté [kʀetjɛ̃te] n. f. Ensemble des chrétiens ou des pays chrétiens.

chrisme [kʀism] n. m. Didac. Monogramme du Christ.

christ [kʀist] n. m. **1.** Celui qui est l'oint du Seigneur. – *Le Christ :* Jésus de Nazareth. **2.** Crucifix.

Christian Iᵉʳ (1426 – 1481), roi de Danemark (1448-1481), de Norvège (1450-1481) et de Suède (1457-1481). — **Christian II** (1481 – 1559), petit-fils du préc.; roi de Danemark et de Norvège (1513-1523), de Suède (1520-1523), il fut renversé par Gustave Vasa et s'exila. — **Christian IX** (1818 – 1906), premier souverain de la branche de Glücksburg; roi de Danemark (1863-1906), il vit la Prusse annexer le Schleswig-Holstein (1864). — **Christian X** (1870 – 1947), petit-fils du préc.; roi de Danemark (1912-1947) et d'Islande (1918-1944), il s'opposa personnellement à l'occupant allemand.

Christiania. V. Oslo.

christianisation [kʀistjanizasjɔ̃] n. f. Action de christianiser; fait d'être christianisé, conversion.

christianiser [kʀistjanize] v. tr. [**1**] Rendre chrétien, convertir à la foi chrétienne.

christianisme [kʀistjanism] n. m. Religion fondée sur l'enseignement de Jésus-Christ.
ENCYCL Pour les chrétiens, Jésus-Christ est fils de Dieu et Dieu lui-même, rédempteur du genre humain. La vie du christianisme primitif nous est connue par le Nouveau Testament : Évangiles, Actes des Apôtres, Épîtres. Ayant attiré à lui les foules par sa prédication, Jésus s'est choisi un petit groupe d'Apôtres, auxquels il a donné mission de répandre sa doctrine. Troublés par sa mort, ils reprendront confiance, quand il leur sera apparu après sa Résurrection; après la venue du Saint-Esprit (Pentecôte), ils prêcheront l'Évangile et gagneront le monde méditerranéen. Le goût des païens pour les religions à mystères explique en partie la diffusion rapide du christianisme, qui se distinguait de ces religions par la transcendance divine du Christ et le mystère de la Trinité. Le christianisme peut se résumer ainsi : croire en Dieu, en la sainte Trinité, aimer Dieu de tout son cœur, de toute son âme et son prochain comme soi-même par amour de Dieu. On compte auj. près d'un milliard neuf cent millions de chrétiens; un peu plus de la moitié sont catholiques, plus du quart protestants, 10 % orthodoxes, etc.

Christian-Jaque (Christian Maudet, dit) (1904 – 1994), cinéaste français. Il aborda tous les genres : comédies (*François Iᵉʳ,* 1937), cape et épée (*Fanfan la Tulipe,* 1951), adaptations littéraires (*Boule-de-Suif,* 1945; *la Chartreuse de Parme,* 1947; *Nana,* 1954).

Christian Science (en fr. *Science chrétienne*), doctrine des scientistes chrétiens fondée à Boston (É.-U.), en 1879, par Mary Baker Eddy.

Christie (Agatha Mary Clarissa Mallowan, née Miller, dite Agatha) (1890 – 1976), auteur anglais de nombr. romans policiers à énigme.

Christie's, salle de vente d'œuvres d'art ouverte à Londres en 1766.

Christine de Pisan (v. 1363 – v. 1430), poétesse française d'origine italienne. Son œuvre mêle ouvrages savants, politiques (*Livre des faits et bonnes mœurs du sage roi Charles V,*

v. 1404) et lyriques (rondeaux, ballades, *Ditié de Jeanne d'Arc,* 1429).

Christine de Suède (1626 – 1689), reine de Suède (1632-1654), fille de Gustave-Adolphe. Elle agrandit ses États. Cultivée, éprise d'idées nouvelles, elle attira Descartes en Suède (où il mourut). La liberté de ses mœurs fit scandale et elle abdiqua (1654).

christique [kʀistik] adj. Qui concerne la personne du Christ.

Christo (Christo Javacheff, dit) (né en 1935), artiste américain d'origine bulgare. Il intervient sur l'environnement en emballant des objets, des monuments (*Pont-Neuf,* à Paris, en 1985) ou des éléments de paysage pour modifier le regard et le comportement du public.

Christoff (Boris). V. Khristov.

christologie [kʀistɔlɔʒi] n. f. Partie de la doctrine chrétienne qui a trait à la personne du Christ et à ses rapports avec les hommes.

Christophe (saint), personnage légendaire; il aurait porté Jésus sur ses épaules au passage d'une rivière (son nom gr., *Khristophoros,* signifie porte-Christ). Saint patron des automobilistes.

Christophe (Henri) (1767 – 1820), roi de la partie N. de Haïti (1807-1820) sous le nom d'Henri Ier. Esclave noir affranchi, lieutenant de Toussaint Louverture, il fut un des chefs de la révolte qui aboutit à la création de la rép. d'Haïti (1804). Mais en 1807, il fonda un royaume dans le Nord, alors que Pétion devenait prés. de la Rép. du Sud. Il a inspiré à A. Césaire *la Tragédie du roi Christophe* (1963).

Christophe (Georges Colomb, dit) (1856 – 1945), botaniste, écrivain et dessinateur français humoriste : *la Famille Fenouillard* (1889-1893).

christophine [kʀistɔfin] n. f. (Antilles fr.) Chayotte.

Christus (Petrus) (v. 1420 – v. 1473), peintre religieux et portraitiste flamand qui travailla à Bruges : *Déposition de croix* (Bruxelles), *Portrait de jeune femme* (Berlin).

chroma-, chromat(o)-, -chrome, -chromie, chromo-. Éléments, du gr. *khrôma, khrômatos,* «couleur».

chromage [kʀomaʒ] n. m. TECH Dépôt par électrolyse d'une pellicule de chrome sur un objet métallique pour le protéger contre la corrosion.

chromatide [kʀɔmatid] n. f. BIOL Chacune des deux unités qui constituent le chromosome au moment de la division cellulaire.

chromatine [kʀɔmatin] n. f. BIOCHIM Structure du noyau de la cellule visible au microscope, formée de masses denses reliées entre elles par de fines terminaisons formant un réseau. (Elle contient l'A.D.N. nucléaire, de l'A.R.N., des protéines, des histones, des lipides et du calcium. Au moment de la division cellulaire, elle se condense en masses plus denses : les chromosomes.)

chromatique [kʀɔmatik] adj. **1.** OPT Qui se rapporte aux couleurs. ▷ *Aberration chromatique :* défaut dû à la variation de l'indice de réfraction du verre d'une lentille en fonction de la longueur d'onde. **2.** MUS Qui procède par demi-tons consécutifs ascendants ou descendants. *Gamme chromatique.* **3.** BIOL Relatif aux chromosomes.

chromatisme [kʀɔmatism] n. m. **1.** Ensemble de couleurs. **2.** MUS Emploi de demi-tons à l'intérieur d'une échelle diatonique.

chromatographie [kʀɔmatɔgʀafi] n. f. BIOCHIM Procédé de séparation de différentes substances en solution ou en suspension dans un liquide.

-chrome. V. chroma-.

chrome [kʀom] n. m. Élément métallique (symbole Cr), de numéro atomique Z = 24. – Métal blanc (Cr), très dur, qui entre dans la composition des aciers inoxydables.

chromé, ée [kʀome] adj. TECH Qui contient du chrome. ▷ Recouvert de chrome.

chromer [kʀome] v. tr. [1] TECH Recouvrir de chrome.

-chromie. V. chroma-.

chromo-. V. chroma-.

chromo [kʀomo] n. m. Péjor. Mauvaise reproduction en couleurs. ▷ *Par ext.* Mauvais tableau.

chromolithographie [kʀomolitɔgʀafi] n. f. TECH Impression lithographique en couleurs; image ainsi obtenue.

chromosome [kʀɔmozom] n. m. BIOL Chacun des bâtonnets faisant partie du patrimoine génétique de l'individu, qui apparaissent dans le noyau de la cellule au moment de sa division (mitose ou méiose) et qui résultent de la segmentation et de la condensation du réseau de chromatine.

ENCYCL Chaque chromosome est formé de deux chromatides réunies au niveau du centromère, qui définit donc deux bras. Il existe en général dans le noyau cellulaire deux exemplaires identiques de chaque chromosome (paires de chromosomes homologues), l'un d'origine paternelle, l'autre d'origine maternelle. Le nombre de paires de chromosomes caractérise l'espèce. Chaque noyau, en dehors des gamètes, contient $2n$ chromosomes. Le nombre n correspond à une cellule haploïde (spermatozoïde ou ovule), le nombre $2n$ à une cellule diploïde. Chez l'homme, $2n = 46$. Ce nombre est très variable d'une espèce à l'autre. Chez de nombr. espèces, en partic. chez l'homme, il existe une paire de chromosomes dont les constituants sont différents chez le mâle et la femelle : ce sont les hétérochromosomes, ou chromosomes sexuels. Dans l'espèce humaine, les deux hétérochromosomes sont différents chez l'homme (X et Y) et identiques chez la femme (2 X). Le caryotype permet de définir ces caractéristiques. Lorsque le nombre ou la constitution des chromosomes apparaissent différents, on parle d'*aberration chromosomique,* à l'origine de certaines affections (trisomie 21 ou mongolisme). Les chromosomes renferment les mêmes constituants chimiques que la chromatine : A.D.N., A.R.N. et des protéines associées. L'A.D.N. chromosomique est porteur du code génétique, qui est transmis par l'A.R.N. messager aux ribosomes cytoplasmiques, où s'effectue la synthèse des protéines.

chromosomique [kʀɔmozomik] adj. BIOL Relatif aux chromosomes.

chromosphère [kʀɔmosfɛʀ] n. f. ASTRO Région de l'atmosphère du Soleil située entre la photosphère et la couronne, d'une épaisseur un peu inférieure à 2000 km, et de laquelle se détachent les protubérances et les éruptions.

chronaxie [kʀɔnaksi] n. f. PHYSIOL Durée que doit avoir une excitation électrique (dont l'intensité est le double de celle de la *rhéobase*) pour provoquer une réaction d'un nerf ou d'un muscle.

-chrone, chrono-. Éléments, du gr. *khronos,* «temps».

1. chronique [kʀɔnik] n. f. **1.** Recueil de faits historiques rédigés suivant l'ordre chronologique. *Les chroniques de Saint-Denis.* **2.** Ensemble des rumeurs qui circulent. **3.** Article spécialisé qui rapporte les informations les plus récentes sur un sujet particulier. *Chronique politique, sportive, financière.*

2. chronique [kʀɔnik] adj. MED Se dit des maladies qui ont perdu leur caractère aigu et durent longtemps, ou qui s'installent définitivement. *Bronchite, rhumatismes chroniques.* ▷ Par ext. *Chômage chronique.*

chroniquement [kʀɔnikmɑ̃] adv. De façon chronique. *Région qui manque chroniquement d'eau.*

Chroniques (livre des), titre donné à deux livres de l'Ancien Testament, qui relatent l'histoire des Hébreux, des origines à la prise de Jérusalem (587 av. J.-C.) et à l'exil.

chroniqueur, euse [kʀɔnikœʀ, øz] n. **1.** Celui qui tient une chronique dans un journal. **2.** n. m. LITTER Auteur de chroniques historiques. *Les grands chroniqueurs du Moyen Âge.*

-chrono. V. -chrone.

chronobiologie [kʀɔnobjɔlɔʒi] n. f. BIOL Partie de la biologie qui étudie les phénomènes cycliques et leurs causes chez les êtres vivants : hibernation, reproduction, sommeil, floraison, fonctionnement cellulaire, etc.

chronographe [kʀɔnogʀaf] n. m. TECH Chronomètre.

chronologie [kʀɔnolɔʒi] n. f. **1.** Science de l'ordre des temps et des dates. **2.** Liste d'événements par ordre de dates. *Établir la chronologie des faits marquants d'une période.*

chronologique [kʀɔnolɔʒik] adj. Qui a rapport à la chronologie, à la classification des événements par ordre de dates. *Classer des journaux par ordre chronologique.*

chronologiquement [kʀɔnolɔʒikmɑ̃] adv. Par ordre chronologique.

chronométrage [kʀɔnometʀaʒ] n. m. Action de chronométrer; son résultat.

chronomètre [kʀɔnomɛtʀ] n. m. **1.** Montre de précision ayant subi divers contrôles attestés par un «bulletin officiel de marche». **2.** *Spécial.* Instrument de précision qui mesure en minutes, secondes, dixièmes, centièmes et millièmes de seconde, le temps effectué par un sportif au cours d'une épreuve.

chronométrer [kʀɔnometʀe] v. tr. [14] Mesurer (une durée) à l'aide d'un chronomètre.

chronométreur, euse [kʀɔnometʀœʀ, øz] n. Personne chargée du chronométrage (d'une épreuve sportive, d'un travail).

chronométrie [kʀɔnometʀi] n. f. PHYS Mesure du temps.

chrys(o)-. Élément, du gr. *khrusos,* «or».

chrysalide [kʀizalid] n. f. **1.** Nymphe spécifique du lépidoptère, état transitoire entre la chenille (larve) et le papillon (imago). – *Par ext.* Cocon de la chrysalide. **2.** Fig. État de ce qui n'a pas encore atteint son plein épanouissement.

chrysanthème [kʀizɑ̃tɛm] n. m. Genre de composées originaires de la Chine, dont on cultive, dans les régions tempérées, de nombreuses variétés ornementales et dont l'une des espèces est le pyrèthre.

chryso-. V. chrys(o)-.

chrysolite ou **chrysolithe** [kʀizɔlit] n. f. MINER Pierre semi-précieuse jaune-vert, silicate naturel double de fer et de magnésium.

chrysomèle [kʀizɔmɛl] n. f. ENTOM Coléoptère, en général vivement coloré et de petite taille, dont il existe de nombreuses espèces mangeant les feuilles de divers végétaux.

Chrysostome. V. Jean Chrysostome (saint).

chtonien, enne [ktɔnjɛ̃, ɛn] adj. MYTH Qui est né de la terre. *Dieux chtoniens.*

chuchotement [ʃyʃɔtmɑ̃] n. m. Action de chuchoter; le bruit qui en résulte. *Des chuchotements inquiets.*

chuchoter [ʃyʃɔte] v. intr. [1] Parler bas en remuant à peine les lèvres. ▷ v. tr. Dire à voix basse. *Il lui chuchota quelques mots à l'oreille.*

chuintant, ante [ʃɥɛ̃tɑ̃, ɑ̃t] adj. et n. f. Qui chuinte. ▷ n. f. PHON *Les chuintantes :* les consonnes fricatives ch [ʃ], j et g doux [ʒ].

chuintement [ʃɥɛ̃tmɑ̃] n. m. **1.** Action de chuinter. **2.** Bruit d'une chose qui chuinte.

chuinter [ʃɥɛ̃te] v. intr. [1] **1.** Pousser son cri, en parlant de la chouette. **2.** Prononcer les sons [s] et [z] comme [ʃ] et [ʒ]. **3.** Produire un son qui ressemble au son *ch* [ʃ]. *Gaz qui chuinte en s'échappant d'une canalisation.*

Chulalongkorn (1853 – 1910), roi du Siam (1868-1910) sous le nom de Rāma V. Il modernisa son pays, mais, pour échapper à la colonisation, il dut céder à la France les territoires laotiens situés à l'est du Mékong et une partie du Cambodge (1893-1907), puis les États malais à la Grande-Bretagne (1909).

chum [tʃɔm] n. (Québec) Fam. **1.** Ami(e), copain, copine. *Un bon chum. C'est ma chum. Je sors avec mes chums de travail.* – (Pour préciser le sexe.) *Un chum de gars, ma chum de fille.* – (En fonction attribut.) *Être chum avec qqn.* **2.** n. m. *Spécial.* Petit ami, amoureux. *Avoir un chum. Changer de chum.* – Conjoint. V. blonde (sens 5).

Chuquet (Nicolas) (1445 – 1500), mathématicien français; *Triparty en la science des nombres* (1484) marque une date dans l'histoire de l'algèbre.

Churchill (sir Winston Leonard Spencer) (1874 – 1965), homme politique britannique. Député en 1900, ministre, il fut Premier lord de l'Amirauté (1911-1915), préparant la G.-B. à la guerre. Après la guerre, il rallia le parti conservateur, qu'il avait quitté en 1904. Premier ministre (1940-1945) à la tête d'un cabinet d'union nationale, il conduisit la guerre contre l'Axe et joua un rôle actif en polit. internationale. Battu lors des élections de 1945, il revint au pouvoir de 1951 à 1955. Ses *Mémoires de guerre* (1948-1953) lui valurent le P. Nobel de littérature 1953.

Churchill Falls (anc. *Grand Falls),* chute d'eau (75 m) sur la *rivière Churchill,* au Canada (Labrador), près de Schefferville. Elle alimente l'une des plus puissantes centrales hydroélectriques du monde (5,2 MkW) qui approvisionne Terre-Neuve et le Québec.

Churchill River. V. Hamilton.

chut [ʃyt] interj. et n. m. inv. Injonction de faire silence. *Chut! Écoutez...* ▷ n. m. inv. *On entendit quelques chut agacés.*

chute [ʃyt] n. f. **1.** Action de choir, de tomber; mouvement de ce qui tombe. *Faire une chute de cheval.* ▷ PHYS Chute des corps, déterminée par la pesanteur. *Chute libre d'un corps qui n'est soumis qu'à l'action de son poids.* ▷ Fig. *La chute du jour :* la tombée du jour. **2.** *Chute d'eau :* masse d'eau qui se précipite d'une certaine hauteur. *Les chutes du Niagara.* ▷ Différence de hauteur entre les niveaux de deux biefs successifs d'un cours d'eau. ▷ ELECTR *Chute de potentiel :* différence de potentiel. **3.** (Surtout au Québec.) (En parlant de précipitations atmosphériques.) *Chute de pluie, de neige, de grêle.* **4.** (Québec) (Dans un hôpital, un hôtel, etc.) Dispositif d'évacuation des ordures ménagères ou de collecte du courrier, du linge sale, comprenant un conduit vertical le long duquel sont disposées, à chaque étage, des trappes. *Chute à déchets, à linge.* **5.** Fig. Action de s'écrouler, de s'effondrer. *La chute d'un Empire. – La chute d'une valeur boursière,* l'effondrement de son cours. – *Chute d'une place forte après un siège,* sa capitulation. **6.** THEOL CHRET Faute, péché. *La chute :* le péché originel. **7.** Fait de se détacher et de tomber (pour une partie de qqch). *La chute des cheveux, des dents. – La chute des feuilles,* leur séparation d'avec l'arbre. **8.** Litt. Pensée, formule brillante qui termine un texte. **9.** Déchet, reste inutilisé d'un matériau que l'on a découpé. *Récupérer des chutes de tissu.* **10.** *La chute d'un toit,* sa pente; son extrémité inférieure. – *La chute des reins :* le bas du dos.

chuter [ʃyte] v. intr. [1] **1.** Tomber. **2.** JEU Ne pas réussir le contrat demandé, à certains jeux de cartes. **3.** Fig. Baisser. *Les prix ont chuté de 10 %.*

chutney [ʃœtni] ou (oc. Indien) **chatini** [ʃatini] n. m. Préparation culinaire à base de légumes et de fruits coupés menu et assaisonnés, accompagnant le riz dans certains plats froids.

chyle [ʃil] n. m. PHYSIOL Contenu liquide de l'intestin, formé par les aliments digérés et prêts à être absorbés.

chyme [ʃim] n. m. PHYSIOL Bouillie formée par les aliments partiellement digérés au sortir de l'estomac.

Chypre (en grec *Kipriakê Dêmokratia;* en turc *Kibris Cumhuriyeti*), État insulaire de la Médit. orientale dont le Nord a fait sécession («Rép. turque de Chypre du Nord»); 9251 km²; 700 000 hab.; cap. *Nicosie.* Langues off. : grec et turc. Monnaie : livre chypriote. Population : Grecs (en majorité), Turcs. Relig : christianisme orthodoxe (égl. auton. chypriote), islam.

Géogr. phys. et hum. – Le massif du Troodhos au S. et la chaîne du Karpas au N. encadrent la dépression centrale de la Mésorée qui, avec les plaines littorales, groupe l'essentiel du peuplement. Les Turcs (20 % de la pop. sur 40 % du territoire) vivent dans la partie N. de l'île, les Grecs dans la partie S. (80 % de la pop. sur 60 % du territoire).

Écon. – Agricole (vigne, agrumes, orge, moutons) et exportatrice d'amiante, l'île a connu de profonds bouleversements depuis la partition de 1974. La zone d'occupation turque, au nord (5 % du P.N.B. en 1996), demeure sous-développée. La zone sud, grecque, a connu un essor extraordinaire pour de nombr. raisons : aide de la Grèce et de la C.É.E. (statut d'association en mars 1973), afflux de capitaux libanais, report d'une partie des activités de Beyrouth, tourisme, législation attirant les investissements étrangers.

Hist. – L'île fut connue comme productrice de cuivre dès le début du IIIe millénaire av. J.-C. À la fin du IIe millénaire, les marins mycéniens y installèrent des ports, puis les Phéniciens des comptoirs (IXe-VIIIe s.). Vassale de l'Assyrie (v. 707-640), soumise à l'Égypte (585-538), elle fut convoitée par Grecs et Perses, annexée à l'empire d'Alexandre (333) et disputée par Lagides et Séleucides, intégrée à l'Empire romain (58 av. J.-C.), puis à l'Empire byzantin (395 apr. J.-C.), qui dut la défendre contre les raids arabes (632-964). En 1192, l'île forma un royaume latin, et cet import. centre du comm. avec l'islam fut acheté par Venise en 1489. Chypre fut prise par les Turcs en 1570. La G.-B. obtint de l'administrer (1878) et en fit une colonie en 1925. De violents conflits opposèrent les Grecs, partisans de l'union à la Grèce *(Enosis),* à l'Angleterre (1955-1959), et, après l'indépendance (1960), à la communauté turque, minoritaire. Un coup d'État, encouragé par le régime des colonels, à Athènes, renversa Mgr Makarios, président de l'île, le 15 juil. 1974. Le 20 juil., craignant l'*Enosis,* l'armée turque pénétra à Chypre et en occupa la moitié nord; en 1983, les Turcs chypriotes ont proclamé la Rép. turque de Chypre du Nord. En 1988, Georges Vassiliou a succédé à Spyros Kyprianou, président de la rép. depuis la mort de Mgr Makarios (1977). En 1990, Chypre a demandé son adhésion à la C.É.E. En 1993, Glafcos Cléridès (droite) a été élu prés. de la Rép. En 1996, son parti a remporté les élections juste devant le parti communiste.

chypriote [ʃipʀijɔt] ou **cypriote** [sipʀijɔt] adj. et n. De Chypre. – Subst. *Les Chypriotes sont en majorité grecs.*

1. ci [si] adv. de lieu. Marque le lieu où l'on est. **1.** Loc. *Ci-gît :* ici est enterré. **2.** (Avec un adj. ou un part.) *Ci-joint la copie de notre lettre. Les observations ci-incluses.* **3.** (En corrélation avec un nom précédé d'un démonstratif ou avec un pronom démonstratif; par oppos. à *là.*) Désigne ce dont on parle ou ce qui est proche. *Ce livre-ci, cette personne-ci. Celui-ci, ceux-ci.* **4.** Loc. adv. *Ci-après :* plus loin. – *Ci-contre :* tout à côté, vis-à-vis. – *Ci-dessus :* plus haut, supra. *Ci-dessous :* plus bas, infra. **5.** Loc. adv. (Avec les prép. *de* et *par.*) *De-ci de-là, par-ci par-là :* de côté et d'autre, en divers endroits. – *Aller de-ci de-là :* se promener sans but précis. – *On rencontre par-ci par-là quelques erreurs dans ce journal.* **6.** COMPTA Soit. *Cinq mètres à 20 francs, ci... 100 francs.*

2. ci [si] pron. dém. (Employé avec *ça.*) *Faire ci et ça.* – Loc. fam. *Comme ci, comme ça :* moyennement. *Ça va comme ci, comme ça, en ce moment.*

C.I.A. Sigle de *Central Intelligence Agency,* «Agence centrale de renseignements». Organisation de renseignements des É.-U., créée en 1947.

Ciano (Galeazzo, comte de Cortellazzo) (1903 – 1944), homme politique italien. Gendre de Mussolini, ministre des Affaires étrangères (1936-1943), il vota en 1943 la destitution de Mussolini. Arrêté par les Allemands, il fut livré au gouvernement fasciste et exécuté.

ci-après [siapʀe] loc. adv. V. ci 1 (sens 4).

cibiste [sibist] n. Utilisateur de la C.B. (V. citizen band) à des fins personnelles.

cible [sibl] n. f. **1.** Disque, panneau qui sert de but pour le tir. *Atteindre la cible en plein centre.* **2.** *Par ext.* Ce que l'on vise avec une arme. ▷ Fig. Personne visée. *Toute la soirée, il fut la cible des railleries.* **3.** PUB Ensemble des consommateurs que l'on cherche à atteindre par des moyens publicitaires. **4.** PHYS NUCL Surface que l'on place sur la trajectoire des particules pour étudier les phénomènes qui se produisent aux points d'impact. **5.** LING (En appos.) *Langue cible :* langue dans laquelle on traduit (par oppos. à *langue source*).

cibler [sible] v. tr. [1] Définir la cible (sens 3) de. *Cibler un produit ménager.* ▷ Déterminer, délimiter (une cible, sens 3). *Cibler la clientèle d'un produit de luxe.*

ciboire [sibwaʀ] n. m. RELIG CATHOL Vase sacré où l'on conserve les hosties consacrées.

ciboule [sibul] n. f. Liliacée voisine de l'oignon, utilisée comme condiment.

ciboulette [sibulɛt] n. f. Liliacée dont les feuilles tubulaires sont utilisées comme condiment.

cicatrice [sikatʀis] n. f. Trace laissée par une plaie après guérison. ▷ (Afr. subsah.) Trace laissée par une incision rituelle du visage, dont la disposition varie selon les ethnies; scarification (sens 1). ▷ Fig. Trace laissée par une blessure morale. *Il garde la cicatrice de cette tragédie.* Syn. balafre.

cicatriciel, elle [sikatʀisjɛl] adj. Relatif à une cicatrice.

cicatrisant, ante [sikatʀizɑ̃, ɑ̃t] adj. Qui favorise la cicatrisation. *Pommade cicatrisante.*

cicatrisation [sikatʀizasjɔ̃] n. f. Guérison d'une plaie.

cicatriser [sikatʀize] v. [1] **1.** v. tr. Guérir (en parlant d'une plaie). ▷ Fig. Adoucir, calmer. *Le temps cicatrise les douleurs d'amour.* **2.** v. pron. Se refermer, guérir (en parlant d'une plaie).

Cicéron (en lat. *Marcus Tullius Cicero*) (106 – 43 av. J.-C.), homme politique et orateur romain. Avocat, il entra dans la vie publique après la mort de Sylla (78 av. J.-C.). En 75, il est nommé questeur en Sicile. En 70, à la demande des Siciliens, il mena l'accusation contre le propréteur Verrès, qui avait pillé la Sicile dont il était gouverneur (plaidoiries dites *Verrines*). Édile (69), puis préteur (66), il déjoua, une fois consul (63), la conjuration de Catilina (les quatre *Catilinaires*). Exilé en Grèce (58), rappelé d'exil (57), il suivit Pompée puis se rallia à César après Pharsale (48). À la mort de César (44), il s'en prit violemment à Antoine (les quatorze *Philippiques*) qui le fit proscrire, puis assassiner. Ses discours politiques font de lui le modèle du prosateur classique. Il écrivit aussi des traités philosophiques (*De republica, Tusculanes, De senectute, De amicitia,* etc.).

ciclée ou **siclée** [sikle] n. f. (Suisse) Fam. Cri perçant.

cicler ou **sicler** [sikle] v. intr. [1] (Suisse) Fam. Pousser des cris aigus.

Ciconia (Johannes)(v. 1335 – 1411), compositeur liégeois qui étudia en Avignon et exerça son art à Liège puis à Padoue : messes, motets et chansons; en outre, il publia d'importants traités théoriques *(Nova Musica; De proportionibus).*

ciconiiformes [sikɔniifɔʀm] n. m. pl. ORNITH Ordre d'oiseaux échassiers à long cou et à long bec conique, comprenant les cigognes, les hérons, les aigrettes, les marabouts, etc. Syn. ardéiformes. – Sing. *Un ciconiiforme.*

ci-contre [sikɔ̃tʀ] loc. adv. V. ci 1 (sens 4).

cicutine [sikytin] n. f. CHIM Alcaloïde très toxique contenu dans la grande ciguë. Syn. conicine.

Cid Campeador (Rodrigo Diaz de Vivar, dit le) 1043 – 1099), héros espagnol. Époux de doña Jimena (Chimène), cousine du roi de Castille, il conquit notam. la principauté maure de Valence (1094). Le personnage devint légendaire, notam. grâce au *Poème du Cid* (XIIe s.) et au *Poème de Rodrigo* (XIVe s.- XVe s.), tous deux anonymes. Castro* y Bellvís s'inspira de ce dernier poème dans *las Mocedades* («les enfances») *del Cid,* pièce en trois actes et en vers publiée en 1618, dont Corneille* s'inspira pour écrire *le Cid,* représenté le 7 janv. 1637.

-cide. Élément, du lat. *cædes, cædis,* «action d'abattre, meurtre».

ci-dessous, ci-dessus [sidəsu, sidəsy] loc. adv. V. ci 1 (sens 4).

cidre [sidʀ] n. m. Boisson alcoolique obtenue par fermentation du jus de pomme. *Cidre bouché,* champagnisé.

ciel [sjɛl] n. m. (Plur. *ciels; cieux* dans quelques expr. litt.) **I.** Espace. **1.** Espace dans lequel se meuvent tous les astres; partie de l'espace que nous voyons au-dessus de nos têtes. *L'immensité du ciel* et, litt., *des cieux. Voir un avion dans le ciel. Carte du ciel :* représentation plane de la sphère céleste, découpée en 88 zones distinctes qui recouvrent le tracé des constellations. ▷ Loc. *Entre ciel et terre :* dans l'air. – *Lever les yeux au ciel,* en signe de supplication ou d'exaspération. – Fig. *Remuer ciel et terre :* tout mettre en œuvre pour obtenir un résultat. **2.** (Avec un adj., un comp.) Aspect de l'air, de l'atmosphère (selon le temps qu'il fait). *Ciel clair, nuageux, pluvieux. Un ciel de plomb.* ▷ METEO Partie du ciel présentant des caractéristiques nuageuses identiques. *Ciel pommelé, moutonné.* **3.** PEINT Représentation du ciel. *Les ciels de ce peintre sont toujours sombres.* **II.** Plafond. **1.** *Ciel de lit :* partie supérieure d'un baldaquin. **2.** MINES Plafond d'une galerie. – *Exploitation d'une mine à ciel ouvert,* à la surface du sol, à l'air libre. **III.** (Plur. *cieux.*) **1.** Le séjour de Dieu et des bienheureux, le Paradis. *Le royaume des cieux.* – *Être au ciel,* au Paradis; *par euph.* être mort. ▷ Loc. fig., fam. *Tomber du ciel :* arriver inopinément mais très à propos. *Une occasion qui m'est tombée du ciel.* – *Être au septième ciel :* être dans un état de grande félicité. **2.** *Par ext.* La divinité, la providence. *Grâce au ciel, j'ai réussi.* ▷ Prov. *Aide-toi, le ciel t'aidera.* **3.** HIST *Le fils du Ciel :* autref. l'empereur de Chine. **4.** *Ciel! :* interj. marquant la stupéfaction, l'inquiétude, etc. *Ciel, les voilà revenus!*

cierge [sjɛʀʒ] n. m. **1.** Longue chandelle de cire à l'usage des églises. **2.** Plante dont la forme rappelle un cierge.

cigale [sigal] n. f. **1.** Insecte homoptère d'assez grande taille, au corps sombre, qui se nourrit de la sève des arbres dont il perfore l'écorce grâce à son rostre rigide. (Diverses espèces vivent dans toutes les régions chaudes non désertiques; seul le mâle craquette.) **2.** *Cigale de mer :* V. scyllare.

cigare [sigaʀ] n. m. Rouleau de tabac à fumer formé de feuilles non hachées.

cigarette [sigaʀɛt] n. f. Petit rouleau de tabac haché, enveloppé dans une feuille de papier très fin. *Papier à cigarette. Cigarettes blondes, brunes.* – (Afr. subsah.) Tabac en minces rouleaux. *Demander, fumer de la cigarette :* demander, fumer une cigarette. *Bâton de cigarette.*

cigarillo [sigaʀijo] n. m. Cigarette recouverte d'une feuille de tabac; petit cigare.

ci-gît [siʒi] loc. V. ci 1 (sens 1) et gésir.

cigogne [sigɔɲ] n. f. **1.** Grand oiseau échassier migrateur à long bec. (La cigogne blanche, *Ciconia ciconia,* longue de 1 m, à pattes rouges et à rémiges noires, niche en Europe et hiverne en Afrique tropicale.) **2.** TECH Levier coudé.

ciguatera [sigwateʀa] n. f. (Polynésie fr.) Intoxication alimentaire consécutive à la consommation de poissons de lagon ayant mangé une algue toxique. *La ciguatera provoque de violentes réactions allergiques.* Syn. (Pacifique, Polynésie fr.) gratte.

ciguë [sigy] n. f. Plante vénéneuse des régions tempérées (fam. ombellifères) qui contient la cicutine. ▷ Poison que l'on en extrait. *Socrate fut condamné à boire la ciguë.*

ci-inclus, use [siɛ̃kly, yz] loc. V. inclus (sens 3).

ci-joint, jointe [siʒwɛ̃, wɛ̃t] loc. V. joint (sens I, 3).

cil [sil] n. m. **1.** Poil garnissant le bord des paupières de l'homme et de certains animaux. **2.** BIOL *Cils vibratiles*.* **3.** BOT Poil garnissant le bord d'un organe végétal. *Les cils d'une feuille.*

ciliaire [siljɛʀ] adj. Des cils. ▷ ANAT *Procès ciliaires :* replis saillants de la choroïde en arrière de l'iris.

cilice [silis] n. m. Chemise ou large ceinture de crin que l'on porte sur la peau, par mortification.

Cilicie, anc. nom d'une région d'Asie Mineure (S.-E. de l'Anatolie).

cilié, ée [silje] adj. et n. m. **1.** adj. BOT Bordé de poils rangés comme des cils. *Feuilles ciliées.* **2.** n. m. pl. ZOOL *Les ciliés :* classe de protozoaires infusoires dont la cellule est couverte de cils (paramécie, stentor, vorticelle). – Sing. *Un cilié.*

cillement [sijmɑ̃] n. m. Action de ciller.

ciller [sije] v. [1] **1.** v. tr. Fermer et ouvrir rapidement (les yeux). *Ciller les yeux, des yeux, à cause du soleil.* – (S. comp.) *Une lumière éblouissante qui fait ciller.* Syn. cligner. **2.** v. intr. Fig. *Ne pas ciller :* rester sans bouger, sans manifester d'émotion.

ciluba [siluba] n. m. LING Langue bantoue parlée par les Luba de la rép. dém. du Congo, l'une des quatre langues nationales de cet État.

Cimabue (Cenni di Pepi, dit) (v. 1240 ou 1250 - v. 1302), peintre et mosaïste italien. Son style, encore marqué par l'art byzantin, annonce Giotto, dont il aurait été le maître (fresques de la basilique Saint-François, à Assise, v. 1280).

cimaise [simɛz] n. f. ARCHI **1.** Moulure à la partie supérieure d'une corniche. **2.** *Par ext.* Partie d'un mur à la hauteur des yeux. - *Spécial.* Dans une galerie de peinture, cette partie, destinée à recevoir des tableaux.

Cimarosa (Domenico) (1749 - 1801), compositeur italien : env. 70 opéras et opéras bouffes (*le Mariage secret*, 1792), nombr. œuvres relig. et profanes.

Cimbres, peuple germanique qui envahit la Gaule avec les Teutons en 113 av. J.-C. et que Marius extermina à Verceil (101 av. J.-C.).

cime [sim] n. f. **1.** Sommet, faîte, partie la plus élevée. *La cime d'une montagne, d'un arbre.* **2.** Fig., litt. Le plus haut degré. *La cime des honneurs.*

ciment [simɑ̃] n. m. **1.** Matériau pulvérulent contenant du calcaire, de l'argile et du gypse, formant avec l'eau une pâte plastique qui fait prise et se solidifie en une matière dure et compacte. *Enduire, lier avec du ciment.* ▷ Abusiv. *Ciment armé :* béton armé*. **2.** *Par anal.* Toute matière liante compacte. *Ciment dentaire.* **3.** Fig. Ce qui lie ou rapproche. *Le ciment d'une alliance.*

cimentage [simɑ̃taʒ] n. m. Action de cimenter.

cimenter [simɑ̃te] v. tr. [1] **1.** Lier, enduire avec du ciment. *Cimenter des briques. Cimenter un mur.* **2.** Fig. Confirmer, affermir, consolider. *Cimenter une entente.*

cimenterie [simɑ̃tʀi] n. f. Fabrique de ciment.

cimentier [simɑ̃tje] n. m. Ouvrier qui fabrique ou qui emploie du ciment. - *Spécial.* Ouvrier spécialisé dans la mise en œuvre du béton armé.

cimeterre [simtɛʀ] n. m. Sabre oriental à lame large, tranchante des deux côtés et recourbée.

cimetière [simtjɛʀ] n. m. **1.** Lieu, terrain où l'on enterre les morts. **2.** *Par ext.* Endroit où l'on dépose ce qui est hors d'usage. *Cimetière de voitures.*

cimier [simje] n. m. Ornement du sommet d'un casque, d'un masque. - En appos. *Masque cimier.*

Cimmériens, peuple fixé sur les rives du Pont-Euxin. Vaincus en 637 av. J.-C. par les Lydiens, ils disparurent au début du VIe s. av. J.-C.

Cimon (v. 510 - v. 449 av. J.-C.), général athénien, chef du parti aristocratique, fils de Miltiade. Ses victoires sur les Perses en 468 et en 449 assurèrent l'indép. des cités grecques d'Asie Mineure.

cinabre [sinabʀ] n. m. **1.** MINER Sulfure naturel de mercure (HgS) rouge-brun. **2.** Couleur rouge vermillon.

Cincinnati, ville des É.-U. (Ohio), sur l'Ohio; 364 000 hab. (aggl. urb. 1 673 500 hab.). Constr. automobile, aéronautique.

Cincinnatus (Lucius Quinctius) (Ve s. av. J.-C.), héros national romain; consul en 460 av. J.-C., deux fois dictateur, vainqueur des Èques (l'un des peuples du Latium); célèbre par la simplicité de ses mœurs.

cincle [sɛ̃kl] n. m. ORNITH Oiseau passériforme plongeur commun en Europe, au plumage noir avec un plastron blanc, qui marche sur le fond à la recherche de sa nourriture.

1. ciné-. Élément, du gr. *kinêma*, « mouvement ».

2. ciné-. Élément, de cinéma.

ciné [sine] n. m. Fam. Abrév. de *cinéma* (sens 3). - (Québec) Abrév. de *ciné-caméra.*

cinéaste [sineast] n. Metteur en scène, technicien de cinéma.

ciné-caméra [sinekameʀa] n. f. (Québec) Petite caméra pour amateur. *Des ciné-caméras.* (Abrév. ciné).

ciné-club [sineklœb] n. m. Association d'amateurs de cinéma. *Des ciné-clubs.*

cinéma [sinema] n. m. **1.** Procédé d'enregistrement et de projection de vues photographiques animées. *L'âge d'or du cinéma muet (1918-1930). Naissance du cinéma parlant en 1929.* **2.** Art de réaliser des films; le spectacle que constitue la projection d'un film. *Une actrice de cinéma. Cinéma d'art et d'essai. Critique de cinéma.* ▷ Ensemble des films (d'une nation, d'une époque). *Le cinéma français, québécois, africain. Le cinéma des années 1930.* ▷ *Le cinéma :* l'ensemble des professionnels du cinéma; l'industrie du spectacle cinématographique. **3.** Salle de spectacle où l'on projette des films. *Aller au cinéma.* (Abrév. fam. : ciné). **4.** Fig., fam. Façon d'agir pleine d'affectation, comédie. *Faire du cinéma. Arrête ton cinéma!*

cinémascope [sinemaskɔp] n. m. (Nom déposé.) Procédé cinématographique fondé sur l'anamorphose des images, qui donne, à la projection, une vue panoramique avec effet de profondeur.

cinémathèque [sinematɛk] n. f. Endroit où l'on conserve les films de cinéma.

cinématique [sinematik] adj. et n. f. **1.** adj. Relatif au mouvement. **2.** n. f. MECA Étude du mouvement des corps indépendamment de ses causes (dont s'occupe la dynamique).

cinématographie [sinematɔgʀafi] n. f. Ensemble des procédés du cinéma.

cinématographique [sinematɔgʀafik] adj. Du cinéma. *Technique cinématographique.*

ciné-parc [sineparк] n. m. (Québec) Vaste parc de stationnement où l'on peut, de sa voiture, assister à la projection de films sur écran géant. *Des ciné-parcs.*

cinéphile [sinefil] n. Amateur de cinéma.

1. cinéraire [sineʀɛʀ] adj. *Urne cinéraire,* qui renferme les cendres d'un mort incinéré.

2. cinéraire [sineʀɛʀ] n. f. BOT Composée ornementale cultivée, selon l'espèce, pour ses feuilles gris cendré sur le revers ou pour ses fleurs.

cinérama [sineʀama] n. m. (Nom déposé.) Système de projection cinématographique qui restitue l'impression de relief, trois projecteurs synchronisés donnant trois images juxtaposées sur un écran courbe.

cinéroman [sineʀɔmɑ̃] n. m. Récit en images, roman-photo utilisant des photographies tirées d'un film.

cinéscope [sineskɔp] n. m. ELECTRON Tube cathodique effectuant la synthèse d'une image de télévision.

cinétique [sinetik] adj. et n. f. **I.** adj. **1.** Relatif au mouvement. **2.** PHYS *Énergie cinétique :* énergie emmagasinée par un corps lors de sa mise en mouvement, égale à $1/2\ mV^2$ si le corps est en translation ou à $1/2\ J\omega^2$ s'il est en rotation (*m :* masse; *V :* vitesse; *J :* moment d'inertie par rapport à l'axe de rotation; ω *:* vitesse angulaire). - *Moment cinétique par rapport à un point :* moment, par rapport à ce point, de la quantité de mouvement. - *Théorie cinétique des gaz,* qui déduit les propriétés des gaz de l'étude du mouvement d'agitation de leurs molécules. **3.** BX-A *Art cinétique :* courant de l'art plastique contemp. qui fait appel aux effets de mouvement réel ou virtuel. **II.** n. f. **1.** PHYS Étude descriptive du mouvement d'un système de particules caractérisées par leur masse. **2.** CHIM *Cinétique chimique :* étude de la modification de la composition d'un système chimique en fonction du temps.

cingalais ou **cinghalais, aise** [sɛ̃galɛ, ɛz] adj. et n. De l'ethnie qui constitue près des trois quarts de la population du Sri Lanka (anc. Ceylan). ▷ Subst. *Un(e) Cingalais(e).*

cinglant, ante [sɛ̃glɑ̃, ɑ̃t] adj. **1.** Qui fouette. *Un vent cinglant.* **2.** Fig. Blessant, mordant. *Une réplique cinglante.*

cinglé, ée [sɛ̃gle] adj. et n. Fam. Un peu fou. ▷ Subst. *Encore une cinglée!*

1. cingler [sɛ̃gle] v. intr. [1] Litt. Faire voile vers un point à bonne allure. *Le voilier cingle vers le port.*

2. cingler [sɛ̃gle] v. tr. [1] **1.** Frapper avec un objet flexible. *Cingler un cheval avec une cravache.* **2.** Fouetter, en parlant du vent, de la pluie, de la neige. *Un vent fort nous cinglait le visage.* **3.** Fig. Critiquer (qqn) d'une façon mordante.

Cingria (Charles Albert) (1883 - 1954), écrivain suisse de langue française, auteur de curieuses promenades dont la gloire fut posthume : *Pendeloques alpestres* (1929), *Impressions d'un passant à Lausanne* (1932), *Florides helvètes* (1944; rééd. 1983), *la Fourmi rouge* (posth., 1978).

Cinna (Cneius Cornelius) (Ier s. av. J.-C.), arrière-petit-fils de Pompée. Auguste lui aurait pardonné d'avoir conspiré contre lui. Héros d'une tragédie de Corneille (1640 ou 1641).

cinnamome [sinamɔm] n. m. BOT Genre de lauracées constitué d'arbres aromatiques des pays chauds : cannelier et camphrier vrai.

cinq [sɛ̃k; sɛ̃ devant un mot commençant par une consonne] adj. inv. et n. m. inv. **I.** adj. num. inv. **1.** (Cardinal) Quatre plus un (5). *« Phèdre » est une tragédie en cinq actes.* **2.** (Ordinal) Cinquième. *Charles V. Acte cinq.* - Ellipt. *Le cinq mars.* **II.** [sɛ̃k] n. m. inv. **1.** Le nombre cinq. *Multiplier cinq par trois. Quatre-vingt-cinq.* ▷ Chiffre qui représente le nombre cinq (5). ▷ Numéro cinq. ▷ *Le cinq :* le cinquième jour du mois. **2.** Carte, face de dé ou côté de domino portant cinq marques.

Cinq (groupe des), groupe de musiciens russes (Balakirev, Cui, Moussorgski, Borodine, Rimski-Korsakov) fondé par Balakirev.

Cinq-Cents (Conseil des), sous la Révolution française, une des deux assemblées du Directoire (1795-1799).

Cinq Nations (confédération des), ligue de tribus iroquoises (Cayagas, Mohawks, Oneidas, Onondagas, Senecas), fondée au XVIIe s., à laquelle s'intégrèrent les Tuscaroras et les Algonquins Delaware; ils vivaient sur la côte orient. d'Amérique du Nord, de part et d'autre du Saint-Laurent.

cinquantaine [sɛ̃kɑ̃tɛn] n. f. Nombre de cinquante ou environ. *Une cinquantaine de pages.* – *Absol.* Âge de cinquante ans. *Elle frôle la cinquantaine.*

cinquante [sɛ̃kɑ̃t] adj. inv. et n. m. inv. **I.** adj. num. inv. **1.** (Cardinal) Cinq fois dix (50). *Cinquante francs. Un homme de cinquante ans.* **2.** (Ordinal) Cinquantième. *Page cinquante.* **II.** n. m. inv. Le nombre cinquante. ▷ Chiffres représentant le nombre cinquante (50). ▷ Numéro cinquante.

cinquantenaire [sɛ̃kɑ̃tnɛʀ] adj. et n. **1.** Qui a entre cinquante et soixante ans. ▷ Subst. *Un(e) cinquantenaire.* **2.** Qui a cinquante ans. *Un arbre cinquantenaire.* **3.** n. m. Cinquantième anniversaire. *Fêter le cinquantenaire d'une revue.*

cinquantième [sɛ̃kɑ̃tjɛm] adj. et n. **I.** adj. num. ord. Dont le rang est marqué par le nombre 50. *La cinquantième année.* **II. 1.** n. Personne, chose qui occupe la cinquantième place. *La cinquantième de la liste.* **2.** n. m. Chaque partie d'un tout divisé en cinquante parties égales. *Deux cinquantièmes.*

cinquième [sɛ̃kjɛm] adj. et n. **I.** adj. num. ord. Dont le rang est marqué par le nombre 5. *Monter au cinquième étage,* ou, ellipt., *au cinquième.* – Loc. *Être la cinquième roue du carrosse*.* **II.** n. **1.** Personne, chose qui occupe la cinquième place. *La cinquième de la liste.* **2.** n. f. Deuxième classe du premier cycle de l'enseignement secondaire. *Redoubler la cinquième.* **3.** n. m. Chaque partie d'un tout divisé en cinq parties égales. *Le cinquième d'un héritage.*

cinquièmement [sɛ̃kjɛmmɑ̃] adv. En cinquième lieu.

cintrage [sɛ̃tʀaʒ] n. m. TECH Action de cintrer ou de courber une plaque, une barre de métal.

cintre [sɛ̃tʀ] n. m. **1.** ARCHI Courbure concave et continue d'une voûte ou d'un arc. *Arc plein cintre,* qui a la forme d'un demi-cercle régulier. **2.** TECH Appareil qui supporte un tablier de pont ou une voûte pendant le coulage du béton. **3.** (Plur.) Partie supérieure d'une scène de théâtre. *Les décors descendent des cintres.* **4.** Support pour les vêtements, qui a la forme des épaules.

cintré, ée [sɛ̃tʀe] adj. **1.** Courbé en arc. **2.** Pincé à la taille. *Une veste cintrée.*

cintrer [sɛ̃tʀe] v. tr. [1] **1.** ARCHI Faire un cintre, faire (un ouvrage) en cintre. **2.** TECH Courber une pièce. *Cintrer un tuyau.* **3.** COUT Ajuster (un vêtement) à la taille.

C.I.O. Sigle de *Comité international olympique.* (V. olympique).

Cioran (Emil Michel) (1911 – 1995), essayiste et moraliste roumain d'expression française. À Bucarest, il fréquente les cercles intellectuels où il se lie avec Mircea Eliade. Il arrive à Paris en 1937 et, par la suite, s'installe définitivement en France. Son œuvre, lucide, dénonçant toute idéologie ou doctrine, constitue une méditation sur le néant : *Précis de décomposition* (1949); *la Tentation d'exister* (1956); *De l'inconvénient d'être né* (1973).

cipaille [sipaj] ou **cipâte** [sipɑt] n. m. (Québec) Pâté réunissant une préparation de pommes de terre et plusieurs sortes de viandes coupées en morceaux. *Cipaille au lièvre.*

cipe [sip] n. m. (Louisiane) Cyprès.

cirage [siʀaʒ] n. m. **1.** Action de cirer. **2.** Composition, à base de cire, que l'on applique sur les cuirs pour les entretenir et les rendre brillants.

circadien, enne [siʀkadjɛ̃, ɛn] adj. PHYSIOL *Rythme circadien :* organisation séquentielle des diverses fonctions d'un organisme au cours d'une période de 24 heures.

circaète [siʀkaɛt] n. m. Oiseau falconiforme proche des aigles. (*Circaetus gallicus,* le *circaète jean-le-blanc,* atteint 1,60 m d'envergure; il niche dans le sud de l'Europe et hiverne en Afrique tropicale.)

Circassie, anc. nom de la région bordant le Caucase septentrional.

Circassiens. V. Tcherkesses.

Circé, dans *l'Odyssée,* , magicienne qui change en différents animaux les compagnons d'Ulysse.

circon-. V. circum-.

Circoncellions (révolte des), révolte organisée du IVe au début du Ve s., en Numidie, par les ouvriers agricoles berbères contre les propriétaires romains.

circoncire [siʀkɔ̃siʀ] v. tr. [64] Pratiquer l'opération de la circoncision sur (qqn).

circoncis [siʀkɔ̃si] adj. m. et n. m. Se dit d'un homme qui a subi la circoncision. ▷ (Afr. subsah.) *Par ext.* (au fém.) *Circoncise :* qui a subi l'excision.

circonciseur [siʀkɔ̃sizœʀ] n. m. (Afr. subsah., Maghreb) Homme chargé de pratiquer la circoncision.

circoncision [siʀkɔ̃sizjɔ̃] n. f. Opération qui consiste à exciser, complètement ou partiellement, la peau du prépuce. *La circoncision est pratiquée rituellement par les juifs, les musulmans et de nombreuses sociétés africaines.* ▷ (Afr. subsah.) Ensemble des rites et pratiques constituant l'initiation. *Les fêtes de la circoncision.* ▷ (Afr. subsah.) Excision (sens 2).

circonférence [siʀkɔ̃feʀɑ̃s] n. f. **1.** Ligne courbe fermée, dont tous les points sont également distants du centre. – Périmètre d'un cercle. *La longueur de la circonférence est égale à* $2\pi R$ *(*$\pi = 3,14$*;* R *= rayon).* **2.** *Par ext.* Ligne courbe enfermant une surface plane. *La circonférence d'un domaine.*

circonflexe [siʀkɔ̃flɛks] adj. et n. m. **1.** *Accent circonflexe* ou, n. m., *circonflexe :* signe orthographique placé sur une voyelle longue (*âme, pôle*) ou allongée par suite de la chute d'une des deux consonnes qui la suivent *(pâte, tête),* ou utilisé pour distinguer des mots dans l'écriture *(sur, sûr).* **2.** ANAT *Artères, nerfs circonflexes,* de forme sinueuse.

circonlocution [siʀkɔ̃lɔkysjɔ̃] n. f. Litt. Façon de parler qui exprime la pensée de manière indirecte ou imprécise. *Un discours plein de circonlocutions.*

circonscription [siʀkɔ̃skʀipsjɔ̃] n. f. Division d'un territoire (administrative, religieuse, militaire, etc.). *Circonscription électorale.*

circonscrire [siʀkɔ̃skʀiʀ] v. tr. [67] **1.** Tracer une ligne autour de (qqch). – GEOM *Circonscrire un cercle à un polygone :* tracer un cercle passant par les sommets de ce polygone. *Circonscrire un polygone à un cercle :* tracer un polygone dont les côtés sont tangents à ce cercle. **2.** Donner des limites, mettre des bornes à. *Circonscrire un incendie, une épidémie.* **3.** Fig. Cerner, limiter. *Circonscrire le sujet d'un ouvrage.*

circonspect, ecte [siʀkɔ̃spɛ, ɛkt] adj. **1.** Qui se tient dans une prudente réserve. *Elle est très circonspecte dans ses déclarations.* **2.** Inspiré par une prudence méfiante.

circonspection [siʀkɔ̃spɛksjɔ̃] n. f. Prudence, retenue, discrétion.

circonstance [siʀkɔ̃stɑ̃s] n. f. **1.** Ce qui accompagne un fait, un événement. *Se trouver dans des circonstances difficiles, dans une circonstance particulière.* **2.** DR *Circonstances aggravantes,* qui augmentent l'importance et parfois la nature des peines applicables. *Circonstances atténuantes,* qui, laissées à l'appréciation des juges, leur permettent de diminuer la peine encourue. **3.** Ce qui caractérise la situation présente. *Profitez de la circonstance. Dans les circonstances actuelles :* en ce moment. – Loc. adj. *De circonstance :* adapté à la situation. *Arborer une mine de circonstance.*

circonstancié, ée [siʀkɔ̃stɑ̃sje] adj. (En parlant d'un récit, d'un rapport, etc.) Détaillé, complet.

circonstanciel, elle [siʀkɔ̃stɑ̃sjɛl] adj. GRAM Qui marque les circonstances. *Les compléments circonstanciels marquent un rapport de temps, de lieu, de manière, de but, de prix, de cause, de conséquence, etc.*

circonvenir [siʀkɔ̃v(ə)niʀ] v. tr. [36] Agir (sur qqn) avec méthode et artifice pour obtenir qqch. *Il s'est laissé circonvenir.*

circonvolution [siʀkɔ̃vɔlysjɔ̃] n. f. **1.** Tour décrit autour d'un centre. **2.** ANAT *Circonvolutions cérébrales :* replis sinueux séparés par des sillons qui marquent la surface du cerveau des mammifères. *Circonvolutions intestinales :* replis des intestins dans l'abdomen.

circuit [siʀkɥi] n. m. **1.** Itinéraire qui oblige à des détours. *Il faut faire un long circuit pour atteindre la maison.* **2.** Itinéraire touristique. *Faire le circuit des cathédrales gothiques de France.* **3.** Itinéraire ramenant au point de départ, utilisé pour des courses. *Un circuit automobile.* ▷ Loc. *En circuit fermé :* en revenant à son point de départ. **4.** TECH *Circuit de refroidissement :* dispositif de circulation d'eau en circuit fermé qui assure le refroidissement dans une machine. ▷ ELECTR, ELECTRON Ensemble de conducteurs reliés entre eux. ▷ *Circuit imprimé :* ensemble électrique dont les connexions sont réalisées au moyen de minces bandes conductrices incorporées dans une plaque isolante. ▷ *Circuit intégré*.* ▷ *Circuit logique :* circuit intégré qui remplit des fonctions logiques (OUI, NON, OU, etc.). ▷ *Circuit magnétique :* dispositif réalisé en matériaux ferromagnétiques, qui permet de canaliser les lignes d'induction d'un champ magnétique et d'obtenir des flux d'induction élevés. **5.** MATH *Circuit d'un graphe :* chemin partant d'un sommet du graphe et aboutissant à ce même sommet. **6.** Cheminement effectué par des services, des produits; réseau. *Un circuit de distribution, de vente.*

circulaire [siRkylɛR] adj. et n. f. **I.** adj. **1.** Qui a la forme d'une circonférence ou qui décrit cette figure. *Surface circulaire. Mouvement circulaire.* ▷ MATH *Fonction circulaire :* fonction qui fait correspondre à une valeur celle de sa ligne trigonométrique (ex. : y = sin x). ▷ *Secteur circulaire :* portion de plan comprise entre un arc de cercle et les rayons aboutissant aux sommets de cet arc. **2.** Qui a la forme d'un cercle ou qui évoque cette forme. *Excavation circulaire.* **3.** LOG Qui forme un cercle vicieux. *Argumentation circulaire.* **II.** n. f. **1.** Lettre écrite en plusieurs exemplaires destinée à plusieurs personnes. *Une circulaire ministérielle.* **2.** (Québec) Prospectus. *Enfants qui distribuent des circulaires.*

circularité [siRkylaRite] n. f. Caractère de ce qui est circulaire.

circulation [siRkylɑsjɔ̃] n. f. **1.** Mouvement d'un fluide qui circule. ▷ PHYSIOL *La circulation du sang* ou (s. comp.) *la circulation :* le mouvement du sang qui part du cœur et y revient. (V. encycl. ci-après) – *La grande circulation :* la circulation générale. *La petite circulation :* la circulation pulmonaire. ▷ METEO *Circulation générale de l'atmosphère :* ensemble des grands courants aériens à l'échelle planétaire. **2.** Mouvement de personnes, de véhicules sur une, des voies. *Les embarras de la circulation.* Syn. (Belgique) roulage. **3.** Mouvement des biens, des produits, passage de main en main. *Circulation monétaire. Mettre en circulation :* mettre à la disposition du public.
ENCYCL Physiol. – La circulation sanguine permet l'apport d'oxygène, d'eau, et des nutriments indispensables aux organes et tissus de l'organisme, et transporte les produits excrétés par la cellule (déchets ou sécrétions hormonales). Le sang oxygéné venant des poumons gagne les cavités cardiaques gauches; après éjection dans le ventricule gauche, l'aorte et ses collatérales, il vient irriguer les organes et les tissus périphériques, où l'oxygène est consommé. Le sang veineux, pauvre en oxygène et chargé de dioxyde de carbone (CO_2), gagne les deux veines caves et l'oreillette droite, puis les artères pulmonaires, pour atteindre l'espace alvéolo-capillaire, où s'effectuent les échanges gazeux. Le cœur, qui agit comme une pompe, assure la circulation sanguine et permet de maintenir un niveau stable de pression artérielle.

circulatoire [siRkylatwaR] adj. PHYSIOL Relatif à la circulation du sang. *Trouble circulatoire.*

circuler [siRkyle] v. intr. [**1**] **1.** Se mouvoir dans un circuit. *Le sang circule dans tout l'organisme.* **2.** Aller et venir. *Les automobiles circulent à toute allure.* – *Circulez! :* ne stationnez pas! Dispersez-vous! **3.** Passer de main en main. *L'argent circule.* **4.** Fig. Se propager, se répandre. *L'information circule mal.*

circum-, circon-. Élément, du lat. *circum,* «autour».

circumduction [siRkɔmdyksjɔ̃] n. f. Mouvement de rotation autour d'un axe ou d'un point. ▷ ANAT Mouvement faisant décrire à un membre un cône dont l'articulation forme le sommet.

cire [siR] n. f. **1.** Matière jaune et fusible avec laquelle les abeilles construisent les alvéoles de leurs ruches. *Cire vierge,* telle qu'on la trouve dans les ruches. – *Fonte à la cire perdue :* technique de fabrication d'objets d'art qui consiste à remplacer par du métal en fusion (or, bronze, etc.) la cire d'un modèle formé sur un moule en argile. ▷ *Par anal.* Cour. Cérumen. **2.** Substance analogue produite par certains végétaux. **3.** Préparation, à usage domestique, à base de cire et d'essence de térébenthine. ▷ Préparation cosmétique à base de cire. *Cire à épiler.* **4.** Nom donné à des substances diverses fusibles ou plastiques. *Cire à cacheter. Cire à modeler.* **5.** ZOOL Membrane recouvrant la base du bec de certains oiseaux.

ciré, ée [siRe] adj. et n. m. **1.** adj. Enduit de cire, de stéarine, etc. – *Toile* ciréе.* **2.** n. m. Vêtement imperméable en tissu paraffiné ou plastifié.

cirer [siRe] v. tr. [**1**] **1.** Enduire ou frotter de cire. *Cirer un meuble.* **2.** Enduire de cirage. *Cirer ses chaussures.*

cireur, euse [siRœR, øz] n. Personne qui cire (les parquets, les chaussures).

cireux, euse [siRø, øz] adj. **1.** Qui a la consistance, l'aspect de la cire. **2.** Qui a la couleur jaune pâle de la cire. *Le teint cireux d'un malade.*

cirique [siRik] n. m. (Haïti) Petit crabe de mer.

cirque [siRk] n. m. **1.** Lieu destiné chez les Romains à la célébration de certains jeux (en principe, courses de chevaux, de chars). *Les jeux du cirque.* **2.** Enceinte circulaire, où l'on donne en spectacle des exercices d'équitation, d'adresse, d'acrobatie, de domptage, des numéros de clowns. *Les gens du cirque.* **3.** GEOMORPH Dépression en cuvette semi-circulaire, circonscrite par des montagnes abruptes et produite par l'érosion ou l'effondrement d'un cône volcanique. *Cirque glaciaire. Cirque de Gavarnie, dans les Pyrénées françaises.* **4.** ASTRO Dépression circulaire d'origine météorique à la surface de certains astres. *Les cirques lunaires.*

cirre ou **cirrhe** [siR] n. m. ZOOL Nom de certains appendices plus ou moins filiformes de divers invertébrés (crustacés, insectes, annélides, etc.).

cirrhose [siRoz] n. f. MED Affection hépatique caractérisée par la prolifération du tissu conjonctif, la nécrose des hépatocytes et la présence de nodules de régénération. (Les causes en sont variées : alcoolisme, mais aussi hépatite chronique, compression biliaire, bilharziose, etc. L'évolution est en général lente et irréversible.)

cirripèdes [siRipɛd] n. m. pl. ZOOL Sous-classe de crustacés entomostracés marins, fixés sur un support à l'état adulte (balanes) ou parasites (sacculines). – Sing. *Un cirripède.*

cirrocumulus ou **cirro-cumulus** [siRɔkymylys] n. m. METEO Couche de petits nuages blancs («moutons») constitués d'aiguilles de glace.

cirrostratus ou **cirro-stratus** [siRɔstRatys] n. m. METEO Nuage de haute altitude constituant un voile transparent et blanchâtre formant un halo autour du Soleil ou de la Lune.

cirrus [siRys] n. m. METEO Nuage en filaments, situé entre 6 et 10 km d'altitude.

Cirta, v. de Numidie restaurée par Constantin apr. 311. V. Constantine.

cisaille [sizaj] n. f. Gros ciseaux servant à couper des tôles, à tailler des arbustes, etc.

cisaillement [sizajmɑ̃] n. m. **1.** Action de cisailler. **2.** Coupure progressive d'une pièce métallique par une autre pièce avec laquelle le contact est mal assuré. *Cisaillement d'une tôle par des boulons trop serrés, sans joints.*

cisailler [sizaje] v. tr. [**1**] Couper avec des cisailles; couper par cisaillement.

cisalpin, ine [sizalpɛ̃, in] adj. Qui est situé en deçà des Alpes, vu d'Italie (par oppos. à *transalpin*).

ciseau [sizo] n. m. **1.** Outil plat, taillé en biseau tranchant à une extrémité, et servant à travailler le bois, le métal, la pierre, etc. *Ciseau de menuisier, de maçon, de sculpteur.* ▷ (Afr. subsah.) *Ciseau palmiste :* en Côte d'Ivoire, outil à long manche et à lame trapézoïdale, utilisé notam. pour la récolte des noix de palme. **2.** n. m. pl. Instrument d'acier formé de deux branches mobiles tranchantes en dedans, et jointes en leur milieu par une vis formant axe. *Une paire de ciseaux.* ▷ Par anal. SPORT *Sauter en ciseaux,* en levant les jambes tendues l'une après l'autre.

ciseler [sizle] v. tr. [**17**] Travailler, tailler, orner avec un ciseau. *Ciseler un métal.* – Pp. adj. *Un bijou ciselé.* ▷ Fig. *Ciseler une phrase, un vers.*

ciseleur [sizlœR] n. m. Ouvrier, artiste dont le métier est la ciselure.

ciselure [sizlyR] n. f. **1.** Art de ciseler. **2.** Ornement ciselé.

Cisjordanie, rég. de Jordanie, à l'ouest du Jourdain, qu'Israël occupa en 1967. À partir de 1994, Jéricho, puis Naplouse (1995) et cinq autres villes ont obtenu l'autonomie partielle. (V. Jordanie, Israël et Palestine.)

Ciskei, anc. bantoustan de l'Afrique du Sud (1959-1994, «indépendant» en 1981), dans la prov. du Cap; 12075 km²; 800000 hab.; cap. *Bisho.*

Cisleithanie, partie autrichienne de l'Empire austro-hongrois. Cette entité, qui exista de 1867 à 1918, comprenait, outre les pays situés à l'O. de la Leitha, des dépendances de la couronne d'Autriche localisées au N.-E. et au S.-E. de cette rivière. V. Autriche-Hongrie et Transleithanie.

Cisneros (Francisco Jiménez de) (1436 – 1517), prélat et homme politique espagnol. Régent à la mort de Ferdinand II (1516), il favorisa l'avènement de Charles Quint.

Cissé (Kaya Maghan) (VIIIe s.), roi noir sarakholé, fondateur de la dynastie des Cissé, qui se substitua aux berbères blancs sur le trône du royaume de Ghana.

Cissé (Émile) (né en 1930), écrivain guinéen. Instituteur, il a tracé la chronique d'un petit village africain (*Faralako,* 1958).

Cissé (Souleymane) (né en 1940), cinéaste malien. Ses films (en bambara), empreints d'une grande beauté formelle, portent un regard critique sur son pays : *Den Musso* («la Jeune Fille», 1974), *Baara* («le Travail», 1978), *Finye* («le Vent», 1982), *Yeelen* («la Lumière», 1987), *Waati* («le Temps», 1995).

ciste [sist] n. m. Plante méditerranéenne (genre *Cistus*) qui sécrète une résine utilisée en parfumerie.

cistercien, enne [sistɛRsjɛ̃, ɛn] adj. et n. Qui appartient à l'ordre de Cîteaux. ▷ n. Religieux, religieuse de l'ordre de Cîteaux. *Un cistercien.*

citadelle [sitadɛl] n. f. **1.** Forteresse commandant une ville. **2.** Fig. Centre important. *Genève, citadelle du calvinisme.*

citadin, ine [sitadɛ̃, in] n. et adj. Habitant d'une ville. Ant. paysan, campagnard. ▷ adj. Qui a rapport à la ville. *Distractions citadines. Population citadine.* Ant. champêtre, rural, rustique.

citation [sitasjɔ̃] n. f. **1.** DR Sommation de comparaître devant une juridiction; acte par lequel cette sommation est signifiée. *Citation devant les tribunaux.* **2.** Passage cité d'un propos, d'un écrit. *Il multiplie les citations grecques et latines.* – Loc. *Fin de citation :* expression par laquelle on signale qu'après avoir rapporté ou dicté les paroles d'un autre on parle en son propre nom. **3.** Mention spéciale pour une action d'éclat. *Citation d'un militaire à l'ordre de la Nation.*

cité [site] n. f. **1.** Centre urbain, ville. ▷ *Cité de Dieu, cité céleste :* séjour des bienheureux. **2.** Partie la plus anc. d'une ville. **3.** Groupe de logements. *Cité ouvrière. Cité universitaire. – Cité-dortoir :* V. dortoir. **4.** ANTIQ Communauté politique souveraine et indépendante. *Les cités grecques.* – Mod. *Avoir droit de cité quelque part,* y être admis.

Cité (île de la), île de la Seine, à Paris, la plus ancienne de Paris.

Cîteaux, loc. de France (Côte-d'Or); 150 hab. – Célèbre abbaye fondée en 1098 par Robert de Molesmes. – *L'ordre de Cîteaux* fut créé pour restaurer la règle de saint Benoît. Saint Bernard favorisa la création de l'abb. de Clairvaux (1115), et l'essor de cette communauté fut prodigieux (694 monastères en 1300). Entré en décadence au XIVe s., l'ordre donna naissance à la *Trappe* en 1664.

Cité interdite, à Pékin, domaine réservé à l'empereur, comprenant le palais impérial (construit surtout du XVIIe au XIXe s.). Le régime communiste en a fait un musée.

citer [site] v. tr. [1] **1.** Appeler à comparaître en justice. **2.** Rapporter, alléguer, à l'appui de ce qu'on dit. *Citer une loi, un exemple, un texte.* **3.** Signaler une personne, une chose qui mérite d'être remarquée. **4.** Décerner une citation à. *Citer qqn à l'ordre de la nation.*

citerne [sitɛʀn] n. f. **1.** Réservoir d'eau pluviale. **2.** Réservoir destiné au stockage d'un liquide. *Citerne à mazout.*

cithare [sitaʀ] n. f. **1** Anc. Instrument de musique dérivé de la lyre, très en faveur chez les anc. Grecs. **2.** Mod. Instrument de musique à cordes, pincées ou grattées. ▷ (Viêt-nam) *Cithare monocorde,* à une seule corde.

citizen band [sitizənbɑ̃d] n. f. Bande de fréquence radio ouverte à l'émission et à la réception de messages personnels ou locaux au moyen de postes de faible puissance. Syn. (off. recommandé) bande publique. (Abrév. : C.B.)

citoyen, enne [sitwajɛ̃, ɛn] n. et adj. **1.** n. ANTIQ Membre d'une cité, habitant d'un État libre, qui avait droit de suffrage dans les assemblées publiques. *Les citoyens et les esclaves.* **2.** n. Ressortissant d'un État. *Devenir citoyen français par naturalisation.* ▷ Fam., péjor. *Un drôle de citoyen :* un drôle d'individu, de personnage. ▷ *Citoyen, citoyenne* (pour *monsieur, madame, mademoiselle* pendant la Révolution française). **3.** adj. Du citoyen ou de la citoyenneté. *Le «rendez-vous citoyen»* (réduit à une journée) *est appelé à remplacer le service national en France et dans les DOM-TOM.*

citoyenneté [sitwajɛnte] n. f. Qualité de citoyen.

citrate [sitʀat] n. m. CHIM Nom des sels et esters de l'acide citrique.

citrique [sitʀik] adj. m. CHIM *Acide citrique :* triacide monoalcool existant dans les fruits acides, utilisé dans la préparation des boissons à goût de citron.

Citroën (André) (1878 – 1935), ingénieur et industriel français. Il produisit des voitures populaires (10 CV en 1919, 5 CV en 1922 et la 15 CV en 1934).

citron [sitʀɔ̃] n. m. et adj. inv. **1.** Fruit du citronnier, de couleur jaune pâle et de saveur acide. *Jus, zeste de citron. Jaune comme un citron. – Citron vert :* syn. de *lime.* **2.** Pop., fig. Tête. **3.** adj. inv. De la couleur jaune pâle du citron. *Rubans citron.*

citronnade [sitʀɔnad] n. f. Boisson préparée avec du jus ou du sirop de citron.

citronnelle [sitʀɔnɛl] n. f. **1.** Graminée aromatique des régions tropicales utilisée en infusion et dont on extrait une huile essentielle insectifuge. **2.** Nom cour. en France de diverses plantes exhalant une odeur de citron (mélisse, verveine, etc.).

citronnier [sitʀɔnje] n. m. Arbre (fam. rutacées) qui produit les citrons et dont le bois odorant, clair et dense, est utilisé en ébénisterie fine.

citrouille [sitʀuj] n. f. Plante potagère (fam. cucurbitacées), variété de courge dont le fruit comestible, jaune orangé, peut atteindre 80 cm de diamètre.

City (la), le quartier financier de Londres.

Ciulei (Liviu) (né en 1923), metteur en scène roumain. Il se fit connaître au cinéma (*Éruption,* 1957) puis se consacra de plus en plus au théâtre, à Bucarest, dans les années 60. Il poursuit sa carrière à l'étranger.

Çiva, Siva ou **Shiva,** troisième personne de la Trimurti (trinité ou triade hindoue). Il incarne plusieurs essences contradictoires : créateur et destructeur; despote sensuel et pur ascète; vengeur et protecteur. (V. Brahmā.)

civet [sivɛ] n. m. CUIS Ragoût de gibier au vin rouge.

civette [sivɛt] n. f. Mammifère carnivore (genre *Viverra,* fam. viverridés), au museau pointu, au corps allongé, aux pattes courtes et à la queue épaisse, possédant des glandes anales à musc.

civière [sivjɛʀ] n. f. Dispositif muni de brancards servant à transporter des fardeaux, spécial. les blessés, les malades.

civil, ile [sivil] adj. et n. m. **I.** adj. **1.** Relatif à l'État, aux citoyens, aux rapports entre les citoyens. *État civil. Tribunal civil. Responsabilité civile. Guerre civile.* ▷ *Année* civile.* **2.** Qui n'est ni militaire ni religieux. *Autorités civiles. Enterrement, mariage civil.* **II.** n. m. **1.** Homme qui n'est ni militaire ni ecclésiastique. ▷ *En civil :* qui n'est pas vêtu d'un uniforme. **2.** *Le civil :* la vie civile (par oppos. à *la vie militaire*). *Que faisiez-vous dans le civil?* **3.** DR Juridiction civile (par oppos. aux *juridictions criminelle, pénale). Poursuivre qqn au civil.* **III.** adj. Litt. Courtois, poli.

civilement [sivilmɑ̃] adv. **1.** DR En matière civile. *Être civilement responsable.* **2.** Avec civilité, politesse. *Parler, agir civilement.*

civilisateur, trice [sivilizatœʀ, tʀis] adj. (et n.) Qui civilise, ou qui est censé civiliser, favoriser le progrès de la civilisation. *Les Romains furent les civilisateurs de la Gaule.*

civilisation [sivilizasjɔ̃] n. f. **1.** Action de civiliser; état de ce qui est civilisé. *Les bienfaits et les méfaits de notre civilisation.* Ant. barbarie. **2.** Ensemble des phénomènes sociaux, religieux, intellectuels, artistiques, scientifiques et techniques propres à un peuple et transmis par l'éducation. *Civilisations grecque, égyptienne, occidentale, vietnamienne.* ▷ Cet ensemble, désignant un groupe de sociétés *(civilisations précolombiennes)* ou renvoyant à un trait dominant *(civilisation du bronze, du fer).* V. culture.

civilisationnel, elle [sivilizasjɔnɛl] adj. (Maghreb) Relatif à la civilisation.

civilisé, ée [sivilize] adj. (et n.) **1.** Doté d'une civilisation avancée. *Pays civilisé.* Syn. policé. Ant. barbare, sauvage. **2.** (Djibouti) Péjor. Acculturé. Syn. francophonisé.

civiliser [sivilize] v. tr. [1] **1.** Amener à plus de raffinement l'état intellectuel, moral, matériel (d'un pays, d'un peuple). **2.** Rendre civil, sociable.

civilité [sivilite] n. f. Politesse, courtoisie. ▷ (Plur.) Témoignage de politesse. *Il nous fit mille civilités.*

civique [sivik] adj. Relatif au citoyen, à la participation du citoyen au gouvernement de la cité, du pays. *Droits civiques. Instruction civique.* – Relatif au bon citoyen. *Un comportement civique.*

civisme [sivism] n. m. Dévouement du citoyen pour son pays, de l'individu pour la collectivité.

Ci Xi ou **Ts'eu Hi** (1835 – 1908), impératrice de Chine. Régente de 1861 à 1908, elle adopta une politique conservatrice et nationaliste dans un État faible et troublé.

clac ! [klak] interj. Onomatopée imitant un bruit sec. *Clic clac!*

clade [klad] n. m. ZOOL, BOT Vaste ensemble regroupant des espèces issues d'un ancêtre commun.

cladosporiose [kladɔspɔʀjoz] n. f. MED Mycose cutanée fréquente dans les régions chaudes et humides.

Claesz (Pieter) (v. 1597 – 1661), peintre hollandais, maître de la nature morte.

claie [klɛ] n. f. **1.** Ouvrage d'osier, de bois léger, à claire-voie. *Faire sécher des fruits sur une claie.* **2.** Treillage servant de clôture.

clair, claire [klɛʀ] adj., n. m. et adv. **I.** adj. **1.** Qui répand ou reçoit de la lumière. *Une flamme claire. Une pièce claire.* Syn. lumineux. **2.** Qui laisse passer la lumière, transparent. *Eau claire.* ▷ *Ciel, temps clair,* dégagé, sans nuages. **3.** Peu vif, d'une couleur peu intense (par oppos. à *foncé*). *Une couleur claire. Un tissu vert clair. – Teint clair,* plein de fraîcheur (par oppos. à *brouillé*) ou (chez les personnes mélanodermes) d'un brun clair. ▷ (Afr. subsah.) *Un, une teint clair :* V. teint (sens II, 2). **4.** Peu épais. *Soupe claire.* **5.** Peu serré, lâche (tissus). *Toile claire.* **6.** Net et distinct (sons). *Une voix claire.* Ant. sourd, voilé. **7.** Facile à comprendre, sans équivoque. *Une explication claire. C'est clair comme le jour.* Syn. manifeste, évident. Ant. embrouillé, obscur. **II.** n. m. **1.** Lumière, clarté. *Le clair de (la) lune.* **2.** Partie éclairée d'un tableau, d'une photographie. **3.** Fig. *Tirer une affaire au clair,* l'élucider. **4.** Loc. *Le plus clair de :* la plus grande partie de. *Passer le plus clair de son temps à lire.* **5.** Loc. *En clair. Message en clair* (par oppos. à *message chiffré*), écrit sans utiliser de code. **III.** adv. De manière claire, distincte. *Voir clair,* distinctement; fig. être clairvoyant. ▷ *Parler clair,* sans détour.

Clair (René Chomette, dit René) (1898 – 1981), cinéaste français à l'humour raffiné : *Entr'acte* (1924), *Sous les toits de Paris* (1930), *A nous la liberté* (1931), *Ma femme est une sorcière* (É.-U., 1942), *Le silence est d'or* (1947), *la Beauté du diable* (1950), *les Belles de nuit* (1952). Acad. fr. (1960).

Clairaut (Alexis) (1713 – 1765), mathématicien français : travaux de géodésie (*Théorie de la figure de la Terre,* 1743), d'astronomie et sur les équations différentielles.

claire [klɛʀ] n. f. **1.** Bassin peu profond dans lequel on met les huîtres à verdir. **2.** Huître de claire. *Une douzaine de claires.*

Claire (sainte) (v. 1194 – 1253), fondatrice, avec saint François d'Assise, de l'ordre des Pauvres Dames, ou ordre des Clarisses (1212), canonisée (1255).

clairement [klɛʀmɑ̃] adv. **1.** D'une manière claire, distincte. **2.** D'une manière compréhensible.

claire-voie [klɛʀvwɑ] n. f. **1.** Clôture à jour. *Des claires-voies.* **2.** Loc. *À claire-voie :* à jour, qui présente des intervalles, des espaces entre ses éléments. *Persiennes à claire-voie.*

clairière [klɛʀjɛʀ] n. f. Partie dégarnie d'arbres dans un bois, une forêt.

clairin [klɛʀɛ̃] n. m. (Haïti) Syn. de *taffia.*

clair-obscur [klɛʀɔbskyʀ] n. m. **1.** PEINT Combinaison de lumières et d'ombres dans un tableau. *Rembrandt, maître des clairs-obscurs.* **2.** Lumière faible, douce. *Des clairs-obscurs.*

clairon [klɛ(e)ʀɔ̃] n. m. **1.** Instrument à vent dans le ton de si bémol, en cuivre, sans pistons ni clefs, à son clair. *Sonner du clairon.* **2.** Celui qui joue du clairon. **3.** L'un des jeux de l'orgue.

claironnant, ante [klɛ(e)ʀɔnɑ̃, ɑ̃t] adj. *Voix claironnante,* forte.

claironner [klɛ(e)ʀɔne] v. [1] **1.** v. intr. Jouer du clairon. **2.** v. tr. Fig. Annoncer bruyamment. *Claironner une nouvelle.*

clairsemé, ée [klɛʀsəme] adj. **1.** Peu dense, peu serré. *Des cheveux clairsemés.* **2.** Éparpillé. *Une population clairsemée.*

Clairvaux, loc. de France (Bourgogne, dép. de l'Aube). – Abb. cistercienne fondée en 1115 (V. Cîteaux); auj. établissement pénitentiaire.

clairvoyance [klɛʀvwajɑ̃s] n. f. Pénétration d'esprit, lucidité, perspicacité.

clairvoyant, ante [klɛʀvwajɑ̃, ɑ̃t] adj. **1.** Qui voit clair (par opposition à *aveugle*). **2.** Fig. Qui est lucide, qui a un jugement perspicace. *Un esprit clairvoyant.*

clam [klam] n. m. Mollusque lamellibranche fouisseur (*Venus mercenaria*), voisin de la praire, comestible.

clamer [klame] v. tr. [1] Manifester par des cris. *Clamer sa joie, sa douleur.*

clameur [klamœʀ] n. f. Ensemble de cris tumultueux et confus.

clan [klɑ̃] n. m. **1.** Tribu formée par un groupe de familles en Écosse et en Irlande. **2.** ETHNOL Dans certaines communautés, groupe social composé des familles ayant un ancêtre commun. *Au Viêt-nam, le clan ne dépasse pas neuf générations. Clan matrilinéaire*, patrilinéaire*. Chef de clan :* aîné du clan. **3.** Groupe de scouts. **4.** Fig. Groupe formé de personnes ayant qqch en commun. *Avoir l'esprit de clan. Le clan des Ostendais* (roman de Georges Simenon.)

clandestin, ine [klɑ̃dɛstɛ̃, in] adj. et n. **1.** Qui se fait en cachette. *Une publication clandestine.* **2.** Qui vit en marge de la société, en situation illégale. – Qui exerce une activité non déclarée. *Taxi clandestin.* – *Passager clandestin,* embarqué sur un bateau, un avion, à l'insu du commandant. ▷ Subst. *Des clandestins.*

clandestinement [klɑ̃dɛstinmɑ̃] adv. De manière clandestine.

clandestinité [klɑ̃dɛstinite] n. f. **1.** Caractère des choses, des actes clandestins. **2.** État du clandestin. *Vivre dans la clandestinité.*

clanique [klanik] adj. Du clan; relatif à l'organisation en clans d'une société. *Structures sociales claniques.*

clanisme [klanism] n. m. ETHNOL, SOCIOL Organisation sociale reposant sur le clan.

clapet [klapɛ] n. m. TECH Soupape qui ne laisse passer un fluide que dans un sens.

Clapeyron (Émile) (1799 – 1864), mathématicien et physicien français. Après Carnot, il consolida les bases de la thermodynamique.

clapier [klapje] n. m. Cage à lapins domestiques. *Lapin de clapier.*

clapot [klapo] n. m. MAR Agitation de la mer résultant de la rencontre de vagues ou de houles de directions différentes.

clapotement [klapɔtmɑ̃] ou **clapotis** [klapoti] n. m. Bruit et mouvement léger que font de petites vagues qui se croisent et s'entrechoquent.

clapoter [klapɔte] v. intr. [1] (En parlant de vagues légères.) S'entrechoquer avec un bruit caractéristique.

clappement [klapmɑ̃] n. m. Bruit sec fait en décollant la langue du palais.

clapper [klape] v. intr. [1] Faire entendre un clappement.

Clapperton (Hugh) (1788 – 1827), voyageur écossais. Parti de Tripoli en 1822, il explora l'Afrique centrale jusqu'à sa mort.

claquage [klakaʒ] n. m. **1.** Rupture de fibres musculaires à la suite d'un violent effort. **2.** ELECTR Perforation de l'isolant d'un condensateur ou d'un transformateur soumis à un champ électrique trop intense.

claquant, ante [klakɑ̃, ɑ̃t] adj. Fam. Fatigant.

claque [klak] n. **I.** n. f. **1.** Coup du plat de la main, gifle. *Recevoir une claque.* – Fam. *Tête à claques :* visage, personne qui agace. **2.** *La claque :* groupe de personnes payées pour applaudir le spectacle. **II. 1.** Partie de la chaussure qui recouvre le pied. **2.** (Québec) Double chaussure en caoutchouc moulé qui s'adapte à une autre chaussure et qui sert à la protéger des intempéries. **3.** Loc. fam. *Prendre ses cliques* et ses claques.* **III.** n. m. *Un chapeau claque* ou *un claque :* syn. de *gibus.*

claquement [klakmɑ̃] n. m. Bruit de choses qui claquent.

claquemurer [klakmyʀe] v. tr. [1] Enfermer dans un endroit étroit. ▷ v. pron. S'enfermer chez soi.

claquer [klake] v. [1] **I.** v. intr. **1.** Produire un bruit sec et net. *Claquer des mains.* – *Claquer des dents :* avoir peur, avoir froid, être fiévreux, de telle manière que les dents s'entrechoquent. **2.** Fam. Éclater. *Un joint a claqué.* – Fig. fam. *L'affaire lui a claqué dans les mains,* a raté, échoué. **3.** Pop. Mourir. **II.** v. tr. **1.** Gifler (qqn). **2.** Faire claquer. *Claquer les portes.* **3.** Fam. Dépenser. *Claquer un argent fou.* **4.** Fam. Fatiguer, épuiser. *Claquer un cheval.* – Pp. adj. *Il est arrivé complètement claqué.* **5.** *Se claquer un muscle,* se le froisser par claquage. **6.** ELECTR Produire le claquage de.

claquette [klakɛt] n. f. **1.** Instrument formé de deux lames de bois réunies par une charnière, qui peuvent claquer l'une contre l'autre, pour donner un signal. **2.** (Plur.) Danse rythmée exécutée par des danseurs dont les chaussures ont des semelles munies de lames de métal. **3.** (Nouv.-Cal.) Tong.

clarias [klaʀjas] n. m. ICHTYOL Genre de poisson siluriforme très fréquent dans les eaux douces d'Afrique tropicale et en Inde, qui a un corps allongé et une nageoire dorsale très longue.

clarification [klaʀifikasjɔ̃] n. f. **1.** Opération par laquelle on sépare d'un liquide les matières étrangères solides qui le troublent. **2.** Fig. Éclaircissement.

clarifier [klaʀifje] v. tr. [2] **1.** Rendre clair (un liquide trouble). *Clarifier du vin.* **2.** Purifier. **3.** Fig. Rendre plus clair. *Clarifier la situation.*

clarinette [klaʀinɛt] n. f. MUS Instrument à vent, généralement en bois, à tube cylindrique, à clés et à anche.

clarinettiste [klaʀinetist] n. Instrumentiste qui joue de la clarinette.

clarisse [klaʀis] n. f. Religieuse franciscaine de l'ordre fondé par sainte Claire d'Assise. *Couvent des clarisses.*

Clark (Jim) (1936 – 1968), pilote de course automobile britannique, champion du monde en 1963 et en 1965.

Clarke (Kenneth Spearman, dit Kenny) (1914 – 1985), batteur de jazz américain, l'un des créateurs du be-bop.

clarté [klaʀte] n. f. **1.** Lumière largement répandue. *La clarté d'un jour d'été.* **2.** Transparence. *La clarté de l'eau.* **3.** Fig. Qualité de ce qui se comprend facilement. *Écrire avec clarté. Clarté d'esprit.* **4.** Fig. (Surtout au plur.) Connaissance importante. *Avoir des clartés sur tout.*

Clary (Julie) (1771 – 1845), épouse de Joseph Bonaparte; reine de Naples (1806-1808) puis d'Espagne (1808-1813). — **Désirée** (1777 – 1860), sœur de la préc.; épouse du maréchal Bernadotte, reine de Suède (1818).

classe [klas] n. f. **I. 1.** Groupe de citoyens dans une répartition civile ou politique. *La classe des chevaliers, à Rome.* **2.** Ensemble des personnes appartenant à un même groupe social. *La classe dirigeante.* ▷ *Spécial.* Selon Marx, groupe social défini par sa position et son rôle dans le processus de production. *La lutte des classes. Conscience de classe.* **3.** Ensemble de personnes, de choses, qui possèdent des caractères communs. *Toutes les classes de spectateurs sont touchées par ce film.* **4.** STATIS Ensemble d'éléments qui ont des caractéristiques communes. *Classes d'âge. Classe creuse :* classe d'âge moins nombreuse du fait d'une baisse de la natalité. **5.** SC NAT, BIOL Subdivision d'un clade ou d'un embranchement, regroupant plusieurs ordres. *L'ordre des carnivores fait partie de la classe des mammifères, embranchement des vertébrés.* **6.** LING *Classe nominale :* ensemble de noms auxquels est associée une même marque d'accord. *Certaines langues africaines ont plus de 20 classes nominales.* – *Langue à classes,* qui possède des classes nominales. **7.** Catégorie de fonctionnaires, de militaires. *Un préfet de première classe. Un soldat de deuxième classe.* ▷ Catégorie de places dans les trains, les navires, les avions. *Un billet de première classe.* **8.** *Par ext.* Qualité, valeur. *Un spectacle de classe. De grande classe, de haute classe.* ▷ *Spécial.* Qualité d'un bâtiment, d'un établissement. (Officiellement recommandé pour remplacer *standing.*) **9.** Répartition des élèves dans les établissements scolaires selon leur niveau d'études. *Les classes élémentaires. Redoubler une classe.* ▷ Ensemble des élèves d'une même classe. **10.** Enseignement du professeur. *Faire la classe.* **11.** Salle de classe. ▷ *Par ext.* École. – Loc. *En classe. Aller en classe.* **12.** Ensemble des jeunes gens nés la même année, appelés au service militaire. *La classe 1980.* **II. 1.** ASTRO *Classe spectrale :* famille d'étoiles dont les spectres présentent des caractères communs. ▷ *Classe de luminosité,* qui caractérise la luminosité d'une étoile (étoile supergéante, géante brillante, géante normale, sous-géante, naine). – PHYS *Classe d'un appareil de mesure :* coefficient qui indique l'erreur maximale qui peut entacher une mesure (donné en centièmes de la valeur maximale de la graduation). **2.** MATH *Classe d'équivalence :* ensemble des éléments d'un ensemble liés à un élément donné de cet ensemble par une relation d'équivalence. ▷ En théorie des probabilités, intervalle entre deux valeurs de la variable aléatoire.

classement [klasmɑ̃] n. m. **1.** Action de mettre dans un certain ordre; résultat de cette action, de ce travail. *Classement de dossiers. Les élèves étaient soumis à un classement mensuel.* **2.** DR Incorporation d'un bien dans le domaine public. ▷ *Classement sans suite :* décision du ministère public par laquelle il renonce aux poursuites pénales.

classer [klase] v. tr. [1] **1.** Ranger, distribuer par classes, par catégories. *Classer les plantes.* **2.** Mettre dans un certain ordre. *Classer par ordre alphabétique.* **3.** Attribuer un rang, une catégorie à. *Classer qqn au premier rang.* **4.** *Classer un monument,* le faire entrer dans la catégorie des monuments historiques protégés par l'État. **5.** Fig. *Classer une affaire,* ne pas lui donner suite.

classeur, euse [klasœʀ, øz] n. **1.** n. m. Portefeuille à compartiments, porte-documents muni d'anneaux ou meuble où l'on classe des papiers. Syn. (Québec) cartable. ▷ (Suisse) *Classeur fédéral :* porte-documents muni d'anneaux. **2.** n. m. ou f. TECH Appareil servant à effectuer un classement.

classicisme [klasisism] n. m. **1.** Caractère des œuvres artistiques et littéraires de l'Antiquité grecque et romaine ou du XVIIe siècle français. **2.** Caractère de ce qui est conforme à la règle, aux principes, à la mesure. *Le classicisme de ses goûts.*

ENCYCL Le classicisme apparut en France au XVIIe s. et s'opposa au baroque, comme le néo-classicisme de la fin du XVIIIe s. et du XIXe s. s'opposera au romantisme. – L'architecture dite classique triomphe dans la réalisation, par Le Vau, puis J. Hardouin-Mansart, du chât. de Versailles. – La sculpture qui imite la ronde-bosse gréco-romaine est représentée par Coysevox puis par Houdon. – En peinture, citons Nicolas Poussin, Claude Lorrain, Le Nain, Philippe de Champaigne, Le Brun. – En littérature, le classicisme, dans son sens le plus étroit, désigne la littér. fr. du XVIIe s. Malherbe, Vaugelas, etc., épurent la langue du XVIe s. L'Académie française est fondée par Richelieu en 1635. Le théâtre est illustré par Corneille, Racine et Molière. Des esprits aussi divers que Descartes, Retz, La Rochefoucauld, La Fontaine, Pascal, Mme de Sévigné, Bossuet, Perrault, Mme de La Fayette, Boileau, La Bruyère portent l'écriture classique à sa perfection. À la fin du siècle, la *querelle des Anciens* et des Modernes* annonce les changements.

classificateur, trice [klasifikatœʀ, tʀis] n. et adj. **1.** n. Spécialiste en classification. **2.** adj. Relatif à la classification. *Méthode classificatrice.*

classification [klasifikasjɔ̃] n. f. Distribution méthodique par classes, par catégories. *La classification des espèces vivantes :* la systématique. – CHIM *Classification périodique des éléments :* classification dans laquelle les éléments sont rangés par numéros atomiques croissants, de façon à faire apparaître dans la même colonne les éléments dont la couche de valence présente la même structure électronique.

classificatoire [klasifikatwaʀ] adj. **1.** Qui relève de la classification; qui constitue une classification. **2.** ETHNOL *Parenté classificatoire,* qui ne relève que de la reconnaissance du groupe social.

classifier [klasifje] v. tr. [2] Établir une classification.

classique [klasik] adj. et n. m. **I.** adj. **1.** Qui fait autorité, en quelque matière que ce soit. *L'ouvrage de ce jurisconsulte est devenu classique.* **2.** Qui est enseigné en classe, à l'école. *Étudier les auteurs classiques.* **3.** Des civilisations grecque et romaine, proposées en modèles. *Études classiques.* **4.** LITTER Se dit des écrivains français du XVIIe s. et de leurs œuvres. *Le théâtre classique.* ▷ Qui suit les règles de composition et de style des artistes du XVIIe s. : clarté, mesure, refus du mélange des styles, etc. **5.** MUS *Musique classique,* musique des grands compositeurs occidentaux traditionnels (par oppos. à *musique folklorique,* à *musique de variétés,* etc.). **6.** PHYS *Mécanique* classique* (par oppos. à *mécanique quantique* et à *mécanique relativiste*). **7.** Conforme à la règle, aux principes, à la mesure. *Des vêtements très classiques.* **8.** Fam. Courant, qui se produit habituellement. *On lui a fait le coup classique...* **II.** n. m. **1.** Écrivain classique. *Étudier les classiques.* **2.** Œuvre classique. *Des classiques en format de poche.* **3.** *Par ext.* Œuvre d'une grande notoriété, qui sert de référence, de modèle. *Ce film charmant est un classique de la comédie musicale.* **4.** Musique classique. *Elle préfère le classique aux variétés.*

classiquement [klasikmɑ̃] adv. D'une façon classique.

Claude Ier (Tiberius Claudius Cæsar Augustus Germanicus) (10 av. J.-C. – 54 apr. J.-C.), empereur romain (41-54), fils de Drusus. Il conquit en 53 l'île de Bretagne (Grande-Bretagne). Il fit assassiner sa femme Messaline et fut assassiné par sa seconde épouse, Agrippine.

Claude de France (1499 – 1524), reine de France. Fille aînée de Louis XII et d'Anne de Bretagne, elle apporta en dot à son époux, le futur François Ier, la Bretagne et ses droits sur le Milanais.

Claudel (Paul) (1868 – 1955), écrivain et diplomate français. En 1886, il découvrit Rimbaud et la foi catholique. Poésie : *Connaissance de l'Est* (1895-1905), *Cinq Grandes Odes* (1900-1908). Théâtre : *Tête d'or* (1889), *l'Échange* (1901), *le Partage de midi* (1905), *l'Annonce faite à Marie* (1912), *l'Otage* (1914), *le Soulier de satin* (1923). Acad. fr. (1946). — **Camille** (1864 – 1943), sculpteur français; sœur du préc. Élève et compagne de Rodin, elle passa les trente dernières années de sa vie dans un asile d'aliénés.

Claude Lorrain. V. Lorrain.

claudication [klodikasjɔ̃] n. f. Litt. Fait de boiter.

Claus (Hugo Maurice Julien) (né en 1929), écrivain belge d'expression néerlandaise. Il participa au mouvement Cobra. Poète (*Tancredo infrasonic,* 1952; *Monsieur Sanglier,* 1971), romancier (*Jours de canicule,* 1952; *À propos de Dédé,* 1963; *l'Année du cancer,* 1972; *le Chagrin des Belges,* 1985), dramaturge (*Sucre,* 1958; *Dent pour dent,* 1970), Hugo Claus est l'auteur d'une œuvre expressionniste, hantée par la cruauté et l'érotisme.

clause [kloz] n. f. Disposition particulière d'un acte juridique (traité, contrat, testament, etc.) ayant pour objet d'en préciser les éléments ou les modalités, ou de l'assujettir à un régime spécial. ▷ *Clause de style,* qu'il est d'usage d'insérer dans les contrats de même nature; fig., disposition sans importance, uniquement formelle.

Clausel ou **Clauzel** (Bertrand, comte) (1772 – 1842), maréchal de France (1831). Chef de l'armée d'Afrique (1830), gouverneur général de l'Algérie (1835), il échoua devant Constantine (1836) et fut rappelé.

Clausewitz (Carl von) (1780 – 1831), général et théoricien militaire prussien. Il combattit Napoléon, dans l'armée prussienne, puis dans l'armée russe (1812). Son livre *De la guerre* (1831), sur la stratégie, est devenu un classique.

Clausius (Rudolf) (1822 – 1888), physicien allemand. Il dégagea le phénomène thermodynamique d'entropie (1850) et étudia la cinétique des gaz.

claustra [klostʀa] n. m. ARCHI Paroi ajourée typique de certaines architectures méditerranéennes. ▷ (Afr. subsah.) Bloc de ciment ajouré. *Des claustra(s).*

claustration [klostʀasjɔ̃] n. f. État d'une personne enfermée dans un lieu clos. *Une claustration volontaire.*

claustrer [klostʀe] v. tr. [1] (Rare à l'inf.) Enfermer (qqn). – Pp. adj. *Rester claustré chez soi.* ▷ v. pron. S'enfermer. – Fig. *Se claustrer dans le silence.*

claustrophobe [klostʀofɔb] adj. et n. Atteint de claustrophobie.

claustrophobie [klostʀofɔbi] n. f. Angoisse éprouvée dans un lieu clos.

Clauzel. V. Clausel.

clavaire [klavɛʀ] n. f. BOT Champignon basidiomycète en forme de touffe à nombreux rameaux (comestible ou toxique selon l'espèce).

clavecin [klavsɛ̃] n. m. MUS Instrument à cordes pincées et à clavier.

clavette [klavɛt] n. f. Cheville, goupille destinée à assembler deux pièces.

clavicule [klavikyl] n. f. Os pair, en forme de S allongé, qui s'articule avec le sternum et l'omoplate.

clavier [klavje] n. m. **1.** Ensemble des touches d'un orgue, d'un piano, d'un clavecin, etc. – *Par ext.* Ensemble des touches d'une machine à écrire, à calculer, d'une linotype, d'un ordinateur, etc. **2.** Fig. Étendue des aptitudes d'une personne. *Poète au clavier restreint.*

claviste [klavist] n. TECH Personne qui compose des textes d'imprimerie en actionnant un clavier.

Clay (Cassius). V. Ali (Muhammad).

clayette [klɛjɛt] n. f. **1.** Petite claie. V. clayon. – *Par ext.* Dans un réfrigérateur, étagère amovible à claire-voie. **2.** Emballage à claire-voie servant au transport des denrées périssables.

clayon [klɛjɔ̃] n. m. **1.** Petite claie qui sert à faire égoutter les fromages, sécher des fruits. **2.** Élément de clôture.

clayonnage [klɛjɔnaʒ] n. m. TECH **1.** Assemblage de pieux, de branchages soutenant des terres. **2.** Construction d'un tel assemblage.

clé ou **clef** [kle] n. f. **I.** Instrument servant à ouvrir. **1.** Instrument de métal constitué d'une tige, d'un panneton* et d'une partie plus large permettant la prise, destiné à faire fonctionner une serrure. *Donner un tour de clé. Clé forée,* dont la tige est creuse (par oppos. à *clé bénarde*). *Clé de contact d'une automobile,* qui établit le contact pour faire démarrer le moteur. ▷ Fig. *Mettre la clé sous la porte :* quitter discrètement un lieu; faire faillite. ▷ *Sous clé :* dans un lieu, un meuble fermé à clé. ▷ *Livrer une installation clés en main* ou (Belgique) *clés sur porte,* la livrer complète, en état de fonctionnement. **2.** Loc. fig. *Prendre la clé des champs :* s'enfuir. **3.** RELIG CATHOL *Les clés de saint Pierre :* l'autorité du pape. – *Les clés du Royaume :* les clés qui, symboliquement, représentent l'accès au paradis. **4.** Ce qui permet d'entrer quelque part, d'accéder à qqch. *Cette place forte est la clé de la région.* **5.** Ce dont dépend, ce qui conditionne le fonctionnement de qqch. – En appos. *Des industries clés,* essentielles pour l'économie. **6.** Ce qui permet de comprendre, d'interpréter. *La clé d'un code secret, d'un système, d'une affaire compliquée. Un roman à clé(s),* comportant des allusions à des personnes, à des faits réels. **7.** MUS Signe placé au commencement de la portée pour fixer la hauteur des notes dans l'échelle musicale. *La clé de sol, de fa, d'ut. Un bémol à la clé.* ▷ Loc. fig. *À la clé :* avec pour résultat, pour enjeu. *Il y a une récompense à la clé.* **II. 1.** Outil qui sert à visser, à serrer les écrous. *Clé anglaise, clé à molette.* **2.** ARCHI *Clé de voûte :* pierre en forme de coin qui, placée au sommet de l'arc ou de la voûte, maintient les autres pierres. – Fig. *Cet homme est la clé de voûte de cette organisation.* **3.** MUS Ce qui commande les trous du tuyau d'un instrument à vent. **4.** SPORT Prise immobilisante de judo ou de lutte.

clearing [kliʀiŋ] n. m. (Mot angl.) ECON *Accord de clearing :* accord international visant à un règlement financier par compensation.

Clegg (Johnny) (né en 1953), le «Zulu blanc», chanteur et musicien anglais établi en Afrique du Sud.

clématite [klematit] n. f. Liane grimpante (fam. renonculacées) des régions tempérées et tropicales.

clémence [klemɑ̃s] n. f. **1.** Litt. Vertu qui consiste à pardonner les offenses, à modérer les châtiments des fautes que l'on punit. *Faire appel à la clémence de la cour.* **2.** Fig. (En parlant de la température, du temps, du climat.) Douceur.

Clemenceau (Georges) (1841 – 1929), homme politique français. Député à partir de 1875 (extrême gauche rad.), sénateur après 1902, ce «Tombeur de ministères» se rangea dans le camp des défenseurs de Dreyfus. Président du Conseil (1906-1909), il réprima durement les grèves ouvrières et rompit avec les socialistes. Prés. du Conseil (nov. 1917), surnommé «le Tigre» et «le Père la Victoire», il se retira de la vie politique en 1920. Acad. fr. (1918).

clément, ente [klemɑ̃, ɑ̃t] adj. **1.** Indulgent, porté à la clémence. *Un juge clément.* **2.** Fig. (En parlant de la température, du climat.) Doux, peu rigoureux.

Clément V (Bertrand de Got) (? – 1314), archevêque de Bordeaux, pape de 1305 à 1314, premier pape qui se fixa en Avignon (1309); il abolit l'ordre des Templiers (1311). — **Clément VII** (Robert de Genève) (1342 – 1394), pape d'Avignon (le premier du Grand Schisme) de 1378 à 1394. — **Clément VII** (Jules de Médicis) (1478 – 1534), pape de 1523 à 1534; il excommunia Henri VIII d'Angleterre. — **Clément XI** (Giovanni Francesco Albani) (1649 – 1721), pape de 1700 à 1721; sa bulle *Unigenitus* (1713) condamna le jansénisme. — **Clément XIV** (Giovanni Vincenzo Ganganelli) (1705 – 1774), pape de 1769 à 1774; sous la pression des États cathol., il abolit l'ordre des Jésuites (1773).

Clément d'Alexandrie (en lat. *Titus Flavius Clemens*) (v. 150 – v. 215), philosophe grec chrétien. Il se fixa à Alexandrie, où il aurait été le maître d'Origène.

Clément d'Ohrid (v. 840 – 916), évêque et écrivain bulgare. Disciple de Cyrille et de Méthode, il poursuivit, en Bulgarie, leur mission évangélisatrice et éducatrice, et contribua à la formation de la littérature nationale. On lui doit des homélies, des hymnes, des prières.

Clément (Jacques) (1567 – 1589), dominicain français. Assassin d'Henri III, il fut massacré par la suite du roi.

Clément (Jean-Baptiste) (1836 – 1903), militant socialiste français, membre de la Commune de Paris et chansonnier : *le Temps des cerises* (1867).

Clément (René) (1913 – 1996), cinéaste français : *la Bataille du rail* (1946), *Jeux interdits* (1952), *Monsieur Ripois* (1954), *Gervaise* (1955, d'apr. *l'Assommoir* de Zola), *Paris brûle-t-il?* (1966).

Clementi (Muzio) (1752 – 1832), compositeur italien, virtuose du piano.

clémentine [klemɑ̃tin] n. f. Fruit de l'hybride de l'oranger doux et du mandarinier.

clenche [klɑ̃ʃ], (Belgique, Luxembourg) **clinche** [klɛ̃ʃ] ou (Belgique, France rég.) **cliche** [kliʃ] n. f. Pièce principale d'un loquet de porte, qui tient la porte fermée en s'insérant dans le mentonnet.

cléome [kleom] n. m. Plante herbacée des régions tropicales dont certaines espèces sont cultivées comme ornementales ou potagères.

Cléopâtre VII (69 – 30 av. J.-C.), reine d'Égypte (51-30 av. J.-C.), célèbre par sa beauté et son intelligence ainsi que par ses amours avec César, puis Antoine. Celui-ci ayant été vaincu par Octave à Actium (31 av. J.-C.), elle s'enfuit avec lui en Égypte où ils se suicidèrent : elle s'empoisonna ou, selon la légende, se fit mordre par un aspic.

cleptomane, cleptomanie [klɛptoman, klɛptomani] n. V. kleptomane, kleptomanie.

Clérambault (Louis Nicolas) (1676 – 1749), compositeur et organiste français.

clerc [klɛʀ] n. m. **1.** Celui qui est entré dans l'état ecclésiastique en recevant la tonsure. **2.** Employé d'une étude de notaire, d'huissier. *Clerc de notaire. Premier clerc.* **3.** Loc. fig. *Un pas de clerc :* une faute commise dans une affaire par inexpérience, par étourderie.

clergé [klɛʀʒe] n. m. Ensemble des ecclésiastiques attachés à une paroisse, à une ville, à un pays, à une Église. *Clergé régulier*, séculier*. Bas clergé :* ensemble des prêtres exerçant un ministère paroissial. *Haut clergé :* épiscopat.

clérical, ale, aux [kleʀikal, o] adj. **1.** Qui concerne le clergé. **2.** Qui concerne le cléricalisme.

cléricalisme [kleʀikalism] n. m. Attitude, opinion des chrétiens partisans d'une participation active du clergé à la vie politique.

cléricature [kleʀikatyʀ] n. f. Didac. État, condition, corps des clercs, des ecclésiastiques.

Clermont-Ferrand, v. de France, ch.-l. du dép. du Puy-de-Dôme et de la Rég. Auvergne; 140 167 hab. Pneus Michelin. – Université. Cath. Notre-Dame (XIIIe-XIVe s.).– Le pape Urbain II y prêcha la 1re croisade au cours d'un concile (1095).

Clervaux Ch.-l. de cant. du Luxembourg, sur la Clerve, dans l'Ösling. Site touristique. Château des XIIe-XVIIe s., abbaye bénédictine.

Cleveland, v. des É.-U. (Ohio), sur le lac Érié; 505 600 hab. (aggl. urb. 2 788 400 hab.). Port de comm. import. Industr. – Université, musée.

Cleveland (Stephen Grover) (1837 – 1908), homme politique américain, président (démocrate) des É.-U. de 1885 à 1889 et de 1893 à 1897.

1. clic [klik] interj. et n. m. **1.** interj. Onomatopée imitant un petit claquement bref et sec. **2.** n. m. INFORM Action de cliquer. *Faire un clic droit, gauche :* cliquer sur le bouton droit, gauche de la souris d'ordinateur.

2. clic ou **click** [klik] n. m. PHON Son produit «en créant un vide à quelque point du chenal expiratoire en écartant les organes (voile du palais, lèvres, etc.) entre deux points où se maintient la fermeture». *Les langues de la famille khoisan sont des langues à clics.*

cliche [kliʃ] n. f. V. clenche.

cliché [kliʃe] n. m. **1.** IMPRIM Plaque sur laquelle apparaissent en relief les éléments d'une composition typographique (texte et illustrations) et qui en permet le tirage. **2.** PHOTO Plaque ou pellicule impressionnée par la lumière et constituant l'épreuve. **3.** Fig., péjor. Idée, phrase toute faite et banale que l'on répète. *Des clichés rebattus.*

clicher [kliʃe] v. tr. [1] IMPRIM Couler du métal en fusion dans l'empreinte (d'une ou plusieurs pages composées).

click [klik] n. m. V. clic 2.

client, ente [klijɑ̃, ɑ̃t] n. (et adj.)**1.** Personne qui achète qqch à un commerçant. ▷ Personne qui se fournit habituellement chez un commerçant. *C'est mon meilleur client.* ▷ ECON Acheteur. *L'Allemagne est un client de la France.* – adj. *Les organismes clients d'un producteur.* **2.** Personne qui sollicite des services contre paiement. *Clients d'un médecin, d'un avocat, d'une agence de publicité.* **3.** (Afr. subsah.; Madag., rare) Marchand habituel. **4.** ANTIQ ROM Plébéien qui se mettait sous la protection d'un patricien (le *patron*) en lui abandonnant une partie de ses droits civils et politiques.

clientèle [klijɑ̃tɛl] n. f. **1.** Ensemble des clients d'un commerçant, d'un avocat, d'un médecin, etc. **2.** Habitude d'un particulier de s'adresser à un fournisseur déterminé. *Ce magasin n'aura plus ma clientèle.* **3.** Ensemble de personnes qui soutiennent un homme ou un parti politique.

clientélisme [klijɑ̃telism] n. m. Péjor. Fait, pour un homme ou un parti politique, de chercher à élargir sa clientèle par des moyens démagogiques.

clignement [kliɲmɑ] n. m. Action de cligner les yeux.

cligner [kliɲe] v. tr. [1] **1.** *Cligner les yeux,* les fermer à demi pour diminuer le champ visuel. **2.** Fermer et ouvrir rapidement (les yeux). *La fumée lui fait cligner les yeux.* **3.** v. tr. ind. *Cligner de l'œil :* faire signe en fermant rapidement la paupière.

clignotant, ante [kliɲɔtɑ̃, ɑ̃t] adj. et n. m. **1.** adj. Qui clignote. *Des feux clignotants.* **2.** n. m. AUTO Feu indicateur de changement de direction, s'allumant et s'éteignant alternativement. Syn. (Afr. subsah., Belgique, Luxembourg) clignoteur, (Suisse) signofil(e).

clignotement [kliɲɔtmɑ̃] n. m. **1.** Mouvement convulsif des paupières. **2.** Fait de clignoter (sens 2).

clignoter [kliɲɔte] v. intr. [1] **1.** Cligner fréquemment; remuer convulsivement les paupières. *Ses yeux ne cessent de clignoter. Clignoter des yeux.* **2.** (En parlant d'une lumière.) S'allumer et s'éteindre alternativement.

clignoteur [kliɲɔtœʀ] n. m. (Afr. subsah.; Belgique, emploi critiqué; Luxembourg) Clignotant.

climat [klima] n. m. **1.** Ensemble des éléments qui caractérisent l'état moyen de l'atmosphère dans une région déterminée. *Climat équatorial, tropical, tempéré. Climat pluvieux, sec. Climat vivifiant, malsain.* **2.** Fig. Atmosphère, ambiance. *Un climat sympathique. Climat social.*

ENCYCL Les éléments du climat sont : la température et l'humidité de l'air dans les couches voisines du sol, les précipitations, l'insolation, le vent, la pression atmosphérique et, accessoirement, le champ électrique de l'atmosphère, l'ionisation de l'air, sa composition chimique. On classe les climats en quelques types princ. : climats équatorial, tropical, tempéré, polaire; ou : climats maritime, continental, d'altitude. Il existe de nombr. sous-climats (alpin, méditerranéen, désertique, etc.).

climatique [klimatik] adj. Qui se rapporte au climat, à ses effets. *Conditions climatiques.* ▷ *Station climatique :* lieu dont le climat est propice au traitement de certaines maladies.

climatisation [klimatizasjɔ̃] n. f. Création ou maintien, dans un local, de conditions déterminées de température, d'humidité relative et de pureté de l'air.

climatisé, ée [klimatize] adj. **1.** Maintenu à une température donnée, à l'aide d'un dispositif de climatisation, en parlant d'un lieu. *Salle climatisée.* **2.** (Afr. subsah.) Qui est adapté aux climats chauds. *Une veste climatisée.* **3.** (Québec) (Emploi critiqué.) *Air climatisé :* syn. d'*air conditionné**.

climatiser [klimatize] v. tr. [1] Installer ou faire fonctionner un dispositif de climatisation.

climatiseur [klimatizœʀ] n. m. Appareil destiné à assurer une climatisation.

climatologie [klimatɔlɔʒi] n. f. Didac. Étude des éléments du climat. – *Climatologie médicale :* étude de l'action des différents climats sur l'organisme.

climatologique [klimatɔlɔʒik] adj. Didac. Qui se rapporte à la climatologie.

climatologue [klimatɔlɔg] n. Spécialiste de climatologie.

climax [klimaks] n. m. BOT, ECOL État d'équilibre stable entre le climat et le peuplement végétal naturel d'un lieu. *La forêt guinéenne est un exemple de climax tropical.*

clinche [klɛ̃ʃ] n. f. V. clenche.

clin d'œil [klɛ̃dœj] n. m. **1.** Signe que l'on fait discrètement à qqn en fermant vite une paupière. *Faire un clin d'œil complice à qqn* ou (Maurice) *casser un œil.* ▷ Fig. Allusion plaisante. *Les clins d'œil d'un auteur au lecteur.* **2.** Fig. *En un clin d'œil :* en très peu de temps.

clinicien, enne [klinisjɛ̃, ɛn] adj. *Médecin clinicien* ou, subst., *clinicien,* qui pratique la médecine clinique.

clinique [klinik] adj. et n. f. **I. 1.** adj. Qui est effectué auprès du malade, sans utiliser d'appareils et sans recourir aux examens de laboratoire. *Signe clinique,* qui est décelé au simple examen. **2.** n. f. Partie de l'enseignement médical dispensée au chevet des malades d'un service hospitalier. **II.** n. f. **1.** Service hospitalier dans lequel on donne l'enseignement clinique. *Chef de clinique :* médecin qui a fini l'internat et qui enseigne dans un service hospitalier. **2.** Établissement de soins médicaux, public ou privé. **3.** (Liban) Cabinet médical.

cliniquement [klinikmɑ̃] adv. Sur le plan clinique. *Il était cliniquement mort.*

clinquant, ante [klɛ̃kɑ̃, ɑ̃t] n. m. et adj. **I.** n. m. **1.** Lamelle d'or, d'argent, rehaussant les broderies. **2.** Mauvaise imitation de matières précieuses. *Une bague en clinquant.* **3.** Fig. Faux brillant, éclat artificiel. *Le clinquant d'un discours.* **II.** adj. Qui brille d'un éclat tapageur, mais n'a pas de valeur. *Verroterie clinquante.*

Clinton (William Jefferson, dit Bill) (né en 1946), homme politique américain. Gouverneur (démocrate) de l'Arkansas (1979-1992), il est élu président des États-Unis en nov. 1992 face à G. Bush, auquel il succède, et est réélu en 1996 face à Bob Dole.

Clio, dans la myth. gr., muse de l'Histoire et de la Poésie.

1. clip [klip] n. m. **1.** Bijou monté sur une pince à ressort. (On dit aussi *clips* [klips].) **2.** Mode de fixation par pince à ressort, par cliquet.

2. clip [klip] n. m. Court-métrage cinématographique ou vidéo conçu dans un but promotionnel.

Clipperton, atoll inhabité de l'océan Pacifique, appartenant à la France; 1,6 km². – Découverte au XVIIIe s. par le pirate anglais John Clipperton, l'île, riche en guano, fut longtemps disputée entre le Mexique (situé à 1 300 km) et la France qui en reprit possession en 1931.

clique [klik] n. f. **1.** Péjor. Groupe, coterie. *Clique de politiciens véreux.* **2.** MILIT Ensemble des tambours et des clairons d'un régiment. **3.** SOCIOL Groupe de personnes liées par des obligations mutuelles.

cliquer [klike] v. intr. [1] INFORM Appuyer sur la touche d'une souris (sens 3).

cliques [klik] n. f. pl. Loc. fam. *Prendre ses cliques et ses claques :* déguerpir, filer en emportant ce que l'on possède.

cliquet [klikɛ] n. m. TECH Pièce mobile qui, butant contre une roue dentée, ne permet à celle-ci qu'un sens de rotation.

cliqueter [klikte] v. intr. [20] Produire un cliquetis. *Ses bracelets cliquetaient au moindre geste.*

cliquetis [klikti] n. m. Bruit sec et léger que font certains corps sonores qui s'entrechoquent. *Le cliquetis des couverts sur les assiettes.*

Clisthène (VIe s. av. J.-C.), homme politique athénien. Il contribua à la chute du tyran Hippias (510) et établit la démocratie à Athènes.

clitocybe [klitɔsib] n. m. Champignon basidiomycète à chapeau concave, à lamelles et spores blanches (nombreuses espèces toxiques).

clitoridectomie [klitɔʀidɛktɔmi] n. f. CHIR Ablation du clitoris. ▷ Ablation partielle du clitoris, et parfois des petites lèvres, pratiquée rituellement par certaines sociétés, notam. en Afrique. Syn. excision.

clitoridien, enne [klitɔʀidjɛ̃, ɛn] adj. Qui concerne le clitoris.

clitoris [klitɔʀis] n. m. ANAT Petit organe érectile situé à la partie antérieure de la vulve.

clivage [klivaʒ] n. m. **1.** Action et art de cliver; propriété que possèdent certains minéraux de se fracturer suivant des plans (*plans de clivages*), plus aisément que suivant d'autres. **2.** Fig., cour. Division, séparation. *Il y a eu un clivage au sein de ce parti politique.*

cliver [klive] v. tr. [1] Fendre un minéral (partic. un diamant) en suivant l'organisation de ses couches, ou de sa symétrie. ▷ v. pron. Se fendre.

cloaque [klɔak] n. m. **1.** Lieu servant de dépôt d'immondices. – *Par ext.* Endroit malpropre, malsain. *Cette ruelle est un cloaque.* **2.** ZOOL Cavité qui, chez de nombreux animaux (notamment les oiseaux), sert de débouché commun aux voies intestinales, urinaires et génitales.

clochard, arde [klɔʃaʀ, aʀd] n. Personne sans domicile et sans travail, menant une vie misérable en marge de la société.

clochardisation [klɔʃaʀdizasjɔ̃] n. f. Réduction à l'état de clochard.

1. cloche [klɔʃ] n. f. **1.** Instrument sonore de métal, en forme de vase renversé, muni d'un battant (à l'intérieur) ou d'un marteau (à l'extérieur) qui le met en vibration. *Sonner les cloches à toute volée.* **2.** Loc. fig. *Entendre un autre son de cloche,* une version différente du même récit. ▷ Fam. *Sonner les cloches à qqn,* le réprimander sévèrement. **3.** (En appos.) *Jupe cloche,* évasée vers le bas. **4.** Ustensile en forme de cloche, servant à couvrir, à protéger. *Cloche à fromage(s).* **5.** (Belgique) Ampoule (sens 3).

2. cloche [klɔʃ] n. f. Fam. Personne stupide, sotte, incapable. *Tu es une vraie cloche.* ▷ adj. *Ce qu'il peut être cloche!*

cloche-pied (à) [aklɔʃpje] loc. adv. Sur un seul pied portant à terre. *Sauter à cloche-pied.*

1. clocher [klɔʃe] n. m. **1.** Construction élevée au-dessus d'une église et dans laquelle sont suspendues les cloches. **2.** *Par ext.* Paroisse, pays natal. – *Intérêts, rivalités de clocher,* qui n'intéressent qu'une localité, qu'une région restreinte. *Esprit de clocher.*

2. clocher [klɔʃe] v. intr. [1] Fig., fam. Être défectueux. *Quelque chose qui cloche dans un raisonnement.*

clochette [klɔʃɛt] n. f. **1.** Petite cloche. **2.** Fleur en forme de petite cloche.

cloison [klwazɔ̃] n. f. **1.** Mur peu épais séparant deux pièces d'une habitation. **2.** ANAT Ce qui divise une cavité, ou sépare une cavité d'une autre. *Cloison nasale. Cloison des ventricules du cœur.* ▷ BOT Membrane de séparation à l'intérieur d'une cavité ou dans une masse charnue. **3.** MAR *Cloisons étanches :* cloisons métalliques qui divisent l'intérieur d'un navire en compartiments indépendants, et qui permettent de circonscrire un éventuel envahissement des eaux. – Fig. *Cloison étanche entre deux services administratifs.*

cloisonnage [klwazɔnaʒ] n. m. Action de cloisonner; son résultat.

cloisonné, ée [klwazɔne] adj. et n. m. **1.** Divisé par des cloisons, séparé en compartiments. *Hangar cloisonné.* **2.** BX-A *Émaux cloisonnés,* dont l'émail est coulé entre des bandes de métal soudées sur le fond et qui y forment un dessin. – n. m. *Un cloisonné.*

cloisonnement [klwazɔnmɑ̃] n. m. **1.** Ensemble de cloisons; leur disposition. **2.** Fig. État de ce qui est cloisonné; séparation, division.

cloisonner [klwazɔne] v. tr. [1] Séparer par des cloisons.

cloître [klwɑtʀ] n. m. **1.** Partie d'un monastère interdite aux laïcs, d'où les religieux ne sortent pas. **2.** *Par ext.* Monastère, abbaye. **3.** Galerie couverte, entourant une cour ou un jardin, dans un monastère ou contiguë à une cathédrale.

cloîtré, ée [klwatʀe] adj. Qui vit dans un cloître (sens 1). *Religieuses cloîtrées.*

cloîtrer [klwatʀe] v. [1] **1.** v. tr. Soumettre à la règle de la clôture (sens 2). ▷ v. pron. Se retirer dans un cloître. **2.** Fig., cour. Enfermer (qqn). ▷ v. pron. Mener une vie très retirée. – *Se cloîtrer chez soi,* s'y enfermer.

clonage [klonaʒ] n. m. BIOL Technique permettant de développer une lignée cellulaire ou un groupe d'individus génétiquement identiques (végétaux ou animaux) à partir d'une seule cellule ou d'un seul individu.

clone [klon] n. m. **1.** BIOL Ensemble de cellules ou d'individus qui sont génétiquement la copie exacte de la cellule ou de l'individu uniques dont ils sont issus par clonage. ▷ Fig. Réplique, copie exacte. **2.** INFORM Ordinateur compatible avec tout le matériel et les logiciels d'un ordinateur d'un autre modèle.

cloner [klɔne] v. tr. [1] BIOL Effectuer un clonage.

clope [klɔp] n. Arg. **1.** n. m. ou f. Mégot. **2.** n. f. Cigarette.

clopet [klɔpɛ] n. m. (Suisse) Petite sieste.

clopin-clopant [klɔpɛ̃klɔpɑ̃] loc. adv. Fam. En clopinant.

clopiner [klɔpine] v. intr. [1] Marcher avec peine, en boitant.

cloporte [klɔpɔʀt] n. m. Crustacé isopode terrestre vivant dans les lieux humides et sombres.

cloque [klɔk] n. f. Syn. de *ampoule* (sens 3).

cloqué, ée [klɔke] adj. Boursouflé, en parlant d'une matière en couche mince. – *Tissu cloqué :* gaufré.

cloquer [klɔke] v. [1] **1.** v. intr. Se boursoufler. *Enduit qui cloque.* **2.** v. tr. *Cloquer un tissu,* le gaufrer.

clore [klɔʀ] v. tr. [79] Arrêter, terminer ou déclarer terminé. *Clore une opération commerciale, un débat.*

1. clos, close [klo, kloz] adj. **1.** Fermé. *Trouver porte close.* ▷ DR *À huis clos :* V. huis. ▷ Loc. *En vase clos :* sans contact avec le monde extérieur, isolé, confiné. *Vivre en vase clos. Économie en vase clos.* **2.** Terminé, achevé. *L'incident est clos.*

2. clos [klo] n. m. **1.** Terrain cultivé entouré d'une clôture. – (Québec) *Par ext.* Enclos destiné au pâturage. *Le clos des vaches, des moutons.* – (Louisiane) Champ (sens I, 1). *Clos de riz. Travailler dans le clos.* **2.** (Québec) Loc. fam. *Prendre le clos :* quitter la route, par suite d'un dérapage, d'une embardée (en parlant d'un véhicule). *La voiture a pris le clos.*

Clotaire Ier (v. 497 – 561), roi de Soissons en 511, dernier fils de Clovis. Après divers assassinats, il fut seul roi des Francs (558-561).

Clotilde (sainte) (v. 475 – 545), fille de Chilpéric, roi des Burgondes. Elle épousa Clovis Ier en 493 et contribua à sa conversion.

clôture [klotyʀ] n. f. **1.** Ce qui enclôt un espace. *Mur de clôture d'un parc. Une clôture en bambou.* Syn. (Acadie) bouchure. – (Québec) *Clôture à vaches,* qui les empêche de passer. *Clôture à neige,* faite de lattes de bois assemblées à claire-voie au moyen de fils de fer, servant à protéger les arbustes contre la neige et le vent pendant l'hiver. **2.** (Québec) SPORT (Au hockey) Syn. de *bande.* – (Au baseball) Ligne, barrière délimitant la surface du terrain de jeu. **3.** Enceinte d'un couvent cloîtré. – Fig. Obligation faite aux religieux des ordres cloîtrés de vivre retirés du monde. **4.** Action d'arrêter, de terminer une chose, ou de déclarer qu'elle est arrêtée, terminée. *Clôture d'un scrutin.*

clôturer [klotyʀe] v. tr. [1] **1.** Entourer de clôtures. **2.** Arrêter, déclarer terminé. *Clôturer la session parlementaire. Clôturer un compte.*

clou [klu] n. m. **I. 1.** Petite tige de métal, pointue, et ordinairement dotée d'une tête, servant à fixer, attacher ou pendre qqch. *Enfoncer un clou avec un marteau. Accrocher, suspendre un vêtement à un clou.* **2.** Loc. fig., fam. *Être maigre comme un clou :* être très maigre. ▷ (Belgique) *Ne pas être pendu à un clou :* ne pas être à la disposition constante de qqn. ▷ (Québec) *Cogner des clous :* somnoler en position assise, la tête ayant tendance à tomber vers l'avant par saccades. **II.** Fig. **1.** Fam. *Un vieux clou :* une automobile, une motocyclette ou une bicyclette en mauvais état. **2.** *Le clou de la fête, du programme,* la principale attraction. **III.** Par anal. de forme. *Clou de girofle*.*

clouage [kluaʒ] n. m. Action ou manière de clouer; résultat de cette action.

clouer [klue] v. tr. [1] **1.** Fixer, assembler avec des clous. *Clouer une caisse.* **2.** Fig. Fixer, obliger (qqn) à rester quelque part, dans une situation. *Il est cloué au lit par une forte grippe.* ▷ Loc. fig., fam. *Clouer le bec à qqn,* le réduire au silence par des propos définitifs.

Clouet (Jean, dit Jehannet ou Janet) (v. 1475 ou 1485 – 1540), peintre français d'origine flamande, portraitiste à la cour (nombr. dessins). — **François** (ou Janet) (av. 1522 – 1572), fils et successeur du préc.

cloutage [klutaʒ] n. m. Action de clouter; son résultat.

clouté, ée [klute] adj. Garni de clous. *Semelles cloutées.* ▷ *Passage clouté :* passage au travers des rues, délimité naguère par de grosses têtes de clous, auj. par des bandes peintes sur la chaussée et réservé aux piétons. Syn. passage (pour) piétons.

clouter [klute] v. tr. [1] Garnir ou orner de clous.

Clouzot (Henri Georges) (1907 – 1977), cinéaste français. Il fut un moraliste «noir» : *le Corbeau* (1943), *Quai des Orfèvres* (1947), *le Salaire de la peur* (1953), *les Diaboliques* (1954), *le Mystère Picasso* (doc., 1956), *la Vérité* (1960).

Clovis Ier (v. 465 – 511), roi des Francs de 481 à 511. Fils de Childéric Ier, il lui succéda comme roi salien de Tournai (481). Il battit le général romain Syagrius à Soissons (épisode du vase de Soissons*) en 486, les Alamans à Tolbiac (496), les Burgondes (500), le roi wisigoth Alaric II à Vouillé (507). Son baptême (par saint Rémi, évêque de Reims, v. 496) fait de lui le premier roi barbare qui embrassa la foi catholique.

clovisse [klɔvis] n. f. Syn. de *palourde.*

clown [klun] n. m. **1.** Acteur bouffon de cirque. *Le clown blanc. Numéro de clowns.* **2.** Fig. *Faire le clown,* le pitre.

clownerie [klunʀi] n. f. Vieilli Farce de clown. – Pitrerie digne d'un clown.

clownesque [klunɛsk] adj. Relatif aux clowns; digne d'un clown.

1. club [klœb] ou (Québec) [klyb] n. m. **1.** Association, cercle de personnes qui se rassemblent régulièrement en un local déterminé, dans un but fixé (politique, sportif, amical, mondain). *Club de voile, de tennis, de bridge,* etc. *Ciné*-club.* **2.** Équipe sportive. *Un club de hockey, de baseball. Coupe d'Europe de football des clubs* (par oppos. à la

Coupe des nations). **3.** (Québec) Abrév. fam. de *club-sandwich*. **4.** (Québec) *Club de nuit* ou (plus courant) *club* : boîte* de nuit. – *Club vidéo* : vidéoclub. **5.** (En appos.) *Fauteuil club*, en cuir, large et profond.

2. club [klœb] n. m. Crosse servant à frapper la balle au jeu de golf. Syn. (Québec) bâton de golf.

clubard [klœbaʀ] n. m. (Maghreb) Fam. En Algérie, membre actif et passionné d'un club sportif.

club-sandwich [klœbsɑ̃dwitʃ] ou (Québec) [klɔbsanwitʃ] n. m. (Surtout au Québec) Sandwich constitué de trois tranches de pain grillées entre lesquelles on a placé du poulet ou du jambon, du bacon, de la laitue et des tomates, et que l'on sert découpé en quatre portions triangulaires disposées en rangées. *Des clubs-sandwichs*. (Abrév. fam. : *club*).

Cluj-Napoca, ville de Roumanie (Transylvanie); 321 800 hab.; ch.-l. du distr. de Cluj. Industr. métall., méca., chim., alim. – Université. Nombreux monuments : égl. goth. St-Michel (XIVe-XVe s.), palais Banffy (musée). – Fondée par les Daces, puis romaine (IIe-IIIe s.), la ville se développa au XIVe s. et connut un essor particulier au XVe s. Sous domination hongroise à partir du XIe s., elle fut rattachée à la Roumanie en 1918, mais redevint hongroise de 1940 à 1944.

Cluny, com. de France (Saône-et-Loire); 4 734 hab. – Anc. et célèbre abb. bénédictine, fondée en 910 par le duc Guillaume d'Aquitaine. L'égl. abbat. (1088-1150) fut longtemps la plus vaste église du monde.

clupéiformes [klypeifɔʀm] n. m. pl. ICHTYOL Ordre de poissons téléostéens malacoptérygiens, de forme allongée, à grandes écailles et queue fourchue, comprenant le hareng, la sardine, l'anchois, etc. – Sing. *Un clupéiforme*.

cluse [klyz] n. f. GEOMORPH et Rég. Coupure transversale d'un anticlinal, mettant en communication deux vallées, typique du relief jurassien. *La cluse de Nantua*.

clusiacées [klyzjase] n. f. pl. BOT Famille d'arbres ou d'arbustes dicotylédones à suc résineux, comprenant notam. l'abricotier des Antilles. – Sing. *Une clusiacée*.

Clytemnestre, fille de Tyndare, roi de Sparte, et de Léda; femme d'Agamemnon, roi de Mycènes et d'Argos; mère d'Oreste, d'Électre et d'Iphigénie. Avec l'aide d'Égisthe, son amant, elle assassina son époux. Oreste les tua.

C.M.F. Sigle de *Conférence* ministérielle de la Francophonie*.

C.N.C. Sigle de *Centre* national de la cinématographie*.

cnidaires [knidɛʀ] n. m. pl. ZOOL Embranchement de métazoaires à symétrie radiaire, couverts de cellules urticantes, dont la cavité digestive ne possède qu'un seul orifice et dont l'embryon ne comporte que deux feuillets. (On compte deux superclasses : les *hydrozoaires*, divisés en hydraires, hydrocoralliaires, siphonophores; les *anthozoaires*, divisés en octocoralliaires et hexacoralliaires. Les cnidaires et les cténaires étaient autref. réunis dans les cœlentérés.) – Sing. *Un cnidaire*.

Cnide, anc. ville de Carie (Asie Mineure), célèbre par le temple où se trouvait l'*Aphrodite* de Praxitèle.

Cnossos, anc. ville de Crète, haut lieu d'une brillante civilisation (XXe-XIVe s. av. J.-C.). Le palais de Minos (XVIe-XVe s.) s'élève sur les vestiges d'un premier palais (XXIe-XXe s.).

CNUCED, acronyme pour *Conférence* des Nations unies sur le commerce et le développement*.

co-. Préf., du lat. *co*, variante de *cum*, «avec», exprimant le concours, l'union, la simultanéité (ex. *coauteur, coaccusé, codétenu*).

coaccusé, ée [kɔakyze] n. Personne accusée en même temps qu'une ou plusieurs autres.

coach [kotʃ], plur. **coaches** [kotʃəs] n. m. (Anglicisme) SPORT Entraîneur d'une équipe, d'un athlète de haut niveau.

coagulant, ante [kɔagylɑ̃, ɑ̃t] adj. (et n. m.) Qui fait coaguler. *La présure est coagulante*. ▷ n. m. Substance qui a la propriété de coaguler.

coagulation [kɔagylasjɔ̃] n. f. Fait de se coaguler; état d'une substance coagulée. *Temps de coagulation du sang*.

coaguler [kɔagyle] v. [1] **1.** v. tr. Transformer une substance organique liquide en une masse relativement solide. *Coaguler du sang, du lait*. Syn. figer, cailler. **2.** v. intr. Prendre une consistance plus ou moins solide. *Le sang coagule*. – v. pron. *Le sang se coagule*.

coalescence [kɔalesɑ̃s] n. f. **1.** BOT Soudure de deux pièces voisines. **2.** Fig. Réunion d'éléments voisins.

coalisé, ée [kɔalize] adj. et n. Ligué dans une coalition. *Peuples coalisés*.– Subst. *Les coalisés*.

coaliser [kɔalize] v. tr. [1] Liguer, réunir (différents partis) en vue d'une lutte. ▷ v. pron. Former une coalition.

coalition [kɔalisjɔ̃] n. f. **1.** Réunion momentanée de puissances, de partis, de personnes pour lutter contre un ennemi commun. Syn. alliance, ligue. **2.** Accord réalisé entre personnes de même condition dans des buts économiques ou professionnels. *La coalition commerciale est illicite*.

Coanda (Henri) (1886 - 1972), ingénieur et physicien roumain. Il a établi, le premier, le principe de l'avion à réaction. – *Effet Coanda* : phénomène se traduisant par la tendance d'un jet de fluide sortant d'un récipient par un orifice ou un tuyau à épouser les contours extérieurs de ce récipient.

coassement [kɔasmɑ̃] n. m. Cri de la grenouille.

coasser [kɔase] v. intr. [1] Pousser son cri, en parlant de la grenouille.

coassurance [kɔasyʀɑ̃s] n. f. Assurance d'un même risque par plusieurs assureurs.

Coast Ranges, nom anglais des chaînes Côtières*.

coati [kɔati] n. m. ZOOL Mammifère carnivore fissipède (genre *Nasua*) d'Amérique tropicale, au très long museau.

coauteur [kootœʀ] n. m. **1.** Auteur avec un ou plusieurs autres d'un même ouvrage. **2.** DR L'un de ceux qui accomplissent ensemble un acte dont chacun est considéré comme l'auteur principal.

coaxial, ale, aux [koaksjal, o] adj. Qualifie un objet qui a le même axe qu'un autre. ▷ ELECTR *Câble coaxial*, constitué par un conducteur central, un conducteur périphérique (tresse métallique généralement) isolé du premier, et une gaine de protection.

cob, cobe ou **kob** [kɔb] n. m. Antilope de taille moyenne fréquente dans les savanes africaines, dont seul le mâle porte des cornes. (Principales espèces : le *cob de Buffon* ou, Afr. subsah., *antilope-son*, le *cob onctueux* ou *waterbuck*, et le *cob des roseaux*.)

coba [kɔba] n. m. V. koba.

cobalt [kɔbalt] n. m. Élément métallique (symbole Co) de numéro atomique Z = 27. – Métal blanc (Co), ferromagnétique, qui entre dans la composition d'aciers destinés à la fabrication d'outils de coupe ultrarapides.

cobalthérapie [kɔbalteʀapi] ou **cobaltothérapie** [kɔbaltoteʀapi] n. f. MED Traitement par les rayonnements émis par le cobalt 60, isotope radioactif du cobalt.

cobaye [kɔbaj] n. m. Petit rongeur (20 cm de long) d'Amérique du Sud utilisé comme animal de laboratoire et appelé également *cochon d'Inde*. – Fig. Personne, animal servant de sujet d'expérience.

cobe [kɔb] n. m. V. cob.

cobelligérant, ante [kobelliʒeʀɑ̃, ɑ̃t] adj. et n. m. Allié(e) à un ou plusieurs pays en guerre contre un ennemi commun. *Nation cobelligérante*. ▷ n. m. *Les forces des cobelligérants*.

cobir [kɔbiʀ] v. tr. [3] (Acadie) Bosseler. – Pp. *Une casserole toute cobie*.

Coblence (en all. *Koblenz*), v. d'Allemagne (Rhénanie-Palatinat), au confl. du Rhin et de la Moselle; 110 280 hab. Centre comm. et intel. – Église St-Castor (XIIe s.). Forteresse d'Ehrenbreitstein (1816-1826). – Pendant la Révolution française, lieu de ralliement des émigrés franç., qui y formèrent l'armée de Condé (1792).

cobol [kɔbɔl] n. m. INFORM Langage de programmation utilisé en gestion d'entreprise.

cobra [kɔbʀa] n. m. Serpent venimeux dont les côtes peuvent se redresser, formant un élargissement caractéristique derrière la tête. (*Naja naja* est le cobra indien, ou serpent à lunettes. *Naja hannah*, le cobra royal, du S.-E. asiatique, atteint 6 m de long. *Naja nigricollis* est le cobra cracheur, largement répandu en Afrique, au S. du Sahara.)

Cobra, acronyme pour *COpenhague, BRuxelles, Amsterdam*, mouvement artistique expressionniste (1948-1951).

coca [kɔka] n. **1.** n. m. ou f. Arbuste du Pérou et de Bolivie, dont les feuilles renferment divers alcaloïdes et notam. la cocaïne. **2.** n. f. Substance extraite des feuilles de coca, aux propriétés stimulantes.

cocagne [kɔkaɲ] n. f. (En loc.) **1.** *Pays de cocagne*, où l'on trouve tout en abondance. **2.** *Mât de cocagne* : V. mât.

cocaïne [kɔkain] n. f. Alcaloïde ($C_{17}H_{21}NO_4$) extrait des feuilles de coca, stupéfiant et anesthésique.

cocaïnomane [kɔkainɔman] n. Toxicomane accoutumé à la cocaïne.

cocarde [kɔkaʀd] n. f. Insigne circulaire aux couleurs nationales.

cocardier, ère [kɔkaʀdje, ɛʀ] adj. Péjor. Qui aime l'armée; chauvin.

cocasse [kɔkas] adj. Fam. Qui est d'une étrangeté plaisante, qui fait rire. *Une histoire cocasse*. ▷ n. m. *Le cocasse de l'histoire...*

cocasserie [kɔkasʀi] n. f. Caractère de ce qui est cocasse; chose cocasse.

cocci [kɔksi] n. m. pl. Bactéries en forme de grain sphérique.

coccidie [kɔksidi] n. f. Petit protozoaire ovoïde, parasite de la muqueuse intestinale ou du foie.

coccidiose [kɔksidjoz] n. f. MED VET Maladie parasitaire provoquée par diverses espèces de coccidies chez les bovins, ovins, volailles, lapins, etc.

-coccie. V. -coque.

coccinelle [kɔksinɛl] n. f. Coléoptère à corps hémisphérique, à élytres diversement colorés, appelé aussi *bête à bon Dieu. À l'état larvaire ou adulte, les coccinelles chassent les pucerons et les cochenilles.*

coccyx [kɔksis] n. m. Os situé à l'extrémité inférieure du sacrum et formé de quatre ou cinq petites vertèbres soudées entre elles.

1. coche [kɔʃ] n. m. Anc. Grande voiture qui servait au transport des voyageurs. ▷ Loc. fig. *La mouche* du coche.* ▷ Loc. fig. *Manquer le coche :* laisser échapper l'occasion.

2. coche [kɔʃ] n. f. **1.** Entaille, encoche. *Coche d'une flèche.* **2.** *Par ext.* Marque. *Faire une coche au crayon.*

cochenille [kɔʃnij] n. f. Nom de nombreux insectes homoptères de très petite taille, dont seul le mâle est ailé, parasites de divers végétaux. *La cochenille du nopal fournit un colorant carmin.*

1. cocher [kɔʃe] n. m. Celui qui conduit l'attelage d'une voiture.

2. cocher [kɔʃe] v. tr. [**1**] Marquer d'une coche ou d'un signe. *Cochez d'une croix les cases correspondantes.*

Cochet (Henri) (1901 – 1987), joueur de tennis français; un des Quatre* mousquetaires, vainqueur à Wimbledon en 1927 et 1928.

Cochinchine, ancienne désignation, par les Européens, du sud du Viêt-nam, correspondant au Nam* Bô actuel.

cochinchinois, oise [kɔʃɛ̃ʃinwa, waz] adj. et n. De Cochinchine. ▷ Subst. *Un(e) Cochinchinois(e).*

Cochise (v. 1812 – 1876), chef indien apache, compagnon de Geronimo*.

cochlée [kɔkle] n. f. ANAT Limaçon de l'oreille interne.

cochon, onne [kɔʃɔ̃, ɔn] n. (et adj.) **I.** n. m. **1.** Animal domestique omnivore, porc élevé pour sa chair. *Cochon de lait :* petit cochon, encore à la mamelle. ▷ Viande de cet animal. *Manger du cochon.* **2.** Loc. fig., fam. *Tête de cochon :* caractère têtu, mauvais caractère. **3.** *Cochon d'Inde :* cobaye. – *Cochon de mer :* marsouin. – *Cochon de terre :* oryctérope. **II.** n. et adj. Fam. Personne malpropre; personne indélicate, malfaisante. *Cochon d'Untel!* – Loc. *Tour de cochon :* mauvais tour. ▷ adj. Licencieux. *Des gravures cochonnes.* – Libidineux, vicieux. *Des jeux cochons.*

cochonner [kɔʃɔne] v. tr. [**1**] Fam. Faire salement ou grossièrement (un ouvrage). ▷ Salir, souiller.

cochonnerie [kɔʃɔnʀi] n. f. Fam. **1.** Extrême malpropreté. **2.** *Par ext.* Action, parole obscène. **3.** Action indélicate, qui porte tort. *Faire une cochonnerie à qqn.* **4.** Chose sale, gâtée, sans valeur. *Tu vas vraiment manger cette cochonnerie?*

cochonnet [kɔʃɔnɛ] n. m. **1.** Jeune cochon. **2.** Petite boule servant de but au jeu de boules.

Cockcroft (sir John Douglas) (1897 – 1967), physicien anglais. Il bombarda pour la première fois (1932) des noyaux atomiques à l'aide de particules accélérées afin d'obtenir des transmutations. P. Nobel 1951.

cocker [kɔkɛʀ] n. m. Chien d'arrêt à poil long et grandes oreilles tombantes.

cockpit [kɔkpit] n. m. **1.** MAR Partie en creux, à ciel ouvert, située à l'arrière d'une embarcation où se tient le barreur. **2.** AVIAT Cabine constituant le poste de pilotage dans un avion.

cocktail [kɔktɛl] n. m. **1.** Boisson alcoolisée résultant d'un mélange. ▷ *Par ext.* Mélange. *Cocktail de fruits.* – Fig. *Un heureux cocktail de malice et de gravité.* **2.** Réunion mondaine où l'on boit des cocktails. **3.** *Cocktail Molotov :* projectile offensif constitué par une bouteille remplie d'un liquide explosif. **4.** MED *Cocktail lytique :* mélange de médicaments destiné à lutter contre des douleurs violentes.

1. coco [koko] n. m. *Noix de coco* ou (Afr. subsah.) *coco :* fruit comestible du cocotier. – (Antilles fr., Guyane, Pacifique) *Coco sec :* noix de coco mûre. – (Antilles fr., Guyane) *Coco vert :* noix de coco non mûre. – *Lait de coco* ou *eau de coco :* liquide translucide que contient la noix de coco fraîche. – *Lait de coco :* liquide laiteux obtenu en pressant la pulpe de la noix de coco râpée et trempée dans l'eau. – *Crème de coco :* partie comestible de la noix de coco fraîche à l'état crémeux. – *Gâteau de coco :* gâteau à base de noix de coco râpée; (Viêt-nam) riz gluant à la noix de coco. – (Polynésie fr.) *Pain coco :* gâteau à la noix de coco ayant la forme d'un pain de mie. ▷ *Fibres de coco :* fibres lignifiées du cocotier, utilisées dans l'industrie.

2. coco [koko] n. m. Fam. **1.** Terme d'affection (souvent à l'adresse d'un enfant). *Mon petit coco.* **2.** Péjor. Individu. *Un drôle de coco, celui-là!* **3.** (Afr. subsah., Madag., Réunion) Tête, crâne d'une personne. ▷ Loc. fam. (Madag.) *Faire coco rasé* ou (Afr. subsah., oc. Indien) *faire coco taillé :* se raser le crâne.

cocodrie [kɔkɔdʀi] n. m. (Louisiane) Crocodile d'Amérique, alligator.

cocoler [kokole] v. tr. [**1**] (Suisse) Choyer, dorloter (qqn). *Cocoler un enfant.*

cocomacaque [kokomakak] n. m. (Haïti) Grosse matraque. (V. macaque, 2.)

cocon [kɔkɔ̃] n. m. **1.** Enveloppe soyeuse que filent un grand nombre de chenilles (dont le ver à soie) pour s'y transformer en chrysalide. **2.** *Par ext.* Fig. Endroit douillet; situation où l'on se sent protégé. *Le cocon familial.*

coconette [kokonɛt] n. f. (Haïti) Petit gâteau à base de noix de coco.

coconotte [kokonɔt] n. f. (Anglicisme) (Afr. subsah.) En rép. dém. du Congo, amande de la noix du palmier à huile.

cocorico [kɔkɔʀiko] interj. et n. m. Cri du coq (on dit aussi *coquerico* [kɔkəʀiko]).

cocoteraie [kɔkɔtʀɛ] n. f. **1.** Terrain planté de cocotiers. **2.** Entreprise exploitant une plantation de cocotiers.

cocotier [kɔkɔtje] n. m. Palmier des régions tropicales littorales, pouvant atteindre 30 m de hauteur et donnant la noix de coco. (Le tronc et les feuilles sont utilisés pour la construction des cases, le bourgeon terminal, aussi appelé *chou palmiste,* est comestible et la sève fournit, par fermentation, un vin de palme).

1. cocotte [kɔkɔt] n. f. **1.** Poule (dans le langage enfantin). **2.** *Une cocotte en papier :* un carré de papier plié, figurant une poule. **3.** Fam. Terme affectueux (à l'adresse d'une femme).

2. cocotte [kɔkɔt] n. f. Marmite en fonte, de hauteur réduite, avec un couvercle. – *Cocotte-minute* (nom déposé) : autocuiseur.

3. cocotte [kɔkɔt] n. f. (Québec) Cône de conifère. *Cocotte de sapin, d'épinette.* (V. berlicoco.)

Cocteau (Jean) (1889 – 1963), écrivain français. Poète, romancier (*les Enfants terribles,* 1929), dramaturge (*les Parents terribles,* 1938), cinéaste (*le Sang d'un poète,* 1930; *la Belle et la Bête,* 1946; *Orphée,* 1950), il fut aussi dessinateur et peintre. Acad. fr. (1955).

cocu, ue [kɔky] adj. et n. Fam. **1.** adj. Qui est trompé par son conjoint. **2.** n. (Rare au fém.) Personne dont le conjoint, l'amant, la maîtresse est infidèle.

cocufier [kɔkyfje] v. tr. [**2**] Fam. Faire cocu, tromper.

coda [kɔda] n. f. MUS Suite des mesures conclusives d'un morceau de musique.

codage [kɔdaʒ] n. m. Fait de coder.

code [kɔd] n. m. **I. 1.** Recueil, compilation de lois. *Le code Justinien :* V. Justinien Ier. **2.** Corps de lois constituées en système complet de législation sur une matière déterminée. – *Code civil,* ou *code Napoléon,* promulgué en 1804 afin d'unifier la législation en France. – *Code pénal, code de commerce, code général des impôts.* – HIST *Code noir :* autref., dans certaines colonies, code régissant le statut des esclaves. ▷ *Code de la route :* ensemble de la réglementation et de la signalisation qui régit la circulation routière. – *Passer le code,* l'épreuve théorique du permis de conduire, ayant trait au code de la route. – AUTO *Phares en code* ou *code :* feux de croisement. *Se mettre en code.* **3.** Fig. *Le code de l'honneur, de la morale, de la politique, :* les préceptes en ces matières. **4.** Volume contenant le texte d'un code. **II. 1.** Système conventionnel de signes ou signaux, de règles et de lois, permettant la transformation d'un message en vue d'une utilisation particulière (transmission secrète; exploitation par des moyens informatiques). *Code secret. Code informatique.* – *Code postal :* code à chiffres ou alphanumérique réservé aux adresses postales, permettant le tri automatique du courrier. Syn. (Belgique) numéro postal, (Suisse) numéro postal d'acheminement. ▷ INFORM *Code binaire,* qui utilise un système de numération à base 2 (chiffres 0 et 1). **2.** Recueil de phrases, de mots et de lettres, et de leur traduction chiffrée. **3.** BIOL, GENET *Code génétique :* ensemble des informations inscrites dans l'A.D.N., qui concernent la nature et l'ordre des acides aminés entrant dans la synthèse des protéines cellulaires, propre à chaque individu. (V. encycl. ci-après.)
ENCYCL Génét. – Le code génétique est déterminé dans une molécule d'A.D.N. par la séquence de 4 bases azotées : adénine, thymine, guanine, cytosine. Chaque triplet de bases, ou codon, représente un acide aminé donné. La molécule d'A.D.N. est transcrite dans la molécule d'A.R.N.

messager, laquelle transporte l'information au niveau des ribosomes cytoplasmiques, où la protéine est alors synthétisée à partir des acides aminés voulus.

code-barre [kɔdbaʀ] n. m. Code formé de lignes parallèles (*barres*) qui, porté sur l'emballage de certains produits, permet leur identification par lecture optique. *Des codes-barres.*

codéine [kɔdein] n. f. MED Dérivé de la morphine (méthylmorphine), utilisé comme sédatif et antitussif.

coder [kɔde] v. tr. [1] **1.** Transcrire à l'aide d'un code secret. *Coder une dépêche.* – Pp. adj. *Message codé.* **2.** Transcrire une information selon un code, en vue de son exploitation par moyens informatiques.

codétenu, ue [kodetny] n. Personne qui est détenue avec ou en même temps que d'autres personnes.

codex [kɔdɛks] n. m. PHARM Recueil officiel des préparations médicamenteuses autorisées.

codicille [kɔdisil] n. m. DR Disposition ajoutée à un testament pour le modifier, le compléter ou l'annuler.

codification [kɔdifikasjɔ̃] n. f. Action de codifier; son résultat.

codifier [kɔdifje] v. tr. [2] **1.** DR Réunir des lois en un code. *Codifier la législation fiscale.* **2.** *Par ext.* Soumettre à des lois, des règles cohérentes. *Codifier l'orthographe.*

codirecteur, trice [kodiʀɛktœʀ, tʀis] n. (et adj.) Personne qui dirige avec d'autres.

codon [kɔdɔ̃] n. m. GENET Unité constitutive du code génétique de l'A.D.N., formant un triplet qui correspond à une suite de trois nucléotides caractérisés chacun par une base azotée.

Codreanu (Corneliu Zelea)(1899 – 1938), homme politique roumain. Avocat, il fonda en 1931 la Garde* de fer, mouvement fasciste et antisémite dont les violences furent telles qu'il fut dissous (1938). Codreanu fut condamné à dix ans de prison et abattu lors d'un transfert dans une nouvelle prison.

Cœdès (Georges) (1886 – 1969), orientaliste français; directeur de l'École française d'Extrême-Orient (1929-1947). Épigraphiste et historien de l'Asie du S.-E., il a publié : *Recueil des inscriptions du Cambodge* (1937-1968); *les États hindouisés d'Indochine et d'Indonésie* (1964).

coéditeur, trice [koeditœʀ, tʀis] n. Éditeur qui participe à une coédition.

coédition [koedisjɔ̃] n. f. Édition d'un ouvrage par plusieurs éditeurs en collaboration.

coefficient [kɔefisjɑ̃] n. m. **1.** MATH Valeur numérique ou littérale qui affecte une variable. *Dans 3*a, *3 est le coefficient de* a. ▷ *Spécial.* Dans les examens et les concours, nombre par lequel on multiplie la note attribuée dans une matière selon l'importance de celle-ci. *L'épreuve de chimie est affectée d'un fort coefficient.* – Cour. Pourcentage non déterminé. *Prévoir un coefficient d'erreur.* **2.** PHYS Nombre correspondant à une propriété définie d'un corps. *Coefficient de dilatation, de frottement.*

cœlacanthe [selakɑ̃t] n. m. ZOOL, PALEONT Poisson crossoptérygien, dont la plupart des espèces ont disparu à la fin de l'ère secondaire, mais dont une espèce, *Latimeria chalumnae,* découverte en 1938, a survécu dans le nord du canal de Mozambique (70 exemplaires pêchés).

cœlentérés [selɑ̃teʀe] n. m. pl. ZOOL Ancien embranchement d'animaux inférieurs auj. démembré en cnidaires et cténaires. – Sing. *Un cœlentéré.*

cœliaque ou **céliaque** [seljak] adj. ANAT Qui a rapport au ventre et aux intestins.

cœlioscopie [seljɔskɔpi] n. f. MED Examen des organes pelviens par introduction d'un endoscope dans l'abdomen à travers une petite incision.

cœlomate [selomat] n. m. ZOOL Animal pourvu d'un cœlome. Ant. acœlomate.

cœlome [selom] n. m. ZOOL Chez certains métazoaires (dits cœlomates), cavité comprise entre le tube digestif et la paroi du corps, et tapissée dans l'abdomen par un tissu qui constitue le mésentère. *Les métazoaires primitifs sont dépourvus de cœlome.*

coentreprise [koɛ̃tʀəpʀiz] n. f. ECON Association d'entreprises ayant un projet économique commun.

cœnure ou **cénure** [senyʀ] n. m. Forme larvaire de certains ténias qui vivent à l'état adulte dans le tube digestif du chien et à l'état larvaire dans le cerveau du mouton, chez lequel ils provoquent le tournis.

coenzyme [koɑ̃zim] n. f. ou m. BIOCHIM Groupement actif, non protéique, d'une enzyme. *De nombreuses vitamines jouent un rôle de coenzyme.*

coépouse ou **co-épouse** [koepuz] n. f. (Afr. subsah.) Épouse d'un polygame, par rapport aux autres épouses du même homme. *Avoir une coépouse. Rivalités entre coépouses. Des co-épouses.*

coéquipier, ère [koekipje, ɛʀ] n. Personne qui fait équipe avec d'autres ou qui fait partie de la même équipe sportive que d'autres.

coercitif, ive [kɔɛʀsitif, iv] adj. **1.** Capable de contraindre; qui contraint. *Dispositions coercitives.* **2.** ELECTR *Champ coercitif :* champ magnétique capable de faire disparaître le magnétisme rémanent dans un noyau magnétique.

coercition [kɔɛʀsisjɔ̃] n. f. Action de contraindre qqn à faire qqch, et, spécial., à obéir à la loi.

Coetzee (John) (né en 1940), romancier sud-africain d'expression anglaise; il donne une vision apocalyptique de l'apartheid : *En attendant les barbares* (1980).

cœur [kœʀ] n. m. **I. 1.** Organe musculaire creux contenu dans la poitrine, agent principal de la circulation du sang. *Les pulsations, les battements du cœur.* **2.** *Par ext.* Poitrine. *Presser qqn sur son cœur.* **3.** Fig. *Avoir mal au cœur, le cœur retourné :* avoir la nausée. **II.** Fig. **1.** Siège des sentiments, des émotions. *Le cœur battant, le cœur serré. Avoir le cœur gros :* avoir du chagrin. – Fam. *Cela lui fait mal au cœur d'être obligé de partir,* il en est fortement peiné. **2.** Siège des sentiments nobles et forts; ces sentiments et, partic., le courage. *Un homme de cœur. «Rodrigue, as-tu du cœur?»* (Corneille). – Prov. *Faire contre mauvaise fortune* bon cœur.* **3.** Siège de l'affection, de l'amour, de l'amitié. *Donner son cœur à qqn.* – *Joli, gentil comme un cœur :* très joli, très gentil. ▷ *S'en donner à cœur joie :* prendre beaucoup de plaisir. **4.** Siège de la bonté, de la pitié. *Avoir bon cœur.* ▷ Loc. fig. *N'avoir pas de cœur :* être égoïste. – *Avoir un cœur de pierre :* être sans pitié. – *Avoir un cœur d'or, le cœur sur la main :* être d'une grande générosité. **5.** Dispositions secrètes, pensée intime. – *Parler à cœur ouvert, ouvrir son cœur :* parler avec une entière franchise. ▷ Loc. *En avoir le cœur net :* être délivré de ses doutes. **6.** Loc. adv. *Par cœur :* de mémoire. *Apprendre par cœur.* – *Savoir par cœur :* savoir parfaitement. ▷ *De bon cœur, de grand cœur :* très volontiers, avec plaisir. ▷ (Québec) Fam. *À cœur de :* à longueur de. *Travailler à cœur de jour. Avoir la grippe à cœur d'année.* **III.** (Par anal.) **1.** Milieu, centre, partie active. *Cœur de laitue.* – *Le cœur d'une ville. Le cœur d'un réacteur nucléaire.* **2.** BOT *Bois de cœur :* bois central, résistant, d'un arbre (par oppos. à *aubier*). **IV.** Objet, figure, bijou en forme de cœur. ▷ L'une des couleurs des jeux de cartes. ▷ *Cœur de palmier* ou *cœur-de-palmier :* V. palmier. ▷ (Afr. subsah.) *Cœur de bœuf :* V. cœur-de-bœuf.

ENCYCL Le cœur est un muscle creux à quatre cavités, situé dans le médiastin antérieur. Il ressemble à un cône dont le grand axe est dirigé en avant, en bas et à gauche. Il comporte trois tuniques : le péricarde à l'extérieur; le myocarde; l'endocarde, qui tapisse les cavités. Il existe fonctionnellement et anatomiquement un cœur droit et un cœur gauche, que sépare totalement la cloison auriculo-ventriculaire. Chacun comprend une oreillette et un ventricule, qui communiquent par un orifice auriculo-ventriculaire, muni d'une valve : tricuspide à droite, mitrale à gauche. Chaque ventricule communique (par un orifice muni de valves sigmoïdes) avec une grosse artère, dans laquelle il éjecte le sang à chaque systole : à droite (artère pulmonaire) et à gauche (aorte). Le cœur droit, à basse pression, contient du sang noir venant des veines caves, qui s'abouchent dans l'oreillette droite. Le gauche, à haute pression, contient du sang rouge oxygéné qui gagne l'oreillette gauche par les veines pulmonaires.

Cœur (Jacques) (v. 1395 – 1456), négociant français. La spéculation sur les métaux précieux et le commerce avec le Levant l'enrichirent. Argentier du roi (1440) qui lui confia des missions diplom., il finança la reconquête du royaume, mais augmenta sa fortune. Arrêté en 1451, il s'évada en 1454.

cœur-de-bœuf ou **cœur de bœuf** [kœʀdəbœf] n. m. (Afr. subsah., Madag., Maurice) Nom cour. du *cachiman* et du *corossol. Des cœurs-de-bœufs* [kœʀdəbø] ou *des cœurs de bœufs.*

cœur-de-palmier [kœʀdəpalmje] n. m. *Des cœurs-de-palmiers.* V. palmier.

coexistence [koegzistɑ̃s] n. f. Existence simultanée. ▷ POLIT *Coexistence pacifique :* principe qui vise à éviter les conflits entre États de régimes politiques différents.

coexister [koegziste] v. intr. [1] Exister ensemble, simultanément. *Des conceptions différentes qui coexistent.*

coffrage [kɔfʀaʒ] n. m. **1.** CONSTR Moule en bois ou en métal, dans lequel le béton frais est maintenu en forme pendant la prise. **2.** Charpente maintenant la terre d'une tranchée, d'un puits, d'un remblai, etc.

1. coffre [kɔfʀ] n. m. **1.** Meuble en forme de caisse, muni d'un couvercle, qui sert à ranger divers objets. *Coffre à vêtements, à bois.* – (Québec) *Coffre de cèdre,* où l'on range des vêtements pour les protéger contre les mites. ▷ AUTO Partie d'une voiture destinée à recevoir des bagages. Syn. (Maurice) caisson. **2.** Caisse spécialement destinée à renfermer de l'argent, des objets de valeur; coffre-fort. *Louer un coffre dans une banque.*

2. coffre [kɔfʀ] n. m. Poisson téléostéen recouvert d'une cuirasse osseuse et habitant les récifs coralliens.

coffre-fort [kɔfʀəfɔʀ] n. m. Armoire blindée à serrure spéciale, destinée à enfermer des valeurs, des objets précieux. *Des coffres-forts.*

coffrer [kɔfʀe] v. tr. [1] **1.** Fam. Emprisonner. *Coffrer un malfaiteur.* **2.** TECH Mouler au moyen d'un coffrage.

coffret [kɔfʀɛ] n. m. **1.** Petit coffre orné, servant à enfermer des objets précieux. *Coffret à bijoux.* **2.** Cour. Boîte (avec nuance valorisante). – *Spécial.* Coffret de disques.

cogérance [koʒeʀɑ̃s] n. f. Gérance exercée en commun.

cogérant, ante [koʒeʀɑ̃, ɑ̃t] n. Personne qui exerce une cogérance. *Cogérants d'une société.*

cogestion [koʒɛstjɔ̃] n. f. **1.** DR Gestion, administration en commun. **2.** Système de participation active des travailleurs à la gestion de leur entreprise et, par anal., des étudiants à celle de leur université.

cogitation [kɔʒitasjɔ̃] n. f. Fam. Action de méditer; réflexion. *Il était perdu dans des cogitations mélancoliques.*

cogiter [kɔʒite] v. intr. [1] Fam., plaisant Penser, réfléchir. *Cogiter sur son avenir.*

cogito [kɔʒito] n. m. PHILO Argument énoncé par Descartes dans son *Discours de la méthode* (1637), de la formule lat. *cogito, ergo sum,* «je pense, donc je suis». (Dans le système cartésien, le *cogito* est l'évidence qui s'impose après le doute le plus radical et qui permet de conclure à la réalité de l'âme comme «substance pensante».)

cognac [kɔɲak] n. m. Eau-de-vie de raisin fabriquée dans la région de Cognac (v. de France, Charente).

cognassier [kɔɲasje] n. m. Arbre fruitier (fam. rosacées) d'Europe et d'Asie, qui produit le coing.

cognat [kɔgna] n. m. DR Parent par le sang (par oppos. à *agnat*). ▷ *Spécial.* Parent consanguin, en ligne maternelle.

cognation [kɔgnasjɔ̃] n. f. DR Parenté naturelle, consanguinité (par oppos. à *agnation*).

cognée [kɔɲe] n. f. **1.** Forte hache pour couper les arbres. **2.** Loc. fig. *Jeter le manche après la cognée :* tout abandonner par découragement.

cognement [kɔɲmɑ̃] n. m. Bruit de ce qui cogne. *Cognements du moteur.*

cogner [kɔɲe] v. [1] **1.** v. tr. dir. Pop. Battre, frapper (qqn.) **2.** v. intr. Frapper fort (avec l'idée de répétition). *Cogner à la porte.* **3.** v. intr. TECH *Moteur qui cogne,* qui fonctionne mal et fait entendre un bruit saccadé. **4.** v. pron. Se heurter. *Se cogner à un meuble.*

cogneur [kɔɲœʀ] n. m. Fam. Personne qui frappe fort (*spécial.* en parlant d'un boxeur). *Attention, c'est un cogneur.*

cognitif, ive [kɔgnitif, iv] adj. PHILO Relatif à la connaissance, à la cognition. *Facultés, opérations cognitives.* ▷ *Sciences cognitives :* ensemble des sciences qui étudient l'intelligence (humaine, animale, artificielle) en tant qu'instrument de la cognition : psychologie, linguistique, informatique, etc.

cognition [kɔgnisjɔ̃] n. m. PHILO Faculté de connaître. – Acte intellectuel par lequel on acquiert une connaissance.

cohabitant, ante [koabitɑ̃, ɑ̃t] n. (Afr. subsah.) Personne qui vit dans la même concession ou dans le même immeuble qu'une autre. *Mes cohabitants sont très bruyants.*

cohabitation [koabitasjɔ̃] n. f. État de deux ou plusieurs personnes qui habitent sous le même toit.

cohabiter [koabite] v. intr. [1] Habiter, vivre ensemble.

Cohen (Albert) (1895 – 1981), écrivain suisse d'expression française. Haut fonctionnaire à la S.D.N. puis à l'ONU, il vécut à Genève. Ses romans, en partie autobiographiques, mêlent l'humour et la sensualité : *Solal* (1930), *Mangeclous* (1938), *Belle du Seigneur* (1968). *Le Livre de ma mère* (1954) est un ample chant d'amour filial.

cohérence [kɔeʀɑ̃s] n. f. **1.** Liaison étroite, adhérence entre les divers éléments d'un corps. *Cohérence des molécules.* ▷ PHYS Caractère des faisceaux lumineux ayant la même phase. **2.** Connexion, rapport logique entre des idées, des propos. *Une histoire qui manque de cohérence.*

cohérent, ente [kɔeʀɑ̃, ɑ̃t] adj. **1.** Qui offre de la cohésion, dont les parties sont liées logiquement entre elles. *Ensemble cohérent. Raisonnement cohérent.* **2.** Didac. Dont les éléments sont étroitement unis. Syn. homogène. **3.** PHYS *Optique cohérente :* V. encycl. ci-après.

ENCYCL Phys. – La lumière émise par une source est constituée d'une succession de *trains d'ondes* électromagnétiques, qui n'ont entre eux aucun lien de phase. Ces ondes dont les déphasages changent fréquemment sont dites *incohérentes.* Deux sources qui émettent des ondes lumineuses de même fréquence avec un déphasage constant sont *cohérentes.* La lumière émise par les lasers* présente un degré de cohérence élevé; tous les atomes émettent une lumière monochromatique de fréquence unique et de phase constante. La lumière cohérente possède des propriétés très importantes. Ce domaine d'études et d'applications a reçu le nom d'*optique cohérente.*

cohériter [koeʀite] v. intr. [1] DR Hériter d'un même bien qu'une ou plusieurs autres personnes.

cohéritier, ère [koeʀitje, ɛʀ] n. Personne qui cohérite.

cohésion [kɔezjɔ̃] n. f. Union intime des parties d'un ensemble. *La cohésion d'un parti.* ▷ PHYS *Force de cohésion,* qui s'oppose à la séparation des molécules d'un corps.

Cohl (Émile Courtet, dit Émile) (1857 – 1938), dessinateur et cinéaste français; pionnier, entre 1908 et 1918, du dessin animé.

cohorte [koɔʀt] n. f. **1.** ANTIQ ROM Corps d'infanterie formant la dixième partie d'une légion. **2.** Fam. Groupe important de personnes. *Des cohortes d'étudiants.*

cohue [kɔy] n. f. Foule nombreuse et tumultueuse; désordre, confusion.

coi, coite [kwa, kwat] adj. Silencieux, tranquille. *Se tenir, demeurer coi.*

coiffe [kwaf] n. f. **1.** Coiffure de femme en étoffe portée avec certains costumes régionaux traditionnels. ▷ ANTHROP Coiffure rituelle de chef, guerrier, notable, etc. **2.** Membrane recouvrant parfois la tête de l'enfant à la naissance. **3.** BOT Enveloppe de la pointe d'une racine.

coiffer [kwafe] v. tr. [1] **1.** Couvrir (d'une coiffure) la tête de. *Coiffer un bébé d'un bonnet.* – Fig. *Des nuages coiffent la montagne.* **2.** Prendre pour coiffure. *Coiffer une casquette.* **3.** Arranger les cheveux de. – Pp. adj. *Être bien (mal) coiffé.* **4.** Dépasser d'une tête à l'arrivée d'une course; vaincre au dernier moment. *Coiffer au, sur le poteau.* **5.** Fig. Réunir sous son autorité, contrôler. **6.** v. pron. *Se coiffer avec une brosse. Elle s'est coiffée d'un mouchoir en pagne.*

coiffeur, euse [kwafœʀ, øz] n. **1.** Personne qui fait le métier de couper, d'arranger les cheveux. **2.** n. f. Table de toilette munie d'un miroir.

coiffure [kwafyʀ] n. f. **1.** Ce qui couvre ou orne la tête. *Une coiffure élégante.* **2.** Action de coiffer; manière de disposer les cheveux. *Coiffure en brosse.* ▷ Art de coiffer. *Salon de coiffure.*

Coïmbre (en portug. *Coimbra*), v. du Portugal, sur le Mondego; 74620 hab.; ch.-l. du district du m. nom et cap. de la région Centre. – Évêché. Monastère de Santa Cruz (*cloître du Silence,* XVIe s.). Université (dep. le XIe s.).

coin [kwɛ̃] n. m. **I. 1.** Angle saillant ou rentrant. *Coin de table. Les quatre coins d'une pièce.* ▷ *Aller au coin, mettre au coin,* en guise de punition pour un enfant, un écolier. ▷ *Coin d'un bois :* endroit où une route coupe un bois; lieu isolé. *Je ne voudrais pas le rencontrer au coin d'un bois.* ▷ *Veillée au coin du feu,* près du feu. ▷ *Coins de la bouche, de l'œil,* les commissures. – *Regarder du coin de l'œil,* à la dérobée. ▷ *Coin de la rue :* endroit où deux rues se coupent. – *Absol.* Fam. *L'épicier du coin,* le plus proche. **2.** Parcelle. *Un coin de terre.* **3.** Endroit retiré, non exposé à la vue. *Habiter dans un coin tranquille. Jetez cela dans un coin.* ▷ Fam. *Le petit coin :* les cabinets. **II. 1.** TECH Pièce qui présente une extrémité en biseau et qui sert à fendre, à caler, etc. **2.** GEOL Faille ayant l'aspect d'un coin, due à une compression ou à une dépression latérale. **3.** Nom de deux incisives du cheval.

coinçage [kwɛ̃saʒ] n. m. Action de serrer dans un coin ou avec un coin.

coincement [kwɛ̃smɑ̃] n. m. TECH État d'une pièce immobilisée accidentellement.

coincer [kwɛ̃se] v. tr. [12] **1.** Fixer avec des coins; serrer, empêcher de bouger. *Coincer une porte pour l'empêcher de battre.* ▷ v. pron. (En parlant des pièces d'un mécanisme). Se bloquer. *La serrure s'est coincée.* ▷ (En parlant d'une partie du corps). *Il s'est coincé le doigt dans une porte.* **2.** Fig., fam. Acculer, immobiliser. *Il m'a coincé contre un mur.*

coïncidence [kɔɛ̃sidɑ̃s] n. f. **1.** GEOM État de deux figures, de deux éléments qui coïncident. **2.** Fait de se produire simultanément; concours de circonstances. *Quelle coïncidence! Nous parlions justement de vous.*

coïncident, ente [kɔɛ̃sidɑ̃, ɑ̃t] adj. Qui coïncide; concomitant. *Des empreintes coïncidentes.*

coïncider [kɔɛ̃side] v. intr. [1] **1.** GEOM Se superposer point à point. **2.** Se produire en même temps, correspondre exactement. *Leurs goûts coïncident.*

coïnculpé, ée [koɛ̃kylpe] n. Personne inculpée avec une ou plusieurs autres pour le même délit.

coïndivisaire [koɛ̃divizɛʀ] n. DR Personne qui possède avec une ou plusieurs autres personnes un bien ou une masse de biens indivis.

coing [kwɛ̃] n. m. Fruit du cognassier, en forme de poire, de couleur jaune, au goût âpre, consommé surtout en gelée.

coir [kwaʀ] n. m. Enveloppe filamenteuse constituant le mésocarpe de la noix de coco, dont les fibres, résistantes à la putréfaction, sont utilisées notam. pour la fabrication de cordes.

Coire (en all. *Chur*), v. de Suisse, dans la vallée du Rhin, sur la Plessur; 31 000 hab.; ch.-l. du cant. des Grisons (dep. 1803). Centre anc. de communication entre l'Allemagne danubienne et l'Italie. Industr. text. et alim. Tourisme. – Remparts. Cath. romane. Palais épiscopal (XVIIIe s.).

coït [koit] n. m. Accouplement, copulation.

coite [kwat] adj. V. coi.

coke [kɔk] n. m. Combustible résultant de la pyrogénation de la houille et qui sert de réducteur lors de l'élaboration de la fonte.

cokéfaction [kɔkefaksjɔ̃] n. f. TECH Transformation de la houille en coke.

cokseur ou **coxeur** [kɔksœʀ] n. m. (Afr. subsah.) Homme qui est chargé, dans les gares routières, de trouver des clients pour les taxis et les cars.

Cokwé. V. Chokwé.

col-. Élément, du lat. *cum*. V. co- et com-.

col [kɔl] n. m. **1.** Partie rétrécie. *Le col d'une bouteille.* ▷ ANAT Partie plus mince et terminale d'un organe. *Col utérin. Col vésical. Col du fémur.* **2.** Partie d'un vêtement qui entoure le cou. *Col de chemise. Col de dentelle.* ▷ *Faux col :* col amovible qui s'adapte à une chemise d'homme; fig. mousse surmontant la bière dans un verre. ▷ Par méton. *Col blanc :* employé de bureau (par oppos. à *col bleu :* ouvrier). **3.** Dépression dans une ligne de faîte ou dans un relief, faisant communiquer deux versants. *Le col du Lautaret.*

cola ou **kola** [kɔla] n. f. ou m. **1.** Graine du colatier, appelée aussi *noix de cola,* riche en caféine et en théobromine, que l'on mastique en Afrique pour ses vertus stimulantes et que l'on utilise comme teinture. *Cola blanche, rouge.* ▷ (Afr. subsah.) *Petit cola :* fruit d'un arbre (genre *Garcinia*), aux vertus aphrodisiaques. ▷ (Afr. subsah.) *Croquer la cola :* V. croquer. – *Pagne à la cola,* teint avec une teinture à base de cola. **2.** (Afr. subsah.) Cadeau offert, selon la tradition, en certaines circonstances, et qui consistait à l'origine en noix de cola. *Donner la cola.* ▷ (Afr. subsah.) *Prix de la cola :* cadeau en argent, pourboire.

colatier ou **kolatier** [kɔlatje] n. m. Arbre d'Afrique occidentale (fam. sterculiacées), spontané ou cultivé, qui donne la noix de cola.

colature [kɔlatyʀ] n. f. PHARM Action de filtrer un liquide pour le débarrasser de ses impuretés; le liquide filtré.

Colbert (Jean-Baptiste) (1619 – 1683), homme d'État français. Il servit Mazarin. Louis XIV le fit surintendant des Bâtiments du roi (1664), contrôleur général des Finances (1665), secrétaire d'État à la Maison du roi (1668) et à la Marine (1669). Il assainit les finances, développa la marine marchande et de guerre, appliqua une politique de protectionnisme écon. et d'intervention de l'État (dite *colbertisme*), créa 400 manufactures. Il fonda l'Académie des sciences (1666), l'Observatoire (1667), patronna de nombr. artistes. Peu aimé à la Cour, il perdit son crédit auprès du roi et mourut découragé.

colbou [kɔlbu] n. m. (Mart.) Plat d'origine indienne parfumé au cari. (V. colombo.)

colchicine [kɔlʃisin] n. f. MED Alcaloïde extrait du colchique, médicament spécifique de la goutte.

Colchide, rég. à l'E. de la mer Noire et au S. du Caucase. Selon la myth. gr., les Argonautes y dérobèrent la Toison d'or.

colchique [kɔlʃik] n. m. Plante herbacée à bulbe, vénéneuse (fam. liliacées), des régions tempérées d'Eurasie.

-cole. Élément, du lat. *colere,* «cultiver, habiter».

Cole (Nathaniel Adams, dit Nat «King») (1919 – 1965), pianiste de jazz et chanteur américain.

colégataire [kolegatɛʀ] n. DR Personne instituée légataire avec une ou plusieurs autres.

Coleman (Ornette) (né en 1930), saxophoniste alto américain, adepte du free-jazz.

coléoptères [kɔleɔptɛʀ] n. m. pl. ENTOM Ordre d'insectes ptérygotes néoptères, le plus important de tous (plus de 400 000 espèces, dont : hanneton, carabe, cétoine, doryphore, coccinelle, etc.). (La première paire d'ailes est transformée en étuis chitineux rigides, les élytres, qui ne servent qu'à protéger la seconde paire, membraneuse, seule utilisée lors du vol; les pièces buccales sont broyeuses; ayant des régimes alimentaires très variés, les coléoptères ont conquis tous les biotopes.) – Sing. *Un coléoptère.*

colère [kɔlɛʀ] n. f. Réaction violente et agressive due à un profond mécontentement; accès d'humeur. *Être, se mettre en colère. Il est dans une colère noire.* – Fam. *Piquer une colère.* ▷ Fig., poét. *La colère des éléments.*

coléreux, euse [kɔleʀø, øz] adj. Prompt à la colère.

Coleridge (Samuel Taylor) (1772 – 1834), critique, philosophe et poète anglais. Ses *Ballades lyriques* (1798, en collab. avec Wordsworth) marquèrent le romantisme naissant.

Colette (Sidonie Gabrielle Colette, dite) (1873 – 1954), écrivain français : série des *Claudine* (1900-1903, en collab. avec son premier mari Willy (pseudonyme d'Henry Gauthier-Villars, 1859-1931), *Chéri* (1920), *Gigi* (1944).

Coli (François) (1881 – 1927), aviateur français. Il disparut en vol avec Nungesser*.

colibacille [kɔlibasil] n. m. Bacille *(Escherichia coli)* qui vit normalement dans l'intestin de l'homme et des animaux, et qui, devenu virulent dans certaines conditions, provoque des infections urinaires et intestinales (très utilisé en biotechnologie).

colibacillose [kɔlibasiloz] n. f. MED Infection due au colibacille

colibri [kɔlibʀi] n. m. **1.** Nom cour. d'oiseaux de petite taille de l'ordre des apodiformes, à plumage très coloré, pourvus d'un long bec fin qui leur permet d'aspirer le nectar. (On les rencontre uniquement en Amérique.) Syn. oiseau-mouche, (Guad.) foufou. **2.** (Afr. subsah.) Cour. Soui-manga.

colifichet [kɔlifiʃɛ] n. m. Petit objet, petit ornement sans grande valeur. Syn. bagatelle, babiole, (Liban) faux-bijou.

Coligny (Gaspard de Châtillon, dit l'amiral de) (1519 – 1572), amiral de France. Après s'être illustré à Saint-Quentin (1557) contre les Espagnols, il devint l'un des chefs calvinistes. Il contribua à la paix de Saint-Germain (1570). Haï par Catherine de Médicis, il fut tué lors de la Saint-Barthélemy.

colimaçon [kɔlimasɔ̃] n. m. **1.** Escargot. **2.** Loc. adv. Fig. *En colimaçon :* en spirale, en hélice. *Escalier en colimaçon.* Syn. hélicoïdal.

colin [kɔlɛ̃] n. m. **1.** Syn. de *lieu noir.* ▷ *Abusiv.* Merlu commun. **2.** ICHTYOL *Colin de Virginie :* oiseau galliforme d'Amérique du N. (*Colinus virginianus*), voisin de la caille.

colinéaire [kolineɛʀ] adj. MATH *Vecteurs colinéaires,* tels qu'il existe deux scalaires a et b vérifiant $aV_1 + bV_2 = 0$.

colin-maillard [kɔlɛ̃majaʀ] n. m. Jeu où l'un des joueurs, les yeux bandés, cherche à attraper les autres.

colique [kɔlik] n. f. et adj. **I.** n. f. **1.** Violente douleur abdominale. *Colique hépatique,* dans l'hypocondre droit, due à la migration d'un calcul dans les voies biliaires. *Colique néphrétique*. Colique de plomb,* due à une intoxication par le plomb. **2.** Diarrhée. **II.** adj. ANAT Relatif au côlon. *Artères coliques.*

colis [kɔli] n. m. Objet emballé expédié par un moyen de transport public ou privé. *Colis postal.*

Colisée (ou *amphithéâtre Flavien*), amphithéâtre de Rome (524 m de tour, 100 000 spectateurs env.) qui doit son nom *(Colosseum)* à une statue colossale de Néron, autref. à proximité. Commencé par Vespasien, il fut achevé sous Titus (Flavius) en 80 apr. J.-C.

colistier, ère [kolistje, ɛʀ] n. POLIT Candidat inscrit sur la même liste électorale qu'un ou plusieurs autres.

colite [kɔlit] n. f. MED Inflammation du côlon.

colitigant, ante [kolitigɑ̃, ɑ̃t] adj. DR *Parties colitigantes,* qui plaident l'une contre l'autre.

collaborateur, trice [kɔlabɔʀatœʀ, tʀis] n. **1.** Personne qui travaille avec une autre, avec d'autres, qui partage leur tâche. **2.** *Spécial.* Personne qui pratiquait la collaboration avec les Allemands, pendant l'Occupation*.

collaboration [kɔlabɔʀasjɔ̃] n. f. Action de collaborer, participation à une tâche.

collaborer [kɔlabɔʀe] v. intr. [1] Travailler en commun à un ouvrage. *Collaborer à une revue.*

collage [kɔlaʒ] n. m. **1.** Action de coller; son résultat. **2.** TECH Soudure ou scellement défectueux. **3.** Incorporation de colle dans la pâte à papier. **4.** ELECTR État de deux contacts électriques se touchant. **5.** BX-A Œuvre réalisée en collant sur la surface peinte divers matériaux. *Les cubistes ont réalisé les premiers collages vers 1912.*

collagène [kɔlaʒɛn] n. m. et adj. BIOCHIM **1.** n. m. Protéine de structure fibreuse qui constitue l'essentiel de la trame conjonctive. **2.** adj. Qui donne de la gélatine ou de la colle par cuisson.

collant, ante [kɔlɑ̃, ɑ̃t] adj. et n. m. **I.** adj. **1.** Qui colle, qui adhère. *Papier collant.* **2.** Fig. Qui moule, dessine les formes (vêtements). *Jupe collante.* **3.** Fig., fam. Dont on ne peut se débarrasser. *Qu'est-ce qu'il est collant, celui-là!* – (En parlant d'un enfant, d'un animal familier.) Qui recherche exagérément l'affection. Syn. (Québec) colleux. **4.** (Québec) (En parlant de l'air, de l'atmosphère.) Chaud, humide et causant de l'inconfort. *C'est collant aujourd'hui.* – *Neige collante,* molle, fondante, facile à modeler en boule. **II.** n. m. Sous-vêtement très ajusté, couvrant le bas du corps des pieds à la taille. *Des collants fins.* Syn. (Québec) bas-culotte, (Belgique) panty.

collapsus [kɔlapsys] n. m. MED *Collapsus cardio-vasculaire :* syndrome aigu caractérisé par une chute de tension artérielle, une cyanose, une tachycardie, des sueurs froides, dû le plus souvent à une brusque défaillance cardiaque. – *Collapsus pulmonaire :* affaissement du poumon dû à un épanchement de la plèvre ou à un pneumothorax.

collatéral, ale, aux [kɔlateʀal, o] adj. et n. **I.** adj. Situé sur le côté. ▷ ARCHI *Nef collatérale,* située sur un côté de la nef, princ. d'une église. ▷ GEOGR *Points collatéraux,* situés entre chaque couple de points cardinaux. **II.** adj. et n. **1.** DR Se dit de la parenté hors de la ligne directe. *Les frères, sœurs, oncles, tantes et cousins sont des collatéraux. Succession collatérale.* **2.** ANAT Se dit des branches qui naissent d'un tronc nerveux ou vasculaire principal et qui lui sont presque parallèles.

1. collation [kɔlasjɔ̃] n. f. **1.** Action de conférer à qqn un titre, un bénéfice. *Collation de grade.* **2.** Comparaison de deux textes pour s'assurer de leur conformité.

2. collation [kɔlasjɔ̃] n. f. Repas léger.

collationner [kɔlasjɔne] v. tr. [1] Confronter deux écrits pour en vérifier la concordance. *Collationner un acte avec l'original.*

colle [kɔl] n. f. **1.** Matière utilisée pour faire adhérer deux surfaces. *Colle forte.* ▷ Fig. *Quel pot de colle celui-là !,* qu'il est collant! (sens I, 3). **2.** Arg. (des écoles) Interrogation. *Une colle de chimie. – Par ext.* Question difficile, délicate. *Poser des colles.* **3.** Arg. (des écoles) Punition, retenue. *Avoir deux heures de colle.*

collecte [kɔlɛkt] n. f. **1.** Action de recueillir et de rassembler. *La collecte des ordures ménagères.* **2.** Quête effectuée dans un but de bienfaisance. **3.** LITURG CATHOL Oraison dite par le prêtre avant l'épître.

collecter [kɔlɛkte] v. tr. [1] Faire une collecte; ramasser, recueillir. *Collecter des dons, des fonds.*

collecteur, trice [kɔlɛktœʀ, tʀis] n. et adj. **I.** n. **1.** Personne chargée de recueillir de l'argent. *Collecteur d'impôts.* **2.** (Madag.) *Spécial.* Prospecteur en minéraux. **3.** (Madag.) Intermédiaire qui achète leurs récoltes aux paysans pour les commercialiser. **II.** n. m. **1.** ELECTR Ensemble des pièces conductrices d'un rotor isolées les unes des autres et sur lesquelles frottent les balais d'un moteur ou d'une génératrice. **2.** ELECTRON Une des électrodes d'un transistor. **3.** TELECOM *Collecteur d'ondes :* conducteur qui capte les ondes hertziennes. **III.** adj. Qui recueille. *Égout collecteur d'eau pluviale.*

collectif, ive [kɔlɛktif, iv] adj. et n. m. **I.** adj. **1.** Qui réunit, qui concerne simultanément plusieurs personnes. *Travail collectif. Propriété collective.* ▷ SOCIOL *Conscience collective :* manière de penser propre à un groupe social déterminé, distincte de la manière de penser des individus de ce groupe pris séparément. **2.** GRAM Se dit d'un mot singulier désignant plusieurs choses ou plusieurs personnes (ex. : armée, foule). ▷ *Valeur, sens collectif :* valeur, sens que prend un mot qui n'est pas collectif par nature (ex. : *lion* dans *le lion est carnivore*). **II.** n. m. **1.** FIN Ensemble des crédits supplémentaires demandés à date fixe par le gouvernement. *Collectif budgétaire.* **2.** Groupement de personnes ayant des intérêts communs.

collection [kɔlɛksjɔ̃] n. f. **1.** Réunion d'objets de même nature. *Collection de timbres, de papillons.* ▷ *Spécial.* Réunion d'objets d'art. *Les collections du musée du Louvre.* **2.** Série d'ouvrages de même genre. *Vous trouverez cet ouvrage dans telle collection.* ▷ Suite des divers numéros d'une publication. **3.** Série de modèles de couture. *Les collections d'hiver.* **4.** MED Amas (de pus, de sang) dans une cavité.

collectionner [kɔlɛksjɔne] v. tr. [1] Réunir en collection.

collectionneur, euse [kɔlɛksjɔnœʀ, øz] n. Personne qui fait une, des collections.

collectivement [kɔlɛktivmɑ̃] adv. De manière collective; dans un sens collectif.

collectivisation [kɔlɛktivizasjɔ̃] n. f. Attribution des moyens de production à la collectivité.

collectiviser [kɔlɛktivize] v. tr. [1] Opérer la collectivisation de. *Collectiviser les terres.*

collectivisme [kɔlɛktivism] n. m. Doctrine économique et sociale qui réserve la propriété des moyens de production et d'échange à la collectivité (généralement l'État). – Organisation politico-économique en découlant.

collectiviste [kɔlɛktivist] adj. et n. Relatif au collectivisme. *Théorie collectiviste.* – Partisan du collectivisme.

collectivité [kɔlɛktivite] n. f. **1.** Ensemble d'individus ayant entre eux des rapports organisés. *La collectivité nationale.* **2.** Groupe, société (par oppos. à individu). *Sachons vivre en collectivité.*

collège [kɔlɛʒ] n. m. **1.** Corps ou compagnie de personnes revêtues d'une même dignité. *Collège des cardinaux,* ou *Sacré Collège.* **2.** (Belgique, Luxembourg) *Collège échevinal :* corps constitué par les bourgmestres et les échevins d'une commune. **3.** *Collège électoral :* ensemble déterminé d'électeurs qui participent à une élection donnée. **4.** Établissement d'enseignement secondaire. *Collège privé.* ▷ (Belgique) Établissement d'enseignement secondaire confessionnel. (V. couvent.) ▷ (Québec) *Collège d'enseignement général et professionnel :* V. cégep. **5.** *Collège de France :* établissement d'enseignement supérieur fondé à Paris, en 1530, par François Ier, pourvu auj. de 50 chaires.

collégial, ale, aux [kɔleʒjal, o] adj. et n. m. **1.** adj. Qui est fait, assuré par un collège, en commun. *Direction collégiale.* **2.** n. m. (Québec) Cours de formation générale et professionnelle, de niveau post-secondaire. *Le collégial mène à l'université ou au marché du travail.* – adj. *Cours collégial :* V. cégep.

collégialité [kɔleʒjalite] n. f. Caractère de ce qui est dirigé, administré en commun (par un collège, un conseil). ▷ DR Système judiciaire dans lequel les décisions de justice sont prises après délibération en commun de plusieurs magistrats.

collégien, enne [kɔleʒjɛ̃, ɛn] n. Élève d'un collège (sens 3).

collègue [kɔlɛg] n. Personne qui remplit la même fonction qu'une autre dans la même entreprise, la même administration. ▷ (Afr. subsah.) Camarade (sens 1).

collemboles [kɔlɑ̃bɔl] n. m. pl. ENTOM Ordre d'insectes aptérygotes sauteurs, longs de 1 à 4 mm, qui affectionnent les endroits sombres et frais. – Sing. *Un collembole.*

coller [kɔle] v. [1] **I.** v. tr. **1.** Joindre, assembler, fixer avec de la colle. *Coller une affiche sur un mur.* **2.** TECH Imprégner de colle. *Coller de la toile.* **3.** Appliquer; faire adhérer. *La sueur collait sa chemise à sa peau.* ▷ Par ext. *Coller son visage contre une vitre.* ▷ Fig. *Coller qqn au mur,* pour le fusiller. **4.** v. pron. Se tenir appliqué contre. *L'alpiniste se collait à la paroi.* **5.** Fig., fam. *Coller qqn,* ne pas le lâcher d'une semelle. **6.** Fam. Mettre, placer (vigoureusement, d'autorité). *Il m'a collé une boîte de savons.* **7.** Arg. (des écoles) *Coller un élève,* lui poser une question à laquelle il ne peut répondre; lui donner une retenue. ▷ *Être collé* (à un examen) : échouer. **II.** v. intr. ou tr. indir. **1.** Adhérer. *La boue colle aux souliers.* **2.** S'ajuster exactement. *Des bas qui collent bien.* – Fig. S'adapter étroitement. *Ce discours colle à la réalité.* **3.** Fam. *Il y a qqch qui ne colle pas,* qui ne va pas. – Fam. *Ça colle :* ça convient, c'est correct.

collerette [kɔlʀɛt] n. f. **1.** Petit col de linge fin que portent les femmes. **2.** TECH Bord rabattu d'une tuyauterie, qui sert à la raccorder à une autre.

collet [kɔlɛ] n. m. **1.** Loc. fig. *Collet monté :* qui affecte la pruderie et la gravité. *Ils sont très collet monté.* ▷ *Prendre, saisir qqn au collet,* l'attraper violemment par le col. **2.** En boucherie, partie du cou des animaux. *Collet de veau.* ▷ TECH Partie de la peau d'une bête, près de la tête, destinée à préparer un cuir. **3.** Lacet, nœud coulant, servant à piéger le menu gibier. *Tendre un collet.* **4.** BOT Zone transitoire entre la racine et la tige d'une plante. **5.** ANAT Partie de la dent entre la couronne et la racine. **6.** TECH Partie en saillie autour d'un objet circulaire. *Le collet d'une ancre.* **7.** (Maurice) Extrémité d'une cigarette allumée.

colleter (se) [kɔlte] v. pron. [20] Se battre. *Se colleter avec des voyous.* ▷ Fig. *Se colleter avec les difficultés de la vie.*

colleur, euse [kɔlœʀ, øz] n. **1.** Personne dont la profession est de coller. *Colleur d'affiches.* **2.** n. f. TECH Appareil pour coller (des enveloppes, des éléments de films).

colleux, euse [kɔlø, øz] adj. et n. (Québec) Fam. Collant (sens I, 3).

collier [kɔlje] n. m. **1.** Bijou, ornement de cou. *Collier de perles.* – *Spécial.* Chaîne d'or que portent les chevaliers de certains ordres. ⊳ (Antilles fr.) *Collier de Matador,* fait de grosses perles en or (ou dorées). ⊳ Par ext. *Collier de barbe :* barbe courte qui, partant des tempes, garnit le menton. **2.** Lanière, chaîne, etc., dont on entoure le cou des animaux pour les retenir, les atteler, etc. *Collier de chien. Collier de cheval :* partie du harnais à laquelle les traits sont attachés. ⊳ Fig., fam. *Reprendre le collier,* le travail. *Donner un coup de collier :* fournir un grand effort. – *Être franc du collier :* agir franchement, de manière directe. **3.** ZOOL Tache de couleurs diverses entourant le cou de certains animaux. *Tourterelle à collier.* **4.** TECH Anneau métallique qui sert à consolider, à maintenir une tuyauterie, à supporter des éléments, etc.

collier-chou [kɔljeʃu] n. m. (Guad.) Long collier de perles en or (ou dorées) ciselées, faisant plusieurs fois le tour du cou. *Des colliers-choux.*

collimateur [kɔlimatœʀ] n. m. PHYS Appareil d'optique produisant des rayons parallèles, qui permet de superposer l'objet visé à l'image des repères. ⊳ Loc. fig., fam. *Avoir qqn dans le collimateur,* le surveiller, le tenir à l'œil tout en étant prêt à l'attaquer.

collinaire [kɔlinɛʀ] adj. **1.** (Afr. subsah.) Au Burundi, au Rwanda, relatif à la colline (sens 2). **2.** (Réunion) *Bassin collinaire :* réserve d'eau constituée pour l'irrigation.

colline [kɔlin] n. f. **1.** Relief de faible hauteur, à sommet arrondi, dont les versants sont en pente douce. **2.** (Afr. subsah.) Au Burundi, au Rwanda, entité géographique caractérisée par une homogénéité sociale et économique malgré la dispersion de l'habitat.

collision [kɔlizjɔ̃] n. f. **1.** Choc de deux corps. *Les deux véhicules sont entrés en collision,* se sont heurtés. **2.** Affrontement entre deux partis opposés. – Fig. *Collision d'idées.* **3.** PHYS Choc ou rapprochement entre des solides ou des particules tel que se produise un échange d'énergie et de quantité de mouvement.

collisionneur [kɔlizjɔnœʀ] n. m. PHYS NUCL Accélérateur* de particules dans lequel entrent en collision deux faisceaux circulant en sens opposés.

collocation [kɔlɔkasjɔ̃] n. f. **1.** LOG, LING Position d'un élément par rapport à d'autres dans un énoncé. **2.** (Belgique) ADMIN ou vieilli Fait de colloquer.

colloïdal, ale, aux [kɔlɔidal, o] adj. Qualifie les solides ou les solutions liquides qui contiennent un corps dispersé sous forme de micelles.

colloïde [kɔlɔid] n. m. CHIM Substance qui, dissoute dans un solvant, forme des particules de très petit diamètre (2 à 200 nm), appelées micelles.

colloque [kɔl(l)ɔk] n. m. Entretien, conférence, entre plusieurs personnes. – *Spécial.* Conférence, débat organisé entre spécialistes d'une discipline donnée. *Un colloque de physique nucléaire.*

colloquer [kɔlɔke] v. tr. [1] (Belgique) ADMIN ou vieilli Interner un malade mental. – Rare Emprisonner.

collusion [kɔlyzjɔ̃] n. f. DR Entente secrète pour tromper un tiers, lui causer préjudice. – Par ext. Cour. *Collusion avec l'ennemi.*

collutoire [kɔlytwaʀ] n. m. MED Médicament liquide destiné aux gencives et aux parois de la cavité buccale.

collyre [kɔliʀ] n. m. MED Solution médicamenteuse que l'on applique sur la conjonctive.

colmatage [kɔlmataʒ] n. m. Action de colmater. ⊳ État de ce qui s'est colmaté.

colmater [kɔlmate] v. tr. [1] **1.** AGRIC Exhausser ou fertiliser un sol au moyen de dépôts alluviaux riches en limon. **2.** Combler, boucher. **3.** MILIT Rétablir la continuité d'un front à l'aide de troupes de renfort. *Colmater une brèche.* ⊳ Fig. *Colmater les brèches :* arranger les choses plus ou moins bien.

colobe [kɔlɔb] n. m. ZOOL Singe des forêts africaines aux pouces réduits, qui se nourrit des feuilles de certains arbres et dont les principales espèces en Afrique occidentale sont le *colobe bai* et le *colobe magistrat.*

colocase [kɔlɔkaz] n. f. Plante herbacée (fam. aracées) cultivée en Afrique et en Polynésie pour ses feuilles et son rhizome comestibles. Syn. taro.

colocataire [kolɔkatɛʀ] n. Personne qui est locataire avec d'autres dans une même maison.

cologarithme [kolɔgaʀitm] n. m. MATH Logarithme de l'inverse d'un nombre : colog a = log $^1/_a$ = – log a.

Cologne (en all. *Köln*), v. d'Allemagne (Rhén.-du-N.-Westphalie), sur la r. g. du Rhin; 914340 hab. Place bancaire. Centre comm. (port fluv., gare, aéroport), industr. et intellectuel. – Archevêché. Université. Cath. goth. (commencée en 1248, achevée suivant les plans initiaux en 1880). Nombr. églises des XIe-XIIIe s. Musées. – Colonie rom. (Ier s.), la ville fut la cap. des Francs Ripuaires (Ve s.). Ville libre impériale au XIIIe s., Cologne prospéra au Moyen Âge. L'électorat, sécularisé en 1803, fut donné à la Prusse (1815).

Colomb (Christophe) (1450 ou 1451 – 1506), navigateur d'origine génoise, au service de l'Espagne. Ses débuts sont peu connus. Arrivé au Portugal en 1476 ou 1477, il aurait imaginé de parvenir aux Indes en se dirigeant vers l'O. N'ayant pu intéresser le roi du Portugal, il se tourna vers les souverains espagnols, qui lui accordèrent trois caravelles (les armateurs Pinzón participant aux frais). Parti de Palos le 3 août 1492, il aborda le 12 octobre à Guanahani, une des Lucayes, puis à Cuba et à Haïti. Au cours d'un nouv. voyage (1493-1496), il trouva d'autres Antilles. Lors d'un troisième (1498-1500) et d'un quatrième voyages (1502-1504), il toucha aux rives du Venezuela et de la Colombie, et longea l'Amérique centrale. Nommé vice-roi des territ. découverts (1493), il fut destitué au cours de son troisième voyage et mourut sans avoir admis l'existence d'un continent nouveau. Il a laissé un *Journal de bord* (posth., 1541).

colombage [kɔlɔ̃baʒ] n. m. Charpente verticale dont les vides sont comblés de plâtre, de torchis, etc., utilisée autref. pour la construction des murs. *Les colombages des maisons normandes, alsaciennes.*

Colomb-Béchar. V. Béchar.

colombe [kɔlɔ̃b] n. f. **1.** Poét. Pigeon. **2.** Pigeon à plumage blanc (symbole de pureté et de paix). *La blanche colombe et son rameau d'olivier.* **3.** Terme d'affection. *Ma douce colombe.*

Colombe (Michel) (v. 1430 – v. 1513), sculpteur français.

Colombie (république de) *(República de Colombia),* État du N.-O. de l'Amérique du Sud, baigné au N. par l'Atlant., à l'O. par le Pacifique; 1138914 km²; env. 33000000 d'hab.; cap. *Bogotá.* Nature de l'État : rép. présidentielle. Langue off. : esp. Monnaie : peso colombien. Pop. (accroissement : 2 % par an) : métis (plus de 70 %), Amérindiens, Blancs, Noirs. Relig. : cathol. (90 %).

Géogr. phys. et hum. – À l'O., les Andes, séparées par les vallées du Cauca et de la Magdalena, offrent une grande variété bioclimatique et groupent plus de 50 % des hab. Les plaines insalubres du Pacifique sont délaissées. L'occupation progresse dans les plaines sèches de la zone caraïbe et sur le piémont tropical de l'E. (savanes et forêts). La pop. est citadine à 70 %.

Écon. – L'agriculture (30 % des actifs) est surtout comm. : café (2e producteur mondial, plus de 50 % des recettes), bananes, fleurs coupées. Le pétrole, exporté, et le charbon constituent des ressources en expansion avec l'or et le nickel. L'investissement étranger a permis de diversifier la prod. industrielle (pétrochimie, agro-alimentaire, textile, automobile). Le gouv. livre une guerre contre la drogue avec l'appui des É.-U. La marijuana et surtout la coca (première zone mondiale) représenteraient 15 % du P.N.B. selon la presse, 3 à 5 % selon les experts américains; ceux-ci notent que la politique libérale dans ce pays pauvre et endetté a muselé le déficit budgétaire et favorisé la croissance (plus de 5 % par an depuis 1993).

Hist. – La conquête du pays, menée au XVIe s. par les Esp., détruisit la civilisation des Chibchas, qui furent rapidement christianisés. Jiménez de Quesada fonda Bogotá (1538) et appela le pays « Nouvelle-Grenade » (Colombie, Panamá, Venezuela et Équateur). La colonie ne fut guère exploitée que pour ses ressources minières. D'abord rattachée à la vice-royauté de Lima, elle fut constituée en 1717 en vice-royauté indép. Dès 1780, la bourgeoisie créole, prospère, réclama l'indép., acquise en 1822 après plusieurs batailles victorieuses. En 1830, à la mort de Bolívar, éclata la rép. de Grande-Colombie qu'il avait formée en 1819 : Nouvelle-Grenade plus Venezuela, ainsi que Panamá et Équateur, mais Panamá y resta, jusqu'en 1903, devenant alors un État indép. à l'instigation des É.-U. De 1903 à 1930, les conservateurs dirigèrent la Colombie, soumise à l'influence des États-Unis et liée en 1948 au Venezuela et à l'Équateur par une union douanière. De 1948 à 1953, une guerre civile (200000 morts), appelée *violencia,* aboutit à la dictature du général Rojas Pinilla (1953-1958). Pendant quatre décennies, les affrontements armés firent des dizaines de milliers de victimes. Des chefs de la drogue ont été arrêtés; le cartel de Medellín, démantelé (1989-1991); mais le trafic s'est intensifié. Élu président de la Rép. en 1994, Ernesto Samper a été accusé en 1995 d'avoir reçu le soutien du cartel de Cali. En 1996, jugeant trop faible la lutte contre le trafic de drogue, les É.-U. ont diminué leur aide.

Colombie-Britannique, prov. de l'ouest du Canada dep. 1871, bordée par le Pacifique; 948596 km²; 3282060 hab.; cap. *Victoria;* princ. centre : *Vancouver.* – C'est une région montagneuse (système des Rocheuses, alt. moyenne 3 000 m); les fl. Columbia et Fraser drainent les plateaux. Le climat est doux sur le littoral (découpé), continental à l'intérieur. Ressources : forêts; pêche; cuivre, plomb, fer, houille, or, argent, charbon, pétrole, gaz naturel. L'industr. est favorisée par l'hydroél. Les liens écon. avec l'Asie (Japon) sont intenses. – Les Indiens de l'O. ont développé un art original : masques, mâts totémiques, etc.

colombien, enne [kɔlɔ̃bjɛ̃, ɛn] adj. et n. De Colombie. ▷ Subst. *Un(e) Colombien(ne).*

colombier [kɔlɔ̃bje] n. m. Pigeonnier.

colombin, ine [kɔlɔ̃bɛ̃, in] n. **1.** n. m. Pigeon *(Columba œnas)* au plumage gris-bleu. **2.** n. f. Fiente de pigeon, de volaille. **3.** n. m. TECH Long boudin d'argile, utilisé pour fabriquer des poteries sans tour et, dans certaines régions tropicales, les murs des cases.

Colombine, personnage de la commedia dell'arte, soubrette pleine d'astuce, souvent associée à Arlequin.

colombo [kɔlɔmbo] n. m. (Guad.) Plat d'origine indienne parfumé au cari. (V. colbou.)

Colombo ou **Kolamba,** cap. et port du Sri Lanka, à l'O. de l'île; 664 000 hab. Port d'escale et d'exportation : thé, caoutchouc, pierres précieuses. – La ville fut fondée en 1507 par les Portugais.

colombophilie [kɔlɔ̃bɔfili] n. f. Élevage des pigeons voyageurs.

colon [kɔlɔ̃] n. m. **1.** HIST Dans le Bas-Empire romain, homme libre attaché à la terre qu'il travaillait. **2.** DR Celui qui cultive la terre pour son compte en payant une redevance en nature au propriétaire. – *Colon partiaire :* métayer. **3.** (Afr. subsah.) Paysan membre d'un colonat. **4.** Cour. Celui qui est allé habiter, peupler une colonie. *Les premiers colons d'Amérique.* **5.** Celui qui habite, exploite une colonie (sens 2). *Aux modestes colons succédèrent les grands planteurs qui installèrent l'économie sucrière aux Antilles.* **6.** Enfant qui fait partie d'une colonie de vacances.

côlon [kolɔ̃] n. m. ANAT Totalité du gros intestin qui succède à l'intestin grêle et que termine le rectum. (On distingue quatre parties : le *côlon droit,* ou ascendant, qui débute par le cæcum à la jonction avec l'iléon; le *côlon transverse;* le *côlon gauche,* ou descendant; le *côlon pelvien,* qui se termine par le rectum.)

colonat [kɔlɔna] n. m. **1.** (Réunion) Contrat entre propriétaire et colon (sens 2) établi par entente verbale. **2.** ((Afr. subsah.) Groupement de paysans exploitant des terres vierges.

colonel [kɔlɔnɛl] n. m. Officier supérieur dont le grade vient immédiatement au-dessous de celui de général de brigade. *Le colonel commande un régiment dans l'armée de terre, une escadre dans l'armée de l'air.* (Le grade correspondant dans la marine est celui de *capitaine de vaisseau.*)

colonelle [kɔlɔnɛl] n. f. Femme d'un colonel.

colonial, ale, aux [kɔlɔnjal, o] adj. et n. **1.** adj. Anc. Relatif aux colonies. *Comptoir colonial.* – Qui vient des colonies. *Denrées coloniales.* ▷ Mod. Qui se rapporte à la période de la colonisation. *Histoire, littérature coloniale. Régime colonial.* **2.** n. Habitant ou personne originaire des colonies. **3.** n. f. *La coloniale :* les troupes coloniales françaises, spécialement entraînées pour les campagnes outre-mer, de 1901 à 1958.

colonialisme [kɔlɔnjalism] n. m. Doctrine politique qui vise à justifier l'exploitation de colonies par une nationétrangère.

colonialiste [kɔlɔnjalist] adj. et n. **1.** adj. Relatif au colonialisme. **2.** n. Péjor. Partisan du colonialisme.

colonie [kɔlɔni] n. f. **1.** Groupe de personnes qui quittent leur pays pour s'établir dans une autre contrée. *C'est une colonie de Phocéens qui fonda Marseille.* – Lieu où viennent se fixer ces personnes. **2.** Territoire étranger à la nation qui l'administre et l'entretient dans un rapport de dépendance politique, économique et culturelle. *Le ministère des Colonies (devenu ministère de la France d'outre-mer) créé en 1894 disparut en 1959.* **3.** *Par ext.* Ensemble de personnes appartenant à une même nation et résidant à l'étranger. *La colonie américaine de Paris.* **4.** *Colonie de vacances :* centre de vacances et de loisirs; groupe d'enfants en vacances à la campagne, à la montagne ou à la mer, sous la surveillance d'animateurs. **5.** ZOOL Rassemblement d'animaux, généralement d'une même espèce. (Agglomération d'individus, dans les groupes inférieurs : cnidaires, tuniciers, etc.; réunion en vue de la reproduction chez divers vertébrés.)

colonisateur, trice [kɔlɔnizatœʀ, tʀis] adj. et n. Qui colonise. ▷ Subst. *Les colonisateurs du XVIe siècle.*

colonisation [kɔlɔnizasjɔ̃] n. f. Action de coloniser; résultat de cette action. *La colonisation de la Cochinchine par la France de 1859 à 1868.*
ENCYCL La colonisation européenne s'est effectuée en trois grandes étapes. Au XVIe s., se constituent les premiers empires coloniaux, portugais (Brésil, comptoirs en Afrique et en Inde) et espagnol (Amérique centrale et du Sud). Du XVIIe s. au XIXe s., l'Angleterre, la France et les Provinces-Unies se lancent dans cette aventure; la colonisation mercantiliste s'étend à l'Asie. À partir de 1873, elle prend le visage de l'impérialisme (1885 : conférence de Berlin*). La Seconde Guerre mondiale enclenche le processus de décolonisation. V. ce mot.

colonisé, ée [kɔlɔnize] adj. et n. Qui subit la domination d'une puissance colonisatrice. *Peuple colonisé qui revendique son indépendance.* ▷ Subst. *Les colonisés* (par oppos. aux *colonisateurs*).

coloniser [kɔlɔnize] v. tr. [1] **1.** Organiser un territoire en colonie; y établir des colons. **2.** Envahir un territoire (pour en faire une colonie). ▷ Fig. *Les touristes ont colonisé la ville.*

colonnade [kɔlɔnad] n. f. ARCHI Alignement de colonnes. *La colonnade du Louvre.*

colonne [kɔlɔn] n. f. **1.** Support vertical de forme cylindrique, ordinairement destiné à soutenir un entablement ou à décorer un édifice. **2.** ARCHI Monument commémoratif en forme de colonne. **3.** Chacune des divisions verticales du texte des pages d'un livre, d'un journal, etc. *Page imprimée sur trois colonnes.* ▷ *Colonne de chiffres :* suite de chiffres placés les uns au-dessous des autres. *La colonne des dizaines, des centaines.* **4.** MILIT Corps de troupe en marche, disposé sur peu de front et beaucoup de profondeur. *Défiler en colonne par quatre.* ▷ *Par ext.* Longue suite d'individus, de véhicules en marche. *Une colonne de blindés.* ▷ *La cinquième colonne :* les agents ennemis, qui sapent la résistance de l'intérieur. **5.** *Colonne vertébrale :* ensemble des vertèbres, articulées en un axe osseux qui soutient le squelette. Syn. (Réunion) barre de rein. **6.** PHYS *Colonne d'eau, d'air, de mercure :* masse d'eau, etc., à l'intérieur d'un récipient cylindrique vertical. ▷ *Colonne à plateaux :* appareil de distillation fractionnée. ▷ AUTO *Colonne de direction :* arbre reliant le volant à la direction. **7.** CONSTR *Colonne montante :* canalisation alimentant les appareils situés aux différents niveaux d'un bâtiment. – *Colonne sèche :* tuyauterie verticale qui permet aux pompiers de raccorder les tuyaux d'incendie sans les dérouler verticalement. **8.** (Suisse) Cour. *Colonne d'essence :* pompe à essence.

Colonnes d'Hercule. V. Hercule (Colonnes d').

colopathie [kɔlɔpati] n. f. MED Affection du côlon.

colophane [kɔlɔfan] n. f. Résidu de la térébenthine exsudée de divers conifères, que l'on utilise pour l'encollage de papiers, la fabrication de vernis et pour faire mordre les archets sur les cordes des instruments de musique.

coloquinte [kɔlɔkɛ̃t] n. f. Cucurbitacée grimpante méditerranéenne et indienne qui donne un gros fruit, à la pulpe amère et purgative; ce fruit.

Colorado (rio), fl. de l'O. des É.-U. (2 250 km); naît dans les Rocheuses; traverse le Colorado, l'Utah, l'Arizona (nombr. cañons); se jette dans le golfe de Californie.

Colorado (rio), fl. du S. des É.-U. (1 560 km), tributaire du golfe du Mexique; traverse le Texas.

Colorado (río), fl. d'Argentine (1 300 km); naît dans les Andes; se jette dans l'Atlant., au S. de Bahía Blanca.

Colorado, État de l'O. des É.-U.; 269998 km^2; 3294000 hab.; cap. *Denver.* Les Rocheuses couvrent la quasi-totalité de l'État. Le climat est aride. L'irrigation des vallées a étendu les cult. Le sous-sol est riche : argent, or, molybdène, charbon, pétrole, uranium. Les industr. sont assez diversifiées. Parc nat. dans les Rocheuses. – La partie N. de l'État appartient aux É.-U. depuis 1803, le reste fut pris au Mexique en 1848. Le Colorado devint en 1876 le trente-huitième État de l'Union.

colorant, ante [kɔlɔʀɑ̃, ɑ̃t] adj. et n. m. Qui colore, qui donne de la couleur. *Un produit colorant.* ▷ n. m. Substance susceptible de se fixer sur un support et de lui donner une couleur. – *Spécial.* Substance utilisée pour colorer un produit alimentaire. *L'usage des colorants (alimentaires) est réglementé.*

coloration [kɔlɔʀasjɔ̃] n. f. Action de colorer; état de ce qui est coloré.

coloré, ée [kɔlɔʀe] adj. Qui a une couleur et, partic., des couleurs vives. ▷ Fig. *Style coloré,* plein d'images, brillant.

colorer [kɔlɔʀe] v. tr. [1] **1.** Donner une couleur, de la couleur à. *Le soleil colore les fruits.* **2.** Fig. Embellir, présenter sous un jour favorable. **3.** v. pron. Prendre de la couleur. *Le ciel se colore au couchant.*

coloriage [kɔlɔʀjaʒ] n. m. Action de colorier; son résultat. *Le coloriage d'une image. Livre de coloriage :* recueil d'images à colorier, pour les enfants.

colorier [kɔlɔʀje] v. tr. [2] Appliquer des couleurs sur une estampe, un dessin, etc.

colorimétrie [kɔlɔʀimetʀi] n. f. CHIM Analyse de l'absorption de la lumière par une solution que l'on veut doser.

coloris [kɔlɔʀi] n. m. **1.** Nuance résultant du mélange des couleurs, de leur emploi dans un tableau. **2.** *Par ext.* Coloration, éclat naturel. *Le coloris d'un visage, d'un fruit.*

coloriste [kɔlɔʀist] n. **1.** Peintre qui excelle dans l'emploi des couleurs. **2.** Personne qui colorie des dessins, des estampes.

colossal, ale, aux [kɔlɔsal, o] adj. D'une grandeur exceptionnelle, gigantesque. ▷ Fig. *Une force colossale.*

colosse [kɔlɔs] n. m. **1.** Statue d'une grandeur exceptionnelle. *Le colosse de Rhodes.* **2.** Homme de haute stature, très robuste. **3.** *Le colosse aux pieds d'argile :* l'Empire assyrien (dans la Bible). – *Par ext.* Loc. prov. Puissance dont les fondements sont fragiles.

colostomie [kɔlɔstɔmi] n. f. CHIR Création d'un anus artificiel par abouchement à la peau d'une portion de côlon.

colostrum [kɔlɔstʀɔm] n. m. PHYSIOL Première sécrétion de la glande mammaire après l'accouchement.

colportage [kɔlpɔʀtaʒ] n. m. **1.** Action de colporter. *Colportage à domicile.* **2.** Profession de colporteur.

colporter [kɔlpɔʀte] v. tr. [1] **1.** Présenter (des marchandises) à domicile, pour les vendre. **2.** Fig. (Souvent péjor.) Répandre (une nouvelle, une information, un renseignement) en les répétant à de nombreuses reprises.

colporteur, euse [kɔlpɔʀtœʀ, øz] n. **1.** Marchand ambulant qui vend ses marchandises à domicile. **2.** Fig. Personne qui propage des nouvelles, des bruits. *Colporteur de ragots.*

colson [kɔlsɔ̃] n. m. (Mart.) Loc. *Aller à colson :* être fou. (V. aller au deuxième plateau*.)

colt [kɔlt] n. m. **1.** Pistolet à chargement automatique (calibre 11,43 mm). **2.** *Abusiv.* Revolver.

coltiner [kɔltine] v. tr. [1] Porter sur le cou, les épaules (un fardeau pesant). – *Par ext.* Porter. *Coltiner une énorme valise.*

Coltrane (William John) (1926 – 1967), saxophoniste de jazz américain.

colubridés [kɔlybʀide] n. m. pl. ZOOL Importante famille de serpents comprenant notam. les couleuvres. – Sing. *Un colubridé.*

columbarium [kɔlɔ̃baʀjɔm] n. m. Édifice qui reçoit les urnes cinéraires. *Des columbariums.*

Columbia (la) (anc. *Oregon*), fl. d'Amérique du Nord (1953 km); naît dans les Rocheuses canadiennes; sépare les États de Washington et d'Oregon; se jette dans le Pacifique.

Columbia, district fédéral des États-Unis. (V. Washington.)

Columbia, v. des É.-U., cap. de la Caroline du Sud; 98 000 hab. Coton.

columbiformes [kɔlɔ̃bifɔʀm] n. m. pl. ORNITH Ordre d'oiseaux aux pattes courtes, au bec court avec une base membraneuse où s'ouvrent les narines (pigeon, tourterelle, etc.). – Sing. *Un columbiforme.*

Columbus, v. des É.-U., cap. de l'Ohio; 632 900 hab. Centre industr.

col-vert ou **colvert** [kɔlvɛʀ] n. m. Canard sauvage commun, à la tête verte aux reflets métalliques, au collier blanc, aux ailes et au corps gris à miroirs blancs pour le mâle. (La cane est brune.) *Des cols-verts.* Syn. (Québec) malard. (V. malard.)

Colville (David Alexander, dit Alex)(né en 1920), peintre canadien. Postimpressionniste puis surréaliste, il est devenu l'un des maîtres de l'hyperréalisme.

colza [kɔlza] n. m. Variété de crucifère annuelle à fleurs jaunes, cultivée pour l'huile que l'on extrait de ses graines et comme aliment pour le bétail.

com-. Élément, du lat. *cum,* «avec», exprimant le concours, l'union, la simultanéité d'action.

coma [kɔma] n. m. État morbide caractérisé par la perte de la conscience, de la sensibilité, de la motilité, avec conservation plus ou moins complète des fonctions respiratoires et circulatoires. *Être dans le coma.*

Comanches, Indiens de l'Amérique du Nord. Leurs descendants sont auj. installés en Oklahoma.

comateux, euse [kɔmatø, øz] adj. et n. **1.** Qui se rapporte au coma. *Un état comateux.* **2.** Qui est dans le coma. ▷ Subst. *Un comateux.*

comatule [komatyl] n. f. ZOOL Échinoderme crinoïde libre à l'état adulte, à la différence des lis de mer, toujours fixés.

combassou [kɔ̃basu] n. m. Petit oiseau granivore (fam. plocéidés) des régions sahéliennes d'Afrique.

combat [kɔ̃ba] n. m. **1.** Lutte entre deux ou plusieurs personnes, entre deux corps de troupes. *Combat naval.* ▷ Lutte entre des animaux. *Combat de coqs.* – (Viêt-nam) *Combats d'oiseaux, de poissons.* ▷ *Être hors de combat :* n'être plus en mesure de combattre. **2.** Fig., litt. Lutte. *Le combat spirituel.* **3.** Lutte contre l'adversité. *La vie de l'homme est un combat.* **4.** Opposition de choses entre elles. *Le combat des éléments.*

combatif, ive [kɔ̃batif, iv] adj. (et n.) Porté à la lutte, à l'offensive. *Un tempérament combatif.* ▷ Subst. *C'est un combatif.*

combativité [kɔ̃bativite] n. f. Goût du combat. – Ardeur au combat. *La combativité des troupes.*

combattant, ante [kɔ̃batɑ̃, ɑ̃t] n. et adj. **I. 1.** Personne qui prend part à un combat. *Une armée de vingt mille combattants.* – *Anciens combattants :* soldats qui ont combattu pendant une guerre et qui, revenus à la vie civile, se sont regroupés en associations. ▷ adj. *Les forces combattantes.* **2.** Fam. Personne qui prend part à une rixe. *Séparer les combattants.* **II.** n. m. ZOOL **1.** *Combattant* ou *chevalier combattant :* oiseau de rivage (*Philomachus pugnax,* ordre des charadriiformes) à plastron bouffant de couleur variable, dont les mâles, au printemps, se livrent à des parades évoquant des combats. **2.** Poisson perciforme, appelé également *combattant du Siam* (*Betta splendens*), dont les mâles se livrent à des combats mortels en période nuptiale.

combattre [kɔ̃batʀ] v. [61] **I.** v. tr. **1.** Attaquer qqn ou se défendre contre lui. *Rodrigue combattit les Maures.* **2.** Lutter contre (qqch de mauvais, de dangereux). *Combattre un incendie, une maladie.* ▷ S'opposer à. *Combattre des théories erronées.* **II.** v. tr. indir. et intr. **1.** Livrer combat. *Combattre pour une juste cause.* **2.** Faire la guerre. *Combattre pour la patrie.* **3.** Lutter. *Combattre contre les préjugés, les passions.*

combe [kɔ̃b] n. f. Dépression longue et étroite, parallèle à la direction des reliefs et entaillée dans les parties anticlinales d'un plissement. *Les combes du Jura.* ▷ (France rég., Suisse) Cuvette, dépression naturelle.

combi [kɔ̃bi] n. m. **1.** (Belgique) Camionnette de gendarmerie. **2.** (Afr. subsah., Luxembourg) Minibus, voiture familiale.

combien [kɔ̃bjɛ̃] adv. et n. m. inv. **1.** À quel point, à quel degré. *Il m'a dit combien il vous estime.* **2.** adv. interrog. *Combien de :* quelle quantité, quel nombre. *Combien de disques as-tu acheté? Combien de temps avez-vous mis pour venir?* ▷ *Absol.* Quelle quantité (de temps, de distance, d'argent, etc.). *Combien coûte ce livre?* – Fam. *C'est combien? Ça fait combien?* **3.** n. m. inv. (Emploi critiqué.) *Ce journal paraît tous les combien?* **4.** adv. exclam. *Ô combien!* (Fréquemment en incise.) *Il exagère, ô combien!,* beaucoup. **5.** *De combien :* de quelle quantité, de quel nombre d'années. *De combien est-il votre cadet?*

combinaison [kɔ̃binɛzɔ̃] n. f. **1.** Assemblage de plusieurs choses dans un certain ordre. *Combinaison de couleurs.* **2.** CHIM Formation d'un composé à partir de plusieurs corps qui s'unissent dans des proportions déterminées. **3.** MATH Dans un ensemble fini non vide comprenant *n* éléments, partie composée de *p* éléments, *p* [T 516] *n* (*p* et *n* étant des entiers naturels). **4.** Fig. (Souvent au plur.) Mesures, calculs faits pour réussir. *Déjouer des combinaisons malhonnêtes.* **5.** Sous-vêtement féminin, en tissu léger, porté sous la robe. ▷ Vêtement réunissant pantalon et veste en une seule pièce. *Combinaison de mécanicien. Combinaison de plongée.* **6.** Ensemble de chiffres ou de lettres que l'on forme au moyen de boutons moletés, de cadrans, etc., pour faire jouer un système de fermeture (cadenas, serrure de coffre-fort, etc.) dit *à combinaison.*

combinatoire [kɔ̃binatwaʀ] adj. et n. f. **1.** adj. MATH *Analyse combinatoire* ou, n. f., *combinatoire :* V. analyse. **2.** n. f. Didac. Combinaison d'éléments qui agissent les uns sur les autres.

combine [kɔ̃bin] n. f. Fam. Moyen détourné, tricherie adroite pour arriver à ses fins ou pour obtenir qqch.

combiné [kɔ̃bine] n. m. **1.** TECH Combinaison d'appareils ou de systèmes en un produit complexe. ▷ *Combiné téléphonique :* ensemble d'un écouteur et d'un microphone reliés par une poignée. Syn. (Québec, emploi critiqué) acoustique, (Belgique, Suisse) cornet de téléphone. **2.** Sous-vêtement réunissant un soutien-gorge et une gaine. **3.** SPORT Compétition regroupant plusieurs disciplines.

combiner [kɔ̃bine] v. tr. [1] **1.** Arranger (plusieurs choses) dans un ordre ou dans des proportions déterminés. *Combiner des couleurs.* – v. pron. *Des matériaux qui se combinent.* **2.** CHIM Faire la combinaison de. **3.** Fig. Calculer, prévoir, organiser. *Combiner un plan d'évasion.*

combite [kɔmbit] ou **coumbite** [kumbit] n. f. (Haïti) Association d'entraide rassemblant des paysans.

1. comble [kɔ̃bl] n. m. **1.** Degré le plus élevé. *Le comble de l'hypocrisie. Être au comble du désespoir.* – *C'est le comble, c'est un comble :* cela dépasse la mesure. **2.** ARCHI Ensemble formé par la charpente et la couverture d'un bâtiment. ▷ Cour. *Les combles :* partie d'un édifice se trouvant directement sous la toiture. ▷ Loc. adv. *De fond en comble :* entièrement, du haut en bas. *Transformer sa maison, sa vie de fond en comble.*

2. comble [kɔ̃bl] adj. **1.** *La mesure est comble :* en voilà assez. **2.** Qui est rempli de gens. *Une salle comble.*

comblement [kɔ̃bləmɑ̃] n. m. Fait de combler (un vide, un trou, un creux). *Le comblement d'un étang.*

combler [kɔ̃ble] v. tr. [1] **1.** Remplir (un vide, un trou, un creux). *Combler un puits.* **2.** Fig. Compenser. *Combler un déficit.* **3.** Fig. *Combler qqn,* le satisfaire pleinement. *Combler les désirs, les vœux de qqn,* les satisfaire pleinement. ▷ *Combler qqn de,* le gratifier en abondance de. *Combler qqn de bienfaits, de cadeaux.*

combrétacées [kɔ̃bʀetase] n. f. pl. BOT Famille de plantes dicotylédones des régions tropicales (500 espèces env.). – Sing. *Une combrétacée.*

comburant, ante [kɔ̃byʀɑ̃, ɑ̃t] n. m. et adj. CHIM Substance capable d'entretenir la combustion d'un combustible. *L'oxygène de l'air est le comburant le plus utilisé.* ▷ adj. *Un corps comburant.*

combustibilité [kɔ̃bystibilite] n. f. Aptitude d'un corps à entrer en combustion.

combustible [kɔ̃bystibl] adj. et n. m. **1.** adj. Qui peut brûler. *Corps, matière combustible.* **2.** n. m. Substance qui peut entrer en combustion (bois, charbon, essence, gaz naturel, etc.) et être utilisée pour produire de la chaleur. **3.** PHYS NUCL *Combustible nucléaire :* matière susceptible de fournir de l'énergie par fission ou fusion nucléaire.

combustion [kɔ̃bystjɔ̃] n. f. **1.** Cour. Fait de brûler. **2.** CHIM Réaction d'un corps avec l'oxygène, qui peut être soit rapide (*combustion vive* produisant de la lumière et de la chaleur) soit lente.

Côme (en ital. *Como*), v. d'Italie (Lombardie), au S. du *lac de Côme* (146 km^2); 95 180 hab.; ch.-l. de la prov. du m. nom. Tourisme. – Cath. (XIVe-XVIe s.).

Comecon, acronyme pour *Council for Mutual ECONomic assistance,* «Conseil d'aide économique mutuelle». Organisme créé en 1949 à Moscou («Marché commun de l'Est») et dissous en 1991. Il comprenait la Bulgarie, la Hongrie, la Pologne, la Tchécoslovaquie, la Roumanie, la Mongolie, l'U.R.S.S., la R.D.A., Cuba (à partir de 1972) et le Viêt-nam (à partir de 1978).

comédie [kɔmedi] n. f. **I. 1.** Vx Pièce de théâtre. **2.** Fig. Caprice, feinte, mensonge. *Quelle comédie! :* que d'embarras! ▷ *Jouer* la comédie.* **3.** LITTER «*La Divine Comédie*», de Dante. «*La Comédie humaine*», de Balzac. **II. 1.** Pièce de théâtre où sont décrits de manière plaisante les mœurs, les ridicules des êtres humains. *Comédie d'intrigue, de mœurs, de caractères. Comédie-ballet, comédie de boulevard.* **2.** Le genre comique (par opposition à la *tragédie* et au *drame*). **3.** Fig. *Un personnage, une tête, une silhouette de comédie,* ridicule, drôle.

Comédie-Française (la), le Théâtre-Français officiel, appelé parfois *le Français,* situé dans un bâtiment annexe du Palais-Royal, à Paris. Sa troupe fut constituée par arrêt du roi Louis XIV en 1680.

comédie italienne, nom collectif donné aux troupes ital. qui se produisirent en France de 1548 (à Lyon) à 1779, quand on les expulsa (première expulsion : 1697-1716).

comédien, enne [kɔmedjɛ̃, ɛn] n. et adj. **1.** Personne dont la profession est de jouer au théâtre, au cinéma, etc.; acteur. **2.** Acteur de comédie (par oppos. à *tragédien*). **3.** Fig. Personne encline à jouer un rôle, à feindre. ▷ adj. *Ce qu'il est comédien, ce gamin!*

comédon [kɔmedɔ̃] n. m. Petit bouchon de sébum, noirâtre au sommet, qui obstrue un pore de la peau, communément appelé «point noir».

comestible [kɔmɛstibl] adj. et n. m. pl. **1.** adj. Qui convient à la nourriture des êtres humains. *Un champignon comestible.* **2.** n. m. pl. Produits alimentaires.

comète [kɔmɛt] n. f. Petit corps céleste qui décrit une parabole ou une ellipse très allongée autour du Soleil. – Loc. fig. *Tirer des plans sur la comète :* faire des projets irréalisables.
ENCYCL Les comètes sont composées d'un noyau solide (agrégat de glace et de poussières) de forme irrégulière (dimension de l'ordre de quelques km), invisible depuis la Terre. Lorsqu'une comète se rapproche du Soleil, des structures lumineuses se développent à partir du noyau : la chevelure (halo circulaire de 50 000 à 200 000 km de diamètre constitué de gaz et de poussières libérés par le noyau et éclairés par le Soleil) et, s'étirant sur plusieurs millions de km à l'opposé du Soleil, la queue de plasma (ions de la chevelure repoussés par le vent solaire) et la queue de poussière (éclairée par diffusion de la lumière solaire). La plus connue est la comète de Halley (période : env. 76 ans).

cométique [kɔmetik] n. m. (Québec) Traîneau tiré par des chiens. *Le cométique a été remplacé par la motoneige.*

Comines, com. du Nord (arr. de Lille), sur la Lys (qui la sépare de la com. belge du m. nom); 11 360 hab. Textiles, papeterie; centrale thermique.

Comines (Philippe de). V. Commynes.

comique [kɔmik] adj. et n. m. **1.** adj. Qui appartient à la comédie (sens II). *Le genre comique.* ▷ n. m. Auteur comique. *Les comiques grecs.* – Acteur comique. *Un grand comique.* **2.** n. m. *Le comique :* le genre comique, la comédie. *Un acteur qui excelle dans le comique.* **3.** adj. Qui fait rire, plaisant, risible, ridicule. *Il lui arrive des aventures comiques.* ▷ n. m. *Le comique de l'histoire, c'est...*

comiquement [kɔmikmɑ̃] adv. De manière comique (sens 3).

comité [kɔmite] n. m. **1.** Réunion de personnes chargées d'examiner certaines affaires, de donner un avis, de préparer une délibération, d'orienter une décision. *Élire un comité. Comité de lecture.* – *Comité d'entreprise,* élu par les salariés pour améliorer les conditions de vie du personnel et pour gérer les œuvres sociales de l'entreprise. **2.** Loc. *En petit comité :* dans l'intimité.

Comité de salut public, sous la Révolution française, organisme (9 puis 12 membres) créé par la Convention* le 6 avr. 1793. Il exerça le pouvoir sous la direction de Robespierre, notam. en instaurant la Terreur*.

Comité permanent inter-États de lutte contre la sécheresse dans le Sahel (CILSS), organisme régional de coopération, créé à Banjul (Gambie) en 1977 et ayant pour but de restaurer la sécurité alimentaire et de lutter contre la désertification dans le Sahel*. Le CILSS gère le Fonds spécial du Sahel (FSS), dont les pays et organisations donateurs sont regroupés dans le Club du Sahel. Membres : Burkina Faso, Cap-Vert, Gambie, Guinée-Bissau, Mali, Mauritanie, Niger, Sénégal, Tchad. Siège : Ouagadougou (Burkina Faso).

Comité révolutionnaire d'union et d'action (C.R.U.A.), groupe révolutionnaire algérien qui se constitua en mars 1954 et prépara l'insurrection déclenchée dans la nuit du 31 oct. au 1er nov. 1954.

comma [kɔma] n. m. MUS La plus petite division du ton perceptible à l'oreille. *Le ton se divise en neuf commas.*

commandant, ante [kɔmɑ̃dɑ̃, ɑ̃t] n. m. **1.** Celui qui exerce un commandement militaire. *Commandant en chef.* **2.** Grade le plus bas dans la hiérarchie des officiers supérieurs, dans les armées de terre et de l'air. **3.** Officier qui commande un bâtiment de guerre ou un navire de commerce. – Appellation donnée aux officiers du grade de capitaine de corvette. **4.** AVIAT *Commandant de bord :* pilote chef de l'équipage. **5.** *Commandant de cercle* ou *commandant :* autrefois, dans les colonies françaises, fonctionnaire chargé d'administrer un cercle*. ▷ *Par ext.* Chef de subdivision. ▷ (Afr. subsah.) Cour. Préfet, sous-préfet, chef de circonscription.

commande [kɔmɑ̃d] n. f. **1.** Demande de marchandise devant être fournie à une date déterminée. *Faire, passer (une) commande.* – Marchandise commandée. *Livrer une commande.* ▷ *Ouvrage de commande,* exécuté par un artiste à la demande d'un maître d'œuvre. ▷ *Travail sur commande, à la commande,* fait à la demande d'un client. **2.** Fig. *De commande :* affecté, feint, simulé. *Il manifestait un enthousiasme de commande.* **3.** TECH Mécanisme qui permet de provoquer la mise en marche, l'arrêt ou la manœuvre d'un ou de plusieurs organes. *Tenir les commandes.* – Fig. *Tenir les commandes d'une entreprise.* **4.** TECH Action de déclencher, d'arrêter et d'assurer le fonctionnement ou la conduite des organes ou des mécanismes d'un appareil.

commandement [kɔmɑ̃dmɑ̃] n. m. **1.** Action, manière de commander. *Un ton de commandement,* impératif. – MILIT Ordre bref. *À mon commandement, marche!* **2.** DR Injonction par ministère d'huissier de s'acquitter de ses obligations. **3.** RELIG Ordre, loi émanant d'une Église. **4.** Autorité de celui qui commande. *Avoir le commandement d'un régiment.* **5.** Ensemble de la hiérarchie militaire supérieure. *Le haut commandement des forces de l'ONU.*

Commandements (les Dix) ou **Décalogue (le)**, principes religieux et moraux énoncés dans le chap. XX de l'Exode*. Dieu les aurait gravés sur des tables de pierre (Tables de la Loi) et remis à Moïse sur le mont Sinaï.

commander [kɔmɑ̃de] v. [1] **I.** v. tr. dir. **1.** User de son autorité en indiquant à autrui ce qu'il doit faire. *Il n'aime pas qu'on le commande.* **2.** Exercer son autorité hiérarchique sur (qqn). *Commander une armée.* **3.** *Commander (qqch) :* ordonner, diriger. *Commander la manœuvre.* **4.** Fig. Appeler, exiger. *Son courage commande le respect.* **5.** Faire une commande de. *Commander des meubles.* **6.** Dominer, en parlant d'un lieu. *Cette éminence commande la plaine.* ▷ v. pron. S'ouvrir l'une sur l'autre, en parlant des pièces d'un appartement. *Ces deux chambres se commandent.* **7.** TECH Faire marcher, faire fonctionner. *Une cellule photo-électrique commande l'ouverture de cette porte.* **II.** v. tr. indir. **1.** Avoir autorité sur (qqn). *Commander à qqn. Commander à (qqn) de* (+ inf.). **2.** Fig. Maîtriser. *Commander à ses passions.* **III.** v. intr. User de son autorité, donner des ordres. *Ce n'est pas vous qui commandez ici.*

commanderie [kɔmɑ̃dʀi] n. f. HIST Bénéfice affecté à l'ordre de Malte et à quelques autres ordres militaires.

commandeur [kɔmɑ̃dœʀ] n. m. **1.** HIST Chevalier pourvu d'une commanderie. *La statue du Commandeur dans «Dom Juan».* **2.** Dans certains ordres, grade au-dessus de celui d'officier. **3.** HIST *Le commandeur des croyants :* titre que prenaient les califes (et que porte toujours le roi du Maroc). **4.** (Antilles fr., oc. Indien) Autref., contremaître qui surveillait les esclaves dans une plantation.

commanditaire [kɔmɑ̃ditɛʀ] n. m. **1.** Bailleur de fonds dans une société en commandite. **2.** Personne privée ou morale qui pratique le mécénat d'entreprise. Syn. (off. déconseillé) sponsor.

commandite [kɔmɑ̃dit] n. f. **1.** Société dans laquelle une partie des associés (les bailleurs de fonds) ne prennent pas part à la gestion. **2.** Fonds versés par chaque associé d'une société en commandite.

commanditer [kɔmɑ̃dite] v. tr. [1] **1.** Verser des fonds dans une société en commandite. **2.** *Par ext.* Financer. *Commanditer une troupe théâtrale.* **3.** Parrainer et financer à des fins publicitaires (un sportif, une équipe, etc.). Syn. (off. déconseillé) sponsoriser.

commando [kɔmɑ̃do] n. m. Groupe de combat chargé d'exécuter une opération rapidement et par surprise. *Des commandos.*

comme [kɔm] adv. et conj. **I.** adv. interrog. et exclam. **1.** À quel point, combien. *Comme il est susceptible!* **2.** Comment, de quelle manière. *Voyez comme il se hâte.* – Péjor. *Dieu sait comme. Il faut voir comme.* **II.** conj. de subordination. **1.** Puisque. *Comme il l'aime, il lui pardonnera.* **2.** Tandis que, au moment où. *Comme il approchait, il vit...* **III.** conj. et adv. **1.** (Comparaison) De la même manière que, ainsi que, de même que. *Faites comme lui. Comme on fait son lit, on se couche.* ▷ *Tout comme :* exactement comme. *Elle est jolie tout comme sa mère.* – Fam. *C'est tout comme :* c'est pareil. ▷ *Comme tout :* extrêmement. *Ton récit est amusant comme tout.* **2.** Ainsi que. *Blanc comme neige.* **3.** (Manière) De la manière que. *Généreux comme il est, il acceptera.* – *Comme vous voudrez :* à votre convenance. – *Comme de juste :* comme il est juste. – *Comme il faut :* convenablement. *Rétribuez-le comme il faut.* – Fam. *Comme il faut :* convenable, distingué. *Une dame tout à fait comme il faut.* – *Comme quoi :* ce qui montre que. *Il se trompe, comme quoi cela arrive à tous.* **4.** (Pour atténuer.) *Elle est comme possédée.* ▷ Fam. *Comme ci comme ça :* tant bien que mal; ni bien ni mal. **5.** Tel que. *Un homme comme lui.* **6.** En tant que. *Être élu comme président. Prenez-le comme modèle.*

commedia dell'arte [kɔmedjadelaʀte] n. f. inv. (ital.) Comédie à types conventionnels (Arlequin, Pierrot, Pantalon, Colombine, etc.), jouée par des acteurs souvent masqués qui improvisent le dialogue sur un scénario donné. *La commedia dell'arte fut introduite d'Italie en France au début du XVIIe siècle.*

commémoratif, ive [kɔmemɔʀatif, iv] adj. Qui rappelle le souvenir d'une personne ou d'un événement. *Un monument commémoratif.*

commémoration [kɔmemɔʀasjɔ̃] n. f. Cérémonie à la mémoire d'une personne ou d'un événement.

commémorer [kɔmemɔʀe] v. tr. [1] Rappeler le souvenir (d'une personne, d'un événement). *Commémorer la naissance d'un écrivain.*

commençant, ante [kɔmɑ̃sɑ̃, ɑ̃t] n. Débutant.

commencement [kɔmɑ̃smɑ̃] n. m. **1.** Premier moment dans l'existence d'une chose. *Le commencement du monde. Le commencement de l'année. Au commencement :* à l'origine. *C'est le commencement de la fin :* la mort, la défaite, la débâcle, etc., sont proches. **2.** Partie d'une chose que l'on voit la première. *Commencement du train.* **3.** DR *Commencement de preuve par écrit :* écrit émanant de la personne à qui on l'oppose, rendant vraisemblable le fait allégué. **4.** (Plur.) Débuts.

commencer [kɔmɑ̃se] v. [12] **I.** v. intr. Débuter. *La forêt commence ici. Cette histoire commence mal.* Syn. (Djibouti) rentrer. **II.** v. tr. **1.** Faire le commencement, le début, la première partie de (qqch). *Commencer un ouvrage.* **2.** Être en tête de. *Une citation commence l'article.* **3.** Être dans le premier temps de. *Le roi commençait son règne.* **4.** *Commencer à* ou *de* (+ inf.) : entreprendre, se mettre à. *Je commence à comprendre.* – v. impers. *Il commence à neiger.* **5.** *Commencer par :* faire en premier lieu (qqch). *Commencez par le commencement!*

commensal, ale, aux [kɔmɑ̃sal, o] n. et adj. **1.** n. Litt. Personne qui mange à la même table que d'autres. **2.** adj. BIOL Désigne les êtres vivants qui vivent et se nourrissent auprès d'autres sans leur nuire (à la différence des *parasites*). *Bactéries commensales du tube digestif.*

comment [kɔmɑ̃] adv. et n. m. inv. **1.** (Interrogatif) De quelle façon. *Comment allez-vous? – Par ext.* Pourquoi. *Comment ne m'avez-vous pas attendu?* **2.** (Affirmatif) De quelle manière. *Dis-moi comment ça s'est passé. On ne sait comment.* – *N'importe comment :* de n'importe quelle façon; mal. ▷ n. m. inv. Manière. *Le pourquoi et le comment d'une chose,* ses causes et la manière dont elle s'est produite. **3.** Exclamation de surprise, d'étonnement, d'impatience, d'indignation. *Comment, vous ici?* **4.** *Comment donc!* pour renforcer une affirmation. *Puis-je téléphoner? – Mais comment donc!*

commentaire [kɔmɑ̃tɛʀ] n. m. **1.** Explication d'un texte, remarques faites pour en faciliter la compréhension. **2.** Observation, explication, remarque. *Commentaires de presse.* – Fam. (Souvent plur.) *Cela se passe de commentaires.* – Loc. fam. (Souvent péjor.) *Sans commentaire! :* les faits sont suffisamment éloquents. **3.** (Le plus souvent au plur.) Interprétation malveillante. *Susciter des commentaires.*

commentateur, trice [kɔmɑ̃tatœʀ, tʀis] n. **1.** Personne qui commente un ouvrage de littérature, d'histoire, de droit. *Un commentateur de Racine.* **2.** Personne qui commente (les informations) à la radio, à la télévision. *Un commentateur sportif.*

Commines (Philippe de). V. Commynes.

commenter [kɔmɑ̃te] v. tr. [1] **1.** Expliquer (un texte) par des remarques écrites ou orales. *Commenter un texte d'un auteur classique.* **2.** Interpréter, juger. *Commenter les agissements de son entourage.* **3.** Éclairer (des faits, des paroles, une information, etc.) par des commentaires.

commérage [kɔmeʀaʒ] n. m. Fam. Racontar, cancan. *Colporter des commérages.* Syn. (Haïti) tripotage.

commerçant, ante [kɔmɛʀsɑ̃, ɑ̃t] n. et adj. **1.** n. Personne qui fait du commerce. *Commerçant en détail, en gros. Les petits commerçants.* **2.** adj. Qui fait du commerce. *Un pays commerçant.* **3.** adj. Où se trouvent de nombreux commerces. *Une rue commerçante.*

commerce [kɔmɛʀs] n. m. **I. 1.** Négoce, achat et vente de marchandises, de biens. *Le commerce intérieur. Le commerce triangulaire*. La balance du commerce extérieur :* le rapport d'équilibre entre les importations et les exportations d'un pays. *Un tribunal de commerce. Un voyageur* de commerce.* **2.** *Le commerce :* l'ensemble des commerçants. **3.** Boutique, magasin, fonds de commerce. *Tenir un commerce.* ▷ (Afr. subsah.) Magasin moderne (par oppos. à une boutique sommairement installée). ▷ *Faire commerce de ses charmes :* se livrer à la prostitution. **II.** Litt. Relations des êtres humains les uns avec les autres. *Aimer le commerce des gens de goût. Commerce charnel. Être d'un commerce agréable.*

commercer [kɔmɛʀse] v. intr. [12] Faire du commerce. *Ce pays commerce avec ses voisins.*

commercial, ale, aux [kɔmɛʀsjal, o] adj. et n. **I.** adj. **1.** Relatif au commerce. *Une entreprise commerciale.* **2.** Péjor. *Un roman, un film commercial,* réalisé uniquement dans un but lucratif. **II. 1.** n. f. Automobile fourgonnette. **2.** n. Personne travaillant dans le secteur commercial d'une entreprise. – Personne de formation commerciale.

commercialement [kɔmɛʀsjalmɑ̃] adv. De façon commerciale; du point de vue du commerce.

commercialisable [kɔmɛʀsjalizabl] adj. Qui peut être commercialisé.

commercialisation [kɔmɛʀsjalizasjɔ̃] n. f. Action de commercialiser.

commercialiser [kɔmɛʀsjalize] v. tr. [1] **1.** DR Assujettir aux règles du droit commercial. *Commercialiser une dette.* **2.** Mettre (qqch) dans le commerce.

Commercialiser un produit. **3.** Transformer (qqch) en objet de commerce. *Commercialiser une invention.*

commère [kɔmɛʀ] n. f. **1.** Femme curieuse et cancanière. **2.** Vx Marraine, par rapport au parrain (le compère) et au père. **3.** (Antilles fr.) Terme d'adresse familier et affectueux envers une femme que l'on connaît, une voisine.

commettre [kɔmɛtʀ] v. tr. [**60**] **1.** Accomplir, faire (un acte répréhensible). *Commettre un crime.* **2.** Fam., iron. Être l'auteur de. *Commettre un livre.* **3.** Préposer (qqn) à, charger (qqn) de. *Commettre qqn à un emploi.* **4.** v. pron. Se compromettre, s'exposer. *Se commettre avec des personnes louches.*

comminatoire [kɔminatwaʀ] adj. **1.** DR Se dit d'une clause, d'une disposition légale, d'un jugement qui contient la menace d'une sanction. *Astreinte comminatoire.* **2.** Qui tient de la menace.

commis [kɔmi] n. m. **1.** Employé subalterne (administration, commerce, agriculture). *Commis boucher.* **2.** *Les grands commis de l'État :* les hauts fonctionnaires.

commisération [kɔmizeʀasjɔ̃] n. f. Litt. Pitié, compassion.

commissaire [kɔmisɛʀ] n. m. **1.** Personne remplissant des fonctions généralement temporaires. – *Haut-commissaire :* haut fonctionnaire chargé d'une mission déterminée. – *Commissaire aux comptes :* agent désigné par les actionnaires d'une société anonyme pour contrôler les comptes des administrateurs. Syn. (Belgique) réviseur aux comptes, (Luxembourg) réviseur de caisse. ▷ (Proche-Orient) HIST Administrateur civil ou militaire d'un pays placé sous mandat français. ▷ (Afr. subsah.) *Commissaire général :* adjoint du résident général à l'époque coloniale. ▷ (Québec) DR *Commissaire à l'assermentation :* personne autorisée par la loi à recevoir et à attester un serment ou une affirmation solennelle. ▷ SPORT Personne qui vérifie la régularité d'une épreuve. **2.** Titulaire d'une fonction permanente. *Commissaire de police :* fonctionnaire chargé, dans les villes, du maintien de l'ordre et de la sécurité. **3.** Membre d'une commission. – (Maurice) *Commissaire électoral :* personne chargée du contrôle des procédures d'inscription sur les listes électorales et du bon déroulement des votes. ▷ (Québec) *Commissaire d'école :* membre élu d'une commission* scolaire.

commissaire-priseur [kɔmisɛʀpʀizœʀ] n. m. Officier ministériel chargé de l'estimation et de la vente d'objets mobiliers dans une vente publique. *Des commissaires-priseurs.*

commissariat [kɔmisaʀja] n. m. Bureaux, services d'un commissaire. *Commissariat de police.* ▷ Fonction de commissaire.

commission [kɔmisjɔ̃] n. f. **I. 1.** Attribution d'une charge, d'une mission. ▷ DR COMM Charge qu'un commettant confie à un tiers. ▷ Activité de celui qui se livre à des actes de commerce pour autrui; somme perçue pour cette activité. *Toucher une commission sur un achat.* ▷ DR *Commission rogatoire*.* **2.** Message, objet confié à une personne chargée de le transmettre à une autre. **3.** Plur. Cour. Achat des produits ménagers de consommation courante. *Faire les commissions.* **II.** Réunion de personnes chargées de l'examen, du contrôle ou du règlement de certaines affaires. ▷ (Québec) *Commission scolaire :* administration locale dont relèvent les écoles élémentaires et secondaires.

commissionnaire [kɔmisjɔnɛʀ] n. **1.** Personne qui se livre à des opérations commerciales pour le compte d'autrui. ▷ *Commissionnaire en douane :* personne chargée par une autre d'accomplir les formalités de douane. **2.** Personne qui est chargée d'une commission (sens I, 2). – Personne dont le métier est de faire des commissions; coursier.

commissionner [kɔmisjɔne] v. tr. [**1**] **1.** Délivrer (à qqn) une commission par laquelle on le charge de faire qqch, ou on l'y autorise. ▷ (Afr. subsah.) *Commissionner pour :* charger (d'une démarche, d'un message), envoyer (faire une course). *Sa mère l'a commissionné pour acheter de l'huile.* **2.** Donner commission (à qqn) pour acheter ou vendre des marchandises.

commissure [kɔmisyʀ] n. f. **1.** Point de jonction des parties d'un organe. *La commissure des lèvres.* **2.** CONSTR Joint entre les pierres.

commode [kɔmɔd] adj. et n. f. **I.** adj. **1.** Pratique, qui répond à l'usage qu'on veut en faire. *Un endroit commode pour se rencontrer. Un outil commode à manier.* **2.** Facile. *Une solution commode.* **3.** Se dit d'une personne au caractère agréable, facile à vivre (souvent en emploi négatif). **II.** n. f. **1.** Meuble de rangement à hauteur d'appui, pourvu de larges tiroirs. Syn. (Québec) bureau. **2.** (Québec) Meuble haut comportant des tiroirs superposés, servant au rangement des vêtements masculins.

Commode (en lat. *Lucius Ælius* et, plus tard, *Marcus Aurelius Commodus*) (161 – 192), empereur romain (180-192), fils de Marc Aurèle. Son règne fut une période de paix, mais cruel, avide de gloire et débauché, il mourut assassiné.

commodément [kɔmɔdemɑ̃] adv. De manière commode.

commodité [kɔmɔdite] n. f. **1.** Qualité de ce qui est commode. **2.** (Plur.) Facilités offertes par qqch. *Les commodités d'un nouveau service.*

Commonwealth of Nations, ensemble des pays ayant fait partie de l'Empire brit. (anc. dominions, protectorats, colonies) et qui demeurent unis à la couronne brit.; le souverain de G.-B. est le chef (honorifique) du Commonwealth. Les États membres sont : Antigua et Barbuda, l'Australie, les Bahamas, le Bangladesh, la Barbade, le Belize, le Botswana, le Brunei, le Canada, Chypre, la Dominique, la Gambie, le Ghana, la Grenade, la Guyana, l'Inde, la Jamaïque, le Kenya, Kiribati, le Lesotho, le Malawi, la Malaisie, les Maldives, Malte, l'île Maurice, Nauru, le Nigeria (suspendu en 1995), la Nouvelle-Zélande, l'Ouganda, le Pākistān, la Papouasie-Nouvelle-Guinée, Saint-Christophe et Niévès, Sainte-Lucie, Saint-Vincent et Grenadines, les Salomon, les Samoa occidentales, les Seychelles, la Sierra Leone, Singapour, Sri Lanka, le Swaziland, la Tanzanie, les Tonga, Trinité et Tobago, Tuvalu, Vanuatu, la Zambie, le Zimbabwe.

commotion [kɔmosjɔ̃] n. f. **1.** MED Ébranlement d'un organe par un choc, abolissant ses fonctions de façon temporaire ou permanente sans détruire son tissu. *Commotion cérébrale.* **2.** Choc nerveux ou émotionnel brutal.

commotionner [kɔmosjɔne] v. tr. [**1**] Frapper d'une commotion.

commuable [kɔmɥabl] ou **commutable** [kɔmytabl] adj. DR Qui peut être commué.

commuer [kɔmɥe] v. tr. [**1**] DR Transformer (une peine) en une peine moins grave.

commun, une [kɔmœ̃, yn] adj. et n. m. **I.** adj. **1.** Qui appartient au plus grand nombre, qui le concerne. *Le sort commun de l'humanité. L'intérêt commun. Le bien commun. Les biens communs des époux* (par oppos. aux *biens propres*). **2.** Qui est partagé par plusieurs personnes, par plusieurs choses. *Les caractères communs à tous les félins. D'un commun accord.* ▷ Loc. *En commun :* ensemble. *Ils ont mis leur argent en commun. Transports en commun.* **3.** GRAM *Nom commun :* nom de tous les individus appartenant à la même catégorie (par oppos. à *nom propre*). **4.** Répandu. *Une erreur commune. Un courage peu commun. Lieu* commun.* **5.** DR *Droit commun :* ensemble de normes juridiques applicables sur un territoire donné. **6.** MATH *Diviseur commun :* nombre qui peut en diviser exactement plusieurs autres (ex. : 3 divise 9, 36, 96, etc.). **7.** Péjor. Qui manque de distinction, d'originalité. *Une fille gentille, mais commune.* **II.** n. m. **1.** Ensemble, majorité du groupe considéré. *Le commun des mortels. Une femme hors du commun.* **2.** (Plur.) Bâtiments réservés au service dans une grande propriété.

communal, ale, aux [kɔmynal, o] adj. **1.** Qui appartient à une commune. *Budget communal.* **2.** (Afr. subsah., Belgique, Luxembourg) Municipal. *Administration communale.* – *Maison communale :* mairie. *Secrétaire communal :* secrétaire de mairie.

communalisme [kɔmynalism] n. m. (Maurice, Réunion) Comportement social ou politique faisant jouer les appartenances aux communautés ethniques et culturelles.

1. communard, arde [kɔmynaʀ, aʀd] n. HIST Membre, partisan de la Commune de Paris (1871).

2. communard [kɔmynaʀ] n. m. Poisson perciforme de couleur grise (*Lethrinus nematacanthus*), commun en Nouvelle-Calédonie.

communautaire [kɔmynotɛʀ] adj. (et n.m) **1.** Relatif à la communauté. *Vie communautaire.* – (Afr. subsah.) *Travaux communautaires :* V. travail. **2.** Relatif à la Communauté européenne. **3.** (Belgique) Qui concerne une des Communautés linguistiques, ou les relations que celles-ci entretiennent entre elles. *Problèmes, questions communautaires. Partis communautaires.* – n. m. *Le communautaire :* l'ensemble des problèmes touchant les relations entre les Communautés linguistiques.

communautarisation [kɔmynotaʀisasjɔ̃] n. f. (Belgique) Transfert de certaines matières relevant du pouvoir fédéral vers les Communautés (sens 4).

communautariser [kɔmynotaʀize] v. tr. [**1**] (Belgique) Placer certaines matières relevant du pouvoir fédéral sous la tutelle des Communautés (sens 4).

communauté [kɔmynote] n. f. **1.** Caractère de ce qui est commun à plusieurs personnes, à plusieurs groupes sociaux. *Communauté d'idées. La francophonie est fondée sur une communauté de langue.* **2.** Groupe de personnes vivant ensemble et partageant des intérêts, une culture ou un idéal communs. *Une communauté de moines.* ▷ Lieu abritant cette communauté. **3.** DR *Communauté entre les époux,* régime matrimonial dans lequel ils mettent en commun tout ou partie de leurs biens propres ou de leurs acquêts. **4.** *Communauté :* institution politique de la Belgique fédérale reposant sur un principe de solidarité linguistique et culturelle. (Depuis 1970, les Communautés sont au nombre de trois : la Communauté* française, la Communauté* flamande et la Communauté* germanophone.) **5.** (Afr. subsah., oc. Indien) *Par euph.* Ethnie.

Communauté, dite aussi *Communauté française,* association créée par la Constitution de 1958, à l'initiative de De Gaulle. Remplaçant l'Union* française, elle comprenait la Rép. française et ses anc. dépendances d'Afrique francophone (sauf la Guinée, qui avait dit « non » lors du référendum de 1958). Les États africains jouissaient de l'autonomie, laquelle préludait à leur indépendance. En 1960, les États africains ayant acquis leur pleine souveraineté, les institutions de la Communauté cessèrent de fonctionner.

Communauté des États indépendants (C.É.I.), fédération créée le 21 déc. 1991, à l'initiative de trois républiques de l'ex-U.R.S.S. (Russie, Ukraine, Biélorussie), rejointes par les républiques jusque-là fédérées au sein de l'U.R.S.S. (Arménie, Azerbaïdjan, Géorgie en 1993, Kazakhstan, Kirghizstan, Moldavie, Ouzbékistan, Tadjikistan, Turkménistan), à l'exception des États baltes. Le Conseil des chefs d'État en est l'organe suprême.

Communauté économique africaine (C.É.A.), organisation économique continentale, créée en 1991 (traité d'Abuja) et partie intégrante de l'O.U.A. Elle désire créer un marché commun africain et une union économique et monétaire panafricaine.

Communauté économique européenne (C.É.E. ou Marché commun), association fondée par le traité de Rome en 1957 qui groupa d'abord six États d'Europe de l'O. et qui en comptait douze en 1993 quand la C.É.E. devint l'Union européenne (U.E.).V. Europe.

Communauté européenne, expression cour. qui désignait la Communauté* économique européenne (C.É.E) et désigne encore parfois l'Union* européenne (U.E.). V. Europe.

Communauté européenne du charbon et de l'acier (C.E.C.A.), association créée en 1951 pour instituer un marché commun du charbon et de l'acier entre les pays du Benelux, la France, l'Italie et la R.F.A. V. Europe.

Communauté financière africaine, ensemble des pays africains dont l'unité monétaire est le franc C.F.A. : Bénin, Burkina Faso, Cameroun, République centrafricaine, Comores, rép. du Congo, Côte d'Ivoire, Gabon, Guinée équatoriale, Mali, Niger, Sénégal, Tchad et Togo. V. franc.

Communauté flamande de Belgique, entité regroupant, en Belgique, les citoyens de langue néerlandaise qui vivent dans la Région flamande*, dite aussi Flandre*, et à Bruxelles.

Communauté française. V. Communauté.

Communauté française de Belgique, Wallonie-Bruxelles, entité regroupant, en Belgique, les citoyens de langue française qui vivent en Wallonie et à Bruxelles.
► V. dossier et carte Communauté française de Belgique, Wallonie-Bruxelles, p.1385.

Communauté française du Pacifique (C.F.P.), ensemble des territoires ayant pour unité monétaire le franc C.F.P. (Nouvelle-Calédonie, Polynésie française, Wallis-et-Futuna, Saint-Pierre-et-Miquelon). V. franc.

Communauté germanophone de Belgique, entité regroupant, en Belgique, les citoyens de langue allemande qui vivent dans l'est de la Région wallonne, dite aussi Wallonie*.

commune [kɔmyn] n. f. **1.** En France et dans divers autres pays, la plus petite division administrative, dirigée par un maire et son conseil municipal. ▷ Ensemble des habitants d'une commune. **2.** *Commune à facilités :* en Belgique, commune où le bilinguisme (français et néerlandais) a incité les autorités à accorder des « facilités linguistiques » aux personnes qui ne parlent pas la langue majoritaire de la Région considérée (formulaires administratifs traduits dans la langue minoritaire, enseignement autorisé dans la langue de son choix, etc.). *Les seize communes à facilités se situent tant en Flandre qu'en Wallonie, mais les plus concernées sont les communes flamandes situées à la périphérie de Bruxelles, où l'influence francophone est grandissante.* **3.** *Commune d'origine :* V. origine (sens 6). **4.** HIST (Avec une majuscule.) *Commune de Paris :* V. articles ci-après. **5.** *Chambre des communes* ou, absol., *Communes :* V. communes (Chambre des). **6.** (Belgique) Mairie, maison communale. *Je dois passer à la commune pour retirer ma nouvelle carte d'identité.*

Commune de Paris, sous la Révolution française, gouvernement municipal de Paris né en juil. 1789 et élu à partir de mai 1790 par les 48 sections de citoyens. En 1794 (V. Thermidor an II), elle perdit ses pouvoirs.

Commune de Paris ou, absol., **la Commune,** gouvernement révolutionnaire français formé lors de l'insurrection du 18 mars 1871. Après la chute de Napoléon III, les Parisiens, soumis au siège prussien, désiraient résister à l'assiégeant et accusaient Thiers, le chef du gouv., de pactiser avec l'ennemi. Le 18 mars 1871, ils s'opposèrent à l'armée régulière (les « versaillais »), qui avait reçu l'ordre de leur enlever leurs canons, à Belleville et à Montmartre, et fusillèrent les généraux Lecomte et Thomas. Le 26 mars, des élections municipales installaient à l'Hôtel de Ville un conseil communal. Mais l'utopie, les divisions idéologiques limitèrent son action à quelques mesures sociales. Les versaillais s'organisaient et, le 21 mai, pénétraient dans Paris, conduits par Mac-Mahon. Du 22 au 28 mai, ce fut la « semaine sanglante »; les communards, qui ripostèrent en fusillant des otages et en incendiant des monuments (églises, Hôtel de Ville, les Tuileries), furent massacrés (entre 20 000 et 30 000 morts) ou déportés (7 500 en Nouvelle-Calédonie). Cette prem. révolution prolétarienne de l'histoire avait adopté le drapeau rouge; dans sa prison, E. Pottier écrivit *l'Internationale**.

communément [kɔmynemɑ̃] adv. Suivant le sens commun, l'opinion la plus fréquemment exprimée. *Il est communément admis que...*

communes (Chambre des), ou, absol., **les Communes,** chambre des élus du peuple britannique. (Le parlement brit. comprend, en outre, la Chambre des lords.) Nées au Moyen Âge, les Communes virent reconnaître leurs droits à la fin de la seconde Révolution d'Angleterre (1688-1689). (V. Déclaration des droits.) – Chambre des élus du peuple au parlement canadien.

communiant, ante [kɔmynjɑ̃, ɑ̃t] n. Celui, celle qui reçoit le sacrement de l'eucharistie. ▷ *Premier (première) communiant(e) :* celui, celle qui communie pour la première fois. – *Par ext.* Jeune garçon ou fille qui fait sa profession de foi.

communicable [kɔmynikabl] adj. Qui peut être communiqué. *Une émotion difficilement communicable.*

communicant, ante [kɔmynikɑ̃, ɑ̃t] adj. Qui communique. ▷ PHYS *Principe des vases communicants :* V. vase 2.

communicateur, trice [kɔmynikatœʀ, tʀis] n. Dans la langue des médias, celui, celle qui montre une grande facilité à communiquer avec autrui.

communicatif, ive [kɔmynikatif, iv] adj. **1.** (Choses) Qui se communique facilement. *Un rire communicatif.* **2.** (Personnes) Qui se confie facilement.

communication [kɔmynikasjɔ̃] n. f. **1.** Action de communiquer, de transmettre qqch à qqn. *Donner communication d'un dossier.* **2.** Ce qui est communiqué. *Je dois vous faire une communication urgente.* **3.** Moyen de liaison entre deux points, accès à un lieu. *Toutes les communications sont coupées avec l'étranger.* **4.** Fait d'être en relation avec qqn, qqch. *Communication avec l'au-delà.* ▷ Communication téléphonique. **5.** SOCIOL Ensemble des phénomènes concernant la possibilité, pour un sujet, de transmettre une information à un autre sujet, par le langage articulé ou par d'autres codes. **6.** *Communication de masse :* diffusion de messages écrits et audiovisuels à un large public; ensemble des techniques mises en œuvre à cette fin.

communicationnel, elle [kɔmynikasjɔnɛl] adj. Qui concerne la communication de masse.

communier [kɔmynje] v. intr. [2] **1.** RELIG Recevoir le sacrement de l'eucharistie. **2.** Litt. Être en parfait accord d'idées, de sentiments avec qqn. *Communier dans le même amour de l'art.* ▷ Par anal. *Communier avec la nature.*

communion [kɔmynjɔ̃] n. f. **1.** Union de personnes dans une même foi. *La communion des fidèles au sein de l'Église catholique.* ▷ *Communion des saints :* partage, par tous les membres de l'Église chrétienne, tant des fidèles sur terre que des bienheureux dans le ciel, de la même richesse spirituelle. **2.** RELIG Réception du sacrement de l'eucharistie. **3.** Partage (d'idées, de sentiments) par plusieurs personnes. *Vivre en parfaite communion de pensée.*

communiqué [kɔmynike] n. m. Avis transmis au public, à la presse, par une autorité compétente.

communiquer [kɔmynike] v. [1] **I.** v. tr. **1.** Transmettre. *Communiquez vos* *réclamations à notre service.* **2.** (Personnes) Faire partager. *Communiquer sa joie, sa peine.* **3.** (Choses) Faire passer une qualité, un caractère, etc. *Une plaque électrique qui communique sa chaleur aux récipients.* **II.** v. pron. Se répandre, se transmettre. *L'incendie s'est communiqué à tout l'immeuble.* **III.** v. intr. **1.** (Personnes) Être en relation, en contact avec (qqn). *Communiquer par téléphone.* **2.** (Choses) Être en communication avec (qqch). *Le salon communique avec la cuisine.*

communisant, ante [kɔmynizɑ̃, ɑ̃t] adj. (et n.) Proche du communisme.

communisme [kɔmynism] n. m. **1.** Organisation sociale fondée sur l'abolition de la propriété privée des moyens de production au profit de la propriété collective. **2.** Système social, politique et économique proposé par Marx (V. encycl. ci-après.). **3.** Ensemble des partis, des pays ou des personnes partisans de cette doctrine.

ENCYCL On trouve chez Platon (qui ne renonce pas à l'esclavage), puis chez les paléochrétiens, chez certains Pères de l'Église, des principes d'organisation sociale fondés sur la communauté des biens. À partir du XVIe s. s'amorce un courant utopiste qui se développera jusqu'au milieu du XIXe s. : Babeuf, Cabet, Fourier, voire Robert Owen, réclament la suppression de la propriété individuelle et l'abolition des inégalités. Proudhon et les anarchistes caressent les mêmes rêves. Au contraire, pour Marx et Engels, le «socialisme scientifique» prétend dégager les lois du développement de la société, dont le stade final sera le communisme. V. Marx et marxisme.

communiste [kɔmynist] adj. et n. **1.** adj. Relatif au communisme. – *Parti communiste :* parti se réclamant du marxisme. **2.** n. Partisan du communisme. – Membre d'un parti communiste.

ENCYCL De nombreux *partis communistes* se formèrent, dans le monde entier, peu après la Révolution russe de 1917. V. Octobre (révolution d'), Russie, Internationale et Parti communiste de Russie. Le Parti communiste allemand (K.P.D.) naquit en décembre 1918 du groupe Spartakus*, qui pendant la guerre s'était séparé du parti social-démocrate* allemand (S.P.D.). En France, au congrès de Tours de la S.F.I.O. (déc. 1920), les deux tiers des mandatés se prononcèrent pour l'adhésion à la IIIe Internationale (communiste) fondée à Moscou en mars 1919 et adoptèrent le nom de Parti* communiste français (P.C.F.). En Italie, ce fut une minorité qui se sépara du parti socialiste pour fonder le Parti communiste italien (P.C.I.). Le K.P.D. fut anéanti par Hitler en 1933. Alors que le communisme s'effondrait en Europe de l'Est, où la plupart des P.C. (sous ce nom ou sous un autre) jusque-là au pouvoir se transformaient en partis sociaux-démocrates, le P.C.I. devint en 1990 le parti démocrate de la gauche (P.D.S.). Le P.C.F. fut l'un des rares P.C. du monde à maintenir sa fidélité au communisme.

commutable [kɔmytabl] adj. V. commuable.

commutateur [kɔmytatœʀ] n. m. ELECTR, TELECOM Appareil permettant de substituer une portion d'un circuit à une autre ou bien de modifier successivement les connexions d'un ou de plusieurs circuits.

commutatif, ive [kɔmytatif, iv] adj. **1.** DR *Contrat commutatif,* dans lequel les parties fixent leurs obligations dès la conclusion de celui-ci. – *Justice commutative,* qui préconise l'égalité des obligations et des droits. **2.** MATH *Loi commutative :* opération dont le résultat est le même quel que soit l'ordre des termes ou des facteurs choisi pour l'effectuer. *L'addition et la multiplication de nombres réels sont des lois commutatives.*

commutation [kɔmytasjɔ̃] n. f. **1.** Changement, substitution. *Procéder à la commutation des éléments dans un ensemble.* ▷ LING Substitution d'une unité linguistique à une autre afin d'en analyser la nature, le fonctionnement, etc.**2.** DR Fait de changer (une peine) en une peine moindre. *Obtenir une commutation de peine.* **3.** TELECOM Opération mettant en liaison deux lignes téléphoniques. *Commutation électronique.* **4.** ELECTR Modification des liaisons électriques dans un appareil.

commutativité [kɔmytativite] n. f. MATH Propriété d'une loi commutative.

commuter [kɔmyte] v. intr. [1] LING Pouvoir se substituer l'une à l'autre, s'agissant de deux unités linguistiques.

Commynes, Comines ou **Commines** (Philippe de) (v. 1447 – 1511), chroniqueur français, né près d'Hazebrouck (Flandre occid., auj. dép. franç. du Nord). Officier de Charles le Téméraire, il passa au service de Louis XI et de ses successeurs sur le trône de France. Ses *Mémoires* (écrits entre 1489 et 1498, publiés en 1524) relatent des événements survenus de 1464 à 1498 et montrent en lui un historien véritable.

Comnène, famille de Byzance qui donna, de 1057 à 1185, six empereurs d'Orient.

Comoé (la), fl. du Burkina Faso et, principalement, de la Côte d'Ivoire, tributaire du golfe de Guinée; env. 1000 km. Le *parc national de la Comoé* couvre 1500 km^2.

Comores (république fédérale islamique des), État (depuis 1975) de l'océan Indien.

► V. carte et dossier, p. 1416.

comorien, enne [kɔmɔʀjɛ̃, ɛn] adj. et n. **1.** adj. Des Comores. ▷ Subst. *Un(e) Comorien(ne).* **2.** n. m. LING *Le comorien :* la langue bantoue parlée aux Comores.

comou [komu] n. m. (Guyane) Graine noire d'une variété de palmier donnant un lait au goût très apprécié.

comourants [komuʀɑ̃] n. m. pl. DR Personnes ayant vocation à hériter les unes des autres qui périssent ensemble lors du même événement.

compacité [kɔ̃pasite] n. f. Qualité de ce qui est compact.

1. compact, acte [kɔ̃pakt] adj. Dont les parties, très resserrées, forment une masse dense. *Une matière compacte. Une foule compacte.*

2. compact, acte [kɔ̃pakt] adj. et n. m. **1.** Qui tient relativement peu de place. *Un appareil photo compact* ou, n. m., *un compact. Une chaîne stéréophonique compacte* ou, n. m., *un compact.* **2.** n. m. Disque* compact.

compacter [kɔ̃pakte] v. tr. [1] TECH Rendre compact (un sol). *Compacter un sol avec un rouleau compresseur.*

compacteur [kɔ̃paktœʀ] n. m. TRAV PUBL Engin de travaux publics utilisé pour compacter les sols.

compagne [kɔ̃paɲ] n. f. **1.** Celle qui partage, habituellement ou pendant une période déterminée, les activités de qqn. *Compagne de classe.* **2.** Litt. Femme, dans un couple.

compagnie [kɔ̃paɲi] n. f. **1.** Fait d'être présent auprès de qqn. *Sa compagnie est très appréciée.* ▷ *En compagnie de qqn :* avec qqn. ▷ *Fausser compagnie à qqn,* le quitter sans prévenir. **2.** Assemblée de personnes réunies par des activités communes, des intérêts communs. *Une nombreuse compagnie l'a salué.* ▷ Fam. *... et compagnie :* et tous les autres; et tout ce qui s'ensuit. ▷ *Compagnie de Jésus :* les jésuites, leur organisation. (V. Jésus.) **3.** Association commerciale. *Compagnie d'assurances.* – HIST Du XVIIe s. au XIXe s., société financière et de négoce habilitée à pratiquer le commerce (y compris la traite des esclaves) dans un secteur déterminé d'un territoire colonial. *La Compagnie des Indes.* – *Compagnie à charte* (angl. *chartered company*) : dans les colonies brit., au XIXe siècle et au début du XXe siècle, société privée habilitée (par une charte) à exploiter un territoire. ▷ Association de personnes ayant mêmes statut ou fonctions. *Compagnie des agents de change.* ▷ *Et compagnie* (abrév. : et Cie) : désigne les associés non nommés dans une raison sociale. **4.** *Compagnie théâtrale :* troupe permanente. **5.** MILIT Dans l'infanterie, troupe commandée par un capitaine. **6.** Bande d'animaux de même espèce vivant en colonie. *Une compagnie de perdrix.*

compagnon [kɔ̃paɲɔ̃] n. m. **1.** Celui qui partage, habituellement ou pour un temps déterminé, les occupations ou la vie de qqn. – Amant, concubin, mari. ▷ Animal familier. *Le chien est un fidèle compagnon de l'homme.* **2.** Ouvrier qui travaille pour le compte d'un maître. ▷ Anc. Artisan qui, dans une corporation, n'était plus apprenti et pas encore maître. **3.** Grade dans la franc-maçonnerie.

compagnonnage [kɔ̃paɲɔnaʒ] n. m. **1.** Association d'instruction professionnelle et de solidarité entre ouvriers de même métier. **2.** Période passée chez un maître par un compagnon après son temps d'apprentissage.

Compaoré (Blaise) (né en 1951), capitaine et homme politique burkinabé. En oct. 1987, il fut placé à la tête de l'État. En 1988, il institua un Front populaire, qu'il présida. En 1991, il renonça au marxisme-léninisme, la nouvelle Constitution instaura le multipartisme, et il fut élu président de la République.

comparable [kɔ̃paʀabl] adj. Qui peut être mis en comparaison. *Deux situations, deux personnes comparables.* ▷ *Comparable à :* qui ressemble à. *Une ville comparable à un vaste parking.*

comparaison [kɔ̃paʀɛzɔ̃] n. f. **I. 1.** Action de comparer, de mettre sur le même plan pour chercher des ressemblances, des différences. *Faire, établir une comparaison. Trouver des éléments de comparaison.* ▷ *Supporter la comparaison (avec) :* être digne d'être comparé (à). **2.** GRAM *Adverbe de comparaison,* indiquant un rapport d'égalité, de supériorité ou d'infériorité. *Aussi, plus, autant, moins sont des adverbes de comparaison.* ▷ *Degrés de comparaison :* degrés de signification d'un adjectif ou d'un adverbe de manière (positif, comparatif, superlatif). **3.** Figure par laquelle on rapproche deux éléments en vue d'un effet stylistique. *«Beau comme un dieu», «sec comme* *un coup de trique» sont des comparaisons fréquentes dans la langue courante.* **II.** Loc. **1.** *En comparaison de :* par rapport à, proportionnellement à. **2.** *Par comparaison à, avec :* relativement à. *Par comparaison aux salaires, le prix des loyers est élevé.* ▷ (S. comp.) *Se décider par comparaison.* **3.** *Sans comparaison (avec) :* incomparable (à). *Cet ouvrage est sans comparaison avec les autres.* ▷ (Empl. adv.) Incontestablement. *C'est, sans comparaison, sa meilleure œuvre.*

comparaître [kɔ̃paʀɛtʀ] v. intr. [**73**] **1.** Se présenter (devant la justice, une autorité compétente) sur ordre. *Comparaître devant un tribunal comme témoin, comme accusé.* **2.** Se présenter (devant une autorité compétente). *Les époux ont comparu devant le maire.*

comparant, ante [kɔ̃paʀɑ̃, ɑ̃t] adj. et n. DR Qui comparaît devant un notaire, un juge, etc. Ant. défaillant, contumace.

comparatif, ive [kɔ̃paʀatif, iv] adj. et n. **I.** adj. **1.** Qui sert à comparer; qui comporte ou qui formule des comparaisons. *Étude comparative des religions.* **2.** GRAM *Proposition, adverbe comparatifs,* qui marquent une comparaison. **II.** n. m. Un des trois degrés de signification de l'adverbe ou de l'adjectif. *Comparatif d'égalité, d'infériorité, de supériorité.* **III.** n. f. GRAM Proposition comparative.

comparatisme [kɔ̃paʀatism] n. m. Didac. Méthode de recherche scientifique fondée sur l'étude comparative.

comparatiste [kɔ̃paʀatist] n. Didac. Spécialiste de linguistique ou de littérature comparées.

comparativement [kɔ̃paʀativmɑ̃] adv. Par comparaison.

comparé, ée [kɔ̃paʀe] adj. *Grammaire, linguistique comparée,* qui étudie les rapports existant entre plusieurs langues. ▷ *Anatomie comparée :* étude comparative des organes des différentes espèces animales. – *Littérature comparée :* étude comparative des littératures de différents pays.

comparer [kɔ̃paʀe] v. [**1**] **I.** v. tr. **1.** Examiner les rapports entre (des choses, des personnes) en vue de dégager leurs différences et leurs ressemblances. *Comparer les diverses éditions d'une œuvre.* ▷ (S. comp.) *Comparer avant d'acheter.* **2.** *Comparer à, avec :* établir un rapprochement entre (des choses, des personnes) auxquelles on reconnaît des points communs. *Baudelaire compare le poète à un albatros. Comparer sa vie avec celle des autres.* **II.** v. pron. **1.** (Souvent précédé de *pouvoir* et d'une nég.) Être comparable. *Ces deux comportements ne peuvent se comparer.* **2.** (Personnes) Se juger semblable, égal à. *Il se compare à Napoléon.*

comparse [kɔ̃paʀs] n. **1.** Figurant muet au théâtre. **2.** *Par ext.* Personne jouant un rôle secondaire dans une affaire, une situation donnée.

compartiment [kɔ̃paʀtimɑ̃] n. m. **1.** Division pratiquée dans un espace, un meuble, un lieu de rangement. *Coffret à compartiments.* **2.** Partie d'une voiture de chemin de fer servant pour le transport des voyageurs, limitée par des cloisons et une porte.

compartimenter [kɔ̃paʀtimɑ̃te] v. tr. [**1**] **1.** Diviser en compartiments. **2.** Séparer, diviser nettement. *Les frontières qui compartimentaient l'Afrique.*

comparution [kɔ̃paʀysjɔ̃] n. f. DR Fait de comparaître devant un juge, un notaire, un conseil.

1. compas [kɔ̃pa] n. m. **1.** Instrument fait de deux branches reliées par une charnière, servant à tracer des angles, des cercles, à prendre certaines mesures. ▷ *Compas d'épaisseur,* à branches recourbées. ▷ *Compas de proportion,* dont les branches sont faites de règles graduées. ▷ Loc. fig. *Avoir le compas dans l'œil :* évaluer les grandeurs avec précision, d'un simple regard. **2.** MAR, AVIAT Instrument de navigation indiquant le cap. *Compas gyroscopique,* comportant un gyroscope dont l'axe se stabilise dans la direction du nord vrai. *Compas magnétique,* composé de plusieurs aiguilles aimantées fixées sur une rose des vents, indiquant le nord magnétique et permettant d'obtenir le nord vrai grâce à certains calculs de correction. **3.** (Luxembourg) Cour. Boussole.

2. compas [kɔ̃pa] ou **compas direct** [kɔ̃padiʀɛkt] n. m. (Haïti) Rythme musical assez rapide créé en 1960 (par J.B. Nemours).

compassé, ée [kɔ̃pase] adj. (En parlant d'une personne, de son comportement.) Affecté, sans spontanéité. *Une politesse compassée.*

compassion [kɔ̃pasjɔ̃] n. f. Sentiment de pitié éprouvé devant les maux d'autrui et qui pousse à les partager. *Être ému, touché de compassion.*

compatibilité [kɔ̃patibilite] n. f. Caractère de ce qui est compatible. *Compatibilité d'esprit, de caractère. Compatibilité de deux systèmes informatiques.*

compatible [kɔ̃patibl] adj. (et n. m.) Susceptible de s'accorder, de se concilier. *Ces deux opinions sont compatibles. Cette profession est-elle compatible avec vos obligations?* ▷ INFORM Qui peut être utilisé avec un autre appareil, spécial. d'une autre marque, sans modification d'interface. – n. m. *Un compatible.*

compatir [kɔ̃patiʀ] v. tr. indir. [**3**] Éprouver de la compassion. *Compatir à la douleur, au deuil de qqn.*

compatissant, ante [kɔ̃patisɑ̃, ɑ̃t] adj. Qui a de la compassion.

compatriote [kɔ̃patʀijɔt] n. Personne du même pays ou, par ext. de la même région qu'une autre.

compensateur, trice [kɔ̃pɑ̃satœʀ, tʀis] adj. et n. m. **1.** adj. (Choses) Qui apporte une compensation. ▷ PHYS *Pendule compensateur,* dont la période n'est pas affectée par les variations de température. ▷ FIN *Droits compensateurs :* droits de douane taxant une marchandise importée (pour compenser l'impôt dont elle aurait été frappée si elle avait été produite dans le pays importateur). **2.** n. m. TECH Appareil destiné à compenser les effets (d'un phénomène). *Compensateur de freinage, de dilatation.* ▷ ELECTR Appareil permettant la compensation (sens 5) d'un réseau.

compensation [kɔ̃pɑ̃sasjɔ̃] n. f. **1.** Action de compenser; son résultat. *Compensation entre les pertes et les profits.* **2.** Dédommagement, avantage qui compense (une perte, un inconvénient). *Obtenir, recevoir une compensation.* ▷ *En compensation :* par contre, en revanche. *Un métier difficile, mais intéressant en compensation.* ▷ ANTHROP *Compensation matrimoniale :* biens remis par le fiancé à la famille de la fiancée pour l'obtenir en mariage. Syn. (Afr. subsah.) dot. **3.** DR Mode d'extinction de deux obligations de même espèce existant réciproquement entre deux personnes. **4.** FIN En Bourse, règlement par virements, sans déplacement de numéraire. *Chambre de compensation.* **5.** ELECTR Amélioration du facteur de puissance d'un réseau. **6.** MAR, AVIAT *Compensation du compas :* opération destinée à réduire la déviation du compas. **7.** MED Réaction de l'organisme à une lésion primaire par des modifications secondaires tendant à rétablir l'équilibre physiologique. **8.** PSYCHO Mécanisme par lequel un sujet réagit à un complexe par une recherche d'activités valorisantes.

compensatoire [kɔ̃pɑ̃satwaʀ] adj. Qui établit une compensation. *Forfait, indemnité compensatoire.*

compensé, ée [kɔ̃pɑ̃se] adj. **1.** TECH Se dit d'un appareil qui a été rendu insensible aux effets de certains facteurs. **2.** *Semelle compensée :* semelle épaisse qui fait corps avec le talon.

compenser [kɔ̃pɑ̃se] v. tr. [**1**] **1.** Rétablir un équilibre entre (deux ou plusieurs éléments, choses). *Compenser un dommage par un avantage. Sa gentillesse compense tous ses défauts.* **2.** DR *Compenser les dépens, une dette :* V. compensation (sens 3). **3.** MAR, AVIAT *Compenser un compas :* V. compensation (sens 6). **4.** v. pron. *Gains et pertes se compensent,* s'équilibrent.

compère [kɔ̃pɛʀ] n. m. **1.** Vx Parrain, par rapport à la marraine (la commère) et à la mère. **2.** Bon et fidèle camarade. ▷ (Antilles fr.) Terme d'adresse à l'égard d'un homme que l'on connaît, d'un voisin, d'un proche à qui l'on veut marquer sa complicité, son affection. ▷ Fig. *Compère général Soleil* (titre d'un roman de J.-S. Alexis). **3.** Personne qui aide un prestidigitateur, un bonimenteur, etc., à créer une illusion ou à tromper le public.

compère-loriot [kɔ̃pɛʀlɔʀjo] n. m. **1.** Loriot (oiseau). **2.** Petite inflammation sur le bord de la paupière (V. orgelet). *Des compères-loriots.*

compétence [kɔ̃petɑ̃s] n. f. **I.** DR **1.** Aptitude d'une autorité administrative ou judiciaire à procéder à certains actes dans des conditions déterminées par la loi. *La célébration du mariage relève de la compétence du maire, officier d'état civil.* **2.** *Compétence législative :* aptitude d'une loi déterminée à régir une situation. **II. 1.** Cour. Connaissance, expérience qu'une personne a acquise dans tel ou tel domaine et qui lui donne qualité pour en bien juger. *Faire la preuve de ses compétences. Une compétence exceptionnelle.* **2.** LING En grammaire générative, connaissance implicite que les sujets parlants ont de leur langue, et qui leur permet de produire et de comprendre un nombre infini d'énoncés jamais entendus auparavant (par oppos. à *performance*).

compétent, ente [kɔ̃petɑ̃, ɑ̃t] adj. **1.** DR Dont la compétence (sens I) est reconnue. *Autorité, loi compétente. Tribunal compétent.* ▷ Requis, reconnu par la loi. *Avoir l'âge compétent pour voter, pour contracter un mariage.* **2.** Qui possède une, des compétences dans un domaine. *Un professeur compétent. Être compétent en mathématiques.*

compétir [kɔ̃petiʀ] v. intr. [**3**] (Afr. subsah.) **1.** Participer à un concours, une compétition. *Un sportif qui ne compétit plus.* **2.** Être concurrentiel. *Des produits qui peuvent compétir sur le marché mondial.*

compétiteur, trice [kɔ̃petitœʀ, tʀis] n. Personne en compétition (avec une ou plusieurs autres).

compétitif, ive [kɔ̃petitif, iv] adj. Capable de supporter la compétition, la concurrence (en matière économique). *Des prix, des produits compétitifs.*

compétition [kɔ̃petisjɔ̃] n. f. **1.** Recherche simultanée d'un même but, d'une même réussite (par deux ou plusieurs personnes, groupes). *Entrer en compétition :* rivaliser, être en concurrence. **2.** SPORT Match, épreuve. *Une compétition d'athlétisme.*

compétitivité [kɔ̃petitivite] n. f. Caractère de ce qui est compétitif.

compilateur, trice [kɔ̃pilatœʀ, tʀis] n. **1.** Personne qui compile. **2.** n. m. INFORM Programme qui traduit un langage* de programmation évolué en langage machine.

compilation [kɔ̃pilasjɔ̃] n. f. **1.** Action de compiler. **2.** Recueil sans originalité, fait d'emprunts. **3.** Sélection de succès (musicaux).

compiler [kɔ̃pile] v. tr. [1] **1.** Rassembler (des extraits de divers auteurs, des documents) pour composer un ouvrage. **2.** INFORM Traduire (un langage de programmation) en un langage utilisable par l'ordinateur.

complainte [kɔ̃plɛ̃t] n. f. **1.** Chanson populaire plaintive sur un sujet tragique. *La complainte du Juif errant.* **2.** DR Action en justice d'un possesseur d'immeuble dont la possession est actuellement troublée.

complaire [kɔ̃plɛʀ] v. [59] **1.** v. tr. ind. Litt. Se comporter de façon à plaire. *Je le ferai pour vous complaire.* **2.** v. pron. Se délecter, trouver du plaisir à. *Se complaire dans ses erreurs.*

complaisamment [kɔ̃plɛzamɑ̃] adv. Par, avec complaisance. *Il m'a complaisamment cédé sa place.* ▷ Péjor. *Il étalait complaisamment sa vie privée en public.*

complaisance [kɔ̃plɛzɑ̃s] n. f. **1.** Disposition à se conformer aux goûts, à acquiescer aux désirs d'autrui. *Il a eu la complaisance de me prévenir.* **2.** Péjor. Acte peu probe, comportement à caractère servile, adopté dans le seul but de plaire. *Il a réussi grâce à ses complaisances. – Attestation, certificat de complaisance,* délivré à qqn pour lui permettre d'obtenir des avantages et contenant des déclarations inexactes. – *Pavillon* de complaisance.* **3.** Péjor. Sentiment de satisfaction dans lequel on se complaît par vanité. *Vanter ses actes avec complaisance. Se juger avec complaisance.*

complaisant, ante [kɔ̃plɛzɑ̃, ɑ̃t] adj. **1.** Prévenant, qui aime rendre service. **2.** Péjor. Qui a trop de complaisance. – *Mari complaisant,* qui ferme les yeux sur les infidélités de sa femme.

complément [kɔ̃plemɑ̃] n. m. **1.** Ce qui s'ajoute ou doit être ajouté à une chose pour la compléter. *Verser un acompte et payer le complément à la livraison.* **2.** GEOM *Complément d'un angle :* ce qui manque à un angle aigu pour former un angle droit. **3.** LING Mot ou groupe de mots relié à un autre afin d'en compléter le sens. *Le complément indirect est relié au verbe par une préposition, contrairement au complément direct.* **4.** MED Chacun des facteurs qui, intervenant en cascade, développent l'activité des anticorps.

complémentaire [kɔ̃plemɑ̃tɛʀ] adj. et n. m. **I.** adj. **1.** Qui sert à compléter. *Avantages complémentaires. Informations complémentaires.* **2.** GEOM *Arcs, angles complémentaires,* dont la somme égale 90 degrés. **3.** *Couleurs complémentaires :* V. encycl. couleur. **4.** LING *Éléments en distribution complémentaire,* qui n'ont aucun contexte commun. **II.** n. m. MATH *Complémentaire d'une partie d'un ensemble :* sous-ensemble constitué par les éléments du premier ensemble non contenus dans cette partie. *Le complémentaire d'une partie X de E se note X̄.*

complémentarité [kɔ̃plemɑ̃taʀite] n. f. Qualité de ce qui est complémentaire.

1. complet, ète [kɔ̃plɛ, ɛt] adj. **1.** Auquel rien ne manque, qui comporte tous les éléments nécessaires. *Les œuvres complètes d'un écrivain.* ▷ *Pain complet* ou (Québec) *pain de blé entier,* fabriqué avec de la farine brute et du son. **2.** Qui ne peut contenir davantage. *Le théâtre affiche complet.* **3.** Entier, avec toutes ses parties; achevé. *Le premier chapitre est complet.* ▷ Loc. *Au complet, au grand complet :* dans son intégralité. *La troupe au grand complet est venue saluer.* **4.** À qui aucune qualité ne manque, dont les aptitudes sont très diversifiées. *Un artiste complet.*

2. complet [kɔ̃plɛ] n. m. Vêtement masculin en deux ou trois pièces assorties : veste, pantalon et gilet. *Des complets.* ▷ (Afr. subsah.) Ensemble vestimentaire traditionnel composé de deux ou trois pièces coupées dans le même tissu : pagne, camisole et mouchoir de tête pour les femmes, grand boubou, pantalon et parfois chemise pour les hommes.

complètement [kɔ̃plɛtmɑ̃] adv. D'une façon complète, tout à fait. *Être complètement ruiné.*

compléter [kɔ̃plete] v. [14] **1.** v. tr. Rendre complet. **2.** v. pron. Former un ensemble, un tout complet. *Ils ont des talents différents qui se complètent.* ▷ Devenir complet. *Sa collection se complète petit à petit.*

complétif, ive [kɔ̃pletif, iv] adj. et n. f. LING Qui a la fonction de complément. *Proposition complétive* ou, n. f., *une complétive.*

complexe [kɔ̃plɛks] adj. et n. m. **I.** adj. **1.** Qui contient plusieurs idées, plusieurs éléments. *Question, personnalité, situation complexes.* **2.** Cour. Compliqué. **3.** MATH *Nombre complexe :* V. nombre. **4.** CHIM *Ion, molécule complexes,* constitutifs d'un complexe. **5.** PHYS *Son complexe,* qui comporte plusieurs fréquences. ▷ *Lumière complexe,* formée de plusieurs radiations monochromatiques. **6.** LING *Phrase complexe,* que l'on peut décomposer en plusieurs phrases simples. **II.** n. m. **1.** CHIM Édifice formé d'atomes, d'ions ou de molécules (appelés *coordinats*) groupés autour d'un atome ou d'un ion central (appelé *accepteur*) capable d'accepter des doublets d'électrons. **2.** PSYCHAN Ensemble de représentations, d'affects et de sentiments inconscients organisés selon une structure donnée, liés à une expérience traumatisante vécue par un sujet, et qui conditionnent son comportement. *Complexe d'Œdipe*.* ▷ *Complexe d'infériorité*.* ▷ Cour. Sentiment d'infériorité, manque de confiance en soi. *Avoir des complexes. – Être sans complexes :* agir avec assurance, insouciance. **3.** ECON Ensemble d'industries semblables ou complémentaires groupées dans une région. *Le complexe sidérurgique de la Ruhr.* **4.** Ensemble d'édifices aménagé pour un usage déterminé. *Un complexe scolaire.*

complexer [kɔ̃plɛkse] v. tr. [1] Fam. Provoquer des complexes chez (qqn). – Pp. adj. *Il est complexé,* affligé de complexes, timide.

complexifier [kɔ̃plɛksifje] v. tr. [2] Didac. Rendre complexe. ▷ v. pron. Devenir complexe.

complexion [kɔ̃plɛksjɔ̃] n. f. Litt. Constitution physique (d'une personne).

complexité [kɔ̃plɛksite] n. f. État, qualité de ce qui est complexe. *La complexité de la situation.*

complication [kɔ̃plikasjɔ̃] n. f. **1.** État de ce qui est compliqué, ensemble de choses compliquées. *La complication d'une situation, d'un appareil.* **2.** (Souvent au plur.) Concours de faits, de circonstances susceptibles de perturber le bon fonctionnement de qqch. Syn. difficulté. **3.** MED (Souvent au plur.) Apparition d'un nouveau trouble lié à un état pathologique préexistant; ce trouble lui-même.

complice [kɔ̃plis] adj. et n. **I.** adj. **1.** DR Qui participe sciemment à un délit, à un crime commis par un autre sans réunir en sa personne les éléments constitutifs de l'infraction. *Se faire complice d'un assassinat.* **2.** Qui prend part à une action blâmable. **3.** Qui aide, qui favorise. *L'obscurité complice.* **4.** Qui marque la complicité, la connivence. *Un sourire complice.* **II.** n. Personne complice. *Dénoncer ses complices.*

complicité [kɔ̃plisite] n. f. **1.** Participation au crime, au délit, à la faute d'un autre. **2.** Connivence, accord profond (entre personnes).

complies [kɔ̃pli] n. f. pl. LITURG CATHOL Dernières prières de l'office divin, que l'on récite le soir après les vêpres.

compliment [kɔ̃plimɑ̃] n. m. **1.** (Surtout au plur.) Paroles de félicitations, obligeantes ou affectueuses. *Présenter ses compliments à qqn. Faire, recevoir des compliments.* **2.** (Surtout plur.) Paroles de civilité que l'on fait transmettre par un tiers à une personne absente. *Présentez mes compliments à votre sœur.* ▷ Petit discours élogieux adressé à (qqn) à l'occasion d'une fête, d'une réjouissance. *Réciter son compliment.*

complimenter [kɔ̃plimɑ̃te] v. tr. [1] Faire des compliments à. *Complimenter qqn sur son mariage.*

compliqué, ée [kɔ̃plike] adj. **1.** Composé d'un grand nombre de parties dont les rapports sont difficiles à comprendre. *Un appareil compliqué.* **2.** Difficile à comprendre. *Un caractère, un texte compliqué.* **3.** Qui manque de simplicité. *Un homme compliqué.*

compliquer [kɔ̃plike] v. [1] **1.** v. tr. Rendre moins simple; rendre confus, difficile à comprendre. *Compliquer un mécanisme. Compliquer le problème.* **2.** v. pron. Devenir compliqué. *L'affaire se complique.* ▷ Fam. *Se compliquer la vie :* se créer des difficultés inutiles.

complot [kɔ̃plo] n. m. Machination concertée secrètement entre plusieurs personnes dans le dessein de porter atteinte à la vie, à la sûreté d'une personne, ou à une institution. *Ourdir un complot.* ▷ Fam. Petite intrigue.

comploter [kɔ̃plɔte] v. [1] **1.** v. tr. Mettre au point (qqch) en secret à plusieurs. *Comploter un mauvais tour.* **2.** v. intr. Vieilli Préparer un complot. ▷ v. tr. ind. Mod. *Comploter de faire une surprise.*

comploteur, euse [kɔ̃plɔtœʀ, øz] n. Personne qui complote.

componction [kɔ̃pɔ̃ksjɔ̃] n. f. Gravité affectée. *Un air de componction.*

comportement [kɔ̃pɔʀtəmɑ̃] n. m. **1.** Manière d'agir, de se comporter. *Un comportement étrange.* **2.** PSYCHO Ensemble des réactions, des conduites conscientes et inconscientes (d'un sujet). ▷ *Psychologie du comportement :* V. behaviorisme.

comportemental, ale, aux [kɔ̃pɔʀtəmɑ̃tal, o] adj. PSYCHO Relatif au comportement.

comportementalisme [kɔ̃pɔʀtəmɑ̃talism] n. m. Didac. Syn. de *behaviorisme.*

comporter [kɔ̃pɔʀte] v. [1] **I.** v. tr. **1.** (Choses) Permettre, admettre, contenir. *Règlement ne comportant pas de dérogation.* **2.** Comprendre, se composer de. *L'opération comporte trois phases.* **II.** v. pron. (Personnes) Se conduire. *Se comporter comme un enfant, en ami.* ▷ (Choses) *Une voiture qui se comporte bien sur les pistes,* qui fonctionne bien.

1. composant, ante [kɔ̃pozɑ̃, ɑ̃t] adj. Qui sert à former, qui entre dans la composition de. *Partie composante, élément composant d'un objet.*

2. composant [kɔ̃pozɑ̃] n. m. Élément faisant partie de la composition de qqch. *L'azote et l'oxygène sont des composants de l'air.*

composante [kɔ̃pozɑ̃t] n. f. **1.** Cour. Chacune des parties constituant un tout. *Les composantes d'un problème, d'une personnalité.* ▷ PHYS Chacune des forces dont la somme donne la résultante. **2.** MATH Projection d'un vecteur sur l'un des axes d'un système de coordonnées.

composé, ée [kɔ̃poze] adj. et n. **I.** adj. Qui est constitué de plusieurs éléments. ▷ BOT *Fleur composée,* formée de l'assemblage de plusieurs fleurs sur un réceptacle commun. *Feuille composée,* formée de plusieurs folioles. ▷ MATH *Nombre composé,* qui admet d'autres facteurs que lui-même ou l'unité. ▷ CHIM *Corps composé :* ès, sens II, 2. ▷ LING *Temps composé,* formé d'un auxiliaire et du participe passé du verbe conjugué. – *Mot composé :* mot formé d'unités lexicales qui fonctionnent de manière autonome dans la langue (par oppos. à *dérivation*) (ex. : salle à manger, porte-voix). **II.** n. m. **1.** Tout, ensemble formé de deux ou de plusieurs parties. «*C'est* (à propos du neveu de Rameau) *un composé de hauteur et de bassesse, de bon sens et de déraison*» *(Diderot).* **2.** CHIM Corps pur qui peut se fractionner par analyse élémentaire. **3.** LING *Mot composé :* voir sens I. **III.** n. f. pl. BOT Importante famille de dicotylédones gamopétales dont les fleurs sont groupées en capitules, et dont le fruit est un akène. *Les composées comptent plus de dix mille espèces, parmi lesquelles la laitue, le chrysanthème, la chicorée.*

composer [kɔ̃poze] v. [1] **I.** v. tr. **1.** Former par assemblage de plusieurs éléments. *Composer un cocktail, un repas, un décor.* **2.** IMPRIM Assembler des caractères pour former (un texte). *Composer une page.* **3.** Entrer dans la composition de (un ensemble). *Quatre plats composaient le menu.* **II.** v. tr. **1.** Produire (une œuvre de l'esprit). *Composer un discours, un poème, un opéra.* **2.** (S. comp.) Écrire de la musique. *Devenu sourd, Beethoven composait encore.* **3.** (S. comp. dir.) Faire une composition scolaire. *Une classe qui compose en latin.* **III.** v. tr. Contrôler (son expression, son comportement, etc.) dans une intention déterminée. *Composer son maintien.* **IV.** v. intr. Transiger, trouver un accord grâce à un compromis. *Composer avec ses créanciers.* **V.** v. pron. Être composé. *L'édifice se compose de trois bâtiments.*

composite [kɔ̃pozit] adj. (et n. m.) **1.** TECH *Matériau composite* ou, n. m., *un composite :* matériau présentant une très grande résistance, constitué de fibres (verre, bore, silice, graphite) maintenues par un liant (polyester, époxyde, etc.). *Composite ciment-verre.* **2.** Cour. Composé d'éléments très différents. *Un mobilier composite.*

compositeur, trice [kɔ̃pozitœʀ, tʀis] n. **1.** Personne qui écrit des œuvres musicales. **2.** IMPRIM Personne ou entreprise chargée de la composition d'un texte à imprimer.

composition [kɔ̃pozisjɔ̃] n. f. **I. 1.** Action de composer; résultat de cette action. *Composition d'un repas, d'un livre.* **2.** Manière dont est composée une chose, dont ses éléments sont répartis. *Étiquette précisant la composition d'un produit. Un poème, un traité d'une savante composition. Un sonnet de sa composition,* à sa manière, de son cru. **3.** BX-A Production, œuvre. *La dernière composition d'un sculpteur, d'un peintre. Une composition pour piano et orchestre.* ▷ *Spécial.* Art d'écrire la musique. *La classe de composition du Conservatoire.* **4.** *Composition française :* rédaction, dissertation sur un sujet concernant la langue ou la littérature françaises. ▷ Épreuve scolaire en vue d'un classement. *Être premier en composition d'histoire.* **II.** *Être de bonne composition :* être très arrangeant, avoir bon caractère. **III. 1.** MATH *Loi de composition :* application qui associe un élément d'un ensemble à un couple d'éléments d'un ensemble quelconque. ▷ Spécial. *Loi de composition interne (sur un ensemble E) :* application de ExE dans E. (La réunion et l'intersection sont des lois de composition interne sur l'ensemble des parties d'un ensemble; l'addition et la multiplication sont des lois de composition interne sur l'ensemble des entiers naturels.) **2.** CHIM Indication des éléments qui entrent dans un corps. **3.** PHYS *Composition de plusieurs forces,* leurs composantes. **4.** IMPRIM Action de composer un texte destiné à être imprimé.

compost [kɔ̃pɔst] n. m. AGRIC Mélange de détritus organiques et de matières minérales (sable, cendres, etc.) destiné à engraisser et alléger un sol.

compostage [kɔ̃pɔstaʒ] n. m. AGRIC Préparation du compost.

Compostelle. V. Saint-Jacques-de-Compostelle.

1. composter [kɔ̃pɔste] v. tr. [1] Amender (une terre) avec du compost.

2. composter [kɔ̃pɔste] v. tr. [1] Marquer au composteur.

composteur [kɔ̃pɔstœʀ] n. m. Appareil automatique qui sert à perforer ou à marquer d'un signe distinctif, à dater, à numéroter un document, un billet.

compote [kɔ̃pɔt] n. f. Fruits entiers ou en morceaux cuits avec du sucre. *Une compote d'abricots, de pommes.*

compotier [kɔ̃pɔtje] n. m. Grande coupe pour les compotes, les entremets, les fruits.

compound [kɔmpund] adj. inv. et n. m. (Anglicisme) **1.** adj. inv. TECH Composé. ▷ ELECTR *Fil compound :* fil électrique composé de plusieurs métaux. **2.** n. m. Composition servant à l'isolation des machines électriques.

comprador, ore [kɔ̃pʀadɔʀ] n. m. et adj. **1.** n. m. HIST Dans les pays colonisés, membre de la population locale qui commerçait pour le compte des compagnies coloniales. ▷ (Afr. subsah.) Bourgeois, riche. **2.** adj. *La bourgeoisie compradore :* la classe moyenne aisée issue de l'ancien groupe des compradors.

compréhensible [kɔ̃pʀeɑ̃sibl] adj. Qui peut être compris. *Un raisonnement compréhensible.* Syn. intelligible. ▷ *Une réaction bien compréhensible.* Syn. naturel, concevable.

compréhensif, ive [kɔ̃pʀeɑ̃sif, iv] adj. **1.** Qui comprend (sens III, 1) autrui, qui admet aisément les idées, le comportement d'autrui. *Soyez compréhensif, ne le punissez pas!* **2.** LOG Qui embrasse un nombre plus ou moins grand de caractères (en parlant d'un concept). «*Arbre*» *est plus compréhensif que* «*plante*», *mais moins extensif.*

compréhension [kɔ̃pʀeɑ̃sjɔ̃] n. f. **1.** Faculté de comprendre, aptitude à concevoir clairement (un objet de pensée). *Avoir une bonne compréhension d'un problème.* **2.** Possibilité, action de comprendre. *Faciliter la compréhension d'un texte par des notes.* **3.** Aptitude à discerner et à admettre le point de vue d'autrui. *Faire preuve de compréhension.* **4.** LOG Ensemble des attributs qui appartiennent à un concept (par oppos. à *extension*).

comprendre [kɔ̃pʀɑ̃dʀ] v. [52] **A.** v. tr. **I. 1.** (Choses) Contenir, renfermer en soi. *Une université comprend plusieurs facultés. Tableau qui comprend toutes les données.* Syn. comporter. **2.** Faire entrer dans un tout, une catégorie. *Comprendre les frais de déplacement dans une facture.* Syn. inclure. **II. 1.** Pénétrer, saisir le sens de. *Comprendre une question. Comprendre le roumain.* ▷ *Ne rien comprendre aux mathématiques, au sport, etc.,* n'avoir aucune connaissance dans ces domaines. ▷ (S. comp.) *Malgré ses efforts, il n'a pas compris. – As-tu compris?* **2.** Se représenter, se faire une idée de. *Il comprend la souffrance comme une punition de Dieu.* **3.** Se rendre compte de, que. *Comprendre l'ampleur de la catastrophe. Comprendre que tout est fini.* **III. 1.** Faire preuve de compréhension (sens 3) envers. ▷ *Comprendre la plaisanterie**. **2.** Percevoir, pénétrer par l'intuition plus que par la raison. *Elle comprend très bien les enfants.* ▷ v. pron. (Récipr.) (Personnes) Bien se connaître et bien s'entendre. **B.** v. pron. Pouvoir être compris. *Ce texte se comprend facilement.* ▷ Loc. fam. *Ça se comprend :* c'est normal, ça se justifie.

comprenure [kɔ̃pʀənyʀ] n. f. Vieilli (cour., fam. au Québec) Entendement. – Loc. (Québec) *Être dur de comprenure :* faire la sourde oreille, ne pas donner suite à ce qui est demandé.

compresse [kɔ̃pʀɛs] n. f. Pièce de gaze utilisée pour nettoyer, badigeonner, panser, assécher une plaie, une contusion, un champ opératoire.

compresser [kɔ̃pʀese] v. tr. [1] Serrer, presser, comprimer.

compresseur [kɔ̃pʀesœʀ] adj. m. et n. m. **1.** adj. m. Qui comprime, sert à comprimer. ▷ TRAV PUBL *Rouleau* compresseur.* **2.** n. m. Appareil servant à comprimer un gaz.

compressibilité [kɔ̃pʀesibilite] n. f. Didac. Qualité de ce qui peut être comprimé, réduit. *Compressibilité des frais généraux.* ▷ PHYS Aptitude d'un corps à diminuer de volume sous l'effet d'une pression.

compressible [kɔ̃pʀesibl] adj. Qui peut être réduit. ▷ PHYS Dont le volume peut être réduit sous l'effet d'une pression.

compressif, ive [kɔ̃pʀesif, iv] adj. Didac. Qui sert à comprimer. *Pansement compressif.*

compression [kɔ̃pʀesjɔ̃] n. f. **1.** TECH Action de comprimer; résultat de cette action. ▷ PHYS Diminution du volume due à l'augmentation de la pression. **2.** Cour. Restriction, réduction. *Compression des dépenses. Compression de personnel.*

comprimé, ée [kɔ̃pʀime] adj. et n. m. **1.** adj. Dont le volume est réduit sous l'effet de la pression. **2.** n. m. Pastille faite de poudre de médicament comprimée. *Comprimés d'aspirine.*

comprimer [kɔ̃pʀime] v. tr. [1] **1.** Agir sur (un corps) par la pression pour en diminuer le volume. *Comprimer un gaz.* **2.** (Personnes) Empêcher de se manifester. *Il comprime sa douleur, sa colère.* **3.** Réduire. *Comprimer un budget.*

compris, ise [kɔ̃pʀi, iz] adj. **1.** Contenu, inclus (dans qqch). *Prix net, toutes taxes comprises.* ▷ Loc. adv. *Y compris :* en incluant. *Le journal a huit mille acheteurs, y compris les abonnés. – Non compris :* sans inclure. **2.** Saisi par l'intelligence. *Un texte bien, mal compris.*

compromettant, ante [kɔ̃pʀɔmetɑ̃, ɑ̃t] adj. Qui compromet, qui peut compromettre. *Une situation, des propos compromettants.*

compromettre [kɔ̃pʀɔmetʀ] v. [60] **I.** v. intr. DR Faire un compromis. **II.** v. tr. **1.** Exposer à des difficultés, causer un préjudice, nuire à. *Le mauvais temps a compromis les récoltes. Compromettre sa carrière, sa santé.* **2.** Nuire à l'honneur, à la réputation de. *Compromettre une jeune fille.* ▷ v. pron. *Il s'est gravement compromis dans un scandale.*

compromis [kɔ̃pʀɔmi] n. m. **1.** DR Convention par laquelle deux personnes ayant entre elles un litige conviennent de s'en rapporter, pour sa solution, à l'appréciation d'un ou de plusieurs arbitres. *En droit civil, le compromis est interdit dans les matières qui sont d'ordre public, ou si le différend n'est pas déjà né.* **2.** Accord dans lequel on se fait des concessions mutuelles. *Ils en sont venus à un compromis.* **3.** Moyen terme. *Trouver un compromis entre la rigueur et l'indulgence.*

compromission [kɔ̃pʀɔmisjɔ̃] n. f. **1.** Action par laquelle qqn est compromis. **2.** Expédient, action peu honorable par laquelle on s'abaisse, on se compromet.

comptabiliser [kɔ̃tabilize] v. tr. [1] Inscrire dans une comptabilité.

comptabilité [kɔ̃tabilite] n. f. **I. 1.** Manière d'établir des comptes. *Apprendre la comptabilité.* **2.** Ensemble des comptes ainsi établis. **3.** Service, personnel qui établit les comptes. ▷ Bureau où est situé ce service. **II. 1.** COMM *Comptabilité en partie simple,* dans laquelle le commerçant établit uniquement le compte de la personne à qui il livre ou de qui il reçoit. ▷ *Comptabilité en partie double**. **2.** GEST *Comptabilité analytique,* qui répartit charges et produits par destination, permettant ainsi une gestion décentralisée avec contrôle des prix de revient. ▷ *Comptabilité générale,* qui répartit charges et produits par nature suivant le plan comptable, facilitant ainsi la gestion financière. ▷ *Comptabilité budgétaire,* qui a pour objet de déterminer le budget global à partir de prévisions effectuées par les responsables d'unités. ▷ *Comptabilité nationale :* regroupement des statistiques sur les comptes de la nation (prix, production intérieure brute, revenus des ménages, etc.) en vue de l'élaboration du budget et du Plan. ▷ *Comptabilité publique :* ensemble de règles qui s'appliquent à la gestion des finances publiques.

comptable [kɔ̃tabl] adj. et n. **I.** adj. **1.** Qui est tenu de rendre des comptes. *Agent comptable.* **2.** Fig. Responsable, tenu de se justifier. *Un gouvernement comptable de sa politique envers le Parlement.* **3.** Relatif à la comptabilité. *Pièce comptable.* ▷ Utilisé pour établir la comptabilité. *Machine comptable.* **II.** n. **1.** Personne qui a la charge de tenir une comptabilité. *La comptable est venue pour arrêter les comptes.* ▷ (Québec) *Comptable agréé :* expert-comptable. **2.** (Afr. subsah.) En rép. dém. du Congo, receveur d'autobus.

comptage [kɔ̃taʒ] n. m. Action de compter pour dénombrer.

comptant [kɔ̃tɑ̃] adj. m., n. m. et adv. **1.** adj. m. Payé intégralement au moment de l'achat. *Argent, deniers comptants,* comptés, débités sur-le-champ. ▷ Loc. fig. *Prendre (qqch) pour argent comptant :* être très crédule, croire (qqch) sans méfiance. **2.** n. m. *Au comptant :* en argent comptant. *Opérations au comptant,* suivies d'un paiement immédiat (par oppos. à *opérations à terme*). **3.** adv. *Acheter, payer comptant,* avec de l'argent comptant.

compte [kɔ̃t] n. m. **I. 1.** Action de compter, d'évaluer; résultat de cette action. *Le compte y est. Faites-moi le compte de ce que je vous dois.* ▷ Loc. fig. *À ce compte-là :* vu de cette façon. – *Au bout du compte, en fin de compte, tout compte fait :* tout bien considéré (se dit pour conclure). *Tout compte fait, il n'est pas si méchant!* **2.** État des recettes et des dépenses, de ce que l'on doit et de ce qui est dû. *Arrêter, clore un compte. – Compte en banque. Compte courant* ou (Belgique, Luxembourg) *compte à vue :* compte ouvert à un client qui dépose ses fonds dans une banque et se réserve de les retirer en tout ou partie. *Compte de dépôt* ou *compte de chèques* (abrév. : C.C.). *Compte courant postal* (abrév. : C.C.P.), ouvert à un client dans un bureau de poste et lui permettant d'effectuer des virements et des retraits. *Compte joint,* dont les titulaires sont liés par une solidarité active (par oppos. à *compte indivis*). ▷ COMPTA *Compte d'exploitation générale :* compte de gestion qui comporte les charges et les produits. **3.** État des recettes et des dépenses de biens dont on a l'administration. **4.** Ce qui est dû à qqn. – *Donner son compte à un employé,* lui donner son salaire, *par ext.,* le licencier. – *Demander son compte :* exiger son dû, son salaire, *par ext.,* démissionner. ▷ Fig. *Règlement* de comptes.* **5.** Loc. *À bon compte :* à bon marché, à peu de frais. **6.** ESP *Compte à rebours :* partie de la chronologie de lancement qui précède l'ordre de mise à feu d'un lanceur spatial. **II.** Fig. **1.** *Tenir compte de :* prendre en considération, faire cas de. *Tenir compte des conseils avant d'agir.* ▷ *Faire entrer en ligne* de compte.* ▷ (À la forme interrog.) *Faire son compte pour :* s'y prendre pour. *Je me demande comment il a fait son compte pour sortir du ravin sans dommage.* **2.** *Laisser pour compte :* négliger, ne pas s'occuper de. **3.** *Être à son compte :* travailler pour soi, de manière indépendante. *Travailler pour le compte d'un employeur,* en dépendre. **4.** *Sur le compte de (qqn) :* au sujet de. *Il y a beaucoup à dire sur son compte.* **5.** *Demander des comptes :* exiger un rapport explicatif, une justification. ▷ *Rendre compte de :* faire un rapport sur, expliquer. – *Rendre des comptes :* se justifier, exposer ses raisons. *Je n'ai de comptes à rendre à personne.* **6.** *Se rendre compte de, que :* comprendre. *Il s'est rendu compte de son erreur.*

compte-fils [kɔ̃tfil] n. m. inv. Loupe très puissante.

compte-gouttes [kɔ̃tgut] n. m. inv. Petite pipette destinée à verser un liquide goutte à goutte. ▷ Fig. *Au compte-gouttes :* d'une façon parcimonieuse.

compter [kɔ̃te] v. [1] **I.** v. tr. **1.** Dénombrer, calculer le nombre, le montant de. *Compter les personnes présentes. Compter sa fortune.* ▷ Fig. *Compter les jours, les heures :* attendre, s'ennuyer. **2.** Comprendre, inclure dans un compte, un ensemble. *N'oubliez pas de compter les taxes.* **3.** Comporter. *Un parti qui compte de nombreux membres.* ▷ *Compter parmi :* ranger au nombre de. *Compter plusieurs députés parmi ses amis.* **4.** Prévoir (un prix, une durée, une quantité). *Comptez huit jours avant de recevoir la réponse.* **5.** Calculer, mesurer parcimonieusement. *Il compte chacune de ses dépenses.* **6.** *Compter une somme à qqn,* la lui payer. **7.** Se proposer de, avoir l'intention de. *Je compte partir demain.* ▷ Espérer. *Il compte bien te voir ce soir.* **8.** (Québec) SPORT *Compter un but, un point,* ou, absol., *compter :* marquer un but. *Il a compté deux fois au cours du match.* **II.** v. intr. **1.** Dénombrer; calculer. *Compter jusqu'à cent. Savoir lire et compter.* **2.** *Compter avec :* tenir compte de. *Un homme avec qui il faut compter.* **3.** Entrer en ligne de compte, être pris en considération. *La première partie ne compte pas.* ▷ Être important. *Ce qui compte, c'est d'être en bonne santé.* **4.** *Compter sur :* avoir confiance en, s'appuyer sur. *Je compte sur vous pour régler cette affaire.* **5.** Être parmi. *Il compte parmi les meilleurs chimistes.* **III.** Loc. prép. **1.** *À compter de :* à dater de, à partir de. **2.** *Sans compter :* en n'incluant pas. *Il me doit mille francs, sans compter les intérêts.*

compte rendu [kɔ̃tʀɑ̃dy] n. m. Exposé, relation (d'un fait, d'un événement, d'une œuvre). *Des comptes rendus de séances.*

compte-tours [kɔ̃t(ə)tuʀ] n. m. inv. TECH **1.** Appareil qui compte le nombre de tours effectués par une pièce en rotation pendant un laps de temps donné. **2.** *Abusiv.* Tachymètre.

compteur, euse [kɔ̃tœʀ, øz] n. m. et adj. **I.** n. m. **1.** Appareil servant à mesurer différentes grandeurs (vitesse, fréquence de rotation, distance parcourue, énergie consommée ou produite, etc.) pendant un temps donné. *Compteur à eau. Compteur d'électricité.* **2.** (Québec) SPORT (Surtout au hockey.) Joueur qui marque un but, des buts. *Le meilleur compteur de la saison.* **II.** adj. Qui sert à compter. *Boulier compteur.*

comptine [kɔ̃tin] n. f. Court texte, chanté ou récité par les enfants, utilisé pour choisir le rôle des participants à un jeu.

comptoir [kɔ̃twaʀ] n. m. **1.** Table longue et étroite, généralement élevée, sur laquelle un commerçant étale sa marchandise, reçoit de l'argent, sert des consommations. *Boire un café au comptoir.* **2.** (Québec) (Dans une maison.) Plan de travail (d'une cuisine) dans lequel peut être encastré un évier et dont la base comporte des placards, des tiroirs; surface semblable (d'une salle de bains) comprenant un lavabo. *Laisser la vaisselle sur le comptoir.* **3.** Établissement commercial privé ou public installé à l'étranger. ▷ *Spécial.* Établissement financier et commercial installé dans un pays colonial pour y pratiquer l'import-export. *Les comptoirs français en Extrême-Orient.* **4.** En pays colonial, magasin de détail où le commerçant échangeait, souvent à crédit et à des taux usuraires, des denrées alimentaires et des objets manufacturés contre des produits coloniaux. **5.** ECON Organisation fondée sur une entente entre producteurs ou vendeurs, et servant d'intermédiaire entre ceux-ci et leur clientèle. *Comptoir de vente, comptoir d'achat.* **6.** (Suisse) Cour. Foire commerciale annuelle.

Compton (Arthur Holly) (1892 – 1962), physicien américain. Il participa à la conception et à la mise au point de la bombe atomique. P. Nobel 1927.

Compton (John) (né en 1926), homme politique de Sainte-Lucie. Prés. du Parti uni des travailleurs, il est Premier ministre depuis 1982.

compulser [kɔ̃pylse] v. tr. [1] Examiner, consulter. *Compulser des documents pour préparer une thèse.*

compulsion [kɔ̃pylsjɔ̃] n. f. PSYCHAN Contrainte interne, impérieuse, qui pousse un sujet à certains comportements sous peine de sombrer dans l'angoisse.

Comtat (le) ou **comtat Venaissin,** anc. pays de France (Vaucluse) qui appartint à la papauté de 1274 à 1791.

comte [kɔ̃t] n. m. Homme doté d'un titre de noblesse qui se situe au-dessous de celui de marquis et au-dessus de celui de vicomte. ▷ Ce titre lui-même.

Comte (Auguste) (1798 – 1857), philosophe français, fondateur du positivisme*. Secrétaire de Saint-Simon de 1817 à 1824, il publia son *Cours de philosophie positive* (1830-1842) : l'esprit humain, dans chaque civilisation comme dans chaque individu, passe nécessairement du stade *théologique* au stade *métaphysique* pour s'élever au stade *positif.* À partir de 1845, il prôna une «religion de l'humanité».

comté [kɔ̃te] n. m. **1.** Domaine possédé par un comte. **2.** Division territoriale et administrative, notam. en Grande-Bretagne, au Canada et aux États-Unis. ▷ Au Canada, circonscription électorale représentée par un député élu (au fédéral comme au provincial).

comtesse [kɔ̃tɛs] n. f. **1.** Femme qui possédait, en propre, un comté. **2.** Femme d'un comte.

con-. Élément, du lat. *cum,* «avec».

con, conne [kɔ̃, kɔn] n. et adj. **I.** n. m. Vulg. Sexe de la femme. **II.** Injur. et grossier **1.** n. Personne stupide, inintelligente. **2.** adj. Idiot. *Une histoire conne* (ou *con*).

Conakry, cap. et port de la Guinée, sur la presqu'île de Tumbo; 1 million d'hab. (49000 en 1957). Port actif (export. de fer, de bauxite, de bananes). Industr. métall., alim. Une voie ferrée relie la ville à Kankan et à Fria. Aéroport intern. de Conakry-Gbessia.

Conan (Félicité Angers, dite Laure) (1845 – 1924), la première romancière canadienne d'expression française : *Angéline de Montbrun* (1884), *l'Oublié* (1900).

concassage [kɔ̃kasaʒ] n. m. Action de concasser.

concasser [kɔ̃kase] v. tr. [1] Réduire une matière dure en petits fragments. *Concasser des pierres.*

concasseur [kɔ̃kasœʀ] n. m. TECH Appareil destiné à fragmenter une matière dure.

concaténation [kɔ̃katenasjɔ̃] n. f. PHILO, LING Enchaînement de plusieurs éléments.

concave [kɔ̃kav] adj. Qui présente une courbure en creux. *Verre concave.* Ant. convexe.

concavité [kɔ̃kavite] n. f. **1.** État de ce qui est concave. *La concavité d'un miroir.* **2.** Cavité, creux. *Les concavités du crâne.*

concéder [kɔ̃sede] v. tr. [14] **1.** Accorder, octroyer comme une faveur. *Concéder un droit.* **2.** Céder sur un point en litige. *Je concède que j'ai eu tort.* Syn. admettre. **3.** SPORT Abandonner (un but, un point, etc.) à un adversaire.

concélébration [kɔ̃selebʀasjɔ̃] n. f. Action de concélébrer; office concélébré.

concélébrer [kɔ̃selebʀe] v. tr. [14] RELIG CHRET Célébrer (un office) avec un ou plusieurs autres ministres du culte.

concentration [kɔ̃sɑ̃tʀasjɔ̃] n. f. **1.** Action de concentrer; état de ce qui est concentré. *La concentration urbaine.* ▷ *Camp de concentration :* camp où sont regroupées des personnes détenues pour des motifs politiques, religieux, ethniques, etc. **2.** CHIM Grandeur caractérisant la richesse d'une phase (solide, liquide, gazeuse) en un de ses constituants (ex. : masse du corps dissous par unité de volume). **3.** ECON Regroupement (ou fusion) d'entreprises destiné à lutter plus efficacement contre la concurrence dans un secteur déterminé *(concentration horizontale)* ou aux stades successifs d'élaboration d'un produit donné *(concentration verticale).* **4.** Fig. Fait de concentrer son esprit. *Un effort de concentration.*

concentrationnaire [kɔ̃sɑ̃tʀasjɔnɛʀ] adj. Relatif aux camps de concentration, de déportation.

concentré, ée [kɔ̃sɑ̃tʀe] adj. et n. m. **1.** Que l'on a concentré. *Lait concentré.* ▷ n. m. Substance concentrée. *Du concentré de tomate.* **2.** Qui manifeste de la concentration (sens 4).

concentrer [kɔ̃sɑ̃tʀe] v. tr. [1] **1.** Réunir, faire converger en un point. *Concentrer des forces armées.* Syn. rassembler. **2.** CHIM Augmenter la concentration de. *Concentrer une solution.* **3.** Fig. Appliquer sur un objet unique. *Concentrer ses efforts sur un problème.* ▷ v. pron. Faire retour sur soi-même, appliquer sa réflexion à un unique objet de pensée.

concentrique [kɔ̃sɑ̃tʀik] adj. Qualifie des courbes ou des surfaces qui ont le même centre de courbure.

concept [kɔ̃sɛpt] n. m. PHILO Représentation mentale abstraite et générale. *Le concept de table. Le concept de bonheur. Forger un concept.*

concepteur, trice [kɔ̃sɛptœʀ, tʀis] n. Personne qui conçoit. ▷ Mod. Personne qui conçoit des projets dans une entreprise, une agence de publicité.

conception [kɔ̃sɛpsjɔ̃] n. f. **1.** Acte par lequel un nouvel être vivant est produit par fécondation d'un ovule. ▷ *Immaculée Conception :* dogme cathol. selon lequel la Vierge Marie a été préservée du péché originel. **2.** Action, façon de concevoir une idée, création de l'imagination. *Conception originale.* Syn. idée, opinion. – *Conception assistée par ordinateur,* dans laquelle l'ordinateur effectue le dessin correspondant aux données programmées. **3.** Faculté de saisir, de comprendre. *Avoir la conception vive, lente.*

conceptualiser [kɔ̃sɛptɥalize] v. tr. [1] Organiser en concepts (une notion, une idée générale, etc.).

conceptualisme [kɔ̃sɛptɥalism] n. m. PHILO Doctrine d'Abélard selon laquelle nos expériences révèlent les idées générales, en dépit du fait que celles-ci existaient de façon latente dans notre esprit avant toute expérience. *Synthèse du rationalisme et de l'empirisme, le nom de conceptualisme a été donné aux théories d'Aristote et de Kant.*

conceptuel, elle [kɔ̃sɛptyɛl] adj. Relatif aux concepts ou à la conception. *Texte conceptuel. Acte conceptuel.*

conceptuel (art), attitude artistique, née dans les années 60, qui affirme la primauté de l'idée sur la réalisation matérielle de l'œuvre d'art.

concerner [kɔ̃sɛʀne] v. tr. [1] Intéresser, avoir rapport à. *En ce qui me concerne.* – Ppr. (Emploi prépositionnel.) *Loi concernant l'avortement.*

concert [kɔ̃sɛʀ] n. m. **1.** Accord, entente pour parvenir à une même fin. *Le concert européen.* ▷ Loc. adv. *De concert :* d'intelligence. *Agir de concert avec qqn.* **2.** MUS Harmonie formée par plusieurs voix ou plusieurs instruments, ou par une réunion de voix et d'instruments; séance musicale. *Aller au concert. Donner un concert.* **3.** Sons ou bruits, généralement harmonieux, qui se font entendre ensemble. *Les concerts des oiseaux. – Un concert de louanges.*

concertation [kɔ̃sɛʀtasjɔ̃] n. f. POLIT, ECON Échange d'idées en vue de s'entendre sur une attitude commune.

concerter [kɔ̃sɛʀte] v. [1] **I.** v. tr. **1.** Préparer en conférant avec une ou plusieurs personnes. *Concerter un dessein.* **2.** Préparer, étudier. *Concerter son attitude.* Syn. préméditer. **II.** v. intr. MUS En parlant d'instruments, de voix, exécuter alternativement ou simultanément la partie principale. *Le cor et la flûte concertent.* **III.** v. pron. Préparer ensemble un projet, s'entendre pour agir.

concertina [kɔ̃sɛʀtina] n. m. MUS Instrument à soufflet, de forme hexagonale, proche de l'accordéon.

concertiste [kɔ̃sɛʀtist] n. Instrumentiste qui se produit en concert.

concerto [kɔ̃sɛʀto] n. m. MUS Composition en forme de sonate, qui oppose un ou plusieurs instruments (solistes) à l'orchestre.

concessif, ive [kɔ̃sesif, iv] adj. et n. f. GRAM Qui marque l'idée de concession. *Les propositions concessives sont introduites par «bien que», «quoique», «encore que», etc.* ▷ n. f. *Une concessive.*

concession [kɔ̃sesjɔ̃] n. f. **1.** Action d'accorder un droit, un privilège, un bien. ▷ DR Autorisation de gérer à ses risques un service public (accordée à un particulier ou à une société privée). – *Concession commerciale,* qui fait d'un commerçant le représentant exclusif d'une firme dans une zone géographique. **2.** Chose concédée. ▷ Terrain loué ou vendu pour une sépulture. *Concession à perpétuité.* ▷ Anc. Terre concédée par la puissance coloniale aux colons pour sa mise en valeur. ▷ (Québec) HIST Sous le Régime* français, territoire concédé en seigneurie. – Par ext. *Les concessions :* la campagne; endroit reculé. *Les habitants des concessions.* – Fig., fam. *Venir des concessions :* être peu débrouillard, peu éduqué. **3.** (Afr. subsah., Madag.) Lot de terrain destiné à la construction d'habitations. ▷ Terrain bâti constituant une unité d'habitation. *Le feu a détruit toutes les cases de la concession.* Syn. carré. ▷ Ensemble des habitants d'une concession. *Le bruit a ameuté toute la concession.* **4.** (Souvent au plur.) Ce que l'on accorde à qqn dans un litige. *Faire des concessions à un adversaire.*

concessionnaire [kɔ̃sɛsjɔnɛʀ] n. **1.** Personne qui a obtenu une concession. **2.** COMM Représentant exclusif d'une marque dans une région.

concevable [kɔ̃s(ə)vabl] adj. Qui peut se concevoir. *Il n'est pas concevable de refuser cela.*

concevoir [kɔ̃səvwaʀ] v. tr. **[5] 1.** Devenir enceinte, former (un enfant) en son sein. *Concevoir un enfant* ou, absol., *concevoir.* **2.** Former dans son esprit, créer. *Concevoir un projet.* Syn. créer, imaginer, inventer. **3.** Comprendre, avoir une idée de. *Je ne conçois pas une telle étourderie.*

conchoïde [kɔ̃kɔid] adj. et n. f. GEOM Se dit d'une courbe ayant la courbure d'un coquillage. – n. f. *Une conchoïde.*

conchyliculture [kɔ̃ʃilikyltyʀ] n. f. Didac. Élevage des coquillages comestibles.

concierge [kɔ̃sjɛʀʒ] n. Personne qui a la garde d'un immeuble. *Déposer le courrier chez le concierge.* Syn. gardien.

conciergerie [kɔ̃sjɛʀʒəʀi] n. f. Charge ou logement de concierge.

concile [kɔ̃sil] n. m. Assemblée d'évêques et de théologiens de l'Égl. cathol., réunis pour régler des questions concernant le dogme, la liturgie et la discipline ecclésiastiques.
ENCYCL On distingue les *conciles œcuméniques,* c.-à-d. universels, et les *conciles nationaux* ou *provinciaux.* L'Église catholique reconnaît 21 conciles œcuméniques : Nicée* I (325), Constantinople I (381), Éphèse* (431), Chalcédoine* (451), Constantinople II (553), Constantinople III (680-681), Nicée II (787), Constantinople IV (869-870), Latran* I (1123), Latran II (1139), Latran III (1179), Latran IV (1215), Lyon* I (1245), Lyon II (1274), Vienne* (1311-1312), Constance (1414-1418), Bâle* (1431-1449), déplacé à Ferrare (1437-1439) puis à Florence (1439-1442), Latran V (1512-1517), Trente* (1545-1563), Vatican* I (1869-1870), Vatican* II (1962-1965). L'Église orthodoxe n'accepte que les sept premiers.

conciliable [kɔ̃siljabl] adj. Que l'on peut concilier.

conciliabule [kɔ̃siljabyl] n. m. Conversation à voix basse.

conciliaire [kɔ̃siljɛʀ] adj. Didac. D'un concile, relatif à un concile. *Les pères conciliaires.*

conciliant, ante [kɔ̃siljɑ̃, ɑ̃t] adj. Disposé, propre à s'accorder. *Caractère conciliant.* Syn. accommodant.

conciliateur, trice [kɔ̃siljatœʀ, tʀis] adj. et n. Qui concilie. *Rôle conciliateur. Servir de conciliateur.* Syn. médiateur.

conciliation [kɔ̃siljasjɔ̃] n. f. **1.** Action de concilier; son résultat. **2.** DR Accord par lequel deux personnes en litige mettent fin à celui-ci; phase de la procédure tendant à aboutir à cet accord. **3.** Règlement amiable des conflits collectifs du travail. Syn. arbitrage.

concilier [kɔ̃silje] v. **[2] 1.** v. tr. Accorder ensemble (des personnes divisées d'opinion, des choses contraires). *Chercher à les concilier serait peine perdue. Concilier l'intérêt et le devoir.* **2.** v. pron. Disposer favorablement, gagner à soi. *Se concilier la sympathie de qqn.*

concis, ise [kɔ̃si, iz] adj. Qui exprime beaucoup de choses en peu de mots. *Style, orateur concis.* Syn. bref. Ant. prolixe, verbeux.

concision [kɔ̃sizjɔ̃] n. f. Qualité de ce qui est concis.

concitoyen, enne [kɔ̃sitwajɛ̃, ɛn] n. Citoyen de la même ville, d'un même État (qu'un autre).

conclave [kɔ̃klav] n. m. **1.** Collège de cardinaux réunis pour l'élection d'un pape. **2.** Lieu où l'on procède à cette élection. **3.** (Afr. subsah., Belgique) Réunion à huis clos de responsables (politiques, industriels, etc.). *Se réunir en conclave.*

concluant, ante [kɔ̃klyɑ̃, ɑ̃t] adj. Qui conclut, qui permet de conclure. *Argument concluant. Un essai concluant.* Syn. décisif, probant.

conclure [kɔ̃klyʀ] v. **[78] I.** v. tr. **1.** Déterminer par un accord les conditions de. *Conclure une affaire.* **2.** Écrire, prononcer la péroraison de. *Il me reste à conclure mon exposé.* **II.** v. tr. indir. **1.** Tirer (une conséquence), inférer. *On a hâtivement conclu de la présence de l'accusé sur les lieux à sa culpabilité.* ▷ (S. comp.) *Il faut conclure.* **2.** Décider, donner un avis après examen et réflexion. *La police a conclu à un suicide.*

conclusion [kɔ̃klyzjɔ̃] n. f. **1.** Action de conclure, accord final. *La conclusion d'un traité, d'une négociation.* ▷ Solution finale, issue. *L'enquête touche à sa conclusion.* **2.** Fin d'un discours, péroraison. *Une conclusion digne de l'exorde.* **3.** PHILO Proposition terminale d'un syllogisme. ▷ Cour. Conséquence tirée d'un raisonnement. *Tirer une conclusion.* – Loc. adv. *En conclusion.* **4.** Plur. DR Exposé sommaire des prétentions des parties devant un tribunal.

concombre [kɔ̃kɔ̃bʀ] n. m. **1.** Plante potagère (fam. cucurbitacées) dont le gros fruit oblong et aqueux est consommé surtout en salade. **2.** ZOOL *Concombre de mer :* nom cour. de diverses espèces d'holothuries qui ont la forme allongée d'un concombre. **3.** (Maurice) Cour. *Avoir la tête concombre :* avoir l'esprit fatigué après un effort, une émotion.

concomitance [kɔ̃kɔmitɑ̃s] n. f. Coexistence, simultanéité.

concomitant, ante [kɔ̃kɔmitɑ̃, ɑ̃t] adj. Qui accompagne une chose, un fait. *Symptôme concomitant.* Syn. coexistant.

concordance [kɔ̃kɔʀdɑ̃s] n. f. **1.** Fait de s'accorder, d'être en conformité avec une autre chose. *La concordance de deux récits.* ▷ PHYS *Concordance de phase :* égalité de phase. *Radiations en concordance de phase.* **2.** GRAM *Concordance des temps :* règle syntaxique qui subordonne le temps du verbe de la complétive à celui de la proposition complétée. (Ex. *Je veux qu'il vienne* et *je voulais qu'il vînt.*)

concordant, ante [kɔ̃kɔʀdɑ̃, ɑ̃t] adj. Qui concorde. *Indices concordants.*

concordat [kɔ̃kɔʀda] n. m. **1.** Accord entre le pape et un gouvernement à propos d'affaires religieuses. **2.** COMM Accord entre une entreprise en cessation de paiement et ses créanciers.

Concordat (le), accord conclu le 15 juil. 1801, à Paris, entre les représentants de Bonaparte, Premier consul, et ceux du pape Pie VII.

concorde [kɔ̃kɔʀd] n. f. Litt. Union de cœurs, de volontés; bonne intelligence. *Rétablir la concorde.* Syn. paix. Ant. discorde.

Concorde (place de la), à Paris. Conçue selon un plan octogonal par Gabriel (1753), elle prit sa forme définitive en 1854. L'obélisque de Louxor y fut érigé en 1836.

concorder [kɔ̃kɔʀde] v. intr. **[1] 1.** Être en accord, en conformité. *Leurs témoignages concordent. Sa vie ne concorde pas avec ses principes.* Syn. correspondre. **2.** Coïncider. *Ces deux faits concordent.* ▷ Contribuer au même résultat.

concourant, ante [kɔ̃kuʀɑ̃, ɑ̃t] adj. Qui concourt. ▷ GEOM *Droites concourantes,* qui passent par un même point. ▷ PHYS *Forces concourantes,* dont les supports passent par un même point.

concourir [kɔ̃kuʀiʀ] v. **[26] I.** v. tr. indir. **1.** Contribuer à produire un effet. *Tout concourt à notre succès.* **2.** GEOM Se rencontrer. *Deux droites qui concourent en un même point.* **II.** v. intr. Être en concurrence (pour obtenir un prix, un emploi, etc.); subir les épreuves d'un concours.

concours [kɔ̃kuʀ] n. m. **1.** Vx Rencontre. – Mod. *Concours de circonstances. Point de concours.* **2.** Aide, collaboration. *Réaliser un film avec le concours des habitants d'un village.* ▷ FIN *Fonds de concours :* fonds prévu pour concourir à certaines dépenses. **3.** Compétition dans laquelle les meilleurs sont récompensés. ▷ SPORT Chacune des épreuves d'athlétisme autres que les courses, les lancers et les sauts. ▷ *Concours hippique :* compétition d'équitation avec saut d'obstacles. – Examen comparatif que subissent des candidats pour un nombre limité de places, de récompenses. *Se présenter, être reçu à un concours.* ▷ *Concours général,* qui oppose les meilleurs élèves (classes de première et terminale) dans une discipline donnée.

concret, ète [kɔ̃kʀɛ, ɛt] adj. et n. m. **1.** Qui exprime, désigne un objet, un phénomène perçu par les sens (par oppos. à *abstrait*). *«Table» est un terme concret. Illustrer une théorie à l'aide d'exemples concrets.* **2.** *Musique concrète* ou *musique électroacoustique :* musique inventée par P. Schaeffer, utilisant des sons préalablement enregistrés. ▷ n. m. Ce qui est concret. *Le concret et l'abstrait.*

concrètement [kɔ̃kʀɛtmɑ̃] adv. D'une manière concrète, pratique. *Concrètement, qu'est-ce que cela donne?*

concrétion [kɔ̃kʀesjɔ̃] n. f. **1.** Action, fait de s'épaissir. **2.** Agrégat de plusieurs substances en un corps solide. ▷ GEOL Amas minéral cristallisé en couches concentriques ayant précipité le long des cours d'eau souterrains. *Les stalactites sont des concrétions calcaires.* ▷ MED Corps étranger solide qui se forme parfois dans les tissus ou les organes. *Les calculs sont des concrétions.*

concrétisation [kɔ̃kʀetizasjɔ̃] n. f. Fait de concrétiser, de se concrétiser. *La concrétisation de vieux projets.*

concrétiser [kɔ̃kʀetize] v. tr. [1] Rendre concret, réel. *Concrétiser une promesse.* ▷ v. pron. *Ses espoirs se sont concrétisés.*

concubin, ine [kɔ̃kybɛ̃, in] n. Personne qui vit en concubinage.

concubinage [kɔ̃kybinaʒ] n. m. Situation d'un homme et d'une femme vivant ensemble sans être mariés. Syn. union libre, (Haïti) plaçage.

concupiscence [kɔ̃kypisɑ̃s] n. f. Vieilli Vive inclination pour les plaisirs sensuels.

concurremment [kɔ̃kyʀamɑ̃] adv. **1.** En rivalité. *Briguer concurremment une charge.* **2.** Conjointement, ensemble. *Agir concurremment.*

concurrence [kɔ̃kyʀɑ̃s] n. f. **1.** *Jusqu'à concurrence de :* jusqu'à la limite de. **2.** Compétition, rivalité entre personnes, entreprises, etc., qui prétendent à un même avantage; ensemble des concurrents. *Être en concurrence avec qqn. Des prix défiant toute concurrence,* très bas. ▷ *Système de la libre concurrence :* système économique laissant à chacun la liberté de produire et de vendre aux conditions qu'il souhaite. **3.** DR Égalité de rang, de droit. *Exercer une hypothèque en concurrence.*

concurrencer [kɔ̃kyʀɑ̃se] v. tr. [12] Faire concurrence à.

concurrent, ente [kɔ̃kyʀɑ̃, ɑ̃t] adj. et n. **1.** Qui se fait concurrence. *Des commerces concurrents.* ▷ Subst. Personne qui poursuit le même avantage qu'une autre; commerçant qui fait concurrence. *Évincer tous ses concurrents.* **2.** n. Chacun des participants à une compétition, un jeu, un concours.

concurrentiel, elle [kɔ̃kyʀɑ̃sjɛl] adj. **1.** Qui peut entrer en concurrence. *Tarif, prix concurrentiel.* Syn. compétitif. **2.** Où se développe la concurrence. *Économie concurrentielle.*

concussion [kɔ̃kysjɔ̃] n. f. DR Délit consistant à recevoir ou à exiger des sommes non dues, dans l'exercice d'une fonction publique.

condamnable [kɔ̃danabl] adj. Qui mérite d'être condamné. *Attitude condamnable.* Syn. blâmable. Ant. justifiable.

condamnation [kɔ̃danasjɔ̃] n. f. **1.** Décision d'une juridiction de sanctionner un coupable. *Condamnation pour vol.* **2.** Blâme, critique.

condamné, ée [kɔ̃dane] adj. et n. **1.** Qui s'est vu infliger une peine. ▷ Subst. *Un condamné à mort.* **2.** *Malade condamné,* dont la maladie est mortelle. **3.** Obligé, astreint (à). *Être condamné à l'immobilité.* **4.** *Porte, fenêtre condamnée,* par laquelle on ne peut plus passer.

condamner [kɔ̃dane] v. tr. [1] **1.** Prononcer une peine contre (qqn). *Condamner un criminel à vingt ans de prison.* – Interdire, proscrire. *La loi condamne l'usage des stupéfiants.* ▷ Par anal. *Les médecins l'ont condamné,* ont déclaré que sa maladie est mortelle. **2.** Astreindre, réduire. *Être condamné à l'immobilité.* **3.** Blâmer, désapprouver. *Condamner la conduite de qqn.* **4.** Barrer (un passage); supprimer (une ouverture). *Condamner une porte.* Syn. barrer, boucher. ▷ (Afr. subsah., Belgique) Fermer (un local, etc.) à clé, au verrou. *Condamner une voiture.* **5.** Accabler. *Son acte le condamne.*

Côn Dao. V. Poulo Condor.

Condé (maison de), branche de la maison franç. de Bourbon, issue de **Louis I**[er] de Bourbon, prince de Condé (1530 – 1569), oncle d'Henri IV. — **Louis II,** dit *le Grand Condé* (1621 – 1686), homme de guerre. À vingt-deux ans, il vainquit les Espagnols et les impériaux à Rocroi, puis à Fribourg, Nördlingen et Lens. Chef de la Fronde des princes, il passa aux Esp. (1653). Après la paix des Pyrénées (1659), il servit Louis XIV. — **Louis Joseph** (1736 – 1818), combattit pendant la guerre de Sept Ans. Bien que libéral, il émigra et créa en 1792 l'*armée de Condé,* qui combattit les armées de la Révolution jusqu'en 1796. — **Louis Antoine Henri,** duc d'Enghien (1772 – 1804), petit-fils du préc. Résidant dans le duché de Bade, il fut enlevé par des hommes de Bonaparte et exécuté dans le château de Vincennes, près de Paris.

Condé (Maryse) (née en 1937), écrivain français d'origine guadeloupéenne. Ses romans (*Une saison à Rihata,* 1981; *Ségou,* 1984 et 1985; *la Colonie du nouveau monde,* 1993) ont su renouveler les thèmes traditionnels de la littérature « négro-africaine ».

condensateur [kɔ̃dɑ̃satœʀ] n. m. ELECTR Appareil composé de deux feuilles métalliques *(armatures)* séparées par un isolant et servant à emmagasiner de l'énergie électrique.

condensation [kɔ̃dɑ̃sasjɔ̃] n. f. **1.** PHYS Passage de l'état gazeux à l'état solide. – *Spécial.* Transformation de la vapeur en liquide. *Eau de condensation.* **2.** CHIM *Réaction de condensation :* réaction dans laquelle deux molécules organiques se soudent en éliminant une troisième molécule (eau, ammoniac, etc.). **3.** ELECTR Accumulation d'électricité.

condensé, ée [kɔ̃dɑ̃se] adj. et n. m. **1.** adj. TECH Réduit de volume par évaporation, dessiccation. *Lait condensé.* – Fig. *Un style très condensé.* **2.** n. m. Résumé d'un ouvrage littéraire.

condenser [kɔ̃dɑ̃se] v. tr. [1] **1.** Rendre plus dense, resserrer dans un moindre espace. ▷ Faire passer de l'état gazeux à l'état liquide. ▷ v. pron. Passer de l'état gazeux à l'état liquide. *La vapeur d'eau se condense sur les corps froids.* **2.** Fig. Exprimer de manière concise; réduire (un texte). *Condenser sa pensée. Condenser un texte.*

condenseur [kɔ̃dɑ̃sœʀ] n. m. **1.** TECH Appareil permettant par refroidissement de faire passer une substance de l'état gazeux à l'état liquide. **2.** PHYS Système optique convergent, permettant de concentrer la lumière sur un objet donné.

condescendance [kɔ̃desɑ̃dɑ̃s] n. f. Attitude de supériorité bienveillante mêlée de mépris. Syn. hauteur.

condescendant, ante [kɔ̃desɑ̃dɑ̃, ɑ̃t] adj. Qui manifeste de la condescendance. *Manières condescendantes.*

Condillac (Étienne Bonnot de) (1715 – 1780), philosophe et logicien français, princ. représentant de l'école «sensualiste» (*Traité des sensations,* 1754) : la connaissance, les «facultés» de l'esprit ne sont que des sensations transformées ou composées.

condiment [kɔ̃dimɑ̃] n. m. **1.** Substance ajoutée à un aliment pour l'assaisonner, en relever le goût. *Les épices sont des condiments.* ▷ (Afr. subsah.) Ingrédient (légume, assaisonnement) utilisé en petite quantité pour la confection d'un plat. **2.** Fig. Ce qui ajoute un attrait, du piquant. *L'imprévu est un condiment à la vie.*

condisciple [kɔ̃disipl] n. m. Compagnon d'études.

condition [kɔ̃disjɔ̃] n. f. **1.** État, nature, qualité (d'une personne, d'une chose). *La condition humaine. La condition des femmes.* ▷ *Mettre en condition :* préparer physiquement ou psychologiquement. **2.** Rang social. *Vivre selon sa condition.* **3.** (Plur.) Ensemble d'éléments, de circonstances qui déterminent une situation. *Les conditions atmosphériques. Travailler dans de bonnes, de mauvaises conditions.* **4.** Circonstance, fait dont dépendent d'autres faits, d'autres circonstances. *Condition nécessaire et suffisante.* – *Condition sine* qua non.* ▷ *À condition, sous condition :* avec certaines réserves. *Acheter à condition, sous condition. Se rendre sans condition.* ▷ *À (la) condition que* (+ indic. fut. ou subj.). *J'irai à condition que vous veniez me chercher,* seulement si vous venez me chercher. – *À (la) condition de* (+ inf.). *Nous partirons à cinq heures, à condition d'être prêts.* **5.** Convention, clause à la base d'un accord, d'un marché. *Les conditions d'un traité.*

conditionné, ée [kɔ̃disjɔne] adj. **1.** Soumis à des conditions. *Résultat conditionné par... Réflexe conditionné.* **2.** Qui a subi un conditionnement. *Marchandise conditionnée.* **3.** *Air conditionné :* V. conditionnement (sens 3).

conditionnel, elle [kɔ̃disjɔnɛl] adj. et n. m. Subordonné à un fait incertain. *Promesse conditionnelle.* ▷ n. m. GRAM Mode indiquant que l'idée exprimée par le verbe est subordonnée à une condition. (Ex. : *Si j'étais riche, je serais heureux.*)

conditionnement [kɔ̃disjɔnmɑ̃] n. m. **1.** PSYCHO Établissement d'un comportement déclenché par un stimulus artificiel. **2.** Action d'emballer un produit avant de le présenter au consommateur; premier emballage, au contact direct du produit. **3.** *Conditionnement de l'air,* pour maintenir dans un local des conditions de température, d'hygrométrie et de pureté fixées à l'avance.

conditionner [kɔ̃disjɔne] v. tr. [1] **1.** Procéder au conditionnement de (un produit). **2.** Constituer une, la condition de. *Ton habileté conditionnera ta réussite.*

conditionneur [kɔ̃disjɔnœʀ] n. m. TECH Appareil destiné au conditionnement de l'air.

condo [kɔ̃do] n. m. (Québec, cour.; Vanuatu, fam.) Abrév. de *condominium* (sens 3).

condoléances [kɔ̃doleɑ̃s] n. f. pl. Témoignage de sympathie à la douleur d'autrui. *Présenter ses condoléances.* Syn. (Québec) sympathies.

condom [kɔ̃dɔ̃] n. m. Didac. (Cour. au Québec) Préservatif masculin.

condominial, ale, aux [kɔ̃dɔminjal, o] adj. (Vanuatu) Relatif à un condominium (sens 1).

condominium [kɔ̃dɔminjɔm] n. m. **1.** Anc. autorité légale et simultanée de deux puissances sur un même pays. *Le condominium franco-britannique des*

Nouvelles-Hébrides de 1905 à 1980. **2.** (Québec) (Emploi critiqué.) Appartement acquis dans un immeuble en copropriété. (Abrév. fam. ou cour : condo).

condor [kɔ̃dɔʀ] n. m. Le plus grand de tous les vautours (plus de 3 m d'envergure), qui vit dans les Andes.

Condor (légion), unité de volontaires allemands qui combattaient dans le camp de Franco; ainsi, l'aviation de Hitler intervint de façon décisive dans la guerre d'Espagne (1936-1939).

Condorcet (Marie Jean Antoine Nicolas de Caritat, marquis de) (1743 – 1794), mathématicien, économiste (de l'école des physiocrates), philosophe et homme politique français. Député à la Convention (1792), il présenta un projet d'instruction publique. Il fut arrêté avec les Girondins* et s'empoisonna. Sa philosophie est un rationalisme confiant (*Esquisse d'un tableau historique des progrès de l'esprit humain,* 1794). Acad. fr. (1782).

condottiere [kɔ̃dɔtjɛʀ] n. m. HIST Nom donné, en Italie, aux chefs de mercenaires qui louaient leurs services aux différents États italiens, du XIIIe au XVIe s. *Des condottieri, des condottieres.*

Condroz (le), rég. de Belgique, formée par le versant nord des Ardennes, entre Namur et Liège.

conductance [kɔ̃dyktɑ̃s] n. f. ELECTR Inverse de la résistance (s'exprime en *siemens*).

conducteur, trice [kɔ̃dyktœʀ, tʀis] n. (et adj.) **1.** Personne qui guide, qui dirige. *Un conducteur d'hommes.* ▷ CONSTR *Conducteur de travaux :* personne chargée de diriger les équipes d'un chantier. **2.** Personne aux commandes d'un véhicule, d'une machine. *Conducteur de train.* Syn. chauffeur. *Conducteur de presse.* ▷ adj. PHYS Se dit d'une pièce ou d'une matière qui transmet la chaleur, l'électricité. *Fil, vaisseau conducteur.* – n. m. *Le cuivre est un bon conducteur.*

conductibilité [kɔ̃dyktibilite] n. f. PHYS et ELECTR Aptitude d'un corps à transmettre la chaleur *(conductibilité thermique)* ou l'électricité *(conductibilitéélectrique).*

conduction [kɔ̃dyksjɔ̃] n. f. **1.** PHYSIOL Action de conduire, de transmettre d'un endroit à l'autre. *Conduction de l'influx nerveux.* **2.** PHYS Transmission de la chaleur d'un point d'un corps à un autre point de ce même corps sans déplacement de la matière.

conductivité [kɔ̃dyktivite] n. f. ELECTR Inverse de la résistivité. *La conductivité s'exprime en siemens par mètre.*

conduire [kɔ̃dɥiʀ] v. [**69**] **I.** v. tr. **1.** Mener, guider, transporter (un être animé) quelque part. *Conduire des voyageurs. Conduire un troupeau aux pâturages.* Syn. accompagner. **2.** Faire aller, aboutir. *Ce chemin conduit au lac.* – Fig. *Le désespoir l'a conduit au suicide.* **3.** Commander, diriger, être à la tête de. *Conduire ses troupes, un pays, une entreprise.* ▷ *Conduire un deuil :* marcher en tête du cortège funèbre. **4.** Être aux commandes (d'un véhicule). *Conduire un train, une voiture.* – Absol. *Bien conduire* (une auto). *Permis* de conduire.* **5.** PHYS Transmettre (la chaleur, l'électricité). **II.** v. pron. Se comporter. *Bien, mal se conduire.*

conduit [kɔ̃dɥi] n. m. **1.** TECH Canal, canalisation destinée à la circulation d'un fluide. **2.** ANAT Nom donné à certains canaux. *Conduit auditif.*

conduite [kɔ̃dɥit] n. f. **I. 1.** Action de conduire, de guider. *La conduite d'un aveugle, d'un troupeau.* **2.** Direction musicale. *La symphonie sera jouée sous la conduite de l'auteur.* **3.** Action de conduire un véhicule. *Conduite en état d'ivresse.* **4.** Manière de se comporter, d'agir. *Adopter une ligne de conduite.* **II.** TECH Canalisation destinée au transport d'un fluide. *Conduite d'eau, de gaz.*

condyle [kɔ̃dil] n. m. ANAT Éminence articulaire.

cône [kon] n. m. **1.** Surface engendrée par une droite (la génératrice) passant par un point fixe (le sommet) et s'appuyant sur une courbe fixe (la directrice). ▷ ASTRO *Cône d'ombre, de pénombre :* ombre conique projetée par une planète ou un satellite dans la direction opposée au Soleil, dont cette planète intercepte les rayons. (V. éclipse). **2.** BOT Fleur ou inflorescence de forme conique. *Des cônes de pin.* **3.** ZOOL Mollusque gastéropode des mers chaudes, à coquille conique ouverte longitudinalement, et dont certaines espèces peuvent inoculer un venin mortel. *Le contact avec le cône textile est mortel.* **4.** GEOL Élévation conique au sommet de laquelle s'ouvre généralement le cratère d'un volcan. ▷ *Cône de déjection*.* **5.** ANAT *Cône terminal de la moelle épinière :* partie terminale de la moelle au niveau de la deuxième vertèbre lombaire.

confection [kɔ̃fɛksjɔ̃] n. f. **1.** Action de fabriquer, de préparer qqch. **2.** *La confection :* l'industrie des vêtements vendus tout faits (par oppos. à ceux que l'on exécute sur mesure). Syn. prêt-à-porter.

confectionner [kɔ̃fɛksjɔne] v. tr. [**1**] Préparer, fabriquer. *Confectionner un gâteau, un vêtement.*

confectionneur, euse [kɔ̃fɛksjɔnœʀ, øz] n. Personne qui fabrique des vêtements de confection.

confédéral, ale, aux [kɔ̃fedeʀal, o] adj. Qui se rapporte à une confédération.

confédération [kɔ̃fedeʀasjɔ̃] n. f. **1.** Association d'États qui, tout en conservant leur souveraineté, sont soumis à un pouvoir central. **2.** Groupement d'associations, de fédérations, de syndicats, etc.

Confédération canadienne, État fédéral créé en 1867 par l'Acte de l'Amérique* du Nord britannique et qui réunissait le Bas-Canada (Québec), le Haut-Canada (Ontario), la Nouvelle-Écosse et le Nouveau-Brunswick. Cette Confédération s'est ensuite élargie : le Manitoba (1870), la Colombie-Britannique (1871), l'île du Prince-Édouard (1873), l'Alberta et le Saskatchewan (1905) et Terre-Neuve (1949) la rejoignirent. Sa Constitution demeura en vigueur jusqu'en 1982. (V. rapatriement.)

Confédération germanique, union des États allemands, issue du congrès de Vienne (1815) et placée sous la présidence de l'empereur d'Autriche. Elle fut dissoute en 1866 quand la Prusse vainquit l'Autriche (Sadowa).

Confédération helvétique. V. Suisse.

confédéré, ée [kɔ̃fedeʀe] adj. et n. **I.** adj. Réuni en confédération. *Cantons confédérés de Suisse.* **II. 1.** n. m. HIST *Les confédérés :* les sudistes, par oppos. aux *fédéraux,* ou *nordistes,* pendant la guerre de Sécession aux États-Unis. **2.** n. (Suisse) Ressortissant d'un autre canton que celui où il habite. – *Spécial.* Suisse allemand.

confédérer [kɔ̃fedeʀe] v. tr. [**14**] Réunir en confédération.

Conféjes, acronyme pour *Conférence* des ministres de la Jeunesse et des Sports des pays francophones.*

Confémen, acronyme pour *Conférence* des ministres de l'Éducation nationale des pays francophones.*

Confémer, acronyme pour *Conférence* des ministres de l'Enseignement supérieur et de la Recherche scientifique.*

confer [kɔ̃fɛʀ] inv. (Mot latin) Mention qui signifie «comparez, reportez-vous à». (Abrév. : cf.)

conférence [kɔ̃feʀɑ̃s] n. f. **1.** Réunion où plusieurs personnes examinent ensemble une question. – *Conférence internationale,* entre diplomates, hommes d'État. – *Conférence de presse,* où des journalistes interrogent une ou plusieurs personnalités. ▷ (Afr. subsah.) *Conférence nationale (souveraine),* réunissant les dirigeants politiques, les institutions publiques et des représentants de la société civile, afin d'étudier la mise en place de structures démocratiques. **2.** Discours sur un sujet donné, prononcé en public avec une intention didactique.

Conférence des ministres de la Jeunesse et des Sports des pays francophones (Conféjes), conférence ministérielle permanente regroupant trente-deux pays et gouvernements. V. francophonie.

Conférence des ministres de l'Éducation nationale des pays francophones (Confémen), conférence ministérielle permanente regroupant les pays et les gouvernements associés à la francophonie. V. francophonie.

Conférence des ministres de l'Enseignement supérieur et de la Recherche scientifique (Confémer), conférence ministérielle permanente regroupant les pays et les gouvernements associés à la francophonie. V. francophonie.

Conférence des Nations unies sur le commerce et le développement (CNUCED), organe de l'ONU, créé en 1964, qui se réunit tous les 4 ans et aborde les rapports écon. et fin. entre les pays industrialisés et les pays en voie de développement.

Conférence internationale de géographie, congrès tenu à Bruxelles, en sept. 1876, à l'initiative de Léopold II de Belgique; réunissant des explorateurs et les sociétés de géographie du monde entier, il aboutit à la création de l'Association internationale africaine.

Conférence ministérielle de la Francophonie (C.M.F.), organe de la Francophonie composé des ministres des Affaires étrangères et de la Francophonie, chargé du suivi des Sommets francophones et constituant l'autorité supérieure de tous les opérateurs de la Francophonie, notamment de l'Agence de la coopération culturelle et technique (A.C.C.T.), dont elle est le conseil d'administration et la conférence générale. V. francophonie.

Conférence pour la sécurité et la coopération en Europe (C.S.C.E.). V. Europe.

conférencier, ère [kɔ̃feʀɑ̃sje, ɛʀ] n. **1.** Personne qui fait une, des conférences. **2.** (Afr. subsah., Maghreb) Personne qui prend part à une conférence (sens 1).

conférer [kɔ̃feʀe] v. [**14**] **1.** v. tr. Accorder, donner. *L'aisance que confère la compétence.* **2.** v. intr. *Conférer avec :* s'entretenir d'une affaire avec. *Conférer d'un projet avec ses collaborateurs.*

confesser [kɔ̃fese] v. tr. [**1**] **1.** Déclarer (ses péchés) à un prêtre, en confession. ▷ v. pron. Confesser ses péchés; *par ext.* avouer ses fautes. **2.** Entendre en confession. *Confesser un pénitent.* **3.** Avouer. *Il a confessé son erreur. Je dois confesser que...* **4.** Faire profession publique (d'une croyance). *Confesser sa foi.*

confesseur [kɔ̃fesœʀ] n. m. **1.** HIST Dans l'Église primitive, chrétien qui confessait sa foi au péril de sa vie. – *Par ext.* Saint qui n'est ni martyr ni apôtre. **2.** RELIG CATHOL Prêtre qui entend en confession.

confession [kɔ̃fesjɔ̃] n. f. **1.** Aveu de ses péchés fait à un prêtre en vue de recevoir l'absolution. **2.** Aveu, déclaration d'une faute. *Recevoir la confession d'un criminel.* **3.** (Souvent plur.) LITTER Mémoires dans lesquels l'auteur avoue ses erreurs, ses fautes. *«Les Confessions», œuvre autobiographique de J.-J. Rousseau.* **4.** Déclaration publique de sa foi religieuse. ▷ Croyance religieuse. *Être de confession catholique.*

confessionnal, aux [kɔ̃fesjɔnal, o] n. m. Dans une église, guérite où le prêtre entend les confessions.

confessionnalisme [kɔ̃fesjɔnalism] n. m. Caractère, statut de ce qui est confessionnel.

confessionnel, elle [kɔ̃fesjɔnɛl] adj. Relatif à une religion. *École confessionnelle :* école destinée aux élèves d'une religion déterminée.

confetti [kɔ̃feti] n. m. Petite rondelle de papier de couleur qu'on se lance par poignées pendant un carnaval, une fête. *Des confetti(s).*

confiance [kɔ̃fjɑ̃s] n. f. **1.** Espérance ferme en une personne, une chose. *Avoir confiance en qqn, en l'avenir. Homme de confiance,* en qui l'on peut avoir confiance, dont on est sûr. **2.** Assurance, hardiesse. *Avoir confiance en soi.* **3.** *Poser la question de confiance :* demander à l'Assemblée nationale d'approuver sa politique par un vote, en parlant du gouvernement.

confiant, ante [kɔ̃fjɑ̃, ɑ̃t] adj. **1.** Qui a confiance en qqn, en qqch. *Confiant dans l'avenir.* **2.** Disposé à la confiance.

Confiant (Raphaël) (né en 1951), romancier et poète français d'origine martiniquaise. Après cinq ouvrages en langue créole (1979 et 1987), il publie notam. *le Nègre et l'amiral* (1988) et *l'Allée des soupirs* (1994).

confidence [kɔ̃fidɑ̃s] n. f. Communication d'un secret personnel. *Faire, recevoir des confidences.* ▷ Loc. *En confidence :* secrètement. – *Dans la confidence :* dans le secret. *Vous a-t-il mis dans la confidence?*

confident, ente [kɔ̃fidɑ̃, ɑ̃t] n. **1.** Personne à qui l'on confie ses pensées intimes. **2.** THEAT Dans les tragédies classiques, personnage secondaire auquel se confie un des héros.

confidentiel, elle [kɔ̃fidɑ̃sjɛl] adj. Dit, écrit, fait en confidence, en secret. *Avis confidentiel.* – *Par ext.* De faible diffusion. *Publication confidentielle.*

confidentiellement [kɔ̃fidɑ̃sjɛlmɑ̃] adv. En confidence.

confier [kɔ̃fje] v. [**2**] **I.** v. tr. **1.** Remettre (qqch, qqn) aux soins de qqn d'autre. *Confier un dépôt. Confier ses enfants à des amis.* **2.** Litt. Livrer à l'action de. *Confier sa fortune au hasard.* **3.** Dire qqch de confidentiel (à qqn). *Confier ses peines, un secret à un ami.* **II.** v. pron. **1.** Avoir confiance en, s'en remettre à. *Se confier à la Providence.* **2.** Faire des confidences. *Se confier à qqn.*

configuration [kɔ̃figyʀasjɔ̃] n. f. **1.** Surface extérieure d'un corps, qui le limite et lui donne la forme qui lui est propre. *Configuration d'un terrain.* **2.** CHIM Arrangement des atomes d'une molécule qui ne peut être modifié par libre rotation. **3.** INFORM Ensemble des éléments (matériel et logiciel) dont est constitué un système. *Procéder à la configuration d'une machine.*

configurer [kɔ̃figyʀe] v. tr. [**1**] INFORM Donner à (une machine) les instructions de base sur lesquelles on veut travailler. *Configurer une imprimante.*

confiné, ée [kɔ̃fine] adj. **1.** Enfermé. *Un malade confiné dans sa chambre.* Fig. *Un esprit confiné dans la routine.* **2.** *Air confiné,* insuffisamment renouvelé.

confinement [kɔ̃finmɑ̃] n. m. Action de confiner, d'isoler; fait de se confiner, d'être confiné.

confiner [kɔ̃fine] v. [**1**] **1.** v. tr. Reléguer en un lieu. *La maladie le confine chez lui.* **2.** v. tr. indir. Toucher aux limites d'une terre, d'une région, d'un pays. *La prairie qui confine à la forêt.* – Fig. Être proche de. *Sa naïveté confine à la bêtise.* **3.** v. pron. S'enfermer. *Elle se confine dans sa chambre.* – Fig. Se limiter. *Se confiner dans des tâches subalternes.*

confins [kɔ̃fɛ̃] n. m. pl. Limites, extrémités d'un pays, d'une terre; parties situées à leurs frontières. *Les confins du Sahara. Ville située aux confins de trois départements.* ▷ Fig. *Plaisanterie aux confins du mauvais goût.*

confire [kɔ̃fiʀ] v. tr. [**64**] Mettre (des produits alimentaires) dans une substance qui les conserve. *Confire des fruits dans du sucre.*

confirmation [kɔ̃fiʀmasjɔ̃] n. f. **1.** Action de confirmer; son résultat. *La confirmation d'un soupçon.* – Assurance nouvelle et expresse. *J'ai reçu confirmation de la nouvelle.* **2.** RELIG Sacrement de l'Église catholique romaine qui confirme la grâce reçue au baptême. ▷ Dans l'Église protestante, confession publique de la foi chrétienne après l'instruction religieuse. **3.** DR *Arrêt de confirmation,* par lequel une cour d'appel rend exécutoire le jugement précédemment rendu.

confirmer [kɔ̃fiʀme] v. [**1**] **I.** v. tr. **1.** Maintenir (ce qui est établi), sanctionner, ratifier. *Confirmer une prérogative.* **2.** Conforter. *Il m'a confirmé dans mon opinion.* **3.** Assurer la vérité de qqch, l'appuyer par de nouvelles preuves. *Expérience qui confirme une théorie.* Ant. contredire, démentir, infirmer. **4.** RELIG Administrer le sacrement de la confirmation à. **II.** v. pron. Devenir certain. *Cette information se confirme.*

confiscation [kɔ̃fiskasjɔ̃] n. f. Action, fait de confisquer.

confiserie [kɔ̃fizʀi] n. f. **1.** Lieu où l'on fabrique, où l'on vend des fruits confits, des sucreries, des friandises. **2.** Fabrication, commerce de ces produits. **3.** Ces produits eux-mêmes.

confiseur, euse [kɔ̃fizœʀ, øz] n. Personne qui fabrique, qui vend de la confiserie.

confisquer [kɔ̃fiske] v. tr. [**1**] **1.** Saisir au profit du fisc, de l'État. **2.** Retirer provisoirement (un objet) à un enfant, à un écolier. **3.** Fig. Accaparer.

confit, ite [kɔ̃fi, it] adj. et n. m. Conservé dans du vinaigre, dans de la graisse, dans du sucre. *Cuisse de canard confite. Fruits confits.* ▷ n. m. Préparation culinaire composée de viande cuite et conservée dans sa propre graisse. *Confit d'oie, de canard.*

confiture [kɔ̃fityʀ] n. f. **1.** Fruits que l'on a fait cuire dans du sucre. *Confiture de goyaves, de cerises,* (Québec) *de bleuets**. *Pot de confiture.* **2.** (oc. Indien) Fruits confits.

conflagration [kɔ̃flagʀasjɔ̃] n. f. Bouleversement très important (guerre, révolution).

confle [kɔ̃fl] n. f. (Aoste) Congère.

conflictuel, elle [kɔ̃fliktɥɛl] adj. Qui recèle un conflit ou le provoque.

conflit [kɔ̃fli] n. m. **1.** Antagonisme. *Le conflit des passions. Un conflit de tendances, d'autorité.* – Loc. *Être, entrer en conflit avec qqn.* ▷ PSYCHAN Opposition entre des exigences internes contradictoires. **2.** Opposition entre deux États qui se disputent un droit. *Conflit armé :* guerre. **3.** DR Opposition qui s'élève entre deux tribunaux se prétendant tous deux compétents *(conflit positif)* ou incompétents *(conflit négatif)* au sujet de la même affaire. – *Conflit de lois :* problème naissant du fait qu'une question de droit présente des liens avec plusieurs États (ex. : mariage entre ressortissants de pays différents).

confluence [kɔ̃flyɑ̃s] n. f. **1.** Fait de confluer. *La confluence de la Bénoué et du Niger.* **2.** Fig. Rencontre. *La confluence d'opinions jusque-là divergentes.*

confluent [kɔ̃flyɑ̃] n. m. **1.** Lieu où deux cours d'eau se réunissent. **2.** ANAT Point de rencontre de deux vaisseaux.

confluer [kɔ̃flye] v. intr. [**1**] **1.** Se réunir, en parlant de deux cours d'eau. *L'Oubangui conflue avec le Zaïre.* **2.** Fig. Se rassembler. *La foule conflue sur la place.*

confocal [kɔ̃fɔkal] adj. m. TECH *Microscope confocal :* microscope à balayage laser permettant de réaliser des coupes optiques dans l'épaisseur d'un échantillon sans le couper, les images ainsi produites étant ensuite traitées par ordinateur pour aboutir à une visualisation tridimensionnelle de l'objet étudié.

confondant, ante [kɔ̃fɔ̃dɑ̃, ɑ̃t] adj. Qui remplit d'étonnement, qui trouble. *Une audace confondante.*

confondre [kɔ̃fɔ̃dʀ] v. tr. [**6**] **I.** **1.** Remplir d'étonnement, troubler. *Sa duplicité me confond.* **2.** Réduire (qqn) au silence en lui prouvant qu'il se trompe. *Confondre ses contradicteurs.* ▷ *Confondre un menteur,* le démasquer. **3.** v. pron. *Se confondre en excuses,* les multiplier. **II.** **1.** Mêler, brouiller. *L'obscurité confondait tous les objets.* **2.** Prendre une chose, une personne pour une autre. *Confondre des noms, des dates.* ▷ (S. comp.) *Ce n'est pas lui, je confonds!* **3.** v. pron. Se mêler. *Les voix des choristes se confondent.*

conformation [kɔ̃fɔʀmasjɔ̃] n. f. **1.** Manière dont un corps organisé est conformé, dont ses parties sont disposées. **2.** MED *Vice de conformation :* malformation congénitale. **3.** CHIM Disposition relative des atomes d'une molécule qui peut être modifiée par libre rotation.

conforme [kɔ̃fɔʀm] adj. **I.** *Conforme à.* **1.** De même forme que, semblable à (un modèle). *Copie conforme à l'original.* – *Pour copie conforme :* formule attestant que la copie est semblable à l'original (abrév. : p. c. c.). **2.** Qui s'accorde avec. *Il mène une vie conforme à ses aspirations.* **II.** *Absol.* Qui s'accorde avec la majorité des opinions, des comportements en vigueur. *Il est parfois dangereux d'avoir des idées non conformes.*

conformé, ée [kɔ̃fɔʀme] adj. Qui possède telle ou telle conformation. *Un enfant bien, mal conformé.*

conformément [kɔ̃fɔʀmemɑ̃] adv. De manière conforme. *Conformément à la loi.*

conformer [kɔ̃fɔʀme] v. tr. [1] **1.** Rendre conforme. *Conformer ses sentiments à ceux des autres.* **2.** v. pron. *Se conformer à :* agir selon. *Se conformer aux coutumes d'un pays.*

conformisme [kɔ̃fɔʀmism] n. m. Attitude de ceux qui se conforment à ce qui est communément admis.

conformiste [kɔ̃fɔʀmist] adj. et n. Péjor. Qui se soumet aux opinions généralement admises. *Une morale conformiste.* ▷ Subst. *Un conformiste hypocrite.*

conformité [kɔ̃fɔʀmite] n. f. Analogie, accord. *La conformité d'une copie avec l'original. Conformité de sentiments.* ▷ Loc. *En conformité avec :* conformément à, selon.

confort [kɔ̃fɔʀ] n. m. Bien-être matériel, commodités de la vie quotidienne. *Aimer le confort.* – Fig. (Souvent péjor.) Tranquillité psychologique. *Confort intellectuel.* ▷ *Médicament de confort,* qui permet de supporter un mal, mais sans constituer un traitement de ses causes.

confortable [kɔ̃fɔʀtabl] adj. Qui contribue au bien-être matériel. *Un appartement confortable. Des revenus confortables,* importants. – Fig. Qui donne le confort intellectuel. *Ses idées le mettent dans une situation peu confortable.*

confortablement [kɔ̃fɔʀtabləmɑ̃] adv. De façon confortable.

conforter [kɔ̃fɔʀte] v. tr. [1] Rendre plus ferme, plus solide, renforcer. *Cela me conforte dans mon opinion.*

confraternel, elle [kɔ̃fʀatɛʀnɛl] adj. De confrère, propre à des confrères.

confrère [kɔ̃fʀɛʀ] n. m. Personne qui appartient à la même profession intellectuelle, à la même société savante (que la personne considérée). *Un médecin estimé de ses confrères.*

confrérie [kɔ̃fʀeʀi] n. f. **1.** Vieilli ou rég. Corporation professionnelle. **2.** Association pieuse, le plus souvent composée de laïcs. ▷ Plaisant et pop. Confrérie gastronomique. *La confrérie des chevaliers du taste-vin.* **3.** Dans l'islam soufi, voie mystique dans laquelle, sous la conduite d'un maître spirituel, est apportée une initiation à la théologie et à la prière. *Confrérie mouride, tidiane.*

confrérique [kɔ̃fʀeʀik] adj. (Afr. subsah.) Didac. Organisé en confréries. *L'islam confrérique.*

confrontation [kɔ̃fʀɔ̃tasjɔ̃] n. f. Action de confronter des personnes, des choses.

confronter [kɔ̃fʀɔ̃te] v. tr. [1] **1.** DR Faire comparaître en même temps des accusés, ou des accusés et des témoins, pour les interroger et comparer leurs affirmations. ▷ *Par ext.* Mettre (des personnes) en présence les unes des autres, pour comparer leurs opinions, éclaircir une question obscure, etc. ▷ Examiner deux choses en même temps pour les comparer. *Confronter deux versions d'un texte. Confronter des idées.* **2.** v. pron. Se trouver en face de (une difficulté). *Se confronter à la misère.*

confucéen, enne [kɔ̃fyseɛ̃, ɛn] adj. Relatif au confucianisme. Syn. confucianiste.

confucianisme [kɔ̃fysjanism] n. m. Doctrine de Confucius et de ses disciples.

ENCYCL Le confucianisme traditionnel propose un modèle humain de sagesse (*jungi*) et une politique fondée sur la morale et le dépassement de soi. La correction langagière et le respect des concepts garantissent la qualité de l'homme et la cohésion du groupe. Le confucianisme connut de multiples adaptations au cours des siècles, le tirant tantôt (sous l'influence du taoïsme, du bouddhisme et par riposte du christianisme) vers la métaphysique et la religion, tantôt vers des idéologies en rapport avec ses applications sociales et politiques (*néo-confucianisme*). Le recueil confucianiste ou les quatre livres reprenant l'enseignement du Maître : *Lunyu (les Analectes* ou *Entretiens), Daxue (la Grande Étude), Zhongyong (l'Invariable Milieu), Menzi (les Écrits de Mencius)* constituent un canon que l'on réinterprète et qui fonde la doctrine du mandat céleste de la monarchie que se disputèrent les dynasties chinoises. Confucius professait que la morale constituait la base de la politique en appelant aux droits des faibles et aux devoirs des puissants. Le prince doit montrer l'exemple de la vertu mais il n'est pas forcément un sage. Pour devenir un sage, il faut cultiver les vertus cardinales : l'altruisme, l'humanité *(ren)* et le respect d'autrui *(yi).* Il convient aussi d'obéir aux rites et aux conventions sociales *(li).* C'est par de telles qualités que l'on peut accéder à la vertu *(de)* et atteindre la voie de la nature *(dao).* À partir de la dynastie des Tang, se développa un système de concours fondé sur l'examen de ces textes classiques, forme d'agrégation ou de doctorat (droit, écriture, mathématiques), qui créa en Chine une société de lettrés (mandarins). L'impérialisme chinois entraîna le rayonnement du confucianisme dans la péninsule indochinoise (IIIe s. av. J.-C.-968 apr. J.-C.), en Corée et au Japon. Dès le IIe s. de notre ère, des Vietnamiens conquirent en Chine des grades universitaires élevés. Indépendant en 939, le Viêt-nam ne reniera pas la culture chinoise. Un temple de la littérature fut construit à Hanoi en 1070. Le confucianisme conserva une place importante au XVe s. et s'accentua même en 1802, lorsque la dynastie des Nguyên réunifia le territoire vietnamien. Son influence reste prégnante dans les valeurs morales, dont celle de piété filiale. (V. ancêtre [culte des], encycl.)

confucianiste [kɔ̃fysjanist] adj. Syn. de *confucéen.*

Confucius (nom latinisé par les missionnaires du XVIIe s. d'après le chinois *K'ong-fou-tseu,* «Vénéré maître K'ong») ou **Kongfuzi** ou **Kongzi** (VIe – Ve s. av. J.-C.), philosophe chinois dont la doctrine symbolise l'humanisme traditionnel de l'ancienne Chine. (V. confucianisme, encycl.)

confus, use [kɔ̃fy, yz] adj. **1.** Dont les éléments sont brouillés, mêlés. *Amas confus. Un bruit confus.* **2.** Obscur, embrouillé. *La situation reste confuse.* **3.** Embarrassé, troublé. *«Le corbeau, honteux et confus...» (La Fontaine).*

confusément [kɔ̃fyzemɑ̃] adv. De manière confuse.

confusion [kɔ̃fyzjɔ̃] n. f. **1.** Embarras, honte. *Vos reproches me remplissent de confusion.* **2.** Désordre. *La confusion se mit dans les rangs.* **3.** Manque d'ordre, de clarté, de précision dans l'esprit. *La confusion des idées.* **4.** MED *Confusion mentale :* syndrome psychique, aux causes variées, caractérisé par une altération de la conscience, un état de stupeur, des troubles de l'idéation. **5.** Fait de confondre, de prendre une personne, une chose, pour une autre. *Une confusion de dates.* **6.** DR *Confusion des pouvoirs :* réunion de droits, de pouvoirs qui devraient être séparés. – *Confusion des peines :* condamnation d'une personne reconnue coupable de plusieurs crimes ou délits à la peine la plus élevée prévue pour sanctionner l'une des infractions commises, et à cette peine seule.

confusionnisme [kɔ̃fyzjɔnism] n. m. État de confusion; maintien de cet état dans les esprits.

conga [kɔ̃ga] n. f. Tambour en bois recouvert d'une peau, de forme ovoïde, de plus de 1 m de haut, utilisé dans la musique africaine et latino-américaine.

congé [kɔ̃ʒe] n. m. **1.** Permission de se retirer. *Prendre congé :* saluer des personnes avant de partir. **2.** Permission de s'absenter, de quitter momentanément son travail. *Congé de maladie. Les congés annuels. Avoir deux jours de congé.* ▷ *Les congés payés :* les vacances payées auxquelles a droit chaque année un salarié. **3.** (Toujours employé avec le possessif.) *Demander son congé :* demander à quitter définitivement son emploi. *Donner son congé à qqn,* le renvoyer. **4.** DR En matière de louage, déclaration écrite ou orale par laquelle l'une des parties signifie à l'autre qu'elle veut mettre fin au contrat. *Donner congé à un locataire.* **5.** Attestation de paiement des droits de circulation frappant certaines marchandises (alcools, notam.). **6.** TECH Évidement.

congédier [kɔ̃ʒedje] v. tr. [2] Renvoyer qqn, lui donner ordre de se retirer. ▷ *Être congédié :* être renvoyé de son travail, licencié. – (Luxembourg) (En parlant d'un élève.) Être renvoyé chez soi, mis en congé.

congélateur [kɔ̃ʒelatœʀ] n. m. Appareil ou partie d'un réfrigérateur qui sert à congeler des denrées alimentaires.

congélation [kɔ̃ʒelasjɔ̃] n. f. **1.** Passage d'un corps de l'état liquide à l'état solide sous l'action du froid. **2.** Action de congeler (spécial. un aliment).

congeler [kɔ̃ʒle] v. tr. [17] **1.** Faire passer de l'état liquide à l'état solide par l'action du froid. **2.** Soumettre à l'action du froid (une chose) pour qu'elle se conserve.

congénère [kɔ̃ʒenɛʀ] adj. et n. **1.** adj. SC NAT De la même espèce. *Plantes congénères.* ▷ ANAT *Muscles congénères,* qui concourent à produire le même effet (par oppos. à *muscles antagonistes*). **2.** n. (Souvent péjor.) Être, animal du même genre, de la même espèce. *Lui et ses congénères.*

congénital, ale, aux [kɔ̃ʒenital, o] adj. Qui existe à la naissance. (Ne pas confondre avec *héréditaire*.) *Une maladie, une anomalie congénitale.* ▷ Fig. *Une inaptitude congénitale au travail*, complète, absolue.

congère [kɔ̃ʒɛʀ] n. f. Amas de neige que le vent a entassée et qui a durci. *Skier au milieu des congères.* Syn. (Québec) banc de neige, (Aoste) confle, (Suisse) gonfle.

congestion [kɔ̃ʒɛstjɔ̃] n. f. **1.** Excès de sang dans les vaisseaux d'un organe ou d'une partie d'organe. *Congestion cérébrale, pulmonaire.* ▷ (Québec) Encombrement des voies respiratoires par des mucosités. *Congestion nasale.* **2.** Fig. Encombrement par accumulation. *La congestion des villes surpeuplées.*

congestionner [kɔ̃ʒɛstjɔne] v. tr. [**1**] Déterminer la congestion de. ▷ Fig. *Les embouteillages qui congestionnent la capitale.* ▷ Pp. adj. *Un visage congestionné*, à l'aspect altéré par l'afflux du sang. – (Québec) *Avoir le nez congestionné*, encombré de mucosités.

conglomérat [kɔ̃glɔmeʀa] n. m. **1.** PETROG Roche formée de blocs noyés dans un ciment naturel. (V. brèche 2, poudingue.) **2.** Fig Rassemblement, association. **3.** ECON Ensemble d'entreprises aux productions variées, réunies dans un même groupe financier.

Congo (le) fl. d'Afrique équatoriale (4 640 km), le deuxième du monde par l'étendue de son bassin (3 800 000 km²) et par son débit; à l'embouchure, celui-ci excède en moyenne les 42 000 m³ par seconde. Le Congo ne quitte pas le territoire de la rép. dém. du Congo. À l'époque de Mobutu, le fleuve et l'État furent rebaptisés *Zaïre*. Le fleuve naît dans le Katanga (S.-E. de la rép. dém. du Congo), à 1 400 m d'altitude; il se nomme alors Lualaba et coule du S. au N. À Kisangani, il prend le nom de Congo; par une large courbe, il passe l'équateur et se dirige vers l'O., puis le S.-O., limitant au N. le bassin du Congo, que limite au S. le Kasaï, son affl. (r. g.), et que traverse à l'O. l'Oubangui. Lorsque, du N., l'Oubangui le rejoint (r. dr.), un peu au sud de l'équateur, le Congo sert de frontière entre les deux républiques congolaises; son cours est alors marqué par des «pools», sortes de lacs. Le plus important d'entre eux, le Pool Malébo, sépare Kinshasa et Brazzaville. Une centaine de km en aval de Kinshasa, le Congo quitte la république du Congo et va se jeter dans l'Atlantique par un large estuaire. Malgré ses chutes et ses rapides, il forme une excellente voie de pénétration, des biefs navigables (complétés par des voies ferrées) ayant été aménagés. Le potentiel hydroélectr. est considérable, mais il est insuffisamment exploité. Poissonneux, le Congo constitue une ressource appréciable.

Congo (république du) (anc. *Congo-Brazzaville*), État d'Afrique équatoriale.
► V. carte et dossier, p. 1417.

Congo (république démocratique du) (anc. *Congo-Kinshasa* puis *Zaïre*), État d'Afrique équatoriale.
► V. carte et dossier Congo (république démocratique du), p.1420.

Congo-Brazzaville. V. dossier Congo (république du), p. 1417.

Congo-Kinshasa. V. dossier Congo (république démocratique du), p. 1420.

congo-kordofanien, enne [kɔ̃gokɔʀdɔfanjɛ̃, ɛn] adj. et n. m. LING Syn. de *nigéro-kordofanien.*

congolais, aise [kɔ̃gɔlɛ, ɛz] adj. et n. De la rép. du Congo ou de la rép. dém. du Congo. ▷ Subst. *Un(e) Congolais(e).*

congolisation [kɔ̃gɔlizasjɔ̃] n. f. (Afr. subsah.) Action de congoliser.

congoliser [kɔ̃gɔlise] v. tr. [**1**] (Afr. subsah.) Rendre congolais, attribuer à des Congolais. *Congoliser un poste de direction.*

Congo-Océan (le), voie ferrée du Congo reliant Brazzaville à Pointe-Noire, sur l'Atlantique; 517 km.

congratuler [kɔ̃gʀatyle] v. [**1**] **1.** v. tr. Vieilli ou plaisant (Cour. au Luxembourg) Féliciter. *Congratuler les organisateurs d'une soirée récréative.* **2.** v. pron. Échanger des compliments.

congre [kɔ̃gʀ] n. m. Poisson téléostéen apode qui peut atteindre 3 m, de couleur gris-bleu, carnivore et comestible.

congrégation [kɔ̃gʀegasjɔ̃] n. f. **1.** Au Vatican, chacune des organisations d'ecclésiastiques qui, placées sous l'autorité du pape, règlent l'administration de l'Église. *Congrégation pour le clergé, pour l'évangélisation des peuples.* **2.** Dans l'Église protestante, organisation ecclésiastique. **3.** Groupement de prêtres, de religieux, de religieuses. **4.** (Madag.) Anc. Structure d'accueil servant d'intermédiaire entre les nouveaux immigrés et l'Administration. – Mod. Communauté. *La congrégation chinoise.*

congrès [kɔ̃gʀɛ] n. m. **1.** Réunion de personnes rassemblées pour traiter d'intérêts communs, d'études spécialisées. *Un congrès d'historiens.* **2.** Réunion de diplomates, ayant pour objet de régler certaines questions internationales. *Le congrès de Vienne.* **3.** (Avec une majuscule.) Aux É.-U., corps législatif constitué par le Sénat et la Chambre des représentants. **4.** (Nouv.-Cal.) Première assemblée politique du Territoire.

Congrès (parti du) (*Indian National Congress*), parti nationaliste de l'Inde, fondé en 1855. Après la Seconde Guerre mondiale, Gandhi en fit un parti de masse, présidé par Nehru.

congressiste [kɔ̃gʀesist] n. Membre d'un congrès.

congru, ue [kɔ̃gʀy] adj. **1.** *Portion congrue :* appointements mesquins, revenus insuffisants. *Être réduit à la portion congrue.* **2.** MATH *Nombres congrus*, qui donnent le même reste lorsqu'on les divise par un même diviseur appelé *modulo*. *14 est congru à 8 modulo 6* (car 14 : 6=2, reste 2, et 8 : 6=1, reste 2).

congruence [kɔ̃gʀyɑ̃s] n. f. **1.** MATH Caractère des nombres congrus. **2.** GEOM *Congruence de droites :* ensemble des droites satisfaisant à deux conditions. (Ex. : être tangentes à deux courbes.)

conicine [kɔnisin] n. f. Syn. de *cicutine.*

conifère [kɔnifɛʀ] n. m. Plante d'une famille de gymnospermes arborescentes, résineuses, à feuilles persistantes, caractérisées par leurs cônes (pin, sapin, cèdre, par ex.).

conique [kɔnik] adj. et n. f. **1.** adj. Qui a la forme d'un cône. **2.** adj. GEOM Qui se rapporte au cône. **3.** n. f. GEOM Courbe plane du second degré (ellipse, hyperbole ou parabole).

conjectural, ale, aux [kɔ̃ʒɛktyʀal, o] adj. Didac. Fondé sur de simples conjectures. *Preuve conjecturale.*

conjecture [kɔ̃ʒɛktyʀ] n. f. Opinion fondée sur des analogies, des vraisemblances, des présomptions, des probabilités. *Les conjectures sont confirmées par les faits.*

conjecturer [kɔ̃ʒɛktyʀe] v. tr. [**1**] Inférer, juger en fonction de conjectures.

conjoint, ointe [kɔ̃ʒwɛ̃, wɛ̃t] n. et adj. **1.** n. Personne qui est mariée à une autre. *La signature du conjoint est requise.* **2.** adj. Lié. *Des questions conjointes.* **3.** adj. Qui est fait à plusieurs. *Action conjointe.*

conjointement [kɔ̃ʒwɛ̃tmɑ̃] adv. Ensemble, de concert. *Il faut agir conjointement.*

conjoncteur [kɔ̃ʒɔ̃ktœʀ] n. m. ELECTR Dispositif qui assure la connexion d'un circuit lorsque la tension est suffisante.

conjonctif, ive [kɔ̃ʒɔ̃ktif, iv] adj. **1.** GRAM Qui réunit deux mots, deux propositions. *«Bien que» est une locution conjonctive. Proposition conjonctive* ou, n. f., *une conjonctive.* **2.** ANAT Qui joint des parties organiques. – *Tissu conjonctif :* tissu de liaison et de soutien entre les différents tissus et organes, formé par les cellules conjonctives, les fibres conjonctives et les fibres élastiques.

conjonction [kɔ̃ʒɔ̃ksjɔ̃] n. f. **1.** Union. *La conjonction d'éléments dissemblables.* **2.** GRAM Mot invariable qui unit deux mots, deux propositions. *Mais, ou, et, donc, or, ni, car* sont des conjonctions de coordination. *Puisque, quand, que* sont des conjonctions de subordination. **3.** ASTRO Situation de deux planètes (ou d'une planète et du Soleil) alignées avec la Terre.

conjonctive [kɔ̃ʒɔ̃ktiv] n. f. ANAT Fine membrane muqueuse qui tapisse la face antérieure de l'œil et la partie interne des paupières.

conjonctivite [kɔ̃ʒɔ̃ktivit] n. f. MED Inflammation de la conjonctive entraînant la rougeur de l'œil. *Lorsqu'elle est due à un virus, la conjonctivite est très contagieuse.* Syn. (Afr. subsah.) apollo.

conjoncture [kɔ̃ʒɔ̃ktyʀ] n. f. **1.** Situation résultant d'un concours d'événements. *Fâcheuse conjoncture.* **2.** ECON Ensemble des conditions déterminant l'état du marché à un moment donné, soit pour un produit, soit pour un ensemble de produits.

conjoncturé, ée [kɔ̃ʒɔ̃ktyʀe] adj. (Afr. subsah.) Plaisant Qui a du mal à joindre les deux bouts.

conjoncturel, elle [kɔ̃ʒɔ̃ktyʀɛl] adj. ECON Qui dépend de la conjoncture

conjugaison [kɔ̃ʒygɛzɔ̃] n. f. **1.** Action d'unir, de coordonner en vue d'un même but; son résultat. *La conjugaison de nos efforts.* **2.** GRAM Ensemble des formes que possède un verbe. *Conjugaison régulière, irrégulière. Conjugaison active, passive, pronominale.* **3.** BIOL Appariement de deux cellules avant la fécondation. ▷ Mode de reproduction sexuée typique des ciliés, dans lequel les deux cellules se séparent après avoir échangé une partie de leur A.D.N.

conjugal, ale, aux [kɔ̃ʒygal, o] adj. Qui concerne l'union du mari et de la femme. *Amour conjugal.*

conjugalement [kɔ̃ʒygalmɑ̃] adv. Comme des personnes mariées.

conjugué, ée [kɔ̃ʒyge] adj. **1.** Lié ensemble, uni. *Des éléments harmonieusement conjugués.* **2.** CHIM *Liaisons conjuguées :* liaisons multiples séparées par une liaison simple, dans une molécule. **3.** MATH *Expressions conjuguées,* qui ne diffèrent que par le signe de l'un de leurs termes (ex. : $a + b$ et $a - b$). ▷ *Quantités conjuguées,* entre lesquelles il existe une correspondance donnée. **4.** GEOM *Points conjugués harmoniquement* (par rapport à deux autres points A et B) ou *conjugués harmoniques* (de A et B) : points N et M tels que MA/MB = – NA/NB. **5.** PHYS *Points conjugués :* dans un système optique centré, ensemble de deux points dont l'un est l'image de l'autre.

conjuguer [kɔ̃ʒyge] v. tr. [1] **1.** Unir. *Conjuguer ses efforts.* **2.** GRAM Réciter, écrire la conjugaison d'un verbe. ▷ v. pron. *Le verbe «aller» se conjugue avec l'auxiliaire «être»,* prend «être» comme auxiliaire.

conjuration [kɔ̃ʒyʀasjɔ̃] n. f. **1.** Association en vue d'exécuter un complot contre l'État, le souverain. *La conjuration de Catilina.* **2.** *Par ext.* Conspiration, cabale. **3.** Pratique de magie destinée à exorciser les influences néfastes.

conjuré, ée [kɔ̃ʒyʀe] n. Personne entrée dans une conjuration.

conjurer [kɔ̃ʒyʀe] v. [1] **I.** v. pron. Se liguer par un complot. – Fig. *Des hasards malheureux se conjurent contre nous.* **II.** v. tr. **1.** Écarter, éloigner (une puissance néfaste) par des prières, des pratiques magiques. *Conjurer les esprits malfaisants.* **2.** Fig. Écarter (un danger, une menace). **3.** Prier avec insistance, supplier. *Écoutez-le, je vous en conjure.*

connaissance [kɔnɛsɑ̃s] n. f. **1.** Fait de connaître une chose, fait de savoir qu'elle existe. *La connaissance sensorielle s'oppose à la connaissance abstraite.* **2.** PHILO *Théorie de la connaissance :* ensemble de spéculations visant à déterminer l'origine et la valeur de la connaissance commune, scientifique et philosophique. **3.** Idée exacte d'une réalité, de sa situation, de son sens, de ses caractères, de son fonctionnement. *Avoir une grande connaissance de l'art, des affaires.* **4.** Loc. *Avoir connaissance de (qqch) :* en venir à apprendre (qqch). – *Prendre connaissance d'une chose,* l'examiner. – *À ma connaissance :* autant que je sache. – *En connaissance de cause :* V. cause 1. **5.** (En loc.) Conscience de sa propre existence et de l'exercice de ses facultés. *Perdre connaissance; rester, tomber sans connaissance :* avoir une syncope. *Reprendre connaissance :* revenir d'un évanouissement. **6.** (Plur.) Notions acquises. *Avoir des connaissances en droit.* **7.** Relation entre des personnes. *Faire connaissance avec qqn :* entrer en relation avec qqn. ▷ *De connaissance :* que l'on connaît. *J'ai retrouvé une tête de connaissance.* **8.** *Une connaissance :* une personne avec qui l'on est en relation. **9.** DR Droit de statuer sur une affaire.

connaissement [kɔnɛsmɑ̃] n. m. DR MARIT Déclaration contenant un état des marchandises chargées sur un navire.

connaisseur, euse [kɔnɛsœʀ, øz] n. Personne qui est experte en une chose. *C'est un connaisseur en numismatique.* ▷ adj. *Un regard connaisseur.*

connaître [kɔnɛtʀ] v. tr. [73] **1.** Avoir une idée pertinente de. *Je connais les raisons de leur brouille.* **2.** Être informé de. *Connaissez-vous les dernières nouvelles?* **3.** Avoir la pratique de. *Connaître une langue, une science, un métier.* **4.** Avoir l'expérience de. *Connaître la misère.* **5.** *Connaître un endroit,* y être allé. **6.** (Sujet nom de chose.) Avoir. *Son ambition ne connaît pas de limites.* **7.** *Ne connaître que (qqch) :* se préoccuper uniquement de. *Ne connaître que son devoir.* **8.** Savoir l'identité de (qqn). *Connaître qqn de vue*.* **9.** Avoir des relations avec (qqn). *Je le connais depuis trois ans.* ▷ v. pron. *Elles se sont connues au pensionnat.* **10.** Apprécier, comprendre le caractère, la personnalité de (qqn). *J'ai mis longtemps à bien le connaître.* **11.** v. pron. Avoir une juste notion de soi-même. ▷ *S'y connaître :* être compétent. **12.** v. tr. indir. DR *Connaître de :* avoir autorité pour statuer en matière de. *Connaître d'une affaire.*

connard, arde [kɔnaʀ, aʀd] n. et adj. Vulg. Crétin, abruti.

connasse [kɔnas] n. f. et adj. f. Vulg. Imbécile, idiote.

connecter [kɔnɛkte] v. tr. [1] TECH Joindre. ▷ ELECTR Réunir par une connexion.

connecteur [kɔnɛktœʀ] n. m. **1.** TECH Dispositif de connexion. **2.** ELECTR Prise de courant à broches multiples.

Connecticut (le), fl. du N.-E. des É.-U. (553 km); naît à la frontière canadienne, se jette dans l'Atlantique (baie de Long Island).

Connecticut, État du N.-E. des États-Unis, sur l'Atlant.; 12 973 km^2; 3 287 000 hab.; cap. *Hartford.* – Le relief est formé de collines que draine du N. au S. le Connecticut. Les côtes sont échancrées. Cet État très urbanisé s'est tourné vers les industr. à haute technicité : aéron., électron. – Ce fut le cinquième État à adopter la Constitution fédérale (1788).

connectif, ive [kɔnɛktif, iv] n. m. et adj. **1.** n. m. BOT Élément d'une étamine, faisant suite au filet et liant les anthères. **2.** adj. ANAT *Tissu connectif :* tissu conjonctif.

connectique [kɔnɛtik] n. f. INFORM Ensemble du matériel servant à connecter des appareils (câbles, prises, etc.).

connerie [kɔnʀi] n. f. Fam. et vulg. Bêtise, stupidité. *Tu racontes des conneries.*

connétable [kɔnetabl] n. m. HIST **1.** Premier officier de la maison du roi de France. **2.** Titre de commandant général des armées françaises de 1219 à 1627. **3.** Grand dignitaire du Premier Empire, en France. **4.** Titre qui se donnait, en France, aux gouverneurs de places fortes.

connexe [kɔnɛks] adj. **1.** Qui est étroitement lié avec qqch d'autre. **2.** MATH *Espace connexe,* tel qu'il n'existe aucune partition de cet espace en deux parties ouvertes (ou fermées) non vides. **3.** DR *Affaires connexes, causes connexes,* qui sont jugées par un même tribunal.

connexion [kɔnɛksjɔ̃] n. f. **1.** Liaison que certaines choses ont les unes avec les autres. *Il y a connexion entre ces deux sciences.* **2.** ELECTR Liaison de conducteurs ou d'appareils entre eux. ▷ Organe qui établit cette liaison.

connivence [kɔnivɑ̃s] n. f. Complicité par complaisance ou tolérance; accord tacite, secret. *Être, agir de connivence avec qqn.*

connotation [kɔnɔtasjɔ̃] n. f. **1.** LOG Sens appliqué à un terme, plus général que celui qui lui est propre (par oppos. à *dénotation*). **2.** LING Sens particulier que prend un mot ou un énoncé dans une situation ou un contexte donnés. ▷ Cour. Résonance affective (d'un mot). *Les connotations du mot «liberté».*

connoter [kɔnɔte] v. tr. [1] **1.** LOG (En parlant d'un concept.) Rassembler (des caractères). **2.** LING Signifier par connotation.

connu, ue [kɔny] adj. et n. m. **1.** (Choses) Dont on a connaissance. *Le monde connu des Anciens.* – n. m. *Le connu.* **2.** (Personnes) Célèbre. ▷ Loc. *Connu comme le loup blanc :* très connu.

conque [kɔ̃k] n. f. **1.** Coquille des lamellibranches et des gros gastéropodes du genre *Tritonia* (triton). **2.** *Par ext.* Objet ayant la forme d'une conque. **3.** ANAT Cavité du pavillon de l'oreille.

conquérant, ante [kɔ̃keʀɑ̃, ɑ̃t] n. et adj. **I.** n. **1.** Personne qui fait des conquêtes militaires. *Napoléon fut un grand conquérant.* **2.** Personne qui gagne la sympathie, l'amour de qqn. **II.** adj. *Air conquérant :* attitude avantageuse, air dominateur, fat.

conquérir [kɔ̃keʀiʀ] v. tr. [35] **1.** Prendre par les armes. *Conquérir un pays.* **2.** Gagner, séduire, s'attacher. *Conquérir l'estime de ses collaborateurs.*

conquête [kɔ̃kɛt] n. f. **1.** Action de conquérir. *Faire la conquête d'une province.* **2.** Ce qui est conquis. *Les conquêtes d'Alexandre.* – Fig. *Les conquêtes de la science.* **3.** Fig. Fait de gagner la sympathie, l'amour de qqn. *Faire la conquête d'une femme.* **4.** Fam. Personne dont on a conquis les bonnes grâces.

conquis, ise [kɔ̃ki, iz] adj. **1.** Dont on a fait la conquête militairement. *Une ville conquise.* ▷ *Se conduire comme en pays conquis,* avec une insolence cynique. **2.** Dont on a gagné la sympathie, l'amour. *Une femme conquise.*

conquistador [kɔ̃kistadɔʀ] n. m. HIST Conquérant espagnol du Nouveau Monde. *Des conquistador(e)s.*

Conrad III de Hohenstaufen (v. 1093 – 1152), empereur germanique (1138-1152); il prit part à la 2e croisade. — **Conrad IV de Hohenstaufen** (1228 – 1254), empereur germanique (1250-1254), fils de Frédéric II; il fut aussi roi de Jérusalem (Conrad Ier, 1228-1254) et de Sicile (Conrad II, 1250-1254). — **Conrad V Conradin** (1252 – 1268), fils du préc., le dernier des Hohenstaufen, roi de Sicile (1254-1258) et de Jérusalem (1254-1268).

Conrad (Téodor Józef Konrad Nalecz Korzeniowski, dit Joseph) (1857 – 1924), écrivain anglais d'origine polonaise. Marin, il navigua pendant vingt ans. La mer est le personnage principal de ses romans : *le Nègre du «Narcisse»* (1897), *Lord Jim* (1900), *Typhon* (1903).

consacré, ée [kɔ̃sakʀe] adj. **1.** Dédié à une divinité; qui a reçu une consécration religieuse. *Lieu consacré.* **2.** Sanctionné par l'usage. *Un terme consacré.*

consacrer [kɔ̃sakʀe] v. tr. [1] **1.** Dédier à (une divinité). *Consacrer un temple à Zeus.* ▷ *Par ext.* Offrir à Dieu. *Consacrer une église.* – *Consacrer le pain et le vin,* les transformer en le corps et le sang du Christ, lors du sacrifice eucharistique. **2.** Litt. Rendre sacré, saint, vénérable. *Ce lieu fut consacré par le sang des martyrs.* **3.** Faire accepter de tous. *L'usage a consacré ce mot.* **4.** Destiner (qqch) à. *Consacrer sa vie à qqn.* **5.** v. pron. Se vouer à.

consanguin, ine [kɔ̃sɑ̃gɛ̃, in] adj. (et n.) **1.** Qui est parent du côté paternel. *Frère consanguin :* frère de père seulement (par oppos. à *frère utérin*). – *Par ext.* Se dit de personnes qui ont des ascendants directs communs. – *Mariage consanguin,* entre proches parents (cousins germains, par ex.). ▷ Subst. *Les consanguins.* **2.** BIOL Se dit d'un individu ou d'une population issus de croisements entre individus ayant des parents ou ancêtres directs communs.

consanguinité [kɔ̃sɑ̃gɥinite] n. f. Didac. **1.** Parenté du côté du père. **2.** *Par ext.* Parenté proche notam. entre conjoints. **3.** BIOL État d'individus consanguins.

consciemment [kɔ̃sjamɑ̃] adv. De manière consciente. *Agir consciemment.*

conscience [kɔ̃sjɑ̃s] n. f. **1.** Sentiment, perception que l'être humain a de lui-même, de sa propre existence. *Perdre, reprendre conscience.* ▷ *Avoir conscience de :* connaître nettement, apprécier avec justesse. *Avoir conscience de ses droits.* **2.** PHILO Intuition plus ou moins claire qu'a l'esprit de lui-même, des objets qui s'offrent à lui, ou de ses propres opérations. – Perception, connaissance d'une situation. *Conscience de classe.* ▷ *Par méton.* Siège des convictions, des croyances. *Liberté de conscience.* **3.** Sentiment par lequel l'être humain juge de la moralité de ses actions. *Science sans conscience n'est que ruine de l'âme* (Rabelais). *Agir selon, contre sa conscience.* – *Bonne conscience :* sentiment rassurant de n'avoir rien à se reprocher. – *Avoir qqch sur la conscience :* avoir qqch à se reprocher. – *Cas de conscience :* difficulté à se déterminer sur ce que permet ou défend la religion ou la morale. **4.** Loc. *En mon âme et conscience :* selon ma conviction la plus intime. – *Par acquit* de conscience.* – *En conscience :* honnêtement, franchement. **5.** *Conscience professionnelle :* souci de probité, d'honnêteté, grand soin que l'on porte à son travail.

Conscience (Hendrik) (1812 – 1883), écrivain belge d'expression néerlandaise, auteur de romans historiques (*le Lion de Flandre,* 1838) et de romans de mœurs (*le Conscrit,* 1850).

consciencieusement [kɔ̃sjɑ̃sjøzmɑ̃] adv. De manière consciencieuse.

consciencieux, euse [kɔ̃sjɑ̃sjø, øz] adj. (et n.) **1.** Qui remplit scrupuleusement ses obligations. *Un élève consciencieux.* ▷ Subst. *C'est un consciencieux.* **2.** Fait avec conscience. *Un travail consciencieux.*

conscient, ente [kɔ̃sjɑ̃, ɑ̃t] adj. et n. m. **I.** adj. **1.** Qui a la conscience de soi-même, d'un fait, de l'existence d'une chose. *Malgré le choc de l'accident, il est resté conscient. Être conscient de ses obligations.* **2.** Dont on a conscience. *Ce n'est pas un mouvement conscient, c'est un réflexe.* **II.** n. m. Activité psychique consciente (par oppos. à *inconscient*).

conscientisation [kɔ̃sjɑ̃tizasjɔ̃] n. f. (Maghreb) Éducation politique des populations. *Campagne de conscientisation.*

conscientiser [kɔ̃sjɑ̃tise] v. tr. [1] Faire prendre conscience, responsabiliser politiquement (une population). ▷ (Maghreb) Éduquer politiquement (une population).

conscientisme [kɔ̃sjɑ̃tism] n. m. (Afr. subsah.) Doctrine politique du Ghanéen Kwame Nkrumah.

conscription [kɔ̃skripsjɔ̃] n. f. **1.** Vieilli Inscription annuelle sur les rôles militaires des jeunes gens qui ont atteint l'âge du service national. **2.** HIST Système d'appel sous les drapeaux appliqué de 1798 à 1868, consistant à tirer au sort sur les rôles établis le nombre de citoyens nécessaire aux armées.

conscrit [kɔ̃skri] n. m. Soldat nouvellement incorporé.

consécration [kɔ̃sekrasjɔ̃] n. f. **1.** Action de consacrer. *Consécration d'un temple, d'un autel.* **2.** LITURG Action du prêtre cathol. ou orthodoxe qui consacre, pendant la messe, le pain et le vin; moment de la messe où se fait cette action. **3.** Sanction, confirmation. *La consécration du talent par le succès.*

consécutif, ive [kɔ̃sekytif, iv] adj. **1.** (Plur.) Se dit des choses qui se suivent sans interruption. *Trois années consécutives.* **2.** Qui suit (comme résultat). *Accident consécutif à une imprudence.* **3.** GRAM *Proposition consécutive :* subordonnée circonstancielle marquant les conséquences de l'action indiquée dans la principale.

consécutivement [kɔ̃sekytivmɑ̃] adv. **1.** Immédiatement après, sans interruption, coup sur coup. *Elle a eu consécutivement deux enfants.* **2.** *Consécutivement à :* par suite de.

conseil [kɔ̃sɛj] n. m. **1.** Avis que l'on donne à qqn sur ce qu'il doit faire. *Donner, suivre un conseil. Prendre conseil de qqn,* le consulter avant d'agir. **2.** Personne dont on prend avis. *Conseil fiscal.* – (En appos.) Partenaire et conseiller en affaires. *Ingénieur-conseil. Avocats-conseils.* **3.** DR *Conseil judiciaire :* personne que la justice choisit pour gérer les biens d'une autre personne, frappée d'interdiction. **4.** Assemblée ayant pour mission de donner son avis, de statuer sur certaines affaires. *Tenir conseil :* se réunir pour délibérer, se concerter. **5.** ADMIN *Conseil des ministres :* réunion des ministres, présidée par le chef de l'État. – *Conseil de cabinet, conseil interministériel :* réunion des ministres sous la présidence du Premier ministre. ▷ (Afr. subsah., Belgique) *Conseil communal,* municipal. ▷ (Belgique) *Conseil de la Communauté française de Belgique :* assemblée des parlementaires élus (wallons et bruxellois francophones) à la Communauté française (ce Conseil est indépendant du gouvernement fédéral). – *Conseil d'État :* Cour suprême. – *Conseil régional bruxellois :* assemblée des parlementaires élus à la Région* bruxelloise. – *Conseil régional wallon :* assemblée des parlementaires élus à la Région* wallonne. ▷ (Suisse) *Conseil d'État :* gouvernement des cantons de Fribourg, Genève, Neuchâtel, Valais et Vaud. – *Conseil des États :* assemblée délibérante composée des représentants des cantons. – *Conseil national,* composé des sept ministres ou conseillers fédéraux. ▷ (Québec) *Conseil législatif :* anc. chambre haute du Parlement québécois (abolie en 1968). – *Conseil privé,* (au niveau du gouvernement fédéral canadien) composé des présidents du Sénat, de la Chambre des communes et de la Cour suprême, des membres du Cabinet fédéral (l'ensemble des ministres) et des Premiers ministres provinciaux. – *Conseil exécutif :* Conseil des ministres. **6.** *Conseil d'administration :* groupe de personnes élues par l'assemblée générale d'une société anonyme pour administrer celle-ci conformément à la loi et à ses statuts. – *Conseil de famille :* assemblée de parents présidée par le juge de paix, chargée de la tutelle des mineurs et interdits. – *Conseil de classe :* dans les établissements d'enseignement secondaire, assemblée composée des professeurs, des représentants des élèves et de leurs parents, destinée à délibérer des problèmes généraux de la classe et à examiner la situation individuelle des élèves. – *Conseil de l'ordre,* chargé de veiller au respect de la déontologie chez les avocats, les architectes, les médecins, les notaires. **7.** RELIG *Conseil œcuménique des Églises :* V. œcuménique.

Conseil africain et mauricien pour l'enseignement supérieur (CAMES), organisme de coopération universitaire créé en 1968 et regroupant les pays francophones d'Afrique. Siège : Ouagadougou (Burkina Faso).

Conseil de l'Entente, organisation sous-régionale de coopération et d'intégration économique, créée en 1959 (accord d'Abidjan) et dont le principal instrument est le Fonds d'entraide et de garantie des emprunts (FEGE) : ses membres sont le Bénin, le Burkina Faso, la Côte d'Ivoire, le Niger et le Togo. Siège : Abidjan (Côte d'Ivoire).

Conseil de l'Europe, organisation européenne, créée en 1949, qui réunit 32 États d'Europe et qui siège à Strasbourg.

Conseil des Anciens. V. Anciens (Conseil des).

Conseil des Cinq-Cents. V. Cinq-Cents (Conseil des).

Conseil de sécurité, organe exécutif de l'Organisation* des Nations unies.

Conseil européen, ensemble des chefs de gouvernement des États membres de l'Union européenne (chancelier all., Premiers ministres brit., esp., ital., etc., président de la Rép. franç.) qui se réunissent périodiquement dep. 1974. V. Europe.

1. conseiller [kɔ̃seje] v. tr. [1] **1.** Donner conseil à (qqn). *Conseiller un enfant indécis.* **2.** Recommander (qqch) à (qqn). *Il lui a conseillé la patience.* ▷ *Conseiller à (qqn) de. Je vous conseille de partir à l'heure.*

2. conseiller, ère [kɔ̃seje, ɛr] n. **1.** Personne qui donne des conseils. *Un conseiller avisé.* – Par ext. *La colère est mauvaise conseillère.* **2.** n. m. Membre des cours judiciaires et de certains conseils et tribunaux. *Conseiller à la Cour de cassation, à la cour d'appel.*

Conseil supérieur de la langue française (C.S.L.F.), institution française, créée en 1989 et présidée par le Premier ministre, qui « a pour mission d'étudier les questions relatives à l'usage, à l'aménagement, à l'enrichissement, à la promotion, à la diffusion de la langue française en France et hors de France, et à la politique à l'égard des langues étrangères ». Son secrétariat est assuré par la Délégation* générale à la langue française. Ces deux organismes sont les héritiers du *Haut Comité pour la défense et l'expansion de la langue française,* créé en 1966 par G. Pompidou, alors Premier ministre.

consensuel, elle [kɔ̃sɑ̃sɥɛl] adj. **1.** DR *Contrat consensuel,* qui est formé par le seul consentement des parties. **2.** Issu d'un consensus; qui témoigne d'un consensus.

consensus [kɔ̃sɛ̃sys] n. m. **1.** PHYSIOL Relation qui existe entre les différentes parties du corps. **2.** Consentement, accord entre des personnes.

consentant, ante [kɔ̃sɑ̃tɑ̃, ɑ̃t] adj. Qui consent, qui donne son adhésion.

consentement [kɔ̃sɑ̃tmɑ̃] n. m. Approbation, adhésion donnée à un projet. *Pour le mariage d'un mineur, il faut le consentement des parents.*

consentir [kɔ̃sɑ̃tiʀ] v. tr. indir. [30] **1.** Donner son consentement à. *Consentir à un mariage. Je consens (à ce) qu'il vienne.* ▷ (Prov.) *Qui ne dit mot consent :* se taire équivaut à consentir. **2.** Octroyer. *Le vendeur lui a consenti un rabais.*

conséquence [kɔ̃sekɑ̃s] n. f. **1.** Résultat, suite d'une action, d'un fait. *Une affaire ayant de graves conséquences.* – *Cela ne tire pas à conséquence :* cela n'a pas de réelle importance. – *Sans conséquence :* sans importance, sans suite fâcheuse. **2.** Loc. adv. *En conséquence :* par conséquent. *En conséquence de :* en vertu de, conformément à. *En conséquence de vos instructions.* **3.** LOG Ce qui dérive, ce que l'on déduit d'un principe. *Tirer une (les) conséquence(s).* **4.** GRAM *Proposition de conséquence :* V. consécutif (sens 3).

conséquent, ente [kɔ̃sekɑ̃, ɑ̃t] adj. et n. m. **I.** adj. **1.** Qui est en accord avec soi-même, qui agit d'une manière logique. *Soyez conséquent avec vous-même!* **2.** Loc. adv. *Par conséquent :* donc, en conséquence. *J'ai la grippe, par conséquent je ne puis sortir.* **3.** GEOMORPH Se dit d'un cours d'eau ou d'une dépression perpendiculaire à la ligne de crête. Ant. subséquent. **II.** n. m. LOG, MATH, GRAM Second terme d'une proposition, d'un rapport, d'un raisonnement (par oppos. à *antécédent*).

conservateur, trice [kɔ̃sɛʀvatœʀ, tʀis] n. et adj. **1.** n. Personne chargée de garder qqch. – Titre de certains fonctionnaires. *Conservatrice de musée. Conservateur des hypothèques, des eaux et forêts.* **2.** n. POLIT Partisan des institutions anciennes; traditionaliste. ▷ adj. *Le parti conservateur,* en Grande-Bretagne (V. conservateur [Parti]), au Canada. – Subst. Membre ou partisan du parti conservateur. V. bleu 2 (sens II). **3.** adj. Qui conserve. *La puissance conservatrice du froid.* ▷ n. m. Substance qui assure la conservation des aliments. – Appareil utilisé pour la conservation des produits congelés. **4.** adj. (Luxembourg) ADMIN *Mesure conservatrice,* destinée à conserver un bâtiment en bon état.

conservateur canadien (Parti), parti fondé en 1854 qui depuis 1867 gouverne le Canada en alternance avec le Parti libéral.

conservateur (Parti), parti (dit *tory* jusqu'en 1832) qui gouverne la G.-B. en alternance avec le Parti travailliste.

conservation [kɔ̃sɛʀvasjɔ̃] n. f. **1.** Action de conserver; résultat de cette action. *Conservation des aliments. Conservation des droits.* **2.** *Instinct de conservation :* instinct qui pousse un être vivant, l'être humain, à protéger sa propre vie. **3.** État de ce qui est conservé. *La conservation d'un tableau.* ▷ Loc. *En bon (mauvais) état de conservation. Cette momie est dans un état de parfaite conservation.*

conservatisme [kɔ̃sɛʀvatism] n. m. Opinion, état d'esprit des conservateurs (sens 2). Ant. progressisme.

1. conservatoire [kɔ̃sɛʀvatwaʀ] adj. DR Qui conserve un droit. *Des mesures conservatoires.*

2. conservatoire [kɔ̃sɛʀvatwaʀ] n. m. Établissement destiné à préserver certains domaines de la culture et à en transmettre l'enseignement. *Conservatoire de musique. Conservatoire d'art dramatique.* (On dit aussi couramment *conservatoire.*) – *Conservatoire national des arts et métiers (CNAM) :* établissement français (à Paris) d'enseignement et de recherche dans le domaine des sciences et des techniques.

conserve [kɔ̃sɛʀv] n. f. **1.** Substance alimentaire qui peut se garder longtemps dans un récipient hermétiquement clos. *Ouvrir une boîte de conserve* ou *une conserve.* – *En conserve :* en boîte, en bocal. *Des haricots en conserve.* **2.** MAR *Naviguer de conserve :* se dit de navires qui font route ensemble. ▷ Loc. adv. Fig. *De conserve :* ensemble, en accord.

conservé, ée [kɔ̃sɛʀve] adj. Qui est gardé. – Qui est maintenu en bon état. *Être bien conservé :* avoir encore, malgré son âge avancé, beaucoup de fraîcheur, de beauté, ou de vivacité.

conserver [kɔ̃sɛʀve] v. tr. [1] **1.** Ne pas se défaire de, ne pas renoncer à. *Conserver une lettre. Conserver ses habitudes.* **2.** Ne pas perdre. *Conserver son emploi.* **3.** Maintenir en bon état; faire durer. *Conserver une bonne santé.* ▷ Fig. *Je conserve ces souvenirs.* – v. pron. *Des aliments qui se conservent longtemps.*

conserverie [kɔ̃sɛʀvəʀi] n. f. **1.** Fabrique de conserves alimentaires. **2.** Industrie des conserves.

considérable [kɔ̃sideʀabl] adj. Puissant, important. *Une force considérable.*

considérablement [kɔ̃sideʀabləmɑ̃] adv. Énormément.

considérant [kɔ̃sideʀɑ̃] n. m. DR Chacun des motifs qui précèdent le dispositif d'un arrêt. *Les considérants d'un jugement.*

considération [kɔ̃sideʀasjɔ̃] n. f. **1.** Examen attentif que l'on fait d'une chose avant de se décider. *Un problème digne de considération.* – *Prendre en considération :* tenir compte de. **2.** (Plur.) Réflexions. *Se perdre en considérations oiseuses.* **3.** Motif, raison d'une action. *Cette considération l'a décidé.* ▷ *En considération de :* à cause de. *En considération des services rendus.* **4.** Estime, déférence. *Jouir de la considération publique.*

considérer [kɔ̃sideʀe] v. [14] **I.** v. tr. **1.** Regarder attentivement. *Il considérait le spectacle en riant.* **2.** Examiner, envisager. *Considérer une affaire sous tous ses aspects.* – Pp. Loc. *Tout bien considéré.* **3.** Estimer, faire cas de. *Il veut qu'on le considère.* – Pp. adj. *Une personne très considérée dans la région.* **4.** *Considérer comme :* juger, estimer. *Je le considère comme un génie.* **II.** v. pron. *Se considérer comme... :* estimer qu'on est...

consignataire [kɔ̃siɲatɛʀ] n. m. **1.** DR Le tiers entre les mains duquel est faite une consignation. **2.** MAR Négociant ou commissionnaire qui représente dans un port les intérêts de l'armateur.

consignation [kɔ̃siɲasjɔ̃] n. f. **1.** DR Action de consigner (sens 1); somme consignée. **2.** COMM Dépôt de marchandises entre les mains d'un négociant, d'un commissionnaire. **3.** Fait de consigner un emballage, une bouteille.

consigne [kɔ̃siɲ] n. f. **1.** Ordre sous forme d'instruction donné à une sentinelle, un surveillant, un gardien, etc. *Donner, passer la consigne. La consigne est de...* ▷ *Par ext.* Instruction. **2.** Punition infligée à un soldat, à un élève, consistant en une privation de sortie. *Quatre jours de consigne.* **3.** Endroit où l'on met les bagages en dépôt dans une gare, un aéroport. *Consigne automatique :* placard métallique muni d'une clé qu'on obtient après paiement en pièces de monnaie introduites dans cet appareil. **4.** Fait de consigner; somme rendue en échange d'un emballage, d'une bouteille. *Cinq francs de consigne.*

consigner [kɔ̃siɲe] v. tr. [1] **1.** DR Déposer chez un tiers une somme contre signature pour qu'elle soit délivrée ensuite à qui de droit. **2.** COMM Adresser à un consignataire. *Consigner pour cent mille francs de marchandises à un négociant.* **3.** Mettre par écrit. *Consigner un procès-verbal.* **4.** Priver de sortie. *Consigner un élève.* **5.** Donner des ordres pour empêcher l'accès ou la sortie (d'un lieu). *Consigner sa porte à qqn,* refuser de le recevoir. **6.** Mettre ses bagages à la consigne d'une gare, d'un aéroport. – Pp. adj. *Une malle consignée.* **7.** Facturer un emballage, une bouteille, qui, une fois rendus, seront remboursés. – Pp. adj. *Une bouteille consignée.*

consistance [kɔ̃sistɑ̃s] n. f. **1.** Degré de liaison, de rapprochement des molécules d'un corps, qui lui donne sa dureté ou sa mollesse, sa rigidité ou son élasticité. *La consistance molle de l'argile humide.* **2.** *Absol.* État d'une matière fluide qui prend une certaine solidité. *Une pâte sans consistance.* – *Par ext.,* fig. Stabilité, solidité, permanence. *Un esprit sans consistance.*

consistant, ante [kɔ̃sistɑ̃, ɑ̃t] adj. **1.** Qui a de la consistance. *Une soupe consistante.* **2.** Fig. Solide. *Il n'a aucun argument consistant à m'opposer.*

consister [kɔ̃siste] v. intr. [1] **1.** *Consister dans, en :* avoir pour essence. *La beauté consiste dans l'harmonie.* **2.** *Consister en :* être composé de. *Sa fortune consiste en actions.* **3.** *Consister à* (+ inf.) : avoir pour but de. *Votre tâche consiste à trier ces papiers.*

consistoire [kɔ̃sistwaʀ] n. m. **1.** Dans l'Église cathol., réunion des cardinaux sur convocation du pape. **2.** Direction administrative de certaines communautés religieuses. *Consistoire protestant, israélite.*

consœur [kɔ̃sœʀ] n. f. Femme appartenant au même corps, à la même compagnie, à la même société (que la personne considérée).

consolant, ante [kɔ̃sɔlɑ̃, ɑ̃t] adj. (Rare en parlant de personnes.) Qui console, qui est propre à consoler.

consolateur, trice [kɔ̃sɔlatœʀ, tʀis] adj. et n. Qui console. *Un espoir consolateur.* – Subst. *Elle a joué les consolatrices.*

consolation [kɔ̃sɔlasjɔ̃] n. f. **1.** Soulagement apporté à la douleur morale de qqn. *Recevoir des paroles de consolation.* **2.** Sujet de soulagement, de satisfaction. **3.** Personne qui console. *Tu es ma seule consolation.*

console [kɔ̃sɔl] n. f. **1.** ARCHI Pièce en saillie en forme de S, destinée à supporter un balcon, une corniche, etc. **2.** Table à deux ou quatre pieds en forme de S, appuyée contre un mur. **3.** TECH Pièce encastrée dans une paroi, servant de support. **4.** ELECTROACOUST *Console de mixage :* pupitre de mixage des diverses sources sonores. **5.** INFORM Périphérique ou terminal permettant de communiquer avec l'unité centrale ou de la contrôler.

consoler [kɔ̃sɔle] v. [1] **1.** v. tr. Soulager (qqn) dans sa douleur, son affliction. **2.** v. pron. Oublier son chagrin. *Il se console difficilement de cet échec.*

consolidation [kɔ̃solidasjɔ̃] n. f. **1.** Action de consolider; son résultat. *La consolidation d'une fortune.* **2.** CHIR Action physiologique amenant la réunion des os fracturés par formation d'un cal. *Consolidation d'une fracture.* **3.** COMPTA *Consolidation d'un bilan :* opération comptable consistant à faire apparaître la situation financière globale d'un groupe de sociétés. ▷ FIN Conversion d'une dette à court terme en dette à long terme.

consolidé, ée [kɔ̃solide] adj. FIN Qui a été soumis à une consolidation (sens 3). *Bilan consolidé. Comptes consolidés.*

consolider [kɔ̃sɔlide] v. [1] **1.** v. tr. Affermir, rendre plus solide. *Consolider un édifice.* – Par ext. CHIR *Consolider une fracture.* ▷ Fig. *Consolider sa puissance.* ▷ FIN Convertir (une dette à court terme) en une dette à long terme. ▷ Réunir en un seul (plusieurs bilans). **2.** v. pron. S'affermir, devenir plus solide. – Fig. *Son pouvoir politique sur le pays se consolide.*

consommable [kɔ̃sɔmabl] adj. Qui peut être consommé.

consommateur, trice [kɔ̃sɔmatœʀ, tʀis] n. (et adj.) **1.** Personne qui achète des produits pour les consommer. *La défense des consommateurs.* – adj. *Pays consommateur* (par oppos. à *pays producteur*). **2.** Personne qui boit ou mange dans un café, une brasserie, etc.

consommation [kɔ̃sɔmasjɔ̃] n. f. **1.** Litt. Achèvement, accomplissement. *La consommation d'un sacrifice. Consommation du mariage :* union charnelle des époux. **2.** Usage que l'on fait de certains produits dont on ne peut se servir qu'en les détruisant. *Ils cultivent les légumes nécessaires à leur consommation.* **3.** ECON Emploi, pour la satisfaction des besoins des êtres humains, des biens produits antérieurement. *Consommation finale. Consommation intermédiaire,* à des fins de production. *Société de consommation,* se dit, parfois péjorativement, d'un type de société où l'accroissement de la production débouche sur la multiplication des produits à consommer et, par conséquent, sur la création de nouveaux besoins et désirs. **4.** Boisson ou nourriture prise dans un café, une brasserie.

consommé, ée [kɔ̃sɔme] adj. et n. m. **1.** adj. Parvenu au plus haut degré, parfait. *Un musicien consommé.* **2.** n. m. Bouillon produit par la viande dont on a épuisé tout le suc par la cuisson.

consommer [kɔ̃sɔme] v. [1] **I.** v. tr. **1.** Litt. Accomplir, achever. *Il n'a pas eu le temps de consommer son crime.* ▷ *Consommer le mariage :* avoir les premières relations sexuelles avec son conjoint. **2.** Se servir (de choses qui se détruisent par l'usage). *Consommer de la viande, de l'huile.* – Absol. *On consomme beaucoup.* **3.** (Choses) User. *Moteur qui consomme trop d'huile.* **II.** v. intr. Prendre une consommation (dans un café).

consomption [kɔ̃sɔ̃psjɔ̃] n. f. MED Amaigrissement et perte des forces dans les maladies graves et prolongées.

consonance [kɔ̃sɔnɑ̃s] n. f. **1.** Ressemblance de sons dans la terminaison de deux ou plusieurs mots. **2.** MUS Accord entre les sons musicaux dans l'harmonie classique occidentale. **3.** *Par ext.* Suite de sons. *Une langue aux consonances harmonieuses.*

consonantique [kɔ̃sɔnɑ̃tik] adj. PHON Qui a le caractère de la consonne, qui concerne les consonnes. *Un système consonantique.*

consonne [kɔ̃sɔn] n. f. **1.** Son résultant de la fermeture complète (occlusives) ou partielle (constrictives) du conduit buccal. *Consonnes dentales :* [d] et [t]; *bilabiales :* [b] et [p]; *labiodentales :* [f] et [v]; *palatales* ou *vélaires :* [g] et [k]; *alvéolaires :* [s] et [z], etc. **2.** Lettre qui représente un de ces sons.

consort [kɔ̃sɔʀ] n. m. et adj. m. **1.** (Plur.) (Souvent péjor.) Ceux qui sont engagés avec qqn dans une affaire. *Escrocs et consorts.* ▷ (Afr. subsah.) *Et consorts :* et tout ce qui va avec, et cætera. *Des camisoles, pagnes et consorts.* **2.** adj. m. *Prince consort :* époux d'une reine, qui n'est pas roi lui-même.

consortium [kɔ̃sɔʀsjɔm] n. m. FIN Association d'entreprises. *Des consortiums.*

conspirateur, trice [kɔ̃spiʀatœʀ, tʀis] n. Personne qui conspire.

conspiration [kɔ̃spiʀasjɔ̃] n. f. **1.** Complot, conjuration contre l'État, le pouvoir. **2.** Entente secrète contre qqn (ou qqch). *Une conspiration contre vous.*

conspirer [kɔ̃spiʀe] v. [1] **1.** v. intr. Ourdir une conspiration. *Conspirer contre le souverain.* **2.** v. tr. indir. Fig., litt. Concourir, tendre au même but. *Tout conspire à votre bonheur.*

conspuer [kɔ̃spɥe] v. tr. [1] Manifester bruyamment son hostilité contre (qqn), en parlant d'un groupe, d'une foule. *L'orateur s'est fait conspuer.*

Constable (John) (1776 – 1837), peintre anglais, paysagiste romantique.

constamment [kɔ̃stamɑ̃] adv. **1.** Invariablement, toujours. **2.** Très souvent. *Il vient constamment la voir.*

constance [kɔ̃stɑ̃s] n. f. **1.** Persistance, persévérance, partic. dans ses attachements. *La constance d'une amitié. La constance d'un amant.* **2.** État de ce qui ne change pas. *Constance des liquides de l'organisme.*

Constance (lac de) (en all. *Bodensee*), lac partagé entre la Suisse, l'Allemagne et l'Autriche; c'est une extension glaciaire du Rhin; 540 km^2.

Constance (en all. *Konstanz*), v. d'Allemagne (Bade-Wurtemberg), au N.-O. du *lac de Constance* (V. ci-après). ; 70540 hab. Text., horlogerie. Import. stat. clim. – Égl. goth. St-Étienne (XIIe-XVe s., parties romanes du XIe s.). – Le *concile de Constance* (1414-1418) mit fin au grand schisme d'Occident; il condamna Jan Hus au bûcher (1415).

Constance Ier Chlore, «le Pâle» (Marcus Flavius Valerius Constantius) (v. 225 – 306), empereur romain (305-306), père de Constantin Ier.

constant, ante [kɔ̃stɑ̃, ɑ̃t] adj. et n. f. **I.** adj. **1.** Qui ne change pas. *Température constante. – L'évolution du niveau de vie en francs constants.* ▷ Persévérant. *Constant en amour.* **2.** Qui dure; non interrompu. *Une tradition constante.* **II.** n. f. **1.** ASTRO *Constante solaire :* quantité d'énergie de rayonnement solaire parvenant aux confins de l'atmosphère. **2.** MATH et PHYS Coefficient ou quantité dont la valeur ne change pas (par oppos. à *variable*). **3.** BIOL *Constante biologique :* élément dont le nombre ou la concentration ne varie pas dans l'organisme et sert de base de normalité.

Constant (Benjamin Constant de Rebecque, dit Benjamin) (1767 – 1830), homme politique et écrivain français. Ses écrits polit. (empreints de libéralisme) sont auj. oubliés, non pas *Adolphe* (roman psychologique écrit vers 1806-1807; éd. 1816), le *Cahier rouge* (autobiographie écrite v. 1811; éd. posth. 1907) et ses *Journaux intimes* (posth., 1952).

Constant (Marius) (né en 1925), compositeur français d'origine roumaine, élève de Messiaen, fondateur en 1963 de l'ensemble *Ars Nova;* il a effectué des recherches de musique aléatoire. Auteur notamment de : *le Joueur de flûte* (1952), *Turner* (1961).

Constanța, ville et princ. port de Roumanie, sur la mer Noire; 349000 hab.; ch.-l. du distr. du m. nom. Port de comm. import. Pêche. Constr. navales. Stat. balnéaire – Site archéologique (ruines de l'ancienne cité grecque *Tomes,* devenue colonie romaine. Elle prit le nom de Constantiana en l'honneur de Constantin le Grand. Lieu d'exil du poète Ovide.

Constantin Ier le Grand (Caius Flavius Valerius Aurelius Claudius Constantinus) (entre 270 et 288 – 337), fils de Constance Ier Chlore; empereur romain (306-337). Il se rendit maître de l'Occident par sa victoire sur Maxence au pont Milvius (312), puis de tout l'Empire par ses victoires sur Licinius, qu'il fit assassiner en 325. Par l'édit de Milan (313), il autorisa le libre exercice du christianisme, qui devint une des relig. officielles de l'Empire. En 325, il convoqua le concile de Nicée, qui fut le prem. concile œcuménique. En 330, il fit transporter le siège du gouv. à Constantinople*, qu'il avait fondé.

Constantine (auj. *Qassantîna),* v. d'Algérie, dans les gorges du Rummel; 448000 hab.; ch.-l. de la wilaya du m. nom.; 2150 km^2; 790000 hab. Industr. text., alim., méca. – Université. Musée archéol. – Anc. *Cirta,* cap. de la Numidie, la v. fut détruite en 331 au cours d'une insurrection; devenue colonie romaine, elle fut reconstruite par Constantin. Les Français la prirent en 1837. Patrie du cheik Abdelhamid Ben* Badis (1889 – 1940), le fondateur de l'Association des oulémas.

Constantinescu (Emil) (né en 1939), homme politique roumain. Président de la Convention démocratique de Roumanie, il a été élu président de la Rép. en 1996.

Constantinople (anc. *Byzance,* auj. *Istanbul*), v. fondée en 324 par Constantin Ier le Grand, elle fut la cap. de l'Empire romain d'Orient, ou Empire byzantin*, de 330 à 1453. De 1204 à 1261, elle fut la cap. de l'Empire latin de Constantinople. Occupée par les Turcs (depuis 1453), elle reçut son nom actuel : Istanbul. (V. Byzance et Istanbul.)

Constantinople (Empire latin de) ou **Empire latin d'Orient,** empire (1204-1261) fondé par les croisés après qu'ils eurent pris Constantinople; miné par des querelles intestines, il s'effondra sous les coups de Michel

Paléologue, qui restaura l'Empire byzantin.

constat [kɔ̃sta] n. m. **1.** Procès-verbal, dressé par huissier, constatant un fait. **2.** Fig. Ce qui permet de constater qqch. *Un constat d'échec.*

constatation [kɔ̃statasjɔ̃] n. f. **1.** Action de constater. **2.** Fait constaté et rapporté, qui sert de preuve. *D'après les constatations d'un voyageur.*

constater [kɔ̃state] v. tr. [1] **1.** Vérifier, établir, certifier la réalité d'un fait. *Constater la mort de qqn.* **2.** Remarquer, s'apercevoir de (ou que). *Constater des différences. Je constate qu'il pleut.*

constellation [kɔ̃stɛlasjɔ̃] n. f. **1.** Groupement apparent d'étoiles ayant une configuration propre. *Il existe de nombreuses constellations : la Grande Ourse,, le Lion,* etc. **2.** Fig. Réunion de personnes illustres. *Une constellation de célébrités.*

constellé, ée [kɔ̃stelle] adj. **1.** Parsemé d'étoiles. *Un ciel constellé.* **2.** Parsemé d'objets, en général brillants. *Une couronne constellée de diamants.*

consternant, ante [kɔ̃stɛʀnɑ̃, ɑ̃t] adj. Qui consterne. *Un fait consternant.*

consternation [kɔ̃stɛʀnasjɔ̃] n. f. Stupeur causée par un événement pénible, accablement.

consterner [kɔ̃stɛʀne] v. tr. [1] Jeter dans l'accablement. *Cette nouvelle nous a consternés.* – Pp. adj. *Avoir l'air consterné.*

constipation [kɔ̃stipasjɔ̃] n. f. Retard ou difficulté dans l'évacuation des selles, d'origine fonctionnelle ou organique.

constipé, ée [kɔ̃stipe] adj. et n. **1.** Qui souffre de constipation. **2.** Fig., fam. Qui est taciturne, embarrassé, contraint.

constiper [kɔ̃stipe] v. tr. [1] Causer la constipation de. *Cette alimentation m'a constipé.* – (S. comp.) *Certains aliments constipent.*

constituant, ante [kɔ̃stitɥɑ̃, ɑ̃t] adj. et n. m. **1.** adj. Qui entre dans la composition de qqch. *Les parties constituantes d'une substance chimique.* **2.** n. m. Élément qui entre dans la composition d'un tout. *Les constituants de la matière.* – LING *Les constituants d'un énoncé.* **3.** adj. *Assemblée constituante,* élue pour rédiger une constitution.

Constituante (la). V. assemblée (encycl.).

constitué, ée [kɔ̃stitɥe] adj. **1.** *Les autorités constituées, les corps constitués,* établis par la Constitution. **2.** *Être bien, mal constitué,* de bonne, de mauvaise constitution physique.

constituer [kɔ̃stitɥe] v. tr. [1] **1.** Former un tout, par la réunion de deux ou plusieurs choses. *Ces trois maisons constituent tout le village.* **2.** Être en soi, représenter. *Le loyer constitue sa plus grosse dépense.* **3.** DR Établir, mettre (qqn) dans une situation légale. *Il a constitué son neveu son héritier.* **4.** DR Établir (qqch) pour qqn. *Constituer une rente, une pension à qqn,* s'engager à lui payer une rente, une pension. **5.** Créer, organiser. *Constituer un groupe de recherches.* **6.** v. pron. *Se constituer partie civile :* V. partie. *Se constituer prisonnier :* se livrer à la justice.

constitutif, ive [kɔ̃stitytif, iv] adj. **1.** Qui fait partie de. **2.** Qui constitue l'essentiel de.

constitution [kɔ̃stitysjɔ̃] n. f. **1.** Ensemble des éléments constitutifs de qqch; composition. *La constitution des corps.* **2.** Complexion du corps humain (état général de son organisation et de sa nutrition). *Être de constitution délicate.* **3.** Création, fondation. *Présider à la constitution d'un ciné-club.* – DR Action d'établir conformément à la loi. *Constitution d'une société. Constitution d'une hypothèque.* **4.** DR *Constitution d'avocat :* désignation d'un avocat. – *Constitution de partie civile :* acte par lequel un individu qui se prétend victime d'une infraction en demande réparation devant la juridiction répressive. **5.** (Avec une majuscule.) Ensemble des règles qui fondent l'autorité de l'État, organisent ses institutions, lui donnent ses pouvoirs, et souvent lui imposent des limitations, en partic. en garantissant des libertés aux citoyens.

Constitution civile du clergé, sous la Révolution française, en 1790, réorganisation du clergé. Les prêtres devaient prêter serment à cette Constitution; on distingua les prêtres assermentés (ou constitutionnels) et les réfractaires (ou insermentés).

constitutionnalité [kɔ̃stitysjɔnalite] n. f. Conformité à la Constitution de l'État.

constitutionnel, elle [kɔ̃stitysjɔnɛl] adj. **1.** MED *Maladie constitutionnelle,* qui relève de la constitution de l'individu. **2.** Régi par une constitution. *Monarchie constitutionnelle.* **3.** Conforme à la Constitution de l'État. **4.** Relatif à la Constitution de l'État. *Loi constitutionnelle.* **5.** *Droit constitutionnel :* partie du droit qui étudie les constitutions et leur fonctionnement.

constitutionnellement [kɔ̃stitysjɔnɛlmɑ̃] adv. Conformément à une constitution.

constricteur [kɔ̃stʀiktœʀ] adj. m. (et n. m.) **1.** ANAT *Muscle constricteur* ou, n. m., *un constricteur,* qui resserre, en agissant circulairement. **2.** ZOOL *Boa constricteur* ou *boa constrictor :* V. boa.

constrictive [kɔ̃striktiv] adj. f. (et n. f.) PHON *Une consonne constrictive* ou, n. f., *une constrictive,* produite avec une occlusion incomplète du canal buccal. *Les fricatives et les vibrantes sont des constrictives.*

constrictor [kɔ̃stʀiktɔʀ] adj. m. *Boa constrictor :* V. boa.

constructeur, trice [kɔ̃stʀyktœʀ, tʀis] n. et adj. **1.** n. Personne, entreprise qui construit. ▷ adj. *Les castors, animaux constructeurs.* **2.** adj. Qui établit qqch de nouveau. *Esprit constructeur.*

constructible [kɔ̃stʀyktibl] adj. Qui peut être construit. ▷ Où l'on peut construire. *Terrain constructible.*

constructif, ive [kɔ̃stʀyktif, iv] adj. **1.** Apte, propre à construire, à créer. **2.** Positif. *Des propositions constructives.*

construction [kɔ̃stʀyksjɔ̃] n. f. **1.** Action de construire. *La construction d'un navire.* **2.** Édifice. *Un ensemble de constructions nouvelles.* **3.** Ensemble des techniques qui concourent à l'acte de construire des bâtiments et des ouvrages de génie civil. ▷ *Par ext.* Branche particulière de l'industrie. *Construction mécanique, aérospatiale, navale.* **4.** Fig. Élaboration. *Une construction de l'esprit.* ▷ Art de la composition littéraire. *La construction d'un discours.* **5.** *Jeu de construction :* jeu d'enfant constitué d'éléments, de cubes, qui servent à dresser de petits ensembles figurant des maisons, des monuments, etc. **6.** GRAM Arrangement des mots suivant les règles et l'usage de la langue. **7.** GEOM Tracé d'une figure. *Construction d'un pentagone régulier.*

constructivisme [kɔ̃stʀyktivism] n. m. Mouvement artistique proche du cubisme et du futurisme.

construire [kɔ̃stʀɥiʀ] v. tr. [69] **1.** Disposer, assembler les parties pour former (un tout), bâtir. *Construire une machine, un pont.* **2.** Fig. Composer. *Construire une plaidoirie.* **3.** GRAM Arranger, disposer les mots d'une phrase suivant les règles de l'usage. *Construire une phrase.* **4.** GEOM Tracer (une figure). *Construire un triangle rectangle.*

consubstantiel, elle [kɔ̃sypstɑ̃sjɛl] adj. **1.** THEOL De la même substance. *Le Fils est consubstantiel au Père.* **2.** Inséparable.

consul [kɔ̃syl] n. m. **1.** ANTIQ Chacun des deux magistrats qui, à Rome, au temps de la République, se partageaient le pouvoir exécutif. **2.** Titre des trois magistrats suprêmes de la République française de 1799 à 1804. *Le Premier consul :* Bonaparte. (V. Consulat [le].) **3.** Mod. Agent diplomatique chargé de l'administration de ses concitoyens dans un pays étranger. *Le consul du Sénégal à Marseille.*

consulaire [kɔ̃sylɛʀ] adj. **1.** Qui est propre aux consuls romains. **2.** *Juge consulaire :* membre des tribunaux de commerce. **3.** Qui se rapporte à un consulat, à un consul à l'étranger.

consulat [kɔ̃syla] n. m. **1.** ANTIQ ROM Dignité, charge de consul; temps pendant lequel un consul exerçait sa charge. **2.** Charge de consul dans une ville étrangère. – *Par ext.* Lieu où un consul a ses bureaux.

Consulat (le), gouvernement de la France, issu du coup d'État du 18 brumaire*. Il dura du 10 nov. 1799 au 18 mai 1804. Le pouvoir exécutif fut confié à trois consuls, nommés pour 10 ans : Bonaparte, Premier consul, qui exerçait le pouvoir, Cambacérès et Lebrun. En 1802, un sénatus-consulte instaura pour Bonaparte le consulat à vie. Un autre, en 1804, remplaça le Consulat par l'Empire.

consultant, ante [kɔ̃syltɑ̃, ɑ̃t] adj. et n. **1.** adj. Qui donne avis et conseil. *Avocat consultant :* avocat-conseil. *Médecin consultant.* – Subst. *Un(e) consultant(e).* **2.** n. Client, cliente d'un médecin, qui vient consulter.

consultatif, ive [kɔ̃syltatif, iv] adj. Constitué pour donner un avis, sans pouvoir de décision. *Comité consultatif. Assemblée consultative.*

consultation [kɔ̃syltasjɔ̃] n. f. **1.** Action de consulter (qqn ou qqch). *Consultation populaire :* élection, référendum. **2.** Examen d'un malade par un médecin, et l'avis de celui-ci. **3.** Réunion de médecins délibérant sur le moyen de secourir un malade. **4.** Conférence pour examiner une affaire. *Faire une consultation.*

consulter [kɔ̃sylte] v. [1] **I.** v. tr. **1.** Prendre l'avis de, s'adresser à (qqn) pour un conseil. *Consulter un avocat, un médecin, une voyante.* – (S. comp.) *Malade qui vient pour consulter.* ▷ v. intr. Donner une consultation. *Ce médecin consulte tous les jours.* **2.** Examiner pour chercher des renseignements. *Consulter un dictionnaire, des archives.* **3.** Examiner pour se déterminer. *Consulter ses intérêts.* **II.** v. pron. (Récipr.) Délibérer sur une question.

consumer [kɔ̃syme] v. tr. [1] **1.** Détruire par combustion. *Le feu consuma l'édifice.* ▷ v. pron. *Les braises se consumaient lentement.* **2.** Litt. Épuiser, faire dépérir. *La fièvre, les chagrins le consument.* ▷ v. pron. Dépérir, s'épuiser. *Se consumer de chagrin.*

consumérisme [kɔ̃symeʀism] n. m. Doctrine, action des organisations de défense des consommateurs.

contact [kɔ̃takt] n. m. **1.** État de corps qui se touchent; action par laquelle des corps se touchent. *Point de contact.* **2.** Liaison, relation. *Prendre contact, entrer en contact avec qqn :* entrer en liaison avec qqn. **3.** MILIT Proximité permettant le combat. **4.** ELECTR Liaison de deux conducteurs assurant le passage d'un courant. – Cour. Dispositif d'allumage d'un moteur à explosion. – *Clé de contact* ou (Afr. subsah.) *contact :* clé commandant l'allumage du moteur d'un véhicule. **5.** GEOM Propriété de deux courbes qui ont en un point la même tangente. **6.** OPT *Lentille, verre* de contact.*

contacter [kɔ̃takte] v. tr. [1] **1.** (Emploi déconseillé.) Établir une liaison, un contact avec (qqn). **2.** ELECTR Établir un contact avec.

contacteur [kɔ̃taktœʀ] n. m. ELECTR Interrupteur commandé à distance.

contagieux, euse [kɔ̃taʒjø, øz] adj. et n. **1.** Transmissible par l'intermédiaire d'une personne, d'un objet véhiculant l'agent contaminant. *Maladie contagieuse.* ▷ Qui communique la contagion, qui la favorise. *Un malade contagieux.* – Subst. Sujet atteint d'une maladie contagieuse. **2.** Fig. Qui se communique facilement. *Un fou rire contagieux.*

contagion [kɔ̃taʒjɔ̃] n. f. **1.** Transmission d'une maladie par contact direct ou indirect. **2.** Fig. Imitation, propagation involontaire.

container [kɔ̃tenɛʀ] n. m. TECH (Anglicisme) Syn. (off. déconseillé) de *conteneur.*

contamination [kɔ̃taminasjɔ̃] n. f. **1.** MED Souillure par des germes pathogènes et, par ext., par des substances radioactives. *Contamination par contact direct.* **2.** METALL Introduction non souhaitée d'un élément dans un métal ou un alliage, altérant ses caractéristiques. **3.** Fig. Souillure. **4.** LING Altération (d'un mot par rapprochement avec un autre).

contaminer [kɔ̃tamine] v. tr. [1] **1.** MED Introduire des germes pathogènes et, par ext., des substances radioactives dans un objet ou un être vivant. *Contaminer de l'eau.* **2.** Fig. Souiller.

conte [kɔ̃t] n. m. **1.** Récit d'aventures imaginaires. *Conte de fées.* **2.** Litt. Genre littéraire ayant des structures et des caractéristiques propres, qui relève à la fois de la tradition populaire orale et de la tradition écrite. *Contes d'animaux. Conte fantastique, merveilleux, philosophique, populaire. Contes pour enfants.* **3.** Vx ou litt. Histoire peu vraisemblable.

Conté (Lansana) (né en 1936), colonel et homme politique guinéen. Nommé prés. de la Rép. après le renversement de Sékou Touré (avril 1984), il rappelle les exilés et libéralise l'économie. En 1990, une nouvelle Constitution met fin au régime militaire. En déc. 1993, Conté remporte la première élection présidentielle pluraliste.

contemplatif, ive [kɔ̃tɑ̃platif, iv] adj. et n. **1.** Adonné à la contemplation, à la méditation. *Mener une vie contemplative.* **2.** RELIG CATHOL *Ordres contemplatifs,* voués à la contemplation. ▷ Subst. *Un contemplatif.*

contemplation [kɔ̃tɑ̃plasjɔ̃] n. f. **1.** Action de contempler. *Rester en contemplation devant un paysage.* **2.** Profonde application de l'esprit à un objet intellectuel ou religieux. *Les Contemplations :* recueil de poésies de Victor Hugo. **3.** RELIG Connaissance de Dieu acquise par la méditation.

contempler [kɔ̃tɑ̃ple] v. tr. [1] Regarder attentivement, avec admiration. *Contempler les astres.* – Fig. «*Du haut de ces pyramides, quarante siècles vous contemplent*» (attribué à Bonaparte). ▷ v. pron. *Se contempler dans un miroir.*

contemporain, aine [kɔ̃tɑ̃pɔʀɛ̃, ɛn] adj. et n. **1.** adj. Du même temps. *Boccace était contemporain de Pétrarque.* **2.** adj. *Absol.* De notre temps. *L'histoire contemporaine française commence en 1789.* ▷ Subst. *Nos contemporains.* **3.** n. (Suisse) (Employé au plur.) Personnes nées la même année et groupées en associations ou amicales.

contenance [kɔ̃t(ə)nɑ̃s] n. f. **1.** Capacité, étendue, superficie. *La contenance d'un vase.* **2.** Maintien, posture. *Ne savoir quelle contenance prendre :* ne savoir quelle attitude adopter. – (En loc.) *Perdre contenance :* être embarrassé.

contenant [kɔ̃t(ə)nɑ̃] n. m. Ce qui contient (qqch). *Le contenant et le contenu.*

conteneur [kɔ̃tənœʀ] n. m. **1.** Récipient métallique, servant à contenir des marchandises ou des substances afin de faciliter leur transport et leur manutention. Syn. (off. déconseillé) container. **2.** Grand contenant à usage particulier. *Conteneurs destinés à recueillir séparément le verre, le papier, les plastiques usagés.*

contenir [kɔ̃təniʀ] v. tr. [36] **1.** Avoir une capacité de, comprendre en soi (dans sa substance, dans son étendue). *Cette cuve contient cent hectolitres.* **2.** Renfermer. *Cette cuve contient du vin.* – Fig. *Ce livre contient toutes ses théories.* **3.** Maintenir, retenir. *Les gardes contiennent la foule.* **4.** Fig. Réprimer, se rendre maître de (qqch). *Contenir ses passions.* ▷ v. pron. Se maîtriser.

content, ente [kɔ̃tɑ̃, ɑ̃t] adj. et n. m. **1.** adj. Dont le cœur et l'esprit sont satisfaits. «*Et si jamais revient cette femme, Je lui dirai je suis content*» (Apollinaire). *L'air content,* exprimant la satisfaction. ▷ *Être content de soi :* avoir bonne opinion de soi, à tort ou à raison. ▷ *Être content de :* être satisfait de. *Il est content de son sort.* ▷ Loc. *Non content de... :* il ne lui suffit pas de... *Non content de s'enivrer, il bat sa femme.* **2.** n. m. *Avoir son content :* avoir tout ce que l'on désirait.

contentement [kɔ̃tɑ̃tmɑ̃] n. m. État d'une personne contente.

contenter [kɔ̃tɑ̃te] v. [1] **I.** v. tr. **1.** Rendre content, satisfaire (qqn). **2.** Satisfaire (qqch). *Contenter ses désirs.* **II.** v. pron. Être satisfait. *Ils se contentent de peu.* ▷ Se borner à. *Il s'est contenté de rire.*

contentieux, euse [kɔ̃tɑ̃sjø, øz] adj. et n. m. **1.** adj. DR Qui est contesté, litigieux, ou qui peut l'être. *Affaire contentieuse.* **2.** n. m. *Le contentieux :* l'ensemble des affaires contentieuses d'une administration, d'une entreprise; le service qui s'en occupe. ▷ *Par ext.* Conflit non réglé. *Avoir un contentieux avec qqn.*

contention [kɔ̃tɑ̃sjɔ̃] n. f. CHIR Maintien en place d'une hernie, de fragments osseux après une fracture, d'un muscle, d'un tendon, d'un ligament.

contenu, ue [kɔ̃t(ə)ny] adj. et n. m. **1.** adj. Maîtrisé. *Colère contenue.* **2.** n. m. Ce qui est renfermé dans un contenant. *Le contenu d'une boîte.* ▷ Fig. Substance, signification. *Le contenu d'une lettre.* Syn. teneur.

conter [kɔ̃te] v. tr. [1] **1.** Faire le récit de, narrer. *Conter ses peines.* **2.** Dire (une histoire inventée). *Je vais vous conter l'histoire de Barbe-Bleue.* **3.** *Ne pas s'en laisser conter :* ne pas se laisser abuser.

contestable [kɔ̃tɛstabl] adj. Qui peut être contesté.

contestataire [kɔ̃tɛstatɛʀ] n. et adj. Personne qui conteste, qui remet en cause l'ordre établi, les valeurs dominantes. ▷ adj. *Des propos contestataires.*

contestation [kɔ̃tɛstasjɔ̃] n. f. **1.** Objection, discussion. *Ce texte a suscité bien des contestations.* ▷ Action, fait de contester. *Contestation d'un résultat, d'un document.* – *Sans contestation :* sans discussion, sans aucun doute. **2.** Remise en cause de l'ordre établi. *La contestationétudiante.*

conteste (sans) [sɑ̃kɔ̃tɛst] loc. adv. Sans aucun doute, incontestablement.

contester [kɔ̃tɛste] v. [1] **I.** v. tr. **1.** Refuser de reconnaître la légalité ou la légitimité de. *Contester un testament.* **2.** Mettre en doute, discuter. *Il conteste cette version des faits.* **II.** v. intr. Discuter, pratiquer la contradiction. ▷ *Spécial.* Remettre en cause l'ordre établi.

conteur, euse [kɔ̃tœʀ, øz] n. **1.** Personne qui conte, qui fait des récits. *Un conteur traditionnel.* **2.** Auteur de contes.

contexte [kɔ̃tɛkst] n. m. **1.** Ensemble des éléments d'un texte qui précèdent et suivent une unité déterminée (mot, groupe de mots) et déterminent son sens dans le discours. **2.** Ensemble des circonstances qui entourent un, des événements. *Le contexte économique de l'après-guerre.*

contextuel, elle [kɔ̃tɛkstyɛl] adj. Didac. Relatif au contexte.

contexture [kɔ̃tɛkstyʀ] n. f. **1.** Liaison, agencement des différentes parties d'un tout. *Contexture des os.* **2.** TEXT Façon dont s'entrecroisent les fils de la chaîne et ceux de la trame.

contigu, uë [kɔ̃tigy] adj. Attenant à autre chose. *La cuisine est contiguë à la salle à manger. Deux maisons contiguës,* qui se touchent. – Fig. *Notions contiguës,* proches.

contiguïté [kɔ̃tigɥite] n. f. Proximité immédiate dans l'espace ou dans le temps.

continence [kɔ̃tinɑ̃s] n. f. **1.** Abstention de tout plaisir charnel. **2.** MED *Continence vésicale, rectale :* fonction de rétention qu'assurent normalement les sphincters, en s'opposant au passage involontaire des urines ou des selles.

1. continent, ente [kɔ̃tinɑ̃, ɑ̃t] adj. Litt. Qui observe la continence (sens 1).

2. continent [kɔ̃tinɑ̃] n. m. **1.** Vaste étendue de terre émergée. ▷ *L'Ancien Continent :* l'Europe, l'Asie et l'Afrique. – *Le Nouveau Continent :* les deux Amériques. ▷ *Le continent :* la terre ferme, par rapport à une île. **2.** GEOL Vaste étendue granitique continue, émergée ou en partie recouverte de mers peu profondes, reposant sur un soubassement profond basaltique. ENCYCL On distingue traditionnellement cinq continents : l'Afrique, l'Amérique, l'Asie, l'Europe et l'Océanie, mais d'autres divisions sont possibles. Ainsi l'Eurasie est un continent et l'Amérique en forme deux; on voit auj. en l'Antarctique un sixième continent. À l'origine, l'Amérique du Nord était rattachée à l'Europe et l'Amérique du Sud à l'Afrique. La théorie de la dérive* des continents que valide auj. la *tectonique des plaques** rend compte de ce fait.

continental, ale, aux [kɔ̃tinɑ̃tal, o] adj. **1.** Relatif aux continents. ▷ GEOGR *Climat continental,* caractéristique de l'intérieur d'un continent, non soumis aux influences océaniques (été chaud, hiver froid et sec). **2.** Relatif à, qui appartient à un continent, spécial. au continent européen.

contingence [kɔ̃tɛ̃ʒɑ̃s] n. f. **1.** PHILO Possibilité qu'une chose arrive ou n'arrive pas (par oppos. à *nécessité*). **2.** (Plur.) Choses sujettes à variation, et dont l'intérêt est mineur. *Il ne se soucie pas des contingences.*

contingent, ente [kɔ̃tɛ̃ʒɑ̃, ɑ̃t] adj. et n. m. **I.** adj. **1.** PHILO Qui peut arriver ou ne pas arriver. Ant. nécessaire. **2.** Peu important, accessoire. **II.** n. m. **1.** Ensemble des conscrits effectuant leur service militaire pendant une même période. **2.** Ensemble de choses reçues ou fournies. *Retourner au grossiste un contingent de marchandises avariées.* **3.** DR Quantité de marchandises qu'il est permis d'importer.

contingentement [kɔ̃tɛ̃ʒɑ̃tmɑ̃] n. m. **1.** Partage, répartition. **2.** Limitation des importations.

contingenter [kɔ̃tɛ̃ʒɑ̃te] v. tr. [1] Établir une répartition de, fixer un contingent (sens II, 3) à.

continu, ue [kɔ̃tiny] adj. et n. m. **I.** adj. **1.** Qui n'est pas interrompu dans le temps ou dans l'espace. *Ligne continue. – Journée* continue.* ▷ n. m. Loc. *En continu :* sans interruption. **2.** ELECTR *Courant continu,* qui se propage toujours dans le même sens (par oppos. à *courant alternatif*). ▷ MATH *Fonction continue sur un intervalle,* qui varie peu si la variable varie peu. ▷ LING Dont la prononciation ne nécessite pas une interruption de l'écoulement de l'air laryngé (en parlant d'un son). *Les voyelles, contrairement aux consonnes occlusives, sont continues.* **II.** n. m. Didac. Ce qui ne comporte pas d'interruption (dans l'espace, dans le temps).

continuateur, trice [kɔ̃tinɥatœʀ, tʀis] n. Personne qui continue l'œuvre ou l'activité commencée par une autre personne.

continuation [kɔ̃tinɥasjɔ̃] n. f. Action de continuer; son résultat. *Décider la continuation d'un programme.*

continuel, elle [kɔ̃tinɥɛl] adj. **1.** Qui dure sans interruption. *Une pluie continuelle.* **2.** Qui se répète fréquemment et avec régularité.

continuellement [kɔ̃tinɥɛlmɑ̃] adv. Sans cesse, fréquemment.

continuer [kɔ̃tinɥe] v. [1] **I.** v. tr. Ne pas interrompre, donner une suite à. *Continuer ses recherches. Continuer son chemin, sa route.* – (S. comp.) Poursuivre, persévérer dans une activité. *C'est un bon début, continuez!* ▷ v. tr. indir. *Continuer de,* ou *à* (+ inf.). *Il continue à travailler malgré son âge. Ne vous dérangez pas, continuez de dîner.* **II.** v. intr. **1.** Se prolonger. *Le jardin continue jusqu'à la rivière.* **2.** Durer, ne pas cesser. *La séance continue.* **III.** v. pron. Être continué, se prolonger. *Des traditions qui se continuent depuis des siècles.*

continuité [kɔ̃tinɥite] n. f. Qualité de ce qui est continu, de ce qui se continue dans le temps ou dans l'espace. *La continuité d'une politique. Solution* de continuité.* ▷ MATH Propriété d'une fonction continue.

continûment [kɔ̃tinymɑ̃] adv. Sans interruption, sans cesse.

continuum [kɔ̃tinɥɔm] n. m. Ensemble qui n'est pas analysable en éléments distincts. ▷ LING *Continuum linguistique :* situation sociolinguistique dans laquelle l'interpénétration d'une variété de langue et de la langue dont cette variété est issue est telle que leurs emprunts réciproques ne sont pas perçus comme tels. – *Par ext.* Situation linguistique dans laquelle un locuteur passe d'un niveau de langue à un autre sans discontinuité. ▷ MATH, PHYS Espace relativiste à quatre dimensions (dont le temps).

contondant, ante [kɔ̃tɔ̃dɑ̃, ɑ̃t] adj. Qui fait des contusions. *Arme, instrument contondants.*

contorsion [kɔ̃tɔʀsjɔ̃] n. f. Contraction, déformation, volontaire ou non, des muscles, des membres. *Des contorsions de douleur.* ▷ *Par ext.* Attitude forcée. *Les contorsions d'un orateur.*

contorsionner (se) [kɔ̃tɔʀsjɔne] v. pron. [1] Faire des contorsions.

contorsionniste [kɔ̃tɔʀsjɔnist] n. Artiste de cirque, de music-hall, spécialisé dans les contorsions acrobatiques.

contour [kɔ̃tuʀ] n. m. **1.** Limite extérieure d'un corps, d'une surface. *Tracer les contours d'une figure. Le contour du nez.* **2.** (Plur.) Méandres, courbes sinueuses. *Les contours de la Seine.* **3.** (Liban, Maurice, Réunion, Suisse) Tournant, virage.

contourné, ée [kɔ̃tuʀne] adj. Dont le contour est compliqué, dessine des courbes. – Fig. *Style contourné,* peu naturel, affecté, forcé.

contournement [kɔ̃tuʀnəmɑ̃] n. m. **1.** Action de contourner. **2.** Manière dont une chose est contournée.

contourner [kɔ̃tuʀne] v. tr. [1] Suivre les contours, faire le tour de. *Contourner une île.* ▷ Fig. *Contourner une difficulté,* l'éluder.

contra-. Élément, du lat. *contra,* «contre, en sens contraire».

contraceptif, ive [kɔ̃tʀasɛptif, iv] adj. et n. m. **1.** adj. Propre à la contraception, qui a des propriétés anticonceptionnelles. *Une méthode contraceptive.* **2.** n. m. Produit destiné à empêcher la conception.

contraception [kɔ̃tʀasɛpsjɔ̃] n. f. (Anglicisme) Action, fait d'empêcher la conception, la grossesse, d'y mettre volontairement obstacle par les méthodes anticonceptionnelles.
ENCYCL Les méthodes naturelles de contraception (telles la méthode Ogino-Knaus, la courbe de température) sont peu fiables. Les méthodes artificielles courantes comprennent : des moyens mécaniques (diaphragme vaginal; stérilet intra-utérin, qui bloque la nidation; préservatifs pour l'homme); la contraception chimique : les œstrogènes et progestatifs («pilule») absorbés par voie orale bloquent l'ovulation. Ils représentent la contraception la plus efficace, mais doivent être utilisés sous surveillance médicale en raison des contre-indications et des risques qu'ils peuvent présenter. Une «pilule pour homme» est en cours d'expérimentation. Enfin, la stérilisation (vasectomie chez l'homme, ligature des trompes chez la femme), pratiquement irréversible, est interdite dans de nombreux pays si elle est pratiquée dans un but uniquement anticonceptionnel.

contractant, ante [kɔ̃tʀaktɑ̃, ɑ̃t] adj. et n. Qui s'engage par une convention, un contrat. *Les parties contractantes.* ▷ Subst. *Les contractants.*

1. contracter [kɔ̃tʀakte] v. tr. [1] **1.** S'engager, par un contrat, une convention, à remplir (certaines obligations). *Contracter mariage. Contracter une assurance.* ▷ *Contracter des obligations :* accepter des services qui engagent à la reconnaissance. **2.** Prendre, acquérir (une habitude). *Contracter une manie, un goût.* ▷ Être atteint par (une maladie). *Contracter la varicelle.*

2. contracter [kɔ̃tʀakte] v. [1] **I.** v. tr. **1.** Diminuer le volume de. *Le froid contracte les corps.* **2.** PHYSIOL Mettre en tension, avec ou sans raccourcissement, un ou plusieurs muscles. ▷ Cour. *Contracter son visage, sa bouche. La peur de l'échec le contracte,* le rend nerveux, inquiet. **3.** LING Réunir (deux voyelles, deux syllabes) pour n'en former qu'une seule. *On contracte «de» et «le» en «du».* – Pp. adj. *Article contracté.* **II.** v. pron. **1.** Diminuer de volume. **2.** Subir une contraction (sens 2). *Muscle, visage qui se contracte.* **3.** Fig. Être brusquement tendu nerveusement. *Se contracter à l'approche du danger.* **4.** LING *Deux voyelles qui se contractent en une seule,* se réduisent à une seule.

contractile [kɔ̃tʀaktil] adj. PHYSIOL Doté de contractilité.

contractilité [kɔ̃tʀaktilite] n. f. PHYSIOL Propriété qu'ont certaines cellules (notam. celles de la fibre musculaire) de réduire l'une de leurs dimensions en effectuant un travail actif.

contraction [kɔ̃tʀaksjɔ̃] n. f. **1.** Réduction du volume d'un corps. **2.** PHYSIOL Modification dans la forme de certains tissus sous l'influence d'excitations diverses. *Contraction musculaire. Contractions (utérines) de la femme qui accouche.* ▷ Cour. *Contraction du visage :* modification des traits sous l'influence d'une sensation, d'une émotion. **3.** LING Réunion de deux éléments en un seul (V. contracter 2, sens I, 3). **4.** *Contraction de texte :* exercice consistant à réduire la longueur d'un texte tout en respectant son style et son contenu.

contractuel, elle [kɔ̃tʀaktɥɛl] adj. et n. **1.** Qui est stipulé par contrat. *Clauses contractuelles. Politique contractuelle.* **2.** *Agent contractuel* ou, n., *contractuel(le) :* agent d'un service public non titulaire recruté sur la base d'un contrat.

contracture [kɔ̃tʀaktyʀ] n. f. MED Contraction prolongée et involontaire d'un ou de plusieurs muscles sans lésion du tissu musculaire.

contradicteur, trice [kɔ̃tʀadiktœʀ, tʀis] n. Personne qui contredit.

contradiction [kɔ̃tʀadiksjɔ̃] n. f. **1.** Action de contredire; opposition faite aux idées, aux paroles d'autrui. *Porter la contradiction au sein d'un débat.* – *Esprit de contradiction :* disposition à contredire. **2.** Fait de se contredire, de se mettre en opposition avec ce qu'on a dit ou fait; acte, parole, pensée qui s'oppose à une autre, à d'autres. *Un exposé rempli de contradictions. La contradiction règne au sein de ce parti.* **3.** Désaccord, incompatibilité. *Vivre, entrer en contradiction avec son conjoint.* **4.** LOG Incompatibilité entre deux propositions qui se nient mutuellement.

contradictoire [kɔ̃tʀadiktwaʀ] adj. **1.** Qui comporte une, des contradictions. *Témoignages contradictoires. Récit, attitude contradictoire.* **2.** DR Se dit de certains actes de procédure faits en présence des parties intéressées.

contradictoirement [kɔ̃tʀadiktwaʀmɑ̃] adv. D'une manière contradictoire.

contraignant, ante [kɔ̃tʀɛɲɑ̃, ɑ̃t] adj. Qui contraint, qui gêne.

contraindre [kɔ̃tʀɛ̃dʀ] v. **[54]** **I.** v. tr. **1.** Obliger, forcer (qqn) à agir contre son gré. *On m'a contraint à partir.* **2.** DR *Contraindre qqn,* l'obliger, par voie de justice, à exécuter ses obligations. **II.** v. pron. **1.** Se maîtriser, maîtriser ses penchants. *Un homme austère, habitué à se contraindre.* **2.** S'obliger à. *Il se contraint à faire une heure de marche tous les matins.*

contraint, ainte [kɔ̃tʀɛ̃, ɛ̃t] adj. **1.** Gêné, qui manque de naturel, d'aisance. *Il a l'air contraint. Un style contraint.* **2.** Soumis à une contrainte puissante. *Je ne ferai cela que contraint et forcé.*

contrainte [kɔ̃tʀɛ̃t] n. f. **1.** Violence, pression exercée sur qqn (pour l'obliger à agir, ou l'en empêcher). *Céder à la contrainte. Obtenir qqch par la contrainte.* ▷ État de celui qui subit cette violence. **2.** Obligation, règle à laquelle on doit se soumettre. *Les contraintes de la vie en société.* **3.** Retenue. *Rire sans contrainte.* **4.** DR Force à laquelle le prévenu n'a pu résister en commettant l'infraction qui lui est reprochée. **5.** DR Pouvoir reconnu au créancier ou à l'État sur le patrimoine ou la personne du débiteur ou du prévenu. ▷ *Contrainte par corps :* emprisonnement du débiteur ou du prévenu. **6.** PHYS Effort qui s'exerce à l'intérieur d'un corps. *Contrainte mécanique.*

contraire [kɔ̃tʀɛʀ] adj. et n. m. **I.** adj. **1.** Différent au suprême degré, opposé. *Des goûts contraires.* ▷ De sens opposé. *Vent contraire.* **2.** Qui gêne, qui nuit à, est incompatible avec. *Un régime contraire à la santé.* ▷ Litt. *Un sort contraire,* hostile. ▷ (Belgique) (Sans compl., en parlant d'une personne et dans une phrase négative.) D'un caractère contrariant. *Le bourgmestre m'écoutera, il n'est pas contraire.* – (Sans compl., en parlant d'une chose.) Qui ne convient pas, erroné. *Indiquer une date contraire.* **3.** LOG *Propositions contraires,* qui ne peuvent être vraies l'une et l'autre, mais peuvent être toutes les deux fausses. (Ex. «Toutes les femmes sont belles» et «Aucune femme n'est belle».) ▷ MATH *Événements contraires d'un univers,* tels que leur union donne cet univers et que leur intersection soit vide. **II.** n. m. Ce qui est inverse, tout à fait opposé. *Froid est le contraire de chaud. – Tu as raison, je ne te dis pas le contraire,* je ne le conteste pas. ▷ Loc. adv. *Au contraire :* inversement. – (Belgique) *Que du contraire :* tout au contraire. *Il ne m'a jamais fait confiance, que du contraire!*

contrairement [kɔ̃tʀɛʀmɑ̃] adv. D'une manière contraire à, à l'inverse de. *Contrairement à ce qu'il prétend...*

contralto [kɔ̃tʀalto] n. m. **1.** MUS La plus grave des voix de femme. **2.** Femme qui a cette voix.

contrariant, ante [kɔ̃tʀaʀjɑ̃, ɑ̃t] adj. **1.** Qui se plaît à contrarier. *Un esprit contrariant.* **2.** De nature à contrarier. *Événement contrariant.*

contrarié, ée [kɔ̃tʀaʀje] adj. **1.** Contrecarré, arrêté. *Un projet contrarié.* **2.** Mécontent, dépité. *Un air contrarié.* **3.** TECH Disposé en sens contraire. *Assemblage à joints contrariés.*

contrarier [kɔ̃tʀaʀje] v. tr. [2] **1.** S'opposer à, faire obstacle au déroulement de (qqch). *Contrarier les projets de qqn.* **2.** Mécontenter, chagriner. *Tes paroles l'ont contrarié.* **3.** TECH Disposer de façon à obtenir un contraste. *Contrarier les couleurs d'une étoffe.*

contrariété [kɔ̃tʀaʀjete] n. f. Sentiment de déplaisir créé par un obstacle, un événement imprévu. *Éprouver une grande contrariété.*

contraste [kɔ̃tʀast] n. m. **1.** Opposition prononcée entre deux choses ou deux personnes, chacune mettant l'autre en relief. *Être en contraste. Contraste de deux caractères.* **2.** OPT *Contraste de couleurs,* qui fait qu'une couleur paraît plus vive lorsqu'on la regarde en même temps que sa couleur complémentaire. – *Contraste d'une image optique :* variations de l'éclairement dans cette image. – AUDIOV *Régler le contraste d'un poste de télévision,* régler le rapport des brillances entre parties sombres et parties claires de l'image. ▷ LING Rapport entre une unité d'un énoncé (morphème, phonème) et celles qui forment son contexte.

contrasté, ée [kɔ̃tʀaste] adj. Qui présente un (des) contraste(s). *Tableau contrasté.*

contraster [kɔ̃tʀaste] v. [1] **1.** v. intr. Former un contraste, être en opposition. *Sa conduite contraste avec ses propos.* **2.** v. tr. Mettre en contraste. *Contraster les couleurs.*

contrastif, ive [kɔ̃tʀastif, iv] adj. LING *Linguistique contrastive,* qui compare deux langues systématiquement, sur tous les plans.

contrat [kɔ̃tʀa] n. m. **1.** DR Accord de volontés destiné à créer des rapports obligatoires entre les parties. *Contrat de travail, de location. Contrat de mariage,* qui fixe le régime matrimonial des époux pendant la durée du mariage. **2.** Acte qui enregistre cet accord. *Rédiger, signer un contrat.* **3.** JEU Au bridge, dernière annonce du camp déclarant, qui s'engage à réaliser un certain nombre de levées.

contravention [kɔ̃tʀavɑ̃sjɔ̃] n. f. DR Infraction aux lois et aux règlements, qui relève des tribunaux de police. ▷ Cour. Amende dont est punie cette infraction. – *Spécial.* Amende pour infraction au Code de la route. ▷ Procès-verbal dressé pour cette infraction.

contre-. Élément, du lat. *contra,* qui marque l'opposition, la proximité, la défense.

1. contre [kɔ̃tʀ] prép. et adv. **I.** prép. Marque : **1.** L'opposition, la lutte, l'hostilité. *Nager contre le courant. Être contre le gouvernement. Se battre contre une idée, un ennemi.* ▷ *Envers et contre tous :* malgré toutes les difficultés. **2.** La proximité, le contact. *Prendre un enfant contre son cœur. S'appuyer contre un pilier.* ▷ (Suisse) Vers. *Se diriger contre la montagne.* **3.** L'échange. *Colis contre remboursement,* en échange du... **4.** La proportion. *Être élu par cent voix contre dix. Parier à dix contre un.* **5.** L'idée de défense. *S'assurer contre le vol. – Un remède contre la toux,* pour la combattre. **II.** adv. Marque : **1.** L'opposition. *Il a voté contre.* **2.** La proximité, le contact. *Approche-toi du mur et mets-toi contre,* tout près. **III.** Loc. adv. *Par contre :* en revanche, en compensation (expression critiquée par certains puristes). ▷ *Tout contre :* en contact étroit. **IV.** Loc. (Belgique) *Être contre, laisser contre* (en parlant d'une porte, d'une fenêtre) : être laissé entrouverte. *La porte est contre, ferme-la. Laisse la fenêtre contre, la poignée ne tourne pas facilement.*

2. contre [kɔ̃tʀ] n. m. **1.** Ce qui est défavorable à, en opposition avec qqch. *Peser le pour et le contre :* évaluer les avantages et les inconvénients. **2.** SPORT Contre-attaque. **3.** JEU *Faire un contre* ou *contrer :* V. contrer (sens 1).

contre-alizé [kɔ̃tʀalize] n. m. METEO Courant aérien opposé en altitude à l'alizé. *Des contre-alizés.*

contre-allée [kɔ̃tʀale] n. f. Allée latérale, parallèle à une allée, à une voie principale. *Des contre-allées.*

contre-amiral, aux [kɔ̃tʀamiʀal, o] n. m. Officier général de la marine dont le grade est immédiatement inférieur à celui de vice-amiral. *Des contre-amiraux.*

contre-assurance [kɔ̃tʀasyʀɑ̃s] n. f. Didac. Seconde assurance contractée comme supplément de garantie. *Des contre-assurances.*

contre-attaque [kɔ̃tʀatak] n. f. Action offensive répondant à une attaque. *Des contre-attaques.*

contre-attaquer [kɔ̃tʀatake] v. tr. [1] Effectuer une contre-attaque.

contrebalancer [kɔ̃tʀəbalɑ̃se] v. tr. [12] **1.** Faire équilibre à (en parlant de deux forces opposées). **2.** Être égal en force, en valeur, en mérite. *Ses qualités contrebalancent ses défauts.*

contrebande [kɔ̃tʀəbɑ̃d] n. f. **1.** Importation clandestine de marchandises prohibées ou taxées. *Faire de la contrebande.* Syn. (Maghreb) trabendisme. **2.** Marchandise introduite en contrebande.

contrebandier, ère [kɔ̃tʀəbɑ̃dje, ɛʀ] n. et adj. Personne qui se livre à la contrebande. ▷ adj. *Un chien contrebandier.*

contrebas (en) [ɑ̃kɔ̃tʀəba] loc. adv. À un niveau inférieur. *Talus en contrebas.*

contrebasse [kɔ̃tʀəbas] n. f. **1.** Le plus grand et le plus grave des instruments de la famille des violons. **2.** Personne qui joue de la contrebasse. **3.** *Voix de contrebasse :* la voix d'homme la plus basse.

contrebassiste [kɔ̃tʀəbasist] n. Personne qui joue de la contrebasse (V. bassiste).

contrebasson [kɔ̃tʀəbasɔ̃] n. m. Instrument de musique à vent en bois, dont le son est d'une octave au-dessous du basson.

contre-braquer ou **contrebraquer** [kɔ̃tʀəbʀake] v. intr. [1] Braquer les roues d'un véhicule dans le sens inverse de celui dans lequel elles étaient braquées.

contrecarrer [kɔ̃tʀəkaʀe] v. tr. [1] S'opposer à (qqn); contrarier, empêcher (qqch). *Contrecarrer le désir de qqn.*

contrechamp [kɔ̃tʀəʃɑ̃] n. m. CINE et AUDIOV Prise de vues effectuée dans un sens opposé à celui de la précédente (champ).

contrecœur (à) [akɔ̃tʀəkœʀ] loc. adv. À regret, malgré soi. *Entreprendre qqch à contrecœur.*

contrecollage [kɔ̃tʀəkɔlaʒ] n. m. TECH Superposition de matériaux collés entre eux.

contrecoup [kɔ̃tʀəku] n. m. Événement qui arrive par suite ou à l'occasion d'un autre. *Les contrecoups d'une crise économique.* ▷ *Par, en contrecoup :* en retour.

contre-courant [kɔ̃tʀəkuʀɑ̃] n. m. Courant allant dans le sens inverse du courant principal. *Des contre-courants.* ▷ Loc. adv. *À contre-courant :* en remontant le courant. *Nager à contre-courant.* – Fig. *Aller, vivre à contre-courant,* à l'opposé des idées, des habitudes de son époque.

contre-culture [kɔ̃tʀəkyltyʀ] n. f. Ensemble des systèmes de valeurs esthétiques et intellectuelles qui se définissent par leur opposition aux valeurs culturelles traditionnelles, considérées comme contraignantes et caduques. *Des contre-cultures.*

contredire [kɔ̃tʀədiʀ] v. [**65**] **I.** v. tr. **1.** Dire le contraire de ce que (qqn) a avancé. *Il ne supporte pas qu'on le contredise.* ▷ *Vous contredisez ses propos.* **2.** Être en contradiction avec (ce qui a été dit, établi), démentir. *Cette nouvelle contredit vos prévisions.* **II.** v. pron. **1.** (Réfl.) Tenir des propos contradictoires. **2.** (Récipr.) S'opposer, se démentir. *Faits qui se contredisent.*

contredit [kɔ̃tʀədi] n. m. *Sans contredit :* sans que cela puisse être contredit, contesté. *Il est sans contredit le plus compétent.*

contrée [kɔ̃tʀe] n. f. Litt. Étendue déterminée de pays, région. *Une contrée fertile.*

contre-écrou [kɔ̃tʀekʀu] n. m. TECH Écrou servant à en bloquer un autre. *Des contre-écrous.*

contre-enquête [kɔ̃tʀɑ̃kɛt] n. f. Enquête faite à la suite de celle entreprise par la partie adverse ou destinée à compléter une enquête précédente. *Des contre-enquêtes.*

contre-épreuve [kɔ̃tʀepʀœv] n. f. **1.** En gravure, épreuve inversée d'un dessin dont l'encre est encore fraîche, obtenue en appliquant une feuille sur celui-ci. **2.** Seconde épreuve destinée à vérifier les résultats d'une première. *Soumettre les résultats d'une opération, d'une analyse à une contre-épreuve. Des contre-épreuves.*

contre-espionnage [kɔ̃tʀɛspjɔnaʒ] n. m. Action visant à démasquer, surveiller et déjouer les menées des espions d'un État étranger. ▷ Organisation, service chargé de cette action. *Des contre-espionnages.*

contre-exemple [kɔ̃tʀɛgzɑ̃pl] n. m. Exemple qui contredit une règle, une affirmation. *Des contre-exemples.*

contre-expertise [kɔ̃tʀɛkspɛʀtiz] n. f. Nouvelle expertise pratiquée pour contrôler la précédente. *Des contre-expertises.*

contrefaçon [kɔ̃tʀəfasɔ̃] n. f. Imitation ou reproduction frauduleuse de l'œuvre d'autrui; objet ainsi obtenu. *La contrefaçon d'un livre, d'une pièce de monnaie, d'un chèque.*

contrefacteur [kɔ̃tʀəfaktœʀ] n. m. Celui qui commet une contrefaçon. Syn. faussaire.

contrefaire [kɔ̃tʀəfɛʀ] v. tr. [**10**] **1.** Litt. Représenter en imitant. *Contrefaire la démarche de qqn.* ▷ Imiter, singer pour tourner en ridicule. **2.** Déguiser, dénaturer pour tromper. *Contrefaire sa voix.* **3.** Imiter, reproduire frauduleusement. *Contrefaire des billets de banque.*

contrefait, aite [kɔ̃tʀəfɛ, ɛt] adj. **1.** Frauduleusement imité. *Signature contrefaite.* **2.** Fabriqué, artificiel, feint. *Attitude, voix contrefaite.*

contre-feu [kɔ̃tʀəfø] n. m. Feu allumé en certains points pour créer des clairières, afin de circonscrire un incendie de forêt. *Des contre-feux.*

contreficher (se) [kɔ̃tʀəfiʃe] v. pron. [**1**] Fam. Se moquer complètement (de), ne prêter aucune attention (à).

contre-fil ou **contrefil** [kɔ̃tʀəfil] n. m. Sens contraire à la direction normale. *Le contre-fil du bois. Des contre-fils.* ▷ Loc. adv. *À contre-fil :* à rebours.

contre-filet ou **contrefilet** [kɔ̃tʀəfilɛ] n. m. CUIS Faux-filet. *Des contre-filets.*

contrefort [kɔ̃tʀəfɔʀ] n. m. **1.** ARCHI Pilier, mur servant d'appui à un mur qui subit une poussée. **2.** Pièce de cuir renforçant la partie arrière d'une chaussure. **3.** (Plur.) Dans un massif montagneux, chaînes latérales qui relient la plaine à la chaîne principale, comme pour la soutenir. **4.** BOT Saillie du tronc de certains arbres. *Les contreforts d'un fromager.*

contre-gouvernement [kɔ̃tʀəguvɛʀnəmɑ̃] n. m. POLIT Groupe d'opposition organisé de manière à pouvoir assurer une relève du gouvernement, dans un cadre démocratique. *Des contre-gouvernements.*

contre-indication [kɔ̃tʀɛ̃dikasjɔ̃] n. f. MED Circonstance interdisant d'appliquer le traitement qui semblerait indiqué. *Les contre-indications d'un médicament.*

contre-indiqué, ée [kɔ̃tʀɛ̃dike] adj. Qui est déconseillé, qui ne convient pas. *Médicaments, aliments contre-indiqués.*

contre-interrogatoire [kɔ̃tʀɛ̃tɛʀɔgatwaʀ] n. m. Nouvel interrogatoire, mené pour contrôler le précédent. *Des contre-interrogatoires.*

contre-jour [kɔ̃tʀəʒuʀ] n. m. Éclairage sous lequel l'objet reçoit la lumière du côté opposé à celui du regard. *Des contre-jours.* ▷ Loc. adv. *À contre-jour :* en faisant face à la source de lumière. *Prendre une photographie à contre-jour.*

contre-lettre [kɔ̃tʀəlɛtʀ] n. f. DR Acte secret porteur de la volonté réelle des parties, qui annule ou modifie les dispositions d'un acte apparent*. *Des contre-lettres.*

contremaître, esse [kɔ̃tʀəmɛtʀ, ɛs] n. Personne qui surveille, dirige une équipe d'ouvriers, d'ouvrières. Syn. (Afr. subsah.) capita.

contre-manifestation [kɔ̃tʀəmanifɛstasjɔ̃] n. f. Manifestation organisée en vue de protester contre une première manifestation, de la contrecarrer. *Des contre-manifestations.*

contremarche [kɔ̃tʀəmaʀʃ] n. f. Face verticale d'une marche d'escalier.

contremarque [kɔ̃tʀəmaʀk] n. f. **1.** Seconde marque apposée sur des marchandises. **2.** Billet délivré aux spectateurs sortant pendant l'entracte et qui les autorise à rentrer dans la salle.

contre-mesure [kɔ̃tʀəm(ə)zyʀ] n. f. MILIT Mesure destinée à annihiler les défenses ennemies. *Des contre-mesures électroniques.*

contre-offensive [kɔ̃tʀɔfɑ̃siv] n. f. MILIT Offensive qui contrecarre une offensive ennemie. *Des contre-offensives.*

contrepartie [kɔ̃tʀəpaʀti] n. f. **1.** Partie qui correspond à une autre (dans un échange, une opération commerciale). *Inventeur qui cherche une contrepartie financière pour l'exploitation d'un brevet.* ▷ Loc. adv. *En contrepartie :* en échange, en compensation. **2.** Opinion, sentiment contraire. *Prendre la contrepartie de ce qu'on dit,* le contre-pied. **3.** FIN Valeur équivalente (or, devises, etc.) des billets mis en circulation par une banque.

contre-passation [kɔ̃tʀəpasasjɔ̃] n. f. COMPTA Annulation d'une écriture comptable par une nouvelle écriture contraire à la première. *Des contre-passations.*

contre-pente [kɔ̃tʀəpɑ̃t] n. f. Versant d'une montagne opposé à un autre. *Des contre-pentes.* – Loc. adv. *À contre-pente.*

contre-performance [kɔ̃tʀəpɛʀfɔʀmɑ̃s] n. f. SPORT Mauvaise performance d'un sportif. ▷ Par ext. *Les contre-performances d'un président à la télévision.*

contrepet [kɔ̃tʀəpɛ] n. m. ou **contrepèterie** [kɔ̃tʀəpɛtʀi] n. f. Permutation de lettres ou de sons à l'intérieur d'un groupe de mots, donnant à celui-ci un nouveau sens, généralement burlesque ou grivois. (Par ex. : *La fesse du pion* pour *la pièce du fond.*)

contre-pied [kɔ̃tʀəpje] n. m. Chose contraire. *Prendre le contre-pied de ce que dit, fait qqn,* soutenir le contraire de ce qu'il dit, faire le contraire de ce qu'il fait. *Des contre-pieds.* ▷ SPORT Loc. adv. *À contre-pied :* dans la direction opposée à celle de l'élan.

contreplaqué [kɔ̃tʀəplake] n. m. TECH Matériau constitué de minces feuilles de bois collées les unes sur les autres, en alternant le sens des fibres.

contre-plongée [kɔ̃tʀəplɔ̃ʒe] n. f. CINE et AUDIOV Prise de vues effectuée de bas en haut. *Des contre-plongées.*

contrepoids [kɔ̃tʀəpwa] n. m. **1.** Poids qui contrebalance une force opposée. *Contrepoids d'horloge.* **2.** Cour., fig. Ce qui contrebalance (une qualité, un sentiment). *Son bon cœur fait contrepoids à son mauvais caractère.*

contre-poil (à) [akɔ̃tʀəpwal] loc. adv. À rebrousse-poil. *Étriller un cheval à contre-poil.*

contrepoint [kɔ̃tʀəpwɛ̃] n. m. MUS Art d'écrire de la musique en superposant des lignes mélodiques. ▷ *Par ext.* Composition écrite de cette manière.

contrepoison [kɔ̃tʀəpwazɔ̃] n. m. Remède qui neutralise l'effet d'un poison en cas d'intoxication. Syn. antidote.

contre-pouvoir [kɔ̃tʀəpuvwaʀ] n. m. Force politique, économique ou sociale dont l'action a pour effet de contraindre l'exercice du pouvoir en place. *Des contre-pouvoirs.*

contre-projet ou **contreprojet** [kɔ̃tʀəpʀɔʒɛ] n. m. Projet destiné à être substitué à un autre, auquel il s'oppose en certains points. *Des contre-projets.*

contre-proposition [kɔ̃tʀəpʀɔpozisjɔ̃] n. f. Proposition faite en réponse à une proposition précédente, à laquelle elle apporte des modifications. *Des contre-propositions.*

contre-publicité [kɔ̃tʀəpyblisite] n. f. **1.** Publicité ou propagande qui a un effet contraire à celui recherché. **2.** Publicité destinée à combattre, à neutraliser une autre publicité.

contrer [kɔ̃tʀe] v. [1] **1.** v. intr. Aux cartes, mettre l'adversaire au défi de réaliser son contrat. **2.** v. tr. Contrecarrer, se dresser contre (avec succès). *Contrer qqn. Se faire contrer.*

Contre-Réforme. V. Réforme catholique.

contre-révolution [kɔ̃tʀəʀevɔlysjɔ̃] n. f. Mouvement politique visant à la destruction des résultats d'une révolution. *Des contre-révolutions.*

contre-révolutionnaire [kɔ̃tʀəʀevɔlysjɔnɛʀ] n. et adj. Celui qui est favorable à la contre-révolution. *Des contre-révolutionnaires.* ▷ adj. *Un mouvement contre-révolutionnaire.*

contreseing [kɔ̃tʀəsɛ̃] n. m. Signature de celui qui contresigne.

contresens [kɔ̃tʀəsɑ̃s] n. m. **1.** Interprétation contraire à la signification véritable d'un texte, d'un discours. *Traduction pleine de contresens.* **2.** Loc. adv. *À contresens :* dans le sens contraire au sens normal. *Prendre une rue à contresens (en voiture). Comprendre à contresens.*

contresigner [kɔ̃tʀəsiɲe] v. tr. [1] DR Signer à la suite de qqn d'autre pour authentifier (un acte) ou pour marquer sa solidarité (avec une motion, une proposition, etc.). *Ce décret du président de la République doit être contresigné par le ministre responsable.*

contretemps [kɔ̃tʀətɑ̃] n. m. **1.** Circonstance imprévue qui dérange des projets. *Être empêché de sortir par un contretemps. Un léger contretemps.* ▷ Loc. adv. *À contretemps :* mal à propos. *Agir à contretemps.* **2.** MUS Attaque du son sur un temps faible ou sur la partie faible d'un temps, le temps fort – ou la partie forte du temps – qui lui succède étant occupé par un silence.

contre-torpilleur [kɔ̃tʀətɔʀpijœʀ] n. m. MAR Bâtiment de guerre rapide, initialement destiné à combattre les torpilleurs. *Des contre-torpilleurs.*

contretype [kɔ̃tʀətip] n. m. PHOTO Cliché négatif obtenu d'après un autre négatif, ou cliché positif obtenu d'après un autre positif, soit par copie intermédiaire, soit par inversion.

contre-ut [kɔ̃tʀyt] n. m. MUS Note plus élevée d'une octave que l'ut supérieur du registre normal. *Des contre-uts* ou *des contre-ut.*

contre-valeur [kɔ̃tʀəvalœʀ] n. f. FIN Valeur donnée en échange de celle que l'on reçoit. *Des contre-valeurs.*

contrevenant, ante [kɔ̃tʀəvənɑ̃, ɑ̃t] n. Celui, celle qui contrevient à une prescription. *Punir les contrevenants à la loi.*

contrevenir [kɔ̃tʀəvəniʀ] v. tr. indir. [36] Faire une chose contraire à ce qui est prescrit. *Contrevenir à la loi.*

contrevent [kɔ̃tʀəvɑ̃] n. m. **1.** Volet extérieur. ▷ Cloison pour protéger du vent. **2.** CONSTR Élément renforçant la ferme d'une charpente.

contre-vérité ou **contrevérité** [kɔ̃tʀəveʀite] n. f. Affirmation contraire à la vérité. *Un tissu de contre-vérités.*

contre-veste [kɔ̃tʀəvɛst] n. f. (Afr. subsah.) Veste d'homme légère, chemise-veste. *Des contre-vestes.*

contre-visite [kɔ̃tʀəvizit] n. f. Visite destinée au contrôle des résultats d'une visite antérieure. *Des contre-visites.*

contre-voie (à) [akɔ̃tʀəvwɑ] loc. adv. CH de F *Monter, descendre à contre-voie :* monter, descendre d'un train par le côté opposé au quai.

contribuable [kɔ̃tʀibɥabl] n. Personne qui contribue aux dépenses publiques, qui paie des impôts.

contribuer [kɔ̃tʀibɥe] v. tr. indir. [1] **1.** *Contribuer à :* coopérer à (l'exécution, la réalisation de), prendre part à (un résultat). *Contribuer au succès d'une affaire.* **2.** *Spécial.* Payer sa part d'une dépense, d'une charge commune. *Contribuer aux frais de copropriété.*

contribution [kɔ̃tʀibysjɔ̃] n. f. **1.** Part payée par chacun dans une dépense, une charge commune. *Contribution aux charges du ménage.* **2.** *Spécial.* Impôt. *Contribution foncière. – Contributions directes* (sur les biens et revenus personnels), *indirectes* (sur les produits de consommation taxés). ▷ *Par ext.* (plur.) Administration chargée du recouvrement de l'impôt; ses bureaux. *Inspecteur des contributions directes.* **3.** Concours apporté à une œuvre. *Contribution à la rédaction d'un ouvrage collectif.* ▷ *Mettre qqn à contribution :* avoir recours à ses services, à ses talents.

contrister [kɔ̃tʀiste] v. tr. [1] Litt. Affliger. *La nouvelle le contrista.*

contrit, ite [kɔ̃tʀi, it] adj. **1.** RELIG Qui a le regret de ses péchés. *Un cœur contrit.* **2.** Par ext. Cour. Qui ressent ou exprime le repentir, l'affliction. *Un air contrit.*

contrition [kɔ̃tʀisjɔ̃] n. f. RELIG Pour les chrétiens, repentir sincère d'avoir péché. *Acte de contrition.*

contrôle [kɔ̃tʀol] n. m. **1.** Vérification, surveillance. *Contrôle des instruments de mesure. Contrôle d'identité. Contrôle sanitaire. Contrôle fiscal.* ▷ *Contrôle continu (des connaissances) :* système de vérification des connaissances acquises par les étudiants, au moyen d'interrogations échelonnées tout au long de l'année. ▷ *Contrôle de gestion :* analyse des écarts entre prévisions et réalisations. ▷ TECH Ensemble des opérations destinées à vérifier le bon fonctionnement d'un appareillage, d'une machine, d'une installation (en s'assurant notam. de sa conformité avec les règles de sécurité). ▷ *Contrôle technique,* pour les automobiles. – (Belgique, Luxembourg) Organisme officiel d'inspection automobile. **2.** Lieu où se tiennent les contrôleurs. **3.** Organisme chargé du contrôle; le corps des contrôleurs. **4.** Maîtrise. *Perdre le contrôle de son véhicule.* – Fig. *Le contrôle de soi-même.* **5.** Fait de diriger. ▷ FIN *Prise de contrôle d'une société :* ensemble des opérations financières par lesquelles un individu ou un groupe acquiert la majorité des actions de cette société. ▷ *Contrôle des naissances* (trad. de l'angl. *birth control*) : planning familial. **6.** État nominatif des personnes appartenant à un corps. *Être porté sur un contrôle.* **7.** Marque, poinçon de l'État sur les ouvrages de métal précieux.

contrôler [kɔ̃tʀole] v. tr. [1] **1.** Exercer un contrôle sur. *Contrôler la gestion d'une entreprise. Contrôler les billets des passagers.* **2.** Être maître de (une zone, un espace aérien). *L'armée contrôle déjà toute la moitié nord du pays.* – Par ext. *Contrôler une société,* en détenir la majorité des actions. ▷ *Contrôler ses réactions :* être maître de soi. – v. pron. *Il se contrôle parfaitement.* **3.** Apposer le contrôle (sens 7) sur.

contrôleur, euse [kɔ̃tʀolœʀ, øz] n. **1.** Personne qui contrôle. *Contrôleur des contributions. Contrôleur de la navigation aérienne. Contrôleur d'autobus.* ▷ *Contrôleur de gestion :* personne chargée de la surveillance financière permanente d'une entreprise (ou d'un de ses secteurs) et qui, à travers ses analyses, joue un rôle de conseil dans l'organisation de la production. **2.** n. m. TECH Appareil servant à effectuer un contrôle. *Contrôleur de vitesse.*

contrordre [kɔ̃tʀɔʀdʀ] n. m. Révocation d'un ordre donné. *Donner, recevoir un contrordre.*

controverse [kɔ̃tʀɔvɛʀs] n. f. Débat suivi, contestation sur une question, une opinion, un point doctrinal. *Il y a là matière à controverse.*

controversé, ée [kɔ̃tʀɔvɛʀse] adj. Débattu, qui est l'objet d'une controverse. *Un point très controversé,* sur lequel personne n'est d'accord.

1. contumace [kɔ̃tymas] n. f. État de celui qui, prévenu dans une affaire criminelle, ne se présente pas devant la cour d'assises ou s'est évadé avant le verdict. *Condamné par contumace,* par défaut. (La contumace, qui vaut aveu du crime, est jugée en audience publique, mais sans jury et sans audition ni des témoins ni de la défense.)

2. contumace [kɔ̃tymas] ou **contumax** [kɔ̃tymaks] adj. et n. Se dit de la personne citée en justice qui ne se présente pas devant le tribunal. ▷ Subst. *Un(e) contumace* ou *contumax.*

contusion [kɔ̃tyzjɔ̃] n. f. Lésion des tissus sous-jacents à la peau, sans déchirure des téguments.

contusionner [kɔ̃tyzjɔne] v. tr. [1] Meurtrir, blesser (par contusion). – Pp. adj. *Jambe toute contusionnée.*

conurbation [kɔnyʀbasjɔ̃] n. f. GEOGR Groupement de plusieurs villes rapprochées constituant une région urbaine.

convaincant, ante [kɔ̃vɛ̃kɑ̃, ɑ̃t] adj. Qui a les qualités requises pour convaincre. *Un argument convaincant.*

convaincre [kɔ̃vɛ̃kʀ] v. tr. [57] **1.** Amener par des raisons, des preuves, à reconnaître la vérité d'un fait, d'une proposition; persuader. *Il m'a convaincu de la réalité du danger. Il faut le convaincre d'agir sans tarder.* **2.** *Convaincre qqn (d'une faute),* donner des preuves certaines (de sa culpabilité). *Convaincre qqn de trahison.*

convaincu, ue [kɔ̃vɛ̃ky] adj. Qui a la conviction, la parfaite assurance de. *Être convaincu de son bon droit.* ▷ Qui est sûr de ce qu'il croit. *Un militant, un partisan convaincu.* – Qui marque la conviction. *Parler d'une voix convaincue.*

convalescence [kɔ̃valesɑ̃s] n. f. Période qui succède à la maladie et pendant laquelle le fonctionnement normal de l'organisme se rétablit.

convalescent, ente [kɔ̃valesɑ̃, ɑ̃t] adj. et n. Qui est en convalescence. ▷ Subst. *Un(e) convalescent(e).*

convection ou **convexion** [kɔ̃vɛksjɔ̃] n. f. PHYS Transport de chaleur sous l'effet des mouvements d'un liquide, d'un gaz, d'un plasma. – *Courants de convection* (marins, atmosphériques, au sein du magma) : déplacement de la chaleur des zones les plus chaudes vers les zones les plus froides.

convenable [kɔ̃vnabl] adj. **1.** Qui convient, qui est à propos, adapté. *La* *réponse convenable.* **2.** Conforme aux convenances. *Une tenue convenable. C'est un jeune homme très convenable.*

convenablement [kɔ̃vnabləmɑ̃] adv. De manière convenable.

convenance [kɔ̃vnɑ̃s] n. f. **1.** *À sa convenance :* à son goût. *Chercher une robe à sa convenance.* **2.** Utilité, commodité particulière. *Demander une mutation pour convenances personnelles.* ▷ Spécial. *Mariage de convenance,* de raison, où les rapports de naissance, de fortune, sont déterminants. **3.** *Les convenances :* la bienséance, la décence. *Observer, braver les convenances.*

convéniat [kɔ̃veɲa(t)] n. m. (Luxembourg) Réunion d'anciens élèves d'une même promotion. *Tenir un (son) convéniat.*

convenir [kɔ̃vniʀ] v. tr. indir. [**36**] **I.** (Avec *être*; cour., fautif, avec *avoir.*) **1.** *Convenir de :* s'accorder sur. *Ils sont convenus d'un prix.* **2.** Reconnaître, tomber d'accord. *Il avait fait une erreur et a bien voulu en convenir.* **II. 1.** (Auxil. *avoir.*) Être en rapport de conformité, être en harmonie. *Ce poste ne lui convient pas.* – Plaire, agréer. *Ça me convient.* **2.** v. pron. (récipr.) Se plaire, s'entendre. *Ils se sont si bien convenu qu'ils ont décidé de se marier.* **3.** Loc. impers. *Il convient de* (+ inf.) : il est convenable de; il est utile de. *Il convient de se taire quand qqn parle.*

convention [kɔ̃vɑ̃sjɔ̃] n. f. **I. 1.** Accord, pacte, contrat entre deux ou plusieurs personnes (physiques, morales, publiques). *Conventions collectives :* accord conclu entre des représentants des salariés et des représentants des employeurs pour régler les conditions de travail. ▷ Stipulation particulière, clause que contient un traité, un pacte ou un contrat. **2.** Ce qu'il convient d'admettre. *Les conventions sociales* ou, ellipt., *les conventions.* ▷ Ce que l'on est tacitement convenu d'admettre. *Les conventions du théâtre.* **3.** Loc. adj. *De convention :* qui n'a de valeur, de sens, que par l'effet d'une convention. *Signe de convention.* – Péjor. Qui ne résulte que de l'usage social. *Un sourire, des amabilités de convention.* **II. 1.** HIST Assemblée nationale munie de pouvoirs extraordinaires, soit pour établir une Constitution, soit pour la modifier. **2.** Aux É.-U., congrès d'un parti réuni pour désigner un candidat à la présidence.

Convention nationale, assemblée nationale qui gouverna la France du 21 sept. 1792 au 26 oct. 1795. Elle succéda à l'Assemblée législative après la chute de la royauté. On distingue trois périodes, suivant les partis qui exercèrent le pouvoir : à la Convention *girondine* (1792-1793) succédèrent la *montagnarde* (1793-1794) et, après la chute de Robespierre (17 juil. 1794), la *thermidorienne* (1794-1795). La république fut proclamée (22 sept. 1792), de nombr. institutions furent créées, les mouvements contre-révolutionnaires furent écrasés (V. Terreur). Les pays coalisés contre la France furent vaincus; le territ. national fut agrandi. Le Directoire succéda à la Convention.

conventionné, ée [kɔ̃vɑ̃sjɔne] adj. Qui a passé une convention avec un organisme officiel. *Clinique conventionnée.* – (Afr. subsah.) *Logement conventionné,* pris à bail par l'État pour loger des fonctionnaires ou des coopérants.

conventionnel, elle [kɔ̃vɑ̃sjɔnɛl] adj. (et n. m.) **1.** Qui résulte d'une convention. *Obligation conventionnelle. Signe conventionnel.* **2.** Qui est conforme aux conventions sociales. – *Qqn de très conventionnel :* personne qui est trop respectueuse des conventions sociales. **3.** MILIT *Armes conventionnelles,* autres que nucléaires, biologiques et chimiques. **4.** n. m. HIST Membre de la Convention* nationale.

conventionnellement [kɔ̃vɑ̃sjɔnɛlmɑ̃] adv. De manière conventionnelle. ▷ Par convention. *Parties conventionnellement liées.*

conventuel, elle [kɔ̃vɑ̃tɥɛl] adj. Didac. Qui a rapport aux couvents.

convenu, ue [kɔ̃v(ə)ny] adj. Conforme à un accord. – Loc. *Comme convenu. Il est arrivé à huit heures comme convenu.* ▷ Établi par convention. *Langage convenu :* code. ▷ Sans originalité. *Style convenu.*

convergence [kɔ̃vɛʀʒɑ̃s] n. f. **1.** Action de converger; fait de converger. – Fig. *Convergence de points de vue.* ▷ GÉOM Disposition de lignes qui se dirigent vers un même point. ▷ MATH *Convergence d'une suite :* propriété d'une suite dont le terme U_n tend vers une valeur finie lorsque le paramètre n tend vers l'infini. – *Convergence d'une série :* propriété d'une série dont la somme des termes tend vers une valeur finie. **2.** PHYS *Convergence d'une lentille :* inverse de sa distance focale.

convergent, ente [kɔ̃vɛʀʒɑ̃, ɑ̃t] adj. **1.** Qui converge. *Des routes convergentes.* – Fig. *Idées convergentes.* – GEOM *Lignes convergentes.* ▷ MATH *Série convergente,* dont la somme des termes tend vers une limite. **2.** PHYS Dont la fonction est de faire converger. *Lentille convergente.*

converger [kɔ̃vɛʀʒe] v. intr. [**13**] **1.** Se diriger vers un même lieu. *Faire converger des troupes sur une ville. Converger vers le stade.* ▷ PHYS, GEOM Tendre vers un seul et même point. ▷ MATH Tendre vers une valeur donnée, sans jamais l'atteindre. **2.** Fig. Avoir le même but, la même tendance. *Faire converger ses efforts.*

convers, erse [kɔ̃vɛʀ, ɛʀs] adj. Se dit d'un religieux non prêtre, d'une religieuse employée aux besognes domestiques dans sa communauté. *Frère convers.*

conversation [kɔ̃vɛʀsasjɔ̃] n. f. **1.** Échange de propos entre deux ou plusieurs personnes, sur des sujets variés. *Lier conversation avec qqn. Sujet de conversation plaisant.* **2.** Matière, sujet de cet échange; ce qui s'y dit. *Changer de conversation.* **3.** Art, manière de s'entretenir en société des sujets les plus divers. *Avoir de la conversation.*

conversationnel, elle [kɔ̃vɛʀsasjɔnɛl] adj. INFORM Qui permet le dialogue homme-machine.

converser [kɔ̃vɛʀse] v. intr. [**1**] S'entretenir, échanger des paroles (avec). *Ils conversèrent quelques instants avec le gardien.* Syn. (Afr. subsah.) échanger.

conversion [kɔ̃vɛʀsjɔ̃] n. f. **1.** Transformation d'une chose en une autre (changement de nature, de forme). *Conversion des métaux.* ▷ FIN *Conversion des monnaies,* leur échange contre d'autres pour une même valeur. **2.** *Spécial.* Changement de religion. – *Par ext.* Changement de parti, d'opinion. *Conversion au socialisme.* **3.** LOG Opération qui consiste, dans une proposition, à faire du sujet l'attribut et de l'attribut le sujet sans étendre abusivement la compréhension de l'un des concepts. (Ex. : «*Tous* les oiseaux sont des animaux ailés» ne doit pas devenir «*Tous* les animaux ailés sont des oiseaux» mais «*Certains* animaux ailés sont des oiseaux».) **4.** Changement de direction (spécial., d'une troupe militaire).

converti, ie [kɔ̃vɛʀti] adj. et n. Qui a été amené à changer de religion. – Qui a été ramené sur le chemin de la religion. *Un pécheur converti.* ▷ Loc. *Prêcher* un converti.*

convertibilité [kɔ̃vɛʀtibilite] n. f. FIN Qualité de ce qui est convertible. *Libre convertibilité d'une monnaie :* échange légalement libre d'une monnaie contre de l'or ou contre d'autres monnaies.

convertible [kɔ̃vɛʀtibl] adj. (et n. m.) **1.** Qui peut être converti en une autre chose ou échangé contre une autre chose. ▷ FIN *Obligations convertibles.* **2.** Se dit d'un meuble qui peut, en se transformant, avoir un autre usage. *Un lit convertible.* ▷ n. m. *Un convertible.*

convertir [kɔ̃vɛʀtiʀ] v. tr. [**3**] **1.** Changer, transformer. *Convertir de la fonte en acier. Convertir des valeurs en espèces.* ▷ FIN Réduire le taux (d'une rente). **2.** Amener (qqn) à changer de religion et, par ext., de parti, d'opinion. ▷ v. pron. Adopter une religion; changer de religion, de croyance. *Se convertir au christianisme.* – Revenir aux principes de la religion. *Ce libertin s'est converti.*

convertisseur [kɔ̃vɛʀtisœʀ] n. m. TECH Appareil ou dispositif qui transforme. ▷ ELECTR Appareil qui transforme un courant en un autre. *Convertisseur statique,* qui transforme un courant alternatif en courant continu sans utiliser d'organes mobiles (par oppos. à *groupe convertisseur*). ▷ METALL Appareil qui affine la fonte en acier au moyen d'un courant d'oxygène ou d'air. *Convertisseur Thomas*, Bessemer*.* ▷ AUTO *Convertisseur de couple :* organe, servant à la fois d'embrayage et de boîte de vitesses, qui transmet aux roues l'effort moteur par l'intermédiaire d'un liquide.

convexe [kɔ̃vɛks] adj. **1.** Bombé, courbé en dehors. *Miroir convexe.* Ant. concave. **2.** MATH *Volume convexe,* tel que tout segment qui joint deux points quelconques de ce volume est contenu à l'intérieur de ce volume. *Surface convexe :* surface plane telle que tout segment joignant deux points quelconques de cette surface est contenu dans cette surface. *Fonction numérique convexe,* telle que la surface du plan située au-dessus de sa courbe représentative est convexe.

convexion [kɔ̃vɛksjɔ̃] n. f. V. convection.

convexité [kɔ̃vɛksite] n. f. État de ce qui est convexe; rondeur, courbure sphérique.

conviction [kɔ̃viksjɔ̃] n. f. **1.** Certitude que l'on a (de la vérité, d'un fait, d'un principe). *L'intime conviction des jurés quant à l'innocence du prévenu.* – DR *Pièce* à conviction.* **2.** (Surtout plur.) Idées, opinions que l'on tient pour vraies et auxquelles on est fortement attaché. *Heurter qqn dans ses convictions. Les convictions religieuses.*

convier [kɔ̃vje] v. tr. [**2**] **1.** Inviter (à un repas, à une fête). **2.** Fig. Engager à. *Dormons, tout nous y convie.*

convive [kɔ̃viv] n. Personne qui participe à un repas avec d'autres.

convivial, ale, aux [kɔ̃vivjal, o] adj. **1.** Chaleureux, cordial. **2.** INFORM Se dit d'un système informatique, d'un logiciel dont l'utilisation est simplifiée grâce à une interface bien adaptée aux besoins de l'utilisateur.

convivialité [kɔ̃vivjalite] n. f. **1.** Ensemble des rapports favorables des personnes d'un groupe social, entre elles et face à ce groupe. **2.** INFORM Caractère convivial (d'un système).

convocation [kɔ̃vɔkasjɔ̃] n. f. **1.** Action de convoquer. *La convocation d'une assemblée.* **2.** Billet, feuille par laquelle on convoque.

convoi [kɔ̃vwa] n. m. **1.** Réunion de voitures, de bateaux cheminant ensemble vers une même destination. ▷ Spécial. *Convoi (de chemin de fer).* **2.** Cortège funèbre. **3.** (Antilles fr.) Travail occasionnel collectif, non rémunéré, et effectué sur invitation (pour défricher, labourer, couper la canne à sucre, etc.). *Quand on participe à un convoi, celui qui invite sert à manger et à boire.*

convoiter [kɔ̃vwate] v. tr. [1] Désirer avidement. *Convoiter le bien d'autrui.*

convoitise [kɔ̃vwatiz] n. f. Désir immodéré de possession. *Des bijoux qui provoquent la convoitise.*

convoler [kɔ̃vɔle] v. intr. [1] Plaisant *Convoler en justes noces :* se marier.

convolvulacées [kɔ̃vɔlvylase] n. f. pl. BOT Famille de dicotylédones gamopétales superovariées généralement grimpantes (par enroulement de la tige : plantes volubiles), dont le type est le liseron et dont la patate douce fait partie. – Sing. *Une convolvulacée.*

convoquer [kɔ̃vɔke] v. tr. [1] **1.** Faire se réunir. *Convoquer le Parlement.* **2.** Mander, inviter à se présenter. *Convoquer qqn à un examen.*

convoyage [kɔ̃vwajaʒ] n. m. Fait de convoyer.

convoyer [kɔ̃vwaje] v. tr. [23] **1.** Escorter, accompagner pour protéger. *Bâtiments de guerre qui convoient des cargos.* **2.** TRANSP Conduire (un véhicule, un bateau) au destinataire qui doit en prendre livraison. **3.** Transporter (qqch, qqn). *Convoyer des matières premières.*

convoyeur, euse [kɔ̃vwajœʀ, øz] n. **1.** Personne qui convoie, qui escorte pour protéger. *Convoyeurs de fonds.* ▷ n. m. MAR Bâtiment qui en escorte d'autres. **2.** n. m. TECH Dispositif de manutention continue pour le transport des matériaux (sur bande, rouleaux, chaîne, bac métalliques, etc.). **3.** (Antilles fr.) Personne prenant part à un convoi (sens 3).

convulser [kɔ̃vylse] v. tr. [1] Agiter de convulsions. ▷ v. pron. *Se convulser de douleur.*

convulsif, ive [kɔ̃vylsif, iv] adj. MED Ayant la nature d'une convulsion. – Cour. *Rire, mouvement convulsif,* nerveux.

convulsion [kɔ̃vylsjɔ̃] n. f. **1.** Contraction involontaire et transitoire des muscles, localisée ou généralisée. (Les convulsions peuvent être rapides et brusques – *cloniques* – ou durables – *toniques.* On les observe au cours de l'épilepsie, du tétanos, de la tétanie, etc. Chez l'enfant, elles peuvent survenir lors d'une fièvre élevée.) **2.** Fig. (Le plus souvent au plur.) Troubles sociaux violents. *Les convulsions d'une révolution.*

convulsivement [kɔ̃vylsivmɑ̃] adv. D'une façon convulsive.

cooccurrence [kɔɔkyʀɑ̃s] n. f. LING Présence simultanée de deux éléments ou d'une série d'éléments dans unénoncé.

Cook (îles), archipel d'Océanie, en Polynésie, au N.-E. de la Nouvelle-Zélande, dont il dépend (auton. interne en 1965); 240 km^2; 17 650 hab.; cap. *Avarua,* dans l'île de Rarotonga.

Cook (James) (1728 – 1779), navigateur anglais; explorateur du Pacifique en 1768-1771 (découverte des îles de la Société et de la Nouvelle-Zélande), 1772-1775 (îles Marquises, Nouvelles-Hébrides, Antarctique), 1776-1779 (îles Sandwich, auj. *archipel des Hawaii,* où il fut tué par un habitant).

Cook (Thomas) (1808 – 1892), fondateur d'agences de voyages britannique, à partir de 1841.

cool [kul] adj. inv. Fam. (Anglicisme) Détendu, calme. ▷ *Spécial.* Se dit d'une manière de jouer le jazz : *cool jazz* (par oppos. à *hot jazz,* plus énergique et exubérant).

Coolidge (Calvin) (1872 – 1933), homme politique américain. Vice-président républicain des É.-U. en 1921, il succéda à Harding en 1923, puis fut élu à la présidence (1925-1929).

Coolidge (William David) (1873 – 1975), physicien et chimiste américain. Il inventa le tube à rayons X qui porte son nom.

coolie [kuli] n. m. **1.** Manœuvre, porteur indien ou chinois, en Extrême-Orient. **2.** HIST Après l'abolition de l'esclavage dans l'île Maurice et dans les Petites Antilles, personne originaire de l'Inde ou du Pākistān venue accomplir des travaux pénibles. **3.** (Guad., péjor.; Mart.) Métis de Noir et d'Indien.

Cooper (James Fenimore) (1789 – 1851), romancier américain. Il décrivit la Prairie, peuplée d'Indiens et de pionniers : *le Dernier des Mohicans* (1826), *la Prairie* (1827).

Cooper (Frank J. Cooper, dit Gary) (1901 – 1961), acteur américain. De 1929 (*The Virginian,* western) à sa mort, il incarna le héros américain.

Cooper (David) (1931 – 1986), psychiatre anglais. Il fonda, avec Laing, l'antipsychiatrie.

coopérant, ante [kɔɔpeʀɑ̃, ɑ̃t] n. Personne chargée par son gouvernement d'une mission d'assistance technique ou culturelle dans certains pays étrangers en voie de développement. – *Spécial.* Appelé qui remplit ses obligations militaires en accomplissant un service civil à l'étranger (notam. dans les pays en voie de développement).

coopérateur, trice [kɔɔpeʀatœʀ, tʀis] n. Membre d'une coopérative.

coopératif, ive [kɔɔpeʀatif, iv] adj. **1.** Qui résulte de la coopération de plusieurs personnes. ▷ Spécial. *Société coopérative :* V. coopérative. **2.** Qui coopère volontiers. *Un associé coopératif.*

coopération [kɔɔpeʀasjɔ̃] n. f. **1.** Action de coopérer. *Travailler en coopération avec qqn.* **2.** ECON Organisation en coopérative d'une entreprise commerciale. *Société de coopération.* **3.** Politique d'aide économique, culturelle et technique aux pays en voie de développement; cette aide. *Coopération bilatérale, multilatérale.*

Coopération économique Asie-Pacifique (acronyme angl. : *APEC*), institution, créée en 1989, liant les 18 États riverains du Pacifique suivants : Australie, Brunei, Canada, Chili, Chine, Corée du S., États-Unis, Hong Kong, Indonésie, Japon, Malaisie, Mexique, Nouvelle-Zélande, Papouasie-Nouvelle-Guinée, Philippines, Singapour, Taiwan et Thaïlande.

coopératisme [kɔɔpeʀatism] n. m. ECON Théorie fondée sur l'extension des coopératives de production et de consommation.

coopérative [kɔɔpeʀativ] n. f. ECON Société à forme coopérative, dont les associés participent à part égale au travail, à la gestion et au profit. *Coopérative de production. Coopérative de consommation :* groupement de consommateurs pour l'achat de marchandises en gros. – *Coopératives agricoles :* organisations agricoles reconnues par la loi.

coopérer [kɔɔpeʀe] v. [14] **1.** v. intr. Opérer, travailler conjointement avec qqn. *Des services qui coopèrent.* **2.** v. tr. indir. *Coopérer à des travaux.*

cooptation [kɔɔptasjɔ̃] n. f. Mode de recrutement d'une assemblée, consistant à faire élire les nouveaux membres par les membres déjà élus.

coopter [kɔɔpte] v. tr. [1] Admettre par cooptation.

coordinateur, trice [kɔɔʀdinatœʀ, tʀis] adj. et n. V. coordonnateur.

coordination [kɔɔʀdinasjɔ̃] n. f. **1.** Action de coordonner; état de ce qui est coordonné. *La coordination des mouvements. Coordination des projets d'aménagement.* **2.** GRAM *Conjonction de coordination,* qui sert à lier deux mots, deux groupes de mots ou deux propositions ayant même nature et même fonction *(mais, ou, et, donc, or, ni, car).* **3.** CHIM *Composé de coordination :* syn. de *complexe.* **4.** Lors d'une grève, organisme représentatif constitué en dehors des organisations syndicales.

coordonnant, ante [kɔɔʀdɔnɑ̃, ɑ̃t] adj. et n. m. **1.** adj. Qui coordonne. **2.** n. m. LING Mot ou locution qui assure une fonction de coordination.

coordonnateur, trice [kɔɔʀdɔnatœʀ, tʀis] ou **coordinateur, trice** [kɔɔʀdinatœʀ, tʀis] adj. et n. Qui coordonne.

coordonné, ée [kɔɔʀdɔne] adj. et n. f. **I.** adj. **1.** Qui se produit, est produit dans un rapport de simultanéité et d'harmonie. *Des efforts bien coordonnés.* **2.** GRAM *Propositions coordonnées,* unies par une conjonction de coordination. **II.** MATH n. f. pl. Ensemble des nombres qui permettent de définir la position d'un point dans un espace (à deux ou plusieurs dimensions) par rapport à un repère. – Sing. *Une coordonnée.* ▷ Par ext. Fam. *Les coordonnées de qqn,* son adresse, son numéro de téléphone.

coordonner [kɔɔʀdɔne] v. tr. [1] Produire, organiser dans un rapport de simultanéité et d'harmonie dans un but déterminé. *Coordonner ses efforts.*

Copacabana, quartier et plage de Rio de Janeiro.

copain, copine [kɔpɛ̃, kɔpin] n. Fam. Camarade que l'on aime bien. *Un copain de classe, de régiment.* – *Un petit copain, une petite copine :* un amoureux, une amoureuse.

copal [kɔpal] n. m. Résine de plusieurs arbres tropicaux d'Afrique et d'Amérique, qui entre dans la fabrication des vernis.

copalier [kɔpalje] n. m. Arbre qui fournit du copal (fam. césalpiniacées).

Copán, site archéol. du Honduras, sur le fleuve du même nom, à la frontière guatémaltèque; ruines mayas (VIe-IXe s.).

coparticipation [kopaʀtisipasjɔ̃] n. f. Participation avec d'autres à une entreprise quelconque.

copeau [kɔpo] n. m. Morceau, éclat enlevé par un instrument tranchant. *Copeaux de bois, de métal.*

Copeau (Jacques) (1879 - 1949), écrivain, acteur et directeur de théâtre français. En 1913, il créa le théâtre du Vieux-Colombier.

Copenhague (en danois *København*), cap. du Danemark, sur la côte E. de l'île de Sjælland et sur l'île Amager; 464 770 hab. (aggl. urb. 1 358 540 hab.). Grand port de comm. et métropole industr. du pays. – Jardin d'attractions de Tivoli. Université. Chât. de Rosenborg (1606-1617). Palais royal d'Amalienborg (1760). Musée nat. Glyptothèque.

copépodes [kɔpepɔd] n. m. pl. ZOOL Sous-classe de crustacés entomostracés (ex. : le cyclope) pourvus d'appendices natatoires très développés, marins (planctoniques) ou d'eau douce, libres ou parasites. – Sing. *Un copépode.*

Copernic (Nicolas, en polonais *Mikołaj Kopernik*) (1473 - 1543), astronome polonais. Son traité *De revolutionibus orbium cœlestium libri VI* (publié en 1543, à Nuremberg) démontre que la Terre n'est pas immobile au centre de l'Univers, comme on le croyait, mais qu'elle tourne sur elle-même et autour du Soleil.

copiage [kɔpjaʒ] n. m. Action, fait de copier qqch. *Durant un examen le copiage est interdit.*

copie [kɔpi] n. f. **1.** Reproduction exacte d'un écrit. *L'original et la copie. Copie certifiée conforme* (à l'original). ▷ Devoir rédigé par un élève, à remettre au professeur. – *Feuille de copie :* papier quadrillé à l'usage des écoliers, sur lequel sont faits les devoirs. **2.** Reproduction qui imite une œuvre d'art. *Ce tableau est une copie d'un Raphaël.* ▷ *Par ext.* Ce qui est emprunté, imité. *Sa pièce n'est qu'une pâle copie de Pirandello.* **3.** AUDIOV Film positif tiré d'un négatif. **4.** IMPRIM Texte à composer.

copier [kɔpje] v. [2] **I.** v. tr. **1.** Faire la copie manuscrite, la transcription de. **2.** Exécuter la copie de (une œuvre d'art). *Copier un tableau.* **II.** v. intr. Reproduire frauduleusement. *Élève qui copie sur son voisin.*

copieur, euse [kɔpjœʀ, øz] n. (et adj.) Celui, celle qui copie frauduleusement.

copieusement [kɔpjøzmɑ̃] adv. De manière copieuse. *Sers-moi copieusement.*

copieux, euse [kɔpjø, øz] adj. Abondant. *Repas copieux.* Syn. plantureux. Ant. maigre, chiche.

copilote [kopilɔt] n. AVIAT et cour. Second pilote, capable d'aider et de remplacer le pilote principal. ▷ SPORT Lors d'une course automobile sur route, passager qui indique au pilote les données issues des repérages.

copinage [kɔpinaʒ] n. m. Fam., péjor. Entraide par relations. *C'est par copinage qu'il a obtenu son poste.*

copine [kɔpin] n. f. V. copain.

copion [kɔpjɔ̃] n. m. (Belgique) Arg. (des écoles.) Document que l'on utilise pour tricher lors d'un examen. (V. antisèche.)

copiste [kɔpist] n. **1.** Personne qui recopiait les manuscrits, avant l'invention ou l'expansion de l'imprimerie. **2.** Personne qui copie des œuvres d'art.

coplanaire [koplanɛʀ] adj. GEOM Qui est situé dans le même plan. *Droites, courbes coplanaires.*

copossesseur [kopɔsesœʀ] n. m. DR Personne qui possède qqch en commun avec une ou plusieurs personnes.

copossession [kopɔsesjɔ̃] n. f. DR Fait de posséder en commun.

coppa [kɔpa] n. f. Charcuterie italienne roulée et fumée. *La Corse a fait de la coppa une de ses spécialités.*

Coppet, village du canton de Vaud (Suisse), sur le lac Léman. – Lieu de séjour de Necker et de sa fille, Mme de Staël, qui y sont enterrés.

Coppi (Fausto) (1919 - 1960), cycliste italien qui domina le cyclisme mondial de 1949 à 1955.

Coppola (Francis Ford) (né en 1939), cinéaste américain : *le Parrain* (1972), *Apocalypse Now* (1979).

coprah ou **copra** [kɔpʀa] n. m. **1.** Albumen de coco mûr dont on extrait diverses matières grasses. **2.** (Viêt-nam) Amande de coco séchée.

coprin [kɔpʀɛ̃] n. m. BOT Champignon basidiomycète à lamelles et à chapeau rabattu, dont une espèce pousse sur le fumier, une autre sur les troncs, les souches, etc. (comestible, sauf consommé avec de l'alcool).

coprocesseur [kopʀɔsesœʀ] n. m. INFORM Processeur auxiliaire destiné à une série de tâches spécifiques (fonctions, graphiques, etc.).

coproculture [kɔpʀɔkyltyʀ] n. f. MED Culture bactériologique des selles pour déceler la présence de germes pathogènes.

coproducteur, trice [kopʀɔdyktœʀ, tʀis] n. Personne qui produit (un spectacle) avec une autre ou plusieurs autres.

coproduction [kopʀɔdyksjɔ̃] n. f. Production en commun. *Film, livre en coproduction.*

coprophage [kɔpʀɔfaʒ] adj. et n. Se dit des insectes qui se nourrissent d'excréments *(bousiers).* ▷ Subst. *Les coprophages.*

copropriétaire [kopʀɔpʀijetɛʀ] n. Celui, celle qui partage la propriété de qqch (notam. un bien immobilier) avec une ou plusieurs autres personnes.

copropriété [kopʀɔpʀijete] n. f. DR Propriété commune à plusieurs personnes. – *Copropriété immobilière :* forme de copropriété selon laquelle un immeuble est divisé en appartements attribués en propre à des propriétaires, les parties communes et le gros œuvre étant indivis entre eux. *Règlement de copropriété.*

copte [kɔpt] n. et adj. **1.** n. *Les Coptes :* les chrétiens monophysites d'Égypte et d'Éthiopie. ▷ n. m. *Le copte :* la langue dérivée de l'ancien égyptien, parlée du IIIe au XIIIe s. et servant auj. uniquement de langue liturgique. **2.** adj. Relatif aux Coptes, à leur langue, leur culture. ▷ *Calendrier copte,* utilisé par l'Église copte, variante du calendrier julien.

Coptes, chrétiens monophysites d'Égypte et d'Éthiopie. Lors de la conquête de l'Égypte (642), les Arabes donnèrent à ses habitants le nom de *Coptes* (d'après le mot grec *aiguptos,* «égyptien»). Par la suite, cette appellation se limita à la partie, minoritaire, de la population qui demeura chrétienne. Au nombre aujourd'hui de 2,5 millions env., les Coptes, descendants directs des Égyptiens de l'époque pharaonique, étaient devenus chrétiens au IIIe s. et n'avaient pas suivi le concile de Chalcédoine (451) dans sa condamnation du monophysisme (doctrine suivant laquelle l'humain et le divin s'unissent dans le Christ en une seule nature); ils forment la plus importante communauté chrétienne à l'intérieur du monde musulman. Leur langue liturgique est le copte, dérivé de l'ancien égyptien et parlé par la pop. égyptienne du IIIe s. env. à la fin du Moyen Âge. On nomme également souvent Coptes les chrétiens d'Éthiopie adeptes du monophysisme qui, jusqu'en 1959, dépendaient hiérarchiquement du patriarche copte d'Alexandrie. L'art copte (IVe s.-mil. VIIe s.) est remarquable par ses reliefs sur pierre et ses tissus polychromes.

copulatif, ive [kɔpylatif, iv] adj. LOG, GRAM Qui sert à lier les termes, les propositions. *Terme copulatif. Conjonction copulative.*

copulation [kɔpylasjɔ̃] n. f. Union du mâle et de la femelle; accouplement, coït. ▷ BOT Fécondation.

copule [kɔpyl] n. f. **1.** LOG Verbe (partic. *être*) en tant qu'il affirme ou qu'il nie le prédicat du sujet. **2.** GRAM Ce qui lie le sujet d'une proposition à l'attribut (partic. le verbe *être*).

copuler [kɔpyle] v. intr. [1] S'accoupler. (Triv. en parlant d'êtres humains.)

copyright [kɔpiʀajt] n. m. **1.** Droit que détient un auteur ou un éditeur d'exploiter une œuvre littéraire, artistique, etc., pendant une durée déterminée. **2.** Mention qui est faite de ce droit sur le support matériel de l'œuvre (signe © suivi du nom de l'ayant droit et de l'année de la première publication).

1. coq [kɔk] n. m. **1.** Mâle de la poule domestique et de divers autres galliformes, à crête charnue rouge vif, au chant éclatant («cocorico») caractéristique. – (Afr. subsah.) *Coq de pagode :* nom cour. de certains coucals. – (Guyane) *Coq de roche :* oiseau passériforme au plumage orangé (mâle) ou brun (femelle), portant sur la tête une huppe en forme de cimier. ▷ *Coq gaulois,* emblème de la France. ▷ *Coq wallon :* emblème de la Wallonie. ▷ Loc. *Fier comme un coq :* très fier. – *Rouge comme un coq :* très rouge (de colère, etc.). – *Être comme un coq en pâte :* être bien soigné, dorloté. **2.** SPORT *Poids coq :* catégorie de boxeurs pesant entre 52,164 kg et 53,524 kg (professionnels). **3.** (Maurice) Fam. Pénis, zizi.

2. coq [kɔk] n. m. MAR Cuisinier, à bord d'un navire. *Maître coq.*

coq-à-l'âne [kɔkalɑn] n. m. inv. Passage sans transition ni motif d'un sujet à un autre dans une conversation, un discours. *Faire des coq-à-l'âne.*

-coque, -coccie. Éléments, du grec *kokkos,* «grain», servant à former des noms de micro-organismes.

coque [kɔk] n. f. **I. 1.** Enveloppe externe, dure, d'un œuf (cornée chez les sélaciens, calcaire chez les oiseaux). ▷ *Œuf à la coque,* cuit à l'eau dans sa coque sans être durci. **2.** Enveloppe ligneuse de certaines graines, ayant subi une sclérification. *Coque d'arachide, de noix.* **3.** Lamellibranche marin (genre *Cardium* et genres voisins), comestible, très fréquent sur les côtes sableuses où il vit enfoui. **4.** *Coque de cheveux, de rubans :* boucle de cheveux, nœud de rubans en forme de coque d'œuf. **5.** MAR Boucle dans une amarre neuve qui n'a pas été détordue. **II. 1.** MAR Ensemble de la membrure et du bordé d'un navire. **2.** Carcasse du corps d'un avion. **3.** AUTO Carrosserie d'une automobile sans châssis. **4.** CONSTR Structure de faibleépaisseur.

coquelet [kɔklɛ] n. m. CUIS Jeune coq.

coquelicot [kɔkliko] n. m. Papavéracée à fleur rouge vif des régions tempérées et subtropicales d'Eurasie. ▷ adj. inv. De la couleur rouge du coquelicot.

coqueluche [kɔklyʃ] n. f. **1.** Maladie infectieuse, contagieuse, immunisante, due au bacille de Bordet-Gengou, fréquente surtout chez l'enfant, caractérisée par une toux quinteuse, asphyxiante, évoquant le chant du coq. **2.** Fig., fam. *Être la coqueluche de :* être très prisé, très admiré par.

coquemar [kɔkmaʀ] n. m. (Acadie) Bouilloire. *Mettre le coquemar sur le feu.*

coqueron [kɔkʀɔ̃] n. m. (Québec) Fam. **1.** Petit espace de rangement sous un escalier, un toit, etc. **2.** Péjor. Logement exigu et misérable. *Vivre dans un coqueron.*

coquet, ette [kɔkɛ, ɛt] adj. (et n. f.) **1.** Qui cherche à plaire, à séduire. *Des mines coquettes,* inspirées par le désir de plaire. ▷ n. f. THEAT *Grande coquette :* premier rôle féminin dans les comédies de caractère. **2.** Qui aime être élégant. *Un homme coquet.* Ant. négligé. **3.** Dont l'aspect est agréable, soigné. *Un jardin coquet.* **4.** Fam. Important (en parlant d'une somme d'argent). *Cela vous coûtera la coquette somme de...*

coquetier [kɔktje] n. m. Petit récipient dans lequel on place l'œuf que l'on mange à la coque.

coquettement [kɔkɛtmɑ̃] adv. D'une manière coquette.

coquetterie [kɔkɛtʀi] n. f. **1.** Désir de plaire, d'attirer les hommages; artifice, manœuvre inspirée par ce désir. *La coquetterie de Célimène, dans «le Misanthrope».* **2.** Goût de la parure, manière élégante de s'habiller. **3.** Bon goût, manière élégante de décorer, d'arranger. *Appartement décoré avec coquetterie.*

Coquilhatville. V. Mbandaka.

coquillage [kɔkijaʒ] n. m. **1.** Animal testacé (pourvu d'une coquille). *Manger des coquillages.* **2.** Coquille vide d'un tel animal. *Collier de coquillages.* ▷ *Spécial.* (Vanuatu) (Plur.) Ces coquilles, destinées à être vendues aux collectionneurs.

coquille [kɔkij] n. f. **I. 1.** Enveloppe dure, calcaire, univalve ou bivalve, sécrétée par le tégument de certains mollusques (lamellibranches, gastéropodes, etc.). *Coquille d'huître, d'escargot.* ▷ *Coquille Saint-Jacques :* lamellibranche comestible du genre *Pecten.* ▷ Loc. fig. *Rentrer dans sa coquille :* refuser la communication, l'échange avec autrui. **2.** TECH Élément ayant pour section une demi-couronne circulaire. **3.** SPORT Appareil de protection des parties génitales (utilisé dans les sports de combat notam.). **4.** TYPO Faute de composition. **II. 1.** Matière calcaire qui recouvre l'œuf. ▷ (En appos.) *Un chemisier coquille d'œuf,* beige pâle. **2.** Enveloppe ligneuse d'une amande, d'une noisette, etc. ▷ Fig., fam. *Coquille de noix :* embarcation très légère.

coquillette [kɔkijɛt] n. f. Pâte alimentaire en forme de cylindre courbe.

coquillier, ère [kɔkije, ɛʀ] adj. GEOL Qui contient une grande proportion de coquilles. *Sable, calcaire coquillier.*

coquin, ine [kɔkɛ̃, in] n. et adj. **1.** n. Vx Fripon, misérable. **2.** n. Mod. Personne espiègle, malicieuse (surtout en parlant d'un enfant). *Petit coquin, où es-tu caché?* – adj. *Un air, des yeux coquins.* **3.** adj. Grivois. *Une histoire coquine.*

coquiner [kɔkine; kɔtʃine] v. intr. [1] (Acadie) Tricher (en affaires, au jeu).

1. cor [kɔʀ] n. m. **I. 1.** Instrument à vent, en cuivre, à embouchure, constitué d'un tube conique enroulé sur lui-même et terminé par un large pavillon. *Sonner du cor.* – *Cor de chasse,* utilisé lors d'une chasse à courre. – *Cor à pistons* (ou *chromatique*), utilisé dans les orchestres symphoniques. ▷ Loc. fig. *Demander à cor et à cri,* à grand bruit, en insistant. **2.** *Cor anglais :* hautbois au timbre rauque. ▷ *Cor de basset :* clarinette appelée aussi clarinette alto. **II.** (Plur.) Andouillers des cervidés.

2. cor [kɔʀ] n. m. Petite tumeur dure, formée par induration, souvent douloureuse, siégeant sur les orteils ou à la plante des pieds aux points de frottement avec la chaussure.

cora [kɔʀa] n. f. V. kora.

corail, aux [kɔʀaj, o] n. m. **1.** Nom cour. des madréporaires. ▷ (Maurice) *Corail de feu :* corail aux propriétés urticantes. **2.** *Corail rouge (Corallium rubrum) :* octocoralliaire ramifié à squelette calcaire rouge-orangé, formant des colonies, très utilisé en joaillerie. **3.** Loc. (Polynésie fr.) TRAV PUBL *Soupe de corail :* matériau constitué de débris coralliens et de sable. *Route en soupe de corail.* **4.** Nom cour. de la substance rouge des coquilles Saint-Jacques et de l'oursin. **5.** *(En appos.)* De la couleur du corail. *Rubans corail.*

corallien, enne [kɔʀaljɛ̃, ɛn] adj. Qui est formé de coraux.

coran [kɔʀɑ̃] n. m. (Avec une majuscule.) Livre sacré des musulmans. ▷ Exemplaire de ce livre. *Un coran du XVIIIe siècle.*

ENCYCL Le Coran, pour les musulmans, est la parole incréée de Dieu, révélée à Mahomet par l'archange Gabriel, et non un message inspiré, d'où l'importance capitale du texte. Du vivant du Prophète, le Coran (en arabe, «récitation») avait été, le plus souvent, retenu de mémoire. Après la mort du Prophète et de ses compagnons, il apparut nécessaire, le Coran étant le fondement de la société musulmane (culte, droit, rapports sociaux, familiaux ou internationaux), d'en fixer le texte. Le troisième calife, Uthman, ordonna (entre 644 et 656) de recenser tous les recueils existants et, après la rédaction d'une version unique, ils furent détruits. Le Coran se compose de 114 chapitres *(sourates)* rangés dans l'ordre décroissant de leur longueur.

coranique [kɔʀanik] adj. Du Coran, relatif au Coran. *La loi coranique.*

corbeau [kɔʀbo] n. m. **1.** Nom donné aux plus grandes espèces du genre *Corvus* (fam. corvidés). (*Corvus corax,* le grand corbeau noir, atteint 60 cm; son bec, droit, est très puissant; devenu rare, il subsiste en France dans les massifs montagneux. *Corvus frugilegus,* le corbeau freux, est plus petit. *Corvus albus,* le corbeau pie, 50 cm, noir et blanc, est très commun dans presque toute l'Afrique tropicale et à Madagascar; *Corvus ruficollis,* le corbeau brun, un peu plus grand, vit dans les régions subdésertiques.) **2.** ARCHI Pierre ou élément en saillie sur un parement de maçonnerie, qui supporte l'une des extrémités d'un linteau, la retombée d'un arc, etc.

corbeille [kɔʀbɛj] n. f. **1.** Panier sans anse. *Corbeille à papier.* – Son contenu. *Corbeille de fruits.* ▷ *Corbeille de mariage :* présents offerts à des mariés. **2.** HORTIC Massif de fleurs. **3.** À la Bourse, espace entouré d'une balustrade, autour duquel les agents de change font offres et demandes. **4.** THEAT Galerie à balcon située au-dessus des fauteuils d'orchestre. **5.** BOT *Corbeille-d'argent :* crucifère ornementale aux nombr. fleurs d'un blanc très pur. *Des corbeilles-d'argent.* **6.** (Maurice) Benne utilisée pour le transport de la canne à sucre.

Corbière (Édouard Joachim, dit Tristan) (1845 – 1875), poète français : *les Amours jaunes* (1873).

corbillard [kɔʀbijaʀ] n. m. Voiture, fourgon mortuaire.

corcobier [kɔʀkɔbje] v. intr. [2] (Louisiane) Caracoler, cabrioler, gambader (en parlant d'un cheval, ou d'un homme, d'un enfant). – *Par ext.* Danser.

Corcyre. V. Corfou.

cordage [kɔʀdaʒ] n. m. **1.** MAR Câble, corde à bord d'un navire. **2.** Action de garnir de cordes une raquette de tennis; les cordes de cette raquette.

Corday (Charlotte de Corday d'Armont, dite Charlotte) (1768 – 1793), jeune Française qui, hostile non pas à la Révolution mais à ses excès, poignarda Marat dans son bain. Elle fut guillotinée.

corde [kɔʀd] n. f. **I. 1.** Lien fait des brins retordus d'une matière textile. *Une corde lisse, à nœuds. Une corde de nylon.* ▷ *Corde à linge,* sur laquelle on étend le linge pour le faire sécher. – (Québec) Fig. *Coucher, dormir, passer la nuit sur la corde à linge :* coucher dehors, passer une mauvaise nuit, une nuit blanche. ▷ Loc. fig. *Avoir plus d'une corde à son arc*.* – *Tirer sur la corde :* exagérer. ▷ *Corde à sauter* ou (Québec) *corde à danser :* corde dont chaque extrémité est munie d'une poignée et que l'on fait tourner en sautant par-dessus à chaque passage. **2.** *Spécial.* Lien que l'on passe autour du cou des condamnés à la potence; le supplice de la potence. *Mériter la corde. Il ne vaut pas la corde pour le pendre.* **3.** Trame d'une étoffe. *Habit usé jusqu'à la corde.* – Fig. *Une histoire usée jusqu'à la corde.* **4.** SPORT Limite intérieure de la piste d'un hippodrome. – *Par ext.* Limite intérieure d'une piste, d'un circuit de course. **5.** GEOM Segment de droite qui sous-tend un arc. **6.** Câble tendu en l'air sur lequel marche, danse un acrobate. *Danseuse de corde.* ▷ Fig. *Être sur la corde raide*.* **7.** MUS Fil d'une matière flexible (boyau, crin, métal, fibre synthétique) tendu sur un instrument de musique et mis en vibrations par différents systèmes (doigts, archet, marteau, etc.). *Le violon, la guitare, la kora sont des instruments à cordes.* – *Les cordes :* les instruments à cordes frottées. *Orchestre à cordes.* ▷ Fig. *Vous avez touché en lui la corde sensible :* vous l'avez particulièrement touché, ému, intéressé. **8.** Loc. *Être dans les cordes de qqn,* dans ses possibilités. **II. 1.** ANAT *Cordes vocales :* replis du larynx dont les vibrations produisent la voix. – *Corde du tympan :* rameau nerveux, branche du nerf facial. **2.** ZOOL *Corde* ou *chorde dorsale :* structure anatomique dorsale caractéristique des cordés, au niveau de laquelle s'édifient les corps vertébraux chez les vertébrés. **III.** (Québec) Unité de mesure (4,2 m^3) pour le bois débité en bûches, en rondins; pile de bois correspondant à cette mesure. *Acheter trois cordes de bois pour l'hiver. Bois* de corde.* Syn. cordée.

cordeau [kɔʀdo] n. m. **1.** Petite corde que l'on tend pour obtenir des lignes droites. *Allée tirée au cordeau.* – Fig. *Au cordeau :* très régulièrement. *Lettres tracées au cordeau.* **2.** (Plur.) (Québec) Guides, rênes. *Une paire de cordeaux.* – Loc. fig. *Avoir, tenir les cordeaux :* diriger la maison, le foyer (en parlant d'une femme). (V. femme qui porte la culotte*.) **3.** PECHE Ligne de fond pour pêcher les anguilles. **4.** TECH *Cordeau détonant :* gaine remplie d'un explosif, servant de détonateur. – *Cordeau Bickford :* mèche à combustion lente.

cordée [kɔʀde] n. f. **1.** Caravane d'alpinistes réunis par une corde. *Premier de cordée.* **2.** (Québec) *Cordée de bois :* syn. de *corde* (sens III).

cordelette [kɔʀdəlɛt] n. f. Corde mince.

cordelière [kɔʀdəljɛʀ] n. f. Cordon de soie, de laine servant de ceinture ou d'ornement de passementerie.

Cordeliers (club des), sous la Révolution française, club fondé en avr. 1790 par Danton, Marat, C. Desmoulins, Hébert, dans l'anc. couvent des Cordeliers (franciscains qui portaient une ceinture de corde), à Paris.

corder [kɔʀde] v. tr. [1] **1.** Tordre, mettre en corde. *Corder du chanvre.* **2.** Entourer, lier avec une corde. *Corder une malle.* **3.** Garnir (une raquette) de cordes. **4.** Mesurer (du bois) au moyen d'une corde. ▷ (Québec) Empiler régulièrement. *Corder du bois de chauffage dans la cave.* – v. pron. *Par anal.* (Personnes) Se serrer, se tasser.

corderie [kɔʀdəʀi] n. f. **1.** Technique de la fabrication des cordes, des cordages. **2.** Lieu où l'on fabrique, où l'on entrepose des cordes.

c(h)ordés [kɔʀde] n. m. pl. ZOOL Vaste embranchement d'animaux possédant une corde dorsale, au moins pendant leur embryogenèse, et qui comprend : les urocordés (ascidies ou actinies), les céphalocordés (amphioxus) et les vertébrés. – Sing. *Un c(h)ordé.*

cordi-. Élément, du lat. *cor, cordis,* «cœur».

cordial, ale, aux [kɔʀdjal, o] n. m. et adj. **1.** n. m. Boisson tonique. *Prendre un cordial.* – *Par ext.* Boisson alcoolisée. **2.** adj. Fig. Qui vient du cœur, sincère. *Affection cordiale. Paroles cordiales.*

cordialement [kɔʀdjalmɑ̃] adv. Avec affection et sincérité. *Saluer cordialement qqn.* ▷ Par antiphr. *Ils se détestent cordialement,* profondément.

cordialité [kɔʀdjalite] n. f. Manière de parler, d'agir, affectueuse et ouverte.

cordillère [kɔʀdijɛʀ] n. f. GEOL Chaîne de montagnes parallèles à crête élevée et continue. *La cordillère des Andes.*

Cordillère canadienne, ensemble des formations montagneuses de l'Ouest canadien, dirigées S.-N.; d'E. en O. se succèdent les montagnes Rocheuses, des plateaux, puis les chaînes côtières.

cordite [kɔʀdit] n. f. CHIM Poudre à base de nitroglycérine, se présentant sous la forme d'une corde.

Córdoba, v. d'Argentine centr., dominée par la *sierra de Córdoba;* ch.-l. de la prov. du m. nom; 970570 hab. Grand centre industriel et culturel.

Córdoba. V. Cordoue.

cordon [kɔʀdɔ̃] n. m. **1.** Petite corde servant à divers usages. *Cordon de sonnette, de tirage.* – Loc. fig. *Tenir les cordons de la bourse :* régir les dépenses. **2.** Ruban servant d'insigne à certains ordres. **3.** Par anal. *Cordon ombilical*.* – *Cordon médullaire :* faisceau de fibres nerveuses dans la moelle épinière. **4.** TECH Pièce de forme très allongée. *Cordon électrique.* **5.** Bord façonné d'une pièce de monnaie. **6.** Série d'éléments alignés. *Cordon d'arbres.* – *Cordon sanitaire :* série de postes de surveillance le long d'une frontière ou autour d'une région, mis en place pour tenter d'enrayer une épidémie ou pour en éviter le risque. **7.** GEOL *Cordon littoral :* langue continue de sable, d'alluvions, déposés par les courants côtiers et qui, parfois, emprisonnent une nappe d'eau salée (lagune).

cordon-bleu [kɔʀdɔ̃blø] n. m. Cuisinière chevronnée. *Des cordons-bleus.*

cordonnerie [kɔʀdɔnʀi] n. f. **1.** Métier de cordonnier. **2.** Atelier, boutique de cordonnier.

cordonnet [kɔʀdɔnɛ] n. m. **1.** Petite tresse, ruban de passementerie. **2.** Fil tors à trois brins. *Boutonnières faites au cordonnet.*

cordonnier, ère [kɔʀdɔnje, ɛʀ] n. Artisan qui répare les chaussures. ▷ Prov. *Les cordonniers sont les plus mal chaussés :* on néglige souvent les avantages dont on peut disposer facilement.

Cordoue (en esp. *Córdoba*), v. d'Espagne (Andalousie), sur le Guadalquivir; 307270 hab.; ch.-l. de la prov. du m. nom. Centre agric., industr. et tourist. – Mosquée omeyyade (fin VIIIe-Xe s.), la plus grande du monde après celle de La Mecque, vouée au culte cathol. au XIIIe s. Égl. mudéjares et goth. – Capitale de la prov. romaine de Bétique, la ville fut prise par les Goths (572), puis par les Arabes (711) : les Omeyyades en firent la capitale de *l'émirat de Cordoue* (756-1236), qui marqua l'un des sommets de la civilisation arabe; savants, poètes, écrivains (Averroès et Maimonide y sont nés) affluèrent des métropoles musulmanes d'Orient, mais, à partir de 1109, le califat, ruiné par les troubles, se divisa en petits royaumes. Après la *Reconquista,* la ville perdit son importance.

cordyline [kɔʀdilin] n. f. BOT Plante de serre chaude ou tempérée (*Cordyline terminalis*), originaire des îles du Pacifique, dont certaines espèces peuvent atteindre 10 m de haut. *En Polynésie, la cordyline est utilisée dans les cérémonies de deuil.*

Coré. V. Perséphone.

Corée (en coréen *Chôsen,* «le Pays du matin calme»), péninsule d'Asie orientale (219015 km^2), située au S. de la Mandchourie, entre la mer Jaune et la mer du Japon. En 1945, l'État de Corée fut divisé en deux États : au nord du 38e parallèle, la rép. populaire dém. de Corée; au sud, la rép. de Corée.

Géogr. phys. et hum. – Cette péninsule montagneuse (massifs anciens que jalonnent des reliefs volcaniques plus récents) est dissymétrique : les montagnes de l'E. déterminent un littoral élevé et rectiligne sur la mer du Japon, alors qu'à l'O. et au S. le relief s'ouvre largement sur la mer Jaune par un littoral découpé. Le climat, aux hivers rigoureux et enneigés au N., un peu moins rudes au S., est marqué par les pluies de mousson en été et les typhons d'automne. Les forêts tempérées du N. s'opposent aux forêts subtropicales du S. Le tiers des habitants (d'origine mongole, avec influences chinoises) vit en Corée du N., où les densités moyennes dépassent 180 hab. au km^2; la pop., citadine à 66 %, augmente de près de 2,5 % par an. La Corée du S. (430 hab. au km^2, 70 % de citadins) a une croissance de 1 % par an. Dans les deux pays, la population est jeune.

Écon. – Avant la partition, le Nord, montagneux, riche en minerais, était industrialisé; le Sud, agricole. Après 1945, chaque État a dû développer le secteur déficient. Le boom industriel du Sud dans les années 80 a surpris.

Hist. – La première domination chinoise a duré du XIIe s. av. J.-C. au Ier s. apr. J.-C. : trois royaumes coréens se formèrent alors. De 668 à 735, le royaume Silla, allié aux Chinois, réalise l'unité du pays, qui s'ouvrit à la civilisation confucéenne et au bouddhisme, religion officielle au VIe s. Les différentes dynasties (Koryo, 918-1231; Li, 1392-1910) restèrent plus ou moins vassales de la Chine, qui reconnut l'autonomie de la Corée en 1895. Après la guerre russo-japonaise de 1905, la Corée devint protectorat puis, en 1910, colonie du Japon, qui instaura un régime policier, tenta d'imposer la langue et la culture nippones, et créa une économie moderne. Dès 1938, Kim Il Sung organisa la guérilla communiste contre le Japon. En 1945, l'avancée respective des troupes soviétiques et américaines face aux Japonais aboutit à la division de la péninsule selon le 38e parallèle : un État communiste fut créé au nord; au sud, un État lié au camp occidental. Leur rivalité entraîna la guerre de Corée (V. Corée [guerre de]). Après l'admission à l'ONU des deux Corées, qui signèrent un pacte de non-agression en 1991, un accord de dénucléarisation sous contrôle international a été conclu en 1992.

Corée (guerre de), conflit qui a opposé la Corée du Nord et la Corée du Sud, du 25 juin 1950 au 27 juillet 1953. L'intervention des É.-U., mandatés par l'ONU, fit de cette guerre un affrontement indirect entre l'U.R.S.S. et les É.-U. Bien équipées par les Soviétiques, les troupes de Corée du Nord franchirent le 38e parallèle pour réunir le pays. Les forces (américaines) de l'ONU les refoulèrent jusqu'à la frontière mandchoue; la Chine envoya des «volontaires» et l'ONU fit retraite. Le général Mac Arthur, qui voulait bombarder les bases chinoises en Mandchourie, fut destitué par le président Truman. Après deux ans de négociations, un armistice fut signé. La guerre a tué des millions de civils.

Corée du Nord (république populaire démocratique de Corée) *(Chôsen Minchu-chui Inmin Konghwa-guk),* État d'Asie orientale fondé en 1945; 120598 km^2; env. 22 millions d'hab.; cap. *Pyongyang.* Nature de l'État : république socialiste (parti unique). Langue off. : coréen. Monnaie : won. Relig. : bouddhisme, confucianisme.

Écon. – L'économie socialiste s'est rapidement reconstruite dans les années 50, grâce à l'appropriation des biens japonais et aux aides soviétique

et chinoise. La priorité a été accordée aux industries lourdes et aux biens d'équipement. Les biens de consommation ont été sacrifiés. L'agriculture, l'élevage, la pêche et l'exploitation forestière emploient 40 % des actifs. Les difficultés économiques apparues dans les années 70 se sont aggravées. En 1997, le pays connaît une grave pénurie alimentaire.
Hist. – La dictature de Kim Il Sung a isolé le pays. En 1994, à la mort de son père, Kim Jong Il (désigné comme héritier depuis 1983) est devenu chef de l'État. Il cherche à accélérer les ouvertures amorcées avec la Corée du Sud et les États-Unis.

Corée du Sud (république de Corée) *(Daehan-Minkuk)*, État d'Asie orientale fondé en 1945; 98477 km^2; env. 43100000 hab.; cap. *Séoul*. Nature de l'État : rép. de type présidentiel. Langue off. : coréen. Monnaie : won. Relig. : bouddhisme, confucianisme, christianisme.
Écon. – En 1970–1990, la Corée du Sud est devenue un grand pays industriel. D'abord, la Corée, pays atelier ouvert aux capitaux étrangers, offrit une main-d'œuvre abondante et bon marché et sacrifia le progrès social à la croissance industrielle. Très vite, l'essor s'est poursuivi sur des bases nationales et, en dépit d'une forte dépendance extérieure pour l'énergie et les matières premières, le pays a construit un appareil de production diversifié : sidérurgie, chimie, constructions navales, automobile, équipement mécanique et électrique, etc.; puis : électronique, biotechnologies. Longtemps sacrifiée à l'industrie, l'agriculture (le quart des actifs) a progressé mais le pays reste un gros importateur. La croissance des années 80 (10 % par an) s'est essoufflée depuis 1989 et les luttes sociales se sont intensifiées.
Hist. – Le développement écon. a conforté les régimes autoritaires dirigés par Syngman Rhee jusqu'en 1960, Park Chung-hee de 1961 à 1979 et Chon Tu-hwan (1980); en déc. 1987, les premières élections présidentielles depuis 25 ans ont vu la victoire de Roh Tae Woo, candidat du pouvoir. Kim Young Sam lui a succédé en fév. 1993. En 1988, Séoul a accueilli les jeux Olympiques. En 1990, la Corée du S. s'est réconciliée avec le Japon.

coréen, enne [kɔʀeɛ̃, ɛn] adj. et n. **1.** adj. De Corée. ▷ Subst. *Un(e) Coréen(ne)*. **2.** n. m. *Le coréen*la langue parlée en Corée, que l'on ne rattache à aucune famille linguistique.

corégone [kɔʀegɔn] n. m. ZOOL Poisson salmonidé (genre *Coregonus*) lacustre.

coreligionnaire [kɔʀəliʒjɔnɛʀ] n. Didac. Personne qui professe la même religion qu'une autre, que d'autres.

Corelli (Arcangelo) (1653 – 1713), compositeur italien. Fondateur de l'école classique de violon, il laissa six recueils de sonates et de *concerti grossi*, dont l'influence fut considérable.

Corfou (anc. *Corcyre*, en gr. mod. *Kerkyra*), île grecque de la mer Ionienne, proche de l'Épire; 105040 hab. *(Corfiots)*; ch.-l. *Corfou* (33560 hab.). Vins, oliviers, agrumes. Tourisme important. – Églises byzantines. – Colonie corinthienne (VIIIe s. av. J.-C.), rivale de la v. mère, elle fut, v. 431 av. J.-C., l'une des causes de la guerre du Péloponnèse. Rome l'annexa en 229 av. J.-C. Occupée par Venise, Naples, etc., l'île subit la domination brit. de 1815 à 1864, puis toutes les îles ioniennes revinrent à la Grèce.

coriace [kɔʀjas] adj. **1.** Qui est dur comme du cuir. *Une viande coriace*. Ant. tendre. **2.** Fig., fam. Obstiné. *Un adversaire coriace.*

coriandre [kɔʀjɑ̃dʀ] n. f. Ombellifère à fleurs blanches ou rougeâtres aussi appelée *persil chinois*, dont le fruit est utilisé dans la fabrication de liqueurs, la feuille comme herbe aromatique et la graine comme condiment.

coricide [kɔʀisid] adj. et n. m. PHARM Qui détruit les cors. *Substance coricide.* – n. m. *Un coricide.*

corindon [kɔʀɛ̃dɔ̃] n. m. MINER Alumine anhydre cristallisée, très dure, utilisée comme abrasif dans l'industrie. *Le saphir et le rubis sont des corindons.*

corinthe [kɔʀɛ̃t] n. f. (Luxembourg) Raisin* de Corinthe.

Corinthe, port de Grèce, au fond du *golfe de Corinthe*, sur *l'isthme de Corinthe* (auj. coupé par un canal), qui relie le Péloponnèse à l'Attique; 22660 hab.; ch.-l. du nome du m. nom. – La Corinthe antique (à 6 km de la ville actuelle) fut une cité florissante dès le VIIe s. av. J.-C. Fondatrice de nombr. colonies (Syracuse), centre industr. exportant dans toute la Médit. (VII-VIe s.), elle subit bientôt la concurrence d'Athènes. Elle s'allia à Sparte pendant la guerre du Péloponnèse (431 av. J.-C.), puis lutta contre Sparte aux côtés d'Athènes, Thèbes et Argos (guerre dite *de Corinthe*, 395-387). Détruite par les Romains (146 av. J.-C.), elle fut relevée par César en 44 av. J.-C., puis ruinée par les Barbares au IIIe s. apr. J.-C. – Ruines du temple d'Apollon (VIe s. av. J.-C.).

corinthien, enne [kɔʀɛ̃tjɛ̃, ɛn] n. et adj. **1.** n. et adj. De Corinthe. *Épîtres de Paul aux Corinthiens.* **2.** adj. Se dit de l'ordre architectural grec caractérisé par l'emploi de la feuille d'acanthe dans l'ornementation des chapiteaux.

Coriolan (Gaius Marcius Coriolanus) (Ve s. av. J.-C.), général romain. Selon la tradition, il fut banni et marcha sur Rome avec les Volsques; les larmes de sa femme parvinrent à le fléchir.

Coriolis (Gaspard) (1792 – 1843), mathématicien français. Il étudia les forces centrifuges composées. – *Force de Coriolis :* force des vents dus à la rotation de la Terre et soufflant en sens inverse de celle-ci.

coriste [kɔʀist] n. V. koriste.

Corm (Charles) (1894 – 1963), écrivain libanais d'expression française. Fondateur de la *Revue phénicienne* (1920), il est l'auteur de la *Montagne inspirée* (1935), recueil de poèmes lyriques à la gloire du Liban.

cormophytes [kɔʀmɔfit] n. m. pl. BOT Groupe des végétaux caractérisés par la présence d'un axe aérien (par oppos. à *thallophytes*). – Sing. *Un cormophyte.*

cormoran [kɔʀmɔʀɑ̃] n. m. Oiseau pélécaniforme (genre *Phalocrocorax*) à plumage noirâtre et à long cou, répandu sur toutes les côtes.

cornac [kɔʀnak] n. m. Personne qui est chargée de conduire et de soigner un éléphant.

cornaline [kɔʀnalin] n. f. Calcédoine translucide rouge ou jaune, utilisée en joaillerie.

Corn Belt («ceinture du maïs»), le centre des É.-U., à vocation céréalière; correspond au Middle* West.

corne [kɔʀn] n. f. **1.** Appendice céphalique, dur et pointu, constitué de kératine sécrétée par l'épiderme de certains mammifères. (Les cornes sont paires ou impaires, et pleines, chez les rhinocéros; paires et creuses, chez les bovidés; elles peuvent être caduques ou permanentes.) *Cornes de bœuf. Un coup de corne.* – Loc. *Bêtes à cornes :* bœufs, vaches, chèvres (par oppos. aux moutons et aux brebis). ▷ Loc. fig., fam. *Prendre le taureau* par les cornes.* ▷ Loc. fig., fam. *Avoir, porter des cornes :* être trompé par son conjoint. **2.** *Par ext.* Appendice céphalique d'un animal. *Les cornes d'un escargot. Vipère à cornes.* **3.** Attribut du diable, des divinités malfaisantes. **4.** Matière dure constituant les cornes (V. kératine), les ongles, les griffes, les sabots, etc. *Dur comme la corne. Un peigne de corne.* ▷ *Corne cutanée,* constituée par l'épaississement des couches cornées de l'épiderme. *Avoir de la corne sous les pieds.* **5.** Objet fait d'une corne creuse. – *Spécial.* Trompe d'appel. *Corne de berger.* ▷ Par ext. *Corne de brume.* ▷ MYTH *Corne d'abondance :* corne (de la chèvre Amalthée) toujours remplie de fruits, de fleurs, symbolisant la prospérité. **6.** Pointe, angle saillant. *Les cornes d'un croissant. Chapeau à deux, trois cornes :* V. bicorne, tricorne. – Coin replié. *Corne à la page d'un livre.* **7.** ANAT Nom donné à certaines parties de l'organisme, en forme de corne. *Corne utérine.* **8.** ELECTR Tige métallique servant à protéger les isolateurs des effets des arcs. *Cornes de garde.* **9.** *Corne de gazelle :* petit gâteau de pâte d'amande en forme de corne, spécialité nord-africaine. **10.** (Liban) *Corne grecque :* légume qui ressemble au gombo africain, en plus petit.

corné, ée [kɔʀne] adj. Qui est de la nature, qui a l'apparence de la corne. – *Tissu corné :* partie dure et résistante des cornes, des ongles, des sabots.

corned-beef [kɔʀnbif] n. m. inv. Conserve de viande de bœuf.

Corne de l'Afrique, extrémité orientale de l'Afrique (à la pointe de la Somalie). Cette région a la forme d'un triangle bordé au N. par le golfe d'Aden, au S. par l'océan Indien et dont la pointe correspond au cap Guardafui (Somalie).

Corne d'Or (la), baie du Bosphore, célèbre site portuaire d'Istanbul.

cornée [kɔʀne] n. f. Partie transparente de la conjonctive de l'œil, située devant l'iris.

cornéen, enne [kɔʀneɛ̃, ɛn] adj. Relatif à la cornée. *Lentilles cornéennes.*

corneille [kɔʀnɛj] n. f. Nom de divers oiseaux corvidés (genre *Corvus*), voisins des corbeaux. (La corneille noire, *Corvus corone*, de 45 cm de long, au plumage entièrement noir, est très fréquente en Europe.) ▷ Fam. *Bayer* aux corneilles.*

Corneille (Pierre) (1606 – 1684), poète dramatique français. Issu d'une famille de magistrats, il occupa une charge d'avocat (qu'il revendit en 1650). Il débuta dans la carrière dramatique avec une comédie, *Mélite* (1629), et une tragi-comédie, *Clitandre* (1630). Protégé de Richelieu (1635-1638), il composa sa prem. tragédie en 1635 *(Médée),* puis une comédie : *l'Illusion comique* (1636). Dès lors, il triompha dans la tragédie : *le Cid* (janv. 1637, V. Cid Campeador), *Horace* (1640), *Cinna* (1641), *Polyeucte* (1642), *Rodogune* (1644), *Nicomède* (1651), et donna une comédie : *le Menteur* (1643). L'échec de *Pertharite* (1651) l'éloigna du théâtre. Il y revint : *Œdipe* (1659), *Sertorius* (1662), *Agésilas* (1666), *Attila* (1667), etc., mais son prestige s'amenuisa face aux succès du jeune Racine (échec de *Tite et Bérénice,* 1670). *Suréna* (1674) est sa dernière pièce. En 1662, il avait quitté Rouen pour Paris, où il mourut presque oublié. Acad. fr. (1647). — **Thomas** (1625 - 1709), frère du préc.; poète dramatique français; auteur d'un *Dictionnaire des arts et des sciences* (1694) et d'un *Dictionnaire géographique et historique* (1708). Acad. fr. (1685).

cornélien, enne [kɔʀneljɛ̃, ɛn] adj. **1.** Relatif à Pierre Corneille et à son œuvre. *Tragédie cornélienne. Héros cornélien.* **2.** Qui met en balance le devoir et la passion; qui constitue un dilemme douloureux. *Situation cornélienne.*

Cornelius Nepos (v. 99 - v. 24 av. J.-C.), historien latin : *De excellentibus ducibus.*

cornemuse [kɔʀnəmyz] n. f. Instrument de musique à vent celtique, composé d'un sac en peau et de tuyaux.

1. corner [kɔʀne] v. intr. [1] **1.** Sonner d'une corne, d'un cornet. **2.** Donner la sensation d'un bourdonnement. *Les oreilles me cornent.*

2. corner [kɔʀne] v. tr. [1] Plier le coin de. *Corner les pages d'un livre.*

3. corner [kɔʀnɛʀ] n. m. (Anglicisme) SPORT Au football, coup franc tiré d'un coin de la ligne de but. Syn. (off. recommandé) tir d'angle.

cornet [kɔʀnɛ] n. m. **1.** Petite corne, petite trompe. ▷ MUS *Cornet à pistons :* instrument à vent, en cuivre, comprenant une embouchure et des pistons, généralement en *si* bémol. ▷ (Belgique, Suisse) *Cornet (de téléphone) :* combiné téléphonique. **2.** Objet creux et conique ou tronconique, servant de récipient; son contenu. *Un cornet de papier. Un cornet de bonbons. Un cornet à dés.* – (Québec) *Un cornet de tire, de crème glacée.* **3.** (Suisse) Sachet, sac en papier ou en plastique. **4.** ANAT Ensemble des lames osseuses contenues dans les fosses nasales.

cornette [kɔʀnɛt] n. f. **1.** Anc. Coiffure de certaines religieuses. **2.** MAR Pavillon à deux pointes, aux couleurs nationales.

corniaud [kɔʀnjo] n. m. Chien bâtard.

corniche [kɔʀniʃ] n. f. **1.** ARCHI Partie supérieure de l'entablement. – *Par ext.* Ornement saillant. *Corniche d'une armoire. Corniche d'un plafond.* **2.** Surface horizontale étroite située à flanc de falaise, de coteau. *Chemin en corniche. Route de la corniche.*

cornichon [kɔʀniʃɔ̃] n. m. **1.** Cucurbitacée cultivée pour son fruit vert, allongé et arqué, que l'on confit dans le vinaigre pour l'utiliser comme condiment; ce fruit. **2.** Fig., fam. Personne sotte, niaise.

cornier, ère [kɔʀnje, ɛʀ] adj. et n. f. **1.** adj. Qui est à la corne, à l'angle de qqch. *Pilastre cornier.* ▷ *Jointure cornière :* chéneau de tuiles situé à la jonction de deux pentes d'un toit et qui en reçoit les eaux. **2.** n. f. TECH Profilé métallique en équerre servant à renforcer des angles.

corniste [kɔʀnist] n. Musicien joueur de cor.

Cornouailles (en angl. *Cornwall*), comté du S.-O. de l'Angleterre, sur l'Atlant. et la Manche; péninsule aux côtes très découpées; 3546 km^2; 469300 hab.; ch.-l. *Truro.* Pêche. Étain, plomb.

cornu, ue [kɔʀny] adj. Qui a des cornes. *Les bêtes cornues.*

cornue [kɔʀny] n. f. CHIM Vase à col allongé et recourbé servant à la distillation.

Corogne (La) (en esp. *La Coruña*), port d'Espagne (Galice); 256570 hab.; ch.-l. de la prov. du m. nom. Pêche. Industries. – Tour d'Hercule (phare romain); égl. romane (XIIe-XVe s.).

corollaire [kɔʀɔlɛʀ] n. m. **1.** LOG Proposition qui découle nécessairement et évidemment d'une autre proposition. ▷ MATH Conséquence découlant immédiatement d'une proposition déjà démontrée. – (En appos.) *Proposition corollaire.* **2.** Cour. Conséquence immédiate, évidente.

corolle [kɔʀɔl] n. f. Partie du périanthe d'une fleur constituée par l'ensemble des pétales.

Coromandel (côte de), nom de la côte S.-E. de l'Inde. – *Laques de Coromandel :* laques chinois (paravents des XVIIe-XVIIIe s.) ainsi nommés parce que Madras et Pondichéry (ports princ. de la côte) assuraient autref. l'exportation des produits en provenance de Chine.

coronaire [kɔʀɔnɛʀ] adj. ANAT *Artères coronaires,* qui irriguent le muscle cardiaque (myocarde) et dont la thrombose provoque l'infarctus du myocarde.

coronarien, enne [kɔʀɔnaʀjɛ̃, ɛn] adj. et n. Qui se rapporte aux vaisseaux coronaires. *Insuffisance coronarienne,* due à une sténose des vaisseaux coronaires et qui se traduit par l'angine de poitrine. ▷ Subst. *Un(e) coronarien(ne) :* malade atteint de troubles des artères coronaires.

coronarite [kɔʀɔnaʀit] n. f. MED Inflammation des artères coronaires, pouvant provoquer une angine de poitrine.

coronarographie [kɔʀɔnaʀɔgʀafi] n. f. MED Radiographie des artères coronaires après injection d'un produit de contraste.

coroner [kɔʀɔnɛʀ] n. (Québec) Officier public chargé d'enquêter sur un décès dont la cause n'est pas évidente ou qui résulte d'un acte de violence. *Un(e) coroner.*

corossol [kɔʀɔsɔl] n. m. BOT Fruit comestible du corossolier, à la peau verte garnie de pointes, à la chair blanche parfumée, dont on fait aussi une boisson fermentée et du vinaigre. Syn. (Afr. subsah., Madag., Maurice) cœur-de-bœuf.

corossolier [kɔʀɔsɔlje] n. m. Variété d'anone dont le fruit est le corossol.

Corot (Jean-Baptiste Camille) (1796 – 1875), peintre français. Paysagiste, il travailla d'après nature, annonçant l'impressionnisme. Il a également peint des portraits et des nus féminins.

corozo [kɔʀɔzo] n. m. Albumen corné, très dur, des graines d'un palmier d'Amérique et, *par ext.,* de certains palmiers d'Afrique, utilisé dans la confection de petits objets et appelé également *ivoire végétal.*

corporatif, ive [kɔʀpɔʀatif, iv] adj. Qui a rapport aux corporations.

corporation [kɔʀpɔʀasjɔ̃] n. f. **1.** HIST Réunion d'individus de même profession en un corps particulier, ayant ses règlements propres, ses privilèges, etc., et reconnue par l'autorité. **2.** Cour. Ensemble des professionnels exerçant une même activité. Syn. profession. **3.** (Québec) (Emploi critiqué) Personne morale de droit public (par ex., *corporation municipale*) ou de droit privé (par ex., *corporation religieuse*).

corporatisme [kɔʀpɔʀatism] n. m. **1.** POLIT Doctrine favorable à l'organisation du monde du travail en corporations plutôt qu'en syndicats. **2.** Attitude qui consiste à défendre uniquement les intérêts de sa corporation, de sa caste.

corporatiste [kɔʀpɔʀatist] adj. Conforme au corporatisme; qui a rapport au corporatisme.

corporel, elle [kɔʀpɔʀɛl] adj. **1.** Relatif au corps. *Châtiment corporel. Accident corporel.* ▷ PSYCHO *Schéma corporel :* image qu'une personne se fait de son corps. **2.** Qui a un corps. *Êtres corporels.*

corps [kɔʀ] n. m. **I.** Partie matérielle d'un être animé (partic., de l'homme). **1.** (Par oppos. à *âme,* à *esprit,* etc.) *Le corps humain. Les exercices du corps.* ▷ Loc. fig. *Se donner corps et âme :* se dévouer entièrement. – *Faire commerce de son corps, vendre son corps :* se livrer à la prostitution. – *Avoir le diable* au corps.* **2.** Constitution, conformation. *Avoir un corps gracieux.* **3.** Tronc (par oppos. à *membres,* à *tête*). *Il lui a passé son épée à travers le corps.* – *Par ext.* Partie de l'habillement couvrant le tronc. *Le corps d'une cuirasse.* **4.** Personne (par oppos. à *bien,* à *chose*). – DR *Séparation de corps.* – Cour. *Garde du corps :* V. garde 2. **5.** Dépouille mortelle, cadavre. *Levée du corps.* **6.** Loc. *Lutter (au) corps à corps,* de très près, en touchant directement son adversaire. – *Corps à corps :* lutte qui se fait corps à corps. ▷ *À bras*-le-corps.* – Fig. *Prendre le problème à bras-le-corps,* l'attaquer résolument et dans son entier. ▷ *À corps perdu :* sans ménagement pour soi, totalement. ▷ *À son corps défendant :* malgré soi; contre son gré. **II.** Substance, objet matériels. **1.** *Corps solide, gazeux. La chute des corps.* ▷ CHIM *Corps simple :* V. simple (sens A, 2). *Corps composé :* V. composé (sens II, 2). ▷ ASTRO *Corps célestes :* les étoiles, les planètes, la matière interstellaire, les rayons cosmiques, etc. ▷ MED *Corps étranger*.* ▷ PHYS *Corps noir*.* **2.** ANAT Nom de différents organes. *Corps calleux*. Corps jaune :* corps temporaire agissant comme une glande endocrine, qui apparaît après l'ovulation et qui sécrète la progestérone. **3.** Partie principale, essentielle (d'une chose). *Corps d'une pompe :* bloc dans lequel joue le piston. *Corps de logis :* partie principale d'un bâtiment ou construction principale (maison de maître, etc.) d'une propriété. – *Corps d'un livre, d'un article, d'un texte,* etc., considéré sans les préface, introduction, table, etc. – *Corps d'une doctrine,* ses points essentiels. ▷ MAR *Navire perdu corps et biens,* disparu sans que rien subsiste ni du navire ni de la cargaison, sans que survive aucun membre de l'équipage, aucun passager. ▷ DR *Corps du délit*.* **4.** Épaisseur, solidité, consistance. *Ce papier n'a pas de corps.* – *Prendre corps :* prendre de la consistance, de la force. ▷ Fig. *Une idée qui prend corps.* – *Faire corps avec (qqch) :* adhérer fortement à, ne faire qu'une seule masse avec. **5.** TYPO Hauteur d'un caractère d'imprimerie. **III.** (Abstrait) **1.** Être collectif que forme une société, un peuple, une corporation, etc. *Le corps social. Le corps électoral. Les ingénieurs du corps des mines.* – Spécial. *Esprit de corps :* entente, habitude de se soutenir entre membres d'une corporation, d'un groupe social ou professionnel. **2.** MILIT *Corps d'armée**. – *Corps de l'artillerie, du génie,* ensemble de ceux qui appartiennent à ces armes. – *Corps expéditionnaire :* troupe constituée en vue d'une expédition lointaine. *Corps franc :* compagnie d'un régiment chargée des opérations de commando et de l'exécution des coups de main. **3.** CHOREGR *Corps de ballet :* ensemble de la troupe des danseurs et danseuses. **4.** THEOL *Corps mystique du Christ :* l'Église elle-même, car tous les baptisés forment un corps dont Jésus-Christ est la tête. **5.** MATH Anneau unitaire (structure algébrique) tel que, pour tout élément a (différent de 0) de celui-ci, il existe un élément a' de cet anneau vérifiant $a'a = 1$. *Corps des nombres réels, des nombres rationnels.*

corpulence [kɔʀpylɑ̃s] n. f. Masse du corps. *Un homme de forte corpulence.*

corpulent, ente [kɔʀpylɑ̃, ɑ̃t] adj. De forte corpulence. *Une femme corpulente.*

corpus [kɔʀpys] n. m. **1.** Recueil concernant une même matière. *Corpus d'inscriptions latines.* **2.** LING Ensemble fini d'éléments, d'énoncés, réunis en vue d'une analyse linguistique.

corpusculaire [kɔʀpyskylɛʀ] adj. PHYS NUCL Relatif aux corpuscules. *Dimensions corpusculaires.* ▷ *Théorie corpusculaire,* fondée sur le fait que la matière est formée de particules sans contact entre elles (discontinuité de la matière).

corpuscule [kɔʀpyskyl] n. m. ANAT Élément très ténu. *Corpuscules de Malpighi**.

correct, ecte [kɔʀɛkt] adj. **1.** Exempt de fautes. *Une phrase correcte. La réponse correcte.* **2.** Conforme aux règles, aux convenances, aux lois. *Attitude correcte.* **3.** Fam. Convenable, acceptable. *Un repas correct.*

correctement [kɔʀɛktəmɑ̃] adv. Sans fautes; conformément aux règles, aux convenances.

correcteur, trice [kɔʀɛktœʀ, tʀis] n. et adj. **1.** n. Personne qui corrige et qui note (un devoir, un examen). **2.** n. TYPO Personne chargée de la correction des fautes de composition. **3.** n. m. Dispositif de correction. – INFORM *Correcteur orthographique :* logiciel associé à un traitement de texte, qui permet la vérification automatique de l'orthographe des textes saisis. **4.** adj. Qui corrige. *Verres correcteurs,* qui corrigent, compensent les défauts de la vision.

correctif, ive [kɔʀɛktif, iv] adj. et n. m. **1.** adj. Qui a la vertu de corriger, d'atténuer. *Gymnastique* corrective.* **2.** n. m. Ce qui atténue ou corrige (un texte, un propos). *Apporter un correctif à un communiqué.*

correction [kɔʀɛksjɔ̃] n. f. **1.** Action de corriger, de réformer; résultat de cette action. *La correction des abus.* **2.** Châtiment corporel. *Recevoir une correction.* ▷ Coups reçus par qqn. **3.** Changement que l'on fait à un ouvrage. *Apporter des corrections à un chapitre.* ▷ *Spécial.* Action de corriger un devoir d'écolier, d'étudiant. *Terminer la correction d'une copie.* **4.** Qualité de ce qui est correct, conforme aux règles et aux convenances. *Correction du style, de la langue. La plus élémentaire correction :* le minimum de politesse, de savoir-vivre.

correctionnaliser [kɔʀɛksjɔnalize] v. tr. [**1**] DR Réduire un crime en un délit relevant de la compétence du tribunal correctionnel.

correctionnel, elle [kɔʀɛksjɔnɛl] adj. et n. f. DR Se dit des peines que l'on applique aux actes qualifiés de délits par la loi, et des tribunaux compétents pour juger ces délits. *Peine correctionnelle. Tribunal correctionnel.* – n. f. *Passer en correctionnelle,* en jugement devant un tribunal correctionnel.

Corrège (Antonio Allegri, dit *il Correggio,* en fr. le) (v. 1489 - 1534), peintre italien. Exaltant la sensualité, il annonce l'esthétique baroque.

corrélat [kɔʀela] n. m. Didac. Terme d'une corrélation, d'un rapport.

corrélatif, ive [kɔʀelatif, iv] adj. Qui est en relation logique avec autre chose. *Droit et devoir sont des termes corrélatifs.* ▷ GRAM *Mots corrélatifs,* qui vont ensemble et indiquent une relation entre deux membres d'une phrase (par ex. *tel... que*).

corrélation [kɔʀelasjɔ̃] n. f. **1.** Relation entre deux choses, deux termes corrélatifs. **2.** MATH Relation que l'on établit entre deux séries de variables aléatoires.

corrélativement [kɔʀelativmɑ̃] adv. De manière corrélative.

corréler [kɔʀele] v. tr. [**14**] Faire la corrélation entre (deux choses, deux termes).

correspondance [kɔʀɛspɔ̃dɑ̃s] n. f. **I. 1.** Rapport de conformité, de symétrie, d'analogie. *Une parfaite correspondance d'idées. Correspondance entre les parties d'un ouvrage.* ▷ *Théorie des correspondances :* doctrine selon laquelle il existerait une analogie terme à terme et une action réciproque entre les différents règnes de l'univers (planètes, métaux, caractères humains). **2.** TRANSP Liaison entre deux lignes de transport (train, métro, autocar, etc.) ou entre deux moyens de transport. – Moyen de transport qui assure une correspondance. *Il a raté la correspondance pour Yaoundé.* **3.** MATH Notion généralisant celles de fonction et d'application. **II.** Échange régulier de lettres entre deux personnes; les lettres elles-mêmes. *Entretenir une correspondance avec qqn.* ▷ Par ext. *Correspondance téléphonique.*

correspondancier, ère [kɔʀɛspɔ̃dɑ̃sje, ɛʀ] n. Employé chargé de la correspondance dans une administration, une société commerciale. – (En appos.) *Secrétaire correspondancière.*

correspondant, ante [kɔʀɛspɔ̃dɑ̃, ɑ̃t] adj. et n. **I.** adj. Qui a des rapports avec, qui correspond. *Des écrous et des boulons correspondants.* ▷ GEOM *Angles correspondants,* formés par deux droites parallèles que coupe une troisième et situés de part et d'autre de la sécante, l'un interne, l'autre externe. (Ils sont égaux.) ▷ PHYS *États correspondants :* état de deux fluides qui ont même pression, même température et même volume réduits. V. réduit 1. **II.** n. **1.** Personne avec qui on est en relation épistolaire. – *Par ext.* Personne avec qui on est en relation téléphonique. **2.** Personne chargée par un journal, une agence de presse, une station de radio ou de télévision d'envoyer des nouvelles du lieu où elle se trouve. *Un correspondant de guerre.* **3.** Titre donné par une société savante à des savants résidant à l'étranger ou en province et n'assistant pas à ses réunions. **4.** Personne chargée de veiller sur un jeune élève interne qui se trouve éloigné de sa famille.

correspondre [kɔʀɛspɔ̃dʀ] v. [**6**] **I. 1.** v. tr. indir. ou intr. Être en rapport de conformité avec, être approprié à (qqch). *Cet article ne correspond pas à mon texte. On leur avait livré des armes sans les munitions qui correspondent.* ▷ Être en rapport de symétrie, d'analogie avec. *Théorie qui correspond au matérialisme.* **2.** v. intr. (Sujet nom de chose.) Communiquer l'un avec l'autre. *Pièces, chambres qui correspondent.* **II.** v. intr. Avoir un échange de lettres (avec qqn). – Absol. *Cesser de correspondre.*

Corrèze, riv. de France (85 km). – Dép. : 5 860 km^2; 237 908 hab.; ch.-l. *Tulle* (18 685 hab.). V. Limousin (Rég.).

corrida [kɔʀida] n. f. **1.** Spectacle au cours duquel des hommes affrontent des taureaux dans une arène. **2.** Fig., fam. Agitation, dispute bruyante.

corridor [kɔʀidɔʀ] n. m. Passage qui met en communication plusieurs appartements d'un même étage, plusieurs pièces d'un appartement. Syn. (Québec) passage.

corrigé, ée [kɔʀiʒe] adj. et n. m. **1.** adj. *Surface corrigée :* élément de calcul du prix d'un loyer (habitation uniquement) sur la base de la surface réelle affectée de coefficients tenant compte des divers éléments de confort du logement. **2.** n. m. Devoir donné comme modèle à des élèves. *Donner le corrigé d'un problème.*

corriger [kɔʀiʒe] v. tr. [**13**] **1.** Rectifier les erreurs, les défauts (de qqch). *Corriger un texte, une épreuve d'imprimerie.* ▷ *Corriger un devoir,* en relever les fautes et le noter. **2.** *Corriger les défauts de qqn.* ▷ v. pron. S'efforcer de rectifier son attitude, de supprimer ses défauts. **3.** Tempérer, adoucir. *Corriger l'acidité du citron avec du sucre.* **4.** Punir, châtier, en infligeant une peine corporelle. *Corriger un enfant qui a désobéi.* – Donner des coups à (qqn), battre.

corroborer [kɔʀɔbɔʀe] v. tr. [**1**] Appuyer, confirmer, ajouter du crédit à (une idée, une opinion). *Déposition qui corrobore un témoignage.*

corroder [kɔʀɔde] v. tr. [**1**] Ronger, détruire lentement. *L'acide corrode les métaux.* ▷ Fig. *L'envie corrode l'amitié.*

corrompre [kɔʀɔ̃pʀ] v. tr. [**53**] **1.** Gâter, altérer par décomposition. *La chaleur corrompt la viande.* ▷ Fig. (Sens moral.) Diminuer, altérer. *La crainte corrompt le plaisir.* **2.** Dépraver, pervertir. *Corrompre les mœurs.* **3.** Détourner de son devoir par des dons, des promesses. *Corrompre des témoins.*

corrompu, ue [kɔʀɔ̃py] adj. **1.** Altéré par décomposition. **2.** Fig. Dépravé. *Âme corrompue.* **3.** Qui s'est laissé corrompre (sens 3) ou que l'on peut corrompre. *Fonctionnaire corrompu.*

corrosif, ive [kɔʀozif, iv] adj. (et n. m.) **1.** Qui corrode, qui ronge. *Substance corrosive.* Syn. corrodant. ▷ n. m. *Un corrosif.* **2.** Fig. Incisif, mordant. *Style, humour corrosif.*

corrosion [kɔʀozjɔ̃] n. f. Action ou effet de ce qui est corrosif. ▷ CHIM Détérioration superficielle des métaux d'origine chimique ou électrochimique (partic. sous l'effet de l'humidité, du sel, etc.). *La corrosion du fer par l'acide.* ▷ GEOL *Corrosion des sols,* par les eaux de ruissellement.

corroyage [kɔRwajaʒ] n. m. **1.** TECH Opération de finition (industrie du cuir, menuiserie). **2.** Forgeage ou soudage de pièces métalliques.

corrupteur, trice [kɔRyptœR, tRis] adj. Qui corrompt.

corruptible [kɔRyptibl] adj. Que l'on peut circonvenir, détourner de son devoir par des dons, des avantages. *Un juge corruptible.* Ant. incorruptible.

corruption [kɔRypsjɔ̃] n. f. **1.** Litt. Altération, déformation. *Corruption du goût. Corruption d'un texte.* **2.** Fig. Dépravation (des mœurs, de l'esprit, etc.). *La corruption de la société.* **3.** Moyens employés pour détourner qqn de son devoir. *Corruption de fonctionnaire.*

cors [kɔR] n. m. pl. V. cor 1, sens II.

corsage [kɔRsaʒ] n. m. Vêtement ou partie de vêtement féminin recouvrant le buste. *Corsage à manches courtes.*

corsaire [kɔRsɛR] n. m. **1.** HIST Navire armé par des particuliers avec l'autorisation du gouvernement (lettre de marque), pour faire la chasse aux navires marchands d'un pays ennemi. – Commandant d'un tel navire. **2.** *Abusiv.* Navire monté par des pirates; pirate. **3.** Pantalon moulant s'arrêtant au-dessous du genou.

corse [kɔRs] adj. et n. **1.** adj. De Corse. ▷ Subst. *Un(e) Corse.* **2.** n. m. *Le corse :* langue romane parlée en Corse.

Corse, île de la Méditerranée située à 160 km au S.-E. de la Côte d'Azur et à 12 km au N. de la Sardaigne; collectivité territoriale de la Rép. française (8682 km^2; 249737 hab.; ch.-l. *Ajaccio**), formée des départements de Corse-du-Sud (4014 km^2; 118174 hab.; chef-lieu *Ajaccio*) et de Haute-Corse (4668 km^2; 131563 hab.; ch.-l. *Bastia,* 3872 hab.).
Géogr. – La Corse est une île montagneuse (185 km du N. au S., 85 km max. d'O. en E.), qui culmine à 2710 m au monte Cinto. Les plaines, rares sur la côte O., déchiquetée, ne s'imposent qu'à l'E. Le climat est méditerranéen, mais les pluies d'altitude assurent des ressources en eau. Les deux tiers du territoire sont boisés. Plus de la moitié des hab. se concentre à Ajaccio et à Bastia; les villages de l'intérieur sont presque déserts auj. La Corse a enrayé son exode vers le continent; 40 % des revenus des ménages proviennent des prestations sociales. Une agriculture exportatrice s'est cependant développée dans les plaines irriguées (agrumes, kiwi, vigne), et le tourisme est capital.
Hist. – L'île a connu au IIIe mill. av. J.-C. une civilisation mégalithique. Possession punique, la Corse fut conquise par Rome de 238 à 162 av. J.-C., puis devint byzantine; elle fut ravagée par les Sarrasins (IXe-XIe s.). Pise l'administra à partir de 1078, mais Gênes se l'appropria au XIVe s. et la céda en 1768 à la France, qui brisa la résistance animée par P. Paoli (1769). En 1794, celui-ci fit appel à l'Angleterre, qui l'écarta (1795) et évacua l'île (1796). Lors de la Seconde Guerre mondiale, la Corse fut le premier territoire français libéré de l'occupation ital. et allemande (sept. 1943). Depuis les années 70, des troubles graves (attentats meurtriers, destruction de locaux) ont eu lieu. Le F.L.N.C. (Front de libération nationale de la Corse) prône l'action violente.

Corse (cap), presqu'île formant l'extrémité N. de la Corse. Vins réputés.

corsé, ée [kɔRse] adj. **1.** Qui a du corps, de la consistance, de la force. *Vin, café corsé. Goût corsé.* **2.** Fig., fam. *Addition corsée,* trop élevée. ▷ *Histoire corsée,* grivoise.

corselet [kɔRsəlɛ] n. m. ZOOL Partie dorsale chitineuse du premier segment thoracique (prothorax) des insectes.

corser [kɔRse] v. tr. [1] Donner de la force, de la consistance. *Corser un plat avec des épices.* – Par ext. *Corser un récit.* ▷ v. pron. Fam. *Ça se corse :* ça se complique; ça devient intéressant.

corset [kɔRsɛ] n. m. Sous-vêtement féminin, baleiné et lacé, qui moule la taille. ▷ MED *Corset orthopédique :* dispositif qui maintient l'abdomen, le thorax et la colonne vertébrale.

corseter [kɔRsəte] v. tr. [18] Fig. Enfermer dans un cadre serré.

corso [kɔRso] n. m. *Corso fleuri :* défilé de chars fleuris, lors de certaines fêtes.

Cortázar (Julio) (1914 – 1984), écrivain argentin, naturalisé français en 1981; dans ses nouvelles et romans, le fantastique naît du quotidien.

cortège [kɔRtɛʒ] n. m. **1.** Suite de personnes qui en accompagnent une autre avec cérémonie. – Spécial. *Cortège funèbre.* **2.** *Par ext.* Groupe de gens qui défilent. *Manifestants qui se forment en cortège.* **3.** Fig. *La vieillesse et son cortège d'infirmités,* et les infirmités de toutes sortes qui l'accompagnent. **4.** *Par anal.* PHYS NUCL *Cortège d'électrons :* ensemble des électrons qui entourent un noyau atomique.

Cortés (Hernán), en franç. *Fernand Cortez* (1485 – 1547), conquistador espagnol. Il soumit le Mexique, détruisant l'Empire aztèque (1519-1521), et administra les pays conquis jusqu'en 1541. Il mourut en disgrâce près de Séville.

cortex [kɔRtɛks] n. m. ANAT Couche superficielle de certains organes. *Cortex surrénal.* – Absol. *Le cortex :* l'écorce cérébrale.

Cortez (Fernand). V. Cortés (Hernán).

cortical, ale, aux [kɔRtikal, o] adj. **1.** BOT Relatif à l'écorce. **2.** ANAT Qui appartient, qui dépend d'un cortex. *Cellules corticales,* du cortex cérébral. – *Hormones corticales :* V. corticosurrénal.

corticoïde [kɔRtikɔid] ou **corticostéroïde** [kɔRtikosteRɔid] n. m. BIOCHIM Nom générique des hormones sécrétées par les corticosurrénales et de leurs dérivés synthétiques.

corticostimuline [kɔRtikɔstimylin] n. f. BIOCHIM Hormone hypophysaire qui règle la sécrétion de corticoïdes par la corticosurrénale. Syn. A.C.T.H.

corticosurrénal, ale, aux [kɔRtikɔsyR(R)enal, o] adj. et n. f. Qui a rapport au tissu cortical de la glande surrénale. – n. f. *La corticosurrénale :* ce tissu lui-même. – *Hormones corticosurrénales* ou, n. f., *les corticosurrénales,* qui assurent une fonction de régulation des métabolismes.

corticothérapie [kɔRtikɔteRapi] n.f. MED Emploi thérapeutique des hormones corticosurrénales et de l'A.C.T.H.

cortinaire [kɔRtinɛR] n. m. BOT Champignon basidiomycète dont la plupart des espèces sont toxiques ou mortelles.

cortisol [kɔRtizɔl] n. m. BIOCHIM Hormone (17-hydroxycorticostérone) la plus active et la plus importante parmi les corticoïdes agissant sur le métabolisme des glucides, sécrétés par la corticosurrénale.

cortisone [kɔRtizɔn] n. f. BIOCHIM Hormone sécrétée par la corticosurrénale, moins active que le cortisol. (Synthétisée, elle est utilisée comme médicament anti-inflammatoire, antiallergique, etc.)

corvéable [kɔRveabl] adj. Qui est soumis à la corvée. *Taillable et corvéable à merci.*

corvée [kɔRve] n. f. **1.** DR FEOD Travail gratuit dû par les serfs, les paysans, au seigneur ou au roi. **2.** *Par ext.* Travail que font tour à tour les soldats d'une unité, les membres d'une collectivité, etc. *Corvée d'eau, de vivres.* **3.** Toute chose qu'on est obligé de faire et qu'on trouve pénible ou désagréable.

corvette [kɔRvɛt] n. f. **1.** MAR Escorteur de haute mer spécialisé dans la lutte contre les sous-marins ou la lutte antiaérienne. **2.** *Capitaine* de corvette.*

corvidés [kɔRvide] n. m. pl. ZOOL Famille de grands oiseaux passériformes, à fort bec droit, aux pattes robustes, de régime omnivore (corbeaux, corneilles, geais, pies, etc.). – Sing. *Un corvidé.*

Corvin (Mathias). V. Mathias Ier Corvin.

corymbe [kɔRɛ̃b] n. m. BOT Inflorescence (du flamboyant, par ex.) dans laquelle les pédoncules floraux partent de l'axe à des hauteurs différentes et s'allongent de telle façon que toutes les fleurs sont dans un même plan.

coryphée [kɔRife] n. m. Chef du chœur dans le théâtre de la Grèce antique.

coryza [kɔRiza] n. m. Rhinite catarrhale aiguë, rhume de cerveau.

cosaque [kɔzak] adj. D'origine cosaque, relatif aux Cosaques.

Cosaques, populations guerrières originaires d'Asie centrale, utilisées par les princes moscovites au XVe s. pour coloniser les steppes du Sud. On distinguait : les *Cosaques du Don* (groupe ling. grand-russien), les *Cosaques du Dniepr* et les *Zaporogues* (groupe ling. petit-russien). À partir de 1917, ils se heurtèrent aux bolcheviks. Auj., ils aspirent à l'autonomie.

Coşbuc (George) (1866 – 1918), écrivain roumain. Poète lyrique, il prôna un retour à la tradition populaire dans un style néoclassique : *Ballades et Idylles* (1893), *Fils de quenouille* (1896).

cosignataire [kosiɲatɛR] n. et adj. Personne qui signe avec une autre ou avec d'autres un document.

cosigner [kosiɲe] v. tr. [1] Signer avec une ou plusieurs autres personnes (un document).

Cosimo (Piero di). V. Piero di Cosimo.

cosinus [kɔsinys] n. m. MATH *Cosinus d'un angle aigu d'un triangle rectangle :* rapport du côté adjacent à l'hypoténuse. V. trigonométrie. (Abrév. : cos).

Cosmas (fin Xe s.), prêtre bulgare. Son *Discours contre la récente hérésie de Bogomil* compte parmi les premiers grands ouvrages de la littérature bulgare.

-cosme, cosmo-. Éléments, du gr. *kosmos,* «ordre, univers».

Cosme de Médicis. V. Médicis.

cosmétique [kɔsmetik] n. m. et adj. Substance utilisée pour l'hygiène et la beauté de la peau, des cheveux. ▷ adj. *Un produit cosmétique.*

cosmétologie [kɔsmetɔlɔʒi] n. f. Partie de l'hygiène qui concerne les soins de beauté et l'utilisation des cosmétiques.

cosmique [kɔsmik] adj. **1.** Relatif à l'Univers. **2.** ASTRO De l'espace extra-terrestre. *Poussières cosmiques :* très petits corps qui circulent dans l'espace. – *Rayons cosmiques :* flux de particules de haute énergie d'origine extra-terrestre, découvert en 1911 par le physicien autrichien Victor Franz Hess, constitué essentiellement de protons (90 %) et de noyaux d'hélium, et, en plus faibles quantités, de noyaux de carbone, d'azote, d'oxygène, de fer, ainsi que d'électrons. (L'énergie de chacune des particules peut atteindre 10^{21} électron-volts; leur interaction avec les hautes couches de l'atmosphère crée des gerbes de particules, dont l'étude a été à l'origine de la découverte du *positon* et du *muon.*)

cosmo-. V. -cosme.

cosmogonie [kɔsmɔgɔni] n. f. Didac. Théorie (mythique, philosophique ou scientifique) de la formation de l'Univers. *Les cosmogonies de l'Antiquité.* ▷ ASTRO Théorie de la formation des corps célestes.

cosmographie [kɔsmɔgʀafi] n. f. ASTRO Description du ciel tel qu'il se présente pour un observateur terrestre, les astres étant situés sur une sphère fictive de grand rayon *(sphère céleste)* dont la Terre occupe le centre.

cosmologie [kɔsmɔlɔʒi] n. f. **1.** Didac. Partie de l'astronomie qui étudie la structure et l'évolution de l'Univers considéré comme un tout. *Les concepts relativistes et les progrès de la physique des particules font évoluer la cosmologie.* **2.** PHILO *Cosmologie (rationnelle) :* étude métaphysique de l'Univers.

cosmologique [kɔsmɔlɔʒik] adj. Didac. **1.** Relatif à la cosmologie. **2.** Relatif à l'Univers. *Rayonnement cosmologique :* rayonnement de 2,7 K qui baigne tout l'Univers.

cosmonaute [kɔsmonot] n. Pilote ou passager d'un véhicule spatial. (Supplanté auj. par *spationaute.*)

cosmophysique [kɔsmofizik] n. f. Didac. Science ayant pour objet l'étude de la structure physique des corps célestes, notam. par expérimentation directe sur le sol des astres.

cosmopolite [kɔsmɔpɔlit] adj. et n. **1.** Qui s'accommode aisément des mœurs et des usages des pays où il vit. **2.** Composé de personnes originaires de pays divers. *Une société cosmopolite.*

cosmopolitisme [kɔsmɔpɔlitism] n. m. **1.** Caractère de ce qui est cosmopolite. **2.** Manière de vivre cosmopolite.

1. cosmos [kɔsmos] n. m. **1.** PHILO Univers, considéré comme un tout organisé et harmonieux (par oppos. à *chaos,* dans les cosmogonies de l'Antiquité). **2.** L'espace extra-terrestre.

2. cosmos [kɔsmos] n. m. Genre de composées originaires d'Amérique tropicale cultivées pour leurs fleurs ornementales.

cosse [kɔs] n. f. **1.** Enveloppe des petits pois, haricots, fèves, etc., que l'on enlève pour recueillir les graines *(écossage).* **2.** ELECTR Plaque métallique que l'on fixe à l'extrémité d'un conducteur pour en faciliter la connexion.

Cossery (Albert) (né en 1913), romancier égyptien d'expression française, établi en France : *la Maison de la mort certaine* (1944), *la Violence et la Dérision* (1964).

cossidés [kɔside] n. m. pl. Famille de papillons nocturnes dont les chenilles creusent des galeries dans le bois. – Sing. *Un cossidé.*

cossu, ue [kɔsy] adj. (Personnes) Riche, opulent. *Un homme cossu.* – *Par ext.* (Choses) Qui dénote la richesse, l'opulence. *Un appartement cossu.*

Costa (Lúcio) (né en 1902), architecte et urbaniste brésilien; auteur du plan directeur de Brasília (1956).

costal, ale, aux [kɔstal, o] adj. ANAT Qui concerne les côtes. *Douleur costale.*

Costa Rica (république du) *(República de Costa Rica),* État d'Amérique centrale, entre le Nicaragua, au N., et le Panamá, au S.; 50900 km²; 2900000 hab. ; cap. *San José.* Nature de l'État : rép. présidentielle. Langue off. : esp. Monnaie : colón. Pop. : Blancs (85 %). Relig. : catholicisme (relig. d'État).

Géogr. phys., hum. et écon. – Des cordillères orientées N.-O.-S.-E. isolent, au centre, un plateau élevé et fertile groupant les trois quarts des hab. La pop., citadine à 52 %, augmente de 2,5 % par an. Le climat tropical, tempéré par l'altitude, permet les cultures d'exportation, contrôlées par les États-Unis. Paradis fiscal, l'État a appliqué les plans d'austérité du F.M.I. : dette allégée, inflation et chômage réduits, exportations en progrès.

Hist. – Le pays, découvert par Colomb en 1502, fut colonisé par les Esp. au XVIe s. et fit partie de la Capitainerie générale de Guatemala. Indép. en 1821, il fut un des États membres de la Confédération d'Amérique centrale (1824-1839). La république du Costa Rica possède une longue tradition démocratique, exceptionnelle en Amérique latine. En outre, elle n'a pas d'armée (abolie en 1948). Après un président de centre gauche (Oscar Arias Sánchez) en 1986, puis conservateur (Rafael Ángel Calderón) en 1990, un président social-démocrate (José Maria Figueres) a été élu en 1994.

costaricien, enne [kɔstaʀisjɛ̃, ɛn] adj. et n. Du Costa Rica. ▷ Subst. *Un(e) Costaricien(ne).*

costaud, aude [kɔsto, od] adj. et n. (Fém. rare.) Fam. Fort, résistant. *Elle est vraiment costaud.* ▷ Subst. *Un(e) costaud(e).*

Costeley (Guillaume) (v. 1531 – 1606), compositeur français : nombr. chansons.

Costes (Dieudonné) (1892 – 1973), aviateur français. Avec Bellonte, il réalisa la première liaison Paris-New York sans escale (1930).

Costin (Miron) (1633 – 1691), chroniqueur moldave. Diplomate, injustement soupçonné de félonie, il est assassiné sur ordre de Constantin Cantemir. Il rédigea en polonais une histoire de la Moldavie et, en roumain, la suite (années 1595-1661) de la chronique de la Moldavie due à Grigore Ureche*.

costume [kɔstym] n. m. **1.** Manière de se vêtir propre à une époque, à un pays. *Le costume traditionnel.* **2.** Vêtement, habillement lié à certaines fonctions ou à certaines activités. *Costume ecclésiastique. Costume de cérémonie, de soirée :* V. tenue. ▷ (Québec) Vêtement pour la pratique d'une activité physique. *Costume de tennis. Costume de joueur de baseball, de joueur de hockey.* – (Belgique; France, vieilli; Québec; Suisse) *Costume de bain :* maillot de bain. ▷ Cour. Vêtement d'homme composé d'un pantalon et d'une veste (et parfois d'un gilet) : V. complet 2. ▷ (Québec) Cour. Costume féminin, tailleur. *Costume d'automne, de printemps.* ▷ *Spécial.* Habit pour le théâtre, déguisement. *Les costumes d'une pièce.*

costumé, ée [kɔstyme] adj. Vêtu d'un costume de théâtre ou d'un déguisement. *Elle était costumée en bergère.* ▷ *Bal costumé,* où les invités sont travestis.

costumer [kɔstyme] v. tr. [1] Revêtir d'un costume, d'un déguisement. – v. pron. *Se costumer pour une fête.*

costumier, ère [kɔstymje, ɛʀ] n. Personne qui confectionne, vend, loue ou répare des costumes de théâtre, de cérémonie, de bal costumé, etc.

cotangente [kɔtɑ̃ʒɑ̃t] n. f. MATH Quotient du cosinus d'un arc par son sinus (symbole : cotan).

cotation [kɔtasjɔ̃] n. f. **1.** Action de coter. *Cotation en Bourse.* **2.** TECH Ensemble des cotes d'un dessin. **3.** (Belgique) Notation, attribution d'une note (sens 5), d'une cote (sens 4).

cote [kɔt] n. f. **1.** Marque numérale dont on se sert pour classer les pièces d'un procès, d'un inventaire, les livres d'une bibliothèque, etc. *La cote d'un document à la Bibliothèque nationale.* **2.** FIN Indication du cours de valeurs mobilières. *Admission* de valeurs à la cote.* **3.** *Par ext.* Évaluation, estimation de la valeur de diverses marchandises. *La cote d'une voiture à l'argus.* ▷ *Cote de succès :* syn. (off. recommandé) de *box-office.* **4.** (Belgique) Note (sens 5). *Avoir une bonne cote.* **5.** Loc. fam. *Avoir la cote auprès de qqn,* être prisé, estimé de cette personne. **6.** TECH Chiffre qui indique une dimension (sur un schéma, sur un plan). ▷ GEOM Nombre qui indique, dans un système de coordonnées cartésiennes, la distance d'un point au plan horizontal. – *Par ext.* Désignation de ce point sur une carte. – Indications sur une courbe de niveaux. *Cote de niveau, d'altitude.* ▷ *Cote d'alerte :* niveau d'un fleuve au-delà duquel il y a risque d'inondation; fig. seuil à partir duquel une situation devient critique. **7.** Part de chacun dans une dépense commune (partic., un impôt, une contribution, etc.). *La cote mobilière.* ▷ Fig. *Cote mal taillée :* compromis bancal.

côte [kot] n. f. **I. 1.** Chacun des os longs et courbes qui forment la cage thoracique. *L'homme a douze paires de côtes.* ▷ Loc. fam., *On lui voit les côtes :* il est très maigre. – Fig. *Rire à s'en tenir les côtes :* rire beaucoup. ▷ Loc. adv. *Côte à côte :* à côté l'un de l'autre. *Marcher côte à côte.* ▷ En boucherie : *côte de bœuf, côte de porc,* etc. – (Québec) *Côtes levées :* mets fait de côtes de porc marinées et grillées. *Côtes levées à l'ananas.* **2.** *Par anal.* Saillie qui divise une surface courbe, dans divers objets. *Côtes d'un melon.* ▷ ARCHI *Côtes d'une colonne :* petites moulures séparant les cannelures. ▷ *Étoffe à côtes,* qui présente des lignes en relief sur sa surface. *Velours à grosses côtes.* **II. 1.** Pente d'une montagne; route qui monte. *Une côte raide. Monter, descendre une côte.* ▷ GEOMORPH *Relief de côte,* caractérisé par un relief dissymétrique, provoqué par la présence d'une couche résistante, modérément inclinée et interrompue par l'érosion. Syn. cuesta. **2.** Rivage de la mer. *Côte escarpée. Une côte hérissée d'écueils.* – MAR *Aller, donner à la côte :* s'échouer sur le rivage. ▷ (Québec) Rive d'un fleuve (notam. le Saint-Laurent). – *Par ext.* Bord d'une rivière, d'un lac. – (Dans des noms propres.) *Côte-Nord :* région située sur la rive nord du Saint-Laurent, entre Tadoussac et Blanc-Sablon. *Basse-Côte-Nord :* partie de la Côte-Nord la plus en aval, à partir de Sept-Îles. *Haute-Côte-Nord :* partie de la Côte-Nord située en amont de Sept-Îles. *Côte-du-Sud :* région située sur la rive sud du Saint-Laurent, entre Beaumont et Kamouraska. **3.** Région côtière. *La côte belge. Passer son week-end à la côte.* ▷ (Madag.) *Spécial.* Région côtière (par oppos. aux hauts plateaux centraux). (V. côtier, ère.)

coté, ée [kɔte] adj. **1.** *Être coté :* être apprécié, estimé. **2.** FIN *Valeur cotée,* admise pour les transactions en Bourse. **3.** GEOM *Géométrie cotée,* dans laquelle un point est défini par sa projection sur un plan horizontal et par sa cote. ▷ TECH *Croquis coté :* représentation d'un objet par ses projections, avec l'indication de ses dimensions.

côté [kote] n. m. **I. 1.** Partie du corps, de l'aisselle à la hanche, où sont situées les côtes. *Être blessé au côté.* ▷ Partie droite ou gauche du corps. *Être couché sur le côté.* **2.** GEOM Chacun des segments de droite formant le périmètre d'un polygone. *Les côtés d'un triangle.* ▷ Ligne, surface limitant un objet. *Les côtés d'un meuble, d'une boîte.* **3.** Une des parties, des faces d'une chose (par oppos. à une autre, aux autres). *Le bulletin est imprimé sur un seul côté. Le potager est de l'autre côté du mur.* ▷ Partie latérale d'une chose. *Entrez par le côté gauche de la maison.* **II. 1.** Aspect, manière dont se présente une chose, une situation, une personne. *Les bons, les mauvais côtés de qqn, de qqch. Prendre la vie du bon côté.* **2.** Parti, camp, opinion. *Mettre les rieurs de son côté.* **3.** Ligne de parenté. *Cousin du côté du père, parent du côté maternel.* **III.** Loc. **1.** Loc. prép. *À côté de :* près de, tout près de. *Le pain est sur la table, à côté du vin.* ▷ *À mes (tes, nos...) côtés :* avec, auprès de moi (toi, nous...). ▷ En dehors de (en n'atteignant pas le but visé). *Le ballon est passé à côté du filet.* – Fig. *Passer complètement à côté de la question.* ▷ En comparaison de. *À côté d'elle, il paraît tout petit.* **2.** Loc. adv. *À côté :* tout près d'ici. *Il habite à côté.* **3.** Loc. prép. *Du côté de :* dans la direction de. *Il est parti du côté de la gare.* ▷ Dans les environs de. *Il vit du côté de Nantes.* ▷ Avec, auprès de, en accord avec (qqn, un groupe, une opinion). *Être du côté des faibles.* ▷ *De mon (ton, leur...) côté :* pour ma (ta, leur...) part. *Je pense, de mon côté, pouvoir faire qqch.* ▷ *De tout côté, de tous côtés :* de toute(s) part(s); dans toutes les directions. *Nous sommes cernés de tout côté. Courir de tous côtés.* ▷ *D'un côté..., de l'autre :* d'un point de vue..., de l'autre. *D'un côté il a raison, de l'autre il a tort.* **4.** Loc. adv. *De côté :* de biais, obliquement. *Regarder, marcher de côté.* ▷ Sur le côté. *Sauter de côté,* en faisant un écart. ▷ Fam. *Mettre de côté :* écarter, mettre en réserve. *Mets de côté ton orgueil! Mettre de l'argent de côté.* ▷ Fam. *Laisser de côté :* négliger, ne pas tenir compte de. *Laissons de côté le passé.*

coteau [kɔto] n. m. **1.** Versant d'une colline. ▷ *Spécial.* Versant d'une colline planté de vignobles. **2.** Petite colline.

Côte d'Azur, côte méditerranéenne française à l'E. de Marseille. V. Provence-Alpes-Côte d'Azur (Région).

Côte de la Trêve, partie de la côte du golfe Persique qui fut longtemps infestée de pirates *(Côte des Pirates).* La G.-B. signa en 1820 (puis en 1853) une trêve (en angl. *truce*) avec les émirats riverains, auj. indépendants; en 1971, ils sont entrés dans la Fédération des émirats du golfe Persique. (V. Émirats arabes unis.)

Côte-de-l'Or, nom français de la Gold Coast. V. Ghana.

Côte des Esclaves, anc. nom de la côte qui borde le golfe du Bénin. Elle fut un centre de la traite des esclaves.

Côte des Pirates. V. Côte de la Trêve.

Côte d'Ivoire (république de), État d'Afrique occidentale.
▶ V. carte et dossier, p. 1424.

Côte-d'Or, dép. franç.; 8765 km^2; 493866 hab.; ch.-l. *Dijon**. V. Bourgogne (Rég.).

côtelé, ée [kotle] adj. Couvert de côtes (surtout en parlant d'un tissu). *Velours côtelé.*

côtelette [kotlɛt] n. f. Côte des animaux de boucherie de taille moyenne (mouton, porc).

Côte-Nord, rég. admin. du Québec située sur la rive N. du Saint-Laurent, à l'E. de la rég. admin. Saguenay-Lac-Saint-Jean; 103913 km^2; 106000 hab.

Cotentin, presqu'île de Normandie (N.-O. de la France, dép. de la Manche), s'avançant dans la Manche; v. princ. *Cherbourg* (30122 hab.), port milit. et de commerce.

coter [kɔte] v. tr. [1] **1.** Marquer d'un chiffre, d'une lettre, numéroter (un chapitre, les pages d'un document). **2.** FIN Marquer à la valeur du jour. *Coter des marchandises, des actions à la Bourse.* **3.** Apprécier par une note. *Coter la copie d'un candidat.* **4.** TECH Inscrire les cotes sur (un schéma, un plan, etc.).

coterie [kɔtʀi] n. f. Péjor. Groupe de personnes se coalisant pour défendre leurs intérêts. *Coterie politique, littéraire. Rivalité de coteries.*

Côtes-d'Armor (jusqu'en 1990 *Côtes-du-Nord*), dép. franç.; 6878 km^2; 538395 hab.; ch.-l. *Saint-Brieuc* (47370 hab.). V. Bretagne (Rég.).

cothurne [kɔtyʀn] n. m. ANTIQ Chaussure à semelle épaisse portée par les acteurs tragiques.

côtier, ère [kotje, ɛʀ] adj. (et n.) **1.** Relatif au bord de mer; proche des côtes. *Population côtière.* – *Fleuve côtier,* qui prend sa source près de la côte. **2.** (Madag.) Relatif aux ethnies malgaches autres que les Merina, nommées ainsi même si elles vivent loin de la côte. ▷ Subst. *Les Côtiers.*

Côtières (chaînes ou montagnes) (en angl. *Coast Ranges*), ensemble de montagnes qui bordent, à l'O., la côte Pacifique du Canada, très découpée (nombr. fjords). Elles culminent au mont Logan (6050 m), le point le plus élevé du Canada.

cotillon [kɔtijɔ̃] n. m. **1.** Anc. Jupon que portaient les femmes de condition modeste. **2.** Danse terminant un bal. ▷ *Accessoires de cotillon* ou *cotillons :* serpentins, confettis, etc.

cotisant, ante [kɔtizɑ̃, ɑ̃t] adj. et n. Qui paie une cotisation.

cotisation [kɔtizasjɔ̃] n. f. **1.** Action de cotiser; somme ainsi réunie. **2.** Quote-part. *Verser sa cotisation.* – *Cotisation sociale :* versement obligatoire aux organismes d'assurance sociale. *Cotisations patronales, salariales.*

cotiser [kɔtize] v. [1] **1.** v. intr. Payer sa quote-part. *Cotiser à un parti, à une mutuelle.* **2.** v. pron. Contribuer, en apportant chacun sa participation, à réunir une somme pour couvrir une dépense commune.

côtoiement [kotwamɑ̃] n. m. Fait de côtoyer.

1. coton [kɔtɔ̃] n. m. **1.** Matière constituée par les longs poils de cellulose fixés aux graines du cotonnier. V. encycl. ci-après. **2.** Étoffe fabriquée avec cette matière. *Une robe de coton imprimé.* **3.** Fil de coton. *Un écheveau de coton à broder.* **4.** *Coton hydrophile,* que l'on a débarrassé de ses substances graisseuses et résineuses. ▷ *Un coton :* un morceau de coton hydrophile. **5.** Loc. fig. *Élever un enfant dans du coton,* en l'entourant de trop de soins. ▷ *Avoir les bras, les jambes en coton :* ressentir une grande mollesse dans les membres. ▷ *Filer un mauvais coton :* être dans une situation difficile, pénible (pour sa santé, ses affaires, sa réputation). **6.** *Coton de Tuléar :* race de petits chiens blancs et frisés.
ENCYCL On cultive le coton notam. dans le sud des É.-U., au Mexique, au Brésil, au Proche-Orient (Égypte), en Chine, au Turkestan, au Pākistān, en Inde, en Afrique centrale et occid. On tire des graines du cotonnier une huile industrielle qui entre dans les margarines, savons, etc.; les tourteaux servent à l'alimentation du bétail. Le coton, qui est l'un des princ. textiles naturels du monde, connaît de nombr. autres utilisations pour sa richesse en cellulose.

2. coton [kɔtɔ̃] n. m. (Québec) Trognon (de salade, de chou), râpe (de maïs). *Un coton de blé d'Inde.* ▷ Loc. fam. (En parlant d'une étoffe.) *Usé jusqu'au coton,* jusqu'à la corde. – (Personnes) *Rendu au coton :* complètement épuisé. – *Au coton :* au maximum. *Accélérer au coton.*

coton-graine [kɔtɔ̃gʀɛn] n. m. Graine de coton entourée de fibres. *Des cotons-graines.*

cotonnade [kɔtɔnad] n. f. Étoffe de coton, pur ou mélangé.

cotonnerie [kɔtɔnʀi] n. f. **1.** TECH Culture du coton. **2.** Lieu où se cultive, où se travaille le coton.

cotonneux, euse [kɔtɔnø, øz] adj. **1.** Dont l'aspect, la consistance rappelle la ouate. *Un ciel cotonneux.* **2.** Couvert de poils fins. *Fruit cotonneux.*

cotonnier, ère [kɔtɔnje, ɛʀ] n. et adj. **1.** n. m. Végétal herbacé annuel, ou arbustif vivace, cultivé pour la fibre (coton) qui entoure ses graines dont on tire une huile. **2.** n. m. (Afr. subsah.) *Faux cotonnier :* kapokier. **3.** n. Personne qui travaille le coton. **4.** adj. Qui a rapport au coton. *Industrie, production cotonnière.*

Cotonou, princ. ville du Bénin; 800000 hab.; ch.-l. de la prov. Atlantique (3200 km²; 900000 hab.) et capitale économique. Port actif, relié par voie ferrée à Parakou au nord, à Lomé à l'ouest et à Porto-Novo (capitale béninoise) à l'est. Industries. Aéroport international. Au large : pétrole off shore; pêche industr. – Siège du gouvernement, des ministères et des ambassades. Université. Archevêché cathol. – Cotonou fut le siège du «sommet francophone» de 1995. V. francophonie.

coton-tige [kɔtɔ̃tiʒ] n. m. (Nom déposé.) Bâtonnet aux deux extrémités duquel est enroulé du coton hydrophile, pour nettoyer les oreilles ou le nez. *Des cotons-tiges.*

Cotopaxi, volcan actif des Andes (5897 m), en Équateur.

côtoyer [kotwaje] v. tr. [23] **1.** Fréquenter, être en relation avec. *Il côtoie de nombreux médecins dans sa profession.* **2.** Aller le long de. *La route côtoie la rivière.* ▷ Fig. Frôler, être proche de (qqch). *Côtoyer le ridicule.*

cotre [kɔtʀ] n. m. Voilier à un mât, gréant foc et trinquette.

cotte [kɔt] n. f. **1.** Vieilli Vêtement de travail couvrant les jambes et la poitrine. *Cotte de plombier.* **2.** (oc. Indien) Chabot.

Cotte (Robert de) (1656 – 1735), architecte français : chapelle du château de Versailles, place Bellecour à Lyon.

Cottereau (Jean), dit *Jean Chouan* (1757 – 1794), insurgé français qui, avec ses trois frères *(les frères Chouan),* dressa la *chouannerie* contre la République.

cottidés [kɔtide] n. m. pl. Famille de poissons perciformes à grosse tête, appelés cour. *chabot,* dont certaines espèces vivent en eau douce et d'autres en mer près du littoral. – Sing. *Un cottidé.*

Cotton (Aimé) (1869 – 1951), physicien français, spécialiste d'électromagnétisme.

cotutelle [kotytɛl] n. f. DR Tutelle dont une personne est chargée avec une autre.

cotuteur, trice [kotytœʀ, tʀis] n. DR Personne chargée avec une autre d'une tutelle.

Coty (René) (1882 – 1962), homme politique français. Dernier président de la IVᵉ Rép. (déc. 1953 – janv. 1959), il favorisa, en mai 1958, l'accession au pouvoir de De Gaulle.

cotyle [kɔtil] n. m. ou f. ANAT Cavité articulaire du bassin qui reçoit la tête du fémur.

cotylédon [kɔtiledɔ̃] n. m. **1.** ANAT Ensemble des masses charnues situées sur la face maternelle du placenta, qu'elles relient à l'utérus. **2.** BOT Feuille primordiale constitutive de l'embryon des préphanérogames et des phanérogames.

cou [ku] n. m. **1.** Partie du corps qui joint la tête au thorax. *Porter un bijou, un foulard autour du cou. Avoir un long cou.* **2.** Loc. fam. *Passer la corde au cou de qqn,* le pendre; fig. l'épouser. ▷ *Se casser, se rompre le cou :* se blesser grièvement en tombant; fig. échouer. ▷ *Laisser la bride sur le cou à qqn :* V. bride. ▷ *Sauter, se jeter au cou de qqn,* l'embrasser avec chaleur, effusion. ▷ *Prendre ses jambes à son cou :* se sauver en courant. ▷ *Jusqu'au cou :* complètement. *Être dans les soucis jusqu'au cou.* ▷ (Belgique) *Avoir un gros cou :* être prétentieux. **3.** *Par anal.* Partie longue et amincie d'un récipient. *Le cou d'une bouteille.* **4.** (Afr. subsah., Proche-Orient, Suisse) Gorge. *Avoir mal au cou,* à la gorge. ▷ (Afr. subsah.) Au Burkina Faso, goitre. – Fam. *Maladie du gros cou :* goitre.

1. couac [kwak] n. m. Son faux, ou déplaisant, produit par un chanteur ou un instrument à vent. *Faire un couac.*

2. couac [kwak] n. m. (Guyane) Semoule de manioc cuite.

couard, arde [kwaʀ, aʀd] adj. et n. Litt. Lâche, poltron.

couardise [kwaʀdiz] n. f. Litt. Poltronnerie, lâcheté.

Coubango. V. Cubango.

Coubertin (Pierre de) (1863 – 1937), pédagogue français. Il créa les jeux Olympiques modernes (1896, à Athènes). Hostile au chauvinisme, au professionnalisme et à la participation des femmes, il se retira en 1925 du Comité international olympique, qu'il présidait.

couc [kuk] interj. et n. m. (Maurice) **1.** interj. Coucou! **2.** n. m. *Couc* ou *jeu de couc :* jeu de cache-cache.

coucal [kukal] n. m. ORNITH Oiseau voisin des coucous, à longue queue et au chant caractéristique, fréquent en Afrique tropicale.

Couch. V. Koush.

couchage [kuʃaʒ] n. m. Action de coucher, de se coucher. *Sac de couchage.* ▷ *Par ext.* Ensemble des objets qui servent à se coucher.

couchant, ante [kuʃɑ̃, ɑ̃t] adj. et n. m. **1.** adj. Qui se couche. *Soleil couchant.* ▷ CHASSE *Chien couchant :* chien d'arrêt qui se couche dès qu'il flaire le gibier. **2.** n. m. Endroit de l'horizon où le soleil se couche; son aspect. ▷ Moment où le soleil se couche. *Partir au couchant.*

couche [kuʃ] n. f. **I. 1.** Litt. Lit. *La couche nuptiale.* **2.** (Plur.) Période d'alitement qui suit l'accouchement. *Être en couches. Mourir en couches.* ▷ Accouchement. *Couches difficiles.* ▷ Sing. *Fausse* couche.* **3.** Linge absorbant ou garniture à jeter dont on enveloppe un bébé de la taille aux cuisses de façon à former une protection. ▷ (Québec) *Être aux couches :* ne pas encore contrôler ses sphincters, n'être pas encore propre (en parlant d'un enfant). – Fig., plaisant *Avoir encore la couche aux fesses :* manquer d'expérience. **II. 1.** Substance étalée sur une surface. *Passer une couche de peinture.* ▷ TECH Enduit appliqué sur le papier pour en améliorer la qualité. **2.** HORTIC Terre à laquelle on incorpore du fumier dont la fermentation provoque une élévation de température favorable à la germination et à la croissance des jeunes plantes. *Champignons de couche.* **3.** PHYS *Couche mince :* dépôt d'une épaisseur de l'ordre d'un micron. **4.** PHYS NUCL *Couche électronique d'un atome :* chacune des zones successives, à partir du noyau de l'atome, occupée par des électrons. **III. 1.** Épaisseur de substance, de matière (considérée avec d'autres). *Les couches de l'atmosphère.* ▷ GEOL Lit rocheux dont la composition est relativement homogène, l'épaisseur plus ou moins importante, la surface étendue, et qui s'est sédimenté dans des conditions géologiques constantes. *Couche calcaire.* Syn. strate. **2.** Fig. Classe sociale, catégorie de personnes. *Les couches défavorisées.* **IV.** TECH **1.** *Plaque de couche :* armature métallique de la tranche d'une arme à feu. **2.** *Arbre de couche :* arbre moteur.

couche-couche [kuʃkuʃ] n. m. (Louisiane) Plat à base de farine de maïs délayée dans de l'eau et grillée dans de la matière grasse.

couché, ée [kuʃe] adj. (et n. m.) **1.** Allongé sur un lit, étendu. *Rester couché une journée.* ▷ Prêt pour le sommeil; endormi. *À minuit, ils sont couchés.* **2.** Incliné, penché. *Navire couché,* incliné sous l'action du vent. – GEOL *Pli couché,* dont les flancs sont voisins de l'horizontale. **3.** *Papier couché :* papier couvert d'une couche d'enduit qui le rend lisse et brillant. ▷ n. m. *Un beau couché.*

1. coucher [kuʃe] v. [1] **I.** v. tr. **1.** Étendre de tout son long (qqn, qqch qui est normalement vertical). *Coucher une armoire pour la réparer. Coucher un blessé sur une civière.* ▷ Mettre au lit. *Coucher un enfant.* ▷ *Coucher qqn chez soi,* l'héberger. ▷ *Coucher un fusil en joue,* l'épauler pour viser. – Par ext. *Coucher en joue :* viser. **2.** Incliner, pencher. *La pluie a couché les blés.* **3.** Étendre, étaler en couche. *Coucher une couleur sur une surface.* **4.** Fig., litt. *Coucher par écrit :* consigner. ▷ *Coucher qqn, coucher une clause sur son testament :* V. inscrire, insérer. **II.** v. intr. **1.** Être en position allongée pour prendre du repos. *Coucher sur un lit de camp.* **2.** *Coucher avec qqn :* passer la nuit avec qqn dans le même lit; fam. avoir des relations sexuelles avec qqn. **3.** Passer la nuit. *Coucher à la bel le étoile, chez des amis.* **4.** Loc. fam. *Un nom à coucher dehors,* difficile à prononcer. **III.** v. pron. **1.** S'allonger pour se reposer. *Se coucher dans l'herbe.* ▷ Se mettre au lit. *Se coucher tard.* ▷ Prov. *Comme on fait son lit*, on se couche.* **2.** Se pencher en avant, se courber. *Se coucher sur le guidon de sa bicyclette.* **3.** Fig. Descendre sous l'horizon (soleil, astres). *Le soleil se couche.* Ant. se lever.

2. coucher [kuʃe] n. m. **1.** Action, moment de se mettre au lit. *Les préparatifs du coucher.* **2.** Moment où un astre disparaît sous l'horizon. *Le coucher du soleil.* ▷ *Coucher de soleil :* représentation du soleil se couchant.

coucherie [kuʃʀi] n. f. (Souvent plur.) Fam., péjor. Rapports sexuels sans amour.

couchette [kuʃɛt] n. f. **1.** Lit étroit, dans une cabine de navire, un compartiment de chemin de fer, etc. **2.** (Québec) Petit lit pour jeune enfant, comportant des côtés élevés faits de barreaux. **3.** (Afr. subsah.) Ce sur quoi l'on couche, endroit où l'on couche. *Une natte lui servait de couchette.*

coucheur, euse [kuʃœʀ, øz] n. Fig., fam. *Mauvais coucheur :* personne difficile à vivre, chicanière.

couchis [kuʃi] n. m. CONSTR Lit de sable, de terre, de lattes, préparé pour un pavage, un plancher. *Couchis de lattes.*

couchitique [kuʃitik] adj. LING Qualifie un groupe de langues afro-asiatiques, parlées princ. en Éthiopie, en Érythrée et en Somalie.

Couchoro (Félix) (1900 – 1968), écrivain béninois qui vécut surtout au Togo; auteur prolifique de romans populaires : *l'Esclave* (1929).

couci-couça [kusikusa] loc. adv. Fam. À peu près, ni bien ni mal.

coucou [kuku] n. m. (et interj.) **1.** Oiseau de silhouette allongée, à longue queue, dont la femelle pond dans le nid d'autres oiseaux. **2.** Nom des autres oiseaux du genre *Cuculus* et de l'ordre des cuculiformes. **3.** Nom cour. des primevères sauvages, des narcisses des bois et de diverses anémones à fleurs jaunes. **4.** Pendule de style rustique dont la sonnerie imite le cri du coucou. **5.** *Coucou! :* interj. des enfants jouant à cache-cache ou de qqn manifestant plaisamment sa présence, son arrivée. Syn. (Maurice) couc.

coucoumelle [kukumɛl] n. f. Nom usuel de divers champignons (spécial. de l'amanite vaginée, comestible).

cou-coupé [kukupe] n. m. Petit bengali dont le mâle a une bande transversale rouge sur la gorge. *Des cous-coupés.*

coude [kud] n. m. **1.** Articulation entre le bras et l'avant-bras, formée, en haut, par le condyle de l'humérus, en bas, par les têtes du cubitus et du radius. *Mettre, poser les coudes sur la table. Donner un coup de coude à qqn.* ▷ Loc. fig., fam. *Se serrer les coudes :* se soutenir mutuellement. – *Au coude à coude :* en se tenant très proches les uns des autres. ▷ Loc. fam. *Jouer des coudes :* se frayer un passage au milieu d'un grand nombre de personnes en les écartant sans ménagement; fig. faire son chemin sans souci d'autrui. **2.** Dans un vêtement, partie de la manche couvrant le coude. *Veste trouée aux coudes.* **3.** ZOOL Articulation de la patte antérieure des onguligrades, analogue au coude de l'homme, mais intégrée dans le corps. *Coude de l'âne.* **4.** *Coude d'un chemin, d'une rivière, d'un tuyau :* angle.

coudée [kude] n. f. **1.** Anc. Mesure de longueur (env. 0,50 m). **2.** Loc. mod. *Avoir les coudées franches :* pouvoir agir librement, sans contrainte.

cou-de-pied [kudpje] n. m. Partie supérieure du pied, articulée avec la jambe. *Des cous-de-pied.*

couder [kude] v. tr. [**1**] Plier en forme de coude. *Couder une barre à angle droit.*

coudière [kudjɛʀ] n. f. Accessoire servant à protéger le coude des chocs.

coudoiement [kudwamɑ̃] n. m. Fait de coudoyer.

coudoyer [kudwaje] v. tr. [**23**] Se trouver en contact avec. *Coudoyer qqn dans la foule.* – (Abstrait) *Dans ce discours la démagogie coudoie la nullité.*

coudre [kudʀ] v. tr. [**76**] Joindre au moyen d'un fil passé dans une aiguille. *Coudre un bouton.* ▷ *Coudre la manche, le col d'une chemise,* les réunir au corps du vêtement. ▷ (S. comp.) *Coudre à la machine, à la main.* ▷ *Coudre une plaie,* la refermer chirurgicalement. ▷ *Machine à coudre,* qui permet d'exécuter des travaux de couture.

Coué (Émile) (1857 – 1926), pharmacien et psychologue français. Il prôna une méthode de guérison par autosuggestion *(méthode Coué).*

couenne [kwan] ou (Belgique, Suisse) [kwɛn] n. f. **I. 1.** Épiderme fibreux, très résistant, du porc. **2.** Peau de cochon flambée et raclée. **3.** (Belgique, Suisse) Croûte de certains fromages non crémeux. **4.** (Québec) Partie supérieure du sol, composée de terre et de racines et recouverte d'herbe; plaque de terre garnie d'herbe. *Arracher un morceau de couenne.* **II.** (Québec) Loc. fig., fam. *Se faire chauffer la couenne :* se placer contre une source de grande chaleur. – *Avoir la couenne dure :* être résistant, capable de recevoir des coups, de subir des épreuves.

1. couette [kwɛt] n. f. Édredon de plume ou de matière synthétique qui, mis dans une housse, remplace le drap et la couverture.

2. couette [kwɛt] n. f. Fam. Petite touffe de cheveux retenue par un lien. – (Québec) Mèche de cheveux. *Avoir une couette qui relève.*

couffin [kufɛ̃] n. m. Rég. Cabas souple. ▷ Son contenu. *Un couffin de pommes.* ▷ Cour. Berceau transportable en paille ou en osier, muni d'anses.

coufique [kufik] adj. et n. m. *L'écriture coufique* ou, n. m., *le coufique :* la calligraphie arabe utilisée notam. sur les monuments dès les premiers siècles de l'hégire.

couguar [kugaʀ] ou **cougouar** [kugwaʀ] n. m. Puma.

coui [kui] n. m. (Haïti) **1.** Ustensile de cuisine fait d'une moitié de calebasse. **2.** Petite calebasse des mendiants. *Tendre son coui.*

couic ! [kwik] interj. Onomat. imitant le son d'un cri étranglé.

couille [kuj] n. f. Vulg. Testicule. – Loc. fig. *Avoir des couilles,* du courage.

couillon, onne [kujɔ̃, ɔn] n. et adj. **1.** Fam. Idiot, imbécile. **2.** n. m. (Belgique) *Couillon* ou *couyon :* jeu de cartes très populaire en Wallonie.

couillonnade [kujɔnad] n. f. Fam. Sottise, erreur grossière.

couillonner [kujɔne] v. tr. [**1**] Fam. Tromper, gruger.

couillonneur [kujɔnœʀ] n. m. (Maurice) Fam. Personne non fiable, trompeur, arnaqueur.

couinement [kwinmɑ̃] n. m. Cri du lièvre, du lapin.

couiner [kwine] v. intr. [**1**] Pousser de petits cris aigus.

coulage [kulaʒ] n. m. **1.** Action de couler (sens II, 1). ▷ TECH *Coulage d'un métal, du béton.* **2.** Fig. Perte provenant de gaspillages, de petits larcins.

1. coulant [kulɑ̃] n. m. Anneau (d'une ceinture, d'une courroie).

2. coulant, ante [kulɑ̃, ɑ̃t] adj. **1.** Qui coule. *Camembert coulant.* ▷ *Nœud coulant,* qui se serre quand on tire l'extrémité du lien. **2.** Aisé, qui semble se faire sans effort. *Style coulant.* **3.** Fam. Accommodant, facile, indulgent. *Un patron très coulant.*

coulée [kule] n. f. **1.** GEOL Terrain pâteux répandu en discordance sur d'autres terrains et solidifié par la suite. *Coulée de lave, de boue.* **2.** METALL Action de couler un métal; masse de métal que l'on coule.

coulemelle [kulmɛl] n. f. Lépiote à chapeau comestible et à pied coriace.

couler [kule] v. [**1**] **I.** v. intr. **1.** Se mouvoir, aller d'un endroit à un autre d'un mouvement continu (liquides). *Le ruisseau coule lentement.* ▷ Se liquéfier. *Cire, beurre qui coule.* **2.** Laisser échapper un liquide. *Le robinet coule.* **3.** Sortir, s'échapper (liquides). *Le sang coulait de sa lèvre fendue.* ▷ Fig. *Faire couler de l'encre :* susciter de nombreux écrits. ▷ (Choses) *Couler de source*.* **4.** Glisser, s'échapper. *Farine, sable qui coule dans la main.* ▷ Fig. *L'argent lui coule entre les doigts :* il est très dépensier. **5.** Passer (temps). *Les jours coulaient paisiblement.* **6.** S'enfoncer, disparaître dans l'eau. *Le navire a coulé.* ▷ Fig. *Une affaire, une entreprise qui coule.* Syn. sombrer. **II.** v. tr. **1.** Faire passer un liquide d'un récipient dans un autre. ▷ (Guad., Mart.) *Couler le café :* faire le café. **2.** Verser (une substance fluide) dans un moule où elle se solidifie. *Couler du béton, de l'acier en fusion.* **3.** Vieilli ou litt. Glisser, faire passer discrètement (qqch) quelque part. – Par ext. *Couler un regard à qqn.* **4.** MUS *Couler des notes,* les jouer, les chanter liées. **5.** *Couler un navire,* le faire sombrer. ▷ Fig. Ruiner, discréditer. *Couler qqn, couler une maison de commerce.* **6.** Passer (son temps). *Couler des jours heureux.* ▷ v. pron. Loc. fam. *Se la couler douce :* mener une vie agréable, sans soucis. **III.** v. pron. Fig. Se perdre, perdre son crédit.

couleur [kulœʀ] n. f. **I. 1.** Impression produite sur l'œil par les diverses radiations constitutives de la lumière; qualité particulière de ces radiations. *Les couleurs du prisme. Couleurs simples, couleurs composées. Robe de couleur claire, vive, passée.* ▷ (En appos.) *Ruban couleur chair, couleur acajou.* **2.** Toute couleur qui n'est ni noire, ni grise, ni blanche. *Une carte postale en couleurs.* ▷ Tissu, vêtement de couleur. *Laver le blanc et les couleurs séparément.* **3.** (Plur.) Habit, signe distinctif (d'un groupe). *Porter les couleurs d'un club sportif.* ▷ *Les couleurs :* le pavillon national. *Envoyer, hisser les couleurs.* **4.** Chacune des quatre marques (trêfle, carreau, cœur, pique) dans un jeu de cartes. ▷ *Annoncer la couleur,* la couleur de l'atout; fig. expliquer clairement ses intentions. **5.** Teint, carnation du visage. ▷ *Changer de couleur :* avoir le visage altéré par une émotion. ▷ *Homme de couleur,* qui n'est pas de race blanche, spécial. homme à la peau noire ou très brune. **6.** Coloris (d'un tableau). *Des couleurs trop contrastées.* **II.** Substance colorante. *Broyer, mélanger des couleurs.* **III. 1.** Fig. *Couleur locale :* ensemble des caractéristiques extérieures des personnes et des choses en un lieu et à une époque donnés. **2.** Opinion professée (partic. politique). *La couleur d'un journal.* **3.** Apparence, aspect sous lequel se présente une situation. *Voir l'avenir sous de sombres couleurs. La couleur du temps.* – Loc. *Haut en couleur :* d'une originalité accentuée. ▷ Loc. prép. *Sous couleur de :* sous prétexte de. *Calomnier sous couleur de défendre.* **4.** Loc. prov. *Des goûts et des couleurs, il ne faut disputer :* chacun peut avoir son opinion. ▷ Fam. *En faire voir de toutes les couleurs à qqn,* l'ennuyer de mille façons. **IV.** PHYS NUCL Nombre quantique jouant, pour l'interaction forte qui lie les quarks, le même rôle que la charge électrique pour l'interaction électromagnétique. (Le nombre peut prendre trois valeurs, nommées rouge, bleu et vert. Les «antiquarks» sont caractérisés par des «anticouleurs».)

ENCYCL Phys. – Un corps apparaît coloré parce qu'il ne diffuse et ne réfléchit qu'une partie de la lumière blanche qu'il reçoit, ou parce qu'il émet lui-même de la lumière s'il est porté à une température suffisante. On peut décomposer une lumière blanche à l'aide d'un prisme; les couleurs *fondamentales* sont le rouge, l'orangé, le jaune, le vert, le bleu, l'indigo et le violet. Deux couleurs dont la superposition donne la teinte blanche sont dites *complémentaires* (par ex. le violet est la couleur complémentaire du jaune). Toute couleur peut être créée à partir des trois couleurs *primaires* (le rouge, le jaune et le bleu) ou de leurs couleurs complémentaires. Ce principe est utilisé dans l'imprimerie, la photographie, le cinéma et la télévision.

couleuvre [kulœvʀ] n. f. **1.** Serpent (fam. colubridés) aux nombreuses espèces très répandues dans le monde entier, dont la mâchoire supérieure est dépourvue de crochets venimeux ou n'en porte qu'à l'arrière. ▷ Fig. *Avaler des couleuvres :* essuyer des affronts sans protester; croire n'importe quoi. **2.** (Guyane) Ustensile à l'aide duquel on presse le manioc pour en extraire le jus toxique.

Coulibaly (Augustin Sondé) (né en 1933), écrivain burkinabé : *les Dieux délinquants* (roman, 1974) montrent comment la société contemporaine marginalise la jeunesse.

couline [kulin] n. f. **1.** Passage étroit dans les brisants. **2.** (Maurice) Ceinture de corail qui protège les côtes ou le lagon.

coulirou [kuliru] n. m. Poisson des Antilles voisin du maquereau.

coulis [kuli] adj. m. et n. m. **I.** adj. m. *Vent coulis,* qui se glisse par les fentes. **II.** n. m. **1.** Suc, extrait obtenu en passant au tamis un aliment cru ou après cuisson lente et prolongée. *Coulis de tomates.* **2.** CONSTR Substance assez fluide (mortier, plâtre, métal fondu) pour pénétrer dans les joints.

coulissant, ante [kulisɑ̃, ɑ̃t] adj. Monté sur une (des) coulisse(s); qui coulisse. *Porte coulissante.*

coulisse [kulis] n. f. **1.** COUT Repli ménagé dans une étoffe pour passer un cordon, un ruban, etc., et serrer à volonté. **2.** TECH Rainure permettant à une pièce mobile de se déplacer par glissement. *Porte à coulisse. Pied à coulisse :* V. pied (sens C, 4). **3.** THEAT Rainure sur laquelle glissent les châssis mobiles des décors. ▷ (Sing. et plur.) Partie d'un théâtre, invisible du public, derrière les décors. – Fig. *Rester dans la (les) coulisse(s) :* ne pas se montrer. – Fig., péjor. *Les coulisses de la politique,* les manœuvres cachées.

coulissement [kulismɑ̃] n. m. Fait de coulisser, glissement sur coulisse.

coulisser [kulise] v. intr. [1] Glisser sur des coulisses. *Porte qui coulisse.*

couloir [kulwaʀ] n. m. **1.** Passage de dégagement, de forme allongée, qui permet d'aller d'un point à un autre. *Couloir d'un appartement, d'un immeuble.* ▷ (Plur.) Galeries avoisinant une salle de séance. – *Bruits de couloirs :* nouvelles officieuses recueillies dans les couloirs. ▷ (Afr. subsah.) (Souvent au plur.) Fam. Appui permettant d'obtenir un avantage, piston. *Faire couloir, faire les couloirs :* chercher à se faire pistonner. **2.** GEOL Passage étroit délimité au sein d'un relief, d'une étendue. *Rivière encaissée dans un couloir pierreux.* ▷ SPORT Bande délimitée sur une piste d'athlétisme, dans un bassin de natation, etc., réservée à un seul concurrent (sauf dans les relais). ▷ AVIAT *Couloir aérien :* itinéraire imposé à la circulation aérienne.

coulomb [kulɔ̃] n. m. PHYS Unité SI de charge électrique (symbole C). *1 coulomb = 1 ampère × 1 seconde.*

Coulomb (Charles de) (1736 – 1806), physicien français, pionnier de l'électricité et du magnétisme.

coulure [kulyʀ] n. f. **1.** Traînée laissée par ce qui a coulé. *Une coulure de peinture.* **2.** BOT Altération ou élimination du pollen des végétaux par des éléments atmosphériques (froid, pluie persistante, etc.), ce qui rend impossibles la fécondation et la fructification.

coumarine [kumaʀin] n. f. Substance odorante contenue dans la fève tonka, utilisée en pharmacie pour son pouvoir anticoagulant.

coumbite [kumbit] n. f. V. combite.

country [kuntʀi] n. f. (ou m.) Genre musical issu de la musique folklorique américaine.

coup [ku] n. m. **I.** Choc produit par le heurt violent de deux corps; résultat du choc. *Enfoncer un clou à coups de marteau. Frapper à grands coups.* **1.** Choc violent que reçoit une personne que l'on frappe. *Coup de pied, de poing.* ▷ *Sans coup férir**. ▷ *Coup de grâce,* par lequel on assure la fin d'un condamné à mort; fig. événement, action qui aggrave une situation déjà difficile. ▷ (Québec) Fam. *Attraper son coup de mort :* contracter une maladie mortelle. ▷ *Coup bas :* en boxe, coup donné au-dessous de la ceinture; fig. action déloyale. ▷ Fig. *Coup de bec**. ▷ Fig. *Faire d'une pierre** *deux coups.* ▷ Fig. *Coup d'épée dans l'eau,* acte sans résultat. **2.** Décharge d'une arme à feu. *Coup de revolver, de pistolet. Coup de semonce**. ▷ *Faire coup double :* tuer deux pièces d'un même coup de feu; fig. obtenir deux résultats par la même action. **3.** Blessure de la sensibilité, choc moral. *Sa mort a été un coup terrible pour elle.* – *Tenir le coup :* résister aux épreuves physiques et morales. – *Coup dur :* ennui, épreuve pénible. **4.** SPORT *Coup franc :* sanction contre une équipe qui a commis une faute. ▷ *Coup de pied de réparation :* V. penalty. ▷ *Coup droit.* Au tennis, coup puissant par lequel on renvoie la balle presque horizontalement, au ras du filet. Syn. *drive.* ▷ (Québec) (Au base-ball) *Coup sûr :* balle frappée de telle sorte qu'elle permet au joueur d'atteindre le premier but. *Coup de circuit,* permettant au joueur de faire le tour complet des buts sans être arrêté. **II.** Action de très courte durée accomplie en une seule fois. **1.** Action soudaine d'un élément naturel. *Coup de tonnerre.* ▷ METEO *Coup de vent**. ▷ Fig. *Coup de foudre**. **2.** CUIS *Coup de feu**. **3.** MAR *Coup de barre**. **4.** Mouvement bref et rapide (d'une partie du corps). *Coup d'œil**. ▷ Fig. *Donner un coup de main**, *de pouce**, *d'épaule**. ▷ MILIT *Coup de main**. **5.** Mouvement, action produite par un outil, un ustensile, un instrument que l'on manie. *Coup de balai, de plumeau.* – *Coup de filet**. ▷ *Coup de téléphone** ou (fam.) *coup de fil**. **6.** Bruit soudain. *Entendre des coups de feu. Les douze coups de minuit.* **7.** Action ponctuelle, momentanée. *Faire un mauvais coup. Tenter le coup. Faire les cent** (ou *les quatre cents*) *coups.* – Fam. *Manquer son coup :* échouer. – Fam. *Être dans le coup :* participer à une action; être informé. ▷ *Coup de maître :* action remarquable, ouvrage très réussi. – *Coup d'essai :* première tentative. **8.** Action soudaine, entraînant des bouleversements. *Coup d'État**. – *Coup de théâtre**. **9.** Quantité absorbée, consommée en une fois. *Boire à petits coups.* ▷ Fam. *Boire un coup.* ▷ (Réunion) *Coup de sec :* verre de rhum. – (Québec) Fam. *Prendre un coup :* aimer la boisson, boire à l'excès. *C'est un gars qui aime prendre un coup.* **III.** Loc. **1.** Loc. adv. *À coup sûr :* sûrement, certainement. ▷ *Après coup :* plus tard, une fois la chose faite. *Je m'en suis aperçu après coup.* ▷ *Coup sur coup :* l'un après l'autre, sans interruption. ▷ *Tout à coup, tout d'un coup :* soudain, subitement. ▷ *Sur le coup :* à l'instant même, immédiatement. *Sur le coup, je n'ai pas compris.* **2.** Loc. prép. *Sous le coup de :* sous la menace de, sous l'effet de. *Il est encore sous le coup du choc.* ▷ *À coups de, à grands coups de :* en frappant avec. *Fendre des bûches à coups de hache.* – Fig. En se servant de. *Traduire à coups de dictionnaires.*

coupable [kupabl] adj. et n. **1.** Qui a commis une faute, un délit, un crime. *Se rendre coupable de vol. L'accusé est reconnu coupable.* – Subst. *On a retrouvé le coupable.* ▷ (Sens atténué.) Responsable. *C'est lui qui est coupable de cette mauvaise plaisanterie.* – Subst. *Le coupable de cette maladresse.* ▷ PSYCHO *Se sentir coupable :* avoir un sentiment de culpabilité. **2.** Qui est contraire à la morale, aux convenances, au devoir. *Négligence coupable. Pensées coupables.*

coupage [kupaʒ] n. m. Action de mélanger plusieurs vins, plusieurs alcools. ▷ Addition d'eau à un liquide.

coupant, ante [kupɑ̃, ɑ̃t] adj. **1.** Qui coupe. *Outil coupant.* **2.** Fig. Autoritaire, impérieux. *Un ton coupant.*

coup-de-poing [kudpwɛ̃] n. m. **1.** Arme métallique, masse percée de trous pour laisser passer les doigts. *Coup-de-poing américain.* **2.** PREHIST Silex tranchant taillé pour servir d'arme de main. *Des coups-de-poing.*

1. coupe [kup] n. f. **1.** Verre à boire évasé, à pied. *Une coupe à champagne.* ▷ *Par méton.* Son contenu. *Boire une coupe de champagne.* ▷ (Prov.) *Il y a loin de la coupe aux lèvres**. **2.** Récipient évasé monté sur un pied; son contenu. *Une coupe à fruits, à glace.* ▷ Vase de cette forme offert comme prix au vainqueur d'une compétition sportive; cette compétition. *La coupe Davis**.

2. coupe [kup] n. f. **1.** Action de couper. *La coupe de la canne à sucre.* ▷ (Madag., Maurice, Réunion) *Par ext.* Produit de la récolte sucrière; période de l'année durant laquelle s'effectue cette coupe. *La coupe est la vendange des tropiques.* ▷ COUT *Faire un patron avant de procéder à la coupe.* ▷ JEU Action de diviser en deux paquets un jeu de cartes avant une partie. ▷ SYLVIC Action de couper des arbres dans une forêt. ▷ Étendue de bois sur pied à abattre. – *Coupe réglée :* coupe annuelle d'une quantité de bois déterminée. *Mettre une forêt en coupe réglée.* – Fig. *Mettre (qqn* ou *qqch) en coupe(s) réglée(s) :* opérer des prélèvements abusifs au détriment de (qqn ou qqch). – *Coupe à blanc :* V. blanc 2 (sens I, 8). – *Coupe claire :* abattage d'un grand nombre d'arbres dans un taillis. – *Coupe sombre :* abattage d'une partie des arbres seulement, pour permettre l'ensemencement; fig. élimination importante (dans un texte). *Pratiquer une coupe sombre dans un texte.* **2.** Manière dont une chose est coupée. *Costume de bonne coupe. Coupe de cheveux.* ▷ VERSIF *Coupe d'un vers, d'une phrase :* manière dont les repos y sont ménagés. **3.** Ce qui a été coupé. *Une coupe de drap :* un coupon de drap. ▷ Préparation microscopique. *Observer une coupe histologique au microscope.* **4.** Endroit où qqch a été sectionné. *Coupe d'une planche révélant un défaut du bois.* ▷ *Coupe syllabique :* frontière entre deux syllabes. **5.** Représentation de la section verticale d'une pièce, d'un bâtiment, etc. **6.** Loc. fig. *Être sous la coupe de (qqn) :* être sous la dépendance, sous l'emprise de (qqn).

1. coupé [kupe] n. m. **1.** Automobile à deux portes généralement à deux places. **2.** (Afr. subsah.) Short, culotte courte.

2. coupé, ée [kupe] adj. **1.** Divisé par une coupe, sectionné. *Fleurs coupées.* **2.** Qui est taillé, découpé d'une certaine manière. *Des fruits coupés en dés. Un pantalon mal coupé.* **3.** SPORT *Balle coupée,* frappée de façon que son rebond soit modifié, au tennis, au tennis de table. **4.** Châtré. *Un chat coupé.*

coupe-choux [kupʃu] n. m. inv. Fam. Rasoir à longue lame.

coupe-cigare(s) [kupsigaʀ] n. m. Instrument pour couper le bout des cigares. *Des coupe-cigares.*

coupe-circuit [kupsiʀkwi] n. m. inv. ELECTR Dispositif de sécurité constitué d'un alliage qui fond si l'intensité du courant est trop élevée, coupant ainsi le circuit.

coupe-coupe [kupkup] n. m. inv. **1.** Sorte de sabre destiné à abattre les branches dans une forêt très épaisse. *S'ouvrir un chemin à l'aide d'un coupe-coupe.* **2.** (Vanuatu, vieilli) Sabre d'abattis (sens 2). V. couteau.

coupée [kupe] n. f. MAR Ouverture pratiquée dans la muraille d'un navire et donnant accès à l'*échelle de coupée,* qui permet de monter à bord.

coupe-faim [kupfɛ̃] adj. inv. et n. m. inv. Se dit de produits (alimentaires ou pharmaceutiques) destinés à couper la faim. – n. m. *Un coupe-faim.*

coupe-feu [kupfø] n. m. inv. Obstacle ou espace libre destiné à éviter ou à interrompre la propagation d'un incendie. – (En appos.) *Porte coupe-feu.*

coupe-file [kupfil] n. m. Carte officielle permettant à son titulaire de circuler librement là où la circulation est interdite au public, ou de bénéficier d'un passage prioritaire. *Des coupe-files* ou *des coupe-file.*

coupe-froid [kupfʀwɑ] n. m. inv. (Québec) Languette munie d'un caoutchouc ou d'une bande faite d'un matériau compressible que l'on fixe le long du cadre d'une porte ou d'une fenêtre pour assurer l'étanchéité d'un local.

coupe-gorge [kupgɔʀʒ] n. m. inv. Endroit, passage isolé où l'on risque de se faire voler, assassiner.

coupelle [kupɛl] n. f. **1.** Petite coupe. **2.** CHIM Récipient fait avec des os calcinés dans lequel on pratique la séparation de l'or et de l'argent.

coupe-ongles [kupɔ̃gl] n. m. inv. Petite pince servant à se couper les ongles.

coupe-papier [kuppapje] n. m. inv. Couteau de bois, d'ivoire, de métal, etc., pour couper le papier.

couper [kupe] v. [1] **I.** v. tr. **1.** Diviser avec un instrument tranchant. *Couper du papier avec des ciseaux. Couper du bois.* – (Belgique) Cueillir. *Couper des marguerites, des haricots.* ▷ Loc. fig. *Couper l'herbe sous le pied de qqn,* le supplanter dans une affaire, un projet. – Fam. *Couper les cheveux en quatre*.* – Fig. *Donner sa tête à couper que... :* affirmer absolument que... – Fig. *Un brouillard à couper au couteau,* très épais. **2.** Cour. Tailler (un vêtement) dans de l'étoffe. *Couper une robe.* **3.** Entamer la peau, la chair. *La scie lui a coupé le doigt profondément.* – (Afr. subsah.) Fam. Circoncire. ▷ Entailler. – (Afr. subsah.) *Couper un palmier,* l'inciser pour faire couler la sève. **4.** Fig. Produire l'impression d'une coupure. *Vent qui coupe le visage.* **5.** Interrompre, empêcher le passage de. *Couper un circuit, le courant.* – *Couper la retraite à l'ennemi. Couper le cours d'un fleuve.* – *Couper la fièvre, la faim, l'appétit.* – *Couper le jeûne* ou (Afr. subsah.) *couper le carême :* achever le jeûne du mois de ramadan. ▷ Loc. *Couper le souffle :* essouffler; fig. étonner, surprendre grandement. – *Couper la parole à qqn :* interrompre qqn qui était en train de parler; imposer le silence. ▷ *Couper une communication téléphonique.* – Absol. *Nous avons été coupés.* **6.** Supprimer, censurer. *Une scène du film a été coupée.* **7.** Traverser, partager. *Une droite qui coupe un plan.* **8.** Mélanger un liquide à un autre. *Couper d'eau le lait, le vin.* **9.** JEU Séparer un jeu de cartes en deux parties. ▷ Jouer un atout quand on ne peut fournir la couleur demandée. **10.** SPORT Au tennis, au tennis de table, donner de l'effet* à (une balle). **11.** (Djibouti, Liban) *Couper les billets :* prendre des billets (pour le théâtre, le cinéma, etc.). **II.** v. intr. **1.** Être tranchant. *Ce rasoir coupe bien.* **2.** (Maurice) Braquer de façon à prendre un virage au plus court. **III.** v. tr. indir. **1.** *Couper à :* échapper à, éviter. *Couper à une corvée.* **2.** *Couper court à :* abréger brusquement, faire cesser. **IV.** v. pron. **1.** Se blesser avec un instrument tranchant. *Se couper jusqu'à l'os.* **2.** *Étoffe qui se coupe,* qui s'use aux plis. **3.** Se croiser, s'entrecroiser. *Des routes qui se coupent à angle droit.* **4.** Fig. Se contredire après avoir menti. *Elle affirmait une chose, puis se coupait maladroitement.*

couperet [kupʀɛ] n. m. **1.** Couteau large et lourd pour trancher ou hacher la viande. **2.** Couteau de la guillotine. ▷ Fig. *Le couperet du temps imparti.*

Couperin, famille de musiciens français. — **Louis** (v. 1626 - 1661), organiste et compositeur de la mus. du roi. — **François I**[er] (v. 1630 - 1701), frère du préc.; organiste et professeur de clavecin. — **François II,** dit *Couperin le Grand* (1668 - 1733), fils du préc.; claveciniste, organiste, compositeur et professeur à la cour de Louis XIV. Il réalisa une synthèse des styles français et italien dans 240 pièces pour clavecin.

couperose [kupʀoz] n. f. Dilatation de vaisseaux sanguins du visage, apparaissant sous forme de minces filets rouges.

couperosé, ée [kupʀɔze] adj. Atteint de couperose. *Un visage couperosé.*

coupeur, euse [kupœʀ, øz] n. **1.** Personne dont la profession consiste à couper (des étoffes, des cuirs, du papier, etc.). – n. m. (Haïti) *Coupeur (de canne) :* ouvrier agricole chargé de la récolte de la canne à sucre. **2.** n. m. *Coupeur de... :* personne qui coupe... *Coupeur de têtes.* – Fig. *Coupeur de cheveux en quatre*.* **3.** n. f. Machine qui sert à couper.

coupe-vent [kupvɑ̃] n. m. inv. **1.** CH de F Dispositif placé à l'avant d'une locomotive, destiné à réduire la résistance de l'air. – (En appos.) *Une haie, un mur coupe-vent.* **2.** Vêtement qui ne laisse pas passer le vent.

couplage [kuplaʒ] n. m. **1.** TECH Action d'assembler deux éléments; son résultat. **2.** ELECTR Mode de branchement de deux circuits électriques, tel que les variations d'intensité ou de tension de l'un se répercutent sur l'autre. ▷ Interconnexion entre deux circuits permettant de transférer de l'énergie de l'un sur l'autre. ▷ Opération qui consiste à établir une liaison électrique entre un générateur et un réseau déjà sous tension. **3.** PHYS Rapport entre deux systèmes entre lesquels se produit un transfert d'énergie. ▷ TECH *Le couplage d'une nouvelle centrale au réseau.*

1. couple [kupl] n. f. Ensemble de deux choses, de deux individus de même espèce. *Une couple de bœufs.* ▷ (Québec) Fam. *Une couple de :* quelques. *Je vais prendre une couple de pommes.*

2. couple [kupl] n. m. **1.** *Un couple :* un homme et une femme qui se trouvent ensemble; le mari et la femme. *Des couples dansaient au milieu de la piste.* ▷ (Animaux) *Un couple de serins.* **2.** MATH Groupe de deux éléments (a, b) appartenant à deux ensembles différents (A et B). **3.** MAR Pièce à deux branches courbes et symétriques montant de la quille au plat-bord. **4.** MECA Système de deux forces parallèles, égales et de sens contraire. – *Moment* d'un couple de forces.* ▷ AUTO *Couple moteur :* travail résultant des forces qu'exercent, sur le vilebrequin, la bielle et les paliers. – *Couple conique :* organe qui transmet aux roues le mouvement de l'arbre moteur. **5.** ELECTR *Couple thermoélectrique :* ensemble de deux conducteurs de nature différente soudés entre eux en deux points. (Si l'on maintient une différence de température entre les deux soudures, un courant circule dans le circuit.)

couplé, ée [kuple] adj. TURF *Pari couplé* ou, n. m. *couplé :* pari consistant à désigner soit les deux premiers d'une course *(pari gagnant),* soit deux des trois premiers arrivés *(pari placé).*

coupler [kuple] v. tr. [1] **1.** TECH Assembler (des éléments) deux par deux. *Coupler des essieux.* **2.** ELECTR Réunir par un couplage. *Coupler des circuits.*

couplet [kuplɛ] n. m. Strophe d'une chanson qu'achève un refrain. *Premier, deuxième couplet.* ▷ (Plur.) Chanson. *Couplets satiriques.*

coupleur [kuplœʀ] n. m. TECH Dispositif permettant de raccorder deux circuits, d'accoupler deux organes. ▷ ELECTR *Coupleur automatique,* permettant de raccorder une machine synchrone sur le réseau.

coupoir [kupwaʀ] n. m. TECH Outil servant à couper.

coupole [kupɔl] n. f. **1.** Partie concave d'un dôme. – *Par ext.* Dôme. *Les coupoles du Kremlin.* – *La Coupole :* l'Institut de France. ▷ ASTRO *Coupole astronomique :* dôme qui abrite une lunette, un télescope, etc. **2.** MILIT Partie supérieure d'une tourelle cuirassée. *Coupole tournante.*

Coupole du Rocher (la), mosquée de Jérusalem (en ar. *Qubbat al-Sakhra*) élevée entre 688 et 691 par le calife omeyyade Abd el-Malik sur le site ruiné du temple de Salomon. On l'appelle souvent, mais à tort, mosquée d'Omar.

coupon [kupɔ̃] n. m. **1.** Morceau d'étoffe restant d'une pièce. *Un coupon de toile.* **2.** FIN Titre joint à une action, une obligation, et que l'on détache pour en toucher les dividendes. **3.** Ticket attestant l'acquittement d'un droit. *Coupon de retour.* ▷ (Belgique) Vieilli *Coupon de chemin de fer* ou *coupon :* billet de train.

coupure [kupyʀ] n. f. **1.** Incision, entaille faite par un instrument tranchant. *Avoir une coupure à la main.* **2.** Suppression, retranchement dans un ouvrage littéraire, un film. **3.** (Plur.) Fam. *Coupures budgétaires :* réductions, compressions budgétaires. *Effectuer des coupures dans la fonction publique.* **4.** Article, passage découpé dans un journal. *Coupures de presse.* **5.** Billet de banque. – *Petites coupures :* billets de faible valeur. **6.** Interruption. *Coupure de courant, d'eau, etc. :* arrêt de la fourniture de courant, d'eau, etc., par l'organisme distributeur. **7.** MATH Partition des nombres rationnels en deux sous-ensembles tels que tout élément du premier soit inférieur à tout élément du second. **8.** GEOL Fracture.

couque [kuk] n. f. **1.** Pâtisserie flamande briochée et feuilletée. **2.** (Belgique, France rég.) Syn. de *pain d'épice*. Couque de Dinant, de Reims.*

cour [kuʀ] n. f. **I.** Espace environné de murs ou de bâtiments dépendant d'une maison, d'un immeuble public ou privé. *Un appartement sur cour. La cour de récréation d'une école. Cour d'honneur d'un palais.* – (Réunion) *Homme de cour :* V. homme (sens 4). ▷ THEAT *Côté cour :* côté droit de la scène vue de la salle (par oppos. à *côté jardin*). ▷ *Cour des Miracles :* lieu de réunion des mendiants de Paris, du Moyen Âge au XVIIe s., où disparaissaient comme par miracle les infirmités qu'ils simulaient pour mendier; fig. lieu où se trouve une population misérable et inquiétante. ▷ (oc. Indien) Espace clôturé qui entoure une maison, le plus souvent planté. ▷ (Afr. subsah.) Ensemble d'habitations donnant sur une même cour; leurs occupants. *La cour où je suis né n'existe plus.* (V. carré, concession.) ▷ (Belgique, vieilli; Luxembourg) Toilettes (autref. installées dans la cour des habitations). *Aller à la cour.* **II. 1.** Lieu où résident un souverain et son entourage. *Vivre à la cour.* **2.** Société vivant autour d'un souverain. **3.** Souverain et ses ministres. – *Être bien, mal en cour :* jouir ou non de la faveur du souverain (et, par ext., de qqn). **4.** Ensemble des gens qui entourent une personne et s'efforcent de lui plaire. *Avoir une cour d'admirateurs.* **5.** *Faire la* (ou *sa*) *cour à qqn :* essayer de gagner sa bienveillance. – *Faire la cour à une femme,* chercher à la séduire. **III. 1.** Siège de justice (ne désigne auj. que les juridictions supérieures). *Une cour d'appel, une cour d'assises :* V. encycl. ci-après. *La Cour de cassation*.* ▷ *Cour suprême :* la plus haute instance du pouvoir judiciaire dans certains pays. – À l'île Maurice, dernière instance judiciaire sur le territoire avant l'appel au Conseil privé de la reine d'Angleterre. ▷ *Cour internationale de justice :* V. ce nom. **2.** Ensemble des magistrats de l'une de ces juridictions siégeant ensemble. *Messieurs, la cour!* **3.** *Cour d'amour :* au Moyen Âge, réunion littéraire d'hommes et de femmes, généralement nobles, jugeant des questions de galanterie chevaleresque.
ENCYCL **Cour d'appel,** juridiction du second degré chargée de juger les appels formés contre les décisions des juridictions inférieures. – **Cour d'assises,** tribunal qui juge les crimes et qui est composé de magistrats (un président et deux assesseurs) et de citoyens (un jury de neuf jurés tirés au sort). La cour siège périodiquement en public (sauf si le huis clos est prononcé) et ses jugements sont sans appel sauf à se pourvoir en cassation.

courage [kuʀaʒ] n. m. **1.** Fermeté d'âme permettant de supporter ou d'affronter bravement le danger, la souffrance. *Combattre avec courage.* Syn. bravoure, cran (fam.). Ant. couardise, lâcheté, poltronnerie. **2.** Ardeur, zèle, énergie dans une entreprise. ▷ Loc. fig., fam. *Prendre son courage à deux mains :* concentrer son énergie, sa volonté pour s'imposer un effort.

courageusement [kuʀaʒøzmɑ̃] adv. Avec courage. *Se défendre courageusement.* Syn. fermement, résolument.

courageux, euse [kuʀaʒø, øz] adj. Qui a du courage; qui dénote du courage. *Se montrer courageux. Une attitude, des paroles courageuses.* Syn. brave. Ant. lâche, pusillanime.

couramment [kuʀamɑ̃] adv. **1.** Sans hésitation, facilement. *Parler couramment le swahili.* **2.** D'une manière habituelle. *Cela se voit couramment.*

1. courant, ante [kuʀɑ̃, ɑ̃t] adj. **1.** Qui court. ▷ CHASSE *Chien courant,* qui aboie quand il flaire le gibier. ▷ *Eau courante,* qui coule. Ant. stagnant. – Eau distribuée par des tuyauteries. *L'eau courante n'est pas installée.* ▷ *Main* courante.* **2.** Présent, actuel. *L'année courante. Le 15 courant, fin courant :* le 15, le dernier jour du mois en cours. **3.** FIN *Compte* courant.* **4.** Qui a lieu, qui a cours ordinairement, habituellement. *Prix courant. Affaires courantes.* Syn. ordinaire. ▷ *Monnaie courante,* qui a un cours légal. – Fig. *C'est monnaie courante :* c'est fréquent, banal.

2. courant [kuʀɑ̃] n. m. **1.** Mouvement d'un fluide dans une direction déterminée. *Les courants marins. Nager contre le courant. Courants atmosphériques.* ▷ *Courant d'air :* air en mouvement passant à travers un espace resserré. *Être en plein courant d'air.* ▷ METEO *Courants aériens :* mouvements de l'air atmosphérique. **2.** ELECTR Mouvement d'ensemble de particules chargées électriquement. *Dans un métal, un courant est dû au mouvement d'électrons sous l'action d'un champ électrique. Coupure de courant. Panne de courant.* ▷ *Courant continu*.* – *Courant alternatif :* V. alternatif. – *Courants de Foucault,* qui se développent dans les masses métalliques sous l'effet de champs magnétiques variables. **3.** Fig. Déplacement orienté de personnes, de choses; tendance générale. *Les courants de populations. Les grands courants de pensée.* **4.** Succession de moments, cours. *Dans le courant du mois, de l'année.* **5.** Ce qui est courant, normal, habituel. *Le courant des affaires.* ▷ *Courant d'affaires :* quantité moyenne d'affaires que fait une entreprise. **6.** Loc. *Au courant :* informé, au fait (d'une chose). *(Se) mettre, (se) tenir au courant. Être au courant de l'actualité.* **7.** MAR Partie mobile d'une manœuvre (par oppos. à *dormant*).
ENCYCL Un courant marin peut être dû : à des forces de gravité qui créent des *courants de marées,* engendrés par les variations du niveau de la mer; aux vents, qui provoquent des courants superficiels, ainsi le *Gulf Stream* (chaud) et le *courant de Humboldt* (froid); à des différences de densité, de salinité, de température, etc.

courbatu, ue [kuʀbaty] adj. **1.** Syn. de *courbaturé.* **2.** Litt. Harassé.

courbature [kuʀbatyʀ] n. f. **1.** Douleur musculaire due à un effort prolongé ou à un état fébrile. **2.** MED VET Raideur musculaire généralisée dont souffre momentanément un cheval après un effort trop intense.

courbaturé, ée [kuʀbatyʀe] adj. Qui ressent des courbatures.

courbaturer [kuʀbatyʀe] v. tr. [1] Causer une courbature à.

courbe [kuʀb] adj. et n. f. **I.** adj. Se dit d'une ligne qui n'est ni droite ni composée de segments de droite, d'une surface qui n'est ni plane ni composée de surfaces planes. Ant. droit, plan. **II.** n. f. **1.** Ligne courbe. *Un cercle est une courbe fermée. Les courbes du corps humain.* **2.** MATH Ligne continue dont les points ont une même propriété caractéristique représentée par son équation. – *Courbe plane,* dont tous les points sont dans un même plan. *Courbe gauche,* dont les points ne sont pas dans un même plan. ▷ Ligne représentant graphiquement les variations d'un phénomène. *Courbe de température. Courbe des salaires. Courbe de niveau*. Courbe de Gauss*.* **3.** TECH Pièce cintrée. **4.** Élément de voie courbe. *Aborder une courbe à grande vitesse.*

courbé, ée [kuʀbe] adj. Rendu courbe, plié, fléchi.

courbement [kuʀbəmɑ̃] n. m. Action de courber; état de ce qui est courbé.

courber [kuʀbe] v. [1] **I.** v. tr. **1.** Rendre courbe. *Courber une branche.* **2.** Fléchir, baisser. *Il doit courber la tête pour passer la porte.* – Fig. *Courber le front, la tête :* témoigner sa soumission. **3.** (Suisse) Arg. (des écoles.) *Courber un cours, une leçon,* ne pas y assister. **II.** v. intr. **1.** Plier, fléchir, devenir courbe. *Courber sous le poids.* **2.** (Suisse) Tourner; prendre un virage. **III.** v. pron. **1.** Devenir courbe. *Pièce qui se courbe à la chaleur.* **2.** Fig. Céder, se soumettre. *Je refuse de me courber devant lui.*

Courbet (Gustave) (1819 – 1877), peintre français. Son réalisme fit scandale. Membre de la Commune, accusé d'avoir fait renverser la colonne Vendôme (1871), à Paris, il dut la reconstruire à ses frais; libéré de prison, il se réfugia en Suisse. Œuvres princ. : *Un enterrement à Ornans* (1850), *l'Atelier* (1855).

courbette [kuʀbɛt] n. f. **1.** EQUIT Mouvement du cheval levant les deux membres antérieurs fléchis. **2.** Fig. Politesse exagérée et obséquieuse. *Faire des courbettes.* Syn. platitude.

courbine [kuʀbin] n. f. ICHTYOL Nom cour. du *maigre.*

courbure [kuʀbyʀ] n. f. Forme ou état d'une chose courbe. Syn. cambrure. *Double courbure :* courbure en S. ▷ GEOM *Courbure moyenne d'un arc de courbe :* rapport entre l'angle formé par les tangentes aux points extrêmes de cet arc et la longueur de celui-ci. *Courbure en un point d'une courbe :* limite de la courbure moyenne d'un arc infiniment petit dont les extrémités tendent à se rapprocher de ce point.

courçon ou **courson** [kuʀsɔ̃] n. m., **courçonne** ou **coursonne** [kuʀsɔn] n. f. Branche d'arbre fruitier taillée court.

courette [kuʀɛt] n. f. Petite cour.

coureur, euse [kuʀœʀ, øz] n. **1.** Personne, animal exercé à la course. *Cette jument est une bonne coureuse.* ▷ Personne qui pratique la course ou qui participe à une course. *Coureur cycliste. Coureur de fond.* **2.** Personne qui parcourt (un lieu), fréquente (un endroit). *Un grand coureur de pays.* Syn. voyageur. *Coureur de cafés, de tripots.* **3.** n. m. (Québec) HIST *Coureur de bois :* à l'époque de la Nouvelle-France, aventurier qui faisait la traite des fourrures avec les Amérindiens et adoptait leur mode de vie. ▷ *Par ext.* Vieilli Chasseur, trappeur qui vit de sa chasse et de divers travaux en forêt. – Mod. Amateur de chasse et de pêche. **4.** Fam. Personne qui court les aventures galantes.

Un coureur de filles, de jupons. C'est une coureuse.

Cour européenne des droits de l'homme, tribunal international créé en 1959 par le Conseil* de l'Europe.

courge [kuʀʒ] n. f. Nom cour. de diverses cucurbitacées cultivées pour leur fruit comestible (citrouille, potiron, courgette, etc.); ce fruit.

courgette [kuʀʒɛt] n. f. Courge dont les fruits, le plus souvent allongés, sont consommés jeunes; ce fruit. Syn. (France rég.) virginie, (Québec) zucchini.

Courier (Paul-Louis) (1772 - 1825), écrivain français, auteur de pamphlets contre la Restauration.

Cour internationale de justice, tribunal siégeant à La Haye, créé en 1945 (organisme de l'ONU) pour arbitrer notam. les conflits entre États. Ses quinze membres sont élus par l'Assemblée générale et le Conseil de sécurité à la majorité absolue pour neuf ans.

courir [kuʀiʀ] v. [**26**] **A.** v. intr. **I.** (Sujet n. d'être animé.) **1.** Aller avec vitesse, mouvoir rapidement les jambes ou les pattes. *Courir vite. Courir à toutes jambes.* **2.** SPORT Disputer une course, une compétition. *Voir courir des cyclistes.* **3.** Se porter rapidement vers. *Courir au feu, aux armes. Le bonheur est dans le pré, cours-y vite, cours-y vite* (P. Fort). **4.** Faire qqch en se hâtant. *Lisez plus lentement, ne courez pas.* ▷ *Courir à sa perte, à sa ruine :* se conduire de manière à hâter sa perte, sa ruine. **5.** *Courir après une chose,* la rechercher avec ardeur. *Courir après les honneurs.* – Fam. *Courir après qqn,* le poursuivre de ses assiduités. **II.** (Sujet n. de chose.) **1.** Être en cours, suivre son cours. *Par les temps qui courent :* dans les circonstances actuelles. **2.** Fig. Se mouvoir rapidement. *Ses doigts couraient sur le clavier.* **3.** Couler (en parlant des liquides). *Le ruisseau court dans la prairie.* **4.** Circuler; se propager. *Faire courir un bruit.* **5.** MAR Faire route. *Courir vent arrière. Courir sur son ancre :* conserver de la vitesse après avoir mouillé. **B.** v. tr. **1.** Poursuivre pour attraper. *Courir le cerf :* V. courre. **2.** SPORT Participer à (une course, une compétition). *Courir le marathon.* **3.** Parcourir. *Courir le monde.* ▷ Fréquenter. *Courir les bals.* – Fam. *Courir les rues :* être fréquent, banal. *Des occasions comme celle-ci, ça ne court pas les rues.* ▷ (Québec) *Courir le poisson d'avril*. Courir la galipote*.* – (Acadie) *Courir la Chandeleur :* faire la quête de la Chandeleur. *Courir la mi-carême :* aller de maison en maison en chantant et en dansant à cette occasion. – (Louisiane) *Courir le Mardi Gras :* se costumer et passer de maison en maison (traditionnellement à cheval) afin de recueillir les ingrédients nécessaires pour faire la fête en préparant un gombo. **4.** Rechercher avec ardeur. *Courir les honneurs.* ▷ Fam. *Courir les filles, les garçons :* rechercher les aventures. **5.** S'exposer à. *Courir un risque, un danger.*

Courlande (la) (en letton *Kurzeme*), région de Lettonie, entre la mer Baltique et la Dvina occidentale.

courlis [kuʀli] n. m. Oiseau charadriiforme à long bec fin, arqué vers le sol (genre *Numenius*). *Courlis cendré,* à plumage brunâtre.

Courmayeur, com. d'Italie (Val d'Aoste), au pied du mont Blanc. Grand centre touristique (alpinisme, sports d'hiver).

Cournot (Antoine Augustin) (1801 - 1877), mathématicien, économiste et philosophe français. Spécialiste du calcul des probabilités, il définit le hasard comme «rencontre de deux séries causales indépendantes».

couronne [kuʀɔn] n. f. **1.** Ornement encerclant la tête, insigne de dignité, marque d'honneur ou parure. *Couronne de fleurs, de lauriers. La couronne royale.* – *Couronne d'épines,* qui fut placée par dérision sur la tête du Christ, «roi des Juifs». **2.** Autorité, dignité royale, impériale. *L'héritier de la couronne.* ▷ *La Couronne :* le pouvoir suprême de l'État dans un gouvernement monarchique, comme celui du Canada. *Les terres de la Couronne.* **3.** Objet de forme circulaire. *Couronne funéraire.* ▷ (Polynésie fr.) Collier de fleurs. ▷ *En couronne :* en cercle. *Pain en couronne.* ▷ AUTO Roue dentée. ▷ ASTRO Partie la plus externe de l'atmosphère solaire. ▷ MATH *Couronne circulaire :* aire comprise entre deux cercles concentriques. **4.** ANAT Partie de la dent qui sort de la gencive. ▷ CHIR Revêtement en métal placé sur une dent pour la protéger. **5.** ZOOL Partie du pied du cheval située au-dessus du sabot. **6.** BOT Ensemble des appendices libres ou soudés qui naissent à la face interne de certaines corolles. **7.** Unité monétaire de certains pays nordiques.

couronné, ée [kuʀɔne] adj. **1.** Qui a reçu, qui porte une couronne. *Tête couronnée :* souverain. **2.** Fig. Récompensé. *Ouvrage couronné par l'Académie française.* **3.** *Couronné de :* entouré, surmonté par. *Colline couronnée de verdure.* **4.** *Oiseau couronné,* qui porte une couronne de plumes. **5.** *Cheval couronné,* blessé au genou. – *Par ext.* (En parlant d'une personne.) *Avoir le genou couronné,* éraflé, blessé.

couronnement [kuʀɔnmɑ̃] n. m. **1.** Action de couronner; cérémonie au cours de laquelle on couronne un souverain. **2.** ARCHI Ouvrage situé à la partie supérieure d'une façade, d'un mur, d'une pile de pont, etc. **3.** Fig. *Le couronnement de :* le plus haut degré, l'achèvement de. *Cette nomination est le couronnement de sa carrière.*

couronner [kuʀɔne] v. tr. [**1**] **1.** Mettre une couronne sur la tête de (qqn). **2.** Sacrer souverain. **3.** Décerner un prix, une récompense à; honorer. *Couronner le vainqueur, un ouvrage.* **4.** Surmonter. *Un entablement couronne l'édifice.* **5.** Fig. Parfaire, mettre un heureux terme à. *Le succès a couronné son entreprise.* **6.** (Polynésie fr.) Mettre un collier de fleurs autour du cou de qqn.

couroucou [kuʀuku] n. m. Oiseau grimpeur (ordre des trogoniformes) des forêts tropicales, arboricole, à longue queue et au plumage vivement coloré.

courre [kuʀ] v. tr. (Usité dans la loc.) *Chasse à courre :* chasse à cheval avec des chiens courants.

courreries [kuʀ(ə)ʀi] n. f. pl. (Belgique) Courses, démarches nombreuses et fastidieuses, allées et venues. *J'ai passé ma journée en courreries.*

courriel [kuʀjɛl] n. m. Syn. de *courrier* électronique.*

courrier [kuʀje] n. m. **1.** Vx Porteur de dépêches. **2.** Moyen de transport assurant un service postal ou commercial. *Courrier maritime, aérien.* ▷ AVIAT *Court-courrier, moyen-courrier, long-courrier :* V. ces mots. **3.** Ensemble de la correspondance transmise par un service postal. *Faire, lire son courrier. Le courrier partira à 17 heures.* Syn. (Québec, fam.) malle. ▷ *Courrier électronique :* correspondance transmise par le biais d'un réseau informatique. Syn. courriel. (V. adel 1, e-mail.) **4.** Nom de certains journaux, de certaines chroniques d'un journal. *Le Courrier de la mode.*

courriériste [kuʀjeʀist] n. Chroniqueur.

courroie [kuʀwɑ] n. f. Bande étroite et longue faite d'une matière souple, et servant à lier, à relier. *Courroie de cuir, de caoutchouc, de nylon.* ▷ TECH *Courroie de transmission :* lien flexible sans fin, servant à transmettre le mouvement entre deux axes de rotation.

courroucer [kuʀuse] v. tr. [**12**] Litt. Mettre en colère, irriter. – Pp. adj. *Un air courroucé.*

courroux [kuʀu] n. m. Litt. Colère, irritation. *Craignez mon courroux!* – Fig. *Les flots en courroux.*

1. cours [kuʀ] n. m. **I. 1.** Mouvement des liquides, en partic. des eaux d'une rivière, d'un fleuve. *Le cours rapide d'un torrent. Remonter, descendre le cours d'une rivière.* ▷ *Cours d'eau :* ruisseau, rivière, fleuve. ▷ Fig. *Donner libre* cours à.* **2.** Longueur du parcours d'une rivière, d'un fleuve, etc. *Fleuve navigable sur tout son cours.* **3.** Mouvement des astres. *Le cours du Soleil.* **4.** Suite, enchaînement d'événements dans le temps. *Le cours des affaires. Il s'est arrêté en cours de route.* **II.** FIN **1.** Circulation régulière de monnaie, d'effets de commerce, etc. – *Monnaie à cours légal,* acceptée par les caisses publiques et les particuliers pour sa valeur nominale. – *Monnaie à cours forcé,* dont le pouvoir d'achat varie, mais qui est obligatoirement acceptée pour sa valeur nominale dans les règlements intérieurs. ▷ *Avoir cours :* être en usage (monnaie). *Ces pièces n'ont plus cours.* – Fig. *Ce genre de comportement n'a pas cours ici!* **2.** Taux qui sert de base aux transactions de valeurs mobilières. *Cours de la Bourse.* – *Cours du change*.* **III. 1.** Suite de leçons portant sur une matière; chacune d'elles. *Cours de français. Cours par correspondance.* ▷ *Chargé* de cours.* **2.** Ouvrage renfermant une suite de leçons. *Le «Cours de philosophie positive» d'Auguste Comte.* **3.** Degré d'enseignement. *Cours préparatoire, élémentaire, moyen, supérieur.*

2. cours [kuʀ] n. m. *Navigation au long cours,* de longue durée. ▷ *Capitaine au long cours.*

3. cours [kuʀ] n. m. Avenue, promenade plantée d'arbres.

course [kuʀs] n. f. **1.** Action de courir. *Course rapide. Rejoindre qqn à la course.* – (Québec) Cour. *Être à la course :* être pressé. ▷ Fam. *Être dans la course :* être au courant; comprendre. **2.** SPORT Compétition, épreuve de vitesse. *Course à pied. Course cycliste, automobile.* ▷ Absol. *Les courses :* les courses hippiques. *Jouer aux courses.* **3.** Action de parcourir; trajet, espace parcouru ou à parcourir. *Une course de trois kilomètres.* ▷ (Suisse) *Billet simple course :* aller simple. ▷ (Suisse) Excursion, voyage organisé. *Course d'école.* **4.** TECH Espace parcouru par une pièce mobile. *La course d'un piston.* **5.** Mouvement, marche en avant, progrès. *Le temps emporte tout dans sa course.* **6.** Allées et venues, démarches effectuées pour se procurer qqch. *Garçon de courses.* ▷ Commissions, achats. *Faire une, des courses.* – (Québec) Fam. *Prendre une* *course :* aller vite (par ex., pour faire une commission). *Prends une course et va me chercher un pain.*

coursier, ère [kuʀsje, ɛʀ] n. **1.** Personne chargée de faire des courses. Syn. commissionnaire. **2.** n. m. Litt. Cheval.

coursive [kuʀsiv] n. f. Passage, couloir, à bord d'un navire.

courson, coursonne [kuʀsɔ̃, ɔn] n. V. courçon, courçonne.

1. court, courte [kuʀ, kuʀt] adj., n. m. et adv. **I.** adj. **1.** De peu de longueur. *La droite est le plus court chemin d'un point à un autre. Vêtement trop court.* Ant. long. **2.** (Afr. subsah., Djibouti, Liban) Syn. de *petit* (sens II, 1). *Un enfant court pour son âge.* **3.** Qui dure peu. *Une courte harangue.* Syn. bref. ▷ *Avoir la mémoire courte :* ne pas pouvoir, ou ne pas vouloir, se souvenir. **4.** Peu éloigné dans le temps ou dans l'espace. *Échéance à court terme.* ▷ *Avoir la vue courte :* ne pas distinguer, ou mal distinguer, les objets éloignés; fig. manquer de prévoyance, de pénétration. **5.** Insuffisant, sommaire. *Un dîner un peu court.* **II.** n. m. Ce qui est court. – Spécial. *Le court :* les robes, les jupes, les vêtements courts. ▷ *Au (plus) court :* par le plus court chemin; fig. par le moyen le plus rapide. *Régler une difficulté en allant au plus court.* **III.** adv. **1.** En retranchant une certaine longueur de qqch. *Attacher court un animal.* – (Belgique) Trop court. *C'est deux centimètres court.* **2.** Brusquement, subitement. *S'arrêter, tourner court. Couper court aux discussions.* **3.** *Être à court de* ou (Belgique) *tomber à court :* manquer, ne plus avoir de. *Être à court d'argent, d'arguments. Tomber à court de pain.* ▷ (Belgique) *Être à court d'haleine :* ne plus avoir de souffle, être hors d'haleine. **4.** *De court :* à l'improviste. *Prendre qqn de court.* **5.** *Tout court :* sans rien ajouter de plus. *Il l'aime bien, elle l'aime tout court.*

2. court [kuʀ; kɔʀt] n. m. SPORT Terrain de tennis.

courtage [kuʀtaʒ] n. m. **1.** Profession, activité des courtiers. ▷ COMM Vente directe au consommateur (par oppos. à *vente en magasin*). **2.** Transaction effectuée par un courtier; commission perçue pour cette transaction. *Frais de courtage.*

courtaud, aude [kuʀto, od] n. et adj. **1.** n. m. Cheval, chien auquel on a coupé les oreilles et la queue. **2.** adj. Fam. De taille courte et ramassée. *Un homme courtaud.* – Subst. *Un(e) courtaud(e).*

court-bouillon [kuʀbujɔ̃] n. m. CUIS Bouillon au vinaigre ou au vin blanc, dans lequel on fait cuire le poisson. Syn. (Guyane) macadam. *Des courts-bouillons.*

court-circuit [kuʀsiʀkɥi] n. m. Connexion volontaire ou accidentelle de deux points d'un circuit électrique entre lesquels il existe une différence de potentiel, par un conducteur de faible résistance. (Le courant qui traverse alors ce circuit est d'une intensité très élevée.) *Des courts-circuits.*

court-circuiter [kuʀsiʀkɥite] v. tr. [1] **1.** ÉLECTR Mettre en court-circuit. **2.** Fig. Éliminer un ou plusieurs intermédiaires, ne pas tenir compte d'eux.

court-courrier [kuʀkuʀje] n. m. Avion de transport qui assure des étapes courtes (moins de 1 500 km). *Des court-courriers.*

Courteline (Georges Moinaux, dit Georges) (1858 – 1929), auteur français de comédies satiriques : *les Gaîtés de l'escadron* (1886), *Messieurs les ronds-de-cuir* (1893).

courtepointe [kuʀtəpwɛ̃t] n. f. Couverture de lit piquée. – (Québec) Couverture en patchwork.

courtier, ère [kuʀtje, ɛʀ] n. Personne qui met un objet ou un produit à la disposition de la clientèle. *Courtier d'assurances, de change, d'affrètement.*

courtilière [kuʀtiljɛʀ] n. f. Insecte orthoptère *(Gryllotalpa)*, de couleur brune, qui creuse le sol humide avec ses pattes antérieures larges et fortes.

courtisan, ane [kuʀtizɑ̃, an] n. et adj. **1.** Personne vivant à la cour d'un souverain, d'un prince. **2.** Fig., péjor. Personne qui, par intérêt, cherche à plaire. *Un vil courtisan.* ▷ adj. *Esprit courtisan.*

courtiser [kuʀtize] v. [1] **1.** v. tr. Faire sa cour à, rechercher les bonnes grâces de. *Courtiser les grands.* ▷ *Courtiser une femme,* chercher à la séduire. **2.** v. intr. (Belgique) Avoir des relations sentimentales (avec qqn), souvent en vue du mariage. *Elle courtisait avec l'instituteur.* – (Sans compl.) *Il courtise depuis un an.*

court-jointé, ée [kuʀʒwɛ̃te] adj. Se dit d'un cheval aux paturons trop courts. *Des chevaux court-jointés.*

court-métrage ou **court métrage** [kuʀmetʀaʒ] n. m. V. métrage.

courtois, oise [kuʀtwa, waz] adj. **1.** Qui manifeste ou exprime la politesse, le respect d'autrui. *Se montrer courtois. Des paroles, des manières courtoises.* Syn. affable, aimable, civil, poli. **2.** Qualifie un genre littéraire en vogue au Moyen Âge, exaltant l'amour mystique et chevaleresque. *Amour courtois. Littérature, roman courtois.* **3.** Loc. *Armes courtoises,* mousses ou mouchetées.

courtoisement [kuʀtwazmɑ̃] adv. D'une manière courtoise.

courtoisie [kuʀtwazi] n. f. Politesse, civilité. *Traiter qqn avec courtoisie.*

Courtrai (en néerl. *Kortrijk*), ville de Belgique (Flandre-Occid.), sur la Lys; 75 920 hab. Comm. du lin. Industr. text. et électronique. – Beffroi (XIVe s.). Béguinage Ste-Élisabeth. Hôtel de ville (XVIe s.). – En 1302, les milices bourgeoises des Flandres y anéantissent la chevalerie française (*bataille des Éperons d'or,* ramassés par les vainqueurs).

court-vêtu, ue [kuʀvety] adj. Qui porte un vêtement court. *Des femmes court-vêtues.*

couru, ue [kuʀy] adj. Recherché, à la mode. *Un spectacle très couru.*

couscous [kuskus] n. m. Semoule de blé dur cuite à la vapeur. – *Par ext.* Plat d'origine d'Afrique du Nord, composé de cette semoule servie avec de la viande (mouton, poulet, bœuf), des légumes, du bouillon et des sauces. ▷ (Afr. subsah.) Farine de mil, de maïs, de riz, de fonio, devenue granuleuse après qu'on l'a cuite à la vapeur.

couscousserie [kuskusʀi] n. f. (Maghreb) Fabrique de couscous.

couscoussier [kuskusje] n. m. Ustensile de cuisine conçu pour la cuisson du couscous.

1. cousin [kuzɛ̃] n. m. Moustique commun *(Culex)*, le plus répandu.

2. cousin, ine [kuzɛ̃, in] n. Parent issu de l'oncle ou de la tante, ou de leurs descendants. *Cousins germains, issus de germains :* V. germain. *Cousin(e) par alliance :* conjoint(e) d'un cousin ou d'une cousine. – (Afr. subsah.) *Cousin(e) à plaisanterie :* personne à qui on est lié par la parenté* à plaisanterie.

Cousin (Victor) (1792 – 1867), philosophe français, fondateur du spiritualisme éclectique. Acad. fr. (1830).

cousinage [kuzinaʒ] n. m. Vieilli Parenté entre cousins.

cousiner [kuzine] v. intr. [1] Vx Être cousin. ▷ Fig. Fréquenter, s'entendre avec. *Elles ne cousinent guère ensemble.*

coussin [kusɛ̃] n. m. **1.** Petit sac cousu, rempli de plumes, de crin, de bourre, de matière synthétique, etc., servant à supporter confortablement une partie du corps. *Être calé avec des coussins.* ▷ (Afr. subsah.) *Coussin de tête :* torsade de tissu ou de fibres végétales enroulées qui soutient les fardeaux portés sur la tête. ▷ *Coussin gonflable :* accessoire de sécurité en automobile, coussin qui se gonfle en cas de choc. **2.** (Belgique, Luxembourg, Suisse) Syn. de *oreiller.* **3.** TECH *Coussin d'air :* couche d'air sous pression permettant à un aéroglisseur ou à un engin de manutention de se maintenir au-dessus d'une surface.

coussinet [kusinɛ] n. m. **1.** Petit coussin. ▷ (Afr. subsah.) Coussin de tête. **2.** TECH Pièce qui maintient un rail sur une traverse. **3.** TECH Cylindre à l'intérieur duquel tourne un arbre.

Cousteau (Jacques-Yves) (1910 – 1997), officier de marine français. Il mit au point en 1933, avec l'ingénieur Gagnan, un scaphandre autonome et explora les océans sur la *Calypso.* Nombr. films (*le Monde du silence,* 1955) et livres. Acad. fr. (1988).

cousu, ue [kuzy] adj. Assemblé par une couture. *Rideaux cousus à la machine.* ▷ Fam. *Cousu main :* cousu à la main. ▷ Fig., fam. *Être cousu d'or,* très riche. ▷ Fig. *Une ruse cousue de fil blanc,* grossière, qui ne trompe personne. ▷ Fig. *Garder bouche cousue :* ne rien dire.

coût [ku] n. m. **1.** Ce que coûte une chose. *Le coût d'une denrée.* ▷ *Le coût de la vie :* ce que coûtent les biens et services durant une période donnée. Syn. valeur, montant, prix. **2.** COMPTA *Coût fixe :* dans le calcul d'un prix de revient, charge constante liée à la capacité de production d'une entreprise (par oppos. à *coût de production,* comprenant le montant des achats et le coût de fabrication).

coûtant [kutɑ̃] adj. m. *Prix coûtant :* prix qu'une chose a coûté. *Vendre à prix coûtant,* sans bénéfice.

couteau [kuto] n. m. **1.** Instrument tranchant composé d'une lame et d'un manche. *Couteau de poche, à découper, à cran d'arrêt.* ▷ Fig. *Avoir le couteau sous la gorge :* subir une contrainte, une menace. – *Être à couteaux tirés avec qqn,* en conflit ouvert avec lui. **2.** TECH Instrument, outil plus ou moins tranchant. *Couteau de vitrier, de maçon. Peindre au couteau.* **3.** (Wallis-et-F.) Syn. de *sabre d'abattis*.* **4.** Prisme triangulaire qui supporte le fléau d'une balance. **5.** Lamellibranche fouisseur, remarquable par sa coquille rectangulaire longue et étroite, fréquent sur les côtes sableuses (genres *Solen* et *Ensis*), comestible.

couteau-scie [kutosi] n. m. Couteau à lame dentelée. *Des couteaux-scies.*

coutelas [kutlɑ] n. m. **1.** Épée courte et large à un seul tranchant. Syn.

(Nouv.-Cal., oc. Indien) sabre. **2.** Grand couteau de cuisine.

coutelier, ère [kutəlje, ɛʀ] n. (et adj.) Personne qui fabrique, qui vend des instruments tranchants (couteaux, rasoirs, etc.). ▷ adj. *Industrie coutelière.*

coutellerie [kutɛlʀi] n. f. **1.** Industrie, commerce du coutelier. **2.** Fabrique, magasin de couteaux, d'instruments tranchants. – Ensemble des produits fabriqués ou vendus par les couteliers. **3.** (Québec) Service d'ustensiles de table réservé aux grandes occasions, conservé dans un coffret. (V. ménagère.)

coûter [kute] v. [1] **I.** v. intr. et tr. indir. **1.** Nécessiter un paiement pour être acquis. *Ce vase coûte cent francs. Objet qui coûte cher.* (N. B. : Le pp. *coûté* est inv. quand il se rapporte à une somme.) *Les millions de francs que cette maison m'a coûté.* – *Absol.* Être cher. *Un luxe qui coûte.* **2.** Occasionner des dépenses. *Son procès lui a coûté cher.* – Loc. fam. *Coûter les yeux de la tête* ou (Belgique) *coûter un os :* coûter très cher. **3.** Fig. Occasionner des peines, des sacrifices. *Il n'y a que le premier pas qui coûte.* ▷ (Impers.) *Il m'en coûte de l'avouer.* ▷ Loc. adv. *Coûte que coûte :* à tout prix. **II.** v. tr. Causer (une peine, une perte). *Les peines que ce travail m'a coûtées.* – *Coûter la vie :* entraîner la mort.

coûteux, euse [kutø, øz] adj. **1.** Qui entraîne une dépense importante. *Un voyage coûteux.* **2.** Fig. Qui entraîne des pertes, des peines. *Une victoire coûteuse.*

Couthon (Georges) (1755 - 1794), homme politique français. Membre du Comité de salut public, il réprima l'insurrection de Lyon (1793). Il fut guillotiné.

coutil [kuti] n. m. Toile très serrée et lissée. *Coutil de lin, de coton.*

coutre [kutʀ] n. m. AGRIC Couteau situé en avant du soc de la charrue, qui fend la terre verticalement.

coutume [kutym] n. f. **1.** Manière d'agir, pratique consacrée par l'usage qui se transmet de génération en génération. *Respecter les coutumes d'un pays. La coutume veut que vous fassiez un vœu.* Syn. tradition. ▷ *Les us* et coutumes.* **2.** Ensemble des manières d'agir et croyances traditionnelles. *Vivre selon la coutume.* Syn. tradition. ▷ (Nouv.-Cal.) Ensemble de gestes et cérémonies (échange de présents, etc.) accomplis à l'occasion d'un événement concernant la communauté. – Loc. Plaisant *Faire la coutume :* partager; faire un échange, un cadeau. **3.** Habitude individuelle. *Il a coutume de faire la sieste.* ▷ Prov. *Une fois n'est pas coutume :* l'habitude ne naît pas d'une manière d'agir exceptionnelle. ▷ *De coutume :* à l'ordinaire. *Il est aussi gai que de coutume.* – (Québec) (Employé de façon plus générale.) *De coutume, il passe me saluer à midi.* **4.** DR Droit né de l'usage. **5.** DR Recueil du droit coutumier d'un pays. **6.** (Plur.) HIST Redevances annuelles que les Européens payaient aux chefs des régions d'Afrique où ils commerçaient.

coutumier, ère [kutymje, ɛʀ] adj. **1.** Qui a coutume de faire qqch. *Ne vous inquiétez pas de son silence, il est coutumier du fait.* **2.** Ordinaire, habituel. *Les occupations coutumières.* **3.** Qui appartient à la coutume. *Chef coutumier.* – *Droit coutumier,* consacré par l'usage (par oppos. à *droit écrit*). ▷ (Nouv.-Cal.) *Échange coutumier :* échange de présents, selon la coutume. ▷ (Afr. subsah.) *Mariage coutumier. Tribunal coutumier.* – *Conseiller coutumier,* qui assiste un fonctionnaire d'autorité pour ce qui concerne la coutume.

couture [kutyʀ] n. f. **1.** Action de coudre; ouvrage exécuté par qqn qui coud. *Faire de la couture. Des points de couture.* **2.** Art de coudre; métier, commerce d'une personne qui coud. *Cours de couture. Maison de couture.* ▷ *Haute couture :* ensemble des grands couturiers qui font la mode. **3.** Suite de points exécutés à l'aide d'un fil et d'une aiguille pour assembler deux pièces. *Coutures apparentes.* ▷ Loc. fig. *Sous toutes les coutures :* dans les moindres détails. – *Battre à plate(s) couture(s) quelqu'un,* le vaincre totalement, le terrasser; l'emporter sur tous les points.

couturé, ée [kutyʀe] adj. Couvert de cicatrices. *Visage couturé.*

couturier [kutyʀje] n. m. **1.** Personne qui dirige une maison de couture. *Collections des grands couturiers parisiens.* **2.** (Afr. subsah.) Homme qui fait profession de confectionner des vêtements. **3.** ANAT Muscle de la cuisse qui fléchit la jambe sur la cuisse et la cuisse sur le bassin.

couturière [kutyʀjɛʀ] n. f. Celle qui coud, qui exécute, à son propre compte, des vêtements féminins. *Aller chez sa couturière pour un essayage.*

couvain [kuvɛ̃] n. m. **1.** Ensemble des œufs, chez divers insectes (abeilles, fourmis, punaises, etc.). **2.** Ensemble des œufs, larves et nymphes contenus dans une ruche.

couvaison [kuvɛzɔ̃] n. f. ou **couvage** [kuvaʒ] n. m. **1.** Action de couver. **2.** Temps que dure cette action.

couvée [kuve] n. f. Ensemble des œufs couvés en même temps par un oiseau. – *Par ext.* Ensemble des petits éclos de ces œufs. *Une poule et sa couvée. «Adieu veau, vache, cochon, couvée!»* (La Fontaine). – Fig., fam. Nombreux enfants de la même famille.

couvent [kuvɑ̃] n. m. **1.** Maison de religieux ou de religieuses. *Entrer au couvent,* dans un ordre religieux. ▷ Communauté religieuse. *Tout le couvent était rassemblé.* **2.** (Afr. subsah.) Lieu, édifice où ont lieu les cérémonies rituelles, notam. celles de l'initiation. **3.** Vieilli (cour. à Maurice) Établissement d'enseignement secondaire réservé aux jeunes filles.

couver [kuve] v. [1] **I.** v. tr. **1.** En parlant des oiseaux, se tenir sur des œufs pour les faire éclore. *La poule couve ses œufs.* **2.** Fig. Entourer d'une tendre sollicitude. *Cette mère couve son fils.* ▷ Loc. *Couver des yeux :* ne pouvoir détacher son regard de (qqch, qqn). **3.** Fig. Préparer par la pensée. *Couver des desseins.* Syn. fam. mijoter. **4.** *Couver une maladie,* en porter les germes. **II.** v. intr. Se préparer sourdement, en étant prêt à se manifester. *Le feu couve sous la cendre. Le mécontentement couvait.*

couvercle [kuvɛʀkl] n. m. Ce qui sert à couvrir (un pot, une boîte, etc.).

1. couvert, erte [kuvɛʀ, ɛʀt] adj. **1.** Muni d'un couvercle, d'un toit. *Maison couverte en ardoises.* **2.** Habillé, vêtu. *Être bien, chaudement couvert.* – Qui porte une coiffure sur la tête. *Je vous en prie, restez couvert.* **3.** *Couvert de :* qui a sur lui beaucoup de. *Un arbre couvert de fruits. Un vêtement couvert de taches.* – Fig. *Être couvert de dettes :* être très endetté. **4.** Dissimulé, caché. *Un ciel couvert,* masqué par les nuages. *Sa voix fut couverte par le brouhaha.* ▷ *Parler à mots couverts,* en termes voilés, par allusions. **5.** Protégé, dégagé de toute responsabilité. *Il est couvert par ses supérieurs.*

2. couvert [kuvɛʀ] n. m. **I. 1.** Ce qui couvre, toit. – Loc. *Le vivre et le couvert :* de quoi manger et s'abriter. ▷ (Québec) Fam. Couvercle. *Dévisser le couvert d'un pot.* – (France rég., Québec) Fam. Couverture (d'un livre, d'un cahier). *Lire un roman d'un couvert à l'autre,* en entier. **2.** Litt. Abri, ombrage formé par des feuillages. *Se réfugier sous le couvert d'un bois.* **3.** *À couvert (de) :* à l'abri (de), en sûreté. *Se mettre à couvert de la pluie. Être à couvert.* **4.** *Sous couvert de :* sous prétexte de. *Sous couvert de littérature, il ne fait que du commerce.* **5.** *Sous le couvert de :* dans une enveloppe portant l'adresse d'un autre; sous la responsabilité de. *Sous le couvert du ministre.* **II. 1.** Ce dont on couvre une table avant de servir les mets. *Mettre, dresser le couvert.* **2.** Ensemble des ustensiles destinés à chacun des convives. *Ajouter un couvert.* ▷ Cuillère et fourchette, et, parfois, couteau. *Couverts en argent.* Syn. (Québec) ustensiles.

couverte [kuvɛʀt] n. f. **1.** (France rég., Québec) Couverture, en partic. de lit. *Couverte de laine. Petite couverte de bébé.* ▷ (Québec) Loc. fam. *Sous, en-dessous de la couverte :* en cachette, de façon clandestine. *Verser un salaire sous la couverte,* sans que personne ne le déclare. (V. sous le burnous*, sous le manteau*.) – Fig., fam. *Tirer (toute) la couverte de son bord :* s'approprier la meilleure part, le profit (de qqch). (V. tirer la couverture* à soi.) **2.** TECH Enduit vitreux transparent recouvrant certaines poteries ou certaines faïences.

couverture [kuvɛʀtyʀ] n. f. **I.** Ce qui sert à couvrir, à envelopper, à protéger. **1.** CONSTR Ouvrage situé à la partie supérieure d'une construction, destiné à la protéger des intempéries. *Couverture de tuiles, de zinc.* – (Québec) *Couverture de bardeaux.* **2.** Épaisse pièce d'étoffe, de laine, de coton, de matière synthétique, destinée à protéger du froid, à couvrir un lit. *Border les couvertures.* ▷ Loc. fig., fam. *Tirer la couverture à soi :* s'adjuger la meilleure part; chercher à s'attribuer tout le mérite d'une réussite. (V. tirer la couverte* de son bord.) **3.** Ce qui couvre, protège un livre, un cahier. *Couverture plastifiée.* **II.** Fig. **1.** Ce qui sert à dissimuler, à protéger. *Commerce qui n'est qu'une couverture pour un trafic illicite.* **2.** FIN, COMM Garantie donnée pour un paiement. **3.** *Couverture sociale :* protection garantie à un assuré social. **4.** Dans le journalisme, fait de couvrir un événement. *Assurer la couverture d'un match.*

couveuse [kuvøz] n. f. et adj. f. **1.** Femelle d'oiseau de basse-cour apte à couver. *Une bonne couveuse.* – adj. f. *Une poule couveuse.* **2.** Appareil à température constante dans lequel on pratique des couvaisons artificielles. **3.** Appareil dans lequel on place les nouveau-nés fragiles, notam. les prématurés, pour les maintenir à température constante et diminuer le risque infectieux.

couvrant, ante [kuvʀɑ̃, ɑ̃t] adj. Qui couvre une surface de manière satisfaisante. *Utiliser une peinture couvrante pour masquer les imperfections d'un plafond.*

couvre-chaussure [kuvʀʃosyʀ] n. m. (Québec) Mince chaussure de caoutchouc que l'on porte par-dessus une autre chaussure pour la protéger contre la pluie, la neige. *Des couvre-chaussures.*

couvre-chef [kuvʀəʃɛf] n. m. Vx ou plaisant Chapeau, coiffure. *Des couvre-chefs.*

couvre-feu [kuvʀəfø] n. m. **1.** Signal marquant l'heure de se retirer et d'éteindre les lumières. *Sonner le couvre-feu.* **2.** Interdiction qui est faite (en général en période de guerre ou de graves troubles sociaux) de sortir à certaines heures. *Des couvre-feux.*

couvre-lit [kuvʀəli] n. m. Pièce d'étoffe dont on recouvre un lit. *Des couvre-lits.*

couvre-nuque [kuvʀənyk] n. m. Pièce d'étoffe adaptée à la coiffure, qui sert à protéger la nuque du soleil. *Des couvre-nuques.*

couvre-pied(s) [kuvʀəpje] n. m. Couverture, généralement épaisse ou édredon, qui couvre le lit à mi-longueur. *Des couvre-pieds.*

couvreur [kuvʀœʀ] n. m. Artisan, ouvrier qui couvre les maisons, répare les toitures. Syn. (Belgique) ardoisier.

couvrir [kuvʀiʀ] v. [**32**] **I.** v. tr. **1.** Placer sur (une chose) une autre qui la protège, la cache, l'orne, etc. *Couvrir une case. Couvrir un livre.* ▷ JEU *Couvrir une carte,* en mettre une autre par-dessus. ▷ FIN *Couvrir une enchère :* surenchérir. **2.** Habiller, vêtir. *Couvrir ses épaules d'un châle.* **3.** Mettre en grande quantité sur, charger (qqch) de. *Couvrir un habit de broderies.* ▷ Fig. *Cet incident les a couverts de ridicule.* **4.** Être répandu sur. *Des feuilles couvrent les allées.* **5.** Cacher, dissimuler. *Voile qui couvre le bas du visage.* **6.** Garantir, abriter; protéger, défendre. *Couvrir qqn de son corps.* Syn. (Québec) abrier et rabrier. ▷ Fig. *Couvrir qqn,* se déclarer responsable de ce qu'il fait, le protéger. – Par ext. *Couvrir les fautes d'un ami.* **7.** Balancer, compenser. *La recette ne couvre pas les frais.* ▷ FIN Donner une garantie pour un paiement; payer. *Couvrir un emprunt.* **8.** (Liban) *Couvrir ses notes :* obtenir une note suffisante à un examen pour le réussir. **9.** Parcourir (une distance). *Couvrir trente kilomètres en une heure.* **10.** S'accoupler avec (la femelle), en parlant d'un animal mâle. *Étalon qui couvre une jument.* **11.** Dans le journalisme, assurer l'information sur un événement. *Notre chaîne couvre les élections.* **II.** v. pron. **1.** Se vêtir. *Se couvrir chaudement.* ▷ Mettre un chapeau sur sa tête. **2.** Mettre sur soi en grand nombre, en grande quantité. *Se couvrir de bijoux. Se couvrir de boue.* – Fig. *Se couvrir de gloire, de honte.* **3.** *Le ciel se couvre,* il est obscurci par des nuages. **4.** Se mettre à l'abri. *Se couvrir d'un bouclier.* – Fig. Se garantir. *Il s'est couvert contre ce risque.*

couyon [kujɔ̃] n. m. V. couillon (sens 2).

covalence [kovalɑ̃s] n. f. CHIM Liaison entre deux atomes, caractérisée par la mise en commun d'électrons.

covalent, ente [kovalɑ̃, ɑ̃t] adj. CHIM Relatif à la covalence. *Liaison covalente.*

covariance [kovaʀjɑ̃s] n. f. MATH, STATIS En calcul des probabilités, valeur correspondant à la plus ou moins grande corrélation qui existe entre deux variables aléatoires.

Covent Garden, quartier du centre de Londres. Autrefois, marché aux fruits, légumes et fleurs. – Théâtre d'opéra, fondé en 1732, incendié, reconstruit et devenu (1892) le *Royal Opera House* (mais l'anc. nom est toujours usité).

Coventry, v. de G.-B., dans les Midlands de l'O.; 292 500 hab. Grand centre industriel.

cover-girl [kɔvœʀgœʀl; kɔvɛʀgœʀl] n. f. Jeune femme qui pose pour les photographes de mode. *Des cover-girls.*

cow-boy [kobɔj; kawbɔj] n. m. (et adj.) **1.** Gardien de bétail ou de chevaux dans les ranches du Far West. *Des cow-boys.* **2.** (Québec) Fam. Individu téméraire, imprudent. *Faire le cow-boy au volant de sa voiture.* – adj. *Être cow-boy.* **3.** (Vanuatu) Homme célibataire qui a des aventures passagères et met ainsi en péril l'ordre coutumier.

cow-pox [kopɔks] n. m. inv. Éruption variolique (vaccine) qui se manifeste sur le pis des vaches sous forme de pustules dont le contenu sert à préparer le *vaccin antivariolique.*

coxal, ale, aux [kɔksal, o] adj. ANAT Relatif à la hanche. *Os coxal.*

coxalgie [kɔksalʒi] n. f. MED **1.** Douleur de la hanche. **2.** Tuberculose de l'articulation coxo-fémorale.

coxarthrose [kɔksaʀtʀoz] n. f. MED Arthrose de la hanche.

coxeur [kɔksœʀ] n. m. V. cokseur.

coyote [kɔjɔt] n. m. Canidé d'Amérique du Nord, proche du chacal.

Coysevox (Antoine) (1640 – 1720), sculpteur français. Représentant du style Louis XIV, il travailla à la décoration de Versailles.

Coyssi (Anatole) (1915 – 1953), écrivain béninois. Il recueillit des contes traditionnels : *Tanguieta* (1943), *Contes dahoméens* (1950).

c.q.f.d. Abrév. de *ce qu'il fallait démontrer,* formule qui conclut une démonstration mathématique.

crabe [kʀab] n. m. **1.** Nom cour. de très nombr. crustacés décapodes, marins pour la plupart mais dont quelques-uns sont dulcicoles ou terrestres. (*Carcinus maenas* est le crabe vert, très fréquent sur les côtes françaises. *Cancer pagurus* est le tourteau. *Portunus tuber* est l'étrille. *Cardisoma armatum* est le crabe de terre des côtes africaines, appelé cour. crabe des cocotiers. *Ocypode cursor,* le crabe coureur des plages, *Uca tangeri,* le crabe «violoniste» des mangroves. *Chionoecetes opilio* est le crabe des neiges qui vit sur la côte est du Canada.) – (Afr. subsah.) *Crabe des lagunes* (Callinectes latimanus) : crabe nageur des lagunes, à la chair appréciée. – (Vanuatu) *Crabe de Calédonie* ou (Nouv.-Cal.) *crabe* (Scilla serrata) : gros crabe (env. 3 kg) vivant dans les mangroves. – (Nouv.-Cal.) *Crabe dur* (*mou*), dont la carapace (ne) s'est (pas) reconstituée après la mue. *Le crabe mou est celui dont la chair est la plus appréciée.* ▷ *Crabe des cocotiers :* gros crustacé d'Océanie à allure de crabe (*pagure*) qui mène une vie terrestre à l'état adulte parmi les cocotiers et se nourrit de leurs fruits. **2.** Fig. *Panier de crabes :* groupe de personnes qui se dénigrent ou cherchent à se nuire. **3.** Fig. *Marcher en crabe,* de côté.

Crabe (nébuleuse du), vestige d'une explosion de supernova dans la constellation du Taureau, observée en 1054 par des astronomes chinois et arabes, renfermant un pulsar.

crabier [kʀabje] n. m. **1.** Nom de divers animaux (oiseaux, mammifères) qui se nourrissent de crabes. – (En appos.) *Héron crabier.* **2.** (Guyane) Piège à crabes.

crac ! [kʀak] interj. Onomatopée qui imite le bruit sec de qqch qui se brise, ou qui évoque la soudaineté.

crachat [kʀaʃa] n. m. Salive ou mucosité que l'on crache. – MED Syn. de *expectoration. Crachat hémoptysique,* teinté de sang. *Crachat rouillé,* jaunâtre, caractéristique de la pneumonie.

craché, ée [kʀaʃe] adj. Fig., fam. Reproduit à l'identique. *C'est son père tout craché.*

crachement [kʀaʃmɑ̃] n. m. **1.** Action de cracher. *Crachement de sang.* **2.** Fig. Projection, éjection. *Des crachements de flammes. Les crachements d'une mitrailleuse, d'un volcan.* **3.** Bruit parasite émis par un haut-parleur.

cracher [kʀaʃe] v. [**1**] **I.** v. tr. **1.** Rejeter (qqch) de la bouche. *Cracher du sang.* ▷ Fig. *Cracher des injures :* proférer des injures avec véhémence. **2.** Fig. Rejeter au-dehors. *Les volcans crachent du feu.* **II.** v. intr. **1.** Rejeter par la bouche de la salive, des mucosités. **2.** *Plume, stylo qui crache,* qui fait jaillir l'encre de tous côtés. **3.** Faire entendre des crachements. *Une vieille radio qui crache.*

cracheur [kʀaʃœʀ] n. m. **1.** *Cracheur de feu :* bateleur qui emplit sa bouche d'un liquide inflammable et le rejette en l'enflammant. **2.** (Afr. subsah.) Cour. Cobra à cou noir (*Naja nigricollis*), qui crache son venin à distance, aussi appelé *serpent-cracheur.*

crachin [kʀaʃɛ̃] n. m. Pluie fine et dense.

crachoir [kʀaʃwaʀ] n. m. Récipient dans lequel on crache.

crachotement [kʀaʃɔtmɑ̃] n. m. **1.** Fait de crachoter. **2.** Bruit que fait entendre ce qui crachote.

crachoter [kʀaʃɔte] v. intr. [**1**] **1.** Cracher souvent et peu à la fois. **2.** Fig. Faire entendre de petits crachements.

1. crack [kʀak] n. m. (Anglicisme) **1.** Poulain favori d'une écurie de course. **2.** Fam. Personne très forte dans un domaine. Syn. champion.

2. crack [kʀak] n. m. (Anglicisme) Cocaïne sous forme de cristaux qui se fume et constitue une drogue hautement toxique.

cracker [kʀakœʀ] n. m. (Anglicisme) Petit gâteau sec salé.

cracking [kʀakiŋ] n. m. (Anglicisme) TECH Syn. (off. déconseillé) de *craquage.*

Cracovie (en polonais *Kraków*), v. de Pologne, sur la Vistule; 743 360 hab.; ch.-l. de la voïévodie du m. nom. Grand centre comm., scientif., culturel et industr. (à Nowa Huta). – Université Jagellon, fondée en 1364. Archevêché. Forteresse de la Barbacane (XVe s.). Égl. Notre-Dame (XIIIe-XIVe s.). Beffroi dit «hôtel de ville» (XVIe s.); le Wawel, château royal. – La ville fut capitale de la Pologne (XIVe-XVIe s.).

craie [kʀɛ] n. f. **1.** Roche sédimentaire généralement blanche, tendre et perméable, de densité 1,25, constituée presque exclusivement de carbonate de calcium sous forme de coccolite (squelettes de foraminifères et autres micro-organismes qui vécurent au crétacé). **2.** Bâton, autref. en craie, auj. en plâtre moulé, avec lequel on écrit, spécial. sur un tableau noir. *Craie de couleur.* Syn. (Madag.) crayon d'ardoise.

craindre [kʀɛ̃dʀ] v. tr. [**54**] **1.** Redouter, avoir peur de, chercher à éviter (qqch ou qqn). *Craindre la douleur. Ce chien craint son maître. Il ne craint pas le ridicule.* – *Absol.* Avoir des appréhensions, des inquiétudes. *Craindre pour sa réputation.* **2.** *Craindre que* (+ subj.) : considérer comme probable une chose fâcheuse. *Je crains qu'il ne perde.* ▷ Impers. *Il est à craindre que* (+ subj.) : il faut malheureusement s'attendre que. *Il est à craindre qu'il ne puisse réaliser ses projets.* **3.** *Craindre de* (+ inf.). *Il craint d'échouer.* – *Ne pas craindre de :* accomplir un acte avec audace. *Il n'a pas craint d'intervenir.* – *Je ne crains pas de dire que... :* je suis certain, je puis affirmer que... **4.** (Choses) Être sensible à. *Cette plante craint le froid.*

crainte [kʀɛ̃t] n. f. **1.** Sentiment de trouble, d'inquiétude à l'idée d'un mal possible ou menaçant. *Être saisi de crainte. La crainte du châtiment.* **2.** Loc. conj. *De crainte que* (+subj.) : de peur que. *Ne lui dites rien, de crainte qu'il ne le redise.* ▷ Loc. prép. *De crainte de :* de peur de. *De crainte de se tromper.*

craintif, ive [kʀɛ̃tif, iv] adj. **1.** Sujet à la crainte. *Un naturel craintif.* **2.** Qui dénote la crainte. *Une voix craintive.*

craintivement [kʀɛ̃tivmɑ̃] adv. D'une façon craintive.

Craiova, v. du S.-O. de la Roumanie, en Valachie; 302500 hab.; ch.-l. du distr. de Dolj. Centre universitaire et industr. : chimie, métallurgie.

cram-cram [kʀamkʀam] n. m. **1.** Graminée spontanée au Sahel (*Cenchrus biflorus*), consommée cour. en Afrique avant 1000 av. J.-C. **2.** (Afr. subsah.) Nom donné à diverses graminées dont les graines épineuses s'accrochent aux poils des animaux et aux vêtements; graine de ces plantes. *Des cram-crams.*

Cramer (Gabriel) (1704 – 1752), mathématicien suisse, connu pour ses travaux d'algèbre linéaire. ▷ MATH *Équations de Cramer :* système de *n* équations linéaires à *n* inconnues de rang *n*.

cramine [kʀamin] n. f. (Suisse) Fam. Syn. de *fricasse*.

cramique [kʀamik] ou **pain cramique** [pɛ̃kʀamik] n. m. (Belgique) Pain au sucre et aux raisins de Corinthe.

cramoisi, ie [kʀamwazi] adj. D'une couleur rouge foncé. *Un drap cramoisi.*

crampe [kʀɑ̃p] n. f. **1.** Contraction involontaire, douloureuse et passagère, d'un muscle ou d'un groupe musculaire. *Avoir une crampe dans le bras.* **2.** *Crampe d'estomac :* douleur vive qui semble avoir son siège dans la paroi de ce viscère.

Crampel (Paul) (1864 – 1891), explorateur français. Il parcourut le nord du Congo français. Un chef local le fit assassiner.

crampon [kʀɑ̃pɔ̃] n. m. **1.** TECH Pièce de métal, recourbée, à une ou plusieurs pointes, qui sert à fixer. ▷ Pièce fixée sous la semelle d'une chaussure pour éviter de glisser (sur la glace, sur un sol boueux). *Des chaussures à crampons.* **2.** BOT Racines adventives de diverses plantes grimpantes (lierre, par ex.), qui leur permettent de s'accrocher à un support.

cramponner [kʀɑ̃pɔne] v. [**1**] **1.** v. tr. TECH Attacher avec un crampon. *Cramponner des fers.* **2.** v. pron. S'accrocher de toutes ses forces. *Enfant qui se cramponne au cou de sa mère.* ▷ Fig. *Il se cramponne à ses idées folles.*

Crampton (Thomas Russell) (1816 – 1888), ingénieur britannique. Il mit au point, en 1848, la première locomotive à grande vitesse.

cran [kʀɑ̃] n. m. **1.** Entaille faite dans un corps dur pour accrocher ou arrêter qqch. *Couteau à cran d'arrêt.* **2.** Trou d'une courroie, servant d'arrêt. *Serrer son ceinturon d'un cran.* **3.** Ondulation donnée à la chevelure. *Se faire des crans.* **4.** Fig. *Monter, baisser d'un cran :* passer à un degré supérieur, inférieur. *Il monte d'un cran dans mon estime.* **5.** Fam. Énergie, courage. *Avoir du cran.*

Cranach (Lucas), dit *Cranach l'Ancien* (1472 – 1553), peintre et graveur allemand. Il excella dans les scènes bibliques ou mythologiques et le portrait (*Magdalena Luther*, Louvre; *Autoportrait*). — **Lucas,** dit *Cranach le Jeune* (1515 – 1586), fils du préc., peintre.

Crane (Stephen) (1871 – 1900), journaliste et écrivain américain. *La Conquête du courage* (1895) montre l'absurdité de la guerre (de Sécession).

crâne [kʀɑn] n. m. **1.** Boîte osseuse contenant l'encéphale de l'homme, des vertébrés. (Chez l'homme, il comprend huit os : le frontal, les deux temporaux, les deux pariétaux, le sphénoïde, l'ethmoïde et l'occipital. La partie inférieure est percée du trou occipital, qui permet le passage de la moelle épinière. Les os de la voûte se réunissent par des sutures, qui ne sont pas fermées chez le jeune enfant, laissant des espaces non ossifiés, les fontanelles.) **2.** Cour. Tête. *J'ai mal au crâne.* – Fig., fam. *Bourrer le crâne à qqn,* l'endoctriner.

crâner [kʀɑne] v. intr. [**1**] Fam. Faire le brave; poser, se montrer prétentieux.

crânerie [kʀɑnʀi] n. f. Fam. Affectation de bravoure.

crâneur, euse [kʀɑnœʀ, øz] n. et adj. Fam. **1.** n. Personne prétentieuse, qui pose. *Une petite crâneuse.* – adj. *Il est trop crâneur.* **2.** n. m. (Afr. subsah.) Fêtard, habitué des bars et lieux de prostitution.

crânien, enne [kʀɑnjɛ̃, ɛn] adj. ANAT Qui appartient, qui a rapport au crâne. *Traumatisme crânien. Les nerfs crâniens :* les douze paires de nerfs qui naissent directement de l'encéphale.

Cranmer (Thomas) (1489 – 1556), archevêque anglican de Canterbury qui annula le mariage d'Henri VIII avec Catherine d'Aragon. Marie Tudor le fit condamner à mort pour hérésie.

crantage [kʀɑ̃taʒ] n. m. TECH Action de cranter; son résultat.

cranter [kʀɑ̃te] v. tr. [**1**] Faire des crans (sens 1 et 3) à. – Pp. adj. *Une roue crantée.*

crapahuter [kʀapayte] v. intr. [**1**] Progresser, marcher sur un terrain difficile, accidenté.

crapaud [kʀapo] n. m. **1.** Amphibien anoure, à la peau verruqueuse. (Carnivore, le crapaud détruit limaces, insectes et vers de terre. Terrestre à l'état adulte, il ne va à l'eau que pour la reproduction.) **2.** MINER Impureté opaque incluse dans une pierre précieuse. **3.** Cour. (En appos.) *Fauteuil crapaud :* petit fauteuil bas. – *Piano crapaud* et, ellipt., *crapaud :* piano à queue, plus petit que le demi-queue.

crapaud-buffle [kʀapobyfl] n. m. Crapaud commun (*Bufo regularis*) d'Afrique tropicale, au coassement puissant. *Des crapauds-buffles.*

crapaudine [kʀapodin] n. f. **1.** TECH Palier servant de support et de guide à un axe vertical. **2.** Plaque percée ou grille placée à l'extrémité d'un tuyau pour arrêter les ordures.

crapet [kʀapɛ] n. m. (Québec) Poisson nord-américain (genre *Lepomis* et voisins) des eaux douces et chaudes, au corps plat et très haut, aux couleurs vives, dont les nageoires dorsales sont en partie réunies. – *Crapet-soleil :* V. perche* soleil.

crapule [kʀapyl] n. et adj. **1.** n. f. Individu malhonnête. *C'est une crapule.* **2.** n. et adj. (Afr. subsah.) Fam. Qui se conduit mal; (pour un enfant) polisson. *Faire le crapule.* – adj. *Être crapule.*

crapuleux, euse [kʀapylø, øz] adj. Relatif à la crapule. ▷ *Crime crapuleux,* qui a le vol pour mobile.

craquage [kʀakaʒ] n. m. TECH Procédé thermique ou catalytique de raffinage servant à augmenter la proportion des composants légers d'une huile de pétrole par modification de la structure chimique de ses constituants. Syn. (off. déconseillé) cracking.

craquant, ante [kʀakɑ̃, ɑ̃t] adj. Qui fait entendre des craquements.

craquée [kʀake; kʀakeə] n. f. (Suisse) Grande quantité, flopée. *Une craquée d'enfants.*

craquelage [kʀaklaʒ] n. m. TECH Action de craqueler la céramique.

craquèlement ou **craquellement** [kʀakɛlmɑ̃] n. m. Fait de se craqueler; aspect qui en résulte.

craqueler [kʀakle] v. tr. [**19**] Fendiller. ▷ v. pron. *Le mur se craquelle.* – Pp. adj. *Une poterie craquelée.*

craquelure [kʀaklyʀ] n. f. Défaut d'un vernis, d'une peinture qui se fendille.

craquement [kʀakmɑ̃] n. m. Bruit sec que font certaines choses en se cassant, en éclatant. *Le craquement du bois sec.*

craquer [kʀake] v. [**1**] **I.** v. intr. **1.** Faire un bruit sec. *La table craque. Le pain dur craque sous la dent.* ▷ v. tr. *Craquer une allumette,* l'allumer par frottement. **2.** Céder, se casser en faisant du bruit. – *Plein à craquer,* au point de risquer d'éclater. **3.** Fig. Échouer. *L'affaire a craqué.* **4.** Fam. S'effondrer nerveusement. *Je suis à bout, je vais craquer!* **II.** v. tr. TECH Soumettre au craquage (un produit pétrolier).

craqueter [kʀakte] v. intr. [**20**] **1.** Craquer avec de petits bruits secs. *Le sel craquette dans le feu.* **2.** Crier (en parlant de la cigogne, de la grue). – Faire crisser ses élytres (en parlant de la cigale mâle).

crase [kʀɑz] n. f. GRAM GR Fusion de la syllabe finale d'un mot et de la syllabe initiale du mot suivant.

crash [kʀaʃ] n. m. AVIAT Atterrissage de fortune, effectué train rentré. *Des crashs* ou *des crashes.*

crasse [kʀas] n. f. (et adj. f.) **1.** Saleté qui s'amasse sur la peau, les vêtements, les objets. *Un habit luisant de crasse.* **2.** TECH Résidu d'une matière. **3.** METALL Scorie d'un métal en fusion. **4.** Fam. Mauvais procédé, indélicatesse. *Faire une crasse à qqn.* **5.** adj. f. Fam. *Une ignorance crasse,* grossière.

crasseux, euse [kʀasø, øz] adj. Couvert de crasse. *Visage crasseux.*

crassier [kʀasje] n. m. METALL Entassement des scories de hauts fourneaux.

crassulacées [kʀasylase] n. f. pl. BOT Famille de dicotylédones dialypétales qui comprend des arbrisseaux et des herbes à tiges et feuilles charnues, plantes grasses des terrains secs. – Sing. *Une crassulacée.*

Crassus (Marcus Licinius) (v. 114 – 53 av. J.-C.), homme politique romain; membre, avec César et Pompée, du premier triumvirat (60 av. J.-C.).

-crate, -cratie, -cratique. Éléments, du gr. *kratos,* « force, puissance ».

cratère [kʀatɛʀ] n. m. **1.** ANTIQ Grand vase. **2.** Dépression conique par où sortent les produits émis par un volcan. ▷ Par ext. *Cratère lunaire :* dépression en forme de cirque à la surface de la Lune. – *Cratère météorique, cratère d'impact,* dû à la chute d'une météorite sur la Terre. – *Cratère de bombe,* dû à l'éclatement d'une bombe.

-cratie, -cratique. V. -crate.

cravache [kʀavaʃ] n. f. **1.** Badine flexible servant de fouet aux cavaliers. **2.** Fig. *Mener à la cravache,* durement.

cravacher [kʀavaʃe] v. [1] **1.** v. tr. Frapper avec une cravache. *Cravacher son cheval.* **2.** v. intr. Fig., fam. Travailler beaucoup, dans un but précis.

cravate [kʀavat] n. f. **1.** Mince bande d'étoffe qui se noue autour du cou ou du col de la chemise. *Nœud, épingle de cravate.* **2.** *Cravate de drapeau :* morceau d'étoffe à franges que l'on attache en haut de la hampe. **3.** Insigne des commandeurs de certains ordres. **4.** SPORT En lutte, torsion imprimée au cou de l'adversaire.

cravater [kʀavate] v. [1] **I.** v. tr. **1.** Mettre une cravate à. **2.** Fam. Prendre, attraper (qqn). *Le policier a cravaté le voleur.* **3.** (Afr. subsah.) Mettre une cravate. **II.** v. pron. (Afr. subsah.) Au Mali, au Sénégal, mettre une cravate. *Il s'est cravaté malgré la chaleur.*

crave [kʀav] n. m. Oiseau corvidé des falaises et des montagnes (*Pyrrhocorax*), long de 40 cm env., au plumage noir, au bec et aux pattes rouges, vivant en Europe, en Asie et dans le nord de l'Afrique.

Craveirinha (José) (né en 1922), poète mozambicain d'expression portugaise. Il a subi l'influence de la tradition et du surréalisme : *Chigubo* (1964), *Karingana ua Karingana* (1974).

craw-craw, crocro ou **crow-crow** [kʀokʀo] n. m. (Afr. subsah.) Gale filarienne. *Des craw-craw, crocros* ou *crow-crow.*

crawl [kʀol] n. m. SPORT Nage rapide consistant en un battement continu des pieds avec un mouvement alterné des bras.

crawler [kʀole] v. intr. [1] Nager le crawl. – Pp. adj. *Dos crawlé :* nage sur le dos, en crawl.

crayeux, euse [kʀɛjø, øz] adj. **1.** Qui contient de la craie. **2.** Qui a la couleur de la craie. *Une face crayeuse.*

crayon [kʀɛjɔ̃] n. m. **1.** Morceau de minerai coloré, et partic. morceau de graphite, propre à écrire ou à dessiner. **2.** *Crayon,* (Québec) *crayon de plomb,* (France rég.) *crayon à papier* ou (France rég., Madag.) *crayon de bois :* petite baguette de bois, garnie intérieurement d'une mine de crayon (sens 1), servant à écrire ou à dessiner. *Écrire au crayon.* Syn. (Afr. subsah.) mine. ▷ Par ext. *Crayon à bille :* stylo à bille. ▷ (Québec) *Crayon à mine :* portemine. ▷ (Madag.) *Crayon d'ardoise :* craie. **3.** Dessin au crayon. *Une collection de crayons d'Ingres.* **4.** Manière d'un dessinateur. *Avoir le crayon facile.*

crayon-feutre [kʀɛjɔ̃føtʀ] n. m. Stylo dont la plume est remplacée par une pointe en feutre. *Des crayons-feutres.*

crayonnage [kʀɛjɔnaʒ] n. m. Dessin rapide fait au crayon.

crayonné [kʀɛjɔne] n. m. Esquisse destinée à donner une idée d'une illustration, d'une affiche publicitaire.

crayonner [kʀɛjɔne] v. tr. [1] **1.** Dessiner, écrire au crayon. **2.** Écrire rapidement. *Crayonner quelques mots dans un carnet.* **3.** Esquisser.

créance [kʀeɑ̃s] n. f. **1.** *Lettres de créance :* V. lettre (sens III, 2). **2.** DR Droit d'exiger de qqn l'exécution d'une obligation, le paiement d'une dette. – Titre établissant ce droit. ▷ *Abandon de créance :* effacement d'une dette, sans contrepartie.

créancier, ère [kʀeɑ̃sje, ɛʀ] n. Personne à qui est due l'exécution d'une obligation, le paiement d'une dette. *Il ne paie pas ses créanciers. Créancier hypothécaire,* dont la créance est garantie par une hypothèque.

Creangă (Ion) (1837 – 1889), écrivain roumain. Chantre du village moldave, conteur d'une grande richesse de langue et d'inspiration, il a su exprimer avec humour la sagesse populaire dans ses *Souvenirs d'enfance* et ses *Contes* (1881-1888).

créateur, trice [kʀeatœʀ, tʀis] n. et adj. **I.** n. **1.** n. m. RELIG (Avec une majuscule.) Celui qui a créé toutes choses, Dieu. *Adorer le Créateur.* **2.** Personne qui crée, qui a créé. *Lavoisier, créateur de la chimie moderne.* **3.** Artiste novateur. *Est-il un véritable créateur ou un opportuniste ?* **4.** SPECT Premier interprète d'un rôle. **II.** adj. Qui crée, qui invente. *Génie créateur. Force créatrice.*

créatif, ive [kʀeatif, iv] adj. et n. Capable de création, d'invention. *Un enfant créatif.* ▷ Subst. *Aider les créatifs.*

créatine [kʀeatin] n. f. BIOCHIM Constituant azoté de l'organisme, notam. des fibres musculaires où il joue un important rôle énergétique.

créatinine [kʀeatinin] n. f. BIOCHIM Constituant basique contenu dans les muscles et dans le sang, épuré par le glomérule rénal.

création [kʀeasjɔ̃] n. f. **1.** RELIG Action de Dieu créant de rien l'Univers. *La création du monde* et, absol., *la Création.* **2.** Univers, ensemble des êtres créés. *Les merveilles de la création.* **3.** Invention, œuvre de l'imagination, de l'industrie humaine. *Les créations de Michel-Ange.* **4.** Fondation d'une entreprise, d'une institution, etc. *La création d'une maison de commerce.* **5.** SPECT Fait de jouer un rôle pour la première fois; ce rôle. *Il revient à la scène dans une création.* – Première représentation d'une œuvre. **6.** COMM Nouveau modèle. *Elle portait une création d'un grand couturier.*

créativité [kʀeativite] n. f. Capacité à créer, à inventer.

créature [kʀeatyʀ] n. f. **1.** RELIG ou litt. L'être humain, considéré par rapport à Dieu. **2.** Individu de l'espèce humaine (se dit en partic. des femmes). *Une belle créature. De malheureuses créatures.* **3.** Fig., péjor., vieilli Personne qui tient sa position d'une autre. *Les créatures d'un homme politique.*

Crébillon père (Prosper Jolyot, sieur de Crais-Billon, dit) (1674 – 1762), auteur français de tragédies pompeuses. Acad. fr. (1731). — **Crébillon fils** (Claude-Prosper Jolyot de Crébillon, dit) (1707 – 1777), fils du préc.; auteur de romans galants : *les Égarements du cœur et de l'esprit* (1736 et 1738), *le Sopha* (1742).

crécelle [kʀesɛl] n. f. **1.** Instrument de musique à percussion en bois, fait d'une roue dentée mue par une manivelle. *La crécelle est aujourd'hui un jouet.* **2.** Fig. *Voix de crécelle :* voix criarde et déplaisante.

crécerelle [kʀesʀɛl] n. f. Petit faucon (*Falco tinnunculus*), long de 35 cm, à plumage roussâtre, commun en Afrique et en Europe.

crèche [kʀɛʃ] n. f. **1.** Vx Mangeoire des bestiaux. ▷ (Québec) Fig., vieilli, péjor. *La crèche :* la source des avantages dus au pouvoir politique; le Trésor public. *Ce journaliste mange à la crèche.* **2.** Petite construction représentant l'étable de Bethléem et les scènes de la Nativité. *Les santons de la crèche.* **3.** Établissement équipé pour la garde diurne des enfants en bas âge. **4.** (Québec) Autref., établissement destiné à recevoir des orphelins, des bébés nés hors mariage, en vue de les faire adopter.

Crécy-en-Ponthieu, com. de France (Somme); 1 507 hab. – Édouard III d'Angleterre y écrasa Philippe VI de France en 1346.

crédibiliser [kʀedibilize] v. tr. [1] Rendre crédible.

crédibilité [kʀedibilite] n. f. Caractère de ce à quoi l'on peut faire crédit, de ce que l'on peut croire.

crédible [kʀedibl] adj. Digne de foi; que l'on peut croire.

crédit [kʀedi] n. m. **1.** Faculté de se procurer des capitaux, par suite de la confiance que l'on inspire ou de la solvabilité que l'on présente. *Avoir du crédit. Faire crédit, donner à crédit :* céder des marchandises sans en exiger le paiement immédiat. *Vendre, acheter à crédit.* **2.** Cession de capitaux, de marchandises, à titre d'avance, de prêt. *Ouvrir un crédit à qqn,* s'engager à lui faire des avances de fonds jusqu'à concurrence d'une certaine somme. – *Carte de crédit,* délivrée par un organisme bancaire, qui permet d'acquérir un bien ou un service sans avoir à le payer immédiatement et d'effectuer des retraits d'espèces. – *Crédit à court, moyen, long terme :* avance consentie par un organisme financier pour une durée inférieure à deux ans, de deux à dix ans, de plus de dix ans. – *Crédit-relais :* prêt destiné à faire la liaison entre une dépense immédiate et une rentrée d'argent attendue. – *Crédit revolving,* qui se renouvelle au fur et à mesure des remboursements de l'emprunteur. ▷ FIN *Crédit croisé :* échange temporaire entre banques centrales d'un certain montant de leurs monnaies respectives afin de soutenir le cours de change de l'une d'elles. Syn. (off. déconseillé) swap. – *Lettre de crédit :* V. lettre. **3.** *Établissement de crédit :* établissement destiné à faciliter l'avance des capitaux. – Nom de certaines sociétés bancaires. **4.** Somme prévue par le budget pour une dépense publique. *Les crédits d'un ministère.* **5.** Partie d'un compte où figure ce qui est dû à un créancier. **6.** Confiance qu'inspire une personne, considération dont elle jouit, influence qu'elle exerce. *Il a perdu tout crédit.* **7.** (Québec) Unité de valeur dans l'enseignement collégial et universitaire. *Cours de trois crédits.*

crédit-bail [kʀedibaj] n. m. FIN Type de crédit dans lequel le prêteur offre à l'emprunteur la location d'un bien, assortie d'une promesse unilatérale de vente. *Des crédits-bails.*

créditer [kʀedite] v. tr. [1] FIN *Créditer qqn d'une somme :* inscrire cette somme à son crédit, avec les sommes qui lui sont dues. ▷ *Créditer un compte :* inscrire une somme au crédit d'un compte.

créditeur, trice [kʀeditœʀ, tʀis] n. et adj. **1.** n. Personne qui a ouvert un crédit à une autre personne. ▷ Personne qui a une somme portée à son crédit sur un compte. **2.** adj. *Compte, solde créditeur,* positif.

credo [kʀedo] n. m. inv. **1.** RELIG CHRET (Avec une majuscule.) Symbole des Apôtres, qui contient la profession de foi chrétienne. *Réciter le Credo.* **2.** *Par ext.* Ensemble de principes sur lesquels repose une opinion. *Un credo politique.*

crédule [kʀedyl] adj. Qui croit facilement. *Tromper une personne crédule.*

crédulité [kʀedylite] n. f. Facilité excessive à admettre un fait non confirmé, une opinion non assurée. *Abuser de la crédulité de qqn.*

créer [kʀee] v. tr. [11] **1.** Tirer du néant, donner l'être à. *Dieu créa l'Univers en six jours.* **2.** Imaginer, inventer. *Créer une œuvre.* **3.** Fonder, instituer, organiser. *Créer un prix littéraire.* **4.** SPECT Jouer pour la première fois (une pièce, un rôle, un morceau de musique). *La Champmeslé créa plusieurs pièces de Racine.* **5.** Produire, engendrer, causer. *Il va nous créer des ennuis.*

crémage [kʀemaʒ] n. m. (Québec) Préparation à base de sucre dont on recouvre les gâteaux. *Crémage au chocolat, à l'érable.* – Action d'étendre cette préparation sur un gâteau.

crémaillère [kʀemajɛʀ] n. f. **1.** TECH Organe rectiligne denté servant à transformer un mouvement circulaire en mouvement rectiligne ou inversement. *Chemin de fer à crémaillère,* utilisé sur les pentes abruptes. **2.** Pièce métallique munie de crans, utilisée pour suspendre à des hauteurs variables un chaudron au-dessus du feu dans une cheminée. – Loc. fig. *Pendre la crémaillère :* fêter une nouvelle installation. **3.** FIN Régime dans lequel les parités de change sont révisables par des modifications de faible amplitude.

crémation [kʀemasjɔ̃] n. f. Action de brûler les cadavres, incinération.

crématoire [kʀematwaʀ] adj. et n. m. Qui concerne la crémation. *Four crématoire,* ou, n. m., *un crématoire,* où l'on brûle les cadavres et les débris humains.

crematorium [kʀematɔʀjɔm] n. m. Lieu où les morts sont incinérés.

Crémazie (Joseph Octave) (1827 – 1879), poète romantique québécois : *le Vieux Soldat canadien, le Drapeau de Carillon.* Libraire à Québec, il fit faillite et s'exila en France (1862), où il écrivit un *Journal du siège de Paris* (en 1871, publié en 1882).

crème [kʀɛm] n. f. (et adj. inv.) **1.** Substance grasse de couleur jaune pâle, à la surface du lait qui a reposé, avec laquelle on fait le beurre. *De la crème fraîche. Crème fouettée. Crème Chantilly.* – (Québec) *Crème douce* (par oppos. à *crème glacée*). *Crème sure,* à saveur acidulée. *Sucre* à la crème.* ▷ (En appos.) *Un café crème* ou, ellipt. et fam., *un crème :* V. café. **2.** Entremets fait de lait, de sucre et d'œufs, qui a la consistance de la crème. *Crème au chocolat.* ▷ *Crème brûlée :* entremets dont on fait caraméliser la surface. ▷ *Crème glacée,* (Belgique, Québec) *crème à la glace* ou (Belgique) *crème-glace :* glace. ▷ (Antilles fr., Haïti) Glaçon à base d'essence ou de sirop de fruits. **3.** Liqueur fine et très sirupeuse. *Crème de cassis.* **4.** Préparation pâteuse. *Crème pour les chaussures.* **5.** Produit de toilette onctueux. *Crème de beauté,* pour la beauté de la peau. **6.** adj. inv. D'un blanc tirant sur le beige. *Des écharpes crème.* **7.** Fig., fam. *C'est la crème des hommes,* le meilleur des hommes.

crème-glace [kʀɛmglas] n. f. (Belgique) Glace (sens 4). Syn. crème à la glace. *Des crèmes-glaces.*

crémer [kʀeme] v. tr. [1] (Québec) Étendre du crémage (sur un gâteau). – Pp. *Un gâteau crémé.*

crémerie [kʀemʀi] n. f. Boutique où l'on vend des produits laitiers, des œufs, etc.

crémeux, euse [kʀemø, øz] adj. **1.** Qui contient beaucoup de crème. *Du lait crémeux.* **2.** Qui a la consistance de la crème. *Une lotion crémeuse.*

crémier, ère [kʀemje, ɛʀ] n. Personne qui tient une crémerie.

Crémieux (Isaac Moïse, dit Adolphe) (1796 – 1880), avocat et homme politique français. Ministre de la Justice en 1870, il fit adopter le *décret Crémieux,* qui donnait rang de citoyens français aux Juifs d'Algérie.

crémone [kʀemɔn] n. f. Verrou double utilisé pour la fermeture des croisées.

Crémone (en ital. *Cremona*), v. d'Italie (Lombardie), sur le Pô; 80 760 hab.; ch.-l. de la prov. du m. nom. – Cath. (XIIe s.). Ville renommée pour ses luthiers (Stradivarius).

créneau [kʀeno] n. m. **1.** Échancrure rectangulaire pratiquée en haut d'un mur de fortification ou dans un parapet, et qui permet de tirer sur l'ennemi en étant à couvert. **2.** *Par anal.* Espace libre, intervalle de temps disponible. ▷ COMM Secteur dans lequel une entreprise a intérêt à exercer son activité, du fait de la faible concurrence. ▷ *Faire un créneau :* garer un véhicule entre deux autres véhicules en stationnement.

créneler [kʀenle] v. tr. [19] **1.** Munir de créneaux. *Créneler une muraille.* ▷ Pp. adj. *Un mur crénelé.* **2.** TECH Munir de crans, de dents. ▷ Pp. adj. *Une roue crénelée.*

crénelure [kʀenlyʀ] n. f. Dentelure en créneaux.

crénothérapie [kʀenoteʀapi] n. f. MED Ensemble des méthodes thérapeutiques utilisant les eaux minérales sous diverses formes (boisson, bain, inhalation, etc.).

créodontes [kʀeɔdɔ̃t] n. m. pl. PALEONT Mammifères carnivores fossiles (de l'éocène au miocène). – Sing. *Un créodonte.*

créole [kʀeɔl] adj. et n. **I.** adj. **1.** Se dit d'une personne de race blanche née dans une des anciennes colonies des régions tropicales. ▷ Subst. *Un(e) créole.* Syn. (Antilles fr.) béké, blanc-créole. – (Louisiane) (Surtout en parlant du passé.) Personne de race blanche et d'origine française ou espagnole. **2.** (oc. Indien) Se dit d'un(e) métis(se). **3.** Se dit d'une personne de langue maternelle créole. ▷ (Antilles fr., Louisiane, oc. Indien) Se dit de tout ce qui relève de la culture créole. *Case créole, cuisine créole, style créole, verger créole.* ▷ Loc. adv. CUIS *Riz (à la) créole,* cuit dans beaucoup d'eau puis séché au four. **II. 1.** n. m. LING Langue issue d'une langue européenne, dans un territoire occupé par des Européens (Amérique, Afrique, océan Indien, Pacifique, Asie), à la faveur de l'éloignement, de la norme linguistique du pays d'origine et grâce aux contacts entre populations multilingues (en partic. du fait de la traite des esclaves), et devenue la langue maternelle des habitants de ce territoire ou de certains d'entre eux. ▷ adj. *Le parler créole de la Martinique, de l'île Maurice.* **2.** n. f. Boucle d'oreille composée d'un anneau.

ENCYCL Ling. – Des créoles français sont parlés aux Antilles (Haïti, Guadeloupe, Martinique, Sainte-Lucie, Dominique), en Guyane, en Louisiane et dans l'océan Indien (Réunion, Maurice, Seychelles). Des créoles à bases anglaise (Sierra Leone, Gambie, Nigeria,...), portugaise (îles du Cap-Vert, Guinée-Bissau, Casamance au Sénégal, São Tomé et Principe,...), espagnole, arabe, néerlandaise, etc., existent de par le monde.
Un créole est une langue parlée à titre de langue maternelle par une communauté linguistique dont les ancêtres ont généralement subi des déplacements importants, qui les ont éloignés de leur langue d'origine. Les langues créoles sont donc nées dans des régions étrangères aux populations qui les ont créées. Leur genèse s'est faite à l'époque de l'expansion coloniale européenne, généralement dans les plantations. Bien qu'étant des langues à part entière, les créoles sont souvent dotés d'un statut inférieur à celui d'une langue de prestige. C'est le cas aux Antilles, où le créole est considéré comme un «patois» du français. Les divers créoles français n'ont pas le même éloignement par rapport au français. On constate un degré minimal de divergence pour le réunionnais (océan Indien), alors que le haïtien (Antilles) est devenu, au cours de son histoire, de plus en plus autonome. Le réunionnais a conservé certaines particularités morphologiques du verbe français (ex. : *m i kour* «je cours»; *mwen la kouri* «j'ai couru»), alors qu'en haïtien, le verbe est invariable et reçoit seulement des particules verbales antéposées (ex. : *m ap kouri* «je suis en train de courir»; *m kouri* «j'ai couru»; *m te kouri* «j'avais couru»). Lors de la genèse des créoles antillais (français et anglais), diverses vagues de migrations africaines, ayant pu avoir successivement une influence dominante, ont modifié le lexique et la syntaxe créoles. Il faut aussi retenir que le premier peuplement européen important (XVIIe s.) des territoires où sont nés des créoles français provenait de régions de France où les divisions dialectales étaient très marquées et où les usages linguistiques étaient notablement éloignés de ce qui est devenu le français standard. V. créolité.

créolisant, ante [kʀeɔlizɑ̃, ɑ̃t] adj. et n. Qui est partisan de, favorable à l'emploi de la langue créole. – *Par ext.* Qui est un défenseur de l'identité, de la culture créoles.

créolisation [kʀeɔlizasjɔ̃] n. f. **1.** LING Processus par lequel un pidgin se stabilise et devient un créole (selon certains auteurs, une langue créole apparaît sans être précédée de l'usage d'un pidgin). **2.** Cour. Fait de se créoliser.

créoliser [kʀeɔlize] v. [1] **I.** v. tr. Donner un caractère créole à, renforcer le caractère créole de. *Créoliser l'enseignement.* – Pp. *Un secteur créolisé.* **II.** v. pron. **1.** LING Devenir un créole (en parlant d'un pidgin). **2.** Cour. Adopter la façon de vivre, les traditions créoles.

créolisme [kʀeɔlism] n. m. LING Particularité propre à une langue créole.

créoliste [kʀeɔlist] n. **1.** Spécialiste de l'étude des créoles. **2.** (Réunion) Partisan du développement de l'emploi du créole.

créolité [kʀeɔlite] n. f. **1.** Fait d'appartenir à un groupe parlant un créole. **2.** Ensemble des caractéristiques culturelles et historiques des peuples créoles.
ENCYCL Ce concept, élaboré par des écrivains martiniquais (P. Chamoiseau, R. Confiant, etc.), se situe dans la postérité spirituelle de l'antillanité* d'É. Glissant. «La créolité est l'agrégat interactionnel (...) des éléments culturels caraïbes, africains, asiatiques et levantins, que le joug de l'Histoire a réunis sur le même sol. Elle est la recomposition d'une diversité assumée et revendiquée, aboutissant à la création d'une culture syncrétique.»

créolophone [kʀeɔlofɔn] adj. et n. Qui parle un créole. ▷ Subst. *Les créolophones d'Haïti.*

Créon, dans la myth. gr., frère de Jocaste. Roi de Thèbes après la mort des fils d'Œdipe, il fut tué par Thésée. V. Antigone.

créosote [kʀeɔzɔt] n. f. Mélange de phénols, incolore, d'odeur forte, utilisé comme antiseptique et comme produit d'imprégnation protégeant le bois.

crêpage [kʀɛ(e)paʒ] n. m. **1.** Apprêt que l'on donne au crêpe. **2.** Action de crêper les cheveux; son résultat. **3.** Fam. *Crêpage de chignon :* bataille, violente altercation entre femmes.

1. crêpe [kʀɛp] n. f. Fine galette plate et ronde à base de farine, d'un liquide (eau, lait ou bière) et d'œufs.

2. crêpe [kʀɛp] n. m. **1.** Tissu léger et non croisé, fabriqué avec de la soie ou de la laine très fine et qui a un aspect grenu obtenu par une extrême torsion des fils. ▷ Morceau de crêpe (ou de tissu analogue) noir, que l'on porte en signe de deuil. **2.** Caoutchouc brut épuré. *Des bottillons à semelles de crêpe.*

crêpelé, ée [kʀɛple] adj. Frisé, crêpé avec de très petites ondulations.

crêpelure [kʀɛplyʀ] n. f. État des cheveux crêpelés.

crêper [kʀɛ(e)pe] v. tr. [1] **I. 1.** Faire gonfler (des cheveux lisses) en repoussant une partie de chaque mèche vers la racine. **2.** v. pron. *Se crêper les cheveux.* – Loc. fig., fam. *Se crêper le chignon :* se battre, se disputer violemment (en parlant de femmes). **II.** Apprêter (le crêpe) en tordant les fils de chaîne.

crêperie [kʀɛpʀi] n. f. Établissement où l'on fait et où l'on consomme des crêpes.

crépi [kʀepi] n. m. Enduit projeté sur un mur et non lissé.

crépine [kʀepin] n. f. **1.** En boucherie, épiploon de l'agneau, du veau, du porc. **2.** TECH Filtre placé à l'aspiration d'une canalisation.

crépinette [kʀepinɛt] n. f. Saucisse plate enveloppée dans de la crépine. Syn. (Suisse) atriau.

crépir [kʀepiʀ] v. tr. [3] Enduire (une muraille) de crépi.

crépissage [kʀepisaʒ] n. m. Action de crépir.

crépitement [kʀepitmɑ̃] n. m. Bruit produit par ce qui crépite; fait de crépiter. *Le crépitement d'une arme automatique.*

crépiter [kʀepite] v. intr. [1] Produire une suite de bruits secs. *Un feu de bois qui crépite.*

crépon [kʀepɔ̃] n. m. Crêpe épais. ▷ *Papier crépon :* papier d'aspect gaufré.

crépu, ue [kʀepy] adj. **1.** Très frisé. **2.** BOT *Feuilles crépues,* irrégulièrement gaufrées sur toute leur surface.

crépusculaire [kʀepyskylɛʀ] adj. **1.** Du crépuscule, qui rappelle le crépuscule. *Lueurs crépusculaires.* ▷ *Animal crépusculaire,* qui ne sort qu'au crépuscule. **2.** Fig., litt. Qui est sur son déclin.

crépuscule [kʀepyskyl] n. m. **1.** Lumière diffuse qui précède le lever du soleil ou qui suit son coucher. **2.** *Spécial.* Tombée du jour. *Je n'aime pas conduire au crépuscule.* **3.** Fig., litt. Déclin. *Le crépuscule d'une vie.*

Crépuscule des dieux. V. Nibelungen.

crescendo [kʀeʃɛndo] adv. et n. m. inv. **1.** adv. MUS En augmentant progressivement l'intensité du son. ▷ *Par anal.* En augmentant. *Sa mauvaise humeur va crescendo.* **2.** n. m. inv. Augmentation progressive. *Un crescendo de cris.*

crésol [kʀesɔl] n. m. CHIM Phénol dérivé du toluène. *Les crésols sont des antiseptiques puissants.*

cresson [kʀəsɔ̃] n. m. Crucifère aquatique comestible à fleurs blanches.

crésus [kʀezys] n. m. Fam. Homme extrêmement fortuné.

Crésus, dernier roi de Lydie (561-546 av. J.-C.), célèbre pour ses richesses dues aux sables aurifères du Pactole.

crésyl [kʀezil] n. m. (Nom déposé.) CHIM Antiseptique à base d'eau, de savon, de crésol et d'huile de créosote.

crêt [kʀɛ] n. m. (France rég., Suisse) Monticule.

crétacé, ée [kʀetase] n. m. et adj. GEOL Période de la fin du secondaire, s'étendant de moins 140 à moins 65 millions d'années, caractérisée par des dépôts considérables de craie. *Crétacé inférieur. Crétacé supérieur.* ▷ adj. *Terrain crétacé,* formé à cette période.

crête [kʀɛt] n. f. **I. 1.** Excroissance en lame d'origine tégumentaire dont sont pourvus certains animaux. *La crête du coq.* ▷ *Par ext.* Huppe sur la tête de certains oiseaux. *Crête d'alouette.* **2.** ANAT Saillie osseuse. *Crête iliaque.* **II. 1.** Sommet, faîte. *Crête d'un toit, d'une muraille. La crête d'une montagne.* ▷ *Crête d'une vague,* sa partie supérieure, frangée d'écume. **2.** GEOGR *Ligne de crête :* ligne reliant les points les plus élevés d'un relief, appelée aussi *ligne de partage des eaux.* **3.** MILIT Arête formée par l'intersection de deux talus. **4.** ELECTR *Tension, courant de crête :* valeur maximale d'une tension, d'un courant variable.

Crète (au Moyen Âge *Candie*), l'une des plus grandes îles de la Médit. orient., au S.-E. du Péloponnèse; région grecque et région de la C.E.; 8 336 km²; 536 980 hab.; cap. *Héraklion.* Île calcaire montagneuse (max. 2 460 m), au climat chaud et sec. Ressources : agric., pêche, élevage ovin et tourisme. Bases milit. américaines.
Hist. – L'île a vu fleurir à l'âge du bronze une civilisation d'un grand éclat, dite *minoenne* (2400-1400 av. J.-C.). De grands palais (Cnossos, Phaïstos, Mallia), détruits vers 1700, furent reconstruits. Cnossos, après 1580, semble avoir exercé une hégémonie, ensuite ruinée par les Mycéniens ou par une catastrophe naturelle. En 1100, la Crète mycénienne disparut devant les Doriens. En 67 av. J.-C., elle devint prov. romaine. Terre byzantine conquise par les musulmans (826), reprise par les Byzantins (961), elle fut assujettie aux Vénitiens (XIIIᵉ-XVIIᵉ s.) puis tomba sous la domination turque (1669-1898). Après une courte période d'autonomie (1898-1913), elle fut rattachée à la Grèce (1908, puis 1913).

crête-de-coq [kʀɛtdəkɔk] n. f. MED Papillome d'origine vénérienne des muqueuses génitales. *Des crêtes-de-coq.*

crétin, ine [kʀetɛ̃, in] adj. et n. **1.** MED Se dit d'une personne atteinte de crétinisme. **2.** Fam. Se dit d'une personne stupide, ignorante.

crétinerie [kʀetinʀi] n. f. Fam. Stupidité, bêtise.

crétiniser [kʀetinize] v. tr. [1] Rendre crétin, abêtir. *Crétiniser les foules avec des spectacles stupides.*

crétinisme [kʀetinism] n. m. **1.** MED Affection congénitale due à une insuffisance thyroïdienne et caractérisée par une idiotie, un nanisme, une atrophie génitale et un ralentissement de toutes les fonctions de l'organisme. **2.** *Par ext.* Cour. Imbécillité, grande stupidité.

crétois, oise [kʀetwa, waz] adj. et n. De l'île de Crète. *La cité crétoise de Cnossos.* ▷ Subst. *Un(e) Crétois(e).*

cretonne [kʀətɔn] n. f. Toile de coton très forte.

cretons [kʀətɔ̃] n. m. pl. (Québec) Charcuterie faite de viande de porc hachée cuite avec des oignons dans de la graisse de panne. Syn. (Acadie) gratons.

Creuse (la), riv. de France (255 km), affl. de la Vienne (r. dr.). – Dép. : 5 559 km²; 131 349 hab.; ch.-l. *Guéret* (15 718 hab.). V. Limousin (Rég.).

creusement [kʀøzmɑ̃] ou **creusage** [kʀøzaʒ] n. m. Action de creuser; son résultat. *Le creusement d'un canal.*

creuser [kʀøze] v. [1] **I.** v. tr. **1.** Rendre creux; faire un creux dans. *Le jeûne et la fatigue lui ont creusé les joues. Creuser la terre.* **2.** Fig *Creuser l'estomac :* donner un vif appétit. ▷ (S. comp.) Fam. *L'effort, ça creuse!* **3.** Pratiquer (une cavité). *Creuser un trou, une tranchée.* **4.** Fig. Approfondir. *Creuser un sujet, une question.* **II.** v. pron. **1.** Devenir creux. *Dent qui se creuse.* **2.** Fig., fam. *Se creuser la tête, la cervelle :* se donner beaucoup de peine pour résoudre un problème.

creuset [kʀøzɛ] n. m. **1.** Vase qui sert à faire fondre certaines substances. **2.** CUIS Récipient profond en fonte dans lequel on prépare et on déguste la fondue (sens III, 1). Syn. (Suisse) poêle à fondue. **3.** METALL Partie inférieure d'un haut fourneau, qui reçoit la fonte et le laitier. **4.** Fig. Point de rencontre de divers éléments qui se mêlent, se confondent. *La capitale, creuset d'idées et de cultures.*

Creutzfeldt-Jakob (maladie de), grave maladie provoquée par un prion.

creux, euse [kʀø, øz] adj., n. m. et adv. **I.** adj. **1.** Dont l'intérieur présente un vide, une cavité. *Dent creuse. Mur creux.* ▷ *Avoir le ventre creux :* avoir très faim. ▷ *Son creux :* son rendu par un objet creux que l'on frappe. **2.** Qui présente un enfoncement. *Assiettes creuses. Joues creuses,* caves. ▷ *Chemin creux,* situé en contrebas, encaissé. ▷ (Québec) Profond. *La rivière est très creuse à cet endroit.* – Loc. *De creux :* de profondeur. *Une piscine de quatre pieds de creux.* ▷ *Mer creuse,* agitée, houleuse. **3.** *Heures creuses,* pendant lesquelles l'activité est ralentie (par oppos. à *heures de pointe*). **4.** Fig. Sans substance, sans intérêt. *Des paroles creuses. Raisonnement creux.* ▷ Fam. (Personnes) Nul, sans intérêt. – (Québec) Dépourvu d'intelligence. **II.** n. m. **1.** Cavité, vide à l'intérieur d'un corps. *Le creux d'un rocher.* **2.** Dépression, concavité. *Le creux de la main.* ▷ *Creux des lames, des vagues,* hauteur entre leur base et leur sommet. – Fig. *Être au (ou dans le) creux de la vague :* traverser une période de difficultés, d'échecs. **III.** adv. *Sonner creux :* rendre un son creux (sens I, 1). – (Québec) *Tousser creux :* avoir une toux profonde.

crevaison [kʀəvɛzɔ̃] n. f. Action de crever; son résultat. ▷ Dégonflement d'un pneumatique qui a été percé.

crevant, ante [kʀəvɑ̃, ɑ̃t] adj. Fam. Qui épuise, fait crever de fatigue. *Un voyage crevant.*

crevasse [kʀəvas] n. f. **1.** Fissure profonde. *La terre desséchée était fendue de crevasses. Les crevasses d'une muraille.* ▷ GEOL Large fente béante à la surface d'un glacier ou d'une roche dure. **2.** Fissure de la peau.

crevasser [kʀəvase] v. tr. [1] Faire des crevasses à. ▷ v. pron. Se fendre, se fissurer. – Pp. adj. *Elle avait les mains crevassées par le froid.*

crevé, ée [kʀəve] adj. **1.** Éclaté, percé, déchiré. *Pneu crevé.* **2.** (Plantes, animaux.) Mort. *Des rats crevés.* **3.** Fam. Très fatigué, épuisé.

crève-cœur [kʀɛvkœʀ] n. m. inv. Grand chagrin mêlé de dépit.

crève-la-faim [kʀɛvlafɛ̃] n. m. inv. Fam. Personne misérable, indigente.

crever [kʀəve] v. [16] **I.** v. intr. **1.** Éclater, s'ouvrir sous l'effet d'une tension. *Le ballon a crevé. Pneu d'une voiture qui crève.* ▷ Fam. *J'ai crevé :* un pneu de ma voiture a crevé. **2.** Fig., fam. Être envahi à l'extrême (par un sentiment, une émotion). *Crever d'orgueil, d'envie, de jalousie. Crever de rire.* **3.** (Plantes, animaux.) Mourir. *Tous les arbres ont crevé. Le chien a crevé.* ▷ Fam. *Crever de faim, de froid :* avoir très faim, très froid. **II.** v. tr. **1.** Percer, rompre, faire éclater. *Crever un sac en papier, un ballon. Crever les yeux à qqn.* ▷ Fig., fam. *Cela crève les yeux :* c'est évident. ▷ Fig. *Crever le cœur de :* causer une vive contrariété, une grande peine à. **2.** Épuiser (un animal ou, fam., une personne) en lui imposant un effort excessif. *Crever un cheval. Ce travail la crève.* ▷ v. pron. Fam. *Se crever au travail, à la tâche.*

crevette [kʀəvɛt] n. f. Nom de plusieurs crustacés décapodes, macroures et marins, à longues antennes et à longues pattes. (Il en existe de nombr. espèces, notam. sur les côtes européennes, la crevette grise, *Crangon crangon* et le bouquet ou crevette rose, *Leander serratus* qui atteint 10 cm de long. *Penaeus duorarum* est la crevette africaine la plus commune, pêchée surtout dans les estuaires; son poids peut dépasser 100 g.)

crevoter [kʀevɔte] v. intr. [1] (France rég., Suisse) Dépérir, végéter.

1. cri [kʀi] n. m. **1.** Son de voix aigu ou élevé qu'arrache la douleur, l'émotion, ou destiné à être entendu de loin. *Pousser un cri. Cri d'horreur, de peur, de joie, de surprise. Pousser des cris d'indignation. Protester, demander à grands cris,* avec force, insistance. – Loc. *Jeter* les hauts cris. À cor et à cri :* à grand bruit (V. cor). ▷ *Dernier cri :* dernière mode, suprême élégance. *Une robe (du) dernier cri.* **2.** Fig. Opinion manifestée hautement. *Un cri unanime d'admiration. Un cri d'amour.* ▷ Appel. *Cette lettre est un cri.* **3.** *Par ext.* Mouvement intérieur (qui nous pousse à réagir). *Un cri du cœur. Le cri de la conscience.* **4.** Bruit caractéristique émis par la voix d'un animal. *Le cri de la chouette est le hululement.* **5.** Bruit aigre produit par certaines choses. *Le cri de la scie.*

2. cri, ie [kʀi] adj. Relatif aux Cris. *La langue crie.*

criaillement [kʀi(j)ɑjmɑ̃] n. m. Cri désagréable, récrimination aigre.

criailler [kʀi(j)ɑje] v. tr. [1] **1.** Crier, se plaindre sans cesse d'une manière désagréable. **2.** Crier (faisan, oie, perdrix, pintade, paon).

criaillerie [kʀi(j)ɑjʀi] n. f. Cri, récrimination répétée et sans motif important.

criant, ante [kʀijɑ̃, ɑ̃t] adj. **1.** (Choses) Qui incite à se plaindre, à protester. *Une injustice criante.* **2.** Évident, manifeste. *Ressemblance criante entre deux personnes.*

criard, arde [kʀijaʀ, aʀd] adj. **1.** Qui crie souvent et désagréablement. *Un enfant criard.* **2.** Qui blesse l'oreille. *Voix criarde. Oiseaux criards.* **3.** Péjor. Qui heurte la vue (par sa vivacité, son bariolage). *Couleurs criardes.* **4.** Par méton. *Dettes criardes,* dont le remboursement est réclamé avec insistance.

criblage [kʀiblaʒ] n. m. TECH Action de cribler. ▷ Triage mécanique. *Le criblage des petits pois.*

crible [kʀibl] n. m. **1.** TECH Appareil muni de trous pour trier des matériaux. Syn. tamis. **2.** Loc. fig. *Passer au crible :* examiner avec un soin et une attention extrêmes. *Passer au crible les déclarations d'un suspect.*

cribler [kʀible] v. tr. [1] **1.** TECH Passer au crible. *Cribler du sable, des grains.* **2.** *Par anal.* Percer, marquer en de nombreux endroits. *Cribler qqn de coups de couteau.* – Pp. adj. *Corps criblé de coups, de bleus. Sol criblé de taches.* – Fig. *Criblé de dettes,* couvert de dettes.

cric [kʀik] n. m. Appareil comportant une crémaillère ou une vis entraînée par une manivelle, qui sert à soulever des corps lourds sur une faible hauteur. *Cric à manivelle. Cric hydraulique.*

cric-crac [kʀikkʀak] interj. (et n. m. inv.) Onomatopée évoquant le bruit d'un mécanisme qui joue, d'une serrure que l'on ouvre ou ferme. ▷ n. m. inv. *Entendre des cric-crac.*

Crick (Francis Harry Campton) (né en 1916), biologiste britannique. Il établit, avec D. Watson, la structure en double hélice de l'A.D.N. Prix Nobel 1962.

cricket [kʀikɛ(t)] n. m. Sport anglais qui se joue avec des battes et des balles de cuir.

criée [kʀije] n. f. **1.** *Vente à la criée* ou *criée :* vente aux enchères en public. ▷ Cour. *À la criée :* avec présentation de la marchandise d'une voix forte. *Journaux vendus à la criée.* **2.** Bâtiment où l'on vend le poisson à la criée, dans un port de pêche.

crier [kʀije] v. [2] **I.** v. intr. **1.** Pousser un cri, des cris. *Crier à tue-tête.* **2.** Élever la voix. *Discutez sans crier.* **3.** Exprimer son mécontentement, sa colère en élevant très haut la voix. *On ne peut rien lui dire, il se met aussitôt à crier* (V. protester, se fâcher). ▷ *Crier après, contre qqn,* le réprimander. – *Crier sur qqn :* crier contre qqn. *Ma sœur aînée crie tout le temps sur moi.* **4.** *Crier à l'injustice, au scandale, à la trahison :* dénoncer avec véhémence l'injustice, etc. ▷ *Crier au miracle :* affirmer bien haut qu'un miracle, ou qqch considéré comme tel, s'est produit. **5.** (Choses) Produire un son aigu et discordant. *Essieu qui crie. La serrure crie, il faut la graisser.* ▷ Heurter la vue. *Ces couleurs crient trop ensemble.* **6.** (Animaux) Pousser le cri de son espèce. **II.** v. tr. **1.** Dire à voix très haute. *Crier des ordres.* **2.** Proclamer, dire hautement. *Crier son innocence.* **3.** *Spécial.* Annoncer publiquement la vente de. *Crier la dernière édition d'un journal.* ▷ Mettre à l'enchère. *Crier des meubles.* **4.** Loc. *Crier vengeance :* exiger, appeler la vengeance. ▷ *Crier grâce,* pour implorer la clémence de son adversaire. ▷ *Crier famine, misère,* s'en plaindre hautement. ▷ *Crier gare :* prévenir d'un danger, d'un risque encouru. **III.** v. tr. indir. *Crier au feu. Crier au secours, à l'aide :* appeler pour avertir et demander de l'aide.

crieur, euse [kʀijœʀ, øz] adj. et n. m. **1.** adj. Qui pousse des cris fréquemment. *Les mouettes crieuses.* **2.** n. m. Marchand ambulant qui annonce ce qu'il vend. *Crieur de journaux.*

crime [kʀim] n. m. **1.** Cour. Infraction grave aux prescriptions de la morale. *Accuser qqn de tous les maux et de tous les crimes.* ▷ *Par exag.* Acte répréhensible, blâmable. *C'est un crime d'avoir abattu ces arbres. Ce n'est pas un crime :* ce n'est pas très grave. **2.** Cour. Meurtre. *Chercher l'arme, le mobile du crime. Crime passionnel. Crime parfait,* dont on ne parvient pas à découvrir l'auteur. **3.** DR Infraction punie d'une peine afflictive ou infamante (par oppos. à *contravention* et à *délit*). *Le crime est justiciable de la cour d'assises.* – *Crime de lèse*-majesté.* – *Crime de guerre,* commis en violation des lois et coutumes de la guerre. – *Crime contre l'humanité,* commis en violation des règles du droit international, par les gouvernements ou les citoyens d'un État.

Crimée, presqu'île d'Ukraine, s'avançant dans la mer Noire, baignée au N.-E. par la mer d'Azov. Elle forme une région *(oblast) :* 27 000 km^2; 2 363 000 hab.; ch.-l. *Simferopol.* Les *monts de Crimée* (alt. max. 1 540 m) bordent la côte S.-E. (stat. baln.); une plaine steppique s'étend au N. Ressources : vignes, agrumes, blé, tourisme. – Connue des Grecs *(Chersonèse Taurique),* qui s'y établirent dès le VIIe s. av. J.-C., la rég. subit de nombr. invasions. Au XIIIe s., des Tatars fondèrent un territoire indép. dirigé par un khān. Sous suzeraineté ottomane à partir de 1475, le territoire de Crimée fut annexé à l'empire de Russie en 1783. – La *guerre de Crimée* (1854-1855) opposa la Russie (qui fut vaincue) à la Turquie, à la G.-B., à la France et au Piémont, qui prirent Sébastopol et en 1856 imposèrent le traité de Paris. V. Orient (questiond'). – De 1922 à 1945, la rég. forma une rép. auton. de l'U.R.S.S., qu'occupèrent les Allemands (1942-1944). Accusés de collaboration avec eux, de nombr. Tatars furent déportés en Sibérie après 1944. On les réhabilita en 1967. En 1954, la Crimée fut rattachée à l'Ukraine. En 1991, sa pop., bien que russe à 90 %, a voté l'indépendance de l'Ukraine. Depuis, la Russie a contesté ce rattachement. (V. Ukraine.)

criminaliser [kriminalize] v. tr. [1] DR Transformer (une affaire civile ou correctionnelle) en affaire criminelle.

criminaliste [kriminalist] n. Didac. Juriste spécialiste du droit criminel.

criminalité [kriminalite] n. f. **1.** Caractère de ce qui est criminel. **2.** Ensemble des faits criminels considérés dans une société donnée, pendant une période donnée. *Baisse, accroissement du taux de criminalité.*

criminel, elle [kriminɛl] adj. et n. **I.** Cour. **1.** adj. Qui est condamnable, répréhensible du point de vue de la morale. *Une action, une passion criminelle.* **2.** n. Personne qui a commis un crime. ▷ adj. Relatif à une personne qui a commis un crime. *Main criminelle.* **II.** DR **1.** n. Coupable d'un crime (sens 3). *Condamner un criminel.* **2.** adj. Qui a trait à la répression pénale. *Instruction criminelle. Chambre criminelle de la Cour de cassation. Le droit criminel.* ▷ n. m. Juridiction criminelle. *Poursuivre un inculpé au criminel.*

criminellement [kriminɛlmɑ̃] adv. **1.** D'une manière criminelle. *Se conduire criminellement.* **2.** DR Devant la juridiction criminelle. *Poursuivre qqn criminellement.*

criminologie [kriminɔlɔʒi] n. f. Didac. Science de la criminalité; étude de ses causes, de ses manifestations, de sa prévention et de sa répression.

criminologiste [kriminɔlɔʒist] ou **criminologue** [kriminɔlɔg] n. Didac. Spécialiste en criminologie.

crin [krɛ̃] n. m. **1.** Poil long et rêche du cou et de la queue de certains mammifères. *Le crin du lion. Crin de cheval.* **2.** Ces crins, considérés comme matériau. *Matelas de crin.* **3.** Par anal. *Crin végétal :* fibres végétales employées aux mêmes usages que le crin animal. **4.** Fig., fam. *À tous crins :* énergique, entier. *C'est un partisan à tous crins de...*

crinière [krinjɛr] n. f. **1.** Ensemble des crins du cou de certains animaux. *La crinière du lion.* **2.** Fam. Chevelure abondante,épaisse.

crinoïdes [krinɔid] n. m. pl. ZOOL Classe d'échinodermes, fixés par un pédoncule (lis de mer) ou libres à l'état adulte (comatule), dont le corps en forme de calice est bordé de cinq tentacules, divisés ou non. – Sing. *Un crinoïde.*

crinoline [krinɔlin] n. f. **1.** Jupon bouffant maintenu par une cage de lames d'acier et des baleines, à la mode en France au Second Empire. *Robes à crinoline.* **2.** TECH *Échelle à crinoline :* échelle de secours munie d'arceaux servant de garde-corps.

crique [krik] n. f. **1.** Petit enfoncement de la mer dans une côte rocheuse. *Abriter un voilier dans une crique.* **2.** METALL Fissure qui se produit dans une pièce métallique. ▷ TECH Fente apparaissant dans une structure sous l'effet de contraintes.

criquet [krikɛ] n. m. Insecte orthoptère sauteur (fam. acridiens), appelé souvent (et abusiv.) *sauterelle,* à antennes courtes et élytres généralement longs, dont certaines espèces ont un chant caractéristique (*Schistocerca gregaria,* criquet pèlerin; *Locusta migratoria,* criquet migrateur). *Les criquets constituent des fléaux en Afrique et en Asie.* (V. acridiens).

Cris, membres d'une nation amérindienne établie au Canada sur un vaste territoire s'étendant du nord-ouest du Québec jusqu'en Alberta.

Criș, nom de trois rivières de Roumanie, nées dans les monts Apuseni, *Criș rapide, Criș noir* et *Criș blanc,* qui confluent en Hongrie sous le nom de *Körös,* affluent de la Tisza.

Crișana, rég. du N.-E. de la Roumanie correspondant au bassin des trois Criș.

crise [kriz] n. f. **1.** MED Changement rapide, généralement décisif, en bien ou en mal, survenant dans l'état d'un malade. ▷ Survenue brutale d'un état pathologique aigu ou accentuation subite d'une maladie chronique. *Crise d'asthme. Crise d'appendicite. Crise cardiaque.* **2.** Paroxysme d'un sentiment, d'un état psychologique. *Traverser une crise de conscience. Avoir une crise de larmes, de désespoir.* – Loc. *Crise de nerfs :* V. nerf. ▷ *Être en crise :* traverser une période difficile, où l'on est amené à résoudre de nombreuses contradictions. ▷ Loc. fam. *Prendre, piquer une crise, faire sa crise :* être en proie à une violente colère. **3.** Moment difficile et généralement décisif dans l'évolution d'une société, d'une institution. *La crise de l'Église.* ▷ *Crise ministérielle :* période entre la chute d'un ministère et la formation d'un nouveau cabinet. ▷ *La crise :* la période où les difficultés économiques, politiques et idéologiques sont ressenties comme paroxystiques.

crispation [krispasjɔ̃] n. f. **1.** Contraction musculaire involontaire. *La crispation de son front révélait son dépit.* **2.** Fig. Impatience, vive irritation.

crispé, ée [krispe] adj. **1.** Contracté. *Mains crispées par le froid.* **2.** Fig. Contrarié, irrité. *Il parut crispé.* ▷ Tendu, contraint. *Un sourire crispé.*

crisper [krispe] v. [1] **I.** v. tr. **1.** Provoquer la crispation musculaire (d'une partie du corps). *Douleur, colère qui crispe le visage.* **2.** Fig. Causer de l'impatience, de la contrariété à (qqn). *Son arrogance me crispe.* **II.** v. pron. Se contracter. *Se crisper au moindre bruit.*

crissement [krismɑ̃] n. m. Action de crisser; bruit produit par ce qui crisse. *Crissement des feuilles sèches sous les pas.*

crisser [krise] v. intr. [1] Produire un grincement par écrasement ou par frottement. *Pneus qui crissent. Le sable crisse sous les pas.*

cristal, aux [kristal, o] n. m. **1.** CHIM, MINER Solide, souvent limité naturellement par des faces planes, formé par la répétition périodique, dans les trois directions de l'espace, d'un même ensemble de constituants (atomes, ions ou molécules). (V. maille, réseau cristallin.) **2.** *Cristal de roche :* quartz. **3.** Variété de verre pur et dense, très sonore, riche en oxyde de plomb. ▷ (Plur.) Objets de cristal. *Une table luxueuse, couverte de cristaux.* **4.** Fig., litt. Eau, glace limpide et pure. *Le cristal d'un lac.* ▷ *De cristal :* pur, limpide, harmonieux. *Une voix de cristal.* **5.** ELECTRON *Cristal liquide :* substance organique dont les molécules peuvent être orientées sous l'effet d'un champ électrique, utilisée pour l'affichage numérique des données. ▷ *Cristal piézoélectrique :* lame cristalline laissant apparaître une charge électrique lorsqu'elle est soumise à une pression. **6.** Cour. *Cristaux de glace, de neige :* particules résultant de la cristallisation de l'eau. – Abusiv. *Cristaux de soude*.*

Cristal (monts de), massif cristallin, dans le N.-O. du Gabon, qui s'étage entre 700 et 800 m d'altitude.

cristallifère [kristalifɛr] adj. Didac. Qui contient des cristaux (sens 1).

1. cristallin, ine [kristalɛ̃, in] adj. **1.** Propre au cristal. *Structure cristalline.* **2.** Qui contient des cristaux. ▷ MINER *Roche cristalline,* dont les minéraux constitutifs sont cristallisés. *Calcaire, schiste cristallin.* – *Système cristallin :* chacun des sept systèmes (cubique, quadratique, orthorhombique, triclinique, hexagonal, rhomboédrique, monoclinique) définis par la forme géométrique de la maille. – *Réseau cristallin :* V. réseau. **3.** Litt. Pur, clair comme le cristal. ▷ Pur comme le son rendu par le cristal. *Voix cristalline.*

2. cristallin [kristalɛ̃] n. m. ANAT Élément constitutif de l'œil, en forme de lentille biconvexe, dont la courbure est modifiable sous l'action des muscles ciliaires, et qui concentre les rayons lumineux de la rétine. *La cataracte détermine l'opacification du cristallin.*

cristallisable [kristalizabl] adj. PHYS Susceptible de se cristalliser.

cristallisation [kristalizasjɔ̃] n. f. **1.** PHYS Formation de cristaux (par solidification, condensation d'un gaz en solide, évaporation d'un solvant, ou refroidissement d'une solution saturée). **2.** Corps formé d'un ensemble de cristaux. *Une cristallisation basaltique.* **3.** Fig., litt. Fait de se cristalliser (idées, sentiments, sensations). *Cristallisation des espérances, des souvenirs.* ▷ Litt. Phénomène par lequel l'imagination de celui qui aime, selon Stendhal, transfigure l'objet de sa passion en lui attribuant sans cesse de nouvelles perfections.

cristalliser [kristalize] v. [1] **I. 1.** v. tr. TECH Provoquer la cristallisation (d'une substance). *Cristalliser du sucre.* – Pp. adj. *Un paquet de sucre cristallisé.* **2.** v. intr. PHYS Prendre la forme de cristaux. **3.** v. pron. Former des cristaux. **II.** Fig., litt. **1.** v. tr. Donner forme, transformer en un ensemble cohérent (des éléments dispersés). *Un parti qui réussit à cristalliser les ambitions, les aspirations des citoyens.* **2.** v. intr. ou pron. Prendre forme, devenir cohérent (idées, sentiments, sensations).

cristallographie [kristalɔgrafi] n. f. Didac. Science qui étudie la structure et la formation des cristaux.

critère [kritɛr] n. m. Principe, point de repère auquel on se réfère (pour énoncer une proposition, émettre un jugement, distinguer et classer des objets, des notions). *Les critères de la beauté. Je l'ai jugé sur ce critère.* ▷ MATH Condition nécessaire et suffisante.

critérium [kʀiteʀjɔm] n. m. SPORT Épreuve organisée en vue d'établir un classement des concurrents.

criticisme [kʀitisism] n. m. PHILO Doctrine de Kant qui place à la base de la réflexion philosophique une étude rigoureuse visant à déterminer les conditions et les limites de notre faculté de connaître. ▷ *Par ext.* Philosophie qui met la théorie de la connaissance à la base de la réflexion.

critiquable [kʀitikabl] adj. Sujet à la critique.

critique [kʀitik] adj. et n. **A.** adj. **I. 1.** MED Qui annonce ou accompagne une crise; qui décide de l'évolution d'une maladie. *Phase critique.* ▷ Spécial. *Âge critique :* ménopause. **2.** Qui détermine un changement en bien ou en mal (en parlant d'une situation, d'une période, d'un état). *Instant critique.* ▷ Par ext. *Être dans une situation critique,* difficile, pénible, dangereuse. **3.** PHYS *Température critique,* au-dessus de laquelle on ne peut pas liquéfier un gaz par compression. ▷ PHYS NUCL *Masse* critique.* **II. 1.** Qui s'applique à discerner les qualités et les défauts d'une œuvre, d'une production de l'esprit d'une personne. *Compte rendu critique d'une pièce de théâtre. Présentation, exposé critique d'une thèse. Porter un regard critique sur qqn.* **2.** Qui cherche à établir la vérité, la justesse d'une proposition, d'un fait. *L'examen critique d'une doctrine.* ▷ *Édition critique,* établie après examen et comparaison des divers manuscrits ou éditions antérieures. ▷ *Esprit critique,* qui ne tient pour vraie une proposition qu'après l'avoir établie ou démontrée, et après avoir examiné toutes les objections susceptibles de lui être opposées. *Manquer d'esprit critique.* **3.** Qui porte un jugement sévère. *Juger qqn en termes très critiques.* **B.** n. **I.** n. f. **1.** Art de juger les œuvres littéraires et artistiques. *«La critique est aisée, et l'art est difficile»* (Destouches). *La critique littéraire.* **2.** Jugement porté sur une œuvre littéraire ou artistique; ensemble de ces jugements. *Lire les critiques avant d'aller voir un film.* **3.** Ensemble des critiques (sens B, II). *La critique a éreinté la pièce qu'il vient de monter.* **4.** Analyse rigoureuse (d'une œuvre, d'une production de l'esprit, d'une personne). *«La Critique de la raison pure», ouvrage de Kant. Critique dogmatique, historique, thématique du roman. Soumettre sa conduite à une critique vigilante.* **5.** Désapprobation, jugement négatif, sévère. *Accabler qqn de critiques.* **II.** n. (Rare au fém.) Personne qui juge des œuvres littéraires et artistiques. *Critique littéraire, critique d'art.*

critiquer [kʀitike] v. tr. [1] **1.** Examiner en critique. *Critiquer un livre, une doctrine.* **2.** Juger avec sévérité, avec blâme. *Critiquer ses amis, ses voisins.* ▷ (S. comp.) *Il ne fait que critiquer.*

critiqueux, euse [kʀitikø, øz] adj. et n. (Québec) Fam. (Personnes) Qui critique, qui rouspète tout le temps.

Criton (V^e-IVe s. av. J.-C.), riche citoyen d'Athènes. Dans le dialogue de Platon, *Criton,* il rend visite à Socrate emprisonné et lui propose en vain de s'évader.

Crivelli (Carlo) (v. 1430 – v. 1493), peintre italien.

croassement [kʀɔasmɑ̃] n. m. Cri du corbeau, de la corneille.

croasser [kʀɔase] v. intr. [1] Crier en parlant du corbeau, de la corneille.

croate [kʀɔat] adj. et n. **1.** adj. De la Croatie. ▷ Subst. *Un(e) Croate.* **2.** n. m. *Le croate :* la langue parlée en Croatie. *Le serbo-croate s'écrit en caractères latins (croate) ou en caractères cyrilliques (serbe).*

Croatie, État d'Europe, république fédérée de Yougoslavie jusqu'en janvier 1992. Elle borde la majeure partie de la côte de l'Adriatique naguère yougoslave et s'étend jusqu'à la Hongrie, entre le Monténégro et la Bosnie-Herzégovine à l'E. et au N., et la Slovénie à l'O.; 56538 km²; 4665000 hab.; cap. *Zagreb.* Monnaie : couronne. Pop. : Croates cathol. (75 %), Serbes orthodoxes (11,5 %). Ressources : céréales, betteraves sucrières, pétrole, houille, fer, bauxite. Industries : agro-alimentaire; construction navale. L'économie a été ruinée par le conflit yougoslave (dep. 1991), mais la croissance est revenue en 1995 (+ 5 %).
Hist. – La rég. fit partie de la prov. romaine de Pannonie. Envahie au VIIe s. par les Croates, peuple slave, elle forma du Xe au XIe s. un royaume qui fut inclus, tout en gardant une certaine auton., dans celui de Hongrie de 1102 à 1918. Toutefois, une partie de la rég. fut occupée par les Turcs de 1526 à 1699; Napoléon fit des territoires croates et slovènes les Provinces Illyriennes (1805-1813). En 1918, la Croatie s'intégra au royaume des Serbes, Croates et Slovènes (devenu Yougoslavie en 1934), sans renoncer au nationalisme : en 1941, elle forma un État indép., qui fut mis sous protectorat germano-italien dès 1942. Un régime de terreur régna jusqu'en 1945. Elle redevint alors yougoslave. En 1990, les communistes croates firent sécession de la Ligue fédérale et des élections libres désignèrent un gouvernement nationaliste (Franjo Tudjman fut élu prés. en 1990, réélu en 1992 et 1997). En juillet 1991, cette rép. proclama son indépendance. L'armée yougoslave (surtout serbe) intervint. Ce conflit réveilla les haines ancestrales entre une Croatie de culture catholique et une Serbie orthodoxe, économiquement plus défavorisée. La Croatie a été reconnue en janv. 1992 par la C.É.E. et admise à l'ONU (mai), mais la domination serbe s'est maintenue sur une partie des prov. de Krajina et de Slavonie, où la pop. est essentiellement serbe. Depuis, qu'il s'agisse de ces prov. ou de la Bosnie-Herzégovine, la Croatie s'oppose à toute domination serbe, mais un accord serbo-croate a été conclu en nov. 1995. V. Bosnie-Herzégovine.

croc [kʀo] n. m. **1.** Instrument à pointes recourbées servant à suspendre. **2.** Longue perche munie d'un crochet. **3.** *Croc à fumier :* instrument à dents pour ramasser, étaler le fumier. **4.** Chacune des quatre canines de certains carnivores. *Les crocs d'un lion.*

Croce (Benedetto) (1866 – 1952), critique littéraire, historien et philosophe italien. Influencé princ. par G. Vico et Hegel, il voit dans le développement de la liberté le moteur du passé et l'idéal spirituel du futur.

croc-en-jambe [kʀɔkɑ̃ʒɑ̃b] n. m. **1.** Action de mettre le pied devant la jambe de qqn pour le faire tomber. Syn. (Québec) jambette. **2.** Fig. Moyen déloyal utilisé pour nuire à qqn. *Des crocs-en-jambe.*

1. croche [kʀɔʃ] adj., adv. et n. (Québec) **I.** adj. **1.** Qui n'est pas droit; crochu, recourbé. *Jambes, dents croches.* – *Avoir les yeux croches :* loucher. – *Une planche croche,* tordue. – *Un mur croche,* mal aligné, ou qui ondule. – *Un chemin croche,* qui fait une courbe. ▷ n. m. Détour. *Le chemin fait un croche un peu plus loin.* ▷ adv. *Couper qqch tout croche,* de travers, irrégulièrement. **2.** Placé de travers. *Le tableau est croche.* **3.** Faussé. *Une roue de vélo croche.* **II.** adj. Fig. **1.** Malhonnête. *Un notaire croche. Des méthodes croches.* – Subst. *Un(e) croche :* une personne malhonnête. ▷ Loc. *Avoir les doigts croches :* avoir tendance à dérober (de l'argent). **2.** *Tête croche :* individu obstiné dans ses idées, qui agit à l'encontre des attentes, des règlements. **3.** (En parlant d'un travail, notam. intellectuel.) *Un dossier, un projet tout croche,* mal conçu, mal préparé. – adv. *Raisonner (tout) croche,* de travers.

2. croche [kʀɔʃ] n. f. **1.** (Plur.) Tenailles de forgeron. **2.** MUS Note dont la queue porte un crochet, et qui vaut le quart d'une blanche, ou le huitième d'une ronde. – *Double croche, triple croche :* croche qui porte deux, trois crochets et qui vaut la moitié, le tiers de la croche.

crocher [kʀɔʃe] v. [1] **I.** v. tr. **1.** Saisir avec un croc. ▷ MAR Saisir. – (S. comp.) *L'ancre a croché,* a accroché le fond. **2.** Tordre en forme de crochet. **II.** v. intr. (Suisse) Persévérer, être tenace.

crochet [kʀɔʃɛ] n. m. **I. 1.** Instrument recourbé pour suspendre, maintenir, attacher. *Clou à crochet. Boucle et crochet d'une agrafe.* – Loc. fig., fam. *Vivre aux crochets de qqn,* à ses dépens. **2.** Instrument, tige présentant une extrémité recourbée servant à saisir. *Crochet de serrurier :* instrument recourbé en L, pour ouvrir les serrures. **3.** Grosse aiguille à pointe recourbée utilisée pour le tricot ou la dentelle. *Faire une écharpe au crochet.* **4.** Chacune des canines du mulet et du cheval. ▷ Chacune des deux dents recourbées des serpents venimeux, généralement percée d'un canal qui la relie aux glandes à venin. **II. 1.** TYPO Signe [], voisin de la parenthèse. **2.** Détour, changement de direction. *Faire un crochet pour éviter les embouteillages.* **3.** SPORT En boxe, coup porté par un mouvement du bras en arc de cercle.

crochetage [kʀɔʃtaʒ] n. m. Action de crocheter (une serrure); résultat de cette action.

crocheter [kʀɔʃte] v. tr. [18] **1.** Ouvrir (une serrure, une porte, etc.) avec un crochet. *Crocheter un coffre-fort.* **2.** Piquer, saisir à l'aide d'un crochet. **3.** Garnir (un ouvrage) d'une bordure exécutée au crochet. *Crocheter le bas des manches et le col d'un gilet.*

crochir [kʀɔʃiʀ] v. [3] (Québec) **1.** v. tr. Courber, gauchir (qqch). *Crochir un clou en l'enfonçant.* **2.** v. intr. Perdre sa forme, devenir croche. *Porte, planche qui crochit.*

crochu, ue [kʀɔʃy] adj. Recourbé en forme de croc. *Nez, doigts crochus.* ▷ ANAT *Os crochu :* un des huit os du carpe.

crocodile [kʀɔkɔdil] n. m. **1.** Grand reptile carnivore vorace, aux pattes courtes, aux mâchoires très longues, vivant dans les eaux chaudes. *Les vagissements du crocodile.* V. caïman. ▷ Loc. fig. *Larmes de crocodile,* hypocrites, simulées. **2.** Peau de crocodile. *Une ceinture, des chaussures en crocodile.* (Abrév. fam. : croco). **3.** CH de F Pièce métallique placée entre les rails, qui déclenche un signal.

crocodiliens [kʀɔkɔdiljɛ̃] n. m. pl. ZOOL Ordre de reptiles de grande taille (alligators, caïmans, crocodiles, gavials), amphibies, aux caractères très évolués (notam. un cœur à quatre cavités, comme les mammifères) et dont le cuir est doublé de plaques osseuses dermiques. – Sing. *Un crocodilien.*

crocro [kʀokʀo] n. m. V. craw-craw.

crocus [kʀɔkys] n. m. Plante vivace bulbeuse (fam. iridacées) à grande fleur violette, jaune ou blanche. (*Crocus sativus* fournit le safran.)

croire [kʀwaʀ] v. [71] **I.** v. tr. **1.** Tenir pour vrai, estimer comme véritable. *Croire ce qu'on dit. Croire un récit.* **2.** Avoir confiance (en qqn, en la sincérité de ses dires). *Je le crois, car il ne ment jamais. Croyez-moi, je n'avais jamais vu un tel désordre!* ▷ *En croire :* s'en rapporter à (qqn, à ses dires). *À l'en croire, tout va mal.* ▷ *Ne pas en croire ses oreilles, ses yeux :* être stupéfait, très surpris par ce que l'on entend, par ce que l'on voit. **3.** *Croire* (+ inf.) : tenir pour véritable (ce qui n'est pas). *Il a cru entendre un bruit.* ▷ *Croire que :* estimer, supposer que. *Je crois qu'il fera beau demain. Je ne crois pas qu'il tienne sa promesse.* **4.** *Croire qqch, qqn* (suivi d'un attribut) : estimer, imaginer. *Je ne crois pas cette tentative inutile. Je le crois honnête.* ▷ v. pron. S'imaginer être, se prendre pour. *Elle se croit une grande comédienne.* **II.** v. tr. indir. **1.** *Croire en qqn, en qqch,* avoir confiance en lui (en elle). *Il croit beaucoup en cet enfant. Croire en soi. Croire en l'avenir :* avoir confiance en l'avenir. **2.** *Croire à une chose,* être convaincu de sa valeur, de sa portée. *Croire à la science, au progrès.* **3.** Être persuadé de la réalité, de la vérité, de l'existence de qqch. *Croire en Dieu. Croire à l'amour de sa femme.* ▷ *Croire à un changement,* le tenir pour probable. **III.** v. intr. **1.** Accepter entièrement, sans examen ni critique (une proposition, des paroles, etc.). *Croire et ne jamais discuter, voilà sa règle.* **2.** *Spécial.* Avoir la foi. *Il n'est pas pratiquant mais il croit.*

croisade [kʀwazad] n. f. **1.** HIST Nom donné aux expéditions parties d'Occident du XIe au XIIIe s. pour délivrer les Lieux saints de Palestine de la domination musulmane, puis pour assurer leur défense. **2.** Mod. Campagne, lutte menée en vue d'un objectif précis. *Croisade pour la paix.*

ENCYCL On compte huit croisades princ. mais ce nombre ne rend pas compte de la complexité du mouvement, car le va-et-vient des croisés fut continu entre l'Occident et l'Orient. – La *1re croisade* (1095-1099), décidée par le pape Urbain II, comporta une croisade populaire (prêchée par Pierre l'Ermite et rapidement massacrée par les Turcs en Anatolie) et la croisade des barons, commandée par Godefroi de Bouillon; celle-ci aboutit à la prise de Jérusalem (juil. 1099), puis à la création du roy. de Jérusalem, dont Baudouin, frère de Godefroi, fut le prem. souverain (1100). – La *2e croisade* (1147-1149), prêchée par saint Bernard de Clairvaux à Vézelay et commandée par le roi de France Louis VII et l'empereur Conrad III, échoua devant Damas. – La *3e croisade* (1189-1192), prêchée par Guillaume, archevêque de Tyr, fut commandée par le roi de France Philippe Auguste et le roi d'Angleterre Richard Cœur de Lion, d'une part, l'empereur Frédéric Barberousse, d'autre part; les croisés ne purent reprendre Jérusalem, que Saladin avait enlevée en 1187. – La *4e croisade* (1202-1204), organisée par le pape Innocent III, prêchée par son légat Pierre Capuano, commandée par Baudouin IX, comte de Flandre, et Boniface de Montferrat, fut détournée de son but (l'Égypte) par les Vénitiens, qui l'amenèrent à se tourner contre Byzance; cela aboutit au pillage de Constantinople (1204), ainsi qu'à la constitution des États latins de Grèce : Empire latin, principauté de Morée, empire maritime de Venise. – La *5e croisade* (1217-1221), décidée par Innocent III, commandée par Jean de Brienne, roi nominal de Jérusalem, et André II de Hongrie, et dirigée contre l'Égypte, remporta quelques succès (prise de Damiette en 1219), puis échoua. – La *6e croisade* (1228-1229) fut commandée, après de multiples tergiversations, par l'empereur Frédéric II, alors excommunié, qui, par un traité avec le sultan d'Égypte Al-Kamil, obtint la cession de Jérusalem. – La *7e croisade* (1248-1254), commandée par Saint Louis et dirigée contre l'Égypte, qui avait repris Jérusalem (1244), échoua : défaite de Mansourah et capture du roi (1250). – La *8e croisade* (1270) fut également commandée par Saint Louis, qui mourut de la peste devant Tunis.

croisé, ée [kʀwaze] adj. et n. m. **I.** adj. **1.** En forme de croix ou de X. *Baguettes croisées.* ▷ *De l'étoffe croisée,* ou n. m., *du croisé :* de l'étoffe à fils très serrés. ▷ *Vêtement croisé,* dont les bords se superposent en partie. *Boutonnage croisé* (par oppos. à *boutonnage bord à bord*). **2.** *Mots croisés :* jeu qui consiste à trouver, d'après une définition souvent en forme d'énigme, des mots se croisant à angle droit sur une grille qui peut être lue horizontalement et verticalement. **3.** MILIT *Feux, tirs croisés,* qui prennent l'ennemi sous deux angles différents. **4.** LITTER *Rimes croisées,* alternées. **5.** Produit par croisement (êtres vivants à reproduction sexuée). *Chien croisé avec un loup.* **II.** n. m. Celui qui partait en croisade.

croisée [kʀwaze] n. f. **1.** Endroit où deux choses se croisent. *La croisée des chemins.* – (Mart.) *Spécial.* Carrefour, croisement. *Tu m'attendras à cette croisée-là.* Syn. croix (sens II, 5). – Fig. *Se trouver à la croisée des chemins :* être dans une situation où un choix décisif s'impose. ▷ ARCHI *Croisée du transept :* croisement de la nef et du transept. **2.** Châssis vitré à un ou plusieurs vantaux qui sert à clore une fenêtre. ▷ *Par ext.* Fenêtre.

croisement [kʀwazmɑ̃] n. m. **1.** Fait de croiser, de se croiser; disposition en croix. *Croisement de deux fils, de deux bandes de tissu. Croisement de deux véhicules.* ▷ TEXT Entrelacement des fils d'un tissu. **2.** Point où deux ou plusieurs lignes ou voies se croisent. *Croisement de la voie ferrée et de la route.* ▷ Carrefour. *Ralentir aux croisements.* **3.** Méthode de reproduction par fécondation entre individus (animaux ou plantes) de même espèce ou d'espèces voisines. **4.** LING Formation d'un mot par télescopage entre deux mots ou par contamination.

croiser [kʀwaze] v. [1] **I.** v. tr. **1.** Disposer en croix ou en X. *Croiser les jambes, les mains.* ▷ *Croiser la baïonnette,* la diriger en avant, perpendiculairement au corps. ▷ *Croiser le fer :* engager les épées, se battre à l'épée; fig. s'affronter. **2.** Passer au travers de (une route, un chemin). *Route nationale croisant une piste.* **3.** *Croiser qqn :* passer à côté de lui en allant dans la direction opposée. *Je l'ai croisé sur le boulevard. Voiture qui en croise une autre.* **4.** Faire se reproduire des êtres vivants (de races ou d'espèces différentes). *Croiser deux races bovines, deux plantes.* **II.** v. intr. **1.** *Veste qui croise,* dont un côté couvre l'autre et s'y boutonne. **2.** MAR Aller et venir dans une même zone, naviguer. *Navire qui croise au large de la côte.* **III.** v. pron. **1.** Être disposé en croix ou en X. *Routes qui se croisent.* **2.** *Pans, côtés d'un vêtement qui se croisent,* qui se superposent. **3.** *Personnes, véhicules qui se croisent,* dont les trajectoires sont inverses sur la même route. ▷ *Regards qui se croisent,* qui se rencontrent. **4.** (Animaux, plantes.) Se reproduire par croisement. **5.** Vx Entreprendre une croisade (sens 1).

croiseur [kʀwazœʀ] n. m. MAR Bâtiment de guerre, rapide et de tonnage moyen, servant à éclairer la marche des escadres, à engager le combat avant les navires de ligne et à surveiller une vaste zone.

croisière [kʀwazjɛʀ] n. f. **1.** MAR Action de croiser dans une zone déterminée pour y exercer une surveillance (bâtiment de guerre). **2.** Voyage d'agrément en mer. *Croisière en Méditerranée.* ▷ *Par anal.* Voyage d'agrément en avion. ▷ *Vitesse de croisière d'un avion, d'un navire :* vitesse à laquelle un avion, un navire effectue un long parcours sans usure anormale des moteurs. – Par anal. *Vitesse de croisière d'une voiture.*

Croisière jaune, raid automobile à travers l'Asie organisé par A. Citroën, de Beyrouth (avr. 1931) à Pékin (fév. 1932).

croisillon [kʀwazijɔ̃] n. m. **1.** Traverse d'une croix, d'une croisée. **2.** Pièce qui divise le châssis d'une fenêtre. ▷ (Plur.) Pièces disposées en croix à l'intérieur d'un châssis, servant à supporter les vitres. **3.** (Plur.) Ensemble de motifs, de pièces en forme de croix, de X.

croissance [kʀwasɑ̃s] n. f. **1.** Développement progressif des êtres organisés, de leur taille. *Croissance difficile, harmonieuse d'un enfant.* ▷ BIOL Accroissement des diverses parties d'un être vivant, ou adjonction de nouvelles parties semblables à des parties préexistantes, à l'exclusion de toute adjonction de fonctions nouvelles. ▷ MED *Troubles de croissance :* nanisme, gigantisme, acromégalie, etc. – *L'hormone de croissance :* l'hormone somatotrope. **2.** Augmentation, développement. *Croissance démesurée des villes. Croissance démographique.* – *Croissance économique :* phénomène se manifestant par l'augmentation du produit national brut par habitant sur une certaine période.

1. croissant [kʀwasɑ̃] n. m. **1.** Figure échancrée de la Lune à son premier ou dernier quartier. ▷ Par anal. *Dessiner un croissant.* **2.** Période pendant laquelle la Lune croît, de la nouvelle à la pleine lune. **3.** Emblème de l'Empire turc et de l'islam. **4.** Faucille en forme de croissant servant à élaguer. **5.** Cour. Petite pâtisserie de pâte feuilletée en forme de croissant.

2. croissant, ante [kʀwasɑ̃, ɑ̃t] adj. Qui s'accroît, qui va en augmentant. *Le nombre croissant des accidents de la route. Ambition croissante.* ▷ MATH *Fonction croissante,* qui varie dans le même sens que la variable dont elle dépend. – *Suite croissante :* suite telle que l'élément de rang *n* est toujours inférieur à celui de rang *n+1*.

Croissant fertile, ensemble de plaines alluviales du Moyen-Orient où naquit l'agriculture et où s'édifièrent les grandes civilisations préclassiques.

Croissant-Rouge (le), organisation correspondant, dans les pays musulmans, à la Croix-Rouge; reconnue par la conférence de Genève (1949).

croître [kRwatR] v. intr. [**72**] **1.** Se développer, grandir. *Les petits de l'animal croissent, au début de leur vie, plus rapidement que ceux de l'homme.* **2.** Augmenter en volume, en intensité, en nombre. *La rivière a crû. L'abstentionnisme croît à chaque scrutin.* **3.** (Plantes) Se développer, pousser naturellement.

croix [kRwa] n. f. **I. 1.** Instrument de supplice composé de deux pièces de bois croisées, sur lequel on fixait certains condamnés à mort dans l'Antiquité (esclaves, notam.). *Mettre qqn en croix. Mourir sur la croix.* **2.** Spécial. *La Croix,* sur laquelle Jésus-Christ fut crucifié. *Le mystère de la Croix :* le mystère de la rédemption des hommes par la mort que Jésus a soufferte sur la croix. ▷ Fig. *Chacun porte sa croix :* chacun a sa part de souffrance. ▷ *Chemin de croix :* suite de quatorze tableaux représentant les étapes de la Passion de Jésus. – *Faire le (un) chemin de croix :* s'arrêter pour prier successivement devant chacun de ces tableaux. ▷ *Signe de (la) croix :* geste rituel des chrétiens (orthodoxes et catholiques), dessinant une croix. *Faire un signe de croix.* **3.** *La croix :* la religion chrétienne. **4.** Représentation figurée de la croix de Jésus-Christ. *La croix pectorale des évêques.* ▷ Bijou en forme de croix. – (Afr. subsah.) *Croix d'Agadès :* bijou consistant en une croix surmontée d'un anneau. **II. 1.** Objet, signe, ornement composé de deux éléments qui se croisent. *Croix du drapeau suisse.* **2.** Décoration en forme de croix de différents ordres de chevalerie. *Croix de guerre :* décoration remise à un combattant qui s'est illustré pendant une guerre. **3.** Marque formée par deux traits qui se croisent. *Marquer une page d'une croix.* ▷ Fig. *Mettre, faire une croix sur une chose,* la tenir pour perdue, y renoncer. **4.** *En croix :* qui forme une croix, un X. *Carrefour en croix. Étendre les bras en croix.* **5.** (Rég.) Carrefour, croisée des chemins. **6.** COUT *Point de croix,* dans lequel le fil forme une croix, utilisé en broderie, en tapisserie. **7.** Signe en forme de croix. – *Croix grecque,* aux quatre branches égales. – *Croix latine,* dont la branche inférieure est plus longue que les autres. – *Croix de Saint-André,* en forme de X. – *Croix de Saint-Antoine,* en forme de T. – *Croix de Lorraine,* à deux croisillons inégaux. – *Croix de Malte,* dont les quatre branches égales vont en s'élargissant. – *Croix tréflée, potencée.* ▷ ASTRO *Croix du Sud :* V. ce mot.

Croix de fer, ordre militaire allemand créé en 1813 par Frédéric-Guillaume III, roi de Prusse.

Croix du Sud (la), constellation australe dont les quatre étoiles les plus brillantes dessinent une croix. La branche la plus grande est orientée vers le pôle Sud.

Croix-Rouge (la), organisation internationale (dénomination officielle : *Mouvement international de la Croix-Rouge et du Croissant-Rouge*) fondée à l'instigation d'Henri Dunant, en 1863 (la convention de Genève fut adoptée en 1864), pour secourir les victimes des guerres. Le Comité international de la Croix-Rouge (C.I.C.-R.) siège à Genève.

crolle [kRɔl] n. f. (Belgique) **1.** Boucle de cheveux. **2.** Marque de pénalisation au jeu de couillon.

croller [kRɔle] v. intr. [**1**] (Belgique) Boucler. *Ses cheveux crollent.* ▷ Loc. fig. (Wallonie surtout) Plaisant (En parlant d'un enfant.) *Avoir son nez (qui) crolle :* ne pas dire la vérité.

Cro-Magnon, abri-sous-roche de la com. française des Eyzies-de-Tayac (Dordogne) où furent découverts, en 1868, plus. squelettes humains datant d'env. 30 000 av. J.-C. (*l'homme de Cro-Magnon*).

Cromer. V. Baring.

cromlech [kRɔmlɛk] n. m. Monument mégalithique formé de blocs espacés dressés en cercle.

Crommelynck (Fernand) (1886 – 1970), dramaturge belge d'expression française, surtout connu pour *le Cocu magnifique* (1921), caricature bouffonne de la jalousie. Citons aussi : *Tripes d'or* (1925), *Carine* (1930), *Chaud et Froid* (1934).

Cromwell (Oliver) (1599 – 1658), homme politique anglais. Gentilhomme puritain, député au Long Parlement (1640), il fut un adversaire acharné du roi Charles Ier. Lors de la guerre civile, il leva à ses frais un régiment, les «Côtes de fer»; dirigeant l'armée des révoltés, il battit le roi à Naseby (1645), le fit condamner à mort (1649), instaura la rép. (*Commonwealth*) et soumit l'Irlande et l'Écosse (1650-1651). Dictateur, il fut *lord-protecteur* en 1653. Il renforça la puissance marit. anglaise (Acte de navigation, 1651), favorisa le comm. et lutta contre les Espagnols, s'alliant à la France pour annexer Dunkerque (1658). — **Richard** (1626 – 1712), troisième fils du préc., lui succéda, les deux aînés étant morts, mais dut renoncer au pouvoir dès 1659 et s'exila.

Cronin (Archibald Joseph) (1896 – 1981), romancier anglais : *le Chapelier et son château* (1930), *les Clefs du royaume* (1941).

Cronos ou **Kronos,** divinité hellénique, fils d'Ouranos (le Ciel) et de Gaia (la Terre), père de Zeus. Identifié par les Romains à Saturne.

Cronstadt ou **Kronstadt,** base navale de Russie, dans l'île de Kotline, à 30 km à l'O. de Saint-Pétersbourg. – Fortifications. – Mutineries de marins en 1905, en 1917 et en 1921; cette dernière, dirigée contre le pouvoir bolchevique, fut écrasée par Trotski.

Crookes (sir William) (1832 – 1919), chimiste et physicien anglais. Il découvrit en 1878 la composition des rayons cathodiques et mit au point le *tube* (cathodique) *de Crookes.*

1. croquant [kRɔkɑ̃] n. m. Vx, péjor. Paysan. ▷ Homme rustre.

2. croquant, ante [kRɔkɑ̃, ɑ̃t] adj. et n. m. Qui croque sous la dent. *Biscuits croquants.* ▷ n. m. Cartilage de la volaille et de certaines viandes.

croquecignole [kRɔksiɲɔl] n. m. (Acadie) Syn. de *croquignole* (sens 2).

croque-mitaine [kRɔkmitɛn] n. m. Être imaginaire et terrible dont on menace les enfants pour les faire obéir. ▷ Fig. Personne qui se fait redouter par son apparence sévère. *Des croque-mitaines.*

croque-monsieur [kRɔkməsjø] n. m. inv. Sandwich grillé au jambon et au fromage.

croque-mort [kRɔkmɔR] n. m. Fam. Employé d'une entreprise de pompes funèbres. *Des croque-morts.*

croquer [kRɔke] v. [**1**] **I.** v. intr. Faire un bruit sec sous la dent. *Chocolat qui croque.* **II.** v. tr. **1.** Manger (qqch qui produit un bruit sec) en broyant avec les dents. *Croquer une pomme.* ▷ (Afr. subsah.) *Croquer la cola :* mastiquer une noix de cola pour en absorber le suc aux vertus stimulantes. ▷ (Belgique) *Être croqué* (en parlant d'une plante) : être pris par la gelée; fig. (en parlant d'une personne) être victime d'une attaque (sens 5). ▷ v. intr. *Croquer dans un fruit.* **2.** Fig. Faire disparaître rapidement. *Croquer un héritage,* le dilapider. ▷ MUS *Croquer des notes,* ne pas les jouer. **3.** PEINT Esquisser rapidement, sur le vif, les traits essentiels de. *Croquer un paysage, un visage.* ▷ *Personne jolie à croquer,* très jolie. ▷ *Par anal.* Décrire, présenter les caractères essentiels de. *Il a croqué en quelques phrases le portrait de sa fiancée.* **4.** (Belgique) Plier un objet rigide, qui garde la marque du pli. *Croquer la couverture d'un livre.*

1. croquet [kRɔkɛ] n. m. Jeu qui consiste à pousser sous des arceaux des boules de bois avec un maillet.

2. croquet [kRɔkɛ] n. m. Galon à petites dents, servant à border un ourlet ou à orner un vêtement.

croquette [kRɔkɛt] n. f. CUIS Boulette de pâte, de viande hachée, etc., passée dans du jaune d'œuf et de la chapelure, puis frite. *Croquettes de poisson.*

croquignole [kRɔkiɲɔl] n. **1.** n. f. Petite pâtisserie croquante. **2.** n. m. ou f. (Québec, surtout Acadie) Pâtisserie traditionnelle faite de pâte sucrée (nouée, tressée, etc.) cuite en pleine friture. (V. beigne.) Syn. (Acadie) croquecignole.

croquis [kRɔki] n. m. **1.** Représentation schématiquement dessinée d'un objet. ▷ PEINT Esquisse rapide indiquant les traits essentiels. *Faire un croquis. Carnet de croquis.* **2.** GEOM *Croquis coté :* V. coté.

Cros (Charles) (1842 – 1888), poète et inventeur français. Il a défini en 1876, avant Edison, le principe du phonographe (paléophone). Poésie : *le Coffret de santal* (1873).

crosne [kRon] n. m. Tubercule comestible d'une labiée, présentant plusieurs renflements successifs.

cross [kRɔs] n. m. SPORT Course sur un parcours tout terrain (cyclisme, motocyclisme, équitation, etc.).

cross-country [kRɔskuntRi] n. m. SPORT Course à pied au milieu d'obstacles naturels. *Des cross-countries.*

crosse [kRɔs] n. f. **1.** Bâton pastoral d'évêque ou d'abbé, à bout recourbé. **2.** Bâton à bout recourbé utilisé dans certains jeux pour frapper ou pousser la balle. *Crosse de hockey.* – *Crosse de jet :* sorte de boomerang. **3.** Partie du fût d'un fusil, d'un pistolet, etc., qu'on appuie contre l'épaule ou que l'on serre dans la main pour tirer. **4.** TECH Pièce recourbée à une de ses extrémités. *Crosse de violon.* ▷ ANAT Partie recourbée d'un vaisseau. *Crosse de l'aorte :* courbe de l'aorte dans le médiastin, à sa sortie du cœur. ▷ BOT Extrémité recourbée d'une inflorescence et de certaines feuilles. *Crosse de fougère.*

crossoptérygiens [kRɔsɔpteRiʒjɛ̃] n. m. pl. ZOOL Sous-classe de poissons ostéichthyens surtout florissante au carbonifère et au permien, représentée actuellement par le seul cœlacanthe. – Sing. *Un crossoptérygien.*

Cross River, État du S.-E. du Nigeria; 27237 km² avec l'État d'Akwa-Ibom; 1865604 hab.; cap. *Calabar.* – LING *Langues Cross River :* sous-groupe de langues nigéro-congolaises du groupe Bénoué-Congo, parlées dans le S.-E. du Nigeria et le S.-O. du Cameroun.

crotale [kʀɔtal] n. m. Serpent très venimeux d'Amérique (genre *Crotalus*), atteignant 2 m de long, et dont l'extrémité de la queue est constituée d'étuis cornés qui produisent un bruit de crécelle quand il se déplace (d'où son appellation cour. de *serpent à sonnette*).

croton [kʀɔtɔ̃] n. m. BOT Euphorbiacée arbustive ou arborescente. (En Asie et en Afrique tropicale, *Croton tiglium* produit des graines, dites *petits pignons d'Inde,* dont on tire une huile purgative. En Extrême-Orient, *Croton lacciferum,* quand une cochenille le pique, laisse couler de la gomme laque.)

Crotone, v. et port d'Italie (prov. de Catanzaro, en Calabre); 58280 hab. Industr. chim. – Fondée à la fin du VIIIᵉ s. av. J.-C. par les Achéens, cette ville de Grande-Grèce (conquise par Rome au début du IIᵉ s. av. J.-C.) hébergea Pythagore exilé et vit naître Milon.

crotte [kʀɔt] n. f. **1.** Fiente de certains animaux. *Crotte de lapin, de souris.* – *Par ext.* Tout excrément solide. **2.** *Crotte en chocolat :* bonbon de chocolat.

crotter [kʀɔte] v. [1] **1.** v. tr. Salir avec de la boue. – Pp. adj. *Des souliers crottés.* ▷ v. pron. *Il s'est crotté en jouant.* **2.** v. intr. Faire des crottes (sens 1).

crottin [kʀɔtɛ̃] n. m. Excrément solide deséquidés.

croulant, ante [kʀulɑ̃, ɑ̃t] adj. et n. **1.** adj. Qui croule ou qui est près de crouler. *Une maison croulante.* **2.** n. Fam. Adulte, personne âgée.

crouler [kʀule] v. intr. [1] **1.** Tomber en se désagrégeant. *Un mur qui croule.* **2.** Fig. S'effondrer. *L'empire croulait de toutes parts. – Crouler de fatigue.*

croup [kʀup] n. m. Laryngite à fausses membranes, presque toujours d'origine diphtérique.

croupe [kʀup] n. f. **1.** Partie de divers animaux (cheval, âne, etc.) qui s'étend des reins à la naissance de la queue. – *Monter en croupe :* monter derrière la personne qui est en selle. **2.** Fig., fam. Partie postérieure de l'être humain (se dit en partic. des femmes). **3.** GEOGR Sommet arrondi d'une colline.

croupetons (à) [akʀuptɔ̃] loc. adv. Dans une position accroupie.

croupi, ie [kʀupi] adj. *Eau croupie,* stagnante et corrompue.

croupier, ère [kʀupje, ɛʀ] n. Employé(e) d'une maison de jeu qui tient le jeu et la banque pour le compte de l'établissement.

croupière [kʀupjɛʀ] n. f. Partie du harnais passant sous la queue du cheval, du mulet, etc., rattachée à la sellette par-dessus la croupe.

croupion [kʀupjɔ̃] n. m. Extrémité postérieure du tronc des oiseaux, portant des plumes rétrécies. *Le croupion d'un poulet.* ▷ Zone d'attache de la queue, chez les mammifères.

croupir [kʀupiʀ] v. intr. [3] **1.** (Liquides) Se corrompre faute de mouvement. *L'eau croupit.* – (Choses) Se corrompre dans une eau stagnante. *Herbes qui croupissent dans une mare.* **2.** Fig. Vivre dans l'ordure, dans un état dégradant. *Croupir dans sa crasse. Croupir dans le vice.* ▷ (S. comp.) Être inactif, improductif.

croupissement [kʀupismɑ̃] n. m. Fait de croupir; état de ce qui croupit.

crousille [kʀuzij] n. f. (Suisse) Syn. de *tirelire.*

croustillant, ante [kʀustijɑ̃, ɑ̃t] adj. **1.** Qui croustille. *Croissants croustillants.* **2.** Fig. Qui contient des détails scabreux ou grivois. *Histoire croustillante.*

croustiller [kʀustije] v. intr. [1] Craquer agréablement sous la dent. *Une galette qui croustille.*

croustilles [kʀustij] n. f. pl. (Québec) Syn. de *chips.* (Surtout dans la langue soignée et dans le langage publicitaire.)

croustillon [kʀustijɔ̃] n. m. (Belgique) Sorte de beignet. *Manger des croustillons à la foire.*

croûte [kʀut] n. f. **I. 1.** Partie extérieure du pain, que la cuisson a durcie. *La croûte et la mie du pain. – Par ext.* Reste de pain durci. ▷ Loc. fig., fam. *Casser la croûte :* manger. – *Gagner sa croûte :* gagner de quoi manger; gagner sa vie. **2.** Pâte cuite renfermant un pâté. *Pâté en croûte.* **3.** Partie superficielle du fromage. **II.** *Par anal.* **1.** Tout ce qui se forme et durcit sur qqch. *Une croûte de tartre.* ▷ MED Plaque non vascularisée qui se forme à la surface des téguments lors de la cicatrisation d'une plaie, de certaines affections dermatologiques. **2.** (Québec) Couche durcie ou glacée à la surface de la neige. *Croûte assez épaisse pour porter un homme.* **3.** GEOL *Croûte terrestre :* partie la plus superficielle du globe terrestre. (Elle se compose de la croûte continentale granitique, constituant le sol des continents, et de la croûte océanique basaltique, continue sur tout le globe, qui constitue le sous-sol des continents et le sol des fonds océaniques. (V. plaque.) Syn. écorce terrestre. **4.** Fam. Mauvais tableau. **5.** TECH Partie du cuir obtenue par sciage, côté chair. – (En appos.) *Cuir croûte.*

croûton [kʀutɔ̃] n. m. **1.** Morceau de croûte, en partic. à l'extrémité d'un pain; extrémité d'un pain. **2.** CUIS Petit morceau de pain frit.

crow-crow [kʀokʀo] n. m. V. craw-craw.

croyable [kʀwajabl] adj. (Choses) Qui peut être cru. *Est-ce croyable? C'est à peine croyable.* Ant. incroyable.

croyance [kʀwajɑ̃s] n. f. **1.** Fait de croire. *La croyance aux bienfaits du progrès scientifique.* ▷ *Spécial.* Fait de croire en Dieu. **2.** Ce que l'on croit, ce à quoi on adhère (en matière politique, philosophique, et, spécial., religieuse). *Respecter les croyances d'autrui.*

croyant, ante [kʀwajɑ̃, ɑ̃t] adj. et n. Qui a la foi. *Elle était très croyante.* ▷ Subst. *Les croyants et les athées.*

Crozet (îles), archipel français situé aux confins de l'océan Indien et de l'océan Antarctique, à 2400 km au S.-E. de Madagascar; en tout : 476 km². Ces îles volcaniques inhabitées culminent à 1520 m. Érigé en parc national en 1938, l'archipel fait partie des Terres australes et antarctiques françaises.

1. cru, crue [kʀy] adj. Que l'on croit. *Une chose crue de tous.*

2. cru [kʀy] n. m. **1.** Terroir considéré relativement à sa production. *Les spécialités du cru.* ▷ Spécial. *Vin du cru,* fait avec le raisin de l'endroit. – Ellipt. *Un grand cru.* **2.** Loc. fig. *De son cru :* de sa propre invention. *Il fit encore quelques bons mots de son cru et prit congé.*

3. cru, crue [kʀy] adj. (et adv.) **1.** Qui n'est pas cuit. *Viande crue.* – adv. *Manger cru.* **2.** Naturel, brut, non préparé. *Chanvre cru.* **3.** Dit, fait sans ménagement. *Une réponse bien crue.* – adv. *Parler cru à qqn.* ▷ Licencieux, inconvenant. *Plaisanteries, propos très crus.* **4.** Que rien n'atténue, violent (lumière, couleur). **5.** Loc. adv. *À cru :* sur la peau nue. ▷ *Monter à cru,* sans selle. **6.** (Belgique, France rég., Québec, Suisse) Froid et humide, en parlant du temps. *Il fait bien cru ce matin.*

crû, crue [kʀy] Pp. du v. *croître.*

C.R.U.A. Sigle de *Comité* révolutionnaire d'union et d'action.*

cruauté [kʀyote] n. f. **1.** Inclination à faire souffrir. *Traiter qqn avec cruauté.* ▷ Caractère de ce qui est cruel. *La cruauté d'une action. – La cruauté du tigre,* sa férocité. **2.** Acte cruel. *Commettre des cruautés.* **3.** Fig. Caractère de ce qui est rigoureux. *La cruauté du sort, du destin.*

cruche [kʀyʃ] n. f. **1.** Vase à large panse, à col étroit et à anses. *Une cruche en grès, en terre.* – Son contenu. ▷ Prov. *Tant va la cruche à l'eau qu'à la fin elle se casse :* tout finit par s'user; à force de s'exposer à un péril, on finit par y succomber. **2.** Fig., fam. Personne sotte. *Quelle cruche!*

cruchon [kʀyʃɔ̃] n. m. Petite cruche.

crucial, ale, aux [kʀysjal, o] adj. **1.** Qui est en forme de croix. *Incision cruciale.* **2.** Fig. *Expérience cruciale,* décisive. **3.** Décisif, capital. *Point crucial. Moment crucial.*

crucifères [kʀysifɛʀ] n. f. pl. BOT Famille de dicotylédones dialypétales superovariées dont la corolle à quatre pétales forme une croix et dont les fruits sont des siliques. *Les crucifères sont très nombreuses : chou, navet, cresson, giroflée, etc.* – Sing. *Une crucifère.*

crucifié, ée [kʀysifje] adj. et n. **1.** Se dit d'une personne mise en croix. – Spécial. *Le Crucifié :* Jésus-Christ. **2.** Fig. Qui éprouve une grande souffrance morale. *Un cœur crucifié.*

crucifiement [kʀysifimɑ̃] n. m. V. crucifixion.

crucifier [kʀysifje] v. tr. [2] **1.** Supplicier (qqn) en le fixant sur une croix pour l'y faire mourir. *Les Romains ont crucifié le Christ.* **2.** Fig. Tourmenter cruellement. *Son malheur le crucifie.*

crucifix [kʀysifi] n. m. Croix sur laquelle est représenté le Christ crucifié. *Un crucifix en bois, en argent, en or.*

crucifixion [kʀysifiksjɔ̃] n. f. ou **crucifiement** [kʀysifimɑ̃] n. m. **1.** Action de crucifier. **2.** BX-A Représentation peinte ou sculptée de Jésus-Christ sur la Croix.

cruciforme [kʀysifɔʀm] adj. Didac. En forme de croix.

cruciverbiste [kʀysivɛʀbist] n. Didac. Amateur de mots croisés.

crudité [kʀydite] n. f. **1.** (Plur.) Légumes divers que l'on mange crus, généralement en salade. *Assiette de crudités.* **2.** Fig. Caractère d'un propos, d'une représentation dont le réalisme choque. **3.** Fig. Caractère d'une lumière, d'une couleur qui tranche violemment. *La crudité d'un éclairage.*

crue [kRy] n. f. Élévation du niveau d'un cours d'eau, pouvant provoquer son débordement. *Les crues du Nil. Une rivière en crue.*

cruel, elle [kRyɛl] adj. **1.** Qui prend plaisir à faire souffrir, à voir souffrir. *C'est un tyran cruel.* ▷ Fig. *Destin, sort cruel.* **2.** Qui dénote la cruauté. *Action cruelle.* **3.** Sévère, inflexible. *Un père cruel.* **4.** Qui cause une grande souffrance. *Une cruelle maladie.*

cruellement [kRyɛlmɑ̃] adv. **1.** D'une manière cruelle. *Battre qqn cruellement.* **2.** D'une manière douloureuse, intolérable. *Être cruellement éprouvé par la mort d'un parent.*

crûment [kRymɑ̃] adv. D'une manière crue (3, sens 3). *Répondre crûment.*

cruor [kRyɔR] n. m. MED Partie du sang qui se coagule (par oppos. à *sérum*).

crural, ale, aux [kRyRal, o] adj. ANAT Qui appartient à la cuisse. *Artère crurale.*

crustacés [kRystase] n. m. pl. **1.** ZOOL Classe d'arthropodes antennates dont le tégument chitineux est fortement minéralisé par des sels de calcium. (Généralement aquatiques à respiration branchiale, ils sont ovipares. On les divise en *malacostracés**, ou crustacés supérieurs, et en *entomostracés**, ou crustacés inférieurs.) – Sing. *Un crustacé.* **2.** Cour. Crustacés aquatiques comestibles (homard, langoustine, crevette, crabe, etc.). *Déguster un plateau de crustacés.*

cruzeiro [kRuzeRo] n. m. Unité monétaire du Brésil.

cry(o)-. Élément, du gr. *kruos*, «froid».

cryoconservation [kRijɔkɔ̃sɛRvasjɔ̃] n. f. TECH Conservation (de tissus organiques, notam.) à très basse température.

cryogène [kRijɔʒɛn] adj. PHYS Qui produit du froid. *L'azote liquide est cryogène.*

cryométrie [kRijometRi] n. f. PHYS Mesure des très basses températures.

cryothérapie [kRijoteRapi] n. f. MED Traitement fondé sur l'emploi du froid.

cryptage [kRiptaʒ] n. m. Action de crypter; son résultat.

crypte [kRipt(ə)] n. f. Caveau construit au-dessous d'une église. – Chapelle souterraine dans une église.

crypter [kRipte] v. tr. [1] **1.** Coder une transmission afin de la rendre intelligible aux seuls détenteurs d'un décodeur. – Pp. adj. *Une chaîne de télévision cryptée.* **2.** INFORM Transformer un message de manière qu'il ne soit accessible qu'aux possesseurs du code utilisé. – Pp. adj. *Des données cryptées.*

crypto-. Élément, du gr. *kruptos*, «caché».

cryptogame [kRiptogam] adj. et n. m. **1.** adj. BOT Se dit des végétaux dont les organes de fructification sont cachés ou peu apparents. **2.** n. m. pl. *Les cryptogames :* ensemble de végétaux dont le mode de reproduction fut longtemps mystérieux, à cause de la taille, de la position, du caractère aléatoire des organes reproducteurs. (Ils s'opposent aux phanérogames. Ce sont les algues, les champignons, les mousses, etc.) *Les cryptogames vasculaires :* les fougères. – Sing. *Un cryptogame.*

cryptogamie [kRiptogami] n. f. BOT **1.** Reproduction des cryptogames. **2.** Étude des cryptogames.

cryptogamique [kRiptogamik] adj. BOT Se dit des maladies végétales dues à un champignon parasite. *La cloque est une maladie cryptogamique.*

cryptogramme [kRiptɔgRam] n. m. Message rédigé dans une écriture secrète, dépêche chiffrée.

cryptographie [kRiptɔgRafi] n. f. Didac. Technique des écritures secrètes.

cryptophyte [kRiptofit] n. f. BOT Plante dont les bourgeons passent la mauvaise saison cachés dans le sol (*géophyte*), dans l'eau (*hydrophyte*) ou dans la vase (*hélophyte*).

cryptoprocte [kRiptɔpRɔkt] n. m. ZOOL Fossa.

csar [kzaR] n. m. V. tsar.

cténaires [ktenɛR] ou **cténophores** [ktenɔfɔR] n. m. pl. ZOOL Embranchement de métazoaires marins à symétrie bilatérale, généralement pélagiques, se déplaçant à l'aide de huit palettes ciliées, autref. réunis aux cnidaires dans les cœlentérés. – Sing. *Un cténaire* ou *un cténophore.*

Ctésiphon, v. anc. de Mésopotamie (auj. *Irak*), sur le Tigre. Elle connut son apogée sous les Sassanides (IIIe-VII^{e}s.).

Cuanza ou **Kwanza** (le), fl. de l'Angola central. Il se jette dans l'Atlantique au S. de Luanda; env. 1 000 km. Hydroélectricité.

Cuauhtémoc (v. 1497 – 1525), dernier empereur aztèque; vaincu par Cortés, qui le fit pendre.

Cuba (république de) *(República de Cuba)*, État d'Amérique centr. formé par la plus grande île des Antilles, à l'entrée du golfe du Mexique; 114 524 km^2; env. 10 500 000 hab.; cap. *La Havane.* Nature de l'État. : rép. socialiste. Langue off. : espagnol. Monnaie : peso cubain. Population : Blancs (66 %), Noirs (12 %), mulâtres (22 %). Relig. : catholicisme en majorité.

Géogr. et écon. – Des plaines et des bas plateaux au sol fertile sont coupés de quelques reliefs : au S.-E., la sierra Maestra culmine à 1 990 m. Les côtes sont découpées en larges baies. Le climat est tropical, humide, avec deux saisons sèches; les cyclones sont fréquents. La pop., citadine à 75 %, s'accroît de 1 % par an. L'île recevait de l'U.R.S.S. pétrole, produits de base, céréales, pièces détachées à des prix très inférieurs aux cours mondiaux, et lui vendait sucre, nickel, agrumes au prix fort. La fin de l'U.R.S.S. (1991) a été catastrophique pour Cuba, aux faibles ressources (canne à sucre, tabac, ainsi que nickel, pêche). Négatif jusqu'en 1994, le taux de croissance a atteint 2,5 % en 1995.

Hist. – L'île, découverte en 1492 par Christophe Colomb, conquise par Diego Velázquez (1511-1514), dépendit de la capitainerie générale de Porto Rico, puis forma une capitainerie particulière en 1777. Elle était le lieu de rassemblement, puis de départ des convois vers l'Espagne. Régentant l'économie de l'île jusqu'en 1818 (liberté de comm. accordée à cette date), l'Espagne y transporta des esclaves noirs dès le XVIe s. pour cultiver les plantations de tabac, canne à sucre, café. Au XIXe s., créoles et Noirs luttèrent à maintes reprises contre la métropole (révolte de 1868). L'esclavage ne fut aboli qu'en 1880. En 1898, les É.-U. intervinrent contre l'Espagne. L'île, indépendante en 1901, reconnut aux É.-U. une sorte de protectorat. La dictature de Batista (1933-1944, 1952-1959) fut renversée par les guérilleros de Fidel Castro, qui lança la révolte en 1953. Castro abolit la grande propriété (1959) et nationalisa les entreprises amér. (1960). Les É.-U. répliquèrent par un blocus. Cuba se rapprocha alors de l'U.R.S.S. L'île fut en 1961-1962 le centre d'une grave tension soviéto-américaine après l'échec du débarquement anticastriste dans la baie des Cochons (avril 1961); en oct. 1962, l'U.R.S.S. dut renoncer à installer des rampes de fusées. Castro durcit le régime; les É.-U. renforcèrent le blocus. Cuba combattit en Afrique aux côtés des alliés de l'U.R.S.S. (Éthiopie, Angola) de 1975 à 1989. En 1992, la Constitution, amendée, renforça les pouvoirs de F. Castro, mais libéra en partie l'économie. Depuis 1993, les départs vers les É.-U., autorisés par Castro, embarrassent les É.-U. En 1995, Castro s'est rapproché de son ancien ennemi, la Chine.

cubage [kybaʒ] n. m. **1.** Action de cuber, de mesurer un volume. **2.** Cour. Résultat de cette mesure. *Déterminer le cubage d'une pièce de bois.*

cubain, aine [kybɛ̃, ɛn] adj. et n. De Cuba. ▷ Subst. *Un(e) Cubain(e).*

Cubango, Coubango ou **Okavango** (le), fleuve qui naît dans l'Angola central, longe la Namibie (où il prend le nom d'*Okavango*) et se perd dans les marais au N.-O. du Botswana; env. 1 700 km.

cubature [kybatyR] n. f. GEOM Détermination du volume d'un solide.

cube [kyb] n. m. **1.** Polyèdre limité par six carrés (hexaèdre régulier). (Surface = 6 a^2; volume = a^3, a étant la dimension de l'arête du cube.) **2.** MATH Troisième puissance d'un nombre. *4 au cube* (4^3). *Élever 4 au cube* ($4^3 = 4 \times 4 \times 4 = 64$). *64 est le cube de 4.* ▷ (En appos.) *Centimètre cube* (cm^3), *mètre cube* (m^3), etc. : unités de mesure du volume d'un corps ou de sa contenance. *Ce bassin a une capacité de 4 mètres cubes.* **3.** Objet en forme de cube. – *Jeu de cubes :* jeu destiné aux jeunes enfants.

cuber [kybe] v. [1] **1.** v. tr. Évaluer le nombre d'unités de volume cubiques de. *Cuber du bois.* **2.** v. intr. Avoir une certaine contenance. *Cette citerne cube 300 litres.*

cubique [kybik] adj. et n. f. **1.** Qui a la forme d'un cube. *Construction cubique.* **2.** MATH Qui est à la troisième puissance. ▷ Qui est du troisième degré. *Fonction, équation cubique.* ▷ *Racine* cubique d'un nombre.* **3.** n. f. Courbe dont l'équation est du troisième degré.

cubisme [kybism] n. m. Mouvement artistique, né en 1907, qui rompt avec la vision naturaliste traditionnelle en représentant le sujet fragmenté, décomposé en plans géométriques inscrits dans un espace tridimensionnel de peu de profondeur. *Le tableau de Picasso «Les Demoiselles d'Avignon» (1907) marque la naissance du cubisme.*

cubiste [kybist] adj. et n. Qui se rapporte au cubisme. ▷ Subst. Artiste dont l'œuvre relève du cubisme.

cubital, ale, aux [kybital, o] adj. Relatif au coude, au cubitus. *Muscles cubital antérieur et cubital postérieur.*

cubitus [kybitys] n. m. ANAT Le plus gros des deux os de l'avant-bras, qui s'articule, en bas, avec les os du carpe et, en haut, avec l'humérus au niveau de l'articulation du coude. (Il est relié au radius à ses deux extrémités, supérieure et inférieure.) *L'extrémité supérieure du cubitus, ou olécrane, forme la saillie du coude.*

cuboïde [kybɔid] adj. et n. m. **1.** adj. Didac. En forme de cube. **2.** n. m. ANAT Os du tarse, en avant du calcanéum.

cucu ou **cucul** [kyky] adj. inv. Fam. Bêtement naïf.

cuculiformes [kykylifɔʀm] n. m. pl. Ordre d'oiseaux comprenant notam. les coucous et les touracos. – Sing. *Un cuculiforme.*

cucurbitacées [kykyʀbitase] n. f. pl. BOT Famille de dicotylédones gamopétales dont la tige est une liane souvent charnue (ex. : courges, cornichons, melons, etc.). – Sing. *Une cucurbitacée.*

Cucuténi, site archéologique de la Roumanie septentrionale (province de Iaşi) qui a donné son nom à une culture néolithique appartenant au même ensemble que celle de Tripolie, dans l'Ukraine actuelle. Elle s'est développée à la fin du IVe millénaire et durant tout le IIIe millénaire. Cette culture a livré de beaux vases polychromes décorés de motifs en spirale.

cueillette [kœjɛt] n. f. **1.** Récolte de certains fruits. *La cueillette des olives.* **2.** Produit de cette récolte. *Une cueillette abondante.* **3.** ANTHROP Activité consistant, pour les populations ne pratiquant pas l'agriculture, à ramasser des végétaux, de petits animaux, pour subvenir à leurs besoins, notam. alimentaires. *Vivre de chasse et de cueillette.*

cueilleur, euse [kœjœʀ, øz] n. Personne qui cueille. *Les cueilleurs de cerises.*

cueillir [kœjiʀ] v. tr. [27] **1.** Détacher (des fleurs, des fruits, des légumes) de la branche ou de la tige. *Cueillir des roses. Cueillir un bouquet de fleurs.* Syn. (Maurice, Québec, Réunion) casser, (Belgique) couper. **2.** Fig. Recueillir. *Cueillir un baiser.* – Métaph. «*Cueillez dès aujourd'hui les roses de la vie*» (Ronsard). *Cueillir des lauriers :* avoir des succès. **3.** Fam., fig. *Cueillir un malfaiteur,* l'arrêter, l'appréhender sans qu'il s'y attende. ▷ Passer prendre (qqn). *Il nous a cueillis à l'aube.*

cueilloir [kœjwaʀ] n. m. Instrument servant à cueillir les fruits hors de portée (constitué d'un panier et d'une cisaille fixés au bout d'une perche). ▷ Panier où l'on met ce que l'on cueille.

cuesta [kwɛsta] n. f. GEOMORPH Syn. de *relief de côte.*

Cuevas (Jorge de Piedrablanca de Guana, marquis de) (1885 – 1961), directeur de ballet américain d'origine chilienne.

Cugnot (Nicolas Joseph) (1725 – 1804), inventeur français d'un véhicule à vapeur qui transportait des charges, le *fardier* (1771).

Cui (César Antonovitch) (1835 – 1918), compositeur russe; un des membres du «groupe des Cinq» : dix opéras.

cui-cui [kɥikɥi] n. m. inv. Onomatopée évoquant le cri des petits oiseaux.

cuiller ou **cuillère** [kɥijɛʀ] n. f. **1.** Ustensile de table formé d'une palette creuse à manche, servant à manger les aliments liquides ou peu consistants. *Cuiller à café, à dessert. Petite cuiller. Cuiller à soupe. Cuiller à pot.* – (Québec) *Cuiller à table :* cuiller à soupe; mesure de capacité (valant 15 ml). *Cuiller à thé :* petite cuiller; mesure de capacité (valant 5 ml). ▷ *Biscuit à la cuiller :* biscuit long et menu, très léger. ▷ Contenu d'une cuiller. *Versez deux cuillers à soupe de sucre.* Syn. cuillerée. ▷ (Québec) *Cuillers :* instrument de musique servant à marquer le rythme des danses traditionnelles, formé de deux cuillers que l'on tient dos à dos dans une main et que l'on fait frapper l'une contre l'autre entre sa cuisse et son autre main. *Joueur de cuillers.* – (Au sing.) *Jouer de la cuiller.* **2.** Ustensile en forme de cuiller. *Cuiller de plombier.* – PECHE Pièce métallique brillante, munie d'hameçons, servant d'appât pour le poisson. **3.** Loc. fam. *Ne pas y aller avec le dos de la cuiller :* agir sans ménagement.

cuillerée [kɥij(ə)ʀe] n. f. Ce que contient une cuiller. *Une cuillerée à soupe, à dessert, à café* (env. 20 g, 10 g et 5 g d'eau, selon les normes du codex). ▷ (Québec) *Cuillerée à table, à thé :* ce que contient une cuiller* à table, à thé.

cuir [kɥiʀ] n. m. **1.** Peau épaisse de certains animaux, contenant une couche dermique fibreuse. **2.** Cette peau séparée de la chair et préparée pour les besoins de l'industrie. *Veste, bagages en cuir. Cuir de Russie,* parfumé à l'essence de bouleau. **3.** *Cuir chevelu*.* **4.** Fig., fam. Vice de langage qui consiste à faire une liaison incorrecte entre des mots. Ex. : *Il va à Paris* [ilvatapaʀi] au lieu de [ilvaapaʀi].
ENCYCL La peau brute séparée du corps de l'animal présente un côté poil (ou *fleur)* et un côté *chair.* Le *tannage* des peaux, précédé par des opérations destinées à assouplir les peaux et à en ôter les poils et résidus, a pour but de transformer la peau en cuir (tannage végétal, tannage minéral ou chamoisage). Ensuite, le *corroyage* lui donne souplesse, résistance et imperméabilité.

cuirasse [kɥiʀas] n. f. **1.** Anc. Partie de l'armure destinée à protéger le tronc. – *Défaut* de la cuirasse.* **2.** Blindage de protection. ▷ MAR Enveloppe métallique destinée à protéger certains navires de guerre *(cuirassés).* **3.** ZOOL Ensemble des plaques anguleuses et dures qui, chez certains poissons et mammifères, couvrent tout ou partie du corps. – Enveloppe protectrice de certains infusoires. **4.** Fig. Ce qui protège, ce dont on affecte de se protéger. *La cuirasse de l'indifférence.*

cuirassé, ée [kɥiʀase] adj. et n. m. **I.** adj. **1.** Couvert, protégé par une cuirasse. **2.** Fig. Endurci moralement, insensible. *Une âme cuirassée.* **II.** n. m. Navire blindé porteur de nombr. pièces d'artillerie. (A disparu peu après la Seconde Guerre mondiale.) «*Le Cuirassé Potemkine*», *film d'Eisenstein (1925).*

cuirasser [kɥiʀase] v. tr. [1] Revêtir d'une cuirasse. ▷ v. pron. Revêtir une cuirasse. – Fig. *Se cuirasser contre les coups du sort,* s'en protéger.

cuirassier [kɥiʀasje] n. m. Soldat d'un régiment de cavalerie.

cuire [kɥiʀ] v. [69] **I.** v. tr. **1.** Soumettre à l'action du feu, de la chaleur, afin de préparer pour la consommation. *Cuire des légumes, de la viande.* **2.** Soumettre (un corps) à l'action transformatrice du feu, de la chaleur, pour le rendre propre à un usage déterminé. *Cuire des briques.* **3.** (Belgique, Suisse) Faire bouillir. *Cuire de l'eau.* **4.** (Suisse) (Sans compl.) Cuisiner. *Personne sachant cuire.* **5.** Réaliser la cuisson (en parlant d'une source de chaleur). *La braise cuit mieux que la flamme.* **II.** v. intr. **1.** Être soumis à l'action du feu, de la chaleur, pour devenir propre à l'alimentation. *La soupe cuit. Cette viande cuit bien, mal,* elle est facile, difficile à cuire. ▷ Fig., fam. *Un dur à cuire :* une personne très résistante (à la fatigue, à la douleur, etc.). **2.** Fig., fam. Avoir très chaud. *Ouvre la fenêtre, on cuit ici!* **3.** Causer une sensation de brûlure, une douleur. *Cette écorchure me cuit.* ▷ Loc. impers. *En cuire à (qqn). Il vous en cuira :* vous vous en repentirez.

cuisant, ante [kɥizɑ̃, ɑ̃t] adj. **1.** Qui provoque une sensation de brûlure. *Un froid cuisant.* **2.** Fig. Qui affecte vivement. *Un échec cuisant. Des paroles cuisantes.*

cuisine [kɥizin] n. f. **1.** Pièce où l'on apprête les mets. *Batterie, ustensiles de cuisine.* ▷ *Cuisine roulante :* V. roulant. ▷ (Afr. subsah.) Coin de la concession, couvert ou en plein air, où l'on prépare les repas. **2.** Manière, art de préparer les mets. *La cuisine française est renommée. Livre, recettes de cuisine.* **3.** Ordinaire d'une maison, nourriture. *La cuisine est médiocre chez lui. Faire la cuisine.* **4.** Fig., fam. Manigances, opérations louches. *Cuisine électorale.*

cuisiner [kɥizine] v. [1] **I.** v. intr. Apprêter les mets, faire la cuisine. *Elle cuisine bien. Il aime cuisiner.* **II.** v. tr. **1.** Accommoder, préparer (un mets). *Cuisiner un ragoût.* – Pp. adj. *Plat cuisiné,* vendu tout préparé. **2.** Fig., fam. *Cuisiner qqn,* le presser de questions pour lui faire avouer qqch.

cuisinette [kɥizinɛt] n. f. (Québec, Suisse) Petite cuisine, coin cuisine.

cuisinier, ère [kɥizinje, ɛʀ] n. Personne qui fait la cuisine. *Un bon cuisinier.*

cuisinière [kɥizinjɛʀ] n. f. Fourneau de cuisine. *Cuisinière électrique, à gaz.*

cuissage [kɥisaʒ] n. m. DR FEOD *Droit de cuissage :* droit qu'auraient possédé certains seigneurs de passer avec la femme d'un serf la première nuit de ses noces. ▷ Mod., fam. Droit que s'arroge un homme d'avoir des relations sexuelles avec une femme placée sous ses ordres.

cuissard [kɥisaʀ] n. m. Culotte des coureurs cyclistes, s'arrêtant à mi-cuisse.

cuissardes [kɥisaʀd] n. f. pl. Bottes dont la tige couvre les cuisses.

cuisse [kɥis] n. f. Segment supérieur du membre inférieur de l'homme, contenant le fémur, articulé sur le bassin à la partie supérieure et au genou à la partie inférieure. *Le muscle de la cuisse.* – Loc. fam. *Se croire sorti de la cuisse de Jupiter :* étaler un orgueil injustifié. ▷ (Animaux) *Une cuisse de poulet.*

cuisseau [kɥiso] n. m. En boucherie, partie du veau comprise entre la queue et le rognon.

cuissettes [kɥisɛt] n. f. pl. (Suisse) Syn. de *short.*

cuisson [kɥisɔ̃] n. f. **1.** Action de faire cuire; son résultat. *La cuisson d'un rôti. Temps de cuisson. Cuisson des briques.* **2.** Fig. Douleur semblable à une brûlure. *La cuisson d'une blessure.*

cuissot [kɥiso] n. m. Cuisse de gibier de grande taille. *Cuissot de chevreuil.*

cuistax [kwistax] n. m. (Belgique) Véhicule de promenade, à trois ou quatre roues, actionné par des pédales, en usage sur le littoral.

cuistre [kɥistʀ] n. m. (et adj.) Litt. Homme pédant, prétentieux.

cuistrerie [kɥistʀəʀi] n. f. Litt. Pédantisme, manières de cuistre.

cuit, cuite [kɥi, kɥit] adj. et n. f. **1.** adj. Qui a subi une cuisson. *Pommes cuites au four. Poteries de terre cuite.* ▷ n. f. TECH Action de cuire. *La cuite de la porcelaine.* **2.** n. f. Fam. Ivresse. Syn. biture. – *Prendre une cuite :* s'enivrer. **3.** adj. Fig., fam. Fini, perdu. *C'est cuit :* tout est perdu. *Je suis cuit :* c'en est fait de moi. **4.** adj. Fig., fam. *C'est du tout cuit :* c'est acquis, gagné d'avance.

cuivre [kɥivʀ] n. m. **I.** Élément métallique (symbole Cu) de numéro atomique Z = 29. – Métal (Cu) usuel de couleur brun orangé. *Fil de cuivre.* ▷ *Cuivre jaune :* laiton (par oppos. à *cuivre rouge,* cuivre pur). **II.** Objet en cuivre. **1.** Objet usuel ou d'ornement fait de cuivre ou de laiton. *Fourbir, astiquer les cuivres.* **2.** MUS *Les cuivres :* les instruments à vent en alliage de cuivre (trompettes, trombones, etc.). **3.** TECH Planche gravée sur cuivre; gravure tirée de cette planche.
ENCYCL **Chim.** – Le cuivre est un très bon conducteur de l'électricité (fabrication de fils électriques) et de la chaleur (ustensiles de cuisine). Il entre dans la composition de nombreux alliages : notam. bronzes et laitons.

cuivré, ée [kɥivʀe] adj. **1.** De la couleur brun orangé du cuivre. *Teint cuivré.* **2.** Qui a un timbre éclatant, rappelant les instruments de cuivre. *Une voix cuivrée.*

cuivreux, euse [kɥivʀø, øz] adj. CHIM Qui renferme du cuivre au degré d'oxydation +1.

cuivrique [kɥivʀik] adj. CHIM Qui renferme du cuivre au degré d'oxydation +2.

Cukor (George) (1899 – 1983), cinéaste américain qui aborda tous les genres.

cul [ky] n. m. **1.** Très fam. Partie postérieure de l'homme et de certains animaux, comprenant les fesses et le fondement. ▷ Loc. fig. *Être comme cul et chemise,* inséparables. – *Renverser cul par-dessus tête :* culbuter. **2.** Partie inférieure, fond de certaines choses. *Cul de bouteille. Cul d'une poulie.* ▷ Loc. fam. *Faire cul sec :* vider son verre d'un trait.

culard [kylaʀ] adj. m. et n. m. ELEV *Bœuf culard,* dont l'arrière-train très développé fournit plus de viande de bonne qualité que les bovins appartenant aux races traditionnellement élevées. ▷ n. m. *Les culards sont nés de la zootechnie.*

culasse [kylas] n. f. TECH **1.** Pièce mobile qui ferme la partie arrière du canon d'une arme à feu. **2.** Partie supérieure, démontable, du bloc-moteur d'un moteur à explosion. *Joint de culasse.* **3.** En bijouterie, partie inférieure d'une pierre taillée.

cul-blanc [kyblɑ̃] n. m. Nom cour. de divers oiseaux à croupion blanc, notam. d'un chevalier, de l'hirondelle de fenêtre et du traquet motteux. *Des culs-blancs.*

culbutage [kylbytaʒ] n. m. Action de culbuter.

culbute [kylbyt] n. f. **1.** Exercice que l'on exécute en posant les mains et la tête à terre, et en roulant sur soi-même les jambes levées. *Faire des culbutes.* Syn. (fam.) galipette, (Belgique) cumulet. **2.** Chute à la renverse. **3.** Fig., fam. Faillite, ruine. ▷ *Faire la culbute :* se retrouver ruiné. **4.** Fig. COMM *Faire la culbute :* revendre au double du prix d'achat.

culbuter [kylbyte] v. [1] **I.** v. intr. Tomber à la renverse. **II.** v. tr. **1.** Renverser cul par-dessus tête, bousculer. *Il culbutait tout sur son passage.* **2.** Rejeter en désordre. *Culbuter l'ennemi.*

culbuteur [kylbytœʀ] n. m. **1.** TECH Dispositif servant à faire basculer un récipient pour le vider de son contenu. **2.** AUTO Dispositif qui actionne les soupapes d'un moteur à explosion.

cul-de-basse-fosse [kyd(ə)bɑsfos] n. m. Cachot souterrain creusé dans une basse-fosse. *Des culs-de-basse-fosse.*

cul-de-jatte [kydʒat] n. (et adj.) Personne privée de jambes. *Des culs-de-jatte.*

cul-de-poule [kydpul] n. m. Renflement arrondi en forme de cul de poule. *Le cul-de-poule d'une espagnolette,* dans lequel pivote la tige au niveau de la poignée. *Des culs-de-poule.* ▷ Loc. adj. (Précédé de *en,* s'écrit sans tirets.) *Bouche en cul de poule,* dont les lèvres s'arrondissent en une moue pincée.

cul-de-sac [kydsak] n. m. **1.** Impasse, voie sans issue. *Des culs-de-sac.* **2.** Fig. Situation, entreprise sans avenir.

culée [kyle] n. f. ARCHI Ouvrage d'appui à l'extrémité d'un pont, d'une voûte. *Culée d'arc-boutant.*

culinaire [kylinɛʀ] adj. Relatif à la cuisine. *Art culinaire.*

culminant, ante [kylminɑ̃, ɑ̃t] adj. *Point culminant :* point où un astre est le plus haut sur l'horizon. – *Par ext.* Partie la plus élevée d'une chose, plus haut degré. *Il est arrivé au point culminant de sa carrière.*

culmination [kylminɑsjɔ̃] n. f. ASTRO Passage d'un astre au méridien d'un lieu donné.

culminer [kylmine] v. intr. [1] **1.** ASTRO Passer au méridien (en parlant d'un astre). **2.** Atteindre son plus haut point, son plus haut degré. *Le massif du Kilimandjaro culmine au mont Mawensi.* – Fig. *L'émotion culmina quand il se montra.*

culot [kylo] n. m. **I. 1.** Partie inférieure de certains objets (partic. d'une lampe d'église, d'un bénitier). **2.** ARCHI Élément portant en surplomb en forme de cône ou de pyramide. **3.** Extrémité, fond métallique. *Culot d'une ampoule. Culot à vis, à baïonnette.* **II.** Dépôt qui se forme au fond d'un récipient. **1.** Partie métallique restant au fond d'un creuset. **2.** BIOL Partie inférieure des liquides organiques ou autres préparations soumises à la centrifugation. **3.** Résidu amassé dans le fourneau d'une pipe. **III.** Fam. Audace excessive. *Quel culot! Y aller au culot.*

culotte [kylɔt] n. f. **1.** Vêtement masculin qui couvre de la ceinture aux genoux en enveloppant chaque jambe séparément. *Faire un accroc à son fond de culotte.* – *Culotte courte :* pantalon s'arrêtant aux genoux porté par les petits garçons. ▷ Fig., fam. *Femme qui porte (la) culotte,* qui gouverne le ménage plus que son mari. V. (Québec) avoir, tenir les cordeaux*. ▷ Plur. (Québec) *Culottes de baseball :* vêtement qui moule le corps des joueurs, de la taille au mollet. *Culottes de hockey,* amples et rembourrées, protégeant le corps de la taille aux genoux. ▷ (Afr. subsah.) Short d'homme. **2.** Plur. (Québec) Fam. Pantalon. *Une paire de culottes. Sauter dans ses culottes :* s'habiller rapidement pour aller quelque part. – Par ext. *Culotte(s) de pyjama.* ▷ Loc. fam., fig. *Prendre qqn les culottes à terre,* au dépourvu, par surprise. – *Ne pas être gros dans ses culottes :* être mal à l'aise (devant qqn), redouter une situation. **3.** (Québec), *culotte(s)* ou *petite(s) culotte(s).* Sous-vêtement couvrant de la ceinture au haut des cuisses, porté par les femmes, les enfants. *Culotte de coton, de nylon. Culottes en plastique pour les bébés.* **4.** En boucherie, partie du bœuf située entre le filet et l'échine. **5.** CONSTR Élément de raccordement de conduites d'évacuation.

culotté, ée [kylɔte] adj. **1.** *Pipe culottée,* dont le fourneau est revêtu d'un dépôt charbonneux. **2.** *Par ext.* Noirci, patiné par un long usage. *Cuir culotté.* **3.** Fam. D'une audace excessive.

1. culotter [kylɔte] v. tr. [1] *Culotter une pipe,* la faire se revêtir d'un dépôt charbonneux.

2. culotter [kylɔte] v. tr. [1] Rare Mettre une culotte à. *Culotter un enfant.* – Pp. adj. *Un bébé bien, mal culotté.*

culpabilisant, ante [kylpabilizɑ̃, ɑ̃t] adj. Qui culpabilise.

culpabilisation [kylpabilizasjɔ̃] n. f. Fait de culpabiliser; sa conséquence.

culpabiliser [kylpabilize] v. tr. [1] Faire éprouver à (qqn) de la culpabilité. ▷ v. pron. Se sentir coupable.

culpabilité [kylpabilite] n. f. **1.** Caractère de ce qui est coupable, état d'un individu reconnu coupable. *La culpabilité de cet homme est évidente.* **2.** PSYCHO *Sentiment de culpabilité :* état affectif consécutif à un acte réel ou fictif, précis ou imprécis, que le sujet considère comme répréhensible.

culte [kylt] n. m. **1.** Hommage religieux que l'on rend à un dieu ou à un saint personnage. *Le culte des saints.* – *Culte des ancêtres*.* **2.** Ensemble des cérémonies par lesquelles on rend cet hommage. *Ministre du culte.* Syn. rite. **3.** *Par ext.* Religion. *Culte protestant, israélite.* **4.** *Absol.* Office religieux, chez les protestants. *Aller au culte.* **5.** Fig. Admiration passionnée mêlée de vénération. *Vouer un culte à la mémoire de sa mère.* – (En appos.) *Livre culte. Film culte.*

cul-terreux [kyteʀø] n. m. Fam., péjor. Paysan. *Des culs-terreux.*

-culteur. Élément, du lat. *cultor,* « qui cultive ».

cultivable [kyltivabl] adj. Susceptible d'être cultivé. *Terre cultivable.*

cultivar [kyltivaʀ] n. m. BOT Variété obtenue par sélection au cours de cultures successives.

cultivateur, trice [kyltivatœʀ, tʀis] n. et adj. **1.** Personne qui cultive, exploite une terre. ▷ adj. *Un peuple cultivateur.* **2.** n. m. Nom de divers instruments agricoles.

cultivé, ée [kyltive] adj. **1.** Mis en culture. *Terres cultivées.* **2.** Fig. Qui possède une culture intellectuelle. *Esprit cultivé.*

cultiver [kyltive] v. tr. [1] **I. 1.** Travailler la terre de manière à lui faire produire des végétaux. *Cultiver un champ, un jardin.* – (Afr. subsah.) (Absol.) Être cultivateur; travailler la terre. *Mon frère est parti cultiver.* **2.** Faire pousser, faire venir (un végétal). *Cultiver des fleurs.* **II.** Fig. **1.** Développer, perfectionner (une faculté intellectuelle) par l'éducation, l'instruction. *Cultiver sa mémoire. Cultiver un don.* ▷ v. pron. Enrichir, cultiver son esprit. *Lire pour se cultiver.* **2.** Fig., litt. S'adonner à (un art, une science, etc.). *Cultiver les sciences.* ▷ *Cultiver la vertu, la sagesse :* s'appliquer à être vertueux, sage. **3.** Conserver, entretenir des relations amicales avec (qqn). *Cultiver l'amitié d'un grand personnage. – C'est une relation à cultiver,* qui peut être utile.

cultuel, elle [kyltɥɛl] adj. Didac. Relatif au culte. *Édifice cultuel.*

cultural, ale, aux [kyltyʀal, o] adj. Didac. Relatif à la culture de la terre.

culturalisme [kyltyʀalism] n. m. Didac. École américaine contemporaine d'anthropologie, qui tente d'infléchir les thèses de la psychanalyse freudienne dans le sens d'une interprétation plus sociologique que biologique.

culture [kyltyʀ] n. f. **I. 1.** Action de cultiver la terre, travail visant à la rendre productive. *Encourager la culture. Pays de grande, de petite culture. Culture mécanique.* ▷ *Culture sèche :* syn. (off. recommandé) de *dry-farming,* ensemble de techniques culturales appliquées dans les régions semi-arides pour éviter au maximum l'évaporation (ameublissement poussé du sol, permettant une bonne pénétration des eaux pluviales). **2.** Action de cultiver (tel végétal). *La culture du café.* **3.** (Plur.) Terres cultivées. *Marcher dans les cultures.* **4.** BIOL *Culture de tissus :* technique de laboratoire qui consiste à faire vivre des tissus animaux ou végétaux sur des milieux synthétiques. – *Bouillon* de culture.* **II.** Fig. **1.** Développement des facultés intellectuelles. *La culture de l'esprit.* **2.** Ensemble des connaissances acquises par un individu. *Avoir une culture étendue. Culture générale. Culture littéraire, scientifique. Culture classique.* ▷ *Culture de masse,* répandue par les techniques de diffusion massive (*mass media :* télévision, radio, presse, cinéma) au sein de la masse sociale. **3.** Ensemble des activités soumises à des normes socialement et historiquement différenciées, et des modèles de comportement transmissibles par l'éducation, propre à un groupe social donné. *Chaque société a sa propre culture. Rencontre, dialogue des cultures.* **4.** *Culture physique :* gymnastique.

culturel, elle [kyltyʀɛl] adj. Relatif à la culture intellectuelle, à la civilisation. *Héritage culturel.*

culturisme [kyltyʀism] n. m. Gymnastique visant à développer la musculature dans un but esthétique.

culturiste [kyltyʀist] n. Adepte du culturisme.

Cumbria, comté du N.-O. de l'Angleterre; 6 809 km^2; 486 900 hab.; ch.-l. *Carlisle.* – Il s'étend sur le *massif du Cumberland* (alt. max. 978 m), aux lacs glaciaires. Tourisme. Métallurgie.

Cumes, v. anc. (auj. *Cuma*) de l'Italie du S. (Campanie) où s'établit une colonie grecque (VIIIe s. av. J.-C.), qui, plus tard, lutta aux côtés de Rome contre l'envahisseur carthaginois.

cumin [kymɛ̃] n. m. Ombellifère cultivée en Europe centrale pour ses fruits aromatiques; ces fruits. – *Cumin des prés :* carvi.

Cummings (Edward Estlin) (1894 – 1962), écrivain américain. Ses poèmes sont des quasi-calligrammes : *Tulipes et Cheminées* (1923), *Poésies complètes* (1923-1954).

cumul [kymyl] n. m. **I.** DR **1.** Action de poursuivre un objet simultanément par plusieurs voies de droit. **2.** *Cumul des peines :* fait, pour une personne reconnue coupable de plusieurs infractions, d'avoir à subir successivement les peines prononcées pour chacune. **3.** Coexistence de plusieurs éléments. *Cumul réel :* pluralité d'actes matériels successifs commis par un même auteur et dont chacun est constitutif d'une infraction. **II.** (Belgique) FISC *Cumul des époux :* addition fiscale des revenus des époux. **III.** Cour. Fait d'exercer simultanément deux fonctions, deux emplois.

cumulable [kymylabl] adj. Qui peut être cumulé.

cumulatif, ive [kymylatif, iv] adj. Qui résulte de l'accumulation, implique l'accumulation. *Fonction cumulative. Un médicament à effet cumulatif.*

cumuler [kymyle] v. tr. [1] **1.** Réunir, joindre ensemble (plusieurs droits, plusieurs qualités). **2.** Occuper (plusieurs places), toucher (plusieurs traitements) à la fois. *Cumuler deux emplois.*

cumulet [kymylɛ] n. m. (Belgique) Culbute (sens 1). *Faire des cumulets.*

cumulo-nimbus [kymylɔnɛbys] n. m. inv. METEO Nuage à grand développement vertical dont le sommet s'étale en forme d'enclume. *Le cumulo-nimbus est signe d'orage.*

cumulo-stratus [kymylɔstʀatys] n. m. inv. METEO Syn. de *strato-cumulus.*

cumulus [kymylys] n. m. inv. METEO Nuage dense, à contours nets, plus ou moins développé verticalement et présentant des protubérances.

cunéiforme [kyneifɔʀm] adj. Didac. En forme de coin. **1.** ANAT *Os cunéiformes :* les trois os qui occupent la rangée antérieure du tarse avec le cuboïde et le scaphoïde. **2.** *Écriture cunéiforme :* anc. écriture notamment des Perses, des Mèdes, des Assyriens, combinant des signes en forme de coin et de fer de lance.

Cunha (Tristão ou Tristan da) (v. 1460 – 1540), navigateur portugais. Il découvrit en 1506, dans le S. de l'Atlant., le groupe d'îles qui porte son nom.

cunnilingus [kynilɛ̃gys] ou **cunnilinctus** [kynilɛ̃ktys] n. m. Pratique sexuelle consistant à exciter avec la bouche le sexe de la femme.

Cunningham (Merce) (né en 1919), danseur et chorégraphe américain.

cuon [kyɔ̃] n. m. ZOOL Canidé sauvage d'Asie du S.-E. (*Cuon alpinus*), plus petit que le loup et chassant en meute.

cupide [kypid] adj. Qui a un amour immodéré du gain, de l'argent. *Usurier cupide. Esprit cupide.* Syn. avide. Ant. désintéressé.

cupidité [kypidite] n. f. Désir immodéré de s'enrichir, amour du gain. Syn. avidité, convoitise.

Cupidon, dans la myth. lat., dieu de l'Amour, correspondant à l'Éros grec.

cupri-, cupro-. Élément, du lat. *cuprum,* «cuivre», utilisé notam. pour former les noms d'alliages à base de cuivre.

cuprifère [kypʀifɛʀ] adj. **1.** MINER Qui renferme du cuivre. **2.** METALL Relatif à l'industrie du cuivre. *Une exploitation cuprifère.*

cuprique [kypʀik] adj. CHIM De la nature du cuivre.

cupule [kypyl] n. f. Petit organe en forme de coupe. *Cupule du radius. Cupule de gland. – Par anal.* Petit objet en forme de coupe.

curable [kyʀabl] adj. Qui peut être guéri. *Un mal curable.* Ant. incurable.

curaçao [kyʀaso] n. m. Liqueur faite avec de l'eau-de-vie, du sucre et des écorces d'oranges amères.

Curaçao, princ. île des Antilles néerl.; 444 km^2; 170000 hab.; ch.-l. *Willemstad.* Agrumes, phosphates, raffinage de pétrole (en provenance du Venezuela).

curage [kyʀaʒ] n. m. **1.** Action de curer, de nettoyer; résultat de cette action. *Le curage d'une fosse, d'un puits, d'un étang.* **2.** CHIR Extirpation à la main (sans instruments) du contenu d'une cavité. – Excision des éléments d'une région. *Curage ganglionnaire.*

curare [kyʀaʀ] n. m. Alcaloïde d'origine le plus souvent végétale, qui bloque temporairement la plaque neuromusculaire, entraînant une paralysie généralisée. *Autrefois utilisé comme poison, le curare est employé en anesthésie.*

curatelle [kyʀatɛl] n. f. DR Charge, fonction du curateur.

curateur, trice [kyʀatœʀ, tʀis] n. **1.** DR Personne nommée par le juge des tutelles pour assister dans l'administration de ses biens un mineur émancipé, un incapable. *Curateur aux biens d'un absent. Curateur à succession vacante. Curateur ad hoc,* nommé pour veiller à des intérêts particuliers. **2.** En Belgique, administrateur d'une université.

curatif, ive [kyʀatif, iv] adj. Destiné à la guérison des maladies. *Moyens curatifs.* ▷ n. m. *Des curatifs.*

curcuma [kyʀkyma] n. m. BOT Genre de zingibéracées. (Le rhizome de *Curcuma longa,* le *safran des Indes,* entre dans la composition du curry.)

1. cure [kyʀ] n. f. **I.** Litt. *N'avoir cure de :* n'avoir aucun souci de. *Je n'en ai cure.* **II.** MED **1.** Traitement d'une maladie ou d'une affection chirurgicale. – *Par ext.,* cour. Usage prolongé (d'une chose salutaire). *Une cure de soleil, de repos.* **2.** Séjour thérapeutique dans une station thermale, une maison de repos, etc. *Aller en cure.* **3.** ANTHROP *Cure de lait :* ensemble de cérémonies traditionnelles concernant le bétail qui ont lieu, dans certaines communautés d'Afrique centrale, pendant la saison sèche.

2. cure [kyʀ] n. f. **1.** Charge de curé. **2.** Territoire dépendant d'un curé. **3.** Presbytère.

curé [kyʀe] n. m. **1.** Prêtre qui a la charge d'une paroisse. **2.** Pop., péjor. *Les curés :* le clergé.

cure-dent(s) [kyʀdɑ̃] n. m. **1.** Petit instrument servant à se curer les dents. *Des cure-dents.* **2.** (Afr. subsah.) Bâtonnet dont on se frotte les dents. Syn. bâtonnet dentaire, frotte-dents.

curée [kyʀe] n. f. **1.** VEN Partie de la bête donnée aux chiens après la chasse. **2.** Moment de la chasse où l'on donne la curée. **3.** Fig. Lutte pleine d'âpreté pour le partage des profits, des places.

cure-ongles [kyʀɔ̃gl] n. m. inv. Petit instrument servant à nettoyer le dessous des ongles.

cure-pipe [kyʀpip] n. m. Petit instrument qui sert à vider le fourneau d'une pipe. *Des cure-pipes.*

Curepipe, v. de l'île Maurice sur le plateau central; 74210 hab. Ville résidentielle et centre industriel de la zone franche : confection.

curer [kyʀe] v. tr. [1] Nettoyer (qqch) en grattant. *Curer un étang.* ▷ v. pron. *Se curer les dents, les ongles.*

curetage [kyʀtaʒ] n. m. CHIR Grattage et nettoyage d'une cavité naturelle ou pathologique. *Curetage de l'utérus, d'un abcès.*

cureter [kyʀte] v. tr. [20] CHIR Effectuer le curetage de.

curette [kyʀɛt] n. f. **1.** TECH Outil servant à nettoyer. Syn. écouvillon. **2.** CHIR Petit instrument servant à cureter une cavité naturelle ou une plaie.

Curiaces. V. Horaces.

1. curie [kyʀi] n. f. Gouvernement central de l'Église catholique.

2. curie [kyʀi] n. m. PHYS NUCL Ancienne unité de radioactivité (symbole Ci), correspondant à $3{,}7.10^{10}$ désintégrations par seconde (activité de 1 g de radium env.).

Curie (Pierre) (1859 – 1906) et sa femme **Marie,** née Skłodowska (1867 – 1934), physiciens français. Ils ont découvert le radium en 1898 (P. Nobel de physique 1903). Marie Curie reçut en 1911 le P. Nobel de chimie.

curiethérapie [kyʀiteʀapi] n. f. MED Irradiation thérapeutique par le radium. Syn. radiumthérapie.

curieusement [kyʀjøzmɑ̃] adv. **1.** Avec curiosité. *Regarder curieusement.* **2.** D'une manière curieuse, bizarre. *Ils se ressemblent curieusement.* Syn. bizarrement,étrangement.

curieux, euse [kyʀjø, øz] adj. et n. **1.** Qui a un grand désir de voir, d'apprendre, de savoir. *Un esprit curieux. Il est curieux de tout.* **2.** Qui cherche à savoir, à connaître les secrets d'autrui. ▷ Subst. *J'ai surpris cette curieuse à lire mon courrier. Une foule de curieux qui contemplaient l'incendie.* **3.** Qui excite la curiosité. *Un curieux personnage. Une curieuse mésaventure.* Syn. bizarre, étrange, singulier. ▷ n. m. Aspect curieux, singulier d'une chose. *Le curieux de l'affaire, c'est que...*

curios [kyʀjɔs] n. m. (Nouv.-Cal., Polynésie fr.) Boutique spécialisée dans la vente de curiosités locales, d'objets artisanaux.

curiosité [kyʀjɔzite] n. f. **1.** Désir de voir, de connaître, de s'instruire. *Satisfaire sa curiosité. Piquer la curiosité de qqn.* **2.** Désir indiscret de connaître les affaires d'autrui. *La curiosité est un vilain défaut.* **3.** Objet, chose remarquable par sa rareté, sa beauté, etc. *Magasin de curiosités. Les curiosités d'une ville.*

curiste [kyʀist] n. Personne qui fait une cure thermale.

Curitiba, v. du Brésil, cap. de l'État du Paraná; 1285030 hab. Centre agric. (bétail). Industries. Université.

curium [kyʀjɔm] n. m. CHIM Élément radioactif artificiel, appartenant à la famille des actinides (symbole Cm), de numéro atomique Z = 96.

curriculum vitæ [kyʀikylɔmvite] n. m. inv. (Lat., «cours de la vie».) Ensemble des renseignements concernant l'état civil, les titres, les capacités et les activités passées d'une personne. *Fournir un curriculum vitæ* ou, ellipt., *un curriculum.* (Abrév. cour. : C.V.)

curry [kyʀi], **carri, carry, cary** ou **kary** [kaʀi] n. m. **1.** Assaisonnement indien composé de poudre de curcuma, de clous de girofle et d'autres épices. Syn. cari. **2.** Syn. de *cari* (sens 2). **3.** (Réunion) Syn. de *cari* (sens 3).

curseur [kyʀsœʀ] n. m. **1.** TECH Repère coulissant (d'une règle à calcul, d'une hausse de fusil, etc.). **2.** INFORM Repère lumineux indiquant sur un écran l'emplacement de la frappe à venir.

cursif, ive [kyʀsif, iv] adj. **1.** *Écriture cursive,* tracée à main courante. ▷ n. f. *Une belle cursive moulée.* **2.** Fig. Rapide, bref. *Lecture cursive. Remarques cursives.*

cursus [kyʀsys] n. m. Ensemble des phases successives d'une carrière, d'un cycle d'études. *Cursus universitaire.*

Curtea de Argeș, v. de Roumanie, au pied des Alpes de Transylvanie, au N.-O. de Bucarest. Anc. capitale de la Valachie.– Église princière du XIVe s. (fresques); église épiscopale (XVIe s.) ornée d'une somptueuse décoration extérieure inspirée à la fois par l'art byzantin et par l'art musulman.

Curtiz (Mihaly Kertész, dit Michael) (1888 – 1962), cinéaste américain d'origine hongroise : *les Aventures de Robin des Bois* (1938); *Casablanca* (1943).

curviligne [kyʀviliɲ] adj. GEOM Formé par des lignes courbes. *Triangle curviligne.* ▷ MATH *Abscisse curviligne,* repérant la position d'un point sur une courbe par rapport à une origine prise sur celle-ci.

cuscute [kyskyt] n. f. Plante (fam. convolvulacées) parasite des légumineuses.

Custine (Adam Philippe, comte de) (1740 – 1793), général français. Il combattit en Amérique. — **Astolphe,** marquis de Custine (1790 – 1857), petit-fils du préc.; grand voyageur et écrivain : *la Russie en 1839* (1843).

custode [kystɔd] n. f. **1.** LITURG Pavillon recouvrant le ciboire qui contient les hosties consacrées. – Petite boîte servant à transporter les hosties. **2.** AUTO Partie arrière du pavillon d'une automobile. *Glace de custode :* vitre arrière.

cutané, ée [kytane] adj. ANAT Qui appartient à la peau. *Lésion cutanée.*

cuti [kyti] n. f. Fam. Abrév. de *cuti-réaction* (à la tuberculine). – *Virer sa cuti :* présenter pour la première fois une cuti-réaction; fig., fam., changer radicalement de comportement, de convictions.

cuticule [kytikyl] n. f. **I.** ANAT Peau très fine, membrane ou pellicule recouvrant une structure anatomique. **II.** BOT Couche de cutine recouvrant les organes aériens herbacés (feuilles, pollen, etc.) des végétaux. **III.** ZOOL **1.** Couche superficielle chitineuse, résistante, du tégument des invertébrés (notam. des arthropodes). **2.** Couche vernissée externe de la coquille des mollusques.

cutine [kytin] n. f. BOT Substance cireuse imperméable, constituant principal de la cuticule des végétaux.

cuti-réaction [kytiʀeaksjɔ̃] n. f. MED Réaction cutanée apparaissant au point d'inoculation d'une substance lorsque le sujet est allergique à cette substance ou immunisé contre elle, et qui constitue un test. – *Cuti-réaction à la tuberculine* ou, par abrév., *cuti,* qui marque un état d'allergie à cette substance, permet de détecter la rencontre avec le bacille de la tuberculose. *Des cuti-réactions.*

cutter [kytœʀ] n. m. Instrument muni d'une lame tranchante (en général coulissante) pour couper le papier, le carton, etc.

cuve [kyv] n. f. **1.** Grand récipient servant à la fermentation du vin, de la bière, etc. **2.** Grand récipient à usage ménager ou industriel. *Cuve à mazout. Cuve de teinturier, de photographe.* **3.** METALL Dans un haut fourneau, tronc de cône évasé vers le bas, dans lequel s'effectue la réduction du minerai.

cuvée [kyve] n. f. **1.** Quantité de vin qui se fait en une seule fois dans une cuve. *Première cuvée.* **2.** Vin qui provient de la récolte d'une même vigne.

cuver [kyve] v. [1] **1.** v. intr. Demeurer dans une cuve pour y fermenter. *Ce vin a bien assez cuvé.* **2.** v. tr. Fig., fam. *Cuver son vin*.*

cuvette [kyvɛt] n. f. **1.** Bassin portatif large et peu profond, servant à divers usages. ▷ *Cuvette de w.-c.* **2.** PHYS Petit réservoir à mercure dans lequel plonge le tube d'un baromètre. **3.** GEOL Dépression naturelle.

Cuvette (la), rég. peu élevée (300 à 500 m) et marécageuse qui s'étend sur le centre-N. du Congo et le N.-O. de la rép. dém. du Congo. Le fleuve Oubangui la traverse du nord au sud.

Cuvier (Georges, baron) (1769 – 1832), zoologiste français. Père de la paléontologie et de l'anatomie comparée des vertébrés, il établit la première classification raisonnée des animaux. Acad. fr. (1818).

Cuza (Alexandre-Jean Ier) (1820 – 1873), premier prince roumain. Élu, en 1859, prince héréditaire de Moldavie et de Valachie, il unifia ces principautés (la future Roumanie), mais les adversaires de ses réformes audacieuses (distribution des terres aux paysans) et autoritaires le contraignirent à abdiquer en 1866. Il mourut en exil.

Cuzco, v. du Pérou mérid., dans les Andes, à 3650 m d'alt.; 235860 hab.; ch.-l. du dép. du m. nom. Industr. Tourisme. – Anc. cap. de l'Empire inca; nombr. ruines précolombiennes (forteresse Sacsahuamán).

cyan-, cyani-, cyano-. CHIM Élément, du gr. *kuanos,* «bleu sombre», qui indique la présence du radical $-C{\equiv}N$ dans une molécule.

cyanhydrique [sjanidʀik] adj. CHIM *Acide cyanhydrique :* liquide incolore (appelé aussi *cyanure d'hydrogène, acide prussique*), poison violent qui sert à fabriquer le nitrile acrylique, point de départ de fibres et résines synthétiques.

cyanobactéries [sjanɔbacteʀi] n. f. pl. MICROB Vaste groupe de bactéries autref. classées dans les algues sous le nom de *cyanophycées*.* – Sing. *Une cyanobactérie.*

cyanogène [sjanɔʒɛn] n. m. et adj. **1.** n. m. CHIM Gaz incolore, poison violent. **2.** adj. MED Qui produit une cyanose.

cyanophycées [sjanɔfise] n. f. pl. BOT Vaste groupe d'algues procaryotes occupant tous les milieux (mer, eaux douces, terre). Syn. algues bleues. (On dit auj. *cyanobactéries*.*) – Sing. *Une cyanophycée.*

cyanose [sjanoz] n. f. MED Coloration bleue des téguments due à un trouble de l'oxygénation.

cyanoser [sjanose] v. tr. [1] MED Entraîner une cyanose. ▷ v. pron. *Son doigt s'est cyanosé.* – Pp. adj. Atteint de cyanose. *Un membre cyanosé.*

cyanure [sjanyʀ] n. m. CHIM Sel ou ester de l'acide cyanhydrique. (Les cyanures de métaux lourds forment des complexes très stables; le ferrocyanure ferrique, ou *bleu de Prusse*, est utilisé comme pigment.) – *Groupe cyanure :* le groupe –C≡N.

Cybèle, déesse de la Fécondité dont le culte est passé de Phrygie dans le monde gréco-romain au IIIe s. av. J.-C.

cyber-. Préfixe, de *cybernétique,* servant à former des mots liés aux nouvelles techniques de communication.

cybercafé [sibɛʀkafe] n. m. Établissement associant un débit de boissons et un équipement en micro-ordinateurs connectés à l'Internet.

cyberespace [sibɛʀɛspas] n. m. Ensemble des informations et des moyens de communication disponibles sur un réseau, notam. sur Internet*. Syn. (Québec) toile.

cybernéticien, enne [sibɛʀnetisjɛ̃, ɛn] n. Spécialiste de la cybernétique.

cybernétique [sibɛʀnetik] n. f. Ensemble des théories et des études sur les systèmes considérés sous l'angle de la commande et de la communication. (La cybernétique trouve des applications dans l'industrie, en biologie, en art. L'informatique est une application de la cybernétique.)

cycas [sikas] n. m. Gymnosperme préphanérogame (genre *Cycas*) à port de palmier, vivant dans les régions tropicales et subtropicales, dont les ovules ont la grosseur d'un œuf de poule et dont la moelle fournit le sagou.

cyclable [siklabl] adj. Accessible aux cycles (bicyclettes et cyclomoteurs). *Piste cyclable.*

Cyclades (en gr. *Kuklades;* de *kuklos,* «cercle»), archipel gr. (îles princ. : Andros, Délos, Milo, Naxos, Paros, Santorin, Syros, Tínos) de la mer Égée, au S.-E. de l'Attique. Il forme un nome : 2572 km^2; 95080 hab.; ch.-l. *Hermoupolis* (Syros). Agric. pauvre. Tourisme. – L'art des Cyclades (IIIe millénaire av. J.-C.) est princ. représenté par des statuettes en marbre blanc dont les formes humaines, très stylisées, font penser à l'art contemporain.

cyclamen [siklamɛn] n. m. Plante ornementale d'Europe (fam. primulacées) aux fleurs complexes blanches ou roses, maculées, dont le tubercule est toxique. – *(En appos.)* De la couleur rose du cyclamen. *Des rubans cyclamen.*

1. cycle [sikl] n. m. **1.** ASTRO Période d'un nombre déterminé d'années après laquelle certains phénomènes astronomiques se reproduisent constamment dans le même ordre. *Cycle solaire :* période d'env. 22 ans, généralement divisée en deux périodes de 11 ans, pendant laquelle l'activité solaire a des variations. *Cycle lunaire :* période de 18 ans et 11 jours à l'issue de laquelle les phases de la Lune reviennent aux mêmes époques. **2.** Suite de phénomènes se renouvelant constamment dans un ordre immuable. *Le cycle des saisons.* – PHYSIOL *Le cycle menstruel :* V. menstrues. **3.** ECON Succession de divers états de l'économie, comprenant généralement quatre phases : expansion, prospérité, récession, dépression ou crise. **4.** Ensemble de transformations que subit un corps ou un système d'un état initial jusqu'à un état final identique à l'état initial. – PHYS *Cycle de Carnot*.* – BIOCHIM *Le cycle de Krebs*. Les cycles de l'azote, du carbone.* ▷ CHIM Chaîne fermée que forme le squelette d'une molécule. **5.** BIOL *Cycle biologique* ou *cycle de reproduction :* ensemble des étapes par lesquelles passe un être vivant, du moment où a lieu la fécondation dont il est issu jusqu'à celui où il devient capable de se reproduire. ▷ GEOL *Cycle d'érosion :* ensemble des étapes qui conduisent une chaîne de montagnes à être transformée en pénéplaine par l'action des agents d'érosion. ▷ ASTRO *Cycle du carbone* ou *cycle de Bethe*.* **6.** LITTER Ensemble de poèmes épiques relatifs à un même groupe de personnages ou aux mêmes événements. *Le cycle carolingien* ou *la geste de Charlemagne.* (V. encycl. chanson de geste.) *Le cycle d'Al* Hadj Omar.* **7.** Ensemble de classes groupées, dans l'enseignement. *Premier cycle du secondaire,* de la 6e à la 3e. ▷ *Les trois cycles universitaires :* (en France) DEUG; licence et maîtrise; D.E.A., D.E.S.S. et doctorat.

2. cycle [sikl] n. m. Véhicule à deux roues, plus rarement trois (V. tricycle), mû par la force des jambes (bicyclette) ou par un petit moteur (cyclomoteur).

cyclique [siklik] adj. **1.** Relatif à un cycle (astronomique, chronologique, etc.). **2.** Qui se reproduit suivant un cycle. – PHYS *Transformations cycliques.* – MED *Maladie cyclique,* dont l'apparition dans une population (ou l'évolution chez un individu) est marquée par des phases bien déterminées (ex. : le paludisme). ▷ Qui se reproduit à intervalles réguliers. *Phénomènes cycliques.* – ECON *Crise cyclique.* **3.** BOT *Fleur cyclique,* dont les divers éléments (sépales, pétales, étamines, carpelles) sont disposés en cercles concentriques. Ant. acyclique; spiralé. **4.** CHIM *Composé cyclique,* dont la molécule renferme un ou plusieurs cycles. **5.** LITTER Relatif à un cycle littéraire. *Épopées cycliques.*

cycliquement [siklikmɑ̃] adv. De façon cyclique.

cyclisme [siklism] n. m. Pratique de la bicyclette; sport qui utilise la bicyclette. *Aimer le cyclisme.*

cycliste [siklist] n. et adj. **I.** n. **1.** Personne qui fait de la bicyclette. **2.** (Maghreb) Personne qui vend ou répare des bicyclettes et des mobylettes. **II.** adj. Relatif à la bicyclette, au cyclisme. *Course cycliste.*

1. cyclo-. Élément, du gr. *kuklos,* «cercle».

2. cyclo-. Élément, de *cycle.*

cyclo-cross [siklokʀɔs] n. m. inv. SPORT Épreuve cycliste pratiquée en terrains variés.

cycloïdal, ale, aux [siklɔidal, o] adj. GEOM Relatif à la cycloïde; qui décrit une cycloïde. – *Pendule cycloïdal,* dont le mobile décrit une cycloïde.

cycloïde [siklɔid] n. f. GEOM Courbe décrite par un point d'un cercle qui roule sans glisser sur une droite.

cyclomoteur [siklomɔtœʀ] n. m. Cycle à moteur auxiliaire d'une cylindrée inférieure à 50 cm^3.

cyclomotoriste [siklomɔtɔʀist] n. Personne qui fait du cyclomoteur.

cyclonal, ale, aux [siklɔnal, o] ou **cyclonique** [siklɔnik] adj. METEO Relatif à un cyclone. *Aire cyclonale.* – *Pluies cycloniques,* qui accompagnent un cyclone. (À la Réunion, on dit seulement cyclonique.)

cyclone [siklon] n. m. **1.** Mouvement giratoire rapide de l'air autour d'une dépression de faible étendue. (La partie centrale est appelée *œil du cyclone.*) *Région dévastée par un cyclone.* **2.** TECH Appareil servant à séparer un gaz de ses poussières, sous l'effet de la force centrifuge.

ENCYCL Les cyclones tropicaux – Les cyclones tropicaux, dits aussi typhons et hurricanes, ont pour origine une forte dépression atmosphérique. Ce sont des phénomènes météorologiques particulièrement importants dans les régions du Pacifique (N.-O., N.-E., S.-O.), de l'océan Indien (S.-O., N.-O), du nord et du nord-ouest de l'Australie, et de l'Atlantique Nord.
Le terme de cyclone a été utilisé pour la première fois en 1848 par H. Piddington pour désigner les vents circulaires liés aux tempêtes ou ouragans, le terme dérivant du grec *kuklos* et pouvant signifier l'enroulement du serpent.
Les cyclones tropicaux se forment dans les basses latitudes, entre 5^0 et 35^0; ainsi, 80 % d'entre eux sévissent dans le sud-ouest de l'océan Indien durant les mois d'été austral (décembre à mars). La structure du cyclone tropical au stade de maturité comprend : des bandes extérieures en spirales composées de cirrus, d'altostratus et de cumulus; un anneau intérieur composé d'un ensemble de cumulo-nimbus (anneau de pluie ou d'ouragan), partie la plus active du cyclone avec des vitesses dépassant souvent 200 km/h et les précipitations les plus abondantes; l'œil du cyclone, de diamètre variable (20 à 50 km), est une zone presque sans nébulosité. Un cyclone peut être considéré comme une machine thermique puisant son énergie dans la chaleur latente de condensation fournie par l'évaporation de l'eau de mer selon quatre flux : vertical ascendant au centre, horizontal convergent en surface, horizontal divergent en altitude et vertical descendant à la périphérie.
Les observateurs des années 1930-40 décrivaient les mouvements des cyclones comme des paraboles bien régulières, faits reconnus comme tout à fait exceptionnels par la suite. C'est ainsi que, à Maurice et à Madagascar, les renseignements plus récents fournis par les satellites montrent deux directions dominantes : zonale, orientée est-ouest, et transversale, orientée nord-sud. Les vitesses de déplacement restent variables et les cyclones demeurent un danger pour les terres, notam. par la conjonction des actions de la mer, de la pluie et du vent et en raison des dégâts catastrophiques et des nombreuses victimes qu'ils entraînent.

cycloné, ée [syclɔne] adj. et n. (Madag.) **1.** adj. (Choses) Exposé aux cyclones. ▷ Détruit par un cyclone. *Une maison cyclonée.* **2.** n. Personne victime d'un cyclone.

cyclonique [syklɔnik] adj. V. cyclonal.

cyclope [siklɔp] n. m. **1.** MYTH V. Cyclopes. **2.** ZOOL Genre *(Cyclops)* de crustacés copépodes munis d'un œil unique et qui utilisent leurs antennes comme appendices locomoteurs. *Le cyclope est l'hôte intermédiaire de la filaire de Médine.*

cyclopéen, enne [siklɔpeɛ̃, ɛn] adj. **1.** Qui a rapport aux Cyclopes. **2.**

Cour. Énorme, gigantesque. *Déployer une énergie cyclopéenne.* **3.** CONSTR *Béton cyclopéen,* qui contient de gros agrégats. **4.** *Monuments cyclopéens :* constructions gigantesques, de très haute antiquité, faites d'énormes blocs de pierre.

Cyclopes, dans la myth. gr., les trois fils de Gaia (la Terre) et d'Ouranos (le Ciel), géants qui n'avaient qu'un œil, au milieu du front. – Dans *l'Odyssée,* pasteurs anthropophages, géants à œil unique, représentés par Polyphème.

cyclo-pousse [siklopus] n. m. Pousse-pousse tiré par un cycliste. *Des cyclo-pousses.*

cyclostomes [siklostom] n. m. pl. ZOOL Seul ordre d'agnathes ayant des représentants vivants (ex. : les lamproies). – Sing. *Un cyclostome.*

cyclothymie [siklotimi] n. f. PSYCHIAT Constitution psychique caractérisée par l'alternance de périodes d'excitation euphorique et de dépression mélancolique.

cyclotourisme [sikloturism] n. m. Tourisme à bicyclette.

cyclotron [siklotrɔ̃] n. m. PHYS NUCL Accélérateur de particules constitué de deux cavités métalliques séparées par une région où règne un champ électrique alternatif. (Les particules soumises à l'action d'un champ magnétique y décrivent des demi-cercles dont le rayon augmente à chacun de leur passage entre les cavités.)

cygne [siɲ] n. m. **1.** Grand oiseau anatidé des zones froides à plumage blanc ou noir (cygne d'Australie) et au long cou très souple. – *Une blancheur de cygne :* une blancheur éclatante. – *Un cou de cygne,* fin, long et gracieux. **2.** Fig. *Le chant du cygne :* le dernier chef-d'œuvre d'un poète, d'un musicien, etc., avant sa mort (par allus. à la légende du chant particulièrement mélodieux du cygne mourant). **3.** Fig. *Le Cygne de Mantoue :* Virgile. *Le Cygne de Cambrai :* Fénelon. **4.** ASTRO *Le Cygne :* constellation boréale.

cylindraxe [silɛ̃draks] n. m. ANAT Syn. de *axone.*

cylindre [silɛ̃dr] n. m. **1.** Volume obtenu en coupant les génératrices d'une surface cylindrique par deux plans parallèles. – *Cylindre de révolution :* volume engendré par la rotation d'un rectangle autour de l'un de ses côtés (surface latérale = $2\pi Rh$; surface totale = $2\pi R\ (h+R)$; volume = πR^2h, *h* étant la hauteur et *R* le rayon du cercle de base). **2.** TECH Appareil en forme de rouleau. *Cylindre compresseur.* ▷ Organe dans lequel se déplace un piston. *Moteur à huit cylindres (disposés) en V* (abrév. : V8). Ellipt. *Un huit-cylindres.* – *Une huit-cylindres :* une voiture dont le moteur a huit cylindres. **3.** MED *Cylindres urinaires :* éléments cylindriques microscopiques de substance protéique formés dans les canaux urinaires et retrouvés dans les urines (leur augmentation est pathologique).

cylindrée [silɛ̃dre] n. f. AUTO Volume engendré par le déplacement des pistons dans les cylindres (égal au produit de la course d'un piston par la somme des surfaces transversales des pistons; exprimé en cm^3 et en *litres*). *Une voiture de 1300 cm^3 de cylindrée.* – Ellipt. *Une petite, une grosse cylindrée.*

cylindrique [silɛ̃drik] adj. **1.** Qui a la forme d'un cylindre. *Boîte cylindrique.* **2.** GEOM *Surface cylindrique :* surface engendrée par une droite qui se déplace parallèlement à elle-même en s'appuyant sur une courbe plane.

cymbale [sɛ̃bal] n. f. MUS Instrument à percussion, disque de cuivre ou de bronze muni d'une poignée (faisant partie d'une *paire de cymbales,* que l'on frappe l'une contre l'autre) ou monté sur pied (et frappé avec une baguette, une mailloche, etc.).

cymbalier [sɛ̃balje] n. m. ou **cymbaliste** [sɛ̃balist] n. Musicien(ne) qui joue des cymbales.

cymbium [sɛ̃bjɔm] n. m. ZOOL Nom scientifique du *yet.*

cyme [sim] n. f. BOT Inflorescence dont l'axe principal, terminé par une fleur, porte un, deux ou plusieurs rameaux, eux-mêmes terminés par une fleur et ramifiés de la même façon (ex. : myosotis, bourrache, etc.).

cynégétique [sineʒetik] adj. et n. f. Didac. Qui concerne la chasse. *Des exploits cynégétiques.* ▷ n. f. Art de la chasse.

cynhyène [sinjɛn] n. m. ZOOL Lycaon.

cynips [sinips] n. m. Petit insecte hyménoptère (3 à 5 mm) qui provoque des galles sur différents végétaux.

cynique [sinik] adj. et n. **1.** PHILO Se dit de l'école d'Antisthène et de ses disciples (Diogène, Ménippe, etc.), qui professaient le mépris des conventions sociales dans le dessein de mener une vie conforme à la nature. *Les philosophes cyniques.* ▷ Subst. *Les cyniques. Diogène le Cynique.* **2.** Cour. Qui ignore délibérément la morale, les convenances. *Conduite cynique.*

cyniquement [sinikmɑ̃] adv. De manière cynique.

cynisme [sinism] n. m. **1.** PHILO Philosophie morale de l'école cynique. **2.** Cour. Attitude de celui qui affecte de se moquer de la morale, des convenances. *Parler avec cynisme.*

cyno-. Élément, du gr. *kuôn, kunos,* «chien».

cynocéphale [sinosefal] n. m. Singe dont la tête ressemble à celle d'un chien (ex. : babouin). (Abrév. cour. en Afrique : cyno).

cynor(r)hodon [sinɔrɔdɔ̃] n. m. Fruit de l'églantier. ▷ (Suisse) Infusion à base de ce fruit.

Cynoscéphales ou **Cynocéphales,** hauteurs de Thessalie (dont les sommets évoquent des têtes de chien); le consul romain Flamininus y vainquit Philippe V de Macédoine (197 av. J.-C.).

Cyohoha ou **Tshohoha** (lac), lac du N. du Burundi, à la frontière du Rwanda.

cypéracées [siperase] n. f. pl. BOT Famille de monocotylédones apétales herbacées et vivaces dont la tige est pleine et sans nœuds (ex. : papyrus, souchet). – Sing. *Une cypéracée.*

cyphose [sifoz] n. f. MED Déviation de la colonne vertébrale à convexité postérieure.

cyprès [siprɛ] n. m. Conifère à feuilles vertes écailleuses imbriquées et persistantes, fréquent dans les régions méditerranéennes et dont le bois est utilisé en ébénisterie. Syn. (Louisiane) cipe.

Cyprien (saint) (Thascius Cæcilius Cyprianus) (déb. IIIᵉ s. – 258), Père de l'Église, évêque de Carthage (249). Il fut décapité.

cyprin [siprɛ̃] n. m. Nom cour. des poissons de la famille des cyprinidés.

cyprinidés [siprinide] n. m. pl. ZOOL Famille de téléostéens à grandes écailles, munis d'une seule nageoire dorsale et de dents pharyngiennes (ex. : carpe, «poisson rouge» ou cyprin doré, barbeau, etc.). – Sing. *Un cyprinidé.*

cypriote [siprijɔt] adj. et n. V. chypriote.

Cyrano de Bergerac (Savinien de) (1619 – 1655), écrivain français. Libertin (au sens du XVIIᵉ s.), il écrivit une tragédie, des comédies et, surtout, deux romans utopiques (*Histoire comique des États et Empires de la Lune,* posth., 1657; *Histoire comique des États et Empires du Soleil,* posth., 1662). *Cyrano de Bergerac,* la comédie héroïque en cinq actes et en vers d'E. Rostand (1897), a totalement transformé le personnage.

cyrénaïque [sirenaik] adj. et n. **1.** Didac. De la v. antique de Cyrène, auj. ruinée (vestiges en Libye). **2.** PHILO Se dit de la doctrine et des disciples d'Aristippe, fondateur de l'école de Cyrène, qui faisait de l'impression subjective du plaisir le souverain bien (doctrine qu'il ne faut pas confondre avec l'épicurisme). ▷ Subst. *Les cyrénaïques.*

Cyrénaïque, région du nord de l'Afrique, sur la côte médit., entre l'Égypte et le golfe de la Grande Syrte. Les Grecs y fondèrent des colonies (Cyrène); en 74 av. J.-C., elle devint province romaine. Conquise par les Arabes (641), par les Turcs (1551), par l'Italie (1912), elle forme depuis 1951 la partie orientale de la Libye.

Cyrille (saint), dit le Philosophe (v. 827 – 869), originaire de Salonique. Avec son frère Méthode*, il évangélisa les Slaves, en partic. ceux de Moravie. La tradition lui attribue la paternité de l'alphabet cyrillique* alors que la traduction en slavon de la Bible et de la liturgie grecque, qu'il fit avec son frère, serait à l'origine de l'alphabet glagolitique*.

cyrillique [sirilik] adj. *Alphabet cyrillique :* alphabet adapté de l'alphabet grec et utilisé pour noter plusieurs langues slaves et notam. le russe.

Cyrus II le Grand (mort v. 528 av. J.-C.), fils de Cambyse Iᵉʳ et de Mandane; empereur perse. Roi des Mèdes (556 av. J.-C.), il étendit son empire en Asie mineure et jusqu'en Arabie et en Chaldée, prenant Babylone en 539 (libération des captifs juifs).

-cyste, cyst(i)-, cysto-. Éléments, du gr. *kustis,* «vessie».

cysticerque [sistisɛrk] n. m. ZOOL Larve de ténia, qui se présente sous la forme d'une petite vésicule (quelques mm à 1 cm de diamètre).

cystique [sistik] adj. ANAT Qui appartient à la vessie ou à la vésicule biliaire. – *Canal cystique* ou, n. m., *le cystique :* canal qui relie la vésicule biliaire au canal hépatique pour former le canal cholédoque.

cystite [sistit] n. f. MED Inflammation de la vessie.

cystoscope [sistɔskɔp] n. m. MED Instrument qui permet d'explorer visuellement la vessie après cathétérisme de l'urètre.

-cyte, cyto-. Éléments, du gr. *kutos,* «cavité, cellule» (ex. *spermatocyte, leucocyte,* etc.).

Cythère, île grecque, au S. du Péloponnèse; 262 km^2; 4000 hab. – Selon la mythologie gr. (et rom.), Aphrodite (en lat. Vénus) y avait abordé après être née au sein des flots. Dans le langage poétique, Cythère est le pays des Amours. *La déesse de Cythère :* Vénus. *L'enfant de Cythère :* Cupidon. *Faire le voyage de Cythère :* se livrer aux plaisirs de l'amour.

cytobiologie [sitobjɔlɔʒi] n. f. Didac. Biologie cellulaire.

cytochrome [sitokʀom] n. m. BIOCHIM Pigment cellulaire contenant du fer et jouant un rôle essentiel dans la respiration cellulaire.

cytogénétique [sitɔʒenetik] n. f. BIOL Discipline consacrée à l'observation microscopique des chromosomes.

cytokine [sitɔkin] n. f. BIOL Ensemble des sécrétions cellulaires, comprenant les interleukines (IL1 à IL6) et les interférons (IFNα à IFNγ), qui collaborent à la défense immunitaire de l'organisme.

cytokinine [sitokinin] n. f. BIOCHIM Groupe de composés organiques d'origine végétale qui stimulent la croissance cellulaire, les biosynthèses et la division cellulaire des végétaux.

cytologie [sitɔlɔʒi] n. f. Didac. Branche de la biologie qui étudie la cellule sous tous ses aspects.

cytolyse [sitoliz] n. f. BIOCHIM Dissolution, destruction de la cellule.

cytoplasme [sitɔplasm] n. m. BIOL Ensemble constitué du hyaloplasme et des organites cellulaires, dans une cellule vivante. (S'oppose traditionnellement au noyau et à la membrane.) Syn. protoplasme.

cytoplasmique [sitɔplasmik] adj. BIOL Relatif au cytoplasme.

cytosine [sitozin] n. f. BIOCHIM Base pyrimidique, constituant fondamental des nucléoprotéines et des gènes.

cytostatique [sitostatik] adj. MED Qui bloque la multiplication cellulaire. ▷ n. m. *Des cytostatiques sont administrés contre le cancer.*

cytotoxique [sitɔtɔksik] adj. MED Se dit de tout médicament ou moyen de défense immunitaire (anticorps) capable de tuer les cellules vivantes.

czar [kzaʀ] n. m. V. tsar.

Czestochowa, v. de Pologne, sur la Warta; 247 790 hab.; ch.-l. de la voïévodie du m. nom. Industries. – Basilique Ste-Croix (la peinture *la Vierge noire* fait l'objet d'un pèlerinage).

cybernaute [sibɛʀnot] n. Syn. de *internaute.*

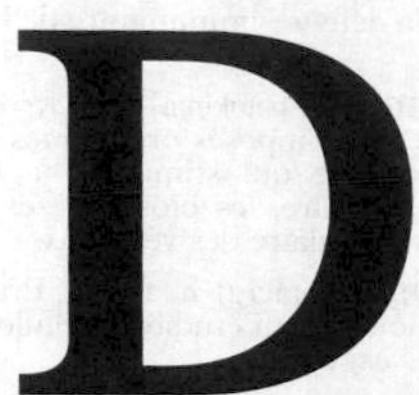

d [de] n. m. **1.** Quatrième lettre (d, D) et troisième consonne de l'alphabet notant l'occlusive dentale sonore [d] qui, en position finale, ne se prononce pas, sauf dans des mots d'emprunt (ex. *caïd, plaid*) et devant une voyelle où elle s'assourdit en [t] de liaison (ex. : *un grand arbre* [œ̃gʀɑ̃taʀbʀ], *un grand homme* [œ̃gʀɑ̃tɔm]). **2.** Fam. *Système D* (prem. lettre de *débrouillard*) : art de se débrouiller, même par des procédés douteux. **3.** D : chiffre romain qui vaut 500.

daba [daba] n. f. ou m. (Afr. subsah.) Outil de fabrication artisanale, à lame d'acier et à court manche de bois, servant à travailler le sol.

dabe [dab] ou **daba** [daba] n. m. ou f. (Madag.) Bidon de dix-huit litres. *Des dabes* ou *des daba.*

d'abord [dabɔʀ] loc. adv. V. abord.

Dąbrowski ou **Dombrowski** (Jan Henryk) (1755 – 1818), général polonais. Il défendit Varsovie en 1794, puis servit la France (1797-1813).

da capo [dakapo] loc. adv. (ital.) MUS Indique, dans un morceau, qu'il faut reprendre depuis le début. (Abrév. : D.C.)

Dacca. V. Dhākā.

d'accord [dacɔʀ] loc. V. accord.

Daces. V. Dacie.

Dachau, v. d'Allemagne (Bavière); 32 870 hab. – Un camp de concentration nazi y fut implanté de 1933 à 1945.

dachra [daʃʀa], plur. **dechra** [deʃʀa] n. f. (Maghreb) Hameau, village.

Dacie, rég. antique située sur une grande partie du territoire de la Roumanie actuelle et habitée à partir du Ier s. av. J.-C. par les Daces, peuple indo-européen apparenté aux Thraces. Conquise par Trajan, elle fut transformée en prov. romaine en 106, puis partagée, en 109, en Dacie supérieure (la Transylvanie actuelle) et Dacie inférieure (l'Olténie actuelle). La cap. de cette province prospère était Sarmizegetusa. Souvent attaquée par les Barbares, la Dacie fut évacuée, vers 270, par Aurélien qui l'abandonna aux Goths. Le nom de Dacie fut alors donné à deux provinces formées à partir de la Mésie* supérieure (r. dr. du Danube) : *Dacia Ripensis* et *Dacia Mediterranea.*

Dacko (David) (né en 1930), homme d'État centrafricain. Président de la Rép. de 1960 à 1965, il revient au pouvoir de 1979 à 1981.

Dac Lac ou **Darlac,** région du sud du Viêt-nam, formée d'un haut plateau basaltique et d'une dépression relativement marécageuse (rizières). Ch.-l. *Buôn Ma Thuôt.* Plantations d'hévéas et de théiers.

dacron [dakʀɔ̃] n. m. (Nom déposé.) Textile synthétique à base de polyester.

dactyl(o)-, -dactyle. Éléments, du gr. *daktulos,* «doigt».

dactyle [daktil] n. m. METR ANC Pied composé d'une longue et de deux brèves, élément fondamental de l'hexamètre grec et latin.

dactylo [daktilo] ou VX **dactylographe** [daktilɔgʀaf] n. (Le plus souvent fém.) Personne qui utilise professionnellement une machine à écrire. *Une dactylo expérimentée.*

dactylographie [daktilɔgʀafi] n. f. Technique de l'écriture à la machine. (Abrév. : dactylo.)

dactylographier [daktilɔgʀafje] v. tr. [2] Écrire à la machine.

dactylographique [daktilɔgʀafik] adj. Relatif à la dactylographie.

dactylologie [daktilɔlɔʒi] n. f. Didac. Langage des sourds-muets, reposant sur des signes et mouvements conventionnels des doigts.

dactyloscopie [daktilɔskɔpi] n. f. Procédé d'identification au moyen des empreintes digitales.

1. dada [dada] n. m. **1.** (Mot enfantin.) Cheval. *Aller à dada.* **2.** Fig., fam. Thème de prédilection. *Enfourcher son dada.* Syn. marotte.

2. dada [dada] adj. inv. Relatif à Dada. *Le mouvement dada.*

Dada, mouvement de révolte littéraire et esthétique né en 1916 par réaction contre la guerre et qui refusa l'art, classique ou d'avant-garde. Il éclata à Zurich (où il trouva son nom, choisi au hasard dans un dictionnaire) sous l'impulsion notam. des poètes Tristan Tzara, Hugo Ball, des artistes Hans Arp, Hans Richter, et à New York (Duchamp, Picabia, Man Ray). En 1918, il s'implanta en Allemagne. À Paris, Tzara, Picabia, Breton, Aragon, Soupault, etc. illustrèrent l'esprit dada; en 1921-1922, les surréalistes rompirent avec ce mouvement (nommé aussi *dadaïsme*). Entre 1916 et 1920 Tzara écrivit *Sept Manifestes Dada.*

dadais [dadɛ] n. m. Personne niaise, gauche. *Un grand dadais.*

dadaïsme [dadaism] n. m. *Le dadaïsme :* le mouvement dada.

Dadié (Bernard Binlin) (né en 1916), écrivain et homme politique ivoirien. Il a abordé tous les genres : contes (*Légendes africaines,* 1954), poésie (*la Ronde des jours,* 1956), chroniques (*Afrique debout !,* 1950; *Carnets de prison,* écrits en 1950; *Un nègre à Paris,* 1959), romans (*Commandant Taureault et ses nègres,* 1980), théâtre (*les Villes,* 1933; *Papassidi Maître-escroc,* 1960-1975) et essais.

dadin [dadɛ̃] n. m. (Saint-Pierre-et-M.) Puffin majeur.

Daghestan ou **Daguestan,** rép. de la Féd. de Russie, sur le versant N. du Caucase, baignée par la mer Caspienne; 50 300 km²; 1 823 000 hab.; cap. *Makhatchkala.* Gisements de pétrole.

Dagobert Ier (v. 604 – 639), roi des Francs (629-639), fils de Clotaire II. Il rétablit l'autorité de la monarchie franque, aidé par les futurs saint Éloi et saint Ouen, et défendit les frontières menacées. — **Dagobert III** (? – 715), roi de Neustrie et de Bourgogne (711-715). Pépin de Herstal exerça le pouvoir à sa place.

Dagomba, ethnie du N. du Ghana (env. 2 400 000 personnes). Ils parlent le *dagban,* langue nigéro-congolaise du groupe gur (proche du mooré, langue des Mossi).

dague [dag] n. f. Épée très courte; poignard à lame très aiguë.

Daguerre (Louis Jacques Mandé) (1787 – 1851), inventeur français. Il perfectionna la photographie (inventée en 1816 par Niepce).

daguerréotype [dagɛʀeɔtip] n. m. **1.** Appareil photographique inventé par Daguerre, permettant de fixer une image sur une plaque de cuivre argenté. **2.** Image ainsi obtenue.

Daguestan. V. Daghestan.

daguet [dagɛ] n. m. Jeune cerf.

dah [da] n. m. (Afr. subsah.) **1.** Syn. de *bissap.* **2.** Chanvre de Guinée.

dahalo [daalo] n. m. (Madag.) Voleur de bœufs, pillard.

dahir [daiʀ] n. m. Au Maroc, décret royal ayant valeur législative.

dahlia [dalja] n. m. Plante ornementale (fam. composées), à racines tubéreuses et à grandes fleurs vivement colorées.

dahoméen, enne [daɔmeɛ̃, ɛn] adj. et n. Du Dahomey (V. Bénin). ▷ Subst. *Un(e) Dahoméen(ne).*

Dahomey ou **Dan Homé** (royaume du), anc. royaume, qui avait Abomey* pour cap., d'où son autre nom de *royaume d'Abomey.* Il aurait été fondé v. 1625 par Do-Aklin, frère du roi d'Allada (ville située entre Cotonou et Abomey). Le petit-fils de Do-Aklin, Ouegbadja, en fit un royaume puissant à partir de 1645. Au XVIIIe s., le roi Agadja annexa le roy. d'Allada et constitua des régiments d'amazones, mais le Dahomey passa en 1729 sous la domination du royaume Oyo*, dont le roi Ghézo (1818-1858) le libéra. Toutefois, il dut pactiser avec la France, qui vainquit le roi Béhanzin (1889-1894). V. dossier Bénin, p. 1386.

Dahomey (république du). V. dossier Bénin, p. 1386.

daigner [deɲe] v. tr. [1] Vouloir bien, condescendre à (faire qqch). *Il n'a pas daigné répondre.*

Dai Jin ou **Tai Tsin** (v. 1388 – 1462), paysagiste chinois de l'époque Ming.

d'ailleurs [dajœʀ] loc. adv. V. ailleurs.

daim, daine [dɛ̃, dɛn] n. **1.** Petit cervidé d'Europe. *Le daim brame,* pousse son cri. **2.** Cuir de daim. – *Par ext.* Envers du cuir de veau ayant l'apparence du cuir de daim.

Daimler (Gottlieb) (1834 – 1900), inventeur allemand d'un moteur léger fonctionnant au gaz de pétrole.

daïra ou **daira** [daiʀa] n. f. En Algérie, subdivision administrative d'une wilaya.

Dairen. V. Dalian.

Dairo (I. K.) (né en 1930), chanteur-compositeur nigérian auquel on attribue la création de la musique juju.

dais [dɛ] n. m. **1.** Baldaquin de bois ou d'étoffe aménagé au-dessus d'un autel, d'un trône, d'un lit. **2.** ARCHI Petite voûte saillante abritant une statue. **3.** Par ext. *Un dais de feuillage, de verdure.*

Dai Viêt, ancien nom du Viêt-nam entre 1010 (dynastie des Ly) et 1802 (début du règne de Gia Long), appelé alors Annam par les Chinois.

Daju. V. Tama.

Dakar, capitale du Sénégal (depuis 1957), dans la presqu'île du Cap-Vert, sur l'Atlant.; 1300000 hab. Ch.-l. de la région du m. nom. – Face à l'île de Gorée et abrité par la péninsule du Cap-Vert, ce grand port de commerce, de voyageurs et de pêche est une importante escale sur les routes maritimes et aériennes (aéroport Léopold-Sédar-Senghor, à Yoff) menant d'Europe en Amérique du Sud ou en Afrique du Sud. Tête de la voie ferrée Dakar*-Niger, Dakar est le centre commercial de l'Afrique de l'Ouest. Nombr. industries. Université, Institut fondamental d'Afrique noire (IFAN). – La base de l'agglomération fut l'îlot de Gorée, occupé en 1677 par la France, qui en chassa les Hollandais. La ville, fondée en 1857, se développa rapidement et devint, en 1902, la capitale de l'A.-O.F.

Dakar-Niger (le), voie ferrée reliant Dakar (Sénégal) à Koulikoro (Mali), sur le Niger; 1288 km.

dakarois, oise [dakaʀwa, waz] adj. et n. De Dakar. ▷ Subst. *Un(e) Dakarois(e).*

Dakeyo (Paul) (né en 1948), poète camerounais à l'écriture directe : *le Cri pluriel* (1975), *Soweto! Soleils fusillés* (1977).

Dakhla (anc. *Villa Cisneros*), ch.-l. de la province marocaine d'Oued-Eddahab (partie S. du Sahara* occidental), dans une oasis au bord de l'Atlantique; 17822 hab. Salines.

Dakin (eau de), solution d'hypochlorite de sodium, désinfectant des plaies.

Dakota, peuple indien de l'Amérique du N. qui occupait autref. d'immenses territoires à l'ouest du Mississippi, jusqu'aux montagnes Rocheuses.

Dakota, territoire fédéral des États-Unis, divisé en 1889 en deux États : le *Dakota du Nord,* à la frontière canadienne (183022 km^2; 639000 hab.; cap. *Bismarck*), et le *Dakota du Sud* (199551 km^2; 696000 hab.; cap. *Pierre*). S'étendant sur la rég. des Grandes Plaines, ils sont drainés par le Missouri et ses affluents. – Morceau de la Louisiane*, le Dakota devint un territ. féd. en 1861.

Daladier (Édouard) (1884 – 1970), homme politique français. Président (radical-socialiste) du Conseil en 1933, en 1934 et d'avril 1938 à mars 1940, il signa les accords de Munich*.

dalaï-lama [dalailama] n. m. Chef suprême, temporel et spirituel, des bouddhistes tibétains. *Des dalaï-lamas.* – Le quatorzième dalaï-lama a reçu le P. Nobel de la paix en 1989 (V. Tenzin Gyatso).

Da Lat, v. du centre du Viêt-nam, à 1500 m d'altitude; 105 000 habitants – Lieu de trois conférences franco-vietnamiennes : avril-mai 1946, août 1946 et fév. 1953. Cette dernière engagea Bao* Dai dans la guerre contre le Viêt-minh.

D'Alembert. V. Alembert (Jean Le Rond d').

Dalí (Salvador) (1904 – 1989), peintre, dessinateur et écrivain espagnol. Surréaliste de 1928 à 1939, il réalisa, avec Buñuel, les films *Un chien andalou* et *l'Âge d'or.* Exprimant ses multiples fantasmes, sa peinture illustre la «voie paranoïaque critique».

Dalian (anc. *Dairen),* princ. port de la Chine du N.-E. (Liaoning); 1480240 hab. (aggl. urb. 4619060 hab.). Grand centre industr.

Dalila, personnage biblique. Courtisane judéenne qui livra Samson aux Philistins après lui avoir coupé les cheveux, qui faisaient sa force (Juges, XVI).

dallage [dalaʒ] n. m. **1.** Action de daller. **2.** Revêtement de dalles. *Dallage en mosaïque.*

Dallapiccola (Luigi) (1904 – 1975), compositeur italien dodécaphonique.

Dallas, v. des É.-U. (Texas); 1006870 hab. (aggl. urb. 3348000 hab.). Centre cotonnier et financier. Pétrochim. – J.F. Kennedy y fut assassiné (nov. 1963).

dalle [dal] n. f. **1.** Plaque de matériau dur servant au revêtement d'un sol, d'un toit. *Le sol était recouvert de dalles de marbre. Dalle funéraire :* pierre tombale. – Revêtement de sol en béton. *Couler une dalle sur un sol de terre battue.* **2.** Fig., pop. Gorge, gosier. *Se rincer la dalle :* se désaltérer. **3.** Arg. *Que dalle :* rien. **4.** (France rég.) Fam. *Avoir la dalle :* avoir faim.

daller [dale] v. tr. [1] Couvrir, paver de dalles.

Dalmatie, rég. montagneuse côtière de Croatie, comprenant de nombr. îles. – Province romaine (II^{e}s. av. J.-C. – V^{e}s.), la Dalmatie fut réunie à l'empire d'Orient sous Justinien. Au VIe s., fuyant les invasions slaves (Croates et Serbes), une partie des pop. romanisées se réfugia le long de l'Adriatique sous la protection de Venise. Autrichienne au XIXe s., la Dalmatie fut rattachée à la Yougoslavie en 1920.

dalmatien [dalmasjɛ̃] n. m. Grand chien d'agrément (50 à 60 cm au garrot), dont la robe blanche est tachetée de noir ou de brun.

Daloa, ville de la Côte d'Ivoire; 122000 hab.; ch.-l. du dép. du m. nom.

dal pouri [dalpuʀi] n. m. (oc. Indien) Crêpe épaisse que l'on garnit de cari ou de chutney.

Dalton (John) (1766 – 1844), physicien et chimiste anglais; un des créateurs de la théorie atomique. Il étudia la maladie appelée, depuis, *daltonisme.*

daltonien, enne [daltɔnjɛ̃, ɛn] adj. et n. MED Qui est atteint de daltonisme.

daltonisme [daltɔnism] n. m. MED Trouble de la perception des couleurs, anomalie héréditaire récessive.

dam [dam] n. m. **1.** Vx Dommage, préjudice. ▷ Mod. Loc. *Au grand dam de qqn,* à son détriment; à son grand regret. **2.** THEOL Peine des damnés consistant en l'éternelle privation de la vue de Dieu.

dama [dama] adj. inv. *Gazelle dama :* grande gazelle du Sahara et du Sahel, aussi appelée *biche-Robert.*

damalisque [damalisk] n. m. Antilope d'Afrique (genre *Damaliscus*), proche du bubale, aux cornes annelées en forme de lyre.

daman [damɑ̃] n. m. Mammifère ongulé herbivore d'Afrique et du Proche-Orient (ordre des hyracoïdes). *Daman d'arbres* (genre *Dendrohyrax*). *Daman des rochers* (genre *Procavia*).

Damān (anc. *Damão*), port de l'Inde, au N. de Bombay; env. 50000 hab. – La ville fut portugaise de 1558 à 1961.

Damanhour ou **Damanhūr,** v. d'Égypte, au S.-E. d'Alexandrie; 203000 hab.; ch.-l. du gouvernorat de *Behera.* Text. – Anc. *Hiéraconpolis* des Grecs.

damas [dama] n. m. **1.** Tissu, le plus souvent de soie, autref. fabriqué à Damas, qui présente des dessins satinés sur un fond mat. – *Par ext.* Étoffe imitant le damas. **2.** TECH Acier présentant une surface moirée.

Damas (en ar. *Dimachq al-Chām*), cap. de la Syrie, près du Liban, dans une oasis irriguée par le Baradā; 1550000 hab. *(Damascènes).* Centre comm. import. Industr. textiles et alimentaires. Artisanat (cuir). – Étape caravanière prise par les Égyptiens v. 1480 av. J.-C., puis cap. du royaume araméen (Xe s. av. J.-C.), la ville appartint successivement aux Empires perse, d'Alexandre (332 av. J.-C.), romain en 65 av. J.-C. (évangélisée par saint Paul, au Ier s., elle devint le siège d'un évêché), et byzantin. Conquise par les Arabes (635), elle demeura la cap. des Omeyyades jusqu'en 724 (construction de la Grande Mosquée, 706-715) et passa ensuite sous la domination des Abbassides, puis de l'Égypte. Haut lieu de la résistance aux croisés (1148), elle fut ruinée par Tamerlan (1401) puis fit partie de l'Empire ottoman (1516-1918). Passée sous mandat français en 1920, Damas est depuis 1946 la capitale de la Syrie indépendante.

Damas (Léon-Gontran) (1912 – 1978), poète français d'origine guyanaise. Entre douleur (*Pigments,* 1937) et lyrisme (*Névralgies,* 1966), son œuvre revendique la filiation africaine (V. négritude). Citons aussi : *Graffiti* (1952), *Black Label* (1956), des contes (*Veillées noires,* 1943) et un pamphlet (*Retour de Guyane,* 1938).

damascain, aine [damaskɛ̃, ɛn] adj. et n. (Liban) Syn. de *damascène.* ▷ Subst. *Un(e) Damascain(e).*

damascène [damasɛn] adj. et n. De Damas. ▷ Subst. *Un(e) Damascène.* Syn. (Liban) damascain.

Damascène (saint Jean). V. Jean Damascène (saint).

damasquinage [damaskinaʒ] n. m. Action de damasquiner.

damasquiner [damaskine] v. tr. [1] Incruster de filets de métal précieux (une surface métallique). *Pistolet damasquiné.*

damassé, ée [damase] adj. et n. m. **1.** Tissé comme du damas. *Linge damassé.* ▷ n. m. Étoffe ainsi tissée. **2.** TECH *Acier damassé,* dont la surface présente des dessins moirés.

damasser [damase] v. tr. [1] Donner la façon du damas à (une étoffe, un acier).

1. dame [dam] n. f. **I. 1.** Vx Femme noble; femme d'un noble. ▷ Femme à laquelle un chevalier avait voué sa foi. *Rompre une lance pour sa dame.* – Mod., plaisant *La dame de ses (mes, tes) pensées :* la femme aimée. **2.** Femme d'un rang social relativement élevé. *C'est une grande dame. La première dame d'un pays,* l'épouse du chef de l'État. **3.** Terme courtois pour *femme. Il était en compagnie d'une dame. «Au bonheur des dames»* (roman d'Émile Zola). **4.** Femme mariée. *C'est une dame ou une demoiselle?* – Pop. Épouse. *Et votre dame, ça va?* **5.** Nom que portent certaines religieuses. **6.** Titre donné aux femmes ayant certains offices auprès de reines et de princesses. *Dame d'honneur.* **II.** Fig. **1.** JEU Chacune des quatre cartes figurant une reine. *La dame de trèfle.* ▷ Pièce du jeu d'échecs, appelée aussi *reine.* ▷ Chacun des pions avec lesquels on joue au jacquet. ▷ *Jeu de dames :* jeu qui se joue à deux sur un damier, avec des pions noirs et blancs, et qui consiste à prendre tous les pions de l'adversaire. (Une *dame,* à ce jeu, est un pion doublé, c.-à-d. recouvert d'un pion de même couleur). *Aller à dame :* avancer un pion jusqu'aux dernières cases du côté de l'adversaire. **2.** MAR *Dame de nage :* évidement demi-circulaire servant de point d'appui à un aviron. **3.** Outil servant à tasser un sol. Syn. demoiselle.

2. dame ! [dam] interj. Fam, vieilli Certes. *Dame, oui! Oh! dame non!*

Dame de Brassempouy. V. Brassempouy.

Dame d'Elche. V. Elche.

dame-jeanne [damʒan] n. f. Grosse bouteille ou bonbonne renflée, de verre ou de grès, souvent cerclée d'osier. *Des dames-jeannes.*

1. damer [dame] v. tr. [1] *Damer un pion :* aux dames, aux échecs, transformer un pion en dame. ▷ Loc. fig., fam. *Damer le pion à qqn,* le supplanter, l'emporter sur lui.

2. damer [dame] v. tr. [1] Tasser (un sol), le rendre compact. *Piste damée.*

Dames (paix des). V. Cambrai.

damier [damje] n. m. **1.** Tablette carrée divisée en cent carreaux alternativement blancs et noirs, sur laquelle on joue aux dames. ▷ (Afr. subsah., Antilles fr.) Jeu de dames. *Jouer au damier.* **2.** *Par ext.* Surface divisée en carrés de couleurs différentes. *Le damier des champs et des prés vus du haut de la montagne.*

Damiette, v. de Basse-Égypte, sur le delta orient. du Nil; 102000 hab.; ch.-l. du gouvernorat du m. nom. Pêche. Text. – La ville fut prise en 1249 par Saint Louis, qui la restitua, à titre de rançon pour sa libération, en 1250.

Dammam (*Dammām*), v. et port d'Arabie Saoudite, sur le golfe Persique; 127840 hab. Pétrole.

damnable [danabl] adj. Pernicieux, blâmable.

damnation [danasjɔ̃] n. f. Châtiment des damnés. ▷ Litt. Juron inspiré par la colère. *Enfer et damnation!*

damné, ée [dane] adj. et n. **1.** Condamné aux expiations de l'enfer. ▷ Subst. *Les damnés.* **2.** Fam. Maudit. *Ce damné coquin!* **3.** *Être l'âme damnée de qqn,* l'aider dans la réalisation de ses mauvais desseins en lui obéissant aveuglément.

damner [dane] v. tr. [1] **1.** RELIG Condamner aux peines de l'enfer. **2.** Causer la damnation de. ▷ Loc. fig., fam. *Faire damner qqn,* le tracasser jusqu'à l'exaspérer.

Damoclès (IVe s. av. J.-C.), courtisan de Denys l'Ancien. Pour lui montrer la précarité du bonheur, son maître l'invita à un festin et Damoclès aperçut au-dessus de sa tête une épée suspendue au plafond par un crin de cheval. L'expression *épée de Damoclès* désigne une menace permanente.

1. dan [dan] n. m. Dans les arts martiaux japonais (judo, karaté, aïkido, etc.), chacun des degrés dans la hiérarchie des titulaires de la ceinture noire. *Ceinture noire sixième dan.*

2. dan [dɑ̃] n. m. LING Langue du groupe mandé parlée en Côte d'Ivoire.

Dan, personnage biblique; fils de Jacob, père de l'une des douze tribus d'Israël.

Dan ou **Yacouba,** population vivant en Côte d'Ivoire (env. 700000 personnes) et dans l'E. du Liberia. Ils parlent des langues nigéro-congolaises appartenant au groupe mandé du Sud. L'art des Dan est princ. représenté par des masques réalistes.

Dan (monts des). V. Dans (monts des).

Danaé, dans la myth. gr., fille d'Acrisios, roi d'Argos, et d'Eurydice. Séduite par Zeus, qui se présenta sous forme d'une pluie d'or, elle enfanta Persée.

danaïde [danaid] n. f. Lépidoptère diurne (genre *Danaus*), aux ailes à dominante orange, atteignant 9 cm d'envergure.

Danaïdes, dans la myth. gr., nom des 50 filles de Danaos. Ayant épousé par contrainte les 50 fils de leur oncle Égyptos, elles les égorgèrent la nuit de leurs noces, mais l'une d'elles, Hypermnestre, épargna Lyncée, qui les tua, ainsi que Danaos. Elles furent condamnées dans les Enfers à remplir éternellement un tonneau sans fond.

Danakil. V. Afar(s).

Danakil (plaine des ou désert des), vaste plaine aride s'étendant, au N.-E. de l'Éthiopie et en Érythrée, du pied du mont Central jusqu'à la mer Rouge, entre Asmara au nord et Djibouti au sud.

Da Nang (anc. *Tourane*), v. et port du centre du Viêt-nam; ch.-l. de la prov. de Quang Nam-Da Nang; 492200 hab. Industr. text. et alim. – Musée de l'art du Champa; fondé en 1915 par l'École française d'Extrême-Orient, il présente la plus belle collection de sculptures cham du monde. – Pendant leur intervention au Viêt-nam, les É.-U. y installèrent une base militaire importante.

Danaos, dans la myth. gr., roi d'Argolide, frère d'Égyptos et père des Danaïdes. (V. ce nom.)

dancing [dɑ̃siŋ] n. m. (Anglicisme) Établissement public de danse. Syn. discothèque.

dandinement [dɑ̃dinmɑ̃] n. m. Action de dandiner, de se dandiner; mouvement qui en résulte.

dandiner (se) [dɑ̃dine] v. pron. [1] Balancer son corps d'un mouvement régulier et rythmé. *Marcher en se dandinant.*

dandy [dɑ̃di] n. m. **1.** Homme qui cherche à exprimer, par son comportement et par sa mise, un idéal de parfaite élégance et de raffinement aristocratique. **2.** Cour. Homme qui affecte une grande recherche dans sa toilette.

dandysme [dɑ̃dism] n. m. **1.** Idéal esthétique, comportement du dandy (sens 1). **2.** Recherche dans le vêtement, raffinement du dandy.

Danemark (royaume de) *(Kongeriget Danmark),* État de l'Europe sept., sur la mer du Nord et la Baltique; 43075 km^2; 5177770 hab.; cap. *Copenhague.* Nature de l'État : monarchie constitutionnelle. Langue off. : danois. Monnaie : couronne danoise. Relig. : luthéranisme.

Géogr. phys. et hum. – Bordés par un littoral de 7314 km, plaines et bas plateaux furent modelés par les glaciers quaternaires. La péninsule du Jylland couvre 69 % du territ.; on compte plus de 500 îles, dont la princ. est Sjælland. Le climat, océanique frais et bien arrosé, connaît parfois des hivers rudes. La pop., au niveau de vie très élevé, est urbaine à 85 %.

Écon. – Fondée sur l'élevage intensif des vaches laitières et des porcs, l'agriculture emploie 5 % des actifs et assure, avec la pêche (1er rang européen), près de la moitié des recettes d'exportation. Les hydrocarbures de la mer du Nord ont réduit un peu la dépendance énergétique. Doté d'excellentes infrastructures, le pays dispose d'une industrie diversifiée mais le secteur tertiaire emploie 67 % des actifs. Les difficultés écon. des années 80 ont imposé des mesures d'austérité; l'appartenance à une Europe libérale a entraîné la concentration des entreprises.

Hist. – Le Danemark connut une brillante civilisation à l'époque mégalithique et à l'âge du bronze. Les Vikings chassèrent les Angles et les Jutes vers 500 apr. J.-C. Les Danois ont participé aux navigations vikings et, en partic., ont peuplé la Normandie. Converti au christianisme à partir de 960, le Danemark devint le centre d'un vaste empire marit. sous Knud le Grand (1016-1035), mais la Norvège, puis l'Angleterre (1042) s'en détachèrent. Du XIe au XIVe s., le Danemark conquit un empire maritime en Baltique; son effondrement et la puissance croissante de la Hanse incitèrent les pays scandinaves à réaliser l'*Union de Kalmar* (1387-1523), qui ensuite fut rompue par la Suède. Le Danemark adopta la Réforme en 1536 et l'imposa en 1537 à la Norvège, qui fut sa vassale. Du XVIe au XVIIIe s., il résista mal à l'hégémonie suédoise : perte de la Scanie, du Halland et de Bornholm (1658), mais fut très prospère au XVIIIe s. (renforcement du pouvoir royal, progrès de l'agric., abolition du servage). La perte de la Norvège (1814) sanctionna son alliance avec Napoléon. Vaincu par la Prusse et l'Autriche (1864), le Danemark dut abandonner le Schleswig (Slesvig), le Holstein et le Lauenburg. Neutre pendant la Première Guerre mondiale, il récupéra la partie N. du Schleswig, après plébiscite (1920), mais dut reconnaître l'autonomie de l'Islande (1918) puis son indépendance (1944). Occupé sans combats en 1940 (le civisme des Danois empêcha les Allemands de persécuter les Juifs), il fut libéré en 1945. Depuis, le pouvoir est exercé par les sociaux-démocrates, en alternance avec une coalition de libéraux et de radicaux; progrès écon. et sociaux se sont conjugués. En 1972, le Danemark adhéra à la C.É.E. Cette m. année, Marguerite II (née en 1940) a succédé à son père, Frédéric IX, décédé. Le Groenland a obtenu son autonomie en 1979. Poul Schlüter, Premier ministre (libéral) de 1982 à 1993, a dirigé un gouvernement minoritaire à partir de 1987. Le pays, consulté par référendum en juin 1992, s'est opposé à la ratification du traité de Maastricht*, mais l'a approuvé en mai 1993. Cette même année, Poul Rasmussen (social-démocrate) a remplacé P. Schlüter, démissionnaire, à la tête d'un gouv. de coalition.

danger [dɑ̃ʒe] n. m. **1.** Ce qui expose à un mal quelconque, ce qui peut compromettre la sécurité ou l'existence de qqn, de qqch. *Courir un danger. Être en danger de mort. La Patrie est en danger.* Syn. péril, risque. ▷ Fam. *Il n'y a pas de danger que :* il n'arrivera sûrement pas que... *Il n'y a pas de danger qu'il m'aide!* ▷ Loc. *C'est un danger public,* se dit de qui met les autres en péril, par son insouciance, sa maladresse, ses imprudences. **2.** MAR Obstacle à la navigation (écueil, épave, etc.).

dangereusement [dɑ̃ʒʀøzmɑ̃] adv. D'une manière dangereuse. *Vivre dangereusement.*

dangereux, euse [dɑ̃ʒʀø, øz] adj. **1.** Qui constitue, qui présente un danger. *Route dangereuse.* **2.** Qui peut nuire, dont il faut se méfier. *Un bandit dangereux. Un animal dangereux.*

dangerosité [dɑ̃ʒ(ə)ʀozite] n. f. PSYCHO Didac. Caractère dangereux, capacité de passer à l'acte agressif.

Dang Rêk ou **Dangrek,** massif gréseux, formant la frontière entre le Cambodge et la Thaïlande et bordant, au N., la cuvette du Tonlé Sap; l'altitude y varie entre 300 et 700 m.

Dang Trân Côn (1710 - 1745), écrivain vietnamien d'expression chinoise classique. Mandarin au service de la dynastie des Lê postérieurs, il écrivit le célèbre *Chinh phu ngâm* («la Plainte de la femme du guerrier») v. 1741-1742.

Dan Homé. V. Dahomey.

Daniel, prophète de la Bible; personnage central du *Livre de Daniel**.

Daniel (Livre de), livre biblique (IIe s. av. J.-C.) que la tradition catholique compte parmi les quatre grands écrits prophétiques parce qu'il annonce la venue du *Fils de l'Homme.* Jeune Judéen déporté à Babylone en 587 av. J.-C., Daniel accède à un haut rang, affronte des lions, interprète les songes de Nabuchodonosor, etc. La deuxième partie est apocalyptique : des bêtes apparaissent à Daniel; les derniers chap. racontent l'histoire de Suzanne*.

D'Annunzio (Gabriele) (1863 - 1938), écrivain italien, auteur de poèmes, de romans (*l'Enfant de volupté,* 1889) et de pièces de théâtre. Épris d'héroïsme, il voulut l'entrée en guerre de l'Italie (1915) et adhéra au fascisme. Il a écrit en français de nombreux textes, notam. *le Martyre de Saint-Sébastien,* mis en musique par Debussy (1911).

danois, oise [danwa, waz] adj. et n. **I.** adj. Du Danemark. ▷ Subst. *Un(e) Danois(e).* **II.** n. m. **1.** Langue scandinave parlée au Danemark. **2.** Chien de très grande taille (80 à 90 cm au garrot), à robe rase blanche ou gris acier, parfois tachetée de sombre.

dans [dɑ̃] prép. **1.** Marquant le lieu (indique le rapport qui existe entre deux choses dont l'une contient ou reçoit l'autre). ▷ (Emplacement) *Marcher dans la ville. Tomber dans un puits. Mettre du vin dans un verre.* – Par ext. *Je l'ai lu dans le journal.* ▷ (Milieu, situation.) *Entrer dans les ordres. Être dans la magistrature. Servir dans l'aviation.* ▷ (Rapports de circonstance, d'état, de situation, de disposition morale ou physique.) *Il montra du courage dans l'infortune. Dans la paix comme dans la guerre. Être dans la force de l'âge. Être dans le doute. Tomber dans la misère.* **2.** Marquant la manière. ▷ (Conformité à qqch.) *Recevoir dans les règles.* ▷ (Tendance, intention.) *Recherches dans l'intérêt des familles. Agir dans l'espoir de plaire.* **3.** Marquant le temps. ▷ (Durée, époque.) *Dans ma jeunesse. Être dans sa vingtième année. Dans l'attente de vous lire.* ▷ (Délai dans l'avenir.) *Il arrivera dans deux jours.* Syn. (Afr. subsah., Belgique) endéans. **4.** Fam. Marquant l'approximation. *Cela va chercher dans les trente francs.*

Dans ou **Dan** (monts des), massif de l'O. de la Côte d'Ivoire; le mont Momi culmine à 1 302 m.

dansant, ante [dɑ̃sɑ̃, ɑ̃t] adj. **1.** Qui danse. ▷ Fig. *Un reflet dansant.* **2.** Propre à faire danser. *Musique dansante.* **3.** Où l'on peut danser. *Soirée dansante. Thé dansant :* V. thé.

danse [dɑ̃s] n. f. **1.** Suite de mouvements rythmiques du corps, évolution à pas réglés, le plus souvent à la cadence de la musique ou de la voix. *Pas de danse. Cours de danse. Danse classique, rythmique, traditionnelle.* **2.** Air, musique à danser. *Jouer une danse.* **3.** Fig., fam. Correction, volée de coups. **4.** Loc. fig. *Entrer dans la danse :* s'engager dans une entreprise, une bataille, à laquelle on n'avait d'abord pris aucune part. – *Mener la danse :* diriger une entreprise, une affaire, une action. **5.** *Danse de Saint-Guy :* chorée*.

danser [dɑ̃se] v. [1] **I.** v. intr. **1.** Mouvoir son corps en cadence, le plus souvent au son d'une musique. *Apprendre à danser. Inviter une femme à danser.* ▷ Fig., fam. *Ne savoir sur quel pied danser :* être embarrassé, indécis. **2.** *Par anal.* Remuer, se mouvoir, s'agiter. *Les flammes dansent dans le foyer.* **II.** v. tr. Exécuter (une danse). *Danser le rock.*

danseur, euse [dɑ̃sœʀ, øz] n. Personne qui danse, par plaisir ou par profession. *Être bon danseur. Un couple de danseurs. Danseuse étoile. Danseur, danseuse de corde :* funambule. ▷ SPORT *En danseuse :* position d'un cycliste qui pédale sans s'asseoir sur la selle.

Dante Alighieri (1265 - 1321), poète italien. En 1295, il fut mêlé à la vie politique de la République florentine dont il devint, en 1300, l'un des six hauts magistrats. Guelfe «blanc» (c.-à-d. modéré : plus florentin que romain), il fut condamné par les «noirs» au bannissement perpétuel et mena, à partir de 1302, une existence de proscrit (à Bologne, Vérone et Lucques) avant de se retirer à Ravenne. Dante était encore un enfant lorsqu'il s'éprit de Béatrice Portinari. Après la mort de la jeune femme (1290), il lui voua un amour idéal, l'une des sources profondes de son inspiration, qu'il évoque dès les sonnets, ballades et *canzoni* de sa première grande œuvre : *la Vita nuova* (achevée v. 1294). En 1304-1307, il rédigea un traité philosophique, *Il Convivio* («le Banquet», inachevé), où il entrevoit la possibilité d'une langue commune à toute l'Italie (comme dans son *De vulgari eloquentia,* en lat., 1303-1304). Il écrivit également, en lat., un traité politique, *De monarchia* (1310-1313). Son chef-d'œuvre est *la Divine Comédie* (entre 1306-1308 et 1321).

dantesque [dɑ̃tɛsk] adj. D'une horreur grandiose, rappelant le caractère de *l'Enfer* de *la Divine Comédie* de Dante. *Paysage dantesque.*

Danton (Georges Jacques) (1759 - 1794), homme politique français. Avocat de 1785 à 1791, il se prononça pour la Révolution, fondant en 1790 le club des Cordeliers. Ministre de la Justice après le 10 août 1792, il laissa s'accomplir les massacres de Septembre. Conventionnel montagnard, il s'attacha à la défense nat. (levée en masse), participant à la création du Tribunal révolutionnaire et du Comité de salut public. Évincé de ce dernier (juil. 1793), il devint le chef des Indulgents, hostiles à la Terreur, et fut guillotiné (5 avril 1794) pour vénalité et tractations avec l'ennemi (méfaits que les études ultérieures ont confirmés).

Dantzig ou **Danzig,** nom all. de *Gdańsk,* v. de Pologne. – Port hanséatique au XIVe s., sous protection polonaise à partir de 1454, la ville fut réunie (1793) à la Prusse, à laquelle elle revint en 1815. En 1919, elle fut érigée en ville libre, accrue d'un territ. («couloir de Dantzig», qui reliait la Pologne à la mer), sous contrôle de la Société des Nations. Hitler s'en empara le 1er sept. 1939, déclenchant la Seconde Guerre mondiale. V. Gdańsk.

Danube (le), deuxième fl. d'Europe (après la Volga) par sa longueur (2 850 km) et la superficie de son bassin (817 000 km^2); il naît dans la Forêt-Noire et se jette dans la mer Noire par un vaste delta à trois bras. Il draine l'Allemagne, l'Autriche, la Slovaquie, la Hongrie, la Croatie, la Yougoslavie, la Roumanie, la Bulgarie et l'Ukraine; il franchit un défilé célèbre, les Portes de Fer (grand barrage hydroélectrique), entre les Carpates et le Balkan. Ses principaux affluents sont : l'Inn, la Drave, la Tisza, la Save, l'Iskăr, l'Olt, le Siret et le Prout. C'est une excellente voie de pénétration : le canal Danube-mer Noire raccourcit de 400 km la route fluviale; en amont, le canal Main-Danube relie, depuis 1992, le Rhin au Danube, ce qui crée une liaison de 3 500 km entre la mer du Nord (Rotterdam) et la mer Noire. – Durant la protohistoire, les *civilisations du Danube* ont joué un grand rôle.

dao [daɔ] n. m. V. tao.

Dao (Nguyen Thien Dao, dit) (né en 1940), compositeur français d'origine vietnamienne. Élève de Messiaen, il a écrit notam. : *Koskum pour grand orchestre* (1971), *Écouter-mourir* (festival d'Avignon, 1980) et *Symphonie pour pouvoir* (1989), lors du bicentenaire de la Révolution française.

Dao (Bernadette) (née au Mali en 1952), poétesse burkinabé aux accents féministes : *Parturition* (1986), *Quote-part* (1992).

Dao Duy Anh (1904 – 1988), lexicographe vietnamien. Auteur du premier dictionnaire chinois-vietnamien (1932), et d'un dictionnaire français-vietnamien (1941), il étudia également l'histoire et la culture de son pays (*Mémoires de Dao Duy Anh*).

Daoud Pacha (XIXe s.), gouverneur du Liban (1861-1868). Arménien et chrétien, il fut le premier gouverneur du Liban autonome au sein de l'Empire ottoman.

Daphné, dans la myth. gr., nymphe qui, poursuivie par Apollon, fut changée en laurier.

daphnie [dafni] n. f. Crustacé branchiopode d'eau douce, de très petite taille, appelé aussi *puce d'eau* (genre *Daphnia*), qui se déplace par saccades.

Daphnis, dans la myth. gr., berger sicilien, fils d'Hermès et d'une nymphe. Joueur de flûte, il inventa la poésie bucolique. ▷ LITT *Les Amours pastorales de Daphnis et Chloé,* roman attribué à Longus (IIIe s. ap. J.-C.).

Da Ponte (Emanuele Conegliano, dit Lorenzo) (1749 – 1838), aventurier et librettiste italien, auteur de 36 livrets d'opéra, dont ceux des *Noces de Figaro* et de *Don Giovanni* de Mozart.

d'après [dapʀɛ] loc. prép. V. après.

Dapsang. V. K2.

dara [daʀa] n. m. (Afr. subsah.) École coranique où les élèves sont nourris et logés.

darbouka [daʀbuka] n. f. V. derbouka.

darcassou [daʀkasu] n. m. (Afr. subsah.) En Afrique occid., anacardier; anacarde.

darce [daʀs] n. f. V. darse.

dard [daʀ] n. m. **1.** Ancienne arme de jet composée d'une pointe de fer montée sur une hampe de bois. **2.** *Par anal.* Aiguillon de certains animaux. *Le dard de la guêpe.* ▷ Langue du serpent. **3.** TECH Partie la plus chaude de la flamme d'un chalumeau.

Dardanelles (détroit des) (antiq. *Hellespont,* en turc *Çanakkale Boğazi*), détroit entre la Turquie d'Europe et la Turquie d'Asie, reliant la mer Égée à la mer de Marmara; long de 68 km; large de 1,3 à 7 km. – En 1915, une expédition franco-brit. y rencontra une farouche résistance turque.

darder [daʀde] v. tr. [1] **1.** Vx Frapper, blesser avec un dard. *Darder une baleine.* **2.** Fig. Lancer comme un dard, une flèche. *Darder sur qqn des regards aigus. Le soleil darde ses rayons.* ▷ (S. comp.) *Rayons de soleil qui dardent.*

dare-dare [daʀdaʀ] loc. adv. Fam. En toute hâte.

Dar el-Beïda (*ad-dār al-Baydā'*) (anc. *Maison-Blanche*), v. d'Algérie; 17770 hab. Aéroport d'Alger.

Dar el-Beïda. V. Casablanca.

Dar es-Salaam (*Dār as-Salām*), anc. cap. et port de Tanzanie, sur l'océan Indien, reliée par voie ferrée aux lacs Tanganyika, Victoria, et à la Zambie; 1400000 hab. Ch.-l. de la rég. de Pwani et de la rég. du m. nom. Industr. alimentaires et textiles. Raff. de pétrole. Aéroport international.

Darfour, rég. montagneuse (alt. max. 3088 m dans le djebel Marra) et prov. occid. de la rép. du Soudan. – Voie de passage entre le lac Tchad et le Nil, le Darfour connut des influences multiples (royaume de Koush, christianisme, islam, Kanem, royaume de Mousabat, Égypte).

Darío (Félix Rubén García Sarmiento, dit Rubén) (1867 – 1916), poète nicaraguayen.

Darius ou **Darios,** nom de trois rois de Perse. — **Darius Ier** (m. en 486 av. J.-C.), fils d'Hystaspe; roi de 522 à 486, il conquit l'Inde en deçà de l'Indus, la Thrace et la Macédoine, mais échoua dans une invasion de la Grèce, où son armée fut défaite à Marathon (490, déb. des guerres médiques); il donna à l'Empire perse l'organisation qui assura sa durée. — **Darius II Okhos** , dit *Nathos* («le Bâtard») (m. en 404 av. J.-C.), fils d'Artaxerxès Ier Longue-Main, roi de 423 à 404. — **Darius III Codoman** (m. en 330 av. J.-C.), probabl. arrière-petit-fils de Darius II, roi de 336 à 330; vaincu au Granique, à Issos et à Gaugamèles par Alexandre; tué à Hécatompylos par deux de ses satrapes.

darki [daʀki] n. m. (Maghreb) En Algérie, membre des forces de l'ordre.

Darlac. V. Dac Lac.

Darlan (François) (1881 – 1942), amiral français. Chef de la flotte (1939-1940) puis des forces armées (sous le gouv. de Vichy), il fut le successeur désigné de Pétain. À Alger, où il se trouvait par hasard lorsque les Alliés débarquèrent (nov. 1942), il se rallia à eux et visa le pouvoir, mais fut assassiné en décembre.

Darmstadt, v. d'Allemagne (Hesse); 133570 hab. Centre industr. Tourisme. – Cap. des princes de Hesse-Darmstadt à partir de 1567. – Chât. ducal (XVIe s.). Hôtel de ville (XVIe et XVIIIe s.).

darne [daʀn] n. f. CUIS Tranche de gros poisson. *Darne de saumon béarnaise.* Syn. (Québec) steack.

Darod, population originaire d'Arabie appartenant au groupe des Somali, implantée dans le S. de la Somalie et le N.-E. du Kenya. Ils parlent un dialecte somali (du groupe couchitique).

darse ou **darce** [daʀs] n. f. MAR Bassin d'un port.

Dartmouth, v. du Canada (Nouvelle-Écosse), sur la baie de Halifax; 65240 hab. Raff. de pétrole; constr. aéronautiques et navales.

dartre [daʀtʀ] n. f. Plaque sèche, squameuse ou durcie de la peau, dans certaines dermatoses. *Avoir des dartres sur le visage.* ▷ (Afr. subsah.) Cour. Nom donné à toutes les dermatoses, notam. à celles qui dépigmentent l'épiderme.

dartrier [daʀtʀije] n. m. (Afr. subsah.) Plante à longue inflorescence orangée (fam. césalpiniacées), dont la sève est réputée guérir certaines affections de la peau.

Darwin, port d'Australie et cap. du Territoire du Nord, sur la mer de Timor; 56480 hab. Exportation de minerais et de viande.

Darwin (Charles) (1809 – 1882), naturaliste anglais, le père des théories modernes sur l'évolution des êtres vivants (*De l'origine des espèces, par voie de sélection naturelle,* 1859; *la Descendance de l'homme et la sélection sexuelle,* 1871).

darwinien, enne [daʀwinjɛ̃, ɛn] ou **darwiniste** [daʀwinist] adj. et n. Qui a rapport à Ch. Darwin et au darwinisme. ▷ Subst. Partisan du darwinisme.

darwinisme [daʀwinism] n. m. Théorie de Ch. Darwin, selon laquelle les divers êtres vivants actuels résulteraient de la sélection naturelle au sein du milieu de vie. *Le darwinisme s'oppose au lamarckisme.* (V. encycl. lamarckisme.)

Dassault (Marcel Bloch, dit Marcel) (1892 – 1986), industriel et homme politique français. À son retour de déportation (1945), il créa la firme Avions (milit.) Marcel-Dassault.

datable [databl] adj. Auquel on peut attribuer une date. *Manuscrit, fossile datable.*

datation [datasjɔ̃] n. f. Action de déterminer, d'attribuer une date. *Datation d'un site préhistorique.* ▷ Date attribuée.

ENCYCL La datation peut se faire par diverses méthodes. Les unes permettent d'établir l'ancienneté d'un objet par rapport à un autre; les autres de déterminer l'âge de l'objet étudié. Elles sont toutes fondées sur des phénomènes cycliques : les anneaux concentriques formés annuellement dans le tissu ligneux d'un arbre lors de sa croissance, la vitesse de dépôt des sédiments, des dépôts dus à la fonte des anciens glaciers, les fluctuations de niveau d'une mer ou d'un lac, la stratigraphie, la typologie, la paléontologie, les pollens fossiles (palynologie), l'étude du géomagnétisme, la thermoluminescence (pour déterminer la date de cuisson d'une céramique). On dosera les traces que certains éléments radioactifs ont laissées lors de leur désintégration. Selon l'âge de l'échantillon, pour la fiabilité de la mesure, tel ou tel élément doit être dosé : le carbone 14 (période d'env. 5700 ans), le couple uranium-thorium, l'uranium, le potassium 40 (méthode dite du potassium-argon, période d'env. 1,3 milliard d'années), le rubidium 87 (période de 47 milliards d'années env.), etc.

datcha [datʃa] n. f. Maison de campagne russe.

date [dat] n. f. **1.** Indication précise du jour, du mois et de l'année. *Inscrire sur un registre la date d'un mariage. La date d'une lettre. Date de naissance.* ▷ *Prendre date :* s'engager pour un jour déterminé à faire qqch. **2.** Moment, époque précise où une chose est faite. *Fixer la date des prochaines élections.* ▷ FIN *Date de valeur :* jour à partir duquel une opération prend effet sur un compte. ▷ *Amitié de longue date,* qui dure depuis longtemps. *Un ami de fraîche date,* récent. *Le premier, le dernier en date :* le plus ancien, le plus récent connu. ▷ Moment marqué par un événement important; événement important. *L'invention du cinéma* *est une date. Faire date :* marquer un moment important, décisif.

dater [date] v. [1] **I.** v. tr. Mettre la date sur (un document, un acte, etc.). *Dater une lettre. Dater un chèque.* – Pp. *Journal daté du 3 mars.* ▷ *Dater une couche géologique,* en déterminer l'époque. **II.** v. intr. **1.** *Dater de :* avoir eu lieu, avoir commencé d'exister à (telle date, telle époque). *Immeuble qui date du XIXe s.* ▷ Loc. adv. *À dater de :* à partir de. *À dater de ce jour, le stationnement est interdit dans cette rue.* **2.** (S. comp.) Être démodé, paraître ancien. *Les dialogues datent, dans ce vieux film.*

dateur, euse [datœʀ, øz] n. m. et adj. **1.** n. m. Appareil à lettres et chiffres mobiles où la date est apposée manuellement ou automatiquement. *Cadran de montre avec dateur.* **2.** adj. *Composteur dateur, tampon dateur,* qui permettent de marquer la date.

1. datif [datif] n. m. GRAM Cas marquant l'attribution, dans les langues à déclinaison.

2. datif, ive [datif, iv] adj. **1.** DR Nommé par le conseil de famille ou par le juge. *Tuteur datif, tutelle dative.* **2.** CHIM, PHYS *Liaison dative,* appelée aussi *liaison semi-polaire,* par laquelle un atome donneur met en commun son doublet d'électrons avec un atome accepteur. *Une fois établie, la liaison dative ne se distingue pas de la liaison de covalence ordinaire.*

dation [dasjɔ̃] n. f. DR Action de donner. ▷ *Dation en paiement :* opération par laquelle un débiteur remet en paiement à son créancier une chose autre que celle qui faisait l'objet de l'obligation. *La dation en paiement doit être conventionnelle.*

datte [dat] n. f. Baie comestible, très sucrée, de forme allongée (3 à 4 cm), produite par le dattier. *Dattes fraîches. Dattes fourrées. On tire des dattes de la farine, du vin, du sucre.*

dattier, ère [datje, ɛʀ] n. m. et adj. **1.** n. m. Palmier d'Afrique et du Proche-Orient atteignant 20 m de haut, cultivé par irrigation dans les oasis pour la production des dattes. **2.** adj. (Maghreb) Qui concerne les dattes. *La production dattière.*

datura [datyʀa] n. m. BOT Solanacée à grandes fleurs en cornet, toxique et narcotique. *Le datura est utilisé avec prudence par les tradipraticiens.*

daube [dob] n. f. CUIS Manière de cuire les viandes braisées, dans un récipient couvert, avec un assaisonnement relevé. *Du bœuf en daube.* – (Antilles fr., Haïti) Manière de cuire le poisson, en le faisant frire avant de le mettre au court-bouillon. ▷ (oc. Indien) *Par ext.,* Plat de légumes, accompagné ou non de viande. *Daube de palmiste. Daube de chouchou.*

Daubigny (Charles François) (1817 – 1878), paysagiste français de l'école de Barbizon.

Daudet (Alphonse) (1840 – 1897), écrivain français. Il tempéra son naturalisme de fantaisie et parfois de gaieté. Romans : *le Petit Chose* (1868), trilogie de *Tartarin de Tarascon* (1872, 1885 et 1890). Contes et nouvelles : *Lettres de mon moulin* (1866). Théâtre : *l'Arlésienne* (1872). — **Léon** (1867 – 1942), fils du préc., écrivain français, il fonda avec Charles Maurras le journal *l'Action française* (1908).

Daumal (René) (1908 – 1944), écrivain français, proche du surréalisme, membre du Grand* Jeu.

Daumier (Honoré) (1808 – 1879), dessinateur, lithographe, peintre et sculpteur français. Son œuvre gravé flétrit la société bourgeoise. Peintre de la vie quotidienne, il annonce l'expressionnisme.

1. dauphin [dofɛ̃] n. m. **1.** Cétacé odontocète (fam. delphinidés), de 2 à 4 m de long, dont les mâchoires, étroites et très longues, forment une sorte de bec garni de nombreuses dents. (Toutes les espèces sont grégaires; leur sens social et leur psychisme sont très développés; ils communiquent et se repèrent à l'aide d'ultrasons.) **2.** TECH Tube recourbé, en bas d'une descente d'eaux pluviales, pour évacuer ces eaux sur le sol.

2. dauphin [dofɛ̃] n. m. **1.** Titre donné à l'héritier du trône de France. ▷ Personne portant ce titre; fils aîné du roi de France. **2.** *Par ext.* Successeur présumé d'un chef d'État, d'un personnage important, d'un chef d'entreprise, choisi par lui.

dauphine [dofin] n. f. HIST Femme du dauphin de France.

Dauphiné, anc. prov. de France, qui englobait notam. les dép. actuels de l'Isère et des Hautes-Alpes; cap. *Grenoble**. Au XIVe s., elle devint l'apanage du prince héritier de France et fut réunie au domaine royal en 1560.

dauphinois, oise [dofinwa, waz] adj. et n. Du Dauphiné. ▷ *Gratin dauphinois :* gratin de pommes de terre au beurre et à la crème fraîche. ▷ Subst. *Un(e) Dauphinois(e).*

daurade ou **dorade** [dɔʀad] n. f. Poisson perciforme marin au corps comprimé latéralement, aux mâchoires très puissantes, dont les écailles ont des reflets dorés ou argentés.

Dausset (Jean) (né en 1916), médecin et généticien français. Il découvrit l'histocompatibilité*. P. Nobel 1980.

davantage [davɑ̃taʒ] adv. **1.** Plus. *Ne m'en demandez pas davantage. Il est riche, mais son père l'était bien davantage.* **2.** Plus longtemps. *Je ne peux rester davantage.* **3.** *Davantage que, de :* plus que, de. *Davantage d'argent. Rien ne me plaît davantage que...* (Locutions très usitées mais rejetées par certains grammairiens.)

David, roi d'Israël (vers 1015-975 av. J.-C.). Fils de Jessé, vainqueur de Goliath en combat singulier, il fut élu roi (successeur de Saül) par la tribu de Juda. Après avoir conquis Jérusalem sur les Jébuséens, il en fit la cap. politique et religieuse d'Israël. La tradition voit en lui l'initiateur du psaume.

David (Gérard) (v. 1460 – 1523), peintre flamand qui travailla à Bruges. Il subit l'influence de Van Eyck et de Memling. Son chef-d'œuvre est *la Vierge entre les vierges* (1509, musée de Rouen).

David (Jacques Louis) (1748 – 1825), peintre français; chef de l'école néo-classique. Député à la Convention, il peignit *Marat assassiné* (1793). Emprisonné après la chute de Robespierre, il fut amnistié sous l'Empire, dont il devint le peintre officiel : *le Sacre* (1805-1807, Louvre). En 1816, il dut s'exiler à Bruxelles, où il mourut.

David d'Angers (Pierre-Jean) (1788 – 1856), sculpteur et dessinateur français néo-classique.

davier [davje] n. m. **1.** CHIR Pince à longs bras et à mors très courts pour extraire les dents, ou pour maintenir des os en chirurgie osseuse. **2.** TECH Barre de fer dont l'une des extrémités est recourbée en crampon, servant au menuisier à serrer et à assembler des pièces. **3.** MAR Rouleau, monté sur un axe horizontal, servant à supporter un câble sur lequel s'exerce un effort.

Davies (Robertson) (1913 – 1995), écrivain canadien d'expression anglaise. L'ironie caractérise ses romans et ses pièces de théâtre.

Davis (Jefferson) (1808 – 1889), officier américain. Il présida la Confédération sudiste (1861-1865).

Davis (Ruth Elizabeth Davis, dite Bette) (1908 – 1989), actrice américaine : *l'Intruse* (1935), *l'Insoumise* (1938), *la Garce* (1949), *Ève* (1950).

Davis (Miles Dewey) (1926 – 1991), trompettiste de jazz américain.

Davis (Angela) (née en 1944), révolutionnaire américaine. Membre du parti communiste (1968), elle fut arrêtée en 1970 et acquittée.

Davis (coupe), compétition internationale de tennis, créée en 1900 par l'Américain D. F. Davis. Elle oppose, par élimination directe, des équipes nationales masculines qui, à chaque match, disputent quatre simples et un double.

Davos, v. de Suisse (Grisons), dans la *vallée de Davos;* 10500 hab. Import. stat. climat. et de sports d'hiver (alt. 1560-2844 m). – Depuis 1971, chaque année, pendant une semaine, le *Forum de l'économie mondiale* y réunit des responsables politiques et des hommes d'affaires du monde entier.

Davy (sir Humphry) (1778 – 1829), chimiste et physicien anglais. Il découvrit notam. le potassium et le sodium, en 1807, grâce à ses travaux sur l'électrolyse.

Dawes (Charles Gates) (1865 – 1951), financier et homme politique américain. Le *plan Dawes* (1924-1929) aida l'Allemagne à payer les réparations de guerre. Il fut vice-président des É.-U. sous Coolidge (1925-1929). P. Nobel de la paix 1925.

Dawhah (Al-) ou **Doha (Al-)** *(ad-Dawha),* cap. du Qatar; 217290 hab.

Dawson (anc. *Dawson City*), localité du Canada; 970 hab. (près de 30000 hab. v. 1900). – Célèbre lieu de la ruée vers l'or à la fin du XIXe s.

Dayak(s), population autochtone de Bornéo.

Dayan (Moshé) (1915 – 1981), général et homme politique israélien; ministre de la Défense (1967-1974), le vainqueur de la guerre des Six Jours (1967).

dazibao [da(d)zibao] n. m. En Chine, affiche manuscrite traitant de l'actualité politique.

D.C.A. [desea] n. f. (Sigle de *défense contre avions.*) Artillerie antiaérienne.

D.D.T. [dedete] n. m. (Sigle de *dichloro-diphényl-trichloréthane.*) Insecticide puissant.

1. de-, dé-, des-, dés-. Élément, du lat. *dis-,* marquant l'éloignement, la séparation, l'opposition.

2. de-, dé-, des-, dés-. Élément, du lat. *de-,* indiquant soit un mouvement de haut en bas, soit un renforcement (ou le commencement) de l'action.

1. de [də], **d'** [d], **du** [dy], **des** [de], prép. (*d'*; devant une voyelle ou un h muet; *du,* contraction de *de le; des,* contraction de *de les*). **I.** La préposition *de* exprime des rapports, extrêmement nombreux à partir du sens fondamental, d'*origine,* de *point de départ,* et notam. : **1.** Le lieu (départ, séparation, extraction, provenance). *Venir de Toulouse. Tenir une nouvelle de qqn. Natif du Gabon.* – (Éloignement) *C'est à cent mètres de chez moi.* ▷ (Particule nobiliaire.) *Madame de Grignan.* **2.** L'intervalle de temps (*de... à...*). *Du matin au soir.* ▷ La durée. *De jour, de nuit :* pendant le jour, la nuit. **3.** Le cheminement, la progression, la répétition, l'intervalle (*de... en...*). *Épidémie qui s'étend de jour en jour. Relais disposés de place en place.* **4.** La cause. *Mourir de faim. Être fou de rage.* ▷ (Introduisant une propos. à l'indic. ou au subj.) *Il est triste de ce que vous ne lui écrivez* (ou *écriviez*) *plus.* **5.** La manière. *Rire de bon cœur. Citer de mémoire.* **6.** L'instrument, le moyen. *Coup de bâton. Signe de tête. Suivre des yeux.* **7.** La mesure. *Un navire de cent mètres. Un enfant de six mois.* **8.** L'auteur, l'agent. *Le crime de l'assassin. «L'Énéide» de Virgile.* ▷ (Introduisant le complément d'agent d'un verbe au passif.) *Être vu de tous.* **II.** *De* peut marquer également : **1.** Un rapport de possession ou assimilé à la possession. *Le livre de Paul. Un bien de famille. La beauté d'une femme.* **2.** Le rapport de la partie à l'ensemble. *Le quart de la somme. Le reste du temps.* – Du contenant au contenu. *Un panier de cerises.* – D'une chose aux éléments ou à la matière dont elle est faite. *Une colonne de marbre.* **3.** La qualité. *Un homme de génie.* ▷ La condition, la profession. *Un homme de lettres.* ▷ La catégorie, l'espèce. *Une robe du soir. Un chien de race.* **4.** La destination, l'emploi. *Salle de spectacle.* **III.** Enfin, *de* s'analyse comme un mot-outil de sens neutre. **1.** Devant l'objet d'un v. tr. indir. *Médire de qqn.* **2.** Devant les adjectifs, participes passés, adverbes en relation avec certains pronoms. *Quelqu'un de bien. Rien de tel.* **3.** Devant un infinitif sujet ou complément. *D'y retourner ne vous donnerait que du regret. Il est fâcheux de ne pas s'entendre. Arrêtez de courir.* **4.** Devant l'infinitif de narration. *Et moi de rire encore, et lui de crier de plus belle.* **5.** Devant l'attribut de l'objet des verbes *taxer, traiter, qualifier. Traiter qqn de voleur.* **6.** Dans les appositions. *La ville de Nantes. Ce fou de Rameau.* **7.** Dans certaines locutions figées. *Comme de juste. À vous de jouer.*

2. de [də], **du** [dy], **de la** [dəla], **des** [dɛ], articles partitifs (devant les noms d'objets qui ne peuvent être comptés). *Boire du cidre en mangeant des crevettes et de la dinde.* – (Abstrait) *Il y a du vrai dans ce qu'il dit.*

1. dé [de] n. m. **1.** Petit cube de matière dure (os, bois, plastique, etc.) dont chacune des six faces est marquée d'un nombre différent de points, de un à six, et qui sert dans de nombreux jeux de hasard. *Lancer les dés. Cornet à dés. Dé pipé,* que l'on a truqué pour s'assurer de gagner. ▷ Fig. *Coup de dé* (ou *de dés*) : entreprise, opération hasardeuse. *Risquer sa fortune sur un coup de dés. Les dés sont jetés :* la décision est prise, on ne peut plus revenir en arrière. **2.** TECH Partie d'un piédestal en forme de cube. ▷ Pierre taillée cubique. **3.** CUIS Petit morceau de forme cubique. *Couper le lard en dés.*

2. dé [de] n. m. *Dé à coudre* ou, absol., *dé :* petit fourreau de métal, protégeant le bout du doigt qui pousse l'aiguille.

dealer [dilœʀ] n. m. (Anglicisme) Revendeur de drogue.

déambulateur [deɑ̃bylatœʀ] n. m. Appareil à pieds aidant à la marche, sur lequel on s'appuie et que l'on déplace devant soi. Syn. (Québec) marchette.

déambulation [deɑ̃bylasjɔ̃] n. f. Action de déambuler.

déambulatoire [deɑ̃bylatwaʀ] n. m. ARCHI Galerie qui relie les bas-côtés d'une église en passant derrière le chœur.

déambuler [deɑ̃byle] v. intr. [1] Marcher, se promener sans but précis.

Dean (James Byron, dit James) (1931 – 1955), acteur américain. Il devint, après sa mort accidentelle, un mythe : *la Fureur de vivre* (1955), *À l'est d'Éden* (1955), *Géant* (1956).

Deauville, com. de France (Calvados); 4 380 hab. Import. stat. baln.

débâcher [debaʃe] v. tr. [1] Retirer la bâche de. *Débâcher un camion.*

débâcle [debɑkl] n. f. **1.** Rupture de la glace recouvrant un cours d'eau. **2.** Bouleversement entraînant l'effondrement, la ruine. *Débâcle financière.* – Spécial. *La débâcle d'une armée vaincue.* Syn. déroute.

déballage [debalaʒ] n. m. **1.** Action de déballer. **2.** Étalage, pour la vente, d'objets en vrac; commerce de ces objets. **3.** Fig., fam. Étalage (de ce qui jusqu'alors était resté secret).

déballastage [debalastaʒ] n. m. MAR Opération consistant à évacuer l'eau de mer dont on leste un navire lorsqu'il revient à vide. *Le déballastage des pétroliers est une cause importante de pollution.*

déballer [debale] v. tr. [1] **1.** Retirer (une marchandise) de son emballage. *Déballez d'abord les assiettes.* Syn. (Acadie) débourrer et désembourrer. ▷ Pp. adj. *Les objets déballés traînaient sur le sol.* **2.** Exposer (des marchandises à vendre). *Déballer des tissus.* **3.** Fig., fam. Étaler, exposer. *Déballer ce qu'on a sur le cœur.*

débandade [debɑ̃dad] n. f. Fuite, dispersion désordonnée. ▷ Loc. adv. *À la débandade :* dans la confusion et le désordre.

1. débander [debɑ̃de] v. [1] **1.** v. tr. Enlever la bande, le bandage de. *Débander une plaie. Débander les yeux de qqn.* **2.** Détendre ce qui est bandé. *Débander un ressort.*

2. débander [debɑ̃de] v. [1] **1.** v. tr. Vx Mettre en désordre, disperser (une troupe). **2.** v. pron. Se disperser en désordre. *L'armée s'est débandée dès le début de la bataille.*

débaptisation [debatizasjɔ̃] n. f. En Algérie, fait de remplacer les noms français des rues, des avenues et des places, par des dénominations d'origine locale.

débaptiser [debatize] v. tr. [1] Changer le nom de (qqn ou qqch). *Débaptiser une rue.*

débarbouillage [debaʀbujaʒ] n. m. Action de débarbouiller ou de se débarbouiller.

débarbouiller [debaʀbuje] v. tr. [1] Laver le visage de. *Débarbouiller un enfant,* nettoyer ce qui lui barbouille le visage. – Pp. adj. *Un enfant mal débarbouillé.* ▷ v. pron. Se nettoyer le visage; se laver sommairement.

débarbouillette [debaʀbujɛt] n. f. (Québec) Petit carré de tissu éponge utilisé pour la toilette.

débarcadère [debaʀkadɛʀ] n. m. Quai ou appontement aménagé pour débarquer ou embarquer des voyageurs, des marchandises. Syn. embarcadère.

débardeur [debaʀdœʀ] n. m. **1.** Vieilli Ouvrier qui travaille au chargement et au déchargement de marchandises. **2.** Maillot couvrant le haut du corps, à encolure et emmanchures échancrées.

débarquement [debaʀkəmɑ̃] n. m. **1.** Action de débarquer (des marchandises, des passagers). *Quai de débarquement.* **2.** Action d'une personne qui débarque; moment de cette action. *Il a été arrêté à son débarquement.* **3.** Fig., fam. Action de révoquer (qqn), de se débarrasser (de qqn). *Le débarquement d'un préfet.* **4.** MILIT Opération qui consiste à débarquer des troupes sur un littoral ennemi avec leurs véhicules et leur armement. *Le débarquement des Alliés, le 6 juin 1944, sur les côtes normandes.*

débarquer [debaʀke] v. [1] **I.** v. tr. **1.** Faire passer à terre (les passagers, les marchandises d'un navire). ▷ *Par ext.* Enlever, faire sortir (d'un train, d'un avion). ▷ MILIT *Débarquer un commando.* **2.** Fig., fam. Se débarrasser de (qqn), le révoquer. **II.** v. intr. **1.** Quitter le bateau et descendre à terre. *Quelques membres de l'équipage ont débarqué à Toulon.* – Par ext. *Débarquer d'un train, d'un avion.* ▷ (Québec) Fam. Sortir d'une auto, d'un taxi. – Descendre (d'un siège, d'un meuble sur lequel on est assis). *Toi, débarque du sofa!* ▷ MILIT Effectuer une opération de débarquement. **2.** Fam. Arriver à l'improviste (quelque part, partic. chez qqn). *Il débarque de temps en temps chez nous.*

débarras [debaʀa] n. m. **1.** Fam. Délivrance de ce qui embarrassait. *Les voilà partis, bon débarras!* **2.** Lieu où l'on range les objets encombrants. *Ranger les balais dans le débarras.*

débarrasser [debaʀase] v. [1] **I.** v. tr. Dégager (un endroit) de ce qui embarrasse. *Débarrasser une chambre.* ▷ Libérer (un lieu, une personne) de (ce qui gêne, encombre). *Débarrassez donc le bureau de toutes ces paperasses. Débarrassez-le de son manteau.* ▷ (S. comp.) Enlever le couvert d'une table. – Pp. adj. *Une table débarrassée.* ▷ Fam. *Débarrassez-moi le plancher! :* allez-vous-en! ▷ (Suisse) Ôter qqch qui encombre. *Débarrasse ton cartable qui est en travers du couloir.* **II.** v. pron. **1.** *Se débarrasser d'une chose,* s'en défaire, l'abandonner. *Se débarrasser d'une vieille voiture. – Se débarrasser d'une idée.* **2.** *Se débarrasser de qqn,* l'éloigner; *par euph.,* le tuer.

débarrer [debaʀe] v. tr. [1] (Québec) Ouvrir à l'aide d'une clé. *Débarrer une porte.*

débasculer [debaskyle] v. tr. [1] (Réunion) Relever la traverse qui maintient fermés une porte ou des volets.

débat [deba] n. m. **I. 1.** Examen et discussion d'une question par des personnes d'avis différents. *Un débat animé. Entrer dans le cœur du débat.* **2.** Conflit moral, psychologique. *Être en proie à un débat de conscience, à un débat intérieur.* **II.** Plur. **1.** Discussion sur une question, dans une assemblée politique. *Les débats parlementaires.* **2.** DR

Phase du procès comprenant les plaidoiries des avocats et les conclusions du ministère public. *Assister aux débats.*

débatteur, euse [debatœʀ, øz] n. Personne remarquable dans le débat public.

débattre [debatʀ] v. [61] **1.** v. tr. Discuter, examiner de façon contradictoire avec une ou plusieurs personnes. *Débattre une affaire, une question.* ▷ v. tr. indir. *Débattre sur, débattre de qqch.* **2.** v. pron. Lutter énergiquement pour se dégager. *À force de se débattre, il a réussi à s'échapper.* ▷ Fig. *Se débattre contre la misère.*

débattue [debaty] n. f. (Suisse) Syn. de *onglée.*

débauchage [deboʃaʒ] n. m. **1.** Action de débaucher (sens I, 1) un employé **2.** Action de débaucher (sens I, 2) du personnel.

débauche [deboʃ] n. f. **1.** Dérèglement des mœurs, recherche excessive des plaisirs sensuels. *Incitation de mineurs à la débauche.* **2.** Fig. *Débauche de :* profusion, abus de. *Raconter une histoire avec une débauche de détails.*

débauché, ée [deboʃe] n. et adj. Personne qui vit dans la débauche. Ant. rangé, sage, vertueux. ▷ adj. *Un homme débauché.*

débaucher [deboʃe] v. tr. [1] **I. 1.** Inciter (qqn) à quitter son travail, son emploi. *Débaucher un employé.* **2.** Licencier, faute de travail. Ant. embaucher. – Absol. *Un secteur industriel où l'on débauche.* **II. 1.** Entraîner (qqn) dans le plaisir, la débauche. *Débaucher un jeune homme.* ▷ v. pron. *Il a commencé à se débaucher très jeune.* **2.** Fam. (Sens atténué.) Détourner momentanément (qqn) de son travail, de ses occupations pour le divertir. *Allez, je vous débauche : je vous emmène au cinéma.*

De Beers, groupe minier sud-africain. Il contrôle près de 80 % de la diffusion mondiale des diamants naturels et synthétiques.

débidonvillisation [debidɔ̃vilizasjɔ̃] n. f. (Maghreb) Syn. de *dégourbisation.*

débiellé, ée [debjɛle] adj. (Mart.) Loc. *Être débiellé :* avoir perdu son calme, sa lucidité.

débile [debil] adj. et n. **I.** adj. **1.** Vieilli Qui manque de force, de vigueur. *Un corps, un esprit débile.* **2.** Fam. Idiot, stupide. *Une histoire complètement débile.* **II.** n. MED *Débile mental* ou *débile :* sujet atteint d'une arriération* mentale. *Débile léger, profond.*

débilitant, ante [debilitɑ̃, ɑ̃t] adj. **1.** Qui affaiblit, débilite. *Remède débilitant.* **2.** Fig. Déprimant. *Vivre dans un cadre débilitant.*

débilité [debilite] n. f. **1.** MED État de faiblesse extrême. *Débilité congénitale.* **2.** MED État d'un débile mental.

débiliter [debilite] v. tr. [1] Rendre débile, affaiblir. ▷ Fig. Déprimer, affaiblir moralement.

débine [debin] n. f. Pop. Indigence, misère. *Être dans la débine.*

débiner (se) [debine] v. pron. [1] Fam. Se sauver, partir précipitamment.

1. débit [debi] n. m. **1.** Vente continue au détail d'une marchandise. *Boutique qui a un fort débit. Produit de faible débit.* **2.** *Débit de boissons :* établissement où l'on vend des boissons à consommer sur place. **3.** Manière de réciter, de parler. *Un orateur au débit rapide.* **4.** Manière dont on coupe, on taille (le bois, la pierre, etc.). *Débit en planches, en rondins d'un arbre.* **5.** Quantité de fluide qui s'écoule en un temps donné. *Débit d'un fleuve.* ▷ *Par anal.* Quantité fournie, capacité de production, par unité de temps, en un point donné. *Débit d'une source électrique.*

2. débit [debi] n. m. **1.** Compte des sommes dues par qqn. *Porter une dépense au débit de qqn.* Ant. crédit. **2.** COMPTA Compte de toutes les sommes qui ont été versées à un tiers.

débitage [debitaʒ] n. m. Action de débiter (1, sens 1).

débitant [debitɑ̃] n. m. *Débitant de tabac, de boissons :* personne qui tient un débit de tabac, de boissons.

1. débiter [debite] v. tr. [1] **1.** Tailler, découper en morceaux prêts à l'emploi. *Débiter de la pierre. Débiter un quartier de bœuf.* **2.** Vendre (une marchandise) au détail. **3.** Fournir (une certaine quantité de matière, de fluide, d'électricité, etc.) en une période donnée. *Source qui débite tant de litres par heure.* **4.** Péjor. Énoncer, réciter d'une manière monotone. *Débiter une leçon sans la comprendre.* ▷ Péjor. Raconter, répandre (des sottises, des mensonges, etc.).

2. débiter [debite] v. tr. [1] Porter une somme au débit de (qqn). *Débiter un client d'une somme.* ▷ Par ext. *Débiter un compte de telle somme.* Ant. créditer.

débiteur, trice [debitœʀ, tʀis] n. et adj. **1.** Personne qui doit de l'argent. *Débiteur insolvable.* ▷ adj. *Solde, compte débiteur,* où le débit est supérieur au crédit. Ant. créditeur. **2.** Fig. Personne qui a une obligation morale envers une autre. *Vous m'avez rendu un grand service, et je reste votre débiteur.*

déblai [deblɛ] n. m. **1.** Action de déblayer. **2.** *Par ext.* (Surtout au plur.) Terres, décombres que l'on retire d'un terrain. – TRAV PUBL *Route en déblai,* en tranchée. Ant. remblai.

déblaiement [deblɛmɑ̃] n. m. Opération par laquelle on déblaie.

déblatérer [deblateʀe] v. intr. [14] Fam. Parler longtemps et avec violence (contre qqch, qqn). *Déblatérer contre le gouvernement.* ▷ v. tr. *Déblatérer des injures.*

déblayage [deblɛjaʒ] n. m. Action de déblayer.

déblayer [debleje] v. tr. [21] **1.** Enlever des terres, des décombres de. *L'armée est venue déblayer les rues après le tremblement de terre.* **2.** Dégager (un lieu) de ce qui l'encombre. *Déblayer une cave.* ▷ Fig. *Déblayer le terrain :* aplanir les difficultés, préparer avant d'entreprendre.

déblocage [deblɔkaʒ] n. m. Action, fait de débloquer.

débloquer [deblɔke] v. [1] **I.** v. tr. **1.** Remettre en mouvement (une machine, une pièce bloquée). *Débloquer un rouage.* **2.** Permettre le mouvement (de marchandises, de fonds bloqués). *Débloquer les crédits.* ▷ *Débloquer les salaires :* permettre l'augmentation des salaires jusqu'alors bloqués. **II.** v. intr. Fam. Dire des choses dépourvues de sens.

débobiner [debɔbine] v. tr. [1] Dérouler (ce qui est embobiné). ▷ TECH Démonter les enroulements (d'un appareil, d'un dispositif électrique).

déboguer [debɔge] v. tr. [1] INFORM Examiner un programme pour en supprimer les bogues.

déboire [debwaʀ] n. m. (Surtout au plur.) Contrariété, déception pénible. *Ses enfants lui ont causé des déboires.*

déboisement [debwazmɑ̃] n. m. Action de déboiser; son résultat. (V. déforestation.)

déboiser [debwaze] v. tr. [1] Dégarnir (une terre) de ses bois, de ses arbres. – Pp. adj. *Une colline déboisée.* ▷ v. pron. Perdre ses bois. *La région s'est déboisée en dix ans.*

déboîtement [debwatmɑ̃] n. m. **1.** MED Luxation. **2.** Action de déboîter.

déboîter [debwate] v. [1] **I.** v. tr. **1.** Faire sortir (une pièce) de son logement, disjoindre (des éléments emboîtés). *Déboîter une porte. Déboîter des tuyaux.* **2.** MED Luxer. – v. pron. *Se déboîter l'épaule.* **II.** v. intr. **1.** Sortir d'une colonne, d'un cortège, en se déplaçant vers le côté (personnes). **2.** Sortir d'une file (véhicules). *Voiture qui déboîte pour tourner.*

débonder [debɔ̃de] v. [1] **1.** v. tr. Ôter la bonde de. *Débonder un tonneau.* **2.** v. pron. Fig. S'épancher sans retenue.

débonnaire [debɔnɛʀ] adj. D'une bonté pouvant aller jusqu'à la faiblesse. *Avoir l'air, être d'humeur débonnaire.*

Déborah (XIIe s. av. J.-C.), prophétesse et juge d'Israël; auteur d'un cantique qui célèbre la victoire des Israélites sur les Cananéens (V. Bible, Juges).

débordant, ante [debɔʀdɑ̃, ɑ̃t] adj. **1.** Qui déborde, qui passe les limites. **2.** Fig. Qui ne peut se contenir et se manifeste avec exubérance. *Joie débordante.*

débordé, ée [debɔʀde] adj. **1.** Surchargé (d'activités, d'obligations, etc.). *Être débordé de travail, de soucis.* – Absol. *Je suis débordé.* **2.** Fig. Qui reste impuissant devant les événements, qui n'en a plus le contrôle. *Le service d'ordre a été débordé.* **3.** MILIT, SPORT Contourné, dépassé. *Débordé par les ailes.*

débordement [debɔʀdəmɑ̃] n. m. **1.** Fait de déborder. *Débordement d'un cours d'eau.* **2.** Fig. Profusion, abondance excessive. *Un débordement de paroles.* **3.** Plur. Fig. Excès, conduite dissolue. *Se livrer à des débordements.* **4.** MILIT, SPORT Action de déborder.

déborder [debɔʀde] v. [1] **I.** v. intr. **1.** Laisser son contenu se répandre par-dessus bord. *Vase qui déborde.* ▷ Loc. fig. *La goutte d'eau qui fait déborder le vase :* l'événement, le fait qui rend insupportable une situation déjà très pénible. ▷ Fig. S'épancher, manifester des opinions, des sentiments longtemps contenus. *Laisser déborder son cœur.* ▷ Fig. *Déborder de vitalité, de courage. Déborder de joie.* **2.** Se répandre par-dessus bord. *Le lait a débordé de la casserole. Rivière qui déborde.* **II.** v. tr. **1.** Ôter le bord, la bordure de. *Déborder un napperon.* **2.** *Déborder des draps :* tirer les bords des draps de dessous le matelas. – Par ext. *Déborder un lit.* **3.** MAR *Déborder une embarcation,* l'éloigner de la coque d'un navire ou du quai où elle est accostée. **4.** Dépasser les limites, le bord de. *Cette pierre déborde l'autre de quelques centimètres.* – Fig. *Conférencier qui déborde le sujet annoncé.* **5.** MILIT, SPORT Dépasser en contournant. *L'ennemi, l'adversaire a débordé notre aile.*

débossage [debɔsaʒ] n. m. (Québec) Action de débosser.

débosser [debɔse] v. tr. [1] (Québec) Éliminer les bosses de. *Débosser le capot d'une auto.*

débotter [debɔte] v. tr. [1] Ôter les bottes à (qqn). ▷ v. pron. Retirer ses bottes.

débouchage [debuʃaʒ] n. m. Action de déboucher.

débouché [debuʃe] n. m. **1.** Issue, endroit où un passage resserré débouche sur un espace plus vaste. *Débouché d'une vallée, d'un col.* **2.** Moyen de placer un produit, une marchandise, d'en assurer l'écoulement; marché. *Trouver à l'étranger de nouveaux débouchés.* **3.** *Par ext.* (Surtout au plur.) Carrières, professions auxquelles telle formation professionnelle, telles études donnent accès. *Spécialité à laquelle peu de débouchés sont offerts.*

1. déboucher [debuʃe] v. tr. [1] **1.** Dégager de ce qui bouche, obstrue. *Déboucher un évier.* **2.** Ôter le bouchon de. *Déboucher une bouteille.*

2. déboucher [debuʃe] v. intr. [1] **1.** Sortir d'un endroit resserré pour entrer dans un endroit plus large. *Un groupe de touristes déboucha sur la place.* **2.** Aboutir à (un lieu plus vaste, un passage plus large), en parlant d'une voie; se jeter dans, en parlant d'un cours d'eau. *Chemin qui débouche dans la plaine, sur la route. Le Nil débouche dans la Méditerranée.* **3.** Fig. *Déboucher sur :* aboutir à (un autre domaine, des perspectives, des conclusions nouvelles). *Hypothèse qui débouche sur une remise en question des connaissances actuelles.*

déboucler [debukle] v. tr. [1] **1.** Ouvrir en détachant l'ardillon d'une boucle. *Déboucler un ceinturon.* **2.** Défaire les boucles (d'une chevelure).

déboulé [debule] n. m. **1.** CHOREGR Mouvement constitué d'une suite de demi-tours sur les pointes ou les demi-pointes. **2.** SPORT Course rapide, puissante. *Avoir un bon déboulé.*

débouler [debule] v. intr. [1] **1.** Fam. Rouler comme une boule de haut en bas. – *Par ext.* Descendre très vite. *Débouler du haut de la rue sans s'arrêter.* – v. tr. *Il déboula les deux étages.* **2.** VEN Fuir précipitamment et à l'improviste devant le chasseur.

déboulonnage [debulɔnaʒ] ou **déboulonnement** [debulɔnmɑ̃] n. m. Action de déboulonner; état de ce qui est déboulonné.

déboulonner [debulɔne] v. tr. [1] **1.** Enlever les boulons de, démonter (ce qui était boulonné). **2.** Fig., fam. *Déboulonner qqn,* lui faire perdre son prestige; lui retirer son poste, ses responsabilités. *Déboulonner un homme politique.*

débourber [debuʀbe] v. tr. [1] Ôter la bourbe de. *Débourber une mare.* ▷ TECH Ôter la gangue (d'un minerai). – Purifier (un liquide) par décantation.

débourrer [debuʀe] v. [1] **I.** v. tr. **1.** Ôter la bourre de. *Débourrer une peau avant de la tanner.* **2.** Dégarnir de ce qui bourre. *Débourrer une pipe,* en retirer le tabac, les cendres. **3.** (Acadie) Déballer. *Débourrer un colis.* Syn. désembourrer. **II.** v. intr. ARBOR Éclore, sortir de sa bourre, en parlant des bourgeons.

débours [debuʀ] n. m. (Souvent au plur.) Somme déboursée. *Rentrer dans ses débours.*

déboursement [debuʀsəmɑ̃] n. m. Action de débourser.

débourser [debuʀse] v. tr. [1] Sortir (une certaine somme) de sa bourse, de sa caisse, pour payer. *N'avoir rien à débourser.*

déboussoler [debusɔle] v. tr. [1] Fam., fig. Faire perdre la tête à qqn., le déconcerter. *Ses propos m'ont déboussolé.*

debout [dəbu] adv. et adj. **I.** adv. **1.** Sur un de ses bouts, en position verticale. *Poser un tonneau debout.* ▷ Fig. *Mettre une affaire debout,* la créer, l'organiser. **2.** (Personnes) Sur ses pieds, en station verticale (par oppos. à *couché, assis*). *Se mettre debout.* ▷ *Debout! :* interj. par laquelle on ordonne à qqn de se lever, on l'invite à partir. **3.** Levé, hors de son lit. *Être debout à 5 heures tous les matins.* – Loc. *Dormir debout :* être fatigué au point de s'endormir sans être couché; fig. être très fatigué. – Fig. *Une histoire à dormir debout,* inimaginable, invraisemblable. **4.** *Être, tenir debout :* résister à la destruction, à l'usure. *Cette vieille bâtisse est encore debout.* ▷ Fig. *Tenir debout* (souvent en forme nég.) : être cohérent, vraisemblable (en parlant d'une théorie, d'un récit, etc.). *Un raisonnement, une argumentation qui ne tient pas debout. Cette explication tient debout.* **II.** adj. inv. *Vent debout,* contraire à la direction suivie par le navire, l'avion. *Décoller, atterrir vent debout,* face au vent.

débouter [debute] v. tr. [1] DR Déclarer (qqn) mal fondé dans la demande qu'il a faite en justice. *Le tribunal a débouté le demandeur de sa prétention.*

déboutonner [debutɔne] v. [1] **1.** v. tr. Dégager de leurs boutonnières les boutons de. *Déboutonner son manteau.* **2.** v. pron. Déboutonner ses vêtements. ▷ Fig., fam. Dire tout ce qu'on pense, tout ce qu'on sait. *Complice qui s'est déboutonné.*

débraillé, ée [debʀɑje] adj. et n. m. **1.** adj. Dont les vêtements sont en désordre. *Un enfant sale et débraillé.* ▷ Négligé, sans soin. *Une allure, une tenue débraillée.* ▷ Fig. *Des manières débraillées,* trop libres, inconvenantes. **2.** n. m. Mise négligée. ▷ Fig. *Le débraillé du style.*

débrancher [debʀɑ̃ʃe] v. tr. [1] **1.** CH de F Séparer (des wagons ou des voitures) d'un convoi pour les diriger sur une autre voie. **2.** Interrompre la connexion, supprimer le branchement de. *Débrancher un poste de radio, une prise électrique.*

débrayage [debʀɛjaʒ] n. m. **1.** Action de débrayer. **2.** Arrêt du travail; grève.

débrayer [debʀeje] v. [21] **1.** v. tr. TECH Désaccoupler (l'arbre entraîné) de l'arbre moteur d'une machine. ▷ (S. comp.) AUTO *Débrayer pour passer les vitesses.* **2.** v. intr. Cesser le travail à la fin de la journée, dans une usine. – *Spécial.* Cesser le travail en signe de mécontentement, se mettre en grève. *Tous les ateliers ont débrayé.*

débrayeur [debʀɛjœʀ] n. m. TECH Mécanisme servant à débrayer.

Debré (Robert) (1882 – 1978), pédiatre français. — **Michel** (1912 – 1996), fils du préc., homme politique français. Résistant, gaulliste, Premier ministre (1959-1962). Acad. fr. (1988). — **Olivier** (né en 1920), frère du préc., peintre français abstrait.

Debrecen, v. de la Hongrie orientale; 210 360 hab.; ch.-l. de comté. – Université. – Surnommée la «Rome calviniste» ou la «Genève hongroise», elle fut le foyer de la Réforme en Hongrie.

débridé, ée [debʀide] adj. Qui a perdu toute contrainte, sans mesure. *Imagination débridée.*

débridement [debʀidmɑ̃] n. m. **1.** Action de débrider. **2.** MED Sectionnement de la bride qui comprime ou étrangle un organe. – Large incision pratiquée dans un foyer purulent. **3.** Fig. Déchaînement. *Le débridement des passions.*

débrider [debʀide] v. tr. [1] **1.** Ôter la bride à. *Débrider un cheval.* **2.** Libérer (qqch) de ce qui serre, contraint comme une bride. ▷ AUTO *Débrider un moteur,* lui permettre de tourner plus vite, après rodage. ▷ MED Pratiquer le débridement de. *Débrider un abcès.*

débris [debʀi] n. m. (Surtout au plur.) **1.** Fragment d'un objet brisé, ou en partie détruit. *Les débris d'un vase.* ▷ Ruines (d'un bâtiment, d'une ville). – Fig., litt. *Les débris d'un empire, d'une civilisation.* **2.** *Débris fossiles, débris organiques :* restes plus ou moins bien conservés d'êtres organisés. **3.** Restes d'une chose en partie consommée. *Les débris d'un repas.* **4.** Fam., péjor. *Un vieux débris :* une personne âgée, diminuée physiquement et intellectuellement.

débrouillard, arde [debʀujaʀ, aʀd] adj. et n. Fam. Qui sait se débrouiller. *Un enfant débrouillard.* Syn. (Suisse) débrouille. ▷ Subst. *C'est un débrouillard.*

débrouillardise [debʀujaʀdiz] n. f. Fam. Aptitude (d'une personne) à se débrouiller.

débrouille [debʀuj] adj. et n. f. Fam. **1.** adj. (Suisse) Syn. de *débrouillard.* **2.** n. f. (France rég.) Fam. Fait de se tirer d'embarras (notam. financier) par des moyens plus ou moins réguliers.

débrouiller [debʀuje] v. [1] **I.** v. tr. **1.** Démêler, mettre, remettre en ordre (une chose qui est embrouillée). *Débrouiller un écheveau.* **2.** Fig. Éclaircir, dénouer. *Débrouiller une affaire confuse, un mystère.* **3.** Fam. *Débrouiller qqn,* lui apprendre à se tirer d'embarras, lui donner les rudiments d'un savoir. **II.** v. pron. Fam. **1.** Se tirer d'embarras. *Il a su se débrouiller au milieu de toutes ces difficultés.* ▷ *Spécial.* Se tirer d'affaire, arriver à ses fins par son habileté. *Il arrive toujours à se débrouiller.* **2.** (Maghreb) Se procurer qqch en dépit de difficultés (notam. financières). *Il s'est débrouillé une voiture.*

débroussage [debʀusaʒ] ou **débroussement** [debʀusəmɑ̃] n. m. Action de débrousser.

débroussaillement [debʀusɑjmɑ̃] ou **débroussaillage** [debʀusajaʒ] n. m. Action de débroussailler; son résultat.

débroussailler [debʀusɑje] v. tr. [1] Enlever les broussailles de. *Débroussailler un chemin.* Syn. (Nouv.-Cal.) débrousser. ▷ Fig. Commencer à tirer au clair. *Débroussailler un problème.*

débroussailleuse [debʀusajøz] n. f. TECH Machine à débroussailler.

débroussement [debʀusmɑ̃] n. m. V. débroussage.

débrousser [debʀuse] v. tr. [1] **1.** Défricher (la brousse). **2.** (Afr. subsah.) Désherber. ▷ (Nouv.-Cal.) Débroussailler. **3.** (Wallis-et-F.) Défricher et effectuer le brûlis avant les plantations.

débrousseur [debʀusœʀ] n. m. (Nouv.-Cal.) Personne chargée de débrousser (sens 2).

débudgétiser [debydʒetize] v. tr. [1] Enlever une charge au budget de l'État et lui trouver un autre mode de couverture financière. *Débudgétiser un programme de construction d'autoroutes.*

Deburau (Jean-Baptiste Gaspard) (1796 – 1846), mime français du théâtre des Funambules à Paris, créateur avec son fils **Jean-Charles** (1829 – 1873) du Pierrot muet.

débureaucratisation [debyʀokʀatizasjɔ̃] n. f. En Algérie, lutte contre la bureaucratie.

débureaucratiser [debyʀokʀatize] v. tr. [1] En Algérie, lutter contre la bureaucratie.

débusquer [debyske] v. tr. [1] **1.** VEN Faire sortir (le gibier) du bois, du terrier. **2.** Chasser (qqn) d'un abri, d'une position protégée. *Débusquer l'ennemi.*

Debussy (Achille-Claude, dit Claude) (1862 – 1918), compositeur français. Il créa un langage musical fondé sur l'emploi de gammes exotiques (gamme pentatonique) et sur la modalité, cultivant dissonances et harmonies nouvelles : *Prélude à l'après-midi d'un faune* (1894), 3 *Nocturnes* pour orchestre (1901), *Pelléas et Mélisande* (opéra, 1902), *la Mer* (1905), *Children's Corner* (1906-1908), *Images* (pour orch., 1906-1911), *le Martyre de Saint-Sébastien* (1911), *Jeux* (ballet, 1913), 24 *Préludes* pour piano (1910-1913), 12 *Études* pour piano (1915), *Sonate n⁰ 3* pour violon et piano (1917).

début [deby] n. m. **1.** Commencement. *Depuis le début du mois. Du début jusqu'à la fin. Tout au début, au tout début.* **2.** (Au plur.) Premiers essais, premiers pas (dans une activité, une carrière). *Faire ses débuts dans le monde.*

débutant, ante [debytɑ̃, ɑ̃t] n. et adj. **I.** n. **1.** Personne qui débute dans une activité, un métier. *Un rôle de débutant.* ▷ *Spécial.* Personne sans expérience. *C'est du travail de débutant.* **2.** n. f. Jeune fille qui fait ses débuts dans le monde. **II.** adj. *Un avocat débutant.*

débuter [debyte] v. intr. [1] **1.** Commencer (choses). *La séance débute à 8 heures.* **2.** Faire ses débuts (dans une activité, une carrière). *Il a débuté comme simple manœuvre.*

Déby (Idriss) (né en 1952), homme d'État tchadien. Opposant à H. Habré, il prit le pouvoir en déc. 1990. En avril 1991, il fut investi président de la Rép. En 1993, il convoqua une conférence de réconciliation nationale. En 1996, il organisa l'élection présidentielle multipartiste qu'il avait promise et la remporta.

debye [dəbaj] n. m. PHYS Unité de moment électrique qui équivaut à $\frac{1}{3} \times 10^{-29}$ coulomb-mètre, servant à exprimer les moments dipolaires de molécules (symbole D).

Debye (Petrus) (1884 – 1966), physicien américain d'origine néerl. : travaux sur la diffraction des rayons X et sur le froid. P. Nobel de chimie 1936.

déca-. Élément, du gr. *deka*, «dix».

deçà [dəsa] prép. et adv. **1.** Loc. prép. *En deçà de :* en arrière, au-dessous de. *En deçà de la rivière.* – Fig. *Rester en deçà de la vérité :* dire moins que la vérité; ne pas tout dire. **2.** Loc. adv. *Deçà... delà, deçà et delà, deçà delà :* d'un côté et de l'autre, de côté et d'autre, de tous côtés.

décabossage [dekabɔsaʒ] n. m. (Afr. subsah.) Action de décabosser (sens 2).

décabosser [dekabɔse] v. tr. [1] **1.** Redonner sa forme à (un objet cabossé). **2.** (Afr. subsah.) Ouvrir les cabosses du cacaoyer pour recueillir les fèves.

décabosseuse [dekabɔsøz] n. f. (Afr. subsah.) Appareil servant à ouvrir les cabosses de cacaoyer. Syn. écabosseuse.

décacheter [dekaʃte] v. tr. [20] Ouvrir (ce qui est cacheté). *Décacheter une lettre.*

décade [dekad] n. f. **1.** Période de dix jours consécutifs. **2.** *Par ext.* (Emploi critiqué.) Période de dix ans. *La première décade du XXᵉ siècle.*

décadenasser [dekadnase] v. tr. [1] Ouvrir en enlevant le cadenas. *Décadenasser une malle.*

décadence [dekadɑ̃s] n. f. Commencement de la chute, de la ruine. *Tomber en décadence.* ▷ *Spécial.* Période de déclin politique et économique, accompagné d'un déclin des institutions, des valeurs d'une société.

décadent, ente [dekadɑ̃, ɑ̃t] adj. (et n.) **1.** Qui résulte de la décadence ou la traduit; qui est en décadence. *Siècle décadent. Peinture décadente.* **2.** LITTER *L'école décadente :* l'école littéraire et philosophique qui prépara le symbolisme. ▷ n. m. *Les décadents.*

décaèdre [dekaεdʀ] adj. et n. m. GEOM **1.** adj. Qui a dix faces. **2.** n. m. Polyèdre limité par dix faces.

décaféiné, ée [dekafeine] adj. et n. m. Dont on a extrait la caféine. *Un café décaféiné,* ou, n. m., *un décaféiné.* (Abrév. fam. : un déca).

décaféiner [dekafeine] v. tr. [1] Enlever la caféine de.

décagonal, ale, aux [dekagɔnal, o] adj. GEOM Qui a la forme d'un décagone.

décagone [dekagɔn] n. m. GEOM Polygone à dix angles et dix côtés.

décagramme [dekagʀam] n. m. Unité valant dix grammes (symbole dag).

décaisser [dekεse] v. tr. [1] Sortir (une somme d'argent) d'une caisse.

décalage [dekalaʒ] n. m. **1.** TECH Action de décaler. **2.** Position, état de ce qui est décalé (dans le temps ou dans l'espace). – *Décalage horaire :* différence (en plus ou en moins) d'heure légale entre deux pays situés sur des fuseaux horaires différents. **3.** Fig. Inadéquation, différence entre deux choses, deux faits. *Il y a un décalage énorme entre sa version des faits et la réalité.*

décalaminer [dekalamine] v. tr. [1] TECH Enlever la calamine de. *Décalaminer un moteur.*

décalcification [dekalsifikasjɔ̃] n. f. MED Diminution du calcium de l'organisme provoquant une fragilité osseuse, localisée ou diffuse.

décalcifier [dekalsifje] v. tr. [2] MED Priver d'une partie de son calcium. – v. pron. Être atteint de décalcification.

décalcomanie [dekalkɔmani] n. f. Procédé de décoration par report de figures ou de motifs qui se détachent d'un papier que l'on applique sur l'objet à décorer. *Porcelaines décorées par décalcomanie.* – *Album de décalcomanies pour les enfants.* – *Par méton.* Image appliquée par ce procédé.

décaler [dekale] v. tr. [1] Faire subir un léger déplacement (dans le temps ou dans l'espace) à. *Être obligé de décaler la date d'un départ.*

décalitre [dekalitʀ] n. m. Mesure de capacité valant dix litres (symbole dal).

Décalogue (le). V. Commandements (les Dix).

décalquage [dekalkaʒ] ou **décalque** [dekalk] n. m. Action de décalquer; son résultat.

décalquer [dekalke] v. tr. [1] Reporter le calque de (qqch) sur une surface quelconque. *Papier à décalquer.*

décamètre [dekamεtʀ] n. m. Unité de longueur égale à dix mètres (symbole dam). ▷ TECH Chaîne ou ruban d'une longueur de 10 m servant à certaines mesures. – Spécial. *Décamètre d'arpenteur.*

décamper [dekɑ̃pe] v. intr. [1] S'enfuir, partir à la hâte.

décan [dekɑ̃] n. m. ASTROL Chaque dizaine de degrés de chacun des signes du zodiaque. *Le troisième décan du Bélier.*

décanat [dekana] n. m. Dignité de doyen; exercice, durée de cette dignité.

décaniller [dekanije] v. intr. [1] Pop. Partir précipitamment. ▷ v. pron. Se dépêcher.

décantage [dekɑ̃taʒ] n. m. ou **décantation** [dekɑ̃tasjɔ̃] n. f. Action de décanter; son résultat.

décanter [dekɑ̃te] v. tr. [1] Laisser reposer (un liquide) pour le séparer des matières solides qu'il tenait en suspension. ▷ v. pron. *Cidre qui se décante.* – Fig. Se clarifier. *Laisser la situation se décanter avant d'agir.*

décanteur [dekɑ̃tœʀ] n. m. TECH Appareil servant à décanter. *Les décanteurs d'une station d'épuration d'eau.*

décapage [dekapaʒ] n. m. **1.** Action de décaper. **2.** (Luxembourg) *Décapage de terre arable :* action d'enlever une couche de terre arable.

décapant, ante [dekapɑ̃, ɑ̃t] adj. et n. m. **1.** adj. Qui décape. – Fig. *Des propos décapants,* incisifs, qui bousculent. **2** n. m. Substance chimique assurant le décapage.

décaper [dekape] v. tr. [1] **1.** TECH Débarrasser (une surface métallique) des oxydes ou des impuretés qui y adhèrent. *Décaper des poutrelles métalliques.* ▷ Par ext., cour. *Décaper une table en bois avant de la vernir.* Syn. (Belgique) dérocher. **2.** TRAV PUBL Enlever la couche superficielle d'un sol.

décapeuse [dekapøz] n. f. TRAV PUBL Engin de terrassement pour décaper les sols. Syn. (off. déconseillé) scraper.

décapitation [dekapitasjɔ̃] n. f. Action de décapiter.

décapiter [dekapite] v. tr. [1] **1.** Trancher la tête de (qqn). *Décapiter un condamné.* **2.** *Par anal.* Enlever la partie supérieure de (qqch). *Décapiter des arbres.* **3.** Fig. Enlever la partie essentielle de. – Pp. *Un parti décapité par la mort de son chef.*

décapodes [dekapɔd] n. m. pl. ZOOL **1.** Ordre de mollusques céphalopodes dibranchiaux caractérisés par la présence de 10 tentacules et d'une coquille interne recouverte de chair (seiches, calmars, etc.). **2.** Ordre de crustacés malacostracés pourvus de 5 paires de pattes locomotrices (la première paire pouvant prendre la forme de pinces). *La langouste, le crabe et le pagure sont des décapodes.* – Sing. *Un décapode.*

décapotable [dekapɔtabl] adj. et n. f. Qui peut être décapoté. *Une voiture décapotable* ou, n. f., *une décapotable.*

décapoter [dekapɔte] v. tr. [1] **1.** Ouvrir la capote (d'une voiture). **2.** Retirer, ouvrir le ou les capots (d'un moteur).

décapsuler [dekapsyle] v. tr. [1] Enlever la capsule de. *Décapsuler une bouteille.*

décapsuleur [dekapsylœʀ] n. m. Ustensile pour décapsuler les bouteilles. Syn. ouvre-bouteilles.

décarcasser (se) [dekaʀkase] v. pron. [1] Fam. Se donner beaucoup de peine.

décasyllabe [dekasil(l)ab] adj. et n. m., ou **décasyllabique** [dekasil(l)abik] adj. Qui a dix syllabes. *Vers décasyllabe ou décasyllabique.* ▷ n. m. *Un décasyllabe.*

décathlon [dekatlɔ̃] n. m. SPORT Compétition masculine d'athlétisme, inscrite aux jeux Olympiques, comportant dix épreuves (4 courses, 3 sauts, 3 lancers).

décati, ie [dekati] adj. **1.** Qui a perdu son lustre, en parlant d'une étoffe. *Un drap décati.* **2.** Fig., péjor. Qui a perdu sa fraîcheur. *Un vieil homme décati.*

décatir [dekatiʀ] v. [3] **1.** v. tr. TECH Enlever (à une étoffe) le lustre et le brillant produits par les apprêts. *Décatir le drap, la toile de lin.* **2.** v. pron. Fig., péjor. Perdre sa fraîcheur, sa beauté; vieillir.

decauville [dəkovil] n. m. CH de F Chemin de fer à voie étroite (40-60 cm).

Decazes et de Glücksberg (Élie, duc) (1780 – 1860), homme politique français; Premier ministre en 1819; les ultraroyalistes obtinrent sa démission (1820).

Deccan. V. Dekkan.

décédé, ée [desede] adj. et n. (Personnes) Mort. *Un oncle décédé.* ▷ Subst. *Les ayants droit du décédé.*

décéder [desede] v. intr. [14] (Personnes) Mourir.

décelable [deslabl] adj. Qui peut être décelé.

déceler [desle] v. tr. [17] **1.** Découvrir (ce qui était caché). *Impossible de déceler le moindre indice.* **2.** Être l'indice de; faire découvrir, révéler. *C'est un léger bruit qui décela sa présence.*

décélération [deseleʀasjɔ̃] n. f. Accélération négative, diminution de la vitesse d'un mobile.

décélérer [deseleʀe] v. intr. [14] Effectuer, subir une décélération.

décembre [desɑ̃bʀ] n. m. Douzième et dernier mois de l'année, comprenant trente et un jours. *Le jour de Noël est le 25 décembre.*

décembre 1851 (coup d'État du 2), coup d'État organisé par le président de la IIe Rép. française, Louis Napoléon Bonaparte, pour se libérer du Parlement (à majorité monarchiste). La date choisie rappelait la victoire d'Austerlitz et le sacre de Napoléon Ier. Le 2 déc. 1852 il proclama le Second Empire*.

décemment [desamɑ̃] adv. **1.** D'une manière décente. *Se vêtir, se comporter décemment.* **2.** En tenant compte des convenances, du bon sens. *On ne peut décemment pas le faire attendre.*

décence [desɑ̃s] n. f. Respect de la pudeur, de la correction, de la modestie, des convenances. *Montrer de la décence dans sa tenue. – Ayez au moins la décence de vous taire.*

décennal, ale, aux [desenal, o] adj. **1.** Qui dure dix ans. *Engagement décennal.* **2.** Qui revient tous les dix ans. *Exposition décennale.*

décennie [deseni] n. f. Période de dix ans.

décent, ente [desɑ̃, ɑ̃t] adj. Conforme à la décence, convenable. *Une tenue décente.* ▷ Raisonnable, acceptable. *Un salaire décent.*

décentrage [desɑ̃tʀaʒ] n. m. Action de décentrer; fait d'être décentré. ▷ OPT, PHOTO Syn. de *décentrement.*

décentralisateur, trice [desɑ̃tʀalizatœʀ, tʀis] adj. et n. Qui concerne la décentralisation. *Une réforme décentralisatrice.* ▷ Subst. Partisan de la décentralisation.

décentralisation [desɑ̃tʀalizasjɔ̃] n. f. ADMIN Système dans lequel une collectivité ou un service technique s'administrent eux-mêmes sous le contrôle de l'État. – Mise en œuvre de ce système.

décentraliser [desɑ̃tʀalize] v. tr. [1] Procéder à la décentralisation de.

décentrement [desɑ̃tʀəmɑ̃] n. m. ou **décentration** [desɑ̃tʀasjɔ̃] n. f. **1.** OPT Défaut d'alignement des centres des lentilles. **2.** PHOTO Action de décentrer l'objectif d'un appareil photographique. Syn. décentrage.

décentrer [desɑ̃tʀe] v. tr. [1] TECH Déplacer le centre de; écarter (qqch) du centre de. ▷ PHOTO Déplacer l'objectif d'un appareil photographique parallèlement à la surface sensible (pour éviter les déformations dues à la perspective). *Décentrer un objectif en largeur.* ▷ Pp. adj. (Suisse) Se dit d'un lieu éloigné du centre d'une agglomération.

déception [desɛpsjɔ̃] n. f. Sentiment d'une personne trompée dans ses espérances. *Éprouver une vive déception.*

décérébrer [deseʀebʀe] v. tr. [14] PHYSIOL Ôter, détruire le cerveau de (un animal). ▷ Pp. adj. *Étude des réflexes sur la grenouille décérébrée.* – Fig. Qui semble privé de cerveau. *Une brute décérébrée.*

décerner [desɛʀne] v. tr. [1] **1.** Accorder (à qqn des récompenses, des honneurs). *Décerner les palmes académiques à un professeur.* **2.** DR Ordonner qqch contre qqn. *Décerner un mandat de dépôt.*

décerveler [desɛʀvəle] v. tr. [17] Fam. **1.** Faire sauter, détruire la cervelle de. **2.** Fig. Retirer tout jugement à, abrutir.

décès [desɛ] n. m. DR ADMIN Mort naturelle d'une personne. *Acte de décès.* – Cour. Mort. *Le décès d'un parent.*

décevant, ante [des(ə)vɑ̃, ɑ̃t] adj. Qui apporte des déceptions. *Une réaction décevante de sa part.*

décevoir [desəvwaʀ] v. tr. [5] **1.** Tromper (qqn) dans ses espérances. *Ce voyage m'a beaucoup déçu.* **2.** Litt. *Décevoir la confiance de :* ne pas répondre à l'attente de.

déchaîné, ée [deʃene] adj. **1.** (Choses) Violent, très agité. *Les vents déchaînés.* **2.** (Personnes) Exubérant; délivré de toute retenue. *Il est déchaîné ce soir! La foule déchaînée.* **3.** (Madag.) Dont la chaîne de vélo a déraillé. *Attends-moi, je suis déchaîné.*

déchaînement [deʃɛnmɑ̃] n. m. Action de déchaîner, de se déchaîner; état de ce qui est déchaîné. *Le déchaînement de l'envie.*

déchaîner [deʃene] v. [1] **1.** v. tr. Exciter, soulever, libérer de tout frein. *Une polémique qui déchaîne les passions.* **2.** v. pron. *Les éléments s'étaient déchaînés.* ▷ (Personnes) S'emporter violemment. *Tous se déchaînèrent contre lui.*

déchanter [deʃɑ̃te] v. intr. [1] Rabattre de ses prétentions, de ses espérances.

décharge [deʃaʀʒ] n. f. **I. 1.** Lieu où l'on décharge (des ordures, des déchets). *Décharge publique.* **2.** TECH *Tuyau de décharge,* par lequel se fait l'écoulement des eaux. – Ouverture pratiquée pour permettre cet écoulement. *Déboucher une décharge.* **3.** ARCHI *Arc de décharge,* construit pour diminuer, en la répartissant, la charge supportée par la partie inférieure d'un édifice. **II. 1.** Action de faire partir un projectile d'arme à feu. – Salve, tir simultané de plusieurs armes à feu. *Décharge d'artillerie.* **2.** *Décharge électrique :* phénomène qui se produit lorsqu'un conducteur soumis à un potentiel électrique perd brusquement sa charge. ▷ *Décharge d'un condensateur :* décroissance des charges d'un condensateur lorsqu'il est relié à un circuit électrique. – *Décharge d'un accumulateur,* réduction de la quantité d'électricité emmagasinée. **III. 1.** DR Se dit de tout ce qui tend à réduire ou à invalider les charges qui pèsent sur un accusé (dans l'expr. *à décharge*). *Témoin à décharge.* ▷ Cour. *Il faut dire à sa décharge...* **2.** Attestation qui dégage la responsabilité de qqn. *Faire signer une décharge.* **3.** FISC Annulation d'une imposition abusive.

déchargement [deʃaʀʒəmɑ̃] n. m. **1.** Action de décharger (un navire, un camion, etc.). *Procéder au déchargement d'un avion.* **2.** Enlèvement des projectiles introduits dans une arme à feu.

décharger [deʃaʀʒe] v. [13] **I.** v. tr. **1.** Enlever les marchandises, les objets dont un navire, un camion, etc., sont chargés. *Décharger un bateau. Décharger des briques d'un camion.* **2.** Débarrasser d'un poids qui surcharge. *Décharger un plancher.* **3.** v. pron. S'écouler (en parlant des eaux). *Le trop-plein se décharge dans un bassin.* **4.** Fig., fam. *Décharger son cœur, sa bile, sa colère :* dire enfin l'objet de sa souffrance, de sa rancœur, de son mécontentement. **II.** v. intr. IMPRIM Maculer. *Cette encre décharge.* ▷ Déteindre (en parlant d'une étoffe). **III.** v. tr. *Décharger de.* **1.** Dispenser (qqn d'une charge, d'un travail). *Je vous déchargerai de ce soin.* – v. pron. *Il se décharge de toute la comptabilité sur ses collaborateurs.* **2.** Innocenter (un accusé des charges qui pèsent contre lui). *Les conclusions des experts l'ont totalement déchargé de cette accusation.* **IV.** v. tr. **1.** Enlever la charge de (une arme à feu). ▷ *Décharger une arme à feu,* tirer tous les projectiles qu'elle contient. **2.** Débarrasser (un appareil) de sa charge électrique. *Décharger une batterie.* – v. pron. *Pile qui se décharge à l'humidité.*

décharné, ée [deʃaʀne] adj. **1.** Débarrassé de sa chair. *Un squelette décharné.* ▷ Fig. *Un style décharné,* sec, aride. **2.** Extrêmement maigre. *Visage décharné.*

décharnement [deʃaʀnəmɑ̃] n. m. État d'amaigrissement extrême.

décharner [deʃaʀne] v. tr. [1] **1.** Dépouiller de la chair. *Décharner un os.* **2.** Amaigrir de façon importante. *La maladie l'a décharné.*

déchaumer [deʃome] v. tr. [1] AGRIC Enterrer les éteules (chaumes) par un labour léger.

déchaussé, ée [deʃose] adj. **1.** Sans chaussure. *Pied déchaussé.* **2.** Dont la base a une mauvaise assise. *Mur déchaussé.* – *Dent déchaussée,* dont la racine n'est plus maintenue correctement dans l'alvéole dentaire.

déchaussement [deʃosmɑ̃] n. m. **1.** Fait de se déchausser; état de ce qui est déchaussé. *Le déchaussement des dents.* – CONSTR *Le déchaussement d'un mur.* **2.** ARBOR Opération qui consiste à dégager le pied des arbres ou des vignes pour y mettre du fumier.

déchausser [deʃose] v. [1] **I.** v. tr. **1.** Ôter ses chaussures à (qqn). ▷ v. pron. *Se déchausser avant d'entrer.* **2.** Mettre à nu le pied, la base de (qqch). *Déchausser un arbre, un mur.* ▷ v. pron. *Avoir les dents qui se déchaussent.* **II.** v. intr. SPORT Ôter ses skis, ses crampons à glace.

dèche [dɛʃ] n. f. Fam. Misère ou gêne passagère. *Être dans la dèche.*

déchéance [deʃeɑ̃s] n. f. **1.** Diminution, perte du rang social, de la réputation. *La déchéance d'une grande maison.* ▷ Affaiblissement (d'une faculté physique); décadence morale, avilissement. *Tomber dans la déchéance la plus totale.* **2.** DR Perte d'un droit ou d'une faculté (pour défaut d'usage dans les délais fixés ou dans les conditions prescrites par la loi). *Déchéance de la puissance paternelle.* ▷ Suspension (de qqn) d'un rang, d'une fonction.

déchet [deʃɛ] n. m. **1.** DR COMM *Déchet de route :* part admise de dépréciation (qualitative ou quantitative) d'une marchandise au cours d'un transport (par fer, mer, route, etc.). *Le déchet de route n'engage pas la responsabilité du transporteur.* **2.** Ce qui tombe lorsqu'on coupe, rogne, etc. (une matière). *Des déchets de viande, de laine.* **3.** (Plur.) Résidus, restes (sales, dangereux, etc.). *Déchets radioactifs.* **4.** Fig. Personne déchue, pitoyable ou méprisable.

déchiffrable [deʃifʀabl] adj. Qui peut être déchiffré.

déchiffrage [deʃifʀaʒ] n. m. Action de déchiffrer. – MUS *Déchiffrage d'une partition.*

déchiffrement [deʃifʀəmɑ̃] n. m. Action de déchiffrer (un texte codé, une affaire compliquée, etc.).

déchiffrer [deʃifʀe] v. tr. [1] **1.** Trouver la signification de, traduire en clair (ce qui est écrit en chiffres, en caractères inconnus). *Déchiffrer un message codé. Déchiffrer des hiéroglyphes.* **2.** Lire (ce qui est difficile à lire). *Déchiffrer une écriture.* **3.** MUS Lire, jouer ou chanter de la musique à première vue. **4.** Fig. Démêler, pénétrer (ce qui est compliqué, obscur, etc.). *Déchiffrer une affaire.*

déchiqueter [deʃikte] v. tr. [20] **1.** Déchirer, tailler en menus morceaux. *Bête sauvage qui déchiquette sa proie.* – Pp. *Les lambeaux d'une étoffe déchiquetée.* **2.** Fig. Mettre en pièces (une idée, un argument, etc.).

déchiqueteur [deʃiktœʀ] n. m. TECH Machine servant à déchiqueter. *Passer des lettres à détruire au déchiqueteur.*

déchirant, ante [deʃiʀɑ̃, ɑ̃t] adj. Qui émeut pathétiquement. *Un spectacle déchirant. Des cris déchirants.*

déchiré, ée [deʃiʀe] adj. Qui subit ou a subi un déchirement.

déchirement [deʃiʀmɑ̃] n. m. **1.** Action de déchirer; son résultat. – *Déchirement d'un muscle :* claquage. **2.** Fig. Souffrance morale extrême. *Cette séparation lui causa un réel déchirement.* **3.** Plur. Fig. Discordes, luttes intestines. *Les déchirements d'un pays en proie à la guerre civile.*

déchirer [deʃiʀe] v. tr. [1] **1.** Mettre en pièces, en morceaux, sans se servir d'un instrument tranchant. *Déchirer du tissu.* ▷ v. pron. *Le papier se déchire facilement.* – MED *Se déchirer un muscle :* se rompre des fibres musculaires. **2.** Fig. Produire une sensation douloureuse ou désagréable sur. *Cette musique déchire les oreilles.* – Litt. *Ce spectacle déchirait mon âme.* **3.** Fig. Troubler par des dissensions violentes; diviser. *Les luttes tribales déchirent certains pays.* ▷ v. pron. (récipr.) S'outrager; s'injurier. *Des politiciens qui se déchirent entre eux.*

De Chirico (Giorgio) (1888 – 1978), peintre italien. Ses œuvres «métaphysiques», symbolistes et oniriques (1912-1919), préludent au surréalisme. Après 1920, il se confina dans l'académisme.

déchirure [deʃiʀyʀ] n. f. **1.** Rupture faite en déchirant. *Faire une déchirure à un vêtement.* – MED Rupture d'un tissu. *Déchirure musculaire, ligamentaire.* **2.** Litt., fig. Douleur morale très vive.

déchlorurer [deklɔʀyʀe] v. tr. [1] Didac. Débarrasser (l'alimentation, l'eau, le sol, etc.) des chlorures. – *Régime déchloruré,* sans sel. Syn. désodé.

déchocage [deʃɔkaʒ] n. m. MED Ensemble de manœuvres pratiquées en urgence pour ranimer un sujet en état de choc.

déchoir [deʃwaʀ] v. intr. [51] (Princ. employé à l'infinitif et au pp.) Tomber d'un état dans un autre, inférieur. *Déchoir de son rang.* ▷ *Être déchu d'un droit,* en être dépossédé.

déchouquage [deʃukaʒ] n. m. (Haïti) **1.** Arrachage des souches dans un champ. **2.** Fait de destituer qqn de son poste avec violence. **3.** Syn. de *pillage.*

déchouquer [deʃuke] v. tr. [1] (Haïti) **1.** Procéder au déchouquage d'un champ. **2.** Procéder au déchouquage d'un employé ou d'un haut fonctionnaire. **3.** Syn. de *piller* (sens 1 et 2).

déchouqueur [deʃukœʀ] n. m. (Haïti) Personne qui participe à un déchouquage (sens 2 et 3).

déchristianisation [dekʀistjanizajɔ̃] n. f. Fait de déchristianiser ou de se déchristianiser; son résultat.

déchristianiser [dekʀistjanize] v. [1] **1.** v. tr. Faire perdre la religion chrétienne à (un peuple, une nation, un État). **2.** v. pron. Perdre la religion chrétienne. – Pp. adj. *Une région déchristianisée.*

déchu, ue [deʃy] adj. **1.** Tombé dans un état inférieur; atteint de déchéance. *Gloire déchue. Roi déchu.* **2.** Privé de (un droit, une qualité juridique, etc.). *Déchu de la nationalité française.* **3.** THEOL Qui a perdu l'état de bienheureux. *Ange déchu.*

déci-. Élément, du lat. *decimus,* «dixième partie».

déci [desi] n. m. (Suisse) Mesure de vin d'un décilitre.

décibel [desibɛl] n. m. PHYS Unité (égale à 1/10 de bel) sans dimension, exprimant le rapport entre deux grandeurs, notam. deux intensités sonores (symbole dB).

décidé, ée [deside] adj. **1.** Sur quoi on a pris une décision. *C'est une chose décidée.* **2.** Résolu, ferme. *Une personne décidée.* – Par anal. *Un air décidé.*

décidément [desidemɑ̃] adv. (Au début d'une phrase.) Vraiment, tout bien considéré, d'une manière certaine. *Décidément, il n'a pas de chance.*

décider [deside] v. [1] **I.** v. tr. dir. **1.** Prendre la résolution, la décision de. *J'ai décidé son départ.* – (S. comp.) *C'est lui qui décide.* **2.** *Décider qqn à faire qqch :* déterminer qqn à faire qqch. *Je l'ai décidé à venir.* **II.** v. tr. indir. **1.** *Décider de qqch :* statuer sur, décréter sur, disposer de qqch. *C'est la justice qui décidera du bien-fondé de votre plainte.* – *Une conversation qui décida de son avenir.* **2.** *Décider de* (suivi de l'inf.) : prendre la résolution de. *Il a décidé de partir.* **III.** v. pron. **1.** *Se décider à* (+ inf.) : prendre la décision de. *Il s'est enfin décidé à revenir.* **2.** *Se décider pour* (ou *contre*) *qqn ou qqch :* se prononcer pour (ou contre) qqn ou qqch.

décideur [desidœʀ] n. m. Personne qui a le pouvoir de prendre des décisions. ▷ adj. m. *Je ne suis pas décideur en cette matière.*

décigrade [desigʀad] n. m. GEOM Dixième partie du grade (symbole dgr).

décigramme [desigʀam] n. m. Dixième partie du gramme (symbole dg).

décilitre [desilitʀ] n. m. Dixième partie du litre (symbole dl).

décimal, ale, aux [desimal, o] adj. et n. f. **1.** adj. Qui a pour base le nombre 10. *Numération décimale. Logarithme décimal.* – *Système décimal,* fondé sur la numération décimale. ▷ *Fraction décimale,* dont le dénominateur est une puissance de 10. – *Nombre décimal :* nombre composé d'une partie entière et d'une fraction décimale séparées par une virgule. *2,5 est un nombre décimal. 5 est la partie décimale de 2,5.* **2.** n. f. Chacun des chiffres qui forment une fraction décimale dans un nombre et sont séparés de la partie entière par une virgule. *5 et 6 sont des décimales dans 2,56.*

décime [desim] n. m. FISC Taxe ou impôt égal au dixième du principal et qui vient s'y ajouter (partic., à titre d'amende fiscale).

décimer [desime] v. tr. [1] Faire périr une proportion importante d'une population, en parlant d'une catastrophe naturelle, d'une guerre, etc. *La famine a décimé les paysans.*

décimètre [desimɛtʀ] n. m. **1.** Dixième partie du mètre (symbole dm). *Le décimètre carré* (dm^2) *est la centième partie du mètre carré; le décimètre cube* (dm^3) *est la millième partie du mètre cube.* **2.** TECH Règle mesurant 1 dm, graduée en centimètres et millimètres. ▷ Cour. *Décimètre* ou *double décimètre :* règle graduée mesurant 20 centimètres.

décintrer [desɛ̃tʀe] v. tr. [1] **1.** TRAV PUBL Débarrasser (une voûte, un arc) des cintres établis pour sa construction. **2.** Défaire les coutures qui cintrent (un vêtement).

décisif, ive [desizif, iv] adj. **1.** Qui résout, qui tranche (ce qui est incertain). *Une réponse décisive.* – *Moment décisif,* où une chose se décide. – *Victoire, bataille décisive.* **2.** Qui indique l'esprit de décision. *Un ton décisif.*

décision [desizjɔ̃] n. f. **1.** Action de décider ; son résultat. *Prendre une décision énergique. Décision de justice.* ▷ MILIT Document transmettant des ordres. *Exécuter une décision de l'état-major.* **2.** Qualité d'une personne ferme et résolue. *Montrer de la décision. Posséder un esprit de décision.*

déclamation [deklamasjɔ̃] n. f. **1.** Manière, action et art de déclamer. **2.** Langage pompeux et affecté.

déclamatoire [deklamatwaʀ] adj. Emphatique, pompeux. *Ton déclamatoire.*

déclamer [deklame] v. tr. [1] Réciter à haute voix avec le ton et les accentuations convenant à l'intelligence du texte. *Déclamer des vers.* – Péjor. *Déclamer un discours.* ▷ v. intr. Péjor. Parler avec emphase. *Chaque fois qu'il aborde ses sujets favoris, il ne parle plus, il déclame.*

déclarant, ante [deklaʀɑ̃, ɑ̃t] n. et adj. DR Personne qui déclare un fait (naissance, décès), une identité, etc., à qui de droit. – adj. *Le témoin déclarant.*

déclaratif, ive [deklaʀatif, iv] adj. **1.** DR Se dit d'un acte par lequel on constate un état de choses, un fait, un droit, etc. *Acte déclaratif de propriété. Jugement déclaratif de filiation,* qui atteste une filiation contestée. **2.** GRAM *Verbes déclaratifs,* qui indiquent une communication (ex. : dire, raconter, etc.), par opposition à ceux qui expriment une disposition d'esprit (ex. : croire, vouloir, juger, etc.).

déclaration [deklaʀasjɔ̃] n. f. **1.** Action de déclarer; discours, acte, écrit par lequel on déclare. *Faire une déclaration. Déclaration de guerre.* **2.** *Absol.* Action de déclarer ses sentiments amoureux à la personne concernée. *Faire sa déclaration.* **3.** Action de proclamer ouvertement et solennellement; proclamation solennelle. *Déclaration de principes.* **4.** Action de porter (qqch) à la connaissance des autorités compétentes. *Déclaration d'une naissance à la mairie.* ▷ DR Jugement déclarant un fait comme accompli. *Déclaration de faillite.* ▷ *Déclaration d'impôts :* écrit par lequel le contribuable déclare ses revenus et ses biens soumis à l'impôt.
ENCYCL Hist. – *Déclaration des droits (Bill of Rights),* acte constitutionnel rédigé et voté en fév. 1689 par le Parlement anglais, qui prononçait l'abdication de Jacques II. Il rappelait les droits fondamentaux du Parlement et des sujets : la loi est supérieure au roi. La monarchie devenait constitutionnelle. – *Déclaration d'indépendance :* acte par lequel les treize colonies angl. d'Amérique proclamèrent leur indép. (4 juillet 1776), prélude à la guerre d'Indépendance* (1776-1783) des É.-U. – *Déclaration des droits de l'homme et du citoyen :* acte voté par l'Assemblée constituante française le 26 août 1789. Il visait à une portée universelle et inspira la Constitution de 1791. Ses dix-sept art. définissaient les droits du citoyen (égalité devant la loi, respect de la propriété, liberté d'expression) et de la nation (souveraineté, séparation des pouvoirs). La source essentielle de ces principes se trouve dans les théories polit. des philosophes du XVIIIe s. – *Déclaration universelle des droits de l'homme :* acte voté le 10 déc. 1948 par l'ONU. Il cherche à définir les droits individuels, les libertés publiques, les droits écon., soc. et culturels, et à fixer les rapports de l'homme et de la société.

déclaré, ée [deklaʀe] adj. Avoué, reconnu; qui a nettement pris parti. *Un adversaire déclaré (de...).*

déclarer [deklaʀe] v. [1] **I.** v. tr. **1.** Manifester, faire connaître. *Déclarer ses intentions. – Déclarer la guerre :* annoncer qu'on va commencer les hostilités. **2.** Manifester l'existence de (qqch) aux autorités compétentes. *Déclarer un objet de valeur à la douane. Rien à déclarer? – Déclarer un décès, une naissance à la mairie.* **3.** Décréter. *Déclarer une transaction nulle et non avenue.* **II.** v. pron. **1.** Manifester son existence, en parlant d'un phénomène dangereux. *Le choléra s'est déclaré. L'incendie s'est déclaré à midi.* **2.** Faire connaître sa pensée, ses intentions, son point de vue, etc. *Il s'est déclaré incompétent pour juger.* **3.** Prendre parti, se prononcer (pour ou contre). *Il s'est nettement déclaré contre la peine de mort.* **4.** (S. comp.) Vieilli, litt. Avouer son amour. *Il n'ose se déclarer.*

déclassé, ée [deklase] adj. et n. Hors de sa classification ou de son classement. ▷ Déchu de son rang, de sa position sociale. *Noble déclassé.* ▷ Subst. *C'est un déclassé.*

déclassement [deklasmɑ̃] n. m. Action de déclasser, de se déclasser; état de ce qui est déclassé.

déclasser [deklase] v. tr. [1] **1.** Déranger (ce qui est classé). *Déclasser des dossiers.* **2.** Provoquer, être à l'origine de la chute de (qqn) vers une classe sociale inférieure. *Ses parents prétendent qu'un tel mariage l'a déclassé.* ▷ SPORT Faire rétrograder à une place inférieure un concurrent pour pénaliser un manquement au règlement de l'épreuve. – v. pron. *Se déclasser.* **3.** Classer (qqn ou qqch) à un rang inférieur. ▷ *Déclasser un monument,* lui retirer sa qualification de monument classé (V. classer, sens 4). ▷ Spécial. *Déclasser un voyageur,* le faire changer de classe (le plus souv., le faire passer dans une classe inférieure).

déclenchement [deklɑ̃ʃmɑ̃] n. m. Action de déclencher, fait de se déclencher; son résultat. *Une manette permet le déclenchement du mécanisme. Le déclenchement d'une offensive.*

déclencher [deklɑ̃ʃe] v. tr. [1] **1.** Amorcer le fonctionnement de. *Déclencher le système d'alarme.* ▷ v. pron. *Le dispositif s'est déclenché automatiquement.* **2.** Provoquer subitement. *Son attitude déclencha une huée générale.* ▷ v. pron. *Réaction chimique qui se déclenche.*

déclencheur [deklɑ̃ʃœʀ] n. m. Appareil qui déclenche un mécanisme. *Le déclencheur (de l'obturateur) d'un appareil photographique.*

déclic [deklik] n. m. **1.** Décrochement d'un organe, d'une pièce (*cliquet*) qui déclenche le fonctionnement d'un mécanisme. *Faire fonctionner un déclic.* **2.** Bruit sec et métallique que fait un mécanisme qui se déclenche. **3.** Fig., fam. Prise de conscience, compréhension soudaine. *Pour lui, cette phrase a été le déclic.*

déclin [deklɛ̃] n. m. État de ce qui tend vers sa fin, de ce qui perd de sa force. *Le déclin du jour. Une gloire sur son déclin.*

déclinable [deklinabl] adj. GRAM Qui peut se décliner.

déclinaison [deklinɛzɔ̃] n. f. **1.** GRAM Dans les langues flexionnelles (latin, russe, etc.), ensemble des formes (cas) que peuvent prendre les noms, pronoms et adjectifs selon leur fonction dans la phrase. **2.** PHYS *Déclinaison magnétique :* angle qui sépare la direction du nord magnétique de celle du nord géographique. **3.** ASTRO *Déclinaison d'un astre :* hauteur d'un astre au-dessus du plan équatorial.

décliner [dekline] v. [1] **I.** v. intr. **1.** Tendre vers sa fin. *Le jour commence à décliner.* **2.** S'affaiblir, tomber en décadence. *Ses forces déclinent de jour en jour.* **3.** ASTRO S'éloigner de l'équateur céleste. *Un astre qui décline.* **II.** v. tr. **1.** GRAM Énumérer les différents cas (nominatif, génitif, etc.) de la déclinaison d'un mot. ▷ v. pron. *En latin, les noms et les adjectifs se déclinent.* **2.** Fig. Énumérer. *Décliner ses nom, prénoms et qualités.* **3.** DR Écarter, refuser de reconnaître (qqch). *Décliner la compétence du tribunal.* **4.** Refuser d'accepter (qqch). *Décliner une invitation. – Décliner toute responsabilité dans une affaire.*

déclive [dekliv] adj. et n. f. Qui va en pente. *Terrain déclive.* – n. f. *Chaussée en déclive.*

déclivité [deklivite] n. f. État de ce qui est en pente; pente.

décloisonnement [deklwazɔnmɑ̃] n. m. Fait de décloisonner (surtout au sens 2); état de ce qui est décloisonné.

décloisonner [deklwazɔne] v. tr. [1] **1.** Ôter les cloisons de. **2.** Fig. Enlever ce qui sépare, ce qui fait obstacle à la communication entre (des services, des bureaux, des filières, etc.).

déclouer [deklue] v. tr. [1] Défaire, enlever les clous de (ce qui était cloué). *Déclouer des planches.*

déco (art). V. encycl. art.

décocher [dekɔʃe] v. tr. [1] **1.** Lancer avec un arc, une arbalète. *Décocher une flèche. – Par ext.* Lancer, envoyer très brusquement. *Décocher un coup de poing à qqn.* **2.** Fig. Lancer vivement (une remarque malicieuse, ironique, etc.). *Décocher un sarcasme.*

décoction [dekɔksjɔ̃] n. f. Procédé consistant à faire bouillir une substance dans un liquide, pour en extraire les principes solubles. – *Par méton.* Produit ainsi obtenu.

décodage [dekɔdaʒ] n. m. Action de décoder.

décoder [dekɔde] v. tr. [1] **1.** Déterminer le sens (d'un message codé). – Transformer en langage clair (une information codée). **2.** Procéder au décryptage de (une émission de télévision, un message informatique).

décodeur [dekɔdœʀ] n. m. **1.** TECH Appareil qui permet de décoder des informations. **2.** LING Sujet parlant, en tant que destinataire actif du message linguistique.

décoffrage [dekɔfʀaʒ] n. m. CONSTR Opération qui consiste à ôter les coffrages d'un ouvrage lorsque le béton a une résistance suffisante.

décoffrer [dekɔfʀe] v. tr. [1] CONSTR Procéder au décoffrage de.

décoiffer [dekwafe] v. tr. [1] **1.** Déranger, défaire la coiffure de (qqn). *Le vent m'a décoiffé. Être décoiffé.* **2.** TECH Ôter ce qui coiffe (qqch). *Décoiffer une fusée d'obus.*

décoincer [dekwɛ̃se] v. tr. [12] Dégager (ce qui était coincé).

décolérer [dekɔleʀe] v. intr. [14] (S'emploie surtout négativement.) Cesser d'être en colère. *Il ne décolère pas.*

décollage [dekɔlaʒ] n. m. **1.** Action d'enlever (ce qui était collé). **2.** AVIAT Fait de décoller; moment où un avion décolle. ▷ ECON (Trad. de l'angl. *take off.) Décollage économique :* moment du développement d'un pays, à partir duquel on considère que celui-ci a quitté le niveau des pays sous-développés. **3.**

(Haïti) Fam. Petit verre de rhum pris le matin, à jeun.

décollectiviser [dekɔlɛktivize] v. tr. [1] Faire cesser la collectivisation de.

décollement [dekɔlmɑ̃] n. m. Action de décoller, de se décoller; état de ce qui est décollé. – MED Séparation d'un tissu, d'un organe, de la partie à laquelle il adhérait. *Décollement de la rétine.*

décoller [dekɔle] v. [1] **I.** v. tr. Séparer, détacher (ce qui était collé). *Décoller une étiquette.* – v. pron. *La couverture du livre se décolle.* **II.** v. intr. **1.** Quitter le sol (en parlant d'un avion) ou un plan d'eau (en parlant d'un hydravion). ▷ SPORT Se séparer du peloton. **2.** Fig., fam. *Il ne décolle pas de chez nous,* il y est toujours, il ne s'en va pas. – Fam. Maigrir. *Il avait drôlement décollé, après sa jaunisse.* **3.** ECON Passer à une phase de croissance économique (en parlant d'un pays, d'une entreprise).

décolletage [dekɔltaʒ] n. m. **1.** Action de décolleter. *Le décolletage d'une robe.* ▷ Échancrure du corsage laissant le cou nu; décolleté. **2.** TECH Fabrication de vis, boulons, etc., au tour à décolleter. **3.** AGRIC Action de décolleter (sens 4).

décolleté, ée [dekɔlte] adj. et n. m. **1.** adj. Qui laisse apparaître le cou, les épaules, le haut de la poitrine. *Une robe décolletée.* ▷ Par ext. *Une femme décolletée,* qui porte une robe décolletée. **2.** n. m. *Le décolleté :* la partie décolletée d'un vêtement. ▷ *Porter un décolleté,* un vêtement décolleté. ▷ *Par ext.* Parties du corps que laisse apparaître un décolleté. *Un beau décolleté.*

décolleter [dekɔlte] v. tr. [20] **1.** Découvrir, laisser apparaître le cou, les épaules, le haut de la poitrine. **2.** Couper (un vêtement) de manière à dégager le cou. *Décolleter une robe.* **3.** TECH Fabriquer des pièces (vis, boulons, clous, etc.) les unes à la suite des autres à partir d'une même barre de métal. *Tour à décolleter :* machine-outil servant au décolletage. **4.** AGRIC Couper le haut de certaines racines pour les empêcher de bourgeonner.

décolonisation [dekɔlɔnizasjɔ̃] n. f. Processus par lequel un peuple accède à l'indépendance, cesse de dépendre politiquement de l'État qui l'avait colonisé. **ENCYCL Hist.** – La première décolonisation des temps modernes correspond à la guerre d'Indépendance* des États-Unis; déclarée en 1776, celle-ci est ratifiée en 1783. Peu après, à la suite d'une lutte extrêmement dure, Haïti proclame son indépendance (1804) et fonde la première république «noire» de tous les temps. À partir de 1820, les colonies espagnoles et portugaises d'Amérique du Sud se libèrent de leur métropole. Entre 1867 (Canada) et 1908, les colonies brit. largement dominées par une pop. blanche obtiennent le statut de dominion qui leur confère une grande autonomie. La Seconde Guerre mondiale modifie profondément les relations internationales et provoque d'abord l'émancipation des colonies asiatiques par la négociation (Inde : 1947; Cambodge : 1953; Laos : 1954) ou par la guerre (Viêt-nam : 1954). La conférence afro-asiatique de Bandung (1955) marque l'éveil des derniers peuples colonisés. L'indépendance de la plupart des colonies francophones d'Afrique (y compris Madagascar) est acquise en 1960 par la négociation (Guinée : 1958); celle de l'Algérie n'intervient qu'après une longue guerre (1954-1962). La plupart des colonies anglophones d'Afrique subsaharienne obtiennent leur indépendance entre 1957 (Ghana) et 1963 (Kenya), la région australe posant des problèmes particuliers; ainsi le Zimbabwe n'est indép. qu'en 1980 et les prem. élections multiraciales dans la rép. d'Afrique du Sud n'ont lieu qu'en 1994. Le Portugal accorde l'indépendance à ses colonies africaines en 1974 et 1975.

décoloniser [dekɔlɔnize] v. tr. [1] Accorder l'indépendance à (une colonie).

décolorant, ante [dekɔlɔʀɑ̃, ɑ̃t] adj. et n. m. **1.** CHIM Qui décolore. **2.** Cour. Qui est destiné à décolorer les cheveux. ▷ n. m. *Les décolorants.*

décoloration [dekɔlɔʀasjɔ̃] n. f. **1.** Perte de la couleur naturelle. **2.** Opération qui consiste à décolorer. *Se faire faire une décoloration chez le coiffeur.*

décoloré, ée [dekɔlɔʀe] adj. Qui a perdu sa couleur. *Une tenture décolorée. Cheveux décolorés à l'eau oxygénée.*

décolorer [dekɔlɔʀe] v. [1] **1.** v. tr. Faire perdre en partie ou complètement sa couleur à (qqch). *Décolorer une étoffe. Se faire décolorer les cheveux* ou, s. comp., *se faire décolorer.* **2.** v. pron. Perdre de sa couleur ou sa couleur.

décombres [dekɔ̃bʀ] n. m. pl. **1.** Ruines, gravats qui restent après la démolition ou la destruction d'un édifice. *Des décombres encore fumants.* **2.** Fig. Restes de ce qui a été détruit. *Les décombres d'un empire.*

décommander [dekɔmɑ̃de] v. [1] **1.** v. tr. Annuler (une invitation, une commande, etc.). **2.** v. pron. Annuler un rendez-vous. *La réunion est reportée, le conférencier s'étant décommandé.*

décompensation [dekɔ̃pɑ̃sasjɔ̃] n. f. MED Rupture de l'équilibre de l'organisme face à une affection jusqu'alors bien tolérée.

décompensé, ée [dekɔ̃pɑ̃se] adj. MED Se dit d'une affection au cours de laquelle l'organe atteint ne peut plus remplir son rôle (jusqu'alors assuré par compensation des parties restées saines). *Cardiopathie décompensée.*

décomplexer [dekɔ̃plɛkse] v. tr. [1] Fam. Enlever à qqn ses complexes, ses inhibitions. – v. pron. *Depuis cette époque, il s'est décomplexé.*

décomposable [dekɔ̃pozabl] adj. Susceptible d'être décomposé.

décomposer [dekɔ̃poze] v. tr. [1] **1.** Séparer les parties, les éléments d'une chose; analyser. *Décomposer une phrase.* – CHIM *Décomposer de l'eau.* – PHYS *Décomposer une force,* déterminer ses composantes. – MATH *Décomposer un nombre :* V. décomposition. **2.** Altérer profondément, gâter. – v. pron. *La viande se décompose sous l'effet de la chaleur.* **3.** Fig. Altérer, bouleverser. *La terreur décomposait son visage. Il était décomposé.* ▷ v. pron. *Ses traits se décomposèrent.*

décomposition [dekɔ̃pozisjɔ̃] n. f. **1.** Résolution d'une chose, d'un corps, en ses éléments; séparation de ses différentes parties constituantes. ▷ MATH *Décomposition d'un nombre en facteurs premiers :* opération qui consiste à remplacer un nombre par un produit équivalent de nombres premiers (ex. : $540 = 2^2 \times 3^3 \times 5$). *Décomposition d'un polynôme en un produit de facteurs :* opération qui consiste à transformer une somme de termes ($Ax^n + Bx^{n-1} + ...$) en un produit de facteurs ($A\ (x-a)\ (x-b)...$). **2.** Altération profonde d'une substance organique. *Cadavre en état de décomposition avancée.* **3.** Fig. Altération. *La décomposition de ses traits montrait qu'il avait peur.* **4.** Fig. Destruction, éclatement. *La décomposition de l'Empire romain.*

décompresser [dekɔ̃pʀese] v. intr. [1] Faire cesser ou diminuer une compression ▷ Fam. Relâcher sa tension nerveuse.

décompresseur [dekɔ̃pʀesœʀ] n. m. TECH **1.** Appareil qui réduit la pression (d'un fluide, d'un gaz comprimés). **2.** Soupape qui réduit la compression d'un moteur à explosion lors de sa mise en marche.

décompression [dekɔ̃pʀesjɔ̃] n. f. Action de décomprimer; son résultat. *La décompression d'un gaz.* ▷ MED *Accident de décompression* (on dit aussi *maladie des caissons*) : V. barotraumatisme.

décomprimer [dekɔ̃pʀime] v. tr. [1] TECH Réduire ou faire cesser une compression.

décompte [dekɔ̃t] n. m. **1.** Déduction à faire sur une somme. *Faire le décompte des taxes sur une marchandise.* **2.** Compte détaillé d'une somme due. *Faire le décompte d'une facture.*

décompté, ée [dekɔ̃te] adj. (Québec) Fam. Qui est atteint d'une maladie mortelle, dont les jours sont comptés.

décompter [dekɔ̃te] v. tr. [1] Déduire d'une somme. *Décompter les frais généraux d'un bénéfice.*

déconcentration [dekɔ̃sɑ̃tʀasjɔ̃] n. f. ADMIN Système dans lequel l'autorité centrale délègue des pouvoirs à ses subordonnés. – Mise en œuvre de ce système. ▷ Cour. Transfert d'une partie des bureaux, usines, etc., d'un organisme centralisé, en un lieu éloigné du siège de cet organisme.

déconcentrer [dekɔ̃sɑ̃tʀe] v. tr. [1] **1.** Procéder à une répartition moins concentrée, moins centralisée. **2.** Fig. Troubler la concentration de (qqn). *Déconcentrer un artiste.* ▷ v. pron. Relâcher sa concentration, son attention.

déconcertant, ante [dekɔ̃sɛʀtɑ̃, ɑ̃t] adj. Qui déconcerte. *Une question déconcertante.*

déconcerter [dekɔ̃sɛʀte] v. tr. [1] Troubler, dérouter, faire perdre contenance à (qqn). *Un rien suffit pour le déconcerter. Ce raisonnement m'avait déconcerté.*

déconfit, ite [dekɔ̃fi, it] adj. Abattu, décontenancé. *Avoir la mine déconfite. Être tout déconfit.*

déconfiture [dekɔ̃fityʀ] n. f. **1.** Fam. Ruine financière; faillite morale. *Société qui tombe en déconfiture.* **2.** DR État d'un débiteur non commerçant insolvable.

déconforter (se) [dekɔ̃fɔʀte] v. pron. [1] (Acadie) Syn. de *se décourager.* – Pp. adj. *Être déconforté.*

décongélation [dekɔ̃ʒelasjɔ̃] n. f. Action de décongeler.

décongeler [dekɔ̃ʒle] v. tr. [17] Ramener (un corps congelé) à une température plus élevée que 0 °C.

décongestion [dekɔ̃ʒɛstjɔ̃] n. f. ou **décongestionnement** [dekɔ̃ʒɛstjɔnmɑ̃] n. m. Action de décongestionner; son résultat.

décongestionnant, ante [dekɔ̃ʒɛstjɔnɑ̃, ɑ̃t] adj. (et n. m.) (Québec) Qui décongestionne. *Un sirop décongestionnant.* ▷ n. m. *Prescrire un décongestionnant.*

décongestionner [dekɔ̃ʒɛstjɔne] v. tr. [1] **1.** Atténuer ou faire disparaître la congestion de (la peau, un organe). – (Québec) *Spécial.* Faire cesser l'accumulation de mucosités dans les voies respiratoires. **2.** Fig. Atténuer, faire cesser l'encombrement de (une voie, un service). *Cette nouvelle avenue décongestionnera le centre de la ville.*

déconnecter [dekɔnɛkte] v. tr. [1] Démonter, débrancher (ce qui connecte : tuyauterie de raccordement, raccord électrique). ▷ Par ext. Fig. Séparer, détacher d'un tout.

déconner [dekɔne] v. intr. [1] Fam. **1.** Dire ou faire des conneries. *Vous avez fini de déconner?* **2.** *Il y a quelque chose qui déconne,* qui ne marche pas.

déconnexion [dekɔnɛksjɔ̃] n. f. **1.** Action de déconnecter; son résultat. **2.** Par ext. MED *Déconnexion neurovégétative :* suppression des réactions neurovégétatives par l'administration de médicaments. ▷ ECON Stratégie tendant à rendre les pays en développement moins dépendants des pays développés.

déconseiller [dekɔ̃seje] v. tr. [1] Conseiller de ne pas faire. *Je le lui ai vivement déconseillé.*

déconsidérer [dekɔ̃sideʀe] v. [14] **1.** v. tr. Faire perdre la considération, l'estime dont jouissait (qqn). *Cette affaire risque de le déconsidérer.* **2.** v. pron. Agir de telle façon qu'on perd la considération, l'estime dont on jouissait. *Il se déconsidère par ses mauvaises fréquentations.*

déconsigner [dekɔ̃siɲe] v. tr. [1] **1.** Lever la consigne, la punition infligée à. *Déconsigner des troupes.* **2.** Retirer, dégager (les bagages mis à la consigne). *Déconsigner une malle.* **3.** Rembourser le prix de la consigne d'un emballage (princ. pour les bouteilles en verre).

décontamination [dekɔ̃taminasjɔ̃] n. f. Suppression de la contamination (de corps ayant subi l'action de radiations, de substances ou de germes nocifs).

décontaminer [dekɔ̃tamine] v. tr. [1] Procéder à la décontamination de.

décontenancer [dekɔ̃tnɑ̃se] v. [12] **1.** v. tr. Faire perdre contenance à (qqn). *Cette question l'a décontenancé.* **2.** v. pron. Perdre contenance.

décontracté, ée [dekɔ̃tʀakte] adj. **1.** Relâché (muscles). **2.** Détendu. **3.** Fig., fam. Insouciant.

décontracter [dekɔ̃tʀakte] v. [1] **1.** v. tr. Faire cesser la contraction de. *Décontracter ses muscles.* **2.** v. pron. Se détendre; pratiquer la décontraction musculaire. *Décontractez-vous en respirant fortement.*

décontraction [dekɔ̃tʀaksjɔ̃] n. f. **1.** Relâchement du muscle succédant à la contraction. **2.** Détente physique. **3.** Fig., fam. Insouciance, laisser-aller.

déconvenue [dekɔ̃v(ə)ny] n. f. Désappointement dû à un insuccès, à un contretemps, à une erreur; vive déception. *Essuyer, subir, éprouver une déconvenue.*

décor [dekɔʀ] n. m. **1.** Ensemble de ce qui sert à décorer. *Le superbe décor d'un hôtel particulier.* **2.** Au théâtre, au cinéma, à la télévision, ensemble de ce qui sert à représenter les lieux de l'action. *Changer les décors.* **3.** Fig. *L'envers du décor :* le côté caché des choses. *Changement de décor :* évolution soudaine et marquée. **4.** Environnement, cadre. *Mon décor quotidien.* **5.** Loc. fam. *Aller, entrer dans le décor :* sortir de la route et heurter les obstacles qui la bordent.

décorateur, trice [dekɔʀatœʀ, tʀis] n. **1.** Personne dont la profession est d'orner l'intérieur des appartements. *Peintre décorateur.* **2.** Personne dont la profession est de créer des décors de théâtre, de cinéma, de télévision.

décoratif, ive [dekɔʀatif, iv] adj. **1.** Qui décore agréablement, qui enjolive. *Des objets décoratifs.* **2.** *Arts décoratifs,* qui ont pour fin la décoration, la stylisation, l'embellissement des objets d'utilité. *Musée des Arts décoratifs. Une grande exposition des arts décoratifs eut lieu à Paris en 1925.* – Abrév. *Le style art déco :* V. encycl. art.

décoration [dekɔʀasjɔ̃] n. f. **1.** Action d'orner au moyen de peintures, tentures, sculptures, etc. *Elle a effectué elle-même la décoration de son appartement.* **2.** Ensemble de ce qui décore. *La décoration d'un palais.* **3.** Insigne d'une récompense, d'un ordre honorifique. *Recevoir une décoration.*

décorder [dekɔʀde] v. tr. [1] **1.** TECH Disjoindre les brins (d'une corde, d'un câble). **2.** Enlever les cordes de. *Décorder une raquette.*

décorer [dekɔʀe] v. tr. [1] **1.** Orner, parer, embellir. *Décorer un appartement.* ▷ Fig. *Décorer un plat d'un nom ronflant.* **2.** Conférer une décoration à (qqn). *Décorer qqn de l'ordre du Mérite.* **3.** (Afrique) Offrir à (qqn) en public, pour l'honorer ou lui témoigner de l'admiration, des cadeaux, notam. des billets de banque (qu'il épingle sur sa poitrine comme une décoration). *Un admirateur l'a décorée d'un bracelet en or et de cinquante mille francs.*

décorner [dekɔʀne] v. tr. [1] **1.** Arracher les cornes de. ▷ Fig., fam. *Un vent à décorner les bœufs,* très violent. **2.** Aplatir les coins cornés de. *Décorner de vieilles images.*

décorticage [dekɔʀtikaʒ] n. m. **1.** Opération qui consiste à décortiquer. **2.** Fig. Analyse minutieuse et complète.

décortication [dekɔʀtikasjɔ̃] n. f. **1.** Action de décortiquer. **2.** ARBOR Grattage du tronc d'un arbre pour détruire les parasites.

décortiquer [dekɔʀtike] v. tr. [1] **1.** Enlever l'écorce d'un arbre, l'enveloppe d'une graine, la carapace d'un crustacé, etc. *Décortiquer des arachides.* **2.** Fig. Faire l'analyse minutieuse et complète de (qqch). *J'ai beau décortiquer sa lettre, je n'y comprends rien.*

décortiquerie [dekɔʀtikʀi] n. f. (Afr. subsah.) Usine de décorticage (des arachides, des cerises de café).

décorum [dekɔʀɔm] n. m. sing. **1.** Pompe officielle. *Le décorum de la Cour.* **2.** Respect des convenances, des usages de la société. *Respecter le décorum.*

De Coster (Charles) (1827 – 1879), écrivain belge d'expression française : *Légendes flamandes* (1858). Dans *la Légende et les Aventures d'Ulenspiegel* (en fr. *Till l'Espiègle*) *et de Lamme Goedzak* (1867), il montre la résistance populaire contre l'occupant espagnol au XVIe s.

décote [dekɔt] n. f. **1.** FIN Baisse du cours, de la valeur. **2.** Réduction d'impôt.

découcher [dekuʃe] v. intr. [1] Coucher ailleurs que chez soi; ne pas revenir chez soi de toute une nuit. *Il lui arrive souvent de découcher.* Syn. (Belgique) déloger.

découdre [dekudʀ] v. [76] **1.** v. tr. Défaire (ce qui est cousu). *Découdre un ourlet.* – v. pron. Se dit des choses dont la couture se défait. *L'ourlet s'est décousu.* **2.** v. intr. *En découdre :* se battre.

découler [dekule] v. intr. [1] Être la conséquence de. *Les effets qui découlent d'une telle décision.*

découpage [dekupaʒ] n. m. **1.** Action de découper. *Procéder au découpage d'un gâteau.* **2.** Image que les enfants découpent. *Elle joue avec des découpages.* **3.** AUDIOV *Découpage d'un film :* texte (ou script) découpé en plans et comportant toutes les indications nécessaires au tournage du film.

découpe [dekup] n. f. TECH Action de découper; résultat de cette opération. ▷ *Spécial.* Art de découper la carcasse d'un animal de boucherie. Syn. coupe. ▷ COUT Coupe pratiquée dans un vêtement ou morceau de tissu ajouté à un vêtement, dans un but décoratif.

découpé, ée [dekupe] adj. **1.** Coupé suivant un dessin, un contour. *Une photographie découpée dans une revue.* **2.** Qui comporte de nombreuses échancrures. *Côte découpée. Feuille découpée,* dont le limbe comporte de profondes échancrures.

découper [dekupe] v. tr. [1] **1.** Couper en morceaux ou en tranches. *Découper un poulet, un gigot.* – Absol. *Savoir découper. Un couteau à découper.* **2.** Couper avec régularité. *Découper du drap.* **3.** Couper de manière à former une figure. *Découper en festons.* ▷ Couper avec des ciseaux en suivant un contour. *Découper une photographie dans un journal.* **4.** AUDIOV Procéder au découpage d'un film. **5.** v. pron. *Cette viande se découpe facilement.* – *Se découper sur :* se détacher sur (un fond). *Le minaret se découpe sur le ciel.*

découplé, ée [dekuple] adj. *Être bien découplé,* vigoureux et bien bâti.

découpler [dekuple] v. tr. [1] ELECTRON, TELECOM Empêcher (deux circuits) de réagir l'un sur l'autre.

découpure [dekupyʀ] n. f. **1.** Action de découper une étoffe, du papier, etc.; son résultat. **2.** Irrégularité d'un contour. *Les découpures d'une baie.*

décourageant, ante [dekuʀaʒɑ̃, ɑ̃t] adj. **1.** (Personnes) Qui fait perdre courage, patience. *Un candidat décourageant de bêtise.* **2.** (Choses) Qui fait perdre courage. *Un échec décourageant.*

découragement [dekuʀaʒmɑ̃] n. m. Abattement, perte de courage. *Tomber dans le découragement.*

décourager [dekuʀaʒe] v. tr. [13] **1.** Ôter le courage, l'énergie à. *Les obstacles le découragent. Cela décourage.* – Pp. adj. *Découragé par la pluie, il renonça à sortir.* **2.** *Décourager qqn de,* lui faire perdre l'envie de. *Il voulait partir, ses amis l'en ont découragé.* **3.** Rebuter. *Il décourage ma patience.* **4.** v. pron. Perdre courage. *Ne vous découragez pas!* Syn. (Acadie) se déconforter.

découronner [dekuʀɔne] v. tr. [1] **1.** Rare Enlever la couronne (sens 2) de. *Découronner un roi.* **2.** Fig. Priver de ce qui couronne. *Découronner un arbre de sa cime.*

décours [dekuʀ] n. m. **1.** ASTRO Déclin de la lune. **2.** MED Période de déclin d'une maladie.

décousu, ue [dekuzy] adj. et n. m. **1.** Dont la couture est défaite. *Vêtement décousu.* **2.** Fig. Sans suite. *Style décousu. Une conversation décousue.* – n. m. *Le décousu d'un discours.*

1. découvert [dekuvɛʀ] n. m. **1.** FIN Solde débiteur d'un compte. *Être à découvert :* avoir un compte en banque dont le solde est négatif. **2.** Loc. adv. *À découvert :* sans protection. *Combattre à découvert.* ▷ Fig. Clairement. *Parler à découvert.*

2. découvert, erte [dekuvɛʀ, ɛʀt] adj. Qui n'est pas couvert. *La tête découverte. Une allée découverte.* – *Pays découvert,* non boisé. ▷ Fig. *À visage découvert :* ouvertement, sans se cacher.

découverte [dekuvɛʀt] n. f. **1.** Action de découvrir ce qui était caché ou inconnu. *La découverte d'un trésor, d'un vaccin.* **2.** Chose que l'on a découverte. *Exploiter une grande découverte.* **3.** Loc. adv. *Aller à la découverte,* en reconnaissance. – Fig. *Il va à la découverte des nouvelles idées.*

découvreur, euse [dekuvʀœʀ, øz] n. Celui, celle qui fait des découvertes.

découvrir [dekuvʀiʀ] v. [32] **I.** v. tr. **1.** Ôter ce qui couvre. *Découvrir un pot.* **2.** Laisser voir. *Une robe sans manches qui découvre les bras.* **3.** Faire cesser la protection de. *Découvrir sa dame,* au jeu d'échecs, la laisser isolée. **4.** Révéler (ce qui était tenu caché). *Découvrir ses sentiments à qqn.* – Fig. *Découvrir son jeu :* laisser paraître ses intentions. **5.** Voir, apercevoir (ce qui n'est pas visible d'ailleurs). *Du haut de la tour, on découvre un beau panorama.* **6.** Trouver (ce qui n'était pas connu, ce qui était ignoré). *Découvrir une mine. Découvrir une planète. Découvrir la cause d'une maladie.* **7.** Parvenir à connaître (ce qui était caché, secret). *Découvrir un complot.* **II.** v. intr. *La mer découvre,* se retire. **III.** v. pron. **1.** Retirer ce qui couvre (le corps). *Ce malade se découvre continuellement. Se découvrir devant qqn,* ôter son chapeau pour le saluer. **2.** S'éclaircir (temps, ciel). *Le ciel se découvre.* **3.** S'exposer. *Le bataillon s'est découvert.* **4.** Se montrer. *La ville se découvre dans le lointain.* **5.** Livrer sa pensée. *Il se découvre à ses interlocuteurs.* **6.** Apprendre à se connaître soi-même. *Il s'est découvert fort tard.*

décrassage [dekʀasaʒ] ou **décrassement** [dekʀasmɑ̃] n. m. Opération qui consiste à décrasser.

décrasser [dekʀase] v. tr. [1] **1.** Enlever la crasse de. **2.** Fig., fam. *Décrasser qqn,* lui inculquer les rudiments d'un savoir; le former aux habitudes de la société. ▷ v. pron. *Il commence à se décrasser.*

décrément [dekʀemɑ̃] n. m. INFORM Valeur dont une variable diminue à chaque exécution d'une opération cyclique.

décrémenter [dekʀemɑ̃te] v. tr. [1] INFORM Diminuer d'un décrément.

décrêpage [dekʀɛpaʒ] n. m. Action de décrêper. Syn. défrisage.

décrêpant [dekʀɛpɑ̃] n. m. (Afr. subsah.) Produit utilisé pour décrêper les cheveux.

décrêper [dekʀepe] v. tr. [1] Rendre lisses (des cheveux crépus ou ayant subi un crêpage).

décrépir [dekʀepiʀ] v. tr. [3] CONSTR Enlever le crépi (d'un mur). – Pp. *Un mur décrépi.*

décrépissage [dekʀepisaʒ] n. m. CONSTR Action de décrépir; son résultat.

décrépit, ite [dekʀepi, it] adj. Très affaibli par la vieillesse. *Un vieillard décrépit.*

décrépitude [dekʀepityd] n. f. Décadence. *Une institution en pleine décrépitude.*

decrescendo ou **décrescendo** [dekʀeʃɛndo] adv. et n. m. inv. **1.** MUS En décroissant, en diminuant l'intensité des sons. – n. m. inv. Phrase musicale jouée decrescendo. *Faire un decrescendo.* **2.** Fig., fam. En décroissant, en déclinant. *Ragots qui vont decrescendo.*

décret [dekʀɛ] n. m. **1.** Décision, ordre émanant du pouvoir exécutif. *Un décret ministériel.* ▷ Fig. *Les décrets de la Providence, du destin, de la critique.* **2.** RELIG CATHOL Décision, ordre émanant de l'Église. *Décret pontifical.*

décréter [dekʀete] v. tr. [14] **1.** Ordonner, régler par un décret. *Décréter la mobilisation générale.* **2.** Décider de manière autoritaire. *Il a décrété qu'il ne voulait plus me voir.*

décrier [dekʀije] v. tr. [2] S'efforcer de ruiner la réputation, l'autorité de (qqn, qqch). *Décrier un auteur.* – Pp. adj. *Une œuvre très décriée par la critique.*

décriminaliser [dekʀiminalize] v. tr. [1] DR Enlever à un fait sa qualité d'infraction à la loi pénale.

décrire [dekʀiʀ] v. [67] **I.** v. tr. **1.** Représenter, dépeindre par des mots, en paroles ou par écrit. *Décrire une personne, une ville. Je renonce à décrire la confusion qui suivit.* **2.** Dessiner (une ligne courbe). *Les sinuosités que décrit la rivière.* **3.** GEOM Tracer, parcourir. *Un point qui se meut décrit une ligne droite ou courbe.* **II.** v. pron. Être représenté au moyen d'un discours. *Une telle scène ne peut se décrire.*

décrispation [dekʀispasjɔ̃] n. f. **1.** Action de décrisper; état qui en résulte. **2.** Atténuation des tensions, des conflits.

décrisper [dekʀispe] v. tr. [1] **1.** Décontracter (les muscles). **2.** Atténuer les tensions, les conflits. *Décrisper la situation politique.*

décrochage [dekʀɔʃaʒ] n. m. **1.** Action de décrocher. *Le décrochage des wagons.* **2.** MILIT Mouvement qui permet de décrocher. **3.** AVIAT Réduction brusque de la portance, lorsque l'angle d'incidence de la voilure dépasse la valeur maximale admissible. **4.** Fam. Fait d'abandonner une activité. – (Québec) *Décrochage scolaire :* fait d'abandonner ses études.

décrochement [dekʀɔʃmɑ̃] n. m. **1.** État de ce qui est décroché. **2.** Partie en retrait (dans une ligne, une surface). *Un décrochement dans une façade.* **3.** GEOL Faille accompagnée d'un déplacement horizontal des deux blocs.

décrocher [dekʀɔʃe] v. [1] **I.** v. tr. **1.** Détacher (une chose qui était accrochée). *Décrocher un tableau.* ▷ Loc. fam. *Vouloir décrocher la lune :* demander, tenter l'impossible. – *Bâiller à se décrocher la mâchoire :* faire de longs bâillements. ▷ (S. comp.) Décrocher le combiné d'un appareil téléphonique. *Pour appeler, décrochez et attendez la tonalité.* **2.** Fig., fam. Obtenir. *Il a enfin décroché son diplôme.* **II.** v. intr. **1.** Fam. Interrompre une activité. – (Québec) *Décrocher de l'école :* abandonner les études. **2.** Fam. Ne plus porter son attention sur qqch. **3.** MILIT Rompre le contact avec l'ennemi; se replier. **4.** AVIAT Subir le phénomène du décrochage, en parlant d'un aéronef.

décrocheur, euse [dekʀɔʃœʀ, øz] n. (Québec) Étudiant qui abandonne ses études.

décrochir [dekʀɔʃiʀ] v. tr. [3] (Québec) Syn. de *redresser* (sens I, 1). *Décrochir un clou.*

décroiser [dekʀwaze] v. tr. [1] Cesser de croiser, faire cesser le croisement de. *Décroiser les jambes.*

décroissance [dekʀwasɑ̃s] n. f. **1.** Diminution. *La décroissance de la fièvre.* **2.** PHYS NUCL *Décroissance radioactive :* diminution, au cours du temps, de l'activité d'une substance radioactive.

décroissant, ante [dekʀwasɑ̃, ɑ̃t] adj. **1.** Qui décroît. **2.** MATH *Fonction décroissante,* qui varie dans le sens inverse de la variable dont elle dépend. *Suite décroissante,* dont les termes diminuent de valeur.

décroître [dekʀwɑtʀ] v. intr. [72] Diminuer peu à peu; décliner. *Les jours décroissent en automne. Ses forces décroissent.* – N.B. *Décroître* se conjugue comme *croître,* sauf *décru,* qui ne prend pas d'accent circonflexe.

Decroly (Ovide) (1871 - 1932), pédagogue belge et écrivain d'expression française. En 1907, il fonda près de Bruxelles une école où il appliquait des principes d'éducation inspirés par l'*Émile* de J.-J. Rousseau. Il a publié plusieurs ouvrages.

décrotter [dekʀɔte] v. tr. [1] **1.** Ôter la boue de. *Décrotter des souliers.* **2.** Fig., fam., vieilli Dépouiller (qqn) de sa rusticité. *Il a besoin d'être décrotté.*

décrue [dekʀy] n. f. **1.** Baisse du niveau des eaux (après une crue). *La décrue de la rivière s'est accentuée.* **2.** Fig. Décroissance.

décryptage [dekʀiptaʒ] n. m. **1.** Action de découvrir le sens d'un texte chiffré dont on ne possède pas la clef. **2.** Action d'obtenir une émission cryptée sous forme intelligible au moyen d'un décodeur. **3.** INFORM Action d'accéder à une information cryptée.

décrypter [dekʀipte] v. tr. [1] Procéder au décryptage de.

déçu, ue [desy] adj. Qui a éprouvé une déception. ▷ *Espoir déçu,* non réalisé.

décubitus [dekybitys] n. m. MED Attitude du corps qui repose en position horizontale. *Décubitus dorsal, ventral, latéral.*

de cujus [dekyʒys] n. m. inv. (loc. lat.) DR Défunt, testateur. *Les volontés du de cujus.*

déculottée [dekylɔte] n. f. Fam. Défaite humiliante. ▷ Fessée.

déculotter [dekylɔte] v. [1] **I.** v. tr. **1.** Ôter la culotte, le pantalon de (qqn). **2.** Fam. *Déculotter une pipe,* enlever les dépôts agglomérés dans son fourneau. **II.** v. pron. **1.** Retirer sa culotte, son pantalon. **2.** Fig., fam. Abandonner toute réserve. ▷ Céder honteusement.

déculpabiliser [dekylpabilize] v. tr. [1] Libérer (qqn) d'un sentiment de culpabilité.

déculturation [dekyltyʀasjɔ̃] n. f. ETHNOL Perte ou dégradation de l'identité culturelle.

décumul [dekymyl] n. m. (Belgique) Séparation fiscale des revenus d'un couple.

décuple [dekypl] adj. et n. m. **1.** adj. Qui vaut dix fois. **2.** n. m. Quantité qui vaut dix fois une autre quantité. *Je lui ai rendu le décuple de son prêt.*

décuplement [dekypləmɑ̃] n. m. Action de décupler; résultat de cette action.

décupler [dekyple] v. [1] **I.** v. tr. **1.** Rendre dix fois plus grand. *Décupler sa fortune.* **2.** Fig. Augmenter considérablement. *Le désir de vaincre décuple ses forces.* **II.** v. intr. Devenir dix fois plus grand. *La valeur de ce tableau a décuplé.*

décurrent, ente [dekyʀɑ̃, ɑ̃t] adj. BOT Se dit d'un organe lamellaire qui se prolonge sur son support. *Feuille décurrente.*

dédaigner [dedeɲe] v. tr. [1] **1.** Traiter avec dédain, marquer du dédain à l'égard de. *Dédaigner le pouvoir.* **2.** Négliger, rejeter comme sans intérêt, ou indigne de soi. *Dédaigner les compliments.*

dédaigneusement [dedɛɲøzmɑ̃] adv. Avec dédain.

dédaigneux, euse [dedɛɲø, øz] adj. et n. Qui éprouve du dédain, qui montre du dédain. *Une mine dédaigneuse.* ▷ Subst. *Faire le dédaigneux.*

dédain [dedɛ̃] n. m. Mépris, vrai ou affecté, manifesté par le ton, l'allure, les manières. *Le dédain des honneurs.*

dédale [dedal] n. m. **1.** Labyrinthe, lieu où l'on s'égare à cause de la complication des détours. *Le dédale des allées d'un parc.* **2.** Fig. Ensemble compliqué où il est difficile de se reconnaître. *Le dédale de la jurisprudence.*

Dédale, dans la myth. gr., architecte qui, venu d'Attique en Crète, construisit le Labyrinthe*. Enfermé lui-même dans le Labyrinthe, il s'envola avec son fils Icare* grâce à des ailes de cire et de plume qu'il avait fabriquées.

dedans [dədɑ̃] adv., prép. et n. m. **I.** adv. de lieu. **1.** À l'intérieur. *On le cherchait dehors, il était dedans.* **2.** Loc. fam. *Mettre qqn dedans,* le tromper. ▷ *Rentrer dedans (qqn) :* frapper (qqn). **3.** Loc. adv. *Là-dedans :* là, à l'intérieur, là où vous êtes. *Que faites-vous là-dedans?* ▷ *Au-dedans, en dedans :* à l'intérieur. *Il fait froid au-dedans comme au-dehors. La porte ouvre en dedans. Avoir les genoux en dedans,* cagneux. ▷ *De dedans :* de l'intérieur. *Il vient de dedans.* ▷ *Par-dedans,* par l'intérieur. **II.** Loc. prép. *En dedans de :* à l'intérieur de. *La maison se situe en dedans du village.* ▷ *Au-dedans de :* à l'intérieur de. *Au-dedans du village se trouve l'église.* **III.** n. m. **1.** Partie intérieure d'une chose. *Le dedans d'une maison.* **2.** Fig. Esprit (par oppos. au *corps*); monde intérieur (par oppos. au *monde extérieur*); intérieur (par oppos. à l'*extérieur*). *L'Espace du dedans,* titre d'un recueil de poèmes d'Henri Michaux. *Les ennemis du dedans,* de l'intérieur.

Dedefrê. V. Didoufri.

Dedekind (Richard) (1831 – 1916), mathématicien allemand; travaux d'analyse mathématique.

dédicace [dedikas] n. f. **1.** RELIG (judaïsme) Consécration du Temple de Jérusalem au culte. **2.** LITURG CATHOL Consécration d'une chapelle, d'une église au culte divin; inscription qui relate cette consécration. **3.** Consécration d'un monument à une personne. ▷ *Par ext.* Inscription qui relate cette consécration. **4.** Inscription par laquelle un auteur dédie son œuvre à qqn, ou en offre un exemplaire avec sa signature. *La dédicace des «Fleurs du mal» de Baudelaire à Théophile Gautier.*

dédicacer [dedikase] v. tr. [12] Faire l'hommage (d'un livre, d'une photographie), par une dédicace. Syn. (Québec) autographier. – Pp. adj. *Un portrait dédicacé.*

dédicataire [dedikatɛʀ] n. Didac. Personne à qui un ouvrage est dédié. *Gaston Calmette, dédicataire de «Du côté de chez Swann» de Marcel Proust.*

dédier [dedje] v. tr. [2] **1.** Consacrer au culte divin; placer sous l'invocation d'un saint. *Dédier une chapelle à un saint.* – Pp. adj. *Temple dédié à Vénus.* **2.** Faire hommage (d'un ouvrage) par une inscription (dédicace) placée en tête. *Il a dédié son premier livre à sa mère.* – Pp. adj. *Une thèse dédiée à son maître.* **3.** Fig. Consacrer, vouer. *Il a dédié sa vie à l'étude.* **4.** Fig. Offrir. *Il a dédié sa collection de tableaux à l'État.*

dédifférenciation [dediferɑ̃sjasjɔ̃] n. f. BIOL Perte (pour une cellule, un tissu) d'une partie ou de la totalité de ses caractères propres. *La dédifférenciation des cellules cancéreuses.*

dédifférencier (se) [dedifeʀɑ̃sje] v. pron. [2] BIOL Perdre (pour une cellule ou un tissu) les caractères propres à sa fonction, totalement ou en partie.

dédire (se) [dediʀ] v. pron. [65] Désavouer ce qu'on a dit; se rétracter. *Les témoins se sont dédits.*

dédit [dedi] n. m. **1.** Révocation d'une parole donnée. Syn. (France rég., Suisse) dédite. **2.** DR Pénalité stipulée dans un contrat contre celui qui manque à l'exécution. *Payer un dédit.*

dédite [dedit] n. f. (France rég., Suisse) Dédit (sens 1).

dédommagement [dedɔmaʒmɑ̃] n. m. **1.** Réparation d'un dommage. *Obtenir mille francs de dédommagement.* **2.** Fig. Compensation. *Trouver un dédommagement à ses malheurs.*

dédommager [dedɔmaʒe] v. tr. [13] **1.** Indemniser d'un dommage. *La compagnie d'assurances les dédommagera.* **2.** Offrir une compensation à. *Rien peut-il dédommager de la perte d'un être cher?* ▷ v. pron. Trouver un dédommagement, une compensation.

dédorer [dedɔʀe] v. [1] **1.** v. tr. Enlever la dorure de. **2.** v. pron. Perdre sa dorure. – Pp. adj. *Un cadre dédoré.*

dédou, oue [dedu] adj. (Mart.) Se dit d'un vêtement qui a perdu sa fraîcheur. ▷ (Guad.) *Par métaph.* Se dit d'une femme qui a perdu son charme.

dédouanement [dedwanmɑ̃] ou **dédouanage** [dedwanaʒ] n. m. Action de dédouaner (une marchandise); son résultat.

dédouaner [dedwane] v. tr. [1] **1.** Faire sortir (une marchandise) de la douane en acquittant les droits. **2.** Fig. Réhabiliter (qqn). ▷ v. pron. Se réhabiliter, se blanchir. *Un ancien malfaiteur qui cherche à se dédouaner.*

dédoublage [dedublaʒ] n. m. Action de dédoubler (un vêtement).

dédoublement [dedubləmɑ̃] n. m. **1.** Action de dédoubler (sens I, 2); son résultat. **2.** PSYCHIAT *Dédoublement de la personnalité :* absence du sentiment de l'unité et de l'identité de la personnalité, observée chez certains psychopathes, deux personnalités différentes et autonomes coexistant chez le même individu.

dédoubler [deduble] v. [1] **I.** v. tr. **1.** Ôter la doublure de. *Dédoubler une veste.* **2.** Diviser en deux. *Dédoubler une classe aux effectifs trop nombreux.* **II.** v. pron. **1.** Se séparer en deux. **2.** PSYCHIAT Souffrir de dédoublement de la personnalité.

dédramatiser [dedʀamatize] v. tr. [1] Ôter son caractère dramatique à. *Dédramatiser une situation conflictuelle.*

déductibilité [dedyktibilite] n. f. Caractère de ce qui est déductible. *La déductibilité de certains frais dans une déclaration de revenus.*

déductible [dedyktibl] adj. Qui peut être déduit, soustrait.

déductif, ive [dedyktif, iv] adj. LOG Qui procède par déduction. *Un raisonnement déductif.* Ant. inductif.

déduction [dedyksjɔ̃] n. f. **1.** Soustraction. *Ces mille francs viennent en déduction de ce que vous avez déjà touché.* Syn. défalcation. **2.** LOG Méthode de raisonnement par laquelle on infère d'un principe ou d'une hypothèse toutes les conséquences qui en découlent. *La forme la plus classique de la déduction est le syllogisme, étudié par Aristote, dans lequel on conclut du général au particulier.* Ant. induction. **3.** Cour. Raisonnement rigoureux; conclusion d'un tel raisonnement; action de déduire.

déduire [dedɥiʀ] v. tr. [69] **1.** Retrancher, soustraire d'une somme. *De cette somme, je déduis vingt francs.* **2.** LOG Tirer par déduction (une proposition) comme conséquence d'une autre, admise. **3.** Tirer comme conséquence. *On peut en déduire que...*

déesse [deɛs] n. f. **1.** MYTH Divinité de sexe féminin. *Minerve était la déesse de la Sagesse chez les Romains.* **2.** Fig. Femme d'une grande beauté et d'une grâce imposante.

Defa, un des principaux gisements de pétrole de Libye, au S.-E. du désert de Syrte et du djebel Zaltan.

de facto [defakto] loc. adv. (lat.) De fait et non de droit (par oppos. à *de jure*).

défaillance [defajɑ̃s] n. f. **1.** Faiblesse physique, évanouissement. *Il est tombé en défaillance.* ▷ MED *Défaillance cardiaque :* insuffisance cardiaque aiguë. **2.** Faiblesse morale. *Tout homme a ses défaillances.* **3.** Faiblesse, incapacité. *La défaillance du gouvernement.* ▷ DR Non-exécution d'une clause, d'un paiement. **4.** Arrêt du fonctionnement normal. *Défaillance du système de sécurité.*

défaillant, ante [defajɑ̃, ɑ̃t] adj. (et n.) **1.** Qui s'affaiblit, qui devient faible. *Des forces défaillantes. Murmurer d'une voix défaillante.* **2.** Sur le point de s'évanouir (personnes). **3.** DR Qui fait défaut. *Témoin défaillant.* **4.** (Afr. subsah.) Qui n'assume pas ses engagements, qui fait défection. **5.** (Maghreb) Se dit d'une personne inapte sur le plan professionnel ou scolaire. ▷ Subst. *Un(e) défaillant(e).*

défaillir [defajiʀ] v. intr. [28] **1.** Tomber en faiblesse, s'évanouir. *Défaillir de peur.* **2.** S'affaiblir. *Son courage défaille.* **3.** Litt. Faiblir, manquer de force morale. *Agissez sans défaillir!*

défaire [defɛʀ] v. [10] **I.** v. tr. **1.** Changer l'état d'une chose, de manière qu'elle ne soit plus ce qu'elle était. *Ce que l'un fait, l'autre le défait.* **2.** Détacher, dénouer. *Défaire son pagne.* **3.** Litt. Battre, vaincre, mettre en déroute. *Alexandre défit Darius.* **II.** v. pron. **1.** Cesser d'être fait, construit, formé. *Le nœud s'est défait.* **2.** Se délivrer, se débarrasser. *Se défaire d'un importun.* ▷

Se défaire d'un objet, le vendre ou le donner.

défait, aite [defɛ, ɛt] adj. **1.** Qui n'est plus fait, construit, formé. *Un nœud défait. Le lit défait.* **2.** Vaincu, en déroute. *Une armée défaite.* **3.** Abattu, épuisé. *Il apparut, pâle et défait.*

défaite [defɛt] n. f. **1.** Perte d'une bataille. *La défaite de Waterloo.* ▷ Perte d'une guerre. *La défaite de 1940.* Syn. déroute. **2.** Échec. *Essuyer une défaite aux élections.*

défaitisme [defɛtism] n. m. **1.** Manque de confiance dans l'issue victorieuse des hostilités. – Fait d'exprimer et de propager des idées correspondant à cet état d'esprit. **2.** *Par ext.* Manque de confiance dans le succès.

défaitiste [defetist] adj. et n. **1.** adj. Qui a trait au défaitisme. ▷ Empreint de défaitisme. *Tenir des propos défaitistes.* **2.** n. Personne qui fait preuve de défaitisme.

défalcation [defalkasjɔ̃] n. f. Déduction, retranchement, décompte.

défalquer [defalke] v. tr. [1] Rabattre; déduire (une somme) d'un compte. *Défalquer les frais du bénéfice.*

défatiguer [defatige] v. tr. [1] Supprimer la fatigue ou les effets de la fatigue chez (qqn).

1. défausser [defose] v. tr. [1] Redresser (ce qui a été faussé). *Défausser une tringle.*

2. défausser (se) [defose] v. pron. [1] JEU Se débarrasser d'une carte inutile ou gênante. *Se défausser à pique.* ▷ Fig. Se débarrasser, se décharger. *Se défausser d'une obligation.*

défaut [defo] n. m. **I. 1.** Imperfection physique. *Elle avait un corps de déesse, sans le moindre défaut.* **2.** Imperfection dans un objet, point faible dans une matière. *Cette poutre présente un défaut. Les défauts d'un diamant.* **3.** Fig. Imperfection morale. *Il est trop âgé pour se corriger de ses défauts.* **4.** Imperfection dans une œuvre d'art, un ouvrage de l'esprit. *Critiquer les défauts d'un roman.* **II. 1.** Manque (de qqch). *Le défaut de preuves l'a fait acquitter.* ▷ *Faire défaut :* manquer. *Le talent lui fait cruellement défaut.* **2.** Absence (de certaines qualités, de certains avantages). *Défaut de jugement, de mémoire.* **3.** Endroit où se rejoignent deux os, deux articulations. *Le défaut des côtes, de l'épaule.* **4.** *Défaut de la cuirasse :* intervalle entre les pièces contiguës d'une armure. – Fig. Point faible d'un système, d'un raisonnement. **5.** *Être en défaut :* commettre une faute, une erreur; manquer à ses engagements. *Ma mémoire est souvent en défaut. Quand je lui demande un service, je ne le trouve jamais en défaut.* **6.** PHYS NUCL *Défaut de masse :* différence entre la somme des masses des nucléons d'un noyau et la masse du noyau, correspondant à l'énergie de liaison des nucléons. **7.** PHYS *Défauts de réseau :* irrégularités (lacunes d'atomes, atomes déplacés en position interstitielle, etc.) qui perturbent la structure parfaite d'un réseau cristallin. **8.** DR Situation du défendeur ou du prévenu qui ne fait pas valoir ses moyens de défense devant le tribunal. *Juger par défaut,* contre un défendeur qui fait défaut. *Défaut de comparaître :* situation du défendeur qui ne se présente pas, ou qui, en matière civile, ne constitue pas avocat. **9.** Loc. prép. *À défaut de :* faute de, en l'absence de. *Il a obtenu un travail bien rémunéré, à défaut d'être intéressant.*

défaveur [defavœʀ] n. f. Disgrâce, perte de la faveur. *Être en défaveur auprès de qqn.*

défavorable [defavɔʀabl] adj. Qui n'est pas favorable. *Émettre un avis défavorable.*

défavorablement [defavɔʀabləmɑ̃] adv. D'une manière défavorable.

défavorisé, ée [defavɔʀize] adj. et n. Dépourvu d'avantages, spécial. économiques; pauvre. – Subst. *Les défavorisés :* les pauvres.

défavoriser [defavɔʀize] v. tr. [1] Mettre (qqn) en défaveur; donner moins d'avantages qu'aux autres à (qqn). *Ce testament l'a défavorisé.*

défécation [defekasjɔ̃] n. f. Expulsion des matières fécales.

défectif, ive [defɛktif, iv] adj. GRAM Se dit d'un verbe, d'une forme verbale qui ne comporte pas tous ses temps, tous ses modes ou toutes ses personnes. *«Choir», «clore», «faillir» sont des verbes défectifs.*

défection [defɛksjɔ̃] n. f. Abandon d'un parti, d'une cause. *Faire défection :* abandonner, ne pas être présent. *Il a fait défection au dernier moment.*

défectueux, euse [defɛktɥø, øz] adj. **1.** Qui manque des qualités, des conditions requises. *Marchandises défectueuses. Une argumentation défectueuse.* **2.** DR Entaché d'un défaut.

défendable [defɑ̃dabl] adj. Qui peut être défendu. *Une place défendable.* – Fig. *Cette opinion n'est plus défendable.*

défendeur, deresse [defɑ̃dœʀ, d(ə)ʀɛs] n. DR Personne contre qui est introduite une action en justice.

défendre [defɑ̃dʀ] v. [6] **I.** v. tr. **1.** Protéger, soutenir contre une agression. *Défendre sa vie, son honneur, ses intérêts.* **2.** Résister pour rester maître de (qqch). *Défendre une position contre l'ennemi.* **3.** Plaider pour (qqn). *Défendre un accusé.* **4.** Plaider pour (qqch). *Défendre une opinion.* ▷ (Belgique) *Défendre sa thèse de doctorat,* la soutenir. **5.** Loc. fig. *À son corps défendant :* à contrecœur, malgré soi. **6.** *Défendre de :* mettre à l'abri de, préserver de (choses). *Ce mur nous défend du vent.* **7.** Prohiber, interdire (qqch à qqn). *Défendre le vin à un malade. Il est défendu de parler au conducteur.* **II.** v. pron. **1.** Repousser une attaque, une agression, y résister. *Il ne se défendait que mollement.* **2.** Fam. Se débrouiller. *Pour parler anglais, je (ne) me défends pas mal.* **3.** Chercher à se justifier. *Il se défend violemment des critiques.* **4.** Nier (une chose qu'on vous impute). *Il se défend d'avoir emporté ce livre.* **5.** Se mettre à l'abri de (qqch). *Se défendre du froid.* **6.** S'empêcher d'éprouver (un sentiment); se retenir de (faire qqch). *Je ne puis me défendre d'une certaine partialité envers lui. Elle ne peut se défendre de pleurer.*

défendu, ue [defɑ̃dy] adj. **1.** Protégé. *Une ville défendue par ses remparts.* **2.** Interdit, réprouvé par la morale. *Livre défendu. Fruit défendu :* chose d'autant plus convoitée qu'elle est interdite.

défenestration [defənɛstʀasjɔ̃] n. f. Action de jeter une personne par la fenêtre. – HIST *Défenestration de Prague* (23 mai 1618) *:* acte de violence par lequel les protestants de Bohême, s'insurgeant contre l'empereur Mathias, précipitèrent par la fenêtre de la salle du Conseil deux des quatre gouverneurs. (Ce fut le prélude de la guerre de Trente Ans.)

défenestrer [defənɛstʀe] v. tr. [1] Jeter (qqn) par la fenêtre.

1. défense [defɑ̃s] n. f. **1.** Action de repousser une agression dirigée contre soi ou contre d'autres. *Prendre la défense des opprimés. Venez à ma défense.* ▷ DR *Légitime défense :* droit de se défendre par la force contre une agression. *Être en état de légitime défense,* dans une situation telle que, étant attaqué, on est en droit de se défendre par la force. **2.** Action de défendre une position contre l'ennemi. *Ligne de défense.* **3.** Moyen de protection. – *Installer des défenses à une fenêtre.* **4.** *Défense nationale :* ensemble des moyens employés par une nation pour se protéger contre l'ennemi. *La défense passive tend à réduire les effets des attaques aériennes. Défense contre avions (D.C.A.).* **5.** Ce qu'on dit, ce qu'on écrit pour défendre qqn ou se défendre soi-même. *On ne voulut pas écouter sa défense.* ▷ (Belgique) *Défense de thèse (de doctorat),* sa soutenance. **6.** DR Ensemble des moyens employés par une personne pour se défendre en justice. *L'accusé modifie son système de défense.* – Par ext. *La défense :* l'avocat, par oppos. à *l'accusation,* représentée par le ministère public. *La parole est à la défense.* – *Droits de la défense :* prérogatives qui garantissent à un inculpé la possibilité d'assurer effectivement sa défense dans un procès pénal. **7.** PHYSIOL *Défense de l'organisme,* contre les traumatismes, les microbes. **8.** PSYCHAN *Défense du moi :* ensemble des processus inconscients utilisés par le moi pour se défendre. *Les mécanismes de défense sont plus ou moins intégrés au moi : refoulement, sublimation, régression, projection.* **9.** Prohibition, interdiction. *Défense d'afficher.* **10.** SPORT Manière de s'opposer aux offensives de l'adversaire; ensemble des joueurs d'une équipe qui s'opposent à ces offensives.

2. défense [defɑ̃s] n. f. Dent de certains mammifères, dont la croissance se prolonge durant la vie entière et qui, atteignant de grandes dimensions, sort de la cavité buccale. *Les défenses sont soit des canines (sanglier, chevrotain), soit des incisives (éléphant, narval).*

Défense (la), quartier de la banlieue parisienne de l'O. (Puteaux, Courbevoie, Nanterre), où a été aménagé, à partir de 1958, un vaste centre d'affaires. Sur le parvis de la Défense s'élève la Grande Arche (1989).

Défense et illustration de la langue française, manifeste (1549) du groupe de la Brigade (nommé *la Pléiade* en 1556), que signa du Bellay.

Défense nationale (gouvernement de la), gouvernement de la France entre le 4 sept. 1870 (déchéance de l'Empire, proclamation de la république) et le 12 fév. 1871, quand l'Assemblée* nationale, élue le 8, se réunit (à Bordeaux).

défenseur [defɑ̃sœʀ] n. m. **1.** Celui qui défend, soutient, protège. *Défenseur des opprimés. Les défenseurs de la patrie.* **2.** Fig. Personne qui défend (une cause, une opinion, une doctrine). *Elle s'érige en défenseur de la morale.* **3.** DR Avocat qui défend en justice.

défensif, ive [defɑ̃sif, iv] adj. Fait pour la défense. *Traité défensif. Armes défensives. Guerre défensive.*

défensive [defɑ̃siv] n. f. État d'une armée prête à se défendre, ou qui s'efforce de contenir une attaque ennemie. ▷ Loc. *Être, se tenir sur la défen-*

sive : être prêt, se tenir prêt à se défendre (au propre et au figuré).

déféquer [defeke] v. intr. [14] Évacuer les matières fécales.

déférence [deferɑ̃s] n. f. Politesse respectueuse, considération. *Témoigner de la déférence à une personne âgée.*

1. déférent [deferɑ̃] adj. m. ANAT *Canal déférent :* conduit excréteur du testicule, par lequel le sperme gagne les vésicules séminales pour se jeter dans l'urètre.

2. déférent, ente [deferɑ̃, ɑ̃t] adj. Qui témoigne de la déférence. *Une attitude déférente.*

déférer [defere] v. tr. [14] **1.** DR Traduire (un accusé) en justice. – Soumettre à une juridiction. *Déférer un jugement à la Cour de cassation.* **2.** v. tr. indir. Litt. Céder par respect. *Déférer au désir de qqn.*

déferlant, ante [deferlɑ̃, ɑ̃t] adj. Qui déferle. ▷ n. f. Vague qui déferle.

déferlement [defɛrləmɑ̃] n. m. **1.** Action de déferler. *Écouter le déferlement des vagues.* **2.** Fig. Déploiement, manifestation de grande ampleur. *Un déferlement de protestations.*

déferler [defɛrle] v. [1] **1.** v. tr. MAR Déployer. *Déferler une voile, un pavillon.* **2.** v. intr. Se déployer et se briser en écume (en parlant des vagues). **3.** v. intr. Fig. Se répandre avec abondance, violence. *Les injures déferlaient sur lui.*

déferrer [defɛre] v. tr. [1] **1.** Ôter une ferrure. **2.** Ôter le fer du pied d'un cheval. ▷ v. pron. *Le cheval s'est déferré,* a perdu un fer.

défeuiller [defœje] v. tr. [1] Litt. Enlever ou faire tomber les feuilles (d'un arbre). ▷ v. pron. Perdre ses feuilles. *Arbre qui se défeuille.*

défi [defi] n. m. **1.** Anc. Provocation à un combat singulier, au Moyen Âge. **2.** Mod. Provocation. *Mettre qqn au défi de faire qqch. Relever le défi.*

défiance [defjɑ̃s] n. f. Crainte d'être trompé, méfiance.

défiant, ante [defjɑ̃, ɑ̃t] adj. Pénétré de défiance. *Un caractère défiant.*

défibrer [defibre] v. tr. [1] TECH Ôter les fibres de.

défibrillation [defibrijasjɔ̃] n. f. MED Technique thérapeutique (choc électrique) permettant le rétablissement d'un rythme cardiaque normal chez un malade en état de fibrillation.

déficeler [defisle] v. tr. [19] Ôter la ficelle de (un paquet, un objet ficelé).

déficience [defisjɑ̃s] n. f. **1.** BIOL Insuffisance organique ou fonctionnelle. *Déficience mentale. Déficience hépatique.* **2.** Fig. Faiblesse, insuffisance.

déficient, ente [defisjɑ̃, jɑ̃t] adj. **1.** Se dit d'un organe qui n'assure pas normalement ses fonctions. *Un cœur déficient.* **2.** Trop faible, insuffisant. *Son vocabulaire est déficient.*

déficit [defisit] n. m. **1.** Ce qui manque à certaines choses. *Déficit sur la récolte.* Syn. (Belgique) mali. **2.** Excédent des dépenses sur les recettes dans une comptabilité. *Le déficit du budget. Être en déficit.* Syn. (Belgique) mali. **3.** MED *Déficit immunitaire :* incapacité, pour l'organisme, de trouver la réponse immunitaire adaptée. Syn. (Belgique) mali.

déficitaire [defisitɛr] adj. **1.** Trop faible, insuffisant. *Une récolte déficitaire.* **2.** Qui présente un déficit. *Commerce déficitaire.*

1. défier [defje] v. tr. [2] **1.** Provoquer (qqn) en combat singulier. – *Par ext.* Provoquer à une lutte quelconque. *Défier qqn à la course.* ▷ v. pron. *Elles se sont défiées aux cartes.* **2.** Braver, se dresser contre. *Défier la morale.* **3.** Déclarer à qqn qu'on le croit incapable d'exécuter qqch. *Je vous défie de m'en donner la preuve.* **4.** Résister aux attaques, aux coups de (choses). *Notre bateau défiait la tempête. Ce mur a défié le temps.*

2. défier (se) [defje] v. pron. [2] *Se défier de :* avoir de la défiance envers. *Se défier des flatteurs, des racontars.*

défigurer [defigyre] v. tr. [1] **1.** Altérer l'aspect du visage. *Cette blessure l'a défiguré.* **2.** Gâter la forme, l'allure, l'aspect de (qqch). *Défigurer un tableau par des retouches.* **3.** Fig. Altérer, dénaturer, rendre méconnaissable. *Défigurer la vérité. Défigurer la pensée d'un auteur.*

défilandrer [defilɑ̃dre] v. tr. [1] (Belgique, France rég., Réunion) Ôter les filandres des haricots verts.

défilé [defile] n. m. **1.** Passage étroit et encaissé entre deux montagnes. **2.** Suite d'unités militaires en marche au pas cadencé, passant devant un chef ou rendant les honneurs. *Le défilé de la fête de l'Indépendance.* **3.** File de personnes, de véhicules en marche. *Le défilé des amis pour les condoléances.*

défilement [defilmɑ̃] n. m. **1.** MILIT Stationnement ou cheminement à couvert des vues et à l'abri des tirs de l'ennemi. **2.** Dans un magnétophone, un magnétoscope, déroulement continu de la bande magnétique; dans un appareil de projection, déroulement du film.

1. défiler [defile] v. [1] **I.** v. tr. **1.** Défaire (un tissu) fil à fil. **2.** Ôter le fil passé dans. *Défiler des perles.* ▷ v. pron. *Votre collier s'est défilé.* **II.** v. pron. **1.** MILIT Se mettre à couvert des vues et des feux d'enfilade de l'ennemi. **2.** Fig., fam. S'esquiver, se dérober. *Quand on lui demande un service, il se défile.*

2. défiler [defile] v. intr. [1] **1.** Aller à la file. *Ils défilent en colonne par deux.* **2.** Faire un défilé. *Les soldats, les manifestants défilent en rangs serrés.* **3.** Fig. Se succéder avec régularité. *Les jours défilaient, monotones.*

défini, ie [defini] adj. **1.** Déterminé, expliqué par une définition. *Mot défini.* ▷ n. m. «*Prouver tout, en substituant mentalement les définitions à la place des définis*» (Pascal). **2.** Précisé. *Une tâche bien définie.* **3.** GRAM *Article défini :* le, la, les. *Passé défini* ou *passé simple :* temps qui fait référence à un moment précis du passé. «*Je fus*» *est un passé défini.* **4.** CHIM *Loi des proportions définies* ou *loi de Proust,* qui pose que les proportions suivant lesquelles des corps simples se combinent sont des valeurs fixes et discontinues. **5.** MATH *Quantité définie,* déterminée par le nombre qui l'exprime.

définir [definir] v. tr. [3] **1.** Expliquer, préciser en quoi consiste un concept. *Définir la liberté en l'opposant à l'aliénation. Définir un mot,* donner son sens, sa définition. **2.** Décrire de façon précise. *Il a du mal à définir le sentiment qu'il a éprouvé.*

définissable [definisabl] adj. Que l'on peut définir.

définitif, ive [definitif, iv] adj. Qui ne peut plus, ne doit plus être modifié. *Version définitive d'une œuvre.* – *Vous en parlez en des termes bien définitifs,* catégoriques, excessifs. ▷ n. m. *Le définitif et le provisoire.* – Fam. *Cet achat, c'est du définitif.* ▷ Loc. adv. *En définitive :* en conclusion, en dernière analyse. *En définitive, je crois qu'il a raison.*

définition [definisjɔ̃] n. f. **1.** PHILO Ensemble de propositions qui analysent la compréhension d'un concept. *La définition doit être courte, claire, précise, exempte de contradictions.* **2.** Explication précise de ce qu'un mot signifie. **3.** MATH *Ensemble de définition,* dans lequel une relation entre les éléments est possible. **4.** AUDIOV Nombre de lignes balayées par le spot pour composer une image de télévision. – *Haute définition :* définition de plus de mille lignes. **5.** Loc. adv. *Par définition :* en vertu de la définition même de ce dont on parle. *Un triangle a, par définition, trois côtés.*

définitivement [definitivmɑ̃] adv. **1.** D'une manière définitive. *Une affaire définitivement close.* **2.** (Mart.) En définitive. **3.** (Maurice) Absolument, tout à fait. *Il n'est définitivement pas sérieux.*

défiscaliser [defiskalize] v. tr. [1] FISC Exonérer d'impôts.

déflagration [deflagrasjɔ̃] n. f. CHIM Mode de combustion dans lequel la vitesse de propagation de la flamme est de l'ordre d'un mètre par seconde. ▷ Cour. Explosion. *La déflagration a soufflé les vitres des maisons environnantes.*

1. déflation [deflasjɔ̃] n. f. GEOL Érosion éolienne des sols désertiques.

2. déflation [deflasjɔ̃] n. f. **1.** ECON Phénomène économique par lequel la demande globale devient insuffisante par rapport à la quantité de produits et de services offerts par l'économie. **2.** ECON Ensemble des mesures (restriction de crédit, compression des dépenses publiques, majoration des impôts, etc.) destinées à lutter contre l'inflation et le déséquilibre extérieur. **3.** (Afr. subsah.) Réduction des effectifs du personnel d'une administration, d'une entreprise. *Il a été victime de la déflation.*

déflationniste [deflasjɔnist] adj. ECON Qui tient d'une déflation, relatif à une déflation. *Mesures déflationnistes.*

défléchir [defleʃir] v. tr. [3] Didac. Détourner de sa direction.

déflecteur, trice [deflɛktœr, tris] adj. et n. m. **1.** adj. Qui défléchit (un fluide, un courant gazeux). **2.** n. m. TECH Appareil servant à modifier la direction d'un fluide. ▷ AUTO Dispositif aérodynamique destiné à modifier l'écoulement de l'air autour d'un véhicule; cour. partie latérale de la vitre d'une portière, constituée d'un petit volet orientable.

défleurir [deflœrir] v. [3] **1.** v. tr. Faire tomber, ôter les fleurs de. *La gelée a défleuri les abricotiers.* **2.** v. intr. Perdre ses fleurs.

déflexion [deflɛksjɔ̃] n. f. **1.** OBSTETR Mouvement d'extension de la tête de l'enfant au moment du dégagement. **2.** PHYS Déviation d'un faisceau de particules.

défloraison [deflɔrɛzɔ̃] ou **défleuraison** [deflœrɛzɔ̃] n. f. Chute des fleurs.

défloration [deflɔrasjɔ̃] n. f. Action de déflorer (sens 2).

déflorer [deflɔre] v. tr. [1] **1.** Faire perdre sa fraîcheur, sa nouveauté à. *Déflorer un sujet,* lui faire perdre le charme de la nouveauté en le traitant superficiellement ou avec maladresse.

2. Litt. *Déflorer une jeune fille,* lui faire perdre sa virginité. Syn. (Afr. subsah., Djibouti) dévierger.

Defoe ou **De Foe** (Daniel) (v. 1660 – 1731), journaliste et écrivain anglais, l'un des plus grands prosateurs du XVIIIe s. : *Robinson Crusoé* (1719), inspiré par le séjour du marin écossais Alexander Selkirk* dans une île, au large du Chili; *Moll Flanders* (1722), *Colonel Jack* (1722), *le Journal de l'année de la peste* (1722), *Lady Roxana ou l'Heureuse Catin* (1724).

défoliant, ante [defɔljɑ̃, ɑ̃t] n. m. et adj. Produit chimique provoquant la chute des feuilles. ▷ adj. *Un produit défoliant.*

défoliation [defɔljasjɔ̃] n. f. BOT Chute des feuilles d'un végétal à feuilles caduques.

défolier [defɔlje] v. tr. [2] Provoquer, en général par des moyens chimiques, la défoliation de.

défoncage [defɔ̃saʒ] ou **défoncement** [defɔ̃smɑ̃] n. m. Action de défoncer; résultat de cette action. ▷ AGRIC Labour profond.

défonce [defɔ̃s] n. f. Arg. État dans lequel se trouve un drogué après usage d'hallucinogènes. – *La défonce :* l'usage de la drogue.

défoncé, ée [defɔ̃se] adj. **1.** Éventré, brisé par enfoncement. *Siège défoncé.* **2.** *Chemin défoncé,* plein d'ornières, de nids-de-poule. **3.** Arg. Qui est sous l'effet d'une drogue.

défoncer [defɔ̃se] v. [12] **I.** v. tr. **1.** Ôter le fond de. *Défoncer un tonneau.* **2.** Briser, crever en enfonçant. *Défoncer un mur. Défoncer un canapé.* **3.** *Défoncer un terrain,* le labourer en profondeur. – TRAV PUBL Ameublir ou creuser. **II.** v. pron. **1.** Arg. Se droguer. *Il se défonce au hasch.* **2.** Fam. Donner le meilleur de soi-même dans un travail, une activité quelconque.

défonceuse [defɔ̃søz] n. f. **1.** TRAV PUBL Appareil servant à défoncer le sol. **2.** TECH Machine-outil de menuiserie, munie d'une fraise, qui sert à creuser le bois.

déforcer [defɔʀse] v. tr. [1] (Belgique) Affaiblir moralement (une personne, un argument, une thèse). *Il m'a déforcé. Les déclarations de l'inculpé ont déforcé la plaidoirie de son avocat.*

déforestation [defɔʀɛstasjɔ̃] n. f. Destruction de la forêt. (Dans les régions tropicales, la déforestation par ébranchage, abattage et incendie entraîne, du fait de la perte de l'humus et de l'érosion du sol, la stérilisation des terres, puis la désertification.)

déformant, ante [defɔʀmɑ̃, ɑ̃t] adj. Qui déforme. *Miroir déformant. Rhumatisme déformant.* ▷ Fig. *Version déformante d'un événement.*

déformation [defɔʀmasjɔ̃] n. f. Altération de la forme première, habituelle. *Déformation d'un organe.* – TECH *Déformation permanente d'une pièce métallique,* qu'on a étirée, tordue ou fléchie en dépassant sa limite d'élasticité. ▷ Fig. *Votre récit est une déformation systématique de la vérité.* – *Déformation professionnelle :* ensemble d'habitudes, d'automatismes acquis dans l'exercice d'une profession et qui se manifestent intempestivement dans la vie courante.

déformer [defɔʀme] v. tr. [1] **1.** Altérer la forme de (une chose matérielle). *Déformer le corps, un vêtement. La colère déformait ses traits.* ▷ v. pron. *Objet qui se déforme sous l'action de la chaleur, de l'humidité, etc.* **2.** Fig. Reproduire inexactement. *Déformer les paroles, la pensée de qqn.* ▷ *Déformer qqn,* modifier, altérer son esprit, son comportement. *Son éducation l'a déformé.*

défoulement [defulmɑ̃] n. m. PSYCHAN Retour dans le conscient de souvenirs, d'affects refoulés. ▷ Cour. Fait de se défouler.

défouler (se) [defule] v. pron. [1] Se livrer à des actions sur lesquelles pouvait peser un interdit; libérer, dans une activité quelconque, une énergie bridée par ailleurs. *Se défouler en faisant du sport.* – Fam. S'épancher sans retenue.

défourner [defuʀne] v. tr. [1] Retirer du four. *Défourner du pain, des poteries.*

défraîchi, ie [defʀeʃi] adj. Qui a perdu sa fraîcheur, son éclat. *Costume défraîchi.* ▷ *Visage défraîchi,* fané, flétri.

défraîchir [defʀeʃiʀ] v. tr. [3] Faire perdre sa fraîcheur, son éclat à. *Un vêtement que la pluie avait défraîchi.* ▷ v. pron. *Tentures qui se défraîchissent,* qui passent, perdent leur éclat.

défraiement [defʀɛmɑ̃] n. m. Paiement par lequel on défraie qqn, remboursement.

défranchir [defʀɑ̃ʃiʀ] ou **désaffranchir** [dezafʀɑ̃ʃiʀ] v. tr. [3] (Belgique) Déstabiliser (qqn), faire perdre (à qqn) son assurance.

défrayer [defʀeje] v. tr. [21] **1.** Payer la dépense, les frais de (qqn). *Défrayer qqn du coût de ses déplacements.* Syn. dédommager. **2.** Fig. *Défrayer la conversation,* en faire les frais en y participant largement, ou parce qu'on en est l'objet. ▷ *Défrayer la chronique :* faire beaucoup parler de soi.

défrichable [defʀiʃabl] adj. Qui peut être défriché.

défrichage [defʀiʃaʒ] ou **défrichement** [defʀiʃmɑ̃] n. m. Action de défricher; son résultat.

défricher [defʀiʃe] v. tr. [1] Travailler à rendre cultivable (une terre en friche). ▷ Fig. *Défricher le terrain :* commencer à étudier un sujet, prendre des dispositions avant d'entreprendre un travail, etc.

défricheur, euse [defʀiʃœʀ, øz] n. Personne qui défriche.

défrisage [defʀizaʒ] n. m. Opération consistant à défriser les cheveux; son résultat.

défrisant, ante [defʀizɑ̃, ɑ̃t] adj. et n. m. Qui défrise les cheveux. *Un produit défrisant,* ou, n. m., *un défrisant.*

défriser [defʀize] v. tr. [1] **1.** Défaire la frisure de. *La pluie m'a défrisée, a défrisé mes cheveux.* **2.** Fig., fam. Désappointer, contrarier, déplaire à. *Tu ne vas pas faire ça ! – Ah? ça te défrise?*

défroisser [defʀwase] v. tr. [1] Aplatir, rendre lisse, uni (ce qui est froissé).

défroncer [defʀɔ̃se] v. tr. [12] Défaire les fronces de. *Défroncer une jupe.* ▷ Fig. *Défroncer les sourcils.*

défroque [defʀɔk] n. f. Vêtements usés ou démodés qu'on ne porte plus. ▷ Péjor. Vêtements usagés et ridicules.

défroqué, ée [defʀɔke] adj. et n. Qui a quitté l'état monastique ou ecclésiastique. *Un prêtre défroqué.* ▷ Subst. *Un défroqué.*

défroquer [defʀɔke] v. [1] **1.** v. tr. Faire quitter le froc, l'habit monastique ou ecclésiastique à (qqn). **2.** v. pron. ou intr. Quitter l'état monastique, ecclésiastique.

défunt, unte [defœ̃, œ̃t] adj. et n. **1.** (Personnes) Qui est mort. *Votre défunte mère :* V. feu 1. ▷ Subst. *Prier pour les défunts.* **2.** Litt., fig. Révolu. *Ses espérances défuntes.*

dégagé, ée [degaʒe] adj. **1.** Que rien n'encombre. *Un couloir bien dégagé.* – *Ciel dégagé :* ciel sans nuages. **2.** Qui donne une impression de liberté, d'aisance (allure, démarche, etc.). *Un air dégagé.* Ant. embarrassé, gauche, gêné. **3.** Affranchi, libéré (des conventions; d'une obligation). *Un esprit dégagé de tout préjugé. Un jeune homme dégagé des obligations militaires.*

dégagement [degaʒmɑ̃] n. m. **1.** Action de dégager des objets gagés. **2.** Action de dégager ce qui est encombré; son résultat. **3.** Passage facilitant la circulation. *Couloir de dégagement.* ▷ TRANSP *Itinéraire de dégagement,* qui permet de résorber ou d'éviter un embouteillage. **4.** Fait de se dégager (en parlant d'un fluide). – CHIM *Dégagement de chaleur* ou *dégagement calorifique :* production de chaleur lors d'une réaction. **5.** SPORT Action de dégager, au rugby, au football. **6.** OBSTETR Dernier temps de l'accouchement.

dégager [degaʒe] v. [13] **I.** v. tr. **1.** Retirer (ce qui avait été donné en gage). ▷ Fig. *Dégager sa parole,* la retirer après l'avoir engagée. **2.** Débarrasser de ce qui obstrue, encombre. *Dégager une porte, un passage.* – Absol. Fam. *Dégagez ! Y a rien à voir.* **3.** Délivrer, libérer de ce qui enferme. *Dégager une place forte encerclée.* ▷ Fig. Libérer (de ce qui engage). *Dégager qqn d'une responsabilité, d'une obligation.* **4.** Produire (une émanation). *Dégager une odeur sulfureuse. Dégager de l'oxygène.* **5.** Isoler d'un ensemble, faire apparaître (une idée, une impression). *Dégager l'idée centrale d'un texte, la morale d'une histoire.* **II.** v. intr. SPORT Au rugby, au football, envoyer le ballon loin de ses buts ou loin de son camp. *Dégager en touche.* **III.** v. pron. **1.** Sortir. *Des fumées se dégageaient des décombres.* ▷ Fig. Émaner, ressortir. *Une impression pénible se dégage de ce film.* **2.** Se libérer (d'une contrainte, d'une entrave). *Se dégager d'une obligation.*

dégaine [degɛn] n. f. Fam. Tournure, allure originale ou ridicule.

dégainer [degene] v. tr. [1] Tirer (une arme) de sa gaine, de son fourreau. *Dégainer un couteau.* – (S. comp.) *Dégainer et tirer.*

déganter [degɑ̃te] v. tr. [1] Ôter les gants de. ▷ v. pron. Ôter ses gants.

dégarnir [degaʀniʀ] v. [3] **1.** v. tr. Dégager de ce qui garnit. *Dégarnir une chambre de ses meubles.* **2.** v. tr. MILIT Retirer des troupes de (un secteur, une place). *Dégarnir les ailes d'une armée.* **3.** v. pron. Perdre ce qui garnissait. – *Spécial.* Perdre ses cheveux. *Ses tempes se dégarnissent.* – Absol. *Il se dégarnit.*

Degas (Hilaire Germain Edgar de Gas, dit Edgar) (1834 – 1917), peintre, sculpteur, graveur et pastelliste français. Il a peint les champs de courses, la danse, les femmes au travail *(les Repasseuses)* ou à leur toilette.

De Gasperi (Alcide) (1881 – 1954), homme politique italien. Président d'un parti d'inspiration démocrate-chrétienne (1919), il fut emprisonné de 1926 à 1930. À la Libération, leader de la démocratie chrétienne, il re-

reprit ses activités politiques et dirigea le gouvernement de 1945 à 1953.

dégât [degɑ] n. m. (Le plus souvent au plur.) Dommage, destruction, détérioration. *La tempête a fait de gros dégâts.*

dégauchir [degoʃiʀ] v. tr. [3] TECH Rendre plane (la surface d'une pièce de menuiserie ou de charpente, d'une pierre).

dégazage [degazaʒ] n. m. TECH Action de dégazer. ▷ *Spécial.* Élimination des gaz et des résidus contenus dans les cuves d'un pétrolier.

dégazer [degaze] v. tr. [1] TECH Pratiquer le dégazage de. *Dégazer une eau.* ▷ v. intr. *Ce pétrolier a dégazé en haute mer.*

dégel [deʒɛl] n. m. **1.** Fonte de la glace, de la neige par suite de l'élévation de la température. **2.** Fig. Fait de se dégeler. – *Spécial.* Détente des relations entre deux États, deux groupements.

dégelée [deʒle] n. f. Fam. Volée de coups. *Il a pris une de ces dégelées!*

dégeler [deʒle] v. [17] **I.** v. tr. **1.** Faire qu'une chose qui était gelée cesse de l'être. **2.** Fig. Rendre moins réservé, détendre. *Dégeler un auditoire.* – v. pron. *L'atmosphère de la réunion s'est rapidement dégelée.* **3.** FIN Remettre en circulation (une somme qui avait été bloquée). *Dégeler des crédits.* **II.** v. intr. Cesser d'être gelé. – Impers. *Il dégèle.*

dégelis [deʒli] n. m. (Acadie) Surface gelée qui commence à fondre. *Tomber dans un dégelis.*

dégêner [deʒɛne] v. [1] (Québec) **1.** v. tr. Mettre (qqn) à l'aise; libérer (qqn) de sa timidité. *Faire du théâtre l'a dégêné.* **2.** v. pron. Prendre de l'assurance.

dégénératif, ive [deʒeneʀatif, iv] adj. Didac. Qui présente les caractéristiques de la dégénérescence; qui amène celle-ci.

dégénéré, ée [deʒeneʀe] adj. et n. **1.** Qui a dégénéré. *Une espèce dégénérée.* **2.** Fam. Stupide, idiot. *Il est complètement dégénéré.* ▷ Subst. *Un(e) dégénéré(e).*

dégénérer [deʒeneʀe] v. intr. [14] **1.** S'abâtardir, perdre les qualités du type primitif de sa race, en parlant d'un animal ou d'une espèce. **2.** En parlant de l'être humain, perdre de ses qualités morales et intellectuelles, de son mérite. **3.** *Dégénérer en :* changer de nature, de caractère (en allant en s'aggravant, de mal en pis). *Discussion qui dégénère en querelle. Son rhume a dégénéré en bronchite.*

dégénérescence [deʒeneʀesɑ̃s] n. f. **1.** Fait de dégénérer. *La dégénérescence d'une espèce animale.* **2.** MED Altération d'un tissu ou d'un organe dont les cellules perdent leurs caractères spécifiques et se transforment en une substance inerte. *Dégénérescence graisseuse, calcaire.* ▷ *Dégénérescence d'une tumeur :* transformation d'une tumeur bénigne en tumeur maligne.

dégermer [deʒɛʀme] v. tr. [1] Enlever le(s) germe(s) de. *Dégermer des pommes de terre.*

Degeyter (Pierre) (1848 – 1932), ouvrier tourneur belge. Né à Gand, il mit en musique à Lille, en 1888, *l'Internationale**, poème de E. Pottier.

dégingandé, ée [deʒɛ̃gɑ̃de] adj. Fam. Qui a l'air disloqué dans ses mouvements, sa démarche. *Un grand diable tout dégingandé.*

dégivrage [deʒivʀaʒ] n. m. Action de dégivrer. *Le dégivrage d'un réfrigérateur.*

dégivrer [deʒivʀe] v. tr. [1] Ôter le givre de. *Dégivrer les glaces d'une voiture.*

dégivreur [deʒivʀœʀ] n. m. TECH Appareil servant à dégivrer, à éviter la formation de givre.

déglacer [deglase] v. tr. [12] **1.** Ôter la glace de. **2.** TECH Ôter le lustre d'une surface brillante (papier, tissu, etc.). **3.** CUIS Dissoudre dans un liquide des sucs caramélisés.

déglet-nour [degletnuʀ] n. f. (Maghreb) En Algérie, en Tunisie, variété de datte réputée pour sa très bonne qualité.

déglinguer [deglɛ̃ge] v. tr. [1] Fam. Disloquer, démolir. – Pp. adj. *Une voiture toute déglinguée.*

déglutir [deglytiʀ] v. tr. [3] Avaler (sa salive, un aliment).

déglutition [deglytisjɔ̃] n. f. Action de déglutir.

dégoiser [degwaze] v. intr. [1] Fam., péjor. Parler avec volubilité. – v. tr. *Dégoiser des âneries.*

dégommer [degɔme] v. tr. [1] **1.** Ôter la gomme de (qqch). **2.** Fig., fam. Renvoyer, destituer. *On l'a dégommé de sa place.*

dégonflage [degɔ̃flaʒ] n. m. **1.** Action de dégonfler. **2.** Fig., fam. Fait de se dégonfler (sens 2).

dégonflé, ée [degɔ̃fle] adj. et n. **1.** Qui a perdu tout ou partie de ce qui le gonflait. *Pneu complètement dégonflé,* à plat. **2.** Fig., fam. (Personnes) Qui se dégonfle (sens 2). *C'est un type dégonflé.* – Subst. *Bande de dégonflés!*

dégonflement [degɔ̃fləmɑ̃] n. m. Action de dégonfler; fait de se dégonfler (choses).

dégonfler [degɔ̃fle] v. [1] **1.** v. tr. Vider (une chose) de ce qui la gonflait. *Dégonfler un ballon.* **2.** v. pron. *Chambre à air qui se dégonfle.* ▷ Fig., fam. Manquer de courage au moment de faire qqch. *Alors, tu te dégonfles?*

dégorgement [degɔʀʒəmɑ̃] n. m. **1.** Action de dégorger; fait de se dégorger. *Un dégorgement de bile.* **2.** Écoulement d'eau, d'immondices, etc., d'un endroit où elles étaient retenues. *Le dégorgement d'un égout.* **3.** TECH Action de dégorger un tissu.

dégorger [degɔʀʒe] v. [13] **I.** v. tr. **1.** Expulser, évacuer (un liquide). *Oléoduc crevé qui dégorge du pétrole.* **2.** Débarrasser (un conduit) de ce qui l'engorge. **3.** TECH Débarrasser (du cuir, de la laine, etc.) des substances étrangères. **II.** v. intr. **1.** Se déverser, déborder. *Ravines qui dégorgent dans un étang.* – (S. comp.) *Réservoir qui dégorge.* ▷ v. pron. S'épancher, se vider. *Étang qui se dégorge dans des canaux.* **2.** CUIS *Faire dégorger :* faire rendre du liquide à. *Faire, laisser dégorger des concombres.* – *Faire dégorger des escargots,* leur faire rendre leur eau, leur bave. Syn. (Guad.) dégoutter.

1. dégot(t)er [degɔte] v. tr. [1] Fam. Trouver, obtenir. *Il a dégoté une bonne place.* ▷ Découvrir. *J'ai dégoté un bon petit restaurant.*

2. dégotter [degɔte] v. tr. [1] (Acadie) Retirer l'hameçon de l'estomac (d'une morue).

dégouliner [deguline] v. intr. [1] S'écouler goutte à goutte ou en filet. *L'eau qui dégouline du toit.* Syn. (France rég.) djingouliner.

dégoupiller [degupije] v. tr. [1] TECH Enlever la goupille de. *Dégoupiller une grenade.*

dégourbification [deguʀbifikasjɔ̃] n. f. (Maghreb) En Tunisie, syn. de *dégourbisation.*

dégourbifier [deguʀbifje] v. tr. [2] (Maghreb) En Tunisie, syn. de *dégourbiser.*

dégourbisation [deguʀbizasjɔ̃] n. f. (Maghreb) En Algérie, politique d'assainissement de l'habitat consistant à démolir les bidonvilles et les gourbis, et à reloger leurs habitants. Syn. débidonvillisation, dégourbification.

dégourbiser [deguʀbize] v. tr. [1] (Maghreb) En Algérie, démolir les bidonvilles et les gourbis dans le cadre de la politique d'assainissement de l'habitat. Syn. dégourbifier.

dégourdi, ie [deguʀdi] adj. et n. Actif, avisé, débrouillard. *Il est très dégourdi pour son âge.* ▷ Subst. *C'est un drôle de dégourdi!*

dégourdir [deguʀdiʀ] v. tr. [3] **1.** Faire cesser l'engourdissement de. *Dégourdir ses doigts avant de se mettre au piano.* ▷ v. pron. *Se dégourdir les jambes.* **2.** Faire chauffer légèrement. *Dégourdir de l'eau.* **3.** Fig. Faire perdre sa gaucherie, sa timidité à (qqn). *Ce voyage va le dégourdir.* – v. pron. *Il s'est dégourdi.*

dégourdissement [deguʀdismɑ̃] n. m. Action de dégourdir; son résultat. *Dégourdissement des jambes.*

dégoût [degu] n. m. **1.** Répugnance, manque d'appétit pour. *Dégoût du vin, de la cigarette.* **2.** *Par ext.,* fig. Répugnance, aversion. *Éprouver un dégoût profond pour les sports brutaux.*

dégoûtant, ante [degutɑ̃, ɑ̃t] adj. et n. **1.** Qui inspire de la répugnance, de l'aversion, par son aspect. – Très sale. *Cette table est dégoûtante.* **2.** Fig. Qui inspire du dégoût par sa bassesse morale. ▷ Subst. *Vous êtes un dégoûtant,* un être vil, répugnant. **3.** Fam. Révoltant. *C'est vraiment dégoûtant!*

dégoûté, ée [degute] adj. (et n.) **1.** Qui éprouve du dégoût. – *Dégoûté de :* qui a perdu le goût de. *Un homme aigri, dégoûté de tout.* **2.** Qui éprouve facilement du dégoût. ▷ *Par ext.* Délicat, difficile. – Subst. *Faire le dégoûté,* le délicat.

dégoûter [degute] v. tr. [1] **1.** Inspirer de la répugnance, de l'aversion à. *Toutes ces bassesses me dégoûtent.* **2.** *Dégoûter de :* enlever le désir, le goût de. *Il est dégoûté du jeu car il perd toujours.* **3.** v. pron. *Se dégoûter de :* prendre en dégoût, en horreur, en aversion. *Il s'est totalement dégoûté de son travail.*

dégoutter [degute] v. intr. [1] **1.** Couler goutte à goutte. *La sueur lui dégouttait du front.* **2.** Laisser tomber goutte à goutte. *Les toits dégouttent de pluie.* ▷ (Guad.) Syn. de *dégorger* (sens II, 2). *Dégoutter des crabes.*

dégouttière [degutjɛʀ] n. f. (Québec) **1.** Eau de pluie qui tombe du toit, qui s'échappe d'une gouttière. **2.** Eau infiltrée dans un plafond, et qui en tombe goutte à goutte. (V. gouttière, sens 2.)

De Graaf (Reinier) (1641 – 1673), anatomiste et physiologiste néerlandais. Il découvrit les follicules ovariens *(follicules de De Graaf).*

dégradant, ante [degʀadɑ̃, ɑ̃t] adj. Avilissant. *Un acte dégradant.*

1. dégradation [degʀadasjɔ̃] n. f. **1.** DR Destitution infamante d'un ordre, d'une qualité, d'un grade, etc., à titre de peine. *Dégradation militaire,* entraînant la perte du grade et la mise au niveau d'homme de troupe. – *Dégradation civique,* entraînant la perte des droits civiques. **2.** Dégât fait à un édifice, à une propriété. *Dégradation d'édifice public.* **3.** Délabrement, détérioration. *Immeuble dans un état de dégradation pitoyable.* ▷ Fig. *La dégradation de la situation économique.* **4.** PHYS *Dégradation de l'énergie :* tendance de toute énergie à se transformer en chaleur.

2. dégradation [degʀadasjɔ̃] n. f. Diminution progressive (de la lumière, des couleurs).

dégradé [degʀade] n. m. Disposition dégradée des valeurs, des couleurs, en peinture, en photographie, etc. *Papier donnant de bons dégradés.*

1. dégrader [degʀade] v. tr. [1] **1.** Destituer (qqn) de son grade, de sa dignité. *Dégrader un militaire.* **2.** Fig. Avilir. *La corruption dégrade l'homme.* **3.** Endommager, détériorer (qqch). *Dégrader un monument.* ▷ v. pron. Se détériorer, s'aggraver. *La situation se dégrade de jour en jour.*

2. dégrader [degʀade] v. tr. [1] Diminuer progressivement (la lumière, les couleurs, etc.). *Ce peintre sait bien dégrader les tons.*

dégrafer [degʀafe] v. tr. [1] Détacher, défaire (ce qui est agrafé). *Dégrafer son corsage.* ▷ v. pron. *Ma ceinture s'est dégrafée.*

dégraissage [degʀɛsaʒ] n. m. Action de dégraisser; son résultat.

dégraisser [degʀɛse] v. tr. [1] **1.** Enlever la graisse de. *Dégraisser du bouillon.* **2.** Enlever les taches de graisse de. *Dégraisser un pantalon, une jupe.* **3.** TECH *Dégraisser une pièce,* l'amincir. **4.** v. tr. et intr. Fam. Alléger. *Cette entreprise dégraisse (ses effectifs),* supprime les employés en surnombre.

degré [dəgʀe] n. m. **I.** Litt. Chacune des marches qui forment un escalier, qui servent d'entrée ou de soubassement aux grands édifices. *Les degrés de l'hôtel de ville.* – L'escalier lui-même. **II. 1.** Échelon, rang, niveau. *Parvenir au plus haut degré de la gloire. Ouvrage d'un haut degré de technicité. Au plus haut degré, au suprême degré* (loc. marquant un superl. absolu renforcé). *Il est intelligent au suprême degré.* **2.** Rang dans une hiérarchie. ▷ DR *Degré de juridiction :* place qu'occupe un tribunal dans la hiérarchie des juridictions. ▷ *Degré de parenté :* nombre de parents qui séparent les membres d'une famille. *Ils sont cousins au septième degré.* ▷ Place d'un cycle d'études dans un cursus scolaire ou universitaire. *Enseignement du 1er degré.* **3.** MED *Brûlures du premier degré* (rougeur douloureuse), *du deuxième degré* (avec bulles, œdème) *ou du troisième degré* (carbonisation des tissus). ▷ GRAM *Degré de comparaison* ou *de signification :* niveau d'expression d'un adjectif ou d'un adverbe (positif, comparatif ou superlatif). ▷ MUS Position relative de chaque note dans la gamme selon la tonalité. **4.** MATH *Degré d'un polynôme, d'une équation,* valeur la plus élevée des exposants des monômes qui les constituent. *$ax^2 + bx + c = 0$ est une équation du second degré en x.* **5.** Loc. adv. *Par degrés :* graduellement. *S'acclimater par degrés.* **III. 1.** PHYS Chacune des divisions de l'échelle de mesure d'un système donné. – *Degré Celsius :* unité de température. V. échelle. *Degré Fahrenheit :* degré d'une échelle de température où au 0 °C correspond le 32 °F et au 100 °C le 212 °F. **2.** GEOM Unité d'arc égale à la 360e partie du cercle. ▷ Unité d'angle correspondant à un arc de 1 degré (symbole °). *$360° = 400$ gr $= 2\pi$ rad.* **3.** CHIM Unité qui caractérise la concentration d'une solution. *Degré Gay-Lussac* (symbole °GL) : nombre de cm^3 d'alcool dans 100 cm^3 d'un mélange eau - alcool éthylique. – *Degré Baumé,* mesurant la densité d'une solution (non légal, mais cour. employé dans certaines industries).

dégréer [degʀee] v. tr. [11] MAR Dégarnir de son gréement (un bateau). – Ôter de sa place (un élément du gréement).

Degrelle (Léon) (1906 – 1994), homme politique belge, naturalisé espagnol en 1954. Fondateur en 1935 du *rexisme,* mouvement fasciste, il collabora avec l'occupant all., créant notam. la légion Wallonie, qui combattit l'U.R.S.S. À la Libération, il s'enfuit en Espagne, où il mourut.

dégressif, ive [degʀesif, iv] adj. Qui diminue par degrés. *Tarif dégressif.* – *Impôt dégressif,* dont le taux diminue à mesure que baissent les revenus. Ant. progressif.

dégrèvement [degʀɛvmɑ̃] n. m. Action de dégrever.

dégrever [degʀəve] v. tr. [16] Dispenser du paiement d'une partie ou de la totalité d'un impôt, d'une charge fiscale. *Dégrever les petits contribuables.*

dégriffer [degʀife] v. tr. [1] Retirer la marque commerciale pour un circuit de vente à prix réduit. – Pp. adj. *Une robe dégriffée.*

dégringolade [degʀɛ̃gɔlad] n. f. Fam. Action de dégringoler; son résultat.

dégringoler [degʀɛ̃gɔle] v. [1] **1.** v. tr. Descendre avec précipitation. *Dégringoler un escalier quatre à quatre.* **2.** v. intr. Faire une chute rapide (d'un lieu élevé en pente). *Dégringoler d'un toit.* ▷ Fig. *Les prix à l'exportation ont dégringolé.*

dégrippant [degʀipɑ̃] n. m. TECH Produit permettant de supprimer le grippage.

dégripper [degʀipe] v. tr. [1] Faire cesser le grippage de. *Dégripper les rouages d'une machine.*

dégriser [degʀize] v. tr. [1] **1.** Dissiper l'ivresse de (qqn). *L'air frais achèvera de le dégriser.* ▷ v. pron. Cesser d'être ivre. **2.** Fig. Faire cesser (pour qqn) une illusion, un charme trompeur. *La réalité des faits l'a tout à fait dégrisé.*

dégrossir [degʀosiʀ] v. tr. [3] **1.** Ébaucher, donner une première forme à (une matière que l'on façonne). *Dégrossir un bloc de marbre.* **2.** Fig. Commencer à débrouiller, à éclaircir. *Dégrossir une affaire.* **3.** Fig., fam. *Dégrossir qqn,* lui donner les premiers rudiments d'instruction, d'éducation. – Pp. adj. *Un individu mal dégrossi.*

dégroupage [degʀupaʒ] n. m. TRANSP Action de dégrouper; son résultat.

dégrouper [degʀupe] v. tr. [1] **1.** Diviser des groupes constitués (de choses, de personnes). **2.** TRANSP Séparer des colis groupés pour les répartir par destination.

De Groux (Charles Degroux, dit Charles) (1825 – 1870), peintre réaliste belge.

déguenillé, ée [deg(ə)nije] adj. Dont les vêtements sont en lambeaux. *Être tout déguenillé.*

déguerpi, ie [degɛʀpi] adj. (et n.) (Afr. subsah.) **1.** Qui a été expulsé par décision administrative. *Populations déguerpies.* ▷ Subst. *Reloger les déguerpis.* **2.** Dont les occupants ont été expulsés. *Quartiers déguerpis.*

déguerpir [degɛʀpiʀ] v. [3] **I.** v. intr. **1.** DR *Sommation à déguerpir :* injonction légale à quitter les lieux. **2.** Cour. Se sauver, partir précipitamment. *Je vous dis de déguerpir, et vite!* **II.** v. tr. (Afr. subsah.) Expulser par décision administrative (les habitants d'un quartier, d'un immeuble; des commerçants installés sur la voie publique).

déguerpissement [degɛʀpismɑ̃] n. m. (Afr. subsah.) Action de déguerpir.

dégueulasse [degœlas] adj. et n. Très fam. Dégoûtant, ignoble (au physique ou au moral). *Ce plat est dégueulasse. Faire une chose pareille, c'est dégueulasse.* ▷ Subst. *T'es un dégueulasse.*

dégui [degi] n. m. (Haïti) Surplus de marchandise offert par un vendeur. – *En dégui :* offert en plus.

déguiller [degije] v. tr. [1] (France rég., Suisse) Faire tomber de haut. *Déguiller les marrons de l'arbre.*

déguisé, ée [degize] adj. Revêtu d'un déguisement. – Fig. Feint, dissimulé. *Amour déguisé. Pensée déguisée.*

déguisement [degizmɑ̃] n. m. Ce qui sert à se déguiser. *Louer un déguisement. Un déguisement d'Indien.*

déguiser [degize] v. tr. [1] **1.** Habiller (qqn) de sorte qu'on ne puisse le reconnaître. – (Plus souvent pron.) *Détective qui se déguise pour une enquête.* **2.** Habiller (qqn) d'un costume inhabituel, amusant, grotesque, etc., à l'occasion d'une fête ou pour qu'il joue un rôle. *Déguiser une fillette en signare.* ▷ v. pron. *Se déguiser en mousquetaire.* **3.** Rendre méconnaissable. *Déguiser sa voix, son écriture.* **4.** Fig. Cacher sous des apparences trompeuses, dissimuler (qqch). *Déguiser ses mauvaises intentions sous les dehors de l'amitié.*

dégurgiter [degyʀʒite] v. tr. [1] Rendre ce qu'on avait ingurgité.

dégustateur, trice [degystatœʀ, tʀis] n. m. Spécialiste de la dégustation (en partic. des vins).

dégustation [degystasjɔ̃] n. f. Action de déguster. *Une dégustation de fruits de mer.* ▷ *Spécial.* Art de reconnaître au goût la qualité, l'origine, l'âge d'une boisson (partic. du vin).

déguster [degyste] v. tr. [1] **1.** Goûter (une boisson, un mets, etc.) pour en apprécier la qualité. *Déguster un vin, un fromage.* **2.** Fig. Apprécier, savourer, se délecter de. *Nous sommes restés là à déguster le spectacle.* **3.** (S. comp.) Fam. Recevoir des injures, des coups. *Qu'est-ce qu'il a dégusté!*

Dehaene (Jean-Luc) (né en 1940), homme politique belge. Membre du Parti social-chrétien flamand, il est Premier ministre depuis 1992.

déhaler [deale] v. tr. [1] MAR Déplacer (un navire) au moyen de ses amarres. ▷ v. pron. *Navire qui se déhale.*

déhanchement [deɑ̃ʃmɑ̃] n. m. **1.** Action de se déhancher. **2.** Démarche de ceux qui se déhanchent.

déhancher (se) [deɑ̃ʃe] v. pron. [1] **1.** Balancer les hanches en marchant. – *Par ext.* Avoir une démarche voluptueuse. **2.** Faire reposer le poids du corps sur une jambe, l'autre étant légèrement fléchie.

déhiscence [deisɑ̃s] n. f. BOT Ouverture, lors de la maturation, d'une anthère ou d'un fruit, qui permet au pollen ou aux graines de s'échapper.

déhiscent, ente [deisɑ̃, ɑ̃t] adj. BOT Se dit des organes clos qui s'ouvrent naturellement au moyen de sutures préexistantes. *La gousse de cassia est déhiscente.*

dehors [dəɔʀ] adv., prép. et n. m. **I.** **1.** adv. de lieu. À l'extérieur, hors du lieu ou de la chose en question. *Rester dehors.* – Interj. *Dehors! :* sortez! ▷ Fig. *Mettre, flanquer, jeter qqn dehors,* le chasser. **2.** Loc. *Mettre toutes voiles dehors :* V. voile 2. ▷ Fig. *Toutes voiles dehors :* en déployant toutes ses ressources; le plus vite possible. **II.** Loc. adv. et prép. **1.** *En dehors :* à, vers l'extérieur. *La porte ouvre en dehors.* – *Marcher avec les pieds en dehors.* ▷ *En dehors de :* à l'extérieur de. *Habiter en dehors de la ville.* – Fig. *Je n'ai rien à vous dire en dehors de cela,* mis à part cela. **2.** *Au-dehors :* extérieurement, hors d'un lieu clos. *Il faisait au-dehors un temps affreux.* ▷ *Au-dehors de :* à l'extérieur de. *Au-dehors des fortifications.* **3.** *De dehors :* de l'extérieur. ▷ *Par-dehors :* par l'extérieur. *Il est passé par-dehors.* **III.** n. m. **1.** Partie extérieure d'une chose. *Le dehors et le dedans.* **2.** Plur. Fig. Extérieur, apparence d'un individu. *Sous des dehors modestes, il est fort orgueilleux.*

déicide [deisid] n. et adj. Didac. **1.** n. m. Pour les chrétiens, meurtre de Dieu en la personne du Christ. **2.** n. Meurtrier de Dieu. – adj. *Un peuple déicide.*

déictique [deiktik] adj. LING Se dit d'un élément à référence variable selon les circonstances dans lesquelles l'énoncé est émis, et qui sert à désigner avec précision ou avec insistance (ex. : *ci* dans *ce livre-ci*).

déification [deifikasjɔ̃] n. f. Action de déifier; son résultat.

déifier [deifje] v. tr. [**2**] **1.** Diviniser, placer (qqn) au rang des dieux. *Les Romains déifièrent plusieurs empereurs.* **2.** Vénérer, rendre un culte à (qqn, qqch). *Les anciens Égyptiens déifiaient le chat.*

Deir el-Bahari, site archéologique d'Égypte, situé sur la rive occidentale du Nil, face à l'anc. Thèbes (auj. *Karnak*); partie d'une vaste nécropole : temple funéraire de la reine Hatshepsout (v. 1520 av. J.-C.).

déisme [deism] n. m. PHILO Opinion, croyance de ceux qui admettent l'existence d'un être suprême mais qui refusent de lui appliquer toute détermination précise et rejettent la révélation, les dogmes et les pratiques religieuses.

déiste [deist] n. et adj. Personne qui fait profession de déisme. – adj. *Les philosophes déistes.*

déité [deite] n. f. Litt. Divinité, dieu ou déesse de la mythologie.

déjà [deʒa] adv. de temps. **1.** Dès le moment même, au moment où l'on parle, dès à présent. *J'ai déjà fini mon ouvrage.* **2.** Dès le moment (passé ou à venir) dont on parle. *Quand vous arriverez, je serai déjà parti.* **3.** Auparavant. *Je vous l'avais déjà dit.* **4.** *Déjà!* Interj. marquant la surprise devant ce qui arrive plus vite qu'on ne s'y attendait. *Déjà prêt!* **5.** (Marquant, dans une affirmation, que la chose affirmée n'est pas sans importance.) *C'est déjà gentil d'être venu.* ▷ (En fin de phrase, pour se faire rappeler ce que l'on a oublié.) *C'est combien, déjà?* **6.** (Suisse) Très certainement. *Il viendra déjà.*

Déjanire, dans la myth. gr., épouse d'Héraclès*, qui la délaissa pour Iole.

déjanter [deʒɑ̃te] v. tr. [**1**] Faire sortir (un pneu) de la jante. ▷ v. pron. *Le pneu s'est déjanté.*

déjauger [deʒoʒe] v. intr. [**13**] MAR En parlant d'un bateau, avoir sa ligne de flottaison hors de l'eau.

déjà-vu [deʒavy] n. m. inv. Ce qui n'a rien de nouveau, rien d'original. ▷ *L'impression de déjà-vu* ou *déjà vu :* l'impression de voir (une scène) pour la seconde fois.

déjection [deʒɛksjɔ̃] n. f. **1.** Évacuation des matières fécales de l'intestin. – (Plur.) Matières évacuées. **2.** Plur. GEOL Matières rejetées par un volcan. ▷ GEOMORPH *Cône de déjection :* dépôt alluvionnaire laissé par un torrent à l'endroit où il débouche sur une vallée.

déjeté, ée [deʒ(ə)te] adj. **1.** Disjoint; gauchi, courbé. – (Personnes) *Le malheureux est tout déjeté.* **2.** GEOL Dont les flancs n'ont pas la même inclinaison, en parlant des plis montagneux.

déjeter [deʒ(ə)te] v. tr. [**20**] **1.** Déformer, tordre, gauchir. ▷ v. pron. S'écarter de sa position naturelle; se déformer. *Sa colonne vertébrale s'est déjetée.* **2.** (Belgique) Gaspiller. *Déjeter de la nourriture.*

1. déjeuner [deʒœne] v. intr. [**1**] Prendre le repas du milieu du jour. ▷ Prendre le petit déjeuner, le repas du matin.

2. déjeuner [deʒœne] n. m. **1.** Repas du milieu du jour. *«Le Déjeuner sur l'herbe», tableau de Manet (1863).* **2.** Repas du matin, appelé le plus souvent *petit déjeuner* en France. **3.** Ensemble des mets qui composent ces repas (partic., le repas du milieu du jour). *Le déjeuner est servi.* **4.** Grande tasse et soucoupe assorties qui servent au petit déjeuner.

déjouer [deʒwe] v. tr. [**1**] Faire échouer (une intrigue). *Déjouer un complot.*

déjuger (se) [deʒyʒe] v. pron. [**13**] Revenir sur ce que l'on avait jugé, décidé. *Il ne peut faire cela sans se déjuger.*

de jure [deʒyʀe] loc. adv. et adj. (lat.) De droit. *Reconnaître de jure l'existence d'un État.* (Par oppos. à *de facto*.)

Dekeukeleire (Charles) (1905 – 1971), cinéaste belge : *Impatience* (1928), *Histoire de détective* (1929), films expérimentaux. Il créa l'école belge du documentaire : *Terres brûlées* (1934), *Processions et Carnavals* (1936), *l'Usine aux champs* (1940), *La vie recommence* (1946).

Dekkan ou **Deccan,** partie péninsulaire de l'Inde, au S. du fl. Narbadā. Ce vaste plateau, constitué par un vieux socle précambrien, a été soulevé à l'O. Les pluies de mousson, abondantes sur le rebord occidental (forêt dense), se raréfient vers l'intérieur, où la végétation naturelle se dégrade en forêt sèche (teck, bambou) et brousse épineuse. L'agriculture est assez pauvre; le sous-sol, très riche : fer, houille, cuivre, bauxite, zinc, etc. L'urbanisation reste faible. La population, métissée d'Indo-Aryens au N., est essentiellement dravidienne au S.

De Klerk (Frederik Willem) (1936 – 1997), homme politique sud-africain. Président de la Rép. (1989). D'abord favorable à l'apartheid, il l'abolit et permit l'élection de Mandela à la présidence de la Rép. en 1994; vice-président, il démissionna en 1996. Prix Nobel de la paix 1993 (avec Mandela).

De Kooning (Willem) (1904 – 1997), peintre américain d'origine néerlandaise (expressionnisme abstrait).

delà [dəla] adv. et prép. **I.** adv. **1.** adv. de lieu (joint à *deçà* ou *deci*). *Rosiers plantés deçà, delà,* de côté et d'autre. – *Marcher deci, delà,* ici et là. **2.** Loc. adv. *Au-delà, par-delà :* encore plus, encore davantage, encore plus loin. *On l'a satisfait, et au-delà. Ils ont poussé jusqu'à l'équateur et même par-delà.* **II.** Loc. prép. **1.** *Par-delà :* de l'autre côté, plus loin que. *Par-delà les Alpes. Vouloir se situer par-delà les polémiques.* **2.** *Au-delà de :* en passant par-dessus, en dépassant. *Au-delà des mers.* ▷ Fig. (Marquant le dépassement d'une chose.) *Il a réussi au-delà de nos espérances.*

délabré, ée [delabʀe] adj. En mauvais état, en ruine. *Ferme délabrée.* – Fig. *Estomac délabré.*

délabrement [delabʀəmɑ̃] n. m. État de ce qui est délabré.

délabrer [delabʀe] v. [**1**] **1.** v. tr. Compromettre la solidité de, ruiner. *Ses excès ont délabré sa santé.* **2.** v. pron. Tomber en ruine. *Monument qui se délabre faute d'entretien.* – Fig. *Un pays dont l'économie se délabre.*

délacer [delase] v. tr. [**12**] Défaire le laçage de. *Délacer un soulier.* ▷ v. pron. *Mon soulier s'est délacé.*

Delacroix (Eugène) (1798 – 1863); peintre français, fils présumé de Talleyrand. Sa *Barque de Dante* (1822, Louvre) marque le début du romantisme, qu'il incarnera avec éclat. Peintre du mouvement, il rompit avec la tradition classique dans les *Massacres de Scio* (1824) et surtout à partir de 1828 (*la Mort de Sardanapale,* Louvre). S'il excella dans le portrait (*George Sand, Chopin,* Louvre), ses sujets sont généralement grandioses. Il a laissé un important *Journal* (3 vol., posth., 1893).

délai [delɛ] n. m. **1.** Temps accordé pour faire une chose, pour s'acquitter d'une obligation. *Travaux à terminer dans un délai de deux ans.* ▷ *Délai de préavis* ou *délai-congé :* délai que doit respecter chacune des parties engagées dans un contrat de travail, avant de donner congé à l'autre. **2.** Retard, remise à une époque plus éloignée. *Accorder un délai supplémentaire à qqn.* – *Sans délai :* immédiatement.

délainage [delɛnaʒ] n. m. TECH Action de délainer.

délainer [delene] v. tr. [**1**] TECH Enlever la laine de (peaux de moutons écorchés).

délaineur, euse [delɛnœʀ, øz] n. TECH Spécialiste du délainage.

délaissé, ée [delese] adj. **1.** (Personnes) Laissé sans secours, sans subsistance, sans affection. *Enfants délaissés.* **2.** (Choses) Abandonné. *Procédure délaissée.*

délaissement [delɛsmɑ̃] n. m. **1.** Action de délaisser. – DR *Délaissement d'enfant.* **2.** Manque de tout secours, de toute assistance. *Une personne dans un état de total délaissement.*

délaisser [delese] v. tr. [**1**] **1.** Laisser (qqn) sans secours, sans assistance; abandonner. *Ses amis l'ont délaissé.* **2.** S'occuper de moins en moins de (une chose, une activité). *Il délaisse ses étu-*

des. **3.** DR Abandonner (un droit). ▷ Renoncer à. *Délaisser des poursuites.*

Delalande (Michel Richard) (1657 – 1726), compositeur français, musicien officiel de la Cour.

Delamare - Deboutteville (Édouard) (1856 – 1901), inventeur français, avec Léon Malandin, du premier quadricycle automobile qui ait circulé sur route (1883).

Delambre (le chevalier Jean-Baptiste Joseph) (1749 – 1822), astronome français. (V. Méchain.)

De La Roche (Mazo) (1885 – 1961), romancière canadienne d'expression anglaise. Elle consacra ses nombr. ouvrages à la famille Whiteoak (série des *Jalna*, à partir de 1927).

délassant, ante [delasɑ̃, ɑ̃t] adj. Qui délasse. *Une soirée délassante.*

délassement [delasmɑ̃] n. m. **1.** Repos qu'on prend pour se délasser. **2.** Distraction délassante. *La pêche est son délassement.*

délasser [delase] v. [1] **1.** v. tr. Reposer, faire cesser la lassitude de. *La marche délasse l'esprit.* – (S. comp.) *Le sommeil délasse.* **2.** v. pron. Se reposer. *Faire une sieste pour se délasser.* ▷ Se reposer en se distrayant. *Einstein se délassait en jouant du violon.*

délateur, trice [delatœʀ, tʀis] n. et adj. Personne qui pratique la délation. – adj. *Une démarche délatrice.*

délation [delasjɔ̃] n. f. Dénonciation par vengeance, par intérêt ou par vilenie. *Encourager la délation.*

Delaunay (Robert) (1885 – 1941), peintre français. Il passa du cubisme à une organisation rythmique (série des *Tour Eiffel*, à partir de 1909). Cet *orphisme* (mot d'Apollinaire) déboucha sur l'abstraction : *Rythmes sans fin* (1933-1934). — **Sonia,** née Terk (1885 – 1979), épouse du préc.; peintre français d'origine ukrainienne, elle fit aussi partie du mouvement orphiste.

délavé, ée [delave] adj. **1.** Détrempé. *Terrain délavé.* **2.** Dont la couleur s'est éclaircie, affaiblie. *Tissu délavé.*

délaver [delave] v. tr. [1] **1.** Pénétrer d'eau, détremper. *L'orage a délavé les champs.* **2.** Éclaircir, affaiblir avec de l'eau une teinture, une couleur étendue sur du papier.

Delaware (la), fl. de l'E. des É.-U. (406 km), formé par des riv. nées dans les Appalaches; il se jette dans l'Atlantique, formant la *baie de la Delaware.*

Delaware, État de l'E. des É.-U. (le plus petit après le Rhode Island), sur la baie de la Delaware; 5 328 km^2; 666 000 hab.; cap. *Dover.* – Il est formé au N. par des collines, au S. par une plaine. Le climat est tempéré. Agric. (légumes, fruits). Import. centres industr. – Colonisé dès le XVIIe s., l'État fut le prem. à adopter la Constitution fédérale (1787).

délayage [delɛjaʒ] n. m. **1.** Action de délayer; état de ce qui est délayé. **2.** Fig., fam. Manque de précision et de concision dans la manière de s'exprimer.

délayer [deleje] v. tr. [21] **1.** Détremper (une substance) dans un liquide. *Délayer de la farine.* **2.** Fig. *Délayer sa pensée,* lui faire perdre sa force en l'exprimant trop longuement.

delco [dɛlko] n. m. (Nom déposé.) AUTO Dispositif d'allumage pour moteur à explosion, utilisant une bobine d'induction; cette bobine elle-même.

Delcour (Jean) (1627 – 1707), sculpteur wallon. Initié à l'art baroque par le Bernin, il travailla surtout à Liège.

deleatur ou **déléatur** [deleatyʀ] n. m. inv. TYPO Signe typographique ([deleat]) qui indique une suppression à effectuer sur une épreuve.

délectable [delɛktabl] adj. Litt. Qui délecte. *Un vin délectable.* Syn. délicieux.

délectation [delɛktasjɔ̃] n. f. Plaisir qu'on savoure. *Manger, lire, paresser avec délectation.*

délecter (se) [delɛkte] v. pron. [1] Trouver un vif plaisir à (qqch). *Le repas était délicieux et je me délectais.* – *Se délecter d'un spectacle.*

délégant, ante [delegɑ̃, ɑ̃t] n. DR Personne qui délègue (par oppos. à *délégataire*).

délégataire [delegatɛʀ] n. DR Personne à qui l'on délègue (par oppos. à *délégant*).

délégation [delegasjɔ̃] n. f. **1.** Commission donnée par une personne à une autre pour agir en ses lieu et place. *Agir en vertu d'une délégation.* ▷ *Délégation de poste :* dans l'Université, poste d'un suppléant dans la chaire d'un titulaire. **2.** Procuration, écrit par lequel on délègue qqn. **3.** Action de déléguer, transfert (d'un pouvoir). *Délégation de pouvoirs d'un ministre à son chef de cabinet.* ▷ DR Opération par laquelle un individu (le délégant) ordonne à un autre (le délégué) de donner à (ou de faire qqch au profit de) un troisième (le délégataire). *Délégation de solde* (d'un militaire à sa famille), pendant la durée d'une campagne. *Délégation de créance.* **4.** Ensemble de personnes déléguées pour représenter un corps, une société, etc. *Le ministre a reçu une délégation étudiante.* **5.** En Tunisie, subdivision administrative d'un gouvernorat, placée sous l'autorité d'un délégué (sens 2). **6.** Représentation à l'étranger du gouvernement de la Communauté française de Belgique ou du gouvernement québécois. – *Par ext.* Siège de cette représentation.

Délégation générale à la langue française (D.G.L.F.), service administratif français, créé en 1989 et rattaché en 1996 au ministère de la Culture, qui assure le secrétariat du Conseil* supérieur de la langue française. Il « a pour mission de veiller à la promotion et à l'emploi du français sur le territoire national, de favoriser son utilisation comme langue de communication internationale et de développer le plurilinguisme, garant de la diversité culturelle ».

délégué, ée [delege] n. et adj. **1.** n. Personne chargée d'une délégation ou appartenant à une délégation. *Délégué du personnel, délégué de classe. L'assemblée a élu ses délégués.* – adj. *Personne déléguée.* **2.** n. m. En Tunisie, responsable d'une délégation (sens 5). **3.** n. m. Responsable d'une délégation (sens 6).

déléguer [delege] v. tr. [14] **1.** Charger (qqn) d'une mission, d'une fonction, avec pouvoir d'agir. *Administration qui délègue un fonctionnaire dans une commission.* **2.** Transmettre (un pouvoir) par délégation. *Savoir déléguer ses responsabilités.*

Delémont, v. de Suisse; ch.-l. du cant. du Jura; 11 800 hab. Horlogerie. – Hôtel de ville. Château et église du XVIIIe s.

delémontain, aine [dəlemɔ̃tɛ̃, ɛn] adj. et n. De Delémont. ▷ Subst. *Un(e) Delémontain(e).*

délestage [delɛstaʒ] n. m. Action de délester. *Itinéraire de délestage.*

délester [delɛste] v. tr. [1] **1.** Décharger de son lest (un navire, un aéronef). **2.** Fig., iron. Voler, dépouiller. *On l'a délesté de son portefeuille.* **3.** Détourner de (une route encombrée) une partie des véhicules qui l'empruntent. **4.** ELECTR Réduire la charge de (un réseau électrique).

délétère [deletɛʀ] adj. **1.** Dangereux pour la santé, la vie; toxique. *Un gaz délétère.* **2.** Fig., litt. Corrupteur, pernicieux. *Un discours délétère.*

Delft, v. des Pays-Bas (Hollande-Méridionale), entre La Haye et Rotterdam; 88 070 hab. Faïenceries célèbres, verrerie. – Ville universitaire. – Canaux, maisons anciennes, beffroi gothique, Nouvelle Église (XVe s.), Prinsenhof.

Delgado (cap), cap africain (Mozambique), au N. du canal du Mozambique, sur l'océan Indien.

Delhi, v. de l'Inde, sur la Yamunā, affl. du Gange; 7 175 000 hab.; cap. du *territoire de Delhi* (1 483 km^2; 9 370 470 hab.). Industries. – Nombreux monuments : colonne de Fer (inscription du IVe s.), Qutb Minar (XIIIe s.), mosquées. – *New Delhi,* cap. fédérale de l'Inde; 272 000 hab. Quartier de Delhi, au S. de la vieille ville, construit pendant la période coloniale.

délibérant, ante [delibeʀɑ̃, ɑ̃t] adj. Qui délibère. *Assemblée délibérante.*

délibératif, ive [delibeʀatif, iv] adj. Relatif à la délibération. ▷ *Voix délibérative :* voix de celui qui a qualité pour voter (par oppos. à *voix consultative*).

délibération [delibeʀasjɔ̃] n. f. **1.** Action de délibérer. *La délibération du jury.* **2.** Examen qu'on fait en soi-même relativement à un parti à prendre. *Agir après délibération.*

délibéré, ée [delibeʀe] adj. et n. m. **I.** adj. **1.** Arrêté, décidé de façon consciente. *Avoir la volonté délibérée de nuire.* ▷ *Marcher d'un pas délibéré,* ferme et résolu. **2.** (Belgique) Dans l'enseignement, se dit d'un étudiant ou d'une classe qui fait l'objet d'une délibération. **3.** Loc. adv. *De propos délibéré :* à dessein, avec une intention bien arrêtée. **II.** n. m. DR Délibérations d'un tribunal, d'une cour entre les débats et le prononcé du jugement.

délibérément [delibeʀemɑ̃] adv. De façon délibérée, résolument.

délibérer [delibeʀe] v. [14] **1.** v. intr. Discuter, se concerter pour résoudre un problème, prendre une décision. *Les membres du conseil délibèrent sur la question.* **2.** v. tr. indir. *Délibérer de :* discuter de, se concerter au sujet de. *Nous avons délibéré de cette affaire hier.* ▷ (Belgique) Dans l'enseignement, discuter de (qqch), mettre (qqch) en délibération.

Delibes (Léo) (1836 – 1891), compositeur français : opéras-comiques (*Lakmé,* 1883), ballets (*Coppélia,* 1870; *Sylvia,* 1876).

délicat, ate [delika, at] adj. (et n.) **1.** Fin, raffiné. *Une soie délicate. Une saveur délicate.* Ant. grossier. **2.** Qui a été exécuté avec beaucoup de minutie, d'adresse. *Une statuette délicate.* ▷ Par ext. *Le ciseau délicat du sculpteur.* **3.** Qui peut aisément être altéré, endommagé. *Une plante délicate.* **4.** Qui demande de la prudence, de la circonspection. *Se trouver dans une situation délicate.* **5.** Qui apprécie les moindres nuances. *Un esprit délicat. Un palais délicat.* ▷ (Avec une nuance péjor.) *Vous êtes bien délicat!* – Subst. *Faire le délicat.* **6.** Qui dénote le sens moral, la probité; qui montre des scrupules. *Une conscience délicate. Un procédé peu délicat.* ▷ Qui fait preuve de, ou dénote tact et sensibilité. *Un homme délicat. Une délicate attention.*

délicatement [delikatmɑ̃] adv. D'une façon délicate.

délicatesse [delikatɛs] n. f. Qualité de ce qui est délicat. **1.** Finesse, subtilité. *La délicatesse d'une teinte.* **2.** Précision, adresse dans un travail, dans un geste. *La délicatesse d'un coup de pinceau. Prendre qqch avec délicatesse,* doucement, avec précaution. **3.** Qualité de ce qui est délicat, fragile. *La délicatesse d'un tissu.* **4.** Qualité de ce qui doit être abordé, traité avec circonspection, prudence. *Étant donné la délicatesse de cette affaire...* **5.** Disposition à sentir, penser, juger avec subtilité. *Délicatesse des sentiments.* **6.** Probité, rigueur morale. *Un procédé qui manque de délicatesse.* ▷ Tact, finesse. *Il a montré beaucoup de délicatesse à sonégard.*

délice [delis] n. **1.** n. m. sing. Vif plaisir. – Par ext. *Cette poire est un délice.* **2.** n. f. pl. Litt. Jouissances, plaisirs. *Les délices enivrantes de l'amour.* – Loc. *Les délices de Capoue**.

délicieusement [delisjøzmɑ̃] adv. D'une façon délicieuse.

délicieux, euse [delisjø, øz] adj. **1.** Extrêmement agréable. *Une odeur délicieuse.* **2.** Exquis, charmant. *Une femme délicieuse.*

délictuel, elle [deliktɥɛl] adj. DR Relatif à un délit. *Responsabilité délictuelle.*

délictueux, euse [deliktɥø, øz] adj. DR Qui présente les caractères d'un délit. *Des faits délictueux.*

délié, ée [delje] adj. (et n. m.) **I. 1.** Litt. Extrêmement mince, ténu. ▷ n. m. Partie fine, déliée, d'une lettre calligraphiée. *Tracer les pleins et les déliés.* **2.** Fig. *Avoir l'esprit délié :* avoir de la finesse d'esprit, de la subtilité. **II. 1.** Qui n'est plus lié. *Des rubans déliés.* **2.** Fig. Souple, agile. *Les doigts déliés d'un harpiste.*

délier [delje] v. tr. [**2**] **1.** Défaire ce qui lie ou ce qui est lié. *Délier un lacet, une gerbe.* – Loc. *Sans bourse délier :* sans payer. ▷ Fig. *Délier la langue à qqn,* le faire parler. *Le vin lui déliera la langue.* **2.** Fig. Dégager (d'une obligation, d'un engagement). **3.** THEOL Absoudre.

délimitation [delimitasjɔ̃] n. f. Action de délimiter.

délimiter [delimite] v. tr. [**1**] Assigner des limites à. *Délimiter un territoire.* – Fig. *Délimiter une question.*

délinéament [delineamɑ̃] n. m. Didac. Trait qui indique un contour. – Ligne. *Les délinéaments de la main.*

délinquance [delɛ̃kɑ̃s] n. f. Ensemble de crimes et délits considérés d'un point de vue statistique. *La délinquance juvénile.*

délinquant, ante [delɛ̃kɑ̃, ɑ̃t] n. Personne qui a commis un délit. ▷ adj. *La jeunesse délinquante.*

déliquescence [delikesɑ̃s] n. f. **1.** Didac. Propriété qu'ont certains corps d'absorber l'eau atmosphérique et de s'y dissoudre. **2.** Fig. État de ce qui se décompose, tombe en ruine; dégénérescence. *Tomber en déliquescence.*

déliquescent, ente [delikesɑ̃, ɑ̃t] adj. **1.** Didac. Qui possède la propriété de déliquescence. ▷ BOT Qui se liquéfie au cours de la maturation. **2.** Fig. Décadent; sans fermeté, sans rigueur. *Prose déliquescente.*

délirant, ante [delirɑ̃, ɑ̃t] adj. **1.** En proie au délire. *Un patient délirant.* **2.** Fig. *Un enthousiasme délirant,* excessif, désordonné.

délire [delir] n. m. **1.** Désordre des facultés intellectuelles caractérisé par une perception erronée de la réalité, qui est souvent interprétée selon un thème (persécution, grandeur, mélancolie, mysticisme, etc.). ▷ Par ext. *C'est du délire! :* c'est extravagant, insensé. **2.** Fig. Trouble extrême provoqué par des émotions, des passions violentes. *Le délire de l'amour. Foule en délire.*

délirer [delire] v. intr. [**1**] Avoir le délire. *Une forte fièvre fait délirer.* – Fig. *Il délire de joie.*

delirium tremens [delirjɔmtremɛ̃s] n. m. inv. (Lat., «délire tremblant».) Délire alcoolique aigu accompagné d'agitation, d'hallucinations, de tremblements, de fièvre et de déshydratation grave.

délit [deli] n. m. **1.** DR En droit civil, acte illicite qui cause à autrui un dommage, de par la faute ou sous la responsabilité de son auteur. **2.** DR En droit pénal, infraction punie d'une peine correctionnelle (par oppos. à *crime* et à *contravention*). ▷ Loc. *En flagrant délit :* au moment même de la consommation du délit. – *Le corps du délit :* le délit considéré en lui-même, abstraction faite de la personne du délinquant. **3.** DR *Délit d'initié,* consistant, dans les affaires, à se servir d'informations confidentielles pour en tirer un profit personnel. **4.** Cour. Infraction plus ou moins grave à la loi.

déliter [delite] v. [**1**] **I.** v. tr. Détacher, débiter (une pierre) dans le sens de ses lignes de stratification. **II.** v. pron. **1.** Se fragmenter en plaques parallèles à la direction du litage (roches, pierres). **2.** En parlant de la chaux, se désagréger dans l'eau qu'elle absorbe.

délivrance [delivrɑ̃s] n. f. **1.** Action de délivrer, de libérer; son résultat. *La ville fête sa délivrance.* **2.** Fig. Soulagement. *La délivrance d'une inquiétude.* **3.** Action de délivrer, de remettre qqch. *La délivrance des marchandises, d'une ordonnance.* **4.** OBSTETR Expulsion des annexes fœtales. – *Par ext.* Cour. Accouchement.

délivrer [delivre] v. tr. [**1**] **I. 1.** Faire recouvrer la liberté à. *Délivrer un captif.* **2.** *Délivrer qqn de,* le débarrasser de (ce qui l'entrave, le gêne). *Délivrer un prisonnier de ses menottes.* – *Délivrez-moi de cet importun!* ▷ v. pron. *Il s'est délivré de toutes ses obligations.* **II.** Remettre entre les mains, livrer. *Délivrer un certificat à qqn.*

Della Francesca (Piero). V. Piero della Francesca.

Della Porta (Giacomo) (v. 1539 – 1602), architecte italien. Il réalisa la façade de l'église du Gesù (Rome).

Della Robbia (Luca) (v. 1400 – 1482), sculpteur et céramiste florentin, le premier à travailler sur de la terre cuite à décor polychrome émaillé, fondateur d'une dynastie comprenant : — **Andrea** (1435 – 1525), neveu du préc. — **Giovanni** (1469 – 1529), fils du préc. — **Girolamo** (1488 – 1566), frère du préc., qui travailla surtout en France.

Delluc (Louis) (1890 – 1924), cinéaste français : *Fièvre* (1921). Ses écrits (*Cinéma et C*[ie], 1919) ont fondé la critique cinématographique. Depuis 1936, un prix Louis-Delluc est annuellement décerné à un film français.

Delobson (Dim), écrivain burkinabé. Il fut le premier écrivain d'expression française du Burkina Faso : *l'Empire du Mogho-Naba* (1933), *les Secrets des sorciers noirs* (1934).

délocalisation [delɔkalizasjɔ̃] n. f. Action de délocaliser.

délocaliser [delɔkalize] v. tr. [**1**] ECON Déplacer une administration, une implantation industrielle, etc.

déloger [delɔʒe] v. [**13**] **I.** v. intr. **1.** Abandonner son logement, l'endroit où l'on se trouve. *Il finira bien par déloger tôt ou tard.* **2.** (Belgique) Découcher. **II.** v. tr. **1.** Faire quitter (à qqn) le logement qu'il occupe. Syn. expulser. **2.** Chasser d'une position. *Déloger l'ennemi.*

Delon (Alain) (né en 1935), acteur, réalisateur et producteur de films français : *Rocco et ses frères* (1960), *le Guépard* (1962), *Monsieur Klein* (1976).

Delorme ou **de l'Orme** (Philibert) (v. 1510 ou 1515 – 1570), architecte français dont demeurent l'hôtel Bullioud (1536, Lyon), la chapelle et le portail du château d'Anet (1545 à 1555), le tombeau de François Ier (basilique de Saint-Denis).

Delors (Jacques) (né en 1925), économiste et homme politique français. Président de la Commission des Communautés européennes (1985-1995).

Délos, la plus petite des Cyclades, consacrée dans l'Antiquité au culte d'Apollon. Elle fut le siège de la Ligue maritime fondée par Athènes et abrita dans le temple d'Apollon le trésor fédéral (478-454 av. J.-C.). Sa ruine date du début de l'Empire romain. Nombr. vestiges : théâtre sur le port Sacré, allée des Lions.

déloyal, ale, aux [delwajal, o] adj. Dépourvu de loyauté; qui dénote le manque de loyauté. *Un adversaire déloyal. Une attaque déloyale.*

déloyauté [delwajote] n. f. **1.** Manque de loyauté. *La déloyauté d'un confrère.* **2.** Acte déloyal.

Delphes, v. de l'anc. Grèce (Phocide), au pied du Parnasse. Apollon y avait un temple et la Pythie y rendait des oracles en son nom; on venait de toute la Grèce pour la consulter. Du VIIe au IVe s. av. J.-C., Delphes connut une grande prospérité, notam. culturelle. Le site comprend de grands ensembles (temples, stade, théâtre, gymnase) mis au jour dès 1860 par l'École française d'Athènes.

delphinidés [delfinide] n. m. pl. ZOOL Famille de cétacés odontocètes de taille petite ou moyenne (2 à 10 m), pourvus en général d'un aileron dorsal et d'un bec aux nombreuses dents (dauphin, globicéphale, orque, etc.). – Sing. *Un delphinidé.*

delphinium [delfinjɔm] n. m. BOT Renonculacée à fleurs zygomorphes.

delta [dɛlta] n. m. **1.** Quatrième lettre de l'alphabet grec (δ, Δ). **2.** (En appos.) AVIAT *Aile delta* ou *en delta,* en forme de triangle isocèle. ▷ SPORT *Aile delta :* surface alaire triangulaire (appelée aussi *aile volante*) utilisée par les adeptes du deltaplane. **3.** Embouchure d'un fleuve divisée en deux ou plusieurs bras par des dépôts d'alluvions et affectant la forme d'un triangle. *Le delta du Nil.*

Delta, État du S.-O. du Nigeria; 35 500 km² avec l'État d'Edo; 2 570 000 hab.; cap. *Asaba.*

deltaplane [dɛltaplan] n. m. Appareil de vol à voile constitué d'une aile delta* fixée sur une armature tubulaire et d'un harnais permettant un vol en suspension.

deltoïde [dɛltɔid] adj. et n. m. ANAT Se dit du muscle triangulaire de l'épaule, qui s'insère en haut sur la clavicule et l'omoplate, en bas sur l'humérus, et qui permet le mouvement d'abduction du bras. ▷ n. m. *Le deltoïde.*

déluge [delyʒ] n. m. **1.** (Souvent avec une majuscule.) Inondation universelle, d'après la Bible. *Lors du Déluge, Noé se réfugia dans son arche.* ▷ Loc. fig. *Remonter au déluge,* fort loin dans le passé. **2.** *Par exag.* Pluie torrentielle. V. diluvien. ▷ Fig. *Un déluge de paroles, de larmes.*

déluré, ée [delyʀe] adj. D'un esprit vif et astucieux. ▷ Péjor. Très libre dans ses mœurs. *Une fille délurée.*

Delvaux (Laurent) (v. 1695 – 1778), sculpteur flamand. Il travailla à Londres (statue du *Temps* dans l'abbaye de Westminster). De retour à Bruxelles après plusieurs voyages, il devint sculpteur à la cour de Marie-Élisabeth.

Delvaux (Paul) (1897 – 1994), peintre belge de tendance surréaliste : *les Nœuds roses* (1937, musée royal des Beaux-Arts, Anvers). Dans les années 1930, il passa de l'expressionnisme au surréalisme. Dans un espace onirique sans profondeur, il place souvent des nus féminins. Gares et trains l'ont aussi fasciné.

Delvaux (André) (né en 1925), cinéaste belge de tendance onirique : *Un soir un train* (1968), *Rendez-vous à Bray* (1971), *Belle* (1972), *Femme entre chien et loup* (1978), *Benvenuta* (1983), *l'Œuvre au noir* (1988).

démagnétiser [demaɲetize] v. tr. [1] PHYS, TECH Faire disparaître le magnétisme de. *Démagnétiser une montre.*

démagogie [demagɔʒi] n. f. **1.** Politique, procédés d'un démagogue. **2.** Didac. État social dans lequel le pouvoir politique est aux mains de la multitude.

démagogique [demagɔʒik] adj. De la démagogie, relatif à la démagogie.

démagogue [demagɔg] n. et adj. **1.** n. Personnage politique qui feint de soutenir les intérêts des masses pour mieux les dominer; personne qui professe des théories propres à flatter les passions et les préjugés populaires. ▷ adj. *Un politicien démagogue.* **2.** adj. (Sens atténué.) Se dit d'une personne qui cherche à s'attirer la popularité par une complaisance excessive.

démailler [demɑje] v. tr. [1] **1.** Défaire les mailles de. ▷ v. pron. *Bas qui se démaille.* **2.** (oc. Indien) Dénouer. ▷ Démêler les cheveux de. **3.** v. pron. (Maurice) Se tirer d'embarras. *Il s'est démaillé de cette affaire malgré les difficultés.*

démailloter [demajɔte] v. tr. [1] Défaire les langes de (un bébé).

demain [dəmɛ̃] adv. **1.** Jour qui suivra celui où l'on est. *Demain il fera beau.* ▷ (Emploi nominal.) *Demain sera un grand jour.* – *À demain :* jusqu'au lendemain (formule pour prendre congé). **2.** Dans un futur proche. *Qu'en sera-t-il demain?* ▷ (Emploi nominal.) *De quoi demain sera-t-il fait?*

démancher [demɑ̃ʃe] v. [1] **I.** v. tr. **1.** Enlever le manche de. *Démancher un balai, un couteau.* ▷ v. pron. *Marteau qui se démanche.* **2.** Défaire, déglinguer, disloquer. ▷ v. pron. *Mécanique qui se démanche.* **3.** (Québec) Fam. Démonter. **II.** v. pron. Fam. **1.** Se démettre (un membre). *Se démancher le bras.* **2.** Se donner de la peine, se démener pour un résultat.

demande [d(ə)mɑ̃d] n. f. **1.** Action de demander. *Rejeter une demande.* ▷ *Par ext.* Écrit exprimant une demande. *Demande de bourse.* – Chose demandée. **2.** *Demande en mariage :* démarche par laquelle on demande une jeune fille en mariage. **3.** DR Action intentée en justice en vue de faire reconnaître ses droits. *Une demande en dommages-intérêts.* **4.** ECON Besoins en produits, en services, que le consommateur est prêt à acquérir pour un prix donné. *La loi de l'offre et de la demande.*

demander [d(ə)mɑ̃de] v. tr. [1] **I. 1.** S'adresser à qqn pour obtenir qqch. *Demander un verre d'eau, de l'aide. Je vous demande de partir.* ▷ *Demander la main d'une jeune fille,* la demander en mariage. ▷ (Afr. subsah.) *Demander la route*.* **2.** *Demander à* (+ inf.) : exprimer le vœu de. *Il demande à sortir.* **3.** Loc. *Ne demander qu'à :* n'avoir d'autre désir que de. *Je ne demande qu'à vous aider.* ▷ Fam. *Ne pas demander mieux :* accepter volontiers. **4.** Faire connaître qu'on a besoin de (qqn). *Demander un médecin. On demande une secrétaire.* **5.** Avoir besoin de, nécessiter. *Sa santé demande des ménagements. Ce vase demande à être manipulé avec précaution.* **6.** S'enquérir de, chercher à prendre contact avec. *Qui demandez-vous?* **7.** DR Faire une demande en justice. *Demander le divorce.* **II.** Interroger qqn pour apprendre qqch. *Demander son chemin à un passant. Je lui ai demandé s'il avait terminé.* ▷ v. pron. S'interroger soi-même. *Je me demande si j'ai bien fait.*

demandeur, euse [d(ə)mɑ̃dœʀ, øz] n. **1.** Personne qui sollicite (qqch). *Demandeur d'asile.* **2.** DR *Demandeur, demanderesse* [dəmɑ̃dʀɛs] Personne qui forme une demande en justice.

démangeaison [demɑ̃ʒɛzɔ̃] n. f. **1.** Picotement de l'épiderme qui incite à se gratter. *Les piqûres de moustiques provoquent des démangeaisons.* Syn. (Haïti, oc. Indien) gratelle. **2.** Fig., fam. Vif désir.

démanger [demɑ̃ʒe] v. intr. [13] **1.** Faire éprouver une démangeaison à. *Le dos me démange.* Syn. (Belgique, France rég.) chatouiller. **2.** Fig., fam. *Les poings, la langue lui démangent :* il a grande envie de frapper, de parler.

démantèlement [demɑ̃tɛlmɑ̃] n. m. Action de démanteler; son résultat.

démanteler [demɑ̃tle] v. tr. [17] **1.** Démolir (des fortifications, les fortifications de). *Démanteler une muraille, un château.* **2.** Fig. Anéantir, abattre. *Démanteler un réseau de trafiquants.*

démantibuler [demɑ̃tibyle] v. tr. [1] Fam. Disloquer, démolir. *On a démantibulé ce piano en le transportant.*

démaquillage [demakijaʒ] n. m. Action de démaquiller, de se démaquiller.

démaquillant, ante [demakijɑ̃, ɑ̃t] adj. et n. m. Qui est utilisé pour démaquiller. *Crème démaquillante.* ▷ n. m. *Un démaquillant.*

démaquiller [demakije] v. tr. [1] Enlever le maquillage de. *Démaquiller son visage.* ▷ v. pron. *Se démaquiller.* – (Faux pron.) *Se démaquiller les yeux.*

démarcage [demaʀkaʒ] n. m. V. démarquage.

démarcation [demaʀkasjɔ̃] n. f. **1.** Action de fixer une limite ; cette limite. ▷ *Ligne de démarcation,* séparant deux zones d'un territoire. **2.** Fig. Séparation, délimitation.

démarchage [demaʀʃaʒ] n. m. Travail du démarcheur.

démarche [demaʀʃ] n. f. **1.** Façon de marcher. *Une démarche gracieuse.* **2.** Fig. Façon dont procède un raisonnement, une pensée. *Une démarche logique.* **3.** Action menée pour atteindre un but, réussir une affaire. *Faire des démarches pour obtenir un poste.*

démarcher [demaʀʃe] v. [1] **1.** v. tr. Visiter à domicile dans le but de placer des marchandises, des services. **2.** v. intr. (Afr. subsah.) Faire des démarches.

démarcheur, euse [demaʀʃœʀ, øz] n. **1.** Personne dont le métier est de placer des marchandises, des services à domicile. **2.** (Afr. subsah.) Personne qui fait des démarches au bénéfice d'une autre. – *Spécial.* Entremetteur.

démarier [demaʀje] v. tr. [2] AGRIC Éclaircir (un semis) en arrachant des jeunes plants. *Démarier des carottes.*

démarquage ou **démarcage** [demaʀkaʒ] n. m. Action de démarquer; son résultat.

démarque [demaʀk] n. f. **1.** JEU Partie où l'un des joueurs perd un nombre de points égal à celui marqué par l'autre joueur. *Jouer à la démarque.* **2.** Action de démarquer des marchandises. **3.** GEST *Démarque inconnue :* différence entre le stock comptable et le stock réel, par suite de vol ou d'erreur de gestion.

démarquer [demaʀke] v. tr. [1] **1.** Enlever la marque de. *Démarquer du linge.* **2.** Plagier. *Démarquer une œuvre littéraire.* **3.** *Démarquer des marchandises,* en enlever la marque pour les vendre à moindre prix. **4.** SPORT Libérer (un coéquipier) de l'emprise (marquage) d'un adversaire. ▷ v. pron. Prendre du recul ou ses distances vis-à-vis de qqn ou de qqch.

démarrage [demaʀaʒ] n. m. Action de démarrer; résultat de cette action.

démarrer [demaʀe] v. [1] **I.** v. tr. **1.** Faire fonctionner, mettre en mouvement. *Démarrer un moteur.* – Fig. *Démarrer une nouvelle affaire.* **2.** MAR Larguer l'amarre de. *Démarrer un bateau.* **3.** (Acadie) Détacher, délier. *Démarrer ses souliers,* en dénouer les lacets. ▷ v. pron. *Cheval qui se démarre.* **II.** v. intr. Se mettre en mouvement, commencer à fonctionner. *Le train démarre. Moteur qui démarre.* – Fig., fam. *De nouvelles industries vont démarrer.*

démarreur [demaʀœʀ] n. m. Petit moteur électrique auxiliaire, actionné par la batterie, qui sert à lancer le moteur d'un véhicule automobile. Syn. (Québec) starter.

démasquer [demaske] v. tr. [1] **1.** Enlever son masque à (qqn). **2.** Fig. Dévoiler, montrer sous son vrai jour. *Démasquer une intrigue, un hypocrite.* **3.** MILIT *Démasquer une batterie :* repérer une batterie camouflée. – Fig. *Démas-*

quer ses batteries : montrer des desseins jusqu'alors cachés. ▷ v. pron. Faire connaître ses intentions.

démâter [demɑte] v. [1] **1.** v. tr. Enlever le(s) mât(s) de (un navire). *Démâter un voilier.* **2.** v. intr. MAR Perdre son (ses) mât(s). *L'embarcation a démâté.*

dématérialisation [dematerjalizasjɔ̃] n. f. **1.** Fait de se dématérialiser. **2.** PHYS NUCL Transformation en photons d'une particule et de son antiparticule qui se sont annihilées l'une l'autre. **3.** FIN Remplacement de la représentation matérielle de valeurs mobilières par une inscription au compte de leur propriétaire ou d'un intermédiaire.

dématérialiser [dematerjalize] v. tr. [1] **1.** Rendre immatériel, intangible. **2.** PHYS NUCL Détruire les particules matérielles, celles-ci se transformant en énergie rayonnante. ▷ v. pron. *Un négaton et un positon se dématérialisent en donnant deux photons gamma.*

d'emblée [dɑ̃ble] loc. adv. V. emblée (d').

démêlage [demɛlaʒ] ou **démêlement** [demɛlmɑ̃] n. m. Action de démêler; son résultat.

démêlant, ante [demelɑ̃, ɑ̃t] n. m. et adj. Produit qui facilite le démêlage des cheveux. ▷ adj. *Crème démêlante.*

démêlé [demele] n. m. Altercation, désaccord. *Avoir un démêlé avec qqn.* – *Avoir eu des démêlés avec la justice :* avoir encouru une condamnation.

démêler [demele] v. tr. [1] **1.** Séparer ce qui est emmêlé. *Démêler ses cheveux.* **2.** Fig. Débrouiller, clarifier. *Démêler une intrigue. Démêler le vrai du faux.* **3.** v. pron. (passif) *Fils qui se démêlent.* ▷ Fig. *Imbroglio qui se démêle.*

démêloir [demɛlwaR] n. m. Peigne à grosses dents.

démembrement [demɑ̃bRəmɑ̃] n. m. Fig. Action de démembrer (sens 2); son résultat. *Le démembrement de l'U.R.S.S.*

démembrer [demɑ̃bRe] v. tr. [1] **1.** Séparer les membres du tronc de. *Démembrer un sanglier.* **2.** Fig. Morceler, séparer les parties de. *Démembrer un royaume.*

déménagement [demenaʒmɑ̃] n. m. Action de déménager; son résultat.

déménager [demenaʒe] v. [13] **I.** v. tr. Transporter (des objets, des meubles) d'un endroit à un autre. – Par ext. *Déménager une maison, un placard.* **II.** v. intr. **1.** Changer de logement. – Fam. *Déménager à la cloche de bois,* en cachette et sans avoir payé le loyer. **2.** Fig., fam. Déraisonner.

déménageur [demenaʒœR] n. m. Entrepreneur, ouvrier qui fait des déménagements.

déménageuse [demenaʒøz] n. f. (Suisse) Camion de déménagement.

démence [demɑ̃s] n. f. **1.** Altération grave du psychisme d'un individu. *Être atteint de démence.* ▷ *C'est de la démence! :* c'est déraisonnable, insensé! V. délire. **2.** DR Aliénation mentale qui, reconnue au moment de l'infraction, entraîne l'irresponsabilité. **3.** MED Diminution irréversible des facultés mentales. ▷ *Démence précoce* ou *juvénile. Démence sénile.*

démener (se) [dem(ə)ne] v. pron. [16] **1.** S'agiter violemment. *Se démener comme un beau diable, comme un diable dans un bénitier.* **2.** Fig. Se donner beaucoup de peine. *Il s'est démené pour obtenir cette place.*

dément, ente [demɑ̃, ɑ̃t] adj. et n. **1.** Qui est atteint de démence. **2.** adj. Fam. Extraordinaire, sensationnel. *C'est dément!* – Déraisonnable. *Des prix déments.*

démenti [demɑ̃ti] n. m. Action de démentir ; ce qui dément. *Les faits apportent un démenti formel à votre hypothèse.*

démentiel, elle [demɑ̃sjɛl] adj. **1.** Qui se rapporte à la démence; qui dénote la démence. **2.** Fam., cour. Extravagant, insensé. *Des idées complètement démentielles.*

démentir [demɑ̃tiR] v. tr. [30] **1.** Affirmer que qqn n'a pas dit la vérité. *Démentir un témoin.* **2.** Déclarer faux. *Démentir une nouvelle.* ▷ Contredire. *Les autres témoignages démentent ses assertions.* **3.** Fig. Être en contradiction avec. *Sa conduite dément ses paroles.* **4.** v. pron. Faiblir, cesser. *Sa patience ne s'est jamais démentie.*

démerder [demɛRde] v. [1] (Chez beaucoup de locuteurs africains, ce mot n'est pas senti comme inconvenant.) **I.** v. pron. Très fam. Se débrouiller. *Démerde-toi pour arriver à l'heure.* **II.** (Afr. subsah.) Fam. **1.** v. intr. Se débrouiller. **2.** v. tr. Tirer au clair, démêler. *Démerder une affaire.*

démérite [demeRit] n. m. **1.** Litt. Ce qui fait perdre l'estime d'autrui. **2.** (Québec) *Point de démérite :* pénalité inscrite au dossier d'un conducteur ayant enfreint le code de la route.

démériter [demeRite] v. intr. [1] Agir d'une façon telle que l'on perd l'estime d'autrui. *Il a grandement démérité à leurs yeux en agissant ainsi.*

démesure [deməzyR] n. f. Manque de mesure, excès.

démesuré, ée [deməzyRe] adj. **1.** Qui excède la mesure normale. *Taille démesurée.* **2.** Fig. Excessif, immodéré. *Une vanité démesurée.*

démesurément [deməzyRemɑ̃] adv. D'une manière démesurée.

Déméter, dans la myth. gr., déesse de la Terre cultivée, fille de Cronos et de Rhéa, et sœur de Zeus.

1. démettre [demɛtR] v. tr. [60] Déplacer (un os), luxer. *Il lui a démis le bras.* ▷ v. pron. *Se démettre l'épaule.*

2. démettre [demɛtR] v. tr. [60] Destituer d'un emploi, d'une charge, d'une dignité. Syn. révoquer. ▷ v. pron. Démissionner. *Se démettre de ses fonctions.*

demeurant (au) [odəmœRɑ̃] loc. adv. D'ailleurs, au reste.

demeure [dəmœR] n. f. **I. 1.** DR Retard mis à remplir une obligation. **2.** *Mettre un débiteur en demeure de payer,* le sommer d'acquitter ses dettes. ▷ Cour. *Mettre qqn en demeure de tenir ses promesses, ses engagements.* ▷ *Il n'y a pas péril en la demeure :* on ne risque rien à maintenir les choses en l'état. **II.** Loc. adv. *À demeure :* de façon permanente. *Châssis fixé à demeure.* **III.** Habitation, maison d'une certaine importance. *Une belle demeure.* – Fig., litt. *La dernière demeure :* la tombe.

demeuré, ée [dəmœRe] adj. et n. Qui est mentalement retardé. *Un enfant demeuré.* ▷ Subst. *Un(e) demeuré(e).*

demeurer [dəmœRe] v. intr. [1] **1.** (Avec l'auxiliaire *avoir.*) Avoir sa demeure, son habitation. *Nous avons demeuré longtemps dans ce quartier.* **2.** Litt. S'arrêter, rester un certain temps en quelque endroit. *Notre vaisseau a (est) demeuré trois jours à l'ancre.* Syn. séjourner. **3.** Persister, durer (choses). *Les écrits demeurent.* **4.** (Avec l'auxiliaire *être.*) Persister à être (dans un certain état). *Il est demeuré inébranlable.* ▷ Loc. *En demeurer là :* ne pas donner suite à qqch. **5.** *Demeurer à qqn,* lui rester, lui être laissé. *Ce titre lui demeure.*

demi-. Élément, de l'adj. *demi,* désignant la division par deux ou le caractère imparfait, incomplet. (Rem. : demi- est toujours inv.)

demi, ie [d(ə)mi] adj., n. et adv. **I.** adj. **1.** (Devant un nom et suivi d'un trait d'union, inv.) Qui est la moitié exacte d'un tout. *Un demi-kilo. Une demi-livre.* (V. aussi hémi-, semi-.) ▷ Fig. Incomplet, imparfait. *Ce n'est qu'un demi-succès. Il n'y a que demi-mal.* **2.** *Et demi, ie* (après un nom, s'accordant en genre seulement) : plus une moitié. *Il est deux heures et demie. Sept ans et demi.* **II.** n. **1.** n. m. Moitié d'une unité. *Un demi plus un demi égalent une unité.* **2.** n. Moitié d'une chose. *Ne me donne pas une part entière, un morceau entier, je n'en veux qu'une demie, qu'un demi.* **3.** n. m. Verre de bière qui contient 25 cl (un demi-litre à l'origine); contenu de ce verre. ▷ (Suisse) Demi-litre de vin. **4.** n. f. Demi-heure après l'heure juste. *L'horloge sonne les demies. J'ai rendez-vous à la demie.* **5.** n. m. SPORT Joueur qui assure la liaison entre les avants et les trois-quarts (rugby) ou entre les arrières et les avants (football). **III.** adv. **1.** À moitié. *Des bouteilles demi-vides.* **2.** En partie, presque, imparfaitement. *C'est un vieil original, demi-fou.* **IV.** loc. adv. *À demi :* à moitié. *Le travail est plus qu'à demi fait.* ▷ Imparfaitement. *Un rôti à demi cuit.* **V.** adj. et n. (Polynésie fr.) Métis. – Subst. *Spécial.* Polynésien ayant des origines européennes ou asiatiques. *Le commerce de gros est surtout géré par les demis.*

demiard [dəmjaR] n. m. (Québec) Unité de mesure de volume valant 0,284 litre; récipient de cette capacité. – *Par ext.* Quart de litre.

demi-canton [dəmikɑ̃tɔ̃] n. m. État de la Confédération helvétique résultant de la division d'un canton. *Bâle-Ville et Bâle-Campagne sont deux demi-cantons.*

demi-centre [d(ə)misɑ̃tR] n. m. SPORT Au football, joueur qui, au milieu du terrain, organise la défense et fournit la balle aux avants. *Des demi-centres.*

demi-cercle [d(ə)misɛRkl] n. m. GEOM Moitié d'un cercle, limitée par un diamètre. *Des demi-cercles.*

demi-circulaire [d(ə)misiRkylɛR] adj. Qui a la forme d'un demi-cercle. *Des structures demi-circulaires.* (V. semi-circulaire.)

demi-dieu [d(ə)midjø] n. m. MYTH Enfant mâle issu des amours d'un dieu et d'une femme, d'une déesse et d'un homme, ou héros divinisé pour ses exploits. *Des demi-dieux.*

demi-douzaine [d(ə)miduzɛn] n. f. Moitié d'une douzaine. *Des demi-douzaines.*

demi-droite [d(ə)midRwat] n. f. MATH Segment de droite dont une extrémité est rejetée à l'infini. *Des demi-droites.*

demi-dur [dəmidyR] n. m. (Afr. subsah.) *Construction en demi-dur,* en banco sur un soubassement en aggloméré.

demi-fin, -fine [d(ə)mifɛ̃, fin] adj. **1.** Qui n'est ni gros ni fin. *Des petits pois* *demi-fins.* **2.** Qui contient la moitié de son poids d'alliage. *Or demi-fin.* ▷ n. m. *Un bracelet en demi-fin.*

demi-finale [d(ə)mifinal] n. f. SPORT Épreuve éliminatoire dont les vainqueurs disputeront la finale. *Des demi-finales.*

demi-finaliste [d(ə)mifinalist] n. Concurrent ou équipe qualifiés pour une demi-finale. *Des demi-finalistes.*

demi-fond [d(ə)mifɔ̃] n. m. inv. SPORT *Course de demi-fond :* course de moyenne distance, qui demande des qualités de vitesse et d'endurance.

demi-frère [d(ə)mifʀɛʀ] n. m. Frère seulement par le père (frère consanguin) ou par la mère (frère utérin). *Des demi-frères.* (V. demi-sœur.)

demi-gros [d(ə)migʀo] n. m. inv. Vente qui se situe entre le gros et le détail. *Commerce de demi-gros.*

demi-heure [d(ə)mijœʀ] n. f. Moitié d'une heure. *Des demi-heures.*

demi-jour [d(ə)miʒuʀ] n. m. Faible clarté. *Des demi-jours.*

demi-journée [d(ə)miʒuʀne] n. f. Moitié d'une journée, spécial. d'une journée de travail. *Des demi-journées.*

démilitarisation [demilitaʀizasjɔ̃] n. f. Action de démilitariser.

démilitariser [demilitaʀize] v. tr. [1] Empêcher toute activité militaire dans (une zone déterminée), y supprimer toute installation de matériel militaire.

demi-litre [d(ə)militʀ] n. m. Moitié d'un litre. *Des demi-litres.*

De Mille (Cecil Blount) (1881 - 1959), cinéaste américain; producteur et réalisateur de «superproductions» : *Forfaiture* (1915), *les Dix Commandements* (1923 et 1956), *Samson et Dalila* (1949), *Sous le plus grand chapiteau du monde* (1952).

demi-longueur [d(ə)milɔ̃gœʀ] n. f. SPORT *Gagner d'une demi-longueur,* en franchissant la ligne d'arrivée avec la moitié de la longueur (du cheval, du bateau, etc.) d'avance sur le suivant. *Des demi-longueurs.*

demi-mal [d(ə)mimal] n. m. Mal, dommage moindre que celui qu'on pouvait redouter. *Des demi-maux.*

demi-mesure [d(ə)mim(ə)zyʀ] n. f. **1.** Moitié d'une mesure. *Une demi-mesure de blé.* **2.** Mesure, démarche, précaution insuffisante. *Vous n'obtiendrez rien avec des demi-mesures.*

demi-mot (à) [ad(ə)mimo] loc. adv. Sans qu'il soit nécessaire de tout dire. *Comprendre à demi-mot.*

déminage [deminaʒ] n. m. Action de retirer les mines d'une zone terrestre ou maritime, de les rendre inoffensives.

déminer [demine] v. tr. [1] Procéder au déminage de.

déminéralisation [demineʀalizasjɔ̃] n. f. **1.** TECH Action de déminéraliser; son résultat. **2.** MED Perte pathologique des sels minéraux contenus dans la substance osseuse.

déminéraliser [demineʀalize] v. tr. [1] TECH Débarrasser des sels minéraux. – Pp. adj. *Eau déminéralisée.* ▷ v. pron. MED Être atteint de déminéralisation.

démineur [deminœʀ] n. m. Spécialiste du déminage. – (En appos.) *Char démineur.*

demi-pause [d(ə)mipoz] n. f. MUS Figure de silence d'une durée égale à celle d'une blanche, placée sur la troisième ligne de la portée sous la forme d'un petit trait. *Des demi-pauses.*

demi-pension [d(ə)mipɑ̃sjɔ̃] n. f. Pension qui ne comporte qu'un seul repas par jour. *Hôtel qui propose la demi-pension et la pension complète.* ▷ *Spécial.* Pension qui ne comporte que le repas de midi, dans un établissement scolaire. *Des demi-pensions.*

demi-pensionnaire [d(ə)mipɑ̃sjɔnɛʀ] n. Élève qui prend son repas de midi dans un établissement scolaire. *Externes, demi-pensionnaires et internes.*

demi-place [d(ə)miplas] n. f. Place à moitié prix. *Des demi-places.*

demi-plan [d(ə)miplɑ̃] n. m. GEOM Partie d'un plan, limitée par une droite. *Des demi-plans.*

demi-portion [d(ə)mipɔʀsjɔ̃] n. f. Fam., péjor. Personne chétive, de petite taille. – Personne insignifiante. *Des demi-portions.*

demi-ronde [d(ə)miʀɔ̃d] n. f. TECH Lime dont une face est plate et l'autre arrondie. *Des demi-rondes.* ▷ adj. *Lime demi-ronde.*

1. démis, ise [demi, iz] adj. Luxé, désarticulé. *Cheville démise.*

2. démis, ise [demi, iz] adj. Destitué, révoqué. *Être démis de ses fonctions.*

demi-saison [d(ə)misɛzɔ̃] n. f. Automne ou printemps. *Les demi-saisons.* – *Vêtements de demi-saison,* que l'on porte pendant cette période.

demi-sang [d(ə)misɑ̃] n. m. inv. Cheval ou jument provenant de reproducteurs dont un seul est pur-sang, ou de deux demi-sang.

demi-sel [d(ə)misɛl] n. m. inv. **1.** (En appos.) *Beurre demi-sel,* peu salé. **2.** Fromage blanc frais, légèrement salé. **3.** Arg., péjor. Malfaiteur peu aguerri.

demi-sœur [d(ə)misœʀ] n. f. Sœur par le père ou la mère seulement. *Des demi-sœurs.* (V. demi-frère.)

demi-sommeil [d(ə)misɔmɛj] n. m. État intermédiaire entre l'état de veille et le sommeil. *Des demi-sommeils.*

demi-soupir [d(ə)misupiʀ] n. m. MUS Silence d'une durée égale à celle d'une croche, figuré sur la troisième ligne de la portée par un signe en forme de 7. *Des demi-soupirs.*

démission [demisjɔ̃] n. f. Acte par lequel on renonce à un emploi, à une dignité. *Donner sa démission.*

démissionnaire [demisjɔnɛʀ] adj. et n. Qui vient de donner sa démission. ▷ Fig. Qui ne fait pas face à ses responsabilités.

démissionner [demisjɔne] v. intr. [1] **1.** Donner sa démission. ▷ v. tr. Iron. *Démissionner qqn,* le renvoyer. **2.** *Par ext.* Fig., fam. Renoncer à faire qqch, abandonner. *C'est vraiment trop compliqué; moi, je démissionne.*

demi-tarif [d(ə)mitaʀif] n. m. Tarif inférieur de moitié au plein tarif. *Place à demi-tarif. Des demi-tarifs.* – adj. inv. *Billets demi-tarif.*

demi-teinte [d(ə)mitɛ̃t] n. f. **1.** Teinte peu soutenue. *Un tissu imprimé tout en demi-teintes.* ▷ Fig. *Un poème en demi-teinte.* **2.** MUS Sonorité atténuée.

demi-terrain [dəmitɛʀɛ̃] n. m. (Afr. subsah.) Fam. *Faire le demi-terrain :* en rép. dém. du Congo, faire payer indûment plusieurs sections au lieu d'une sur un parcours de taxi, de minibus.

demi-ton [d(ə)mitɔ̃] n. m. MUS Intervalle le plus petit entre deux notes consécutives de la gamme tempérée. *Demi-ton diatonique,* entre deux notes de noms différents. *Demi-ton chromatique,* entre deux notes de même nom, dont l'une est altérée. *Des demi-tons.*

demi-tour [d(ə)mituʀ] n. m. Moitié d'un tour; volte-face. *Demi-tour à droite! Demi-tour, droite! Des demi-tours.* – *Faire demi-tour :* se retourner; revenir sur ses pas.

démiurge [demjyʀʒ] n. m. **1.** PHILO Nom donné par Platon, dans le *Timée,* à l'ordonnateur du cosmos, différent de Dieu, pure Intelligence. **2.** Litt. Créateur d'une œuvre de grande envergure.

demi-volée [d(ə)mivɔle] n. f. SPORT Renvoi de la balle (tennis) ou du ballon (rugby, football) à l'instant même de son rebond. *Des demi-volées.*

démo-. Élément, du gr. *dêmos,* «peuple».

démobilisateur, trice [demɔbilizatœʀ, tʀis] adj. Qui démobilise.

démobilisation [demɔbilizasjɔ̃] n. f. Action de démobiliser.

démobiliser [demɔbilize] v. tr. [1] **1.** Renvoyer à la vie civile (les hommes appelés sous les drapeaux). **2.** Fig. POLIT Diminuer l'enthousiasme combatif de. *Mot d'ordre qui démobilise les masses.* ▷ v. pron. Ne plus avoir envie d'agir.

démocrate [demɔkʀat] n. et adj. **1.** Partisan de la démocratie. – adj. *Un parti démocrate.* **2.** Membre du Parti démocrate* américain.

démocrate (Parti), l'un des deux grands partis américains. Simple groupement en 1828, il gouverna jusqu'à l'élection du républicain Lincoln à la présidence (1860). Depuis, le Parti démocrate eut moins souvent le pouvoir que son adversaire : Cleveland (élu en 1884 et 1892), Wilson (élu en 1912 et 1916), Roosevelt (élu en 1932, 1936, 1940 et 1944), Truman (président après la mort de Roosevelt en avr. 1945, élu en 1948), Kennedy (élu en 1960), Johnson (président après l'assassinat de Kennedy en nov. 1963, élu en 1964), Carter (élu en 1976), Clinton (élu en 1992 et 1996).

démocrate-chrétien, enne [demɔkʀatkʀetjɛ̃, ɛn] adj. et n. POLIT Qui se réclame de la démocratie* chrétienne. – Subst. *Les démocrates-chrétiens.*

démocratie [demɔkʀasi] n. f. **1.** Régime politique où la souveraineté est exercée par le peuple. *«Lorsque, dans la république, le peuple en corps a la souveraine puissance, c'est une démocratie»* (Montesquieu). **2.** Pays qui vit sous un tel régime. ▷ *Les démocraties populaires :* les pays de l'Est qui se réclamaient du marxisme-léninisme (économie dirigée de type socialiste). – *Démocratie libérale,* dont l'organisation économique est de type capitaliste libéral. – *Démocratie chrétienne :* doctrine politique, économique et sociale qui s'inspire à la fois des principes du christianisme et de ceux de la démocratie libérale.

démocratique [demɔkʀatik] adj. **1.** Conforme à la démocratie. *Élection démocratique. Régime démocratique.* **2.** À la portée du plus grand nombre. *Un moyen de transport démocratique.*

démocratiquement [demɔkʀatikmɑ̃] adv. D'une manière démocratique.

démocratisation [demɔkʀatizasjɔ̃] n. f. Action de démocratiser ; fait de se démocratiser.

démocratiser [demɔkʀatize] v. tr. [1] **1.** Rendre démocratique. *Démocratiser les institutions.* ▷ v. pron. *Le régime de ce pays se démocratise.* **2.** Mettre à la portée du plus grand nombre. ▷ v. pron. *La pratique de l'équitation se démocratise.* **3.** (Afr. subsah.) Dans l'anc. Zaïre, rendre démocrate. *Peut-on démocratiser un dictateur?*

Démocrite (v. 460 – v. 370 av. J.-C.), philosophe grec, contemporain de Socrate. Matérialiste, il identifie l'être à la matière (composée d'atomes qui se déplacent dans le vide) et le non-être au vide.

démodé, ée [demɔde] adj. Passé de mode. *Costume démodé.*

démoder (se) [demɔde] v. pron. [1] Cesser d'être à la mode.

démographe [demɔgʀaf] n. Spécialiste de la démographie.

démographie [demɔgʀafi] n. f. Science qui décrit et étudie les peuples (natalité, mortalité, etc.), les populations (âge, profession, etc.). – *Par méton.* État d'une population (sous l'aspect quantitatif).

démographique [demɔgʀafik] adj. **1.** Qui a rapport à la démographie. *Étude démographique.* **2.** Qui a rapport aux populations, envisagées du point de vue quantitatif. *Poussée démographique.*

demoiselle [d(ə)mwazɛl] n. f. **I. 1.** Jeune fille, femme non mariée. **2.** *Demoiselle d'honneur :* jeune fille qui accompagne la mariée. ▷ Jeune fille attachée à la cour d'une reine, d'une princesse. **II. 1.** ZOOL *Demoiselle de Numidie :* oiseau gruiforme (*Anthropoides virgo*) du nord de l'Afrique et du Proche-Orient. **2.** Nom cour. de diverses petites libellules à l'abdomen long et fin. **3.** GEOL *Demoiselle* ou *demoiselle coiffée :* cheminée* de fée. **4.** TECH Outil de paveur qui sert à compacter. Syn. dame.

de-moitié [dəmwatje] ou **deux-moitiés** [dømwatje] n. m. (Haïti) Métayer. *Des de-moitiés* ou *deux-moitiés.*

démolir [demɔliʀ] v. tr. [3] **1.** Détruire, abattre pièce par pièce (ce qui était construit). *Démolir une maison.* **2.** Fig. Ruiner, abattre complètement. *Démolir la réputation de qqn.* **3.** Mettre en pièces, rendre inutilisable. *Démolir un appareil.* **4.** Fam. *Démolir qqn,* le rosser. *Se faire démolir.* ▷ Fatiguer à l'extrême, exténuer. *Cette marche forcée nous a complètement démolis.* ▷ Ruiner la santé de. *C'est l'alcool qui l'a démoli.*

démolissage [demɔlisaʒ] n. m. Action de démolir.

démolisseur, euse [demɔlisœʀ, øz] n. Celui, celle qui travaille à démolir.

démolition [demɔlisjɔ̃] n. f. **1.** Action de démolir. *Entreprise de démolition.* – Fig. *La démolition des institutions.* **2.** (Plur.) Matériaux de bâtiments démolis.

démon [demɔ̃] n. m. **1.** MYTH Génie bon ou mauvais. ▷ *Le démon de Socrate :* la voix intérieure (personnifiant la conscience morale) qui, selon Socrate, lui inspirait sa conduite. (On dit aussi le *daïmôn* [dajmɔn] *socratique.*) **2.** Ange déchu, chez les chrétiens et les juifs. – Spécial. *Le démon :* le diable, Satan. **3.** Fig. Personne méchante, mauvaise. *Méfiez-vous d'elle, c'est un démon.* ▷ *C'est un petit démon,* un enfant turbulent, bruyant. **4.** *Le démon de... :* l'instinct mauvais qui pousse vers... *Le démon du jeu.* ▷ *Le démon de midi :* le désir violent d'avoir des aventures amoureuses, éprouvé au milieu («midi») de la vie.

démonétisation [demɔnetizasjɔ̃] n. f. Action de démonétiser.

démonétiser [demɔnetize] v. tr. [1] **1.** Enlever sa valeur légale à (une monnaie). – Pp. adj. *Pièce démonétisée,* qui n'a plus cours. **2.** Fig. Déprécier, discréditer.

démoniaque [demɔnjak] adj. et n. **1.** Relatif au démon; qui a le caractère qu'on prête au démon. *Personnage démoniaque.* – *Perfidie démoniaque.* **2.** Qui est possédé du démon. ▷ Subst. *L'exorcisation d'un démoniaque.*

démonologie [demɔnɔlɔʒi] n. f. Didac. Étude du démon, des démons.

démonstrateur, trice [demɔ̃stʀatœʀ, tʀis] n. Celui, celle qui fait la démonstration d'un appareil, d'un produit, etc. *Démonstratrice en produits de beauté.*

démonstratif, ive [demɔ̃stʀatif, iv] adj. et n. m. **1.** Qui sert à démontrer. *Argument démonstratif.* **2.** Qui a tendance à s'extérioriser, à manifester ses sentiments. *Un homme peu démonstratif.* **3.** GRAM Qui sert à montrer, à désigner la personne, la chose dont on parle à l'exclusion de toute autre de la même espèce. *Adjectifs démonstratifs* (ce, cet, cette, ces). *Pronoms démonstratifs* (celui, celle, etc.). ▷ n. m. *«Ce» et «celui» sont des démonstratifs.*

démonstration [demɔ̃stʀasjɔ̃] n. f. **1.** Action de démontrer; raisonnement par lequel on démontre. ▷ Ce qui prouve, démontre. **2.** Leçon pratique, explication donnée en montrant les objets dont on parle. *Professeur qui fait une démonstration de physique.* ▷ *Spécial.* Explication pratique concernant un appareil, un produit, etc., donnée par un représentant ou un vendeur. **3.** Témoignage, manifestation extérieure d'un sentiment. *Faire des démonstrations d'amitié, d'affection à qqn.* **4.** Manifestation publique spectaculaire. *L'aéro-club a organisé une démonstration aérienne.* ▷ MILIT Manœuvres faites pour donner le change à l'ennemi ou pour l'intimider. *Démonstration navale.*

démontable [demɔ̃tabl] adj. Qui peut être démonté; qui est prévu pour être démonté.

démontage [demɔ̃taʒ] n. m. Action de démonter, de désassembler.

démonté, ée [demɔ̃te] adj. **1.** Dont on a mis les éléments en pièces détachées. **2.** *Mer démontée,* dont les lames sont très grosses et déferlent.

démonte-pneu [demɔ̃t(ə)pnø] n. m. Outil, levier qui sert à déjanter un pneu. *Des démonte-pneus.*

démonter [demɔ̃te] v. tr. [1] **1.** Séparer, désassembler (des pièces assemblées). *Démonter un mécanisme. Démonter une roue.* Syn. (Québec) démancher. ▷ (Faux pron.) *Se démonter la mâchoire.* **2.** Jeter (qqn) à bas de sa monture. *Cheval qui démonte son cavalier.* **3.** Fig. Causer du trouble à, déconcerter. *Cette objection le démonta.* ▷ v. pron. Perdre contenance. *Se démonter devant un contradicteur.*

démontrable [demɔ̃tʀabl] adj. Qui peut être démontré.

démontrer [demɔ̃tʀe] v. tr. [1] **1.** Établir par un raisonnement rigoureux l'évidence, la vérité de. *Démontrer un théorème.* **2.** Témoigner par des signes extérieurs de. *Ces quelques incidents démontrent la difficulté de l'entreprise.*

démoralisant, ante [demɔʀalizɑ̃, ɑ̃t] adj. Qui est propre à décourager, à abattre. *Votre ingratitude est démoralisante.*

démoralisateur, trice [demɔʀalizatœʀ, tʀis] adj. et n. Qui démoralise. *Tenir des propos démoralisateurs.*

démoralisation [demɔʀalizasjɔ̃] n. f. Action de décourager, de démoraliser. – État d'une personne, d'une collectivité démoralisée.

démoraliser [demɔʀalize] v. tr. [1] Donner un mauvais moral à, abattre, décourager. *Cet échec l'a démoralisé.* ▷ v. pron. Perdre courage.

démordre [demɔʀdʀ] v. tr. indir. [6] *Démordre de* (s'emploie surtout négativement) : se départir de, renoncer à. *Il s'entête dans son erreur, et il n'en démordra pas.*

De Morgan (Augustus) (1806 – 1871), mathématicien anglais, pionnier de la logique mathématique.

Démosthène (384 – 322 av. J.-C.), homme politique et orateur athénien. Issu d'un milieu aisé, il n'aborda la tribune politique qu'en 354, après avoir, dit-on, corrigé une prononciation défectueuse. Il dénonça les ambitions de Philippe de Macédoine : *Première Philippique* (351), les trois *Olynthiennes* (349-348). En 339, à son instigation, Athéniens et Thébains s'allièrent contre Philippe, qui les vainquit à Chéronée (338). En 330, il prononça le discours *Sur la couronne :* en 338, l'assemblée athénienne lui avait offert une couronne d'or, ce qu'Eschine avait jugé contraire aux lois. Exilé en 324 sur une accusation de corruption, il souleva les Grecs contre la Macédoine et rentra à Athènes en 323. Mais Antipatros battit les insurgés à Crannon (322), et Démosthène se réfugia dans l'île de Calaurie, où il s'empoisonna.

démotique [demɔtik] n. (et adj.) **1.** n. m. Didac. Ancienne écriture égyptienne à l'usage du peuple. ▷ adj. *L'écriture démotique est une simplification de l'écriture hiératique.* **2.** n. f. Grec moderne communément parlé.

démotivant, ante [demɔtivɑ̃, ɑ̃t] adj. Qui démotive.

démotivation [demɔtivasjɔ̃] n. f. Action de démotiver; son résultat.

démotiver [demɔtive] v. tr. [1] Retirer toute motivation à (qqn). *L'inertie de son partenaire a fini par le démotiver.*

démoulage [demulaʒ] n. m. Action de démouler.

démouler [demule] v. tr. [1] Retirer du moule. *Démouler une pièce de fonderie, un gâteau.*

démoustiquer [demustike] v. tr. [1] Débarrasser (un lieu) des moustiques. – Pp. adj. *Une région démoustiquée.*

Dempsey (William Harrison, dit Jack) (1895 – 1983), boxeur américain; champion du monde poids lourds de 1919 à 1926, vainqueur de G. Carpentier en 1921.

démultiplicateur, trice [demyltiplikatœʀ, tʀis] n. m. et adj. MECA Dispositif qui réduit la vitesse transmise par un moteur en même temps qu'il augmente le couple moteur. – adj. *Une roue démultiplicatrice.*

démultiplication [demyltiplikasjɔ̃] n. f. MECA Ensemble de systèmes démultiplicateurs; effet de ces systèmes, rapport (inférieur à 1) entre la vitesse de l'arbre entraîné et celle de l'arbre moteur.

démultiplier [demyltiplije] v. tr. [2] Réduire par une démultiplication la vitesse de.

démunir [demyniʀ] v. tr. [3] Dépouiller (d'une chose nécessaire). *L'afflux de commandes nous a démunis de notre stock.* – Pp. *Être démuni de :* ne pas avoir, manquer de. *Être démuni de tout.* ▷ v. pron. Se dessaisir. *Il ne veut pas se démunir du peu d'argent qui lui reste.*

démutiser [demytize] v. tr. [1] Didac. Apprendre à parler à (des sourds).

Demy (Jacques) (1931 – 1990), cinéaste français : *les Parapluies de Cherbourg* (1964), *les Demoiselles de Rochefort* (1966).

démystification [demistifikasjɔ̃] n. f. Action de démystifier; son résultat.

démystifier [demistifje] v. tr. [2] **1.** Désabuser (qqn qui a été victime d'une mystification, d'une tromperie). **2.** Cour. Démythifier.

démythification [demitifikasjɔ̃] n. f. Action de démythifier; son résultat.

démythifier [demitifje] v. tr. [2] Ôter son caractère mythique à.

dénasalisation [denazalizasjɔ̃] n. f. PHON Perte par un phonème de son caractère nasal (ex. *bon* [bɔ̃], *un bon artiste* [œ̃bɔnaʀtist]).

dénasaliser [denazalize] v. tr. [1] PHON Opérer la dénasalisation de (un phonème).

dénatalité [denatalite] n. f. Décroissance du nombre des naissances dans un pays.

dénationalisation [denasjɔnalizasjɔ̃] n. f. Action de dénationaliser; son résultat.

dénationaliser [denasjɔnalize] v. tr. [1] Rendre au secteur privé (une entreprise, une industrie nationalisée).

dénaturaliser [denatyʀalize] v. tr. [1] Faire perdre les droits acquis par naturalisation à.

dénaturant, ante [denatyʀɑ̃, ɑ̃t] adj. et n. m. Qui dénature; qui sert à la dénaturation. *Produit dénaturant.* ▷ n. m. *La naphtaline est utilisée comme dénaturant du sel marin.*

dénaturation [denatyʀasjɔ̃] n. f. **1.** Action de dénaturer (une chose). – TECH Opération qui consiste à dénaturer une substance pour la rendre impropre à la consommation alimentaire. ▷ BIOCHIM *Dénaturation d'une protéine,* altération de sa structure. **2.** Fig. Déformation, altération de la nature d'un fait, d'une idée. *Dénaturation d'une théorie scientifique dans un mauvais ouvrage de vulgarisation.*

dénaturé, ée [denatyʀe] adj. **1.** TECH Qui a subi une dénaturation. *Alcool dénaturé.* ▷ Fig. Faux, altéré. *Un texte dénaturé.* **2.** Qui va à l'encontre de ce qui est considéré comme naturel. *Mœurs dénaturées.* ▷ *Spécial.* Qui manque aux sentiments naturels d'affection ou d'humanité. *Père dénaturé.*

dénaturer [denatyʀe] v. tr. [1] **1.** Changer la nature, les caractères spécifiques de. *Engrais chimique qui dénature le goût des légumes.* ▷ TECH Opérer la dénaturation de. *Dénaturer de l'alcool.* **2.** Fig. Changer le caractère de, altérer, déformer. *Citation tronquée qui dénature la pensée de l'auteur.*

Dendérah, village et site archéologique de Haute-Égypte, sur la r. g. du Nil, à 70 km env. de Louxor : temple de la déesse Hathor (Ier s. av. J.-C.).

dendi [dɛndi] n. m. LING Langue nilo-saharienne du groupe songhay, à fonction véhiculaire au Bénin, au Mali et au Niger.

Dendre (la) (en néerl. *Dender*), riv. de Belgique (65 km), canalisée, affl. de l'Escaut (r. dr.); baigne Ath, Alost.

dendr(o)-, -dendron. Éléments, du gr. *dendron,* «arbre».

dendrite [dɑ̃dʀit] n. f. **1.** MINER Arborisation formée par de fins cristaux de sels métalliques ou de métaux à l'état natif à la surface de diverses roches. **2.** ANAT Prolongement arborescent du cytoplasme de la cellule nerveuse.

dendrocygne [dɑ̃dʀɔsiɲ] n. m. Oiseau aquatique palmipède, sédentaire en Afrique, aussi appelé *canard siffleur.*

dendrologie [dɑ̃dʀɔlɔʒi] n. f. BOT Partie de la botanique qui étudie les arbres.

-dendron. V. dendr(o)-.

dénégation [denegasjɔ̃] n. f. **1.** Action, fait de nier. *Opposer une dénégation formelle à des allégations mensongères.* **2.** DR *Dénégation d'écriture :* refus de reconnaître l'authenticité d'une pièce écrite produite en justice. **3.** PSYCHAN Mécanisme de défense d'un sujet qui, tout en formulant un désir, jusque-là refoulé, nie qu'il lui appartienne.

déneiger [deneʒe] v. tr. [13] Ôter la neige de. *Déneiger une route.*

Deneuve (Catherine Dorléac, dite Catherine) (née en 1943), actrice française : *les Parapluies de Cherbourg* (1964), *Tristana* (1970), *le Dernier Métro* (1980), *les Voleurs* (1996).

dengue [dɛ̃g] n. f. MED Maladie virale aiguë caractérisée par une éruption, une fièvre, une conjonctivite, des douleurs musculaires et articulaires, transmise par les moustiques et qui sévit à l'état endémique dans les zones tropicales et subtropicales.

Deng Xiaoping ou **Teng Siao-p'ing** (1904 – 1997), homme politique chinois. Membre du parti communiste (1924), secrétaire général du Comité central (1954), écarté du pouvoir pour «déviationnisme de droite» en 1966, il réapparut en 1973-1975. Après la mort de Mao Zedong (1976), il devint le numéro un (officieux) du Parti et libéralisa l'économie mais non le régime (violente répression des manifestations du printemps 1989).

déni [deni] n. m. **1.** DR Refus d'une chose due. ▷ *Déni (de justice) :* refus que fait un juge de statuer alors qu'il a été régulièrement saisi (délit pénal). – Cour. Refus d'accorder son droit à qqn. *Nous refuser cela après nous l'avoir promis serait un déni odieux.* **2.** Vx ou litt. Action de dénier (un fait, une assertion).

déniaiser [denjeze] v. tr. [1] **1.** Rendre moins niais. *La vie indépendante l'a un peu déniaisé.* **2.** Fam. Faire perdre sa virginité à (un garçon, une fille).

dénicher [deniʃe] v. tr. [1] **1.** Ôter du nid. *Dénicher des oiseaux.* **2.** Fig. Trouver, découvrir à force de recherches. *Dénicher un objet rare.* ▷ Faire sortir par force qqn du lieu qu'il occupe. *Dénicher les ennemis de leur position.*

dénicotiniser [denikɔtinize] v. tr. [1] Enlever la nicotine de.

denier [dənje] n. m. **1.** ANTIQ Monnaie romaine. **2.** (Plur.) *Payer qqch de ses deniers,* de son propre argent. *En être de ses deniers,* de sa poche. **3.** RELIG CATHOL *Denier du culte :* somme recueillie auprès des fidèles pour subvenir aux frais du culte et à l'entretien du clergé. ▷ Fam. *Les deniers de l'État, les deniers publics :* les fonds publics.

dénier [denje] v. tr. [2] **1.** Ne pas reconnaître, ne pas accorder (un droit) à (qqn). *Je vous dénie formellement le droit de tenir de tels propos.* **2.** Refuser de prendre à son compte, de se voir imputer (qqch). *Je dénie toute responsabilité dans cette affaire.*

dénigrement [denigʀəmɑ̃] n. m. Action de dénigrer.

dénigrer [denigʀe] v. tr. [1] Chercher à diminuer le mérite, la valeur de (qqn, qqch). *Dénigrer un rival.* Syn. noircir, discréditer, décrier. Ant. vanter, louer.

Denikine (Anton Ivanovitch) (1872 – 1947), général russe. Il dirigea (1918-1920) contre les bolcheviks une armée de volontaires en Ukraine et s'exila aux É.-U. Wrangel lui succéda.

denim [denim] n. m. Tissu sergé, très solide, d'abord fabriqué à Nîmes. *Les blue-jeans sont faits en denim.* Syn. jean.

Denis ou **Denys** (saint), évangélisateur des Gaules, premier évêque de Paris (v. 250). Il fut martyrisé.

Denis (XIXe s.), chef d'un clan mpongwé établi sur la rive S. de la baie du Gabon. Il signa en 1839 un traité d'amitié avec la France.

dénitrifiant, ante [denitʀifjɑ̃, ɑ̃t] adj. TECH Qui dénitrifie. ▷ MICROB *Bactéries dénitrifiantes,* qui transforment les nitrates du sol ou des eaux (aliment essentiel des plantes) en azote organique inutilisable par les végétaux.

dénitrification [denitʀifikasjɔ̃] n. f. TECH Action de dénitrifier ; élimination de l'azote d'un sol.

dénitrifier [denitʀifje] v. tr. [2] TECH Enlever l'azote, ou l'un de ses composés, de (une substance, un sol).

dénivelée n. f. ou **dénivelé** [denivle] n. m. Différence d'altitude entre deux points.

déniveler [denivle] v. tr. [19] **1.** Rendre accidenté (ce qui était nivelé). **2.** Donner une certaine inclinaison, une certaine pente à; changer le niveau de.

dénivellation [denivɛlasjɔ̃] n. f. ou **dénivellement** [denivɛlmɑ̃] n. m. **1.** Action de déniveler; son résultat. **2.** Différence de niveau; inégalité du terrain.

dénombrable [denɔ̃bʀabl] adj. Qu'on peut compter, dénombrer; dont on peut dénombrer les éléments. ▷ MATH *Ensemble dénombrable,* en correspondance biunivoque avec une partie de l'ensemble des entiers positifs.

dénombrement [denɔ̃bʀəmɑ̃] n. m. Action de dénombrer; son résultat.

dénombrer [denɔ̃bʀe] v. tr. [1] Faire le compte détaillé de, recenser. *Dénombrer des effectifs.*

dénominateur [denɔminatœʀ] n. m. ARITH Terme d'une fraction placé sous le numérateur et indiquant en combien de parties égales l'unité a été divisée. *Le dénominateur de* $\frac{7}{3}$ *est 3. Le plus petit dénominateur commun de* $\frac{1}{6}$ *et de*

$\frac{2}{15}$ *est 30* ($\frac{1}{6} = \frac{5}{30}$; $\frac{2}{15} = \frac{4}{30}$). ▷ Fig. *Dénominateur commun :* caractère, particularité que des personnes ou des choses ont en commun.

dénominatif, ive [denɔminatif, iv] adj. et n. m. LING **1.** adj. Qui dénomme, désigne. **2.** n. m. Dérivé d'un nom. *«Rationner», qui vient de «ration», est un dénominatif.*

dénomination [denɔminasjɔ̃] n. f. Désignation d'une personne, d'une chose donnée par un nom. – Nom assigné à une chose. *Ce médicament est connu sous plusieurs dénominations.*

dénommé, ée [denɔme] n. ADMIN ou péjor. (Devant un nom propre.) Celui, celle qui a pour nom... *J'ai eu affaire au dénommé Untel.*

dénommer [denɔme] v. tr. [**1**] **1.** Assigner un nom à (une chose). *Dénommer une technique nouvelle.* **2.** Désigner par un nom, par son nom (un objet, une personne). *«Demoiselle» est un terme employé couramment pour dénommer diverses libellules.*

dénoncer [denɔ̃se] v. tr. [**12**] **I. 1.** *Dénoncer (qqn),* le signaler, l'indiquer comme coupable à la justice, à l'autorité. *Dénoncer un criminel.* ▷ v. pron. *Se dénoncer à la justice.* **2.** *Dénoncer (qqch) :* faire connaître publiquement en s'élevant contre (un acte répréhensible). *Dénoncer l'arbitraire d'une décision.* **3.** Litt., fig. Indiquer, révéler (qqch). *Tout en lui dénonce la fausseté.* **II. 1.** DR Signifier par voie légale à un tiers qu'une action est engagée contre lui. **2.** Cour. Faire connaître la cessation de (un engagement contractuel). *Dénoncer un contrat.*

dénonciateur, trice [denɔ̃sjatœʀ, tʀis] n. et adj. Celui, celle qui dénonce (qqn, qqch). ▷ adj. *Écrit dénonciateur.*

dénonciation [denɔ̃sjasjɔ̃] n. f. **1.** Action de dénoncer (qqn). *Être arrêté sur dénonciation.* ▷ Action de dénoncer qqch. *Des dénonciations grandiloquentes.* **2.** DR Signification légale. *Dénonciation de saisie-arrêt.* **3.** Action de dénoncer (un engagement contractuel).

dénotation [denɔtasjɔ̃] n. f. **1.** Fait de dénoter; chose dénotée. **2.** LING, LOG Désignation de tous les objets appartenant à la classe définie par un concept (par oppos. à *connotation*). V. compréhension, extension.

dénoter [denɔte] v. tr. [**1**] **1.** Marquer, être le signe de. *Tout cela dénote de réelles qualités de cœur.* **2.** LING, LOG Désigner (un sujet) indépendamment de ses qualités (par oppos. à *connoter*).

dénouement ou **dénoûment** [denumɑ̃] n. m. Fait de se dénouer; son résultat. *Le dénouement d'un conflit.* ▷ Manière dont se termine un roman, une pièce de théâtre, etc. *Un dénouement inattendu.*

dénouer [denwe] v. tr. [**1**] **1.** Défaire (un nœud); détacher (ce qui était noué). *Dénouer sa ceinture.* Syn. (oc. Indien) démailler. – v. pron. *Ses nattes se sont dénouées.* **2.** Démêler, trouver la solution de, mettre fin à (une affaire embrouillée, compliquée). *Chercher le moyen de dénouer une crise.* ▷ v. pron. Fig. Se terminer. *L'intrigue de cette pièce se dénoue fort plaisamment.*

dénoyautage [denwajotaʒ] n. m. Action de dénoyauter.

dénoyauter [denwajote] v. tr. [**1**] Enlever le noyau de (un fruit).

denrée [dɑ̃ʀe] n. f. Marchandise destinée à la nourriture de l'homme et des animaux. *Denrée périssable.* ▷ Fig. *La générosité est une denrée rare.*

dense [dɑ̃s] adj. **1.** Compact, épais. *Une forêt dense.* – *Une population dense,* nombreuse relativement à la surface qu'elle occupe. **2.** Fig. *Un style dense,* riche et concis. – *Une vie dense,* riche d'événements. **3.** PHYS Dont la densité est élevée. *Élément plus dense qu'un autre.* **4.** MATH *Ensemble dense dans un autre ensemble,* tel qu'il existe au moins un élément α de ce dernier qui réponde à l'inéquation a < α < b, a et b étant deux éléments quelconques du premier ensemble.

densification [dɑ̃sifikasjɔ̃] n. f. Augmentation de la densité. ▷ URBAN *Densification de l'habitat.*

densifier [dɑ̃sifje] v. tr. [**2**] **1.** TECH Augmenter par pression la densité de (un bois). – *Par ext.* Rendre plus dense (un matériau). ▷ v. pron. *L'os s'est densifié depuis la dernière radio.* **2.** Augmenter en nombre (un ensemble, une population). *Densifier un réseau ferroviaire.* – Pp. adj. *Une zone urbaine très densifiée.* ▷ v. pron. *La population de la région s'est densifiée depuis le recensement.*

densimétrie [dɑ̃simetʀi] n. f. PHYS Mesure des densités.

densité [dɑ̃site] n. f. **1.** Qualité de ce qui est dense. ▷ GEOGR *Densité de la population :* nombre d'habitants (d'une région, d'un pays) au kilomètre carré. ▷ Fig. *La densité d'un style,* sa richesse et sa concision. **2.** PHYS *Densité d'un liquide ou d'un solide,* rapport entre la masse d'un volume de ce liquide ou de ce solide et la masse du même volume d'eau à 4 °C. *La densité du mercure est 13,55.* ▷ *Densité d'un gaz,* rapport entre la masse d'un volume donné de ce gaz et la masse du même volume d'air, dans les mêmes conditions de température et de pression. *La densité du butane est 2.* ▷ ELECTR *Densité de courant :* rapport entre l'intensité qui traverse un conducteur et la section droite de ce conducteur.

dent [dɑ̃] n. f. **I. 1.** Chez l'homme, organe de consistance très dure, de coloration blanche, implanté sur le bord alvéolaire des maxillaires et servant à la mastication. *Dents de lait, de sagesse. Dent cariée.* **2.** ZOOL Formation osseuse du squelette des vertébrés, qui sert à la mastication, parfois à la défense. *Les dents d'un éléphant, d'un sanglier,* ses défenses. **3.** Loc. fam. *N'avoir rien à se mettre sous la dent :* n'avoir rien à manger. – *Mordre à belles dents,* de toutes ses dents, avec avidité. *Manger du bout des dents,* sans appétit. ▷ *Parler entre ses dents,* de manière indistincte. *Ne pas desserrer les dents :* garder un silence obstiné. ▷ Loc. fig. *Avoir les dents longues :* être très ambitieux. – *Avoir la dent dure :* ne pas ménager celui dont on parle. – *Avoir une dent contre qqn :* avoir une rancune, une animosité particulière contre qqn. ▷ *Grincer des dents :* montrer de l'agacement, de la colère. *Il va y avoir des pleurs et des grincements de dents.* ▷ *Être sur les dents :* être débordé de travail; être accablé, surmené. ▷ *Être armé jusqu'aux dents,* très bien armé. ▷ *Prendre le mors* aux dents.* ▷ *Œil pour œil, dent pour dent :* formule de la loi du talion*. **II.** *Par anal.* **1.** Pointe ou saillie que présentent certains objets. *Les dents d'un râteau, d'un peigne, d'un pignon, d'un timbre-poste. Les dents d'une scie.* ▷ Loc. *En dents de scie :* présentant une suite d'arêtes, de montées et de descentes. *Graphique en dents de scie.* – Fig. *Un marché qui progresse en dents de scie,* irrégulièrement. **2.** BOT *Les dents d'une feuille, d'un calice,* etc., les échancrures de leurs bords. **3.** GEOGR Pic montagneux. *La dent Blanche.*

ENCYCL Anat. – Chaque dent se compose de trois parties : la racine, incluse dans l'alvéole; la couronne, qui fait saillie hors du bord alvéolaire; le collet, par lequel la racine s'unit à la couronne. La dent est creusée d'une cavité centrale, la cavité pulpaire, qui contient les rameaux vasculo-nerveux correspondants. Elle est faite de dentine, ou ivoire, recouverte d'émail sur la couronne et de cément sur la racine. Les dents, implantées sur les maxillaires, dessinent deux courbes paraboliques : les arcades dentaires. Chez l'enfant, les dents de lait commencent à apparaître vers l'âge de 6 mois. Au nombre de 20, elles sont remplacées entre 6 et 10 ans par les 32 dents définitives, qui se répartissent en : 8 incisives, 4 canines, 8 prémolaires, 12 molaires (dont 4 dents de sagesse apparaissant après l'âge de 18 ans).

dentaire [dɑ̃tɛʀ] adj. Qui a rapport aux dents, à leur traitement. *Arcade dentaire. Chirurgie dentaire.* – *Formule dentaire,* qui indique le nombre et la répartition des dents d'un individu, d'une espèce (homme et animal).

dental, ale, aux [dɑ̃tal, o] adj. et n. f. PHON *Une consonne dentale* ou, n. f., *une dentale,* qui se prononce en appliquant la langue contre les dents (ex. [t, d]).

dentale [dɑ̃tal] n. m. ZOOL Mollusque qui vit enfoui dans le sable ou la vase, dont la coquille a la forme d'une défense d'éléphant ouverte aux deux extrémités.

denté, ée [dɑ̃te] adj. **1.** TECH Garni de dents. *Roue dentée.* **2.** BOT Dont les bords présentent des dents. *Feuille dentée.*

dentelé, ée [dɑ̃t(ə)le] adj. et n. m. **1.** Qui est coupé ou découpé en forme de dents. *Les bords dentelés d'un timbre-poste.* – *Par ext.* Découpé. *Un rivage dentelé.* **2.** ANAT *Muscles dentelés :* muscles du tronc présentant des structures en forme de doigts qui s'insèrent sur les côtes. ▷ n. m. *Le grand, le petit dentelé.*

denteler [dɑ̃t(ə)le] v. tr. [**19**] Découper (qqch) en forme de dents. *Denteler le bord d'un tissu pour éviter qu'il ne s'effiloche.*

dentelle [dɑ̃tɛl] n. f. **1.** Tissu à jours et à mailles très fines dont le bord est généralement dentelé. *La dentelle se fait à l'aide d'aiguilles, de fuseaux, de crochets, de navettes ou de métiers.* – *Robe de dentelle.* **2.** Fig. Ce qui évoque la dentelle. *Dentelle de pierre des clochers gothiques.*

dentellier, ère [dɑ̃təlje, ɛʀ] adj. et n. f. **1.** adj. Qui concerne la dentelle. *Industrie dentellière.* **2.** n. f. Ouvrière qui fait de la dentelle. *La Dentellière,* tableau de Vermeer (Louvre). ▷ TECH Machine à fabriquer la dentelle.

dentelure [dɑ̃tlyʀ] n. f. **1.** Découpure en forme de dents. – Par ext. BOT *Les dentelures d'une feuille.* **2.** ARCHI Ornement de sculpture dentelé.

dentier [dɑ̃tje] n. m. Prothèse dentaire amovible constituée de plusieurs dents artificielles.

dentifrice [dɑ̃tifʀis] n. m. Préparation servant au nettoyage et à l'entretien des dents, des gencives, et à l'antisepsie de la bouche. *Tube de dentifrice.* Syn.

(France rég., Québec) pâte à dents. – adj. *Pâte, eau, poudre dentifrice.*

dentine [dɑ̃tin] n. f. BIOCHIM Élément constitutif de la dent, d'une consistance proche de celle de l'os. Syn. ivoire.

dentiste [dɑ̃tist] n. Praticien diplômé spécialiste des soins dentaires. *Aller chez le dentiste.*

dentisterie [dɑ̃tist(ə)ʀi] n. f. Pratique des soins dentaires.

dentistique [dɑ̃tistik] n. f. TECH Fabrication de prothèses dentaires assistée par ordinateur.

dentition [dɑ̃tisjɔ̃] n. f. **1.** Ensemble des phénomènes anatomiques et physiologiques conduisant à la mise en place de la denture. **2.** Cour., *abusiv.* Denture.

denture [dɑ̃tyʀ] n. f. **1.** Ensemble des dents. *La denture complète de l'homme adulte comprend 32 dents.* **2.** TECH Ensemble des dents d'un outil, d'un pignon.

denturologie [dɑ̃tyʀɔlɔʒi] n. f. (Québec) Étude et pratique de la fabrication des prothèses dentaires.

denturologue [dɑ̃tyʀɔlɔg] ou **denturologiste** [dɑ̃tyʀɔlɔgist] n. (Québec) Prothésiste dentaire.

dénucléariser [denykleaʀize] v. tr. [**1**] MILIT Prohiber ou réduire en quantité l'armement nucléaire de (un pays, un groupe de pays). – Pp. adj. *Zone dénucléarisée,* où ne se trouve plus aucune arme nucléaire.

dénudé, ée [denyde] adj. Mis à nu, dépouillé de son enveloppe. *Corps dénudé. Paysage dénudé,* sans végétation.

dénuder [denyde] v. tr. [**1**] Mettre à nu; dépouiller de ce qui recouvre, garnit. *Dénuder une partie du corps. Dénuder un tronc d'arbre de son écorce, un fil électrique de sa gaine.* ▷ v. pron. *En saison sèche, les arbres se dénudent.*

dénué, ée [denɥe] adj. Dépourvu, privé (de). *Un livre dénué d'intérêt.*

dénuement [denymɑ̃] n. m. Manque du nécessaire. *Vivre dans un profond dénuement.* ▷ *Par métaph.* État de ce qui est dépouillé d'un bien moral. *Le dénuement de l'âme, du cœur.*

dénutri, ie [denytʀi] adj. MED Qui souffre de dénutrition. *Un enfant gravement dénutri.*

dénutrition [denytʀisjɔ̃] n. f. MED Déficience consécutive à une carence d'apports (vitamines, protéines) ou à des troubles dus à un déséquilibre entre l'assimilation et la désassimilation.

Denver, v. des É.-U., cap. du Colorado, à 1700 m d'altitude, au pied des montagnes Rocheuses; 467600 hab. (aggl. urb. 1791400 hab.). Grand centre comm. et industr. – Université.

Denys l'Aréopagite (saint) (Ier s. apr. J.-C.), membre de l'Aréopage, converti par saint Paul.

Denys l'Ancien (v. 430 – 367 av. J.-C.), tyran de Syracuse de 405 à 367, célèbre pour ses cruautés. — **Denys le Jeune** (397 – 344 av. J.-C.), tyran de Syracuse; fils et successeur du préc.

Denys d'Halicarnasse (Ier s. av. J.-C.), grammairien, historien et critique grec qui enseigna à Rome.

déodorant [deɔdɔʀɑ̃] n. m. et adj. m. (Anglicisme) Désodorisant corporel. ▷ adj. m. *Un savon déodorant.*

déontologie [deɔ̃tɔlɔʒi] n. f. Didac. **1.** Théorie des devoirs moraux. **2.** Morale professionnelle, théorie des devoirs et des droits dans l'exercice d'une profession. *Déontologie médicale.*

dépaillage [depajaʒ] n. m. (oc. Indien) Action de dépailler la canne à sucre.

dépailler [depaje] v. tr. [**1**] (oc. Indien) Retirer les feuilles sèches qui adhèrent aux tiges de la canne à sucre afin d'en faciliter la coupe.

dépannage [depanaʒ] n. m. Action de dépanner. *Entreprise de dépannage.*

dépanner [depane] v. tr. [**1**] **1.** Remettre en état de fonctionnement, réparer (une machine, un appareil en panne). **2.** Fig., fam. Tirer d'embarras. *Peux-tu me dépanner de cent francs?*

dépanneur, euse [depanœʀ, øz] adj. et n. **1.** adj. Qui dépanne. **2.** n. Ouvrier, ouvrière (mécanicien, électricien, etc.) qui se charge des dépannages. **3.** n. f. Voiture équipée pour remorquer les véhicules en panne. **4.** n. m. (Québec) Petite épicerie qui reste ouverte au-delà des heures habituelles.

dépaqueter [depakte] v. tr. [**20**] Défaire (un paquet); sortir d'un paquet.

Depardieu (Gérard) (né en 1948), comédien français, acteur de cinéma : *les Valseuses* (1972), *Sous le soleil de Satan* (1987), *Cyrano de Bergerac* (1990).

dépareillé, ée [depaʀeje] adj. **1.** Qui a été séparé d'un ou de plusieurs objets avec lesquels il formait un ensemble. *Des chaussettes dépareillées.* **2.** Qui forme un ensemble incomplet. *Jeu de cartes dépareillé.*

déparer [depaʀe] v. tr. [**1**] Nuire à la beauté, à l'effet de (un ensemble). *Ce fauteuil dépare le reste du mobilier.* – (S. compl.) *Ce meuble ne dépare pas.*

déparier [depaʀje] v. tr. [**2**] Séparer le mâle et la femelle de certains animaux. *Déparier des pigeons.* Syn. désapparier.

déparler [depaʀle] v. intr. [**1**] (Québec) Fam. Divaguer, délirer; dire n'importe quoi. ▷ Faire une erreur de prononciation, trébucher sur un mot.

1. départ [depaʀ] n. m. Litt. Séparation, distinction (entre deux choses). – Loc. *Faire le départ entre* (deux choses abstraites).

2. départ [depaʀ] n. m. **1.** Action de partir. *Les départs en vacances. Donner le signal du départ.* ▷ SPORT *Faux départ :* départ non valable (certains concurrents étant partis avant le signal). **2.** Action de quitter une fonction, un emploi, une situation. *Refuser le départ du ministre.* **3.** Lieu d'où l'on part. **4.** Commencement d'une action, d'un mouvement. *Il a pris un mauvais départ. Reprenons l'affaire à son point de départ.* ▷ *Au départ :* d'abord, au début. *Au départ, nous ne voulions pas acheter une si grande maison.* – *De départ :* initial. *Le projet de départ.*

départager [depaʀtaʒe] v. tr. [**13**] **1.** Faire cesser un partage égal (de voix, de suffrages). *Organiser un second tour de scrutin pour départager les voix.* **2.** Choisir entre (deux opinions, deux personnes, deux partis). *Comme il ne pouvait y avoir deux gagnants on s'en remit au sort pour les départager.*

département [depaʀtəmɑ̃] n. m. **1.** Chaque partie de l'administration des affaires publiques attribuée à un ministre ou constituant un ensemble spécialisé et autonome. *Le département de la Marine.* ▷ (Suisse) Ministère fédéral ou cantonal. **2.** Division des services de certaines administrations. *Le département des manuscrits d'une bibliothèque.* **3.** Division administrative de divers pays (France, notam.).

départemental, ale, aux [depaʀtəmɑ̃tal, o] adj. Qui appartient au département (sens 3). *Une route départementale.*

départementalisation [depaʀtəmɑ̃talizasjɔ̃] n. f. Action de départementaliser; son résultat.

départementaliser [depaʀtəmɑ̃talize] v. tr. [**1**] **1.** Conférer le statut de département à (un territoire). **2.** Faire relever de la compétence du département.

départir [depaʀtiʀ] v. [**30**] **1.** v. tr. Distribuer, attribuer comme part. *Départir des faveurs, des tâches.* **2.** v. pron. *Se départir de :* abandonner (un comportement). *Il ne s'est pas départi de son calme.* Ant. conserver, garder.

dépassant [depasɑ̃] n. m. COUT Garniture qui dépasse à dessein une partie d'un vêtement.

dépassement [depasmɑ̃] n. m. **1.** Action de dépasser. *Dépassement sans visibilité.* ▷ Fait de se dépasser. *Le sublime, c'est le dépassement de soi-même.* **2.** Fait d'excéder, de dépasser. *Dépassement de crédit.*

dépasser [depase] v. tr. [**1**] **1.** Aller plus loin que, au-delà de (qqch). *Dépasser une limite, un but.* – Fig. *Le succès a dépassé mes espérances.* – Fam. *Dépasser les bornes :* exagérer. **2.** Devancer, laisser derrière soi en allant plus vite. *Il a dépassé le camion dans la ligne droite.* Syn. doubler. – Fig. *Il a dépassé son aîné dans ses études.* Syn. distancer. ▷ Fig., fam. *Être dépassé par les événements :* ne pas être en mesure de contrôler la situation. – *Cela me dépasse,* me déconcerte. – *C'est dépassé,* démodé. **3.** Être plus grand, plus important que. *Cet immeuble dépasse les autres. Cette dépense dépasse mes prévisions.* ▷ Absol. *Sa chemise dépasse.* ▷ v. pron. Accomplir une chose hors du commun; se transcender. *Aimer à se dépasser.*

dépassionner [depasjɔne] v. tr. [**1**] Rendre moins passionné, plus objectif. *Dépassionner un débat.*

dépatouiller (se) [depatuje] v. pron. [**1**] Fam. Se sortir d'une situation difficile, embarrassante. Syn. se dépêtrer.

dépaver [depave] v. tr. [**1**] Arracher, ôter les pavés de. *Dépaver une rue.*

dépaysement [depeizmɑ̃] n. m. **1.** Action de dépayser; état d'une personne dépaysée. *Il supportera mal le dépaysement.* **2.** Changement d'habitudes, généralement agréable, bénéfique. *Aimer le dépaysement.*

dépayser [depeize] v. tr. [**1**] Dérouter, désorienter en tirant de son milieu, de ses habitudes. *Le climat, le rythme de vie, les gens, tout l'a dépaysé.*

dépeçage [depəsaʒ] ou **dépècement** [depɛsmɑ̃] n. m. Action de dépecer. *Le dépeçage d'une bête après l'abattage.*

dépecer [depəse] v. tr. [**16**] Mettre en pièces, en morceaux (surtout un animal). ▷ Par ext. *Dépecer un pays vaincu.*

dépêche [depɛʃ] n. f. **1.** Correspondance officielle concernant les affaires publiques. *Une dépêche diplomatique, ministérielle.* **2.** Vieilli Télégramme. **3.**

(Titre de certains journaux.) *La Dépêche du Midi.*

dépêcher [depe(ɛ)ʃe] v. [1] **1.** v. tr. Envoyer (qqn) en hâte. *Le gouvernement a dépêché un chargé de mission.* **2.** v. pron. Se hâter. *Dépêchez-vous, ou vous serez en retard!*

dépeigner [depeɲe] v. tr. [1] Déranger, défaire la coiffure de (qqn). *Ce vent m'a dépeignée.* Syn. décoiffer.

dépeindre [depɛ̃dʀ] v. tr. [**55**] Décrire, représenter par le discours. *Dépeindre une situation, un caractère.* Syn. raconter.

dépeinturé, ée [depɛ̃tyʀe] adj. (Québec) Dont la peinture s'est détériorée.

dépenaillé, ée [dep(ə)naje] adj. **1.** Vêtu de haillons; mal habillé. Syn. déguenillé. **2.** En lambeaux, très endommagé. *Un vieux livre dépenaillé.*

dépénalisation [depenalizasjɔ̃] n. f. DR Opération consistant à soustraire des agissements à la sanction du droit pénal.

dépendance [depɑ̃dɑ̃s] n. f. **1.** État d'une personne, d'une chose, qui dépend d'une autre. *Être sous la dépendance de qqn.* **2.** Rapport qui fait dépendre une chose d'une autre. *Ces phénomènes sont dans une dépendance mutuelle.* **3.** Par méton. (Souvent au plur.) Ce qui dépend de qqch. *Le château et ses dépendances. Cette île fut longtemps une dépendance de la France.*

dépendant, ante [depɑ̃dɑ̃, ɑ̃t] adj. Qui dépend de. *Il est financièrement dépendant de ses parents.* Ant. indépendant, autonome. ▷ GRAM *Une proposition subordonnée est dépendante de la principale.*

1. dépendre [depɑ̃dʀ] v. tr. indir. [**6**] *Dépendre de.* **1.** Être assujetti à, sous la domination de. ▷ Relever de l'autorité de. *Sa nomination dépend du ministre.* **2.** Appartenir à, être rattaché à. *Ce dispensaire dépend de la mission catholique.* **3.** Être fonction de. *Son succès dépendra de son travail.* ▷ v. impers. *Il ne dépend que de vous que vous réussissiez.* ▷ Fam. *Ça dépend :* c'est variable, c'est selon les circonstances. *Irez-vous vous promener? – Ça dépend!*

2. dépendre [depɑ̃dʀ] v. tr. [**6**] Détacher (ce qui était pendu).

dépens [depɑ̃] n. m. pl. **I.** DR Frais de justice. *Être condamné aux dépens.* **II.** Loc. prép. *Aux dépens de.* **1.** En occasionnant des frais à. *Il vit à mes dépens.* **2.** Fig. En causant du tort, du dommage à. *Réussir aux dépens d'autrui.* ▷ *Rire aux dépens de qqn,* se moquer de lui.

dépense [depɑ̃s] n. f. Action de dépenser. **1.** Emploi d'argent. *Faire de grandes dépenses.* **2.** Argent déboursé. *Participer aux dépenses.* – Loc. fam. *Regarder à la dépense :* être économe, près de ses sous. – COMPTA Compte détaillé de l'argent dépensé. *La dépense excède la recette.* ▷ FIN *Dépenses publiques :* dépenses incombant à l'État, et couvrant le fonctionnement des services publics. ▷ FISC *Dépenses fiscales :* coût, en termes de manque à gagner, des allégements fiscaux. **3.** (Afr. subsah.) *Dépense quotidienne* ou *dépense :* somme destinée, dans une famille, à l'achat des provisions pour une journée. *Donner la dépense.* **4.** Emploi d'une chose. *Dépense de temps, d'énergie.*

dépenser [depɑ̃se] v. [1] **I.** v. tr. **1.** Employer (de l'argent). *Dépenser une fortune, un héritage.* – Absol. *Dépenser beaucoup, sans compter.* **2.** Fig. Employer, puiser dans (des ressources). *Dépenser son temps, ses forces, son énergie, sa salive.* **3.** Consommer. *Ces machines dépensent beaucoup d'électricité.* **II.** v. pron. **1.** (Passif) Être dépensé. *Il se dépense des sommes énormes dans les casinos.* **2.** Déployer une grande activité. *Se dépenser sans compter.*

dépensier, ère [depɑ̃sje, ɛʀ] adj. (et n.) Qui aime la dépense; qui dépense excessivement. Ant. économe.

déperdition [depɛʀdisjɔ̃] n. f. PHYS Perte (d'énergie). *Déperdition de chaleur.* ▷ Fig. Diminution, perte. *La vieillesse entraîne une déperdition des forces.* ▷ *Déperdition scolaire :* diminution des effectifs scolaires.

dépérir [depeʀiʀ] v. intr. [**3**] **1.** S'affaiblir progressivement, décliner. *Cet arbre dépérit à cause de la sécheresse. Cet homme dépérit à vue d'œil.* **2.** Fig. Se détériorer; péricliter. *Les affaires dépérissent.*

dépérissement [depeʀismɑ̃] n. m. État de ce qui dépérit. *Le dépérissement de la végétation.* ▷ Fig. *Le dépérissement d'une industrie,* son déclin.

dépersonnaliser [depɛʀsɔnalize] v. tr. [1] **1.** Faire perdre sa personnalité à. **2.** Ôter le caractère personnel, individuel à.

Depestre (René) (né en 1926), écrivain haïtien. Il démontre dans sa poésie engagée (*Étincelles,* 1945; *Traduit du grand large,* 1952; *Poète à Cuba,* 1976; *Anthologie personnelle,* 1993) et dans ses romans (*le Mât de cocagne,* 1979; *Hadriana dans tous mes rêves,* 1988) sa maîtrise du verbe et de l'image.

dépêtrer [depetʀe] v. tr. [1] Dégager, délivrer. *C'est lui qui m'a dépêtré de ce bourbier.* ▷ v. pron. *Je ne peux me dépêtrer de cette glu.* – Fig., fam. *Ne pas pouvoir se dépêtrer de qqn,* ne pas pouvoir s'en débarrasser.

dépeuplement [depœpləmɑ̃] n. m. Action de dépeupler, fait de se dépeupler; état de ce qui est dépeuplé. *Le dépeuplement des campagnes.* Syn. dépopulation.

dépeupler [depœple] v. [1] **1.** v. tr. Dégarnir, vider de ses habitants. *Les vacances ont dépeuplé la capitale.* – Par ext. *Dépeupler une forêt* (de ses animaux, de ses arbres). **2.** v. pron. Perdre son peuplement. *Régions qui se dépeuplent.*

déphasage [defɑzaʒ] n. m. PHYS Différence de phase entre deux phénomènes alternatifs de même fréquence.

déphasé, ée [defɑze] adj. **1.** PHYS Qui présente un déphasage. **2.** Fig., fam. Perturbé dans son rythme de vie; troublé dans ses pensées. *Il travaille la nuit et il dort le jour, il est complètement déphasé.*

dépiauter [depjote] v. tr. [1] Fam. Enlever la peau de (un animal). *Dépiauter un lapin.* Syn. écorcher. – Par ext. *Dépiauter une orange.* ▷ Fig. *Dépiauter un texte,* l'analyser minutieusement.

dépierrer [depjɛ(e)ʀe] v. tr. [1] Enlever les pierres de. *Dépierrer un chemin.*

dépigmentant, ante [depigmɑ̃tɑ̃, ɑ̃t] adj. MED Qui détruit les pigments de l'épiderme. *Crème dépigmentante.*

dépigmentation [depigmɑ̃tasjɔ̃] n. f. BIOL, MED Disparition du pigment (d'un tissu, partic. de la peau).

dépigmenter [depigmɑ̃te] v. tr. [1] Détruire les pigments de la peau. ▷ v. pron. Traiter sa peau pour en détruire les pigments. Syn. (Afr. subsah.) s'ambifier.

dépilage [depilaʒ] n. m. TECH Action de dépiler les peaux pour le tannage.

dépilation [depilasjɔ̃] n. f. **1.** MED Action de dépiler; son résultat. ▷ Chute de poils. **2.** Cour. Action d'éliminer les poils superflus.

dépilatoire [depilatwaʀ] adj. et n. m. Qui sert à faire tomber les poils. *Crème, lotion dépilatoire.* ▷ n. m. *Un dépilatoire.*

dépiler [depile] v. tr. [1] **1.** Faire tomber les poils, les cheveux de. **2.** TECH Ôter en les raclant les poils de (une peau avant de la tanner).

1. dépiquage [depikaʒ] n. m. AGRIC Action de dépiquer (1, sens 2) pour repiquer.

2. dépiquage [depikaʒ] n. m. AGRIC Action de dépiquer (2).

1. dépiquer [depike] v. tr. [1] **1.** COUT Défaire les piqûres de. *Dépiquer un col.* **2.** AGRIC Déplanter des semis pour les repiquer en pleine terre. *Dépiquer des salades.*

2. dépiquer [depike] v. tr. [1] AGRIC Battre (les céréales) pour récolter le grain.

dépistage [depistaʒ] n. m. Action de dépister. *Dépistage de la tuberculose par des examens systématiques.*

dépister [depiste] v. tr. [1] **I. 1.** CHASSE Découvrir (le gibier) à la piste. – *Par ext.* Découvrir, retrouver (qqn) en suivant une trace. *La police a rapidement dépisté les coupables.* **2.** Découvrir (ce qui était dissimulé). *Dépister une fraude. – Dépister une maladie.* **II.** Faire perdre la piste, la trace à. *Dépister des créanciers.*

dépit [depi] n. m. **1.** Vive contrariété mêlée de colère, causée par une déception, une blessure d'amour-propre. *Manifester son dépit. Agir par dépit.* **2.** Loc. prép. *En dépit de :* malgré, sans tenir compte de. *Réussir en dépit des obstacles.*

dépité, ée [depite] adj. Qui conçoit, montre du dépit. *Un amant dépité. Une mine dépitée.*

dépiter [depite] v. tr. [1] Litt. Causer du dépit à. *Votre refus l'a dépité.*

déplacé, ée [deplase] adj. **1.** Qui a été changé de place. **2.** Fig. Qui n'est pas à sa place étant donné la situation, les circonstances. *Des propos déplacés.* Syn. malséant, incongru, inopportun. **3.** *Personne déplacée,* qui a été contrainte de quitter son pays.

déplacement [deplasmɑ̃] n. m. **1.** Action de déplacer, de se déplacer; fait d'être déplacé. *Déplacement d'air. Cela vaut le déplacement.* ▷ Cour., abusiv. *Déplacement d'une vertèbre.* **2.** Voyage. *Cet emploi exige des déplacements fréquents.* **3.** MAR *Déplacement d'un navire,* poids du volume d'eau déplacé par la carène. **4.** CHIM *Déplacement d'un équilibre :* modification de la composition d'un système de corps chimiques en équilibre (due à une modification de pression, de température, de concentration). **5.** GEOM Transformation (translation, rotation) d'une figure en figure égale.

déplacer [deplase] v. [**12**] **I.** v. tr. **1.** Ôter (une chose) de la place qu'elle occupe. *Déplacer un meuble. – Déplacer les foules,* les attirer massivement derrière soi. ▷ Fig. *Déplacer la question :* s'écarter de l'objet précis d'une discussion. – *Déplacer des montagnes :* faire l'impossible. **2.** Fig. Faire changer (qqn) de poste. *Déplacer un fonctionnaire.* **3.** MAR Avoir un déplacement de. *Cuirassé déplaçant 35 000 t.* **II.** v. pron. **1.** Changer de place (choses). *Les nuages se déplaceront vers l'intérieur du pays.* **2.** Quitter un lieu, aller d'un lieu à un autre (personnes). *Vous devrez aller le voir, car il se déplace rarement.*

déplafonner [deplafɔne] v. tr. [**1**] FIN Faire cesser le plafonnement de, supprimer la limite supérieure de. *Déplafonner les cotisations sociales.*

déplaire [deplɛʀ] v. [**59**] **I.** v. tr. indir. **1.** Ne pas plaire à, ne pas être du goût de. *Ce livre m'a déplu. Il a un visage qui me déplaît.* Syn. rebuter. ▷ Impers. *Il me déplaît de :* il m'est désagréable de. *Il ne me déplairait pas de le revoir.* **2.** Causer du déplaisir. *Son comportement m'a beaucoup déplu.* ▷ *Ne vous (en) déplaise :* nonobstant votre déplaisir. **II.** v. pron. N'éprouver aucun plaisir, ne pas se plaire. *Je me déplais en sa compagnie.* – (Récipr.) *Au premier coup d'œil ils se sont déplu.*

déplaisant, ante [deplɛzɑ̃, ɑ̃t] adj. **1.** Qui ne plaît pas. *Un visage déplaisant. Une situation déplaisante.* Syn. antipathique, désagréable. **2.** Qui contrarie, qui offense. *Des allusions déplaisantes.* Syn. désobligeant.

déplaisir [deplɛziʀ] n. m. Contrariété, mécontentement. *Il a omis de m'en prévenir, à mon grand déplaisir.*

déplanter [deplɑ̃te] v. tr. [**1**] **1.** Enlever de terre (un végétal) pour le planter ailleurs. *Déplanter un arbre.* **2.** Dégarnir de ses plantes. *Déplanter un verger.*

déplâtrer [deplɑtʀe] v. tr. [**1**] **1.** Ôter le plâtre de. *Déplâtrer un mur.* **2.** CHIR Enlever un plâtre de. *Déplâtrer un bras.* – Par ext. *Déplâtrer qqn.*

dépliage [deplijaʒ] ou **dépliement** [deplimɑ̃] n. m. Action de déplier; fait de se déplier.

dépliant, ante [deplijɑ̃, ɑ̃t] adj. et n. m. **1.** adj. Qui se déplie. *Canapé dépliant.* **2.** n. m. Page plus grande que la couverture d'un livre, qu'on déplie pour la consulter. *Les dépliants des tableaux synoptiques d'un ouvrage.* **3.** n. m. Prospectus imprimé formé de plusieurs volets que l'on déplie.

déplier [deplije] v. [**2**] **1.** v. tr. Étaler, étendre, ouvrir (ce qui était plié). *Déplier sa serviette. Déplier son journal.* – Par ext. *Déplier de la marchandise,* la sortir, l'étaler, l'exposer. **2.** v. pron. *Les ailes de l'oiseau se déplièrent.*

déplisser [deplise] v. tr. [**1**] Défaire les plis, effacer les faux plis de. *Déplisser une jupe.* ▷ v. pron. *Vêtement qui se déplisse sans repassage.*

déploiement [deplwamɑ̃] n. m. Action de déployer, état de ce qui est déployé. *Déploiement d'un parachute.* – Par ext. *Un grand déploiement de forces policières. Un déploiement de richesses.*

déplomber [deplɔ̃be] v. tr. [**1**] **1.** Enlever un sceau de plomb de. *Déplomber un colis.* **2.** CHIR Enlever l'amalgame de (une dent obturée).

déplorable [deplɔʀabl] adj. **1.** Regrettable. *Un incident déplorable.* **2.** Cour. Très mauvais, blâmable. *Un travail déplorable. Une conduite déplorable.*

déplorer [deplɔʀe] v. tr. [**1**] **1.** Témoigner une grande affliction de. *Déplorer la mort de qqn.* **2.** Trouver mauvais, regretter. *Je déplore cette maladresse.*

déployé, ée [deplwaje] adj. Étendu, déplié. *Voguer toutes voiles déployées.* ▷ *Rire à gorge déployée,* aux éclats, bruyamment.

déployer [deplwaje] v. tr. [**23**] **1.** Étendre, développer (ce qui était plié). *Déployer des tentures.* ▷ v. pron. *Son parachute ne s'est pas déployé.* **2.** MILIT *Déployer des troupes,* leur faire occuper un grand espace de terrain; leur faire prendre le dispositif de combat. ▷ v. pron. *L'armée se déploie dans la plaine.* **3.** Fig. Montrer, étaler. *Déployer tous ses talents pour convaincre un auditoire.*

déplumer [deplyme] v. [**1**] **I.** v. pron. **1.** Perdre ses plumes; s'arracher les plumes. *Les oiseaux se déplument à coups de bec.* **2.** Fig., fam. Perdre ses cheveux. *Il se déplume sur le sommet du crâne.* – Pp. adj. *Crâne déplumé.* **II.** v. tr. (Afr. subsah., Antilles fr., Haïti) Syn. de *plumer* (sens 1).

dépoétiser [depɔetize] v. tr. [**1**] Ôter son caractère poétique à.

dépoitraillé, ée [depwatʀaje] adj. Fam., péjor. Dont la poitrine est fort découverte.

dépoli, ie [depɔli] adj. Qui a perdu son poli. *Verre dépoli,* rendu translucide (et non plus transparent).

dépolir [depɔliʀ] v. tr. [**3**] Ôter le poli de. ▷ v. pron. Perdre son poli.

dépolissage [depɔlisaʒ] n. m. TECH Action de dépolir; son résultat. *Dépolissage du verre, des métaux.*

dépolitiser [depɔlitize] v. tr. [**1**] Ôter son caractère politique à (qqch), toute conscience politique à (qqn). *Dépolitiser un sujet. Dépolitiser la jeunesse.* ▷ v. pron. Rompre avec la politique.

dépolluant, ante [depɔlɥɑ̃, ɑ̃t] adj. et n. m. Se dit d'un produit qui dépollue. – n. m. *Un dépolluant.*

dépolluer [depɔlɥe] v. tr. [**1**] Supprimer les effets de la pollution. *Dépolluer une plage.*

dépollution [depɔlysjɔ̃] n. f. Action de dépolluer; son résultat.

dépondre [depɔ̃dʀ] v. tr. [**6**] (France rég., Suisse) Détacher ou décrocher (qqn, qqch). *Dépondre un wagon.*

déponent, ente [depɔnɑ̃, ɑ̃t] adj. et n. m. Didac. Se dit des verbes latins qui ont une forme passive et un sens actif.

dépopulation [depɔpylasjɔ̃] n. f. Syn. de *dépeuplement.*

déportation [depɔʀtasjɔ̃] n. f. **1.** Peine d'exil, afflictive et infamante, appliquée autref., notam. en France, aux crimes politiques. *La déportation des Acadiens par les Anglais, entre 1755 et 1762.* (V. Grand* Dérangement.) **2.** Internement dans un camp de concentration situé dans une région éloignée du domicile de la victime ou dans un pays étranger. (V. nazisme.)

déporté, ée [depɔʀte] n. (et adj.) **1.** Personne condamnée à la déportation. **2.** Personne internée dans un camp de concentration.

déportement [depɔʀtəmɑ̃] n. m. Fait d'être déporté, dévié de sa direction.

déporter [depɔʀte] v. tr. [**1**] **I.** **1.** Faire subir la déportation à (qqn). *Les nazis déportèrent plusieurs millions de Juifs en Allemagne et en Pologne.* **2.** Dévier, entraîner hors de la bonne direction. *Son chargement mal équilibré le déportait vers la droite.* **II.** v. pron. **1.** S'écarter de sa route. **2.** DR Se récuser

déposant, ante [depozɑ̃, ɑ̃t] n. **1.** DR Personne qui fait une déposition en justice. **2.** Personne qui effectue un dépôt dans une banque, une caisse d'épargne, etc.

dépose [depoz] n. f. TECH Opération consistant à déposer ce qui était fixé, posé. *Frais de pose et de dépose.*

1. déposer [depoze] v. [**1**] **A.** v. tr. **I.** Destituer du pouvoir souverain. *Déposer un pape, un roi.* **II.** **1.** Poser (ce que l'on porte). *Déposer un fardeau.* – Fig. *Déposer les armes :* cesser le combat, se rendre. **2.** Placer, mettre, laisser quelque part. *Déposer son manteau sur une chaise. La voiture m'a déposé à la porte.* ▷ LEGISL *Déposer un projet de loi,* le soumettre à l'Assemblée nationale. ▷ *Déposer une plainte :* porter plainte en justice. **3.** Mettre en dépôt, donner en garde. *Déposer de l'argent à la banque.* ▷ COMM *Déposer une marque de fabrique, un brevet,* en effectuer le dépôt légal pour se garantir des contrefaçons. *Modèle déposé.* ▷ DR COMM *Déposer son bilan :* se déclarer en cessation de paiement. **4.** Former un dépôt de (en parlant d'un liquide). *Cette eau a déposé beaucoup de sable.* ▷ v. intr. *Laisser un vin déposer.* ▷ v. pron. *La lie se dépose au fond de la bouteille.* **B.** v. intr. DR Faire une déposition en justice. *Le témoin est venu déposer à la barre.*

2. déposer [depoze] v. tr. [**1**] TECH Ôter (un objet) de la place où il avait été fixé, posé. *Déposer une serrure.*

dépositaire [depozitɛʀ] n. **1.** Personne qui reçoit qqch en dépôt. *Ces documents ne vous appartiennent pas, vous n'en êtes que le dépositaire.* – Fig. *Nous sommes les dépositaires d'une grande tradition.* **2.** Commerçant chargé de vendre des marchandises qui lui sont confiées. *Le dépositaire exclusif de telle marque.*

déposition [depozisjɔ̃] n. f. **1.** Destitution, privation du pouvoir souverain. **2.** DR Déclaration d'un témoin en justice.

déposséder [depɔsede] v. tr. [**14**] Priver (qqn) de ce qu'il possédait. *Déposséder qqn de ses biens.* Syn. dépouiller.

dépossession [depɔsesjɔ̃] n. f. Action de déposséder; son résultat.

dépôt [depo] n. m. **1.** Action de déposer, de placer qqch quelque part. *Le dépôt des ordures est interdit à cet endroit.* ▷ Action de remettre, de confier qqch à qqn. – *Spécial.* Action de confier des fonds à un organisme bancaire. *Effectuer un dépôt à la banque. Banque de dépôt,* qui utilise les dépôts à vue de ses clients pour diverses opérations de crédit. ▷ *Dépôt légal :* dépôt obligatoire de plusieurs exemplaires d'une œuvre littéraire ou audiovisuelle, lors de sa parution, aux services officiels compétents. **2.** Chose confiée, donnée en garde. *Restituer un dépôt.* – *Dépôt à vue,* dont le propriétaire peut disposer à tout moment. **3.** Lieu où l'on garde des objets. *Dépôt d'armes clandestin.* ▷ Lieu où l'on gare des locomotives, des autobus, etc. ▷ Lieu de vente au détail de certains produits. *Dépôt de pain. Dépôt de vin.* **4.** Établissement où sont hébergées ou gardées certaines personnes. – *Dépôt des équipages de la flotte :* caserne des marins à terre, dans un port de guerre. – *Dépôt de la préfecture de police* ou, absol., *dépôt :* lieu où l'on emprisonne provisoirement les individus qui viennent d'être arrêtés. **5.** Matières qui se déposent au fond d'un récipient contenant un liquide. *Dépôt au fond d'une bouteille de vin.* **6.** Matière recouvrant une surface. *Dépôt électrolytique. Dépôt calcaire sur les parois d'une bouilloire.* – GEOL Accumulation de matériaux détritiques d'origine minérale. *Dépôt éolien, glaciaire,* etc.

dépotage [depɔtaʒ] n. m. Action de dépoter; son résultat.

dépoter [depɔte] v. tr. [1] **1.** Ôter d'un pot. *Dépoter une plante.* **2.** TECH Transvaser (un liquide, notam. un hydrocarbure). – Par ext. *Dépoter un wagon-citerne.*

dépotoir [depɔtwaʀ] n. m. **1.** Lieu destiné à recevoir les matières provenant des vidanges. **2.** Lieu où l'on dépose les ordures; décharge publique. ▷ Fig., fam. Lieu en grand désordre, très sale. *Quel dépotoir, cette chambre!* **3.** (Madag.) Local où l'on remise des outils, des marchandises en réserve, etc.

dépouille [depuj] n. f. **I. 1.** Peau enlevée à un animal. – ZOOL Tégument épidermique dont se débarrassent, à époques fixes, certains animaux. *La dépouille d'un serpent.* **2.** Fig., litt. *La dépouille mortelle* : le corps d'un défunt. **3.** (Plur.) Litt. Butin pris à l'ennemi. **II.** TECH Taille oblique donnée au bord d'un outil.

dépouillé, ée [depuje] adj. **1.** Dont on a ôté la peau. *Lapin dépouillé.* **2.** Dégarni, dépourvu. *Arbre dépouillé de ses feuilles.* **3.** Fig. Sobre, simple, sans fioritures. *Formes dépouillées.*

dépouillement [depujmɑ̃] n. m. **1.** Action de dépouiller; état de ce qui est dépouillé. **2.** Inventaire, examen, analyse minutieuse. *Dépouillement d'un scrutin.*

dépouiller [depuje] v. tr. [1] **I. 1.** Enlever la peau de (un animal). *Dépouiller une anguille.* – *Par ext.* Priver de ce qui couvre ou garnit. *Dépouiller un temple de ses ornements. Le vent a dépouillé les arbres.* ▷ v. pron. Ôter, perdre ce qui couvre. *Se dépouiller de ses vêtements.* **2.** Déposséder. *Dépouiller qqn de ses biens.* ▷ v. pron. *Se dépouiller en faveur de qqn.* – Fam. *Se faire dépouiller* : subir une agression et se faire voler ses effets personnels. **3.** Fig. Faire l'inventaire, l'examen minutieux et approfondi de. *Dépouiller un compte, un dossier.* ▷ *Dépouiller un scrutin* : dénombrer les suffrages. **II.** Litt. **1.** Quitter, perdre (ce qui enveloppait). *L'insecte dépouille sa première carapace.* **2.** Fig. Renoncer à. *Dépouiller sa morgue.* ▷ v. pron. *Se dépouiller de ses préjugés.*

dépourvu, ue [depuʀvy] adj. **1.** Qui a perdu ce dont il était pourvu; qui manque du nécessaire. «*La cigale se trouva fort dépourvue*» (La Fontaine). ▷ *Dépourvu de* : dénué, privé de. *Un jardin dépourvu de fleurs. Être dépourvu de bon sens.* Ant. doté, muni, pourvu. **2.** Loc. adv. *Au dépourvu* : à l'improviste, sans préparation. *Il m'a pris au dépourvu.*

dépoussiérage [depusjeʀaʒ] n. m. Action de dépoussiérer.

dépoussiérer [depusjeʀe] v. tr. [14] Enlever les poussières de. – Fig. Remettre à neuf, renouveler.

dépravation [depʀavasjɔ̃] n. f. Vieilli Action de dépraver; son résultat. *Dépravation du goût, du jugement, des mœurs.* – *Spécial.* Débauche sexuelle. *Tomber dans la dépravation.* Syn. corruption, perversion, vice.

dépravé, ée [depʀave] adj. et n. Perverti, vicieux, immoral. *Mœurs dépravées. Des gens dépravés.* ▷ Subst. *Un(e) dépravé(e).*

dépraver [depʀave] v. tr. [1] Amener (qqn) à faire et à aimer le mal; corrompre. *Ses fréquentations l'ont dépravé. Dépraver les mœurs.* Syn. pervertir.

dépréciation [depʀesjasjɔ̃] n. f. Action de déprécier, de se déprécier; état d'une chose dépréciée.

déprécier [depʀesje] v. tr. [2] **1.** Rabaisser, diminuer le prix, la valeur de. *L'installation d'une usine à proximité a déprécié ce terrain.* Syn. dévaloriser. ▷ v. pron. *Monnaie qui se déprécie.* **2.** Dénigrer, chercher à déconsidérer. *Il ne parle de vous que pour vous déprécier.* Ant. exalter, vanter. ▷ v. pron. Se dévaloriser aux yeux d'autrui.

déprédateur, trice [depʀedatœʀ, tʀis] adj. (et n.) Qui commet des déprédations.

déprédation [depʀedasjɔ̃] n. f. **1.** Vol, pillage accompagné de destruction, de détérioration. **2.** Détérioration causée à des biens matériels. **3.** Malversation, détournement. *Déprédation des finances publiques.* **4.** Exploitation de la nature sans précautions écologiques.

déprendre (se) [depʀɑ̃dʀ] v. pron. [52] Litt. Se détacher, se dégager. *Se déprendre de qqn, d'une habitude.*

dépresseur [depʀesœʀ] n. m. et adj. m. PHARM Produit qui diminue l'activité mentale. – adj. m. *Un médicament dépresseur de la vigilance.*

dépressif, ive [depʀesif, iv] adj. et n. PSYCHIAT Relatif à la dépression. *État dépressif.* – Subst. Personne sujette à la dépression.

dépression [depʀesjɔ̃] n. f. Abaissement au-dessous d'un niveau donné; enfoncement. **1.** GEOL, GEOMORPH Zone, plus ou moins étendue, en forme de cuvette. **2.** TECH Pression inférieure à la pression atmosphérique. ▷ METEO Zone dans laquelle la pression atmosphérique est plus basse que dans les régions voisines. *Les dépressions tropicales peuvent se transformer en cyclones.* **3.** PSYCHIAT État psychique pathologique caractérisé par une asthénie, un ralentissement de l'activité intellectuelle et motrice, accompagné de tristesse et d'anxiété. *Dépression nerveuse.* **4.** ECON Période de ralentissement des affaires, crise.

dépressionnaire [depʀesjɔnɛʀ] adj. METEO Qui est le siège d'une dépression.

dépressurisation [depʀesyʀizasjɔ̃] n. f. TECH Action de dépressuriser (la cabine d'un avion, d'un engin spatial).

dépressuriser [depʀesyʀize] v. tr. [1] TECH Faire cesser la pressurisation de.

déprimant, ante [depʀimɑ̃, ɑ̃t] adj. Qui déprime, abat. *Une nouvelle déprimante.* Syn. démoralisant.

déprime [depʀim] n. f. Fam. Abattement, idées noires.

déprimé, ée [depʀime] adj. et n. Qui est dans un état dépressif. *Il est très déprimé.* ▷ Subst. *Un déprimé chronique.*

déprimer [depʀime] v. tr. [1] **1.** Produire un affaissement, un enfoncement dans (qqch). *Le choc a déprimé l'os frontal.* **2.** BIOL Diminuer l'activité de. *Ce produit déprime le centre respiratoire.* **3.** Diminuer l'énergie, abattre le moral de (qqn). *Sa maladie l'a beaucoup déprimé.*

De profundis (lat., «des profondeurs») RELIG CATHOL Un des psaumes de la pénitence devenu la prière pour les morts, et qui commence par ces mots.

déprogrammer [depʀɔgʀame] v. tr. [1] **1.** Supprimer une émission de télévision, annuler un spectacle. **2.** INFORM Supprimer d'un programme (qqch qui y figurait, qui en faisait partie).

dépuceler [depysle] v. tr. [19] Fam. Faire perdre sa virginité à.

depuis [dəpɥi] prép. et adv. **I.** (Exprimant le temps.) **1.** À partir de (tel moment, tel événement passé). *Nous sommes à Paris depuis le 1er janvier. Depuis quand êtes-vous absents?* ▷ adv. *Qu'est-il arrivé depuis? Je ne l'ai pas revu depuis.* – (Afr. subsah., Madag.) Depuis longtemps. *Je le sais depuis!* **2.** Pendant (un espace de temps qui s'est étendu jusqu'au moment dont on parle). *Je vous attends depuis une demi-heure. Il n'avait pas plu depuis longtemps.* – Exclam. *Depuis le temps que je voulais vous voir!* : il y a si longtemps que je voulais vous voir! ▷ (France rég., Suisse) *Depuis tout(e) petit(e)* : depuis l'enfance. **3.** Loc. conj. *Depuis que. Depuis qu'il fait froid, je ne sors plus.* **II.** (Exprimant l'espace, avec une idée de mouvement ou d'étendue.) À partir de (tel endroit). *Il est venu à pied depuis Rouen. La douleur s'étendait depuis le genou jusqu'à l'aine.* ▷ Abusiv. *Elle surveillait les enfants depuis son balcon* (il faudrait dire : *de son balcon). Notre envoyé spécial nous parle depuis Beyrouth* (*de Beyrouth*). **III.** Fig. *Depuis... jusqu'à* (introduisant le premier terme d'une série ininterrompue). *Depuis le plus jeune jusqu'au plus vieux.*

dépulpage [depylpaʒ] n. m. TECH Opération consistant à éliminer la pulpe de la cerise du caféier.

dépulpeur [depylpœʀ] n. m. TECH Machine servant au dépulpage.

dépuratif, ive [depyʀatif, iv] adj. et n. m. Propre à purifier l'organisme. *Une eau dépurative.* ▷ n. m. *Prendre un dépuratif.*

dépuration [depyʀasjɔ̃] n. f. Action de dépurer; son résultat.

dépurer [depyʀe] v. tr. [1] MED, TECH Rendre plus pur.

députation [depytasjɔ̃] n. f. **1.** Envoi d'une ou de plusieurs personnes chargées d'une mission; ces personnes elles-mêmes. *Recevoir une députation.* Syn. délégation. **2.** Fonction de député. *Se présenter à la députation.* ▷ (Belgique) *Députation permanente* : ensemble des députés permanents.

député, ée [depyte] n. (Auj., le fém. n'est en usage qu'au Québec.) **1.** Celui qui est envoyé (par une nation, une ville, une assemblée, etc.) pour remplir une mission particulière. **2.** Personne nommée ou élue pour faire partie d'une assemblée délibérante. ▷ Membre de l'Assemblée nationale. *Élire un député.* – (En appos.) *Une femme député.* ▷ (Belgique) *Député permanent* : conseiller élu pour aider le gouverneur dans l'administration d'une province. **3.** (Djibouti) Arg., péjor. Personne de peu de valeur, de peu d'honnêteté.

députer [depyte] v. tr. [1] Envoyer (qqn) comme député. *Ils le députèrent pour plaider leur cause.*

déqualification [dekalifikasjɔ̃] n. f. Baisse ou perte de la qualification professionnelle (de qqn).

De Quincey (Thomas) (1785 – 1859), écrivain anglais : *Confessions d'un mangeur d'opium* (publiées en vol. en 1822), *De l'assassinat considéré comme un des beaux-arts* (prem. version, 1827).

der [dɛʀ] n. Abrév. de *dernier, dernière.* – Loc. fam. *Der des ders* : dernier des derniers. – Spécial. *La der des ders :* la dernière de toutes les guerres. ▷ JEU *Dix de der :* les dix derniers points attribués à celui qui fait le dernier pli à la belote.

déraciné, ée [deʀasine] adj. et n. **1.** Arraché de terre (végétaux). **2.** Fig. Qui a quitté son pays, son milieu, sa culture d'origine. *Des émigrants déracinés.* ▷ Subst. *«Les Déracinés» (1897), œuvre de M. Barrès.*

déracinement [deʀasinmɑ̃] n. m. Action de déraciner; état de ce qui est déraciné. – Fig. État d'une personne déracinée.

déraciner [deʀasine] v. tr. [1] **1.** Tirer de terre, arracher avec ses racines (un végétal). *Déraciner un arbre.* – Par anal. *Déraciner une dent.* **2.** Fig. Faire disparaître, détruire complètement. *Déraciner un préjugé.* Syn. extirper. **3.** Fig. *Déraciner qqn,* lui faire quitter sa région, son milieu, sa culture d'origine.

déraillement [deʀɑjmɑ̃] n. m. Accident de chemin de fer dans lequel le train est sorti des rails.

dérailler [deʀɑje] v. intr. [1] **1.** Sortir des rails. *Le convoi a déraillé.* ▷ Sortir des pignons du dérailleur, pour une chaîne de vélo. **2.** Fig., fam. Fonctionner mal, se dérégler, dévier. *Ce baromètre déraille complètement.* **3.** Fig., fam. S'égarer dans un raisonnement; perdre tout bon sens. Syn. déraisonner.

dérailleur [deʀɑjœʀ] n. m. **1.** TECH Dispositif permettant de faire passer la chaîne d'une bicyclette d'un pignon sur un autre de diamètre différent. **2.** CH de F Dispositif permettant à un wagon de changer de voie.

Derain (André) (1880 – 1954), peintre et graveur français venu du fauvisme.

déraison [deʀɛzɔ̃] n. f. Litt. Manque de raison; manière de penser, d'agir contraire à la raison.

déraisonnable [deʀɛzɔnabl] adj. Qui n'est pas raisonnable. *Personne déraisonnable. Il serait déraisonnable de partir maintenant.*

déraisonner [deʀɛzɔne] v. intr. [1] Penser, parler contrairement à la raison, au bon sens. *Ça, un chef-d'œuvre? Mais tu déraisonnes!*

dérangeant, ante [deʀɑ̃ʒɑ̃, ɑ̃t] adj. Qui dérange, remet en question moralement.

dérangement [deʀɑ̃ʒmɑ̃] n. m. **1.** Action de déranger; état de ce qui est dérangé. **2.** Désordre. **3.** Fig. Trouble apporté dans des habitudes. *Causer du dérangement à qqn.* **4.** Mauvais fonctionnement, dérèglement. *Téléphone en dérangement.* **5.** Indisposition passagère. *Dérangement intestinal.*

déranger [deʀɑ̃ʒe] v. tr. [13] **1.** Ôter (une chose) de sa place habituelle. *Déranger des livres. – Par ext.* Mettre du désordre dans. *Déranger une chambre.* **2.** Obliger (qqn) à quitter sa place. *Il a dérangé dix personnes pour accéder à son fauteuil.* ▷ v. pron. *Ne vous dérangez pas, je vous l'apporte.* **3.** Interrompre, troubler (qqn) dans ses occupations. *Prière de ne pas déranger.* ▷ v. pron. *Ne vous dérangez pas pour moi.* – Contrarier, gêner. *Cela vous dérange-t-il de reporter notre rendez-vous?* **4.** Provoquer des troubles physiologiques. *Mets indigestes qui dérangent le foie.* ▷ Pp. adj. *Avoir le cerveau dérangé :* déraisonner, divaguer.

dérapage [deʀapaʒ] n. m. Action de déraper. ▷ Fig. Changement incontrôlé. *Dérapage des prix.*

déraper [deʀape] v. intr. [1] **1.** TECH Glisser, lorsque l'adhérence n'est plus suffisante. *La voiture a dérapé sur des gravillons.* ▷ Fig. S'écarter de façon incontrôlée. *La conversation a dérapé.* **2.** MAR En parlant d'une ancre, ne plus assurer la tenue sur le fond.

dératé, ée [deʀate] n. Fam. *Courir comme un(e) dératé(e),* très rapidement.

dératisation [deʀatizasjɔ̃] n. f. Action de dératiser.

dératiser [deʀatize] v. tr. [1] Débarrasser des rats. *Dératiser un navire.*

derb [dɛʀb], plur. **droub** [dʀub] n. m. (Maghreb) Quartier populaire d'une ville.

derbouka [dɛʀbuka] ou **darbouka** [daʀbuka] n. m. Tambour d'Afrique du N. fait d'une peau tendue sur l'orifice d'un vase sans fond en terre cuite.

derby [dɛʀbi] n. m. **1.** TURF Course de chevaux qui a lieu chaque année à Epsom, en Angleterre. **2.** SPORT Rencontre opposant deux équipes sportives d'une même ville ou de deux villes voisines. **3.** Chaussure lacée sur le cou-de-pied. *Des derbys.*

derechef [dəʀəʃɛf] adv. Vx ou litt. De nouveau.

déréglé, ée [deʀegle] adj. **1.** Qui est mal réglé, qui fonctionne mal. *Montre déréglée.* ▷ Sans mesure. *Appétit déréglé. Imagination déréglée.* **2.** Qui ne suit pas les règles de la morale. *Conduite déréglée.*

dérèglement [deʀɛgləmɑ̃] n. m. État de ce qui est déréglé. *Le dérèglement des saisons.*

déréglementation [deʀegləmɑ̃tasjɔ̃] n. f. Fait d'alléger ou de supprimer la réglementation (d'un secteur, notam. économique).

déréglementer [deʀegləmɑ̃te] v. tr. [1] Pratiquer la déréglementation de.

dérégler [deʀegle] v. tr. [14] Déranger le réglage de; détraquer (un mécanisme). *Le froid dérègle les horloges.* – Par ext. *La boisson lui a déréglé l'estomac. – Cette passion pour l'argent qui dérègle les mœurs.*

dérégulation [deʀegylasjɔ̃] n. f. ECON Arrêt des dispositions servant à réguler un secteur d'activité, une profession.

déréliction [deʀeliksjɔ̃] n. f. THEOL État de l'homme abandonné à lui-même, privé de toute assistance divine. ▷ Litt. État d'abandon et de solitude extrême.

déresponsabiliser [deʀɛspɔ̃sabilize] v. tr. [1] Retirer le sens des responsabilités à (qqn, un groupe).

dérider [deʀide] v. tr. [1] **1.** Faire disparaître les rides. **2.** Égayer. *Dérider qqn.* ▷ v. pron. Perdre sa mauvaise humeur, quitter son air morose. *Il a fini par se dérider.*

dérision [deʀizjɔ̃] n. f. Moquerie méprisante. *Je disais cela par dérision. Tourner (qqn, qqch) en dérision :* se moquer de manière méprisante de (qqn, qqch).

dérisoire [deʀizwaʀ] adj. **1.** Litt. Qui incite à la dérision. *Des propos dérisoires. Il était dérisoire dans son malheur.* **2.** Ridiculement bas, insignifiant. *Un salaire dérisoire.*

dérivable [deʀivabl] adj. MATH *Fonction dérivable en un point,* qui admet une dérivée en ce point.

dérivatif, ive [deʀivatif, iv] adj. et n. m. **1.** Qui procure une diversion pour l'esprit. *Activités dérivatives.* – n. m. *Le travail est un dérivatif au chagrin, aux soucis.* **2.** LING Qui permet la formation de dérivés. *Préfixe, suffixe dérivatif.*

1. dérivation [deʀivasjɔ̃] n. f. **1.** Action de dériver, de dévier de son cours. *Dérivation d'un cours d'eau.* ▷ *Ligne branchée en dérivation,* entre deux points d'un circuit électrique. **2.** MATH Calcul de la dérivée d'une fonction. **3.** LING Processus de formation de mots nouveaux à partir d'un radical (ex. : *accidentel* par suffixation de *accident*; *revenir* par préfixation de *venir*; *dégaine* par suppression de la marque de l'inf. de *dégainer*; etc.).

2. dérivation [deʀivasjɔ̃] n. f. **1.** MAR, AVIAT Action de dériver (sous l'effet des courants, du vent). **2.** ARTILL Fait, pour un projectile, de s'écarter du plan de tir (phénomène dû à sa rotation ou à l'effet du vent).

dérive [deʀiv] n. f. **1.** MAR, AVIAT Dérivation d'un avion, d'un navire, sous l'effet du vent, des courants. *Navire qui subit une dérive de 3⁰ ouest par rapport à son cap. Angle de dérive.* ▷ *Bateau qui va à la dérive,* qui va au gré des éléments sans pouvoir se diriger. – Fig. *Ses affaires vont à la dérive. Il est à la dérive :* il se laisse aller au gré des circonstances. **2.** GEOL *Dérive des continents :* déplacement des masses continentales. (V. encycl. ci-après.) **3.** MAR Aileron vertical immergé et amovible, destiné à diminuer la dérive d'un bateau à voile *(dériveur).* ▷ AVIAT Gouvernail de direction d'un avion. **4.** MILIT Angle selon lequel on modifie le tir pour compenser la dérivation des projectiles. **5.** TECH Déplacement du zéro d'un appareil de mesure.
ENCYCL Selon la théorie de la dérive des continents, due à Wegener (1912), les continents actuels résulteraient de la division, au cours des ères secondaire et tertiaire, d'un continent unique, le Gondwana; chaque morceau aurait dérivé ensuite, sous l'effet des forces dues à la rotation de la Terre, sur le manteau visqueux. (V. plaque.)

1. dérivé [deʀive] n. m. **1.** LING Mot qui dérive d'un autre. *«Dépuration» est un dérivé de «dépurer».* **2.** CHIM Corps qui provient d'un autre (par distillation, combinaison, etc.). *L'essence est un dérivé du pétrole.*

2. dérivé, ée [deʀive] adj. Détourné de son cours, en parlant d'un cours d'eau. *Canal dérivé.* ▷ ELECTR *Loi des courants dérivés,* qui permet de déterminer la répartition du courant entre plusieurs conducteurs placés en dérivation.

dérivée [deʀive] n. f. MATH Limite du rapport entre l'accroissement d'une fonction continue (résultant de l'accroissement de la variable) et l'accroissement de la variable, lorsque ce dernier tend vers zéro.

1. dériver [deʀive] v. [1] **I.** v. tr. dir. **1.** Détourner de son cours. *Dériver un ruisseau.* **2.** MATH *Dériver une fonction,* en calculer la dérivée. **II.** v. tr. indir. *Dériver de.* **1.** Découler de, être issu de. *Une conception du monde qui dérive des philosophies de la Grèce antique.* **2.** LING Tirer son origine de. *Une part importante du vocabulaire français dérive du latin. Mot qui dérive d'un autre.*

2. dériver [deʀive] v. intr. [1] **1.** MAR, AVIAT Avoir tendance (sous l'effet des courants, du vent) à s'écarter du cap suivi. **2.** MAR Aller au gré du vent et de la mer sans pouvoir se diriger, en parlant d'un navire.

3. dériver [deʀive] v. tr. [1] ou **dériveter** [deʀivte] v. tr. [20] TECH Défaire (ce qui est rivé).

dériveur [deʀivœʀ] n. m. Voilier muni d'une dérive (par oppos. à *quillard*).

derm(o)-. V. dermato-.

dermaptères [dɛʀmaptɛʀ] n. m. pl. ENTOM Ordre d'insectes, aux ailes antérieures coriaces, dont le perce-oreille est le représentant le plus connu. – Sing. *Un dermaptère.*

dermatite [dɛʀmatit] ou **dermite** [dɛʀmit] n. f. MED Inflammation de la peau. *Dermatite séborrhéique.*

dermato-, -derme, derm(o)-. Éléments, tirés du gr. *derma, dermatos,* «peau».

dermatologie [dɛʀmatɔlɔʒi] n. f. MED Partie de la médecine qui traite de la peau et de ses maladies.

dermatologique [dɛʀmatɔlɔʒik] adj. Qui a rapport à la dermatologie.

dermatologue [dɛʀmatɔlɔg] ou **dermatologiste** [dɛʀmatɔlɔʒist] n. MED Médecin spécialiste en dermatologie.

dermatose [dɛʀmatoz] n. f. MED Maladie de la peau.

-derme. V. dermato-.

derme [dɛʀm] n. m. Partie profonde de la peau, située sous l'épiderme, formée de tissu conjonctif et contenant des vaisseaux, des nerfs et les follicules pileux. *C'est le derme des animaux qui, après tannage, donne le cuir.*

dermeste [dɛʀmɛst] n. m. ENTOM Coléoptère, en général grisâtre avec la face ventrale claire, qui se nourrit de produits animaux desséchés et cause des dégâts importants dans les stocks de poisson séché.

dermique [dɛʀmik] adj. Relatif au derme, à la peau.

dermite [dɛʀmit] n. f. V. dermatite.

dermo-. V. dermato-.

dernier, ère [dɛʀnje, ɛʀ] adj. et n. **1.** (Avant le nom.) Qui vient après tous les autres. *Le dernier jour du mois. La dernière édition* (de la journée) *d'un journal* (ellipt. *la dernière*). – *Rendre le dernier soupir :* expirer. – *Dire son dernier mot :* faire entendre que la position adoptée, que la décision prise est définitive. *Je vous le laisse à vingt francs, mais c'est mon dernier mot! Avoir le dernier mot dans une polémique,* l'emporter. ▷ (Après le nom.) *Le jugement dernier.* ▷ (Attribut) *Il est parti dernier. Il est bon dernier au classement général.* ▷ Subst. *Le dernier de la classe.* ▷ Loc. adv. *En dernier :* après tous les autres, après le reste. *Nous verrons cela en dernier.* **2.** Qui précède immédiatement; le plus récent. *L'année dernière. Habillé à la dernière mode. Nouvelles de dernière heure. Aux dernières nouvelles.* – Fam. *Vous connaissez la dernière?,* la dernière histoire. ▷ Subst. Dernier-né. *C'est son petit dernier.* **3.** Extrême. *Le dernier degré de la perfection.* ▷ n. m. (Belgique) *C'est le dernier de tout :* cela dépasse la mesure (V. comble 1). ▷ Subst. *C'est le dernier des individus* ou *le dernier des derniers :* c'est le plus méprisable, le plus bas des individus.

dernièrement [dɛʀnjɛʀmɑ̃] adv. Depuis peu, récemment. *Je l'ai vu tout dernièrement.*

dernier-né [dɛʀnjene], **dernière-née** [dɛʀnjɛʀne] n. Enfant né le dernier. *Les derniers-nés, les dernières-nées.*

dérobade [deʀɔbad] n. f. Action de se dérober. *La dérobade d'un cheval devant l'obstacle.* ▷ Fig. *Il a coupé court aux questions par une dérobade.*

dérobé, ée [deʀɔbe] adj. **1.** Pris en cachette, volé. *Restituer un objet dérobé.* **2.** Secret, dissimulé. *Escalier dérobé.*

dérobée (à la) [aladeʀɔbe] loc. adv. Subrepticement, sans être vu. *Je l'observais à la dérobée.*

dérober [deʀɔbe] v. [1] **I.** v. tr. **1.** Prendre en cachette, voler (qqch). *On lui a dérobé sa montre.* – Fig. *Dérober un secret.* ▷ Prendre subrepticement ou par surprise. *Dérober un baiser.* **2.** Litt. Soustraire. *Dérober un coupable à la justice.* **3.** Cacher, empêcher de voir. *Ce mur me dérobe le paysage.* **II.** v. pron. **1.** *Se dérober à :* se soustraire à. *Se dérober à toutes les questions.* ▷ (S. comp.) *Chaque fois qu'on l'interroge, il se dérobe.* **2.** Fléchir, faiblir. *Ses genoux se dérobèrent sous lui.* **3.** EQUIT *Cheval qui se dérobe devant un obstacle, qui se dérobe,* qui refuse de sauter un obstacle.

1. dérocher [deʀɔʃe] v. tr. [1] TECH Nettoyer (un métal) avec de l'acide, du borax. – (Belgique) *Par ext.* Décaper. *Dérocher une porte en chêne.*

2. dérocher [deʀɔʃe] v. [1] **1.** v. intr. ALPIN Faire une chute en montagne, tomber d'une paroi rocheuse. *Il a déroché.* Syn. dévisser. ▷ v. pron. *Il se dérocha au moment le plus inattendu.* **2.** v. tr. TRAV PUBL Enlever les roches de. *Dérocher le lit d'une rivière.*

dérogation [deʀɔgasjɔ̃] n. f. **1.** DR Fait de s'écarter de la loi, d'un principe de droit. **2.** Cour. Action de déroger à (qqch). *Je ne tolérerai aucune dérogation au règlement.*

dérogatoire [deʀɔgatwaʀ] adj. DR **1.** Qui accorde une dérogation. *Acte dérogatoire.* **2.** Qui a le caractère d'une entorse à la loi. *Cette clause de votre contrat est dérogatoire et illicite.*

déroger [deʀɔʒe] v. tr. indir. [13] *Déroger à.* **1.** S'écarter de (un usage, une loi, une convention). *Déroger à la loi.* **2.** Faire une chose indigne de. *Déroger à la majesté du trône.* ▷ (S. comp.) S'abaisser. *Il ne pourrait faire une chose pareille sans déroger.*

dérougir [deʀuʒiʀ] v. intr. [3] (Québec) (En tournure négative.) Ne pas cesser, ne pas diminuer. – *Le téléphone ne dérougit pas,* ne cesse de sonner.

dérouiller [deʀuje] v. [1] **I.** v. tr. **1.** Ôter la rouille de. *Dérouiller une arme.* **2.** Fig., cour. Faire perdre son engourdissement à. *La lecture dérouille l'esprit.* – (Faux pron.) *Se dérouiller les jambes.* **II.** v. intr. Pop. Recevoir des coups.

déroulage [deʀulaʒ] n. m. **1.** Action de dérouler. ▷ TECH *Déroulage d'une bille d'okoumé.* (V. dérouler, sens 3.) **2.** Déroulement. *Le déroulage d'une bobine.*

déroulement [deʀulmɑ̃] n. m. **1.** Action de dérouler; son résultat. *Le déroulement d'un tuyau d'arrosage.* **2.** Fig. Succession dans le temps. *Saisir les faits dans leur déroulement.*

dérouler [deʀule] v. tr. [1] **1.** Étaler (ce qui était roulé). *Dérouler un tapis.* ▷ v. pron. *Pelote de laine qui se déroule.* – Fig. *Le panorama superbe qui se déroulait devant nous.* **2.** Fig. Exposer selon une succession donnée. *Il déroula tout son raisonnement avec une assurance parfaite.* ▷ v. pron. Se produire selon une succession donnée. *Les faits se sont déroulés exactement ainsi.* **3.** TECH Détacher en feuilles minces et continues les couches successives de (une bille de bois).

dérouleur [deʀulœʀ] n. m. **1.** TECH Appareil servant à dérouler (des produits livrés en rouleau). **2.** INFORM Élément périphérique d'un ordinateur qui assure le déroulement de la bande magnétique lors de l'enregistrement ou de la lecture de données.

dérouleuse [deʀuløz] n. f. TECH **1.** Machine pour dérouler le bois. **2.** Dispositif permettant d'enrouler et de dérouler (un câble, un fil électrique, etc.).

déroutant, ante [deʀutɑ̃, ɑ̃t] adj. Qui déroute, déconcerte. *Une réponse déroutante.*

déroute [deʀut] n. f. **1.** Fuite en désordre d'une armée vaincue. *Mettre une armée en déroute.* **2.** Fig. Défaite, revers grave; déconfiture. *Ses affaires sont en déroute.*

dérouter [deʀute] v. tr. [1] **1.** Modifier l'itinéraire initialement prévu de (un moyen de transport). *Dérouter un avion en raison du brouillard.* **2.** Fig. Déconcerter, mettre sur une fausse voie. *Ses mensonges me déroutent.* ▷ Pp. adj. *Dérouté par tant d'assurance, il se tut.*

derrick [deʀik] n. m. Chevalement qui supporte les tubes de forage des puits de pétrole. Syn. (off. recommandé) tour de forage.

1. derrière [dɛʀjɛʀ] prép. et adv. **I.** prép. **1.** Après, en arrière de (par oppos. à *devant*). *Marcher les uns derrière les autres. Les mains derrière le dos.* – Fig. *Avoir une idée derrière la tête :* avoir une idée non avouée. **2.** De l'autre côté de. *Derrière le mur. Derrière la montagne.* **3.** Fig. Après (dans une succession, un ordre). *X est derrière Y au classement général.* **II.** adv. **1.** En arrière, après, ou du côté opposé au devant. *Regarder derrière. Il marche derrière. Demeurer loin derrière.* **2.** Loc. adv. *Par-derrière :* du côté opposé à celui auquel une personne ou une chose fait face. *Attaquer l'ennemi par-derrière.* – Fig. Sournoisement. *Faire des coups par-derrière.*

2. derrière [dɛʀjɛʀ] n. m. **1.** Partie postérieure d'une chose. *Le derrière de la maison.* Ant. devant, façade. **2.** Partie de l'homme et de quelques animaux qui comprend les fesses et le fondement. *Tomber sur le derrière. Mettre qqn dehors à coups de pied au derrière.* Syn. (Guyane) gogo.

derviche [dɛʀviʃ] n. m. Religieux musulman faisant partie d'une confrérie rattachée le plus souvent au soufisme. *Derviche tourneur,* qui effectue des danses rituelles tourbillonnantes.

1. des-, dés-. V. de- 1.

2. des-, dés-. V. de- 2.

des [de] article **I. 1.** Article déf. pl. contracté *(de les). Le catalogue des livres de la bibliothèque. La salle des débats.* **2.** Article partitif. *Verser des arrhes.* **II.** Article indéf. (plur. de *un, une*). *Donner des bonbons à des enfants.* ▷ (Avec une valeur emphatique.) *Il rentre à des une heure du matin.*

dés-. Élément, du lat. *dis-,* marquant la privation, la cessation.

dès [dɛ] prép. **I.** (Marquant le temps.) **1.** À partir de, aussitôt après. *Dès l'enfance. Dès maintenant.* ▷ Loc. conj. *Dès que :* aussitôt que. *Dès que vous arriverez, je pourrai partir.* **2.** Loc. adv. *Dès lors :* à partir de ce moment. *Dès lors, il devient suspect.* ▷ Loc. conj. *Dès lors que :* à partir du moment où. *Dès lors que vous acceptez, le marché est* *conclu.* **II.** (Marquant le lieu.) Depuis, à partir de. *Fleuve navigable dès sa source.* **III.** (Suisse) (Marquant une valeur.) À partir de (une certaine somme). *Une semaine aux Antilles, dès 1800 francs.*

désabrier ou **désabriller** [dezabʀije] v. tr. [1] (On prononce [j] à toutes les conjugaisons.)(Québec) Ôter ce qui protège (qqn ou qqch), découvrir. *Désabrier un arbuste au printemps. Désabrier un enfant qui a chaud.* ▷ v. pron. *Se désabrier en dormant.*

désabusé, ée [dezabyze] adj. et n. Qui n'a plus d'illusions, revenu de tout. *Une personne désabusée. Prendre un air désabusé.* ▷ Subst. *Un(e) désabusé(e).*

désaccord [dezakɔʀ] n. m. **1.** Dissentiment, différence d'opinion. ▷ Désunion. *Ces discussions amenèrent le désaccord dans la famille.* **2.** Discordance (entre des choses). *Le désaccord flagrant entre la théorie et la pratique.*

désaccorder [dezakɔʀde] v. tr. [1] MUS Faire perdre l'accord à (un instrument). *L'humidité a désaccordé ce piano.* ▷ v. pron. *Harpe qui se désaccorde.*

désaccoupler [dezakuple] v. tr. [1] Séparer (ce qui était par couple, ce qui était couplé). *Désaccoupler des bœufs.* – TECH *Désaccoupler des circuits électriques.*

désaccoutumance [dezakutymɑ̃s] n. f. MED Cessation de l'état d'accoutumance d'un organisme à une substance. *La désaccoutumance des stupéfiants nécessite un traitement approprié.*

désaccoutumer [dezakutyme] v. tr. [1] Faire perdre une habitude à (qqn). ▷ v. pron. *Se désaccoutumer du tabac.*

désacralisation [desakʀalizasjɔ̃] n. f. Action de désacraliser; son résultat.

désacraliser [desakʀalize] v. tr. [1] Retirer le caractère sacral attaché à (une fonction, une pratique, une institution). *Désacraliser la justice.*

désactiver [dezaktive] v. tr. [1] PHYS NUCL Débarrasser une substance de sa radioactivité.

désadapté, ée [dezadapte] adj. et n. Qui a perdu son adaptation (à un milieu social, professionnel, etc.). ▷ Subst. *Un(e) désadapté(e).*

désadapter [dezadapte] v. tr. [1] Faire perdre à (qqn) son adaptation (sociale, professionnelle, etc.). *L'incarcération prolongée désadapte les détenus.* ▷ v. pron. *Se désadapter progressivement.*

désaffecter [dezafɛkte] v. tr. [1] **1.** Ôter à (un édifice) son affectation première. *Désaffecter une caserne, une église.* **2.** FIN Cesser d'affecter (une somme) à un emploi déterminé.

désaffection [dezafɛksjɔ̃] n. f. Perte de l'affection. *La désaffection du peuple pour son souverain.* – Cessation de l'intérêt (porté à qqch). *La désaffection du public pour le théâtre.*

désaffranchir [dezafʀɑ̃ʃiʀ] v. tr. V. défranchir.

désagréable [dezagʀeabl] adj. Déplaisant, qui cause du désagrément. *Personne désagréable. Nouvelle désagréable.*

désagréablement [dezagʀeabləmɑ̃] adv. D'une manière désagréable.

désagrégation [dezagʀegasjɔ̃] n. f. Séparation des différentes parties d'un corps; dislocation, dissolution. – Fig. *La désagrégation des institutions.*

désagréger [dezagʀeʒe] v. tr. [15] Séparer (ce qui est agrégé), décomposer, disjoindre. *L'humidité désagrège le plâtre.* ▷ v. pron. *Ce mur se désagrège.*

désagrément [dezagʀemɑ̃] n. m. Déplaisir, ennui, souci. *Causer, s'attirer du désagrément.*

désaliénation [dezaljenasjɔ̃] n. f. Cessation de l'aliénation (mentale ou sociale).

désaliéner [dezaljene] v. tr. [14] Faire cesser l'aliénation de (qqn, qqch); libérer.

désalpe [dezalp] n. f. (France rég., Suisse) Action de désalper.

désalper [dezalpe] v. intr. [1] (France rég., Suisse) Faire descendre les troupeaux des alpages.

désaltérant, ante [dezalteʀɑ̃, ɑ̃t] adj. Qui apaise bien la soif. *Une boisson très désaltérante.*

désaltérer [dezalteʀe] v. tr. [14] Apaiser la soif de (qqn). *Désaltérer un malade fiévreux.* – (S. comp.) *L'eau pure, le thé désaltèrent.* ▷ v. pron. Apaiser sa soif, boire. *Allons nous désaltérer au bar.*

désâmer (se) [dezɑme] v. pron. [1] (Québec) S'investir totalement (dans qqch), souvent en vain. – *Par ext.* S'exténuer à la tâche.

désamorçage [dezamɔʀsaʒ] n. m. Action de désamorcer; état de ce qui est désamorcé.

désamorcer [dezamɔʀse] v. tr. [12] **1.** Ôter l'amorce de. *Désamorcer une bombe.* **2.** Interrompre l'état de fonctionnement de. *Désamorcer une pompe.* **3.** Fig. Faire perdre à (une chose) son caractère destructeur ou menaçant. *Désamorcer les antagonismes.*

De Santis (Giuseppe) (né en 1917), cinéaste italien néo-réaliste : *Chasse tragique* (1947), *Riz amer* (1948).

désapparier [dezapaʀje] v. tr. [2] Syn. de *déparier.*

désappointement [dezapwɛ̃tmɑ̃] n. m. État d'une personne désappointée; déception, contrariété. *Elle en conçut un vif désappointement.*

désappointer [dezapwɛ̃te] v. tr. [1] Décevoir (qqn) dans son attente. – Pp. adj. *Un air désappointé.*

désapprendre [dezapʀɑ̃dʀ] v. tr. [52] Oublier (ce qu'on avait appris).

désapprobateur, trice [dezapʀɔbatœʀ, tʀis] adj. Qui désapprouve, marque la désapprobation. *Un ton désapprobateur.*

désapprobation [dezapʀɔbasjɔ̃] n. f. Action de désapprouver. *Geste de désapprobation.*

désapprouver [dezapʀuve] v. tr. [1] Ne pas agréer, juger mauvais, blâmer. *Désapprouver un projet. Désapprouver qqn,* lui donner tort, le blâmer.

désarçonner [dezaʀsɔne] v. tr. [1] **1.** Mettre (un cavalier) hors des arçons, jeter (qqn) à bas de la selle. *Son cheval l'a désarçonné.* **2.** Fig. Faire perdre contenance à, déconcerter. *Cette question l'a complètement désarçonné.*

désargenté, ée [dezaʀʒɑ̃te] adj. **1.** Qui a perdu sa couche d'argent. **2.** Fam. Démuni d'argent. *Je suis fort désargenté en ce moment.*

désargenter [dezaʀʒɑ̃te] v. tr. [1] TECH Enlever la couche d'argent de (un objet recouvert d'argent). ▷ v. pron. *Les couverts se désargentent.*

Desargues (Gérard) (1591 - 1662), mathématicien français.

désarmant, ante [dezaʀmɑ̃, ɑ̃t] adj. Qui fléchit la rigueur, l'irritation. *Un sourire désarmant.*

désarmement [dezaʀməmɑ̃] n. m. **1.** Action de désarmer (qqch). *Le désarmement d'un fort. Le désarmement d'un paquebot.* **2.** Action de réduire ou de supprimer les forces militaires.

désarmer [dezaʀme] v. [1] **I.** v. tr. **1.** Enlever, arracher ses armes à (qqn). *Désarmer un malfaiteur.* – Enlever les armes de. ▷ *Désarmer une arme à feu,* la rendre inoffensive en libérant le ressort de percussion. **2.** Fig. *Ces plaisanteries l'ont désarmé,* lui ont ôté tout moyen de s'irriter. – Pp. adj. *Elle se sentit désarmée par tant de candeur.* **3.** MAR *Désarmer un navire,* le débarrasser de son matériel mobile et débarquer son équipage. **II.** v. intr. Renoncer à tous préparatifs militaires; réduire son armement (en parlant d'un État). ▷ Fig. Se débarrasser d'un sentiment hostile, d'une rancune. *Il est trop rancunier pour désarmer.*

désarroi [dezaʀwa] n. m. Trouble, confusion de l'esprit. *Être dans un désarroi complet.*

désarticulation [dezaʀtikylasjɔ̃] n. f. Action de désarticuler; son résultat.

désarticuler [dezaʀtikyle] v. tr. [1] **1.** Faire sortir de l'articulation. *Désarticuler un os de poulet.* – v. pron. *L'os s'est désarticulé.* (Faux pron.) *Se désarticuler le coude.* **2.** CHIR Amputer au niveau de l'articulation. **3.** Défaire (ce qui était articulé). *Désarticuler les pièces d'un mécanisme.* – Pp. adj. *Pantin désarticulé.* **4.** v. pron. Se contorsionner. *Danseur qui se désarticule.*

désassembler [dezasɑ̃ble] v. tr. [1] Défaire (ce qui est assemblé). *Désassembler une charpente.* ▷ v. pron. *Meuble qui se désassemble.*

désassimilation [dezasimilasjɔ̃] n. f. **1.** PHYSIOL Élimination des substances préalablement assimilées par un organisme vivant. **2.** BIOL Décomposition partielle des organites cellulaires.

désassortir [dezasɔʀtiʀ] v. tr. [3] Rendre incomplet (un assortiment); dépareiller. – Pp. adj. *Un service désassorti.*

désastre [dezastʀ] n. m. **1.** Événement funeste, grande calamité, catastrophe. *Cette inondation fut un désastre pour la région. Le désastre boursier de Wall Street en octobre 1929.* **2.** Grave échec. *Cette opération a été un désastre.*

désastreux, euse [dezastʀø, øz] adj. **1.** Qui a le caractère d'un désastre. *Un événement désastreux pour notre économie.* **2.** Cour. Très fâcheux; qui porte tort. *Votre attitude est désastreuse.*

désatelliser [desatɛl(l)ize] v. tr. [1] ESP Faire quitter son orbite à un satellite ou à un engin spatial.

désavantage [dezavɑ̃taʒ] n. m. **1.** Cause d'infériorité. *Le désavantage d'une position.* **2.** Préjudice, dommage. *Cette clause du contrat est à votre désavantage.*

désavantager [dezavɑ̃taʒe] v. tr. [13] **1.** Frustrer d'un avantage; faire supporter un désavantage à. *Désavantager un de ses enfants.* **2.** Mettre en état d'infériorité. *Il est désavantagé par sa mauvaise vue.*

désavantageux, euse [dezavɑ̃taʒø, øz] adj. Qui cause un désavantage. *Des conditions désavantageuses.*

désaveu [dezavø] n. m. **1.** Déclaration par laquelle on désavoue ce qu'on a dit ou fait. *Faire un désaveu public de sa doctrine.* **2.** Fait de désavouer qqn. *Il a subi le désaveu de ses supérieurs.* **3.** DR *Désaveu de paternité :* action par laquelle un mari fait déclarer judiciairement qu'il n'est pas le père d'un enfant légitime né de son épouse.

désavouer [dezavwe] v. tr. [1] **1.** Ne pas vouloir reconnaître comme sien. *Désavouer une signature. Désavouer un enfant.* **2.** Déclarer qu'on n'a pas autorisé (qqn) à dire ou à faire qqch. *Désavouer un ambassadeur.* **3.** Désapprouver. *Désavouer la conduite de qqn.*

désaxé, ée [dezakse] adj. et n. **1.** Qui s'est écarté de son axe. **2.** Déséquilibré mentalement. *Un esprit désaxé.* ▷ Subst. *Un(e) désaxé(e).*

désaxer [desakse] v. tr. [1] **1.** Écarter de son axe. **2.** Fig. Faire perdre à (qqn) son équilibre mental, physique.

Desbordes-Valmore (Marceline Desbordes, Mme Lanchantin, dite Marceline) (1786 – 1859), poétesse française : *Élégies et romances* (1818), *Pleurs* (1833).

Descartes (René) (1596 – 1650), philosophe et savant français. Il fait ses études chez les jésuites au collège de La Flèche (1604-1612) puis étudie le droit, avant de s'engager dans l'armée hollandaise et au service de l'Électeur de Bavière. Après *les Règles pour la direction de l'esprit* (v. 1626-1628; posth., 1701) et le *Traité du monde,* qu'il renonce à publier en 1633 (quand Galilée est condamné par le Saint-Office), paraissent en 1637 trois textes scientifiques : la *Dioptrique,* la *Géométrie* et les *Météores,* précédés du *Discours de la méthode,* où il expose une méthode pour conduire sa raison, pas à pas, dans la découverte de la vérité, et pour reconstruire les principes de la science. Cette démarche fait appel à la métaphysique (*Méditations sur la philosophie première,* 1641; *Principes de la philosophie,* 1644), dont le point de départ est le doute. Celui-ci permet de passer au *cogito ergo sum* («je pense, donc je suis») et enfin à la «preuve ontologique» de l'existence de Dieu (idée de perfection); Dieu est pour Descartes le «garant» de son système de connaissance. Le *Traité des passions de l'âme* (1649) décrit les interactions de l'âme et du corps, montrant qu'il ne faut pas rejeter mais maîtriser les passions : avec sa «générosité» (liberté) et grâce à sa volonté, l'homme devra «entreprendre et exécuter toutes les choses qu'il jugera être les meilleures…». Descartes meurt à Stockholm où, invité par Christine de Suède, il s'était rendu à la fin de 1649.

descellement [desɛlmɑ̃] n. m. Action de desceller; son résultat.

desceller [desele] v. tr. [1] **1.** Défaire ce qui était scellé. *Desceller des barreaux.* **2.** Ôter le sceau de.

descendance [desɑ̃dɑ̃s] n. f. **1.** Ensemble des descendants, postérité. *Une nombreuse descendance.* **2.** BIOL Ensemble des individus issus d'un couple par reproduction sexuée.

descendant, ante [desɑ̃dɑ̃, ɑ̃t] n. et adj. **1.** n. Individu issu d'une personne, d'une famille données. *C'est le seul descendant de cette maison.* **2.** adj. Qui descend. *Marée descendante.* ▷ MILIT *Garde descendante,* celle qui quitte son poste, qui est relevée par la garde montante. ▷ MUS *Gamme descendante,* qui va de l'aigu au grave.

descendre [desɑ̃dʀ] v. [6] **I.** v. tr. (Avec l'auxiliaire *avoir.*) **1.** Parcourir de haut en bas. *Descendre un escalier, une colline. – Descendre un fleuve,* en suivre le cours en allant vers l'embouchure. **2.** Mettre, porter plus bas. *Descendre un tableau.* **3.** Fam. Abattre. *Descendre un avion.* ▷ *Descendre qqn,* l'abattre, le tuer. **4.** Fam. Vider. *Descendre une bouteille,* la boire entièrement. **II.** v. intr. (Avec l'auxiliaire *être* ou, vx, *avoir.*) **1.** Aller de haut en bas. *Descendre de la montagne.* ▷ Loc. *Descendre dans la rue :* participer à une manifestation. **2.** Aller d'un endroit à un autre, généralement de l'amont vers l'aval. *Descendre à Paris. Descendre de Montréal à Québec.* **3.** Mettre pied à terre. *Il descendit de sa bicyclette.* ▷ *Descendre à terre :* débarquer. **4.** S'arrêter quelque part pour y coucher, pour y séjourner. *Descendre à l'hôtel.* **5.** (France rég., Maghreb, Québec) Se rendre quelque part. *Ce soir, je descends en ville.* **6.** (Afr. subsah.) Terminer sa journée ou sa demi-journée de travail. *Il descend très tard tous les soirs.* **7.** Fig. Entrer. *Descendre en soi-même :* consulter sa conscience. *Descendre dans le détail :* examiner tous les détails. **8.** Fig. Être issu de. *Il descend d'une famille de magistrats.* **9.** Aller en pente du haut vers le bas. *La route descend puis remonte.* **10.** (Sujet n. de chose.) Aller du haut vers le bas. *Le baromètre descend. La nuit descend quand le soleil se couche.* **11.** Baisser. *La mer descend.* ▷ Par anal. *Les prix descendent.* **12.** MUS Parcourir l'étendue des sons de l'aigu vers le grave.

descente [desɑ̃t] n. f. **1.** Action de descendre. *La descente à la cave se fait par un escalier très raide. Saluer qqn à la descente du train.* ▷ (Afr. subsah.) Sortie du travail. *Nous nous verrons à la descente.* ▷ (Madag.) Manifestation de rue. **2.** Irruption d'ennemis venus par terre ou par mer. **3.** Visite d'un lieu pour une opération de justice ou de police. *Une descente de police.* ▷ (Madag.) Visite d'une école, d'une prison, effectuée par un inspecteur. – Enquête effectuée par un journaliste. **4.** Mouvement de haut en bas d'une chose. *Descente en vol plané d'un avion.* **5.** Pente. *Descente rapide. Ralentir dans les descentes.* **6.** SPORT Épreuve de ski chronométrée sur une forte pente. **7.** Action par laquelle on descend qqch. *Descente d'un fleuve.* **8.** MYTH *Descente aux Enfers :* récit du voyage fabuleux de certains personnages aux Enfers. *Les plus célèbres descentes aux enfers sont celles d'Orphée, d'Hercule, de Thésée, d'Ulysse, d'Énée, et celles de «la Divine Comédie» de Dante et des «Aventures de Télémaque» de Fénelon.* ▷ *Descente de croix :* œuvre d'art représentant Jésus-Christ mort que l'on descend de la croix. *Rubens et Rembrandt ont peint des descentes de croix.* **9.** *Descente de lit :* tapis mis à côté du lit. **10.** MED *Descente d'organe :* ptôse, prolapsus. **11.** CONSTR *Descente d'eaux pluviales :* canalisation verticale servant à évacuer les eaux de pluie. ▷ *Descente de paratonnerre :* conducteur reliant le paratonnerre à la prise de terre.

déscolarisation [deskɔlaʀizasjɔ̃] n. f. Action de déscolariser; son résultat.

déscolariser [deskɔlaʀize] v. tr. [1] *Déscolariser un enfant,* le retirer de l'école, le soustraire au système scolaire.

descripteur [deskʀiptœʀ] n. m. **1.** Didac. Celui qui décrit. **2.** INFORM Code attaché à un objet et qui permet de le localiser et de le lire. *Descripteur de fichier.*

descriptif, ive [deskʀiptif, iv] adj. et n. m. **1.** Qui décrit, qui a pour objet de décrire. *Poésie descriptive.* **2.** CONSTR *Devis descriptif,* décrivant les caractéristiques d'un ouvrage et son mode d'exécution. ▷ n. m. *Un descriptif détaillé.* **3.** MED *Anatomie descriptive,* qui décrit avec précision les formes, les aspects de chacun des organes. **4.** *Linguistique descriptive,* qui rend compte des phénomènes verbaux qu'elle observe (par oppos. aux grammaires traditionnelles de caractère normatif). **5.** MATH *Géométrie descriptive :* représentation de figures projetées sur un plan (géométrie cotée) ou sur plusieurs plans.

description [deskʀipsjɔ̃] n. f. **1.** Écrit ou discours par lequel on décrit. *Faire la description d'une tempête.* **2.** DR Inventaire. *Le procès-verbal de saisie contient la description des meubles.*

déségrégation [desegʀegasjɔ̃] n. f. Suppression de la ségrégation raciale.

désembourber [dezɑ̃buʀbe] v. tr. [1] Tirer hors de la boue. *Désembourber une voiture.*

désembourrer [dezɑ̃buʀe] v. tr. [1] (Acadie) Déballer. *Désembourrer un cadeau.* Syn. débourrer.

désembuer [dezɑ̃bɥe] v. tr. [1] Supprimer la buée de. *Désembuer une vitre.*

désemparé, ée [dezɑ̃paʀe] adj. **1.** Qualifie un navire, un avion, etc., que ses avaries empêchent de manœuvrer. **2.** Qui a perdu tous ses moyens, qui ne sait plus que dire, que faire. *Un homme désemparé.*

désemparer [dezɑ̃paʀe] v. intr. [1] (En loc.) *Sans désemparer :* sans interruption, avec persévérance. *L'assemblée a siégé sans désemparer.*

désemplir [dezɑ̃pliʀ] v. intr. [3] (Surtout dans des phrases négatives.) *Ne pas désemplir :* être toujours plein, ne pas cesser d'être fréquenté. *Sa maison ne désemplit pas.*

désenchanté, ée [dezɑ̃ʃɑ̃te] adj. (et n.) Désillusionné, déçu, blasé. *Il est revenu désenchanté de ce voyage.* ▷ Subst. *«Les Désenchantées»,* roman de Pierre Loti.

désenchantement [dezɑ̃ʃɑ̃tmɑ̃] n. m. Sentiment de désillusion.

désenclavement [dezɑ̃klavmɑ̃] n. m. Action de désenclaver.

désenclaver [dezɑ̃klave] v. tr. [1] **1.** Faire cesser l'enclavement de. **2.** Faire cesser l'isolement de (une région) par l'extension des moyens de transport et de communication et l'accroissement des échanges économiques.

désencombrer [dezɑ̃kɔ̃bʀe] v. tr. [1] Débarrasser de ce qui encombre. *Désencombrer un hangar.*

désendettement [dezɑ̃detmɑ̃] n. m. Fait de se désendetter.

désendetter (se) [dezɑ̃dete] v. pron. [1] Se décharger de ses dettes.

désenfler [dezɑ̃fle] v. intr. [1] Devenir moins enflé. *Son genou désenfle.*

désengagement [dezɑ̃gaʒmɑ̃] n. m. Action de désengager ou de se désengager. *Désengagement politique :* fait de renoncer à un engagement politique.

désengager [dezɑ̃gaʒe] v. tr. [13] Libérer d'un engagement. *Il a désengagé ses capitaux.* ▷ v. pron. *Se désengager d'une obligation.*

désengorger [dezɑ̃gɔʀʒe] v. tr. [13] Faire cesser l'engorgement de.

désennuyer [dezɑ̃nɥije] v. tr. [22] Dissiper, chasser l'ennui de (qqn); distraire. *Visiter un malade pour le désennuyer.* ▷ v. pron. *Jouer aux cartes pour se désennuyer.*

désensabler [dezɑ̃sable] v. tr. [1] Dégager, sortir du sable (qqch).

désensibilisation [desɑ̃sibilizasjɔ̃] n. f. **1.** MED Procédé destiné à faire disparaître la sensibilité anormale ou l'allergie à l'égard de certains allergènes normalement bien tolérés. (La désensibilisation spécifique consiste à introduire l'allergène dans l'organisme à doses infimes progressivement croissantes, de façon à induire une tolérance, par ex. dans le traitement de l'asthme allergique.) **2.** PHOTO Opération qui consiste à diminuer la sensibilité d'une émulsion.

désensibiliser [desɑ̃sibilize] v. tr. [1] **1.** MED Pratiquer une désensibilisation sur (qqn). **2.** PHOTO Pratiquer la désensibilisation de (une émulsion).

désentraver [dezɑ̃tʀave] v. tr. [1] Débarrasser de ses entraves.

déséquilibre [dezekilibʀ] n. m. **1.** Absence d'équilibre. *Le déséquilibre de la balance des paiements.* **2.** Manque d'équilibre mental. *Il donne des signes de déséquilibre.*

déséquilibré, ée [dezekilibʀe] adj. et n. **1.** Qui manque d'équilibre. **2.** Qui ne jouit pas de toutes ses facultés mentales, dont l'équilibre psychique est perturbé. ▷ Subst. *Un(e) déséquilibré(e).*

déséquilibrer [dezekilibʀe] v. tr. [1] **1.** Faire perdre l'équilibre à (qqn); rompre l'équilibre de (qqch). *Sa valise trop lourde le déséquilibre.* **2.** Troubler l'esprit, l'équilibre mental de. *La mort de son fils l'a complètement déséquilibrée.*

1. désert, erte [dezɛʀ, ɛʀt] adj. **1.** Qui est sans habitants. *Une île déserte.* **2.** Peu fréquenté, où il n'y a personne. *Rue déserte.* **3.** Sans cultures, sans végétation. *Paysage désert.*

2. désert [dezɛʀ] n. m. **1.** Région où les rigueurs du climat sont telles que la vie végétale et animale est presque inexistante. *On distingue les déserts chauds, où les précipitations sont inférieures à 200 millimètres d'eau par an* (Sahara), *et les déserts froids* (Antarctique et Arctique), *dont les basses températures sont peu propices à la vie.* **2.** Fig. Grande solitude morale; isolement total. «*Le Désert de l'amour*», roman de François Mauriac. **3.** Loc. fig. *Prêcher dans le désert* : parler sans être écouté.

déserter [dezɛʀte] v. tr. [1] **1.** Abandonner (un lieu). *Les habitants ont déserté le village.* – Pp. adj. *Une ville désertée.* **2.** Fig. Abandonner, trahir. *Déserter une cause.* **3.** (S. comp.) En parlant d'un militaire, refuser de rejoindre son corps ou le quitter illégalement avec l'intention de n'y pas revenir; abandonner son poste. – Passer à l'ennemi.

déserteur [dezɛʀtœʀ] n. m. **1.** Militaire qui a déserté. *Fusiller un déserteur.* **2.** Fig. Celui qui abandonne une cause, un parti, une religion.

désertification [dezɛʀtifikasjɔ̃] ou **désertisation** [dezɛʀtizasjɔ̃] n. f. Transformation en désert (d'une région).
ENCYCL La désertification peut être due à des facteurs climatiques (pluies insuffisantes notam.) ou à l'action humaine (déforestation, incendies, surpâturage, etc.). V. Sahel.

désertifier [dezɛʀtifje] v. tr. [2] **1.** Transformer en désert. **2.** Dépeupler. **3.** v. pron. *Une région qui se désertifie.*

désertion [dezɛʀsjɔ̃] n. f. **1.** Action de déserter (en parlant d'un militaire). *Désertion à l'étranger, à l'ennemi.* **2.** Fig. Acte de celui qui abandonne un parti, une cause, une religion.

désertique [dezɛʀtik] adj. **1.** Qui a les caractères du désert. *Région désertique.* **2.** Du désert, propre au désert. *Climat, flore désertique.*

désertisation [dezɛʀtizasjɔ̃] n. f. V. désertification.

désescalade [dezɛskalad] n. f. Processus inverse de l'escalade, dans le domaine militaire, social, etc.

désespérant, ante [dezɛspeʀɑ̃, ɑ̃t] adj. **1.** Qui jette dans le désespoir, qui cause un vif chagrin. *Cette pensée est désespérante.* **2.** Décourageant. *Il est désespérant de sottise.*

désespéré, ée [dezɛspeʀe] adj. et n. **1.** Abandonné au désespoir. *Un amoureux désespéré.* ▷ Subst. *Le geste fou d'un désespéré.* **2.** Inspiré par le désespoir. *Prendre un parti désespéré.* **3.** Qui ne laisse plus aucun espoir. *Être dans une situation désespérée.* **4.** *Par ext.* Extrême. *Tentative désespérée.*

désespérément [dezɛspeʀemɑ̃] adv. **1.** D'une façon désespérée. *Elle l'avait désespérément attendu.* **2.** Éperdument. *Ils se sont battus désespérément.*

désespérer [dezɛspeʀe] v. [14] **1.** v. tr. indir. Perdre l'espoir (de). *Désespérer de réussir.* – Cesser d'espérer (en). *Désespérer de qqn.* **2.** v. intr. Perdre espoir. *Ne désespérez jamais.* **3.** v. tr. Litt. *Désespérer que* (+ subj.) : ne plus espérer que. *Je ne désespère pas qu'il aille mieux.* **4.** v. tr. Plonger dans le désespoir. *La conduite de son fils le désespère.* **5.** v. pron. Se laisser aller au désespoir.

désespoir [dezɛspwaʀ] n. m. **1.** État de celui qui a perdu l'espoir. *Tomber dans le désespoir. Être au désespoir* : être désespéré. **2.** *Faire le désespoir de qqn,* lui causer une profonde affliction. – *Être le désespoir de :* être une personne, une chose qui désespère. **3.** Loc. adv. *En désespoir de cause :* en dernière ressource et sans trop y croire.

désétatiser [dezetatize] v. tr. [1] Réduire le rôle ou la part de l'État dans (une industrie).

déshabillage [dezabijaʒ] n. m. Action de déshabiller ou de se déshabiller.

déshabillé [dezabije] n. m. Léger vêtement d'intérieur pour les femmes.

déshabiller [dezabije] v. [1] **I.** v. tr. **1.** Enlever à (qqn) les vêtements qu'il porte. *Déshabiller un enfant.* **2.** TECH Enlever le revêtement, les accessoires de. **3.** Fig. Mettre à nu, à découvert. **II.** v. pron. **1.** Retirer ses vêtements. **2.** Quitter ses vêtements de ville pour une tenue d'intérieur.

déshabituer [dezabitɥe] v. tr. [1] Faire perdre à (qqn) l'habitude (de). *Déshabituer qqn de boire.* ▷ v. pron. *Il n'arrive pas à se déshabituer du tabac.*

désherbage [dezɛʀbaʒ] n. m. Action de désherber.

désherbant, ante [dezɛʀbɑ̃, ɑ̃t] adj. et n. m. Qui détruit les mauvaises herbes. – n. m. *Un désherbant puissant.*

désherber [dezɛʀbe] v. tr. [1] Ôter les mauvaises herbes de. *Désherber un champ.* Syn. (Acadie) ésherber.

déshérence [dezeʀɑ̃s] n. f. DR État d'une succession vacante. *Droit de déshérence :* droit qu'a l'État de recueillir la succession des individus morts intestats et sans héritiers.

déshérité, ée [dezeʀite] adj. et n. **1.** adj. Privé d'un héritage. *Neveux déshérités.* **2.** adj. Fig. Privé de dons naturels, défavorisé par le sort. *Une région déshéritée.* – Subst. *Aider les déshérités.*

déshériter [dezeʀite] v. tr. [1] **1.** Priver de sa succession (ses héritiers légitimes). *Il veut déshériter son fils au profit de son neveu.* **2.** Fig., litt. Priver (qqn, qqch) des avantages naturels.

déshonneur [dezɔnœʀ] n. m. Perte de l'honneur, honte, opprobre, infamie. *Être souillé par le déshonneur.* ▷ Ce qui cause le déshonneur. *Il n'est pas homme à souffrir un déshonneur.* Syn. (Luxembourg) blâmage.

déshonorant, ante [dezɔnɔʀɑ̃, ɑ̃t] adj. Qui déshonore. *Une conduite déshonorante.*

déshonorer [dezɔnɔʀe] v. tr. [1] **1.** Ôter l'honneur à (qqn). *Cette action vile l'a déshonoré.* ▷ v. pron. *Il s'est déshonoré.* **2.** Vieilli *Déshonorer une femme,* la séduire, abuser d'elle. **3.** Fig. Flétrir, ternir, enlaidir (qqch). *Cette affreuse statue déshonore la place.*

déshumaniser [dezymanize] v. tr. [1] Faire perdre son caractère humain à (qqch), sa qualité d'être humain à (qqn). *Conditions d'existence qui déshumanisent l'individu.* – Pp. adj. *Un monde déshumanisé.*

déshydratant, ante [dezidʀatɑ̃, ɑ̃t] adj. Qui déshydrate (en parlant d'une substance, d'un milieu).

déshydratation [dezidʀatasjɔ̃] n. f. **1.** Action de déshydrater. *Déshydratation de denrées alimentaires en vue de leur conservation.* **2.** MED Diminution de la quantité d'eau contenue dans l'organisme.

déshydraté, ée [dezidʀate] adj. **1.** Qui a été privé de son eau. **2.** MED Atteint de déshydratation. **3.** Fam. Assoiffé. *Je suis déshydraté, je meurs de soif!*

déshydrater [dezidʀate] v. [1] **1.** v. tr. TECH Enlever l'eau combinée ou mélangée à (un corps). **2.** v. pron. MED Perdre son eau, en parlant de l'organisme.

déshydrogéner [dezidʀɔʒene] v. tr. [14] CHIM Éliminer tout ou partie de l'hydrogène de (un corps).

De Sica (Vittorio) (1901 – 1974), acteur et cinéaste italien, naturalisé français, l'un des maîtres du cinéma néo-réaliste : *Sciuscia* (1946), *le Voleur de bicyclette* (1948), *Miracle à Milan* (1951), *Umberto D* (1952).

desiderata [dezideʀata] n. m. pl. (Mot lat.) Choses désirées. *Exposez vos desiderata.*

design [dizajn] n. m. inv. (Anglicisme) **1.** Mode de création industrielle qui vise à concevoir des objets dont la forme soit à la fois fonctionnelle et esthétique. Syn. (off. recommandé) esthétique industrielle. **2.** Style de décoration inspiré de ce mode de création. *Des meubles de style design.* ▷ Ellipt. *Des meubles design.*

désignation [deziɲasjɔ̃] n. f. **1.** Action de désigner. *La désignation d'un aristocrate par son titre de noblesse.* **2.** Action de désigner (qqn) pour une charge, un emploi, une affectation. *Sa désignation pour Paris est officielle.* **3.**

LING Ce qui désigne (sens 5). *La désignation de «cabaretier» appliquée au propriétaire d'un débit de boissons est vieillie.*

désigner [deziɲe] v. tr. [1] **1.** Indiquer (une personne ou une chose) d'une manière distinctive, par un signe, un geste, une marque. *Il a désigné la personne qui l'avait frappé.* **2.** Annoncer, indiquer. *«La mine désigne les biens de la fortune»* (La Bruyère). **3.** Fixer, marquer. *Désignez l'endroit de votre choix.* **4.** Signaler. *Désigner qqn à l'hostilité générale.* ▷ v. pron. Se signaler soi-même. *Il s'est désigné à l'attention générale.* **5.** LING En parlant d'un signe, renvoyer à (qqch). *Le mot «vilain» désignait le paysan libre au Moyen Âge.* **6.** Appeler (qqn) à une charge, une dignité, une fonction. *Désigner son successeur.*

désillusion [dezil(l)yzjɔ̃] n. f. Perte des illusions, déception, désenchantement. *Il a été aigri par cette désillusion.*

désillusionner [dezil(l)yzjɔne] v. tr. [1] Faire perdre à (qqn) une, ses illusions. *Son échec l'a désillusionné.*

désincarcération [dezɛ̃kaʀseʀasjɔ̃] n. f. Opération consistant à extraire la ou les victimes d'un accident du lieu où elles se trouvent bloquées (véhicule, voiture de chemin de fer, avion, immeuble, etc.).

désincarcérer [dezɛ̃kaʀseʀe] v. tr. [14] Procéder à une désincarcération.

désincarné, ée [dezɛ̃kaʀne] adj. **1.** RELIG Dégagé de son enveloppe charnelle (en parlant des morts, des esprits). **2.** Fig. Qui néglige les considérations matérielles, qui tend à l'abstraction.

désincarner (se) [dezɛ̃kaʀne] v. pron. [1] Perdre l'apparence charnelle. – Quitter un corps. *Une âme qui se désincarne.* – Litt. Se détacher de la condition humaine.

désincrustation [dezɛ̃kʀystasjɔ̃] n. f. **1.** TECH Action de désincruster (un appareil où circule de l'eau chaude). **2.** *Désincrustation de la peau du visage,* soins cosmétiques consistant à la débarrasser de ses cellules mortes et à la nettoyer.

désincruster [dezɛ̃kʀyste] v. tr. [1] **1.** TECH Ôter les dépôts incrustés de. **2.** Faire une désincrustation (de la peau).

désindexer [dezɛ̃dekse] v. tr. [1] Supprimer l'indexation de. – Pp. *Une valeur boursière désindexée.*

désindustrialisation [dezɛ̃dystʀijalizasjɔ̃] n. f. ECON Ensemble des mécanismes économiques qui réduisent le nombre et l'importance des établissements industriels d'une région, d'un pays.

désinence [dezinɑ̃s] n. f. LING Terminaison qui sert à marquer le cas, le nombre, le genre, la personne, etc.

désinfectant, ante [dezɛ̃fɛktɑ̃, ɑ̃t] adj. et n. m. Qui sert à désinfecter. – n. m. *Un désinfectant efficace.*

désinfecter [dezɛ̃fɛkte] v. tr. [1] Nettoyer à l'aide d'une substance (désinfectant) qui détruit les germes pathogènes. *Désinfecter une plaie. Désinfecter une salle d'hôpital.*

désinfection [dezɛ̃fɛksjɔ̃] n. f. Destruction de la flore microbienne d'un lieu, d'une partie de l'organisme, par des moyens mécaniques (lavage, brossage), physiques (chaleur) ou chimiques (antiseptiques, antibiotiques).

désinflation [dezɛ̃flasjɔ̃] n. f. Réduction de l'inflation.

désinformation [dezɛ̃fɔʀmasjɔ̃] n. f. Réduction de la portée de l'information ou modification de son sens.

désinsectisation [dezɛ̃sɛktizasjɔ̃] n. f. Action de désinsectiser; son résultat.

désinsectiser [dezɛ̃sɛktize] v. tr. [1] Débarrasser des insectes nuisibles. *Désinsectiser une région impaludée.*

désintégration [dezɛ̃tegʀasjɔ̃] n. f. **1.** Action de désintégrer. **2.** PHYS NUCL Action de désintégrer (par bombardement de particules); fait de se désintégrer (radioactivité naturelle, fission nucléaire).

désintégrer [dezɛ̃tegʀe] v. [14] **I.** v. tr. **1.** Détruire l'intégrité de, ruiner complètement. **2.** PHYS NUCL Détruire (un noyau atomique) pour libérer de l'énergie. **II.** v. pron. **1.** PHYS NUCL Se dématérialiser. ▷ Se transformer en émettant un rayonnement et de l'énergie (en parlant d'un noyau). **2.** TECH Se détruire, être détruit complètement.

désintéressé, ée [dezɛ̃teʀese] adj. **1.** Qui n'est pas motivé par son intérêt particulier. *Un homme désintéressé.* **2.** Où l'intérêt ne joue aucun rôle. *Une action désintéressée.*

désintéressement [dezɛ̃teʀɛsmɑ̃] n. m. **1.** Détachement de tout intérêt personnel. *Montrer un entier désintéressement.* **2.** Action de désintéresser (qqn).

désintéresser [dezɛ̃teʀese] v. [1] **1.** v. tr. Payer à (une personne) ce qu'elle peut avoir à réclamer, indemniser. *Désintéresser ses créanciers.* **2.** v. pron. *Se désintéresser de :* n'avoir plus d'intérêt pour, ne plus s'occuper de. *Se désintéresser d'une affaire.*

désintérêt [dezɛ̃teʀɛ] n. m. Perte de l'intérêt pour qqch.

désintoxication [dezɛ̃tɔksikasjɔ̃] n. f. **1.** Action de débarrasser des toxines. **2.** Traitement destiné à guérir une intoxication, due à l'alcool, aux stupéfiants, etc. *Cure de désintoxication.*

désintoxiquer [dezɛ̃tɔksike] v. tr. [1] **1.** Débarrasser des toxines. **2.** Supprimer les effets d'une intoxication chez (qqn). *Désintoxiquer un alcoolique.*

désinvestir [dezɛ̃vɛstiʀ] v. intr. [3] PSYCHAN Cesser d'investir. ▷ ECON Réduire ou supprimer l'investissement.

désinvestissement [dezɛ̃vestismɑ̃] n. m. **1.** ECON Action de réduire ou de supprimer les investissements. **2.** PSYCHAN Cessation d'un investissement.

désinvolte [dezɛ̃vɔlt] adj. **1.** Qui a une allure libre et dégagée. *Un jeune homme désinvolte.* **2.** Trop libre, léger jusqu'à l'insolence. *Sa réponse désinvolte l'a vexé.*

désinvolture [dezɛ̃vɔltyʀ] n. f. **1.** Air dégagé. **2.** Légèreté, sans-gêne. *Il agit à mon égard avec une grande désinvolture.*

désir [deziʀ] n. m. **1.** «Tendance qui a pris conscience d'elle-même» (Spinoza); tendance particulière à vouloir obtenir qqch pour satisfaire un besoin, une envie. *Formuler un désir. Modérer ses désirs.* ▷ *Désir de* (+ inf.). *Le désir de plaire.* ▷ *Désir de* (+ subst.). *Le désir d'enfant.* **2.** Attirance sexuelle. *Brûler de désir.*

désirable [deziʀabl] adj. **1.** Qui excite le désir, qui mérite d'être désiré. *C'est un sort désirable.* **2.** Qui suscite l'attirance sexuelle. *Une femme désirable.*

Désirade (la), île et com. des Antilles françaises qui dépend de la Guadeloupe, à 10 km à l'E. de l'île de la Grande-Terre; 27 km^2; 1611 hab.

désirer [deziʀe] v. tr. [1] **1.** Avoir le désir de (qqch). *Désirer les honneurs. C'est tout ce qu'il désire. Vous désirez?* ▷ *Désirer que* (+ subj.). *Je désire qu'il réussisse.* **2.** *Se faire désirer :* se faire longtemps attendre. **3.** Loc. *Laisser à désirer :* présenter quelque imperfection. *Son éducation laisse un peu à désirer.* **4.** Éprouver une attirance sexuelle pour.

désireux, euse [deziʀø, øz] adj. Qui désire. *Il se montre très désireux de succès.* ▷ *Désireux de* (+ inf.) : qui a envie de. *Il est désireux de vous satisfaire.*

désistement [dezistəmɑ̃] n. m. **1.** DR Renoncement volontaire à (une poursuite). *Désistement d'instance, d'action.* **2.** Action de se désister (sens 2).

désister (se) [deziste] v. pron. [1] **1.** DR Renoncer à (une poursuite). *Se désister d'une plainte.* **2.** Retirer sa candidature à une élection, en faveur d'un autre candidat.

De Smet (Gustave) (1887 - 1943), peintre expressionniste belge, inspiré par la vie campagnarde.

Desmichels (Louis Alexis, baron) (1779 - 1845), général français. Il participa aux guerres de l'Empire et à la conquête de l'Algérie (1833-1834), battit Abd el-Kader, puis traita avec lui (1834).

Des Moines, v. des É.-U., cap. de l'Iowa, sur la riv. *Des Moines,* affl. du Mississippi; 193180 hab. Industries. – Université.

Desmoulins (Camille) (1760 - 1794), journaliste et homme politique français. Le 12 juillet 1789, au Palais-Royal, il entraîna la foule parisienne à l'insurrection qui aboutit à la prise de la Bastille. Conventionnel, il lutta contre les Girondins. Les pamphlets qu'il écrivit dans ses journaux dirigèrent l'opinion publique. Adversaire de la Terreur, il fut guillotiné.

Desnos (Robert) (1900 - 1945), poète français. Surréaliste (1922-1930), il revint ensuite à des formes plus traditionnelles. Il mourut en déportation.

désobéir [dezɔbeiʀ] v. tr. indir. [3] *Désobéir à :* ne pas obéir, refuser d'obéir à (qqn, un ordre). *Il a désobéi à son père. Militaire qui désobéit aux ordres.* – Absol. *Pierre a désobéi.*

désobéissance [dezɔbeisɑ̃s] n. f. Action de désobéir. *Un acte de désobéissance.*

désobéissant, ante [dezɔbeisɑ̃, ɑ̃t] adj. Qui désobéit (en parlant d'un enfant). *Une fillette désobéissante.*

désobligeant, ante [dezɔbliʒɑ̃, ɑ̃t] adj. Qui n'aime pas à obliger; qui désoblige, vexe. *Son procédé est tout à fait désobligeant. Insinuations désobligeantes.*

désobliger [dezɔbliʒe] v. tr. [13] Causer du déplaisir à (qqn), le vexer. *Vous me désobligeriez en agissant ainsi.*

désodé, ée [desɔde] adj. Sans sodium, sans sel. *Régime désodé.*

désodorisant, ante [dezɔdɔʀizɑ̃, ɑ̃t] adj. et n. m. Qui enlève les odeurs. – n. m. *Un désodorisant très efficace.*

désodoriser [dezɔdɔʀize] v. tr. [1] Enlever l'odeur qui imprègne (une matière, un corps, un objet, etc.). – *Spécial.* Enlever les mauvaises odeurs au moyen d'un produit parfumé.

désœuvré, ée [dezœvʀe] adj. et n. Qui ne sait pas, qui ne veut pas s'occuper. *Des vacanciers désœuvrés.* ▷ Subst. *Un(e) désœuvré(e).*

désœuvrement [dezœvʀəmɑ̃] n. m. État d'une personne désœuvrée. *Le désœuvrement le poussait à fumer.*

désolant, ante [dezɔlɑ̃, ɑ̃t] adj. Qui désole; attristant. *C'est désolant.*

désolation [dezɔlasjɔ̃] n. f. Affliction extrême. *Cette mort les a plongés dans la désolation.*

désolé, ée [dezɔle] adj. **1.** Profondément affligé. – Par ext. *Un regard désolé.* **2.** Marqué par la désolation. *Un paysage désolé.*

désoler [dezɔle] v. [1] **I.** v. tr. **1.** Causer une grande affliction à (qqn). *Votre conduite me désole.* **2.** Contrarier. **II.** v. pron. Être très contrarié. *Il se désole de ne pouvoir vous rendre ce service.*

désolidariser [desolidaʀize] v. [1] **1.** v. tr. (Compl. nom de chose.) Désunir, disjoindre. *Désolidariser les pièces d'un mécanisme.* **2.** v. pron. *Se désolidariser de, d'avec (une personne, un groupe) :* cesser d'être solidaire.

désopilant, ante [dezɔpilɑ̃, ɑ̃t] adj. Qui fait beaucoup rire. *Un acteur désopilant.*

désordonné, ée [dezɔʀdɔne] adj. **1.** Qui manque d'ordre. *Un enfant désordonné.* **2.** Qui n'est pas en ordre. *Une chambre désordonnée.* **3.** Déréglé. *Une vie désordonnée.*

désordre [dezɔʀdʀ] n. m. **1.** Manque d'ordre; état de ce qui n'est pas en ordre. *Il est d'un désordre effrayant. Une maison en désordre.* **2.** Trouble, confusion, incohérence. *Le désordre des idées.* **3.** Mauvais état de ce qui est mal organisé, mal dirigé. *Le désordre des finances publiques.* **4.** Dérèglement des mœurs. **5.** Tumulte, trouble. *Un grand désordre règne dans l'assemblée.* **6.** (Plur.) Troubles, dissensions qui agitent une société. *Des désordres qui dégénèrent en émeutes.* **7.** (Le plus souvent au plur.) Troubles physiologiques. *L'eau magnésienne provoque des désordres intestinaux.*

désorganisateur, trice [dezɔʀganizatœʀ, tʀis] adj. et n. Qui désorganise.

désorganisation [dezɔʀganizasjɔ̃] n. f. Action de désorganiser, fait de se désorganiser; son résultat. *La désorganisation des affaires publiques.*

désorganiser [dezɔʀganize] v. tr. [1] **1.** Altérer profondément. *La tumeur a désorganisé les tissus environnants.* **2.** Détruire l'organisation de. *Désorganiser un service public.* ▷ v. pron. Perdre son organisation, se désagréger. *À la mort de son chef, le groupe s'est désorganisé.*

désorienter [dezɔʀjɑ̃te] v. tr. [1] **1.** Faire perdre la notion de l'orientation à. *La brume acheva de nous désorienter.* **2.** Fig. Déconcerter, dérouter, troubler. – Pp. adj. *Depuis qu'elle a perdu son emploi, elle se sent désorientée.*

désormais [dezɔʀmɛ] adv. À l'avenir, dès ce moment-ci, dorénavant. *Désormais vous déjeunerez avec nous.*

désorption [desɔʀpsjɔ̃] n. f. PHYS, CHIM Rupture des liaisons entre un corps adsorbé et le substrat. Ant. adsorption.

désossé, ée [dezɔse] adj. **1.** Dont on a ôté les os. **2.** Fig. Dont les membres, extrêmement souples, semblent n'avoir plus d'os.

désosser [dezɔse] v. [1] **1.** v. tr. Ôter l'os, les os (et, par anal., les arêtes) de. *Désosser un gigot.* – Fig., fam. Démonter un objet pour en réutiliser les parties. *Il a désossé sa vieille moto pour récupérer des pièces.* **2.** v. pron. Fig. Se désarticuler, faire des contorsions avec une extrême souplesse.

désoxydation [dezɔksidasjɔ̃] n. f. Action de désoxyder; son résultat.

désoxyder [dezɔkside] v. tr. [1] Ôter l'oxyde de. *Désoxyder les pièces d'un mécanisme.*

désoxyribonucléique [dezɔksiʀibɔnykleik] adj. BIOCHIM *Acide désoxyribonucléique* (abrév. : A.D.N.) : acide nucléique, constituant chimique essentiel des chromosomes du noyau des cellules vivantes.
ENCYCL L'A.D.N. constitue le support biochimique de l'hérédité et joue un rôle essentiel dans la synthèse des protéines spécifiques. Son existence a été découverte à la fin du XIXe s. grâce aux travaux de Miescher, Altmann et Kossel; ses fonctions ont été mises en évidence par les expériences de Beadle et Tatum sur la moisissure du pain, *Neurospora crassa* (1954). Un schéma de structure hélicoïdale a été proposé par Crick et Watson (1953); dans ce schéma, les macromolécules d'A.D.N. affectent la forme d'un long escalier en spirale pouvant grouper entre 3 et 10 millions de nucléotides. L'A.D.N. est constitué par quatre bases : adénine et thymine, guanine et cytosine, reliées deux à deux par une liaison hydrogène labile qui permet le dédoublement des chaînes pendant la mitose. La quantité d'A.D.N. présente dans chaque noyau est constante pour une espèce donnée et constitue 70 à 90 % du poids sec du noyau. V. aussi chromosome, nucléique et code (génétique).

desperado [dɛspeʀado] n. m. Homme en rupture avec la société, disponible pour toutes sortes d'entreprises hasardeuses ou violentes.

Des Périers (Bonaventure) (v. 1510 – v. 1544), poète et conteur français.

despote [dɛspɔt] n. et adj. **1.** n. m. Souverain qui exerce un pouvoir arbitraire et absolu. **2.** n. Fig. Personne tyrannique. *C'est un despote dans sa famille.* – adj. *Un patron despote.*

despotisme [dɛspɔtism] n. m. **1.** Pouvoir absolu et arbitraire du despote. – Gouvernement despotique. ▷ HIST *Despotisme éclairé :* nom donné à la doctrine selon laquelle le souverain doit gouverner en s'appuyant sur les principes rationalistes propres aux philosophes du XVIIIe s. **2.** Fig. Autorité qui s'exerce de manière despotique, tyrannique. *Le despotisme d'un chef.*

Des Prés ou **Després** (Josquin) (v. 1440 – 1521), compositeur français; contrapuntiste de l'école flamande, l'un des prem. grands polyphonistes : messes, motets, chansons.

desquamation [dɛskwamasjɔ̃] n. f. MED Exfoliation de l'épiderme sous forme de squames ou de plaques plus ou moins étendues.

desquels, desquelles [dekɛl] pron. relatifs. V. lequel.

Desrochers (Alfred) (1901 – 1978), poète québécois : *l'Offrande aux vierges folles* (1928), *À l'ombre d'Orford* (1929), *le Cycle du village* (1948).

Desrosiers (Léo Paul) (1896 – 1967), romancier québécois : *Nord-Sud* (1931), *les Engagés du grand portage* (1938), *Sources* (1942).

dessablement [desɑbləmɑ̃] ou **dessablage** [desablaʒ] n. m. **1.** Action de dessabler; son résultat. **2.** TECH Élimination des particules minérales en suspension dans les eaux usées.

dessabler [desɑble] v. tr. [1] TECH Enlever le sable de.

dessaisir [desɛziʀ] v. [3] **1.** v. tr. DR Enlever à (une juridiction) ce dont elle a été saisie. *Dessaisir un tribunal d'une affaire.* **2.** v. pron. *Se dessaisir de :* donner, remettre en d'autres mains (ce qu'on avait en sa possession). *Se dessaisir d'un dossier.*

dessaisissement [desezismɑ̃] n. m. Action de dessaisir, de se dessaisir; son résultat.

dessalage [desalaʒ] n. m. MAR Fait de dessaler (sens 3), chavirement.

dessalé, ée [desale] adj. **1.** Débarrassé totalement ou partiellement de son sel. **2.** Fig., fam. Déniaisé.

dessalement [desalmɑ̃] ou **dessalage** [desalaʒ] n. m. Action de dessaler, d'ôter le sel; résultat de cette action. *Dessalement de l'eau de mer. Dessalement des terres.*

dessaler [desale] v. [1] **1.** v. tr. Enlever, en partie ou en totalité, le sel de. *Dessaler un jambon.* ▷ v. intr. *Mettre du porc à dessaler.* **2.** v. tr. Fig., fam. Rendre moins niais, dégourdir (notam. en matière sexuelle). – v. pron. *Il s'est rapidement dessalé.* **3.** v. intr. MAR Chavirer, en parlant d'un petit voilier. ▷ Tomber à l'eau à la suite d'un chavirement.

Dessalines (Jean-Jacques) (av. 1758 – 1806), révolutionnaire haïtien, empereur d'Haïti sous le nom de Jacques Ier (1804-1806). Esclave noir, il participa à l'insurrection de 1791 et devint un compagnon de Toussaint Louverture. Quand, en 1803, Toussaint fut trahi et déporté en France, Dessalines poursuivit le combat et remporta la victoire cette même année, en nov. Le 1er janv. 1804, il proclama l'indépendance de la république d'Haïti, dont il fit en sept. un empire. En 1806, ses compagnons Christophe et Pétion s'associèrent pour le renverser, car il voulait briser l'oligarchie qui se constituait.

Dessalinienne (la), hymne national haïtien, dont J. Lérisson* écrivit les paroles (1903).

dessaouler [desule] v. V. dessoûler.

desséchant, ante [deseʃɑ̃, ɑ̃t] adj. **1.** Qui dessèche. *Chauffage desséchant.* **2.** Fig. Qui empêche l'épanouissement. *Une activité professionnelle desséchante.*

dessèchement [desɛʃmɑ̃] n. m. Action de dessécher; état de ce qui est desséché.

dessécher [deseʃe] v. [14] **I.** v. tr. **1.** Rendre sec. *La canicule a desséché les prairies.* **2.** Amaigrir. *La vieillesse a desséché son corps.* **3.** Fig. Faire perdre la vivacité des sentiments, la spontanéité, la sensibilité à. *Ses études l'ont complètement desséché.* **II.** v. pron. **1.** Devenir sec. **2.** Fig. Perdre sa sensibilité, sa spontanéité, ses qualités de cœur.

dessein [desɛ̃] n. m. Litt. Intention, projet. *Avoir le dessein de voyager.* ▷ Loc. adv. *À dessein :* exprès, intentionnellement. *Je l'ai fait à dessein.* ▷ Loc. prép. *À dessein de :* avec l'intention de. *Il est allé chez lui à dessein de le tuer.*

desseller [desele] v. tr. [1] Enlever la selle de. *Desseller un mulet.*

desserrage [desɛʀaʒ] n. m. Action de desserrer.

desserrer [deseʀe] v. tr. [1] Relâcher (ce qui est serré). *Desserrer sa cravate. Desserrer un écrou.* ▷ Loc. *Ne pas desserrer les dents :* se taire obstinément. – v. pron. *Le nœud s'est desserré.*

dessert [desɛʀ] n. m. Ce qu'on mange à la fin du repas (mets sucrés, fruits, etc.). – *Par ext.* Moment où le dessert est servi. *Arriver au dessert.*

1. desserte [desɛʀt] n. f. Fait de desservir une localité, un lieu. *Desserte par car. – Chemin de desserte d'une exploitation.*

2. desserte [desɛʀt] n. f. Petit meuble destiné à recevoir la vaisselle nécessaire au service et celle qui a été desservie.

desservant [desɛʀvɑ̃] n. m. RELIG Ecclésiastique qui dessert une paroisse, une chapelle, etc.

1. desservir [desɛʀviʀ] v. tr. [30] **1.** Assurer les communications avec (une localité, un lieu). *Le train qui dessert le bourg.* ▷ Par ext. *Ce couloir dessert plusieurs pièces.* **2.** RELIG Assurer le service de (une paroisse, une chapelle, etc.).

2. desservir [desɛʀviʀ] v. tr. [30] **1.** Enlever les plats, les couverts de (la table) après le repas. **2.** Rendre un mauvais service à (qqn), lui nuire en produisant une impression fâcheuse. *Son attitude arrogante le dessert.*

dessiccation [desikasjɔ̃] n. f. Didac. Action de dessécher; fait de se dessécher.

dessiller [desije] v. tr. [1] *Dessiller les yeux à qqn, de qqn,* lui faire voir les choses sous leur vrai jour.

dessin [desɛ̃] n. m. **1.** Représentation d'objets, de personnages, etc. sur une surface, au crayon, à la plume, etc. *Un dessin de Raphaël. Dessin à main levée,* exécuté sans règle ni compas. – *Dessin industriel :* représentation linéaire (généralement par projection sur trois plans) d'une pièce mécanique, d'une machine, etc. – *Dessin assisté par ordinateur (D.A.O.) :* dessin industriel effectué par un ordinateur à partir du programme et des données qu'il a reçus. ▷ Ensemble de lignes agencées pour produire un effet visuel. *Le dessin d'un tissu, d'un papier mural.* ▷ Contour, forme naturelle. *Le dessin des sourcils.* ▷ Grands traits d'un ouvrage. *Le dessin général d'un projet.* **2.** Art de la représentation des objets sur une surface plane par des moyens graphiques. *Prendre des leçons de dessin.* **3.** *Dessin animé :* film tourné à partir d'une série de dessins qui décomposent le mouvement en ses phases successives.

dessinateur, trice [desinatœʀ, tʀis] n. **1.** Personne qui s'adonne à l'art du dessin. ▷ Personne dont la profession est d'exécuter des dessins. *Dessinateur industriel.* **2.** Peintre qui donne une importance prépondérante au dessin (par oppos. à *coloriste*).

dessiner [desine] v. [1] **I.** v. tr. **1.** Représenter au moyen du dessin. *Dessiner une fleur.* – (S. comp.) *Il dessine.* **2.** (Sujet nom de chose.) Accuser, faire ressortir (les formes du corps). *Robe qui dessine la silhouette.* ▷ Figurer, avoir la forme de. *L'ombre des feuillages dessine une dentelle.* **II.** v. pron. **1.** Se détacher, apparaître nettement sur un fond. *La montagne se dessine sur le ciel.* **2.** Devenir plus apparent, commencer à se développer. *Formes qui se dessinent.* ▷ Fig. *Projets qui se dessinent.*

dessouchage [desuʃaʒ] ou **dessouchement** [desuʃmɑ̃] n. m. Action de dessoucher.

dessoucher [desuʃe] v. tr. [1] Enlever les souches d'arbres abattus. ▷ (oc. Indien) Arracher les souches de canne à sucre.

dessouder [desude] v. tr. [1] TECH Ôter la soudure de; disjoindre (des éléments soudés). ▷ v. pron. *Pièces qui se dessoudent.*

dessoûler ou **dessaouler** [desule] v. [1] **1.** v. tr. Fam. Faire cesser, diminuer l'ivresse de. *L'air frais de la nuit l'avait dessoûlé.* **2.** v. intr. Cesser d'être soûl. *Il ne dessoûle pas.*

1. dessous [d(ə)su] prép. et adv. **1.** (Prép. marquant la position d'une chose sous une autre.) Loc. prép. De dessous. (Marquant la provenance.) *On l'a retiré de dessous les décombres.* ▷ Par-dessous. *Porter un gilet par-dessous sa veste.* ▷ Au-dessous de. *La température est au-dessous de zéro.* – Fam. *Être au-dessous de tout :* n'avoir aucune valeur, ne présenter aucun intérêt. **2.** adv. de lieu. Plus bas, à un niveau inférieur, dans la partie inférieure. *Cherchez dessous. Sens dessus dessous :* V. dessus 1 (sens 2). ▷ Loc. adv. *Au-dessous :* plus bas. *La citadelle est sur la colline, la ville est au-dessous.* ▷ *Ci-dessous :* ci-après, plus loin dans le texte. *Voyez la note ci-dessous.* ▷ *En dessous, par-dessous :* sous autre chose. *Ce vêtement est fait pour se mettre en dessous. Passez par-dessous.* – Fig., fam. *Agir en dessous,* d'une manière dissimulée, hypocrite. ▷ *Là-dessous :* sous cela. *Déposez votre panier là-dessous.* – Fig. *Il y a quelque chose là-dessous :* cela est suspect.

2. dessous [d(ə)su] n. m. **1.** Ce qui est en dessous; l'envers, le côté inférieur. *Le voisin du dessous. Le dessous d'une table, d'une étoffe.* ▷ Loc. *Avoir le dessous :* être en état d'infériorité dans une lutte quelconque. **2.** *Dessous de... :* objet que l'on place sous une bouteille, un plat, etc., pour protéger ce qui est dessous. **3.** Fig. Ce qui est caché, secret. *Vous ne connaissez pas les dessous de l'affaire.* **4.** (Plur.) Vêtements de dessous, lingerie féminine. *Des dessous de soie.*

dessous-de-plat [d(ə)sudpla] n. m. inv. Support destiné à recevoir les plats déposés sur la table. Syn. (Belgique, Luxembourg) sous-plat.

dessous-de-table [d(ə)sudtabl] n. m. inv. Somme donnée clandestinement par un acheteur en plus du prix régulièrement fixé.

1. dessus [d(ə)sy] prép. et adv. **1.** (Prép. marquant la position d'une chose sur une autre.) Loc. prép. *Par-dessus :* sur, au-delà, par-delà. *Sauter par-dessus une barrière.* – *Par-dessus tout :* principalement, surtout. – *Par-dessus le marché :* en plus. ▷ *Au-dessus de :* plus haut que. *Le tableau qui est au-dessus du canapé.* – (Marquant une supériorité quelconque.) *Les enfants au-dessus de dix ans. – Un travail au-dessus de tout éloge.* **2.** adv. de lieu. Plus haut, à un niveau supérieur, dans la partie supérieure. – *Sens* [sɑ̃] *dessus dessous :* en plaçant dessous ce qui devrait normalement être dessus. *Il a tout mis sens dessus dessous :* il a tout bouleversé. ▷ Loc. adv. *Au-dessus :* plus haut. *Le sel est sur l'étagère du bas, la farine est au-dessus.* – Fig. *L'auteur n'a rien produit qui soit au-dessus,* qui soit supérieur. ▷ *Ci-dessus :* plus haut, avant dans le texte. *Voyez ci-dessus, page...* ▷ *En dessus :* du côté supérieur. *Ce pain est brûlé en dessus.* ▷ *Là-dessus :* sur cela. *Mettez le paquet là-dessus.* – Fig. Sur ce sujet, sur cette affaire. *Passons là-dessus.* – Aussitôt après. *Là-dessus, il m'a quitté.* ▷ *Par-dessus :* sur cela. *Mettez votre manteau par-dessus.*

2. dessus [d(ə)sy] n. m. **1.** Ce qui est au-dessus, l'endroit, le côté supérieur. *Le dessus d'une table, d'une étoffe.* ▷ *Avoir le dessus :* avoir l'avantage dans une lutte. **2.** *Un dessus-de... :* un objet que l'on place sur (un autre) pour le protéger, le décorer. *Un dessus-de-lit.* **3.** *Le dessus du panier :* V. panier.

déstabilisateur, trice [destabilizatœʀ, tʀis] adj. Qui déstabilise.

déstabilisation [destabilizasjɔ̃] n. f. Action de déstabiliser.

déstabiliser [destabilize] v. tr. [1] Saper la stabilité de (un État, un régime, une situation).

déstalinisation [destalinizasjɔ̃] n. f. Processus, engagé par N. Khrouchtchev (XXe Congrès du parti communiste de l'U.R.S.S., 1956), de libéralisation du régime soviétique stalinien (et, par la suite, du socialisme autoritaire dans les démocraties populaires).

destin [dɛstɛ̃] n. m. **1.** Puissance qui, selon certaines croyances, réglerait la vie des hommes et le cours des événements. *Les arrêts du destin. Le Destin,* cette puissance divinisée. **2.** Sort particulier d'une personne ou d'une chose. *Un destin malheureux. Le destin d'une œuvre littéraire.*

destinataire [dɛstinatɛʀ] n. Personne à qui l'on adresse un envoi. *Indiquer lisiblement l'adresse du destinataire.* ▷ n. m. LING Celui auquel un message est adressé.

destinateur [dɛstinatœʀ] n. m. LING Celui qui adresse un message.

destination [dɛstinasjɔ̃] n. f. **1.** Rôle, emploi assigné à une personne ou à une chose. *La destination de cette pièce reste à déterminer.* **2.** Lieu où doit se rendre une personne, où une chose est expédiée. *Parvenir à destination.*

destinée [dɛstine] n. f. **1.** Destin (sens 1). *Se révolter contre la destinée.* **2.** Sort (d'une personne). *Ma destinée était de vous rencontrer.* **3.** Vie, existence. – *Unir sa destinée à qqn,* l'épouser, s'unir à lui.

destiner [dɛstine] v. tr. [1] **1.** Réserver (qqch) à qqn. *Je vous ai destiné cette tâche.* **2.** Réserver (une chose) à tel ou tel usage. ▷ Pp. adj. *Salle destinée aux réunions.* **3.** Orienter (qqn) vers une carrière, une occupation. *Destiner son fils à la carrière diplomatique.* – v. pron. *Se destiner à la magistrature.*

destituer [dɛstitɥe] v. tr. [1] Priver (qqn) de sa charge, de son emploi, de sa fonction. *Destituer un fonctionnaire.* Syn. révoquer, casser.

destitution [dɛstitysjɔ̃] n. f. Action de destituer; fait d'être destitué. *Pour un militaire, la destitution entraîne la perte du grade.*

déstocker [destɔke] v. tr. et intr. [1] Diminuer un stock par son utilisation ou sa mise en vente.

Destour, parti nationaliste tunisien (qui doit son nom au mot arabe *dastūr,* «Constitution»), qui en 1934 se scinda en *Vieux Destour,* prônant le retour à une Tunisie traditionnelle, et *Néo-Destour,* favorable à un État démocratique. Ce dernier, sous l'impulsion de Bourguiba, obtint l'indép. (1956) et instaura la rép. (1957).

destourien, enne [dɛstuʀjɛ̃, ɛn] adj. et n. En Tunisie, se dit d'un partisan du Destour.

Destrée (Jules) (1863 - 1936), écrivain et homme politique belge. Fondateur de l'Académie* royale de langue et de littérature françaises (1920), ministre des Sciences et des Arts, il publia des essais : *l'Énigme du maître de Flémalle* (1914), *le Mystère quotidien* (1927). Dans *Lettre au roi* (1911) et *Wallons et Flamands* (1923), il s'oppose à l'influence flamande.

destrier [dɛstʀije] n. m. Anc. Cheval de bataille.

destroyer [dɛstʀwaje] n. m. MAR Contre-torpilleur rapide.

destructeur, trice [dɛstʀyktœʀ, tʀis] adj. et n. Qui détruit.

destructible [dɛstʀyktibl] adj. Qui peut être détruit.

destructif, ive [dɛstʀyktif, iv] adj. Qui provoque, peut provoquer la destruction. *La force destructive du vent.*

destruction [dɛstʀyksjɔ̃] n. f. Action de détruire; fait d'être détruit. *La destruction d'une ville.* Ant. construction.

déstructuration [destʀyktyʀasjɔ̃] n. f. Destruction de la structure.

déstructurer [destʀyktyʀe] v. tr. [1] Détruire la structure de (qqch).

désuet, ète [dezɥɛ, ɛt] adj. Dont on ne fait plus usage. *Un style désuet.*

désuétude [dezɥetyd] n. f. Abandon de l'usage d'une chose. – Loc. *Tomber en désuétude. Coutume tombée en désuétude.*

désunion [dezynjɔ̃] n. f. Division, mésentente, désaccord.

désunir [dezyniʀ] v. tr. [3] Rompre l'union, la bonne entente entre (des personnes). *Désunir un couple.*

désynchronisation [desɛ̃kʀɔnizasjɔ̃] n. f. TECH État de ce qui n'est plus synchrone. *Désynchronisation du son et de l'image.*

désynchroniser [desɛ̃kʀɔnize] v. tr. [1] TECH Faire cesser le synchronisme de.

détachable [detaʃabl] adj. Qui peut être détaché. *Coupon détachable.*

détachage [detaʃaʒ] n. m. Action de détacher.

détachant, ante [detaʃɑ̃, ɑ̃t] adj. et n. m. Qui enlève les taches. – n. m. *Un détachant.*

détaché, ée [detaʃe] adj. **1.** Qui n'est plus attaché. **2.** Séparé. *Pièce détachée,* que l'on acquiert isolément pour remplacer une pièce usagée d'un mécanisme. **3.** Fig. Qui vit dans le détachement; qui manifeste le détachement. *Il est détaché de tout. Un air détaché.*

détachement [detaʃmɑ̃] n. m. **1.** État d'esprit d'une personne qui n'attache pas d'importance particulière à qqch; indifférence. *Le détachement vis-à-vis des biens de ce monde.* **2.** MILIT Fraction d'une unité constituée, en mission temporaire hors de son unité d'origine. **3.** Position d'un fonctionnaire provisoirement affecté à un autre service.

1. détacher [detaʃe] v. [1] **I.** v. tr. **1.** Dégager (qqn, qqch) de ce qui l'attache; défaire (ce qui sert à attacher). *Détacher un animal. Détacher des liens.* **2.** Séparer, éloigner (une chose) d'une autre à laquelle elle est jointe, avec laquelle elle est en contact. *Détacher une feuille d'un carnet. Détacher les bras du corps.* ▷ Fig. Écarter, détourner (qqn) d'une personne, d'un groupe. *Ses nouvelles occupations l'ont détaché de nous.* **3.** Séparer (une, des personnes) d'un groupe en vue d'une action donnée. *On l'a détaché pour accueillir les nouveaux venus.* ▷ Affecter provisoirement à un autre service. *Détacher un fonctionnaire.* **4.** Faire ressortir, mettre en évidence, en relief. *Détachez bien le premier plan dans votre dessin.* **5.** MUS *Détacher des notes,* exécuter chacune d'elles sans les lier. **II.** v. pron. **1.** Cesser d'être attaché. *La vache s'était détachée.* **2.** Se séparer. *Les feuilles mortes se détachent des branches.* ▷ Cesser d'être attaché par un lien affectif. *Se détacher progressivement de sa famille.* **3.** SPORT Prendre de l'avance sur les autres concurrents, dans une course. **4.** Ressortir, être en évidence, en relief. *Lettres noires qui se détachent sur un fond blanc.*

2. détacher [detaʃe] v. tr. [1] Faire disparaître une (des) tache(s) de. *Détacher un vêtement.*

détail [detaj] n. m. **1.** Vente ou achat de marchandises par petites quantités (par oppos. à *gros*). *Magasin de détail. Acheter au détail.* **2.** Fig. Ensemble considéré dans ses moindres particularités. *Le détail d'un compte, d'une affaire.* ▷ Loc. adv. *En détail :* en tenant compte de chacun des éléments de l'ensemble. *Il a raconté son aventure en détail.* **3.** Cour. Élément accessoire. *Se perdre dans les détails. C'est un détail :* cela a peu d'importance. **4.** MILIT *Officier de détail,* chargé de l'administration et du ravitaillement d'une unité.

détaillant, ante [detajɑ̃, ɑ̃t] n. Commerçant qui vend au détail (par oppos. à *grossiste*).

détailler [detaje] v. tr. [1] **1.** Couper en morceaux, diviser en parties. *Détailler un bœuf.* **2.** Vendre (une marchandise) au détail. *Détailler de la farine.* **3.** Fig. Raconter, exposer en détail. **4.** Observer les détails de. *Détailler un tableau.*

détaler [detale] v. intr. [1] Fam. S'enfuir au plus vite. *Détaler comme un lapin.*

détaquer [detake] v. tr. [1] (Réunion) Ouvrir (une porte), déverrouiller (une porte).

détar [detaʀ] n. m. (Afr. subsah.) Petit arbre de la savane (fam. césalpiniacées) dont le fruit, comestible, est riche en vitamine C.

détartrage [detaʀtʀaʒ] n. m. Action de détartrer.

détartrant, ante [detaʀtʀɑ̃, ɑ̃t] adj. et n. m. Qui dissout le tartre.

détartrer [detaʀtʀe] v. tr. [1] Enlever le tartre de.

détaxation [detaksasjɔ̃] n. f. Action de détaxer; son résultat.

détaxe [detaks] n. f. Suppression, diminution ou remboursement d'une taxe.

détaxer [detakse] v. tr. [1] Supprimer ou réduire une taxe sur.

détecter [detɛkte] v. tr. [1] Déceler la présence de (un phénomène, un objet caché).

détecteur, trice [detɛktœʀ, tʀis] n. m. et adj. Appareil servant à détecter (un objet, un phénomène). *Détecteur de mines.* – adj. *Sonde détectrice.*

détection [detɛksjɔ̃] n. f. Action de détecter.

détective [detɛktiv] n. m. Personne qui effectue des enquêtes, des filatures privées. *Détective privé.*

déteindre [detɛ̃dʀ] v. [55] **1.** v. tr. Enlever la teinture, la couleur de. *Ce produit déteint les vêtements.* **2.** v. intr. Perdre sa couleur. *Ce tissu déteint au lavage.* ▷ *Déteindre sur :* communiquer sa couleur à. – Fig. *Ses idées ont déteint sur vous.*

dételer [detle] v. [19] **1.** v. tr. Détacher (un animal attelé). **2.** v. intr. Fig., fam. *Sans dételer :* sans s'interrompre.

détendeur [detɑ̃dœʀ] n. m. TECH Appareil servant à réduire la pression d'un fluide.

détendre [detɑ̃dʀ] v. tr. [6] **1.** Faire cesser la tension de (qqch). *Détendre un ressort.* ▷ v. pron. Cesser d'être tendu. *Le piège se détendit brusquement.* **2.** Fig. Faire cesser la tension mentale de. *Allez faire un tour, cela vous détendra. Détendre l'atmosphère par une plaisanterie.* ▷ v. pron. *Je me détends en lisant.* **3.** TECH Diminuer la pression (d'un fluide). ▷ v. pron. *La vapeur se détend dans le cylindre.* **4.** Détacher (ce qui était tendu). *Détendre une tapisserie.*

détendu, ue [detɑ̃dy] adj. **1.** (Choses) Qui n'est plus tendu. *Un élastique détendu.* **2.** Fig. Sans tension nerveuse, calme. *Avoir l'air détendu.*

détenir [det(ə)niʀ] v. tr. [36] **1.** Conserver, retenir par-devers soi. *Détenir des tableaux de valeur.* ▷ Fig. *Détenir l'autorité, un titre sportif.* **2.** Retenir (qqn) en prison.

détente [detɑ̃t] n. f. **1.** TECH Mécanisme qui permet de détendre un ressort. ▷ *Spécial.* Mécanisme qui provoque la percussion, dans une arme à feu. *Avoir le doigt sur la détente.* ▷ Loc. fig., fam. *Être dur à la détente :* V. dur, sens I, 3. **2.** PHYS Expansion d'un fluide préalablement comprimé. **3.** Brusque effort musculaire, produisant un mouvement rapide. *Détente sèche de la jambe d'appel d'un sauteur.* **4.** Fig. Apaisement d'une tension mentale, repos. *Profiter de ses heures de détente.* **5.** Amélioration d'une situation internationale tendue. *La politique de détente qui a suivi la guerre froide.*

détenteur, trice [detɑ̃tœʀ, tʀis] n. Personne qui détient qqch. *La détentrice du record mondial de saut en hauteur.*

détention [detɑ̃sjɔ̃] n. f. **1.** Action de détenir qqch. *Détention d'armes.* ▷ DR Fait de disposer d'une chose sans en être le possesseur. **2.** État d'une personne incarcérée. ▷ DR Peine afflictive, privative de liberté. – *Détention préventive,* d'un inculpé en attente de jugement.

détenu, ue [detəny] n. et adj. Personne que l'on détient en prison.

détergent, ente [detɛʀʒɑ̃, ɑ̃t] adj. et n. m. Qui nettoie en dissolvant les impuretés. *Substance détergente.* ▷ n. m. *Un détergent.* Syn. détersif.

détérioration [deteʀjɔʀasjɔ̃] n. f. Action de détériorer; son résultat.

détériorer [deteʀjɔʀe] v. tr. [1] **1.** Mettre en mauvais état, abîmer, dégrader. *Les intempéries ont détérioré la maison.* ▷ v. pron. *Matériel qui se détériore.* **2.** Fig. *Détériorer sa santé.* ▷ v. pron. *Situation qui se détériore.*

déterminant, ante [detɛʀminɑ̃, ɑ̃t] adj. et n. m. **I.** adj. Qui détermine, qui amène à prendre une décision. *Un argument déterminant.* **II.** n. m. **1.** LING Élément qui détermine un substantif (article, adjectif possessif, démonstratif, indéfini, numéral, etc.). **2.** MATH Nombre qui est déduit du produit des éléments d'une matrice carrée et qu'on utilise pour résoudre un système de *n* équations à *n* inconnues.

déterminatif, ive [detɛʀminatif, iv] adj. (et n. m.) LING Qui caractérise un mot, en détermine le sens. *Adjectif déterminatif.* ▷ n. m. *Un déterminatif.*

détermination [detɛʀminasjɔ̃] n. f. **1.** Action de déterminer, de préciser. *La détermination de l'âge d'une roche.* **2.** PHILO Relation de dépendance d'un élément de connaissance par rapport à un autre. **3.** Intention, résolution. *Avoir la détermination de réussir.* **4.** Fermeté de caractère. *Agir avec détermination.*

déterminé, ée [detɛʀmine] adj. et n. m. **I.** adj. **1.** Fixé, délimité. **2.** Résolu, décidé. *Une attitude déterminée.* **3.** PHILO Qui est la conséquence de phénomènes antérieurs. (V. déterminisme.) **II.** adj. et n. m. LING Qui est précisé par le déterminant. – n. m. *Le déterminé.*

déterminer [detɛʀmine] v. tr. **[1]** **1.** Fixer, régler. *Déterminer la durée d'un congé.* **2.** Faire prendre une résolution à. *Je l'ai déterminé à abandonner ce projet.* Syn. décider. ▷ v. pron. Prendre une résolution. *Se déterminer à agir.* **3.** Établir avec précision, d'une manière positive. *Déterminer la distance du Soleil à la Terre.* **4.** LING Caractériser, préciser la valeur ou la signification de (un mot, et spécial. d'un nom par un déterminant). *L'article détermine le nom.* **5.** Être la cause de. *Le choc a déterminé l'explosion.*

déterminisme [detɛʀminism] n. m. PHILO **1.** Caractère d'un ordre nécessaire de faits répondant au principe de causalité. **2.** Système philosophique selon lequel tout dans la nature obéit à des lois rigoureuses, y compris les conduites humaines.
ENCYCL Le principe du déterminisme consiste à admettre que tout phénomène dépend d'un ensemble de conditions antérieures ou simultanées («les mêmes causes produisent les mêmes effets»).

déterministe [detɛʀminist] adj. et n. **1.** adj. Qui se rapporte au déterminisme. **2.** n. Partisan du déterminisme.

déterré, ée [deteʀe] adj. et n. **1.** adj. Qui a été sorti de terre. **2.** Subst., dans la loc. fig. *Avoir un air, une mine de déterré :* avoir le visage pâle et défait.

déterrement [detɛʀmɑ̃] n. m. Action de déterrer.

déterrer [deteʀe] v. tr. **[1]** **1.** Retirer de dessous la terre. *Déterrer un trésor.* ▷ *Spécial.* Exhumer (un corps). **2.** Fig. Découvrir (une chose, une personne cachée). *Déterrer un livre rare.*

détersif, ive [detɛʀsif, iv] adj. et n. m. Syn. de *détergent.*

détestable [detɛstabl] adj. **1.** Rare Qui doit être détesté. **2.** Exécrable.

détester [detɛste] v. tr. **[1]** Avoir (qqn, qqch) en horreur. *Détester qqn.* – *Par ext.* Ne pas supporter. *Détester les bavards.*

détonant, ante [detɔnɑ̃, ɑ̃t] adj. (et n. m.) Qui détone. *Mélange détonant.* ▷ n. m. Produit qui peut détoner.

détonateur [detɔnatœʀ] n. m. TECH Amorce qui renferme une substance servant à faire détoner une charge d'explosif. ▷ Fig. Fait, événement qui provoque une action. *Cet incident fut le détonateur de la grève.*

détonation [detɔnasjɔ̃] n. f. **1.** Cour. Bruit fait par ce qui détone, explose. **2.** CHIM Mode de combustion dans lequel la vitesse de propagation de la flamme est de l'ordre du kilomètre par seconde.

détoner [detɔne] v. intr. **[1]** Exploser bruyamment.

détonner [detɔne] v. intr. **[1]** **1.** MUS Sortir du ton. – Cour. Chanter faux. **2.** Fig. Contraster désagréablement avec autre chose. *La couleur de cette écharpe et celle de votre robe détonnent.*

détordre [detɔʀdʀ] v. tr. **[6]** Remettre dans son premier état (ce qui a été tordu). ▷ v. pron. *Fil qui se détord.*

détour [detuʀ] n. m. **1.** Changement de direction par rapport à la ligne directe. *Les détours d'une rivière, d'un chemin.* **2.** Trajet qui s'écarte du plus court chemin. *Faire un détour.* **3.** Fig. Moyen indirect, subterfuge. *User de détours pour atteindre son but.* ▷ Circonlocution. *Avouer sans détour.*

détourage [detuʀaʒ] n. m. **1.** TECH Opération par laquelle on donne à une pièce en cours d'usinage sa forme définitive. **2.** ARTS GRAPH Opération qui consiste à éliminer le fond entourant le sujet central d'une photo, d'un dessin, par découpage ou usage d'un cache.

détourné, ée [detuʀne] adj. **1.** Qui fait un détour. *Chemin détourné.* ▷ Fig. *Moyens détournés :* moyens indirects. **2.** Qui s'exprime indirectement, de façon voilée. *Un compliment détourné.*

détournement [detuʀnəmɑ̃] n. m. **1.** Action d'éloigner de la voie directe, de sa destination initiale. *Détournement de la circulation.* – *Détournement d'avion :* action de contraindre un avion à changer de destination. **2.** DR Soustraction frauduleuse. *Un détournement de fonds. Détournement des deniers publics.* **3.** DR *Détournement de mineur(e) :* action de soustraire une personne mineure à l'autorité de ses parents ou de son tuteur; *cour.* incitation d'une personne mineure à la débauche.

détourner [detuʀne] v. tr. **[1]** **1.** Écarter du chemin suivi ou à suivre; changer la direction, l'itinéraire de. *Détourner un train.* – Contraindre (un avion) à changer de destination. – Fig. *Détourner qqn de son devoir.* ▷ *Détourner la conversation,* l'orienter vers un autre sujet. *Détourner l'attention de qqn.* **2.** Tourner dans une autre direction. *Détourner la tête.* **3.** Soustraire frauduleusement. *Détourner une grosse somme.*

détourneur [detuʀnœʀ] n. m. (Afr. subsah.) Séducteur de femmes mariées.

détoxication [detɔksikasjɔ̃] n. f. MED Neutralisation du pouvoir toxique (de certains corps). – Élimination des toxines.

détracteur, trice [detʀaktœʀ, tʀis] n. et adj. Personne qui s'efforce de rabaisser la valeur de qqch, le mérite de qqn. *Une loi qui a ses détracteurs.* ▷ adj. *Un esprit détracteur.*

détraqué, ée [detʀake] adj. et n. Fam. Atteint de troubles mentaux, déséquilibré. – Subst. *Un(e) détraqué(e).*

détraquer [detʀake] v. tr. **[1]** **1.** Déranger (un mécanisme). *Détraquer une serrure, une horloge.* ▷ v. pron. *Montre, système qui se détraque.* **2.** Fig., fam. Troubler le fonctionnement de. *Médicaments qui détraquent le foie.* ▷ v. pron. *Le temps se détraque.*

1. détrempe [detʀɑ̃p] n. f. **1.** PEINT Pigments délayés dans de l'eau et additionnés d'un liant et d'un fixatif. **2.** Œuvre exécutée avec cette préparation.

2. détrempe [detʀɑ̃p] n. f. TECH Opération qui détruit la trempe de l'acier.

1. détremper [detʀɑ̃pe] v. tr. **[1]** Délayer dans un liquide; mouiller abondamment. *Détremper du pain.*

2. détremper [detʀɑ̃pe] v. tr. **[1]** TECH Détruire la trempe de (l'acier).

détresse [detʀɛs] n. f. **1.** Angoisse causée par un danger imminent ou par le besoin, la souffrance. *Un cri de détresse.* ▷ Situation qui cause cette angoisse. – Dénuement, misère. **2.** Situation périlleuse d'un navire, d'un aéronef, etc. *Signaux de détresse. Navire en détresse.*

détresser [detʀɛse] v. tr. **[1]** **1.** Défaire (ce qui est tressé). **2.** (Afr. subsah.) Défaire les tresses de (qqn). *Quand pourras-tu me détresser?*

Detrez (Conrad) (1937 – 1984), écrivain belge d'expression française. Ses nombreux romans (*Ludo,* 1974; *l'Herbe à brûler,* 1978; *le Drageur de Dieu,* 1980; *la Mélancolie du voyeur,* posth. 1986) narrent l'aventure (parfois érotique) d'un jeune Wallon qui se rend en Amérique latine pour y participer aux luttes révolutionnaires.

détribalisation [detʀibalizasjɔ̃] n. f. ETHNOL Action de détribaliser; son résultat.

détribalisé, ée [detʀibalize] adj. et n. ETHNOL Dont les liens avec son groupe d'origine ont été rompus. *La jeunesse urbaine détribalisée.* – Subst. *Un(e) détribalisé(e).*

détribaliser [detʀibalize] v. tr. **[1]** ETHNOL Enlever son caractère tribal à (qqn, qqch).

détriment (au) [odetʀimɑ̃] loc. prép. *Au détriment de :* au préjudice de. *Il travaille au détriment de sa santé.*

détritique [detʀitik] adj. GEOL Se dit des dépôts ou des roches (grès, conglomérats) provenant de la désagrégation mécanique de roches préexistantes.

détritus [detʀity(s)] n. m. (Le plus souvent au plur.) Débris, ordures.

détroit [detʀwa] n. m. **1.** Passage maritime resserré entre deux terres. *Le détroit de Gibraltar.* **2.** ANAT Nom donné aux deux rétrécissements du bassin. *Détroit supérieur,* séparant le grand bassin du pelvis. *Détroit inférieur :* orifice inférieur du pelvis.

Detroit, v. des É.-U. (Michigan), sur la *rivière de Detroit,* qui unit les lacs Saint-Clair et Érié; 1 027 970 hab. (aggl. urb. 4 577 100 hab.). Grand centre de l'industr. automobile. – Université.

Détroits (les), détroits turcs du Bosphore et des Dardanelles, reliant la mer Noire et la Méditerranée. Leur circulation maritime fit l'objet de nombreux traités.

détromper [detʀɔ̃pe] v. tr. **[1]** Tirer (qqn) d'erreur. ▷ v. pron. *Détrompez-vous :* revenez de votre erreur.

détrôner [detʀone] v. tr. **[1]** **1.** Déposséder du trône, du pouvoir souverain. **2.** Fig. Supplanter. *Théorie qui en détrône une autre.*

détrousser [detʀuse] v. tr. **[1]** Litt. Voler (qqn) en usant de violence.

détruire [detʀɥiʀ] v. tr. **[69]** **1.** Démolir, abattre (un édifice). *Détruire un immeuble vétuste.* **2.** Anéantir (en altérant, en cassant, en brûlant, etc.). *Détruire des papiers compromettants.* ▷ Fig. *Détruire une illusion.* **3.** Donner la mort à. *Poison qui détruit les rongeurs.* ▷ v. pron. Se suicider. – Ruiner sa santé. *Il se détruit en buvant.*

dette [dɛt] n. f. **1.** Ce qu'on doit à qqn. – *Spécial.* Somme d'argent qu'on doit. *Avoir des dettes. Reconnaissance de dette :* acte écrit par lequel le débiteur reconnaît une créance. ▷ FIN *Dette publique :* ensemble des sommes dues par l'État. ▷ ECON *Dette extérieure :* ensemble des dettes d'un pays à l'égard de l'étranger. **2.** Fig. Obligation morale envers qqn. *Une dette de reconnaissance.*

deuil [dœj] n. m. **1.** Douleur, tristesse que l'on éprouve de la mort de qqn. *Un deuil très éprouvant. Un jour de deuil.* **2.** Marques extérieures du deuil. *Prendre, porter le deuil, être en deuil :* porter des vêtements de deuil. *Deuil national.* **3.** Temps pendant lequel on porte le deuil. *L'usage a abrégé le deuil.* ▷ (Afr. subsah.) Période pendant laquelle on pleure un défunt. *Levée, sortie de deuil,* fin de cette période. **4.** Cortège funèbre. *Mener le deuil.* **5.** Loc. fam. *Faire son deuil d'une chose,* ne plus compter sur elle, la considérer comme perdue.

deus ex machina [deusɛksmakina] n. m. (lat.) Dans le théâtre antique, dieu qui, sortant de la machinerie de la scène, intervenait pour apporter à une situation sans issue un dénouement heureux. ▷ Fig. Personnage, événement qui vient arranger providentiellement une situation difficile.

deut-, deuter-, deutéro-. Éléments, du grec *deuteros,* «deuxième».

deutérium [døteʀjɔm] n. m. CHIM Isotope de l'hydrogène, de masse atomique 2 (symbole D). – Corps simple diatomique (formule D_2) nommé aussi *hydrogène lourd.* (Son principal dérivé est l'eau lourde, D_2O.)

Deutéronome, cinquième livre du Pentateuque, qui forme comme un *second* (d'où son nom gr. *deuteronomos* : «seconde loi») traité de la loi de Dieu. Il relate aussi la mort de Moïse.

Deutsch (Niklaus Manuel) (1484 – 1530), peintre suisse. Soldat mercenaire dans sa jeunesse, il peignit v. 1515 une *Danse des morts* (perdue) dans un couvent de Berne, puis des scènes mythologiques. Son adhésion à la Réforme (v. 1522) mit fin à sa carrière.

Deutschland über alles *(l'Allemagne au-dessus de tout,* c'est-à-dire «au-dessus de tous les États allemands» en cours d'unification), chant allemand (paroles de Hoffmann von Fallersleben, 1841, sur une musique de Joseph Haydn, 1797) dont on fit, en 1922, l'hymne national allemand.

deux [dø] adj. inv. et n. m. inv. **I.** adj. num. inv. **1.** (Cardinal) Un plus un (2). *Les deux mains.* ▷ (Marquant un très petit nombre indéterminé.) *J'habite à deux pas d'ici.* ▷ (Opposé à l'unité.) *Deux avis valent mieux qu'un.* ▷ (Marquant la différence.) *Ton père et toi, cela fait deux.* **2.** (Ordinal) Deuxième. *Article deux.* – Ellipt. *Le deux août.* **II.** n. m. inv. **1.** Le nombre deux. *Deux et deux font quatre.* ▷ Chiffre représentant le nombre deux (2). ▷ Numéro deux. *Habiter au deux.* ▷ *Le deux :* le deuxième jour du mois. **2.** Carte, face de dé, ou côté de domino portant deux marques. *Sortir un deux. Le double deux.*

deuxième [døzjɛm] adj. et n. **1.** adj. numéral ord. Dont le rang est marqué par le nombre 2. *Le deuxième lundi du mois. Habiter au deuxième étage* ou, ellipt., *au deuxième.* **2.** n. Personne, chose qui occupe la deuxième place. *La deuxième de la classe.*

deuxièmement [døzjɛmmɑ̃] adv. En deuxième lieu.

deux-mâts [dømɑ] n. m. inv. Voilier à deux mâts.

deux-moitiés [dømwatje] n. m. inv. V. de-moitié.

deux-pièces [døpjɛs] n. m. inv. **1.** Costume féminin comportant une veste et une jupe du même tissu. *Complet deux-pièces :* veste et pantalon de même tissu, pour homme. ▷ Maillot de bain composé d'un slip et d'un soutien-gorge. **2.** Appartement comportant deux pièces.

deux-points [døpwɛ̃] n. m. inv. **1.** Signe de ponctuation (:) introduisant une énumération, une explication, etc. **2.** Signe de la division.

Deux-Roses (guerre des), guerre civile anglaise (1450-1485) : les maisons de Lancastre (rose rouge dans ses armoiries) et d'York (rose blanche) se disputèrent la Couronne.

deux-roues [døʀu] n. m. inv. Véhicule à deux roues (bicyclette, cyclomoteur, vélomoteur, motocyclette, etc.).

Deux-Sèvres, département franç.; 6036 km²; 345965 hab.; ch.-l. *Niort* (58660 hab.). V. Poitou-Charentes (Rég.).

Deux-Siciles, ancien royaume (1442-1458) comprenant l'Italie du S. et la Sicile, réunies par Alphonse V d'Aragon. Reconstitué en 1816 par Ferdinand IV de Naples, il fut rattaché en 1861 au nouveau royaume d'Italie.

deux-temps [døtɑ̃] n. m. inv. Moteur à deux temps.

Deva, v. de Roumanie, en Transylvanie, ch.-l. du district de Hunedoara, sur le Mureș; 77980 hab. – Citadelle (XIIIe s.), château de Magna Curia (XVIIe s.).

dévaler [devale] v. [1] **1.** v. intr. Aller très vite ou brusquement du haut vers le bas. *Avalanche qui dévale.* **2.** v. tr. Descendre rapidement. *Dévaler un escalier.*

De Valera (Eamon) (1882 – 1975), homme politique irlandais. Chef du gouvernement révolutionnaire (1918), il imposa en 1932 l'indépendance de son pays. Presque sans interruption, il fut président du gouv. puis de la République (1959), jusqu'à son retrait de la vie publique (1973).

dévaliser [devalize] v. tr. [1] Voler à (qqn) son argent, ses vêtements. – Par ext. *Dévaliser une villa.*

dévaloir [devalwaʀ] n. m. (Suisse) Grande gouttière utilisée pour guider la descente de billes de bois.

dévalorisant, ante [devalɔʀizɑ̃, ɑ̃t] adj. Qui dévalorise.

dévalorisation [devalɔʀizasjɔ̃] n. f. Action de dévaloriser; son résultat. Syn. dépréciation.

dévaloriser [devalɔʀize] v. tr. [1] Déprécier, diminuer la valeur de. ▷ v. pron. *Marchandise qui s'est dévalorisée.*

dévaluation [devalɥasjɔ̃] n. f. Abaissement de la valeur légale d'une monnaie par rapport aux monnaies étrangères ou à l'étalon de référence.

ENCYCL En régime de change fixe mais ajustable, la dévaluation est un instrument de politique économique qui vise à améliorer la balance commerciale en rendant les exportations plus compétitives et en freinant l'entrée de marchandises étrangères, dont les prix, exprimés en monnaie locale, se trouvent accrus.

dévaluer [devalɥe] v. tr. [1] Opérer la dévaluation de. *Dévaluer une monnaie.* ▷ Pp. adj. Monnaie dévaluée. ▷ Fig. *Certaines valeurs morales sont dévaluées.*

devancer [d(ə)vɑ̃se] v. tr. [12] **1.** Marcher, aller en avant de; dépasser, distancer. *Coureur qui devance ses concurrents.* **2.** Surpasser, avoir l'avantage sur. *Élève qui devance ses condisciples.* **3.** Être en avance (dans le temps). – Fig. *Son génie avait devancé son siècle.* **4.** Aller au-devant de, prévenir (qqch). *Devancer une attaque.*

devancier, ère [d(ə)vɑ̃sje, ɛʀ] n. Personne qui en a précédé une autre.

1. devant [d(ə)vɑ̃] prép. et adv. **I.** prép. **1.** En avant de. *Marcher devant les autres.* Ant. derrière. **2.** Vis-à-vis de, en face de, contre. *La voiture est garée devant la maison.* – *Par ext.* En présence de. *Il l'a dit devant témoin.* ▷ Fig. *Avoir du temps, de l'argent devant soi :* disposer d'un certain temps, d'une certaine somme d'argent. **3.** Loc. prép. *Au-devant de :* à la rencontre de; en avant pour prévenir. *Aller au-devant des arrivants.* ▷ DR *Par-devant :* en présence de. *Contrat passé par-devant notaire.* **II.** adv. **1.** adv. de lieu. *Je pars devant.* – (Afr. subsah.) Plus loin, en allant vers l'avant. *Continuons, le marigot est devant.* **2.** adv. de temps. Vx Auparavant. – Mod. Loc. prov. *Être Gros-Jean comme devant :* n'avoir pas avancé dans ses affaires malgré ses efforts, ou avoir été trompé. **3.** Loc. adv. *Par-devant :* à la face, à la partie antérieure; par l'avant.

2. devant [d(ə)vɑ̃] n. m. **1.** Face antérieure d'une chose, côté opposé à celui de derrière. *Le devant d'une maison, d'une robe.* **2.** Plur. (en loc.) *Prendre les devants :* partir avant qqn, le dépasser en allant plus vite; fig. prendre l'initiative, devancer qqn en faisant qqch.

devanture [d(ə)vɑ̃tyʀ] n. f. **1.** Façade d'une boutique. **2.** *Par ext.* Étalage, objets exposés dans une vitrine. *Remarquer une bague à la devanture d'une bijouterie.* **3.** (Afr. subsah., Maghreb) Devant d'un bâtiment. *Des marchands d'antiquités sont installés à la devanture de l'hôtel.*

dévaser [devɑze] v. tr. [1] Débarrasser de la vase. *Dévaser un port.*

dévastateur, trice [devastatœʀ, tʀis] adj. et n. Qui dévaste. *Un fléau dévastateur.* ▷ Subst. *Les criquets sont de grands dévastateurs.* Syn. destructeur.

dévastation [devastasjɔ̃] n. f. Action de dévaster; son résultat. *Les dévastations dues aux guerres.* Syn. ravage.

dévaster [devaste] v. tr. [1] Ruiner, causer de grands dégâts à. *Un tremblement de terre a dévasté la région.* Syn. saccager, ravager.

déveine [devɛn] n. f. Fam. Mauvaise chance persistante. *Tu parles d'une déveine!* Syn. guigne. Ant. veine.

développement [devlɔpmɑ̃] n. m. **1.** Action de déployer, de donner toute son étendue à. – Fig. Déroulement. *Développement des opérations.* – GEOM Action de développer un solide. – MATH Action de développer une expression algébrique. **2.** Exposition détaillée. *Développement d'une idée. Introduction, développement et conclusion d'un exposé.* **3.** Accroissement naturel d'un organisme vivant par l'acquisition de nouvelles fonctions, de nouveaux organes (distinct de la croissance). *Développement* *d'un bourgeon.* – Accroissement des facultés mentales ou intellectuelles. *Le développement de l'intelligence chez l'enfant.* **4.** Ampleur, importance, extension que prend une chose qui évolue. *Une entreprise en plein développement.* Syn. essor, expansion. – *Pays en voie de développement, en développement :* expressions créées pour remplacer *pays sous*-développé* (V. encycl. ci-après). – *Développement humain.* – *Projet de développement :* intervention visant à initier ou à renforcer des activités et dont les effets peuvent accroître le développement d'un secteur. – *Droit du développement :* ensemble des instruments juridiques permettant de provoquer des changements socioculturels favorables au développement. – *Développement durable,* qui répond aux besoins du présent sans compromettre la capacité des générations futures à répondre à leurs propres besoins. **5.** TECH Ensemble des opérations permettant de faire apparaître l'image sur un cliché photographique. **6.** Distance parcourue par une bicyclette à chaque tour de pédalier.

ENCYCL Si la croissance économique a toujours préoccupé les économistes, c'est seulement dans les années 1940-50 qu'ont vu le jour les premières théories du développement. La prise de conscience du retard accusé, du point de vue de leur industrialisation, par un grand nombre de pays africains, latino-américains et asiatiques est à l'origine de ces travaux. Le développement a ainsi été décrit comme une succession d'étapes qui diffèrent à des degrés divers soit par la forme d'organisation (familiale, urbaine ou nationale) de la production et des échanges, soit par la nature du secteur prédominant (primaire, secondaire ou tertiaire), soit encore par le rythme de croissance de l'investissement et de l'accumulation du capital. Ces étapes sont les suivantes : tradition, transition, décollage, maturité, consommation de masse.

développer [devlɔpe] v. [**1**] **I.** v. tr. **1.** Exposer en détail, avec une certaine longueur. *Développer une idée, un sujet, un argument.* – GEOM Représenter sur un plan les différentes faces d'un corps solide. – MATH Effectuer une série de calculs. *Développer une série :* transformer une fonction en une somme algébrique de termes. **2.** Faire croître. *Développer la mémoire, l'intelligence, les goûts de qqn.* ▷ Faire prendre de l'ampleur, de l'importance, de l'extension. *Développer une affaire. Développer un pays :* améliorer sa situation économique et sociale. **3.** Mener l'ensemble des opérations de la conception d'un produit à sa mise sur le marché. *Développer un prototype.* **4.** TECH Traiter (un cliché photographique) pour faire apparaître l'image. **5.** Avoir (tel développement), en parlant d'une bicyclette. *Cette bicyclette développe 7 mètres.* **II.** v. pron. **1.** Se déployer, s'étendre. *L'armée se développa dans la plaine.* – Fig. *L'intrigue se développait lentement.* **2.** Prendre de l'extension, de l'importance; grandir. *Une ville qui se développe. La pratique de ce sport s'est beaucoup développée ces dernières années.*

1. devenir [dəvniʀ] v. intr. [**36**] **1.** Passer d'un état à (un autre). *Devenir vieux, riche.* Syn. (Québec) venir. **2.** Avoir tel ou tel résultat, tel ou tel sort, telle ou telle issue. *Je ne l'ai pas vu depuis des années, qu'est-il devenu?*

2. devenir [dəvniʀ] n. m. PHILO Transformation des choses, des êtres; ensemble des changements dans leur déroulement temporel. *Les philosophies du devenir s'opposent aux philosophies de l'être, qui insistent sur la permanence.*

déverbal, aux [devɛʀbal, o] n. m. LING Nom formé à partir du radical d'un verbe, spécial. sans suffixe. *Moulinage est un déverbal de mouliner.*

dévergondage [devɛʀgɔ̃daʒ] n. m. Conduite, notam. sexuelle, dépourvue de pudeur, de retenue. Syn. débauche. – Fig. Fantaisie excessive.

dévergondé, ée [devɛʀgɔ̃de] adj. et n. Qui est sans retenue, sans pudeur, notam. dans sa conduite sexuelle. ▷ Subst. *Un(e) dévergondé(e).*

dévergonder (se) [devɛʀgɔ̃de] v. pron. [**1**] Abandonner toute retenue, toute pudeur notam. sur le plan de la conduite sexuelle; se débaucher.

Devéria (Achille) (1800 – 1857), peintre et graveur français.

déverrouillage [devɛʀujaʒ] n. m. Action de déverrouiller.

déverrouiller [devɛʀuje] v. tr. [**1**] **1.** Ouvrir en tirant le verrou de. *Déverrouiller une porte.* **2.** Libérer (un mécanisme préalablement immobilisé). *Déverrouiller le train d'atterrissage d'un avion.*

devers [dəvɛʀ] prép. *Par-devers :* en la possession de. *Garder des documents par-devers soi.*

dévers, erse [devɛʀ, ɛʀs] adj. et n. m. **I.** adj. CONSTR Qui n'est pas d'aplomb. **II.** n. m. **1.** TECH Différence de niveau entre les deux rails d'une voie de chemin de fer, les deux bordures d'une chaussée. *Dans les courbes, le dévers contrarie les effets de la force centrifuge.* **2.** CONSTR Pente ou gauchissement d'une pièce.

déversement [devɛʀsəmɑ̃] n. m. Action de déverser, de se déverser.

déverser [devɛʀse] v. tr. [**1**] **1.** Faire couler (un liquide). *Déverser le trop-plein dans le ruisseau.* ▷ v. pron. S'écouler. *Les eaux de pluie se déversent dans une citerne.* **2.** *Par ext.* Déposer en épandant, en versant. *Déverser de la latérite sur le bord d'une route.* – Par anal. *Les avions déversent des flots de touristes.* **3.** Fig. Épancher, répandre. *Déverser sa rancœur.*

déversoir [devɛʀswaʀ] n. m. TECH Ouvrage servant à évacuer l'eau en excès. *Le déversoir d'un barrage.*

dévêtir [devɛtiʀ] v. tr. [**33**] Enlever les vêtements de. Syn. déshabiller. ▷ v. pron. *Se dévêtir pour aller se baigner.*

déviance [devjɑ̃s] n. f. PSYCHO Conduite qui s'écarte des normes sociales.

déviant, ante [devjɑ̃, ɑ̃t] adj. (et n.) Dont la conduite s'écarte des normes sociales.

déviation [devjasjɔ̃] n. f. **I.** Fait de s'écarter de sa direction. **1.** TECH Angle que fait la direction d'un projectile avec le plan de tir. **2.** Différence angulaire entre la direction du nord magnétique et la direction du nord indiquée par un compas soumis à l'influence des masses ferreuses du navire ou de l'aéronef («nord du compas»). **3.** TECH Déplacement de l'aiguille d'un appareil de mesure. **4.** PHYS Angle formé par le rayon incident et le rayon qui traverse un système optique. **5.** MED Direction anormale d'un organe, d'une partie du corps. *Déviation de la colonne vertébrale.* **6.** Fig. Écart, variation dans la conduite. *Agir sans déviation.* **II.** **1.** Action de changer la direction de qqch. *Déviation d'un cours d'eau.* **2.** Itinéraire détourné. *Prenez la déviation à gauche.*

déviationnisme [devjasjɔnism] n. m. Fait de s'écarter de la stricte conformité à une doctrine, à la ligne d'un parti.

déviationniste [devjasjɔnist] adj. (et n.) Qui s'écarte de la ligne d'un parti.

dévidage [devidaʒ] n. m. Action de dévider du fil.

dévider [devide] v. tr. [**1**] **1.** Mettre en écheveau ou en pelote (le fil embobiné ou en fuseau). **2.** Dérouler. *Dévider une bobine.* **3.** (Réunion) Syn. de *vider* (sens 1). *Dévider ses poches.* – *Dévider son cœur :* se confier, dire ce que l'on a sur le cœur.

dévidoir [devidwaʀ] n. m. Appareil servant à dévider ou à dérouler.

dévier [devje] v. [**2**] **1.** v. intr. S'écarter de sa direction. *La balle a dévié. Dévier de la bonne route.* – Fig. *Dévier d'une ligne de conduite.* **2.** v. tr. Écarter, détourner de la direction normale. *Les gendarmes dévièrent la circulation.*

dévierger [devjɛʀʒe] v. tr. [**13**] (Afr. subsah., Djibouti) Fam. Déflorer (une jeune fille).

devin, devineresse [dəvɛ̃, dəvinʀɛs] n. Personne qui prétend prédire les événements et découvrir les choses cachées. *Les devins de l'Antiquité.* Syn. (Réunion) devineur.

devinaille [dəvinaj] n. f. (Réunion) Syn. de *devinette.*

deviner [d(ə)vine] v. tr. [**1**] Découvrir, savoir par conjecture, par supposition. *Deviner la pensée de qqn.* – Absol. *Deviner juste.* ▷ v. pron. Être deviné. *La fin de l'histoire se devine aisément.*

devinette [d(ə)vinɛt] n. f. Question que l'on pose par jeu pour en faire deviner la réponse. *Jouer aux devinettes.* Syn. (Réunion) devinaille, (oc. Indien) sirandane, (V. massacre, sens 3.) – (Afr. subsah.) Énigme qui sert de moyen ritualisé d'enseignement.

devineur, euse [dəvinœʀ, øz] n. (Réunion) Devin.

devis [d(ə)vi] n. m. État détaillé des travaux à effectuer accompagné de l'estimation de leur prix. *Devis descriptif,* qui donne une description détaillée des travaux à effectuer, des matériaux à employer, des délais d'exécution. *Devis estimatif,* qui donne une évaluation du prix des travaux.

dévisager [devizaʒe] v. tr. [**13**] Regarder longuement et attentivement un visage. *Il m'a dévisagé avec insistance.*

1. devise [d(ə)viz] n. f. Sentence exprimant une pensée, une consigne d'action. («Liberté, Égalité, Fraternité», par ex.) – *Par ext.* Sentence indiquant le mode de vie, la résolution de qqn. *«Plutôt souffrir que mourir, c'est la devise des hommes»* (La Fontaine).

2. devise [d(ə)viz] n. f. FIN Monnaie émise par une banque nationale, envisagée par rapport à d'autres. *Le franc est la devise française.*

deviser [dəvize] v. [**1**] **1.** v. intr. Litt. S'entretenir familièrement. *Nous devisions gaiement entre amis.* **2.** v. tr. (Suisse) Établir le devis de. *Deviser une réparation.*

dévissage [devisaʒ] n. m. Opération qui consiste à dévisser.

dévisser [devise] v. [**1**] **1.** v. tr. TECH Ôter (une vis, un écrou). – Démonter (une pièce vissée). *Dévisser une serrure.* **2.** v. intr. ALPIN Syn. de *dérocher* (2).

de visu [devizy] loc. adv. (lat.) Après avoir vu, en voyant. *S'assurer de visu de la véracité d'une description.*

dévitalisation [devitalizasjɔ̃] n. f. Action de dévitaliser.

dévitaliser [devitalize] v. tr. [1] *Dévitaliser une dent,* en retirer le tissu vital (la pulpe et le nerf).

dévitaminé, ée [devitamine] adj. Qui a perdu ses vitamines.

dévoiement [devwamɑ̃] n. m. **1.** CONSTR Changement de direction d'un conduit. **2.** État d'une personne dévoyée.

dévoilement [devwalmɑ̃] n. m. Action de dévoiler; fait de se dévoiler.

dévoiler [devwale] v. tr. [1] **1.** Enlever le voile qui dissimule (qqn ou qqch). *Dévoiler une statue.* **2.** Fig. Découvrir, révéler (ce qui était secret, caché). *Dévoiler un scandale.* ▷ v. pron. Cesser d'être caché, se montrer. *Ses intentions se sont dévoilées ensuite.* – Se trahir. *Le traître s'est dévoilé.* **3.** TECH Faire perdre son voile à, rendre plan. (V. voile 3.) *Dévoiler une roue.*

1. devoir [dəvwaʀ] v. [44] **I.** v. tr. **1.** Avoir à donner ou à restituer (une somme d'argent) à qqn. *Je te dois vingt francs.* **2.** Être redevable de (qqch) à (qqn), tenir de. *Il lui doit sa situation. L'Égypte doit sa fertilité au Nil.* – *Devoir à (qqn) de* (+ inf.). *Je lui dois d'avoir été promu à ce poste.* **3.** Avoir pour obligation (morale) envers (qqn). *Il me doit le respect.* **II.** v. auxil. suivi de l'inf., marque : **1.** La nécessité inéluctable, l'obligation. *Nous devons tous mourir. Je dois finir cela avant demain.* **2.** Le futur proche, l'intention. *Je dois m'absenter prochainement.* **3.** La possibilité, la vraisemblance. *Il doit se tromper.* **4.** (Au conditionnel.) La probabilité. *Il devrait être près du but, maintenant.* **5.** (Au subjonctif imparfait, avec inversion du sujet.) Litt. Même si. *Je le ferai, dussé-je y passer la nuit. Il fera des excuses, dût-il en mourir de honte.* **III.** v. pron. **1.** *Se devoir à :* avoir des obligations morales envers. *On se doit à sa famille.* ▷ *Se devoir de :* avoir le devoir de. *Je me dois de garder le secret.* **2.** (Impers.) *Cela se doit :* cela doit être. – *Comme il se doit :* comme il le faut.

2. devoir [dəvwaʀ] n. m. **1.** Ce à quoi on est obligé par la morale, la loi, la raison, les convenances, etc. *Il a fait son devoir. Manquer à tous ses devoirs.* ▷ *Se mettre en devoir de :* commencer à. **2.** *Le devoir :* l'ensemble des règles qui guident la conscience morale. *Agir par devoir.* **3.** (Plur.) *Les derniers devoirs :* les honneurs funèbres. **4.** Tâche écrite donnée à un élève. *Faire ses devoirs. Devoir de mathématiques.*

dévolter [devɔlte] v. tr. [1] ELECTR Diminuer la tension dans (un circuit).

dévolu, ue [devɔly] adj. et n. m. **I.** adj. **1.** DR Acquis, échu par droit. *Succession dévolue à l'État.* **2.** *Par ext.* Réservé, destiné. *Nous accomplissons les tâches qui nous sont dévolues.* **II.** n. m. Loc. *Jeter son dévolu sur :* fixer son choix sur.

dévolution [devɔlysjɔ̃] n. f. DR Transmission d'un bien, d'un droit d'une personne à une autre en vertu de la loi.

Dévolution (guerre de), guerre menée par Louis XIV contre l'Espagne, de mai 1667 à mai 1668. Le roi de France prétextait le *droit de dévolution,* en usage dans certaines parties des Pays-Bas espagnols, qui donnait la succession aux enfants d'un prem. lit. V. Hollande (guerre de).

dévonien, enne [devɔnjɛ̃, ɛn] n. m. et adj. GEOL Période de l'ère primaire qui suit le silurien et précède le carbonifère. ▷ adj. *La période dévonienne.*

dévorant, ante [devɔʀɑ̃, ɑ̃t] adj. **1.** Qui dévore. *Loups dévorants.* Syn. vorace. ▷ Fig. *Une soif dévorante de connaître.* **2.** Qui consume, détruit. *Un feu dévorant.* ▷ Fig. *Une passion dévorante.*

dévorer [devɔʀe] v. tr. [1] **1.** Manger en déchirant avec les dents, avaler avidement. *Le tigre dévore sa proie.* – Fig. *Elle a été dévorée par les moustiques.* **2.** Manger avec gloutonnerie. *Cet enfant ne mange pas, il dévore.* ▷ Fig. *Dévorer un livre,* le lire très vite et avec passion. ▷ *Dévorer des yeux :* regarder avec insistance, avec convoitise. **3.** Fig. Détruire, consumer. *Les flammes dévorèrent leur maison en un clin d'œil. Les impôts ont dévoré mes économies.* ▷ Tourmenter (peine, affliction). *Elle était dévorée par le chagrin.*

dévoreur, euse [devɔʀœʀ, øz] n. (et adj.) Personne, animal qui dévore. – adj. Fig. *Lecteur dévoreur de romans policiers.*

Devos (Raymond) (né en 1922), fantaisiste français né dans le Hainaut. Ses monologues humoristiques jouent sur les ambiguïtés du langage.

De Vos (Cornelis) (v. 1584 – 1651), peintre flamand; collaborateur de Rubens. Il vaut surtout par des portraits et des groupes familiaux.

dévot, ote [devo, ɔt] adj. et n. **1.** adj. Vieilli Attaché aux pratiques religieuses, pieux. ▷ Subst. *Un(e) dévot(e).* – Par ext., péjor. Bigot. **2.** n. m. Vx *Faux dévot,* qui simule la dévotion. Syn. tartufe. **3.** adj. Qui est fait avec dévotion. *Prière dévote.*

dévotement [devɔtmɑ̃] adv. D'une manière dévote.

dévotion [devosjɔ̃] n. f. **1.** Vive piété, attachement aux pratiques religieuses. *Dévotion sincère, affectée.* **2.** (Plur.) Pratique religieuse. *Faire ses dévotions.* **3.** Culte rendu à un saint. *La dévotion à la Vierge.* – Fig. *Elle a pour la musique une véritable dévotion.* ▷ *Être à la dévotion de qqn,* lui être entièrement dévoué.

dévoué, ée [devwe] adj. Plein de dévouement. *Être dévoué, tout dévoué à qqn,* disposé à le servir sans restriction. ▷ (Dans les formules épistolaires.) *L'expression de mes sentiments dévoués.*

dévouement [devumɑ̃] n. m. **1.** Action de se dévouer. **2.** Disposition à servir qqn, abnégation de soi en faveur d'autrui. *Preuve de dévouement.*

dévouer [devwe] v. [1] **I.** v. tr. Vx ou litt. Vouer, consacrer. *Dévouer sa vie à la science.* **II.** v. pron. **1.** Se consacrer, se livrer sans réserve (à qqch). *Se dévouer à une grande cause.* **2.** *Absol.* Se sacrifier. *Elle se dévoue pour ses enfants.* – Fam. *C'est toujours lui qui se dévoue pour faire la vaisselle.*

dévoyé, ée [devwaje] adj. et n. Sorti du droit chemin. *Un adolescent, un esprit dévoyé.* ▷ Subst. *Une bande de dévoyés.*

dévoyer [devwaje] v. tr. [23] Détourner du droit chemin. *Les mauvaises fréquentations l'ont dévoyé.* ▷ v. pron. Se détourner du droit chemin.

De Vries (Hugo) (1848 – 1935), botaniste néerlandais. Il découvrit le phénomène de la mutation.

Dewez (Laurent Benoît) (1731 – 1812), architecte belge néo-classique.

dextérité [dɛksteʀite] n. f. **1.** Adresse manuelle. *La dextérité d'un sculpteur, d'un chirurgien.* **2.** Fig. Adresse de l'esprit. *Négocier une affaire avec dextérité.* Syn. habileté, adresse.

dextre [dɛkstʀ] adj. SC NAT Se dit d'une coquille qui décrit une hélice dans le sens des aiguilles d'une montre. Ant. senestre.

dextro-. Élément, du lat. *dexter,* «qui est à droite».

dextrose [dɛkstʀoz] n. f. BIOCHIM Glucose.

dey [dɛ] n. m. HIST **1.** En Algérie, gouverneur turc de la régence d'Alger sous l'Empire ottoman (1671-1830). **2.** En Tunisie, dignitaire turc placé sous l'autorité d'un bey sous l'Empire ottoman, et chargé des affaires administratives, fiscales et financières.

Dhākā (anc. *Dacca*), cap. du Bangladesh, près du delta du Gange; 1679570 hab. (aggl. urb. 3458600 hab.). Centre comm. Industr. text.

dharma [daʀma] n. m. Didac. Loi universelle régissant les êtres et les choses dans l'hindouisme et le bouddhisme, c'est l'une des notions essentielles de la civilisation indienne.

dhole [dɔl] n. m. ZOOL Autre nom du cuon.

dhor ou **dohr** [dɔʀ] n. m. (Maghreb) Deuxième prière quotidienne des Musulmans, qui a lieu au début de l'après-midi.

di-. Élément, du gr. *dis,* «deux fois».

dia-. Préfixe, du gr. *dia-,* signifiant la séparation, la distinction (ex. *diacritique*), ou «à travers» (ex. *diagraphe*).

dia [dja] n. f. (Belgique, Luxembourg) Abrév. fam. de *diapositive.*

dia ! [dja] interj. Cri des charretiers pour faire aller leurs chevaux à gauche, par oppos. à *hue* (à droite). ▷ Fig. *L'un tire à hue, l'autre à dia :* ils se contrarient au lieu de combiner leurs efforts.

Dia (Mamadou) (né en 1910), homme politique sénégalais. Président du gouvernement de 1958 à 1962, il fut condamné à la déportation (1963-1974).

Diabaté (Massa Makan) (1938 – 1988), écrivain malien. Ses contes (*Si le feu s'éteignait,* 1967) et ses romans (trilogie de *Kouta,* 1979-1982; *Comme une piqûre de guêpe,* 1980; *l'Assemblée des djinns,* 1985) constituent une initiation à la culture malinké.

diabète [djabɛt] n. m. Terme générique désignant un ensemble de situations médicales dans lesquelles des substances utiles (ex. le *glucose*) restent inutilisées, s'accumulent dans le sang (ex. *hyperglycémie*), puis traversent les systèmes sanguin et rénal pour passer dans les urines (ex. *glycosurie*). (Le mot employé sans épithète désigne généralement le *diabète sucré.*)

ENCYCL Le *diabète sucré* est caractérisé par une augmentation de la glycémie avec présence de sucre dans les urines. Il peut se compliquer par un coma diabétique nécessitant un traitement d'urgence par l'insuline et la réhydratation. Le diabète sucré peut être dû à une sécrétion insuffisante d'insuline par le pancréas (diabète dit insulino-dépendant, car le sujet doit recevoir un apport quotidien d'insuline) ou à un trouble de l'utilisation du glucose sans défaut d'insuline. Le *diabète insipide*, dû à l'absence de sécrétion d'A.D.H. (hormone antidiurétique) par l'hypophyse, se manifeste par une diurèse très importante et immuable, quels que soient les apports hydriques. Il est maintenant traité avec succès par l'administration d'A.D.H.

diabétique [djabetik] adj. et n. Relatif au diabète; atteint de diabète. – Subst. *Un(e) diabétique.*

diabétologue [djabetɔlɔg] n. Médecin spécialiste du diabète.

diable [djɑbl] n. m. et interj. **I. 1.** Démon, ange déchu voué au mal. – Absol. *Le Diable :* Satan. ▷ Représentation traditionnelle d'un démon caractérisé par des oreilles pointues, de petites cornes, des pieds fourchus et une longue queue. ▷ Loc. prov. et fam. *La beauté du diable :* la beauté, la fraîcheur de la jeunesse. – *Avoir le diable au corps :* être turbulent, emporté ou très déréglé dans sa conduite. ▷ *Ce n'est pas le diable :* c'est peu de chose, ce n'est pas bien pénible. – (Québec) *N'être pas (le) diable :* être de peu de valeur. – *Ce serait bien le diable si :* ce serait fort étonnant si. ▷ *Ne croire ni à Dieu ni à diable :* ne croire à rien. ▷ *Se débattre, remuer comme un (beau) diable :* remuer beaucoup, en déployant une grande vigueur. ▷ (Québec) *Mener le diable :* faire du tapage; chercher chicane à qqn. ▷ *Tirer le diable par la queue :* avoir des difficultés financières. ▷ Loc. adv. *À la diable :* vite et mal. *S'habiller à la diable.* ▷ *Au diable, au diable vauvert :* très loin. *Il habite au diable.* – *Envoyer qqn au diable, à tous les diables,* le chasser, le repousser sans ménagement. – (Dans une tournure exclamative.) *Qu'il aille au diable! Au diable l'avarice!* ▷ *En diable :* extrêmement. *Elle est séduisante en diable.* – (Québec) *Être en diable :* être furieux. ▷ Loc. adj. *Diable de* (exprimant le mécontentement, la surprise, etc.). *Un diable d'homme.* ▷ *Du diable. Avoir un esprit du diable, de tous les diables :* avoir beaucoup d'esprit. *Il fait un vent du diable,* très violent. ▷ (Québec) *(Que) le diable :* beaucoup. *Elle travaille que le diable!* **2.** *Un petit diable :* un enfant espiègle et turbulent. **3.** (Avec une épithète.) Personne, individu. *Un bon diable :* un brave homme. – *Un grand diable :* un homme de grande taille, dégingandé. – *Un pauvre diable :* un miséreux. **II.** (Objets) **1.** Petite figure de diable, montée sur un ressort, qui surgit d'une boîte à l'ouverture. *Surgir comme un diable d'une boîte.* **2.** TECH Chariot à deux roues servant à transporter des objets lourds. **III.** (Animaux) *Diable de mer :* raie cornue. – *Diable de Tasmanie :* V. sarcophile. **IV.** interj. (Marquant la surprise, l'admiration, le mécontentement, le doute, l'inquiétude, etc.) *Diable, c'est loin!* ▷ *Que diable!* (Renforçant une exclamation, une interrogation.) *Défendez-vous, que diable!*

Diable (île du), une des trois îles du Salut (Guyane franç.), où fut détenu Alfred Dreyfus (1895-1899).

diablement [djɑbləmɑ̃] adv. Fam. Excessivement. *Il fait diablement chaud.*

Diablerets (les), massif des Alpes suisses, à l'E. du lac Léman qui culmine au *mont des Diablerets* (3210 m); il domine la vallée du Rhône. – Au N.-O. du massif, stat. tourist. des *Diablerets* (alt. 1150 m).

diablerie [djɑbləʀi] n. f. **1.** Sortilège, ensorcellement. **2.** Malice, espièglerie. *Encore une de ses diableries!* **3.** LITTER Au Moyen Âge, pièce dramatique où le diable jouait le rôle principal. – BX-A Dessin représentant des diables. *Les diableries de Callot.*

diablesse [djɑblɛs] n. f. Femme remuante, fillette turbulente. *Quelle diablesse!*

diablotin [djɑblɔtɛ̃] n. m. **1.** Petit diable; petite figure de diable. **2.** Fig. Enfant vif et turbulent. **3.** Bonbon enveloppé avec un petit pétard dans une papillote. **4.** Larve de l'empuse.

Diablotins (morne), sommet du N.-O. de la Dominique, le point le plus élevé de l'île; 1447 m.

diabolique [djabɔlik] adj. **1.** Qui vient du diable. *Pouvoir diabolique.* Syn. démoniaque. **2.** Fig. Qui semble venir du diable, à la fois astucieux et méchant. *Invention diabolique. Esprit diabolique.* Syn. infernal, satanique. **3.** Très désagréable, très difficile. *Une situation diabolique.*

diaboliquement [djabɔlikmɑ̃] adv. Avec une astuce, une méchanceté diabolique.

diabolo [djabɔlo] n. m. **1.** Jouet, bobine creuse que l'on fait rouler sur une cordelette tendue entre deux baguettes, pour la lancer en l'air et la rattraper. **2.** TECH Avant de véhicule automobile permettant le déplacement des semi-remorques séparées de leur tracteur. **3.** Limonade au sirop. *Diabolo grenadine, citron, menthe,* etc.

diachronie [djakʀɔni] n. f. LING Évolution des faits dans le temps. Ant. synchronie.

diachronique [djakʀɔnik] adj. LING Relatif à la diachronie. *Linguistique diachronique.* Syn. évolutif, historique. Ant. statique, synchronique.

diachylon [djakilɔ̃] ou (Québec) [djaʃilɔ̃] n. m. **1.** PHARM Emplâtre utilisé pour la confection de sparadraps; sparadrap. **2.** (Québec) Pansement adhésif.

diaclase [djaklɑz] n. f. GEOL Fissure affectant une roche en place. *Le réseau de diaclases est le point d'attaque préférentiel de l'érosion chimique par les eaux d'infiltration.*

diaconat [djakɔna] n. m. **1.** Deuxième ordre majeur chez les catholiques, premier chez les orthodoxes. **2.** Fonction d'un diacre, durée de cette fonction.

diaconesse [djakɔnɛs] n. f. Chez les protestants, femme vivant en communauté, et qui se voue à des missions d'assistance.

diacre [djakʀ] n. m. **1.** Ministre des cultes catholique et orthodoxe qui a reçu le diaconat. **2.** Dans les Églises protestantes, laïc remplissant bénévolement diverses fonctions (administration, assistance aux nécessiteux, etc.).

diacritique [djakʀitik] adj. Didac. Qui sert à distinguer, à différencier. *Signe diacritique :* signe graphique destiné soit à distinguer des mots homographes (par ex., l'accent sur le *à*, préposition, distingue ce mot de *a*, forme conjuguée du verbe avoir), soit les différentes prononciations d'une même lettre (par ex., *c* et *č*, en croate, notent [ts] et [tʃ]).

diadème [djadɛm] n. m. **1.** Bandeau de tête qui, dans l'Antiquité, était l'insigne de la royauté. – *Par métaph.* La royauté. **2.** Parure de tête féminine en forme de bandeau, de couronne. *Un diadème de pierres précieuses.*

Diaghilev (Sergheï Pavlovitch, dit Serge de) (1872 – 1929), organisateur de spectacles russe. De 1909 à sa mort, il dirigea les célèbres Ballets* russes.

diagnostic [djagnɔstik] n. m. Acte par lequel le médecin, en groupant les symptômes et les données de l'examen clinique et des divers autres examens, les rattache à une maladie bien identifiée. ▷ *Par ext.* Évaluation d'une situation donnée, jugement porté sur telle conjoncture, tel ensemble de circonstances.

diagnostique [djagnɔstik] adj. Didac. Qui a rapport au diagnostic.

diagnostiquer [djagnɔstike] v. tr. [1] Faire le diagnostic de. *Le médecin a diagnostiqué un cancer.* ▷ Par ext. *Diagnostiquer des erreurs de gestion.*

diagonal, ale, aux [djagɔnal, o] adj. Qui joint deux angles opposés. *Ligne diagonale.* ▷ MATH *Matrice diagonale,* dont tous les éléments sont nuls sauf ceux de la diagonale.

diagonale [djagɔnal] n. f. **1.** Segment de droite reliant deux sommets non consécutifs d'un polygone. **2.** Loc. adv. *En diagonale :* suivant la diagonale, en biais. *Il traversa le carrefour en diagonale.* ▷ Fig., fam. *Lire en diagonale,* rapidement et superficiellement.

diagramme [djagʀam] n. m. **1.** Représentation graphique de la variation d'une grandeur. *Diagramme de température.* Syn. courbe, graphique. **2.** Dessin géométrique sommaire représentant les parties d'un ensemble et leur position les unes par rapport aux autres. – BOT *Diagramme floral :* schéma indiquant le nombre, les positions et les rapports des pièces florales (vues par l'ouverture du périanthe).

diagraphe [djagʀaf] n. m. Instrument composé de miroirs ou de prismes, et qui permet de reproduire l'image d'un objet sans connaissances spéciales en dessin.

Diakhaté (Lamine) (1928 – 1987), écrivain sénégalais. Poète de la négritude (*Primordiale du sixième jour,* 1963; *Temps de mémoire,* 1967; *Terres médianes,* 1987), il situe l'action de ses romans à New York (*Chalys d'Harlem,* 1978) et au Nigeria (*le Sahélien de Lagos,* 1984).

dialcool [dialkɔl] n. m. CHIM Composé possédant deux fonctions alcool. Syn. glycol.

dialectal, ale, aux [djalɛktal, o] adj. D'un dialecte. *Forme dialectale.*

dialectalisme [djalɛktalism] n. m. Façon de parler (prononciation, mot, tournure, etc.) propre à un dialecte donné.

dialecte [djalɛkt] n. m. Usage d'une langue particulier à une région, à un pays. *Le dialecte wallon.* (V. encycl. langue.)

dialecticien, enne [djalɛktisjɛ̃, ɛn] n. Personne qui utilise la dialectique ou qui discute habilement.

dialectique [djalɛktik] n. f. **I.** PHILO **1.** Chez Platon, art de la discussion, du dialogue, considéré comme le moyen de s'élever des connaissances sensibles aux idées. ▷ Chez Aristote, logique du probable (par oppos. à *analytique*). **2.** Au Moyen Âge, logique formelle (par oppos. à *rhétorique*). *La dialectique, la rhétorique et la grammaire formaient la division inférieure des arts enseignés dans les universités.* **3.** Chez Kant, «logique de l'apparence», celle de la pensée qui, voulant se libérer de l'expérience, tombe dans les antinomies. **4.**

Chez Hegel, progression de la pensée qui reconnaît l'inséparabilité des contradictoires (*thèse* et *antithèse*), puis découvre un principe d'union (*synthèse*) qui les dépasse. ▷ adj. *Démarche dialectique.* **5.** Chez Marx, mouvement progressif de la réalité qui évolue (comme la pensée chez Hegel) par le dépassement des contradictions. ▷ adj. *Matérialisme dialectique.* **II.** Cour. Manière de discuter, d'exposer, d'argumenter. *Une dialectique serrée.*

dialectiquement [djalɛktikmɑ̃] adv. Selon les formes de la dialectique. *Raisonner dialectiquement.*

dialectologie [djalɛktɔlɔʒi] n. f. LING Étude, science des dialectes.

dialectologue [djalɛktɔlɔg] n. LING Spécialiste de la dialectologie.

Diallo (Bakary) (1892 - 1979), écrivain sénégalais. *Force-Bonté* (1926), témoignage d'un «tirailleur sénégalais», fut l'un des tout premiers romans africains écrits en français.

Diallo (Nafissatou) (1941 - 1982), écrivain sénégalais. Après son autobiographie (*De Tilène au Plateau : une enfance dakaroise*, 1975), elle publia deux romans historiques : *le Fort maudit* (1980) et *la Princesse de Tiali* (posth., 1987).

dialogique [djalɔʒik] adj. LITTER En forme de dialogue. *Écrit dialogique.*

dialogue [djalɔg] n. m. **1.** Entretien, conversation entre deux personnes. **2.** Ensemble des paroles échangées entre les personnages d'une pièce de théâtre, d'un film. **3.** Composition littéraire ayant la forme d'une conversation entre deux ou plusieurs personnes. *Les dialogues de Platon.*

dialoguer [djalɔge] v. [1] **1.** v. intr. Converser avec un interlocuteur. **2.** v. tr. Mettre sous forme de dialogue. *Dialoguer un roman.*

dialoguiste [djalɔgist] n. Auteur du dialogue d'un film.

dialypétale [djalipetal] adj. et n. f. pl. BOT Se dit d'une fleur dont les pétales sont libres les uns par rapport aux autres. Ant. gamopétale. ▷ n. f. pl. Ordre d'angiospermes dont les fleurs sont dialypétales. - Sing. *Une dialypétale.*

dialyse [djaliz] n. f. **1.** CHIM Procédé de séparation des corps colloïdaux par diffusion à travers des parois semi-perméables. **2.** MED Procédé thérapeutique d'épuration extra-rénale (parfois dit *rein artificiel*), qui permet d'éliminer les toxines et l'eau contenues en excès dans le sang.

dialysépale [djalisepal] adj. BOT Se dit des fleurs dont le calice porte des sépales séparés. Ant. gamosépale.

dialyser [djalize] v. tr. [1] **1.** CHIM Préparer ou purifier une substance par dialyse. **2.** MED *Dialyser un malade,* le soumettre à une dialyse (sens 2).

dialyseur [djalizœʀ] n. m. CHIM Appareil servant à effectuer la dialyse.

diamant [djamɑ̃] n. m. **1.** Variété de carbone pur cristallisé dans le système cubique, caractérisé par une extrême dureté. *Le diamant est une pierre précieuse. Diamant blanc-bleu.* **2.** Bijou orné d'un diamant. *Offrir un diamant.* **3.** TECH Outil servant à couper le verre. **4.** Fig., litt. Ce qui brille comme un diamant. **5.** ZOOL *Diamant de Nouméa :* oiseau vert brillant à tête et poitrine rouges (*Erythrura psittacea,* fam. estrildidés), qui vit en Nouvelle-Calédonie. **ENCYCL** La dureté exceptionnelle du diamant est due aux liaisons de covalence qui unissent ses atomes. Le diamant a une densité de 3,5; il est clivable. On distingue trois variétés : le *bort,* transparent, mais comportant de nombreux défauts et que l'on utilise pour tailler le verre et les minéraux; le *carbonado,* diamant noir utilisé pour le forage des roches; le *diamant transparent de joaillerie,* que l'on taille à facettes après clivage, les nombreux feux qu'il jette étant dus à son indice de réfraction très élevé (2,40 à 2,46), et que l'on caractérise par son *eau* (couleur, transparence) et par son poids, exprimé en *carats.* Borts, carbonados et diamants de synthèse sont utilisés dans la construction de meules, d'appareils de forage (trépan), etc.

Diamant (cap), promontoire du Québec, au confl. du Saint-Laurent et de la riv. Saint-Charles, sur lequel Champlain fit édifier une citadelle qui devint la ville de Québec.

diamantaire [djamɑ̃tɛʀ] n. m. Ouvrier qui taille les diamants. - Négociant en diamants.

diamanter [djamɑ̃te] v. tr. [1] **1.** Orner (qqn) de diamants. **2.** Faire briller comme un diamant.

diamantifère [djamɑ̃tifɛʀ] adj. Didac. Qui contient du diamant.

diamantin, ine [djamɑ̃tɛ̃, in] adj. Syn. de *adamantin.*

diamétral, ale, aux [djametʀal, o] adj. Qui appartient au diamètre; qui passe par le diamètre.

diamétralement [djametʀalmɑ̃] adv. **1.** GEOM Dans le sens du diamètre. *Points diamétralement opposés.* **2.** Cour., fig. *Avis, points de vue diamétralement opposés,* radicalement opposés.

diamètre [djamɛtʀ] n. m. **1.** GEOM Segment de droite joignant deux points d'un cercle, d'une sphère, et passant par le centre. **2.** *Par ext.* Segment de droite de plus grande longueur reliant deux points d'une courbe ou d'une surface fermée. ▷ *Diamètre d'un objet cylindrique ou sphérique,* sa plus grande largeur ou grosseur. **3.** PHYS *Diamètre apparent d'un objet,* angle sous lequel il est vu.

Diamir. V. Nanga Parbat.

diane [djan] n. f. Anc. Batterie de tambour ou sonnerie de clairon pour éveiller les soldats. *Sonner la diane.*

Diane, divinité italique de la Nature sauvage, assimilée par les Romains à l'Artémis grecque; fille de Jupiter et de Latone, sœur d'Apollon, Diane est la déesse de la Chasse.

Diane de Poitiers (1499 - 1566), duchesse de Valentinois. Favorite du roi de France Henri II. V. Anet.

diantre ! [djɑ̃tʀ] interj. Vieilli, plaisant Diable (sens IV). *Diantre! Quelle audace!*

diapason [djapazɔ̃] n. m. MUS **1.** Étendue des sons que peut parcourir une voix ou un instrument, de la note la plus grave à la plus aiguë. **2.** Petit instrument composé d'une lame d'acier recourbée et qui, mis en vibration, produit la note *la.* **3.** Fig. *Se mettre au diapason de qqn,* adopter le même ton, la même attitude que lui.

diaphane [djafan] adj. Qui se laisse traverser par la lumière sans permettre de distinguer nettement les formes. *Une brume diaphane.* Syn. translucide. - Fig. *Un visage diaphane,* aux traits fins et à la carnation délicate.

diaphragme [djafʀagm] n. m. **1.** ANAT Muscle transversal qui sépare le thorax de l'abdomen, et qui joue un rôle très important dans la respiration. **2.** Préservatif féminin constitué d'une membrane en caoutchouc souple oblitérant le fond du vagin. **3.** SC NAT Cloison qui sépare un fruit capsulaire. **4.** TECH Cloison extensible, percée d'un orifice, que l'on place à l'intérieur d'une canalisation ou d'un appareil (pour régler un débit, limiter des faisceaux lumineux, etc.). *Diaphragme d'un appareil photo.* **5.** Membrane élastique. *Pompe à diaphragme.*

diaphragmer [djafʀagme] v. [1] **1.** v. tr. TECH Munir d'un diaphragme. **2.** v. intr. Régler l'ouverture d'un appareil photographique en agissant sur le diaphragme.

diaphyse [djafiz] n. f. ANAT Partie d'un os long comprise entre ses deux extrémités (*épiphyses*).

diapositive [djapozitiv] n. f. Épreuve photographique positive sur support transparent, destinée à être regardée par transparence ou projetée.

diapré, ée [djapʀe] adj. Litt. Qui présente des couleurs variées. *Un tissu diapré.*

diaprer [djapʀe] v. tr. [1] Litt. Nuancer de plusieurs couleurs.

Diarra (Mandé-Alpha) (né en 1954), écrivain malien. Son roman *Sahel! sanglante sécheresse* (1981) mêle catastrophe naturelle et tragédie sociale.

diarrhée [djaʀe] n. f. Évacuation fréquente de selles liquides. (Dans les pays tropicaux et semi-tropicaux, la diarrhée due à des maladies infectieuses ou parasitaires peut aboutir à la déshydratation et à la mort du sujet.)

diarrhéique [djaʀeik] adj. Relatif à la diarrhée. *Selles diarrhéiques.*

diarthrose [djaʀtʀoz] n. f. ANAT Articulation présentant des surfaces articulaires mobiles les unes sur les autres, permettant des mouvements étendus (ex. : le coude et le genou).

Dias (Bartolomeu) (v. 1450 - 1500), navigateur portugais. Il doubla, le premier, en 1487, le cap des Tempêtes (auj. *de Bonne-Espérance*).

diaspora [djaspɔʀa] n. f. **1.** HIST Dispersion des Juifs, au cours des siècles, hors du territoire de leurs ancêtres. - *Par ext.* Dispersion d'une ethnie quelconque. **2.** Ensemble des membres d'une ethnie, d'une communauté dispersée. *La diaspora noire.*

diastole [djastɔl] n. f. PHYSIOL Période de repos du cœur, pendant laquelle les ventricules se remplissent et se dilatent sous l'effet de l'afflux sanguin. *La diastole succède à la systole.*

diathermie [djatɛʀmi] n. f. MED Procédé thérapeutique qui utilise les courants de haute fréquence pour produire des effets thermiques dans la profondeur des tissus.

diatomées [djatɔme] n. f. pl. BOT Classe d'algues brunes unicellulaires enfermées dans une coque siliceuse formée de deux pièces évoquant une boîte et son couvercle. *Les diatomées sont fréquentes dans le plancton marin et le plancton d'eau douce, ainsi que dans tous les endroits humides.* - Sing. *Une diatomée.*

diatonique [djatɔnik] adj. MUS Qui procède par succession naturelle des tons et demi-tons de la gamme (par oppos. à *chromatique*).

diatribe [djatʀib] n. f. Critique amère et virulente. *Prononcer une diatribe contre qqn.*

Diawara (Gaoussou) (né en 1940), dramaturge malien : *l'Aube des béliers* (1975); *Abubakari II* (1992).

Díaz (Porfirio) (1830 – 1915), général et homme politique mexicain. Il combattit l'empereur Maximilien. Président de la Rép. (1876-1880 et 1884-1911), il établit une dictature et développa l'écon. du pays avec l'aide de capitaux américains.

Dib (Mohammed) (né en 1920), écrivain algérien d'expression française. Romancier populiste (*la Grande Maison,* 1952; *l'Incendie,* 1954; *le Métier à tisser,* 1957), poète (*Ombre gardienne,* 1961), il se rapprocha du «nouveau roman» (*le Maître de chasse,* 1973; *Habel,* 1977; *le Sommeil d'Ève,* 1989).

Dibango (Manu) (né en 1933), saxophoniste et compositeur camerounais : *Hommage à King Curtis* (1970), *Négropolitaines* (1992). Il associe le jazz au *soul makossa,* genre qu'il créa.

dibétou [dibetu] n. m. BOT Grand arbre d'Afrique tropicale (fam. méliacées) exploité pour son bois.

dibiterie [dibitʀi] n. f. (Afr. subsah.) Au Sénégal, établissement où l'on prépare et où l'on vend de la viande grillée. *Il est rare qu'une dibiterie propose de la viande crue.*

dibranches [dibʀɑ̃ʃ] ou **dibranchiaux** [dibʀɑ̃ʃjo] n. m. pl. ZOOL Sous-classe de céphalopodes possédant deux branchies. – Sing. *Un dibranche* ou *un dibranchial.*

dicastère [dikastɛʀ] n. m. (Suisse) Service administratif d'une commune. *Le dicastère des travaux publics.*

dichotomie [dikɔtɔmi] n. f. **1.** BOT Mode de ramification par bifurcations successives, donnant deux ramifications de même taille. **2.** Didac. Opposition entre deux choses. *La dichotomie langue/parole chez Saussure.* **3.** LOG Division d'un genre en deux espèces qui en recouvrent l'extension.

dichotomique [dikɔtɔmik] adj. Didac. Qui se divise de deux en deux. *Division dichotomique.*

dichroïsme [dikʀɔism] n. m. PHYS Propriété que possèdent certains corps de présenter une coloration différente selon la direction de l'observation.

dicible [disibl] adj. Litt. Qui peut être exprimé.

Dick (Philip Kindred) (1928 – 1982), écrivain américain de science-fiction : *le Maître du Haut-Château* (1962).

Dickens (Charles) (1812 – 1870), écrivain anglais. Autodidacte, il se fit le défenseur des humbles. Son œuvre procède de tous les genres : réaliste, satirique, psychologique, moralisant, humoristique (*les Aventures de M. Pickwick,* 1837). Romans : *Olivier Twist* (1838), *Nicolas Nickleby* (1839), *le Magasin d'antiquités* (1840), *Martin Chuzzlewit* (1843), *Contes de Noël* (1843-1846, contenant notam. *le Grillon du foyer*), *Dombey et Fils* (1848), *David Copperfield* (1849), *les Temps difficiles* (1854), *les Grandes Espérances* (1861).

Dickinson (Emily) (1830 – 1886), poétesse américaine. Elle a écrit, dans une retraite provinciale, des centaines de petits poèmes sur la nature, l'amour, l'au-delà, publiés à titre posthume (à l'exception de 7 poèmes).

Dicks (Edmond de La Fontaine, dit) (1823 – 1891), écrivain luxembourgeois, le créateur du théâtre de langue luxembourgeoise : *D'Mumm Sèiss* (1855).

dico [diko] n. m. Fam. Dictionnaire.

dicotylédone [dikɔtiledɔn] n. f. et adj. BOT *Les dicotylédones :* sous-classe d'angiospermes comprenant toutes les plantes dont la graine renferme un embryon à deux cotylédons. – Sing. *Une dicotylédone peut avoir de multiples pièces florales.* ▷ adj. *Une plante dicotylédone.*

dictame [diktam] n. f. (Guad., Haïti) Poudre d'arrow-root.

dictateur [diktatœʀ] n. m. Homme politique qui exerce un pouvoir absolu, sans contrôle.

dictatorial, ale, aux [diktatɔʀjal, o] adj. **1.** D'un dictateur, d'une dictature. *Pouvoir dictatorial.* **2.** Impérieux, tranchant. *Parler sur un ton dictatorial.*

dictature [diktatyʀ] n. f. **1.** Pouvoir absolu, sans contrôle. ▷ POLIT *Dictature du prolétariat :* chez Marx, première étape de l'évolution vers le socialisme, destinée à l'élimination définitive de la bourgeoisie, et pendant laquelle le pouvoir est exclusivement exercé par le prolétariat. **2.** Fig. *La dictature de la mode.*

dictée [dikte] n. f. **1.** Action de dicter. *Écrire sous la dictée.* – Fig. *Elle agissait sous la dictée de son ressentiment.* **2.** Exercice scolaire consistant à dicter à des écoliers un texte qu'ils doivent orthographier correctement. – Le texte dicté lui-même. *Dictée sans faute.*

dicter [dikte] v. tr. [1] **1.** Prononcer lentement, en articulant (des mots, des phrases, etc.) pour qu'une ou plusieurs personnes les écrivent, les prennent en note. *Dicter une lettre à son secrétaire.* **2.** Suggérer, inspirer à qqn ce qu'il doit dire ou faire. *C'est la raison qui doit nous dicter nos actes.* **3.** Imposer. *Le vainqueur dicte ses conditions.*

diction [diksjɔ̃] n. f. Manière d'articuler les mots d'un texte, d'un discours. *Cet orateur a une bonne diction.* Syn. élocution, prononciation.

dictionnaire [diksjɔnɛʀ] n. m. Ouvrage qui recense et décrit, dans un certain ordre, un ensemble particulier d'éléments du lexique (sens 4). *Dictionnaire médical, étymologique.* – *Dictionnaire de la langue* ou *dictionnaire de langue,* qui décrit le sens, les valeurs, les emplois, etc. des mots d'une langue. *Le dictionnaire de l'Académie française.* – *Dictionnaire bilingue,* qui donne les équivalents des mots et expressions d'une langue dans une autre langue. *Un dictionnaire français-vietnamien.* – *Dictionnaire encyclopédique,* qui, outre les descriptions de mots, fournit des développements encyclopédiques consacrés aux objets désignés par les mots. Syn. Fam. dico.

dictionnairique [diksjɔnɛʀik] adj. et n. f. Didac. Du dictionnaire; qui concerne le (les) dictionnaire(s). *La production dictionnairique.* ▷ n. f. Pratique de la rédaction, de l'édition de dictionnaires.

dicton [diktɔ̃] n. m. Phrase passée en proverbe. (Ex. : *Fais ce que dois, advienne que pourra.*) Syn. adage.

dictyoptères [diktjɔptɛʀ] n. m. pl. ENTOM Ordre d'insectes des régions chaudes et tempérées comprenant les blattes et les mantes. – Sing. *Un dictyoptère.*

dictyosome [diktjozom] n. m. BIOL Organite cellulaire formé d'une pile d'écailles aplaties (saccules), au nombre de quatre ou cinq, qui élabore des polyholosides (sucres) et des protéines. Syn. appareil de Golgi.

didacticiel [didaktisjɛl] n. m. INFORM Logiciel d'enseignement.

didactique [didaktik] adj. et n. f. **I.** adj. **1.** Qui est propre à instruire; qui est destiné à l'enseignement. *Traité didactique.* **2.** Qui appartient au vocabulaire savant (par oppos. au vocabulaire de la langue courante). *Terme didactique. Langue didactique.* **II.** n. f. Théorie et technique de l'enseignement. *La didactique des langues.*

didactyle [didaktil] adj. ZOOL Qui possède deux doigts. *L'autruche est didactyle.*

Diderot (Denis) (1713 – 1784), écrivain et philosophe français. Déiste, puis matérialiste en lutte ouverte avec le christianisme, Diderot attend tout du progrès. De 1747 à 1772, il dirigea l'*Encyclopédie**, dont il rédigea de nombreux articles. Il publia notam. : *les Bijoux indiscrets* (roman licencieux, 1747), *Lettre sur les aveugles à l'usage de ceux qui voient* (1749, essai philosophique qui lui valut trois mois d'incarcération); deux drames bourgeois : *le Fils naturel* (1757), *le Père de famille* (1758). Après sa mort, on publia : ses *Salons* (1759-1781), qui inaugurent la critique d'art en France; ses trois princ. romans : *la Religieuse* (1796), *Jacques le Fataliste* (1796) et *le Neveu de Rameau* (trad. all. de Goethe, 1805, retraduit en fr. en 1821; édition d'après manuscrit, 1891); en 1830, les *Lettres à Sophie Volland,* le *Paradoxe sur le comédien, le Rêve de d'Alembert.*

Didon ou **Élissa,** reine légendaire de Tyr. Selon la tradition, elle s'enfuit après que son frère, Pygmalion, eut tué son mari, Sicharbas, et fonda Carthage. Dans l'*Énéide,* Virgile conta ses amours avec Énée, qui l'abandonna.

Didoufri ou **Dedefrê,** troisième souverain de la IVe dynastie égyptienne (v. 2550 av. J.-C.).

dièdre [djɛdʀ] n. m. **1.** GEOM Figure formée par deux demi-plans issus de la même droite (arête). *Angle d'un dièdre :* intersection d'un dièdre et d'un plan perpendiculaire à l'arête. ▷ adj. *Angle dièdre.* **2.** AVIAT Valeur qui caractérise l'angle formé par les deux ailes d'un avion, d'un planeur.

Diefenbaker (John George) (1895 – 1979), homme politique canadien; leader des conservateurs (1956-1967), Premier ministre de 1957 à 1963.

Diego Garcia, île britannique de l'océan Indien (archipel des Chagos), louée en 1974 aux É.-U., qui y ont installé une import. base militaire. L'île Maurice, dont elle dépendait av. 1965 et qui a accueilli les familles expulsées de Diego, la revendique.

Diégo-Suarez. V. Antsiranana.

diélectrique [dielɛktʀik] adj. et n. m. PHYS Se dit d'une substance qui s'oppose au passage du courant électrique. – n. m. *Un diélectrique.*

Diên Biên Phu, site du N. du Viêt-nam, dans une petite plaine encaissée, près du Laos. – Après une longue résistance (13 mars-7 mai 1954), les troupes franç. du colonel de Castries, encerclées par les forces du Viêt-minh que commandait le général Giap, y furent vaincues. Les accords de Genève (juillet) furent conclus après cette défaite.

diencéphale [diɑ̃sefal] n. m. ANAT Partie du cerveau située entre les deux hémisphères et en avant du cerveau moyen, creusée dans toute son étendue par le troisième ventricule.

diérèse [djeʀɛz] n. f. PHON Division d'une diphtongue en deux syllabes.

diéri [djeʀi] n. m. inv. (Afr. subsah.) Dans la vallée du Sénégal, hautes terres que la crue du fleuve n'atteint pas.

Diesbach (Nicolas de) (v. 1430 – 1475), patricien bernois. Premier magistrat de la ville de Berne, il s'allia, en 1474, avec le roi de France, Louis XI, contre le duc de Bourgogne, Charles le Téméraire. Il mourut avant les victoires décisives remportées par les Suisses.

dièse [djɛz] n. **1.** n. m. MUS Signe d'altération ([sharp]) qui indique que le son de la note devant laquelle il est placé est élevé d'un demi-ton. – adj. *Un fa dièse.* **2.** n. f. plur. (Antilles fr.) *Faire des dièses :* faire des mines (V. mine 2, sens 2).

diesel [djezɛl] n. m. Moteur à combustion interne fonctionnant avec des combustibles lourds (gazole en partic.). – (En appos.) *Moteur Diesel.* ▷ *Par méton.* Syn. de *gazole.*

Diesel (Rudolf) (1858 – 1913), ingénieur allemand; inventeur du moteur qui porte son nom (1897).

1. diète [djɛt] n. f. **1.** MED Régime alimentaire prescrit dans un but thérapeutique. **2.** Cour. Privation d'aliments solides imposée à un malade. *Se mettre à la diète.*

2. diète [djɛt] n. f. **1.** HIST Assemblée politique où l'on réglait les affaires publiques dans certains pays d'Europe. **2.** Assemblée de certains ordres religieux.

diététicien, enne [djetetisjɛ̃, ɛn] n. Spécialiste de la diététique.

diététique [djetetik] n. f. et adj. **1.** n. f. Branche de l'hygiène qui traite de l'alimentation. **2.** adj. Relatif à l'alimentation. ▷ Cour. Se dit d'une alimentation saine, équilibrée, pauvre en calories. *Un menu diététique.*

Dietrich (Maria Magdalena von Losch, dite Marlène) (1901 – 1992), comédienne et chanteuse américaine d'origine allemande. Révélée par *l'Ange bleu* de Sternberg (1930), elle fit ensuite sa carrière aux É.-U.

dieu [djø] n. m. **1.** L'Être suprême, créateur et conservateur de l'univers, adoré dans les diverses religions monothéistes (en ce sens, s'écrit avec une majuscule, et n'a pas de pluriel). *La crainte de Dieu. Le bon Dieu.* ▷ Loc. fam. *On lui donnerait le bon Dieu* (la communion) *sans confession :* se dit d'une personne d'apparence trompeusement innocente. ▷ Loc. *Dieu m'en garde! À Dieu ne plaise! :* puisse cela ne pas m'arriver, se produire. – (Appuyant une demande, une prière instante.) *Faites-le, pour l'amour de Dieu, au nom de Dieu.* – (Appuyant ce qu'on affirme ou ce qu'on nie.) *Dieu sait si nous avons souhaité ce moment! Dieu sait que j'y suis opposé!* – (Exprimant l'incertitude, le doute.) *Il arrivera Dieu sait quand.* ▷ (Exclamatif) *Dieu! Mon Dieu! Grand Dieu!* – (Afr. subsah.) *Dieu est grand! :* il faut s'en remettre à Dieu (expression fréquente dans les régions islamisées). – (Jurons) *Nom de Dieu! Mais bon Dieu! faites donc attention!* **2.** Être surhumain adoré dans les religions polythéistes et supposé présider à certaines catégories de phénomènes (en ce sens, s'écrit avec une minuscule, et possède un pluriel : *dieux*). *Les dieux de l'Olympe. Mars, dieu de la Guerre.* ▷ Fig., fam. *Jurer* ses grands dieux.* ▷ *Faire son dieu de qqn,* lui vouer une vénération profonde. ▷ *Être beau comme un dieu,* très beau. *Danser comme un dieu,* à la perfection.

diffa [difa] n. f. (Maghreb) Repas spécialement préparé en l'honneur d'hôtes de marque. *La diffa se compose de viande de mouton accompagnée de galettes au beurre, de ragoûts et d'un couscous.*

diffamant, ante [difamɑ̃, ɑ̃t] adj. Dit ou fait pour diffamer. *Des propos diffamants.*

diffamateur, trice [difamatœʀ, tʀis] n. (et adj.) Personne qui diffame.

diffamation [difamasjɔ̃] n. f. **1.** Action de diffamer. *La diffamation est un délit.* **2.** Acte diffamatoire. *Ce discours est une diffamation.*

diffamatoire [difamatwaʀ] adj. Qui a pour but de diffamer. *Lettre diffamatoire.*

diffamer [difame] v. tr. [1] Attaquer l'honneur, la réputation de. *Diffamer ses adversaires.*

Differdange, v. du Luxembourg, sur la Chiers; 16 730 hab. Minerai de fer. Sidérurgie.

différé, ée [difeʀe] adj. et n. m. **1.** adj. Ajourné. *Réunion différée pour des raisons de commodité. Paiement différé.* **2.** n. m. AUDIOV Procédé consistant à enregistrer une émission et à la diffuser ultérieurement. *Le match de football sera retransmis en différé.* Ant. direct.

différemment [difeʀamɑ̃] adv. D'une manière différente.

différence [difeʀɑ̃s] n. f. **1.** Ce qui distingue une chose, une personne d'une autre. *Différence d'âge.* **2.** Excès d'une quantité sur une autre; résultat de la soustraction. *La différence entre 30 et 20 est 10.* – *Différence de deux ensembles A et B :* ensemble constitué par les éléments de A qui n'appartiennent pas à B. ▷ FIN Solde d'une opération de Bourse dans un marché à terme. ▷ ELECTR *Différence de potentiel :* tension (abrév. : d.d.p.).

différenciateur, trice [difeʀɑ̃sjatœʀ, tʀis] adj. Qui différencie. *Élément différenciateur.*

différenciation [difeʀɑ̃sjasjɔ̃] n. f. **1.** Action de différencier; fait de se différencier. *L'activité professionnelle est un facteur important de différenciation sociale.* **2.** BIOL Acquisition (par les cellules d'un être vivant) de certains caractères selon leurs fonctions.

différencier [difeʀɑ̃sje] v. tr. [2] **1.** Distinguer, marquer la différence entre. *Différencier ces deux nuances est difficile.* ▷ Pp. adj. (Luxembourg) *Éducation différenciée :* enseignement adapté à des enfants handicapés ou en échec scolaire. (V. enseignement spécial*.) **2.** MATH V. différentier. **3.** v. pron. Se distinguer par un ou des caractères dissemblables. *Ces deux fleurs se différencient par leur parfum.* ▷ BIOL Subir la différenciation.

différend [difeʀɑ̃] n. m. Opposition, désaccord. *Un vif différend les sépare.*

différent, ente [difeʀɑ̃, ɑ̃t] adj. Dissemblable, distinct. *Ce mot a des sens différents.* ▷ Plur. (Devant le nom.) Divers, plusieurs. *Différentes personnes m'ont confirmé l'histoire.*

différentiation [difeʀɑ̃sjasjɔ̃] n. f. MATH Calcul d'une différentielle.

1. différentiel, elle [difeʀɑ̃sjɛl] adj. **1.** Qui constitue une différence. *Caractères différentiels.* ▷ COMM *Tarif différentiel,* qui diminue à mesure que le poids ou la distance augmente. **2.** Se dit d'appareils servant à mesurer des différences. *Compteur différentiel.* **3.** MATH *Calcul différentiel,* dont l'objet est l'étude des variations infinitésimales des fonctions.

2. différentiel [difeʀɑ̃sjɛl] n. m. TECH Organe permettant la transmission d'un mouvement de rotation à deux arbres qui peuvent tourner à des vitesses différentes.

différentielle [difeʀɑ̃sjɛl] n. f. MATH Fonction linéaire qui fait correspondre à un nombre p le nombre q = df (p) = pf' (x). (Si la fonction dérivable f(x) est égale à y, on peut écrire dy = f'(x)dx.)

différentier [difeʀɑ̃sje] v. tr. [2] MATH Calculer la différentielle d'une fonction. (On écrit aussi *différencier.*)

1. différer [difeʀe] v. intr. [14] Être différent. *Il diffère de son frère par le caractère. Couleurs qui diffèrent.*

2. différer [difeʀe] v. tr. [14] Remettre à plus tard. *Différer son voyage.* Syn. (Belgique) postposer.

difficile [difisil] adj. (et n.) **1.** Qui donne de la peine, exige des efforts; qui cause des soucis. *Un chemin difficile. Une situation difficile.* **2.** Exigeant, délicat. *Être très difficile pour la nourriture.* ▷ Subst. *Faire le (la) difficile :* se montrer exigeant.

difficilement [difisilmɑ̃] adv. Avec peine. *S'exprimer difficilement.*

difficulté [difikylte] n. f. **1.** Caractère de ce qui est difficile. *Mesurer la difficulté d'une entreprise.* Ant. facilité. ▷ *En difficulté :* dans une situation délicate. **2.** Chose difficile; obstacle, empêchement. *Surmonter des difficultés.* **3.** Objection, contestation. *Faire des difficultés.*

difforme [difɔʀm] adj. Contrefait, disproportionné, mal bâti. *Un visage difforme.*

difformité [difɔʀmite] n. f. Défaut dans la conformation, les proportions. *Souffrir d'une difformité.*

diffracter [difʀakte] v. tr. [1] Produire la diffraction de.

diffraction [difʀaksjɔ̃] n. f. PHYS Modification de la direction de propagation d'une onde au voisinage d'un obstacle et notam. quand elle traverse une ouverture. *Diffraction lumineuse, acoustique.*

diffus, use [dify, yz] adj. **1.** Répandu, renvoyé dans toutes les directions. *Lumière, chaleur diffuse.* **2.** (À propos d'un discours.) Imprécis et délayé. *Exposé diffus.* – Par ext. *Orateur diffus.* **3.** MED Qui n'est pas circonscrit. *Phlegmon diffus.*

diffuser [difyze] v. tr. [1] **1.** Répandre dans toutes les directions. *Les corps mats diffusent la lumière.* **2.** Transmettre sur les ondes. *La radio diffuse un concert.* **3.** Répandre dans le public. *Les journaux ont diffusé la nouvelle.* ▷ COMM Vendre ou distribuer gratuitement au public (journaux, livres, disques ou films).

diffuseur [difyzœʀ] n. m. **1.** TECH Appareil permettant d'effectuer la diffusion d'une substance. *Diffuseur de parfum.* **2.** Appareil captant ou renvoyant une onde acoustique de façon irrégulière. ▷ Appareil d'éclairage qui donne une lumière diffuse. **3.** COMM Personne, société qui diffuse (journaux, livres, disques ou films) dans le public. *Un diffuseur de presse.*

diffusion [difyzjɔ̃] n. f. **1.** Action de diffuser; fait de se propager, de se répandre. *La diffusion de la lumière, des connaissances.* **2.** CHIM Transfert de matière tendant à égaliser le potentiel chimique des différents éléments d'un système. (Il se produit rapidement dans les gaz, lentement dans les liquides, et très lentement dans les solides.) **3.** Radiodiffusion. *La diffusion d'un concert en stéréophonie.* **4.** COMM Action de diffuser; son résultat. ▷ Nombre d'exemplaires distribués d'une publication.

difou [difu] n. m. BOT Arbre d'Afrique tropicale (fam. moracées) exploité pour son bois.

digérer [diʒeʀe] v. tr. **[14]** **1.** Faire l'assimilation des aliments. *Il ne digère pas les œufs.* **2.** Fig. Assimiler intellectuellement. *Digérer ses lectures.* **3.** Fig., fam. Endurer, accepter sans rien dire. *Digérer un affront.* – Pp. adj. *Reproche mal digéré.*

digeste [diʒɛst] adj. Facile à digérer. *Un mets digeste.*

digesteur [diʒɛstœʀ] n. m. TECH Appareil utilisé pour l'extraction des parties solubles de certains mélanges de substances. – *Spécial.* Appareil servant à la transformation chimique des boues organiques pour produire du compost et du gaz d'éclairage (méthane).

digestible [diʒɛstibl] adj. Qui peut être digéré.

digestif, ive [diʒɛstif, iv] adj. et n. m. **1.** adj. Qui concourt à la digestion. *Suc digestif.* ▷ ANAT *Appareil digestif :* ensemble des organes dont la fonction est la digestion. **2.** n. m. Liqueur, alcool que l'on boit à la fin du repas.
ENCYCL Chez l'homme, l'appareil digestif comprend : le tube digestif, parcouru par le bol alimentaire (pharynx, œsophage, estomac, intestin grêle et gros intestin); les organes dont les actions métaboliques et les sécrétions jouent un rôle dans la digestion (foie, pancréas, voies biliaires).

digestion [diʒɛstjɔ̃] n. f. **1.** Ensemble des processus physiologiques concourant à la transformation des aliments, permettant leur assimilation par l'organisme. *Avoir une bonne digestion.* **2.** PHARM Macération à chaud d'une substance dans un dissolvant.

digi(t)-, digiti-, digito-. Élément, du lat. *digitus,* «doigt».

digicode [diʒikɔd] n. m. Appareil électromécanique commandant l'ouverture d'une porte et qui fonctionne à l'aide d'un clavier sur lequel on compose un code d'accès.

Digil, population du S.-E. de la Somalie. Ils parlent un dialecte somali.

digit [diʒit] n. m. (Anglicisme) INFORM Symbole graphique représentant un caractère numérique. – *Digit binaire :* syn. de *bit.*

1. digital, ale, aux [diʒital, o] adj. Des doigts. *Empreintes digitales.*

2. digital, ale, aux [diʒital, o] adj. INFORM Syn. (off. déconseillé) de *numérique.* – *Affichage digital,* à variation discontinue, par quantités entières (par oppos. à *affichage analogique*). *Une montre à affichage digital.*

digitale [diʒital] n. f. BOT Plante toxique (fam. scrofulariacées) des régions tempérées dont les fleurs sont en forme de doigt de gant.

digitaline [diʒitalin] n. f. MED Produit extrait de la digitale pourprée et possédant une action tonicardiaque, très utilisé en thérapeutique.

digité, ée [diʒite] adj. BOT Qui est divisé en forme de doigts. *Une feuille digitée.*

digitigrade [diʒitigʀad] adj. et n. m. ZOOL Se dit des vertébrés terrestres dont les doigts constituent la surface d'appui sur le sol. – n. m. *Le chien est un digitigrade* (par oppos. à *plantigrade*).

diglossie [diglɔsi] n. f. LING État d'un groupe humain ou d'une personne qui pratique deux langues de niveaux socio-culturels différents. (V. bilinguisme.) *La diglossie des Arabes qui emploient l'arabe littéraire et l'arabe parlé. La diglossie des Antillais pour qui le créole est la langue vernaculaire et le français la langue officielle.*

digne [diɲ] adj. **1.** Qui a de la dignité, qui inspire le respect. *Un homme très digne.* **2.** *Digne de :* qui mérite (qqch). *Personne digne de louanges. Attitude digne de mépris.* **3.** *Digne de :* qui est conforme à, qui a les mêmes qualités que (qqch, qqn). *Fils digne de son père.*

dignement [diɲmɑ̃] adv. Avec dignité. *Il s'en alla dignement.*

dignitaire [diɲitɛʀ] n. m. Celui qui est pourvu d'une dignité (sens II). *Dignitaire de l'Église.*

dignité [diɲite] n. f. **I. 1.** Respect que mérite qqch ou qqn. *La dignité de sa conduite.* – *Dignité de la personne humaine :* valeur particulière que représente l'humanité de l'homme et qui mérite le respect. **2.** Respect de soi-même. *Il manque de dignité. Avoir sa dignité,* sa fierté. ▷ Allure grave et fière qui évoque ce respect de soi. *Des manières empreintes de dignité.* **II.** Fonction éminente; haute distinction. *Accéder à la plus haute dignité de l'État.*

digression [digʀesjɔ̃] n. f. Développement qui s'écarte du sujet traité. *Assez de digressions, allons au fait!*

digue [dig] n. f. **1.** Construction servant à contenir les eaux marines ou fluviales. **2.** Fig. Ce qui retient. *Les digues de la morale.*

diguette [digɛt] n. f. Petite levée de terre entourant une parcelle cultivée et servant à y maintenir l'eau. *Les casiers de riziculture irriguée sont entourés de diguettes.*

Dijon, v. de France, ch.-l. du dép. de la Côte-d'Or et de la Rég. Bourgogne; 151 936 hab. Marché aux bestiaux. Presse. Industr. alim. (moutarde, pain d'épice, etc.) et diverses. – Académie et facultés; musées. Palais des ducs de Bourgogne (rebâti à partir de 1682). Palais de justice (XVe-XVIe s.). Cath. St-Bénigne (XIIIe-XIVe s.). Égl. goth. Notre-Dame (XIIIe s.).

diktat [diktat] n. m. Péjor. Convention diplomatique, clause d'un traité imposée par la force. ▷ Fig. Ce qui est imposé, dicté. *Les diktats de la nature.*

dilacérer [dilaseʀe] v. tr. **[14]** Didac. Déchirer, mettre en pièces.

dilapidation [dilapidasjɔ̃] n. f. Action de dilapider; son résultat.

dilapider [dilapide] v. tr. **[1]** Ruiner par des dépenses excessives et désordonnées. *Dilapider sa fortune.* ▷ Fig. Gâcher, gaspiller. *Dilapider ses heures de loisir.*

dilatable [dilatabl] adj. Qui peut se dilater. *Un gaz très dilatable.*

dilatateur, trice [dilatatœʀ, tʀis] adj. et n. m. **1.** adj. Qui sert à dilater. – ANAT *Muscles dilatateurs,* qui ont pour fonction de dilater certains organes. **2.** n. m. CHIR Instrument qui sert à agrandir une ouverture, à la tenir béante.

dilatation [dilatasjɔ̃] n. f. Action de dilater ou de se dilater; son résultat. ▷ MED Augmentation (thérapeutique ou pathologique) du calibre d'un canal ou d'une cavité. *Dilatation des bronches.* ▷ PHYS Augmentation du volume d'un corps sous l'effet de la chaleur, sans altération de la nature de ce corps.

dilater [dilate] v. **[1]** **1.** v. tr. Augmenter le volume, la dimension de. *La chaleur dilate les corps.* ▷ Fig. *La joie dilate le cœur.* **2.** v. pron. S'élargir, augmenter de volume.

dilatoire [dilatwaʀ] adj. **1.** Qui procure un délai, vise à gagner du temps. *Moyen dilatoire. Réponse dilatoire.* **2.** DR Qui tend à retarder, à prolonger un procès. *Exception dilatoire.*

dilemme [dilɛm] n. m. **1.** Cour. Situation qui donne à choisir impérativement entre deux partis, chacun entraînant des conséquences graves. *Se trouver confronté à un dilemme* (souvent pris abusiv. pour *alternative*). **2.** PHILO Raisonnement présentant en majeure (II, sens 3) une alternative dont les différents termes conduisent à la même conclusion.

dilettante [dilɛtɑ̃t] n. Personne qui exerce une activité pour le plaisir et sans s'y appliquer vraiment. *Faire de la peinture en dilettante.*

dilettantisme [dilɛtɑ̃tism] n. m. Caractère, attitude du dilettante.

diligemment [diliʒamɑ̃] adv. Avec diligence; rapidement et avec soin.

1. diligence [diliʒɑ̃s] n. f. **1.** Vx ou litt. Rapidité, efficacité. ▷ Loc. *Faire diligence :* se hâter. **2.** DR Requête. *À la diligence de Monsieur le Procureur.*

2. diligence [diliʒɑ̃s] n. f. Anc. Voiture à chevaux couverte servant au transport des voyageurs.

diligent, ente [diliʒɑ̃, ɑ̃t] adj. Vieilli ou litt. **1.** Qui apporte du soin et de l'empressement à ce qu'il fait. **2.** Qui se hâte. *Aller d'un pas diligent.*

diligenter [diliʒɑ̃te] v. tr. **[1]** ADMIN, DR Mener avec diligence (V. diligence 1). *Diligenter une affaire.*

Dilthey (Wilhelm) (1833 – 1911), philosophe allemand. Il ouvrit la voie à la sociologie et à la psychologie sociale.

diluant, ante [dilɥɑ̃, ɑ̃t] adj. et n. m. Qui dilue, qui sert à diluer.

diluer [dilɥe] v. tr. **[1]** Délayer dans un liquide. *Diluer un peu de peinture dans de l'essence.* ▷ Ajouter du solvant à (une solution). ▷ Fig. Affaiblir, atténuer.

dilution [dilysjɔ̃] n. f. Action de diluer; son résultat.

diluvien, enne [dilyvjɛ̃, ɛn] adj. Qui a rapport au déluge. *Les eaux diluviennes.* – Par exag. *Des pluies diluviennes,* très abondantes.

diluvium [dilyvjɔm] n. m. GEOL Terrain formé au quaternaire par des alluvions fluviales.

dimanche [dimɑ̃ʃ] n. m. Septième jour de la semaine, qui suit le samedi, traditionnellement consacré à Dieu et au repos, dans le monde chrétien. *Aller à l'église le dimanche. Nous rentrerons dimanche. Un dimanche de Pen-*

tecôte. ▷ Plaisant *Habits du dimanche,* les plus beaux. ▷ Fam., péjor. *Du dimanche :* amateur ou inexpérimenté. *Un peintre du dimanche. Un chauffeur du dimanche.*

dîme [dim] n. f. HIST Prélèvement sur les récoltes au profit de l'Église. *Payer la dîme.* – *Par ext.* Impôt. ▷ (Québec) Vieilli Contribution volontaire annuelle que versent les catholiques à leur paroisse.

dimension [dimɑ̃sjɔ̃] n. f. **1.** Étendue considérée comme susceptible de mesure. *Les trois dimensions :* longueur, largeur, hauteur. ▷ *La quatrième dimension :* le temps, dans la théorie de la relativité. **2.** Grandeur mesurée par rapport aux unités d'un système défini. *Prendre les dimensions d'une pièce.* **3.** Fig. Grandeur évaluée selon des critères variables d'importance. *Un homme de cette dimension ! – Voir la dimension internationale d'un événement.*

dimensionnel, elle [dimɑ̃sjɔnɛl] adj. Relatif aux dimensions.

dimère [dimɛʀ] n. m. CHIM Composé résultant de la combinaison *(dimérisation)* de deux molécules semblables. *N_2O_4 est le dimère de NO_2.*

diminué, ée [diminɥe] adj. **1.** Qui a subi une diminution. *Épaisseur diminuée. Bas, tricot diminué,.* **2.** MUS *Intervalle diminué,* qui comporte un demi-ton chromatique de moins que l'intervalle juste ou mineur correspondant. **3.** Affaibli au physique ou au moral. *Il est très diminué depuis son accident.*

diminuendo [diminɥɛndo] adv. MUS En affaiblissant progressivement l'intensité du son.

diminuer [diminɥe] v. [1] **I.** v. tr. **1.** Rendre moindre (une grandeur, une quantité). *Diminuer la longueur d'une planche. Diminuer les impôts.* ▷ (S. comp.) Réduire le nombre de mailles (d'un tricot). **2.** Rendre moins fort, modérer. *Son observation diminua mon enthousiasme.* **3.** Déprécier, dénigrer (qqn). *Diminuer ses ennemis.* ▷ v. pron. S'avilir. *Il s'est diminué par cette attitude.* **II.** v. intr. **1.** Devenir moindre. *Les provisions ont diminué. – Les jours diminuent,* raccourcissent. **2.** Faiblir. *Son ardeur diminue.*

diminutif, ive [diminytif, iv] adj. et n. m. **1.** adj. LING Qui affaiblit le sens d'un mot ou lui ajoute l'idée de petitesse. *Les suffixes diminutifs dans «gentillet» et «fillette».* **2.** n. m. Cour. Transformation d'un nom ou d'un prénom, exprimant la familiarité ou l'affection. *Jeannot est le diminutif de Jean.*

diminution [diminysjɔ̃] n. f. Action de diminuer; son résultat. *Une diminution de prix.* ▷ *Spécial.* Réduction, à certains rangs, du nombre de mailles d'un tricot. – Point de tricot employé pour faire des diminutions.

Dimitrov (Georgi) (1882 – 1949), homme politique bulgare. Dirigeant du parti communiste bulgare, il dut s'exiler en 1923. Installé en Allemagne, il y fut accusé, à tort, d'avoir participé à l'incendie du Reichstag (1933). Son procès eut un grand retentissement. Expulsé vers l'U.R.S.S., il y fut secrétaire général de la IIIe Internationale (1935-1943). Il fut président du Conseil bulgare (chef de l'État) de 1946 à sa mort.

Dimitrov (Vladimir) (dit *Majstora,* le Maître) (1882 – 1960), peintre bulgare. Il peignit, dans un style à la fois puissant et décoratif, des scènes de la vie populaire de son pays.

Dimitrova (Blaga) (née en 1922), poétesse et romancière bulgare. Elle manifeste une grande richesse verbale dans son œuvre poétique, lyrique et sensible (*À demain,* 1959; *Au-delà de l'amour,* 1987), ses romans-essais (*Voyage vers soi,* 1965; *Déviation,* 1967) et son roman-poème (*Avalanche,* 1971).

dimorphe [dimɔʀf] adj. **1.** Didac. Qui peut prendre deux formes différentes. **2.** CHIM Qui peut cristalliser dans deux systèmes différents. *Le soufre est dimorphe.*

dimorphisme [dimɔʀfism] n. m. Didac. Caractère de ce qui est dimorphe. ▷ SC NAT *Dimorphisme sexuel :* propriété, pour une espèce animale, de présenter d'un sexe à l'autre des caractères morphologiques différents non directement liés à la reproduction (pelage, plumage, etc.).

dinanderie [dinɑ̃dʀi] n. f. Fabrication artistique d'objets en cuivre jaune; ces objets.

Dinant, com. de Belgique (prov. de Namur), sur la Meuse; 12 110 hab. Objets en cuivre et en laiton coulé («dinanderies»). – La ville fut ravagée en 1914. – Collégiale N.-D. (XIIe-XVe s.). Citadelle XIe s., reconstruite aux XVIe-XVIIe s. Grottes préhistoriques (mont Fat).

dinar [dinaʀ] n. m. **1.** Ancienne monnaie d'or arabe (V. dirham). **2.** Actuelle unité monétaire d'Algérie, d'Irak, de Jordanie, de Tunisie (notam.). V. monnaies (tableau).

Dinariques (Alpes ou chaînes), chaînes montagneuses des Balkans (alt. max. 2 527 m) qui s'étend de la Slovénie à la Bulgarie et à la Grèce.

dînatoire [dinatwaʀ] adj. *Goûter, apéritif dînatoire :* goûter, apéritif abondant qui tient lieu de dîner.

dinde [dɛ̃d] n. f. **1.** Femelle du dindon. **2.** Fig. Femme stupide, niaise. *C'est une petite dinde !*

dindon [dɛ̃dɔ̃] n. m. **1.** Gros oiseau de basse-cour (ordre des galliformes), originaire d'Amérique du Nord, dont la tête est pourvue de caroncules érectiles rouges, et dont la queue peut se déployer en éventail. *Dindon qui fait la roue.* – *Spécial.* Le mâle, par oppos. à *dinde.* **2.** Fig. Homme balourd. ▷ Prov. *Être le dindon de la farce :* être la victime, la dupe, d'une plaisanterie.

dindonneau [dɛ̃dɔno] n. m. Petit de la dinde. – Jeune dindon.

1. dîner [dine] v. intr. [1] **1.** Prendre le repas du soir. *Être invité à dîner.* ▷ Prov. *Qui dort dîne :* le sommeil tient lieu de nourriture. **2.** (Afr. subsah., Belgique, France rég., Québec, Suisse) Prendre le repas de midi.

2. dîner [dine] n. m. **1.** Repas du soir. *Préparer le dîner. Dîner d'affaires.* **2.** Mets composant ce repas. *Le dîner est servi.* **3.** (Afr. subsah., Belgique, France rég., Québec, Suisse) Repas de midi.

dînette [dinɛt] n. f. **1.** Simulacre de repas que font les enfants. *Jouer à la dînette.* ▷ *Par ext.* Petit repas intime. **2.** Service de table miniature dont les enfants se servent pour jouer. **3.** (Québec) Partie d'une cuisine où l'on peut prendre des repas simples.

dîneur, euse [dinœʀ, øz] n. Convive, à un dîner.

Dingaan (m. en 1838), chef zoulou. Demi-frère de Chaka*, il le fit assassiner en 1828 et lui succéda. En 1838, il vainquit d'abord les Boers, mais fut battu par Pretorius à la bataille de Blood River. En fuite, il fut assassiné dans le Swaziland actuel.

dinghy [diŋgi], plur. **dinghys** ou **dinghies** [diŋgiz] n. m. (Anglicisme) Embarcation de sauvetage pneumatique.

1. dingo [dɛ̃go] n. m. Chien sauvage d'Australie.

2. dingo [dɛ̃go] adj. et n. (inv. en genre) Fam. Fou, cinglé. *Elle est complètement dingo.* – Subst. *Des dingos.*

dingue [dɛ̃g] adj. et n. Fam. **1.** Fou. *Il est dingue, ce type !* – Subst. *Un(e) dingue.* **2.** Marqué de quelque manière par la démesure, l'excès, l'extravagance, etc. *Il y avait une ambiance dingue !*

dinh [din] n. m. (Viêt-nam) Maison communale où se groupent les villageois. Traditionnellement, le dinh était à la fois le temple dédié au génie du village, le lieu de réunion où les notables discutaient des affaires de la communauté, ainsi que la salle des fêtes.

Dinh Bô Linh (v. 925 – 979), seigneur du pays viêt (nord et centre-nord du Viêt-nam actuel). Il réussit à unir son pays, qu'il appela *Dai Cô Viêt,* se fit proclamer empereur (968) et fonda ainsi la dynastie des Dinh (968-980). Vassal des Chinois, il sut toutefois préserver son indépendance.

Dinka, population du Soudan méridional (près de 3 millions de personnes); éleveurs de bovins. Ils parlent une langue nilotique.

dinornis [dinɔʀnis] n. m. PALEONT Oiseau ratite fossile du pléistocène, de Nouvelle-Zélande, éteint récemment. (*Dinornis robustus* atteignait 3,50 m de haut; ses ailes étaient réduites à des moignons.)

dinosaure [dinɔzɔʀ] ou **dinosaurien** [dinɔzɔʀjɛ̃] n. m. **1.** PALEONT *Les dinosaures* ou *dinosauriens :* ensemble de reptiles du secondaire (*avipelviens* et *saurípelviens*), pour certains géants, et dont l'extinction a fait l'objet de diverses interprétations. – Sing. *Un dinosaure* ou *un dinosaurien.* **2.** Fig., fam. Personne, institution considérable, comme il n'en existe plus.

Dinov (Todor) (né en 1919), cinéaste bulgare. Fondateur de l'école d'animation bulgare, auteur de nombreux dessins animés, il signe son premier long métrage de fiction (*Iconostase,* 1969) avec Hristo Hristov et réalise seul *le Dragon* (1975).

diocésain, aine [djɔsezɛ̃, ɛn] adj. et n. Qui a rapport au diocèse; qui en fait partie. ▷ Subst. Fidèle appartenant à un diocèse. *L'archevêque s'est adressé à ses diocésains.*

diocèse [djɔsɛz] n. m. Circonscription ecclésiastique placée sous la juridiction d'un évêque. *Le diocèse de Paris.*

Dioclétien (en lat. *Caius Aurelius Valerius Diocles Diocletianus*) (245 – 313), empereur romain (284-305). Proclamé empereur par ses soldats, il confia l'Occident à Maximien (287). Il organisa ensuite la *tétrarchie :* deux augustes (Dioclétien et Maximien) et deux césars (Galère et Constance Chlore), mais conservait la supériorité. Il maintint l'odre, repoussa les envahisseurs, consolida les frontières et persécuta les chrétiens à partir de 303. Dioclétien et Maximien abdiquèrent en 305.

diode [djɔd] n. f. ELECTRON Composant à deux électrodes et qui redresse le courant alternatif.

diodon [djɔdɔ̃] n. m. ICHTYOL Poisson à chair vénéneuse des mers chaudes, aussi appelé *poisson porc-épic,* dont le corps est couvert d'écailles terminées en épines et qui peut se gonfler d'air ou d'eau.

Diodore de Sicile (v. 90 – v. 20 av. J.-C.), historien grec, auteur de la *Bibliothèque historique,* histoire universelle dont 15 livres (sur 40) sont conservés.

Diogène le Cynique (v. 413 – 327 av. J.-C.), philosophe grec; représentant de l'école cynique, qui cherchait la sagesse dans le dénuement. Platon l'appelait «un Socrate en délire» : il vivait, dit la légende, dans un tonneau.

Diogène Laërce ou **de Laërte** (v. le déb. du IIIe s.), historien grec. Son ouvrage *Vies, doctrines et sentences des philosophes illustres* est précieux pour la connaissance de la philosophie antique.

dioïque [djɔik] adj. BOT Se dit des plantes (chanvre, dattier, certains fucus, etc.) chez lesquelles les fleurs mâles et les fleurs femelles se trouvent sur des pieds séparés. Ant. monoïque.

diola [djɔla] adj. (inv. en genre) et n. m. **1.** adj. De l'ethnie des Diola. **2.** n. m. Langue du groupe ouest-atlantique parlée par les Diola, l'une des six langues nationales du Sénégal.

Diola, population vivant en Gambie (env. 100 000 personnes) et dans le S. du Sénégal, où ils occupent les rives de la Casamance. Ils parlent le diola, une langue nigéro-congolaise du groupe ouest-atlantique.

Diolof ou **Djolof** (royaume), anc. royaume, fondé probablement au XIIIe s. Il devint un vaste empire (Grand Diolof) qui couvrait le territoire du Sénégal actuel et se disloqua au XVIe s., mais le royaume se maintint jusqu'à la conquête française (1890).

diondion [djɔ̃djɔ̃] n. m. (Haïti) Champignon noir qui colore les aliments.

dionysiaque [djɔnizjak] adj. et n. f. pl. **1.** Relatif à Dionysos. *Le culte dionysiaque.* ▷ n. f. pl. ANTIQ GR *Les dionysiaques :* les fêtes en l'honneur de Dionysos (on dit aussi *dionysies*). **2.** PHILO Qui a rapport au caractère, à la signification prêtée à Dionysos par la mythologie. – Terme employé par Nietzsche pour exprimer l'ivresse extatique, l'enthousiasme et l'inspiration créatrice (par oppos. à *apollinien*).

Dionysos, dans la myth. gr., fils de Zeus et de la mortelle Sémélé. Identifié avec Bacchus dans la myth. romaine, il est le plus jeune de l'Olympe, bon vivant (dieu de la Vigne), gai, cruel. Son culte, important, qui est aussi celui de l'art et de la poésie, a donné naissance au théâtre grec.

Diop (Birago) (1906 – 1989), écrivain sénégalais. Ses *Contes* et *Nouveaux Contes d'Amadou Koumba* (1947 et 1958), *Contes et lavanes* (1963), *Contes d'Awa* (1977) peignent la société traditionnelle ouest-africaine. Poésie : *Leurres et lueurs* (1960). Il a laissé trois volumes de *Mémoires* (1978-1985).

Diop (Cheikh Anta) (1923 – 1986), écrivain et physicien sénégalais. Après *les Problèmes culturels de l'Afrique noire* (1948) et *Nations nègres et Culture* (1954), il publia : *l'Afrique noire précoloniale* (1960), *l'Unité culturelle de l'Afrique noire* (1960), *Antériorité des civilisations nègres* (1967).

Diop (David Mandessi) (1927 – 1960), poète sénégalais, chantre révolutionnaire de la négritude : *Coups de pilon* (1956). Il mourut dans un accident d'avion.

Diop (Boubacar Boris) (né en 1946), romancier sénégalais : *le Temps de Tamango* (1981), *les Tambours de la mémoire* (1987), *les Traces de la meute* (1994).

Diophante (v. 325 – v. 410), mathématicien grec de l'école d'Alexandrie. On lui attribue la théorie des équations du premier degré.

Diop Mambéti (Djibril) (né en 1945), cinéaste sénégalais : *Touki-Bouki* (1973), *le Train du Shaba* (documentaire, 1990), *Hyènes* (1992).

diopside [djɔpsid] n. m. ENTOM Petite mouche aux yeux pédonculés fréquente dans les rizières, dont les larves creusent des galeries dans les tiges de riz, les empêchant de fructifier.

dioptre [djɔptʀ] n. m. OPT Surface de séparation de deux milieux inégalement réfringents.

dioptrie [djɔptʀi] n. f. OPT Unité de vergence des systèmes optiques (symbole δ) équivalant à la vergence d'une lentille ayant 1 m de distance focale dans un milieu dont l'indice de réfraction est 1.

dioptrique [djɔptʀik] n. f. et adj. **1.** n. f. PHYS Partie de la physique qui étudie la réfraction de la lumière. **2.** adj. Qui a rapport à la dioptrique.

dior [djɔʀ] n. m. PEDOL Sol ferrugineux non lessivé de la zone sahélienne, favorable à la culture de l'arachide et du petit mil.

Dior (Christian) (1905 – 1957), couturier français.

Diori (Hamani) (1916 – 1989), homme politique nigérien; président de la République, de l'indépendance du pays (1960) au coup d'État de 1974. Il mourut en exil au Maroc.

dioscoréacées [djɔskɔʀease] n. f. pl. BOT Famille de monocotylédones, très proche des amaryllidacées, fréquemment dioïques et à tiges volubiles. – Sing. *Une dioscoréacée.*

Dioscures, dans la myth. gr., nom collectif donné à Castor et Pollux, fils de Zeus (au génitif *Dios*) et de Léda.

Diouf (Abdou) (né en 1935), homme politique sénégalais. Premier ministre depuis 1970, il succéda en 1981 à L. S. Senghor (qui l'avait désigné) comme président de la République et remporta les élections de 1983, 1988 et 1993.

dioula [djula] adj. (inv. en genre) et n. m. **1.** adj. De l'ethnie des Dioula. **2.** n. m. Langue du groupe mandé qui joue un rôle véhiculaire important en Côte d'Ivoire et au Burkina Faso. **3.** n. m. (Afr. subsah.) Commerçant itinérant.

Dioula ou **Dyula,** population du Mali (env. 260 000 personnes) et de la Côte d'Ivoire. Ils parlent une langue nigéro-congolaise du groupe mandé. (V. dioula.)

Diourbel, v. du Sénégal à l'est de Dakar; 77 600 hab.; ch.-l. de la région du m. nom. Centre agricole, commercial et artisanal.

dioxine [di(j)ɔksin] n. f. CHIM Appellation courante du tétrachloro-dibenzo-paradioxine, produit très toxique (lésions cutanées).

dioxyde [di(j)ɔksid] n. m. CHIM Oxyde contenant deux atomes d'oxygène. Syn. bioxyde. – *Dioxyde de carbone :* gaz carbonique (CO_2).

dipétale [dipetal] adj. Qui a deux pétales.

diphasé, ée [difaze] adj. ELECTR Qui présente deux phases (courant).

diphtérie [diftеʀi] n. f. Maladie infectieuse due au bacille de Klebs-Lœffler, contagieuse.

ENCYCL La diphtérie est caractérisée par la production de pseudo-membranes au niveau du pharynx et du larynx, parfois responsables d'une asphyxie (*croup*); elle se manifeste aussi par des signes toxiques : paralysies, myocardite, néphrite. L'évolution peut être mortelle. La prévention par la vaccination est très efficace.

diphtérique [difteʀik] adj. et n. **1.** adj. Qui a rapport à la diphtérie. **2.** adj. et n. Qui est atteint de diphtérie.

diphtongue [diftɔ̃g] n. f. PHON Voyelle unique dont le timbre se modifie en cours d'émission. *Les phonéticiens considèrent que, à part certaines prononciations régionales, le français ne possède pas de diphtongues.* ▷ *Diphtongue ascendante* ou *fausse diphtongue,* où la semi-consonne est le premier élément (*pied, lui*). ▷ *Diphtongue descendante,* où la semi-consonne est le second élément (*travail*).

dipl(o)-. Élément, du gr. *diploos,* «double».

diplocoque [diplɔkɔk] n. m. MICROB Genre de bactéries formées d'éléments groupés par paires. *Les pneumocoques sont des diplocoques.*

diplodocus [diplɔdɔkys] n. m. PALEONT Dinosaure herbivore du jurassique, qui atteignait parfois 32 m de long.

diploïde [diplɔid] adj. BIOL Se dit d'un être vivant dont les cellules contiennent une paire de chaque chromosome typique de l'espèce, soit un nombre total pair, noté 2n. (L'homme a 23 paires de chromosomes, soit 2n = 46.) Ant. haploïde.

diplomate [diplɔmat] n. et adj. **1.** Personne chargée par un gouvernement d'une fonction de négociation avec un État étranger. *Les ambassadeurs sont des diplomates.* **2.** *Par anal.* Personne qui a du tact avec autrui, qui est habile à négocier. *Dans les affaires, c'est un diplomate habile.* – adj. *Elle est très diplomate.*

diplomatie [diplɔmasi] n. f. **1.** Ce qui concerne les relations entre les États, l'art des négociations entre gouvernements. ▷ Politique diplomatique. *Critiquer la diplomatie d'un pays.* ▷ Carrière diplomatique. *Entrer dans la diplomatie.* ▷ Ensemble des diplomates. **2.** *Par anal.* Tact et habileté. *Faire preuve de diplomatie.*

diplomatique [diplɔmatik] adj. et n. f. **I.** adj. **1.** Qui a rapport à la diplomatie. *Être chargé d'une mission diplomatique.* ▷ *Valise diplomatique :* bagage ou colis appartenant à certains diplomates et sur lesquels l'administration des douanes n'a pas le droit de visite. **2.** Fig. Qui a rapport au tact et à l'habileté dans les relations ou négociations privées. **II.** n. f. Didac. *La diplomatique :* la science qui étudie les diplômes, les chartes, les documents anciens et examine leur authenticité. ▷ adj. Qui a rapport à la diplomatique.

diplomatiquement [diplɔmatikmɑ̃] adv. De manière diplomatique.

diplôme [diplom] n. m. **1.** Titre ou grade, généralement délivré par un établissement d'enseignement à la fin d'un cycle d'études. *Diplôme de bachelier. Diplôme de l'École des hautes études commerciales.* ▷ Examen nécessaire à l'obtention d'un diplôme. *Passer un diplôme.* **2.** Certificat écrit attestant l'obtention d'un diplôme. *Photocopie d'un diplôme.*

diplômé, ée [diplome] adj. et n. Qui a obtenu un diplôme. *Infirmière diplômée.* ▷ Subst. *Un diplômé de l'École des chartes.*

diplômer [diplome] v. tr. [1] Délivrer un diplôme à.

diplopie [diplɔpi] n. f. MED Trouble de la vue dans lequel les objets paraissent doubles.

dipneustes [dipnøst] n. m. pl. ICHTYOL Sous-classe de poissons ostéichthyens d'eau douce possédant des branchies et des poumons. (Ils vivent dans des mares d'Afrique, d'Amérique du S. et d'Australie, et utilisent l'oxygène de l'air pour survivre.) – Sing. *Un dipneuste.*

dipolaire [dipɔlɛʀ] adj. PHYS, CHIM Relatif à un dipôle. *Moment dipolaire.*

dipôle [dipol] n. m. **1.** PHYS Ensemble de deux charges électriques ou magnétiques infiniment voisines et de signes opposés. **2.** TECH Dispositif électrique qui ne comporte que deux bornes.

dipsomanie [dipsɔmani] n. f. MED Impulsion pathologique à boire, par crises périodiques, de grandes quantités de liquides alcooliques.

diptères [diptɛʀ] n. m. pl. ENTOM Ordre d'insectes comportant les mouches, les taons, les moustiques. – Sing. *Un diptère.*

diptyque [diptik] n. m. **1.** BX-A Tableau formé de deux panneaux rabattables l'un sur l'autre. **2.** Fig. Œuvre littéraire ou artistique en deux parties.

Dirac (Paul) (1902 - 1984), physicien anglais. Il développa la mécanique quantique et relativiste. P. Nobel 1933 (avec E. Schrödinger).

1. dire [diʀ] v. tr. [65] **I. 1.** Faire entendre au moyen de la parole, énoncer. *Dites trente-trois!* – Prov. *Qui ne dit mot consent :* ne pas répondre équivaut à accepter ce qu'on propose. **2.** Exprimer par la parole. *Dire ce qu'on voit. Elle dit être pressée* ou *qu'elle est pressée.* ▷ Loc. *Cela va sans dire :* c'est tout à fait évident. – *À vrai dire, à dire vrai :* pour s'exprimer d'une manière conforme à la vérité. – *Pour ainsi dire :* en quelque sorte (formule d'atténuation). – *Cela dit* (ou, moins correct, *ceci dit*) : sur ces paroles. *Cela dit, venons-en au fait,* après ce préambule... – *Soit dit en passant* (pour inclure une remarque étrangère au propos). – *Entre nous soit dit :* en confidence. – *C'est vite dit :* c'est plus facile en paroles qu'en actes. ▷ À l'impératif, pour appeler l'attention de l'interlocuteur. *Dites-moi, cher ami...* – Fam. (Insistant sur une question.) *Tu viendras, dis?* ▷ Loc. fam. *Tu l'as dit! :* marquant l'approbation. **3.** Exprimer (un avis, un jugement). *Dire du mal de qqn.* ▷ Loc. *Parler pour ne rien dire,* pour dire des choses sans intérêt ou futiles. – *Dire son fait, ses (quatre) vérités à qqn,* lui dire sans ménagement ce que l'on pense de sa conduite. – *Avoir beau dire :* donner son opinion inutilement, s'exprimer en vain. *Tu as beau dire, tu ne nous convaincras pas.* – *Je ne vous le fais pas dire :* vous en convenez vous-même. – *C'est vous qui le dites* (pour exprimer des réserves, son désaccord sur ce qui vient d'être dit). *Je n'ai rien fait pour l'éviter... c'est vous qui le dites!* – *Qu'en dites-vous? :* comment jugez-vous cela?, l'approuvez-vous? *Que diriez-vous d'un bon dîner?,* cela vous serait-il agréable? ▷ *Dire que...* (Introduisant une phrase exprimant le regret, la tristesse, l'étonnement.) *Dire qu'il était si mignon quand il était petit!* ▷ (Avec l'idée de penser, de croire.) *Qui l'eût dit? :* qui aurait pu l'imaginer, le prévoir? – *On dirait que :* on pourrait penser, imaginer que. *On dirait qu'il nous évite.* **4.** Raconter. – *Je me suis laissé dire que... :* on, quelqu'un, m'a rapporté que... (sans que je sache encore s'il faut le croire). – *On dit que :* le bruit court que. *On dit que le gouvernement s'apprête à démissionner.* – (En incise.) *Cet endroit, dit-on, est des plus dangereux.* **5.** Réciter, lire, débiter. *Dire des vers. Dire sa leçon.* – Spécial. *Dire la messe.* **6.** Exprimer selon la règle ou l'usage de la langue. *Comment dit-on cela en anglais? Il est fautif de dire «pallier à».* **7.** Exprimer sa volonté, son intention, commander; recommander. *Qui vous a dit de partir? Ne pas se le faire dire deux fois :* ne pas hésiter à faire ce qui est demandé. *Tenez-vous-le pour dit :* considérez que c'est mon dernier mot, que c'est un ordre. **8.** (En loc.) Exprimer (une critique, une objection). *Il n'y a rien à dire, c'est parfait.* – Prov. *Bien faire et laisser dire :* il faut faire ce que l'on doit sans se soucier de l'opinion d'autrui. **II.** Exprimer, énoncer par écrit. *L'auteur le dit dans son ouvrage.* – (En parlant de l'écrit lui-même.) *Que dit le Code civil sur ce point?* **III.** (Sujet nom de chose.) **1.** Révéler, indiquer. *Son sourire disait toute sa joie. Que dit le baromètre? Quelque chose me dit que... :* j'ai l'impression, le sentiment que... – Fam. *Cela ne me dit rien :* je n'en ai aucun souvenir. – *En dire long :* laisser entendre plus qu'il n'est exprimé. *Un silence qui en disait long.* ▷ Prédire. *Dire l'avenir, la bonne aventure.* **2.** *Dire à... :* intéresser, tenter; plaire à. *Il me propose de partir avec lui, cela ne me dit rien. Cela ne me dit rien qui vaille :* cela ne me paraît pas très engageant, très rassurant. – *Si le cœur vous en dit :* si cela vous tente, vous fait plaisir. – (Afr. subsah.) Fam. *Ça ne lui dit rien :* c'est sans importance pour lui. **3.** *Vouloir dire :* signifier. *Que veut dire cette expression? Que veulent dire ces cris?* **IV.** Constructions pronominales. **1.** (Réfléchi) Dire à soi-même, faire à part soi quelque réflexion. *Je me suis dit que j'avais eu tort.* **2.** (Réciproque) *Nous nous sommes dit des amabilités.* **3.** (Passif) *«Zazou» ne se dit plus guère.* **4.** (Avec attribut.) Se prétendre. *Il se dit spirituel. Elle se dit ingénieur.*

2. dire [diʀ] n. m. **1.** Litt. (Surtout au plur.) Ce qu'on dit. *Nous nous assurerons de la véracité de ses dires.* – *Au dire des observateurs,* selon leur témoignage, leur avis. – DR *À dire d'experts :* à l'estimation des experts. **2.** DR Pièce de procédure où se trouvent consignés les moyens et les réponses des parties.

direct, ecte [diʀɛkt] adj. et n. m. **I.** adj. **1.** Droit, sans détour. *Voie directe, mouvement direct.* – Fig. *Une accusation directe. Il a été très franc, très direct.* ▷ *Ligne directe :* ligne généalogique des ascendants et descendants, par oppos. à *ligne collatérale.* **2.** Immédiat, sans intermédiaire. *Les conséquences directes d'un accident. Entretenir des rapports directs avec un supérieur. La connaissance directe,* par oppos. à la *connaissance discursive.* ▷ GRAM *Complément direct,* construit sans préposition. – *Style direct,* qui rapporte telles quelles les paroles prononcées. **3.** Formel, absolu. *Preuve directe. Deux affirmations en contradiction directe.* **4.** LOG *Proposition directe,* par oppos. à celle, dite *inverse,* qui résulte du renversement de ses termes. **5.** CH de F *Train direct,* qui ne s'arrête qu'à certaines grandes stations. ▷ n. m. *Prendre le direct pour Marseille.* **II.** n. m. **1.** SPORT En boxe, coup droit. *Envoyer un direct.* **2.** AUDIOV *Émission en direct* (par oppos. à *en différé*), diffusée dans l'instant même de la prise de vues ou de son. ▷ *Les impératifs du direct.*

directement [diʀɛktəmɑ̃] adv. **1.** Tout droit, sans détour. *Je me rendrai directement chez vous.* **2.** D'une manière directe. *Aborder directement un sujet,* sans préambule. **3.** *Directement opposé, contraire :* en opposition totale. *Des conceptions directement contraires.* **4.** Sans intermédiaire. *Communiquer directement avec qqn.*

directeur, trice [diʀɛktœʀ, tʀis] n. et adj. **I.** n. **1.** Personne qui dirige, qui est à la tête d'une entreprise, d'un service, etc. *Directeur d'une usine. Directeur du personnel. Directrice d'un lycée.* **2.** *Directeur de conscience :* prêtre choisi par une personne pour la conduire en matière de morale et de religion. **3.** AVIAT *Directeur de vol :* dispositif qui enregistre les données du vol d'un avion et les transmet au système de pilotage automatique. **II.** adj. **1.** Qui dirige. *Comité directeur.* **2.** Fig. *Principe directeur, ligne directrice,* servant à déterminer une ligne de conduite. *Schéma* directeur.* **3.** MECA *Roues directrices,* qui permettent de diriger un véhicule. **4.** GEOM *Plan directeur :* plan auquel sont parallèles les génératrices d'une surface réglée. – *Vecteur directeur d'une droite :* vecteur porté par cette droite. – *Coefficient directeur d'une droite :* pente de cette droite. ▷ n. f. Ligne sur laquelle s'appuie la génératrice qui engendre une surface.

directif, ive [diʀɛktif, iv] adj. **1.** Qui a ou peut avoir la propriété, la fonction de diriger. *Force directive, indication directive.* ▷ Autoritaire. *Être trop directif.* **2.** PHYS Qui rayonne ou fonctionne dans une direction privilégiée. *Micro directif.* Syn. directionnel.

direction [diʀɛksjɔ̃] n. f. **I. 1.** Action de diriger. *Assurer la direction des travaux, d'un groupe, d'une entreprise. Travailler sous la direction d'un spécialiste.* **2.** Fonction, poste de directeur. *Obtenir une direction.* ▷ *La direction :* le ou les directeurs; les personnes ou les services qui les assistent. *La direction commerciale d'une société.* ▷ Siège, bureau du ou des directeurs, de leur personnel. *Votre dossier est à la direction.* **3.** Action de diriger, de conduire. *La direction d'un attelage, d'un bateau, d'un train,* etc. **II. 1.** Orientation ou sens du déplacement d'une personne, d'une chose. *Être dans la bonne direction. Changer de direction. En direction de, dans la direction de :* vers. – Fig. *Il faut orienter nos conjectures dans une autre direction.* ▷ Fig. Ligne de conduite. *Prendre une bonne, une mauvaise direction.* **2.** Ensemble des organes (volant, colonne, boîtier) qui servent à diriger un véhicule. ▷ *Direction assistée,* dans laquelle l'effort imprimé au volant est amplifié par un servomoteur.

directionnel, elle [diʀɛksjɔnɛl] adj. PHYS Syn. de *directif. Antenne directionnelle.*

directive [diʀɛktiv] n. f. **1.** MILIT Instruction générale, moins impérative qu'un ordre, donnée par le haut commandement militaire. **2.** *Par ext.* (Surtout au plur.) Instructions, indications générales données par une autorité. *Demander, recevoir des directives.*

directivité [diʀɛktivite] n. f. **1.** PHYS Direction préférentielle dans l'émission ou la réception d'un rayonnement sonore ou électrique. **2.** Didac. Fait d'être directif (dans un enseignement, un entretien, etc.), d'orienter, de guider dans une direction préétablie.

directoire [diʀɛktwaʀ] n. m. Organe collectif chargé de gérer (dans certaines sociétés anonymes).

Directoire (le), le comité de cinq membres qui, succédant à la Convention*, dirigea la France du 4 brumaire an IV (26 oct. 1795) au 18 brumaire an VIII (9 nov. 1799). Le pouvoir exécutif revenait à cinq Directeurs nommés par le Conseil des Anciens et par le Conseil des Cinq-Cents, qui détenaient le pouvoir législ. Des troubles graves, polit. et écon., marquèrent cette période (dite *le Directoire*), ainsi qu'une politique d'expansion : création de «républiques sœurs» (batave, helvétique, etc.), guerre contre l'Autriche (campagne d'Italie) et contre l'Angleterre (campagne d'Égypte). Bonaparte acquit une popularité telle qu'il put renverser le régime (V. Brumaire an VIII [18]).

directorial, ale, aux [diʀɛktɔʀjal, o] adj. Relatif à la fonction de directeur. *Bureau directorial.*

Dirédaoua ou **Dire Dawa,** v. d'Éthiopie, sur la ligne de chemin de fer Djibouti-Addis-Abeba; 110000 hab. Petit centre industriel.

dirham [diʀam], plur. **dirhem** [diʀɛm] n. m. **1.** Ancienne monnaie arabe en argent (V. dinar). **2.** Actuelle unité monétaire du Maroc et des Émirats arabes unis.

dirigé, ée [diʀiʒe] adj. Soumis à une direction, à une autorité. *Une entreprise bien dirigée.* – *Économie dirigée,* régie dans sa totalité ou sa quasi-totalité par la puissance publique (par oppos. à *économie libérale*).

dirigeable [diʀiʒabl] adj. et n. m. **1.** adj. Qui peut être dirigé. *Ballon dirigeable.* **2.** n. m. Aéronef propulsé par un ou plusieurs moteurs dont la sustentation est assurée par des ballonnets contenant un gaz plus léger que l'air (hydrogène ou hélium).

dirigeant, ante [diʀiʒɑ̃, ɑ̃t] adj. et n. Qui dirige, qui détient l'autorité, le pouvoir. *Les classes dirigeantes.* ▷ Subst. *Les dirigeants d'une entreprise, d'un parti politique.*

diriger [diʀiʒe] v. tr. **[13] I. 1.** Conduire (en tant que chef, organisateur, responsable). *Diriger un ministère. Diriger des travaux.* ▷ (S. comp.) *C'est lui qui dirige.* ▷ Spécial. *Diriger des acteurs,* les mettre en scène. **2.** Exercer une autorité intellectuelle ou morale sur. *Diriger un élève, ses études.* **3.** (Sujet nom de chose.) *L'intérêt public a dirigé toute sa vie.* **II. 1.** Guider le déplacement de. *Le guide vous dirigera dans la vieille ville. Diriger un véhicule.* ▷ v. pron. *Se diriger vers :* aller dans la direction de. **2.** Donner telle orientation, telle destination à. *Diriger un bateau vers le port. Diriger ses pas vers un lieu, ses regards sur un objet.* – Fig. *Diriger son attention sur, vers qqch.*

dirigisme [diʀiʒism] n. m. Doctrine économique et politique qui prône l'économie dirigée. – Système économique et politique qui pratique une telle économie.

dirigiste [diʀiʒist] adj. et n. **1.** adj. Qui est inspiré par le dirigisme. **2.** n. Partisan du dirigisme.

dirimant, ante [diʀimɑ̃, ɑ̃t] adj. DR Qui rend nul ou qui fait obstacle. *Un empêchement dirimant au mariage.*

dis-. Élément, du lat. *dis,* indiquant la séparation, l'absence, l'opposition.

dis [dis] n. f. (Belgique) Arg. (des écoles). Distinction (sens 3).

disable [dizabl] adj. (Québec) Fam. *C'est pas disable :* c'est extraordinaire. *C'est pas disable comme il est beau!*

discal, ale, aux [diskal, o] adj. MED Relatif aux disques intervertébraux. *Hernie discale.*

discarthrose [diskaʀtʀoz] n. f. MED Arthrose du disque intervertébral.

discernable [disɛʀnabl] adj. Qui peut être discerné.

discernement [disɛʀnəmɑ̃] n. m. **1.** Litt. Action de différencier par l'esprit. *Le discernement du vrai d'avec le faux.* **2.** Cour. Faculté d'apprécier avec justesse les situations, les choses. *Faire preuve de discernement. Agir sans discernement.*

discerner [disɛʀne] v. tr. **[1] 1.** Distinguer, reconnaître par la vue. *Discerner des formes dans la nuit.* ▷ Par ext. *Discerner la rumeur des vagues.* – Fig. *Je discerne quelque réticence dans son accord.* **2.** Faire la distinction entre, différencier. *Discerner les diverses nuances du vert. Discerner le bien du mal.*

disciple [disipl] n. m. **1.** Personne qui reçoit l'enseignement d'un maître. *Démosthène fut le disciple d'Isée.* – *Les disciples de Jésus-Christ :* les douze apôtres. (V. ce mot.) **2.** Personne qui a adopté la doctrine d'un maître. *Les disciples de Freud.*

disciplinaire [disiplinɛʀ] adj. Qui a rapport à la discipline (d'un corps, d'un établissement, etc.). *Mesure disciplinaire.* ▷ MILIT *Compagnie, bataillon disciplinaire :* unités spéciales auxquelles sont affectés les militaires ayant fait l'objet de graves sanctions.

discipline [disiplin] n. f. **1.** Domaine particulier de la connaissance; matière d'enseignement. *Disciplines scientifiques, littéraires.* **2.** Ensemble des règles de conduite imposées aux membres d'une collectivité pour assurer le bon fonctionnement de l'organisation sociale; obéissance à ces règles. *Sanctionner un manquement à la discipline.* **3.** Règle de conduite que l'on s'impose. *Sportif qui s'astreint à une discipline rigoureuse.*

discipliné, ée [disipline] adj. Qui se soumet à la discipline.

discipliner [disipline] v. tr. **[1] 1.** Habituer (qqn) à se conformer à la discipline. *Discipliner un élève, une troupe.* – Fig. *Discipliner la force des eaux,* la régulariser. **2.** Régler en exerçant un contrôle sur, maîtriser. *Discipliner ses passions, sa force, son corps.* ▷ v. pron. *Vous devriez vous discipliner.*

disc-jockey [diskʒɔkɛ] n. m. (Anglicisme) Animateur de radio ou de discothèque qui choisit et passe des disques. *Des disc-jockeys.*

disco [disko] n. m. Musique de variétés fortement rythmée et saccadée. – (En appos.) *Musique, boîte, style disco.*

discobole [diskɔbɔl] n. m. ANTIQ Athlète qui lançait le disque, le palet.

discographie [diskɔgʀafi] n. f. Répertoire méthodique de disques enregistrés d'un compositeur, d'un interprète.

discontinu, ue [diskɔ̃tiny] adj. (et n. m.) **1.** Qui n'est pas continu. *Mouvement discontinu.* ▷ MATH *Fonction discontinue,* qui n'est pas continue. – n. m. *La physique du discontinu.* **2.** Qui n'est pas continuel. *Un bruit discontinu.*

discontinuer [diskɔ̃tinɥe] v. intr. **[1] 1.** (Dans des phrases à valeur négative.) *La pluie n'a pas discontinué,* n'a pas cessé. – *Sans discontinuer :* sans s'arrêter. *Travailler sans discontinuer.* **2.** (Québec) Interrompre, suspendre. – Pp. adj. *Service de vaisselle discontinué,* qui n'est plus fabriqué.

discontinuité [diskɔ̃tinɥite] n. f. Absence de continuité. *Discontinuité d'un phénomène.* ▷ MATH Propriété des fonctions discontinues. – *Point de discontinuité,* où la fonction n'est pas continue.

disconvenir [diskɔ̃v(ə)niʀ] v. tr. indir. **[36]** *Ne pas disconvenir de :* tomber d'accord à propos de. *Vous avez raison, je n'en disconviens pas.*

discordance [diskɔʀdɑ̃s] n. f. **1.** Absence ou défaut d'accord, d'harmonie. *Discordance de goûts, d'opinions.* **2.** GEOL État de deux couches dont les stratifications ne sont pas parallèles, une phase d'orogenèse s'étant produite avant le dépôt de la nouvelle couche sur l'ancienne.

discordant, ante [diskɔʀdɑ̃, ɑ̃t] adj. Qui n'est pas en accord, en harmonie. *Caractères, sons discordants.*

discorde [diskɔʀd] n. f. Dissentiment grave; dissension. *Semer la discorde.* – *Pomme de discorde :* sujet de dispute et de division (par allus. à la pomme que Pâris remit à Vénus, provoquant la haine de Junon et Minerve).

discothèque [diskɔtɛk] n. f. **1.** Collection de disques enregistrés. ▷ Endroit, meuble où on les conserve. ▷ Organisme d'archivage, de prêt de disques. **2.** Établissement où l'on peut écouter des disques et danser.

discount [diskunt; diskawnt] n. m. (Anglicisme) Rabais sur un prix, remise. Syn. (off. recommandé) ristourne.

discoureur, euse [diskuʀœʀ, øz] n. Péjor. Personne qui aime à discourir.

discourir [diskuʀiʀ] v. intr. **[26]** Péjor. Parler longuement sur un sujet. *Nous avons assez discouru de cette affaire.*

discours [diskuʀ] n. m. **1.** Paroles (par oppos. à *fait,* à *action*). *Pas tant de discours, au travail!* **2.** Exposé oratoire à l'intention d'un public sur un sujet déterminé. *Prononcer, improviser, faire un discours.* **3.** Exposé écrit de caractère didactique; traité, essai. *«Le Discours de la méthode»,* de Descartes. **4.** Expression verbale de la pensée. – *Les parties du discours :* les catégories de mots distinguées par la grammaire traditionnelle (article, nom, pronom, verbe, adjectif, adverbe, préposition, conjonction, interjection). ▷ LING Ensemble des paroles, des énoncés (verbaux ou non). *Langue et discours.* **5.** PHILO Entendement (par oppos. à *intuition*).

discourtois, oise [diskuʀtwa, waz] adj. Qui n'est pas courtois. *Personnage discourtois. Procédé discourtois.*

discrédit [diskʀedi] n. m. Diminution, perte du crédit dont jouissait qqch, qqn. *Jeter le discrédit sur qqn.*

discréditer [diskʀedite] v. tr. **[1]** Faire tomber dans le discrédit. ▷ v. pron. *Se discréditer par des mensonges.*

1. discret, ète [diskʀɛ, ɛt] adj. **1.** Qui parle ou agit avec retenue, tact, réserve. ▷ Par ext. *Des manières discrètes.* **2.** Qui n'attire pas l'attention, qui ne se remarque pas. *Faire un signe discret. Un vêtement discret.* ▷ *Un endroit discret,* à l'abri des regards, d'éventuels gêneurs. **3.** Qui sait garder un secret. *Un ami discret.*

2. discret, ète [diskʀɛ, ɛt] adj. MATH, PHYS *Grandeur, quantité discrète,* composée d'unités distinctes (nombres, objets, etc.), par oppos. à *grandeur, quantité continue* (durée, vitesse, etc.).

discrètement [diskʀɛtmɑ̃] adv. D'une manière discrète.

discrétion [diskʀesjɔ̃] n. f. **I.** *À la discrétion de :* à la volonté, au jugement de. *Je laisse cela à votre discrétion.* ▷ Loc. adv. *À discrétion :* à volonté. *Boisson à discrétion.* **II. 1.** Réserve, retenue délicate; modération. *Parler, agir avec discrétion. S'habiller avec discrétion.* **2.** Qualité d'une personne qui sait garder un secret. *Comptez sur ma discrétion.*

discrétionnaire [diskʀesjɔnɛʀ] adj. Qui est laissé à la discrétion de qqn. – DR *Pouvoir discrétionnaire d'un magistrat,* faculté qui lui est laissée de prendre des mesures hors des règles établies.

discriminant, ante [diskʀiminɑ̃, ɑ̃t] adj. et n. m. **1.** adj. Qui établit une séparation, une distinction. **2.** n. m. MATH Expression qui permet de déterminer si une équation du second degré possède des racines réelles.

discrimination [diskʀiminasjɔ̃] n. f. **1.** Séparation, distinction. *Les coupables seront jugés sans discrimination de rang ni de fortune.* **2.** Fait de distinguer des autres un groupe (social) et de restreindre ses droits. *Discrimination raciale, sexuelle.*

discriminatoire [diskʀiminatwaʀ] adj. Qui établit une discrimination entre les personnes. *Mesures discriminatoires.*

discriminer [diskʀimine] v. tr. [1] Distinguer, mettre à part.

disculper [diskylpe] v. tr. [1] Mettre (qqn) hors de cause, montrer qu'il n'est pas coupable. *Ce témoignage l'a entièrement disculpé.* ▷ v. pron. Se justifier.

discursif, ive [diskyʀsif, iv] adj. **1.** LOG Qui procède par le raisonnement ou repose sur lui. *La déduction est un procédé discursif.* – *Connaissance discursive,* par oppos. à *connaissance intuitive* ou *directe.* **2.** Qui passe d'un sujet à un autre, qui n'est pas rigoureusement continu. *Un mémoire intéressant, encore qu'un peu discursif.* **3.** Didac. Du discours, relatif au discours.

discussion [diskysjɔ̃] n. f. **1.** Action de discuter, d'examiner contradictoirement qqch. *Discussion d'un projet de loi.* ▷ MATH *Discussion d'une équation :* étude de la nature des solutions suivant les différents cas qui peuvent se présenter. **2.** Fait de contester, d'élever des objections. *Pas de discussion, je vous demande d'obéir.* **3.** Conversation, débat, échange de vues. *J'ai eu avec lui une longue discussion.* ▷ *Par ext.* Dispute, altercation.

discutable [diskytabl] adj. **1.** Qui prête à discussion, à contestation. *Un raisonnement discutable.* **2.** Critiquable, douteux. *Procédé discutable.*

discutailler [diskytɑje] v. intr. [1] Fam., péjor. Discuter longuement sur des détails.

discuté, ée [diskyte] adj. Qui soulève des objections, des critiques, des controverses. *Une décision discutée.*

discuter [diskyte] v. [1] **I.** v. tr. **1.** Débattre d'une chose, l'examiner contradictoirement. *Discuter les clauses d'un contrat.* ▷ v. pron. (Passif) *Cette conclusion n'est pas définitive, elle peut se discuter.* **2.** Contester, trouver des objections à. *Discuter le bien-fondé d'une décision.* – (S. comp.) *Obéissez sans discuter.* **II.** v. intr. ou tr. indir. Échanger des opinions, des arguments sur un sujet. *Discuter sur un événement.* – *Discuter de (qqch). Discuter de politique* ou, ellipt., *discuter politique.* ▷ *Absol.* Converser, bavarder. *Passer la soirée à discuter.*

disert, erte [dizɛʀ, ɛʀt] adj. Litt. Qui parle avec facilité et élégance.

disette [dizɛt] n. f. Manque ou rareté de choses nécessaires, et partic. de vivres.

diseur, euse [dizœʀ, øz] n. **1.** Personne qui dit habituellement (telle ou telle chose). – *Diseuse de bonne aventure :* femme qui fait profession de prédire l'avenir. **2.** *Un fin diseur, une fine diseuse :* une personne qui récite, qui raconte avec art.

disgrâce [dizgʀɑs] n. f. **1.** Perte, privation des bonnes grâces dont on jouissait. *Tomber en disgrâce.* **2.** Défaut de grâce.

disgracié, ée [dizgʀasje] adj. **1.** Tombé en disgrâce. **2.** Qui manque de grâce, au physique ou au moral.

disgracier [dizgʀasje] v. tr. [2] Priver de sa faveur, de ses bonnes grâces. *Disgracier un favori.*

disgracieux, euse [dizgʀasjø, øz] adj. Dépourvu de grâce. *Une démarche disgracieuse.*

disjoindre [disʒwɛ̃dʀ] v. tr. [56] Séparer (ce qui était joint). *Disjoindre les lattes d'un plancher.* ▷ v. pron. *Les pierres du mur commencent à se disjoindre.* ▷ DR *Disjoindre deux causes,* les séparer pour les juger indépendamment l'une de l'autre. – *Disjoindre un article d'un projet de loi,* l'examiner séparément.

disjoint, ointe [disʒwɛ̃, wɛ̃t] adj. **1.** Séparé ou mal joint. *Une fenêtre aux carreaux disjoints.* **2.** MATH *Ensembles disjoints,* dont l'intersection est vide.

disjoncter [disʒɔ̃kte] v. intr. [1] Se mettre en position de coupure de courant (en parlant d'un disjoncteur).

disjoncteur [disʒɔ̃ktœʀ] n. m. ELECTR Interrupteur dont l'ouverture se produit automatiquement si l'intensité dépasse une valeur donnée. Syn. (Belgique) teco.

disjonctif, ive [disʒɔ̃ktif, iv] adj. et n. f. **1.** GRAM Qui sépare les idées tout en reliant les termes ou les propositions de la phrase. *Une particule disjonctive* (ex. : *ou, ni*) ou, n. f., *une disjonctive.* **2.** LOG *Proposition disjonctive,* dont les termes sont séparés par un mot disjonctif. – *Syllogisme disjonctif,* dont la majeure est une alternative, ou proposition disjonctive. ▷ n. f. *Une disjonctive :* une alternative disjonctive.

disjonction [disʒɔ̃ksjɔ̃] n. f. **1.** Action de séparer ce qui est joint; son résultat. – DR *Disjonction de deux procédures.* **2.** GENET Séparation de chromosomes homologues lors des divisions cellulaires. – *Par ext.* Séparation des caractères des parents dans leur descendance. **3.** RHET Suppression des particules conjonctives (par oppos. à *conjonction*). (Ex. «*Dans un chemin montant, sablonneux, malaisé*» [La Fontaine].)

dislocation [dislɔkasjɔ̃] n. f. **1.** Déboîtement, luxation d'un os, d'un membre. **2.** Fig. Séparation des parties d'un ensemble. *Dislocation d'un empire.*

disloquer [dislɔke] v. tr. [1] **1.** Démettre, déboîter (une articulation). *Un retour de manivelle lui a disloqué le poignet.* – Par ext. *Disloquer un bras.* – Par anal. *Disloquer les pièces d'un mécanisme.* ▷ v. pron. *Contorsionniste qui se disloque.* **2.** Fig. Désunir, diviser, démembrer. *Disloquer un parti, un cortège, un empire.* ▷ v. pron. *Association qui se disloque.*

dismutation [dismytasjɔ̃] n. f. CHIM Réaction au cours de laquelle un élément est en partie oxydé, en partie réduit.

Disney (Walter Elias, dit Walt) (1901 – 1966), producteur et réalisateur américain de dessins animés : *Silly Symphonies* (400 courts métrages, 1929-1939), *Blanche-Neige et les sept nains* (1937), *Pinocchio* (1939), *Peter Pan* (1953), etc. Son empire industriel lui a survécu.

disparaître [dispaʀɛtʀ] v. intr. [73] **I.** Cesser d'être visible. **1.** (Choses) *Les nuages ont disparu* ou (vx ou litt., marquant l'état) *sont disparus. Le village disparaît sous la neige.* **2.** (Personnes) Quitter un lieu, partir. *Elle a disparu de son domicile.* – Fam. *Disparaissez! :* sortez, déguerpissez! ▷ (En parlant de choses égarées ou dérobées.) *Mes papiers ont disparu.* **II.** Cesser d'être. **1.** Mourir, périr. *Disparaître dans un naufrage.* **2.** Ne plus exister, ne plus se manifester. *L'enflure du genou a disparu.* – Fig. *Vos craintes finiront par disparaître.*

disparate [dispaʀat] adj. Qui ne forme pas un ensemble harmonieux. *Vêtements disparates.*

disparité [dispaʀite] n. f. Différence, dissemblance entre des choses que l'on compare. *La disparité des salaires.*

disparition [dispaʀisjɔ̃] n. f. Action de disparaître; son résultat. ▷ DR Fait, pour une personne dont le corps n'a pas été retrouvé, d'avoir disparu dans des circonstances de nature à mettre sa vie en danger. (La disparition justifie une déclaration judiciaire de décès.)

disparu, ue [dispaʀy] adj. et n. **1.** Qui a cessé d'être visible. ▷ Égaré ou dérobé. *Les bijoux disparus.* **2.** Qui a cessé d'exister. – Subst. *Un(e) disparu(e) :* un(e) défunt(e). ▷ *Spécial.* Se dit d'une personne présumée décédée mais dont la mort n'a pu être établie avec certitude. *Un soldat porté disparu.*

dispatching [dispatʃiŋ] n. m. (Anglicisme) **1.** TECH Synonyme (off. déconseillé) de *répartition, distribution.* **2.** Action de distribuer (qqch); son résultat.

dispendieux, euse [dispɑ̃djø, øz] adj. Coûteux, qui occasionne ou nécessite de grandes dépenses. *Un train de vie dispendieux.* ▷ (Québec) Qui coûte cher. *Une robe dispendieuse.* – *Un restaurant dispendieux,* où le prix des plats servis est élevé.

dispensaire [dispɑ̃sɛʀ] n. m. MED Établissement, public ou privé, de diagnostic, de prophylaxie et de soins sans hospitalisation, et dont les services sont gratuits ou peu coûteux.

dispensateur, trice [dispɑ̃satœʀ, tʀis] n. et adj. Personne ou chose qui dispense, qui distribue. *Le Soleil, dispensateur inépuisable d'énergie.* – adj. *Un mécène dispensateur de bienfaits.*

dispense [dispɑ̃s] n. f. Exemption (de la règle commune, d'une obligation, d'une charge). *Une dispense de travail de nuit.*

dispenser [dispɑ̃se] v. tr. [1] **1.** Distribuer. *Dispenser des blâmes, des récompenses.* – Pp. adj. *L'enseignement dispensé dans cet établissement est d'un bon niveau.* **2.** *Dispenser de :* exempter de (la règle commune, une obligation, une tâche); exempter de (faire qqch). *Dispenser un élève d'exercices physiques. Une bonne mémoire ne dispense pas de réfléchir.* – Par euph. *Je vous dispense de vos remarques :* veuillez me les épargner. – Pp. adj. *Il est dispensé du service militaire.* ▷ v. pron. *Se dispenser de venir. – Je me dispenserais bien de cette obligation,* je m'y soustrairais volontiers.

disperser [dispɛʀse] v. tr. [1] **1.** Éparpiller, répandre de tous côtés. *Le vent disperse les feuilles mortes.* **2.** Placer dans des endroits divers; disséminer. *Disperser des soldats.* ▷ Fig. *Disperser ses forces, sa pensée, son attention.* ▷ v. pron. Fig. Avoir des occupations trop diverses. **3.** Séparer en faisant aller dans des directions différentes. *Disperser un attroupement.* ▷ v. pron. *Les manifestants se sont dispersés dans le calme.*

dispersion [dispɛʀsjɔ̃] n. f. **1.** Action de disperser; fait de se disperser. *La dispersion des nuages par le vent. Dispersion des manifestants.* ▷ Fig. *Dispersion de l'esprit, de l'attention.* **2.** CHIM Dissémination d'une substance au sein d'une autre. **3.** PHYS Séparation d'un rayonnement complexe en rayonnements de longueurs d'onde différentes. *Dispersion de la lumière blanche par un prisme.* **4.** MATH En calcul des probabilités, écart de la variable aléatoire de part et d'autre de la moyenne. (V. variance.)

disponibilité [dispɔnibilite] n. f. État d'une chose ou d'une personne disponible. **1.** (Plur.) Fonds, capitaux dont on peut disposer immédiatement. *J'investirai selon mes disponibilités.* **2.** Situation d'un fonctionnaire temporairement déchargé de ses fonctions. *Être en disponibilité.* ▷ Situation d'un militaire, toujours apte au service actif, mais renvoyé dans ses foyers.

disponible [dispɔnibl] adj. **1.** Dont on peut disposer. *Logement disponible.* **2.** En disponibilité. *Fonctionnaire disponible.* **3.** Qui n'est soumis à aucune sorte d'obligation; qui est exempt de toute contrainte intellectuelle ou morale. *Se garder disponible.*

dispos, ose [dispo, oz] adj. Vieilli Qui est en bonne condition physique et mentale. – Loc., cour. *Être frais et dispos.*

disposé, ée [dispoze] adj. **1.** Arrangé, ordonné. *Des parterres disposés à la française.* **2.** *Être disposé à :* être prêt à, se proposer de. *Il est disposé à nous aider.* ▷ *Être bien disposé pour, envers, à l'égard de qqn,* être dans des dispositions, des sentiments favorables à son égard.

disposer [dispoze] v. [1] **I.** v. tr. **1.** Arranger dans un certain ordre. *Disposer des troupes pour un combat.* **2.** *Disposer qqn à,* le préparer à (qqch), l'inciter à (faire qqch). *Les récents événements nous avaient disposés à cette éventualité.* ▷ v. pron. *Se disposer à :* se préparer à, être sur le point de. *Je me disposais à vous téléphoner quand vous êtes arrivé.* **II.** v. tr. indir. *Disposer de :* avoir à sa disposition, pouvoir utiliser. *Il dispose de moyens considérables.* ▷ *Disposer de qqn :* user de ses services comme on l'entend. *Disposez de moi, je ne peux rien vous refuser.* – Absol. (En s'adressant à un subalterne.) *Vous pouvez disposer* (sous-entendu, de vous-même) : je ne vous retiens pas. **III.** v. intr. Stipuler, prescrire. *Disposer par contrat.*

dispositif [dispozitif] n. m. **1.** TECH Agencement des divers organes d'un système mécanique; le système, l'appareil lui-même. *Dispositif d'alarme.* **2.** MILIT Ensemble des forces mises en place pour remplir une mission donnée. **3.** DR Partie d'un jugement qui énonce la décision. – Partie d'un texte législatif qui suit le préambule.

disposition [dispozisjɔ̃] n. f. **1.** Arrangement, manière dont sont disposées des choses les unes par rapport aux autres. *La disposition des lieux.* **2.** (Plur.) Mesures que l'on prend avant de ou pour faire qqch. *Il faut prendre vos dispositions pour arriver à l'heure.* **3.** *Disposition à :* tendance, inclination à. *Disposition à la paresse.* **4.** (Plur.) Aptitudes. *Avoir des dispositions pour la musique.* **5.** Sentiment à l'égard de qqch, de qqn; attitude d'esprit. *Je suis dans les meilleures dispositions envers lui.* **6.** Dans les loc. *à ma (votre, leur,* etc.) *disposition, à la disposition de,* (Suisse) *à disposition* ou (Belgique) *à disposition de :* pouvoir de se servir de qqch; faculté d'user des services de qqn. *Les documents sont à la disposition de la justice. Je reste à votre entière disposition.* **7.** DR Pouvoir, action de disposer de son bien. – Acte par lequel on en dispose. **8.** *Les dispositions d'une loi, d'un règlement,* etc. : les points qu'elle (il) règle; ce qu'elle (il) ordonne.

disproportion [dispʀɔpɔʀsjɔ̃] n. f. Défaut de proportion, de convenance entre plusieurs choses. *Disproportion entre un délit et sa sanction.*

disproportionné, ée [dispʀɔpɔʀsjɔne] adj. Qui manque de proportion. *Colère disproportionnée à* (ou *avec*) *sa cause. Membres disproportionnés.*

disputailler [dispytɑje] v. intr. [1] Fam., péjor. Disputer longtemps sur des futilités.

dispute [dispyt] n. f. Altercation, querelle. *Une conversation qui dégénère en dispute.*

disputé, ée [dispyte] adj. Que l'on dispute, qui est l'objet d'une lutte. *Une épreuve très disputée.*

disputer [dispyte] v. [1] **I.** v. tr. **1.** Lutter pour obtenir ou conserver. *Disputer la possession d'un bien à qqn. Disputer la victoire, le terrain.* **2.** SPORT *Disputer un combat, une course,* y participer comme concurrent. **3.** Fam. *Disputer qqn,* le réprimander. **II.** v. pron. **1.** (Récipr.) Se quereller. *Se disputer avec qqn. Cessez de vous disputer.* **2.** (Passif) SPORT *L'épreuve s'est disputée en deux manches.*

disquaire [diskɛʀ] n. Marchand(e) de disques.

disqualification [diskalifikasjɔ̃] n. f. Action de disqualifier; son résultat.

disqualifier [diskalifje] v. tr. [2] **1.** Interdire une course hippique, une compétition sportive à (un concurrent qui n'est pas en règle); exclure (un concurrent), pour infraction aux règles, du droit de poursuivre une épreuve ou de bénéficier de la victoire, de l'avantage acquis. **2.** *Par anal.* Faire perdre à (qqn) la considération, le crédit dont il jouissait. *Ce mensonge l'a disqualifié aux yeux de tous.* ▷ v. pron. Démériter, se discréditer.

disque [disk] n. m. **1.** ANTIQ Palet de pierre ou de métal, que les athlètes grecs s'exerçaient à lancer. – Mod. Palet de bois cerclé de fer que lancent les athlètes, de dimension et de poids réglementaires différents selon les catégories d'âge ou de sexe. **2.** Surface visible circulaire d'un astre. *Le disque du Soleil.* **3.** Objet de forme ronde et plate. – ANAT *Disque intervertébral :* lentille biconvexe de tissu fibreux, située entre deux vertèbres. (Le déplacement pathologique de son centre, le *nucleus pulposus,* constitue une hernie discale.) **4.** (Ellipt., pour *disque phonographique.*) Plaque mince et circulaire en matière synthétique pour l'enregistrement et la reproduction des sons. ▷ Par anal. *Disque vidéo – Disque compact* (abrév. : C.D.) : disque de petite dimension, lu par système optique. – INFORM *Disque magnétique* ou *disque dur :* support circulaire d'informations. **5.** MATH Ensemble des points intérieurs à un cercle, comprenant *(disque fermé)* ou ne comprenant pas *(disque ouvert)* sa frontière.

1. disquette [diskɛt] n. f. INFORM Disque constitué de pistes concentriques, utilisé comme support magnétique de mémoire externe et permettant un accès direct.

2. disquette [diskɛt] n. f. (Afrique) Plaisant Au Sénégal, jeune fille moderne, dans le vent.

Disraeli (Benjamin), comte de Beaconsfield (1804 – 1881), homme politique et écrivain anglais. Romancier social, chef du parti tory (1848), Premier ministre en 1866, puis de 1874 à 1880, il mena une politique impérialiste, se heurtant au libéral Gladstone.

dissection [disɛksjɔ̃] n. f. Action de disséquer. *Instruments de dissection.*

dissemblable [disɑ̃blabl] adj. Qui n'est pas semblable. *Des caractères dissemblables.*

dissemblance [disɑ̃blɑ̃s] n. f. Litt. Absence de ressemblance; différence.

dissémination [diseminasjɔ̃] n. f. Action de disséminer; son résultat.

disséminer [disemine] v. [1] **1.** v. tr. Répandre çà et là. *Le vent dissémine certains pollens.* ▷ *Par ext.* Disperser. – Pp. adj. *Un peuple disséminé.* ▷ Fig. *Disséminer une nouvelle.* **2.** v. pron. *Quelques cases se disséminaient près du marigot.*

dissension [disɑ̃sjɔ̃] n. f. Vif désaccord dû à la diversité des sentiments, des opinions, des intérêts. *Apaiser les dissensions.*

dissentiment [disɑ̃timɑ̃] n. m. Litt. Différence de vues, de jugements qui cause des conflits.

disséquer [diseke] v. tr. [14] **1.** Séparer en ses différentes parties un corps organisé (cadavre humain, animal, plante) pour l'étudier. **2.** Fig. Analyser minutieusement. *Disséquer une œuvre littéraire.*

dissertation [disɛʀtasjɔ̃] n. f. **1.** Exposé généralement écrit d'une réflexion méthodique sur un sujet. **2.** Exercice scolaire consistant en une composition écrite sur un sujet littéraire, philosophique, etc.

disserter [disɛʀte] v. intr. [1] Faire une dissertation; exposer méthodiquement ses idées (surtout oralement). – Péjor. Discourir longuement, d'une manière ennuyeuse ou pédante.

dissidence [disidɑ̃s] n. f. Action, état de l'individu, du groupe qui cesse d'obéir à l'autorité établie ou qui se sépare de la communauté à laquelle il appartenait; état qui en résulte. *Province qui entre en dissidence.* ▷ Par ext.

Rallier la dissidence : rallier le groupe des dissidents.

dissident, ente [disidɑ̃, ɑ̃t] adj. et n. Qui est en dissidence. *Faction dissidente.* – Subst. *Un(e) dissident(e).*

dissimulateur, trice [disimylatœʀ, tʀis] adj. et n. Se dit d'une personne qui sait dissimuler ou qui en a l'habitude.

dissimulation [disimylasjɔ̃] n. f. **1.** Action de dissimuler; son résultat. **2.** Caractère d'une personne qui dissimule; duplicité, hypocrisie.

dissimulé, ée [disimyle] adj. **1.** Caché. **2.** Hypocrite, sournois. *Un caractère dissimulé.*

dissimuler [disimyle] v. tr. [1] **1.** Tenir caché, ne pas laisser paraître (des sentiments, des pensées, etc.). *Dissimuler sa joie.* – Pp. adj. *Colère mal dissimulée.* – (S. comp.) *Inutile de dissimuler.* ▷ v. pron. *Une émotion qui ne peut plus se dissimuler.* **2.** Taire, laisser ignorer à. *On lui dissimula l'incident. Je ne vous dissimulerai pas que je suis mécontent,* je tiens à vous le faire savoir. ▷ v. pron. *Je ne me dissimule pas les difficultés de l'entreprise :* je les connais bien. **3.** Masquer, cacher, rendre moins visible. *Dissimuler son visage.* ▷ v. pron. *Se dissimuler derrière une tenture.*

dissipateur, trice [disipatœʀ, tʀis] n. et adj. Personne qui dissipe des biens. ▷ adj. *Une administration dissipatrice.*

dissipation [disipasjɔ̃] n. f. **1.** Action de dissiper; son résultat. *La dissipation d'un malentendu.* – Fait de se dissiper. *La dissipation du brouillard.* **2.** Action de dissiper (des biens). *Dissipation d'un patrimoine.* **3.** Manque d'attention, de sérieux. *Dissipation d'un élève, d'une classe.* **4.** Litt. Conduite débauchée.

dissipé, ée [disipe] adj. **1.** Inattentif, turbulent. *Un élève dissipé.* **2.** Litt. Livré aux plaisirs. *Une existence dissipée.*

dissiper [disipe] v. tr. [1] **1.** Faire disparaître en écartant, en dispersant; mettre fin à. *La lumière dissipe les ténèbres.* – Fig. *Dissiper un malaise, des craintes, des soupçons.* ▷ v. pron. *Le brouillard s'est dissipé.* **2.** Perdre en dépenses, en prodigalités. *Dissiper sa fortune.* – Fig. *Dissiper son temps, sa jeunesse.* **3.** *Dissiper qqn,* détourner son attention; l'inciter à des écarts de conduite. *Dissiper ses camarades de classe.* ▷ v. pron. *Élèves qui se dissipent.*

dissociable [disɔsjabl] adj. Qui peut être dissocié.

dissociation [disɔsjasjɔ̃] n. f. **1.** Action de dissocier; son résultat. *Dissociation des budgets de fonctionnement et de recherche.* **2.** CHIM Réaction équilibrée par laquelle un corps pur donne naissance à d'autres corps purs *(dissociation thermique)* ou à des ions *(dissociation électrolytique).*

dissocier [disɔsje] v. tr. [2] **1.** Séparer (des personnes, des choses, qui étaient liées ou réunies). *Dissocier deux questions,* les distinguer, les disjoindre. **2.** PHYS, CHIM Séparer (les éléments constitutifs d'un corps).

dissolu, ue [disɔly] adj. Qui vit dans la licence. *Homme dissolu.* Ant. austère, vertueux.

dissolution [disɔlysjɔ̃] n. f. **1.** Transformation ou anéantissement d'une substance par décomposition. – Fig. *Une économie menacée de dissolution.* **2.** PHYS, CHIM Dispersion des molécules d'un corps (le *soluté*) dans un liquide (le *solvant*); le mélange homogène (la *solution*) qui en résulte. *Une dissolution de sulfate de cuivre.* **3.** DR Action de mettre légalement fin à (qqch). *Dissolution du mariage.* ▷ Acte par lequel il est mis fin, avant le terme légal, au mandat d'une assemblée élue. *Dissolution d'un conseil municipal.* – *Dissolution de société :* décision amiable ou judiciaire mettant fin à l'existence d'une société et entraînant sa liquidation. **4.** Litt. Dérèglement des mœurs, débauche.

dissolvant, ante [disɔlvɑ̃, ɑ̃t] adj. et n. m. Qui a la propriété de dissoudre. ▷ n. m. Syn. de *solvant.* – *Spécial.* Produit employé pour dissoudre le vernis à ongles.

dissonance [disɔnɑ̃s] n. f. **1.** Rencontre de sons qui ne s'accordent pas; effet désagréable dû à ce phénomène. *Dissonance de mots, de syllabes.* ▷ MUS Accord, intervalle qui donne une impression d'incohérence harmonique et qui appelle une consonance. **2.** Fig. Discordance.

dissonant, ante [disɔnɑ̃, ɑ̃t] adj. Désagréable à l'oreille. *Voix dissonante. Phrase dissonante.* ▷ MUS *Accord dissonant,* qui forme dissonance.

dissoudre [disudʀ] v. tr. [75] **1.** Opérer la dissolution d'un corps. *L'eau pure dissout le gypse.* – Fig. Faire disparaître. ▷ v. pron. *Le sel se dissout dans l'eau.* **2.** DR Annuler. – *Dissoudre une assemblée élue,* mettre fin à son mandat. ▷ v. pron. *Le mariage se dissout notamment par le décès d'un des conjoints.*

dissous, dissoute [disu, disut] adj. **1.** Qui a subi une dissolution. **2.** Qui a été annulé. *Une association dissoute.*

dissuader [disɥade] v. tr. [1] Détourner (qqn) d'un projet, d'une résolution.

dissuasif, ive [disɥazif, iv] adj. Qui dissuade; propre à dissuader. *Moyens dissuasifs.*

dissuasion [disɥazjɔ̃] n. f. Action de dissuader; son résultat. – MILIT *Force de dissuasion :* ensemble des moyens nucléaires destinés à dissuader un éventuel ennemi d'engager les hostilités.

dissyllabe [disil(l)ab] ou **dissyllabique** [disil(l)abik] adj. et n. m. Qui a deux syllabes. *Vers dissyllabiques,* composés de deux syllabes. – n. m. *Un dissyllabe* ou *dissyllabique :* un mot dissyllabe.

dissymétrie [disimetʀi] n. f. Absence de symétrie; défaut de symétrie.

dissymétrique [disimetʀik] adj. Qui manque de symétrie ou qui présente une dissymétrie. *Cristal dissymétrique.*

distal, ale, aux [distal, o] adj. Didac. Qui est le plus éloigné du centre, de l'origine dans une structure anatomique. Ant. proximal. ▷ *Face distale d'une dent,* partie qui est proche des extrémités des arcades dentaires.

distance [distɑ̃s] n. f. **1.** Espace qui sépare deux lieux, deux choses. *Distance d'une ville à une autre. Parcourir, franchir une distance.* – Loc. adv. *À distance :* de loin. *Dispositif qui se commande à distance.* ▷ GEOM *Distance d'un point à une droite, à un plan :* distance d'un point au pied de la perpendiculaire menée de ce point sur la droite, le plan. ▷ ASTRO *Distance angulaire* de deux étoiles.* **2.** Espace qui sépare deux personnes. ▷ Loc. *Prendre ses distances :* se disposer en ligne à la distance du bras étendu, devant soi ou latéralement (militaires, gymnastes, etc.). Fig. *Face à son indélicatesse, j'ai pris mes distances,* j'ai adopté une attitude de réserve. – *Tenir à distance :* empêcher d'approcher; fig. empêcher, par une attitude réservée, toute manifestation d'empressement ou de familiarité. – Fig. *Garder, conserver ses distances :* se montrer distant. **3.** *Par anal.* Intervalle de temps. *Distance qui sépare deux époques, deux événements.* – Loc. adv. *À distance :* après un certain temps ou avec le recul du temps. *Reconstitution des faits à distance.* **4.** Différence de rang, de valeur, de nature, etc. *Supprimer les distances sociales.*

distancer [distɑ̃se] v. tr. [12] **1.** Dépasser. **2.** SPORT Mettre une certaine distance entre soi et les autres concurrents, dans une course. *Se laisser, se faire distancer.* – Pp. adj. *Le favori est distancé.* ▷ Faire rétrograder, dans le classement d'une course, un concurrent contre lequel une irrégularité a été relevée.

distanciation [distɑ̃sjasjɔ̃] n. f. Action de prendre du recul (au sens fig.) par rapport à qqn, à qqch, ou de mettre une certaine distance entre deux choses, deux séries, deux faits, etc. ▷ THEAT *Effet de distanciation :* prise de conscience critique du spectateur par rapport au personnage, provoquée par le jeu de l'acteur volontairement détaché de son rôle.

distancier (se) [distɑ̃sje] v. pron. [2] Didac. *Se distancier de :* prendre ses distances (par rapport à qqn, qqch). *Se distancier d'un maître. Il s'est distancié de la nouvelle orientation de son parti.*

distant, ante [distɑ̃, ɑ̃t] adj. **1.** Qui est à une certaine distance dans l'espace ou le temps. *Le bourg est distant de trois kilomètres.* **2.** Réservé ou froid dans son attitude, son comportement. *Être distant avec qqn. Un air distant.*

distendre [distɑ̃dʀ] v. [6] **1.** v. tr. Augmenter par tension, de manière considérable ou excessive, les dimensions normales d'une chose. *Distendre les muscles, un ressort.* **2.** v. pron. Devenir moins tendu, moins serré; se relâcher. *La peau se distend avec l'âge.* – Fig. *Liens d'amitié qui se distendent.*

distension [distɑ̃sjɔ̃] n. f. **1.** Augmentation considérable ou excessive, sous l'effet d'une tension, de la surface, du volume d'une chose. **2.** Relâchement à la suite d'une extension excessive. *Distension d'une courroie.*

distillateur, trice [distilatœʀ, tʀis] n. **1.** Fabricant de produits obtenus par distillation. ▷ *Spécial.* Fabricant d'eau-de-vie. **2.** n. m. TECH *Distillateur solaire :* appareil utilisant la chaleur solaire pour produire de l'eau distillée par distillation des eaux saumâtres.

distillation [distilasjɔ̃] n. f. Opération qui consiste à faire passer un mélange liquide à l'état de vapeur, de façon à séparer ses divers constituants. *Le principe de la distillation repose sur le fait que des substances mélangées ont, à une température donnée, des pressions de vapeur différentes.* – *Distillation des vins, des fruits, des moûts,* etc., qui donne les liqueurs alcooliques. – *Distillation fractionnée,* pour séparer des liquides inégalement volatils.

distiller [distile] v. [1] **I.** v. tr. **1.** Opérer la distillation de. *Distiller du vin.* ▷ *Par ext.* Produire par élaboration (un liquide, un suc). *L'abeille distille le miel.* **2.** (Surtout fig.) Produire, répandre peu à peu (et comme goutte à goutte). *L'aube distillait un jour blafard. Distiller des informations.* **II.** v. intr. **1.** Passer à l'état de vapeur par distillation, en parlant d'un corps. *L'alcool ordinaire distille à 78,5 °C.* **2.** Couler goutte à goutte. *Le sang distillait de la blessure.*

distillerie [distilʀi] n. f. **1.** Industrie des produits distillés; spécial., des liqueurs alcoolisées. **2.** Lieu de distillation. ▷ (Antilles fr.) Rhumerie. – Fig., fam. Personne alcoolique.

distinct, incte [distɛ̃, ɛ̃kt] adj. **1.** Qui est séparé, différent (d'une chose comparable). *Des pétales distincts. Des fonctions distinctes.* Ant. confondu. **2.** Qui se perçoit nettement. *Des formes, des paroles distinctes.*

distinctement [distɛ̃ktəmɑ̃] adv. D'une manière distincte. *Prononcer distinctement.*

distinctif, ive [distɛ̃ktif, iv] adj. Qui permet de distinguer. *Signe distinctif.*

distinction [distɛ̃ksjɔ̃] n. f. **1.** Action de distinguer, de faire la différence entre des choses ou des personnes. *Faire la distinction entre le vrai et le faux.* **2.** Division, séparation. *Distinction des pouvoirs exécutif et législatif.* **3.** Marque d'honneur décernée à qqn en reconnaissance de ses mérites. *Distinction officielle, honorifique. Recevoir une distinction.* ▷ (Belgique) Degré de réussite d'un examen universitaire, accordé à partir de quatorze sur vingt. *À partir de seize sur vingt, on a la grande distinction* (en argot des écoles, *la grande dis*); *dix-huit sur vingt confère la plus grande distinction.* (V. mention, sens 3.) **4.** Élégance du maintien, des manières, du langage. *Sa distinction ajoute à sa beauté.*

distingué, ée [distɛ̃ge] adj. **1.** Remarquable par ses mérites. *Un économiste distingué.* **2.** Qui a de la distinction. *Un monsieur très distingué.* **3.** (Formule de politesse, à la fin d'une lettre.) Tout particulier. *Veuillez agréer l'assurance de ma considération distinguée.*

distinguer [distɛ̃ge] v. [1] **I.** v. tr. **1.** Rendre particulier, différent, reconnaissable. *Sa taille le distingue des autres.* **2.** Faire la différence entre (des personnes ou des choses). *Savoir distinguer le fer de l'acier.* ▷ v. intr. *Distinguer entre le possible et le probable.* **3.** Remarquer, porter un intérêt particulier à (qqn qui se signale par ses mérites). *Le professeur l'a tout de suite distingué.* **4.** Percevoir avec quelque netteté, par les sens ou par l'esprit. *Distinguer une odeur, un bruit. Je distingue assez bien vos intentions.* **II.** v. pron. **1.** Être reconnaissable. *Papier qui se distingue par son grain.* **2.** Se signaler par ses qualités, ses mérites, etc. *Se distinguer par ses talents, son audace.* **3.** Être perçu, reconnu. *Une voix se distinguait dans la rumeur.*

distinguo [distɛ̃go] n. m. Distinction plus ou moins subtile que l'on formule dans une argumentation.

distique [distik] n. m. VERSIF Réunion de deux vers, formant un ensemble complet par le sens, parfois une maxime. – Dans la versification grecque et latine, réunion d'un hexamètre et d'un pentamètre.

distordre [distɔʀdʀ] v. tr. [6] **1.** Faire subir une distorsion à. *Distordre un membre.* ▷ v. pron. Subir une torsion. **2.** TECH Déformer (une onde, un signal).

distorsion [distɔʀsjɔ̃] n. f. **1.** Torsion, déplacement d'une partie du corps. *Distorsion du tronc.* **2.** PHYS Aberration géométrique d'un système optique centré. **3.** TECH Déformation d'un signal, d'une onde électromagnétique ou acoustique. **4.** Fig. Déséquilibre générateur de tension. – *Par ext.* Déformation. *La distorsion des faits dans un récit.*

distraction [distʀaksjɔ̃] n. f. **1.** Manque d'attention, relâchement de l'attention. *Avoir des distractions. Par distraction, il a mis des chaussettes de couleurs différentes.* **2.** Délassement, amusement, dérivatif. *Sa distraction favorite est de jouer aux échecs.* **3.** DR Séparation d'une partie d'avec le tout. *Faire distraction d'une somme en faveur de qqn.*

distraire [distʀɛʀ] v. tr. [58] **1.** Litt. Séparer (une partie) d'un tout. *Distraire une somme d'argent d'un héritage.* ▷ *Par ext.* Détourner à son profit (qqch). *Distraire une grosse somme d'argent.* **2.** Déranger (qqn) dans son occupation. *Distraire un élève en plein travail.* ▷ *Distraire l'attention de qqn,* l'éloigner de son objet. **3.** Divertir, amuser. *Il distrait l'assemblée par ses plaisanteries.* ▷ v. pron. S'amuser, se détendre. *On va au cinéma pour se distraire.*

distrait, aite [distʀɛ, ɛt] adj. et n. **1.** Qui ne prête pas attention à ce qu'il dit, à ce qu'il fait. *Il est distrait au point d'oublier ses affaires partout où il va.* ▷ Subst. *«Le Distrait», comédie de Regnard (1697).* **2.** Inattentif. *Il a l'air perpétuellement distrait.* – *Écouter d'une oreille distraite, regarder d'un œil distrait.*

distraitement [distʀɛtmɑ̃] adv. D'une manière distraite, sans prêter attention.

distrayant, ante [distʀɛjɑ̃, ɑ̃t] adj. Qui distrait. *Un spectacle distrayant.*

distribuer [distʀibɥe] v. tr. [1] **1.** Donner à diverses personnes (les éléments partagés d'un ensemble); répartir, partager. *Distribuer le courrier. Distribuer les rôles d'une pièce de théâtre,* et, absol., *distribuer une pièce :* attribuer son rôle à chacun des interprètes. **2.** Répartir dans plusieurs endroits. *Conduites qui distribuent l'eau dans un immeuble.* ▷ v. pron. *La sève se distribue dans les organes de la plante.* **3.** *Distribuer un appartement :* affecter un usage particulier aux différentes pièces. – Pp. adj. *Un vieil appartement mal distribué.* **4.** Donner au hasard. *Distribuer des coups dans toutes les directions.* **5.** Classer, ordonner. *Distribuer les paragraphes dans un article.*

distributeur, trice [distʀibytœʀ, tʀis] adj. et n. **I.** adj. Qui distribue. *Organe distributeur. Appareil distributeur de billets.* – (Québec) *Machine distributrice,* de boissons, de bonbons, etc. **II.** n. **1.** Personne qui distribue. *Un distributeur de tracts.* **2.** Personne ou organisme chargé de la diffusion commerciale, spécial. de films. **3.** n. m. Appareil servant à distribuer (des objets, un fluide, etc.). *Un distributeur automatique de billets.* ▷ n. f. (Québec) *Distributrice de boissons, de cigarettes.* **4.** n. m. ELECTR Appareil servant à relier des circuits.

distributif, ive [distʀibytif, iv] adj. **1.** (Choses) Qui distribue. – *Justice distributive,* qui répartit les peines et les récompenses selon les mérites (par oppos. à *justice commutative*). **2.** GRAM, LOG Qui désigne séparément (par oppos. à *collectif*). *«Chaque» est un adjectif distributif.* **3.** MATH *Loi distributive par rapport à une autre loi,* telle que $a \times (b + c) = (a \times b) + (a \times c)$. *La multiplication est distributive par rapport à l'addition* $[8 \times (4 + 2) = (8 \times 4) + (8 \times 2)]$.

distribution [distʀibysjɔ̃] n. f. **1.** Répartition (de choses) entre plusieurs personnes. *Distribution de vivres.* ▷ *Distribution des prix :* cérémonie au cours de laquelle les meilleurs élèves sont récompensés, à la fin de l'année scolaire. **2.** THEAT, CINE Recherche des interprètes et attribution des rôles. – *Par ext.* Ensemble des interprètes. *Ce film bénéficie d'une prestigieuse distribution.* **3.** COMM *Circuit de distribution,* par lequel un produit parvient au consommateur. **4.** Arrangement, ordonnance, disposition. *La distribution des paragraphes dans un texte.* **5.** LING Ensemble des environnements d'un élément dans un énoncé. **6.** Division selon la destination. *La distribution des pièces d'un logement.* **7.** MATH En calcul des probabilités, répartition de la densité de probabilité suivant les valeurs de la variable aléatoire. **8.** TECH Répartition vers les utilisateurs. *Distribution de l'électricité, du gaz.* Syn. (off. recommandé) de *dispatching.* ▷ Ensemble des organes qui commandent la circulation, la répartition du fluide dans un moteur, une machine.

distributionnalisme [distʀibysjɔnalism] n. m. LING Théorie, due à Bloomfield, qui définit les unités de la langue sur la base de leur distribution.

distributionnel, elle [distʀibysjɔnɛl] adj. LING, LOG Qui a trait à la distribution des éléments dans un énoncé. *Analyse distributionnelle.*

district [distʀikt] n. m. **1.** Étendue de juridiction administrative ou judiciaire. ▷ En Tunisie, division administrative d'une ville. (V. arrondissement.) **2.** *District fédéral :* nom donné dans divers États fédéraux (États-Unis, notam.) au territoire englobant la capitale fédérale et ses environs. – *District urbain,* qui regroupe des communes voisines ou formant une même agglomération. **3.** *Par ext.* Région.

1. dit [di] n. m. LITTER Récit comique en vers ou en prose, des XIIe, XIIIe et XIVe s. *Le Dit de l'herberie,* de Rutebeuf.

2. dit, dite [di, dit] adj. **1.** Loc. *C'est (une) chose dite :* voilà une chose convenue, n'en parlons plus. **2.** Surnommé. *Charles V, dit le Sage.* **3.** DR (Accolé à l'article défini.) *Ledit, ladite, lesdits, lesdites :* celui, celle, ceux, celles dont on vient de parler.

dithyrambe [ditiʀɑ̃b] n. m. **1.** ANTIQ GR Poème lyrique en l'honneur de Dionysos. **2.** Louange enthousiaste, et le plus souvent excessive.

dithyrambique [ditiʀɑ̃bik] adj. **1.** ANTIQ GR De la nature du dithyrambe. **2.** Très élogieux; élogieux à l'excès.

dito [dito] adv. (S'emploie surtout dans les écritures commerciales pour éviter la répétition d'un mot.) Déjà dit, de même (espèce). *Vingt balles de coton à tant, trente dito, à tant.* (Abrév. : d[o]).

diurèse [djyʀɛz] n. f. MED Production d'urine; débit urinaire.

diurétique [djyʀetik] adj. et n. m. **1.** adj. MED Qui augmente la sécrétion urinaire. **2.** n. m. *Les plantes fournissent de nombreux diurétiques.*

diurne [djyʀn] adj. **1.** Qui dure un jour (vingt-quatre heures). ▷ ASTRO *Mouvement diurne :* mouvement quotidien de rotation apparent d'un astre autour de l'axe de la Terre. ▷ *Arc* diurne.* **2.** Qui a lieu pendant le jour. Ant. nocturne. ▷ BOT *Plante diurne,* dont la fleur s'épanouit durant le jour. ▷ ZOOL *Animal diurne,* qui est actif pendant le jour. Ant. nocturne, crépusculaire. – *Rapaces diurnes :* les falconiformes (aigles, faucons).

diva [diva] n. f. Cantatrice talentueuse et célèbre.

divagation [divagasjɔ̃] n. f. **1.** DR Action de laisser divaguer (un animal). *La* *divagation, mode d'élevage traditionnel en Afrique, est source de conflits entre éleveurs et agriculteurs.* **2.** *Divagation d'un cours d'eau,* inondation qui se produit quand il sort de son lit. **3.** Fig. Fait de s'égarer, de s'écarter de son sujet. *Se perdre dans des divagations.* ▷ Propos incohérents. *Les divagations d'un mythomane.*

divaguer [divage] v. intr. [1] **1.** DR Errer çà et là. *Laisser divaguer des bestiaux.* **2.** *Cours d'eau qui divague,* qui sort de son lit. **3.** Fig. S'écarter de son sujet sans raison, s'égarer dans ses propos. ▷ Perdre la tête, tenir des propos incohérents. *Il est ivre, il divague.*

divan [divɑ̃] n. m. **1.** HIST Conseil des sultans ottomans. **2.** Canapé sans dossier ni bras, garni de coussins et pouvant servir de lit. ▷ (Québec) Syn. de *canapé* (sens 1). Syn. sofa. – *Divan-lit :* syn. de *canapé-lit.* Syn. sofa-lit. **3.** LITTER *Divan* ou *dīwān :* V. dīwān.

dive [div] adj. f. Vieilli ou plaisant Divine. *La dive bouteille :* le vin. (Ne s'emploie plus que dans cette expression figée.)

divergence [divɛʀʒɑ̃s] n. f. **1.** Fait de diverger; état de ce qui diverge. **2.** Fig. Différence, désaccord. *S'opposer par une divergence d'opinions.* **3.** MATH *Divergence d'un vecteur :* somme des dérivées partielles de chaque composante du vecteur par rapport à la coordonnée correspondante. **4.** PHYS NUCL Fonctionnement autonome d'un réacteur nucléaire (lorsque la réaction commence à s'entretenir d'elle-même, sans apport d'énergie).

divergent, ente [divɛʀʒɑ̃, ɑ̃t] adj. **1.** Qui diverge ▷ MATH *Série divergente,* qui ne tend pas vers une limite. ▷ PHYS Qualifie des rayons qui s'écartent les uns des autres. – *Lentille divergente,* qui, plus épaisse sur ses bords qu'en son centre, fait diverger les rayons qui la traversent. **2.** Fig. Qui est en désaccord, opposé. *Avis divergents.*

diverger [divɛʀʒe] v. intr. [13] **1.** Aller en s'écartant de plus en plus (en parlant de choses rassemblées au départ). *Lignes, rayons qui divergent.* **2.** Fig. Ne pas se rejoindre, être en désaccord. *Leurs opinions à ce sujet divergent.*

divers, erse [divɛʀ, ɛʀs] adj. **1.** Qui présente des aspects toujours différents. *Un milieu divers.* **2.** (Plur.) Différent, distinct. *Les divers sens d'un mot.* **3.** (Plur.) Plusieurs. *Nous aborderons diverses questions successivement.*

diversement [divɛʀsəmɑ̃] adv. De diverses manières.

diversification [divɛʀsifikasjɔ̃] n. f. Action de diversifier, fait de se diversifier. *La diversification des cultures.* ▷ *Spécial.* Production et commercialisation de biens de consommation nouveaux et différents (par oppos. à *spécialisation*).

diversifier [divɛʀsifje] v. tr. [2] Rendre divers; varier. *Diversifier son vocabulaire.* ▷ v. pron. *L'industrie tend à se diversifier.*

diversion [divɛʀsjɔ̃] n. f. **1.** MILIT Opération destinée à détourner l'attention de l'ennemi. *Tenter une diversion.* **2.** Fig. *Faire diversion :* détourner l'attention (de qqn) pour ne pas aborder un sujet. ▷ *Par ext.* Distraction, dérivatif. *Incident qui crée une diversion.*

diversité [divɛʀsite] n. f. **1.** Variété, différence. *La diversité des opinions.* **2.** Opposition, divergence. *La diversité de leurs idées ne les empêche pas d'être amis.*

diverticule [divɛʀtikyl] n. m. MED Cavité pathologique terminée en cul-de-sac et communiquant avec un conduit naturel, le tube digestif notam.

divertir [divɛʀtiʀ] v. tr. [3] **1.** DR Soustraire d'un ensemble, s'approprier (illégitimement). *Divertir des fonds.* **2.** Cour. Récréer, amuser. *Ce spectacle m'a diverti.* ▷ v. pron. S'amuser, se distraire. *Se divertir agréablement.*

divertissant, ante [divɛʀtisɑ̃, ɑ̃t] adj. Distrayant, amusant. *Spectacle divertissant.*

divertissement [divɛʀtismɑ̃] n. m. **1.** PHILO Ce qui détourne l'homme de l'essentiel. *«Chercher le divertissement et l'occupation au dehors»* (Pascal). **2.** Cour. Ce qui divertit qqn, le détourne momentanément de ce qui l'occupe. ▷ Récréation, distraction, passe-temps. *Jouer aux cartes est son divertissement préféré.* **3.** DR *Divertissement de fonds, des effets d'une succession,* détournement frauduleux, recel de ces biens. **4.** MUS Composition instrumentale de la seconde moitié du XVIIIe s., écrite pour être jouée en plein air.

dividende [dividɑ̃d] n. m. **1.** MATH Le nombre divisé (par oppos. à *diviseur*). **2.** FIN Part de bénéfice distribuée à chaque actionnaire d'une société. *Donner, toucher des dividendes.* – Portion attribuée à chaque créancier sur la somme qui reste à partager après la liquidation d'une faillite.

divin, ine [divɛ̃, in] adj. et n. m. **1.** Qui appartient à un dieu, aux dieux, à Dieu. *La divine Providence.* **2.** Qui est dû à un dieu, aux dieux, à Dieu. *Célébrer le culte divin.* ▷ n. m. *Un aperçu du divin.* **3.** Divinisé (se dit des héros mythiques, des personnages historiques de l'Antiquité). *Le divin Auguste.* **4.** Excellent, parfait. *Une beauté divine.* **5.** *Par exag.* Extrêmement agréable, délicieux, ravissant. *Ce dîner a été tout simplement divin.*

divinateur, trice [divinatœʀ, tʀis] adj. Qui prévoit l'avenir. *Une intuition divinatrice.*

divination [divinasjɔ̃] n. f. **1.** Art de deviner l'avenir par l'interprétation des présages. *Les Romains recouraient à la divination dans leurs affaires publiques et privées.* **2.** Faculté de deviner le futur, d'expliciter des pressentiments.

divinatoire [divinatwaʀ] adj. Qui procède de la divination (au sens 1). *Art divinatoire.*

divinement [divinmɑ̃] adv. **1.** Par la vertu divine. *Divinement inspiré.* **2.** À la perfection. *Elle chante divinement.*

divinisation [divinizasjɔ̃] n. f. Action de diviniser; son résultat.

diviniser [divinize] v. tr. [1] **1.** Mettre au rang des dieux. – Pp. adj. *Un empereur romain divinisé.* **2.** Donner un caractère divin à. *Diviniser un animal.* **3.** Fig. Exalter, glorifier. *Diviniser la force.*

divinité [divinite] n. f. **1.** Essence, nature divine. *La divinité du Verbe.* **2.** Dieu. *Adorer la Divinité.* ▷ *Les divinités des eaux.* **3.** Fig. Chose, personne que l'on adore comme un dieu. *L'argent est sa divinité.* **4.** ETHNOL Dans certaines religions traditionnelles, puissance intermédiaire entre le Dieu créateur et les hommes.

diviser [divize] v. tr. [1] **I. 1.** Partager en plusieurs parties. *Diviser une propriété entre plusieurs personnes. Une tragédie classique est divisée en cinq actes.* ▷ v. pron. *L'année se divise en douze mois dans le calendrier grégorien. 4 se divise par 2 et par 4.* **2.** MATH Effectuer la division de. *En divisant 16 par 4, on obtient 4.* **3.** Séparer en parties. *Diviser un pain en deux.* **II. 1.** Désunir. *Diviser pour régner. Le projet gouvernemental divise l'opinion.* **2.** v. pron. S'opposer. *Se diviser sur l'opportunité d'un projet.*

diviseur [divizœʀ] n. m. **1.** MATH Nombre qui divise un autre nombre appelé dividende. **2.** ELECTR *Diviseur de tension :* appareil qui fournit une tension de sortie inférieure à la tension d'entrée. *Diviseur de fréquence :* montage fournissant une fréquence de sortie qui est sous-multiple de la fréquence d'entrée.

divisibilité [divizibilite] n. f. MATH Propriété d'un nombre divisible.

divisible [divizibl] adj. **1.** Qui peut être divisé. **2.** MATH Se dit d'un nombre qui peut être divisé sans reste. *9 est divisible par 3.*

division [divizjɔ̃] n. f. **1.** Action de diviser; état d'une chose divisée. *Division d'un État en régions. La division d'un livre en chapitres.* **2.** MATH Opération, notée : consistant à partager un nombre (le dividende) en un certain nombre (le diviseur) de parties égales, dont chacune est le quotient. **3.** GEOM *Division harmonique**. **4.** Chaque partie d'un tout divisé. *Les divisions d'un territoire peuvent être géographiques, administratives, politiques.* **5.** ECON, POLIT *Division du travail :* organisation de la production par répartition du travail en tâches spécialisées. **6.** MILIT Unité importante regroupant des troupes de différentes armes et des services, placée sous les ordres d'un général. *Une division aéroportée, blindée.* **7.** BIOL *Division cellulaire :* V. mitose et méiose. **8.** Réunion de plusieurs bureaux sous la direction d'un chef. *La division du personnel.* **9.** DR Partage. *Division d'un héritage.* – *Bénéfice de division,* permettant à la caution non engagée solidairement d'exiger du créancier qu'il divise ses poursuites entre chaque caution solvable. **10.** Fig. Désunion, discorde, opposition. *Semer la division dans les esprits.*

divisionnaire [divizjɔnɛʀ] adj. et n. m. **1.** Qui concerne une division. *Monnaie divisionnaire,* celle qui représente la division de l'unité monétaire. **2.** Qui appartient à une division. – *Inspecteur divisionnaire,* qui inspecte une certaine portion, une division du territoire. ▷ n. m. *Un divisionnaire :* un commissaire (de police) divisionnaire.

divisionnisme [divizjɔnism] n. m. PEINT Procédé qui consiste à juxtaposer sur la toile de petites touches de couleur pure. *Seurat fut le principal théoricien du divisionnisme.*

divorce [divɔʀs] n. m. **1.** Rupture légale du mariage. *Être en instance de divorce.* **2.** Séparation complète, opposition entre deux choses. *Divorce entre la raison et la passion.*

divorcé, ée [divɔʀse] adj. et n. Séparé par un divorce. ▷ Subst. *Un(e) divorcé(e).*

divorcer [divɔʀse] v. intr. [12] **1.** Rompre légalement, par divorce, son mariage. *Elle a divorcé l'an dernier. Il a divorcé de sa première femme.* **2.** Fig. Rompre avec. *Divorcer d'avec son parti.*

divortialité [divɔʀsjalite] n. f. SOCIOL Nombre annuel des divorces dans une population donnée.

divulgation [divylgasjɔ̃] n. f. Action de divulguer.

divulguer [divylge] v. tr. [1] Rendre public (ce qui n'était pas largement connu). *Divulguer un secret.*

dīwān [diwan] ou **divan** [divɑ̃] n. m. LITT Dans les civilisations islamiques, recueil de poèmes (arabes, persans, turcs), entre le VIIIe et le XVIIIe s.

dix [dis] en fin de groupe de mots; [diz] devant une voyelle ou un *h* muet; [di] devant une consonne ou un *h* aspiré. adj. inv. et n. m. inv. **I.** adj. num. inv. **1.** (Cardinal) Neuf plus un (10). *J'ai passé dix jours à Paris.* ▷ Loc. *Dix fois :* souvent. *Je vous l'ai répété dix fois.* **2.** (Ordinal) Dixième. *Tome X. Charles X.* – Ellipt. *Le dix janvier.* **II.** n. m. inv. **1.** Le nombre dix. *Dix fois dix font cent.* ▷ Chiffres utilisés pour écrire le nombre dix (10). *Le dix est mal formé.* ▷ Numéro dix. *Il habite au dix de ta rue.* ▷ *Le dix :* le dixième jour du mois. **2.** JEU Carte portant dix marques. *Dix de cœur.*

Dix (Otto) (1891 – 1969), peintre et graveur allemand d'inspiration expressionniste.

Dix Commandements (les). V. Commandements (les Dix).

Dixence (la) ou **Borgne d'Hérémence** (la), torrent du Valais (Suisse) qui alimente, à 2 365 m d'alt., un barrage haut de 284 m (12000 MkWh).

dix-heures [dizœʀ] n. m. ou f. pl. inv. (Belgique, France rég., Suisse) Collation de la matinée. (V. quatre-heures.)

dix-huit [dizɥit]; [dizɥi] devant une consonne ou un *h* aspiré adj. inv. et n. m. inv. **I.** adj. num. inv. **1.** (Cardinal) Dix plus huit (18). *Dix-huit ans.* **2.** (Ordinal) Dix-huitième. *Louis XVIII.* – Ellipt. *Le dix-huit mars.* **II.** n. m. inv. Le nombre dix-huit. *Multiplier dix-huit par trois.* ▷ Chiffres représentant le nombre dix-huit (18). *Son dix-huit ressemble à un quinze.* ▷ Numéro dix-huit. *Habiter au dix-huit.* ▷ *Le dix-huit :* le dix-huitième jour du mois.

dix-huitième [dizɥitjɛm] adj. et n. **I.** adj. num. ord. Dont le rang est marqué par le nombre 18. *Le dix-huitième jour. Le dix-huitième siècle* ou ellipt., *le dix-huitième.* **II.** n. **1.** Personne, chose qui occupe la dix-huitième place. *La dix-huitième de sa promotion.* **2.** n. m. Chaque partie d'un tout divisé en dix-huit parties égales. *Le dix-huitième de 72 est 4.* **3.** n. f. MUS Intervalle de quarte redoublé à deux octaves.

Dixieland, nom donné au sud des É.-U. C'est aussi le nom d'un style de jazz traditionnel originaire de La Nouvelle-Orléans.

dixième [dizjɛm] adj. et n. **I.** adj. num. ord. Dont le rang est marqué par le nombre 10. *Le dixième arrondissement* ou, ellipt., *le dixième.* **II.** n. **1.** Personne, chose qui occupe la dixième place. *La dixième de la famille.* **2.** n. m. Chaque partie d'un tout divisé en dix parties égales. *Le dixième de son salaire. Les quatre dixièmes d'une somme.* **3.** n. m. Billet de loterie qui a dix fois moins de valeur qu'un billet entier. **4.** n. f. MUS Intervalle de dix degrés diatoniques ou d'une octave et d'une tierce.

Dixmude (en néerl. *Diksmuide*), ville de Belgique (Flandre-Occidentale), sur l'Yser; 15350 hab. – Combats contre les Allemands en 1914 et 1918, puis en 1940 et 1944. – Jubé célèbre (XVIe s., restauré).

dix-neuf [diznœf] adj. inv. et n. m. inv. **I.** adj. num. inv. **1.** (Cardinal) Dix plus neuf (19). *Elle s'est mariée à dix-neuf ans* [diznœvɑ̃]. **2.** (Ordinal) Dix-neuvième. *Chapitre dix-neuf.* – Ellipt. *Le dix-neuf août.* **II.** n. m. inv. Le nombre dix-neuf. *Dix-neuf moins trois font seize.* ▷ Chiffres représentant le nombre dix-neuf (19). ▷ Numéro dix-neuf. ▷ *Le dix-neuf :* le dix-neuvième jour du mois.

dix-neuvième [diznœvjɛm] adj. et n. **I.** adj. num. ord. Dont le rang est marqué par le nombre 19. *Le dix-neuvième essai. Le dix-neuvième siècle* ou ellipt., *le dix-neuvième.* **II.** n. **1.** Personne, chose qui occupe la dix-neuvième place. **2.** n. m. Chaque partie d'un tout divisé en dix-neuf parties égales. *Un dix-neuvième de la surface.* **3.** n. f. MUS Intervalle formé de deux octaves et d'une quinte.

dix-sept [disɛt] adj. inv. et n. m. inv. **I.** adj. num. inv. **1.** (Cardinal) Dix plus sept (17). *Avoir dix-sept ans.* **2.** (Ordinal) Dix-septième. *Page dix-sept. Louis XVII.* – Ellipt. *Le dix-sept octobre.* **II.** n. m. inv. Le nombre dix-sept. *Dix-sept plus trois égale vingt.* ▷ Chiffres représentant le nombre dix-sept (17). ▷ Numéro dix-sept. *Composer le dix-sept.* ▷ *Le dix-sept :* le dix-septième jour du mois.

dix-septième [disɛtjɛm] adj. et n. **I.** adj. num. ord. Dont le rang est marqué par le nombre 17. *Le dix-septième siècle,* ou, ellipt., *le dix-septième.* **II.** n. **1.** Personne, chose qui occupe la dix-septième place. **2.** n. m. Chaque partie d'un tout divisé en dix-sept parties égales. *Un dix-septième du poids.* **3.** n. f. MUS Intervalle formé de deux octaves et d'une tierce.

dizain [dizɛ̃] n. m. VERSIF Pièce de poésie, stance de dix vers.

dizaine [dizɛn] n. f. **1.** Nombre de dix. *Unité, dizaine, centaine.* **2.** Réunion de dix unités. ▷ *Par ext.* Quantité proche de dix. *Une dizaine de personnes l'entouraient.* **3.** Groupe de dix grains successifs d'un chapelet. *Vous direz en pénitence trois dizaines de chapelet.*

dizygote [dizigɔt] adj. BIOL *Jumeaux dizygotes,* qui proviennent de deux œufs. Syn. faux jumeaux, jumeaux bivitellins. Ant. monozygote.

Djābir ibn Hayyān. V. Geber.

Djado, plateau au N.-E. du Niger entre le Ténéré et le Tibesti. Gisements de pétrole et d'uranium.

Djahiz (Al-) *(Abū 'Utmān 'Amr ibn Bahr al-Ǧāhiz)* (v. 776 – 868), écrivain arabe au savoir encyclopédique : *Livre des avares, Livre des animaux,* un traité de rhétorique, dans lesquels l'humour côtoie l'érudition.

djaïnisme [dʒainism] n. m. V. jaïnisme.

Djakarta ou **Jakarta,** cap. de la rép. d'Indonésie, au N.-O. de Java; env. 10 millions d'hab. Centre admin. et comm. Métall. (constr. navales). – La ville fut fondée en 1619 par les Hollandais, qui la nommèrent *Batavia.*

Djamal al-Din al-Afghani *(Ǧamāl ad-dīn al-Afġānī)* (1838 – 1897), philosophe et homme politique afghan. Il prôna la résistance aux puissances coloniales. Exilé, il voyagea et répandit ses convictions panislamiques.

Djamila. V. Djemila.

Djarir (v. 653 – v. 730), poète arabe.

Djayapura ou **Jayapura** (anc. *Hollandia*), cap. de l'Irian Jaya, au N.-E. du pays; 150000 hab.

Djebail, local. du Liban sur la Méditerranée, au N. de Beyrouth; correspond à l'anc. Byblos*.

djebel [dʒebɛl] n. m. Montagne, région montagneuse, en Afrique du Nord.

Djedda *(Ǧaddah),* v. d'Arabie Saoudite, sur la mer Rouge; 561000 hab. Port de La Mecque. Centre comm.

Djed-Hor. V. Téos.

Djédjé (Blé Loué, dit Ernesto) (1948 – 1983), musicien ivoirien, père du ziglibithy, la musique urbaine ivoirienne tirée d'un rythme bété.

Djelal ad-Din Rumi *(Ǧalāl ad-dīn ar-Rūmī)* (v. 1207 – 1273), poète mystique persan; fondateur de l'ordre des derviches tourneurs. Il exposa la doctrine soufite dans *les Distiques,* poème didactique.

Djelfa (El-) (auj. *al-Ǧalfa*), v. d'Algérie dans l'Atlas saharien; 89000 hab.; ch.-l. de la wilaya du m. nom (23328 km^2; 494000 hab.). Marchés import.; alfa, laine.

djellaba [dʒɛlaba] n. f. Longue tunique traditionnelle à manches longues et, parfois, à capuchon, portée au Maghreb par les hommes et les femmes.

Djem (El-) (auj. *al-Ǧem*), v. de Tunisie (gouvernorat de Sousse), sur le littoral; 12790 hab. Artisanat. – De l'anc. *Thysdrus* est demeuré l'amphithéâtre, le plus vaste monument romain d'Afrique.

djemâa ou **djemaa** [dʒemaa] n. f. (Maghreb) HIST En Algérie, pendant la période française, réunion des représentants d'un douar.

djembé [dʒembe] n. m. (Afr. subsah.) Tambour d'aisselle utilisé par les Manding.

Djemila (auj. *Djamila*), v. d'Algérie (wil. de Constantine); 22070 hab. – Anc. colonie romaine de *Cuicul.* – Ruines importantes.

Djenné, v. du Mali; 10280 hab. – Dès le IIe s. av. J.-C, la ville organise le commerce à moyenne distance. Au XIVe s., les Soninké (ou Sarakholé) font d'elle une cap. commerciale, qui jouera un grand rôle dans l'empire du Mali, l'Empire songhay, le royaume du Macina, etc. Au XIXe s., elle fait partie de l'Empire toucouleur; elle est prise par la France en 1893. De tout temps, l'activité artistique de Djenné fut très importante. – Célèbre mosquée en terre (reconstruite en 1905).

Djer, troisième souverain de la Ire dynastie égyptienne (v. 2900 av. J.-C.).

Djerba ou **Jerba,** île de Tunisie, au S. du golfe de Gabès; 510 km^2; 92270 hab.; ch.-l. *Houmt-Souk.* Vaste oliveraie et palmeraie au climat agréable. Aéroport intern. Tourisme. – Ce serait l'île des Lotophages de *l'Odyssée.*

Djerdap (nom serbe des Portes de Fer), site d'un barrage (usine hydroélectrique) sur le Danube, à la frontière de la Roumanie et de la Serbie.

Djérid (chott el-) *(chatt al-Djarīd),* zone d'oasis du Sud tunisien; v. princ. : *Tozeur, Nefta.*

Djerma. V. Zarma.

Djet ou **Ouadji,** quatrième souverain de la Ire dynastie égyptienne (v. 2890 av. J.-C.).

Djézireh *(al-Ǧazīra),* rég. comprise entre le Tigre et l'Euphrate, partagée entre l'Irak et la Syrie.

Djibouti, cap. de la rép. de Djibouti (dont elle regroupe 75% de la pop.), sur le golfe d'Aden; 400000 hab. *(Djiboutiens).* La ville se situe entre les plateaux coralliens du Héron, du Marabout et du Serpent, au débouché de la mer Rouge sur l'océan Indien (détroit de Bab al-Mandab). La révolution éthiopienne, les guerres de l'Érythrée, de Somalie et du Golfe ont favorisé le développement de ce port franc d'Afrique orientale.

Djibouti (république de), État d'Afrique orientale.
► V. carte et dossier, p. 1428

djiboutien, enne [dʒibusjɛ̃, ɛn] adj. et n. De Djibouti. ▷ Subst. *Un(e) Djiboutien(ne).*

Djidjel. V. Jijel.

djihad ou **jihad** [dʒiad] n. m. Mot arabe *(effort)* désignant une démarche individuelle de recherche de la perfection ou une démarche collective pour étendre l'islam par la force (sens proche de *guerre sainte*).

Djihad ou **Jihad,** nom donné à différents groupements islamiques adeptes de la guerre sainte. V. djihad.

djingouliner [dʒiŋguline] v. intr. [1] (France rég.) Syn. de *dégouliner.*

djinn [dʒin] n. m. **1.** Génie, lutin, esprit de l'air, chez les Arabes. *Les Djinns,* poème de Victor Hugo, dans *les Orientales.* **2.** Démon, diable dans la mythologie musulmane.

Djofra (al-), oasis et local. de Libye, au sud de Syrte, à 650 km de Tripoli, choisie en 1986 comme future capitale de la Libye.

Djolof (royaume). V. Diolof.

Djouba (le), fl. d'Afrique orientale (880 km); naît en Éthiopie et se jette dans l'océan Indien à Kismaayo (Somalie) par un marécage. Son cours délimitait les possessions italiennes (1888-1924). Sa basse vallée est fertile.

Djouba. V. Juba.

Djubrān. V. Gibran.

Djurdjura, chaîne de montagnes du Tell algérien (2308 m au Lalla Khadidja). Elle borde le sud de la Grande Kabylie. Forêts.

Dniepr (le), fl. d'Europe (2201 km); naît au S.-O. de Moscou, draine l'Ukraine et la Biélorussie, et se jette dans la mer Noire. Lent et abondant, ce grand axe commercial alimente de nombr. barrages hydroélectriques.

Dniepropetrovsk (anc. *Ekaterinoslav* ou *Iekaterinoslav*), ville d'Ukraine, sur le Dniepr; 1201000 hab.; ch.-l. de la région du même nom. Centre industriel.

Dniestr (le), fl. d'Europe orientale (1352 km); naît dans les Carpates, coule en Ukraine avant de pénétrer en Moldavie où il arrose Tighina et Tiraspol, puis se jette dans la mer Noire (en Ukraine) par un estuaire barré d'un vaste cordon littoral. Centrales hydroélectriques.

do [do] n. m. inv. MUS Autre nom donné à *ut,* première note de la gamme.

Doan Thi Diêm (1707 - 1748), poétesse vietnamienne. Auteur de poèmes et de contes en chinois classique, elle est surtout célèbre pour sa traduction du *Chinh phu ngâm* de Dang* Trân Côn en langue démotique (nôm), qui a en partie éclipsé l'œuvre originale.

doberman [dɔbɛʀman] n. m. Chien à poil ras, svelte et musclé.

Döblin (Alfred) (1878 - 1957), écrivain allemand : *Berlin Alexanderplatz* (roman, 1929), puis ouvrages d'inspiration chrétienne (*l'Homme, notre souci,* 1948).

Dobroudja, région historique des Balkans, entre la mer Noire et le Danube, partagée auj. entre la Roumanie (la plus grande partie) et la Bulgarie. Elle forme un plateau bordé à l'E. par les côtes basses et marécageuses de la mer Noire (port de Constanța), à l'O. et au N. par le Danube et son delta. Les sols (tchernozem), drainés et irrigés, portent de riches cultures : céréales, fruits, légumes. Tourisme sur la côte. – La région, qui fit partie de la province romaine de Mésie et de l'Empire byzantin, fut longtemps disputée entre les Bulgares et les Turcs; ces derniers finirent par l'emporter (1396). Le traité de San Stefano (1878) l'attribua à la Roumanie, hormis le Sud. Le traité de Bucarest (1913) accorda la Dobroudja méridionale à la Roumanie, mais celle-ci dut rendre ce territoire à la Bulgarie en 1940; le traité de Paris (1947) confirma cette rétrocession.

dobson [dɔbsɔn] n. m. Unité de mesure de la couche d'ozone. *100 dobsons correspondent à une couche d'ozone de 1 millimètre d'épaisseur à 0 °C.*

docile [dɔsil] adj. Obéissant. *Un chien docile.* ▷ Par ext. *Une chevelure docile,* facile à arranger, à peigner.

docilement [dɔsilmɑ̃] adv. Avec docilité.

docilité [dɔsilite] n. f. Soumission, disposition à obéir, à se laisser conduire. *Un élève qui fait preuve d'une parfaite docilité.*

docimologie [dɔsimɔlɔʒi] n. f. Didac. Science des divers modes d'évaluation de l'acquisition des connaissances (tests, examens, concours, etc.).

dock [dɔk] n. m. **1.** Bassin entouré de quais, servant au chargement et au déchargement des navires. **2.** Chantier de réparation de navires. *Dock flottant :* installation d'un bassin de radoub mobile, permettant de mettre au sec les navires dans un port. **3.** (Plur.) Grands hangars servant d'entrepôts dans les ports. *Des docks à coton.*

docker [dɔkɛʀ] n. m. Ouvrier qui travaille à charger et à décharger les navires.

docte [dɔkt] adj. Vieilli ou plaisant Savant, érudit. *Je vous laisse à ce docte entretien.*

doctement [dɔktəmɑ̃] adv. Vieilli ou plaisant D'une manière docte.

docteur [dɔktœʀ] n. m. **1.** Vieilli ou péjor. Savant, pédant. *Il use d'un langage de docteur.* **2.** Personne qui, après soutenance d'une thèse, est promue, dans une université, au plus haut grade. *Docteur ès lettres, docteur ès sciences. Elle est docteur en droit.* **3.** Personne qui a le titre de docteur en médecine et qui exerce sa spécialité. *Consulter le docteur. Docteur Joséphine Aguessy.* **4.** (Liban) Titre donné à une personne que l'on veut honorer. *Docteur Georges.* **5.** RELIG CATHOL *Docteur de l'Église :* titre donné par le Saint-Siège aux plus éminents théologiens et apologistes du catholicisme. *Saint Jean Chrysostome, saint Augustin, saint Thomas d'Aquin, sainte Thérèse d'Avila comptent parmi les docteurs de l'Église.* ▷ RELIG *Docteur de la Loi,* qui interprétait et enseignait la Loi judaïque. **6.** (Afr. subsah.) Cour. Chirurgien (sens 2, poisson).

docteur-feuilles [dɔktœʀfœj] n. m. (Haïti) Personne qui soigne par des méthodes traditionnelles et naturelles. *Des docteurs-feuilles.*

doctoral, ale, aux [dɔktɔʀal, o] adj. **1.** Didac. Qui se rapporte aux docteurs, au doctorat. **2.** Péjor. Pédant. *Un ton doctoral.*

doctorant, ante [dɔktɔʀɑ̃, ɑ̃t] n. (Belgique, Suisse) Étudiant préparant une thèse de doctorat.

doctorat [dɔktɔʀa] n. m. **1.** Grade de docteur. *Il possède son doctorat d'État. Thèse de doctorat.* **2.** Épreuve à passer pour obtenir ce grade.

doctoresse [dɔktɔʀɛs] n. f. Vieilli Femme qui a passé son doctorat en médecine. (V. docteur.)

doctrinaire [dɔktʀinɛʀ] n. et adj. **1.** n. m. pl. HIST Philosophes et hommes politiques qui, sous la Restauration, proposaient une doctrine intermédiaire entre celle du droit divin et celle de la souveraineté populaire. *Royer-Collard et Guizot furent des doctrinaires.* **2.** n. Personne systématiquement attachée à une doctrine. **3.** adj. Péjor. Dogmatique. *Manifester un attachement doctrinaire à une cause.*

doctrinal, ale, aux [dɔktʀinal, o] adj. Qui a trait à une doctrine, à un ensemble de doctrines. *Des débats doctrinaux.*

doctrine [dɔktʀin] n. f. **1.** Ensemble des opinions que l'on professe, des thèses que l'on adopte. *Cette doctrine nouvelle me paraît fausse. Quelle est votre doctrine en la matière?* **2.** Système intellectuel (religieux, philosophique, socio-économique, etc.), qui est lié à un penseur ou à un thème. *La doctrine de Platon, la doctrine de l'immortalité de l'âme.* **3.** DR Interprétation théorique des règles du droit (par oppos. à *la jurisprudence,* qui est l'application pratique des lois). **4.** RELIG CATHOL *Congrégation pour la Doctrine de la foi :* congrégation de la curie romaine.

document [dɔkymɑ̃] n. m. **1.** Chose écrite qui peut servir à renseigner, à prouver. *Documents historiques. Documents de famille. – Par ext.* Ce qui peut servir à renseigner, à prouver. *Ce reportage est un document humain.* **2.** DR Certificat commercial servant à identifier une marchandise à transporter.

documentaire [dɔkymɑ̃tɛʀ] adj. et n. m. **1.** adj. Qui repose sur des documents. – Qui possède un caractère de document. – *À titre documentaire :* à titre de renseignement. **2.** adj. COMM *Traite documentaire :* traite accompagnée de documents tels que factures, récépissés, etc. **3.** n. m. Film à but didactique. *Un documentaire sur la vie des lions.* ▷ adj. *Vues documentaires.*

documentaliste [dɔkymɑ̃talist] n. Personne spécialisée dans la recherche, la mise en ordre et la diffusion des documents. *La documentaliste de l'entreprise.* ▷ En appos. *Archiviste documentaliste.*

documentation [dɔkymɑ̃tasjɔ̃] n. f. **1.** Action de documenter, de se documenter. **2.** Ensemble de documents. *Une riche documentation.* ▷ *Centre de documentation :* endroit où sont réunis des ouvrages et documents sur un sujet.

documenté, ée [dɔkymɑ̃te] adj. Qui se fonde sur une documentation. *Étude sérieusement documentée.* – Qui est informé, dispose de nombreux documents. *Chercheur peu documenté.*

documenter [dɔkymɑ̃te] v. tr. [1] Fournir des documents à (qqn). *Documenter un chercheur.* ▷ v. pron. Rechercher, amasser des documents pour soi-même. *Se documenter sur un point d'histoire.*

Dodds (Alfred Amédée) (1842 – 1922), général français. Il conquit le Dahomey en triomphant du roi Béhanzin (1892-1894).

dodéca-. Élément, du gr. *dôdeka*, «douze».

dodécaèdre [dɔdekaɛdʀ] n. m. GEOM Solide à douze faces. *Un dodécaèdre régulier a pour faces douze pentagones égaux.*

dodécagone [dɔdekagon] n. m. GEOM Polygone qui a douze côtés.

Dodécanèse, archipel de la mer Égée (comprenant douze îles, notam. Cos et Pátmos) et nome de Grèce; 2705 km²; 162430 hab.; ch.-l. *Rhodes.* – Ces îles, turques depuis 1522, conquises par l'Italie en 1912, furent attribuées à la Grèce en 1947 (traité de Paris).

dodécaphonisme [dɔdekafɔnism] n. m. MUS Méthode de composition atonale mise au point par A. Schönberg en 1923, dans laquelle est utilisée, sans répétitions, la série des douze sons de l'échelle chromatique.

dodécasyllabe [dɔdekasi(l)lab] adj. et n. m. Qui a douze syllabes. – n. m. *L'alexandrin est un dodécasyllabe.*

dodeliner [dɔdline] v. intr. ou tr. [1] (Se) balancer doucement. *Dodeliner (de) la tête.*

dodine [dɔdin] n. f. (Haïti) Fauteuil à bascule.

dodiner [dɔdine] v. intr. [1] (Haïti) Se bercer dans une dodine.

1. dodo [dodo] n. m. Syn. de *dronte.*

2. dodo [dodo] n. m. (Langage enfantin.) **1.** Loc. *Faire dodo :* dormir. *On va faire un gros dodo.* **2.** Lit. *Aller au dodo.*

Dodoma, cap. administrative de la Tanzanie (depuis 1990), au centre du pays, sur la voie ferrée Kigoma-Dar es-Salaam; 200000 hab. Ch.-l. de la région du m. nom.

dodu, ue [dɔdy] adj. Gras, potelé. *Un poulet dodu. Elle est un peu trop dodue.*

Doe (Samuel Kaneyon) (1951 – 1990), sergent-chef et homme politique libérien. Prés. de la Rép. et chef du gouvernement de 1980 à son exécution.

Dogbé (Yves-Emmanuel) (né en 1939), écrivain togolais : poésie (*Flamme blême,* 1969), essai (*Négritude, culture et civilisation,* 1980), roman (*l'Incarcéré,* 1980).

doge [dɔʒ] n. m. HIST Premier magistrat de plusieurs rép. italiennes au Moyen Âge, notam. à Venise et Gênes.

Doges (palais des), palais de Venise (XIIᵉ s., plusieurs fois reconstruit), anc. résidence des doges, aux façades gothiques (XIVᵉ-XVᵉ s.). Le pont des Soupirs le relie aux prisons.

dogmatique [dɔgmatik] adj. et n. **1.** Qui concerne le dogme. *Théologie dogmatique.* **2.** PHILO Qui affirme certaines vérités (par oppos. à *sceptique*). *La philosophie dogmatique.* ▷ Subst. *Les dogmatiques.* **3.** Décisif et tranchant; qui n'admet pas la contradiction. *User d'un ton dogmatique.* **4.** n. f. RELIG Ensemble des vérités de foi organisées en corps de doctrine.

dogmatisme [dɔgmatism] n. m. **1.** Caractère des doctrines philosophiques ou religieuses qui se fondent sur le dogme. *Le dogmatisme s'oppose au scepticisme.* **2.** Attitude intellectuelle consistant à affirmer des idées sans les discuter. *Un dogmatisme étroit.*

dogme [dɔgm] n. m. **1.** Principe établi; enseignement reçu et servant de règle de croyance, de fondement à une doctrine. *Le dogme de la Trinité. Dogme philosophique, politique.* **2.** RELIG *Le dogme :* l'ensemble des articles de foi d'une religion, notam. du catholicisme.

dogon [dɔgɔ̃] adj. (inv. en genre) et n. Des Dogon. ▷ Subst. *Un(e) Dogon.* **2.** n. m. LING *Le dogon :* la langue du groupe gur parlée par les Dogon.

Dogon(s), peuple vivant au Mali, à l'intérieur de la boucle du Niger, dans la rég. des falaises de Bandiagara (env. 700000 personnes). Ils parlent des langues nigéro-congolaises du groupe voltaïque. Leur art est renommé. Des statues funéraires très expressives en bois (personnages aux bras levés, couple ou hermaphrodite), des masques et des représentations d'animaux (qui apparaissent aussi sur les masques) montrent une exploitation étonnante du matériau et un sens très sûr des volumes. Des peintures rupestres et des objets usuels sont également d'une grande beauté.

dogue [dɔg] n. m. **1.** Chien de garde à grosse tête, au museau écrasé, aux mâchoires très puissantes. *Les boxers et les danois sont des dogues.* **2.** Fig., fam. *Un dogue :* un homme coléreux, hargneux.

Doha (Al-). V. Dawhah (Al-).

dohr [dɔʀ] n. m. V. dhor.

doigt [dwa] n. m. **I. 1.** Chacune des cinq parties articulées, mobiles, qui terminent la main. *Les cinq doigts de la main sont : le pouce, l'index, le médius (ou majeur), l'annulaire et l'auriculaire. Chaque doigt comporte trois phalanges, sauf le pouce qui n'en a que deux.* ▷ *Les doigts de pied :* les orteils. ▷ *Les doigts d'un gant :* les parties du gant qui gainent les doigts. ▷ (Afr. subsah.) *Un doigt de banane :* une banane. ▷ Loc. fig. *Mettre le doigt sur :* découvrir, deviner. – *Avoir des doigts de fée*.* – *Avoir les doigts verts :* être bon jardinier. – *Se mordre* les doigts.* – *Donner, taper sur les doigts de qqn,* le réprimander, le rappeler à l'ordre. – *Obéir au doigt et à l'œil,* ponctuellement, au premier signe. – *Mon petit doigt me l'a dit,* s'emploie en parlant à un enfant pour lui faire croire que l'on connaît ce qu'il cache. – *Être comme les deux doigts de la main,* très liés. – *Savoir qqch sur le bout* des doigts* (ou *du doigt*). – *Avoir de l'esprit jusqu'au bout des doigts :* être très spirituel. – Fam. *Se mettre le doigt dans l'œil :* se tromper lourdement. **2.** *Un doigt :* un travers de doigt, pris comme mesure. *Un doigt de vin.* ▷ *À deux doigts de :* très près de. *Son plan était à deux doigts de réussir.* **II.** Chacune des parties articulées attachées à la patte, au pied de certains vertébrés (et à la main du singe). **III.** TECH Pièce servant de cran d'arrêt, de butoir.

doigté [dwate] n. m. **1.** MUS Jeu des doigts sur les instruments à cordes, à clavier, etc. ▷ Indication chiffrée, sur la partition, du jeu des doigts. **2.** Habileté des doigts. *Cette dactylo a un excellent doigté.* **3.** Fig. Tact, finesse. *Il a du doigté.*

doigtier [dwatje] n. m. Fourreau servant à couvrir, à protéger un doigt.

Dôi Moi («nouvelle voie, changement»), mot d'ordre lancé par le VIᵉ congrès du Parti communiste vietnamien (déc. 1986) qui prôna une politique économique favorisant la dynamique du marché et la démocratisation de la société.

Doinaș (Ștefan Popa, dit Ștefan Augustin) (né en 1922), poète roumain. Raffinement et rigueur formelle distinguent ce poète : *l'Homme au compas* (1966), *Papyrus* (1974).

Doisneau (Robert) (1912 – 1994), photographe français.

doit [dwa] n. m. COMPTA Partie d'un compte contenant les dettes. *Le doit dépasse l'avoir.*

dojo [dɔʒo] n. m. Salle d'entraînement et de compétition pour les arts martiaux.

dol [dɔl] n. m. DR Artifice destiné à abuser autrui, tromperie.

dolce [dɔltʃe] adv. MUS Indique qu'un passage doit être exécuté avec douceur.

dôle [dol] n. f. Variété de vin rouge du canton du Valais.

Dôle (la), sommet du Jura suisse (Vaud), proche de la frontière française; 1678 m.

doléance [dɔleɑ̃s] n. f. (Surtout au plur.) Plainte, récrimination. *Faire ses doléances.* ▷ HIST *Cahiers de doléances :* cahiers rédigés pour les états généraux sur lesquels étaient consignées les protestations adressées au roi.

dolent, ente [dɔlɑ̃, ɑ̃t] adj. **1.** Litt. Qui éprouve une souffrance physique. *Se sentir dolent.* **2.** Triste et plaintif. *Voix dolente.*

Dolet (Étienne) (1509 – 1546), imprimeur et humaniste français. Accusé d'athéisme, il fut pendu et brûlé.

dolichocéphale [dɔlikosefal] adj. et n. ANTHROP Se dit des hommes dont le crâne a une longueur (distance front-occiput) supérieure à sa largeur (diamètre pariétal). Ant. brachycéphale.

dolique [dɔlik] n. m. BOT Papilionacée des régions chaudes dont les gousses et les graines sont consommées par l'homme et dont les fanes peuvent servir de fourrage. (On cultive surtout en Afrique *Lablab purpureus,* ou *dolique d'Égypte,* et *Vigna unguiculata,* appelée en Afrique *niébé* ou *haricot-sauce.*)

dollar [dɔlaʀ] n. m. Unité monétaire des États-Unis, du Canada, ainsi que de nombr. États (Australie, Taiwan, Liberia, etc.) de la *zone dollar* (symbole : $). V. monnaies (tableau).

Dollard des Ormeaux (Adam) (1635 – 1660), officier français tué avec dix-sept compagnons en combattant les Iroquois dans la province actuelle d'Ontario.

Dollfuss (Engelbert) (1892 – 1934), homme politique autrichien. Chancelier chrétien-social (1932), il instaura un régime fascisant, mais tint tête aux nazis, qui l'assassinèrent.

dolmen [dɔlmɛn] n. m. Chambre funéraire mégalithique composée d'une grande dalle reposant sur deux ou plusieurs pierres verticales.

dolo [dɔlo] n. m. (Afr. subsah.) En Afrique occid., boisson alcoolisée de fabrication artisanale, tirée du mil *(bière de mil),* du sorgho et parfois du maïs. Syn. tchapalo.

doloire [dɔlwaʀ] n. f. TECH **1.** Instrument utilisé pour réduire l'épaisseur d'une pièce de bois. **2.** Instrument pour gâcher la chaux, le sable.

dolomite [dɔlɔmit] n. f. PETROG Carbonate naturel double de calcium et de magnésium.

Dolomites ou **Alpes dolomitiques,** massif calcaire italien des Alpes orient. (3 360 m au Marmolada).

dolotière [dɔlɔtjɛʀ] n. f. (Afr. subsah.) Fabricante et marchande de dolo. Syn. tchapalotière.

dom [dɔ̃] n. m. **1.** Titre donné aux religieux de certains ordres (bénédictins, chartreux). **2.** Titre donné aux nobles, au Portugal. (V. don 2.)

DOM [dɔm] n. m. inv. Acronyme pour *département (français) d'outre-mer. La Guadeloupe, la Martinique, la Guyane et la Réunion constituent les DOM.*

domaine [dɔmɛn] n. m. **1.** Propriété foncière. *Un domaine de 50 hectares.* – Fig. Territoire réservé. *Cette pièce est son domaine, je n'y mets jamais les pieds.* **2.** Ensemble des biens. *Le domaine de l'État* ou, absol., *le Domaine.* ▷ *Tomber dans le domaine public :* cesser d'être, après un certain nombre d'années, la propriété des ayants droit, en parlant de productions artistiques, littéraires, etc. **3.** Fig. Tout ce qu'embrasse un art, une activité intellectuelle donnée. *Avoir des connaissances dans tous les domaines. Agrandir le domaine de la science.* ▷ Ensemble des connaissances, des compétences de qqn. *Ceci n'est pas de mon domaine.* **4.** MATH *Domaine de définition d'une fonction :* ensemble des valeurs de la variable pour lesquelles une fonction est définie.

domanial, ale, aux [dɔmanjal, o] adj. Qui appartient à un domaine, en partic. au domaine de l'État. *Forêt domaniale.*

dombré [dɔ̃bʀe] n. m. (Haïti) Préparation culinaire faite de boulettes (farine de froment et eau) cuites à l'eau et contenant notam. des haricots, de la queue de porc.

1. dôme [dom] n. m. Église cathédrale, en Italie et en Allemagne. *Le dôme de Milan.*

2. dôme [dom] n. m. **1.** ARCHI Comble arrondi qui recouvre un édifice. *Le dôme du Panthéon.* ▷ Par anal. *Un dôme de feuillage.* **2.** GEOL Surélévation arrondie et régulière. *Les dômes du Massif central.* **3.** TECH Objet de forme hémisphérique. *Le dôme d'une chaudière.*

domestication [dɔmɛstikasjɔ̃] n. f. Action de domestiquer; résultat de cette action. *Domestication d'animaux sauvages.* – Fig. *Domestication de l'énergie solaire.*

domesticité [dɔmɛstisite] n. f. Ensemble des domestiques. Syn. (Afr. subsah.) boyerie.

domestique [dɔmɛstik] adj. et n. **I.** adj. **1.** Qui est de la maison, qui appartient à la maison. *Vie, travaux domestiques. Vertus domestiques.* **2.** Se dit d'animaux sauvages dont l'espèce a été apprivoisée (pour le trait, la garde, la chasse, l'alimentation, l'agrément). *Le cheval, le chien sont des animaux domestiques.* Ant. sauvage. **II.** n. Serviteur, servante à gages. *Un vieux domestique.* (N.B. : *domestique* pouvant avoir une connotation péjorative, on dit plutôt auj. *employé(e) de maison, gens de maison.*)

domestiquer [dɔmɛstike] v. tr. [1] **1.** Rendre domestique (un animal, une espèce animale sauvage). *Le chat fut domestiqué par les Égyptiens.* **2.** Fig., péjor. Amener (une personne, un groupe) à une soumission complète. *Domestiquer un peuple.* **3.** *Par ext.* Tirer parti de (une source d'énergie naturelle). *Domestiquer l'énergie atomique.*

domicile [dɔmisil] n. m. **1.** Lieu où demeure une personne. *Vous pouvez m'écrire à mon domicile.* ▷ Loc. adv. *À domicile :* au lieu d'habitation. *Livrer des marchandises à domicile. Travailler à domicile. – Sans domicile fixe (S.D.F.) :* en état de vagabondage. **2.** DR Lieu où une personne, une société est légalement et officiellement établie. *Domicile fiscal. – Domicile élu :* lieu choisi pour l'exécution d'un acte.

domiciliaire [dɔmisiljɛʀ] adj. Didac. Relatif au domicile. *Visite domiciliaire :* visite d'un domicile par autorité de la justice.

domiciliataire [dɔmisiljatɛʀ] n. m. DR Personne (généralement un banquier) au domicile de laquelle un effet de commerce est payable.

domiciliation [dɔmisiljasjɔ̃] n. f. DR Désignation du domicile où un effet de commerce est payable.

domicilié, ée [dɔmisilje] adj. Qui a son domicile (en tel lieu). *Monsieur Untel, domicilié à Paris.*

domicilier [dɔmisilje] v. tr. [2] **1.** Fixer un domicile à. **2.** FIN Élire un domicile pour le paiement d'une traite.

dominance [dɔminɑ̃s] n. f. BIOL Caractère dominant d'un gène.

dominant, ante [dɔminɑ̃, ɑ̃t] adj. **1.** Qui domine, prévaut. *Couleur, idée dominante. Qualité dominante.* Syn. principal. Ant. accessoire, secondaire. ▷ BIOL Se dit d'un allèle qui, se trouvant avec un allèle gouvernant un même caractère, s'exprime seul dans le phénotype de l'hybride. (En ce qui concerne la couleur des yeux, par ex., le gène «yeux noirs» domine son allèle «yeux bleus».) Ant. récessif. **2.** Qui domine, exerce une autorité sur. – DR *Fonds dominant :* fonds en faveur duquel une servitude est établie. **3.** Qui surplombe. *Cette forteresse occupe une position dominante.*

dominante [dɔminɑ̃t] n. f. **1.** Ce qui domine, qui est prépondérant. *Une dominante verte sur une photo.* **2.** Matière principale, dans certaines universités. **3.** MUS Cinquième degré de la gamme diatonique. **4.** ASTROL Signes et planètes prépondérants dans le ciel au moment de la naissance.

dominateur, trice [dɔminatœʀ, tʀis] adj. et n. Qui domine, aime à dominer. *Esprit dominateur.* Ant. humble, soumis. ▷ Subst. *Un dominateur.*

domination [dɔminasjɔ̃] n. f. **1.** Puissance, autorité souveraine. *César voulut étendre sa domination.* **2.** Influence, ascendant. *Subir une domination morale.*

dominer [dɔmine] v. tr. [1] **1.** Avoir une puissance absolue sur. *Ce conquérant cherchait à dominer le monde.* – Fig. Être maître de. *Dominer sa colère. Dominer les événements.* ▷ v. intr. *Athènes dominait en Grèce.* ▷ v. pron. *Savoir se dominer en toute circonstance.* **2.** Prévaloir, l'emporter en quantité, en intensité sur. Syn. prédominer, dépasser. **3.** Être plus haut que, s'élever au-dessus de. *La citadelle domine la ville.* Syn. surmonter, surplomber. ▷ Fig. *Dominer son sujet,* l'embrasser dans son ensemble, bien le connaître.

Domingo (Placido) (né en 1941), ténor espagnol.

1. dominicain, aine [dɔminikɛ̃, ɛn] n. et adj. **1.** n. Religieux, religieuse de l'ordre de Saint-Dominique. **2.** adj. Relatif aux dominicains.

2. dominicain, aine [dɔminikɛ̃, ɛn] adj. et n. De Saint-Domingue et de la rép. Dominicaine. – Subst. *Un(e) Dominicain(e).*

Dominicaine (république), État des Grandes Antilles formé par la partie orientale de l'île d'Haïti (anc. *Saint-Domingue*); 48 442 km^2; env. 7 300 000 hab. *(Dominicains)*; croissance démographique : plus de 2 % par an; cap. *Saint-Domingue.* Nature de l'État : rép. de type présidentiel. Langue off. : esp. Monnaie : peso dominicain. Pop. : métis (75 %), Blancs (15 %), Noirs (10 %). Relig. off. : catholicisme.
Géogr. phys., hum. et écon. – Île montagneuse (3 175 m au *Pico Duarte*), tropicale humide, au relief aéré de vallées intérieures et de plaines littorales fertiles où se concentrent les habitants. La population est citadine à près de 60 %. Les exportations portent sur les cultures comm. (canne à sucre, café, cacao, tabac), le nickel et un peu d'or. L'ouverture d'une quarantaine de zones franches industrielles et l'essor du tourisme ont dynamisé l'économie, mais le niveau de vie reste faible, l'inflation est élevée, la dette importante et la dépendance à l'égard des États-Unis très forte.
Hist. – Découverte en 1492 par Colomb, l'île d'Hispaniola fut occupée par les Espagnols, qui la délaissèrent rapidement, après avoir épuisé ses ressources minières, de sorte que les Français purent s'installer dans la partie occidentale, qu'ils nommèrent Saint-Domingue, de sorte qu'en 1697 le traité de Ryswick partagea l'île. En 1795, au traité de Bâle, la France reçut la partie esp. De 1803 à 1808, elle y maintint ses troupes, qui avaient été vaincues à Saint-Domingue, devenu la rép. indép. d'Haïti. En 1808, les troupes françaises furent chassées. En 1814, l'Espagne récupéra ses possessions, mais les colons proclamèrent la rép. Dominicaine indép. en 1821. Les Haïtiens l'envahirent en 1822 et la rattachèrent à Haïti jusqu'en 1844. Une insurrection lui rendit son indép., mais devant le danger haïtien les Dominicains demandèrent à redevenir une possession esp. de 1861 à 1865. Les Dominicains s'endettèrent auprès des É.-U., qui intervinrent dans l'île pour récupérer leurs avoirs et l'occupèrent militairement de 1916 à 1924. À partir de 1930, la famille Trujillo, soutenue par les É.-U., domina la vie écon. et polit. En 1963, deux ans après l'assassinat de Trujillo, le président libéral de gauche Juan Bosch fut renversé par l'armée. En 1965, les É.-U. vinrent mettre un terme à la guerre civile. Les affrontements armés ne cessèrent qu'en 1973, après la défaite de la guérilla de G. Camano. J. Balaguer, président de 1966 à 1978, succéda, en 1986, à A. Guzman (1978-1982) et à J. Blanco (1982-1986). Il fut réélu en 1990 et en 1994 (pour 2 ans). En 1996, Leonel Fernandez remporte l'élection présidentielle.

dominical, ale, aux [dɔminikal, o] adj. **1.** Qui appartient au Seigneur. *L'oraison dominicale :* le Pater. **2.** Du dimanche. *Repos dominical.*

dominion [dɔminjɔn] n. m. Chacun des pays autrefois sous la tutelle du

Royaume-Uni et actuellement membres du Commonwealth en pays libres et indépendants.

Dominique (la), État des Petites Antilles, situé entre la Guadeloupe et la Martinique.
► V. carte et dossier, p. 1429

Dominique de Guzmán (saint) (v. 1170 – 1221), prédicateur espagnol. Il fonda en 1216 *l'ordre de Saint-Dominique* (ou *des Dominicains*) qui a pour mission l'apostolat et la lutte contre l'hérésie. Il fut canonisé en 1234.

Dominiquin (Domenico Zampieri, dit *il Domenichino,* en fr. le) (1581 – 1641), peintre italien, élève des Carrache.

domino [dɔmino] n. m. **I.** Déguisement de bal masqué, consistant en une longue robe munie d'un capuchon. **II. 1.** JEU (Plur.) Jeu de société composé de vingt-huit petites plaques marquées chacune deux fois d'un certain nombre de points combinés. *Une partie de dominos.* – (Sing.) Chacune de ces plaques. ▷ (Afr. subsah.) Fam. *Couple domino :* couple mixte. **2.** ELECTR Pièce cubique ou parallélépipédique servant à raccorder des conducteurs.

Domitien (en lat. *Titus Flavius Domitianus*) (51 – 96 apr. J.-C.), empereur romain (81-96). Il étendit l'Empire romain en Bretagne, en Germanie, mais instaura un régime de terreur à la fin de son règne : il fut assassiné; sa femme, Domitia Longina, participa au complot.

Dom Juan. V. Don Juan.

dommage [dɔmaʒ] n. m. **1.** Ce qui fait du tort. *Causer, subir un dommage.* Syn. préjudice. ▷ (Plur.) DR *Dommages et intérêts* ou *dommages-intérêts :* indemnité due en réparation d'un préjudice. **2.** (Plur.) Dégâts. *L'incendie a causé des dommages importants.* ▷ *Dommages de guerre :* dommages subis par des personnes dans leurs biens, du fait d'actes de guerre; indemnités et réparations allouées à ces personnes, à la charge de l'État ou de l'ennemi. **3.** Chose fâcheuse, regrettable. *Quel dommage!* – Ellipt. *Dommage qu'il pleuve!* – Fam. *Bien sûr qu'il sait lire, à son âge, ce serait dommage!*

dommageable [dɔmaʒabl] adj. Qui cause un dommage. *La tornade est dommageable pour les récoltes.*

domptage [dɔ̃(p)taʒ] n. m. Action de dompter; résultat de cette action.

dompter [dɔ̃(p)te] v. tr. [1] **1.** Forcer (un animal sauvage) à obéir. *Dompter un cheval.* Syn. dresser. **2.** *Par ext.* Subjuguer, soumettre à son autorité. *Dompter des rebelles.* Syn. mater. **3.** Fig., litt. Maîtriser, vaincre. *Dompter une passion. Dompter la force des eaux.* Syn. discipliner.

dompteur, euse [dɔ̃(p)tœʀ, øz] n. Personne qui dompte les animaux sauvages. *Dompteur de fauves.*

DOM-TOM [dɔmtɔm] n. m. pl. Ensemble des départements et des territoires français d'outre-mer. (V. DOM et TOM.)

1. don [dɔ̃] n. m. **1.** Action de donner. *Faire un don. – Don du sang, d'organe. – Faire (le) don de soi, de sa vie :* se dévouer entièrement, se sacrifier. **2.** Chose donnée. *Don en nature, en espèces.* **3.** Fig. Avantage naturel (considéré comme donné par la providence, par le sort, etc.). *La beauté est un don. Cet enfant a tous les dons.* ▷ *Par ext.* Aptitude innée à (qqch). *Le don des langues.* – (En mauv. part.) *Vous avez le don de me mettre en colère.*

2. don [dɔ̃] n. m., **doña** [dɔɲa] n. f. **1.** n. (Placé devant le nom de baptême.) En Espagne, titre d'honneur des nobles, qui s'applique auj. à toutes les personnes d'un certain rang. *Don Quichotte. Doña Isabel.* (En fr. class. *dom* : *«Dom Juan», de Molière.*) **2.** n. m. En Italie, titre d'honneur donné aux abbés.

Don (le), fl. de Russie; 1870 km; naît au S. de Moscou et se jette dans la mer d'Azov. Relié par un canal à la Volga, c'est un grand axe commercial.

Donat (? – v. 355), évêque de Casae Nigrae (à 50 km de la v. actuelle de Sétif, dans l'Algérie actuelle), puis de Carthage (dans la Tunisie actuelle). Protestant contre le pouvoir central de Rome (312), il fut condamné par les conciles de Rome (313) et d'Arles (314) et exilé par l'empereur Constantin en Espagne (316), mais le *donatisme* demeura vivace en Afrique du N. pendant plusieurs siècles.

donataire [dɔnatɛʀ] n. DR Personne à qui est faite une donation.

Donatello (Donato di Niccolo Betto Bardi, dit) (1386 – 1466), sculpteur italien. Le plus grand sculpteur florentin du Quattrocento, à la fois marbrier et bronzier, il a tracé la voie entre le gothique international à caractère réaliste et le classicisme : effigie du condottiere *Gattamelata* (1447-1453, Padoue), grande statue équestre.

donateur, trice [dɔnatœʀ, tʀis] n. **1.** Personne qui fait un don. *Nous remercions les généreux donateurs.* **2.** DR Personne qui fait une donation.

donation [dɔnasjɔ̃] n. f. DR Contrat par lequel une personne (donateur) se dépouille gratuitement et irrévocablement, de son vivant, d'une partie de ses biens, en faveur d'une autre personne (donataire), qui accepte. *Donation entre vifs.* ▷ Acte constatant ce contrat. ▷ *Donation-partage :* acte par lequel une personne fait de son vivant donation de ses biens à ses descendants et en attribue à chacun une part.

donatisme [dɔnatism] n. m. HIST Doctrine des partisans de Donat (donatistes), condamnée au concile d'Arles (314), ce qui entraîna un schisme dans l'Église d'Afrique.

donax [dɔnaks] n. m. ZOOL Petit mollusque bivalve qui vit sur les côtes sableuses, cour. consommé en Afrique sous le nom de *cébette.*

Donbass, bassin houiller («bassin du Donets»), situé en Ukraine (pour la plus grande part) et en Russie. Il a pour centre Donetsk. Import. région industr.

donc [dɔ̃k] conj. **1.** (Introduisant la conclusion d'un raisonnement, marquant la conséquence.) «*Je pense, donc je suis*» (Descartes). *J'ignorais son adresse, je ne pouvais donc pas lui écrire.* **2.** (Pour reprendre la suite d'un discours interrompu.) *Nous disions donc que...* **3.** (Marquant l'étonnement, la surprise, l'impatience; appuyant une affirmation, un ordre.) *Qu'avez-vous donc? Allons donc, ce n'est pas possible! Taisez-vous donc! Mais comment donc!*

Don Carlos ou **Charles d'Autriche** (1545 – 1568), infant d'Espagne, fils aîné de Philippe II. Jeté en prison sur l'ordre de son père, il y mourut dans des conditions mystérieuses.

Donen (Stanley) (né en 1924), cinéaste américain, auteur de comédies (musicales, notam.) : *Chantons sous la pluie* (1952).

Donets ou **Donetz** (le), riv. d'Ukraine et de Russie (1016 km); naît en Ukraine et se jette dans le Don.

Donetsk (anc. *Stalino*), v. d'Ukraine; ch.-l. de la prov. du m. nom; 1099000 hab. Puissante industr. (V. Donbass).

dông [dɔ̃g] n. m. (Viêt-nam) Unité monétaire du Viêt-nam.

Dongala (Emmanuel Boundzeki) (né en 1941), romancier de la rép. du Congo : *Un fusil dans la main, un poème dans la poche* (1973), *le Feu des origines* (1987).

Dông Duong, village du centre du Viêt-nam. Il fut, sous le nom d'Indrapura, la capitale du royaume cham (IXe-Xe s.). Vers 875, la fondation d'un grand monastère bouddhique, par le roi Indravarman II, inaugura une brillante période artistique, tant pour l'architecture que pour la sculpture.

Dông Duong tâp chi (*la Revue indochinoise*), premier hebdomadaire vietnamien en quôc ngu, fondé en 1913 par Nguyên* Van Vinh et Phan* Kê Binh.

Dông Nai, fleuve du Viêt-nam (Centre et Sud), qui se mêle, à l'embouchure, à la rivière de Saigon; 500 km. Né dans la cordillère Annamitique, il a un cours supérieur coupé de rapides.

Dongola, ville du nord du Soudan, près de la boucle du Nil, cap. du royaume chrétien de Maqurra (VIe s.), islamisé au milieu du VIIe s. et qui s'unit au VIIIe s. au roy. de Nobatia. – Nombreux vestiges d'églises.

dongré [dɔ̃gʀe] n. m. (Mart.) Gâteau sec. (V. doucoune.)

Dông Son, site archéol. vietnamien au sud de Hanoi. Il a donné son nom à une civilisation préhistorique qui s'est développée dans toute la partie septent. du Viêt-nam actuel, vers 500 à 250 av. J.-C. (phase finale de l'âge de bronze). Elle est caractérisée par des tambours de bronze, gravés de motifs géométriques.

Dönitz (Karl) (1891 – 1980), amiral allemand. Commandant de la flotte (1943), il remplaça Hitler en mai 1945. Condamné à Nuremberg en 1946, il fut libéré en 1956.

Donizetti (Gaetano) (1797 – 1848), compositeur italien : *Lucie de Lammermoor* (opéra, 1835), *la Fille du régiment* (opéra-comique, 1840).

donjon [dɔ̃ʒɔ̃] n. m. Tour principale d'un château fort, constituant l'ultime refuge en cas d'assaut.

don Juan [dɔ̃ʒɥɑ̃] n. m. Grand séducteur. *Des don(s) Juans.*

Don Juan, personnage légendaire d'orig. espagnole (le seigneur don Juan Tenorio, qui vécut à Séville au XVIe s., aurait servi de modèle), type du séducteur libertin, audacieux et cynique, que le Ciel punit. La prem. pièce qui narra cette histoire est la comédie attribuée à Tirso de Molina (*le Trompeur de Séville et le Convive de pierre,* v. 1625). Molière s'en inspira dans *Dom Juan ou le Festin de pierre,* 1665.

donjuanesque [dɔ̃ʒɥanɛsk] adj. Relatif au caractère, à la légende de Don Juan.

donjuanisme [dɔ̃ʒɥanism] n. m. Manière d'être d'un don Juan.

donnant, ante [dɔnɑ̃, ɑ̃t] adj. **1.** Vx Qui donne volontiers. *Il n'est pas donnant.* **2.** Loc. adv. *Donnant donnant :* que l'on ne donne qu'en échange de qqch.

donne [dɔn] n. f. JEU Action de distribuer les cartes; les cartes distribuées. *Fausse, mauvaise donne.*

Donne (John) (1573 – 1631), prédicateur, poète et philosophe anglais. Ses poésies profanes mêlent la sensualité à l'idée de la mort.

donné, ée [dɔne] adj. et n. **I.** adj. **1.** Accordé, octroyé, attribué. *Une récompense donnée par la ville.* – *Par exag.* Vendu à très bas prix. *À ce prix, c'est donné.* **2.** Représenté. *Tragédie donnée à la Comédie-Française.* **3.** Déterminé, connu. *En un temps donné.* **4.** Loc. prép. inv. *Étant donné :* considérant. *Étant donné une droite D...* ▷ Loc. conj. *Étant donné que :* puisque, du fait que. *Étant donné qu'il pleut, cela m'étonnerait qu'il vienne.* **II.** n. m. LOG *Le donné :* ce qui est immédiatement présent à la conscience avant toute élaboration. **III.** n. f. **1.** Supposition, notion, élément servant de base à un raisonnement, une recherche, etc. *S'appuyer sur des données fausses.* ▷ INFORM Information servant à effectuer des traitements. *Banque de données.* **2.** MATH Grandeur permettant de résoudre une équation, un problème.

donner [dɔne] v. [1] **A.** v. tr. **I.** Remettre. **1.** Faire don de, abandonner gratuitement et définitivement. *Donner des étrennes. Donner de vieux vêtements.* ▷ Loc. *Donner sa vie :* se sacrifier. – *Donner son temps à une tâche, à qqn.* Syn. consacrer. – *Qui donne aux pauvres prête à Dieu :* Dieu nous rendra le bien que nous faisons aux malheureux. – *Qui donne tôt donne deux fois :* accorder promptement une grâce en double la valeur. **2.** Céder en échange. *Donnez-moi pour cent francs de sel.* **3.** Confier en dépôt. *Donner des chaussures à réparer, du linge à repasser.* **4.** Attribuer, assigner. *Donner des lois à un pays. Donner un nom à un enfant.* **II.** Mettre à la disposition de. **1.** Présenter, offrir. *Donner le bras, la main à qqn. Donner une soirée, une réception en l'honneur de qqn.* ▷ Distribuer. *Donner des cartes à des joueurs.* – Absol. *À qui le tour de donner?* **2.** *Donner qqn à qqn :* accorder. *Il a donné sa fille* (en mariage) *à son voisin.* **3.** Dénoncer, livrer. *Donner ses complices.* **4.** Communiquer, transmettre. *Donner de ses nouvelles. Donner l'heure. Donner un ordre.* – *Je vous le donne en mille :* je vous défie de le deviner. – INFORM *Donner des instructions à un ordinateur.* ▷ Exposer (qqch à qqn). *Donner un cours, une conférence. Le notaire donna lecture du testament. Donner (son) congé.* – (Liban) *Donner (une discipline) :* enseigner (une discipline). *Donner les langues.* ▷ Transmettre par contagion. *Il a donné son rhume à toute la famille.* **5.** Fig. Concéder, octroyer, accorder. *Il a donné son accord pour le projet. Je vous donne trois jours pour réfléchir.* – (Afr. subsah.) *Donner la route**. ▷ *Donner sa parole :* promettre, s'engager. ▷ *Donner à qqn de,* permettre, accorder (surtout en tournure passive). *Il m'a été donné de m'exprimer.* ▷ v. pron. *Se donner du bon temps, s'en donner à cœur joie :* mener une vie gaie, être gai. **III.** Causer. **1.** Produire. *Cette source donne de l'eau potable. Notre entrevue n'a rien donné.* – Absol. *L'arachide n'a pas donné.* **2.** Causer, susciter. *Donner du souci. Donner du fil à retordre. Donner chaud, froid, soif, faim.* – *Donner à... :* fournir l'occasion de. *Donner à penser, à entendre.* **3.** (En loc.) Exercer une action. *Donner des soins. Donner des coups de pied. Donner le fouet.* – Fig. *Donner un coup de main :* aider. ▷ MAR *Donner du mou à :* détendre (un cordage). **4.** Fig. Attribuer. *Quel âge lui donnes-tu? Donner tort, raison à qqn.* ▷ v. pron. *Se donner l'air de :* affecter de, faire semblant de. **5.** (Suisse) *Donner le tour :* V. tour (sens III). **B.** v. intr. **1.** Heurter, toucher. *Donner de la tête contre le mur.* – Fig. *Ne plus savoir où donner de la tête**. **2.** Se jeter dans. *Le vent donne dans les voiles.* – Fig. *Donner dans le panneau**. – *Donner dans (un travers),* y être porté. **3.** MILIT Attaquer, charger. *Faites donner la Garde!* **4.** Faire retentir, sonner. *Donner de la voix, donner du cor.* **5.** *Donner sur :* avoir accès, avoir vue sur. *Fenêtre qui donne sur la rue.* **C.** v. pron. **1.** Faire don de soi-même, se dévouer. *Se donner à la patrie, à une cause.* ▷ *Se donner à :* accorder ses faveurs à, en parlant d'une femme. ▷ *Se donner en spectacle :* se comporter de manière ostentatoire. ▷ *Se donner pour :* se faire passer pour. **2.** (Passif) Être donné. *Un conseil, cela se donne de bon cœur.* – Se faire, être livré. *L'assaut s'est donné cette nuit.* **3.** (Récipr.) *Les amants se donnaient des baisers.*

donneur, euse [dɔnœʀ, øz] n. et adj. **I.** n. **1.** *Donneur de :* personne qui donne. *Donneur de cartes. Un donneur de leçons.* ▷ DR, FIN *Donneur d'aval. Donneur d'ordre :* V. opérateur. **2.** n. m. MED Personne qui donne son sang pour une transfusion, un organe pour une greffe (rein, œil, etc.). *Donneur de sang. Donneur universel,* dont le sang (du groupe O) est compatible avec tous les autres groupes sanguins. **II.** adj. **1.** Qui donne facilement. *Elle n'est pas très donneuse.* **2.** CHIM *Atome donneur,* celui qui fournit un doublet d'électrons dans une liaison covalente (par oppos. à *receveur*).

don Quichotte [dɔ̃kiʃɔt] n. m. Homme généreux et naïf qui prétend redresser tous les torts (comme Don Quichotte, le héros de Cervantès*). *Des don(s) Quichotte(s).*

donquichottisme ou **don-quichottisme** [dɔ̃kiʃɔtism] n. m. Manières, attitude d'un don Quichotte.

dont [dɔ̃] pron. relatif inv. Sert à introduire une proposition correspondant à un complément introduit par la prép. *de. Dont* peut être : **I.** Complément du verbe. **1.** Comp. d'objet indir. *L'homme dont je t'ai parlé.* **2.** Comp. circonstanciel. *À la façon dont il s'y prenait, j'ai cru qu'il allait tout casser. La famille dont il sort est illustre.* (Mais au sens concret : *le bâtiment d'où il sort.*) **II.** Complément de nom et d'adj. (*Dont* ne peut pas être employé si le nom que le relatif complète est précédé d'un possessif ou introduit par une préposition.) *Un combat dont l'enjeu est l'honneur. Ce nom dont vous êtes fier.* **III.** (Introduisant une proposition sans verbe.) Parmi lesquels, lesquelles. *Ils ont choisi dix personnes, dont moi.*

Doon de Mayence, cycle de chansons de geste, qui regroupe (XIIIe s.) les chansons de Doon de Mayence, Raoul de Cambrai, Renaud de Montauban, etc.

dopa [dɔpa] n. f. BIOCHIM Dérivé de la tyrosine et précurseur de la dopamine; son isomère naturel, ou *L-dopa,* est utilisé dans le traitement de la maladie de Parkinson.

dopage [dɔpaʒ] n. m. **1.** Utilisation d'une substance qui a pour effet d'augmenter les performances physiques d'un individu. (Les produits utilisés sont prohibés dans les compétitions sportives.) **2.** CHIM Modification de certaines des propriétés (d'une substance) par addition d'un dope.

dopamine [dɔpamin] n. f. BIOCHIM Dérivé de la dopa, précurseur de la noradrénaline, utilisé pour le traitement du cœur.

dopant [dɔpɑ̃] n. m. Stimulant, excitant.

1. dope [dɔp] n. m. CHIM Produit que l'on ajoute en petites quantités à une substance pour en modifier les caractéristiques (lubrifiants, semiconducteurs, etc.).

2. dope [dɔp] n. f. Arg. Drogue (sens 3).

doper [dɔpe] v. [1] **I.** v. tr. **1.** Administrer un stimulant à. *Doper un cheval.* – Fig. Stimuler. *Tes encouragements l'ont dopé.* **2.** CHIM Ajouter un dope à une substance. **II.** v. pron. Avoir recours au dopage. – *Par ext.* Prendre un excitant.

Doppler (Christian) (1803 – 1853), mathématicien et physicien autrichien. ▷ PHYS *Effet Doppler-Fizeau :* la fréquence apparente d'un mouvement vibratoire varie selon la vitesse relative de la source par rapport à l'observateur.

ENCYCL L'effet Doppler a été observé pour le son par Doppler en 1843 et appliqué aux phénomènes lumineux par Fizeau en 1848. En médecine, il permet de mesurer le déplacement du sang artériel et le débit de tout vaisseau. Cette technique associée à l'échographie (*échographie Doppler* ou *échodoppler*) permet d'établir la cartographie dynamique du système vasculaire.

Dora, bourg d'Allemagne (entre Halle et Weimar) où les nazis établirent un camp de concentration; 60000 détenus y furent internés.

dorade [dɔʀad] n. f. V. daurade.

dorage [dɔʀaʒ] n. m. Action de dorer; son résultat.

Dorat (Jean Dinemandi, dit) (1508 – 1588), humaniste français; membre de la Pléiade. Il n'a écrit que des vers grecs et latins.

Dordogne (la), riv. de France (490 km); naît dans le Massif central et se jette dans la Garonne après Bordeaux. Sa vallée est riche de sites préhistoriques. (V. Périgord.) – Dép. : 9184 km^2; 386365 hab.; ch.-l. *Périgueux* (32848 hab.). V. Aquitaine (Rég.).

Dordrecht, v. des Pays-Bas (Hollande-Méridionale), sur la Vieille Meuse *(Merwede)*; 107870 hab. Port maritime et fluvial. Industries. – L'*Union de Dordrecht* (1572), qui groupait les États de Hollande, reconnut à Guillaume d'Orange le titre de stathouder.

doré, ée [dɔʀe] adj. et n. m. **1.** Recouvert d'or. *Livre doré sur tranche. Le vermeil est de l'argent doré.* **2.** De la couleur de l'or. *Des cheveux dorés.* **3.** Fig. Fortuné, brillant. *Mener une existence dorée.* ▷ *Jeunesse dorée :* jeunes gens riches et oisifs. **4.** n. m. Coloration dorée. *Le doré de ce cadre s'est terni.* **5.** n. m. (Québec) Poisson d'eau douce apparenté à la perche. *Doré jaune (Stizoztedion vitreum),* à chair estimée, aux flancs recouverts d'écailles aux reflets dorés. *Doré noir (Stizoztedion canadense).*

Doré (Gustave) (1832 – 1883), dessinateur, peintre et graveur français de style romantique et d'inspiration fantastique; illustrateur fécond de Rabelais, Dante, Cervantès.

dorénavant [dɔʀenavɑ̃] adv. À partir de ce moment, à l'avenir.

dorer [dɔʀe] v. tr. [1] **1.** Appliquer une mince couche d'or sur. *Dorer un cadre.* – Absol. *Dorer à l'or fin.* ▷ Fig. *Dorer la pilule* à qqn.* **2.** Donner une teinte d'or à. *Mai dore d'ajoncs la lande bretonne.* – CUIS Enduire de jaune d'œuf avant la cuisson pour colorer. *Dorer un pâté.* ▷ v. pron. *Se dorer au soleil.*

doreur, euse [dɔʀœʀ, øz] n. Personne dont le métier est de dorer. *Doreur sur cuir.*

Doriens, peuple de la Grèce anc. Refoulant les Achéens, ils envahirent au XIIe s. av. J.-C. le Péloponnèse, dont ils occupèrent la plus grande partie. Ils fondèrent, par leurs migrations, la Doride, en Asie Mineure, et des colonies en Afrique, en Sicile et en Italie du Sud.

dorique [dɔʀik] adj. et n. m. Se dit du plus simple des trois ordres d'architecture grecque et de ce qui s'y rapporte. *Colonne dorique :* colonne légèrement conique, cannelée et dépourvue de base. ▷ n. m. *Le dorique.*

dorloter [dɔʀlɔte] v. tr. [1] Traiter délicatement, avec tendresse. *Dorloter un enfant. Se faire dorloter.* Syn. cajoler. ▷ v. pron. Être aux petits soins pour soi-même.

dormance [dɔʀmɑ̃s] n. f. BOT État de divers organes végétaux (bourgeons, graines, etc.) qu'une contrainte physiologique empêche de se développer.

dormant, ante [dɔʀmɑ̃, ɑ̃t] adj. et n. m. **1.** Rare Qui dort. *La Belle au bois dormant.* **2.** Immobile, stagnant. *Eau dormante.* Ant. courant, vif. **3.** BOT Qui est en état de dormance. **4.** Qui ne bouge pas, fixe. *Châssis dormant.* ▷ n. m. CONSTR Partie fixe d'un châssis, d'une porte, d'une fenêtre (par oppos. à *ouvrant*).

dormeur, euse [dɔʀmœʀ, øz] n. **1.** n. Personne qui dort, ou qui aime dormir. **2.** n. m. Tourteau (crabe). **3.** n. f. Boucle d'oreille formée d'une perle ou d'une pierre précieuse montée sur un pivot et serrée derrière l'oreille par un écrou. **4.** n. f. (Antilles fr.) Voyante pratiquant l'hypnose.

dormir [dɔʀmiʀ] v. intr. [30] **I. 1.** Être dans le sommeil. *Dormir profondément, légèrement. Dormir du sommeil du juste,* d'un sommeil calme et profond. *Dormir debout*.* ▷ Fig. *Dormir sur ses deux oreilles :* ne pas être inquiet. ▷ *Ne dormir que d'un œil :* dormir légèrement. ▷ Loc. prov. *Il ne faut pas éveiller le chat qui dort :* il ne faut pas rappeler un vieux sujet de querelle. – *Qui dort dîne :* V. dîner 1. Ant. veiller. **2.** Poét. Être mort. *Qu'ils dorment en paix.* Syn. reposer. **3.** v. tr. *Dormir son sommeil, sa nuit.* – Fam. *Il n'a pas dormi son compte.* **II.** Rester immobile, inactif. **1.** (Personnes) Ne pas agir, être lent. *Dormir sur ses lauriers*.* **2.** (Choses) Rester oublié, improductif. *Des manuscrits, des capitaux qui dorment.* **3.** Stagner, en parlant de l'eau. – Prov. *Il n'est pire eau que l'eau qui dort :* il faut se méfier des gens calmes, d'apparence inoffensive.

dormition [dɔʀmisjɔ̃] n. f. RELIG Pour les catholiques et les orthodoxes, la mort de la Vierge (qui fut comme un sommeil), avant l'Assomption.

Dornach, v. de Suisse (cant. de Soleure); 75 641 hab. – En 1499, près de cette ville, les Confédérés suisses vainquirent les Autrichiens, ce qui leur assura leur indépendance.

dorsal, ale, aux [dɔʀsal, o] adj. et n. m. **1.** ANAT Qui appartient au dos. *Épine dorsale. Les muscles dorsaux* ou, n. m., *les dorsaux.* – Par anal. *Face dorsale du pied, de la main.* **2.** Qui se fixe sur le dos. *Parachute dorsal* (par oppos. à *ventral*).

dorsale [dɔʀsal] n. f. **1.** GEOL Ligne continue de montagnes terrestres ou sous-marines. *La dorsale océanique.* **2.** METEO Axe de hautes pressions entre deux zones dépressionnaires. Ant. talweg. **3.** PHON Phonème qui s'articule avec le dos de la langue.

Dorsale congolaise, chaîne montagneuse marquant le partage des eaux entre les affluents du Congo et ceux du Nil.

Dorsale guinéenne, chaîne montagneuse du S.-E. de la Guinée qui prolonge le massif du Fouta-Djalon, au N.-O., jusqu'aux monts Nimba, au S.-E. Elle culmine dans les monts Loma, au centre (1 948 m). Minerais (fer, bauxite).

Dorsale tunisienne, chaîne de montagnes qui barre le nord de la Tunisie du S.-O. au N.-E. (1 544 m au djebel Chambi) et se prolonge jusqu'au cap Bon*.

dorsalgie [dɔʀsalʒi] n. f. MED Douleur au dos.

Dorsinville (Roger) (1911 – 1992), écrivain haïtien. Exilé au Sénégal, il a situé en Afrique («terre de ma nouvelle naissance») l'action de plusieurs romans : *Kimby* (1973); *l'Afrique des rois* (1975); *Renaître à Dendé* (1980).

Dortmund, ville d'Allemagne (Rhénanie-du-Nord-Westphalie), sur le *canal de Dortmund-Ems;* 568 160 hab. Grand centre industriel. – Anc. ville hanséatique.

dortoir [dɔʀtwaʀ] n. m. Grande salle commune où l'on couche. *Le dortoir d'un lycée.* ▷ (En appos.) *Ville-dortoir* (plur. *villes-dortoirs*), *cité-dortoir* (plur. *cités-dortoirs*), où logent des personnes dont le lieu de travail est ailleurs.

dorure [dɔʀyʀ] n. f. **1.** Action, art de dorer. *Dorure sur cuir, sur bois.* **2.** Couche d'or. *La dorure s'est écaillée.* **3.** Ce qui est doré. *Les dorures du plafond.* **4.** CUIS Action de dorer au jaune d'œuf; son résultat.

doryphore [dɔʀifɔʀ] n. m. Coléoptère (*Leptinotarsa decemlineata*), long de 10 mm, aux élytres jaunes rayés longitudinalement de noir. (L'adulte et la larve, très voraces, dévastent les champs de pommes de terre.)

dos [do] n. m. **I. 1.** Partie arrière du corps de l'homme, comprise entre la nuque et les reins. *Avoir le dos plat, voûté. Sac* à dos.* – *Faire le gros dos :* arrondir le dos en rentrant la tête, pour se protéger. ▷ Loc. fig. *Avoir bon dos* ou (Québec) *avoir le dos large :* se dit d'une chose ou d'une personne sur laquelle on se décharge des responsabilités qu'on ne veut pas reconnaître. – *Courber le dos :* se résigner, céder. – (Afr. subsah.) Fam. *Faire le gros dos :* faire l'important. – Fam. *En avoir plein le dos :* être excédé. ▷ *Tourner le dos :* s'en aller. ▷ *Tourner le dos à qqn, à qqch,* présenter son dos à. *Il tournait le dos au nouveau venu. La plage n'est pas par là, vous lui tournez le dos.* – Fig. Abandonner (qqn). *Il est devenu si irascible que ses amis lui ont tourné le dos.* ▷ *À dos de :* sur le dos de. *Ces pierres ont été transportées à dos d'homme.* – Fig. *Se mettre qqn à dos,* s'en faire un ennemi. ▷ *Au dos :* sur le dos. *Il est parti sac au dos.* ▷ *Dans le dos :* le long du dos. *Les cheveux dans le dos.* – Fig. *Donner froid dans le dos :* effrayer, horrifier. – Fig. *Agir dans le dos de qqn,* à son insu, sournoisement. – (Belgique) Fam. *Parler sur le dos de qqn :* dire du mal de qqn. ▷ *De dos :* du côté du dos (par oppos. à *de face*). *Apercevoir qqn de dos.* ▷ *Dos à dos :* dos contre dos. *On les plaça dos à dos pour savoir lequel était le plus grand.* – Fig. *Renvoyer dos à dos deux adversaires,* ne donner raison ni à l'un ni à l'autre. ▷ *Sur le dos. Dormir sur le dos.* – Fig. Sur soi, sur son corps. *N'avoir rien à se mettre sur le dos.* – Fig. *Se laisser manger la laine* sur le dos.* ▷ Loc. adj. *En dos d'âne :* qui présente un dos-d'âne. *Pont en dos d'âne.* **2.** ZOOL Face supérieure du corps des vertébrés comprise, chez les tétrapodes, entre le cou et la croupe. **II.** *Par anal.* **1.** Partie d'un vêtement couvrant le dos. – Dossier. *Le dos d'une chaise.* **2.** Partie supérieure et convexe de certains organes ou objets. *Le dos de la main* (par oppos. à *paume*). *Le dos du pied* (par oppos. à *plante*). *Le dos d'une cuiller.* **3.** Envers d'un objet. *Le dos d'un billet.* – *Voir au dos,* au verso.

dosage [dozaʒ] n. m. **1.** Action de doser; son résultat. **2.** CHIM Détermination quantitative des composants d'une substance. **3.** PHARM Action de déterminer la dose d'un médicament. **4.** Fig. Répartition, proportion. *Trouver le bon dosage de souplesse et de rigueur.*

dos-d'âne [dodɑn] n. m. inv. **1.** Faible relief constitué de deux pentes symétriques qui se rejoignent en crête. **2.** Bombement transversal (sur une voie). *Cahoter sur des dos-d'âne.* **3.** *Dos-d'âne* ou *bureau (à) dos d'âne :* bureau au plateau incliné. **4.** Loc. adj. *En dos d'âne :* V. dos.

1. dose [doz] n. f. **1.** Quantité (d'un médicament) à administrer en une seule fois. *Ne pas dépasser la dose prescrite.* **2.** Quantité et proportion des ingrédients composant un mélange. *Mettre une dose d'anisette pour cinq d'eau.* **3.** Quantité quelconque. *Dose létale*.* *Dose maximale admissible de rayonnements :* quantité totale de rayonnements qu'un individu peut absorber sans risque au cours de sa vie. ▷ Fig. *Une forte dose d'orgueil, de sottise.* ▷ Fam. *Avoir sa dose (de qqch, de qqn),* en avoir assez.

2. dose [doz] n. f. (Belgique) Papule s'accompagnant de démangeaisons.

doser [doze] v. tr. [1] **1.** Déterminer la dose de. **2.** CHIM Procéder au dosage de. **3.** Fig. Combiner dans telles ou telles proportions. ▷ Fig. Mesurer, proportionner. *Savoir doser ses propos.*

doseur [dozœʀ] n. m. TECH Appareil servant à effectuer un dosage. ▷ (En appos.) *Verre doseur.*

dosimètre [dozimɛtʀ] n. m. PHYS NUCL Appareil servant à mesurer les quantités de rayonnements auxquels une personne ou un matériel ont été soumis.

dosimétrie [dozimetʀi] n. f. PHYS NUCL Mesure de doses de radiation. *Dosimétrie neutronique :* évaluation de l'irradiation due aux neutrons.

Dos Passos (John Roderigo) (1896 – 1970), romancier américain. *Man-*

hattan Transfer (1925) et sa trilogie *U.S.A.* (*42e Parallèle,* 1930; *1919,* 1932; *la Grosse Galette,* 1936), composent une fresque amère de la société américaine.

Dos Santos (José Eduardo) (né en 1942), homme politique angolais. En 1979, il succéda à A. Neto, décédé, comme président de la Rép. Depuis lors, il exerce cette fonction.

dossard [dosaʀ] n. m. SPORT Pièce d'étoffe marquée d'un numéro qui se porte sur le dos lors d'une compétition.

dosseret [dosʀɛ] n. m. **1.** ARCHI Petit pilastre servant de jambage à une ouverture. **2.** CONSTR Surface verticale à laquelle est adossé un appareil sanitaire, une paillasse de laboratoire, etc. **3.** TECH Pièce renforçant le dos d'une scie.

1. dossier [dosje] n. m. Partie d'un siège sur laquelle on appuie le dos. *Le dossier d'un fauteuil.*

2. dossier [dosje] n. m. **1.** Ensemble de documents sur le même sujet. – Spécial. *Dossier de presse.* **2.** Chemise, carton où ces documents sont rangés. *Le classement des dossiers.*

Dosso, v. du sud-ouest du Niger; 17000 hab.; ch.-l. du dép. du m. nom (31000 km^2; 1017000 hab.). Coton et arachides.

Dostoïevski (Fiodor Mikhaïlovitch) (1821 - 1881), romancier russe. Fréquentant les milieux libéraux, il fut accusé de complot et condamné à mort (1849), mais, sa peine commuée, il fut déporté pour quatre ans en Sibérie. Revenu à Saint-Pétersbourg en 1859, sa production devint abondante et sa renommée s'étendit. Mais il mena une existence précaire (il avait la passion du jeu), traversée de crises d'épilepsie. Princ. œuvres : *Souvenirs de la maison des morts* (1861-1862), *Mémoires écrits dans un souterrain* (1864), *Crime et Châtiment* (1866), *le Joueur* (1866), *l'Idiot* (1868), *les Possédés* ou *les Démons* (1872), *l'Adolescent* (1875), *les Frères Karamazov* (1879-1880).

dot [dɔt] n. f. **1.** Biens qu'une femme apporte à l'occasion de son mariage ou lorsqu'elle entre au couvent. *Avoir une grosse dot.* ▷ DR Biens donnés par un tiers dans le contrat de mariage. **2.** Dans les traditions africaine et maghrébine, biens donnés par le fiancé à la famille de la fiancée pour obtenir celle-ci en mariage (compensation matrimoniale). **3.** En Islam, biens donnés par l'époux à l'épouse pour sceller le mariage.

dotal, ale, aux [dɔtal, o] adj. DR Relatif à la dot.

dotation [dɔtasjɔ̃] n. f. **1.** DR Ensemble des revenus, des dons attribués à un établissement d'utilité publique. **2.** MILIT Ensemble de l'armement et de l'équipement affectés à une unité. **3.** Revenus ou biens assignés à un souverain, aux membres de sa famille, à certains hauts fonctionnaires.

doter [dɔte] v. tr. [1] **1.** Donner des biens en dot à. **2.** (Afr. subsah.) *Doter une fille, une femme,* verser à sa famille une dot pour l'obtenir en mariage. **3.** Assigner une dotation à. *Doter un hôpital.* **4.** Fournir en matériel. – Pp. *Une cuisine dotée d'un équipement moderne.* **5.** Fig. Gratifier. *La nature l'a doté de grands talents.*

douaire [dwɛʀ] n. m. DR ANC Biens réservés par un mari à sa femme en cas de veuvage.

douairière [dwɛʀjɛʀ] n. f. **1.** DR ANC Veuve jouissant d'un douaire. **2.** Mod. Vieille femme d'allure solennelle.

douala [dwala] adj. et n. m. **1.** adj. Du groupe ethnique des Douala. **2.** n. m. LING Langue bantoue à fonction véhiculaire, parlée au Cameroun.

Douala, ville et port du Cameroun; 1200000 hab.; ch.-l. de la prov. du Littoral. Port de commerce et de pêche, relié par voie ferrée à Yaoundé et à l'arrière-pays; importation d'alumine, traitée à Édéa; exportation de bois, de bananes, d'aluminium. Nombr. industries mécaniques. Aéroport international.

Douala ou **Duala,** population vivant sur la côte du Cameroun occidental (plus d'un million de personnes). Ils parlent des langues bantoues.

douane [dwan] n. f. **1.** Administration publique chargée de percevoir des droits sur les marchandises exportées ou importées. **2.** Lieu où est établi le bureau de la douane. *S'arrêter à la douane.* **3.** Taxe perçue par la douane. *Le paiement de la douane.*

1. douanier [dwanje] n. m. Personne qui visite les marchandises importées ou exportées et perçoit les droits sur celles-ci. Syn. (France rég.) gabelou.

2. douanier, ère [dwanje, ɛʀ] adj. Relatif à la douane. *Tarif douanier.* ▷ *Union douanière :* convention commerciale entre plusieurs États, concernant les importations et les exportations.

douar [dwaʀ] n. m. **1.** Au Maghreb, groupement d'habitations (maisons ou tentes) réunissant des membres d'une même famille. **2.** HIST En Algérie, pendant la période française, division administrative rurale. (V. djemâa.)

doublage [dublaʒ] n. m. **1.** COUT Action de garnir d'une doublure. *Doublage d'une jupe.* **2.** CONSTR Action de doubler une paroi d'un revêtement; ce revêtement lui-même. **3.** AUDIOV Enregistrement des dialogues d'un film dans une langue différente de celle de l'original. ▷ Fait de remplacer un acteur par sa doublure.

doublant, ante [dublɑ̃, ɑ̃t] n. (Afr. subsah.; Belgique; France, off. recommandé) Syn. de *redoublant.*

double [dubl] adj., n. m. et adv. **I.** adj. **1.** Égal à deux fois la chose simple. *Une double paye. Une double part de gâteau.* – *Lit double,* à deux places. Ant. (Québec) lit simple. **2.** Composé de deux choses pareilles ou de même nature. *Une double porte.* – (Québec) *Châssis* double.* ▷ Fig. *Un mot à double sens,* qui a deux significations possibles. **3.** Qui se fait deux fois. *Un double contrôle.* ▷ *Double emploi :* répétition inutile. ▷ *Coup* double.* – Fig. *Faire coup* double.* **4.** Fig. Qui a deux aspects dont un seul est connu, visible. *Une personnalité double.* **5.** ASTRO *Étoile double :* système de deux étoiles tournant l'une autour de l'autre. **6.** BOT *Fleur double,* dont les étamines se sont transformées en pétales. **7.** CHIM *Sel double :* cristal ionique dans la composition duquel on trouve plus de deux sortes d'ions (aluns, par ex.). **8.** FIN *Comptabilité en partie double,* dans laquelle on procède à une double écriture, l'une au débit, l'autre au crédit. **9.** GEOM *Point double :* point où se coupent deux branches d'une courbe. **II.** n. m. **1.** Quantité multipliée par deux. *Six est le double de trois.* ▷ *Jouer à quitte* ou double.* ▷ Loc. adv. *En double. Avoir qqch en double,* en deux exemplaires. *Plier une couverture en double,* en deux. **2.** (Québec) Fam. Couche, épaisseur. *Mettre deux doubles de planches.* – Couverture, vêtement. *Enlève un double, tu vas avoir trop chaud.* **3.** Copie, reproduction d'une chose. *Le double d'une lettre.* **4.** Fig. Être réel ou imaginaire qui ressemble à une personne donnée. ▷ ANTIQ Dans les croyances égyptiennes, l'ombre du mort. **5.** SPORT Partie de tennis, de ping-pong opposant deux équipes de deux joueurs. *Double mixte,* où chaque équipe est composée d'un homme et d'une femme. **III.** adv. En double quantité. *Voir double :* voir deux objets là où il y en a un seul.

doublé, ée [duble] adj. et n. m. **I.** adj. **1.** Multiplié par deux. *Un prix doublé.* **2.** Pourvu d'une doublure. *Une robe doublée.* – (Québec) Fourré. *Des bottes doublées.* **3.** Fig. *Doublé de :* qui est également. *Un poète doublé d'un musicien.* **4.** AUDIOV Dont on a effectué le doublage. *C'est un film doublé.* ▷ Qui est remplacé par sa doublure. *Un acteur doublé.* **II.** n. m. **1.** Orfèvrerie recouverte d'une plaque de métal précieux. *Un bracelet en doublé or.* **2.** Double réussite. **3.** EQUIT Figure qui consiste à se rendre perpendiculairement d'une piste à l'autre. (On écrit aussi *doubler.*)

doubleau [dublo] n. m. et adj. **1.** n. m. CONSTR Solive plus forte que les autres. **2.** adj. ARCHI *Arc doubleau :* arc en saillie qui renforce une voûte.

1. doublement [dubləmɑ̃] adv. Pour deux raisons; de deux manières.

2. doublement [dubləmɑ̃] n. m. Action de doubler, de multiplier par deux. *Le doublement d'une consonne.*

doubler [duble] v. [1] **I.** v. tr. **1.** Multiplier par deux. *Doubler la somme.* ▷ Fig. Augmenter. *L'attente doublait son anxiété.* ▷ (Afr. subsah.; Belgique; France, off. recommandé; Madag.; Québec; Suisse) Syn. de *redoubler* (sens I, 3). **2.** Disposer en double. *Doubler une couverture en la pliant.* **3.** Mettre une doublure, un revêtement à. *Doubler une veste. Doubler une cloison.* **4.** v. pron. Fig. *Se doubler de :* s'accompagner de. *Une observation qui se double d'un reproche.* **5.** Dépasser (une personne, un véhicule). *Doubler une voiture.* ▷ *Doubler un cap,* le franchir. ▷ Fig., fam. *Doubler qqn,* le trahir. *Elle s'est fait doubler.* **6.** AUDIOV *Doubler un film,* procéder à son doublage. ▷ *Doubler un acteur,* le remplacer. **II.** v. intr. Être multiplié par deux. *Les prix ont doublé.*

doublet [dublɛ] n. m. **1.** Pierre fausse constituée d'un morceau de cristal dont le dessous a été coloré. **2.** LING Mot de même étymon qu'un autre, mais de forme différente, l'un étant de formation populaire, l'autre de formation savante. *«Pasteur» est le doublet savant de «pâtre».* **3.** PHYS *Doublet électronique :* ensemble formé par deux électrons occupant la même case quantique.

doubleur, euse [dublœʀ, øz] n. **1.** AUDIOV Spécialiste du doublage de film. **2.** (Afr. subsah., Belgique, Québec, Suisse) Redoublant. Syn. (Belgique) bisseur.

doublon [dublɔ̃] n. m. TYPO Répétition fautive d'un ou de plusieurs mots, d'un paragraphe.

doublonner [dublɔne] v. intr. [1] Être en double, faire double emploi (avec qqch).

doublure [dublyʀ] n. f. **1.** Étoffe qui garnit l'intérieur d'un objet, d'un vêtement. *La doublure d'un manteau, d'un coffret.* **2.** CINE Acteur qui joue à la place d'un autre (par ex., dans des scènes périlleuses).

Doubs (le), riv. de France (430 km); naît dans le haut Jura et se jette dans la Saône (r. g.). – Dép. : 5228 km^2; 484770 hab.; ch.-l. *Besançon**. V. Franche-Comté (Rég.).

douce [dus] n. f. (Haïti) Confiserie à base de lait et de sucre (ou de sirop de canne), parfois parfumée avec de la noix de coco, des cacahuètes ou de l'ananas.

douceâtre [dusɑtʀ] adj. D'une douceur fade. *Une boisson douceâtre.*

doucement [dusmɑ̃] adv. **1.** De façon modérée. *La pente descend doucement.* ▷ (Afr. subsah.) *Faire doucement :* ralentir, agir avec modération. **2.** Sans rudesse, avec douceur. *Parler doucement.* **3.** Médiocrement. *Les affaires marchent doucement.* ▷ Interj. (Pour inciter à la modération.) *Doucement! Vous allez tomber.*

doucereux, euse [dusʀø, øz] adj. Doux avec affectation. *Une mine doucereuse.*

doucette [dusɛt] n. f. Syn. de *mâche.*

doucettement [dusɛtmɑ̃] adv. Fam. Très doucement. *Il va doucettement.*

douceur [dusœʀ] n. f. **1.** Saveur douce, agréable au goût. *La douceur du miel.* ▷ *Des douceurs :* des pâtisseries, des sucreries. **2.** Qualité de ce qui flatte les sens. *La douceur d'un parfum, de l'air.* **3.** Sentiment agréable. *La douceur de vivre, d'aimer.* **4.** Qualité d'une personne qui est calme, bienveillante. *Un caractère plein de douceur.* ▷ Loc. adv. *En douceur :* sans brusquerie, avec précaution. *Allez-y en douceur.*

Douchanbe (anc. *Stalinabad*), cap. du Tadjikistan; 596000 hab. Centre commercial et industriel.

douche [duʃ] n. f. **1.** Jet d'eau qui arrose le corps et dont on use pour des raisons hygiéniques et parfois médicales. ▷ *Douche écossaise,* alternativement chaude et froide; fig. situation dans laquelle on passe brutalement d'un événement agréable à un événement désagréable. **2.** Appareil sanitaire composé d'une pomme d'arrosage et d'une canalisation d'alimentation en eau. **3.** Fam. Grosse averse; aspersion d'un liquide sur qqn. **4.** Fig. Désillusion brutale. *Cette nouvelle a été une douche pour lui.* **5.** (Afr. subsah.) Local, équipé ou non d'un appareil à douche, où l'on fait sa toilette. **6.** (Afr. subsah.) Toilettes.

doucher [duʃe] v. tr. [1] **1.** Faire prendre une douche à. *Doucher un enfant.* ▷ v. pron. Prendre une douche. Syn. (Pacifique) se baigner. – (Afr. subsah.) Se laver entièrement, se baigner. *Aller se doucher au fleuve.* **2.** Fam. Arroser (de pluie, d'un liquide quelconque). *L'orage l'a surpris, il s'est fait doucher.* **3.** Fig., fam. Tempérer rudement (un mouvement d'excitation). *Doucher l'enthousiasme de qqn.*

douchière [duʃjɛʀ] n. f. (Afr. subsah.) **1.** Enclos en plein air ou pièce d'un logement, qui sert de douche et de toilettes. **2.** Système installé pour recevoir une douche.

doucoune [dukun] n. m. (Guad.) Gâteau sec. (V. dongré.)

Doudaïev (Djokhar) (1944 – 1996), général et homme politique tchétchène. Élu à la présidence de la Tchétchénie (1991), il proclama unilatéralement l'indépendance du pays, que la Russie avait envahi en déc. 1994.

doudou [dudu] n. Fam. Chéri(e).

doudouisme [dudwism] n. m. Mouvement idéologique et culturel en vigueur aux Antilles à l'époque coloniale et favorable à la revendication d'un exotisme créol. (V. indigénisme.)

doudoune [dudun] n. f. Fam. Veste de tissu léger rembourré, généralement de duvet.

doué, ée [dwe] adj. **1.** *Doué de :* pourvu naturellement de. *L'homme est un être doué de conscience.* **2.** Qui a des aptitudes naturelles. *Un élève très doué.*

douer [dwe] v. tr. [1] Pourvoir de (un avantage). *La nature l'a doué d'un heureux caractère.*

Douglas (Issur Danielovitch, dit Kirk) (né en 1916), acteur américain.

douille [duj] n. f. **1.** Partie évidée dans laquelle vient se fixer un manche, un outil. **2.** Pièce métallique évidée, que l'on fixe au bout d'une clé de mécanicien. *Clé à douille.* **3.** Partie de la cartouche qui contient la poudre. **4.** Pièce servant à recevoir le culot d'une ampoule électrique.

douillet, ette [dujɛ, ɛt] adj. **1.** Doux, bien rembourré. *Un lit douillet.* **2.** Fig. Trop sensible à la douleur physique. *Une personne très douillette.*

douillette [dujɛt] n. f. **1.** Manteau ouaté. **2.** (Québec) Syn. de *édredon.*

douillettement [dujɛtmɑ̃] adv. D'une façon douillette.

Doukouré (Cheikh) (né en 1943), cinéaste guinéen : *Blanc d'ébène* (1991), *le Ballon d'or* (1993).

douleur [dulœʀ] n. f. **1.** Sensation pénible ressentie dans une partie du corps, résultant d'une impression quelconque produite avec trop d'intensité. *Éprouver une vive douleur.* ▷ Spécial. *Être dans les douleurs,* celles de l'accouchement. ▷ Cour. *Avoir des douleurs,* des rhumatismes. **2.** Impression morale pénible. *Avoir la douleur de perdre un être cher. Les grandes douleurs sont muettes.*

douloureusement [duluʀøzmɑ̃] adv. D'une manière douloureuse.

douloureux, euse [duluʀø, øz] adj. (et n. f.) **1.** Qui provoque une douleur physique. *Une plaie douloureuse.* **2.** Où la douleur est ressentie, en parlant d'une partie du corps. *Des pieds douloureux.* **3.** Qui provoque une douleur morale. *Un souvenir douloureux.* **4.** Qui exprime la douleur. *Un ton douloureux.* **5.** n. f. Fam. *La douloureuse :* la note à payer.

doum [dum] n. m. BOT Palmier à tronc ramifié de la zone sahélienne *(Hyphaene thebaica),* dont le fruit est une drupe comestible et dont la graine fournit un ivoire végétal. Syn. palmier doum.

Doumbi-Fakoly (né en 1944), romancier sénégalo-malien : *Morts pour la France* (1983), *la Retraite anticipée du Guide suprême* (1984).

Dounama Ier (m. en 1150), roi du Kanem (1097-1150). Il se convertit à l'islam, qu'il répandit dans la région.

Doura-Europos (auj. *Salihiyeh*), anc. v. de l'E. de la Syrie, sur l'Euphrate. Site archéol. d'une importante colonie macédonienne (fondée v. 300 av. J.-C.) conquise par les Parthes, intégrée à l'Empire romain en 165 apr. J.-C. et ruinée au IIIe s. par les Perses. – Nombreux monuments : temples, synagogue du IIIe s., maison chrétienne avec baptistère.

dourian [duʀjɑ̃] n. m. V. durian.

1. douro [duʀo] n. m. HIST Ancienne monnaie d'argent espagnole.

2. douro [duʀo] ou **dourou** [duʀu] n. m. (Maghreb) **1.** Anc. Pièce de cinq anciens francs français. **2.** Au Maroc, pièce de cinquante centimes. – En Tunisie, pièce de cinq millimes.

Douro (le) (en esp. *Duero*), fl. d'Espagne et du Portugal (850 km); naît dans la sierra d'Urbión, traverse dans des gorges profondes le plateau de Vieille-Castille et se jette dans l'Atlantique, à Porto. Aménagements hydroélectriques.

douroucouli [duʀukuli] n. m. ZOOL Singe nocturne des forêts denses sud-américaines (genre *Aotus*), à pelage gris et à grands yeux.

doussié [dusje] ou **lingué** [lɛ̃ge] n. m. BOT Grand arbre de la forêt tropicale (fam. césalpiniacées), exploité pour son bois très dur.

doute [dut] n. m. **1.** Hésitation à croire à la réalité d'un fait, à la vérité d'une affirmation. *Dans le doute, abstiens-toi.* ▷ *Mettre en doute :* contester. **2.** *Spécial.* Attitude de celui qui n'est pas sûr de sa foi religieuse. **3.** PHILO *Doute méthodique :* principe de Descartes posé comme condition première pour trouver matière à asseoir les fondements d'une certitude. **4.** Soupçon, méfiance. *J'ai des doutes sur sa loyauté.* **5.** Loc. adv. *Sans doute :* probablement. *J'irai sans doute le voir demain.* ▷ *Sans aucun doute, sans nul doute :* incontestablement.

douter [dute] v. tr. indir. et dir. [1] **1.** Hésiter à croire à. *Douter de la réussite d'une entreprise. Je doute qu'il vienne.* **2.** Mettre en question (des vérités établies). *Douter même de l'évidence.* **3.** *Ne douter de rien :* être trop sûr de soi. *Les sots ne doutent de rien.* **4.** Ne pas avoir confiance en, soupçonner. *Douter de qqn, de son amitié.* **5.** v. pron. Pressentir, avoir l'intuition de. *Se douter de qqch. Je me doutais qu'il n'y arriverait pas.*

douteux, euse [dutø, øz] adj. **1.** Qui n'est pas certain (quant à sa réalité ou à sa réalisation). *Un succès douteux.* **2.** Obscur, équivoque. *Une réponse douteuse.* **3.** Dont la qualité laisse à désirer. *Un travail douteux.* ▷ Malpropre. *Un col de chemise douteux.* **4.** Qui éveille la méfiance quant à sa probité, sa moralité. *Un homme d'affaires douteux. Des mœurs douteuses.*

1. douve [duv] n. f. **I. 1.** FORTIF Fossé rempli d'eau entourant un château. **2.** AGRIC Petit fossé pour l'écoulement des eaux de pluie. **3.** EQUIT Fossé plein d'eau, précédé d'une claie. **II.** TECH Chacune des planches incurvées qui forment un tonneau.

2. douve [duv] n. f. Ver plathelminthe trématode, parasite interne des vertébrés, dont les formes larvaires vivent chez des gastéropodes. (Il s'infiltre dans les canaux biliaires des mammifères.)

Douvres (en angl. *Dover*), v. d'Angleterre (Kent), sur le pas de Calais; 102600 hab. Port de voyageurs et stat. balnéaire.

doux, douce [du, dus] adj., adv. et n. **I.** adj. **1.** D'une saveur peu prononcée ou sucrée. *Doux comme le miel. – Eau douce,* qui n'est pas salée (par oppos. à *l'eau de mer* et à *eau dure*). **2.** Agréable aux sens. *Une lumière douce. Une peau douce. Une chaleur douce.* **3.** Modéré. *Une pente douce. Cuire qqch à feu doux.*

4. Qui fait naître un sentiment, une émotion agréable. *De doux souvenirs.* 5. Qui n'est pas agressif; clément, affable; qui dénote le calme, la bienveillance. *Une physionomie douce.* 6. Qui utilise des ressources, des moyens naturels. *Énergie douce. Médecine douce.* 7. TECH *Métal doux,* ductile et malléable. 8. *La taille-douce :* l'art de la gravure en creux (burin, pointe sèche). **II.** adv. 1. Loc. *Filer doux :* se soumettre sans résister. 2. Loc. adv. *Tout doux :* très doucement. 3. Loc. adv. Fam. *En douce :* à l'insu d'autrui. **III.** n. 1. n. m. Ce qui est doux; ton doux. *Passer du grave au doux.* 2. Personne douce. *Heureux les doux!*

doux-amer, douce-amère [duzamɛʀ, dusamɛʀ] adj. À la fois agréable et pénible. *Des réflexions douces-amères.*

doux-temps [dutɑ̃] n. m. (Québec) Température ambiante douce qui succède à une période de froid rigoureux.

douzaine [duzɛn] n. f. 1. Ensemble de douze objets de même nature. *Une douzaine d'œufs.* 2. Quantité voisine de douze. *Une douzaine de personnes.*

douze [duz] adj. inv. et n. m. inv. **I.** adj. inv. 1. (Cardinal) Dix plus deux (12). *Les douze mois de l'année.* 2. (Ordinal) Douzième. *Louis XII.* – Ellipt. *Le douze avril.* **II.** n. m. inv. Le nombre douze. *Douze plus deux égale quatorze.* ▷ Chiffres représentant le nombre douze (12). *Le douze est mal écrit.* ▷ Numéro douze. *Habiter au douze.* ▷ *Le douze :* le douzième jour du mois.

douzième [duzjɛm] adj. et n. **I.** adj. num. ord. Dont le rang est marqué par le nombre 12. *Le douzième mois de l'année. Le douzième arrondissement* ou, ellipt., *le douzième.* **II.** n. 1. Personne, chose qui occupe la douzième place. *La douzième du classement.* 2. n. m. Chaque partie d'un tout divisé en douze parties égales. *Un douzième des terres.* 3. n. f. MUS Intervalle de douze sons et de onze degrés conjoints.

Dovjenko (Alexandre Petrovitch) (1894 – 1956), cinéaste soviétique : *la Terre* (1930).

Dow Jones (indice), indice boursier américain, créé par le *Wall Street Journal* en 1896, représentant la moyenne des cours de trente valeurs importantes.

Dowland (John) (1563 – 1626), luthiste et compositeur anglais.

Downing Street, rue de Londres où se trouve, au numéro 10, la résidence du Premier ministre britannique.

doxo-, -doxe, -doxie. Éléments, du gr. *doxa,* «opinion».

doxologie [dɔksɔlɔʒi] n. f. LITURG Prière, formule pour glorifier Dieu.

doyen, enne [dwajɛ̃, ɛn] n. 1. Personne la plus ancienne dans un corps, une compagnie. *Le doyen du Sénat.* ▷ Personne la plus âgée d'un groupe. *Elle est notre doyenne.* ▷ n. m. (Afr. subsah.) Homme d'âge et d'expérience qui a droit au respect. – (Employé comme terme d'adresse.) *Doyen, conseillez-nous!* 2. Titre universitaire conféré à celui qui dirige une faculté. *Le doyen de la faculté de droit.* 3. Titre ecclésiastique. *Un curé-doyen.*

Doyle (sir Arthur Conan) (1859 – 1930), auteur brit. de nombr. romans policiers ayant pour héros Sherlock Holmes : *le Chien des Baskerville* (1902).

Draa ou **Dra** (oued), fleuve de l'O. du Maghreb (1200 km); naît dans le Haut Atlas, traverse l'Anti-Atlas et atteint l'Atlantique après s'être perdu dans l'*hamada du Draa,* où son cours fixe la frontière algéro-marocaine.

drache [dʀaʃ] n. f. (Afr. subsah., Belgique) Pluie battante, forte averse. – (Belgique) *La drache nationale :* l'averse (assez fréquente) du 21 juillet, fête nationale.

dracher [dʀaʃe] v. intr. [1] (Afr. subsah., Belgique) Pleuvoir abondamment.

drachme [dʀakm] n. f. 1. ANTIQ GR Poids valant env. 4 g. ▷ Principale unité de monnaie. 2. Unité monétaire de la Grèce moderne.

Dracon (fin VIIe s. av. J.-C.), archonte d'Athènes; auteur d'un code dont la rigueur est devenue proverbiale.

draconien, enne [dʀakɔnjɛ̃, ɛn] adj. D'une excessive sévérité. *Conditions draconiennes.*

Dracula (Vlad Țepeș, dit) (m. en 1476), souverain de Valachie de 1456 à 1462 et en 1476. Il combattit l'hégémonie turque avec une dureté qui lui valut le surnom d'*Empaleur.* Héros sanguinaire de contes pop. roumains, ce personnage inspira plus tard à l'écrivain irlandais Bram Stoker (1847 – 1912) un type de vampire aristocrate (*Dracula,* 1897) qui devint ensuite le héros de nombreux films.

dracunculose [dʀakɔ̃kyloz] n. f. MED Parasitose due à une filaire pouvant atteindre 80 cm de long, la *filaire de Médine* ou *ver de Guinée,* qui se développe dans un crustacé minuscule.

dragage [dʀagaʒ] n. m. Action de draguer. *Dragage d'un chenal.* ▷ *Dragage de mines :* opération consistant à rechercher et à détruire des mines immergées.

1. dragée [dʀaʒe] n. f. 1. Confiserie constituée d'une amande recouverte de sucre durci. ▷ Loc. fig. *Tenir la dragée haute à qqn,* lui faire payer cher un avantage, le prendre de haut. 2. PHARM Pilule recouverte de sucre durci. 3. Menu plomb de chasse.

2. dragée [dʀaʒe] n. f. AGRIC Mélange de fourrages.

drageon [dʀaʒɔ̃] n. m. BOT Rejet qui naît d'une racine.

drageonner [dʀaʒɔne] v. intr. [1] BOT Émettre des drageons.

dragon [dʀagɔ̃] n. m. **I.** 1. Animal fabuleux ayant des griffes, des ailes et une queue de serpent. ▷ *Spécial.* Dans l'iconographie chrétienne, symbole du démon. *Saint Michel terrassant le dragon.* 2. Fig. Gardien intraitable. ▷ Loc. *Dragon de vertu* ou *dragon :* femme d'une vertu excessive. 3. ZOOL *Dragon volant :* saurien de l'Asie du Sud-Est, pourvu d'un repli membraneux sur les flancs, dont il se sert pour planer d'arbre en arbre. ▷ *Dragon de Komodo :* grand varan de l'île de Komodo. 4. ASTRO *Le Dragon :* constellation située entre la Grande et la Petite Ourse. **II.** Anc. Soldat de cavalerie qui servait à cheval et à pied. – Mod. Soldat d'une unité blindée. *Le 5e (régiment de) dragons.*

dragonnade [dʀagɔnad] n. f. HIST Persécution exercée sous Louis XIV contre les protestants du S.-O. et du S. de la France. (Les protestants devaient loger des dragons qui avaient toute liberté de commettre des exactions.)

dragonne [dʀagɔn] n. f. Lanière double ornant la poignée d'une épée ou d'un sabre, que l'on passe au poignet. ▷ Courroie d'un bâton de ski, d'un appareil photo, parapluie, etc., que l'on passe au poignet.

dragonnier [dʀagɔnje] n. m. Amaryllidacée arborescente des pays chauds, qui sécrète une résine rouge.

drague [dʀag] n. f. 1. Filet muni d'une armature et d'un manche, servant à la pêche aux huîtres, aux moules. 2. Engin de terrassement flottant utilisé pour approfondir un chenal, extraire des matériaux. *Drague à godets.* 3. Fig., fam. *La drague :* le fait, l'action de draguer (sens II).

draguer [dʀage] v. [1] **I.** v. tr. 1. Pêcher avec une drague. 2. Approfondir un chenal ou extraire des matériaux à l'aide d'une drague. 3. Rechercher et détruire les mines sous-marines. **II.** v. intr. Fig., fam. Flâner en quête d'aventures. ▷ v. tr. Aborder, racoler. *Draguer une fille, un garçon.*

dragueur, euse [dʀagœʀ, øz] n. 1. Personne qui pêche à la drague. 2. n. m. Ouvrier qui drague des matériaux. 3. n. m. Bateau qui drague. ▷ *Dragueur de mines :* bâtiment de guerre spécialement aménagé pour le dragage des mines sous-marines. 4. Fig., fam. Personne qui a l'habitude de draguer (sens II).

draille [dʀaj] n. f. MAR Cordage, généralement métallique, sur lequel on hisse une voile.

drain [dʀɛ̃] n. m. 1. Conduit souterrain qui sert à épuiser l'eau des sols trop humides. 2. MED Tube percé de trous qui assure l'élimination d'un liquide (pus, par ex.).

drainage [dʀɛnaʒ] n. m. 1. Action d'assainir un terrain au moyen de drains ou de fossés. *Drainage sanitaire agricole.* 2. MED Évacuation d'un liquide pathologique à l'aide d'un drain. 3. Fig Action de drainer (sens 3).

drainer [dʀene] v. tr. [1] 1. Assainir (un terrain) par drainage. 2. MED Pratiquer le drainage (d'une plaie, d'une collection liquide). 3. Fig Attirer vers soi, rassembler. *Drainer les capitaux.*

draisine [dʀezin] n. f. CH de F Wagonnet à moteur utilisé pour la surveillance et l'entretien des voies.

Drake (sir Francis) (v. 1540 – 1596), marin et corsaire anglais. Il réalisa le deuxième voyage autour du monde (1577-1580) et contribua à la victoire anglaise sur l'Invincible Armada (1588).

Drakensberg, chaîne montagneuse d'Afrique australe qui couvre les deux tiers du Lesotho. En Afrique du Sud, elle s'étire du S. du Lesotho jusqu'au Swaziland, dominant la plaine qui borde l'océan Indien. Au Lesotho, quatre sommets excèdent les 3000 m, dont le Thabana Ntlenyana (3482 m). Au Swaziland, ces hauts plateaux basaltiques ne dépassent pas les 2000 m.

dramatique [dʀamatik] adj. et n. f. 1. Du théâtre; écrit pour le théâtre. *L'art dramatique. Une œuvre dramatique.* ▷ n. f. Pièce de théâtre télévisée. 2. Se dit de ce qui est particulièrement émouvant, poignant dans un texte, un récit. *Les passages dramatiques d'un roman.* – Par anal. *Un récit dramatique.* ▷ Grave, dangereux, tragique (dans la réalité). *Des événements dramatiques.*

dramatiquement [dʀamatikmɑ̃] adv. D'une manière dramatique.

dramatisation [dʀamatizasjɔ̃] n. f. Fait, action de dramatiser.

dramatiser [dʀamatize] v. tr. [1] **1.** Rendre dramatique (sens 2). **2.** Exagérer la gravité (d'un événement, d'une situation).

dramaturge [dʀamatyʀʒ] n. **1.** Auteur de pièces de théâtre. **2.** Spécialiste de la dramaturgie.

dramaturgie [dʀamatyʀʒi] n. f. Art de composer des œuvres dramatiques; traité sur ce sujet.

drame [dʀam] n. m. **1.** LITTER Genre dramatique où le pathétique et le sublime côtoient le familier et le grotesque; œuvre théâtrale de ce genre. *Le drame romantique.* ▷ Pièce de théâtre dont le sujet est tragique. – *Drame lyrique**. **2.** Événement tragique. *Les drames de la Révolution. Un drame épouvantable s'est produit dans cette famille.*

drap [dʀa] n. m. **1.** Étoffe de laine dont les fibres sont feutrées par foulage. ▷ *Drap mortuaire :* pièce de drap ou de velours noir dont on couvre une bière. **2.** Chacune des deux grandes pièces de toile qui couvrent un lit et entre lesquelles on se couche. ▷ Loc. fig. *Se mettre, être dans de beaux draps,* dans une situation embarrassante. **3.** (Belgique) *Drap de vaisselle :* syn. de *essuie* de vaisselle.*

drapé, ée [dʀape] adj. et n. m. **1.** TECH Préparé comme le drap. **2.** Garni d'un drap. **3.** Disposé en draperie. ▷ n. m. Arrangement de plis (d'un vêtement, d'une tenture).

drapeau [dʀapo] n. m. **1.** Pièce d'étoffe attachée par un de ses côtés à une hampe et servant d'emblème, de signe de ralliement, etc. *Le drapeau tricolore.* ▷ *Drapeau blanc,* qui, en temps de guerre, indique que l'on désire parlementer ou se rendre. ▷ Fig. *Être sous les drapeaux :* effectuer son service militaire légal. **2.** AVIAT *Hélice en drapeau,* dont le plan moyen des pales est orienté parallèlement à la direction du déplacement de l'avion, pour réduire la résistance à l'avancement lorsque le moteur s'arrête en vol.

draper [dʀape] v. [1] **I.** v. tr. **1.** Disposer harmonieusement les plis d'une étoffe, d'un vêtement sur (une personne, une statue). **2.** Former des plis harmonieux avec (une étoffe, un vêtement). *Draper une ceinture.* **II.** v. pron. S'envelopper dans un vêtement lâche et flottant. *Se draper dans son manteau.* ▷ Fig., plaisant *Se draper dans sa dignité :* prendre un air noble et digne.

Draper (Henry) (1837 – 1882), astronome américain. Son *Draper Catalogue* (plus de 10 000 étoiles), publié à Harvard en 1891, a été continué.

draperie [dʀapʀi] n. f. **I. 1.** Étoffe, tenture, disposée avec art, en grands plis. **2.** PEINT, SCULP Représentation des étoffes drapées. **II.** Manufacture, commerce du drap. *Travailler dans la draperie.*

drap-housse [dʀaus] n. m. Drap resserré sur les bords par un élastique de manière à emboîter le matelas. *Des draps-housses.*

drapier, ère [dʀapje, ɛʀ] n. et adj. Anc. Personne qui fabrique, vend des draps. – (En appos.) *Les marchands drapiers.* ▷ adj. *L'industrie drapière. Une ville drapière.*

drastique [dʀastik] adj. Rigoureux, radical. *Des moyens drastiques.*

drave [dʀav] n. f. (Québec) Anc. Transport, flottage du bois par eau vers une scierie ou une usine de pâte à papier.

Drave (la), affl. (r. dr.) du Danube (707 km); naît dans les Alpes italiennes, coule en Autriche, puis sépare la Hongrie de la Croatie.

draver [dʀave] v. intr. [1] (Québec) Faire la drave.

draveur [dʀavœʀ] n. m. (Québec) Ouvrier spécialisé dans la drave.

dravidien, enne [dʀavidjɛ̃, ɛn] adj. Qui concerne les Dravidiens. ▷ LING *Langues dravidiennes :* ensemble de langues non indo-européennes (dont le tamoul et le télougou), parlées dans le sud de l'Inde et le nord de Sri Lanka, formant une famille linguistique qui pourrait être apparentée à certaines langues de l'Afrique subsaharienne.

Dravidiens, ensemble des peuples parlant des langues dravidiennes. Ils occupent la plus grande partie du Dekkan, des monts Vindhya au cap Comorin, et le nord de Sri Lanka.

Dreiser (Theodore) (1871 – 1945), romancier naturaliste américain : *Une tragédie américaine* (1925).

drépanocytaire [dʀepanɔsitɛʀ] n. et adj. MED Qui est atteint de la drépanocytose. ▷ Subst. *Un(e) drépanocytaire.*

drépanocyte [dʀepanɔsit] n. m. BIOL Hématie en forme de faucille rencontrée chez les malades atteints de la drépanocytose.

drépanocytose [dʀepanɔsitoz] n. f. MED Maladie due à une anomalie héréditaire de la structure de l'hémoglobine, pouvant se manifester chez les sujets homozygotes par des troubles graves liés à une hémolyse. Syn. (Afr. subsah.) sicklanémie.

Dresde (en all. *Dresden*), v. d'Allemagne, sur l'Elbe, cap. de la Saxe, anc. cap. du royaume de Saxe; 521 000 hab. – Quasiment rasée par les bombardements anglais de février 1945 (env. 40 000 morts), la ville, reconstruite, est devenue un centre industriel. – Université tech. Palais du Zwinger (restauré), abritant une riche pinacothèque.

dressage [dʀɛsaʒ] n. m. **1.** Action de faire tenir droit, d'élever. **2.** TECH Opération qui consiste à dresser (sens I, 4), à rendre plan; son résultat. **3.** Action d'habituer un animal à faire telle ou telle chose (tour d'adresse, tâche déterminée, etc.). *Le dressage des chiens de cirque.* – Péjor. Éducation trop stricte. *Le dressage d'un enfant.*

dresser [dʀese] v. [1] **I.** v. tr. **1.** Lever, tenir droit (une partie du corps). *Dresser la tête.* – Fig. *Dresser l'oreille :* écouter attentivement; être particulièrement attentif. **2.** Faire tenir droit. *Dresser une échelle contre une façade.* **3.** Élever, construire, installer. *Dresser un échafaudage.* **4.** TECH Rendre parfaitement plan. *Dresser au rabot les chants d'une planche.* **5.** Préparer (en disposant matériellement). *Dresser la table :* mettre le couvert. *Dresser un buffet,* le garnir. **6.** Préparer, établir. *Dresser un contrat, un plan.* **7.** Fig. *Dresser une personne contre une autre,* la mettre dans des dispositions défavorables à son égard. **8.** Effectuer le dressage de (un animal). *Dresser un chien.* **II.** v. pron. **1.** Se tenir droit, levé. *Se dresser sur la pointe des pieds.* – Fig. *Se dresser sur ses ergots*.* – Fig. *Avoir les cheveux qui se dressent sur la tête :* avoir très peur. **2.** Fig. *Se dresser contre :* s'élever, protester contre. *Se dresser contre une injustice.* **3.** (Passif) Être susceptible de recevoir un dressage. *Les éléphants, les ours et même les chats se dressent.*

dresseur, euse [dʀɛsœʀ, øz] n. Personne qui dresse des animaux.

dressoir [dʀɛswaʀ] n. m. Étagère, buffet à gradins où l'on expose la vaisselle.

drève [dʀɛv] n. f. (Belgique) Allée bordée d'arbres.

Dreyer (Carl) (1889 – 1968), cinéaste danois. Son œuvre est une analyse rigoureuse et pénétrante des rapports humains : *la Passion de Jeanne d'Arc* (1928), *Dies iræ* («Jour de colère», 1943), *Ordet* (1955), *Gertrud* (1964).

Dreyfus (Alfred) (1859 – 1935), capitaine français. En déc. 1894, il fut condamné au bagne (en Guyane, île du Diable) pour espionnage au profit de l'Allemagne. En 1896, le commandant Picquart accusa le commandant Esterhazy, qui fut acquitté. La famille Dreyfus contacta Zola, qui publia dans *l'Aurore,* en janv. 1898, une lettre au président de la Rép. («J'*accuse»). L'opinion se divisa en *dreyfusards,* hommes de gauche, et en *antidreyfusards,* conservateurs et antisémites (Dreyfus était juif). En sept. 1898, il fut révélé que *l'affaire Dreyfus* reposait sur un faux, dû au colonel Henry, qui se suicida. Lors du procès en révision (1899), Dreyfus obtint des circonstances atténuantes, puis fut gracié. En 1906, la Cour de cassation réhabilita Dreyfus, réintégré dans l'armée. En 1930, on découvrit la culpabilité d'Esterhazy.

dreyfusard, arde [dʀɛfyzaʀ, aʀd] n. et adj. HIST Partisan de Dreyfus, de la révision du procès de Dreyfus. – adj. *Sympathies dreyfusardes.*

dribble [dʀibl] n. m. SPORT Action de progresser en contrôlant le ballon.

dribbler [dʀible] v. [1] **1.** v. intr. SPORT Contrôler la balle en progressant. **2.** v. tr. (Afr. subsah.) Fam. Berner. *Il s'est fait dribbler par un démarcheur.*

dribbleur [dʀiblœʀ] n. m. SPORT Joueur spécialiste du dribble.

drift [dʀift] n. m. GEOL Dépôt laissé par le recul d'un glacier.

drill [dʀij] n. m. ZOOL Babouin de grande taille, à face noire, vivant au Cameroun.

1. drille [dʀij] n. f. TECH Outil de bijoutier constitué d'une tige où est fixé un foret, munie d'un volant et entraînée par le déroulement d'un double cordon.

2. drille [dʀij] n. m. *Un joyeux drille :* un gai luron, un joyeux camarade.

dringuelle [dʀɛ̃gɛl] n. f. (Belgique) Fam. Pourboire. – Petite somme d'argent donnée à un enfant.

drisse [dʀis] n. f. MAR Cordage servant à hisser une voile, un pavillon.

drivailler [dʀivaje] v. intr. [1] (Guad.) Errer, vagabonder. (V. driver.)

1. drive [dʀajv] n. m. (Anglicisme) **1.** TENNIS Syn. de *coup* droit.* **2.** GOLF Coup puissant et précis donné à la balle au départ d'un trou.

2. drive [dʀiv] n. f. (Guyane) Mauvais sort.

driver [dʀive] v. [1] **1.** v. intr. Exécuter un drive, au golf, au tennis. ▷ v. tr. *Driver une balle.* **2.** v. tr. Conduire (un cheval) dans une course de trot attelé. **3.** v. intr. (Guad., Haïti) Errer, vagabonder. (V. drivailler.)

drogman [dʀɔgmɑ̃] n. m. Nom donné autrefois aux interprètes dans les pays du Levant.

drogmanat [dʀɔgmana] n. m. Fonction d'un drogman.

drogue [dʀɔg] n. f. **1.** Péjor. Substance médicamenteuse. *Il absorbe trop de drogues.* **2.** (Afr. subsah.) Remède à base de plantes préparé par un guérisseur traditionnel. **3.** Stupéfiant. *Un trafiquant de drogue.*

ENCYCL L'utilisation de drogues «douces» (haschisch, marijuana) et «dures» (héroïne, cocaïne, L.S.D.) s'est largement répandue depuis les années 1960. Les dangers que cette toxicomanie représente (accoutumance, assuétude, dépendance) ont conduit à un effort d'information, à une intensification de la lutte contre le trafic de drogue (à l'échelle internationale), à la surveillance de la vente des médicaments psychotropes et à la création de centres médicaux de désintoxication et de centres d'aide psychologique.

drogué, ée [dʀɔge] adj. et n. Qui s'adonne aux stupéfiants.

droguer [dʀɔge] v. [1] **I.** v. tr. Péjor. Faire absorber beaucoup de médicaments à (qqn). *Droguer un malade.* **II.** v. pron. **1.** Péjor. Prendre trop de médicaments. **2.** Prendre des stupéfiants. Syn. (Québec) se geler.

droguerie [dʀɔgʀi] n. f. Commerce des couleurs et des produits d'entretien; magasin où l'on vend de tels produits.

droguiste [dʀɔgist] n. **1.** Marchand de couleurs et de produits d'entretien. **2.** (Afr. subsah.) Guérisseur traditionnel qui soigne par les plantes.

1. droit [dʀwa] n. m. **I. 1.** Faculté d'accomplir une action, de jouir d'une chose, d'y prétendre, de l'exiger. *Les droits et les devoirs. La Déclaration des droits de l'homme. Être dans son droit.* ▷ Loc. *Avoir droit à :* pouvoir prétendre à, bénéficier de. *Il a eu droit à une gratification.* – *Être en droit de :* avoir le droit de. – *Avoir un droit sur. Le père de famille de l'ancienne Rome avait droit de vie et de mort sur ses enfants.* – *Droit divin,* qui vient de Dieu. *Monarque de droit divin.* – *Droit d'aînesse :* privilège qui, dans une succession, avantageait l'aîné. – *Droits civiques,* attachés à la qualité de citoyen (notam. éligibilité, droit de vote). – (Au sens moral.) *Les droits de l'amitié.* **2.** Taxe. *Droits de péage, d'octroi, d'enregistrement. Payer un droit d'entrée.* – *Droits d'auteur :* somme que l'auteur touche sur la vente, la reproduction ou la représentation de ses œuvres. ▷ *Droits de tirage spéciaux :* monnaie internationale créée par le F.M.I. en 1969, servant d'instrument de crédit accordé aux États membres. **II.** *Le droit.* **1.** Ensemble des règles qui régissent les rapports entre les hommes. *Opposer le droit à la force.* **2.** Loc. *Faire droit à :* rendre justice à. *Faire droit à une demande,* lui donner une suite favorable. – *De droit, de plein droit :* par le seul effet de la loi, sans contestation possible. *Cela lui revient de droit.* – *À qui de droit :* à qui est habilité, qualifié. *Adressez-vous à qui de droit.* – *À bon droit :* avec raison, justement. *Il se plaint à bon droit.* **3.** Pouvoir d'agir selon sa volonté. *Le droit du plus fort.* **4.** Ensemble des dispositions juridiques qui règlent les rapports entre les hommes. *Droit coutumier. Droit romain. Droit canon. Droit civil, droit pénal. Droit international. Droit commercial. Droit des affaires. Droit du travail. Droit privé,* qui régit les rapports des particuliers entre eux et des particuliers avec l'Administration. *Droit public,* qui régit le fonctionnement de l'État (Constitution, Administration). **5.** Science du droit. *Apprendre le droit. La faculté de droit.*

2. droit, droite [dʀwa, dʀwat] adj., n. m. et adv. **I.** adj. **1.** Qui n'est pas courbe, qui trace une ligne qui ne dévie pas. *Droit comme un I. Un nez droit.* **2.** Qui va par le chemin le plus court d'un point à un autre. *Une ligne droite. En droite ligne :* directement. **3.** Vertical. *Ce mur n'est pas bien droit.* **4.** (Vêtements) *Veste droite* (opposé à *croisée* ou *cintrée*); *jupe droite* (opposé à *ample*). **5.** ASTRO *Ascension droite :* angle formé par le méridien de l'astre et le méridien du point vernal. **6.** GEOM *Angle* droit.* ▷ n. m. *La somme des angles d'un triangle est égale à deux droits.* **7.** ANAT *Muscle droit,* dont les fibres sont verticales. ▷ n. m. *Grand droit de l'abdomen.* **8.** Juste, équitable. *Un esprit droit.* **9.** (Personnes) Honnête et loyal. *Un homme très droit.* **II.** adv. **1.** En ligne droite. *Tout droit. Aller droit devant soi.* ▷ *Marcher droit :* en ligne droite; fig., bien se conduire. ▷ (Québec) Fam. *Passer tout droit :* se réveiller en retard. **2.** Directement. *Aller droit au fait.*

3. droit, droite [dʀwɑ, dʀwɑt] adj. et n. m. **1.** adj. Qui est du côté opposé à celui du cœur. *La main droite. La rive droite d'un fleuve,* celle qui est du côté de la main droite en descendant son cours. – Fig. *Le bras droit de qqn,* son collaborateur indispensable. ▷ SPORT *Coup* droit.* Ant. gauche. **2.** n. m. En boxe, le poing droit. *Un direct du droit.*

droite [dʀwɑt] n. f. **1.** GEOM Ligne droite. ▷ *Droite affine,* munie d'une origine et d'un point par rapport auquel ses autres points peuvent être repérés. **2.** *La droite :* le côté droit, la partie droite. *Prendre sur la droite :* tourner à droite. *Garder sa droite :* se tenir sur le côté droit (d'une route). **3.** *La droite d'une assemblée :* ceux qui siègent à la droite du président (traditionnellement les conservateurs). ▷ *La droite :* l'ensemble des conservateurs. – Loc. *De droite, à droite. Un ministre de droite. Voter à droite.* **4.** Loc. adv. *À droite :* du côté droit. *À droite et à gauche :* de tous côtés.

droitier, ère [dʀwɑtje, ɛʀ] adj. **1.** Qui se sert habituellement de sa main droite. **2.** Fam. De droite, en politique. *Une déviation droitière.*

Droits de l'homme. V. Déclaration des droits de l'homme et du citoyen, Déclaration universelle des droits de l'homme et Ligue des droits de l'homme.

droiture [dʀwɑtyʀ] n. f. **1.** État d'un esprit droit (2, sens 9), honnête. *La droiture du jugement.* **2.** État d'une personne droite, sincère.

drolatique [dʀɔlatik] adj. Litt. Comique (en parlant d'un texte, d'un spectacle).

drôle [dʀol] n. m. et adj. **I.** n. m. Vieilli Polisson, mauvais sujet. ▷ Enfant espiègle. *Un petit drôle.* **II.** adj. **1.** Plaisant, comique. *Cet acteur est drôle.* – Fam. *Ce n'est pas drôle :* c'est fâcheux. **2.** Singulier, curieux. *C'est drôle qu'il n'écrive pas comme prévu.* ▷ Fam. Étrange. *Un drôle de personnage, une drôle d'histoire.* – *La drôle de guerre :* V. guerre. **3.** Fam. (Intensif) *Une drôle de bagarre :* une bagarre acharnée. **4.** (Antilles fr.) Syn. de *lunatique.*

drôlement [dʀolmɑ̃] adv. **1.** Rare D'une manière drôle. **2.** D'une manière étrange. *Il est drôlement attifé.* **3.** Fam. Extrêmement. *C'est drôlement bien.*

drôlerie [dʀolʀi] n. f. **1.** Bouffonnerie, facétie. **2.** Comique. *Un livre plein de drôlerie.*

dromadaire [dʀɔmadɛʀ] n. m. Chameau à une seule bosse *(Camelus dromedarius),* parfaitement adapté au climat désertique chaud, que l'on utilise comme monture ou comme bête de somme de la Mauritanie à l'Inde (appelé aussi cour. *chameau*).

-drome, -dromie. Éléments, du gr. *dromos,* «course».

Drôme (la), rivière de France (110 km); naît dans les Alpes et se jette dans le Rhône (r. g.). – Dép. : 6576 km^2; 414072 hab.; chef-lieu *Valence* (68157 hab.). V. Rhône-Alpes (Rég.).

drongo [dʀɔ̃go] n. m. ORNITH Passereau de la savane arbustive et de la forêt, au plumage noir, au bec crochu.

dronte [dʀɔ̃t] n. m. Oiseau columbiforme (genre *Raphus*) à bec énorme, de la taille d'un dindon, incapable de voler. (Il vécut aux Mascareignes et fut exterminé au XVIIIe s.) Syn. dodo.

drosera [dʀozeʀa] n. m. Plante carnivore des marais européens.

drosophile [dʀozɔfil] n. f. ENTOM Mouche du vinaigre *(Drosophila melanogaster),* dont le patrimoine génétique est particulièrement utile à la recherche (nombreuses mutations, chromosomes de grande taille, etc.).

drosse [dʀɔs] n. f. MAR Cordage ou chaîne transmettant les mouvements de la barre au gouvernail.

drosser [dʀɔse] v. tr. [1] MAR Entraîner vers la côte, vers un danger (un navire). *Courant qui drosse un navire.*

Drouet (Julienne Gauvain, dite Juliette) (1806 – 1883), actrice française qui eut une liaison avec Victor Hugo de 1833 à sa mort.

dru, drue [dʀy] adj. et adv. **I.** adj. **1.** Épais, touffu. *Blés drus.* **2.** Fig. Fort, vigoureux. *Un livre dru.* **II.** adv. En grande quantité, d'une manière serrée. *Ses cheveux poussent dru.*

drugstore [dʀœgstɔʀ] n. m. (Nom déposé.) En France, magasin de luxe composé d'un restaurant, ou d'un bar, et de stands divers.

druide [dʀɥid] n. m. Nom des anciens prêtres gaulois et bretons. *Les druides étaient les chefs religieux des populations celtiques qui, avant la conquête romaine, occupaient la Gaule et la Grande-Bretagne.*

Drumev (Vasil), en relig. *Clément* (v. 1838 – 1901), prélat et écrivain bulgare. Il anima, par ses écrits (*la Famille malheureuse,* 1860; *Ivanko,* 1872) et par son action politique, la lutte pour l'indépendance. Métropolite de Tărnovo, il fut déposé en 1887 à la suite d'intrigues contre Ferdinand Ier et rappelé en 1894.

Drummondville, ville du Québec (Mauricie-Bois-Francs) sur la rivière *Saint-François* (équipée d'une centrale hydroélectrique); 35460 hab. Industries.

drums [dʀœms] n. m. pl. (Anglicisme) MUS Batterie (dans un orchestre de jazz, de rock, un spectacle de variétés).

drupe [dʀyp] n. f. BOT Fruit charnu (cerise du caféier, mangue, pêche, olive, etc.) dont l'endocarpe lignifié forme un noyau contenant l'amande (la graine).

druze [dʀyz] adj. Relatif aux Druzes.

Druzes, population arabophone (350000 personnes env.) habitant surtout en Syrie (*djebel Druze,* montagnes du Hawran), au Liban et en Israël. Les Druzes constituent une secte ismaélienne émanant des Fatimides. Ils furent persécutés par les musulmans orthodoxes vers le début du XIe s. Après avoir vécu des siècles en bonne intelligence avec les maronites, ils entrèrent en conflit avec eux (massacres de 1860). En 1925-1926, les Druzes de Syrie se soulevèrent contre les Français, qui entendaient séparer le djebel Druze du reste du pays. Les Druzes du Liban (150000 personnes env.) se sont vu reconnaître une place institutionnelle dans le partage intercommunautaire actuel (huit sièges au Parlement).

dry [dʀaj] adj. inv. et n. m. inv. (Anglicisme) **1.** adj. inv. Sec, non moelleux, en parlant du champagne. *Extra-dry :* très sec. **2.** n. m. inv. Cocktail à base de vermouth blanc sec et de gin.

dryade [dʀijad] n. f. MYTH Nymphe qui protège les forêts.

Dryden (John) (1631 – 1700), poète et dramaturge anglais, tenant du classicisme.

dry-farming [dʀajfaʀmiŋ] n. m. (Anglicisme) AGRIC Syn. (off. déconseillé) de *culture sèche. Des dry-farmings.* (V. culture, sens I, 1.)

du [dy] article m. sing. **1.** Article défini contracté. *Le fils du voisin.* **2.** Article partitif. *Prendre du bon temps.*

dû, due [dy] adj. et n. m. **1.** Que l'on doit. *Chose promise, chose due.* ▷ n. m. *Réclamer son dû.* **2.** Provoqué par. *Une grande fatigue due au surmenage.* **3.** DR *Acte en bonne et due forme,* rédigé dans les formes légales.

dual [dyal] n. m. MATH *Dual de l'espace vectoriel E :* espace vectoriel, noté E*, constitué par les formes linéaires de E.

Duala. V. Douala.

dualisme [dyalism] n. m. **1.** PHILO Système qui admet la coexistence de deux principes irréductibles (le corps et l'âme, par ex.). Ant. monisme. **2.** *Par ext.* Coexistence de deux principes essentiellement différents.

dualiste [dyalist] adj. (et n.) Didac. **1.** Qui a le caractère du dualisme. *Théorie dualiste.* **2.** Qui professe le dualisme. ▷ Subst. *Un(e) dualiste.*

dualité [dyalite] n. f. **1.** Caractère de ce qui est double. **2.** Coexistence de deux principes différents.

Duarte (pic), point culminant de l'île d'Haïti, en République dominicaine, et le plus haut sommet des Antilles; 3175 m.

Dubaï ou **Dubayy,** v. (265700 hab.) et émirat du golfe Persique (3750 km², 420000 hab.). (V. Émirats arabes unis.)

Dubček (Alexander) (1921 – 1992), homme politique tchécoslovaque. Premier secrétaire du parti communiste tchécoslovaque en janv. 1968, il promut la libéralisation («printemps de Prague»), mais les forces du pacte de Varsovie intervinrent en août 1968. En 1989, il fut élu prés. de l'Assemblée nationale.

du Bellay. V. Bellay (du).

dubitatif, ive [dybitatif, iv] adj. Qui exprime le doute. *Air, geste dubitatif.*

dubitativement [dybitativmɑ̃] adv. D'une manière dubitative.

Dublin (en gaélique *Baile Átha Cliath*), port princ. et cap. de la rép. d'Irlande (Eire), sur la côte E. de l'île; 546750 hab. Industr. – Archevêchés cathol. et protestant. Université. Cath. protestante St-Patrick (fin XIIIe s., remaniée au XIXe s.). – À Pâques 1916, les nationalistes y déclenchèrent contre la G.-B. une insurrection qui, malgré son échec, relança la lutte pour l'indépendance.

Dubois (Guillaume) (1656 – 1723), cardinal et homme politique français. Anc. précepteur du duc d'Orléans, il devint, sous la Régence, son conseiller et allia la France à l'Angleterre et aux Pays-Bas contre l'Espagne (1717). Cardinal en 1721, il fut Premier ministre en 1722. Acad. fr. (1722).

Du Bois (William Edward Burghardt) (1869 – 1963), écrivain et sociologue noir américain, naturalisé ghanéen (1960). Fondateur en 1909 de l'Association nationale pour le progrès des gens de couleur (N.A.A.C.P.), il prôna le panafricanisme; auteur de *In Battle for Peace* (1952).

Dubrovnik (anc. *Raguse*), v. et port de Croatie, sur l'Adriatique; 31000 hab. Centre touristique et culturel. – Nombr. monuments des XIIIe-XVIe s. – Fondée au VIIe s. par les habitants d'Épidaure (auj. *Cavtat*), détruite par les Slaves, la ville appartint à Byzance (867), à Venise (1205), à la Hongrie (du XIVe au XVIe s.). Elle devint alors une république prospère. Autrichienne (1815), elle fut yougoslave en 1918. En 1992, les assiégeants serbes l'ont en partie détruite.

Dubuffet (Jean) (1901 – 1985), peintre et sculpteur français. Théoricien de l'art brut, il a laissé «se produire et apparaître tous les hasards propres au matériau employé».

Duby (Georges) (1919 – 1996), historien français, maître de l'histoire médiévale française : *le Dimanche de Bouvines* (1973), *les Trois Ordres, ou l'Imaginaire du féodalisme* (1978), *le Chevalier, la Femme et le Prêtre* (1981). Acad. fr. (1987).

1. duc [dyk] n. m. **1.** Anc. Souverain de certains États (duchés). *Les ducs de Bourgogne.* **2.** En France, titre de noblesse le plus élevé, après celui de prince. (V. archiduc et grand-duc.)

2. duc [dyk] n. m. Nom courant de divers hiboux. (Le grand duc, *Bubo bubo,* long de 70 cm, rare, vit réfugié dans les forêts de montagne; le moyen duc, *Asio otus,* de 35 cm, et le petit duc, *Otus scops,* de 20 cm, sont plus fréquents; tous trois sont européens, mais d'autres espèces vivent en Afrique, en Asie et en Amérique.)

ducal, ale, aux [dykal, o] adj. **1.** Propre à un duc, à une duchesse. *Un palais ducal.* **2.** Du doge de Venise.

Du Camp (Maxime) (1822 – 1894), journaliste, mémorialiste et romancier français. Auteur du premier livre illustré de photographies (*Égypte, Nubie, Palestine et Syrie,* 1852). Acad. fr. (1880).

ducasse [dykas] n. f. (Belgique, France rég.) Fête patronale, fête de village ou de quartier. (V. kermesse.)

Ducasse (Isidore). V. Lautréamont.

ducat [dyka] n. m. Anc. Pièce d'or ou d'argent d'origine italienne.

Duccio di Buoninsegna (v. 1260 – 1319), peintre italien. Il passa du style byzantin au style gothique : retable de la Vierge (*Maestà,* 1311).

duce [dutʃe] n. m. *Le Duce :* titre (signifiant «chef» en italien) qu'avait pris Benito Mussolini, chef du gouvernement fasciste italien de 1922 à 1943.

Duchamp (Marcel) (1887 – 1968), peintre et poète français. Il annonça le mouvement Dada* dès 1913 avec ses «ready-made», objets usuels manufacturés exposés en tant qu'œuvres d'art.

Duchamp-Villon (Raymond Duchamp, dit) (1876 – 1918), sculpteur français; frère de M. Duchamp et de J. Villon.

Ducharme (Réjean) (né en 1941), romancier québécois. Il décrit avec un humour grinçant l'inadaptation de jeunes originaux : *l'Avalée des avalés* (1966), *l'Océantume* (1968), *l'Hiver de force* (1973), *les Enfantômes* (1976), *Dévadé* (1990), *Va savoir* (1994).

duché [dyʃe] n. m. Étendue de territoire à laquelle le titre de duc est attaché. *Le duché de Parme.*

Duchés (guerre des), guerre (1864) suscitée par Bismarck pour «libérer» trois duchés danois peuplés d'Allemands : Slesvig, Holstein et Lauenburg.

Duchesne (Jacques Achille) (1837 – 1918), général français. Il commanda l'expédition de Madagascar (1895).

duchesse [dyʃɛs] n. f. **1.** Femme qui possède un duché. *Anne, duchesse de Bretagne.* **2.** Épouse d'un duc. ▷ Fam., iron. *Elle prend des allures de duchesse, elle fait sa duchesse :* elle affecte un air de dignité, de supériorité.

ductile [dyktil] adj. TECH Qui peut être étiré sans se rompre.

ductilité [dyktilite] n. f. TECH Propriété d'un corps de se laisser étirer en fils sans se rompre. *L'or est le métal qui possède la plus grande ductilité.*

Dudelange, v. du Luxembourg; 14070 hab. Centre sidérurgique.

duègne [dɥɛɲ] n. f. Anc. Gouvernante, femme d'un âge respectable, chargée, en partic. en Espagne, de veiller sur la conduite d'une jeune fille.

1. duel [dɥɛl] n. m. **1.** Combat, devant témoins, entre deux personnes dont l'une estime avoir été offensée par l'autre. *Provoquer en duel. Duel à l'épée, au pistolet.* **2.** Fig. Combat entre deux armées. *Duel d'artillerie.* **3.** Fig. *Duel oratoire :* assaut d'éloquence entre deux personnes.

2. duel [dɥɛl] n. m. GRAM Nombre qui s'emploie pour désigner deux personnes, deux choses, considérées comme formant un groupe indissociable. *Le duel existe en grec, en sanscrit.*

duelliste [dɥelist] n. m. Celui qui se bat en duel.

duettiste [dɥetist] n. Personne qui chante ou joue en duo avec une autre.

Dufay (Guillaume) (v. 1400 – 1474), compositeur franco-flamand qui travailla en Italie puis à Cambrai, où il avait reçu sa formation et où il mourut : messes, motets, magnificat, chansons françaises (rondeaux).

duffel-coat ou **duffle-coat** [dœfœlkot] n. m. Manteau trois-quarts chaud, en laine, avec un capuchon. *Des duffel-coats, des duffle-coats.*

Dufour (Guillaume Henri) (1787 – 1875), général suisse. Après avoir servi Napoléon Ier, il créa l'école militaire de Thoune et réorganisa l'armée helvétique. En 1847, il réduisit la révolte du Sonderbund. Il dirigea les travaux d'établissement de la carte de la Suisse (*carte Dufour,* 1833-1865).

Du Fu ou **Tou Fou** (712 – 770), poète chinois. Il vécut dans la misère et décrivit les souffrances du peuple (guerres, exodes des paysans, etc.).

Dufy (Raoul) (1877 – 1953), peintre, décorateur et illustrateur français.

Dugas (Marcel) (1883 – 1947), poète québécois : *Psyché au cinéma* (1910), *Flacons à la mer* (1923). Essai : *Littérature canadienne* (1929).

dugon [dygɔ̃] ou **dugong** [dygɔ̃g] n. m. ZOOL Mammifère sirénien *(Halicore dugung)* atteignant 3 m de long, très massif, qui vit sur les côtes de l'océan Indien.

Duguay-Trouin (René) (1673 – 1736), corsaire français. En 1711, il prit Rio de Janeiro.

Du Guesclin (Bertrand) (1315 ou 1320 – 1380), connétable de France (1370). Il combattit contre les Anglais à partir de 1364 et mourut au combat.

Duisburg, v. d'Allemagne (Rhénanie-du-Nord-Westphalie), au confl. de la Ruhr et du Rhin; 514630 hab. Un des plus grands ports fluviaux du monde. Industries nombreuses et puissantes.

duit [dɥi] n. m. **1.** TECH Lit artificiel d'un cours d'eau, créé entre des digues, pour les besoins de la navigation. **2.** PÊCHE Digue artificielle barrant l'embouchure d'un cours d'eau maritime et retenant le poisson lors du reflux.

Dukas (Paul) (1865 – 1935), compositeur français : *l'Apprenti sorcier* (scherzo symphonique, 1897).

Dulac (Germaine) (1882 – 1942), cinéaste française, la première femme qui réalisa des longs métrages.

dulcicole [dylsikɔl] adj. BIOL Qui vit dans les eaux douces.

dulcinée [dylsine] n. f. Plaisant Femme dont on est épris.

Dulcinée, personnage du *Don Quichotte* de Cervantès. Elle est la «dame des pensées» du chevalier errant.

dulie [dyli] n. f. THEOL *Culte de dulie :* culte de vénération rendu aux anges et aux saints (par oppos. à *culte de latrie**).

Dulles (John Foster) (1888 – 1959), homme politique américain. Secrétaire d'État sous les présidences d'Eisenhower (1952-1959).

Dullin (Charles) (1885 – 1949), acteur et metteur en scène français, fondateur et directeur (1922-1939) du théâtre de l'Atelier, à Paris.

Dumas (Jean-Baptiste) (1800 – 1884), chimiste français. Acad. fr. (1875).

Dumas (Alexandre) (1802 – 1870), écrivain français. Fils du général Alexandre Davy de la Pailleterie (1762 – 1806), il prit le nom de sa mère, une esclave noire. Il écrivit de nombreuses œuvres historico-romanesques : *les Trois Mousquetaires* (1844), complétés par *Vingt Ans après* (1845) et *le Vicomte de Bragelonne* (1850); *le Comte de Monte-Cristo* (1846); *la Reine Margot* (1845), suivie de *la Dame de Monsoreau* (1846) et des *Quarante-Cinq* (1848). Théâtre : *la Tour de Nesle* (1832), *Kean* (1836). — **Alexandre Dumas fils** (1824 – 1895), fils naturel du préc., écrivain français, surtout connu par *la Dame* aux camélias.* Acad. fr. (1874).

Du Maurier (George Louis Busson Palmella) (1834 – 1896), peintre, dessinateur humoristique et écrivain anglais : *Peter Ibbetson* (1891). —**Daphne** (Lady Browning) (1907 – 1989), petite-fille du préc., romancière : *Rebecca* (1938).

dûment [dymɑ̃] adv. Selon les formes prescrites.

Dumézil (Georges) (1898 – 1986), historien français des religions. Il étudia les mythologies des peuples de langue indo-européenne : *les Dieux des Germains* (1959), *Mythe et Épopée* (3 vol., 1968, 1971 et 1973). Acad. fr. (1978).

Dumitriu (Petru) (né en 1924), écrivain roumain principalement d'expression française. Il quitte la Roumanie pour l'Occident après *les Boyards* (1958-1960). Il publie ensuite des romans désespérés et mystiques : *l'Homme aux yeux gris* (1968) suivi de *Retour à Milo* (1969), *Au Dieu inconnu* (1979), *les Amours singulières* (1990).

Du Mont (Henry de Thier, dit) (1610 – 1684), compositeur wallon. Né près de Liège, établi à Paris en 1638, il a systématisé l'emploi de la basse continue : *Cinq Messes en plain-chant musical* (1669), *Motets* (1681).

Dumont (René) (né en 1904), agronome français : *L'Afrique noire est mal partie* (1962), *l'Agronomie de la faim* (1974), *l'Afrique étranglée* (1980).

Dumont d'Urville (base), station scientifique française installée en Terre Adélie vers 1950.

Dumont d'Urville (Jules Sébastien César) (1790 – 1842), navigateur français. Il explora les côtes de la Nouvelle-Guinée et de la Nouvelle-Zélande (1822-1825), puis de la Polynésie (1826-1829, à la recherche de La Pérouse). Longeant les côtes de l'Antarctique (1837-1840), il prit possession en 1840, au nom de la France, de la Terre Adélie (déjà explorée) à laquelle il donna le prénom de sa femme.

Dumouriez (Charles François du Périer du Mouriez, dit) (1739 – 1823), général français. Vainqueur des Prussiens à Valmy (20 sept. 1792) et des Autrichiens à Jemmapes (6 nov. 1792), il perdit son commandement après la défaite de Neerwinden (20 mars 1793) et passa à l'ennemi.

dumping [dœmpiŋ] n. m. (Anglicisme) ECON Pratique consistant à vendre des marchandises sur le marché extérieur à des prix beaucoup plus bas que ceux du marché national pour éliminer des concurrents. – *Par ext.* Fait de vendre à un prix trop bas.

Dunant (Henri) (1828 – 1910), philanthrope suisse, né à Genève. Amené à observer le champ de bataille de Solferino (juin 1859), il décrivit son horreur dans *Un souvenir de Solferino* (1862), destiné à alerter l'opinion mondiale sur l'absence de soins donnés aux blessés, et suscita la Conférence de Genève (1863), qui donna le jour à la Croix-Rouge (1863) et à la Convention de Genève (1864). Il tomba dans la misère, d'où le sortirent, en 1897, un prix du Conseil fédéral suisse et, en 1901, le premier prix Nobel de la paix.

Duncan, nom de deux rois d'Écosse. — **Duncan Ier** fut assassiné par Macbeth (1040). — **Duncan II** fut tué en 1094 sur ordre de son rival Donald III.

Duncan (Isadora) (1878 – 1927), danseuse américaine, pionnière de la danse moderne.

dune [dyn] n. f. Colline de sable accumulé par les vents dominants, au bord de la mer ou dans les déserts.

Dune (Edmond) (1914 – 1988), écrivain luxembourgeois d'expression française : poèmes, essais, théâtre (*les Taupes,* 1957).

dunette [dynɛt] n. f. MAR Superstructure élevée sur le pont supérieur, à l'arrière d'un navire et sur toute sa largeur.

Dunhuang, v. de Chine, dans la prov. du Gansu; 10000 hab. À 30 km, 486 grottes (dites «des Mille Bouddhas», Ve-Xe s.) ont été aménagées en monastère.

Dunkerque, v. et port de France (Nord); 71071 hab. – Tragique évacuation de 234000 Britanniques et de 112000 Français (27 mai 1940). – Égl. St-Éloi (XVIe s.). Musée d'Art contemporain.

Dunlop (John Boyd) (1840 – 1921), vétérinaire et inventeur écossais. Il réalisa le premier pneumatique (1888).

Duns Scot (John) (v. 1266 – 1308), théologien et philosophe écossais, surnommé le «Docteur subtil». Franciscain, partisan de l'augustinisme, il combattit Averroès et saint Thomas d'Aquin.

duo [dyo; dɥo] n. m. MUS Composition pour deux voix ou deux instruments. *Chanter un duo.* – Interprétation d'une telle composition.

duodécimal, ale, aux [dɥodesimal, o] adj. MATH, INFORM Qualifie un système de numération à base 12.

duodénal, ale, aux [dɥɔdenal, o] adj. ANAT Relatif au duodénum.

duodénum [dɥɔdenɔm] n. m. ANAT Première portion de l'intestin grêle, comprise entre l'estomac et le jéjunum, et dont la boucle *(cadre)* enserre la tête du pancréas.

Duong Thu Huong (née en 1947), écrivain vietnamien. Ses romans, au style discrètement novateur, décrivent la réalité vietnamienne, telle qu'elle la perçoit : *Histoire d'amour racontée avant l'aube* (1986), *les Paradis aveugles* (1988), *Roman sans Titre* (1991).

Duparc (Henri) (né en 1941), cinéaste ivoirien : *Abusuan* (1972), *Bal poussière* (1988), *le Sixième Doigt* (1990), *Rue Princesse* (1993).

dupe [dyp] n. f. et adj. **1.** n. f. Personne trompée ou facile à tromper. *Faire des dupes. Être la dupe de tout le monde.* ▷ *Un jeu de dupes, un marché de dupes :* une affaire où l'on a été trompé, où l'on risque de l'être. **2.** adj. *Être dupe, être dupe de (qqn, qqch).*

duper [dype] v. tr. **[1]** Prendre pour dupe, tromper. *Duper un concurrent.* – Pp. adj. *Un client dupé.*

duperie [dypʀi] n. f. **1.** Action de duper qqn; son résultat. *Être victime d'une duperie.* Syn. tromperie. **2.** État de celui qui est dupe. *Vivre dans la duperie.*

Dupleix (Joseph François, marquis de) (1697 – 1763), colonisateur français. Gouverneur général de la Compagnie des Indes en 1742, il établit sur le sud du Dekkan un véritable protectorat français, que les Anglais ruinèrent. En 1754, il fut rappelé en France.

Duplessis (Maurice Le Noblet) (1890 – 1959), homme politique québécois. Dirigeant du Parti conservateur, fondateur de l'Union nationale, Premier ministre du Québec de 1936 à 1939 et de 1944 à 1959, il contribua au développement du Québec et à son autonomie (fiscale, notam.) vis-à-vis du gouvernement fédéral.

duplex [dyplɛks] n. m. **1.** TELECOM Système de télécommunication permettant la réception et l'envoi simultanés des messages. **2.** Appartement réparti sur deux étages reliés par un escalier intérieur.

duplicata [dyplikata] n. m. inv. DR Copie d'un document, d'un acte, qui comporte la mention «duplicata». *Le duplicata d'un diplôme.*

duplicateur [dyplikatœʀ] n. m. TECH Appareil permettant de tirer des copies d'un original.

duplication [dyplikasjɔ̃] n. f. **1.** Action de doubler. ▷ BIOCHIM Phénomène par lequel une molécule ou un organite peut donner naissance à un nouvel élément semblable. **2.** Fait, action de dupliquer (sens 2 et 3). **3.** TELECOM Installation d'un duplex (sens 1).

duplicité [dyplisite] n. f. Caractère d'une personne qui ne se montre pas sous son vrai jour, qui est hypocrite.

dupliquer [dyplike] v. tr. **1.** TELECOM Établir en duplex (un équipement). **2.** Faire des duplicata. **3.** INFORM Faire une copie de. *Dupliquer un fichier.*

Dupong (Pierre)(1885 – 1953), homme politique luxembourgeois, Premier ministre (social-chrétien) de 1937 à 1940 et de 1944 à sa mort.

Dupont de Nemours (Pierre Samuel) (1739 – 1817), économiste français du groupe des physiocrates. En 1814, il gagna définitivement les É.-U., où son fils **Éleuthère Irénée** (1771 – 1834), chimiste, avait implanté (1802) une poudrerie. Auj. la firme américaine Du Pont de Nemours est une société chim. de rang mondial.

Dupont-Sommer (André) (1900 – 1983), orientaliste français, l'un des premiers à avoir déchiffré les manuscrits de la mer Morte*.

Dupuytren (Guillaume, baron) (1777 – 1835), chirurgien français, un des fondateurs de l'anatomie pathologique.

duquel [dykɛl] pron. relat. V. lequel.

Duquesne (Abraham, marquis) (1610 – 1688), marin français. Lieutenant général des armées de mer en 1667, il se distingua contre la Hollande et l'Angleterre, bombarda Tripoli, Alger, Gênes. Protestant, il refusa d'abjurer sa religion.

Duquesnoy (Jérôme), dit **Jérôme le Vieux** (1570 – 1641), sculpteur wallon, auteur du célèbre *Manneken-Pis* de Bruxelles (1617). — **François** (1597 – 1643), fils du préc., fut longtemps sculpteur à Rome (où on le surnommait *Francesco Flammingo)* : *Saint-André* (1628-1640, basilique Saint-Pierre). — **Jérôme II le Jeune** (1602 – 1654), frère du préc., travailla en Italie et en Espagne. Il est l'auteur du mausolée de l'évêque Triest à la cathédrale Saint-Bavon (Gand).

dur, dure [dyʀ] adj., adv. et n. **I.** adj. **1.** Difficile à entamer, à pénétrer. *Bijou en pierre dure. Une matière dure comme le fer.* – Fig. *Croire qqch dur comme fer,* avec une conviction absolue. ▷ *Un œuf dur,* cuit, dont le blanc et le jaune se sont solidifiés. **2.** Dépourvu d'élasticité, de moelleux. *Un lit dur.* **3.** Qui oppose une résistance, qui ne cède pas sous l'effort. *Tirez fort sur la poignée, elle est un peu dure. Un fusil dur à la détente.* – Loc. fig., fam. *Être dur à la détente :* être avare; ne pas comprendre vite. ▷ (Djibouti) Syn. de *caillou* (sens II, 2). ▷ Loc. fig. *Être dur d'oreille**. *Avoir la tête* dure.* ▷ Fam. Difficile à faire. *Un problème assez dur.* ▷ *Dur à* (+ subst.) : qui résiste à. *Être dur à la fatigue, au mal.* ▷ *Dur à* (+ inf.) : difficile à. *Un plat dur à digérer.* – Fig., fam. *Une personne dure à cuire* ou, subst., *un(e) dur(e) à cuire :* V. cuire. **4.** Difficile à supporter, pénible. *Un hiver dur. Des reproches durs à entendre. Les temps sont durs :* la vie est difficile. *Mener* la vie dure à qqn.* **5.** Déplaisant, sans harmonie. *Un visage fermé et dur.* **6.** Sans indulgence, sans douceur. *Un père dur pour ses enfants. Un cœur dur.* **7.** *Eau dure,* qui a une forte teneur en calcium ou en magnésium. **II.** adv. Fam. Énergiquement, intensément. *Taper dur.* **III.** n. **1.** n. m. Ce qui est dur. *Le dur et le moelleux.* **2.** n. m. *Construction en dur,* en matériaux durables; (Afr. subsah., Maghreb, Polynésie fr.) en matériaux non traditionnels. **3.** n. f. *Coucher sur la dure, à la dure,* à même le sol. **4.** n. Fam. Personne qui ne recule devant rien, que le risque n'effraie pas. «*Je voulais être un homme. Un dur*» (Sartre). *Une dure.* **5.** Loc. adv. *À la dure :* rudement, sans ménagement. *Un enfant élevé à la dure.*

durable [dyʀabl] adj. Qui peut durer, stable. *Une paix durable.*

durablement [dyʀabləmɑ̃] adv. D'une manière durable.

duralumin [dyʀalymɛ̃] n. m. (Nom déposé.) METALL Alliage d'aluminium et de cuivre, dur et léger. (Abrév. : dural).

Durand (Oswald) (1840 – 1906), poète romantique haïtien : *Rires et Pleurs* (2 vol., anthologie, 1897). Il a écrit en créole *Choucoune* (1884).

Durand-Ruelle (Paul) (1831 – 1922), marchand de tableaux impressionnistes à Paris (1867) et à New York (1889).

durant [dyʀɑ̃] prép. **1.** (Avant le nom.) Au cours de, pendant. *Durant la Renaissance.* **2.** (Après le nom, dans certaines loc.) Pendant la durée continue, complète de. *Il a souffert sa vie durant.*

Duras (Marguerite Donnadieu, dite Marguerite) (1914 – 1996), écrivain et cinéaste français. Romans : *Un barrage contre le Pacifique* (1950), *Moderato cantabile* (1958), *l'Amant* (1983). Théâtre : *les Viaducs de Seine-et-Oise* (1960). Scénario : *Hiroshima mon amour* (1959). Films : *Détruire, dit-elle* (1969), *India Song* (1975).

Durban (anc. *Port Natal*), v. et port d'Afrique du Sud (KwaZulu-Natal), sur l'océan Indien; env. 1 100 000 hab. dans l'aggl. Port de comm. et de pêche (le 2e du pays). Grand centre industriel. – Université. Parcs et jardins, musées. – Station balnéaire.

durcir [dyʀsiʀ] v. [3] **I.** v. tr. **1.** Rendre plus dur. *La chaleur durcit la terre.* **2.** Fig. Rendre moins accommodant, moins conciliant. *Durcir son attitude.* **3.** Donner une apparence moins douce, moins harmonieuse à. *La maladie avait durci ses traits.* **II.** v. pron. ou intr. Devenir dur. *La colle se durcit* ou *durcit en séchant.*

durcissement [dyʀsismɑ̃] n. m. Action de durcir, de se durcir. *Le durcissement d'une pâte à la cuisson.* ▷ Fig. *Le durcissement des positions des adversaires.*

durcisseur [dyʀsisœʀ] n. m. TECH Produit qui sert à faire durcir une substance. *Mélanger le durcisseur et l'adhésif d'une colle.* ▷ Vernis conçu pour durcir les ongles.

durée [dyʀe] n. f. **1.** Espace de temps que dure une chose. *La durée de la vie.* **2.** MUS Temps pendant lequel doit être maintenu un son, un silence. **3.** PHILO Temps vécu, forme que prend la succession des états de conscience d'un sujet (par oppos. au *temps objectif, mesurable*).

durement [dyʀmɑ̃] adv. D'une manière dure.

dure-mère [dyʀmɛʀ] n. f. ANAT La plus externe des trois enveloppes qui forment les méninges. *Des dures-mères.*

durer [dyʀe] v. intr. [1] **1.** Continuer d'être (pendant un certain temps). *Leur entretien a duré une heure.* **2.** *Absol.* Se prolonger, persister. *C'est trop beau pour que cela dure. Faire durer le plaisir.* **3.** Se conserver avec ses qualités. *Ces chaussures ont duré un an.* **4.** Sembler long (en parlant du temps). *Cette heure dura une éternité. Le temps me dure.* **5.** (Afr. subsah.) Rester longtemps, mettre un long temps. *Il a duré à Brazzaville. Vous avez bien duré pour faire le marché!*

Dürer (Albrecht) (1471 – 1528), peintre et graveur allemand. Bien qu'il soit un coloriste raffiné (*l'Adoration de la Sainte Trinité,* 1511), le graveur surpasse le peintre : 15 planches de l'*Apocalypse* (bois, 1498); *le Chevalier, la Mort et le Diable; Melancolia* (cuivres, 1513-1514).

dureté [dyʀte] n. f. **1.** Qualité de ce qui est dur, difficile à entamer. *La dureté du diamant, d'une viande.* **2.** Manque de douceur. *Dureté d'un visage, d'une voix.* **3.** Caractère de ce qui est difficile à supporter, pénible. *La dureté d'un climat. La dureté d'une séparation.* **4.** Raideur, défaut d'harmonie. *La dureté des contours, du style.* **5.** Insensibilité, sévérité. *Dureté d'un chef envers ses subordonnés.* **6.** *Dureté de l'eau,* sa teneur en calcium et en magnésium.

Durham (John George Lambton, 1er comte de) (1792 – 1840), homme politique britannique. Gouverneur du Canada (1838), il œuvra à la formation de la Confédération canadienne (effective en 1867).

durian [dyʀjɑ̃] ou **dourian** [duʀjɑ̃] n. m. BOT Arbre de l'Inde (*Durio zibethinus,* fam. bombacacées), cultivé pour son fruit comestible de la taille d'un melon.

durillon [dyʀijɔ̃] n. m. Callosité provoquée par un frottement et une pression répétés, sur la paume des mains et la plante des pieds.

durit ou **durite** [dyʀit] n. f. (Nom déposé.) TECH Tube de caoutchouc armé, utilisé pour raccorder les canalisations des moteurs à explosion.

Durkheim (Émile) (1858 – 1917), sociologue français. Influencé par le positivisme, il définit scientifiquement la sociologie naissante : *Règles de la méthode sociologique* (1894), *le Suicide* (1897). Il fonda, en 1896, la revue *l'Année sociologique.*

Durrell (Lawrence George) (1912 – 1990), auteur anglais du «Quatuor d'Alexandrie» (*Justine,* 1957; *Balthazar,* 1958; *Mountolive,* 1958; *Clea,* 1960).

Dürrenmatt (Friedrich) (1921 – 1990), écrivain suisse d'expression allemande, surtout connu pour son théâtre, caustique et contestataire : *Romulus le Grand* (1949), *la Visite de la vieille dame* (1956), *Franck V, opéra d'une banque privée* (1959), *les Physiciens* (1962).

Düsseldorf, v. d'Allemagne, cap. de la Rhénanie-du-Nord-Westphalie, sur le Rhin; 560570 hab. Port fluvial de la Ruhr, centre bancaire, admin. et industriel. – Université. Musée d'art.

Duvalier (François) (1907 – 1971), médecin et homme politique haïtien. Président de la République de 1957 à sa mort, «Papa Doc» instaura un régime dictatorial. Il persécuta les métis, puis la population entière. Adepte du culte du vaudou, il persécuta également l'Église. — **Jean-Claude** (né en 1951), fils et successeur du préc., surnommé «Bébé Doc». Il eut la velléité de libéraliser le régime, mais accepta la corruption financière. Il dut démissionner en 1986.

duvet [dyvɛ] n. m. **I. 1.** Plume très légère. – Ensemble des plumes couvrant tout le corps des oiseaux, sous les tectrices de l'adulte et chez certains oisillons. **2.** *Par ext.* Poil fin et tendre qui recouvre certains mammifères. *Le duvet de la chèvre du Cachemire.* **3.** Sac de couchage bourré de duvet (sens 1). – (France rég., Suisse) Gros édredon garni de duvet. **II.** *Par anal.* **1.** Peau cotonneuse de certains fruits. *Le duvet d'une pêche.* **2.** Première barbe d'un jeune homme; poil très fin. *Un fin duvet ombrait sa lèvre supérieure.*

duveteux, euse [dyvtø, øz] adj. **1.** Qui a l'aspect du duvet. *Une étoffe duveteuse.* **2.** Couvert de duvet.

Duvivier (Julien) (1896 – 1967), cinéaste français : *la Bandera* (1935), *Pépé le Moko* (1936).

Dvina (la), nom de deux fleuves d'Europe : la *Dvina occidentale,* en letton *Daugava* (1024 km), arrose la Russie, la Biélorussie, la Lettonie et se jette dans la Baltique; la *Dvina septentrionale* (1293 km), russe, se jette dans la mer Blanche à Arkhangelsk.

Dvořák (Antón) (1841 – 1904), compositeur tchèque. Il a renouvelé dans son pays la musique de chambre et la symphonie (*Symphonie* du Nouveau Monde,* 1893).

Dyalonké. V. Yalunka.

Dyck (Antoine Van). V. Van Dyck.

Dylan (Robert Zimmerman, dit Bob) (né en 1941), chanteur et auteur-compositeur américain.

Dyle (la), riv. de Belgique (90 km); arrose Louvain et Malines. – Nom d'un anc. dép. français (1795-1814) dont le ch.-l. était *Bruxelles.*

dynam(o)-, -dynamie. Éléments, du gr. *dunamis,* «force».

dynamique [dinamik] adj. et n. f. **I.** adj. **1.** Relatif aux forces, et aux mouvements qu'elles engendrent. *Électricité dynamique :* courant électrique (par oppos. à *électricité statique*). **2.** Fig. Qui manifeste une force, une puissance engendrant un mouvement. *Art dynamique.* Ant. statique. **3.** Fig. Qui manifeste de l'énergie, de l'entrain, de la vitalité. *Un chef d'équipe dynamique.* **II.** n. f. **1.** MECA Partie de la mécanique qui traite des relations entre les forces et des systèmes sur lesquels ces forces agissent. **2.** PSYCHO *Dynamique de(s) groupe(s) :* étude expérimentale des lois qui régissent le comportement des petits groupes et des individus au sein de ces groupes. – Ensemble des techniques thérapeutiques liées à l'influence du groupe sur le comportement de l'individu (ou celui du groupe).

dynamisation [dinamizasjɔ̃] n. f. Action de dynamiser.

dynamiser [dinamize] v. tr. [1] Donner du dynamisme à. *Dynamiser une équipe, un mouvement.*

dynamisme [dinamism] n. m. **1.** Puissance d'action, activité entraînante. *Mener une entreprise avec dynamisme.* **2.** PHILO Tout système qui, dans l'explication de l'univers, admet l'existence de forces irréductibles à la masse et au mouvement (par oppos. à *mécanisme*).

dynamitage [dinamitaʒ] n. m. Action de dynamiter.

dynamite [dinamit] n. f. **1.** Explosif constitué de nitroglycérine mélangée à une substance solide qui la stabilise. *La dynamite fut inventée par Nobel en 1867.* **2.** Fig., fam. *C'est de la dynamite :* se dit d'une chose, d'un événement capable de susciter une réaction violente, intense; d'une personne très dynamique.

dynamiter [dinamite] v. tr. [1] **1.** Faire sauter à la dynamite. *Dynamiter une voie ferrée.* **2.** Fig. Détruire violemment (en général des règles établies).

dynamiteur, euse [dinamitœʀ, øz] n. **1.** Personne qui effectue un dynamitage. **2.** Fig. *Un dynamiteur de la morale bourgeoise.*

dynamo-. V. dynam(o)-.

dynamo [dinamo] n. f. Génératrice de courant continu.

dynamomètre [dinamɔmɛtʀ] n. m. PHYS Appareil servant à la mesure des forces. *Dynamomètre à ressort, piézoélectrique.*

dynaste [dinast] n. m. **1.** ANTIQ GR Souverain régnant sous la dépendance d'un souverain plus puissant. **2.** ENTOM Scarabée d'Amérique centrale, de grande taille, dont le mâle porte deux longues cornes formant une pince puissante.

dynastie [dinasti] n. f. **1.** Succession de souverains d'une même famille qui ont régné sur un pays. *Dynastie des Capétiens. Dynastie des Mogho Naba.* **2.** *Par anal.* Succession d'hommes illustres d'une même famille.

dynastique [dinastik] adj. Qui concerne une dynastie. ▷ LITT (Afrique) *Genre dynastique :* genre poétique traditionnel du Rwanda, consistant en poèmes à la gloire des rois.

-dyne, dyn(o)-. Éléments, du gr. *dunamis,* «force».

dyne [din] n. f. PHYS Force qui communique à une masse de 1 gramme une accélération de 1 cm/s^2 (symbole dyn). (Cette unité du système C.G.S. est exclue du système SI, dans laquelle les forces se mesurent en newtons.)

dys-. Élément, du gr. *dus,* «difficulté, mauvais état».

dyscalculie [diskalkyli] n. f. PSYCHO, MED Perturbation de l'apprentissage du calcul.

dysenterie [disɑ̃tʀi] n. f. Maladie infectieuse, contagieuse, caractérisée par l'émission de selles fréquentes, abondantes, glaireuses, sanglantes et douloureuses.
ENCYCL Le syndrome dysentérique est caractéristique de diverses maladies dont l'amibiase *(dysenterie amibienne)* et les shigelloses *(dysenterie bacillaire).* Ces maladies sont endémiques dans les pays tropicaux et semi-tropicaux. Elles peuvent être prévenues par l'hygiène fécale.

dysentérique [disɑ̃teʀik] adj. Relatif à la dysenterie; qui ressemble à la dysenterie. *Syndrome dysentérique.*

dysfonctionnement [disfɔ̃ksjɔnmɑ̃] n. m. Didac. Trouble, anomalie dans le fonctionnement.

dysgraphie [disgʀafi] n. f. Trouble dans l'apprentissage de l'écriture.

dysharmonie [disaʀmɔni] n. f. Didac. Manque d'harmonie (sens II, 1, 2).

dysharmonique [disaʀmɔnik] adj. Didac. Qui manque d'harmonie (sens II, 1, 2).

dyslexie [dislɛksi] n. f. Difficulté à identifier, comprendre et reproduire le langage écrit.

dyslexique [dislɛksik] adj. et n. Qui est atteint de dyslexie.

dysménorrhée [dismenɔʀe] n. f. Menstruation difficile et douloureuse.

dysorthographie [dizɔʀtɔgʀafi] n. f. Trouble de l'acquisition et de la pratique de l'orthographe.

dyspepsie [dispɛpsi] n. f. MED Digestion douloureuse et difficile.

dyspepsique [dispɛpsik] ou **dyspeptique** [dispɛptik] adj. (et n.) **1.** adj. MED Relatif à la dyspepsie. **2.** adj. et n. Qui est atteint de dyspepsie.

dyspnée [dispne] n. f. MED Trouble de la respiration accompagnant les affections respiratoires et cardiaques, et certains accidents neurologiques.

dysprosium [dispʀozjɔm] n. m. CHIM Élément appartenant à la famille des lanthanides (symbole Dy), de numéro atomique Z = 66. – Métal (Dy).

dystonie [distɔni] n. f. MED Trouble du tonus consistant en une contraction musculaire incontrôlable, intermittente et localisée.

dystrophie [distʀɔfi] n. f. MED Anomalie du développement d'un organe, due à un trouble de la nutrition.

dysurie [dizyʀi] n. f. MED Difficulté à uriner.

dytique [ditik] n. m. ENTOM Coléoptère carnivore, hôte des eaux stagnantes, vorace et très bon plongeur.

Dyula. V. Dioula.

Dzaoudzi, îlot situé à l'E. de Mayotte, dont il dépend; 5800 hab.

E

e [ə] n. m. **1.** Cinquième lettre (e, E) et deuxième voyelle de l'alphabet, qui n'est pas prononcée (ex. *liera, flamme, rapidement*) ou note les sons : [ə] (ex. *me, ornement*); [ɛ] ou *e* ouvert (ex. *jouet, ciel*); [e] ou *e* fermé (ex. *cacher, courez*); avec l'accent aigu, [e] (ex. *bonté*) et parfois [ɛ] (ex. *céderai*); avec l'accent grave, [ɛ] (ex. *père*); avec l'accent circonflexe, [ɛ] (ex. *rêve*) et parfois [e] (ex. *mêler*); suivi d'une consonne nasale, [ɑ̃] (ex. *vent, tempe*); combinaison avec *o* ou *u* ou les deux, [ø] ou *eu* fermé (ex. *œdème, peu, vœu*) et [œ] ou *eu* ouvert (ex. *œil, seul, œuf*). *Un e tréma**. **2.** BIOL *Vitamine E :* vitamine liposoluble.

é-, ef-, es- ou **ex-**. Préfixe, du lat. *e(x),* marquant une idée de sortie, d'extraction, d'éloignement ou d'achèvement.

Eanes (Ramalho) (né en 1935), général et homme politique portugais. Il participa au coup d'État du 25 avril 1974 et fut président de la Rép. de 1976 à 1986.

E.A.O. Sigle pour *enseignement assisté par ordinateur.*

East London, v. et port de la rép. d'Afrique du Sud (prov. du Cap), sur l'océan Indien; 193 800 hab. Sidérurgie, constr. mécaniques, industr. du caoutchouc, chantiers navals. Port de commerce et port de pêche.

Eastman (George) (1854 - 1932), inventeur américain de pellicules photographiques. Fondateur de la firme Eastman Kodak (1892).

eau [o] n. f. **I. 1.** Substance liquide, transparente, inodore et sans saveur, de formule H_2O. **2.** Ce liquide, abondant sur la Terre à l'état plus ou moins pur. *Eau de source, de pluie. Eau courante, stagnante. Eau claire, trouble. Eau douce :* eau non salée (par oppos. à *eau de mer*). *Verre à eau, pot à eau. Puiser de l'eau.* – Fam. *Marin d'eau douce,* inexpérimenté. – *Eau gazeuse,* qui contient du dioxyde de carbone (par oppos. à *eau plate*). – *Eaux usées :* eaux salies, rejetées après usage. – *Eau de vaisselle,* qui a servi à laver la vaisselle. – *Vert d'eau :* vert pâle. ▷ Loc. fig. et prov. *C'est une goutte d'eau dans la mer,* peu de chose. – *C'est une tempête dans un verre d'eau,* beaucoup de bruit pour rien. – *Un coup d'épée dans l'eau :* une démarche inutile, sans résultat. – *Mettre de l'eau dans son vin :* devenir plus modéré, moins intransigeant. – *Se noyer dans un verre d'eau :* être arrêté par la moindre difficulté. ▷ CONSTR *Mettre hors d'eau un bâtiment,* en terminer la couverture, l'étanchéité. ▷ LITURG *Eau baptismale, bénite, consacrée.* – ISLAM *Eau de zem-zem :* eau rapportée de La Mecque et dotée de propriétés bénéfiques. Syn. zem-zem. ▷ (Québec) *Eau de Pâques :* eau courante puisée le matin de Pâques, à laquelle on attribue des vertus curatives. **3.** Toute masse plus ou moins considérable de ce liquide (mer, rivière, lac, etc.). *Le niveau des eaux. Hautes, basses eaux. Le bord de l'eau.* ▷ Loc. et prov. *À fleur d'eau :* à la surface de l'eau. – *Au fil de l'eau :* en suivant le courant. – *D'ici là, il passera de l'eau sous les ponts :* cela n'arrivera pas de sitôt. – *Être comme un poisson dans l'eau :* être dans son élément. – *Nager entre deux eaux,* en restant recouvert par l'eau; fig., louvoyer entre deux partis. – *Pêcher en eau trouble :* se procurer un profit à la faveur du désordre. – *Se jeter à l'eau :* se lancer avec courage dans une entreprise. – *Tomber à l'eau :* échouer. *Son projet est tombé à l'eau.* – (Québec) *Faire de l'argent comme de l'eau,* très facilement. ▷ ADMIN *Eaux et Forêts :* les forêts, les rivières, les lacs, etc., en tant qu'objet d'une surveillance de l'État et d'une législation spéciale. **4.** (Plur., en loc.) Eaux qui possèdent des vertus curatives ou bienfaisantes et dont on fait usage soit en s'y baignant, soit en les absorbant comme boisson. *Ville d'eaux. Aller aux eaux.* – Sing. *Eau minérale, thermale.* **5.** Préparation aqueuse usitée en médecine, en parfumerie, dans l'industrie. *Eau oxygénée :* peroxyde d'hydrogène (H_2O_2), employé comme antiseptique. *Eau de Cologne. Eau de rose*. Eau de toilette :* lotion alcoolique utilisée pour se parfumer, moins concentrée en essence que le parfum. *Eau de Javel*.* – *Eau lourde*.* **II.** Liquide produit par un organisme. **1.** (En loc.) Sueur, salive. *Suer sang et eau. L'eau en vient à la bouche.* **2.** (Plur.) Liquide amniotique. *Poche des eaux. Perdre les eaux.* **3.** Suc de certains fruits. *Cette poire a beaucoup d'eau.* – *Eau de coco*.* – (Réunion) *Eau de riz :* amidon de riz. **4.** (Québec) *Eau d'érable :* sève de l'érable à sucre. **III.** Transparence, éclat d'une pierre précieuse. *Des perles d'une belle eau.* ▷ Fig. *De la plus belle eau :* parfait dans son genre.

ENCYCL Chim. – Le volume d'eau contenu dans les océans (1 milliard de km³) constitue 97 % de nos ressources en eau. L'eau naturelle est un mélange d'eau, d'eau lourde D_2O et d'eau mixte DHO (ces deux dernières en proportions très faibles). Elle se solidifie à 0 °C et bout à 100 °C sous la pression atmosphérique normale. À partir de 1 200 °C, l'eau se dissocie en hydrogène et en oxygène. Elle intervient dans de très nombreuses réactions chimiques (oxydation, réduction, hydrolyse). Elle se fixe sur certains corps en donnant des hydrates. La purification de l'eau s'effectue dans des échangeurs d'ions ou en utilisant des produits qui détruisent les matières organiques et les bactéries (ozone, chlore, eau de Javel).
Biol. – L'eau est un constituant essentiel des cellules animales et végétales (70 % en moyenne chez les animaux). Dans un être vivant, on distingue l'*eau libre,* qui constitue le moyen de transport de nombreuses substances (dans le sang, par ex.), l'*eau liée* (par adsorption, imbibition ou capillarité) et l'*eau de constitution* ou *intramoléculaire,* qui est intégrée dans des molécules. – *Cycle de l'eau :* sous l'action du soleil, l'eau des mers, des océans et des lacs s'évapore et retombe en précipitations. Une partie de l'eau retombée retourne à son origine ou dans la nappe phréatique, par ruissellement ou drainage; une autre partie se trouve absorbée par les végétaux et les êtres animés, ou s'évapore.

eau-de-vie [odvi] n. f. Liqueur alcoolique extraite par distillation du jus fermenté de fruits, de plantes ou de grains. *L'armagnac, le cognac, le rhum, le whisky sont des eaux-de-vie.*

eau-forte [ofɔʀt] n. f. **1.** Acide nitrique additionné d'eau dont se servent les graveurs. *Graver à l'eau-forte.* **2.** BX-A Gravure obtenue en faisant mordre par l'acide nitrique une plaque de cuivre ou de zinc recouverte d'un vernis protecteur, sur lequel on a dessiné à l'aide d'une pointe qui a mis le métal à nu. *Des eaux-fortes.*

ébahi, ie [ebai] adj. Très étonné, surpris, stupéfait. *En rester ébahi.* Syn. éberlué, interdit.

ébahir [ebaiʀ] v. tr. [3] Frapper d'étonnement. *Sa performance nous a ébahis.* ▷ v. pron. S'étonner.

ébahissement [ebaismɑ̃] n. m. Étonnement, très grande surprise. Syn. stupéfaction.

ébarber [ebaʀbe] v. tr. [1] TECH Enlever les barbes, les irrégularités, les bavures de. *Ébarber des plumes, de l'orge, du papier. Ébarber une pièce de métal.*

ébarbeuse [ebaʀbøz] n. f. TECH Machine à ébarber le métal.

ébats [eba] n. m. pl. Mouvements, jeux de qqn qui s'ébat. – Spécial. *Ébats amoureux.*

ébattre (s') [ebatʀ] v. pron. [61] S'amuser, se divertir en se donnant du mouvement. *Enfants qui s'ébattent.* Syn. folâtrer.

ébauchage [eboʃaʒ] n. m. TECH Action de donner une première forme.

ébauche [eboʃ] n. f. **1.** Première forme donnée à une œuvre, à un ouvrage. *La première ébauche d'un tableau, d'une sculpture, d'un roman.* – Fig. *L'ébauche d'une législation.* **2.** Commencement d'une chose, amorce. *L'ébauche d'un sourire.* Syn. esquisse. **3.** TECH Forme grossière d'une pièce.

ébaucher [eboʃe] v. [1] **I.** v. tr. **1.** Donner une première forme à (un ouvrage). *Ébaucher une statue. Ébaucher un roman.* **2.** TECH Dégrossir. *Ébaucher du chanvre. Ébaucher un diamant.* **3.** Fig. Commencer et ne pas achever. *Ébaucher un geste, un sourire. Ébaucher une idylle.* Syn. esquisser.

Ant. achever, parfaire. **II.** v. pron. (Passif) Être ébauché; commencer à prendre tournure.

ébauchoir [eboʃwaʀ] n. m. TECH Outil (de sculpteur, notam.) servant à ébaucher.

ébénacées [ebenase] n. f. pl. BOT Famille de dicotylédones gamopétales, arbres tropicaux comprenant les ébéniers et le plaqueminier. – Sing. *Une ébénacée.*

ébène [ebɛn] n. f. **1.** Bois de l'ébénier, dur, très dense, noir, veiné de brun ou de blanc, utilisé en ébénisterie de luxe et en sculpture. *Coffret en ébène.* – *Ébène du Sénégal, du Mozambique :* bois de couleur foncée d'un palissandre (*Dalbergia melanoxylon*). **2.** *Par comp.* Couleur d'un noir éclatant. *Chevelure d'ébène.* ▷ Fig. *Bois d'ébène :* nom donné autref. par les négriers aux esclaves noirs.

ébénier [ebenje] n. m. Arbre (fam. ébénacées) à fleurs unisexuées et à fruits juteux. (Certaines espèces du Sri Lanka et du S. de l'Inde, d'Afrique et de Madagascar produisent une ébène noire non veinée. Une autre espèce, acclimatée aux régions méditerranéennes, produit le kaki.)

ébéniste [ebenist] n. m. Ouvrier, artisan qui fabrique, qui vend des meubles de luxe.

ébénisterie [ebenistəʀi] n. f. Travail, art de l'ébéniste.

éberlué, ée [ebɛʀlɥe] adj. Très étonné, stupéfait.

Ebla, site archéologique proche d'Alep, en Syrie, ville et royaume antique de Mésopotamie (IIIe millénaire av. J.-C.). Vestiges et très importantes archives sur tablettes cunéiformes rédigées parfois en sumérien, et le plus souvent dans une langue sémitique archaïque, voisine du phénicien.

éblouir [ebluiʀ] v. tr. [3] **1.** Troubler par une lumière trop vive la vue de. *Le soleil l'éblouissait.* **2.** Fig. Surprendre, séduire par une apparence brillante mais trompeuse. *Se laisser éblouir par l'éloquence de qqn.* ▷ Émerveiller. *Sa virtuosité nous a éblouis.*

éblouissant, ante [ebluisɑ̃, ɑ̃t] adj. **1.** Qui éblouit. *Une neige éblouissante.* **2.** Fig. Qui émerveille. *Une grâce éblouissante.*

éblouissement [ebluismɑ̃] n. m. **1.** Gêne dans la perception visuelle, causée par une lumière trop vive. *L'éblouissement provoqué par les phares.* ▷ *Par ext.* Trouble de la vue dû à un malaise. *Des éblouissements causés par la fatigue.* **2.** Fig. Émerveillement. *Ce spectacle fut un éblouissement.*

Ebola [ebɔla] n. m. MED Maladie virale apparue au Soudan en 1976, puis dans l'anc. Zaïre (auj. rép. dém. du Congo), provoquant de fortes fièvres, des hémorragies digestives et une déshydratation rapide pouvant entraîner la mort. – (Souvent en appos.) *Virus Ebola.* ▷ (Afr. subsah.) Cour. *Attraper l'Ebola.*

ébonite [ebɔnit] n. f. TECH Combinaison de caoutchouc et de soufre (au moins 25 %), autrefois utilisée comme isolant électrique.

Ébony (Noël Essi Kouamé, dit Noël X.) (1944 – 1986), poète ivoirien : *Déjà vu* (1983).

éborgner [ebɔʀɲe] v. [1] **1.** v. tr. Rendre borgne. **2.** v. pron. Se crever un œil.

Éboué (Félix) (1884 – 1944), administrateur français, né en Guyane. Premier Noir gouverneur des colonies, en Guadeloupe (1936), puis au Tchad (1938), il se rallia aux Forces françaises libres dès 1940, devenant alors gouverneur général de l'A.-É.F.

éboueur [ebuœʀ] n. m. Employé chargé de débarrasser la voie publique des ordures ménagères et des boues. Syn. cour. boueur, boueux, (Maghreb) ordurier, (Québec) vidangeur.

ébouillanter [ebujɑ̃te] v. tr. [1] Tremper dans l'eau bouillante ou arroser d'eau bouillante. *Ébouillanter une volaille pour la plumer. Ébouillanter une théière.* ▷ v. pron. Se brûler avec un liquide bouillant.

éboulement [ebulmɑ̃] n. m. **1.** Fait de s'ébouler. *L'éboulement d'une muraille.* **2.** *Par méton.* Éboulis.

ébouler (s') [ebule] v. pron. [1] S'affaisser, s'effondrer en se désagrégeant. *Le tunnel s'est éboulé.*

éboulis [ebuli] n. m. **1.** Amas de matériaux éboulés. **2.** GEOMORPH Accumulation de matériaux grossiers, au pied d'un relief, due à une érosion mécanique.

ébourgeonnement [ebuʀʒɔnmɑ̃] ou **ébourgeonnage** [ebuʀʒɔnaʒ] n. m. HORTIC Action d'ébourgeonner.

ébourgeonner [ebuʀʒɔne] v. tr. [1] HORTIC Ôter les bourgeons inutiles (des arbres fruitiers).

ébouriffé, ée [ebuʀife] adj. Rebroussés et en désordre (en parlant des cheveux, des poils d'un animal). – Par ext. *Tu es tout ébouriffé.*

ébouriffer [ebuʀife] v. [1] **1.** v. tr. Rebrousser en désordre (les cheveux). **2.** v. pron. *S'ébouriffer les cheveux.*

ébranchage [ebʀɑ̃ʃaʒ] ou **ébranchement** [ebʀɑ̃ʃmɑ̃] n. m. Action d'ébrancher un arbre.

ébrancher [ebʀɑ̃ʃe] v. tr. [1] Dépouiller (un arbre) d'une partie ou de la totalité de ses branches.

ébranlement [ebʀɑ̃lmɑ̃] n. m. **1.** Mouvement provoqué par une secousse, par un choc. ▷ PHYS Déformation due à un choc. **2.** Fig. Menace de ruine, d'effondrement. *L'ébranlement d'un empire.* **3.** Commotion nerveuse. *L'ébranlement dû à un accident.*

ébranler [ebʀɑ̃le] v. [1] **I.** v. tr. **1.** Provoquer des secousses, des vibrations dans. *Le passage du train ébranlait toute la maison.* **2.** Rendre moins stable, moins solide à la suite d'un ébranlement. *Le vent a ébranlé la toiture.* ▷ Fig. *Une crise qui ébranle l'État. Ébranler sa santé.* **3.** Rendre (qqn) moins ferme dans ses convictions, ses sentiments. *Vos raisons l'ont ébranlé.* **II.** v. pron. Se mettre en branle, en mouvement. *Convoi qui s'ébranle.*

ébraser [ebʀaze] v. tr. [1] ARCHI Élargir (une baie) suivant un plan optique.

Èbre (l'), fl. d'Espagne (930 km); naît dans les monts Cantabriques, arrose Saragosse, se jette dans la Méditerranée. Hydroél., irrigation.

ébrécher [ebʀeʃe] v. tr. [14] **1.** Abîmer en faisant une brèche. *Ébrécher une tasse.* ▷ v. pron. *Le couteau s'est ébréché.* ▷ Pp. adj. *Un vieux pot ébréché.* **2.** Fig. Diminuer, entamer. *Ébrécher ses économies.*

ébréchure [ebʀeʃyʀ] n. f. Éclat correspondant à une brèche faite sur un objet; point où un objet est ébréché.

ébriété [ebʀijete] n. f. Ivresse.

ébrouer (s') [ebʀue] v. pron. [1] **1.** En parlant de certains animaux (cheval, notam.), expirer très fortement en faisant vibrer («ronfler») ses naseaux. **2.** Se secouer pour se nettoyer, se sécher, se dégourdir. *Il s'ébroue après sa douche.*

ébruitement [ebʀɥitmɑ̃] n. m. Action d'ébruiter; son résultat.

ébruiter [ebʀɥite] v. tr. [1] Divulguer, rendre public. *Ébruiter une nouvelle.* ▷ v. pron. *L'affaire s'est ébruitée.*

ébullition [ebylisjɔ̃] n. f. **1.** État d'un liquide qui bout. ▷ PHYS État d'un liquide qui se vaporise dans sa masse même. **2.** Fig. *En ébullition :* surexcité, vivement agité. *Une ville en ébullition.*
ENCYCL Un liquide entre en ébullition lorsque la pression de sa vapeur saturante est égale à la pression qu'il supporte. La température à laquelle se produit ce phénomène (point d'ébullition) reste constante et dépend donc de la pression; ainsi, à une altitude élevée, le point d'ébullition de l'eau est inférieur à 100 °C.

éburnéen, enne [ebyʀneɛ̃, ɛn] adj. **1.** Litt. Qui a l'aspect de l'ivoire. **2.** Rare De la Côte d'Ivoire.

Éburons, peuple de l'ancienne Gaule Belgique, établi dans le pays qui s'étend de la Meuse au Rhin.

écabosseuse [ekabosøz] n. f. TECH Machine servant à ouvrir les cabosses de cacaoyer et à en extraire les graines. Syn. (Afr. subsah.) décabosseuse.

écaillage [ekajaʒ] n. m. **1.** Action d'enlever les écailles (d'un poisson) ou d'ouvrir (un coquillage bivalve). **2.** TECH Défaut d'une peinture, d'une poterie qui s'écaille.

écaille [ekaj] n. f. **1.** Chacune des plaques minces, imbriquées ou non, recouvrant tout ou partie du corps de certains animaux. **2.** Matière cornée tirée de la carapace de certaines tortues de mer et utilisée dans la marqueterie et la confection d'objets de luxe (peignes, bracelets, etc.). **3.** Petite plaque, fine lamelle qui se détache d'une surface qui s'effrite. *Des écailles de peinture.* – Fig. *Les écailles lui sont tombées des yeux :* la vérité lui est enfin apparue. **4.** BOT Nom de divers organes protecteurs coriaces. *Les écailles d'un bourgeon. Écailles d'un lis :* feuilles gorgées de réserves qui constituent le bulbe. **5.** ANAT Partie de l'os temporal.

1. écailler [ekaje] v. tr. [1] **1.** Enlever les écailles de. *Écailler un poisson.* **2.** Ouvrir (un coquillage bivalve). *Écailler des huîtres.* **3.** Détacher par plaques minces. ▷ v. pron. *Vernis qui s'écaille.*

2. écailler, ère [ekaje, ɛʀ] n. Personne qui vend, qui ouvre des huîtres et d'autres coquillages.

écailleux, euse [ekajø, øz] adj. **1.** Qui a des écailles. *Un poisson, un bulbe écailleux.* **2.** Qui se détache par plaques minces. *Ardoise écailleuse.*

écaillure [ekajyʀ] n. f. TECH Pellicule se détachant d'une surface. *Les écaillures d'un vernis.*

écale [ekal] n. f. Enveloppe recouvrant la coque dure des noix, des amandes, etc.

écaler [ekale] v. tr. [1] Enlever l'écale de. *Écaler des noix.* – Par ext. *Écaler des œufs.*

écalure [ekalyʀ] n. f. Pellicule dure de certains fruits ou de certaines graines. *Écalure de café.*

écarlate [ekaʀlat] n. f. et adj. **1.** n. f. Vx Étoffe fine de couleur éclatante. *Un manteau d'écarlate verte.* **2.** n. f. Colorant rouge vif, obtenu à partir de la cochenille. **3.** adj. De la couleur de l'écarlate.

écarquiller [ekaʀkije] v. tr. [1] Ouvrir tout grands (les yeux).

écart [ekaʀ] n. m. **1.** Intervalle entre deux choses qu'on écarte ou qui s'écartent. *L'écart des doigts.* ▷ *Faire le grand écart :* écarter les jambes, tendues d'avant en arrière ou de gauche à droite, jusqu'à ce qu'elles touchent le sol sur toute leur longueur. **2.** Différence, variation, décalage (par rapport à un point de référence). *Des écarts de température, de prix. L'écart entre le rêve et la réalité.* ▷ ECON Syn. (off. recommandé) de *gap.* ▷ STATIS *Écart quadratique moyen* ou *variance :* moyenne des carrés de la différence entre chaque valeur de la variable aléatoire et la moyenne de ces valeurs. *Écart type :* racine carrée de la variance. ▷ PHYS *Écart angulaire :* différence entre deux angles. **3.** Action de s'écarter de sa direction, de sa position. *Le cheval a fait un écart.* ▷ Fig. Action de s'écarter des règles de bonne conduite. *Des écarts de langage.* **4.** MED VET Entorse de l'épaule du cheval. **5.** (Plur.) ADMIN Groupe de maisons éloigné de l'agglomération communale. **6.** Loc. adv. *À l'écart :* dans un lieu écarté, isolé. – Fig. *Laisser, tenir qqn à l'écart,* le laisser, le maintenir dans l'isolement. **7.** Loc. prép. *À l'écart de :* en dehors de. – Fig. *Rester à l'écart des discussions.*

écarté [ekaʀte] n. m. Jeu dans lequel on peut écarter des cartes pour les remplacer par d'autres.

écartèlement [ekaʀtɛlmɑ̃] n. m. Supplice qui consistait à arracher les membres d'un condamné en les faisant tirer dans des sens opposés par quatre chevaux.

écarteler [ekaʀtəle] v. tr. [17] **1.** Faire subir le supplice de l'écartèlement à. **2.** (Employé au passif et au pp.) Fig. Partager, déchirer. *Être écartelé entre des sentiments contraires.*

écartement [ekaʀtəmɑ̃] n. m. **1.** Action d'écarter, de s'écarter. **2.** État de ce qui est écarté. **3.** Espace qui sépare une chose d'une autre. *Écartement des rails de chemin de fer.*

1. écarter [ekaʀte] v. [1] **I.** v. tr. **1.** Séparer, éloigner l'une de l'autre (des choses jointes ou rapprochées). *Écarter les jambes. Écarter une chaise de la table.* **2.** Tenir à distance. *Écarter un enfant d'un endroit dangereux.* **3.** Déplacer (des choses qui gênent le passage, la vue). *Écarter les branches pour passer.* **4.** Repousser, chasser. *Écarter les importuns.* – Fig. *Écarter un risque, un danger.* ▷ Rejeter, exclure. *Sa candidature a été écartée.* **5.** Détourner. *Écarter qqn de sa route.* – Fig. *Écarter qqn de ses devoirs.* **6.** (Québec) Fam. Perdre, égarer. *Écarter son sac.* – Pp. adj. *Avoir l'air écarté.* **II.** v. pron. **1.** S'éloigner (de qqn, de qqch). *S'écarter d'un groupe, d'un endroit.* **2.** Se détourner de. *S'écarter de son chemin.* – Fig. *S'écarter de son sujet.* **3.** (Québec) Fam. S'égarer.

2. écarter [ekaʀte] v. tr. [1] Mettre de côté (certaines cartes de son jeu) pour en reprendre d'autres.

Ecbatane (auj. *Hamadhan*), cap. du royaume mède (fin VIIe-VIe s. av. J.-C.). Alexandre le Grand la pilla (331 av. J.-C.).

ecchymose [ekimoz] n. f. MED Marque cutanée de couleur foncée, souvent secondaire à un traumatisme, et due à une infiltration sanguine sous-jacente. Syn. cour. bleu.

ecclésial, ale, aux [eklezjal, o] adj. Didac. Qui a rapport à l'Église.

Ecclésiaste (livre de l'), livre sapiential de la Bible (IIIe s. av. J.-C.), dont l'auteur (que la tradition identifie à Salomon) médite sur la vanité des actions humaines.

ecclésiastique [eklezjastik] adj. et n. m. Qui a rapport au clergé. *Fonctions ecclésiastiques.* ▷ n. m. Membre du clergé. *Un jeune ecclésiastique.*

Ecclésiastique (livre de l'), livre sapiential de la Bible; écrit en hébr. (v. 200 av. J.-C.) par Jésus Ben Sirach, il fut traduit en grec (132 av. J.-C.).

écervelé, ée [esɛʀvəle] adj. et n. Qui est sans jugement; étourdi.

échafaud [eʃafo] n. m. **1.** Plate-forme dressée sur la place publique pour l'exécution des condamnés à mort. *Monter à* (ou *sur*) *l'échafaud.* ▷ *Par ext.* Peine capitale. *Risquer l'échafaud.* **2.** (Québec) Syn. de *échafaudage.*

échafaudage [eʃafodaʒ] n. m. **1.** Construction provisoire, en bois ou en métal, qui permet l'accès à tous les niveaux d'un bâtiment qu'on édifie ou qu'on rénove. Syn. (Québec) échafaud. **2.** *Par ext.* Amas de choses assemblées ou posées les unes sur les autres. *Un échafaudage de caisses.* – Fig. Assemblage sans consistance d'idées, d'arguments. *Ce bel échafaudage s'est écroulé devant les faits.* **3.** (Abstrait) Action d'édifier peu à peu. *L'échafaudage d'une doctrine.*

échafauder [eʃafode] v. [1] **1.** v. intr. Mettre en place un échafaudage. ▷ v. pron. Se construire. **2.** v. tr. Fig. Édifier en esprit; combiner. *Échafauder un plan, une théorie.*

échalas [eʃala] n. m. Piquet fiché en terre pour soutenir un cep de vigne, un jeune arbre. – Par comparaison, fam. Personne grande et maigre.

échalote [eʃalɔt] n. f. **1.** Plante potagère, originaire d'Orient, dont le bulbe parfumé est utilisé comme condiment. **2.** (Québec) Plante potagère voisine de l'oignon, à tige mince et à bulbe allongé, que l'on consomme frais et en entier.

échancrer [eʃɑ̃kʀe] v. tr. [1] Creuser le bord de; tailler en arrondi ou en V. *Littoral que la mer échancre. Échancrer une robe.*

échancrure [eʃɑ̃kʀyʀ] n. f. Partie échancrée, découpure. *Échancrures d'un littoral. Échancrure d'un corsage.*

échange [eʃɑ̃ʒ] n. m. **1.** Fait d'échanger, de céder une chose contre une autre. *Faire, proposer un échange.* ▷ DR Opération contractuelle par laquelle les parties se donnent respectivement une chose pour une autre. *Échange avec soulte,* comportant la remise d'une somme d'argent qui compense la différence de valeur entre les choses échangées. ▷ ECON *Échange direct :* troc. *Échange indirect,* par l'intermédiaire de la monnaie. *Échanges internationaux :* opérations commerciales de pays à pays. ▷ (En parlant de personnes.) *Échange de prisonniers. Échange de partenaires.* **2.** *Par anal.* Fait de s'adresser réciproquement telles ou telles choses. *Échange de compliments, de coups, de bons procédés. Un échange de vues.* **3.** BIOL Transfert réciproque de substances entre l'organisme, la cellule, et le milieu extérieur. *Échanges gazeux,* dans la respiration, dans la photosynthèse des plantes. *Échanges cellulaires,* par lesquels la cellule emprunte les matériaux nécessaires à sa survie et restitue soit des déchets, soit des produits qu'elle a synthétisés. ▷ CHIM *Échange isotopique :* remplacement d'un élément par un de ses isotopes. ▷ PHYS *Échange de chaleur :* transfert de chaleur entre deux corps. **4.** Loc. adv. *En échange :* en contrepartie. ▷ Loc. prép. *En échange de :* pour prix de, en contrepartie de.

échangeable [eʃɑ̃ʒabl] adj. Qui peut être échangé.

échanger [eʃɑ̃ʒe] v. tr. [13] **1.** Donner une chose et en obtenir une autre à la place. *Échanger des livres. Échanger du minerai contre des produits manufacturés.* ▷ (En parlant de personnes.) *Échanger des otages contre la promesse de l'impunité.* **2.** S'adresser, se remettre réciproquement. *Échanger une correspondance.* – Fig. *Échanger des injures.* – (Afr. subsah.) (Sans compl.) Syn. de *converser.*

échangeur, euse [eʃɑ̃ʒœʀ, øz] n. m. (et adj.) **1.** TECH *Échangeur de chaleur :* récipient où s'opère un transfert de chaleur entre un fluide chaud et un fluide froid. **2.** Ouvrage de raccordement de routes ou d'autoroutes qui évite aux usagers toute intersection à niveau des voies. **3.** CHIM *Échangeur d'ions :* solide insoluble qui, au contact d'une solution, échange les ions qu'il contient contre d'autres ions, de même signe, présents dans la solution. *Les échangeurs d'ions sont utilisés pour adoucir l'eau.* – adj. *Résine échangeuse d'ions.* ▷ *Par ext.* Appareil qui utilise de telles substances.

échangisme [eʃɑ̃ʒism] n. m. ECON Théorie qui privilégie l'échange dans l'analyse économique, par rapport à la production et à la consommation.

échangiste [eʃɑ̃ʒist] n. DR Chacun des partenaires d'un échange de biens.

échanson [eʃɑ̃sɔ̃] n. m. Anc. Officier dont les fonctions étaient de servir à boire à la table du roi, du prince.

échantillon [eʃɑ̃tijɔ̃] n. m. **1.** Petite quantité d'une marchandise, qui sert à faire apprécier la qualité de celle-ci, ou à faire connaître son existence. *Un échantillon de vin, de parfum, d'étoffe.* ▷ Personne, chose considérée dans ce qu'elle a de typique; spécimen. *Un échantillon de l'humour britannique.* ▷ Fig. Exemple, aperçu. *Donner un échantillon de ses talents.* **2.** CONSTR Type de certains matériaux, selon la réglementation en vigueur. *Pavés, briques, ardoises d'échantillon.* **3.** STATIS Ensemble d'individus choisis comme représentatifs d'une population. Syn. panel.

échantillonnage [eʃɑ̃tijɔnaʒ] n. m. **1.** Assortiment d'échantillons. *Échantillonnage d'étoffes.* **2.** Action d'échantillonner, de prélever des échantillons. *Échantillonnage d'une marchandise, d'une production.* **3.** STATIS Choix d'un échantillon d'intérêt statistique.

échantillonner [eʃɑ̃tijɔne] v. tr. [1] **1.** Prélever des échantillons de. *Échantillonner des vins.* **2.** TECH *Échantillonner des peaux,* leur donner une forme régulière en enlevant les bords. **3.** STATIS Choisir un échantillon dans une population.

échappatoire [eʃapatwaʀ] n. f. Moyen habile et détourné pour se tirer d'une difficulté.

échappée [eʃape] n. f. **1.** SPORT Action menée par un ou plusieurs concurrents pour se détacher du peloton. **2.** *Échappée de vue* et, plus cour., *échappée :* espace resserré mais par lequel la vue peut porter au loin. *Il y a, entre les collines, une échappée superbe sur la mer.* **3.** Fig., litt. Passage qui permet d'entrevoir brièvement. *On trouve dans son ouvrage quelques échap-pées sur sa vie.* **4.** Espace de dégagement à l'entrée d'une cour, d'un bâtiment, pour faciliter le passage des véhicules. – *Échappée d'un escalier,* espace libre au-dessus de celui-ci.

échappement [eʃapmɑ̃] n. m. TECH **1.** Mécanisme oscillant régulateur du mouvement des rouages d'une montre. **2.** Évacuation des gaz de combustion d'un moteur. – Système qui permet cette évacuation. ▷ *Pot d'échappement :* appareil, appelé aussi *silencieux,* qui diminue le bruit de l'échappement. *Échappement libre,* sans pot d'échappement ou dont le pot d'échappement n'atténue plus les bruits.

échapper [eʃape] v. [1] **I.** v. intr. **1.** S'enfuir, se soustraire à. *Échapper des mains de l'ennemi, à la surveillance d'un gardien.* ▷ Se détacher affectivement de. *Elle sent bien que son mari lui échappe.* ▷ *Laisser échapper :* ne pas retenir (par maladresse ou par mégarde). *Laisser échapper un objet. Laisser échapper un cri, un soupir, un secret.* – Fig. *Laisser échapper une occasion,* la laisser se perdre. **2.** N'être plus tenu, retenu. *Le vase m'a échappé, m'a échappé des mains. Cet héritage pourrait bien vous échapper,* ne pas vous revenir. ▷ *Son nom m'échappe,* je ne l'ai plus en mémoire. ▷ Être dit ou fait par mégarde. *Le geste, le mot lui a échappé.* **3.** *Échapper à :* éviter, se dérober à (qqn ou qqch qui nous menace). *Échapper à ses poursuivants. Échapper à des recherches. – Échapper à un accident, à la mort. – Il échappe à toute critique. – Échapper à une corvée.* **4.** Ne pas être perçu, compris. *Ce détail, ce sens, cette allusion m'a échappé. Rien ne lui échappe :* son attention n'est jamais en défaut. **5.** Être soustrait à, exempté de. *Ces revenus échappent à l'impôt.* **II.** v. tr. **1.** Dans la loc. *l'échapper belle :* éviter de justesse un danger. *Sa maison a brûlé, il l'a échappé belle.* **2.** (Québec) Laisser tomber involontairement (qqch). *Échapper son crayon.* **III.** v. pron. **1.** S'enfuir, s'évader. *Les détenus se sont échappés.* – Fam. *J'essaierai de m'échapper un moment,* de prendre un moment sur mes occupations. **2.** SPORT Faire une échappée. *Un coureur s'est échappé.* **3.** Sortir, se répandre plus ou moins brusquement ou abondamment. *Sang qui s'échappe d'une blessure.* **4.** S'évanouir, disparaître.

écharde [eʃaʀd] n. f. Petit éclat d'un corps quelconque, et partic. de bois, entré dans la peau par accident.

écharpe [eʃaʀp] n. f. **1.** Bande d'étoffe qui se porte obliquement d'une épaule à la hanche opposée, ou qui se noue autour de la taille, et sert d'insigne de certaines dignités, de certaines fonctions. *Écharpe de maire.* ▷ Bandage passé au cou et utilisé pour l'immobilisation temporaire, en flexion, du membre supérieur. *Avoir, porter le bras en écharpe.* ▷ Par ext. *En écharpe :* obliquement, de biais. *Prendre un véhicule en écharpe,* le heurter de flanc. **2.** Bande d'étoffe, de tricot, qui se porte sur les épaules ou autour du cou. **3.** TECH Pièce de bois placée en diagonale dans un bâti de menuiserie.

écharper [eʃaʀpe] v. tr. [1] **1.** Faire avec un instrument tranchant une grande blessure à (qqn). **2.** Mettre en pièces, massacrer. *Le meurtrier fut écharpé par la foule.* – Fig. *Se faire écharper :* se faire maltraiter, en actes ou en paroles.

échasse [eʃɑs] n. f. **1.** Chacun des deux longs bâtons munis d'un étrier où l'on pose le pied pour marcher à une certaine hauteur au-dessus du sol. ▷ Fam. *Être monté sur des échasses :* avoir de longues jambes. **2.** CONSTR Perche de bois utilisée verticalement dans les échafaudages. **3.** ORNITH Oiseau blanc et noir aux pattes très longues et fines (*Himantopus himantopus,* ordre des charadriiformes), présent dans les eaux stagnantes de nombreuses régions du monde.

échassiers [eʃɑsje] n. m. pl. ORNITH Ancien ordre hétéroclite d'oiseaux à pattes longues, actuellement démantelé en ciconiiformes, charadriiformes et gruiformes. – (Sing.) *Un échassier.*

échaudage [eʃodaʒ] n. m. Action d'échauder. ▷ *Spécial.* Brûlure des vignes, des céréales par le soleil.

échauder [eʃode] v. tr. [1] **1.** Jeter de l'eau chaude sur; plonger dans l'eau chaude ou bouillante. *Échauder un cochon,* pour ôter plus facilement son poil. **2.** Causer une brûlure avec un liquide très chaud. ▷ Pp. adj. Fig. *Être échaudé :* essuyer un mécompte, une déception. – (Prov.) *Chat échaudé craint l'eau froide :* on redoute même l'apparence de ce qui a nui.

échauffement [eʃofmɑ̃] n. m. Action d'échauffer, son résultat; fait de s'échauffer, d'être échauffé. **1.** TECH Élévation anormale de la température par frottement (d'organes mécaniques, de l'air, etc.). **2.** SPORT Action de s'échauffer. – Ensemble des exercices que l'on fait pour s'échauffer. **3.** Début de fermentation sous l'action de la chaleur. *Échauffement des céréales, des farines.*

échauffer [eʃofe] v. [1] **I.** v. tr. **1.** Rendre chaud, spécial. de manière inhabituelle ou excessive. *Frottement qui échauffe un essieu.* **2.** Fig. Animer, exciter. *La nouvelle échauffa les esprits.* – Loc. *Échauffer la bile, les oreilles à qqn,* l'impatienter. **3.** Produire la fermentation de. *Une trop longue exposition au soleil échauffe les grains.* **II.** v. pron. **1.** Fig. S'animer, s'exciter. *La conversation soudain s'échauffa.* **2.** Commencer à fermenter. *Les foins s'échauffent.* **3.** SPORT Se préparer avant une épreuve, par des exercices d'assouplissement et de mise en condition physique.

échauffourée [eʃofuʀe] n. f. Affrontement inopiné qui met aux prises de façon plus ou moins violente et confuse deux groupes d'adversaires. ▷ MILIT Petit engagement de groupes isolés.

èche [ɛʃ] n. f. V. esche.

échéance [eʃeɑ̃s] n. f. **1.** Date à laquelle un paiement, une obligation, un engagement quelconque vient à exécution; terme d'un délai. *Échéance d'une traite, d'un loyer.* ▷ *Faire face à ses échéances :* être en mesure de régler, dans les délais impartis, un paiement, etc. **2.** Temps qui sépare l'engagement de l'échéance; délai. *Un emprunt à courte échéance.* ▷ Fig. *À longue échéance :* sur un long temps ou dans un temps éloigné. *À brève échéance :* bientôt.

échéancier [eʃeɑ̃sje] n. m. Livre où sont inscrits par ordre d'échéance les effets à payer ou à recevoir.

échéant, ante [eʃeɑ̃, ɑ̃t] adj. **1.** DR Qui vient à échéance. *Effet échéant.* **2.** Loc. adv. *Le cas échéant :* si le cas se présente, à l'occasion.

échec [eʃɛk] n. m. **I.** Plur. **1.** Jeu de stratégie qui se joue sur un tableau carré divisé en soixante-quatre cases égales, et qui oppose deux adversaires disposant chacun de seize figurines (pièces). *Une partie d'échecs.* **2.** Ensemble des pièces de ce jeu (8 pions, 2 tours, 2 cavaliers, 2 fous, la reine ou la dame, le roi). *Des échecs en ivoire.* **II.** Sing. **1.** Aux échecs, position du roi qui se trouve sur une case battue par une pièce de l'adversaire. – Coup qui crée cette situation, et que son auteur doit signaler par le mot *échec. Échec au roi. Échec et mat*.* **2.** Par anal. *Faire échec à :* entraver, empêcher, contrecarrer. *Faire échec à des manœuvres politiques. – Tenir, mettre qqn en échec,* le mettre en difficulté, s'opposer avec succès à la réalisation de ses intentions, de son entreprise. **3.** Insuccès. *Tentative vouée à l'échec. Échec à un concours, un examen.* – (Afr. subsah.) *Faire échec :* échouer. *Malgré tous ses efforts, il a fait échec.* ▷ Revers, défaite. *Essuyer, subir un échec. Démarches qui se soldent par un échec.* **4.** PSYCHAN *Névrose d'échec :* névrose caractérisée par la recherche systématique, mais inconsciente, de l'échec. *Conduite d'échec,* qui résulte de cette névrose ou d'autres analogues.

échelle [eʃɛl] n. f. **I.** Appareil constitué de deux montants parallèles ou convergents réunis par des traverses régulièrement espacées qui permettent de monter ou de descendre. *Monter à, sur une échelle. Dresser une échelle contre un mur. Échelle double,* faite de deux échelles articulées à la partie supérieure. *Échelle de meunier*, Échelle de coupée,* qui sert à monter à bord d'un navire. *Échelle de corde,* dont les montants sont en corde. ▷ Loc. *Faire la courte échelle à qqn,* lui servir de support avec ses mains, puis ses épaules, pour atteindre un point élevé; fig., favoriser sa réussite. **II. 1.** Série d'êtres ou de choses qui s'organise selon un ordre, une hiérarchie, une progression. *Échelle des êtres,* des organismes les plus simples aux plus complexes. *Échelle sociale :* hiérarchie des positions sociales, des conditions des individus dans une société. *Échelle des valeurs.* **2.** ECON *Échelle mobile :* système d'indexation de prix ou de revenus sur un élément économique variable. *Échelle mobile des salaires :* indexation des salaires sur le coût de la vie. **3.** MUS Succession des sons produits par des instruments ou des voix, du plus grave au plus aigu. *Échelle naturelle* ou *diatonique*.* **III.** Ensemble de graduations d'un instrument ou d'un tableau de mesures; mode de graduation des phénomènes mesurés. *Échelle d'un baromètre. Échelle thermométrique Celsius*.* (V. aussi degré, Fahrenheit, Kelvin, température.) *Échelle de Beaufort*. Échelle de Richter*.* – MATH *Échelle logarithmique :* système de divisions proportionnelles aux logarithmes des nombres. **IV.** Rapport des dimensions, des distances figurées sur un plan, un croquis, une carte, etc., avec les dimensions, les distances dans la réalité. *Ce plan est à l'échelle de 1/50000.* – Par anal. *Échelle d'une maquette. Échelle de réduction, d'agrandissement d'un modèle.* – Fig. *Faire qqch sur une grande, une vaste échelle :* travailler, opérer en grand. ▷ *À l'échelle de :* aux dimensions de. *Un urbanisme à l'échelle de l'homme.*

Échelles de Barbarie, anc. nom des ports d'Afrique du Nord (dont Tripoli).

Échelles du Levant, anc. nom des ports de commerce de la Médit. orient.

échelon [eʃlɔ̃] n. m. **1.** Chacun des barreaux d'une échelle. **2.** Fig. Degré dans une série, une hiérarchie. *Le dernier échelon :* le degré supérieur ou le degré inférieur. – Fig. *Il est remonté d'un échelon dans mon estime.* – *Spécial.* Degré d'avancement d'un fonctionnaire à l'intérieur d'un même grade, d'une même fonction. *Descendre un* ou *d'un échelon.* ▷ Chacun des différents niveaux de décision d'une administration, d'un corps, d'une entreprise, etc. *Échelon communal, départemental.*

échelonnement [eʃlɔnmɑ̃] n. m. Action d'échelonner; son résultat.

échelonner [eʃlɔne] v. tr. [1] Placer de distance en distance, ou à des dates successives. *Échelonner des postes de secours. Échelonner des paiements.* ▷ v. pron. *Livraisons qui s'échelonnent sur un an.*

échenillage [eʃ(ə)nijaʒ] n. m. Action d'écheniller.

écheniller [eʃ(ə)nije] v. tr. [1] **1.** Ôter les chenilles de. *Écheniller un arbre.* **2.** Fig. Supprimer ce qui est inutile, élaguer. *Écheniller un texte en ôtant les redites.*

écheveau [eʃvo] n. m. **1.** Longueur de fil roulée en cercle ou repliée sur elle-même. *Écheveau de laine, de coton.* **2.** Fig. Ensemble compliqué, embrouillé. *Un écheveau d'intrigues.*

échevelé, ée [eʃəvle] adj. **1.** Dont la chevelure est en désordre. **2.** Fig. Débridé, effréné. *Une course échevelée.*

échevin [eʃ(ə)vɛ̃] ou (Belgique) [eʒvɛ̃] n. m. **1.** Magistrat municipal, en France avant 1789. **2.** (Belgique, Luxembourg) Membre du conseil communal désigné par ses pairs pour assister le bourgmestre dans l'administration de la commune. *Échevin des sports, des travaux publics.* (Depuis le décret sur la féminisation des noms de métiers et de fonctions en Belgique, on dit aussi *une échevine.*) **3.** (Québec) Membre élu du conseil municipal, représentant un quartier.

échevinal, ale, aux [eʃ(ə)vinal, o] adj. (Belgique, Luxembourg) Qui a rapport à l'échevin, à l'échevine, aux échevins. (V. échevin, sens 2.) Syn. scabinal. – *Collège échevinal,* formé du bourgmestre et des échevins.

échevinat [eʃ(ə)vina] n. m. (Belgique) **1.** Fonction assumée par un(e) échevin(e). **2.** Ensemble des services qui dépendent d'un(e) échevin(e). *L'échevinat des travaux publics.*

échide [ekid] n. f. V. échis.

échidné [ekidne] n. m. ZOOL Mammifère monotrème à bec corné, fouisseur insectivore d'Australie et de Nouvelle-Guinée, dont le corps, long de 25 à 75 cm, est couvert de piquants.

échine [eʃin] n. f. **1.** Colonne vertébrale. *Se rompre l'échine.* ▷ Loc. fig. *Courber l'échine :* se soumettre. – *Avoir l'échine souple :* être complaisant jusqu'à la servilité. **2.** En boucherie, morceau du haut du dos du porc.

échiner (s') [eʃine] v. pron. [1] (Réfl.) Se donner de la peine. *Je m'échine à l'aider.* Syn. fam. s'esquinter.

échinidés [ekinide] n. m. pl. ZOOL Classe d'échinodermes à test globuleux ou aplati, garni de piquants (oursins). – Sing. *Un échinidé.*

échinococcose [ekinokɔkoz] n. f. MED Maladie causée par les échinocoques.

échinocoque [ekinokɔk] n. m. ZOOL Cestode de petite taille qui vit dans l'intestin des carnivores. (*Echinococcus granulosus* vit chez le chien; sa larve, nommée *hydatide,* peut envahir tous les organes de l'homme où elle développe un *kyste hydatique,* dans lequel elle grossit et se multiplie de façon asexuée : jusqu'à 2 millions de larves par kyste.)

échinodermes [ekinodɛʀm] n. m. pl. ZOOL Embranchement de métazoaires marins dont la symétrie bilatérale, fondamentale, disparaît au cours du développement larvaire pour former une organisation rayonnée et qui possèdent un squelette calcaire interne fréquemment garni de piquants. (On distingue les crinoïdes, les échinidés et les stelléroïdes.) – Sing. *Un échinoderme.*

échiquier [eʃikje] n. m. **I. 1.** Tableau servant au jeu d'échecs*. ▷ Surface dont la disposition rappelle celle d'un échiquier. **2.** Fig. Lieu, domaine où s'opposent les partis, les intérêts. *L'échiquier politique.* **II.** *Le chancelier de l'Échiquier :* le ministre britannique des Finances.

échis [ekis] ou **échide** [ekid] n. f. ZOOL Serpent venimeux africain (fam. vipéridés) à petites écailles carénées.

écho [eko] n. m. **1.** Phénomène de répétition d'un son par réflexion sur une paroi; son ainsi répété. *Seul l'écho lui répondait.* **2.** Lieu où ce phénomène se produit. – Loc. fig. *À tous les échos :* partout. *Répandre une nouvelle à tous les échos.* **3.** TECH Onde réfléchie ou diffusée par un obstacle et revenant vers sa source. *Sur le radar, on enregistre l'écho de l'impulsion émise.* **4.** Plur. Fig. Propos répétés. *J'ai eu quelques échos de votre conduite.* – Nouvelle, information locale donnée dans les journaux. **5.** Fig. Ce qui reproduit, répète qqch ou y répond. *Se faire l'écho de :* répéter ce que l'on a entendu, propager. – *Ne pas trouver d'écho :* ne recueillir aucune approbation. **6.** LITTER, MUS Phrase ou portion de phrase, rime ou note reprenant la précédente et produisant un effet d'écho. *Thème, rime en écho.*

Écho, dans la myth. gr., nymphe des eaux et des bois. Elle personnifie l'écho.

échographie [ekogʀafi] n. f. MED Méthode d'exploration médicale utilisant la réflexion des ultrasons par les organes. *L'échographie est très utilisée pour les examens prénatals.* (V. Doppler.)

échographier [ekogʀafje] v. tr. [2] MED Examiner au moyen de l'échographie.

échoir [eʃwaʀ] v. défect. **[51] 1.** v. tr. indir. Être dévolu par le sort (à). *Cela lui échoit en partage.* **2.** v. intr. Arriver à échéance. *Le premier règlement échoit à la fin de l'année.* – Pp. adj. *Terme échu.*

écholalie [ekolali] n. f. MED Impulsion morbide à répéter, en écho, les derniers mots des phrases entendues.

écholocation [ekolɔkasjɔ̃] n. f. ZOOL Localisation des obstacles et des proies par émission d'ultrasons puis réception des ultrasons réfléchis, observée chez certains animaux (chauves-souris, dauphins).

1. échoppe [eʃɔp] n. f. Petite boutique, le plus souvent faite de planches et adossée à un mur. *Une échoppe de cordonnier.*

2. échoppe [eʃɔp] n. f. TECH Burin de graveur.

échopper [eʃɔpe] v. tr. [1] TECH Graver avec une échoppe.

échosondeur [ekosɔ̃dœʀ] n. m. TECH Instrument utilisant la réflexion des ultrasons pour déterminer la profondeur des fonds marins.

échotier [ekɔtje] n. m. Rédacteur chargé des échos dans un journal.

échouage [eʃwaʒ] n. m. MAR Situation d'un navire que l'on échoue volontairement. *Bassin d'échouage.*

échouement [eʃumɑ̃] n. m. (En parlant d'un navire.) Action d'échouer.

échouer [eʃwe] v. intr. **[1] I. 1.** Toucher le fond, accidentellement ou non, et cesser de flotter (en parlant d'un navire). *Le navire a échoué sur la plage.* – Par anal. *Une baleine qui échoue.* ▷ v. tr. *Échouer un navire,* le faire échouer volontairement. Ant. renflouer. ▷ v. pron. Se mettre au sec accidentellement. *L'épave s'est échouée sur le sable.* **2.** Fig. Aboutir en un lieu sans l'avoir vraiment voulu. *Renvoyé de partout, il échoua dans ce modeste emploi.* **II. 1.** (Personnes) Ne pas réussir. *Il a échoué à ses examens.* **2.** (Choses) Ne pas aboutir. *L'attaque échoua devant la résistance ennemie.* Syn. manquer, avorter, rater.

Echternach, v. du Luxembourg; ch.-l. de cant.; 4 200 hab. Industries. – Abbaye bénédictine (698-1794), célèbre pour son atelier d'enluminures. Hôtel de ville (XVIe s.). – Procession dansante, le mardi de la Pentecôte, vers le tombeau de saint Willibrord*, fondateur de l'abbaye.

écimage [esimaʒ] n. m. AGRIC Action d'écimer.

écimer [esime] v. tr. [1] AGRIC Couper (la cime d'un végétal) pour favoriser la production de ramifications ou la fructification. *Écimer le maïs.* Syn. étêter.

Eckart ou **Eckhart** (Johann, dit Maître) (v. 1260 – v. 1327), dominicain et philosophe mystique allemand. La hardiesse de vingt-huit de ses propositions sur l'essence divine fut condamnée en 1329. Son œuvre, en lat. et en all., suscita de nombreuses interprétations divergentes.

Eckermann (Johann Peter) (1792 – 1854), écrivain allemand. Il fut le secrétaire puis l'ami de Goethe : *Entretiens avec Goethe dans les dernières années de sa vie* (1836-1848).

Eckhart. V. Eckart.

Eckmühl, village de Bavière. – Napoléon Ier y vainquit les Autrichiens (1809).

éclaboussement [eklabusmɑ̃] n. m. Action d'éclabousser.

éclabousser [eklabuse] v. tr. [1] **1.** Faire rejaillir (un liquide, de la boue) sur. **2.** Fig. Faire subir un dommage, un préjudice par contrecoup. *Toutes ces rumeurs ont éclaboussé sa réputation.*

éclaboussure [eklabusyʀ] n. f. **1.** Liquide salissant qui a rejailli. **2.** Fig. Dommage subi par contrecoup.

éclaffer [eklafe] v. tr. [1] (Suisse) Fam. Écraser, faire éclater. *Éclaffer des tomates dans un bol.*

éclair [eklɛʀ] n. m. **I. 1.** Lumière violente et brève provoquée par une décharge électrique entre deux nuages ou entre un nuage et le sol. *Éclair en trait, en boule.* ▷ Loc. fig. *Vif, rapide comme l'éclair :* très vif, très rapide. – *En un éclair, en l'espace d'un éclair :* très rapidement, en un instant. ▷ CHIM *Point d'éclair :* température à laquelle une huile s'enflamme. **2.** *Par anal.* Vive lueur, rapide et passagère. *Les éclairs d'un phare. Ce diamant lance des éclairs.* – Fig. *Un éclair de malice brillait dans ses yeux.* **3.** Fig. Ce qui a la vivacité, la rapidité de l'éclair. *Avoir un éclair de génie, d'intelligence.* ▷ (En appos.) Très rapide. *Un voyage éclair. Guerre éclair.* **II.** Petit gâteau allongé fourré de crème pâtissière. *Éclair au chocolat, au café.*

éclairage [eklɛʀaʒ] n. m. **1.** Action, manière d'éclairer à l'aide d'une lumière artificielle. *Éclairage au gaz, à l'électricité. Éclairage direct,* dans lequel le flux lumineux est dirigé sur l'objet à éclairer (par oppos. à *éclairage indirect*). ▷ Dispositif servant à éclairer. **2.** Manière dont une chose est éclairée. *Éclairage naturel, artificiel.* Syn. lumière. ▷ Fig. Manière dont une chose est considérée. *Je ne vois pas la situation sous cet éclairage.*

éclairagiste [eklɛʀaʒist] n. m. TECH Spécialiste de l'éclairage artificiel.

éclairant, ante [eklɛʀɑ̃, ɑ̃t] adj. Qui a la propriété d'éclairer. *Fusée éclairante.* ▷ Fig. *Une comparaison éclairante.*

éclaircie [eklɛʀsi] n. f. **1.** Espace clair dans un ciel chargé de brume ou de nuages. – Interruption du temps pluvieux; période au cours de laquelle elle se produit. *Le temps sera généralement pluvieux avec quelques éclaircies.* **2.** Fig. Amélioration momentanée. *La situation diplomatique présente des éclaircies.* **3.** AGRIC et SYLVIC Opération consistant à éclaircir un semis, une futaie.

éclaircir [eklɛʀsiʀ] v. tr. [3] **1.** Rendre clair, plus clair. *Cette couleur lui éclaircit le teint.* Ant. assombrir, foncer, obscurcir. ▷ v. pron. *L'orage passé, le ciel s'est rapidement éclairci.* – (Afr. subsah.) *Elle emploie une crème pour s'éclaircir,* pour rendre sa peau plus claire. **2.** Rendre plus net, plus pur. *Le miel éclaircit la voix.* ▷ v. pron. *Il toussa pour s'éclaircir la gorge.* **3.** Rendre moins épais, moins dense. *Éclaircir une sauce.* Syn. allonger. Ant. épaissir. ▷ v. pron. *Sa chevelure s'éclaircit,* devient moins dense. ▷ AGRIC et SYLVIC Enlever des plants (d'un semis, d'une futaie, etc.) pour favoriser la croissance des autres. **4.** Fig. Rendre clair, intelligible; élucider. *Éclaircissez votre pensée. Éclaircir une énigme.* Syn. démêler, clarifier. Ant. embrouiller, compliquer. ▷ v. pron. *La situation s'est éclaircie.*

éclaircissage [eklɛʀsisaʒ] n. m. AGRIC et SYLVIC Action d'éclaircir (sens 3).

éclaircissement [eklɛʀsismɑ̃] n. m. **1.** Action d'éclaircir, de rendre moins sombre. *L'éclaircissement d'une teinte.* **2.** Explication d'une chose difficile à comprendre ou qui prête à équivoque. *Demander des éclaircissements.* Syn. explication, justification.

éclairé, ée [eklɛʀe] adj. **1.** Qui reçoit de la lumière. *Une pièce bien éclairée.* **2.** Fig. Qui a des lumières, des connaissances, de l'expérience. *Un esprit éclairé. Un public éclairé.* – Par ext. *Un aviséclairé.*

éclairement [eklɛʀmɑ̃] n. m. **1.** PHYS Quotient du flux lumineux par unité de surface (exprimé en lux, c.-à-d. en lumen/m^2). **2.** Manière dont une surface est éclairée.

éclairer [eklɛʀe] v. tr. [1] **I. 1.** Répandre de la clarté, de la lumière sur; illuminer. *Le Soleil éclaire la Terre. Une lampe jaune éclairait faiblement la pièce.* ▷ (S. comp.) *Cette lampe éclaire mal.* **2.** Procurer de la lumière à (qqn). *Je passe devant vous pour vous éclairer.* ▷ v. pron. *S'éclairer au gaz, à l'électricité.* **3.** Rendre plus clair, plus lumineux. *Ces grandes baies éclairent la pièce.* ▷ Fig. *Un sourire éclaira son visage.* Ant. assombrir. – v. pron. *Son visage s'éclaira de joie.* **II. 1.** Expliquer à (qqn), mettre (qqn) en état de comprendre. *Il éclaira ses amis sur la situation.* Syn. informer, instruire. **2.** Rendre (qqch) intelligible. *L'enquête a éclairé bien des points obscurs.* ▷ v. pron. *Tout s'éclaire.* **3.** MILIT *Éclairer la marche d'une unité,* reconnaître son itinéraire par l'envoi d'éclaireurs.

éclaireur, euse [eklɛʀœʀ, øz] n. **1.** n. m. MILIT Soldat envoyé pour reconnaître un itinéraire, une position. – Cour. *Partir en éclaireur,* le premier. **2.** n. Membre d'une organisation laïque de scouts.

éclampsie [eklɑ̃psi] n. f. MED Syndrome convulsif grave, parfois observé en fin de grossesse, lors de l'accouchement ou immédiatement après, dû à une toxémie gravidique.

éclat [ekla] n. m. **I. 1.** Fragment détaché d'un corps dur. *Le pare-brise a volé en éclats.* **2.** Son, bruit soudain plus ou moins violent. *Des éclats de voix. Des éclats de rire. Rire aux éclats.* **3.** Fig. Bruit, réaction retentissante. *La nouvelle fit un grand éclat.* ▷ Manifestation violente, scandale. *Il risque de faire un éclat.* **II. 1.** Vive lumière émanant d'une source lumineuse, d'un corps brillant; intensité de cette lumière. *L'éclat d'un diamant. Ses yeux brillaient d'un éclat fiévreux.* ▷ Lumière vive et brève. *Compter les éclats d'un phare.* **2.** Vivacité d'une couleur, qualité de ce qui frappe le regard par sa splendeur. *L'éclat d'une rose. L'éclat de la beauté.* **3.** Fig. Ce qui frappe par des qualités brillantes. *Un style qui a de l'éclat.* – *Une action, un coup d'éclat,* remarquable, dont on parle.

éclatage [eklataʒ] n. m. AGRIC Action d'éclater (sens I, 3).

éclatant, ante [eklatɑ̃, ɑ̃t] adj. **1.** Qui brille avec éclat, qui frappe le regard. *Lumière, blancheur éclatante. Une beauté éclatante.* Ant. sombre, terne, obscur. **2.** Sonore, retentissant. *Un son éclatant.* **3.** Fig. Qui se manifeste avec évidence, intensité, éclat. *Victoire éclatante.*

éclaté [eklate] adj. et n. m. TECH *Un dessin éclaté* ou, n. m., *un éclaté :* un dessin qui présente, séparés les uns des autres, les éléments d'un mécanisme ou d'une construction complexes pour mettre en évidence leur agencement.

éclatement [eklatmɑ̃] n. m. **1.** Action d'éclater; résultat de cette action. *Éclatement d'un obus.* **2.** Fig. Répartition, division en plusieurs éléments. *Éclatement d'un fichier en sous-fichiers.* – *Éclatement d'un groupe politique.*

éclater [eklate] v. intr. [1] **I. 1.** Se rompre, se briser avec violence et par éclats. *Ce bois a éclaté. La bombe a éclaté sur la ville.* – Par exag. *Taisez-vous, ma tête va éclater!* Syn. exploser. **2.** Se séparer en plusieurs éléments. **3.** v. tr. AGRIC Répartir (une touffe végétale) en plusieurs éléments. *Éclater une souche de graminées,* séparer les tubercules pour que chacun donne un nouveau pied. **II. 1.** Faire entendre un bruit soudain et violent. *Des applaudissements éclatèrent. Le tonnerre éclata dans le silence de la nuit.* **2.** Manifester un sentiment brusquement et bruyamment. *Éclater de rire. Éclater en injures, en sanglots.* – *Absol.* Se mettre en colère. *C'en était trop, il éclata.* ▷ v. pron. Vx *S'éclater de rire.* **3.** Fig. Se manifester d'une manière soudaine et violente. *L'incendie éclata pendant la nuit. Une révolte éclata.* **4.** Fig. Se manifester avec évidence, intensité, éclat. *Sa gloire éclata aux yeux du monde. Je ferai éclater la vérité.* **5.** v. pron. Mod., fam. S'amuser, se divertir sans retenue.

éclectique [eklɛktik] adj. (et n.) **1.** PHILO Qui appartient à l'éclectisme. *Doctrine éclectique.* ▷ Qui est partisan de l'éclectisme. – Subst. *Un(e) éclectique.* **2.** Qui choisit dans divers genres ce qui lui plaît sans s'asservir à un seul. *Être éclectique dans ses lectures, ses fréquentations.* – Divers. *Avoir des goûts éclectiques.* Ant. exclusif, sectaire.

éclectisme [eklɛktism] n. m. **1.** PHILO Système composé d'idées ou d'éléments doctrinaux empruntés à des philosophes d'écoles différentes. **2.** Largeur d'esprit permettant d'accueillir toute idée avec compréhension.

éclipse [eklips] n. f. **1.** Disparition momentanée d'un astre lorsqu'un autre astre s'interpose sur le trajet des rayons lumineux qui l'éclairent. *Éclipse de Lune :* se dit lorsque la Terre porte ombre sur la Lune. *Éclipse de Soleil :* se dit lorsque la Lune, passant entre la Terre et le Soleil, intercepte les rayons lumineux de celui-ci (il s'agit en fait d'une *occultation* du Soleil par la Lune, et le terme d'éclipse, utilisé couramment, est impropre). *Éclipse partielle* (et *annulaire** dans le cas du Soleil), *éclipse totale.* **2.** Fig. Disparition ou défaillance momentanée. *Son succès a connu quelques éclipses. Éclipse de mémoire.*

éclipser [eklipse] v. [1] **I.** v. tr. **1.** ASTRO Intercepter la lumière émise par un astre (en parlant d'un autre astre). *La Lune éclipse quelquefois le Soleil.* **2.** Fig. Empêcher (qqch ou qqn) de paraître, en attirant sur soi toute l'attention. *Éclipser ses partenaires.* Syn. surpasser, surclasser, effacer. **II.** v. pron. **1.** Fam. Disparaître, partir discrètement. *S'éclipser d'une réunion.* Syn. s'esquiver. **2.** ASTRO Subir une éclipse.

écliptique [ekliptik] adj. et n. m. ASTRO **1.** adj. Relatif aux éclipses ou à l'écliptique (sens 2). **2.** n. m. Plan de l'orbite de la Terre autour du Soleil.
ENCYCL L'*écliptique* est incliné en moyenne de 23° 27' sur le plan de l'équateur. L'intersection de ces deux plans détermine la ligne des équinoxes; la ligne des solstices, située dans l'écliptique, perpendiculaire à celle des équinoxes.

éclisse [eklis] n. f. **1.** TECH Éclat de bois. **2.** TECH Bois de refend servant à confectionner les seaux, les tambours, etc. **3.** CHIR Syn. de *attelle.*

éclisser [eklise] v. tr. [1] CHIR Maintenir (un membre fracturé) au moyen d'éclisses.

éclopé, ée [eklɔpe] adj. et n. Qui marche avec peine, à cause d'une blessure à la jambe. *Un vieillard éclopé.* – Subst. *Les éclopés de la dernière saison de ski.* ▷ Se dit des militaires momentanément hors de combat à la suite de blessures ou de maladies légères.

éclore [eklɔʀ] v. intr. [79] **1.** Naître d'un œuf. *Les poussins viennent d'éclore. – Par ext.* S'ouvrir pour donner naissance à un animal (en parlant d'un œuf). *Les œufs sont* (ou *ont*) *éclos tôt ce matin.* **2.** *Par anal.* Commencer à s'ouvrir (en parlant des fleurs). *Le soleil a fait éclore les résédas.* **3.** Fig., litt. Naître, paraître, se manifester. *Les grands génies que ce siècle vit éclore.*

éclosion [eklozjɔ̃] n. f. **1.** Fait d'éclore (en parlant d'un œuf, d'un animal). **2.** Épanouissement des fleurs. **3.** Fig., litt. Naissance. *L'éclosion d'un talent.*

éclusage [eklyzaʒ] n. m. Manœuvre par laquelle on fait franchir une écluse à un bateau.

écluse [eklyz] n. f. Ouvrage étanche permettant à un bateau le passage d'un bief à un autre.

écluser [eklyze] v. tr. [1] **1.** TECH Faire passer un bateau d'un bief à l'autre par une écluse. **2.** Pop. Boire.

éclusier, ère [eklyzje, ɛʀ] n. Personne préposée à la garde et à la manœuvre d'une écluse.

éco-. Élément, du gr. *oikos*, «maison, habitation».

Eco (Umberto) (né en 1932), sémiologue et écrivain italien. Ses recherches portent sur la signification de l'œuvre d'art : *l'Œuvre ouverte* (1962). Romans : *le Nom de la rose* (1982), *le Pendule de Foucault* (1990), *l'Île du jour d'avant* (1994).

écobuage [ekɔbɥaʒ] n. m. AGRIC Action d'écobuer. *L'écobuage est une technique archaïque de fertilisation.*

écobuer [ekɔbɥe] v. tr. [1] AGRIC Arracher par plaques la végétation sauvage (d'une terre), la sécher, la brûler et utiliser les cendres comme engrais.

écobueur [ekɔbyœʀ] n. m. AGRIC Spécialiste de l'écobuage.

écocide [ekɔsid] n. m. ECOL Destruction systématique du milieu naturel.

écodéveloppement [ekɔdevlɔpmɑ̃] n. m. *Écodéveloppement économique :* mode de développement économique qui ne porte pas atteinte aux systèmes écologiques et à l'organisation des sociétés, et qui évite le gaspillage des ressources non renouvelables.

écœurant, ante [ekœʀɑ̃, ɑ̃t] adj. et n. **1.** adj. Qui écœure. *Un gâteau écœurant.* ▷ Fig. Moralement repoussant, révoltant. *Il est d'une servilité écœurante.* ▷ (Sens atténué.) *Elle a une chance écœurante au jeu,* qui décourage. **2.** n. (Québec) Fam. Personne dont l'immoralité est révoltante.

écœurement [ekœʀmɑ̃] n. m. **1.** Action d'écœurer; état d'une personne écœurée. **2.** Fig. Répugnance. *Ces scènes avaient suscité l'écœurement général.*

écœurer [ekøʀe] v. tr. [1] **1.** Soulever le cœur de dégoût. *Ces sucreries m'écœurent.* **2.** Fig., fam. Provoquer la répugnance de (qqn). *Sa conduite m'écœure.* **3.** Fig. Abattre le moral de (qqn). *Toutes ces difficultés l'ont écœuré.* Syn. décourager, démoraliser.

écogestion [ekɔʒɛstjɔ̃] n. f. ECOL Utilisation de techniques visant à la préservation de l'environnement.

écolage [ekɔlaʒ] n. m. **1.** (Afr. subsah., Belgique) Formation à certaines techniques (conduite d'un véhicule) ou à certaines pratiques (policier, pompier), général. sous la direction d'un moniteur. (Au Burundi, terme réservé à l'armée.) *Poursuivre son écolage.* **2.** (Haïti, Madag., Suisse) Frais de scolarité.

école [ekɔl] n. f. **1.** Établissement où l'on dispense un enseignement collectif de connaissances générales, ou de connaissances particulières nécessaires à l'exercice d'un métier, d'une profession, ou à la pratique d'un art. *École privée, publique.* – *École de dessin, de musique. École polytechnique, navale.* – (Maghreb) *École de base :* école primaire. – (Suisse) *École enfantine :* école maternelle. – (Belgique, Québec, Suisse) *École secondaire :* collège d'enseignement secondaire. – *Haute école :* (Suisse) établissement d'enseignement supérieur; (Belgique) établissement d'enseignement supérieur non universitaire. – *Grandes écoles* : écoles d'enseignement supérieur, dont l'accession est généralement soumise à une sélection sévère (concours, etc.) et qui dispensent un enseignement de haut niveau. – *École nationale de la France d'outre-mer :* nom pris en 1934 par l'École coloniale créée en France en 1880 afin de former des administrateurs et des magistrats pour les colonies françaises (la dernière promotion est sortie en 1960). – *École française :* (en dehors de la France) école où l'enseignement est dispensé en français, selon le système scolaire français. – (Québec) *École polyvalente*.* – (Afr. subsah., Maghreb) *École coranique :* école traditionnelle musulmane où l'on enseigne le Coran. ▷ (Madag.) Tout établissement scolaire, de la maternelle à l'université. ▷ *Spécial.* Établissement d'enseignement primaire (par oppos. à *lycée, université, faculté*). *Maître, maîtresse d'école.* – *École normale William-Ponty :* V. Ponty. – *École des otages :* V. otage. ▷ (Collectif) Ensemble des élèves et des professeurs qui fréquentent un tel établissement. *Les écoles de la ville participaient à la fête.* **2.** Ce qui est propre à instruire, à former. *S'instruire à l'école de l'expérience, de la vie.* – Loc. *Être à bonne éco-le :* être avec des gens capables de bien conseiller, de bien former. **3.** Ensemble des adeptes d'un même maître, d'une même doctrine; cette doctrine elle-même. *L'école de Platon, d'Hippocrate.* ▷ BX-A et LITT Groupe d'artistes ou d'écrivains présentant des points communs (origine, style, formation, etc.). *L'école flamande. L'école du nouveau* roman.* ▷ Loc. *Faire école :* servir de modèle à des imitateurs; gagner à ses principes, à son opinion. **4.** MILIT Chacun des degrés de l'instruction militaire. *École du soldat. École de bataillon.* ▷ (Suisse) *École des recrues :* période d'instruction militaire des conscrits. ▷ EQUIT *Haute école :* ensemble des exercices destinés à amener un cheval au plus haut degré de dressage; exécution de ces exercices. **5.** RELIG ISLAM Chez les sunnites, ensemble doctrinal comprenant le rituel et le droit. Syn. rite.

écolier, ère [ekɔlje, ɛʀ] n. **1.** Enfant qui fréquente une école primaire. – Loc. fig. *Le chemin des écoliers :* le chemin le plus long, où l'on flâne. ▷ (En appos.) *Papier écolier :* papier blanc quadrillé. **2.** Personne novice, inexpérimentée, malhabile.

écologie [ekɔlɔʒi] n. f. **1.** BIOL Science qui étudie les conditions d'existence d'un être vivant et les rapports qui s'établissent entre cet être et son environnement. ▷ ANTHROP *Écologie culturelle :* partie de l'anthropologie qui étudie les différences entre les cultures à partir des différences de l'environnement. **2.** Cour. Protection de la nature, de l'environnement.
ENCYCL L'écologie se subdivise en *autoécologie* (étude des rapports d'une seule espèce avec le milieu où elle vit), *synécologie* (étude des rapports des espèces appartenant à un même groupement avec le milieu où elles vivent) et *dynamique des populations* (modifications et causes de l'abondance des espèces dans un même milieu). Tous les problèmes relatifs au maintien des équilibres biologiques, à la conservation de la nature, à la protection des faunes et des flores, et à la survie du milieu naturel relèvent de l'écologie appliquée. L'écologie animale répond aux mêmes principes généraux. Elle étudie l'action des facteurs physiques (lumière, température, etc.) sur les animaux, mais aussi et surtout les innombrables interactions qui unissent ceux-ci entre eux ou aux végétaux. La notion de chaîne alimentaire, qui commence avec le plancton ou les algues et se termine avec les espèces carnivores, a incité les écologistes à étudier avec un intérêt particulier les milieux où les animaux ne peuvent survivre qu'au prix d'adaptations très perfectionnées (déserts, abysses, etc.). La protection de la nature (flore, faune, fleuves, océans) relève de l'écologie appliquée et des préoccupations relatives à l'environnement humain (villes, milieu rural, etc.).

écologique [ekɔlɔʒik] adj. Relatif à l'écologie.

écologisme [ekɔlɔʒism] n. m. Mouvement, action des écologistes (sens 2).

écologiste [ekɔlɔʒist] n. **1.** Écologue. **2.** Personne attachée à la protection de la nature et des équilibres biologiques. (Abrév. fam. : écolo).

écologue [ekɔlɔg] n. Didac. Spécialiste des problèmes liés à l'écologie.

écomusée [ekomyze] n. m. Didac. Musée de l'homme et de la nature où l'homme est interprété dans son milieu naturel, la nature dans sa sauvagerie, mais aussi telle que la société l'a adaptée à son usage (définition de G.-H. Rivière, créateur du mot).

éconduire [ekɔ̃dɥiʀ] v. tr. [69] Mettre dehors, repousser avec plus ou moins de ménagement; ne pas agréer. *Éconduire un importun.* – Litt. ou plaisant *Éconduire un soupirant.* Syn. repousser.

économat [ekɔnɔma] n. m. **1.** Emploi, bureau, charge d'économe. **2.** Magasin créé par une entreprise en vue de fournir à son personnel des denrées à prix réduit.

économe [ekɔnɔm] n. et adj. **I.** n. Personne chargée de la recette, de la dépense et de toute l'administration matérielle d'un établissement, d'une communauté. **II.** adj. **1.** Qui dépense avec mesure. *Économe jusqu'à l'avarice.* **2.** Fig. *Être économe de paroles, d'éloges,* les mesurer, ne pas les prodiguer.

économétrie [ekɔnɔmetʀi] n. f. Didac. Application des méthodes mathématiques aux sciences économiques.

économie [ekɔnɔmi] n. f. **I. 1.** Soin à ne dépenser que ce qui convient; épargne dans la dépense. *Vivre avec la plus stricte économie.* Ant. gaspillage, prodigalité. **2.** GEST *Économie d'échelle :* réduction des coûts unitaires des produits fabriqués par une entreprise lorsqu'elle accroît sa capacité de production. **3.** Ce qui est épargné. *Il n'y a pas de petites économies. Économie de temps, d'énergie.* – Fig., fam. *Économie(s) de bouts de chandelles*.* ▷ (Plur.) Argent épargné. *Avoir des économies.* **II. 1.** Administration, gestion d'une maison, d'un ménage, d'un bien. *Économie domestique.* ▷ Didac. *Économie privée, publique, mixte.* – *Économie politique :* science (nommée auj. *science économi-*

que) qui a pour objet l'étude des phénomènes de production, de circulation, de répartition et de consommation des richesses. – *Économie rurale :* science des procédés tendant à obtenir le meilleur rendement d'un sol. – *Économie du développement :* partie de l'économie qui étudie les phénomènes économiques propres aux pays en développement. **2.** Ensemble des faits relatifs à la production, à la circulation, à la répartition et à la consommation des richesses dans une société. *Avoir une économie florissante.* – *Économie fermée,* dans laquelle les échanges internationaux sont très réduits (par oppos. à *économie ouverte*). – *Économie dirigée :* système dans lequel l'État oriente, régularise et contrôle l'activité économique du pays. Syn. dirigisme. – *Économie de marché*.* – *Économie internationale :* mise en relation, par les échanges et l'investissement direct à l'étranger, des nations intervenant dans les espaces économiques nationaux. – *Économie mondiale :* V. mondialisation. **3.** Harmonie existant entre les différentes fonctions d'un organisme vivant. *L'économie animale.* ▷ Fig. Distribution des parties d'un tout. *L'économie d'une pièce de théâtre.*

ENCYCL C'est à partir de la Renaissance que l'*économie politique* (l'expression apparaît en 1615) se détacha de la philosophie et se préoccupa exclusivement de la création et de la circulation des biens matériels à l'échelle nationale (d'où le mot *politique* : «de la cité»). Le premier grand traité fut publié en 1776 par Adam Smith. Vinrent ensuite Riccardo et Marx. La plupart des économistes estimaient que, dans une économie de marché*, si on considère une assez longue période, le volume de la production trouve toujours son équilibre, ce qui assure le plein emploi. En 1936, Keynes* montra que les équilibres de sous-emploi pouvaient également être durables. Les économistes entreprirent alors de déterminer les conditions de l'équilibre général, à l'échelle macroéconomique. Ainsi la science économique étudie-t-elle principalement les équilibres fondamentaux. Elle dispose d'un appareil statistique de plus en plus perfectionné et des techniques de la comptabilité nationale.

économique [ekɔnɔmik] adj. **1.** Relatif à l'économie, à l'économie politique. *Doctrines économiques. Crise économique. Zone économique.* **2.** Qui réduit la dépense, qui coûte peu. *Un appareil ménager économique.*

économiquement [ekɔnɔmikmɑ̃] adv. **1.** À peu de frais. *Se distraire économiquement.* **2.** Du point de vue de la science économique. *Une politique économiquement défendable.* ▷ *Les économiquement faibles :* les personnes dont les ressources sont très insuffisantes.

économiser [ekɔnɔmize] v. tr. [1] **1.** Épargner. *Économiser le pain, l'énergie.* – Fig. *Économiser son temps, ses forces.* Syn. ménager. Ant. gaspiller. **2.** Faire des économies, mettre de côté (une somme d'argent). *Il économise une partie de son salaire.* ▷ v. intr. *Il économise sur ses revenus.* Syn. épargner. Ant. dépenser.

économiseur [ekɔnɔmizœʀ] n. m. TECH Dispositif permettant une économie d'essence, de combustible, etc.

économisme [ekɔnɔmism] n. m. Didac. Doctrine qui attribue aux faits économiques un rôle prépondérant dans la politique, la civilisation, etc.

économiste [ekɔnɔmist] n. Spécialiste de science économique. V. économie (encycl.).

écope [ekɔp] n. f. Pelle creuse servant à épuiser l'eau d'une embarcation. Syn. (oc. Indien) moque.

écoper [ekɔpe] v. tr. [1] **1.** MAR Vider l'eau (d'une embarcation) à l'aide d'une écope. **2.** Fam. Subir, recevoir (une punition, un dommage). *Il a écopé (de) trois jours d'arrêts.* ▷ (S. comp.) Subir des reproches, des coups; avoir des ennuis. *C'est lui qui a écopé.* Syn. trinquer.

écorçage [ekɔʀsaʒ] n. m. Action d'écorcer (un arbre). *L'écorçage du chêne-liège.*

écorce [ekɔʀs] n. f. **1.** Épaisse enveloppe des troncs et des branches des arbres. – (Afr. subsah.) *Tissu d'écorce :* V. tapa. ▷ Loc. prov. *Entre l'arbre et l'écorce il ne faut pas mettre le doigt :* il ne faut pas intervenir dans des querelles entre proches. **2.** *Par anal.* Peau épaisse de divers fruits. *Écorce d'orange.* **3.** GEOL *Écorce terrestre :* croûte* terrestre. **4.** Fig. Aspect extérieur, apparence. *L'écorce est rude mais le cœur est bon.*

écorcer [ekɔʀse] v. tr. [12] **1.** Retirer l'écorce de. *Écorcer un arbre.* ▷ v. pron. Perdre son écorce (en parlant d'un arbre). *Ce chêne s'écorce.* **2.** Peler, décortiquer. *Écorcer une mandarine.*

écorceur, euse [ekɔʀsœʀ, øz] n. **1.** Personne qui procède à l'écorçage des arbres. **2.** n. f. Machine à écorcer.

écorché, ée [ekɔʀʃe] adj. et n. **1.** adj. Dont on a enlevé la peau. ▷ Fig. Qui est mal prononcé. *Un nom écorché.* **2.** BX-A n. m. Figure, gravure, statue, etc., représentant un homme ou un animal dépouillé de sa peau. ▷ Fig. n. Personne dont la sensibilité est à fleur de peau, très vive. *C'est un écorché vif.*

écorcher [ekɔʀʃe] v. tr. [1] **1.** Dépouiller de sa peau. *Écorcher un lapin.* **2.** Blesser superficiellement. *Mon soulier m'a écorché le talon. Un genou écorché.* – v. pron. *S'écorcher (à) la main.* Syn. griffer, égratigner. ▷ *Par ext.* Déchirer, enlever superficiellement un morceau de. *Un obus a écorché la façade.* Syn. érafler. – Par exag. *Écorcher les oreilles :* offenser l'ouïe, en parlant d'un son. **3.** Fig. Prononcer d'une manière incorrecte. *Écorcher une langue. Écorcher le nom de qqn.* Syn. estropier.

écorcheur [ekɔʀʃœʀ] n. m. Personne dont le métier est d'écorcher les bêtes mortes.

écorchure [ekɔʀʃyʀ] n. f. **1.** Plaie superficielle de la peau. Syn. égratignure. **2.** *Par ext.* Légère éraflure à la surface d'une chose. *Faire une écorchure à un mur.*

écorner [ekɔʀne] v. tr. [1] **1.** Rompre une corne ou les cornes à (un animal). **2.** Casser, déchirer, un angle, un coin d'un objet. *Écorner un livre.* **3.** Fig. Diminuer, réduire par une atteinte, un dommage. *Écorner son patrimoine.* Syn. entamer, ébrécher.

écornifler [ekɔʀnifle] v. [1] **1.** v. tr. Vieilli Se procurer qqch aux dépens d'autrui. **2.** v. intr. (Québec) Chercher à surpendre un secret, espionner. Syn. sentir.

écornifleur, euse [ekɔʀniflœʀ, øz] n. Vieilli Fam. Parasite, pique-assiette.

écornifleux, euse [ekɔʀniflø, øz] n. (Québec) Fam. Personne qui écornifle (sens 2). Syn. senteux.

écornure [ekɔʀnyʀ] n. f. Éclat, morceau provenant d'un objet écorné; brèche qui en résulte.

écossais, aise [ekɔsɛ, ɛz] adj. et n. **1.** adj. D'Écosse. ▷ Subst. *Un(e) Écossais(e).* **2.** adj. *Étoffe écossaise* ou, n. m., *écossais :* étoffe à carreaux de couleurs. – Par ext. *Une écharpe, une couverture écossaise.*

Écosse (en angl. *Scotland*), anc. royaume et partie septentrionale de la G.-B., que les monts Cheviot séparent de l'Angleterre. Région du Royaume-Uni et de la C.E.; 78783 km^2; 4957000 hab.; cap. *Édimbourg.*

Géogr. et écon. – Massif ancien soulevé au tertiaire et remanié par les glaciers, l'Écosse comprend les *Southern Uplands* au S. et les *Highlands* au N., séparés par des bassins d'effondrement *(Lowlands)* où se concentre les activités écon. Ressources : élevage ovin et bovin, céréales, textile, industr. grâce au charbon, au fer et aux ports. Le pétrole de la mer du Nord compense un peu le déclin des industries traditionnelles.

Hist. – Population préceltique, les Pictes résistèrent aux Romains et reçurent l'apport des Scots, des Angles et des Brittones (IVe-VIe s.), avant d'être christianisés. À partir du XIIe s., les rivalités entre les clans et la lutte contre l'influence anglaise dominèrent la vie polit. de l'Écosse, dont l'indépendance fut reconnue en 1314 et confirmée par le traité de Northampton (1328). L'anarchie intérieure et les luttes religieuses firent renaître les prétentions angl. à partir du XVIe s. À la mort d'Élisabeth Ire (1603), Jacques VI Stuart, roi d'Écosse, devint roi d'Angleterre sous le nom de Jacques Ier *(union personnelle),* mais la fusion des deux royaumes ne fut opérée qu'en 1707, par l'Acte d'union.

écosser [ekɔse] v. tr. [1] Enlever la cosse de. *Écosser des pois.*

écosseuse [ekɔsøz] n. f. Machine à écosser les pois, les haricots, etc.

écosystème [ekosistɛm] n. m. BIOL Ensemble écologique constitué par un milieu (sol, eau, etc.) et des êtres vivants, entre lesquels existent des relations énergétiques, trophiques, etc. *Un lac, une forêt en équilibre biologique constituent chacun un écosystème.*

écot [eko] n. m. Litt. Quote-part due par un convive pour un repas. *Payer son écot.*

écotype [ekotip] n. m. BIOL Dans une espèce, groupe d'individus adaptés au même biotope. *Les variations d'un écotype sont héréditaires, ce qui le différencie d'un accommodat.*

écoulement [ekulmɑ̃] n. m. **1.** Action de s'écouler; mouvement d'un fluide qui s'écoule. *Écoulement des eaux.* ▷ Par anal. *Écoulement de la foule, des véhicules.* **2.** Possibilité de vente; vente, débit. *Écoulement de marchandises.*

écouler [ekule] v. [1] **I.** v. tr. Vendre, débiter (une marchandise) jusqu'à épuisement. *Il a écoulé tout son stock.* ▷ v. pron. Se vendre. *Un produit qui s'écoule facilement.* **II.** v. pron. **1.** Couler hors de quelque endroit (liquides). *L'eau s'écoule par cette fente.* – Par anal. *La foule s'écoula peu à peu.* **2.** Fig. Passer. *Le temps s'écoulait lentement.*

écoumène, œcoumène ou **œkoumène** [ekumɛn] n. m. GEOGR Ensemble des terres habitées ou exploitées.

écourgeon [ekuʀʒɔ̃] n. m. Orge que l'on sème en automne.

écourter [ekuʀte] v. tr. [1] **1.** Rendre plus court en longueur. *Écourter une jupe.* – Spécial. *Écourter un chien,* lui couper la queue ou les oreilles. *Écourter un cheval,* lui couper la queue. **2.** Rendre plus court en durée. *Écourter une conversation.* Syn. abréger.

1. écoute [ekut] n. f. **1.** Action d'écouter (une émission radiophonique et, *par ext.,* une émission de télévision). *Être à l'écoute. Heure, moment de grande écoute.* **2.** *Être aux écoutes :* être vigilant; fig., être aux aguets. *C'est un inquiet continuellement aux écoutes.* **3.** Action d'écouter à l'insu des interlocuteurs. *Écoutes téléphoniques.*

2. écoute [ekut] n. f. MAR Cordage assujetti au coin inférieur d'une voile et servant à la border.

écouter [ekute] v. tr. [1] **1.** Prêter l'oreille pour entendre. *Parlez, je vous écoute.* – (S. comp.) Loc. *Écouter aux portes,* indiscrètement. ▷ Fam. *N'écouter que d'une oreille,* distraitement. ▷ *Écoute! écoutez! :* interj. employée pour réclamer l'attention. ▷ v. pron. *Il s'écoute parler :* il se complaît à s'exprimer. **2.** Prêter attention à l'avis de (qqn), suivre (un avis). *Écouter les conseils de ses aînés.* ▷ Pp. adj. (Personnes) *Un conseiller très écouté,* qui émet des avis dont on fait cas. ▷ *Par ext.,* fig. Suivre un sentiment, une impulsion, une inspiration. *N'écouter que son courage, que son cœur.* ▷ v. pron. Être trop attentif à soi-même, à sa santé. *Il s'écoute trop.*

écouteur [ekutœʀ] n. m. **1.** TECH Appareil transformant des signaux électriques en sons perceptibles par l'oreille. *Le combiné téléphonique comporte un écouteur et un micro.* **2.** (Plur.) Vx (Cour. au Québec) Casque (sens 3).

écoutille [ekutij] n. f. MAR Ouverture pratiquée sur le pont d'un navire pour donner accès aux entreponts et aux cales.

écouvillon [ekuvijɔ̃] n. m. TECH Brosse fixée à une longue tige, et destinée à nettoyer l'intérieur des récipients étroits, des objets tubulaires, etc.

écrabouiller [ekʀabuje] v. tr. [1] Fam. Écraser complètement, réduire en bouillie. Syn. (Québec) écrapoutir.

écran [ekʀɑ̃] n. m. **1.** Panneau servant à garantir contre l'ardeur du feu. **2.** *Par ext.* Objet interposé pour dissimuler ou protéger. – GEST *Société écran,* derrière laquelle se dissimule le véritable bénéficiaire. ▷ MILIT *Écran de fumée :* nuage émis par des appareils fumigènes. ▷ PHYS NUCL Blindage de protection. – Fig. Barrière illusoire. *Ces prétextes ne sont qu'écran de fumée.* ▷ ELECTRON *Grille-écran :* grille d'un tube électronique, placée au voisinage de l'anode. **3.** Surface sur laquelle sont projetées des images. *L'écran d'une salle de cinéma. Un écran perlé,* revêtu de minuscules billes de verre qui augmentent son pouvoir réfléchissant. – *Par ext.* L'art cinématographique. *Les vedettes de l'écran.* ▷ Surface sur laquelle apparaissent les images. *L'écran d'un téléviseur. Le petit écran :* la télévision. ▷ INFORM Périphérique d'ordinateur sur lequel s'affichent les données. *Écran tactile.* Syn. moniteur.

écrapoutir [ekʀaputiʀ] v. tr. [3] (Québec) Fam. **1.** Écrabouiller. **2.** v. pron. S'écraser. ▷ Se blottir, s'accroupir. *S'écrapoutir dans un coin.*

écrasant, ante [ekʀazɑ̃, ɑ̃t] adj. **1.** Très lourd, difficile à supporter. *Un fardeau écrasant. Chaleur écrasante.* Syn. accablant. **2.** Qui domine, qui est très supérieur. *Obtenir une majorité écrasante.*

écrasement [ekʀazmɑ̃] n. m. Action d'écraser; résultat de cette action. ▷ Fig. Anéantissement. *L'écrasement des armées ennemies.*

écraser [ekʀaze] v. tr. [1] **1.** Aplatir, déformer par une forte compression, un coup violent; tuer en aplatissant. *Écraser un insecte.* – *Écraser sa cigarette,* pour l'éteindre. ▷ (Madag.) Fig., arg. (des écoles) *Écraser un cours :* ne pas se présenter à un cours (V. brosser, sécher). ▷ v. pron. *L'avion s'est écrasé au sol.* **2.** Broyer en pressant. *Écraser du grain. Écraser des légumes, des fruits.* – Par exag. *Sa poigne énergique vous écrasait la main.* – *Spécial.* Tuer en passant sur (qqn) en voiture. *Tu as failli écraser un piéton.* ▷ v. pron. Par exag. *On s'écrasait :* la foule était très dense. **3.** Vaincre, anéantir. *L'armée fut écrasée.* ▷ Opprimer. *Le fort écrase le faible.* **4.** Fig. Faire supporter une charge excessive à. *Écraser le peuple d'impôts. Être écrasé de travail.* Syn. accabler. **5.** Dominer de sa masse; faire paraître plus petit, plus bas, plus court. *La citadelle écrase la ville.* – Fig. Humilier. *Écraser qqn de son mépris.* **6.** INFORM *Écraser des données,* les supprimer involontairement par superposition. **7.** Fig., fam. *En écraser :* dormir profondément.

écrémage [ekʀemaʒ] n. m. Action d'écrémer.

écrémer [ekʀeme] v. tr. [14] **1.** Enlever la crème (du lait). – Pp. adj. *Du lait écrémé, demi-écrémé* (par oppos. à *lait entier*). **2.** Fig. Prendre ce qu'il y a de meilleur dans. *Écrémer une collection.*

écrémeuse [ekʀemøz] n. f. Machine servant à écrémer le lait par centrifugation.

écrêtement [ekʀɛtmɑ̃] n. m. MILIT, TECH Action d'écrêter.

écrêter [ekʀete] v. tr. [1] **1.** MILIT Abattre le sommet (d'un ouvrage) à l'aide d'un tir d'artillerie. **2.** TECH Diminuer la hauteur de. *Écrêter les pics d'une courbe.*

écrevisse [ekʀəvis] n. f. **1.** Crustacé décapode macroure d'eau douce, à fortes pinces, d'Amérique et d'Eurasie. (*Astacus pluviatilis,* l'écrevisse européenne, verdâtre, constitue un mets de choix, de même que *Cambarus affinis,* l'écrevisse américaine, introduite en Europe). – *Être rouge comme une écrevisse,* très rouge (comme l'écrevisse cuite). **2.** (Afr. subsah.) *Écrevisse des lagunes :* grande crevette d'eau douce à fortes pinces.

écrier (s') [ekʀije] v. pron. [2] Prononcer, dire en criant, en s'exclamant. *Je m'écriai que c'était une injustice.*

écrin [ekʀɛ̃] n. m. Petit coffret où l'on dispose des bijoux, des objets précieux.

écrire [ekʀiʀ] v. tr. [67] **I. 1.** Tracer, former (des lettres, des caractères). – Absol. *Savoir lire et écrire. Apprendre à écrire.* **2.** Orthographier. *Comment écrivez-vous ce mot?* ▷ v. pron. *Ça s'écrit comme ça se prononce.* **3.** Mettre, noter, consigner par écrit. *Écrire son adresse.* Syn. inscrire, marquer. ▷ v. pron. *Tout ce qui se dit ne s'écrit pas.* **4.** Rédiger (une correspondance). – Absol. *Laissez votre adresse, on vous écrira.* – Dire, annoncer par lettre. *Il m'a écrit qu'il ne viendra pas.* ▷ v. pron. Entretenir une correspondance. *Nous nous écrivons régulièrement.* **II. 1.** Composer une œuvre (littéraire, musicale), un article (journalistique, scientifique), etc. *Écrire des poèmes, un roman, une symphonie.* – Absol. *Il écrit dans des revues scientifiques.* – *Écrire au courant de la plume,* en composant aussi vite, à mesure qu'on écrit. – *Spécial.* Faire le métier d'écrivain. *Il écrit depuis l'âge de vingt ans.* **2.** Exprimer sa pensée par l'écriture de telle ou telle manière. *L'art d'écrire.* **3.** Dire, exposer dans un ouvrage imprimé. *Voltaire a écrit : « Il faut cultiver notre jardin. »*

écrit, ite [ekʀi, it] adj. et n. m. **I.** adj. **1.** Tracé. *Je ne peux pas lire, c'est trop mal écrit.* **2.** Couvert de signes d'écriture. *Papier écrit des deux côtés.* **3.** Noté, exposé par écrit. *Langue écrite et langue parlée. Un ouvrage mal écrit.* ▷ Fig. Évident, manifeste. *C'est écrit sur son visage.* **4.** Fig. Décidé par le sort, le destin, la Providence. *Il est écrit que je ne serai jamais tranquille. C'était écrit.* **II.** n. m. **1.** Papier, parchemin, etc. sur lequel est écrit qqch; ce qui est écrit. *Les paroles s'envolent, les écrits restent.* ▷ Loc. adv. *Par écrit :* sur le papier. *Il s'est engagé par écrit.* ▷ DR Écrit juridique. **2.** Ouvrage de l'esprit. *Les écrits de Victor Hugo.* **3.** Épreuves écrites d'un examen (par oppos. à *oral*). *Être reçu à l'écrit.*

écriteau [ekʀito] n. m. Tableau portant une inscription destinée au public. Syn. pancarte.

écritoire [ekʀitwaʀ] n. **1.** n. f. Anc. Coffret renfermant tout ce qui est nécessaire pour écrire. **2.** n. m. (Afr. subsah.) Instrument servant à écrire. *Je n'ai pas d'écritoire, prête-moi ton crayon!*

écriture [ekʀityʀ] n. f. **1.** Représentation des mots, des idées, du langage au moyen de signes. *Écriture alphabétique, idéographique, phonétique.* **2.** Caractères écrits, forme des lettres tracées. *Écritures ronde, bâtarde, anglaise, gothique.* **3.** Manière particulière à chacun de former les lettres. *J'ai reconnu son écriture. Une belle écriture.* **4.** Fig. Manière de s'exprimer par écrit. *Une écriture simple.* **5.** ADMIN Ce que l'on inscrit, ce que l'on consigne pour garder trace d'une opération. *Employé aux écritures.* ▷ (Plur.) Comptabilité d'un commerçant, d'un industriel, d'une administration. *Tenir les écritures.* ▷ DR Écrits que l'on fait à l'occasion d'un procès. **6.** (Avec une majuscule.) Texte saint, sacré. *L'Écriture sainte, les Saintes Écritures* ou, absol., *les Écritures :* la Bible.

écrivain [ekʀivɛ̃] n. m. **1.** Personne dont la profession est d'écrire. ▷ *Écrivain public,* qui, moyennant rémunération, se charge d'écrire pour les illettrés. **2.** Personne qui compose des ouvrages littéraires. Syn. auteur.

écrivain-interprète [ekʀivɛ̃ɛ̃tɛpʀɛt] n. m. (Afr. subsah., Madag.) À l'époque coloniale, traducteur officiel. *Des écrivains-interprètes.*

écrivassier, ère [ekʀivasje, ɛʀ] n. Fam., péjor. **1.** Écrivain sans talent. **2.** Personne qui a la manie d'écrire.

1. écrou [ekʀu] n. m. DR Procès-verbal inscrit sur le registre d'une prison lors d'une incarcération, qui en indique la date et la cause. – *Levée d'écrou :* acte qui remet un prisonnier en liberté.

2. écrou [ekʀu] n. m. TECH Pièce dont l'intérieur est fileté de façon à recevoir une vis, un boulon.

écrouer [ekʀue] v. tr. [1] DR Inscrire (qqn) sur le registre d'écrou (1). ▷ *Par ext.* Emprisonner.

écroulement [ekrulmɑ̃] n. m. Fait de s'écrouler. **1.** Chute, éboulement. *Écroulement d'un mur.* Syn. effondrement. **2.** Fig. Ruine complète, soudaine. *L'écroulement d'une monarchie.* **3.** Défaillance physique. *Il lutta un moment puis ce fut l'écroulement.*

écrouler (s') [ekrule] v. pron. [1] **1.** Tomber en s'affaissant, de toute sa masse et avec fracas. *La tour s'est écroulée.* – (Avec ellipse du pron.) *Vous allez faire écrouler la maison.* **2.** Fig. S'anéantir, tomber en décadence. *Cet empire s'écroulait de toutes parts.* **3.** Avoir une défaillance brutale après avoir fourni un effort. *Il s'écroula trois mètres avant le but.*

écru, ue [ekry] adj. TECH Qui n'a pas encore été blanchi. *Toile écrue.* – *Par ext.* De la couleur beige jaunâtre de la toile non blanchie. *Une robe écrue.*

ecthyma [ɛktima] n. m. MED Lésion du derme, généralement due à un streptocoque. – MED VET Maladie infectieuse épizootique des caprins et des ovins causée par un virus.

ecto-. Élément, du gr. *ektos,* «au-dehors».

ectoderme [ɛktɔdɛrm] ou **ectoblaste** [ɛktɔblast] n. m. EMBRYOL Feuillet embryonnaire externe appelé à former la peau et ses annexes, ainsi que le système nerveux et les organes sensoriels. (V. endoderme et mésoderme.)

-ectomie. Élément, du gr. *ektomê,* «ablation».

ectoparasite [ɛktoparazit] n. m. ZOOL Parasite externe. *La puce est un ectoparasite.* Ant. endoparasite.

ectoplasme [ɛktɔplasm] n. m. **1.** Forme visible qui émanerait du corps d'un médium en état de transe. **2.** BIOL Zone périphérique hyaline du cytoplasme de certains protozoaires, où se produisent des courants et des changements de viscosité, responsables de l'émission des pseudopodes.

1. écu [eky] n. m. **1.** Anc. Bouclier des hommes d'armes au Moyen Âge. **2.** Ancienne monnaie française d'or ou d'argent.

2. écu n. m. ou **ECU** [eky] n. m. inv. Ancienne unité de compte de la Communauté européenne, créée en 1979, remplacée par l'euro* en 1996.

écueil [ekœj] n. m. **1.** Rocher ou banc de sable à fleur d'eau présentant un danger pour la navigation. **2.** Fig. Obstacle, cause possible d'échec. *Il a subi bien des écueils.*

écuelle [ekɥɛl] n. f. Assiette épaisse et creuse, sans rebord; son contenu.

écuisser [ekɥise] v. tr. [1] SYLVIC Faire éclater (le tronc d'un arbre) à l'abattage.

éculé, ée [ekyle] adj. **1.** Dont le talon est usé. *Des bottes éculées.* **2.** Fig. Qui est usé, qui a perdu son pouvoir à force d'avoir servi. *Une plaisanterie éculée.*

écumage [ekymaʒ] n. m. Action d'écumer.

écumant, ante [ekymɑ̃, ɑ̃t] adj. Couvert d'écume. *Une mer écumante. Cheval écumant.* – Fig. *Un homme écumant de colère,* fou de colère.

écume [ekym] n. f. **1.** Mousse blanchâtre se formant à la surface d'un liquide agité, chauffé ou en fermentation. *L'écume des vagues. L'écume d'un pot-au-feu.* ▷ METALL Masse de scories qui surnagent sur un métal en fusion. **2.** Bave mousseuse de certains animaux. **3.** Mousse blanchâtre s'amassant sur le corps d'un cheval ou d'un taureau en sueur. *Cheval couvert d'écume.* **4.** MINER *Écume de mer :* silicate naturel hydraté de magnésium (sépiolite), d'un blanc pur, utilisé pour la fabrication de pipes de luxe.

écumer [ekyme] v. [1] **I.** v. intr. **1.** Se couvrir d'écume. *La mer écume.* **2.** (Animaux) Baver. *Le taureau écumait.* – Fig. Être exaspéré. *Écumer de rage.* **II.** v. tr. **1.** Ôter l'écume de la surface (d'un liquide). *Écumer un bouillon.* **2.** Fig. *Écumer les mers,* y pratiquer la piraterie. – Par ext. *Des gangsters ont écumé le quartier.*

écumeur [ekymœr] n. m. *Écumeur des mers :* pirate.

écumeux, euse [ekymø, øz] adj. Qui écume. *Mer écumeuse.*

écumoire [ekymwar] n. f. Ustensile de cuisine formé d'un disque mince percé de trous et muni d'un long manche, servant à écumer.

écureuil [ekyrœj] n. m. **1.** Petit rongeur arboricole ou terrestre de la famille des sciuridés, à la queue touffue, dont il existe différentes espèces à travers le monde. – *Écureuil volant :* nom donné à l'anomalure. **2.** ELEOTR *Moteur à cage d'écureuil,* dont le rotor est constitué de conducteurs disposés suivant les génératrices d'un cylindre.
ENCYCL L'écureuil commun d'Eurasie (*Sciurus vulgaris*) est généralement de couleur brun-roux, mais son pelage d'hiver est gris argenté dans les régions nordiques où on l'appelle alors *petit-gris. L'écureuil gris* ou *écureuil noir* (*Neosciurus carolinensis*) est abondant dans les parcs et les pelouses en Amérique du Nord. L'écureuil terrestre africain commun ou *écureuil fouisseur* (*Euxerus erythropus*) est couramment appelé *rat palmiste*; la principale espèce d'écureuil arboricole en Afrique est *Heliosciurus gambianus.*

écurie [ekyri] n. f. **1.** Bâtiment destiné à loger les chevaux, les ânes ou les mulets. – (Suisse) Étable. ▷ MYTH *Les écuries d'Augias :* écuries malpropres dont le nettoiement constitua l'un des travaux d'Hercule. **2.** Ensemble des chevaux de course appartenant à un même propriétaire. **3.** Ensemble des coureurs représentant une même marque, en cyclisme ou en sport automobile.

écusson [ekysɔ̃] n. m. **1.** MILIT Petite pièce de drap, cousue au collet ou sur la manche d'un uniforme, indiquant l'arme et l'unité de celui qui la porte. ▷ Petite pièce de tissu ou de métal indiquant l'appartenance à un groupe. *Porter l'écusson d'un club sportif, d'un collège.* **2.** Cartouche sculpté ou peint portant des inscriptions ou des armoiries, et pouvant servir d'enseigne. **3.** TECH Plaque ornant l'entrée d'une serrure. **4.** ARBOR Fragment comportant un bourgeon, un peu d'écorce, de liber et de bois, que l'on détache d'un végétal lors de la montée de la sève et qui, glissé sous l'écorce d'un autre, constitue un greffon. *Greffe en écusson.*

écussonner [ekysɔne] v. tr. [1] **1.** Mettre un écusson sur (qqch). **2.** ARBOR Greffer en écusson. *Écussonner un rosier, un oranger.*

écuyer, ère [ekɥije, ɛr] n. **I.** n. m. HIST Jeune noble attaché au service d'un chevalier. **II.** n. **1.** Personne qui monte à cheval. **2.** n. m. Professeur d'équitation. **3.** Personne faisant des exercices équestres dans un cirque.

eczéma [egzema] n. m. MED Affection cutanée caractérisée par des lésions érythémateuses, prurigineuses et vésiculeuses, évoluant par poussées.

eczémateux, euse [egzematø, øz] adj. et n. MED **1.** adj. Relatif à l'eczéma. **2.** adj. et n. Qui est atteint d'eczéma.

Edda (chants de l'), nom de deux recueils de poèmes islandais (VIIe-XIIIe s.) découverts en 1642 dans la Bibliothèque royale de Copenhague. **1.** *Edda poétique,* ensemble de grands poèmes (dans leur version des XIIe et XIIIe s., riche mais incomplète) qui nous renseignent sur la myth. germano-scandinave; par ex., le mythe de Siegfried* et du dragon sera repris par la *Chanson des Nibelungen*.* **2.** *Edda* de Snorri Sturluson (v. 1220-1230), compilation des poèmes dont *l'Edda poétique* nous fournit une version incomplète : Snorri dégage des règles relatives aux mètres (il en dénombre 101), aux métaphores, aux thèmes, et donne des illustrations narratives.

Eddé (Dominique) (née en 1953), écrivain libanais d'expression française. *Lettre posthume* (1989) montre avec sobriété et émotion comment le Liban se perdit dans la guerre.

Eddington (sir Arthur Stanley) (1882 – 1944), astronome et physicien anglais. Il appliqua à l'astronomie la théorie de la relativité.

Eddy (Mary Baker) (1821 – 1910), mystique américaine, fondatrice de la Christian* Science.

Ede, v. du S.-O. du Nigeria (État d'Oyo); 280000 hab. – La ville fut fondée par les Yorouba vers 1500.

Édéa, v. du Cameroun, ch.-l. du département de la Sanaga-Maritime; 50000 hab. Centrale hydroélectrique sur la Sanaga. Industries.

edelweiss [edɛlvɛs] n. m. inv. Plante herbacée des hautes montagnes d'Europe et d'Asie (fam. composées), à inflorescence cotonneuse.

éden [edɛn] n. m. (Avec une majuscule.) Nom du paradis terrestre dans la Bible. – Litt. *Un éden :* un lieu paradisiaque.

Éden, selon la Genèse*, le Paradis terrestre où Dieu (Elohim) installa Adam et Ève. Il était parcouru par une rivière qui donnait naissance, notam., au Tigre et à l'Euphrate.

Eden (Anthony), lord Avon (1897 – 1977), homme politique britannique. Premier ministre (conservateur) en 1955, il démissionna en 1957 après l'intervention franco-britannique à Suez.

édénique [edenik] adj. Litt. Syn. de *paradisiaque.*

édenté, ée [edɑ̃te] adj. et n. Qui a perdu ses dents. *Un vieillard édenté. Un peigne édenté.* – Subst. *Un vieil édenté.* ▷ Par méton. *Un sourire édenté.*

édenter [edɑ̃te] v. tr. [1] Rompre, user les dents de (qqch). *Édenter un peigne.*

édentés [edɑ̃te] n. m. pl. ZOOL Ancien ordre groupant les mammifères placentaires dépourvus de dents ou à dents peu nombreuses et de structure simplifiée, actuellement disloqué en xénarthres (tatous, fourmiliers, paresseux), pholidotes (pangolins) et tubulidentés (oryctéropes). – Sing. *Un édenté.*

Édesse (auj. *Urfa,* en Turquie), ville caravanière très tôt christianisée (Ier-

IIIe s.), conquise par les Arabes en 638. – *Comté (chrétien) d'Édesse* : principauté prise en 1098 à son souverain arménien, vassal des musulmans, par Baudouin Ier de Boulogne, frère de G. de Bouillon. La prise d'Édesse en 1144 déclencha la 2e croisade; le comté disparut.

Edfou ou **Idfu** *(Adfū)*, v. d'Égypte au N. d'Assouan, sur le Nil (r. g.); 28 000 hab. env. – Temple d'Horus élevé de 237 à 57 av. J.-C., le plus grand temple égyptien après celui de Karnak.

édicter [edikte] v. tr. [1] Prescrire sous forme de loi, de règlement.

édicule [edikyl] n. m. Petite construction utilitaire élevée sur la voie publique (kiosque, urinoir, etc.).

édifiant, ante [edifjɑ̃, ɑ̃t] adj. Qui édifie; qui porte à la vertu. *Une vie édifiante. Un spectacle édifiant.* ▷ Iron. *Faire une description édifiante des mœurs actuelles.*

1. édification [edifikasjɔ̃] n. f. **1.** Action de bâtir (un édifice). *L'édification des cathédrales.* **2.** Fig. Constitution, création. *L'édification du socialisme.*

2. édification [edifikasjɔ̃] n. f. Action d'édifier (sens II, 1). *Il parlait pour l'édification des fidèles.*

édifice [edifis] n. m. **1.** Grand bâtiment. *Restauration des édifices publics.* ▷ DR Toute construction (bâtiment ou ouvrage d'art). **2.** *Par anal.* Ensemble compliqué. *L'édifice d'une coiffure.* – (Abstrait) *Apporter sa pierre à l'édifice* : contribuer modestement à une grande œuvre.

édifier [edifje] v. tr. [2] **I. 1.** Bâtir (un édifice, un monument). **2.** Constituer, créer. *Édifier une fortune. Édifier une doctrine.* **II. 1.** Porter à la vertu par l'exemple. *Son comportement édifiait les foules.* **2.** Iron. Renseigner sur les mauvaises intentions de qqn, ou sur des faits répréhensibles. *Son discours cynique m'a édifié.*

édile [edil] n. m. Litt. Magistrat municipal.

Édimbourg (en angl. *Edinburgh*), cap. de l'Écosse, près de l'estuaire du Forth; 444 740 hab. Centre politique et universitaire de l'Écosse. Nombr. industr. – Anc. forteresse du roi Edwin (VIIe s.), Édimbourg fut disputée entre Anglais et Écossais au XIVe s. et prise par Cromwell en 1650. – Cath. goth. Saint Gilles (XIVe-XVe s.). Festival de musique, de danse et de théâtre.

Édimbourg (duc d'). V. Mountbatten (Philip).

Edirne (anc. *Andrinople*), v. de Turquie d'Europe; ch.-l. de l'il du m. nom; 86 910 hab. Industries text. – Ruines romaines. Mosquée de Selim II (XVIe s.).

Edison (Thomas Alva) (1847 – 1931), inventeur américain. Autodidacte, il perfectionna la lampe à incandescence, inventa le phonographe (1877), déposa plus de mille brevets. Il a découvert l'effet thermoélectronique (émission d'électrons par les métaux chauffés).

édit [edi] n. m. HIST Sous l'Ancien Régime, loi promulguée par un roi ou un gouverneur. *Édit de Nantes.*

éditer [edite] v. tr. [1] **1.** Publier (un ouvrage). *Éditer des romans, de la musique.* **2.** Faire paraître (une œuvre, le plus souvent relativement ancienne, dont on a établi et annoté le texte). *Éditer «la Chanson de Roland».*

éditeur, trice [editœʀ, tʀis] n. **1.** Personne qui prépare la publication de certains textes. *Notes de l'éditeur.* **2.** Personne ou société assurant la publication et, le plus souvent, la diffusion d'un ouvrage. – (En appos.) *Maison éditrice.* ▷ Par ext. *Éditeur de musique.* **3.** INFORM Programme pour la saisie et la modification de texte.

édition [edisjɔ̃] n. f. **1.** Publication et diffusion d'une œuvre écrite. *Maison d'édition. Édition à compte d'auteur,* pour laquelle l'auteur paie lui-même les frais d'impression. – Par anal. *Édition d'une gravure, d'une carte.* – Par ext. *Édition d'un disque, d'un film.* **2.** Ensemble des livres ou des journaux publiés en une seule fois. *Édition revue et corrigée. Édition originale. Édition spéciale.* **3.** Action d'établir (un texte); texte ainsi édité. *Édition critique d'un film.* **4.** Industrie et commerce du livre. *Travailler dans l'édition.* **5.** INFORM Mise en forme des résultats avant impression.

1. éditorial, aux [editɔʀjal, o] n. m. Article de fond reflétant les grandes orientations d'une publication (journal, revue) et émanant souvent de la direction.

2. éditorial, ale, aux [editɔʀjal, o] adj. Qui concerne l'édition, le métier d'éditeur. *Une réunion éditoriale.*

éditorialiste [editɔʀjalist] n. Personne qui écrit l'éditorial d'une publication.

Edjeleh, centre d'exploitation pétrolière du Sahara algérien, à la frontière libyenne, dans l'erg Bourarhet. Le pétrole est conduit par oléoducs au port pétrolier de Bejaïa, à l'E. d'Alger, et au port de La Skhirra, en Tunisie.

Edmonton, v. du Canada, cap. de l'Alberta, sur le Saskatchewan; aggl. 616 700 hab. Centre comm. et industr. : métallurgie; constr. méca.; raff. de pétrole; industr. chim. et alimentaires.

Édo ou **Bini,** population du Nigeria méridional (environ 2 800 000 personnes). Ils parlent une langue nigéro-congolaise du groupe kwa. Le roy. édo, fondé au XIIe s. dans le Bénin actuel, atteignit son apogée au XVe s.

Édo, État du S.-O. du Nigeria; 35 500 km² avec l'État de Delta; 2 159 900 hab.; cap. *Benin City.*

Edo. V. Tōkyō.

Édom, surnom d'Ésaü (Bible, Genèse, XXV), ancêtre des Édomites ou Iduméens. – *Pays d'Édom* : V. Idumée.

Édomites ou **Iduméens** , descendants d'Ésaü établis au S. de la mer Morte vers la fin du XIVe s. av. J.-C. Ils émigrèrent en Idumée vers 587 av. J.-C.

Édouard (lac), lac d'Afrique de l'E., dans le fossé du Rift, tributaire du lac Mobutu par la rivière Semliki; 2 150 km². Il marque la frontière entre la rép. dém. du Congo, à l'O., et l'Ouganda, à l'E.

Édouard le Confesseur (saint) (v. 1000 – 1066), dernier souverain (1042-1066) de la dynastie anglo-saxonne.

Édouard (en anglais *Edward*), nom de plusieurs rois d'Angleterre. — **Édouard Ier** (1239 – 1307), roi de 1272 à 1307; il soumit les Gallois (1282-1283) et établit sa suzeraineté sur l'Écosse. — **Édouard II** (1284 – 1327), roi de 1307 à 1327. Faible, dominé par ses amitiés masculines, il laissa l'Écosse recouvrer son indépendance (1314) et fut déposé, puis assassiné par ses barons. — **Édouard III** (1312 – 1377), roi de 1327 à 1377; il rétablit le pouvoir monarchique (1330), conquit l'Écosse et déclencha la guerre de Cent Ans. Il battit le roi de France Philippe VI à Crécy (1346), prit Calais (1347) et, après la victoire de son fils sur Jean II le Bon à Poitiers (1356), conclut le traité de Brétigny (1360). Mais, sous Charles V, il perdit presque toutes ses possessions françaises. — **Édouard IV** (1442 – 1483), roi de 1461 à 1483. Chef du parti de la Rose blanche, il triompha de son rival Henri VI de Lancastre (1471). — **Édouard V** (1470 – 1483), fils du préc.; il fut assassiné peu après la mort de son père, sur ordre de son oncle, qui devint Richard III. — **Édouard VI** (1537 – 1553), fils d'Henri VIII et de Jeanne Seymour; roi de 1547 à 1553. — **Édouard VII** (1841 – 1910), fils de la reine Victoria; roi de 1901 à 1910. Il promut l'Entente cordiale avec la France (1904). — **Édouard VIII** (1894 – 1972), fils de George V; roi en 1936, il abdiqua aussitôt (V. George VI) et reçut le titre de duc de Windsor.

Édouard, dit *le Prince Noir* (1330 – 1376), prince de Galles; fils aîné d'Édouard III. Il battit le roi de France Jean II le Bon à Poitiers (1356) et le fit prisonnier.

-èdre. Élément, du gr. *hedra,* «siège, base», qui sert à former des termes de géométrie.

édredon [edʀədɔ̃] n. m. Couvre-pied(s) constitué d'une poche remplie de duvet (d'eider, à l'origine). Syn. (Québec) douillette.

Edrisi (el-). V. Idrisi (al-).

éducable [edykabl] adj. Qui peut être éduqué.

éducateur, trice [edykatœʀ, tʀis] n. et adj. **1.** n. Personne qui éduque, qui s'occupe d'éducation. *Éducateur spécialisé,* qui s'occupe d'enfants délinquants ou retardés. **2.** adj. Qui concerne l'éducation, qui la donne. *Le rôle éducateur que joue la pratique du sport d'équipe.*

éducatif, ive [edykatif, iv] adj. **1.** Qui concerne l'éducation. *Théories éducatives.* **2.** Qui éduque. *Jeux éducatifs.*

éducation [edykasjɔ̃] n. f. **1.** Action de développer les facultés morales, physiques et intellectuelles; son résultat. *Une éducation négligée. Avoir reçu une bonne éducation.* – *Éducation physique,* par la pratique d'exercices physiques appropriés au développement harmonieux du corps humain. *Éducation civique. Éducation sanitaire* : enseignement des notions nécessaires à la promotion de la santé des individus et des communautés. **2.** Connaissance et pratique des usages (politesse, bonnes manières, etc.) de la société. *Avoir de l'éducation.* **3.** Action de développer une faculté particulière de l'être humain. *L'éducation du goût.*

édulcorant, ante [edylkɔʀɑ̃, ɑ̃t] adj. et n. m. Se dit d'une substance donnant une saveur douce. ▷ n. m. PHARM Principe adoucissant d'un médicament, d'une potion, etc. – Substance naturelle ou synthétique présentant un pouvoir sucrant plus élevé (jusqu'à 200 fois) que le saccharose, utilisée comme succédané du sucre.

édulcorer [edylkɔʀe] v. tr. [1] **1.** PHARM Adoucir (un médicament, une potion) en ajoutant un édulcorant. **2.** Fig. Adoucir; affadir. *Transmettre des reproches à qqn, en les édulcorant.*

éduquer [edyke] v. tr. [1] Donner une éducation à, élever, former (qqn). *Éduquer ses enfants.*

E.É.E. Sigle de *Espace* économique européen.*

Eekhoud (Georges) (1854 - 1927), romancier belge d'expression française, d'inspiration réaliste et sociale : *Kees Doorik* (1883), *la Nouvelle Carthage* (c.-à-d. Anvers, 1888), *le Cycle patibulaire* (1895), *Escal Vigor* (1899).

ef-. V. é-.

effaçable [efasabl] adj. Qui peut être effacé. Ant. ineffaçable, indélébile.

efface [efas] n. f. (Québec) Gomme (sens 2).

effacé, ée [efase] adj. **1.** (Choses) Dont l'image, les traits, les couleurs ont plus ou moins disparu. *Miniature effacée.* **2.** Fig. (Personnes) Qui se tient à l'écart, qui ne se fait pas remarquer. *Un garçon effacé.*

effacement [efasmɑ̃] n. m. **1.** Fait d'effacer, action d'effacer; son résultat. **2.** Fig. Action de s'effacer, attitude de celui qui est effacé.

effacer [efase] v. [12] **I.** v. tr. **1.** Enlever, faire disparaître toute trace de (ce qui est écrit, marqué). *Effacer une inscription sur un mur.* – Par ext. *Écolier qui efface son ardoise.* – *Effacer une bande magnétique,* faire disparaître ce qui y est enregistré. ▷ Supprimer (ce qui est écrit) en rayant, en raturant. **2.** Fig. Faire oublier. *Le temps efface bien des souvenirs.* ▷ Éclipser, surpasser au point de faire oublier tous les autres. *Il a effacé tous ses contemporains.* **3.** *Effacer le corps,* le tenir de côté, en retrait. *Effacer la jambe.* **II.** v. pron. **1.** S'enlever, disparaître (en parlant d'une marque). *Une tache d'encre s'efface difficilement.* – Fig. *Des souvenirs qui s'effacent.* **2.** Se mettre de côté. *Il s'effaça pour la laisser passer.* ▷ Fig. *S'effacer devant qqn,* lui céder le pas.

effaceur [efasœʀ] n. m. Dispositif servant à effacer. *Effaceur d'encre.* – (En appos.) *Crayon effaceur.*

effarant, ante [efaʀɑ̃, ɑ̃t] adj. Qui effare. – Cour., par exag. *Son ignorance est effarante.*

effardocher [efaʀdɔʃe] v. intr. [1] (Québec) Couper, enlever les fardoches.

effaré, ée [efaʀe] adj. et n. **1.** Égaré, stupéfié par un trouble violent. **2.** (Acadie) Impoli, effronté. – Subst. *Un(e) effaré(e).*

effarement [efaʀmɑ̃] n. m. État d'une personne effarée.

effarer [efaʀe] v. tr. [1] Troubler vivement, stupéfier. *Cette nouvelle l'a effaré.*

effarouchement [efaʀuʃmɑ̃] n. m. Action d'effaroucher; état d'une personne effarouchée.

effaroucher [efaʀuʃe] v. tr. [1] **1.** Faire fuir (un animal) en l'effrayant. **2.** Fig. Mettre (qqn) en défiance; choquer (qqn) en alarmant. *Vos plaisanteries trop familières l'ont effarouchée.* Ant. rassurer. ▷ v. pron. *Personne timide qui s'effarouche facilement.*

effarvatte [efaʀvat] n. f. ORNITH Rousserolle (*Acrocephalus scirfaceus*) longue d'env. 12 cm, au plumage brunâtre, vivant en Europe, en Afrique du Nord et au Moyen-Orient.

effecteur, trice [efɛktœʀ, tʀis] n. m. et adj. PHYSIOL Organe qui agit sous l'influence d'une commande nerveuse ou hormonale, en réponse aux stimulations reçues par les organes récepteurs. – adj. *Organe effecteur.*

1. effectif, ive [efɛktif, iv] adj. **1.** Qui produit des effets, qui est efficace. *Une collaboration effective.* **2.** Qui est de fait; qui est tangible, réel. *La valeur officielle d'une monnaie et sa valeur effective sur le marché des changes.*

2. effectif [efektif] n. m. Nombre des personnes qui composent un groupe, une collectivité. *L'effectif d'un régiment.*

effectivement [efektivmɑ̃] adv. Réellement; en effet. *Ces paroles ont été effectivement prononcées.*

effectivité [efɛktivite] n. f. Caractère de ce qui est effectif. ▷ DR Caractère d'une situation qui présente une réalité suffisante pour être opposable à un tiers.

effectuer [efɛktɥe] v. tr. [1] Faire (une action plus ou moins complexe); accomplir. *Effectuer une opération délicate. Effectuer un paiement.* ▷ v. pron. S'accomplir. *La rentrée des classes s'est effectuée normalement.*

efféminé, ée [efemine] adj. Qui a des caractéristiques féminines. Ant. masculin, viril.

efférent, ente [efeʀɑ̃, ɑ̃t] adj. ANAT *Vaisseaux, conduits efférents,* qui sortent d'un organe. – *Nerfs efférents,* qui véhiculent l'influx nerveux du centre à la périphérie. Ant. afférent.

effervescence [efɛʀvesɑ̃s] n. f. **1.** Bouillonnement de certaines substances au contact de certaines autres, dû à un dégagement de gaz. *Effervescence du calcaire mouillé d'acide.* **2.** Fig. Émotion vive, agitation. *La ville était en effervescence.*

effervescent, ente [efɛʀvesɑ̃, ɑ̃t] adj. **1.** Qui est en effervescence; qui peut entrer en effervescence. *Comprimés effervescents.* **2.** Fig. Qui est comme en ébullition; agité. *Une foule effervescente.*

effet [efɛ] n. m. **I. 1.** Ce qui est produit par une cause. *Cette mesure a eu pour effet de mécontenter tout le monde. Ses promesses sont restées sans effet,* il n'en est rien résulté. *Médicament qui commence à faire son effet,* à agir, à opérer. – DR Conséquences de l'application d'une loi, d'une décision juridictionnelle ou administrative, etc. *En France, les lois n'ont pas d'effet rétroactif.* – ECON *Effets externes :* coûts ou bénéfices dus à l'activité d'autrui. **2.** *Spécial.* TECH Effort transmis par un mécanisme. *Un mécanisme à double effet.* **3.** PHYS Phénomène particulier obéissant à des lois précises. *Effet Joule*. Effet photoélectrique.* **4.** Loc. adv. *En effet :* effectivement, c'est exact. *Vous n'y êtes pas allé, n'est-ce pas? – En effet, j'étais malade.* ▷ *À cet effet :* dans cette intention, pour obtenir ce résultat. *Prenez les dispositions à cet effet.* **5.** BX-A et LITTER Impression particulière produite par un procédé. *Un tableau tout en demi-teintes produisant un effet de grande douceur.* – Ce procédé. *Des effets de lumière.* ▷ Par anal. *Des effets de voix. Avocat qui fait des effets de manche.* ▷ CINE, AUDIOV *Effets spéciaux :* procédés techniques ou trucages destinés à créer une illusion visuelle ou sonore. **6.** Cour. Impression que fait (une chose ou une personne sur qqn). *Cela m'a fait un effet pénible. Faire son effet :* produire une vive impression. ▷ *Faire l'effet de :* avoir l'air de, donner l'impression de. *Il m'a fait l'effet d'un incapable.* **7.** *Donner de l'effet à un ballon, une balle de tennis ou de tennis de table, une boule,* lui imprimer un mouvement de rotation qui lui donne une trajectoire non rectiligne ou un rebond anormal. **II. 1.** FIN, COMM *Effet de commerce :* titre portant engagement de payer une somme (lettre de change, billet à ordre, chèque, warrant). **2.** (Plur.) Objets qui sont à l'usage d'une personne. – *Spécial.* Linge et vêtements. *Ranger ses effets dans une malle.*

effeuillage [efœjaʒ] n. m. **1.** AGRIC et ARBOR Action d'effeuiller un végétal. **2.** Fig. Syn. (off. recommandé) de *strip-tease.*

effeuillaison [efœjezɔ̃] n. f. BOT Chute naturelle des feuilles.

effeuillement [efœjmɑ̃] n. m. Chute des feuilles.

effeuiller [efœje] v. tr. [1] Dépouiller de ses feuilles. *Effeuiller un arbuste.* ▷ Par anal. *Effeuiller une fleur,* en arracher les pétales.

effeuilleuse [efœjøz] n. f. Syn. (off. recommandé) de *strip-teaseuse.*

efficace [efikas] adj. **1.** (Choses) Qui produit l'effet attendu. *Un traitement efficace.* – (Personnes) Dont l'action produit l'effet attendu. *Il s'est montré très efficace dans son travail.* **2.** ELECTR *Intensité efficace d'un courant alternatif :* valeur de l'intensité du courant continu qui produirait le même dégagement de chaleur que le courant alternatif considéré dans les mêmes conditions.

efficacement [efikasmɑ̃] adv. D'une manière efficace. *Travailler efficacement.*

efficacité [efikasite] n. f. **1.** Qualité de ce qui est efficace. **2.** Productivité, rendement. *Technologie d'une très haute efficacité.* ▷ ELECTR *Efficacité lumineuse d'un projecteur, d'une ampoule,* etc. : flux lumineux, rapporté à la puissance consommée (elle s'exprime en lumens par watt).

efficience [efisjɑ̃s] n. f. (Emploi critiqué.) **1.** PHILO Faculté de produire un effet. **2.** Qualité de ce qui est efficient (sens 2).

efficient, ente [efisjɑ̃, ɑ̃t] adj. **1.** PHILO *Cause efficiente,* qui produit un effet, une transformation. *En physique, l'énergie est la cause efficiente du travail.* **2.** (Anglicisme, emploi critiqué.) Qui a de l'efficacité, du dynamisme. *Un jeune cadre efficient.*

effigie [efiʒi] n. f. **1.** Représentation d'un personnage sur une monnaie, une médaille. *Médaille frappée à l'effigie de la reine.* **2.** Représentation, image de qqn.

effilage [efilaʒ] ou **effilement** [efil mɑ̃] n. m. Action d'effiler; son résultat.

effilé, ée [efile] adj. et n. m. Mince, fin, allongé. *Une lame effilée.* ▷ n. m. Frange faite de simples fils.

effiler [efile] v. tr. [1] **1.** Défaire (une étoffe) fil à fil. ▷ v. pron. *Tissu qui s'effile.* **2.** Rendre mince comme un fil; rendre effilé. *Effiler une lame.* ▷ v. pron. Aller en s'amincissant. *Ce cap s'effile à son extrémité.*

effilochage [efilɔʃaʒ] n. m. Action d'effilocher (du tissu); résultat de cette action.

effilocher [efilɔʃe] v. tr. [1] Séparer (un tissu) en brins pour le réduire en charpie. – Fig. *Le vent effilochait les nua-*

ges. ▷ v. pron. S'effiler par l'usure. *Couverture qui s'effiloche.*

efflanqué, ée [eflɑ̃ke] adj. Qui a les flancs creux et décharnés. *Cheval efflanqué.* ▷ (Personnes) Maigre et sec. *Une femme grande et efflanquée.*

effleurage [eflœʀaʒ] n. m. MED Massage léger.

effleurement [eflœʀmɑ̃] n. m. Action d'effleurer; caresse légère.

effleurer [eflœʀe] v. tr. [1] **1.** Entamer superficiellement; érafler. *La balle n'a fait que l'effleurer.* ▷ *Par ext.* Toucher légèrement. *Elle a effleuré sa main.* ▷ Fig. Atteindre légèrement. *Sa réputation n'a même pas été effleurée.* **2.** Ne pas approfondir (une question). *Il n'a fait qu'effleurer le sujet.*

effloraison [eflɔʀezɔ̃] n. f. BOT Fait de fleurir. *L'effloraison des arbres fruitiers.*

efflorescence [eflɔʀesɑ̃s] n. f. **1.** CHIM Dépôt qui se forme à la surface des hydrates salins. **2.** Fig., litt. Épanouissement, floraison. *L'efflorescence d'un grand nombre de jeunes talents.*

effluent, ente [eflyɑ̃, ɑ̃t] adj. et n. m. **1.** adj. Qui s'écoule d'une source, d'un lac, d'un glacier. **2.** n. m. Liquide qui s'écoule hors de qqch. – Spécial. *Les effluents urbains :* l'ensemble des eaux usées.

effluve [eflyv] n. m. **1.** (Abus. au fém. plur.) Émanation qui s'exhale d'un corps organisé. *Plantes odoriférantes qui exhalent des effluves parfumés.* **2.** PHYS *Effluve électrique :* décharge électrique dans un gaz, accompagnée d'une faible émission de lumière.

effondrement [efɔ̃dʀəmɑ̃] n. m. **1.** AGRIC Action d'effondrer des terres. **2.** Fait de s'effondrer. *L'effondrement d'un toit.* ▷ GEOL Affaissement du sol. *Cratère d'effondrement.* **3.** Fig. Écroulement, ruine. *L'effondrement d'une fortune.*

effondrer [efɔ̃dʀe] v. [1] **I.** v. tr. **1.** Briser, défoncer. *Effondrer un coffre.* **2.** AGRIC Labourer, remuer (le sol) très profondément. *Effondrer la terre pour y mêler l'engrais.* **II.** v. pron. S'écrouler. *Maison qui s'effondre.* – Fig. *Régime corrompu qui s'effondre.*

efforcer (s') [efɔʀse] v. pron. [12] Faire tous ses efforts pour, employer tous ses moyens à (faire qqch). *S'efforcer de courir. S'efforcer de comprendre.*

effort [efɔʀ] n. m. **1.** Action énergique des forces physiques, intellectuelles ou morales. *L'ennemi fit un effort désespéré pour nous déloger. Faire un effort de compréhension.* – *Sans effort :* sans peine, facilement. ▷ Dépense, aide financière. *Faire un effort en faveur des déshérités.* **2.** MED VET Entorse. *Effort du boulet.* **3.** Force avec laquelle un corps tend à exercer son action. *L'effort de l'eau a rompu la digue.* ▷ MECA Force tendant à déformer ou à rompre un corps. *Effort tranchant.*

effraction [efʀaksjɔ̃] n. f. DR Bris de clôture, fracture de serrure. *Vol avec effraction.*

effraie [efʀɛ] n. f. Chouette longue d'env. 35 cm (genre *Tyto*), aux ailes rousses, au ventre très clair tacheté de gris et aux yeux cernés d'une grande collerette de plumes blanches.

effranger [efʀɑ̃ʒe] v. tr. [13] Effiler (une étoffe) sur le bord pour constituer une frange. ▷ v. pron. S'effilocher.

effrayant, ante [efʀɛjɑ̃, ɑ̃t] adj. Qui effraie, qui inspire l'effroi. *Un spectacle effrayant.* ▷ *Par exag.*, fam. Excessif, très pénible. *Une chaleur effrayante.*

effrayer [efʀeje] v. tr. [21] Provoquer la frayeur de, épouvanter. ▷ v. pron. *Ne vous effrayez pas.*

effréné, ée [efʀene] adj. Qui est sans frein, sans retenue. *Ambition effrénée. Passion effrénée.* Ant. modéré, mesuré.

effritement [efʀitmɑ̃] n. m. Fait de s'effriter; état de ce qui est effrité. ▷ Fig. *Effritement des cours* (en parlant de la Bourse).

effriter [efʀite] v. tr. [1] Désagréger, mettre en morceaux. ▷ v. pron. *Le plâtre de ce plafond s'effrite.* – Fig. *Son crédit s'effrite.*

effroi [efʀwɑ] n. m. Frayeur intense, épouvante. *Inspirer l'effroi.*

effronté, ée [efʀɔ̃te] adj. et n. Impudent, trop hardi. *Un regard effronté.* – Qui témoigne de l'effronterie. *Une mimique effrontée.* ▷ Subst. *Un(e) effronté(e).*

effrontément [efʀɔ̃temɑ̃] adv. D'une manière effrontée. *Mentir effrontément.*

effronterie [efʀɔ̃tʀi] n. f. Hardiesse excessive, impudence.

effroyable [efʀwajabl] adj. Qui cause de l'effroi, de l'horreur, de la répulsion. *Une scène effroyable.* ▷ *Par exag.*, fam. Excessif, pénible. *Il fait un temps effroyable.*

effroyablement [efʀwajabləmɑ̃] adv. D'une manière effroyable. – Par exag., fam. *Elle est effroyablement laide.*

effusif, ive [efyzif, iv] adj. PETROG *Roche effusive :* V. magmatique.

effusion [efyzjɔ̃] n. f. **1.** *Sans effusion de sang :* sans que le sang soit versé. **2.** Fig. Vive manifestation (d'un sentiment). *Effusion de tendresse.* – (S. comp.) *Accueillir qqn avec effusion.*

égailler (s') [egaje] v. pron. [1] Se disperser.

égal, ale, aux [egal, o] adj. (et n.) **1.** Pareil, semblable en nature, en quantité, en qualité, en droit. *Deux poids égaux. Tous les citoyens sont égaux devant la loi. L'équateur se trouve à égale distance des deux pôles.* – MATH *Ensembles égaux,* qui possèdent exactement les mêmes éléments. *Vecteurs égaux,* qui ont même grandeur, même sens et qui sont portés par des axes parallèles. – GEOM *Figures égales,* superposables. *Triangles égaux.* ▷ Subst. Personne qui est au même rang qu'une autre. *Traiter d'égal à égal. Considérer qqn comme son égal.* – *N'avoir pas d'égal, être sans égal :* être le premier, l'unique en son genre. – (Choses) *Une joie sans égale. Des rôles sans égal.* ▷ Loc. prép. *À l'égal de :* autant que. *Elle l'admire à l'égal d'un dieu.* **2.** Qui ne varie pas. *Un mouvement toujours égal,* uniforme. – (Personnes) *Être en tout égal à soi-même. Être d'humeur égale.* **3.** Qui est uni, de niveau, régulier. *Un chemin bien égal.* **4.** Indifférent. *Tout lui est égal. Ça m'est égal.* ▷ Loc. *C'est égal :* cela ne change rien, peu importe. *Vous le déclarez honnête, c'est égal, je m'en méfie.*

égalable [egalabl] adj. Qui peut être égalé. Ant. inégalable.

également [egalmɑ̃] adv. **1.** De manière égale. *Partager également.* Ant. inégalement. **2.** Pareillement, aussi, de même. *Vous y allez? J'y vais également.*

égaler [egale] v. tr. [1] Être égal à. *Quatre multiplié par deux égale huit.* ▷ Atteindre le même degré, le même niveau que. *Égaler qqn en puissance.*

égalisateur, trice [egalizatœʀ, tʀis] adj. Qui égalise. – SPORT *Marquer le point égalisateur.*

égalisation [egalizasjɔ̃] n. f. Action d'égaliser. – SPORT *But d'égalisation* (des scores).

égaliser [egalize] v. [1] **I.** v. tr. **1.** Rendre égal. *Égaliser les lots dans un partage.* **2.** Rendre uni, plan. *Égaliser un terrain.* **II.** v. intr. SPORT Obtenir, en cours de partie, le même nombre de points, marquer le même nombre de buts que l'adversaire. *Réussir à égaliser quelques minutes avant la fin du match.*

égaliseur [egalizœʀ] n. m. ELECTRON Appareil qui permet de modifier la courbe de réponse d'un système électroacoustique d'enregistrement ou de reproduction (chaîne hi-fi, magnétophone, etc.).

égalitaire [egalitɛʀ] adj. Qui a pour but l'égalité. *Lois égalitaires.* ▷ Qui professe l'égalitarisme. *Théorie égalitaire.*

égalitarisme [egalitaʀism] n. m. Doctrine professant l'égalité absolue de tous les êtres humains, sous tous les aspects (civil, politique, économique, social).

égalitariste [egalitaʀist] n. et adj. **1.** n. Partisan de l'égalitarisme. **2.** adj. Qui professe l'égalitarisme.

égalité [egalite] n. f. **1.** Rapport entre les choses égales; parité, conformité. *Égalité d'âge, de mérite. Rapport d'égalité.* – MATH Rapport entre des grandeurs égales; formule qui exprime ce rapport. *Une égalité algébrique.* – GEOM *Conditions d'égalité de deux triangles :* ensemble des règles qui permettent de déterminer si deux triangles sont égaux (par ex. : deux angles et un côté égaux, si le côté est compris entre les deux angles). **2.** Principe selon lequel tous les hommes, possédant une égale dignité, doivent être traités de manière égale. *Égalité civile* (mêmes droits, mêmes devoirs devant la loi), *égalité politique* (même droit de gouvernement de la cité). **3.** Uniformité (d'un mouvement); modération, mesure (du tempérament). *Égalité du pouls. Égalité d'humeur.* **4.** État de ce qui est plan, uni. *L'égalité d'un terrain.*

égard [egaʀ] n. m. **1.** Attention, considération particulière (pour qqn ou qqch). *Il n'a eu aucun égard à ce que je lui ai dit.* ▷ Loc. prép. *Eu égard à :* en considération de. *Il a été condamné avec sursis eu égard à son jeune âge.* – *À l'égard de :* vis-à-vis de. *Il s'est mal conduit à mon égard.* – Par comparaison. *La Terre est bien petite à l'égard du Soleil.* ▷ Loc. adv. *À tous égards :* sous tous les rapports. *Il est parfait à tous égards.* – *À différents égards, à certains égards :* sous différents aspects, à certains points de vue. **2.** Déférence, estime. *Je ne le ferai pas, par égard pour vous.* – (Plur.) *Avoir des égards pour qqn.*

égaré, ée [egaʀe] adj. **1.** Qui a perdu son chemin. *Voyageur égaré.* ▷ Fig. Trompé, abusé, jeté dans l'erreur. **2.** Qui dénote l'égarement, le trouble de l'esprit. *Des yeux égarés.*

égarement [egaʀmɑ̃] n. m. **1.** Fait d'avoir l'esprit égaré. **2.** (Surtout au plur.) Litt. Dérèglement, erreur. *Les égarements du cœur.*

égarer [egaʀe] v. [1] **I.** v. tr. **1.** Détourner du bon chemin, fourvoyer. *Le plan était faux et m'a bel et bien égaré.* **2.** Ne plus savoir où l'on a mis, perdre momentanément (qqch). *Égarer ses lunettes.* **3.** Fig. Jeter dans l'erreur, détourner du droit chemin. *Ne vous laissez pas égarer par ces théories fallacieuses.* ▷ *Égarer l'esprit,* le troubler. **II.** v. pron. Se fourvoyer, se perdre. *S'égarer* *dans une forêt.* ▷ Fig. *Débat qui s'égare. – Esprit qui s'égare.*

Égaux (conjuration des), conspiration dirigée par Babeuf, auteur du *Manifeste des Égaux* (3 nov. 1795), qui prônait la «communauté des biens et des travaux». Le 30 mars 1796, à Paris, un comité insurrectionnel se prépare à soulever les masses populaires contre le Directoire, responsable de la famine ouvrière. Trahis, les conjurés sont arrêtés. Ils seront exécutés en mai 1797. V. Buonarroti (Philippe).

égayer [egeje] v. [21] **I.** v. tr. **1.** Réjouir, rendre gai. *Égayer des convives.* **2.** Donner quelque ornement agréable à (qqch). *Égayer un ouvrage par des broderies de couleur.* **3.** Rendre plus agréable, plus gai. *Le soleil égaie l'appartement.* **II.** v. pron. Devenir gai.

Égée (mer), mer située entre la Grèce et la Turquie. Elle comprend une multitude d'îles, notam. la Crète (au S.).

Égée, dans la myth. gr., roi d'Athènes. Son fils, Thésée, partit pour tuer le Minotaure. Croyant, par méprise, à la mort de son fils, Égée se jeta dans la mer à laquelle fut donné son nom.

égéen, enne [eʒeɛ̃, ɛn] adj. De la civilisation préhellénique des IIIe et IIe millénaires av. J.-C. en Méditerranée orientale.

égérie [eʒeʀi] n. f. Litt. Inspiratrice d'un artiste, d'un poète, d'un homme politique. *Juliette Drouet, l'égérie de Victor Hugo.*

Égérie, dans la myth. romaine, nymphe qui conseillait le roi Numa Pompilius sur l'organisation de la vie religieuse.

égide [eʒid] n. f. **1.** MYTH Bouclier de Zeus et d'Athéna. **2.** Fig. Protection, sauvegarde. *Se placer sous l'égide de qqn.*

Égine, île grecque, face au Pirée (*golfe d'Égine,* dit aussi *golfe d'Athènes*); 85 km^2; 10000 hab.; chef-lieu *Égine.* – Égine rivalisa longtemps avec Athènes, qui l'annexa en 456 av. J.-C. – Ruines de temples consacrés à Zeus, Aphrodite, etc. Nombreuses statues (VIe-Ve s. av. J.-C.) dites *marbres d'Égine.*

Éginhard (770 – 840), historien franc. Vivant à la cour de Charlemagne, il écrivit sa vie.

Égisthe, dans la myth. gr., roi de Mycènes, de la famille des Atrides, fils incestueux de Thyeste et de Pélopia. Il séduisit Clytemnestre, femme d'Agamemnon, et assassina celui-ci à son retour de Troie; il fut lui-même tué par Oreste, fils d'Agamemnon.

églantier [eglɑ̃tje] n. m. Rosier sauvage.

églantine [eglɑ̃tin] n. f. Fleur de l'églantier.

églefin [egləfɛ̃] ou **aiglefin** [ɛgləfɛ̃] ou **aigrefin** [ɛgʀəfɛ̃] n. m. Poisson téléostéen *(Gadus æglefinus)* voisin de la morue, à la chair très estimée. Syn. (Saint-Pierre-et-M.) âne.

église [egliz] n. f. **1.** (Avec une majuscule.) Communion de personnes unies par une même foi chrétienne. *L'Église de Corinthe. L'Église d'Occident, d'Orient. Les Églises orthodoxes* (grecque, russe). *Les Églises réformées* ou *protestantes.* ▷ Absol. *L'Église :* l'Église catholique, apostolique et romaine. *Le pape est le chef visible de l'Église.* ▷ *Par ext.* Fig. Groupe dont les membres défendent la même doctrine. Syn. chapelle, clan. **2.** Édifice consacré, chez les chrétiens catholiques et orthodoxes, au culte divin. *Église paroissiale. Aller à l'église.* **3.** (Avec une majuscule.) Clergé en général. *Un homme d'Église.*

Église (États de l'). V. Vatican.

Église catholique, apostolique et romaine (l') ou absol. **l'Église,** communauté chrétienne qui reconnaît l'autorité du pape. La papauté siège à Rome depuis saint Pierre, qui, selon la tradition, fut le premier évêque de Rome, où il mourut martyr v. 64 ap. J.-C. Pendant 10 siècles (agités par de nombreux schismes*), la communauté chrétienne dans son ensemble reconnut pour chef spirituel (pape) l'évêque de Rome, mais en 1054 l'Église d'Orient, dirigée par le patriarche de Constantinople (V. byzantin [Empire]), rejeta l'autorité papale et au XVIe s., plus. Églises réformées se détachèrent de Rome (V. Réforme). Auj., le pape est aussi le chef de l'État du Vatican*.

églogue [eglɔg] n. f. LITTER Petit poème pastoral ou bucolique. *Les églogues de Virgile, de Ronsard, de Chénier.*

Egmont (Lamoral, prince de Gavre, comte d') (1522 – 1568), seigneur du Hainaut. Il servit les rois d'Espagne Charles Quint puis Philippe II, qui le fit exécuter, après une révolte des Pays-Bas espagnols, sur la Grand-Place de Bruxelles. Goethe fit de lui le héros d'une tragédie (1787).

ego [ego] n. m. (Mot latin, «moi».) **1.** PHILO *L'ego :* le sujet transcendantal, le moi en tant que principe unificateur de l'expérience interne, depuis Kant. **2.** PSYCHAN *L'ego :* le moi.

égocentrique [egosɑ̃tʀik] adj. et n. Qui manifeste de l'égocentrisme. *Comportement égocentrique.* ▷ Subst. *Un(e) égocentrique.*

égocentrisme [egosɑ̃tʀism] n. m. Tendance à tout ramener à soi, à faire de soi le centre de tout.

égoïne [egɔin] n. f. Scie à main sans monture, munie d'une poignée. – (En appos.) *Scie égoïne.*

égoïsme [egɔism] n. m. Amour exclusif de soi; disposition à rechercher exclusivement son plaisir et son intérêt personnels. *«L'égoïsme est un poison de l'amitié» (Balzac).* Ant. altruisme, générosité.

égoïste [egɔist] adj. et n. Qui manifeste de l'égoïsme. *Des enfants égoïstes. Des sentiments égoïstes.* ▷ Subst. *Un(e) égoïste.*

égoïstement [egɔistəmɑ̃] adv. D'une façon égoïste.

égorgement [egɔʀʒəmɑ̃] n. m. Action d'égorger.

égorger [egɔʀʒe] v. tr. [13] Couper la gorge à (un animal). *Égorger un poulet.* ▷ *Par ext.* Tuer (qqn) en lui coupant la gorge.

égorgeur, euse [egɔʀʒœʀ, øz] n. Meurtrier qui égorge ses victimes.

égosiller (s') [egozije] v. pron. [1] **1.** Crier, parler jusqu'à s'en faire mal à la gorge. **2.** Crier ou chanter très fort.

égotisme [egɔtism] n. m. **1.** Litt. Tendance marquée à s'analyser et à parler de soi. *«Souvenirs d'égotisme» (Stendhal).* **2.** Attitude de celui qui ramène tout à soi-même, qui cultive à l'excès ce qu'il a de personnel, d'original.

égotiste [egɔtist] adj. et n. **1.** Litt. Qui manifeste de l'égotisme. *Attitude égotiste.* ▷ Subst. Personne qui pratique l'égotisme. **2.** Égocentrique.

égousseuse [egusøz] n. f. AGRIC Machine servant à séparer des plantes les fruits de l'arachide.

égout [egu] n. m. Canalisation souterraine servant à l'évacuation des eaux pluviales et usées (système du *tout-à-l'égout*). *Bouche, regard, plaque d'égout.* ▷ Fig., litt. Lieu souillé, cloaque.

égoutier [egutje] n. m. Ouvrier chargé de l'entretien des égouts.

égouttage [egutaʒ] ou **égouttement** [egutmɑ̃] n. m. **1.** Action d'égoutter; fait de s'égoutter. **2.** (Belgique) Pose d'un réseau d'égouts. *Plan d'égouttage.*

égoutter [egute] v. tr. [1] Faire écouler peu à peu l'eau ou l'humidité de. *Égoutter la vaisselle.* ▷ v. pron. *Laisser le linge s'égoutter.*

égouttoir [egutwaʀ] n. m. Ustensile qui sert à faire s'égoutter qqch. – *Spécial.* Casier à claire-voie pour l'égouttage de la vaisselle.

Egoyan (Atom) (né en 1960), cinéaste canadien né au Caire, de tendance expressionniste : *Next of Kin* (1984), *The Adjuster* (1991), *Exotica* (1994), *De beaux lendemains* (1997).

égratigner [egʀatiɲe] v. tr. [1] **1.** Blesser superficiellement la peau, écorcher. Syn. (Belgique) gratter. – v. pron. *S'égratigner avec une aiguille.* ▷ Par anal. *Égratigner la terre,* la labourer superficiellement. – *Égratigner un meuble,* y faire une éraflure. **2.** Fig. *Égratigner qqn,* le dénigrer, médire à son propos.

égratignure [egʀatiɲyʀ] n. f. **1.** Légère blessure faite en (s')égratignant. *Ce n'est qu'une égratignure.* ▷ *Par anal.* Dégradation légère, éraflure (d'une chose). Syn. (Belgique) gratte. **2.** Fig. Légère blessure d'amour-propre.

égrenage [egʀənaʒ] ou **égrènement** [egʀɛnmɑ̃] n. m. Action d'égrener; fait de s'égrener. ▷ BOT *Égrenage :* aptitude des espèces végétales à disséminer leurs graines dès maturité. *La perte de l'égrenage spontané est l'un des caractères de la domestication des plantes par l'homme.*

égrener [egʀəne] v. tr. [16] **1.** Détacher le grain, les graines de (une plante, une grappe, une cosse). *Égrener du blé, du raisin.* **2.** Par anal. *Égrener un chapelet,* en faire passer un à un les grains entre ses doigts, à chaque prière. ▷ Fig. Faire entendre (des sons) l'un après l'autre en les détachant nettement. *La pendule égrena les douze coups de minuit.* **3.** v. pron. Se séparer, s'espacer (en parlant d'éléments disposés en rang, en file). *Colonne de fantassins qui s'égrène le long d'une route.*

égreneuse [egʀənøz] n. f. AGRIC Machine à égrener. *Égreneuse à maïs.*

égrillard, arde [egʀijaʀ, aʀd] adj. Licencieux, grivois. *Chanson égrillarde.*

égueulé, ée [egœle] pp. adj. GEOMORPH *Cratère (volcanique) égueulé,* dont une partie de la paroi a été détruite au cours d'une éruption.

éguiber [egibe] v. tr. [1] (Acadie) Vider (le poisson).

Égypte (en arabe *Misr*) (République arabe d'), État d'Afrique du Nord-Est.
► V. carte et dossier, p. 1430.

égyptien, enne [eʒipsjɛ̃, ɛn] adj. et n. **1.** adj. Qui appartient à l'Égypte; qui concerne l'Égypte. ▷ Subst. Habitant ou personne originaire de ce pays. *Un(e) Égyptien(ne).* – HIST *Les Égyp-*

tiens : à l'époque napoléonienne, vétérans de l'expédition d'Égypte. **2.** n. m. *L'égyptien :* la langue de l'ancienne Égypte. **3.** n. f. TYPO Caractère à empattement rectiligne et de même épaisseur que les jambages des lettres.

égyptologie [eʒiptɔlɔʒi] n. f. Étude de l'Antiquité égyptienne.

égyptologue [eʒiptɔlɔg] n. Spécialiste en égyptologie.

Égyptos, roi légendaire d'Égypte dont les 50 fils épousèrent les 50 Danaïdes*, qui les tuèrent (sauf un).

eh ! [e] interj. marquant la surprise, l'admiration, la douleur, etc. *Eh! nous voici! Eh! Quelle belle fille! Eh! vous me faites mal.* – *Eh bien! :* marque la surprise ou renforce ce que l'on dit. *Eh bien! que faites-vous?* – *Eh quoi! :* marque la surprise ou l'indignation. *Eh quoi! vous, agir ainsi!*

éhonté, ée [eɔ̃te] adj. Sans vergogne; effronté, impudent. *Un menteur éhonté.* – Par ext. *Des affabulations éhontées,* incroyables, grossières.

Ehrenbourg (Ilia Grigorievitch) (1891 – 1967), écrivain soviétique. D'abord symboliste, il se rallia au régime sov. : *le Deuxième Jour* (1934), *la Tempête* (1947), *le Dégel* (1954), «Mémoires» (1962-1964).

Ehrlich (Paul) (1854 – 1915), médecin allemand, spécialiste de sérothérapie. P. Nobel 1908.

Eichendorff (Joseph, baron von) (1788 – 1857), écrivain allemand romantique; auteur de romans (*Scènes de la vie d'un propre à rien,* 1826) et de poèmes.

Eichmann (Adolf) (1906 – 1962), fonctionnaire allemand qui persécuta les Juifs. Enlevé en 1960 par les Israéliens en Argentine, il fut condamné à mort.

eider [edɛʀ] n. m. Gros canard marin, noir et blanc (genre *Somateria*), abondant sur les côtes nordiques de l'Amérique et de l'Europe et dont le duvet était autrefois utilisé pour confectionner les édredons.

eidétique [ɛjdetik] adj. **1.** PHILO Qui se rapporte à l'essence des choses. *La «réduction eidétique» (Husserl, Sartre, Merleau-Ponty) est substitution de la considération des essences à l'expérience concrète.* **2.** PSYCHO *Image eidétique :* représentation imaginaire hallucinatoire d'une parfaite netteté.

Eiffel (Gustave) (1832 – 1923), ingénieur français, pionnier de l'architecture du fer. Il réalisa le viaduc de Garabit (1882-1884), l'armature de la statue de la Liberté (1886, New York), la *tour Eiffel,* tour métallique construite (1887-1889) pour l'Exposition universelle de 1889 au Champ-de-Mars (Paris); celle-ci comporte trois plates-formes : à 57,63 m du sol, à 115,73 m et à 276,13 m; sa masse est de 7175 t; sa hauteur totale, antenne de l'émetteur de télévision comprise, est de 320,755 m.

Eindhoven, v. des Pays-Bas (Brabant-Septentrional); 191000 hab. Centre industr. – Musée d'Art moderne.

Einsiedeln, v. de Suisse (cant. de Schwyz); 9600 hab. Centre touristique. – Égl. abbatiale (XVIIIe s.), l'un des plus import. édifices baroques de Suisse; pèlerinage.

Einstein (Albert) (1879 – 1955), physicien et mathématicien allemand, naturalisé suisse en 1900, puis américain en 1940. Sa théorie générale de l'Univers, la *relativité,* élucide de nombreux phénomènes observés à l'échelle atomique ou astronomique : *relativité restreinte* (1905), *relativité généralisée* (1916). La relation d'Einstein, $E=mc^2$, qui donne l'équivalent E en énergie de la masse *m* d'un corps (*c* étant la vitesse de la lumière dans le vide), a permis la libération de l'énergie nucléaire. Les études d'Einstein sont à la base de la mécanique statistique (V. Bose). En 1949, il a travaillé à une théorie unitaire des champs, synthèse de la gravitation et de l'électromagnétisme. Jusqu'à sa mort, il a mis en garde les gouvernements contre une guerre nucléaire. P. Nobel 1921.

einsteinium [ɛnstɛnjɔm] n. m. CHIM Élément radioactif artificiel appartenant à la famille des actinides (symbole Es), de numéro atomique Z = 99.

Eire, nom gaélique de la république d'Irlande.

Eisenach, ville d'Allemagne (Thuringe); 50670 hab. Industries. – Aux environs, chât. de la Wartburg, berceau de la Réforme. – J.-S. Bach y naquit.

Eisenhower (Dwight David) (1890 – 1969), général et homme politique américain. Chef des armées alliées en Afrique du Nord puis en Europe (1943-1945), ensuite des forces de l'OTAN (1950), il fut élu en 1952 président (républicain) des États-Unis et réélu en 1956.

Eisenstein (Sergueï Mikhaïlovitch) (1898 – 1948), cinéaste soviétique. Sa conception du montage a révolutionné l'art cinématographique : *la Grève* (1924); *le Cuirassé Potemkine* (1925); *Octobre* (1927); *Que viva Mexico!* (1931-1932), inachevé et mutilé; *Alexandre Nevski* (1938); *Ivan le Terrible* (1942-1946), dont la troisième partie est inachevée.

éjaculation [eʒakylasjɔ̃] n. f. Fait d'éjaculer.

éjaculer [eʒakyle] v. tr. [1] PHYSIOL Émettre avec force (une sécrétion) hors de l'organisme. – (S. comp.) Émettre du sperme lors de l'orgasme.

éjectable [eʒɛktabl] adj. AVIAT *Siège éjectable, cabine éjectable,* qui peuvent être éjectés hors de l'avion avec le pilote, en cas de danger.

éjecter [eʒɛkte] v. tr. [1] **1.** Rejeter au-dehors avec une certaine force. **2.** Fam. Chasser, renvoyer.

éjecteur [eʒɛktœʀ] n. m. et adj. m. TECH **1.** n. m. Dispositif permettant d'évacuer un fluide (notam. au moyen d'un jet d'air comprimé). **2.** n. m. Pièce servant à éjecter les douilles vides d'une arme à feu automatique. **3.** adj. m. *Appareil éjecteur d'une fusée.*

éjection [eʒɛksjɔ̃] n. f. **1.** Action d'éjecter. *Éjection d'un fluide, d'une cartouche.* – AVIAT *Éjection d'un pilote,* hors de son appareil au moyen d'un siège, d'une cabine éjectable. **2.** PHYSIOL Syn. de *déjection.* **3.** Fam. Renvoi, expulsion.

Ekaterinbourg (*Sverdlosk* de 1924 à 1991), v. de Russie, dans l'Oural; 1351000 hab. Centre industriel. – En juil. 1918, les bolcheviks y exécutèrent le tsar Nicolas II et toute sa famille.

Ekaterinoslav. V. Dniepropetrovsk.

Ekeren, com. de Belgique (dans l'aggl. d'Anvers); 30100 hab. Import. port fluvial. Taille des diamants; appareils de précision.

Ekofisk, riche gisement sous-marin d'hydrocarbures de la mer du Nord (zone norvégienne), relié par oléoduc à la G.-B. et par gazoduc à l'Allemagne.

Ekwensi (Cyprian) (né en 1921), romancier nigérian d'expression anglaise : *People of the city* (1954), le premier roman moderne écrit en Afrique; *Jagua Nana* (1963).

El, dieu du Ciel dans les langues sémitiques.

élaboration [elabɔʀasjɔ̃] n. f. **1.** Action d'élaborer; son résultat. *L'élaboration d'une thèse.* **2.** Transformation ou production d'une substance organique. *L'élaboration de la bile par le foie.*

élaborer [elabɔʀe] v. tr. [1] **1.** Préparer, produire par un long travail de réflexion. *Élaborer un modèle de voiture.* – Pp. adj. *Une théorie très élaborée.* **2.** En parlant d'organismes vivants, d'organes ou de glandes, faire subir diverses modifications et transformations aux substances soumises à leur action, ou produire certaines sécrétions. *Les abeilles élaborent le miel.*

elæis ou **éléis** [eleis] n. m. BOT Palmier à huile d'Afrique occidentale produisant des fruits dont la pulpe donne l'huile de palme, et la graine l'huile de palmiste. *La sève de l'elæis donne un vin de palme.*

Élagabal ou **Héliogabale** (Sextus Varius Avitus Bassianus) (204 – 222), empereur romain (218-222); grand prêtre d'un culte du Soleil *(El Gebal)* d'orig. syrienne, il vécut dans la débauche et fut assassiné.

élagage [elagaʒ] n. m. Action d'élaguer; son résultat.

élaguer [elage] v. tr. [1] **1.** Débarrasser (un arbre) des branches nuisibles à son développement, à sa fructification, etc. **2.** Fig. Débarrasser (un texte) de ce qui l'allonge inutilement. *Il faudra élaguer cette scène.*

élagueur [elagœʀ] n. m. **1.** Celui qui élague les arbres. **2.** Émondoir.

Élam, anc. pays recouvrant le S.-O. de l'Iran : la plaine fertile (auj. le Khūzistān) où s'élevait Suse, la capitale, s'opposait à la bordure montagneuse. Lieu d'une ancienne civilisation (admirables poteries du IVe millénaire), ce royaume lia son histoire à celle de la Mésopotamie, que les Élamites ont envahie (saccage de Babylone aux XVIIe et XIIe s. av. J.-C.) et d'où sont venues les invasions (les Kassites au XIVe s., Assurbanipal qui détruisit Suse en 639). Darius Ier rendit à l'Élam sa prospérité en faisant de Suse la capitale de l'empire des Achéménides.

1. élan [elɑ̃] n. m. Cervidé de grande taille (2 m au garrot), à pelage brun, aux bois plats palmés, qui vit en Europe et Asie septentrionales, et au Canada où on l'appelle *orignal.*

2. élan [elɑ̃] n. m. **1.** Mouvement d'un être qui s'élance, d'une chose qui est lancée vigoureusement. *Prendre son élan pour franchir un obstacle. Donner de l'élan à une balançoire.* **2.** Fig. Mouvement affectif provoqué par un sentiment passionné. *Avoir un élan vers qqn.* **3.** (Acadie) Espace de temps. *Rester chez qqn un petit élan.*

élancé, ée [elɑ̃se] adj. Grand et mince, svelte. *Une jeune fille élancée. Une colonne élancée.*

élancement [elɑ̃smɑ̃] n. m. **1.** Douleur vive et lancinante. *Un abcès qui provoque des élancements.* **2.** TECH Rapport entre la longueur et la plus petite dimension transversale d'une pièce, d'un matériau. **3.** Litt. Élan spirituel, mystique.

élancer [elɑ̃se] v. [12] **1.** v. intr. Faire éprouver des élancements. *Une blessure qui élance douloureusement.* Syn. (Liban) briller. **2.** v. pron. Se porter en avant avec impétuosité. *S'élancer à l'assaut.* – Par anal. *Le pin s'élance vers le ciel.* ▷ Fig. *Son âme s'élançait vers Dieu.*

éland [elɑ̃] n. m. Très grande antilope africaine (genre *Taurotragus,* 1,75 m au garrot), dont les cornes droites sont ornées de côtes en hélice. *L'éland du Cap et l'éland de Derby sont les deux seules espèces d'élands.*

élapidés [elapide] n. m. pl. ZOOL Famille de serpents venimeux comprenant les cobras, les mambas et les serpents corail. – Sing. *Un élapidé.*

élargir [elaʀʒiʀ] v. tr. [3] **1.** Rendre plus large, plus vaste. *Élargir un vêtement, une rue.* ▷ v. pron. *Le fleuve s'élargit à cet endroit.* **2.** Fig. Donner plus d'ampleur, plus de champ à. *Élargir le débat.* ▷ v. pron. *Le domaine de la science s'est considérablement élargi.* **3.** DR Relaxer, faire sortir (de prison). *Élargir un prisonnier.*

élargissement [elaʀʒismɑ̃] n. m. **1.** Action de rendre plus large; son résultat. *L'élargissement d'une voie.* **2.** Fig. Développement, extension. *L'élargissement des connaissances.* **3.** DR Libération d'un prisonnier.

El-Asnam. V. Cheliff (Ech-).

élasticité [elastisite] n. f. **1.** Propriété des corps qui tendent à reprendre leur forme première après avoir été déformés. *L'étude de l'élasticité des solides relève de la résistance des matériaux. Limite d'élasticité,* au-delà de laquelle le corps conserve la déformation qu'on lui a fait subir. ▷ *Par ext.* Qualité d'un objet fait de matière élastique. *L'élasticité d'un ressort. – L'élasticité de la peau, des muscles.* **2.** Souplesse. *L'élasticité des membres.* **3.** Fig. Faculté d'adaptation. *L'élasticité d'un règlement.* ▷ Péjor. *L'élasticité d'une conscience.* **4.** ECON Coefficient servant à mesurer la variation d'une grandeur (la demande, l'offre) relativement à celle d'une autre (prix, revenu). *L'élasticité de la demande.*

élastine [elastin] n. f. BIOCHIM Protéine fibreuse qui constitue l'essentiel des fibres élastiques du tissu conjonctif.

élastique [elastik] adj. et n. m. **I.** adj. **1.** Qui possède de l'élasticité. *Le caoutchouc est élastique.* ▷ *Par ext.* Fait de tissu ou de matière élastique. *Des bretelles élastiques.* – ANAT *Fibres élastiques :* fibres du tissu conjonctif caractérisées par leur élasticité (elles constituent le *tissu élastique*). – PHYS *Corps parfaitement élastique,* qui reprend exactement la même forme quand l'agent de sa déformation a cessé son action. – *Déformation élastique,* qui n'est pas permanente (par oppos. à *déformation plastique*). – *Choc élastique,* au cours duquel l'énergie cinétique totale du projectile se conserve. **2.** Fig. Souple, que l'on peut adapter facilement. *Un horaire élastique.* ▷ Péjor. *Une conscience élastique,* qui manque de rigueur, de droiture. **3.** MILIT *Défense élastique,* qui consiste à se replier devant toute pression trop forte de l'ennemi afin d'éviter la percée. **4.** ECON *Demande élastique,* qui réagit à une variation du prix, du revenu, etc. **II.** n. m. Tissu contenant des fibres de caoutchouc. – *Spécial.* Ruban circulaire de caoutchouc servant de lien. *Entourer un paquet d'un élastique.*

élastomère [elastɔmɛʀ] n. m. CHIM Polymère possédant des propriétés élastiques.

Elbe (en tchèque *Labe*), fl. d'Europe centrale (1 112 km); naît au mont des Géants (Bohême), traverse l'Allemagne et se jette dans la mer du Nord à Hambourg. Grande voie navigable réunie à la Weser et à l'Oder.

Elbe (île d'), île italienne située au large de la côte toscane (prov. de Livourne); 223 km^2; 28 000 hab. Pyrites de fer. – Napoléon Ier y régna après sa première abdication (1814-1815).

elbot [ɛlbɔ] n. m. (Belgique) Flétan.

El-Boulaïda. V. Boulaïda (El-).

Elbourz, chaîne de montagnes de l'Iran, au S. de la mer Caspienne (5 671 m au Demāvend).

Elbrouz, volcan éteint d'Europe, aux confins de la Russie et de la Géorgie; le Caucase y culmine (5 642 m).

Elche, v. d'Espagne (prov. d'Alicante); 175 650 hab. Artisanat. Palmeraie. – La *Dame d'Elche :* buste de femme en grès (V^e-IIIe s. av. J.-C.), œuvre d'un sculpteur grec ou d'un artiste indigène influencé par la statuaire gréco-asiatique.

El-Djezaïr. V. Alger.

eldorado [ɛldɔʀado] n. m. **1.** *L'Eldorado :* le pays imaginaire d'Amérique du Sud, où les conquistadores espagnols croyaient trouver en abondance or et pierres précieuses. **2.** Pays d'abondance, de délices.

Eldridge (David Roy, dit Roy) (1911 - 1989), trompettiste, chanteur et chef d'orchestre de jazz américain.

Éléates ou **Éléatiques,** philosophes de l'école d'Élée, fondée au VIe s. av. J.-C. par Xénophane de Colophon et dont les principaux représentants sont Parménide et Zénon d'Élée.

électeur, trice [elɛktœʀ, tʀis] n. **1.** Personne qui a le droit de participer à une élection. *Carte d'électeur.* **2.** n. m. (Avec une majuscule.) HIST Chacun des sept princes ou évêques du Saint Empire romain germanique qui avaient le droit d'élire l'empereur. *Le grand Électeur :* l'Électeur de Brandebourg.

électif, ive [elɛktif, iv] adj. **1.** Choisi ou attribué par élection. *Président électif.* **2.** Qui choisit de façon préférentielle. ▷ *Les affinités électives :* l'accord spontané et profond entre des personnes. ▷ MED Se dit d'une affection dont le siège est toujours le même.

élection [elɛksjɔ̃] n. f. **1.** Action d'élire une ou plusieurs personnes par un vote. *L'élection d'un député. Les élections municipales.* **2.** Vx Action de choisir. ▷ THEOL Choix fait par Dieu. *L'élection du peuple d'Israël.* ▷ DR *Élection de domicile :* choix d'un domicile légal. ▷ Cour. *Terre, patrie d'élection :* pays d'adoption.

électivité [elɛktivite] n. f. BIOL Propriété des substances qui se fixent sur un élément cellulaire, un organe ou un tissu particulier et non sur d'autres.

électoral, ale, aux [elɛktɔʀal, o] adj. Relatif aux élections. *Une liste, une campagne électorale.* ▷ *Collège électoral :* ensemble des électeurs d'une circonscription.

électoralisme [elɛktɔʀalism] n. m. Orientation dans un sens démagogique de la politique d'un parti ou d'un gouvernement à l'approche d'une élection.

électoraliste [elɛktɔʀalist] adj. Qui a rapport à l'électoralisme.

électorat [elɛktɔʀa] n. m. **1.** Qualité, droit d'électeur; usage de ce droit. *Les conditions d'électorat.* **2.** Ensemble d'électeurs, des électeurs.

Électre, dans la myth. gr., fille d'Agamemnon et de Clytemnestre; elle incita son frère Oreste à venger le meurtre de leur père en assassinant Clytemnestre et son amant Égisthe.

électricien, enne [elɛktʀisjɛ̃, ɛn] n. Physicien, physicienne spécialiste de l'étude ou des applications de l'électricité. ▷ n. m. Ouvrier ou artisan spécialisé dans le montage d'installations électriques. – (En appos.) *Ouvrier électricien.*

électricité [elɛktʀisite] n. f. Une des propriétés fondamentales de la matière, caractéristique de certaines particules (électron, proton) qui exercent et subissent l'interaction électromagnétique. (V. encycl. électromagnétisme, interaction.) ▷ Courant électrique. *Faire poser l'électricité. Panne d'électricité.* ▷ Lumière électrique. *Allumer, éteindre l'électricité.* – Loc. fig. *Il y a de l'électricité dans l'air,* une excitation, une animosité dans le comportement ou les paroles, qui laissent présager quelqueéclat.

ENCYCL Dès le VIe s. av. J.-C., les Grecs constatèrent que l'ambre frotté attirait de nombreux corps légers. Au XVIIIe s., des expériences fondamentales ont mis en évidence l'existence de deux *charges électriques, positive* et *négative.* À partir de 1800, la pile de Volta permit de réaliser les premiers *courants électriques* dont l'étude fut complétée en 1826 par Ohm, qui établit la relation entre l'intensité traversant un conducteur et la différence de potentiel aux bornes de celui-ci et définit ainsi la notion de *résistance.* En 1831, Faraday établit les lois du phénomène d'*induction électromagnétique.* En 1841, Joule établit les lois régissant le dégagement de chaleur dans un conducteur *(effet Joule).* En 1864, Maxwell prédit l'existence des *ondes électromagnétiques.* À la fin du XIXe s., la découverte de l'électron ouvrit la voie aux réalisations ultérieures de l'*électronique**.

électrification [elɛktʀifikasjɔ̃] n. f. Action d'électrifier; son résultat.

électrifier [elɛktʀifje] v. tr. [2] **1.** Alimenter en énergie électrique, par l'installation d'une ligne, d'un réseau de distribution. *Électrifier une vallée.* **2.** Équiper pour la traction électrique (une voie ferrée).– Pp. adj. *Ligne électrifiée.*

électrique [elɛktʀik] adj. **1.** Qui a rapport à l'électricité. *Énergie électrique.* – Qui produit de l'électricité. *Générateur électrique.* – Qui est mû par l'énergie électrique. *Moulin à café électrique.* ▷ PHYS *Charge électrique :* quantité d'électricité portée par un corps. *Les charges électriques se répartissent à la surface d'un conducteur et se localisent en un point d'un isolant.* ▷ *Courant électrique :* V. courant. ▷ *Poisson électrique :* poisson qui a la propriété de produire des décharges électriques contre ses proies ou ses agresseurs. **2.** Fig. Qui évoque par la vivacité, le contact, l'apparence, etc., les effets d'un courant électrique. *Tempérament électrique. Bleu électrique.*

électriquement [elɛktʀikmɑ̃] adv. Au moyen du courant électrique.

électrisation [elɛktʀizasjɔ̃] n. f. Action d'électriser; état d'un corps électrisé.

électriser [elɛktʀize] v. tr. [1] **1.** Communiquer une charge électrique à (un corps). *Électriser par frottement, par contact.* **2.** Fig. Causer une vive impression à, saisir, enthousiasmer. *Discours qui électrise un auditoire.*

électro-. Élément, du rad. de *électricité.*

électroacoustique ou **électro-acoustique** [elɛktʀoakustik] n. f. et adj. Science et technique des applications de l'électricité à la production, à l'enregistrement et à la reproduction des sons. ▷ adj. *Des techniques électroacoustiques* (ou *électro-acoustiques*). *Musique électroacoustique,* qui applique les méthodes de l'électroacoustique à la synthèse ou à la déformation des sons.

électroaimant ou **électro-aimant** [elɛktʀoɛmɑ̃] n. m. Appareil constitué d'un noyau en fer doux ou en ferrosilicium (alliage de fer et de silicium) et d'un bobinage dans lequel on fait passer un courant électrique pour créer un champ magnétique. *Les électroaimants (ou électro-aimants) sont utilisés dans les accélérateurs de particules, les commandes par relais, les haut-parleurs, les appareils de levage.*

électrobiologie [elɛktʀobjɔlɔʒi] n. f. Partie de la biologie qui étudie les relations entre les phénomènes électriques et les processus biologiques.

électrocardiogramme [elɛktʀokaʀdjɔgʀam] n. m. MED Tracé obtenu par l'enregistrement de l'activité électrique du cœur, permettant de déceler d'éventuelles affections : insuffisance cardiaque, infarctus du myocarde, péricardite. (Abrév. : E.C.G.)

électrocardiographie [elɛktʀokaʀdjɔgʀafi] n. f. MED Étude de l'activité électrique du cœur par l'électrocardiogramme.

électrochimie [elɛktʀoʃimi] n. f. Science et technique des applications de l'énergie électrique à la chimie (conversion de l'énergie chimique en énergie électrique dans les piles et les accumulateurs; conversion inverse dans l'électrolyse).

électrochoc [elɛktʀoʃɔk] n. m. Procédé thérapeutique, utilisé parfois encore en psychiatrie (pour la schizophrénie, les états dépressifs, confusionnels, etc.), qui consiste à provoquer artificiellement une crise épileptique, par le passage d'un courant alternatif à travers la boîte crânienne.

électrocinétique [elɛktʀosinetik] n. f. ELECTR Étude des effets des courants électriques, sans tenir compte des phénomènes magnétiques qu'ils provoquent.

électrocoagulation [elɛktʀokɔagylasjɔ̃] n. f. MED Destruction des tissus au moyen d'un courant électrique de haute fréquence.

électrocuter [elɛktʀɔkyte] v. tr. [1] Tuer par électrocution. ▷ v. pron. *S'électrocuter en touchant une prise.*

électrocution [elɛktʀɔkysjɔ̃] n. f. **1.** Exécution des condamnés à mort par le courant électrique (aux États-Unis). **2.** Mort accidentelle causée par le courant électrique.

électrode [elɛktʀɔd] n. f. **1.** Pièce conductrice permettant l'arrivée du courant électrique au point d'utilisation. **2.** Chacune des pièces (anode* ou cathode*) d'un dispositif électrochimique qui permettent le passage des électrons. **3.** MED Conducteur utilisé soit en électrothérapie, soit pour recueillir les courants électriques de l'organisme.

électrodialyse [elɛktʀodjaliz] n. f. TECH Procédé de séparation des sels minéraux d'une solution par diffusion à travers une membrane semi-perméable de part et d'autre de laquelle la solution est portée à des potentiels électriques différents. *L'électrodialyse est utilisée pour le dessalement de l'eau de mer.*

électrodynamique [elɛktʀodinamik] n. f. et adj. Partie de la physique qui a pour objet l'étude des actions mécaniques s'exerçant entre des circuits parcourus par des courants électriques. ▷ adj. *Phénomènes électrodynamiques.*

électro-encéphalogramme [elɛktʀɑ̃sefalɔgʀam] n. m. MED Tracé obtenu par électro-encéphalographie. (Abrév. : E.E.G.) *Des électro-encéphalogrammes.*

électro-encéphalographie [elɛktʀoɑ̃sefalɔgʀafi] n. f. MED Enregistrement graphique, au moyen d'électrodes placées à la surface du crâne, des différences de potentiel électrique qui se produisent au niveau de l'écorce cérébrale. *L'électro-encéphalographie permet de diagnostiquer certaines affections (épilepsie, tumeurs, hémorragies). Des électro-encéphalographies.*

électrogène [elɛktʀɔʒɛn] adj. Didac. Qui produit de l'électricité. *Appareil électrogène d'un poisson électrique.* ▷ *Groupe électrogène :* ensemble formé d'un moteur et d'une génératrice électrique.

électroluminescence [elɛktʀolymnesɑ̃s] n. f. PHYS Propriété de certains corps de devenir luminescents sous l'action d'une décharge électrique ou d'un champ électrique variable.

électrolyse [elɛktʀɔliz] n. f. CHIM Décomposition chimique de certaines substances (électrolytes) sous l'effet d'un courant électrique. (V. électrochimie.)

électrolyser [elɛktʀɔlize] v. tr. [1] CHIM Faire l'électrolyse de.

électrolyte [elɛktʀɔlit] n. m. CHIM Composé qui, à l'état liquide ou en solution, permet le passage du courant électrique par déplacement d'ions.

électrolytique [elɛktʀɔlitik] adj. Qui a rapport à un électrolyte ou à l'électrolyse; qui se fait par électrolyse.

électromagnétique [elɛktʀomaɲetik] adj. PHYS Qui a rapport à l'électromagnétisme. – *Rayonnement électromagnétique :* onde, constituée de photons, qui se propage dans l'espace.

électromagnétisme [elɛktʀomaɲetism] n. m. PHYS Partie de la physique dans laquelle interviennent toutes les notions liées à l'existence de charges électriques.

ENCYCL Tout système de particules qui possèdent une charge électrique est la source d'un *champ électromagnétique* caractérisé par un *champ électrique* et un *champ magnétique.* Toute charge en mouvement accéléré émet des *ondes électromagnétiques.* Parmi les applications de l'électromagnétisme on peut citer les communications à distance, la télévision, le radar*, le laser*, les appareils à micro*-ondes.

électromécanicien, enne [elɛktʀomekanisjɛ̃, ɛn] n. Spécialiste des machines et des mécanismes électriques.

électromécanique [elɛktʀomekanik] n. f. et adj. **1.** n. f. Ensemble des applications de l'électricité à la mécanique. **2.** adj. Se dit des mécanismes à commande électrique. *Contacteur électromécanique.*

électroménager [elɛktʀomenaʒe] adj. m. et n. m. *Appareil électroménager :* appareil à usage domestique fonctionnant à l'électricité. ▷ n. m. *Le secteur économique de l'électroménager.*

électrométallurgie [elɛktʀometalyʀʒi] n. f. Ensemble des techniques de préparation ou d'affinage des métaux, faisant appel à l'électricité (chauffage dans un four électrique ou à électrolyse).

électromètre [elɛktʀɔmɛtʀ] n. m. Appareil servant à mesurer, par un procédé électrostatique, une différence de potentiel ou à vérifier qu'un corps est chargé électriquement.

électromoteur, trice [elɛktʀomɔtœʀ, tʀis] adj. (et n. m.) Qui produit, mécaniquement ou chimiquement, de l'énergie électrique. *Les dynamos, les piles sont des appareils électromoteurs.* ▷ *Force électromotrice :* force caractéristique d'un générateur traduisant son aptitude à maintenir une différence de potentiel entre deux points d'un circuit ouvert, ou à entretenir un courant élec-trique dans un circuit fermé. (Abrév. : f.é.m.) – *Force contre-électromotrice :* force caractéristique des récepteurs transformant l'énergie électrique en énergie chimique ou mécanique. (Abrév. : f.c.é.m.) ▷ n. m. Générateur électrique.

électron [elɛktʀɔ̃] n. m. Particule constitutive de la partie externe de l'atome, qui porte une charge électrique négative de $1{,}602.10^{-19}$ coulomb et a une masse de $0{,}911.10^{-30}$ kg. (V. encycl. particule et électronique.)

électronégatif, ive [elɛktʀonegatif, iv] adj. CHIM Se dit d'un élément qui a tendance à capter des électrons (particules négatives). Ant. électropositif.

électronicien, enne [elɛktʀɔnisjɛ̃, ɛn] n. et adj. Spécialiste de l'électronique. – adj. *Ingénieur électronicien.*

électronique [elɛktʀɔnik] adj. et n. f. **I.** adj. **1.** Qui se rapporte ou qui est propre à l'électron. *Flux électronique.* **2.** Qui se rapporte à l'électronique; qui se fonde sur ses lois. *Microscope électronique.* – *Musique électronique,* qui utilise des sons musicaux créés à partir d'oscillations électriques amplifiées. **II.** n. f. Science ayant pour objet l'étude de la conduction électrique dans le vide, les gaz et les semi-conducteurs. ▷ Ensemble des techniques dérivées de cette science.

ENCYCL La découverte des rayons cathodiques par Hittorf (1869) puis leur étude par Crookes, Perrin et Thompson sont à l'origine de l'électronique, car ces rayons sont constitués d'électrons accélérés grâce à la forte différence de potentiel qui existe entre la cathode et l'anode des tubes qui les émettent. Les découvertes se succèdent rapidement : l'effet thermoélectronique par Edison en 1884, l'électron par Thompson en 1897, la lampe diode par Fleming en 1904, la diode à jonction par Shockley en 1942, découverte qui permettra celle des transistors, puis des circuits intégrés (1966), des microprocesseurs (1971), etc. Les électrons utilisés en électronique sont extraits des atomes de certains corps. Selon la forme d'énergie utilisée pour rompre la liaison qui les unit au noyau atomique, on distingue divers types d'*émis-*

sions : thermoélectronique ou thermoélectrique (énergie apportée sous forme de chaleur); photoélectrique ou photoélectronique (apport d'énergie par un rayonnement); par l'effet d'un champ électrique de haute intensité appliqué à la surface du corps émetteur; secondaire, lorsqu'on bombarde une surface par des électrons ou par des ions. Du fait de leur inertie à peu près nulle et de leur charge, ils peuvent être aisément accélérés et déviés sous l'action de champs magnétiques et électriques. (V. semiconducteur, informatique, ordinateur.)

électroniquement [elɛktʀɔnikmɑ̃] adv. Didac. Par des moyens électroniques.

électronucléaire [elɛktʀonykleɛʀ] adj. et n. m. PHYS NUCL Qui concerne l'électricité produite par la fission nucléaire. *Centrale électronucléaire.* (V. encycl. nucléaire.) ▷ n. m. *L'électronucléaire :* l'ensemble des techniques qui permettent la production d'électricité par des moyens nucléaires.

électronvolt [elɛktʀɔ̃vɔlt] n. m. PHYS NUCL Unité d'énergie égale à la variation d'énergie cinétique d'un électron qui subit une variation de potentiel de 1 volt (symbole eV).

électrophone [elɛktʀɔfɔn] n. m. Appareil électrique de reproduction des enregistrements sonores sur disques.

électrophorèse [elɛktʀofɔʀɛz] n. f. CHIM Séparation, sous l'action d'un champ électrique, de molécules ou particules ionisées dont les mobilités sont différentes. (L'électrophorèse est utilisée en biochimie pour certaines analyses, notam. celles du sérum sanguin, et dans l'industrie, par ex. pour peindre des pièces métalliques.)

électropositif, ive [elɛktʀopozitif, iv] adj. CHIM Se dit d'un élément qui a tendance à perdre des électrons (particules négatives). Ant. électronégatif.

électropuncture ou **électroponcture** [elɛktʀopɔ̃ktyʀ] n. f. MED Thérapeutique dérivée de l'acupuncture, utilisant l'électricité.

électroradiologie [elɛktʀoʀadjolɔʒi] n. f. MED Ensemble des utilisations médicales (diagnostics et traitements) de l'électricité et de la radiologie.

électrostatique [elɛktʀostatik] n. f. et adj. ELECTR Partie de la physique qui étudie les propriétés des corps porteurs de charges électriques en équilibre. ▷ adj. Relatif à l'électricité statique. *Phénomène électrostatique.*

électrotechnicien, enne [elɛktʀotɛknisjɛ̃, ɛn] n. TECH Spécialiste de l'électrotechnique.

électrotechnique [elɛktʀotɛknik] n. f. et adj. Ensemble des applications industrielles de l'électricité. ▷ adj. Qui concerne ces applications.

électrothérapie [elɛktʀoteʀapi] n. f. MED Utilisation thérapeutique de l'électricité.

électrovalence [elɛktʀovalɑ̃s] n. f. CHIM Valence d'un ion (égale à sa charge). ▷ *Liaison par électrovalence :* liaison forte entre deux atomes dont l'un cède à l'autre plusieurs électrons de sa couche externe.

électrum [elɛktʀɔm] n. m. Alliage naturel d'or et d'argent.

Élée, v. de l'Italie anc., en Grande-Grèce (auj. *Castellamare di Velia,* Lucanie), célèbre pour son école de philosophie. (V. Éléates.)

élégamment [elegamɑ̃] adv. Avec élégance.

élégance [elegɑ̃s] n. f. **1.** Qualité esthétique naturelle ou acquise alliant la grâce, la distinction et la simplicité. *L'élégance d'un mouvement. Écrire avec élégance.* Ant. vulgarité, lourdeur. **2.** Raffinement de bon goût dans l'habillement, la parure, les manières. **3.** Délicatesse et raffinement dans l'ordre moral. *Agir avec élégance.*

élégant, ante [elegɑ̃, ɑ̃t] adj. (et n.) Qui a de l'élégance. *Un style élégant.* ▷ Subst. Personne élégante.

élégiaque [eleʒjak] adj. LITTER Relatif à l'élégie. *Œuvre élégiaque.* ▷ *Poète élégiaque,* auteur d'élégies. ▷ Mélancolique et tendre. *Un ton élégiaque.*

élégie [eleʒi] n. f. Poème lyrique d'un ton mélancolique. *Les élégies de Ronsard.*

éléis [eleis] n. m. V. elæis.

élément [elemɑ̃] n. m. Chacune des choses qui, en combinaison avec d'autres, forme un tout. *Connaître tous les éléments d'un problème.* **1.** TECH Partie d'un ensemble constitué de pièces identiques. *Accumulateur de cinq éléments. Éléments d'un meuble de rangement.* **2.** MATH Être mathématique qui appartient à un ensemble (ou à plusieurs). *+2, +3, +4 sont des éléments de l'ensemble N des entiers naturels. Élément commun à plusieurs ensembles. 0 est l'élément neutre pour l'addition.* **3.** LING Constituant d'une unité linguistique de niveau supérieur, isolable par l'analyse. *L'élément vocalique d'une syllabe. Mot composé de plusieurs éléments (radical, affixe, désinence).* **4.** (Plur.) Principes fondamentaux d'une discipline. *Connaître les éléments de la grammaire anglaise.* **5.** Personne appartenant à un groupe. *Les bons éléments d'une classe.* **6.** *Les quatre éléments :* l'eau, l'air, la terre, le feu, considérés par les Anciens comme constitutifs de tous les corps dans l'Univers. ▷ *Les éléments ;* les forces de la nature. *Lutter contre les éléments déchaînés.* **7.** Milieu dans lequel vit un animal. *L'eau est l'élément du poisson.* ▷ Fig. (Personnes) *Être dans son élément :* se sentir à l'aise en se trouvant dans un certain milieu, ou en évoquant des questions que l'on connaît bien. *En compagnie des artistes, il est dans son élément.* **8.** CHIM Configuration atomique caractérisée par son numéro atomique Z, qui représente le nombre de protons contenus dans le noyau. *La molécule d'oxygène O_2 et la molécule d'ozone O_3 comportent l'une deux atomes, l'autre trois atomes de l'élément oxygène O.* (V. atome.)

ENCYCL Chim. – Tous les corps qui existent à la surface de la Terre sont des combinaisons de 90 éléments naturels. Les chimistes les désignent chacun par un symbole, première lettre majuscule de leur nom actuel ou ancien, souvent suivie d'une seconde lettre minuscule pour éviter les confusions. En 1869, D. Mendeleïev proposa une classification des éléments par «poids atomiques» croissants, mais en plaçant les uns au-dessous des autres ceux qui possédaient des propriétés chimiques identiques. Le tableau périodique actuel dérive de celui de Mendeleïev, mais classe les éléments (naturels et artificiels) par numéros atomiques Z croissants; Z est le nombre des protons présents dans le noyau atomique. Le tableau périodique actuel comprend les 90 éléments naturels et 19 éléments artificiels : le technétium (Z = 43, créé en 1937), le prométhium (Z = 61, créé en 1945) et les transuraniens (Z = 93 à 109) dont le nombre n'a cessé de croître depuis la découverte du neptunium (Z = 93) en 1940. Les lignes sont appelées des *périodes ;* on distingue une très courte période (H et He, Z=1 et 2), deux courtes périodes de 8 éléments, deux longues de 18 éléments, une très longue de 32 éléments, etc. Les propriétés des éléments varient de façon régulière dans une période. Les colonnes sont appelées *groupes :* I à VII (A et B), VIII, O. Les chiffres romains indiquent le nombre d'électrons sur la couche périphérique, lequel est en relation avec la valence principale de l'élément (valence 1 pour les groupes I, 2 pour les groupes II, 1 (égale 8–7) pour les groupes VII, etc. Les propriétés chimiques sont voisines à l'intérieur d'une colonne (famille). Le groupe O, à l'extrême droite du tableau périodique, présente des éléments particulièrement stables (les gaz rares ou inertes), à cause du remplissage complet des couches électroniques. ► tabl. **éléments,** V. page suivante.

élémentaire [elemɑ̃tɛʀ] adj. **1.** Qui concerne les premiers éléments d'une discipline. *Cours d'anglais élémentaire. Notions élémentaires. – Ce problème est élémentaire,* facile à comprendre. ▷ *Cours élémentaire 1re et 2e année :* dans le cycle primaire, classes intermédiaires entre le cours préparatoire et le cours moyen. **2.** Réduit à l'essentiel. *La plus élémentaire des politesses.* **3.** CHIM *Analyse élémentaire :* recherche des éléments présents dans un corps.

élémi [elemi] n. m. TECH Résine extraite de certains arbres des Antilles et de Malaisie, utilisée pour la fabrication des laques et des vernis.

Éléonore d'Aquitaine. V. Aliénor d'Aquitaine.

éléphant [elefɑ̃] n. m. **1.** Mammifère proboscidien herbivore à peau rugueuse, muni d'une trompe et de défenses (incisives supérieures). *L'éléphant d'Afrique est le plus gros animal terrestre actuel. L'éléphant barrit.* V. mammouth, mastodonte. ▷ Loc. fig., fam. *Un éléphant dans un magasin de porcelaine :* une personne d'une grande maladresse. – *Avoir une mémoire d'éléphant :* avoir beaucoup de mémoire. **2.** *Éléphant de mer :* mammifère marin (*Macrorhinus leoninus*) des régions antarctiques, le plus grand des pinnipèdes dont les mâles, qui atteignent 6,5 mètres de long pour une masse de 3,5 tonnes, ont une trompe longue d'une quarantaine de cm.

ENCYCL L'éléphant d'Afrique (*Loxodonta africana*), autrefois plus abondant, vit habituellement dans les savanes et les forêts au sud du Sahara, en petits troupeaux conduits par une vieille femelle. Chassé pour les dégâts qu'il crée dans les cultures et surtout pour l'ivoire de ses défenses, l'éléphant voit sa population fortement régresser. L'interdiction (1990) du commerce de l'ivoire a freiné son déclin, mais le braconnage reste important et les surfaces où il peut vivre en toute quiétude diminuent. L'éléphant d'Asie (*Elephas indicus*), un peu moins grand que celui d'Afrique, vit à l'état sauvage dans les forêts de la péninsule indienne, du Sri Lanka et de la Malaisie, ainsi qu'à Sumatra et à Bornéo; il est fréquemment domestiqué pour accomplir divers travaux et participer aux cérémonies religieuses. Utilisé comme animal de guerre depuis l'Antiquité,

LISTE DES ÉLÉMENTS NATURELS ET ARTIFICIELS

Une configuration atomique de numéro atomique Z donné peut présenter des atomes ayant des masses atomiques différentes : ce sont les isotopes d'un élément considéré ; pour chaque élément nous avons indiqué leur nombre. Ces isotopes ont des masses différentes car leurs noyaux ne comportent pas le même nombre de neutrons ; ce nombre varie facilement et, par bombardement particulier du noyau, on peut produire de nouveaux isotopes artificiels (en italique dans ce tableau, qui comporte les éléments de nombre atomique 1 à 105).

(*) *Les nombres entre parenthèses sont relatifs au nombre de masse de l'isotope le plus stable.* (**) *Nom non homologué.*

M = masse atomique référence : ($^{12}_{6}C = 12$)

nom	symbole	Z	M	nombre total d'isotopes connus
Actinium	**Ac**	89	(227)*	12
Aluminium	**Al**	13	26,981	7
Américium	**Am**	95	(243)	13
Antimoine	**Sb**	51	121,75	21
Argent	**Ag**	47	107,868	16
Argon	**Ar**	18	39,948	11
Arsenic	**As**	33	74,922	14
Astate	**At**	85	(210)	22
Azote	**N**	7	14,007	8
Baryum	**Ba**	56	137,34	26
Berkélium	**Bk**	97	(247)	11
Béryllium	**Be**	4	9,012	5
Bismuth	**Bi**	83	208,981	25
Bore	**B**	5	10,811	7
Brome	**Br**	35	79,904	17
Cadmium	**Cd**	48	112,41	23
Calcium	**Ca**	20	40,08	17
Californium	**Cf**	98	(251)	18
Carbone	**C**	6	12,011	8
Cérium	**Ce**	58	140,12	18
Césium	**Cs**	55	132,905	22
Chlore	**Cl**	17	35,453	11
Chrome	**Cr**	24	51,996	13
Cobalt	**Co**	27	58,933	11
Cuivre	**Cu**	29	63,55	13
Curium	**Cm**	96	(247)	12
Dysprosium	**Dy**	66	162,50	21
Einsteinium	**Es**	99	(254)	9
Erbium	**Er**	68	167,26	19
Etain	**Sn**	50	118,69	33
Europium	**Eu**	63	151,95	18
Fer	**Fe**	26	55,847	14
Fermium	**Fm**	100	(257)	9
Fluor	**F**	9	18,998	6
Francium	**Fr**	87	(223)	9
Gadolinium	**Gd**	64	157,25	21

nom	symbole	Z	M	nombre total d'isotopes connus
Gallium	**Ga**	31	69,72	9
Germanium	**Ge**	32	72,59	18
Hafnium	**Hf**	72	178,49	17
Hahnium**	**Ha**	105	(262)	
Hélium	**He**	2	4,003	6
Holmium	**Ho**	67	164,930	10
Hydrogène	**H**	1	1,008	5
Indium	**In**	49	114,82	16
Iode	**I**	53	126,904	22
Iridium	**Ir**	77	192,22	16
*Kourchatovium***	**Ku**	104	(261)	
Krypton	**Kr**	36	83,80	27
Lanthane	**La**	57	138,91	16
Lawrencium	**Lr**	103	(260)	
Lithium	**Li**	3	6,939	7
Lutécium	**Lu**	71	174,97	12
Magnésium	**Mg**	12	24,305	9
Manganèse	**Mn**	25	54,938	9
Mendélévium	**Md**	101	(258)	7
Mercure	**Hg**	80	200,59	26
Molybdène	**Mo**	42	95,94	21
Néodyme	**Nd**	60	144,24	21
Néon	**Ne**	10	20,17	10
Neptunium	**Np**	93	(237,048)	14 ou 15
Nickel	**Ni**	28	58,71	16
Niobium	**Nb**	41	92,906	12
Nobélium	**No**	102	(259)	1
Or	**Au**	79	196,967	14
Osmium	**Os**	76	190,2	20
Oxygène	**O**	8	15,999	9
Palladium	**Pd**	46	106,4	22
Phosphore	**P**	15	30,974	8
Platine	**Pt**	78	195,09	19
Plomb	**Pb**	82	207,19	25

nom	symbole	Z	M	nombre total d'isotopes connus
Plutonium	**Pu**	94	(244)	15 ou 16
Polonium	**Po**	84	(209)	29
Potassium	**K**	19	39,102	11
Praséodyme	**Pr**	59	140,908	12
Prométhium	**Pm**	61	(145)	9
Protactinium	**Pa**	91	(231,036)	14
Radium	**Ra**	88	(226,025)	17
Radon	**Rn**	86	(222)	19
Rhénium	**Re**	75	186,2	13
Rhodium	**Rh**	45	102,906	14
Rubidium	**Rb**	37	85,47	19
Ruthénium	**Ru**	44	101,07	23
Samarium	**Sm**	62	150,35	21
Scandium	**Sc**	21	44,956	12
Sélénium	**Se**	34	78,96	20
Silicium	**Si**	14	28,086	10
Sodium	**Na**	11	22,990	7
Soufre	**S**	16	32,064	11
Strontium	**Sr**	38	87,62	20
Tantale	**Ta**	73	180,947	13
Technétium	**Tc**	43	(98,906)	13
Tellure	**Te**	52	127,60	27
Terbium	**Tb**	65	158,925	10
Thallium	**Tl**	81	204,37	22
Thorium	**Th**	90	232,038	19
Thulium	**Tm**	69	168,934	10
Titane	**Ti**	22	47,90	14
Tungstène	**W**	74	183,85	18
Uranium	**U**	92	238,03	17
Vanadium	**V**	23	50,941	12
Xénon	**Xe**	54	131,30	32
Ytterbium	**Yb**	70	173,04	23
Yttrium	**Y**	39	88,906	16
Zinc	**Zn**	30	65,38	18
Zirconium	**Zr**	40	91,22	17

CLASSIFICATION PÉRIODIQUE DES ÉLÉMENTS

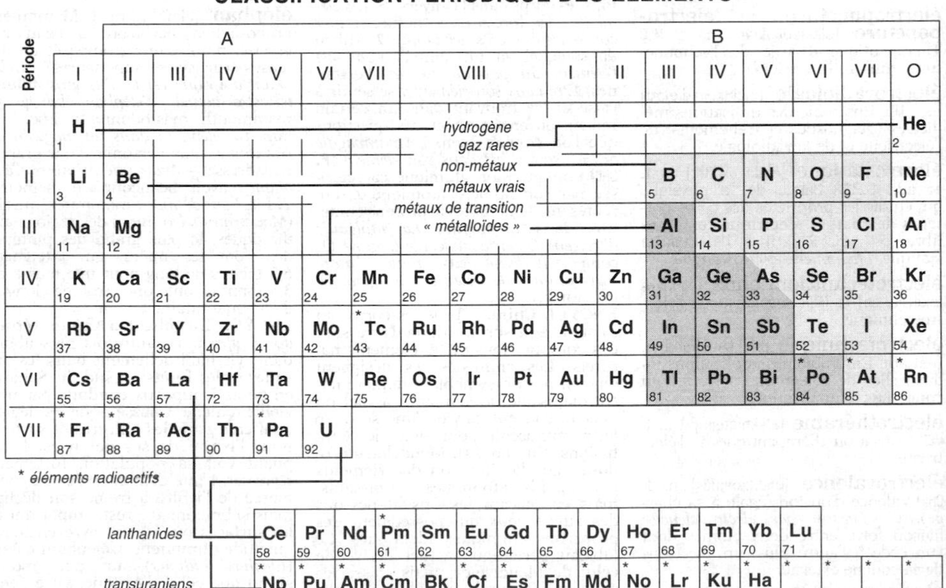

La nomenclature internationale préfère désigner les éléments dont le nombre atomique *Z* est supérieur à 100 par un nom numérique.
Ainsi, le *mendelevium* (Z = 101) peut être nommé *unnilunium* (1 donnant *un* ; 0, *nil* ; 1, *unium*) ; sont surtout utilisés les noms suivants : *unnilquadium* (Z = 104), *unnilpentium* (Z = 105), *unnilhexium* (Z = 106), *unnilseptium* (Z = 107), *unniloctium* (Z = 108), *unnilennium* (Z = 109).

l'éléphant (notam. dans sa variété albinos ou *éléphant blanc*) est vénéré dans certains pays d'Asie.

Éléphant (chaîne de l'), ensemble de collines du S.-O. du Cambodge, culminant à 1081 m.

Elephanta (île), îlot de la baie de Bombay (Inde), dont les collines sont creusées de sanctuaires hindouistes aux sculptures célèbres (VIIe-VIIIe s.).

éléphante [elefɑ̃t] n. f. Rare Éléphant femelle.

éléphanteau [elefɑ̃to] n. m. Petit de l'éléphant.

éléphantesque [elefɑ̃tɛsk] adj. Qui rappelle l'éléphant par sa taille, son aspect. *Des proportions éléphantesques.* – Iron. *Une grâce éléphantesque.*

éléphantiasis [elefɑ̃tjazis] n. m. MED Augmentation considérable du volume d'un membre ou d'une partie du corps, due à un œdème chronique des téguments, observée essentiellement dans certaines filarioses.

éléphantin, ine [elefɑ̃tɛ̃, in] adj. Didac. **1.** Propre à l'éléphant; qui ressemble à l'éléphant. **2.** Fait d'ivoire.

Éléphantine (île), île du Nil, à proximité d'Assouan (Haute-Égypte). Ruines pharaoniques.

éleusine [eløzin] n. f. Céréale des zones semi-arides, consommée sous forme de couscous et dont on tire une boisson alcoolisée, la *bière d'éleusine.* Syn. millet.

Éleusis, v. de la Grèce anc. (Attique), auj. *Elefsína;* 23040 hab. Industries. – Ruines du temple de Déméter et de Perséphone, dans lequel on célébrait les *mystères d'Éleusis* (rites secrets attachés à un culte agraire primitif).

élevage [elvaʒ] n. m. Production et entretien des animaux domestiques ou utiles pour en obtenir des produits (viande, lait, sang, laine, cuir et peaux, œufs, plumes, miel, musc, etc.) ou à des fins rituelles ou de prestige. *Élevage des volailles, des abeilles. Élevage extensif, intensif.*
ENCYCL Les systèmes d'*élevage traditionnel* sont souvent extensifs. Ils impliquent dans les zones arides la transhumance et le nomadisme. Dans les zones semi-arides, les déplacements des animaux suivent le régime des pluies. Il existe cependant des systèmes d'élevage traditionnel sédentaires et semi-intensifs (agropastoralisme), où aux contraintes des systèmes traditionnels s'ajoute une exigence de rentabilité des productions (croisement des races animalières, amélioration de la qualité des produits laitiers). *L'élevage industriel* représente une réforme foncière par rapport à ces pratiques. Les complexes industriels de production agricole et laitière sont généralement encadrés de divers services (recherche vétérinaire, zootechnique) et poursuivent un objectif de rentabilisation de la production et de la commercialisation des produits.

élévateur [elevatœʀ] adj. m. et n. m. **1.** ANAT Se dit des muscles qui élèvent certaines parties du corps. ▷ n. m. *L'élévateur de la paupière.* **2.** TECH Qualifie les appareils de manutention capables de lever des charges. *Un chariot élévateur* ou, n. m., *un élévateur.*

élévation [elevasjɔ̃] n. f. **1.** Action de lever, d'élever. *L'élévation de la main.* ▷ LITURG CATHOL Moment de la messe où le prêtre élève l'hostie et le vin consacrés. **2.** Construction ou rehaussement. *L'élévation d'un monument.* **3.** Hauteur. ▷ TECH *Vue en élévation* ou *élévation :* dessin représentant la projection d'un objet sur un plan vertical. ▷ *Élévation de terrain* ou *élévation :* terrain plus haut que ceux du voisinage. *Se cacher derrière une élévation.* **4.** Fait de s'élever (par rapport à une échelle de grandeur). *Élévation du niveau des eaux. Élévation de la température.* **5.** Action d'élever, de s'élever à un rang supérieur. *Élévation à une dignité.* **6.** Caractère élevé (de l'âme, de l'esprit). *L'élévation des sentiments.*

élévatoire [elevatwaʀ] adj. TECH Qui sert à lever, à élever. *Pompe élévatoire.*

élève [elɛv] n. **1.** Personne qui reçoit les leçons d'un maître, qui fréquente un établissement scolaire. *Les élèves du lycée.* ▷ MILIT *Élève officier :* militaire qui suit des cours pour devenir officier. **2.** Personne qui, instruite dans un art ou dans une science par un maître, s'inspire de ses travaux. *Raphaël fut l'élève du Pérugin.* **3.** (Djibouti) Fam., arg. (des écoles) *Élève carton :* élève admis dans la classe supérieure sur recommandation de personnes haut placées.

élevé, ée [elve] adj. **1.** Haut. *Une montagne élevée. Des prix élevés.* **2.** D'un haut niveau intellectuel ou moral. *Des conversations élevées. Une âme élevée.* **3.** *Bien, mal élevé :* qui a reçu une bonne, une mauvaise éducation.

élever [elve] v. [16] **I.** v. tr. **1.** Mettre, porter plus haut. *Élever un fardeau.* ▷ *Élever une maison d'un étage,* la surélever d'un étage. ▷ *Élever la voix, le ton :* parler plus fort pour être mieux entendu ou être obéi. – *Élever la voix en faveur de qqn, de qqch.* ▷ *Élever une critique, une protestation :* formuler une critique, etc. **2.** Construire (en hauteur). *Élever une statue, un monument.* **3.** Fig. Placer à un rang supérieur. *Élever qqn à la dignité d'officier de la Légion d'honneur.* ▷ Fig. *Lecture qui élève l'âme.* **4.** Porter à un degré supérieur. *Élever la température d'un local. Élever le taux de l'escompte.* Syn. relever. ▷ MATH *Élever un nombre à la puissance deux, trois, etc.,* calculer son carré, son cube, etc. **5.** *Élever des enfants,* subvenir à leurs besoins et assurer leur développement physique et moral. ▷ *Spécial.* Éduquer. *Ne pas savoir élever ses enfants.* **6.** *Élever des animaux,* en faire l'élevage. **II.** v. pron. **1.** Monter. *Des oiseaux s'élevaient dans le ciel.* **2.** Se dresser. *Une statue s'élève au milieu de la place.* **3.** Surgir, naître. *Un cri s'élève. Des doutes s'élèvent.* **4.** (Choses) Atteindre un degré supérieur. *La température s'élève.* ▷ *S'élever à... :* atteindre, se monter à... *La facture s'élève à 50000 francs.* Syn. (Suisse) ascender. **5.** (Personnes) Parvenir à un rang supérieur. *S'élever dans la hiérarchie.* – *S'élever au-dessus des préjugés,* les dépasser par la hauteur de son jugement. **6.** *S'élever contre :* s'opposer violemment à.

éleveur, euse [elvœʀ, øz] n. **1.** Personne qui élève des animaux. **2.** n. f. TECH Appareil protecteur, chauffé artificiellement, utilisé dans l'élevage des poussins. **3.** n. m. Personne qui surveille le vieillissement du vin après la récolte.

elfe [ɛlf] n. m. Génie qui, dans la mythologie scandinave, symbolisait les forces de la nature.

Elgon (mont), massif volcanique d'Afrique orientale, à cheval sur le Kenya et l'Ouganda; 4321 m; parc national.

El Hadj Omar. V. Al Hadj Omar.

Éliacim. V. Joachim Ier.

Eliade (Mircea) (1907 – 1986), historien et écrivain roumain, qui écrivit de nombr. œuvres en français; professeur d'histoire des religions à Chicago. *Le Mythe de l'éternel retour* (1949), *Traité d'histoire des religions* (1949), *Histoire des croyances et des idées religieuses* (1975-1983) exposent ses abondants travaux sur les mythes et les religions. Romans : *la Nuit bengali* (1933), inspiré de son séjour en Inde (1928-1931) où il s'initia à l'hindouisme, *les Houligans* (1935), *le Vieil Homme et l'officier* (1968).

Eliade-Rădulescu (Ion) (1802 – 1872), écrivain et patriote roumain. Il participa à la révolution de 1848 et à la fondation de l'Académie roumaine. On lui doit des essais sur le langage, des poèmes (*le Sylphe,* 1843) et, en français, *Souvenirs et Impressions d'un proscrit* (1850).

Élide, région de l'anc. Grèce (Péloponnèse) où se trouvait Olympie.

élider [elide] v. tr. [1] Effectuer l'élision de (une voyelle). ▷ v. pron. *L'article défini s'élide devant les mots commençant par une voyelle ou un h muet* (ex. *l'ami*). – Pp. adj. *Article élidé.*

Élie, prophète d'Israël (IXe s. av. J.-C.); sa vie est relatée dans la Bible (Livres des Rois).

éligibilité [eliʒibilite] n. f. Qualité d'une personne éligible.

éligible [eliʒibl] adj. Qui remplit les conditions nécessaires pour pouvoir être élu.

élimer [elime] v. tr. [1] User (un tissu) par frottement. – Pp. adj. *Veste élimée,* usée à force d'être portée. Syn. râper.

élimination [eliminasjɔ̃] n. f. Action d'éliminer; son résultat. *Élimination d'un candidat, d'une équipe sportive.* ▷ *Procéder par élimination :* aboutir à la vérité en montrant la fausseté de toutes les hypothèses possibles, moins une. ▷ Fait d'éliminer une substance de l'organisme. *Élimination de toxines.*

éliminatoire [eliminatwaʀ] adj. et n. f. **1.** adj. Qui a pour but ou résultat d'éliminer. *Épreuve éliminatoire. Note éliminatoire,* au-dessous de laquelle on est éliminé, dans un examen. **2.** n. f. SPORT Épreuve préliminaire permettant de sélectionner les concurrents les plus qualifiés. ▷ adj. (Québec) *Séries éliminatoires :* au hockey, parties finales de fin de saison, pour la coupe du championnat.

éliminer [elimine] v. tr. [1] **1.** Écarter après sélection. *Éliminer un candidat.* Ant. admettre. **2.** Chasser hors de l'organisme. *Éliminer un calcul.* **3.** MATH *Éliminer une inconnue dans un système d'équations,* en formant un système qui compte une équation de moins et dans lequel cette inconnue n'apparaît plus.

élingue [elɛ̃g] n. f. MAR Cordage qui sert à lier ou à soulever des fardeaux.

Eliot (Mary Ann Evans, dite George) (1819 – 1880), romancière anglaise : *Adam Bede* (1859), *le Moulin sur la Floss* (1860), *Silas Marner* (1861).

Eliot (Thomas Stearns) (1888 – 1965), écrivain anglais d'origine américaine. Il exprime le désespoir universel dans la poésie (*la Terre vaine,* 1922; *Mercredi des Cendres,* 1930; *Quatre Quatuors,* 1935-1942), la tragédie (*Meurtre dans la cathédrale,* 1935), l'essai et la critique. P. Nobel 1948.

élire [eliʀ] v. tr. [66] **1.** DR *Élire domicile quelque part :* V. élection* de domicile; *par ext.* s'installer quelque part. **2.** Nommer à une fonction par voie de suffrages. *Élire le président de la République au suffrage universel.*

Élisabeth (sainte) (Ier s.), mère de saint Jean-Baptiste; la Vierge Marie, sa parente, lui rendit visite (Visitation) après l'Annonciation, pendant la grossesse d'Élisabeth, considérée comme miraculeuse (Luc, I).

AUTRICHE

Élisabeth de Wittelsbach (dite *Sissi*) (1837 – 1898), impératrice d'Autriche; épouse de François-Joseph Ier; assassinée par un anarchiste italien.

GRANDE-BRETAGNE

Élisabeth Ire (en angl. *Elizabeth*) (1533 – 1603), reine d'Angleterre et d'Irlande (1558-1603). Fille d'Henri VIII et d'Anne Boleyn, elle succéda à sa demi-sœur Marie Tudor. Elle s'entoura d'hommes de valeur (Cecil, Bacon) et gouverna avec autorité. Elle rétablit l'anglicanisme, fit juger et décapiter Marie Stuart. Elle lutta contre l'Espagne (victoire sur l'Invincible Armada), restaura les finances, favorisa le commerce maritime, protégea les arts et les lettres. Son règne éblouissant clôt la dynastie des Tudors : elle mourut célibataire. — **Élisabeth II** (née en 1926), fille de George VI, reine de Grande-Bretagne et chef du Commonwealth (1952); en 1947, elle épousa Philippe de Grèce et de Danemark (V. Mountbatten).

ROUMANIE

Élisabeth de Wied (1843 – 1916), reine de Roumanie, épouse de Carol Ier; poétesse sous le pseudonyme de Carmen Sylva.

RUSSIE

Élisabeth Petrovna (1709 – 1762), fille de Pierre le Grand et de Catherine Ire; impératrice de Russie de 1741 à 1762.

élisabéthain, aine [elizabetɛ̃, ɛn] adj. Relatif à Élisabeth Ire d'Angleterre, à son règne. *Le théâtre élisabéthain.*

Élisabethville. V. Lubumbashi.

Élisée (IXe s. av. J.-C.), prophète juif, disciple d'Élie (Bible, II Livre des Rois).

élision [elizjɔ̃] n. f. Suppression d'une voyelle à la fin d'un mot, quand le mot suivant commence par une voyelle ou un h muet. *L'apostrophe est le signe de l'élision en français (ex. : l'amie, l'habit).*

Élissa. V. Didon.

élite [elit] n. f. **1.** Ensemble formé par les meilleurs éléments d'une communauté. *Œuvre destinée à une élite.* ▷ *D'élite :* parmi les meilleurs. – *Un tireur d'élite,* particulièrement habile. **2.** (Plur.) *Les élites :* les membres des catégories sociales jouissant d'une position particulièrement élevée. **3.** (Suisse) MILIT Partie de l'armée composée des classes d'âge les plus jeunes.

élitisme [elitism] n. m. Système favorisant l'élite au détriment des autres membres d'une communauté.

élitiste [elitist] adj. Inspiré par l'élitisme.

élixir [eliksiʀ] n. m. PHARM Préparation pharmaceutique qui résulte du mélange d'un sirop avec un alcoolat.

Elizavetgrad (*Kirovograd* de 1939 à 1991), v. d'Ukraine, au pied oriental de l'Oural; 263000 hab. Centre agricole; industries.

elle, elles [ɛl] pron. pers. fém. de la troisième pers. sujet ou comp. *Elle viendra demain. Que font-elles?* (V. il.) – *On les condamna, elle et son complice. Il faut le lui dire, à elle.* (V. lui.) ▷ Fam. L'histoire que l'on raconte, l'incident que l'on relate. *Écoute, elle est fameuse celle-là! Oui, elle est bien bonne.*

ellébore ou **hellébore** [e(l)lebɔʀ] n. m. Renonculacée herbacée vivace dont les feuilles composées forment un éventail et dont les fleurs sont généralement toxiques. *L'ellébore passait autrefois pour guérir la folie.*

Ellesmere (terre d'), île du Canada septent. (Territoires du Nord-Ouest); 200445 km². Ce relief montagneux, recouvert d'immenses glaciers, dépasse 2000 m dans le Nord.

Ellice. V. Tuvalu (îles).

Ellington (Edward Kennedy, dit Duke) (1899 – 1974), pianiste, chef d'orchestre et compositeur de jazz américain.

1. ellipse [elips] n. f. GRAM Procédé syntaxique ou stylistique consistant à omettre un ou plusieurs mots à l'intérieur d'une phrase, leur absence ne nuisant ni à la compréhension ni à la syntaxe. *Il y a ellipse du verbe dans la deuxième partie de la phrase «Pierre mange des cerises, Paul des fraises».*

2. ellipse [elips] n. f. GEOM Lieu des points dont la somme des distances à deux points fixes (foyers) est constante. *Une ellipse est une conique. Un cercle est une ellipse dont les foyers sont confondus. Un astre qui gravite autour d'un autre astre décrit une ellipse.* – *Grand axe d'une ellipse,* droite qui passe par ses foyers. – *Petit axe d'une ellipse,* droite perpendiculaire au grand axe qui passe par le milieu du segment reliant les foyers. ▷ Cour. Courbe fermée de forme ovale.

ellipsoïdal, ale, aux [elipsɔidal, o] adj. GEOM Qui a la forme d'un ellipsoïde.

ellipsoïde [elipsɔid] n. m. et adj. **1.** n. m. GEOM Surface fermée dont le cône directeur est imaginaire et dont toute section est une ellipse. *Ellipsoïde de révolution :* solide engendré par la révolution d'une ellipse autour de l'un de ses axes. **2.** adj. Qui a la forme d'une ellipse.

1. elliptique [eliptik] adj. Qui contient une, des ellipses. *Un énoncé, un tour elliptique.* ▷ *Par ext.* Qui utilise l'ellipse, s'exprime par allusions, sous-entendus. *Un écrivain, un style elliptique.*

2. elliptique [eliptik] adj. GEOM Qui a la forme d'une ellipse.

elliptiquement [eliptikmɑ̃] adv. Par ellipse, d'une façon elliptique.

Ellison (Ralph Waldo) (né en 1914), écrivain américain. Il traite de la non-identité du Noir que les Blancs refusent de voir : *Homme invisible, pour qui chantes-tu?* (1952).

Ellorā, local. de l'Inde (État d'Āndhra Pradesh). – Site archéologique. Nombr. temples souterrains (VIe-VIIIe s.).

Elmina, v. du Ghana, sur le golfe de Guinée. Son port, São Jorge, fondé par les Portugais v. 1490, fut actif dans le commerce de l'or jusqu'au XIXe s.

élocution [elɔkysjɔ̃] n. f. **1.** Manière de s'exprimer oralement, d'organiser et d'articuler les mots, les phrases. *Élocution élégante, facile.* **2.** (Belgique) Exposé présenté en classe par un élève.

éloèse [elwɛz] n. f. (Acadie) Éclair accompagné de tonnerre. (V. chalin.)

éloge [elɔʒ] n. m. **1.** Litt. Discours à la louange de qqn, de qqch. *Éloge académique.* – *«L'Éloge de la folie» (Érasme).* **2.** Cour. Louange. *Faire l'éloge de qqn. Être couvert d'éloges.*

élogieux, euse [elɔʒjø, øz] adj. Qui contient un éloge, des louanges. *Parler d'une œuvre en termes élogieux.*

Élohim ou **Éloïm** (mot hébreu), un des deux noms de Dieu dans la Bible (plur. de *El,* qui désigne la divinité dans l'ensemble du monde sémitique), *Yahvé* étant le nom de Dieu lorsqu'il s'est révélé à Israël.

Éloi (saint) (v. 586 – 660), orfèvre et trésorier du roi de France Dagobert Ier, puis (641) évêque de Noyon (Oise).

éloigné, ée [elwaɲe] adj. **1.** Qui est loin dans l'espace, dans le temps. *Pays éloigné. En des temps fort éloignés.* ▷ *Cousin, parent éloigné,* avec qui l'on a des liens de parenté indirects. Ant. proche. **2.** Fig. Différent. *Un récit bien éloigné de la vérité.*

éloignement [elwaɲmɑ̃] n. m. Action d'éloigner, fait de s'éloigner; son résultat. ▷ Distance (dans le temps ou dans l'espace). *L'éloignement entre le domicile et le lieu de travail. L'éloignement rend le passé confus.* ▷ Fig. Distance, écart. *L'éloignement entre la théorie et la pratique.*

éloigner [elwaɲe] v. [1] **I.** v. tr. **1.** Mettre, envoyer loin; écarter. *Éloigner sa chaise du feu. Ce détour nous éloigne de la maison.* **2.** Séparer dans le temps. *Chaque jour nous éloigne de ces événements.* ▷ Retarder. *Ces incidents éloignent l'heure des retrouvailles.* **3.** Fig. Écarter. *Éloigner qqn de ses devoirs. Son intolérance a éloigné de lui tous ses amis.* **II.** v. pron. **1.** Aller loin, augmenter progressivement la distance qui sépare (d'un point fixe). *Pierre s'éloigna à grands pas. Le bateau s'éloigne de la rive.* ▷ Devenir de plus en plus lointain (dans le temps). *Les espoirs de paix s'éloignent chaque jour davantage.* **2.** Fig. (Personnes) Se détourner, se détacher. *Il s'éloigne de sa femme.* ▷ (Choses) S'écarter. *Cette doctrine s'éloigne de la nôtre.*

Éloïm. V. Élohim.

1. élongation [elɔ̃gasjɔ̃] n. f. MED **1.** Traction excessive exercée sur un organe (muscle, tendon, nerf, etc.). – Lésion résultant de cette traction. **2.** *Élongation vertébrale :* méthode thérapeutique consistant à exercer une traction sur la colonne vertébrale.

2. élongation [elɔ̃gasjɔ̃] n. f. PHYS Distance d'un point en vibration, par rapport à sa position au repos.

éloquemment [elɔkamɑ̃] adv. Avec éloquence. *Défendre éloquemment une cause.*

éloquence [elɔkɑ̃s] n. f. **1.** Aptitude à s'exprimer avec aisance; capacité d'émouvoir, de persuader par la parole. *Son éloquence a séduit l'auditoire.* **2.** *Par ext.* Qualité de ce qui est expressif, significatif. *L'éloquence d'un geste, d'un regard.*

éloquent, ente [elɔkɑ̃, ɑ̃t] adj. **1.** Qui a de l'éloquence. *Orateur éloquent.* **2.** Qui est exprimé avec éloquence. *Plaidoirie éloquente.* **3.** Qui touche, convainc, suscite l'émotion ou l'intérêt. *Des larmes éloquentes.* ▷ Qui est significatif, expressif. *Un silence éloquent.*

El Paso, v. des États-Unis (Texas), sur le Rio Grande; 515300 hab. Marché agricole. Industries.

Elseneur (en danois *Helsingør*), v. et port du Danemark, sur l'Øresund; 57000 hab. Chantiers navals. – Château de Kronborg (XVIe s.), bâti à l'emplacement de la forteresse où Shakespeare a situé l'action de *Hamlet*.

Elskamp (Max) (1862 – 1931), poète symboliste belge d'expression française, né et mort à Anvers. Il chanta les humbles et les coutumes populaires : *la Louange de la vie* (1898), *Enluminures* (id.), *la Chanson de la rue Saint-Paul* (à Anvers, 1922), *Délectations moroses* (1923).

Eltsine (Boris Nikolaevitch) (né en 1931), homme politique russe. D'abord membre du parti communiste soviétique (suppléant au Bureau politique, exclu en 1987), il fut élu député de Moscou en 1990, puis, en 1991, président de la fédération de Russie devenue république indépendante en décembre. En 1993, s'étant heurté au Parlement, il le dissout, organise des élections dont il sort vainqueur, mais non pas le parti réformateur qui soutient son action. En 1996, il fut réélu et dut subir une importante opération cardiaque.

élu, ue [ely] n. et adj. **1.** THEOL *Les élus :* ceux que Dieu a admis à la béatitude. – Par ext. *Les élus de la gloire, de la fortune.* ▷ adj. *Le peuple élu :* les Hébreux. **2.** Personne choisie par élection. *Les élus du peuple.* ▷ adj. *Un délégué élu à l'unanimité.* **3.** Personne choisie par inclination, par amour. *L'élue de son cœur.*

Éluard (Eugène Grindel, dit Paul) (1895 – 1952), poète français; d'abord surréaliste (1921-1938) : *Capitale de la douleur* (1926). Pendant l'Occupation, il se rallia au parti communiste : *Au rendez-vous allemand* (1944), *Poésie ininterrompue* (1946).

élucidation [elysidasjɔ̃] n. f. Action d'élucider; éclaircissement.

élucider [elyside] v. tr. [1] Rendre clair (ce qui est confus, embrouillé pour l'esprit). *Élucider un texte. Élucider une affaire criminelle.*

élucubration [elykybʀasjɔ̃] n. f. Péjor. Œuvre de l'esprit, réflexion laborieusement construite, absurde ou sans intérêt. *D'interminables élucubrations.*

élucubrer [elykybʀe] v. tr. [1] Péjor. Élaborer, construire (une réflexion, un raisonnement, etc.) de manière compliquée et confuse.

éluder [elyde] v. tr. [1] Éviter avec adresse, esquiver; se soustraire à. *Éluder une difficulté, une question embarrassante.*

éluvial, ale, aux [elyvjal, o] adj. GEOL Se dit d'une roche ou d'un terrain constitué, sur place, par la désagrégation d'une roche préexistante. Ant. alluvial.

éluvion [elyvjɔ̃] n. f. Roche éluviale. Ant. alluvion.

Élysée (palais de l'), palais situé à Paris, non loin des Champs-Élysées, construit par Claude Mollet en 1718. Il devint, en 1848, puis, à partir de 1873, la résidence du président de la Rép. franç. – Par ext., *l'Élysée :* la présidence de la Rép. franç.; ses services.

élyséen, enne [elizeɛ̃, ɛn] adj. **1.** MYTH Qui appartient aux champs Élysées, séjour des âmes vertueuses aux Enfers. **2.** Mod. Relatif au palais de l'Élysée, à la présidence de la République française.

Élysées (Champs-). V. Champs-Élysées.

Elytis (Odhysséas Alepudhēlis, dit Odysseus) (1911 – 1996), poète grec. Le lyrisme solaire et dionysiaque de ses débuts se conjugue ensuite à l'engagement politique. P. Nobel 1979.

élytre [elitʀ] n. m. ENTOM Aile antérieure coriace et rigide de divers ordres d'insectes tels que les coléoptères, les dermaptères, les dictyoptères et les orthoptères. *La paire d'élytres protège les ailes postérieures membraneuses, seules aptes au vol.*

Elzévir, Elzevier ou **Elsevier,** famille de libraires et d'imprimeurs hollandais aux XVIe et XVIIe s. Le plus ancien est **Lodewijk** (v. 1540 – 1617).

em-. V. en-.

émacié, ée [emasje] adj. Qui est devenu extrêmement maigre. *Un visage émacié.*

e-mail [imɛjl] n. m. (Anglicisme) Courrier* électronique ou adresse* électronique. (V. adel 1, courriel.)

émail, aux [emaj, o] n. m. **1.** Mélange composé de matières fusibles (silice, carbonate de potassium et fondant) qu'on applique sur les céramiques et les métaux, et qui, après passage au four, forme un enduit dur et brillant d'aspect vitreux. *Émail cloisonné*. – Émail champlevé,* obtenu en coulant l'enduit vitreux sur une plaque champlevée. ▷ Cour. *Une cuisinière, un poêle en émail,* en tôle, en fonte émaillée. **2.** (Surtout au plur.) Objet d'art émaillé. *Les émaux de Bernard Palissy.* **3.** Substance transparente et dure qui recouvre la couronne des dents.

émaillage [emajaʒ] n. m. Action d'émailler; travail ainsi obtenu.

émailler [emaje] v. tr. [1] **1.** Recouvrir d'émail. *Émailler de la porcelaine.* – Pp. *Casserole en fonte émaillée.* **2.** Fig., poét. Orner, embellir (en parsemant de points colorés, lumineux). *Le printemps a émaillé les prairies de fleurs.* ▷ Cour. Parsemer pour embellir. *Émailler un discours de citations.* – Iron. *Un devoir émaillé de fautes.*

émaillerie [emajʀi] n. f. Art de l'émailleur.

émailleur, euse [emajœʀ, øz] n. Personne qui travaille l'émail.

émanation [emanasjɔ̃] n. f. **1.** Fait d'émaner; ce qui émane. ▷ Émission, production de particules, d'effluves, d'odeurs qui se dégagent de certains corps. *Émanations pestilentielles.* ▷ GEOL Dégagement de gaz ou jaillissement de liquides à la surface de la Terre. *Les fumerolles, les geysers sont des émanations du sol.* ▷ PHYS NUCL Corps simple provenant de la désintégration du radium, de l'actinium ou du thorium. **2.** Fig. Ce qui émane, provient (de qqch, de qqn); manifestation. *Cette décision est une émanation de la volonté populaire.* **3.** PHILO Doctrine selon laquelle tous les êtres de l'Univers, esprits et corps, ne sont qu'une extension de la substance divine.

émancipateur, trice [emɑ̃sipatœʀ, tʀis] adj. (et n.) Qui émancipe, incite à l'émancipation. *Doctrine émancipatrice.*

émancipation [emɑ̃sipasjɔ̃] n. f. **1.** DR Acte juridique qui, mettant un mineur hors de la puissance parentale ou de la tutelle, lui permet d'administrer ses biens et de toucher ses revenus. **2.** Action d'émanciper, de s'émanciper.

émancipé, ée [emɑ̃sipe] adj. Qui a été émancipé.

émanciper [emɑ̃sipe] v. [1] **I.** v. tr. **1.** DR Mettre hors de la puissance paternelle par l'acte juridique de l'émancipation. **2.** Cour. Affranchir d'une autorité, d'une domination. *Émanciper un esclave. Émanciper un peuple, une colonie.* **II.** v. pron. **1.** Devenir indépendant, se libérer (d'une domination, d'une contrainte intellectuelle ou morale). *Jeunes pays qui s'émancipent.* **2.** (Souvent péjor.) Se donner trop de licence, abandonner les convenances.

émaner [emane] v. intr. [1] **1.** S'exhaler, se dégager (d'un corps). *La chaleur qui émane d'un poêle.* ▷ Fig. *La douceur qui émanait de son visage.* **2.** Fig. Provenir, découler de. *Dans un régime démocratique, le pouvoir doit émaner du peuple. Une dépêche émanant du Premier ministre.* **3.** PHILO Être produit, provenir par émanation (sens 3).

émargement [emaʀʒəmɑ̃] n. m. Action d'émarger. *Émargement d'un état de paiement.* ▷ *Feuille d'émargement :* feuille comportant une liste nominative qui doit être signée par chaque personne concernée (pour attester qu'elle est présente, qu'elle a perçu un traitement, etc.).

émarger [emaʀʒe] v. tr. [13] Mettre sa signature en marge (d'un compte, d'un état, etc.). *Émarger une circulaire.* ▷ (S. comp.) Toucher des appointements, un traitement.

émasculation [emaskylasjɔ̃] n. f. **1.** Ablation des organes sexuels mâles. – *Émasculation partielle :* ablation des testicules. (V. aussi castration.) – *Émasculation totale :* ablation des testicules et du pénis. **2.** Fig., litt. Affaiblissement, abâtardissement.

émasculer [emaskyle] v. tr. [1] **1.** Pratiquer l'émasculation de, châtrer. **2.** Fig. Affaiblir, diminuer la vigueur de. *Texte émasculé par la censure.*

Embabèh. V. Imbaba.

emballage [ɑ̃balaʒ] n. m. **1.** Action d'emballer. *Expédier un paquet franco de port et d'emballage.* **2.** Ce dans quoi on emballe un objet. – *Emballage perdu,* non remboursé par le vendeur ou l'expéditeur. – *Emballage consigné,* remboursé.

emballement [ɑ̃balmɑ̃] n. m. **1.** Fait de s'emballer; enthousiasme, élan non contrôlé. *Montrer un grand emballement pour qqch, qqn.* **2.** Action de s'emballer (cheval). ▷ *Par anal.* Fonctionnement d'un moteur à un régime trop élevé. – Fig. Hausse brusque (des cours, des prix).

emballer [ɑ̃bale] v. [1] **I.** v. tr. **1.** Empaqueter, mettre dans un emballage (un objet, une marchandise destinés à être rangés, transportés, vendus). – Pp. adj. *Des verres emballés.* **2.** *Emballer un moteur,* le faire tourner à un régime anormalement élevé. – Pp. adj. *Un moteur emballé.* **3.** Fig., fam. Enthousiasmer. *Ça ne m'emballe pas :* cela ne me plaît guère. – Pp. adj. *Des spectateurs emballés par le film.* **II.** v. pron. **1.** *Cheval qui s'emballe,* qui échappe au contrôle de son cavalier. ▷ Par anal. *Moteur qui s'emballe.* **2.** Fig., fam. Se laisser emporter par un mouvement de colère, d'impatience ou d'enthousiasme.

emballeur, euse [ɑ̃balœʀ, øz] n. Personne dont la profession est d'emballer des marchandises.

embarcadère [ɑ̃baʀkadɛʀ] n. m. Môle, jetée, appontement aménagé pour l'embarquement ou le débarquement des passagers ou des marchandises. Syn. débarcadère.

embarcation [ɑ̃baʀkasjɔ̃] n. f. Petit bateau non ponté; tout petit bateau.

embardée [ɑ̃baʀde] n. f. **1.** MAR Brusque changement de cap d'un bateau, involontaire et momentané. **2.** Cour. Écart brusque que fait un véhicule.

embargo [ɑ̃baʀgo] n. m. **1.** DR MARIT Défense faite aux navires marchands qui se trouvent dans un port d'en sortir. **2.** *Par ext.* Mesure administrative visant à empêcher la libre circulation d'une marchandise, d'un objet. *Mettre l'embargo sur les armes.*

embarquement [ɑ̃baʀkəmɑ̃] n. m. Action d'embarquer, de s'embarquer. *Embarquement des troupes et des véhicules.*

embarquer [ɑ̃baʀke] v. [1] **I.** v. tr. **1.** Charger, faire monter dans un bateau. *Embarquer des passagers, des marchandises.* **2.** Recevoir par-dessus bord (de l'eau de mer). *Embarquer une déferlante.* **3.** *Par ext.* Charger dans un véhicule. **4.** Fam. Emmener (qqn). *On a embarqué tous les enfants dans la voiture.* ▷ Fam. Arrêter, s'assurer de la personne de (qqn) en l'emmenant. *La police a embarqué quelques manifestants.* **5.** Fam. Emporter. *Vous embarquez la marchandise?* **6.** Fig., fam. Engager (qqn) dans une affaire difficile, compliquée ou malhonnête. *Il vous a embarqué dans une sale histoire.* **II.** v. intr. **1.** Monter à bord d'un bateau pour voyager. *Il embarque demain pour la Grèce.* ▷ *Par ext.* Monter à bord d'un avion (ou, fam., d'un véhicule) pour voyager. ▷ (Québec) Fam. Monter (sur un cheval, une bicyclette, etc.). – Monter (sur tout objet). *Embarquer sur la balance pour se peser.* **2.** MAR *Vagues qui embarquent,* qui passent par-dessus bord et se répandent dans le bateau. **III.** v. pron. **1.** Embarquer (sens II, 1). *S'embarquer pour le Canada.* **2.** Fig., fam. S'engager (dans une entreprise difficile, hasardeuse ou malhonnête).

embarras [ɑ̃baʀa] n. m. **1.** Gêne, difficulté rencontrée dans la réalisation de qqch. *Causer de l'embarras, créer des embarras à qqn.* **2.** *Embarras gastrique, digestif :* trouble gastro-intestinal, avec ou sans fièvre, d'origine toxique ou infectieuse. **3.** Position difficile, gênante. *Être dans l'embarras. Tirer qqn d'embarras.* ▷ *Spécial.* Pénurie d'argent. *Aider qqn dans l'embarras.* **4.** Perplexité, doute. *Éprouver, manifester de l'embarras devant un problème difficile.* **5.** Trouble, malaise, gêne (de qqn qui ne sait que dire, que faire). *Ma question l'avait mis dans l'embarras.* ▷ Loc. *Faire des embarras :* se donner de grands airs, faire des manières. ▷ *Avoir l'embarras du choix :* avoir un large choix.

embarrassant, ante [ɑ̃baʀasɑ̃, ɑ̃t] adj. Qui cause de l'embarras. *Bagages embarrassants. Cas embarrassant.*

embarrassé, ée [ɑ̃baʀase] adj. **1.** Compliqué, embrouillé. *Affaire embarrassée.* **2.** Gêné, contraint, perplexe. *Je suis bien embarrassé pour vous répondre. Un air embarrassé.*

embarrasser [ɑ̃baʀase] v. [1] **I.** v. tr. **1.** Gêner, entraver la liberté de mouvement de (qqn). *Votre parapluie vous embarrasse.* **2.** Fig. Mettre (qqn) dans une situation difficile, gênante. *Ces complications m'embarrassent.* ▷ Troubler, rendre perplexe. *Cette question, visiblement, l'embarrassait.* **II.** v. pron. **1.** Entraver la liberté de ses gestes en se chargeant de. *S'embarrasser de colis.* **2.** Se préoccuper, se soucier à l'excès de. *S'embarrasser de tout et des autres. Ne pas s'embarrasser de scrupules.* **3.** S'empêtrer, s'emmêler dans. *S'embarrasser dans les plis de sa robe.* ▷ Fig. *S'embarrasser dans ses discours.*

embarrer [ɑ̃baʀe] v. [1] **1.** v. intr. TECH Placer un levier sous un fardeau afin de le soulever. **2.** v. tr. (Québec) Enfermer (une personne, un animal). – v. pron. S'enfermer. *S'embarrer dans sa chambre.*

embase [ɑ̃baz] n. f. TECH Pièce servant de support à une autre pièce. – Renfort à la base d'une pièce.

embasement [ɑ̃bazmɑ̃] n. m. ARCHI Base continue qui fait saillie au pied d'un bâtiment, et sur laquelle il repose.

embauchage [ɑ̃boʃaʒ] n. m. Action d'embaucher; résultat de cette action.

embauche [ɑ̃boʃ] n. f. Possibilité d'embauchage.

embaucher [ɑ̃boʃe] v. tr. [1] Engager (un salarié). ▷ Fam. *Embaucher tous ses amis pour déménager.*

embauchoir [ɑ̃boʃwaʀ] n. m. Instrument qui sert à élargir les chaussures ou à éviter qu'elles ne se déforment.

embaumement [ɑ̃bommɑ̃] n. m. Action d'embaumer (un cadavre); son résultat. *L'embaumement de Ramsès II.*

embaumer [ɑ̃bome] v. tr. [1] **1.** Remplir (un cadavre) de substances balsamiques pour empêcher qu'il ne se corrompe. *Les Égyptiens embaumaient les corps des pharaons.* **2.** Remplir d'une odeur agréable, parfumer. *Ce bouquet embaume la chambre.* ▷ (S. comp.) *Ces roses embaument.*

embaumeur [ɑ̃bomœʀ] n. m. Spécialiste de l'embaumement.

embellie [ɑ̃beli] n. f. MAR Calme passager du temps, de la mer. ▷ Éclaircie. – Fig. *Un jour d'embellie pendant une semaine difficile.*

embellir [ɑ̃beliʀ] v. [3] **I.** v. tr. **1.** Rendre beau ou plus beau. *Embellir un appartement.* **2.** Fig. Orner aux dépens de l'exactitude; enjoliver. *Embellir une situation dans un récit.* **II.** v. intr. Devenir beau, ou plus beau. *Un enfant qui embellit chaque jour.* ▷ Loc. *Ne faire que croître et embellir :* augmenter en bien ou, iron., en mal. *Sa méchanceté ne fait que croître et embellir.* Syn. (Acadie) embelzir.

embellissement [ɑ̃belismɑ̃] n. m. Action d'embellir; ce qui contribue à embellir qqch.

embelzir [ɑ̃belziʀ] v. intr. [3] (Acadie) Syn. de *embellir.*

embérizidés [ɑ̃beʀizide] n. m. pl. ORNITH Famille vaste et complexe d'oiseaux passériformes qui se rattachent surtout au Nouveau Monde (paruline, tangara, cardinal, bruant, carouge, oriole, goglu).

emberlificoter [ɑ̃bɛʀlifikɔte] v. tr. [1] Fam. Enjôler, séduire (qqn) pour le tromper. *Il vous a emberlificoté avec de belles promesses.*

embêtant, ante [ɑ̃bɛtɑ̃, ɑ̃t] adj. Fam. **1.** Qui embête. *Vous ne pourrez pas venir? Comme c'est embêtant!* **2.** (Québec) Qui est difficile, compliqué.

embêtement [ɑ̃bɛtmɑ̃] n. m. Fam. Ennui, souci, contrariété.

embêter [ɑ̃bete] v. [1] **I.** v. tr. **1.** Fam. Contrarier, ennuyer. *Ça m'embête, toutes ces histoires.* ▷ Déranger, importuner. *Cesse donc de m'embêter!* **2.** (Québec) Mettre (qqn) dans l'embarras. *C'est une question qui m'embête.* **II.** v. pron. Fam. S'ennuyer fortement. *Un citadin qui s'embête à la campagne.*

embiellage [ɑ̃bjelaʒ] n. m. TECH Ensemble des bielles d'un moteur et de leurs liaisons avec le vilebrequin.

emblaver [ɑ̃blave] v. tr. [1] AGRIC Ensemencer (une terre) de blé et, par ext., de toute autre céréale.

emblavure [ɑ̃blavyʀ] n. f. AGRIC Terre emblavée.

emblée (d') [dɑ̃ble] Loc. adv. Du premier coup, sans difficulté. *Être reçu d'emblée. D'emblée, il avait dominé ses adversaires.*

emblématique [ɑ̃blematik] adj. Qui sert d'emblème; relatif à un emblème. *Le croissant, figure emblématique de l'islam.*

emblème [ɑ̃blɛm] n. m. **1.** Figure symbolique, conventionnelle, le plus souvent accompagnée d'une devise. *La nef, emblème de Paris.* **2.** *Par ext.* Attribut, marque extérieure représentant une autorité, une corporation, une association, une ligue, un parti, etc. *La grenade, emblème de la gendarmerie.* **3.** Être ou objet devenu, par tradition, la représentation d'une chose abstraite. *Le coq, emblème de la vigilance.*

embobiner [ɑ̃bɔbine] v. tr. [1] **1.** Enrouler sur une bobine. *Embobiner du fil.* **2.** Fam. Enjôler, séduire.

emboîtable [ɑ̃bwatabl] adj. Qui peut s'emboîter.

emboîtage [ɑ̃bwataʒ] n. m. **1.** TECH Action d'emboîter, de mettre en boîte. **2.** Cartonnage, étui qui protège un livre de luxe.

emboîtement [ɑ̃bwatmɑ̃] n. m. Assemblage constitué par deux pièces qui s'emboîtent. ▷ ANAT Articulation dans laquelle la convexité d'un os est engagée dans la concavité de l'autre.

emboîter [ɑ̃bwate] v. tr. [1] **1.** Faire pénétrer (une pièce dans une autre), assembler (plusieurs pièces) en les ajustant. *Emboîter des tuyaux.* ▷ v. pron. *Poupées gigognes qui s'emboîtent les unes dans les autres.* **2.** Envelopper très exactement. *Chaussure qui emboîte bien le pied.* **3.** Loc. *Emboîter le pas à qqn,* le suivre de près; fig. l'imiter. *Ils ont protesté, et nous leur avons emboîté le pas.*

embolie [ɑ̃bɔli] n. f. MED Oblitération d'un vaisseau par un corps (caillot, graisses, cellules malignes, bulle de gaz) qui provoque une thrombose du territoire vasculaire touché. *Embolie pulmonaire, cérébrale.*

embonpoint [ɑ̃bɔ̃pwɛ̃] n. m. **1.** Vx (ou Afr. subsah.) État d'une personne en bonne santé. **2.** État d'une personne un peu grasse. *Prendre de l'embonpoint.*

embosser [ɑ̃bɔse] v. tr. [1] MAR Amarrer (un navire) en maintenant son axe longitudinal dans une direction fixe. ▷ v. pron. *S'embosser dans un estuaire.*

embouche [ɑ̃buʃ] n. f. Prairie très fertile où l'on pratique l'engraissement des bestiaux; engraissement des bestiaux en prairie et *par ext.* à l'étable. *Embouche paysanne, industrielle, herbagère.*

embouché, ée [ɑ̃buʃe] adj. (et n.) Loc. fig., fam. *Être mal embouché :* agir, parler avec grossièreté. – Subst. *Un(e) mal embouché(e).*

1. emboucher [ɑ̃buʃe] v. tr. [1] **1.** MUS Mettre à la bouche (un instrument à vent). *Emboucher un clairon.* **2.** *Emboucher un cheval,* lui mettre le mors dans la bouche.

2. emboucher [ɑ̃buʃe] v. tr. [1] Mettre (un animal) au pré pour l'engraisser.

embouchure [ɑ̃buʃyʀ] n. f. **1.** Ouverture (d'un récipient, d'une canalisation). *«Un vase à long col et d'étroite embouchure»* (La Fontaine). **2.** Endroit où un cours d'eau se jette dans la mer, dans un lac. *Le Havre se trouve à l'embouchure de la Seine.* **3.** MUS Partie d'un instrument à vent qu'on place contre les lèvres ou dans la bouche. **4.** Partie du mors qui entre dans la bouche du cheval.

embourber [ɑ̃buʀbe] v. tr. [1] Engager, enfoncer dans un bourbier. *Embourber un camion.* ▷ v. pron. *La charrette s'est embourbée.* – Fig. *Il s'embourbe dans des explications maladroites.*

embourgeoisement [ɑ̃buʀʒwazmɑ̃] n. m. Fait de s'embourgeoiser.

embourgeoiser [ɑ̃buʀʒwaze] v. [1] **1.** v. tr. Donner un caractère bourgeois à. **2.** v. pron. Prendre le caractère, les modes de vie et de pensée bourgeois.

embourrer [ɑ̃buʀe] v. tr. [1] (Acadie) Envelopper, couvrir. – v. pron. *S'embourrer chaudement dans ses couvertures.*

embout [ɑ̃bu] n. m. Garniture fixée à l'extrémité d'un objet allongé (pour en éviter l'usure, notam.). *Un embout de parapluie.* – *Embout isolant,* adapté au bout d'un conducteur électrique. – *Embout d'une seringue,* où se fixe l'aiguille.

embouteillage [ɑ̃butɛjaʒ] n. m. **1.** Action de mettre en bouteilles. **2.** Encombrement qui arrête la circulation. *Être pris dans les embouteillages.*

embouteiller [ɑ̃butɛje] v. tr. [1] **1.** Mettre en bouteilles. *Embouteiller du vin.* **2.** Barrer (une voie) en y provoquant un encombrement. *Camion à l'arrêt qui embouteille une rue.*

emboutir [ɑ̃butiʀ] v. tr. [3] **1.** TECH Donner une forme à (une tôle plane), par emboutissage. **2.** Heurter violemment, défoncer (partic. avec une automobile). *Il a embouti un mur.* **3.** TECH Garnir (un ornement) d'un revêtement de protection.

emboutissage [ɑ̃butisaʒ] n. m. TECH Action de donner, par compression, une forme à une pièce métallique initialement plane. *L'emboutissage s'effectue au moyen de presses.*

embouveter [ɑ̃bufte] v. tr. [20] (Québec) TECH Préparer des pièces de bois à languette et à rainure. – Assembler des pièces de bois ainsi préparées. *Embouveter des planches.*

embranchement [ɑ̃bʀɑ̃ʃmɑ̃] n. m. **1.** Division en branches, en rameaux, d'un tronc d'arbre, d'une branche et, par ext., d'une voie, d'une canalisation, etc. *Se trouver à un embranchement et ne pas savoir quelle voie suivre.* **2.** BIOL Unité systématique de division (des animaux, des bactéries, des végétaux), entre le règne et le sous-embranchement. *Dans le règne animal, l'embranchement des cordés comprend essentiellement le sous-embranchement des vertébrés.*

embrancher [ɑ̃bʀɑ̃ʃe] v. tr. [1] Opérer la jonction d'une conduite, d'une canalisation, d'une voie, etc., avec une autre. *Embrancher un tuyau à une canalisation plus importante.* ▷ v. pron. *Chemins forestiers qui s'embranchent sur le goudron.*

embrasement [ɑ̃bʀazmɑ̃] n. m. **1.** Litt. Incendie vaste et violent. **2.** Litt. Illumination. *L'embrasement d'une cathédrale par le soleil qui passe à travers les vitraux.* **3.** Fig. Ardeur, exaltation.

embraser [ɑ̃bʀaze] v. tr. [1] Litt. **1.** Mettre en feu, mettre le feu à. ▷ v. pron. *La paille s'embrasa en quelques instants.* **2.** *Par ext.* Échauffer extrêmement. – Pp. adj. *L'air embrasé par un soleil de plomb.* **3.** Fig. Illuminer, donner l'aspect d'un grand incendie à. *Le soleil embrasait le couchant.* **4.** Fig. Répandre sa violence destructrice, meurtrière sur (une région, une population). *La guerre a embrasé une partie du Moyen-Orient.* **5.** Fig. Exalter, remplir de ferveur. *L'amour embrasait son cœur.* ▷ v. pron. *Son cœur s'est embrasé.*

embrassade [ɑ̃bʀasad] n. f. Action de deux personnes qui s'embrassent. *Des embrassades chaleureuses.*

embrasse [ɑ̃bʀas] n. f. Bande d'étoffe, passementerie, cordon servant à retenir un rideau.

embrassé, ée [ɑ̃bʀase] adj. En versif. *Rimes embrassées,* groupées par quatre (deux masculines, deux féminines), la première rimant avec la quatrième, la deuxième avec la troisième.

embrassement [ɑ̃bʀasmɑ̃] n. m. Litt. Action d'embrasser, de s'embrasser.

embrasser [ɑ̃bʀase] v. tr. [1] **1.** Serrer, étreindre entre ses bras. ▷ Prov. *Qui trop embrasse mal étreint :* qui entreprend trop de choses à la fois s'expose à n'en réussir aucune. **2.** *Par ext.* Donner un baiser, des baisers à. *Embrasser un enfant.* ▷ v. pron. (récipr.) *Ils s'embrassèrent tendrement.* **3.** Fig. Saisir par la vue (une vaste étendue). *Un point de vue élevé d'où l'on embrasse toute la vallée.* ▷ Saisir par l'intelligence (des choses nombreuses et variées). *Vouloir embrasser tous les problèmes à la fois.* **4.** Fig. Contenir, englober. *Cette science embrasse bien des matières.* **5.** Fig. Choisir, prendre (un parti), adopter (une idée, une carrière). *Embrasser la cause des déshérités. Embrasser une carrière.*

embrasure [ɑ̃bʀazyʀ] n. f. Ouverture pratiquée dans l'épaisseur d'un mur pour y placer une porte ou une fenêtre.

embrayage [ɑ̃bʀɛjaʒ] n. m. Action d'embrayer. ▷ Dispositif permettant d'embrayer. *Embrayage à disque, à plateau, hydraulique.*

embrayer [ɑ̃bʀɛje] v. [21] **1.** v. tr. Mettre en contact deux pièces dont l'une entraîne l'autre. ▷ *Absol.* Établir la communication entre un moteur et ce qu'il doit mettre en mouvement (partic. un véhicule automobile). Ant. débrayer. **2.** v. intr. Fam. *Embrayer sur :* commencer, attaquer. *Embrayer sur un numéro dès la fin du précédent, dans un spectacle.* – *Embrayer sur un autre sujet.*

embrevade [ɑ̃bʀ(ə)vad] n. m. ou f. V. ambrevade.

embrigadement [ɑ̃bʀigadmɑ̃] n. m. Action d'embrigader des gens; son résultat. *Travailler à l'embrigadement de tous les partisans disponibles.* ▷ Spécial. Péjor. *L'embrigadement des jeunes dans les mouvements fascistes.*

embrigader [ɑ̃bʀigade] v. tr. [1] Enrôler (des gens) sous une direction commune pour réaliser les mêmes desseins. *Refuser de se laisser embrigader.*

embringuer [ɑ̃bʀɛ̃ge] v. tr. [1] Fam. Engager fâcheusement. ▷ v. pron. *S'embringuer dans une affaire douteuse.*

embrocation [ɑ̃bʀɔkasjɔ̃] n. f. MED Application d'une préparation huileuse sur une partie du corps malade ou fatiguée. – Ce liquide. Syn. liniment.

embrocher [ɑ̃bʀɔʃe] v. [1] **1.** v. tr. Mettre à la broche (un morceau de viande, une volaille). **2.** v. pron. Se blesser profondément, s'empaler, en heurtant violemment un objet pointu. *S'embrocher sur un piquet.*

embrouillamini [ɑ̃bʀujamini] n. m. Fam. Confusion, désordre. Syn. (Réunion) désordre.

embrouille [ɑ̃bʀuj] n. f. Fam. Affaire confuse et emmêlée; embrouillement destiné à tromper. *J'en ai assez de vos embrouilles!*

embrouillé, ée [ɑ̃bʀuje] adj. **1.** Emmêlé. *Écheveau embrouillé.* **2.** Fig. Extrêmement confus. *Un discours très embrouillé.*

embrouillement [ɑ̃bʀujmɑ̃] n. m. Action, fait d'embrouiller. ▷ Fig. État de ce qui est embrouillé.

embrouiller [ɑ̃bʀuje] v. tr. [1] **1.** Mettre en désordre, emmêler (du fil). *Embrouiller un écheveau.* **2.** Fig. Rendre obscur, compliqué, confus. *Embrouiller une affaire.* ▷ Faire perdre le fil de ses idées à, troubler (qqn). *À force d'entrer dans les détails, il a fini par m'embrouiller.* ▷ v. pron. *S'embrouiller dans ses explications, dans ses comptes.*

embroussaillé, ée [ɑ̃bʀusaje] adj. Encombré de broussailles. *Un chemin tout embroussaillé.* ▷ Fig. Emmêlé comme des broussailles. *Cheveux embroussaillés.*

embrumer [ɑ̃bʀyme] v. tr. [1] **1.** Couvrir, charger de brume. – Pp. adj. *Paysage embrumé.* ▷ v. pron. *Le ciel s'embrume.* **2.** Fig., litt. Assombrir, attrister. *Les chagrins qui embrument la vie.*

embrun [ɑ̃bʀœ̃] n. m. (Le plus souvent au plur.) Gouttelette d'eau arrachée par le vent à la surface d'une grande étendue d'eau (océan, lac), à la crête des vagues.

embryo-. Élément, du gr. *embruon,* «embryon».

embryogenèse [ɑ̃bʀijoʒənɛz] ou **embryogénie** [ɑ̃bʀijoʒeni] n. f. BIOL Développement de l'embryon animal ou végétal.
ENCYCL L'embryogenèse animale peut se poursuivre jusqu'à un état larvaire (ex. : le têtard) ou aboutir à un jeune qui possède tous les organes de l'adulte, mais dont certains ne sont pas encore fonctionnels (ex. : l'appareil génital). Les divers stades de l'embryogenèse d'un vertébré sont : la *morula,* résultat de la segmentation initiale, la *blastula,* la *gastrula* et, enfin, la *neurula,* le dernier stade avant l'état de larve (lorsqu'il existe). Tous les animaux sont formés à partir de deux feuillets cellulaires : ectoderme et mésoderme (animaux dits pour cette raison *diploblastiques*) ou de trois feuillets cellulaires : ectoderme, mésoderme et endoderme (animaux supérieurs, dits *triploblastiques*).

embryologie [ɑ̃bʀijɔlɔʒi] n. f. BIOL Partie de la biologie qui étudie l'embryogenèse.

embryologique [ɑ̃bʀijɔlɔʒik] adj. Qui a rapport à l'embryologie.

embryologiste [ɑ̃bʀijɔlɔʒist] n. Spécialiste de l'embryologie.

embryon [ɑ̃bʀijɔ̃] n. m. **1.** BIOL Vertébré aux premiers stades de son développement, qui suivent la fécondation. (Pour l'espèce humaine, on parle d'*embryon* pour les trois premiers mois, puis de *fœtus.*) – *Embryon congelé :* embryon obtenu par fécondation artificielle et conservé dans l'azote liquide en vue d'une implantation utérine et d'une gestation ultérieures. ▷ BOT Germe qui donne naissance à une plantule. **2.** Fig. Chose inachevée, à peine commencée; germe. *Un embryon de projet.*

embryonnaire [ɑ̃bʀijɔnɛʀ] adj. **1.** BIOL Relatif à l'embryon, à l'état de développement d'un embryon par rapport à celui d'un sujet adulte. *Stade embryonnaire.* **2.** Fig. Qui est au premier stade de son développement, en germe. *Projet embryonnaire.*

embryopathie [ɑ̃bʀijopati] n. f. MED Malformation congénitale due à une atteinte de l'embryon humain au cours de son développement dans l'utérus, d'origine infectieuse (rubéole, par ex.), toxique (médicamenteuse) ou métabolique.

embûche [ɑ̃byʃ] n. f. (Le plus souvent au plur.) **1.** Ruse, machination destinée à nuire à qqn. *Dresser des embûches.* **2.** *Par extens.* Difficulté, obstacle. *Parcours plein d'embûches.*

embuer [ɑ̃bɥe] v. tr. [1] Couvrir de buée. – Pp. adj. *Vitres embuées.* ▷ v. pron. *Lunettes qui s'embuent.* – Fig. *Avoir les yeux qui s'embuent,* se remplissent de larmes.

embuscade [ɑ̃byskad] n. f. Stratagème qui consiste à se cacher pour surprendre l'ennemi. *Tendre une embuscade. Tomber dans une embuscade.*

embusqué, ée [ɑ̃byske] adj. et n. m. **1.** adj. En embuscade. **2.** n. m. Mobilisé affecté par faveur à un poste sans danger en temps de guerre. ▷ Militaire affecté à un poste facile en temps de paix.

embusquer [ɑ̃byske] v. [1] **1.** v. tr. Mettre en embuscade. **2.** v. pron. Se cacher pour attendre qqn au passage. *Le malfaiteur s'était embusqué dans un recoin.*

éméché, ée [emeʃe] adj. Légèrement ivre.

émeraude [emʀod] n. f. **1.** Pierre précieuse translucide, de couleur vert bleuté, variété de béryl. – (En appos.) *Vert émeraude* ou (adj. inv.) *émeraude :* vert clair un peu bleuté. *Des tissus vert émeraude.* **2.** Nom donné à certains oiseaux (soui-mangas, colibris, etc.) au plumage vert métallique.

émergé, ée [emɛʀʒe] adj. Qui n'est pas plongé dans un liquide. *Les terres émergées ne couvrent pas la moitié du globe.*

émergence [emɛʀʒɑ̃s] n. f. Action d'émerger; état de ce qui émerge. – *Point d'émergence d'une source :* l'endroit par où elle sort. ▷ PHYS *Point d'émergence* (d'un rayon lumineux). ▷ ASTRO Émersion.

émergent, ente [emɛʀʒɑ̃, ɑ̃t] adj. Qui émerge. ▷ PHYS *Rayons émergents :* rayons lumineux qui sortent d'un milieu après l'avoir traversé.

émerger [emɛʀʒe] v. intr. [13] **1.** Se dégager, sortir d'un milieu après y avoir été plongé; apparaître au-dessus du niveau de l'eau. *Émerger de la brume. Ce n'est qu'une petite partie des icebergs que l'on voit émerger.* **2.** ASTRO Réapparaître après avoir été occulté, en parlant d'un astre. **3.** Fig. Sortir de l'ombre, apparaître plus clairement. *Faire émerger la vérité.*

émeri [emʀi] n. m. Variété de corindon qui, réduit en poudre, est utilisé comme abrasif, antidérapant, etc. *Toile, papier (d')émeri,* sur lesquels est collée de la poudre d'émeri, et qui servent à poncer. ▷ *Bouchage à l'émeri :* bouchage hermétique obtenu en dépolissant à l'émeri les parties en contact (bouchon de verre et goulot, par ex.). – Fig., fam. *Il est bouché à l'émeri :* il est complètement borné, il ne comprend rien.

émerillon [emʀijɔ̃] n. m. **1.** ORNITH Petit faucon de Scandinavie (*Falco colombarius*) long d'env. 30 cm, qui hiverne en Europe occidentale. **2.** TECH Système de jonction de deux pièces, de deux chaînes, etc., permettant à chacune de tourner sur elle-même indépendamment de l'autre.

éméritat [emeʀita] n. m. (Belgique) Qualité du professeur ou du magistrat émérites. *Être admis à l'éméritat.*

émérite [emeʀit] adj. **1.** Qui est à la retraite et jouit des honneurs de son titre. *Professeur émérite.* – (Québec) Se dit d'un professeur dont l'excellence et la contribution sont officiellement reconnues par l'Université à l'âge de la retraite. **2.** Qui a acquis une connaissance remarquable d'une science, d'un art, d'un métier. *Technicien émérite.*

émersion [emɛʀsjɔ̃] n. f. **1.** Didac. Action, fait d'émerger. *Émersion d'un sous-marin.* **2.** ASTRO Réapparition d'un astre après une éclipse ou une occultation. Syn. émergence.

Emerson (Ralph Waldo) (1803 – 1882), philosophe américain. Panthéiste à la recherche d'une révélation intérieure et immédiate, il a exposé la doctrine du transcendantalisme dans ses conférences sur *la Nature* (1836).

émerveillement [emɛʀvɛjmɑ̃] n. m. Fait de s'émerveiller; état de celui qui s'émerveille.

émerveiller [emɛʀvɛje] v. tr. [1] Frapper d'admiration. *Émerveiller l'auditoire par son savoir.* ▷ v. pron. Être frappé d'admiration, d'étonnement devant qqch que l'on trouve merveilleux. *S'émerveiller de peu de chose.*

Émèse, anc. v. de Syrie (auj. *Homs*), sur l'Oronte; célèbre temple du Soleil, dont Élagabal fut le grand prêtre.

émétique [emetik] adj. MED Qui provoque le vomissement. *Substance émétique.* ▷ n. m. *Administrer un émétique.*

émetteur, trice [emetœʀ, tʀis] adj. et n. **1.** Qui émet. *La banque émettrice.* ▷ Subst. *L'émetteur d'un chèque sans provision.* **2.** *Poste émetteur* ou, n. m., *un émetteur :* appareil qui émet des ondes radioélectriques. ▷ Station émettrice de radiodiffusion ou de télévision. **3.** n. m. TECH Une des électrodes d'un transistor.

émettre [emɛtʀ] v. tr. [60] **1.** Mettre en circulation. *Émettre des billets de banque.* **2.** Produire, envoyer vers l'extérieur. *Émettre un son.* ▷ *Émettre des ondes hertziennes.* – (S. comp.) *Cette station cesse d'émettre à 21 heures.* ▷ PHYS *Émettre un rayonnement.* **3.** Fig. Exprimer. *Émettre une opinion. Émettre des vœux.*

émeu [emø] ou **émou** [emu] n. m. Grand oiseau (sous-classe des ratites), à plumage gris et brun, aux ailes réduites, vivant en bandes dans les plaines d'Australie. *L'émeu, qui peut atteindre 2 mètres, est incapable de voler.*

émeute [emøt] n. f. Soulèvement populaire, le plus souvent spontané. *Manifestation qui tourne à l'émeute.*

émeutier, ère [emøtje, ɛʀ] n. Personne qui fomente une émeute ou y prend part.

-émie. Élément, du gr. *haima,* «sang».

émien [emjɛ̃] n. m. BOT Grand arbre des forêts tropicales d'Afrique (fam. apocynacées), exploité pour son bois blanc.

émiettement [emjɛtmɑ̃] n. m. Action d'émietter, fait de s'émietter; état de ce qui est émietté. – Fig. *L'émiettement de l'autorité, du pouvoir.*

émietter [emjete] v. tr. [1] Réduire en miettes, en petits morceaux. *Émietter du pain.* ▷ *Par anal.* Morceler en petites parcelles. *Émietter une terre en petites propriétés.* ▷ Fig. *Émietter ses forces, ses efforts,* les disperser. ▷ v. pron. Se réduire en miettes. – Fig. Se disperser, s'éparpiller. *Le pouvoir s'émiette. La foule s'émiette.*

émigrant, ante [emigʀɑ̃, ɑ̃t] n. Personne qui émigre. *Convoi d'émigrants.*

émigration [emigʀasjɔ̃] n. f. Action d'émigrer. ▷ Ensemble des personnes qui émigrent ou qui ont émigré.

émigré, ée [emigʀe] adj. et n. Qui a émigré. *Travailleurs émigrés.* ▷ Subst. *Un émigré politique.*

émigrer [emigʀe] v. intr. [1] **1.** Quitter son pays pour aller s'établir dans un autre. **2.** Changer de contrée, en parlant des animaux.

Emi Koussi, point culminant du Tibesti (Tchad); 3 415 m. Plus grand volcan éteint du Sahara.

Émilien (Scipion). V. Scipions (Publius Cornelius Scipio Aemilianus).

Émilie-Romagne, rég. admin. d'Italie et rég. de la C.E., sur l'Adriatique, entre l'Apennin et le Pô inférieur, formée des prov. de Bologne, Ferrare, Forli, Modène, Parme, Plaisance, Ravenne, Reggio nell'Emilia; 22 123 km^2; 3 931 000 hab.; cap. *Bologne.* Forte expansion économique.

émincer [emɛ̃se] v. tr. [12] Couper en tranches minces.

éminemment [eminamɑ̃] adv. Excellemment, au plus haut degré.

éminence [eminɑ̃s] n. f. **1.** Élévation de terrain, hauteur, monticule. *Une éminence d'où l'on embrasse tout le paysage.* ▷ ANAT Saillie, protubérance. **2.** Titre d'honneur donné aux cardinaux. *Son Éminence le cardinal Untel.* ▷ *Éminence grise :* personne dont l'influence secrète inspire les actes et les décisions d'une autorité.

éminent, ente [eminɑ̃, ɑ̃t] adj. **1.** Supérieur en mérite, en condition. *Personnage éminent. Occuper une position éminente.* **2.** Remarquable, considérable. *L'éminente connaissance qu'a de tel problème tel spécialiste.*

Eminescu (Mihai) (1850 – 1889), poète roumain. Après des études à Vienne et à Berlin (1868-1874), il collabore à différentes revues. Considéré comme le fondateur de la poésie roumaine, il réalisa une œuvre d'une extrême musicalité et qui reflète un pessimisme emprunté à la philosophie de Schopenhauer (*les Épigones,* 1870, *l'Étoile du soir,* 1883). Sa prose est dominée par un roman inachevé (*le Génie stérile*).

Emin pacha (Eduard Schnitzer, dit Mehmet) (1840 - 1892), voyageur allemand. D'abord médecin de l'armée turque, il explora le Soudan, l'Ouganda; il fut assassiné.

émir [emiʀ] n. m. **1.** Titre attribué autref. aux descendants de Mahomet. ▷ Nom donné à certains chefs, souverains ou princes, dans les pays musulmans. *En Mauritanie, l'émir, notable investi de la tradition, assumait le pouvoir politique et militaire. L'émir du Koweït.* **2.** (Maghreb) En Algérie, chef d'un groupe islamiste armé.

émirat [emiʀa] n. m. **1.** Dignité d'émir. **2.** État gouverné par un émir.

Émirats arabes unis (Fédération des), État de la péninsule d'Arabie, issu de la réunion (1971) de sept émirats : Abu Dhabi, Dubaï, Chardja, Adjman, Umm al-Qaywayn, Fudjayra et Ra's al-Khaymah; 83600 km²; 1850000 hab.; cap. : *Abu Dhabi.* Langue off. : arabe. Monnaie : dirham. Relig. : islam.
Géogr. et écon. – Appartenant au désert arabique, les Émirats vivaient de l'élevage nomade, de la pêche et de la vente de perles. Dans les années 60, ils devinrent une des princ. zones pétrolières du monde (10 % des réserves mondiales). La prod. de pétrole (100 millions de t par an) est concentrée à Abu Dhabi (qui dispose aussi de la 4e réserve de gaz naturel du monde), à Dubaï et Chardja. Le développement fut accéléré : infrastructures de transport, équipements collectifs, aménagements urbains, industrialisation. Il attira plus d'1 million d'étrangers (Pakistanais, Indiens, Arabes, etc.).
Hist. – La région est reconnue par les Portugais, qui y fondent des escales, puis par les Anglais (1622). Infestée par la piraterie, elle se nomme *Côte des Pirates.* En 1853, la G.-B., pour la sécurité de sa navigation, s'en empare, signe avec les Émirats une trêve inviolable (d'où le nouveau nom de *Trucial States :* États de la *Côte de la Trêve**), puis les soumet à son protectorat (1892). Après le retrait des Brit. (1971), les Émirats arabes unis, richissimes, prônent la modération au sein de l'OPEP. Le cheikh Zayid bin Sultan al-Nahyan, souverain d'Abu Dhabi, a été élu président de la Fédération en 1971. Pendant la guerre du Golfe* (1991), la Fédération a engagé contre l'Irak une force de 40 000 hommes. En 1996, la Fédération a expulsé tous les étrangers en situation irrégulière (env. 10 % de la population).

1. émissaire [emisɛʀ] n. m. Personne envoyée pour accomplir une mission, une mission secrète.

2. émissaire [emisɛʀ] n. et adj. **1.** n. m. Cours d'eau par lequel s'évacue l'eau d'un lac. ▷ TRAV PUBL Collecteur principal d'un réseau d'assainissement. **2.** n. f. ANAT *Les émissaires* ou, adj., *les veines émissaires :* petites veines qui traversent le crâne.

émission [emisjɔ̃] n. f. **1.** PHYSIOL Action de lancer, de pousser (un liquide) hors du corps. *Émission d'urine.* **2.** Action de produire (un son articulé). *Émission de voix.* **3.** PHYS Production (d'électrons, de lumière). *Émission photoélectronique, thermoélectronique.* ▷ TELECOM Action de diffuser (un message, de la musique, etc.) au moyen d'ondes électromagnétiques. – *Par ext.* Programme (radiophonique, télévisé) ainsi diffusé. *Émission en direct, en différé.* **4.** FIN Mise en circulation (de valeurs : monnaies, titres ou effets de commerce).

emmagasinage [ɑ̃magazinaʒ] n. m. Action d'emmagasiner; son résultat.

emmagasiner [ɑ̃magazine] v. tr. [1] **1.** Mettre en magasin, stocker. *Emmagasiner des céréales.* **2.** Fig. Acquérir, accumuler. *Emmagasiner des connaissances.* ▷ Amasser, mettre en réserve. *Emmagasiner de la chaleur.*

emmailler [ɑ̃maje] v. [1] (Maurice) **1.** v. tr. Enchevêtrer, mélanger. *Maladroit, tu as tout emmaillé!* **2.** v. pron. S'enchevêtrer, s'emmêler. *Des cheveux qui s'emmaillent.*

emmailloter [ɑ̃majɔte] v. tr. [1] Vieilli Mettre (un bébé) dans un maillot, dans des langes. ▷ *Par ext.* Envelopper. *Emmailloter un doigt blessé.* – v. pron. *S'emmailloter dans une couverture.*

emmancher [ɑ̃mɑ̃ʃe] v. tr. [1] Mettre un manche à (un outil). *Emmancher une faux.*

emmanchure [ɑ̃mɑ̃ʃyʀ] n. f. Chacune des ouvertures d'un vêtement à laquelle est cousue une manche.

Emmanuel, nom donné au Messie par le prophète Isaïe et repris par l'évangéliste Matthieu.

Emmaüs (auj. *Al-Qubeiba*), anc. bourg de Judée, au N. de Jérusalem, où Jésus se manifesta à deux de ses disciples après sa résurrection (Luc, XXIV).

Emme, nom de deux riv. de Suisse : la *Grande Emme* (80 km), affl. de l'Aar (r. dr.), arrose l'Emmenthal, riche vallée d'élevage et d'industr. fromagère; la *Petite Emme* se jette dans la Reuss, en aval de Lucerne.

emmêler [ɑ̃mɛle] v. tr. [1] **1.** Mêler, enchevêtrer. *Emmêler des fils.* ▷ v. pron. *Écheveau qui s'est emmêlé.* **2.** Fig. Embrouiller. *Emmêler une affaire.* ▷ v. pron. *S'emmêler dans ses explications.*

emménagement [ɑ̃menaʒmɑ̃] n. m. Action d'emménager.

emménager [ɑ̃menaʒe] v. intr. [13] S'installer dans un nouveau logement. ▷ v. tr. *Emménager des meubles.*

emménagogue [ɑ̃menagɔg] adj. et n. m. MED Se dit des substances qui provoquent ou favorisent l'écoulement menstruel. ▷ n. m. *Un emménagogue.*

emmener [ɑ̃mne] v. tr. [16] Mener avec soi (qqn) d'un lieu dans un autre. *Emmener ses enfants à la campagne.*

emment(h)al, als [emɛtal] n. m. Fromage de vache cuit, fabriqué en Suisse.

emmerdant, ante [ɑ̃mɛʀdɑ̃, ɑ̃t] adj. Fam. Ennuyeux, embêtant, gênant.

emmerdement [ɑ̃mɛʀdəmɑ̃] n. m. Fam. Ennui, contrariété. *Avoir des emmerdements.* (Abrév. : emmerde).

emmerder [ɑ̃mɛʀde] v. tr. [1] Fam. Agacer, contrarier, gêner à l'excès. *Il commence à m'emmerder, celui-là!* ▷ v. pron. S'ennuyer à l'excès.

emmerdeur, euse [ɑ̃mɛʀdœʀ, øz] n. Fam. Personne ennuyeuse, importune ou pointilleuse à l'excès.

emmétrope [emetʀɔp] adj. PHYSIOL Se dit d'un œil dont la vision est normale.

emmétropie [emetʀɔpi] n. f. PHYSIOL Qualité de l'œil emmétrope.

emmitoufler [ɑ̃mitufle] v. tr. [1] Envelopper chaudement, douillettement. ▷ v. pron. *Bien s'emmitoufler.*

emmurer [ɑ̃myʀe] v. tr. [1] Enfermer en murant. *Emmurer un trésor.* – Par ext. *Spéléologue qu'un éboulement a emmuré.* ▷ v. pron. Fig. *S'emmurer dans sa douleur.*

émoi [emwa] n. m. **1.** Vieilli Trouble, agitation suscitée par l'émotion ou l'inquiétude. *La population était en émoi.* **2.** Trouble intime, de nature affective ou sensuelle. *Émoi esthétique, amoureux.*

émollient, ente [emɔljɑ̃, ɑ̃t] adj. et n. m. MED Qui relâche, qui ramollit les tissus. ▷ n. m. *Un émollient.*

émolument [emɔlymɑ̃] n. m. **1.** DR Part d'actif qui revient à qqn par succession ou dans un partage de biens communs. **2.** (Plur.) Honoraires d'un officier ministériel. ▷ *Par ext.* Rétribution attachée à une place, à un emploi.

émondage [emɔ̃daʒ] n. m. Action d'émonder.

émonder [emɔ̃de] v. tr. [1] Retrancher (d'un arbre) les branches nuisibles ou inutiles. Syn. élaguer. – Fig. *Émonder un texte,* en supprimer les développements inutiles.

émondes [emɔ̃d] n. f. pl. ARBOR Branches coupées par émondage.

émondoir [emɔ̃dwaʀ] n. m. ARBOR Outil qui sert à l'émondage.

émotif, ive [emɔtif, iv] adj. et n. **1.** Relatif à l'émotion; qui est dû à l'émotion. *Un choc émotif.* **2.** Qui est sujet à des émotions intenses. *Une nature émotive.* ▷ Subst. *Un émotif, une émotive.*

émotion [emosjɔ̃] n. f. **1.** Trouble intense de l'affectivité, réaction immédiate, incontrôlée ou inadaptée à certaines impressions ou à certaines représentations. *L'émotion se traduit par des réactions neuro-végétatives ou motrices* (rougeur, transpiration, tremblement, etc.). *Être paralysé par l'émotion.* ▷ Réaction affective (agréable ou désagréable) éprouvée comme un trouble. *Réciter un poème avec émotion.* **2.** Agitation, trouble collectif. *L'émotion populaire était à son comble.*

émotionnel, elle [emɔsjɔnɛl] adj. Qui appartient à l'émotion; qui en est le produit. *Tension émotionnelle.*

émotionner [emɔsjɔne] v. tr. [1] Fam. Causer de l'émotion, des émotions à.

émotivité [emɔtivite] n. f. Caractère d'une personne émotive. ▷ PSYCHO Un des éléments de l'affectivité, qui traduit l'aptitude de l'individu à réagir aux impressions perçues.

émotter [emɔte] v. tr. [1] AGRIC Briser les mottes de terre (d'un champ) après un labour afin d'ameublir la terre.

émou [emu] n. m. V. émeu.

émouchet [emuʃɛ] n. m. Nom cour. de certains petits rapaces, notam. de la crécerelle.

émoulu, ue [emuly] adj. *Frais émoulu, fraîche émoulue :* récemment sorti(e) (d'une école). *Un jeune cadre frais émoulu d'H.E.C.*

émoussement [emusmɑ̃] n. m. Action d'émousser; état de ce qui est émoussé.

émousser [emuse] v. tr. [1] **1.** Rendre mousse, moins tranchant, moins aigu. *Émousser un rasoir.* ▷ v. pron. *Lame qui s'émousse vite.* **2.** Fig. Rendre moins vif, atténuer, affaiblir. *L'habitude émousse le plaisir.* ▷ v. pron. *Une rancune qui ne s'émousse pas.*

émoustillant, ante [emustijɑ̃, ɑ̃t] adj. Qui émoustille.

émoustiller [emustije] v. tr. [1] Mettre en gaieté. ▷ Exciter, disposer aux plaisirs sensuels.

émouvant, ante [emuvɑ̃, ɑ̃t] adj. Qui émeut, qui suscite une émotion plus ou moins vive.

émouvoir [emuvwaʀ] v. tr. [43] **1.** Susciter l'émotion de. *Émouvoir qqn aux larmes.* ▷ v. pron. *Une personne lente à s'émouvoir.* **2.** Susciter l'intérêt ou la sympathie de; troubler, inquiéter. *Sa détresse nous a émus.* ▷ v. pron. *Les pouvoirs publics se sont émus de cette situation.*

émoyer (s') [emɔje] v. pron. [23] (Acadie) S'enquérir (de qqn ou qqch) avec sollicitude. *S'émoyer de la santé de qqn.*

empaillage [ɑ̃pajaʒ] n. m. Action d'empailler.

empaillement [ɑ̃pajmɑ̃] n. m. **1.** Empaillage. **2.** AGRIC Approvisionnement en paille. ▷ Action de nourrir le fumier avec des pailles usées.

empailler [ɑ̃paje] v. tr. [1] **1.** Emplir avec de la paille la peau d'un animal mort de manière à en conserver les formes naturelles. Syn. naturaliser. ▷ Pp. adj. *Un renard empaillé.* **2.** *Empailler un siège,* le garnir de paille. V. rempailler. **3.** Envelopper, protéger avec de la paille. *Empailler un arbre.* – Pp. adj. *Des semis empaillés.*

empailleur, euse [ɑ̃pajœʀ, øz] n. Personne qui empaille des animaux.

empaler [ɑ̃pale] v. tr. [1] **1.** Infliger le supplice du pal à (qqn), en le transperçant d'un pieu introduit par l'anus. **2.** *Par ext.* Percer de part en part, embrocher. **3.** v. pron. Être transpercé par un objet pointu que l'on a heurté. *S'empaler sur un pieu en tombant.*

empan [ɑ̃pɑ̃] n. m. Anc. Mesure de longueur à peu près égale à l'intervalle entre l'extrémité du pouce et celle du petit doigt d'une main étendue.

empanacher [ɑ̃panaʃe] v. tr. [1] Orner d'un panache.

empanner [ɑ̃pane] v. intr. [1] MAR Faire changer de bord la grand-voile en virant de bord, vent arrière.

empaquetage [ɑ̃paktaʒ] n. m. Action d'empaqueter.

empaqueter [ɑ̃pakte] v. tr. [20] Mettre en paquet. *Empaqueter des livres.* Syn. (Québec) paqueter.

emparer (s') [ɑ̃paʀe] v. pron. [1] **1.** Se saisir (d'une chose), s'en rendre maître par des moyens violents ou irréguliers. *S'emparer du pouvoir, d'un héritage, d'une ville.* **2.** Se saisir vivement (de qqch) pour tel ou tel usage. *Il s'est emparé de l'outil dont j'avais besoin.* **3.** Envahir, dominer (qqn) en parlant d'une sensation, d'un sentiment, etc. *La colère s'empara de lui.*

empâtement [ɑ̃patmɑ̃] n. m. **1.** État de ce qui est empâté ou pâteux. *L'empâtement de la langue, de la voix.* ▷ PEINT Superposition de couches de peinture ou étalement d'une couche épaisse sur un tableau. **2.** Engraissement d'une volaille. **3.** État d'un visage ou d'un corps empâté, bouffi.

empâter [ɑ̃pate] v. tr. [1] **1.** TECH Remplir, enduire de pâte, ou d'une matière pâteuse. ▷ Enduire (de plâtre par ex.) des éléments pour les unir. – Mêler à de l'eau (un produit solide) pour obtenir une pâte. **2.** Rendre pâteux. *Les liqueurs empâtent la bouche.* **3.** *Empâter une volaille,* l'engraisser. **4.** Gonfler, épaissir, alourdir. ▷ v. pron. *Il s'est empâté avec l'âge.*

empathie [ɑ̃pati] n. f. Didac. Identification affective à une personne ou à une chose. *La reconstitution de faits lointains demande souvent à l'historien de procéder par empathie.*

empattement [ɑ̃patmɑ̃] n. m. **1.** CONSTR Massif de maçonnerie qui sert de pied, de base à un mur. **2.** BOT Base d'un tronc ou d'une branche d'arbre. **3.** TECH Distance entre les essieux extrêmes d'un véhicule.

empatter [ɑ̃pate] v. tr. [1] TECH Fixer avec des pattes.

empêché, ée [ɑ̃peʃe] adj. Retenu par un empêchement.

empêchement [ɑ̃pɛʃmɑ̃] n. m. Ce qui empêche d'agir, embarrasse, fait obstacle. *Je ne vois pas d'empêchement à ce projet. Un empêchement de dernière minute.*

empêcher [ɑ̃peʃe] v. tr. [1] **1.** Entraver (qqn) dans son action, ses projets; mettre dans l'impossibilité de (faire telle chose). *Il a voulu m'empêcher de parler. Il faudrait empêcher qu'ils s'associent.* ▷ v. pron. (Le plus souvent en tournure négative.) S'abstenir, se défendre de. *Il ne peut s'empêcher de médire.* **2.** S'opposer, mettre un obstacle à. *Empêcher une mauvaise action.* ▷ Loc. impers. *Il n'empêche que, n'empêche que :* malgré cela, et pourtant. *Ces produits sont mauvais, n'empêche qu'ils se vendent.* – Fam. *Il est tard, n'empêche, il aurait pu venir.*

empêcheur, euse [ɑ̃pɛʃœʀ, øz] n. Fam. *Empêcheur de danser* (ou *de tourner) en rond :* trouble-fête.

Empédocle (v. 490 – 435 av. J.-C.), philosophe grec. Selon lui, tout phénomène est dû à la combinaison ou à la dissociation des quatre éléments (l'air, l'eau, la terre, le feu) sous l'influence cyclique de l'Amour et de la Haine. Il ne reste de ses œuvres que 500 vers env. Il se serait suicidé en se jetant dans le cratère de l'Etna.

empeigne [ɑ̃pɛɲ] n. f. Dessus d'un soulier, depuis le cou-de-pied jusqu'à la pointe.

empennage [ɑ̃pen(n)aʒ] n. m. **1.** Action d'empenner. **2.** AVIAT Ensemble des plans fixes placés à l'arrière d'un aéronef, d'un avion, pour assurer sa stabilité en vol.

empenne [ɑ̃pɛn] n. f. Ensemble des plumes qui garnissent le talon d'une flèche.

empenner [ɑ̃pen(n)e] v. tr. [1] Didac. Garnir (une flèche) d'une empenne.

empereur [ɑ̃pʀœʀ] n. m. **1.** Titre porté, à partir d'Auguste, par le chef souverain de l'Empire romain, puis de l'Empire byzantin. **2.** Souverain du Saint-Empire romain germanique. **3.** Souverain de certains États. *L'empereur de toutes les Russies. L'empereur du Japon.* ▷ Absol. (en France). *L'Empereur :* Napoléon Ier.

emperler [ɑ̃pɛʀle] v. tr. [1] **1.** Rare Garnir de perles. **2.** Fig. Couvrir de gouttelettes. *La sueur emperlait son visage.* ▷ v. pron. *L'herbe s'emperle de rosée.*

empesage [ɑ̃pəzaʒ] n. m. Action d'empeser; son résultat.

empesé, ée [ɑ̃pəze] adj. **1.** Apprêté avec de l'empois. **2.** Fig. Guindé, compassé. *Personnage empesé. Air, style empesé.* Ant. aisé, naturel.

empeser [ɑ̃pəze] v. tr. [16] Apprêter (du linge) avec de l'empois.

empester [ɑ̃pɛste] v. tr. [1] **1.** Corrompre, vicier. *La crise économique empestait le climat social.* **2.** *Par ext.* Empuantir. *La fumée de l'usine empeste le voisinage.* ▷ Dégager (une odeur désagréable). *Son haleine empeste le vin.* – (S. comp.) *Va te laver, tu empestes.* – Pp. adj. *Une atmosphère empestée.*

empêtrer [ɑ̃petʀe] v. tr. [1] **1.** Embarrasser par des liens, par qqch qui gêne, qui empêche les mouvements. *Empêtrer ses pieds dans un filet.* ▷ v. pron. *S'empêtrer dans son vêtement.* **2.** Fig. Mettre dans des difficultés, dans une situation compliquée ou fâcheuse. *On l'a empêtré dans une affaire véreuse.* ▷ v. pron. *S'empêtrer dans ses contradictions.*

emphase [ɑ̃faz] n. f. **1.** Péjor. Exagération prétentieuse dans le ton, le geste, l'expression, le style. *Parler avec emphase. Une solennité pleine d'emphase.* Syn. enflure, grandiloquence. Ant. naturel, simplicité. **2.** LING Forme d'expression qui consiste à marquer d'une insistance particulière l'un des éléments de la phrase (ex. : *Nous, nous voulons bien*).

emphatique [ɑ̃fatik] adj. **1.** Qui s'exprime avec emphase. *Orateur emphatique.* ▷ Boursouflé, guindé, ampoulé. *Un discours emphatique.* **2.** LING Relatif à l'emphase, employé par emphase. *Valeur emphatique.*

emphatiquement [ɑ̃fatikmɑ̃] adv. De manière emphatique.

emphysémateux, euse [ɑ̃fizematø, øz] adj. et n. MED Qui est atteint d'emphysème.

emphysème [ɑ̃fizɛm] n. m. MED Infiltration gazeuse diffuse du tissu cellulaire. *Emphysème pulmonaire :* affection pulmonaire caractérisée par la dilatation et la destruction des bronchioles respiratoires et du tissu conjonctif de la paroi alvéolaire. (Il peut être diffus ou localisé et se traduit par une insuffisance respiratoire, puis par une insuffisance cardiaque.)

emphytéotique [ɑ̃fiteotik] adj. DR *Bail emphytéotique :* bail de longue durée (18 à 99 ans) par lequel un propriétaire concède la jouissance d'un immeuble moyennant une redevance annuelle, le preneur ayant un droit d'hypothèque et la charge des travaux destinés à améliorer le fonds.

empiècement [ɑ̃pjesmɑ̃] n. m. COUT Pièce rapportée à la partie supérieure d'un vêtement.

empierrement [ɑ̃pjɛʀmɑ̃] n. m. **1.** Action d'empierrer; son résultat. **2.** Matériaux qui servent à empierrer.

empierrer [ɑ̃pjeʀe] v. tr. [1] Garnir de pierres. *Empierrer une chaussée.*

empiétement ou **empiètement** [ɑ̃pjɛtmɑ̃] n. m. **1.** Action d'empiéter; son résultat. **2.** Fig. Usurpation.

empiéter [ɑ̃pjete] v. intr. [14] **1.** Gagner pied à pied, s'étendre partiellement (sur la terre d'autrui). *Empiéter sur le champ du voisin.* ▷ Par anal. *La mer empiète sur les côtes.* **2.** Fig. Usurper en partie (les droits, le pouvoir de qqn). *Vous empiétez sur ses attributions.*

empiffrer (s') [ɑ̃pifʀe] v. pron. [1] Fam. Manger avec excès, gloutonnement. *S'empiffrer de gâteaux.*

empilable [ɑ̃pilabl] adj. Qui a été conçu pour être empilé.

empilage [ɑ̃pilaʒ] ou **empilement** [ɑ̃pilmɑ̃] n. m. **1.** Action de mettre en piles. **2.** Action de serrer, d'entasser.

empiler [ɑ̃pile] v. tr. [1] Mettre en pile. *Empiler des caisses, des pièces de monnaie.* ▷ *Par anal.* Serrer, entasser. – v. pron. *S'empiler dans une voiture.* – Pp. adj. *Assiettes empilées.*

empire [ɑ̃piʀ] n. m. **1.** Domination souveraine. *Conquérir l'empire des mers.* ▷ Fig. Domination morale, ascendant. *Avoir de l'empire sur qqn, sur soi-même.* **2.** Régime où l'autorité politique est détenue par un empereur. *À Rome, l'empire succéda à la république.* ▷ Règne d'un empereur. ▷ BX-A *Style Empire,* celui des œuvres d'art, du mobilier du Premier Empire. **3.** État gouverné par un empereur; son territoire. *L'empire d'Orient. L'Empire byzantin*. Les frontières de l'Empire romain.* ▷ Loc. *Pour un empire :* d'aucune manière, pour rien au monde. *Je ne le ferais pas pour un empire!* **4.** HIST Ensemble de territoires placés sous l'autorité d'un gouvernement central. *L'Empire britannique.*

Empire (Premier), régime politique de la France de 1804 à 1814, après le Consulat*. Le 18 mai 1804, le Sénat proclama l'empire par un sénatus-consulte qu'un plébiscite ratifia. Le 2 déc., le pape Pie VII couronna empereur (Napoléon* Ier) l'anc. Premier consul. Le 6 avr. 1814, l'Empire s'acheva par l'abdication de Napoléon. Pendant les Cent-Jours (20 mars-22 juin 1815), Napoléon revint sur le trône, mais cette monarchie restait constitutionnelle.

Empire (Second), régime politique de la France entre 1852 et 1870. Par le coup d'État du 2 décembre 1851, le prés. Louis Napoléon Bonaparte mettait fin à la IIe République. Le 7 nov. 1852, un sénatus-consulte le proclama empereur; un plébiscite ratifia cette loi; le 2 déc. 1852, le Second Empire fut proclamé. Le 4 sept. 1870, après la défaite de Sedan, Gambetta proclama la république.

empirer [ɑ̃piʀe] v. [1] **1.** v. intr. Devenir pire. *Sa situation a empiré.* **2.** v. tr. Rendre pire. *Les remèdes ont empiré son état.* Syn. aggraver. Ant. améliorer.

empiriocriticisme [ɑ̃piʀjokʀitisism] n. m. PHILO Courant philosophique du XIXe s., issu du criticisme kantien, qui dénie toute valeur absolue à la science.

empirique [ɑ̃piʀik] adj. (et n. m.) **1.** Qui se fonde sur l'expérience et non sur un savoir théorique. *Des connaissances empiriques.* **2.** PHILO Relatif à l'empirisme.

empiriquement [ɑ̃piʀikmɑ̃] adv. D'une manière empirique.

empirisme [ɑ̃piʀism] n. m. **1.** Système, méthode qui se fonde sur la seule expérience sans recourir au raisonnement, à la théorie. **2.** PHILO Doctrine selon laquelle toute connaissance dérive de l'expérience (opposée au rationalisme et à la théorie des idées innées).

empiriste [ɑ̃piʀist] n. Partisan de l'empirisme. *Empiristes matérialistes* (Bacon, Hobbes, Locke, etc.), *idéalistes* (Berkeley, Hume, etc.).

emplacement [ɑ̃plasmɑ̃] n. m. Lieu qu'occupe, qu'occupait qqch ou qui convient pour placer ou édifier qqch. *L'emplacement d'un édifice, d'une cité disparue.*

emplâtre [ɑ̃plɑtʀ] n. m. **1.** MED Médicament à usage externe, pâteux, qui adhère bien à l'endroit où on l'applique. **2.** Fig., fam. Personne sans énergie, incapable d'initiative.

emplette [ɑ̃plɛt] n. f. **1.** Achat (d'une marchandise courante). *Faire l'emplette d'un vase.* **2.** Chose achetée. *Montrez-moi vos emplettes.*

emplir [ɑ̃pliʀ] v. tr. [3] Vieilli ou litt. (On emploie plutôt *remplir.*) Rendre plein. ▷ Fig. *Une pensée qui emplit de joie.* ▷ v. pron. *La chambre s'emplissait de parfum.*

emploi [ɑ̃plwa] n. m. **1.** Usage que l'on fait d'une chose; manière d'en faire usage. *L'emploi d'un outil, d'un mot. Faire mauvais emploi de sa fortune. Mode d'emploi. – Une chose qui fait double emploi,* qui est superflue parce qu'elle a le même usage qu'une autre. – *Emploi du temps,* ou (Afr. subsah.) *emploi de temps :* manière de répartir sur une certaine période les tâches à accomplir; tableau indiquant cette répartition. *Un emploi du temps chargé.* **2.** Travail rémunéré. *Une offre, une demande d'emploi.* **3.** THEAT, CINE Rôle que l'on confie habituellement à un acteur. *Emploi de valet.*

employé, ée [ɑ̃plwaje] n. Salarié non cadre, travaillant dans une administration, un bureau, dans le commerce ou chez un particulier (par oppos. à *ouvrier*). – *Employée de maison :* femme de ménage.

employer [ɑ̃plwaje] v. [23] **I.** v. tr. **1.** Faire usage de. *Employer un produit. Bien employer son temps. Employer la douceur.* **2.** Faire travailler en échange d'un salaire. *Cette entreprise emploie deux mille personnes.* **II.** v. pron. **1.** Être utilisé (pour un usage quelconque). *Cette substance s'emploie en pharmacie.* ▷ Être usité, en parlant d'un mot, d'une tournure. *Ce terme ne s'emploie plus.* **2.** *S'employer à :* s'occuper activement de, s'appliquer à.

employeur, euse [ɑ̃plwajœʀ, øz] n. Personne qui emploie un (des) salarié(s).

emplumé, ée [ɑ̃plyme] adj. Garni de plumes.

empocher [ɑ̃pɔʃe] v. tr. [1] Toucher (de l'argent). *Empocher une grosse somme.* Ant. débourser.

empoignade [ɑ̃pwaɲad] n. f. Discussion violente.

empoigne [ɑ̃pwaɲ] n. f. Fam. *Foire d'empoigne :* conflit tumultueux entre des personnes se disputant des biens ou des avantages.

empoigner [ɑ̃pwaɲe] v. tr. [1] **1.** Saisir avec les mains en serrant fortement. *Empoigner un gourdin.* **2.** Fig. Émouvoir vivement. *Ce drame m'a empoigné.* **3.** v. pron. (Récipr.) Se colleter. ▷ Fig. S'injurier, se quereller.

empois [ɑ̃pwa] n. m. Colle légère d'amidon utilisée pour empeser le linge.

empoisonnant, ante [ɑ̃pwazɔnɑ̃, ɑ̃t] adj. Fam. Embêtant, très ennuyeux.

empoisonnement [ɑ̃pwazɔnmɑ̃] n. m. **1.** Fait d'être empoisonné, intoxication. *Un empoisonnement dû à des denrées avariées.* **2.** Action d'empoisonner volontairement (qqn). *L'empoisonnement est un crime.* **3.** Fam. Ennui, contrariété.

empoisonner [ɑ̃pwazɔne] v. tr. [1] **1.** Faire absorber du poison à (qqn) dans le dessein de le tuer. *On dit qu'il a empoisonné sa femme.* **2.** Intoxiquer. *Être empoisonné par des champignons.* ▷ Fig. Pp. *Des louanges empoisonnées,* perfides. **3.** Infecter de poison. *Empoisonner une rivière. – Par ext.* Infecter (d'une odeur incommodante). *Puanteur qui empoisonne l'air.* **4.** Fig. Troubler, gâter. *Ce souvenir empoisonnait son existence.* ▷ v. pron. *Tu t'empoisonnes la vie pour peu de choses.* **5.** Fam. Importuner, ennuyer. ▷ v. pron. *Je m'empoisonne à faire des confitures, et personne ne les mange.*

empoisonneur, euse [ɑ̃pwazɔnœʀ, øz] n. **1.** Personne coupable d'empoisonnement. **2.** Fam. Importun.

empoissonner [ɑ̃pwasɔne] v. tr. [1] Peupler de poissons. *Empoissonner un cours d'eau.*

emponne [ɑ̃pɔn] n. f. (Réunion) Partie du pétiole de certaines palmes (de cocotier, de palmier) servant à des usages domestiques (récipient, assiette). – *Emponne de banane :* base du pétiole de la feuille de bananier, utilisée en vannerie.

emportement [ɑ̃pɔʀtəmɑ̃] n. m. Mouvement violent inspiré par une passion. – *Spécial.* Accès de colère. *Parler avec emportement.*

emporte-pièce [ɑ̃pɔʀtəpjɛs] n. m. inv. **1.** TECH Instrument à tranchant servant à découper des pièces d'une forme déterminée dans le carton, le papier, le cuir, etc. **2.** Loc. fig. *Un mot à l'emporte-pièce,* mordant, acerbe.

emporter [ɑ̃pɔʀte] v. tr. [1] **1.** Prendre avec soi et porter ailleurs. *Emportez vos livres.* – Fig. *Emporter un agréable souvenir.* ▷ Loc. *Il ne l'emportera pas en paradis :* je me vengerai tôt ou tard. ▷ *À emporter* ou (Suisse) *à l'emporter :* que l'on ne consomme pas sur place. *Pizza à emporter.* **2.** Pousser, entraîner. *Un nageur emporté par le courant.* – Fig. *L'ardeur qui nous emporte.* **3.** Enlever avec violence, arracher. *Un obus lui a emporté la jambe.* – Par ext. *La maladie l'a emporté très vite,* l'a fait mourir en peu de temps. **4.** Obtenir par un effort. *Emporter une position, une affaire.* – Loc. fam. *Emporter le morceau :* gagner, réussir. **5.** *L'emporter sur :* avoir la supériorité, prévaloir sur. *L'amour l'emporte souvent sur la raison.* **6.** v. pron. S'abandonner à la colère. *S'emporter contre qqn.*

empoté, ée [ɑ̃pɔte] adj. (et n.) Fam. Peu dégourdi.

empoter [ɑ̃pɔte] v. tr. [1] Planter (un végétal) dans un pot. Ant. dépoter.

empourprer [ɑ̃puʀpʀe] v. tr. [1] Colorer de pourpre, de rouge. *Le soleil couchant empourpre l'horizon.* ▷ v. pron. *Son visage s'empourpra.*

empoussiérer [ɑ̃pusjeʀe] v. tr. [14] Couvrir de poussière.

empreindre [ɑ̃pʀɛ̃dʀ] v. tr. [55] (Rare à l'actif.) **1.** Imprimer en creux ou en relief par pression sur une surface. – Pp. *Un sceau empreint sur de la cire.* **2.** Fig. Marquer de certains traits de caractère. *Son visage est empreint de douceur. Un ton empreint d'autorité.*

empreinte [ɑ̃pʀɛ̃t] n. f. **1.** Marque de ce qui est empreint. *Empreinte de pas.* ▷ (Plur.) *Empreintes digitales :* traces laissées sur une surface par les sillons de la peau des doigts. ▷ PALEONT Figures de plantes, d'animaux empreintes sur certaines pierres. **2.** Fig. Marque, trace caractéristique. *L'empreinte de l'éducation.*

empressé, ée [ɑ̃pʀese] adj. Zélé, ardent. *Un soupirant empressé.*

empressement [ɑ̃pʀesmɑ̃] n. m. **1.** Sollicitude, prévenance. *Accueillir qqn avec empressement.* **2.** Diligence. *Faire un travail avec empressement.*

empresser (s') [ɑ̃pʀese] v. pron. [1] **1.** *S'empresser de :* se hâter de. *S'empresser de partir.* **2.** Montrer du zèle, de la prévenance. *S'empresser auprès de ses invités.*

emprésurer [ɑ̃pʀezyʀe] v. tr. [1] TECH Additionner de présure. *Emprésurer le lait pour qu'il caille.*

emprise [ɑ̃pʀiz] n. f. **1.** Domination morale, intellectuelle, influence. *L'emprise de la presse sur l'opinion.* **2.** DR Action d'exproprier qqn d'une portion de terrain pour y faire des travaux d'intérêt public; ce terrain.

emprisonnement [ɑ̃pʀizɔnmɑ̃] n. m. **1.** Action de mettre en prison; état d'une personne emprisonnée. **2.** Peine de prison.

emprisonner [ɑ̃pʀizɔne] v. tr. [1] **1.** Mettre en prison. *Emprisonner un criminel.* **2.** *Par ext.* Tenir comme enfermé. *La tempête nous emprisonne dans l'île.* ▷ Fig. *Il est emprisonné dans son mensonge.*

emprunt [ɑ̃pʀœ̃] n. m. **1.** Action d'emprunter (spécial. de l'argent); chose ou somme empruntée. ▷ FIN Somme d'argent prêtée à une personne morale ou physique par une autre pour lui permettre de procéder à une dépense sans avoir à en posséder immédiatement le montant. **2.** Action de prendre à un auteur, à un artiste, un élément de son œuvre, pour l'inclure dans la sienne; cet élément. ▷ LING Intégration dans une langue d'un mot étranger; ce mot. *Les emprunts du français à l'anglais.* **3.** TRAV PUBL Excavation faite pour se procurer des matériaux destinés à faire un remblai. **4.** Loc. adj. *D'emprunt :* que l'on ne possède pas en propre. – *Un nom d'emprunt :* un faux nom.

emprunté, ée [ɑ̃pʀœ̃te] adj. **1.** Qui n'appartient pas en propre à qqn. *Un nom emprunté.* **2.** Qui manque de naturel, d'aisance. *Un air emprunté.*

emprunter [ɑ̃pʀœ̃te] v. tr. [1] **1.** Se faire prêter. *Emprunter des livres, de l'argent.* **2.** Fig. Prendre, s'approprier. *Corneille a emprunté le sujet d'«Horace» à Tite-Live. Emprunter un mot au grec.* **3.** Imiter. *Emprunter la voix de qqn.* – Fig. *Emprunter les apparences de la vérité.* **4.** Prendre (un chemin). *Emprunter un nouvel itinéraire.* **5.** Utiliser (un moyen de locomotion). *Emprunter sa voiture pour se déplacer.*

emprunteur, euse [ɑ̃pʀœ̃tœʀ, øz] n. Personne qui emprunte (partic. de l'argent).

empuantir [ɑ̃pyɑ̃tiʀ] v. tr. [3] Infecter d'une mauvaise odeur. *Cet égout empuantit le quartier.*

empuse [ɑ̃pyz] n. f. **1.** ENTOM Mante à prothorax très allongé, fréquente dans les pays méditerranéens. **2.** BOT Moisissure parasite de divers insectes (notam. des mouches).

empyrée [ɑ̃piʀe] n. m. MYTH Sphère céleste la plus éloignée de la Terre, séjour des divinités supérieures. ▷ Fig. Ciel, paradis.

Ems (l'), fl. d'Allemagne (370 km); arrose la Westphalie et la Basse-Saxe, se jette dans la mer du Nord.

Ems (auj. *Bad Ems*), v. d'Allemagne (Hesse); 9 810 hab. Stat. therm. – *Dépêche d'Ems :* télégramme envoyé, le 13 juillet 1870, à Bismarck par Guillaume Ier, qui relatait son entrevue avec l'ambassadeur de France, Vincent Benedetti. Le texte fut tronqué par Bismarck, de façon à blesser la France, et Napoléon III déclara la guerre à l'Allemagne.

ému, ue [emy] adj. **1.** Qui est sous l'emprise d'une émotion. *Il fut ému à ce spectacle.* **2.** Qui s'accompagne d'émotion, qui marque l'émotion. *Un souvenir ému.*

émulation [emylasjɔ̃] n. f. Sentiment qui pousse à égaler ou à surpasser qqn en mérite, en travail, en savoir. *Une saine émulation régnait parmi eux.*

émule [emyl] n. Litt. Personne qui cherche à en égaler ou à en surpasser une autre sur le plan de certaines qualités. *Être l'émule d'un grand maître.*

émulsif, ive [emylsif, iv] adj. PHARM Qui peut fournir de l'huile.

émulsifiant, ante [emylsifjɑ̃, ɑ̃t] adj. et n. m. **1.** adj. TECH Qui stabilise une émulsion. **2.** n. m. CHIM Produit tensio-actif qui stabilise une émulsion en enrobant d'un film les gouttelettes en suspension.

émulsifier [emylsifje] v. tr. [2] Didac. Mettre en émulsion. – Pp. adj. *Lotion émulsifiée.*

émulsion [emylsjɔ̃] n. f. Dispersion d'un liquide au sein d'un autre avec lequel il n'est pas miscible. *Une émulsion stable, instable. Une émulsion naturelle* (lait), *artificielle* (pommade). *L'émulsion de bitume dans de l'eau est utilisée pour les revêtements routiers.* ▷ Préparation, à base de gélatine et, généralement, d'un sel d'argent photosensible, utilisée en photographie.

émulsionner [emylsjɔne] v. tr. [1] **1.** PHARM Mêler une émulsion à (une boisson). **2.** Mettre en émulsion.

en- ou **em-** (devant p, b, m). Élément, du lat. *in-* et *im-*, de *in*, «dans», servant à la formation de verbes dérivés, avec le radical substantif qu'il précède (ex. *enterrer, emprisonner, encadrer*).

1. en [ɑ̃] prép. (Ne s'emploie pas avec l'art. déf., sauf dans quelques locutions figées.) **I.** Marquant : **1.** Le lieu. *Vivre en France. Aller en brousse.* – (Belgique) *En rue :* dans la rue. **2.** Le temps. *En hiver, en plein jour.* ▷ La durée. *Il a fait ce travail en dix jours.* **3.** Le cheminement, la progression, la répétition, l'intervalle *(de... en...). De temps en temps. De kilomètre en kilomètre.* **4.** L'état, la manière d'être. *Un arbre en fleur. Un terrain en jachère. Un pays en guerre.* – (Belgique) *En droit :* dans son droit. *En tort :* dans son tort. ▷ La matière. *Un mur en banco.* ▷ La forme. *Un escalier en colimaçon.* **5.** Le domaine, la spécialité, le point de vue. *Docteur en médecine. Idée fondamentale en droit français.* **6.** Le changement d'état, la mutation, la transformation. *Transmuer en or les métaux vils.* ▷ Le mode de division. *Ils se séparèrent en plusieurs groupes.* **7.** La manière dont se fait l'action. *S'épuiser en vains efforts.* – (Belgique) *Travailler en noir :* V. noir. ▷ (Introduisant un nom attribut.) *Se comporter en bon citoyen. Offrir un cadeau en prime.* **II.** Dans la construction du gérondif, exprimant la cause, la simultanéité, la manière. *Elle travaille en chantant. Partir en courant.* **III.** En loc. **1.** Loc. prép. *En cas de. En dépit de. En face de. En vue de. En qualité de. En comparaison de.* **2.** Loc. conj. *En sorte que. En tant que.* **3.** Loc. adv. *En arrière. En avant. En hâte. En vain.* **4.** (Avec l'art. déf.) *En l'occurrence. Laisser les choses en l'état,* sans y rien changer.

2. en [ɑ̃] pron. adverbial. **I.** Marquant la provenance, l'origine, l'extraction. *J'en viens. Il s'en sortira.* **II. 1.** Représentant une chose ou un animal, une idée ou un énoncé. *Cette affaire est délicate, le succès en est douteux. Cette idée lui plaît, il en parle sans cesse. Soyez-en convaincu. N'en doutez pas.* **2.** (Avec des adj. numéraux ou des adv. de quantité.) *Vous parlez de mes fils, mais je n'en ai qu'un.* **III.** Dans certains gallicismes. *Ne pas s'en faire. Savoir où l'on en est. Quoi qu'il en soit. En être pour ses frais.*

enamourer (s') [ɑ̃namuʀe] ou **énamourer (s')** [enamuʀe] v. pron. [1] Litt. Tomber amoureux. *Elle s'est enamourée de lui.* – Pp. adj. *Un air enamouré,* amoureux.

énantiomère [enɑ̃tjɔmɛʀ] n. m. CHIM Chacune des deux formes d'une molécule chirale.

énarque [enaʀk] n. Élève, ancien élève de l'École nationale d'administration française (ÉNA).

énarthrose [enaʀtʀoz] n. f. ANAT Articulation dont les deux surfaces sont des segments de sphère, l'un convexe, l'autre concave.

encabaner [ɑ̃kabane] v. [1] (Québec) Fam. **1.** v. tr. Confiner (qqn) chez lui, l'enfermer (quelque part). **2.** v. pron. Se confiner chez soi; ne pas sortir souvent.

encablure [ɑ̃kablyʀ] n. f. MAR Ancienne mesure de longueur valant environ 180 m.

encadré [ɑ̃kadʀe] n. m. Dans une page de livre, de journal, etc., texte que l'on met en valeur en l'entourant d'un filet.

encadrement [ɑ̃kadʀəmɑ̃] n. m. **1.** Action d'entourer d'un cadre; son résultat. *Cet encadrement convient bien à ce portrait.* **2.** ARCHI Ornement en saillie qui entoure certains éléments (baie, panneaux). *L'encadrement d'une porte.* **3.** MILIT *Tir d'encadrement,* de réglage. **4.** FIN *Encadrement du crédit :* sa limitation (par les pouvoirs publics). **5.** Ensemble des cadres (dans l'armée, dans une entreprise, une collectivité).

encadrer [ɑ̃kadʀe] v. tr. [1] **1.** Placer dans un cadre. *Faire encadrer un dessin.* ▷ Loc. fig., fam., iron. *À encadrer :* grotesque, ridicule. **2.** Entourer à la manière d'un cadre. *Ses tresses encadraient son visage.* ▷ MATH Placer entre deux valeurs limites. ▷ MILIT *Encadrer un objectif,* régler sur lui un tir d'artillerie. **3.** Mettre (une formation militaire) sous la responsabilité de cadres. *Encadrer les nouveaux appelés.* ▷ Par ext. *De fortes personnalités encadrent cette formation politique.*

encadreur, euse [ɑ̃kadʀœʀ, øz] n. **1.** Artisan spécialiste de l'encadrement des tableaux, gravures, etc. **2.** (Afr. subsah.) Celui qui joue auprès d'un groupe un rôle de direction ou de formation.

encager [ɑ̃kaʒe] v. tr. [13] Mettre en cage (un animal). ▷ Fig., fam. Emprisonner.

encaissable [ɑ̃kesabl] adj. Qui peut être encaissé. *Une somme immédiatement encaissable.*

encaisse [ɑ̃kɛs] n. f. FIN Somme disponible qui se trouve dans la caisse d'un établissement financier ou commercial. – *Encaisse métallique :* valeurs disponibles en métaux précieux. – *Encaisse or de la Banque de France,* montant des espèces et des lingots en or qu'elle possède dans ses coffres en garantie des billets émis.

encaissé, ée [ɑ̃kese] adj. **1.** Resserré entre des bords élevés et escarpés.

Fleuve encaissé. **2.** Qui est ou a été touché (en parlant d'argent).

encaissement [ɑ̃kɛsmɑ̃] n. m. **1.** État de ce qui est encaissé. *L'encaissement d'une vallée.* ▷ TRAV PUBL Tranchée. **2.** FIN Action de recevoir de l'argent et de le mettre en caisse. – *Par ext.* Paiement effectif du montant d'un chèque, d'une traite. *Mettre un chèque à l'encaissement.* Syn. recouvrement.

encaisser [ɑ̃kese] v. tr. [1] **1.** Toucher (de l'argent) en paiement. *Encaisser le montant d'une facture.* **2.** Fig., fam. Recevoir (un, des coups). *Il a encaissé un direct du droit.* ▷ *Par ext.* Supporter sans protester. *Il a mal encaissé cette humiliation.* ▷ *Ne pas pouvoir encaisser qqn,* ne pas pouvoir le supporter. **3.** Resserrer entre deux versants abrupts. ▷ v. pron. *La vallée s'encaisse entre deux parois rocheuses.*

encaisseur [ɑ̃kɛsœʀ] n. m. Celui qui encaisse de l'argent. ▷ Garçon de recette d'une banque qui effectue des recouvrements à domicile.

encalminé, ée [ɑ̃kalmine] adj. MAR Se dit d'un voilier immobilisé par manque de vent.

encan [ɑ̃kɑ̃] n. m. *À l'encan :* aux enchères publiques. *Mettre, vendre des meubles à l'encan.* ▷ Fig., péjor. *Mettre à l'encan :* livrer de façon honteuse au plus offrant. *Mettre sa conscience à l'encan.*

encanaillement [ɑ̃kanajmɑ̃] n. m. Fait de s'encanailler.

encanailler (s') [ɑ̃kanaje] v. pron. [1] Fréquenter ou imiter des gens vulgaires aux mœurs relâchées. *Bourgeois qui cherche à s'encanailler.*

encapuchonner [ɑ̃kapyʃɔne] v. [1] **1.** v. tr. Couvrir d'un capuchon. **2.** v. pron. Se couvrir la tête d'un capuchon.

encart [ɑ̃kaʀ] n. m. Feuillet mobile ou cahier tiré à part que l'on insère dans un ouvrage imprimé. *Un encart publicitaire.*

encarter [ɑ̃kaʀte] v. tr. [1] **1.** Insérer (un encart) entre les feuillets d'un ouvrage imprimé. **2.** TECH Fixer sur un carton des articles pour la vente. *Encarter des agrafes, des boutons.*

en-cas ou **encas** [ɑ̃kɑ] n. m. inv. Repas sommaire tenu prêt en cas de besoin.

encaserner [ɑ̃kazɛʀne] v. tr. [1] Mettre dans une caserne. – Fig. Soumettre à une discipline très stricte.

encastrable [ɑ̃kastʀabl] adj. (et n. m.) Qui peut être encastré. *Un lave-vaisselle encastrable.* ▷ n. m. Meuble, appareil qui peut être encastré.

encastrement [ɑ̃kastʀəmɑ̃] n. m. Action d'encastrer; son résultat. ▷ TECH Cavité, creux destiné à recevoir une pièce encastrée.

encastrer [ɑ̃kastʀe] v. tr. [1] Insérer, ajuster dans un espace spécialement ménagé, creusé. *Encastrer un four.* ▷ v. pron. *Un lit pliant qui s'encastre dans un placard.*

encaustique [ɑ̃kɔstik] n. f. Produit à base de cire et d'essence, utilisé pour entretenir et faire briller les parquets, les meubles.

encaustiquer [ɑ̃kɔstike] v. tr. [1] Étendre de l'encaustique sur.

encavage [ɑ̃kavaʒ] ou **encavement** [ɑ̃kavmɑ̃] n. m. Action d'encaver.

encaver [ɑ̃kave] v. tr. [1] Mettre (une boisson) en cave.

encaveur [ɑ̃kavœʀ] n. m. (Suisse) Personne spécialisée dans la surveillance de l'évolution d'un vin, éleveur de vin.

1. enceinte [ɑ̃sɛ̃t] n. f. **1.** Ce qui entoure, enclôt un espace et le protège. *Une enceinte de murailles. Mur d'enceinte d'une ville fortifiée.* **2.** Espace clos, dont l'accès est protégé. *L'enceinte d'un tribunal.* ▷ PHYS NUCL *Enceinte de confinement :* bâtiment fermé entourant un réacteur nucléaire pour empêcher la dispersion des matières radioactives en cas d'accident. **3.** *Enceinte acoustique :* ensemble composé d'une boîte rigide et de haut-parleurs disposés sur une ou plusieurs faces.

2. enceinte [ɑ̃sɛ̃t] adj. f. *Femme enceinte,* en état de grossesse. *Être enceinte de six mois. Tomber enceinte.*

enceinter [ɑ̃sɛ̃te] v. tr. [1] (Afr. subsah.; Djibouti; France rég., rare; Liban) Fam. Mettre enceinte.

encens [ɑ̃sɑ̃] n. m. **1.** Substance résineuse qui dégage un parfum pénétrant quand on la fait brûler. *Encens indien, encens d'Arabie ou d'Afrique. L'encens est utilisé dans certaines cérémonies religieuses.* ▷ (Afr. subsah.) Nom donné à diverses substances odorantes que l'on fait brûler, notam. pour parfumer les habitations. **2.** Fig. Louanges excessives, flatteries, marques d'admiration.

encensement [ɑ̃sɑ̃smɑ̃] n. m. Action d'encenser.

encenser [ɑ̃sɑ̃se] v. tr. [1] **1.** Honorer en balançant l'encensoir, en faisant brûler de l'encens. *Encenser l'autel.* **2.** EQUIT (S. comp.) *Cheval qui encense,* qui bouge sa tête de haut en bas. **3.** Fig. Flatter, rendre des hommages excessifs à. *Encenser qqn, les qualités de qqn.*

encensoir [ɑ̃sɑ̃swaʀ] n. m. Cassolette suspendue à de petites chaînes dans laquelle on brûle l'encens, et dont on se sert pour encenser. ▷ (Afr. subsah.) Poterie ajourée servant de brûle-parfum.

encéphale [ɑ̃sefal] n. m. ANAT Masse nerveuse contenue dans la boîte crânienne, comprenant le cerveau, le cervelet et le tronc cérébral.

encéphalique [ɑ̃sefalik] adj. ANAT De l'encéphale.

encéphalite [ɑ̃sefalit] n. f. MED Inflammation plus ou moins étendue de l'encéphale, qui se manifeste par des symptômes multiples (troubles de la conscience, paralysies, crises convulsives, etc.), d'origine infectieuse, toxique, dégénérative, etc. *Encéphalite léthargique. Encéphalite traumatique.*

encéphalogramme [ɑ̃sefalɔgʀam] n. m. MED Électro-encéphalogramme.

encéphalographie [ɑ̃sefalɔgʀafi] n. f. MED Examen de l'encéphale par radiographie.

encéphalopathie [ɑ̃sefalɔpati] n. f. MED Terme générique recouvrant les affections encéphaliques diffuses généralement d'origine toxique ou métabolique et qui se manifestent par la confusion mentale, le coma ou des crises comitiales. *Encéphalopathie spongiforme :* encéphalopathie causée par un prion, caractérisée par une longue période d'incubation et une dégénérescence du cerveau, qui prend l'aspect d'une éponge. (Les bovins qui en sont atteints sont dits des «vaches folles».)

encerclement [ɑ̃sɛʀkləmɑ̃] n. m. Action d'encercler; fait d'être encerclé.

encercler [ɑ̃sɛʀkle] v. tr. [1] **1.** Entourer d'une ligne en forme de cercle. *Le professeur encercle les erreurs au stylo rouge.* **2.** Entourer de toutes parts, cerner. *Un cordon de policiers encercle la maison.*

enchaînement [ɑ̃ʃɛnmɑ̃] n. m. Suite, ensemble de choses qui s'enchaînent, qui dépendent les unes des autres. *Un enchaînement de circonstances.* ▷ MUS Succession de deux accords selon les règles de l'harmonie. ▷ CHOREGR Suite de pas formant une figure complète.

enchaîner [ɑ̃ʃene] v. [1] **I.** v. tr. **1.** Attacher avec une chaîne. *Enchaîner un animal dangereux.* **2.** Fig. Asservir, soumettre. *Enchaîner un peuple.* **3.** Fig., litt. Lier, retenir (par une obligation morale, par des sentiments, etc.). *Ses souvenirs l'enchaînent à cette maison. Être enchaîné par une promesse.* **II. 1.** v. tr. Lier, coordonner, mettre en mutuelle dépendance. *Enchaîner des preuves.* ▷ v. pron. *Propositions de géométrie qui s'enchaînent.* **2.** v. intr. THEAT Reprendre, après s'être arrêté, la suite des répliques. ▷ CINE Lier la dernière image d'une séquence à la première de la suivante. – Pp. adj. *Fondu* enchaîné.* ▷ Cour. Dans la conversation, passer d'un sujet à un autre sans interruption. *Il a parlé des conditions de travail puis il a enchaîné sur les salaires.*

enchanté, ée [ɑ̃ʃɑ̃te] adj. **1.** Soumis à un enchantement. *Forêt enchantée.* **2.** Ravi, heureux. *Il est enchanté de son voyage.* ▷ *Enchanté de vous connaître* (formule de politesse).

enchantement [ɑ̃ʃɑ̃tmɑ̃] n. m. **1.** Action d'enchanter par un procédé magique; effet ainsi produit. *Rompre, briser un enchantement.* ▷ Loc. *Comme par enchantement :* avec une rapidité, une facilité qui semblent tenir de la magie. ▷ Fig. *Les enchantements de l'amour.* **2.** *Par ext.* État d'une personne qui est enchantée, ravissement profond. *Elle est dans l'enchantement.* **3.** Chose qui ravit, procure un vif plaisir. *Cette fête était un enchantement.*

enchanter [ɑ̃ʃɑ̃te] v. tr. [1] **1.** Ensorceler par des opérations magiques. **2.** Fig. Séduire comme par un charme magique. *Une voix qui enchantait tous ceux qui l'entendaient.* ▷ *Par ext.* Causer un vif plaisir à, ravir. *Cette nouvelle m'enchante.*

enchanteur, teresse [ɑ̃ʃɑ̃tœʀ, tʀɛs] n. et adj. **1.** n. Personne qui enchante, magicien. *L'enchanteur Merlin.* ▷ Fig. Personne qui sait charmer, captiver. *Ce poète est un enchanteur.* **2.** adj. Qui enchante, ravit. *La beauté enchanteresse d'un paysage.*

enchâssement [ɑ̃ʃɑsmɑ̃] n. m. Action d'enchâsser; état de ce qui est enchâssé.

enchâsser [ɑ̃ʃɑse] v. tr. [1] **1.** Mettre dans une châsse. *Enchâsser des reliques.* **2.** Fixer sur un support, dans un logement ménagé à cet effet. *Enchâsser une pierre précieuse.* **3.** Fig. Insérer, intercaler. *Enchâsser une citation dans un discours.*

enchausser [ɑ̃ʃose] v. tr. [1] HORTIC Couvrir (des légumes) de paille ou de fumier pour les faire blanchir ou les préserver de la gelée.

enchère [ɑ̃ʃɛʀ] n. f. **1.** Offre d'un prix supérieur à la mise à prix ou aux offres déjà faites lors d'une adjudication. *Faire une enchère. Mettre aux enchères. Pousser aux enchères. Vente aux enchères volontaire** (consentie par le vendeur), *judiciaire* (par décision de justice). – Loc. *Folle enchère :* enchère faite témérairement et aux conditions de laquelle l'enchérisseur ne peut satisfaire. **2.** Dans certains jeux de cartes, annonce supérieure à la précédente.

enchérir [ɑ̃ʃeʀiʀ] v. intr. [3] **1.** *Enchérir sur qqn, sur un prix :* faire une offre supérieure à celle qui vient d'être faite par qqn, au prix proposé. Syn. renchérir. **2.** Fig., litt. *Enchérir sur (qqch) :* surpasser, aller au-delà de (ce qui a déjà été fait, proposé). *Théorie qui enchérit sur les hypothèses les plus audacieuses.*

enchérisseur, euse [ɑ̃ʃeʀisœʀ, øz] n. Personne qui fait une enchère.

enchevêtrement [ɑ̃ʃ(ə)vɛtʀəmɑ̃] n. m. **1.** Action d'enchevêtrer; état de ce qui est enchevêtré. **2.** Ensemble, amas de choses enchevêtrées. **3.** Fig. Confusion, complication. *L'enchevêtrement d'un raisonnement sans rigueur.*

enchevêtrer [ɑ̃ʃ(ə)vetʀe] v. [1] **I.** v. tr. Embrouiller, emmêler (une chose avec une autre, les différentes parties d'une chose). *Enchevêtrer des fils de plusieurs couleurs.* ▷ Fig. *Des affaires étroitement enchevêtrées.* **II.** v. pron. **1.** (Choses) S'emmêler, s'embrouiller. ▷ Fig. *Idées, phrases qui s'enchevêtrent.* **2.** (Personnes) S'embrouiller, s'empêtrer.

enclave [ɑ̃klav] n. f. **1.** Terrain entouré par une autre propriété, qui n'a aucune issue sur la voie publique, ou seulement une issue insuffisante pour permettre son exploitation. **2.** *Par ext.* Territoire enfermé dans un autre. *La Gambie est une enclave dans le territoire sénégalais.* **3.** GEOL Roche contenue à l'intérieur d'une autre roche et ayant une composition différente.

enclavé, ée [ɑ̃klave] adj. Qui constitue une enclave, qui est privé de liaisons avec l'extérieur.

enclavement [ɑ̃klavmɑ̃] n. m. Action d'enclaver; état d'une terre, d'un territoire enclavé.

enclaver [ɑ̃klave] v. tr. [1] **1.** Enclore, entourer (une terre) comme enclave. *Le propriétaire dont les fonds sont enclavés peut réclamer un passage sur les fonds de ses voisins.* **2.** Engager, insérer (une chose, un élément dans un autre, entre deux autres).

enclenchement [ɑ̃klɑ̃ʃmɑ̃] n. m. **1.** Action d'enclencher; état d'une pièce enclenchée. **2.** TECH Organe mobile rendant deux pièces solidaires.

enclencher [ɑ̃klɑ̃ʃe] v. tr. [1] TECH Mettre en marche (un mécanisme) en rendant solidaires deux pièces par enclenchement. ▷ Fig. *L'affaire est enclenchée,* engagée, mise en train. ▷ v. pron. *Le mécanisme s'est enclenché tout seul.*

enclin, ine [ɑ̃klɛ̃, in] adj. *Enclin à :* qui a un penchant prononcé pour. *Être enclin à la paresse.*

encliquetage [ɑ̃kliktaʒ] n. m. TECH Mécanisme destiné à empêcher une pièce de tourner dans le sens inverse de la rotation normale.

enclitique [ɑ̃klitik] n. m. LING Mot atone qui a la propriété de prendre appui sur un mot précédent pour former avec lui un même groupe accentuel ou tonal. (Ex. *ce* dans *est-ce, je* dans *puis-je.*)

enclore [ɑ̃klɔʀ] v. tr. [79] **1.** Entourer de murs, de fossés, de haies, etc. *Enclore un champ.* **2.** Former une clôture autour de. *Petites haies qui enclosent le jardin.*

enclos [ɑ̃klo] n. m. **1.** Terrain entouré d'une clôture. ▷ Petit domaine entouré de murs. ▷ (Antilles fr.) Périmètre contenant la maison, la cuisine et le jardin de case. **2.** *Par ext.* Ce qui clôt un terrain.

enclouage [ɑ̃kluaʒ] n. m. **1.** Action d'enclouer. **2.** CHIR Procédé consistant en l'emploi de clous pour maintenir en bonne position les fragments d'un os fracturé.

enclouer [ɑ̃klue] v. tr. [1] **1.** Blesser avec un clou (une bête, en la ferrant). **2.** CHIR Maintenir par enclouage les fragments d'un os fracturé.

enclume [ɑ̃klym] n. f. **1.** Masse métallique sur laquelle on forge les métaux. ▷ *Par anal.* Pièce de l'outillage (d'un cordonnier, d'un couvreur) qui reçoit le choc lorsqu'on travaille les matériaux au marteau. ▷ Loc. fig. *Remettre un ouvrage sur l'enclume,* y travailler de nouveau pour l'améliorer. – *Se trouver entre l'enclume et le marteau :* se trouver pris entre deux personnes, deux partis dont les intérêts sont contraires. **2.** ANAT Un des osselets de l'oreille moyenne. *Le marteau et l'enclume.*

encoche [ɑ̃kɔʃ] n. f. Petite entaille; logement pratiqué dans une pièce pour en recevoir une autre.

encocher [ɑ̃kɔʃe] v. tr. [1] **1.** Entailler, faire une encoche à. **2.** Par ext. *Encocher une flèche :* ajuster la coche de la flèche sur la corde de l'arc.

encodage [ɑ̃kɔdaʒ] n. m. Action d'encoder; résultat de cette action.

encoder [ɑ̃kɔde] v. tr. [1] Transcrire (qqch) selon un code.

encoignure [ɑ̃kwaɲyʀ; ɑ̃kɔɲyʀ] n. f. Angle rentrant formé par la jonction de deux pans de mur.

encollage [ɑ̃kɔlaʒ] n. m. **1.** Action d'encoller; résultat de cette action. **2.** *Par ext.* Apprêt ou enduit pour encoller.

encoller [ɑ̃kɔle] v. tr. [1] Enduire (des tissus, du papier, etc.) de colle, d'apprêt ou de gomme. *Encoller le dos d'un livre que l'on broche.*

encolure [ɑ̃kɔlyʀ] n. f. **1.** Cou du cheval et de certains animaux. – *Par ext.* Longueur du cou du cheval. *Cheval qui a deux encolures d'avance sur les autres à l'arrivée.* **2.** Cou d'un homme. **3.** Dimension du tour de cou, du col d'un vêtement (partic. d'une chemise). **4.** Partie du vêtement entourant le cou. *Une robe à l'encolure très dégagée.*

encombrant, ante [ɑ̃kɔ̃bʀɑ̃, ɑ̃t] adj. Qui tient beaucoup de place. *Un meuble encombrant.* ▷ Fig. Gênant, importun. *Un personnage encombrant.*

encombre (sans) [sɑ̃zɑ̃kɔ̃bʀ] loc. adv. Sans incident, sans rencontrer d'obstacle.

encombré, ée [ɑ̃kɔ̃bʀe] adj. Que des choses, des personnes encombrent. *Une rue encombrée.* ▷ Fig. *Carrière encombrée,* qui présente peu de débouchés du fait du nombre élevé de candidats.

encombrement [ɑ̃kɔ̃bʀəmɑ̃] n. m. **1.** Action d'encombrer; état qui en résulte. **2.** Accumulation d'un grand nombre de choses qui encombrent. ▷ *Spécial.* Embouteillage. **3.** Dimensions d'un objet, volume qu'il occupe. *Un meuble d'un faible encombrement.*

encombrer [ɑ̃kɔ̃bʀe] v. [1] **I.** v. tr. **1.** Embarrasser, obstruer. *Voitures en stationnement qui encombrent les trottoirs.* **2.** Fig. Gêner, embarrasser en occupant de manière excessive. *Les multiples obligations qui encombrent l'existence.* **II.** v. pron. S'embarrasser. *S'encombrer de bagages.* ▷ Fig. *Ne pas s'encombrer de scrupules.*

encontre (à l') [alɑ̃kɔ̃tʀ] loc. prép. *À l'encontre de :* dans le sens contraire de, à l'opposé de. – *Aller à l'encontre de :* s'opposer à, être contraire à. *Théorie qui va à l'encontre des idées reçues.*

encorbellement [ɑ̃kɔʀbɛlmɑ̃] n. m. ARCHI Construction en saillie du plan vertical d'un mur, soutenue par des consoles, des corbeaux ou un segment de voûte.

encorder (s') [ɑ̃kɔʀde] v. pron. [1] SPORT Se relier par une même corde par mesure de sécurité (alpinistes).

encore ou (poét.) **encor** [ɑ̃kɔʀ] adv. **1.** adv. de temps. Jusqu'à cette heure, jusqu'à ce moment. (Par oppos. à *ne... plus.*) *Il est encore ici. Il était encore étudiant l'an dernier.* ▷ (Avec une nég., par oppos. à *déjà.*) Pas jusqu'à maintenant, pas jusqu'au moment dont on parle. *Elle n'est pas encore rentrée. Il n'était pas encore marié. Tu ne le connais pas encore.* **2.** (Marquant la répétition.) De nouveau, une fois de plus. *C'est encore vous? Il a encore gagné.* **3.** (Marquant l'idée d'une plus grande quantité.) *Donne-lui encore à boire! J'en veux encore,* une fois de plus, davantage. *Qu'est-ce qu'il te faut encore?,* de plus, en outre. *Non seulement il pleut, mais encore il fait froid.* ▷ (Renforçant un comparatif, un verbe marquant un changement de quantité, d'état.) *Elle est encore plus intelligente que belle. On peut raccourcir encore les manches.* **4.** (En fin de phrase.) (Belgique) Fam. *Comment t'appelles-tu, encore?* **5.** (Marquant le doute, la restriction.) *Il a demandé un prêt; encore faut-il qu'on le lui accorde! Cette viande est tout au plus mangeable, et encore!* ▷ Loc. conj. *Encore si...! Si encore...! :* si seulement... *Encore s'il voulait travailler... Si encore il était généreux!* **6.** Loc. conj. Litt. *Encore que* (+subj.) : bien que, quoique. *Encore qu'il soit jeune, il ne laisse pas d'être sage.* – *Encore que* (+cond.) : marquant une éventualité. *Encore qu'il guérirait difficilement.* **7.** Loc. (Belgique) *Encore bien que :* heureusement que. ▷ *Ça va encore :* ça va assez bien.

encorné, ée [ɑ̃kɔʀne] adj. **1.** Qui a des cornes. *Taureau bien encorné,* qui porte de belles cornes. **2.** VETER *Atteinte encornée :* blessure du cheval au boulet, sous la corne.

encorner [ɑ̃kɔʀne] v. tr. [1] Frapper, percer à coups de corne. *Le taureau a encorné le matador.*

encornet [ɑ̃kɔʀnɛ] n. m. Calmar.

encoubler (s') [ɑ̃kuble] v. pron. [1] (Suisse) Trébucher. *Je me suis encoublé dans la laisse du chien.*

encourageant, ante [ɑ̃kuʀaʒɑ̃, ɑ̃t] adj. Qui encourage. *Paroles encourageantes.* ▷ Qui donne de l'espoir. *Les premiers résultats sont encourageants.*

encouragement [ɑ̃kuʀaʒmɑ̃] n. m. **1.** Action d'encourager. ▷ *Société d'encouragement :* société fondée pour encourager une activité dans un domaine quelconque. **2.** Propos, acte par lequel on encourage (qqn, qqch).

encourager [ɑ̃kuʀaʒe] v. tr. [13] **1.** Donner, inspirer du courage, de la volonté à (qqn). *Encourager un enfant d'un sourire.* ▷ Inciter. *Encourager un débutant à persévérer.* **2.** Soutenir, favoriser l'essor, le développement de (qqch). *Encourager les arts.*

encourir [ɑ̃kuʀiʀ] v. tr. [26] Litt. S'exposer à, tomber sous le coup de (une sanction, un désagrément).

en-cours ou **encours** [ɑ̃kuʀ] n. m. inv. **1.** FIN Montant de l'ensemble des titres représentant des engagements financiers en cours (dans une banque). *En-cours de crédit.* **2.** COMPTA Ensemble des biens en cours de fabrication et qui sont des éléments de stock.

encrage [ɑ̃kʀaʒ] n. m. Action d'enduire d'encre; son résultat.

encrassement [ɑ̃kʀasmɑ̃] n. m. Fait de s'encrasser; son résultat.

encrasser [ɑ̃kʀase] v. tr. [1] **1.** Recouvrir de crasse. **2.** Obstruer, recouvrir d'un dépôt nuisible au bon fonctionnement. ▷ v. pron. *Bougies d'allumage qui s'encrassent.*

encre [ɑ̃kʀ] n. f. **1.** Substance liquide, noire ou colorée, servant à écrire, à dessiner, à imprimer. *Une bouteille d'encre. Une tache d'encre. Encre d'imprimerie.* ▷ Loc. *Noir comme de l'encre.* – *C'est la bouteille à l'encre :* c'est une affaire, une situation obscure, confuse. ▷ Fig. Manière dont on écrit, style. *Trois lettres de sa plus belle encre.* **2.** Liquide chargé de pigments noirs émis par les céphalopodes dibranchiaux lorsqu'ils sont en danger.

encrer [ɑ̃kʀe] v. tr. [1] IMPRIM Charger, enduire d'encre (un rouleau de presse, une pierre lithographique, etc.).

encreur, euse [ɑ̃kʀœʀ, øz] adj. Qui sert à encrer. *Rouleau encreur.*

encrier [ɑ̃kʀije] n. m. Petit récipient pour mettre l'encre. *Il trempa sa plume dans son encrier.*

encroûtement [ɑ̃kʀutmɑ̃] n. m. **1.** Action d'encroûter, fait de s'encroûter. **2.** Fig. (Personnes) Fait de s'encroûter. *L'encroûtement d'une vie trop rangée.*

encroûter [ɑ̃kʀute] v. [1] **I.** v. tr. Recouvrir d'une croûte. *Gratter la terre qui encroûte des chaussures.* ▷ TECH Enduire (un mur) de mortier. **II.** v. pron. **1.** Se couvrir d'une croûte. **2.** Fig. S'abêtir, se cantonner dans des habitudes, des opinions figées. *S'encroûter dans un travail routinier.*

enculé [ɑ̃kyle] n. m. Grossier Injure de mépris (s'adressant à un homme).

enculer [ɑ̃kyle] v. tr. [1] Grossier Pratiquer le coït anal, la sodomisation. ▷ Fig. Tromper, berner.

enculturation [ɑ̃kyltyʀasjɔ̃] n. f. ANTHROP Processus de socialisation dans lequel l'individu acquiert les modèles de comportement, les normes et les valeurs de sa communauté.

encyclique [ɑ̃siklik] n. f. Lettre adressée par un pape aux évêques, au clergé et aux fidèles de tous les pays ou d'un pays, à propos d'un problème de doctrine ou d'actualité. *Pie XI condamna le nazisme dans l'encyclique «Mit brennender Sorge»* (1937).

encyclopédie [ɑ̃siklɔpedi] n. f. **1.** Ouvrage où l'on traite de toute la connaissance humaine. *Encyclopédie alphabétique, thématique,* dont les articles sont rangés par ordre alphabétique, par thème. ▷ Spécial. (Avec une majuscule.) *L'Encyclopédie** de Diderot. **2.** *Par ext.* Ouvrage traitant d'une science, d'une technique ou d'un art de manière exhaustive. *Encyclopédie de la musique.* **3.** Fig. *Encyclopédie vivante :* personne qui possède des connaissances étendues et variées.

Encyclopédie ou **Dictionnaire raisonné des sciences, des arts et des métiers,** «mis en ordre et publié» par Diderot (auquel le libraire Le Breton confia la direction de ce travail en 1747) et, «quant à la partie mathématique», par d'Alembert. Cet ouvrage dont la portée fut considérable, comprenait 17 vol. in-folio et 11 vol. de planches; leur publication s'échelonna entre 1751 et 1772. Parmi les 150 rédacteurs, citons Voltaire, Montesquieu, J.-J. Rousseau, Marmontel, Condillac, Turgot.

encyclopédique [ɑ̃siklɔpedik] adj. **1.** Relatif à l'encyclopédie, à l'ensemble des connaissances. *Dictionnaire encyclopédique.* ▷ (Par oppos. à *lexicographique* ou *de langue.*) Relatif aux objets, aux notions, considérés en tant que tels. *Développement encyclopédique complétant une description lexicographique, dans un dictionnaire encyclopédique.* (V. dictionnaire.) **2.** Fig. *Avoir un esprit, un savoir, un cerveau encyclopédique :* posséder des connaissances en tout genre.

encyclopédiste [ɑ̃siklɔpedist] n. **1.** n. m. HIST Collaborateur de *l'Encyclopédie* de Diderot et D'Alembert. **2.** Mod. n. Rédacteur, rédactrice d'articles d'encyclopédie.

endéans [ɑ̃deɑ̃] prép. (Afr. subsah., Belgique) Dans le délai de, dans telle limite (de temps). *Le chantier devra être fermé endéans les vingt-quatre heures.*

endémie [ɑ̃demi] n. f. Didac. Persistance dans une région d'une maladie qui frappe une partie importante de la population.
ENCYCL Les grandes endémies, qui frappent plus partic. les pays du tiers monde, concernent des affections parasitaires (paludisme, trypanosomiase, onchocercose, etc.), bactériennes (peste, méningite cérébro-spinale, etc.) ou virales (fièvre jaune, variole). De vastes campagnes de masse tentent de les éradiquer ou de les endiguer.

endémique [ɑ̃demik] adj. **1.** Didac. Qui a le caractère de l'endémie. *La peste fut longtemps endémique en Europe.* ▷ Cour. *Chômage endémique.* **2.** BIOL Se dit d'une espèce (animale ou végétale) dont l'aire de répartition est peu étendue et bien limitée.

endémisme [ɑ̃demism] n. m. Didac. Caractère d'une maladie endémique. – BIOL Fait, pour une espèce vivante, d'avoir une répartition limitée à une région bien déterminée.

endettement [ɑ̃dɛtmɑ̃] n. m. Fait de s'endetter, d'être endetté.

endetter [ɑ̃dete] v. [1] **1.** v. tr. Engager dans des dettes. *Cet achat m'endettera pour plusieurs années.* **2.** v. pron. Faire des dettes. *S'endetter auprès de ses amis.*

endeuiller [ɑ̃dœje] v. tr. [1] **1.** Plonger dans le deuil, dans la tristesse. *Sa mort a endeuillé toute la ville.* **2.** Fig. Donner un aspect de tristesse à. *Un paysage qu'endeuillent les cheminées d'usines.*

endiablé, ée [ɑ̃djable] adj. **1.** Extrêmement turbulent. *Un enfant endiablé.* **2.** Plein de fougue. *Un film au rythme endiablé.*

endiguement [ɑ̃digmɑ̃] n. m. Action d'endiguer; son résultat.

endiguer [ɑ̃dige] v. tr. [1] **1.** Contenir par des digues. *Endiguer un cours d'eau.* **2.** Fig. Contenir, refréner. *Endiguer des passions.*

endimancher (s') [ɑ̃dimɑ̃ʃe] v. pron. [1] Mettre ses plus beaux habits, ses habits du dimanche. *S'endimancher pour un mariage.* – Pp. adj. *Avoir l'air endimanché :* paraître mal à l'aise dans de beaux habits rarement portés.

endive [ɑ̃div] n. f. **1.** Bourgeon hypertrophié d'une variété de chicorée *(witloof)* obtenu par forçage dans l'obscurité et consommé cru ou cuit. Syn. (Afr. subsah., Belgique, Luxembourg) chicon. **2.** (Belgique, Luxembourg) Chicorée frisée, scarole.

endo-. Élément, du gr. *endon,* «au-dedans».

endoblaste [ɑ̃dɔblast] n. m. BIOL Syn. de *endoderme.*

endocarde [ɑ̃dɔkaʀd] n. m. ANAT Tunique interne du cœur, qui tapisse les cavités et les valvules.

endocardite [ɑ̃dɔkaʀdit] n. f. MED Inflammation de l'endocarde, en général d'origine infectieuse.

endocarpe [ɑ̃dɔkaʀp] n. m. BOT Partie la plus interne du fruit, au contact de la graine, qui, dans les drupes, constitue la coque du noyau.

endocrine [ɑ̃dɔkʀin] adj. f. ANAT *Glandes endocrines :* glandes à sécrétion interne, dont le produit est déversé dans le sang. *Les glandes endocrines sous le contrôle de l'hypothalamus et de l'hypophyse sont la thyroïde, les surrénales et les gonades (testicules ou ovaires).* Ant. exocrine.

endocrinien, enne [ɑ̃dɔkʀinjɛ̃, ɛn] adj. Qui concerne les glandes endocrines.

endocrinologie [ɑ̃dɔkʀinɔlɔʒi] n. f. Discipline médicale étudiant la pathologie, la régulation et le mode d'action des glandes endocrines. (V. hormone.)

endocrinologue [ɑ̃dɔkʀinɔlɔg] ou **endocrinologiste** [ɑ̃dɔkʀinɔlɔʒist] n. Médecin spécialiste des glandes endocrines.

endoctrinement [ɑ̃dɔktʀinmɑ̃] n. m. Action d'endoctriner; son résultat. *L'endoctrinement des masses.*

endoctriner [ɑ̃dɔktʀine] v. tr. [1] Faire la leçon à (qqn) pour qu'il adhère à une doctrine, une idéologie.

endocytose [ɑ̃dositoz] n. f. BIOL Mode de pénétration à l'intérieur d'une cellule dont la membrane enveloppe la particule à ingérer.

endoderme [ɑ̃dodɛʀm] n. m. **1.** BOT Assise interne de l'écorce dans la racine et la tige. **2.** EMBRYOL Feuillet embryonnaire interne appelé à constituer la paroi du tube digestif, les glandes annexes (foie, par ex.) et, chez les mammifères, les poumons. Syn. endoblaste.

endogame [ɑ̃dɔgam] adj. ETHNOL Qui pratique l'endogamie.

endogamie [ɑ̃dɔgami] n. f. **1.** ETHNOL Obligation qu'ont les membres de certains groupes lignagers de contracter mariage à l'intérieur de leur groupe. Ant. exogamie. **2.** BIOL Mode de reproduction par accouplement d'individus apparentés.

endogène [ɑ̃dɔʒɛn] adj. **1.** BOT Se dit d'un élément qui se forme à l'intérieur de l'organe qui l'engendre. **2.** MED Qui est produit dans l'organisme. *Intoxication endogène.* Ant. exogène. **3.** GEOL *Roches endogènes :* roches éruptives. **4.** Didac. Qui a son origine à l'intérieur d'un pays, d'une communauté. *Norme linguistique endogène.*

endolorir [ɑ̃dɔlɔʀiʀ] v. tr. [3] Rendre douloureux. – Pp. *Un membre endolori.*

endomètre [ɑ̃dɔmɛtʀ] n. m. ANAT Muqueuse utérine.

endométrite [ɑ̃dometʀit] n. f. MED Inflammation de l'endomètre.

endommagement [ɑ̃dɔmaʒmɑ̃] n. m. Action d'endommager; son résultat.

endommager [ɑ̃dɔmaʒe] v. tr. [13] Causer du dommage à (qqch). *La grêle a endommagé les récoltes.* Syn. (Québec) maganer.

endomorphisme [ɑ̃dɔmɔʀfism] n. m. MATH Morphisme tel que l'ensemble d'arrivée et l'ensemble de départ soient confondus.

endoparasite [ɑ̃dɔpaʀazit] n. m. BIOL Parasite qui vit à l'intérieur du corps de son hôte. *Les douves, les trypanosomes sont des endoparasites.*

endoréique [ɑ̃dɔʀeik] adj. GEOMORPH Se dit d'un cours d'eau qui se déverse dans un plan d'eau ou une dépression intérieure, sans rapport avec la mer. ▷ Par ext. *Région endoréique,* dont les cours d'eau sont endoréiques (phénomène d'*endoréisme*). Ant. exoréique.

endormi, ie [ɑ̃dɔʀmi] adj. (et n.) **1.** Qui dort. **2.** Fig. Lent, nonchalant, peu vif; qui a une activité réduite. *Un enfant endormi et paresseux. Une petite ville endormie.* ▷ Subst. *Bande d'endormis!* ▷ n. m. (Réunion) *L'endormi :* caméléon se déplaçant très lentement.

endormir [ɑ̃dɔʀmiʀ] v. [30] **I.** v. tr. **1.** Faire dormir. *Endormir un enfant en le berçant. L'anesthésiste endort le patient qui va être opéré.* **2.** Provoquer le sommeil en ennuyant, lasser. *Ce conférencier endort son auditoire.* **3.** Tromper (qqn) pour l'empêcher d'agir. *Il l'endort par de belles paroles.* **4.** Atténuer (une sensation), rendre moins vif (un sentiment, une impression). *Endormir la douleur. Endormir la vigilance de ses gardiens.* **5.** Engourdir, enlever toute activité à. *Le froid endort la végétation.* **II.** v. pron. **1.** Commencer à dormir. ▷ Avoir sommeil. *Il est tard, je commence à m'endormir.* **2.** Fig. *S'endormir dans le Seigneur :* mourir. **3.** Perdre de son activité, de sa vigilance, de sa vivacité. *Le succès le pousse à s'endormir dans l'autosatisfaction.*

endormissement [ɑ̃dɔʀmismɑ̃] n. m. Moment où l'on passe de l'état de veille au sommeil.

endorphine [ɑ̃dɔʀfin] n. f. BIOCHIM Peptide qui se forme naturellement dans le cerveau, constitué de nombreux acides aminés, présent notam. dans l'hypothalamus et qui a une action analgésique. *Les endorphines et les enképhalines peuvent être considérées comme des morphines endogènes.*

endos [ɑ̃do] n. m. FIN Endossement.

endoscope [ɑ̃dɔskɔp] n. m. MED Instrument muni d'un système lumineux, destiné à explorer certains conduits, certaines cavités du corps (estomac, vessie, etc.).

endoscopie [ɑ̃dɔskɔpi] n. f. MED Technique d'observation, de prélèvement et d'exérèse chirurgicale (polypes, calculs, petites tumeurs) pratiquée en introduisant un endoscope* ou un fibroscope* à l'intérieur du corps à partir d'un orifice naturel ou à travers la paroi abdominale.

endosmose [ɑ̃dɔsmoz] n. f. PHYS Passage, à travers une membrane semi-perméable séparant deux solutions, du solvant de la solution la moins concentrée vers la plus concentrée.

endossable [ɑ̃dosabl] adj. Que l'on peut endosser. *Chèque endossable.*

endossataire [ɑ̃dosatɛʀ] n. m. FIN Personne pour laquelle un effet est endossé.

endossement [ɑ̃dosmɑ̃] n. m. FIN Action de transférer la propriété d'un effet de commerce en l'endossant.

endosser [ɑ̃dose] v. tr. [1] **1.** Mettre sur son dos (un vêtement), revêtir (un habit). *Endosser son manteau avant de sortir.* **2.** Assumer, prendre sur soi, prendre la responsabilité de. *Endosser les conséquences d'une décision.* **3.** FIN Inscrire au dos d'un chèque, d'une traite, l'ordre de les payer. *Endosser une lettre de change.*

endosseur [ɑ̃dosœʀ] n. m. FIN Personne qui endosse un effet.

endothélial, ale, aux [ɑ̃dɔteljal, o] adj. HISTOL Qui appartient à l'endothélium. *Cellules endothéliales.*

endothélium [ɑ̃dɔteljɔm] n. m. HISTOL Tissu qui tapisse la paroi interne de l'appareil circulatoire.

endothermique [ɑ̃dɔtɛʀmik] adj. CHIM Qualifie une réaction qui absorbe de la chaleur. Ant. exothermique.

endotoxine [ɑ̃dɔtɔksin] n. f. MICROB Toxine qui n'est libérée que lors de la destruction de la bactérie qui la sécrète.

endroit [ɑ̃dʀwɑ] n. m. **I. 1.** Lieu, place, partie déterminée d'un espace. *Voici l'endroit où il veut bâtir sa maison.* – Par euph., fam. *Le petit endroit :* les cabinets. **2.** Place, partie déterminée d'une chose. *À quel endroit du corps a-t-il été blessé?* **3.** Fig. Aspect de la personnalité. – *Prendre qqn par son endroit faible, son endroit sensible.* **4.** Partie déterminée d'un ouvrage de l'esprit. *À cet endroit de son discours, il s'arrêta.* **5.** Côté sous lequel se présente habituellement un objet (par opposition à envers). *Remettre son chandail à l'endroit.* **II.** Loc. **1.** Loc. prép. *À l'endroit de :* à l'égard de, envers (qqn). *Il a mal agi à votre endroit.* **2.** Loc. adv. *Par endroits :* çà et là, de place en place, à certains endroits. *Ce film est vulgaire par endroits.*

enduire [ɑ̃dɥiʀ] v. tr. [69] Couvrir d'un enduit. *Enduire un mur de plâtre.* ▷ v. pron. *Elle s'est enduite de crème hydratante.*

enduit [ɑ̃dɥi] n. m. Matière molle dont on couvre la surface de certains objets. ▷ *Spécial.* Mélange utilisé pour la préparation, le lissage d'une surface avant l'application de la peinture.

endurance [ɑ̃dyʀɑ̃s] n. f. **1.** Capacité de résister à la fatigue, aux souffrances. **2.** TECH *Épreuve d'endurance :* essai de fonctionnement de longue durée auquel sont soumis certains matériels pour vérifier leurs qualités mécaniques et leur résistance.

endurant, ante [ɑ̃dyʀɑ̃, ɑ̃t] adj. Dur au mal, à la fatigue, aux souffrances.

endurci, ie [ɑ̃dyʀsi] adj. **1.** Devenu insensible. *Un cœur endurci.* **2.** Qui s'est fortifié dans son état, ses habitudes. *Un célibataire endurci. Un pécheur endurci.*

endurcir [ɑ̃dyʀsiʀ] v. [3] **I.** v. tr. **1.** Rendre plus fort, plus robuste; accoutumer à la fatigue, à la souffrance, etc. *Le sport endurcit le corps.* **2.** Rendre insensible, impitoyable. *Les déceptions répétées lui ont endurci le cœur.* **II.** v. pron. **1.** Devenir plus fort, plus résistant. **2.** Devenir insensible, impitoyable. *S'endurcir dans le vice, le crime.*

endurcissement [ɑ̃dyʀsismɑ̃] n. m. État d'une personne devenue insensible. *L'endurcissement d'un criminel.*

endurer [ɑ̃dyʀe] v. tr. [1] **1.** Souffrir, supporter (une épreuve pénible). *Les tourments qu'il endura pendant la guerre.* **2.** Tolérer, supporter. *Je ne peux pas endurer ça!*

enduro [ɑ̃dyʀo] n. m. SPORT Épreuve motocycliste d'endurance tout-terrain.

-ène. CHIM Suffixe désignant un hydrocarbure non saturé (ex. *benzène, toluène*).

Énée, prince troyen légendaire; fils d'Aphrodite et d'Anchise, héros de l'*Énéide.*

énéolithique [eneɔlitik] n. m. et adj. Didac. Dernière période de la préhistoire. – adj. De cette période. Syn. chalcolithique.

énergétique [enɛʀʒetik] adj. et n. f. **I.** adj. **1.** Qui se rapporte à l'énergie. *Les besoins énergétiques d'une nation.* ▷ PHYSIOL *Aliments énergétiques,* qui apportent beaucoup d'énergie à l'organisme. **2.** TECH *Bilan énergétique d'une réaction :* comparaison des apports et des pertes d'énergie dans cette réaction. **II.** n. f. PHYS Étude des manifestations de l'énergie sous ses diverses formes.

énergie [enɛʀʒi] n. f. **1.** Force, puissance d'action. *Il manque d'énergie pour persévérer.* **2.** Force, puissance physique. *Ce sportif a déployé toute son énergie pour gagner.* **3.** Fermeté, résolution (que l'on fait apparaître dans ses actes). *L'énergie des mesures prises sauva le pays.* **4.** PHYS Grandeur qui représente la capacité d'un corps ou d'un système à produire un travail, à élever une température, etc. *L'énergie électrique, nucléaire. Économies d'énergie.* – *Énergie douce,* non polluante. – *Énergies renouvelables,* dont l'utilisation n'entraîne pas la destruction de la source (énergie solaire, éolienne, hydraulique, géothermique; marée; biomasse, etc.).

ENCYCL L'énergie se manifeste sous des formes très diverses : énergie calorifique, électromagnétique, électrique, nucléaire, mécanique, chimique, etc. L'équivalence des formes d'énergie implique que *l'énergie totale* (mise en jeu lors de la transformation d'une énergie en une autre) reste constante (premier principe de la thermodynamique). Il y a *irréversibilité* des échanges d'énergie; ainsi, l'énergie mécanique peut se transformer entièrement en énergie calorifique. En revanche, la transformation inverse ne peut être totale, elle est toujours accompagnée de pertes de chaleur (second principe de la thermodynamique). Le *joule* (symbole J) est l'unité d'énergie du système SI. D'autres unités, hors système SI, sont également utilisées : le watt-heure (1 Wh = 3600 J), l'électronvolt (1 eV = $1{,}6 \cdot 10^{-19}$ J) employé en physique nucléaire, la calorie. Sur la Terre, le Soleil est la source fondamentale d'énergie, car toutes les autres sources (charbon, gaz, pétrole, vent, etc.) en découlent. L'utilisation directe de l'énergie solaire semble donc être l'un des moyens de remédier à l'épuisement progressif des ressources actuelles en énergie ou à leur inexistence. C'est ainsi que, dans certains pays du Sud, l'énergie solaire subvient aux besoins énergétiques des populations (photopiles, pompes solaires, chauffe-eau, télévision, etc.).

énergique [enɛʀʒik] adj. **1.** (Personnes) Qui a de la force, de l'énergie, de la détermination. *Une femme énergique et courageuse.* **2.** (Choses) Strict, rigoureux. *Prendre des mesures énergiques contre l'inflation.*

énergiquement [enɛʀʒikmɑ̃] adv. D'une manière énergique.

énergisant, ante [enɛʀʒizɑ̃, ɑ̃t] adj. et n. m. **1.** adj. Qui donne de l'énergie. **2.** n. m. MED Substance destinée à stimuler le tonus psychique.

énergumène [enɛʀgymɛn] n. Personne exaltée qui s'agite, qui crie.

énervant, ante [enɛʀvɑ̃, ɑ̃t] adj. **1.** Vx Qui affaiblit. *Une température énervante.* **2.** Qui agace, qui porte sur les nerfs.

énervation [enɛʀvasjɔ̃] n. f. MED Ablation ou section d'un nerf.

énervé, ée [enɛʀve] adj. (et n.) **1.** Agacé, irrité. *Un enfant énervé par la chaleur.* ▷ Subst. *Quels énervés!* **2.** Qui trahit l'énervement. *Un haussement d'épaules énervé.*

énervement [enɛʀvəmɑ̃] n. m. État d'une personne énervée. *Elle s'est mise à sangloter d'énervement.*

énerver [enɛʀve] v. [1] **I.** v. tr. **1.** Agacer, irriter. *Tout ce bruit l'énerve.* **2.** Vx (Cour. en oc. Indien) Ennuyer, gêner. *J'ai un problème qui m'énerve beaucoup.* **II.** v. pron. Perdre son calme, le contrôle de ses nerfs. *Du calme, ne nous énervons pas!*

Enesco ou **Enescu** (George) (1881 – 1955), violoniste et compositeur roumain d'inspiration romantique, élève de Fauré : trois sonates pour piano et violon (1897, 1899 et 1935), *Poème roumain* (pour orchestre, 1897), *Œdipe* (opéra, 1932). Il forma plusieurs virtuoses (Y. Menuhin, notamment).

enfance [ɑ̃fɑ̃s] n. f. **1.** Période de la vie de l'être humain qui va de la naissance jusqu'à l'âge de la puberté. *Une enfance très malheureuse.* **2.** *L'enfance :* les enfants. *La cruauté de l'enfance.* **3.** Fig. Début, commencement, premier temps. *L'enfance du monde.* – Loc. fam. *C'est l'enfance de l'art :* c'est très facile à faire.

enfant [ɑ̃fɑ̃] n. (et adj.) **1.** Être humain, de la naissance jusqu'à l'âge de la puberté. *Un spectacle pour enfants.* ▷ Fig. Adulte qui se comporte de façon puérile. *Ce sont de grands enfants. Elle fait l'enfant.* ▷ adj. *Rester très enfant.* – *Bon enfant :* d'une simplicité un peu naïve et bienveillante. *Ils sont bon enfant.* **2.** *Enfant de chœur :* enfant qui sert la messe; fig. naïf. **3.** Fils ou fille, quel que soit son âge; personne, par rapport à ses parents. *Être l'aîné de six enfants.* – *Attendre un enfant :* être enceinte. – *Enfant naturel,* plaisant. *enfant de l'amour,* né hors mariage. ▷ (Afr. subsah.) Neveu, nièce. **4.** (Afr. subsah.) Personne, qui par son statut social ou sa fonction, doit obéissance et respect à une autre. **5.** Descendant. *D'après la Bible, nous sommes tous enfants d'Adam et Ève.* ▷ Personne originaire d'un pays, d'une région, d'un milieu. *Un enfant de la bourgeoisie.* – *L'Enfant prodigue :* jeune homme qui, dans l'Évangile de Luc, quitte une famille heureuse et mène une existence désordonnée et misérable mais dont le retour est accueilli avec joie. – Fig. *Enfant prodigue,* qui, ayant quitté la maison paternelle, revient au foyer. ▷ *Enfant de troupe :* fils de militaire élevé aux frais de l'État, autref. dans une caserne, auj. dans une école militaire préparatoire. **6.** Terme de familiarité, d'affection. *Mon (cher) enfant,* en parlant à qqn de plus jeune que soi. *Il ne faut pas vous décourager, mon enfant.* **7.** Fig. Production, effet, résultat. «*Ressentiments jaloux, noirs enfants du dépit*» (Corneille).

enfantement [ɑ̃fɑ̃tmɑ̃] n. m. **1.** Vieilli Accouchement. **2.** Fig. Création laborieuse (d'une œuvre).

enfanter [ɑ̃fɑ̃te] v. tr. [1] **1.** Litt. Mettre un enfant au monde, accoucher. **2.** Fig. Produire, créer, faire naître. *Enfanter des projets, un ouvrage.*

enfantillage [ɑ̃fɑ̃tijaʒ] n. m. Comportement, discours puérils.

enfantin, ine [ɑ̃fɑ̃tɛ̃, in] adj. **1.** Qui a le caractère de l'enfance. **2.** Qui est à la portée des enfants; très facile. *Ce problème est d'une simplicité enfantine.* **3.** Péjor. Qui relève de l'enfantillage. *Cessez ce babillage enfantin!*

Enfantin (Barthélemy Prosper), dit *le Père Enfantin* (Paris, 1796 – id., 1864), ingénieur et économiste socialiste français. Il succéda à Saint-Simon comme chef de l'école saint-simonienne.

enfarge [ɑ̃faʀʒ] n. f. (Québec) **1.** (Souvent au plur.) Entrave servant à restreindre les mouvements d'un animal. **2.** Ce qui entrave le pas de qqn. – Fig. Obstacle, frein.

enfarger [ɑ̃faʀʒe] v. [13] (Québec) **I.** v. tr. **1.** Retenir, attacher avec une enfarge. *Enfarger un cheval.* **2.** Faire trébucher (qqn). Syn. barrer les jambes à qqn. **II.** v. pron. **1.** Se prendre les pieds dans qqch, trébucher. *S'enfarger dans sa robe.* **2.** Fig. Se heurter à des difficultés, s'y empêtrer. *S'enfarger dans ses mensonges.* **3.** Fig. et iron. Se heurter à une fausse difficulté. *S'enfarger dans les fleurs du tapis.*

enfariner [ɑ̃faʀine] v. [1] **1.** v. tr. Saupoudrer de farine. **2.** v. pron. Fam. Se couvrir le visage de poudre. **3.** Pp. Loc. fam. *Venir la bouche, la gueule, le bec enfariné,* avec la sotte confiance du quémandeur naïf.

enfer [ɑ̃fɛʀ] n. m. **I.** Plur. **1.** (Avec une majuscule.) Lieu souterrain, séjour des âmes des morts, dans la mythologie gréco-latine. *La descente aux Enfers.* **2.** (Bible) Séjour des morts. *Entre sa mort et sa résurrection le Christ est descendu aux enfers.* **II.** Sing. **1.** Dans le christianisme, lieu de supplice des damnés. *Le paradis, l'enfer et le purgatoire.* – Dans le bouddhisme vietnamien, empire des ténèbres où les âmes des coupables seront châtiées après leur mort. **2.** Fig. *Une vie d'enfer,* pleine de tourments. ▷ *Un feu, un bruit d'enfer,* extrêmement violents. **3.** Fig. Souffrance permanente. *Sa vie est devenue un enfer.* **4.** Partie d'une bibliothèque qui contient des ouvrages interdits au public. *L'enfer de la Bibliothèque nationale française.*

enfermement [ɑ̃fɛʀməmɑ̃] n. m. Fait d'enfermer ou d'être enfermé.

enfermer [ɑ̃fɛʀme] v. tr. [1] **1.** Mettre dans un lieu clos, d'où l'on ne peut sortir. *Enfermer un enfant dans sa chambre.* ▷ v. pron. *S'enfermer pour travailler.* – Fig. *S'enfermer dans son chagrin.* **2.** Mettre (qqch) dans un lieu fermé, dans un meuble clos. *Enfermer des habits dans une armoire.*

enferrer (s') [ɑ̃feʀe] v. pron. [1] Se jeter sur l'arme de son adversaire. – Fig., cour. Se nuire à soi-même; tomber dans son propre piège. *Il s'est enferré dans ses mensonges.*

enfiévrer [ɑ̃fjevʀe] v. tr. [14] **1.** Donner la fièvre à. **2.** Fig. Exciter, susciter l'ardeur de. *Une agitation qui enfiévrait les esprits.* Syn. passionner, exalter. ▷ v. pron. *Il s'est enfiévré à cette idée.*

enfilade [ɑ̃filad] n. f. Série de choses se suivant sur une même ligne, en file. *Pièces disposées en enfilade.* – Fig. *Une enfilade de phrases.*

enfilage [ɑ̃filaʒ] ou **enfilement** [ɑ̃filmɑ̃] n. m. Action d'enfiler. *Enfilage de perles.*

enfiler [ɑ̃file] v. tr. [1] **1.** Passer un fil à travers, par le trou de. *Enfiler une aiguille. Enfiler des perles pour faire un collier.* – Débiter, mettre à la suite. *Enfiler des phrases.* **2.** Fam. Passer (un vêtement). *Enfiler une robe.* **3.** S'engager dans. *Enfiler une rue.* ▷ v. pron. *S'enfiler dans un passage étroit.* **4.** Vulg. Posséder sexuellement. **5.** v. pron. Fam. Manger, avaler. *Il s'est enfilé tout le plat de légumes.* – Exécuter (une corvée). *J'ai dû m'enfiler toute la vaisselle.* Syn. s'envoyer, se taper.

enfin [ɑ̃fɛ̃] adv. **1.** À la fin, en dernier lieu, après avoir longtemps attendu. «*Enfin, Malherbe vint*» (Boileau). *Enfin, cette affaire est terminée.* **2.** (Marquant l'impatience, le désir d'être compris ou obéi.) *Vous tairez-vous enfin! Mais enfin, laissez-moi donc!* **3.** (Pour résumer, conclure ou couper court quand on ne peut exprimer une idée plus complètement.) «*C'est un homme qui... Ah!... un homme... un homme enfin*» (Molière). **4.** (Introduisant une précision, un correctif à une affirmation.) *Il a plu tous les jours, enfin, presque.* **5.** (Marquant l'acceptation résignée.) *Enfin, puisque vous y tenez tellement.*

enflammer [ɑ̃flame] v. tr. [1] **1.** Mettre le feu à. *Enflammer une bûche.* ▷ v. pron. Prendre feu. *Ce bois humide s'enflamme mal.* **2.** Fig. Échauffer. *L'alcool enflamme le sang.* **3.** Colorer vivement, faire briller. *Des joues enflammées par la fièvre.* **4.** Litt. Emplir d'ardeur, de passion. *Ce discours enflamma leur courage. Des lettres enflammées.* ▷ v. pron. *S'enflammer pour une cause.* Syn. s'animer, s'exciter, s'exalter. **5.** Irriter, provoquer l'inflammation de.

enfle [ɑ̃fl] adj. (Suisse) Enflé.

enflé, ée [ɑ̃fle] adj. **1.** Gonflé. *Des jambes enflées.* **2.** Fig. Vain, fier. *Enflé de son succès.* – *Style enflé,* ampoulé.

enfler [ɑ̃fle] v. [1] **I.** v. tr. **1.** Vieilli Gonfler d'air. – Fig. *Son succès l'a enflé de vanité.* **2.** Augmenter le volume de. *Les pluies ont enflé la rivière.* Syn. grossir. – Fig. *Enfler la voix,* parler plus fort. **II.** v. intr. Augmenter de volume par suite d'un gonflement morbide. *Son œil meurtri enflait.*

enflure [ɑ̃flyʀ] n. f. **1.** Gonflement d'une partie du corps; œdème. Syn. (Guad.) loupe. **2.** Fig. Exagération, emphase. *Enflure du style.* **3.** Pop. Imbécile, crétin.

enfoiré, ée [ɑ̃fwaʀe] n. (et adj.) Vulg. Idiot, abruti.

enfoncé, ée [ɑ̃fɔ̃se] adj. Logé au fond, reculé. *Des yeux enfoncés dans leurs orbites.* Ant. saillant.

enfoncement [ɑ̃fɔ̃smɑ̃] n. m. **1.** Action d'enfoncer; son résultat. *Enfoncement d'une ligne de bataille.* **2.** Partie enfoncée ou reculée. *Enfoncement de terrain.* – ARCHI Partie en retrait d'une façade. Syn. renfoncement. Ant. saillie.

enfoncer [ɑ̃fɔ̃se] v. [12] **I.** v. tr. **1.** Pousser vers le fond, faire pénétrer dans qqch. *Enfoncer un clou.* – Fig., fam. *Il a essayé de lui enfoncer quelques principes dans la tête.* ▷ *Enfoncer qqn,* l'accabler. *Loin de le défendre, ses complices l'ont enfoncé.* **2.** Rompre en poussant, en pesant sur. *Enfoncer une porte.* Syn. défoncer, forcer. ▷ Loc. fig., fam. *Enfoncer une porte ouverte,* découvrir une vérité évidente. **3.** *Par anal.* Faire plier, rompre les rangs d'une troupe en les forçant. *Enfoncer un bataillon ennemi.* – *Par ext.* Vaincre, surpasser. *Enfoncer l'adversaire par des arguments de poids.* **II.** v. intr. Aller vers le fond. *On enfonçait dans la boue jusqu'aux chevilles.* **III.** v. pron. **1.** Aller vers le fond, s'affaisser. *Le navire commençait à s'enfoncer dans l'eau. Plancher qui s'enfonce.* – Fig. *Plus elle mentait et plus elle s'enfonçait.* **2.** Pénétrer bien avant (dans qqch). *S'enfoncer dans la forêt.* **3.** Fig. S'adonner tout entier à. *S'enfoncer dans l'étude.* Syn. s'absorber, se plonger.

enfouir [ɑ̃fwiʀ] v. tr. [3] **1.** Mettre ou cacher en terre. *Enfouir du fumier. Enfouir un trésor.* Syn. enterrer. ▷ v. pron. *Poisson qui s'enfouit dans la vase.* **2.** Cacher sous d'autres objets. *Enfouir des documents.*

enfouissement [ɑ̃fwismɑ̃] n. m. Action d'enfouir; son résultat. *L'enfouissement des animaux morts de maladies contagieuses.*

enfourchement [ɑ̃fuʀʃəmɑ̃] n. m. TECH Assemblage par tenon et mortaise, sans épaulement.

enfourcher [ɑ̃fuʀʃe] v. tr. [1] Monter à califourchon sur. *Enfourcher un cheval, une bicyclette.*

enfourchure [ɑ̃fuʀʃyʀ] n. f. **1.** Partie interne des jambes au point où elles se joignent au tronc. **2.** EQUIT Partie du corps du cheval qui se trouve entre les cuisses du cavalier.

enfournage [ɑ̃fuʀnaʒ], **enfournement** [ɑ̃fuʀnəmɑ̃] n. m. ou **enfournée** [ɑ̃fuʀne] n. f. Action d'enfourner.

enfourner [ɑ̃fuʀne] v. tr. [1] **1.** Mettre dans un four. *Enfourner le pain.* **2.** Fig., fam. Mettre dans la bouche largement ouverte. *Il a enfourné le gâteau tout entier.* – *Par ext.* Introduire, mettre à la hâte (dans qqch). *Enfourner des vêtements dans une valise.* **3.** TECH Mettre dans un creuset (les matières à fondre).

enfreindre [ɑ̃fʀɛ̃dʀ] v. tr. [55] Ne pas respecter (un règlement, une convention). *Enfreindre une loi, des ordres.* Syn. contrevenir (à), transgresser.

enfuir (s') [ɑ̃fɥiʀ] v. pron. [29] Prendre la fuite. *S'enfuir de prison.* Syn. fuir, s'échapper, se sauver. ▷ Fig. *Les années qui se sont enfuies.*

enfumage [ɑ̃fymaʒ] n. m. Action d'enfumer les abeilles.

enfumer [ɑ̃fyme] v. tr. [1] **1.** Remplir, envelopper de fumée. ▷ Incommoder avec de la fumée. *Il nous a enfumés avec ses cigares. Enfumer un terrier.* – *Enfumer des abeilles,* les engourdir avec de la fumée (pour visiter la ruche). **2.** Noircir de fumée.

Engadine, vallée sup. de l'Inn, en Suisse (cant. des Grisons); on y parle une langue romane qui ne subsiste plus que dans les Grisons, le *romanche.* Tourisme estival et hivernal.

engagé, ée [ɑ̃gaʒe] adj. et n. m. **1.** Entrepris, commencé. *La partie est engagée.* **2.** Qui s'est enrôlé dans l'armée. ▷ n. m. *Un engagé volontaire*.* **3.** Qui prend ouvertement parti pour une cause. *Littérature, écrivain engagés.* **4.** (Québec) Vieilli *Homme engagé :* domestique, employé à gages. ▷ n. m. *Les services d'un engagé.* **5.** n. m. HIST Au XVIIe s., Français de condition misérable qui avait accepté par contrat de se rendre aux Antilles et, en échange du prix du voyage, de travailler pendant trois ans pour le propriétaire d'une plantation.

engageant, ante [ɑ̃gaʒɑ̃, ɑ̃t] adj. Attirant, qui séduit. *Une offre assez engageante.*

engagement [ɑ̃gaʒmɑ̃] n. m. **1.** Action de mettre en gage. **2.** Promesse, obligation. *Manquer à ses engagements.* **3.** Obligation que l'on contracte de servir, de faire qqch; acte qui en fait foi. *Acteur qui signe un engagement.* – Enrôlement volontaire d'un soldat. *Prime d'engagement.* **4.** Attitude d'un intellectuel, d'un artiste, qui met son œuvre au service d'une cause. **5.** MILIT Combat de courte durée. **6.** MED Descente de la tête du fœtus dans l'excavation pelvienne, au début de l'accouchement. **7.** SPORT Coup d'envoi d'une partie. **8.** FIN *Engagement de dépenses :* décision d'engager des dépenses.

engager [ɑ̃gaʒe] v. tr. [13] **I. 1.** Mettre, donner en gage. *Elle a engagé ses bijoux pour nourrir sa famille.* **2.** Donner pour caution. *Engager sa foi, son honneur.* ▷ v. pron. *S'engager pour qqn,* le cautionner. **3.** Lier par une promesse, une convention. *Cela n'engage à rien.* Syn. obliger, astreindre. ▷ v. pron. *Je m'engage à vous rembourser.* **4.** Faire supporter une responsabilité à. *Ces paroles n'engagent que moi.* ▷ v. pron. Manifester son engagement. *Auteur, philosophe qui s'engage.* **5.** Prendre à gages, prendre à son service. *Engager un employé de maison.* Syn. embaucher. ▷ v. pron. *S'engager comme bonne à tout faire.* – *S'engager dans la marine.* – Absol. *S'engager :* s'enrôler dans l'armée. **II.** Introduire. **1.** Faire pénétrer (une chose dans une autre). *Engager une balle dans le canon d'une arme.* ▷ v. pron. *Le pied s'engage dans l'étrier.* **2.** Diriger dans une voie. *Engager un bateau dans un chenal.* – v. pron. *La voiture s'est engagée dans l'avenue.* ▷ Fig. *C'est lui qui m'a engagé dans cette mauvaise affaire.* – v. pron. *Elle s'est engagée dans une entreprise hasardeuse.* **3.** Faire entrer, mettre en jeu. *Engager des capitaux dans une affaire.* **4.** Commencer, provoquer. *Engager un procès. Engager la conversation.* ▷ v. pron. *Le combat s'engagea à l'aube.* **5.** Amener (qqn) à faire qqch. *Ce fait m'a engagé à vous parler.* Syn. inciter, exhorter, encourager.

engeance [ɑ̃ʒɑ̃s] n. f. Péjor. Catégorie de personnes méprisables. *Quelle sotte engeance!*

Engels (Friedrich) (1820 – 1895), théoricien socialiste allemand. Ami et collaborateur de K. Marx, il rédigea avec lui *la Sainte Famille* (1845), *l'Idéologie allemande* (1845-1846) et le *Manifeste du parti communiste* (1848). Œuvres princ. : *Situation de la classe laborieuse en Angleterre* (1845), *Socialisme utopique et Socialisme scientifique* (article de 1876-1877), *l'Anti-Dühring* (1878), *la Dialectique de la nature* (1873-1883, publiée en 1925); *l'Origine de la famille, de la propriété privée et de l'État* (1884). Après la mort de Marx, il assura la rédaction définitive des tomes II et III du *Capital* et mourut à Londres.

engelure [ɑ̃ʒlyʀ] n. f. Lésion des pieds et des mains qui est due au froid et se caractérise par un œdème rouge et douloureux.

engendrer [ɑ̃ʒɑ̃dʀe] v. tr. [1] **1.** Procréer, en parlant des mâles. *Abraham engendra Isaac.* ▷ THEOL Produire, faire naître. *Le Père, dans la Trinité, engendre le Fils.* **2.** Fig. Être la cause de, faire naître. *L'insalubrité engendre des maladies.* – Fam. *Ne pas engendrer la mélancolie :* être fort gai. Syn. causer, créer, provoquer. **3.** GEOM Décrire, former une ligne, une surface. *La rotation d'un triangle autour d'une de ses hauteurs engendre un cône.*

Enghien. V. Condé (Louis Antoine Henri).

engin [ɑ̃ʒɛ̃] n. m. **1.** Appareil conçu pour remplir une fonction déterminée sans l'intervention ou avec une intervention réduite de la force musculaire de l'homme. *Engins de levage, de terrassement.* **2.** SPORT (Belgique, Suisse) Appareil de gymnastique (anneaux, barres parallèles, etc.). *La gymnastique aux engins.* **3.** MILIT, ESP Appareil équipé d'un système autonome de propulsion et de guidage, conçu pour évoluer dans l'atmosphère (engins-sondes, lanceurs spatiaux et missiles). **4.** Instrument, outil quelconque. *Engins de guerre. Engins de pêche, de chasse.* – *Par ext.*, fam. Objet que l'on ne peut nommer précisément. *Je ne sais pas me servir de cet engin-là.* **5.** (Afr. subsah.) Deux-roues à moteur. **6.** (Afr. subsah.) Nom donné à tout appareil servant à enregistrer ou à reproduire le son.

englober [ɑ̃glɔbe] v. tr. [1] Réunir, comprendre en un tout. *La même accusation vous englobe tous.*

engloutir [ɑ̃glutiʀ] v. tr. [3] **1.** Avaler gloutonnement. Syn. dévorer, engouffrer. **2.** Faire disparaître dans un gouffre. *La mer a englouti le navire.* – Fig. Absorber, consumer. *Ces dépenses ont englouti toutes mes économies.* ▷ Pp. adj. *Une ville engloutie.*

engloutissement [ɑ̃glutismɑ̃] n. m. Action d'engloutir; son résultat.

engluer [ɑ̃glye] v. tr. [1] **1.** Enduire de glu ou d'une matière gluante. *Engluer un piège.* – Pp. *Des doigts englués de confiture.* **2.** Prendre à la glu. *Engluer des oiseaux.*

engommer [ɑ̃gɔme] v. tr. [1] TECH Enduire de gomme. *Engommer une toile.*

engoncer [ɑ̃gɔ̃se] v. tr. [12] En parlant de vêtements, faire paraître le cou enfoncé dans les épaules. *Ce manteau vous engonce.*

engorgement [ɑ̃gɔʀʒəmɑ̃] n. m. **1.** Obstruction formée dans un tuyau, un canal, etc. **2.** MED Accumulation de sang, de sérosité ou de liquide dans un organe. *L'engorgement mammaire est très douloureux.*

engorger [ɑ̃gɔʀʒe] v. tr. [13] **1.** Obstruer, boucher un conduit. *Saletés qui engorgent un tuyau.* ▷ v. pron. (Passif) *Ce canal s'est engorgé.* **2.** MED Provoquer l'engorgement de.

engotter (s') [ɑ̃gɔte] v. pron. [1] (Acadie) **1.** PECHE Avaler l'appât (en parlant d'un poisson). **2.** Avaler de travers, s'étouffer.

engouement [ɑ̃gumɑ̃] n. m. Fait de s'engouer. *Elle est coutumière de ces engouements.* Syn. emballement, (fam.) toquade.

engouer (s') [ɑ̃gwe] v. pron. [1] *S'engouer de :* se prendre d'une passion excessive et passagère pour. *Il s'engoua subitement de peinture.* Syn. s'enticher.

engouffrer [ɑ̃gufʀe] v. [1] **I.** v. tr. **1.** Litt. Faire disparaître dans un gouffre. *La mer engouffra le vaisseau.* **2.** Fig., fam. Dévorer, engloutir. **II.** v. pron. **1.** Litt. Se perdre, tomber dans un gouffre. – Fig. *Des fortunes s'engouffrent dans les spéculations.* **2.** Entrer avec violence dans un lieu resserré. *Le vent s'engouffre dans la cheminée.* **3.** Pénétrer précipitamment dans. *Ils se sont engouffrés dans le couloir.*

engoulevent [ɑ̃gulvɑ̃] n. m. Oiseau nocturne au bec largement fendu (ordre des caprimulgiformes) qui se nourrit d'insectes capturés au vol.

engourdir [ɑ̃guʀdiʀ] v. tr. [3] **1.** Causer l'engourdissement de. *Le froid lui engourdissait les mains.* **2.** Fig. Diminuer, ralentir l'activité, l'énergie de. *L'oisiveté engourdit le caractère.* Ant. dégourdir.

engourdissement [ɑ̃guʀdismɑ̃] n. m. **1.** Privation momentanée de la sensibilité ou de la mobilité. *L'engourdissement d'un membre.* **2.** Fig. État de torpeur, absence de vivacité.

engrais [ɑ̃gʀɛ] n. m. **1.** Action d'engraisser. *Mettre un bœuf, un porc à l'engrais.* **2.** AGRIC Toute matière qui augmente la fertilité du sol, en constituant un aliment supplémentaire pour les plantes (par oppos. à *amendement*). ENCYCL On distingue les engrais *naturels :* fumier, eaux usées, guano, et les engrais *chimiques :* nitrates, phosphates, sels de potassium, calcium, etc. En ce qui concerne leur action, les engrais *plastiques,* qui fournissent des apports en grande quantité (azote, phosphore, etc.), s'opposent aux engrais *catalytiques,* qui fournissent des oligo-éléments (fer, manganèse, chrome, etc.). Enfin, les engrais *verts* ou *verdage,* plantes (légumineuses notam.) semées puis enfouies sur place par un labour, enrichissent le sol en matières organiques.

engraissant, ante [ɑ̃gʀɛsɑ̃, ɑ̃t] adj. (Québec) Qui fait grossir. *Les pâtisseries sont engraissantes.* – Par ext. *Un régime engraissant.*

engraissement [ɑ̃gʀɛsmɑ̃] ou **engraissage** [ɑ̃gʀɛsaʒ] n. m. Action d'engraisser du bétail; son résultat.

engraisser [ɑ̃gʀese] v. [1] **I.** v. tr. **1.** Faire devenir gras. *Engraisser de la volaille.* ▷ v. pron. Devenir gras. *Laisser du bétail s'engraisser.* **2.** Améliorer par des engrais. *Engraisser les terres.* **3.** Fig., fam. Rendre riche, florissant. *La pénurie engraisse les trafiquants.* ▷ v. pron. *S'engraisser aux dépens de qqn.* **II.** v. intr. Devenir gras. *Elle a engraissé.* Syn. grossir, épaissir. Ant. maigrir.

engraisseur [ɑ̃gʀɛsœʀ] n. m. ELEV Personne qui engraisse les bestiaux.

engramme [ɑ̃gʀam] n. m. PSYCHO Trace laissée dans les centres nerveux par toute activité antérieure.

engrangement [ɑ̃gʀɑ̃ʒmɑ̃] n. m. Action d'engranger.

engranger [ɑ̃gʀɑ̃ʒe] v. tr. [13] **1.** Mettre, déposer dans une grange. *Engranger du blé.* **2.** Fig. Faire provision de, accumuler. *Engranger des connaissances.*

engrenage [ɑ̃gʀənaʒ] n. m. **1.** TECH Dispositif composé de deux pièces munies de dents, permettant d'assurer une liaison mécanique entre deux arbres qui ne tournent généralement pas à la même vitesse. *Engrenages cylindriques, hélicoïdaux, coniques. Engrenages à vis sans fin.* **2.** Fig. Enchaînement de circonstances auquel il est difficile d'échapper. *Être pris dans un engrenage, mettre le doigt dans un engrenage.*

engrènement [ɑ̃gʀɛnmɑ̃] n. m. **1.** TECH Action d'engrener une roue. **2.** CHIR Pénétration réciproque des deux fragments d'un os fracturé.

1. engrener [ɑ̃gʀəne] v. tr. [16] AGRIC **1.** Mettre (du grain) dans la trémie d'un moulin pour le moudre. ▷ *Engrener une batteuse,* l'alimenter en épis. **2.** Engraisser avec du grain. *Engrener des volailles, des chevaux.*

2. engrener [ɑ̃gʀəne] v. tr. [16] TECH Faire entrer les dents d'une roue dans celles d'un pignon pour lui communiquer un mouvement. ▷ v. pron. *Roues qui s'engrènent.*

engrenure [ɑ̃gʀənyʀ] n. f. **1.** TECH Position de deux roues qui s'engrènent. **2.** ANAT Position de deux os à dentelures qui s'engrènent.

engrosser [ɑ̃gʀose] v. tr. [1] Très fam. Rendre grosse, enceinte.

engueulade [ɑ̃gœlad] n. f. Fam. Action d'engueuler, de s'engueuler; violents reproches. *Prendre une engueulade.*

engueuler [ɑ̃gœle] v. tr. [1] Fam. Faire des reproches véhéments à, invectiver. *Je l'ai drôlement engueulé.* ▷ v. pron. *Ils n'arrêtent pas de s'engueuler.*

enguirlander [ɑ̃giʀlɑ̃de] v. tr. [1] Fam. *Par euph.* Faire des reproches, invectiver.

enhardir [ɑ̃aʀdiʀ] v. tr. [3] Donner de la hardiesse à. *Le succès l'a enhardi.* Ant. intimider, décourager. ▷ v. pron. Prendre de la hardiesse, de l'assurance.

enharmonie [ɑ̃naʀmɔni] n. f. MUS Rapport entre deux notes qui ne diffèrent que d'un neuvième de ton (ex. : *do* dièse et *ré* bémol, *fa* et *mi* dièse).

enherber [ɑ̃nɛʀbe] v. tr. [1] Mettre (un terrain) en pré, en herbe.

énième [enjɛm] adj. num. ord. Qui est à un rang indéterminé. *Je te le dis pour la énième fois.*

énigmatique [enigmatik] adj. Qui renferme une énigme, qui tient de l'énigme. *Paroles, personnage énigmatiques.* Syn. mystérieux.

énigme [enigm] n. f. **1.** Chose à deviner d'après une description en termes obscurs et ambigus. – *Trouver le mot de l'énigme,* le mot proposé par l'énigme; fig., l'explication de ce que l'on ne comprenait pas. **2.** Fig. Ce qui est difficile à comprendre. *Une énigme policière. Cette personne est une énigme.* Syn. mystère, problème. – Discours obscur, phrase ambiguë. *Parler par énigmes.*

enivrant, ante [ɑ̃nivʀɑ̃, ɑ̃t] adj. **1.** Qui enivre. *Boisson enivrante. Parfums enivrants.* **2.** Fig. Qui trouble au plus haut point, qui transporte. *Une beauté enivrante.* Syn. grisant, troublant.

enivrement [ɑ̃nivʀəmɑ̃] n. m. Exaltation de l'âme, des passions. *L'enivrement de l'amour.* Syn. griserie, transport.

enivrer [ɑ̃nivʀe; enivʀe] v. tr. [1] **1.** Rendre ivre. *Le vin enivre.* ▷ v. pron. *Il s'est enivré pour oublier.* Syn. griser, soûler, (Maurice) lamper. **2.** Fig. Étourdir, exalter. *Enivrer de louanges.* ▷ v. pron. *Il s'enivrait des senteurs printanières.*

enjambée [ɑ̃ʒɑ̃be] n. f. Grand pas. *Marcher à grandes enjambées.*

enjambement [ɑ̃ʒɑ̃bmɑ̃] n. m. **1.** BIOL *Enjambement des chromosomes :* entrecroisement des chromosomes homologues qui, au cours de la phase précédant la méiose, échangent certains fragments de chromatides après s'être appariés, opérant ainsi un mélange des gènes qu'ils portent. **2.** POET Rejet au vers suivant d'un ou de plusieurs mots qui complètent le sens du premier vers. Ex. : *« Du palais d'un jeune lapin, / Dame belette, un beau matin, / S'empara... »* (La Fontaine).

enjamber [ɑ̃ʒɑ̃be] v. [1] **1.** v. tr. Franchir en étendant la jambe par-dessus. *Enjamber un ruisseau. Enjamber un parapet.* Syn. (Suisse) camber. ▷ Par ext. *Viaduc qui enjambe la vallée.* **2.** v. intr. Se prolonger, avancer. *Cette poutre enjambe sur le mur.*

enjeu [ɑ̃ʒø] n. m. **1.** Somme que l'on mise au jeu et qui revient au gagnant. *Garder les enjeux.* **2.** Fig. Ce qu'on risque de gagner ou de perdre dans une entreprise, une compétition. *Les enjeux de l'ajustement structurel.*

enjoindre [ɑ̃ʒwɛ̃dʀ] v. tr. [56] Ordonner, prescrire. *La loi enjoint de respecter le bien d'autrui.*

enjôler [ɑ̃ʒole] v. tr. [1] Vieilli ou litt. Séduire par des flatteries.

enjôleur, euse [ɑ̃ʒolœʀ, øz] n. et adj. **1.** n. Personne qui enjôle. **2.** adj. Charmeur, séducteur.

enjolivement [ɑ̃ʒɔlivmɑ̃] n. m. ou **enjolivure** [ɑ̃ʒɔlivyʀ] n. f. Ornement, ajout qui enjolive. *Apporter des enjolivements à un jardin.*

enjoliver [ɑ̃ʒɔlive] v. tr. [1] Rendre plus joli, orner. *Enjoliver sa maison.* – Fig. *Enjoliver un récit,* y ajouter des détails plus ou moins exacts pour l'embellir, l'agrémenter.

enjoliveur [ɑ̃ʒɔlivœʀ] n. m. AUTO Garniture qui recouvre la partie centrale extérieure d'une roue. Syn. (Maurice) chopinette.

enjoué, ée [ɑ̃ʒwe] adj. Qui a ou qui dénote de la gaieté, de l'enjouement. *Un caractère enjoué. Conversation enjouée.* Syn. gai. Ant. grave, maussade, triste.

enjouement [ɑ̃ʒumɑ̃] n. m. Litt. Gaieté aimable, bonne humeur. *Elle répondit avec enjouement.* Syn. entrain. Ant. gravité, austérité.

enképhaline [ɑ̃kefalin] n. f. BIOCHIM Neuropeptide*, constitué de cinq acides aminés, présent dans le système nerveux central et qui a notam. une action analgésique. (V. endorphine.)

enkystement [ɑ̃kistəmɑ̃] n. m. BIOL et MED Formation d'un kyste.

enkyster (s') [ɑ̃kiste] v. pron. [1] BIOL et MED S'entourer d'une couche de tissu conjonctif dense qui isole du tissu environnant. *Les cellules amibiennes s'enkystent parfois dans le côlon.*

enlacement [ɑ̃lasmɑ̃] n. m. Action d'enlacer; son résultat.

enlacer [ɑ̃lase] v. tr. [12] **1.** Passer des festons, des cordons, des lacets, etc., les uns dans les autres. *Enlacer des rubans, des branches.* – Par anal. *Enlacer des initiales.* ▷ v. pron. *Des rubans multicolores s'enlaçaient dans sa chevelure.* Syn. entremêler, entrelacer. **2.** (Choses) Entourer en serrant. *Des guirlandes de serpentins enlaçaient les tables et les chaises.* ▷ (Personnes) Étreindre, serrer dans ses bras. – Pp. adj. *Des couples enlacés.* ▷ v. pron. *Ils s'enlacèrent.*

enlaidir [ɑ̃lɛdiʀ] v. tr. [3] Rendre laid. *Ce chapeau vous enlaidit.* ▷ v. intr. Devenir laid. *Il enlaidit de jour en jour.* ▷ v. pron. Se rendre laid. Ant. embellir.

enlaidissement [ɑ̃lɛdismɑ̃] n. m. Action, fait d'enlaidir. Ant. embellissement.

enlèvement [ɑ̃lɛvmɑ̃] n. m. **1.** Action d'emporter qqch d'un lieu. *Enlèvement des ordures ménagères.* **2.** Action d'enlever une personne. *Enlèvement d'enfant.* Syn. rapt. **3.** MILIT Action de s'emparer d'une position ennemie.

enlever [ɑ̃lve] v. tr. [**16**] **I. 1.** Soulever en l'air. *Enlever des pierres avec une grue.* **2.** Fig. Ravir, transporter d'admiration. **3.** Exécuter avec vivacité et brio. *Enlever un morceau de musique.* – Pp. adj. *Un portrait enlevé.* **II. 1.** Déplacer, mettre plus loin. *Enlevez cette horreur de ma vue!* ▷ Retirer, ôter. *Enlève tes chaussures!* **2.** Faire disparaître. *Enlever une tache.* – v. pron. *Cette tache s'enlève à l'eau chaude.* ▷ Fig. Soulager de, priver de. *Cela n'enlève rien à ses qualités.* **III.** Prendre. **1.** Emporter. *Enlever des marchandises.* **2.** S'emparer de. *Enlever une place, une ville.* – Fig. *Enlever un marché.* **3.** Ravir, emmener (qqn) de gré ou de force. *Enlever un enfant pour obtenir une rançon.* ▷ Litt. Faire mourir. *Le choléra l'a enlevé.* – Loc. *Être enlevé* (ou *ravi*) *à l'affection des siens :* mourir.

enlisement [ɑ̃lizmɑ̃] n. m. Fait de s'enliser.

enliser [ɑ̃lize] v. [**1**] **1.** v. tr. Enfoncer dans un sol mouvant. *Il a enlisé sa voiture dans le sable.* **2.** v. pron. Disparaître peu à peu dans un sol mouvant, s'enfoncer. *S'enliser dans la vase.* ▷ Fig. *S'enliser dans la routine.*

enluminer [ɑ̃lymine] v. tr. [**1**] **1.** Orner d'enluminures. *Enluminer un livre.* ▷ Fig. *Enluminer son style.* **2.** Colorer vivement (la peau, le teint).

enlumineur, euse [ɑ̃lyminœʀ, øz] n. Artiste qui fait des enluminures.

enluminure [ɑ̃lyminyʀ] n. f. **1.** Art d'enluminer. **2.** Lettre ornée, ou miniature, colorée, des anciens manuscrits. **3.** *Par ext.* Litt. Coloration très vive (du visage).

ennéa-. Élément, du grec *ennea,* «neuf».

ennéagone [eneagon] n. m. GEOM Polygone à neuf côtés. ▷ adj. *Pyramide ennéagone.*

ennéasyllabe [eneasil(l)ab] n. m. (et adj.) VERSIF Vers de neuf syllabes.

Ennedi, massif au N.-E. du Tchad. Il culmine au mont Fada (1450 m).

enneigé, ée [ɑ̃neʒe] adj. Couvert de neige. *Route enneigée.*

enneigement [ɑ̃nɛʒmɑ̃] n. m. État d'un sol enneigé. ▷ Épaisseur de la couche de neige en un lieu donné.

ennemi, ie [ɛnmi] n. et adj. **1.** Personne qui hait qqn, qui cherche à lui nuire. *Un ennemi juré. Se faire un ennemi de plus.* Ant. ami. ▷ adj. *Des frères ennemis.* ▷ *Ennemi public :* homme considéré comme dangereux pour la société. ▷ Chose opposée, nuisible à une autre. *Le mieux est l'ennemi du bien.* **2.** Personne qui éprouve de l'aversion pour (qqch). *Un ennemi de la contrainte.* **3.** (Sing. collect. ou plur.) Ceux contre qui on se bat, en période de guerre, leur État, leur armée. *Être fait prisonnier par l'ennemi.* ▷ Loc. *Passer à l'ennemi :* se ranger aux côtés de ceux que l'on combattait jusqu'ici; fig. trahir son parti, ses engagements. ▷ adj. *Nation, armée ennemie.* Ant. allié.

Ennius (Quintus) (v. 239 – 169 av. J.-C.), poète latin qui initia Rome à la littérature grecque.

ennoblir [ɑ̃nɔbliʀ] v. tr. [**3**] Conférer de la noblesse, de la dignité à. *La vertu ennoblit l'homme.*

ennoiement [ɑ̃nwamɑ̃] n. m. GEOL Invasion d'un littoral par les eaux marines, à la suite d'une transgression, ou de mouvements tectoniques.

ennoyage [ɑ̃nwajaʒ] n. m. GEOL Disparition d'accidents tectoniques (reliefs, failles) sous une couverture sédimentaire.

ennuager [ɑ̃nyaʒe] v. tr. [**13**] Couvrir de nuages. – Fig. *Elle est apparue ennuagée de dentelles.* ▷ v. pron. *Ciel qui s'ennuage.*

ennui [ɑ̃nɥi] n. m. **1.** Lassitude morale, absence d'intérêt pour toute chose. *L'ennui naît de l'uniformité. Être rongé par l'ennui. Mourir d'ennui.* ▷ Absence de tout intérêt, sentiment de vide que produit qqch. *Il ne ressent que de l'ennui pour ce travail monotone.* **2.** Sentiment désagréable que provoque un souci, une contrariété; ce souci, cette contrariété. *Causer des ennuis à qqn. Avoir des ennuis d'argent.*

ennuyant, ante [ɑ̃nɥijɑ̃, ɑ̃t] adj. Vieilli (Cour. en Belgique, au Burundi, en France rég., au Québec) Ennuyeux (sens 2).

ennuyé, ée [ɑ̃nɥije] adj. Contrarié, soucieux.

ennuyer [ɑ̃nɥije] v. tr. [**22**] **1.** Causer de l'ennui à, contrarier (qqn). *Cet échec l'ennuie beaucoup.* **2.** Importuner, lasser. *Il ennuie tout le monde avec ses exigences.* ▷ Rebuter, susciter un ennui profond à. *Ce conférencier ennuie son auditoire.* **3.** v. pron. Éprouver un ennui profond, se morfondre. *Il est seul, il s'ennuie toute la journée.* ▷ *S'ennuyer de :* regretter ou être affecté par l'absence, l'éloignement de. *S'ennuyer de ses proches.*

ennuyeux, euse [ɑ̃nɥijø, øz] adj. **1.** Qui est propre à ennuyer, à contrarier. *Ces événements sont ennuyeux pour l'avenir.* **2.** Qui ennuie, lasse l'intérêt. *Un livre ennuyeux.* Syn. ennuyant, (Belgique) pelant. **3.** (Québec) Qui s'ennuie (de qqn). *Un enfant ennuyeux.*

Eno Belinga (Samuel) (né en 1935), géologue, folkloriste et poète camerounais : *Masques nègres* (1972), *Ballades et chansons camerounaises* (1974), *la Prophétie de Joal* (1975).

Énoch ou **Hénoch,** personnage biblique, père de Mathusalem. – *Livre d'Énoch :* livre apocryphe de l'Ancien Testament; sorte d'Apocalypse en plusieurs ouvrages des IIe et Ier s. av. J.-C.

énoncé [enɔ̃se] n. m. **1.** Action d'énoncer; ce qui est énoncé. *L'énoncé des faits.* ▷ *L'énoncé d'un jugement.* ▷ MATH Ensemble de données à résoudre, de propositions à démontrer. **2.** LING Segment de discours réalisant un acte de parole.

énoncer [enɔ̃se] v. tr. [**12**] Exprimer sa pensée, la rendre par des mots. *Énoncer une vérité.* ▷ v. pron. «*Ce que l'on conçoit bien s'énonce clairement*» (Boileau).

énonciatif, ive [enɔ̃sjatif, iv] adj. Didac. Qui énonce.

énonciation [enɔ̃sjasjɔ̃] n. f. **1.** Action, manière d'énoncer; fait d'être énoncé. **2.** LING Production d'un énoncé.

enorgueillir [ɑ̃nɔʀgœjiʀ] v. tr. [**3**] Rendre orgueilleux. *Tous ces succès l'enorgueillissent.* ▷ v. pron. *S'enorgueillir de :* tirer orgueil de.

énorme [enɔʀm] adj. Démesuré, extraordinairement grand ou gros. *Un énorme bloc.* – Fig. *Une dette énorme.* ▷ Fam. Extraordinaire. *Un culot énorme.*

énormément [enɔʀmemɑ̃] adv. Beaucoup, infiniment. *Je l'aime énormément.* – D'une manière excessive, démesurément. *Il boit énormément.*

énormité [enɔʀmite] n. f. **1.** Caractère de ce qui est énorme. *L'énormité d'un bâtiment.* ▷ Fig. *L'énormité de son crime.* **2.** Fam. Parole ou action d'une extravagance ou d'une stupidité énorme. *Dire des énormités.*

enquérir (s') [ɑ̃keʀiʀ] v. pron. [**35**] *S'enquérir de :* se renseigner, s'informer. *S'enquérir du prix de qqch.*

enquête [ɑ̃kɛt] n. f. **1.** Étude d'une question, s'appuyant sur des témoignages, des informations. *Enquête journalistique, sociologique.* ▷ (Suisse) *Mise à l'enquête :* V. mise (sens 2). **2.** Recherche faite par une autorité judiciaire, administrative ou religieuse. *Ouvrir une enquête parlementaire.*

enquêter [ɑ̃kete] v. intr. [**1**] Ouvrir, poursuivre une enquête. *Enquêter sur un crime.*

enquêteur, euse ou **trice** [ɑ̃ketœʀ, øz, tʀis] n. et adj. Personne qui mène une enquête, y participe. – adj. *Magistrat enquêteur.*

enquiquiner [ɑ̃kikine] v. tr. [**1**] Fam. Ennuyer, agacer. *Il nous enquiquine.*

enracinement [ɑ̃ʀasinmɑ̃] n. m. Action d'enraciner, fait de s'enraciner.

enraciner [ɑ̃ʀasine] v. [**1**] **I.** v. tr. **1.** Faire prendre racine à. *Enraciner un arbre.* **2.** Fig. Implanter profondément (dans l'esprit, les mœurs, etc.). *Enraciner un préjugé.* **II.** v. pron. **1.** Prendre racine. *Plante qui s'enracine dans un mur.* **2.** Fig. *S'enraciner dans sa culture.*

enragé, ée [ɑ̃ʀaʒe] adj. et n. **1.** Furieux. *La jalousie le rend enragé.* **2.** Passionné, acharné. *Un joueur enragé.* ▷ Subst. *Un enragé de la marche à pied.* **3.** Atteint de la rage. *Un chien enragé.* ▷ Loc. fam. *Manger de la vache enragée :* mener une vie de privations.

enrager [ɑ̃ʀaʒe] v. intr. [**13**] Éprouver un vif déplaisir; être en colère, en rage. *J'enrage de voir qu'il a gagné.* ▷ *Faire enrager :* irriter, taquiner.

enraiement [ɑ̃ʀɛmɑ̃] ou **enrayement** [ɑ̃ʀɛjmɑ̃] n. m. Action d'arrêter une extension fâcheuse. *L'enraiement d'un fléau.*

enrayage [ɑ̃ʀɛjaʒ] n. m. Blocage d'un mécanisme (notam. d'une arme à feu).

1. enrayer [ɑ̃ʀeje] v. tr. [**21**] **I. 1.** Arrêter l'extension de (une chose fâcheuse). *Enrayer une épidémie.* **2.** v. pron. Se bloquer, en parlant d'un mécanisme (notam. d'une arme à feu). **II.** Garnir (une roue) de ses rayons.

2. enrayer [ɑ̃ʀeje] v. tr. [**21**] AGRIC Tracer le premier sillon avec la charrue. *Enrayer un champ.*

enrégimenter [ɑ̃ʀeʒimɑ̃te] v. tr. [**1**] **1.** Incorporer dans un régiment. **2.** Péjor. Faire entrer dans un groupe, un parti qui exige une stricte discipline. Syn. embrigader.

enregistrement [ɑ̃ʀəʒistʀəmɑ̃] n. m. **1.** Action d'enregistrer; son résultat. *L'enregistrement d'une transaction.* – Spécial. *L'enregistrement des bagages.* ▷ DR Inscription sur un registre public de certains actes, moyennant le paiement de droits. **2.** Opération consistant à recueillir sur un support matériel des informations (sons, images) qui peuvent être restituées; informations ainsi recueillies. *Écouter un enregistrement sur disque.* **3.** INFORM Ensemble d'informations pouvant faire l'objet d'un transfert en bloc entre une mémoire centrale et un dispositif d'entrée/sortie.

enregistrer [ɑ̃ʀəʒistʀe] v. tr. [1] **1.** Inscrire sur un registre. *Enregistrer une plainte.* – Spécial. *Faire enregistrer des bagages.* ▷ DR Mentionner un acte sur un registre public. *Enregistrer une donation.* **2.** Consigner par écrit. *Enregistrer ses dépenses sur un cahier.* ▷ *Par ext.* Noter dans sa mémoire. *Enregistrer la physionomie de qqn.* **3.** Constater, observer. *Enregistrer une amélioration du temps.* **4.** Transférer des informations (sonores, visuelles, codées) sur un support matériel (disque, bande magnétique, etc.). *Enregistrer la voix de qqn, des images.* ▷ Par ext. *Un artiste qui a enregistré des chansons à succès.* **5.** PHYS Recueillir les variations d'une grandeur (température, pression, etc.). **6.** Pp. adj. *Malle enregistrée.* – *Acte enregistré.* – *Émission, chanson enregistrées.*

enregistreur, euse [ɑ̃ʀəʒistʀœʀ, øz] adj. et n. m. TECH Qualifie un appareil capable d'enregistrer les variations d'une grandeur (vitesse, température, etc.). – *Caisse enregistreuse,* qui effectue mécaniquement des calculs. ▷ n. m. Appareil enregistreur.

enrhumé, ée [ɑ̃ʀyme] adj. Qui a un rhume.

enrhumer [ɑ̃ʀyme] v. [1] **1.** v. tr. Causer un rhume à. *Ce temps m'a enrhumé.* **2.** v. pron. Contracter un rhume.

enrichi, ie [ɑ̃ʀiʃi] adj. **1.** Péjor. Dont la fortune est récente. *Un négociant enrichi.* **2.** PHYS Se dit d'un corps dont la teneur en l'un de ses constituants a été augmentée. *Un minerai enrichi.* ▷ PHYS NUCL Qualifie un combustible nucléaire dont la teneur en matière fissile est plus élevée qu'à l'état naturel. *Uranium enrichi.*

enrichir [ɑ̃ʀiʃiʀ] v. [3] **I.** v. tr. **1.** Rendre riche. *Le commerce l'a enrichi.* Ant. appauvrir. **2.** Apporter qqch de précieux ou de nouveau à. *Enrichir un musée d'une œuvre célèbre.* – Fig. *Enrichir son esprit.* ▷ METALL Augmenter la teneur en métal d'un minerai par élimination des éléments stériles. ▷ PHYS NUCL Augmenter la teneur isotopique d'un corps radioactif en éliminant les isotopes indésirables. **II.** v. pron. Devenir riche. – Fig. *Son vocabulaire s'est enrichi.*

enrichissant, ante [ɑ̃ʀiʃisɑ̃, ɑ̃t] adj. Qui enrichit. – Fig. *Une expérience enrichissante.*

enrichissement [ɑ̃ʀiʃismɑ̃] n. m. Action d'enrichir, de s'enrichir; son résultat. *L'enrichissement d'un pays.* – Fig. *L'enrichissement d'une pensée.* ▷ METALL Procédé qui consiste à enrichir un minerai (lavage, flottation).

enrichisseur [ɑ̃ʀiʃisœʀ] n. m. Syn. (off. recommandé) de *starter.*

enrobage [ɑ̃ʀɔbaʒ] ou **enrobement** [ɑ̃ʀɔbmɑ̃] n. m. **1.** Action d'enrober. **2.** TECH Revêtement des électrodes de soudure servant à éviter l'oxydation du métal.

enrober [ɑ̃ʀɔbe] v. tr. [1] **1.** Recouvrir (un produit, une denrée) d'une couche qui le protège ou en améliore le goût. *Enrober un médicament.* ▷ Pp. *Une amande enrobée dans du sucre.* – Fig., fam. *Il est enrobé,* grassouillet. **2.** Fig. Envelopper pour atténuer ou déguiser. *Enrober un reproche dans une phrase aimable.*

enrochement [ɑ̃ʀɔʃmɑ̃] n. m. TECH Amoncellement de blocs de roche qui protège la base d'une digue, d'une jetée, etc., contre l'action des lames.

enrôlé, ée [ɑ̃ʀole] adj. et n. Inscrit sur les rôles de l'armée, *par ext.,* dans un groupe. ▷ Subst. *Les derniers enrôlés.*

enrôlement [ɑ̃ʀolmɑ̃] n. m. Action d'enrôler, de s'enrôler. *Un enrôlement forcé.* ▷ Document officiel attestant que l'on est enrôlé.

enrôler [ɑ̃ʀole] v. [1] **1.** v. tr. Inscrire sur les rôles de l'armée. *Enrôler des soldats.* – *Par ext.* Faire entrer dans un groupe. *Enrôler qqn dans un parti.* **2.** v. pron. *S'enrôler dans la marine.*

enrouement [ɑ̃ʀumɑ̃] n. m. Altération de la voix qui devient rauque et voilée.

enrouer [ɑ̃ʀwe] v. tr. [1] Rendre rauque, sourde (la voix). – Pp. adj. *Une voix enrouée.* ▷ v. pron. *S'enrouer à force de crier.*

enroulement [ɑ̃ʀulmɑ̃] n. m. **1.** Action d'enrouler; fait de s'enrouler. *L'enroulement d'un fil.* **2.** Ce qui forme une crosse, une spirale. *L'enroulement d'une volute.* **3.** ELECTR Bobinage obtenu en enroulant un fil conducteur.

enrouler [ɑ̃ʀule] v. tr. [1] Rouler plusieurs fois (une chose) sur elle-même ou autour d'une autre. *Enrouler une corde. Enrouler un câble sur un treuil.* Ant. dérouler. ▷ v. pron. *Câble qui s'enroule automatiquement.* – *Par ext.* S'envelopper dans. *S'enrouler dans une couverture.*

enrouleur, euse [ɑ̃ʀulœʀ, øz] adj. et n. m. Qui sert à enrouler. ▷ n. m. TECH Tambour sur lequel s'enroule un câble.

enrubanner [ɑ̃ʀybane] v. tr. [1] Garnir de rubans. – Pp. adj. *Un paquet enrubanné.*

ensablement [ɑ̃sabləmɑ̃] n. m. Action de remplir de sable; obstruction par le sable. ▷ Fait de s'ensabler.

ensabler [ɑ̃sable] v. [1] **I.** v. tr. Couvrir, remplir de sable. *Le vent a ensablé la route côtière.* – Pp. adj. *Une voie ensablée.* **II.** v. pron. **1.** Se recouvrir, se remplir de sable. *Le chenal s'ensable.* **2.** S'enfoncer dans le sable. *Véhicule qui s'est ensablé.*

ensachage [ɑ̃saʃaʒ] n. m. TECH Action d'ensacher.

ensacher [ɑ̃saʃe] v. tr. [1] Mettre dans un sac, un sachet.

ensanglanter [ɑ̃sɑ̃glɑ̃te] v. tr. [1] **1.** Tacher, couvrir de sang. *Une blessure qui ensanglante le visage.* – Pp. adj. *Des mains ensanglantées.* **2.** Souiller par un acte meurtrier. *Les exactions qui ont ensanglanté le pays.*

enseignant, ante [ɑ̃sɛɲɑ̃, ɑ̃t] adj. et n. Qui enseigne. – *Le corps enseignant :* l'ensemble des personnes chargées d'enseigner. ▷ Subst. Membre du corps enseignant.

1. enseigne [ɑ̃sɛɲ] n. f. **1.** Inscription, emblème placé sur la façade d'un établissement commercial. *L'enseigne d'un parfumeur.* ▷ Fig. *Être logés à la même enseigne :* se trouver dans la même situation. **2.** Signe de ralliement militaire. **3.** Loc. conj. *À telle enseigne que :* la preuve en est que.

2. enseigne [ɑ̃sɛɲ] n. m. *Enseigne de vaisseau :* officier de marine dont le grade correspond à celui de lieutenant *(enseigne de 1*[re] *classe)* ou de sous-lieutenant *(enseigne de 2*[e] *classe).*

enseignement [ɑ̃sɛɲmɑ̃] n. m. **1.** Action, manière d'enseigner; son résultat. *Enseignement des langues. Enseignement primaire, secondaire, supérieur, universitaire. Enseignement assisté par ordinateur (E.A.O.). Enseignement à distance :* V. encycl. ci-après. ▷ Organisation de l'instruction. *L'enseignement public ou privé.* – (Belgique) *Enseignement libre,* privé ou confessionnel. – *Enseignement général* (par oppos. à *enseignement technique* ou *professionnel).* **2.** Profession des enseignants. *Faire carrière dans l'enseignement.* **3.** Leçon donnée par l'exemple, l'expérience. *Les malheurs d'autrui doivent servir d'enseignement.*

ENCYCL D'abord synonyme d'enseignement par correspondance, l'*enseignement à distance* tire profit auj. des différentes techniques de l'information et de la communication. Il offre des services pédagogiques personnalisés ou collectifs dans toutes les disciplines, pour toutes les classes d'âge et pour tous les types de besoins. Ses avantages consistent surtout dans sa souplesse d'emploi (l'apprenant travaille à son rythme), ainsi que dans son efficacité en faveur de la socialisation de personnes ou de groupes marginalisés. L'enseignement à distance, tout en restant fidèle à sa vocation fondamentale (assurer l'accès à distance à des savoirs et savoir-faire), est appelé à s'intégrer de façon croissante aux pratiques didactiques et pédagogiques comme aux programmes éducatifs ou formatifs. L'avenir est sans doute dans la combinaison des enseignements traditionnels et à distance, ceux-ci complétant et renforçant ceux-là. Le développement des inforoutes ouvre par ailleurs considérablement les possibilités d'action et renforce le rôle que l'enseignement à distance peut jouer en faveur de la cohésion et de l'intégration sociales, notamment dans la perspective de la formation continue et de l'avènement d'une société planétaire informationnelle et cognitive.

enseigner [ɑ̃seɲe] v. tr. [1] Transmettre (un savoir théorique ou pratique). *Enseigner le latin, la danse.* – Par anal. *L'expérience nous enseigne que...* ▷ (S. comp.) Exercer la profession d'enseignant.

ensellement [ɑ̃sɛlmɑ̃] n. m. GEOL Col peu marqué entre deux collines.

ensellure [ɑ̃selyʀ] n. f. ANAT Concavité postérieure de la portion lombaire de la colonne vertébrale.

ensemble [ɑ̃sɑ̃bl] adv. et n. m. **I.** adv. **1.** L'un avec l'autre, les uns avec les autres. *Ils vivent ensemble.* **2.** Simultanément. *Démarrer ensemble.* ▷ (Afr. subsah., Belgique, Suisse, Luxembourg) *Ensemble avec :* en compagnie de, en collaboration avec. *Il travaille ensemble avec son père.* **II.** n. m. **1.** Groupe d'éléments considérés globalement. *L'ensemble des habitants d'un pays. Une vue d'ensemble.* ▷ MATH Collection d'objets ou d'identités (les éléments) désignés par le même mot ou la même expression. *Ensemble des entiers naturels* (0, +1, +2...). *Théorie des ensembles :* la partie des mathématiques qui étudie les propriétés des ensembles (V. encycl. ci-après.) ▷ Loc. adv. *Dans l'ensemble :* d'une façon générale, en gros. **2.** Groupe d'éléments unis par des traits communs. *Un ensemble de chefs-d'œuvre.* ▷ Costume de femme composé de plusieurs pièces assorties. ▷ *Grand ensemble :* vaste groupe de hauts immeubles, conçu comme une unité architecturale et destiné à abriter une population nombreuse. ▷ TECH Objet complexe constitué d'un grand nombre de composants. **3.** Accord, harmonie entre des éléments, concourant à un effet unique. *Des mouvements de gymnastique exécutés avec un ensemble irréprochable.*

ENCYCL **Math.** – Un ensemble peut être défini soit par la connaissance individuelle de ses éléments (ensemble des élèves d'une classe), soit par l'énoncé de propriétés restrictives caractérisant l'élément générique au sein d'un ensemble plus vaste (ensemble des Français nés entre le 1er janv. 1959 et le 31 déc. 1962). La *théorie des ensembles* est due au mathématicien Cantor (1880). Approfondie depuis, elle est devenue l'un des fondements des mathématiques en donnant à toutes ses branches une base commune de travail. On considère surtout les opérations portant sur les ensembles de nombres : ensemble N des entiers naturels, ensemble Z des entiers relatifs, Q des nombres rationnels, R des nombres réels. La *théorie des catégories,* introduite en 1945, est une généralisation de la théorie des ensembles. Une catégorie est formée d'une classe, notée *Ob*(ℂ), dont les éléments sont appelés *objets* de ℂ, et d'une classe, notée *Mor*(ℂ), dont les éléments sont appelés *morphismes.* Par exemple, la catégorie des ensembles est la catégorie dont les objets sont les ensembles et dont les morphismes sont les applications.

ensemblier, ère [ɑ̃sɑ̃blije, ɛʀ] n. Artiste qui combine des ensembles décoratifs.

ensemencement [ɑ̃smɑ̃smɑ̃] n. m. Action d'ensemencer.

ensemencer [ɑ̃smɑ̃se] v. tr. [**12**] **1.** Mettre de la semence dans (la terre). **2.** Introduire des spores (bactéries, champignons, etc.) dans (un milieu de culture). ▷ *Ensemencer une rivière, un étang,* en les peuplant d'alevins. **3.** *Ensemencer un nuage,* y introduire des particules de matière (neige carbonique par ex.) pour provoquer la pluie.

enserrer [ɑ̃seʀe] v. tr. [**1**] Entourer en serrant. *Une ceinture lui enserrait la taille.* – Par anal. *Un champ enserré par la forêt.*

ensevelir [ɑ̃səvliʀ] v. [**3**] **I.** v. tr. **1.** Inhumer, enterrer. *Ensevelir un mort.* **2.** Recouvrir d'un amoncellement de matériaux. *La lave du volcan a enseveli le village.* ▷ Pp. adj. Fig. *Un souvenir enseveli au fond de la mémoire.* **II.** v. pron. Fig. S'enfoncer dans. *S'ensevelir dans la douleur, la solitude.*

ensevelissement [ɑ̃səvlismɑ̃] n. m. Action d'ensevelir.

ensilage [ɑ̃silaʒ] n. m. AGRIC Action d'ensiler.

ensiler [ɑ̃sile] v. tr. [**1**] AGRIC Mettre en silo.

en-soi [ɑ̃swa] n. m. inv. PHILO Nature propre de la chose, au-delà de ce que nous en percevons ou connaissons. *Les existentialistes opposent l'en-soi au pour-soi.*

ensoleillement [ɑ̃sɔlɛjmɑ̃] n. m. État de ce qui est ensoleillé. *L'ensoleillement des collines.* ▷ *Durée d'ensoleillement d'un lieu :* temps pendant lequel il demeure ensoleillé.

ensoleiller [ɑ̃sɔleje] v. tr. [**1**] (Surtout au passif.) Éclairer, échauffer par la lumière du soleil. *Pièce ensoleillée.* ▷ Fig. Rendre radieux (par l'éclat de la beauté, de la grâce, du bonheur, etc.). *Ce souvenir ensoleille ma vie.*

ensommeillé, ée [ɑ̃sɔmeje] adj. Gagné ou engourdi par le sommeil.

Ensor (James) (1860 – 1949), peintre et graveur belge, né et mort à Ostende. D'abord proche des impressionnistes (*l'Après-midi à Ostende,* 1881), il devint rapidement l'un des précurseurs de l'expressionnisme. D'une manière goguenarde et cruelle, il raille les tares de ses semblables, dénonce les vices de la société, crée un univers obsessionnel de masques et de squelettes, rendu par des couleurs violentes et des formes tumultueuses (*Squelette regardant des chinoiseries,* 1887; *les Masques et la Mort,* 1888). Son chef-d'œuvre est *l'Entrée du Christ à Bruxelles* (1888, musée d'Anvers).

ensorcelant, ante [ɑ̃sɔʀsəlɑ̃, ɑ̃t] adj. Fig. Qui ensorcelle. *Un sourire ensorcelant.*

ensorceler [ɑ̃sɔʀsəle] v. tr. [**19**] **1.** Mettre sous le pouvoir d'un sortilège. **2.** Fig. Exercer sur (qqn) un charme, une influence irrésistible.

ensorceleur, euse [ɑ̃sɔʀsəlœʀ, øz] n. (et adj.) Personne qui ensorcelle (sens 2).

ensorcellement [ɑ̃sɔʀsɛlmɑ̃] n. m. Fait d'ensorceler ou d'être ensorcelé.

ensuite [ɑ̃sɥit] adv. **1.** Après (dans le temps). *Réfléchissez d'abord, vous répondrez ensuite.* **2.** Après (dans l'espace). *Au premier plan se trouvaient les parterres, ensuite les bassins.*

ensuivre (s') [ɑ̃sɥivʀ] v. pron. [**62**] (Usité seulement à l'inf. et aux 3e pers. du sing. et du plur.) Survenir, se produire par voie de conséquence; découler logiquement. *Frapper (qqn) jusqu'à ce que mort s'ensuive.* – Impers. *Il s'ensuit que...* ▷ Loc. *Et tout ce qui s'ensuit :* et tout ce qui vient après cela, se rattache à cela.

entablement [ɑ̃tabləmɑ̃] n. m. **1.** ARCHI Partie supérieure d'un édifice au-dessus d'une colonnade, qui comprend l'architrave, la frise et la corniche. ▷ Partie (en saillie ou non) du sommet des murs d'un édifice, sur laquelle repose la charpente de la toiture. **2.** TECH Corniche ou saillie couronnant certains objets. *Entablement d'un meuble.*

entacher [ɑ̃taʃe] v. tr. [**1**] **1.** Souiller, flétrir moralement. *Faute qui entache l'honneur.* **2.** Diminuer le mérite, la valeur de. *Longueurs qui entachent un ouvrage.* ▷ Pp. DR *Acte entaché de nullité,* contenant un vice de forme ou passé par un incapable (sens 2).

entaillage [ɑ̃tajaʒ] n. m. Action d'entailler.

entaille [ɑ̃taj] n. f. **1.** Coupure dans une pièce de bois, une pierre, etc., dont on enlève une partie. *Entailles à mi-bois, en sifflet,* pour ajuster deux pièces. **2.** *Par anal.* Coupure profonde faite dans les chairs.

entailler [ɑ̃taje] v. tr. (et intr.) [**1**] **1.** Faire une entaille à. ▷ Par anal. *Un tesson lui a entaillé le pied.* ▷ v. pron. *Il s'est entaillé le visage.* **2.** (Québec) AGRIC Percer l'écorce d'un érable et y fixer une goudrelle pour en recueillir la sève. ▷ v. intr. Mettre une érablière en exploitation.

entame [ɑ̃tam] n. f. **1.** Premier morceau coupé d'un pain, d'un rôti, etc. *L'entame d'un jambon.* **2.** Première carte jouée dans une partie.

entamer [ɑ̃tame] v. tr. [**1**] **I. 1.** Faire une incision, une coupure à. *Entamer la peau.* **2.** Couper un premier morceau dans. *Entamer un rôti.* ▷ Commencer d'employer ou de consommer. *Entamer son capital.* **3.** Commencer à détruire ou à désorganiser; ébranler. *Entamer la résistance d'un ennemi.* ▷ Fig. *Entamer la résolution, l'assurance, les convictions de qqn.* **4.** (Choses) Couper, attaquer, pénétrer dans. *L'acide entame certains métaux.* ▷ Fig. Porter atteinte à. *Ces rumeurs finiront par entamer son crédit.* **II.** Commencer, entreprendre. *Entamer un débat, un procès.* ▷ *Absol.* Au jeu de cartes, être le premier à jouer. **III.** Pp. adj. *Un sachet de bonbons entamé.*

entartrage [ɑ̃taʀtʀaʒ] n. m. TECH Formation d'un tartre, d'un dépôt calcaire (sur les parois d'un récipient, d'une chaudière, etc.).

entartrer [ɑ̃taʀtʀe] v. tr. [**1**] Produire l'entartrage de. – Pp. *Une bouilloire entartrée.* ▷ v. pron. *Les canalisations s'entartrent.*

entassement [ɑ̃tasmɑ̃] n. m. **1.** Action d'entasser. *L'entassement de gerbes en meules.* ▷ Ensemble de choses mises en tas, amassées ou accumulées. *Un entassement de livres.* **2.** Fait de s'entasser, d'être entassé.

entasser [ɑ̃tɑse] v. tr. [**1**] **1.** Mettre en tas. *Entasser des fagots.* ▷ Amasser, accumuler. *Entasser de la paille dans une grange.* – Fig. *Entasser une fortune, des connaissances.* ▷ v. pron. *La neige s'entassait en congères.* **2.** Réunir, serrer dans un lieu étroit (des personnes). ▷ v. pron. *Spectateurs qui s'entassent sur des gradins.*

Entebbe, v. de l'Ouganda, sur la rive N. du lac Victoria; 42 000 hab. Aéroport international de Kampala. – Jardin botanique (créé en 1901) et zoo.

entéléchie [ɑ̃teleʃi] n. f. PHILO Chez Aristote, accomplissement suprême d'une chose, totalement réalisée dans son essence.

entelle [ɑ̃tɛl] n. m. Grand singe gris (*Semnopithecus entellus*) de l'Inde du Nord. Syn. langur.

entendant, ante [ɑ̃tɑ̃dɑ̃, ɑ̃t] adj. et n. Se dit d'une personne dont les facultés auditives ne sont pas atteintes.

entendement [ɑ̃tɑ̃dmɑ̃] n. m. PHILO Faculté de concevoir et de comprendre. *Les philosophes ont opposé l'entendement tantôt à la volonté, tantôt à la sensibilité et à la raison (cartésiens et kantiens).* – Forme logique et discursive de la pensée. ▷ Cour. Intelligence, compréhension. *Voilà qui dépasse mon entendement.*

entendeur [ɑ̃tɑ̃dœʀ] n. m. Loc. *À bon entendeur, salut! :* que celui qui a compris ce que l'on vient de dire en fasse son profit (formule d'avertissement).

entendre [ɑ̃tɑ̃dʀ] v. tr. [**6**] **I. 1.** Litt. Percevoir le sens de, saisir par l'intelligence, comprendre. *Il n'entendra pas ces subtilités. – Ne pas entendre malice, moquerie à qqch :* ne pas y mettre (ou ne pas y voir) de malice, de moquerie. ▷ Cour. *Que faut-il entendre par...? – Faire, laisser, donner à entendre que :* insinuer que. **2.** (Personnes) Vouloir dire. *Qu'entendez-vous par là?* **3.** Avoir l'intention, la volonté de. *J'entends qu'on me respecte,* ou *être respecté. – Que chacun fasse comme il l'entend,* selon sa manière, sa conviction ou sa convenance. **II. 1.** Percevoir (un, des sons), saisir par l'ouïe. *Entendre un bruit.* – (S. comp.) *Il n'entend pas de l'oreille droite.* ▷ *Entendre dire une* *chose, en entendre parler,* l'apprendre, en être informé par qqn ou par la rumeur publique. – *Ne pas vouloir entendre parler d'une chose :* se refuser à la connaître. – *On n'entend plus parler de lui :* on n'a plus de ses nouvelles. ▷ *Faire entendre :* produire, émettre (un bruit, un son). *Une voix se fit entendre.* ▷ Loc. fig. *Ne pas l'entendre de cette oreille(-là) :* être d'un avis différent ou contraire. **2.** Prêter l'oreille, prêter attention à. *Entendez-moi, ensuite vous jugerez.* ▷ Écouter. *Aller entendre un conférencier.* ▷ *À l'entendre :* à le croire. **III.** v. pron. **1.** (Passif) Être compris. *Cette phrase ne peut s'entendre que dans un sens.* – *(Cela) s'entend :* bien entendu, cela va de soi. **2.** (Récipr.) Se comprendre l'un l'autre. *S'entendre à demi-mot.* ▷ Être en bonne intelligence. *Nous nous entendons parfaitement. S'entendre avec qqn.* – Se mettre d'accord. *Ils se sont entendus sur la marche à suivre.* **3.** (Réfl.) *S'entendre à :* être compétent dans, habile à. *Il s'entend à la peinture.* – Litt. *S'entendre en :* être versé dans. – Cour. *Il s'y entend :* il s'y connaît. **4.** (Passif) Être entendu, perçu par l'ouïe. *Sa voix s'entendait parmi toutes les autres.* – (Récipr.) *On ne s'entend plus dans ce vacarme.* – (Réfl.) *Vous ne vous entendez donc pas ?*

entendu, ue [ɑ̃tɑ̃dy] adj. **1.** Compris, et, par ext., convenu, conclu. *L'affaire est entendue. C'est (bien) entendu.* – Ellipt. *Entendu !* ▷ (Par concession.) *J'ai manqué d'à-propos, c'est entendu, mais vous-même n'avez pas été plus prompt.* ▷ Loc. adv. *Bien entendu :* assurément, cela va de soi. **2.** *Bien (mal) entendu :* bien (mal) compris, conçu. *Un civisme bien entendu se conçoit-il sans justice sociale ?* **3.** Cour. *Air, sourire entendu,* de qqn qui sait, ou qui veut marquer sa complicité ou sa supériorité.

enténébrer [ɑ̃tenebʀe] v. tr. **[14]** Litt. Plonger dans les ténèbres. – Fig. Assombrir, affliger. *Une existence enténébrée d'incessants malheurs.*

entente [ɑ̃tɑ̃t] n. f. **1.** *Mot, phrase à double entente,* que l'on peut comprendre, interpréter de deux façons. **2.** Fait d'être ou de se mettre d'accord; bonne intelligence. *Entente qui règne dans une famille.* ▷ Accord entre des groupes, des sociétés, des pays. *Entente commerciale.* ▷ DR Accord ou action concertée, en principe interdits, ayant pour but ou pour effet d'entraver ou d'annuler le jeu de la concurrence. ▷ Loc. (Suisse) *D'entente avec :* en accord avec.

Entente (Petite-), pacte d'assistance mutuelle conclu entre le royaume des Serbes, Croates et Slovènes (qui devint la Yougoslavie* en 1929), la Roumanie et la Tchécoslovaquie en 1920-1921. La Petite-Entente, qui bénéficiait de l'appui de la France, visait notam. à empêcher toute restauration des Habsbourg en Hongrie, à isoler l'U.R.S.S. et à prendre l'Allemagne à revers. La réoccupation de la Rhénanie par l'Allemagne (1936) l'ébranla et les accords de Munich (1938) la disloquèrent.

Entente (Triple-) ou, absol., **Entente (l'),** alliance conclue en 1907 entre la Russie, la France et la Grande-Bretagne contre l'Allemagne et l'Autriche-Hongrie.

Entente balkanique, pacte de défense commune signé en 1934 par la Grèce, la Roumanie, la Turquie et la Yougoslavie. L'Allemagne nazie sut diviser les chefs des gouvernements signataires de cet accord qui, de fait, n'entra pas en application.

Entente cordiale, convention de bons rapports entre la France et la Grande-Bretagne (une première fois sous Louis-Philippe, puis en 1904).

entér(o)-, -entère. Éléments, du gr. *enteron,* «intestin».

enter [ɑ̃te] v. tr. **[1]** **1.** ARBOR Greffer. *Enter un prunier.* **2.** TECH Ajuster ou abouter deux pièces de bois.

entériner [ɑ̃teʀine] v. tr. **[1]** **1.** DR Rendre valable en ratifiant juridiquement. *Entériner un jugement.* **2.** Fig. Établir ou admettre comme valable, assuré, définitif. *Entériner un projet.*

entérique [ɑ̃teʀik] adj. MED Qui a rapport aux intestins.

entérite [ɑ̃teʀit] n. f. MED Inflammation de la muqueuse intestinale, qui s'accompagne de diarrhée et parfois d'hémorragie.

entérobactéries [ɑ̃teʀobakteʀi] n. f. pl. Famille de bactéries gram négatives, certaines pathogènes, qui se trouvent notam. dans le tube digestif de l'homme et des animaux. – Sing. *Le colibacille est une entérobactérie.*

entérocolite [ɑ̃teʀokɔlit] n. f. MED Inflammation simultanée des muqueuses de l'intestin grêle et du côlon.

entérocoque [ɑ̃teʀokɔk] n. m. MICROB Streptocoque dont la présence, normale dans l'intestin, peut devenir pathogène pour d'autres organes.

entéropneustes [ɑ̃teʀopnøst] n. m. pl. ZOOL Classe d'hémicordés marins longs de 3 cm à 2,50 m, vermiformes, vivant enfouis dans le sable ou la vase, dont le type est le *balanoglosse.* – Sing. *Un entéropneuste.*

entéroscopie [ɑ̃teʀɔskɔpi] n. f. Didac. Divination par examen des viscères des victimes des sacrifices.

enterrement [ɑ̃tɛʀmɑ̃] n. m. **1.** Action de mettre un mort en terre. Syn. inhumation. **2.** Ensemble des cérémonies funéraires qui accompagnent un enterrement. *Un enterrement civil, religieux.* ▷ Fig., fam. *Faire, avoir une tête d'enterrement :* avoir l'air triste. **3.** Convoi funèbre. *Regarder passer un enterrement.* **4.** Fig. Fait de laisser tomber dans l'oubli. *L'enterrement d'une affaire.*

enterrer [ɑ̃teʀe] v. tr. **[1]** **1.** Inhumer, mettre (un corps) en terre. **2.** Assister aux obsèques de. *Je suis allé enterrer un ami.* ▷ Loc. fig. *Il nous enterrera tous :* il nous survivra. ▷ *Enterrer sa vie de garçon :* pour un jeune homme, passer une dernière soirée avant de se marier, en faisant la fête avec ses amis. **3.** Enfouir dans la terre. *Enterrer une canalisation.* ▷ *Par ext.* Recouvrir par amoncellement. *Les locataires ont été enterrés sous les décombres de l'immeuble.* **4.** Fig. Laisser tomber dans l'oubli. *Enterrer un projet.* **5.** v. pron. Se retirer. *Il est allé s'enterrer à la campagne.*

entêtant, ante [ɑ̃tetɑ̃, ɑ̃t] adj. Qui entête.

en-tête [ɑ̃tɛt] n. m. Inscription imprimée ou gravée, à la partie supérieure de papiers utilisés pour la correspondance. *Papier à en-tête. Des en-têtes.*

entêté, ée [ɑ̃tete] adj. et n. Qui a l'habitude de s'entêter, obstiné. *Un enfant entêté.* Syn. têtu. ▷ Subst. *C'est un entêté.*

entêtement [ɑ̃tɛtmɑ̃] n. m. Fait de s'entêter. *Faire preuve d'entêtement.* ▷ Caractère d'une personne entêtée.

entêter [ɑ̃tete] v. **[1]** **1.** v. tr. Étourdir par des émanations qui montent à la tête. *Le parfum entête.* **2.** v. pron. Persister dans ses résolutions sans tenir compte des circonstances. *Malgré les conseils, il s'entête à partir.* Syn. s'obstiner.

enthalpie [ɑ̃talpi] n. f. PHYS Grandeur thermodynamique (H), définie par la relation H = U + PV (U : énergie interne, P : pression, V : volume).

enthousiasmant, ante [ɑ̃tuzjasmɑ̃, ɑ̃t] adj. Qui suscite l'enthousiasme. *Une nouvelle enthousiasmante.*

enthousiasme [ɑ̃tuzjasm] n. m. **1.** Litt. Exaltation des facultés de l'âme et de l'esprit, chez l'artiste, l'écrivain, le créateur, sous l'effet de l'inspiration. *Enthousiasme poétique.* ▷ Cour. *Travailler sans enthousiasme,* sans entrain. **2.** Émotion intense se traduisant par de grandes démonstrations de joie. *Mouvements, débordements d'enthousiasme.* **3.** Admiration manifestée avec ardeur. *Parler d'un auteur avec enthousiasme.*

enthousiasmer [ɑ̃tuzjasme] v. **[1]** **1.** v. tr. Provoquer l'enthousiasme de. *Cette œuvre m'a enthousiasmé.* **2.** v. pron. Devenir enthousiaste. *S'enthousiasmer pour un projet.*

enthousiaste [ɑ̃tuzjast] adj. et n. Qui ressent ou manifeste de l'enthousiasme. *Un accueil enthousiaste.*

enthymème [ɑ̃timɛm] n. m. LOG Syllogisme réduit à deux propositions. *«Je suis homme; je suis donc sujet à l'erreur» est un enthymème dans lequel la proposition «or tout homme est sujet à l'erreur» est sous-entendue.*

enticher (s') [ɑ̃tiʃe] v. pron. **[1]** *S'enticher de :* se prendre d'un grand attachement, d'un attachement excessif pour. *Elle s'est entichée d'un inconnu.* – Pp. adj. *Entiché de :* immodérément attaché à. *Un jeune homme entiché de sport.*

entier, ère [ɑ̃tje, ɛʀ] adj. et n. m. **1.** (Après le nom.) À quoi rien ne manque. *Une boîte de gâteaux entière.* Syn. complet. Ant. entamé. – *Cheval entier,* qui n'a pas été castré. Ant. cheval hongre. ▷ MATH *Nombre entier :* nombre formé d'une somme d'unités (par oppos. à *nombre fractionnaire, décimal,* etc.). – *Partie entière d'un nombre,* celle qui se trouve à gauche de la virgule (par oppos. à la *partie décimale*). ▷ n. m. *Un entier :* un nombre entier. *L'ensemble des entiers naturels,* noté N (0, 1, 2, 3,...). *L'ensemble des entiers relatifs,* noté Z (..., – 2, – 1, 0, + 1, + 2,...). – *Entier de Gauss :* nombre complexe Z = *a* + *bi,* dans lequel *a* et *b* sont des entiers rationnels. **2.** (Après le nom.) Dans toute son étendue. *Connaître l'œuvre entière d'un auteur.* – Dans toute la durée. *Attendre une heure entière, une année entière.* – *Payer place entière,* sans réduction de prix. ▷ *Tout entier :* absolument entier. *La ville tout entière s'est déplacée pour voir la course.* ▷ Loc. *Dans son (leur, etc.) entier* ou *en entier :* en totalité. *Traiter un problème en entier.* **3.** (Avant ou après le nom.) Absolu, sans réserve. *Avoir en qqn une confiance pleine et entière.* **4.** (Après le nom.) D'un caractère tranché, peu enclin aux nuances. *C'est un homme entier.*

entièrement [ɑ̃tjɛʀmɑ̃] adv. Tout à fait, complètement. *Une maison entièrement détruite.* Syn. totalement.

entièreté [ɑ̃tjɛʀte] n. f. Intégralité, totalité.

entité [ɑ̃tite] n. f. PHILO **1.** Ce qui constitue l'essence d'un être, d'une chose. **2.** Objet de pensée qui existe en soi, en dehors de tout contexte. **3.** (Belgique) Unité administrative formée par plusieurs communes qui ont fusionné.

entoilage [ɑ̃twalaʒ] n. m. **1.** Action d'entoiler. **2.** Toile ayant servi à entoiler.

entoiler [ɑ̃twale] v. tr. [1] **1.** Fixer sur une toile. *Entoiler une carte de géographie.* **2.** Garnir de toile. *Entoiler une brochure,* pour la relier.

entomo-. Élément, du gr. *entomon,* «insecte».

entomologie [ɑ̃tɔmɔlɔʒi] n. f. Partie de la zoologie qui traite des insectes.

entomologique [ɑ̃tɔmɔlɔʒik] adj. Qui a rapport à l'entomologie.

entomologiste [ɑ̃tɔmɔlɔʒist] n. Spécialiste de l'entomologie.

entomophage [ɑ̃tɔmɔfaʒ] adj. Didac. Qui se nourrit d'insectes. *Plante entomophage ou carnivore.*

entomophile [ɑ̃tɔmɔfil] adj. BOT Qualifie les plantes (orchidées, sauges, etc.) dont la pollinisation est assurée par les insectes.

entomostracés [ɑ̃tɔmɔstʀase] n. m. pl. ZOOL Ensemble des crustacés autres que les malacostracés, qui comprend notam. les branchiopodes, les cirripèdes et les copépodes. – Sing. *Un entomostracé.*

1. entonner [ɑ̃tɔne] v. tr. [1] Mettre en tonneau. ▷ Fig., fam. Manger goulûment.

2. entonner [ɑ̃tɔne] v. tr. [1] Commencer à chanter. *Entonner la Marseillaise.* – Fig. *Entonner les louanges de qqn.*

entonnoir [ɑ̃tɔnwaʀ] n. m. **1.** Instrument de forme conique servant à verser un liquide dans un récipient à goulot étroit. ▷ *En entonnoir :* en forme d'entonnoir. **2.** Excavation produite dans le sol par l'explosion d'une mine, d'un obus.

entorse [ɑ̃tɔʀs] n. f. **1.** Lésion douloureuse par élongation ou déchirure d'un ou des ligaments d'une articulation, due à un traumatisme et accompagnée d'un œdème. *Une entorse à la cheville.* **2.** Fig. *Faire une entorse à :* contrevenir exceptionnellement à. *Faire une entorse au règlement.*

entortillement [ɑ̃tɔʀtijmɑ̃] ou **entortillage** [ɑ̃tɔʀtijaʒ] n. m. Action de s'entortiller; état de ce qui est entortillé.

entortiller [ɑ̃tɔʀtije] v. [1] **I.** v. tr. **1.** Envelopper dans qqch que l'on tortille. *Entortiller des bonbons dans du papier.* **2.** Enrouler (qqch) autour d'un objet. *Entortiller une ficelle autour d'un paquet.* **3.** Fig. *Entortiller qqn,* l'amener insidieusement à faire ce que l'on désire. **4.** Fig. Rendre obscur par l'emploi de circonlocutions, de périphrases. *Entortiller une réponse.* – Pp. adj. *Des phrases entortillées.* **II.** v. pron. **1.** S'enrouler. *Serpent qui s'entortille autour d'une branche.* ▷ Fam. S'envelopper. *S'entortiller dans son manteau.* **2.** Fig. S'embrouiller. *S'entortiller dans ses explications.*

entour [ɑ̃tuʀ] n. m. Litt. (Plur.) *Les entours :* les environs. *Les entours d'une place.* ▷ Loc. adv. *À l'entour :* alentour. ▷ Loc. prép. *À l'entour de :* dans les environs de.

entourage [ɑ̃tuʀaʒ] n. m. **1.** Ce qui entoure pour protéger, orner, etc. *L'entourage d'un massif.* ▷ (Madag.) *Spécial.* Clôture qui entoure une propriété. **2.** Ensemble des personnes qui vivent habituellement auprès de qqn. *Avoir de bons rapports avec son entourage.*

entouré, ée [ɑ̃tuʀe] adj. Recherché, admiré ou aidé par de nombreuses personnes.

entourer [ɑ̃tuʀe] v. tr. [1] **1.** Être autour de. *Les murs qui entourent le jardin. – L'ennemi entoure la ville,* la cerne. **2.** Mettre, disposer autour de. *Entourer son cou d'une écharpe.* **3.** Former l'environnement, l'entourage de (qqn). *Les gens qui nous entourent.* **4.** Aider (qqn), être prévenant, attentionné envers lui. **5.** v. pron. *S'entourer de :* réunir autour de soi. *S'entourer d'amis.* – Fig. *S'entourer de précautions.*

entourloupette [ɑ̃tuʀlupɛt] ou **entourloupe** [ɑ̃tuʀlup] n. f. Fam. Mauvais tour; tromperie.

entournure [ɑ̃tuʀnyʀ] n. f. Emmanchure. *Veste qui gêne aux entournures.* ▷ Fig. *Être gêné aux entournures :* ne pouvoir agir à sa guise; avoir des difficultés financières.

entr(e)-. Préf., du lat. *inter.* **1.** Exprimant l'espace, l'intervalle qui sépare deux choses. Ex. : *entracte.* **2.** Exprimant la réciprocité. Ex. : *s'entraider, s'entrechoquer.* **3.** Exprimant une action qui ne se fait qu'incomplètement. Ex. : *entrebâiller, entrapercevoir.*

entracte [ɑ̃tʀakt] n. m. Intervalle qui sépare un acte d'un autre dans la représentation d'une pièce de théâtre, une partie d'une autre dans un spectacle. ▷ Fig. Temps de repos, d'interruption. *Se ménager un entracte dans une journée de travail.*

entraide [ɑ̃tʀɛd] n. f. Action de s'entraider; son résultat. *Comité d'entraide.*

entraider (s') [ɑ̃tʀede] v. pron. [1] S'aider mutuellement.

entrailles [ɑ̃tʀɑj] n. f. pl. **1.** Ensemble des viscères renfermés dans l'abdomen et dans la poitrine de l'homme et de l'animal; intestins, boyaux. **2.** Litt. Sein de la mère. *Le fruit de vos entrailles :* votre enfant. **3.** Litt. Lieux les plus profonds. *Les entrailles de la Terre.* **4.** Fig., litt. Cœur, siège de la sensibilité, de l'affection. *Être sans entrailles,* sans cœur, incapable d'affection.

entrain [ɑ̃tʀɛ̃] n. m. **1.** Gaieté franche et communicative. *Avoir de l'entrain.* **2.** Zèle, ardeur. *Travailler avec entrain.* **3.** Vivacité, mouvement. *Comédie pleine d'entrain.*

entraînant, ante [ɑ̃tʀɛnɑ̃, ɑ̃t] adj. Qui entraîne par sa vivacité communicative. *Musique entraînante.*

entraînement [ɑ̃tʀɛnmɑ̃] n. m. **1.** Action d'entraîner. *Céder à l'entraînement des passions.* **2.** MECA Communication du mouvement d'un mécanisme moteur. *Courroie d'entraînement du ventilateur d'une voiture.* **3.** Préparation (d'une personne, d'un animal) à une épreuve sportive. *L'entraînement d'un lutteur.* ▷ *Par ext.* Préparation à un exercice quelconque.

entraîner [ɑ̃tʀɛne] v. tr. [1] **I. 1.** Traîner avec soi (qqch). *Avalanche qui entraîne tout sur son passage.* **2.** Emmener, conduire (qqn) par la force. *Les agents l'entraînèrent au poste.* ▷ Conduire (qqn) avec soi. *Il l'avait entraîné à l'écart.* – Fig. *Ce sont des escrocs qui l'ont entraîné dans cette affaire.* **3.** Pousser (qqn) à faire (qqch) en exerçant une pression sur son esprit, sur sa volonté. *Entraîner qqn au mal. Il s'est laissé entraîner par la colère.* **4.** Avoir pour résultat, pour conséquence nécessaire. *Les maux que la guerre entraîne. La proposition A entraîne la proposition B.* **II.** MECA Mettre en mouvement (qqch). *Moteur électrique qui entraîne un mécanisme.* – *Spécial.* Communiquer le mouvement d'un mécanisme moteur à. *Un galet entraîne le plateau de l'électrophone.* **III.** SPORT **1.** Préparer (une personne, un animal) à une compétition. – *Par ext.* Préparer (qqn) à un exercice quelconque. **2.** v. pron. Pratiquer un entraînement sportif. ▷ *S'entraîner à :* s'exercer à. *S'entraîner au tir.*

entraîneur [ɑ̃tʀɛnœʀ] n. m. **1.** Celui qui entraîne des chevaux de course. ▷ Celui qui entraîne des sportifs. **2.** *Entraîneur d'hommes :* celui qui est apte à entraîner beaucoup de gens, à emporter leur adhésion. *Un orateur brillant, un remarquable entraîneur d'hommes.*

entraîneuse [ɑ̃tʀɛnøz] n. f. Femme qui, dans un cabaret, un dancing, entraîne les clients à consommer, à danser.

entrant, ante [ɑ̃tʀɑ̃, ɑ̃t] adj. et n. Qui entre (dans un corps, un groupe). *Les députés entrants :* ceux qui viennent d'être élus. ▷ Subst. (Surtout au plur.) *Les entrants et les sortants.*

entrapercevoir ou **entr'apercevoir** [ɑ̃tʀapɛʀsəvwaʀ] v. tr. [5] Apercevoir à peine, fugitivement. *Je l'ai entraperçu, il avait l'air pressé.* ▷ v. pron. *Ils se sont entraperçus.*

entrave [ɑ̃tʀav] n. f. **1.** Lien que l'on attache aux jambes de certains animaux pour les empêcher de s'éloigner, de ruer. *Mettre des entraves à un cheval.* – Par ext. *Prisonnier chargé d'entraves.* **2.** Fig. Ce qui gêne, ce qui asservit. *Se libérer des entraves de la dictature.*

entravé, ée [ɑ̃tʀave] adj. **1.** À qui l'on a mis des entraves. *Cheval entravé.* – Fig. *Libertés entravées.* **2.** *Jupe entravée,* très resserrée dans le bas. **3.** PHON *Voyelle entravée,* suivie de deux consonnes dont la première forme syllabe avec elle (comme dans *par-tir*).

entraver [ɑ̃tʀave] v. tr. [1] **1.** Mettre des entraves à (un animal). *Entraver un cheval.* **2.** Fig. Gêner, retarder. *Entraver le cours de la justice.*

entre-. V. entr(e)-.

entre [ɑ̃tʀ] prép. **1.** Dans l'espace qui s'étend d'un lieu à un autre. *Distance entre deux villes.* ▷ Dans l'espace qui sépare deux personnes, deux choses. *Le jardin s'étendait entre la maison et le chemin. Entre parenthèses.* **2.** Dans l'intervalle qui sépare deux états, deux situations. *Entre la vie et la mort. Flotter entre l'impatience et la crainte.* – Loc. *Entre deux âges :* à l'âge mûr. – *Entre chien et loup :* V. chien. **3.** Dans un intervalle de temps. *Venez entre midi et deux heures.* **4.** Parmi (les éléments d'un ensemble). *Quel est le meilleur d'entre eux?* – Loc. *Entre autres, entre autres choses :* particulièrement, parmi d'autres personnes, d'autres choses que l'on évoque. *Il y a plusieurs responsables, vous, entre autres.* ▷ Au milieu de. *S'étendre entre les fleurs.* – Loc. *Entre nous :* de manière confidentielle; en tête à tête. *Entre nous, qu'en avez-vous fait? Venez ce soir, nous en parlerons entre nous.* **5.** (Exprimant la réciprocité.) *Ils se livraient entre eux à des guerres sans merci.* **6.** (Exprimant une relation, un rapport de comparaison, d'opposition, etc.) *Comparer deux objets entre eux.*

entrebâillement [ɑ̃tʀəbajmɑ̃] n. m. Espace laissé par ce qui est entrebâillé. *Apercevoir qqn dans l'entrebâillement d'une porte.*

entrebâiller [ɑ̃tʀəbaje] v. tr. [1] Ouvrir à demi. *Entrebâiller une porte.* – Pp. adj. *Une fenêtre entrebâillée.*

entrechat [ɑ̃tʀəʃa] n. m. CHOREGR Saut léger pendant lequel le danseur croise ou entrechoque les pieds rapidement et à plusieurs reprises. ▷ Cour. Saut.

entrechoquer [ɑ̃tʀəʃɔke] v. tr. [1] Choquer, heurter l'un contre l'autre. ▷ v. pron. *Évitez que les verres ne s'entrechoquent.* – Fig. *Les souvenirs s'entrechoquent dans son esprit.*

entrecôte [ɑ̃tʀəkot] n. f. Morceau de viande de bœuf coupé dans le train de côtes après désossage.

entrecoupe ou **entre-coupe** [ɑ̃tʀəkup] n. f. (Maurice, Réunion) Période située entre deux campagnes sucrières. *Des entre-coupes.*

entrecouper [ɑ̃tʀəkupe] v. [1] **1.** v. tr. Couper, interrompre en divers endroits. – Pp. adj. *Un discours entrecoupé d'éclats de rire.* **2.** v. pron. Se couper mutuellement. *Lignes qui s'entrecoupent.*

entrecroisement [ɑ̃tʀəkʀwazmɑ̃] n. m. Disposition de choses qui s'entrecroisent.

entrecroiser [ɑ̃tʀəkʀwaze] v. tr. [1] Croiser ensemble en divers sens. ▷ v. pron. *Lignes qui s'entrecroisent.*

entrecuisse [ɑ̃tʀəkɥis] n. m. Espace entre les cuisses.

entre(-)déchirer (s') [ɑ̃tʀədeʃiʀe] v. pron. [1] Litt. Se déchirer l'un l'autre.

entre-deux [ɑ̃tʀədø] n. m. inv. **1.** Solution intermédiaire, terme entre deux extrêmes. *Ils ont réussi à négocier un entre-deux.* **2.** Bande de dentelle ou de broderie ornant la lingerie.

entre-deux-guerres [ɑ̃tʀədøgɛʀ] n. m. inv. Période entre les deux guerres mondiales (1918-1939).

entre(-)dévorer (s') [ɑ̃tʀədevɔʀe] v. pron. [1] Se dévorer mutuellement.

entrée [ɑ̃tʀe] n. f. **1.** Action d'entrer. *L'entrée d'une voiture dans un garage.* **2.** Lieu par où l'on entre. *Porte d'entrée. Entrée des artistes,* dans un théâtre. – *Par ext.* Vestibule. *Voulez-vous attendre dans l'entrée?* ▷ Endroit où l'on entre qqch. *L'entrée d'une serrure.* ▷ Fig. MATH *Tableau à double entrée,* donnant la valeur de chacun des éléments situés à l'intersection d'une ligne et d'une colonne. – Par anal. *Entrées d'un dictionnaire, d'une encyclopédie,* mots distingués typographiquement (caractère gras le plus souvent), qui, placés en tête des articles, leur servent d'adresse. ▷ *Entrée d'un fichier informatique.* **3.** Accession d'une personne au sein d'une communauté, d'un corps, d'une collectivité, etc. *L'entrée d'un écrivain à l'Académie.* ▷ Accession à un titre, un rang, une charge. *Entrée en fonction.* **4.** Faculté, possibilité d'entrer. *Entrée interdite au public.* – *Par ext.* Faculté d'être admis. *Avoir ses entrées, ses petites et ses grandes entrées, quelque part* (ou *chez qqn*). **5.** Action de faire entrer, introduction. *L'entrée des marchandises étrangères sur le territoire national.* ▷ INFORM *Entrée/sortie :* transfert d'information entre une mémoire centrale et un périphérique. **6.** Droit d'accès à un spectacle. *Avoir des entrées gratuites pour l'Opéra.* **7.** Commencement d'une chose. *L'entrée de l'hiver.* ▷ Loc. adv. *D'entrée de jeu :* dès le début, d'emblée. ▷ CUIS Mets servi entre les hors-d'œuvre et le plat principal. – Cour. Ce que l'on sert au début du repas. *Prendre des crudités en entrée.*

entrefaites [ɑ̃tʀəfɛt] n. f. pl. Loc. *Sur ces entrefaites :* à ce moment-là.

entrefilet [ɑ̃tʀəfilɛ] n. m. Court article de journal.

entregent [ɑ̃tʀəʒɑ̃] n. m. Manière habile de se conduire, de nouer des relations utiles. *Avoir de l'entregent.*

entre-jambe ou **entrejambe** [ɑ̃tʀəʒɑ̃b] n. m. **1.** Partie de la culotte ou du pantalon qui se trouve entre les jambes. **2.** TECH Espace compris entre les deux pieds d'un meuble. *Des entre-jambes.*

entrelacement [ɑ̃tʀəlasmɑ̃] n. m. État de choses entrelacées.

entrelacer [ɑ̃tʀəlase] v. tr. [12] Enlacer l'un dans l'autre. ▷ v. pron. *Des branches qui s'entrelacent.*

entrelacs [ɑ̃tʀəla] n. m. Ornement constitué de motifs entrelacés.

entrelarder [ɑ̃tʀəlaʀde] v. tr. [1] **1.** CUIS Piquer (une viande) de lard. *Entrelarder un filet de bœuf.* **2.** Fig. *Entrelarder un discours de citations.*

entremêler [ɑ̃tʀəmele] v. tr. [1] Mêler plusieurs choses. *Entremêler des fils de laine et de coton.* ▷ v. pron. *Motifs géométriques qui s'entremêlent.*

entremets [ɑ̃tʀəmɛ] n. m. Plat sucré que l'on sert avant le dessert ou qui, le plus souvent, en tient lieu.

entremetteur, euse [ɑ̃tʀəmɛtœʀ, øz] n. (Surtout au fém.) Péjor. Personne qui sert d'intermédiaire dans une intrigue galante; proxénète.

entremettre (s') [ɑ̃tʀəmɛtʀ] v. pron. [60] Intervenir dans une affaire intéressant d'autres personnes que soi afin de faciliter leur rapprochement. *S'entremettre dans une affaire délicate.*

entremise [ɑ̃tʀəmiz] n. f. Action de s'entremettre. – Loc. prép. *Par l'entremise de :* par l'intermédiaire de.

Entremont (val d'), pittoresque vallée suisse (Valais), que domine le Grand-Saint-Bernard. La *Drance d'Entremont* la parcourt.

entre-nœud [ɑ̃tʀənø] n. m. BOT Portion de tige comprise entre deux nœuds. *Des entre-nœuds.*

entrepont [ɑ̃tʀəpɔ̃] n. m. MAR Intervalle, étage compris entre deux ponts, dans un navire.

entreposage [ɑ̃tʀəpozaʒ] n. m. Action d'entreposer.

entreposer [ɑ̃tʀəpoze] v. tr. [1] Déposer dans un entrepôt. *Entreposer des balles de coton.* – *Par ext.* Mettre en dépôt, déposer. *Entreposer des briques dans une cour.*

entrepôt [ɑ̃tʀəpo] n. m. Lieu, bâtiment où l'on dépose des marchandises. ▷ *Spécial.* Magasin public où des marchandises importées peuvent être déposées sans avoir à acquitter des droits de douane (perçus seulement lors de l'introduction de ces marchandises sur le marché intérieur).

entreprenant, ante [ɑ̃tʀəpʀənɑ̃, ɑ̃t] adj. Hardi, audacieux dans ses projets. – *Spécial.* Hardi auprès des femmes.

entreprendre [ɑ̃tʀəpʀɑ̃dʀ] v. tr. [52] **1.** Se décider à faire une chose et s'engager dans son exécution. *Entreprendre des travaux. Entreprendre de faire qqch.* **2.** Chercher à gagner, à séduire qqn. ▷ *Entreprendre qqn sur une question,* l'en entretenir.

entrepreneur, euse [ɑ̃tʀəpʀənœʀ, øz] n. **1.** Celui qui se charge d'effectuer certains travaux pour autrui, et partic. des travaux de construction. *Un entrepreneur de plomberie.* **2.** Chef d'entreprise.

entreprise [ɑ̃tʀəpʀiz] n. f. **1.** Ce que l'on veut entreprendre; mise à exécution d'un projet. *Mener à bien une entreprise.* **2.** DR Engagement à faire, à fournir qqch. – *Contrat d'entreprise,* par lequel un entrepreneur s'engage, sans lien de subordination, envers un client (maître de l'ouvrage) à fournir son travail, sa force de production ou la matière pour l'exécution d'un ouvrage. ▷ *Donner, mettre à l'entreprise,* en adjudication. **3.** ECON Cour. Unité économique de production à but commercial (biens et services). *Entreprise de transports. Entreprise privée. – Entreprise publique,* contrôlée par l'État ou les collectivités publiques. **4.** Attaque, action (contre qqn ou qqch). *Une entreprise inadmissible contre la liberté d'association.*

entrer [ɑ̃tʀe] v. [1] **I.** v. intr. **1.** Passer du dehors au dedans (d'un lieu). *Bateau qui entre dans le port.* **2.** (Choses) Pénétrer. *Clef qui n'entre pas dans la serrure.* **3.** Commencer à être dans (tel état, telle situation). – *Entrer en convalescence. Entrer en concurrence avec qqn. – Entrer en vigueur.* **4.** Commencer à faire partie (d'un groupe, d'une collectivité). *Entrer dans une entreprise, une administration. – Entrer en religion, dans les ordres :* embrasser la vie religieuse, le sacerdoce. **5.** Être au commencement de. *Il entre dans sa cinquième année. On entre dans l'hiver.* **6.** Être employé (dans la composition de). *Les produits qui entrent dans la formule de ce médicament.* – Fig. Être un élément de. *Cela n'entre en rien dans ma détermination.* **7.** Pénétrer par l'esprit; comprendre, partager. – *Entrer dans les vues de qqn,* les partager, y adhérer. **II.** v. tr. **1.** Faire entrer (qqch). *Entrer du tabac en contrebande.* **2.** INFORM Introduire (des données) dans un ordinateur; les valider.

entresol [ɑ̃tʀəsɔl] n. m. Étage à plafond bas situé entre le rez-de-chaussée et le premier étage.

entre-temps [ɑ̃tʀətɑ̃] loc. adv. Pendant ce temps, dans cet intervalle.

entretenir [ɑ̃tʀətniʀ] v. tr. [36] **I.** **1.** Maintenir en bon état. *Entretenir un jardin.* ▷ Faire durer. *Petites attentions qui entretiennent l'amitié. – Entretenir une correspondance avec qqn.* ▷ v. pron. Prendre soin de soi. *Elle s'entretient en bonne santé.* **2.** Fournir de quoi subsister à, subvenir aux dépenses de. *Entretenir ses enfants.* – Spécial. *Entretenir une femme* (dont on est l'amant). **II.** *Entretenir qqn de,* avoir avec lui une conversation sur. *Je voulais vous entretenir de cette affaire.* ▷ v. pron. *Elle s'est entretenue de cette question avec moi.*

entretenu, ue [ɑ̃tʀətny] adj. **1.** Maintenu dans tel état. *Maison bien, mal entretenue. – Absol.* Bien entretenu. *Jardin entretenu.* **2.** Maintenu dans le même état. – PHYS *Ondes entretenues,* que l'on soumet à des impulsions de même fréquence pour qu'elles conservent leur amplitude. **3.** Aux dépenses de qui qqn subvient. *Femme entretenue* (par un amant).

entretien [ɑ̃tʀətjɛ̃] n. m. **I.** **1.** Action de maintenir en bon état; dépense qu'exige cette conservation. *L'entretien d'un bâtiment.* **2.** Ce qui est nécessaire à la subsistance, à l'habillement. *Dépenses d'entretien.* **II.** Conversation, entrevue. *J'ai eu un entretien intéressant avec le directeur.*

entretoise [ɑ̃tʀətwaz] n. f. TECH Pièce (d'une charpente, d'un meuble, etc.) qui relie deux autres pièces en les maintenant écartées l'une de l'autre.

entretuer (s') ou **entre-tuer (s')** [ɑ̃tʀətɥe] v. pron. [**1**] Se tuer l'un l'autre, les uns les autres.

entrevoir [ɑ̃tʀəvwaʀ] v. tr. [**46**] **1.** Voir imparfaitement, en passant. ▷ v. pron. *Nous nous sommes entrevus une fois,* rencontrés fugitivement une fois. **2.** Fig. Concevoir, prévoir de manière imprécise. *Entrevoir des difficultés.*

entrevue [ɑ̃tʀəvy] n. f. Rencontre concertée entre personnes qui doivent se parler, s'entretenir. *Entrevue diplomatique.* Syn. entretien.

entrisme [ɑ̃tʀism] n. m. Pratique politique consistant à introduire dans un groupe (parti, syndicat) de nouveaux militants en vue de modifier la ligne d'action.

entropie [ɑ̃tʀɔpi] n. f. PHYS Grandeur thermodynamique S, fonction d'état d'un système, qui caractérise l'état de désordre de celui-ci. (S ne peut pas diminuer au cours d'une transformation d'un système qui n'échange pas de travail avec l'extérieur.)

entrouvrir [ɑ̃tʀuvʀiʀ] v. tr. [**32**] Ouvrir à demi, un peu. *Entrouvrir la porte.* – Pp. adj. *Fenêtre entrouverte.* ▷ v. pron. *Ses yeux se sont entrouverts.*

entuber [ɑ̃tybe] v. tr. [**1**] Fam. Voler, duper.

enturbanné, ée [ɑ̃tyʀbane] adj. Qui est coiffé d'un turban.

énucléation [enykleasjɔ̃] n. f. CHIR Extirpation d'une tumeur, d'un organe. – Cour. Ablation totale de l'œil.

énucléer [enyklee] v. tr. [**11**] Pratiquer l'énucléation de.

Enugu, v. du Nigeria; 234 000 hab.; cap. de l'État du m. nom. À proximité, mines de charbon et de fer; industries.

énumératif, ive [enymeʀatif, iv] adj. Qui énumère.

énumération [enymeʀasjɔ̃] n. f. Action d'énumérer. ▷ Liste de ce qu'on énumère.

énumérer [enymeʀe] v. tr. [**14**] Énoncer un à un les éléments d'un ensemble. *Énumérer les articles d'un contrat.* Syn. dénombrer, détailler.

énuquer (s') [enyke] v. pron. [**1**] (Suisse) Se briser la nuque.

énurésie [enyʀezi] n. f. MED Incontinence d'urine, le plus souvent nocturne.

envahir [ɑ̃vaiʀ] v. tr. [**3**] **1.** Entrer de force dans (un territoire). *Envahir une province.* **2.** *Par ext.* Occuper entièrement, remplir. *Les eaux ont envahi les prés.* – Pp. adj. *Chambre envahie par le désordre.* ▷ Fig. *La crainte envahit son esprit.*

envahissant, ante [ɑ̃vaisɑ̃, ɑ̃t] adj. Qui envahit; indiscret, importun. *Une personne envahissante.*

envahissement [ɑ̃vaismɑ̃] n. m. Action, fait d'envahir; état d'une région envahie. – Fig. *L'envahissement de nos villes par l'automobile.*

envahisseur, euse [ɑ̃vaisœʀ, øz] n. et adj. Personne qui envahit. – adj. *Les troupes envahisseuses.*

envasement [ɑ̃vɑzmɑ̃] n. m. Fait de s'envaser. ▷ État de ce qui est envasé.

envaser [ɑ̃vɑze] v. tr. [**1**] Remplir de vase. ▷ v. pron. *La baie s'envase.*

enveloppant, ante [ɑ̃vlɔpɑ̃, ɑ̃t] adj. Qui enveloppe. *Surface enveloppante.*

enveloppe [ɑ̃vlɔp] n. f. **1.** Ce qui sert à envelopper. ▷ ANAT Membrane qui engaine certains organes. ▷ MATH Courbe ou surface fixe à laquelle une courbe ou une surface mobile reste toujours tangente. ▷ TECH Pièce qui contient et protège une autre pièce. *Enveloppe de pneumatique.* **2.** Fig. Forme extérieure, apparence. *De la bonté sous une enveloppe rude.* **3.** Pochette de papier dans laquelle on place une lettre, un document, pour l'expédier. *Enveloppe timbrée.* ▷ Fig. *Recevoir une enveloppe,* un pot-de-vin. **4.** Montant global maximal affecté à un poste budgétaire, au financement de qqch.

enveloppé, ée [ɑ̃vlɔpe] adj. Qui a un peu d'embonpoint.

enveloppement [ɑ̃vlɔpmɑ̃] n. m. Action d'envelopper; état de ce qui est enveloppé. – MED Action d'envelopper le corps ou une partie du corps de linges mouillés, de boue minérale, etc. *On fait parfois baisser la fièvre par des enveloppements.*

envelopper [ɑ̃vlɔpe] v. tr. [**1**] **1.** Entourer, emballer au moyen d'un objet souple et mince. *Envelopper un objet dans du papier.* **2.** Environner, entourer, encercler. *Les blindés ennemis enveloppèrent notre aile gauche.* **3.** Comprendre, inclure. *Envelopper qqn dans une accusation.* **4.** Litt. Déguiser, dissimuler. *Envelopper sa pensée.*

envenimer [ɑ̃vnime] v. tr. [**1**] **1.** Infecter (une blessure, une plaie). **2.** Fig. Aviver, rendre virulent. *Envenimer un conflit.* ▷ v. pron. *La discussion s'est envenimée.*

envergure [ɑ̃vɛʀgyʀ] n. f. **1.** MAR Largeur d'une voile fixée sur la vergue. **2.** Distance entre les deux extrémités des ailes déployées d'un oiseau. *Le condor atteint 4 m d'envergure.* ▷ Par ext. *Envergure d'un avion, d'un planeur.* **3.** Fig. Valeur, capacité. *Un homme sans envergure.* – *D'envergure :* de grande ampleur. *Un projet d'envergure.* **4.** (Luxembourg) TRAV PUBL Volume, étendue d'un chantier. *Envergure des travaux : 4500 m³.*

Enver pacha (1881 - 1922), général turc; ministre de la Guerre en 1914. Après la défaite, il se réfugia dans le Caucase et se rapprocha des bolcheviks; finalement, il rejoignit les musulmans anticommunistes d'Asie centrale et périt au combat.

1. envers [ɑ̃vɛʀ] prép. **1.** *Envers et contre tous :* malgré l'opposition de tous. **2.** À l'égard de. *Il a été très honnête envers moi.*

2. envers [ɑ̃vɛʀ] n. m. **1.** Côté opposé à l'endroit. *L'envers d'une feuille de papier.* ▷ Fig. *L'envers du décor :* ce que cachent des apparences flatteuses. **2.** Loc. adv. *À l'envers :* dans le sens contraire, inverse du sens normal. *Mettre un vêtement à l'envers.* ▷ En désordre, de travers. *Il fait tout à l'envers.*

envi (à l') [alɑ̃vi] loc. adv. À qui mieux mieux. *Ils s'appliquent à l'envi.*

enviable [ɑ̃vjabl] adj. Digne d'être convoité.

envie [ɑ̃vi] n. f. **1.** Sentiment de frustration, d'irritation jalouse que suscite la possession par autrui d'un bien, d'un avantage dont on est soi-même dépourvu. *Succès qui déchaîne l'envie.* **2.** Désir. *Avoir envie de voyager.* ▷ *Faire envie à :* être l'objet du désir de (qqn). *Ce bijou me fait envie.* **3.** Besoin organique. *Envie de dormir, de boire.* **4.** Cour. Tache congénitale sur la peau. Syn. nævus. **5.** Cour. Pellicule qui se détache de l'épiderme autour de l'ongle.

envié, ée [ɑ̃vje] adj. Recherché, convoité. *Une place enviée.*

envier [ɑ̃vje] v. tr. [**2**] **1.** *Envier qqn,* regretter de n'être pas à sa place, ou de ne pas posséder un bien, un avantage dont il jouit. **2.** *Envier qqch à qqn :* désirer qqch qu'il possède. *On vous envie votre réussite.* ▷ *N'avoir rien à envier à :* n'être en rien inférieur à.

envieux, euse [ɑ̃vjø, øz] adj. et n. m. Qui éprouve, dénote un sentiment d'envie (sens 1). ▷ Subst. *Les envieux.*

environ [ɑ̃viʀɔ̃] adv. et n. m. **1.** adv. À peu près, approximativement. *Il y a environ deux heures.* **2.** n. m. *Les environs :* les lieux d'alentour. ▷ Loc. prép. *Aux environs de :* non loin de.

environnant, ante [ɑ̃viʀɔnɑ̃, ɑ̃t] adj. Qui est dans les environs.

environnement [ɑ̃viʀɔnmɑ̃] n. m. **1.** Ensemble des éléments constitutifs du milieu d'un être vivant. Syn. milieu. ▷ *Spécial.* Ensemble des facteurs naturels ou dus à l'action de l'homme (physiques, chimiques, biologiques, sociologiques) qui constituent le milieu dans lequel, en un lieu et un moment donnés, vit l'homme ou une espèce animale ou végétale. *Défense, protection, gestion de l'environnement :* V. écologie. **2.** Domaine pluridisciplinaire de l'étude de l'environnement. *Institut de l'environnement.* – *Droit de l'environnement.* **3.** Cadre de vie.

ENCYCL Aujourd'hui, l'environnement n'est plus confondu avec le milieu naturel mais englobe le cadre de vie complexe que l'homme a façonné depuis ses origines, et l'on projette de *gérer* l'environnement plutôt que de le *protéger.* La Conférence mondiale de Rio de Janeiro (1992) a consacré le lien unissant environnement et développement. À cette occasion, et depuis lors, des divergences sont apparues entre les pays industrialisés et les pays du tiers monde. Les premiers ont un point de vue plutôt biologique et veulent réduire les agressions dues aux nuisances résultant des activités industrielles; les seconds, dans une perspective plutôt culturelle, mettent l'accent sur les aléas naturels et sur les méfaits de la croissance démographique, du sous-développement et de la pauvreté.

environnemental, ale, aux [ɑ̃viʀɔnmɑ̃tal, o] adj. Didac. Relatif à l'environnement.

environnementaliste [ɑ̃viʀɔnmɑ̃talist] n. et adj. **1.** n. Spécialiste de l'étude de l'environnement. **2.** adj. Qui se rapporte à l'environnement.

environner [ɑ̃viʀɔne] v. tr. [**1**] Entourer, être aux environs de. *Les forêts qui environnent le château.* ▷ Fig. *Les courtisans qui environnaient le roi.*

envisageable [ɑ̃vizaʒabl] adj. Qui peut être envisagé.

envisager [ɑ̃vizaʒe] v. tr. [**13**] **1.** Examiner, prendre en considération. *Envisager les avantages d'une situation.* **2.** *Envisager de :* avoir l'intention de, projeter de. *Ils envisagent de se marier.*

envoi [ɑ̃vwa] n. m. **1.** Action d'envoyer. *Envoi d'un paquet par la poste.* **2.** *Par ext.* Ce qui est envoyé. *Réception d'un envoi.* **3.** LITTER Dernière strophe d'une ballade. **4.** SPORT *Coup d'envoi :* au football, premier coup de pied dans le ballon, marquant le début de la partie. **5.** DR *Envoi en possession :* autorisation d'entrer en possession d'un héritage, des biens d'un absent.

envol [ɑ̃vɔl] n. m. Action de s'envoler. *Piste d'envol d'un aéroport.*

envolée [ɑ̃vɔle] n. f. **1.** Envol. **2.** Fig. Mouvement lyrique ou oratoire plein d'élan. *Les envolées de Lamartine.*

envoler (s') [ɑ̃vɔle] v. pron. [1] **1.** Quitter le sol en s'élevant dans les airs par le vol. *L'oiseau, l'avion s'envolent.* **2.** *Par ext.* Être soulevé par le vent. *Les papiers s'envolent.* **3.** Fig., fam. S'enfuir. *Le prisonnier s'est envolé.* ▷ Disparaître. *Son argent s'est envolé.*

envoûtant, ante [ɑ̃vutɑ̃, ɑ̃t] adj. Qui charme, séduit, subjugue.

envoûtement [ɑ̃vutmɑ̃] n. m. **1.** Pratique de magie par laquelle on cherche à exercer une action (en général maléfique) sur une personne en agissant sur une figurine qui la représente. Syn. (Afr. subsah.) maraboutage. **2.** Fig. Charme puissant et mystérieux. Syn. enchantement, fascination, séduction.

envoûter [ɑ̃vute] v. tr. [1] **1.** Pratiquer un envoûtement sur (qqn). Syn. (Afr. subsah.) marabouter. **2.** Fig. Charmer comme par un effet magique, subjuguer. *Cette femme l'a envoûté.*

envoûteur, euse [ɑ̃vutœʀ, øz] n. Personne qui pratique des envoûtements (sens 1).

envoyé, ée [ɑ̃vwaje] adj. et n. **1.** adj. Qui a été envoyé. **2.** n. Personne envoyée avec une mission, et partic. une mission diplomatique; messager. ▷ *Envoyé spécial :* journaliste que l'on envoie spécialement sur le lieu d'un événement pour en rendre compte.

envoyer [ɑ̃vwaje] v. [24] **I.** v. tr. **1.** Faire partir (qqn) pour une destination. *Envoyer un coursier porter un pli. Envoyer qqn en prison.* ▷ (Afr. subsah.) Charger (qqn) d'aller faire une course. *Où est Mamadou? Je l'ai envoyé.* ▷ Loc. fam. *Envoyer promener (qqn) :* repousser, renvoyer (qqn) sans ménagement. **2.** Adresser, expédier. *Envoyer une carte postale à un ami.* **3.** Lancer, jeter. *Envoyer des pierres.* **II.** v. pron. Fam. S'offrir, ingérer. *S'envoyer un apéritif.*

envoyeur, euse [ɑ̃vwajœʀ, øz] n. (Rare au fém.) Personne qui fait un envoi, expéditeur. *Retour à l'envoyeur.*

enzootie [ɑ̃zɔɔti] n. f. MED VET Maladie épidémique qui touche une ou plusieurs espèces animales dans un espace restreint (localité, exploitation, par ex.).

enzymatique [ɑ̃zimatik] adj. BIOCHIM D'une enzyme.

enzyme [ɑ̃zim] n. f. BIOCHIM Biocatalyseur protéique qui active une réaction biochimique spécifique.
ENCYCL Chaque enzyme est spécifique d'un substrat, c'est-à-dire d'une molécule. 1. Les réactions de dissociation de liaisons décomposent les grosses molécules organiques non assimilables par l'organisme en leurs molécules constitutives élémentaires. 2. Les réactions de synthèse, intracellulaires, reconstituent, à partir des molécules élémentaires, les macromolécules (protéines, par ex.) dont la cellule a besoin. La biosynthèse des enzymes est génétiquement contrôlée. Les enzymes *constitutives* existent dans les cellules à un taux constant; les enzymes *adaptatives* font l'objet d'une synthèse induite par leur substrat. Les anomalies enzymatiques *(enzymopathies)*, quantitatives ou qualitatives, sont déterminées par des mutations génétiques.

éocène [eɔsɛn] n. m. (et adj.) GEOL Étage le plus ancien (–65 à –45 millions d'années) du tertiaire (avec le paléocène), où apparurent les divers types de mammifères. ▷ adj. *Fossile éocène.*

Éole, dans la myth. gr., dieu des Vents.

éolien, enne [eɔljɛ̃, ɛn] adj. et n. f. **1.** adj. Du vent, relatif au vent. *Érosion éolienne.* – Actionné par le vent. *Pompe éolienne.* **2.** n. f. Machine qui utilise la force motrice du vent.
ENCYCL Il existe deux types d'éoliennes. Les éoliennes à axe vertical, de type Savonius ou Darrieus, sont utilisées pour pomper l'eau au moyen de pompes à piston. Les éoliennes à axe horizontal peuvent être lentes (éoliennes pour le pompage de l'eau, moulin à vent à toit tournant) ou rapides (aérogénérateurs pour la production d'électricité).

Éoliennes ou **Lipari** (îles), archipel italien de la mer Tyrrhénienne, situé au N.-E. de la Sicile, formé de sept îles volcaniques, dont Stromboli, Vulcano et Lipari; 115 km^2; 12 000 hab.

Éoliens, une des princ. familles de peuples de la Grèce anc. : l'invasion des Doriens les fit émigrer de Thessalie vers la Grèce centr. et la côte N.-O. de l'Asie Mineure *(Éolie)*.

éon [eɔ̃] n. m. PHILO Esprit émané de Dieu qui sert d'intermédiaire entre celui-ci et le monde, chez les gnostiques.

Éon (Charles de Beaumont, chevalier d') (1728 – 1810), espion français. En habit de femme, il effectua des missions en Russie et en Angleterre, où il mourut.

éosine [eɔzin] n. f. TECH Matière colorante rouge tirée de la fluorescéine, utilisée en histologie et en pharmacie.

éosinophile [eɔzinɔfil] adj. et n. m. PHYSIOL Qui a une grande affinité pour l'éosine. – *Leucocytes polynucléaires éosinophiles ou*, n. m., *les éosinophiles :* leucocytes particuliers, facilement colorés par l'éosine.

éotilé [eɔtile] n. m. LING Langue nigéro-congolaise du groupe kwa, parlée par les Bétibé.

Éoué. V. Éwé.

épagneul, eule [epaɲœl] n. Chien d'arrêt au poil long et ondulé, aux oreilles pendantes.

épailler [epaje] v. tr. **1.** AGRIC Détacher les basses feuilles de (la canne à sucre). **2.** TECH Débarrasser (l'or) des scories après la fonte.

épais, aisse [epɛ, ɛs] adj., adv. et n. **I.** adj. **1.** Qui a telle épaisseur. *Rempart épais de deux mètres.* ▷ *Absol.* Dont l'épaisseur est grande. *Du drap épais.* **2.** Gros, massif. *Avoir la taille épaisse.* **3.** Consistant, pâteux. *Sirop épais.* **4.** Serré, dense. *Herbe épaisse. Chevelure épaisse.* ▷ Opaque. *Brume, obscurité épaisse.* **5.** Fig. Obtus, lourd. *Intelligence épaisse.* **6.** (Québec) Fig., fam. Qui manque d'éducation, de délicatesse. *Avoir l'air épais.* ▷ Subst. *Un(e) épais(se).* **II.** adv. **1.** De manière serrée, dense. *L'herbe a poussé épais.* **2.** (Québec) *Épais de* (+ nom) : beaucoup de. *Il y a épais de neige.* – (Ellipt.) Fam. *En avoir épais sur le visage* (en parlant de saleté, de maquillage, etc.). **III.** n. m. (Québec) *D'épais :* d'épaisseur, de profondeur. *Un cahier de trois centimètres d'épais.*

épaisseur [epɛsœʀ] n. f. **1.** Une des trois dimensions d'un corps (opposé à *longueur* et *largeur*, à *hauteur* et *profondeur*). *L'épaisseur d'un mur.* **2.** Caractère de ce qui est épais.

épaissir [epesiʀ] v. [3] **1.** v. tr. Rendre plus épais. *Épaissir un sirop.* **2.** v. intr. et pron. Devenir plus épais. *Sa taille a épaissi. L'ombre s'est épaissie.*

épaississement [epesismɑ̃] n. m. Fait de s'épaissir.

Épaminondas (v. 418 – 362 av. J.-C.), général et homme politique béotien. Il vainquit les Spartiates à Leuctres (371) et à Mantinée (362), où il fut tué. Il avait établi quelque temps l'hégémonie de Thèbes sur la Grèce.

épanchement [epɑ̃ʃmɑ̃] n. m. **1.** MED Présence anormale de gaz ou de liquide dans une région du corps. *Épanchement de synovie.* **2.** Fig. Effusion de sentiments. *Les épanchements de l'amitié, du cœur.*

épancher [epɑ̃ʃe] v. [1] **I.** v. tr. **1.** *Épancher sa bile :* exhaler sa colère. **2.** Exprimer librement. *Épancher ses sentiments.* **II.** v. pron. **1.** MED Former un épanchement. **2.** Fig. Parler librement en confiant ses sentiments.

épandage [epɑ̃daʒ] n. m. AGRIC Action d'épandre les engrais, le fumier, etc. ▷ *Champs d'épandage :* terrains sur lesquels les eaux d'égout s'épurent tout en fertilisant le sol. ▷ GEOL *Nappe* ou *zone d'épandage :* zone où se déposent et s'étalent des sédiments.

épandeur [epɑ̃dœʀ] n. m. AGRIC Machine servant à épandre les engrais, le fumier, etc.

épandre [epɑ̃dʀ] v. tr. [6] Jeter çà et là, éparpiller. *Épandre du fumier.*

épanouir [epanwiʀ] v. [3] **I.** v. tr. **1.** Faire ouvrir (une fleur). *Le soleil a épanoui les hibiscus.* **2.** Fig. Rendre heureux, joyeux. *Le bonheur épanouit son visage.* **II.** v. pron. **1.** S'ouvrir, déployer ses pétales (en parlant de fleurs). **2.** Fig. Atteindre à sa plénitude. *Les arts s'épanouirent sous le règne de Louis XIV.*

épanouissement [epanwismɑ̃] n. m. Action de s'épanouir, état de ce qui est épanoui. *L'épanouissement des fleurs, de la beauté.*

épar ou **épart** [epaʀ] n. m. TECH **1.** Traverse servant à maintenir l'écartement entre deux pièces. **2.** Barre servant à consolider, à fermer une porte.

éparer [epaʀe] v. tr. [1] (Acadie) Étendre. – v. pron. S'étaler par terre.

épargnant, ante [epaʀɲɑ̃, ɑ̃t] n. Personne qui s'est constitué un capital par l'épargne.

épargne [epaʀɲ] n. f. **1.** Action d'épargner (de l'argent); somme épargnée. *Encourager l'épargne.* ▷ *Caisses d'épargne :* établissements publics qui reçoivent les dépôts des épargnants, à qui sont versés des intérêts. **2.** FIN Fraction d'un revenu qui n'est pas affectée à la consommation immédiate. **3.** TECH *Taille d'épargne :* taille, manière de graver dans laquelle les parties de la planche destinées à prendre l'encre sont *épargnées*, c.-à-d. laissées en relief.

épargner [epaʀɲe] v. tr. [1] **I.** **1.** Faire grâce à. *Épargner les vaincus.* ▷ Fig. *Ses critiques n'épargnent personne.* **2.** Ne pas endommager, ne pas détruire. *La guerre a épargné ce village.* **3.** Éviter de heurter. *Épargner la susceptibilité de qqn.* **II.** **1.** Mettre de côté. *Il a épargné* *cent mille francs.* **2.** (En général à la forme négative.) Employer avec modération. *L'architecte n'a pas épargné le marbre.* ▷ Fig. *Épargner sa peine, son temps.* **III.** *Épargner une chose à qqn,* lui permettre de l'éviter, de ne pas la subir. *Je veux vous épargner ce dérangement.*

éparpillement [epaʀpijmɑ̃] n. m. Action d'éparpiller; état de ce qui est éparpillé.

éparpiller [epaʀpije] v. tr. [1] Disperser, disséminer. *Éparpiller de la cendre.* – Fig. *Éparpiller ses idées.* ▷ v. pron. Avoir trop d'occupations différentes, passer sans cesse de l'une à l'autre.

épars, arse [epaʀ, aʀs] adj. Dispersé. *Maisons éparses sur les collines.* ▷ *Cheveux épars,* flottants, en désordre.

épart [epaʀ] n. m. V. épar.

épatant, ante [epatɑ̃, ɑ̃t] adj. Fam. Remarquable, excellent.

épaté, ée [epate] adj. **1.** *Nez épaté,* large et court. **2.** Fam. Étonné.

épatement [epatmɑ̃] n. m. Forme d'un nez large et court.

épater [epate] v. tr. [1] Fam. Étonner, impressionner. – Loc. *Épater la galerie. Épater le bourgeois.* ▷ v. pron. S'étonner.

épaulard [epolaʀ] n. m. Orque (mammifère marin).

épaule [epol] n. f. **1.** Masse musculaire et partie du squelette assurant la liaison du membre supérieur avec le corps. *Articulation de l'épaule,* qui joint l'humérus à la ceinture scapulaire. ▷ Loc. *Avoir les épaules tombantes.* – *Hausser, lever les épaules,* en signe de dédain. – *Donner un coup d'épaule à qqn,* l'aider. – *Avoir la tête sur les épaules :* être bien équilibré. **2.** (Animaux) Partie supérieure de chaque membre.

épaulé [epole] n. m. SPORT Mouvement dans lequel l'haltère est amené, en un seul temps, du sol à la hauteur des épaules. – *Épaulé-jeté,* où l'haltère est amené, dans un deuxième temps, au-dessus de la tête.

épaulement [epolmɑ̃] n. m. **1.** CONSTR Mur de soutènement. **2.** Relief formé par une pente raide qui aboutit à un replat, lui-même dominé par une pente. **3.** TECH Saillie servant d'arrêt, de butée.

épauler [epole] v. tr. [1] **1.** Aider, soutenir. *Il a été épaulé efficacement par ses relations.* ▷ v. pron. *Entre amis, ils se sont épaulés.* **2.** Appuyer (une arme) contre son épaule pour viser, tirer. *Épauler un fusil.* ▷ Absol. *Épauler et tirer.* **3.** CONSTR Soutenir par un épaulement.

épaulette [epolɛt] n. f. **1.** Bande rigide, garnie parfois de franges, qui orne les épaules de certains uniformes militaires (autref. insigne du grade d'officier). **2.** Bande étroite qui passe sur l'épaule pour soutenir certains vêtements féminins. *Épaulettes d'une robe d'été.* **3.** Rembourrage qui donne leur forme aux épaules d'un vêtement.

épave [epav] n. f. **1.** DR Objet ou animal perdu sur la voie publique. **2.** Objet, débris provenant d'un navire naufragé. ▷ Navire désemparé, abandonné par l'équipage mais qui flotte encore. ▷ Navire coulé. *Le cargo a heurté une épave.* ▷ *Par ext.* Véhicule automobile hors d'usage. **3.** (Plur.) Débris, restes. *Les épaves de sa fortune.* **4.** Fig. Personne déchue et misérable. *L'alcool a fait de lui une épave.*

épaviste [epavist] n. m. Garagiste qui fait commerce des épaves et des pièces détachées.

épée [epe] n. f. **1.** Arme blanche constituée par une lame longue et droite, pointue, généralement tranchante, munie d'une poignée et d'une garde. ▷ Loc. *Passer au fil de l'épée :* tuer en masse avec une épée, massacrer. ▷ Loc. fig. *Mettre à qqn l'épée dans les reins,* le faire agir sous la menace ou en le harcelant. – *Épée de Damoclès** – *Un coup* d'épée dans l'eau.* **2.** Arme à lame triangulaire utilisée en escrime. *Tirer à l'épée.* – Sport pratiqué avec cette arme.

épeiche [epɛʃ] n. f. Pic d'Eurasie et d'Afrique du Nord (*Dendrocopus major*), noir et blanc, long de 22 cm.

épeichette [epɛʃɛt] n. m. ou f. Le plus petit (14 cm) pic vivant en Europe (*Dendrocopus minor*), noir et blanc, à calotte rouge.

épeire [epɛʀ] n. f. Araignée (genre *Epeira,* nombr. espèces), dont la toile est constituée de rayons et de spirales anguleuses. – *Épeire diadème,* au dos marqué d'une croix blanche longue de 10 à 15 mm (fréquente en Europe).

épeler [eple] v. tr. [19] *Épeler un mot, un nom,* énoncer une à une, dans l'ordre, les lettres qui le composent.

épendyme [epɑ̃dim] n. m. ANAT Membrane qui tapisse les parois des ventricules cérébraux et celles du canal de la moelle épinière.

épépiner [epepine] v. tr. [1] *Épépiner un fruit,* en ôter les pépins.

éperdu, ue [epɛʀdy] adj. **1.** En proie à une émotion profonde. *Éperdu de douleur.* **2.** Vif, intense, violent. *Un désir éperdu de liberté.*

éperdument [epɛʀdymɑ̃] adv. D'une manière éperdue.

éperlan [epɛʀlɑ̃] n. m. Poisson comestible de l'Atlantique N. (*Osmerus eperlanus*), long de 25 cm, qui pond à l'embouchure des fleuves.

éperon [epʀɔ̃] n. m. **1.** Pièce de métal fixée au talon du cavalier et qui sert à piquer les flancs du cheval pour l'exciter. **2.** Relief abrupt en pointe. *Éperon rocheux.* **3.** TRAV PUBL, ARCHI Ouvrage en saillie (en partic. à la base d'une pile de pont, pour briser le courant). ▷ MILIT Redan saillant (dans une fortification). **4.** BOT Prolongement, en cornet très fin, des pétales de certaines fleurs (orchidées, par ex.). **5.** Ergot du coq et du chien.

éperonner [epʀɔne] v. tr. [1] **1.** Piquer (un cheval) avec les éperons pour l'exciter. *Éperonner sa monture.* ▷ Fig. Inciter vivement à agir. *Le désir de vengeance l'éperonnait.* Syn. aiguillonner, exciter, stimuler. **2.** Aborder (un autre navire) en défonçant sa coque avec sa propre étrave.

épervier [epɛʀvje] n. m. **1.** Oiseau falconiforme (genre *Accipiter*), de petite taille, dont une espèce (*Accipiter nisus*) est l'épervier commun d'Eurasie et d'Afrique du Nord. (L'épervier *shikra [Accipiter badius],* un peu plus grand, vit en Afrique tropicale.) **2.** Filet de pêche conique, lesté de plombs, qu'on lance à la main.

épeurant, ante [epøʀɑ̃, ɑ̃t] adj. (Québec) Qui inspire la peur. *Un film épeurant.*

épeurer [epøʀe] v. tr. [1] (Québec) Apeurer. *Épeurer les oiseaux en faisant du bruit.*

éphèbe [efɛb] n. m. **1.** ANTIQ GR Jeune homme qui a atteint l'âge de la puberté. **2.** Iron. ou plaisant Jeune homme d'une grande beauté.

éphédra [efedʀa] n. m. BOT Arbuste rameux (genre *Ephedra*) des régions subtropicales, dont on tire l'éphédrine.

éphédrine [efedʀin] n. m. Alcaloïde vasoconstricteur et bronchodilatateur extrait de l'éphédra.

éphémère [efemɛʀ] adj. et n. m. **I.** adj. **1.** Qui ne dure qu'un jour. *Insecte éphémère.* **2.** *Par ext.* Qui dure peu. *Amour, succès éphémère.* Syn. bref, passager. **II.** n. m. **1.** Insecte aux deux paires d'ailes membraneuses très délicates, et dont l'abdomen est prolongé par des appendices filiformes. (Les adultes ne vivent que peu de temps, sans se nourrir et sans s'éloigner des eaux où se développent les larves.) **2.** (Afr. subsah.) Appellation impropre donnée aux termites ailés qui essaiment.

éphéméride [efemeʀid] n. f. **1.** Recueil d'événements remarquables arrivés le même jour de l'année à différentes époques. **2.** Calendrier dont on enlève chaque jour une feuille. **3.** (Plur.) Tables donnant la position des astres à une heure et en un lieu déterminés.

Éphèse, anc. v. d'Asie Mineure, sur la mer Égée (près de l'actuel village turc de Selçuk), célèbre par son temple d'Artémis, une des Sept Merveilles du monde, que brûla Érostrate en 356 av. J.-C. – En 54, saint Paul y fonda l'*Église d'Éphèse.* Saint Jean y a son tombeau, et, selon la tradition, la Vierge y serait morte. La ville fut le siège du IIIe concile (431), qui déposa Nestorius et condamna ses thèses.

Éphraïm, personnage biblique, second fils de Joseph. Il donna son nom à une des tribus d'Israël.

épi-. Préf., du gr. *epi,* «sur, dessus, à la surface de», et, au fig., «en plus de, à la suite de».

épi [epi] n. m. **1.** Inflorescence compacte dans laquelle les fleurs ou les graines sont insérées directement sur l'axe. *Les graminées (mil, notam.) ont un épi d'épillets.* **2.** *Par anal.* Mèche rebelle de cheveux formant une touffe. **3.** ARCHI Assemblage de chevrons autour d'un comble pyramidal. **4.** Ouvrage, généralement en pieux, disposé presque perpendiculairement à un courant pour retenir les matériaux et stabiliser une berge ou une côte. **5.** *En épi :* selon une diagonale, ou une perpendiculaire. *Voitures garées en épi.*

épiage [epjaʒ] n. m. ou **épiaison** [epjɛzɔ̃] n. f. BOT Formation de l'épi; époque à laquelle l'épi se forme.

épicarpe [epikaʀp] n. m. BOT Feuillet le plus externe du péricarpe. *La «peau» de l'avocat, de la tomate est un épicarpe.*

épice [epis] n. f. Substance aromatique ou piquante d'origine végétale utilisée pour assaisonner les mets. *La cannelle, le clou de girofle sont des épices.* ▷ *Pain d'épice(s) :* gâteau sucré au miel et parfumé de diverses épices. Syn. (Belgique, France rég.) couque.

épicéa [episea] n. m. Conifère d'Eurasie, exploité pour son bois blanc apprécié en menuiserie. Syn. cour. sapin de Noël. (V. épinette.)

épicène [episɛn] adj. GRAM **1.** Se dit d'un nom qui désigne indifféremment l'un ou l'autre sexe d'une espèce animale (ex. *grenouille, crapaud*). **2.** Qui ne varie pas morphologiquement au masculin et au féminin (ex. *je, enfant*).

épicentre [episɑ̃tʀ] n. m. GEOPH Point de la surface terrestre, situé à l'aplomb de l'hypocentre (à l'intérieur de la Terre), où un séisme atteint son intensité maximale.

épicer [epise] v. tr. [**12**] **1.** Assaisonner, relever avec des épices. *Épicer un plat.* **2.** Fig. Relever d'expressions plus ou moins libres, de détails licencieux. *Épicer un récit.* – Pp. *Une histoire épicée,* salée, grivoise.

épicerie [episʀi] n. f. **1.** Produits d'alimentation générale, et en partic. ceux qui se conservent. *Faire un stock d'épicerie.* **2.** Commerce de ces produits. *Épicerie en gros.* – Magasin où on les vend.

épicier, ère [episje, ɛʀ] n. **1.** Personne tenant un commerce d'épicerie. **2.** Fam., péjor. Personne aux idées étroites et vulgaires; personne intéressée, préoccupée uniquement par le gain.

épicontinental, ale, aux [epikɔ̃tinɑ̃tal, o] adj. Se dit des océans ou des mers qui se trouvent en bordure d'un continent.

épicrâne [epikʀɑn] n. m. ANAT Membrane qui recouvre le crâne.

Épictète (v. 50 – v. 125-130 apr. J.-C.), philosophe stoïcien. Amené comme esclave à Rome, il fut acheté par un nommé Épaphrodite, puis affranchi. Chassé de Rome, il se réfugia en Épire. Son austérité, son mépris de la douleur caractérisent le stoïcisme, qu'exposent les *Entretiens* et le *Manuel,* rédigés par son disciple Flavius Arrien.

Épicure (341 – 270 av. J.-C.), philosophe grec. Il fréquenta les écoles platoniciennes avant de fonder la sienne à Mytilène (310), à Lampsaque, puis à Athènes (l'École du jardin). Il modifie l'*atomisme* de Démocrite et ne prône pas le plaisir brut : l'homme atteint au vrai plaisir dans le repos, l'*ataraxie* (absence de trouble), en libérant son esprit de la crainte des dieux et de la mort. Épicure écrivit de nombr. ouvrages, mais nous ne possédons que trois lettres et des fragments de son traité *De la nature.*

épicurien, enne [epikyʀjɛ̃, ɛn] adj. et n. **I.** adj. Relatif à la philosophie d'Épicure. *Morale épicurienne.* **II.** n. **1.** Adepte de l'épicurisme. **2.** *Par ext.* Personne adonnée aux plaisirs.

épicurisme [epikyʀism] n. m. **1.** PHILO Système philosophique d'Épicure et de ses disciples. *L'épicurisme de Lucrèce.* **2.** *Par ext.* Attitude de ceux qui s'adonnent aux plaisirs.

épicycloïde [episiklɔid] n. f. GEOM Courbe décrite par un point d'un cercle qui roule sans glisser sur un autre cercle, à l'extérieur de celui-ci. (V. hypocycloïde.)

Épidaure, anc. v. de la Grèce (Argolide). Son temple d'Asclépios (auj. en ruine) attira des malades jusqu'à l'époque chrétienne; non loin se trouve l'un des plus beaux théâtres grecs antiques.

épidémie [epidemi] n. f. **1.** Développement rapide d'une maladie contagieuse chez un grand nombre d'individus d'une région donnée. *Épidémie de choléra.* **2.** Fig. Propagation d'un phénomène, évoquant celle d'une maladie contagieuse. *Épidémie de cambriolages.*

épidémiologie [epidemjɔlɔʒi] n. f. MED Étude des différents facteurs qui conditionnent l'apparition, la fréquence, la répartition et l'évolution des maladies et des phénomènes morbides. *Épidémiologie de la variole, du cancer, du suicide.*

épidémique [epidemik] adj. De la nature de l'épidémie.

épiderme [epidɛʀm] n. m. **1.** Couche superficielle de la peau, qui assure la protection du derme des vertébrés. *L'épiderme sécrète les phanères* (poils, cornes, sabots, etc.). ▷ Fig. *Avoir l'épiderme sensible, chatouilleux :* être susceptible. **2.** BOT Couche unicellulaire externe imperméable qui protège les organes aériens des végétaux supérieurs.

épidermique [epidɛʀmik] adj. Relatif à l'épiderme; de la nature de l'épiderme. *Tissu épidermique.* ▷ Fig. *Une sensibilité épidermique,* extrême.

épididyme [epididim] n. m. ANAT Organe allongé d'avant en arrière, qui coiffe le bord supérieur du testicule.

épidural, ale, aux [epidyʀal, o] adj. ANAT Qui appartient à la partie du canal sacré située entre les vertèbres et les méninges. ▷ MED *Méthode épidurale,* qui consiste à introduire une substance médicamenteuse, un anesthésique, dans l'espace épidural.

épier [epje] v. tr. [**2**] **1.** Observer attentivement et secrètement. *Épier qqn.* **2.** Attendre en guettant. *Épier l'occasion.*

épierrer [epjeʀe] v. tr. [**1**] Ôter les pierres de. *Épierrer un jardin.*

épieu [epjø] n. m. Arme à manche de bois, terminée par un fer plat et pointu.

épigastre [epigastʀ] n. m. ANAT Région de l'abdomen située entre les cartilages costaux et l'ombilic.

épigastrique [epigastʀik] adj. ANAT De l'épigastre.

épigénie [epiʒeni] n. f. **1.** MINER Phénomène qui change la nature chimique d'un minéral, sans changer sa forme cristalline. **2.** GEOL Creusement transversal des vallées, indépendant de la résistance des roches.

épiglotte [epiglɔt] n. f. ANAT Opercule fibro-cartilagineux situé à la partie supérieure du larynx, et assurant l'occlusion des voies respiratoires au moment de la déglutition.

épigone [epigon] n. m. **1.** MYTH *Les Épigones :* les fils des sept chefs morts devant Thèbes, qui prirent la ville lors d'une seconde expédition. **2.** Litt. Imitateur, successeur.

épigramme [epigʀam] n. f. **1.** ANTIQ Petite pièce de vers. **2.** Petit poème terminé par un trait satirique ou mordant. – *Par ext.* Trait satirique ou mordant.

épigraphe [epigʀaf] n. f. **1.** Inscription placée sur un édifice pour en indiquer la destination. **2.** Courte sentence, citation placée en tête d'un livre, d'un chapitre, pour en indiquer l'esprit ou l'objet.

épigraphie [epigʀafi] n. f. Didac. Étude des inscriptions sur pierre, bois, métal.

épigraphique [epigʀafik] adj. Didac. Relatif à l'épigraphie, aux inscriptions.

épigraphiste [epigʀafist] n. Didac. Spécialiste de l'épigraphie.

épigyne [epiʒin] adj. BOT Se dit de toute pièce florale insérée au-dessus de l'ovaire. (V. infère.)

épilation [epilasjɔ̃] n. f. Action d'épiler. *Épilation à la cire.*

épilatoire [epilatwaʀ] adj. et n. m. Qui sert à épiler. *Pâte épilatoire.* ▷ n. m. *Un épilatoire.* Syn. dépilatoire.

épilepsie [epilɛpsi] n. f. Affection caractérisée par la survenue plus ou moins fréquente de crises convulsives motrices ou de troubles sensoriels, sensitifs ou psychiques.

épileptique [epilɛptik] adj. et n. **1.** Relatif à l'épilepsie. **2.** Qui est atteint d'épilepsie. ▷ Subst. *Un(e) épileptique.*

épiler [epile] v. tr. [**1**] Arracher les poils de. *Pince à épiler.* ▷ v. pron. *S'épiler les jambes.*

épillet [epijɛ] n. m. BOT Petit épi constitutif d'une inflorescence composée. *Une grappe d'épillets.*

épilogue [epilɔg] n. m. **1.** Conclusion d'un ouvrage littéraire. Ant. prologue. **2.** *Par ext.* Conclusion, dénouement. *L'épilogue d'une affaire.*

épiloguer [epilɔge] v. intr. [**1**] Faire de longs commentaires. *Passer son temps à épiloguer sur un échec.* Syn. discourir.

Épiméthée, dans la myth. gr., frère de Prométhée; en dépit des avertissements de celui-ci, il épousa Pandore*, qui ouvrit la fameuse jarre.

Épinal, v. de France, ch.-l. du dép. des Vosges, sur la Moselle; 39480 hab. – Musée (consacré surtout à l'imagerie populaire). Basilique (XIe-XIVe s.).

épinard [epinaʀ] n. m. **1.** Plante potagère (fam. des chénopodiacées), originaire d'Iran. ▷ (Antilles fr.) Plante herbacée locale qui se consomme comme des épinards. **2.** (Plur.) Feuilles de cette plante, que l'on mange en général cuites. ▷ (Afr. subsah.) Feuilles de diverses plantes (amarante, baselle, etc.) utilisées dans les sauces. ▷ (En appos.) *Vert épinard :* vert foncé.

épincer [epɛ̃se] v. tr. [**12**] ou **épinceter** [epɛ̃ste] v. tr. [**20**] AGRIC Ôter du tronc d'un arbre, lors d'un arrêt de la végétation, les bourgeons qui ont poussé au printemps.

épine [epin] n. f. **I. 1.** Arbuste dont les branches portent des piquants. *Haie d'épines.* – *Épine du Christ :* plante des régions tropicales (fam. euphorbiacées) cultivée pour ses fleurs rouge vif. **2.** Organe acéré et dur de certains végétaux, provenant de la transformation de feuilles, rameaux, etc., et traduisant généralement une adaptation de la plante à un climat sec. ▷ Loc. fig. *Tirer une épine du pied de qqn,* le délivrer d'un grand embarras. **II.** *Par anal.* **1.** (Au plur.) Excroissances pointues sur certains animaux (poissons en partic.). **2.** ANAT Éminence osseuse. *Épine nasale.* – *Épine dorsale :* colonne vertébrale.

épiner [epine] v. tr. [**1**] ARBOR Protéger (les tiges des jeunes arbres) avec des branches épineuses.

épinette [epinɛt] n. f. (Québec) Conifère (genre *Picea*) apparenté au sapin, à écorce écailleuse et aux aiguilles piquantes qui rayonnent en tous sens autour du rameau. *Gomme, bière d'épinette.* (V. prusse.) – *Épinette rouge :* nom cour. du mélèze laricin.

épineux, euse [epinø, øz] adj. et n. m. **1.** Qui porte des épines. *Buisson épineux.* ▷ n. m. Arbuste épineux. **2.** Fig. Plein de difficultés. *Une affaire épineuse.* Syn. délicat. ▷ D'humeur difficile. *Caractère épineux.*

épingle [epɛ̃gl] n. f. **1.** Petite tige métallique, pointue à une extrémité, et pourvue d'une tête à l'autre, servant à attacher. *Une pelote d'épingles.* ▷ Loc. fig. *Coups d'épingle :* petites méchancetés, railleries. – *Tiré à quatre épingles :* habillé avec un soin minutieux. – *Tirer son épingle du jeu :* se dégager adroitement d'une affaire délicate. **2.** Objet servant à attacher, à fixer, dont la forme varie selon sa destination. ▷ *Épingle à cheveux :* mince tige pliée par son milieu, qui sert à fixer les cheveux. – *Virage en épingle à cheveux :* virage très accentué entre deux segments parallèles d'une route. ▷ *Épingle de cravate :* bijou en forme d'épingle porté sur la cravate. – Fig. *Monter en épingle :* mettre en valeur. ▷ *Épingle double, de nourrice, de sûreté* ou (Québec) *à ressort :* épingle recourbée dont l'extrémité pointue est maintenue par un crochet. Syn. (Suisse) imperdable. **3.** CONSTR Armature en forme d'épingle double.

épinglé, ée [epɛ̃gle] adj. **1.** Attaché avec une épingle. **2.** Se dit d'un tissu à petites côtes. *Velours épinglé.* **3.** Fig., fam. Pris, pincé, attrapé. *Il a été épinglé au premier vol.*

épingler [epɛ̃gle] v. tr. [1] **1.** Fixer avec une ou plusieurs épingles. *Épingler une décoration, un vêtement.* **2.** Fig., fam. Arrêter, prendre. *Il s'est fait épingler à la sortie.*

épinglette [epɛ̃glɛt] n. f. (Québec) **1.** Syn. de *broche* (sens 3). **2.** Badge (sens 2).

épinière [epinjɛʀ] adj. f. *Moelle épinière :* V. moelle.

épinoche [epinɔʃ] n. f. Petit poisson téléostéen (5 à 8 cm) des eaux douces et saumâtres d'Eurasie, d'Afrique du Nord et d'Amérique du Nord, dont la nageoire dorsale est munie d'épines. (Au moment du frai, le mâle se pare de vives couleurs rouges et bleues et construit un nid où la femelle pond.)

épipaléolithique [epipaleɔlitik] n. m. PREHIST Période postglaciaire dont l'industrie lithique est encore proche de celle du paléolithique supérieur.

épiphanie [epifani] n. f. **1.** Manifestation de la divinité, de Dieu. **2.** (Avec une majuscule.) Fête chrétienne célébrant la visite des Rois mages à Jésus nouveau-né (le 6 janvier); elle est également nommée *jour des Rois.* **3.** Litt. Manifestation de ce qui est caché.

épiphénomène [epifenɔmɛn] n. m. **1.** MED Symptôme accessoire. **2.** *Par ext.* Didac. Phénomène secondaire, lié à un autre dont il découle.

épiphyse [epifiz] n. f. ANAT **1.** Extrémité des os longs. **2.** Glande située dans le cerveau à la partie postérieure du 3e ventricule, dont le rôle est mal connu, et qui se calcifie chez l'adulte.

épiphyte [epifit] adj. et n. m. BOT Se dit des végétaux poussant sur d'autres végétaux sans en être les parasites. ▷ n. m. *Les lianes sont des épiphytes.*

épiphytie [epifiti] n. f. BOT Maladie qui atteint rapidement un grand nombre de végétaux de la même espèce. *L'oïdium, la rouille, le mildiou sont des épiphyties.*

épiploon [epiplɔɔ̃] n. m. ANAT Large expansion du péritoine, composée d'un double feuillet qui maintient les organes abdominaux en place.

épique [epik] adj. **1.** LITTER Se dit d'une grande composition en vers qui décrit des actions héroïques. *La poésie épique est un des genres littéraires les plus anciens.* **2.** Propre à l'épopée. *Ton épique.* **3.** Digne d'une épopée. *Mener un combat épique.* ▷ Plaisant *Il lui arrive toujours des aventures épiques!*

Épire, rég. montagneuse (Balkans) de la Grèce et de la C.E.; 9203 km^2; 339200 hab.; cap. *Ioánnina.* – Agric., élevage, pêche, tourisme.

épiscopal, ale, aux [episkɔpal, o] adj. **1.** De l'évêque. *Dignité épiscopale. Palais épiscopal.* **2.** *Église épiscopale* ou *épiscopalienne :* Église anglicane des États-Unis.

épiscopat [episkɔpa] n. m. **1.** Dignité d'évêque. **2.** Durée des fonctions de l'évêque. **3.** Corps des évêques. *L'épiscopat français.*

épisiotomie [epizjɔtɔmi] n. f. CHIR Incision du périnée, pratiquée pour éviter une rupture traumatique lors de l'accouchement.

épisode [epizɔd] n. m. **1.** Action incidente, liée à l'action principale, dans une œuvre littéraire, artistique. *Ce personnage n'apparaît que dans un épisode du roman.* **2.** Chacune des parties d'un film projeté en plusieurs séances. *Les épisodes d'un feuilleton télévisé.* **3.** Événement particulier lié à des faits d'ordre plus général. *Un épisode de la dernière guerre.*

épisodique [epizɔdik] adj. **1.** Qui appartient à un épisode. *Personnage épisodique d'un roman.* **2.** Secondaire. *Elle n'a joué qu'un rôle épisodique dans sa vie.*

épisodiquement [epizɔdikmɑ̃] adv. D'une manière épisodique.

épisome [epizom] n. m. MICROB Morceau d'A.D.N. intracellulaire, capable de se répliquer de façon autonome et de s'incorporer au matériel génétique de la cellule hôte sans perdre son individualité.

épisser [epise] v. tr. [1] MAR Faire une épissure à (un cordage).

épissure [episyʀ] n. f. **1.** MAR Jonction des bouts de deux cordages par l'entrelacement des torons. **2.** ELECTR Jonction de deux conducteurs par soudure ou entrelacement.

épistémologie [epistemɔlɔʒi] n. f. PHILO Étude critique des sciences, de la formation et des conditions de la connaissance scientifique.

épistémologique [epistemɔlɔʒik] adj. PHILO Relatif à l'épistémologie.

épistolaire [epistɔlɛʀ] adj. Qui concerne le fait d'écrire des lettres, la manière de les écrire. *Style épistolaire.*

épistolier, ère [epistɔlje, ɛʀ] n. **1.** LITTER Écrivain connu par ses lettres. *Guez de Balzac fut surnommé «le grand épistolier de France».* **2.** Plaisant Personne qui écrit beaucoup de lettres.

épistyle [epistil] n. m. ARCHI Architrave.

épitaphe [epitaf] n. f. **1.** Inscription sur une sépulture. **2.** Tablette portant cette inscription. **3.** (Québec) Monument funéraire portant une inscription.

épitaxie [epitaksi] n. f. ELECTRON Technique de fabrication de dispositifs semiconducteurs, permettant notam. la réalisation de circuits intégrés.

épithalame [epitalam] n. m. LITTER Chant, poème nuptial.

épithélial, ale, aux [epiteljal, o] adj. BIOL Relatif à l'épithélium.

épithélioma [epiteljɔma] ou **épithéliome** [epiteljom] n. m. MED Syn. de *carcinome.*

épithélium [epiteljɔm] n. m. ANAT Membrane ou tissu formé de cellules juxtaposées. *Épithélium cylindrique, simple, stratifié.*

épithète [epitɛt] n. f. et adj. **1.** GRAM Mot ou groupe de mots que l'on ajoute à un nom, à un pronom, pour le qualifier. *Dans «le chat noir», «un homme intelligent» et «la dame qui porte une camisole», «noir», «intelligent» et «qui porte une camisole» sont des épithètes.* ▷ adj. GRAM Se dit d'un adjectif qualificatif qui n'est pas relié au nom par un verbe. – n. f. Fonction d'un tel adjectif; cet adjectif lui-même. **2.** *Par ext.* Qualification attribuée à qqn. *Elle le gratifia de l'épithète de «malappris».*

épitoge [epitɔʒ] n. f. Ornement que les professeurs de faculté, les magistrats, les avocats portent sur la robe, attaché sur l'épaule gauche.

épître [epitʀ] n. f. **1.** Lettre missive, chez les Anciens. *Les épîtres de Cicéron.* **2.** Par ext., plaisant *J'ai reçu une longue épître de mes parents.* **3.** LITTER Pièce de vers adressée à qqn en personne, comme une lettre. *Horace, Ovide, Marot, La Fontaine et Voltaire ont écrit des épîtres.* ▷ *Épître dédicatoire,* pour dédier une œuvre à qqn. **4.** LITURG CHRET Texte du Nouveau Testament lu ou chanté à la messe, un peu avant l'Évangile. *Chanter l'épître.*

Épîtres de saint Paul, écrites pour la plupart entre 57 et 63 ap. J.-C. aux communautés chrétiennes ou à leur évêque : *Épîtres aux Thessaloniciens* (I et II, 50-51), *aux Galates* (56?), *aux Philippiens* (56-57), *aux Corinthiens* (I et II, 57), *aux Romains* (58), *aux Éphésiens, aux Colossiens, à Philémon* (60-61); sont contestées les *Épîtres à Tite, à Timothée* (I et II) et *aux Hébreux.* Le Nouveau Testament contient, en outre, 7 épîtres attribuées aux apôtres Jacques, Pierre (2), Jean (3) et Jude.

épizootie [epizɔɔti] n. f. ZOOL Épidémie frappant, dans une région plus ou moins vaste, une espèce animale (notam. domestique) dans son ensemble.

épizootique [epizɔɔtik] adj. ZOOL Qui tient de l'épizootie.

éploré, ée [eplɔʀe] adj. Qui est tout en pleurs. *Une mère éplorée.*

épluchage [eplyʃaʒ] n. m. **1.** Action d'éplucher. *Épluchage des légumes.* **2.** Nettoyage (des étoffes). *Épluchage de la laine.* **3.** Fig. Examen minutieux. *Se livrer à l'épluchage d'une traduction.*

épluche-légumes [eplyʃlegym] n. m. inv. Petit couteau, dont la lame comporte en général deux fentes, pour l'épluchage des légumes.

éplucher [eplyʃe] v. tr. [1] **1.** Nettoyer, enlever les corps étrangers (ou ce qui n'est pas bon) de. *Éplucher la laine.* – *Éplucher des pommes de terre, des oranges,* les peler. **2.** Fig. Rechercher minutieusement les défauts, les erreurs dans. *Éplucher un compte.*

épluchette [eplyʃɛt] n. f. (Québec) Fête en plein air lors de laquelle on décortique des épis de maïs que l'on mange ensuite bouillis.

éplucheur, euse [eplyʃœʀ, øz] n. **1.** Personne qui épluche. *Éplucheur de coton.* **2.** n. m. *Éplucheur* ou *couteau-éplucheur. Éplucheur électrique.* Syn. épluche-légumes.

épluchure [eplyʃyʀ] n. f. Déchet qu'on enlève à une chose en l'épluchant. *Épluchures de pommes de terre.*

épode [epɔd] n. f. LITTER Pièce lyrique où se succèdent alternativement un vers long et un vers court.

épointage [epwɛ̃taʒ] n. m. TECH Action d'épointer.

épointer [epwɛ̃te] v. [1] **1.** v. tr. TECH Émousser la pointe de. *Épointer un couteau.* **2.** v. pron. S'émousser, perdre sa pointe.

éponge [epɔ̃ʒ] n. f. **1.** Nom courant de tous les spongiaires. **2.** Squelette corné, fibreux et souple de divers spongiaires, utilisé pour son aptitude à retenir l'eau. *Pêcheur d'éponges. Presser une éponge.* ▷ Objet fabriqué industriellement pour le même usage. *Une éponge synthétique. – Éponge végétale* ou (Afr. subsah.) *éponge :* fibres végétales provenant de lianes, du rônier ou du loufa et servant d'éponge de toilette. **3.** Loc. fig. *Passer l'éponge :* pardonner, oublier. **4.** *Tissu-éponge*. De l'éponge :* du tissu-éponge. **5.** (Afr. subsah.) Mousse synthétique. *Un matelas en éponge.*

éponger [epɔ̃ʒe] v. tr. [13] **1.** Essuyer, enlever (un liquide) avec une éponge. *Éponger de l'encre.* **2.** Fig. Résorber (un excédent, une inflation). *Éponger la dette.* **3.** v. pron. S'essuyer. *S'éponger le front.*

éponyme [epɔnim] adj. Didac. Qui donne son nom à. *Fatima, éponyme de la dynastie des Fatimides.*

épopée [epɔpe] n. f. **1.** Long poème empreint de merveilleux et racontant des aventures héroïques. *L'«Énéide», épopée écrite par Virgile.* **2.** Suite d'actions réellement accomplies et pleines d'héroïsme.

époque [epɔk] n. f. **1.** Période déterminée dans l'histoire, marquée par des événements importants. *L'époque de la Révolution française. – La Belle Époque :* en France, les années proches de 1900, jugées rétrospectivement agréables et sans soucis. **2.** *Par ext.* Temps où l'on vit; ensemble de ceux qui vivent dans la même période. *Les grands philosophes de l'époque, de notre époque. Quelle drôle d'époque!* **3.** Loc. *Faire époque :* faire date. *L'œuvre de James Joyce a fait époque dans la littérature du XXe s.* **4.** Moment où se passe un événement déterminé. *À l'époque de notre rencontre. À pareille époque, à la même époque l'an prochain, je serai en vacances.* **5.** Période qui caractérise un style artistique défini (notam. un style de mobilier). *Une bergère d'époque Louis XV. –* Loc. *D'époque :* authentiquement ancien, exécuté à une époque déterminée. *Un meuble d'époque se distingue d'une copie.*

épouillage [epujaʒ] n. m. Action d'épouiller.

épouiller [epuje] v. tr. [1] Ôter des poux à. *Épouiller un chien, un enfant.* ▷ v. pron. *Singes qui s'épouillent.*

époumoner (s') [epumɔne] v. pron. [1] Crier à tue-tête jusqu'à s'essouffler.

épousailles [epuzaj] n. f. pl. Vieilli ou plaisant Célébration du mariage.

épouse [epuz] n. f. V. époux.

épouser [epuze] v. tr. [1] **1.** Prendre en mariage. *Elle a épousé son cousin.* Syn. (Afr. subsah., Belgique, France rég., Maghreb, Québec, Suisse) marier. ▷ Par ext. *Épouser une grosse fortune,* qqn qui possède une grosse fortune. **2.** Fig. S'attacher à (qqch), embrasser (une cause). *Épouser le parti, les intérêts, les idées d'un camarade. – Épouser la querelle de qqn,* prendre parti pour lui dans une querelle. **3.** Se modeler sur. *Cette robe épouse parfaitement la forme du corps.*

époussetage [epustaʒ] n. m. Action d'épousseter.

épousseter [epuste] v. tr. [20] Nettoyer en chassant la poussière.

époustouflant, ante [epustuflɑ̃, ɑ̃t] adj. Fam. Très étonnant.

époustoufler [epustufle] v. tr. [1] Fam. Jeter (qqn) dans l'étonnement.

épouvantable [epuvɑ̃tabl] adj. **1.** Qui épouvante, effrayant, terrifiant. *Pousser des cris épouvantables. Un épouvantable forfait.* **2.** *Par exag.* Très mauvais. *Ce film est épouvantable.* **3.** Qui choque par son excès. *Une bêtise épouvantable.*

épouvantablement [epuvɑ̃tabləmɑ̃] adv. **1.** De manière effroyable. **2.** *Par exag.* À l'extrême. *Il est épouvantablement bavard.*

épouvantail [epuvɑ̃taj] n. m. **1.** Objet destiné à effrayer les oiseaux dans un champ, un verger, un jardin. *Des haillons sur une perche peuvent servir d'épouvantail.* **2.** Fig. Personne très laide, très mal habillée. **3.** Fig. Objet, personne qui effraie sans cause réelle.

épouvante [epuvɑ̃t] n. f. **1.** Effroi violent, peur soudaine, panique. *Être glacé d'épouvante. Film d'épouvante.* **2.** Vive inquiétude, appréhension. *Elle voit avec épouvante les dettes s'accumuler.*

épouvanter [epuvɑ̃te] v. tr. [1] Effrayer vivement, remplir d'épouvante (qqn). *Attila épouvantait ses ennemis. –* Pp. *Épouvanté par une vision d'horreur.* ▷ v. pron. *Il s'épouvante pour un rien.*

époux, épouse [epu, epuz] n. Personne unie à une autre par le mariage. *Prendre pour époux, pour épouse. Les époux :* le mari et la femme. ▷ Fam. (Avec le possessif.) *Il vient de perdre son épouse.*

époxy [epɔksi] adj. inv. et n. f. **1.** adj. inv. CHIM Qui contient un époxyde. *La résine époxy est utilisée comme vernis ou comme colle.* **2.** n. f. *Coller à l'époxy,* à la résine époxy.

époxyde [epɔksid] n. m. CHIM Groupement constitué par deux atomes de carbone formant un cycle avec un atome d'oxygène.

éprendre (s') [eprɑ̃dr] v. pron. [52] *S'éprendre de.* **1.** Se passionner pour (qqch). *S'éprendre d'un idéal.* **2.** Tomber amoureux de (qqn). *Dans* Le Misanthrope *de Molière, Alceste s'éprend de Célimène.* **3.** Se mettre à aimer (qqch).

épreuve [eprœv] n. f. **1.** Événement pénible, malheur, souffrance, qui éprouve le courage, qui fait apparaître les qualités morales. *Passer par de rudes épreuves.* **2.** Action d'éprouver qqch ou qqn; action, opération permettant de le juger. *Faire l'épreuve d'une arme. Mettre qqn à l'épreuve.* ▷ *À l'épreuve de :* qui résiste à. *Cloison à l'épreuve du feu.* ▷ *À toute épreuve :* très solide, résistant. **3.** HIST, ETHNOL *Épreuves judiciaires :* épreuves destinées, chez certains peuples, à faire apparaître l'innocence ou la culpabilité d'un accusé. *Poison d'épreuve.* V. ordalie. **4.** Partie d'un examen. *Subir des épreuves écrites.* **5.** SPORT Compétition. *Suivre les épreuves de ski à la télévision.* **6.** ARTS GRAPH Chacun des exemplaires tirés sur une planche gravée. **7.** IMPRIM Feuille imprimée utilisée pour la correction. ▷ Image (le plus souvent positive) tirée d'un cliché photographique (le plus souvent négatif). **8.** AUDIOV Film brut après développement et avant montage. **9.** MED *Épreuve d'effort :* travail musculaire imposé pour juger de la valeur fonctionnelle des poumons et du cœur.

épris, ise [epri, iz] adj. Animé d'une grande passion (pour qqch, qqn). *Être épris de justice. Être épris d'une femme.* ▷ (S. comp.) *Des amants fort épris.*

éprouvant, ante [epruvɑ̃, ɑ̃t] adj. Dur à supporter. *Cette chaleur est éprouvante.*

éprouvé, ée [epruve] adj. **1.** Qui a résisté aux épreuves, sûr. *Valeur éprouvée.* **2.** Qui a subi des épreuves, des malheurs. *Elle est très éprouvée.*

éprouver [epruve] v. tr. [1] **1.** Essayer (qqch) pour s'assurer de ses qualités. *Éprouver un remède. Éprouver la fidélité d'un ami.* **2.** Soumettre à une épreuve pénible. *La guerre a éprouvé ces régions.* **3.** Ressentir, connaître par expérience. *Éprouver une sensation agréable. Éprouver de la joie. Éprouver de l'amour pour qqn.* **4.** *Éprouver que :* découvrir que. *Il éprouva vite qu'on essayait de le tromper.*

éprouvette [epruvɛt] n. f. **1.** CHIM Vase ou tube de verre qui sert à manipuler des liquides ou des gaz au cours d'expériences. **2.** METALL Échantillon de métal que l'on soumet à des essais mécaniques destinés à mesurer ses qualités.

epsilon [ɛpsilɔn] n. m. **1.** Cinquième lettre [ɛ, ε] de l'alphabet grec. **2.** MATH Symbole d'une quantité infinitésimale.

Epsom and Ewell, v. d'Angleterre (Surrey); 69 230 hab. Stat. therm. – Courses de chevaux *(derby d'Epsom).*

Epstein (Jean) (1897 – 1953), cinéaste français : *la Chute de la maison Usher* (1928). Essai : *Bonjour cinéma* (1921).

épucer [epyse] v. tr. [12] Ôter des puces à. ▷ v. pron. *Singes qui s'épucent.*

épuisant, ante [epɥizɑ̃, ɑ̃t] adj. Très fatigant. *Travail épuisant.*

épuisé, ée [epɥize] adj. **1.** Devenu improductif. *Des terres épuisées.* **2.** *Par ext.* (En parlant d'un livre, d'une publication.) Dont toute l'édition a été vendue. *Une première édition épuisée.* **3.** À bout de forces. *Un sportif épuisé par l'effort.*

épuisement [epɥizmɑ̃] n. m. **1.** Action de mettre à sec. *L'épuisement d'une mine inondée.* **2.** État de qqch qu'on a épuisé. *Épuisement d'un sol,* baisse de sa fertilité. (L'épuisement des sols peut être causé par divers facteurs : diminution du taux d'humus due aux cultures sur brûlis, à la non-restitution au sol des résidus de récolte, au manque de fumure organique; monoculture; utilisation trop faible ou excessive des engrais chimiques; érosion hydrique et éolienne, etc.). **3.** Perte des forces, faiblesse physique ou morale. *Épuisement dû à la malnutrition.*

épuiser [epɥize] v. tr. [1] **1.** Tarir, mettre à sec. *Épuiser une source.* ▷ *Épuiser un sol,* par la culture répétée d'un même végétal, qui en absorbe les éléments nutritifs et le rend improductif. **2.** Utiliser complètement (qqch), consommer entièrement. *Épuiser ses provisions.* **3.** User complètement. *Épuiser la patience de qqn. Il a épuisé tous les plaisirs.* ▷ *Épuiser un sujet,* le traiter complètement, à fond. **4.** Affaiblir à l'extrême. *La maladie l'épuise.* – *Par exag.* Fatiguer. *Ses plaintes m'épuisent.* **5.** v. pron. Se tarir (choses); s'affaiblir à l'extrême (personnes). *Nos ressources s'épuisent. Il s'épuise en efforts exténuants.*

épuisette [epɥizɛt] n. f. **1.** Petit filet de pêche monté sur un cerceau, attaché à un long manche. *L'épuisette sert à tirer de l'eau le poisson pris à l'hameçon.* **2.** MAR Syn. de *écope.*

épurateur [epyʀatœʀ] n. m. TECH Appareil servant à épurer les liquides ou les gaz.

épuration [epyʀasjɔ̃] n. f. **1.** Action de rendre pur. *Épuration des eaux usées.* ▷ TECH *Station d'épuration :* installation destinée à traiter les eaux usées avant de les rejeter dans un cours d'eau ou dans la mer. ▷ MED *Épuration extrarénale :* procédé d'extraction des substances toxiques contenues dans le sang dans les cas d'insuffisance rénale. *Épuration par dialyse péritonéale ou par rein artificiel.* **2.** Élimination des membres jugés indésirables (d'un corps social, spécial. en politique).

épure [epyʀ] n. f. **1.** Représentation d'un objet par sa projection sur trois plans perpendiculaires. **2.** Fig. Ébauche (d'une œuvre).

épurer [epyʀe] v. tr. [1] **1.** Rendre pur, plus pur. *Épurer l'eau,* afin de la rendre potable. **2.** Fig. Débarrasser de ses impuretés, de ses défauts. *Épurer le goût.* **3.** Éliminer les éléments jugés indésirables de (un corps social). *Épurer une administration.* **4.** v. pron. Devenir plus pur, meilleur.

épyornis [epjɔʀnis] n. m. V. æpyornis.

équanimité [ekwanimite] n. f. Litt. Égalité d'humeur, sérénité.

équarrir [ekaʀiʀ] v. tr. [3] **1.** TECH Tailler à angle droit, rendre carré. *Équarrir une poutre.* – *Équarrir une glace,* la découper avec un diamant et des pinces. – *Équarrir un tronc d'arbre,* afin d'en tirer des planches pour la construction. ▷ Fig. *Mal équarri :* mal dégrossi. **2.** Écorcher, dépecer (un animal mort).

équarrissage [ekaʀisaʒ] n. m. **1.** TECH Action d'équarrir. *Équarrissage du bois.* **2.** Action d'abattre et de dépecer des animaux pour en tirer des produits utilisés dans l'industrie (peau, os, graisses).

équarrisseur [ekaʀisœʀ] n. m. Celui qui équarrit les animaux.

équateur [ekwatœʀ] n. m. Le plus grand des cercles imaginaires du globe terrestre perpendiculaires à l'axe des pôles. ▷ *Équateur céleste :* grand cercle de la sphère céleste déterminé par l'équateur terrestre.

Équateur (en esp. *Ecuador*) (république de l'), État d'Amérique du Sud, baigné à l'O. par le Pacifique, traversé par l'équateur et limité au N. par la Colombie, à l'E. et au S. par le Pérou; 283 561 km^2 (les îles Galápagos comprises); 11 460 000 hab.; cap. : *Quito.* Nature de l'État : rép. de type présidentiel. Langue off. : esp. Monnaie : sucre. Pop. : créoles (10 %), Amérindiens (40 %), métis (40 %), Noirs et mulâtres (10 %). Relig. : catholiques (90 %).
Géogr. phys. et hum. – À l'O., la région côtière du Pacifique, la *Costa,* chaude et humide au N., semi-aride au S., groupe plus de 50 % des habitants. Au centre, les Andes (6272 m au Chimborazo) se divisent en deux chaînes volcaniques isolant un haut plateau tempéré; longtemps la plus peuplée, cette zone reste un axe vital. À l'E., l'*Oriente* est une immense plaine forestière et insalubre. La pop., urbaine à 55 %, s'accroît de 2,5 % par an.
Écon. – L'agriculture emploie le tiers des actifs; banane, cacao, café sont les princ. cultures d'exportation; aux cultures vivrières (riz, maïs, pomme de terre) s'ajoute la pêche côtière. Le pétrole (plaine littorale et Nord-Est amazonien) assure 40 % des recettes; en partie nationalisé en 1989, il avait permis dans les années 70 la diversification d'une industrie auparavant fondée sur l'agroalimentaire et le textile. L'endettement du pays, l'inflation élevée et les mesures de rigueur (1989) ont provoqué des troubles sociaux.
Hist. – Partie de l'Empire inca, l'Équateur fut conquis par un officier de Pizarro (1534) et intégré au vice-royaume du Pérou puis à la Nouvelle-Grenade. Libéré de la tutelle esp. par le général Sucre (1822), il constitua, avec la Colombie et le Venezuela, la *Fédération de Grande-Colombie,* qu'il quitta en 1830 pour devenir une rép. indép., les conservateurs, grands propriétaires fonciers, et les libéraux, bourgeoisie d'affaires du port de Guayaquil, exerçant tour à tour le pouvoir. En 1861, Gabriel García Moreno institua une dictature théocratique. Après son assassinat (1875) et le règne des conservateurs libéraux, le pouvoir revint aux libéraux radicaux, après la révolution de 1895. Premier exportateur mondial de cacao, l'Équateur fut partic. touché par la crise écon. de 1929. Au chaos politique s'ajouta un conflit malheureux avec le Pérou (1941-1942) à l'issue duquel l'Équateur, déjà vaincu par le Brésil (1904) et la Colombie (1916), céda encore une partie de son territoire amazonien : en 36 ans, il avait perdu ainsi les deux tiers de son territoire. En 1944, une révolution porta au pouvoir José María Velasco Ibarra, dont la personnalité domina longtemps la vie polit. du pays. Rodríguez Lara, président de 1972 à 1976, fut renversé par l'armée, hostile à sa politique pétrolière nationaliste. Après un référendum en 1978, Jaime Roldos, populiste, fut élu prés. en 1979 mais périt dans un accident d'avion (1981). Se sont succédé à la tête de l'État : L. Febres Cordero (1984, conservateur), Rodrigo Borja (1988, social-démocrate), Sixto Durán (1992, conservateur). En janv.-fév. 1995, l'Équateur attaqua le Pérou pour reprendre les prov. perdues en 1942, mais en vain. Élu en juil. 1996, Abdala Bucaram, qui n'appartenait à aucun parti, a mené le pays au désordre par ses extravagances, quand le Congrès l'a déposé en fév. 1997; ce dernier a nommé Fabian Alarcon président intérimaire.

équation [ekwasjɔ̃] n. f. **1.** MATH Égalité qui n'est vérifiée que pour certaines valeurs attribuées aux inconnues. *Résoudre une équation, un système d'équations. Une équation différentielle :* V. différentielle. **2.** PSYCHO Fig. *Équation personnelle :* manière particulière, propre à chaque individu, de concevoir certaines choses.
ENCYCL Une relation de la forme f(x) = b est appelée équation si f est une application d'un ensemble E dans un ensemble F, b étant un élément de F; x est appelée l'*inconnue.* Résoudre une équation, c'est trouver les éléments x_0 de E, appelés *solutions* ou *racines* de l'équation, qui satisfont à cette relation. Les équations algébriques sont de la forme P(x) = 0, dans laquelle P(x) est un polynôme. On distingue les équations du premier degré (ax + b = 0), du second degré ($ax^2 + bx + c = 0$), du troisième degré ($ax^3 + bx^2 + cx + d = 0$), etc.

équatoguinéen, enne [ekwatɔgineɛ̃, ɛn] adj. et n. De la république de Guinée équatoriale. ▷ Subst. *Un(e) Équatoguinéen(ne).*

équatorial, ale, aux [ekwatɔʀjal, o] adj. et n. m. **I.** adj. **1.** Relatif à l'équateur. – *Climat équatorial :* climat extrêmement chaud qui règne entre les deux zones tropicales et où la pluviosité, fort élevée, atteint son maximum lors des équinoxes. **2.** ASTRO *Coordonnées équatoriales :* ascension droite et déclinaison. **II.** n. m. ASTRO Lunette qui se déplace dans un plan tournant autour de l'axe du monde et qui permet de suivre facilement un astre dans son mouvement diurne.

équatorien, enne [ekwatɔʀjɛ̃, ɛn] adj. et n. De la république de l'Équateur. ▷ Subst. *Un(e) Équatorien(ne).*

équerre [ekɛʀ] n. f. **1.** Instrument qui sert à tracer des angles, plans droits, des perpendiculaires. ▷ *Équerre d'arpenteur :* prisme à base octogonale muni de fentes et monté sur pied, servant à repérer des perpendiculaires sur le terrain. ▷ *Fausse équerre,* à branches mobiles, servant à tracer ou à mesurer un angle quelconque. ▷ Loc. *D'équerre :* à angle droit. ▷ (Québec) Fig., fam. *Ne pas être d'équerre :* être de mauvaise humeur. **2.** TECH Pièce métallique en T ou en L utilisée pour renforcer des assemblages.

équerrer [ekɛʀe] v. tr. [1] TECH Donner l'angle voulu entre deux parties d'une pièce de bois, de métal.

équestre [ekɛstʀ] adj. **1.** Relatif à l'équitation. *Exercices équestres.* **2.** Qui représente un personnage à cheval. *Statue équestre.*

équeuter [ekøte] v. tr. [1] Ôter la queue de (un fruit).

équi-. Élément, du lat. *æqui-,* préf., de *æquus,* « égal ».

équiangle [ekɥiɑ̃gl] adj. GEOM Dont les angles sont égaux. *Figures équiangles.*

équidés [ekide] n. m. pl. ZOOL Famille de mammifères ongulés périssodactyles apparue à l'éocène, dont l'évolution s'est caractérisée par une augmentation de la taille des doigts et par une réduction de leur nombre. *Les chevaux, les zèbres, les ânes et les onagres sont des équidés.* – Sing. *Un équidé.*

équidistance [ekɥidistɑ̃s] n. f. GEOM Qualité de ce qui est équidistant.

équidistant, ante [ekɥidistɑ̃, ɑ̃t] adj. GEOM Situé à une distance égale de deux points ou de deux droites ou d'un point et d'une droite, etc.

équilatéral, ale, aux [ekɥilateʀal, o] adj. GEOM Dont tous les côtés sont égaux. *Triangle équilatéral.*

équilatère [ekɥilatɛʀ] adj. GEOM *Hyperbole équilatère,* dont les asymptotes sont perpendiculaires.

équilibrage [ekilibʀaʒ] n. m. Action d'équilibrer; son résultat. ▷ TECH Répartition des masses sur la zone périphérique d'un organe tournant, pour régulariser sa rotation. *Équilibrage des roues d'une voiture.*

équilibrant, ante [ekilibʀɑ̃, ɑ̃t] adj. Qui établit, rétablit l'équilibre.

équilibration [ekilibʀasjɔ̃] n. f. Maintien ou mise en équilibre. *Équilibration du corps humain par le cervelet.*

équilibre [ekilibʀ] n. m. **1.** État d'un corps en repos, sollicité par des forces qui se contrebalancent. ▷ CHIM Mélange de plusieurs corps dont la composition ne varie pas, par absence de réaction ou du fait de la présence de deux réactions inverses de même vitesse. ▷ GÉOMORPH *Profil d'équilibre :* courbe de descente définitivement décrite, de la source à l'embouchure, par un fleuve qui n'alluvionne pas. ▷ ÉCON, FIN *Équilibre entre la production et la consommation. Équilibre des échanges extérieurs. Équilibre budgétaire.* **2.** Position d'une personne qui se maintient sans tomber. *Se tenir en équilibre sur les mains. Perdre l'équilibre.* **3.** Fig. Disposition, arrangement de choses différentes ou opposées, harmonieusement combinées. *L'équilibre d'une composition artistique.* **4.** Harmonie psychique, santé mentale.

équilibré, ée [ekilibʀe] adj. **1.** En bon équilibre, stable. *Budget équilibré.* **2.** Dont les facultés s'associent harmonieusement, sans trouble. *Une femme équilibrée.*

équilibrer [ekilibʀe] v. tr. [1] Mettre en équilibre. ▷ v. pron. Être d'importance égale. *Les avantages et les inconvénients de cette situation s'équilibrent.*

équilibriste [ekilibʀist] n. Artiste qui fait des tours d'équilibre (sens 2).

équille [ekij] n. f. Poisson perciforme des côtes européennes de l'Atlantique (genre *Ammodytes*), allongé et long de 15 à 30 cm, à la tête pointue. *Le lançon perce-sable est une équille des côtes françaises.*

équimolaire [ekɥimɔlɛʀ] adj. CHIM Se dit d'un mélange qui contient un nombre égal de moles de chacun de ses constituants.

équimoléculaire [ekɥimɔlekylɛʀ] adj. CHIM Se dit d'un mélange qui contient un nombre égal de molécules pour chacun de ses constituants.

équimultiple [ekɥimyltipl] adj. et n. m. MATH Se dit des nombres qui résultent du produit d'autres nombres par le même facteur. *15 et 6 sont équimultiples de 5 et 2, car 3 × 5 = 15, et 3 × 2 = 6.*

équin, ine [ekɛ̃, in] adj. Didac. **1.** Du cheval. *Variole équine.* **2.** MED *Pied équin :* variété de pied-bot.

équinoxe [ekinɔks] n. m. Époque de l'année où la durée du jour est égale à celle de la nuit. *Marée d'équinoxe.*
ENCYCL Le Soleil, dans son mouvement apparent sur la sphère céleste, se trouve exactement dans le plan de l'équateur à l'*équinoxe de printemps* (le 21 mars, à un jour près) et à l'*équinoxe d'automne* (le 23 sept., à un jour près).

équinoxial, ale, aux [ekinɔksjal, o] adj. Didac. Relatif à l'équinoxe.

équipage [ekipaʒ] n. m. **1.** MAR Ensemble du personnel à bord d'un navire. – Par ext. *L'équipage d'un avion.* **2.** PHYS Organe mobile d'un appareil de mesure.

équipe [ekip] n. f. **1.** Groupe de personnes collaborant à un même travail. *Homme, chef d'équipe. Travailler en équipe.* **2.** SPORT Ensemble de joueurs associés pour disputer un match, une compétition. *Équipe de football, de hockey.*

équipée [ekipe] n. f. **1.** Plaisant Promenade, sortie. **2.** Fig. Entreprise irréfléchie, escapade aux suites fâcheuses.

équipement [ekipmɑ̃] n. m. Action d'équiper; ce qui sert à équiper (qqn ou qqch). *Équipement d'un navire. L'équipement du fantassin. Équipement de ski.* ▷ TECH Ensemble des outillages et des installations (d'une usine, d'une région). ▷ URBAN *Équipements collectifs :* ensemble des installations mises à la disposition des collectivités. *Équipements scolaires, sportifs, sanitaires, sociaux, culturels.*

équiper [ekipe] v. [1] **I.** v. tr. **1.** Pourvoir de ce qui est nécessaire au fonctionnement. *Équiper une machine. Équiper un hôpital. – Équiper industriellement un pays.* **2.** Munir de ce qui est nécessaire à une activité. *Équiper une troupe.* **II.** v. pron. Se pourvoir d'un équipement; revêtir un équipement.

équipier, ère [ekipje, ɛʀ] n. Membre d'une équipe (spécial. sportive).

équipollent, ente [ekɥipɔlɑ̃, ɑ̃t] adj. MATH *Vecteurs équipollents :* syn. anc. de *vecteurs égaux.*

équipotent [ekɥipɔtɑ̃] adj. m. MATH *Ensembles équipotents,* qui ont la même puissance, c.-à-d. entre lesquels existe une bijection.

équipotentiel, elle [ekɥipɔtɑ̃sjɛl] adj. PHYS De même potentiel.

équitable [ekitabl] adj. **1.** Qui a de l'équité. *Un juge équitable.* **2.** Conforme à l'équité, à la justice naturelle. *Jugement équitable.*

équitablement [ekitabləmɑ̃] adv. De manière équitable. *Répartir équitablement les tâches.*

équitation [ekitasjɔ̃] n. f. Art, action de monter à cheval. *Faire de l'équitation.*

équité [ekite] n. f. Justice naturelle fondée sur la reconnaissance des droits de chacun; vertu qui consiste à régler sa conduite sur elle. *Juger avec équité et non selon les règles du droit positif.* ▷ Caractère de ce qui est équitable.

équivalence [ekivalɑ̃s] n. f. Qualité de ce qui est équivalent. ▷ Correspondance admise officiellement entre certains diplômes. *Avoir l'équivalence de la licence.* ▷ MATH *Relation d'équivalence,* à la fois réflexive, symétrique et transitive. ▷ PHYS *Principe d'équivalence,* selon lequel, lorsqu'un système qui subit une transformation cyclique n'échange avec le milieu extérieur que du travail et de la chaleur, le travail fourni (ou reçu) est égal à la quantité de chaleur reçue (ou fournie).

1. équivalent, ente [ekivalɑ̃, ɑ̃t] adj. Qui a la même valeur. ▷ MATH *Équations équivalentes,* qui ont les mêmes racines. – *Éléments équivalents* (modulo R), qui vérifient la relation d'équivalence R. – GEOM *Figures équivalentes,* de même surface bien que de formes différentes.

2. équivalent [ekivalɑ̃] n. m. Ce qui est équivalent. ▷ *L'équivalent d'un mot, d'une expression,* son synonyme. ▷ PHYS *Équivalent mécanique de la calorie :* travail (égal à 4,185 J) produit par une quantité de chaleur de 1 calorie. ▷ CHIM *Équivalent-gramme :* valence-gramme.

équivaloir [ekivalwaʀ] v. tr. indir. [45] *Équivaloir à.* **1.** Valoir autant en quantité que. *Le mille marin équivaut à 1852 m.* **2.** Avoir la même valeur que. *Cette réponse équivaut à un refus.*

équivoque [ekivɔk] adj. et n. f. **I.** adj. **1.** Susceptible de plusieurs interprétations. *Comportement équivoque. Termes équivoques.* **2.** Péjor. Qui n'inspire pas confiance. *Réputation, allure équivoque.* Syn. louche, suspect. **II.** n. f. Expression, situation laissant dans l'incertitude. *Parler, agir sans équivoque.* Syn. ambiguïté.

érable [eʀabl] n. m. **1.** Grand arbre des régions tempérées dont le bois est utilisé en ébénisterie. – *Érable du Canada* ou *érable à sucre,* dont la sève donne le sirop d'érable. – *La feuille d'érable,* emblème du Canada. – *Érable africain :* samba. ▷ (Québec) *Érable de Pennsylvanie,* de petite taille, à écorce verte striée de blanc. Syn. bois barré, bois d'orignal. – *Érable argenté,* dont le dessous des feuilles est argenté. *Érable rouge,* aux fleurs rouge vif. **2.** Loc. fam. (Québec) (En parlant de qqn dont le nez coule.) *Les érables coulent!*

érablière [eʀablijɛʀ] n. f. (Québec) Bois où abonde l'érable. – *Spécial.* Peuplement d'érables à sucre aménagé pour l'acériculture. Syn. sucrerie. (V. cabane* à sucre.)

éradication [eʀadikasjɔ̃] n. f. Suppression totale. *Éradication du paludisme.*

éradiquer [eʀadike] v. tr. [1] Supprimer totalement, faire disparaître (une maladie, un fléau).

érafler [eʀafle] v. tr. [1] Écorcher légèrement. *Cette ronce m'a éraflé.* – Par anal. *Érafler la peinture d'un mur.* ▷ v. pron. *Je me suis éraflé le genou.*

éraflure [eʀaflyʀ] n. f. Écorchure légère.

érailler [eʀɑje] v. tr. [1] **1.** Érafler, entamer la surface de. – Pp. adj. *Une peinture éraillée.* ▷ v. pron. *Le fauteuil de cuir commence à s'érailler.* **2.** Rendre rauque (la voix). – Pp. adj. *Voix éraillée.*

éraillure [eʀɑjyʀ] n. f. Légère écorchure; rayure.

Érasme (Didier), en lat. *Desiderius Erasmus Roterodamus* (v. 1469 – 1536), humaniste hollandais. Il défendit contre Luther la tolérance et le libre arbitre, associant dans un même idéal la raison et la foi. Princ. ouvrages (en latin) : *Adages* (1508), *Éloge de la folie* (1511), *Colloques* (1518).

Érato, dans la mythologie grecque, muse de la Poésie lyrique.

Ératosthène (v. 284 – v. 192 av. J.-C.), mathématicien, géographe et astronome grec. Ayant réussi à mesurer l'amplitude d'un arc de méridien (entre Syène et Alexandrie), il évalua le premier la circonférence de la Terre.

Erbil ou **Arbil** *(Arbīl),* v. d'Irak, au pied des montagnes du Kurdistān; 91 000 hab.; ch.-l. de la prov. du m. nom. Centre commercial et agricole. – Erbil est l'antique *Arbèles.*

erbium [ɛʀbjɔm] n. m. CHIM Élément appartenant à la famille des lanthanides (symbole Er), de numéro atomique Z=68. – Métal (Er) appartenant au groupe des terres rares.

Ercilla y Zúñiga (Alonso de) (1533 – 1594), poète espagnol. Il relata sa campagne contre les Araucans du Chili : *La Araucana* (1569-1589), poème épique.

Erckmann-Chatrian, nom collectif de deux écrivains français : **Émile Erckmann** (1822 – 1899) et **Alexandre Chatrian** (1826 – 1890), dont les romans démythifient les guerres impériales (*Histoire d'un conscrit de 1813,* 1864) ou content la vie alsacienne (*l'Ami Fritz,* 1864).

ère [ɛʀ] n. f. **1.** Époque fixe à partir de laquelle on commence à compter les années; la suite des années comptées à partir de cette période. *L'ère chrétienne. L'ère de l'hégire.* **2.** Fig. Époque où commence un nouvel ordre de choses. *Pays qui entre dans une ère de prospérité.* **3.** GEOL Chacune des grandes divisions du temps (entre – 570 millions d'années et l'époque actuelle), elles-mêmes divisées en périodes puis en étages. *L'ère primaire, secondaire,* etc.

Érechthéion, temple, en ruine, situé sur l'acropole d'Athènes, dédié à Érechthée (roi mythique d'Athènes). Sa partie la plus récente fut édifiée de 421 à 406 av. J.-C.; le toit du portique sud est soutenu par de célèbres cariatides.

érecteur, trice [eʀɛktœʀ, tʀis] adj. et n. m. PHYSIOL Qui provoque l'érection. *Un muscle érecteur* ou, n. m., *un érecteur.*

érectile [eʀɛktil] adj. **1.** Qui peut se gonfler et durcir par afflux de sang. *Tissus érectiles.* **2.** Qui peut se dresser. *Poils érectiles.*

érection [eʀɛksjɔ̃] n. f. **1.** Action d'élever, de construire. *L'érection d'un monument.* **2.** PHYSIOL État d'un organe, d'un tissu mou, qui devient raide par suite de l'afflux de sang. – (S. comp.) Érection du pénis. *Être en érection :* avoir le pénis en érection.

éreintage [eʀɛ̃taʒ] n. m. Critique sévère et malveillante. Syn. éreintement.

éreintant, ante [eʀɛ̃tɑ̃, ɑ̃t] adj. Épuisant, harassant. *Un travail éreintant.*

éreintement [eʀɛ̃tmɑ̃] n. m. **1.** État d'une personne éreintée. **2.** Critique sévère et malveillante. Syn. éreintage.

éreinter [eʀɛ̃te] v. tr. [1] **1.** Excéder de fatigue. *Ce travail l'éreinte.* – Pp. adj. *Elle est éreintée.* ▷ v. pron. *S'éreinter.* – Par exag., cour. *S'éreinter à faire une chose,* se donner beaucoup de peine pour l'accomplir. **2.** Critiquer violemment et méchamment. *Il a éreinté son contradicteur.* – Pp. adj. *Un livre éreinté par la critique.*

érémitique [eʀemitik] adj. Litt. Propre aux ermites. *Vie érémitique.*

érémophyte [eʀemɔfit] n. f. BOT Plante qui vit dans les déserts.

érésipèle [eʀezipɛl] n. m. V. érysipèle.

éréthisme [eʀetism] n. m. MED État d'excitation d'un organe. *Éréthisme cardiaque.*

Erevan ou **Erivan,** cap. de l'Arménie, située à env. 1000 m d'altitude; 1283000 hab. Au centre d'un bassin agricole (coton, vignobles, vergers) dominé par le mont Ararat (Turquie), la ville a subi un terrible séisme en 1988. – Nombreuses industr. – Centre universitaire et scientifique. Nombreux musées.

Erfurt, v. d'Allemagne, sur la Gera; 212010 hab.; cap. admin. du Land de Thuringe. Centre industr. import. – *Entrevue d'Erfurt :* en sept.-oct. 1808, Napoléon et Alexandre Ier tentèrent de resserrer les liens franco-russes.

1. erg [ɛʀg] n. m. PHYS Unité de travail du système C.G.S. (remplacé auj. par le joule, unité SI). *1 erg équivaut à* 10^{-7} *joules.*

2. erg [ɛʀg] n. m. GEOMORPH Dans un désert, région couverte de dunes. (Sous certaines latitudes les ergs sont des zones relativement favorables à la végétation; les pluies y font apparaître des pâturages; on y rencontre aussi de petits arbres.)

-ergie, ergo-. Éléments, du gr. *ergon,* «action, travail».

ergonome [ɛʀgɔnɔm] ou **ergonomiste** [ɛʀgɔnɔmist] n. Didac. Spécialiste d'ergonomie.

ergonomie [ɛʀgɔnɔmi] n. f. Didac. Science de l'adaptation du travail à l'homme. (Elle porte sur l'amélioration des postes et de l'ambiance de travail, sur la diminution de la fatigue physique et nerveuse, sur l'enrichissement des tâches, etc.)

ergonomique [ɛʀgɔnɔmik] adj. Didac. **1.** Relatif à l'ergonomie. **2.** Se dit d'un objet spécialement adapté aux conditions du travail auquel il est destiné. *Siège ergonomique de dactylo.*

ergostérol [ɛʀgosteʀɔl] n. m. BIOCHIM Stérol très répandu dans le règne végétal et qui peut, sous l'effet des rayons ultraviolets, acquérir les propriétés de la vitamine D.

ergot [ɛʀgo] n. m. **1.** Éperon osseux placé sur la face postérieure de la patte des galliformes mâles. *Les ergots du coq.* – Loc. fig. *Se dresser sur ses ergots* (comme fait le coq) : prendre un ton fier et menaçant. ▷ Saillie cornée en arrière du boulet de certains mammifères (cheval, chien). **2.** BOT Maladie de certaines céréales (partic. du seigle) provoquée par un champignon ascomycète qui produit sur les épis des fructifications ayant grossièrement la forme d'un ergot de coq. – Cette fructification. **3.** TECH Saillie sur une pièce de bois ou de fer.

ergotamine [ɛʀgotamin] n. f. BIOCHIM Dérivé de l'acide lysergique, extrait de l'ergot de seigle, dont l'action est antagoniste de celle du système nerveux sympathique.

ergoté, ée [ɛʀgɔte] adj. BOT Atteint par l'ergot. *Seigle ergoté.*

ergoter [ɛʀgɔte] v. intr. [1] Chicaner, contester, trouver à redire sur tout. *Ergoter sur des vétilles.*

ergoteur, euse [ɛʀgɔtœʀ, øz] adj. et n. Qui a la manie d'ergoter.

ergothérapie [ɛʀgoteʀapi] n. f. PSYCHIAT Utilisation du travail manuel dans le traitement de certaines affections mentales.

ergotisme [ɛʀgɔtism] n. m. MED Ensemble des accidents (convulsifs ou gangréneux) provoqués par la consommation répétée de végétaux ergotés.

Éric de Poméranie. V. Erik de Poméranie.

éricacées [eʀikase] n. f. pl. BOT Famille de dicotylédones gamopétales superovariées comprenant des arbustes et des arbrisseaux tels que le rhododendron, l'azalée, etc. – Sing. *Une éricacée.*

Eridou ou **Eridu,** v. anc. du S. de la Mésopotamie (auj. *Abu-Shar-ain,* Irak); un des premiers centres de la civilisation sumérienne (fin du IVe millénaire av. J.-C.).

Érié (lac), le plus méridional des Grands Lacs américains (25800 km^2). Ses eaux se jettent dans le lac Ontario par les chutes du Niagara. – Le *canal de l'Érié* (590 km) relie depuis 1825 l'Hudson au lac Érié. Il a permis l'essor du port de New York.

ériger [eʀiʒe] v. tr. [13] **1.** Dresser, élever (un monument). *Ériger une statue, un autel.* **2.** Établir, instituer. *Ériger un tribunal.* **3.** Élever à la qualité de. *Ériger une ville en capitale.* – Fig. *Ériger en principe que...* ▷ v. pron. *S'ériger en :* s'attribuer le rôle de, se poser en. *S'ériger en défenseur des bonnes causes.*

Erik le Rouge (v. 940 – v. 1010), explorateur norvégien. Il découvrit le Groenland (v. 981).

Erik ou **Éric de Poméranie** (1382 – 1459), roi de Danemark, de Suède (1396-1439) et de Norvège (1389-1442), unis à Kalmar* (1397).

Érin, nom poétique de l'Irlande : *la verte Érin.*

Érinnyes ou **Érinyes,** dans la mythologie grecque, déesses de la Vengeance, dites aussi, par antiphrase, Euménides («bienveillantes»). Les Romains les assimilèrent aux Furies.

éristique [eʀistik] adj. et n. PHILO Qui appartient à la controverse. ▷ n. f. Art de la controverse. ▷ n. m. Philosophe de l'école philosophique grecque créée par Euclide à la fin du Ve s. av. J.-C. à Mégare.

Erivan. V. Erevan.

erminette [ɛʀminɛt] n. f. V. herminette.

ermitage [ɛʀmitaʒ] n. m. **1.** Vx Lieu où vit un ermite. **2.** Litt. Lieu écarté et solitaire.

Ermitage (musée de l'), palais construit par le Franç. Vallin de La Mothe à Saint-Pétersbourg (1764). Ses coll. de peintures et d'antiquités en font l'un des plus riches musées du monde.

ermite [ɛʀmit] n. m. **1.** Religieux qui vit retiré dans un lieu désert. **2.** Fig. Personne qui vit seule et retirée. *Vivre en ermite.*

Erne, fl. d'Irlande (103 km); il traverse l'Ulster, où il s'élargit en deux lacs et se jette dans l'Atlantique.

Ernst (Max) (1891 – 1976), peintre français d'origine all.; Dada à Cologne, puis surréaliste. Il inventa le roman-collage : *la Femme 100 têtes* (1929).

éroder [eʀɔde] v. tr. [1] Ronger par une action lente. *L'eau érode les montagnes.*

érogène [eʀɔʒɛn] adj. Qui est la source d'une excitation sexuelle. *Une zone érogène.*

éros [eʀos] n. m. PSYCHAN Chez Freud, ensemble des pulsions de vie (par oppos. à *thanatos*). ▷ Terme utilisé par certains auteurs (en partic. Bachelard) pour symboliser le désir et ses manifestations sublimées.

Éros, dieu de l'Amour chez les Grecs, qui le considérèrent d'abord comme une des forces constitutives du cosmos. Il est généralement représenté par un enfant, ailé ou non, tenant une torche ou un arc. (V. Psyché.)

érosif, ive [eʀozif, iv] adj. GEOL Qui produit l'érosion; qui s'érode.

érosion [eʀozjɔ̃] n. f. **1.** Action, effet d'une substance qui érode; son résultat. ▷ GEOL Ensemble des phénomènes physiques et chimiques d'altération ou de dégradation des reliefs. **2.** Fig. Altération. – FIN *Érosion monétaire :* diminution du pouvoir d'achat d'une monnaie (due en partic. à l'inflation).

ENCYCL Géol. – L'érosion tend à aplanir les reliefs. Les écarts de température font éclater les roches *(cryoclastie)*; les eaux de pluie dissolvent les calcaires, notam.; les particules solides transportées par le vent érodent les roches *(érosion éolienne).* On distingue généralement les effets physiques (érosions proprement dites) des effets chimiques, que l'on nomme *altération.*

Érostrate, Éphésien qui, pour s'assurer l'immortalité, incendia le temple d'Artémis à Éphèse (356 av. J.-C.).

érotique [eʀɔtik] adj. **1.** Qui a rapport à l'amour, et partic. à l'amour sensuel, à la sexualité. **2.** Qui a rapport à l'érotisme (sens 2). *La littérature érotique.* **3.** Qui excite la sensualité, l'appétit sexuel. *Film érotique.*

érotiser [eʀɔtize] v. tr. [**1**] Donner un caractèreérotiqueà.

érotisme [eʀɔtism] n. m. **1.** Caractère de ce qui est érotique. *L'érotisme d'un roman.* **2.** L'amour et la sexualité pris comme objets d'étude ou comme thèmes artistiques, littéraires.

érotologie [eʀɔtɔlɔʒi] n. f. Didac. Étude de l'érotisme.

érotomane [eʀɔtɔman] adj. et n. PSYCHOPATHOL Qui est atteint d'érotomanie. ▷ adj. Qui a rapport à l'érotomanie. *Délire érotomane.* (On dit aussi *érotomaniaque.*)

érotomanie [eʀɔtɔmani] n. f. PSYCHOPATHOL **1.** Illusion délirante d'être aimé. **2.** Affection mentale caractérisée par des obsessions sexuelles.

erpétologie [ɛʀpetɔlɔʒi] n. f. ZOOL Partie de la zoologie qui étudie les reptiles. (Anc. orthographe : *herpétologie.*)

errance [ɛʀɑ̃s] n. f. Action d'errer, de marcher longuement sans destination préétablie.

1. errant, ante [ɛʀɑ̃, ɑ̃t] adj. Qui voyage sans cesse. – *Le chevalier errant,* traditionnellement défenseur des pauvres et des opprimés.

2. errant, ante [ɛʀɑ̃, ɑ̃t] adj. Qui erre, qui ne se fixe nulle part. *Mener une vie errante.* – *Peuplades errantes,* nomades. ▷ Fig. *Une imagination errante et vagabonde,* qui se laisse aller librement.

errata [ɛʀata] n. m. inv. et **erratum** [ɛʀatɔm] n. m. sing. **1.** *Errata :* liste des erreurs contenues dans un texte et décelées après son impression. *Un errata est joint à cet ouvrage.* **2.** *Erratum :* faute décelée après impression, que l'on signale.

erratique [ɛʀatik] adj. Didac. Qui n'est pas fixe. – MED *Fièvre erratique,* irrégulière. – GEOL *Bloc erratique :* bloc rocheux qu'un glacier a arraché à son site d'origine et qu'il a transporté dans des régions parfois très éloignées.

erre [ɛʀ] n. **1.** n. f. MAR Vitesse d'un navire. *Prendre de l'erre.* – *Spécial.* Vitesse due à l'inertie, lorsque le système de propulsion n'agit plus. *Courir sur son erre.* **2.** n. m. ou f. (Québec) Élan, vitesse. *Prendre son erre pour sauter.* – *Donner un erre d'aller :* mettre (qqch) en mouvement.

errements [ɛʀmɑ̃] n. m. pl. Manière habituelle et néfaste d'agir. *Ne pas suivre ses anciens errements.*

errer [ɛʀe] v. intr. [**1**] **1.** Marcher longuement, au hasard, sans but précis. *Errer dans une forêt.* ▷ Fig. *Laisser errer ses pensées.* **2.** Vx ou litt. Se tromper.

erreur [ɛʀœʀ] n. f. **1.** Action de se tromper; faute, méprise. *Faire une erreur de calcul, une erreur de date. Sauf erreur.* Syn. (Acadie) trompe. – Loc. *Faire erreur :* se tromper. **2.** État de celui qui se trompe. *Être dans l'erreur. Tirer qqn de l'erreur.* ▷ Fausseté, partic. en matière de dogme religieux. **3.** Ce qui est inexact (par rapport au réel ou à une norme définie). ▷ PHILO *Erreur des sens :* illusion produite par les sens. – *Erreur de raisonnement,* causée par l'équivoque, la généralisation hâtive. ▷ PHYS *Erreur de mesure d'une grandeur.* – *Erreur absolue :* différence entre la mesure d'une grandeur et sa valeur réelle. – *Erreur relative :* rapport entre l'erreur absolue et la valeur réelle. – *Calcul d'erreurs :* estimation de la limite supérieure des erreurs de mesure. ▷ DR *Erreur de droit,* qui porte sur ce que la loi permet ou défend. – *Erreur de fait :* appréciation inexacte d'un fait matériel ou ignorance de son existence. – *Erreur judiciaire :* condamnation d'un innocent à la suite d'une erreur de fait. **4.** Action inconsidérée, regrettable, maladroite. *Il a commis une grossière erreur en me parlant sur ce ton.*

Erromango, île de Vanuatu, au S.-E. de l'île Vaté et au N.-O. de l'île Tanna, avec laquelle elle forme une Région; v. princ. *Ipota.*

erroné, ée [ɛʀɔne] adj. Entaché d'erreur, inexact, contraire à la vérité. *Une interprétation erronée des faits.*

ersatz [ɛʀzats] n. m. Produit de remplacement, succédané. *La saccharine est un ersatz du sucre.*

érubescent, ente [eʀybesɑ̃, ɑ̃t] adj. Didac. Qui devient rouge.

éructation [eʀyktasjɔ̃] n. f. Litt. ou plaisant Émission sonore, par la bouche, de gaz provenant de l'estomac.

éructer [eʀykte] v. [**1**] **1.** v. intr. Rejeter avec bruit par la bouche les gaz venant de l'estomac. Syn. fam. roter. **2.** v. tr. Fig. *Éructer des injures.*

érudit, ite [eʀydi, it] adj. et n. Qui possède un savoir particulièrement approfondi dans une science, un domaine quelconque. *Un auteur érudit.* – *Un ouvrage érudit,* qui dénote une grande érudition. ▷ Subst. *Les érudits de la Renaissance.*

érudition [eʀydisjɔ̃] n. f. Savoir de l'érudit. *Un ouvrage d'érudition.*

éruptif, ive [eʀyptif, iv] adj. **1.** Qui a rapport aux éruptions volcaniques. ▷ *Roche éruptive,* syn. anc. de *roche magmatique.* **2.** MED Qui caractérise ou accompagne une éruption. *Fièvre éruptive.*

éruption [eʀypsjɔ̃] n. f. **1.** Projection plus ou moins violente, par un volcan, de divers matériaux : scories, cendres, blocs rocheux, gaz, etc.; état d'un volcan qui projette ces matériaux. *Éruption volcanique. Volcan en éruption.* **2.** MED Évacuation subite et abondante d'un liquide contenu dans un organe ou un abcès. ▷ Apparition sur la peau de taches, de boutons, etc. ▷ *Éruption des dents :* apparition des dents chez l'enfant. **3.** *Éruption solaire :* bref dégagement d'énergie dans l'atmosphère solaire, qui se manifeste par une augmentation très localisée de la brillance, une émission d'ondes électromagnétiques, une accélération de particules et des mouvements de matière. **4.** Fig. Production soudaine et abondante. *Une éruption de colère.*

érysipèle [eʀizipɛl] ou **érésipèle** [eʀezipɛl] n. m. MED Dermite due à un streptocoque, qui se manifeste notam. par des plaques éruptives sur la face.

érythémateux, euse [eʀitematø, øz] adj. MED Qui a les caractères de l'érythème.

érythème [eʀitɛm] n. m. MED Affection cutanée donnant lieu à des rougeurs disparaissant à la pression. *Érythème fessier du bébé.* – *Érythème noueux :* nodosité qui témoigne souvent d'une primo-infection tuberculeuse ou d'une tuberculose avérée.

Érythrée (rép. d'Érythrée), État d'Afrique du Nord-Est limité à l'ouest et au nord par le Soudan, au sud par l'Éthiopie et Djibouti, à l'est par la mer Rouge; 121 400 km²; 3 510 000 hab. (*Érythréens*) selon l'estimation de 1995; cap. *Asmara.* Nature de l'État : régime présidentiel transitoire. Langues off. : tigrinya, arabe. Monnaie : birr éthiopien.

Géogr. phys. – L'étroite plaine côtière, soumise à la chaleur, reçoit quelques précipitations en hiver. Le désert des Danakil la prolonge. Le plateau volcanique, qui atteint près de 2 600 m au-dessus de cette plaine, reçoit en été de maigres pluies. Le rebord du plateau est occupé, entre 400 et 1 200 m, par une forêt d'arbres à feuilles caduques, grâce à des pluies modérées toute l'année.

Géogr. hum. – La population érythréenne se répartit entre musulmans, chrétiens et adeptes des religions traditionnelles. La plaine côtière est parcourue par des nomades musulmans (Afar, par ex.) qui parlent des langues couchitiques. Le plateau est peuplé de chrétiens, parlant le tigré et le tigrinya, langues sémitiques; ils pratiquent l'élevage de bovins et d'ovins, ainsi que l'agriculture. Dans la zone frontalière avec le Soudan, on rencontre des nomades musulmans qui ont fui la guerre.

Écon. – Trente années de guerre ont totalement désorganisé l'économie qui dispose pourtant d'atouts certains : une infrastructure économique et sociale héritée de l'occupation italienne (1935-1941), une population instruite. Le pays vit de quelques cultures tropicales sèches (tabac, coton) et d'élevage. Asmara est un centre industriel important. L'aide internationale (É.-U., surtout) correspond à 30 % du P.N.B. et les transferts des Érythréens de l'extérieur, également à 30 % du P.N.B.

Hist. – Dans les temps anciens, le territoire qui constitue auj. l'Érythrée appartenait au roy. d'Axoum puis à l'Éthiopie*, dont il était la façade maritime et l'indispensable débouché sur la mer Rouge. En 1889, les Italiens occupèrent la région, qui devint une colonie italienne par le traité d'Ucialli. L'Érythrée leur servit de base de départ pour envahir l'Éthiopie en 1896 puis en 1936. La colonisation de l'Éthiopie par l'Italie fasciste réintégra l'Érythrée au sein du vieil empire. Après la libération de l'Éthiopie par les forces alliées en 1941, l'Érythrée fut placée sous contrôle britannique. En 1950, sur les réclamations de Hailé Sélassié, empereur d'Éthiopie, l'Érythrée devint un État autonome fédéré à l'Éthiopie. En 1962, elle fut entièrement intégrée à l'Éthiopie. Aussitôt, le Front de libération de l'Érythrée (F.L.E.) déclencha la lutte armée. Dans les années 1980, le mouvement se divisa en F.L.E. et F.L.P.E. (Front de libération du peuple érythréen), d'obédience musulmane. Allié aux autres mouvements indépendantistes éthiopiens, celui-ci prit le contrôle d'Addis-Abeba après la chute de Mengistu en 1991. Le référendum de 1993 confirma à 99,8 % l'indépendance de l'Érythrée, prononcée le 24 mai 1993. Issaias Afewerki, leader du F.L.P.E., devint le premier président de la République. Celle-ci est une rép. présidentielle, à parti unique, dans une phase transitoire qui devrait s'achever en 1998.

érythrine [eʀitʀin] n. f. BOT Arbuste ou arbre tropical (fam. papilionacées) aux fleurs en grappes rouge corail.

érythro-. Élément, du gr. *eruthros,* «rouge».

érythroblaste [eʀitʀɔblast] n. m. BIOL Cellule nucléée de la moelle osseuse, précurseur des hématies.

érythrocyte [eʀitʀɔsit] n. m. BIOL Globule rouge (ou *hématie*).

Erzeroum ou **Erzurum,** v. de Turquie orient.; ch.-l. de l'il du m. nom; 246 050 hab. Centre comm. et industr. – Ruines de l'anc. citadelle; mosquée (XIIe s.), medersa (XIIIe s.).

es-. V. é-.

ès [ɛs] prép. En, dans les, en matière de. *Docteur ès sciences. Licencié ès lettres.* (N.B. Toujours suivi d'un plur.; emploi essentiellement limité à la dénomination de certains diplômes.)

Ésaïe. V. Isaïe.

Ésaü, personnage biblique, fils d'Isaac et de Rébecca; considéré comme l'aîné, il vendit son droit d'aînesse à son frère jumeau Jacob pour un plat de lentilles. Surnommé Édom, il est l'ancêtre éponyme des Édomites.

esbroufe [ɛzbʀuf] n. f. Fam. Air important, comportement fanfaron par lequel on cherche à impressionner qqn. *Faire de l'esbroufe.* – *À l'esbroufe :* au bluff.

escabeau [ɛskabo] n. m. **1.** Siège de bois à une place, sans bras ni dossier. **2.** Petit meuble d'intérieur muni de marches, utilisé comme échelle.

escabelle [ɛskabɛl] n. f. (Belgique) Échelle double, plus haute qu'un escabeau.

escadre [ɛskadʀ] n. f. **1.** MAR Flotte de guerre. **2.** AVIAT Formation constituée de trente à soixante-quinze avions identiques. *Escadre de chasse.*

escadrille [ɛskadʀij] n. f. MAR Ensemble de bâtiments légers, sous-marins, torpilleurs ou dragueurs.

escadron [ɛskadʀɔ̃] n. m. **1.** MILIT Unité d'un régiment de cavalerie, de blindés ou de gendarmerie. *Chef d'escadron :* commandant. ▷ Formation du train. ▷ AVIAT Subdivision d'une escadre. **2.** Fig. Bande, troupe, groupe nombreux. *Des escadrons de sauterelles.*

escalade [ɛskalad] n. f. **1.** Action de franchir (un mur, une clôture) en grimpant. ▷ DR Action de s'introduire dans une maison ou un lieu clos en utilisant des ouvertures qui ne sont pas destinées à servir d'entrée. *L'escalade est une circonstance aggravante du vol.* **2.** SPORT Ascension d'une paroi rocheuse. **3.** Fig. Augmentation rapide comme par surenchère, aggravation. *Escalade de la violence. Escalade des prix.* ▷ Accroissement rapide des opérations militaires dans un conflit.

escalader [ɛskalade] v. tr. [1] **1.** Franchir par escalade. *Escalader un mur.* **2.** Faire l'ascension de. *Escalader une paroi rocheuse.*

escalator [ɛskalatɔʀ] n. m. (Nom déposé, anglicisme.) Escalier* mécanique.

escale [ɛskal] n. f. **1.** Action de relâcher pour embarquer ou débarquer des passagers, se ravitailler, etc. *Port, quai d'escale. Escale technique.* **2.** Lieu de cette relâche. *Singapour est une escale importante.* ▷ (Afr. subsah.) Lieu de halte (gare routière, de chemin de fer) où se trouvent regroupés de petits commerçants; ce centre de commerce. *Le cultivateur allait voir le traitant à l'escale.*

escalier [ɛskalje] n. m. **1.** Suite de degrés pour monter et descendre. *Marches, cage d'escalier.* – *Escalier de service,* réservé aux employés et aux fournisseurs. – *Escalier dérobé,* secret. – *Escalier roulant, mécanique,* dont les marches articulées sont entraînées mécaniquement. ▷ Fig. *Avoir l'esprit de l'escalier :* comprendre toujours trop tard, manquer de repartie. **2.** (Plur.) (Afr. subsah.) Fam. Ondulations transversales produites sur les pistes sableuses par le passage répété des véhicules. Syn. tôle ondulée.

escalope [ɛskalɔp] n. f. CUIS Mince tranche de viande ou de poisson. *Escalope de dinde.* ▷ *Spécial.* Escalope de veau.

escamotable [ɛskamɔtabl] adj. Qui peut être escamoté (sens 3). *Siège escamotable.*

escamotage [ɛskamɔtaʒ] n. m. Action d'escamoter.

escamoter [ɛskamɔte] v. tr. [1] **1.** Faire disparaître adroitement sans que l'on s'en aperçoive. *Prestidigitateur qui escamote des cartes.* **2.** Faire disparaître frauduleusement. *Escamoter un portefeuille.* **3.** TECH Faire rentrer automatiquement l'organe saillant d'une machine, d'un appareil, dans un logement ménagé à cet effet. *Escamoter le train d'atterrissage d'un avion en vol.* **4.** Fig. Esquiver (ce qui embarrasse). *Escamoter une question gênante.*

escampette [ɛskɑ̃pɛt] n. f. *Prendre la poudre d'escampette :* s'enfuir.

escapade [ɛskapad] n. f. Action de s'échapper d'un lieu pour se dérober à ses obligations, pour se divertir. *Collégien qui fait des escapades. Homme marié qui fait une escapade.*

escape [ɛskap] n. f. ARCHI Partie inférieure du fût d'une colonne; le fût lui-même.

escarbille [ɛskaʀbij] n. f. Morceau de charbon incomplètement brûlé qui s'échappe d'un foyer.

escarbot [ɛskaʀbo] n. m. Vx ou rég. Nom de divers coléoptères.

escarboucle [ɛskaʀbukl] n. f. Vx Grenat rouge foncé d'un éclat très vif. ▷ Loc. *Briller comme une escarboucle.*

escarcelle [ɛskaʀsɛl] n. f. Plaisant Bourse. *Avoir l'escarcelle bien garnie.*

escargot [ɛskaʀgo] n. m. **1.** Mollusque gastéropode pulmoné terrestre (genre *Helix,* ordre des stylommatophores) herbivore, à coquille hélicoïdale globuleuse, et aux cornes rétractiles munies d'yeux. *Les escargots sont hermaphrodites, mais doivent s'accoupler car ils ne peuvent s'autoféconder.* Syn. (Belgique) caracole. ▷ Fig. *Marcher, conduire comme un escargot,* très lentement. **2.** Nom cour. donné à divers gastéropodes aquatiques ou terrestres.

escarmouche [ɛskaʀmuʃ] n. f. Combat entre tirailleurs isolés, entre petits détachements de deux armées. *Guerre d'escarmouches.* ▷ Fig. Petite lutte préliminaire. *Escarmouches d'avocats.*

escarpé, ée [ɛskaʀpe] adj. Qui a une pente raide. *Chemin escarpé.*

escarpement [ɛskaʀpəmɑ̃] n. m. Pente raide, abrupte. *Côte terminée par un escarpement.*

escarpin [ɛskaʀpɛ̃] n. m. Chaussure à talon découverte et légère, à semelle fine.

escarpon [ɛskaʀpɔ̃] n. m. (Aoste) Chaussure de montagne.

escarre ou **eschare** [ɛskaʀ] n. f. MED Nécrose cutanée dans laquelle les tissus mortifiés forment une croûte noirâtre qui se détache spontanément. *Les malades longtemps alités souffrent souvent d'escarres.*

Escaut (en néerl. *Schelde*), fl. d'Europe de l'O. (430 km). Il naît en France du N.-E., arrose Anvers, puis se jette aux Pays-Bas dans la mer du Nord par un vaste estuaire.

escavèche [ɛskavɛʃ] n. f. (Belgique) Préparation de poisson en gelée vinaigrée. *Anguilles à l'escavèche, en escavèche.*

eschatologie [ɛskatɔlɔʒi] n. f. THEOL Doctrine relative aux fins dernières de l'homme et à la transformation ultime du monde.

eschatologique [ɛskatɔlɔʒik] adj. THEOL Relatif à l'eschatologie.

esche, èche ou **aiche** [ɛʃ] n. f. PECHE Appât accroché à l'hameçon.

Eschine (v. 390 – v. 314 av. J.-C.), orateur athénien, rival de Démosthène. D'abord ennemi de Philippe de Macédoine, il se laissa gagner à la cause du roi (paix de 346 av. J.-C.). Vaincu par Démosthène dans le procès de la Couronne (330 av. J.-C.), il dut s'exiler.

Esch-sur-Alzette, v. du Luxembourg; 25 140 hab. Le minerai de fer en a fait le centre industriel du pays.

Eschyle (v. 525 – 456 av. J.-C.), le plus ancien des trois grands poètes tragiques grecs. De ses 90 pièces, il reste des fragments et sept tragédies : *les Suppliantes, les Perses, les Sept contre Thèbes, Prométhée enchaîné* et la trilogie de *l'Orestie.* Animé de profonds sentiments religieux et patriotiques, Eschyle représente avec lyrisme la lutte des hommes contre la fatalité.

escient [ɛsjɑ̃] n. m. *À bon escient :* avec discernement, avec raison.

esclaffer (s') [ɛsklafe] v. pron. [1] Éclater d'un rire bruyant.

esclandre [ɛsklɑ̃dʀ] n. m. Incident fâcheux, bruyant qui cause du scandale. *Faire, causer un esclandre.*

esclavage [ɛsklavaʒ] n. m. **1.** Condition, état d'esclave. **2.** *Par ext.* État de dépendance, de soumission (à un pouvoir autoritaire). ▷ Fig. État d'une personne entièrement dominée (par une passion, un besoin). **3.** Ce qui rend esclave (sens 3). *La toxicomanie est un véritable esclavage.*

ENCYCL Pendant l'Antiquité, l'esclavage était limité en Égypte mais il eut une grande importance économique en Grèce et à Rome. Au Moyen Âge, en Europe, il céda la place au servage, mais subsista sur le pourtour de la Méditerranée et dans le monde musulman, où les esclaves étaient des chrétiens et des Noirs. Beaucoup de sociétés africaines ont connu l'esclavage des prisonniers de guerre et de leurs descendants. Le trafic négrier, disparu en général en Europe au XVIe s., reprit avec la découverte de l'Amérique et le génocide de ses autochtones. À la traite arabe vinrent s'ajouter en Afrique les razzias des négriers européens, avec la complicité de certains souverains locaux. On évalue à quinze millions le nombre de personnes qui, déportées en Amérique, y furent astreintes à un travail épuisant dans les plantations de canne à sucre et de coton notam. Les excès des esclavagistes amenèrent à la fin du XVIIIe s. une réaction abolitionniste. La traite fut interdite (Angleterre : 1807; France : 1815), puis les esclaves furent libérés (Angleterre : 1833; France : 1848; États-Unis : 1865). L'esclavage fut condamné par la Déclaration universelle des droits de l'homme de l'ONU (1948). Cependant, il ne fut aboli par l'Arabie Saoudite qu'en 1963, par la Mauritanie qu'en 1980. Il n'a pas encore totalement disparu. Dans certaines régions du monde, la condition des femmes et celle des enfants soumis au travail ou à la prostitution s'apparente encore à l'esclavage.

esclavagisme [ɛsklavaʒism] n. m. **1.** Théorie, doctrine, méthode des esclavagistes. **2.** Organisation sociale fondée sur l'esclavage.

esclavagiste [ɛsklavaʒist] adj. et n. Partisan de l'esclavage. *Les États esclavagistes du sud des États-Unis, avant la guerre de Sécession.* – Subst. *Un esclavagiste.*

esclave [ɛsklav] n. et adj. **1.** Personne qui est sous la dépendance absolue d'un maître qui peut en disposer comme de tout autre bien. ▷ adj. *Un peuple esclave.* **2.** (Afr. subsah.) HIST Prisonnier de guerre tombé en servitude; descendant d'un tel prisonnier. **3.** *Par ext.* Personne qui subit la domination, l'emprise de (qqn, qqch). *Devenir l'esclave de l'habitude.* ▷ adj. *Être esclave de son devoir.*

Esclaves ou **Esclave** (Grand Lac des ou de l'), lac du Canada (Territ. du Nord-Ouest); 28438 km²; se déverse dans l'océan Arctique par le fl. Mackenzie. Mines d'uranium dans la région.

Esclaves (Côte des). V. Côte des Esclaves.

escogriffe [ɛskɔgʀif] n. m. Fam. *Un grand escogriffe :* un homme grand et dégingandé.

escomptable [ɛskɔ̃tabl] adj. Qui peut être escompté.

escompte [ɛskɔ̃t] n. m. FIN **1.** Forme d'avance à court terme consistant dans le paiement, par l'escompteur, d'une traite avant l'échéance, moyennant la retenue d'un agio (calculé suivant le taux d'escompte). ▷ Somme retenue par l'escompteur. **2.** Prime accordée au débiteur qui paie avant l'échéance, ou à l'acheteur au comptant. **3.** En Bourse, faculté laissée à l'acheteur à terme de se faire livrer les valeurs avant l'échéance, moyennant le paiement du prix fixé.

escompter [ɛskɔ̃te] v. tr. [1] **1.** FIN Prélever l'escompte sur (une traite payée avant l'échéance). *Escompter un billet à ordre.* **2.** Fig. Compter sur. *Escompter la réussite à un examen.*

escompteur, euse [ɛskɔ̃tœʀ, øz] n. m. (et adj.) Celui qui fait l'escompte. ▷ adj. *Un banquier escompteur.*

Escorial (el) (en fr. *l'Escurial*), anc. résidence des rois d'Espagne, près du village de San Lorenzo del Escorial (prov. de Madrid), construite de 1563 à 1584. Palais, couvent et nécropole, ce quadrilatère sévère (208 m sur 162 m), en granit gris-bleu, a la forme d'un gril, en souvenir du supplice de saint Laurent. Il abrite d'import. collections de peintures et une riche bibliothèque.

escorte [ɛskɔʀt] n. f. **1.** Troupe armée qui accompagne (qqn, un convoi, etc.) pour assurer une protection, exercer une surveillance. *Marcher sous bonne escorte.* **2.** Ensemble de bâtiments de guerre, d'avions de chasse accompagnant des navires, des avions pour assurer leur protection. **3.** Cortège, suite. *Escorte d'honneur. Faire escorte à qqn.* ▷ Fig. *La guerre et son escorte de deuils.*

escorter [ɛskɔʀte] v. tr. [1] Accompagner (qqn) pour le protéger, le surveiller ou lui faire honneur. *Escorter un prince, un prisonnier.*

escorteur [ɛskɔʀtœʀ] n. m. MAR Bâtiment de guerre spécialisé dans la protection des forces navales ou des convois.

escouade [ɛskwad] n. f. Groupe (de quelques personnes).

escrime [ɛskʀim] n. f. Art du maniement du fleuret, de l'épée, du sabre.

escrimer (s') [ɛskʀime] v. pron. [1] S'évertuer, faire de grands efforts. *S'escrimer à faire qqch, sur qqch.*

escrimeur, euse [ɛskʀimœʀ, øz] n. Personne qui pratique l'escrime.

escroc [ɛskʀo] n. m. Filou, personne qui commet des escroqueries.

escroquer [ɛskʀɔke] v. tr. [1] Voler, soutirer (qqch à qqn) en usant de manœuvres frauduleuses, de fourberies. *Escroquer de l'argent à qqn.* ▷ Par ext. *Escroquer qqn.*

escroquerie [ɛskʀɔkʀi] n. f. Action d'escroquer; son résultat. ▷ DR Délit consistant à faire usage d'un faux nom, d'une fausse qualité ou à employer toute manœuvre frauduleuse pour se faire remettre indûment des valeurs, de l'argent, des objets mobiliers. – Par ext. *Escroquerie morale :* abus de confiance.

escudo [ɛskydo] n. m. Unité monétaire du Portugal et du Cap-Vert.

Esculape, dieu de la Médecine chez les Romains (V. Asclépios).

Escurial (l'). V. Escorial (el).

Esdras ou **Ezra** (Ve s. av. J.-C.), personnage biblique. Il réorganisa la communauté juive en Palestine après l'exil de Babylone.

Esdras (livre d'), livre historique de la Bible (fin du IVe s. av. J.-C.) qui relate le retour d'exil des Juifs, puis la restauration du pays de Juda et de Jérusalem.

ésherber [ezɛʀbe] v. tr. (Acadie) Désherber.

eskimo [ɛskimo] adj. et n. V. esquimau.

Eskimos. V. esquimau (encycl.).

Esmeralda (la), personnage du roman historique de Victor Hugo *Notre-Dame de Paris* (1831), jolie Bohémienne au destin tragique.

Esnault-Pelterie (Robert) (1881 – 1957), inventeur français du «manche à balai» des avions.

Ésope (VIIe-VIe s. av. J.-C.), fabuliste grec. Selon Plutarque, c'était un esclave affranchi, laid, boiteux (son nom signifie «pieds inégaux»), bossu et bègue, qui contait avec esprit des apologues. Il n'a probablement écrit aucune des *Fables* recueillies par Démétrios de Phalère v. 325 av. J.-C., puis versifiées par Babrias (IIe s. av. J.-C.). Planude, un moine byzantin du XIVe s., auteur d'une *Vie d'Ésope,* a compilé ces fables, qui devaient inspirer La Fontaine.

ésotérique [ezɔteʀik] adj. **1.** Se dit d'une doctrine, d'un enseignement réservé aux seuls initiés. – Ant. exotérique. **2.** Cour. Difficile à comprendre, obscur pour qui n'est pas initié. *Un poète ésotérique.*

ésotérisme [ezɔteʀism] n. m. Didac. Ensemble des principes rigoureux qui régissent la transmission d'une doctrine ésotérique ou de la partie ésotérique d'une doctrine. ▷ Cour. Caractère ésotérique, hermétique (d'une œuvre, d'une science, etc.).

1. espace [ɛspas] n. m. **I. 1.** Étendue indéfinie contenant, englobant tous les objets, toutes les étendues finies. *Le temps et l'espace.* **2.** Étendue dans laquelle se meuvent les astres. ▷ *Spécial.* Milieu extra-terrestre. *Les cosmonautes sont restés plusieurs semaines dans l'espace. Science de l'espace, techniques de l'espace. Conquête de l'espace.* – *Espace lointain,* au-delà de la distance de la Terre à la Lune. **3.** MATH *Géométrie dans l'espace,* qui étudie les figures dans un espace à trois dimensions. ▷ *Espace à n dimensions,* dans lequel les coordonnées d'un point sont définies par n valeurs. ▷ *Espace vectoriel :* V. vectoriel. ▷ *Espace topologique :* V. topologie. **II.** Surface, étendue limitée. **1.** Surface, volume, place déterminée. *Manquer d'espace. Occuper trop d'espace.* ▷ *Espace vital* (trad. de l'all. *Lebensraum*) : territoire dont un État veut faire la conquête parce qu'il le juge nécessaire au développement économique et démographique de son peuple. ▷ *Espace aérien :* partie de l'atmosphère située au-dessus d'un territoire, dans laquelle la circulation des avions est réglementée. ▷ *Espace vert :* surface réservée aux parcs, aux jardins, dans une agglomération. **2.** Fig. Milieu abstrait comparable à un espace concret en fonction des relations particulières qui le constituent. *Espace littéraire, monétaire. L'Espace du dedans* (H. Michaux). ▷ *Espace francophone,* associant les pays et les gouvernements ayant le français en partage. (V. francophonie.) **3.** Intervalle, distance entre deux points. **4.** TECH Distance parcourue par un point mobile. **III.** Intervalle de temps. *En l'espace d'une journée.*

ENCYCL La conquête de l'espace a débuté par le lancement et la mise en orbite terrestre de satellites artificiels (*Spoutnik 1* le 4 octobre 1957) puis par l'envoi d'hommes dans des satellites capables de revenir sur terre (Youri Gagarine dans *Vostok 1* le 12 avril 1961, John Glenn dans la capsule *Mercury* le 20 février 1962). La conquête de la Lune a commencé en 1968 par l'envoi de l'engin soviétique *Zond 5,* qui réalisa la première boucle Terre-Lune-Terre, et s'est poursuivie par le programme américain *Apollo* (le 21 juillet 1969, Neil Armstrong, suivi d'Edwin Aldrin, posait le pied sur la Lune). Les programmes *Saliout* (soviétique) et *Skylab* (américain) permirent à partir de 1971 et de 1973 de mettre au point les techniques de travail dans l'espace et d'accouplement de vaisseaux spatiaux. La conquête de l'espace s'orienta alors dans deux directions : la poursuite de l'exploration du système solaire par des sondes de plus en plus perfectionnées (programme *Voyager** vers les planètes extérieures à partir de 1977), capables de pratiquer des analyses in situ (missions *Viking* sur Mars en 1975-1976, *Venera* sur Vénus à partir de 1970, *Giotto* vers la comète de Halley en 1986); l'exploitation de l'espace à des fins scientifiques (astronomie, expériences en apesanteur) et pratiques (télécommunications, météorologie, recensement des ressources terrestres). Si la conquête de l'espace s'appuie toujours sur les lanceurs traditionnels, depuis 1981 on utilise aussi des engins d'une nouvelle génération, les navettes* spatiales, destinées en particulier à la mise en œuvre des grandes stations spatiales.

2. espace [ɛspas] n. f. TYPO Lamelle de métal servant à séparer deux mots, deux caractères. *Une espace fine.*

Espace économique européen (E.É.E.), union de la C.É.E. (puis U.E.) et de l'A.E.L.É., effective le 1er janv. 1993. V. Europe.

espacement [ɛspasmɑ̃] n. m. **1.** Action d'espacer. **2.** Intervalle entre deux points, deux moments.

espacer [ɛspase] v. tr. [12] **1.** Mettre, ménager une distance entre (des choses). *Espacer des arbres. Espacer les naissances.* **2.** Mettre un intervalle de temps entre (des actions). *Espacer ses visites.* ▷ v. pron. *Ses douleurs s'espacent peu à peu.*

espace-temps [ɛspastɑ̃] n. m. PHYS Espace non euclidien à quatre dimensions, utilisé dans la théorie de la relativité générale d'Einstein pour tenir compte de la déformation de l'espace par les champs de gravitation. *Des espaces-temps.*

espadon [ɛspadɔ̃] n. m. **1.** ICHTYOL Poisson téléostéen *(Xiphias gladius)* des mers tempérées et chaudes, atteignant 4 m, dont la mâchoire supérieure est pourvue d'un rostre en forme d'épée. **2.** (Afr. subsah.) Nom souvent donné au voilier, poisson recherché en pêche sportive.

espadrille [ɛspadʀij] n. f. **1.** Chaussure à empeigne de grosse toile et à semelle de corde. **2.** (Québec) Chaussure de sport.

Espagne (royaume d'Espagne) *(Reino de España)*, État de la péninsule Ibérique, bordé au N.-E. par la France, à l'O. par le Portugal, au N.-O. et au S.-O. par l'Atlant., à l'E. et au S.-E. par la Médit.; 504790 km^2; 39025000 hab.; cap. *Madrid.* Nature de l'État : monarchie constitutionnelle. Langue nationale off. : espagnol. Monnaie : peseta. Relig. : catholicisme.

Géogr. phys. et hum. – Le centre de la péninsule est occupé par la Meseta, vieux plateau hercynien situé entre 700 m et 1000 m et séparé en deux ensembles par la sierra de Guadarrama : au N., la Castille-Léon; au S., la Castille-la Manche. Flanquée de hauteurs sur sa périphérie, la Meseta est encadrée par deux grands bassins tertiaires largement ouverts sur la mer : celui de l'Èbre, qui se jette dans la Médit., dominé au N. par les Pyrénées (3404 m au pic d'Aneto); celui du Guadalquivir, que bordent au S. les chaînes Bétiques (3478 m au Mulhacén), ainsi que le Douro, le Tage et la Guadiana, qui se jettent dans l'Atlant. Le climat est méditerranéen, mais l'intérieur, continental, connaît des hivers rudes alors que le N.-O. atlantique a des caractères océaniques. La pop. se groupe le long des grandes vallées, dans les bassins intérieurs et sur les plaines côtières; l'urbanisation atteint 78 %. Longtemps terre de départ, le pays enregistre désormais un solde migratoire excédentaire. La croissance naturelle est ralentie (moins de 0,5 % par an).

Écon. – L'entrée dans la C.É.E., en 1986, a renforcé un cycle de croissance écon. amorcé auparavant et qui transforme l'Espagne, réputée agricole et touristique, en une puissance économique moderne et diversifiée. L'agric. emploie 12 % des actifs. Les régions du Nord-Ouest atlantique sont spécialisées dans l'élevage bovin; sur les plateaux intérieurs dominent la céréaliculture et l'élevage des moutons; autres ressources : huiles d'olive, vins. Dans les plaines littorales et les basses vallées méditerranéennes irriguées s'impose la polyculture : primeurs, agrumes, fruits. L'Espagne est un des grands pays de pêche d'Europe (dans l'Atlantique). Le boom du tourisme balnéaire des années 60-70 a fait oublier que l'Espagne disposait de bases industrielles notables, notamment à Barcelone (1er pôle national) et à Madrid (2e pôle); l'industrialisation a gagné les régions méridionales. L'automobile, la chimie, l'agroalimentaire, l'aéronautique et l'électronique informatique sont les branches clés. L'essor des activités tertiaires (55 % des actifs) et le dynamisme des banques témoignent de la modernisation de l'écon., mais dep. 1990 la «surchauffe» s'aggrave : croissance de la consommation privée, baisse de l'épargne, développement du crédit; de là : inflation, déficit extérieur, chômage élevé. Les mesures de rigueur adoptées en 1992 ont été renforcées ensuite par F. González puis par J.M. Aznar.

Hist. – Peuplée par les Ibères au IIe mill. av. J.-C., l'Espagne a vu s'installer sur ses côtes des établissements phéniciens (puis puniques) et grecs au Ier mill., tandis que des Celtes s'installaient en Castille, formant un peuplement celtibère. Rome mit deux siècles pour conquérir l'Espagne (218 av. J.-C.). Patrie de deux empereurs (Hadrien, Trajan), fortement urbanisée (Tarragone, Cordoue), l'Espagne fut une des provinces les plus riches de l'Empire romain. Atteinte au Ve s. apr. J.-C. par les invasions germaniques (Vandales, Alains, Suèves), elle fut réunifiée par les Wisigoths, qui établirent leur capitale à Tolède (554) et se convertirent au catholicisme (589). Affaiblie par la puissance du clergé et la ruine du commerce méditerranéen, l'Espagne fut aisément conquise par les Arabes (711-714), à l'exception du N.-O. et de la marche d'Espagne entre l'Èbre et les Pyrénées. Un brillant État musulman se constitua alors autour du califat de Cordoue qui entra en lutte avec des royaumes chrétiens (Navarre, Aragon, Castille et Léon). En 1212, la victoire des princes chrétiens à Las Navas de Tolosa consacra la *Reconquista.* Unifiée provisoirement par le mariage d'Isabelle de Castille et de Ferdinand d'Aragon (1469), l'Espagne chrétienne s'empara de Grenade, dernier territ. musulman (1492), et chassa les Maures de la péninsule. Christophe Colomb, grâce à Isabelle, ouvrit la voie aux conquistadors (Cortés, Pizarro, Almagro), qui donnèrent à l'Espagne toute l'Amérique du Sud, excepté le Brésil. L'Espagne atteignit son apogée (le «Siècle d'or») avec Charles Quint (Charles Ier en Espagne, 1516-1556), empereur germanique en 1519. Sous le gouvernement absolu de Philippe II (1556-1598), les difficultés se multiplièrent : soulèvement des protestants aux Pays-Bas qui obtiennent leur indépendance, dépopulation de l'Espagne, expulsion des morisques, déclin économique du pays, ruiné par le recul de son industrie et l'inflation due aux métaux précieux rapportés d'Amérique. Vaincue par la France, l'Espagne perdit le Portugal (1640), le Roussillon, l'Artois (1659), une partie de la Flandre (1668) et la Franche-Comté (traité de Nimègue, 1678). Quand la maison d'Autriche s'éteignit (1700), les Bourbons accédèrent au trône d'Espagne (Philippe V, petit-fils de Louis XIV). La guerre de la Succession (1701-1713) affaiblit le pays. Allié à Napoléon, le faible Charles IV d'Espagne vit sa flotte écrasée à Trafalgar (1805). En 1808, Napoléon plaça son frère Joseph Bonaparte sur le trône d'Espagne. La guerre d'indépendance, qui prit fin en 1814, restaura les Bourbons (Ferdinand VII). L'Espagne perdit la plupart de ses colonies d'Amérique latine entre 1820 et 1826. En 1833, Isabelle II monta sur le trône, malgré l'opposition de don Carlos, frère du roi défunt, ce qui provoqua les interminables guerres «carlistes». Après une éphémère république (1873-1874), deux Bourbons régnèrent : Alphonse XII (1874-1885), Alphonse XIII (1885-1931). En 1898, l'Espagne perdit Cuba, Porto Rico et les Philippines dans la guerre contre les É.-U. L'archaïsme des structures sociales (grande propriété foncière) contrastait avec la combativité d'un prolétariat urbain favorable à l'anarchisme. De 1923 à 1930, la monarchie se maintint grâce à la dictature du général Primo de Rivera. Après la victoire des républicains aux élections de 1931, la république fut proclamée. Le gouv. centriste de 1934 réprima les mouvements sociaux et autonomistes, ainsi que les violences antireligieuses. Les élections de 1936 virent le succès du Front populaire. Une insurrection militaire éclata alors au Maroc et l'opposition nationaliste, qu'animait notam. la Phalange, fondée par José A. Primo de Rivera, fils du dictateur, se regroupa derrière le général Franco. Pendant trois ans (1936-1939), une guerre civile sanglante opposa les armées gouvernementales et les rebelles nationalistes, qu'aidèrent l'Allemagne et l'Italie; les gouvernementaux reçurent l'aide limitée de l'U.R.S.S. et l'appui de volontaires (Brigades internationales). Franco (*caudillo* dès 1937), s'appuyant sur la Phalange, devenue parti unique, établit un régime autoritaire et corporatiste. Épuisée par la guerre civile, qui avait fait 500000 morts, l'économie traversa une crise grave. En 1947, l'Espagne reprit le statut de royaume (loi de succession); Franco était chef de l'État et du gouvernement. En 1953, les accords militaires avec les É.-U. rangèrent définitivement l'Espagne dans le camp occidental. Son développement écon. provoqua une recrudescence des troubles sociaux (grèves en 1966) et politiques (revendications autonomistes). À la mort de Franco (nov. 1975), le roi d'Espagne, Juan Carlos Ier, entreprit la démocratisation. Aux premières élections libres (juin 1977), l'Union du centre du Premier ministre Adolfo Suárez l'emporta. Une nouvelle Constitution fut adoptée en 1978. Un statut d'autonomie, contesté par l'E.T.A., fut reconnu aux nationalités (basque, catalane) et aux régions. En 1982, le Parti socialiste ouvrier espagnol (P.S.O.E.) remporta les élections, et son chef, Felipe González, devint Premier ministre. Aux élections législatives de déc. 1986, l'année de l'entrée de l'Espagne dans la C.É.E., le P.S.O.E. conservait la majorité absolue. Les élections anticipées de 1989 et celles de 1993 ne lui ont pas permis de la conserver. Celles de 1996 ont été remportées par la droite, et José María Aznar est devenu Premier ministre.

espagnol, ole [ɛspaɲɔl] adj. et n. **1.** adj. De l'Espagne, d'Espagne. *La frontière espagnole.* ▷ Subst. *Un(e) Espagnol(e).* **2.** n. m. *L'espagnol :* la langue indo-européenne du groupe roman, parlée en Espagne et dans de nombreux pays d'Amérique latine. Syn. castillan.

espagnolette [ɛspaɲɔlɛt] n. f. Système à poignée tournante servant à fermer les châssis de fenêtre. *Fermeture à l'espagnolette.*

espalier [ɛspalje] n. m. **1.** Mur, palissade le long desquels on plante des arbres fruitiers. ▷ *Par méton.* Rangée d'arbres fruitiers dont les branches sont palissées contre un mur ou un treillage. *La culture en espalier permet d'abriter les arbres contre les intempéries et d'obtenir des fruits plus beaux et plus savoureux.* **2.** SPORT Échelle fixée à un mur, dont les barreaux servent à exécuter des exercices.

espar [ɛspaʀ] n. m. MAR Longue pièce de bois ou de métal du gréement d'un bateau (mât, bôme, tangon, etc.).

espèce [ɛspɛs] n. f. **I. 1.** BIOL Ensemble des individus offrant des caractères communs qui les différencient d'individus voisins classés dans le même genre, la même famille, etc. *Espèces d'oiseaux en voie de disparition. L'espèce humaine. L'ébénier est une espèce menacée.* **2.** Cour. Sorte, qualité, catégorie. *Marchandises de toute(s) espèce(s).* – *Il ne connaît que des gens de son espèce,* comme lui. – *De même espèce,* proche, comparable. ▷ *Une espèce de... :* une personne, une chose difficile à décrire et que l'on assimile à une autre qui lui est comparable. *Ce n'est pas de la prose, mais une espèce de poème libre.* – Péjor., fam. (Précédant un terme d'injure ou marquant le mépris.) *Espèce d'imbécile!* **3.** DR Cas particulier sur lequel il s'agit de statuer. ▷ *Cas d'espèce,* qui rend nécessaire une interprétation de la loi. – Cour. Cas spécial, à examiner à part. ▷ *En l'espèce :* en la circonstance, dans ce cas particulier. **II.** Plur. **1.** PHILO Dans les philosophies scolastiques, représentations intelligibles abstraites des images reçues par les sens. **2.** RELIG CATHOL Apparences du pain et du vin après la transsubstantiation. *Les saintes espèces.* **3.** Anc. Monnaies d'or et d'argent. ▷ Mod. *Payer en espèces,* en argent liquide (par oppos. à *par chèque,* etc.).
ENCYCL Biol. – Pour définir l'espèce, on adopte généralement comme critère la fécondité des hybrides : des individus de la même espèce mais appartenant à des variétés différentes donnent des hybrides qui sont féconds entre eux, alors qu'un croisement entre individus d'espèces différentes donne des hybrides stériles; par ex., le mulet, hybride issu d'un âne et d'une jument, est stérile. On désigne l'espèce par deux noms (nomenclature binominale); par ex., *Panthera leo,* le lion, appartient au genre *Panthera,* à l'intérieur duquel *leo* désigne l'espèce par rapport à *Panthera tigris,* le tigre. Une espèce est caractérisée par un nombre constant de chromosomes, aux formes également constantes, qui constituent le matériel génétique de l'espèce, ou génome.

espérance [ɛspeʀɑ̃s] n. f. **1.** Attente confiante de qqch que l'on désire. ▷ Loc. *Contre toute espérance :* alors qu'il n'y avait plus rien à espérer. ▷ *Par ext.* Personne, chose sur laquelle on fonde cette attente, cette confiance. *Ce garçon est l'espérance de sa famille.* ▷ *Avoir des espérances :* compter sur un héritage. **2.** Probabilité établie par une statistique. *Au jeu de pile ou face, si je joue pile, mon espérance mathématique est de 0,5.* – *Espérance de vie :* durée de vie moyenne des individus d'une population donnée.

espéranto [ɛspeʀɑ̃to] n. m. Langue internationale conventionnelle, créée vers 1887 par le Polonais Zamenhof, au vocabulaire simplifié (formé à partir des racines communes aux langues romanes) et à la grammaire réduite.

espérer [ɛspeʀe] v. [14] **I.** v. tr. **1.** Vx ou dial. (Cour. en Acadie et au Liban) Attendre. *Espérez-moi devant le magasin.* ▷ Mod. Loc. *On ne vous espérait plus :* on ne vous attendait plus. **2.** Compter sur, s'attendre à. *Espérer la victoire. J'espérais plus d'enthousiasme de sa part.* **3.** Aimer à penser, souhaiter. *J'espère que tu n'as rien de cassé.* **II.** v. intr. ou tr. indir. Avoir confiance. *Espérer en Dieu.*

espiègle [ɛspjɛgl] adj. et n. Malicieux sans méchanceté; vif et éveillé. *Un enfant espiègle.* ▷ Subst. *Une bande d'espiègles.*

espièglerie [ɛspjɛgləʀi] n. f. **1.** Caractère espiègle; malice. **2.** Action espiègle.

espion, onne [ɛspjɔ̃, ɔn] n. Personne chargée de recueillir clandestinement des renseignements sur une puissance étrangère.

espionnage [ɛspjɔnaʒ] n. m. Action d'espionner; métier d'espion. – *Espionnage industriel,* exercé par une firme qui cherche à acquérir les secrets technologiques d'autres firmes.

espionner [ɛspjɔne] v. tr. [1] Épier (qqn) par intérêt ou par curiosité malveillante. *Espionner les ennemis.*

espionnite [ɛspjɔnit] n. f. Obsession de l'espionnage, peur maladive des espions.

Espíritu Santo ou **Saint-Esprit** (anc. *Marina),* île princ. du Vanuatu (groupe du Nord); 4 860 km²; 25 580 hab.; ch.-l. *Luganville* (7 000 hab.), la 2e ville de l'archipel. Volcanique (1 880 m au *Tabwemasana,* point culminant de l'archipel, 1 652 m au *Santo),* elle est couverte de forêts. On y cultive le cacao, le café et le coprah. – En 1980, l'île a tenté de faire sécession du nouvel État de Vanuatu, mais un accord est intervenu.

esplanade [ɛsplanad] n. f. Espace uni et découvert devant un édifice important. *L'esplanade des Invalides.*

espoir [ɛspwaʀ] n. m. **1.** Fait d'espérer. *L'espoir fait vivre. Il part sans espoir de retour.* – (En parlant d'un malade.) *Il n'y a plus d'espoir :* il va mourir. **2.** Chose, personne en qui on espère. *Il est notre seul espoir.* – *Spécial.* Personne sur qui on fonde des espérances dans une discipline quelconque. *Un espoir du cyclisme.*

esprit [ɛspʀi] n. m. **I. 1.** Substance incorporelle consciente d'elle-même. *Dieu est un pur esprit. Le Saint-Esprit.* ▷ *Esprit malin, esprit des ténèbres :* Satan. **2.** Litt. Âme. *Rendre l'esprit :* mourir. **3.** Être désincarné (lutin, revenant, etc.). *Croire aux esprits. Esprits protecteurs.* **4.** Souffle, inspiration divine. *Dieu répandit sur eux son esprit.* **II. 1.** Ensemble des facultés intellectuelles et psychiques. *Cultiver son esprit. Présence d'esprit. État d'esprit. Simple* d'esprit.* – Loc. *Perdre l'esprit :* devenir fou. ▷ *En esprit :* mentalement. ▷ Imagination, pensée. *Vue de l'esprit.* ▷ Attention. *Cela m'est sorti de l'esprit.* ▷ Personne, considérée en tant qu'être pensant. *Un bel esprit. Un esprit fort.* **2.** Manière de penser, de se comporter. *Avoir l'esprit large, étroit. Avoir l'esprit mal tourné.* ▷ Disposition, aptitude intellectuelle. *Avoir l'esprit de suite, l'esprit d'à-propos, l'esprit critique.* **3.** Sens profond, intention. *La lettre et l'esprit :* la forme et le fond. «*De l'esprit des lois*», de Montesquieu. **4.** Finesse intellectuelle; humour. *Avoir de l'esprit. Faire de l'esprit.* ▷ *D'esprit :* spirituel, brillant. *Homme, femme d'esprit.*

Esprit-Saint. V. Saint-Esprit.

-esque. Suffixe, de l'ital. *-esco,* «à la manière de» (ex. : gigantesque, dantesque).

esquif [ɛskif] n. m. Litt. Embarcation légère.

Esquilin (mont), une des sept collines de l'anc. Rome, à l'E. de la ville.

esquille [ɛskij] n. f. MED Petit fragment d'un os fracturé ou carié.

esquimau, aude, plur. **aux** ou **eskimo** [ɛskimo, od, o] adj. et n. **I. 1.** adj. Qui a rapport aux autochtones habitant le Nord canadien et les autres terres arctiques (Alaska, Groenland, Sibérie). *Sculptures esquimaudes.* ▷ Subst. *Les Esquimaux* ou *Eskimos.* Syn. inuit. ▷ n. m. LING *L'esquimau :* V. inuktitut. **2.** n. m. Chien de forte taille, à robe fournie, utilisé pour le trait. **II.** n. m. *Esquimau* (Nom déposé.) Glace généralement enrobée de chocolat, qu'on tient par un bâton comme une sucette. Syn. (Belgique) frisko.
ENCYCL L'économie des Esquimaux (terme auquel les autochtones du Nord canadien préfèrent celui d'*Inuit)* repose sur la pêche, la chasse (phoque, caribou, bœuf musqué, ours) et, depuis peu, sur l'artisanat. Malgré l'immensité des territoires qu'ils occupent, les Esquimaux ne représentent auj. qu'une communauté d'env. 60 000 personnes, de plus en plus touchée par l'influence occidentale. Les plus belles pièces de l'art esquimau (représentations humaines et animales taillées dans l'ivoire, masques de danse en os de baleine ou en bois) proviennent de l'Alaska.

esquinter [ɛskɛ̃te] v. [1] **I.** v. tr. Fam. **1.** Abîmer, détériorer. *Esquinter du matériel.* – Pp. adj. (Personnes) *Il est sorti très esquinté de la bagarre.* Syn. fam. amocher. **2.** Fig. Critiquer durement. *Esquinter un roman.* **II.** v. pron. S'éreinter, se surmener. *S'esquinter à travailler.*

esquisse [ɛskis] n. f. **1.** Ébauche d'un dessin et, par ext., d'une sculpture. *Tracer une esquisse.* Syn. Croquis, schéma. **2.** Fig. Plan sommaire, indication générale. *Esquisse d'un roman, d'un projet de loi.* Syn. canevas, projet. **3.** Fig. Amorce. *L'esquisse d'un geste.*

esquisser [ɛskise] v. tr. [1] **1.** Faire l'esquisse de. **2.** Fig. Commencer à faire. *Esquisser un sourire.*

esquive [ɛskiv] n. f. SPORT Mouvement du corps pour esquiver un coup, dans les sports de combat.

esquiver [ɛskive] v. [1] **1.** v. tr. Éviter adroitement. *Esquiver un coup.* – Fig. *Esquiver une corvée.* **2.** v. pron. S'échapper discrètement.

essai [esɛ] n. m. **1.** Série d'épreuves auxquelles on soumet qqch ou qqn.

Banc d'essai. Pilote d'essai. Prendre, engager qqn à l'essai. ▷ CINE *Bout d'essai :* essai filmé pour juger un acteur. **2.** Tentative. *Dans cette épreuve, les athlètes ont droit à trois essais.* **3.** Première production d'un auteur, d'un artiste. ▷ LITTER Ouvrage où un auteur traite un sujet sans prétendre l'épuiser. *Essai de morale. Les «Essais» de Montaigne.* **4.** MINER Analyse sommaire d'un minéral pour déterminer ses composants. ▷ CHIM *Tube à essai :* V. tube.

essaim [esɛ̃] n. m. **1.** Colonie d'abeilles composée d'une reine, de mâles et de milliers d'ouvrières qui quittent la ruche mère surpeuplée pour fonder une nouvelle ruche. **2.** Ensemble des individus sexués ailés s'échappant d'une fourmilière ou d'une termitière lors d'un essaimage. **3.** Fig. Troupe nombreuse. *Un essaim de jeunes gens.*

essaimage [esɛmaʒ] n. m. **1.** Action d'essaimer. **2.** Période où les abeilles essaiment. **3.** Sortie massive d'individus sexués ailés d'une fourmilière ou d'une termitière. (Les termites perdent rapidement leurs ailes et forment des couples capables de fonder de nouvelles termitières.)

essaimer [eseme] v. intr. [1] **1.** Former un essaim. *Ruche qui va essaimer.* **2.** Fig. Émigrer en se dispersant. *Famille qui essaime.* – ECON Multiplier les succursales, les filiales. *Entreprise qui essaime.*

Essaouira (anc. *Mogador*), v. et port du Maroc sur la côte atlantique; 50 000 hab.; ch.-l. de la prov. du m. nom. Conserveries, artisanat. Station balnéaire.

essart [esaʀ] n. m. AGRIC Terre que l'on a déboisée et défrichée pour la cultiver.

essartage [esaʀtaʒ] n. m. AGRIC Système de culture itinérante consistant à déboiser une forêt ou à défricher une jachère en vue de la mettre en culture pour quelques années, sans travail approfondi du sol.

essarter [esaʀte] v. tr. [1] AGRIC Défricher en arrachant les arbres, les broussailles.

essayage [esɛjaʒ] n. m. Action d'essayer un vêtement. *Cabine d'essayage.*

essayer [eseje] v. [21] **I.** v. tr. **1.** Faire l'essai de (une chose) pour vérifier si elle convient. *Essayer une voiture.* Syn. tester, expérimenter. – *Essayer un vêtement,* le revêtir pour voir s'il va bien. ▷ TECH *Essayer de l'or,* en examiner, en déterminer le titre. ▷ v. pron. *S'essayer à :* voir si l'on est capable de, s'exercer à. *S'essayer à faire des vers.* **2.** Tenter. *J'ai tout essayé pour le convaincre.* **II.** v. intr. *Essayer de :* s'efforcer de, tâcher de. *Essaie d'être aimable avec lui.*

essayeur, euse [esɛjœʀ, øz] n. **1.** Fonctionnaire préposé aux essais des métaux précieux. **2.** Technicien chargé des essais industriels.

essayiste [esejist] n. m. Auteur d'essais littéraires.

1. esse [ɛs] n. f. TECH Cheville de fer qui maintient la roue sur l'essieu.

2. esse [ɛs] n. f. **1.** TECH Crochet en forme de S. **2.** MUS Ouverture en S de la table du violon et des instruments de la même famille. Syn. ouïe.

Essen, ville d'Allemagne (Rhén.-du-N.-Westphalie); 615 420 hab. Industries de transformation.

essence [esɑ̃s] n. f. **I.** PHILO **1.** Ce qui constitue la nature d'une substance, sans tenir compte des modifications superficielles (accidents*) pouvant l'affecter. **2.** Nature d'un être (par oppos. à *existence*). ▷ *Par essence :* par nature. **II.** Espèce, pour les arbres. *Une forêt aux essences variées.* **III. 1.** Composé liquide volatil et odorant extrait d'une plante. *Essence de girofle.* **2.** *Essence minérale* ou *essence de pétrole* ou, par abrév., *essence :* mélange d'hydrocarbures provenant de la distillation et du raffinage du pétrole, employé comme carburant, comme solvant ou pour divers usages industriels. *Pompe à essence. Essence sans plomb.*

essencerie [esɑ̃sʀi] n. f. (Afr. subsah.) Au Sénégal, station d'essence.

essénien, enne [esenjɛ̃, ɛn] adj. et n. HIST Relatif à une secte juive du temps du Christ, dont les membres menaient une vie ascétique de type monacal. ▷ Subst. Membre de cette secte.

Essenine ou **Iessenine** (Sergheï Alexandrovitch) (1895 – 1925), poète russe. Il célébra la révolution, la paysannerie, la bohème. Il se suicida.

essentialisme [esɑ̃sjalism] n. m. PHILO Doctrine philosophique qui privilégie l'essence (et non l'existence, comme le fait l'existentialisme).

essentiel, elle [esɑ̃sjɛl] adj. et n. m. **1.** PHILO Qui appartient à l'essence d'un être, d'une chose. *La raison est essentielle à l'homme.* Syn. intrinsèque. **2.** Nécessaire, très important. *Il est essentiel que vous me compreniez.* Syn. capital, fondamental, primordial. ▷ n. m. Chose principale, point capital. *L'essentiel est que nous nous entendions.* **3.** CHIM *Huile essentielle :* essence végétale.

essentiellement [esɑ̃sjɛlmɑ̃] adv. **1.** Par essence. **2.** Principalement, absolument. *Une culture essentiellement livresque.*

esseulé, ée [esœle] adj. Délaissé, abandonné.

Essex, royaume saxon fondé en 526 et annexé par le roi de Mercie au VIIIe s.; cap. *Lunden* (Londres). – Comté du S.-E. de l'Angleterre, sur l'estuaire de la Tamise; 3674 km^2; 1 495 600 hab.; ch.-l. *Chelmsford.*

essieu [esjø] n. m. Pièce transversale d'un véhicule, axe portant une roue à chaque extrémité.

Essonne (l'), riv. de France (90 km), affl. de la Seine (r. g.). – Dép. : 1804 km^2; 1 084 824 hab.; ch.-l. *Évry* (45 854 hab.). V. Île-de-France (Rég.).

essor [esɔʀ] n. m. **1.** Action de s'envoler. *L'oiseau prend son essor.* – Fig. *Jeune homme qui prend son essor,* qui s'émancipe. *Libre essor.* Syn. envol, élan. **2.** Fig. Développement, progrès, extension. *Une entreprise en plein essor.*

essorage [esɔʀaʒ] n. m. Action d'essorer.

essorer [esɔʀe] v. tr. [1] Débarrasser de son eau par torsion, compression, centrifugation, etc. *Essorer du linge.*

essoreuse [esɔʀøz] n. f. Machine à essorer.

essoucher [esuʃe] v. tr. [1] TECH Arracher les souches d'arbres abattus de (un terrain).

essoufflement [esufləmɑ̃] n. m. État de celui qui est essoufflé.

essouffler [esufle] v. [1] **1.** v. tr. Mettre hors d'haleine, à bout de souffle. *Cette course m'a essoufflé.* ▷ v. pron. *S'essouffler à courir.* **2.** v. pron. Fig. Peiner, avoir du mal à suivre un certain rythme. *Après avoir eu quelque succès, cet humoriste s'essouffle.*

essuie [esɥi] n. m. (Afr. subsah., Belgique, Luxembourg) **1.** Serviette de toilette. *Essuie de bain.* **2.** *Essuie de vaisselle :* torchon (sens 1). Syn. drap de vaisselle. **3.** Fam. Essuie-mains.

essuie-glace [esɥiglas] n. m. Appareil servant à balayer mécaniquement les gouttes de pluie sur le pare-brise d'un véhicule. *Des essuie-glaces.*

essuie-mains [esɥimɛ̃] n. m. inv. Linge servant à s'essuyer les mains.

essuie-tout [esɥitu] n. m. inv. Papier résistant et absorbant, à usage domestique. – (En appos.) *Papier essuie-tout.*

essuyage [esɥijaʒ] n. m. Action d'essuyer.

essuyer [esɥije] v. tr. [22] **1.** Sécher ou nettoyer en frottant avec un linge sec. *Essuyer la vaisselle.* ▷ (Faux pron.) *S'essuyer les lèvres.* **2.** Fig. Supporter, subir. *Essuyer un échec, un affront.* ▷ Loc. fig., fam. *Essuyer les plâtres :* être le premier à supporter les conséquences fâcheuses d'une situation.

est [ɛst] n. m. et adj. inv. **I.** n. m. **1.** Un des quatre points cardinaux, situé au soleil levant. (Abrév. : E.). **2.** Région située vers l'orient, par rapport à un lieu donné. *À l'est de Paris. L'Afrique de l'Est.* ▷ *L'Est :* la région de l'est (de la France, d'un pays en général). – La région de l'est de l'Europe. *Les pays de l'Est.* ▷ (Viêt-nam) *Mer de l'Est :* mer de Chine. – *Voyage à l'Est :* séjour d'étudiants au Japon. **II.** adj. inv. Situé à l'est. *L'aile est du château.*

establishment [ɛstabliʃmənt] n. m. (Anglicisme) Ensemble de ceux qui détiennent le pouvoir, l'autorité dans la société et qui ont intérêt au maintien de l'ordre établi.

estacade [ɛstakad] n. f. Ouvrage constitué d'un tablier supporté par des pilotis, servant de brise-lames ou d'appontement.

estafette [ɛstafɛt] n. f. Militaire porteur de dépêches. *Estafette motocycliste.*

estafilade [ɛstafilad] n. f. Grande coupure faite avec un instrument tranchant. *Estafilade au visage.*

estagnon [ɛstaɲɔ̃] n. m. en (Afr. subsah., France rég.) Récipient métallique destiné à contenir des liquides, utilisé notam. pour la vente d'eau à domicile.

est-allemand, ande [ɛstalmɑ̃, ɑ̃d] adj. De l'Allemagne de l'Est (anc. R.D.A.).

estaminet [ɛstaminɛ] n. m. Vieilli (Cour. en Lousiane) Petit café populaire.

estampage [ɛstɑ̃paʒ] n. m. TECH Action d'estamper; résultat de cette action.

1. estampe [ɛstɑ̃p] n. f. TECH **1.** Pièce servant à produire une empreinte. **2.** Machine, outil servant à estamper.

2. estampe [ɛstɑ̃p] n. f. Image imprimée au moyen d'une planche gravée de bois, de cuivre ou de pierre calcaire. *Collection d'estampes.*

estamper [ɛstɑ̃pe] v. tr. [1] **1.** TECH Façonner (une matière, une surface) à l'aide de presses, de matrices et de moules. **2.** Fig., pop. Soutirer de l'argent, faire payer trop cher à (qqn).

estampillage [ɛstɑ̃pijaʒ] n. m. Action d'estampiller.

estampille [ɛstɑ̃pij] n. f. **1.** Marque attestant l'authenticité d'une marchandise, d'une œuvre d'art, d'un brevet, etc., ou constatant l'acquittement d'un droit fiscal. *Estampille à la production.* **2.** *Par méton.* Instrument servant à faire cette marque.

estampiller [ɛstɑ̃pije] v. tr. [**1**] TECH Marquer d'une estampille.

Este (maison d'), famille princière italienne qui régna sur les duchés de Ferrare, Modène et Reggio, et sur le comté de Rovigo; elle protégea l'Arioste et le Tasse. – *Villa d'Este :* villa de style Renaissance construite à Tivoli, dans un grand parc, par Pirro Ligorio (1550).

1. ester [ɛste] v. intr. [**1**] DR *Ester en justice :* poursuivre une action en justice comme demandeur ou comme défenseur.

2. ester [ɛstɛʀ] n. m. CHIM Composé résultant de l'action d'un acide carboxylique sur un alcool ou un phénol avec élimination d'eau. *Les esters, utilisés comme solvants ou comme matières premières dans l'industrie des parfums et en pharmacie, sont caractérisés par le groupement R–COO–R'.*

Esterel ou **Estérel** (monts de l'), chaîne primaire du S.-E. de la France, qui touche la Méditerranée.

Esterhazy (Marie Charles Ferdinand Walsin) (1847 - 1923), officier français d'origine hongroise. Servant l'Allemagne, il fit condamner Dreyfus*.

estérification [ɛsteʀifikasjɔ̃] n. f. CHIM Conversion d'un alcool ou d'un phénol en ester par l'action d'un acide carboxylique.

estérifier [ɛsteʀifje] v. tr. [**2**] CHIM Transformer en ester.

esterlet [ɛtœʀlɛ] n. m. V. estorlet.

Esther, personnage biblique. Juive de la tribu de Benjamin, née à Babylone pendant la Captivité, elle épousa le roi de Perse Assuérus et sauva les Juifs, que le ministre du roi voulait faire massacrer. – Le *Livre d'Esther,* un des livres de la Bible, fut rédigé en hébreu, probabl. au début du IIᵉ s. av. J.-C. ▷ LITT *Esther,* tragédie de Racine en trois actes et en vers, avec chœurs (1689).

esthési-, -esthésie. Éléments, du gr. *aisthêsis,* «sensibilité, sensation».

esthète [ɛstɛt] adj. et n. **1.** Se dit d'une personne qui sent et goûte la beauté, l'art. ▷ Subst. *Juger d'une œuvre en esthète.* **2.** Péjor. Se dit d'une personne qui place la beauté formelle au-dessus de toutes les autres valeurs.

esthéticien, enne [ɛstetisjɛ̃, ɛn] n. **1.** Personne qui s'occupe d'esthétique. **2.** Personne spécialiste des soins de beauté.

esthétique [ɛstetik] adj. et n. f. **I.** adj. **1.** Relatif au sentiment du beau. **2.** Conforme au sens du beau. *Ce monument n'est guère esthétique.* ▷ *Chirurgie esthétique,* qui vise à embellir, à remodeler les formes du corps, les traits du visage. **II.** n. f. **1.** Science, théorie du beau. *L'Esthétique de Hegel.* **2.** Caractère esthétique d'un être, d'une chose. *L'esthétique d'un drapé.* Syn. beauté, harmonie. – *Esthétique industrielle :* design.

esthétiquement [ɛstetikmɑ̃] adv. D'une manière esthétique.

esthétisme [ɛstetism] n. m. Attitude, doctrine des esthètes.

Estienne, famille d'imprimeurs-éditeurs et d'humanistes français. — **Robert** (1503 - 1559) a publié une Bible et composé un important *Dictionnaire latin-français* (1539). — **Henri** (v. 1531 - 1598), fils du préc.; helléniste.

Estienne d'Orves (Honoré d') (1901 - 1941), résistant français, arrêté par la Gestapo (janv. 1941) et fusillé (août).

estimable [ɛstimabl] adj. Qui est digne d'estime.

estimatif, ive [ɛstimatif, iv] adj. Qui a pour objet une estimation. *Devis estimatif.*

estimation [ɛstimasjɔ̃] n. f. **1.** Évaluation exacte. *Estimation d'expert.* **2.** Ordre de grandeur, approximation. *Ne vous fiez pas à ce chiffre, ce n'est qu'une estimation.*

estime [ɛstim] n. f. **1.** Vx Évaluation. ▷ Mod. *À l'estime :* au jugé. – *Navigation à l'estime,* prenant en compte, pour déterminer la position d'un navire ou d'un avion, l'heure, la route suivie et la vitesse. **2.** Opinion favorable, cas que l'on fait de qqn ou de qqch. *Digne d'estime. Tenir qqn en grande estime.* Syn. considération, respect. ▷ Loc. *Succès d'estime :* se dit d'une œuvre dont la qualité est reconnue, mais qui n'a pas les faveurs du public.

estimer [ɛstime] v. tr. [**1**] **I. 1.** Déterminer la valeur exacte de. *Estimer un bijou.* Syn. apprécier, évaluer. **2.** Calculer approximativement. *Les dégâts sont estimés à plusieurs millions de francs.* **3.** Juger, considérer. *Estimer une place imprenable.* ▷ v. pron. *Estimez-vous heureux de n'être que blessé.* **II.** Tenir en considération, faire cas de. *Son patron l'estime beaucoup.* Syn. apprécier.

estival, ale, aux [ɛstival, o] adj. D'été. *Des tenues estivales.* Ant. hivernal.

estivant, ante [ɛstivɑ̃, ɑ̃t] n. Personne qui passe l'été en villégiature.

estivation [ɛstivasjɔ̃] n. f. ZOOL Engourdissement de certains poïkilothermes (serpents, sauriens, etc.) durant les journées très chaudes.

estiver [ɛstive] v. [**1**] **1.** v. tr. AGRIC (En régions tempérées.) Mettre (des animaux) dans les pâturages pendant l'été. **2.** v. intr. Séjourner quelque part en été.

estoc [ɛstɔk] n. m. *Frapper d'estoc et de taille,* de la pointe et du tranchant.

estocade [ɛstɔkad] n. f. Coup donné avec la pointe de l'épée. ▷ *Spécial.* Coup de pointe par lequel le matador tue le taureau. *Donner, porter l'estocade.* ▷ Fig. Attaque imprévue et décisive.

Estoile (Pierre de L'). V. L'Estoile.

estomac [ɛstɔma] n. m. **1.** Segment dilaté du tube digestif reliant l'œsophage au duodénum. ▷ Loc. fam. *Avoir l'estomac creux, dans les talons :* avoir très faim. – *Rester sur l'estomac :* être difficile à digérer; fig. ne pas être accepté (choses). – Loc. *Avoir de l'estomac :* avoir du ventre; fig., fam. avoir du cran. **2.** Partie extérieure du corps correspondant à l'emplacement de l'estomac. *Recevoir un coup à l'estomac.* **3.** Fig., fam. Courage, cran. *Avoir de l'estomac.*

ENCYCL Chez l'homme, l'estomac occupe, dans la région cœliaque, un espace compris entre le diaphragme en haut et le côlon en bas. Le foie vient s'appliquer sur sa face antérieure. Ses deux faces, antérieure et postérieure, sont séparées par les courbures : en dedans la petite, en dehors la grande. Il se remplit en haut par le cardia, qui communique avec l'œsophage, et en bas il s'évacue dans le duodénum par le pylore. Il possède plusieurs fonctions : réservoir, digestion, absorption (minime). Chez les invertébrés, l'estomac peut être un simple élargissement du tube digestif ou, au contraire, une poche comportant un système compliqué de pièces qui broient les aliments (moulinet gastrique des crabes). Chez les oiseaux, l'absence de dents est compensée par l'existence d'un jabot où se ramollissent les aliments; ensuite, un renflement de l'œsophage, qui sécrète des enzymes digestives, est lui-même accolé au gésier, très musculeux et empli de graviers, avalés par l'animal, qui aident au broyage des aliments. L'estomac des herbivores est toujours très volumineux; en effet, la digestion difficile de la cellulose est un processus lent et peu «rentable»; chez les ruminants (la vache, par ex.), il est divisé en 4 poches : la panse, où l'herbe fermente sous des actions bactériennes avant d'être remastiquée; le bonnet; le feuillet; la caillette qui, sécrétant des enzymes, correspond à l'estomac de l'homme.

estomaquer [ɛstɔmake] v. tr. [**1**] Fam. Frapper, saisir d'étonnement.

estompe [ɛstɔ̃p] n. f. **1.** TECH Petit rouleau pointu de peau, de papier, etc., servant à étendre le pastel ou le crayon sur un dessin. *Passer un dessin à l'estompe.* **2.** *Par méton.* Dessin fait à l'estompe.

estomper [ɛstɔ̃pe] v. tr. [**1**] **1.** Passer à l'estompe, ombrer. **2.** *Par anal.* Voiler, rendre flou. *L'ombre estompait les cimes.* – Fig. Atténuer, adoucir. *Estomper un récit.* ▷ v. pron. *Ses souvenirs s'estompaient.*

Estonie, État d'Europe, sur les bords de la Baltique; 45 100 km^2; 1,6 million d'hab. (dont 33 % de Russes et d'Ukrainiens); cap. *Tallin.* Nature de l'État : régime parlementaire. Langue off. : estonien. Monnaie : couronne.

Géogr. et écon. – Le N.-O. du pays est composé de bas plateaux. L'É. présente un relief plus accidenté. La rég. a subi l'empreinte glaciaire (nombr. lacs). Le climat, tempéré, favorise la forêt. L'agriculture repose sur l'élevage bovin et porcin, et sur la culture du lin. Le sous-sol renferme des schistes bitumineux. Les activités de services (commerce, transport, tourisme) se développent et l'Estonie a bénéficié d'un taux de croissance de 3 % en 1996.

Hist. – Habitée par les Estes, d'origine finnoise, l'Estonie est évangélisée tardivement (XIIᵉ-XIIIᵉ s.), puis conquise par les chevaliers Teutoniques. La révolte luthérienne crée un État laïque, que se disputent les Russes, les Polonais et les Suédois. Le traité de Nystad (1721) la donne à la Russie, mais le pays reste aux mains de puissants barons baltes. De 1881 à 1914, elle est russifiée. En 1920 (traité de Tartou), elle devient une rép. indépendante qui, avec la Lettonie et la Lituanie, forme l'Entente baltique. En juil. 1940, elle est réannexée par l'U.R.S.S., puis occupée par les Allemands (1941-1944). Après la guerre, elle devient la R.S.F.S. d'Estonie. En 1991, l'U.R.S.S. reconnaît l'indépendance des pays Baltes*; l'Estonie est admise à l'ONU. Lors du référendum de juin 1992, la majorité des électeurs se prononce contre le droit de vote des russophones. Lennart

Meri, élu prés. de la République en 1992, a été réélu en 1996.

estonien, enne [ɛstɔnjɛ̃, ɛn] adj. et n. De l'Estonie. ▷ Subst. *Un(e) Estonien(ne).*

estoppel [ɛstɔpɛl] n. m. DR INTERN Exception procédurale applicable à un État faisant valoir des prétentions contradictoires par rapport à ce qu'il avait admis précédemment ou au cours d'un procès.

estoquer [ɛstɔke] v. tr. [1] Porter à (qqn) un coup avec la pointe de l'épée. ▷ *Spécial.* Porter l'estocade à (un taureau).

estorlet [ɛstɔʀlɛ] ou **esterlet** [ɛtœʀlɛ] n. m. (Acadie) Sterne, hirondelle de mer.

estourbir [ɛstuʀbiʀ] v. tr. [3] Fam. Étourdir, assommer.

estrade [ɛstʀad] n. f. Plancher légèrement surélevé par rapport au niveau du sol.

estragon [ɛstʀagɔ̃] n. m. Plante aromatique des régions tempérées, dont on utilise les feuilles comme condiment.

estran [ɛstʀɑ̃] n. m. OCEANOGR Espace littoral compris entre le niveau de la haute mer et celui de la basse mer (zone de balancement des marées).

Estrémadure, nom de deux régions de la péninsule Ibérique. – L'*Estrémadure espagnole,* communauté autonome et région de la C.E., formée des prov. de Badajoz et de Cáceres; 41 602 km²; 1 102 300 hab. Cap. *Mérida.* Occupant le rebord S. de la Meseta, c'est une région sèche. – L'*Estrémadure portugaise* occupe une position côtière au N. de Lisbonne, son pôle économique.

Estrie ou **Cantons de l'Est,** région du Québec, à l'E. de la rég. admin. Montérégie et limitrophe des États-Unis; 10 122 km²; 280 000 hab.

estrien, enne [ɛstʀijɛ̃, ɛn] adj. et n. De l'Estrie. ▷ Subst. *Un(e) Estrien(ne).*

estrildidés [ɛstʀildide] n. m. pl. ORNITH Famille d'oiseaux passériformes qui renferme de petites espèces granivores fréquentes en zone tropicale et cour. utilisées comme oiseaux de cage (cordon-bleu, cou-coupé, nonnette, sénégali, etc.). – Sing. *Un estrildidé.*

estropié, ée [ɛstʀɔpje] adj. et n. Qui a été estropié (V. estropier, sens 1 et 2). ▷ Subst. *Les estropiés de la guerre.*

estropier [ɛstʀɔpje] v. tr. [2] **1.** Faire perdre l'usage d'un membre à. ▷ v. pron. *Elle s'est estropiée.* **2.** Fig. Altérer, déformer. *Estropier un mot.*

estuaire [ɛstɥɛʀ] n. m. Embouchure d'un fleuve, formant un golfe profond.

estudiantin, ine [ɛstydjɑ̃tɛ̃, in] adj. Litt. ou plaisant Relatif, propre aux étudiants. Syn. étudiant.

esturgeon [ɛstyʀʒɔ̃] n. m. Poisson chondrostéen, parfois long de 8 m, qui vit quelque temps en mer et va pondre dans les grands fleuves. *Les œufs d'esturgeon (jusqu'à quatre millions par femelle) conservés dans de la saumure constituent le caviar.*

Esztergom, ville de Hongrie, sur le Danube; 31 000 hab. Archevêché (l'archevêque d'Esztergom est primat de Hongrie). – Basilique (XIXᵉ s.).

et [e] conj. **1.** Conjonction de coordination liant des parties du discours de même nature. *Bon et beau. Soixante et un. Vous avez tort et vous le regretterez.* ▷ (Marquant l'opposition.) «*Je plie et ne romps pas*» (La Fontaine). **2.** Conjonction de coordination liant des parties du discours de nature différente. *Un garçon courageux et qui ne se vante pas de l'être.* **3.** Dans une énumération, pour insister. *Et le riche et le pauvre, et le fort et le faible.* **4.** Conjonction à valeur emphatique, en début de phrase. *Et tous de rire!*

êta [ɛta] n. m. **1.** Septième lettre (H) de l'alphabet grec. **2.** PHYS NUCL Particule de la famille des mésons.

E.T.A. V. Euzkadi ta Askatasuna.

étable [etabl] n. f. Lieu couvert, bâtiment où l'on abrite les bœufs, les vaches.

1. établi [etabli] n. m. Table robuste qui sert de plan de travail dans divers métiers manuels. *Établi d'ébéniste.*

2. établi, ie [etabli] adj. Fixé, instauré. *Des usages établis.* ▷ *Par ext.* En place. *L'ordre établi.*

établir [etabliʀ] v. [3] **I.** v. tr. **1.** Placer de manière stable en un endroit choisi. *Établir les fondements d'un édifice. Établir sa résidence à Paris.* **2.** Instituer. *Établir un gouvernement. Établir des règlements.* **3.** Prouver, démontrer. *Établir la réalité d'un fait. Il est établi que...* **II.** v. pron. **1.** S'installer. *Il va s'établir en province.* **2.** Commencer à exercer (tel métier). *S'établir tailleur.* **3.** (Avec un sujet de personne et un attribut.) Se donner la fonction de. *Il s'est établi censeur de la vertu d'autrui.* **4.** (Avec un sujet de chose.) Être fondé, s'instaurer. *Des relations s'établissent entre ces deux pays.*

établissement [etablismɑ̃] n. m. **1.** Action de construire. *Établissement d'une voie ferrée.* **2.** Action d'établir, de fonder. *Établissement de la démocratie.* ▷ ECON *Droit d'établissement :* droit de fonder une entreprise, un commerce, ou de commencer à exercer une profession libérale. **3.** Fait d'établir, d'instaurer, de mettre en place (qqch d'abstrait). *Travailler à l'établissement de relations entre deux pays.* **4.** Installation établie pour l'exercice d'un commerce, d'une industrie, pour l'enseignement, etc. *Établissement scolaire.* ▷ Vieilli, parfois péjor. (Cour. à Maurice) Propriété* sucrière. ▷ DR *Établissement public :* institution administrative qui gère un service public. ▷ FIN *Établissement financier :* entreprise qui, sans être une banque, accomplit des opérations financières.

étage [etaʒ] n. m. **1.** Division formée par les planchers dans la hauteur d'un édifice. *Maison de six étages. Au Canada, le rez-de-chaussée est nommé le premier étage.* ▷ (Afr. subsah.) Immeuble comportant un ou plusieurs étages. *Il habite un étage près d'ici.* **2.** Chacun des niveaux, dans une disposition selon des plans superposés. *Jardin en étages. Coiffure à étages.* ▷ Loc. *De bas étage :* peu recommandable, médiocre. **3.** BOT Zone de végétation définie par une association d'espèces dont les aires de répartition sont comprises entre deux altitudes caractéristiques. *Étage à bambous.* **4.** GEOL Subdivision d'une période géologique correspondant à des terrains contenant divers fossiles caractéristiques. **5.** ELECTRON Ensemble de composants ayant une fonction déterminée ou fonctionnant dans un domaine de fréquences donné. *Étage amplificateur. Étage basse fréquence.* **6.** TECH Partie d'un moteur correspondant à un niveau d'énergie donné. *Étage basse pression d'une turbine.* **7.** MINES Niveau à l'intérieur duquel s'effectue l'extraction.

étagement [etaʒmɑ̃] n. m. Disposition par étages.

étager [etaʒe] v. [13] **1.** v. tr. Disposer par étages. *Étager des maisons sur une pente. Étager des objets dans une vitrine.* **2.** v. pron. Être disposé en étages. **3.** Pp. adj. *Rizières étagées sur une colline.*

étagère [etaʒɛʀ] n. f. **1.** Planche, tablette fixée horizontalement sur un mur. **2.** Meuble à tablettes superposées.

étai [etɛ] n. m. **1.** CONSTR Pièce servant à soutenir un mur, un plancher. **2.** Fig. Soutien.

étaiement [etɛmɑ̃] n. m. V. étayage.

étain [etɛ̃] n. m. **1.** Élément métallique (symbole Sn), de numéro atomique Z=50. – Métal blanc, très malléable, surtout utilisé dans des alliages. **2.** Objet en étain. *Collectionner les étains.*

étal, als ou **aux** [etal, o] n. m. **1.** Table servant à débiter de la viande de boucherie. **2.** Table servant à exposer des marchandises dans un marché. *Fromages disposés sur des étals* (ce pluriel est plus souvent usité que *étaux*).

étalage [etalaʒ] n. m. **1.** Exposition de marchandises à vendre. **2.** Lieu où sont exposées ces marchandises; ensemble de marchandises exposées. **3.** *Faire étalage de :* montrer avec ostentation. *Faire étalage de son esprit, de sa vertu, de richesses.*

étalagiste [etalaʒist] n. **1.** Personne qui dispose les marchandises dans les vitrines. **2.** (Maghreb) En Algérie, marchand qui expose sa marchandise dans un marché.

étale [etal] adj. et n. m. **1.** adj. Dont le niveau est stationnaire. *Mer étale.* – *Vent étale,* modéré et continu. – *Navire étale,* immobile. **2.** n. m. Moment où la mer est stationnaire, entre le flot et le jusant ou entre le jusant et le flot.

étalement [etalmɑ̃] n. m. **1.** Action d'étaler qqch sur une surface. **2.** Action d'étaler qqch dans le temps; son résultat. *L'étalement des vacances.*

étaler [etale] v. [1] **I.** v. tr. **1.** Exposer des marchandises, des denrées à vendre. *Étaler de la friperie.* **2.** Étendre, déployer. *Étaler une carte routière.* – *Étaler son jeu :* montrer toutes ses cartes; fig. ne rien cacher de ses projets. **3.** Étendre. *Étaler de la peinture sur une toile.* **4.** Fam. Projeter à terre. *Il l'a étalé d'une bourrade.* **5.** Péjor. Montrer avec ostentation. *Étaler ses charmes.* **6.** Répartir (dans le temps). *Étaler des paiements.* **II.** v. pron. **1.** S'étendre. *Le village s'étale sur la colline.* ▷ Fam. En parlant de qqn, s'avachir. *S'étaler sur un sofa.* **2.** En parlant de choses abstraites, se montrer avec ostentation. *Sa vanité s'étale.* ▷ En parlant de personnes, V. sens I, 5. *Elle s'étale sans pudeur.* **3.** Fam. Tomber de tout son long. *S'étaler dans la boue.* **4.** Se répartir (dans le temps). *Étaler une réforme sur plusieurs années.*

1. étalon [etalɔ̃] n. m. **1.** Cheval entier destiné à la reproduction. – *Par ext.* Mâle reproducteur, dans toute autre espèce domestique. **2.** Fig., fam. Homme aux capacités sexuelles importantes.

2. étalon [etalɔ̃] n. m. **1.** Objet, appareil qui matérialise une unité de mesure légale, ou qui permet de la définir. – (En appos.) *Mètre-étalon.* **2.** ECON Métal ou monnaie de référence qui fonde la valeur d'une unité monétaire. *Étalon-or. Étalon-devise.*

étalonnage [etalɔnaʒ] n. m. **1.** Vérification de la conformité des indications d'un appareil de mesure à celles de l'étalon. **2.** Opération qui consiste à graduer un instrument conformément à l'étalon.

étalonner [etalɔne] v. tr. [**1**] Procéder à l'étalonnage de (un instrument).

étamage [etamaʒ] n. m. TECH Action d'étamer; son résultat.

étambot [etɑ̃bo] n. m. MAR Forte pièce de la charpente du navire reliée à la quille, et qui supporte le gouvernail.

étamer [etame] v. tr. [**1**] TECH Revêtir d'étain (un métal). ▷ Revêtir de tain la face arrière d'une glace.

étameur [etamœʀ] n. m. TECH Ouvrier qui étame.

1. étamine [etamin] n. f. **1.** Étoffe mince non croisée. *Étamine de soie.* **2.** Tissu peu serré, qui sert à filtrer, à tamiser. *Passer une décoction à l'étamine.*

2. étamine [etamin] n. f. BOT Organe mâle des phanérogames, constitué d'une partie grêle, le filet, qui porte à son extrémité l'anthère, où s'élabore le pollen. *Les étamines sont insérées entre les pétales et les carpelles.*

étampe [etɑ̃p] n. f. TECH Outil pour étamper.

étamper [etɑ̃pe] v. tr. [**1**] TECH *Étamper un fer à cheval,* y faire les trous.

étamure [etamyʀ] n. f. TECH Alliage qui sert à étamer. ▷ Couche de cet alliage étendue sur un objet.

étanche [etɑ̃ʃ] adj. **1.** Imperméable aux liquides, aux gaz. **2.** Fig. *Cloison étanche :* séparation complète. *Cloisons étanches entre les services d'une administration.*

étanchéité [etɑ̃ʃeite] n. f. Nature de ce qui est étanche. *Étanchéité d'une citerne.*

étancher [etɑ̃ʃe] v. tr. [**1**] **1.** Arrêter l'écoulement de (un liquide). *Étancher le sang d'une blessure.* – *Étancher les larmes,* les faire cesser. – *Étancher la soif,* l'apaiser. ▷ MAR *Étancher une voie d'eau,* la boucher. **2.** TECH Rendre étanche.

étançon [etɑ̃sɔ̃] n. m. TECH Pilier, poteau de soutènement d'un mur, d'un toit de galerie de mine, etc.

étang [etɑ̃] n. m. Étendue d'eau profonde et stagnante, généralement de dimensions inférieures à celles d'un lac. *Étang artificiel.*

étant [etɑ̃] n. m. PHILO Ce qui est, par rapport au fait d'être.

étape [etap] n. f. **1.** Endroit où s'arrête un voyageur. *Faire étape à Angers.* **2.** Endroit où s'arrête une troupe en marche, pour passer la nuit. *Gîte* d'étape.* **3.** Distance à parcourir pour atteindre l'étape. *Une longue étape à parcourir avant la nuit.* ▷ SPORT *Le Tour de France est une course par étapes.* **4.** Loc. *Brûler une, l'étape :* ne pas s'arrêter au moment prévu pour l'étape. – Fig. *Brûler les étapes :* progresser très rapidement. *Brûler les étapes vers le succès.* **5.** Fig. Période envisagée dans une succession. *Procéder par étapes.*

étarquer [etaʀke] v. tr. [**1**] MAR Raidir (une voile) le long de sa vergue.

état [eta] n. m. **I. 1.** Situation, disposition dans laquelle se trouve une personne. *Son état général, son état de santé restent excellents. État d'esprit, de conscience, d'âme.* **2.** Situation, disposition dans laquelle se trouve une chose, un ensemble de choses. *Cette voiture est en bon, en mauvais état, en état de marche.* – *Laisser qqch en l'état,* tel quel. ▷ Loc. *Être en état (de),* capable (de), en état de fonctionnement. – *Être hors d'état (de),* incapable (de), hors d'usage. ▷ METEO *État du ciel :* ensemble des phénomènes météorologiques visibles en un lieu et à un moment donnés. **3.** PHYS Condition particulière dans laquelle se trouve un corps. *État solide, liquide, gazeux. État ionisé. Eau à l'état de vapeur.* – *Équation d'état d'un fluide :* relation entre la pression P du fluide, son volume V et sa température absolue T. (Pour *n* moles d'un gaz parfait, on a PV = *n*RT.) – *Fonction d'état :* fonction dont la variation ne dépend que des états initial et final d'un système (ex. : entropie). **4.** INFORM Situation dans laquelle se trouve un organe, un système caractérisés par un certain nombre de variables. **5.** Écrit descriptif (liste, tableau, registre, inventaire, etc.). *État de frais.* – *État des lieux :* description d'un local à l'entrée ou au départ d'un occupant. **6.** *État civil :* ensemble des éléments permettant d'individualiser une personne dans l'organisation sociale, administrative. *Les actes de l'état civil sont l'acte de naissance, de mariage et de décès. Officier d'état civil.* **7.** (En loc.) Fam. *Être dans tous ses états :* être bouleversé, affolé. ▷ *En tout état de cause :* quoi qu'il en soit. ▷ *Faire état de :* mettre en avant, faire valoir. ▷ *De son état :* de son métier. *Il est menuisier de son état.* **II.** HIST En France, sous l'Ancien Régime, chacune des trois grandes catégories sociales : noblesse, clergé, tiers état. Syn. ordre. ▷ *États* généraux :* assemblée de députés des trois ordres venant de tout le royaume. – Mod. Assemblée de représentants de toutes les catégories de personnes concernées, dans un pays, par un problème de société. *Les états généraux de l'éducation.* ▷ *États provinciaux :* assemblée formée des délégués d'une seule province. – *Les États :* au Proche-Orient, territoires sous mandat* français. **III. 1.** (Avec une majuscule.) Personne morale de droit public qui personnifie la nation à l'intérieur et à l'extérieur du pays dont elle assure l'administration. *État monarchique. Passer un contrat avec l'État.* – *État providence,* qui a un rôle d'assistance particulièrement important (aide aux défavorisés, fourniture de biens collectifs). ▷ *Par ext.* Ensemble des organismes et des services qui assurent l'administration d'un pays. – (Belgique) *Écoles de l'État, enseignement de l'État :* écoles publiques, enseignement public (par oppos. à *écoles privées*). ▷ *Homme d'État :* celui qui a une charge, un rôle dans le gouvernement de l'État. ▷ *Chef d'État :* personne exerçant l'autorité souveraine dans un État. *Le chef de l'État.* ▷ *Coup d'État :* conquête, ou tentative de conquête du pouvoir d'État par des moyens illégaux, souvent violents. ▷ *Raison d'État :* motif d'intérêt public invoqué pour justifier une action illégale, injuste, en matière politique. **2.** (Avec une majuscule.) Étendue de territoire sur laquelle s'exerce l'autorité de l'État (sens 1). *Reconnaître les frontières d'un nouvel État.* ▷ *Les États-Unis réunissent 50 États.* – (Québec) Fam. *Les États :* les États-Unis.

État français, régime politique de la France entre juil. 1940 et août 1944. Le 10 juil., le Parlement, réuni à Vichy, donna tous pouvoirs à Pétain pour «promulguer une nouvelle Constitution de l'État français», qui succédait à la IIIe République.

étatique [etatik] adj. De l'État. *Organisme étatique.*

étatisation [etatizasjɔ̃] n. f. Action d'étatiser. *Étatisation progressive.*

étatiser [etatize] v. tr. [**1**] Placer sous l'administration de l'État. *Étatiser certains secteurs industriels.*

étatisme [etatism] n. m. Système politique caractérisé par l'intervention directe de l'État sur le plan économique et social.

état-major [etamaʒɔʀ] n. m. **1.** MILIT Corps d'officiers attachés à un chef militaire; lieu où ces officiers se réunissent. *L'état-major du général.* **2.** MAR Ensemble des officiers d'un navire. **3.** *Par anal.* Ensemble des dirigeants d'un groupement. *État-major d'un parti politique. Des états-majors.*

États de l'Église ou **États pontificaux.** V. Vatican.

états (ou **États**) **généraux de 1789,** assemblée des états* réunie par Louis XVI le 2 mai 1789 à Versailles. Par le serment du Jeu* de paume, le 20 juin 1789, le tiers état se proclama Assemblée nationale; le 27 juin, les autres ordres se joignaient à lui et, le 9 juil., l'Assemblée* nationale se déclarait *constituante.* La Révolution* française, dont le déclenchement effectif se produisit le 14 juillet, commençait.

États-Unis d'Amérique *(United States of America),* État fédéral d'Amérique du Nord, situé entre l'Atlantique à l'E., le Pacifique à l'O., le Canada au N., le Mexique au S. S'y ajoutent l'Alaska et les îles Hawaii. Au total, cinquante États (plus le district de Columbia) couvrant 9 363 124 km^2, auxquels il faut adjoindre les possessions extérieures (Porto Rico, îles Vierges, Samoa orientales et Guam); 263 434 000 hab.; cap. *Washington.* Nature de l'État : rép. fédérale de type présidentiel. Langue off. : anglais. Monnaie : dollar américain. Pop. : Blancs (84 %, dont plus de 10 % d'origine hispano-mexicaine), Noirs (12 %), Asiatiques (3,3 %), Amérindiens (0,6 %). Relig. : 80 millions de protestants, 58 millions de catholiques, 6 millions de juifs, etc.

Géogr. phys. et hum. – Le relief s'ordonne en trois ensembles méridiens. À l'E., le massif ancien des Appalaches ne dépasse 2 000 m que dans le S. Son piémont oriental surplombe l'étroite plaine atlantique. Au centre s'étendent de vastes plaines sédimentaires, drainées par l'axe Mississippi-Missouri (6 300 km, 3e artère fluviale du monde). Au N. des plaines centrales s'étendent les Grands Lacs, d'origine glaciaire (246 300 km^2). À l'O. se dresse un puissant système montagneux, jalonné de volcans et affecté de séismes. Sa bordure orient. est constituée des Rocheuses (4 398 m au mont Elbert) et de leur piémont; elles dominent une zone centrale de plateaux aux profondes vallées (Columbia, Colorado) et de bassins fermés (Grand Bassin). Sur la bordure du Pacifique, les chaînes côtières, la chaîne des Cascades et la sierra Nevada (qui culmine au mont Whitney, à 4418 m) encadrent des dépressions longitudinales : Puget Sound et vallée de Californie. À l'E., le climat continental humide, aux hivers rudes dans le N. et aux étés subtropicaux dans le S., est propice aux forêts. Le Centre, au climat continental assez sec, est le domaine de la prairie. L'O. est contrasté : la façade du Pacifique est océanique au N., méditerranéenne au

S., alors que le désert couvre les dépressions intérieures méridionales et que les climats montagnards dominent en altitude. Les WASP (*White Anglo-Saxon Protestant :* Blanc Anglo-Saxon Protestant) constituent 70 % de la pop. Les Noirs (13 %) descendent des esclaves amenés d'Afrique aux XVIIe et XVIIIe s.; les «Ethnics» (17 % du total) sont essentiellement des Latino-Américains et des Asiatiques récemment immigrés. Les Indiens ne sont plus qu'une infime minorité vivant dans des réserves. L'urbanisation est forte (75 %), plus de 30 villes dépassent le million d'hab.; la croissance naturelle se ralentit (0,7 % par an).

Écon. – Les États-Unis sont, de très loin, la première puissance écon. du monde : moins de 5 % de la pop. mondiale produit plus de 30 % des richesses de la planète. D'abondantes ressources et d'excellentes infrastructures sont à la base de cette puissance. Le pays, qui consomme 25 % de l'énergie mondiale, occupe le 1er rang pour la prod. d'électricité et le 2e rang pour le charbon, le pétrole et le gaz. Les réserves d'hydrocarbures sont cependant faibles (4 % du gaz et 3 % du pétrole de la planète) et l'extraction coûteuse, ce qui conduit le pays à s'approvisionner sur le marché mondial. L'activité minière fournit la plupart des métaux (Rocheuses, région des Grands Lacs), toutefois il importe fer, bauxite, ainsi que chrome, nickel, tantale, cobalt, titane. Le réseau de transports est le plus étendu et le plus complet du monde. L'agriculture n'emploie que 2,5 % des actifs mais occupe la première place mondiale et dégage un excédent comm. extraordinaire. Très moderne, elle est au centre d'un puissant complexe agro-industriel. Autrefois organisée en «belts», ceintures régionales dominées par une activité de monoculture (*Wheat Belt*, du blé; *Corn Belt*, du maïs, etc.), la géographie agricole s'est diversifiée. Les difficultés croissent : l'aide de l'État à l'agriculture est onéreuse, beaucoup d'exploitants sont surendettés et les plus petits sont dans une situation critique; la concurrence internationale est grande; seule la mise en jachère peut lutter contre la surproduction. Les États-Unis occupent aussi le 1er rang mondial pour la sylviculture et le 6e rang pour la pêche, mais ne couvrent que la moitié de leurs besoins. Le poids mondial de l'industrie américaine a diminué : moins de 20 % aujourd'hui contre plus de 50 % en 1946. Le pays n'est plus que le 3e exportateur industriel mondial, après l'Allemagne et le Japon. Les industries de base ont connu un important repli qui a gravement affecté le vieux *Manufacturing Belt* du Nord-Est et des Grands Lacs; l'aéronautique, les produits chimiques, la pharmacie, les constr. électriques et l'électronique professionnelle demeurent vaillants; les É.-U. possèdent la première industrie d'armements, un important réseau de multinationales (General Motors, Ford et Exxon sont les trois premières entreprises mondiales), la maîtrise de technologies avancées et une recherche de premier plan. Le développement massif du tertiaire (70 % de la main-d'œuvre) a donné aux États-Unis un rôle dirigeant en ce qui concerne le savoir, l'information, la «culture populaire» (télévision, cinéma). Endettement, déficit commercial et budgétaire considérables, paupérisation d'une partie de la population, délinquance, drogue sont dramatiques. Face aux menaces européennes et asiatiques, les É.-U. ont créé une zone de libre-échange (ALÉNA) avec le Canada et le Mexique; le «marché commun» est entré en vigueur le 1er janv. 1994.

Hist. – Peuplée d'Amérindiens, l'Amérique du Nord a été colonisée par les Européens à partir du XVIe s. seulement. Tandis que le Français Champlain fonde Québec (1608), les Anglais implantent treize colonies le long de la côte atlant. : Virginie (1607), Massachusetts (*Mayflower**, 1620), New Hampshire, Maryland, Connecticut, Rhode Island, les deux Carolines, New York, Delaware, New Jersey (ces trois dernières achetées aux Pays-Bas en 1664), Pennsylvanie, Georgie. Toutes disposent d'une assemblée élue et leur mise en valeur est assez rapide. Au terme de la guerre de Sept Ans, la France est presque totalement éliminée de l'Amérique (traité de Paris, 1763). Bientôt, un conflit éclate entre les treize colonies anglaises et leur métropole, qui entend les imposer directement : impôt du timbre (1765-1766), taxe sur le thé (1767). Ce conflit prend une forme violente et les députés des colonies rédigent une déclaration des droits du contribuable américain (1774), puis, après un premier succès des miliciens du Massachusetts, la *Déclaration d'indépendance* des États-Unis (4 juillet 1776). Les Américains, commandés par George Washington et bientôt appuyés par la France (La Fayette, Rochambeau), vainquent à Yorktown (1781) le général anglais Cornwallis. Par le traité de Versailles (1783), l'Angleterre reconnaît l'indépendance des É.-U., mais conserve le Canada. La Convention de Philadelphie élabore la Constitution de la République fédérale des États-Unis (17 sept. 1787), dont le premier président, Georges Washington, entre en fonctions le 4 mars 1789. Une série d'accroissements territoriaux vont donner aux É.-U. leur étendue actuelle : achat de la Louisiane à la France (1803), de la Floride à l'Espagne (1819); entrée dans l'Union du Texas, qui s'est détaché du Mexique (1845); la guerre contre le Mexique (1846-1848) rapporte le Nouveau-Mexique, l'Arizona et la Californie; un accord avec l'Angleterre aboutit à la formation du territoire de l'Oregon (1848). Le peuplement de ces terres résulte d'abord d'une immigration intérieure qui se propage d'E. en O., puis, surtout, d'une immigration européenne d'orig. anglaise, irlandaise et allemande. Lorsque Lincoln, après une campagne antiesclavagiste, est élu président, les États du Sud, esclavagistes, se retirent de l'Union (1861) et forment les *États confédérés d'Amérique* (cap. Richmond), que préside Jefferson Davis. La guerre de Sécession (1861-1865) oppose sudistes, ou confédérés, et nordistes, ou fédéraux; ceux-ci, qui disposent de la puissante industrie du Nord, l'emportent. L'Union est maintenue, l'esclavage aboli. Les 14e et 15e amendements (1866-1869) accordent aux Noirs l'égalité civile et interdisent toute discrimination. Cependant, le Sud empêche les Noirs de voter (apparition du Ku* Klux Klan v. 1865) puis instaure la ségrégation raciale après 1874. La politique intérieure oppose les démocrates, décentralisateurs, partisans du bimétallisme, de tarifs douaniers modérés et d'une politique pacifiste, aux républicains, dont le programme est diamétralement opposé. La doctrine de Monroe (1823) avait établi le principe de la non-ingérence européenne en Amérique. Devenus impérialistes sous l'impulsion des républicains, les É.-U. l'emportent sur les Espagnols : cession de Porto Rico et de Cuba, érigé en une rép. indép. (1901); protectorat sur Haïti et Saint-Domingue; intervention à Panamá (le canal est inauguré en 1914); acquisition des Philippines. Au début de la guerre de 1914-1918, la neutralité convient au prés. démocrate Wilson (1913-1921), mais la guerre sous-marine allemande le décide à intervenir aux côtés des Alliés (avril 1917). En 1918-1919, il joue un rôle important dans l'élaboration des traités de paix et dans la création de la Société* des Nations. Revenus au pouvoir, les républicains désavouent l'œuvre de Wilson : les É.-U. n'entrent pas à la S.D.N. et prônent le retour à l'isolationnisme et au protectionnisme. Devenus les créanciers du monde, les É.-U. connaissent l'euphorie de la prospérité, engendrée par l'expansion d'une industr. «taylorisée», rationalisée, alimentant les marchés intérieurs et mondiaux. La crise de 1929, due à la surproduction et à la spéculation, provoque un chômage massif. Le démocrate Franklin Delano Roosevelt (1933-1945) prend une série de mesures contre la crise *(New Deal)* et dote l'Union d'une législation sociale. Il pratique le bon voisinage avec les Sud-Américains : évacuation d'Haïti et du Nicaragua (1933), fin du protectorat sur Cuba (1934). Il accepte de vendre des armes aux démocraties occid. Soucieuse de lutter contre les puissances totalitaires, l'opinion américaine finit par approuver la guerre contre l'Allemagne, l'Italie, le Japon (qui avait détruit la flotte amér. basée à Pearl Harbor, le 7 déc. 1941). Grâce à leur formidable puissance industr. et militaire, les É.-U. interviennent de manière décisive dans la guerre de 1939-1945 contre l'Allemagne et, en Asie et en Océanie, contre le Japon, sur lequel ils lancent finalement deux bombes atomiques (Hiroshima, 6 août 1945; Nagasaki, 9 août). Succédant à Roosevelt décédé, le démocrate Harry Truman organise l'«après-guerre». Les É.-U. créent un système d'assistance économique aux États ruinés par la guerre *(plan Marshall*)* et, face à la menace soviétique (guerre froide), signent avec onze démocraties le pacte de l'Atlantique Nord (1949). V. Organisation du traité de l'Atlantique Nord (OTAN). Sous la présidence du général Eisenhower (1953-1961), un républicain, le parti communiste des É.-U. est mis hors la loi (1954) mais le maccarthysme* est lui aussi condamné. Dans le Sud, l'interdiction de la ségrégation scolaire (1957) est mal accueillie par les Blancs. Après la guerre de Corée (1950-1953), où les É.-U. sont mandatés par l'ONU, et après l'abandon de l'Indochine par la France (1954), ils veulent renforcer la défense du S.-E. asiatique : signature du pacte de Manille (8 sept. 1954); aide à la Chine nationaliste (Taïwan). La crise de Suez (nov.-déc. 1956) montre les désaccords entre les É.-U. et leurs alliés français et britanniques, ainsi que la rivalité avec l'U.R.S.S. au Proche-Orient. La tension entre les deux superpuissances, lancées dans la course à l'armement nucléaire, s'accroît avec la révolution castriste à

Cuba (1959). Le prés. John. F. Kennedy (1961-1963), démocrate, oblige les Soviétiques à retirer les fusées nucléaires installées à Cuba (juil. 1962). À l'intérieur, il doit faire face au problème racial (dans le S.) et à la récession écon. Il conçoit l'aide aux États sous-développés comme une lutte contre le communisme et le castrisme («Alliance pour le progrès»). Les relations avec l'U.R.S.S. s'améliorent (accords de Moscou, 1963), mais Kennedy engage les É.-U. dans la guerre du Viêt-nam.Lindon B. Johnson, qui a succédé à Kennedy (assassiné à Dallas le 22 nov. 1963), accroît cet engagement, notam. après son élection (nov. 1964). Mais cette guerre devient un bourbier et le républicain Nixon, qui a succédé à Johnson en 1969, décide la «vietnamisation» du conflit, c.-à-d. le retrait progressif des soldats américains. En outre, il négocie avec Moscou la réduction de l'armement stratégique, alors que les É.-U. ont gagné la course à la Lune (20 juil. 1969, Armstrong et Aldrin), prône la détente avec les «grands» (admission de la rép. pop. de Chine à l'ONU, 25 oct. 1971, visite de Nixon à Pékin, fév. 1972, puis à Moscou, juin 1972) et l'intervention dans les affaires des petits États (Chili, Chypre, Grèce, Proche-Orient, Rhodésie, etc.). Toutefois, le déficit de la balance des paiements et la spéculation sur les monnaies fortes (deutsche Mark, notam.) entraînent la dévaluation du dollar (1973 et 1975). Réélu en nov. 1972, Nixon entérine le cessez-le-feu au Viêt-nam (janv. 1973). En août 1974, impliqué dans le scandale politique du «Watergate*», il démissionne. Le vice-président Gerald Ford, qui lui succède, doit faire face à une grave crise écon. et sociale (8,5 millions de chômeurs). L'ayant vaincu aux élections, le démocrate Jimmy Carter (1977-1981) mène une lutte contre la crise et une politique étrangère ambitieuse (accords de Camp* David, 1978, notam.), mais l'inflation, le chômage, la prise d'otages amér. à Téhéran (1979) poussent l'électorat vers un républicain «dur», Ronald Reagan, élu en 1980 et réélu en 1984. L'orientation libérale de l'administration Reagan relance l'économie, mais ne peut maîtriser le déficit comm. et budgétaire; à l'extérieur, Reagan intervient à Grenade en 1983, soutient la guérilla antisandiniste au Nicaragua et bombarde la Libye en 1986, veut organiser la «guerre des étoiles». Mais il rencontre le nouveau (1985) chef de l'État sov., Gorbatchev, et aboutit, en déc. 1987, au premier accord de désarmement nucléaire avec l'U.R.S.S., à propos des euromissiles. George Bush, vice-président depuis huit ans, emporte les élections de nov. 1988 et continue la polit. de Reagan : intervention au Panamá (déc. 1989), fermeté au Moyen-Orient en 1990 et 1991 (V. Golfe, guerre du). En avril 1992, des émeutes, notamment à Los Angeles, révèlent la détérioration de la situation sociale dans les grandes villes. Pour cette raison, les classes moyennes préfèrent à Bush, en nov. 1992, le démocrate Bill Clinton. Celui-ci décide de privilégier la situation intérieure (bien qu'il intervienne à Haïti en 1994 pour qu'Aristide reprenne le pouvoir), sans renoncer à l'effort américain pour libéraliser le commerce mondial (V. ALÉNA et GATT), mais la reprise écon. n'améliore pas le niveau de vie des Américains et en nov. 1994 les élections au Congrès donnent la majorité aux républicains. En nov. 1996, Bill Clinton est réélu président, mais le Congrès a de nouveau une majorité républicaine.

étau [eto] n. m. Instrument composé de deux mâchoires pouvant être rapprochées au moyen d'une vis et qui sert à maintenir un objet que l'on façonne. *Serrer un étau.* ▷ Loc. fig. *Être pris dans un étau :* être soumis à la pression de deux forces antagonistes sans pouvoir s'y soustraire; être entouré, cerné de toute part.

étayage [etɛjaʒ], **étayement** [etɛjmɑ̃] ou **étaiement** [etɛmɑ̃] n. m. Action d'étayer; son résultat.

étayer [eteje] v. tr. [21] **1.** Soutenir avec des étais. *Étayer une maison.* **2.** Fig. Soutenir. *Étayer de preuves une théorie.*

et cætera ou **et cetera** [ɛtseteʀa] loc. adv. (lat.) Et le reste. (Abrév. : etc.)

Etchmiadzine, v. sainte d'Arménie, au S.-O. d'Erevan; 50 000 hab. Siège du patriarcat de l'Église arménienne.

été [ete] n. m. Dans les zones tempérées, saison la plus chaude de l'année, qui va du 21 ou 22 juin (solstice) au 22 ou 23 septembre (équinoxe), dans l'hémisphère Nord et du 21 décembre au 20 ou 21 mars dans l'hémisphère Sud *(été austral). Prendre des vacances en été. Un bel été. «Adieu, vive clarté de nos étés trop courts»* (Baudelaire). ▷ *Été de la Saint-Martin :* période de chaleur qui, en automne, rappelle les beaux jours d'été. – *Été indien,* (Québec) *été des Indiens* ou (Québec, vieilli) *été des sauvages :* même période, en parlant de l'Amérique du Nord.

éteignoir [etɛɲwaʀ] n. m. **1.** Anc. Petit cône creux pour éteindre une chandelle, un flambeau. **2.** Fig., fam. Rabat-joie.

éteindre [etɛ̃dʀ] v. [55] **I.** v. tr. **1.** Faire cesser de brûler ou d'éclairer. *Éteindre un feu. Éteindre la lumière.* **2.** Fig. Tempérer, amortir. *Éteindre l'ardeur de la fièvre. Éteindre sa soif.* **3.** Fig. Adoucir. *Éteindre des couleurs.* **4.** DR Annuler. *Éteindre une dette, une action judiciaire.* **II.** v. pron. **1.** Cesser de brûler ou d'éclairer. *Le feu s'éteint peu à peu.* **2.** Fig. Diminuer. *Son ardeur s'éteint.* **3.** Disparaître. *Sans descendance, cette famille va s'éteindre.* **4.** Mourir doucement. *Elle s'éteint peu à peu.*

éteint, éteinte [etɛ̃, etɛ̃t] adj. **1.** Qui a cessé de brûler, d'éclairer. *Feu éteint.* **2.** Qui a perdu son éclat, sa force. *Voix éteinte. Un regard éteint.* **3.** Disparu. *Famille éteinte.*

étendage [etɑ̃daʒ] n. m. **1.** Action d'étendre. *Étendage du linge.* **2.** Cordes et perches sur lesquelles on étend des objets à sécher.

étendard [etɑ̃daʀ] n. m. **1.** Anc. Enseigne de guerre. ▷ Mod. Signe de ralliement d'une cause, d'un parti. – Loc. fig. *L'étendard de la révolte.* **2.** BOT Pétale supérieur de la corolle des papilionacées (pois, par ex.).

étendoir [etɑ̃dwaʀ] n. m. **1.** Endroit où l'on étend ce qui doit sécher. **2.** Étendage (sens 2).

étendre [etɑ̃dʀ] v. [6] **I.** v. tr. **1.** Allonger (un membre). *Étendre le bras.* – Allonger (qqn). *Étendre un blessé sur le sol.* ▷ *Étendre un homme sur le carreau,* le blesser gravement, l'assommer, le tuer. – Fig., fam. *Étendre qqn, se faire étendre à un examen :* refuser qqn, se faire refuser à un examen. **2.** Déployer (qqch) en surface. *Étendre du linge pour le faire sécher.* **3.** Additionner d'eau, diluer. *Étendre du vin.* **4.** Agrandir, accroître. *Étendre sa domination sur un pays.* **II.** v. pron. **1.** Occuper un certain espace. *L'empire du Mali s'étendait jusqu'à l'Atlantique.* **2.** Augmenter, se développer. *Le royaume s'étendit peu à peu.* **3.** Fig. Aller jusqu'à. *Son crédit ne s'étend pas jusque-là.* **4.** S'allonger. *S'étendre sur une natte.* **5.** Loc. fig. *S'étendre sur un sujet,* en parler longuement.

étendu, ue [etɑ̃dy] adj. **1.** Vaste. *Une province étendue.* **2.** Déployé. *Oiseau aux ailes étendues.* **3.** Fig. Qui possède une grande extension, un grand développement. *Avoir une culture étendue.*

étendue [etɑ̃dy] n. f. **1.** PHILO Propriété des corps d'être situés dans l'espace, d'en occuper une partie. **2.** *Par ext.* Espace, superficie, durée. *Dans toute l'étendue du pays.* **3.** Fig. Développement, importance. **4.** MUS Écart entre les deux sons extrêmes que peut émettre une voix, un instrument. Syn. registre.

Étéocle, dans la myth. gr., fils aîné d'Œdipe et de Jocaste, frère de Polynice avec qui il devait régner sur Thèbes en alternance quand leur père se creva les yeux. Il refusa de céder le trône au terme de son année de règne. Polynice s'allia contre lui à six autres chefs. (V. Sept chefs et Antigone.)

éternel, elle [etɛʀnɛl] adj. et n. m. **I.** adj. **1.** Sans commencement ni fin. ▷ n. m. *L'Éternel :* Dieu. **2.** Immuable. *Vérité éternelle.* **3.** Sans fin. *La béatitude éternelle.* **4.** Dont on ne prévoit pas la fin. *Une reconnaissance éternelle.* – *La Ville éternelle :* Rome. **5.** Continuel. *Il fatigue tout le monde par son éternel bavardage.* **II.** n. m. Ce qui a valeur d'éternité.

éternellement [etɛʀnɛlmɑ̃] adv. **1.** Dans l'éternité, pour toujours. *Dieu existe éternellement.* **2.** Toujours, continuellement. *Être éternellement malade.*

éterniser [etɛʀnize] v. [1] **I.** v. tr. **1.** Litt. Rendre éternel. **2.** Prolonger indéfiniment. *Éterniser une discussion oiseuse.* **II.** v. pron. Se prolonger indéfiniment. *La polémique s'éternise.* – Fam. *S'éterniser quelque part,* y rester trop longtemps.

éternité [etɛʀnite] n. f. **1.** Durée sans commencement ni fin. *Le temps se perd dans l'éternité.* **2.** Durée sans fin, ayant eu un commencement. – *Songer à l'éternité,* à la vie éternelle, à l'au-delà. **3.** Fig. Temps très long. – *De toute éternité :* depuis toujours. – Fam. *Il y a une éternité que... :* il y a longtemps que... **4.** Caractère de ce qui est éternel, immuable. *L'éternité de ces vérités.*

éternuement [etɛʀnymɑ̃] n. m. Expiration brusque et bruyante par le nez et la bouche provoquée par une irritation des muqueuses nasales.

éternuer [etɛʀnɥe] v. intr. [1] Avoir un éternuement.

étêtage [etɛtaʒ] ou **étêtement** [etɛtmɑ̃] n. m. SYLVIC Action d'étêter.

étêter [etete] v. tr. [1] SYLVIC Couper la cime de (un arbre). ▷ Par ext. *Étêter des poissons.* – *Étêter un clou.*

éteule [etøl] n. f. AGRIC Partie du chaume qui reste en place après la moisson.

éthane [etan] n. m. CHIM Hydrocarbure saturé, de formule C_2H_6, gaz appartenant à la famille des paraffines, qui se transforme à haute température en éthylène ou en acétylène.

éthanol [etanɔl] n. m. CHIM Alcool* éthylique.

éther [etɛʀ] n. m. **1.** PHYS Fluide hypothétique grâce auquel on expliquait, aux XVIIIe et XIXe s., la propagation de la lumière. **2.** Poét. Air le plus pur. – *Par ext.* Ciel, espaces célestes. **3.** CHIM Composé, de formule R–O–R', résultant de la déshydratation de deux molécules d'alcool ou de phénol. ▷ Spécial. *Éther ordinaire :* éther sulfurique, de formule $(C_2H_5)_2O$, liquide très volatil utilisé comme solvant et, naguère, comme anesthésique.

éthéré, ée [eteʀe] adj. **1.** Fluide et subtil comme l'éther. **2.** Fig. Très noble, très élevé, très pur. *Les préraphaélites ont peint des personnages éthérés.* ▷ Délicat, vaporeux. *Une créature éthérée.*

éthérifier [eteʀifje] v. tr. **[2]** CHIM Transformer en éther.

éthéromanie [eteʀɔmani] n. f. MED Toxicomanie à l'éther.

Éthiopie (campagnes d'), opérations menées par l'Italie, tout d'abord sans succès de 1894 à 1896, puis en 1935-1936, quand l'Italie effectua la conquête totale de l'Éthiopie.

Éthiopie (république d') (anc. *Abyssinie*), État d'Afrique du Nord-Est limité à l'O. par le Soudan, au N. par l'Érythrée, à l'E. par Djibouti et la Somalie, au S. par le Kenya; 1 221 900 km²; 55 millions d'hab. (*Éthiopiens*) selon l'estimation de 1995; croissance démographique annuelle : 3 %; cap. *Addis-Abeba.* Nature de l'État : rép. présidentielle. Langue off. : amharique. Monnaie : birr. Relig. : orthodoxes éthiopiens (52,5 %), musulmans (31,4 %), adeptes des religions traditionnelles (11,4 %).
Géogr. phys. – Au nord du Nil Bleu (l'Abbai), la région des hautes terres culmine dans le massif du Semien à 4 620 m. La dépression de la Rift Valley, parsemée de lacs, s'élève de 375 m d'altitude (au lac Turkana) à 1 846 m (au lac Zway) puis redescend jusqu'au-dessous du niveau de la mer. Elle sépare les hautes terres du Nord-Ouest et le massif du Harar (4 307 m au mont Batu). Frais et arrosé, le haut plateau est l'un des châteaux d'eau de l'Afrique orientale et les vallées du Nil Bleu et de l'Omo s'y encaissent fortement. À partir de 1 800 m, mais surtout au-dessus de 2 500 m, quand disparaît la forêt dense, se fixent le peuplement et les cultures. Les plaines périphériques sont désertiques.
Géogr. hum. – La langue officielle est l'amharique, dérivé du guèze, langue sémitique encore en usage dans l'église orthodoxe. Parmi les 70 langues et les 200 dialectes pratiqués, les principaux sont : l'oromo (ou galla), l'afar et le somali, langues couchitiques; le tigrinya et le guragé, langues sémitiques. En effet, les ethnies principales sont les Amhara* (37,7 %), les Oromo ou Galla (35,3 %), les Tigrinya (8,6 %), les Guragé (3,3 %), etc. La population est rurale à 88 %. La moitié des citadins vivent dans la province de Choa où se trouvent la capitale et les industries.
Écon. – Malgré les potentialités importantes, l'Éthiopie est l'un des États les plus pauvres du monde. Le sorgho, l'orge et le maïs sont les princ. plantes vivrières. L'élevage est important en altitude et dans les plaines littorales. Le café, cultivé entre 1 800 m et 2 500 m, est le princ. produit d'exportation avec les cuirs et peaux. L'hydroélectricité constitue l'unique source d'énergie, mais on recherche du pétrole dans la mer Rouge. Les activités industrielles sont embryonnaires : textile et agro-alimentaire. La guerre civile et la collectivisation ont ruiné le pays : délabrement du réseau de transport, déplacement des populations. Après le retour à l'économie de marché en 1991, l'Éthiopie a bénéficié de l'aide internationale et a retrouvé la croissance. Dès 1993, la balance agricole était excédentaire. Le P.N.B. de 1995 était supérieur de 50 % à celui de 1992.
Hist. – Longtemps, les populations des hauts plateaux furent protégées naturellement contre les invasions. Mais le site attira des migrants venus de Palestine (Falasha*), d'Arabie et du Yémen. Au Ier s. av. J.-C., peut-être avant, un premier État se constitua : l'empire d'Axoum. La légende veut qu'il ait été créé par un certain Ménélik, fils du roi Salomon et de la reine de Saba (en Arabie). Au IVe s. apr. J.-C., il prit son essor, sous le règne d'Ézana. Celui-ci étendit le territoire de l'empire, soumit les peuples de la Nubie et s'imposa même en Arabie. Le souverain, élevé par un religieux d'Alexandrie, se convertit au christianisme et noua de précieuses relations avec l'Empire byzantin. Au VIe s., l'expansion des Perses contraignit l'empire d'Axoum à se replier en Afrique orientale. Mais il entretenait des échanges terrestres avec l'Afrique noire. À partir du VIIe s., les musulmans attaquèrent l'Éthiopie. Encerclé, l'empire se déplaça vers le sud, abandonnant Axoum pour prendre pied dans les régions du Choa et du Godjam. Ses relations avec les chrétiens d'Europe furent interrompues. Il entra alors dans une phase d'isolement et de déclin. Le XIIIe s. fut l'occasion d'un renouveau, avec la fondation d'une nouvelle dynastie salomonienne en 1270. L'Éthiopie conquit des territoires au Sud puis affronta les Émirats arabes de la Corne de l'Afrique. L'Éthiopie plongea alors dans une nouvelle phase de décadence. La menace répétée d'invasions, par les Arabes, par les Turcs ottomans et par les Galla, peuple du Sud, s'ajouta aux désordres intérieurs.
Les premiers voyageurs portugais atteignirent l'Éthiopie au XVIe s. Les missionnaires tentèrent d'imposer le catholicisme romain. Au XVIIe s., le négus Fasilidès les expulsa. À la fin du XVIIe s., le négus fixa sa cap. à Gondar et perdit le contrôle des prov. lointaines. Au début du XVIIIe s., l'Éthiopie fut la proie de seigneurs rivaux : «l'ère des princes» (*Zamana Mesafent*) commençait. Au milieu du XIXe s., Kassa Haïlu, un jeune marchand anobli, réunit une armée et conquit le pouvoir. Empereur en 1855 (sous le nom de Théodoros II), il organisa le pays, mais, grâce à l'aide brit., le Tigré se libéra peu avant sa mort (1868). En 1871, le ras du Tigré, Johannès IV, prit le titre de négus. En 1889, il mourut au combat contre les Italiens. Le ras du Choa lui succéda : Ménélik II, lointain descendant de la dynastie salomonienne, créa l'Éthiopie moderne, dotée d'une nouvelle cap., Addis-Abeba, qu'il relia à la côte par un chemin de fer. Il dénonça le traité d'Uciali (1889) avec les Italiens et les vainquit à Adoua (1896). Cette victoire constitua un symbole pour l'Afrique tout entière. Ménélik II laissa l'Érythrée à l'Italie contre une somme d'argent. Après sa mort (1913), une de ses filles devint impératrice en 1916. Elle partagea le pouvoir avec le ras Tafari qui, à sa mort (1930), accéda au trône sous le nom d'Hailé* Sélassié Ier. En 1935, il ne put empêcher la conquête de son pays par les Italiens. Libérée par les Britanniques (1941), l'Éthiopie recouvra l'Érythrée, fédérée (1952) puis annexée (1962). Sous le règne d'Hailé Sélassié, l'Empire éthiopien entendit jouer un rôle important en Afrique (réunion à Addis-Abeba de la première conférence de l'O.U.A.). Mais, à l'intérieur, l'irritation des intellectuels devant l'évolution trop lente de la société, la révolte de l'Érythrée (en lutte armée depuis 1961), les tensions en Ogaden* et, enfin, la famine minèrent le régime du vieil empereur. L'armée s'empara du pouvoir (mars 1974) et déposa Hailé Sélassié (sept. 1974). Un comité de direction des forces armées (Derg) fut constitué sous la direction du commandant Hailé Mariam Mengistu. La rép. opta pour un socialisme doctrinaire et entreprit une réforme agraire radicale (mars 1975), qui plongea l'État dans le chaos. Coupé de la population, divisé par les rivalités internes, le Derg dut, en outre, faire face à de multiples rébellions, princ. celles de l'Érythrée, de l'Ogaden et du Tigré. Alors que tous les belligérants (érythréens, tigréens et gouvernementaux) se réclamaient du marxisme, c'est le régime de Mengistu, adepte du parti unique, que les pays communistes (Cuba notam.) soutinrent militairement. Armés par les pays arabes, les nationalistes d'Érythrée abandonnèrent les premiers la phraséologie marxiste. Le gouvernement de Mengistu attendit 1990 pour renoncer au socialisme d'État, alors que la débâcle des pays de l'Est privait le régime de toute crédibilité idéologique et, plus grave, de toute aide efficace. En mai 1991, Mengistu fut contraint de quitter le pouvoir; les rebelles du Tigré prirent Addis-Abeba. En juillet, Méles Zenawi, chef du Front démocratique révolutionnaire du peuple éthiopien (F.D.R.P.É.), composé notam. du Front populaire de libération du Tigré (F.P.L.T.) et du Front de libération oromo (F.L.O.), fut élu président du gouvernement provisoire de l'Éthiopie. En 1993, l'Érythrée accéda à l'indépendance tandis que le pouvoir se décentralisait au profit des régions. Les élections de 1994 et de 1995 ont été boycottées par l'opposition.

éthiopien, enne [etjɔpjɛ̃, ɛn] adj. et n. D'Éthiopie. – Subst. *Un(e) Éthiopien(ne).* ▷ *Langues éthiopiennes :* V. amharique et guèze.

éthique [etik] n. f. et adj. **1.** n. f. PHILO Science des mœurs et de la morale. *«L'Éthique» de Spinoza.* ▷ *Par méton.* Morale. **2.** adj. Qui concerne la morale.

ethmalose [ɛtmaloz] n. f. ICHTYOL Poisson marin clupéiforme.

ethmoïde [ɛtmɔid] n. m. ANAT Os de la base du crâne qui forme la voûte des fosses nasales.

ethnie [ɛtni] n. f. Groupement humain caractérisé principalement par une même culture, une même langue.

ethnique [ɛtnik] adj. **1.** Qui sert à désigner un peuple. *Nom ethnique.* **2.** Relatif à l'ethnie. *Groupe ethnique.*

ethno-. Élément, du gr. *ethnos,* «peuple».

ethnobiologie [etnobjɔlɔʒi] n. f. Didac. Science qui étudie l'interaction des faits biologiques et des faits culturels à l'intérieur d'une ethnie.

ethnobotanique [ɛtnobɔtanik] n. f. Didac. Science des relations entre l'homme et les espèces végétales spontanées ou cultivées qu'il utilise.

ethnocentrisme [ɛtnosɑ̃tʀism] n. m. Didac. Tendance à prendre comme base de référence systématique les critères de jugement et les normes de son propre groupe social pour juger d'autres groupes sociaux.

ethnocide [ɛtnɔsid] n. m. Didac. Destruction de la culture d'un peuple par un autre.

ethnographe [ɛtnɔgʀaf] n. Spécialiste d'ethnographie.

ethnographie [ɛtnɔgʀafi] n. f. Science descriptive des origines, des mœurs, des coutumes des peuples, de leur développement économique et social.

ethnographique [ɛtnɔgʀafik] adj. Relatif à l'ethnographie. *Mission ethnographique.*

ethnohistoire [ɛtnoistwaʀ] n. f. Didac. Science qui étudie l'histoire des groupes ethniques, notam. à partir des traditions orales.

ethnolinguiste [ɛtnolɛ̃gɥist] adj. et n. Qui pratique l'ethnolinguistique.

ethnolinguistique [ɛtnolɛ̃gɥistik] n. f. (et adj.) Didac. Étude des différentes sciences connexes de celle du phénomène social envisagé dans sa globalité, prenant comme fil conducteur de l'analyse la langue du groupe étudié, dans la mesure où l'on admet que celle-ci est à la fois véhicule de la pensée, de la connaissance, de l'histoire, du fonctionnement et de l'évolution de ce groupe social dans son milieu naturel, dans son milieu intérieur et relationnel, et dans son milieu social. ▷ adj. Relatif à l'ethnolinguistique.

ethnologie [ɛtnɔlɔʒi] n. f. Branche de l'anthropologie (anthropologie culturelle et sociale) qui se propose d'analyser et d'interpréter les similitudes et les différences entre les sociétés et entre les cultures.

ethnologique [ɛtnɔlɔʒik] adj. Relatif à l'ethnologie.

ethnologue [ɛtnɔlɔg] n. Spécialiste d'ethnologie.

ethnomédecine [ɛtnomɛdsin] n. f. Didac. Ensemble des pratiques thérapeutiques des sociétés non industrielles. Syn. médecine traditionnelle.

ethnomusicologie [ɛtnomyzikɔlɔʒi] n. f. Didac. Étude de la musique des sociétés, des faits musicaux de caractère traditionnel.

ethnopsychiatrie [ɛtnopsikjatʀi] n. f. Didac. Étude des maladies mentales à la lumière des facteurs ethniques.

éthologie [etɔlɔʒi] n. f. BIOL Science des mœurs et du comportement des animaux dans leur milieu naturel.

éthyle [etil] n. m. CHIM Radical monovalent de formule C_2H_5.

éthylène [etilɛn] n. m. CHIM Gaz incolore, très réactif, de formule C_2H_4, premier terme de la série des hydrocarbures éthyléniques (ou alcènes), utilisé en pétrochimie pour fabriquer le polyéthylène, le polystyrène, les polyesters, le chlorure de vinyle et le polychlorure de vinyle.

éthylénique [etilenik] adj. CHIM Qualifie la double liaison carbone-carbone existant dans l'éthylène et dans les alcènes.

éthylique [etilik] adj. (et n.) **1.** CHIM Qui contient le radical éthyle. *Alcool éthylique* ou *éthanol :* alcool de formule $CH_3–CH_2–OH$. **2.** MED Relatif à l'éthylisme. ▷ Subst. *Un(e) éthylique :* un(e) alcoolique.

éthylisme [etilism] n. m. MED Syn. de *alcoolisme.*

éthylomètre [etilɔmɛtʀ] n. m. Appareil permettant de relever le taux d'alcoolémie dans le sang.

étiage [etjaʒ] n. m. Niveau le plus bas atteint par un cours d'eau.

Étiemble (René) (né en 1909), écrivain français : *le Mythe de Rimbaud* (1952-1961), *Parlez-vous franglais?* (1964).

Étienne (saint), Juif helléniste converti au christianisme, lapidé v. 35 à Jérusalem. Il fut le premier martyr.

Étienne Ier (saint). V. Étienne Ier (Hongrie).

Étienne Ier (saint), pape de 254 à 257. — **Étienne II,** pape de 752 à 757; il sacra Pépin le Bref et reçut de lui l'exarchat de Ravenne et la Pentapole, fondant ainsi l'État pontifical.

ANGLETERRE

Étienne de Blois (1097 - 1154), petit-fils, par sa mère, de Guillaume le Conquérant. Roi d'Angleterre (1135-1154) à la mort de son oncle Henri Ier, il fut tué.

HONGRIE

Étienne Ier (v. 969 - 1038), saint; roi de Hongrie de 1000 à 1038. Il christianisa ses États et fut le premier à porter le titre de roi.

MOLDAVIE

Étienne III le Grand (1433 - 1504), prince de Moldavie (1457-1504). Il lutta avec succès contre les Hongrois de Mathias Ier Corvin (1467) et contre les Turcs (1475) et reçut du pape le nom d'*athlète du Christ;* on lui doit de nombreux monastères. Il est considéré comme le plus grand des princes moldaves.

POLOGNE

Étienne Ier Báthory (1533 - 1586), prince de Transylvanie (1571-1576), roi de Pologne (1576-1586). Il vainquit Ivan IV le Terrible et fit triompher la Contre-Réforme.

SERBIE

Étienne, nom de plusieurs rois de Serbie. — **Étienne Nemanja** (v. 1114 - 1200), grand joupan (préfet) de Rascie (rég. située au S. de Belgrade); il étendit son pouvoir (v. 1170) sur tous les territ. peuplés de Serbes. — **Étienne Ier Nemanjić** (m. en 1228), fils du préc.; il érigea en royaume (1217) la principauté de son père. — **Étienne IX Uroš IV Dušan** (1308 - 1355), roi des Serbes (1331-1345), tsar (1345-1355) des Serbes et des Grecs; il conquit l'Albanie, l'Épire, la Thessalie, l'Étolie et la Macédoine.

étier [etje] n. m. TECH Canal alimentant en eau de mer les marais salants.

étincelant, ante [etɛ̃slɑ̃, ɑ̃t] adj. Qui étincelle. *Vaisselle étincelante.* ▷ Fig. Éclatant, brillant. *Une conversation étincelante de drôlerie.*

étinceler [etɛ̃sle] v. intr. [19] Briller, jeter des éclats de lumière. *Bijoux qui étincellent.*

étincelle [etɛ̃sɛl] n. f. **1.** Petite parcelle de substance incandescente qui se détache d'un corps qui brûle ou d'un corps qui subit un choc. *Faire jaillir des étincelles.* Syn. (Acadie) bluette. ▷ Loc. fig. *Faire des étincelles :* briller, éblouir par ses aptitudes. **2.** ELECTR *Étincelle électrique :* phénomène lumineux de courte durée qui évacue l'énergie lors d'une décharge. **3.** Fig. Petite lueur, petite quantité. *Il retrouve une étincelle de courage.*

étincellement [etɛ̃sɛlmɑ̃] n. m. Éclat de ce qui étincelle.

étiolement [etjɔlmɑ̃] n. m. **1.** BOT Désordre physiologique généralisé provoqué chez une plante verte par le manque de lumière (décoloration par perte de chlorophylle, croissance en longueur excessive). **2.** Affaiblissement (d'une personne). **3.** Fig. Appauvrissement. *Étiolement d'un esprit inactif.*

étioler [etjɔle] v. tr. [1] **1.** Provoquer l'étiolement de. *Étioler une plante.* ▷ v. pron. *Des jeunes pousses qui s'étiolent.* **2.** *Par ext.* Affaiblir, rendre pâle et malingre (une personne). ▷ v. pron. *Cet enfant s'étiole.* – Fig. *L'esprit s'étiole à ces occupations vaines.*

étiologie [etjɔlɔʒi] n. f. MED Étude des causes d'une maladie; ensemble de ces causes.

étique [etik] adj. Très maigre, décharné. *Poulet étique.*

étiquetage [etiktaʒ] n. m. Action d'étiqueter.

étiqueter [etikte] v. tr. [20] **1.** Mettre une, des étiquettes sur. *Étiqueter des paquets.* **2.** Fig. Ranger (qqn) sous une étiquette, considérer (qqn) de façon arbitraire. *On l'a étiqueté comme fantaisiste.*

étiquette [etikɛt] n. f. **1.** Petit morceau de bois, de papier, que l'on attache ou que l'on colle à un objet pour en indiquer le contenu, le prix, le possesseur, etc. *Des étiquettes à bagages.* ▷ Fig. *Homme politique qui porte l'étiquette de libéral.* **2.** Cérémonial en usage dans une cour, chez un chef d'État. ▷ Formes cérémonieuses. *Bannir toute étiquette.*

étirable [etiʀabl] adj. Qui peutêtreétiré.

étirage [etiʀaʒ] n. m. **1.** Action d'étirer. **2.** METALL Opération qui consiste à réduire la section d'un fil, d'une barre, en les faisant passer à froid à travers une filière ou à chaud dans un laminoir.

étirement [etiʀmɑ̃] n. m. Action, fait de s'étirer.

étirer [etiʀe] v. [1] **I.** v. tr. **1.** Étendre, allonger en exerçant une traction. *Étirer une étoffe.* **2.** METALL Procéder à l'étirage de (une barre, un fil). **II.** v. pron. **1.** S'allonger (en parlant de qqch). *Ce chandail va s'étirer à l'usage.* **2.** Se détendre en allongeant les membres. *S'étirer en bâillant.*

Etna, volcan actif du N.-E. de la Sicile (3295 m). Le massif de l'Etna borde la mer Tyrrhénienne. Malgré ses éruptions triennales, ses pentes sont cultivées.

étoffe [etɔf] n. f. **1.** Tissu servant pour l'habillement, l'ameublement. *Étoffe de laine, de soie.* **2.** Loc. fig. *Avoir de l'étoffe :* être doué d'une personnalité forte, prometteuse. – *Avoir l'étoffe de... :* posséder les dispositions pour devenir... *Il* *a l'étoffe d'un chef d'État.* **3.** TECH Réunion de plaques de fer et d'acier, forgées ensemble pour fabriquer des instruments tranchants.

étoffé, ée [etɔfe] adj. (Personnes) Qui a un corps gros et fort.

étoffer [etɔfe] v. [1] **1.** v. tr. Développer, donner de l'ampleur à. *Étoffer une argumentation.* **2.** v. pron. (Personnes) Devenir plus fort, plus robuste. *Adolescent qui s'est étoffé.*

étoile [etwal] n. f. **1.** ASTRO Astre qui brille d'une lumière propre et dont le mouvement apparent est imperceptible sur une courte durée d'observation. ▷ Cour. Tout astre autre que le Soleil et la Lune. – *L'étoile du berger, du soir, du matin :* la planète Vénus. ▷ Loc. *À la belle étoile,* dehors. **2.** Loc. *Étoile filante :* météorite. **3.** ASTROL et fig. Astre considéré du point de vue de son influence supposée sur la destinée de quelqu'un. *Croire à son étoile.* – Loc. fig. *Être né sous une bonne étoile.* **4.** Figure géométrique rayonnante représentant une étoile. *Étoile à cinq, à six branches.* ▷ Insigne du grade des officiers généraux. *Un général à cinq étoiles.* **5.** Rond-point où aboutissent des allées, des avenues. **6.** Artiste célèbre. *Une étoile de la chanson, du cinéma.* – (En appos.) *Danseur, danseuse étoile,* échelon suprême dans la hiérarchie des solistes de corps de ballet. **7.** Nom cour. de divers animaux et de diverses fleurs dont la forme est celle d'une étoile. – *Étoile de mer :* nom cour. des astéries. – *Étoile-de-Noël :* poinsettia. **8.** Distinction qualitative donnée à certains établissements hôteliers. *Un hôtel trois étoiles.*
ENCYCL Astro. – Les étoiles sont le constituant principal de l'Univers visible. Comme le Soleil, qui est une étoile d'un type très courant, elles produisent elles-mêmes leur énergie. Les distances qui nous séparent des étoiles sont exprimées en *années de lumière* ou en *parsecs.* Beaucoup d'étoiles (plus de 50 %) sont des systèmes doubles *(étoiles doubles)* ou multiples; l'étude des étoiles doubles permet d'estimer la masse relative de chacune des deux composantes. Les étoiles ont chacune une couleur caractéristique, qui dépend de leur température de surface, bleue pour les étoiles les plus chaudes (plus de 10 000 K), rouge pour les plus froides (3 000 K). Le Soleil, dont la température est légèrement inférieure à 6 000 K, rayonne essentiellement dans le jaune.

Étoile (place de l'), anc. nom d'une place de Paris (rebaptisée *place Charles-de-Gaulle* en 1970), au centre de laquelle s'élève l'Arc* de triomphe. Aménagée de 1768 à 1774 par Perronet et, à partir de 1854, par Hittorff.

étoilé, ée [etwale] adj. **1.** Parsemé d'étoiles. – *La voûte étoilée :* le ciel nocturne. **2.** Qui porte des étoiles, décoré d'étoiles. – *La bannière étoilée :* le drapeau des États-Unis.

étoilement [etwalmɑ̃] n. m. **1.** Action d'étoiler, de s'étoiler. **2.** État de ce qui rayonne en étoile.

étoiler [etwale] v. tr. [1] **1.** Parsemer d'étoiles. ▷ v. pron. Se couvrir d'étoiles. **2.** Marquer, fêler en étoile.

étole [etɔl] n. f. **1.** LITURG CHRET Ornement sacerdotal, large bande ornée de croix, que le prêtre officiant porte autour du cou. **2.** Large écharpe en fourrure. *Étole de vison.*

Étolie, région montagneuse de la Grèce, au N. du golfe de Corinthe; v. princ. *Missolonghi.*

Eton, v. d'Angleterre (Buckinghamshire), sur la Tamise; 3 520 hab. – Collège fondé en 1440 par Henri VI.

étonnamment [etɔnamɑ̃] adv. D'une manière étonnante. *Cet enfant est étonnamment sage.*

étonnant, ante [etɔnɑ̃, ɑ̃t] adj. **1.** Qui étonne, surprend, déconcerte. *Voilà une nouvelle bien étonnante!* **2.** Remarquable. *C'est un homme étonnant.*

étonné, ée [etɔne] adj. Saisi d'étonnement.

étonnement [etɔnmɑ̃] n. m. Stupéfaction, surprise devant qqch d'extraordinaire, d'inhabituel. *L'étonnement des premiers spectateurs du cinématographe.* – *À mon grand étonnement...*

étonner [etɔne] v. [1] **1.** v. tr. Causer de l'étonnement, de la surprise à (qqn). *Son silence m'étonne un peu. Je n'en suis pas étonné.* **2.** v. pron. Trouver étrange, singulier. *Elle ne s'étonne de rien.* – *S'étonner de* (+ inf.). *Il s'étonne de vous voir.* – *S'étonner que* (+ subj.). *Il s'étonne qu'elle ne vienne pas.* – *S'étonner de ce que* (+ indic. ou subj.). *Il s'étonne de ce qu'elle ne vient pas* ou *ne vienne pas.*

étouffant, ante [etufɑ̃, ɑ̃t] adj. **1.** Qui gêne la respiration. *Une chaleur étouffante.* **2.** Fig. Qui crée un malaise, pesant. *Une ambiance étouffante.*

étouffé, ée [etufe] adj. **1.** Asphyxié. **2.** Assourdi. *Rire, cris, sanglots étouffés.* **3.** Loc. adv. CUIS *À l'étouffée :* cuit dans un récipient clos, à feu doux. Syn. à l'étuvée.

étouffement [etufmɑ̃] n. m. **1.** Action d'étouffer; le fait d'être étouffé. ▷ Fig. Action d'empêcher d'éclater, de se développer. *L'étouffement d'un son, d'un complot.* **2.** Difficulté à respirer, suffocation. *Il a été pris d'un étouffement.*

étouffer [etufe] v. [1] **I.** v. tr. **1.** Faire mourir en privant d'air. **2.** *Par ext.* Gêner la respiration de (qqn). *La chaleur m'étouffe.* ▷ Fam., iron. Gêner. – *La politesse ne l'étouffe pas :* il n'a aucune politesse. **3.** Priver (une plante) de l'air nécessaire à la vie. *Les mauvaises herbes étouffent le mil.* **4.** Éteindre en privant d'air. *Étouffer un incendie.* **5.** Fig. Amortir (les sons). *Tapis qui étouffe les bruits de pas.* **6.** Réprimer, retenir. *Étouffer des cris.* **7.** Arrêter dans son développement. *Étouffer un complot.* **II.** v. intr. **1.** Avoir du mal à respirer. *Étouffer à force de tousser.* **2.** *Étouffer de rire, de colère :* perdre la respiration en riant, en se mettant en colère. **3.** Fig. Se sentir oppressé, être mal à l'aise; s'ennuyer. *Il étouffe dans ce coin perdu.* **III.** v. pron. **1.** Perdre la respiration. **2.** Se presser les uns contre les autres dans une foule trop dense. *Aux heures de pointe, on s'étouffe dans les cars.*

étouffoir [etufwaʀ] n. m. MUS Mécanisme servant à faire cesser les vibrations des cordes d'un piano, d'un clavecin.

étoupe [etup] n. f. Partie la plus grossière de la filasse de chanvre ou de lin.

étourderie [etuʀdəʀi] n. f. **1.** Habitude d'agir sans réflexion. *L'étourderie d'un savant absorbé par ses recherches.* **2.** Oubli; erreur due à l'inadvertance. *Ce travail est rempli d'étourderies.*

étourdi, ie [etuʀdi] adj. (et n.) **1.** adj. Qui agit sans réflexion, sans attention. *Un élève étourdi.* ▷ Subst. *Un(e) étourdi(e).* – *«L'Étourdi»,* comédie de Molière (1655). **2.** Loc. adv. *À l'étourdie :* inconsidérément.

étourdiment [etuʀdimɑ̃] adv. Sans réfléchir. *Répondre étourdiment.*

étourdir [etuʀdiʀ] v. tr. [3] **1.** Assommer, amener au bord de l'évanouissement. *Ce coup l'a étourdi.* **2.** Fatiguer, importuner. *Étourdir qqn par son bavardage.* **3.** v. pron. Se distraire, perdre la pleine conscience de soi-même. *Chercher à s'étourdir pour oublier un chagrin.*

étourdissant, ante [etuʀdisɑ̃, ɑ̃t] adj. **1.** Qui étourdit. *Bruit étourdissant.* **2.** Fig. Très surprenant, étonnant. *Elle a un talent étourdissant.*

étourdissement [etuʀdismɑ̃] n. m. **1.** Vertige, perte de conscience momentanée; sensation d'évanouissement. *Être pris d'un étourdissement.* **2.** Griserie.

étourneau [etuʀno] n. m. **1.** Oiseau passériforme dont le type est l'étourneau sansonnet européen, au plumage noirâtre moucheté de clair en hiver, qui a été introduit en Amérique du Nord. – *Étourneau métallique :* étourneau (genre *Lamprotornis*) commun en Afrique, au plumage noir à reflets bleus, verts ou pourpres, souvent appelé *merle métallique.* **2.** Nom cour. d'oiseaux d'Amérique du Nord possédant certains traits caractéristiques de l'étourneau européen (bec pointu, plumage noir ou noirâtre), comme le mainate. Syn. oiseau noir. **3.** Fig., fam. Personne étourdie, écervelée.

étrange [etʀɑ̃ʒ] adj. et n. m. Qui étonne, intrigue comme différent de ce qui est habituel ou ordinaire. *Objet, animal étrange. D'étranges coïncidences.* – (Personnes) Singulier, bizarre. *C'est qqn d'étrange.* ▷ n. m. Ce qui est ou paraît étrange. *Le plus étrange de l'histoire est que...*

étrangement [etʀɑ̃ʒmɑ̃] adv. D'une manière étrange.

étranger, ère [etʀɑ̃ʒe, ɛʀ] adj. et n. **I.** adj. **1.** Qui est d'une autre nation; qui a rapport à un autre pays. *Touristes étrangers. Coutumes étrangères.* ▷ Qui concerne les relations avec les autres États. *Les Affaires étrangères.* **2.** Qui ne fait pas partie (d'un groupe ou d'une famille). **3.** *Étranger à* (qqch, avec sujet n. de pers.). *Être étranger à une affaire,* n'y être pas mêlé. – *Il est étranger aux malheurs d'autrui,* il y est insensible. ▷ *Étranger à* (qqn, avec sujet n. de chose). *Ces idées me sont étrangères,* inconnues, indifférentes ou inaccessibles. – *Un comportement étranger à qqn,* qui n'est pas propre ou naturel à qqn. – Qui n'est pas connu ou familier. *Cette voix ne m'est pas étrangère.* **4.** Sans rapport ou sans conformité avec la chose dont il s'agit. *Des raisons étrangères au vrai mobile.* **5.** MED *Corps étranger,* qui se trouve de façon anormale (projectile, écharde, etc.) dans l'organisme. **II.** n. **1.** Ressortissant d'un pays autre que celui où il se trouve, ou que celui auquel on se réfère. *Pays hospitalier aux étrangers.* ▷ Personne d'un autre groupe social ou familial. *Elle est devenue une étrangère pour les siens.* **2.** (Afr. subsah.) Personne à qui on donne l'hospitalité. *Avoir des étrangers.* **3.** n. m. *L'étranger :* toute communauté, toute puissance étrangère. ▷ Tout pays étranger. *Partir pour l'étranger.* **4.** Rare Personne indifférente aux autres, au monde extérieur (spéc. *l'Étranger* dont Camus raconte l'histoire sous ce titre).

étrangeté [etʀɑ̃ʒte] n. f. **1.** Caractère de ce qui est ou paraît étrange. *L'étrangeté d'une situation, d'un comportement.* **2.** Litt. Chose étrange. *Relever des étrangetés dans un témoignage.*

étranglé, ée [etʀɑ̃gle] adj. Loc. *Voix étranglée,* étouffée par l'émotion. *Rire étranglé.*

étranglement [etʀɑ̃gləmɑ̃] n. m. **1.** Action d'étrangler. ▷ SPORT Au judo, à la lutte, prise qui, effectuée au cou de l'adversaire, l'étranglerait s'il tentait de bouger. **2.** Fait d'être étranglé, de s'étrangler. *Étranglement de la voix, du rire.* **3.** Resserrement, rétrécissement. – MED Constriction d'un organe avec arrêt de la circulation. *Étranglement herniaire.* – TECH Endroit où la section d'un conduit a été rétrécie. – ECON *Goulet* (ou, moins corr., *goulot*) *d'étranglement :* secteur d'activité dont l'insuffisance, relativement aux autres secteurs, constitue pour l'ensemble économique considéré un facteur d'entrave ou de désorganisation. – *Par ext.* Ce qui fait entrave à un écoulement, un débit.

étrangler [etʀɑ̃gle] v. tr. [1] **1.** Serrer jusqu'à l'étouffement le cou de. ▷ Par exag. *Ce col m'étrangle.* **2.** Prendre à la gorge, étouffer, faire perdre la respiration à. *La colère l'étranglait.* – v. pron. *S'étrangler de rire.* ▷ Fig. *Usurier qui étrangle ses débiteurs.* **3.** Comprimer, resserrer. *Vêtement qui étrangle la taille.*

étrangleur, euse [etʀɑ̃glœʀ, øz] n. **1.** Celui, celle qui étrangle. **2.** n. m. AUTO Dispositif réglant le mélange gazeux dans un carburateur.

étrave [etʀav] n. f. Forte pièce qui termine à l'avant la charpente d'un navire. – *Par ext.* Extrême avant d'un navire.

1. être [ɛtʀ] v. intr. [7] **I.** Verbe marquant la relation de l'attribut au sujet (V. copule). *Le ciel est bleu. «J'étais père et sujet, je suis amant et roi» (Racine).* ▷ (Loc. impers.) *Il est vrai que... Il serait bon de... – Quelle heure est-il? Il était temps de réagir.* **II.** *Absol.* **1.** Exprime ou postule l'existence, la réalité. (Personnes) *«Je pense donc je suis»* (Descartes). (Choses) *«Les choses extrêmes sont pour nous comme si elles n'étaient point» (Pascal). «Cet heureux temps n'est plus» (Racine).* – (Au subj.) *Ainsi soit-il :* vœu conclusif d'une prière. *Soit! :* interj. marquant l'assentiment. ▷ Didac. *Soient* (ou *soit*) *deux droites parallèles,* considérons, posons (comme hypothèse, point de départ, etc.)... **2.** Litt. *Il est :* il y a. *Il est des heureux à qui tout sourit. – «Il n'est bon bec que de Paris» (Villon). – Il n'est que de :* il suffit de. – *Toujours est-il que :* en tout cas. – *S'il en est, s'il en fut* (pour insister sur le qualificatif). *Un homme juste s'il en est.* **III. 1.** Suivi d'un adverbe indiquant un état. *Être bien, mal :* se sentir bien, mal. **2.** Suivi d'une préposition ou d'un adverbe régissant un complément de lieu ou de temps. *Le train est en gare. Où êtes-vous? –* Fig. *Être ailleurs :* être distrait. *Être au-dessus de tout soupçon. – Y être :* être là, être présent; fig., être dans le vrai. *Vous prévoyez deux heures de route? Vous n'y êtes pas! –* Fig. *J'y suis :* je comprends, je devine. ▷ *On était à la fin de l'hiver. Nous sommes le 10 juin.* **3.** Aller (sans demeurer). *J'ai été au concert. –* Litt. *«Elle fut ensuite trouver Madame» (J. Green).* **4.** Suivi d'une préposition introduisant une idée de possession, d'obligation, de provenance, etc. ▷ *Être à. Ce livre est à moi. – Il est tout à son ouvrage,* il y est entièrement occupé. – *Être à plaindre, à blâmer :* être digne de compassion, de blâme. – Fig. *Nous sommes à vous,* à votre disposition. ▷ *Être de. Ce masque est du Mali,* il en provient. – Faire partie de. *Être de l'Académie. – Être d'avis que :* penser que. *Être de l'avis de :* partager l'opinion de. – Être conforme à. *Cela est de bon goût. Cela est bien de lui. – Comme si de rien* n'était.* ▷ *En être à :* être arrivé à. – Fig. *Où en sommes-nous?,* à quel point de la discussion, du travail, etc.? – *Il ne sait pas* (ou *plus*) *où il en est :* il est troublé, il perd la tête. – *En être pour son argent, sa peine,* etc. : dépenser son argent, sa peine, etc., sans en retirer d'avantages. – *Il n'en est rien :* cela est faux. – *Être du nombre :* faire partie de. *Il y a eu complot, mais il n'en était pas,* il n'en faisait pas partie. ▷ *Être en* (telle tenue vestimentaire). *Être en caftan.* ▷ *Être sans :* être privé de. *Être sans argent. – Vous n'êtes pas sans savoir que :* vous n'ignorez pas que. ▷ *Être pour :* préférer, adopter le parti de. *Être pour les faibles. – N'être pour rien dans une affaire,* n'y avoir aucune part. ▷ *Être sur. Être sur une affaire,* y être occupé, ou en escompter quelque profit. *Être sur le point de* (marquant un futur très proche). **IV.** *C'est* (*ce sont, c'était, c'étaient,* etc.). **1.** (En parlant d'une personne, d'une chose, d'une action déterminée.) *Qui est-ce? C'est faux.* **2.** (En parlant d'une personne, d'une chose, d'une action indiquée dans la suite de la phrase.) *C'est à lui de répondre. Ce sera une joie de vous accueillir.* ▷ *C'est à qui* (marquant l'émulation). *C'est à qui sautera le plus loin.* ▷ *Si ce n'était* ou, ellipt., *n'était :* sans cela, s'il n'y avait cela. *N'étaient ces arbres dénudés, on se croirait au printemps.* ▷ Loc. interrog. directe. *Est-ce que? Est-ce que vous viendrez ce soir?* ▷ Loc. adv. interrog. (Marquant une affirmation, ou pour prendre qqn à témoin.) *N'est-ce pas? Vous me croyez, n'est-ce pas?* **3.** (Suivi d'une relative, pour insister sur l'identité du sujet ou du complément.) *Ce sont les enfants qui font du bruit. C'est lui que j'ai vu.* **V.** Verbe auxiliaire. **1.** De la voix passive. *Je suis compris.* **2.** De certains verbes intransitifs. *Elle est sortie.* **3.** De la conjugaison pronominale. *Il s'est repenti.* **4.** De certains verbes impersonnels. *Il en est résulté.*

2. être [ɛtʀ] n. m. **1.** PHILO État, qualité de ce qui est; essence. *L'être et le non-être.* **2.** Tout ce qui est par l'existence, par la vie. *Les êtres animés. L'être humain.* ▷ RELIG *L'Être éternel, l'Être suprême* ou, absol., *l'Être :* Dieu, ou toute transcendance. **3.** Personne humaine, individu. *Un être cher.* **4.** PHILO *Être de raison :* ce qui n'a de réalité, d'existence que dans la pensée. Ant. réalité. – Péjor. *Qu'est-ce que c'est que cet être?* ▷ Nature intime d'une personne. *Atteindre qqn dans son être.*

étreindre [etʀɛ̃dʀ] v. tr. [55] **1.** Presser dans ses bras; serrer, saisir fortement. *Étreindre un ami.* ▷ v. pron. *Adversaires qui s'étreignent dans la lutte.* **2.** Fig. Oppresser. *L'émotion l'étreignait.*

étreinte [etʀɛ̃t] n. f. **1.** Action d'étreindre; la pression qui en résulte. *Assiégeants qui resserrent leur étreinte.* ▷ Fig. *L'étreinte du remords.* **2.** Action de presser (qqn) dans ses bras. *Étreinte amoureuse.*

étrenne [etʀɛn] n. f. (Surtout au plur.) Présent fait à l'occasion du jour de l'an. *Recevoir des étrennes.* ▷ Gratification d'usage, en fin d'année, pour certains services. *Étrennes du facteur.*

étrenner [etʀene] v. tr. [1] Faire usage le premier ou pour la première fois de. *Étrenner une robe.*

étrier [etʀije] n. m. **1.** Anneau suspendu de chaque côté de la selle, et qui sert d'appui au pied du cavalier. *Vider les étriers :* tomber de cheval. *Avoir le pied à l'étrier :* être prêt à partir; fig., être bien introduit dans une carrière. *Mettre (à qqn) le pied à l'étrier. – Le coup de l'étrier :* le dernier verre, que l'on boit au moment du départ. **2.** *Par anal.* Nom de divers appareils servant à soutenir ou à maintenir le pied. *Étrier de ski.* **3.** TECH Armature transversale d'une poutre en béton armé. ▷ Pièce coudée servant à supporter un élément de charpente, à renforcer ou à réunir certaines pièces. **4.** ANAT Osselet de l'oreille moyenne.

étrille [etʀij] n. f. **1.** Brosse en fer à lames dentelées, servant à nettoyer le poil de certains gros animaux (notam. des chevaux). **2.** ZOOL Crabe comestible (*Portunus puber*) des côtes européennes, aux pattes postérieures en forme de palettes, qui lui permettent de nager.

étriller [etʀije] v. tr. [1] **1.** Nettoyer avec l'étrille. **2.** Fig. (Passif) SPORT *Se faire étriller :* à certains jeux, se faire totalement battre. ▷ Critiquer vertement (qqn).

étriper [etʀipe] v. tr. [1] **1.** Ôter les tripes à. *Étriper un porc.* **2.** Fig., fam. Éventrer, mettre à mal. ▷ v. pron. (Récipr.) S'entretuer.

étriqué, ée [etʀike] adj. **1.** Qui manque d'ampleur. *Veste étriquée.* ▷ Fig. *Des conditions de vie étriquées.* **2.** Fig. Sans ouverture, sans largeur de vues; mesquin. *Un esprit étriqué.*

étrivière [etʀivjɛʀ] n. f. Courroie qui porte l'étrier.

étroit, oite [etʀwa, wat] adj. **1.** Qui a peu de largeur. *Chemin étroit. Torse étroit.* ▷ Fig. Limité, restreint. *Un cercle étroit d'amis. – Le sens étroit d'un mot,* son sens littéral. **2.** Péjor. Borné, intolérant, mesquin. *Une morale, des idées étroites.* **3.** Intime. *Entretenir des rapports étroits avec qqn.* ▷ Rigoureux, strict. *L'observation étroite d'une règle.* **4.** Loc. adv. *À l'étroit :* dans un espace trop resserré, exigu. *Vivre à l'étroit. Être à l'étroit dans ses chaussures. –* Fig. Dans la gêne, mal à l'aise. *Existence où l'on se sent à l'étroit.*

étroitement [etʀwatmɑ̃] adv. **1.** D'une manière étroite; intimement. *Ces questions sont étroitement liées.* – Par ext. *Surveiller étroitement* (une personne, son comportement), de très près. **2.** D'une manière rigoureuse, stricte. *Consigne étroitement suivie.* **3.** À l'étroit.

étroitesse [etʀwatɛs] n. f. **1.** Caractère de ce qui est étroit. *L'étroitesse d'un sentier.* – Exiguïté. *L'étroitesse d'un cachot.* **2.** Fig. Caractère de ce qui est borné, mesquin. *Étroitesse d'esprit, de cœur.*

étron [etʀɔ̃] n. m. Matière fécale moulée de l'homme et de certains animaux.

étronçonner [etʀɔ̃sɔne] v. tr. [1] SYLVIC Tailler (un arbre), en ne lui laissant que les branches hautes.

Étrurie, région de l'Italie ancienne (actuelle Toscane).

étrusque [etʀysk] adj. et n. **1.** De l'Étrurie. ▷ Subst. *La civilisation des Étrusques.* **2.** n. m. Langue parlée par les Étrusques.

Étrusques, peuple de l'Italie centr. apparu dans l'histoire à la fin du VIIIe s. av. J.-C., soumis au milieu du IIIe s. par les Romains, qui les absorbèrent au Ier s. av. J.-C. L'origine des Étrusques a suscité plusieurs hypothèses; leur langue n'a pas encore été décodée; l'alphabet provenait de l'alphabet grec (et il inspira l'alphabet latin), mais on ne peut rapprocher l'étrusque d'aucune langue connue. Les Étrusques fondèrent, entre l'Arno et le Tibre, une civilisation qui, à son apogée (VIe s. av. J.-C.), essaima jusqu'à la plaine du Pô, mais ne constituèrent jamais un véritable État; leurs villes princ. (Tarquinia, Vulci, Vetulonia, Cerveteri, Arezzo, Chiusi, Volterra, Cortona, Pérouse, Orvieto, Véies, Fiesole) composaient une sorte de fédération. – D'abord influencé par l'art grec archaïque, l'art étrusque fut longtemps confondu avec les prem. œuvres romaines. Les objets trouvés dans les tombes et les fresques funéraires (tombes des Léopards, des Taureaux, du Triclinium, toutes à Tarquinia, prov. de Viterbe) témoignent de sa richesse, les édifices construits en brique crue et en bois ayant presque totalement disparu. Les sarcophages, en pierre sculptée, en céramique naturelle ou polychrome, ont parfois la forme d'un triclinium (lit de banquet). La *Chimère d'Arezzo* (Florence) et la *Louve du Capitole* illustrent la statuaire en bronze. De nombr. pièces nous révèlent une céramique soit de couleur noire à décor incisé ou en relief, soit peinte (cruches, amphores, etc.). Les bijoux utilisent or, argent, ivoire, et une technique que les Étrusques doivent sans doute à leurs contacts avec l'Orient.

Etterbeek, com. de Belgique (arr. et aggl. de Bruxelles); 44 220 hab. Industries auto., chim., métall. et alim. – Musées et parc du Cinquantenaire (de l'indépendance belge).

étude [etyd] n. f. **I.** Activité intellectuelle par laquelle on s'applique à apprendre, à connaître. *Une vie consacrée à l'étude.* **1.** Cette activité en tant qu'effort particulier d'observation, d'analyse, de compréhension. *Étude des mœurs. – Voyage d'études.* ▷ Ensemble des tâches de conception et de préparation préalables à la réalisation d'un ouvrage, d'une installation, etc. *Étude préliminaire. Bureau d'études. – Le projet est à l'étude,* est examiné. **2.** Effort intellectuel appliqué à l'acquisition ou à l'approfondissement de telles ou telles connaissances. *L'étude du solfège, des mathématiques.* ▷ Plur. *Les études :* les degrés successifs de l'enseignement scolaire, universitaire. *Faire des études.* **II. 1.** Ouvrage littéraire ou scientifique sur un sujet que l'on a étudié. *Publier une étude sur tel sujet.* **2.** Dessin, peinture, sculpture préparatoires, ou exécutés en manière d'exercice. *Études de visage.* **3.** MUS Exercice de difficulté graduée, pour la formation des élèves. **III. 1.** *Salle d'étude* ou, ellipt., *étude,* où les élèves travaillent en dehors des heures de cours. – Temps réservé au travail en salle d'étude. *Avoir deux heures d'étude.* **2.** Lieu de travail d'un officier ministériel ou public. *Étude de notaire, d'huissier.* – Charge de cet officier, à quoi s'attachent les dossiers, la clientèle. *Vendre son étude.*

étudiant, ante [etydjɑ̃, ɑ̃t] n. et adj. **1.** Celui, celle qui suit les cours d'une université, d'une grande école (ou, au Québec, d'un cégep). ▷ adj. Des étudiants. *Des manifestations étudiantes.* **2.** (Afr. subsah., Djibouti, Maurice) Élève du cycle secondaire.

étudié, ée [etydje] adj. **1.** Préparé, médité, conçu avec soin. *Un dispositif bien étudié. Des prix étudiés,* calculés au plus juste. **2.** Sans naturel, affecté. *Geste, sourire étudié.*

étudier [etydje] v. [2] **I.** v. tr. **1.** (S. comp.) S'appliquer à l'étude, prendre pour objet d'étude (sens I). *Étudier jour et nuit.* – Faire des études. **2.** Faire par l'observation, l'analyse, l'étude de. *Étudier un phénomène.* ▷ Soumettre à examen. *Étudier un projet.* – Préparer, méditer. *Il a bien étudié son affaire.* **3.** S'appliquer à acquérir (telle connaissance). *Étudier le droit.* **II.** v. pron. **1.** (Réfl.) S'observer, s'examiner soi-même. *Connaître les autres, c'est d'abord s'étudier.* – Péjor. *Il s'étudie :* il porte une attention trop complaisante à sa personne. **2.** (Récipr.) S'observer mutuellement. *Les jouteurs s'étudiaient avant de combattre.*

étui [etɥi] n. m. Boîte ou enveloppe dont la forme est adaptée à l'objet qu'elle doit contenir. *Étui à violon, à lunettes.*

étuvage [etyvaʒ] ou **étuvement** [etyvmɑ̃] n. m. TECH Action d'étuver.

étuve [etyv] n. f. **1.** Chambre close où l'on élève la température pour provoquer la sudation. – *Par exag.* Lieu où règne une température élevée. *Cette pièce est une étuve.* **2.** Appareil destiné à obtenir une température déterminée. – *Étuve à désinfection, à stérilisation,* qui produit une chaleur supérieure à 140 °C. – *Étuve à incubation,* où la température constante et voisine de 37 °C permet le développement de certaines bactéries. ▷ TECH Petit four servant à sécher ou nettoyer certaines matières.

étuvée [etyve] n. f. CUIS Surtout dans la loc. adv. *À l'étuvée :* syn. de *à l'étouffée*.*

étuver [etyve] v. tr. [1] Mettre à l'étuve (sens 2); chauffer ou sécher dans une étuve. *Étuver des bois.* ▷ Faire cuire les aliments en vase clos, dans leur vapeur.

étymologie [etimɔlɔʒi] n. f. **1.** Science qui a pour objet l'origine et la filiation des mots, fondée sur des lois phonétiques et sémantiques, et tenant compte de l'environnement historique, géographique et social. **2.** Origine ou évolution d'un mot. *Étymologie grecque d'un mot.*

étymologique [etimɔlɔʒik] adj. Qui concerne l'étymologie ou les étymologies. *Sens étymologique d'un mot. Le dictionnaire étymologique.*

étymologiquement [etimɔlɔʒikmɑ̃] adv. Selon l'étymologie, selon ses règles.

étymologiste [etimɔlɔʒist] n. Spécialiste de l'étymologie.

étymon [etimɔ̃] n. m. LING Mot considéré comme étant à l'origine d'un autre mot. *Le mot latin «filia» est l'étymon de «fille».*

eu-. Élément, du gr. *eu,* «bien».

eu, eue [y] Pp. du verbe *avoir.*

É.-U. Abréviation de *États-Unis* (d'Amérique).

Eubée (au Moyen Âge *Nègrepont*), la plus vaste île grecque, dans la mer Égée, au N. de l'Attique, séparée du continent par le détroit de l'Euripe; 3 908 km²; 209 130 hab.; ch.-l. *Chalcis.*

eucalyptus [økaliptys] n. m. Grand arbre originaire d'Australie (fam. myrtacées), à croissance rapide, introduit dans les régions tropicales et subtropicales pour le reboisement, dont les feuilles odorantes fournissent une huile médicinale *(eucalyptol).* – Cour. Les feuilles de cet arbre. *Cigarettes d'eucalyptus.*

eucaryote [økaʀjɔt] adj. et n. m. BIOL Qualifie les êtres vivants dont les cellules possèdent un noyau limité par une enveloppe, qui contient le matériel génétique (A.D.N.). ▷ n. m. *Les eucaryotes.* Ant. procaryote.

eucharistie [økaʀisti] n. f. Pour les chrétiens, sacrement par lequel se continue le sacrifice du Christ. (V. transsubstantiation et consubstantiation.)

eucharistique [økaʀistik] adj. Relatif à l'eucharistie.

Eucken (Rudolf) (1846 – 1926), philosophe allemand; défenseur du spiritualisme contre le naturalisme. P. Nobel 1908.

Euclide (IVe-IIIe s. av. J.-C.), mathématicien grec. Fondateur de l'école d'Alexandrie, il rassembla en un seul ouvrage *(Éléments de géométrie)* toutes les connaissances de géométrie plane, développant la méthode axiomatique : il faut admettre des propositions, les axiomes, pour pouvoir en démontrer d'autres; par ex. : «Par un point extérieur à une droite, on ne peut mener qu'une seule parallèle à cette droite.»

euclidien, enne [øklidjɛ̃, ɛn] adj. GEOM Relatif à la géométrie d'Euclide, qui admet le postulat des parallèles (par oppos. aux géométries non euclidiennes). ▷ Qui traite des problèmes d'angles et de distance (par oppos. à la géométrie affine).

eudémonisme [ødemɔnism] n. m. PHILO Nom donné aux doctrines morales fondées sur le bonheur en tant qu'il détermine toute conduite humaine ou en constitue la fin.

Eudes (v. 860 – 898), roi de France (888-898). Fils de Robert le Fort, il défendit Paris contre les Normands (886), fut élu roi et les vainquit. En 897, il dut partager la couronne avec Charles le Simple, qui lui succéda.

Eudoxe de Cnide (v. 405 – v. 355 av. J.-C.), mathématicien, astronome et philosophe grec; auteur d'une théorie géocentrique de l'Univers.

Eudoxie (morte en 460), impératrice d'Orient, épouse de l'empereur Théodose II. Elle exerça une grande influence intellectuelle, puis s'exila (443) à Jérusalem, où elle se consacra à la poésie et à la théologie.

Eugène (François Eugène de Savoie-Carignan, dit le Prince) (1663 – 1736), fils du comte de Soissons et d'Olympe Mancini, nièce de Mazarin. Il dirigea les armées autrichiennes contre la France (à partir de 1686) et contre les Turcs (victoire de Zenta, 1697; prise de Belgrade, 1717).

Eugénie (Eugenia María de Montijo de Guzmán, comtesse de Teba) (1826 – 1920), aristocrate espagnole, impératrice des Français par son mariage (1853) avec Napoléon III.

eugénisme [øʒenism] n. m. ou **eugénique** [øʒenik] n. f. Didac. **1.** Partie de la génétique appliquée qui vise à l'amélioration de l'espèce humaine. **2.** Théorie qui préconise l'amélioration de l'espèce humaine par une action sur les gènes et par le contrôle de la reproduction. *L'eugénisme se heurte à des obstacles d'ordre moral, religieux et social.*

euglène [øglɛn] n. f. BIOL Algue unicellulaire chlorophyllienne, très abondante dans les mares riches en matière organique.

euh ! [ø] interj. marquant l'hésitation, le doute, l'embarras. *Euh! voyons...*

Euler (Leonhard) (1707 – 1783), mathématicien suisse. Il travailla à Saint-Pétersbourg de 1727 à sa mort. Savant universel, il publia de nombr. mémoires sur le calcul différentiel, l'astronomie, la navigation, la mécanique et la physique. Princ. œuvres : *Traité complet de mécanique* (1736), *Introduction aux infiniment petits* (1748), *Institutions du calcul différentiel* (1755) et *du calcul intégral* (1768-1770).

Euménides. V. Érinnyes.

eunecte [ønɛkt] n. m. ZOOL Anaconda.

eunuque [ønyk] n. m. **1.** HIST Homme castré auquel était confiée la garde des femmes dans les harems. **2.** MED Homme castré. – Fig. Homme mou, sans virilité.

Eupalinos de Mégare (seconde moitié du VIe s. av. J.-C.), architecte et ingénieur grec. Il aménagea les installations hydrauliques de Samos.

Eupen, ville de Belgique (prov. de Liège), au confl. de la Helle et de la Vesdre; 17850 hab. Industr. text. – Réuni à la Prusse en 1815, restitué, ainsi que Malmédy, à la Belgique en 1920, après un plébiscite, le cant. d'Eupen fut annexé de nouveau par l'Allemagne de 1940 à 1944.

euphémique [øfemik] adj. Didac. Qui appartient à l'euphémisme. *Tour euphémique.*

euphémisme [øfemism] n. m. Façon de présenter une réalité brutale ou blessante en atténuant son expression pour éviter de choquer. *C'est par euphémisme que l'on dit «s'en aller» pour «mourir».*

euphonie [øfɔni] n. f. **1.** LING Succession harmonieuse de sons dans un mot, une phrase. *Dans «m'aime-t-il?», le «t» est ajouté pour l'euphonie.* **2.** MUS Syn. de *eurythmie.*

euphonique [øfɔnik] adj. Didac. Employé pour l'euphonie. *Un ajout euphonique.*

euphorbe [øfɔʀb] n. f. Plante des régions tempérées et chaudes, contenant un latex âcre et caustique, dont il existe de nombr. espèces herbacées ou arbustives, souvent adaptées à la sécheresse (épine du Christ, poinsettia, euphorbe candélabre, etc.).

euphorbiacées [øfɔʀbjase] n. f. pl. BOT Famille de dicotylédones dont l'euphorbe est le type, et qui comprend des plantes médicinales (ricin), alimentaires (manioc), industrielles (hévéa), ornementales (dahlia). – Sing. *Une euphorbiacée.*

euphorie [øfɔʀi] n. f. Sentiment de profond bien-être, de joie. *Être en pleine euphorie.*

euphorique [øfɔʀik] adj. Relatif à l'euphorie.

euphorisant, ante [øfɔʀizɑ̃, ɑ̃t] adj. et n. m. Qui provoque l'euphorie. – Fig. *Succès euphorisant.* ▷ n. m. Produit qui provoque l'euphorie.

Euphrate (l'), fleuve d'Asie occidentale (2760 km); naît à 2800 m d'alt. en Turquie et traverse la Syrie. En Irak, il limite, avec le Tigre, la Mésopotamie. Les deux fleuves unissent leurs eaux à 80 km au nord de Bassorah pour former le Chatt al-Arab, qui se jette dans le golfe Persique. L'Euphrate baignait l'antique Babylone.

euploïde [øplɔid] adj. BIOL Se dit d'une cellule dont le nombre des chromosomes est normal (c.-à-d. diploïde).

eurafricain , aine [øʀafʀikɛ̃, ɛn] adj. Qui concerne à la fois l'Europe et l'Afrique.

Eurafrique, ensemble géographique formé par l'Europe et l'Afrique.

eurasiatique [øʀazjatik] adj. De l'Eurasie.

Eurasie, ensemble continental formé par l'Europe et l'Asie.

eurasien, enne [øʀazjɛ̃, ɛn] adj. et n. **1.** Se dit d'un métis dont l'un des parents est européen et l'autre asiatique. *Un type eurasien.* ▷ Subst. *Un(e) Eurasien(ne).* **2.** De l'Eurasie.

Euratom, nom donné à la Communauté européenne de l'énergie atomique (créée en 1957).

Eure, riv. de France (225 km), affl. de la Seine (r. g.). – Dép. : 6039 km^2; 513818 hab.; ch.-l. *Évreux* (51452 hab.). V. Normandie (Haute-) [Rég.]. – *Eure-et-Loire,* département : 5880 km^2; 396073 hab.; chef-lieu *Chartres**. V. Centre (Rég.).

eurêka [øʀeka] interj. (mot grec signifiant «j'ai trouvé», attribué à Archimède lorsqu'il découvrit la pesanteur) exprimant que l'on vient de trouver subitement une solution, que l'on a une inspiration soudaine.

Euripide (480 – 406 av. J.-C.), poète tragique grec. Il écrivit 78 ou 92 pièces. Dix-sept tragédies et un drame satyrique *(le Cyclope)* nous sont parvenus : *Alceste* (438), *Médée* (431), *Hippolyte* (428), *les Héraclides* (v. 427), *Andromaque* (v. 426), *Hécube* (v. 424), *Héraclès furieux* (v. 424), *les Suppliantes* (v. 422), *Ion* (v. 418), *les Troyennes* (415), *Iphigénie en Tauride* (414), *Électre** (413), *Hélène* (412), *les Phéniciennes* (v. 409), *Oreste* (408), *Iphigénie à Aulis, les Bacchantes* (représentées après sa mort, en 405). Euripide utilise les anc. légendes, mais, contrairement à Eschyle et à Sophocle, il ne croit pas aux dieux. Ses héros ne sont plus soumis à la fatalité, mais à des passions violentes.

euro-. Élément, du rad. de *Europe, européen.*

euro [øʀo] n. m. inv. Unité de compte de l'Union européenne, qui a remplacé l'écu* en 1996 (ce nom fut choisi au Conseil européen tenu à Madrid en 1995).

eurodevise [øʀodəviz] n. f. FIN Devise, détenue par un non-résident, placée dans un pays européen différent du pays d'émission de cette devise. *Les eurodollars sont des eurodevises.* Syn. euromonnaie.

Eurodisneyland. V. Disneyland.

eurodollar [øʀodɔlaʀ] n. m. FIN Titre en dollars déposé dans une banque européenne par un non-résident aux États-Unis.

euro-maghrébin ou **euromaghrébin, ine** [øʀomagʀebɛ̃, in] adj. Qui concerne l'Union européenne et le Maghreb. *Des accords euro-maghrébins.*

euromarché [øʀomaʀʃe] n. m. FIN Marché européen des valeurs financières.

euromonnaie [øʀomɔnɛ] n. f. FIN Syn. de *eurodevise.*

Europe, continent peu individualisé, séparé de l'Afrique par le détroit de Gibraltar et réuni à l'Asie (Eurasie) par les plaines russes, où les monts Oural le séparent du monde asiatique; 10519793 km^2; 750 millions d'hab.

Géogr. phys. – L'Europe a une histoire géologique complexe : au primaire, plissements scandinave, calédonien et hercynien, réduits ensuite à l'état de pénéplaine; au secondaire, transgression marine et intense sédimentation; au tertiaire, surrection des hautes chaînes alpines, des Pyrénées au Caucase; au quaternaire, érosion des hauteurs, refroidissements et extension de glaciers. On peut distinguer deux ensembles : 1^0 L'Europe des vieux socles se compose, de l'Angleterre méridionale à la Russie, de vastes plaines recouvertes de limon fertile et de mers peu profondes (Manche, mer du Nord, Baltique). Au nord se dressent les massifs rabotés par les glaciers (Écosse, Scandinavie). Au sud, les vieux massifs du primaire, rajeunis au tertiaire mais peu élevés et fragmentés (Massif armoricain, Massif central, Vosges, Massif schisteux rhénan, monts de Bohême, Łysa Góra, massifs ukrainiens), sont séparés par des zones d'effondrement (Bohême, Alsace) ou des bassins sédimentaires (en France). 2^0 L'Europe alpine, au S., comprend de grands arcs montagneux : Carpates, Alpes (avec leurs rameaux : Balkans, Alpes Dinariques, Apennins et cordillère Bétique) et Pyrénées. L'Europe a des côtes découpées et développées (43000 km), que flanquent des centaines d'îles, parfois d'une étendue considérable (Grande-Bretagne, Irlande, Sicile). Située entre 35^0 et 71^0 de latitude N., elle jouit d'un climat dans l'ensemble tempéré (moyennes annuelles entre 10 ^{0}C et 20 ^{0}C) et présente quatre saisons bien marquées, à l'exception du N. (climat subpolaire, avec toundra) et du S. (climat méditerranéen, dont l'extension au N. est bloquée par le système alpin). Le climat océanique règne sur l'O. : faible amplitude thermique et forte humidité; forêts de feuillus et prairies. Le climat continental règne sur le Centre et l'E., éloignés de l'Océan : hivers froids et enneigés, étés chauds et orageux; au N. pousse la taïga, au Centre la forêt de feuillus, au S. la steppe herbeuse. Les fleuves des plaines orientales, longs et à fort débit, sont aisément navigables en dehors de la période de gel (Volga, Don, Danube, etc.). Les fleuves atlant., plus modestes, ont un régime plus régulier (Rhin, Escaut, Tamise, Seine, Tage, etc.). Les fleuves méditerranéens, peu navigables, sont utilisés pour l'irrigation. Les ports du littoral, nombr. et importants, sont en relation directe avec les grandes voies d'eau. Les réseaux de communication (ferroviaire, routier, aérien) sont très denses, surtout à l'Ouest.

Géogr. hum. – Les Européens présentent quatre grands types : nordique, slave (à l'Est), alpin (Ouest et Centre), méditerranéen; ils parlent 120 langues et dialectes d'origine indoeuropéenne (sauf le finnois, le hongrois et le basque) : latines et grecque au S.; germaniques au N. et au N.-O.; slaves à l'E. et en Europe centrale. L'Europe entière a été touchée par la baisse radicale de la natalité, plus forte à l'Ouest qu'à l'Est. Le remplacement des générations n'est plus assuré, et le vieillissement de la population va poser d'énormes problèmes : en 2000, un cinquième de la population d'Europe occidentale aura atteint l'âge de la retraite.

Écon. – Aux XVIIIe et XIXe s., l'Europe a été le berceau des révolutions industrielle et agricole grâce à la richesse des sols et du sous-sol, à la modération du climat et, surtout, à la puissance démographique, culturelle, commerciale (et donc à l'accumulation des capitaux). Mais, alors que de nouveaux empires écon. naissaient (É.-U., surtout), elle fut affaiblie par deux guerres mondiales, la seconde ayant entraîné son partage jusqu'aux événements qui ont bouleversé sa partie orientale à partir de 1989. – En *Europe de l'Ouest,* le capitalisme a été atténué au XXe s. par l'intervention de l'État, mais depuis les années 1980 privatisations et déréglementations conformes à la doctrine du libéralisme tentent de répondre à la crise née dans les années 70. L'Union européenne (dite naguère Communauté économique : C.É.E.) groupe 15 États (V. ci-après). L'agriculture bénéficie d'un vaste espace, conquis sur la forêt, la lande, le marais, la mer, depuis le néolithique; auj., plus de la moitié de la superficie est cultivée : polyculture intensive et élevage. L'industrie est partout présente. Au XIXe s., elle s'est concentrée essentiellement autour des bassins houillers. Auj., soit par manque de produits ou production insuffisante, soit du fait des coûts trop élevés, elle doit importer pétrole (malgré l'extraction off shore en mer du Nord, l'abondance de l'hydroélectricité et le développement des centrales nucléaires), fer, cuivre, plomb, zinc, chrome, nickel, cobalt, molybdène, antimoine, ainsi que le coton et le caoutchouc. L'industr. textile, fort ancienne, est concurrencée par celle des autres continents, malgré l'essor des textiles artificiels, dû aux progrès considérables de l'industr. chim. Dans les techniques «de pointe», l'Europe occid. rivalise avec les É.-U. et le Japon (industr. automobile, aérospatiale, électrique, électronique). Depuis 1979, le lanceur de satellites Ariane a accompli une multitude de tirs. – L'*Europe de l'Est* s'est engagée jusqu'en 1989 dans la voie socialiste : l'U.R.S.S. après la révolution d'Octobre (1917), les démocraties populaires après 1945. Les pays de l'Est étaient, à l'origine, surtout agricoles (à l'exception de la R.D.A. et de la Tchécoslovaquie); ils se sont regroupés au sein du Comecon*. Actuellement, la production agricole ne peut satisfaire les besoins nationaux. La planification et la collectivisation ont permis la création d'une industrie lourde à partir de ressources minérales locales ou de produits fournis par l'ex-U.R.S.S. La production électr. a connu un essor rapide. Depuis la libéralisation politique, l'économie de cette partie de l'Europe est frappée d'une grave crise.

Hist. – Les grandes civilisations de l'Antiquité ont été tournées vers la Méditerranée. L'empire romain d'Occident (disparu à Rome en 476) fut reconstitué, d'abord par Charlemagne (800) puis par Otton Ier le Grand (962). Mais ces créations politiques ne créèrent pas d'unité durable. La conscience de la chrétienté prévalait sur celle de l'Europe. Au XVIe s., l'Europe entreprit de dominer les autres parties du monde. Forts de l'expansion écon. qui résulta des grandes découvertes, les États abandonnèrent l'universalisme médiéval (le péril turc, aux XVe et XVIe s., ne parvint pas à réunir la chrétienté, que la Réforme divisa plus encore). Face à Charles Quint, les souverains conçurent la notion d'équilibre européen. L'Angleterre en fut la princ. bénéficiaire. Les prétentions des États à la souveraineté fortifièrent l'idée de nation; en contradiction avec le cosmopolitisme de la classe éclairée (siècle des Lumières), le nationalisme surgit. Nourri par l'ardeur patriotique des révolutionnaires français, il s'étendit aux autres pays, à la faveur des guerres de la Révolution et de l'Empire. En 1814-1815, l'Europe issue du congrès de Vienne ignorait ces aspirations nationales. En 1848, les succès de la révolution française permirent d'envisager une Europe des nations fraternellement unies; l'échec du mouvement balaya cet espoir. La longue paix armée qui suivit la victoire allemande de 1871 sur la France reposait toujours sur la notion d'équilibre, mais rivalité économiques et impérialistes, alors que le colonialisme connaissait une formidable poussée, déchiraient l'Europe. À l'issue de la guerre de 1914-1918, après la disparition des trois Empires (allemand, autrichien, russe), les vainqueurs organisèrent l'Europe sur le principe des nationalités face à une Allemagne qui n'admettait pas sa défaite; la Russie révolutionnaire semblait reléguée à l'Est. Le fascisme naquit en Italie; la crise de 1929 favorisa l'établissement du national-socialisme en Allemagne (1933), qui rêvait d'une Europe unie par le racisme, l'antibolchevisme, la victoire sur les Anglo-Saxons. Au lendemain de la guerre de 1939-1945, partic. à la suite de la conférence de Yalta*, l'Europe fut partagée en deux zones d'influence (américaine et soviétique), divisant en deux le territoire allemand. La création du Marché commun (1957; élargi en 1973, en 1981, en 1986 et en 1995) a favorisé le rapprochement des peuples de l'O. L'unification de l'Allemagne en 1990 et la conversion de l'Europe de l'Est aux règles démocratiques et à l'économie de marché a fait rêver d'une confédération élargie à l'ensemble des pays d'Europe. Cependant, l'éclatement de l'U.R.S.S. en 1991, la guerre civile en Yougoslavie et la rébellion de la Tchétchénie au sein de la Russie ont fait craindre une extension des affrontements nationalistes. Ces conflits ont montré que les organisations européennes n'avaient ni les moyens ni la volonté unanime d'intervenir. En outre, la situation écon. d'un grand nombre de pays naguère communistes donne les plus grandes inquiétudes. Elle peut entraîner des troubles graves, comme ce fut le cas en Albanie en 1997.

Organisations européennes. – Les premières étapes ont été : – la création du *Benelux* (1944), union douanière de la Belgique, du Luxembourg et des Pays-Bas (en vigueur à partir de 1948); – le congrès de La Haye, qui a donné le jour à l'*Organisation européenne de coopération économique* (O.E.C.É., 16 avril 1948), chargée à l'origine (1948-1959) de répartir l'aide amér. (plan Marshall) et devenue l'O.C.D.É. (V. ci-après) en 1961, et au *Conseil de l'Europe* (5 mai 1949) qui veille notam. à l'application des droits de l'homme; – la création (18 avril 1951) de la *Communauté européenne du charbon et de l'acier* (C.E.C.A.), qui instituait, pour ces deux produits, une rationalisation de la production entre six États : R.F.A., France, Italie, Belgique, Pays-Bas et Luxembourg; – le *traité de Rome* (25 mars 1957), qui devait engager les Six dans une union douanière progressive, puis, à partir de 1970, dans une union écon., en instituant la *Communauté économique européenne* (C.É.E. ou Marché commun), dotée d'un Conseil, d'une Commission, d'un Parlement (élu depuis 1979 au suffrage universel) et d'une Cour de justice, ainsi que d'un Conseil économique et social, d'une Banque européenne d'investissement, d'un Fonds social européen, d'un Fonds européen d'orientation et de garantie agricole, d'une Communauté européenne de l'énergie nucléaire (nommée cour. Euratom), d'un Fonds européen de développement (pour des États associés à la C.É.E. : 18 États africains, dont Madagascar, lors de la convention de Yaoundé, le 20 juil. 1963; 68 États d'Afrique, des Caraïbes et du Pacifique [A.C.P.] depuis la quatrième convention de Lomé). Le traité de Rome est entré en vigueur le 1er janv. 1958 (et fut modifié par l'Acte unique européen de 1986). Le 1er juil. 1968, l'union douanière était achevée. Le 1er janv. 1973 la Grande-Bretagne, le Danemark et l'Irlande entraient dans la C.É.E., mais la crise écon. mondiale frappait déjà l'Italie et la G.-B., alors que la fluctuation des monnaies était quasi générale. Le 13 mars 1979, un système monétaire européen (S.M.E.) entrait en vigueur et l'ÉCU, ou écu (*European Currency Unit*), unité monétaire européenne, était mis en place. La sévère crise monétaire de sept. 1992 (sortie de la livre et de la lire hors du S.M.E. et forte dévaluation de la peseta) et celle de juil. 1993 ont conduit les Douze à assouplir le S.M.E. La Grèce en 1981, l'Espagne et le Portugal en 1986 entrèrent à la C.É.E.; l'ex-R.D.A. y entra de fait en 1990 par la réunification de l'Allemagne; la Suède, la Finlande et l'Autriche, en 1995. En 1990, une Banque européenne pour la reconstruction en Europe (BERD) fut créée pour aider les pays d'Europe de l'Est; les limites du droit d'asile en Europe sont définies. Les accords de Maastricht* débouchèrent en février 1992 sur un traité définissant les nouvelles étapes d'une union économique et monétaire (U.E.M.). Entré en vigueur le 1er nov. 1993, il transforma la C.É.E. en une *Union européenne* (U.E.) Les réserves émises dès 1991 par la G.-B., le rejet danois (suivi d'une acceptation en 1993), le faible score du «oui» au référendum français ont révélé l'opposition d'une partie de l'opinion publique à une direction supranationale; préludant au GATT* (signé par 117 États en juil. 1993) les négociations entre les É.-U. et la C.É.E. ont montré la désunion (relative) des États européens face à la détermination américaine. Le rôle de divers organismes européens a été renforcé (Parlement européen et Conseil européen), d'autres ont été créés (par ex. la Banque centrale européenne et l'Institut monétaire européen en 1994). La *Conférence* (puis *Organisation*) *pour la sécurité et la coopération en Europe* (C.S.C.E., puis O.S.C.E.), qui s'était réunie pour la prem. fois à Helsinki, en 1975, a groupé à Paris en 1990, 34 pays (puis 51 en 1992) et s'est dotée d'institutions permanentes; en 1995, l'O.S.C.E. rassemble 51 États européens, le Canada et les É.-U. Parallèlement, l'*Organisation de coopération et de développement économiques* (O.C.D.É.), qui en 1961 a succédé à l'O.E.C.É., se renforçant des É.-U. et du Canada, puis du Japon (1964), de l'Australie (1971) et de la Nouvelle-Zélande (1973), a une puissance accrue. Certains États européens de l'O.C.D.É. qui ne font pas partie de l'U.E. (Islande, Suisse, Norvège, Liechtenstein) sont groupés au sein de l'*Association européenne de libre-échange* (A.E.L.É., fondée en 1959), associée à l'U.E. En 1992, les Douze de la C.É.E. et les sept de l'A.E.L.É. (devenus les Quinze et les quatre en 1995) avaient signé à Porto l'acte de naissance de l'*Espace économique européen* (E.É.E.), une zone de libre-échange de 380 millions de consommateurs, qui pourrait ensuite être ouvert aux pays de l'Europe de l'Est. Auj., les problèmes de l'U.E. sont de deux types. 1. Faut-il élargir l'U.E. à certains pays de l'Est avant qu'ils n'aient atteint le développement requis? Comment favoriser ce développement. 2. Quelles seront les modalités du passage à la monnaie unique, l'euro? Le calendrier prévu est le suivant. En 1998, sur la base des résultats économiques de l'année 1997, les quinze chefs d'État et de gouvernement décident quels États membres ont satisfait aux «critères de Maastricht» concernant le déficit public, l'inflation, la dette nationale et le taux d'intérêt à long terme. Le 1er janv. 1999, ces États (probablement en petit nombre) participent à l'union monétaire et utilisent l'euro conjointement avec leur monnaie nationale; la politique monétaire unique est définie et mise en œuvre par le système européen des banques centrales (S.E.B.C.), constitué des banques centrales des pays participants et de la Banque centrale européenne (B.C.E.), créée en 1998. Les États participants émettent leurs nouveaux emprunts de dette publique en euro, de sorte que les marchés financiers internationaux utilisent l'euro. Entre le 1er janv. 2002 et le 1er juil. 2002, l'euro se substitue à toutes les monnaies nationales, qui disparaissent à jamais. De cette question monétaire découle le débat politique sur l'opposition entre une «Europe libérale», qui préserverait et accroîtrait la puissance des grands groupes industriels et financiers, et une «Europe sociale», qui, notam., unifierait la législation du travail et la protection sociale. Sur le plan militaire, après l'échec (dû notam. à la France) de la *Communauté européenne de défense* (C.E.D.), l'*Union de l'Europe occidentale* (U.E.O.) groupe, depuis 1954, les Six et la Grande-Bretagne, auxquels se sont ajoutés en 1989 l'Espagne et le Portugal. En 1975, les États de la C.É.E. avaient décidé d'élire un Parlement européen au suffrage universel. En 1980, en 1984, en 1989 et en 1994, des élections ont eu lieu dans les États membres de la C.É.E. (puis U.E.), avec un taux d'abstention parfois élevé. – En Europe de l'E., les deux grandes organisations, dissoutes en 1991, furent le *Conseil d'aide économique mutuelle* (C.A.É.M., cour. Comecon*), créé à Moscou en 1949, et, sur le plan militaire, le *pacte de Varsovie** (1955).

Europe, satellite de Jupiter (3130 km de diamètre), découvert par Galilée en 1610.

Europe, dans la myth. gr., fille d'Agénor, roi de Phénicie; Zeus, qui avait pris la forme d'un taureau, l'enleva et l'emmena en Crète, où elle enfanta Minos, Sarpédon et Rhadamanthe.

Europe, revue littéraire franç., fondée en 1923 par R. Rolland, qui milita contre le nationalisme, le colonialisme, la xénophobie, le fascisme.

européanisation [øʀɔpeanizasjɔ̃] n. f. Action d'européaniser; état de ce qui est européanisé.

européaniser [øʀɔpeanize] v. tr. [1] **1.** Soumettre à l'influence de la civilisation européenne. **2.** Élargir à l'Europe une notion, une caractéristique, un problème, considérés jusque-là du seul point de vue local.

européen, enne [øʀɔpeɛ̃, ɛn] adj. et n. **1.** adj. De l'Europe. *Le continent européen.* ▷ Subst. *Les Européens.* **2.** adj. Relatif à la communauté économique et politique de l'Europe. ▷ Subst. Personne favorable à cette communauté. *Un Européen convaincu.* **3.** n. (Afr. subsah.) Personne de race blanche (à l'exception des Arabes et des Berbères). – (Madag., Nouv.-Cal.) Occidental (par oppos. aux *nationaux*); spécial., Français. ▷ adj. Des Blancs. – Loc. adv. *À l'européenne :* comme les Blancs. *S'habiller à l'européenne.* Syn. (Afr. subsah.) mundélé, toubab.

européocentrisme [øʀɔpeosɑ̃tʀism] n. f. Attitude qui consiste à envisager tous les problèmes d'un point de vue européen.

europium [øʀɔpjɔm] n. m. CHIM Élément appartenant à la famille des lanthanides (symbole Eu), de numéro atomique Z=63. – Métal (Eu) appartenant à la famille des terres rares.

Eurotunnel, nom du tunnel sous la Manche*.

Eurovision, organisation chargée des échanges d'émissions de télévision entre les divers pays d'Europe.

Eurydice, dans la myth. gr., épouse d'Orphée. (V. ce nom.)

eurythmie [øʀitmi] n. f. Didac. Harmonie dans la composition d'une œuvre artistique. ▷ MUS Ensemble harmonieux de sons. Syn. euphonie. ▷ MED Régularité du pouls.

Eusèbe de Césarée (v. 265 – 340), écrivain de langue grecque; évêque de Césarée (313). Sa *Chronique* et son *Histoire ecclésiastique* s'arrêtent en 323.

Eustache (Jean) (1938 – 1981), cinéaste français : *la Maman et la Putain* (1973).

eustatique [østatik] adj. GEOL Qui se rapporte à l'eustatisme. *Mouvements eustatiques.*

eustatisme [østatism] n. m. GEOL Variation du niveau général des mers.

Euterpe, dans la myth. gr., muse de la Musique.

euthanasie [øtanazi] n. f. Mort provoquée dans le dessein d'abréger les souffrances d'un malade incurable.

euthanasique [øtanazik] adj. Didac. Qui se rapporte à l'euthanasie.

euthériens [øteʀjɛ̃] n. m. pl. ZOOL Syn. de *placentaires.*

Euthyme de Tărnovo (1327 – 1402), patriarche (1375-1393) et écrivain bulgare. Théologien, auteur d'épîtres, chef d'une brillante école littéraire, il résista avec courage aux envahisseurs turcs qui le déportèrent (1393).

eutrophe [øtʀɔf] adj. Syn. de *eutrophique* (sens 2).

eutrophie [øtʀɔfi] n. f. BIOL, PHYSIOL État normal de développement, de vitalité, de nutrition d'un organisme ou d'une partie d'un organisme.

eutrophique [øtʀɔfik] adj. **1.** BIOL, PHYSIOL En état d'eutrophie. Relatif à l'eutrophie. – Qui aide à l'eutrophie. **2.** BIOL, ECOL Se dit d'un lac qui subit l'eutrophisation. Syn. eutrophe.

eutrophisation [øtʀɔfizasjɔ̃] n. f. BIOL, ECOL Accroissement anarchique de la quantité de sels nutritifs d'un milieu, partic. d'une eau stagnante polluée par les résidus d'engrais ou par les rejets d'eau chaude (centrales électriques, etc.), qui provoque le pullulement de certaines espèces vivantes, une carence en oxygène, une production de vase, une opacification de l'eau.

eux [ø] pron. pers. de la 3e pers. m. pl. Forme tonique du pronom complément prépositionnel. *Je pense à eux. L'un d'eux.* ▷ (Dans les comparaisons.) *Elles sont plus sages qu'eux.* ▷ (Pron. de renforcement ou d'insistance.) *Je les aime, eux. Si vous partez, vous, eux resteront. Ils l'ont réalisé eux-mêmes.* – (Québec) *Eux autres :* V. autre.

Euzkadi ta Askatasuna (E.T.A.), nom basque (signifiant «le Pays basque et sa liberté») du mouvement nationaliste basque, fondé en 1959.

évacuateur, trice [evakɥatœʀ, tʀis] adj. et n. m. **1.** adj. Qui sert à evacuer (un liquide, un gaz). **2.** n. m. TECH Dispositif à vannes servant à évacuer les eaux.

évacuation [evakɥasjɔ̃] n. f. **1.** MED Élimination des déchets organiques du corps. *Évacuation de la sueur.* **2.** Dispositif d'écoulement par gravité. *Évacuation des eaux pluviales.* **3.** MILIT Action d'évacuer un lieu. *Évacuation d'une place forte.* ▷ Par ext. *Évacuation d'une salle de spectacle.* **4.** Action d'évacuer des personnes. *Évacuation des blessés. Évacuation sanitaire.* **5.** (Afr. subsah.) Action d'évacuer (des produits).

évacuer [evakɥe] v. tr. [1] **1.** MED Expulser de l'organisme. **2.** Déverser (un liquide) hors d'un lieu. *Évacuer les eaux usées.* **3.** Cesser d'occuper militairement (un lieu). – Pp. adj. *Zone évacuée.* ▷ *Par ext.* Quitter en masse (un lieu). *Faites évacuer le navire.* **4.** Transporter hors de la zone des combats. *Évacuer la population civile.* ▷ *Par ext.* Transporter hors d'une zone dangereuse ou sinistrée. *Évacuer la population d'une région inondée.* ▷ (Afr. subsah.) Transporter rapidement vers un centre de soins. *Évacuer une femme enceinte.* **5.** (Afr. subsah.) Transporter (des produits) hors du lieu de production.

évadé, ée [evade] adj. et n. Se dit d'un prisonnier qui s'est échappé.

évader (s') [evade] v. pron. [1] **1.** S'échapper (d'un lieu où l'on était prisonnier). *S'évader de prison.* – (Avec ellipse du pronom.) *Faire évader un prisonnier.* **2.** Fig. Se libérer de (ce qui contraint, embarrasse). *S'évader de la réalité.*

évagination [evaʒinasjɔ̃] n. f. PATHOL Sortie anormale (d'un organe) hors de sa gaine.

évaluable [evalɥabl] adj. Qui peut être évalué.

évaluation [evalɥasjɔ̃] n. f. Action d'évaluer; son résultat. – FISC *Évaluation administrative :* mode d'imposition forfaitaire applicable, dans certains cas, aux bénéfices non commerciaux.

évaluer [evalɥe] v. tr. [1] Déterminer la valeur marchande de (qqch). *Faire évaluer un terrain. Évaluer un tableau un million.* ▷ Déterminer approximativement (une quantité, une qualité). *Évaluer les avantages d'une situation.* – Pp. *Une foule évaluée à 20 000 personnes.*

évanescence [evanɛsɑ̃s] n. f. Litt. Caractère de ce qui est évanescent.

évanescent, ente [evanɛsɑ̃, ɑ̃t] adj. Litt. **1.** Qui disparaît, s'efface. *Impression évanescente.* **2.** Qui apparaît fugitivement; dont l'apparence est floue. *Forme évanescente.* **3.** (Personnes) Qui semble indéfinissable.

évangéliaire [evɑ̃ʒeljɛʀ] n. m. LITURG CATHOL Livre contenant les parties des Évangiles lues ou chantées à chacune des messes de l'année.

évangélique [evɑ̃ʒelik] adj. **1.** Relatif, conforme à l'Évangile. *Vie évangélique.* **2.** Qui est de religion réformée.

évangélisateur, trice [evɑ̃ʒelizatœʀ, tʀis] adj. et n. Qui évangélise. *Une mission évangélisatrice.* ▷ Subst. Personne qui évangélise.

évangélisation [evɑ̃ʒelizasjɔ̃] n. f. Action d'évangéliser; son résultat.

évangéliser [evɑ̃ʒelize] v. tr. [1] Diffuser la doctrine de l'Évangile auprès de. *Évangéliser de nouveaux peuples.*

évangéliste [evɑ̃ʒelist] n. m. **1.** Chacun des quatre apôtres auteurs des Évangiles. **2.** Prédicateur de l'Église réformée.

évangile [evɑ̃ʒil] n. m. **1.** Message de Jésus-Christ. *Prêcher l'évangile.* ▷ (Avec une majuscule.) Chacun des livres qui exposent le message du Christ. *L'Évangile selon saint Jean. Les Évangiles.* ▷ Partie des Évangiles lue à la messe. *Se lever à l'évangile.* **2.** Fig. Ouvrage servant de base à un message philosophique, une doctrine. **3.** Loc. *Parole d'évangile,* qu'il faut croire sans discuter. *Tout ce qu'il dit n'est pas parole d'évangile.*
ENCYCL Les Évangiles (au plur.), livres de saint Matthieu, saint Marc, saint Luc et saint Jean, racontent la vie et, donc, exposent la doctrine de Jésus-Christ. Ils ont tous les quatre été rédigés en grec, mais, probablement, une version primitive de l'Évangile de saint Matthieu a été écrite en araméen. L'Église n'a reconnu que ces quatre Évangiles comme *canoniques* et les trois premiers sont dits *synoptiques**. D'autres textes, dont l'authenticité n'a pas été suffisamment établie, ont été qualifiés d'*Évangiles apocryphes.*

évanouir (s') [evanwiʀ] v. pron. [3] **1.** Perdre connaissance. *S'évanouir de peur.* **2.** Disparaître entièrement. *Le brouillard s'est évanoui.* Syn. se dissiper. – (Personnes) *Il s'est évanoui dans la nature.*

évanouissement [evanwismɑ̃] n. m. **1.** Perte de connaissance. *Revenir de son évanouissement.* **2.** Disparition totale. *L'évanouissement d'un espoir.* ▷ TELECOM Diminution momentanée de la puissance d'une onde radioélectrique lors de la réception. (Terme off. recommandé pour remplacer *fading.*)

Evans, lac du Canada (Nouveau-Québec); 468 km^2.

Evans (William John, dit Bill) (1929 – 1980), pianiste de jazz américain.

Evans-Pritchard (Edward) (1902 – 1973), ethnologue britannique : *les Nuers* (1940); *Anthropologie sociale* (1951).

évaporateur [evapɔʀatœʀ] n. m. TECH **1.** Appareil servant à la dessiccation des fruits, des légumes, etc. – (Québec) *Spécial.* Appareil utilisé pour faire évaporer l'eau de la sève d'érable afin d'en extraire le sirop, la tire, le sucre. **2.** Partie d'une installation frigorifique à compression où se vaporise le fluide frigorigène. **3.** Appareil permettant de distiller l'eau de mer.

évaporation [evapɔʀasjɔ̃] n. f. Vaporisation d'un liquide au niveau de sa surface libre, qui se produit à toute température. *Séchage par évaporation.*
ENCYCL L'évaporation (qui s'effectue à la surface d'un liquide) se distingue de l'ébullition (qui se produit à l'intérieur d'un liquide) et de la sublimation (passage direct de l'état solide à l'état gazeux). La vitesse d'évaporation (masse de liquide qui se vaporise par unité de temps) augmente avec la température; elle est proportionnelle à la surface d'évaporation, à la différence (p – f) entre la pression p de vapeur maximale (à la température considérée) et la pression f de sa vapeur dans le gaz extérieur, et inversement proportionnelle à la pression totale au-dessus du liquide. Les phénomènes d'évaporation jouent un rôle primordial dans le cycle de l'eau.

évaporé, ée [evapɔʀe] adj. (et n.) **1.** Qui est transformé en vapeur. **2.** Fig. Qui se dissipe en futilités; qui a un caractère vain et léger. *Un esprit évaporé.* ▷ Subst. *Un(e) jeune évaporé(e).*

évaporer [evapɔʀe] v. [1] **1.** v. tr. TECH Soumettre (un liquide) à l'évaporation. **2.** v. pron. Se transformer en vapeur. *L'éther s'évapore facilement.* ▷ Fig., fam. Disparaître, s'éclipser. *Il s'est évaporé au début de la soirée.*

évapotranspiration [evapotʀɑ̃spiʀasjɔ̃] n. f. Didac. Quantité de vapeur d'eau qu'évapore un sol et que transpire la végétation qu'il porte.

Évaré le Grand. V. Éwaré.

évasan [evazɑ̃; evazan; evasan] n. f. (Nouv.-Cal., Polynésie fr., Vanuatu) Évacuation sanitaire vers une formation hospitalière dans une autre île, en métropole ou à l'étranger.

évasaner [evazane; evasane] v. tr. [1] (Nouv.-Cal., Polynésie fr., Vanuatu) Procéder à une évasan.

évasement [evazmɑ̃] n. m. Action d'évaser; état de ce qui est évasé. *L'évasement d'un trou.*

évaser [evaze] v. [1] **1.** v. tr. Élargir l'ouverture de. *Évaser un tuyau. Évaser une manche au poignet.* **2.** v. pron. Aller en s'élargissant. *Un chapeau qui s'évase.* – Pp. adj. *Une jupe évasée.*

évasif, ive [evazif, iv] adj. Qui reste dans le vague, qui élude. *Un geste évasif.*

évasion [evazjɔ̃] n. f. **1.** Action de s'évader, de s'échapper d'un lieu où l'on était retenu prisonnier. *Une tentative d'évasion.* **2.** Fig. Fait d'échapper aux contraintes de la vie quotidienne. *Besoin d'évasion.* – *Évasion fiscale :* action par laquelle un contribuable réduit sa charge fiscale de façon licite.

évasivement [evazivmɑ̃] adv. D'une manière évasive.

Ève, nom attribué dans la Bible à la première femme, formée par Dieu à partir d'une côte d'Adam. S'étant laissé séduire par le Démon, qui avait pris la forme du serpent, elle cueillit le fruit défendu (que portait l'arbre de la connaissance du bien et du mal). Alors, Dieu chassa Adam et Ève du Paradis terrestre et la condamna à enfanter dans la douleur.

évêché [eveʃe] n. m. **1.** Territoire soumis à l'autorité d'un évêque. Syn. diocèse. **2.** Demeure, siège de l'évêque. *Se rendre à l'évêché.*

Évêchés (les Trois-). V. Trois-Évêchés (les).

éveil [evɛj] n. m. **1.** Action de sortir de l'état de repos, de latence; fait d'apparaître, de se manifester (sentiment, idée). *L'éveil de la passion.* ▷ *Activités, disciplines d'éveil,* destinées à développer l'intelligence, la créativité des enfants. **2.** Loc. *Donner l'éveil :* attirer l'attention en mettant en alerte. *Des bruits suspects ont donné l'éveil.* ▷ *En éveil :* attentif.

éveillé, ée [evɛje] adj. **1.** Qui ne dort pas. *Rester éveillé.* ▷ *Un rêve éveillé,* fait sans dormir. **2.** Plein de vivacité. *Esprit éveillé.*

éveiller [eveje] v. [1] **I.** v. tr. **1.** Litt. Tirer du sommeil. *Le bruit l'éveilla.* Syn. réveiller. ▷ Fig. Faire se manifester ce qui était à l'état latent, virtuel. *Activités qui éveillent l'intelligence d'un enfant.* **2.** Faire naître, provoquer (un sentiment, une attitude). *Éveiller l'attention, la sympathie, la méfiance.* Syn. susciter. **II.** v. pron. **1.** (Personnes) Sortir du sommeil. – Par ext., litt. *La nature s'éveille.* ▷ *S'éveiller à :* commencer à être sensible à. **2.** Apparaître, se développer (sentiments, idées). *Son attention s'éveille.*

éveilleur, euse [evejœʀ, øz] n. Fig. Celui, celle qui éveille. *Un éveilleur de talents.*

éveinage [evɛnaʒ] n. m. CHIR Syn. (off. recommandé) de *stripping.*

événement ou **évènement** [evɛnmɑ̃] n. m. **1.** Ce qui arrive. *Événement inattendu, heureux, malheureux.* ▷ MATH En théorie des probabilités, résultat espéré ou effectif (parmi tous les résultats possibles) lors d'un tirage au sort. *Tirer le 4, lors d'un jet de dé, est un événement.* **2.** Fait important. *L'événement littéraire de l'année.* – Plaisant *Il travaille, c'est un événement !*

événementiel ou **évènementiel, elle** [evɛnmɑ̃sjɛl] adj. Qui s'en tient à la description des événements, des faits. *Histoire événementielle.*

Evenepoel (Henri Jacques Édouard) (1872 – 1899), peintre belge. Impressionniste, il privilégia ensuite les aplats dans des couleurs sombres.

évent [evɑ̃] n. m. **1.** ZOOL Narine située sur la face supérieure de la tête de certains cétacés. *La baleine rejette de l'eau finement pulvérisée par ses évents.* ▷ Ouverture située en arrière de l'œil chez la plupart des sélaciens et servant, en partic. chez les raies, à l'entrée de l'eau qui va baigner les branchies. **2.** TECH Organe mettant en communication un circuit, un réservoir, avec l'atmosphère libre.

éventail [evɑ̃taj] n. m. **1.** Petit écran portatif que l'on agite pour s'éventer, le plus souvent monté sur des baguettes rivetées et pouvant se déployer et se fermer. *En Afrique, l'éventail est souvent une pièce de vannerie non repliable. Des éventails.* ▷ Loc. adv. *En éventail :* en forme d'éventail déployé. *Disposer des marchandises en éventail.* **2.** TECH Pièce de toile ou de papier montée sur un chassis que l'on suspend au plafond et que l'on agite pour ventiler. **3.** Fig. Ensemble de choses d'une même catégorie, diversifiées à l'intérieur de certaines limites. *Proposer un large éventail d'articles. L'éventail des salaires.*

éventaire [evɑ̃tɛʀ] n. m. **1.** Rare Plateau que certains marchands ambulants portent à l'aide d'une sangle passée derrière le cou et où ils placent leur marchandise. *Éventaire d'un fleuriste.* **2.** Cour. Étalage de marchandises à l'extérieur d'une boutique.

éventer [evɑ̃te] v. tr. [1] **1.** Agiter l'air pour rafraîchir (qqn). ▷ v. pron. *S'éventer avec un journal.* **2.** Exposer à l'air. *Éventer des vêtements. – Éventer le grain,* l'aérer en le remuant pour empêcher la fermentation. – Pp. adj. *Un balcon éventé.* ▷ v. pron. S'altérer au contact de l'air. *Ce parfum s'est éventé.* – Pp. adj. *Un vin éventé.* **3.** Loc. fig. *Éventer un piège,* le découvrir, en empêcher l'effet. – Pp. adj. *Un truc éventé.*

éventration [evɑ̃tʀasjɔ̃] n. f. **1.** MED Hernie qui se forme dans la région antérieure de l'abdomen, spontanément ou à la suite d'un traumatisme. **2.** Fait d'être éventré. **3.** Fig. Action d'éventrer (sens 2).

éventrer [evɑ̃tʀe] v. tr. [1] **1.** Blesser en ouvrant le ventre. **2.** *Par ext.* Fendre, déchirer (un objet). *Éventrer une valise, un matelas.* **3.** Défoncer. *Éventrer un mur.*

éventreur [evɑ̃tʀœʀ] n. m. Celui qui éventre. – *Jack l'Éventreur :* célèbre criminel anglais de la fin du XIXe s.

éventualité [evɑ̃tɥalite] n. f. **1.** Caractère de ce qui est éventuel. *L'éventualité d'une rupture. – Dans l'éventualité de :* en cas de. **2.** Fait, événement qui peut ou non se produire. – Loc. *Parer à toute éventualité.*

éventuel, elle [evɑ̃tɥɛl] adj. (et n. m.) **1.** DR Subordonné à la réalisation de certaines conditions. *Condition, droits éventuels.* **2.** Qui peut survenir ou non, selon les circonstances. *Profits éventuels.* – (Personnes) *Successeur éventuel.* ▷ n. m. *Conditionnel exprimant l'éventuel, l'irréel du présent.*

éventuellement [evɑ̃tɥɛlmɑ̃] adv. D'une manière éventuelle, le cas échéant.

évêque [evɛk] n. m. Dignitaire de l'Église qui a reçu la plénitude du sacerdoce et qui dirige un diocèse. *Dans l'Église catholique les évêques ont le pouvoir d'ordre. – L'évêque des évêques* ou *l'évêque de Rome :* le pape. – Loc. prov. Fam. *Un chien regarde bien un évêque* (s'adressant à qqn qui s'étonne qu'on le regarde).

Everest (mont), sommet culminant du globe (8 846 m, ou, selon de nouv. cotes, 8 880 m), dans l'Himalaya, à la frontière népalo-tibétaine; vaincu en 1953 par le Néo-Zélandais E. Hillary et le Sherpa Tensing. Il doit son nom à sir George Everest (1790-1866), directeur (1823) du service géodésique des Indes.

évertuer (s') [evɛʀtɥe] v. pron. [1] Faire beaucoup d'efforts. *S'évertuer à expliquer qqch.*

évi [evi] n. m. (Madag., oc. Indien) **1.** Grand arbre aux feuilles caduques (*Spondias dulcis,* fam. anacardiacées) qui donne un gros fruit comestible au goût acide. **2.** Ce fruit. *Confiture d'évi.*

Évian-les-Bains, ville de France (Haute-Savoie), sur le lac Léman; 7027 hab. Stat. thermale. Casino. – *Accords d'Évian,* conclus entre la France et le Gouvernement provisoire de la Rép. algérienne (G.P.R.A.) pour établir les modalités du cessez-le-feu en Algérie (19 mars 1962).

éviction [eviksjɔ̃] n. f. Action d'évincer. ▷ DR Dépossession d'une chose acquise au bénéfice d'un tiers qui avait des droits antérieurs sur celle-ci.

évidage [evidaʒ] ou **évidement** [evidmɑ̃] n. m. TECH Action d'évider; état de ce qui est évidé.

évidemment [evidamɑ̃] adv. **1.** De façon évidente, certaine. **2.** (Pour acquiescer en affirmant.) *Viendrez-vous? – Évidemment!*

évidence [evidɑ̃s] n. f. **1.** Caractère de ce qui s'impose à l'esprit et que l'on ne peut mettre en doute. *Se rendre à l'évidence.* – Loc. adv. *À l'évidence, de toute évidence :* sûrement, sans conteste. **2.** Chose évidente. *Débiter des évidences.* **3.** *Mettre une chose en évidence,* la disposer de façon qu'elle attire le regard, l'attention.

évident, ente [evidɑ̃, ɑ̃t] adj. Clair, manifeste. *Une erreur évidente.* – Loc. fam. *C'est pas évident :* c'est discutable, ou malaisé.

évider [evide] v. tr. [1] **1.** Creuser intérieurement. *Évider un tronc.* **2.** Pratiquer des vides dans (qqch); échancrer.

évier [evje] n. m. Bac fermé par une bonde et alimenté en eau par un robinet, dans une cuisine.

évincer [evɛ̃se] v. tr. [12] **1.** Écarter par intrigue (qqn) d'une position avantageuse. *Évincer ses concurrents.* **2.** DR Déposséder d'un droit. *Évincer un locataire.*

évitable [evitabl] adj. Qui peut être évité.

évitement [evitmɑ̃] n. m. **1.** PSYCHOL *Réaction d'évitement :* en expérimentation, réaction acquise par un être vivant pour éviter un stimulus pénible. **2.** CH de F *Voie d'évitement,* servant à garer un train pour laisser la voie libre à un autre.

éviter [evite] v. [1] **I.** v. tr. **1.** Faire en sorte de ne pas heurter (qqn, qqch) ou d'échapper à (une chose fâcheuse). *Éviter un écueil. Éviter un malheur. – Éviter un importun,* le fuir. **2.** S'abstenir. *Éviter de regarder qqn.* **3.** Épargner (qqch à qqn). *Éviter une démarche à qqn.* **II.** v. intr. MAR Tourner autour de son ancre sous l'action du vent ou du courant, en parlant d'un navire.

évocable [evɔkabl] adj. DR Qui peut être évoqué devant un tribunal.

évocateur, trice [evɔkatœʀ, tʀis] adj. Qui est propre à évoquer. *Des mots évocateurs.*

évocation [evɔkasjɔ̃] n. f. **1.** Action d'évoquer, de rendre présent à la mémoire ou à l'esprit. *Évocation d'un souvenir. Évocation d'un problème social.* **2.** Action de faire apparaître par des procédés magiques. *Évocation de démons.* **3.** DR Action d'évoquer une cause.

évolué, ée [evɔlɥe] adj. (et n.) **1.** Parvenu à un haut degré de culture, de civilisation. **2.** (Afr. subsah., vieilli) À l'époque coloniale, désignait un Africain qui avait de l'instruction et avait pris ses distances avec les mœurs et valeurs traditionnelles. ▷ Subst. *Un(e) évolué(e).* **3.** BIOL Qui a atteint un certain stade d'évolution (sens I, 2).

évoluer [evɔlɥe] v. intr. [1] **1.** Se transformer progressivement. *Homme politique qui évolue. Situation qui évolue.* **2.** Exécuter des évolutions, des manœuvres. ▷ Par ext. *Les patineurs évoluaient sur la glace.*

évolutif, ive [evɔlytif, iv] adj. Qui peut évoluer ou produire l'évolution. ▷ MED Se dit d'une affection ou d'une lésion qui s'aggrave.

évolution [evɔlysjɔ̃] n. f. **I. 1.** Transformation graduelle, développement progressif. *Évolution des mœurs, d'une personne. Évolution d'une maladie.* **2.** BIOL *Évolution des êtres vivants,* ensemble de leurs transformations élémentaires dues aux mutations génétiques, en liaison avec la sélection qu'opère le milieu de vie. **II.** Mouvement d'ensemble. *Évolution d'une formation aérienne.* – (Plur.) Série de mouvements divers. *Évolutions d'un cheval de cirque.* **ENCYCL Biol.** – La théorie de l'évolution s'appuie sur plusieurs disciplines. La *paléontologie* fournit des séries d'animaux et de végétaux appartenant à des époques géologiques différentes dont les transformations montrent avec netteté que la forme la plus récente dérive de la plus ancienne. L'*embryologie* et l'*anatomie comparée* établissent qu'au cours de l'embryogenèse, un animal passe par des stades comportant des organes et formations transitoires que l'on retrouve chez des animaux beaucoup plus primitifs. La *génétique* , en étudiant les mutations, a prouvé que les mécanismes fondamentaux des diverses transformations des espèces sont aléatoires; la modification, la création ou la perte de gènes donnent le jour à des individus nouveaux qui sont ensuite sélectionnés par le milieu, les formes non viables étant rejetées.

évolutionnisme [evɔlysjɔnism] n. m. **1.** BIOL Théorie suivant laquelle les espèces actuelles dérivent de formes anciennes, selon des modalités que les biologistes s'efforcent de préciser de mieux en mieux. **2.** PHILO Théorie, doctrine fondée sur la notion d'évolution (sens I, 2).

évolutionniste [evɔlysjɔnist] adj. et n. Didac. Relatif à l'évolutionnisme. ▷ Subst. Partisan de l'évolutionnisme.

évoquer [evɔke] v. tr. [1] **1.** (Personnes) Rendre (une chose) présente à la mémoire, à l'esprit en en parlant, en y faisant allusion. *Évoquer son enfance. Évoquer une question.* **2.** (Choses) Faire songer à. *Une odeur qui évoque la mer.* **3.** Faire apparaître par des procédés magiques. *Évoquer les esprits.* **4.** DR *Évoquer une cause :* appeler à soi une affaire de la compétence d'un tribunal inférieur (en parlant d'un tribunal supérieur).

Évora, v. du Portugal, capitale de la région Alentejo; 34 000 hab. – Archevêché. Temple de Diane (IIe s.); cathédrale (XIIe-XIIIe s.); monastère (XVe s.).

Evora (Cesaria) (née en 1941), chanteuse cap-verdienne. Dotée d'une voix aux accents mélancoliques, la « diva aux pieds nus » met en valeur le répertoire de la *morna,* genre musical du Cap-Vert qu'on peut rapprocher du blues.

Ewandé (Daniel) (né en 1935), écrivain camerounais : *Vive le Président!* (1968), pamphlet.

Éwaré ou **Évaré le Grand** (XVe s.), roi du Bénin. Il monta sur le trône v. 1440. Son règne correspond à l'apogée du Bénin.

éwé [eve] adj. inv. et n. m. inv. **1.** adj. De l'ethnie des Éwé. **2.** n. m. LING Langue nigéro-congolaise du groupe kwa parlée au Togo, au Ghana et au Bénin.

Éwé ou **Éoué,** ensemble d'ethnies qui vivent princ. au Togo, au Ghana et au Bénin (près de 3 millions de personnes). Ils parlent une langue nigéro-congolaise du groupe kwa.

ewondo [evɔ̃ndo] n. m. LING Dialecte beti qui a une fonction véhiculaire au Cameroun.

Ewondo (pays), région historique du Cameroun où le site de la future capitale, Yaoundé, fut choisi en 1887 par les Allemands.

Ewondo. V. Beti.

ex-. Élément, du lat. *ex-*, «hors de».

ex- [ɛks] Particule qui, placée devant un nom, implique l'antériorité de la qualité ou de l'état exprimé par le nom. *L'ex-président. Mon ex-mari* ou, ellipt., fam., *mon ex.*

exa-. PHYS Élément (symbole E) qui, placé devant le nom d'une unité, indique que celle-ci est multipliée par un milliard de milliards (10^{18}).

ex abrupto [ɛksabʀypto] loc. adv. (Mots lat.) Brusquement, sans préambule. *Aborder une question ex abrupto.*

exacerbation [egzasɛʀbasjɔ̃] n. f. MED Exagération transitoire des symptômes d'une maladie. ▷ Fig., litt. Exaspération, paroxysme, apogée (d'une sensation, d'un sentiment).

exacerber [egzasɛʀbe] v. tr. [1] Rendre plus aigu, plus intolérable (une douleur, un sentiment).

exact, exacte [egza(kt), egzakt] adj. **1.** (Personnes) Qui arrive à l'heure fixée. *Il était exact au rendez-vous.* **2.** Rigoureusement conforme à la réalité, à la logique. *Récit exact des événements. Calcul exact.* ▷ *Les sciences exactes :* les sciences mathématiques et physiques.

exactement [egzaktəmɑ̃] adv. **1.** D'une manière exacte, précise, conforme à la réalité. **2.** Tout à fait.

exaction [egzaksjɔ̃] n. f. **1.** Didac. Action d'exiger plus qu'il n'est dû. *Les exactions d'un collecteur d'impôts, d'un prince.* **2.** (Surtout au plur.) Sévices, violences exercées sur qqn.

exactitude [egzaktityd] n. f. **1.** Qualité d'une personne exacte. *Exactitude militaire.* **2.** Conformité rigoureuse, précision. *Exactitude d'un raisonnement.*

ex æquo [egzeko] loc. adv. (Mots lat.) À égalité (en parlant de concurrents). *Un premier prix ex æquo.* ▷ n. inv. *Plusieurs ex æquo.*

exagération [egzaʒeʀasjɔ̃] n. f. Action d'exagérer; son résultat.

exagéré, ée [egzaʒeʀe] adj. Outré, excessif. *Des louanges exagérées.*

exagérément [egzaʒeʀemɑ̃] adv. D'une façon exagérée.

exagérer [egzaʒeʀe] v. tr. [14] **1.** Présenter (qqch) comme plus grand, plus important qu'il n'est en réalité. *Exagérer les proportions dans un dessin. Exagérer l'importance d'un événement.* ▷ v. pron. *Il s'exagère les embarras de sa situation.* **2.** (S. comp.) Aller au-delà de ce qui est convenable. *Il exagère!*

exaltant, ante [egzaltɑ̃, ɑ̃t] adj. Qui exalte, qui suscite l'enthousiasme. *Aventure exaltante.*

exaltation [egzaltasjɔ̃] n. f. **1.** Litt. Action d'exalter, de glorifier. *Exaltation des mérites de qqn.* **2.** Vive excitation de l'esprit. *Parler avec exaltation.*

exalté, ée [egzalte] adj. et n. Qui nourrit de l'exaltation (sens 2), enthousiaste. *Un tempérament exalté.* – Subst. *Calmez-moi ces exaltés!*

exalter [egzalte] v. tr. [1] **1.** Litt. Louer hautement (une qualité, une personne). *Exalter les vertus d'un saint. Exalter un homme illustre.* **2.** Élever (l'esprit) par la passion, l'enthousiasme. *Exalter l'imagination.* – Par ext. *Exalter son auditoire.* ▷ v. pron. *S'exalter facilement.*

examen [egzamɛ̃] n. m. **1.** Considération attentive; observation minutieuse. *L'examen d'un dossier. Un examen médical.* ▷ RELIG CATHOL *Examen de conscience :* recherche des fautes que l'on a commises et que l'on doit confesser; *par ext.*, action de considérer ses actes sous l'angle de la morale. ▷ *Libre examen :* fait de ne croire que ce qui est contrôlé par la raison. ▷ DR *Mise en examen :* V. inculpation. **2.** Épreuve ou ensemble d'épreuves que subit un candidat afin que l'on puisse juger de ses connaissances, de ses compétences. *Être reçu à un examen.* (Abrév. fam. : exam).

examinateur, trice [egzaminatœʀ, tʀis] n. Personne qui fait passer un examen à des candidats.

examiner [egzamine] v. tr. [1] **1.** Considérer, observer attentivement. *Examiner un tableau.* – Spécial. *Examiner un patient.* ▷ v. pron. (Passif). *Une telle proposition s'examine de près.* – (Réfl.) *Il s'examine de la tête aux pieds.* **2.** Faire passer un examen à (un candidat).

exanthème [egzɑ̃tɛm] n. m. MED Rougeur cutanée sans papules ni vésicules, observée dans des maladies infectieuses, telles la scarlatine, la rougeole, la rubéole, etc.

exarchat [egzaʀka] n. m. **1.** HIST Région commandée par un exarque. **2.** Dignité d'exarque. **3.** Circonscription ecclésiastique d'une Église orthodoxe ou d'une Église catholique de rite oriental.

exarque [egzaʀk] n. m. **1.** HIST Chef civil ou ecclésiastique, dans l'Empire romain d'Orient. **2.** Chef religieux d'un exarchat (sens 3).

exaspérant, ante [egzaspeʀɑ̃, ɑ̃t] adj. Qui exaspère.

exaspération [egzaspeʀasjɔ̃] n. f. **1.** Vive irritation. **2.** Litt. ou vx Augmentation d'une souffrance physique ou morale à un degré extrême.

exaspérer [egzaspeʀe] v. tr. [14] **1.** Irriter violemment (qqn). *Son attitude m'exaspère.* **2.** Augmenter l'intensité de (une douleur physique, un sentiment pénible). *Exaspérer la haine de qqn.*

exaucement [egzosmɑ̃] n. m. Litt. Action d'exaucer; son résultat.

exaucer [egzose] v. tr. [12] **1.** Accueillir favorablement (un vœu, une prière). **2.** Satisfaire (qqn) dans sa demande. *Le ciel nous a exaucés.*

ex cathedra [ɛkskatedʀa] loc. adv. (lat. ecclés. mod.) Du haut de la chaire, avec l'autorité de son titre. *Le pape a parlé ex cathedra.* ▷ *Donner un cours ex cathedra.*

excavateur [ɛkskavatœʀ] n. m. ou **excavatrice** [ɛkskavatʀis] n. f. TRAV PUBL Engin de terrassement sur chenilles, équipé de godets à bords tranchants montés sur une chaîne sans fin, permettant l'extraction de terres ou de matériaux.

excavation [ɛkskavasjɔ̃] n. f. Cavité dans le sol.

excédent [eksedɑ̃] n. m. Ce qui dépasse le nombre, la quantité prévus. *Un excédent de bagages. Excédent de la balance commerciale.* – *En excédent :* en surnombre.

excédentaire [eksedɑ̃tɛʀ] adj. Qui est en excédent.

excéder [eksede] v. tr. [14] **I.** (Compl. n. de chose.) **1.** Dépasser en quantité, en valeur. *Les frais excèdent les bénéfices.* **2.** Outrepasser (certaines limites). *Excéder son autorité.* **II.** (Compl. n. de personne.) Lasser, importuner à l'excès. *Son bavardage m'excède.*

excellemment [ɛksɛlamɑ̃] adv. D'une manière excellente.

excellence [ɛksɛlɑ̃s] n. f. **1.** Haut degré de perfection. *L'excellence d'un repas.* – *Prix d'excellence :* prix décerné naguère au meilleur élève d'une classe. – Mod. *Bourse d'excellence,* octroyée pour parfaire les compétences d'un chercheur déjà qualifié. ▷ Loc. adv. *Par excellence :* au plus haut degré dans son genre. **2.** (Avec une majuscule.) Titre honorifique donné à un ministre, un archevêque, un évêque ou un ambassadeur. *Son Excellence.* (Abrév. : S.E.)

excellent, ente [ɛksɛlɑ̃, ɑ̃t] adj. Qui excelle dans son genre. *Un vin excellent.* – *Un homme excellent,* très bon.

exceller [ɛksele] v. intr. [1] Montrer des qualités supérieures (personnes). *Exceller à faire un travail.*

excentration [eksɑ̃tʀasjɔ̃] n. f. TECH Action d'excentrer. ▷ Non-coïncidence du centre d'une pièce et d'un axe de rotation.

excentrer [eksɑ̃tʀe] v. tr. [1] **1.** TECH Déplacer le centre, l'axe de rotation de. – Pp. adj. *Une roue excentrée.* **2.** Cour. Centrer en un point qui n'est pas le centre géométrique. – Pp. adj. *Territoire excentré.*

excentricité [eksɑ̃tʀisite] n. f. **I.** **1.** TECH Éloignement du centre. ▷ GEOM Rapport entre la distance des deux foyers d'une ellipse et la longueur du grand axe. – ASTRO *Excentricité de l'orbite d'une planète.* **2.** *Excentricité d'une zone d'habitation,* son éloignement du centre de la ville. **II.** **1.** Manière d'être, d'agir qui s'éloigne des manières usuelles. *Se conduire avec excentricité.* **2.** Action excentrique. *Se livrer à des excentricités.*

excentrique [eksɑ̃tʀik] adj. et n. **I.** adj. **1.** GEOM Dont les centres ne coïncident pas. *Cercles excentriques.* **2.** *Quartier excentrique,* éloigné du centre de la ville. **3.** Qui a ou dénote de l'excentricité, de la bizarrerie. *Personne, tenue excentrique.* ▷ Subst. *Un(e) excentrique.* **II.** n. m. MECA Pièce dont l'axe de rotation ne passe pas par le centre, qui permet de transformer un mouvement circulaire continu en un mouvement linéaire alternatif.

excepté, ée [ɛksɛpte] prép. et adj. **1.** prép. inv. (Placé devant le nom.) Sauf, en excluant. *Ouvert tous les jours excepté le dimanche.* **2.** adj. (placé après le nom). Non compris, mis à part. *L'aînée exceptée, ses enfants sont au lycée.*

excepter [ɛksɛpte] v. tr. [1] Ne pas comprendre dans (un ensemble). *Énumérez tous les noms sans en excepter un seul.*

exception [ɛksɛpsjɔ̃] n. f. **1.** Action d'excepter. *Sans exception.* ▷ DR Moyen de défense consistant à établir qu'une demande ne peut être accueillie pour des raisons de forme, sans que le bien-fondé en soit contesté. ▷ *D'exception :* exceptionnel. – DR Qui est hors du droit commun. *Juridiction d'exception.* **2.** Ce qui n'est pas soumis à la règle. *Une exception grammaticale.* ▷ *Faire exception :* sortir de la règle générale. **3.** Loc. prép. *À l'exception de :* hormis.

exceptionnel, elle [ɛksɛpsjɔnɛl] adj. **1.** Qui fait exception. *Des mesures exceptionnelles.* **2.** Extraordinaire, remarquable. *Un cas exceptionnel.*

exceptionnellement [ɛksɛpsjɔnɛlmɑ̃] adv. D'une manière exceptionnelle, par extraordinaire.

excès [ɛksɛ] n. m. **1.** Ce qui dépasse la mesure. *Un excès de zèle.* Ant. manque, défaut. ▷ DR *Excès de pouvoir :* dépassement de ses attributions légales par un tribunal. **2.** Acte dénotant la démesure, l'outrance, le dérèglement. *Faire des excès.* **3.** Loc. adv. *À l'excès :* excessivement. *Être économe à l'excès.*

excessif, ive [ɛksesif, iv] adj. **1.** Qui excède la juste mesure. *Un prix excessif. Être excessif dans ses sentiments.* **2.** (Emploi critiqué.) Très grand, extrême. *Une excessive gentillesse.*

excessivement [ɛksesivmɑ̃] adv. **1.** Beaucoup trop. *Boire excessivement.* **2.** (Emploi critiqué.) Très, extrêmement. *Elle est excessivement jolie.*

exciper [ɛksipe] v. tr. indir. [**1**] Litt. *Exciper de :* étayer sa défense sur; faire état de. *Exciper de sa bonne foi.* ▷ DR Alléguer une exception en justice. *Exciper de l'autorité de la chose jugée.*

excipient [ɛksipjɑ̃] n. m. PHARM Substance à laquelle on incorpore un médicament pour en faciliter l'absorption.

exciser [ɛksize] v. tr. [**1**] **1.** Ôter en coupant (une partie d'organe, une tuméfaction de petit volume). **2.** ANTHROP Pratiquer l'excision sur.

exciseuse [ɛksisøz] n. f. ANTHROP Femme qui effectue l'excision.

excision [ɛksizjɔ̃] n. f. **1.** Action d'exciser. **2.** ANTHROP Ablation rituelle du clitoris et, parfois, des petites lèvres pratiquée dans l'enfance, l'adolescence ou peu avant le mariage, et qui marque, pour les filles, la fin de l'initiation. Syn. (Afr. subsah.) circoncision.

excitabilité [ɛksitabilite] n. f. PHYSIOL Propriété d'un organisme de répondre ou de réagir à l'action de stimulants.

excitable [ɛksitabl] adj. Qui peut être excité; facile à exciter.

excitant, ante [ɛksitɑ̃, ɑ̃t] adj. et n. m. Qui excite, stimule. *Une histoire excitante.* ▷ n. m. *Le café est un excitant.*

excitation [ɛksitasjɔ̃] n. f. **1.** Action d'exciter (l'esprit, une personne); son résultat. *Excitation à la violence.* **2.** PHYSIOL État d'activité d'un élément nerveux ou musculaire, s'accompagnant de phénomènes électriques et physico-chimiques. **3.** ELECTR Production d'un champ magnétique dans un moteur ou un générateur au moyen des électro-aimants du circuit inducteur. **4.** PHYS NUCL *Excitation d'un atome, d'une molécule,* passage du niveau d'énergie de cet atome, de cette molécule à un autre, plus élevé.

excité, ée [ɛksite] adj. **1.** Qui est dans un état de grande excitation; agité, énervé. ▷ Subst. *Une poignée d'excités.* **2.** PHYS NUCL *Atome excité,* devenu plus réactif sous l'effet d'une action extérieure (rayonnement, etc.).

exciter [ɛksite] v. tr. [**1**] **1.** Stimuler l'activité (du système nerveux, de l'esprit). *Exciter l'imagination.* – Par ext. *Être excité par une drogue, une idée.* ▷ *Spécial.* Irriter. *Exciter un animal.* – Provoquer le désir sexuel chez (qqn). ▷ v. pron. *Un enfant qui s'excite à l'idée d'un prochain voyage.* **2.** *Exciter à :* entraîner, pousser à. *Exciter le peuple à la révolte.* **3.** Faire naître ou rendre plus vif (une sensation, un sentiment). *Exciter l'appétit. Exciter la rage de qqn.* **4.** ELECTR Envoyer un courant continu dans le circuit inducteur d'un moteur ou d'un générateur.

exclamatif, ive [ɛksklamatif, iv] adj. Qui marque l'exclamation.

exclamation [ɛksklamasjɔ̃] n. f. **1.** Cri, expression traduisant l'émotion, la surprise. *Pousser une exclamation.* **2.** *Point d'exclamation :* signe de ponctuation (!) utilisé après une exclamation ou une phrase exclamative.

exclamer (s') [ɛksklame] v. pron. [**1**] Pousser des exclamations. *S'exclamer d'admiration.*

exclu, ue [ɛkskly] adj. et n. **1.** Qui est mis dehors, renvoyé. *Personnes exclues* ou, subst., *les exclus.* **2.** Repoussé, non accepté. *Vous laisser seul, c'est exclu!*

exclure [ɛksklyʀ] v. tr. [**78**] **1.** Mettre dehors, renvoyer (qqn). *Exclure qqn d'un groupe.* **2.** Ne pas admettre (qqn, qqch). *Exclure qqn d'un partage. Exclure une hypothèse.* **3.** Être incompatible avec. *La pauvreté n'exclut pas la fierté.*

exclusif, ive [ɛksklyzif, iv] adj. **1.** Qui est le privilège de qqn à l'exclusion des autres. *Pouvoir exclusif. Une interview exclusive.* ▷ COMM *Un produit exclusif.* **2.** Qui ne s'intéresse qu'à son objet en excluant le reste. *Amour exclusif.*

exclusion [ɛksklyzjɔ̃] n. f. **1.** Action d'exclure. ▷ Loc. prép. *À l'exclusion de... :* en excluant. **2.** PHYS NUCL *Principe d'exclusion de Pauli-Fermi,* selon lequel deux particules ne peuvent être dans le même état (de position, de spin, d'énergie).

exclusive [ɛksklyziv] n. f. Mesure d'exclusion. *Prononcer, jeter l'exclusive contre qqn.*

exclusivement [ɛksklyzivmɑ̃] adv. **1.** Uniquement. *Étudier exclusivement la chimie.* **2.** En n'incluant pas. *De janvier à juillet exclusivement.*

exclusivité [ɛksklyzivite] n. f. Droit exclusif de vendre un produit. – Spécial. *Journal qui a l'exclusivité d'un reportage, d'une photo.* ▷ Loc. adv. *En exclusivité. Film qui passe en exclusivité.* ▷ *Par ext.* Produit vendu, exploité par une seule firme. – *Spécial.* Information importante donnée par un média.

excommunication [ɛkskɔmynikasjɔ̃] n. f. **1.** Sanction par laquelle l'autorité ecclésiastique sépare un chrétien de la communauté des fidèles. **2.** *Par ext.* Exclusion d'un groupe.

excommunier [ɛkskɔmynje] v. tr. [**2**] Prononcer l'excommunication de.

excoriation [ɛkskɔʀjasjɔ̃] n. f. Didac. Écorchure superficielle.

excrément [ɛkskʀemɑ̃] n. m. Toute matière évacuée du corps de l'homme ou des animaux par les voies naturelles (urine, sueur, matières fécales). – Spécial. *Les excréments :* les matières fécales.

excréter [ɛkskʀete] v. tr. [**14**] PHYSIOL Évacuer, éliminer par excrétion. – Pp. adj. *Matières excrétées.*

excréteur, trice [ɛkskʀetœʀ, tʀis] ou **excrétoire** [ɛkskʀetwaʀ] adj. PHYSIOL Qui excrète. *Canaux excréteurs.*

excrétion [ɛkskʀesjɔ̃] n. f. **1.** PHYSIOL Processus par lequel le produit de la sécrétion d'une glande est rejeté hors de celle-ci (par un ou des canaux). – *Spécial.* Rejet des déchets de l'organisme (partic. des déchets de la nutrition). **2.** (Plur.) Les substances excrétées elles-mêmes.

excroissance [ɛkskʀwasɑ̃s] n. f. Tumeur de la peau ou des muqueuses, formant une proéminence superficielle (verrue, polype, etc.). ▷ BOT Boursouflure produite par un parasite, une cicatrisation, etc., sur un végétal.

excursion [ɛkskyʀsjɔ̃] n. f. Parcours et visite d'une région dans un but touristique. *Faire une excursion aux Pyramides.*

excursionner [ɛkskyʀsjɔne] v. intr. [**1**] Faire une excursion.

excusable [ɛkskyzabl] adj. Qui peut être excusé.

excuse [ɛkskyz] n. f. **1.** Raison que l'on apporte pour se disculper ou disculper qqn. ▷ DR *Excuses légales :* faits déterminés par la loi, qui entraînent une diminution *(excuses atténuantes)* ou une exemption *(excuses absolutoires)* de la peine. **2.** Raison alléguée pour se soustraire à une obligation ou pour justifier le fait de s'y être soustrait. *Il a toujours de bonnes excuses pour ne pas faire son travail.* ▷ DR Motif légal allégué pour être dispensé de siéger comme juré, d'être tuteur. **3.** (Surtout au plur.) Témoignage des regrets que l'on a d'avoir offensé qqn, de lui avoir causé du tort. *Faire des excuses à qqn.*

excuser [ɛkskyze] v. [**1**] **I.** v. tr. **1.** Pardonner (une personne, une action); ne pas tenir rigueur à (qqn) de (qqch). *Nous ne pouvons excuser une telle erreur. Excusez-moi de vous avoir dérangé.* – *Veuillez m'excuser* (formule de politesse). ▷ (Ellipt.) Fam. *Excusez! Excuse!* **2.** Servir d'excuse à. *Sa jeunesse excuse son impertinence.* **3.** Dispenser (qqn) d'une obligation. *À l'assemblée générale étaient excusés les représentants suivants...* **II.** v. pron. **1.** Présenter ses excuses. *Il s'excuse de ne pas venir.* **2.** (Passif) Être tolérable, pardonnable. *C'est une erreur qui ne peut s'excuser.*

exécrable [egzekʀabl] adj. Très mauvais. *Un vin exécrable. Avoir un goût exécrable.*

exécration [egzekʀasjɔ̃] n. f. Litt. Horreur extrême, dégoût, aversion. *Être voué à l'exécration des siens.*

exécrer [egzekʀe] v. tr. [**14**] Abhorrer, haïr; avoir une vive répugnance pour.

exécutable [egzekytabl] adj. Susceptible d'être exécuté. *Projet facilement exécutable.*

exécutant, ante [egzekytɑ̃, ɑ̃t] n. **1.** Personne qui exécute une chose (par oppos. à celui qui la commande ou la conçoit). *Ce ne sont que des exécutants, c'est leur chef qu'il faut punir.* **2.** MUS Musicien, qui joue sa partie dans un ensemble musical.

exécuter [egzekyte] v. [**1**] **A.** v. tr. **I.** (Compl. n. de chose.) **1.** Mettre à effet, accomplir. *Exécuter un projet, une mission.* – Pp. *Ordres mal exécutés.* ▷ DR Rendre effectif (un acte). *Exécuter un traité, une sentence.* **2.** Faire, réaliser (un ouvrage). *Exécuter un tableau.* **3.** MUS Jouer, chanter, représenter (une œuvre musicale). *Exécuter un opéra.* **4.** Faire (un mouvement réglé d'avance). *Exécuter un pas de danse.* **II.** (Compl. n. de personne.) **1.** Mettre à mort par autorité de justice. *Exécuter un condamné à mort.* ▷ *Par ext.* Tuer, abattre (avec préméditation, de sang-froid). *Les gangsters ont exécuté tous leurs otages.* **2.** DR *Exécuter un débiteur,* le saisir par autorité de justice. **B.** v. pron. Se déterminer à faire une chose (partic. une chose pénible). *On le menaçait de saisie s'il ne payait pas, il s'est exécuté sur-le-champ.*

exécuteur, trice [egzekytœʀ, tʀis] n. Personne qui exécute. – DR *Exécuteur testamentaire,* chargé par le testateur de l'exécution du testament.

exécutif, ive [egzekytif, iv] adj. et n. m. Chargé de faire exécuter les lois; relatif à leur exécution. ▷ *Le pouvoir exécutif* ou, n. m., *l'exécutif.*

exécution [egzekysjɔ̃] n. f. **1.** Action d'exécuter, d'accomplir (qqch). *L'exécution d'une promesse.* ▷ DR Action de mettre à effet; son résultat. *Exécution d'une sentence, d'une peine.* **2.** Action de réaliser (ce qui a été conçu). *L'exécution des travaux a été confiée à cette entreprise.* **3.** MUS Réalisation vocale ou instrumentale d'une œuvre. *Une symphonie grandiose gâchée par une exécution déplorable.* **4.** Action d'exécuter (qqn). *L'exécution d'un condamné à mort,* ou *exécution capitale.*

exécutoire [egzekytwaʀ] adj. DR Qui doit être mis à exécution; qui permet de mettre à exécution. *Les lois sont exécutoires à partir du lendemain de leur promulgation.* – *Formule exécutoire :* formule figurant sur les décisions de justice et les actes notariés, par laquelle il est ordonné aux agents de la force publique de prêter main-forte à leur exécution (ces actes et décisions ont ainsi *force exécutoire*).

exégèse [ɛgzeʒɛz] n. f. Didac. Critique et interprétation (philologique, historique, etc.), des textes, en partic. de la Bible.

exégète [ɛgzeʒɛt] n. m. Didac. Personne qui se consacre à l'exégèse.

1. exemplaire [ɛgzɑ̃plɛʀ] n. m. Chacun des objets (livre, gravure, médaille, etc.) tirés en série d'après un type commun. *Roman tiré à dix mille exemplaires.* – *Contrat en trois exemplaires.*

2. exemplaire [ɛgzɑ̃plɛʀ] adj. **1.** Qui peut servir d'exemple, de modèle. *Une conduite exemplaire.* **2.** Dont la rigueur doit servir de leçon. *Une sanction exemplaire.*

exemplarité [ɛgzɑ̃plaʀite] n. f. Caractère de ce qui est exemplaire. ▷ DR *L'exemplarité de la peine.*

exemplatif, ive [ɛgzɑ̃platif, iv] adj. **1.** (Belgique) Exemplaire. *Valeur exemplative.* – *Peine exemplative,* infligée pour l'exemple. **2.** Loc. (Afr. subsah., Belgique) *À titre exemplatif :* à titre d'exemple. *Exposer une situation concrète à titre exemplatif.*

exemple [ɛgzɑ̃pl] n. m. **1.** Action que l'on considère comme pouvant ou devant être imitée. *Donner l'exemple, le bon exemple. Suivre l'exemple de ses aînés.* ▷ Loc. prép. *À l'exemple de :* en se conformant à l'exemple donné par, en imitant. *À l'exemple des Anciens.* ▷ Personne servant de modèle, digne d'en servir. *Un exemple pour les jeunes gens.* **2.** Peine, châtiment qui peut servir de leçon. *Punir qqn pour l'exemple. Faire un exemple.* **3.** Acte, événement, personnage analogue à celui dont on parle et auquel on se réfère pour appuyer son propos. *L'Histoire est pleine de pareils exemples.* ▷ *Spécial.* Texte, phrase, expérience cités comme cas particulier illustrant une règle générale, une théorie, etc. *Un exemple vous aidera à comprendre.* **4.** Loc. adv. *Par exemple* (pour introduire un exemple). *Prenez, par exemple, le produit de 2 par 3.* **5.** Loc. exclam. *Par exemple!* (marquant la surprise, l'incrédulité). *Ah ça, par exemple!*

exempt, exempte [ɛgzɑ̃, ɛgzɑ̃t] adj. **1.** Dispensé de, non assujetti à. *Exempt de service. Exempt d'impôts.* **2.** Garanti, préservé. *Exempt d'infirmité.* **3.** Dépourvu, sans. *Un compte exempt d'erreurs.*

exempter [ɛgzɑ̃te] v. tr. [1] Dispenser de, affranchir de (une charge, une obligation). *Exempter d'impôts.* – Pp. adj. *Jeune homme exempté (du service militaire).*

exemption [ɛgzɑ̃psjɔ̃] n. f. Dispense, affranchissement. *Demander une exemption de service.*

exercer [egzɛʀse] v. [12] **I.** v. tr. **1.** Dresser, former par une pratique fréquente. *Exercer des soldats à tirer. Exercer un cheval.* **2.** Mettre fréquemment en activité (une faculté) pour la développer. *Exercer sa mémoire.* ▷ Par ext. *Exercer la patience de qqn,* la mettre à l'épreuve. **3.** Pratiquer (une profession). *Exercer la médecine.* ▷ (S. comp.) *Il exerce déjà.* **4.** Faire usage de. *Exercer un droit. Exercer ses talents.* **5.** Produire, faire (un effet). *Exercer de l'influence sur qqn.* **II.** v. pron. **1.** S'entraîner par la pratique. *S'exercer à chanter.* **2.** (Passif) Se faire sentir. *Force qui s'exerce sur un corps.*

exercice [egzɛʀsis] n. m. **1.** Action d'exercer, de s'exercer. *Apprendre qqch par un long exercice.* **2.** Action d'user de qqch. *L'exercice d'un droit.* **3.** Action de remplir des fonctions. *Dans l'exercice de sa profession.* **4.** Travail propre à exercer (un organe, une faculté). *Exercices de rééducation d'un membre malade.* ▷ Devoir donné aux élèves pour qu'ils s'exercent à faire ce qu'ils ont appris. *Exercice de mathématiques.* **5.** Mouvement pour exercer le corps. *Vous ne faites pas assez d'exercice.* ▷ MILIT Action de s'exercer au maniement des armes, à la pratique militaire. **6.** FIN Période (généralement de 12 mois) comprise entre deux inventaires, entre deux budgets consécutifs. *Bilan de fin d'exercice.*

exerciseur [egzɛʀsizœʀ] n. m. SPORT Appareil de gymnastique servant à développer les muscles.

exérèse [egzeʀɛz] n. f. CHIR Ablation chirurgicale d'un organe, d'un tissu, ou extraction d'un corps étranger.

exergue [egzɛʀg] n. m. **1.** Espace réservé sur une médaille pour y graver une date, une devise; cette inscription. **2.** Fig. Avertissement, citation placés avant le début d'un texte, destinés à en éclairer le sens ou à l'appuyer. *Mettre un proverbe en exergue.* Syn. épigraphe.

exfoliation [ɛksfɔljasjɔ̃] n. f. **1.** Didac. Chute des parties mortes de l'écorce d'un arbre. ▷ Fait, pour une roche, de se détacher naturellement en plaques ou en bancs. **2.** MED Destruction des couches superficielles de l'épiderme.

exfolier [ɛksfɔlje] v. tr. [2] TECH Séparer en lames fines, en plaques. *Exfolier de l'ardoise, du schiste.* – *Exfolier un tronc d'arbre,* le débarrasser de son écorce. ▷ v. pron. *Tronc d'un niangon qui s'exfolie.*

exhalaison [egzalɛzɔ̃] n. f. Gaz, odeur, vapeur qui s'exhale d'un corps. *Des exhalaisons pestilentielles.*

exhalation [egzalasjɔ̃] n. f. Action d'exhaler. ▷ PHYSIOL Évaporation qui se produit continuellement à la surface de la peau du fait de la transpiration.

exhaler [egzale] v. tr. [1] **1.** Répandre (une odeur, un gaz, des vapeurs, etc.). *Bouquet qui exhale un parfum lourd.* ▷ v. pron. *Odeur qui s'exhale.* ▷ Par anal. *Exhaler un soupir.* **2.** Fig., litt. Exprimer avec force. *Exhaler sa rage, sa colère.*

exhaussement [egzosmɑ̃] n. m. Élévation. *Exhaussement d'un sol, d'une construction.*

exhausser [egzose] v. tr. [1] Rendre plus haut. *Exhausser un mur.*

exhaustif, ive [egzostif, iv] adj. Qui épuise une matière, un sujet. *Cette liste n'est pas exhaustive.*

exhaustivement [egzostivmɑ̃] adv. D'une manière exhaustive.

exhaustivité [egzostivite] n. f. Didac. Caractère de ce qui est exhaustif.

exhérédation [ɛgzeʀedasjɔ̃] n. f. DR Action de déshériter; son résultat.

exhiber [egzibe] v. tr. [1] **1.** DR Produire en justice. *Exhiber un titre de propriété.* **2.** Montrer, faire étalage de. *Exhiber ses décorations.* ▷ Fig. *Exhiber son adresse au tir à l'arc.* ▷ v. pron. Se produire, s'afficher en public. **3.** Cour. Montrer, mettre en évidence. *Exhiber des animaux dressés.*

exhibition [egzibisjɔ̃] n. f. **1.** DR Action de produire en justice. *L'exhibition d'un contrat.* **2.** Action de faire étalage de (qqch) avec ostentation. *Exhibition pédante de savoir.* **3.** Exposition en public. *Exhibition de fauves.*

exhibitionnisme [egzibisjɔnism] n. m. **1.** Comportement morbide des sujets pathologiquement poussés à exhiber leurs organes génitaux. **2.** Fig. Goût de faire état sans pudeur de sentiments ou de faits personnels et intimes.

exhibitionniste [egzibisjɔnist] n. et adj. **1.** Personne atteinte d'exhibitionnisme. ▷ adj. *Comportement exhibitionniste.* **2.** Fig. Personne qui aime à faire état de choses personnelles et intimes. ▷ adj. *Elle est trop exhibitionniste.*

exhortation [egzɔʀtasjɔ̃] n. f. Discours par lequel on exhorte.

exhorter [egzɔʀte] v. tr. [1] Encourager, exciter (qqn) par un discours. *Exhorter les troupes.* ▷ Engager vivement (qqn à faire une chose) par un discours persuasif. *L'avocat exhorta les jurés à la clémence.* ▷ v. pron. (Réfl.) *S'exhorter au calme.* – (Récipr.) *Ils s'exhortent au courage.*

exhumation [egzymasjɔ̃] n. f. Action d'exhumer un cadavre; son résultat. ▷ Fig. *L'exhumation du passé.*

exhumer [egzyme] v. tr. [1] **1.** Tirer (un cadavre) de sa sépulture, de la terre. Ant. inhumer. ▷ *Par ext.* Retirer de la terre (ce qui y était enfoui). *Exhumer les ruines d'un rempart.* **2.** Fig. Tirer de l'oubli, retrouver. *Exhumer de vieux parchemins.*

exigeant, ante [egziʒɑ̃, ɑ̃t] adj. Qui a l'habitude d'exiger beaucoup. *Un chef exigeant.* ▷ (Choses) *Un sport exigeant,* qui demande beaucoup de qualités, de persévérance.

exigence [egziʒɑ̃s] n. f. **1.** Caractère d'une personne exigeante. *Il est d'une grande exigence.* **2.** Ce qui est exigé (par qqn, par les circonstances, etc.). *Des exigences intolérables.* ▷ *Spécial.* (plur.) Somme d'argent que l'on demande pour salaire. *Vos exigences sont trop élevées.*

exiger [egziʒe] v. tr. [13] **1.** Réclamer, en vertu d'un droit réel ou que l'on s'arroge. *Exiger le paiement de réparations.* – *Exiger que* (+ subj.) *Il exige* *qu'on vienne.* **2.** (Sujet nom de chose.) Imposer comme obligation. *Allez-y, le devoir l'exige. Les circonstances exigent que vous refusiez ce travail.* ▷ Nécessiter. *Construction qui exige beaucoup de main-d'œuvre.*

exigibilité [egziʒibilite] n. f. **1.** DR Caractère de ce qui est exigible. *L'exigibilité d'une dette.* **2.** FIN *Les exigibilités :* les sommes dont les créanciers peuvent demander le remboursement immédiat.

exigible [egziʒibl] adj. Qui peut être exigé. – DR *Dette exigible,* dont on peut exiger sur-le-champ le remboursement.

exigu, uë [egzigy] adj. Restreint, insuffisant, très petit. *Logement exigu.*

exiguïté [egzigɥite] n. f. Caractère de ce qui est exigu.

exil [egzil] n. m. **1.** Action d'expulser qqn hors de sa patrie sans possibilité de retour; condition de celui qui est ainsi banni. *Il a été condamné à l'exil. Vivre en exil.* **2.** Fig. Séjour obligé et pénible loin de ses proches, de ce à quoi l'on est attaché.

Exil (l'), la Captivité des Juifs à Babylone* au VIe s. av. J.-C.

exilé, ée [egzile] adj. et n. Condamné à l'exil; qui vit en exil. *Un opposant exilé.* ▷ Subst. *Les exilés politiques.*

exiler [egzile] v. [1] **1.** v. tr. Condamner (qqn) à l'exil. *Exiler un opposant.* – Fig. Éloigner. *Exiler en province un fonctionnaire.* **2.** v. pron. (Réfl.) S'expatrier, partir loin de son pays.

exinscrit, ite [egzɛ̃skri, it] adj. GEOM *Cercle exinscrit,* tangent à l'un des côtés d'un polygone et aux prolongements des autres côtés. *Le triangle possède un cercle inscrit et trois cercles exinscrits.*

existant, ante [egzistɑ̃, ɑ̃t] adj. Qui existe, a une réalité; actuel.

existence [egzistɑ̃s] n. f. **1.** Fait d'être, d'exister. *L'existence d'un peuple, d'un fait.* **2.** PHILO *L'existence :* la réalité de l'être (par oppos. à *essence*). **3.** État de ce qui existe. *Existence d'une institution.* ▷ Durée de ce qui existe. *Notre association a deux ans d'existence.* **4.** Vie et manière de vivre de l'homme. *Arriver au bout de son existence. Existence heureuse, pénible.*

existentialisme [egzistɑ̃sjalism] n. m. PHILO Mouvement philosophique moderne, ensemble de doctrines qui ont en commun le fait de placer au point de départ de leur réflexion l'existence vécue de l'individu, de l'homme dans le monde, et la primauté de l'existence sur l'essence. «*L'existentialisme est un humanisme*» (J.-P. Sartre).

existentialiste [egzistɑ̃sjalist] adj. et n. Qui a rapport à l'existentialisme, qui y adhère. *Philosophe existentialiste.* ▷ Subst. *Un(e) existentialiste.*

existentiel, elle [egzistɑ̃sjɛl] adj. **1.** Qui ressortit à l'existence en tant que réalité vécue. **2.** MATH *Quantificateur existentiel :* symbole, noté ∃, qui signifie «il existe au moins un objet tel que…».

exister [egziste] v. tr. [1] **1.** PHILO Être en réalité, effectivement. «*Celui qui n'est pas ne peut pas se tromper; et j'existe par le fait même que je me trompe*» *(saint Augustin).* – Cour. «*Si Dieu n'existait pas, il faudrait l'inventer*» *(Voltaire). Une chose pareille ne saurait exister.* ▷ v. impers. *Il existe :* il y a (insistant sur la réalité du fait). *Il existe un maire par commune.* **2.** Être actuellement, subsister. *Ce monument n'existe plus.* ▷ Vivre. *Il a cessé d'exister :* il est mort. **3.** Avoir de l'importance, compter. *Elle avait l'impression de ne plus exister à ses yeux.*

exit [egzit] mot lat. inv. THEAT Dans une pièce, indication scénique signifiant «il sort». ▷ Fig., fam. *Exit la baisse des impôts.*

exitance [egzitɑ̃s] n. f. PHYS Quotient, exprimé en watts par mètre carré *(exitance énergétique),* de la puissance que rayonne une surface émettrice et de l'aire de celle-ci. *L'exitance lumineuse* (grandeur lumineuse analogue) *s'exprime en lumens par mètre carré.*

ex-libris [ɛkslibris] n. m. inv. (Mot lat.) Vignette que l'on colle à l'intérieur d'un livre, sur laquelle est inscrit le nom du propriétaire; cette inscription.

ex nihilo [ɛksniilo] loc. adv. ou adj. (Mots lat.). À partir de rien. *Une œuvre ex nihilo.*

exo-. Élément, du gr. *exô,* «hors de».

exocet [egzɔsɛ] n. m. ICHTYOL Poisson téléostéen des mers chaudes, long de 20 à 30 cm, qui accomplit des sauts de plusieurs mètres hors de l'eau grâce à des nageoires pectorales extrêmement développées. *L'exocet est couramment appelé «poisson volant».*

exocrine [egzɔkrin] adj. PHYSIOL *Glandes exocrines,* à sécrétion externe, soit directement en milieu extérieur (par la peau, par un canal excréteur), soit au niveau d'une muqueuse. Ant. endocrine.

exode [egzɔd] n. m. **1.** Émigration de tout un peuple. *L'exode des Hébreux hors d'Égypte* ou, absol. et avec une majuscule, *l'Exode.* **2.** *Par ext.* Départ en masse d'une population, d'un lieu vers un autre. *L'exode des victimes de la sécheresse. – L'exode rural,* des habitants des campagnes vers les villes. ▷ Par anal. *L'exode des capitaux,* leur fuite en masse vers l'étranger.

Exode (l'), deuxième livre de la Bible* et du Pentateuque* qui relate la sortie d'Égypte des Hébreux, renvoyés par le pharaon et conduits par Moïse* (v. 1250 av. J.-C.).

exogamie [egzɔgami] n. f. **1.** ETHNOL Coutume, règle qui contraint les membres d'un groupe lignager à se marier hors de la famille ou du groupe. Ant. endogamie. **2.** GENET Mode de reproduction sexuée où les descendances sont issues d'individus non apparentés.

exogène [egzɔʒɛn] adj. **1.** BOT Qui se forme à la périphérie de l'organe. **2.** MED Dont la cause est extérieure. *Intoxication exogène.* **3.** GEOL Produit à la surface du globe terrestre, ou affectant cette surface. *Un phénomène exogène.* Ant. endogène.

exonération [egzɔnerasjɔ̃] n. f. Action d'exonérer; son résultat.

exonérer [egzɔnere] v. tr. [14] Décharger, libérer (qqn) d'une obligation de paiement. – *Exonérer un contribuable,* le dispenser du paiement de tout ou partie de l'impôt. ▷ *Par ext.* Pp. *Marchandise exonérée de taxes.*

exophtalmie [ɛgzɔftalmi] n. f. MED Saillie du globe oculaire hors de l'orbite.

exophtalmique [ɛgzɔftalmik] adj. MED Qui se rapporte à l'exophtalmie; qui s'en accompagne. *Goitre exophtalmique.*

exorbitant, ante [ɛgzɔrbitɑ̃, ɑ̃t] adj. **1.** Excessif, démesuré. *Prix exorbitant.* **2.** DR *Disposition, clause exorbitante du droit commun,* qui fait exception au droit commun.

exorbité, ée [egzɔrbite] adj. *Yeux exorbités,* qui semblent sortir de leurs orbites (sous l'effet de la peur, de la surprise, etc.).

exorciser [egzɔrsize] v. tr. [1] Chasser, conjurer ou domestiquer (les démons) par des prières, par des cérémonies. – Délivrer (une personne, un lieu) des démons qui l'habitent.

exorcisme [egzɔrsism] n. m. Cérémonie par laquelle on exorcise.

exorciste [egzɔrsist] n. m. Celui qui exorcise.

exorde [egzɔrd] n. m. RHET Première partie d'un discours. – *Par ext.*, cour. Entrée en matière.

exoréique [egzɔreik] adj. GEOMORPH Se dit d'un réseau hydrographique, d'un cours d'eau en relation directe avec une mer ou un océan. Ant. endoréique.

exosphère [egzɔsfɛr] n. f. ASTRO Couche extrême de l'atmosphère terrestre, au-delà de la thermosphère (au-dessus de 1000 km env.).

exotérique [egzɔterik] adj. Didac. Se dit d'une doctrine enseignée ouvertement et sous une forme accessible à tous. Ant. ésotérique, secret (1).

exothermique [egzotɛrmik] adj. CHIM Qualifie les réactions qui se produisent avec un dégagement de chaleur. Ant. endothermique.

exotique [egzɔtik] adj. **1.** Qui n'est pas originaire du pays dont il est question; étranger (par oppos. à *indigène*). *Coutumes exotiques.* **2.** Qui provient de contrées lointaines, et notam., du point de vue européen, des régions équatoriales et tropicales. *Plantes exotiques.*

exotisme [egzɔtism] n. m. **1.** Caractère de ce qui est exotique. **2.** Goût pour les choses exotiques.

exotoxine [egzotɔksin] n. f. MICROB Toxine libérée dans le milieu extérieur par une bactérie sans qu'il y ait eu lyse bactérienne. Ant. endotoxine.

expansé, ée [ɛkspɑ̃se] adj. TECH Se dit de certains matériaux cellulaires à base de matières plastiques ayant subi une expansion. *Polystyrène expansé.*

expansible [ɛkspɑ̃sibl] adj. PHYS Susceptible d'expansion.

expansif, ive [ɛkspɑ̃sif, iv] adj. et n. **1.** TECH Qui tend à se dilater. **2.** Fig Ouvert de caractère, qui aime à communiquer ses sentiments. *Personne expansive.* – Par ext. *Caractère expansif.* ▷ Subst. *Ce n'est pas un expansif!*

expansion [ɛkspɑ̃sjɔ̃] n. f. **I. 1.** Augmentation de volume ou de surface. **2.** PHYS Dilatation d'un fluide. *Expansion d'un gaz.* **3.** BOT, ZOOL Développement d'un organe. *Expansion membraneuse.* **4.** ECON Phase, souvent accompagnée d'inflation, dans laquelle l'activité économique et le pouvoir d'achat augmentent. *Politique d'expansion économique.* **5.** GEOGR *Expansion démographique :* accroissement de la population. **6.** ASTRO *Théorie de l'expansion de l'Univers,* suggérée par W. de Sitter dès 1919, vérifiée par Hubble (1929), selon laquelle l'Univers serait dans une phase de dilatation qui s'exprime par la fuite des galaxies. **II. 1.** Action de s'étendre au-dehors. *L'expansion d'une doctrine,* sa propagation. **2.** Litt. Épanchement de l'âme, des sentiments.

expansionnisme [ɛkspɑ̃sjɔnism] n. m. Politique d'un État qui préconise pour lui-même l'expansion (économique, territoriale).

expansionniste [ekspɑ̃sjɔnist] n. et adj. **1.** Partisan de l'expansionnisme. ▷ adj. *La politique expansionniste d'un pays.* **2.** ECON Partisan de l'expansion économique. ▷ adj. Qui a rapport à l'expansion économique.

expatriation [ekspatʀijasjɔ̃] n. f. **1.** Action d'expatrier; son résultat. **2.** Fait de s'expatrier.

expatrié, ée [ekspatʀije] adj. et n. **1.** adj. Qui a quitté son pays pour vivre dans un autre. ▷ Subst. *Les expatriés.* **2.** n. (Afr. subsah., Madag.) *Spécial.* Étranger d'origine occidentale (notam. cadre coopérant) travaillant temporairement dans un pays d'Afrique ou à Madagascar.

expatrier (s') [ekspatʀije] v. pron. [2] Quitter sa patrie.

expectative [ɛkspɛktativ] n. f. **1.** Espérance, attente fondée sur des probabilités, des promesses. **2.** Attitude qui consiste à attendre prudemment qu'une solution se dessine avant d'agir. *Être, rester dans l'expectative.*

expectorant, ante [ɛkspɛktɔʀɑ̃, ɑ̃t] adj. et n. m. MED Qui facilite l'expectoration. *Médicament expectorant,* ou, n. m., *un expectorant.*

expectoration [ɛkspɛktɔʀasjɔ̃] n. f. MED Action d'expectorer; substances expectorées.

expectorer [ɛkspɛktɔʀe] v. tr. [1] MED Expulser par la bouche (les substances qui encombrent les voies respiratoires, les bronches).

expédient [ɛkspedjɑ̃] n. m. (Souvent péjor.) Moyen de résoudre momentanément une difficulté, de se tirer d'embarras par quelque artifice. – *Vivre d'expédients :* recourir, pour assurer sa subsistance, à toutes sortes de moyens, y compris les plus indélicats.

expédier [ɛkspedje] v. tr. [2] **I. 1.** Vieilli ou ADMIN Mener, terminer avec diligence. *Le président par intérim expédiera toutes les affaires courantes.* **2.** Mod., cour. Faire rapidement, bâcler (qqch) pour s'en débarrasser. *Expédier son travail.* – Fam. *Expédier qqn,* se débarrasser promptement de lui. **II.** Envoyer, faire partir. *Expédier une lettre, un colis.*

expéditeur, trice [ɛkspeditœʀ, tʀis] adj. et n. Qui expédie (sens II). *Gare expéditrice.* ▷ Subst. *Retour à l'expéditeur.*

expéditif, ive [ɛkspeditif, iv] adj. Qui mène les choses rondement ou qui les bâcle. *Il est très expéditif en affaires.* – Par ext. *Jugement expéditif.*

expédition [ɛkspedisjɔ̃] n. f. **1.** Vieilli ou ADMIN Action d'exécuter avec diligence. *Expédition des affaires courantes.* **2.** Action d'envoyer, de faire partir. *Expédition d'un colis.* **3.** Entreprise de guerre hors des frontières. *L'expédition de Bonaparte en Égypte.* ▷ Par ext. *Expédition scientifique au pôle Nord.* – Iron. ou plaisant *Quelle expédition!* **4.** DR Copie littérale d'un acte judiciaire ou notarié.

expéditionnaire [ɛkspedisjɔnɛʀ] adj. et n. **I.** adj. **1.** DR Qui a pour tâche de faire les expéditions, les copies. *Commis expéditionnaire.* ▷ Subst. *Un(e) expéditionnaire.* **2.** Chargé d'une expédition militaire. *Le corps expéditionnaire.* **II.** n. Personne employée à l'expédition de marchandises.

expérience [ɛkspeʀjɑ̃s] n. f. **1.** Fait d'éprouver personnellement la réalité d'une chose. *Savoir par expérience que...* ▷ Spécial. *La philosophie classique oppose l'expérience et l'entendement.* **2.** Connaissance acquise par une longue pratique. *Avoir une grande expérience des affaires.* – (Absol.) *Il a de l'expérience.* **3.** Fait de provoquer un phénomène pour l'étudier. *Faire une expérience.* ▷ Par ext., cour. *Tenter l'expérience.*

expérimental, ale, aux [ɛkspeʀimɑ̃tal, o] adj. **1.** Fondé sur l'expérience scientifique. *Claude Bernard a posé les fondements de la méthode expérimentale.* – *Sciences expérimentales,* fondées sur l'expérimentation (par oppos. à *sciences exactes*) : physique, chimie, sciences naturelles. **2.** Qui sert d'expérience pour vérifier, améliorer (une technique, un appareil). *Vol expérimental d'un avion prototype.*

expérimentalement [ɛkspeʀimɑ̃talmɑ̃] adv. De manière expérimentale.

expérimentateur, trice [ɛkspeʀimɑ̃tatœʀ, tʀis] n. Personne qui fait des expériences scientifiques.

expérimentation [ɛkspeʀimɑ̃tasjɔ̃] n. f. Action d'expérimenter; usage méthodique de l'expérience scientifique.

expérimenté, ée [ɛkspeʀimɑ̃te] adj. Instruit par l'expérience. ▷ *Par ext.* Exercé.

expérimenter [ɛkspeʀimɑ̃te] v. tr. [1] Soumettre à des expériences pour vérifier, contrôler, juger, etc. *Expérimenter une nouvelle technique.* ▷ (S. comp.) Faire des expériences (dans les sciences expérimentales).

expert, erte [ɛkspɛʀ, ɛʀt] adj. et n. m. **I.** adj. **1.** Qui a acquis une grande habileté par la pratique. *Un chirurgien expert. Il est expert en la matière.* ▷ n. m. *C'est un expert dans son domaine.* **2.** *Par ext.* Exercé. *Une main, une oreille experte.* **II.** n. m. **1.** DR Spécialiste requis par une juridiction pour l'éclairer de ses avis, effectuer des vérifications ou appréciations techniques. *Médecin expert.* **2.** Spécialiste chargé d'apprécier la valeur et l'authenticité de certains objets. *Expert en immobilier.* **3.** INFORM (En appos.) *Système expert :* logiciel d'aide à la décision ou au diagnostic simulant le comportement d'un spécialiste par l'exploitation de connaissances relatives à un domaine particulier (médecine, géologie, etc.).

expert-comptable [ɛkspɛʀkɔ̃tabl] n. Personne dont la profession consiste à établir et à vérifier les comptabilités et qui agit en engageant sa responsabilité. *Des experts-comptables.* Syn. (Québec) comptable agréé.

expertise [ɛkspɛʀtiz] n. f. Examen et rapport techniques effectués par un expert. *Procéder à une expertise.*

expertiser [ɛkspɛʀtize] v. tr. [1] Soumettre à une expertise. *Expertiser un tableau.*

expiation [ɛkspjasjɔ̃] n. f. **1.** HIST, SOCIOL Cérémonie religieuse, rite destinés à apaiser la colère divine. **2.** Peine, souffrance par laquelle on expie une faute, un crime. ▷ RELIG CATHOL Rachat du péché par la pénitence.

expiatoire [ɛkspjatwaʀ] adj. Qui sert à expier. *Victime expiatoire.*

expier [ɛkspje] v. tr. [2] Réparer (un crime, une faute) par la peine qu'on subit. *Expier ses crimes par la prison.* ▷ Spécial. *Expier ses péchés.*

expirateur [ɛkspiʀatœʀ] adj. m. (et n. m.) ANAT *Muscles expirateurs,* qui contribuent à l'expiration.

expiration [ɛkspiʀasjɔ̃] n. f. **1.** Action par laquelle les poumons expulsent l'air qu'ils ont inspiré. **2.** Fig. Échéance d'un terme prescrit ou convenu. *Expiration d'un contrat.*

expiratoire [ɛkspiʀatwaʀ] adj. Qui se rapporte à l'expiration.

expirer [ɛkspiʀe] v. [1] **I.** v. tr. Rejeter (l'air inspiré dans les poumons). **II.** v. intr. **1.** Rendre le dernier soupir, mourir. *Il a expiré dans la nuit.* ▷ *Par ext.* S'évanouir, disparaître. *La lueur expira peu à peu.* **2.** Arriver à son terme. *Votre bail expire à la fin du mois.*

explétif, ive [ɛkspletif, iv] adj. et n. m. GRAM Se dit des mots qui entrent dans une phrase sans être nécessaires pour le sens. *Dans «il a peur que je ne parte», «ne» est explétif.* ▷ n. m. *Un explétif.*

explicable [ɛksplikabl] adj. Qui peut être expliqué.

explicatif, ive [ɛksplikatif, iv] adj. Qui sert à expliquer. *Notice explicative.*

explication [ɛksplikasjɔ̃] n. f. **1.** Développement destiné à faire comprendre qqch, à en éclaircir le sens. *L'explication d'un point difficile.* **2.** Motif, raison d'une chose. *On ne trouve pas d'explication à cette panne subite.* **3.** Justification, éclaircissement sur la conduite (de qqn). *Demander des explications à qqn.* ▷ Discussion pour justifier, éclaircir. *Avoir une explication avec qqn.*

explicitation [ɛksplisitasjɔ̃] n. f. Didac. Action de rendre explicite.

explicite [ɛksplisit] adj. Énoncé clairement et complètement, sans ambiguïté. *S'exprimer en termes explicites.* – Par ext. *Il a été tout à fait explicite.*

explicitement [ɛksplisitmɑ̃] adv. De façon explicite.

expliciter [ɛksplisite] v. tr. [1] Énoncer clairement, formellement. – Pp. adj. *Clause explicitée dans le contrat.*

expliquer [ɛksplike] v. [1] **I.** v. tr. **1.** Éclaircir, faire comprendre (ce qui est obscur). *Expliquer un phénomène, un point difficile.* **2.** Faire connaître, développer en détail. *Expliquer ses projets.* – Donner les raisons de, justifier. *Comment expliquerez-vous votre retard?* **II.** v. pron. **1.** Faire connaître sa pensée. *S'expliquer clairement.* **2.** Avoir une explication (sens 3). *Nous nous sommes expliqués, et maintenant tout est clair.* ▷ Fam. Se battre (pour vider une querelle). *On va aller s'expliquer dehors!* **3.** (Choses) Devenir clair; être aisément compréhensible. *Tout s'explique! Une attitude qui s'explique difficilement.* **4.** (Personnes) Comprendre les raisons de. *Je m'explique mal votre refus.*

1. exploit [ɛksplwa] n. m. Action d'éclat, prouesse. *De brillants exploits sportifs.* ▷ Vx ou litt. Action d'éclat à la guerre.

2. exploit [ɛksplwa] n. m. DR Acte de procédure signifié par un huissier. *Dresser un exploit.*

exploitable [ɛksplwatabl] adj. **1.** Qui peut être cultivé, façonné, mis en valeur, etc. *Terres exploitables. Documents exploitables.* **2.** Fig., péjor. Que l'on peut exploiter (sens II). *Un naïf exploitable.*

exploitant, ante [ɛksplwatɑ̃, ɑ̃t] adj. et n. Qui se livre à une exploitation. *Industriel exploitant.* ▷ Subst. *Un exploitant agricole.* – *Spécial.* Propriétaire ou directeur d'une salle de cinéma.

exploitation [ɛksplwatasjɔ̃] n. f. **1.** Action d'exploiter, de tirer profit d'une chose que l'on fait produire. *L'exploitation d'un gisement.* ▷ Action de faire fonctionner un réseau, une ligne aérienne, routière, ferroviaire, etc. *Service, agent d'exploitation.* **2.** Ce que l'on met en valeur, ce que l'on fait produire pour en tirer profit. *Une vaste exploitation agricole.* **3.** (Abstrait) Action de tirer parti (de qqch). *L'exploitation des résultats d'une enquête.* **4.** Péjor. Action d'utiliser à son seul profit (une personne, un sentiment, etc.). *Exploitation de la crédulité de qqn.* ▷ *Exploitation de l'homme par l'homme :* fait, pour une classe sociale, d'accaparer le profit tiré du travail d'autres classes sociales.

exploité, ée [ɛksplwate] adj. (et n.) **1.** Dont on tire partie, mis en valeur. *Une mine exploitée.* **2.** (Abstrait) *Situation économique exploitée par certains profiteurs.* **3.** Dont on profite abusivement. *Groupe social exploité* ou, subst. *les exploités.*

exploiter [ɛksplwate] v. tr. [1] **I. 1.** Faire valoir, tirer parti de (qqch). *Exploiter une terre. Exploiter une usine.* **2.** (Abstrait) Tirer tout le bénéfice de (une situation). *Exploiter une victoire.* **II.** Péjor. Utiliser abusivement (qqn) pour son profit. *Exploiter les travailleurs.* ▷ Par ext. *Exploiter la sensibilité de qqn.*

exploiteur, euse [ɛksplwatœʀ, øz] n. Péjor. Personne qui abuse de l'ignorance, de la position des autres, pour en tirer profit. *Un vil exploiteur de la crédulité publique.*

explorateur, trice [ɛksplɔʀatœʀ, tʀis] n. Personne qui explore une région inconnue ou difficile d'accès.

exploration [ɛksplɔʀasjɔ̃] n. f. **1.** Action d'explorer (une région). *Exploration polaire.* **2.** MED Action d'explorer (un organe, une plaie, etc.).

exploratoire [ɛksplɔʀatwaʀ] adj. Qui sert à préparer (une négociation, une recherche). *Réunion exploratoire.*

explorer [ɛksplɔʀe] v. tr. [1] **1.** Visiter (une région inconnue ou difficile d'accès). *Explorer l'Amazonie. Explorer les environs.* ▷ Fig. Visiter en détail. *Explorer une bibliothèque.* **2.** MED Examiner (un organe, une région de l'organisme) par des méthodes spéciales : radiologie, sondage, etc.

Explorer, satellites américains qui explorent l'espace dans un rayon de 60000 km env. autour de la Terre.

exploser [ɛksploze] v. intr. [1] **1.** Faire explosion. *Obus qui explose.* **2.** Fig. Se manifester soudainement avec violence. *Sa colère explosa.* ▷ (Personnes) *À bout de patience, il explosa.* **3.** Fam. Augmenter brusquement. *Les prix explosent.*

explosif, ive [ɛksplozif, iv] adj. et n. **I.** adj. **1.** D'une explosion, relatif à une explosion. *Onde explosive.* **2.** Qui peut faire explosion. *Mélange explosif.* ▷ Fig. *Une situation explosive.* **3.** PHON *Consonne explosive* ou, n. f., *une explosive :* consonne que l'on prononce en arrêtant l'air chassé du larynx et en lui donnant brusquement passage. [p] *et* [b] *sont des explosives.* **II.** n. m. Substance susceptible de faire explosion.

explosion [ɛksplozjɔ̃] n. f. **1.** Action d'éclater avec violence. *L'explosion d'une mine.* ▷ CHIM Réaction violente accompagnée d'un dégagement d'énergie très élevé. *L'explosion est l'une des trois formes de la combustion.* ▷ PHYS NUCL *Explosion nucléaire,* due à la fission ou à la fusion nucléaire. ▷ *Moteur à explosion,* dans lequel l'énergie motrice est fournie par la combustion d'un mélange d'air et de combustible. **2.** Fig. Manifestation soudaine et violente. *L'explosion d'une révolte.*

exponentiation [ɛkspɔnɑ̃sjasjɔ̃] n. f. MATH Élévation à une puissance.

exponentiel, elle [ɛkspɔnɑ̃sjɛl] adj. (et n. f.) **1.** MATH Où la variable, l'inconnue figure en exposant. *Une fonction exponentielle* ou, n. f., *une exponentielle,* inverse de la fonction logarithme. *L'équation exponentielle* $e^x=a$ *correspond à* $x=Log\ a$. **2.** Didac. Qui croît ou décroît selon un taux de plus en plus fort. *Croissance démographique exponentielle.*

exportable [ɛkspɔʀtabl] adj. Que l'on peut exporter.

exportateur, trice [ɛkspɔʀtatœʀ, tʀis] adj. et n. Qui exporte.

exportation [ɛkspɔʀtasjɔ̃] n. f. **1.** Action d'exporter. **2.** Ensemble des marchandises exportées. Ant. importation.

exporter [ɛkspɔʀte] v. tr. [1] Vendre et transporter à l'étranger (des produits nationaux). *Exporter des matières premières.* Ant. importer. ▷ *Exporter des capitaux,* les placer à l'étranger.

exposant, ante [ɛkspozɑ̃, ɑ̃t] n. **1.** Personne, entreprise qui fait une exposition de ses œuvres, de ses produits. **2.** n. m. MATH Indice que l'on porte en haut et à droite d'un nombre (ou d'une expression) pour exprimer la puissance à laquelle il est porté. *L'exposant est 3 dans l'expression* 6^3 *qui égale* $6\times6\times6$.

exposé [ɛkspoze] n. m. **1.** Développement dans lequel on présente des faits, des idées. *Exposé d'une théorie.* **2.** Bref discours didactique. *Étudiant qui fait un exposé.*

exposer [ɛkspoze] v. tr. [1] **I. 1.** Mettre (qqch) en vue. *Exposer un tableau.* **2.** Fig. Présenter, faire connaître (des faits, des idées). *Exposer une thèse.* **II. 1.** Placer (qqn, qqch) de manière à le soumettre à l'action de. *Exposer des plantes à la lumière.* – *Maison bien exposée,* bien orientée par rapport au soleil et aux vents dominants. ▷ PHOTO Soumettre (une surface sensible) à l'action de rayons lumineux. ▷ v. pron. *S'exposer au soleil.* **2.** Fig. Faire courir un risque à (qqn, qqch). *Exposer qqn à un danger. Exposer sa vie.* ▷ DR *Exposer un enfant,* l'abandonner. ▷ v. pron. *S'exposer à la mort.*

exposition [ɛkspozisjɔ̃] n. f. **I. 1.** Action de mettre en vue. *Exposition de marchandises.* **2.** Présentation au public de produits commerciaux, d'œuvres d'art; lieu où on les expose. *Exposition des arts ménagers. Exposition de peinture.* **3.** Fig. Action d'exposer (des faits, des idées). *Exposition d'une doctrine.* ▷ LITTER Première partie d'une œuvre, dans laquelle l'auteur expose le sujet, les caractères des personnages, etc. ▷ MUS Première partie d'une œuvre instrumentale (fugue, sonate), où les thèmes à développer sont présentés. **II. 1.** Orientation (d'une maison, d'un terrain). *Exposition au nord.* **2.** Action de soumettre à l'effet de. *Exposition au soleil.* – PHOTO Fait d'exposer une surface sensible à la lumière. **3.** DR *Exposition d'un enfant,* son abandon.

1. exprès, esse [ɛkspʀɛs] adj. et n. m. **1.** Énoncé de manière précise et formelle. *Défense expresse.* **2.** adj. inv. *Lettre, colis exprès,* confié, à son arrivée au bureau distributeur, à un préposé qui se déplace exprès pour le remettre au destinataire. – n. m. *Lettre envoyée par exprès. Un exprès.*

2. exprès [ɛkspʀɛ] adv. **1.** Avec intention formelle. *Il l'a fait exprès.* **2.** Loc. *Un fait exprès :* une coïncidence, généralement fâcheuse, qui semble produite spécialement pour contrarier.

1. express [ɛkspʀɛs] adj. inv. et n. m. inv. Qui permet une liaison rapide. *Voie express. Train express :* train rapide qui ne s'arrête qu'à un petit nombre de stations. ▷ n. m. inv. *Un express.*

2. express [ɛkspʀɛs] adj. inv. et n. m. inv. *Café express,* fait dans un percolateur. ▷ n. m. inv. *Un express bien serré.*

expressément [ɛkspʀesemɑ̃] adv. D'une manière expresse. *Je l'ai dit expressément.*

expressif, ive [ɛkspʀɛsif, iv] adj. **1.** Qui exprime bien ce qu'on veut dire. *Terme expressif.* **2.** Qui a de l'expression. *Visage expressif.*

expression [ɛkspʀɛsjɔ̃] n. f. **1.** Manifestation d'une pensée, d'un sentiment, par le langage, le corps, le visage, l'art. *Expression par le dessin. Regard sans expression.* **2.** Mot, groupe de mots employés pour rendre la pensée. *Expression impropre.* ▷ *Au-delà de toute expression :* plus qu'on ne saurait dire. **3.** MATH *Expression algébrique :* ensemble de nombres et de lettres que relient des signes représentant les opérations à effectuer. ▷ *Réduire une fraction à sa plus simple expression,* la remplacer par une fraction égale dont les termes sont les plus petits possible. – Fig. *Réduire (qqch) à sa plus simple expression,* à son état le plus rudimentaire.

expressionnisme [ɛkspʀɛsjɔnism] n. m. Forme d'art qui s'efforce de donner à une œuvre le maximum d'intensité expressive.

ENCYCL L'expressionnisme, dans le sens le plus large du terme, est une tendance permanente de l'art mais il s'est surtout manifesté au XXe s. dans les pays occidentaux qui connaissent une crise de civilisation. Angoisse, sens du tragique et volonté outrancière de les dire, de les crier, caractérisent l'expressionnisme; à la violence de l'intention correspond un goût avoué pour la recherche de l'effet. En peinture, Van Gogh et Gauguin, puis Ensor, Munch et Matisse sont à l'origine des tendances expressionnistes contemporaines. Au cinéma, l'expressionnisme a marqué un grand nombre de metteurs en scène dans les années 1920 (Murnau, F. Lang, etc.).

expressionniste [ɛkspʀɛsjɔnist] adj. et n. Relatif à l'expressionnisme. *Peinture, cinéma expressionniste.* ▷ Subst. *Les expressionnistes allemands.*

expressivité [ɛkspʀɛsivite] n. f. Caractère de ce qui est expressif.

exprimable [ɛkspʀimabl] adj. Qui peut être exprimé.

exprimer [ɛkspʀime] v. [1] **I.** v. tr. **1.** Manifester (une pensée, un sentiment) par le langage, par la mimique ou l'attitude, par des moyens artistiques. *Exprimer son dédain par une moue. Musique qui exprime la joie.* **2.** Extraire par pression. *Exprimer le jus d'un fruit.* **II.** v. pron. *Il s'exprime mal en anglais. S'exprimer par gestes.*

expropriation [ɛkspʀɔpʀijasjɔ̃] n. f. DR Action d'exproprier. *Expropriation pour cause d'utilité publique, moyennant une indemnité. Expropriation forcée par suite de saisie.*

exproprié, ée [ɛkspʀɔpʀije] adj. et n. Qui est dépouillé légalement d'une propriété. *Personne expropriée.* – Subst. *Les expropriés ont fait appel.* ▷ Par ext. *Immeuble exproprié.*

exproprier [ɛkspʀɔpʀije] v. tr. [2] DR Dépouiller (qqn) de la propriété d'un bien par voie légale.

expulser [ɛkspylse] v. tr. [1] **1.** Chasser (qqn) du lieu où il était établi. *Expulser un locataire.* ▷ Par ext. *Expulser qqn d'une assemblée.* **2.** Évacuer (qqch) de l'organisme. *Expulser un calcul.*

expulsion [ɛkspylsjɔ̃] n. f. **1.** Action d'expulser. **2.** Action d'expulser de l'organisme. *L'expulsion des selles.* – Absol. MED Stade de l'accouchement où l'enfant est expulsé du corps maternel.

expurger [ɛkspyʀʒe] v. tr. [13] Débarrasser (un texte) des passages jugés choquants, répréhensibles.

exquis, ise [ɛkski, iz] adj. **1.** Qui est très agréable aux sens, spécial. au goût ou à l'odorat, par sa délicatesse. *Un mets exquis. Un parfum exquis.* **2.** Qui a ou dénote du raffinement, de la délicatesse morale ou intellectuelle. *Courtoisie exquise. Personne exquise.*

exsangue [ɛgzɑ̃g] adj. **1.** D'une pâleur extrême (personne, visage). *Un malade exsangue.* **2.** MED Qui est privé de sang. *Tissus exsangues.* **3.** Fig. Qui a perdu ses ressources, son énergie. *Un pays exsangue.*

exsanguino-transfusion [ɛksɑ̃gi notʀɑ̃sfyzjɔ̃] n. f. MED Remplacement total du sang d'un malade, d'un nouveau-né, par transfusion sanguine massive et soustraction d'une quantité de sang équivalente. *Des exsanguino-transfusions.*

exsudation [ɛksydasjɔ̃] n. f. MED Suintement pathologique d'un liquide organique.

extase [ɛkstaz] n. f. **1.** Ravissement de l'esprit absorbé dans la contemplation au point d'être détaché du monde sensible. *Extase mystique.* **2.** *Par ext.* État d'une personne transportée par un sentiment de joie ou d'admiration extrême. *Tomber en extase devant un tableau.*

extasier (s') [ɛkstazje] v. pron. [2] Manifester une admiration, un plaisir extrême.

extatique [ɛkstatik] adj. **1.** Qui tient de l'extase. **2.** Qui est en extase.

extenseur [ɛkstɑ̃sœʀ] adj. m. et n. m. **1.** adj. m. ANAT Qui assure l'extension (par oppos. à *fléchisseur*). *Les muscles extenseurs.* ▷ n. m. *L'extenseur de l'avant-bras.* **2.** n. m. Appareil de gymnastique utilisé pour développer les muscles.

extensible [ɛkstɑ̃sibl] adj. Susceptible de s'étendre.

extensif, ive [ɛkstɑ̃sif, iv] adj. **1.** Qui détermine l'extension. *Force extensive.* **2.** LING *Signification extensive d'un mot,* celle qu'il a prise par extension. **3.** AGRIC *Culture extensive,* effectuée sur des grandes surfaces, sans apport d'engrais, et dont le rendement est assez faible. **4.** ELEV *Élevage extensif,* pratiqué sur de vastes étendues. **5.** PHYS *Propriétés extensives,* qui dépendent de la quantité de matière.

extension [ɛkstɑ̃sjɔ̃] n. f. **1.** Action d'étendre, de s'étendre; son résultat. ▷ PHYSIOL Mouvement déterminant l'ouverture de l'angle formé par deux os articulés. ▷ MED *Mise en extension :* méthode d'immobilisation des fractures. **2.** Augmentation de dimension. *Extension en largeur.* **3.** Fig. Développement, accroissement. *Extension d'une industrie.* ▷ LING Acception plus générale donnée au sens d'un mot. *C'est par extension que l'on dit d'un son qu'il est éclatant.* **4.** LOG *Extension d'un concept,* ensemble des objets auxquels il s'applique (par oppos. à *compréhension*). *L'extension de «vertébré» est plus grande que celle de «mammifère» et plus petite que celle de «animal».* **5.** (Belgique) *Extension (téléphonique) :* poste intérieur dépendant d'un central téléphonique.

exténuant, ante [ɛkstenɥɑ̃, ɑ̃t] adj. Qui exténue, très fatigant.

exténuer [ɛkstenɥe] v. tr. [1] Causer un grand affaiblissement à (qqn); épuiser. *Le voyage l'a exténué.* ▷ v. pron. *S'exténuer à travailler.*

extérieur, eure [ɛksteʀjœʀ] adj. et n. m. **I.** adj. **1.** Qui est au-dehors. *Côté extérieur.* – *Politique extérieure,* qui concerne les pays étrangers. ▷ GEOM *Angle extérieur d'un polygone,* formé par l'un de ses côtés et le prolongement d'un côté voisin. **2.** Apparent, visible. *Signes extérieurs de richesse.* **3.** Qui existe en dehors de l'individu. *Le monde extérieur.* **II.** n. m. **1.** Partie d'une chose visible du dehors. *L'extérieur d'une maison.* **2.** *L'extérieur :* les pays étrangers. *Nouvelles de l'extérieur.* **3.** CINE Scènes filmées en dehors des studios. *Tourner en extérieur.* **III.** Loc. adv. *À l'extérieur :* au-dehors.

extérieurement [ɛksteʀjœʀmɑ̃] adv. **1.** À l'extérieur. **2.** Fig. En apparence.

extériorisation [ɛksteʀjɔʀizasjɔ̃] n. f. Action d'extérioriser.

extérioriser [ɛksteʀjɔʀize] v. tr. [1] **1.** Manifester (un sentiment, une émotion). *Il a extériorisé son chagrin.* ▷ v. pron. *Joie qui s'extériorise.* **2.** PSYCHO Situer à l'extérieur de soi (ce qui n'existe que dans la conscience).

extériorité [ɛksteʀjɔʀite] n. f. Didac. Caractère de ce qui est extérieur.

exterminateur, trice [ɛkstɛʀminatœʀ, tʀis] adj. et n. Qui extermine. ▷ Subst. *Les grands exterminateurs de l'histoire.*

extermination [ɛkstɛʀminasjɔ̃] n. f. Action d'exterminer; son résultat. *Guerre d'extermination.*

exterminer [ɛkstɛʀmine] v. tr. [1] Détruire en totalité (des êtres vivants), massacrer. *Exterminer un peuple.*

externat [ɛkstɛʀna] n. m. **1.** École où l'on ne reçoit que des élèves externes; régime de ces élèves. **2.** Fonction d'externe dans les hôpitaux.

externe [ɛkstɛʀn] adj. et n. **I.** adj. **1.** Situé au-dehors, tourné vers l'extérieur. *Face externe.* – *Médicament pour l'usage externe,* à ne pas absorber. ▷ GEOM *Angle externe :* angle supplémentaire de l'un des angles du triangle formé par trois droites qui se coupent. ▷ MATH *Loi de composition externe sur un ensemble E :* application du produit d'un ensemble E par un autre ensemble F à l'intérieur du premier ensemble E. **2.** (Québec) *Clinique externe :* dans un hôpital, service de consultation sans hospitalisation. **II.** n. **1.** Élève qui n'est ni logé ni nourri dans l'établissement scolaire qu'il fréquente. **2.** *Externe des hôpitaux :* étudiant en médecine assistant les internes, dans un service hospitalier.

exterritorialité [ɛkstɛʀitɔʀjalite] n. f. DR Immunité exemptant les agents diplomatiques de la juridiction de l'État où ils se trouvent, les laissant soumis aux lois de l'État dont ils dépendent.

extincteur [ɛkstɛ̃ktœʀ] n. m. Appareil servant à éteindre un foyer d'incendie par projection de mousse, d'eau pulvérisée, de dioxyde de carbone, etc.

extinction [ɛkstɛ̃ksjɔ̃] n. f. **1.** Action d'éteindre; état de ce qui est éteint. *Extinction du feu.* – MILIT *Extinction des feux :* moment où toutes les lumières doivent être éteintes. ▷ TECH Arrêt de la combustion dans un propulseur. **2.** Fig. Cessation de l'activité, de l'existence. *Extinction de voix.* – *Extinction d'une dynastie.*

extirpation [ɛkstiʀpasjɔ̃] n. f. Action d'extirper.

extirper [ɛkstiʀpe] v. tr. [1] **1.** Arracher (un végétal) avec sa racine. *Extirper des mauvaises herbes.* ▷ CHIR Enlever totalement. *Extirper une tumeur.* **2.** Fig., litt. *Extirper les abus.* **3.** Faire sortir avec difficulté. *Extirper qqn de son sommeil.* ▷ v. pron. *S'extirper de la carcasse d'une voiture.*

extorquer [ɛkstɔʀke] v. tr. [1] Obtenir (qqch) par la violence, la menace, la duplicité. *Extorquer de l'argent.*

extorsion [ɛkstɔʀsjɔ̃] n. f. Action d'extorquer. *Extorsion de fonds.*

1. extra-. Préfixe (attaché au radical ou joint à lui par un trait d'union). **1.** Exprime l'extériorité. *Un acte extrajudiciaire.* **2.** Marque une valeur superlative de l'adjectif. *Extra-fin.*

2. extra [ɛkstʀa] n. m. inv. et adj. inv. **I.** n. m. inv. **1.** Ce que l'on fait en plus de l'ordinaire, spécial. en parlant des repas. *Faire un extra, des extra.* **2.** Service exceptionnel en dehors des horaires de travail habituels; personne qui fait ce service. **II.** adj. inv. Fam. Supérieur par la qualité. *Vin extra.*

extraconjugal, ale, aux [ɛks tʀakɔ̃ʒygal, o] adj. Qui a lieu hors mariage. *Relations extraconjugales.*

extracoutumier, ère [ɛkstʀakutymje, ɛʀ] adj. (Afr. subsah.) *Centre extracoutumier :* à l'époque de la colonisation belge, localité dont les habitants n'étaient pas régis par le droit coutumier.

extraction [ɛkstʀaksjɔ̃] n. f. **I. 1.** Action d'extraire. ▷ CHIR Opération qui consiste à retirer (qqch d'une partie du corps). *Extraction d'un corps étranger, d'une dent.* **2.** MATH Action d'extraire la racine d'un nombre. **3.** CHIM Transfert de constituants d'une phase solide ou liquide dans une autre phase liquide appelée *solvant.* **4.** TECH *Extraction électrolytique :* récupération, par électrolyse, des métaux contenus dans une solution. **II.** Fig., litt. Ascendance, origine. *Être de noble extraction.*

extrader [ɛkstʀade] v. tr. [1] DR Soumettre à l'extradition.

extradition [ɛkstʀadisjɔ̃] n. f. DR Acte par lequel un gouvernement livre un individu prévenu d'un crime ou d'un délit au gouvernement sur le territoire duquel ce crime ou ce délit a été commis.

extrados [ɛkstʀado] n. m. **1.** ARCHI Surface extérieure d'une voûte ou d'un arc. **2.** AVIAT Face supérieure d'un plan d'avion. Ant. intrados.

extra-fin ou **extrafin, fine** [ɛkstʀafɛ̃, fin] adj. **1.** Très fin. *Petits pois extra-fins.* **2.** De qualité supérieure (denrées). *Café extra-fin.*

extra-fort ou **extrafort** [ɛkstʀafɔʀ] n. m. Ganse pour border les ourlets, les coutures. *Des extra-forts.*

extragalactique [ɛkstʀagalaktik] adj. ASTRO Situé en dehors de notre galaxie. *Nébuleuse extragalactique.*

extraire [ɛkstʀɛʀ] v. tr. [58] **1.** Tirer avec une certaine difficulté (une chose) de ce qui la contient. *Extraire une balle d'une plaie.* **2.** Séparer (une substance) d'une autre. *Extraire l'aluminium de la bauxite.* **3.** Tirer (un passage) d'une œuvre. *Extraire une citation.* **4.** MATH *Extraire la racine carrée, la racine $n^{ième}$ d'un nombre,* la calculer. ▷ *Extraire les entiers dans un nombre fractionnaire,* chercher combien de fois ce nombre contient l'unité.

extrait [ɛkstʀɛ] n. m. **1.** Substance extraite d'un corps par une opération physique ou chimique, et concentrée. *Extrait de café.* **2.** Passage tiré d'un texte. *Un extrait du Coran.* ▷ *Spécial.* Copie conforme d'une partie d'un registre officiel. *Extrait de naissance.*

extralégal, ale, aux [ɛkstʀalegal, o] adj. Didac. En dehors de la légalité.

extralucide [ɛkstʀalysid] adj. Qui perçoit ce qui échappe à la conscience normale (l'avenir, les pensées d'autrui, etc.). *Des voyantes extralucides.*

extra-muros [ɛkstʀamyʀos] adv. En dehors de la ville. – adj. inv. *Quartier extra-muros.*

extraordinaire [ɛkstʀaɔʀdinɛʀ] adj. et n. m. **I. 1.** Qui étonne par sa singularité, sa bizarrerie. *Une aventure extraordinaire.* ▷ n. m. *Il est toujours attiré par l'extraordinaire.* **2.** Bien au-dessus de la moyenne. *Mémoire extraordinaire.* **II.** Qui fait exception. *Moyens extraordinaires. – Ambassadeur extraordinaire,* envoyé pour une circonstance particulière – (Belgique) *Professeur extraordinaire :* V. professeur. ▷ FIN *Budget extraordinaire.*

extraordinairement [ɛkstʀaɔʀdinɛʀmɑ̃] adv. **1.** D'une façon extraordinaire. **2.** Extrêmement.

extrapolation [ɛkstʀapɔlasjɔ̃] n. f. **1.** Action de tirer une conclusion générale à partir de données partielles. **2.** MATH Action de calculer les valeurs d'une fonction en dehors de l'intervalle à l'intérieur duquel ces valeurs sont connues.

extrapoler [ɛkstʀapɔle] v. tr. [1] **1.** (Sans compl.) Faire une extrapolation. **2.** MATH Calculer (des valeurs) par extrapolation. ▷ *Par ext.* Déduire des valeurs prévisibles d'une série de valeurs connues.

extrasensoriel, elle [ɛkstʀasɑ̃sɔʀjɛl] adj. Qui est perçu sans l'intermédiaire des récepteurs sensoriels.

extrasystole [ɛkstʀasistɔl] n. f. MED Contraction supplémentaire du cœur, suivie d'une pause, qui s'intercale entre les contractions normales.

extra-terrestre ou **extraterrestre** [ɛkstʀatɛʀɛstʀ] adj. et n. D'une autre planète, d'un autre monde que la Terre. – Subst. *Des extra-terrestres* ou *des extraterrestres.*

extraterritorialité [ɛkstʀatɛʀitɔʀjalite] n. f. DR Règle selon laquelle les ambassades en pays étrangers sont considérées comme faisant partie du territoire du pays qu'elles représentent.

extra-utérin, ine [ɛkstʀayteʀɛ̃, in] adj. MED *Grossesse extra-utérine,* résultant de la fixation et du développement de l'œuf fécondé en dehors de la cavité utérine (trompe, péritoine).

extravagance [ɛkstʀavagɑ̃s] n. f. **1.** Caractère d'une personne, d'une chose extravagante. *L'extravagance de son costume.* **2.** Acte, parole extravagante, bizarre. *Faire des extravagances.*

extravagant, ante [ɛkstʀavagɑ̃, ɑ̃t] adj. Qui s'écarte du sens commun, de la norme; bizarre, grotesque. *Un discours extravagant.*

extraversion [ɛkstʀavɛʀsjɔ̃] n. f. PSYCHO Comportement d'un individu ouvert au monde extérieur. Ant. introversion.

extraverti, ie [ɛkstʀavɛʀti] adj. et n. Qui a tendance à l'extraversion.

extrême [ɛkstʀɛm] adj. et n. m. **I.** adj. **1.** Qui est tout à fait au bout, à la fin. *L'extrême limite.* **2.** Au plus haut degré. *Extrême plaisir.* **3.** (Après le nom.) Qui s'écarte considérablement de ce qui est modéré, mesuré. *Climat extrême. Caractère extrême.* **II. 1.** n. m. *Les extrêmes :* les choses, les personnes totalement opposées. *Aller d'un extrême à l'autre.* ▷ MATH Premier et dernier terme d'une proportion (par oppos. à *moyens*). ▷ PHYS La plus petite et la plus grande des valeurs observées. **2.** Loc. adv. *À l'extrême :* au dernier point.

extrêmement [ɛkstʀɛmmɑ̃] adv. D'une manière extrême, très.

extrême-onction [ɛkstʀɛmɔ̃ksjɔ̃] n. f. V. onction.

Extrême-Orient, ensemble des pays d'Asie situés à l'E. du détroit de Malacca.

Extrême-Orient (École française d'), institution française de recherches archéologiques et scientifiques dont l'origine remonte à 1901, année où Paul Doumer fonda une «mission» en Indochine française, dont il était gouverneur. En 1956, l'École fut transférée de Hanoi à Paris où elle a son siège.

extrême-oriental, ale, aux [ɛkstʀɛmɔʀjɑ̃tal, o] adj. et n. De l'Extrême-Orient. ▷ Subst. *Les Extrême-Orientaux.*

extrémisme [ɛkstʀemism] n. m. Tendance à adopter des idées, partic. des idées politiques, extrêmes.

extrémiste [ɛkstʀemist] adj. et n. Favorable à l'extrémisme. – Subst. *Une action d'extrémistes.*

extrémité [ɛkstʀemite] n. f. **1.** Partie qui termine une chose. *Les deux extrémités d'une corde.* ▷ *Les extrémités :* les pieds et les mains. **2.** État, situation critique. *Être réduit à une pénible extrémité.* ▷ *Être à la dernière extrémité, à toute extrémité :* être près de mourir. **3.** Idée, acte extrême, violent. *Se porter à des extrémités.*

extremum [ɛkstʀemɔm] n. m. MATH Point qui correspond à la valeur minimale ou maximale d'une fonction.

extrinsèque [ɛkstʀɛ̃sɛk] adj. **1.** Didac. Qui vient du dehors, dépend de circonstances extérieures. *Valeur extrinsèque d'une monnaie.* Ant. intrinsèque. **2.** ELECTRON Se dit d'un semiconducteur dans lequel on a introduit des impuretés en petite quantité.

extrudeuse [ɛkstʀydøz] n. f. TECH Machine servant à façonner les matières plastiques en divers produits.

extrusion [ɛkstʀyzjɔ̃] n. f. **1.** TECH Transformation des matières plastiques par passage dans une extrudeuse. **2.** GEOMORPH Éruption de roches volcaniques; configuration rocheuse résultant de cette éruption.

exubérance [egzybeʀɑ̃s] n. f. **1.** Caractère d'une personne, d'un sentiment exubérant. *Parler avec exubérance.* **2.** Surabondance. *Exubérance de certaines plantes.* ▷ Fig. *Exubérance d'idées.*

exubérant, ante [egzybeʀɑ̃, ɑ̃t] adj. **1.** Qui exprime un débordement de vie par ses actes, ses paroles. *Une fille exubérante.* ▷ Par ext. *Une joie exubérante.* **2.** Surabondant. *Végétation exubérante.*

exultation [egzyltasjɔ̃] n. f. Litt. Transport de joie.

exulter [egzylte] v. intr. [1] Être transporté de joie.

exutoire [egzytwaʀ] n. m. **1.** Moyen de se débarrasser d'une chose; dérivatif à un sentiment violent. *Trouver un exutoire à sa colère.* **2.** TRAV PUBL Endroit où s'évacuent les eaux d'un réseau d'assainissement.

ex-voto [ɛksvoto] n. m. inv. (Mots lat.) Inscription, objet placé dans un sanctuaire en remerciement pour un vœu exaucé.

Eyadéma (Étienne, puis Gnassingbé) (né en 1935), général et homme politique togolais. Il renversa N. Grunitzky en 1967 devint et président de la Rép. (élu en 1972, réélu en 1979, en 1986 et en 1993). En 1992, il a fait adopter une Constitution pluraliste.

Eyck (Van). V. Van Eyck.

eye-liner [ajlajnœʀ] n. m. (Anglicisme) Cosmétique fluide destiné à souligner d'un trait le bord de la paupière. *Des eye-liners.*

Eylau (auj. *Bagrationovsk),* v. du N.-O. de la Russie; 7500 hab. – Devant cette ville, alors prussienne, Napoléon Ier vainquit les Russes et les Prussiens le 8 fév. 1807.

eyong [ejɔ̃g] n. m. BOT Arbre des forêts tropicales d'Afrique, exploité pour son bois blanc.

eyra [ɛʀa] n. m. Petit puma d'Amérique du Sud.

Eyskens (Gaston) (1905 – 1988), homme politique belge. Député social-chrétien (1939-1973), il fut Premier ministre à trois reprises (1949, 1958-1961 et 1968-1972). Préoccupé par le problème linguistique, il élabora la réforme constitutionnelle qui, le 10 déc. 1970, fit de la Belgique un État communautaire et décentralisé. — **Mark** (né en 1933), fils du préc., de nombreuses fois ministre, chef du gouv. en 1981.

Eyzies-de-Tayac-Sireuil (Les), com. de France (Dordogne), sur la Vézère; 858 hab. – Site de Cro*-Magnon. Musée nat. de Préhistoire. Dans les environs, nombr. grottes et abris-sous-roche préhistoriques.

Ézéchias, treizième roi de Juda (probabl. de 715 à 687 av. J.-C.), fils et successeur d'Achaz; il fortifia Jérusalem, qu'il alimenta en eau *(canal d'Ézéchias).*

Ézéchiel (v. 627 – v. 570 av. J.-C.), l'un des trois grands prophètes de la Bible : il prédit la prise de Jérusalem par Nabuchodonosor et la renaissance d'Israël. – *Livre d'Ézéchiel :* livre biblique (48 chapitres), recueil des oracles et visions du prophète.

Ezra. V. Esdras.

f [ɛf] n. m. et f. Sixième lettre (f, F) et quatrième consonne de l'alphabet, notant la fricative labiodentale sourde [f], qui n'est pas prononcée dans certains mots en position finale ou devant *s* (ex. *clef, nerf; œufs, bœufs*).

fa [fɑ] n. m. inv. Quatrième note de la gamme d'*ut*. ▷ *Clé de fa,* représentée par un C retourné suivi de deux points, et indiquant que la note placée sur la ligne passant entre les deux points est un *fa*.

Fabian Society, mouvement socialiste anglais qui, par l'éducation des masses, la libération de la femme, etc., voulait réformer la société. Ce groupement d'intellectuels (qui compta notam. G.B. Shaw et H.G. Wells) avait pris le nom de *Fabian,* en 1883-1884, par allusion à Fabius Maximus Verrucosus, dit le Temporisateur.

Fabiola de Mora y Aragón (née en 1928), reine des Belges (1960-1993) par son mariage avec Baudouin Ier.

Fabius (Laurent) (né en 1946), homme politique français; Premier ministre (socialiste) en 1984-1986.

Fabius Maximus Verrucosus (Quintus), dit *Cunctator,* «le Temporisateur» (v. 275 – 203 av. J.-C.), homme politique romain; cinq fois consul, dictateur en 217 av. J.-C. Il mena contre Hannibal une guerre d'usure après la défaite de Cannes.

fable [fɑbl] n. f. **1.** Récit imaginaire didactique; mythe, légende. *La fable de Psyché. – La Fable :* la mythologie. ▷ *Spécial.* Court récit, apologue, en vers ou en prose, dont on tire une moralité. *Fables de La Fontaine.* **2.** Litt. Récit mensonger. *C'est une fable que l'on fait courir.* **3.** Sujet de risée. *Il est la fable du village.*

fabliau [fɑblijo] n. m. Conte en vers divertissant ou édifiant (Moyen Âge).

fablier [fɑblije] n. m. Didac. Recueil de fables.

Fabre (Jean Henri) (1823 – 1915), entomologiste français : *Souvenirs entomologiques* (10 vol., 1879-1907).

Fabre (Henri) (1882 – 1984), ingénieur français. Il mit au point le premier hydravion (1909).

Fabre d'Églantine (Philippe Fabre, dit) (1750 – 1794), écrivain et homme politique français. Conventionnel, secrétaire de Danton, il périt avec lui sur l'échafaud. Il donna leurs noms aux mois du calendrier révolutionnaire (1793).

fabricant, ante [fabʀikɑ̃, ɑ̃t] n. **1.** Personne qui possède ou dirige une fabrique. **2.** Personne qui fabrique elle-même des objets de consommation. *Un fabricant de chaussures.*

fabrication [fabʀikasjɔ̃] n. f. Art, action, manière de fabriquer des produits de consommation. *La fabrication des tapis. – Je vous ai préparé un gâteau de ma fabrication.*

fabrique [fabʀik] n. f. **1.** Établissement de moyenne importance ou peu mécanisé dans lequel des matières premières ou des produits semi-finis sont transformés en produits de consommation. *Une fabrique d'emballages. – Marque de fabrique,* placée sur un objet pour en indiquer la provenance. **2.** HIST (Cour. au Québec) Ensemble des biens et des revenus d'une église paroissiale.

fabriquer [fabʀike] v. tr. [1] **1.** Faire (un objet) en transformant une matière. *Entreprise qui fabrique du papier.* **2.** Confectionner (une chose destinée à tromper). *Fabriquer une fausse pièce d'identité.* ▷ Fig. *Fabriquer un mensonge.*

fabulateur, trice [fabylatœʀ, tʀis] adj. et n. PSYCHO Qui a tendance à la fabulation.

fabulation [fabylasjɔ̃] n. f. PSYCHO Fait de présenter comme une réalité vécue ce qui est purement imaginaire. *La fabulation, fréquente et normale chez les enfants, caractérise certaines maladies mentales des adultes.*

fabuler [fabyle] v. tr. [1] PSYCHO Se livrer à la fabulation.

fabuleusement [fabyløzmɑ̃] adv. Prodigieusement.

fabuleux, euse [fabylø, øz] adj. **1.** Litt. Qui appartient à la Fable, à la légende. *Les temps fabuleux.* **2.** Invraisemblable quoique vrai. *Un prix fabuleux.*

fabuliste [fabylist] n. m. Auteur de fables.

façade [fasad] n. f. **1.** Chacun des côtés d'une construction, *spécial.* celui où est située l'entrée principale. *La façade d'un palais.* **2.** Fig. Apparence masquant une piètre réalité. *Une façade d'honnêteté.*

face [fas] n. f. **A. 1.** Partie antérieure de la tête de l'homme. *Une face blême.* ▷ Loc. fig. *Perdre la face :* perdre sa dignité. *– Sauver la face :* sauver les apparences. **2.** Par anal. *La face d'une monnaie, d'une médaille :* le côté qui porte la figure. Syn. avers. Ant. pile, revers. ▷ *Une étoffe à double face,* dont l'envers est travaillé comme l'endroit. **3.** Chacune des surfaces présentées par une chose. *Les faces d'un cristal.* ▷ GEOM Chacun des plans qui délimitent un polyèdre. **4.** Aspect d'une chose. *La face des lieux a bien changé.* ▷ Fig. *Une affaire qui présente plusieurs faces.* **5.** *Faire face à :* être tourné du côté de. *Maison qui fait face à l'église.* ▷ *Faire face à l'ennemi,* lui présenter le front. – Fig. *Faire face à ses obligations,* les remplir. **B. I.** Loc. adv. **1.** *En face :* par-devant. *Regarder qqn en face.* ▷ Fig. *Regarder la mort en face :* envisager sans s'en effrayer sa propre mort. **2.** *De face :* du côté où l'on voit toute la face. *Portrait de face.* Ant. de dos. **3.** *Face à face :* chacun ayant le visage tourné vers l'autre. *Ils se sont retrouvés face à face.* **II.** Loc. prép. **1.** *En face de :* vis-à-vis de. *S'asseoir en face de qqn.* – Fig. En présence de. *Rester insensible en face de la misère.* **2.** *À la face de :* à la vue de. *À la face de l'univers.*

face-à-face [fasafas] n. m. inv. Confrontation de deux personnalités, le plus souvent devant un vaste public.

facétie [fasesi] n. f. Plaisanterie, farce. *Faire des facéties.*

facétieux, euse [fasesjø, øz] adj. **1.** Enclin à la facétie. *Personnage facétieux.* **2.** Litt. Qui se présente comme une facétie. *Fabliau facétieux.*

facette [fasɛt] n. f. **1.** Petite face. *Diamant taillé à facettes.* ▷ ZOOL *Yeux à facettes :* yeux composés de petites lentilles chez les insectes et les crustacés. **2.** Fig. *Style à facettes,* plein de traits brillants. *– Homme à facettes,* qui présente des aspects divers.

fâché, ée [fɑʃe] adj. **1.** Mécontent, irrité. *Un air fâché.* **2.** Brouillé. *Il est fâché avec moi.*

fâcher [fɑʃe] v. [1] **I.** v. tr. Mettre en colère, irriter. **II.** v. pron. **1.** Se mettre en colère. *Se fâcher contre des enfants insupportables.* **2.** *Se fâcher avec qqn,* se brouiller avec lui.

fâcherie [fɑʃʀi] n. f. Brouille, mésentente.

fâcheusement [fɑʃøzmɑ̃] adv. D'une manière fâcheuse.

fâcheux, euse [fɑʃø, øz] adj. et n. **1.** adj. Qui amène des désagréments. *Un contretemps fâcheux.* **2.** n. (et adj.) Litt. Qui importune, dérange. *«Les Fâcheux», comédie-ballet de Molière (1661).*

Fachoda (auj. *Kodok*), local. du Soudan, sur le Nil. – En sept. 1898, la colonne française de Marchand y fut rejointe par la troupe anglo-égyptienne de Kitchener. Après un premier refus d'évacuer Fachoda, les Français durent s'incliner, sur l'ordre de Paris, qui en 1899 concéda la totalité du bassin du Nil à la Grande-Bretagne.

facial, ale, als ou **aux** [fasjal, o] adj. **1.** Qui appartient, qui a rapport à la face. *Névralgie faciale. – Angle facial,* formé par la droite joignant le front à la mâchoire inférieure avec la droite passant par les oreilles et la base du nez. **2.** Fig. *Valeur faciale d'un timbre,* sa valeur d'affranchissement (par oppos. à sa *valeur marchande*).

facies ou mod. **faciès** [fasjɛs] n. m. **1.** Aspect du visage. ▷ PREHIST Ensemble des caractères prépondérants dans une culture, une industrie, une technique. *Facies culturel.* **2.** Aspect général. ▷ BOT *Faciès d'une plante.* ▷ GEOL Ensemble des caractères pétrographiques et paléontologiques d'une roche qui renseignent sur ses conditions de dépôt et de formation.

facile [fasil] adj. **1.** Qui se fait sans peine. *Un exercice facile.* **2.** Qui paraît avoir été fait, obtenu, sans difficulté. *Un style facile. Avoir la parole facile.* ▷ Péjor. *Une plaisanterie facile.* **3.** (Personnes) Qui se laisse mener aisément. *Un enfant facile.* – Par ext. *Un caractère facile.* ▷ Spécial. *Une femme facile,* dont on obtient sans peine les faveurs.

facilement [fasilmɑ̃] adv. Avec facilité, aisément.

facilité [fasilite] n. f. **1.** Qualité d'une chose facile à faire. *La facilité d'une tâche.* **2.** (Souvent plur.) Moyen de faire, de se procurer une chose sans difficulté. *Avoir la facilité de se voir.* ▷ FIN *Facilités de paiement :* délais, ou conditions avantageuses de règlement. – *Facilités de caisse :* crédits temporaires (ouverts à un commerçant, à un industriel). **3.** (Belgique) ADMIN (Plur.) Dispositions légales réservées à certaines communes belges, dites *communes* à facilités,* et visant à répondre aux difficultés de ceux qui ne parlent pas la langue majoritaire dans la Région (wallonne ou flamande). **4.** Aptitude à faire une chose sans effort. *Écrire avec facilité.* ▷ *Absol.* Don pour l'étude, pour la création. *Cet enfant a de la facilité.* ▷ Péjor. Médiocrité. *Écrivain qui tombe dans la facilité.* **5.** Disposition de l'esprit à s'accommoder de tout. *Facilité d'humeur.*

faciliter [fasilite] v. tr. [1] Rendre facile ou plus facile. *Faciliter l'exécution d'un travail.*

façon [fasɔ̃] n. f. **I. 1.** Manière d'être, d'agir. *Une bonne façon d'écrire, de parler.* – Spécial. *C'est une façon de parler :* cela ne doit pas être pris à la lettre. **2.** (Québec) Fam. Comportement avenant, agréable. *Avoir de la façon.* **3.** (Suisse) Loc. *Avoir bonne, mauvaise façon :* faire bonne, mauvaise impression. **4.** Loc. adv. *De toute façon* ou (Afr. subsah., Antilles fr., France rég., Haïti) *de toutes les façons :* quelles que soient les circonstances. **5.** Loc. prép. *De façon à* (marquant la conséquence, le but). *Se conduire de façon à se faire remarquer.* **6.** Loc. conj. *De (telle) façon que :* de telle sorte que. *S'arranger de façon que tout soit prêt.* **II.** Plur. **1.** Manières propres à une personne. *Avoir des façons engageantes.* **2.** Péjor. Démonstrations de politesse affectée. ▷ Loc. adv. *Sans façon(s) :* sans vaines cérémonies. **III. 1.** Action de façonner qqch; son résultat. *Payer la façon d'un costume.* ▷ *Travailler à façon,* sur une matière qui a été fournie. **2.** AGRIC Travail, labour d'un sol. *Donner une seconde façon à un champ.*

faconde [fakɔ̃d] n. f. Litt., souv. péjor. Trop grande abondance de paroles. Syn. volubilité, (Suisse) mordache.

façonnage [fasɔnaʒ] ou **façonnement** [fasɔnmɑ̃] n. m. Action, art de façonner qqch.

façonner [fasɔne] v. tr. [1] **1.** Travailler (une matière) pour lui donner une forme. *Façonner de l'argile.* **2.** Faire (un objet). *Façonner une clef.* **3.** Fig. Former (qqn) par l'instruction, par l'usage. *Être façonné par l'expérience.*

fac-similé [faksimile] n. m. Reproduction exacte d'un écrit, d'un dessin, etc. *Des fac-similés de documents.*

factage [faktaʒ] n. m. Transport de marchandises à domicile ou au dépôt de consignation. *Entreprise de factage.*

facteur, trice [faktœʀ, tʀis] n. **I.** n. m. Fabricant d'instruments de musique (instruments à clavier, à vent et harpes). *Facteur d'orgues.* **II.** n. Personne chargée de remettre à leurs destinataires les lettres, les paquets, etc., confiés au service postal. **III.** n. m. Vx Gérant d'une factorerie. **IV.** n. m. **1.** Élément qui conditionne un résultat. *Les facteurs de l'hérédité. Compter avec le facteur chance.* ▷ ECON *Facteur de production :* moyen (capital, travail, terre) utilisé pour produire des biens et des services. ▷ BIOL *Facteur rhésus :* V. rhésus. – *Facteur de croissance :* substance qui détermine la croissance et la maturation des cellules et des tissus vivants. **2.** MATH Chacun des termes d'un produit. ▷ *Facteur commun :* terme divisant exactement plusieurs expressions. ▷ *Facteur premier :* chacun des termes résultant de la décomposition d'un nombre entier en un produit de nombres premiers. ▷ *Mise en facteurs :* décomposition en produits de facteurs. **3.** PHYS Rapport entre deux grandeurs de même nature. *Facteur d'absorption.* – ELECTR *Facteur de puissance :* rapport entre la puissance active (fournie ou consommée) et la puissance apparente.

factice [faktis] adj. (et n. m.) **1.** Artificiel. *Grotte factice.* **2.** Imité. *Bouteille factice.* **3.** Fig. Qui manque de naturel. *Enthousiasme, beauté factice.* Syn. artificiel, affecté. Ant. sincère, vrai. ▷ n. m. Ce qui est factice.

factieux, euse [faksjø, øz] adj. et n. Qui fomente des troubles politiques dans un État.

faction [faksjɔ̃] n. f. **1.** Parti, cabale exerçant une activité factieuse dans un État. *Un État déchiré par les factions.* **2.** Position de guet, d'attente. *Je me suis mis en faction devant chez lui.* **3.** TECH Dans une entreprise travaillant en continu, chacune des trois tranches de huit heures.

factionnaire [faksjɔnɛʀ] n. m. MILIT Soldat en faction.

factitif, ive [faktitif, iv] adj. GRAM Qui indique que le sujet du verbe fait faire l'action. Syn. causatif.

factorerie [faktɔʀʀi] n. f. Vx Bureau d'une compagnie commerciale à l'étranger. – *Spécial.* À l'époque coloniale, comptoir qui achetait les produits de traite et vendait les marchandises importées.

factoriel, elle [faktɔʀjɛl] adj. et n. f. **1.** adj. Relatif à un facteur (sens IV). *Psychologie factorielle.* ▷ ECON *Dotation factorielle :* quantité d'un ou de plusieurs facteurs de production disponibles dans un pays. ▷ MATH *Analyse factorielle :* méthode permettant de déterminer les relations de corrélation existant entre plusieurs variables. **2.** n. f. MATH Produit des *n* premiers nombres entiers, noté $n!$ (Ex. : $4! = 1 \times 2 \times 3 \times 4 = 24$.)

factoring [faktɔʀiŋ] n. m. (Anglicisme) Syn. (off. déconseillé) de *affacturage.*

factorisation [faktɔʀizasjɔ̃] n. f. MATH Mise en facteurs.

factoriser [faktɔʀize] v. tr. [1] MATH Mettre en facteurs.

factotum [faktɔtɔm] n. m. Vieilli Homme à tout faire. *Des factotums.*

factuel, elle [faktɥɛl] adj. Didac. Relevant d'un fait, de faits. *Données factuelles.*

facturation [faktyʀasjɔ̃] n. f. Action d'établir des factures. ▷ Service où l'on établit les factures.

1. facture [faktyʀ] n. f. **1.** Manière dont est traitée, réalisée une œuvre de création. *Ce portrait est d'une facture énergique.* **2.** TECH Fabrication des instruments de musique.

2. facture [faktyʀ] n. f. **1.** Pièce comptable détaillant la quantité, la nature et le prix de marchandises livrées ou de services, afin d'en demander ou d'en attester le règlement. ▷ *Facture pro forma,* établie à titre indicatif avant la livraison. ▷ *Prix de facture :* prix d'achat en fabrique. **2.** (Québec) (Emploi critiqué.) Addition (dans un restaurant), note (dans un hôtel).

facturer [faktyʀe] v. tr. [1] Établir la facture de. *Facturer une marchandise.*

facturier, ère [faktyʀje, ɛʀ] n. **1.** Personne chargée de la facturation. **2.** n. m. Livre dans lequel les factures sont enregistrées.

facultaire [fakyltɛʀ] adj. (Belgique) De la faculté (sens II, 1).

facultatif, ive [fakyltatif, iv] adj. Qu'on peut faire ou non, utiliser ou non. *Devoir facultatif. Arrêt facultatif.*

facultativement [fakyltativmɑ̃] adv. D'une manière facultative.

faculté [fakylte] n. f. **I. 1.** PHILO ANC Fonction psychique. *Les facultés de l'âme.* **2.** Aptitude, disposition naturelle d'un individu. *Il possède une faculté de concentration étonnante. Ne pas jouir de toutes ses facultés :* ne pas avoir toute sa raison. **3.** Propriété que possède une chose. *Les facultés productives de la terre.* **4.** DR Pouvoir, autorisation, droit de faire une chose. *Vendre avec faculté de rachat.* **II. 1.** Corps des professeurs chargés d'une partie de l'enseignement au sein de l'Université; cet enseignement. *Faculté de droit, des sciences.* **2.** Ensemble des bâtiments où se fait cet enseignement. **3.** Absol. *La Faculté :* la faculté de médecine, les médecins.

1. fada [fada] adj. et n. (France rég.) Qui est un peu fou; excentrique. ▷ Subst. *Espèce de fada !*

2. fada [fada] n. m. (Guad.) Syn. de *calvitie.* – *Avoir un fada :* être chauve.

fadaise [fadɛz] n. f. (Surtout au plur.) Niaiserie; chose inutile et frivole. *Débiter des fadaises.*

fadasse [fadas] adj. Péjor. D'une fadeur déplaisante. *Des cheveux blond fadasse.*

1. fade [fad] adj. **1.** Qui manque de saveur. *Une boisson fade.* Syn. insipide. **2.** Fig. Qui manque de caractère, de piquant. *Beauté, style fade.* Syn. plat.

2. fade [fad] adj. et n. m. (Madag.) Qui est interdit pour des raisons religieuses et traditionnelles. ▷ n. m. Interdit dont la raison échappe aux non Malgaches. *On ne peut se baigner ici, il y a un fade.*

fadeur [fadœʀ] n. f. **1.** Caractère de ce qui est fade. **2.** (Plur.) Compliments, propos fades.

fading [fadiŋ] n. m. TELECOM Diminution momentanée de la puissance d'une onde radioélectrique au point de réception. *Le fading se manifeste par la disparition de l'image.* Syn. (officiellement recommandé) évanouissement.

fado [fado] n. m. Chant populaire portugais évoquant le destin de celui qui vit les tourments de l'amour.

Faenza, ville d'Italie (province de Ravenne); 55 200 hab. – Ville renommée (XVe-XVIe s.) pour ses poteries (le mot *faïence* vient de Faenza).

Faeroe. V. Féroé.

fagacées [fagase] n. f. pl. BOT Famille d'arbres amentifères dont le hêtre est le type. – Sing. *Une fagacée.*

fagnard, arde [faɲaʀ, aʀd] adj. et n. GEOGR **1.** adj. Relatif à la Fagne, aux Fagnes. *Un plateau fagnard.* **2.** n. Personne qui aime la Fagne, les Fagnes. *Tous les fagnards connaissent ces récits de voyageurs égarés dans la neige.*

fagne [faɲ] n. f. GEOGR Terrain marécageux des plateaux ardennais. (V. Fagnes [Hautes].)

Fagne (la) ou **Fagnes (Hautes),** plateau de l'Ardenne belge (692 m au *signal de Botrange,* point culminant de la Belgique), dont le sol marécageux est couvert de landes. On y a aménagé une importante réserve naturelle.

fagot [fago] n. m. **1.** Faisceau de menues branches. ▷ Loc. *Sentir le fagot :* être suspect d'hérésie. – Fam. *De derrière les fagots :* excellent, remarquable en son genre. *Sortir un projet de derrière les fagots.* **2.** (Afr. subsah.) Bois à brûler. *Envoyer les enfants chercher du fagot.*

fagoter [fagɔte] v. tr. [1] **1.** Vx ou rég. Mettre en fagots. **2.** Fam. Habiller mal, sans goût. – Pp. adj. *Individu (mal) fagoté,* mal habillé. ▷ v. pron. *Elle se fagote bizarrement.* Syn. accoutrer.

Fahd ibn Abd al-Aziz *(Fahd ibn 'Abd al-'Azīz)* (né en 1923), roi d'Arabie Saoudite. En 1982, il succéda à son demi-frère Khalid. En 1996, malade, il a transmis ses pouvoirs à son neveu Abdallah.

Fahrenheit (Gabriel Daniel) (1686 – 1736), physicien allemand. Il donna son nom à une échelle de température (encore cour. employée en G.-B., aux É.-U. et au Canada) : au 0 °C correspond le 32 °F et au 100 °C le 212 °F.

faible [fɛbl] adj. et n. **1.** Qui manque de force, de vigueur physique. *Le malade est encore faible. Avoir le cœur faible.* Syn. fragile. **2.** Qui manque de résistance, de solidité. *Cette poutre est trop faible.* **3.** Qui n'a pas la puissance, les moyens nécessaires pour se défendre. *Nous étions trop faibles pour résister à l'ennemi.* Syn. impuissant, désarmé. ▷ n. m. *Défendre le faible contre le fort.* **4.** Insuffisant en valeur, en intensité. *Une voix faible. Une faible consolation. Une monnaie faible.* **5.** Peu important. *Une faible quantité suffira.* **6.** Dont la valeur, les capacités intellectuelles sont insuffisantes. *Un élève faible. Un raisonnement faible.* ▷ Subst. (Surtout au masc.) *Un faible d'esprit.* **7.** Qui manque de fermeté, d'énergie. *Être trop faible avec ses enfants.* Syn. indulgent, veule. ▷ n. m. *On ne peut se fier aux faibles.* **8.** *Le point faible* ou, n. m., *le faible :* ce qu'il y a de moins solide, de moins résistant. *Le faible d'une place.* – Principal défaut de qqn; passion dominante. *Prendre qqn par son faible.* ▷ *Avoir un faible pour,* une préférence marquée pour. **9.** CHIM Qualifie un acide ou une base partiellement dissociés. **10.** PHYS NUCL *Interaction* faible.*

faiblement [fɛbləmɑ̃] adv. Avec faiblesse, à peine.

faiblesse [fɛblɛs] n. f. **1.** Caractère de ce qui est faible, insuffisant. **2.** Défaut qui dénote cette insuffisance. *Votre raisonnement présente des faiblesses.* ▷ *Avoir une faiblesse pour,* un goût particulier pour. **3.** Défaillance, syncope.

faiblir [fɛbliʀ] v. intr. [3] Perdre de sa force, de son courage, de son intensité, de sa fermeté, etc. *Ce vieillard faiblit. Devant ses pleurs, il faiblit.* Syn. fléchir.

faiblissant, ante [fɛblisɑ̃, ɑ̃t] adj. Qui devient faible. *Un vieillard faiblissant. Une lumière faiblissante.*

Faidherbe (Louis Léon César) (1818 – 1889), général français. Gouverneur du Sénégal (1854-1861 et 1863-1865), il en fit la base de l'expansion française en Afrique occidentale.

faïence [fajɑ̃s] n. f. Poterie à pâte poreuse, opaque, vernissée ou émaillée.

faïencerie [fajɑ̃sʀi] n. f. **1.** Fabrique de faïence. **2.** Poteries de faïence.

Faïk-Nzuji (Madiya Clémentine) (née en 1944), folkloriste et poétesse de la rép. dém. du Congo, première femme écrivain de cet État : *Murmures* (1968) et *Kasala* (1969).

faille [faj] n. f. **1.** GEOL Cassure plus ou moins plane affectant des couches géologiques, avec rejet ou non des deux blocs situés de part et d'autre de la cassure. **2.** Fig. Défaut, lacune. *Il y a une faille dans son raisonnement.*

failli, ie [faji] adj. et n. Qui a fait faillite.

faillible [fajibl] adj. Qui peut commettre une erreur ou une faute. *Tout homme est faillible.*

faillir [fajiʀ] v. intr. [28] (Le présent, *je faux, tu faux, il faut, nous faillons, vous faillez, ils faillent,* et l'imparfait, *je faillais,* etc., sont pratiquement inusités.) **1.** Litt. *Faillir à :* manquer à (un devoir). *Faillir à une promesse.* **2.** *Faillir* (+ inf.) : manquer de, risquer de, être sur le point de. *J'ai failli mourir. Cela a failli arriver.*

faillite [fajit] n. f. **1.** DR Anc. Situation, constatée par un tribunal, d'un commerçant qui a cessé ses paiements. *Faire faillite. Faillite frauduleuse.* ▷ Mod. *Faillite (personnelle) :* situation du dirigeant d'une entreprise en cessation de paiement, reconnu par un tribunal coupable d'une gestion imprudente ou d'agissements malhonnêtes. *La faillite est passible d'un ensemble de sanctions.* **2.** Fig. Échec complet, insuccès. *La faillite d'une politique, d'un système.*

faim [fɛ̃] n. f. **1.** Besoin, désir de manger. *Avoir faim. Mourir, crever de faim. Ne pas manger à sa faim.* ▷ *Rester sur sa faim :* ne pas être rassasié; fig. être insatisfait. ▷ *Un crève-la-faim :* V. ce mot. **2.** *Par ext.* Malnutrition, sous-alimentation. *Problèmes de la faim dans le monde.* **3.** Fig. Besoin, désir. *Avoir faim de richesses.* Syn. soif.

fainéant, ante [feneɑ̃, ɑ̃t] adj. et n. Qui ne veut rien faire, qui ne veut pas travailler. – Subst. *Un fainéant, une fainéante.* Syn. paresseux.

fainéantise [feneɑ̃tiz] n. f. Caractère, attitude du fainéant.

Fairbanks (Douglas Elton Ulman, dit Douglas) (1883 – 1939), acteur de cinéma américain; héros de films d'aventures à l'époque du muet.

1. faire [fɛʀ] v. tr. [10] **I.** Créer, produire. **1.** Créer, fabriquer. *Dieu a fait le ciel et la terre. Faire une maison.* – (Abstrait) *Faire des vers, un discours.* **2.** Produire (de soi). *Le bébé fait ses dents. La chatte a fait ses petits.* – (Afr. subsah., Belgique) *Faire un (des) enfant(s) :* avoir un (des) enfant(s). – Avoir, présenter (un trouble). *Faire de la fièvre.* ▷ *Absol.* Déféquer. **3.** Former, façonner, produire. *Faire des heureux.* – Nommer, proclamer. *Faire et défaire les ministres.* **4.** Constituer. *L'union fait la force. Deux et deux font quatre.* ▷ GRAM Prendre telle terminaison. *«Cheval» fait «chevaux» au pluriel.* **5.** Prendre, s'approvisionner en. *Faire du bois dans la forêt.* **6.** Vendre, produire. *Faites-vous cet article? Ce cultivateur fait des céréales.* – Fam. Vendre à un certain prix (une marchandise). *A combien faites-vous le kilo?* **7.** *Faire à :* accoutumer à. *Il l'a faite à cette idée. Je suis fait à la fatigue.* **8.** *Faire (qqch) de :* utiliser, tirer parti de. *Il ne sait que faire de son argent.* ▷ *N'avoir que faire de :* n'avoir aucun besoin de, ne faire aucun cas de. *Je n'ai que faire de vos conseils.* **II.** Exécuter physiquement ou moralement. **1.** Effectuer (un mouvement). *Faire une grimace.* – Prendre (une attitude). *Faire la mauvaise tête. Faire grise mine.* **2.** Exécuter (une action). *Faire des bêtises. Faire un achat. Ne rien faire. Volcan qui fait éruption.* – (Madag.) *Faire un bon :* acheter à crédit. ▷ *Absol.* Agir. *Il a fait de son mieux.* **3.** Exécuter (une opération). *Faire la moisson.* ▷ *Absol.* Travailler. *Avoir à faire.* – S'occuper de. *Faire de la musique, de la politique.* – Occuper un emploi. *Que fait-il dans la vie?* – (Afr. subsah.) S'adonner à. *Faire la pêche.* – (Afr. subsah., Madag., Maghreb) Avoir le métier de. *Faire professeur.* – Jouer le rôle de. *Faire tel personnage dans une pièce.* – Chercher à paraître (tel). *Faire le grand seigneur. Faire l'idiot.* **4.** Exécuter (une chose qu'on s'impose ou qui est prescrite). *Faire pénitence. Faire le ramadan.* **5.** Causer, être l'occasion de. *Ces pilules m'ont fait du bien. Faire plaisir.* **6.** Avoir de l'importance. *Cela ne fait rien.* **7.** Parcourir (une distance, une région). *Il a fait le chemin sans s'arrêter.* – Fam. *Touristes qui font l'Espagne.* **8.** (Afr. subsah.) Séjourner à. *Il a fait le Gabon.* ▷ (Afr. subsah.) Passer du temps quelque part. *J'ai fait huit ans à Douala.* – (Belgique) (Dans le cadre d'une activité professionnelle.) *J'ai fait quatre ans à Liège.* **9.** Dire, répliquer. *Je croyais, fit-elle...* **III.** Suivi d'un adj., d'un adv. ou d'un n. exprimant une mesure, un prix, une vitesse, etc. **1.** Avoir l'air, produire un certain effet. *Il fait vieux avant l'âge. Ce chapeau fait bien avec cette robe.* **2.** Donner pour. *On le fait plus riche qu'il n'est.* **3.** Avoir pour (taille, poids, vitesse, etc.). *Cette voiture fait (du) 160 à l'heure. Il fait du 42 de pointure. Ce colis fait trois kilos.* **4.** Fam. *Faire avec :* se débrouiller. – *Faire sans :* se passer de. **5.** (Belgique) Fam. *Ne faire aucun bien :* être inquiet. **6.** (Afr. subsah.) Avoir (un âge). *Sa fille fait huit ans.* **7.** v. impers. (Dans certaines loc.) *Il fait beau. Il fait de l'orage. Il fait bon vivre chez vous.* – (Afr. subsah.) Être (en parlant de l'heure). *Il fait cinq heures. Il fait tard.* – (Belgique) *Il fait propre, tranquille :* tout est propre, tranquille. *Il fait gai, triste :* l'atmosphère est gaie, triste. **IV.** v. pron. **1.** Se créer. *C'est ainsi que se font les réputations.* – Prov. *Paris ne s'est pas fait en un jour.* – Se produire, se réaliser. *Si cela peut se faire, j'en serais heureux.* ▷ v. impers. Arriver. *Comment se fait-il que vous soyez ici?* **2.** (Suivi d'un adj.) Devenir. *Mon père se fait vieux.* ▷ v. impers. *Il se fait tard.* **3.** S'améliorer. *Ce vin se fera.* **4.** Être d'actualité. *Ce modèle ne se fait plus.* ▷ Être conforme aux bons usages. *Cela ne se fait pas.* **5.** Fam. *Se faire du mauvais sang* ou, ellipt., *s'en faire :* s'inquiéter. **V.** Auxil. de mode. **1.** Suivi d'un inf. (marquant que l'action est ordonnée par le sujet, mais non exécutée par lui). *Faire construire un pont.* – Être la cause de l'action indiquée par le verbe. *L'opium fait dormir.* – Permettre de. *Cela nous a fait* *patienter.* – Obliger à. *Je ne vous le fais pas dire.* **2.** (Employé comme substitut du verbe qui précède.) *Il s'exprime mieux que vous ne le faites.* **3.** Loc. *Ne faire que* (indiquant une action très brève). *Je n'ai fait que l'apercevoir.* ▷ *Ne faire que :* ne pas faire autre chose que. *Il ne fait que chanter.*

2. faire [fɛʀ] n. m. **1.** Action de faire. *Il y a loin du vouloir au faire.* **2.** BX-A Manière d'exécuter une œuvre artistique. *Le faire d'un peintre.*

faire-part [fɛʀpaʀ] n. m. inv. Lettre, billet, par lequel on annonce une nouvelle. *Faire-part de mariage, de décès.*

faire-valoir [fɛʀvalwaʀ] n. m. inv. **1.** Action de faire produire des revenus à une terre. *Le faire-valoir direct s'oppose au fermage et au métayage.* **2.** Personne qui fait valoir qqn, qui met en valeur les actions ou le jeu de qqn (acteurs). *Ce personnage est dans la pièce le faire-valoir du jeune premier.*

fair-play [fɛʀplɛ] n. m. inv. et adj. inv. (Anglicisme) Respect loyal des règles (d'un jeu, d'un sport, des affaires). – adj. inv. *Il s'est montré très fair-play.* Syn. (off. recommandé) franc-jeu.

faisabilité [fəzabilite] n. f. Caractère de ce qui est faisable. *Étude de faisabilité technique et financière d'un projet.*

faisable [fəzabl] adj. Qui peut se faire, qui n'est pas impossible.

faisan, ane [fəzɑ̃, an] n. Oiseau galliforme originaire d'Asie, aux longues plumes rectrices. (Le mâle est très coloré; la *faisane* ou *poule faisane* a le plumage brun terne.)

faisandage [fəzɑ̃daʒ] n. m. Action de faisander; fait de se faisander.

faisandeau [fəzɑ̃do] n. m. ZOOL Jeune faisan.

faisander [fəzɑ̃de] v. tr. [1] En parlant du gibier, le laisser se mortifier un certain temps pour qu'il prenne un fumet spécial. – Pp. adj. *Viande faisandée.* – v. pron. *Laisser se faisander une bécasse.*

faisceau [fɛso] n. m. **I.** Assemblage d'objets oblongs liés ensemble. *Un faisceau de roseaux.* **1.** ANTIQ ROM *Faisceaux de verges :* paquets de verges liées autour d'une hache, symbole de l'autorité des magistrats. ▷ Emblème du fascisme italien. **2.** Assemblage de fusils disposés crosse au sol et se soutenant mutuellement. *Former les faisceaux.* **II.** *Par compar.* Ensemble dont les parties sont groupées ou liées, ou forment un tout homogène. **1.** ANAT Ensemble des fibres formant un muscle ou un nerf. – *Faisceau de Hiss :* élément du tissu nodal du cœur. **2.** BOT *Faisceaux libéro-ligneux :* ensemble des vaisseaux servant à la circulation de la sève brute. **3.** GEOM *Faisceau harmonique :* ensemble de quatre droites issues d'un même point, divisant harmoniquement toute sécante. **4.** PHYS *Faisceau lumineux :* ensemble de rayons lumineux issus d'une même source. **5.** TELECOM *Faisceau hertzien :* liaison hertzienne entre deux stations. **6.** Fig. *Un faisceau de preuves.*

fais-dodo [fedodo] n. m. (Louisiane) Soirée dansante. *Des fais-dodos.*

faiseur, euse [fəzœʀ, øz] n. **1.** *Faiseur de :* personne qui fabrique (telle chose). *Faiseur de malles.* – Par dénigr. *Faiseur de phrases, d'embarras.* ▷ *Bon faiseur :* personne qui ne fabrique que des choses parfaites. ▷ (Afr. subsah.) *Faiseur de pluie :* devin auquel on attribue le pouvoir de faire pleuvoir. **2.** n. m. *Absol.* Péjor. Homme qui fait l'important; habile intrigant.

1. fait [fɛ] n. m. **I. 1.** Action de faire. *Le fait de pleurer n'y changera rien. L'intention vaut le fait. Prendre qqn sur le fait.* ▷ DR Action qui produit un effet juridique. **2.** Ce que l'on fait, ce que l'on a fait. *Surveiller les faits et gestes de qqn.* – Exploit. *Haut fait. Faits d'armes.* **II. 1.** Ce qui existe réellement. *S'appuyer sur des faits et non sur des suppositions. C'est un fait. Le fait est que vous avez raison. Poser en fait.* ▷ Loc. adv. *De fait, en fait, par le fait :* véritablement, effectivement. *Il n'était roi que de nom, le maire du palais l'était de fait. Je vous avais prédit un échec, et, de fait, vous n'avez pas réussi.* – *Tout à fait :* entièrement, complètement. *L'ouvrage est tout à fait terminé.* **2.** Ce qui arrive, est arrivé. *C'est un fait unique dans l'histoire. Rapporter des faits.* Syn. événement. **3.** Essentiel d'un sujet. *En venir au fait.* – *Mettre au fait :* mettre au courant, instruire (qqn). ▷ Loc. adv. *Au fait :* à propos. *Au fait, que voulez-vous?* **4.** Ce qui revient à qqn, ce qui le concerne. *Dans cette succession, chacun a eu son fait.* – *Dire son fait à qqn,* lui dire ses vérités. – *Être sûr de son fait,* de ce que l'on avance. ▷ Loc. adv. *En fait de :* en matière de. *En fait de métaphysique...* **5.** PHILO Donnée de l'expérience. *Fait brut,* qui s'impose comme un fait immédiat dû à la perception sensible. *Fait scientifique :* résultat de l'élaboration critique du fait brut.

2. fait, faite [fɛ, fɛt] adj. **1.** Fabriqué. *Des vêtements faits sur mesure.* ▷ *Phrase toute faite :* locution banale, aphorisme. – *Être fait pour :* être propre, destiné à. *Les lois sont faites pour protéger les citoyens.* **2.** Conformé (de telle ou telle manière). *Cette femme est faite à ravir.* – Fig. *Une tête bien faite.* **3.** Réalisé, exécuté. *Aussitôt dit, aussitôt fait.* ▷ Fam. *C'est bien fait :* c'est mérité. **4.** Accompli. *Ce qui est fait est fait.* – *C'en est fait :* c'est irrévocable. **5.** *Fait à :* habitué, endurci à. *Fait à la fatigue.* **6.** Qui est à maturité. *Un homme fait.* – (Choses) À point pour être consommé. *Ce fromage est fait.* **7.** Fam. Sur le point d'être découvert, arrêté. *Il m'a vu, je suis fait (comme un rat).*

faîtage [fɛtaʒ] n. m. CONSTR Partie la plus élevée d'une charpente. – Arête supérieure d'une couverture.

fait divers ou **fait-divers** [fedivɛʀ] n. m. Information qui relate un événement (crime, vol, accident, etc.) touchant des particuliers; cet événement lui-même. *Un étrange, un sanglant fait divers.* ▷ (Plur.) Rubrique concernant ces événements, dans un journal.

faîte [fɛt] n. m. **1.** Partie la plus élevée d'un bâtiment. *Le faîte d'une maison.* **2.** *Par ext.* Sommet, cime. *Le faîte d'une montagne, d'un arbre.* ▷ GEOMORPH *Ligne de faîte :* ligne de crête*. **3.** Fig. Le plus haut degré (de la gloire, des honneurs, etc.). *«Et, monté sur le faîte, il aspire à descendre»* (Corneille).

faîtier, ère [fetje, ɛʀ] adj. CONSTR **1.** *Tuile faîtière :* tuile courbe recouvrant un faîtage. **2.** (Suisse) Qui chapeaute et regroupe des organismes (locaux, régionaux, cantonaux, etc.). *Pêcheurs qui tiennent les assises annuelles de leur association faîtière.*

fait-tout ou **faitout** [fɛtu] n. m. Récipient profond muni de deux anses et d'un couvercle, dans lequel on peut faire cuire toutes sortes d'aliments. Syn. (Belgique) casserole. *Des fait-tout* ou *faitouts.*

faix [fɛ] n. m. **1.** Vx ou litt. Charge, fardeau pesant. – Fig. *Le faix des impôts, des ans.* **2.** TECH Tassement dans une maison récemment construite. **3.** MED Fœtus et ce qui l'accompagne.

Fakhr ad-Din II *(Fahr ad-Dīn)* (v. 1572 – 1635), émir druze du Liban (1585-1633). Il réalisa l'unité du pays et chercha à étendre son autorité sur la Syrie et la Palestine. En 1613, les Ottomans le contraignirent à abandonner son émirat à son fils. Il séjourna en Europe (où il fut surnommé *Ficardin*), notam. à la cour des Médicis, dont il sollicita en vain l'appui contre les Ottomans. Il revint au Liban en 1618 et reprit la lutte contre les Turcs, tout en donnant une vive impulsion au développement de l'économie et des arts. Vaincu en 1633 par le sultan Murad IV, il fut fait prisonnier et exécuté.

fakir [fakiʀ] n. m. **1.** Ascète musulman ou hindou se livrant à des mortifications publiques et vivant d'aumônes. **2.** Prestidigitateur. – *Par ext.* Thaumaturge.

Falacha. V. Falasha.

falafel [falafɛl] n. m. (Liban) Boulette de purée de fèves frite.

falaise [falɛz] n. f. Côte abrupte et très élevée, dont la formation est due au travail de sape de la mer. *Les falaises d'Étretat.* – *Par ext.* Abrupt, spécial. dans un relief de côte.

Falasha ou **Falacha,** population, dont l'origine est discutée, du N. de l'Éthiopie (leur nom, en amharique, signifie «séparé», «différent»). Ils parlent l'amharique, langue sémitique. Professant un judaïsme archaïque, ils ont été reconnus comme juifs par les instances relig. d'Israël (1973) et une grande partie d'entre eux ont émigré dans ce pays en 1985 et 1991.

falbalas [falbala] n. m. pl. Ornements prétentieux et de mauvais goût. *Une toilette à falbalas.*

falciforme [falsifɔʀm] adj. ANAT Qui a la forme d'une faucille. *Hématie falciforme :* V. drépanocytose.

falconidés [falkɔnide] n. m. pl. ORNITH Famille de falconiformes comprenant les faucons, aigles, buses, etc. – Sing. *Un falconidé.*

falconiformes [falkɔnifɔʀm] n. m. pl. ORNITH Ordre d'oiseaux réunissant tous les rapaces diurnes. – Sing. *Un falconiforme.*

Falémé (la), affl. du Sénégal (650 km) qui sépare le Mali et le Sénégal.

Falkland (îles) (en fr. *Malouines,* en esp. *Malvinas*), archipel de l'Atlantique Sud (à l'E. du détroit de Magellan), occupé par la G.-B. et revendiqué par l'Argentine; 11718 km^2; 2000 hab.; chef-lieu *Port Stanley* (1230 hab.; 3000 soldats brit.). L'élevage des chevaux et des moutons, et, surtout, la pêche font de l'archipel un pays très riche. – Victoire de l'amiral brit. Sturdee sur l'escadre allemande de von Spee (8 déc. 1914). En 1982, un conflit entre l'Argentine et la G.-B. s'acheva par la défaite des Argentins.

Fall (Malick) (1920 – 1978), écrivain sénégalais : *Reliefs* (poèmes, 1964), *la Plaie* (1967), roman de critique sociale.

Fall (Marouba) (né en 1950), écrivain sénégalais. Il écrit surtout pour le théâtre : *Chaka ou le Roi vision-*

naire (1984), *Adja, la militante du G.R.A.S.* (1987).

Fall (Aminata Sow). V. Sow Fall (Aminata).

Falla (Manuel de) (1876 – 1946), compositeur espagnol : *la Vie brève* (opéra, 1905), *l'Amour sorcier* (ballet, 1915), *le Tricorne* (ballet, 1919).

fallacieusement [falasjøzmɑ̃] adv. Litt. D'une façon fallacieuse.

fallacieux, euse [falasjø, øz] adj. Litt. **1.** Trompeur, perfide. *Serments fallacieux.* **2.** Spécieux. *Argument, raisonnement fallacieux.*

falloir [falwaʀ] v. impers. [**50**] **I.** *S'en falloir de :* manquer. *Il s'en faut de 100 F que la somme y soit.* – (Au passé.) *Il s'en est fallu de peu que* ou *peu s'en est fallu que :* il a failli arriver que. – *Tant s'en faut :* loin de là. *Il n'est pas pauvre, tant s'en faut.* **II. 1.** Être nécessaire. *Il faut 100 cl pour faire un litre. Il vous faut partir. Il faut que vous y alliez.* ▷ Fam. *Il faut voir :* il serait curieux ou intéressant de voir, de réfléchir. *Il faut voir ce que cela donnera.* **2.** Être bienséant. *Il ne faut pas montrer du doigt.* ▷ Fam. *Comme il faut :* convenablement. *Tiens-toi comme il faut.* – Par ext. *Des gens comme il faut,* très convenables. **III. 1.** (Marquant une probabilité.) *Il faut qu'il soit fou pour refuser.* **2.** (Exprimant la répétition.) *Il faut toujours qu'il ergote.* **3.** (Exprimant l'idée d'une fatalité.) *Il a fallu qu'il pleuve ce jour-là.* **4.** (Au passé, exprimant une condition non réalisée.) *Il fallait vous dépêcher, vous l'auriez vu.*

Fallope (Gabriele Fallopia ou Fallopio, dit en fr. Gabriel) (1523 – 1562), médecin italien. Il étudia l'oreille interne et les organes génitaux féminins. ▷ ANAT *Trompes de Fallope :* V. trompe.

falls [fɔls] n. m. pl. (Afr. subsah.) Dans la république démocratique du Congo, rapide (sens II, 1).

falot, ote [falo, ɔt] adj. Terne, effacé. *Un être falot.*

falsifiable [falsifjabl] adj. Susceptible d'être falsifié. *Un document facilement falsifiable.*

falsificateur, trice [falsifikatœʀ, tʀis] n. Personne qui falsifie.

falsification [falsifikasjɔ̃] n. f. Action de falsifier; état d'une chose falsifiée.

falsifier [falsifje] v. tr. [**2**] Altérer volontairement (qqch) dans l'intention de tromper, de frauder. *Falsifier du vin. Falsifier de la monnaie. Falsifier un contrat.* Syn. dénaturer, contrefaire.

Falstaff, déformation de *Fastolf* (sir John) (v. 1379 – 1459), capitaine anglais, régent de Normandie et gouverneur du Maine et de l'Anjou. Shakespeare fait de lui un débauché cynique et grotesque.

falun [falœ̃] n. m. Sable très riche en coquilles fossiles du tertiaire (lamellibranches, gastéropodes, etc.), utilisé comme amendement calcique.

fama [fama] n. m. (Afr. subsah.) HIST En pays mandingue, roi, chef militaire. *Le règne des famas bambara.*

Famagouste, v. et port de pêche de la côte E. de Chypre; ch.-l. du distr. du m. nom; 44200 hab. – Églises goth. – Cap. sous le règne des Lusignan, disputée entre Génois et Vénitiens, elle fut prise par les Turcs en 1571.

famé, ée [fame] adj. *Mal famé* ou *malfamé :* se dit d'un lieu qui a mauvaise réputation. *Quartier mal famé.*

famélique [famelik] adj. **1.** Qui n'assouvit pas sa faim. **2.** *Par ext.* Maigre, émacié. *Visage famélique.*

Famenne (la), petit pays de l'Ardenne belge, entre la Lesse et l'Ourthe, région de forêts (feuillus) et de landes.

fameux, euse [famø, øz] adj. **1.** Renommé, célèbre. *Des héros fameux.* ▷ Dont on a beaucoup parlé. *C'est le fameux chemin où nous sommes tombés en panne.* **2.** Fam. Excellent. *Ce vin est fameux. Pas fameux :* médiocre. **3.** Fam. Très grand. *C'est un fameux imbécile.*

familial, ale, aux [familjal, o] adj. Relatif à la famille. *Patrimoine familial. Allocations familiales.* ▷ MED *Maladie familiale :* affection héréditaire qui frappe plusieurs membres d'une même famille.

familiarisation [familjaʀizasjɔ̃] n. f. Action de familiariser; son résultat.

familiariser [familjaʀize] v. [**1**] **1.** v. tr. Rendre familier à (qqn), accoutumer, habituer. *Familiariser qqn avec le travail.* – Pp. *Un enfant familiarisé avec la discipline scolaire.* **2.** v. pron. Se rendre familier. *Se familiariser avec une langue étrangère.*

familiarité [familjaʀite] n. f. **1.** Manière simple, familière, de se comporter. *Traiter qqn avec familiarité.* Syn. intimité. **2.** Manière de s'exprimer qui a le ton simple de la conversation ordinaire. *Familiarité du style.* **3.** (Plur.) Façon très ou trop familière. *Se permettre des familiarités déplacées.*

familier, ère [familje, ɛʀ] adj. et n. **1.** Qui fait partie de la famille. – *Animal familier,* qui vit en compagnie de l'homme. ▷ Subst. Personne qui vit dans l'intimité d'une autre, la fréquente assidûment. *C'est un familier du prince.* **2.** Qui se comporte librement, sans façons (avec qqn). *Être familier avec qqn.* ▷ Qui se dit, se fait sans façons, sans gêne. *Discours, langage familier. Expression familière.* ▷ *Par ext.* Péjor. Qui manque de déférence. *Manières un peu familières.* Syn. irrespectueux, désinvolte. **3.** Que l'on connaît bien, que l'on utilise couramment. *Ce terme lui est familier.* Syn. ordinaire, habituel. **4.** Qui rappelle qqch ou qqn que l'on connaît. *Ce visage m'est familier.*

familièrement [familjɛʀmɑ̃] adv. D'une manière familière. *S'entretenir familièrement avec des amis.*

famille [famij] n. f. **I. 1.** Ensemble de personnes formé par le père, la mère et les enfants. *Chef de famille.* ▷ Ensemble des enfants issus d'un mariage. *Famille nombreuse. Mère de famille.* – *Soutien de famille :* fils, fille, frère, sœur subvenant aux besoins des siens. **2.** (Sens large.) Ensemble de toutes les personnes ayant un lien de parenté. *Avoir un air de famille.* – Par ext. *La famille humaine :* l'humanité tout entière. – (Afr. subsah.) *Grande famille* ou *famille :* ensemble de gens ayant des liens de sang, d'alliance, d'amitié, de patronage et unis par la solidarité. ▷ (Vanuatu) *Familles banian :* familles européennes dont les membres se sont mariés entre eux, créant ainsi un réseau qui rappelle celui des racines du banian. **3.** Race, lignée, descendance. *Famille royale.* ▷ *Jeune fille de bonne famille,* d'une famille honorable et aisée. – Ellipt. *Fille, fils de famille.* **4.** Loc. fam. (Québec) *Être en famille :* être enceinte. – *Partir pour la famille :* tomber enceinte. **II. 1.** *Par anal.* Ensemble formé de choses ou d'êtres présentant des points communs. *Famille de mots. Famille d'esprit.* ▷ CHIM Ensemble d'éléments ayant des propriétés voisines. *Famille des halogènes.* ▷ LING Ensemble de langues de même origine. *La famille nigéro-congolaise.* ▷ MATH *Famille d'éléments indexée :* application faisant correspondre un ensemble d'éléments x à un ensemble d'indices i. – *Famille de courbes,* qui se déduisent les unes des autres par modification d'un paramètre. ▷ PHYS NUCL *Famille radioactive :* ensemble des éléments dérivant d'un même élément par désintégration radioactive. **2.** BIOL Unité systématique, moins large que l'ordre et plus large que le genre, dont le nom dérive généralement du genre type.

famine [famin] n. f. **1.** Disette de vivres dans un pays, une ville. (Les mauvaises récoltes d'aliments de base constituent la principale cause de la famine; elles sont dues à la sécheresse, aux catastrophes naturelles, aux désordres sociaux, aux guerres, etc.) ▷ Loc. *Crier* famine.* ▷ *Salaire de famine,* très bas. **2.** *Spécial.* (Afr. subsah.) Période de soudure entre deux récoltes, au Sahel.

fan [fan] n. et adj. (Anglicisme) Fam. Admirateur enthousiaste (d'une vedette, *par ext.*, de qqn ou de qqch).

fanagalo [fanagalo] n. m. LING Forme véhiculaire et simplifiée de la langue zoulou.

fanage [fanaʒ] n. m. Action de faner; résultat de cette action.

fanal, aux [fanal, o] n. m. Grosse lanterne portative ou fixe, servant à baliser, à signaler la présence d'un véhicule, d'un navire, d'un individu, ou à éclairer sa marche. – *Spécial.* (Afr. subsah.) Au Sénégal, grande lanterne de bois et de papier utilisée autrefois pour les retraites aux flambeaux. ▷ (Afr. subsah.) Au Sénégal, grande représentation en bois et en papier d'un objet ou d'un personnage que l'on promène en cortège lors de certaines fêtes; fête où l'on promène ces objets.

fanatique [fanatik] adj. et n. **1.** Animé d'une exaltation outrée et intransigeante pour qqch ou qqn. *Les partisans fanatiques de telle tendance politique.* ▷ Subst. *C'est un(e) fanatique.* **2.** Qualifie une passion, un sentiment, un comportement excessif. *Amour fanatique.* ▷ Subst. *Un fanatique de cinéma.*

fanatiquement [fanatikmɑ̃] adv. D'une manière fanatique.

fanatiser [fanatize] v. tr. [**1**] Rendre fanatique. *Ses discours fanatisent les foules.*

fanatisme [fanatism] n. m. Zèle excessif, exalté. *Fanatisme religieux.*

Fanchette (Jean) (1932 – 1992), poète mauricien : *les Midis du sang* (1955), *Archipels* (1958), *Je m'appelle sommeil* (1977), *l'Île équinoxe* (1993). Roman : *Alpha du Centaure* (1975).

fancy [fɑ̃si] n. m. inv. (Afr. subsah.) Tissu de coton imprimé de fabrication industrielle, utilisé pour l'habillement. Syn. lagos.

fancy fair n. f. ou **fancy-fair** [fɑ̃si fɛʀ] n. m. (Belgique, Maurice) Fête de bienfaisance. (Maurice) *Le fancy-fair de la paroisse.* (Belgique) *La fancy fair de l'école.*

fane [fan] n. f. Feuille ou tige feuillue de certaines plantes herbacées dont une autre partie est consommée. *Fanes d'arachides.*

fané, ée [fane] adj. Flétri. *Jeter des fleurs fanées.* – Fig. *Visage fané. Couleur fanée,* passée.

faner [fane] v. tr. [1] **I.** AGRIC Épandre et retourner (l'herbe coupée) pour qu'elle sèche. *Faner de la luzerne.* **II. 1.** Détruire la fraîcheur de (une plante). *La sécheresse a fané la végétation.* Syn. flétrir. ▷ v. pron. *Les roses se fanent vite.* **2.** Fig. Altérer l'éclat de. *La fatigue a fané son visage.* ▷ v. pron. *Sa beauté se fane.*

faneur, euse [fanœʀ, øz] n. Personne qui fane.

Fanfan la Tulipe, héros d'une chanson française de 1819; Fanfan aime le vin, les femmes et les combats : «*En avant Fanfan la Tulipe...*».

fanfare [fɑ̃faʀ] n. f. **1.** Air généralement vif et entraînant exécuté par des instruments de cuivre. ▷ Fig., fam. *Un réveil en fanfare,* brutal. **2.** Orchestre de cuivres et de percussions exécutant de tels airs. *La fanfare municipale.*

fanfaron, onne [fɑ̃faʀɔ̃, ɔn] adj. et n. **1.** Se dit d'une personne qui exalte exagérément sa bravoure, ses mérites; vantard. ▷ Subst. *Un jeune fanfaron.* **2.** Qui dénote la vantardise. *Un air fanfaron.*

fanfaronnade [fɑ̃faʀɔnad] n. f. Propos, action, attitude du fanfaron.

fanfreluche [fɑ̃fʀəlyʃ] n. f. (Souv. péjor.) Ornement frivole et de peu de valeur.

fang [fɑ̃g] adj. (inv. en genre) et n. m. **1.** adj. Des Fang. *Statuette fang.* **2.** n. m. *Le fang :* la langue bêti telle que la parlent les Fang.

Fang ou, vieilli, **Pahouin,** population du N. et du N.-O. du Gabon, de la Guinée équatoriale et du Cameroun méridional (env. 3,5 millions de personnes). L'implantation des Fang remonte à la seconde moitié du XVIIIe s. Les divers groupes se sont interpénétrés au cours de migrations multiples et ont finalement abouti sur les rives de l'Ogooué et sur la côte atlantique. – L'art sculptural fang, à travers les masques et la statutaire, dont le thème unique est l'ancêtre en méditation, est très élaboré. Les sculptures fang se caractérisent généralement par la droiture de leur buste, la position semi-assise du personnage, la rondeur du corps, la puissance et l'équilibre des formes.

fange [fɑ̃ʒ] ou (France rég.) **fangue** [fɑ̃g] n. f. **1.** Boue, bourbe sale. **2.** Fig. Ce qui salit, souille, avilit. *Son nom fut traîné dans la fange.*

fangeux, euse [fɑ̃ʒø, øz] adj. **1.** Plein de fange. **2.** Fig. Abject.

Fangio (Juan Manuel) (1911 – 1995), pilote de course argentin. Il triompha de 1951 à 1958.

fangothérapie [fɑ̃goteʀapi] n. f. MED Utilisation de boues volcaniques pour soulager la douleur.

fangue [fɑ̃g] n. f. V. fange.

Fa Ngum (1316 – v. 1378), fondateur du royaume du Laos. Élevé à la cour d'Angkor, il reconquit la principauté de ses ancêtres, créant en 1353 le royaume du Lan Xang («Million d'éléphants»). Il introduisit au Laos le bouddhisme *Theravāda* (École des Anciens). Devenu un débauché autoritaire, il fut déposé en 1373.

fanion [fanjɔ̃] n. m. Petit drapeau. *Fanion d'une ambulance.*

fanjakane [fɑ̃ʒakan] n. m. (Madag.) *Le fanjakane :* le pouvoir central, politique ou administratif (considéré dans son sens large).

Fanny. V. Marius.

fanon [fanɔ̃] n. m. **1.** Peau pendant sous le cou de certains animaux (bœuf, chien, etc.). **2.** Chacune des lames cornées du palais des mysticètes, servant à filtrer le plancton. *Les baleines ont plusieurs milliers de fanons.*

Fanon (Frantz) (1925 – 1961), psychiatre martiniquais; théoricien révolutionnaire. Médecin à Blida, il s'engagea dans le F.L.N. et fut expulsé d'Algérie (1956). Selon lui, le tiers monde devrait «recommencer une histoire» au lieu de copier l'Occident : *Peau noire, masques blancs* (1952); *les Damnés de la terre* (1961); *Pour la révolution africaine* (posth. 1964).

Fan Si Pan, massif cristallin du Viêt-nam septentrional, culminant à 3143 m.

fantaisie [fɑ̃tezi] n. f. **1.** Originalité dans le comportement qui dénote un caractère imaginatif. *Une personne pleine de fantaisie.* – Par ext. *Cette vie manque de fantaisie.* Ant. banalité, monotonie. **2.** Pensée, idée, goût capricieux. *Il faudrait satisfaire toutes ses fantaisies.* Syn. extravagance, lubie. **3.** Humeur, goût propre à qqn. *Vivre, juger selon sa fantaisie.* **4.** Objet généralement dépourvu d'utilité et de valeur mais qui plaît par son originalité. – (En appos.) *Un bijou fantaisie.* **5.** Œuvre d'imagination. ▷ MUS Composition de forme libre. *Fantaisie pour violon.*

fantaisiste [fɑ̃tezist] adj. et n. **I.** adj. **1.** Qui vit à sa guise, de façon originale. ▷ Subst. *C'est un(e) fantaisiste.* Syn. original, farfelu. **2.** Qui n'est pas sérieux. *Information, interprétation fantaisiste.* Syn. faux. **II.** n. Artiste de music-hall qui présente un numéro comique.

fantasia [fɑ̃tazja] n. f. Chez les Arabes, sorte de carrousel au cours duquel les cavaliers s'élancent au galop en tirant des coups de fusil.

fantasmagorie [fɑ̃tasmagɔʀi] n. f. Litt. Spectacle étrange, fantastique.

fantasmagorique [fɑ̃tasmagɔʀik] adj. Litt. Qui tient de la fantasmagorie.

fantasmatique [fɑ̃tasmatik] adj. Didac. De la nature du fantasme.

fantasme ou (vieilli) **phantasme** [fɑ̃tasm] n. m. PSYCHAN Ensemble de représentations imagées mettant en scène le sujet et traduisant les désirs inconscients de celui qui l'élabore. – Cour. Représentation imaginaire de la réalisation d'un désir, qui ne tient pas compte de la réalité.

fantasmer [fɑ̃tasme] v. intr. [1] Élaborer des fantasmes.

fantasque [fɑ̃task] adj. **1.** Sujet à des sautes d'humeur, à des fantaisies bizarres. *Caractère fantasque.* **2.** Litt. Bizarre, extraordinaire dans son genre. *Opinion fantasque.*

fantassin [fɑ̃tasɛ̃] n. m. Soldat d'infanterie.

fantastique [fɑ̃tastik] adj. et n. m. sing. **1.** Chimérique, né de l'imagination, irréel. *Une vision fantastique.* **2.** Bizarre, surnaturel. *Une histoire fantastique.* ▷ n. m. sing. Ce qui est fantastique. – Genre fantastique en art, en littérature. **3.** Qui sort de l'ordinaire, étonnant, incroyable. *Le spectacle fantastique d'un volcan en éruption.*

ENCYCL Littér. – La littérature fantastique se caractérise par l'irruption d'un objet insolite dans le champ du réel, d'abord perturbé puis transformé. Aux légendes que le Moyen Âge exalte à l'aide du *merveilleux* et aux contes du XVIIe s. (Perrault) succèdent les livres «noirs» du siècle des Lumières, notam. *le Diable amoureux* de Cazotte (1772). L'épanouissement du genre est contemporain du romantisme : en Angleterre et en Irlande, avec le roman noir (Maturin, Lewis, Mary Shelley); en Allemagne, avec les contes d'Hoffmann et d'Arnim. Citons en France, Nodier (l'«école frénétique», v. 1820), Balzac, Mérimée, Gautier, Nerval; en Russie, Gogol et Dostoïevski; aux É.-U., Poe, Irving et Hawthorne; en Pologne, Potocki. Auj., le fantastique revêt souvent la forme de la science-fiction (Ray Bradbury, Lovecraft) et inspire le cinéma.

Bx-A. – La variété des thèmes fantastiques ressortit au versant nocturne des choses : la forêt (Grünewald, Dürer, Cranach, etc.), les monstres (bestiaires du Moyen Âge, Deutsch, Bosch, etc.), les scènes oniriques (Moreau, Redon, Ensor, De Chirico, Dalí, etc.), les lieux d'ombre et de ténèbres (Piranèse, Goya, Hugo, Picasso, etc.).

fantastiquement [fɑ̃tastikmɑ̃] adv. De façon fantastique.

Fanti ou **Fante,** ethnie du Ghana (env. 860000 personnes). Ils parlent une langue nigéro-congolaise du groupe kwa (sous-groupe akan).

Fantin-Latour (Henri) (1836 – 1904), peintre français, adepte du réalisme intimiste.

fantoche [fɑ̃tɔʃ] n. m. **1.** Marionnette. **2.** Fig. Personne qui se laisse manœuvrer et qu'on ne prend pas au sérieux. – (En appos.) *Un gouvernement fantoche.*

fantomatique [fɑ̃tɔmatik] adj. Qui a l'apparence d'un fantôme.

fantôme [fɑ̃tom] n. m. **1.** Apparition surnaturelle d'un défunt, spectre. **2.** Fig. Apparence vaine. *C'est un fantôme de roi. Jouir d'un fantôme de liberté.* Syn. simulacre. ▷ (En appos.) *Gouvernement fantôme,* dépourvu d'existence juridique. **3.** (En appos.) MED *Membre fantôme :* chez l'amputé, membre absent perçu comme toujours présent et parfois siège de fortes douleurs. **4.** TECH Marque (fiche, planchette, etc.) laissée sur un rayon de bibliothèque à la place d'un document sorti.

Fantouré (Mohamed Alioum) (né en 1938), romancier guinéen. Il dénonce le pouvoir, actuel ou ancestral : *le Cercle des tropiques* (1972), *l'Homme du troupeau du Sahel* (1979), *le Voile ténébreux* (1985).

F.A.O. Sigle de *Food and Agriculture Organization,* «Organisation des Nations unies pour l'alimentation et l'agriculture», créée en 1945 par l'ONU en vue de mieux répartir les produits agricoles et de lutter contre la faim dans le monde. Son siège est à Rome.

faon [fɑ̃] n. m. Petit du cerf, du chevreuil ou du daim.

Farabi (Abu Nasr Al-) *(Abū n-Nasr al-Fārābī)* (872 – 950), philosophe arabe, dit *le Second Maître* (après Aristote).

farad [faʀad] n. m. PHYS Unité de capacité électrique du système SI (symbole F). *Le farad est la capacité d'un condensateur qui possède une charge de 1 coulomb pour une différence de potentiel de 1 volt entre ses armatures.*

faraday [faʀadɛ] n. m. PHYS Charge électrique, d'une valeur de 96486 coulombs, transportée par chaque mole d'ion monovalent dans l'électrolyse.

Faraday (Michael) (1791 - 1867), physicien et chimiste anglais. Il découvrit les phénomènes d'induction électromagnétique, étudia l'électrolyse et liquéfia de nombreux gaz.

Farah (Nuruddin) (né en 1945), romancier somalien d'expression anglaise, réaliste et acerbe : *From a crooked rib* (1970), *Sweet and Sour Milk* (1980), *Gifts* (1983).

faramineux, euse [faʀaminø, øz] adj. Fam. Extraordinaire, fantastique. *Des sommes faramineuses.*

farandole [faʀɑ̃dɔl] n. f. Danse provençale dans laquelle danseurs et danseuses forment une chaîne en se tenant par la main. – Air de cette danse.

farani [faʀani] adj. et n. (inv. en genre) (Polynésie fr.) Qui est français, métropolitain. ▷ Subst. *La patronne, c'est une farani.*

Faras, site archéol. de Nubie; anc. cap. du royaume de Nobatia*. – Églises monumentales.

farata [faʀata] n. m. (oc. Indien) Galette de farine que l'on garnit de viande et de légumes.

faraud, aude [faʀo, od] adj. et n. **1.** Vx ou rég. Fat et fanfaron. *Être tout faraud.* – Subst. *Faire le faraud.* **2.** (Louisiane) Qui est fier de sa tenue vestimentaire. ▷ (Afr. subsah.) *Faire faraud :* se pavaner dans de beaux atours.

Farazdaq (Al-) (v. 640 - v. 730), poète arabe : œuvres panégyriques et satiriques.

1. farce [faʀs] n. f. Hachis de viandes, d'épices, etc., servant à farcir.

2. farce [faʀs] n. f. **1.** LITTER Pièce de théâtre bouffonne. «*La Farce de Maître Pathelin.*» **2.** Comique bas et grossier. *Cet auteur tombe souvent dans la farce.* **3.** Tromperie amusante faite par plaisanterie. *Faire une farce à qqn.* Syn. tour, (fam.) niche.

farcer [faʀse] v. [**1**] (Afr. subsah.) **1.** v. tr. Fam. Faire une farce à. *Il voulait nous farcer.* **2.** v. intr. Plaisanter. *Il a fait ça pour farcer.*

farceur, euse [faʀsœʀ, øz] n. et adj. **1.** Personne qui aime plaisanter, faire des farces, jouer des tours. Syn. plaisantin. ▷ adj. *Un enfant farceur.* **2.** Personne peu sérieuse sur laquelle on ne peut compter. *Un sinistre farceur.*

farci, ie [faʀsi] adj. **1.** Rempli de farce. *Poisson farci.* **2.** *Par ext.* Fig., péjor. *Farci de :* rempli de. *Un texte farci d'erreurs.*

farcir [faʀsiʀ] v. [**3**] **I.** v. tr. **1.** Remplir de farce. *Farcir une volaille, des aubergines.* **2.** Fig., péjor. Bourrer, remplir avec excès. *Farcir un discours de citations.* **II.** v. pron. Fam. Supporter, endurer. *Ils se sont farci deux heures d'attente.* ▷ Vulg. *Se farcir une nana,* coucher avec elle.

fard [faʀ] n. m. Composition cosmétique destinée à embellir le teint. ▷ Loc. fam. *Piquer un fard :* rougir subitement. ▷ Fig. *Parler sans fard,* sans feinte.

farde [fard] n. f. (Afr. subsah., Belgique, Luxembourg) **1.** Chemise, dossier. *Une farde à rabat.* **2.** Classeur peu épais. **3.** Liasse de feuilles doubles non brochée, à usage scolaire. – *Une feuille de farde :* une feuille libre. **4.** *Farde de cigarettes :* cartouche de cigarettes.

fardeau [faʀdo] n. m. Lourde charge. *Soulever un fardeau.* – Fig. *Le fardeau des ans.* ▷ GENET *Fardeau génétique :* chez un individu, ensemble de gènes anormaux qui ne s'expriment pas dans le phénotype.

farder [faʀde] v. tr. [**1**] **1.** Mettre du fard à. *Farder son visage.* – Pp. adj. *Une femme trop fardée.* ▷ v. pron. *Se farder outrageusement.* **2.** Fig. Déguiser, dissimuler pour embellir. *Farder la vérité.* ▷ COMM Dissimuler des produits défectueux sous des produits de bonne qualité pour tromper l'acheteur.

fardoches [faʀdɔʃ] n. f. pl. (Québec) Syn. de *broussailles.* – *Une terre en fardoches,* non entretenue.

faré ou **fare** [faʀe] n. m. (Nouv.-Cal., Polynésie fr.) Habitation construite en matériaux traditionnels. ▷ *Par ext.* Dépendance (en matériaux naturels ou en dur) agrémentant une villa et pouvant avoir diverses fonctions (salon, chambre d'amis, etc.).

Farel (Guillaume) (1489 – 1565), réformateur français. Il dut se réfugier à Bâle (1523), fonda l'Église réformée de Genève (1535) et fit appel à Calvin (1536); expulsés par leurs adversaires (1538), ils regagnèrent Genève en 1541, et Farel se retira à Neuchâtel.

Farès (Nabile) (né en 1940), écrivain algérien d'expression française : *Un passager de l'Occident* (1971), *la Découverte du Nouveau Monde* (3 vol., 1972-1976), *l'État perdu* (1982).

farfadet [faʀfadɛ] n. m. Lutin.

farfelu, ue [faʀfəly] adj. et n. Fam. D'une fantaisie un peu extravagante et folle. – Subst. *Une farfelue sympathique.*

farfouiller [faʀfuje] v. intr. [**1**] Fam. Fouiller en bouleversant tout. Syn. (Suisse) grailler.

Fargue (Léon-Paul) (1876 - 1947), poète français : *le Piéton de Paris* (1939).

faribole [faʀibɔl] n. f. (Surtout au plur.) Propos, chose frivole. *Dire des fariboles.* Syn. baliverne.

Farina (Jean-Marie) (1685 - 1766), chimiste italien. Il inventa *l'eau de Cologne.*

farine [faʀin] n. f. **1.** Poudre résultant du broyage de graines de céréales ou de divers autres végétaux. *Farine de blé, de maïs. Farine de manioc. Farine de moutarde.* **2.** *Spécial.* Farine de froment. *Un sac de farine.* – Fig., péjor. *De la même farine :* du même acabit. **3.** Poudre obtenue en broyant une substance animale. *Farine de poisson.*

fariner [faʀine] v. tr. [**1**] Poudrer de farine.

farineux, euse [faʀinø, øz] adj. et n. m. **1.** Qui contient de la fécule. *Les fèves, le riz sont des aliments farineux.* ▷ n. m. *Les farineux.* **2.** Qui a l'aspect, la texture, le goût de la farine. *Une pomme farineuse.* **3.** Qui est ou qui semble couvert de farine. *Peau farineuse.*

faritany [faʀtan] n. m. (Madag.) **1.** Anc. Canton. **2.** Mod. Province. *Le faritany de Toamasina.*

fark [faʀk] n. m. (Maghreb) En Tunisie, cérémonie funéraire.

farlouche [faʀluʃ] n. f. (Québec) Mélange de mélasse, de farine et de raisins secs. *Tarte à la farlouche.*

farlouse [faʀluz] n. f. ORNITH Pipit *(Anthus pratensis)* à plumage gris olive, courant en Europe, appelé aussi *pipit des prés* ou *pipit farlouse.*

Farman (Henri) (1874 - 1958) et son frère **Maurice** (1877 - 1964), aviateurs et constructeurs d'avions français, d'origine brit. Henri effectua le prem. vol avec passager (1908).

Farnèse, maison princière d'Italie, originaire des environs d'Orvieto, qui régna à Parme après 1545. — **Alessandro.** V. Paul III (pape). — **Pier Luigi** (v. 1490 – 1547), fils de Paul III, reçut de lui les duchés de Plaisance et de Parme; il mourut assassiné. — **Alessandro** (1545 – 1592), petit-fils du préc.; duc de Parme, général au service de Philippe II d'Espagne.

Farnèse (palais), palais construit à Rome pour le cardinal Farnèse (Paul III). Commencée v. 1515, la construction fut ensuite dirigée par Michel-Ange. Depuis 1874, l'ambassade de France y siège.

farniente [faʀnjɛnte; faʀnjɑ̃t] n. m. Douce oisiveté.

Faro, ville et port du Portugal, sur l'Atlantique; capitale de la région d'Algarve; 27970 hab. Pêche, industr. Centre touristique.

farouche [faʀuʃ] adj. **1.** Qui s'enfuit quand on l'approche. *Animal farouche.* ▷ (Personnes) Peu sociable, méfiant. *Un enfant farouche.* Syn. sauvage. – *Une femme peu farouche,* qui se laisse volontiers courtiser et séduire. **2.** Fier et ardent. *Caractère, cœur farouche.* **3.** Cruel, violent, implacable. *Une haine farouche. Un tyran farouche.* ▷ (Choses) *Un regard farouche.*

farouchement [faʀuʃmɑ̃] adv. D'une manière farouche.

Farouk Ier ou **Faruq Ier** (*Fārūq*) (1920 – 1965), roi d'Égypte (1936-1952), fils et successeur de Fouad Ier. Dès 1937, il tenta d'écarter le parti Wafd, mais en 1942 les Britanniques lui imposèrent Nahhas pacha comme ministre. En 1952, le coup d'État des «officiers libres» le conduisit à abdiquer.

Fārs, prov. d'Iran, à l'O. du Khūzistān et en bordure du golfe Persique; 133000 km^2; 3200000 hab.; cap. *Chirāz.* – Berceau des dynasties achéménide et sassanide, ainsi que du farsi, devenu langue off. de la Perse puis de l'Iran. Nombr. sites archéologiques (Persépolis, Pasargades, Chirāz).

fart [faʀt] n. m. Matière dont on enduit la semelle des skis pour les rendre plus glissants.

Faruq Ier. V. Farouk Ier.

Far West («Ouest lointain»), immenses étendues herbeuses des É.-U., à l'O. du Mississippi, et colonisées au cours du XIXe s. V. western.

fascia [fasja], plur. **fascias** [fasja] ou **fasciæ** [fasje] n. m. MED Membrane conjonctive qui enveloppe muscles et organes.

fasciation [fasjasjɔ̃] n. f. BOT Aplatissement pathologique des rameaux d'une plante, s'accompagnant d'une diminution de la croissance en longueur, symptôme de diverses maladies.

fascicule [fasikyl] n. m. **1.** Petite brochure. **2.** Partie d'un ouvrage publié par livraisons. *Encyclopédie qui paraît par fascicules.*

fasciculé, ée [fasikyle] adj. **1.** Didac. Disposé en faisceaux. **2.** BOT *Racines* *fasciculées,* qui sont formées de nombreuses racines fines.

fascinant, ante [fasinɑ̃, ɑ̃t] ou **fascinateur, trice** [fasinatœʀ, tʀis] adj. Qui fascine. *Beauté fascinante. Regard fascinateur.*

fascination [fasinasjɔ̃] n. f. **1.** Action de fasciner; fait d'être fasciné. **2.** Fig. Enchantement, attrait irrésistible. *La fascination de la gloire.*

fascine [fasin] n. f. Fagot de branchages fortement liés, utilisé pour des travaux de fortification ou de terrassement.

fasciner [fasine] v. tr. [1] **1.** Immobiliser par la seule force du regard. *La vipère passait pour fasciner les oiseaux.* **2.** Fig. Attirer irrésistiblement le regard de; charmer, éblouir. *Cette grande poupée fascinait toutes les fillettes.*

fascisant, ante [faʃizɑ̃, ɑ̃t] adj. Qui manifeste des tendances au fascisme. *Groupuscule fascisant.*

fascisation [faʃizasjɔ̃] n. f. Fait de rendre fasciste, de devenir fasciste; son résultat.

fascisme [faʃism] n. m. **1.** Doctrine du parti fondé par B. Mussolini (nationalisme, culte du chef, corporatisme, anticommunisme); régime politique totalitaire que ce parti instaura en Italie de 1922 à 1943-1945. **2.** Doctrine ou système politique qui se réclame du modèle mussolinien. **3.** (Employé péjorativement, avec une intention polémique.) Idéologie conservatrice, réactionnaire.

fasciste [faʃist] n. et adj. **1.** Partisan du fascisme. **2.** adj. Relatif au fascisme. **3.** Partisan d'une doctrine ou d'un régime totalitaire, nationaliste. ▷ Péjor. Réactionnaire.

faseyer [faseje; fazeje] v. intr. [1] MAR Battre, en parlant d'une voile qui reçoit mal le vent.

Fasi (Allal al-). V. Allal al-Fasi.

Fassbinder (Rainer Werner) (1946 – 1982), cinéaste allemand contestataire : *le Mariage de Maria Braun* (1978), *Querelle* (1982).

1. faste [fast] n. m. Pompe, magnificence, déploiement de luxe. *Le faste de la cour de Louis XIV.*

2. faste [fast] adj. **1.** ANTIQ ROM *Jour faste,* où il était permis de s'occuper des affaires publiques, les auspices étant favorables. Ant. néfaste. **2.** Par ext. *Jour faste,* où il s'est produit un événement heureux.

fast food ou **fast-food** [fastfud] n. m. (Américanisme) **1.** Restaurant où l'on peut acheter pour les emporter des aliments préemballés (hamburgers, viennoiserie, salades, frites, etc.). **2.** Restauration proposée par ce type d'établissement. Syn. restauration rapide. *Des fast foods* ou *fast-foods.*

fastidieusement [fastidjøzmɑ̃] adv. D'une manière fastidieuse.

fastidieux, euse [fastidjø, øz] adj. Qui ennuie, qui lasse. *Quel travail fastidieux!* Syn. ennuyeux. Ant. intéressant.

fastueusement [fastɥøzmɑ̃] adv. Avec faste.

fastueux, euse [fastɥø, øz] adj. Plein de faste. *Une cérémonie fastueuse.* Syn. somptueux. Ant. pauvre, simple.

fat [fa(t)] adj. m. Prétentieux et vain. *Jeune homme fat. Un air fat.* ▷ n. m. *Ce n'est qu'un fat.*

Fatah (El-) ou **Fath (El-),** mouvement politique palestinien, fondé en 1959. Dirigé par Yasser Arafat, il est la princip. composante de l'Organisation de libération de la Palestine (O.L.P.).

fatal, ale, als [fatal] adj. **1.** Litt. Fixé par le destin. **2.** Litt. Voué inexorablement à un destin tragique. *Le héros fatal des romantiques.* ▷ *Femme fatale,* à la beauté envoûtante, et qui semble faite pour perdre les hommes. **3.** Qui entraîne la perte, la ruine, la mort. *Ce coup lui fut fatal.* **4.** Inévitable. *Il a fini par se faire prendre, c'était fatal.*

fatalement [fatalmɑ̃] adv. Inévitablement.

fatalisme [fatalism] n. m. Attitude de ceux qui pensent qu'il est vain de chercher à modifier le cours des événements fixés par le destin.

fataliste [fatalist] adj. et n. Qui est enclin au fatalisme. *Un caractère fataliste.*

fatalité [fatalite] n. f. **1.** Destin, destinée. *La soumission à la fatalité.* **2.** Détermination toute-puissante. *La fatalité de l'hérédité.* **3.** Enchaînement fâcheux des événements, coïncidence malencontreuse. *Accident dû à la fatalité.*

Fathy ou **Fathi** (Hasan) *(Hasan Fathī)* (1900 – 1989), architecte égyptien. Il est l'inspirateur d'un mouvement qui, dans les pays en voie de développement, prône le retour aux matériaux et aux conceptions architecturales traditionnels (*Construire avec le peuple,* 1970).

fatidique [fatidik] adj. Qui semble indiquer un arrêt du destin. *Moment fatidique.*

fatigabilité [fatigabilite] n. f. MED Disposition d'un organisme à se fatiguer.

fatigant, ante [fatigɑ̃, ɑ̃t] adj. **1.** Qui cause de la fatigue. *Une course fatigante.* **2.** (Personnes) Qui importune, qui lasse. *Ce qu'il peut être fatigant!*

fatigue [fatig] n. f. **1.** Sensation résultant d'un travail excessif, d'un effort ou d'un état pathologique; lassitude. *J'ai trop marché, je tombe de fatigue.* – *La fatigue de :* la fatigue causée par. *Je veux vous épargner la fatigue de ces démarches.* **2.** TECH Déformation, changement d'état, diminution de résistance d'une pièce au bout d'un certain temps de fonctionnement. **3.** AGRIC *Fatigue d'un sol :* baisse du rendement d'un sol due à l'appauvrissement en certains éléments minéraux et à l'apparition de parasites tels que les nématodes.

fatigué, ée [fatige] adj. **1.** Qui manifeste la fatigue. *Visage fatigué.* – *Par euph.* Souffrant, faible. *Avoir la vue fatiguée.* **2.** (Afr. subsah.) Débordé, accablé par les difficultés, notam. financières. **3.** Défraîchi. *Costume fatigué.*

fatiguer [fatige] v. [1] **I.** v. tr. **1.** Causer de la fatigue à (qqn). *Ce déplacement m'a fatigué.* ▷ *Par ext.* Affecter de manière fâcheuse (le corps, un organe). *Les épices fatiguent l'estomac.* **2.** Importuner; lasser. *Il me fatigue par ses récriminations.* **3.** AGRIC *Fatiguer la terre,* l'épuiser par la répétition d'une même culture. **II.** v. intr. (Choses) Supporter un trop grand effort. *Charpente, moteur qui fatigue.* **III.** v. pron. **1.** Se donner de la fatigue. **2.** Se donner du mal. *Je me suis fatigué à lui expliquer cela!*

fatiha [fati(h)a] n. f. ISLAM Première sourate du Coran. – *Par ext.* Prière dite dans des circonstances solennelles.

Fátima, ville du Portugal (Estrémadure); 6 500 hab. – Lieu de pèlerinage depuis 1917, date de l'apparition de la Vierge à trois enfants.

Fatima *(Fātima)* (v. 606 – 632 ou 633), fille de Mahomet et de Khadidjah, épouse de Ali, cousin du Prophète et quatrième calife, mère de Hassan et de Husayn. Fatima est vénérée par tous les musulmans.

fatimide [fatimid] adj. Relatif aux Fatimides.

Fatimides, dynastie chiite ismaélienne qui fait remonter ses origines à Fatima. Fondée par Ubaydallah al-Mahdi, qui se proclama calife à Kairouan en 910, la dynastie étendit son autorité sur tout le Maghreb et conquit la Sicile. La capitale fut transférée peu après à Mahdia, en Tunisie. Les Fatimides régnèrent en Afrique du Nord, en Égypte, où ils fondèrent Le Caire (969), et en Palestine. Ils devinrent alors la puissance la plus importante du monde musulman. Leur règne (909-1171) eut un rayonnement culturel et artistique considérable.

fatras [fatʀa] n. m. Péjor. Amas hétéroclite et désordonné. *Un fatras de vieux papiers. Un fatras de formules creuses.*

fatuité [fatɥite] n. f. Caractère, manière de se conduire du fat. Syn. infatuation, prétention, suffisance, vanité. Ant. modestie, simplicité.

faubourg [fobuʀ] n. m. **1.** Quartier excentrique. **2.** *Par ext.* Population d'un tel quartier.

faubourien, enne [fobuʀjɛ̃, ɛn] adj. Des faubourgs. *Un accent faubourien.*

fauchage [foʃaʒ] n. m. Action de faucher.

fauchaison [foʃɛzɔ̃] n. f. AGRIC Action de faucher. ▷ Époque de l'année où l'on fauche le foin.

fauché, ée [foʃe] adj. (et n.) **1.** Qui a été fauché. *Blé fauché.* **2.** Fig., fam. Qui est sans argent. *Être fauché comme les blés.* ▷ Subst. *Encore un fauché!*

faucher [foʃe] v. tr. [1] **1.** Couper à la faux, avec une faucheuse. *Faucher les foins.* Syn. (Guad.) saper. **2.** Abattre, renverser, tuer d'un seul coup. *Le tir de la mitrailleuse faucha les assaillants.* – Par ext. SPORT Faire tomber brutalement un joueur par un moyen contraire au règlement. **3.** Fam. Voler, dérober. *Faucher un vélo.*

faucheur, euse [foʃœʀ, øz] n. **1.** Personne qui fauche (l'herbe, les céréales, etc.). ▷ Litt. *La Faucheuse :* la mort. **2.** n. f. Machine qui sert à faucher le foin. **3.** n. m. Syn. de *faucheux.*

faucheux [foʃø] ou **faucheur** [foʃœʀ] n. m. Arachnide au corps globuleux, aux longues pattes grêles. *Le faucheux est fréquent dans les prairies et dans les savanes.*

faucille [fosij] n. f. Instrument pour couper les céréales, l'herbe, etc., constitué d'une lame emmanchée recourbée en demi-cercle. ▷ *La faucille et le marteau :* emblème communiste (symbole de l'alliance de la classe ouvrière et de la classe paysanne).

faucillon [fosijɔ̃] n. m. AGRIC Sorte de coupe-coupe à lame recourbée.

faucon [fokɔ̃] n. m. Oiseau falconiforme (genre *Falco*), rapace aux ailes pointues, au vol rapide, excellent chasseur. (Diverses espèces, dont le faucon pèlerin et la crécerelle, étaient autrefois utilisées pour la chasse.)

fauconnerie [fokɔnʀi] n. f. **1.** Art de dresser pour la chasse les faucons, les rapaces. **2.** Lieu où on les élève.

fauconnier [fokɔnje] n. m. Celui qui dresse des faucons pour la chasse.

faufil [fofil] n. m. COUT **1.** Fil utilisé pour faufiler. **2.** Bâti à longs points.

faufiler [fofile] v. [1] **1.** v. tr. COUT Coudre provisoirement à grands points. **2.** v. pron. Se glisser adroitement ou en tentant de passer inaperçu. *Il s'était faufilé parmi les invités.*

Faulkner (William Harrison Falkner, dit William) (1897 – 1962), romancier américain. Les thèmes de son œuvre que domine le Sud (l'emprise du passé, les préjugés raciaux, le crime, l'inceste, la guerre de Sécession) sont orchestrés par une technique inspirée de Joyce : monologue intérieur, retours en arrière, narrateurs successifs. Citons : *le Bruit et la Fureur* (1929), *Sartoris* (1929), *Tandis que j'agonise* (1930), *Sanctuaire* (1931), *Lumière d'août* (1932), *Pylône* (1935), *Absalon! Absalon!* (1936), *Requiem pour une nonne* (1951). P. Nobel 1949.

1. faune [fon] n. m. Divinité champêtre, chez les Latins.

2. faune [fon] n. f. **1.** Ensemble des animaux habitant une région, un milieu de vie particulier. *La faune asiatique. La faune des lacs, du sol.* **2.** Fig., péjor. Groupe de gens aux habitudes particulières, qui fréquentent un même lieu. *La faune des maquis abidjanais.*

faunesque [fonɛsk] adj. Qui tient du faune. *Visage faunesque.*

faunique [fonik] adj. ZOOL Qui concerne la faune.

faunistique [fonistik] n. f. et adj. ZOOL Science étudiant la faune d'une région donnée et les facteurs de ses variations. *Faunistique africaine.* ▷ adj. Qui a rapport à la faune.

Faunus ou **Faune,** dans la myth. lat., dieu protecteur des bergers et des troupeaux; assimilé au dieu grec Pan. Il est en général figuré par un personnage cornu à pieds de chèvre.

Faure (Élie) (1873 – 1937), médecin et essayiste français, auteur d'une monumentale *Histoire de l'art* (1909-1921) et de *l'Esprit des formes* (1927).

Faure (Edgar) (1908 – 1988), homme politique français; président (radical-socialiste) du Conseil en 1952 et en 1955-1956. Acad. fr. (1978).

Fauré (Gabriel) (1845 – 1924), compositeur français; élève de Saint-Saëns. Il opposa au romantisme un lyrisme discret : *Requiem* (1887-1888), nombr. mélodies (cycle de *la Bonne Chanson,* 1892-1893), musiques de scène (*Pelléas et Mélisande,* 1898), tragédies lyriques (*Pénélope,* 1913), pièces pour piano (13 nocturnes, 13 barcarolles).

faussaire [fosɛʀ] n. Personne qui commet un faux ou qui altère la vérité.

fausse couche ou **fausse-couche** [foskuʃ] n. f. Avortement spontané. *Des fausses-couches.*

faussement [fosmɑ̃] adv. **1.** De manière fausse, à tort. *On l'accuse faussement.* **2.** De manière simulée. *Un ton faussement soumis.*

fausser [fose] v. tr. [1] **1.** Rendre faux, altérer la vérité, l'exactitude de. *Préjugés qui faussent un raisonnement.* **2.** Altérer, falsifier. *Fausser un bilan. Fausser le sens d'un texte.* **3.** (Afr. subsah.) Commettre une erreur dans. *Fausser un problème.* **4.** Déformer (un corps) par flexion, pression ou torsion. *Fausser un axe, une clé.* **5.** Loc. *Fausser compagnie à qqn,* le quitter sans le prévenir.

1. fausset [fosɛ] n. m. *Voix de fausset* ou *voix de tête :* voix aiguë. – Absol. *Fausset :* cette voix.

2. fausset [fosɛ] n. m. TECH Cheville de bois pour boucher le trou percé dans un tonneau. Syn. (Suisse) guillon.

fausseté [foste] n. f. **1.** Caractère de ce qui est faux, contraire à la vérité ou à l'exactitude. *Fausseté d'un argument.* **2.** Duplicité, hypocrisie. *Soupçonner qqn de fausseté.*

Faust, humaniste et thaumaturge allemand de la fin du XVe et du déb. du XVIe s. dont on ne sait rien qui ne soit légendaire (il aurait vendu son âme au diable). La prem. œuvre sur Faust parut, sans nom d'auteur, à Francfort-sur-le-Main en 1587. Elle inspira notam. Marlowe et Goethe, lequel inspira Berlioz, Gounod, Liszt, le cinéaste Murnau.

Faustin Ier. V. Soulouque.

faute [fot] n. f. **I. 1.** Manquement au devoir, à la morale ou à la loi. *Commettre une faute. Prendre qqn en faute.* – DR *Faute pénale :* contravention, délit ou crime. *Faute civile,* qui engage la responsabilité civile. **2.** Action maladroite ou préjudiciable; erreur. *Dans votre position, on ne vous passera aucune faute.* **3.** Manquement à certaines règles. *Faute de calcul, d'orthographe, de jeu.* **II.** Absence, manque, défaut. – En loc. *On ne s'est pas fait faute de le contredire,* on n'y a pas manqué. ▷ Loc. prép. *Faute de :* par manque de, à défaut de. *Relâcher un inculpé faute de preuves.* ▷ Loc. adv. *Sans faute :* sans faillir (à l'engagement, à l'obligation). *Vous serez reçu demain sans faute.*

fauter [fote] v. intr. [1] **1.** Vieilli ou plaisant Se laisser séduire, en parlant d'une jeune fille, d'une femme. **2.** (Afr. subsah.) Faire une faute d'orthographe, de grammaire, etc. *Il a fauté dans sa dictée.* **3.** (Afr. subsah.) Commettre une indélicatesse, un acte répréhensible. *S'il a fauté, il doit être sanctionné.*

fauteuil [fotœj] n. m. **1.** Siège à bras et à dossier. – *Fauteuil roulant,* pour handicapé. – Fig. Place de membre dans une assemblée (partic. à l'Académie française). *Briguer un fauteuil vacant.* **2.** Loc. fam. *Arriver dans un fauteuil :* remporter sans peine la victoire, dans une compétition.

fauteur, trice [fotœʀ, tʀis] n. Péjor. *Fauteur de troubles, de désordre, etc. :* personne qui fait naître les troubles, le désordre, etc., ou les favorise.

fautif, ive [fotif, iv] adj. et n. **1.** Qui a commis une faute, qui est en faute. *Se sentir fautif.* ▷ Subst. *Un fautif, une fautive.* **2.** Qui contient des fautes; erroné. *Édition fautive. Référence fautive.*

Fautrier (Jean) (1898 – 1964), peintre français. Figuratif jusqu'en 1940-1943, son art devint « informel ».

fauve [fov] adj. et n. m. **I.** adj. **1.** De couleur rousse ou tirant sur le roux. ▷ n. m. *Un fauve presque rouge.* **2.** *Bête fauve :* animal féroce, spécial. grand félin. – n. m. *Un grand fauve.* **3.** *Odeur fauve :* odeur très forte rappelant celle des fauves. **II.** n. m. BX-A *Les fauves :* les peintres qui, entre 1901 et 1907, tentèrent de créer un expressionnisme de la couleur pure. (V. encycl. fauvisme.)

fauvette [fovɛt] n. f. Nom donné à deux ensembles d'oiseaux passériformes insectivores, de petite taille. **1.** *Vraies fauvettes* (genre *Sylvia* et voisins, fam. sylviidés) au plumage le plus souvent terne, dont il existe de nombreuses espèces en Europe, en Asie occidentale et en Afrique, certaines étant migratrices. **2.** *Fauvettes américaines* ou *parulines* (genre *Dendroica* et voisins, fam. parulidés) au plumage souvent coloré de jaune, dont il existe de nombreuses espèces réparties du Canada à l'Argentine.

fauvisme [fovism] n. m. Art des peintres dits fauves.
ENCYCL Le fauvisme fut, à l'origine, la réaction de divers peintres (Matisse, Rouault, Van Dongen, etc.) contre leur formation académique : ils prônèrent l'emploi généralisé des tons purs. Ils furent rejoints par Marquet, Derain et Vlaminck. Othon Friesz, Raoul Dufy et Georges Braque optèrent aussi pour cette manière dont les œuvres les plus représentatives furent peintes en 1906.

1. faux, fausse [fo, fos] adj. et adv. **1.** Qui n'est pas conforme à la vérité, à la réalité. *Ce que vous dites est faux. Faux sens*.* **2.** Mal fondé, vain. *Fausse joie. Fausse alerte. Faux problème,* qu'il n'y a pas lieu de poser. **3.** Inexact. *Calcul faux.* **4.** Qui manque de justesse. *Un esprit faux.* ▷ adv. *Raisonner faux.* **5.** Qui s'écarte du naturel, du vrai. *Fausse éloquence.* **6.** MUS Discordant, qui n'est pas dans le ton. *Fausse note.* ▷ adv. *Chanter faux.* **7.** Altéré volontairement ou par erreur. *Fausse monnaie. Fausse nouvelle.* **8.** Fait à l'imitation d'une chose vraie; postiche. *Faux bijoux, faux cheveux.* **9.** (Personnes) Qui n'est pas ce qu'il semble, ce qu'il prétend être. *Faux dévot. Faux ami.* – *C'est qqn de faux,* d'hypocrite, de fourbe. – *Faux prophète :* imposteur. – Par ext. *Avoir l'air faux.* **10.** Qui n'est pas tel qu'il doit être. *Faire un faux mouvement, une fausse manœuvre. Faire fausse route*.* **11.** (Devant un nom.) Qui n'est pas en réalité ce dont il porte le nom; faussement nommé. Ex. : (Afr. subsah.) *faux kapokier :* fromager; *fausse caille :* turnix; (Afr. subsah.) *fausse morue :* mérou bronzé. **12.** Loc. adv. *À faux :* à tort, injustement. *Accuser à faux.* ▷ *Porter à faux :* ne pas reposer d'aplomb ou de façon stable sur un point d'appui. *Cette poutre porte à faux* (V. porte-à-faux). – Fig. *Raisonnement qui porte à faux.*

2. faux [fo] n. m. **1.** Ce qui est faux. *Séparer le vrai du faux. Plaider le faux pour savoir le vrai.* **2.** DR Altération, contrefaçon frauduleuse d'actes, d'écritures. *Commettre un faux. Faux en écriture authentique.* ▷ *S'inscrire en faux :* soutenir qu'une pièce produite en justice est fausse et s'engager à le prouver. – Fig. *S'inscrire en faux contre une assertion,* lui opposer un démenti. **3.** Imitation frauduleuse d'une œuvre d'art. *Ce Renoir est un faux.*

3. faux [fo] n. f. **1.** Outil constitué d'une forte lame d'acier légèrement courbe, fixée à un long manche, qui sert à couper l'herbe, les céréales. **2.** *Par métaph.* Attribut allégorique de la mort et du temps. **3.** ANAT Nom donné, par similitude de forme, à divers replis membraneux. *Faux du cerveau.*

faux-bijou [fobiʒu] n. m. (Liban) Syn. de *colifichet. Des faux-bijoux.*

faux-bourdon [fobuʀdɔ̃] n. m. ENTOM Abeille mâle. *Des faux-bourdons.*

faux-filet [fofilɛ] n. m. Morceau de viande de bœuf, qui se lève le long de l'échine. *Des faux-filets.*

faux-fuyant [fofɥijɑ̃] n. m. Subterfuge pour éviter de s'expliquer, de s'engager. *User de faux-fuyants.*

faux-monnayeur [fomɔnɛjœʀ] n. m. Personne qui fabrique de la fausse monnaie. *Des faux-monnayeurs.*

faux-semblant [fosɑ̃blɑ̃] n. m. Apparence trompeuse. *Il a agi sous des faux-semblants d'humanité.*

favela [favela] n. f. Bidonville, au Brésil.

faveur [favœʀ] n. f. **I. 1.** Bienveillance, protection, appui d'une personne influente. *«La faveur du prince n'exclut pas le mérite»* (La Bruyère). **2.** Considération, préférence dont on jouit auprès de qqn, d'un public. *Être en faveur. Ce candidat a la faveur des pronostics.* **3.** Avantage procuré par bienveillance, par préférence. *Demander, faire une faveur.* – *De faveur :* privilégié. *Bénéficier d'un régime, d'un traitement de faveur.* ▷ Plur. Litt. *Accorder ses faveurs :* se dit d'une femme qui accepte des relations sexuelles. ▷ Bienfait. *Combler qqn de faveurs.* **4.** Loc. prép. *En faveur de :* en considération de. *Ses torts sont oubliés en faveur de sa compétence.* – Au profit de, dans l'intérêt de. *Intervenir en faveur de qqn.* ▷ *À la faveur de :* grâce à, en profitant de. *S'échapper à la faveur de la nuit.* **II.** Petit ruban.

favorable [favɔʀabl] adj. **1.** Bien disposé (à l'égard de qqn, de qqch); approbateur. *Être favorable à une réforme.* Syn. (Québec) sympathique. **2.** Qui est à l'avantage (de qqn, qqch). *Se montrer sous un jour favorable. Bénéficier d'un préjugé favorable.*

favorablement [favɔʀabləmɑ̃] adv. De façon favorable.

favori, ite [favɔʀi, it] adj. et n. **I.** adj. **1.** Qui est l'objet d'une préférence habituelle. *C'est l'un de mes auteurs favoris.* **2.** SPORT, TURF Donné comme gagnant. *Cheval favori. Partir favori dans une course.* **II.** n. **1.** Personne pour laquelle on marque une prédilection. *Être la favorite d'un public.* **2.** HIST Celui, celle qui tenait le premier rang dans la faveur d'un roi, d'un prince. ▷ *Spécial.* n. f. Maîtresse attitrée d'un souverain. **3.** SPORT, TURF Concurrent donné comme gagnant. *Miser sur le favori.* **III.** n. m. pl. Partie de la barbe qu'on laisse pousser de chaque côté du visage. *Porter des favoris.*

favorisant, ante [favɔʀizɑ̃, ɑ̃t] adj. Qui favorise.

favoriser [favɔʀize] v. tr. [1] **1.** Traiter (qqn ou qqch) avec faveur, pour le soutenir ou l'avantager. *Favoriser un ami.* ▷ (Sujet nom de chose.) *Les circonstances l'ont favorisé,* lui ont été favorables. **2.** Apporter son appui, sa contribution, son encouragement à (qqn ou qqch). *Favoriser une entreprise.* ▷ (Sujet nom de chose.) *Le progrès des communications favorise les échanges.*

favoritisme [favɔʀitism] n. m. Tendance à accorder des avantages par faveur, au mépris de la règle ou du mérite.

fax [faks] n. m. Fam. Abrév. de *téléfax.* Syn. télécopie.

faxer [fakse] v. tr. [1] Envoyer sous forme de fax, de télécopie. *Il a faxé la réponse hier.* Syn. télécopier.

Faya-Largeau, v. du N. du Tchad; 5200 hab.; ch.-l. de la préfecture du Borkou-Ennedi-Tibesti. – De 1978 à 1987, des factions tchadiennes s'y affrontèrent (V. Tchad).

Faydherbe ou **Fayd'herbe** (Luc) (1617 - 1697), sculpteur et architecte flamand. Il travailla surtout à Malines, sa ville natale. Élève de Rubens, il fut le princ. représentant du style baroque en Flandre au XVIIe s. : égl. N.-D.-d'Hanswijck et tombeau de l'archevêque A. Cruesen, dans la cathédrale St-Rombaut (Malines).

Faye (Safi) (née en 1943), cinéaste sénégalaise, la première cinéaste dans l'histoire du cinéma africain : *Lettre paysanne* (1975), *Fad'jal* (1979).

fayot [fajo] n. m. Fam. (Cour. en Acadie) Haricot sec.

fayot(t)er [fajɔte] v. intr. [1] Arg. Faire du zèle.

Fayoum (le) (en ar. *al-Fayyūm*), oasis d'Égypte, au S.-O. du Caire, gouvernorat de la Haute-Égypte; 1827 km^2; 1544050 hab.; ch.-l. *Medinet el-Fayoum.* Cette dépression (40 m au-dessous du niveau marin) est reliée au Nil par le Bahr Youssef, un canal qu'alimentent les eaux du fleuve lors des crues. Agrumes, fruits, légumes, céréales. – Autrefois occupé presque entièrement par un lac, le Fayoum a donné son nom à deux cultures du néolithique. Au début du IIe millénaire av. J.-C., les pharaons de la XIIe dynastie aménagèrent la région (digues, barrages), où l'on trouve également de nombr. vest. de l'époque gréco-romaine. – Les *portraits* (funéraires) *du Fayoum* furent découverts v. 1820 par Champollion dans des tombes égyptiennes. Peints par des artistes grecs et romains (entre le Ier et le IVe s.) sur des plaquettes de bois, marqués par un regard intense, ils rappellent des peintures de Pompéi.

Fayruz (Nuhad Haddad, dite) (née en 1934), chanteuse libanaise, considérée comme l'ambassadrice du Liban dans le monde.

Faysal Ier *(Fayṣāl)* (1883 - 1933), premier roi d'Irak (1921-1933). Troisième fils de Husayn, chérif de La Mecque, il prit avec Lawrence la tête des Arabes soulevés contre les Turcs et s'empara de Damas (1918). Élu roi de Syrie (1920), il se heurta à la France et dut renoncer à son trône; les Anglais lui firent attribuer celui d'Irak (1921) dont il proclama l'indépendance (1930). — **Faysal II** (1935 - 1958), petit-fils du préc.; roi d'Irak (1939-1958). Son oncle Abd al-Ilah exerça la régence jusqu'en 1953. En 1958, Faysal II fut assassiné (coup d'État de Kassem).

Faysal ibn Abd al-Aziz *(Fayṣāl ibn 'Abd al-'Azīz)* (1906 - 1975), roi d'Arabie Saoudite (1964-1975). En 1964, il fit déposer son frère Sa'ud IV. Il mourut assassiné.

fazenda [fazɛnda] n. f. Grand domaine agricole, au Brésil.

F.B.I. Sigle de *Federal Bureau of Investigation,* la police fédérale des É.-U.

fca [fsa] n. m. LING Syn. de *balante.*

F'Derick (anc. *Fort-Gouraud*), v. de Mauritanie, à l'ouest de Zouérate; 5000 hab.; ch.-l. de la rég. de Tiris Zemmour. Import. mines de fer reliées au port de Nouadhibu par voie ferrée.

féal, aux [feal, o] n. m. Litt. ou plaisant Ami fidèle.

fébrifuge [febʀifyʒ] adj. MED Qui fait baisser la fièvre. ▷ n. m. *Un fébrifuge.*

fébrile [febʀil] adj. **1.** MED Qui marque la fièvre. *Pouls, chaleur fébrile.* ▷ Qui a de la fièvre. *Être fébrile.* **2.** Qui manifeste une excitation, une agitation excessive. *Une hâte fébrile.* ▷ FIN *Capitaux fébriles :* capitaux spéculatifs qui passent d'une place financière à l'autre.

fébrilement [febʀilmɑ̃] adv. D'une manière fébrile.

fébrilité [febʀilite] n. f. État d'agitation extrême.

Febvre (Lucien) (1878 - 1956), historien français spécialisé dans l'histoire des mentalités : *le Problème de l'incroyance au XVIe siècle* (1942). En 1929, il fonda avec Marc Bloch* les *Annales* d'histoire économique et sociale.*

fécal, ale, aux [fekal, o] adj. Qui a rapport aux fèces. *Matières fécales. Péril fécal (les fèces disséminant les germes pathogènes).*

fèces [fɛs] n. f. pl. Didac. Excréments.

fécond, onde [fekɔ̃, ɔ̃d] adj. **1.** Qui peut se reproduire, en parlant des êtres animés, des plantes. *Le mulet, de race hybride, n'est pas fécond.* Ant. stérile. **2.** Qui peut avoir beaucoup d'enfants, de petits. *Femme très féconde. Race animale féconde.* ▷ Qui peut produire beaucoup (terre). *Sol fécond.* Syn. fertile. ▷ Fig. *Année féconde en événements. Écrivain fécond.*

fécondable [fekɔ̃dabl] adj. Qui peut être fécondé.

fécondant, ante [fekɔ̃dɑ̃, ɑ̃t] adj. Qui féconde. *Pluie fécondante.*

fécondateur, trice [fekɔ̃datœʀ, tʀis] adj. et n. Qui a la capacité de féconder.

fécondation [fekɔ̃dasjɔ̃] n. f. Action de féconder; son résultat. ▷ BIOL Fusion de deux gamètes (cellules sexuelles) qui forment un œuf (ou *zygote*), point de départ d'un ou de plusieurs individus nouveaux. – *Fécondation in vitro,* obtenue en laboratoire, hors de l'organisme maternel.

féconder [fekɔ̃de] v. tr. [1] **1.** Produire la fécondation de. *Le spermatozoïde féconde l'ovule.* **2.** Rendre enceinte (une femme), gravide (une femelle). **3.** Rendre fécond. *Un cours d'eau féconde le sol.* ▷ Fig. *Lectures qui fécondent l'esprit.*

fécondité [fekɔ̃dite] n. f. Qualité de ce qui est fécond. *La fécondité d'un sol,* sa fertilité. ▷ *Une femme d'une grande fécondité,* qui a beaucoup d'enfants. – Fig. *La fécondité d'un esprit, d'une idée.*

fécule [fekyl] n. f. Matière amylacée pulvérulente, extraite de divers organes végétaux (tubercules, rhizomes, etc.). *Fécule de pomme de terre, de céréale.*

féculent, ente [fekylɑ̃, ɑ̃t] adj. Qui contient de la fécule. ▷ n. m. *Les haricots, les pois, les pommes de terre sont des féculents.*

feda'i [fedai] n. m. (Liban) Fedayin.

fed(d)aï [fedai] ou **fed(d)ayin** [fedajin] n. m. (Maghreb) Fedayin. *Des fed(d)ayin(s).*

fed(d)ayin [fedajin] n. m. Membre des commandos palestiniens qui luttent pour la récupération des territoires occupés depuis 1967. (Cette forme francisée transforme en un sing. le plur. du mot arabe *feda'i,* «celui qui se sacrifie».) Syn. (Liban) feda'i, (Maghreb) fedaï, feddaï ou fidaï.

fédéral, ale, aux [fedeʀal, o] adj. **1.** Qui concerne une fédération d'États. *Organisation fédérale.* **2.** Qui constitue une fédération. *Le Canada est un État fédéral.* **3.** Qui émane du gouvernement central d'un État fédéral. *Des pouvoirs fédéraux étendus.*

fédéralisme [fedeʀalism] n. m. **1.** Système politique fondé sur le partage des compétences législatives, juridiques et administratives entre le gouvernement central de l'État et les gouvernements des États fédérés (appelés *provinces* au Canada). **2.** (Suisse) Doctrine qui défend l'autonomie des cantons face au pouvoir central. **3.** (Belgique) Autonomie des régions par rapport au gouvernement fédéral.

fédéraliste [fedeʀalist] adj. et n. Relatif au fédéralisme. ▷ Subst. Partisan du fédéralisme.

fédérateur, trice [fedeʀatœʀ, tʀis] adj. et n. Qui fédère ou favorise une fédération. *Des tendances fédératrices.* – Subst. *Un fédérateur d'entreprises.*

fédératif, ive [fedeʀatif, iv] adj. Constitué en fédération.

fédération [fedeʀasjɔ̃] n. f. **1.** Association de plusieurs États en un État unique. – HIST Groupe de territoires coloniaux. *La Fédération de l'A.-O.F.* **2.** Regroupement, sous une autorité commune, de plusieurs sociétés, syndicats, clubs sportifs, etc. *Fédération protestante de France. Fédération sénégalaise de tennis.*

Fédération (fête de la), fête célébrée à Paris (Champ-de-Mars) le 14 juillet 1790, pour célébrer la prise de la Bastille et les fédérations (associations révolutionnaires de gardes nationaux de Paris et de province).

fédéré, ée [fedeʀe] adj. Qui fait partie d'une fédération. *États fédérés.*

fédérer [fedeʀe] v. tr. [**14**] Grouper en fédération. ▷ v. pron. S'unir en fédération.

Fédérés (mur des), dans le cimetière parisien du Père-Lachaise, mur contre lequel l'armée versaillaise fusilla, le 27 mai 1871, les 147 derniers fédérés (partisans de la Commune* de Paris).

Fédor Ier ou **Fiodor,** (1557 – 1598), tsar de Russie en 1584, fils d'Ivan IV le Terrible; malade et faible d'esprit, il laissa gouverner Boris Godounov. — **Fédor III** ou **Fiodor** (1661-1682), tsar en 1676; demi-frère de Pierre le Grand, qui lui succéda.

fée [fe] n. f. **1.** Être féminin imaginaire, le plus souvent bienveillant, doué d'un pouvoir magique. *La baguette d'une fée.* ▷ *Conte de fées,* dans lequel les fées, le merveilleux tiennent une grande place; fig. situation heureuse, extraordinaire et inattendue. ▷ *Avoir des doigts de fée :* être d'une grande adresse. **2.** Fig. Femme qui charme par ses qualités. *C'est une fée.* – Loc. *La fée du logis.*

feed-back [fidbak] n. m. inv. (Anglicisme) Syn. (off. déconseillé) de *rétroaction.*

féerie [fe(e)ʀi] n. f. **1.** Genre littéraire, théâtral, etc., qui fait appel au merveilleux, à l'intervention des fées. **2.** Pièce de théâtre à grand spectacle fondée sur le merveilleux, en vogue au XIXe s. **3.** Fig. Spectacle merveilleusement beau.

féerique [fe(e)ʀik] adj. **1.** Qui relève du monde des fées. **2.** D'une beauté merveilleuse. *Un paysage féerique.*

Fehling (Hermann) (1811 – 1885), chimiste allemand. Il donna son nom à une liqueur qui sert à doser le glucose dans les laboratoires.

feindre [fɛ̃dʀ] v. tr. [**55**] Faire semblant d'éprouver (un sentiment). *Feindre la joie.* – *Feindre de* (+ inf.) : faire semblant de. *Feindre de sortir.* ▷ (S. comp.) Tromper en dissimulant ses sentiments. *Savoir feindre.*

feinte [fɛ̃t] n. f. Action destinée à tromper, à donner le change. ▷ SPORT Mouvement simulé destiné à provoquer chez l'adversaire une réaction dont on espère tirer profit. *Faire une feinte.*

feinter [fɛ̃te] v. [**1**] **I.** v. intr. **1.** SPORT Faire une feinte. **2.** (Nouv.-Cal.) Affecter un air de supériorité. (V. faire le malin*.) **II.** v. tr. Fam. *Feinter qqn,* le tromper.

feld-maréchal, aux [fɛldmaʀeʃal, o] n. m. Grade le plus élevé dans la hiérarchie militaire, en Allemagne et en Autriche.

feldspath [fɛldspat] n. m. MINER Silicate double d'aluminium et de potassium, sodium ou calcium.

fêlé, ée [fele] adj. *Voix fêlée,* qui a le son mat d'un objet fêlé. ▷ Fam. *Avoir la tête fêlée :* être un peu fou.

fêler [fele] v. tr. [**1**] Fendre (une matière, un objet cassant) sans que les morceaux se disjoignent. *Fêler un vase.* ▷ v. pron. Devenir fêlé.

félibrige [felibʀiʒ] n. m. Mouvement littéraire fondé en Provence en 1854 par Mistral, Aubanel, Brunet, Mathieu, Roumanille, Tavan et Giera, pour faire renaître la littérature de langue d'oc.

félicitations [felisitasjɔ̃] n. f. pl. **1.** Compliments adressés à qqn pour un événement heureux. *Lettre de félicitations.* **2.** Éloges, louanges adressés à qqn. *Reçu avec les félicitations du jury.*

félicité [felisite] n. f. Litt. Bonheur suprême. *Être au comble de la félicité.* Syn. béatitude.

féliciter [felisite] v. tr. [**1**] **1.** Faire compliment à (qqn) au sujet d'un événement agréable. *Féliciter qqn de son mariage.* **2.** Témoigner sa satisfaction à (qqn), complimenter. *Il l'a félicité pour son travail.* **3.** v. pron. S'estimer heureux. *Je me félicite d'avoir fait ce choix.*

félidés [felide] n. m. pl. ZOOL Famille de mammifères carnivores fissipèdes dont le chat est le type, et qui comprend le lion, la panthère, le tigre, le jaguar, etc. – Sing. *Un félidé.*
ENCYCL Les félidés sont des digitigrades à griffes rétractiles dont les mâchoires portent de courtes incisives, des prémolaires et des molaires (dont les *carnassières*) peu nombreuses et tranchantes, et des canines *(crocs)* très développées.

félin, ine [felɛ̃, in] adj. et n. m. **1.** Qui appartient au type chat. *La race féline.* ▷ n. m. Carnassier de la famille des félidés. **2.** Fig. Qui rappelle le chat. *Une grâce féline.*

fellag(h)a [fɛl(l)aga] n. m. Fam. Partisan armé combattant pour l'indépendance de son pays, de 1954 à 1962, en Algérie.

fellah [fella] (en ar. *fallāh*) n. m. Paysan, au Maghreb et en Égypte.

fellation [felasjɔ̃] n. f. Pratique sexuelle consistant à exciter avec la bouche le sexe de l'homme.

Fellini (Federico) (1920 – 1993), cinéaste italien. D'abord réaliste (*I Vitelloni,* 1953; *la Strada,* 1954; *les Nuits de Cabiria,* 1956), son œuvre devient baroque, dès *la Dolce Vita* (1960) : *Huit et demi* (1962), *le Satyricon* (1969), *Amarcord* (1973), *Casanova* (1977), *Ginger et Fred* (1985).

félon, onne [felɔ̃, ɔn] adj. et n. FEOD Qui manque à la foi due à son seigneur. ▷ Subst. Mod. Traître. *Un acte de félon.*

félonie [felɔni] n. f. FEOD Déloyauté envers son seigneur. ▷ *Par ext.* Litt. Acte déloyal.

felouque [fəluk] n. f. Petit navire à une ou deux voiles, long et étroit, de la Méditerranée et du Nil.

fêlure [fɛlyʀ] n. f. Fente d'une chose fêlée. ▷ Fig. *Il y a une fêlure dans leur union.* Syn. faille.

femelle [fəmɛl] n. f. et adj. **I.** n. f. Animal du sexe qui reproduit l'espèce après fécondation. *La biche est la femelle du cerf.* **II.** adj. **1.** Propre à être fécondé (en parlant des animaux, des plantes). *Un serin femelle. L'organe femelle d'une plante.* ▷ BOT *Fleur femelle,* pourvue uniquement de carpelles et d'un pistil. **2.** TECH Qualifie une pièce présentant un évidement dans lequel vient s'insérer la saillie, le relief de la pièce mâle. *Fiche femelle.*

féminin, ine [feminɛ̃, in] adj. et n. m. **1.** Qui est propre à la femme ou considéré comme tel. *Intuition féminine.* Ant. masculin. ▷ n. m. Loc. *L'éternel féminin :* ce qui est traditionnellement considéré comme permanent dans la psychologie de la femme. **2.** Des femmes, qui a rapport aux femmes. *Revendications féminines.* **3.** Qui est caractéristique de la femme. *Une allure très féminine.* **4.** GRAM *Genre féminin :* celui des deux genres grammaticaux qui est le genre marqué (présence d'un *e* final dans l'écriture, d'une consonne finale dans la prononciation, par ex.) (par oppos. au *genre masculin*). *Article, pronom, adjectif, nom féminin,* du genre féminin. – n. m. *«Belle» est le féminin de «beau».* ▷ *Rime féminine,* terminée par une syllabe comportant un *e* muet.

féminisation [feminizasjɔ̃] n. f. **1.** Action de féminiser; son résultat. *Décret sur la féminisation des noms de profession.* ▷ MED Apparition chez l'homme de caractères sexuels secondaires féminins. – Par ext. *Féminisation d'un animal.* **2.** Afflux de femmes dans une branche d'activité. *La féminisation de l'enseignement.*

féminiser [feminize] v. tr. [**1**] **1.** Donner le type, le caractère féminin à. Ant. masculiniser, viriliser. ▷ v. pron. Prendre des caractères féminins. **2.** Faire accéder un plus grand nombre de femmes à (une catégorie sociale). – Pp. adj. *C'est une profession très féminisée.* ▷ v. pron. *La profession médicale s'est féminisée.* **3.** GRAM Attribuer le genre féminin à. *L'usage a féminisé les mots épitaphe, idylle, etc.*

féminisme [feminism] n. m. Doctrine, attitude favorable à la défense des intérêts propres aux femmes et à l'extension de leurs droits.

féministe [feminist] adj. et n. Qui a rapport au féminisme. *Littérature féministe.* ▷ Subst. Partisan du féminisme.

féminité [feminite] n. f. Ensemble des qualités propres à la femme ou considérées comme telles.

femme [fam] n. f. **I.** Être humain du sexe féminin, qui peut mettre au monde des enfants. **1.** *La femme,* dans ce qu'elle a de spécifique, qui l'oppose à l'homme. *Psychologie de la femme. Aliénation, émancipation de la femme.* ▷ (Attribut) *Être femme,* féminine (sens 3). **2.** Personne adulte de sexe féminin. Syn. (Polynésie fr.) vahine. **3.** Vieilli *Bonne femme :* femme simple, assez âgée. ▷ Loc. mod. *Conte, remède de bonne femme,* transmis par une tradition populaire naïve. ▷ Mod., fam. *Bonne femme :* femme (avec une intention péjorative ou affective). **4.** (Avec un comp. de nom.) – (Pour indiquer certaines aptitudes.) *Femme de tête. Femme d'esprit. – Femme d'intérieur,* qui aime et sait diriger son ménage. – (Pour indiquer la condition sociale, la profession, etc.) *Femme du peuple, du monde. Femme au foyer. Femme de lettres. – Femme de ménage :* personne rétribuée pour faire le ménage dans une maison. Syn. (Belgique) femme à journée, femme d'ouvrage, (Luxembourg) femme de charge, (Afr. subsah.) ménagère, (Madag.) ramatou. – *Femme de chambre :* employée attachée au service particulier d'une dame ou chargée du service des chambres dans un hôtel. ▷ (Afr. subsah.) *Femme libre :* femme célibataire; *par ext., péjor.* femme facile. ▷ (Djibouti) *Femme publique,* qui participe à la vie politique. ▷ (Avec, en appos., un nom de métier qui n'a pas de féminin marqué.) *Femme peintre, sculpteur, médecin, ingénieur.* – (En appos.) *Un professeur femme.* **II.** Épouse. *La femme de Jean. Il y est allé avec sa femme.* ▷ En Afrique, le terme s'étend, par plaisanterie, aux sœurs et cousines de l'épouse, ainsi qu'aux petites-filles et petites-nièces.

femmelette [famlɛt] n. f. Péjor., fam. Homme faible et sans courage.

fémoral, ale, aux [femɔʀal, o] adj. ANAT De la cuisse. *Artère fémorale.* – Du fémur.

femto-. PHYS Préfixe (symbole f) qui, placé devant le nom d'une unité, indique que celle-ci est divisée par un million de milliards (10^{15}).

fémur [femyʀ] n. m. **1.** Unique os de la cuisse, qui s'articule en haut avec l'os iliaque (hanche), en bas avec l'extrémité supérieure du tibia et avec la rotule (genou). *Fracture du col du fémur.* **2.** ENTOM Partie de la patte des insectes qui suit le trochanter.

fenaison [fənɛzɔ̃] n. f. AGRIC Action de couper et de faire sécher des herbes destinées à servir de fourrage. – Époque où ce travail est effectué.

fendant [fɑ̃dɑ̃] n. m. (Suisse) Vin blanc du canton du Valais.

fendillement [fɑ̃dijmɑ̃] n. m. Action de fendiller, de se fendiller; résultat de cette action.

fendiller [fɑ̃dije] v. tr. [1] Produire de petites fentes à. *La sécheresse a fendillé la terre.* – Pp. adj. *Lèvres fendillées par les gerçures.* ▷ v. pron. *Email qui se fendille.*

fendre [fɑ̃dʀ] v. [6] **I.** v. tr. **1.** Couper, diviser (un corps solide), généralement dans le sens longitudinal. *Fendre du bois.* **2.** Ouvrir un sillon, un chemin dans (le sol, un fluide). *La charrue fend la terre. Frégate qui fend l'air et les eaux.* – Par anal. Loc. *Fendre la foule.* **3.** Loc. fig. *Fendre le cœur, l'âme :* faire ressentir un grand chagrin. *Cela me fend le cœur de l'abandonner.* **II.** v. pron. **1.** Se diviser, se couvrir de fentes. *Le sol se fend sous l'action de la sécheresse.* **2.** SPORT En escrime, se porter en avant par déplacement du pied avant et extension de la jambe opposée.

fendu, ue [fɑ̃dy] adj. **1.** Qui présente une fente. *Jupe fendue.* **2.** En forme de fente allongée. *Yeux fendus.*

Fénelon (François de Salignac de La Mothe-) (1651 – 1715), prélat, orateur et écrivain français. Il écrivit en 1687 un *Traité sur l'éducation des filles.* Précepteur du duc de Bourgogne (1689), il composa à son intention des *Fables* en prose (1690), *les Aventures de Télémaque* (1699) et les *Dialogues des morts* (1700-1712). Son *Explication des maximes des saints* (1697), défendant le quiétisme, et le *Télémaque,* qui critique Louis XIV, décidèrent celui-ci à l'exiler dans son diocèse de Cambrai. Acad. fr. (1693).

Fénéon (Félix) (1861 – 1944), critique littéraire et d'art français; fondateur en 1883 de *la Revue indépendante.*

fénestron [fenɛstʀɔ̃] n. m. (France rég.) Petite fenêtre.

fenêtrage [fənɛtʀaʒ] ou **fenestrage** [fənɛstʀaʒ] n. m. ARCHI **1.** Action de percer des fenêtres. **2.** Ensemble des fenêtres d'un édifice; leur disposition.

fenêtre [f(ə)nɛtʀ] n. f. **1.** Ouverture ménagée dans le mur d'une construction pour donner du jour et de l'air à l'intérieur. – *Par ext.* Châssis vitré servant à clore une telle ouverture. *L'appui, les montants, le linteau, l'embrasure, le chambranle d'une fenêtre. Une fenêtre à deux battants.* ▷ Loc. fig. *Jeter son argent par les fenêtres,* le dépenser inconsidérément. **2.** Ouverture. *Enveloppe à fenêtre.* ▷ ANAT *Fenêtre ronde* et *fenêtre ovale :* ouvertures séparant l'oreille interne de l'oreille moyenne. ▷ CHIR Ouverture pratiquée pour surveiller une plaie. **3.** Fig. *Ouvrir une fenêtre sur :* rendre possibles de nouveaux points de vue sur.

fenêtrer [fənetʀe] v. tr. [1] CONSTR Munir de fenêtres. *Fenêtrer un édifice.*

Fenice (théâtre de la), Opéra de Venise, ouvert en 1792.

fenil [fənil] n. m. Bâtiment où l'on entrepose les foins.

fennec [fenɛk] n. m. Petit renard du Sahara (genre *Fennecus*), à longues oreilles et au pelage fauve. Syn. renard des sables.

fenouil [fənuj] n. m. Plante ombellifère vivace des pays méditerranéens, potagère et aromatique (goût anisé).

fente [fɑ̃t] n. f. **1.** Ouverture étroite et longue. **2.** DR Division d'une succession en deux parties égales destinées l'une à la ligne maternelle, l'autre à la ligne paternelle.

fenua [fenua] n. m. (Haïti) Pays natal; spécial. la Polynésie. *Il est revenu au fenua avec un diplôme d'ingénieur.*

féodal, ale, aux [feɔdal, o] adj. et n. m. Qui a rapport à un fief, aux fiefs. *Droits féodaux.* ▷ Relatif à la féodalité. *Régime féodal.* – n. m. *Les grands féodaux :* les grands seigneurs.

féodalisme [feɔdalism] n. m. Système féodal.

féodalité [feɔdalite] n. f. **1.** Forme d'organisation politique et sociale répandue en Europe au Moyen Âge, dans laquelle des fiefs étaient concédés par des seigneurs à des vassaux contre certaines obligations. – Par ext. *Féodalité musulmane.* **2.** Fig., péjor. Système social, politique, qui rappelle la féodalité (sens 1). *La féodalité financière.*

fer [fɛʀ] n. m. **I. 1.** Élément métallique (symbole Fe), de numéro atomique Z = 26. – Métal (Fe) gris-blanc, ductile, ferromagnétique. (V. encycl. ci-après.) – *Fer électrolytique :* fer pur obtenu par électrolyse. – *Fer doux :* fer pur servant à fabriquer les noyaux d'électroaimants. – *Fer forgé,* mis en forme par forgeage. ▷ *Âge du fer :* période, succédant à l'âge du bronze, où se répandit l'usage du fer (v. 850 av. J.-C. en Europe). **2.** Fig. *De fer :* qui a la résistance ou la dureté du fer. – *Il a une santé de fer :* il est robuste, il n'est jamais malade. – *Une volonté de fer,* inébranlable. – *Une discipline de fer,* très stricte. ▷ *Bras de fer :* V. bras. ▷ Loc. *Une main de fer dans un gant de velours :* une autorité rigoureuse sous une apparente douceur. **II.** Objet en fer, en métal. **1.** Partie métallique, acérée ou coupante, d'un outil, d'une arme. *Fer d'un rabot, d'une houe.* **2.** Lame d'un fleuret, d'une épée, d'un sabre. *Croiser le fer.* **3.** *Fer à cheval :* bande de métal recourbée en U, qui sert à protéger le dessous des sabots des chevaux, des mulets, etc. – *Tomber les quatre fers en l'air :* tomber sur le dos, en parlant d'un cheval ou, fam., d'une personne. ▷ Loc. adj. *En fer à cheval :* en U, en demi-cercle. *Table en fer à cheval.* **4.** Profilé métallique utilisé en construction. *Fer en U.* **5.** Instrument, outil en fer, en métal. *Fer à friser, à repasser, à souder.* (V. carreau, sens I, 3.) ▷ (S. comp.) *Fer :* fer à repasser. *Donner un coup de fer à une jupe.* **6.** (Plur.) *Les fers :* les entraves qui enchaînent un prisonnier. *Mettre un forçat aux fers.* – Fig., litt. *Être dans les fers,* en esclavage.

ENCYCL Le fer est le principal constituant des aciers et des fontes. Avec le nickel, il constitue en grande partie le noyau de la Terre. L'élément fer joue un rôle biologique important (V. hémoglobine et cytochrome).

féra n. f., **férat** ou **ferrat** [feʀa] n. m. ICTHYOL Poisson salmonidé (*Coregonus fera*), atteignant 50 cm, que l'on trouve dans les lacs suisses et en Europe centrale.

Feraoun (Mouloud) (1913 – 1962), écrivain algérien d'expression française : *le Fils du pauvre* (1950), *la Terre et le Sang* (1953), *Les chemins qui montent* (1957).

fer-blanc [fɛʀblɑ̃] n. m. **1.** Tôle d'acier doux recouverte d'une mince couche d'étain. **2.** (Haïti, Réunion) Bidon en fer-blanc. *Des fers-blancs.*

ferblanterie [fɛʀblɑ̃tʀi] n. f. **1.** Industrie, commerce d'objets en fer-blanc. **2.** Objets en fer-blanc.

ferblantier [fɛʀblɑ̃tje] n. m. Celui qui fabrique ou qui vend des objets en fer-blanc.

Ferdinand III (saint). V. Ferdinand III (Castille).

ALLEMAGNE

Ferdinand Ier de Habsbourg (1503 – 1564), fils de Philippe le Beau et de Jeanne la Folle. Époux d'Anne de Hongrie, il fut élu, à la mort de Louis II, roi de Bohême et de Hongrie (1526), et empereur du Saint Empire romain germanique après l'abdication de son frère Charles Quint (1556). Il négocia avec les protestants la paix d'Augsbourg (1555). Il écarta le péril turc en signant une trêve de huit ans (1562). — **Ferdinand II de Habsbourg** (1578 – 1637), petit-fils du préc.; roi de Bohême (1617) et de Hongrie (1618), élu empereur du Saint Empire en 1619. Sa foi catholique inquiéta les Tchèques, dont la révolte (1618) marqua le début de la guerre de Trente Ans. — **Ferdinand III de Habsbourg** (1608 – 1657), fils du préc.; roi de Hongrie (1625) et de Bohême (1627), empereur du Saint Empire

(1637). Il poursuivit la guerre de Trente Ans; vaincu, il signa les traités de Westphalie (1648).

ARAGON ET SICILE

Ferdinand Ier le Juste (v. 1380 – 1416), roi d'Aragon et de Sicile (1412-1416). — **Ferdinand II le Catholique** (1452 – 1516), roi d'Aragon et de Sicile (1479-1516), roi de Naples (sous le nom de Ferdinand III, 1504-1516), époux (1469) d'Isabelle la Catholique, reine de Castille de 1474 à sa mort (1504) : l'union «conjugale» des roy. d'Aragon et de Castille préfigura l'unification de l'Espagne. Le règne des Rois Catholiques fut marqué par l'effondrement du dernier roy. musulman d'Espagne (prise de Grenade, 1492), par un accroissement territorial : acquisition du Roussillon et de la Cerdagne cédés par la France, conquête de Naples (1502-1504), des *présides* d'Afrique (1509-1511) et de la Navarre (1512), par la christianisation autoritaire (établissement de l'Inquisition), par l'absolutisme et par la découverte de l'Amérique, due à Colomb, en 1492. À la mort d'Isabelle, les Castillans appelèrent au pouvoir Philippe le Beau, qui mourut en 1506. Ferdinand assura alors le gouv. des deux royaumes.

AUTRICHE

Ferdinand Ier d'Autriche (1793 – 1875), empereur d'Autriche (1835-1848), roi de Bohême et de Hongrie (1830-1848). L'archiduc Louis et le chancelier Metternich gouvernèrent à sa place. En 1848, il abdiqua en faveur de son neveu François-Joseph.

BULGARIE

Ferdinand Ier de Bulgarie (1861 – 1948), prince de Saxe-Cobourg-Gotha, élu prince de Bulgarie en 1887. Il profita de la crise balkanique pour se proclamer indépendant du sultan et prit le titre de tsar des Bulgares (1908-1918). Mécontent du partage des terres arrachées à la Turquie en 1913 (première guerre balkanique), il se retourna contre ses alliés (Serbie, Grèce, Monténégro) mais fut vaincu (seconde guerre balkanique) et les gains territoriaux de la Bulgarie furent fortement réduits. Désireux de prendre sa revanche à l'occasion de la Première Guerre mondiale, il s'allia en 1915 à l'Allemagne et à l'Autriche-Hongrie, et dut abdiquer en faveur de son fils Boris III après la défaite (1918).

CASTILLE ET ESPAGNE

Ferdinand Ier le Grand (1017 – 1065), roi de Castille (1035-1065). Il annexa les royaumes de Léon et de Navarre, et vainquit les émirs de Tolède et de Séville. — **Ferdinand III** (saint) (v. 1199 – 1252), fils du roi de Léon, Alphonse IX, et de Bérengère de Castille; roi de Castille en 1217, il annexa définitivement le Léon (1230). Il repoussa les Maures au S. de l'Espagne. — **Ferdinand V de Castille.** V. Ferdinand II le Catholique (Aragon et Sicile). — **Ferdinand VI le Sage** (1713 – 1759), fils de Philippe V d'Espagne et de Marie-Louise de Savoie; roi d'Espagne de 1746 à 1759, il signa en 1748 la paix d'Aix-la-Chapelle. — **Ferdinand VII** (1784 – 1833), fils de Charles IV. Roi d'Espagne (mars 1808), il fut contraint à l'abdication par Napoléon Ier (déc.), qui l'interna en France. Il rentra en Espagne en 1814 et abolit la Constitution libérale votée en 1812. La révolution de 1820 lui imposa le retour à cette Constitution, mais l'armée française rétablit en 1823 son pouvoir absolu. Il ne put empêcher l'émancipation des colonies américaines. Il fit de sa fille Isabelle son successeur. V. Isabelle II et Carlos (don).

ROUMANIE

Ferdinand Ier (1865 – 1927), roi de Roumanie (1914-1927); fils du prince Léopold Hohenzollern-Sigmaringen, il succéda à son oncle Carol Ier. En 1916, il se rangea aux côtés des Alliés, dont la victoire lui permit d'agrandir considérablement son royaume : Transylvanie, Bessarabie, Bucovine et Banat.

Ferdousī, Ferdūsī, Firdousī ou **Firdūsī** (v. 930 – 1020), poète persan, auteur de la célèbre épopée *Chāh-nāmè* («le Livre des rois»).

-fère. Élément, du v. lat. *ferre,* «porter».

férié, ée [fɛʀje] adj. *Jour férié :* jour où l'on ne travaille pas à l'occasion d'une fête civile ou religieuse (par oppos. à *ouvrable*).

férir [feʀiʀ] v. tr. Seulement dans la loc. litt. *sans coup férir :* sans difficulté, sans rencontrer de résistance.

ferler [fɛʀle] v. tr. [1] MAR Plier (une voile ou un pavillon) et (la, le) serrer avec des rabans, l'écoute, etc.

Ferlo (le), dans le N.-E. du Sénégal, région naturelle traversée par la vallée morte du fleuve *Ferlo.*

fermage [fɛʀmaʒ] n. m. **1.** Loyer payé pour un domaine dans le bail à ferme. **2.** Mode d'exploitation agricole dans lequel, par oppos. au faire-valoir direct et au métayage, le cultivateur prend une terre à bail contre un loyer indépendant des revenus qu'il tire du travail de la terre.

Fermat (Pierre de) (1601 – 1665), mathématicien français. Il établit les bases du calcul infinitésimal et du calcul des probabilités.

1. ferme [fɛʀm] adj. et adv. **I.** adj. **1.** Qui offre une certaine résistance. *Un fromage à pâte ferme. La terre* ferme.* **2.** Qui se tient de façon stable. *Être ferme sur ses pieds.* – Loc. *De pied ferme :* sans reculer, résolument. *Attendre un adversaire de pied ferme.* ▷ FIN Dont les cours en Bourse ne baissent pas. *Valeur ferme.* **3.** Qui n'hésite pas. *Marcher d'un pas ferme. Une voix ferme.* **4.** Fig. Qui ne se laisse pas ébranler. *Être ferme dans ses résolutions.* – Par ext. *Avoir la ferme intention de faire qqch.* ▷ Qui fait preuve d'autorité. *Être ferme avec les enfants.* **5.** Sans sursis, en parlant d'une condamnation. *Prison ferme.* **II.** adv. Avec ardeur. *Discuter ferme.* – *Travailler ferme,* beaucoup. – *Tenir ferme :* résister vigoureusement.

2. ferme [fɛʀm] n. f. **I. 1.** DR Convention par laquelle le propriétaire d'un fonds de terre, d'une rente, d'un droit, en abandonne la jouissance pour un certain temps et moyennant un prix fixé. *Bail à ferme. Prendre à ferme.* **2.** HIST Système français où le droit de percevoir certains impôts était délégué par l'État à des particuliers. – *Par ext.* Administration chargée de cette perception. **II. 1.** Exploitation agricole louée à ferme. – *Par ext.* Toute exploitation agricole. *Des produits de ferme.* Syn. (Antilles fr., Haïti, Louisiane, oc. Indien) habitation. **2.** Ensemble constitué par l'habitation de l'agriculteur et les bâtiments y attenant. *Une cour de ferme.*

3. ferme [fɛʀm] n. f. **1.** CONSTR Assemblage d'éléments de charpente disposé verticalement pour servir de support à une couverture. **2.** SPECT Décor monté sur des châssis, qui s'élève des dessous de la scène, en avant de la toile de fond.

fermé, ée [fɛʀme] adj. **1.** Qui ne présente pas d'ouverture; qui n'est pas ouvert, clos. *Une caisse fermée. Une pièce fermée à clé.* ▷ Fig. *Société fermée,* où il est difficile de pénétrer. – *Visage fermé,* impénétrable. **2.** ELECTR *Circuit fermé :* circuit électrique ou magnétique ne présentant pas d'interruption. ▷ PHYS *Transformation fermée :* transformation thermodynamique dans laquelle l'état final est identique à l'état initial. Syn. cycle. ▷ MATH *Disque fermé, boule fermée :* ensemble des points dont la distance au centre est inférieure ou égale au rayon. (Cet ensemble comprend les points du cercle ou de la sphère qui limitent le disque ou la boule.) **3.** Fig. *Esprit fermé,* qui est volontairement incompréhensif ou borné. ▷ *Fermé à :* inaccessible, insensible à. *Être fermé à toute pitié.* **4.** LING *Voyelle fermée,* prononcée en rapprochant les maxillaires et en élevant fortement le dos de la langue. *Les e fermés de «été».* – *Syllabe fermée,* terminée par une consonne prononcée.

fermement [fɛʀməmɑ̃] adv. **1.** D'une manière ferme. *Tenir très fermement qqch.* **2.** Avec assurance, constance. *Croire fermement qqch.*

ferment [fɛʀmɑ̃] n. m. **1.** Agent (microorganisme ou enzyme) d'une fermentation. **2.** Fig. Ce qui détermine ou entretient les idées ou les passions. *Un ferment de discorde, de haine.*

fermentation [fɛʀmɑ̃tasjɔ̃] n. f. **1.** Dégradation enzymatique (anaérobie) d'une substance par un microorganisme (levure, bactérie, etc.). (V. enzyme.) *Fermentations alcoolique, lactique, butyrique,* produisant de l'alcool éthylique, de l'acide lactique, de l'acide butyrique. **2.** Fig. Effervescence des esprits.

fermenter [fɛʀmɑ̃te] v. intr. [1] **1.** Être en fermentation. **2.** Fig. Être dans un état d'agitation morale contenue. *Les esprits fermentent.*

fermentescible [fɛʀmɑ̃tɛsibl] adj. Didac. Qui peut fermenter.

fermenteur [fɛʀmɑ̃tœʀ] n. m. Appareil dans lequel on effectue des fermentations.

fermer [fɛʀme] v. [1] **I.** v. tr. **1.** Appliquer (un objet) sur une ouverture pour la boucher. *Fermer une porte.* **2.** Isoler de l'extérieur. *Fermer une chambre, un placard.* **3.** Rapprocher l'une contre l'autre les parties de (qqch). *Fermer les yeux, la main. Fermer la bouche.* – Loc. fig. *Fermer les yeux sur (qqch) :* refuser de voir (qqch). ▷ Fam. *La fermer :* se taire. ▷ ELECTR *Fermer un circuit :* établir les connexions permettant le passage du courant dans un circuit. **4.** Interdire l'accès de. *Fermer un port.* ▷ Fig. *Fermer son cœur à la pitié.* **5.** Arrêter la circulation de (un fluide, une énergie). *Fermer l'eau, l'électricité.* – Par ext. *Fermer le robinet, la radio.* **6.** *Fermer la marche :* être le dernier d'un groupe en marche. **II.** v. pron. Être, devenir fermé; pouvoir être fermé. *Ses yeux se ferment. La porte se ferme de l'intérieur.* **III.** v. intr. **1.** Être fermé. *Les guichets ferment à midi.* **2.** Pouvoir être fermé. *Cette boîte ferme mal.*

fermeté [fɛʀməte] n. f. **1.** État de ce qui est ferme, compact, résistant. *La fermeté des chairs.* **2.** État de ce qui a de la sûreté, de la vigueur. *La fermeté du style.* **3.** Énergie morale. *Fermeté d'âme, de caractère.* **4.** Autorité, assurance. *Parler avec fermeté.* **5.** FIN *Fermeté des cours :* maintien des cours de la Bourse à un taux élevé.

fermeture [fɛʀmətyʀ] n. f. **1.** Dispositif servant à fermer. *La fermeture s'est coincée.* ▷ *Fermeture Éclair :* fermeture souple à glissière*. (Nom déposé.) **2.** Action de fermer. *Dispositif qui assure la fermeture automatique des portes.* **3.** État d'un établissement fermé. *Fermeture annuelle.* **4.** (Afr. subsah.) Fin de l'année scolaire.

Fermi (Enrico) (1901 – 1954), physicien italien. Établi aux États-Unis à partir de 1938, il réalisa à Chicago en 1942 la première pile atomique. P. Nobel 1938. ▷ PHYS NUCL *Statistique de Fermi-Dirac :* loi définissant la probabilité de répartition sur divers niveaux d'énergie des particules au spin «demi-entier» (1/2, 3/2, 5/2...). V. fermion.

fermier, ère [fɛʀmje, ɛʀ] n. et adj. **1.** n. Personne qui prend à ferme un droit. – (En appos.) *Compagnie fermière.* ▷ *Fermier général,* qui, en France, sous l'Ancien Régime, prenait à ferme la perception de certains impôts. **2.** n. Personne qui tient une exploitation agricole avec un bail à ferme, ou, par ext., en tant que propriétaire. **3.** adj. De ferme. *Poule fermière. Beurre fermier.*

fermion [fɛʀmjɔ̃] n. m. PHYS NUCL Particule obéissant à la statistique de Fermi*-Dirac, dont le comportement statistique s'oppose à celui des bosons*. *L'électron, le proton et le neutron sont des fermions.* (V. encycl. particule.)

fermium [fɛʀmjɔm] n. m. CHIM Élément radioactif artificiel appartenant à la famille des actinides (symbole Fm), de numéro atomique Z = 100.

fermoir [fɛʀmwaʀ] n. m. Agrafe ou attache qui sert à tenir fermé un livre, un sac, un collier, etc.

Fernandel (Fernand Contandin, dit) (1903 – 1971), acteur et chanteur français. Il devint, grâce à Pagnol, une vedette du cinéma français (*Angèle, Ignace,* série des *Don Camillo*).

Fernando Poo ou **Pó.** V. Bioco.

féroce [feʀɔs] adj. **1.** (Animaux) Cruel, qui tue par instinct. *Le tigre est féroce.* **2.** (Personnes) Cruel, qui est sans pitié. *Un tyran féroce.* ▷ Par ext. *Un regard féroce.* – Par exag. *Un appétit féroce.*

férocement [feʀɔsmɑ̃] adv. D'une manière féroce.

férocité [feʀɔsite] n. f. Caractère féroce. *La férocité du lion.*

Féroé ou **Faeroe** (en danois *Faerøerne*), archipel danois (18 îles), à 350 km env. au nord de l'Écosse; 1399 km²; 46000 hab. (*Féringiens* ou *Féroïens*); ch.-l. *Thorshavn.* Malgré la latitude, le climat est tempéré, mais l'humidité est constante. La pêche (morue, hareng) est la princ. ressource, mais les prises ont fortement diminué dans les années 1990. – Réunies en 1380 à la Norvège et au Danemark, occupées par les Anglais de 1807 à 1814, date à laquelle elles furent données au Danemark, les îles Féroé forment depuis 1948 une communauté autonome au sein du Danemark.

ferrage [feʀaʒ] n. m. Action de ferrer. *Ferrage d'un cheval, d'une roue.*

ferraillage [feʀɑjaʒ] n. m. CONSTR Ensemble des armatures qui entrent dans un ouvrage en béton armé.

ferraille [feʀɑj] n. f. **1.** Déchets de métaux ferreux; pièces hors d'usage en fer, en acier, en fonte. *Un tas de ferraille.* **2.** Fam. Petite monnaie. **3.** Loc. fig. (Maurice) *Manger de la ferraille :* pratiquer l'haltérophilie.

ferraillement [feʀɑjmɑ̃] n. m. **1.** Action de ferrailler (sens 2). **2.** Bruit de ferraille.

ferrailler [feʀɑje] v. [1] **1.** v. intr. Péjor. Se battre au sabre ou à l'épée. ▷ Fig. *Ferrailler avec (qqn),* se disputer avec lui. **2.** v. tr. CONSTR Munir d'un ferraillage.

ferrailleur [feʀɑjœʀ] n. m. **1.** Péjor., vx Homme qui aime se battre à l'épée. **2.** Marchand de ferraille. **3.** CONSTR Ouvrier spécialisé dans le ferraillage.

ferrallite [feʀalit] n. f. PEDOL Latérite.

ferrallitique [feʀalitik] adj. PEDOL Latéritique. *Sol ferrallitique.*

Ferrare, v. d'Italie (Émilie-Romagne), ch.-l. de prov., sur un bras du Pô; 146740 hab. Import. marché agric. Industr. – Archevêché. Université. Cath. de style lombard (XIIe-XVe s.). Chât. d'Este (XIVe-XVIe s.). Musée gréco-étrusque. – Possession de l'Église, Ferrare appartint, à partir de 1240, à la famille d'Este; érigée en duché (1471), elle connut un grand essor artistique et littéraire, mais elle perdit son éclat lorsqu'elle revint à la papauté (1598).

Ferrari (Enzo) (1898 – 1988), constructeur automobile italien. Il fonda en 1929 la société Ferrari.

ferrat [feʀa] n. m. V. féra.

ferré, ée [feʀe] adj. **1.** Garni de fer. *Bâton ferré. Souliers ferrés.* ▷ Fig., fam. *Être ferré en, sur un sujet,* le connaître parfaitement. **2.** *Voie ferrée :* voie de roulement constituée par deux rails reliés par des traverses.

Ferré (Léo) (1916 – 1993), auteur-compositeur et chanteur français anarchisant.

ferrement [fɛʀmɑ̃] n. m. TECH Ensemble des pièces métalliques servant à équiper un ouvrage en bois. – Chacune de ces pièces. Syn. ferrure.

ferrer [fe(ɛ)ʀe] v. tr. [1] **1.** Garnir d'un fer, de ferrures. *Ferrer un bâton, une porte.* ▷ Garnir les sabots d'une bête de fers destinés à en éviter l'usure. *Ferrer un mulet.* **2.** *Ferrer le poisson,* bien l'accrocher à l'hameçon en tirant d'un coup sec, après qu'il a mordu.

ferret [fɛʀɛ] n. m. **1.** Extrémité en métal (ou plastifiée) d'un lacet, d'une aiguillette. **2.** TECH Noyau dur dans une pierre de taille. **3.** MINER *Ferret d'Espagne :* hématite rouge.

ferreux, euse [fɛʀø, øz] adj. **1.** Qui contient du fer. *Métaux ferreux.* **2.** CHIM *Composé, sel ferreux,* qui contient du fer au degré d'oxydation +2 (oxyde de fer FeO, par ex.). ▷ *Ion ferreux :* ion Fe^{2+}.

ferri-. CHIM Préfixe indiquant la présence du fer au degré d'oxydation +3.

Ferrière (Adolphe) (1879 – 1960), pédagogue suisse et écrivain d'expression française. Il prôna des méthodes d'éducation actives, inspirées par Decroly : *l'École active* (1920), *l'Autonomie des écoliers* (1921).

ferrimagnétique [feʀimaɲetik] adj. PHYS Qui a les propriétés du ferrimagnétisme.

ferrimagnétisme [feʀimaɲetism] n. m. PHYS Propriété des corps qui ont un comportement magnétique analogue à celui des ferrites tout en étant le plus souvent des isolants.

ferrique [feʀik] adj. CHIM *Composé, sel ferrique,* qui contient du fer au degré d'oxydation + 3 (oxyde ferrique Fe_2O_3, par ex.). ▷ *Ion ferrique :* ion Fe^{3+}.

ferrite [feʀit] n. **1.** n. m. CHIM Céramique ferrimagnétique, composée de mélanges d'oxydes, dont l'oxyde ferrique Fe_2O_3. *Les tores de ferrites sont utilisés notam. dans la fabrication des mémoires d'ordinateurs et des antennes des récepteurs radio.* **2.** n. f. METALL Solution solide de carbone dans le fer α (l'un des constituants de l'acier).

ferritine [feʀitin] n. f. BIOL Protéine présente dans le foie, la rate et la moelle osseuse, qui assure le stockage et le transport du fer.

ferro-. 1. METALL Préfixe indiquant la présence de fer dans un alliage. **2.** CHIM Préfixe indiquant la présence du fer au degré d'oxydation + 2.

ferrocyanure [feʀosjanyʀ] n. m. CHIM Ion complexe du fer à l'état d'oxydation + 2 : $[Fe(CN)_6]^{4-}$.

ferromagnétique [feʀomaɲetik] adj. PHYS Qui possède la propriété de s'aimanter sous l'action d'un champ magnétique.

ferromagnétisme [feʀomaɲetism] n. m. PHYS Propriété de certaines substances (fer, cobalt, nickel) d'acquérir une forte aimantation lorsqu'on les place dans un champ magnétique extérieur. (On les utilise pour constituer des aimants, des électroaimants et des circuits magnétiques.)

Ferron (Jacques) (1921 – 1985), écrivain québécois. Puisant dans la tradition du terroir, il a produit une œuvre abondante, romanesque (*Cotnoir,* 1962; *Contes,* 1968; *le Ciel de Québec,* 1969; *les Confitures de coings,* 1977) et dramatique (*les Grands Soleils,* 1958; *le Tête du roi,* 1967).

ferronnerie [feʀɔnʀi] n. f. **1.** TECH Fabrique où l'on façonne de grosses pièces de fer. **2.** TECH Ensemble des éléments métalliques d'un édifice. **3.** Art du fer forgé. ▷ *Par ext.* Objets en fer forgé (grilles, rampes, lustres, etc.).

ferronnier, ère [feʀɔnje, ɛʀ] n. Celui, celle qui fabrique ou vend de la ferronnerie d'art. *Ferronnier d'art.*

ferroutage [fɛʀʀutaʒ] n. m. TRANSP Transport combiné par remorques routières acheminées sur des wagons de chemin de fer. Syn. transport rail-route.

ferroviaire [feʀɔvjɛʀ] adj. Relatif aux chemins de fer. *Trafic ferroviaire.*

ferrugineux, euse [feʀyʒinø, øz] adj. Qui contient un oxyde ou un sel de fer. *Eaux ferrugineuses.*

ferrure [feʀyʀ] n. f. Garniture de fer, de métal. *Ferrures d'une porte, d'un gouvernail.*

Ferry (Jules) (1832 – 1893), homme politique français. Député républicain sous Napoléon III, plus. fois ministre de l'Instruction publique (de 1879 à 1883), il fit instituer (1881 et 1882) la gratuité, la laïcité et l'obligation de l'enseignement primaire. Prés. du Conseil (1883-1885), il établit le protectorat sur la Tunisie, fit occuper

Madagascar et entreprit la conquête du Tonkin.

ferry-boat [feribot] n. m. (Anglicisme) Navire spécialement construit pour le transport des rames de wagons et des automobiles. *Des ferry-boats.* (Abrév. cour. *ferry, des ferries* ou *ferrys.)* Syn. transbordeur.

fertile [fɛrtil] adj. **1.** Qui fournit des récoltes abondantes. *Terre, sol, champ, pays fertile.* Syn. fécond. Ant. stérile. **2.** Fig. *Fertile en :* riche en. *Voyage fertile en incidents.* **3.** Fig. Qui produit beaucoup (d'idées, d'œuvres, etc.). *Imagination fertile.*

fertilisable [fɛrtilizabl] adj. Qui peut être fertilisé.

fertilisant, ante [fɛrtilizɑ̃, ɑ̃t] adj. Qui fertilise. – n. m. Produit qui fertilise.

fertilisateur, trice [fɛrtilizatœr, tris] adj. Litt. Qui fertilise. *Un climat fertilisateur.*

fertilisation [fɛrtilizasjɔ̃] n. f. Action de fertiliser.

fertiliser [fɛrtilize] v. tr. [1] Rendre fertile.

fertilité [fɛrtilite] n. f. Qualité de ce qui est fertile. *La fertilité d'un sol dépend de sa nature, du climat, des plantes qu'on y cultive.* ▷ Fig. *La fertilité d'un romancier.*

féru, ue [fery] adj. Litt. *Féru de :* passionné de. *Il est féru d'archéologie.*

férule [feryl] n. f. Palette dont on se servait pour frapper les écoliers afin de les punir. ▷ Loc. fig. *Être sous la férule de qqn,* sous son autorité.

fervent, ente [fɛrvɑ̃, ɑ̃t] adj. **1.** Qui éprouve ou manifeste de la ferveur. ▷ Subst. Personne qui aime (qqn, qqch) avec ferveur. *Les fervents de Mozart, de la musique.* **2.** Qui comporte de la ferveur. *Oraison fervente. Amour fervent.*

ferveur [fɛrvœr] n. f. Ardeur des sentiments religieux. *Prier avec ferveur.* ▷ Enthousiasme et amour venant du fond du cœur. *Que de ferveur dans cette étude sur Césaire!*

Fès ou vieilli **Fez** *(Fās),* v. du Maroc, sur l'oued Fès, à l'E. de Rabat; 719000 hab. (*Fassis*); ch.-l. de la prov. du m. nom. Cap. religieuse et intellectuelle du Maroc, centre touristique et industr. – Universités (coranique et moderne). – Remparts de la vieille ville *(Fès al-Bali)* pourvus de portes monumentales (Bab Bujlud). Mosquée des Andalous, mosquée Qarawiyyin (IXe-XIIe s.), medersas (al-Attarin, Bu Inaniyyah), quartiers d'artisans (tannerie, teinturerie, dinanderie, etc.). – Fondée au IXe s., Fès connut son apogée du XIIIe au XVe s. (200000 hab.), sous les Mérinides, dont elle était la capitale. – Le 30 mars 1912, la *Convention de Fès* institua le protectorat de la France sur le Maroc.

Fespaco, acronyme pour *Festival panafricain de cinéma de Ouagadougou.* V. dossier Burkina Faso (Culture), p. 1394.

fesse [fɛs] n. f. Chacune des deux parties charnues qui forment le derrière de l'homme et de certains animaux.

fessée [fese] n. f. Correction donnée sur les fesses. ▷ Fig. Défaite humiliante.

fesser [fese] v. tr. [1] **1.** Corriger (qqn) en le frappant sur les fesses. **2.** (Québec) Par ext., fam. Frapper (en général). *Fesser qqn dans la figure. – Fesser sur un piquet avec un marteau.*

fessier, ère [fesje, ɛr] adj. et n. m. **1.** adj. ANAT Des fesses. *Les muscles fessiers forment la saillie de la fesse et assurent l'extension de la cuisse sur le tronc.* – n. m. *Le grand, le moyen, le petit fessier.* **2.** n. m. Fam. Les deux fesses, le derrière.

fessu, ue [fesy] adj. Fam. Qui a de grosses fesses.

festif, ive [fɛstif, iv] adj. Relatif à la fête; qui a le caractère de la fête.

festin [fɛstɛ̃] n. m. Repas de fête; repas somptueux, excellent.

festival, als [fɛstival] n. m. **1.** Manifestation musicale organisée à époque fixe. *Festival Wagner à Bayreuth.* ▷ Rencontre internationale, périodique ou non, consacrée au cinéma, au théâtre, aux arts. *Le festival de Venise, d'Avignon. Le festival des Arts nègres.* **2.** Fig. Manifestation éclatante. *Cette comédie, quel festival d'esprit!*

festivalier, ère [fɛstivalje, ɛr] n. et adj. Celui, celle qui fréquente un festival. – adj. *La saison festivalière.*

festivités [fɛstivite] n. f. pl. Fêtes, cérémonies.

feston [fɛstɔ̃] n. m. **1.** Ornement fait de guirlandes de feuilles et de fleurs suspendues. **2.** COUT Bordure brodée formée de dents arrondies.

festonner [fɛstɔne] v. tr. [1] Orner de festons. – Pp. adj. *Nappe festonnée.*

festoyer [fɛstwaje] v. intr. [23] Faire la fête, faire bonne chère.

fêtard, arde [fetar, ard] n. Fam. Personne qui aime à faire la fête.

fête [fɛt] n. f. **1.** Jour consacré à commémorer un fait religieux, historique, etc. *La fête de Noël. Fête nationale.* ▷ (Afr. subsah., Maghreb) *Fête du mouton* ou *grande fête :* fête musulmane (V. aïd) commémorant le sacrifice d'Abraham, lors de laquelle un mouton est sacrifié. – *Fête du ramadan* ou *petite fête :* fête de la fin du jeûne du ramadan. ▷ *Fête légale,* obligatoirement chômée. *Fête mobile,* dont la date varie chaque année. ▷ *La fête de qqn,* le jour consacré au saint dont la personne porte le nom. **2.** Réjouissances publiques ou familiales. *Une fête de famille.* Syn. (Québec) party. **3.** Fig. *Fête pour... :* grand plaisir pour. *Ces couleurs, quelle fête pour les yeux!* **4.** (Québec) Anniversaire (de qqn). *Souhaiter bonne fête à qqn.* **5.** Loc. *En fête :* gai, joyeux. *Avoir le cœur en fête.* ▷ *Faire fête à qqn,* lui réserver un accueil très chaleureux. ▷ *Faire la fête :* mener joyeuse vie. ▷ *N'être pas à la fête :* être dans une situation très désagréable.

Fête-Dieu, fête instituée par le pape Urbain IV, en 1264, pour glorifier la présence de Jésus dans l'hostie; elle est célébrée le dimanche qui suit la Trinité. On la nomme aussi Corpus Christi.

fêter [fete] v. [1] **I.** v. tr. **1.** Célébrer (une fête). *Fêter Pâques, la Tabaski.* **2.** Célébrer par une fête. *Fêter un succès.* **3.** Accueillir (qqn) chaleureusement. **II.** v. intr. **1.** (Afr. subsah.) Participer à la célébration d'une cérémonie, d'une fête. **2.** (Afr. subsah., Québec) Faire la fête. *Les voisins ont fêté très tard hier.*

fétiche [fetiʃ] n. m. **1.** ETHNOL Objet magique, substitut visible d'un esprit bénéfique ou maléfique auquel s'adresse un culte, dans les civilisations traditionnelles. ▷ Loc. (Afr. subsah.) *Faire fétiche :* avoir recours à la magie, jeter un sort. – *Boire le fétiche :* dans le vaudou, absorber les boissons magiques propres à sceller le pacte du sang. ▷ (Afr. subsah.) *Or* fétiche.* **2.** Cour. Objet porte-bonheur. **3.** PSYCHOPATHOL Objet érotisé par certaines personnes atteintes de perversions* sexuelles. – PSYCHO *Objet-fétiche* ou *fétiche,* qui représente pour l'enfant un substitut du corps maternel.

féticher [fetiʃe] v. tr. [1] (Afr. subsah.) Envoûter. *Il est très mal, il a été fétiché.*

féticheur, euse [fetiʃœr, øz] n. ETHNOL Celui qui est censé disposer d'un pouvoir magique, dans les religions animistes. – *Spécial.* (Afr. subsah.) Responsable du culte dans la religion africaine traditionnelle; devin, guérisseur consacré à un fétiche dont il tiendrait ses pouvoirs. *Il est soigné par un grand féticheur.*

fétichisme [fetiʃism] n. m. **1.** ETHNOL Culte des fétiches. **2.** Attachement, admiration excessifs à l'égard de qqch ou de qqn. *Avoir le fétichisme des titres universitaires.* **3.** PSYCHOPATHOL Perversion sexuelle qui confère à un objet particulier (vêtement, etc.), ou à une partie du corps du partenaire, l'exclusivité du pouvoir érotique.

fétichiste [fetiʃist] adj. et n. **1.** Qui pratique le fétichisme (sens 1). **2.** PSYCHOPATHOL Atteint de fétichisme (sens 3).

fétide [fetid] adj. Qui sent très mauvais.

fétidité [fetidite] n. f. Caractère de ce qui est fétide.

fétoua ou **fetwa** [fetwa] n. f. (Maghreb) ISLAM Sentence émise par un théologien musulman sur un aspect du culte ou de la vie quotidienne non abordé par le texte coranique.

fétu [fety] n. m. Brin (de paille).

fétuque [fetyk] n. f. Graminée (genre *Festuca*) qui forme la base des prairies naturelles.

fetwa [fetwa] n. f. V. fétoua.

1. feu, feue [fø] adj. Litt. Défunt. (Ne s'accorde que placé entre le déterminant et le nom.) *La feue reine. Feu la reine.*

2. feu [fø] n. m. (et adj. inv.) **I.** Flamme. **1.** Flamme qui accompagne une combustion. ▷ Loc. fig. *Avoir le feu sacré :* éprouver un grand enthousiasme pour qqch (notam. pour ce que l'on fait, pour son métier). ▷ Loc. fig. *Jouer avec le feu :* prendre de grands risques. **2.** Fig. Chaleur intense. *Les feux de la canicule.* ▷ Brûlure. *Le feu du rasoir.* ▷ Loc. *En feu :* irrité. *Avoir la gorge en feu.* **3.** Fig. Ardeur. *Dans le feu de l'action.* ▷ Passion. *Un discours plein de feu.* ▷ Fam. *Être tout feu tout flamme,* plein d'enthousiasme. **4.** adj. inv. Rouge orangé. *Des rubans feu.* **5.** Corps en combustion, allumés pour chauffer, pour cuire. *Un feu de bois. Faire un feu, du feu.* ▷ *Feu de joie,* allumé en plein air en signe de réjouissance. ▷ Chaleur dégagée par la combustion. *Cuire à feu doux.* – *Plat qui va au feu,* qui supporte une température élevée. ▷ Loc. *Coup de feu :* action brutale du feu; fig. moment d'activité intense. *Le coup de feu de midi, dans un restaurant.* **6.** Fig., vieilli Foyer, famille. *Un village de vingt feux.* ▷ Loc. Mod. *Sans feu ni lieu :* sans foyer, sans domicile. **7.** Brûleur ou plaque chauffante d'une cuisinière. *Cuisinière à quatre feux.* ▷ *Les feux :* la source de chaleur d'une chaudière industrielle. *Pousser les feux.* **8.** Supplice ancien consistant à brûler vif un condamné. ▷ Fig. *Faire mourir qqn à petit feu,* lentement et cruellement. **9.** Ce qui sert à allumer une cigarette, une pipe, etc. *Avez-vous du feu?* **10.** (Belgique, Luxembourg, Suisse) Cheminée où l'on brûle des bûches. *Salon avec feu ouvert.* **II.** Incendie. *Feu de forêt.* – *Feu de brousse :* incendie qui dévaste la brousse; *spécial.* feu allumé à dessein pour rabattre le gibier ou pour préparer le sol à la culture sur brûlis. ▷ Loc. *Au feu!* – *En feu :* en train de brûler. – *Mettre à feu et à sang :* ravager par l'incendie et le massacre. – *Faire la part du feu :* vider une partie de terrain, de bâtiment de ce qui peut y brûler pour empêcher un incendie de s'étendre; fig. sacrifier ce qui, de toute manière, est perdu, afin de sauver l'essentiel. **III.** Explosion qui, dans le tube d'une arme, propulse le projectile. **1.** Loc. *Armes à feu :* fusils, mitrailleuses, mitraillettes, pistolets, revolvers, etc. – *Bouches à feu :* canons, obusiers, mortiers, etc. ▷ *Coup de feu :* décharge d'une arme à feu, détonation. ▷ *Le coup a fait long feu :* l'amorce a brûlé trop lentement et le coup n'est pas parti. – Fig. *Faire long feu :* ne pas réussir. *Sa tentative a fait long feu.* ▷ *Ne pas faire long feu :* ne pas durer bien longtemps. **2.** Tir. *Ouvrir le feu. Feu! Faire feu :* tirer. **3.** *Le feu :* le combat. *Aller au feu. Baptême du feu.* **IV.** Lumière. **1.** Lumière d'éclairage. *Sous les feux des projecteurs.* **2.** Signal lumineux. *Phare à feu tournant. Feux de position d'un navire, d'un avion* (vert à droite, rouge à gauche). ▷ Chacun des dispositifs lumineux d'un véhicule. *Feux de position, clignotants, de gabarit. Feux de route, de croisement.* ▷ Signal lumineux réglant la circulation des voitures, des trains. *Feu rouge, vert, orange.* – Loc. fig. *Donner le feu vert à qqn,* l'autoriser à faire telle ou telle chose. **3.** *Feu follet*.* ▷ *Feu Saint-Elme :* aigrette lumineuse d'origine électrique qui apparaît quelquefois pendant un orage au sommet d'un corps élevé et terminé en pointe. ▷ *Feu d'artifice*.* – *Feu de Bengale :* pièce d'artifice qui brûle avec une flamme colorée. **4.** Éclat très vif. *Les feux d'une pierre précieuse. Un regard de feu.* ▷ Loc. fig., fam. *N'y voir que du feu :* ne rien voir, ne rien comprendre.

Feuerbach (Ludwig) (1804 – 1872), philosophe allemand. Parti de l'hégélianisme, il professa le matérialisme.

Feuillade (Louis) (1874 – 1925), cinéaste français : films d'aventures à épisodes (*Fantômas,* 1913-1914; *les Vampires,* 1915; *Judex,* 1917) empreints d'une poésie fantastique.

feuillage [fœjaʒ] n. m. **1.** Ensemble des feuilles d'un arbre, d'un arbuste ou d'une grande plante. **2.** (Plur.) Branches coupées garnies de feuilles. *Disposer des feuillages dans un vase.* **3.** Ornement représentant des feuilles.

feuillaison [fœjɛzɔ̃] n. f. Développement des jeunes feuilles; époque où elles apparaissent.

Feuillants (Club des), club politique franç. (Sieyès, La Fayette, Barnave) qui siégea à partir de juil. 1791 dans le couvent des Feuillants (Paris 1er). Modéré, il domina l'Assemblée* législative, avec les Girondins, jusqu'au 10 août 1792.

feuille [fœj] n. f. **I.** (Plantes) **1.** Partie d'un végétal, généralement verte, plate et mince, qui naît des tiges et des rameaux. ▷ *Feuilles mortes :* feuilles jaunies et desséchées. **2.** *Feuille de chêne :* laitue brune à feuilles très découpées. **3.** Bractée de l'artichaut portant à sa base une partie comestible. **4.** *Par ext.* Pétale. *Feuilles de rose.* **5.** CUIS *Feuilles de vigne farcies :* spécialité culinaire des pays d'Asie occidentale et d'Europe méridionale (Turquie, Liban, Grèce) consistant en une feuille de vigne repliée sur une farce à base de riz. **6.** BX-A Représentation symbolique de feuilles. *Feuille d'acanthe*.* – *Feuille de vigne,* masquant le sexe des nus en sculpture, en peinture. **7.** (Plur.) (Pacifique) Toute plante dont on fait usage en pharmacopée locale. *Prendre les feuilles.* ▷ Moyen occulte utilisé à des fins bénéfiques (substances porte-chance, fluides magnétiques, etc.). *S'il réussit tout, c'est grâce aux feuilles.* – Loc. *Prendre un coup de feuilles :* utiliser les feuilles; être la victime d'un maléfice ou d'un empoisonnement. **II.** (Papier) **1.** Morceau de papier quadrangulaire. *Une feuille de papier à lettres.* ▷ *Bonnes feuilles :* feuilles d'un livre tirées définitivement (avant la reliure et la publication). **2.** Document portant des indications manuscrites ou imprimées. *Feuille de paie. Feuille de route.* **3.** Vx Journal. *Une feuille locale.* ▷ Fam. *Feuille de chou :* journal médiocre. **III.** Plaque très mince. *Feuille de tôle.*
ENCYCL Bot. – La feuille est présente chez tous les végétaux supérieurs. Celle des angiospermes dicotylédones comprend 4 parties : la base foliaire, partie intégrante de la tige; le limbe, vaste et mince surface exposée à la lumière; le pétiole, étroit support du limbe; les nervures, faisceaux conducteurs de la sève. La feuille des monocotylédones a rarement un pétiole et toujours des nervures parallèles.

feuille-morte [fœjmɔʀt] adj. inv. Qui a la couleur brun-roux des feuilles mortes.

feuillet [fœjɛ] n. m. **1.** Chacune des feuilles d'un livre, d'un cahier, etc. *Un feuillet comporte deux pages, le recto et le verso.* **2.** Troisième poche de l'estomac des ruminants. **3.** ANAT Une des membranes constituantes des séreuses. *Feuillet pariétal, viscéral.* **4.** BIOL Couche cellulaire, unie ou stratifiée. *Ectoderme, mésoderme et endoderme sont les trois feuillets constitutifs des cœlomates.* **5.** TECH Planche mince utilisée en menuiserie. **6.** ELECTR *Feuillet magnétique :* tranche mince, aimantée perpendiculairement à sa surface.

feuilletage [fœjtaʒ] n. m. CUIS Action de feuilleter la pâte. ▷ Pâte feuilletée.

feuilleté, ée [fœjte] adj. (et n. m.) Formé de minces couches superposées. ▷ Spécial. *Pâte feuilletée :* pâte à gâteaux travaillée pour se diviser à la cuisson en fines feuilles superposées. – n. m. Pâtisserie faite avec cette pâte.

feuilleter [fœjte] v. tr. **[20] 1.** Tourner les feuilles d'un livre, d'un cahier, etc., que l'on parcourt. ▷ *Par ext.* Parcourir, lire hâtivement. **2.** TECH Diviser en feuilles minces. **3.** CUIS *Feuilleter la pâte,* la travailler en la pliant plusieurs fois pour obtenir de la pâte feuilletée.

feuilleton [fœjtɔ̃] n. m. **1.** Chronique régulière dans un journal. *Feuilleton littéraire.* **2.** Chacun des fragments d'un roman publié dans un périodique. ▷ *Par ext.* Roman ainsi publié. *Un roman-feuilleton.* ▷ Par anal. *Feuilleton radiophonique, feuilleton télévisé.*

feuilletoniste [fœjtɔnist] n. Personne qui écrit des feuilletons.

feuillu, ue [fœjy] adj. et n. m. **1.** adj. Qui a une grande quantité de feuilles. *Buisson feuillu.* **2.** n. m. Arbre à feuilles typiques, généralement caduques, par oppos. aux arbres à feuilles aciculaires (conifères, par ex.).

feuillure [fœjyʀ] n. f. TECH Entaille pratiquée dans un panneau pour recevoir une autre pièce. *Feuillure d'une glace.* – *Feuillure dans une huisserie,* destinée à recevoir une porte.

feulement [følmɑ̃] n. m. Cri du tigre, du chat.

feuler [føle] v. intr. **[1]** Pousser un cri, en parlant de certains félins (tigre, notam.); gronder, en parlant du chat.

feutrage [føtʀaʒ] n. m. Action de feutrer. ▷ État de ce qui s'est feutré accidentellement.

feutre [føtʀ] n. m. **1.** Étoffe non tissée faite de poils ou de laines agglutinés et foulés. **2.** *Par ext.* Chapeau de feutre. **3.** TECH Étoupe servant à boucher. ▷ Bourre (pour rembourrer les selles). **4.** Stylo, crayon dont la pointe est faite de feutre ou de fibres synthétiques. (On dit aussi *stylo-feutre, crayon-feutre.*)

feutré, ée [føtʀe] adj. **1.** Garni de feutre (pour insonoriser, amortir les chocs). ▷ Fig. Silencieux, discret. *Atmosphère feutrée.* **2.** *Étoffe feutrée,* à laquelle on a donné l'aspect du feutre ou qui a pris accidentellement cet aspect.

feutrer [føtʀe] v. tr. **[1] 1.** Garnir de feutre. **2.** Transformer du poil ou de la laine en feutre. **3.** *Feutrer une étoffe,* lui donner accidentellement l'aspect du feutre. *Un lavage fait sans précaution peut feutrer les lainages.* ▷ v. pron. et intr. *Ce lainage se feutre* (ou *feutre*) *au lavage.* **4.** Amortir (les sons). – Pp. adj. *Marcher à pas feutrés,* sans faire de bruit.

feutrine [føtʀin] n. f. Tissu de laine feutré, léger mais de bonne tenue.

Féval (Paul) (1817 – 1887), auteur français de nombr. romans d'aventures : *le Bossu* (1858).

fève [fɛv] n. f. **1.** Plante potagère (fam. papilionacées). **2.** Graine de cette plante, semblable à un gros haricot plat, de goût plus fort, légèrement amer. (V. gourgane.) ▷ Figurine qu'on cache dans une galette pour tirer les rois le jour de l'Épiphanie. ▷ *Par ext.* Nom cour. des graines de divers végétaux. *Fève de cacao :* graine du cacaoyer. **3.** (Québec) Haricot. *Fèves jaunes, fèves vertes. Fèves au lard :* plat traditionnel composé de fèves sèches cuites au four avec du lard salé. **4.** (France rég.) Fig., fam. Personne niaise, peu dégourdie.

février [fevʀije] n. m. Second mois de l'année, qui compte 28 jours les années ordinaires et 29 jours les années bissextiles.

Février 1848 (journées des 22, 23 et 24), journées révolutionnaires franç. : malgré la répression (52 morts), Louis-Philippe fut renversé le 24. V. Révolution française de 1848.

Février 1934 (journée du 6), journée où les ligues de droite organisèrent, à Paris, une manifestation pour protester, après l'affaire Stavisky*, contre le parlementarisme. Place de la Concorde, la fusillade de la police fit 20 morts. La gauche organisa une contre-manifestation le 9 fév. (8 morts), puis une grève générale le 12.

Feydeau (Georges) (1862 – 1921), auteur français de vaudevilles riches en quiproquos : *le Dindon* (1896), *la Dame de chez Maxim* (1899), *Occupe-toi d'Amélie!* (1908), *On purge bébé* (1910).

Feyder (Jacques Frédérix, dit Jacques) (1888 – 1948), cinéaste français : *l'Atlantide* (1921), *le Grand*

Jeu (1934), *la Kermesse héroïque* (1935), *la Loi du Nord* (1942).

Feynman (Richard Phillips) (1918 – 1988), physicien américain, auteur de la théorie quantique des champs. P. Nobel 1965.

fez [fez] n. m. Coiffure de forme tronconique parfois portée par les hommes dans certains pays musulmans.

Fez. V. Fès.

Fezzan, vaste plateau ancien (550000 km^2), au S.-O. de la Libye, recouvert par des calcaires et des sables (ergs d'Oubari, de Mourzouk), en grande partie désertique; la pop., formée d'Arabes, de Touareg et de Tubu, se regroupe dans quelques oasis; ville princ. *Sebha.* – Incorporé à l'Empire romain (19 av. J.-C.), christianisé, conquis par les Arabes (666), le Fezzan fut annexé à l'Empire ottoman (1842), occupé par les Italiens (1930) puis par les Français (1941-1942), qui le cédèrent à la Libye en 1955.

F.F.I. Sigle de *Forces françaises de l'intérieur.* Forces combattantes qui regroupèrent en 1944 tous les résistants à l'occupant allemand.

F.F.L. Sigle de *Forces françaises libres* (terrestres, maritimes, aériennes). Après l'armistice de juin 1940, elles se rallièrent au général de Gaulle pour continuer la lutte contre l'Allemagne.

fi [fi] interj. Vx Exprime le dégoût, le mépris. ▷ Mod., litt. *Faire fi de :* mépriser, dédaigner.

fiabiliser [fjabilize] v. tr. [**1**] Rendre fiable ou plus fiable.

fiabilité [fjabilite] n. f. TECH Probabilité de bon fonctionnement d'un composant ou d'un appareil pendant un temps donné. ▷ *Par ext.* Degré de confiance que l'on peut accorder à une chose, à une personne.

fiable [fjabl] adj. TECH Qualifie un appareil possédant une fiabilité élevée. ▷ *Par ext.* Chose, personne à laquelle on peut se fier.

fiacre [fjakʀ] n. m. Anc. Voiture hippomobile, de louage.

Fianarantsoa, ville de Madagascar, sur les hauts plateaux, au S.-E. de l'île; 130000 hab.; ch.-l. de la prov. du m. nom. Centre commercial.

fiançailles [f(i)jɑ̃saj] n. f. pl. **1.** Cérémonie familiale qui accompagne une promesse mutuelle de mariage. *Bague de fiançailles.* **2.** Temps qui s'écoule entre cette cérémonie et le mariage. **3.** (Afr. subsah.) Dans les milieux traditionnels de la rép. dém. du Congo, mariage à l'essai.

fiancé, ée [f(i)jɑ̃se] n. Personne qui s'est engagée au mariage par les fiançailles. Syn. fém. (Afr. subsah.) amante.

fiancer [f(i)jɑ̃se] v. [**12**] **1.** v. tr. Promettre (son fils, sa fille) en mariage par la cérémonie des fiançailles. *Il a fiancé son fils hier.* **2.** v. tr. (Afr. subsah.) Se fiancer avec. **3.** v. pron. S'engager au mariage par la cérémonie des fiançailles. *Il s'est fiancé avec la fille d'Untel.* ▷ (Récipr.) *Marc et Monique se sont fiancés.*

Fianna Fáil («guerriers du destin»), parti politique irlandais, nationaliste et républicain. Fondé par Eamon De Valera (1927), il demeure le plus important parti de l'Eire.

fiasco [fjasko] n. m. **1.** Défaillance sexuelle. **2.** Cour. Échec complet. ▷ *Faire fiasco :* échouer.

fibranne [fibʀan] n. f. TECH Tissu artificiel formé de fibres courtes (rayonne, par ex.).

fibre [fibʀ] n. f. **1.** Expansion cellulaire allongée et fine, isolée ou groupée avec d'autres en faisceau. *Fibres musculaires, nerveuses et conjonctives.* ▷ Fig., litt. (Par allus. à la fibre nerveuse.) Disposition à éprouver certains sentiments. *Faire vibrer la fibre poétique.* **2.** BOT Cellule très longue dont la paroi cellulosique épaisse, imprégnée ou non de lignine, constitue un élément de soutien de la plante. ▷ Cour. Filament constitué par les parois cellulosiques des cellules de certaines plantes, que l'on utilise dans l'industrie textile. *Fibre du chanvre, du sisal, du coton.* ▷ Par anal. *Fibre synthétique,* fabriquée à partir de produits chimiques (nylon, par ex.). ▷ *Fibre artificielle,* fabriquée à partir de matières naturelles (fibranne, rayonne). ▷ *Fibre minérale,* provenant des roches (amiante, par ex.). **3.** BIOL Constituant alimentaire formé essentiellement par les résidus cellulosiques (généralement fibreux) des végétaux. *Le tube digestif humain ne digère pas les fibres, mais leur présence stimule le transit intestinal.* **4.** CHIM *Fibres de verre :* filaments obtenus par étirage de verre fondu, qui entrent notam. dans la fabrication des matériaux composites*. **5.** PHYS *Fibre optique :* fibre de verre ou de matière plastique utilisée pour la transmission d'informations. (Composée d'une âme et d'un revêtement dont les indices de réfraction sont différents, elle permet le transport de signaux lumineux sur des trajets non rectilignes.)

fibreux, euse [fibʀø, øz] adj. Qui contient des fibres, qui est formé de fibres. ▷ ANAT *Tissu fibreux :* tissu conjonctif, ni élastique ni contractile, qui forme les tendons, les ligaments et les aponévroses.

fibrillation [fibʀijasjɔ̃] n. f. MED *Fibrillation cardiaque :* trémulation désordonnée des fibres musculaires cardiaques, avec paralysie des cavités intéressées. (La *fibrillation auriculaire,* la plus fréquente, est curable. La *fibrillation ventriculaire,* si elle n'est pas réduite, provoque la mort en quelques minutes.)

fibrille [fibʀij] n. f. Petite fibre. ▷ ANAT Petite fibre, composante d'une fibre musculaire.

fibrine [fibʀin] n. f. BIOCHIM Protéine qui forme la majeure partie du caillot sanguin. (Elle provient de la scission du fibrinogène sous l'action de la thrombine, au cours de la coagulation. L'absence de fibrine est responsable de syndromes hémorragiques graves.)

fibrinémie [fibʀinemi] n. f. MED Taux de la fibrine dans le sang. (Son élévation peut être l'indice d'une affection inflammatoire.)

fibrinogène [fibʀinɔʒɛn] n. m. BIOCHIM Précurseur protéique de la fibrine, synthétisé par le foie.

fibro-. Élément, de *fibre.*

fibroblaste [fibʀoblast] n. m. BIOL Cellule fusiforme du tissu conjonctif, participant à l'élaboration du collagène et d'un grand nombre de composants de la substance fondamentale.

fibrociment [fibʀosimɑ̃] n. m. (Nom déposé.) CONSTR Matériau constitué de ciment et d'amiante.

fibromateux, euse [fibʀomatø, øz] adj. MED Relatif au fibrome. ▷ Atteint d'un fibrome. *Un utérus fibromateux.*

fibrome [fibʀom] n. m. Tumeur bénigne formée de tissu fibreux. – *Spécial.* Fibrome de l'utérus.

fibroscope [fibʀoskɔp] n. m. MED Endoscope souple, de faible diamètre, constitué par des fibres optiques.

fibule [fibyl] n. f. **1.** ARCHEOL Agrafe, boucle ou broche servant à fixer un vêtement. **2.** Cour. Épingle fantaisie utilisée comme broche, notam. au revers d'un col.

ficelage [fislaʒ] n. m. Action de ficeler; son résultat.

ficelé, ée [fisle] adj. **1.** Attaché avec de la ficelle. **2.** Fig., fam. Habillé. *Être mal ficelé.* **3.** Fam. Fabriqué, conçu, écrit. *Un roman bien ficelé.*

ficeler [fisle] v. tr. [**19**] Lier avec de la ficelle. *Ficeler un paquet.*

ficelle [fisɛl] n. f. (et adj. inv.) **I. 1.** n. f. Corde très mince. **2.** (Plur.) *Tirer les ficelles :* faire mouvoir des marionnettes par des fils invisibles; fig. faire agir les autres sans être connu. ▷ Par ext. *Les ficelles du métier,* ses astuces, ses trucs. **3.** adj. inv. Fam. Rusé, astucieux. *Ils sont ficelle.* **II.** n. f. En France, baguette de pain très mince.

fichage [fiʃaʒ] n. m. Action de ficher (2); son résultat.

fiche [fiʃ] n. f. **1.** Feuille de papier ou de carton sur laquelle on inscrit des renseignements destinés à être classés. *Remplir une fiche.* **2.** TECH Cheville. ▷ ELECTR Broche ou paire de broches protégée par un isolant et servant à raccorder deux conducteurs. **3.** JEU Jeton servant de monnaie conventionnelle dans un jeu.

1. ficher [fiʃe] ou **fiche** [fiʃ] v. tr. [**1**] **I.** Enfoncer par la pointe. *Ficher un pieu.* – Pp. adj. Fig. *Avoir les yeux fichés sur quelque chose.* **II.** Infinitif cour. *fiche*; pp. cour. *fichu.* Fam. (Employé par euph. pour *foutre.*) **1.** (En loc.) Mettre, donner (avec force). *Ficher qqn dehors.* – *Ficher une claque.* ▷ *Fichez le camp! :* déguerpissez! **2.** Faire. *Il n'a rien fichu cette année.* **III.** v. pron. Fam. Se moquer. *Se ficher de qqn.* – *Je m'en fiche!*

2. ficher [fiʃe] v. tr. [**1**] Noter (un renseignement) sur une fiche. ▷ *Spécial.* Faire figurer (qqn) dans un fichier (documentaire, de police, etc.).

fichier [fiʃje] n. m. Ensemble de fiches. – Meuble où elles sont classées. ▷ INFORM Ensemble d'informations de même nature destinées à être traitées par l'ordinateur. – Support sur lequel ces informations sont enregistrées.

Fichte (Johann Gottlieb) (1762 – 1814), philosophe allemand. Annonçant Hegel, Fichte affirme que la raison se crée elle-même et crée la Nature, et que la conquête de la liberté est le moteur du progrès moral. Princ. œuvres : *Doctrine de la science* (1794), *Fondements du droit naturel* (1796), *Système de la morale* (1798), *Discours à la nation allemande* (1807-1808).

fichtre ! [fiʃtʀ] interj. Fam. Marque l'admiration, l'étonnement, le mécontentement. *Fichtre! Quel beau cadeau!*

fichtrement [fiʃtʀəmɑ̃] adv. Fam. Extrêmement.

1. fichu, ue [fiʃy] adj. Fam. **1.** (Épithète) Mauvais, détestable. *Un fichu caractère. Quel fichu métier!* **2.** (Épithète) Mis dans un certain état. ▷ Loc. *Mal fichu :* mal habillé, mal conformé ou un peu souffrant. **3.** (Attribut) *Être fichu :* être dans un état désespéré (personnes); être manqué, raté, inutilisable (choses). ▷ *Être fichu de :* être capable de.

2. fichu [fiʃy] n. m. Petite pièce d'étoffe triangulaire que les femmes se mettent sur les épaules ou sur la tête.

fictif, ive [fiktif, iv] adj. **1.** Imaginaire, inventé. *Personnage fictif.* **2.** ECON, FIN Qui n'existe qu'en vertu d'une convention (valeurs).

fiction [fiksjɔ̃] n. f. **1.** Tout ce qui relève de l'imaginaire. *Parfois la réalité dépasse la fiction.* ▷ Œuvre, genre littéraire dans lesquels l'imagination a une place prépondérante. **2.** DR *Fiction légale,* introduite par la loi pour produire certains effets juridiques.

fictivement [fiktivmɑ̃] adv. D'une manière fictive.

ficus [fikys] n. m. BOT Figuier. – *Ficus elastica :* caoutchouc.

fidaï [fidaji] n. m. (Maghreb) Fedayin.

fidéicommis [fideikɔmi] n. m. DR Disposition testamentaire selon laquelle une personne reçoit une chose qu'elle doit transmettre à une autre.

fidéisme [fideism] n. m. THEOL Doctrine selon laquelle la connaissance des vérités premières ne peut être fondée que sur la foi ou la révélation divine.

fidèle [fidɛl] adj. et n. **I.** adj. **1.** Qui remplit ses engagements. *Fidèle à sa parole. – Serviteur fidèle.* **2.** Constant dans son attachement (pour qqn, qqch). *Chien fidèle. Être fidèle à ses principes.* ▷ Qui n'a de relations amoureuses qu'avec une seule personne. *Mari fidèle.* **3.** Qui respecte la vérité. *Historien fidèle.* – Par ext. *Portrait fidèle.* ▷ *Mémoire fidèle,* sûre. **4.** PHYS Se dit d'un appareil qui donne de la même grandeur la même valeur, quel que soit l'instant de la mesure. **II.** n. **1.** Personne qui professe une religion. *Église pleine de fidèles.* **2.** Personne qui montre de la fidélité pour qqch. *C'est un fidèle de nos réunions.*

fidèlement [fidɛlmɑ̃] adv. D'une manière fidèle.

fidéliser [fidelize] v. tr. [1] Rendre fidèle (une clientèle, un auditoire).

fidélité [fidelite] n. f. **1.** Qualité d'une personne fidèle à ses engagements. *Douter de la fidélité de qqn.* **2.** Attachement constant (à qqn, qqch). *Fidélité d'un ami. Fidélité conjugale. – Fidélité à ses idées.* **3.** Respect de la vérité. *Fidélité d'un narrateur.* – Par ext. *Fidélité d'un récit.* **4.** PHYS Qualité d'un appareil de mesure fidèle. ▷ ELECTROACOUST *Haute fidélité* (abrév. : hi-fi) : dénomination d'un matériel qui restitue très fidèlement les sons. – (En appos.) *Chaîne haute fidélité.*

Fidji ou **Fiji** (îles), État de l'Océanie, au N.-N.-E. de la Nouvelle-Calédonie; les plus importantes des 326 îles sont *Viti Levu* (10 500 km^2), *Vanua Levu* (5 500 km^2) et *Taveuni* (562 km^2). Au total : 18 272 km^2 et 725 000 hab.; cap. *Suva* (Viti Levu). Nature de l'État : rép. parlementaire. Langue off. : anglais. Monnaie : dollar fidjien. Pop. : Fidjiens d'origine mélano-polynésienne (45 %), Indiens (50 %), Européens, métis, Chinois. Relig. : hindouisme, égl. méthodiste, catholicisme, islam.
Géogr. – Montagneuses, volcaniques ou coralliennes, les îles Fidji ont un climat tropical soumis aux alizés, très humide sur les côtes E. Les balaient parfois de violents cyclones. La pop., rurale à 57 %, s'accroît de près de 2 % par an. Les Indiens, introduits à la fin du XIXe s. par les Brit., contrôlent l'économie, mais les Fidjiens possèdent les terres : agric. d'exportation (canne à sucre, riz, manioc, noix de coco, igname), industr. agro-alimentaires et textiles; pêche; tourisme. Suva abrite l'université du Pacifique-Sud, financée par les États de la région.
Hist. – Découvertes par A. Tasman (1643), explorées par Cook (1774) et Dumont d'Urville (1827), colonie brit. en 1874, les îles Fidji sont indépendantes depuis 1970. Le parti de l'Alliance (fidjien) gouverna dep. 1970 et fut battu aux élections de 1987 par le Parti national fédéral (indien), mais le colonel (puis général) Rabuka, Fidjien, prit le pouvoir en oct., proclama la république hors du Commonwealth et rendit le pouvoir au parti de l'Alliance. En 1990, il fit adopter une Constitution hostile aux Indiens. Après la victoire de son parti aux législatives, il fut nommé Premier ministre en 1992 et reconduit en 1994.

fidjien, enne [fidʒjɛ̃, ɛn] adj. et n. Des îles Fidji. ▷ Subst. *Un(e) Fidjien(ne).*

fiduciaire [fidysjɛʀ] adj. (et n. m.) **1.** ECON Se dit de valeurs fondées sur la confiance que le public accorde à l'organisme émetteur. *Le billet de banque est une monnaie fiduciaire.* **2.** *Société fiduciaire :* société s'occupant de la comptabilité, du contentieux et des impôts pour le compte de personnes morales ou physiques. **3.** DR Chargé d'un fidéicommis. *Héritier fiduciaire,* ou, n. m., *un fiduciaire.*

fief [fjɛf] n. m. FEOD Domaine d'un vassal. ▷ Fig. Domaine exclusif de qqn. *Fief électoral.*

fieffé, ée [fjefe] adj. Péjor. Qui a tel vice, tel défaut au suprême degré. *Un fieffé coquin.*

fiel [fjɛl] n. m. **1.** Bile de certains animaux. **2.** Fig. Animosité engendrée par l'amertume. *Des propos pleins de fiel.*

Fielding (Henry) (1707 – 1754), écrivain anglais. Auteur prolifique de comédies, il se tourna vers le roman : *les Aventures de Joseph Andrews* (1742); *Histoire de Tom Jones, enfant trouvé* (1749), roman d'aventures au réalisme impitoyable; *Amelia* (1751).

Fields (John Charles) (1863 – 1932), mathématicien canadien. – *Médaille Fields :* prix international décerné tous les quatre ans, depuis 1936, à de jeunes mathématiciens.

Fields (William Claude Dukinfield, dit W.C.) (1879 – 1946), acteur américain. Son personnage burlesque d'ivrogne nihiliste marqua le music-hall (1900-1921), puis le cinéma.

fielleux, euse [fjɛlø, øz] adj. Rempli de fiel (sens 2). *Langage fielleux.*

fiente [fjɑ̃t] n. f. Excrément de certains animaux, en partic. des oiseaux.

fienter [fjɑ̃te] v. intr. [1] Expulser de la fiente.

-fier. Suffixe verbal, du lat. *ficare,* de *facere,* «faire».

1. fier, fière [fjɛʀ] adj. et n. **1.** Hautain, méprisant. – Loc. *Fier comme Artaban :* très fier. ▷ Subst. *Faire le fier, la fière.* **2.** Qui tire un certain orgueil (de qqn, qqch). *Être fier de son fils, de son œuvre.* **3.** Qui a ou dénote des sentiments nobles, élevés. *Âme fière. Réponse fière.* **4.** Fam. (Avant le nom.) Considérable dans son genre. *Un fier imbécile.* **5.** (Québec) Qui soigne son apparence, son habillement.

2. fier (se) [fje] v. pron. [2] *Se fier à :* mettre sa confiance en. *Se fier à un ami.*

fier-à-bras [fjɛʀabʀa] n. m. **1.** Fanfaron. **2.** (Québec) Homme robuste et batailleur. *Des fiers-à-bras.*

fièrement [fjɛʀmɑ̃] adv. D'une manière fière (sens 1 et 3).

fierté [fjɛʀte] n. f. **1.** Caractère d'une personne fière. *Souffrir dans sa fierté.* **2.** *Tirer fierté de qqch,* en tirer une satisfaction teintée d'orgueil.

fiesta [fjesta] n. f. Fam. Fête.

fièvre [fjɛvʀ] n. f. **1.** Élévation de la température centrale du corps, symptôme de nombreuses maladies (infectieuses, allergiques, inflammatoires, tumorales) s'accompagnant en général d'une accélération du pouls et de la respiration, d'une sécheresse de la bouche et d'une diminution des urines. (L'évolution spontanée de la fièvre est spécifique de diverses maladies auxquelles elle a donné son nom : fièvre typhoïde, fièvre de Malte, fièvre jaune, fièvre bilieuse, fièvres virales hémorragiques.) Syn. hyperthermie. – MED *Fièvre de Lassa :* maladie virale des rongeurs sévissant en Afrique occid., qui peut être transmise à l'homme par des aliments contaminés par l'urine de ces animaux. – MED, MED VET *Fièvre de la vallée du Rift :* maladie due à un arbovirus qui atteint surtout les ovins et les caprins et peut provoquer, chez l'homme, des fièvres violentes mais bénignes. **2.** Fig. Agitation provoquée par la passion. *La fièvre du combat. La fièvre politique.*

fiévreusement [fjevʀøzmɑ̃] adv. Fig. D'une manière fiévreuse.

fiévreux, euse [fjevʀø, øz] adj. **1.** Qui présente de la fièvre, qui dénote la fièvre. *Malade fiévreux. Pouls fiévreux.* **2.** Fig. Qui dénote une agitation intense et désordonnée. *Activité fiévreuse.*

fifre [fifʀ] n. m. **1.** Petite flûte en bois au son aigu. **2.** *Par méton.* Celui qui joue du fifre.

Figaro, personnage frondeur créé par Beaumarchais*.

figer [fiʒe] v. tr. [13] **1.** Rendre compact, solide (un liquide gras) par le froid. *Le froid fige l'huile.* ▷ v. pron. *La sauce s'est figée.* **2.** Immobiliser (qqn, une expression du visage). *La peur le figea sur place.* ▷ v. pron. *Sourire qui se fige.* ▷ Pp. adj. Fig. Qui n'évolue pas. *Personne figée dans ses principes.* – LING *Expression, locution figée,* dont les termes, originellement distincts, forment, restant indissociables, une unité sémantique complexe.

fignolage [fiɲɔlaʒ] n. m. Action de fignoler.

fignoler [fiɲɔle] v. tr. [1] Apporter un soin très minutieux à. *Fignoler un travail.*

figue [fig] n. f. **1.** Réceptacle charnu, comestible, de l'inflorescence du figuier, contenant des petits «grains» (akènes) qui sont les fruits proprement dits de cet arbre. ▷ *Figue de Barbarie :* fruit comestible de l'opuntia. **2.** (Afr. subsah.) Fruit, le plus souvent non comestible, de divers figuiers d'Afrique. **3.** (Antilles fr., Haïti) Syn. de *banane* (sens 1). *Figue verte :* banane verte. **4.** (Afr. subsah.) *Figue rose :* banane sucrée (par oppos. à la *banane-plantain*). **5.** ZOOL *Figue de mer :* ascidie méditerranéenne (genre *Microcosmus*) comestible. **6.** Loc. adj. *Mi-figue, mi-raisin :* plaisant d'un côté et désagréable de l'autre, ambigu. *Un compliment mi-figue, mi-raisin.*

figuier [figje] n. m. Arbre des régions chaudes (fam. moracées) à grandes feuilles lobées, dont il existe de nombreuses espèces. (Une espèce, cultivée dans les régions méditerranéennes, produit les figues). – (Afr. subsah.) *Figuier des savanes.* ▷ *Figuier de Barbarie :* nom cour. de l'opuntia ou du nopal (fam. cactacées).

Figuig, oasis saharienne du Maroc oriental, au pied du djebel Grouz, près de la frontière algérienne; 37 000 hab.; ch.-l. de la prov. du m. nom.

figurant, ante [figyʀɑ̃, ɑ̃t] n. **1.** Acteur de complément tenant un rôle muet, au théâtre, au cinéma. **2.** Personne qui joue un rôle secondaire dans une affaire.

figuratif, ive [figyʀatif, iv] adj. **1.** Qui est la représentation, la figure de qqch. *Plan figuratif.* **2.** *Art figuratif,* qui représente les formes des objets (par oppos. à *art non figuratif* ou *abstrait*).

figuration [figyʀasjɔ̃] n. f. **1.** Action de représenter (qqch) sous une forme visible. **2.** Ensemble des figurants (au théâtre, au cinéma). ▷ Métier de figurant. – Fig. *Faire de la figuration :* ne pas compter (dans une entreprise, un débat, etc.).

figure [figyʀ] n. f. **I. 1.** Vx Forme extérieure d'un corps. – Mod. *Figure humaine.* ▷ *Spécial.* Visage. *Se laver la figure.* **2.** Mine, contenance. ▷ Loc. *Faire bonne figure. – Faire triste figure :* avoir l'air triste; fig. se montrer au-dessous de sa tâche. ▷ Loc. fig. *Faire figure de :* présenter les apparences de. *Faire figure de vainqueur.* **3.** Personnalité marquante. *Les grandes figures de l'Histoire.* **II.** Représentation visuelle. **1.** BX-A Gravure, image, dessin aidant à comprendre un texte. *Livre illustré de figures.* ▷ *Spécial.* Représentation d'un être humain, d'un animal par le dessin, la sculpture. *Une figure en cire.* – JEU Roi, dame, valet et cavalier des cartes. – *Figure de proue :* sculpture qui ornait la proue, l'étrave des navires. **2.** GEOM Ensemble de lignes ou de surfaces. **3.** Combinaison de déplacements, de pas ou de gestes d'un danseur, d'un patineur, d'un plongeur, etc. **4.** MUS *Figure de note,* forme graphique exprimant sa durée sonore (ronde, blanche, noire, croche, etc.). **III. 1.** Forme d'expression dans le discours. ▷ *Figure de rhétorique, de style :* procédé de langage destiné à rendre la pensée plus frappante. (On distingue traditionnellement les figures entraînant un changement de sens, ou *tropes* – métaphore, ironie, litote, etc. –, de celles qui jouent sur la forme ou l'ordre des mots – allitération, répétition, etc.) **2.** LOG *Figure du syllogisme :* chacune des trois formes que peut prendre un syllogisme suivant que le moyen terme est soit sujet, soit prédicat, dans la majeure et dans la mineure.

figuré, ée [figyʀe] adj. (et n. m.) **1.** Représenté par une figure, un dessin. *Plan figuré d'une maison.* **2.** *Sens figuré,* attribué à un mot, une expression détournés de leur sens littéral. ▷ n. m. *Un mot au figuré.*

figurer [figyʀe] v. [1] **I.** v. tr. **1.** Représenter (qqn, qqch) de façon conforme à la réalité ou schématique. *Figurer une tête par un rond.* **2.** Avoir la figure, l'aspect de. *Le décor figure une place publique.* **3.** Représenter (une chose abstraite) par un symbole. *On figure la justice par un glaive et une balance.* **II.** v. intr. **1.** Apparaître, se trouver. *Son nom figure sur la liste.* **2.** Tenir un rôle de figurant. **III.** v. pron. Se représenter par l'imagination. *Figurez-vous son chagrin !*

figurine [figyʀin] n. f. Statuette. *Figurines de Tanagra.*

Fiji. V. Fidji.

fil [fil] n. m. **I. 1.** Brin mince et long de matière végétale, animale ou synthétique, tordu sur lui-même et servant principalement à fabriquer les tissus ou à coudre. *Fil de coton.* – COUT *Couper (de) droit fil,* en suivant un fil. ▷ Loc. fig. *De fil en aiguille*.* – *Cousu* de fil blanc. – Ne tenir qu'à un fil :* être précaire, instable. – *Fil d'Ariane, fil conducteur,* qui permet de se guider dans des recherches difficiles. **2.** *Fil à plomb :* fil tendu par un poids et donnant la verticale. **3.** Métal étiré, de section circulaire et de faible diamètre. *Fil de fer.* ▷ ELECTR Conducteur du courant électrique. *Fil électrique. Fil téléphonique.* – Fam. *Passer un coup de fil à qqn,* lui téléphoner. **4.** *Fils de la vierge :* fils tendus entre herbes et buissons par certaines araignées. **II. 1.** Direction des fibres (de la viande, du bois). **2.** Courant (d'un cours d'eau). *Suivre le fil de l'eau.* **3.** Fig. Liaison, enchaînement. *Perdre le fil de ses idées.* **III.** Tranchant d'une arme, d'un outil. *Le fil d'un rasoir.*

fil-à-fil [filafil] n. m. inv. Tissu de coton ou de laine, mêlant un fil clair et un autre plus foncé.

filage [filaʒ] n. m. Action de filer des fibres textiles; son résultat.

filaire [filɛʀ] n. f. Ver nématode filiforme, parasite de divers vertébrés dont l'homme, et transmis par certains arthropodes (diptères ou copépodes). **ENCYCL** Les maladies qu'engendrent les filaires (*filarioses*) se manifestent surtout dans les pays tropicaux d'Afrique et d'Asie. En Afrique, sévissent notam. la dracunculose* provoquée par la *filaire de Médine,* ou *ver de Guinée,* et l'onchocercose* (présente à un degré moindre en Amérique tropicale) et l'éléphantiasis* dû à la *filaire de Bancroft* (*Wuchereria bancrofti*). En Asie, la *filaire de Malaisie* provoque un éléphantiasis; la *filaire Ozzardi* provoque une péritonite.

filament [filamɑ̃] n. m. **1.** Brin long et fin, généralement de matière organique (animale ou végétale). *Filaments nerveux.* **2.** ELECTR Fil très fin que le passage du courant porte à incandescence dans une ampoule électrique.

filamenteux, euse [filamɑ̃tø, øz] adj. Qui a des filaments; qui est formé de filaments.

filandre [filɑ̃dʀ] n. f. **1.** TECH Veine du marbre. **2.** Rare Fibre longue de certaines viandes ou de certains légumes coriaces.

filandreux, euse [filɑ̃dʀø, øz] adj. **1.** Rempli de filandres. *Viande filandreuse.* **2.** Fig. *Discours, style filandreux,* long, embrouillé, confus.

filant, ante [filɑ̃, ɑ̃t] adj. et n. f. **I.** adj. **1.** Qui file, coule doucement, sans se diviser. *Liquide filant.* **2.** MED *Pouls filant :* pouls très faible. **3.** *Étoile filante :* météorite que les forces de frottement portent à incandescence lors de sa pénétration dans l'atmosphère terrestre. **II.** n. f. (Belgique) Suite de mailles qui filent dans un bas, un collant. *Avoir, faire une filante à son bas.* Syn. flèche.

filanzane [filɑ̃zan] n. m. ou f. (Madag.) Vieilli Chaise à porteurs.

filao [filao] n. m. Casuarina.

filarien, enne [filaʀjɛ̃, ɛn] adj. MED Des filaires; causé par des filaires. *Gale* filarienne.*

filariose [filaʀjoz] n. f. MED Maladie due à une filaire.

filasse [filas] n. f. (et adj. inv.) **1.** Amas de filaments tirés de l'écorce du chanvre, du lin, etc., que l'on utilise notam. pour assurer l'étanchéité des tuyauteries raccordées par filetage. **2.** Fig., fam. (En appos.) *Blond filasse :* blond pâle et terne. – adj. inv. *Des cheveux filasse.*

filateur, trice [filatœʀ, tʀis] n. Personne qui dirige ou exploite une filature.

filature [filatyʀ] n. f. **I. 1.** Ensemble des opérations de transformation des matières textiles en fil. **2.** Usine, atelier où se font ces opérations. **II.** Action de filer qqn (pour le surveiller). *Prendre en filature.*

file [fil] n. f. **1.** Suite de personnes ou de choses placées sur une même ligne, l'une derrière l'autre. *Une file de voitures. File d'attente.* **2.** MILIT Colonne de soldats. *Chef de file :* premier soldat d'une colonne; fig. personne (groupe, ou entreprise) qui entraîne, qui est à la tête d'un groupe, d'une entreprise, etc. **3.** Loc. adv. *À la file, en file :* l'un derrière l'autre. *Marcher en file indienne.* **4.** Loc. (Belgique, Luxembourg) *Faire la file :* se mettre à sa place dans une file d'attente, faire la queue.

filé [file] n. m. **1.** TECH Fil destiné à être tissé. **2.** *Filé d'or, d'argent :* fil d'or, d'argent dont on entoure un fil ordinaire.

filée [file] n. f. (Québec) Fam. File d'attente; rangée (de choses). *Filée d'étudiants qui attendent pour s'inscrire.*

filer [file] v. [1] **I.** v. tr. **1.** Amener une matière textile à l'état de fil. *Filer de la laine.* ▷ (En parlant de certains animaux qui sécrètent des fils.) *L'araignée file sa toile.* ▷ *Filer du verre,* en étirer la pâte. *Filer un métal,* le tirer à la filière. **2.** MUS *Filer une note,* la tenir et en varier l'intensité sans à-coups. ▷ LITTER Poursuivre, développer de manière progressive, soutenue. *Filer une métaphore. Filer une intrigue.* ▷ Loc. fig., fam. *Filer le parfait amour :* vivre la période parfaitement heureuse d'un amour partagé. – *Filer des jours heureux.* **3.** MAR Larguer, mollir. *Filer un cordage, une chaîne.* ▷ *Filer tant de nœuds,* se dit d'un navire dont la vitesse est de tant de milles à l'heure. **4.** Suivre (qqn) discrètement pour le surveiller. **5.** Pop. Donner. *File-moi vingt balles.* **II.** v. intr. **1.** Couler en filet (en parlant de liquides visqueux). *Le miel file.* **2.** Se dérouler. *Cordage qui file.* ▷ Se défaire, se dénouer (en parlant d'une maille de tricot). – Par ext. *Bas qui file.* **3.** Aller rapidement. *Filer à toute allure.* ▷ Fam. Se retirer sur-le-champ ou en toute hâte. *Ils ont filé comme des voleurs. – Filer à l'anglaise :* s'esquiver. **4.** *Filer doux :* devenir docile. *J'ai fini par me fâcher, il a filé doux.*

1. filet [filɛ] n. m. **I. 1.** ANAT Frein membraneux de certains organes. *Filet de la langue, du prépuce.* **2.** BOT Partie de l'étamine qui supporte l'anthère. **3.** Trait fin, moulure mince qui sert d'ornement. **4.** TECH Rainure en saillie hélicoïdale à l'intérieur d'un écrou ou à l'extérieur d'un boulon, d'une vis. **5.** Écoulement ténu. *Un filet d'eau.* – Fig. *Un filet de voix :* une voix très faible. ▷

Filet d'air : composante élémentaire d'un écoulement d'air, en aérodynamique. **II.** En boucherie, morceau charnu qu'on lève le long de l'épine du dos de certains animaux. *Filet de bœuf.* ▷ Par ext. *Filets de volaille, de sole.* ▷ (Belgique) Viande de bœuf ou de cheval fumée, débitée en fines tranches. – *Filet américain :* V. américain.

2. filet [filɛ] n. m. **1.** Réseau à mailles nouées qui sert à la capture de certains animaux. *Filet de pêche, de chasse. Filet à papillons.* ▷ Fig. (Surtout au plur.) Piège pour capturer, circonvenir, séduire. *Attirer, prendre qqn dans ses filets.* – *La police a réalisé un beau coup de filet,* elle a arrêté plusieurs malfaiteurs à la fois. **2.** Ouvrage à mailles servant à différents usages. *Filet à cheveux. Filet à provisions.* ▷ SPORT *Filet de tennis, de volley-ball, etc.*, au-dessus duquel doit passer la balle que se renvoient les joueurs. – *Filet! :* syn. (off. recommandé) de *let!* ▷ *Filet de protection,* disposé au-dessous d'ouvriers du bâtiment, d'acrobates, etc., dans l'éventualité d'une chute. – Fig. *Travailler sans filet :* agir en prenant de grands risques. **3.** Réseau, texture dont sont faits les filets. *Hamac en filet.*

filetage [filtaʒ] n. m. TECH Opération qui consiste à exécuter les filets d'une vis, d'une tige. ▷ Ensemble des filets d'une pièce mâle ou femelle.

fileté [filte] n. m. Tissu dans lequel ressortent des rayures formées de fils de chaîne plus gros que les autres.

fileter [filte] v. tr. [18] TECH Exécuter le filetage (d'une pièce mâle). *Tour à fileter :* V. tarauder.

fileur, euse [filœʀ, øz] n. Personne qui file une matière textile. ▷ Personne qui file l'or, l'argent.

filial, ale, aux [filjal, o] adj. et n. f. **1.** adj. Propre au fils, à la fille (relativement aux parents). *Amour filial.* **2.** n. f. Société contrôlée et dirigée par une société plus importante, mais jouissant de la capacité juridique, à la différence de la succursale.

filiation [filjasjɔ̃] n. f. **1.** Lien de parenté qui unit l'enfant à ses parents. **2.** Descendance directe de générations successives. *Filiation matrilinéaire.* **3.** Fig. Liaison, enchaînement de choses qui naissent ou dérivent de certaines autres. *La filiation des mots.*

filière [filjɛʀ] n. f. **1.** TECH Pièce percée d'un trou ou de plusieurs trous de dimensions différentes, à travers lesquels on fait passer un matériau (métal, plastique, etc.) pour l'étirer en fil. ▷ Outil, machine servant au filetage. **2.** Fig. Suite obligée (de formalités, d'épreuves, etc.) pour obtenir un résultat, accomplir une carrière, etc. *Passer par la filière administrative.* ▷ Suite d'intermédiaires. *Remonter la filière d'un trafic de drogue.* ▷ ECON Suite des activités contribuant, d'amont en aval, à la création d'un produit fini. *La filière du coton, du café.* **3.** PHYS NUCL Ensemble de réacteurs fonctionnant selon le même principe. *Filière uranium-graphite-gaz.* **4.** ZOOL Orifice par lequel les araignées et certaines chenilles (dont le ver à soie) sécrètent leur fil. **5.** COMM Ordre écrit de livraison d'un lot de marchandises, négociable en Bourse et transmissible par endossement.

filiforme [filifɔʀm] adj. Délié comme un fil, mince, grêle.

filigrane [filigʀan] n. m. **1.** TECH Ouvrage d'orfèvrerie en fils de métal précieux travaillés à jour. ▷ Ornement de verrerie en fils d'émail ou de verre pris dans la masse ou appliqués en relief sur l'ouvrage. **2.** TECH Lettres ou figures introduites dans la forme à fabriquer le papier; leur empreinte dans le corps du papier. *Filigrane d'un billet de banque.* **3.** Fig. Loc. adv. *En filigrane :* par transparence, à l'arrière-plan. *Apparaître en filigrane.*

filigraner [filigʀane] v. tr. [1] (Surtout pp. adj.) TECH **1.** Travailler en filigrane (sens 1). **2.** Marquer d'un filigrane (sens 2). *Papier filigrané.*

filin [filɛ̃] n. m. MAR Cordage. ▷ Câble.

fille [fij] n. f. **I.** (Lien de parenté.) **1.** Personne de sexe féminin, par rapport à ceux qui l'ont procréée. *Fille légitime, naturelle.* – Par ext. *Fille adoptive.* ▷ (Afr. subsah.) Enfant, de sexe féminin, de toute personne considérée comme une sœur ou un frère. ▷ Fam. *Ma fille :* terme d'affection ou de bienveillance (à l'adresse d'une pers. quelconque du sexe féminin). **2.** Litt. Celle qui est issue, originaire de. *Les filles de Sion.* – Plaisant *Fille d'Ève :* femme. ▷ Fig. *La superstition, fille de l'ignorance.* **II.** (Par oppos. à *garçon.*) **1.** Enfant de sexe féminin. *Dans cette classe il y a plus de filles que de garçons.* – *Grande fille,* qui a passé l'enfance. *Petite fille,* qui n'a pas atteint l'âge de la puberté. **2.** Jeune personne du sexe féminin. *Un beau brin de fille.* ▷ *Jeune fille* (moins fam. que *fille*) : adolescente, ou femme jeune qui n'est pas mariée. **3.** Vieilli Femme qui n'est pas mariée. *Rester fille.* ▷ Cour. *Vieille fille,* qui s'est installée, avec l'âge, dans son célibat (souvent péjor.). – *Fille mère :* mère célibataire. **4.** *Fille perdue, soumise, publique, de joie,* ou, absol., *fille :* prostituée. **5.** Nom pris par les religieuses de certaines communautés. **6.** *Fille de... :* jeune fille, jeune femme employée (à tel travail). *Fille de ferme. Fille de salle :* serveuse dans un restaurant; chargée du ménage dans un hôpital.

fillette [fijɛt] n. f. Petite fille, jusqu'à l'adolescence.

filleul, eule [fijœl] n. Personne tenue sur les fonts baptismaux, par rapport à ses parrain et marraine.

film [film] n. m. **1.** TECH Pellicule, couche très mince d'une substance. *Film d'huile. Emballage sous film plastique.* **2.** Bande mince d'une matière souple (acétate de cellulose ou polyester) recouverte d'une couche sensible (émulsion), servant à fixer des vues photographiques ou cinématographiques. **3.** *Par ext.* Œuvre cinématographique. *Film de court, moyen, long métrage. Tourner un film.* ▷ Fig. *Le film des événements :* l'enchaînement des événements, des faits. **4.** (Afr. subsah.) Salle de cinéma. *Aller au film.*

filmer [filme] v. tr. [1] Enregistrer sur film. *Filmer une scène, une manifestation.*

filmique [filmik] adj. Didac. Relatif au film, au cinéma.

filmographie [filmɔgʀafi] n. f. Ensemble des films réalisés par un cinéaste, rattachés à un genre, interprétés par un acteur, etc.

filon [filɔ̃] n. m. **1.** Masse longue et étroite de roches éruptives, de dépôts minéraux, différente par sa nature des roches qui l'entourent. *Filon de roches aurifères, de quartz.* **2.** Fig. Source d'inspiration, de situations. *Les ridicules sont le filon des comédies.* **3.** Fam. Source facile d'avantages divers; aubaine. *Trouver un filon.* ▷ (Antilles fr.) *Avoir du filon :* avoir des relations (sens II, 3).

filou [filu] n. m. et adj. m. **1.** Voleur adroit, rusé. **2.** *Par ext.* Personne malhonnête, qui use de supercheries. ▷ adj. m. *Il est un peu filou.*

Filov (Bogdan) (1883 – 1945), archéologue et homme politique bulgare. Il explora les tombeaux à coupole de la Thrace. Président du Conseil en 1940, il engagea son pays dans la collaboration avec l'Allemagne. Il fut fusillé en 1945.

fils [fis] n. m. **1.** Personne du sexe masculin, par rapport à ceux qui l'ont procréé. *Fils légitime, naturel.* – *Fils de famille*.* – Péjor. *Fils à papa,* privilégié par l'influence ou la richesse de son père. ▷ Par ext. *Fils adoptif.* ▷ (Afr. subsah.) Enfant, de sexe masculin, de toute personne considérée comme une sœur ou un frère. **2.** (Surtout au plur.) Litt. Celui qui est issu, originaire de. *Être fils du peuple.* – *Les fils d'Apollon :* les poètes. **3.** RELIG CHRET *Le fils de Dieu, de l'homme :* le Christ. – Absol. *Le Père, le Fils et le Saint-Esprit.* **4.** Fig. *Fils spirituel :* disciple ou continuateur d'un maître, d'une pensée, d'une œuvre, etc. **5.** *Être (le) fils de ses œuvres :* ne devoir qu'à soi-même la position où l'on est arrivé.

filtrage [filtʀaʒ] n. m. **1.** Action de filtrer (un liquide, un courant électrique, etc.); son résultat. **2.** Fig. *Le filtrage de l'information.*

filtrant, ante [filtʀɑ̃, ɑ̃t] adj. **1.** Qui sert à filtrer. *Verres filtrants.* **2.** MICROB *Virus filtrants,* qui traversent les filtres les plus fins.

filtrat [filtʀa] n. m. CHIM Produit résultant de la filtration (liquide épuré ou matières retenues, suivant l'objet de la filtration).

filtration [filtʀasjɔ̃] n. f. Didac. Opération qui consiste à filtrer. ▷ Passage à travers un corps poreux ou perméable. *Eaux de filtration.*

filtre [filtʀ] n. m. **1.** Corps poreux (papier, toile, charbon, etc.) ou appareil servant à purifier un liquide ou un gaz, à retenir les matières auxquelles il se trouve mélangé ou à travers lesquelles on veut le faire passer. *Filtre à café. Filtre à air, à huile.* – (En appos.) *Bout filtre :* embout qui sert à filtrer la nicotine et les goudrons d'une cigarette. **2.** Corps ou appareil qui absorbe une partie du rayonnement qui le traverse. *Filtre solaire :* substance appliquée sur la peau, qui filtre les rayonnements solaires nocifs. ▷ ELECTR Montage permettant d'éliminer certaines composantes d'une tension ou d'un courant.

filtrer [filtʀe] v. [1] **I.** v. tr. **1.** Faire passer par un filtre (un liquide, un gaz, un rayonnement, un courant électrique, etc.). ▷ Par anal. *Filtrer les sons. Rideau qui filtre la lumière.* **2.** Fig. Soumettre à un contrôle, un tri, une censure (des personnes, des informations). – Pp. adj. *Un public filtré par le service d'ordre.* **II.** v. intr. **1.** (En parlant d'un liquide, d'un gaz.) Passer par un filtre. *Ce café met longtemps à filtrer.* – Pp. adj. *Eau filtrée.* ▷ Traverser un corps poreux ou perméable. *L'eau a filtré à travers le mur.* **2.** (En parlant de la lumière, des sons.) *Le soleil filtre à travers le feuillage.* ▷ Se manifester en dépit d'empêchements. *La vérité commence à filtrer.*

1. fin [fɛ̃] n. f. **I.** (Par oppos. à *commencement.*) **1.** Point ultime d'une durée; moment où une chose cesse ou a cessé. *Fin d'un délai. La fin du jour.* ▷ Période où une chose se termine. *Une belle fin de saison. Être en fin de car-*

rière. ▷ (Québec) Cour. *Fin de semaine :* congé entre deux semaines de travail, comprenant le samedi et le dimanche. – *Une longue fin de semaine,* à laquelle s'ajoute une journée de congé. (V. week-end.) **2.** Cessation provisoire ou définitive (d'une action, d'un phénomène, de l'existence d'une chose). *La fin du travail, des hostilités.* – *Prendre fin :* cesser, s'achever. – *Mettre fin à :* faire cesser. *Mettre fin aux abus.* ▷ Loc. adv. et adj. *Sans fin :* sans arrêt. *Palabrer sans fin.* – TECH *Vis, courroie sans fin,* qui permet un mouvement continu. **3.** Partie, stade, point, sur quoi s'achève une chose, un processus. *La fin d'un roman, d'un film.* ▷ *Mener un projet à bonne fin,* le réaliser. ▷ Fam. *Faire une fin :* s'établir, et, partic., se marier. ▷ Loc. *En fin de compte :* en dernier lieu, en définitive. – *À la fin :* enfin. *Il hésitait, à la fin il a donné son accord.* – (Marquant l'impatience.) *Vous m'embêtez, à la fin!* ▷ *Tirer, toucher à sa fin :* s'épuiser, être près de se terminer. **4.** Mort. *Une fin tragique.* **5.** Extrémité, bout. *La fin d'un chemin.* **II.** (Ce qui est à atteindre.) **1.** (Sing. ou plur.) But, résultat que l'on poursuit. *Parvenir à ses fins.* – Loc. prov. *La fin justifie les moyens :* tous les moyens sont bons pour atteindre un but. ▷ Loc. *À toutes fins utiles :* pour tout usage éventuel. ▷ (Belgique, Luxembourg) ADMIN *Aux fins de :* pour, afin de. **2.** But, terme auquel un être ou une chose sont conduits, auquel ils tendent par nature. *«Tout étant fait pour une fin»* (Voltaire). **3.** DR Objet explicite ou implicite d'une demande, d'une exception. *Fins civiles.* ▷ *Fin de non-recevoir :* moyen de défense tendant à établir que la partie adverse n'est pas recevable dans sa demande; cour. refus. *Opposer à qqn, à une demande, une fin de non-recevoir.*

2. fin, fine [fɛ̃, fin] adj., n. m. et adv. **I. 1.** D'une qualité extrême par le degré de pureté, de perfection, etc. *Or fin.* – *Fines herbes* (ciboulette, marjolaine, etc.), utilisées en cuisine pour leur odeur ou leur saveur subtile. ▷ n. m. *Le fin :* la proportion de métal précieux qui se trouve dans un alliage. *Une bague d'or à 90 % de fin.* **2.** D'une qualité supérieure. *Linge fin. Épicerie fine.* ▷ Recherché. *Un souper fin.* – (Québec) *Avoir l'air fin :* être distingué. ▷ *Partie fine :* partie de plaisir. ▷ n. m. Loc. *Le fin du fin :* ce qu'il y a de mieux dans le genre. **3.** (Québec) Bien conçu, pratique. *C'est fin ce système de classement.* **II. 1.** D'une grande sensibilité (en parlant des sens). *Avoir l'ouïe fine.* – Fig. *Avoir le nez fin :* être sagace, intuitif. **2.** Doué ou marqué de perspicacité, de subtilité, de délicatesse. *Une intelligence fine. Une remarque fine. Des gestes fins.* ▷ n. m. *Jouer au plus fin avec qqn,* rivaliser d'adresse, de ruse avec lui. ▷ Intelligent, dégourdi. **3.** (Québec) Gentil, serviable. *Être fin avec qqn.* – *C'est fin d'être venu.* **III. 1.** Constitué d'éléments très petits. *Sel fin. Une pluie fine.* **2.** Qui est menu, ténu. *Fil fin. Trait fin.* – adv. *Écrire fin.* ▷ Effilé. *Pointe fine.* **3.** Dont la forme élancée, le dessin délié donnent une impression d'élégance, de délicatesse. *Visage aux traits fins.* ▷ Délicatement formé, ouvragé. *Dentelle fine.* **4.** De très faible épaisseur. *Fine pellicule. Verre fin.* **IV. 1.** Qui est à l'extrême, au plus secret. *Habiter le fin fond du pays.* – *Le fin mot d'une chose,* son motif véritable ou caché; ce qui en donne enfin toute l'explication. **2.** adv. Tout à fait. *Nous voici fin prêts.*

1. final, ale, als ou, rare, **aux** [final, o] adj. et n. f. **I.** adj. **1.** Qui finit, qui est à la fin. *Consonne finale.* ▷ *Point final,* qui marque la fin d'une phrase. – Fig. *Mettre le point final à une discussion,* la terminer, la conclure. ▷ HIST *Solution finale :* politique d'extermination nazie concernant les Juifs et certaines populations (Tsiganes, Slaves). **2.** PHILO Qui tend vers un but. *Cause finale :* destination dernière des choses, fin qui est leur raison d'être. **3.** GRAM Qui marque l'idée de but, d'intention. *Conjonction finale* (*pour que, afin que,* etc.). – *Proposition finale,* introduite par une conjonction finale. **4.** PHYS *État final :* état d'équilibre à la fin d'une transformation thermodynamique. **II.** n. f. **1.** LING Syllabe ou lettre finale d'un mot. *Finale brève, accentuée.* **2.** SPORT Dernière épreuve d'une compétition, à l'issue de laquelle est désigné le vainqueur.

2. final ou **finale** [final] n. m. MUS Dernière partie d'une symphonie, d'une sonate, d'un opéra.

finalement [finalmɑ̃] adv. À la fin, pour en terminer. *Nous nous sommes finalement décidés.* – Tout compte fait. *Finalement, c'est lui qui avait raison.*

finaliser [finalize] v. tr. (Dans le jargon des métiers de la communication.) Donner son aspect définitif à; réaliser jusqu'au bout. – Pp. adj. *Une étude finalisée.*

finalisme [finalism] n. m. PHILO Doctrine qui explique les phénomènes et le système de l'univers par la finalité.

finaliste [finalist] n. et adj. **1.** PHILO Partisan du finalisme. – adj. *Théorie finaliste.* **2.** SPORT Concurrent ou équipe qualifiés pour une finale.

finalité [finalite] n. f. Caractère de ce qui tend à une fin, vers un but.

finance [finɑ̃s] n. f. **1.** Loc. *Moyennant finance :* contre paiement d'une certaine somme d'argent. **2.** (Plur.) Argent de l'État; ensemble des activités propres au mouvement de cet argent. – *Loi de finances :* loi d'autorisation des dépenses et de recouvrement des recettes. ▷ Par ext. *Les Finances :* l'administration des Finances. **3.** (Plur.) Ressources pécuniaires d'une société, d'un groupe de sociétés ou, fam., d'une personne. **4.** Ensemble des grandes affaires d'argent; activité qui leur est liée. *Un homme de finance.* ▷ Ensemble des financiers. *La haute finance.* **5.** (Suisse) Cotisation financière. *Finance d'entrée à un club sportif.*

financement [finɑ̃smɑ̃] n. m. Action de fournir à une affaire, une entreprise, les fonds nécessaires à sa mise en route, son fonctionnement. *Le financement d'un projet de développement.*

financer [finɑ̃se] v. tr. **[12]** Fournir l'argent nécessaire à. *Financer une expédition.*

financier, ère [finɑ̃sje, ɛʀ] adj. (et n. m.) **1.** Relatif à l'argent dont dispose une personne, un groupe, une société. *Embarras financiers.* **2.** Relatif à l'argent public. *Équilibre financier.* **3.** Relatif aux affaires ou aux gens de la finance. *Opération financière.* ▷ n. m. Celui qui dirige ou fait des opérations de banque, de grandes affaires d'argent; spécialiste en matière de finance.

financièrement [finɑ̃sjɛʀmɑ̃] adv. En ce qui concerne les finances.

finasser [finase] v. intr. **[1]** Péjor. User de finesse hors de propos, de subterfuges.

finasserie [finasʀi] n. f. Péjor. Acte ou parole d'une personne qui finasse.

finaud, aude [fino, od] adj. (et n.) Rusé sous des dehors simples. ▷ Subst. *Un(e) petit(e) finaud(e).*

fine [fin] n. f. Eau-de-vie naturelle supérieure. – *Fine champagne,* d'une région proche de Cognac.

Fine Gael («famille gaëlique»), parti politique fondé en 1923 et qui gouverne l'Irlande en alternance avec le Fianna* Fáil, fondé en 1927.

finement [finmɑ̃] adv. **1.** D'une manière fine. *Un mouchoir finement brodé.* **2.** Avec finesse. *Une allusion finement amenée.*

finesse [finɛs] n. f. **1.** Qualité de ce qui est fin, délicat par la forme ou la matière. *Finesse d'un tissu. Finesse d'une couleur.* **2.** Qualité de ce qui est exécuté avec délicatesse. *Finesse d'un ouvrage.* **3.** Aptitude à discerner les moindres nuances dans la pensée, les sensations, les sentiments. *La finesse de l'ouïe. Finesse d'esprit.* **4.** (Plur.) Subtilités. *Les finesses d'un art, d'un métier.*

finette [finɛt] n. f. Étoffe de coton à envers pelucheux.

fini, ie [fini] adj. et n. m. **I.** adj. **1.** Terminé. ▷ Porté à son point de perfection. *Vêtement bien fini.* **2.** Péjor. Parfait en son genre. *Une canaille finie.* **3.** *Un homme fini,* usé physiquement, moralement, intellectuellement, ou qui a perdu tout son crédit. **4.** PHILO Qui a des bornes. *Un être fini.* Ant. infini. ▷ MATH Qualifie une grandeur qui n'est ni infiniment grande, ni infiniment petite. **II.** n. m. **1.** Qualité d'un ouvrage porté à la perfection jusque dans les détails. *Manquer de fini.* **2.** PHILO Ce qui a des bornes. *Le fini* (par oppos. à *l'infini*).

finir [finiʀ] v. **[3] I.** v. tr. (Personnes) **1.** Mener à son terme. *Finir un ouvrage, ses études.* – *Finir de* (+inf.) *Ils ont fini de déjeuner.* **2.** Mener à épuisement (une quantité). *Finir son pain. Finir une bouteille.* **3.** Mettre un terme à (qqch). *Finissez vos querelles.* **II.** v. intr. **1.** Arriver à son terme dans le temps ou dans l'espace. *Le spectacle finit tard. Cette rue finit à une place.* **2.** Avoir telle issue, telle fin. *Un film qui finit bien.* ▷ (Personnes) *Je crois qu'il finira mal.* **3.** Mourir. *Finir dans la misère.* **4.** *Finir par* (+inf.) (Marquant le terme, le résultat.) *Tout finit par s'arranger.* **5.** *En finir :* mettre un terme à ce qui a trop duré, arriver à une solution. *Il faut en finir.*

finish [finiʃ] n. m. SPORT Lutte en fin d'épreuve. *L'emporter au finish.*

finissage [finisaʒ] n. m. Parachèvement d'un ouvrage.

finissant, ante [finisɑ̃, ɑ̃t] adj. et n. **1.** adj. Qui se termine. *La nuit finissante* **2.** n. (Québec) Personne qui termine un cycle d'études. *Bal des finissants.*

finisseur, euse [finisœʀ, øz] n. **1.** Personne qui effectue le travail de finition. **2.** n. m. SPORT Concurrent qui a une bonne pointe de vitesse pour terminer les courses.

Finistère, dép. franç.; 6785 km^2; 838687 hab.; ch.-l. *Quimper* (62541 hab.). V. Bretagne (Rég.).

Finisterre (cap), promontoire de la côte espagnole, au N.-O. de la Galice.

finition [finisjɔ̃] n. f. Achèvement des derniers détails d'un ouvrage. – (Plur.) Ensemble de ces détails. *Les finitions d'une construction.*

finitude [finityd] n. f. Didac. Caractère de ce qui est fini, limité, destiné à la mort.

finlandais, aise [fɛ̃lɑ̃dɛ, ɛz] adj. et n. De Finlande. (V. aussi finnois.) ▷ Subst. *Un(e) Finlandais(e).*

Finlande (république de), État d'Europe septentrionale, bordé par la mer Baltique à l'O. et au S., limitrophe de la Suède au N.-O., de la Norvège au N. et de la Russie à l'E.; 337 032 km²; 5 100 000 hab., dont quelques milliers de Lapons; cap. *Helsinki.* Nature de l'État : rép. parlementaire. Langues off. : finnois, suédois. Monnaie : markka. Relig. : protestantisme.
Géogr. et écon. – Bouclier granitique modelé par les glaciers, la Finlande est un plateau lacustre (plus de 60 000 lacs couvrant 10 % de la superficie), jalonné de collines morainiques; le littoral est très découpé (1 100 km). Les hivers sont longs et rigoureux; les étés, brefs et humides. La majorité des habitants vit dans les régions littorales du S.; urbanisation : 62 %; croissance presque nulle. La forêt boréale de conifères, qui couvre les deux tiers du territoire, fournit 40 % des exportations et a suscité de nombr. activités : importante fabrication de pâte à papier, papeteries, industries du bois et de l'ameublement. L'agric., cantonnée aux littoraux du sud (10 % du territoire), et la pêche (intérieure et côtière) sont insuffisantes; le pays importe la plupart de ses produits alimentaires. Malgré la faiblesse des ressources minérales et énergétiques, l'industrie est diversifiée et s'internationalise. L'augmentation des échanges avec l'Union européenne (Suède et Allemagne, surtout) compense la baisse du commerce avec l'ancienne U.R.S.S. La croissance des années 80 est revenue en 1994, après une phase de récession, mais le chômage est important.
Hist. – Jusqu'au XIIᵉ s., les Finnois, peuple ouralo-altaïque, vécurent isolés dans la forêt, pratiquant le comm. des fourrures. Vers 1150, les Suédois attaquèrent les Finnois païens pour les christianiser et les soumettre au royaume de Suède. Du XIIᵉ au XVIᵉ s., la Finlande, duché suédois autonome, adopta peu à peu les institutions suédoises et adhéra à la réforme luthérienne. Aux XVIIᵉ et XVIIIᵉ s., la Russie prit à la Suède la plupart de ses possessions finlandaises; en 1809, elle obtint le territ. entier et l'érigea en grand-duché autonome. À partir de 1881, la russification déclencha une vaste opposition. Nicolas II dut accorder l'élection d'une Chambre au suffrage universel, auquel les femmes furent associées pour la prem. fois au monde (1906); la Finlande profita de la révolution russe de 1917 pour proclamer son indépendance (6 déc.). La guerre civile qui opposa «rouges», partisans des bolcheviks, et «blancs» se termina, en avril 1918, par la victoire, à Tampere, du maréchal Mannerheim, qui, avec l'aide des Allemands, l'emporta sur les troupes soviétiques. Le traité de Tartou (1920) reconnut la Rép. finlandaise. En nov. 1939, la Finlande fut envahie par l'U.R.S.S., à qui elle infligea plusieurs défaites, mais elle dut lui céder (12 mars 1940) l'isthme de Carélie. Le 25 juin 1941, aux côtés des Allemands, elle déclara la guerre à l'U.R.S.S.; vaincue en 1944 (armistice du 19 sept.), elle dut céder à l'U.R.S.S. (1947) les régions de Petsamo (auj. *Petchenga*), de Salla et la Carélie. Adepte du neutralisme, elle signa, dès 1948, un traité d'amitié avec l'U.R.S.S., puis se tourna vers les autres États scandinaves (adhésion en 1955 au Conseil nordique) et vers l'Europe (elle est associée à la C.É.E. par un accord de libre-échange dep. 1973, est membre de l'Association européenne de libre-échange dep. 1986, et a adhéré au Conseil de l'Europe en 1989). Président de la Rép. de 1956 à 1981, Uhro Kekkonen, chef du parti agrarien (conservateur), fit face à de nombr. problèmes sociaux et financiers, affirma la neutralité de son pays, maintint de bons rapports avec l'U.R.S.S. : en juil. 1975, la Conférence sur la sécurité et la coopération en Europe se tint à Helsinki. Dep. 1982, un social-démocrate est président de la Rép. (Mauno Koivisto, puis, élu pour la première fois au suffrage universel en 1994, Martti Ahtisaari) mais de 1982 à 1995 le Premier ministre fut conservateur : Ahrri Holkeri (1987-1991), puis Esko Aho. En 1990, la Finlande a dénoncé le pacte finno-soviétique. Après un référendum (1994), elle est entrée dans l'Union européenne le 1ᵉʳ janv. 1995. Cette meme année, les sociaux-démocrates ont remporté les élections et Paavo Lipponen est devenu Premier ministre.

finlandisation [fɛ̃lɑ̃dizasjɔ̃] n. f. POLIT, HIST Situation analogue à celle de la Finlande qui, à la fin de la Seconde Guerre mondiale, ne conserva son indépendance vis-à-vis de l'U.R.S.S qu'en limitant sa souveraineté.

finnois, oise [finwa, waz] n. et adj. **1.** n. m. Langue ouralienne du groupe finno-ougrien parlée en Finlande et en Russie septentrionale. **2.** adj. Relatif à cette langue ou à ses locuteurs. ▷ Subst. *Un(e) Finnois(e).*

finno-ougrien, enne [finougʀijɛ̃, ɛn] adj. LING *Langues finno-ougriennes :* groupe de langues ouraliennes qui comprend notam. le finnois, le hongrois, le lapon, l'estonien. Syn. anc. de *ouralien.*

Finot (Louis) (1864 – 1935), orientaliste français. Il fut à plusieurs reprises directeur de l'École française d'Extrême-Orient entre 1900 et 1929. Spécialiste de l'Asie du S.-E., épigraphiste et philologue, il écrivit, notam., *les Lapidaires indiens* (1896), *la Marche à la lumière* (1920).

Finsteraarhorn, montagne de Suisse (cant. de Berne), point culminant du massif de l'Aar; 4 274 m.

F.I.N.U.L. Sigle de *Force* intérimaire des Nations unies au Liban.*

Fiodor. V. Fédor.

fiole [fjɔl] n. f. **1.** Petite bouteille de verre à col étroit. **2.** Fig., pop. Tête.

fiord. V. fjord.

fioriture [fjɔʀityʀ] n. f. **1.** MUS Ornement ajouté à la composition écrite pour varier la mélodie. **2.** Ornement. *Les fioritures d'un dessin.* – Péjor. *Des fioritures de style.*

fioul [fjul] n. m. Syn. (off. recommandé) de *fuel.*

fiqh [fiʀ] n. m. ISLAM Science religieuse, théologie musulmane.

-fique. Élément servant à former des adjectifs, du lat *ficus,* de *facere,* «faire».

Firdousī ou **Firdūsī.** V. Ferdousī.

firmament [fiʀmamɑ̃] n. m. Litt. Voûte céleste.

firman [fiʀmɑ̃] n. m. HIST **1.** Rescrit du shah d'Iran. **2.** Pièce officielle en Turquie ottomane.

firme [fiʀm] n. f. Entreprise commerciale ou industrielle désignée sous un nom, une raison sociale, un sigle.

FIS, acronyme pour *Front* islamique du salut.*

fisc [fisk] n. m. FIN Trésor public. ▷ Cour. Administration chargée du recouvrement des taxes et des impôts publics.

fiscal, ale, aux [fiskal, o] adj. **1.** Du fisc. *Agent fiscal.* **2.** Relatif au fisc, à l'impôt. *Fraude fiscale. Agrément* fiscal.*

fiscalement [fiskalmɑ̃] adv. Du point de vue du fisc.

fiscalisation [fiskalizasjɔ̃] n. f. FIN Action de fiscaliser; son résultat.

fiscaliser [fiskalize] v. tr. [1] FIN Soumettre à l'impôt.

fiscalité [fiskalite] n. f. FIN Ensemble des lois et des mesures destinées à financer, par l'impôt, le Trésor d'un État. *Réforme de la fiscalité.* ▷ *Par ext.* Les impôts eux-mêmes.

Fischer von Erlach (Johann Bernhard) (1656 – 1723), architecte autrichien. Baroque (égl. de la Trinité à Salzbourg, 1694-1702), il évolua vers le classicisme : égl. St-Charles-Borromée à Vienne (1716-1737).

Fischer (Johann Michael) (1692 – 1766), architecte allemand; l'un des plus grands constructeurs de la Bavière baroque.

Fischer (Edwin) (1886 - 1960), pianiste et chef d'orchestre suisse. Interprète de renommée internationale, il fut un spécialiste de Bach, de Beethoven et de Mozart.

fissible [fisibl] adj. PHYS NUCL Susceptible de subir une fission.

fissile [fisil] adj. PHYS NUCL Fissible.

fission [fisjɔ̃] n. f. PHYS NUCL Division d'un noyau atomique lourd en noyaux plus légers.
ENCYCL Le processus de fission a été découvert en 1938 par Hahn et Strassmann. Un noyau lourd est divisé en noyaux plus légers sous l'influence d'un bombardement corpusculaire (neutrons lents, par ex.). La masse des noyaux obtenus étant inférieure à celle du noyau initial, la fission s'accompagne d'une libération énorme d'énergie, due à cet écart de masse. Cette libération d'énergie (chaleur et rayonnement) est brutale dans le cas des explosions nucléaires, contrôlée et progressive dans les centrales nucléaires.

fissipède [fisipɛd] adj. (et n. m.) ZOOL Se dit des mammifères carnivores aux doigts libres. ▷ n. m. *L'ours est un fissipède.* Ant. pinnipède.

fissuration [fisyʀasjɔ̃] n. f. Formation d'une fissure; état de ce qui est fissuré.

fissure [fisyʀ] n. f. **1.** Petite fente. *Les fissures d'un mur.* ▷ Fig. *Les fissures d'un raisonnement,* ses faiblesses. **2.** ANAT Sillon séparant les parties d'un organe. **3.** MED *Fissure anale :* ulcération allongée et superficielle, très douloureuse, siégeant dans les plis radiés de l'anus.

fissurer [fisyʀe] v. tr. [1] Diviser par fissures. *Les trépidations ont fissuré le sol.* ▷ v. pron. *Plafond qui se fissure.*

fiston [fistɔ̃] n. m. Fam. Fils.

fistule [fistyl] n. f. MED Voie anormale, congénitale ou accidentelle, suivie par un liquide physiologique ou pathologique et entretenue par l'écoulement de ce liquide. *Fistule gastrique, anale.*

fitoir [fitwaʀ] n. m. (Maurice) Fam., plaisant Taille-crayon. Syn. aiguisoir.

Fitzgerald (Francis Scott) (1896 – 1940), romancier américain. Il décrit la décomposition des valeurs occidentales : *Gatsby le Magnifique* (1925), *Tendre est la nuit* (1934), *le Dernier Nabab* (inachevé, posth., 1941).

Fitzgerald (Ella) (1920 – 1996), chanteuse de jazz américaine : *Lady be Good* (1946), *Porgy and Bess* (avec L. Armstrong, 1958).

fiu [fju] adj. inv. et n. m. (Nouv.-Cal., Polynésie fr.) **I.** adj. **1.** Mentalement très las, très fatigué. *Inutile de lui parler, il est fiu.* **2.** Pénible, ennuyeux. *C'est fiu de prendre le truck* tous les matins.* **II.** n. m. État ou sensation de grande lassitude mentale. *Il soigne son fiu en allant pêcher.*

Fiume. V. Rijeka.

fivete [fivɛt] n. f. MED (Acronyme pour *fécondation in vitro et transfert d'embryon.*) Technique qui combine la fécondation* in vitro et le transfert de l'embryon dans l'utérus de la femme chez laquelle a été prélevé l'ovule.

fixage [fiksaʒ] n. m. **1.** Action de rendre fixe. **2.** TECH Opération qui consiste à fixer un cliché photographique. **3.** FIN Procédure de cotation par laquelle est fixé le cours d'une valeur (valeur mobilière, or, devise). Syn. (off. déconseillé) fixing.

fixateur, trice [fiksatœʀ, tʀis] adj. et n. m. **1.** adj. Qui a la propriété de fixer. **2.** n. m. TECH Produit qui a la propriété de fixer. *Un fixateur empêchera le vernis de s'écailler.* ▷ Produit servant à rendre un cliché photographique inaltérable à la lumière. ▷ Vaporisateur utilisé pour projeter les fixatifs.

fixatif [fiksatif] n. m. TECH Produit servant à fixer un dessin.

fixation [fiksasjɔ̃] n. f. **1.** Action d'établir dans une position ou un état fixe. **2.** Action de déterminer. *Fixation d'une date, d'un prix.* **3.** Ce qui sert à fixer. *Les fixations de skis.* ▷ MED *Abcès de fixation :* V. abcès. **4.** Fait de se fixer. ▷ PSYCHAN Attachement exagéré à des personnes, à des images, à des modes de satisfaction caractéristiques d'un des stades évolutifs de la libido, qui freine ou empêche le développement affectif adulte. *Le fétichisme est une fixation.*

fixe [fiks] adj. et n. m. **I.** adj. **1.** Qui ne se meut pas, qui garde toujours la même position. ▷ interj. MILIT Commandement enjoignant de se mettre au garde-à-vous à l'arrivée d'un supérieur. **2.** Qui est certain, déterminé, qui ne varie pas. *Venir à heure fixe. Restaurant à prix fixe.* – *Beau fixe :* beau temps stable. – *Idée* fixe.* ▷ FIN *Change, parité fixe,* dont le niveau est déterminé par les autorités officielles. **II.** n. m. Traitement régulier assuré. *Il n'a pas de fixe, il travaille au pourcentage.*

fixé [fikse] n. m. *Fixé sous verre* ou *fixé :* œuvre peinte au dos d'une plaque de verre et vue à travers cette plaque.

fixe-chaussette [fiksʃosɛt] n. m. Bande élastique qui maintient la chaussette. *Des fixe-chaussettes.*

fixement [fiksəmɑ̃] adv. D'une manière fixe. *Regarder fixement.*

fixer [fikse] v. tr. [1] **1.** Rendre fixe; assujettir. *Fixer un cadre au mur.* **2.** Établir de façon durable. *Fixer sa résidence dans telle ville.* ▷ *Fixer qqch sur le papier,* le noter pour ne pas l'oublier. ▷ v. pron. (Personnes) *Se fixer quelque part,* s'y établir. **3.** Appliquer de façon constante, arrêter longuement. *Fixer son attention, ses regards sur qqch.* ▷ *Fixer qqn,* le regarder fixement. **4.** Rendre stable. ▷ TECH *Fixer un cliché photographique,* le traiter pour le rendre inaltérable à la lumière. – *Fixer un dessin au fusain, au pastel,* vaporiser un fixatif protecteur qui l'empêche de s'effacer et de s'altérer à la lumière. **5.** Régler, arrêter, déterminer. *Fixer un prix, un rendez-vous.* **6.** Faire qu'une personne ne soit plus incertaine, indécise. *Fixer qqn sur,* le renseigner exactement sur. – Pp. adj. *Maintenant, je suis fixé sur ses intentions.*

fixisme [fiksism] n. m. Théorie biologique, auj. périmée, selon laquelle les espèces vivantes ne subissent aucune évolution à dater de leur création. Ant. transformisme, évolutionnisme.

fixité [fiksite] n. f. Caractère de ce qui est fixe. *La fixité du regard.*

Fizeau (Hippolyte Louis) (1819 – 1896), physicien français. ▷ PHYS *Effet Doppler-Fizeau :* V. Doppler.

fjord ou **fiord** [fjɔʀd] n. m. Vallée glaciaire envahie par la mer, formant un golfe étroit, sinueux, aux rives abruptes, pénétrant très loin dans les terres. *Les fjords norvégiens, écossais.*

flac ! [flak] interj. Onomatopée imitant le bruit d'un choc à plat ou sur une surface liquide.

flaccidité [flaksidite] n. f. Didac. ou litt. État de ce qui est flasque.

flacon [flakɔ̃] n. m. Petite bouteille fermée par un bouchon de verre ou de métal. ▷ *Par méton.* Contenu d'un flacon. *Vider un flacon de vin.*

flagellation [flaʒellasjɔ̃] n. f. Action de flageller. – Action de se flageller (pour se mortifier, faire pénitence).

flagelle [flaʒɛl] n. m. BIOL Organe filiforme contractile qui assure la locomotion (traction ou propulsion) de divers organismes unicellulaires (flagellés, gamètes mâles, etc.).

flagellé, ée [flaʒelle] n. m. et adj. BIOL *Les flagellés :* ensemble des protistes pourvus de flagelles, comprenant les *phytoflagellés,* végétaux chlorophylliens (euglènes, par ex.), et les *zooflagellés,* animaux dont certains sont de dangereux parasites (trypanosome de la maladie du sommeil, par ex.). – Sing. *Un flagellé.* ▷ adj. *Un protozoaire flagellé.*

flageller [flaʒelle] v. tr. [1] Donner des coups de fouet, de verges à (qqn). *Ponce Pilate fit flageller Jésus.*

flageolant, ante [flaʒɔlɑ̃, ɑ̃t] adj. Qui flageole; dont les jambes flageolent.

flageoler [flaʒɔle] v. intr. [1] En parlant des jambes, trembler (de fatigue, d'émotion, d'ivresse). *Avoir les jambes qui flageolent.* – (Personnes) *Il flageole sur ses jambes.*

1. flageolet [flaʒɔlɛ] n. m. **1.** Flûte à bec. **2.** Le plus aigu des jeux d'orgue.

2. flageolet [flaʒɔlɛ] n. m. Variété très estimée de petits haricots, qu'on sert en grains.

flagorner [flagɔʀne] v. tr. [1] Flatter bassement, servilement. *Flagorner les notables.*

flagornerie [flagɔʀnəʀi] n. f. Flatterie basse et servile.

flagorneur, euse [flagɔʀnœʀ, øz] n. (et adj.) Personne qui flagorne.

flagrant, ante [flagʀɑ̃, ɑ̃t] adj. **1.** DR Loc. *Flagrant délit :* délit constaté pendant qu'il est commis ou immédiatement après. *On l'a arrêté en flagrant délit de vol.* **2.** Évident, indéniable, patent. *C'est un mensonge flagrant.*

Flaherty (Robert) (1884 – 1951), cinéaste américain; documentaires poétiques de long métrage : *Nanouk l'Esquimau* (1922), *Tabou* (à Tahiti, avec Murnau, 1931), *l'Homme d'Aran* (1934), *Louisiana Story* (1948).

flair [flɛʀ] n. m. **1.** Faculté de discerner par l'odeur; finesse de l'odorat. *Ce chien a du flair.* **2.** Fig. Sagacité, perspicacité. *Le flair d'un policier.*

flairer [fleʀe] v. tr. [1] **1.** Discerner par l'odorat. *Le chien a flairé une piste.* ▷ S'appliquer avec insistance à sentir (une odeur, un objet). *Flairer un melon pour s'assurer qu'il est bien mûr.* **2.** Fig. Pressentir. *Flairer un piège.*

flamand, ande [flamɑ̃, ɑ̃d] adj. et n. **1.** adj. De Flandre. ▷ Subst. Habitant ou personne originaire de Flandre. *Un(e) Flamand(e).* – Spécial. *Les Flamands :* les peintres de l'école flamande. *L'art flamand.* **2.** n. m. Parler sud-néerlandais, utilisé dans le nord de la Belgique, l'une des trois langues officielles de la Belgique (avec le français et l'allemand).

flamant [flamɑ̃] n. m. Grand oiseau (ordre des phœnicoptériformes) aux pattes et au cou très longs, pourvu d'un bec lamelleux recourbé qui filtre les eaux vaseuses, douces et saumâtres. (Le flamant rose, *Phœnicopterus ruber,* haut d'env. 1,50 m, est largement répandu en Afrique, dans le sud de l'Europe et l'ouest de l'Asie; d'autres espèces nichent en Afrique, et en Amérique du S., autour des lacs andins, notamment.)

flambage [flɑ̃baʒ] n. m. **1.** Action de flamber, de passer au feu. *Le flambage d'un poulet. Le flambage est un moyen d'asepsie.* **2.** TECH Déformation affectant une pièce longue soumise dans le sens de la longueur à un effort de compression trop important.

flambant, ante [flɑ̃bɑ̃, ɑ̃t] adj. **1.** Qui flambe. *Charbon flambant* ou, n. m., *flambant :* charbon produisant surtout des flammes en brûlant. **2.** Fig. *Des yeux flambants de colère, de haine.* ▷ Loc. *Flambant neuf :* tout neuf. *Une voiture flambant neuve* ou *flambant neuf.*

flambé, ée [flɑ̃be] adj. **1.** Arrosé d'alcool que l'on fait brûler. *Crêpe flambée.* **2.** Fig., fam. Ruiné, perdu, que l'on ne peut plus sauver. *Il est flambé. L'affaire est flambée.*

flambeau [flɑ̃bo] n. m. **1.** Torche, chandelle, bougie qu'on porte à la main et qui sert à s'éclairer. *Retraite aux flambeaux.* – Fig. *Se passer, se transmettre le flambeau :* continuer une œuvre, une tradition. **2.** *Par méton.* Chandelier, candélabre. *Un flambeau en argent.* **3.** *Par métaph.* Ce qui éclaire, ce qui sert de guide à l'esprit. *Le flambeau de la raison.*

flambée [flɑ̃be] n. f. **1.** Feu vif et de courte durée, de petit bois sec, de paille, etc. *Faire une flambée.* **2.** Fig. Forte poussée subite mais brève. *Une flambée de violence.* – *La flambée des cours, des prix,* leur hausse brutale.

flamber [flɑ̃be] v. [1] **I.** v. intr. Brûler d'un feu vif, en émettant beaucoup de lumière. *Le bois sec flambe bien.* **II.** v. tr. **1.** Passer au feu, à la flamme. *Flamber une volaille.* ▷ Arroser d'alcool que l'on fait brûler. *Flamber une banane.* **2.** CONSTR Se déformer par flambage.

flambeur, euse [flɑ̃bœʀ, øz] n. Fam. Personne qui dilapide tout son argent au jeu.

flamboiement [flɑ̃bwamɑ̃] n. m. Éclat de ce qui flamboie.

flamboyant, ante [flɑ̃bwajɑ̃, ɑ̃t] adj. et n. m. **I.** adj. **1.** Qui flamboie; qui brille comme une flamme. *Astre flamboyant. Regard flamboyant.* **2.** ARCHI *Style gothique flamboyant :* style gothique de la dernière période (XVe s.), aux ornements contournés en forme de flamme. **II.** n. m. BOT Arbre tropical (fam. césalpiniacées) aux belles fleurs rouges en bouquets.

flamboyer [flɑ̃bwaje] v. intr. [**23**] Jeter, par intervalles, des flammes vives. ▷ *Par ext.* Briller comme une flamme. *On voyait flamboyer les épées.*

Flamel (Nicolas) (v. 1330 – 1418), écrivain juré de l'université de Paris. Il acquit une immense fortune et l'on crut qu'il avait découvert la transmutation des métaux.

flamenco [flamɛnko] n. m. et adj. Genre musical originaire d'Andalousie, qui combine généralement le chant et la danse sur un accompagnement de guitare. ▷ adj. *Guitare flamenco.*

flamingant, ante [flamɛ̃gɑ̃, ɑ̃t] adj. et n. (Belgique) Péjor. Qui est adepte du flamingantisme; relatif au flamingantisme. *Une manifestation flamingante.* – Subst. Nationaliste flamand. *Un flamingant notoire.*

flamingantisme [flamɛ̃gɑ̃tism] n. m. (Belgique) Mouvement qui revendique l'émancipation politique et culturelle de la Flandre vis-à-vis des francophones ou, plus radicalement, la reconnaissance d'une nation flamande.

flamme [flɑm] n. f. **I. 1.** Produit gazeux et incandescent d'une combustion, plus ou moins lumineux et de couleur variable selon la nature du combustible. ▷ *Les flammes :* le feu destructeur, l'incendie. *La maison fut rapidement la proie des flammes.* **2.** Fig. Passion ardente, enthousiasme. *Un discours plein de flamme.* ▷ Litt. Passion amoureuse. *Brûler d'une flamme secrète pour qqn.* **II.** Ce qui a la forme d'une flamme, telle qu'on la représente. **1.** Pavillon long et étroit, de forme triangulaire. **2.** Marque postale apposée à côté du cachet d'oblitération.

flammé, ée [flɑme] adj. TECH *Grès flammé,* coloré irrégulièrement par le feu.

flammèche [flamɛʃ] n. f. Parcelle de matière enflammée qui s'envole, qui s'échappe d'un foyer.

flan [flɑ̃] n. m. **1.** Crème prise au four, à base de lait sucré, d'œufs et de farine. **2.** TECH Disque destiné à recevoir une empreinte par pression. *Les flans d'une pièce de monnaie.* **3.** Loc. fam. *En être, en rester comme deux ronds de flan :* rester muet de stupéfaction.

flanc [flɑ̃] n. m. **1.** Région latérale du corps de l'homme et de certains animaux, comprenant les côtes et la hanche. *Cheval qui se couche sur le flanc.* ▷ Loc. fig. *Être sur le flanc :* être très fatigué, exténué. – *Mettre qqn sur le flanc.* ▷ Loc. fam. *Tirer au flanc :* chercher à échapper à un travail, à une corvée. – *Des tire-au-flanc.* **2.** Côté de diverses choses. *Le flanc d'une montagne. Le flanc d'un navire.* ▷ Loc. *À flanc de :* sur la pente de. *À flanc de coteau.* **3.** MILIT (Par oppos. à *front.*) Côté droit ou gauche d'une formation. – Fig. *Prêter le flanc à la critique,* s'y exposer.

flancher [flɑ̃ʃe] v. intr. [**1**] Fam. Céder, faiblir; cesser de persévérer. *Son cœur a flanché au cours de l'opération. Ce coureur a flanché au dernier moment.*

flanchet [flɑ̃ʃɛ] n. m. En boucherie, morceau du bœuf situé entre la tranche et la poitrine.

flanc-mou [flɑ̃mu] n. (Québec) Fam. Personne paresseuse, qui manque d'énergie. *Quelle flanc-mou! Des flancs-mous.*

Flandre, rég. de Belgique et de la C.E., formée des prov. de langue néerlandaise de Flandre-Occidentale, de Flandre-Orientale, d'Anvers, de Limbourg et du N. du Brabant; 13512 km^2; 5690900 hab.; ville princ. *Anvers.*

Flandre, plaine maritime de l'Europe du N.-O. qui s'étend de la France du N. (V. Nord-Pas-de-Calais [Rég.]) à la Belgique (V. Flandre [Rég.]) et aux Pays-Bas, le long de la mer du Nord. La *Flandre maritime* est une plaine argilo-sableuse, fertilisée depuis le Moyen Âge : création de polders, polyculture intensive, élevage des bovins. Bien qu'inhospitalière (bancs de sable, tempêtes), la côte a un import. trafic marit. (Dunkerque, Anvers). L'industrie s'est développée. La *Flandre intérieure,* argileuse, est accidentée de buttes sableuses. Les forêts et les prairies cèdent la place au blé, à la betterave, au lin, etc. L'industrie textile, dominante depuis le Moyen Âge (Roubaix, Gand), connaît auj. une crise grave. Au XIXe s., la Flandre française a été stimulée par l'exploitation houillère.

Hist. – Peuplée jadis par diverses tribus celtes, la Flandre connut une grande prospérité sous la domination romaine, puis fut occupée au Ve s. par les Francs Saliens, qui occupaient également les Pays-Bas actuels et dont la langue est à l'origine du néerlandais. À l'époque mérovingienne, la Flandre fit partie de la Neustrie. Par le traité de Verdun (843), elle fut attribuée dans sa presque totalité à Charles le Chauve, qui l'organisa en une marche confiée à son gendre, le comte Baudouin Ier Bras de Fer (v. 862). Baudouin IV et Baudouin V étendirent les possessions du comté vers l'est et, à partir du XIe s., la Flandre connut, en même temps que l'Italie, un grand essor économique grâce à ses industries drapières et à son commerce maritime. Au XIIIe s., les ouvriers drapiers, groupés en métiers, se rebellèrent contre les patriciens marchands, réunis en guildes. À la faveur de ces troubles et de la révolte du comte Gui* de Dampierre appuyé par la plèbe (1297), Philippe le Bel, allié des patriciens, annexa le pays en 1300, mais le soulèvement de Bruges («Matines de Bruges») et la victoire de Courtrai (bataille des Éperons d'or, 11 juillet 1302) contraignirent le roi de France à renoncer à la Flandre. La paix signée en 1305 lui donna cependant plusieurs villes, notam. Lille. La Flandre passa, par héritage, au duc de Bourgogne Philippe II le Hardi, en 1384, puis aux Habsbourg, en 1477. Au XVIe s., tandis qu'Anvers enlevait à Bruges la direction d'une économie florissante, le pays fut agité de troubles politico-religieux. Ceux-ci prirent fin en 1579 avec le traité de Mons, qui accordait leur indépendance aux provinces calvinistes du Nord (V. Pays-Bas), tandis que les provinces catholiques du Sud (la Belgique actuelle) restaient espagnoles. Au XVIIe s., la Flandre fut morcelée par les conquêtes de Louis XIV (traités des Pyrénées, 1659, d'Aix-la-Chapelle, 1668, de Nimègue, 1678). Devenue entièrement française sous la Révolution, elle fut, à l'exception de sa partie méridionale, donnée au royaume des Pays-Bas en 1815, puis rattachée à la Belgique en 1831 (V. carte et dossier Belgique, p.1380). Depuis la révision de la Constitution belge en 1989 et 1993, la Flandre fait partie de la Communauté* flamande et de la Région flamande, dite aussi Flandre*.

Flandre ou **Région flamande,** Région couvrant toute la partie N. de la Belgique et réunissant les cinq provinces néerlandophones du pays : Flandre-Occidentale, Flandre-Orient., prov. d'Anvers, Limbourg et Brabant flamand (dans lequel est enclavée la Région de Bruxelles-Capitale); 13512 km^2; 5824628 hab. (recensement de 1992); cap. Bruxelles. La Région flamande et la Communauté* flamande (qui regroupe tous les citoyens belges néerlandophones, y compris ceux qui vivent dans la Région de Bruxelles-Capitale) ont un même gouvernement, qui siège à Bruxelles.

Flandre-Occidentale, province de Belgique s'étendant, le long de la mer du Nord, entre la frontière française, au S.-O., et la Flandre-Orientale, à l'E.; 3134 km^2; 1089000 hab.; ch.-l. *Bruges.*

Flandre-Orientale, province de Belgique, comprise entre la Flandre-Occidentale et la province d'Anvers; 2982 km^2; 1332300 hab.; ch.-l. *Gand.*

flanelle [flanɛl] n. f. Étoffe légère, douce et chaude, en laine peignée ou cardée. *Pantalon de flanelle.* ▷ Loc. fig., fam. *Avoir les jambes en flanelle,* molles, flageolantes.

flanellette [flanəlɛt] n. f. (Québec) Étoffe de coton à envers pelucheux. *Chemise d'hiver en flanellette.*

flâner [flɑne] v. intr. [**1**] Se promener sans but. *Flâner dans les rues.* Syn. (Réunion) amuser. – *Par ext.* Perdre du temps par indolence. *Travaillez, au lieu de flâner!*

flânerie [flɑnʀi] n. f. Action de flâner.

flâneur, euse [flɑnœʀ, øz] n. et adj. Qui aime à flâner; qui flâne.

1. flanquer [flɑ̃ke] v. tr. [**1**] **1.** Être disposé de part et d'autre pour protéger. *Mitrailleuses qui flanquent la compagnie.* **2.** ARCHI Être construit de part et d'autre de. *Deux tourelles flanquaient un bâtiment central.* **3.** (Surtout au pp.) Péjor. Accompagner. *Un petit chef flanqué de ses acolytes.*

2. flanquer [flɑ̃ke] v. tr. [**1**] Fam. **1.** Lancer, jeter, appliquer brutalement. *Flanquer un coup de poing à qqn.* – *Flanquer qqn dehors,* le mettre dehors avec rudesse. **2.** Donner. *Il m'a flanqué une peur bleue.* **3.** v. pron. *Se flanquer par terre :* tomber rudement.

flapi, ie [flapi] adj. Fam. Abattu, épuisé,éreinté.

flaque [flak] n. f. Petite mare de liquide stagnant. *Flaque d'eau.*

flash [flaʃ] n. m. **1.** Projecteur pour la photographie, qui émet un bref éclat de lumière intense lorsque l'on prend un instantané; cet éclat de lumière. **2.** CINE Plan très court. **3.** Annonce brève sur les télétypes, à la radio ou à la télévision. *Des flashes publicitaires.*

flash-back [flaʃbak] n. m. inv. (Anglicisme) Séquence cinématographique qui évoque une période antérieure à celle de l'action; syn. (off. déconseillé) de *retour en arrière.* ▷ Par ext. *Emploi* *du flash-back dans l'écriture romanesque.*

flasher [flaʃe] v. intr. [1] **1.** Se déclencher, en parlant d'un flash. ▷ Prendre une photographie au flash. **2.** TECH Produire des films et des bromures de textes et d'illustrations composés et mis en page par ordinateur.

1. flasque [flask] adj. Mou, dépourvu de fermeté, d'élasticité. *Des chairs flasques.*

2. flasque [flask] n. f. Petit flacon plat.

flat [flat] n. m. (Belgique) Studio, petit appartement.

flatter [flate] v. [1] **I.** v. tr. **1.** Louer exagérément ou mensongèrement (qqn) pour lui plaire, le séduire. ▷ Présenter (qqn) avantageusement dans un portrait, une peinture. *La photographie, prise sous cet angle, la flattait.* **2.** Caresser (un animal) de la main. *Flatter un cheval.* **3.** (Sujet nom de choses.) Causer de la fierté à. *Cette préférence me flatte.* **4.** Être agréable (aux sens). *Un vin qui flatte le palais.* **5.** Encourager, favoriser (qqch de nuisible ou de répréhensible). *Flatter le vice, les manies de qqn.* **II.** v. pron. **1.** *Se flatter de* (+ inf.) ou, litt., *que* (+ ind. futur ou subj.). Se faire fort de, être persuadé (parfois présomptueusement) que. *Il se flatte de réussir. Elle se flatte qu'il vienne* (ou *qu'il viendra*). **2.** Avoir, ou vouloir donner une trop haute opinion de soi. *Je crois que vous vous flattez, quand vous dites cela.*

flatterie [flatʀi] n. f. Action de flatter; louange fausse ou exagérée dans l'intention d'être agréable, de séduire, de corrompre.

Flatters (Paul) (1832 – 1881), officier français. Il étudia le tracé d'un chemin de fer transsaharien. Il fut tué par les Touareg.

flatteur, euse [flatœʀ, øz] n. et adj. **I.** n. Personne qui flatte, qui cherche à séduire par des flatteries. «*Tout flatteur vit aux dépens de celui qui l'écoute*» (La Fontaine). **II.** adj. **1.** Qui loue avec exagération et par calcul. *Des amis flatteurs.* – Par ext. *Des manières flatteuses.* **2.** Favorable, élogieux; qui marque l'approbation. *Un murmure flatteur accueillit son discours.* **3.** Qui avantage, qui embellit. *Un portrait flatteur.*

flatteusement [flatøzmɑ̃] adv. D'une manière flatteuse.

flatulence [flatylɑ̃s] n. f. Accumulation de gaz gastro-intestinaux provoquant un ballonnement abdominal et l'émission de gaz.

flatulent, ente [flatylɑ̃, ɑ̃t] adj. MED Qui s'accompagne de flatulence.

Flaubert (Gustave) (1821 – 1880), écrivain français. Oscillant sans cesse entre le romantisme et le réalisme, Flaubert accomplit, par la perfection formelle du style, l'union du vrai et du beau. Romans : *Madame Bovary* (1857), *Salammbô* (1862), *l'Éducation sentimentale* (1869; prem. version, non publiée : 1843-1845), *Bouvard et Pécuchet* (inachevé, 1881). *Dictionnaire des idées reçues* (posth., 1911). Drame philosophique : *la Tentation de saint Antoine* (trois versions; dernière version, 1874). Nouvelles : *Trois Contes* (1877).

flaveur [flavœʀ] n. f. Didac., litt. Goût et odeur (d'un aliment) considérés conjointement.

Flaviens (les), nom donné à deux familles d'empereurs romains : 1. Vespasien (69-79) et ses deux fils, Titus (79-81) et Domitien (81-96); 2. Constance Ier Chlore (m. en 306), Constantin Ier le Grand (306-337), ainsi que les fils et les neveux de ce dernier.

flavine [flavin] n. f. BIOCHIM Coenzyme de plusieurs déshydrogénases se présentant notam. sous la forme de vitamine B2 (riboflavine). *Certaines flavines interviennent dans le transport d'hydrogène qui accompagne les phénomènes respiratoires de la cellule.*

Flavius Josèphe (37 – v. 100), historien juif romanisé. Il écrivit, en grec, notam. *la Guerre juive* et *Antiquités judaïques.*

flavoprotéine [flavopʀɔtein] n. f. BIOCHIM Déshydrogénase dont la coenzyme est une flavine.

fléau [fleo] n. m. **I. 1.** Instrument pour battre les céréales, constitué d'un manche et d'un battoir en bois reliés par une courroie. **2.** Barre horizontale qui supporte les plateaux d'une balance. **3.** (Viêt-nam) Palanche. **II.** Fig. **1.** Grande calamité. *La peste et le choléra, fléaux de l'Europe médiévale.* – Par ext. (À propos d'une personne.) *Attila, fléau de Dieu.* **2.** Ce qui est redoutablement nuisible, dangereux. *Les criquets, fléau des récoltes. La corruption, fléau d'une société.*

fléchage [fleʃaʒ] n. m. Action de flécher un itinéraire; son résultat.

flèche [flɛʃ] n. f. **I. 1.** Trait qu'on lance avec un arc ou une arbalète et dont l'extrémité est ordinairement en forme de fer de lance. *Tirer, décocher une flèche.* ▷ Loc. *Partir comme une flèche,* très rapidement. – *Monter en flèche,* à toute vitesse et presque à la verticale. Fig. *Les prix grimpent en flèche.* – Loc. fig. *Faire flèche de tout bois :* recourir à tous les moyens pour arriver à ses fins. **2.** Fig. Trait piquant, ironique. – Loc. Litt. *La flèche du Parthe :* trait d'esprit amer ou sarcastique qu'on lance à qqn en se retirant (comme les Parthes décochaient leurs flèches en fuyant). **3.** *Par anal.* Signe en forme de flèche pour indiquer une direction. *Suivez la flèche.* **II.** *Par anal.* **1.** Partie de forme effilée, pyramidale ou conique, qui surmonte un clocher. **2.** BOT Pousse terminale d'un arbre, spécial. d'un conifère. **3.** Timon unique d'une voiture à chevaux. ▷ ARTILL Partie arrière de l'affût d'un canon. **4.** *Flèche d'une grue :* partie en porte à faux, mobile autour du mât et qui supporte les organes de levage. **5.** GEOM Perpendiculaire abaissée du milieu d'un arc de cercle sur la corde qui sous-tend cet arc. **6.** GEOMORPH *Flèche littorale :* cordon, libre au moins à une de ses extrémités, qui se développe parallèlement à la ligne du rivage. **7.** (Belgique) Syn. de *filante.*

flécher [fleʃe] v. tr. [14] **1.** Jalonner avec des flèches. ▷ Pp. adj. *Itinéraire fléché.* – (Québec) *Ceinture* fléchée.* **2.** (Afr. subsah.) Décocher une flèche à, atteindre d'une flèche. *Il a fléché une biche.*

fléchette [fleʃɛt] n. f. Projectile en forme de petite flèche garnie d'une empenne, qu'on lance à la main sur une cible. *Jouer aux fléchettes.* (V. vogelpik.)

fléchir [fleʃiʀ] v. [3] **I.** v. tr. **1.** Ployer, courber. *Fléchir les genoux.* **2.** Fig. Faire céder; émouvoir, attendrir. *Fléchir qqn à force de prières.* – Litt. *Fléchir la colère de qqn.* **II.** v. intr. **1.** Se courber, ployer sous une charge. *Cette poutre fléchit.* **2.** Céder, faiblir. *L'ennemi fléchissait.* **3.** Perdre de son intensité, diminuer, baisser. *Sa voix fléchissait à cause de la fatigue.*

fléchissement [fleʃismɑ̃] n. m. **1.** Action de fléchir; état d'un corps qui fléchit. *Le fléchissement du bras.* – *Le fléchissement d'une poutre.* **2.** Fait de céder, de faiblir. **3.** Fait de baisser, de diminuer. *Le fléchissement des prix.*

fléchisseur [fleʃisœʀ] n. m. et adj. m. ANAT Muscle qui détermine la flexion d'un membre (par oppos. à *extenseur*).

flegmatique [flɛgmatik] adj. Qui fait habituellement preuve de flegme. *Une personne flegmatique.* – Par ext. *Un caractère flegmatique.*

flegmatiquement [flɛgmatikmɑ̃] adv. Avec flegme.

flegme [flɛgm] n. m. Caractère d'un individu maître de ses sentiments, qui ne se départ pas de son calme.

Flémalle (le Maître de), nom donné à un peintre flamand du début du XVe s., dit aussi *le Maître de Mérode,* et qu'on a identifié à Robert Campin*.

Fleming (sir John Ambrose) (1849 – 1945), physicien anglais. Il réalisa en 1904 la première diode *(valve de Fleming),* qui permet la détection des ondes radioélectriques.

Fleming (sir Alexander) (1881 – 1955), microbiologiste anglais. Sa découverte (1928) du prem. antibiotique, la pénicilline, fut mise à profit à partir de 1940. P. Nobel 1945.

Fleming (Victor) (1883 – 1949), cinéaste américain : *le Magicien d'Oz* (1939), *Docteur Jekyll et M. Hyde* (1941). Il signa seul *Autant en emporte le vent* (1939), mais d'autres réalisateurs participèrent au tournage.

Fleming (Ian) (1908 – 1964), auteur anglais des «James Bond» (à partir de *Casino royal,* 1953).

flemmard, arde [flemaʀ, aʀd] adj. et n. Fam. Paresseux. *Elle est assez flemmarde.* ▷ Subst. *Quel flemmard!*

flemme [flɛm] n. f. Fam. Paresse, tendance à rester sans rien faire. *J'ai la flemme d'aller les rejoindre.*

flet [flɛt] n. m. Poisson pleuronectidé long d'env. 50 cm, très courant dans les estuaires et sur les côtes atlantiques européennes.

flétan [fletɑ̃] n. m. Poisson pleuronectidé de grande taille (il peut atteindre 4m de long et 300 kg), fréquent dans les mers froides, dont le foie fournit une huile riche en vitamines A et D. Syn. (Belgique) elbot.

Fletcher (John) (1579 – 1625), auteur anglais, avec Fr. Beaumont, de nombr. pièces : *Roi et pas roi* (tragédie, 1611), *le Chevalier du pilon ardent* (comédie, 1611).

flétri, ie [fletʀi] adj. Qui a perdu son éclat, sa fraîcheur. *Fleur flétrie.* ▷ Fig. *Teint flétri.*

1. flétrir [fletʀiʀ] v. tr. [3] **1.** Faire perdre sa couleur, sa forme, sa fraîcheur à (une plante, une fleur). *La sécheresse a flétri toutes les fleurs.* ▷ v. pron. *Plantes qui se flétrissent.* **2.** *Par anal.* Ternir, altérer. *Le soleil a flétri les couleurs de cette étoffe.* ▷ Fig. *Le temps a flétri son visage.*

2. flétrir [fletʀiʀ] v. tr. [3] Stigmatiser, vouer au déshonneur. *Flétrir les traîtres. Flétrir la mémoire de qqn.*

flétrissement [fletʀismɑ̃] n. m. **1.** État d'une plante flétrie. **2.** Litt. Fait de se flétrir (1, sens 2). *Le flétrissement des chairs.*

1. flétrissure [fletʀisyʀ] n. f. Altération de l'éclat, de la fraîcheur d'une plante qui se flétrit. ▷ Fig. *Son visage marqué des flétrissures de l'âge.*

2. flétrissure [fletʀisyʀ] n. f. Litt. Atteinte grave à l'honneur, à la réputation.

fleur [flœʀ] n. f. **I. 1.** Partie des végétaux phanérogames qui porte les organes de la reproduction. *Les fleurs de l'hibiscus.* – *Un pommier en fleur,* dont les fleurs sont écloses. **2.** Cour. Plante qui produit des fleurs. *Arroser des fleurs.* **3.** Figure ou représentation d'une fleur. *Papier, tissu à fleurs.* – *Fleurs artificielles,* en tissu, en papier, en matière plastique, etc. ▷ (Plur.) Fig. Ornements de style. *Les fleurs de la rhétorique.* **4.** Fig. Ce qui embellit, rend agréable et plaisant. *Une vie semée de fleurs.* ▷ Loc. *Couvrir qqn de fleurs,* lui faire toutes sortes de compliments. **5.** Fig. Le plus beau moment, l'apogée d'une chose périssable. – Loc. *La fleur de l'âge :* la jeunesse. *Mourir à la fleur de l'âge.* **6.** Ce qu'il y a de meilleur en son genre; l'élite. *La fine fleur de l'aristocratie.* ▷ *La fleur de farine :* la partie la plus fine, la meilleure, de la farine. **7.** Loc. fig., fam. *Faire une fleur à qqn,* lui accorder une faveur, un avantage. ▷ *Être fleur bleue :* être d'une sentimentalité naïve et un peu mièvre. ▷ Loc. fig., fam. *Comme une fleur :* sans aucune difficulté, très facilement. *Il est arrivé premier comme une fleur.* **II.** Loc. prép. *À fleur de :* presque au niveau de. *Rochers à fleur d'eau.* ▷ Fig. *Avoir les nerfs à fleur de peau :* être très nerveux, facilement irritable. – *Sensibilité à fleur de peau.* **III.** *Par anal.* **1.** TECH *La fleur du cuir :* le côté de la peau où se trouvent les poils (par oppos. au côté *croûte*). – (Belgique) *La fleur du bois :* dessin qui apparaît dans la coupe longitudinale du bois. **2.** (Plur.) *Fleurs de vin, de vinaigre, de bière :* moisissures qui se développent à la surface du vin, du vinaigre, de la bière. **3.** CHIM Substance provenant d'une sublimation. *Fleur de soufre.*

ENCYCL Bot. – Une fleur complète est hermaphrodite et comprend un pédoncule floral, dont l'extrémité, renflée, est le réceptacle floral où s'insèrent : le périanthe, constitué du calice, formé de sépales généralement verts, et de la corolle, formée de pétales souvent de couleur vive; la partie sexuée contenant les ovules, lesquels seront fécondés par le pollen et donneront les graines.

fleurdelisé, ée [flœʀdəlize] adj. (et n. m.) Orné de fleurs de lis. *Le drapeau fleurdelisé de la province de Québec.* ▷ (Québec) n. m. *Le fleurdelisé :* le drapeau de la province de Québec.

fleurer [flœʀe] v. tr. et intr. [1] Litt. Sentir, exhaler une odeur. *Cela fleure bon. Un plat qui fleure les épices.*

fleuret [flœʀɛ] n. m. Arme d'escrime composée d'une lame à section quadrangulaire et d'une poignée que protège une coquille.

fleurette [flœʀɛt] n. f. Vx ou litt. Petite fleur. ▷ Loc. fig. *Conter fleurette à une femme,* la courtiser.

fleuri, ie [flœʀi] adj. **1.** En fleur(s); couvert de fleurs. *Arbre fleuri. Jardin fleuri.* **2.** Fig. *Teint fleuri,* qui a de l'éclat, de la fraîcheur. **3.** Fig. Orné. *Discours, style fleuri.* **4.** Fig. Moisi. *Fromage à croûte fleurie,* à moisissures extérieures.

fleurir [flœʀiʀ] v. [3] **I.** v. intr. **1.** Produire des fleurs; être en fleur(s). *Les rosiers commencent à fleurir.* **2.** Fig. Être en état de prospérité, de splendeur; être en crédit, en honneur (en ce sens, *florissait* ou *fleurissait* à l'imparfait). *La Renaissance fut une époque où fleurissaient (florissaient) tous les arts.* **3.** *Par anal.* Se couvrir de poils, de boutons, etc. *Menton, visage qui fleurit.* **II.** v. tr. Orner (qqch) de fleurs, d'une fleur. *Fleurir une tombe. Fleurir sa boutonnière.*

fleuriste [flœʀist] n. **1.** Personne qui cultive les fleurs pour les vendre. **2.** Personne qui fait le commerce des fleurs naturelles ou artificielles.

fleuron [flœʀɔ̃] n. m. Ornement figurant une feuille ou une fleur. *Les fleurons d'une couronne.* ▷ Fig. *Le plus beau fleuron de... :* ce qu'il y a de mieux, de plus remarquable dans... *«L'Énéide» est le plus beau fleuron de la poésie latine.*

Fleurus, com. de Belgique (Hainaut), sur la Sambre; 23000 hab. Houille, industr. métall. – En 1690, l'armée française, commandée par le maréchal de Luxembourg, y vainquit les impériaux. Le 26 juin 1794, l'armée française, commandée par Jourdan, y battit les Austro-Hollandais et put chasser l'Autriche du territ. belge.

Fleury (André Hercule, cardinal de) (1653 – 1743), prélat et homme d'État français. Précepteur de Louis XV (1714), Premier ministre (1726-1743).

fleuve [flœv] n. m. **1.** Cour. Grand cours d'eau aux multiples affluents, qui se jette dans la mer. ▷ GEOGR Tout cours d'eau qui se jette dans une mer. *Fleuve côtier.* ▷ Par anal. *Fleuve de boue, de glace, de lave,* etc. **2.** Fig. Ce qui s'écoule, semble s'écouler de manière continue. *Le fleuve de la vie.* ▷ (Avec une idée d'abondance.) *Roman-fleuve,* très long, dont les multiples péripéties couvrent en général plusieurs générations de personnages. – Par ext. *Discours-fleuve,* très long.

flexibilité [flɛksibilite] n. f. Caractère de ce qui est flexible. *La flexibilité du roseau.* – Fig. *La flexibilité de son esprit.* ▷ ECON *Flexibilité de l'emploi :* répartition du temps de travail en fonction des variations de la production.

flexible [flɛksibl] adj. et n. m. **1.** Souple, qui plie aisément sans se rompre. *Le jonc est flexible.* ▷ n. m. TECH Dispositif souple de transmission d'un mouvement de rotation. *Flexible de compte-tours.* **2.** Fig. Qui se laisse fléchir facilement; qui s'adapte aisément aux circonstances. *Caractère flexible.* **3.** FIN *Change flexible,* dont le niveau dépend du jeu de l'offre et de la demande sur le marché des changes. **4.** *Atelier flexible :* unité de production dans une usine, qui fait appel à la productique et s'oppose, par sa décentralisation, au travail à la chaîne.

flexion [flɛksjɔ̃] n. f. **1.** Fait de fléchir; état de ce qui fléchit. – MECA Déformation que subit une pièce longue (poutre, barre) soumise à une force appliquée perpendiculairement à son axe longitudinal, en des points où elle n'est pas soutenue. **2.** Mouvement par lequel l'angle que forment deux segments osseux articulés se ferme (par oppos. à *extension*). *Flexion du genou, de l'avant-bras.* **3.** LING Phénomène morphologique caractéristique des langues dites *flexionnelles,* dans lesquelles le mot se décompose en un radical et en des marques morphologiques (indices de genre, nombre, personne, cas), variables selon ses rapports avec les autres unités de la phrase. *Les flexions de l'adjectif sont déterminées par le substantif dont il est l'attribut ou l'épithète.*

flexionnel, elle [flɛksjɔnɛl] adj. LING Qui a rapport aux flexions; qui présente des flexions. *Langues flexionnelles.*

flibuste [flibyst] n. f. Anc. Piraterie des flibustiers; ensemble des flibustiers.

flibustier [flibystje] n. m. **1.** Anc. Pirate des mers américaines, aux XVIIe et XVIIIe s. *Les flibustiers étaient principalement établis dans l'île de la Tortue, au N.-O. d'Haïti, et dévastaient les possessions espagnoles.* **2.** *Par ext.* Voleur, filou audacieux.

flic [flik] n. m. Fam. Policier.

flic flac [flikflak] interj. Fam. Onomatopée évoquant un claquement, le bruit d'un liquide qui s'égoutte.

flingue [flɛ̃g] n. m. Arg. Fusil ou pistolet.

flinguer [flɛ̃ge] v. tr. [1] Arg. *Flinguer qqn,* tirer sur lui avec une arme à feu. ▷ v. pron. Se suicider avec une arme à feu. *Quelle vie! Il y a de quoi se flinguer.*

flint-glass [flintglas] ou **flint** [flint] n. m. TECH Verre d'optique à base de plomb et d'indice de réfraction élevé, à faible dispersion. *Des flint-glass* ou (plur. angl.) *flint-glasses. Des flints.*

flip [flip] n. m. (Anglicisme) Arg. Dépression consécutive à la prise de stupéfiants. ▷ *Par ext.* Fam. Déprime.

1. flipper [flipœʀ] n. m. (Anglicisme) **1.** Petit levier qui, dans un billard électrique, sert à renvoyer la bille vers le haut. **2.** *Par méton.* Jeu électrique doté d'un mécanisme totalisateur de points. Syn. billard électrique.

2. flipper [flipe] v. intr. [1] **1.** Arg. Ressentir les effets de l'absorption d'une drogue. **2.** Fam. Ressentir un trouble affectif profond.

flirt [flœʀt] n. m. **1.** Rapprochement passager. *Un flirt entre deux partis politiques.* **2.** Jeu amoureux, échange de baisers, de caresses plus ou moins libres. **3.** Personne avec qui l'on flirte. *Elle nous a présenté son dernier flirt.*

flirter [flœʀte] v. intr. [1] Avoir un flirt (avec qqn). ▷ Fig. *Flirter avec la politique.*

F.L.N. Sigle de *Front* de libération nationale.*

F.L.N.K.S. Sigle de *Front de libération nationale kanak socialiste.* Mouvement de coalition indépendantiste créé en 1984 en Nouvelle-Calédonie.

floc [flɔk] interj. Onomatopée évoquant le bruit d'une chute dans l'eau. – n. m. *Faire un floc.*

flocage ou **flockage** [flɔkaʒ] n. m. TECH Application de fibres textiles, synthétiques, etc., sur une surface enduite d'adhésif.

1. floche [flɔʃ] adj. TECH *Soie floche,* qui n'est que légèrement torse.

2. floche [flɔʃ] n. f. (Belgique) **1.** Gland (de rideau, de coussin). ▷ Assemblage de cordons fixé à un ballon suspendu, que les enfants doivent décrocher pour obtenir un tour de manège gratuit. *Attraper la floche au carrousel.* **2.** Boucle terminant certains nœuds. *Faire une floche à son lacet.* **3.** Pénalisation au jeu de couyon. *Ramasser une floche.* **4.** Fausse note (en musique). ▷ *Par ext.* Maladresse, gaffe (1, sens 2).

flocon [flɔkɔ̃] n. m. **1.** Petite touffe de laine, de soie, etc. **2.** Petite masse de cristaux de neige agglomérés. *La neige tombe à gros flocons.* **3.** (Plur.) Lamelles de graines de céréales. *Flocons d'avoine.*

floconneux, euse [flɔkɔnø, øz] adj. Qui affecte l'aspect de flocons. *Nuages floconneux. Précipité floconneux.*

floculation [flɔkylasjɔ̃] n. f. **1.** TECH Précipitation de substances en solution sous forme colloïdale. *On épure les eaux usées par floculation.* **2.** MED *Réaction de floculation :* réaction de précipitation qui permet le diagnostic de certaines maladies, essentiellement en hépatologie et vénérologie (syphilis).

flonflons [flɔ̃flɔ̃] n. m. pl. Fam. Accents bruyants d'un air de musique populaire. *Les flonflons d'une valse musette.*

flood [flœd] adj. inv. TECH *Lampe flood,* à ampoule survoltée servant aux prises de vue d'intérieur.

flop [flɔp] onomat. (Anglicisme) Onomatopée imitant le bruit de la chute d'un corps mou.

flopée [flɔpe] n. f. Fam. Grande quantité.

floraison [flɔʀɛzɔ̃] n. f. **1.** Épanouissement des fleurs; époque où les fleurs s'épanouissent. **2.** Fig. Développement, épanouissement.

floral, ale, aux [flɔʀal, o] adj. Qui a rapport, qui appartient à la fleur, aux fleurs. *Les verticilles floraux. Exposition florale.*

floralies [flɔʀali] n. f. pl. Grande exposition florale.

-flore. Élément, du lat. *flos, floris,* «fleur».

flore [flɔʀ] n. f. **I. 1.** Ensemble des espèces végétales d'une région, d'un pays. *La flore alpestre.* **2.** Ouvrage qui fait l'étude de la flore. **II.** BIOL *Flore intestinale, vaginale :* ensemble des bactéries qui vivent normalement dans l'intestin, le vagin.

Flore, déesse italique et romaine de la Végétation; épouse de Zéphyr et mère du Printemps.

Florence (ital. *Firenze*), v. d'Italie, sur l'Arno; 438 300 hab.; cap. de la Toscane; ch.-l. de prov. À cause du tourisme, la com. a développé des industr. «non polluantes» et maintenu de nombr. activités artisanales (maroquinerie, reliure). – Archevêché. Université. – Architecture religieuse : la cath. (*Duomo :* Dôme) Santa Maria del Fiore (1296-1436, coupole de Brunelleschi), avec son campanile, commencé par Giotto en 1334, et son baptistère (XIe s., portes de bronze ornées de bas-reliefs dus à Ghiberti et Pisano); les égl. d'Orsammichele (1337-1404), Santa Croce et San Lorenzo (tombeaux des Médicis par Michel-Ange); le couvent San Marco (fresques de Fra Angelico). Architecture civile : le palais du Bargello (XIIIe s., auj. musée national de sculpture); le Palazzo Vecchio ou palazzo della Signoria (Palais-Vieux ou palais de la Seigneurie, 1298-1314), la loggia des Lanzi (XIVe s.) et la galerie des Offices (1560-1580), où l'Administration avait ses bureaux, auj. l'un des plus riches musées du monde; le Ponte Vecchio (fin XIVe s.), sur l'Arno; les palais Renaissance : Pitti (musée), Medici-Riccardi, Rucellai, Strozzi.

florentin, ine [flɔʀɑ̃tɛ̃, in] adj. et n. De Florence. ▷ Subst. *Un(e) Florentin(e).*

Flores, une des îles de la rép. d'Indonésie, à l'E. de Java; 15 000 km².

florès [flɔʀɛs] (En loc.) Vieilli ou litt. *Faire florès :* avoir de grands succès.

Florian (Jean-Pierre Claris de) (1755 - 1794), écrivain français : *Fables* (1792). Acad. fr. (1788).

floriculture [flɔʀikyltyʀ] n. f. AGRIC Culture des plantes pour leurs fleurs (ornement, essences).

Floride (en angl. *Florida*), État du S.-E. des États-Unis, formé d'une péninsule qui sépare l'océan Atlantique du golfe du Mexique et d'une bande de terre qui longe ce dernier au N.-O.; 151 670 km²; 12 938 000 hab.; cap. *Tallahassee*; v. princ. : *Miami, Tampa.* – Vaste plaine trouée de lacs (env. 30 000) et marécageuse, la Floride est prolongée au S. par un chapelet d'îles *(Florida Keys).* Le climat tropical, chaud l'été et doux l'hiver, attire touristes et retraités. L'extraction de phosphates et les bases militaires et spatiales (cap Canaveral) constituent les princ. ressources. Les problèmes de pollution sont graves.

florifère [flɔʀifɛʀ] adj. BOT Qui porte des fleurs. *Rameau florifère.*

florilège [flɔʀilɛʒ] n. m. Litt. **1.** Recueil de pièces choisies. **2.** Fig. Choix de choses remarquables.

florin [flɔʀɛ̃] n. m. Unité monétaire des Pays-Bas, du Surinam et des Antilles néerlandaises.

florissant, ante [flɔʀisɑ̃, ɑ̃t] adj. **1.** Qui est dans un état brillant, prospère. *Commerce florissant.* **2.** Qui dénote la santé, le bon état physique. *Un visage florissant.*

floristique [flɔʀistik] adj. et n. f. BOT **1.** adj. Qui concerne la flore (sens I, 1). **2.** n. f. Science des flores (sens I, 1). ▷ Inventaire des flores. Syn. phytogéographie.

flot [flo] n. m. **I.** Sing. **1.** Ondulation formée par l'eau agitée. **2.** Eau en mouvement. *Le flot de la Seine.* ▷ Par anal. (sing. ou plur.) *Flot (flots) de cheveux, de larmes.* **3.** Courant qui accompagne la marée montante. Ant. jusant. **4.** Fig. *Un flot de :* une grande quantité de. *Un flot de paroles.* **II.** Plur. **1.** Litt. *Les flots :* la mer. *Navire voguant sur les flots.* **2.** Loc. adv. *À flots :* en grande quantité, abondamment. *Le vin coulait à flots.* **III.** Loc. adj. *À flot :* qui flotte. *Navire à flot.* ▷ Fig. *Être à flot :* ne pas être gêné matériellement. *Remettre qqn à flot,* le renflouer.

flottable [flɔtabl] adj. **1.** TECH Qui permet le flottage du bois. *Rivière flottable.* **2.** Qui peut flotter. *Matière flottable.*

flottage [flɔtaʒ] n. m. TECH Transport par eau du bois que l'on fait flotter. *Flottage à bûches perdues, en trains.*

flottaison [flɔtɛzɔ̃] n. f. MAR Intersection de la surface extérieure d'un navire droit et immobile avec la surface d'une eau tranquille dans laquelle il flotte. – *Ligne de flottaison,* séparant les œuvres* vives des œuvres mortes.

flottant, ante [flɔtɑ̃, ɑ̃t] adj. **1.** Qui flotte. *Glaces flottantes.* **2.** Qui flotte dans l'air; ample et ondoyant. *Une robe flottante.* **3.** Fig. Incertain, irrésolu. *Esprit flottant.* **4.** FIN *Dette flottante :* partie de la dette publique qui n'est pas consolidée et dont les titres (bons du Trésor, par ex.) peuvent être remboursés à court terme ou à vue. – *Capitaux flottants :* capitaux non investis et donnant lieu à la spéculation. – *Monnaie flottante :* monnaie dont la parité n'est pas déterminée par un taux de change fixe. **5.** INFORM *Virgule flottante,* dont la position dans le nombre n'est pas précisée, le nombre étant représenté par sa mantisse et sa caractéristique. **6.** TECH *Moteur flottant,* monté sur supports élastiques.

flottation [flɔtasjɔ̃] n. f. TECH Procédé de triage des matières pulvérulentes fondé sur les différences de réaction des corps dans l'eau. *Séparation par flottation du minerai et de la gangue.*

1. flotte [flɔt] n. f. **1.** Groupe de navires naviguant ensemble. **2.** Ensemble des bâtiments de guerre d'une nation. *Amiral de la flotte.* **3.** Ensemble des bâtiments de commerce d'une nation, d'une compagnie, d'un port, etc. ▷ *Flotte de pêche.* **4.** Par anal. *Flotte aérienne.*

2. flotte [flɔt] n. f. Fam. Eau. – Pluie.

flottement [flɔtmɑ̃] n. m. **1.** Mouvement d'ondulation qui vient déranger l'alignement d'une troupe en marche. **2.** Manque de stabilité d'un véhicule. **3.** Fig. Hésitation, irrésolution. ▷ *Spécial.* État d'une monnaie flottante*.

1. flotter [flɔte] v. [**1**] **I.** v. intr. **1.** Être porté par un liquide. *Des épaves flottaient encore à la surface.* Ant. couler, sombrer. **2.** Onduler, voltiger en ondoyant. *Des drapeaux flottaient au vent.* **3.** Fig. Être hésitant, irrésolu, incertain. **II.** v. tr. *Flotter du bois,* assurer son transport par flottage.

2. flotter [flɔte] v. impers. [**1**] Fam. Pleuvoir.

flotteur [flɔtœʀ] n. m. Objet flottant destiné à soutenir un corps à la surface d'un liquide, à marquer un niveau, à régler un écoulement, etc. *Robinet à flotteur. Flotteur d'un hydravion.*

flottille [flɔtij] n. f. Réunion de petits bateaux.

flou, oue [flu] adj. et n. m. **1.** BX-A Dont les contours sont adoucis, peu nets. *Nu flou.* ▷ n. m. Par ext. *Le flou artistique.* **2.** Dont les détails sont peu nets et comme brouillés. *Une photo floue.* ▷ Par ext. *Vêtement flou,* en étoffe légère, aux contours vagues et vaporeux. **3.** Fig. Qui manque de précision, de netteté. *Une pensée qui reste floue.*

Flourens (Pierre Jean-Marie) (1794 – 1867), physiologiste français; il décrivit le cervelet et le contrôle nerveux de la respiration.

flouse ou **flouze** [fluz] n. m. Pop. Argent. (V. flouss.)

flouss [flus] n. m. (Maghreb) Syn. de *argent.* (V. flouse.)

fluctuant, ante [flyktyɑ̃, ɑ̃t] adj. Sujet à des fluctuations, des changements fréquents.

fluctuation [flyktɥasjɔ̃] n. f. **1.** Mouvement alternatif d'un liquide. **2.** (Surtout au plur.) Variations fréquentes, défaut de fixité. *Prix soumis à des fluctuations.*

fluctuer [flyktɥe] v. intr. [**1**] Être sujet à des fluctuations, varier. *Les prix fluctuent. Son esprit fluctue.*

fluet, ette [flyɛ, ɛt] adj. Mince, d'apparence grêle et délicate. *Des bras fluets.* – Par ext. *Une voix fluette.*

fluide [flyid] adj. et n. m. **I.** adj. **1.** Qui coule facilement. *Un liquide fluide.* ▷ Fig. *Une circulation fluide.* **2.** Fig. Coulant et limpide. *Un style très fluide.* **II.** n. m. **1.** Corps qui n'a pas de forme propre. *Les gaz et les liquides sont des fluides.* Ant. solide. (V. encycl. ci-après.)

2. Émanation d'une force indéfinie qu'on prête aux médiums, aux magnétiseurs, etc.
ENCYCL Les molécules d'un fluide sont relativement libres; aussi, il n'a pas de forme propre et il est élastique. Un fluide est d'autant plus visqueux que les forces de frottement qui s'opposent au mouvement des molécules sont plus grandes. La *mécanique des fluides* est une science qui a reçu de nombreuses applications, notamment lors des études sur maquettes préalables à la réalisation de navires *(hydrodynamique)*, d'avions, d'automobiles ou d'aéroglisseurs *(aérodynamique)*. La *statique des fluides* étudie les phénomènes qui se produisent lorsque le fluide est en état d'équilibre. La *dynamique des fluides* permet de prévoir les efforts exercés sur un corps en mouvement par le fluide qui l'entoure, suivant la nature de l'écoulement (laminaire, turbulent, transsonique, supersonique ou hypersonique).

fluidifiant, ante [flyidifjɑ̃, ɑ̃t] adj. et n. m. Didac. Qui a la propriété de fluidifier. ▷ n. m. *Un fluidifiant des sécrétions bronchiques.*

fluidifier [flyidifje] v. tr. [2] Transformer en fluide; rendre plus liquide.

fluidique [flyidik] n. f. Technique de la commande et du contrôle des automatismes au moyen de fluides.

fluidité [flyidite] n. f. Caractère de ce qui est fluide. *Fluidité d'une pâte.* ▷ Fig. *La fluidité du style.*

fluor [flyɔʀ] n. m. CHIM Élément appartenant à la famille des halogènes (symbole F), de numéro atomique Z = 9. – Gaz (F_2 : difluor).
ENCYCL Le fluor est le plus électronégatif et le plus réactif de tous les éléments; oxydant très énergique, il se combine avec presque tous les éléments, donnant notam. des *fluorures* (composés dans lesquels le fluor possède le degré d'oxydation –1); l'hexafluorure d'uranium UF_6 est utilisé dans la séparation isotopique de l'uranium par diffusion gazeuse. Les *fréons* sont des composés du fluor : V. fluorocarboné (encycl.). Le *téflon* est une matière plastique fluorée que l'on obtient par polymérisation et qui supporte l'attaque de nombreux agents physiques et chimiques. Enfin, le fluor est un oligo-élément de l'organisme dont les propriétés sont encore mal connues. Une intoxication aiguë par le fluor ou ses dérivés peut entraîner des troubles extrêmement graves.

fluoration [flyɔʀasjɔ̃] n. f. **1.** TECH *Fluoration de l'eau :* adjonction de fluor à l'eau pour prévenir la carie dentaire. **2.** MED Application protectrice de fluor sur les dents.

fluoré, ée [flyɔʀe] adj. Qui contient du fluor. *Un dentifrice fluoré.*

fluorescéine [flyɔʀesein] n. f. CHIM Matière colorante dont les sels alcalins communiquent à l'eau, même à très faible dose, une couleur verte intense.

fluorescence [flyɔʀesɑ̃s] n. f. PHYS Émission de lumière par une substance soumise à l'action d'un rayonnement.

fluorescent, ente [flyɔʀesɑ̃, ɑ̃t] adj. PHYS Qui produit une fluorescence. ▷ Cour. *Tube fluorescent. Lampe fluorescente.*

fluorhydrique [flyɔʀidʀik] adj. CHIM *Acide fluorhydrique :* fluorure d'hydrogène (HF), le seul acide qui attaque le verre et la silice.

fluorine [flyɔʀin] n. f. MINER Fluorure naturel de calcium (CaF_2). Syn. spath fluor.

fluorocarboné, ée [flyɔʀokaʀbɔne] adj. et n. m. CHIM *Un composé fluorocarboné* ou, n. m., *un fluorocarboné :* un produit dérivant du méthane et de l'éthane par substitution des atomes d'hydrogène par des atomes de fluor et de chlore. Syn. chlorofluorocarbone.
ENCYCL Certains fluorocarbonés, dont le fréon, sont utilisés comme fluides frigorigènes; d'autres, comme gaz propulseurs dans les bombes aérosols. En remontant dans la haute atmosphère en quantité importante, ils pourraient détruire la couche protectrice d'ozone.

fluorose [flyɔʀoz] n. f. MED Intoxication par le fluor et ses dérivés.

fluorure [flyɔʀyʀ] n. m. CHIM Sel ou ester de l'acide fluorhydrique.

flush [flœʃ] n. m. JEU Au poker, réunion de cinq cartes de même couleur.

Flushing Meadow-Corona Park, parc de New York où se tiennent, depuis 1978, les Internationaux de tennis des États-Unis.

flûte [flyt] n. f. (et interj.) **I. 1.** Instrument de musique à vent composé d'un tube creux percé de trous. *Flûte traversière,* à embouchure latérale. *Flûte à bec. Jouer de la flûte.* ▷ *Jeu de flûte :* un des registres de l'orgue. **2.** *Flûte de Pan,* faite de tuyaux d'inégales longueurs juxtaposés par rangs de taille. **3.** *Par ext.* En France, pain long et fin. **4.** Verre à pied, long et fin. *Flûte à champagne.* **5.** (Plur.) Fam. Longues jambes grêles. **6.** (Suisse) Biscuit salé en forme de baguette. **II.** Fam. Interjection marquant le mécontentement, l'agacement, etc. *Flûte alors!* V. graine (sens II), patate (sens II).

flûté, ée [flyte] adj. Dont le son rappelle celui de la flûte. *Une voix flûtée.*

flûtiste [flytist] n. Musicien(ne) qui joue de la flûte.

fluvial, ale, aux [flyvjal, o] adj. Des fleuves, des cours d'eau. *Législation fluviale. Navigation fluviale.*

fluviatile [flyvjatil] adj. **1.** SC NAT Se dit des organismes vivant dans les eaux douces ou près d'elles. **2.** GEOL *Dépôts fluviatiles,* dus à un cours d'eau.

fluvioglaciaire ou **fluvio-glaciaire** [flyvjoglasjɛʀ] adj. GEOMORPH Se dit d'un terrain d'origine glaciaire remanié par un cours d'eau. *Des cônes fluvio-glaciaires.*

fluviographe [flyvjɔgʀaf] ou **fluviomètre** [flyvjɔmɛtʀ] n. m. TECH Appareil mesurant le niveau d'un cours d'eau.

flux [fly] n. m. **1.** Action de couler, écoulement. **2.** MED Écoulement d'un liquide organique. *Flux menstruel.* **3.** Fig. Affluence, grande abondance, débordement. *Un flux de paroles.* **4.** Marée montante. *Le flux et le reflux.* **5.** PHYS Courant, intensité, énergie traversant une surface. ▷ *Flux d'un champ à travers un élément de surface,* produit de la composante normale du champ par l'aire de l'élément. ▷ *Flux magnétique :* flux (exprimé en webers) du champ magnétique. ▷ *Flux énergétique d'un faisceau lumineux,* puissance qui est transportée par ce faisceau. ▷ *Flux lumineux,* grandeur photométrique traduisant l'impression produite sur l'œil par le faisceau (exprimé en lumens). **6.** FIN Mouvement. *Flux financiers.* **7.** (Afr. subsah.) *Classe à double flux* (ou à *double vacation*), fréquentée par deux groupes d'enfants, chacun à mi-temps.

fluxion [flyksjɔ̃] n. f. **1.** *Fluxion dentaire :* tuméfaction inflammatoire des joues et des gencives. **2.** MATH *Méthode des fluxions :* forme de calcul due à Newton, proche du *calcul différentiel.*

Flynn (Errol) (1909 – 1959), acteur de cinéma américain : *Gentleman Jim* (1942).

F.M.G. n. m. (Madag.) Franc malgache. V. monnaies (tableau).

F.M.I. Sigle de *Fonds* monétaire international.*

F.N.L. Sigle de *Front* national de libération.*

F.O.B. ou **fob** [fɔb] adj. inv. (Sigle de l'angl. *free on board,* «franco à bord».) DR MARIT *Vente fob,* dans laquelle le prix de la marchandise inclut tous les frais jusqu'à la livraison à bord du navire transporteur.

foc [fɔk] n. m. Voile triangulaire à l'avant d'un navire.

focal, ale, aux [fɔkal, o] adj. et n. f. **I.** adj. **1.** GEOM Qui se rapporte à un ou plusieurs foyers. ▷ *Distance focale,* qui sépare les deux foyers d'une ellipse ou d'une hyperbole. **2.** OPT Qui se rapporte au foyer d'un système optique. – *Distance focale,* qui sépare le foyer d'un système optique et le plan principal de celui-ci. **II.** n. f. **1.** GEOM Courbe ou surface jouant par rapport à un lieu géométrique de l'espace un rôle analogue à celui des foyers par rapport aux courbes planes. **2.** OPT Distance focale. *Focale variable.* ▷ *Focale de Sturm :* segment de droite sur lequel convergent des rayons lumineux.

focalisation [fɔkalizasjɔ̃] n. f. Action de focaliser; son résultat.

focaliser [fɔkalize] v. tr. [1] PHYS Concentrer (un rayonnement) sur une très petite surface. ▷ Fig., cour. *Ces événements ont focalisé l'attention du public.*

Foch (Ferdinand) (1851 – 1929), maréchal de France (août 1918). Adjoint du général en chef Joffre (oct. 1914), chef d'état-major en 1917, commandant suprême des armées alliées en mars 1918. Acad. fr. (1918).

Focillon (Henri) (1881 – 1943), historien d'art français : *Vie des formes* (1934).

Fodéba Keita (1921 – 1969), écrivain et homme politique guinéen que Sékou Touré accusa de complot et fit condamner à mort : *Poèmes africains* (1950), *Aube africaine* (1965). Il créa les célèbres Ballets africains.

fœhn [føn] n. m. **1.** Vent chaud, en Suisse et au Tyrol, venant du sud. **2.** (Suisse) Sèche-cheveux.

fœhner [føne] v. tr. [1] (Suisse) Sécher les cheveux au sèche-cheveux.

foëne, foène [fɔɛn] ou **fouëne** [fwɛn] n. f. Harpon à plusieurs dents.

fœtal, ale, aux [fetal, o] adj. Qui a rapport au fœtus. ▷ *Membranes fœtales,* qui enveloppent le fœtus dans l'utérus.

fœtologie [fetɔlɔʒi] n. f. Didac. Étude du développement du fœtus humain.

fœtus [fetys] n. m. Embryon d'animal vivipare qui commence à présenter les caractères distinctifs de l'espèce. ▷ *Spécial.* Embryon humain de plus de trois mois.

fofolle [fɔfɔl] adj. f. et n. f. V. foufou 1.

Fogo, île et comté de l'archipel du Cap-Vert, comprenant les îles Sous-le-Vent; 476 km²; 30978 hab.; ch.-l. *Sao Filipe.* Le pic de Fogo est un volcan qui culmine à 2829 m.

foi [fwa] n. f. **I. 1.** Litt. Assurance de tenir ce qu'on a promis. *Engager sa foi.* ▷ Loc. *Ma foi :* assurément, certes. **2.** Cour. *Bonne foi :* sincérité, droiture dans la manière d'agir, fondée sur la certitude d'être dans son bon droit (opposé à *mauvaise foi*). **II.** Croyance, confiance. *Avoir foi en qqn.* ▷ *Sous la foi du serment :* sous la garantie du serment. ▷ *Faire foi :* administrer la preuve, témoigner. *Cet acte fait foi de nos conventions. Le cachet de la poste faisant foi.* **III. 1.** THEOL CHRET Adhésion ferme de l'esprit à une vérité révélée. *La foi est la première des trois vertus théologales.* **2.** Objet de la foi, religion. *Mourir pour sa foi.* ▷ *Par ext.* Ensemble des principes, des idées auxquelles on adhère. *La foi républicaine.* **IV.** TECH *Ligne de foi :* axe d'une lunette, passant par le centre optique de l'objectif et le point de croisée des fils du réticule; trait tracé dans la cuvette d'un compas et parallèle à l'axe longitudinal du navire ou de l'aéronef.

foie [fwa] n. m. **1.** Volumineux viscère de la partie droite de l'abdomen de l'homme, de couleur brun-rouge, à la fois glande digestive et organe de réserve et d'excrétion. **2.** En boucherie, cet organe, chez certains animaux. *Foie de veau.* ▷ *Foie gras :* foie d'oie ou de canard engraissés par gavage.
ENCYCL Le foie humain, de consistance assez ferme, mais friable et fragile, pèse de 1,5 à 2 kg chez l'adulte. Sa surface, lisse, divisée en 3 faces (supérieure, postérieure, inférieure), est parcourue par deux sillons antéro-postérieurs et par un sillon transversal, le hile, qu'occupent les organes afférents et efférents au foie : artère hépatique, veine porte, voies biliaires. Le foie se compose d'une multitude de petits segments appelés *lobules hépatiques.* Cet organe vital a de multiples fonctions : synthèse et sécrétion de la bile, synthèse des protéines (albumine, fibrinogène, facteurs de coagulation, etc.), métabolisme des sucres et synthèse du glycogène, stockage de la vitamine B12 et du fer, neutralisation des toxines des produits ammoniaqués, métabolisme des lipides, etc.

foin [fwɛ̃] n. m. **1.** Herbe fauchée et séchée, destinée à nourrir le bétail. **2.** Cette herbe avant qu'elle soit fauchée. – Par ext. *Faire les foins,* la fenaison. ▷ (Québec) *Foin de grève :* herbes des rivages. ▷ Loc. *Être bête à manger du foin,* très bête. ▷ *Rhume des foins :* catarrhe aigu des muqueuses nasales survenant chez certains sujets allergiques lors de la floraison des graminées. **3.** *Par anal.* Poils qui tapissent le fond d'un artichaut. **4.** Fam. *Faire du foin :* faire du tapage; protester bruyamment. – (Québec) Gagner beaucoup d'argent.

foirail, ails [fwaʀaj] n. m. (Afr. subsah., France rég.) Champ de foire.

foire [fwaʀ] n. f. **1.** Grand marché public qui se tient régulièrement en certains lieux, une ou plusieurs fois dans l'année. *Foire aux bestiaux, à la ferraille.* ▷ (Maurice) Marché hebdomadaire de plein air. **2.** Fête foraine. **3.** Exposition commerciale périodique. *La Foire internationale de Dakar.* **4.** Fam., péjor. Lieu très bruyant, où règnent le désordre et la confusion. ▷ Loc. *Faire la foire :* se débaucher, faire la noce.

foirer [fwaʀe] v. intr. [1] Fam. **1.** Faire long feu. *Pétard qui foire.* ▷ *Vis qui foire,* qui tourne sans s'enfoncer. **2.** Échouer. *Sa combine a foiré.*

foireux, euse [fwaʀø, øz] adj. Fam. Qui a toutes les chances d'échouer. *Une affaire foireuse.*

fois [fwa] n. f. **1.** Moment où un fait, un événement se produit ou se reproduit. *Une fois par mois. C'est la deuxième fois que je le vois.* ▷ Loc. *Ne pas se le faire dire deux fois :* se le tenir pour dit. – *Y regarder à deux fois :* mûrement réfléchir avant d'entreprendre qqch. **2.** (Marquant la multiplication ou la division.) *Trois fois deux six. Je vais quatre fois moins vite que vous.* **3.** Loc. *Une bonne fois, une fois pour toutes :* définitivement, sans qu'il y ait à y revenir. – *Pour une fois,* marque l'exception. *Vous êtes à l'heure, pour une fois!* – *Une fois :* à une certaine époque, jadis. *Il était une fois...* – *Cette fois :* dans cette circonstance-ci, désormais. *Cette fois c'est bien fini.* – *Une autre fois :* quand l'occasion s'en représentera. *Une autre fois, vous réfléchirez avant d'agir.* – *À la fois :* en même temps. *Il en arrive trois à la fois.* – *Une fois que :* dès que, dès l'instant que, quand.

foison [fwazɔ̃] n. f. *À foison :* en abondance.

foisonnant, ante [fwazɔnɑ̃, ɑ̃t] adj. Qui foisonne.

foisonnement [fwazɔnmɑ̃] n. m. **1.** Fait de foisonner. **2.** Augmentation de volume. *Le foisonnement apparent des terres extraites d'un sol.*

foisonner [fwazɔne] v. intr. [1] **1.** Abonder, pulluler. *Forêt où le gibier foisonne.* **2.** Augmenter de volume (en parlant de certains corps). *Chaux vive qui foisonne sous l'action de l'eau.*

Foix, v. de France, ch.-l. du dép. de l'Ariège; 10446 hab. Industr. – Égl. St-Volusien (XIVe-XVIIe s.). Château fort (XIIe-XVe s.). – Le *comté de Foix* fut réuni par Henri IV à la France (1589).

Foix (Gaston III, comte de). V. Gaston de Foix.

Fokine (Michel) (1880 – 1942), danseur et chorégraphe russe. Il créa chez Diaghilev *l'Oiseau de feu* (1910), *Petrouchka* (1911), etc.

Fokker (Anthony) (1890 – 1939), aviateur néerlandais qui fonda, en 1913, une usine aéronautique allemande.

fol [fɔl] adj. et n. V. fou.

folâtre [fɔlɑtʀ] adj. Vieilli Qui aime à badiner, à jouer. *Caractère folâtre.* Syn. gai, enjoué.

folâtrer [fɔlɑtʀe] v. intr. [1] Vieilli S'ébattre avec une gaieté un peu folle et enfantine.

foliacé, ée [fɔljase] adj. BOT Qui a l'aspect d'une feuille.

foliaire [fɔljɛʀ] adj. BOT **1.** Qui appartient à une feuille. **2.** Qui dérive d'une feuille. *Vrille foliaire,* formée par une feuille.

foliation [fɔljasjɔ̃] n. f. BOT Syn. de *feuillaison.*

folichon, onne [fɔliʃɔ̃, ɔn] adj. Fam. (Le plus souvent en tournure négative.) Gai, badin. *Votre récit n'est pas folichon.*

folie [fɔli] n. f. **1.** Cour. Dérangement de l'esprit, associé à un comportement étrange. (Ce mot est remplacé dans le vocabulaire médical par *maladie mentale.*) **2.** Extravagance, manque de jugement. *Ne faites pas cette folie!* ▷ Acte, propos peu raisonnable. *Faire, dire des folies.* – Dépense exagérée. *Faire une folie.* ▷ Écart de conduite. *Folies de jeunesse.* **3.** Loc. adv. *À la folie :* éperdument. *Il l'aime à la folie.*

folié, ée [fɔlje] adj. **1.** BOT Garni de feuilles. **2.** Didac. Qui ressemble à une feuille.

folio [fɔljo] n. m. Feuillet numéroté de registres, de manuscrits. ▷ TYPO Chiffre numérotant les pages d'un livre.

foliole [fɔljɔl] n. f. BOT Chaque partie du limbe d'une feuille composée.

folioter [fɔljɔte] v. tr. [1] TYPO Numéroter les pages d'un ouvrage.

folique [fɔlik] adj. BIOCHIM *Acide folique :* vitamine contenue dans le foie, les épinards et divers autres aliments.

folklore [fɔlklɔʀ] n. m. **1.** Ensemble des arts, usages et traditions populaires. ▷ Didac. Science qui les étudie. **2.** Fam., péjor. Ensemble de choses, de faits, de comportements amusants ou pittoresques et dépourvus de sérieux. *C'est du folklore, votre organisation!*

folklorique [fɔlklɔʀik] adj. **1.** Du folklore (sens 1). *Chanson folklorique.* **2.** Fam., péjor. Qui participe du folklore (sens 2). *Il est très folklorique.*

folle [fɔl] adj. f. et n. f. V. fou.

follement [fɔlmɑ̃] adv. **1.** D'une manière folle, excessive. *Aimer follement.* **2.** Extrêmement. *C'est follement drôle.*

follet, ette [fɔlɛ, ɛt] adj. **1.** *Esprit follet :* lutin. ▷ Fig. *Poils follets :* duvet qui apparaît avant la barbe. **2.** *Feu follet :* petite lueur apparaissant au-dessus de certains terrains d'où se dégage de l'hydrure de phosphore ou du méthane; fig., plaisant personne insaisissable.

folliculaire [fɔlikylɛʀ] adj. Didac. Relatif aux follicules. ▷ PHYSIOL *Liquide folliculaire,* contenu dans les follicules ovariens et baignant l'ovule.

follicule [fɔlikyl] n. m. **I.** BOT Fruit sec du colatier, du tulipier du Gabon, etc., constitué d'un seul carpelle qui, à maturité, s'ouvre suivant une seule fente. **II. 1.** ANAT Prolongement en cul-de-sac d'une muqueuse. *Follicule dentaire, pileux.* **2.** ANAT *Follicule ovarien* ou *de De Graaf :* cavité liquidienne située à l'intérieur de l'ovaire, dans laquelle se développe l'ovule et dont la rupture correspond à la ponte ovulaire. **3.** MED *Follicule tuberculeux :* lésion tuberculeuse élémentaire.

folliculine [fɔlikylin] n. f. BIOCHIM Une des hormones œstrogènes*. Syn. œstrone.

folliculite [fɔlikylit] n. f. MED Inflammation des follicules pileux.

folliculostimuline [fɔlikylostimylin] n. f. BIOCHIM Hormone de l'antéhypophyse qui, chez l'homme, stimule la spermatogenèse et, chez la femme, stimule la croissance du follicule de De Graaf. (Abrév. angl. : F.S.H.).

Folon (Jean-Michel) (né en 1934), aquarelliste belge; peintre humoriste et poétique d'un monde déshumanisé : nombreuses aquarelles, dessins publiés dans la presse, affiches, films d'animation, peintures murales à Bruxelles, Londres, Paris.

fomba [fɔ̃ba] n. m. (Madag.) Coutume, tradition malgache. *Le respect des fombas.*

fomentation [fɔmɑ̃tasjɔ̃] n. f. Litt. Action de fomenter.

fomenter [fɔmɑ̃te] v. tr. [1] Provoquer ou entretenir en secret (des actes d'hostilité). *Fomenter un complot.*

fon [fɔ̃] adj. (inv. en genre) et n. m. **1.** adj. De l'ethnie des Fon. *Le royaume fon.* **2.** n. m. *Le fon :* la langue nigéro-congolaise du groupe kwa, parlée par les Fon et qui a une fonction véhiculaire au Bénin.

Fon, population occupant le nord du Togo (env. 40 000 personnes), le sud du Bénin (plus de 3 millions) et le sud du Nigeria. Ils parlent des langues nigéro-congolaises du groupe kwa. Ils ont fondé au XVIIe s. le royaume de Dahomey*, qui, à la fin du XIXe s., résista héroïquement à la colonisation française. Leur religion, centrée sur le culte des ancêtres, est à l'origine du vaudou haïtien. Le royaume fon, dont l'apogée se situe aux XVIIIe et XIXe s., eut le quasi-monopole du commerce des esclaves avec les Européens (Côte* des Esclaves).

fonçage [fɔ̃saʒ] n. m. TECH Action de creuser (un puits de mine).

foncé, ée [fɔ̃se] adj. Sombre (en parlant d'une couleur). *Bleu foncé.* Ant. clair.

foncer [fɔ̃se] v. [**12**] **I.** v. intr. **1.** Se précipiter (sur qqn, qqch). *Foncer sur l'obstacle.* **2.** Fam. Se déplacer à grande vitesse. *Voiture qui fonce.* – Fig. Agir avec vigueur en ignorant les difficultés. *Il n'hésite pas, il fonce.* **II. 1.** v. tr. Rendre plus sombre (une couleur). **2.** v. intr. Devenir plus sombre. *Son teint a foncé.* **III.** v. tr. **1.** TECH Mettre un fond à. *Foncer un tonneau.* **2.** Creuser. *Foncer un puits.* **3.** CUIS Garnir le fond de (un récipient) avec de la pâte, du lard.

fonceur, euse [fɔ̃sœʀ, øz] adj. et n. Fam. Énergique et entreprenant, qui fonce. – Subst. *C'est un fonceur.*

foncier, ère [fɔ̃sje, ɛʀ] adj. et n. m. **I. 1.** Se dit d'un bien constitué par un fonds de terre, de la personne à qui il appartient et du revenu qui en est tiré. *Propriété foncière. Propriétaire foncier. Rentes foncières.* **2.** Relatif aux biens-fonds en général. *Impôt foncier.* ▷ *Crédit foncier,* destiné à faciliter l'acquisition ou la mise en valeur de biens immeubles. **3.** n. m. Propriété foncière et tout ce qui s'y rapporte. **II.** Fig. Qui est au fond de la nature de qqn. *Qualité foncière.*

foncièrement [fɔ̃sjɛʀmɑ̃] adv. Dans le fond, profondément. *Un être foncièrement bon.*

fonction [fɔ̃ksjɔ̃] n. f. **I. 1.** Activité imposée par un emploi, une charge. *S'acquitter de sa (ses) fonction(s).* **2.** L'emploi, la charge elle-même. *Être dans l'exercice de ses fonctions. Être en fonction(s).* ▷ *Fonction publique :* ensemble des charges exercées par les agents de la puissance publique; ensemble des fonctionnaires. **3.** *Faire fonction de :* jouer le rôle de, servir de (personnes ou choses). **4.** ECON Ensemble des opérations qui permettent d'atteindre les objectifs (dans un secteur donné d'une entreprise). *Fonction de la production. Fonction commerciale.* **II. 1.** Ce à quoi sert une chose dans l'ensemble dont elle fait partie. *Une fenêtre a pour fonctions principales d'éclairer et d'aérer un local.* **2.** PHYSIOL Rôle d'un organe, d'une cellule, dans une opération nécessaire au maintien de la vie d'un être. *Les fonctions digestives.* **3.** CHIM Mode de réaction commun à plusieurs corps. – Ensemble des propriétés caractéristiques de ce mode de réaction, dues à un radical (groupement fonctionnel) donné; ce radical. *La fonction alcool.* **4.** GRAM *Fonction syntaxique d'un mot,* sa relation avec l'élément central d'une phrase, d'une proposition, d'un groupe de mots. *Fonction sujet.* – LING *Fonctions dénotative, expressive, poétique,* etc. **5.** MATH *Fonction définie sur un ensemble A à valeur dans un ensemble B,* relation qui, à chaque élément a de A, fait correspondre un seul élément b de B. (Si on désigne la fonction par f, on note $f(a) = b$.) – *Fonctions numériques :* fonctions qui assignent aux variables des valeurs numériques (c.-à-d. exprimées par des nombres réels ou complexes). – *Fonction (y) linéaire* ou *du premier degré,* de la forme $y = ax + b$. – *Fonction du deuxième degré,* de la forme $y = ax^2 + bx + c$. – *Fonction logarithmique :* V. logarithme. – *Fonction périodique,* qui reprend la même valeur lorsque la variable augmente d'une période. – *Fonction transcendante,* qui n'est pas algébrique. **6.** LOG *Fonction propositionnelle :* prédicat. **III.** *Être fonction de :* dépendre de. *La vitesse de pointe d'une voiture est fonction de la puissance de son moteur.* ▷ Loc. prép. *En fonction de :* en corrélation, en rapport avec.

fonctionnaire [fɔ̃ksjɔnɛʀ] n. Personne qui exerce une fonction permanente dans une administration publique.

fonctionnalisme [fɔ̃ksjɔnalism] n. m. **1.** Principe esthétique selon lequel la forme d'un édifice, d'un meuble ou d'un objet doit résulter d'une adaptation parfaitement rationnelle à son usage. **2.** ETHNOL Théorie selon laquelle une société représente un tout organique dont les différentes composantes, culturelles, économiques, etc., s'expliquent par la fonction qu'elles remplissent les unes par rapport aux autres (Malinowski, Radcliffe-Brown). **3.** LING Démarche qui consiste à analyser et à décrire la langue avant tout comme un outil de communication.

fonctionnaliste [fɔ̃ksjɔnalist] adj. et n. **1.** adj. Relatif au fonctionnalisme. **2.** adj. et n. Partisan du fonctionnalisme (sens 1 et 3).

fonctionnalité [fɔ̃ksjɔnalite] n. f. **1.** Caractère de ce qui est fonctionnel, de ce qui répond à une fonction donnée. **2.** INFORM Possibilités de traitement offertes par un ordinateur.

fonctionnariat [fɔ̃ksjɔnaʀja] n. m. État, qualité de fonctionnaire.

fonctionnarisation [fɔ̃ksjɔnaʀizasjɔ̃] n. f. Action d'assimiler (qqn) aux fonctionnaires, de transformer (une entreprise) en service public.

fonctionnel, elle [fɔ̃ksjɔnɛl] adj. **1.** Qui a rapport à une fonction (organique, mathématique, chimique, etc.). *Groupement, calcul fonctionnel.* ▷ MED *Maladie fonctionnelle :* manifestation morbide due à un défaut de fonctionnement d'un organe, que l'on ne peut imputer à une lésion. **2.** Rationnellement adapté à la fonction à remplir. *Mobilier fonctionnel.*

fonctionnement [fɔ̃ksjɔnmɑ̃] n. m. Fait, manière de fonctionner.

fonctionner [fɔ̃ksjɔne] v. intr. [**1**] Remplir sa fonction (machine, organe). *Estomac qui fonctionne bien.* ▷ Fig. *Système qui fonctionne au ralenti.*

fond [fɔ̃] n. m. **I. 1.** Partie la plus basse d'une chose creuse. *Le fond d'une marmite. Le fond d'une vallée.* ▷ Par ext. *Un fond de bouteille :* une petite quantité de liquide au fond d'une bouteille. **2.** Partie solide située à l'opposé de la surface des eaux. *Le fond d'une rivière.* – (Maurice) *Fond-blanc :* zone de fond sablonneux. ▷ MAR *Haut*-fond.* – *Bas*-fond.* ▷ *Par ext.* Hauteur de l'eau. *Il y a vingt mètres de fond.* – (Plur.) Eaux profondes. *Les grands fonds.* **3.** Partie la plus éloignée de l'entrée, de l'ouverture. *Le fond d'un placard.* – MED *Fond d'œil :* examen de la rétine et de ses vaisseaux, pratiqué au moyen d'un ophtalmoscope. **4.** Surface sur laquelle se détachent des dessins, des objets, des personnages. *Une étoffe imprimée à fond clair. Le fond d'un tableau.* ▷ Par ext. *Fond de teint :* crème colorée que l'on applique sur le visage comme maquillage. ▷ *Fond sonore* ou *musique, bruit de fond :* musique, bruitages, qui accompagnent un spectacle. **5.** Ce qui est essentiel, fondamental. *Le fond du problème.* – (Personnes) Ce qui constitue l'essentiel du caractère, de la personnalité. *Il a bon fond.* ▷ Spécial. *Le fond d'une œuvre littéraire,* son contenu, sa matière (par oppos. à *forme*). – *Article de fond,* qui traite d'un sujet en profondeur. ▷ DR Matière d'un procès (par oppos. à ce qui est exception ou pure forme). ▷ *Faire fond sur une personne, une chose,* compter sur elle. ▷ Ce qui est le plus intime, le plus secret. *Le fond de sa pensée.* **6.** SPORT *Course de fond,* qui se dispute sur une grande distance. **II.** Loc. adv. **1.** *À fond :* entièrement. *Étudier une question à fond.* ▷ Fam. *À fond de train* ou (Belgique) *à fond de balle :* à toute vitesse. **2.** *Au fond, dans le fond :* en réalité, à juger des choses en elles-mêmes. *Au fond il a raison.* **3.** *De fond en comble :* V. comble.

Fonda (Henry) (1905 - 1982), acteur américain. — **Jane** (née en 1937), fille du préc., actrice américaine.

fondamental, ale, aux [fɔ̃damɑ̃tal, o] adj. (et n. f.) **1.** Qui sert de fondement, essentiel. *Loi fondamentale.* – *Insatisfaction fondamentale.* ▷ *Recherche fondamentale,* qui traite de notions théoriques, par oppos. à *recherche appliquée.* **2.** MATH, PHYS *Terme fondamental,* premier terme d'une série de Fourier*. – *Fréquence fondamentale d'une vibration,* correspondant au terme fondamental. **3.** MUS *Note fondamentale* ou, n. f., *une fondamentale :* note qui sert de base à un accord.

fondamentalement [fɔ̃damɑ̃talmɑ̃] adv. D'une manière fondamentale.

fondamentalisme [fɔ̃damɑ̃talism] n. m. RELIG Tendance religieuse conservatrice. *Le fondamentalisme islamique.*

fondamentaliste [fɔ̃damɑ̃talist] n. et adj. Didac. **1.** Spécialiste en recherche fondamentale. (V. fondamental, sens 1.) **2.** Qui adhère au fondamentalisme.

Fondane (Benjamin) (1898 – 1944), écrivain français d'origine roumaine; poète (*Ulysse,* 1933; *le Mal des fantômes,* 1944) et essayiste (*Rimbaud le voyou,* 1933; *Baudelaire et l'expérience du gouffre,* 1947). Comme son ami Léon Chestov, il se livra à une critique radicale du rationalisme et exprima, avec lyrisme, la quête existentielle.

fondant, ante [fɔ̃dɑ̃, ɑ̃t] adj. et n. m. **I.** adj. **1.** Qui fond. *Neige fondante.* **2.** Qui fond dans la bouche. *Poire fondante.* ▷ n. m. Bonbon en pâte de sucre. **II.** n. m. METALL Produit que l'on ajoute à un autre pour le faire fondre plus facilement.

fondateur, trice [fɔ̃datœʀ, tʀis] n. (et adj.) **1.** Personne qui a fondé qqch d'important et de durable. *Richelieu, fondateur de l'Académie française.* ▷ adj. *Membre fondateur.* **2.** Personne qui a subventionné une œuvre philanthropique, religieuse. *Le fondateur d'un prix.*

fondation [fɔ̃dasjɔ̃] n. f. **1.** (Le plus souvent au plur.) Ensemble des travaux destinés à répartir sur le sol et le sous-sol les charges d'une construction; ouvrage ainsi réalisé. *Fondations sur pieux.* Syn. (Québec) solage. **2.** Fig. Action de créer (qqch). *Fondation d'une cité, d'une institution.* **3.** Don ou legs d'un capital pour un usage déterminé. – Établissement créé à la suite d'un tel don, d'un tel legs.

fondé, ée [fɔ̃de] adj. **1.** Qui repose sur des bases rationnelles. *Une crainte fondée, bien fondée.* **2.** *Être fondé à :* avoir des motifs légitimes pour. *Être fondé à croire...*

fondé de pouvoir(s), fondée de pouvoir(s) [fɔ̃dedpuvwaʀ] n. Personne qui a reçu de qqn (ou d'une société) le pouvoir d'agir en son nom. *Des fondés de pouvoir(s).*

fondement [fɔ̃dmɑ̃] n. m. **1.** Base. *Jeter les fondements d'un empire.* **2.** Motif, raison. *Rumeur sans fondement.* **3.** PHILO Principe général servant de base à un système, à une théorie. *Kant, dans «le Fondement de la métaphysique des mœurs», a voulu «rechercher et établir exactement le principe suprême de la moralité».*

fonder [fɔ̃de] v. tr. [1] **1.** Créer (une chose durable) en posant ses bases. *Fonder une ville. Fonder une dynastie.* ▷ *Fonder une famille :* se marier et avoir des enfants. **2.** Donner les fonds nécessaires pour (une fondation d'intérêt public). *Fonder une bourse.* **3.** *Fonder (qqch) sur :* faire reposer (qqch) sur. ▷ Pp. *Une opinion fondée sur des faits.* – adj. *Une réputation fondée.* ▷ v. pron. *Se fonder sur le code civil.*

fonderie [fɔ̃dʀi] n. f. TECH Art de fabriquer des objets métalliques par moulage du métal en fusion. ▷ Usine dans laquelle on fabrique ces objets.

fondeur [fɔ̃dœʀ] n. m. Ouvrier spécialisé dans les opérations de coulée du métal dans les moules. ▷ Exploitant d'une fonderie.

fondouk [fɔnduk] n. m. (Maghreb) **1.** Anc. Caravansérail. **2.** Petit hôtel au confort sommaire situé dans les quartiers populaires.

fondre [fɔ̃dʀ] v. [6] **I.** v. tr. **1.** Rendre liquide (une matière solide) par l'action de la chaleur. *Fondre du métal.* **2.** Fabriquer (un objet) avec du métal fondu et moulé. *Fondre un canon.* **3.** Fig. Combiner (des éléments) en un tout. *Fondre deux ouvrages en un seul. Fondre des couleurs.* **II.** v. intr. **1.** Entrer en fusion, devenir liquide, sous l'effet de la chaleur (corps solide). *La neige fond.* **2.** Se dissoudre. *Le sucre fond dans l'eau.* ▷ Fig. *Fondre en larmes :* se mettre à pleurer très fort. **3.** Disparaître rapidement (biens). *Sa fortune a fondu en quelques années.* – Par ext. *Sa colère a fondu bien vite.* **4.** Fam. (Personnes) Maigrir. *Son régime l'a fait fondre.* **5.** *Fondre sur une proie,* se précipiter sur elle. ▷ Fig. *Le malheur a fondu sur nous.*

fondrière [fɔ̃dʀijɛʀ] n. f. Grande flaque boueuse, nid-de-poule plein d'eau sur un chemin.

fonds [fɔ̃] n. m. **I. 1.** Terre considérée comme un bien immeuble. *Cultiver son fonds.* **2.** *Fonds de commerce :* ensemble du matériel, des marchandises et des éléments incorporels (clientèle, notoriété, etc.) qui font la valeur d'un établissement commercial. **3.** Capital placé (par oppos. aux *revenus*). – Capital nécessaire au financement d'une entreprise. *Bailleur de fonds.* – *Fonds de roulement :* ensemble des capitaux et des valeurs dont dispose une entreprise pour son exploitation courante. – *Fonds propres* ou *capitaux propres :* V. capital. ▷ *Fonds publics :* capital des sommes empruntées par un État. ▷ DR *Fonds dominant*. Fonds servant*.* **4.** FIN Prélèvement opéré sur certaines recettes fiscales en vue d'une action précise des pouvoirs publics. *Fonds routier.* **5.** Fig. Richesse particulière (à qqch). *Le fonds d'une bibliothèque.* – Ensemble de richesses de même provenance. *Le fonds Untel est dans ce musée.* **II.** (Plur.) Somme d'argent. *Fonds secrets.* – Fam. *Être en fonds :* avoir de l'argent.

Fonds monétaire international (F.M.I.), organisme international, dépendant de l'ONU, créé en 1944 (accords de Bretton Woods) pour assurer le fonctionnement du système monétaire (stabilité des changes) et la coopération commerciale entre États.

fondu, ue [fɔ̃dy] adj. et n. **I.** adj. Devenu liquide. *Plomb fondu.* **II. 1.** adj. PEINT *Couleurs fondues,* qui sont mêlées les unes aux autres par des nuances graduées. ▷ n. m. *Le fondu d'un tableau.* **2.** n. m. CINE Apparition ou disparition progressive d'une image. ▷ *Fondu enchaîné :* passage progressif d'une image à une autre. **III.** CUIS **1.** n. f. Mets préparé avec du gruyère fondu dans du vin blanc. ▷ (Québec) *Fondue parmesan :* petit carré fait d'un mélange de parmesan et de sauce béchamel, recouvert de chapelure et frit dans l'huile. **2.** n. m. (Belgique) *Fondu au fromage :* croquette au fromage.

fongible [fɔ̃ʒibl] adj. DR Se dit des choses qui se consomment par l'usage et peuvent être remplacées par d'autres identiques.

fongicide [fɔ̃ʒisid] n. m. et adj. Didac. Pesticide propre à détruire les champignons et les moisissures. – adj. *Produit fongicide.*

fongique [fɔ̃ʒik] adj. Didac. Relatif aux champignons; qui est provoqué par un champignon.

fongus [fɔ̃gys] n. m. MED Tumeur qui a l'aspect d'une éponge ou d'un champignon.

fonio [fonjo] n. m. Céréale (*Digitaria exilis,* fam. graminées) des terres pauvres d'Afrique de l'Ouest, dont les petits grains sont utilisés dans l'alimentation. *Bouillie, couscous de fonio.*

Fonseca (Manuel Deodoro da) (1827 – 1892), général et homme politique brésilien. Après la déposition de Pedro II (1889), il fit proclamer la république, qu'il présida (1890-1891).

fontaine [fɔ̃tɛn] n. f. **1.** Eau vive sortant de terre. *Fontaine jaillissante, intermittente.* **2.** Construction comportant une alimentation en eau et, généralement, un bassin. *Fontaine publique.* **3.** Récipient pour garder l'eau. *Une fontaine de grès.*

Fontaine (Pierre François Léonard) (1762 – 1853), architecte français néoclassique.

Fontainebleau, v. de France, ch.-l. d'arr. de Seine-et-Marne, au centre d'une forêt (16855 ha); 18037 hab. (*Bellifontains*). – Le château fut édifié de 1527 à la fin du XVIe s. et décoré par l'*école de Fontainebleau* (le Rosso, le Primatice, Luca Penni, Antoine Caron, Pierre Bontemps, Nicolo Dell'Abbate) et leurs successeurs franco-flamands. – Le *traité de Fontainebleau,* signé après la première abdication de Napoléon Ier (11 avril 1814), attribuait l'île d'Elbe à l'Empereur et les duchés de Parme et Plaisance à l'impératrice Marie-Louise. – Musée Napoléon Ier.

fontainier [fɔ̃tɛnje] n. m. Technicien spécialisé dans la pose et l'entretien des canalisations de distribution d'eau.

Fontane (Theodor) (1819 – 1898), auteur allemand de romans réalistes : *Dédales* (1887), *Effi Briest* (1895).

fontanelle [fɔ̃tanɛl] n. f. Espace membraneux compris entre les os du crâne du nouveau-né et du nourrisson, qui s'ossifie progressivement.

fonte [fɔ̃t] n. f. **I. 1.** Fait de fondre. *Fonte des neiges.* **2.** TECH Opération consistant à fondre une matière (verre, métal, etc.). **3.** Fabrication d'un objet avec du métal en fusion. *Fonte d'une statue.* **II.** Alliage de fer et de carbone, dont la teneur en carbone est comprise entre 2,5 et 6 %. *L'affinage de la fonte conduit à l'acier.* ▷ Par ext. *Fonte d'aluminium.*

Fontenelle (Bernard Le Bovier de) (1657 – 1757), écrivain français; neveu de P. Corneille. Vulgarisateur scientifique (*Entretiens sur la pluralité des mondes,* 1686), il fut un précurseur des philosophes des Lumières.

Fontenoy, com. de Belgique (Hainaut), sur l'Escaut. – Victoire des Français, commandés par le maréchal de Saxe, sur les Anglais, les Autrichiens, les Hanovriens et les Hollandais (1745).

fontine [fɔ̃tin] n. f. (Aoste) Fromage gras au lait de vache, spécialité du Val d'Aoste.

fonts [fɔ̃] n. m. pl. *Fonts baptismaux* ou *fonts :* cuve qui contient l'eau du baptême. – Loc. fig. *Porter (qqch) sur les fonts baptismaux :* parrainer, participer à la fondation de.

Fontvieille, quartier de l'O. de Monaco où un terre-plein a fait gagner 22 ha sur la mer.

football [futbol] n. m. Jeu opposant deux équipes de onze joueurs, en principe, et consistant à envoyer le ballon dans les buts adverses sans se servir des mains. (Abrév. fam. : foot). ▷ *Football américain* (au Canada, *football* [futbɑl]) : sport dérivant du rugby qui oppose deux équipes de onze joueurs (douze au Canada).

footballeur, euse [futbolœʀ, øz] n. Joueur, joueuse de football.

footing [futiŋ] n. m. (Anglicisme) Promenade sportive à pied.

for [fɔʀ] n. m. *Dans* (ou *en*) *mon* (*ton, son,* etc.) *for intérieur :* au plus profond de moi (toi, soi)-même. *Il le pensa dans son for intérieur, mais n'en souffla mot.*

forage [fɔʀaʒ] n. m. **1.** Action de forer, de creuser. *Plate-forme de forage.* **2.** Endroit où l'on fore. – *Spécial.* Puits de grande profondeur. ▷ Au Sahel, ouvrage hydraulique servant à abreuver les animaux.

forain, aine [fɔʀɛ̃, ɛn] adj. et n. **1.** *Marchand forain,* qui parcourt les foires, les marchés. ▷ Subst. *Les forains.* **2.** Relatif aux foires, aux forains. *Fête foraine.*

Forain (Jean-Louis) (1852 – 1931), peintre, dessinateur et graveur français; chroniqueur satirique de la vie parisienne.

foraminifères [fɔʀaminifɛʀ] n. m. pl. ZOOL Embranchement de protozoaires rhizopodes, actuels et fossiles, des eaux marines et saumâtres, dont le test calcaire comprend plusieurs loges plus ou moins perforées. – Sing. *Un foraminifère.* (V. globigérine, nummulite.)

forastero [fɔʀastеʀо] n. m. Cacaoyer à fèves plates dont il existe plusieurs variétés.

forban [fɔʀbɑ̃] n. m. **1.** MAR Aventurier qui, naviguant sans lettre de marque, était assimilé à un pirate. **2.** *Par ext.* Individu sans scrupules, bandit.

forbir [fɔʀbiʀ] v. tr. [3] (Acadie) Laver en frottant. *Forbir le plancher.*

forçage [fɔʀsaʒ] n. m. HORTIC Ensemble des opérations visant à accélérer le développement d'une plante.

forçant, ante [fɔʀsɑ̃, ɑ̃t] adj. (Québec) Pénible, qui demande beaucoup d'effort. *Un travail forçant.*

forçat [fɔʀsa] n. m. **1.** Condamné aux galères ou aux travaux forcés. – Fig. *Un travail de forçat,* très pénible. **2.** Fig. Homme qui a une vie particulièrement pénible.

force [fɔʀs] n. f. et adv. **I. 1.** PHYS Cause capable de modifier le mouvement d'un corps ou de provoquer sa déformation. *Force d'attraction. Force d'inertie*. Force centrifuge, centripète.* (V. encycl. ci-après.) **2.** Fig. Toute cause provoquant un mouvement, un effet. *Forces occultes.* **II.** Puissance d'action. **1.** Puissance physique. *Un homme d'une force herculéenne.* ▷ *Être dans la force de l'âge,* à l'âge où un adulte est en pleine possession de ses moyens physiques et intellectuels. ▷ *Travailleur de force,* qui doit fournir de gros efforts physiques. – *Tour de force :* V. tour 1, sens II, 1. **2.** Puissance des facultés intellectuelles ou morales. *Une grande force de travail. Force d'âme. Force de caractère.* ▷ *Par ext.* Habileté, talent. *Ces deux joueurs sont de force égale. Être de force, n'être pas de force à :* être, n'être pas capable de. **3.** Pouvoir, intensité d'action d'une chose. *Force d'un poison. Vent de force 5.* – (Abstrait) *La force d'un sentiment. Style qui manque de force.* – Fig. Pouvoir sur l'esprit. *La force d'un argument.* ▷ CHIM *Force d'un acide, d'une base, d'un sel,* leur aptitude à se dissocier en solution. **4.** Autorité. *La force de la chose jugée. Usage qui fait force de loi,* qui a le même pouvoir de contrainte qu'une loi. **5.** Solidité, résistance. *Force d'une digue.* ▷ TECH *Jambes de force :* poutres, perches, etc., inclinées servant à soutenir un appareil, une construction. **III.** Puissance d'un groupe, d'un État, etc.; ce qui contribue à cette puissance. *La force publique.* ▷ *Force de frappe* ou *de dissuasion :* ensemble des moyens (arme nucléaire, notam.) permettant de porter une attaque rapide et puissante contre un adversaire éventuel. ▷ (Plur.) Ensemble des troupes d'un État. *Forces aériennes, navales, terrestres.* ▷ *La force armée :* la troupe, en tant qu'on la requiert pour faire exécuter la loi. – *En force :* en nombre. **IV.** Contrainte et pouvoir de contraindre. – *Cas de force majeure :* contrainte à laquelle on ne peut résister, due à un événement indépendant de la volonté. ▷ *Force m'est de :* je suis obligé de. ▷ Loc. *À toute force :* à tout prix. *Vouloir à toute force faire qqch.* ▷ *De gré ou de force :* volontairement ou par contrainte. **V.** adv. **1.** Vx Beaucoup. *Manger force moutons.* **2.** Loc. prép. *À force de :* grâce à, à cause de beaucoup de. *Il réussit à force de travail.*

ENCYCL **Phys.** – En mécanique* newtonienne (et relativiste), on considère les forces comme des grandeurs vectorielles. Lorsque plusieurs forces ayant un même *point d'application* (sur un corps) se composent, la force qui en résulte, nommée *résultante,* est donnée par le calcul vectoriel. Lorsque le point d'application d'une force se déplace, il en résulte un *travail.* Dans le système international (SI), une force s'exprime en *newtons* (symbole N).

forcé, ée [fɔʀse] adj. **1.** Qui est réalisé sous la contrainte; qui est fait contre la volonté (de qqn). *«Le Mariage forcé», comédie de Molière.* ▷ MILIT *Marche forcée :* V. marche. **2.** Fam. Obligatoire, inévitable. *C'est forcé qu'il le voie.* **3.** Détérioré sous l'action d'une force trop importante. *Serrure forcée.* **4.** Qui manque de naturel, affecté. *Sourire forcé. Style forcé.* **5.** *Culture forcée,* dans laquelle on utilise le forçage.

Force intérimaire des Nations unies au Liban (F.I.N.U.L.), force mise en place en 1978, après que l'armée israélienne eut occupé le sud du Liban, pour séparer les Palestiniens et les Israéliens et maintenir la paix.

forcément [fɔʀsemɑ̃] adv. Nécessairement, inévitablement.

forcené, ée [fɔʀsəne] adj. et n. **1.** Emporté par la rage, hors de soi. ▷ Subst. *Se débattre comme un forcené.* **2.** Qui marque une ardeur furieuse, obstinée. *Une lutte forcenée.* Syn. acharné, enragé.

forceps [fɔʀsеps] n. m. OBSTETR Instrument formé de deux branches séparables (cuillers) servant à saisir la tête de l'enfant, en cas d'accouchement difficile.

forcer [fɔʀse] v. [12] **I.** v. tr. **1.** Prendre, faire céder par force. *Forcer des obstacles. Forcer une porte.* – Fig. *Forcer la porte de qqn,* entrer chez lui malgré lui. **2.** Contraindre, obliger. *Forcer un enfant à manger.* – Par anal. *Forcer la main à qqn,* l'obliger à agir contre son gré. – *Forcer le respect, l'admiration :* obliger au respect, à l'admiration. **3.** Pousser au-delà de ses limites, de ses forces naturelles. *Forcer un cheval,* le faire galoper trop vite. – *Forcer une plante,* en hâter la végétation. **4.** Outrepasser (ce qui est normal, permis). – *Forcer la dose :* l'augmenter exagérément; fig., fam. exagérer. **5.** Dénaturer, altérer. *Forcer le sens d'un mot.* **II.** v. intr. **1.** (Choses) Supporter, fournir un effort excessif. *Charnière qui force.* **2.** SPORT Fournir un gros effort physique. ▷ Cour., fam. Fournir un effort, se fatiguer. *Ça va, vous ne forcez pas trop?* **3.** Fam. *Forcer sur :* abuser de. *Il a tendance à forcer sur l'alcool.* **III.** v. pron. Faire effort sur soi-même, se contraindre. *Je me suis forcé à l'avaler.*

Forces libanaises, milice chrétienne fondée en 1976. Constituées par les combattants des Phalanges* libanaises et de partis chrétiens conservateurs, elles furent dissoutes par le gouv. libanais en mars 1994.

forcing [fɔʀsiŋ] n. m. (Anglicisme) Augmentation de l'intensité de l'effort au cours d'une épreuve sportive. – *Faire le forcing :* accentuer ses efforts pour l'emporter rapidement sur son (ses) adversaire(s) ou, fig., fam. pour en avoir vite terminé avec une tâche.

forcir [fɔʀsiʀ] v. intr. [3] (Choses) Augmenter de force, d'intensité. *Vent qui forcit.*

Forclaz (col de la), col des Alpes valaisannes (1 523 m d'alt.), entre Martigny (Suisse) et Chamonix (France).

forclore [fɔʀklɔʀ] v. tr. [79] (Seulement à l'inf. et au pp.) DR Débouter, exclure d'un acte, d'un droit en raison de l'expiration du délai imparti. *Se laisser forclore. Être forclos.*

forclusion [fɔʀklyzjɔ̃] n. f. **1.** DR Péremption d'un droit non exercé dans le délai imparti. **2.** PSYCHAN Mécanisme de défense propre à la psychose, consistant en un rejet d'une représentation insupportable qui n'est pas intégrée à l'inconscient et fait retour au réel en particulier sous forme d'hallucination.

Ford (John) (1586 – v. 1639), dramaturge anglais; l'un des maîtres du théâtre élisabéthain : *Dommage qu'elle soit une putain* (1626), *Sacrifice d'amour* (1630).

Ford (Henry) (1863 – 1947), industriel américain. Fondateur de la Ford Motor Company (1903), il inventa la production en série des automobiles.

Ford (Sean O'Fearna, dit John) (1895 – 1973), cinéaste américain. Il donna la primauté à l'action : *le Mouchard* (1935), *la Chevauchée fantastique* (1939), *les Raisins de la colère* (1940), *Qu'elle était verte ma vallée* (1941), *la Poursuite infernale* (1946), *l'Homme tranquille* (1952), *L'homme qui tua Liberty Valance* (1962).

Ford (Gerald) (né en 1913), homme politique américain; vice-président (républicain) de Nixon (1973), président après la démission de celui-ci (août 1974), vaincu par J. Carter en 1976.

Ford (Gwyllyn Ford, dit Glenn) (né en 1916), acteur de cinéma américain d'origine canadienne : *Gilda* (1946), *Graine de violence* (1954), *3 h 10 pour Yuma* (1957).

Forel (François Alphonse) (1841 – 1912), médecin et naturaliste suisse. Professeur de physiologie, puis d'anatomie à l'université de Lausanne, il est connu pour ses travaux sur les lacs : *Léman, monographie limnologique* (1892-1904). — **Auguste** (1848 – 1931), cousin du préc., psychiatre et naturaliste suisse : *le Monde social des fourmis du globe comparé à celui des hommes* (1921-1923).

forer [fɔʀe] v. tr. [1] **1.** Percer à l'aide d'un outil animé d'un mouvement de rotation. *Forer un canon.* ▷ *Clé forée,* dont la tige est percée. **2.** Creuser. *Forer un puits de pétrole.*

foresterie [fɔʀɛstəʀi] n. f. Didac. Ensemble des activités concernant les forêts.

forestier, ère [fɔʀɛstje, ɛʀ] adj. et n. **1.** adj. Relatif aux forêts. *Code forestier. Chemin forestier.* **2.** n. (Afr. subsah.) Habitant des zones de forêt. – *Spécial.* Dans la rép. dém. du Congo, personne originaire de la région de l'Équateur. ▷ Péjor. Sauvage. **3.** n. Personne qui a une fonction dans l'administration forestière; garde forestier. ▷ adj. (Québec) *Ingénieur forestier,* spécialisé en foresterie. **4.** n. m. (Afr. subsah.) Exploitant forestier.

foret [fɔʀɛ] n. m. Outil servant à forer.

forêt [fɔʀɛ] n. f. **1.** Grande étendue plantée d'arbres; l'ensemble des arbres qui croissent sur cette étendue. *Forêt de conifères, de feuillus.* Syn. (Louisiane) bois. – *Forêt-galerie :* forêt des pays chauds et arides constituée d'arbres très rapprochés qui forment une sorte de galerie le long des cours d'eau. – *Fo-*

rêt dense : forêt équatoriale superposant plusieurs étages de végétation. – *Forêt vierge,* qui n'a pas été modifiée par l'homme. – *Forêt sempervirente,* aux arbres toujours verts. ▷ *Forêt sacrée :* V. bois* sacré. **2.** Fig. Grande quantité de longs objets disposés verticalement. *Une forêt de lances.*

Forêt-Noire (en all. *Schwarzwald*), massif hercynien du S. de l'Allemagne (Bade) qui formait avec les Vosges un ensemble dont la partie centrale s'effondra au tertiaire (fossé rhénan). Malgré son climat assez rude, une pop. nombreuse vit du tourisme et de l'industrie dans les vallées du Sud.

foreur [fɔʀœʀ] n. m. Ouvrier qui fore.

foreuse [fɔʀøz] n. f. MINES, TECH Machine qui sert à forer.

Forez (le), région franç., dans le Massif central, formée, à l'O., des *monts du Forez* (1 640 m à Pierre-sur-Haute) et, à l'E., du *bassin du Forez.*

1. forfait [fɔʀfɛ] n. m. Litt. Crime abominable. *Commettre un forfait.*

2. forfait [fɔʀfɛ] n. m. **1.** Convention par laquelle on s'engage à fournir une marchandise, un service, pour un prix invariable fixé à l'avance. *Traiter, vendre à forfait.* **2.** Régime fiscal particulier qui permet d'être imposé sur un revenu évalué par accord entre le contribuable et le fisc.

3. forfait [fɔʀfɛ] n. m. TURF Somme que le propriétaire d'un cheval engagé dans une course doit payer s'il ne le fait pas courir. ▷ SPORT *Déclarer forfait :* se retirer avant l'épreuve. – Fig. Renoncer à poursuivre une entreprise.

forfaitaire [fɔʀfɛtɛʀ] adj. Qui se conclut à forfait. *Prix forfaitaire.*

forfaiture [fɔʀfɛtyʀ] n. f. DR Crime commis par un fonctionnaire public dans l'exercice de ses fonctions.

forfanterie [fɔʀfɑ̃tʀi] n. f. Vantardise, hâblerie.

forficule [fɔʀfikyl] n. f. ENTOM Insecte (ordre des dermaptères) à élytres courts et dont l'abdomen se termine par une forte pince. Syn. perce-oreille.

forge [fɔʀʒ] n. f. **1.** Atelier ou établissement industriel où l'on produit, où l'on travaille le métal, spécial. le fer. **2.** Fourneau où l'on chauffe le métal à travailler. *Soufflet de forge.*

forgeage [fɔʀʒaʒ] n. m. Action de forger.

forger [fɔʀʒe] v. tr. [**13**] **1.** Mettre en forme une pièce métallique, généralement à chaud, par martelage (au marteau, à la presse, au marteau-pilon). – Pp. adj. *Fer forgé.* ▷ Prov. *C'est en forgeant qu'on devient forgeron :* on n'apprend bien qu'en s'exerçant. **2.** Fig. Inventer, fabriquer. *Forger un mot.* ▷ *Forger un caractère,* le fortifier par des épreuves.

forgeron, onne [fɔʀʒəʀɔ̃, ɔn] n. **1.** n. m. Ouvrier qui chauffe le fer à la forge et le travaille au marteau. **2.** n. (Afr. subsah.) Dans certaines ethnies, membre d'une sous-caste d'artisans dont le métier traditionnel est le travail du fer.

forint [fɔʀint] n. m. Unité monétaire de Hongrie.

formage [fɔʀmaʒ] n. m. TECH Mise en forme d'un objet (par martelage, emboutissage, forgeage, etc.).

formalisable [fɔʀmalizabl] adj. Didac. Qui peut être formalisé.

formalisation [fɔʀmalizasjɔ̃] n. f. Didac. Opération qui consiste à formaliser, à mettre sous forme de signes logiques ou mathématiques rigoureusement définis (une axiomatique, un énoncé, etc.).

formaliser [fɔʀmalize] v. [**1**] **1.** v. tr. Didac. Donner un caractère formel à (un énoncé, un système, une théorie). *Formaliser un langage.* **2.** v. pron. S'offusquer d'un manque de respect des formes, des convenances.

formalisme [fɔʀmalism] n. m. **1.** Attachement excessif aux formes, aux formalités. **2.** PHILO Système métaphysique selon lequel l'expérience est soumise à des conditions universelles a priori. *Formalisme kantien.* **3.** MATH, LOG Développement de systèmes formels. **4.** BX-A, LITTER Recherche de la beauté formelle. *Le formalisme de la doctrine de «l'art pour l'art».* – Théorie qui privilégie la forme au détriment du réalisme. **5.** Technique d'étude littéraire (née en Russie sous l'impulsion de Vladimir Iakovlevitch Propp, 1895-1970, auteur de la *Morphologie du conte,* 1928) qui consiste à définir dans les œuvres littéraires certaines formes fixes, leurs modifications et leurs modes de combinaison. (Ainsi, dans certains contes, le méchant pourra prendre diverses formes, de même que le combat, la rencontre, etc.)

formaliste [fɔʀmalist] adj. (et n.) **1.** Qui s'attache scrupuleusement aux formes. *Justice formaliste.* ▷ *Par ext.* Péjor. Cérémonieux, protocolaire. **2.** Didac. Relatif au formalisme, qui est partisan du formalisme (sens 4 et 5). ▷ Subst. *Les formalistes russes :* V. formalisme (sens 5).

formalité [fɔʀmalite] n. f. **1.** (Souvent au plur.) Formule prescrite ou consacrée; procédure obligatoire. *Remplir les formalités requises.* **2.** Règle de l'étiquette; acte de civilité. *Les formalités d'usage.* **3.** Acte auquel on attache peu d'importance ou qui ne présente aucune difficulté. *Pour un garçon comme lui, le bac n'est qu'une formalité.*

Forman (Miloš), (né en 1932), cinéaste tchécoslovaque : *les Amours d'une blonde* (1965). Aux É.-U. : *Vol au-dessus d'un nid de coucou* (1975), *Amadeus* (1984).

format [fɔʀma] n. m. **1.** Ensemble des dimensions d'un ouvrage imprimé. *Format in-octavo.* **2.** Dimension d'une feuille de papier. *Format carré.* **3.** *Par ext.* Dimension, taille. *Grand, petit format.* **4.** Largeur d'un film, exprimée en millimètres. **5.** INFORM Modèle qui définit la présentation des informations au sein d'un ordinateur; leur disposition.

formater [fɔʀmate] v. tr. [**1**] INFORM Soumettre des informations à un format*.

formateur, trice [fɔʀmatœʀ, tʀis] adj. et n. Qui forme. *Des expériences formatrices.* ▷ Subst. Personne chargée d'assurer une formation (sens 2). *C'est un excellent formateur.*

formatif, ive [fɔʀmatif, iv] adj. DIDAC Qui sert à former. – *Élément formatif,* qui forme un mot.

formation [fɔʀmasjɔ̃] n. f. **1.** Action de former, de se former; son résultat. *Formation d'un abcès.* **2.** Action d'instruire, d'éduquer; son résultat. *Formation professionnelle.* – *Formation permanente* ou *continue :* formation complémentaire dispensée aux salariés en activité. **3.** BOT *Formation végétale :* groupement de végétaux dont la physionomie caractéristique est due à des conditions spécifiques (sol, climat, etc.). **4.** GEOL Nature, origine d'une couche de terrain. *Formation quaternaire.* – Cette couche. *Formation fluviale.* **5.** MILIT Ensemble des éléments constituant une troupe, une escadre. – Mouvement exécuté par un corps de troupe qui se dispose d'une manière particulière. *Formation en carré.* **6.** Groupe, parti. **7.** Puberté.

forme [fɔʀm] n. f. **I.** État sous lequel nous percevons une chose. **1.** Figure extérieure, configuration des choses. *La Terre a presque une forme sphérique.* ▷ GEOM Configuration extérieure d'une surface. **2.** Contour d'un objet ou du corps d'une personne. *La forme d'une table.* ▷ *Absol.* (Plur.) *Les formes :* le contour du corps humain (surtout en parlant des femmes). *Cette robe dessine les formes.* **3.** Chacun des différents aspects qu'une chose abstraite peut présenter. *Aimer la musique sous toutes ses formes.* – *En forme de :* avec les apparences, l'aspect de. – *Prendre forme :* commencer à avoir une apparence reconnaissable. **4.** GRAM Variante d'une entité grammaticale ou de la construction d'un énoncé. *Forme interrogative. Forme du masculin singulier.* **5.** Constitution d'une chose, manière dont elle est organisée. *Poème à forme fixe.* **6.** Manière d'exprimer, de présenter qqch. *La forme et le fond. Vice de forme.* ▷ DR *Formes judiciaires,* par oppos. au *fond* d'un procès. ▷ Loc. *En forme, en bonne forme, en bonne et due forme :* toutes les règles de présentation étant observées. *Mettre un texte en forme.* – *Pour la forme :* pour se conformer aux usages. **7.** (Plur.) Manières polies, conformes aux usages. *Faire une demande en y mettant les formes.* **8.** Loc. *Être en forme, en pleine forme,* en bonne condition physique, intellectuelle ou morale. **II. 1.** TECH Gabarit, moule qui sert à former certains objets. *Forme de cordonnier.* **2.** CONSTR Couche préparatoire destinée à recevoir un revêtement, une chape. **3.** MAR Bassin de construction ou de réparation. *Forme de radoub.* **4.** VETER Tumeur osseuse qui se développe sur la phalange du cheval. **III. 1.** PHILO Idée, essence, modèle et principe d'action, dans la tradition issue de l'Antiquité. ▷ Figure, portion d'espace limitée par les contours de l'objet, chez Descartes, qui identifie la matière à l'étendue (*res extensa :* «chose étendue») ▷ *Formes a priori :* pour Kant, cadres de notre sensibilité qui rendent possible l'intuition sensible (la sensation donnant la matière qui «remplira» ces formes). *Le temps et l'espace sont des formes a priori.* **2.** PSYCHO *Théorie* ou *psychologie de la forme* (en all. *Gestalttheorie*), ou *gestaltisme,* qui voit dans la forme une structure organique (notes d'une mélodie, figure géométrique, etc.) s'individualisant dans un champ perceptif.

formé, ée [fɔʀme] adj. Qui a pris sa forme; qui a atteint sa maturité. – Qui a reçu une formation.

formel, elle [fɔʀmɛl] adj. **1.** Qui ne peut être discuté. *Ordre, démenti formel.* Syn. exprès. Ant. ambigu, équivoque. **2.** Relatif à la forme. *Beauté formelle.* ▷ PHILO Qui concerne la forme, qui a une réalité actuelle (opposé à *virtuel,* à *matériel*). – *Cause formelle :* ce qui constitue l'essence*. ▷ *Logique formelle,* qui opère sur des formes de raisonnement, indépendamment du contenu de ceux-ci. *Langages formels.*

formellement [fɔʀmɛlmɑ̃] adv. En termes exprès. *C'est formellement interdit de marcher sur la pelouse.*

former [fɔʀme] v. [1] **I.** v. tr. **1.** Donner l'être et la forme à. *Dieu forma l'homme à son image.* **2.** Tracer, façonner. *Former des lettres.* **3.** Arranger les éléments de (un ensemble). *Le Premier ministre forme le gouvernement.* **4.** Fig. Concevoir. *Former l'idée de...* **5.** Constituer, faire partie de. *Nous formons une famille très unie.* **6.** Instruire, éduquer. *Former des soldats. Former le caractère.* **II.** v. pron. **1.** Se constituer, se créer. *L'orage se forme.* **2.** S'instruire, acquérir un certain savoir, une certaine expérience. *Il s'est formé à l'école de la vie.* **3.** MILIT Prendre telle ou telle formation (troupes). *Se former en carré.*

formica [fɔʀmika] n. m. (Nom déposé.) Matériau stratifié recouvert de résine artificielle.

formidable [fɔʀmidabl] adj. **1.** Vx ou litt. Qui inspire la crainte, l'effroi. *L'aspect formidable d'une armée en marche.* **2.** Important, considérable. *Un déploiement formidable de moyens.* **3.** Fam. (Sens atténué.) Qui inspire l'admiration; remarquable. *Un type formidable.*

formidablement [fɔʀmidabləmɑ̃] adv. Fam. Extrêmement.

formique [fɔʀmik] adj. CHIM *Acide formique :* acide de formule H–COOH, sécrété notam. par les fourmis.

formol [fɔʀmɔl] n. m. Solution aqueuse de l'aldéhyde formique, utilisée en partic. pour ses propriétés désinfectantes et dans la fabrication des colles.

Formose, nom donné par les Occidentaux à l'île de Taiwan (en portug. *Formosa :* «la Belle»). V. Taiwan.

formulable [fɔʀmylabl] adj. Qui peut être formulé.

formulaire [fɔʀmylɛʀ] n. m. **1.** Recueil de formules. *Formulaires de notaires.* **2.** Imprimé comportant des questions auxquelles les intéressés doivent répondre.

formulation [fɔʀmylasjɔ̃] n. f. Action de formuler; manière dont qqch est exprimé. *Une formulation maladroite.*

formule [fɔʀmyl] n. f. **I. 1.** DR Modèle contenant les termes exprès et formels dans lesquels un acte doit être rédigé. **2.** Façon de s'exprimer, parole, consacrée par l'usage social. *Formule de politesse.* **3.** Suite de mots qui, dans certaines pratiques magico-religieuses, est censée être chargée de tel pouvoir, de telle vertu propitiatoire, etc. *Formule rituelle.* **4.** Phrase précise, concise, qui dit beaucoup en peu de mots. *Une heureuse formule.* **II.** Écriture symbolique représentant des relations, des opérations sur des grandeurs, etc. *En physique, en astronomie, en mécanique, une formule peut exprimer une loi.* – *Formule chimique,* indiquant la composition élémentaire d'un corps composé. – *Formule algébrique :* expression qui permet de calculer la solution d'un problème. – *Formule sanguine :* V. sang. – *Formule chromosomique :* caryotype. **III.** Façon d'agir, mode d'action. *Curieuse formule pour réussir.* **IV.** Document imprimé comportant des espaces laissés en blanc que l'on doit compléter. **V.** SPORT Catégorie de voitures de course.

formuler [fɔʀmyle] v. tr. [1] **1.** DR Rédiger dans la forme requise. *Formuler un jugement.* **2.** MATH Exprimer au moyen de formules. *Formuler un problème.* **3.** Exprimer. *Formuler une réclamation. Formuler un vœu.*

fornication [fɔʀnikasjɔ̃] n. f. RELIG Péché de la chair. (V. chair, sens II, 2.)

forniquer [fɔʀnike] v. intr. [1] RELIG Commettre le péché de fornication.

Forpronu, acronyme pour *Force de protection des Nations unies,* créée en fév. 1992 pour faire respecter le cessez-le-feu entre les forces croates et yougoslaves (essentiellement serbes), et qui joua ensuite un rôle analogue en Bosnie.

Forster (Edward Morgan) (1879 – 1970), romancier anglais : *Avec vue sur l'Arno* (1908), *Maurice* (1914), *Route des Indes* (1924).

1. fort, forte [fɔʀ, fɔʀt] adj. **I.** (Personnes) **1.** Qui a de la force physique. *Homme grand et fort.* – Loc. *Fort comme un Turc :* très fort. **2.** *Par euph.* Qui a de l'embonpoint. *Une dame un peu forte.* **3.** Qui a des capacités intellectuelles, des connaissances. *Être fort en maths.* – Subst. *Un(e) fort(e) en thème*.* **4.** Qui a de la résistance morale. *Être fort devant l'adversité.* Syn. ferme. **5.** (En loc.) *Se faire fort de :* s'estimer capable de. – *Forte tête :* personne qui résiste obstinément à toute influence. – *Esprit fort :* personne qui refuse toute croyance religieuse. **II.** (Choses) **1.** Solide, résistant. *Carton fort. Colle forte.* **2.** Capable de résister aux attaques. *Ville forte. Château fort.* **3.** Plus important que la moyenne en intensité, en quantité. *Un fort vent. Une forte somme. Payer le prix fort,* maximal. ▷ (Abstrait) *Une forte envie. À plus forte raison :* avec d'autant plus de raisons. ▷ *Temps fort :* en musique, temps d'une mesure sur lequel porte l'accent; fig. moment d'une grande intensité (au cours d'une action, d'un spectacle). **4.** Qui est difficile, en parlant d'une action. – Fam. Exagéré, difficile à admettre. *Ça, c'est un peu fort! C'est fort de café!* **5.** Qui impressionne vivement le goût, l'odorat. *Moutarde forte. Café fort.* **6.** Qui agit efficacement. *Un remède fort.* ▷ CHIM *Acide fort, base forte,* capable de se dissocier complètement en solution. ▷ PHYS NUCL *Liaison forte :* liaison due aux forces nucléaires, caractéristique des mésons et des baryons. – *Interaction forte :* interaction* attractive qui s'exerce notam. entre les particules constituant le noyau de l'atome.

2. fort [fɔʀ] adv. **1.** Avec énergie, intensité. *Frappez fort. Parler fort.* **2.** Litt. Très. *Vous êtes fort aimable.* – Beaucoup. *Elle lui plaît fort.*

3. fort [fɔʀ] n. m. **I. 1.** Celui qui a la force, la puissance. *Le fort et le faible.* – Prov. *La raison du plus fort est toujours la meilleure (La Fontaine)* : le plus fort impose toujours sa façon de voir. **2.** (Après un possessif.) Domaine où qqn excelle. *Le français n'est pas son fort.* **3.** (Québec) Fam. Boisson très alcoolisée. *Aimer le fort.* **II.** Ouvrage militaire puissamment armé et défendu.

Fort (Paul) (1872 – 1960), poète français, «Prince des poètes» de 1912 à sa mort.

Fortaleza, v. et port du N.-E. du Brésil; capitale de l'État de Ceará; 1588710 hab. Industries. Université. Tourisme.

Fort-de-France, ch.-l. de la Martinique (France), sur la baie du m. nom; 101540 hab. Centre admin. Import. port de comm. et de voyageurs. Aéroport. – Archevêché. – Industries.

forte [fɔʀte] adv. MUS Fort, en renforçant l'intensité du son.

fortement [fɔʀtəmɑ̃] adv. **1.** Avec force. *Tenir fortement.* **2.** Fig. Avec intensité. *Désirer fortement qqch.* **3.** *Par ext.* Beaucoup. *Une histoire qui ressemble fortement à une escroquerie.*

forteresse [fɔʀtəʀɛs] n. f. **1.** Ouvrage fortifié protégeant une étendue de territoire. **2.** Fig. Ce qui est inaccessible aux influences extérieures. *La forteresse des traditions.*

Fort-Gouraud. V. F'Derick.

fortiche [fɔʀtiʃ] adj. Fam. Fort, vigoureux. – Fig. Compétent, astucieux.

fortifiant, ante [fɔʀtifjɑ̃, ɑ̃t] adj. et n. m. Qui donne des forces. *Sirop, aliment fortifiant.* ▷ n. m. Médicament, aliment fortifiant. *Prendre un fortifiant.*

fortification [fɔʀtifikasjɔ̃] n. f. Action de fortifier un lieu. ▷ (Souv. au plur.) Ensemble d'ouvrages destinés à défendre une ville, un point stratégique.

fortifier [fɔʀtifje] v. [2] **I.** v. tr. **1.** Donner plus de force à. *Fortifier le corps et l'âme.* **2.** Rendre plus fort, plus assuré. *Son attitude fortifie mes soupçons.* Syn. renforcer. **3.** Entourer d'ouvrages défensifs. – Pp. *Ville fortifiée.* **II.** v. pron. **1.** Devenir plus fort. **2.** Se protéger par des fortifications.

fortin [fɔʀtɛ̃] n. m. Petit ouvrage fortifié. Syn. (Maghreb) ribat.

fortissimo [fɔʀtisimo] adv. MUS Très fort.

Fort Knox, camp militaire des É.-U. (Kentucky) où un fort, construit en 1936, abrite la réserve d'or nationale.

Fort-Lamy. V. N'Djamena.

fortran [fɔʀtʀɑ̃] n. m. INFORM Langage de programmation surtout destiné à la formulation scientifique ou technique.

fortuit, uite [fɔʀtɥi, ɥit] adj. Qui arrive par hasard, de manière imprévue. *Rencontre fortuite.*

fortuitement [fɔʀtɥitmɑ̃] adv. De façon fortuite, par hasard.

fortune [fɔʀtyn] n. f. **I. 1.** Litt. Puissance qui est censée décider du bonheur ou du malheur des humains. *Les caprices de la fortune.* – MYTH (Avec une capitale.) Divinité des Anciens souvent représentée sous les traits d'une femme aux yeux bandés tenant une corne d'abondance. **2.** Événement heureux ou malheureux dépendant du hasard. – *Une bonne fortune :* une aventure galante. – Loc. *Faire contre mauvaise fortune bon cœur :* accepter sans se plaindre un événement désagréable. ▷ *Tenter, chercher fortune :* chercher les occasions qui peuvent procurer ce que l'on désire. ▷ *Inviter à la fortune du pot :* inviter à un repas sans apprêts. ▷ *De fortune :* improvisé. *Utiliser des moyens de fortune.* **3.** Litt. Chance favorable. *J'ai eu la fortune de le rencontrer.* **4.** Litt. Destinée. *Il connut une fortune brillante.* **5.** Litt. Position sociale élevée. *Parvenir à une haute fortune.* – Cour. *Revers* de fortune.* **II. 1.** Ensemble des biens que possède une personne, une collectivité. **2.** Grande richesse. *Avoir de la fortune. Faire fortune :* devenir très riche.

fortuné, ée [fɔʀtyne] adj. **1.** Litt. Favorisé par la chance. **2.** Qui a de la fortune, riche. *Personne fortunée.*

forum [fɔʀɔm] n. m. **1.** (Parfois considéré comme inv.) ANTIQ ROM Place où pouvaient se tenir un marché, une assemblée du peuple, un tribunal. **2.** Mod. Place réservée aux piétons, entourée d'équipements, de commerces. *Le Forum des Halles, à Paris.* **3.** Réunion avec débat autour d'un thème. *Un fo-*

rum sur la condition féminine en France. Syn. colloque.

Foscolo (Ugo) (1778 – 1827), poète italien, romantique et patriote : *les Tombeaux* (1807); *Dernières Lettres de Iacopo Ortis* (1802 et 1816), roman qui inspira les partisans du Risorgimento.

fossa [fusa] ou **fouche** [fuʃ] n. m. ZOOL Le plus grand des carnivores malgaches *(Cryptoprocta ferox),* voisin des mangoustes (fam. viverridés). Syn. cryptoprocte.

fosse [fos] n. f. **1.** Excavation généralement profonde, creusée par l'homme. *Creuser une fosse.* **2.** Trou creusé pour enterrer un mort. *Fosse commune,* où sont inhumés plusieurs cadavres. **3.** GEOL *Fosse océanique :* dépression du fond de l'océan, étroite, allongée, aux parois très abruptes et de grande profondeur. **4.** ANAT Cavité ou dépression de certaines parties de l'organisme. *Fosses nasales.* **5.** *Fosse d'orchestre :* dans un théâtre, partie en contrebas de la scène et de la salle, où se tient l'orchestre. **6.** MIN Dans une houillère, puits d'extraction; installation aménagée pour le chargement.

fossé [fose] n. m. **1.** Cavité creusée en long pour limiter un terrain, pour faire écouler les eaux, pour défendre une citadelle, etc. **2.** Fig. Ce qui sépare profondément des personnes. *Il y a un fossé entre nous.* **3.** GEOMORPH *Fossé d'effondrement :* dépression tectonique longue et étroite correspondant au compartiment affaissé d'un champ de failles. *La plaine d'Alsace est un fossé d'effondrement.* Syn. limagne, graben.

fossette [fosɛt] n. f. Petit creux du menton, des joues de certaines personnes. *Sourire à fossettes.*

fossile [fɔsil] n. m. et adj. **1.** PALEONT Restes, ou empreinte, d'un être vivant dont l'espèce a disparu, dans une roche sédimentaire ou très peu métamorphisée. – *Fossile vivant :* être vivant dont l'organisation est proche de celle des fossiles du même groupe. ▷ adj. *Des animaux, des végétaux fossiles.* **2.** Fig., fam., péjor. Personne aux idées désuètes. *Quel vieux fossile!*

fossilisation [fɔsilizasjɔ̃] n. f. PALEONT Passage d'un corps organisé à l'état de fossile avec conservation des seules parties dures.

fossiliser [fɔsilize] v. tr. [1] Amener à l'état de fossile. ▷ v. pron. Devenir fossile. ▷ Pp. adj. *Fougères fossilisées.* – Fig., fam., péjor. *Un bureaucrate fossilisé.*

fossoyeur [foswajœʀ] n. m. Celui qui creuse les fosses pour enterrer les morts. ▷ Fig., litt. Personne qui travaille à la ruine de qqch. *Les fossoyeurs de la République.*

1. fou [fu] ou **fol** [fɔl] (devant voyelle ou *h* non aspiré), **folle** [fɔl] adj. et n. **I.** adj. **1.** (Ce mot est remplacé dans le vocabulaire médical par *malade mental.*) Qui présente des troubles mentaux. *Fou à lier. Fou furieux.* **2.** Qui paraît déraisonnable dans son comportement. *Il est fou d'agir ainsi.* – (Québec) *Avoir l'air fou :* avoir l'air ridicule. **3.** Qui est hors de son état normal. *Fou de joie, de colère.* ▷ Fig. *Être fou de :* aimer passionnément. *Il est fou de sport. Elle est folle de lui.* **4.** (Choses) Qui est l'indice de la folie. *Un regard fou.* ▷ Contraire à la raison, à la prudence. *Un fol amour. Une tentative folle.* ▷ Immodéré. *Une folle gaieté. Une course folle. Un fou rire,* qu'on ne peut maîtriser. **5.** Qui a un mouvement imprévisible et désordonné. – *Herbes folles,* qui croissent en tous sens. ▷ TECH Se dit d'une poulie, d'une roue qui tourne autour d'un axe, sans en être solidaire. **6.** Fam. Considérable. *Un monde fou. Un succès fou.* **II.** n. **1.** Personne atteinte de démence. – *Histoire de fou(s) :* aventure absurde. – (Québec) fam. *Jouer au fou* (avec qqn), le rendre ridicule. ▷ n. f. Fam., péjor. Homme homosexuel au comportement féminin maniéré. **2.** Personne qui fait des extravagances, pour s'amuser, pour faire rire. *Ne faites pas les fous.* – Prov. *Plus on est de fous, plus on rit.* ▷ Loc. fam. (Québec) *Lâcher son fou :* se défouler. **3.** n. m. Bouffon, autref. attaché à la personne des rois. ▷ JEU Pièce du jeu d'échecs se déplaçant selon les diagonales.

2. fou [fu] n. m. Oiseau pélécaniforme (genre *Sula*) à bec fort et pointu. (Le *fou de Bassan* ou (Acadie) le *margau, Sula bassana,* niche sur les îlots proches des côtes de l'Atlantique Nord.)

fouace [fwas] n. f. (France rég.) **1.** Pâtisserie régionale rustique (brioche ou génoise) à l'eau de fleur d'oranger. **2.** Syn. de *fougasse* (sens 2).

Fouad Ier ou **Fu'ad Ier** *(Fu'ād)* (1868 – 1936), sultan (1917) puis roi d'Égypte (1922). Formé en Suisse et en Italie, il fonda l'Université égyptienne.

foucade [fukad] n. f. Vx ou litt. Élan subit et passager, caprice.

Foucauld (Charles Eugène, vicomte de, puis le père de) (1858 – 1916), explorateur puis religieux français. Il fut ordonné prêtre (1901), puis vécut avec les Touareg du Hoggar (1905). Des pillards le tuèrent.

Foucault (Jean Bernard Léon) (1819 – 1868), physicien français. Il mesura la vitesse de la lumière (à l'aide d'un miroir tournant), inventa le gyroscope et réalisa, à l'aide d'un pendule, une expérience démontrant la rotation de la Terre.

Foucault (Michel) (1926 – 1984), philosophe français : *Histoire de la folie à l'âge classique* (1961), *les Mots et les Choses* (1966), *Surveiller et punir* (1975), *Histoire de la sexualité* (3 vol., 1976-1984).

fouche [fuʃ] n. m. V. fossa.

Fouché (Joseph), duc d'Otrante (1759 – 1820), homme politique français. Député à la Convention (Montagne), il réprima l'insurrection de Lyon (1793). Il fut ministre de la Police sous le Directoire et de 1804 à 1810. Rallié à la Restauration (1814), il fut banni en 1815 et se retira, richissime, à Trieste, où il écrivit ses *Mémoires.*

Foucquet. V. Fouquet.

foudre [fudʀ] n. **I.** n. f. **1.** Décharge électrique intense qui se produit par temps d'orage, accompagnée d'un éclair et d'une violente détonation (tonnerre). – (Afr. subsah.) *Pierre à* ou *de foudre :* hache néolithique de pierre polie (sud du Togo et du Bénin) utilisée dans certains rituels. ▷ Fig. *Coup de foudre :* amour subit et immédiat pour qqn. – Par ext. *Acheter un meuble ancien sur un coup de foudre.* **2.** (Plur.) *Les foudres de :* le courroux de. *Encourir les foudres du pouvoir.* **II.** n. m. Iron. *Un foudre de guerre :* un redoutable combattant.

foudroiement [fudʀwamɑ̃] n. m. Litt. Action de foudroyer; fait d'être foudroyé.

foudroyant, ante [fudʀwajɑ̃, ɑ̃t] adj. **1.** Qui frappe avec la brutalité et la violence de la foudre. *Apoplexie foudroyante.* **2.** Qui a la soudaineté et la rapidité de la foudre. *Succès foudroyant.* **3.** Par métaph. *Regards foudroyants.*

foudroyer [fudʀwaje] v. tr. [23] **1.** Frapper de la foudre. *Zeus foudroya les Titans.* ▷ Fig. *Foudroyer qqn du regard.* **2.** Tuer soudainement, terrasser. *Une crise cardiaque l'a foudroyé.*

fouet [fwɛ] n. m. **1.** Instrument formé d'une corde (ou de lanières de cuir tressées), attachée au bout d'un manche. *Le cocher fit claquer son fouet pour exciter les chevaux. Cingler qqn d'un coup de fouet.* **2.** Châtiment donné avec le fouet ou avec des verges. *Donner le fouet à un prisonnier.* **3.** Fig. *Coup de fouet :* stimulation vigoureuse et instantanée. *Cette potion leur a donné un coup de fouet.* ▷ MED *Coup de fouet :* douleur vive et subite due à une déchirure musculaire. **4.** Loc. *De plein fouet :* directement sur l'obstacle ou l'objectif, perpendiculairement à lui. *Tir de plein fouet.* – *Collision de plein fouet,* de face et très violente. **5.** CUIS Ustensile qui sert à battre les œufs et les sauces. **6.** ZOOL Segment terminal de l'aile des oiseaux. ▷ Queue d'un chien.

fouettard, arde [fwɛtaʀ, aʀd] adj. Loc. fam. *Père fouettard :* personnage imaginaire, armé d'un fouet, dont on menaçait les enfants.

fouette-queue [fwɛtkø] n. m. Nom cour. de l'uromastix. *Des fouette-queues.*

fouetter [fwɛte] v. tr. [1] **1.** Donner le fouet, des coups de fouet à. ▷ Loc. fam. *Il n'y a pas de quoi fouetter un chat :* ce n'est qu'une faute légère. – *Avoir d'autres chats à fouetter :* avoir bien d'autres choses à faire. **2.** Cingler. *La pluie nous fouettait le visage.* ▷ v. intr. *La pluie qui fouette contre les vitres.* **3.** CUIS Battre vivement (avec un fouet). *Fouetter de la crème.*

1. foufou [fufu], **fofolle** [fɔfɔl] adj. et n. Fam. Un peu fou, écervelé, farfelu. ▷ Subst. *Une bande de fofolles.*

2. foufou [fufu] n. m. (Afr. subsah.) **1.** Pâte de féculents (céréales, manioc, igname, banane, etc.) que l'on sert en boules. **2.** Plat de viande ou de poisson en sauce servi avec de la pâte de féculents en boules. Syn. calalou.

3. foufou [fufu] n. m. (Guad.) Syn. de *colibri* (sens 1).

fougasse [fugas] n. f. (France rég.) **1.** Galette de pâte feuilletée aux lardons, grillée. **2.** Pain en forme de galette, non levé. Syn. fouace.

fougère [fuʒɛʀ] n. f. Plante aux grandes feuilles, généralement pennées, dont les très nombreuses espèces (9000) constituent la plus importante classe de cryptogames vasculaires. *Fougère grand aigle.*
ENCYCL Les fougères sont apparues au dévonien et ont constitué une partie importante de la végétation du carbonifère. Elles vivent dans les endroits ombragés et humides; leur taille varie de quelques centimètres à quelques mètres pour certaines fougères tropicales arborescentes.

fougue [fug] n. f. Impétuosité, ardeur naturelle.

fougueusement [fugøzmɑ̃] adv. Avec fougue.

fougueux, euse [fugø, øz] adj. Plein de fougue, ardent, impétueux.

fouille [fuj] n. f. **1.** Action de fouiller la terre, spécial. (plur.) pour retrouver des vestiges archéologiques. *Les fouilles d'Axoum, de Méroé.* **2.** Fig. Action d'explorer minutieusement. *La fouille d'un tiroir.* ▷ Action de fouiller qqn. *La fouille d'un détenu.* **3.** CONSTR Excavation pratiquée dans le sol, avant de procéder à la construction des fondations d'un ouvrage. *Fouilles en rigole, en déblai, en puits.*

fouiller [fuje] v. [1] **I.** v. tr. **1.** Creuser. *Fouiller le sol, la terre.* **2.** Explorer soigneusement (un lieu) pour trouver qqch que l'on cherche. – *Fouiller qqn :* chercher dans ses poches, ses habits, etc. **3.** SCULP Travailler avec le ciseau pour pratiquer des enfoncements. *Fouiller le marbre.* ▷ Fig. *Fouiller son style,* le travailler. **II.** v. intr. **1.** Creuser. *Fouiller dans la terre.* **2.** Chercher une chose en remuant tout ce qui pourrait la cacher. *Fouiller dans une armoire, dans sa poche.* ▷ Fig. *Fouiller dans sa mémoire.*

fouillis [fuji] n. m. Fam. Amas de choses hétéroclites. *Un fouillis de paperasses.*

1. fouine [fwin] n. f. Martre d'Europe et d'Asie centrale (fam. mustélidés), petit carnivore bas sur pattes au corps très allongé, au pelage brun et blanc.

2. fouine [fwin] n. f. (Maurice) Harpon.

1. fouiner [fwine] v. intr. [1] Fam. Fureter, épier indiscrètement.

2. fouiner [fwine] v. tr. [1] (Maurice) Harponner. *Il a fouiné un requin hier.*

fouineur, euse [fwinœʀ, øz] adj. et n. Fam. Qui furète partout; indiscret.

fouir [fwiʀ] v. tr. [3] Creuser (le sol). *Une taupe qui fouit la terre.* – ETHNOL *Bâton à fouir :* instrument primitif servant à ameublir le sol et à déterrer des racines et tubercules comestibles.

fouisseur, euse [fwisœʀ, øz] adj. et n. m. Didac. **1.** Qui fouit la terre. *Animal fouisseur.* – n. m. *Le rat palmiste est un fouisseur.* **2.** Qui sert à fouir.

foula-foula [fulafula] n. m. (Afr. subsah.) Dans la rép. dém. du Congo, fourgon automobile aménagé pour le transport de personnes.

foulage [fulaʒ] n. m. Action de fouler.

foulant, ante [fulɑ̃, ɑ̃t] adj. TECH *Pompe foulante,* qui élève un liquide par la pression qu'elle exerce.

foulard [fulaʀ] n. m. **1.** Étoffe légère servant à faire des mouchoirs, des cravates, des robes, etc. **2.** Carré de tissu léger pour protéger le cou, pour servir de coiffure. *Mettre un foulard.* – (Québec) Écharpe, cache-nez. *Un foulard en laine.*

Foulbé(s). V. Peul(s).

foule [ful] n. f. **1.** Multitude de gens réunis. ▷ *Une foule de :* une grande quantité (de gens ou de choses). *Avoir une foule d'idées.* **2.** *La foule :* le commun des hommes, le vulgaire. *Ne plaire qu'à la foule, être méprisé de l'élite.* **3.** *En foule :* en grande quantité.

foulée [fule] n. f. **1.** EQUIT Temps pendant lequel le pied du cheval pose sur le sol. – *Par ext.* Espace parcouru par un cheval à chaque temps de trot, de galop. **2.** Longueur de l'enjambée d'un coureur.

fouler [fule] v. tr. [1] **1.** Presser (un corps, une substance) avec les pieds, les mains ou un outil. *Fouler du raisin, des cuirs, du drap.* **2.** Litt. Marcher sur (le sol). *Fouler le sol natal.* ▷ *Fouler aux pieds :* piétiner, et, *par ext.,* fig., traiter avec mépris. *Fouler aux pieds la Constitution.* **3.** v. pron. Se blesser par foulure. *Se fouler le pied.* ▷ Fig., fam. Se donner de la peine. *Elle ne s'est pas foulée.*

foulfouldé [fulfulde] n. m. V. fulfuldé.

fouloir [fulwaʀ] n. m. TECH Appareil servant à fouler.

foulque [fulk] n. f. Gros oiseau ralliforme (genre *Fulica*), au plumage sombre, fréquentant les eaux douces et calmes.

foulure [fulyʀ] n. f. MED Légère entorse.

Fou-nan. V. Funan.

fouqaha [fukaxa] n. m. pl. V. fqih.

Fouquet ou **Foucquet** (Jean) (v. 1420 – entre 1477 et 1481), peintre et miniaturiste français : *la Vierge à l'Enfant* (portrait présumé d'Agnès Sorel), enluminures des *Heures d'Étienne Chevalier.*

Fouquet ou **Foucquet** (Nicolas) (1615 – 1680), vicomte de Vaux. Surintendant général des Finances (1653), il amoncela une fortune. Mécène des écrivains et artistes, il fit construire par Le Vau le château de Vaux (Seine-et-Marne). Louis XIV, jaloux, le fit arrêter (1661). Accusé d'avoir dilapidé les finances publiques, Fouquet fut condamné (1664) à la prison à vie.

Fouquier-Tinville (Antoine Quentin) (1746 – 1795), homme politique français. Accusateur public auprès du Tribunal révolutionnaire, il se montra impitoyable. Il fut guillotiné.

four [fuʀ] n. m. **1.** Ouvrage de maçonnerie, souvent en forme de voûte, ouvert par-devant, pour faire cuire le pain, la pâtisserie. ▷ Appareil ménager dans lequel on fait rôtir les aliments. *Poulet cuit au four. Four à micro-ondes*. Four électrique. Four à catalyse*. Four à pyrolyse*.* Syn. (Québec) fourneau. ▷ *Four tahitien :* trou creusé dans le sol, où l'on fait cuire, à l'étouffée sur des pierres brûlantes et sous des feuilles de bananier, les mets du tamara. **2.** *Petit four :* pâtisserie sucrée ou salée de la taille d'une bouchée. **3.** SPECT Loc. fig. *Faire un four :* échouer, en parlant d'une pièce, d'un spectacle. **4.** TECH Appareil dans lequel on chauffe une matière pour lui faire subir une transformation physique ou chimique. – *Four à réverbère,* dans lequel la chaleur des flammes échauffe la voûte qui rayonne sur le métal à fondre. – *Four Martin*,* servant à élaborer l'acier. ▷ *Four solaire,* concentrant, au moyen de miroirs paraboliques, l'énergie du rayonnement solaire sur la zone à chauffer.

fourbe [fuʀb] adj. et n. Qui trompe avec une adresse maligne, une ruse perfide.

fourberie [fuʀbəʀi] n. f. **1.** Caractère du fourbe. **2.** Tromperie basse, ruse perfide.

fourbi [fuʀbi] n. m. **1.** Fam. Tout l'équipement du soldat. – *Par ext.* Les affaires de qqn. *Il est venu avec tout son fourbi.* **2.** Ensemble de choses hétéroclite.

fourbir [fuʀbiʀ] v. tr. [3] Polir (un objet de métal). *Fourbir un chandelier.* ▷ Fig. *Fourbir ses armes :* se préparer à un combat.

fourbu, ue [fuʀby] adj. **1.** MED VET Atteint de fourbure. **2.** Harassé.

fourbure [fuʀbyʀ] n. f. MED VET Congestion des extrémités des pattes des ongulés (cheval, notam.) qui les fait boiter.

fourche [fuʀʃ] n. f. **1.** Instrument à long manche terminé par plusieurs dents. *Remuer du foin avec une fourche.* **2.** Objet en forme de fourche. – TECH Dans un engin à deux roues, organe reliant l'axe de la roue avant au guidon. *Fourche de bicyclette. Fourche télescopique.* **3.** Disposition en deux ou plusieurs branches. *Prenez ce chemin jusqu'à la fourche,* jusqu'à la bifurcation. ▷ Loc. fig. *Passer sous les fourches Caudines :* subir des conditions humiliantes (par allus. à une défaite subie par les Romains à *Caudium*). **4.** (Afr. subsah., Belgique) Temps libre dans l'horaire scolaire. *Avoir une heure de fourche.*

fourcher [fuʀʃe] v. [1] **I.** v. intr. **1.** Se diviser en deux ou plusieurs branches. *Avoir les cheveux qui fourchent.* **2.** Fig. *Sa langue a fourché :* il a prononcé un mot pour un autre. **II.** v. tr. Remuer ou enlever à la fourche.

fourchette [fuʀʃɛt] n. f. **1.** Ustensile de table terminé par plusieurs pointes ou dents. **2.** TECH Organe en forme de petite fourche. – *Fourchette d'embrayage,* qui sert à désaccoupler les plateaux d'un embrayage. **3.** ZOOL Partie cornée située à la face inférieure du sabot du cheval et qui a l'aspect d'une fourchette à deux branches. ▷ Os formé par les clavicules soudées de l'oiseau. **4.** MILIT Intervalle probable de dispersion d'un projectile. *Fourchette de tir.* ▷ STATIS Intervalle entre deux valeurs extrêmes. – Cour. *Produit qui se situe dans une fourchette de prix raisonnable.* **5.** Dans les jeux de cartes, combinaison formée par la plus haute et la plus basse d'une séquence de trois cartes, dont la carte intermédiaire est détenue par l'adversaire.

fourchu, ue [fuʀʃy] adj. **1.** Qui a l'aspect d'une fourche. *Pied fourchu* (des ruminants), à sabot divisé en deux. **2.** Qui fourche. *Arbre fourchu.*

Foureau (Fernand) (1850 – 1914), explorateur français. Il effectua à partir de 1888 la liaison entre le Sud algérien et le lac Tchad.

1. fourgon [fuʀgɔ̃] n. m. TECH Instrument servant à remuer le bois, le charbon, dans un four.

2. fourgon [fuʀgɔ̃] n. m. Véhicule, wagon, servant au transport des bagages, du courrier, des munitions, des marchandises. ▷ *Fourgon mortuaire :* corbillard automobile.

fourgonner [fuʀgɔne] v. intr. [1] **1.** Remuer la braise, le feu, avec un fourgon. **2.** Fig., fam. Fouiller (dans qqch) en mettant du désordre.

fourgonnette [fuʀgɔnɛt] n. f. Petite camionnette.

fourguer [fuʀge] v. tr. [1] Fam. Vendre (une marchandise en mauvais état).

Fourier (saint Pierre). V. Pierre Fourier (saint).

Fourier (Joseph, baron) (1768 – 1830), mathématicien et physicien français. Il est connu pour ses travaux sur les séries. Il accompagna Monge et Berthollet en Égypte. Acad. fr. (1826).

Fourier (Charles) (1772 – 1837), philosophe et économiste français. Théoricien d'un socialisme utopique, il dressa, de façon poétique et savoureuse, le plan d'une cité harmonieuse (le phalanstère) où l'homme s'épanouirait dans le travail.

fouriérisme [fuʀjeʀism] n. m. Didac. Système philosophique et social de Charles Fourier et de ses disciples.

Fourment (Hélène) (1614 – 1673), deuxième épouse (1630) de Rubens (alors âgé de 53 ans). Il la peignit.

fourmi [fuʀmi] n. f. **1.** Petit insecte vivant en sociétés, ou *fourmilières,* et dont il existe de très nombreuses espèces (près de 12000). *Les fourmis sont des hyménoptères aculéates.* – (Afr. subsah.) *Fourmi rouge :* grosse fourmi rousse (genre *Œcophylla*) dont la piqûre est douloureuse. – *Fourmi de visite :* V. fourmi-magnan. **2.** Fig. Personne travailleuse et économe (par allus. à *La Cigale et la Fourmi,* fable de La Fontaine). *C'est une vraie fourmi!* **3.** Loc. fig. *Avoir des fourmis dans les jambes, dans les bras :* éprouver une sensation de picotements multiples.

fourmi-cadavre [fuʀmikadavʀ] n. f. (Afr. subsah.) Grosse fourmi noire (genre *Paltothyreus*) à l'odeur nauséabonde. *Des fourmis-cadavres.*

fourmi-légionnaire [fuʀmileʒjɔnɛʀ] n. f. Grosse fourmi noire d'Amérique tropicale (genre *Eciton*). (Durant certaines périodes, les fourmis-légionnaires forment des troupes nombreuses qui dévorent tout sur leur passage; puis vient une période sédentaire consacrée à la reproduction; chaque période dure une vingtaine de jours.)

fourmilier [fuʀmilje] n. m. **1.** Nom général des mammifères xénarthres (tamanoir, par ex.) qui se nourrissent de fourmis (leur langue filiforme et visqueuse les attrape en s'enfonçant dans les galeries des fourmilières). **2.** (Afr. subsah.) Nom cour. du pangolin.

fourmilière [fuʀmiljɛʀ] n. f. **1.** Lieu où vit une société de fourmis; ensemble des fourmis d'une société. **2.** Fig. Lieu où s'agite une grande foule. *Le marché du port est une fourmilière.*

fourmi-lion ou **fourmilion** [fuʀmiljɔ̃] n. m. Insecte planipenne dont la larve creuse dans le sable un entonnoir au fond duquel elle vit et qui lui sert à capturer les insectes dont elle se nourrit. *Des fourmis-lions.*

fourmillant, ante [fuʀmijɑ̃, ɑ̃t] adj. Qui grouille; qui s'agite en tous sens. *Des eaux fourmillantes de poissons.*

fourmillement [fuʀmijmɑ̃] n. m. **1.** Agitation en tous sens d'une multitude d'êtres. **2.** Picotement accompagnant l'engourdissement d'un membre.

fourmiller [fuʀmije] v. intr. [**1**] **1.** S'agiter vivement et en grand nombre. **2.** *Par ext.* Être en grand nombre, abonder. *Les fautes fourmillaient dans cet ouvrage.* ▷ *Fourmiller de :* être rempli de. *La plage fourmille de crabes.* **3.** Être le siège de picotements. *La main me fourmille.*

fourmi-magnan [fuʀmimaɲɑ̃] n. f. (Afr. subsah.) Grosse fourmi noire (genre *Anomma*) qui se déplace en longues colonnes dévorant tout sur leur passage. *Des fourmis-magnan.* Syn. magnan, fourmi de visite.

fourmi-parasol [fuʀmipaʀasɔl] n. f. Fourmi brune d'Amérique tropicale (genre *Atta*) qui découpe les feuilles des arbres et en constitue des meules sur lesquelles poussent des champignons dont elle se nourrit. *Des fourmis-parasols.*

fournaise [fuʀnɛz] n. f. **1.** Grand four embrasé; feu très vif. ▷ (Québec) (Emploi critiqué.) Appareil à combustion pour le chauffage domestique. **2.** Fig. Lieu très chaud. *La ville, à midi, était une fournaise.*

Fournaise (piton de la), sommet du S.-E. de la Réunion (2631 m), volcan encore en activité.

fourneau [fuʀno] n. m. **1.** Appareil pour cuire les aliments. *Le foyer, la grille d'un fourneau. Fourneau électrique, à gaz.* ▷ (Québec) Four. *Retirer le poulet du fourneau.* ▷ (Afr. subsah.) *Fourneau malgache* ou *fourneau :* réchaud à charbon de bois servant à la cuisson des aliments et au chauffage. **2.** TECH Appareil servant à soumettre une substance à l'action du feu. *Haut-fourneau :* V. ce mot. **3.** *Fourneau de pipe :* partie d'une pipe où brûle le tabac. ▷ *Fourneau de mine :* excavation dans laquelle on place une charge explosive.

fournée [fuʀne] n. f. **1.** Quantité que l'on fait cuire en même temps dans un four. *Fournée de pain, de briques.* **2.** Fig., fam. Groupe de gens entrant en même temps dans un lieu, nommés aux mêmes fonctions, promis à un même sort, etc. *Entrer par fournées.*

fourni, ie [fuʀni] adj. **1.** Garni, pourvu, approvisionné. *Table bien fournie.* **2.** *Barbe, chevelure fournie,* abondante.

Fournier (Henri). V. Alain-Fournier.

fournil [fuʀni] n. m. Pièce où se trouve le four du boulanger, où l'on pétrit la pâte.

fourniment [fuʀnimɑ̃] n. m. Ensemble des objets qui composent l'équipement du soldat. ▷ *Par ext.,* fam. Attirail, ensemble d'objets, de bagages, etc. *Il arrive avec tout son fourniment.*

fournir [fuʀniʀ] v. tr. [**3**] **1.** Pourvoir, approvisionner habituellement. *Fournir l'armée en vivres.* ▷ v. pron. *Se fournir en café chez tel épicier.* **2.** Livrer, donner. *Fournir des médicaments aux dispensaires.* **3.** Apporter, procurer. *Fournir des preuves, des idées.* **4.** Accomplir. *Fournir un effort.*

fournisseur, euse [fuʀnisœʀ, øz] n. **1.** Personne, entreprise qui fournit habituellement une marchandise. – Par ext. *Ce pays est notre principal fournisseur de pétrole.* **2.** (Belgique, Luxembourg) *Fournisseur de la cour :* personne ou établissement qui fournit des marchandises à la cour du souverain régnant (titre reconnu officiellement).

fourniture [fuʀnityʀ] n. f. **1.** Action de fournir; provision fournie ou à fournir. *L'usine a pris en charge la fourniture des pièces de rechange.* **2.** (Surtout au plur.) Ce qui est fourni pour l'exercice d'une activité particulière. *Fournitures de bureau. Fournitures scolaires.* ▷ Matériel, accessoires nécessaires à l'exécution d'un travail à façon, fournis par un artisan. *Fournitures et main-d'œuvre.*

fouronnais, aise [fuʀɔnɛ, ɛz] adj. Des Fourons.

Fourons (les), région du N.-E. de la Belgique (prov. de Limbourg, néerlandophone), à majorité francophone, qui constitua à plusieurs reprises (notam. dans les années 60) un point chaud de la querelle linguistique entre Flamands et Wallons.

fourou [fuʀu] n. m. (Afr. subsah.) Nom donné à plusieurs insectes (moustique, simulie) dont la piqûre peut transmettre certaines maladies. (V. nono* blanc.)

fourrage [fuʀaʒ] n. m. Substance végétale fraîche, séchée ou fermentée, destinée à l'alimentation du bétail.

1. fourrager, ère [fuʀaʒe, ɛʀ] adj. Propre à être employé comme fourrage. *Plantes fourragères.*

2. fourrager [fuʀaʒe] v. intr. [**13**] Fam. Fouiller sans méthode, en mettant du désordre. *Fourrager dans une armoire.* ▷ v. tr. *Fourrager des papiers.*

fourragère [fuʀaʒɛʀ] n. f. Ornement militaire formé d'une tresse que l'on porte autour de l'épaule.

fourre [fuʀ] n. f. (Suisse) **1.** Taie, housse. **2.** Couverture protectrice, pochette. *Fourre de livre, de disque.* **3.** Chemise transparente pour dossier.

1. fourré [fuʀe] n. m. Endroit épais, touffu, d'un bois. *Battre les fourrés.*

2. fourré, ée [fuʀe] adj. **1.** Doublé de fourrure. *Gants fourrés.* Syn. (Québec) doublé. **2.** Garni à l'intérieur. *Bonbons fourrés au chocolat.* **3.** *Coup fourré* : en escr., coup par lequel chacun des adversaires touche l'autre; *par ext.,* fig. coup bas, piège tendu à qqn.

fourreau [fuʀo] n. m. **1.** Gaine, étui. ▷ *Spécial.* Étui d'une épée. **2.** Robe droite moulant le corps.

fourrer [fuʀe] v. tr. [**1**] **I. 1.** Doubler de fourrure. *Fourrer un manteau.* **2.** Garnir à l'intérieur. *Fourrer des bonbons.* **II.** Fam. **1.** Mettre comme dans un fourreau. *Fourrer ses mains dans ses poches.* **2.** Placer, mettre. *Où ai-je pu fourrer cela?* **3.** v. pron. Se mettre, se placer, se cacher. *Où est-il encore allé se fourrer?*

fourre-tout [fuʀtu] n. m. inv. **1.** Fam. Lieu, meuble, sac où l'on entasse les objets qui encombrent. **2.** (Belgique) Trousse d'écolier, en matière souple, sans compartiments.

fourreur [fuʀœʀ] n. m. Personne qui façonne ou vend des peaux, des vêtements de fourrure.

fourrier [fuʀje] n. m. **1.** Sous-officier chargé du logement des troupes, de la nourriture et du couchage des hommes de la compagnie. – (En appos.) *Sergent, caporal(-)fourrier.* **2.** Fig., litt. Personne ou chose qui prépare, qui annonce qqch. *Les criquets, fourriers de la famine.*

fourrière [fuʀjɛʀ] n. f. **1.** Dépôt municipal où sont placés les animaux trouvés sur la voie publique. **2.** Lieu où sont consignées les voitures enlevées de la voie publique sur ordre de la police.

fourrure [fuʀyʀ] n. f. **I. 1.** Peau garnie de son poil et préparée pour la confection de vêtements, de parures, etc. ▷ Vêtement de fourrure. **2.** Peau d'un animal vivant, à poils touffus. *La fourrure d'un chat.* **II.** TECH Pièce rapportée servant à remplir un vide, à masquer un joint.

fourvoiement [fuʀvwamɑ̃] n. m. Litt. Fait de se fourvoyer.

fourvoyer [fuʀvwaje] v. [**23**] **I.** v. tr. Égarer, dévoyer (qqn). *Les mauvais exemples l'ont fourvoyé.* **II.** v. pron. **1.** Se perdre, s'égarer. *Se fourvoyer dans des ruelles.* ▷ Fig. *Se fourvoyer dans une affaire douteuse.* **2.** Se tromper grossièrement.

fouta [futa] n. m. Sorte de pagne originaire du Yémen, porté dans les pays de l'océan Indien, à Djibouti et au Maghreb.

Fouta-Djalon, massif montagneux (grès et granit) de la rép. de Guinée, culminant à 1 538 m. Y prennent leur source : sur les versants nord, les fl. Gambie, Kontouré, Cogon, le Sénégal (sous le nom de Bafing) et la Tominé; sur les versants sud, le Niger et ses affluents. Ce massif est une région d'agriculture et d'élevage.

Fouta-Djalon (royaume du), État théocratique fondé au XVIIe s. par les Peuls dans la Guinée actuelle. Venus du Sénégal et du Mali au XVIe s., les Peuls (musulmans) soumirent par la guerre sainte les Dialanké et les Susu. Le déclin du royaume correspond à l'arrivée des Français au XIXe s.

Fouta-Djalonké. V. Futajalonké.

foutaise [futɛz] n. f. Fam. Chose sans valeur, sans intérêt. *Sa proposition, c'est de la foutaise!*

Fouta-Toro, contrée du Sénégal longeant le fleuve Sénégal. Elle fut le berceau d'une brillante civilisation peule (dès le IXe s.).

foutoir [futwaʀ] n. m. Fam. Lieu où règne un grand désordre.

foutou [futu] n. m. (Afr. subsah.) Plat ivoirien composé de boulettes de pâte d'igname, de taro, de manioc ou de banane, et d'une sauce.

1. foutre [futʀ] v. [**6**] (mais *je fous, tu fous*) **I.** v. tr. **1.** Vulg., vieilli Posséder sexuellement, forniquer. **2.** Fig., fam. (Plus fam. que *ficher.*) Faire. *Je n'ai rien à foutre.* ▷ Flanquer (un coup). *Foutre une gifle à qqn.* ▷ Mettre. *Foutre qqch à la poubelle.* ▷ Loc. *Foutre le camp* : s'en aller. *Foutez-moi la paix :* laissez-moi tranquille. **II.** v. pron. Fam. *Se foutre de :* se moquer de, être indifférent à. *Il se fout de nous. Il se fout de tout.*

2. foutre ! [futʀ] interj. Très fam. Pour exprimer la surprise, la colère.

3. foutre [futʀ] n. m. Vulg. Sperme.

foutrement [futʀəmɑ̃] adv. Très fam. Extrêmement; bigrement.

foutu, ue [futy] adj. Fam. **1.** Fait, exécuté. *Ouvrage mal foutu.* **2.** Perdu, ruiné; cassé. *Un homme foutu. Il est foutu, votre instrument.*

fovéa [fɔvea] n. f. ANAT Point de la rétine marqué par une dépression au milieu de la tache jaune.

Fox (George) (1624 – 1691), prédicateur mystique anglais. Il créa la Société des Amis (appelés *quakers**).

Fox (Charles James) (1749 – 1806), orateur et homme politique anglais. Chef des whigs, il soutint, contre le Second Pitt, la cause de la Révolution française.

fox-trot [fɔkstʀɔt] n. m. inv. Danse à quatre temps, au rythme saccadé.

foyalais, aise [fojalɛ, ɛz] adj. et n. De Fort-de-France. ▷ Subst. *Des Foyalais.*

foyard [fwajaʀ] n. m. (Suisse) Syn. de *hêtre.*

foyer [fwaje] n. m. **I. 1.** Endroit où l'on fait du feu. *Les pierres d'un foyer.* – (Québec) Cheminée (sens 1). **2.** *Par ext.* Feu qui brûle dans un foyer. *Les cendres du foyer.* ▷ Endroit où le feu a pris, où il est le plus ardent. *Foyer d'un incendie.* **3.** TECH Partie d'un appareil, d'une machine où a lieu la combustion. *Le foyer d'une chaudière.* **II.** *Par ext.* **1.** Domicile familial; la famille elle-même. *Le foyer conjugal. L'intimité du foyer. Mère, femme au foyer,* qui ne travaille pas à l'extérieur. – (Plur.) *Rentrer dans ses foyers :* regagner son domicile, son pays, partic. en parlant d'un soldat. ▷ *Fonder un foyer,* une famille. *Foyer fiscal,* représenté par le contribuable au nom duquel est établie la déclaration d'impôt. **2.** Lieu où l'on se réunit pour se distraire, discuter, etc., dans certains établissements. *Le foyer d'une caserne.* ▷ *Foyer socioculturel :* équipement collectif mis à la disposition des habitants d'un secteur géographique, animé par des éducateurs et des psychologues. ▷ THEAT Endroit, dans un théâtre, où le public peut boire et fumer pendant les entractes. **3.** Établissement destiné à l'accueil et au logement de certaines catégories de personnes. *Foyer de jeunes travailleurs.* ▷ (Québec) *Foyer nourricier :* famille d'accueil pour enfants, agréée des services sociaux. **4.** (Québec) Syn. de *salon* mortuaire.* **III.** *Par anal.* Centre de rayonnement. **1.** Point central d'où qqch provient. *Foyer de résistance, d'intrigues.* ▷ MED Siège principal d'une maladie. *Foyer infectieux, cancéreux.* **2.** OPT Point de convergence des rayons lumineux après réflexion sur un miroir ou après passage à travers une lentille (le faisceau initial étant formé de rayons parallèles). *Lunettes à double foyer.* **3.** GEOM *Foyer d'une conique :* point tel que le rapport (nommé excentricité) des distances d'un point de la conique à ce foyer et à une droite fixe (appelée directrice) soit constant. **4.** GEOPH Syn. de *hypocentre.*

fqih [fkiʀ] n. m. **1.** ISLAM Lettré en islamologie. **2.** (Maghreb) Cour. Guérisseur. (V. marabout.) **3.** (Maghreb) Cour. Maître d'école coranique. *Des fqihs* ou *des fouqaha.*

Fra Angelico. V. Angelico (Fra).

frac [fʀak] n. m. Habit de cérémonie pour les hommes, noir, à basques.

fracas [fʀaka] n. m. Bruit très violent. *Le fracas d'une chute d'eau.* Syn. tumulte, vacarme. ▷ Loc. *Avec perte et fracas :* de manière brutale.

fracassant, ante [fʀakasɑ̃, ɑ̃t] adj. **1.** Qui fait du fracas. *Un bruit fracassant.* **2.** Fig. Qui fait grand bruit, qui a un grand éclat. *Une déclaration fracassante.*

fracassement [fʀakasmɑ̃] n. m. Fait de se fracasser; son résultat. *Le fracassement de branches.*

fracasser [fʀakase] v. tr. [**1**] Briser, rompre en plusieurs pièces. ▷ v. pron. Se briser. *Le navire alla se fracasser contre les rochers.*

fractal , ale , als [fʀaktal] adj. MATH Dont la forme est irrégulière et fragmentée. *La veinure d'un bois est un exemple de géométrie fractale.*

fractale [fʀaktal] n. f. MATH Ensemble géométrique ou objet naturel dont les parties ont la même structure (irrégulière et fragmentée) que le tout, mais à des échelles différentes.

fraction [fʀaksjɔ̃] n. f. **I. 1.** MATH Expression indiquant quel nombre de parties égales de l'unité l'on considère. *Dans la fraction* $\frac{2}{3}$ (deux tiers), *2 est le numérateur, 3 le dénominateur; ils sont séparés par une barre de fraction.* (La notation $\frac{a}{b}$ équivaut à $a \times \frac{1}{b}$.) **2.** Partie d'un tout. *Une fraction de l'assemblée.* **II.** Vx Action de rompre, de diviser. – LITURG *La fraction du pain eucharistique.* **III.** (Luxembourg, Suisse) Groupe parlementaire.

fractionnaire [fʀaksjɔnɛʀ] adj. MATH Qui est sous forme de fraction. *Nombre fractionnaire. – Expression fractionnaire :* fraction plus grande que l'unité.

fractionnel, elle [fʀaksjɔnɛl] adj. POLIT Qui tend à désunir, à diviser (un groupe, un parti).

fractionnement [fʀaksjɔnmɑ̃] n. m. **1.** Action de fractionner; son résultat. **2.** CHIM Opération qui consiste à séparer les constituants d'un mélange (par flottaison, dissolution, décantation, filtration, centrifugation, distillation, etc.).

fractionner [fʀaksjɔne] v. tr. [**1**] Diviser (un tout) en plusieurs parties.

fracture [fʀaktyʀ] n. f. **1.** GEOL Cassure (du sol). *Les fractures de l'écorce terrestre.* **2.** Rupture (d'un os). *Fracture du tibia. Fracture du crâne. – Fracture spontanée,* sans traumatisme. – *Fracture ouverte,* dont le foyer est ouvert vers l'extérieur par une lésion des chairs.

fracturer [fʀaktyʀe] v. tr. [**1**] **1.** Rompre en forçant. *Fracturer un coffre-fort.* **2.** Briser (un os). ▷ v. pron. *Se fracturer la jambe.*

Fra Diavolo (Michele Pezza, dit) (1771 – 1806), brigand napolitain («frère Diable») qui lutta contre l'occupant français. Trahi, il fut pris et pendu.

fragile [fʀaʒil] adj. **1.** Aisé à rompre; sujet à se briser. *Porcelaines fragiles.* **2.** Mal assuré, instable. *Le fragile équilibre des forces politiques dans telle région.* **3.** (Personnes) Dont la santé (physique ou mentale) est précaire. *Une personne fragile,* très émotive. *Un enfant fragile et chétif.* ▷ Par ext. *Avoir le cœur fragile.*

fragilisant, ante [fʀaʒilizɑ̃, ɑ̃t] adj. Qui fragilise.

fragilisation [fʀaʒilizasjɔ̃] n. f. Action de fragiliser; fait de fragiliser.

fragiliser [fʀaʒilize] v. tr. [**1**] Rendre fragile. ▷ v. pron. Devenir fragile. *Les cheveux se fragilisent si les décolorations sont trop fréquentes.*

fragilité [fʀaʒilite] n. f. **1.** Aptitude à se briser facilement. *La fragilité du verre.* **2.** Aptitude à s'altérer facilement. *La fragilité de sa santé.* **3.** Instabilité, précarité. *La fragilité des choses humaines.*

fragment [fʀagmɑ̃] n. m. **1.** Morceau d'une chose brisée. *Fragment d'os.* **2.** Extrait ou partie d'une œuvre littéraire, artistique, d'un discours, etc.

fragmentable [fʀagmɑ̃tabl] adj. Didac. Qui peut être fragmenté.

fragmentaire [fʀagmɑ̃tɛʀ] adj. Qui est par fragments; partiel, incomplet. *Des informations fragmentaires.*

fragmentation [fʀagmɑ̃tasjɔ̃] n. f. Action de fragmenter, de se fragmenter.

fragmenter [fʀagmɑ̃te] v. tr. [**1**] Séparer, diviser en fragments.

Fragonard (Jean Honoré) (1732 – 1806), peintre et graveur français. Il excella dans les scènes libertines (*la Chemise enlevée*) et les portraits (*l'Abbé de Saint-Non*).

fragrance [fʀagʀɑ̃s] n. f. Litt. Odeur agréable.

frai [fʀɛ] n. m. **1.** Ponte des œufs, chez les poissons; leur fécondation par le mâle. *Le temps du frai.* ▷ Œufs fécondés des poissons et des amphibiens. *Du frai de carpe.* **2.** Très jeune poisson; alevin.

fraîche [fʀɛʃ] adj. f. et n. f. V. frais 1.

fraîchement [fʀɛʃmɑ̃] adv. **1.** Sans courtoisie. *Fraîchement reçu.* **2.** Récemment. *Fraîchement débarqué.*

fraîcheur [fʀɛʃœʀ] n. f. **1.** Froid modéré et agréable. *La fraîcheur de la forêt, de l'eau.* **2.** Qualité d'un produit frais, non altéré. *La fraîcheur d'un œuf.* **3.** Fig. Qualité caractéristique de la jeunesse, de la nouveauté. *Fraîcheur du teint, des couleurs.* – (Abstrait) *Fraîcheur d'une pensée.*

fraîchir [fʀɛʃiʀ] v. intr. [3] **1.** Devenir plus frais. ▷ v. impers. *Il fraîchit* : l'air est plus frais. **2.** MAR Souffler plus fort (vent).

1. frais, fraîche [fʀɛ, fʀɛʃ] adj. et n. **I. 1.** Modérément froid, caractérisé par la fraîcheur. *Eau fraîche. Les nuits sont fraîches.* ▷ n. m. Air frais. – Loc. *Prendre le frais.* – *Mettre au frais,* dans un endroit frais. – Loc. adv. *À la fraîche* : à l'heure où il fait frais. **2.** Fig. Peu chaleureux. *Accueil frais.* ▷ (Québec) Se dit d'une personne hautaine, insolente. – Subst. *Faire le frais, la fraîche.* **3.** METEO Vent de force 6 dans l'échelle de Beaufort. **II. 1.** Nouvellement produit (à propos de denrées périssables). *Du pain, des œufs frais.* ▷ Qui n'a pas été traité pour la conservation (par oppos. à *fumé, en conserve, séché,* etc.). *Petits pois frais. Sardines fraîches.* **2.** Récent. *Nouvelles fraîches.* – *Peinture fraîche,* qui n'a pas encore séché. ▷ (Québec) (Emploi adverbial.) Récemment. *Frais peint.* ▷ Loc. adv. *De frais* : depuis peu de temps. *Rasé de frais.* ▷ Emploi adverbial (devant pp.). Litt. Nouvellement. *Fleurs fraîches écloses. Frais émoulu.* **3.** Qui a l'éclat de la jeunesse. *Un teint frais.* ▷ Qui n'est pas fatigué. *Frais et dispos. Troupes fraîches.* **4.** Fam., iron. *Le voilà frais,* dans une situation fâcheuse.

2. frais [fʀɛ] n. m. pl. **1.** Dépenses liées à certaines circonstances. *Frais de voyage.* ▷ Loc. adv. et prép. *À grands frais, à peu de frais* : en dépensant beaucoup, peu d'argent; fig. en se donnant beaucoup, peu de peine. ▷ (Québec) *À frais virés* : en faisant payer (un appel téléphonique interurbain) par le destinataire après s'être assuré de son accord (V.P.C.V.) ▷ *En être pour ses frais* : faire des dépenses sans rien obtenir en contrepartie; fig. ne pas être récompensé de ses peines. ▷ Fig. *Faire les frais de (qqch)* : subir les conséquences fâcheuses de (qqch); être celui qui participe le plus à (qqch). *Faire les frais de la conversation.* ▷ *Se mettre en frais* : dépenser plus que de coutume; fig. faire un effort inhabituel. **2.** DR *Frais de justice* : frais entraînés par un procès, à l'exclusion des honoraires des avocats. **3.** *Faux frais* : frais accessoires. **4.** FIN Charges et dépenses de toutes sortes nécessaires à la bonne marche d'une entreprise. – *Frais fixes* : frais permanents indépendants des variations de production. – *Frais généraux* : ensemble des dépenses de fonctionnement. **5.** Somme allouée pour certaines dépenses. *Frais de déplacement.*

fraisage [fʀɛzaʒ] n. m. TECH **1.** Travail à la fraise (3) du dentiste. **2.** Usinage au moyen de fraises (3).

1. fraise [fʀɛz] n. f. Faux fruit du fraisier, formé d'un réceptacle floral charnu, rouge à maturité et comestible, portant les akènes (petits grains qui sont les vrais fruits).

2. fraise [fʀɛz] n. f. Membrane qui enveloppe les intestins du veau et de l'agneau.

3. fraise [fʀɛz] n. f. TECH Outil rotatif muni d'arêtes tranchantes, servant à usiner des pièces. ▷ *Fraise de dentiste,* servant à enlever les parties cariées des dents.

fraiser [fʀeze] v. tr. [1] TECH Usiner (une pièce) avec une fraise (3).

fraiseur, euse [fʀɛzœʀ, øz] n. TECH **1.** Ouvrier, ouvrière spécialiste du fraisage. **2.** n. f. Machine-outil servant à fraiser.

fraisier [fʀɛzje] n. m. Petite plante basse (fam. rosacées) qui produit les fraises.

fraké ou **fraqué** [fʀake] n. m. BOT (Cour. en Afr. subsah.) Arbre des forêts équatoriales (*Terminalia superba,* fam. combrétacées), à cime étagée, ayant des contreforts à la base du tronc, exploité pour son bois blanc veiné de noir. Syn. limba.

framboise [fʀɑ̃bwaz] n. f. Fruit comestible du framboisier, composé d'une grappe de petites drupes le plus généralement rouges.

framboisier [fʀɑ̃bwazje] n. m. Ronce d'Europe et d'Amérique du N. (fam. rosacées) dont le fruit est la framboise.

framiré [fʀamiʀe] n. m. BOT (Cour. en Afr. subsah.) Arbre des forêts d'Afrique équatoriale (*Terminalia ivorensis,* fam. combrétacées), à croissance rapide, qui fournit un bois blanc léger.

1. franc, franche [fʀɑ̃, fʀɑ̃ʃ] adj. **I. 1.** (Dans certaines loc.) Libre de ses mouvements, de son action. *Avoir les coudées* franches.* ▷ SPORT *Coup* franc.* **2.** Exempt d'imposition, de charges. *Marchandise franche de taxes.* **II. 1.** Sincère, loyal. *Être franc comme l'or.* ▷ Qui indique la sincérité. *Un regard franc.* – *Jouer franc jeu* : agir en toute loyauté. ▷ adv. *Parlons franc.* **2.** Net. *Une situation franche.* ▷ Plein, entier. *Huit jours francs* : huit jours complets. **3.** Naturel, sans mélange. *Couleur franche.* ▷ ARBOR *Arbre franc,* né de la graine d'un arbre venu déjà par culture (V. sauvageon). **4.** (Devant le nom.) *Un franc...* : un vrai... *Un franc imbécile. Une franche sottise.*

2. franc, franque [fʀɑ̃, fʀɑ̃k] n. et adj. Membre d'un peuple germanique dont les tribus s'établirent définitivement en Gaule à partir du Ve s. (V. Francs). ▷ adj. *Période franque.*

3. franc [fʀɑ̃] n. m. **1.** Unité monétaire légale de la France. **2.** Unité monétaire de plusieurs pays (V. tabl. **monnaies.**) – *Franc C.F.A.* : franc de la Communauté financière africaine (dans les pays de l'UMOA) ou de la Coopération financière en Afrique centrale (zone BEAC : V. encycl. ci-après), issu de la monnaie créée par la France par le décret du 25 déc. 1945 pour ses colonies africaines *(sous le nom de franc des colonies françaises d'Afrique).* – *Franc C.F.P.* : franc de la Communauté française du Pacifique, également issu de la monnaie créée par la France par le décret du 25 déc. 1945 (sous le nom de franc des colonies françaises du Pacifique), en vigueur dans les territoires français d'outre-mer situés en Océanie (Nouvelle-Calédonie, Polynésie française, Wallis-et-Futuna). – *La zone franc* : V. encycl. ci-après. – *Franc constant,* d'une valeur fictive calculée pour effacer les effets de l'inflation et permettre des comparaisons entre deux périodes (par oppos. à *franc courant*).

ENCYCL La zone franc comprend, outre la France, les Comores et Monaco, deux unions monétaires : l'UMOA (Union monétaire ouest-africaine), regroupant le Bénin, le Burkina Faso, la Côte d'Ivoire, le Mali, le Niger, le Sénégal, le Togo, et la zone BEAC (Banque des États d'Afrique centrale), formée du Cameroun, du Congo, du Gabon, de la Guinée équatoriale, de la République centrafricaine et du Tchad. La zone franc est fondée sur trois principes : la liberté des tranferts de fonds, la convertibilité illimitée entre les monnaies de la zone et les parités fixes entre le franc français et ces monnaies. La parité du franc C.F.A. a été fixée, en 1948, à 0,02 franc français, puis, en 1994, à 0,01 franc français.

français, aise [fʀɑ̃sɛ, ɛz] adj. et n. **1.** adj. Qui est relatif ou propre à la France, à ses nationaux et à ses ressortissants (y compris des départements et territoires d'outre-mer). *L'État français. La nationalité française.* ▷ Relatif aux institutions françaises. *La coopération française.* – *École française, lycée français* : V. école. ▷ Qui provient de France. *Produits français.* ▷ Relatif à la langue française. *Grammaire française.* ▷ Qui est d'expression française. *La littérature française (de France, de Suisse romande,* etc.*).* ▷ *La culture française,* propre à la France et, par ext., à la langue française. ▷ (Afr. subsah., Belgique, Québec) Qui est d'origine ou d'inspiration française. *Pain* français.* **2.** n. Personne de nationalité française. *Un(e) Français(e).* **3.** n. m. *Le français* : la langue française. *Français écrit, français parlé. Français régional*. Français hors de France.* – *Le français de France, de Belgique, de Suisse romande, du Québec, de la Nouvelle-Calédonie* : V. encycl. ci-après, francophonie et roman. ▷ Anc. *Français tirailleur* : français rudimentaire répandu par les soldats africains de l'armée française à l'époque coloniale. ▷ *Petit français* ou *français d'Abidjan* : parler pidginisé qui sert de langue véhiculaire interethnique en Côte d'Ivoire, notam. à Abidjan. ▷ (Suisse) Péjor. *Français fédéral* : mauvais français produit par l'administration centrale ou les agences de publicité de Suisse alémanique. ▷ Didac. *Français fondamental* : vocabulaire et grammaire élémentaires du français parlé, établis à partir d'enquêtes statistiques et destinés à l'apprentissage du français langue étrangère. – *Français instrumental* : partie de la langue française enseignée à des personnes non francophones afin de leur permettre d'acquérir dans des délais rapides la maîtrise des textes scientifiques et techniques en langue française.

ENCYCL Le français est une langue *romane.* Il est issu du latin populaire, qui, sur le territoire de la Gaule, avait peu à peu éliminé le *gaulois* (langue celtique). Celui-ci disparut vers le Ve ou le VIe s. apr. J.-C. À partir de cette époque, l'influence du substrat gaulois et du germanique et le déclin de la vie culturelle provoquèrent une altération profonde et rapide de ce latin populaire de Gaule. Cette transformation s'effectua de manière autonome dans chaque région du pays, d'où, au Moyen Âge, un grand nombre de dialectes : dans la moitié nord, les dialectes d'*oïl* (constituant l'*ancien français* au sens large); dans la moitié sud, les dialectes d'*oc.* Beaucoup de ces dialectes furent des langues littéraires brillantes. Le dialecte de l'Île-de-France, le *francien* (ou *ancien français* au sens strict), devint, aux XIVe et XVe s., le *moyen français.* C'est de lui que dérive directement la langue du XVIe s.; celle-ci, épurée, fixée et codifiée, devint le *français* *classique* (XVIIe s.), presque déjà du *français moderne*. Depuis le Moyen Âge, une double évolution a caractérisé l'histoire du français, langue d'un État de plus en plus centralisé et puissant : 1° enrichissement, épurement et codification de la langue par une élite sociale et culturelle, le français, d'abord langue officielle de l'administration royale, devenant une langue littéraire et diplomatique prestigieuse (XVIIe s.), puis une langue internationale répandue dans tous les milieux cultivés d'Europe (XVIIIe s.); 2° refoulement des dialectes et des langues régionales, que les progrès du français confinèrent dans les milieux populaires des provinces, puis dans les milieux strictement ruraux. Auj. la langue française est parlée dans le monde par près de 120 millions de personnes. Elle l'est sur tout le territoire français (métropole, DOM-TOM et collectivités territoriales françaises). Elle est la langue officielle d'une partie de la Suisse (2500000 pers.), d'une partie de la Belgique (5450000 locuteurs), du Québec (plus de 5500000 locuteurs), du Luxembourg (300000 locuteurs), d'Haïti (750000 locuteurs) et de 21 pays d'Afrique et de l'océan Indien, soit seule (Bénin, Burkina Faso, Rép. centrafricaine, rép. du Congo, rép. dém. du Congo, Côte d'Ivoire, Gabon, Guinée, Mali, Niger, Sénégal, Togo), soit associée à une autre langue (l'anglais au Cameroun et aux Seychelles, l'arabe aux Comores, à Djibouti, en Mauritanie et au Tchad, le kirundi au Burundi, le kinyarwanda au Rwanda, le malgache à Madagascar). Elle est parlée dans l'île Maurice (340000 locuteurs), dans la prov. canadienne du Nouveau-Brunswick, dans certains États des États-Unis (Maine, Louisiane). Le français a, théoriquement, un statut égal à celui de l'anglais dans les institutions internationales. Il demeure l'une des grandes langues internationales de communication, après l'anglais, mais concurremment avec l'espagnol et l'allemand.

À partir d'une aire traditionnelle comprenant auj. la France, la Communauté française de Belgique, la Suisse romande et le Val d'Aoste, le français s'est répandu sur la plupart des continents après deux vagues de colonisation. La première a conduit des colons français en Amérique et dans l'océan Indien au cours des XVIIe et XVIIIe s. La seconde, au XIXe s., a consisté en l'occupation militaire de nombreuses régions d'Afrique (y compris Madagascar), d'Indochine et du Pacifique par la France, qui a imposé son administration aux populations. On peut classer les régions francophones hors de France selon les fonctions qu'y assume le français : langue vernaculaire, véhiculaire* ou officielle. Dans les régions où le français est langue vernaculaire acquise comme première langue (par ex. Québec, Communauté française de Belgique), on observe des variétés géographiques ou sociales ainsi que divers registres ou styles. Mais dans les zones où le français est principalement utilisé comme langue véhiculaire ou comme langue officielle (cas des pays francophones de l'Afrique subsaharienne, notam.), il est appris en seconde langue. Sa variabilité dépend de nombreux facteurs d'ordre sociolinguistique* : circonstances d'acquisition, influence des autres langues de la communauté, stratégies de communication (métissage linguistique et alternance des codes). En tant que langue vernaculaire, le français se transmet de génération en génération par l'intermédiaire de réseaux de communication familiaux ou de voisinage, mais en tant que langue officielle, il est diffusé par des canaux formels, notam. l'école et les médias. Utilisé comme langue véhiculaire en situation de plurilinguisme* (cas de nombreux États subsahariens), le français comporte de nombreuses variétés : certaines proviennent du transfert de traits linguistiques et syntaxiques des langues vernaculaires locales ou de parlers véhiculaires (le *pidgin english* du Cameroun, par ex.); d'autres variétés sont issues de restructurations internes qui s'apparentent à celles qui caractérisent les créoles*. Ces variétés peuvent se «vernaculariser», c.-à-d. se muter en normes endogènes qui assument alors des fonctions vernaculaires et deviennent un symbole identitaire (cas du français populaire d'Abidjan). La diffusion de ces variétés parmi les divers groupes sociaux et la nature de leur transmission déterminent leur devenir. Quand elles n'ont pas d'ancrage solide dans des institutions normatives, telles que l'école et l'administration, et quand elles ne disposent pas de sources de renouvellement lexical, telles que les médias, le commerce et l'industrie, ces variétés présentent des phénomènes analogues à ceux que manifestent des variétés véhiculaires : réduction lexicale, simplification apparente et mixité (emprunts massifs et alternance des codes). Lorsque, en outre, ces variétés ne se transmettent plus par les réseaux familiaux, elles tendent à devenir tout simplement des symboles identitaires : c'est le cas, notam., du cajun en Louisiane. Par des actions conscientes d'aménagement linguistique*, on peut revitaliser ces variétés déliquescentes, par ex. en élaborant une norme qui se démarque nécessairement des formes traditionnelles. Ce type d'action, que l'on retrouve dans les efforts de revitalisation des langues régionales en France (breton, occitan, etc.) risque de briser le lien émotif avec la variété traditionnelle; quoi qu'il en soit, la norme ainsi créée ne peut avoir de fonction qu'identitaire. Parmi les régions francophones où le français est langue seconde, celles où s'est développé un créole occupent une place particulière. Comme le lexique de ces idiomes dérive principalement du français, il se crée un continuum* linguistique qui rend malaisée la démarcation des deux langues. À l'exception du Québec, les membres de la Francophonie ne manifestent guère de fortes revendications pour la reconnaissance de normes locales autonomes qui rivaliseraient avec le français standard. Ceux qui déplorent le centralisme linguistique de la Francophonie font valoir que l'anglais doit, en partie, son extension à la diversité et à l'indigénisation de ses variétés. Ils suggèrent que c'est uniquement par son adaptation aux cultures locales que le français pourra devenir la langue usuelle des États qui l'ont décrétée langue officielle.

France (République française), État d'Europe occidentale limité au nord-ouest par la mer du Nord et la Manche, à l'ouest par l'Atlantique, au sud-ouest par l'Espagne, au sud par la Méditerranée, au sud-est par l'Italie, à l'est par la Suisse, au nord-est par l'Allemagne, le Luxembourg et la Belgique.

► V. carte et dossier France, p.1435.

France (Isle de), anc. nom de l'île Maurice.

France (Anatole François Thibault, dit Anatole) (1844 – 1924), écrivain français : *le Crime de Sylvestre Bonnard* (1881), *Thaïs* (1890), *le Lys rouge* (1894), *Les dieux ont soif* (1912), etc. Son esprit épicurien fait le charme de plusieurs récits : *la Rôtisserie de la reine Pédauque* (1893), *les Opinions de Jérôme Coignard* (1893). Acad. fr. (1896). P. Nobel 1921.

France d'outre-mer, l'ensemble des départements et territoires français d'outre-mer (DOM et TOM).

► V. cartes et dossiers, p. 1442.

France libre (la), ensemble de volontaires rassemblés à Londres dès juin 1940 par le général de Gaulle.

Francesca (Piero della). V. Piero della Francesca.

Francesca da Rimini, dame italienne du XIIIe s. Mariée contre son gré à Giovanni Malatesta, elle s'éprit de son beau-frère Paolo.

Franceville ou Massuku, v. de l'O. du Gabon, sur le cours supérieur de l'Ogooué; 75000 hab.; ch.-l. de prov. Centrale hydroélec. alimentée par le barrage de Poubara. Centre industr. actif. Uranium. Sucrerie. Café. Aéroport international.

Francfort-sur-le-Main (en all. *Frankfurt am Main*), v. d'Allemagne (Hesse); 592410 hab. La ville a d'importantes fonctions comm., fin. et industr. – Université. Cath. gothique (XIIIe-XIVe s.). Maison natale de Goethe. Musée des Bx-A. – Par le *traité de Francfort* (10 mai 1871) la France cédait à l'All. l'Alsace et une partie de la Lorraine. – *École de Francfort :* mouvement philosophique allemand qui rassembla dans la ville, autour de l'*Institut de recherches sociales* (fondé en 1924), Th. Adorno*, W. Benjamin* et H. Marcuse*, notamment, qui reformèrent l'«école» à New York en 1934. De 1950 à 1969, Adorno anima à Francfort une nouv. «école». Héritière du marxisme et du freudisme, l'école de Francfort a développé une théorie critique de la société moderne.

Francfort-sur-l'Oder (en all. *Frankfurt an der Oder*), v. d'Allemagne (Brandebourg); 81000 hab. Industr.

Franche-Comté, anc. province de France, couvrant les dép. actuels de la Haute-Saône, du Doubs et du Jura. Au IIe s. av. J.-C., la région fut habitée par les Séquanes. Au Ve s., les Burgondes s'y installèrent; ils subirent, au VIe s., la domination des Francs Ripuaires. En 1032, la région entra dans le Saint Empire romain germanique, mais fut, en fait, gouvernée par ses comtes (d'où le terme de franc- ou franche-comté, né au XI-Ve s.). En 1384, le duché et le comté de Bourgogne furent réunis. En 1477, la Franche-Comté appartint aux Habsbourg. En 1678, le traité de Nimègue la réunit à la France, après deux campagnes (1668 et 1674) qui éprouvèrent le pays, déjà ravagé par la guerre de Trente Ans.

Franche-Comté, Région admin. française et rég. de la C.E., formée des dép. du Doubs, du Jura, de la Haute-Saône et du Territoire de Belfort; 16232 km^2; 1130241 hab. ; cap. *Besançon**.

Géogr. et écon. – Au N., des plateaux s'ouvrent sur la plaine d'Alsace par la trouée de Belfort. Les deux tiers méridionaux de la région se partagent entre le Jura plissé à l'E. et les dépressions argileuses; à l'O. s'étagent des plateaux calcaires (400 à 950 m). Les hivers rudes et enneigés s'opposent aux étés ensoleillés; la forêt (sapins et épicéas) couvre 43% du territoire. La pop. s'accroît modestement. La prod. de lait et de fromage domine l'agriculture. Le bois, le tourisme et le thermalisme ont leur importance. La Franche-Comté reste l'une des régions les plus industrialisées de France : automobile (Peugeot), matériel ferroviaire, chimie, etc. Les activités traditionnelles subsistent : horlogerie, optique, lunetterie, etc.

franchement [fʀɑ̃ʃmɑ̃] adv. **1.** D'une manière résolue. *Opter franchement pour un parti.* **2.** Ouvertement, sincèrement. *Agir, parler franchement.*

franchir [fʀɑ̃ʃiʀ] v. tr. [3] **1.** Passer (un obstacle). *Franchir un mur, un fossé.* – Fig. *Il a franchi toutes les difficultés.* **2.** Traverser de bout en bout (un passage, un espace). *Franchir un pont. Franchir l'océan.* ▷ (Temps) *Franchir les siècles.* **3.** Passer en allant au-delà. *Franchir le seuil d'une maison.* – Fig. *Franchir les limites, les bornes de la décence.*

franchisage [fʀɑ̃ʃizaʒ] n. m. COMM Contrat par lequel une entreprise concède à des entreprises indépendantes le droit de se présenter sous sa raison sociale et sa marque pour vendre des produits ou des services.

franchise [fʀɑ̃ʃiz] n. f. **I. 1.** DR Anc. Immunité, privilège, exemption accordés autrefois à certaines personnes, à certaines collectivités. *Franchises d'une ville.* – Mod. *Franchises universitaires.* ▷ Mod. Exemption légale ou réglementaire de taxes, d'impositions. *Franchise douanière, postale. Admission en franchise :* franchise, lors de l'entrée dans un pays, pour des marchandises contenues dans les bagages personnels, sous certaines conditions. **2.** Somme laissée à la charge d'un assuré en cas de dommages. **II.** Qualité d'une personne qui parle ou agit ouvertement, sincèrement.

franchissable [fʀɑ̃ʃisabl] adj. Qui peut être franchi.

franchissement [fʀɑ̃ʃismɑ̃] n. m. Action de franchir. *Le franchissement d'un fleuve.*

Francis (Sam) (1923 – 1994), peintre américain, adepte du tachisme.

francisant, ante [fʀɑ̃sizɑ̃, ɑ̃t] adj. et n. **1.** adj. Se dit d'une personne qui, en dehors de l'espace francophone, utilise le français comme langue internationale. *Une Italienne francisante.* **2.** n. (Maghreb) Personne de formation entièrement francophone.

francisation [fʀɑ̃sizasjɔ̃] n. f. Action de franciser. *La francisation du vocabulaire de l'informatique.*

franciscain, aine [fʀɑ̃siskɛ̃, ɛn] n. et adj. Religieux, religieuse de l'ordre de saint François d'Assise. ▷ adj. Relatif aux franciscains ou à leur ordre.

franciser [fʀɑ̃size] v. tr. [1] **1.** Donner une forme française à (un mot). *Il Caravaggio a été francisé en «le Caravage». Marketing a été francisé en mercatique.* **2.** Donner un caractère français à. *Franciser son mode de vie.* **3.** (Québec) Remplacer (dans une industrie, une entreprise) les termes techniques étrangers par des équivalents français.

francisme [fʀɑ̃sism] n. m. LING Fait de langue (prononciation, mot, tournure, etc.) caractéristique du français de France.

francité [fʀɑ̃site] n. f. Caractère de ce qui est français. ▷ Spécial. Caractère particulier de la culture française et de son rayonnement. (V. encycl. francophonie.)

francium [fʀɑ̃sjɔm] n. m. CHIM Élément alcalin radioactif (symbole Fr) de numéro atomique Z=87.

franc-jeu [fʀɑ̃ʒø] n. m. et adj. (inv. en genre) Terme proposé pour remplacer l'anglicisme *fair-play* (V. ce mot). *Des francs-jeux.*

Franck (César) (1822 – 1890), compositeur et organiste français d'orig. belge. Sa musique, influencée par Bach et Beethoven, présente des qualités mélodiques.

franc-maçon, onne [fʀɑ̃masɔ̃, ɔn] n. et adj. Membre de la franc-maçonnerie. *Des francs-maçons, des franc-maçonnes.* ▷ adj. *Éthique franc-maçonne.*

franc-maçonnerie [fʀɑ̃masɔnʀi] n. f. Association, autref. secrète, de personnes qu'unit un idéal de fraternité et de solidarité, et qui pratiquent un certain nombre de rites symboliques. ▷ Fig. (Souvent péjor.) Entente ou alliance tacite entre des personnes qui ont les mêmes origines, les mêmes intérêts, etc. *Des franc-maçonneries.*

ENCYCL L'institution maçonnique doit, pense-t-on, son existence à une confrérie de maçons constructeurs qui voyagèrent en Europe dès le VIIIe s. C'est en Grande-Bretagne, et surtout en Écosse, que l'on trouve, au XVIIe s., les premières traces de la franc-maçonnerie moderne. La première Grande Loge anglaise fut fondée en 1713 à Londres. Après des scissions, l'Acte d'Union de 1813 donna à la Grande Loge unie d'Angleterre ses statuts, à caractère relig., qu'adopteront les loges maçonniques du monde entier, mais le Grand Orient de France, fondé en 1773, affirma son anticléricalisme en 1887 et la Grande Loge unie d'Angleterre ne reconnaîtra que la Grande Loge nationale française, fondée en 1913. Il existe de nombreuses loges nationales en Afrique, en Amérique, en Asie, le plus souvent issues des grandes loges européennes. Elles ont parfois adopté le rituel maçonnique à la culture et à la tradition nationales.

franco-. Élément, du rad. de *français,* utilisé : **1.** Pour exprimer un rapport entre la France et un autre pays ou une autre région. *Relations franco-africaines. Production franco-québécoise.* **2.** Pour désigner les membres de communautés d'ascendance ou d'expression française. *Les Franco-Américains.* **3.** Pour désigner des variétés géographiques du français. *Franco-canadien, franco-québécois :* V. canadien, québécois. – *Le franco-provençal :* V. francoprovençal.

franco [fʀɑ̃ko] adv. Sans frais. *Marchandise franco de port* (ou, ellipt., *franco*), dont le destinataire n'a pas à payer le port.

Franco (Luambo Luanzo Makiadi François, dit) (1938 – 1989), chanteur-guitariste zaïrois.

franco-allemande (guerre) de 1870-1871, guerre née d'une vive tension diplomatique entre la France et la Prusse : après la publication de la dépêche d'Ems (V. ce nom), Napoléon III déclara, à la hâte, la guerre à la Prusse, qui reçut aussitôt l'appui des princes allemands (19 juil. 1870). Le 2 septembre 1870, l'armée française capitulait à Sedan; à Paris, le 4 sept., la rép. était proclamée. Le gouv. de la Défense nationale (V. Gambetta) dut signer l'armistice le 28 janvier 1871. La paix fut conclue à Francfort-sur-le-Main le 10 mai 1871 : la France perdait l'Alsace et une partie de la Lorraine; Bismarck* avait achevé l'unité politique de l'Allemagne, avec Guillaume de Prusse comme empereur (18 janv. 1871). V. aussi Commune de Paris.

franco-américain, aine [fʀɑ̃koameʀikɛ̃, ɛn] adj. et n. Qui concerne la France et les États-Unis. *Les rapports franco-américains.* ▷ Subst. Francophone des États-Unis (en particulier des États de la Nouvelle-Angleterre). *Les Franco-Américains.*

Franco Bahamonde (Francisco) (1892 – 1975), général et homme politique espagnol. Il combattit au Maroc et devint chef d'état-major des armées (1935). Éloigné aux Canaries (1936), il prit la tête du soulèvement (Maroc, 18 juillet 1936) contre le gouvernement républicain. Proclamé généralissime (29 sept. 1936), il remporta la guerre civile (1936-1939) et devint en oct. 1939 le chef unique *(caudillo)* de l'Espagne, au régime totalitaire. En 1947, il rétablit la monarchie et s'institua «protecteur-régent» à vie. En 1969, il fit du prince Juan Carlos son successeur.

franco-canadien, enne [fʀɑ̃kokanadjɛ̃, ɛn] adj. et n. Relatif ou propre aux Canadiens de descendance française. ▷ Subst. *Les Franco-Canadiens :* les Canadiens français.

franco-flamand (style), style élaboré par des peintres, originaires surtout des Flandres, qui travaillèrent à la cour de France et pour les ducs de Bourgogne durant la seconde moitié du XIVe s. et au début du XVe s. Henequin (ou Jean) de Bruges réalisa les cartons de la *tenture de l'Apocalypse* (v. 1385, château d'Angers), Melchior Broederlam fut l'auteur des retables de la chartreuse de Champmol et les frères de Limbourg exécutèrent les *Très Riches Heures du duc de Berry* (1411-1416, musée Condé, Chantilly).

franco-flamande (école musicale), ensemble des compositeurs du XVe s. et du début du XVIe s. originaires d'une vaste région formée par la Bourgogne, l'Artois, le Luxembourg, la Flandre, le Hainaut et la Hollande. Sans se référer à une esthétique commune, ces individualités brillantes assurèrent la relève de la polyphonie, plus spécialement française, qui s'épanouit entre le XIIe et le XIVe s. Leur langue était d'abord le français, et ils portèrent à la perfection la chanson française qu'ils répandirent largement en Europe. À côté des noms les plus célèbres : Binchois*, Dufay*, Ockeghem*, Gombert*, Josquin Des* Prés, il faut relever ceux d'A. Busnois (mort en 1492), J. Obrecht (1450-1505), L. Compère (v. 1450-1518), A. de Févin (v. 1470-1511 ou 1512), P. de La Rue (v. 1460-1518), A. Brumel (v. 1460-v. 1520), J. Mouton (v. 1460-1522). Tous ont écrit des messes, des motets, des chansons en s'inspirant de Guillaume* de Machaut et des auteurs italiens de madrigaux.

SAINTS

François d'Assise (saint) (v. 1182 – 1226), religieux italien. Riche, il mena jusque v. 1206 une vie de plaisirs. Une illumination lui fit choisir pauvreté et charité. Il réunit des compagnons et, en 1219, naissait l'ordre mendiant des Frères mineurs (V. franciscain). À la fin de sa vie, malade, aveugle, il écrivit le *Cantique du frère Soleil.* Sa vie fut contée dans les *Fioretti* («petites fleurs») *di san Francesco,* recueil anonyme (fin du XIIIe s.) en toscan d'après les *Actes du bienheureux François* (en lat.).

François de Sales (saint) (1567 – 1622), évêque *in partibus* de Genève. Docteur de l'Église, il fonda avec Jeanne de Chantal l'ordre de la Visitation (1610). Princ. œuvres : *Introduction à la vie dévote* (1604), *Traité de l'amour de Dieu* (1616).

François Xavier (saint) (François de Jassu) (1506 – 1552), jésuite espagnol; fondateur de missions chrétiennes en Inde portugaise, à Malacca et au Japon.

ALLEMAGNE

François Ier de Habsbourg (1708 – 1765), empereur du Saint Empire (1745-1765); père de Marie-Antoinette, reine de France. — **François II** (1768 – 1835), dernier empereur germanique (1792-1806); il prit (1804) le titre d'empereur héréditaire d'Autriche (François Ier). Sa fille Marie-Louise épousa Napoléon en 1810.

FRANCE

François Ier (1494 – 1547), roi de France de 1515 à 1547. Fils de Charles d'Angoulême et de Louise de Savoie, il succéda à son beau-père, Louis XII. Il occupa le Milanais (après la victoire de Marignan, 1515), puis signa avec les cantons suisses la *Paix perpétuelle* et avec le pape le concordat de Bologne (1516). À partir de 1521, il affronta Charles Quint, son rival victorieux à l'élection impériale de 1519. D'abord mal engagée (défaite de Pavie, 1525; traité de Madrid, 1526, par lequel François perdait le Milanais et la Bourgogne), la lutte reprit et aboutit à la *paix de Crépy* (1544) : François Ier abandonnait la Savoie, le Piémont et sa suzeraineté sur l'Artois et les Flandres, mais recouvrait la Bourgogne. Son règne fit progresser l'absolutisme royal et assura le développement de l'économie. L'*ordonnance de Villers-Cotterêts* (1539) substitua le français au latin dans les jugements et actes notariés. Tolérant avec les protestants, le roi protégea les savants, les écrivains (Marot, Rabelais), fit construire ou modifier de nombr. châteaux (Chambord, Fontainebleau, Louvre), attirant en France des artistes italiens (notam. Léonard de Vinci). — **François II** (1544 – 1560), roi de France (1559-1560); fils aîné d'Henri II et de Catherine de Médicis, qui le domina.

François (Samson) (1924 – 1970), pianiste français.

François-Ferdinand de Habsbourg (1863 – 1914), archiduc d'Autriche; neveu et héritier de l'empereur François-Joseph. Son assassinat à Sarajevo (28 juin 1914) précipita la guerre de 1914-1918.

François-Joseph (terre), archipel de Russie, dans l'océan Glacial arctique, découvert par des marins autrichiens (1872); 20000 km².

François-Joseph Ier (1830 – 1916), empereur d'Autriche (1848-1916) et roi de Hongrie (1867-1916). Il succéda à son oncle Ferdinand Ier. Il fut vaincu par Napoléon III (perte de la Lombardie, 1859), puis par la Prusse (en 1866, après la défaite de Sadowa : perte de la Vénétie et fin de la Confédération germanique, créée en 1815). Il se rapprocha de l'Allemagne (1879-1882) et annexa la Bosnie-Herzégovine (1908). Contre la montée des nationalismes, il institua (compromis de 1867) une monarchie austro-hongroise (bicéphale). L'irritation des minorités précipita la guerre de 1914-1918.

francolin [fʀɑ̃kɔlɛ̃] n. m. ORNITH Oiseau galliforme (genre *Francolinus*), voisin des perdrix, commun dans les savanes d'Afrique. Syn. cour. perdrix.

franco-mauricien, enne [fʀɑ̃ko moʀisjɛ̃, ɛn] adj. et n. Relatif aux Mauriciens d'origine européenne, le plus souvent française. ▷ Subst. *Des Franco-Mauriciens.*

Franconie (en all. *Franken*), anc. région de l'Empire germanique, l'un de ses premiers duchés (840), situé entre le Main et le Danube; cap. Nuremberg.

franco-ontarien, enne [fʀɑ̃koɔ̃taʀ jɛ̃, ɛn] adj. et n. Relatif aux francophones de l'Ontario. ▷ Subst. *Des Franco-Ontariens.*

francophile [fʀɑ̃kofil] adj. et n. Qui éprouve ou marque de l'amitié pour la France et les Français. ▷ Subst. *Un(e) francophile.*

francophilie [fʀɑ̃kofili] n. f. État d'esprit, attitude du francophile.

francophobe [fʀɑ̃kofɔb] adj. et n. Qui éprouve ou marque de l'hostilité à l'égard de la France et des Français. ▷ Subst. *Un(e) francophobe.*

francophobie [fʀɑ̃kofɔbi] n. f. État d'esprit, attitude du francophobe.

francophone [fʀɑ̃kofɔn] adj. et n. **1.** Qui parle habituellement le français comme langue maternelle, officielle ou véhiculaire (au moins dans certaines situations de communication). *Les Africains francophones.* ▷ Subst. *Les francophones belges.* – *Les francophones hors Québec :* les Canadiens francophones autres que les Québécois. **2.** (En parlant d'un groupe, d'une région.) Où le français est en usage même si tous les individus ne le pratiquent pas. *La minorité francophone de l'Ontario.* ▷ Qui est d'expression française. *Les littératures francophones. Communautés francophones.* **3.** Relatif à la francophonie (sens 2). *Sommet francophone.* – *Espace francophone :* ensemble constitué par les pays et les gouvernements ayant le français en partage (V. encycl. francophonie).

francophonie [fʀɑ̃kofɔni] n. f. **1.** Caractère francophone. *La francophonie de Bruxelles.* **2.** Ensemble constitué par les populations francophones. *La francophonie dans le monde.* **3.** Ensemble géoculturel fondé sur l'usage du français comme langue commune et partageant une communauté de valeurs et d'intérêts. **4.** (Souvent employé avec une majuscule.) Ensemble des institutions constituées dans un esprit de concertation et de coopération multilatérales et regroupant, outre des pays francophones, des pays ouverts à l'action de la francophonie (sens 3).

ENCYCL Les origines. – Les mots *francophone* et *francophonie* apparurent en 1880, encadrés de guillemets, sous la plume de l'essayiste français Onésime Reclus (1837-1916), qui, pour la première fois, émit l'idée d'un regroupement des populations selon un critère d'utilisation de la langue française tenant compte des relations géographiques. Le premier sens de la francophonie était donc né, bien qu'il restât inaperçu. Remise à l'honneur par L. S. Senghor en 1960 (dans un numéro spécial de la revue *Esprit*), la notion de francophonie fut un temps concurrencée par celle de francité*, que l'on doit également à L. S. Senghor, mais finit par s'imposer. Il est reconnu que les soubassements de la francophonie correspondent à la volonté principalement africaine de créer une communauté solidaire entre les anciennes colonies et la France. Ce désir fit l'objet de diverses négociations. Les États nouvellement indépendants pouvaient redouter le néocolonialisme; de son côté, le général de Gaulle voulait éviter à la France, dont la Seconde Guerre mondiale avait diminué la puissance, une trop lourde responsabilité économique. S'il reste vrai que des chefs d'État tels que L. S. Senghor, H. Diori, H. Bourguiba et, dans un autre contexte historique, Norodom Sihanouk peuvent être considérés comme les pères fondateurs de la Francophonie, celle-ci ne s'institua que lentement dans sa dimension politique. Tournant le dos à tout néocolonialisme malgré les présomptions inhérentes à ses conditions d'émergence historique, la Francophonie prit un premier essor dans les années 1960 en tant que processus culturel, à la faveur d'initiatives individuelles ou collectives, d'associations privées ou publiques (O.N.G.); sa notion globalisante servit utilement la vision humaniste d'une culture francophone médiatrice plutôt que dominatrice, favorable à la reconnaissance du dialogue des cultures à travers la langue française, qu'on considérait déjà comme un moyen d'échange et de communication en faveur de la coopération et du développement. Un ensemble de structures institutionnelles se sont progressivement créées dans le cours des deux décennies qui suivirent l'accession des États africains à l'indépendance. Ces structures favorisèrent la constitution d'un espace de solidarité entre le Nord et le Sud.

Les étapes de la Francophonie institutionnelle. – Pour que la francophonie (ou Francophonie) prenne réellement corps, il fallait que des actes politiques manifestent la volonté collective des pays d'expression française de participer à la même «communauté d'espérance et de destin» (L. S. Senghor). En 1960, ces pays (notam. ceux qui cette même année avaient accédé à l'indépendance) créèrent la *Conférence* des ministres de l'Éducation nationale des pays ayant en commun l'usage du français* (Confémen); en 1961, l'*Association* des universités partiellement ou entièrement de langue française* (AUPELF); en 1966, le *Haut Comité de la langue française* (devenu ensuite la *Délégation* générale à la langue française*). En 1967, l'*Association* internationale des parlementaires de langue française* (A.I.P.L.F.) se constitua à Luxembourg. En 1969, se tint la première Conférence des États francophones (sous le patronage d'André Malraux, ministre français des Affaires culturelles) à Niamey. La même année, la *Conférence* des ministres de la Jeu-*

nesse et des Sports (Conféjes) était créée pour assurer la promotion et la protection de la jeunesse. En 1970, l'*Agence* de coopération culturelle et technique* (A.C.C.T.), agence intergouvernementale, fut créée à l'initiative de l'*Organisation commune africaine et malgache* (OCAM), fondée en 1966. (En 1993, tout en gardant son sigle A.C.C.T., elle est devenue l'*Agence de la Francophonie.*) En 1973, le premier sommet franco-africain se tint à Paris. En 1984 fut créé le *Haut Conseil de la francophonie* et la chaîne internationale câblée *TV5* fut lancée. En 1986, la *Conférence des chefs d'État et de gouvernement des pays ayant en commun l'usage du français,* plus simplement désignée par l'expression de «Sommet francophone», ou même de «Sommet», se réunit pour la première fois à Versailles et à Paris, rendant ainsi officielle la dimension politique de la Francophonie. Elle tint une session en 1987 au Québec, avant d'adopter un rythme bisannuel (1989 : Dakar; 1991 : Paris; 1993 : Maurice; 1995 : Cotonou; 1997 : Hanoi).

Les institutions. – Consciente des liens que crée le partage de la langue française entre les États et gouvernements, qui ont adhéré au Sommet francophone, la Francophonie a, depuis 1987, structuré davantage son dispositif institutionnel et constitué ses actions en un véritable «projet francophone». Les instances de la Francophonie sont les suivantes : la *Conférence des chefs d'État et de gouvernement des pays ayant le français en partage* (le «Sommet» : voir ci-dessus); la *Conférence ministérielle de la Francophonie,* constituée des ministres ayant en charge la Francophonie; le *Conseil permanent de la Francophonie* (C.P.F.), qui assure depuis 1993 la préparation et le suivi des Sommets sur le plan politique; l'*Agence* de la Francophonie* (A.C.C.T.), opérateur principal; les opérateurs directs et reconnus par le Sommet : l'*Agence* francophone pour l'enseignement supérieur et la recherche* (AUPELF-UREF), dont le siège est à Montréal et qui œuvre au développement de la «francophonie scientifique» (c'est-à-dire au développement de la recherche et de l'enseignement supérieur en langue française) au moyen de l'*Université des réseaux d'expression française* (UREF), qui constitue l'Université mondiale de la Francophonie; le consortium des télévisions francophones *TV5,* avec ses composantes européenne, nord-américaine et africaine; l'*Association* internationale des maires et responsables des capitales et métropoles partiellement ou entièrement francophones* (A.I.M.F.); l'*université* Senghor,* université internationale de langue française implantée à Alexandrie. Les instances du «Sommet» permettent d'identifier régulièrement les besoins et attentes de la communauté francophone (grâce au Conseil permanent de la Francophonie) et de déterminer en conséquence les programmes d'action dont l'exécution est ensuite confiée pour l'essentiel aux opérateurs. La Charte de la Francophonie adoptée à Marrakech en décembre 1996 prévoit, en outre, un Secrétariat général de la Francophonie qui sera dirigé par un Secrétaire général; élu pour quatre ans par les chefs d'État et de gouvernement, celui-ci sera responsable de toutes les instances de la Francophonie. Par ailleurs, les «Sommets» soutiennent directement une dizaine d'organismes publics ou privés, comme la *Conférence* des ministres de l'Éducation des pays ayant en commun l'usage du français* (Confémen), la *Conférence* des ministres de la Jeunesse et des Sports des pays d'expression française* (Conféjes), la *Conférence des ministres de l'Enseignement supérieur et de la Recherche* des pays ayant le français en partage (Conférner). Parallèlement à l'internationalisation de la politique francophone, les États et gouvernements qui participent aux «Sommets» ont pour la plupart mis en place des institutions nationales ayant compétence ou vocation pour intervenir dans l'exécution et le suivi des politiques francophones.

Les membres. – Le «Sommet francophone» regroupe aujourd'hui 49 États et gouvernements : le royaume de Belgique, la république du Bénin, la république de Bulgarie, la république démocratique et populaire du Burkina Faso, la république du Burundi, le royaume du Cambodge, la république du Cameroun, le Canada, le gouvernement du Nouveau-Brunswick, le gouvernement du Québec, la république du Cap-Vert, la République centrafricaine, la Communauté française de Belgique, la république fédérale islamique des Comores, la république du Congo, la république démocratique du Congo, la république de Côte d'Ivoire, la république de Djibouti, le Commonwealth de la Dominique, la république arabe d'Égypte, la République française, la république du Gabon, la république de Guinée, la république de Guinée-Bissau, la république de Guinée équatoriale, la république d'Haïti, la république démocratique et populaire du Laos, la république du Liban, le grand-duché de Luxembourg, la république de Madagascar, la république du Mali, le royaume du Maroc, la république de Maurice, la république islamique de Mauritanie, la république de Moldavie, la principauté de Monaco, la république du Niger, la république de Roumanie, la république du Rwanda, la république démocratique de Saint-Thomas-et-Prince (São Tomé et Principe), Sainte-Lucie, la république du Sénégal, la république des Seychelles, la Confédération suisse, la république du Tchad, la république du Togo, la république de Tunisie, la république du Vanuatu, la république populaire du Viêt-nam. V. cartes et dossiers, p. 1380 à p. 1520.

Stratégies et enjeux de la Francophonie dans le contexte mondial. – Le projet francophone est centré sur de grandes préoccupations qui se posent à l'échelle du monde à l'aube du XXIe siècle. Il se propose d'apporter des réponses sur les plans politique, économique, technologique et culturel. Ce dernier aspect apparaît capital aux instances de la Francophonie, qui entendent exploiter le lien existant entre ses membres pour assurer la paix, le développement, la démocratie, la défense des droits de l'homme. Le rapprochement des peuples et le renforcement de leur solidarité par des actions de coopération multilatérale devront favoriser l'essor de leurs économies. La dimension de la Francophonie a donc sensiblement changé depuis la création du Sommet. Son nouveau dispositif institutionnel, confirmé à Cotonou (1995), et son programme sont destinés à accroître son efficacité. De simplement culturelle, la Francophonie devient aussi politique, scientifique, économique. Forte de 49 membres, elle vise à développer les alliances et les intérêts communs dans tous les secteurs de l'activité humaine : éducation, formation, relance du français scientifique, technologies au service des langues et du plurilinguisme, vulgarisation des savoirs par les médias, dynamisation des industries de la langue et de la culture. Par une politique volontariste, elle entend investir le champ stratégique des nouvelles technologies de l'information et de la communication : connexion des pays francophones du Sud, productions didactiques et culturelles en français, politique de francisation des logiciels et mise en place de réseaux électroniques francophones (V. REFER) permettant à ses langues, le français et les langues partenaires, d'être véhiculées sur les réseaux*. Cet élan s'accompagne d'une volonté de spécifier les actions de coopération multilatérale en vue de répondre aussi bien aux besoins de proximité des communautés en rapport avec la diversité des cultures, au développement et au désenclavement des États qu'à l'intégration économique régionale et générale. Ses programmes, confiés aux opérateurs, circonscrivent cinq grands domaines mobilisateurs : un espace de savoir et de progrès, un espace de culture et de communication, un espace de liberté et de démocratie, un espace économique pour le développement, un espace réservé à la Francophonie dans le monde. D'un point de vue géopolitique, la Francophonie entend constituer elle-même une médiation entre les grands ensembles économiques et les nouveaux empires industriels à l'échelle de la planète. L'espace économique francophone représente un marché potentiel de 500 millions de personnes (12 % de la production mondiale, 18 % des échanges commerciaux internationaux) et un P.N.B. de 14000 milliards de francs français. Une charte de l'entreprise francophone et un label francophone doivent contribuer à développer les échanges commerciaux et favoriser l'usage du français comme langue de travail dans les entreprises. Dans un tel contexte, la nature pluriculturelle de la Francophonie constitue sans aucun doute sa force principale dans le concert international.

Plurilinguisme et francophonie. – Le plurilinguisme de la Francophonie constitue une réalité importante. L'espace francophone comprend environ 2000 langues, réparties sur les cinq continents. Dans cet ensemble hétérogène, on constate l'existence de diverses variétés de langue française, nées de l'histoire, de la société, de la volonté politique et des contacts avec une multitude de langues (V. encycl. français). Les particularités lexicales du français, dont notre dictionnaire tient compte dans une perspective d'ouverture aux usages et aux cultures des communautés francophones, participent de cette diversité. La politique linguistique (instrumentalisation, normalisation, traduction, enseignement, aménagement linguistique) se trouve inscrite au cœur du projet francophone. Elle est amenée à étayer la langue française et les langues partenaires de l'espace francophone, constituant le véhicule par lequel son projet global doit s'exprimer. Les programmes d'enseignement du et en français, depuis les classes bilingues jusqu'aux filières universitaires francophones et aux instituts internationaux de formation, mis en place dans l'espace francophone, s'inscrivent dans cette stratégie du multilinguisme. En mettant en avant le pluralisme linguistique et culturel, la Francophonie affirme son projet de société et vise à proposer une solution autre que l'uniformisation due à la mondialisation industrielle et commerciale.

francophonisé, ée [fʀɑ̃kofɔnize] adj. (Djibouti) Syn. de *civilisé.*

franco(-)provençal, ale, aux [fʀɑ̃kopʀovɑ̃sal, o] n. m. et adj. Ensemble des dialectes du domaine galloroman parlés du Lyonnais au Val d'Aoste et à la Suisse romande, intermédiaire entre les dialectes d'oc et les dialectes d'oïl. ▷ adj. Du francoprovençal. (V. encycl. roman.)

franco-russe (alliance), alliance militaire et économique négociée entre 1891 et 1893 par la France et la Russie.

franc-parler [fʀɑ̃paʀle] n. m. Franchise de langage (de celui qui dit tout haut et sans ménagement ce qu'il pense). *Avoir son franc-parler. Des francs-parlers.*

Francs, peuplade germanique et païenne qui apparut sur les bords du Rhin au IIIe s. On distingue traditionnellement les *Francs Ripuaires,* établis primitivement sur la rive droite du Rhin, et les *Francs Saliens,* qui s'installèrent entre le Rhin et l'Escaut. Les uns et les autres profitèrent de la décomposition de l'Empire romain, au IVe s., pour progresser vers le sud. Clovis, petit-fils de Mérovée et souverain d'un petit royaume franc entre la Normandie et la Champagne, battit en 486 Syagrius, dernier représentant de l'autorité romaine en Gaule, se convertit au christianisme en 496, conquit une grande partie de la Gaule et fonda la dynastie mérovingienne. Après sa mort (511), le royaume franc se fragmenta. Les Carolingiens reconstituèrent son unité au VIIIe s. et, avec l'appui de l'Église, Charlemagne porta la puissance franque à son plus haut niveau. Mais les coutumes successorales des Francs aboutirent au partage de l'Empire carolingien.

franc-tireur [fʀɑ̃tiʀœʀ] n. m. **1.** Combattant qui n'appartient pas à une unité régulière. **2.** Fig. Personne agissant de façon indépendante, par rapport à un groupe. *Des francs-tireurs.*

frangache [fʀɑ̃gaʃ] n. m. (Madag.) Plaisant Discours métissé, mélangeant français et malgache.

frange [fʀɑ̃ʒ] n. f. **1.** Bande d'étoffe à filets retombants qui sert d'ornement. *Frange de soie.* ▷ Fig. *Frange d'écume des vagues.* **2.** Cheveux retombant sur le front et coupés en ligne droite. Syn. (Belgique, vieilli; Guad.) capoule, (Mart.) chien, (Belgique, Luxembourg) chienne(s). **3.** PHYS *Franges d'interférence :* bandes alternativement brillantes et sombres qui résultent de l'interférence de rayons lumineux provenant de sources distinctes. **4.** Fig. Ce qui est au bord ou marginal, et, par ext., indistinct, vague. *Frange du souvenir.* **5.** Petit groupe marginal. *Une frange de séditieux.*

frangeant [fʀɑ̃ʒɑ̃] adj. m. GEOGR *Récifs frangeants :* récifs coralliens bordant la côte.

franger [fʀɑ̃ʒe] v. tr. [13] **1.** COUT Garnir d'une frange. *Franger une robe.* **2.** Border. *Récifs qui frangent une côte.*

Frangié (Soleiman) (1910 – 1992), homme politique libanais. Issu d'une grande famille maronite, il fut président de la République (1970-1976). En 1975, il soutint l'intervention syrienne contre les Palestiniens. D'abord allié de P. Gemayel et C. Chamoun, il rompit avec la droite chrétienne après l'assassinat de son fils par les milices de P. Gemayel (1978) et rejoignit les forces du chef druze W. Joumblatt.

frangin, ine [fʀɑ̃ʒɛ̃, in] n. Fam. Frère, sœur.

frangipane [fʀɑ̃ʒipan] n. f. **1.** Cour. Crème aux amandes. **2.** BOT Fruit du frangipanier.

frangipanier [fʀɑ̃ʒipanje] n. m. Arbuste tropical (fam. apocynacées) dont les fleurs groupées en cyme sont très odoriférantes.

franglais [fʀɑ̃glɛ] n. m. Français mêlé d'anglicismes. *«Parlez-vous franglais?», ouvrage de René Étiemble* (1964).

Frank (Robert) (né en 1924), photographe suisse installé aux É.-U. dep. 1947. Il montre dans New York (*les Américains,* 1958) un univers de solitude et de dérision. Cinéaste, il a réalisé *Me and my brother* (1968).

Frank (Anne) (1929 – 1945), jeune Juive allemande émigrée aux Pays-Bas en 1933. Elle écrivit, de 1942 à 1944, alors que sa famille et elle-même se cachaient pour échapper aux nazis, un journal, publié en 1947.

Frankétienne (Frank Étienne, dit) (né en 1936), écrivain haïtien. Poète (*Au fil du temps,* 1963). Romancier (*Mûr à crever,* 1968), il a écrit un roman créole, *Dézafi* (1975).

Franklin (Benjamin) (1706 – 1790), physicien, philosophe et homme politique américain. Il inventa le paratonnerre en 1752. Élu au premier Congrès des É.-U., il participa à la rédaction de la *Déclaration d'indépendance* (1776). Ambassadeur en France, il conclut le traité d'alliance (1778). Il est l'auteur d'essais et de *Mémoires* (1771).

franquette (à la bonne) [alabɔnfʀɑ̃kɛt] loc. adv. Fam. Sans faire de façons, simplement.

Franquin (André) (1924 – 1997), dessinateur belge; auteur de bandes dessinées : *Spirou* (personnage créé en 1946), *Marsupilami* (créé en 1952), *Gaston Lagaffe* (créé en 1957), etc.

franquisme [fʀɑ̃kism] n. m. Doctrine politique du général Franco et des partisans du régime politique qu'il fonda en 1939 en Espagne.

franquiste [fʀɑ̃kist] n. et adj. Partisan du général Franco et de sa doctrine.

fransaskois, oise [fʀɑ̃saskwa, waz] adj. et n. Relatif aux francophones de la province de Saskatchewan. ▷ Subst. *Un(e) Fransaskois(e).*

fransquillon [fʀɑ̃skijɔ̃] n. m. (Belgique) Péjor. Personne (en partic. Flamand(e)) qui fransquillonne (sens 1 et 2).

fransquillonner [fʀɑ̃skijɔne] v. intr. [1] (Belgique) Péjor. **1.** Affecter de parler le français en Flandre (plutôt que le néerlandais). **2.** Parler le français avec un accent pointu (signe d'affectation).

franwolof [fʀɑ̃wɔlɔf] n. m. (Cour. en Afr. subsah.) LING Discours mélangeant le français et le wolof.

frappant, ante [fʀapɑ̃, ɑ̃t] adj. **1.** Qui fait une vive impression. **2.** Qui est d'une évidence incontestable. *Une coïncidence frappante.*

frappe [fʀap] n. f. **1.** TECH Action de frapper les monnaies. ▷ Empreinte effectuée sur les monnaies. ▷ Action de dactylographier. *Faute de frappe.* **2.** SPORT Manière de frapper. *La frappe d'un boxeur.* **3.** MILIT *Force de frappe :* V. force.

frappement [fʀapmɑ̃] n. m. Action de frapper.

frapper [fʀape] v. tr. [1] **1.** Donner un ou plusieurs coups. *Son père l'a frappé. Le marteau frappe l'enclume.* ▷ v. intr. *Frapper dans ses mains.* – *Frapper à la porte,* pour se faire ouvrir. Syn. (Belgique, France rég.) toquer. **2.** Blesser. *Frapper qqn à mort,* le blesser mortellement. **3.** Tomber sur. *Lumière qui frappe un objet.* **4.** TECH Marquer d'une empreinte. *Frapper des médailles. Frapper la monnaie.* ▷ Pp. adj. *Frappé :* rafraîchi par de la glace. *Café frappé.* **5.** Atteindre d'un mal. *Malheur qui frappe une famille. Être frappé d'apoplexie.* ▷ Soumettre à une taxe, etc. *Frapper une marchandise de droits d'entrée.* **6.** Atteindre d'une impression vive. *Frapper la vue, l'esprit.* – Étonner, saisir. *J'ai été frappé de leur ressemblance.* **7.** v. pron. Fam. S'inquiéter exagérément.

frappeur, euse [fʀapœʀ, øz] adj. et n. **1.** adj. Qui frappe. ▷ *Esprit frappeur,* qui, selon les spirites, se manifeste en frappant des coups. **2.** n. SPORT Au base-ball, à la balle-molle, joueur qui se tient près du marbre, en position de frapper la balle que lui envoie le lanceur de l'équipe adverse.

fraqué [fʀake] n. m. V. fraké.

Fraser (le), fl. du Canada (Colombie britannique), nommé ainsi en l'honneur de Simon Fraser (1776 – 1862), explorateur canadien; 1 200 km. Né dans les montagnes Rocheuses, il se jette au sud de Vancouver.

frasil [fʀazi] n. m. (Québec) Cristaux de glace accumulés dans un cours d'eau. *Frasil qui obstrue l'embouchure d'un canal.*

frasque [fʀask] n. f. Écart de conduite. *Frasques de jeunesse.*

Fratellini (les), famille de clowns d'origine italienne. — **Louis** (1868 – 1909). — **Paul** (1877 – 1940), **François** (1879 – 1951), **Albert** (1885 – 1961), tous fils de **Gustave** (1842 – 1902), formèrent en France un célèbre trio.

fraternel, elle [fʀatɛʀnɛl] adj. **1.** Qui a rapport aux liens unissant des frères, des sœurs. *Amour fraternel.* **2.** Qui rappelle les sentiments unissant des frères. *Amitié fraternelle.* ▷ (Personnes) *Il a été très fraternel avec moi.*

fraternellement [fʀatɛʀnɛlmɑ̃] adv. De façon fraternelle.

fraternisation [fʀatɛʀnizasjɔ̃] n. f. Action de fraterniser.

fraterniser [fʀatɛʀnize] v. intr. [1] **1.** Adopter un comportement fraternel. *Ils ont tout de suite fraternisé.* **2.** Faire acte de fraternité, de solidarité, en cessant toute hostilité. *Fraterniser avec l'ennemi.*

fraternité [fʀatɛʀnite] n. f. Union fraternelle entre les hommes, sentiment de solidarité qui les unit. *Liberté, Égalité, Fraternité :* devise de la République française.

Fraternité républicaine irlandaise, association secrète fondée en 1858 parmi les Irlandais immigrés aux É.-U. et au Canada. Elle se proposait d'organiser en Irlande la lutte armée pour l'indépendance. À la fin des années 1860, cette organisation agit en Irlande même, puis ses membres, les *fenians*, se fondirent dans le Sinn* Fein.

1. fratricide [fRatRisid] n. m. Meurtre du frère ou de la sœur.

2. fratricide [fRatRisid] n. et adj. **1.** n. Personne qui tue son frère ou sa sœur. **2.** adj. *Lutte, guerre fratricide,* entre membres d'une communauté.

fratrie [fRatRi] n. f. Didac. Ensemble des enfants ayant un ou deux parents en commun.

fraude [fRod] n. f. **1.** Action faite de mauvaise foi, pour tromper. **2.** Falsification punie par la loi. *Service de répression des fraudes.* – Par ext. *Fraude fiscale, électorale.* **3.** Action de soustraire des marchandises aux droits de douane. *Passer des cigarettes en fraude.*

frauder [fRode] v. [1] **1.** v. tr. Tromper par la fraude. *Frauder la douane, le fisc.* ▷ Vx (Cour. en Belgique) Introduire en fraude. *Frauder du tabac, de l'alcool.* **2.** v. intr. Commettre une fraude. *Frauder sur une marchandise.*

fraudeur, euse [fRodœR, øz] n. Personne qui fraude.

frauduleusement [fRodyløzmɑ̃] adv. De façon frauduleuse; en fraude.

frauduleux, euse [fRodylø, øz] adj. Entaché de fraude. *Contrat frauduleux.*

Frauenfeld, v. de Suisse; ch.-l. du cant. de Thurgovie; 18800 hab. Industr. mécaniques et textiles. – Château du XIIIe s. (partiellement).

Fraunhofer (Josef von) (1787 – 1826), physicien allemand; il étudia notam. les raies sombres du spectre solaire.

frayer [fReje] v. [21] **I.** v. tr. Ouvrir, tracer (un chemin). *Frayer un passage dans la foule.* ▷ v. pron. (Réfl. indirect.) *Se frayer un chemin.* **II.** v. intr. **1.** En parlant des poissons, pondre les œufs ou les féconder. **2.** Fréquenter. *Il fraie avec la canaille.*

frayère [fRejeR] n. f. ZOOL Lieu de ponte des poissons.

frayeur [fRejœR] n. f. Crainte vive et passagère, en général sans fondement.

Frazer (sir James George) (1854 – 1941), ethnologue écossais. Il étudia les croyances religieuses : *le Rameau d'or* (12 vol., 1890-1915).

Fréchette (Louis) (1839 – 1908), poète québécois d'inspiration romantique : *Mes Loisirs* (1863), *Pêle-Mêle* (1877), *la Légende d'un peuple* (1887). Prose : *Originaux et Détraqués* (contes, 1892), *Mémoires intimes* (posth., 1961). Théâtre : *Veronica* (en vers, 1908).

fredaine [fRədɛn] n. f. (Surtout plur.) Écart de conduite sans gravité.

Frédégonde (545 – 597), troisième femme de Chilpéric Ier, roi des Francs de Neustrie. Elle fit assassiner la deuxième épouse et deux fils de Chilpéric et affronta Brunehaut, reine d'Austrasie.

ALLEMAGNE

Frédéric Ier Barberousse (1122 – 1190), empereur du Saint Empire romain germanique (1152-1190). Il visa une autorité universelle, ce qui impliquait la soumission de l'Église à ses volontés, la victoire sur la féodalité allemande et sur les villes italiennes. Il se fit couronner empereur à Rome (1155), assujettit Milan et la Lombardie, mais le pape Alexandre III réunit contre lui toutes les villes de l'Italie du Nord. Vaincu à Legnano (1177), il dut reconnaître l'autonomie des villes ital. (paix de Constance, 1183). En Allemagne, il brisa son princ. ennemi, Henri le Lion, duc de Saxe et de Bavière (1180), dont il confisqua les domaines. Il prit la tête de la 3e croisade, mais se noya en Turquie d'Asie. — **Frédéric II** (1194 – 1250), roi de Sicile (1197-1250), empereur du Saint Empire (1220-1250). Cultivé, sceptique, il se dressa contre la papauté, qui l'excommunia (1227 et 1239). Il participa néanmoins à une croisade et se fit proclamer roi de Jérusalem (1229). Innocent IV le déposa au concile de Lyon (1245). — **Frédéric III** (1415 – 1493), empereur germanique de 1440 à 1493. Il perdit la Bohême et la Hongrie

DANEMARK ET NORVÈGE

Frédéric III (1609 – 1670), roi de Danemark et de Norvège (1648-1670). À l'issue d'une nouvelle guerre contre la Suède, il perdit la Scanie et le Halland. À l'intérieur, il renforça l'absolutisme.

PRUSSE

Frédéric Ier (1657 – 1713), fils du Grand Électeur Frédéric-Guillaume; Électeur de Brandebourg (1688), puis premier roi de Prusse (1701-1713). Il prit part aux guerres contre la France et la Suède. — **Frédéric II le Grand** ou **l'Unique** (1712 – 1786), fils de Frédéric-Guillaume Ier; roi de Prusse (1740-1786). Esprit éclairé, ami des philosophes, mais élevé militairement par son père, il agrandit et modernisa la Prusse. Entraîné dans la guerre de la Succession d'Autriche (1740-1748), il occupa la Silésie (1741), qu'il annexa (1745). Il prit part, allié à l'Angleterre, à la guerre de Sept Ans (1756-1763). En 1772, il prit à la Pologne la Prusse occidentale (moins Toruń et Dantzig). À l'intérieur, il unifia, industrialisa et militarisa son pays. Il laissa une abondante œuvre litt. écrite en français et plus tard traduite en allemand : plus de 40000 vers, comédies, adaptations de tragédies de Racine et Voltaire pour l'opéra, écrits hist. et philo. — **Frédéric III** (1831 – 1888), fils de Guillaume Ier; empereur allemand et roi de Prusse en 1888

Frédéric-Guillaume, dit *le Grand Électeur* (1620 – 1688), Électeur de Brandebourg (1640) et duc de Prusse. Il créa l'État prussien, qu'il peupla, unifia et dota d'une bonne armée. Il vainquit les Suédois à Fehrbellin (1675).

Frédéric-Guillaume Ier, dit *le Roi-Sergent* (1688 – 1740), fils de Frédéric Ier de Prusse; roi de Prusse (1713-1740). Il accrut la puissance de l'armée. — **Frédéric-Guillaume II** (1744 – 1797), neveu de Frédéric II le Grand; roi de Prusse (1786-1797). Il combattit la Révolution française, mais, vaincu à Valmy, il céda à la France ses possessions de la rive gauche du Rhin (1795). En 1793-1795, il annexa Dantzig et Varsovie. — **Frédéric-Guillaume III** (1770 – 1840), fils du préc.; roi de Prusse (1797-1840). Vaincu par Napoléon Ier, il perdit la moitié de ses États (paix de Tilsit, 1807), que lui restitua le traité de Vienne (1815). — **Frédéric-Guillaume IV** (1795 – 1861), fils du préc.; roi de Prusse (1840-1861). Il accorda une Constitution (1848). Atteint de démence, il laissa la régence à son frère Guillaume Ier (1857).

Fredericton, v. du Canada, sur la riv. Saint-Jean; 46460 hab.; cap. du Nouveau-Brunswick. Marché agricole; commerce des bois. – Universités.

fredonner [fRədɔne] v. tr. et intr. [1] Chanter à mi-voix, sans ouvrir la bouche. Syn. (Belgique) muser.

free-jazz [fRidʒaz] n. m. inv. Courant de la musique de jazz qui privilégie l'improvisation.

free-lance [fRilɑ̃s] adj. et n. (Anglicisme) Qui travaille de façon indépendante. *Une journaliste free-lance.* ▷ Subst. *C'est un(e) free-lance. Des free-lances.* – *Le free-lance,* ce type de travail.

freesia [fRezja] n. m. Plante bulbeuse (fam. iridacées) aux fleurs odorantes en forme de trompette.

Freetown, cap. et port de Sierra Leone, sur l'Atlantique, à la pointe de la péninsule du m. nom; 500000 hab. Port de voyageurs et de commerce. Aéroport de Lungi. Industries. Travail du diamant. Université. Musée national. – Freetown (en angl. «ville libre») fut fondé en 1787 pour recevoir des esclaves africains libérés et rapatriés d'Amérique.

freezer [fRizœR] n. m. (Anglicisme) Compartiment d'un réfrigérateur où la température est inférieure à 0 °C.

frégate [fRegat] n. f. **1.** Anc. Bâtiment de guerre à trois mâts. ▷ Mod. Bâtiment de guerre rapide, destiné à l'escorte des porte-avions. **2.** ORNITH Oiseau pélécaniforme des mers tropicales (genre *Fregata*), au plumage sombre et à la queue fourchue, dont les mâles possèdent un sac gonflable rouge vif sous le bec.

Frege (Gottlob) (1848 – 1925), mathématicien allemand, le père de la logique moderne.

Fregoli (Leopoldo) (1867 – 1936), acteur, chanteur, et surtout mime et illusionniste italien.

Fréhel (Marguerite Boulch, dite) (1891 – 1951), chanteuse française : *la Java bleue.*

frein [fRɛ̃] n. m. **1.** Vx Mors. ▷ Loc. fig. *Ronger son frein :* contenir difficilement son ressentiment, son impatience. **2.** Fig., litt. Ce qui retient un élan excessif. *Mettre un frein à ses passions.* **3.** ANAT Membrane qui bride ou retient certains organes. *Frein de la langue.* **4.** Organe servant à réduire ou à annuler l'énergie cinétique d'un véhicule, d'un corps en mouvement. *La pédale de frein d'une automobile.* – *Frein à main* ou (Maurice) *frein à bras,* actionné manuellement. ▷ *Frein moteur :* action du moteur ralenti qui diminue la vitesse de rotation des roues.

freinage [fRɛnaʒ] n. m. **1.** Action des freins sur un véhicule, une machine. *Freinage puissant.* **2.** Fig. Ralentissement. *Le freinage de l'expansion économique.*

freiner [fRɛne] v. [1] **1.** v. intr. Se servir des freins pour ralentir ou arrêter un véhicule. **2.** v. tr. Fig. Ralentir (une progression, une évolution); modérer (un élan). *Freiner la hausse des prix. Rien ne peut freiner leur enthousiasme.* ▷ v. pron. Fam. Se modérer.

Freinet (Célestin) (1896 – 1966), pédagogue français; instituteur, inventeur de techniques éducatives fondées sur l'expression libre, le travail en groupe, etc.

Fréjus (col de), passage des Alpes reliant la Savoie (France) à l'Italie; 2542 m. Sous le col passent un tunnel ferroviaire (13655 m), appelé à tort «tunnel du Mont-Cenis», et un tunnel routier (12800 m).

frelaté, ée [fʀəlate] adj. Altéré par des substances étrangères. *Alcool frelaté.* ▷ Fig. Qui a perdu son naturel, corrompu. *Vie, société frelatée.*

frelater [fʀəlate] v. tr. [1] Altérer (un produit) en y mêlant des substances étrangères. *Frelater du vin.*

frêle [fʀɛl] adj. Qui semble manquer de force, de résistance ou de vitalité. *Une frêle jeune fille.* ▷ Faible. *Parler d'une voix frêle.*

FRELIMO, acronyme pour *Front de libération du Mozambique.*

frelon [fʀəlɔ̃] n. m. Grosse guêpe d'Europe brune et jaune *(Vespa crabro)* dont les piqûres, très douloureuses, peuvent être dangereuses.

freluquet [fʀəlykɛ] n. m. Péjor. Petit jeune homme vaniteux.

frémir [fʀemiʀ] v. intr. [3] **1.** (Choses) Être agité par des vibrations accompagnées d'un bruissement léger. *Feuillage qui frémit au vent. L'eau frémit avant de bouillir.* **2.** (Personnes) Trembler; avoir une réaction physique trahissant l'émotion. *Frémir d'horreur.*

frémissant, ante [fʀemisɑ̃, ɑ̃t] adj. Qui frémit. ▷ Qui s'émeut facilement. *Une sensibilité frémissante.*

frémissement [fʀemismɑ̃] n. m. **1.** Léger mouvement accompagné de bruissement. *Frémissement de l'eau qui va bouillir.* **2.** Tremblement léger dû à l'émotion. *Un frémissement d'indignation.*

french cancan [fʀɛnʃkɑ̃kɑ̃] n. m. V. cancan.

frêne [fʀɛn] n. m. Grand arbre (fam. oléacées) des régions tempérées de l'hémisphère N., à feuilles composées.

frénésie [fʀenezi] n. f. État d'exaltation violente; ardeur extrême. *Aimer avec frénésie.*

frénétique [fʀenetik] adj. Qui manifeste de la frénésie. *Applaudissements frénétiques.*

frénétiquement [fʀenetikmɑ̃] adv. D'une façon frénétique.

fréon [fʀeɔ̃] n. m. (Nom déposé.) Dérivé de composés fluorocarbonés*.

fréquemment [fʀekamɑ̃] adv. De manière fréquente, souvent.

fréquence [fʀekɑ̃s] n. f. **1.** Caractère de ce qui se répète souvent, ou de ce qui se reproduit périodiquement. *La fréquence des accidents de la route.* **2.** TECH Nombre d'observations statistiques correspondant à un événement donné. ▷ Nombre d'observations statistiques pour une classe donnée. **3.** PHYS Nombre de répétitions d'un phénomène périodique dans l'unité de temps. *La fréquence s'exprime en hertz, de symbole Hz; 1 Hz = 1 cycle/seconde. Basses fréquences,* entre 30 et 300 kHz. *Hautes fréquences,* entre 3 et 30 MHz. *La fréquence est égale à l'inverse de la période.* **4.** TELECOM *Modulation* de fréquence.*

fréquent, ente [fʀekɑ̃, ɑ̃t] adj. **1.** Qui arrive souvent, se répète. *Un usage fréquent.* **2.** (Afr. subsah.) Qui vient souvent. *Tu n'es pas très fréquent ici.*

fréquentable [fʀekɑ̃tabl] adj. Que l'on peut fréquenter.

fréquentatif, ive [fʀekɑ̃tatif, iv] adj. LING Qui exprime une idée de répétition. *Verbe fréquentatif.* ▷ n. m. *Criailler est le fréquentatif de crier.* Syn. itératif.

fréquentation [fʀekɑ̃tasjɔ̃] n. f. **1.** Action de fréquenter un lieu. *La fréquentation d'un club.* **2.** Relation sociale habituelle; personne fréquentée. *De mauvaises fréquentations.*

fréquenté, ée [fʀekɑ̃te] adj. Où il y a habituellement beaucoup de monde. *Un bar très fréquenté.* ▷ *Un endroit bien, mal fréquenté,* que fréquentent des gens convenables, peu recommandables.

fréquenter [fʀekɑ̃te] v. tr. [1] **1.** Aller souvent dans (un lieu). *Fréquenter les cafés.* **2.** Avoir de fréquentes relations avec (qqn). *Fréquenter des artistes.* ▷ Pop. Avoir pour flirt, pour ami de cœur (une personne). ▷ (Belgique; France rég., vieilli; Liban) Avoir des relations sentimentales avec (une personne) en vue d'un mariage. – (Absol.) Courtiser (sens 2). *Il fréquente depuis deux ans.* **3.** (Afr. subsah.) (Sans comp.) Aller à l'école. *Ici, beaucoup de filles ne fréquentent pas.*

frère [fʀɛʀ] n. m. **1.** Celui qui est né du même père et de la même mère *(frère germain)* ou seulement du même père *(frère consanguin)* ou de la même mère *(frère utérin).* ▷ *Frères jumeaux,* nés d'un même accouchement. ▷ *Frères de lait :* l'enfant de la nourrice et celui qu'elle nourrit du même lait. ▷ (Afr. subsah.) *Frère même mère,* utérin. *Frère même père,* consanguin. *Frère même père même mère,* germain. **2.** (Afr. subsah.) Cousin, parent de même génération. **3.** (Plur.) Fig. Les êtres humains, considérés comme ayant la même origine. *Tous les hommes sont frères.* **4.** Personne unie à une autre par des liens étroits. – *Frères d'armes :* compagnons de combat. – *Faux frère :* celui qui trahit ses compagnons, ses amis. ▷ Membre de certains ordres religieux. – *Frère prêcheur :* dominicain. – *Spécial.* Religieux non prêtre. *Frère lai, frère convers.* **5.** (En appos.) Fig. Chose considérée comme naturellement unie à une autre. *Des pays frères.*

Frère-Orban (Hubert Joseph Walthère) (1812 – 1896), homme politique belge du parti libéral. Président du Conseil (1868-1870 et 1878-1884), il fit voter en 1879 la laïcité de l'enseignement, ce qui entraîna la rupture des relations diplomatiques entre la Belgique et le Vatican (1880).

Frères musulmans (les), mouvement islamiste sunnite créé en 1928 par Hassan al-Banna, à Ismaïlia (Égypte). Panarabe, anti-occidental, anticolonialiste et anticommuniste, le mouvement, à partir de 1943, commit des attentats contre des officiels égyptiens. En oct. 1981, il assassina le président Sadate. Dans le monde arabe, le mouvement dispose aujourd'hui d'un vaste réseau d'adeptes.

frérot [fʀeʀo] n. m. Fam. Petit frère.

Frescobaldi (Girolamo) (1583 – 1643), compositeur italien, le plus grand organiste (à St-Pierre de Rome) du XVIIe s.

Fresnay (Pierre Laudenbach, dit Pierre) (1897 – 1975), acteur français de théâtre et de cinéma : *Marius* (1931), *la Grande Illusion* (1937), *le Corbeau* (1943), *Monsieur Vincent* (1947).

Fresnel (Augustin Jean) (1788 – 1827), physicien français, auteur de travaux sur la polarisation et la diffraction de la lumière. ▷ OPT *Lentille de Fresnel* (1821) : lentille à échelons qui accroît la puissance lumineuse des phares.

fresque [fʀɛsk] n. f. **1.** Manière de peindre sur des murs enduits de mortier frais, à l'aide de couleurs délayées à l'eau. *Peindre à fresque.* ▷ Peinture murale exécutée de cette manière. **2.** Fig. Œuvre littéraire de grande envergure présentant le tableau d'une époque, d'une société. – Par ext. *Fresque cinématographique.*

fressure [fʀesyʀ] n. f. Ensemble des viscères de certains animaux (mouton, bœuf, etc.).

1. fret [fʀɛt] n. m. **1.** Coût de location d'un navire. ▷ *Par ext.* Coût du transport de marchandises par mer, par air ou par route. **2.** Cargaison transportée par un navire, un avion. *Fret aérien.*

2. fret, ette [fʀɛt] adj. et n. m. (Québec) Fam. Froid. *De l'eau frette.* ▷ n. m. *Un fret noir :* un froid très vif. *Il fait fret. Avoir fret aux mains.*

fréter [fʀete] v. tr. [14] **1.** Donner (un navire, un avion, une voiture) en location. **2.** Prendre en location.

fréteur [fʀetœʀ] n. m. Celui qui donne en location (à l'*affréteur*).

frétillant, ante [fʀetijɑ̃, ɑ̃t] adj. Qui frétille.

frétillement [fʀetijmɑ̃] n. m. Mouvement de ce qui frétille.

frétiller [fʀetije] v. intr. [1] (Êtres vivants.) S'agiter par de petits mouvements vifs. *Ces poissons frétillent encore.*

fretin [fʀətɛ̃] n. m. **1.** Menu poisson négligé du pêcheur. **2.** Fig. Personnes ou choses de peu d'intérêt, négligeables. *C'est du menu fretin.*

Freud (Sigmund) (1856 – 1939), psychiatre autrichien; fondateur de la psychanalyse. Il fit des études médicales à Vienne de 1873 à 1881, puis s'orienta vers la neurologie. En 1885, à Paris, Charcot l'initia à la méthode hypnotique. En 1891, il travailla avec Breuer, qui lui avait fait connaître la *méthode cathartique,* ou «cure par la parole», qu'il appliqua à l'analyse des rêves (1895) et à l'explication des actes manqués (1898). Freud pratiqua sur lui-même une longue analyse, au cours de laquelle il découvrit le *complexe d'Œdipe** (1897-1902). Il eut alors des disciples qui répandirent la psychanalyse dans le monde entier. Freud étendit l'investigation psychanalytique à l'art, à l'ethnologie, à l'histoire des civilisations. La fin de sa vie fut assombrie par un cancer et par la montée du nazisme. Princ. œuvres : *l'Interprétation des rêves* (1900), *Psychopathologie de la vie quotidienne* (1901), *Trois Essais sur la théorie de la sexualité* (1905), *Totem et Tabou* (1913), *Introduction à la psychanalyse* (1916), *Au-delà du principe de plaisir* (1920), *Malaise dans la civilisation* (1930), *Moïse et le monothéisme* (posth., 1939). — **Anna** (1895 – 1982), fille du préc., collabora aux travaux de son père et l'accompagna (1938) en exil en G.-B., où elle prit la nationalité anglaise; auteur de nombr. ouvrages, relatifs notam. à l'enfance.

freudien, enne [fʀødjɛ̃, ɛn] adj. Relatif à Freud, à ses théories, à la psychanalyse. ▷ Subst. Adepte du freudisme.

freudisme [fʀødism] n. m. Ensemble des conceptions et des méthodes psychanalytiques de Sigmund Freud et de son école.

Freyssinet (Eugène) (1879 – 1962), ingénieur français, inventeur du béton précontraint.

Fria, ville de Guinée, au nord de Conakry, sur le fleuve Konkouré; 20 000 hab.; ch.-l. de la préf. du m. nom. Une usine traite la bauxite du gisement (proche) de Kimbo.

friabilité [fʀijabilite] n. f. Propriété de ce qui est friable.

friable [fʀijabl] adj. Qui se réduit aisément en poudre, en menus fragments. *Terre friable.*

friand, ande [fʀijɑ̃, ɑ̃d] adj. et n. m. **1.** adj. *Friand de :* qui a un goût particulier pour. *Les enfants sont friands de sucreries.* ▷ Fig. *Il est friand de louanges.* **2.** n. m. Petit pâté fait avec un hachis de viande.

friandise [fʀijɑ̃diz] n. f. Sucrerie ou pâtisserie délicate.

Fribourg, v. de l'O. de la Suisse; 37 400 hab.; ch.-l. du cant. du m. nom. Centre industr. – Université cathol. fondée en 1889. Cath. goth. St-Nicolas (XIIIe-XVe s.). Remparts médiévaux. – Le *canton de Fribourg* (1 670 km^2; 194 600 hab., en grande partie francophones) se consacre surtout à l'agric. et à l'industrie alim. – Fribourg adhère à la Confédération suisse en 1481.

Fribourg-en-Brisgau, v. d'Allemagne (Bade-Wurtemberg); 186 160 hab. Cette vieille ville située au pied de la Forêt-Noire est un centre universitaire, comm. et industr. – Archevêché. Cathédrale goth. en grès rose (XIIe-XVe s.).

fric [fʀik] n. m. Fam. Argent.

fricadelle [fʀikadɛl] n. f. (Belgique) Boulette ou saucisse de viande hachée. *Manger des fricadelles à la friture.*

fricasse [fʀicas] n. f. (Suisse) Fam. Froid intense. Syn. cramine.

fricassée [fʀikase] n. f. **1.** Viande de volaille fricassée. **2.** Fig., fam. *Fricassée de museaux :* embrassade générale. **3.** (Belgique) Omelette accompagnée de lard, de jambon ou de saucisse. **4.** (Québec) Hachis à base de grillades de lard.

fricasser [fʀikase] v. tr. [**1**] Couper (une volaille) en morceaux et la faire cuire avec du beurre ou en sauce.

fricatif, ive [fʀikatif, iv] adj. et n. f. PHON *Une consonne fricative* ou, n. f., *une fricative,* articulée en resserrant le chenal expiratoire et caractérisée par un bruit de frottement ([f, s], par ex.). Syn. constrictive.

friche [fʀiʃ] n. f. Terrain non cultivé. ▷ Loc. adv. ou adj. *En friche :* inculte (terre). – Fig. *Esprit en friche.*

fricot [fʀiko] n. m. Fam. Plat grossièrement cuisiné.

fricoter [fʀikɔte] v. tr. [**1**] Fam. Manigancer, tramer (qqch). ▷ v. intr. Avoir des activités suspectes. *Il fricote dans l'immobilier.*

friction [fʀiksjɔ̃] n. f. **1.** Action de frotter vigoureusement une partie du corps. *Une friction avec un gant de crin.* **2.** TECH Frottement dur dans un mécanisme. **3.** Fig. Heurt, désaccord. *Il y a de nombreux points de friction entre le père et le fils.* **4.** ECON *Frictions du marché :* défaillances liées à un manque d'adéquation instantanée entre l'offre et la demande.

frictionnel, elle [fʀiksjɔnɛl] adj. Relatif à la friction. ▷ ECON *Chômage frictionnel,* lié à un manque d'adéquation instantanée entre l'offre et la demande de travail.

frictionner [fʀiksjɔne] v. tr. [**1**] Faire une friction à (qqn, une partie du corps).

Friedland (auj. *Pravdinsk*), local. de l'anc. Prusse; 18 000 hab. – Victoire de Napoléon sur les Russes (14 juin 1807).

Friedman (Milton) (né en 1912), économiste américain, apôtre du libéralisme. P. Nobel de sciences écon. 1976.

Friedrich (Caspar David) (1774 – 1840), peintre et graveur romantique allemand.

Fries (Hans) (v. 1465 – v. 1523), peintre suisse, né à Fribourg, mort à Berne. Il subit l'influence de l'école flamande et de certains maîtres allemands (A. Dürer, Holbein l'Ancien) : *Saint François recevant les stigmates* et *la Vierge et saint Bernard* (v. 1501, Munich).

Frigg ou **Frigga,** divinité de la myth. scandinave; épouse d'Odin, protectrice du foyer.

frigidaire [fʀiʒidɛʀ] n. m. (Nom déposé.) Réfrigérateur de cette marque et, *par ext.,* d'une marque quelconque.

frigide [fʀiʒid] adj. Se dit d'une femme incapable d'éprouver du désir sexuel ou de parvenir à l'orgasme lors du coït.

frigidité [fʀiʒidite] n. f. État d'une femme frigide.

frigo [fʀigo] n. m. Fam. Abréviation de *(appareil) frigorifique.*

frigolite [fʀigɔlit] n. f. (Belgique) Polystyrène expansé. *Un panneau de frigolite.*

frigorifier [fʀigɔʀifje] v. tr. [**2**] **1.** Soumettre au froid pour conserver (les denrées alimentaires périssables). **2.** Pp. adj. Fam. (par exag.) *Être frigorifié,* transi de froid.

frigorifique [fʀigɔʀifik] adj. et n. m. **1.** adj. Qui produit du froid. *Installation frigorifique.* ▷ Réfrigéré par une installation qui produit du froid. **2.** n. m. TECH Installation servant à conserver par le froid.

frigorigène [fʀigɔʀiʒɛn] adj. TECH Se dit des fluides qui produisent du froid.

frigoriste [fʀigɔʀist] n. m. TECH Technicien spécialisé dans les installations frigorifiques.

frileusement [fʀiløzmɑ̃] adv. D'une manière frileuse (sens 2).

frileux, euse [fʀilø, øz] adj. **1.** Qui craint le froid. *Un vieillard frileux.* **2.** Qui dénote la sensibilité au froid. *Un geste frileux.* **3.** *Par métaph.* Craintif, qui dénote un manque de caractère. *Une attitude frileuse.*

frilosité [fʀilɔzite] n. f. Litt. Sensibilité au froid. ▷ *Par métaph.* Timidité, modération trop grande dans une décision.

frimas [fʀimɑ] n. m. **1.** Litt. Brouillard givrant. ▷ *Les frimas :* les grands froids. **2.** (Québec) Syn. de *givre. Avoir du frimas dans les cheveux.*

frimasser [fʀimase] v. [**1**] (Québec) **1.** v. tr. Syn. de *givrer* (sens 1). ▷ v. intr. *Une rivière qui frimasse.* **2.** v. impers. *Il frimasse ce matin.*

frime [fʀim] n. f. Fam. Simulation, faux-semblant. *C'est de la frime.*

frimer [fʀime] v. intr. [**1**] Fam. Chercher à épater; faire l'avantageux.

frimousse [fʀimus] n. f. Fam. Visage d'un enfant ou d'une personne jeune.

fringale [fʀɛ̃gal] n. f. Fam. Faim subite et irrésistible. ▷ Fig. *Une fringale de voyages.*

fringant, ante [fʀɛ̃gɑ̃, ɑ̃t] adj. **1.** Très vif. *Cheval fringant.* **2.** Se dit d'une personne alerte, de belle humeur et de mise élégante. *Jeune homme fringant.*

fringillidés [fʀɛ̃ʒilide] n. m. pl. ORNITH Famille d'oiseaux passériformes à bec conique et à plumage coloré (pinson, serin). – Sing. *Un fringillidé.*

fringuer (se) [fʀɛ̃ge] v. pron. [**1**] Fam. S'habiller. – Pp. adj. *Être mal fringué.*

fringues [fʀɛ̃g] n. f. pl. Fam. Vêtements.

Frioul-Vénétie Julienne, rég. admin. d'Italie et rég. de la C.E., au N. de Venise, frontalière avec l'Autriche et la Slovénie, formée des prov. de Gorizia, Pordenone, Trieste et Udine; 7 845 km^2; 1 210 240 hab.; cap. *Trieste.*

fripe [fʀip] n. f. Souvent péjor. Vêtement usagé, d'occasion.

1. friper [fʀipe] v. tr. [**1**] Chiffonner, froisser. *Friper sa robe en s'asseyant.* ▷ Pp. adj. Fig. *Un visage fripé.*

2. friper [fʀipe] v. tr. [**1**] (Acadie) Lécher. ▷ v. pron. *Se friper les babines.*

friperie [fʀipʀi] n. f. Vieux habits, chiffons. ▷ Commerce, boutique de fripier.

fripier, ère [fʀipje, ɛʀ] n. Personne qui fait commerce de vêtements d'occasion.

fripon, onne [fʀipɔ̃, ɔn] n. et adj. Fam. Enfant malicieux, polisson. *Un petit fripon.* ▷ adj. Qui dénote la malice, l'espièglerie. *Un air fripon.*

friponnerie [fʀipɔnʀi] n. f. Vx ou plaisant Acte de fripon.

fripouille [fʀipuj] n. f. Fam. Individu malhonnête, canaille.

friqué, ée [fʀike] adj. Fam. Riche.

friquet [fʀikɛ] n. m. Moineau européen des haies et des bosquets.

frire [fʀiʀ] v. tr. défect. [**64**] Faire cuire dans un corps gras bouillant. *Frire du poisson.* ▷ v. intr. *Mettre des beignets à frire.*

frisant, ante [fʀizɑ̃, ɑ̃t] adj. **1.** Qui frise (sens 1). **2.** *Lumière frisante,* rasante, qui effleure une surface avec un angle d'incidence très faible.

Frisch (Karl von) (1886 – 1982), entomologiste autrichien. Il a « décodé » la danse des abeilles, par laquelle elles communiquent. P. Nobel de médecine 1973.

Frisch (Max) (1911 – 1991), écrivain suisse d'expression allemande, romancier (*Homo faber,* 1957; *le Désert des miroirs,* 1964; *L'homme apparaît au quaternaire,* 1979) et dramaturge (*le Comte Oderland,* 1951; *Biedermann et les incendiaires,* 1958).

frise [fʀiz] n. f. **1.** ARCHI Partie de l'entablement entre l'architrave et la corniche. **2.** Surface plane formant un bandeau continu, qui comporte le plus souvent des motifs décoratifs. ▷ THEAT Bande de décor fixée au cintre, figurant le ciel ou le plafond. **3.** TECH Planche rainée et rabotée servant à constituer le plancher.

Frise (en néerl. et en all. *Friesland*), plaine côtière de la mer du Nord partagée entre l'Allemagne et les Pays-Bas, où elle forme la province de *la Frise;* ch.-l. *Leeuwarden*. Souvent au-dessous du niveau de la mer, la Frise est protégée par des digues; c'est une région d'élevage bovin (race frisonne).

frisé, ée [fʀize] adj. **1.** Qui forme des boucles fines et serrées. *Cheveux frisés.* **2.** *Par ext.* Dont le bord des feuilles est ondulé et découpé. *Chicorée frisée.*

friselis [fʀizli] n. m. Litt. Très léger frémissement. *Friselis de l'eau.*

friser [fʀize] v. [1] **I.** v. tr. **1.** Donner la forme de boucles fines et serrées à. *Friser des cheveux, une moustache.* Syn. boucler. ▷ Par ext. *Friser qqn.* **2.** Passer au ras de (sans toucher ou en effleurant à peine). *Mouette qui frise l'eau.* Syn. frôler, raser. ▷ Fig. Être très près de, s'approcher de. *Friser la quarantaine. Procédés qui frisent l'indélicatesse.* **II.** v. intr. Se mettre en boucles.

frisette [fʀizɛt] n. f. **1.** Petite boucle de cheveux. **2.** TECH Petite frise.

frisko [fʀiskɔ] n. m. (Belgique) Esquimau (sens II).

frison, onne [fʀizɔ̃, ɔn] adj. De la Frise. ▷ *Race frisonne :* race bovine qui donne de bonnes laitières.

frisotter [fʀizɔte] v. tr. et intr. [1] Friser par menues boucles.

frisquet, ette [fʀiskɛ, ɛt] adj. Fam. Vif et piquant (en parlant du vent, du temps). ▷ adv. *Il fait frisquet.*

frisson [fʀisɔ̃] n. m. **1.** Tremblement convulsif et passager provoqué par le froid ou la fièvre. *Être pris de frissons.* **2.** *Par ext.* Contraction involontaire provoquée par une émotion, une sensation vive, désagréable ou non. *Frisson de dégoût, de plaisir.*

frissonnant, ante [fʀisɔnɑ̃, ɑ̃t] adj. Qui frissonne.

frissonnement [fʀisɔnmɑ̃] n. m. Litt. **1.** Léger frisson. **2.** Tremblement léger accompagné d'un faible bruit. *Frissonnement des feuilles des arbres.*

frissonner [fʀisɔne] v. intr. [1] **1.** Avoir des frissons. *Frissonner de froid, de fièvre.* **2.** *Par ext.* Trembler légèrement sous l'effet d'une émotion intense. *Frissonner d'horreur.* ▷ *Par anal.* (Choses) Poét. *Eau, arbre qui frissonne sous le vent.*

frisure [fʀizyʀ] n. f. Façon de friser; état d'une chevelure frisée.

frit, frite [fʀi, fʀit] adj. Cuit dans un corps gras bouillant.

frite [fʀit] n. f. (Surtout au plur.) Morceau de pomme de terre, fin et allongé, que l'on a fait frire.

friteuse [fʀitøz] n. f. Ustensile creux qui sert à frire les aliments.

friture [fʀityʀ] n. f. **1.** Action, manière de frire un aliment. *Friture à l'huile.* ▷ Par anal. *Bruit de friture* ou, ellipt., *friture :* grésillement qui se produit parfois dans un appareil téléphonique ou un récepteur de radio. **2.** Matière grasse (huile, graisse animale ou végétale) qui sert à frire. *Changer souvent sa friture.* **3.** Aliments frits. *Friture de poissons.* ▷ (S. comp.) *Une friture :* des petits poissons frits. **4.** (Afr. subsah., Belgique) Baraque, installation d'un marchand de frites. **5.** (Afr. subsah.) *Friture blanche* ou *friture :* petit poisson comestible commun sur les côtes d'Afrique de l'Ouest. – *Friture argentée :* petit poisson des côtes ouest-africaines aux écailles très brillantes.

frivole [fʀivɔl] adj. Vain et léger, qui s'occupe de choses sans importance; futile. *Discours, esprit frivole.*

frivolité [fʀivɔlite] n. f. **1.** Caractère de ce qui est frivole. *Frivolité de l'esprit.* **2.** Chose, occupation, propos sans importance. *S'occuper de frivolités.* **3.** (Plur.) Article de mode, parure féminine. *Magasin de frivolités.*

Frobenius (Leo) (1873 – 1938), ethnologue allemand; pionnier de la découverte des arts de l'Afrique noire : *Histoire de la civilisation africaine* (1936).

Froberger (Johann Jacob) (1616 – 1667), organiste et compositeur allemand.

Froberville (Barthélemy Huet de) (1761 – 1835), officier royal et écrivain français de l'Isle de France*, auteur du premier roman publié dans l'hémisphère Sud : *Sidner ou les Dangers de l'imagination* (1803).

Frobisher (sir Martin) (v. 1535 – 1594), navigateur anglais. Il explora l'Arctique canadien lors de trois voyages (1576, 1577 et 1578) puis se rendit aux Indes (1585).

froc [fʀɔk] n. m. **1.** Vx Habit des moines. ▷ Loc. fig. *Jeter le froc aux orties :* se défroquer. **2.** Arg. ou fam. Pantalon.

froid, froide [fʀwɑ, fʀwɑd] adj. et n. m. **I.** adj. **1.** Qui est à une température plus basse que celle du corps humain. *Un climat, un temps froid.* **2.** Refroidi ou non chauffé. *Le dîner sera froid.* – (Québec) Rafraîchi. *Bière froide.* **3.** *Animaux à sang froid,* dont la température varie en fonction du milieu ambiant (poïkilothermes). **4.** Fig. Qui semble indifférent, insensible; qui garde toujours la maîtrise de soi et s'extériorise peu. *Rester froid devant le malheur des autres.* ▷ *Garder la tête froide :* rester calme, maître de soi. ▷ (En art.) *Peinture froide, style froid,* qui manque de sensibilité. **5.** Fig. Qui ne se manifeste pas par les signes extérieurs habituels d'agitation, de violence. *Colère froide.* **6.** Fig. Qui est le signe d'une certaine réserve, d'une certaine hostilité. *Accueil, ton froid.* ▷ *Battre froid à qqn :* V. battre (sens C 1). **7.** *Coloris, tons froids,* qui évoquent l'eau (bleu, vert, etc.). **8.** Loc. adv. *À froid :* sans chauffe préalable. *Laminer à froid.* ▷ MED *Opérer à froid,* en dehors d'une crise aiguë. ▷ Fig. Sans que les passions interviennent. *Prendre une décision à froid.* **II.** n. m. **1.** État de ce qui est à une température inférieure à celle du corps humain; de ce qui donne une sensation de privation de chaleur; de l'atmosphère lorsqu'elle a subi un abaissement de température. *Le froid de la glace, du marbre. Une vague de froid.* Syn. (Québec) fret. **2.** *Avoir froid :* éprouver une sensation de froid, souffrir du froid. ▷ Loc. fig. *N'avoir pas froid aux yeux :* être courageux, hardi. ▷ *Prendre, attraper froid :* être malade après un brusque refroidissement. **3.** *Froid industriel, artificiel,* produit par divers procédés frigorifiques. *La technique du froid.* – *Chaîne du froid,* qui assure aux produits congelés un état de congélation constant jusqu'à la vente au consommateur. **4.** *Par ext.*, fig. Sensation morale pénible (comparée à celle que procure le froid au plan physique). *Le froid de la solitude.* ▷ Loc. *Jeter un froid :* provoquer un sentiment de malaise, de gêne. **5.** Fig. Absence d'amitié, de sympathie dans les relations humaines. *Il y a un certain froid entre eux.* ▷ Loc. *Être en froid avec qqn,* être brouillé avec lui.

froidement [fʀwɑdmɑ̃] adv. **1.** Sans passion, en gardant la tête froide. *Envisager froidement une situation.* – Sans émotion, sans scrupule. *Assassiner qqn froidement.* **2.** Fig. Sans chaleur. *Recevoir qqn froidement.* Syn. fraîchement.

froideur [fʀwɑdœʀ] n. f. Insensibilité, sécheresse des sentiments; indifférence marquée. *Recevoir qqn avec froideur.*

froidure [fʀwɑdyʀ] n. f. Litt. Froid du temps, de l'air.

froissant, ante [fʀwasɑ̃, ɑ̃t] adj. Qui froisse (sens 3). *Cela n'a rien de froissant pour vous.*

Froissart (Jean) (1333 ou 1337 – apr. 1400), poète et chroniqueur français. Ses *Chroniques* narrent les événements de son temps de façon partiale, mais haute en couleur. Poète, il a écrit, notam., *Méliador* (roman courtois).

froissement [fʀwasmɑ̃] n. m. **1.** Action de froisser; fait d'être froissé. **2.** *Par ext.* Bruit léger que font certaines étoffes, le papier en se froissant. **3.** Fig. Blessure d'amour-propre, de sensibilité.

froisser [fʀwase] v. tr. [1] **1.** Faire prendre des plis irréguliers, nombreux et plus ou moins marqués. *Froisser une robe.* – Pp. adj. *Un pantalon tout froissé.* Syn. friper (1). *Froisser du papier.* Syn. chiffonner. **2.** Blesser par un choc ou une pression violente. *Froisser un muscle, une articulation.* **3.** Fig. Choquer, blesser (qqn) par manque de délicatesse. *Froisser qqn dans son amour-propre.* ▷ v. pron. *Personne qui se froisse d'un rien.*

frôlement [fʀolmɑ̃] n. m. Contact léger et rapide d'un objet passant le long d'un autre. *Frôlement d'une robe, d'une main.* ▷ Léger bruit qui en résulte.

frôler [fʀole] v. tr. [1] **1.** Toucher légèrement en passant. *La balle a frôlé le filet.* Syn. effleurer. **2.** *Par ext.* Passer très près de. *Frôler les murs.* – v. pron. (Récipr.) *Les voitures se sont frôlées.* ▷ Fig. *Frôler la faillite.* Syn. friser.

frolic [fʀɔlik] n. m. (Acadie) Grande fête collective. *Le frolic acadien de Moncton.*

fromage [fʀɔmaʒ] n. m. **1.** Pâte comestible au goût caractéristique faite de lait caillé, fermenté ou non; masse mise en forme de cette pâte. *Fromage frais. Fromage à pâte molle, à pâte dure. Fromage de brebis, de chèvre.* – (Québec) *Fromage en grains,* qui se présente sous la forme de grains. ▷ Loc. *Entre la poire et le fromage :* à la fin du repas. **2.** Fig., fam. Situation, place qui procure sans fatigue de multiples avantages. **3.** *Fromage de tête :* pâté de tête de porc en gelée. Syn. (Québec) tête de fromage, tête fromagée, (Afr. subsah., Belgique) tête pressée.

1. fromager, ère [fʀɔmaʒe, ɛʀ] n. et adj. **1.** n. Fabricant(e), marchand(e) de fromages. **2.** adj. Qui a trait au fromage. *Industrie fromagère.*

2. fromager [fʀɔmaʒe] n. m. Grand arbre des régions chaudes (*Ceiba pentandra,* fam. bombacacées) ayant des contreforts à la base, dont le tronc est utilisé pour la fabrication de pirogues monoxyles. (Les fruits de *Ceiba pentandra,* arbre d'Afrique, produisent un kapok, et ses graines une huile industrielle.) Syn. (Afr. subsah.) faux kapokier, (Haïti) mapou.

fromagerie [fRɔmaʒRi] n. f. Lieu où l'on fait, où l'on vend des fromages.

froment [fRɔmɑ̃] n. m. Blé cultivé. – Grain de blé séparé de la tige par le battage. *Farine de froment.*

Froment (Nicolas) (v. 1435 – 1484), peintre français de l'école provençale : triptyque du *Buisson ardent* (1475-1476, cath. d'Aix-en-Provence).

Fromentin (Eugène) (1820 – 1876), peintre et écrivain français. Voyageur (*Un été dans le Sahara,* 1857; *Une année dans le Sahel,* 1859), romancier (*Dominique,* 1863), critique d'art (*les Maîtres d'autrefois,* 1876).

fronce [fRɔ̃s] n. f. Chacun des petits plis serrés obtenus par le resserrement d'un fil coulissé, destinés à diminuer la largeur d'un tissu tout en conservant son ampleur. *Jupe à fronces.*

froncement [fRɔ̃smɑ̃] n. m. Action de froncer (le front, les sourcils).

froncer [fRɔ̃se] v. tr. [12] **1.** Rider en contractant, en resserrant, plisser. *Froncer les sourcils, le front, le nez.* **2.** *Par anal.* Resserrer (une étoffe) par des fronces.

frondaison [fRɔ̃dɛzɔ̃] n. f. **1.** BOT Apparition du feuillage aux arbres. *Époque de la frondaison.* **2.** Litt. Feuillage. *Se promener sous les frondaisons.*

1. fronde [fRɔ̃d] n. f. BOT Feuille fertile (portant les spores) des fougères. ▷ *Par ext.* Partie foliacée, de grande taille, du thalle de certaines algues.

2. fronde [fRɔ̃d] n. f. **1.** Arme de jet utilisant la force centrifuge, constituée de deux liens réunis par un gousset contenant le projectile (pierre, balle d'argile, etc.). **2.** *Par anal.* Jouet d'enfant utilisant la détente d'un élastique, destiné au même usage; lance-pierres. Syn. (Maghreb) tire-boulettes.

Fronde (la), troubles politiques qui agitèrent la France de 1648 à 1653, durant la régence d'Anne d'Autriche et le gouvernement de Mazarin. La *Fronde parlementaire* (1648-1649) fut parisienne. La *Fronde des princes* (1651-1653) vit le réveil de l'agitation parlementaire à l'instigation des nobles (Condé, Conti, etc.), qui étendirent la révolte aux provinces, traitèrent avec l'Espagne et affrontèrent les troupes royales de Turenne. Condé entra dans Paris grâce à l'aide de Mlle de Montpensier (juil. 1652); le peuple, ruiné par cette guerre civile, l'en chassa et rappela le roi, qui rentra à Paris (oct. 1652), suivi de Mazarin (fév. 1653).

fronder [fRɔ̃de] v. tr. [1] Critiquer, railler (ce qui est habituellement respecté). *Fronder le gouvernement.*

frondeur, euse [fRɔ̃dœR, øz] n. et adj. Personne qui a tendance à critiquer l'autorité, quelle qu'elle soit. ▷ adj. *Humeur frondeuse.*

front [fRɔ̃] n. m. **1.** Partie supérieure du visage comprise entre la racine des cheveux et les sourcils. **2.** Litt. Tête, visage. *Le rouge au front.* ▷ Fig. *Courber le front :* se soumettre. **3.** *Front de mer :* bande de terrain, avenue en bordure de la mer. **4.** Étendue que présente, devant l'ennemi, une armée déployée. ▷ *Le front :* la zone des combats (par oppos. à *l'arrière*). *Monter au front.* ▷ Loc. *Faire front :* résister. **5.** Alliance entre des mouvements armés, des partis, des syndicats, etc. **6.** TECH *Front de taille :* face verticale selon laquelle progresse un chantier dans les mines. ▷ METEO Surface de discontinuité séparant deux masses d'air de pression et de température différentes. *Front froid, chaud. Front climatique.* – *Front occlus,* résultant de la rencontre d'un front froid et d'un front chaud rejeté en altitude. – *Front intertropical,* qui sépare l'alizé boréal de l'alizé austral. (Il constitue la limite de la mousson tropicale.) ▷ GEOM *De front :* parallèlement au plan vertical de projection. **7.** Loc. *Avoir le front de,* l'audace de, l'insolence de. ▷ Loc. fam. (Québec) *Avoir un front de bœuf* ou *avoir du front tout le tour de la tête :* être très effronté. ▷ Loc. adv. *De front :* par-devant. *Les voitures se sont heurtées de plein front.* – Fig. Sans détour, sans biaiser. *Attaquer de front un problème.* – Sur un même rang. *Marcher de front.* – Fig. En même temps. *Mener de front plusieurs affaires.*

frontal, ale, aux [fRɔ̃tal, o] n. m. et adj. **I.** n. m. Bandeau, ornement qui se porte sur le front. **II.** adj. **1.** ANAT *Os frontal* ou, n. m., *le frontal :* os impair et médian situé à la partie antérieure du crâne, soudé en arrière avec les deux pariétaux et formant une partie des cavités orbitaires. *Lobe, muscle, sinus frontal.* **2.** GEOM Qui est parallèle au plan vertical de projection. *Plan frontal.* **3.** Qui se produit de front. *Choc frontal.*

frontalier, ère [fRɔ̃talje, ɛR] adj. et n. Qui est proche d'une frontière. *Ville, région frontalière.* ▷ Subst. Habitant d'une région frontalière. – *Spécial.* Personne qui, chaque jour, va travailler dans un pays limitrophe. Syn. (Luxembourg) transfrontalier.

frontalité [fRɔ̃talite] n. f. BX-A *Loi de frontalité :* règle de la statuaire archaïque (Égypte, Grèce préclassique) qui exigeait une symétrie absolue du corps humain.

Front de libération nationale (F.L.N.), rassemblement (1954) des mouvements nationalistes algériens (à l'exclusion du M.N.A. de Messali Hadj) qui mena la lutte armée contre la France. Après l'indépendance, le F.L.N. est devenu le parti unique au pouvoir.

Frontenac (Louis de Buade, comte de) (1620 – 1698), administrateur français. Nommé gouverneur de la Nouvelle-France en 1672, il développa des relations pacifiques avec les Iroquois, mais dressa contre lui de nombr. groupes (jésuites, militaires, notables) et fut rappelé en France en 1682. Les attaques des Anglais et des Iroquois menaçant la colonie, il fut à nouveau nommé gouverneur en 1689 et parvint à rétablir la situation. Il était en poste à Québec quand il mourut.

frontière [fRɔ̃tjɛR] n. f. **1.** Limite séparant deux États. *Frontière naturelle,* tracée par un obstacle géographique (fleuve, montagne, etc.). ▷ (En appos.) *Poste, ville frontière.* – Par ext. *Les frontières linguistiques.* **2.** Fig. Limite, borne. *Faire reculer les frontières du savoir.*

Front islamique du salut (FIS), mouvement politique et religieux créé en Algérie en 1989.

frontispice [fRɔ̃tispis] n. m. **1.** IMPRIM Titre d'un ouvrage imprimé, souvent entouré de vignettes. **2.** Planche illustrée en regard du titre.

Front national, formation politique française, créée en 1973 par J.-M. Le Pen, aux tendances nationalistes.

Front national de libération (F.N.L.), rassemblement (1960) des forces sud-vietnamiennes hostiles au gouvernement de Ngô Dinh Diêm puis de ses successeurs; nommé *Viet-cong* par la presse occidentale. Il participa à l'offensive de l'armée nord-vietnamienne qui mit fin au régime de Saigon (1975).

fronton [fRɔ̃tɔ̃] n. m. **1.** Ornement généralement triangulaire couronnant la partie supérieure d'un édifice. **2.** Mur contre lequel on joue à la pelote basque ou contre lequel on s'entraîne au tennis.

Front Polisario. V. Polisario (Front).

Front populaire, gouvernement de gauche qui dirigea la France en 1936-1937. La crise écon., l'accession au pouvoir de Hitler (janv. 1933), le soulèvement à caractère fasciste du 6 février* 1934 avaient rapproché les partis de gauche. En oct. 1934, le communiste Thorez proposa la constitution d'un « front populaire de la liberté, du travail et de la paix », qui remporta les élections de mai 1936. L. Blum, chef de la S.F.I.O., constitua un gouv. avec les radicaux et sans le parti communiste; les *accords Matignon* (juin 1936) entre la C.G.T. et le patronat instituèrent les *conventions collectives,* la semaine de quarante heures, les congés payés. Mais les difficultés fin. et l'opposition des conservateurs eurent raison du premier gouv. Blum, que remplaça un ministère Chautemps (juin 1937). L'échec de la grève générale de nov. 1938 annonça la fin du Front populaire.

Front uni national du Kampuchéa (F.U.N.K.), organisation fondée en 1970 par le prince Norodom Sihanouk pour lutter contre le général Lon Nol qui avait renversé la monarchie. Le F.U.N.K. rassemblait des Khmers rouges et des partisans de Sihanouk; ces derniers furent rapidement évincés par les Khmers rouges. Le F.U.N.K. cessa d'exister quand les Khmers rouges créèrent le Kampuchéa démocratique (1976). Le 3 déc. 1978, à l'initiative du Viêt-nam, des Khmers créèrent à Moscou le *Front uni de salut national du Kampuchéa* (F.U.N.S.K.), présidé par Heng* Samrin et qui soutint l'invasion du Cambodge par le Viêt-nam (25 déc. 1978).

frottage [fRɔtaʒ] n. m. **1.** Action de frotter. **2.** TECH Procédé de reproduction d'une surface présentant un léger relief, par application d'un support mince (papier, tissu, etc.) qu'on frotte à la couleur (ou à la mine de plomb) de manière que les reliefs accrochent la couleur.

frotte-dents [fRɔtdɑ̃] n. m. inv. (Afr. subsah.) Syn. de *cure-dents* (sens 2).

frotte-manche [fRɔtmɑ̃ʃ] n. (Belgique) Fam. Personne servile, lèche-bottes. *Des frotte-manches.*

frottement [fRɔtmɑ̃] n. m. **1.** Action de frotter. **2.** Contact entre deux surfaces dont l'une au moins se déplace, friction; le bruit qui en résulte. ▷ *Forces de frottement,* qui s'opposent au glissement de deux corps en contact. **3.** Fig. Heurt entre des personnes.

frotter [fRɔte] v. [1] **I.** v. tr. **1.** Presser, appuyer sur (un corps) tout en faisant un mouvement (spécial. pour nettoyer, pour faire briller). *Frotter un meuble avec un chiffon.* **2.** (Belgique) Fig. et péj. *Frotter la manche (à qqn) :* V. manche (2). **II.** v. intr. Produire une friction, une résistance (en parlant d'un corps en mouvement). *La roue frotte contre le garde-boue.* Ant. glisser. **III.** v. pron. **1.** Frotter son corps. *Se frotter vigoureusement au gant de crin.* ▷ (Faux pron.) *Se frotter les mains,* les frotter l'une contre l'autre; fig. se réjouir, se féliciter (de qqch). **2.** *Se frotter à :* avoir commerce avec. *Se frotter à la bonne société.* **3.** *Se frotter à qqn,* l'attaquer. ▷ Prov. *Qui s'y frotte s'y pique.*

frotteur [fʀɔtœʀ] n. m. (Belgique) Tampon de feutre servant à effacer le tableau.

frottis [fʀɔti] n. m. **1.** PEINT Légère couche de couleur transparente appliquée sur une toile. **2.** MED Étalement sur une lame, pour examen au microscope, d'une sécrétion, d'un liquide. *Frottis de sang. Frottis vaginal.*

frottoir [fʀɔtwaʀ] n. m. **1.** TECH Ustensile dont on se sert pour frotter. **2.** Plaque sur laquelle on frotte les allumettes pour les enflammer.

frou-frou ou **froufrou** [fʀufʀu] n. m. **1.** Bruit produit par un froissement léger. **2.** (Plur.) Ornements de tissu légers et flottants d'un vêtement féminin. *Des frous-frous* ou *des froufrous.*

froufrouter [fʀufʀute] v. intr. [**1**] Produire des froufrous. – P. pr. *Jupon froufroutant.*

froussard, arde [fʀusaʀ, aʀd] adj. et n. Fam. Qui a la frousse. ▷ Subst. *Un(e) froussard(e).*

frousse [fʀus] n. f. Fam. Peur. *Avoir la frousse.*

fructifère [fʀyktifɛʀ] adj. BOT Qui donnera ou qui porte des fruits. *Rameau fructifère.*

fructification [fʀyktifikasjɔ̃] n. f. **1.** BOT Chez les phanérogames, ensemble des phénomènes qui, après la floraison et la fécondation, conduisent à la formation des fruits. **2.** BOT Chez toutes les autres plantes (algues, champignons, fougères), ensemble des organes impliqués dans la reproduction sexuée. **3.** Ensemble des fruits portés par un phanérogame. – Période où les fruits se forment.

fructifier [fʀyktifje] v. intr. [**2**] **1.** Produire des fruits, des récoltes. **2.** Avoir des résultats avantageux; produire des bénéfices. *Faire fructifier une idée.*

fructose [fʀyktoz] n. m. BIOCHIM Sucre (hexose, de formule $C_6H_{12}O_6$, possédant une fonction cétone) qui existe dans l'organisme sous forme libre et dans divers holosides (saccharose, etc.).

fructueusement [fʀyktɥøzmɑ̃] adv. De manière fructueuse.

fructueux, euse [fʀyktɥø, øz] adj. Qui produit des résultats avantageux. *Recherches fructueuses.*

frugal, ale, aux [fʀygal, o] adj. **1.** Qui se satisfait d'une nourriture simple et peu abondante; qui vit simplement. *Homme frugal. Vie, habitudes frugales.* **2.** Qui est composé d'aliments simples, peu abondants. *Table frugale.*

frugalement [fʀygalmɑ̃] adv. Avec frugalité.

frugalité [fʀygalite] n. f. Sobriété, simplicité. *Vivre avec frugalité.*

frugivore [fʀyʒivɔʀ] adj. ZOOL Qui se nourrit de fruits. *Oiseau frugivore.*

fruit [fʀɥi] n. m. **I. 1.** Production des plantes phanérogames qui succède à la fleur après fécondation et qui renferme les graines. *Fruit charnu, à pépins, à noyau. Fruit comestible.* ▷ *Spécial.* Produit de l'arbre fruitier. *Fruit mûr, juteux.* ▷ (Antilles fr., oc. Indien) *Fruit à pain :* fruit de l'arbre* à pain. ▷ Loc. RELIG *Fruit défendu,* celui de l'arbre de la science du bien et du mal, auquel Adam et Ève ne devaient pas toucher; fig. chose dont il est interdit de jouir et qui en est d'autant plus désirée. *L'attrait du fruit défendu.* **2.** (Plur.) Produits de la nature, en tant qu'ils servent aux hommes; les produits de la chasse, de la pêche. *Les fruits de la terre.* ▷ Loc. *Fruits de mer :* nom donné à divers crustacés et mollusques comestibles. **II.** Fig. **1.** Litt. *Le fruit d'une union, d'un mariage,* l'enfant né de cette union, de ce mariage. **2.** Avantage, bénéfice tiré d'une activité. *Recueillir le fruit de son travail.* ▷ *Avec fruit :* avec profit, utilement. *Lire avec fruit.* ▷ (Plur.) DR Revenus issus des capitaux.

ENCYCL Bot. – Le fruit, résultat de l'évolution d'un carpelle ou du pistil, est spécifique des plantes à fleurs (phanérogames); il contient les graines résultant de l'évolution des ovules. On classe les fruits en trois catégories : *fruits secs indéhiscents* (akènes, caryopse des graminées); *fruits secs déhiscents* (follicule, gousse, silique, etc.); *fruits charnus* (baies et drupes). Les *faux fruits* (ananas, fraise, etc.) sont des fruits auxquels se sont incorporées des parties de la fleur ou de l'inflorescence autres qu'un carpelle ou que le pistil. Les *fruits composés* résultent de la soudure de plusieurs fruits (une framboise résulte de la soudure de petites drupes).

fruité, ée [fʀɥite] adj. Qui a un goût de fruit. *Vin fruité.*

fruitier, ère [fʀɥitje, ɛʀ] adj. et n. **I.** adj. Qui produit des fruits comestibles. *Arbre fruitier.* ▷ Par ext. *Jardin fruitier.* **II.** n. **1.** Marchand, marchande de fruits au détail. **2.** n. m. Local où l'on conserve les fruits frais.

frusques [fʀysk] n. f. pl. Fam. Habits en plus ou moins bon état. *Vieilles frusques.* Syn. fringues, nippes.

fruste [fʀyst] adj. **1.** Grossier, sans raffinement (personne, comportement, art). *Homme fruste. Style fruste.* **2.** Non poli, rugueux au toucher. *Pierre encore fruste.*

frustrant, ante [fʀystʀɑ̃, ɑ̃t] adj. Qui frustre; susceptible de frustrer.

frustration [fʀystʀasjɔ̃] n. f. **1.** Action de frustrer. **2.** PSYCHAN Situation d'un sujet qui est dans l'impossibilité de satisfaire une pulsion.

frustrer [fʀystʀe] v. tr. [**1**] **1.** Priver (qqn) de ce qui lui est dû. **2.** Décevoir (qqn) dans son attente. – Pp. adj. *Se sentir frustré.*

F.T.P. ou **F.T.P.F.** Sigle de *Francs-Tireurs et Partisans (français).* Organisation militaire de résistance créée par le parti communiste français en zone occupée (1942-1944).

Fu'ad Ier. V. Fouad Ier.

fucacées [fykase] n. f. pl. BOT Phéophycées (algues brunes) dont le genre *Fucus* est le type. (Les thalles donnent directement des gamètes mâles et femelles, sans que des sporophytes se soient individualisés.) – Sing. *Une fucacée.*

fuchsia [fyʃja] n. m. Arbrisseau ornemental aux fleurs diversement colorées, en forme de clochettes.

fucus [fykys] n. m. Algue brune au thalle rubanné et ramifié. (V. fucacées).

fudge [fədʒ] n. m. (Québec) **1.** Confiserie fondante à base de chocolat. **2.** Crème glacée au chocolat, moulée sur un bâtonnet.

fuel [fjul] n. m. (Anglicisme off. déconseillé pour *fioul.*) Distillat lourd du pétrole, utilisé comme combustible. *Des fuels.* Syn. mazout.

Fuentes (Carlos) (né en 1928), romancier mexicain : *la Mort d'Artemio Cruz* (1962), *Terra nostra* (1975).

fugace [fygas] adj. Qui disparaît rapidement. *Ombre, souvenir fugace.*

fugacité [fygasite] n. f. Nature de ce qui est fugace. *La fugacité d'une vision.*

-fuge. Élément, du lat. *fugere,* «fuir», ou *fugare,* «faire fuir».

Fugger, famille de riches marchands et de banquiers d'Augsbourg, (XVe-XVIe s.) qui aidèrent Charles Quint.

fugitif, ive [fyʒitif, iv] adj. et n. **1.** Qui s'est échappé, qui a pris la fuite. *Un prisonnier fugitif.* ▷ Subst. *Poursuivre des fugitifs.* **2.** (Choses) Qui dure peu, fugace. *Plaisirs fugitifs.*

fugitivement [fyʒitivmɑ̃] adv. D'une manière fugitive.

fugue [fyg] n. f. **1.** Forme musicale, basée sur le contrepoint et dont les parties semblent se fuir dans les reprises du motif. **2.** Abandon subit du domicile habituel pendant une courte période. *Faire une fugue.*

fuguer [fyge] v. intr. [**1**] Faire une fugue (sens 2).

fugueur, euse [fygœʀ, øz] adj. et n. Qui fait des fugues. *Adolescent fugueur.* ▷ Subst. *Un fugueur, une fugueuse.*

Führer n. m. Titre (signifiant «guide» en all.) que prit Hitler en 1934.

fuir [fɥiʀ] v. [**29**] **I.** v. intr. **1.** S'éloigner rapidement pour échapper à un danger. *Fuir de son pays. Fuir devant l'ennemi.* ▷ Fig. Se dérober, s'esquiver. *Fuir devant ses responsabilités.* **2.** Litt. (Choses) S'éloigner très vite. *Les nuages fuient.* ▷ *Par anal.* S'écouler avec rapidité (temps). *L'hiver a fui.* **3.** S'échapper par un trou, une fente (liquide, gaz). *Vin qui fuit d'un tonneau.* ▷ *Par ext.* Laisser passer un fluide. *Tuyau, toit qui fuit.* **II.** v. tr. Chercher à éviter (qqn, qqch de menaçant, de désagréable). *Fuir un danger, un importun. Fuir les questions.* ▷ v. pron. Refuser d'affronter ses problèmes, ses peines intérieures.

fuite [fɥit] n. f. **1.** (Êtres vivants.) Action de fuir. *Prendre la fuite.* – *Mettre en fuite :* faire fuir. Syn. (Réunion) marronnage. ▷ DR *Délit de fuite,* dont se rend coupable le conducteur d'un véhicule qui, se sachant responsable d'un accident, continue sa route. **2.** Fig. Action de se dérober, de se soustraire à (qqch). *Fuite devant ses obligations.* **3.** (Choses) Éloignement rapide. *La fuite des nuages.* ▷ *Par anal.* Écoulement (temps). *La fuite des années.* **4.** *Point de fuite :* dans un dessin en perspective, point situé sur la ligne d'horizon, vers lequel convergent les projections des droites horizontales. **5.** Action de s'échapper par une fissure (fluides); la fissure elle-même. *Fuite de gaz. Boucher une fuite.* – *Fuite électrique, magnétique :* perte d'énergie électrique, de flux magnétique. ▷ Fig. Indiscrétion, communication illicite de documents. *Fuites relatives à des sujets d'examen.*

Fuji-Yama ou **Fuji-San** («mont Fuji»), célèbre volcan éteint du Japon

(Honshū) dont le cône neigeux culmine à 3 778 m.

Fukuoka, v. et port du Japon (île de Kyūshū); 1 160 000 hab.; ch.-l. du ken du même nom.

Fulbert (1079 - 1142), chanoine parisien, oncle d'Héloïse. Il aurait fait mutiler Abélard*.

Fulda, v. d'Allemagne (Hesse), sur la *Fulda;* 54 130 hab. - Cath. et chât. baroques. - L'abbaye bénédictine de Fulda fut fondée en 744.

fulfuldé ou **foulfouldé** [fulfulde] n. m. LING Syn. de *peul.*

Fulgence (saint) (v. 467 - 533), écrivain et évêque romain d'Afrique. Il combattit l'arianisme.

fulgurance [fylgyʀɑ̃s] n. f. Litt. Caractère de ce qui est fulgurant.

fulgurant, ante [fylgyʀɑ̃, ɑ̃t] adj. **1.** Rapide comme l'éclair. *Démarrage fulgurant.* **2.** Qui brille comme l'éclair. *Regard fulgurant.* **3.** Fig. Qui illumine soudainement l'esprit. *Intuition fulgurante.* **4.** MED *Douleur fulgurante,* aiguë et fugace.

fulguration [fylgyʀasjɔ̃] n. f. **1.** PHYS Lueur électrique, non accompagnée de tonnerre, qui se produit dans la haute atmosphère, appelée cour. *éclair de chaleur.* **2.** MED Action destructrice de la foudre, de l'électricité sur l'organisme.

fuligineux, euse [fyliʒinø, øz] adj. **1.** Qui produit de la suie. *Flamme fuligineuse.* **2.** Qui évoque la suie. *Couleur fuligineuse.*

fuligule [fyligyl] n. m. Canard plongeur. *Le morillon est un fuligule.*

Fulion-Favreau (formule), accord entre les gouv. britannique et canadien (1964) qui permit au Canada de jouir d'une souveraineté complète. En déc., le drapeau canadien fut adopté par le Parlement et approuvé en fév. 1965 par la reine d'Angleterre.

full [ful] n. m. Au poker, réunion dans une même main d'un brelan et d'une paire.

Fuller (Samuel) (né en 1912), cinéaste américain : *Shock Corridor* (1963).

fulminant, ante [fylminɑ̃, ɑ̃t] adj. CHIM Détonant. *Composé fulminant.*

fulminate [fylminat] n. m. CHIM Sel de l'acide fulminique. *Les fulminates détonent par percussion ou par friction.*

fulminer [fylmine] v. [1] **I.** v. intr. **1.** S'emporter violemment en proférant des menaces. *Fulminer contre les mœurs du siècle.* **2.** CHIM Détoner. **II.** v. tr. Formuler avec emportement. *Fulminer des accusations.*

Fulton (Robert) (1765 - 1815), ingénieur américain. Il construisit en 1798 le premier sous-marin à hélice, puis mit au point la propulsion des navires par la vapeur.

1. fumage [fymaʒ] n. m. Action d'amender la terre par le fumier.

2. fumage [fymaʒ] n. m. Action de fumer de la viande, du poisson, pour les conserver.

fumagine [fymaʒin] n. f. ARBOR Maladie des arbres fruitiers due à divers champignons de couleur sombre qui poussent sur les exsudats sucrés émis par différents insectes parasites.

fumaison [fymɛzɔ̃] n. f. Syn. de *fumage.*

fumant, ante [fymɑ̃, ɑ̃t] adj. **1.** Qui dégage de la fumée, de la vapeur. *Cendres fumantes. Potage fumant.* ▷ CHIM *Acide fumant,* dont les vapeurs forment un brouillard au contact de la vapeur d'eau de l'atmosphère. **2.** Fig. Dans une violente colère. *Fumant de rage.* **3.** Fig., fam. Sensationnel. *Un coup fumant.*

fumé, ée [fyme] adj. **1.** Qu'on a fumé (produit comestible). *Jambon fumé. Truite fumée.* **2.** *Verre fumé,* de couleur foncée. ▷ *Des verres fumés :* des lunettes à verres foncés.

fume-cigare [fymsigaʀ], **fume-cigarette** [fymsigaʀɛt] n. m. inv. Petit tube de bois, d'ambre, etc., pour fumer un cigare, une cigarette.

fumée [fyme] n. f. **1.** Mélange de produits gazeux et de particules solides se dégageant de corps qui brûlent ou qui sont chauffés. *La fumée d'un volcan.* ▷ *Noir de fumée :* produit obtenu par combustion incomplète de corps riches en carbone. ▷ CONSTR *Conduit de fumée :* canalisation ou ouvrage maçonné par lequel on évacue les fumées d'une chaudière ou d'un foyer. **2.** Loc. fig. *S'en aller en fumée :* ne pas aboutir, ne rien produire. ▷ Prov. *Il n'y a pas de fumée sans feu :* il ne court pas de bruit qui n'ait quelque fondement. **3.** Vapeur. *Fumée qui monte d'une soupière.* **4.** (Plur.) Fig., litt. *Fumées du vin, de l'ivresse :* troubles de l'esprit provoqués par l'alcool. **5.** (Plur.) VEN Excréments des cerfs et autres animaux sauvages.

1. fumer [fyme] v. tr. [1] Épandre du fumier sur (un sol) pour l'amender.

2. fumer [fyme] v. [1] **I.** v. intr. **1.** (Choses) Répandre de la fumée. *Bois qui fume en brûlant. Cette cheminée fume.* **2.** Dégager de la vapeur d'eau. *Soupe qui fume.* **3.** Fig. Être dans une violente colère. **II.** v. tr. **1.** Faire brûler (du tabac ou une autre substance) pour en aspirer la fumée. *Fumer un cigare. Fumer du haschisch.* ▷ Absol. *Défense de fumer.* **2.** Exposer (de la viande, du poisson) à la fumée pour les conserver. *Fumer un jambon.*

fumerie [fymʀi] n. f. **1.** Lieu où l'on fume (l'opium). **2.** (Afr. subsah.) Installation en plein air pour le fumage du poisson.

fumerolle [fymʀɔl] n. f. Émanation gazeuse sortant à haute température de crevasses du sol, dans les régions à forte activité volcanique.

fumet [fymɛ] n. m. **1.** Arôme qui s'exhale des viandes à la cuisson. **2.** Odeur que dégagent certains animaux. *Le fumet du gibier.* **3.** CUIS Jus ou bouillon, de viande ou de poisson, qui sert de base à une sauce.

fumeur, euse [fymœʀ, øz] n. **1.** Personne qui a l'habitude de fumer, spécial. du tabac. **2.** Spécialiste du fumage des viandes, des poissons.

fumeux, euse [fymø, øz] adj. **1.** Qui répand de la fumée; qui baigne dans la fumée. **2.** Fig. Obscur, confus. *Des explications fumeuses.*

fumier [fymje] n. m. **1.** Mélange de la litière et des déjections des bestiaux qu'on laisse fermenter et qu'on utilise comme engrais. **2.** Fig., fam., inj. Homme vil, abject.

fumigateur [fymigatœʀ] n. m. MED, AGRIC Appareil destiné aux fumigations; préparation combustible qui les produit.

fumigation [fymigasjɔ̃] n. f. **1.** MED Inhalation de vapeurs médicamenteuses à des fins thérapeutiques (par ex., dans les cas de sinusites). ▷ Production de vapeurs désinfectantes pour assainir un local. **2.** AGRIC Utilisation de fumées ou de vapeurs insecticides pour débarrasser certains végétaux de leurs parasites.

fumigatoire [fymigatwaʀ] adj. MED, AGRIC Qui sert à faire des fumigations.

fumigène [fymiʒɛn] adj. et n. m. TECH Qui produit de la fumée. ▷ n. m. AGRIC *Les fumigènes servent à protéger les jeunes plantes contre les gelées matinales.*

fumiste [fymist] n. et adj. **1.** n. m. Celui qui entretient les appareils de chauffage et ramone les conduits de fumée. **2.** n. et adj. Fam. Personne peu sérieuse, qui se moque du monde. **3.** n. (Afr. subsah.) Personne méprisable. *C'est un fumiste, un usurier!*

fumisterie [fymistəʀi] n. f. **1.** Profession du fumiste. ▷ Ensemble des appareils servant à l'évacuation des fumées. **2.** Fam. Action, chose qui manque totalement de sérieux. *Une vaste fumisterie.*

fumoir [fymwaʀ] n. m. **1.** Lieu où l'on fume les viandes, les poissons. **2.** Pièce, salon où l'on se tient pour fumer.

fumure [fymyʀ] n. f. AGRIC **1.** Action d'amender une terre par l'apport de fumier ou d'engrais; son résultat. **2.** Quantité de fumier ou d'engrais nécessaire pour obtenir un bon rendement d'une terre. *Fumure minérale, organique.* - *Fumure de fond,* apportée avant l'implantation d'une culture. - *Fumure d'entretien,* apportée à une culture déjà en place.

fun [fœn] n. m. et adj. Fam. **I.** n. m. **1.** Plaisir, divertissement. - (Québec) *Se faire du fun :* s'amuser. **2.** Fun board. **II. 1.** adj. Amusant, très plaisant. *C'est fun de sauter les bosses en ski.* ▷ Loc. adj. (Québec) *Le fun :* amusant, plaisant. *C'est le fun. Une personne, une chose le fun.* **2.** Loc. adv. *Pour le fun :* pour le seul plaisir de s'amuser.

funambule [fynɑ̃byl] n. Acrobate qui marche, danse sur une corde au-dessus du sol.

Funan ou **Fou-nan**, ancien royaume du S. du Cambodge actuel, d'influence indienne, dont le territoire s'étendait jusqu'à la péninsule malaise (Ier-VIe s.); il avait pour capitale Vyādhapura (au S.-E. de Phnom Penh). À son apogée, ce royaume maritime dominait l'Asie du S.-E.; il passa sous la domination d'un nouveau royaume, le Tchen*-la, au milieu du VIe s.

fun board [fœnbɔʀd] n. m. (Anglicisme) SPORT Planche à voile courte permettant des sauts acrobatiques sur l'eau. *Des fun boards.* ▷ Ce sport.

Fundy (baie de), golfe profond de la côte atlantique du Canada et des É.-U. (séparant le N. du Maine et le Nouveau-Brunswick de la Nouvelle-Écosse). Les marées y sont très puissantes et rapides.

funèbre [fynɛbʀ] adj. **1.** Qui a rapport aux funérailles. *Oraison funèbre.* ▷ *Service des pompes funèbres,* qui règle tout ce qui concerne les funérailles. **2.** Fig. Qui fait penser à la mort, suscite la tristesse. *Une voix, une image funèbre.*

funérailles [fyneʀaj] n. f. pl. Ensemble des cérémonies accompagnant un enterrement. *Funérailles nationales.* ▷ (Afr. subsah.) Cérémonies célébrées en l'honneur d'un défunt un certain temps après l'inhumation et qui se terminent par la *levée de deuil. Faire les funérailles.* ▷ (Québec) Obsèques. - *Direc-*

teur de funérailles : entrepreneur de pompes funèbres.

funéraire [fyneRɛR] adj. Qui concerne les funérailles. *Frais funéraires.* ▷ *Urne funéraire,* qui contient les cendres d'un mort.

funérarium [fyneRaRjɔm] n. m. (Québec) Syn. de *salon* mortuaire.*

Funès (Louis de) (1914 – 1983), acteur de cinéma français : *le Gendarme de Saint-Tropez* (1964), *le Corniaud* (1965).

funeste [fynɛst] adj. Litt. **1.** Qui apporte la mort. *Coup, maladie funeste.* **2.** *Par ext.* Qui a des conséquences désastreuses. *Conseil, erreur funeste.*

funiculaire [fynikylɛR] n. et adj. **I.** n. m. Chemin de fer à câble ou à crémaillère. **II.** adj. **1.** MECA *Courbe funiculaire* ou, n. f., *funiculaire :* courbe utilisée en statistique graphique. (Sa forme est celle d'une corde flexible et inextensible, suspendue à ses deux extrémités.) **2.** ANAT Qui se rapporte au cordon spermatique ou au cordon ombilical.

funk [fœnk] n. m. et adj. inv. MUS Style de musique issu du funky vers 1970.

F.U.N.K. Sigle de *Front* uni national du Kampuchéa.*

funky [fœnki] n. m. et adj. inv. MUS Style de musique des Noirs américains, mélange de rock et de jazz très rythmique.

fur [fyR] n. m. Empl. seulement dans la locution *au fur et à mesure.* ▷ Loc. adv. *Au fur et à mesure :* simultanément et proportionnellement ou successivement. *Apportez-moi les outils, je les rangerai au fur et à mesure.* ▷ Loc. conj. *Au fur et à mesure que. Il s'assagit au fur et à mesure que les années passent.* ▷ Loc. prép. *Au fur et à mesure de. Au fur et à mesure de ses échecs, il perdait confiance.*

Fur, population du Darfour (N.-O. du Soudan); env. 500 000 personnes. Leur langue, le *fur,* constitue à elle seule une sous-famille de la famille nilo-saharienne.

furet [fyRɛ] n. m. **1.** Mammifère carnivore mustélidé *(Mustela putorius furo),* variété de putois albinos ou semi-albinos, originaire d'Afrique du Nord. **2.** TECH Outil de plomberie servant à déboucher les canalisations. **3.** Jeu de société dans lequel des joueurs se passent un objet de main en main tandis qu'un autre joueur s'efforce de deviner dans quelle main il se trouve.

fureter [fyRte] v. intr. [**18**] Fouiller, chercher avec soin pour découvrir qqch. *Fureter partout.*

fureteur, euse [fyRtœR, øz] adj. et n. Qui furète pour trouver qqch.

Furetière (Antoine) (1619 – 1688), écrivain français. Outre son *Roman bourgeois* (1666), il entreprit en 1684 un *Dictionnaire universel* (posth., 1690); aussi fut-il exclu de l'Acad. fr. (1685), où il avait été élu en 1662.

fureur [fyRœR] n. f. **1.** Colère très violente. *Entrer en fureur.* ▷ Fig. *La fureur des flots.* **2.** Passion excessive. *Aimer avec fureur.* ▷ Loc. verb. *Faire fureur :* être fort en vogue. *Disque qui fait fureur.* ▷ Loc. adv. *À la fureur :* à la folie. **3.** Litt. Délire inspiré. *Fureur poétique.*

furibard, arde [fyRibaR, aRd] adj. Fam. Furibond.

furibond, onde [fyRibɔ̃, ɔ̃d] adj. En proie à une fureur généralement outrée et un peu ridicule. ▷ *Par ext.* Qui exprime cette fureur. *Regards furibonds.*

furie [fyRi] n. f. **1.** Colère démesurée. *Être en furie.* **2.** Ardeur impétueuse. *Combattre avec furie.* ▷ Fig. *La furie de la tempête.* **3.** Femme très méchante et violente. *C'est une vraie furie!*

furieusement [fyRjøzmɑ̃] adv. Avec furie.

furieux, euse [fyRjø, øz] adj. **1.** Qui ressent une violente colère. **2.** Qui dénote une profonde colère. *Air furieux.* **3.** Extrêmement véhément, impétueux. *Assaut furieux.* ▷ Fig. *Mer furieuse.*

Furka (col de la), col des Alpes suisses, entre les hautes vallées du Rhône (Valais) et de la Reuss, reliées par un tunnel ferroviaire; 2 431 m.

Furnes (en néerl. *Veurne*), com. de Belgique (Flandre-Occidentale) au carrefour de canaux dont l'un (le *canal de Furnes*) mène à Dunkerque; ch.-l. d'arr.; 11 200 hab. Centre agric. – Égl. du XIVe s. Hôtel de ville Renaissance. Palais de justice (XVIIe s.). – Cap. de la *Belgique libre* (non occupée par les Allemands) en 1914-1918.

furoncle [fyRɔ̃kl] n. m. Infection, au niveau de la peau, d'un appareil pilo-sébacé, due au staphylocoque doré, et caractérisée par une inflammation ayant en son centre un bourbillon. *La réunion en un même point de plusieurs furoncles forme un anthrax.*

furonculose [fyRɔ̃kyloz] n. f. Éruption d'une série de furoncles.

Fürst (Walter), héros suisse. Il aurait prêté, pour le canton d'Uri, le serment de Grütli (1291).

furtif, ive [fyRtif, iv] adj. Qui se fait à la dérobée, de façon à n'être pas remarqué. *Signe, regard furtif.* – *Main furtive,* qu'on glisse subrepticement.

furtivement [fyRtivmɑ̃] adv. De façon furtive.

Furtwängler (Wilhelm) (1886 – 1954), chef d'orchestre allemand.

fusain [fyzɛ̃] n. m. **1.** Arbrisseau dicotylédone à fleurs dialypétales. **2.** Crayon fait avec le charbon de fusain. ▷ *Par ext.* Dessin exécuté avec ce crayon.

fuseau [fyzo] n. m. **1.** Anc. Petit instrument de bois, renflé en son milieu et terminé en pointe, utilisé pour tordre et enrouler le fil lorsqu'on file à la quenouille. – Instrument de forme analogue servant à faire de la dentelle. ▷ *En fuseau :* en forme de fuseau. *Arbre en fuseau.* ▷ (En appos.) *Pantalon fuseau* ou *fuseau,* dont les jambes se rétrécissent vers le bas et se terminent par un sous-pied. **2.** GEOM Portion de la surface d'une sphère comprise entre deux méridiens. ▷ *Fuseau horaire :* chacune des 24 zones de la surface terrestre à l'intérieur desquelles le temps civil est en principe égal au temps civil local du méridien central. (Le méridien de Greenwich est au centre du fuseau n[0] 0.) **3.** ZOOL Mollusque gastéropode (genre *Fusinus*) à coquille très longue en forme de fuseau. **4.** BIOL *Fuseau achromatique :* ensemble des fibres protéiques qui, au cours d'une mitose ou d'une méiose, joignent les deux asters et sur certaines desquelles s'accrochent les chromosomes.

fusée [fyze] n. f. **I. 1.** Engin propulsé par la force d'expansion de gaz résultant de la combustion d'un combustible et d'un comburant. ▷ Engin spatial muni d'un moteur-fusée. **2.** Pièce d'artifice composée de poudre mélangée à des matières colorantes. *Fusées de feu d'artifice. Fusées-signaux.* **3.** MILIT Mécanisme fixé à l'ogive d'un projectile pour le faire éclater. **4.** MED Trajet long et sinueux parcouru par le pus entre le foyer de l'abcès et le point d'émergence. **II. 1.** Quantité de fil qui peut être enroulée sur un fuseau. **2.** AUTO Pièce conique qui reçoit la roue d'un véhicule.

ENCYCL Les fusées peuvent évoluer hors de l'atmosphère, car elles utilisent un processus propulsif anaérobie. Dès 1903, le Russe Constantin Tsiolkovsky élabora la théorie du vol des fusées dans la perspective du voyage dans l'espace. Les premiers développements pratiques de la réalisation d'une fusée datent de 1926 aux États-Unis. Les expériences allemandes aboutirent en 1944 à la mise au point du V2. Les recherches qui se poursuivirent après la guerre, en U.R.S.S. et aux États-Unis, déterminèrent le principe d'une fusée constituée de plusieurs étages, dont chacun est équipé d'un système de propulsion indépendant, de façon à réaliser une économie optimale de carburant; les lanceurs* d'engins spatiaux et les missiles* intercontinentaux reposent sur ce concept.

fuselage [fyzlaʒ] n. m. Corps principal d'un avion, sur lequel est fixée la voilure.

fuselé, ée [fyzle] adj. En forme de fuseau. *Doigts fuselés.* ▷ ARCHI *Colonne fuselée,* renflée en bas, vers le tiers de sa hauteur.

fuseler [fyzle] v. tr. [**19**] TECH Donner la forme d'un fuseau à.

fuser [fyze] v. intr. [**1**] **1.** Jaillir. *Liquide qui fuse.* – Fig. *Des cris fusent.* **2.** Se répandre en fondant. *La cire fuse.* **3.** Brûler sans détoner (poudre).

fusette [fyzɛt] n. f. Petit tube sur lequel est enroulé du fil à coudre.

fusible [fyzibl] adj. et n. m. **1.** adj. Qui peut être fondu, liquéfié. **2.** n. m. ELECTR Élément qui a la propriété de fondre à une température relativement basse (env. 250 °C), et servant à protéger un circuit contre les intensités trop élevées.

fusiforme [fyzifɔRm] adj. Didac. En forme de fuseau.

fusil [fyzi] n. m. **I. 1.** Arme à feu portative, constituée d'un canon (généralement pourvu de rayures donnant au projectile un mouvement de rotation), d'une culasse (munie d'un percuteur) et d'un fût. – *Fusil lance-harpon* ou *fusil-harpon :* fusil dont le projectile est un harpon, utilisé pour la chasse sous-marine. – (Afr. subsah.) *Fusil de traite :* fusil à silex, à canon long, troqué autref. contre des marchandises de traite ou fabriqué par un forgeron. ▷ Loc. fig., fam. *Coup de fusil :* note d'un montant excessif (à l'hôtel, au restaurant, notam.). – *Changer son fusil d'épaule :* changer d'opinion, de manière d'agir, etc. **2.** Tireur au fusil. *Être un bon fusil.* **II.** Instrument en acier servant à aiguiser les couteaux. ▷ Pierre pour affûter les faux.

fusilier [fyzi(l)je] n. m. *Fusilier marin :* marin entraîné pour les opérations de débarquement et chargé à bord du maintien de l'ordre et de la discipline.

fusillade [fyzijad] n. f. **1.** Décharge de plusieurs fusils. *Un bruit de fusillade.* **2.** Combat à coups de fusil, d'arme à feu. **3.** Action de passer qqn par les armes.

fusiller [fyzije] v. tr. [1] Tuer (qqn) à coups de fusil. – (Plus cour.) Passer par les armes. *Fusiller un espion.* – Fig. *Fusiller du regard :* jeter un regard méchant à.

fusil-mitrailleur [fyzimitʀajœʀ] n. m. Arme légère à tir automatique, fusil pouvant tirer par rafales. *Des fusils-mitrailleurs.* (Abrév. : F.-M.)

fusion [fyzjɔ̃] n. f. **1.** Passage d'un corps de l'état solide à l'état liquide sous l'action de la chaleur. ▷ *En fusion :* liquéfié (en parlant d'une matière habituellement solide). *Métal en fusion.* **2.** Dissolution dans un liquide. *Fusion du sucre dans l'eau.* **3.** Union d'éléments distincts en un tout homogène. *La fusion des divers peuples qui ont formé la nation française. Fusion de sociétés commerciales.* ▷ PHYS NUCL Réunion de plusieurs atomes légers en un atome lourd d'une masse inférieure à la masse totale des atomes de départ. *Le défaut de masse résultant de la fusion libère une très grande quantité d'énergie.* **ENCYCL Phys. nucl.** – La fusion nucléaire part de noyaux légers (deutérium, tritium et lithium) pour aboutir à des noyaux plus lourds (hélium). L'énergie de fusion caractérise les étoiles (V. encycl. étoile). La fusion nucléaire a été obtenue artificiellement en octobre 1952 aux États-Unis (explosion de la première bombe à hydrogène). La *fusion contrôlée* est beaucoup plus difficile à obtenir; un certain nombre de conditions sont indispensables : température très élevée (plusieurs centaines de millions de kelvins), densité du plasma (mélange d'atomes et d'électrons) suffisante et temps de confinement du plasma (durée des premières réactions) assez long. (V. encycl. fission et noyau.)

fusionnement [fyzjɔnmɑ̃] n. m. Action de fusionner.

fusionner [fyzjɔne] v. [1] **1.** v. tr. Regrouper par fusion (des partis, des sociétés, etc.). **2.** v. intr. Se regrouper par fusion. *Ces sociétés ont fusionné.*

Füssli (Johann Heinrich), dit *Henry Fuseli* en G.-B. (1741 – 1825), peintre et dessinateur suisse. Il travailla à Londres de 1764 à sa mort. Onirisme, érotisme, économie de moyens caractérisent son œuvre, qui s'inspire de Shakespeare (*les Trois Sorcières de Macbeth,* v. 1783, Zurich), d'Homère, de Milton. Il influença William Blake, son ami.

Fust (Johann) (v. 1400 – 1466), orfèvre et imprimeur allemand. Il s'associa à Gutenberg (v. 1450-1455) et publia avec Schöffer le *Psautier* de Mayence (1457).

Fustel de Coulanges (Numa Denis) (1830 – 1889), historien français : *la Cité antique* (1864).

fustiger [fystiʒe] v. tr. [13] Blâmer, stigmatiser par la parole. *Fustiger les abus.* ▷ v. pron. Se battre soi-même.

fût [fy] n. m. **1.** Partie droite et dépourvue de branches du tronc d'un arbre. *Le fût d'un fromager.* **2.** ARCHI Partie d'une colonne, située entre la base et le chapiteau. **3.** TECH Élément cylindrique d'un appareil, d'un instrument, etc. *Fût d'un tambour.* **4.** Monture de certains outils. *Fût de rabot, de varlope.* ▷ Monture du canon d'une arme à feu. **5.** Tonneau.

futaie [fytɛ] n. f. Partie d'une forêt où on laisse les arbres atteindre une grande taille avant de les exploiter.

futaille [fytaj] n. f. **1.** Tonneau. **2.** Ensemble de tonneaux. *Rouler toute la futaille dans une cave.*

Futajalonké ou **Fouta-Djalonké,** population de Guinée (env. 720 000 personnes). Ils parlent une langue peule.

futé, ée [fyte] adj. et n. Fin, rusé, malin. ▷ Subst. *C'est un(e) petit(e) futé(e).*

futile [fytil] adj. **1.** Insignifiant, sans importance. **2.** Léger, vain. *Une personne futile.*

futilité [fytilite] n. f. **1.** Caractère de ce qui est futile. *Futilité d'esprit.* **2.** (Surtout au plur.) Chose futile. *S'attacher à des futilités. Dire des futilités.*

Futuna, île française de l'Océanie (Mélanésie); 115 km^2 avec Alofi; 4 100 hab. Elle forme un TOM avec Alofi (inhabitée) et les Wallis (V. *Wallis-et-Futuna* dans le dossier France d'outre-mer, p. 1442).

futunien, enne [futunjɛ̃, ɛn] adj. et n. **1.** adj. De Futuna. ▷ Subst. *Un(e) Futunien(ne).* **2.** n. m. LING *Le futunien :* la langue austronésienne de Futuna, parlée également par la communauté futunienne de Nouvelle-Calédonie.

futur, ure [fytyʀ] adj. et n. **I.** adj. **1.** Qui est à venir. *Les jours futurs. La vie future,* celle qui doit suivre la vie terrestre. **2.** (Le plus souvent avant le nom.) Qui sera ultérieurement tel. *Les futurs époux.* ▷ Subst. Vieilli ou plaisant *Le futur, la future :* le futur conjoint. **II.** n. m. **1.** Temps à venir (par oppos. à *passé* et à *présent*). **2.** GRAM Ensemble de formes verbales indiquant que l'action ou l'état se situe dans l'avenir. *Le futur est un temps de l'indicatif. Futur simple* (ex. : *je chanterai*). *Futur antérieur,* exprimant l'antériorité d'une action future par rapport à une autre (ex. : *je serai partie quand il viendra*). ▷ Par ext. *Futur proche,* construit avec le verbe aller (ex. : *il va partir*).

futurisme [fytyʀism] n. m. **1.** BX-A Doctrine esthétique due (1909) à l'écrivain italien Marinetti*, exaltant la beauté de la machine en mouvement, la vitesse, la violence (œuvres des peintres Carra et Severini). **2.** Qualité de ce qui est futuriste (sens 2).

futuriste [fytyʀist] adj. et n. **1.** Didac. Relatif au futurisme. ▷ Subst. Adepte du futurisme. **2.** Qui semble préfigurer l'état futur de la civilisation (notam. sous ses aspects techniques). *Une esthétique futuriste.*

futurologie [fytyʀɔlɔʒi] n. f. Didac. Discipline visant à prévoir l'avenir dans une perspective globale. Syn. prospective.

fuyant, ante [fɥijɑ̃, ɑ̃t] adj. Qui fuit. **1.** Litt. Qui s'enfuit, s'échappe. *La fuyante proie.* **2.** Qui n'agit pas de manière franche, directe; insaisissable. *Caractère fuyant. Regard fuyant.* **3.** Qui semble s'enfoncer vers l'arrière-plan. *Ligne fuyante.* ▷ *Front, menton fuyant,* en retrait de la face, effacé vers l'arrière.

fuyard, arde [fɥijaʀ, aʀd] adj. et n. Qui s'enfuit. *Soldat fuyard.* ▷ Subst. *Rallier les fuyards.*

Fuzuli (Mehmed Süleyman) *(Fuzūlī)* (v. 1490 – 1556), le plus célèbre poète turc, d'origine kurde. Son œuvre (plus de quinze titres, en arabe, en persan et en turc) chante l'amour, la souffrance, la mort.

Fyt (Jan) (1611 – 1661), peintre flamand. Élève de F. Snyders, il se fixa à Anvers après avoir longuement voyagé; il devint l'un des maîtres de la nature morte et réalisa de nombreuses scènes de chasse au chromatisme délicat (*Un chien dévorant du gibier,* 1651, Louvre, Paris).

g [ʒe] n. m. Septième lettre (g, G) et cinquième consonne de l'alphabet notant l'occlusive vélaire sonore [g] devant a, o, u (ex. *gare, gondole, guêpe*) et la fricative prépalatale sonore [ʒ] devant e, i, y (ex. *gelée, gifle, gypse*); en composition, la consonne médiopalatale nasale [ɲ], dite *n mouillé*, écrite *gn* (ex. *vigne*).

Gaabu ou **Kaabu,** État créé par une population de langue mandé dans la prem. moitié du XIIIe s., entre la Gambie actuelle et le rio Grande. Il survécut jusqu'en 1867.

gabar [gabaʀ] n. m. ORNITH *Autour gabar* : V. autour 2.

gabardine [gabaʀdin] n. f. **1.** Tissu de laine sergé, très serré. **2.** Manteau imperméable fait de ce tissu.

gabare ou **gabarre** [gabaʀ] n. f. Grand filet de pêche semblable à la senne.

gabarit [gabaʀi] n. m. **1.** TECH Modèle servant à produire des séries de pièces de mêmes dimensions. **2.** TECH Dispositif, outil utilisé pour contrôler une mesure. **3.** Dimension réglementée d'un objet. *Dépasser le gabarit.* **4.** *Par ext.* Taille, stature d'une personne, dimension physique ou morale.

gabbro [gabʀo] n. m. PETROG Roche plutonique grenue, sombre, très dense. *Le gabbro et le basalte sont le support des continents.*

gabegie [gabʒi] n. f. Gaspillage, désorganisation qui peut être dû à une mauvaise gestion.

gabelou [gablu] n. m. **1.** (France rég.) Syn. de *douanier.* **2.** (Maurice) Fam. Agent de police.

Gaberones. V. Gaborone.

Gabès, v. et port de Tunisie, sur le *golfe de Gabès*; 92 260 hab.; ch.-l. du gouvernorat du m. nom. Palmeraie, pêche (thon), conserveries. Engrais.

Gabin (Jean Alexis Moncorgé, dit Jean) (1904 – 1976), acteur français. Il incarna des hommes du peuple (*Pépé le Moko,* 1935; *la Grande Illusion,* 1937; *Quai des brumes,* 1938), puis des truands ou des nantis : *Touchez pas au grisbi* (1954), *En cas de malheur* (1958).

gable ou **gâble** [gɑbl] n. m. ARCHI Fronton triangulaire qui couronne un portail ou une fenêtre.

Gable (Clark) (1901 – 1960), acteur de cinéma américain : *Autant en emporte le vent* (1939), *The Misfits* (1961).

Gabo (Naoum Neemia Pevsner, dit Naum) (1890 – 1977), sculpteur américain d'origine russe. Son œuvre et celle de son frère A. Pevsner*, procèdent du constructivisme et annoncent l'art cinétique.

Gabon (le), estuaire d'Afrique occid., débouché de plusieurs riv. Il a donné son nom à la rép. du Gabon. Sur sa rive droite se situe Libreville.

Gabon (république du), État d'Afrique équatoriale.
► V. carte et dossier, p. 1447

gabonais, aise [gabɔnɛ, ɛz] adj. et n. Relatif au Gabon; du Gabon. ▷ Subst. *Un(e) Gabonais(e).*

Gabor (Dennis) (1900 – 1979), physicien britannique d'origine hongroise. Il inventa en 1948 l'holographie. P. Nobel 1971.

Gaboriau (Émile) (1832 – 1873), écrivain français, le «père du roman policier» : *l'Affaire Lerouge* (1866).

Gaborone (anc. *Gaberones*), cap. du Botswana, à la frontière du Transvaal; 138 500 hab. Centre administratif, aéroport. Université, musée.

Gabriel (en hébr., «homme de Dieu»), archange qui, d'après saint Luc, apparut à la Vierge pour lui annoncer qu'elle serait la mère du Sauveur. Selon l'islam, l'ange Gabriel révéla le Coran à Mahomet.

Gabriel, famille d'architectes français. — **Jacques III** (1667 – 1742), prem. architecte du roi, construisit avec Jean Aubert l'hôtel Biron (auj. musée Rodin) à Paris, l'hôtel de ville de Lyon, etc. — **Jacques IV Ange** (1698 – 1782), fils du préc.; prem. architecte du roi (1742) : l'actuelle place de la Concorde et l'École militaire (1751-1753), à Paris; le chât. de Compiègne (1752-1780); le Petit Trianon (1762-1764), à Versailles.

Gabrieli (Andrea) (v. 1510 – 1586), compositeur et organiste italien. Andrea et son neveu **Giovanni** (v. 1555 – 1612) comptent parmi les maîtres de la musique vénitienne.

Gabriel Lalemant (saint) (1610 – 1649), jésuite français; missionnaire au Canada, un des «martyrs de la Nouvelle-France».

gâchage [gɑʃaʒ] n. m. **1.** CONSTR Action de gâcher. **2.** Fig. Fait de gâcher, de gaspiller.

1. gâche [gɑʃ] n. f. TECH Boîtier métallique dans lequel s'engage le pêne d'une serrure.

2. gâche [gɑʃ] n. f. CONSTR Outil servant à gâcher (le mortier, le plâtre).

gâcher [gɑʃe] v. tr. [1] **1.** CONSTR Délayer (du mortier, du plâtre). **2.** Fig. Faire (un travail) sans soin. *Gâcher l'ouvrage.* **3.** Abîmer, gâter par maladresse. *Elle a gâché pas mal de tissu pour faire cette robe.* ▷ Dissiper, gaspiller. *Gâcher de l'argent.* – Loc. *Gâcher le métier* : travailler pour un prix trop bas. **4.** Gâter, attrister, assombrir. *Sa maladie a gâché nos vacances.*

gâchette [gɑʃɛt] n. f. **1.** TECH Arrêt de pêne d'une serrure. **2.** Pièce du mécanisme d'une arme à feu, maintenant le percuteur ou le chien, et actionnée par la détente. – Cour. *Abusiv.* Détente. *Appuyer sur la gâchette.*

gâcheur, euse [gɑʃœʀ, øz] n. **1.** n. m. CONSTR Ouvrier qui gâche le plâtre. **2.** Fig. Personne qui travaille mal. – Personne qui gâte, qui gaspille.

gâchis [gɑʃi] n. m. **1.** CONSTR Mortier bâtard. **2.** Boue, saleté liquide. **3.** Accumulation de choses gâchées, détériorées. ▷ Gaspillage. **4.** Fig. Situation embrouillée; désordre, gabegie.

Gad, personnage biblique, septième fils de Jacob; il donna son nom à l'une des douze tribus d'Israël.

Gadda (Carlo Emilio) (1893 – 1973), écrivain italien. Ses romans (*la Connaissance de la douleur,* 1938-1963; *l'Affreux Pastis de la rue des Merles,* 1957) foisonnent de trouvailles verbales.

Gaddi, famille de peintres primitifs florentins. — **Gaddo** (déb. du XIVe s.), peintre mosaïste, assista Giotto, dont **Taddeo** (v. 1300 – 1366), fils du préc., fresquiste, fut l'élève et **Agnolo** (v. 1333 – 1396), fils de Taddeo, le continuateur.

gadelle [gadɛl] n. f. (Québec) Petite baie comestible du gadellier. *De la gelée de gadelle.*

gadellier [gadəlje] n. m. (Québec) Arbuste fruitier (genre *Ribes*) produisant des grappes de fruits rouges ou noirs. – *Gadellier noir* : cassis.

gadget [gadʒɛt] n. m. Objet ingénieux, utile ou non, amusant par sa nouveauté. ▷ Péjor. Objet sans réelle utilité pratique. – Fig. *Cette réforme n'est qu'un gadget.*

gadidés [gadide] n. m. pl. ICHTYOL Famille de poissons téléostéens (morue, merlan, lieu, etc.), presque tous marins, à l'exception de la lotte de rivière. – Sing. *Un gadidé.*

gadiformes [gadifɔʀm] n. m. pl. ICHTYOL Ordre de poissons téléostéens malacoptérygiens comprenant notam. les gadidés. – Sing. *Un gadiforme.*

gadolinium [gadɔlinjɔm] n. m. CHIM Élément appartenant à la famille des lanthanides (symbole Gd), de numéro atomique Z=64. – Métal (Gd).

gadoue [gadu] n. f. **1.** Mélange de déchets organiques utilisé comme engrais. **2.** *Par ext.* Boue.

gaélique [gaelik] adj. et n. m. Qui se rapporte aux Gaëls. ▷ n. m. Groupe de parlers celtiques d'Écosse et d'Irlande.

Gaëls, peuple d'origine proto-celte dont l'implantation à l'O. et au N.-O. des îles Britanniques remonte au Ier millénaire av. J.-C.

1. gaffe [gaf] n. f. **1.** MAR Perche munie d'un croc à une extrémité, utilisée pour accrocher, attirer à soi, repousser, etc. **2.** Fam. Lourde maladresse. *Faire une gaffe.*

2. gaffe [gaf] n. f. Fam. *Faire gaffe :* faire attention.

gaffer [gafe] v. [1] **1.** v. tr. Accrocher avec une gaffe (1). **2.** v. intr. Fam. Faire une gaffe (1, sens 2). **3.** v. intr. (Madag.) Chahuter, s'amuser. *Allons gaffer!* **4.** v. pron. (Suisse) Fam. Prendre garde. *Gaffe toi!*

gaffeur, euse [gafœʀ, øz] n. Fam. **1.** Personne qui a tendance à commettre des gaffes. **2.** (Madag.) Chahuteur, plaisantin.

Gafsa, v. du S.-O. de la Tunisie méridionale; 61000 hab.; ch.-l. du gouvernorat du m. nom. Oasis. Centre d'une rég. riche en phosphates. Mosquée.

gag [gag] n. m. (Anglicisme) Effet comique, dans un film. – *Par ext.* Incident amusant (dans la vie).

gaga [gaga] adj. et n. Fam. Gâteux.

Gagaouzes, peuple de langue turque et de religion orthodoxe habitant en république de Moldavie. Ils descendent de Turcs des Balkans qui ont émigré aux XVIIIe-XIXe s.

Gagarine (Youri Alexeïevitch) (1934 – 1968), aviateur (militaire) et cosmonaute soviétique. Il fut le premier homme à effectuer un vol spatial (1h48 min, à bord du *Vostok 1,* en avril 1961).

gage [gaʒ] n. m. **I. 1.** Objet, bien mobilier que l'on dépose en garantie entre les mains d'un créancier. *Prêteur sur gages.* **2.** DR et cour. Bien mobilier qui constitue la garantie d'une dette. **3.** Ce que l'on consigne auprès d'un tiers jusqu'à ce qu'une contestation soit définitivement réglée. **4.** À certains jeux, objet que les joueurs déposent à chaque faute et qu'ils ne peuvent retirer qu'après avoir subi une pénitence; cette pénitence. **5.** Fig. Garantie, preuve, témoignage. *Gage d'amitié.* **II.** (Plur.) **1.** Rétribution d'un employé de maison. **2.** Loc. adj. (Après le nom.) *À gages :* rétribué pour un service. *Tueur à gages.*

gager [gaʒe] v. tr. [13] **1.** FIN Garantir par un gage. *Gager un emprunt.* **2.** (Québec) Parier. *Je gagerais cent piastres qu'elle n'y est pas allée.*

gageure [gaʒyʀ] n. f. Litt. Action si étrange, si difficile qu'elle semble relever d'un défi, d'un pari. ▷ (Québec) Pari.

gagiste [gaʒist] n. m. DR Personne dont la créance est garantie par un gage. – (En appos.) *Créancier gagiste.*

gagnant, ante [gaɲɑ̃, ɑ̃t] adj. et n. **1.** adj. Qui gagne. *Numéro, cheval gagnant.* **2.** n. Celui, celle qui gagne. *L'heureux gagnant.*

gagne [gaɲ] n. f. **1.** Fam. Volonté de gagner. *Être animé par la gagne.* **2.** (Québec) Fam. V. gang (sens II).

gagne-cari [gaɲkaʀi] n. m. inv. (Réunion) Syn. de *gagne-pain.*

gagne-pain [gaɲpɛ̃] n. m. inv. Ce qui permet de gagner sa vie (instrument de travail ou métier). Syn. (Réunion) gagne-cari.

gagne-petit [gaɲpəti] n. inv. (Rare au fém.) Personne qui a des revenus modestes, qui fait de petits bénéfices.

gagner [gaɲe] v. [1] **A.** v. tr. **I.** *Gagner qqch.* **1.** Acquérir par son travail ou ses activités (un bien matériel, un avantage quelconque). *Gagner de l'argent. Gagner sa vie, son pain. Gagner le gros lot à la loterie. Candidat qui cherche à gagner des voix. – Gagner l'amitié, la confiance de qqn.* – Iron. *Il n'y a que des ennuis à gagner dans cette affaire.* ▷ *Bien gagner :* mériter d'obtenir. *J'ai bien gagné un peu de repos.* – Iron. *Il l'a bien gagné :* il n'a que ce qu'il mérite (déconvenue). **2.** Voir se terminer à son avantage (une compétition, un conflit, une lutte). *Gagner une partie de cartes, un procès, la guerre.* **3.** Se diriger vers, rejoindre (un lieu). *Gagner la frontière.* ▷ *Gagner du terrain :* prendre de l'avance ou diminuer son retard, dans une poursuite; fig. progresser. **4.** *Gagner du temps :* passer moins de temps à accomplir telle ou telle tâche, économiser du temps. *Procédé de montage qui permet de gagner du temps.* – Atermoyer, temporiser, différer l'accomplissement de qqch. *En ne répondant pas immédiatement, je gagne du temps.* **5.** Occuper progressivement; se propager dans, s'étendre à. *L'incendie avait gagné la maison voisine.* – Par anal. *Le sommeil commençait à me gagner.* **II.** *Gagner qqn.* **1.** Se rendre favorable, séduire. *Il avait gagné son geôlier.* ▷ *Gagner qqn à...,* le rendre favorable à... *Gagner qqn à une idée, à sa cause.* **2.** *Gagner qqn de vitesse,* le devancer. **3.** (Afr. subsah.) Vaincre (au jeu, etc.). *Ils nous ont gagnés!* **B.** v. intr. **I. 1.** *Gagner à être* (+ adj.) : apparaître sous un jour plus favorable en étant... *Il gagne à être connu.* **2.** *Gagner en :* s'améliorer du point de vue de. *Gagner en sagesse.* **II.** MAR *Gagner au vent :* remonter dans le vent, avancer contre le vent. (V. louvoyer.)

gagneur, euse [gaɲœʀ, øz] n. Personne qui est animée par la volonté de gagner. *Un tempérament de gagneur.*

Gagnoa, v. de Côte d'Ivoire, au S.-O. de Yamoussoukro; 93500 hab.; ch.-l. du dép. du m. nom. Comm. du café et du cacao.

Gago Coutinho (pic), point culminant de São Tomé et Principe; 2024 m.

gaguère [gagɛʀ] n. f. (Haïti) **1.** Arène où sont organisés des combats de coqs. (V. gallodrome.) **2.** Organisation de combats de coqs.

gai, gaie [gɛ(e)] adj. **1.** Qui a de la gaieté, qui est enclin à la bonne humeur. *Avoir un caractère gai. Être gai comme un pinson.* ▷ (Belgique) Qui est amusant, agréable. ▷ Mis en gaieté par la boisson. *Nous n'étions pas ivres, simplement un peu gais.* **2.** Qui marque, qui exprime, qui inspire la gaieté. *Un visage gai. Une chanson gaie. Une couleur gaie,* claire et fraîche, vive. ▷ *Par antiphr.* Contrariant, désagréable. *C'est gai!*

Gaia ou **Gê,** dans la myth. gr., divinité fondamentale (la «Terre») qui a enfanté les premiers êtres divins et de nombreuses divinités monstrueuses (Titans, Géants, Cyclopes, etc.).

gaïac [gajak] n. m. Arbuste ornemental des régions tropicales, dont une espèce fournit une résine contenant le gaïacol.

gaïacol [gajakɔl] n. m. CHIM, MED Ester méthylique utilisé comme antiseptique dans le traitement des voies respiratoires.

gaiement ou vieilli **gaîment** [gemɑ̃] adv. **1.** Avec gaieté, joyeusement. *Chanter, siffler gaiement.* **2.** De bon cœur, avec entrain. *Allons-y gaiement.*

gaieté ou vieilli **gaîté** [gete] n. f. **1.** État d'esprit qui porte à la joie et à la bonne humeur. *Être plein de gaieté.* ▷ Loc. adv. *De gaieté de cœur :* volontiers, avec plaisir (le plus souvent en tournure négative). *Je ne l'ai pas fait de gaieté de cœur.* **2.** Caractère de ce qui porte à la bonne humeur, à la joie. *Gaieté d'une pièce, d'un livre.*

1. gaillard, arde [gajaʀ, aʀd] adj. et n. m. **I.** adj. **1.** Qui est plein de force, de santé et de vivacité, qui est en bonne condition physique. Syn. alerte, solide, vigoureux. **2.** Un peu libre, leste, grivois. *Chanson gaillarde.* **II.** n. m. Homme vigoureux, décidé. *Un grand gaillard. Un solide gaillard.*

2. gaillard [gajaʀ] n. m. MAR *Gaillard d'avant. – Gaillard d'arrière :* V. dunette.

gaillardise [gajaʀdiz] n. f. Vieilli Propos, geste, comportement gaillard (1, sens I, 2), grivois. *Dire des gaillardises.*

gaîment [gemɑ̃] adv. V. gaiement.

gain [gɛ̃] n. m. **1.** Fait de gagner. *Gain d'un procès, d'une bataille.* ▷ *Obtenir, avoir gain de cause :* l'emporter dans un litige. **2.** Ce que l'on gagne; salaire, profit, bénéfice. *L'appât du gain. – Gain de place, de temps.* ▷ Loc. (Suisse) *Par gain de paix :* avec une volonté d'apaisement. ▷ RADIOELECTR *Gain d'un amplificateur :* rapport entre la grandeur caractéristique du signal de sortie et celle du signal d'entrée.

gainage [gɛnaʒ] n. f. TECH Action de gainer. *Le gainage d'une tuyauterie.*

gaine [gɛn] n. f. **1.** Étui épousant étroitement la forme de l'objet qu'il contient et protège. *Gaine d'un couteau, d'un peigne.* – TECH *Gaine d'un câble conducteur.* **2.** Sous-vêtement féminin en tissu élastique enserrant les hanches et la taille. **3.** ANAT Enveloppe souple d'un nerf, d'un muscle. *Gaine tendineuse.* **4.** BOT Base élargie du pétiole de certaines feuilles, qui entoure la tige. **5.** CONSTR *Gaine de ventilation :* conduit destiné à assurer la circulation de l'air. – *Gaine d'ascenseur :* espace dans lequel se déplace la cabine, cage.

gainer [gene] v. tr. [1] **1.** TECH Mettre une gaine à. **2.** Mouler étroitement. *Robe qui gaine un corps. Jambes gainées de soie.* **3.** Recouvrir (un objet) d'un matériau souple (cuir, plastique, etc.).

gainerie [gɛnʀi] n. f. Artisanat, commerce des gaines, des étuis.

Gainsborough (Thomas) (1727 – 1788), peintre et dessinateur anglais. Portraitiste marqué par Van Dyck, il s'affirma dans des paysages préromantiques.

Gainsbourg (Lucien Ginsburg, dit Serge) (1928 – 1991), chanteur, auteur-compositeur et cinéaste français, au style provocant.

gaîté [gete] n. f. V. gaieté.

gajaque [gaʒak] n. m. (Maurice) Amuse-gueule.

Gaji Ali (XVIe s.), roi (mai) kanuri du Kanem. Grâce à lui, les Kanuri régnèrent à nouveau sur le Kanem. V. Kanem.

gala-, galact-, galacto-. Élément, du gr. *gala, galaktos,* «lait».

gala [gala] n. m. Réception, ensemble de réjouissances, généralement de caractère officiel. – *Spécial.* Représentation artistique à laquelle sont conviées des personnalités. ▷ *De gala :* qui a lieu, qui sert lors des cérémonies, lors d'événements officiels. *Soirée, habit de gala.*

Galaad, pays de l'anc. Judée, la partie N.-O. de la Jordanie actuelle.

galactique [galaktik] adj. ASTRO De la Galaxie. *Disque galactique :* V. galaxie. ▷ D'une galaxie. *Amas galactique.*

galactogène [galaktɔʒɛn] adj. PHYSIOL Qui détermine la sécrétion lactée. *L'hormone galactogène est la prolactine.*

galactomètre [galaktɔmɛtʀ] n. m. TECH Appareil qui sert à mesurer la densité du lait.

galactophore [galaktɔfɔʀ] adj. ANAT *Canaux galactophores :* canaux de la glande mammaire qui amènent le lait au mamelon.

galactose [galaktoz] n. m. BIOCHIM Sucre (hexose cyclique) isomère du glucose, avec lequel il se combine pour former le lactose. *Le galactose est transformé en glucose par le foie.*

galago [galago] n. m. ZOOL Mammifère lémurien arboricole nocturne, à longue queue, dont il existe plusieurs espèces en Afrique occidentale.

Galam, région aurifère du haut Sénégal.

galamment [galamɑ̃] adv. **1.** Avec galanterie, courtoisie, délicatesse. **2.** (Afr. subsah.) Élégamment. ▷ Crânement. *Marcher galamment.*

galampian [galɑ̃pjɑ̃] n. m. V. galapiat.

galance [galɑ̃s] ou **galancine** [galɑ̃sin] n. f. (Acadie) Balançoire.

galancer (se) [galɑ̃se] v. pron. **[12]** (Acadie) Se balancer (sens III, 2).

galancine [galɑ̃sin] n. f. V. galance.

galandage [galɑ̃daʒ] n. m. TECH Cloison de briques posées de chant. – *Par ext.* Remplissage en matériaux légers d'une cloison en pan de bois.

galant, ante [galɑ̃, ɑ̃t] adj. et n. **I.** adj. **1.** Qui fait preuve de galanterie (sens 1). *Un homme galant.* – Qui dénote la galanterie. *Geste galant.* **2.** Vieilli Civil, obligeant, délicat. *Agir en galant homme.* **3.** Litt. Qui a trait à la vie amoureuse. *Rendez-vous galant, intrigue galante.* – Péjor. *Fille, femme galante,* qui fait commerce de ses charmes. **4.** (Afr. subsah.) Élégant. *Elle est vraiment galante avec ce grand boubou.* ▷ Subst. *Il aime trop faire le galant.* **II.** n. m. Vieilli ou plaisant Amoureux. *Son galant lui a envoyé des fleurs.*

galanterie [galɑ̃tʀi] n. f. **1.** Délicatesse, prévenance envers les femmes. **2.** Vieilli Compliment adressé à une femme. *Dire des galanteries.*

galantine [galɑ̃tin] n. f. Charcuterie composée de viandes désossées et coupées, servies froides dans de la gelée. *Galantine de volaille.*

Galápagos (îles) (off. *Archipiélago de Colón*), archipel volcanique du Pacifique, à 900 km env. à l'O. de l'Équateur, dont il dépend; 7812 km^2; 10000 hab.; ch.-l. *Puerto Baquerizo* (1300 hab.) – Faune remarquable (tortues géantes, iguanes, etc.), qu'étudia Darwin. – Parc naturel dep. 1959.

galapiat [galapja] ou **galampian** [galɑ̃pjɑ̃] n. m. (France rég.) Grand jeune homme dégingandé.

Galata, célèbre quartier d'Istanbul, au N. de la Corne d'Or.

galathée ou **galatée** [galate] n. f. ZOOL Crustacé décapode vivant en mer à différentes profondeurs, qui a de grandes pinces et un abdomen réduit se repliant sous le thorax.

Galati, ville et port de Roumanie orientale, sur le Danube (r. g.), au confluent du Siret et du Prout; 324000 hab.; ch.-l. du district du m. nom. Centre sidérurgique, constructions navales.

Galatie, anc. pays au centre de l'Asie Mineure occupé par des peuplades gauloises (les *Galates*) au IIIe s. av. J.-C. et soumis par Rome en 25 av. J.-C.

galaxie [galaksi] n. f. Vaste ensemble d'étoiles, dont la taille et la morphologie varient d'un spécimen à l'autre, et que l'on détecte jusqu'aux confins de l'Univers visible. (V. encycl. ci-après.) – *La Galaxie* : la galaxie à laquelle appartient le Soleil et dont la trace, dans le ciel nocturne, est la Voie lactée. (V. encycl. ci-après.)
ENCYCL En 1925, l'astronome américain Hubble a distingué quatre classes principales de galaxies, dont l'étude n'a cessé de progresser. 1. Les *spirales,* les plus nombreuses (environ 63 % des galaxies), sont formées d'un bulbe central ellipsoïdal et d'un disque plat, structuré en bras spiraux, riche en matière interstellaire (environ 10 % de la masse visible de la galaxie) et en étoiles bleues (donc jeunes). La structure en bras se développe parfois aux extrémités d'une barre d'étoiles traversant le bulbe de la galaxie (sous-classe de *spirales barrées*). 2. Les *lenticulaires* (environ 21 % des galaxies) sont également constituées d'un bulbe central ellipsoïdal et d'un disque aplati, mais celui-ci est dépourvu de structure et pauvre en matière interstellaire. 3. Les *elliptiques* (environ 13 % des galaxies), dont la forme générale est un ellipsoïde plus ou moins aplati, ne contiennent quasiment pas de matière interstellaire ni d'étoiles bleues. 4. Les *irrégulières* (environ 3 % des galaxies) n'ont pas de structures bien définies; elles sont riches en matière interstellaire et en étoiles bleues. Les différents types de galaxies ne s'expliquent pas en terme d'évolution (les galaxies, formées tôt dans l'histoire de l'Univers*, pourraient toutes avoir environ le même âge), mais témoignent plutôt de différences entre les rythmes d'évolution, les galaxies les plus pauvres en matière interstellaire ayant connu très tôt un rythme très élevé de formation d'étoiles. Les distances entre les galaxies sont considérables; la galaxie la plus proche de la nôtre est le Grand Nuage de Magellan, à environ 165000 années de lumière; la grande galaxie spirale d'Andromède, la galaxie la plus lointaine visible à l'œil nu, est à environ 2,2 millions d'années de lumière. Les galaxies présentent une large gamme de dimensions et de masses : les elliptiques géantes renferment plus de 10000 milliards de masses solaires dans un diamètre de plus de 300000 années de lumière; les elliptiques naines, quelques millions de masses solaires sur 5000 années de lumière. La distribution des galaxies dans l'Univers suggère une concentration en *amas,* eux-mêmes associés en *superamas,* qui semblent se répartir sur les faces et les arêtes d'immenses polyèdres dont l'intérieur serait presque vide.
La Galaxie. Notre propre galaxie est très certainement une galaxie spirale, dont le disque mesure environ 100000 années de lumière de diamètre et 1000 années de lumière d'épaisseur; la trace du disque galactique dans le ciel nocturne est la *Voie lactée;* le Soleil occupe à l'intérieur du disque une position excentrée, à 28000 années de lumière du centre. On estime que la Galaxie renferme 100 milliards d'étoiles; les étoiles les plus jeunes (en particulier les étoiles bleues) sont concentrées dans des amas *(amas ouverts)* répartis préférentiellement le long des bras spiraux du disque galactique. La Galaxie est entourée d'un halo sphérique qui renferme des étoiles vieilles (généralement rouges), souvent groupées en amas sphériques *(amas globulaires),* contenant de 10000 à 1 million d'étoiles. Les étoiles de la Galaxie sont animées d'un mouvement orbital autour du centre de masse de la Galaxie *(centre galactique)*; au niveau du Soleil, une révolution complète s'effectue en 200 millions d'années. En raison de la *poussière interstellaire,* les télescopes ne peuvent observer la structure de la Galaxie à une distance supérieure à 10000 années de lumière. La radioastronomie (ondes radio, infrarouge, rayonnements X et gamma) n'a pu encore vérifier si le centre galactique renfermait un trou noir géant, à l'instar des noyaux des galaxies actives.

Galba (Servius Sulpicius) (v. 5 av. J.-C. – 69 apr. J.-C.), empereur romain, successeur de Néron en 68 apr. J.-C.; il fut assassiné par les prétoriens.

galbe [galb] n. m. Profil, contour arrondi d'un objet d'art, d'une partie du corps humain. *Le galbe d'un vase. Une jambe d'un galbe très pur.* ▷ TECH Partie galbée. – Profil chantourné d'une pièce de menuiserie.

galbé, ée [galbe] adj. Qui présente un galbe, un contour arrondi. – ARCHI *Colonne galbée,* dont le fût est renflé au tiers de sa hauteur.

galber [galbe] v. tr. **[1]** Donner du galbe à (qqch).

Galbraith (John Kenneth) (né en 1908), économiste américain; analyste des sociétés industrielles.

1. gale [gal] n. f. **1.** Maladie cutanée due à un acarien *(Sarcoptes scabiei,* ou *sarcopte),* caractérisée par une lésion spécifique (sillon) et une vive démangeaison. ▷ *Gale du ciment :* dermatose professionnelle des ouvriers cimentiers, caractérisée par des papules et un prurit. ▷ *Gale filarienne :* dermatose parasitaire, observée en Afrique (craw-craw), due à une filaire *(Onchocerca volvulus).* ▷ *Gale bédouine :* bourbouille. **2.** Loc. fig., fam. *Mauvais comme la gale, comme une gale :* très méchant. **3.** (Québec) Croûte (d'une plaie). *Bébé qui gratte une gale.*

2. gale [gal] n. f. (Maurice) Perche permettant de faire évoluer une barque en eau peu profonde.

galéjade [galeʒad] n. f. (France rég.) Plaisanterie destinée à mystifier qqn.

galène [galɛn] n. f. MINER Sulfure naturel de plomb, principal minerai de ce métal.

galéopithèque [galeɔpitɛk] n. m. ZOOL Mammifère arboricole d'Asie du S.-E. qui peut planer grâce à une membrane joignant ses pattes et sa queue.

galer [gale] v. intr. **[1]** (Maurice) Faire évoluer une barque à l'aide d'une gale (2). *Galer contre le vent.*

galère [galɛʀ] n. f. **1.** Anc. Navire long et bas sur l'eau, allant ordinairement à rames, qui fut utilisé jusqu'au XVIIIe s. comme bâtiment de guerre, princ. en Méditerranée. ▷ Fig. *Vogue la galère! :* advienne que pourra! – Fam. *C'est une galère :* c'est une situation, une condition excessivement pénible. **2.** Plur. Anc. *Les galères :* la peine de ceux qui étaient condamnés à ramer sur les galères.

galérer [galeʀe] v. intr. [14] Fam. 1. Éprouver de graves difficultés personnelles ou professionnelles; s'ennuyer. 2. Chercher du travail sans en trouver; faire un travail pénible et mal payé.

galerie [galʀi] n. f. 1. Passage couvert situé à l'intérieur d'un bâtiment ou, à l'extérieur, le long de la façade. *La galerie des Glaces du château de Versailles. Galerie marchande.* ▷ *Spécial.* Balcons les plus élevés, dans un théâtre. *Première, seconde galerie.* ▷ (Québec) Balcon, couvert ou non, avec ou sans balustrade. 2. Lieu où est exposée une collection artistique ou scientifique; la collection elle-même. *Les galeries du Louvre, du Muséum.* – *Par ext.* Magasin spécialisé dans la vente d'objets d'art. *Galerie de peinture.* ▷ (Maghreb) Grande surface*. 3. *La galerie :* le monde, les hommes considérés comme spectateurs, critiques. *Poser, parler pour la galerie.* – Loc. *Amuser la galerie.* 4. Passage, couloir souterrain. ▷ MINES Ouvrage souterrain servant à la circulation du matériel. ▷ Petit chemin que creusent sous terre divers animaux. *Une galerie de termites.* 5. Porte-bagages fixé au toit d'une automobile.

galérien [galeʀjɛ̃] n. m. Forçat qui était condamné à ramer sur une galère. ▷ Loc. fig. *Mener une vie de galérien :* mener une vie très dure.

galet [galɛ] n. m. 1. Caillou arrondi et poli par le frottement dû à l'action des eaux (mer, rivière, etc.). 2. TECH Cylindre, disque de roulement de métal, de bois, etc. 3. PREHIST *Galet aménagé :* galet rendu acéré ou tranchant par enlèvement de matière. *Avant l'acheuléen, les galets aménagés constituaient les outils principaux.*

galetas [galta] n. m. (Suisse) Syn. de *grenier.*

galette [galɛt] n. f. 1. Gâteau rond et plat, cuit au four. *Galette des Rois,* dans laquelle on glisse une fève et que l'on mange à l'occasion de l'Épiphanie. ▷ (Belgique) Gaufre dure ou gaufrette. – (Québec) Petite pâtisserie ronde et plate dont la pâte est moins sèche que celle du biscuit. *Des galettes à la mélasse.* – (France rég., Québec) *Galette de sarrasin :* crêpe à base de farine de sarrasin. 2. Objet quelconque plat et circulaire, en forme de galette. *La galette d'un siège.* 3. Fam. Argent.

galeux, euse [galø, øz] adj. et n. 1. Qui a la gale. *Chien galeux.* – Subst. *Un galeux.* – De la gale. *Croûtes galeuses.* ▷ Fig. *Brebis galeuse :* V. brebis. 2. Sordide, misérable. *Rue galeuse.*

Galibier (col du), col des Hautes-Alpes (2645 m).

Galice (en esp. *Galicia*), communauté auton. du N.-O. de l'Espagne, et région de la C.E., sur l'Atlantique, formée des prov. de La Corogne, Lugo, Orense et Pontevedra; 29434 km^2; 2914500 hab.; cap. *Saint-Jacques-de-Compostelle.* Le climat océanique doux favorise l'élevage bovin et la polyculture; première région de pêche de la C.É.E.; industr. portuaires; tourisme.

Galicie, rég. d'Europe orientale située au N. des Carpates. – Elle fut souvent disputée et démembrée, en raison de sa position géogr., entre la Russie, la Pologne et l'Autriche. En 1919, la Pologne obtint la partie occid.; en 1923, la partie orient. En 1945, la Pologne garda la Galicie occid. (v. princ. *Cracovie*), et l'U.R.S.S. reçut la Galicie orient. (v. princ. *Lvov*), qu'elle intégra à l'Ukraine.

Galien (Claude) (v. 131 – v. 201), médecin grec, anatomiste et thérapeute. Sa théorie des humeurs constitua un dogme jusqu'au XVIIe s.

galiériste [galjeʀist] n. (Maghreb) En Algérie, personne qui travaille dans une grande surface.

galidie [galidi] n. f. ZOOL Mammifère carnivore de Madagascar, voisin des genettes.

Galilée, région du N. de la Palestine, entre le lac de Tibériade et la Méditerranée, auj. dans l'État d'Israël. Jésus y passa sa jeunesse et une partie de sa vie publique. Villes princ. : Capharnaüm, Nazareth, Magdala.

Galilée (Galileo Galilei, dit) (1564 – 1642), physicien, mathématicien et astronome italien; fondateur de la science expérimentale. Il établit les lois du pendule, découvrit grâce à une lunette perfectionnée par lui les anneaux de Saturne et les satellites de Jupiter, inventa le thermomètre. Il proclama que la Terre tournait autour du Soleil, en contradiction avec la théorie géocentrique de son époque. Poursuivi par le Saint-Office, il dut se rétracter devant l'Inquisition en 1633. L'abjuration de sa théorie (qu'il ne pouvait étayer de preuves tangibles) aurait été suivie par ces mots : « Et pourtant, elle tourne. » Il a publié notam. : *le Messager astral* (1610) et *Discours sur deux sciences nouvelles* (1638).

1. galiléen, enne [galileɛ̃, ɛn] adj. et n. De la Galilée. ▷ *Le Galiléen :* Jésus-Christ, élevé à Nazareth, en Galilée.

2. galiléen, enne [galileɛ̃, ɛn] adj. Didac. Qui se rapporte à Galilée. ▷ *Repères galiléens :* systèmes de points animés les uns par rapport aux autres d'un mouvement de translation rectiligne et uniforme.

galimatias [galimatja] n. m. Vieilli ou litt. Discours, écrit confus et embrouillé.

galion [galjɔ̃] n. m. MAR ANC Grand navire utilisé autrefois pour le transport de l'or et de l'argent d'Amérique.

galiote [galjɔt] n. f. MAR ANC Caboteur à voiles utilisé autrefois par les Hollandais.

galipette [galipɛt] n. f. Fam. Culbute, cabriole au sol. Syn. (Maurice) casse-cou.

galipote [galipɔt] n. f. (Québec) Loc. fam. *Courir la galipote :* courir le guilledou.

Gall (saint)(v. 550 – 645), moine irlandais. Venu évangéliser le continent, il résida en Haute-Saône (France), puis à Bregenz (en Autriche, sur le lac de Constance) et vécut enfin en ermite à l'endroit où fut érigée la célèbre abbaye autour de laquelle s'édifia la ville suisse qui porte son nom (V. Saint-Gall).

Gall (Franz Josef) (1758 – 1828), médecin allemand. Fondateur de la phrénologie, il étudia les fonctions du cerveau et leurs localisations.

galla [gala] n. m. LING Langue couchitique parlée en Éthiopie par les Oromo. Syn. oromo.

Galla. V. Oromo.

galle [gal] n. f. BOT Hypertrophie, excroissance d'un tissu végétal provoquée par la présence d'un parasite (champignon, bactérie, larve d'insecte, etc.). ▷ *Noix de galle :* galle des feuilles de chêne dont on extrait du tanin.

Gallé (Émile) (1846 – 1904), verrier, céramiste et ébéniste français; promoteur de l'art nouveau, à la tête de l'école de Nancy.

Galles (pays de) (en angl. *Wales*), rég. de l'O. de la G.-B. et de la C.E.; 20768 km^2; 2749640 hab.; v. princ. *Cardiff.* C'est une rég. de plateaux (alt. max. 1085 m), aux côtes rocheuses très découpées. Le climat est océanique. L'élevage, ovin notam., prédomine. Le S. fut industrialisé (métallurgie) dès le XIXe s. grâce à la houille. Tourisme. – De peuplement celtique, le pays de Galles résista à la pression anglo-saxonne. Conquis par Édouard Ier (1277-1284), il fut réuni définitivement à l'Angleterre par les statuts de Henri VIII (1536 et 1542). Il conserve une forte originalité.

Galles (prince de), titre porté par le fils aîné du roi ou de la reine d'Angleterre depuis 1301.

gallican, ane [gal(l)ikɑ̃, an] adj. et n. Relatif au gallicanisme. *Les rites gallicans.* ▷ Subst. Partisan du gallicanisme.

gallicanisme [gal(l)ikanism] n. m. RELIG CATHOL Doctrine politico-religieuse qui revendique, pour l'Église de France, plus de liberté à l'égard du pape.

gallicisme [gal(l)isism] n. m. LING Idiotisme, forme de construction particulière à la langue française (ex. *en être de sa poche*).

gallicole [galikɔl] adj. ZOOL Se dit d'un insecte qui vit dans une galle, qui provoque la formation d'une galle.

Gallien (en lat. *Publius Licinius Egnatius Gallienus*) (v. 218 – 268), empereur romain. Fils de Valérien, il lui succéda en 260. Poète et philosophe, mais de caractère faible, il fut assassiné par ses généraux.

Gallieni (Joseph Simon) (1849 – 1916), général français. Il servit au Soudan français (le Mali actuel), au Tonkin, puis à Madagascar (1896-1905).

galliformes [galifɔʀm] n. m. pl. ORNITH Ordre d'oiseaux aux ailes courtes, aux pattes et au bec puissants, de mœurs terrestres, le plus souvent granivores, et, pour la plupart, sédentaires (francolin, faisan, dindon, poulet, pintade, etc.). – Sing. *Un galliforme.*

Gallimard (Gaston) (1881 – 1976), éditeur français. Cofondateur de la *Nouvelle Revue française* (1908), directeur de la maison d'édition (*Gallimard*) qui en est issue.

gallinacés [galinase] n. m. pl. ORNITH Syn. anc. de *galliformes.*

gallium [galjɔm] n. m. CHIM Élément métallique (symbole Ga) de numéro atomique Z=31. – Métal (Ga) gris clair. *L'alliage d'arsenic et de gallium est utilisé comme semiconducteur.*

gallodrome [galɔdʀom] n. m. (Mart.) Arène où sont organisés des combats de coqs. (V. gaguère.)

gallois, oise [galwa, waz; galwa, wɑz] adj. et n. Du pays de Galles. ▷ Subst. *Un(e) Gallois(e).* ▷ n. m. Langue celtique du pays de Galles.

gallon [galɔ̃] n. m. 1. À Haïti, unité de mesure valant 3,785 litres. – Au Canada, unité de mesure valant 4,546 litres. 2. (Haïti) Récipient contenant un gallon (3,785 l).

gallo-romain, aine [gal(l)oʀɔmɛ̃, ɛn] adj. et n. Qui appartient à la fois aux

Gaulois et aux Romains. *Période gallo-romaine :* période qui s'étend de la conquête de la Gaule par César (58-52 av. J.-C.) à l'avènement de Clovis (481). ▷ Subst. *Les Gallo-Romains :* les habitants de la Gaule romaine.

gallo-roman, ane [galoʀɔmɑ̃, an] adj. et n. m. Se dit des dialectes romans parlés dans l'ancienne Gaule, comprenant les langues d'oc, d'oïl et le francoprovençal. (V. encycl. roman.) ▷ n. m. *Le gallo-roman.*

Gallup (George Horace) (1901 – 1984), statisticien américain. Il est le promoteur des sondages d'opinion (longtemps nommés *gallups*).

galoche [galɔʃ] n. f. Grosse chaussure de cuir à semelle de bois. ▷ Fig. *Menton en galoche,* fortement accusé et relevé vers l'avant.

Galois (Évariste) (1811 – 1832), mathématicien français, tué en duel (dans des circonstances obscures). Il appliqua la théorie des groupes à la résolution des équations algébriques.

galon [galɔ̃] n. m. **1.** Ruban tissé serré, pour border ou orner. **2.** Marque portée sur l'uniforme, qui, dans l'armée, sert à distinguer différents grades. *Les galons de sergent, de commandant.* ▷ Fam. *Prendre du galon :* monter en grade.

galonner [galɔne] v. tr. [1] Border, orner d'un galon. – Pp. adj. *Un képi galonné.*

galop [galo] n. m. **1.** La plus enlevée et la plus rapide des allures des mammifères quadrupèdes (du cheval, notam.), comportant un temps de suspension pendant lequel l'animal perd tout contact avec le sol. *Galop de chasse, de manège, de course.* ▷ Loc. fig. *Au galop :* en courant; très vite. ▷ Loc. *Galop d'essai,* qui sert à tester un cheval; fig. entraînement. **2.** MED *Bruit de galop :* troisième bruit cardiaque (surajouté aux deux bruits normaux) donnant un rythme à trois temps et témoignant d'une insuffisance ventriculaire.

galopade [galɔpad] n. f. **1.** Action de galoper. **2.** *Par ext.* Course précipitée (d'une personne).

galopant, ante [galɔpɑ̃, ɑ̃t] adj. Qui s'accroît très rapidement, en parlant de certains phénomènes. *Inflation galopante.*

galoper [galɔpe] v. intr. [1] **1.** Aller au galop (animaux, chevaux). **2.** *Par ext.* (Personnes) Courir, se précipiter.

galopin [galɔpɛ̃] n. m. Fam. Garnement, jeune garçon turbulent et effronté.

Galsworthy (John) (1867 – 1933), écrivain anglais. Ses romans (*la Saga des Forsyte,* 1906-1928) et ses pièces critiquent la bourgeoisie anglaise. P. Nobel 1932.

galuchat [galyʃa] n. m. Peau de raie ou de requin, tannée et préparée pour la reliure, la maroquinerie, etc.

Galvani (Luigi) (1737 – 1798), physicien et médecin italien. Il découvrit (sur des grenouilles décérébrées) les phénomènes nommés *galvanisme.*

galvanique [galvanik] adj. Didac. Relatif au galvanisme, aux effets électriques découverts par Galvani.

galvanisation [galvanizasjɔ̃] n. f. **1.** Action de galvaniser. **2.** MED Utilisation thérapeutique de courants électriques continus de faible intensité.

galvaniser [galvanize] v. tr. [1] **1.** Enthousiasmer, remplir d'ardeur. *Son discours galvanisa la foule.* Syn. électriser. **2.** TECH Recouvrir (une pièce métallique) d'une couche protectrice de zinc (à l'origine par dépôt électrolytique).

galvanisme [galvanism] n. m. BIOL Ensemble des effets produits par le courant électrique continu sur les organes (muscles, nerfs).

galvano-. Élément, tiré du nom de *L. Galvani,* impliquant l'idée d'une action du courant électrique.

galvanomètre [galvanomɛtʀ] n. m. ELECTR Appareil servant à mesurer l'intensité des courants faibles.

galvanoplastie [galvanoplasti] n. f. TECH Opération qui consiste à déposer par électrolyse une couche de métal sur un support conducteur (protection contre l'oxydation notam.).

galvauder [galvode] v. tr. [1] Gâcher, avilir par un mauvais usage. *Galvauder son génie, sa réputation.*

Gama (Vasco de) (v. 1469 – 1524), navigateur portugais. Il fut le premier à doubler le cap de Bonne-Espérance (déc. 1497) et à atteindre les Indes (1498) par voie maritime. Lors d'un deuxième voyage (1502), il créa des comptoirs sur les côtes du Mozambique et du Dekkan. En 1524, il devint vice-roi des Indes portugaises, où il mourut.

gamba [gɑ̃ba], plur. **gambas** [gɑ̃bas] n. f. Grosse crevette.

gambade [gɑ̃bad] n. f. Mouvement vif et désordonné des jambes ou des pattes, cabriole d'un enfant ou d'un jeune animal qui s'ébat.

gambader [gɑ̃bade] v. intr. [1] Faire des gambades.

Gambetta (Léon) (1838 – 1882), avocat et homme politique français. Député en 1869, il contribua à la chute du Second Empire (sept. 1870) et fut ministre dans le gouv. de la Défense* nationale. Chef du parti républicain à l'Assemblée* nationale, il pratiqua une polit. dite « opportuniste » pour faire voter les lois qui, en 1875, instaurèrent la république.

1. gambette [gɑ̃bɛt] n. m. *Gambette* ou *chevalier gambette (Tringa totanus :* ordre des charadriiformes), oiseau migrateur, aux pattes et au bec rouges, long de 30 cm, qui niche en Europe et hiverne en Afrique occidentale.

2. gambette [gɑ̃bɛt] n. f. Fam. Jambe.

Gambie (le), fl. d'Afrique occid. (1 130 km); naît dans le Fouta-Djalon près du mont Sendomoli (en Guinée), se jette dans l'Atlant. par un vaste estuaire bordé de mangroves. Princ. affluents : r. dr., le Niéri et le Sandougou; r. g., le Koulountou. Son cours inférieur est navigable (en Gambie).

Gambie (république de) *(Republic of the Gambia),* État d'Afrique occidentale, sur l'Atlantique, enclavé dans la rép. du Sénégal; 11 295 km^2; 1 115 000 hab.; cap. *Banjul.* Nature de l'État : république membre du Commonwealth. Langue off. : angl. Monnaie : dalasi. Princ. ethnies : Malinké (40 %), Peul (19 %), Wolof (15 %), Diola (10 %), Sarakolé ou Soninké (8 %). Relig. : islam (95 %).

Géogr. et écon. – Le pays est une étroite plaine tropicale qui encadre l'embouchure de la Gambie sur 330 km de profondeur. Le peuplement est dense, rural aux trois quarts, et la croissance démographique avoisine 2,5 %. La Gambie vit de l'arachide, du tourisme et d'une contrebande active. La dévaluation du franc C.F.A., en 1994, a privilégié le Sénégal à ses dépens.

Hist. – Le commerce à l'embouchure de la Gambie attira les Portugais (XVe s.), puis les Anglais, solidement installés au XVIIIe s. En 1821, ceux-ci fondèrent Bathurst (auj. Banjul). En 1843, ils firent de la Gambie une colonie britannique, rattachée à la Sierra Leone jusqu'en 1888. Un accord avec les Français délimita les frontières avec le Sénégal. Les Britanniques développèrent la culture de l'arachide. Les populations africaines furent progressivement associées aux affaires du pays. Dans les années 1950, les nationalistes gambiens constituèrent plusieurs partis, ruraux et urbains. En 1962, la Grande-Bretagne accorda l'autonomie à la Gambie : le P.P.P. (*People's Progressive Party*) remporta les élections et Dawda Jawara devint Premier ministre. En 1965, la Gambie accéda à l'indépendance. Elle devint une République en 1970, avec Jawara pour président. En 1967, la Gambie signa un traité d'association avec le Sénégal et, en 1981, Jawara fit appel à l'armée sénégalaise pour se maintenir à la tête de l'État. Le 1er janv. 1982, les deux pays formèrent une confédération : la Sénégambie, qui éclata en 1989. Plusieurs fois réélu à la présidence, Jawara fut renversé en juil. 1994 par une junte qui a porté au pouvoir le colonel Yahya Jammeh. Celui-ci a été élu président de la Rép. en sept. 1996.

gambien, enne [gɑ̃bjɛ̃, ɛn] adj. et n. De Gambie. ▷ Subst. *Un(e) Gambien(ne).*

Gambier (îles), archipel du S.-E. de la Polynésie française (sur le tropique du Capricorne), rattaché admin. aux îles Tuamotu; 36 km^2; 600 hab.; ch.-l. *Rikitea* (dans l'île Mangareva). – Découvertes par les Anglais en 1797, les îles Gambier sont françaises depuis 1881. – Deux des atolls, Mururoa et Fangataufa, ont été le siège d'expérimentations nucléaires.

Gamble's Cave, grotte du Kenya qui a donné son nom au *gamblien,* étage géologique qui correspond au pléistocène supérieur d'Afrique. Les niveaux supérieurs ont fourni des outils du néolithique datés du Ve millénaire av. J.-C. et les sépultures de cinq humains (qui seraient des Bantous).

-game, -gamie. Éléments, du gr. *gamos,* « union, mariage ».

gamelle [gamɛl] n. f. **1.** *Manger à la gamelle :* prendre ses repas à l'ordinaire des hommes de troupe. **2.** Récipient individuel dans lequel les soldats en campagne reçoivent leur ration. **3.** Récipient métallique à couvercle dans lequel on peut transporter, et éventuellement réchauffer, un repas tout préparé. **4.** Fam. *Ramasser une gamelle :* faire une chute; fig. subir un échec. **5.** (Haïti) Cuvette en bois utilisée pour la toilette et la lessive.

gamète [gamɛt] n. m. BIOL Cellule reproductrice mâle ou femelle. *Chez les animaux, les gamètes sont le spermatozoïde et l'ovule.*

gamétogenèse [gametoʒenɛz] n. f. BIOL Élaboration des gamètes.

gamétophyte [gametofit] n. m. BOT Individu haploïde, sexué ou hermaphrodite, se développant à partir de spores et spécialisé dans la production de gamètes.

-gamie. V. -game.

gamin, ine [gamɛ̃, in] n. et adj. **1.** n. Fam. Enfant, adolescent(e). ▷ Fam., péjor. Homme, femme très jeune. **2.** adj. Qui a l'espièglerie de l'enfance. *Un comportement gamin.*

gaminerie [gaminʀi] n. f. Fam. Action de gamin, digne d'un gamin; enfantillage.

gamma [gam(m)a] n. m. **1.** Troisième lettre de l'alphabet grec (Γ, γ). *En physique, γ est le symbole de l'accélération.* **2.** PHYS NUCL *Rayons gamma :* rayons très pénétrants émis lors de la désintégration des corps radioactifs. **3.** ASTRO *Point gamma* (dit aussi *point vernal*) : point de la sphère céleste occupé par le Soleil à l'équinoxe de printemps.

gammaglobuline [gam(m)aglɔbylin] n. f. BIOCHIM Nom donné aux protéines sériques qui migrent le plus lentement lors d'une électrophorèse. (Le groupe a pour uniques représentants les *immunoglobulines,* c.-à-d. les anticorps.)

gammare [gamaʀ] n. m. Crustacé amphipode très commun dans les ruisseaux, appelé aussi *crevette d'eau douce.*

gamme [gam] n. f. **1.** MUS Suite ascendante ou descendante de notes conjointes, disposées selon les lois de la tonalité sur l'étendue d'une octave. (La musique occidentale connaît les gammes *diatoniques* et *chromatiques.* Les gammes diatoniques se divisent en deux séries : *majeures* et *mineures,* dont le septième degré est augmenté d'un demi-ton.) **2.** Fig. Ensemble de couleurs, d'états, d'objets, etc., qui s'ordonnent comme une gradation. *La gamme des bleus. La gamme complète des voitures produites par une firme.* – Loc. *Haut de gamme :* de luxe, de prestige. *Bas de gamme :* de mauvaise qualité. **3.** *Toute la gamme des :* l'ensemble complet des. *Utiliser toute la gamme des antibiotiques. Passer par toute la gamme des sentiments.*

gammée [game] adj. f. *Croix gammée :* croix à branches coudées, qui devint l'emblème de l'Allemagne nazie. (V. svastika.)

gamo-. Élément, du gr. *gamos,* «union, mariage».

gamone [gamɔn] n. f. BIOL Nom générique des substances dites *hormones de fécondation.* (Les *androgamones* sont sécrétées par les gamètes mâles; les *gynogamones,* par les gamètes femelles. Leur rôle consiste à accroître les chances de rencontre des gamètes mâles et femelles.)

gamopétale [gamopetal] adj. et n. f. BOT Se dit d'une fleur dont les pétales sont soudés entre eux. Ant. dialypétale. ▷ n. f. pl. Classe de plantes dicotylédones réunissant les familles à fleurs gamopétales (notam. les apocynacées, les labiées, les solanacées). – Sing. *Une gamopétale.*

gamosépale [gamosepal] adj. BOT Se dit d'une fleur dont les sépales sont soudés. Ant. dialysépale.

gamou [gamu] n. m. (Afr. subsah.) Au Sénégal, grand rassemblement de fidèles pour une fête musulmane.

Gamow (George Anthony) (1904 – 1968), physicien nucléaire américain d'origine russe.

Gan. V. Adangmé.

ganache [ganaʃ] n. f. **1.** Région postérieure de la mâchoire inférieure du cheval. **2.** Fig., fam. Personne incapable, peu intelligente. *Une vieille ganache.*

Gance (Abel) (1889 – 1981), cinéaste français. Inventeur de techniques nouvelles, il a réalisé des films muets épiques et lyriques : *J'accuse* (1918, refait en 1937), *la Roue* (1923), *Napoléon* (1927, sonorisé et complété en 1934).

Gand (en néerl. *Gent*), v. et port de Belgique, au confl. de l'Escaut et de la Lys, relié à la mer du Nord par le canal de Terneuzen; 239260 hab.; ch.-l. de la Flandre-Orientale. Centre industriel. – Université. Évêché. Cathédrale St-Bavon (XIIe-XIVe s.; renferme *l'Agneau mystique,* retable de Van Eyck). Église St-Nicolas (XIe-XIVe s.). Maisons médiévales dites *des corporations.* Musée des Beaux-Arts. – La ville fut un grand centre de l'industrie drapière dès le XIIe s. Au XIVe s., au début de la guerre de Cent* Ans, l'interruption du commerce avec l'Angleterre suscita une révolte bourgeoise contre le comte de Flandre (V. Artevelde). Au XVIe s., la révolte de Gand contre Charles Quint lui coûta tous ses privilèges (1540). La ville ne retrouva sa prospérité qu'au XVIIIe s., notam. grâce à la création du *canal de Terneuzen.* – En 1814, le *traité de Gand,* qui conclut la seconde guerre de l'Indépendance américaine, ramena la paix au Canada, qui subissait les invasions américaines.

Ganda, ethnie dominante de l'Ouganda (env. 3 millions de personnes). Ils parlent une langue bantoue. Pendant des siècles, leur royaume a dominé les autres populations de la région.

Gander, v. du Canada (Terre-Neuve); 10300 hab. Import. aéroport qui, jusque dans les années 1950, fut une escale dans les vols Amérique-Europe.

Gāndhāra, anc. province de l'Inde, auj. au Pākistān (district de Peshāwar). Vestiges des Ier au IVe s., à forte empreinte hellénistique.

Gandhi (Mohandas Karamchand), dit *le Mahātmā,* «*la Grande Âme*» (1869 – 1948), philosophe, ascète et homme politique indien. Il obtint l'indépendance de l'Inde par la non-violence active : boycottage des denrées importées de G.-B., grève de la faim, etc. Il ne put empêcher la partition du sous-continent indien en 1947 ni les violences entre hindous et musulmans, et mourut assassiné par un hindouiste fanatique. Autobiographie : *Mes expériences avec la vérité* (1927).

Gandhi (Indira) (1917 – 1984), femme politique indienne, fille de Nehru. Premier ministre de 1966 à 1977 puis de 1980 à sa mort, elle entreprit des réformes («révolution verte») et mena une politique de grandeur (guerre contre le Pākistān, annexion du Sikkim, développement de la force nucléaire, etc.). Des soldats sikhs l'assassinèrent, car l'armée avait profané le Temple d'or d'Amritsar. — **Rajiv** (1944 – 1991), fils de la préc., Premier ministre de 1984 à 1989, assassiné.

Gandja (anc. *Kirovabad*), ville d'Azerbaïdjan, sur le *Gandja,* dans la plaine de Transcaucasie; 261000 hab. Minerai de cuivre, aluminium; industries.

gandoura [gɑ̃duʀa] n. f. Longue tunique sans manches des pays d'Afrique du Nord et du Proche-Orient. ▷ (Afr. subsah.) Au Cameroun, boubou d'apparat porté par les hommes.

Ganem (Chekri) (1861 – 1929), poète libanais d'expression française. Sa principale œuvre est un drame en vers, *Antar* (1910), qui exalte le sentiment national arabe en lutte contre l'oppression ottomane.

gang [gɑ̃g] ou (Québec) [gaɲ] n. **I.** n. m. **1.** Association de malfaiteurs. **2.** (Afr. subsah.) Malfaiteur. *Un groupe de gangs a dévalisé la boutique.* **II.** n. f. (Québec) Fam. (Souvent orthographié *gagne.*) **1.** Groupe de personnes. *Une gang d'enfants.* – *Spécial.* Équipe de travail. *Une gang de pompiers.* **2.** Groupe d'appartenance. *La gang des jeunes. Une gang de bandits.* – Groupe de personnes que l'on fréquente régulièrement. *Sortir avec sa gang.* – (Comme insulte.) *Une gang de fous, de paresseux.* – Loc. *Être tout seul de sa gang :* être absolument seul. **3.** Grand nombre de personnes. *Une gang de monde.*

ganga [gɑ̃ga] n. m. ORNITH Oiseau columbiforme des régions sahéliennes (genre *Pterocles*), qui niche à même le sol.

Gange (le), fl. de l'Inde et du Bangladesh (2700 km), drainant une immense plaine fortement peuplée; naît dans l'Himalaya v. 4200 m d'alt., pénètre aussitôt dans la plaine et se jette dans le golfe du Bengale par un vaste delta. C'est le grand fleuve sacré de l'Inde.

ganglion [gɑ̃glijɔ̃] n. m. Petit corps arrondi situé sur le trajet d'un vaisseau lymphatique ou d'un nerf. (C'est dans les *ganglions lymphatiques,* gonflés, que se forment les lymphocytes et les plasmocytes en cas d'infection. Un *ganglion nerveux* est formé par la réunion de nombreuses synapses.)

ganglionnaire [gɑ̃glijɔnɛʀ] adj. Didac. Qui concerne les ganglions. *Tuméfaction ganglionnaire.*

gangrène [gɑ̃gʀɛn] n. f. **1.** Nécrose et putréfaction des tissus. *Gangrène sèche,* due à une insuffisance circulatoire. *Gangrène humide,* où les phénomènes de putréfaction dominent. *Gangrène gazeuse,* due au développement de bactéries anaérobies dans une plaie profonde et caractérisée par une mortification des tissus, s'accompagnant d'une production de gaz. **2.** Fig. Ce qui corrompt, désorganise, détruit. *La gangrène du mauvais exemple.*

gangrener [gɑ̃gʀəne] v. tr. [**16**] **1.** Atteindre de gangrène. ▷ v. pron. *Membre qui se gangrène.* **2.** Fig. Corrompre, pourrir. *Le vice a gangrené son âme.* ▷ v. pron. *Société qui se gangrène.*

gangster [gɑ̃gstɛʀ] n. m. Membre d'un gang (sens I, 1), malfaiteur. ▷ Fig. Individu malhonnête, escroc.

gangstérisme [gɑ̃gsteʀism] n. m. Banditisme.

Gangtok, v. de l'Inde, dans l'Himalaya, cap. du Sikkim; 37000 hab.

gangue [gɑ̃g] n. f. **1.** Enveloppe rocheuse des pierres précieuses, des minerais. **2.** Fig. Ce qui est de peu de valeur et qui enveloppe, cache qqch de précieux.

ganja [gɑ̃ʒa] n. f. Fam. Marihuana.

ganse [gɑ̃s] n. f. Cordonnet ou ruban qui sert d'ornement, de bordure dans le costume, l'ameublement.

ganser [gɑ̃se] v. tr. [**1**] TECH Orner, border d'une ganse.

gant [gɑ̃] n. m. **1.** Pièce d'habillement qui couvre la main et chaque doigt séparément. *Gants de laine. Gants de caoutchouc. Gants de chirurgien.* ▷ Loc. fig. *Être souple comme un gant,* très souple, très accommodant. – *Cela* *me va comme un gant,* me convient parfaitement. – *Une main de fer dans un gant de velours :* V. main. – *Prendre des gants* ou (Québec) *prendre des gants blancs :* prendre des précautions. – *Jeter le gant :* lancer un défi. *Relever le gant :* relever le défi. **2.** *Par ext.* Objet qui couvre la main et qui sert à divers usages. – *Gants de boxe :* moufles en cuir rembourré des boxeurs. – *Gant de baseball :* gant renforcé servant à attraper la balle. – *Gants de hockey,* servant à protéger les mains des joueurs. – *Gant de toilette,* en tissu-éponge. Syn. (Suisse) lavette. – *Gant de crin,* en crin tricoté, pour les frictions. – INFORM *Gant de données :* dispositif en forme de gant, relié à un micro-ordinateur, qui permet d'avoir la sensation tactile d'objets virtuels et, éventuellement, de les manipuler.

gantelet [gɑ̃tlɛ] n. m. Pièce de cuir qui protège la main, dans certains métiers.

ganter [gɑ̃te] v. tr. [1] Mettre des gants à (qqn). ▷ v. pron. *Se ganter de cuir.*

ganterie [gɑ̃tʀi] n. f. Fabrication ou commerce des gants.

gantier, ère [gɑ̃tje, ɛʀ] n. Personne qui fabrique ou qui vend des gants.

gantois, oise [gɑ̃twa, waz] adj. et n. De Gand. ▷ Subst. *Un(e) Gantois(e).*

Ganymède, dans la myth. gr., fils de Tros (fondateur de Troie) et de la nymphe Callirrhoé. Zeus, qui en tomba amoureux, se métamorphosa en aigle pour l'emmener sur l'Olympe.

Ganymède, le plus gros satellite de Jupiter (5276 km de diamètre), découvert par Galilée en 1610.

Gao, v. du Mali, sur le Niger, à l'E. de Tombouctou; 55000 hab.; ch.-l. de la rég. du m. nom. Centre comm. import. – Gao fut un terminus important de la circulation transsaharienne et devint la cap. du royaume songhay* (XIe-XVIe s.). – Tombeau (XVIe s.) des Askia*.

Gaoxiong ou **Kaosiung,** v. et port de Taïwan, sur la côte S.-O.; 828190 hab. Industries.

gap [gap] n. m. (Anglicisme) ECON Différence, écart, sur le plan social, économique ou technique (entre des personnes, des pays, des choses). Syn. (off. recommandé) écart.

Garabit (viaduc de), pont en fer (long de 564 m) franchissant la Truyère (France, Cantal), conçu par Boyer et construit (1882-1884) par Eiffel.

garage [gaʀaʒ] n. m. **1.** Action de garer un véhicule. ▷ Loc. *Voie de garage :* voie où l'on gare les trains, les wagons, à l'écart de la voie principale; fig., fam. situation, fonction sans avenir dans laquelle qqn est relégué. **2.** Construction, local destiné au remisage des véhicules. *Villa avec garage. Garage à bateaux.* ▷ Établissement commercial où l'on peut remiser les automobiles, les faire entretenir et réparer. **3.** (Maghreb) En Mauritanie, gare* routière.

garagiste [gaʀaʒist] n. Personne qui tient un garage.

Garamante(s), peuple berbère nomade qui vivait dans la Libye intérieure. Christianisé au VIe s., il domina le Sahara grâce à sa cavalerie équipée de chars. Les Touareg en descendent peut-être.

garance [gaʀɑ̃s] n. f. et adj. inv. **1.** n. f. Plante autrefois cultivée pour le colorant rouge tiré de ses racines. **2.** adj. inv. Rouge vif. *Des pantalons garance.*

garant, ante [gaʀɑ̃, ɑ̃t] n. (et adj.) **1.** DR Personne qui cautionne une dette, une obligation. *Prendre un ami pour garant d'une dette.* ▷ adj. Fig. *Être, se porter garant de :* répondre de. *Je me porte garant de son innocence.* **2.** n. m. Indice sûr, preuve. *Sa conduite passée vous est un sûr garant de sa fidélité.*

garantie [gaʀɑ̃ti] n. f. **1.** DR Obligation légale en vertu de laquelle une personne doit en défendre une autre d'un dommage éventuel, ou l'indemniser d'un dommage éprouvé. *Passer un acte, un contrat de garantie.* – *Garanties individuelles,* qui assurent au citoyen, par des moyens légaux, une protection contre les actes arbitraires du pouvoir. ▷ Cour. Engagement pris par le fabricant ou le vendeur de prendre à sa charge les frais de réparation ou le remplacement d'une marchandise défectueuse. *Montre vendue avec une garantie de deux ans.* ▷ *Breveté sans garantie du gouvernement* (abrév. : S.G.D.G.), sans que l'État garantisse la valeur de l'invention ou du produit breveté. **2.** Fig. Ce qui donne une assurance pour le présent ou l'avenir, ce qui protège contre l'imprévu. *L'expérience professionnelle de ce garçon est la meilleure des garanties.*

garantir [gaʀɑ̃tiʀ] v. tr. [3] **1.** DR S'engager à payer à la place du débiteur, dans le cas où celui-ci serait défaillant. *Garantir une dette.* – Pp. *Emprunt garanti par l'État.* Syn. cautionner. **2.** Assurer (un droit, un avantage) à. *Cette législation garantit à tous les salariés le droit à la retraite.* **3.** Donner pour vrai, pour certain. *Je vous garantis que je l'ai.* Syn. affirmer, certifier. **4.** S'engager à prendre à sa charge la réparation ou le remplacement d'une marchandise défectueuse. *Le constructeur garantit tous ces appareils pour un an.* **5.** Protéger (qqn, qqch). *La digue garantit la ville de* (ou *contre*) *l'inondation.* Syn. défendre, préserver. – *Garantir un risque :* s'engager par un contrat d'assurance à couvrir le souscripteur en cas d'accident (dont la nature est préalablement définie). ▷ v. pron. *Se garantir du soleil,* s'en protéger.

Garbo (Greta Gustafson, dite Greta) (1905 – 1990), actrice de cinéma suédoise naturalisée américaine. Découverte par Mauritz Stiller (*la Légende de Gösta Berling,* 1924), «la Divine» devint une star à Hollywood : *Grand Hôtel* (1932), *la Reine Christine* (1933). Elle arrêta volontairement sa carrière après *la Femme aux deux visages* (1941).

garce [gaʀs] n. f. Fam., péjor. Fille ou femme sans moralité ou méchante (équivalent masculin : salaud). ▷ Fam. *Cette garce de... :* cette maudite...

García Gutiérrez (Antonio) (1813 – 1884), auteur espagnol de drames romantiques : *le Trouvère* (1836), dont s'inspira Verdi.

García Lorca (Federico) (1899 – 1936), poète et auteur dramatique espagnol. Il emprunte au folklore andalou : *Romancero gitan* (1928). Au théâtre : *Noces de sang* (1933), *Yerma* (1934), *la Maison de Bernarda* (1936). Il fut fusillé par les franquistes.

García Márquez (Gabriel) (né en 1928), journaliste et écrivain colombien : *Cent Ans de solitude* (1967), *Chronique d'une mort annoncée* (1982). P. Nobel 1982.

Garcilaso ou **García Laso de la Vega** (1503 – 1536), soldat (mort au combat) et poète espagnol (sonnets, *canciones* dans le goût italien).

garçon [gaʀsɔ̃] n. m. **1.** Enfant mâle. *Accoucher d'un garçon.* ▷ *Petit garçon,* âgé de deux à douze ans environ. ▷ (Québec) Fam. Fils. *Le garçon de mon frère.* **2.** Adolescent, jeune homme. *Un garçon de vingt-deux ans.* **3.** Homme jeune. *Son mari est un brave garçon.* ▷ Loc. *Mauvais garçon :* mauvais sujet, voyou. **4.** Homme célibataire. *Rester garçon.* ▷ Loc. *Enterrer sa vie de garçon.* – *Vieux garçon :* célibataire d'un certain âge. **5.** Employé d'un artisan, d'un commerçant, etc. *Garçon coiffeur. Garçon de café.* ▷ *Absol.* Serveur dans un café, un restaurant. *Garçon, l'addition!*

garçonnet [gaʀsɔnɛ] n. m. Petit garçon. Syn. (Acadie) mousse. ▷ *Taille garçonnet,* au-dessus de la taille «enfant» (en confection).

garçonnier, ère [gaʀsɔnje, ɛʀ] adj. Vieilli Qui conviendrait plutôt à un garçon, en parlant du langage, des manières, de l'allure d'une fille.

garçonnière [gaʀsɔnjɛʀ] n. f. **1.** Logement de garçon célibataire. **2.** *Par ext.* Petit appartement (pour une personne seule).

Gard (le), riv. de France (133 km), affluent du Rhône (r. dr.), franchie par un pont-aqueduc romain, le *pont du Gard* (Ier s. apr. J.-C.). – Dép. : 5848 km²; 585049 hab.; chef-lieu *Nîmes**. V. Languedoc-Roussillon (Rég.).

Gardafui (cap). V. Guardafui (cap).

1. garde [gaʀd] n. f. **I. 1.** Action de surveiller, de protéger, d'interdire l'accès à un lieu, ou la sortie d'un lieu. *Laisser qqch à la garde de qqn. La garde des frontières. Chien de garde.* ▷ *Garde à vue :* mesure qui permet à un officier de police judiciaire de retenir un temps réglementé, dans les locaux de la police, tout individu pour les nécessités d'une enquête. ▷ DR *Garde d'un mineur :* droit et devoir de garder un enfant mineur sous sa protection, qui constitue un attribut de l'autorité parentale. **2.** Guet, surveillance en vue de prévenir un danger. *Monter la garde.* **3.** Permanence, service de surveillance ou de sécurité. *La garde de nuit est assurée par un interne.* – *De garde :* affecté, à son tour, à un tel service. *Pharmacie de garde.* **4.** SPORT Position d'attente qui permet aussi bien l'attaque que la défense ou la riposte (boxe, escrime, etc.). *Se mettre en garde.* **II. 1.** Groupe de personnes qui gardent. **2.** Groupe de soldats en faction. *Relever la garde. Corps de garde :* troupe chargée d'une garde. *Garde montante**. *Garde descendante**. – *Par ext.* Local où se tient cette troupe. *Chanson, plaisanterie, histoire de corps de garde,* très grossière. **3.** Corps de troupe chargé de la protection d'un chef d'État ou du maintien de l'ordre. *Garde rouge :* dans certains pays d'Afrique, garde personnelle du président de la République. **III.** TECH **1.** Partie d'une arme blanche qui forme saillie entre la poignée et la lame et qui protège la main. **2.** *Pages de garde :* pages au début et à la fin d'un livre cartonné qui assurent le maintien du corps de l'ouvrage dans la couverture. **3.** *Garde au sol :* distance entre le plancher d'un véhicule et le sol. **4.** (Plur.) Pièces d'une serrure qui empêchent qu'on fasse jouer le mécanisme avec une autre clé que celle prévue à cet effet. **IV.** (En loc.) **1.** *Prendre garde à :* faire attention à. *Prenez garde à la peinture.* ▷ Litt. *Prendre garde de :* prendre les précautions pour ne pas... *Prenez garde de tomber!* – Litt. *Prendre garde que :* s'assurer que. *Prenez garde que la porte soit bien fermée.* **2.** (Plur.) *Être, se mettre, se tenir sur ses gardes :* faire attention, se méfier.

2. garde [gaʀd] n. **I.** n. m. **1.** Celui qui garde, surveillant. ▷ *Garde forestier,* chargé de surveiller les bois et les forêts. ▷ *Garde du corps :* personne qui en escorte une autre et veille à sa sécurité. Syn. (Maurice) tapeur. **2.** Soldat d'une garde (sens II, 2) chargée de la sécurité publique, du maintien de l'ordre, etc. **II.** n. (Surtout au fém.) Personne dont le métier est de garder les malades, les enfants.

Garde (lac de), lac du N.-E. de l'Italie, ayant pour exutoire le Mincio; 370 km² (le plus grand lac ital.). Tourisme.

garde-à-vous [gaʀdavu] n. m. inv. Position réglementaire (debout, immobile, tête droite, bras le long du corps, talons joints) prise sur commandement militaire. *Se mettre au garde-à-vous.*

garde-bœufs [gaʀdəbø] n. m. inv. *Héron garde-bœufs :* V. héron.

garde-boue [gaʀdəbu] n. m. inv. Pièce incurvée qui couvre partiellement la roue d'une bicyclette, d'une motocyclette, etc., et qui protège des éclaboussures.

garde-cercle [gaʀdəsɛʀkl] n. m. En Afrique, à l'époque coloniale, gendarme à la disposition d'un commandant de cercle. *Des garde-cercle(s).*

garde champêtre [gaʀdʃɑ̃pɛtʀ] n. m. V. champêtre.

garde-chasse [gaʀdəʃas] n. m. Gardien d'une chasse privée. *Des gardes-chasse(s).*

garde-chiourme [gaʀdəʃjuʀm] n. m. Anc. Gardien des galériens, puis des forçats. ▷ Fig. Personne autoritaire, brutale. *Des gardes-chiourme(s).*

garde-corps [gaʀdəkɔʀ] n. m. inv. **1.** Syn. de *garde-fou.* **2.** MAR Corde tendue sur le pont d'un navire servant d'appui aux matelots, aux passagers.

garde-côte [gaʀdəkot] n. m. Petit navire affecté à la surveillance des côtes. *Des garde-côtes.*

Garde de fer, parti politique roumain de caractère fasciste, fondé en 1931 par C. Codreanu. Interdite en 1938 par le roi Carol II, qui emprisonna ses dirigeants et les fit exécuter, la Garde de fer reparut en 1940 et soutint le général Antonescu, qui l'interdit en janv. 1941.

garde du corps [gaʀddykɔʀ] n. m. V. garde 2.

garde-faune [gaʀdəfon] n. m. inv. (Afr. subsah.) Agent chargé de surveiller un parc national.

garde-forêt [gaʀdəfɔʀɛ] n. m. inv. (Afr. subsah., Maghreb) Agent des services chargés de la protection de la nature.

garde-fou [gaʀdəfu] n. m. Balustrade, parapet destiné à empêcher de tomber dans le vide. ▷ Fig. Ce qui sert de guide, ce qui empêche les erreurs. *Des garde-fous.*

garde-frontière [gaʀd(ə)fʀɔ̃tjɛʀ] n. m. Militaire installé dans un poste frontalier pour contrôler ou interdire le franchissement de la frontière. *Des gardes-frontière(s).*

Gardel (Charles Gardés, dit Carlos) (1890 – 1935), chanteur et auteur-compositeur argentin d'origine française. Il rénova le tango.

garde-magasin [gaʀdmagazɛ̃] n. m. Magasinier militaire. *Des gardes-magasin(s).*

garde-malade [gaʀdmalad] n. Personne qui garde et soigne les malades. *Des gardes-malades :* V. garde 2, sens II.

garde-manger [gaʀdmɑ̃ʒe] n. m. inv. Petite armoire mobile ou petit placard aéré où l'on conserve les aliments.

garde-meuble [gaʀd(ə)mœbl] n. m. Lieu où l'on peut laisser des meubles en garde. *Des garde-meuble(s).*

gardénal [gaʀdenal] n. m. (Nom déposé.) Médicament utilisé comme anticonvulsif, somnifère et sédatif, toxique à fortes doses. Syn. phénobarbital.

Garde nationale, milice civique bourgeoise créée le 13 juil. 1789 pour maintenir l'ordre dans Paris. Le 14, elle prit part à la prise de la Bastille; en déc., dans tous les dép., les milices formèrent une fédération. Elle joua un rôle important jusqu'à son écrasement, en 1795 (journée du 13 vendémiaire), par Bonaparte. Toutefois, celui-ci, devenu empereur, la restaura (1805). Elle participa à la révolution de juillet 1830, à celle de 1848 et, en 1871, à la Commune, dont l'échec entraîna sa dissolution (août 1871).

gardénia [gaʀdenja] n. m. Arbrisseau à grandes fleurs ornementales (fam. rubiacées), originaire de Chine.

garden-party [gaʀdɛnpaʀti] n. f. (Anglicisme) Réception élégante donnée dans un jardin. *Des garden-parties.*

garde-pêche [gaʀdəpɛʃ] n. m. **1.** Agent qui surveille les cours d'eau et les étangs et assure la protection contre le braconnage. *Des gardes-pêche(s).* **2.** Petit navire de guerre qui assure la protection des zones de pêche côtières, dans certaines mers. *Des garde-pêche.* ▷ (En appos.) *Des vedettes garde-pêche.*

garder [gaʀde] v. tr. (et intr.) [1] **I.** Surveiller, protéger. **1.** Rester près de qqn (ou d'un animal, d'une plante) pour en prendre soin. *Garder un malade. Garder les chèvres.* ▷ v. intr. (Québec) Prendre soin d'enfants en l'absence de leurs parents. *Aller garder chez la voisine.* **2.** Surveiller pour empêcher de s'enfuir. *Garder à vue un suspect :* V. garde (I, sens 1). Syn. détenir. **3.** Surveiller, veiller à la protection, à la sécurité de. *Des gendarmes gardent l'arsenal.* – Pp. adj. *Chasse, pêche gardée.* **4.** Préserver. *Dieu vous garde d'un tel malheur!* Syn. protéger, sauver. **II.** Conserver. **1.** Ne pas se dessaisir de. *Gardez bien ces papiers.* ▷ Continuer de posséder. *Garder sa fortune.* Ant. perdre. ▷ Continuer d'avoir (une attitude). *Garder son sérieux.* ▷ Continuer d'avoir à son service. *Garder un employé.* Ant. licencier, renvoyer. ▷ (Avec un attribut.) Conserver (dans tel état). *Garder intact son patrimoine.* ▷ Continuer de porter, d'avoir sur soi. *Garder son chapeau.* **2.** *Garder la chambre, garder le lit :* rester chez soi, rester au lit, quand on est malade. **3.** Réserver, mettre de côté. *Je vous ai gardé cette chambre.* **4.** Ne pas divulguer. *Savoir garder un secret.* Ant. dévoiler, répéter. **III.** Se soumettre à (une obligation), observer avec rigueur. *Garder le jeûne.* **IV.** v. pron. **1.** *Se garder de :* se prémunir contre. *Gardez-vous du froid.* Syn. se défendre, se protéger. **2.** *Se garder de* (+ inf.) : s'abstenir de. *Gardez-vous de parler.*

garderie [gaʀdəʀi] n. f. **1.** SYLVIC Étendue de bois surveillée par un garde forestier. **2.** Garde des enfants en dehors des heures de classe, dans une école maternelle.

garde-robe [gaʀdəʀɔb] n. f. **1.** Armoire, placard où l'on garde les vêtements. Syn. penderie. **2.** *Par ext.* Ensemble des vêtements que possède une personne. *Renouveler sa garde-robe. Des garde-robes.*

Gardes rouges, mouvement politique chinois, comprenant surtout des jeunes gens, qui joua un grand rôle dans la révolution* culturelle (1966-1967).

gardes-suisses. V. suisses (gardes).

gardeur, euse [gaʀdœʀ, øz] n. Personne qui garde (des animaux). *Gardeuse de dindons.*

garde-voie [gaʀdəvwa] n. m. CH de F Agent chargé de la surveillance d'un secteur de voie ferrée. *Des gardes-voie(s).*

gardian [gaʀdjɑ̃] n. m. Gardien de taureaux ou de chevaux, en Camargue.

gardien, enne [gaʀdjɛ̃, ɛn] n. et adj. **I.** n. **1.** Celui, celle qui garde, qui surveille. *Gardien de prison, de musée. Gardien de nuit.* Syn. garde, surveillant. ▷ *Gardien d'immeuble :* concierge. ▷ (Québec) Personne qui garde des enfants. ▷ DR Personne qui a la garde d'un mineur, d'un animal, d'une chose. ▷ SPORT *Gardien* ou, loc., *gardien de but :* joueur qui garde le but au football, au hockey, au water-polo, etc. Syn. (off. déconseillé) goal, (Afr. subsah.) goalier, (France, vieilli; Maghreb) portier. **2.** Fig. Celui, celle qui défend, qui maintient. *Les gardiens de la tradition.* Syn. défenseur, protecteur. ▷ Loc. *Gardien de la paix :* agent de police. **II.** adj. (Belgique) Qui concerne ou qui est du niveau du jardin d'enfants. *Enseignement gardien. Institutrice gardienne.*

gardiennage [gaʀdjenaʒ] n. m. Service de garde et de surveillance assuré par des gardiens professionnels.

Gardner (Ava) (1922 – 1990), actrice de cinéma américaine : *Pandora* (1951), *la Comtesse aux pieds nus* (1955).

1. gardon [gaʀdɔ̃] n. m. Petit poisson d'eau douce (genre *Gardonus,* fam. cyprinidés), commun en Europe, dont la chair est appréciée.

2. gardon [gaʀdɔ̃] n. m. (France rég.) Petit torrent.

1. gare [gaʀ] n. f. **1.** Sur une ligne de chemin de fer, ensemble des installations et des bâtiments destinés au trafic des voyageurs et des marchandises, ainsi qu'au triage des wagons, à la régulation du trafic. *Gare de marchandises. Gare de triage. Gare régulatrice. Chef de gare.* – *Gare maritime,* située, dans un port, sur le quai où accostent les navires. **2.** Par anal. *Gare routière,* pour le trafic des autocars et des camions. Syn. (Afr. subsah.) autogare, (Maghreb) garage.

2. gare ! [gaʀ] interj. S'emploie pour avertir d'avoir à se ranger et, par ext., d'avoir à faire attention. *Gare à la pluie! Gare à toi si tu désobéis.* ▷ *Sans crier gare :* sans prévenir.

garenne [gaʀɛn] n. f. **1.** Zone plus ou moins boisée où les lapins sauvages sont abondants. ▷ *Lapin de garenne :* lapin sauvage. **2.** Réserve de pêche.

garer [gaʀe] v. [1] **1.** v. tr. Ranger (un véhicule) à l'abri, ou à l'écart de la circulation. *Garer sa voiture le long du trottoir.* ▷ v. pron. *Le car s'est garé devant l'école.* Syn. (Luxembourg, Québec) stationner. – Par ext. *Je me suis garé sur le terre-plein.* **2.** v. pron. Se mettre hors d'atteinte. *Se garer des calomnies.*

gargamelle [gargamɛl] n. f. (France rég.) Syn. de *gorge.* (V. gargoulette.)

Gargantua, personnage créé par Rabelais, géant à l'appétit démesuré, héros de la *Vie inestimable du grand Gargantua, père de Pantagruel* (1534).

gargantuesque [gargɑ̃tɥɛsk] adj. Digne de Gargantua. *Un repas gargantuesque.*

gargariser (se) [gargarize] v. pron. [1] **1.** Se rincer l'arrière-bouche et la gorge avec un gargarisme. **2.** Fig., fam. *Se gargariser de :* se délecter de. *Se gargariser de louanges.* – Se complaire à (ses propres paroles). *Se gargariser de phrases ronflantes.*

gargarisme [gargarism] n. m. Action de se rincer l'arrière-bouche et la gorge avec un liquide médicamenteux; ce liquide lui-même.

gargote [gargɔt] n. f. Fam., péjor. (Cour., non péjor. en Afr. subsah. et au Maghreb) Restaurant médiocre où l'on mange à bas prix.

gargotier, ère [gargɔtje, ɛr] n. Fam., péjor., vieilli (Cour., non péjor. en Afr. subsah. et au Maghreb) Personne qui tient une gargote.

gargouille [garguj] n. f. Conduite horizontale, servant à rejeter les eaux pluviales en avant d'un mur.

gargouillement [gargujmɑ̃] n. m. Bruit analogue à celui d'un liquide qui s'écoule irrégulièrement. – Borborygme.

gargouiller [garguje] v. intr. [1] Faire entendre un gargouillement.

gargouillis [garguji] n. m. Syn. de *gargouillement.*

gargoulette [gargulɛt] n. f. **1.** Récipient poreux dans lequel le liquide se rafraîchit par évaporation. **2.** (France rég.) Syn. de *gorge.* (V. gargamelle.) ▷ *À la gargoulette :* à la rigolade. *Prendre un problème à la gargoulette.*

gari [gari] n. m. (Afr. subsah.) Semoule de manioc.

Garibaldi (Giuseppe) (1807 – 1882), révolutionnaire italien; l'un des artisans de l'unité ital. Il combattit l'Autriche (1859), puis le royaume de Naples (expédition des *Mille* ou des *Chemises rouges* en 1860). Voulant faire de Rome la cap. d'une Italie républicaine (d'où son opposition à Cavour), il lutta en vain contre la papauté (1867). Il servit la France en 1870-1871. — **Ricciotti** (1847 – 1924), fils du préc.; général italien, il créa en 1914 la *Légion garibaldienne,* au service de la France.

garibou [garibu] n. m. (Afr. subsah.) En Afrique occidentale, élève d'une école coranique qui pratique la mendicité. Syn. talibé.

Garneau (François-Xavier) (1809 – 1866), historien, poète et journaliste québécois. Influencé par Michelet, il fut le premier historien et le premier grand écrivain francophone du Canada; son *Histoire du Canada* (1845-1852) exerça une influence morale et politique considérable.

Garneau (Hector de Saint-Denys) (1912 – 1943), poète québécois : *Regards et jeux dans l'espace* (1937), *Solitudes* (réunies aux *Poésies complètes,* posth., 1949), *Journal* (posth., 1954), *Lettres à ses amis* (posth., 1976). Méconnu de son vivant, il fut redécouvert à partir des années 1970.

Garneau (Michel) (né en 1939), dramaturge québécois. Vie quotidienne, dépouillement, tendances surréalistes caractérisent : *Quatre à quatre* (1978) et *les Guerriers* (1987).

garnement [garnəmɑ̃] n. m. Enfant turbulent, galopin, polisson.

Garner (Eroll) (1921 – 1977), pianiste et arrangeur de jazz américain.

garni, ie [garni] adj. **1.** Rempli. *Une corbeille garnie.* – Loc. fig. *Avoir la bourse bien garnie.* **2.** Servi avec une garniture (sens 2). *Escalope garnie. Choucroute garnie.* – (Québec) (En parlant d'un mets de restauration rapide.) Recouvert de tous les ingrédients possibles. *Une pizza garnie.*

Garnier (Robert) (1544 – 1590), poète dramatique français; le plus important précurseur de la tragédie classique : *Antigone* (1580), *Sédécie ou les Juives* (1583).

Garnier (Charles) (1825 – 1898), architecte français : l'Opéra de Paris (1875), le casino de Monte-Carlo (1878), l'observatoire de Nice (1881).

Garnier (Marie Joseph François, dit Francis) (1839 – 1873), officier de marine français. Nommé inspecteur des Affaires indigènes en Cochinchine (1863), il participa à l'exploration du Mékong (1866-1868) et prépara l'implantation française au Tonkin. Il fut tué par les Pavillons-Noirs (mercenaires chinois).

garnir [garnir] v. tr. [3] **1.** Munir de ce qui protège ou de ce qui orne. *Garnir de cuir les coudes d'une veste.* – Rembourrer. *Garnir un fauteuil.* ▷ Couvrir en servant d'ornement, décorer. *Des tapisseries garnissent les murs.* **2.** Pourvoir de choses nécessaires. *Garnir une bibliothèque de livres.* Syn. munir. ▷ Remplir, occuper (un espace). *Les spectateurs qui garnissent les tribunes du stade.* – v. pron. *La salle se garnissait de spectateurs.*

garnison [garnizɔ̃] n. f. Troupe casernée dans une ville, une place forte. *Le général commandant la garnison de X.* ▷ *Par ext.* Ville où sont casernées des troupes. *Une garnison agréable.* – *Tenir garnison, être en garnison.*

garnissage [garnisaʒ] n. m. Action de garnir; son résultat. ▷ Ce qui garnit. *Garnissage réfractaire d'un four.*

garniture [garnityr] n. f. **1.** Ce qui garnit (pour protéger, renforcer ou orner). **2.** CUIS Ce que l'on sert avec un mets, ce qui l'accompagne. *Plat de viande servi avec une garniture de légumes.* **3.** MECA Élément à fort coefficient de frottement qui garnit une pièce transmettant des forces par friction. *Garniture de frein, d'embrayage.* ▷ Pièce assurant l'étanchéité autour d'un organe mobile.

Garonne (la), fleuve qui naît dans la Maladetta (Pyrénées espagnoles), à 1 872 m d'alt., et draine le S.-O. de la France; 647 km (avec la Gironde); arrose Toulouse, Bordeaux et conflue au bec d'Ambès avec la Dordogne pour former la Gironde (75 km). Ses princ. affl. (r. dr.) sont issus du Massif central : le Tarn, grossi de l'Aveyron, le Lot. Son régime est irrégulier. Son aménagement hydroél. est faible. – *Haute-Garonne,* dép. : 6309 km^2; 925962 hab.; ch.-l. *Toulouse**. V. Midi-Pyrénées (Rég.).

garou [garu] n. m. V. loup-garou.

Garoua, ville du N. du Cameroun, sur la Bénoué; 100000 hab.; ch.-l. de prov. Import. centre commercial. Industries. Aéroport.

Garrett (Almeida). V. Almeida Garrett.

garrigue [garig] n. f. Formation végétale discontinue et buissonneuse (chênes verts, cistes, romarins notam.) des plateaux calcaires méditerranéens. ▷ Terrain couvert par la garrigue.

garrochage [garɔʃaʒ] n. m. (Québec) Fam. Action de (se) garrocher.

garrocher [garɔʃe] v. tr. et pron. [1] (Québec) Fam. **I.** v. tr. **1.** Lancer. *Garrocher des pierres.* **2.** Laisser tomber sans soin, se débarrasser de. *Garrocher son manteau en entrant.* **3.** Fig. *Garrocher son argent,* le dépenser follement. *Garrocher des idées :* lancer des idées. *Garrocher des bêtises à qqn,* l'injurier. **II.** v. pron. **1.** S'élancer. *Se garrocher sur qqn, dans un banc de neige.* – Se hâter, aller vite. *Se garrocher pour faire le souper.* **2.** Se précipiter dans, vers (un lieu). *Se garrocher dans la rue pour voir un défilé. Se garrocher sur le téléphone pour appeler un taxi.*

Garros (Roland) (1888 – 1918), aviateur français, né à l'île de la Réunion. Il traversa la Méditerranée (1913). Il mourut dans un combat aérien. V. Roland-Garros (stade).

1. garrot [garo] n. m. Saillie des vertèbres dorsales à l'aplomb des membres antérieurs, chez les grands quadrupèdes (cheval, bœuf, tigre, etc.).

2. garrot [garo] n. m. **1.** TECH Morceau de bois que l'on passe dans une corde pour la serrer en tordant. *Garrot d'une scie.* **2.** Lien dont on entoure un membre blessé pour comprimer l'artère et arrêter l'hémorragie. *Poser un garrot. Un garrot ne doit être maintenu qu'un court laps de temps.*

garrotter [garɔte] v. tr. [1] Attacher, lier fortement et étroitement. *On garrotta le prisonnier.*

gars [ga] n. m. Fam. Garçon, jeune homme. *Un beau gars.* – *Par ext.* Homme. *Qu'est-ce que c'est que ce gars-là?* Syn. type. ▷ (Québec) Fam. *Un gars de bois,* qui aime la forêt, qui la connaît. – Loc. *C'est arrangé avec le gars des vues :* c'est truqué.

garzette [garzɛt] n. f. ORNITH (En appos.) *Aigrette garzette :* la plus petite des aigrettes.

Gascogne (golfe de), autref. *golfe de Biscaye,* golfe de l'Atlantique, entre la France et l'Espagne.

Gascogne, anc. rég. de France, entre les Pyrénées, la Garonne et l'Atlantique; cap. *Auch.* – Au VIe s., elle fut envahie par les Vasconii (Basques), d'où son nom. Le duché qu'elle forma v. le VIIe s. fut réuni à l'Aquitaine en 1036.

gascon, onne [gaskɔ̃, ɔn] adj. et n. **1.** adj. De la Gascogne. ▷ Subst. Personne originaire de la Gascogne. *Un(e) Gascon(ne).* ▷ Loc. *Promesse de Gascon,* qu'on ne peut pas tenir. **2.** n. m. Ensemble des parlers d'oc de Gascogne.

gas-oil, gasoil [gazɔjl] n. m. Syn. (off. déconseillé) de *gazole.*

Gaspard, un des trois Rois mages*.

gaspareau [gaspaʀo] n. m. Petit poisson de l'est de l'Amérique du Nord, voisin du hareng.

Gaspé, port du Québec (Gaspésie-Îles-de-la-Madeleine), au fond de la *baie de Gaspé,* à l'extrémité de la péninsule de la Gaspésie; 16 400 hab. Travail du bois. – Jacques Cartier y débarqua en 1534, prenant possession de la Nouvelle-France au nom de François Ier.

Gaspé (Philippe Aubert de) (1786 – 1871), écrivain québécois : *les Anciens Canadiens* (roman, 1863), *Mémoires* (1866).

Gasperi (Alcide De). V. De Gasperi.

Gaspésie ou **Gaspé** (péninsule de), péninsule du Québec, entre l'estuaire du Saint-Laurent et la baie des Chaleurs. Pêche; tourisme.

Gaspésie-Îles-de-la-Madeleine, rég. admin. du Québec qui comprend la Gaspésie et l'archipel des îles de la Madeleine; 20446 km^2; 108000 hab. V. princ. *Gaspé.*

gaspésien, enne [gaspezjɛ̃, ɛn] adj. et n. De la Gaspésie. *La péninsule gaspésienne.* – Subst. *Un(e) Gaspésien(ne).*

gaspillage [gaspijaʒ] n. m. Action de gaspiller.

gaspiller [gaspije] v. tr. [1] Consommer, dépenser sans utilité et avec excès; dilapider. *Gaspiller sa fortune.* Syn. (Belgique) déjeter. – Fig. *Gaspiller son temps, son talent.* Syn. (Suisse) vilipender. Ant. conserver, économiser, épargner. ▷ (Pacifique) *Gaspiller* (une jeune femme), avoir des rapports sexuels avec elle sans envisager de l'épouser.

gaspilleur, euse [gaspijœʀ, øz] adj. et n. Qui gaspille.

Gassendi (Pierre Gassend, dit) (1592 – 1655), philosophe, astronome et mathématicien français. Adversaire du cartésianisme et de tendance sensualiste, il adopta la doctrine d'Épicure, mais écarta ce qui était contraire au dogme chrétien. Princ. œuvres : *De vita et moribus Epicuri* (1647), *Syntagma philosophiæ Epicuri* (1649).

gastéro-, gastr(o)-, -gastre, -gastrie. Éléments, du gr. *gastêr, gastros,* «ventre, estomac».

gastérophile [gasteʀɔfil] n. m. ENTOM Mouche brune *(Gasterophilus equi)* dont les larves se développent sur la paroi de l'estomac des équidés, se nourrissant de sang.

gastéropodes [gasteʀɔpɔd] n. m. pl. ZOOL Classe de mollusques qui se déplacent par reptation au moyen de leur pied, organe musculeux qui sécrète un mucus abondant. – Sing. *Un gastéropode.*

Gaston de Foix (Gaston III, dit Phébus, comte de Foix) (1331 – 1391), chevalier français. Il lutta contre le comte d'Armagnac. À sa cour d'Orthez (Pyrénées-Atl.), il protégea les arts et les lettres. Il légua ses territoires à la France dès 1390.

gastr(o)-, -gastre. V. gastéro-.

gastralgie [gastʀalʒi] n. f. MED Douleur localisée à l'estomac.

gastrectomie [gastʀɛktɔmi] n. f. CHIR Ablation totale ou partielle de l'estomac.

-gastrie. V. gastéro-.

gastrique [gastʀik] adj. De l'estomac. *Artère gastrique. Embarras gastrique.* – *Suc gastrique :* substance liquide sécrétée par l'estomac. *Le suc gastrique, qui contient de l'acide chlorhydrique, joue un rôle important dans la digestion.*

gastrite [gastʀit] n. f. MED Inflammation de la muqueuse de l'estomac, aux causes variées (ulcère, alcoolisme, carences alimentaires).

gastro-entérite [gastʀoɑ̃teʀit] n. f. MED Inflammation aiguë des muqueuses gastrique et intestinale, caractérisée par des vomissements et une diarrhée, surtout d'origine infectieuse («grippe intestinale»). *Des gastro-entérites.*

gastro-entérologie [gastʀoɑ̃teʀɔlɔʒi] n. f. Médecine du tube digestif.

gastro-intestinal, ale, aux [gastʀoɛ̃tɛstinal, o] adj. MED De l'estomac et de l'intestin. *Des violentes douleurs gastro-intestinales.*

gastromycètes [gastʀomisɛt] n. m. pl. BOT Sous-classe de champignons basidiomycètes dont l'hyménium se transforme en glèbe*. – Sing. *Un gastromycète.*

gastronome [gastʀɔnɔm] n. Amateur de bonne chère.

gastronomie [gastʀɔnɔmi] n. f. Art de bien manger, de la bonne chère.

gastronomique [gastʀɔnɔmik] adj. Qui a trait à la gastronomie.

gastroscope [gastʀɔskɔp] n. m. MED Sonde œsophagienne munie d'une source lumineuse et d'un appareil optique, qui sert à examiner la paroi interne de l'estomac.

gastrula [gastʀyla] n. f. EMBRYOL Embryon animal chez lequel les feuillets fondamentaux, ectoblaste et endoblaste, sont en train de se mettre en place (processus de la *gastrulation*). (V. encycl. embryogenèse.)

gasy [gas] adj. et n. (Madag.) Plaisant Malgache. ▷ Subst. *Un(e) Gasy. Des Gasy.* (V. malagasy.)

gâté, ée [gate] n. (oc. Indien) **1.** Personne chérie. **2.** n. m. Câlin (sens 3).

1. gâteau [gɑto] n. m. **1.** Pâtisserie, généralement sucrée, faite le plus souvent avec de la farine, du beurre et des œufs. *Gâteau à la crème.* – *Gâteaux secs :* biscuits. – Par ext. *Gâteau de riz.* ▷ (Suisse) Tarte. ▷ (Afr. subsah.) Beignet; nougatine de cacahuètes. ▷ (Maurice) *Gâteau (de) coco :* confiserie à base de sucre et de noix de coco râpée. – *Gâteau piment :* beignet au piment, servi à l'apéritif. ▷ (Québec) *Gâteau aux fruits,* contenant des fruits confits, des raisins secs et des noix, souvent aromatisé à l'alcool. – *Gâteau des anges :* gâteau léger à base de blancs d'œufs. ▷ Fig., fam. *Partager le gâteau, avoir sa part du gâteau :* partager le profit, l'aubaine. ▷ Fam. *C'est du gâteau :* c'est facile. **2.** *Par anal.* Masse aplatie d'une matière compacte. *Gâteau de plomb.* ▷ Masse constituée par les alvéoles d'une ruche. *Gâteau de cire, de miel.*

2. gâteau [gɑto] adj. inv. Fam. *Papa, grand-mère, etc., gâteau,* qui gâte beaucoup les jeunes enfants.

gâter [gɑte] v. [1] **A.** v. tr. **I.** Mettre en mauvais état. **1.** Vieilli ou litt. (cour. en Afr. subsah., Aoste, Liban, Réunion) Endommager. *La voiture est gâtée.* – Pp. adj. (Liban) En panne. *La télévision est gâtée.* ▷ Salir, tacher. *Gâter ses vêtements.* ▷ Fig. (Afr. subsah.) *Gâter une affaire. Gâter l'ambiance :* troubler une fête. *Il a gâté mon nom :* il m'a déshonoré. **2.** Corrompre, pourrir. *Un fruit pourri gâte tous les autres.* **3.** Altérer, troubler. *Cet incident a gâté notre plaisir.* **4.** Vieilli ou litt. Priver de ses qualités. *Ses échecs lui ont gâté le caractère.* **II. 1.** Traiter avec trop de complaisance, d'indulgence (un enfant). **2.** Combler de cadeaux, d'attentions; choyer. *Il gâte beaucoup sa femme.* **B.** v. pron. **1.** S'altérer, se corrompre. *Ces raisins se gâtent.* **2.** Se modifier en mal. *Le temps se gâte. Ça se gâte :* les choses tournent mal.

gâterie [gɑtʀi] n. f. **1.** Menu cadeau; attention gentille. **2.** Friandise.

gâteux, euse [gɑtø, øz] adj. et n. **1.** Dont les facultés, notam. les facultés mentales, sont amoindries par l'âge ou la maladie. *Elle est un peu gâteuse.* – Subst. *Un vieux gâteux.* **2.** Qui est comme gâteux (partic., sous l'empire d'une idée fixe, d'un sentiment excessif). *Il ne pense plus qu'à ça, il en devient gâteux.*

gâtha, ensemble des textes sacrés attribués à Zoroastre*.

Gatineau, ville du Québec, sur la *Gatineau* (440 km), affluent de l'Outaouais (r. g.); 74940 hab. Import. papeterie.

gâtion [gatjɔ̃] n. m. (Suisse) Enfant gâté.

gâtisme [gɑtism] n. m. État d'une personne gâteuse.

GATT, acronyme pour *General Agreement on Tariffs and Trade,* «Accord général sur les tarifs douaniers et le commerce». Accord signé en 1947 à Genève pour harmoniser les politiques douanières des États membres. L'accord de 1993, signé par 117 pays, a libéralisé les échanges mondiaux. L'acte final a été signé à Marrakech, en avril 1994, par plus de 120 pays, qui se sont groupés dans l'Organisation mondiale du commerce (O.M.C.).

Gatti (Armand) (né en 1924), dramaturge et cinéaste français, né à Monaco. Son verbe procède de l'engagement politique «brechtien» : *la Vie imaginaire de l'éboueur Auguste G.* (1962), *V comme Vietnam* (1967), *l'Enclos* (film, 1961), *Ces empereurs aux ombrelles trouées* (1991).

gauche [goʃ] adj. et n. **I.** adj. **1.** Qui n'est pas plan; déformé. *Cadre, poutre gauche.* – n. m. *Pièce qui a du gauche.* ▷ GEOM Dont tous les points ne sont pas contenus dans le même plan. *L'hélice est une courbe gauche.* – *Surface gauche,* engendrée par une droite, non développable sur un plan. **2.** Fig. Qui manque d'aisance, d'adresse. *Un garçon timide et gauche. Des manières gauches. Un style gauche.* Syn. embarrassé, malhabile. Ant. gracieux, habile. **II.** adj. Qui est situé du côté du corps de l'homme où se trouve le cœur. *La main gauche. Le pied, l'œil gauche.* – n. m. *Frapper du gauche,* du poing gauche, en boxe. – Loc. fig. *Se lever du pied gauche :* s'éveiller de mauvaise humeur. ▷ Se dit du côté correspondant au côté gauche d'un être ou d'une chose conçue comme ayant face et dos, avant et arrière. *L'aile gauche d'un bâtiment,* celle qui est à main gauche pour une personne adossée à la façade. *L'aile gauche d'une armée. Côté gauche d'un bateau :* bâbord. ▷ Qui est situé du côté de la main gauche, pour un observateur tourné dans une direction déterminée. *La rive gauche d'un fleuve,* celle qui est à main gauche en descendant le courant. Ant. droit. **III.** n. f. *La gauche.* **1.** Le côté gauche. *Sur la gauche, à votre gauche, vous voyez la mai-*

rie. – *Jusqu'à la gauche :* jusqu'à l'extrême limite, complètement. ▷ Loc. adv. *À gauche :* du côté gauche, à main gauche. *Tournez à gauche.* **2.** Ensemble des partis et des citoyens désireux de changements politiques et sociaux en faveur des classes sociales les plus modestes. ▷ Loc. *De gauche, à gauche. Il est plutôt de gauche. L'extrême gauche.*

gauchement [goʃmɑ̃] adv. De façon gauche, maladroite.

gaucher, ère [goʃe, ɛʀ] adj. et n. Qui se sert habituellement de sa main gauche.

gaucherie [goʃʀi] n. f. **1.** Manque d'aisance ou d'adresse. **2.** Action, parole maladroite.

gauchir [goʃiʀ] v. [3] **1.** v. intr. Se déformer, se voiler. *Panneau qui gauchit.* **2.** v. tr. Déformer (une surface plane). *L'humidité a gauchi cette planche.* ▷ Fig. Altérer, fausser. *Gauchir le sens d'un texte.*

gauchisant, ante [goʃizɑ̃, ɑ̃t] adj. Qui a des opinions politiques proches de celles de la gauche, du gauchisme.

gauchisme [goʃism] n. m. Attitude des partisans des solutions extrêmes, dans un parti de gauche.

gauchissement [goʃismɑ̃] n. m. Action, fait de gauchir. ▷ Fig. *Gauchissement tendancieux de l'information.*

gauchiste [goʃist] n. et adj. **1.** n. Partisan du gauchisme. **2.** adj. Relatif au gauchisme.

gaucho [goʃo] n. m. Gardien de troupeaux des pampas, en Amérique du Sud.

Gaudí y Cornet (Antonio) (1852 – 1926), architecte espagnol. Son amour de l'Orient, de Venise, des styles goth. catalan et mudéjar s'affirme dès la Casa Vicens (1878-1880) et la Casa Güell (1885-1889) de Barcelone. Il laissa inachevée l'égl. de la Sagrada Familia, à Barcelone (commencée en 1884).

gaudriole [godʀijɔl] n. f. Fam. **1.** Plaisanterie grivoise. **2.** *La gaudriole :* le libertinage, la débauche.

gaufrage [gofʀaʒ] n. m. TECH Action de gaufrer.

gaufre [gofʀ] n. f. **1.** Pâtisserie mince et légère, cuite entre deux fers qui lui impriment un relief alvéolé. **2.** Gâteau de cire fabriqué par les abeilles.

gaufrer [gofʀe] v. tr. [1] TECH Imprimer des dessins en relief ou en creux sur (du cuir, des étoffes, etc.).

gaufrette [gofʀɛt] n. f. Petit biscuit sec, souvent fourré.

gaufrier [gofʀije] n. m. Moule servant à la cuisson des gaufres.

Gauguin (Paul) (1848 – 1903), peintre français. À Pont-Aven (Finistère) (1886 et 1888), à Arles, avec Van Gogh (1888), en Polynésie (à Tahiti, de 1895 à 1901, puis aux Marquises), il élabora le «synthétisme» et accentua la couleur des aplats par des contours sombres.

Gaul (Charly) (né en 1932), coureur cycliste luxembourgeois. Surnommé «l'Ange de la montagne», il a remporté le Tour d'Italie (1956 et 1959) et le Tour de France (1958).

gaulage [golaʒ] n. m. Action de gauler. *Gaulage des noix.*

gaule [gol] n. f. **1.** Grande perche. **2.** Canne à pêche.

Gaule, nom que les Romains donnèrent au territoire limité par la Méditerranée et les Pyrénées au S., les Alpes et le cours du Rhin jusqu'à son embouchure à l'E. et au N., l'océan Atlantique à l'O. *(Gaule transalpine).* – *Gaule cisalpine* (en deçà des Alpes, par rapport à Rome) : nom donné à la partie de l'Italie septent. (plaine du Pô) occupée par les Celtes (v. 400 av. J.-C.) et soumise par Rome au IIIe s. av. J.-C.

Hist. – À l'aube des temps historiques s'installèrent successivement en Gaule les Ibères et les Ligures. Les Celtes, qui s'infiltrèrent dans le N. du pays au Ier millénaire av. J.-C., se répandent dans le centre à l'époque de La Tène (VIe-Ve s. av. J.-C.), puis, v. la fin du IIIe s. av. J.-C., imposent leur domination aux autochtones. Tous ces peuples, essentiellement agriculteurs, furent englobés par les Romains sous l'appellation de *Gaulois.* Le commerce, déjà ancien, se développe, notam. sur l'axe Rhône-Saône. À partir du IIe s. av. J.-C., la Gaule est menacée par les peuples germaniques au N., par les Romains au S. Vers 150 av. J.-C., les Arvernes imposent leur hégémonie aux peuples gaulois voisins, mais Rome intervient fréquemment en Provence et finalement conquiert la région méditerranéenne (121 av. J.-C.). Entre 58 et 51 av. J.-C., César vient à bout de toute résistance, bien que Vercingétorix ait soulevé le pays contre lui (52 av. J.-C.). Il pratique une politique d'assimilation, poursuivie par Auguste (division du territ. en quatre prov. : la Narbonnaise, c.-à-d. la Provence, l'Aquitaine, la Lyonnaise ou Celtique, la Gaule Belgique) et au Ier s. (V. gallo-romain.)

Gaule Belgique, partie N.-E. de la Gaule, située entre la Seine et le Rhin, et comprenant donc le N.-E. de la France, la Belgique et les Pays-Bas actuels.

gauler [gole] v. tr. [1] Battre (un arbre, ses branches) avec une gaule pour en faire tomber les fruits. ▷ *Gauler un pommier.* ▷ Par ext. *Gauler des noix.*

gaulette [golɛt] n. f. **1.** (Madag., Réunion) Perche utilisée dans certaines constructions. *Une charpente renforcée de gaulettes. Une clôture en gaulettes.* **2.** (Réunion) Gaule en bambou utilisée pour la pêche à la ligne. **3.** (Réunion) Unité de mesure de longueur équivalant à env. 4,872 m. – Unité de mesure de surface équivalant à 25 m^2.

gauli [goli] n. m. (Guyane) Nasse à poissons de rivière en bois imputrescible.

gaulis [goli] n. m. SYLVIC Taillis dont les jets sont devenus des gaules (tiges très hautes mais de faible diamètre). ▷ Chacun de ces jets.

Gaulle (Charles de) (1890 – 1970), général et homme politique français. Sous-secrétaire d'État à la Guerre (1940), il partit pour Londres, d'où il lança un appel à la résistance le 18 juin 1940. Ayant dirigé la résistance franç. contre l'occupant allemand, il assuma le pouvoir après son entrée à Paris, le 25 août 1944, puis démissionna de la présidence du gouv. provisoire (juin 1944-janv. 1946). Il fonda en 1947 le Rassemblement du peuple français (R.P.F.). En 1953, il abandonna la vie politique («traversée du désert»). En 1958 (événements d'Algérie), il fut appelé par le président Coty à former un gouv. (1er juin). Le 28 sept., il organisa un référendum (métropole et colonies) qui approuva la Constitution de la Ve Rép. Celle-ci accroissait fortement les pouvoirs du président; en outre, elle instaurait une Communauté française au sein de laquelle les colonies deviendraient des rép. autonomes (comme l'avait annoncé le discours de Brazzaville). En déc., le Parlement élut de Gaulle président de la Rép. L'Algérie présentait un problème partic.; en mars 1962, les accords d'Évian organisèrent son accession à l'indép., effective en juillet. Le 28 oct., un référendum modifia la Constitution : désormais le président de la Rép. serait élu au suffrage universel. Vainquant F. Mitterrand aux élections présidentielles de 1965, mais au 2e tour et avec seulement 55 % des voix, bien qu'une formidable croissance écon. ait marqué le septennat, de Gaulle dut faire face à la révolte de mai* 1968. Il démissionna en 1969 après l'échec du référendum sur la «régionalisation» et la réforme du Sénat. Écrivain, il est l'auteur d'ouvrages militaires (*Vers l'armée de métier,* 1934) et de *Mémoires* (publiés en 1954-1959 et 1970-1971).

gaullien, enne [goljɛ̃, ɛn] adj. Marqué par la doctrine, la personne du général de Gaulle, par l'esprit du gaullisme.

gaullisme [golism] n. m. Ensemble des conceptions et des attitudes politiques des gaullistes (sens 2).

gaulliste [golist] n. et adj. **1.** Partisan du général de Gaulle pendant la Seconde Guerre mondiale. *Les gaullistes.* ▷ adj. *Les réseaux gaullistes.* **2.** Celui, celle qui adopte les idées politiques du général de Gaulle. ▷ adj. Du gaullisme. *Les idéaux gaullistes.*

gaulois, oise [golwa, waz] adj. et n. **I.** adj. **1.** De la Gaule, des Gaulois. **2.** Caractéristique de la France, de ses traditions (dans la continuité des Gaulois). ▷ *Coq gaulois,* symbole de la fierté nationale des Français. ▷ Qui a une gaieté gaillarde, un peu licencieuse. *Plaisanterie gauloise.* **II.** n. **1.** Habitant de la Gaule. **2.** n. m. Langue celtique parlée par les Gaulois. **3.** n. f. Cigarette brune très courante en France.

gauloiserie [golwazʀi] n. f. Parole un peu leste, gaillarde.

gaumais, aise [gomɛ, ɛz] adj. et n. **1.** De la Gaume. ▷ Subst. *Un(e) Gaumais(e).* **2.** n. m. LING *Le gaumais :* le dialecte lorrain roman qui était parlé en Gaume.

Gaume, partie méridionale du Luxembourg belge, de relief moins élevé que l'Ardenne voisine. Naguère, on y pratiquait un dialecte lorrain roman appelé gaumais, auj. de faible vitalité. – Ville : *Virton.*

Gaumont (Léon) (1864 – 1946), industriel français; fondateur en 1895 de la société cinématographique Gaumont, encore active aujourd'hui.

gaur [goʀ] n. m. ZOOL Bovin sauvage de l'Asie du S.-E. (*Bibos gaurus*), de couleur brun-noir avec le bout des pattes blanc, les plus grands mesurant jusqu'à 2 m au garrot pour 1 tonne.

gauss [gos] n. m. PHYS Unité C.G.S. de champ magnétique (symbole G, préférable à Gs), remplacée auj. par le tesla (symbole T), unité SI (1 G = 10^{-4}T).

Gauss (Carl Friedrich) (1777 – 1855), mathématicien, physicien et astronome allemand. Il inventa la méthode des moindres carrés, eut l'idée de géométries non euclidiennes, travailla à la théorie des nombres, détermina le fonctionnement de systèmes optiques sous les faibles incidences (*méthode d'approximation de Gauss*), calcula les orbites de planètes et de comètes. ▷ STATIS *Loi de Gauss* ou *loi de Laplace-Gauss* ou *loi normale :* loi donnant la probabilité d'une variable aléatoire continue et dont la courbe a la forme d'une cloche.

gausser (se) [gose] v. pron. [1] Litt. Se moquer de (qqn), railler (qqn). *On se gaussait de lui.*

Gauteng (le), prov. de l'Afrique du Sud créée en 1994; 18760 km^2; 6847000 hab. Cap. *Johannesburg.* C'est la région écon. de l'Afrique du Sud et la plus peuplée. Elle englobe le Witwatersrand.

Gautier (Théophile) (1811 - 1872), écrivain français. Après des poèmes romantiques, *Émaux et Camées* (1852) illustre sa théorie de «l'art pour l'art». Romans : *Mademoiselle de Maupin* (1835), *le Capitaine Fracasse* (1863).

Gauvreau (Claude) (1925 - 1971), écrivain québécois que les critiques comparent à Antonin Artaud (il fut plusieurs fois interné, comme Artaud, et se suicida) : *Œuvres créatrices complètes* (posth., 1977).

gavage [gavaʒ] n. m. **1.** Action de gaver; son résultat. **2.** MED Introduction d'aliments dans l'estomac à l'aide d'une sonde.

Gavarni (Sulpice Guillaume Chevalier, dit Paul) (1804 - 1866), dessinateur satirique, lithographe et aquarelliste français.

Gaveau (Joseph) (1824 - 1903), facteur de pianos français (maison Gaveau, fondée en 1847).

gavel [gavɛl] n. m. (France rég.) Sarment de vigne.

gaver [gave] v. [1] **1.** v. tr. Faire manger (qqn) de façon excessive. – Faire manger beaucoup et de force (des animaux) pour les engraisser. *Gaver des oies, des poulets.* ▷ Fig. Combler, rassasier, emplir à l'excès. *Gaver de connaissances.* **2.** v. pron. Se gorger de nourriture.

gavial, als [gavjal] n. m. **1.** ZOOL Reptile crocodilien d'Inde et d'Asie du Sud-Est, aux mâchoires longues et étroites. **2.** (Afr. subsah.) Nom donné improprement au crocodile.

gavroche [gavʀɔʃ] n. m. Gamin de Paris frondeur et moqueur (du nom d'un personnage des *Misérables* de V. Hugo). ▷ adj. *Une allure gavroche.*

gay [gɛ] n. m. (Américanisme) Homosexuel masculin.

Gay (John) (1685 - 1732), poète anglais; auteur d'une comédie satirique, *l'Opéra des gueux* (1728), dont Brecht a tiré son *Opéra de quat' sous.*

Gayā, ville de l'Inde (Bihār); 291000 hab. Lieu de pèlerinage (une des villes sacrées de l'Inde).

gayal [gajal] n. m. ZOOL Bovin domestique d'Assam et de Birmanie (*Bibos frontalis*), dont l'ancêtre résulterait d'un croisement entre le gaur et le banteng.

Gay-Lussac (Louis Joseph) (1778 - 1850), physicien et chimiste français. ▷ PHYS *Loi de Gay-Lussac :* le coefficient de dilatation des gaz parfaits est indépendant de la température et de la pression. ▷ CHIM *Loi de Gay-Lussac :* lorsque deux gaz se combinent pour former un composé, leurs volumes, mesurés sous une même pression et à une même température, sont dans un rapport simple.

gaz [gɑz] n. m. inv. **1.** Substance impalpable qui tend à occuper la totalité de l'enceinte qui la contient; fluide expansible et compressible dont les molécules, n'exerçant entre elles que des forces très faibles, peuvent se déplacer librement les unes par rapport aux autres. *L'oxygène est un gaz dans les conditions habituelles de température et de pression.* ▷ *Gaz parfait :* gaz idéal dans lequel on suppose nulles les interactions moléculaires. ▷ *Gaz rare :* chacun des gaz de la dernière colonne de la classification périodique des éléments : hélium, néon, argon, krypton, xénon et radon. (Ils possèdent une structure électronique externe d'une très grande stabilité, ce qui leur confère une remarquable inertie chimique.) V. loi de Mariotte* et loi de Gay*-Lussac. **2.** Gaz à usage industriel ou domestique. ▷ *Gaz de pétrole liquéfié (G.P.L.) :* mélange d'hydrocarbures liquéfiés, utilisé comme carburant. ▷ *Gaz pauvre* ou *gaz à l'air :* mélange combustible d'azote et d'oxyde de carbone. ▷ *Gaz à l'eau :* mélange combustible d'hydrogène et d'oxyde de carbone obtenu en décomposant la vapeur d'eau par le coke porté à température élevée. ▷ Absol. *Le gaz :* le gaz à usage domestique. *Cuisinière à gaz. Allumer, fermer, couper le gaz.* ▷ Loc. fig., fam. *Il y a de l'eau dans le gaz :* la discorde s'installe. **3.** (Plur.) *Les gaz :* le mélange détonant d'air et de vapeurs de combustible brûlé dans les cylindres d'un moteur à explosion. *Mettre, donner les gaz. À pleins gaz :* à pleine puissance (fam. au fig.). **4.** Toute substance toxique, gazeuse, liquide ou solide utilisée comme arme chimique. *Gaz de combat.* – *Chambre* à gaz.* **5.** (Plur.) Substances gazeuses se formant dans l'intestin ou l'estomac et causant une douleur.

Gaza (district de), territ. de Palestine; 363 km^2; 630000 hab.; ch.-l. *Gaza* (120000 hab.). Objet de litiges entre l'Égypte et Israël, il est sous contrôle israélien depuis 1967. Après les émeutes anti-israéliennes de 1987, la *bande de Gaza* est devenue une zone de colonisation. Après l'accord de 1993 entre l'O.L.P. et Israël, le territoire a obtenu, en 1994, une autonomie provisoire et partielle, mais l'Autorité nationale palestinienne que dirige Arafat doit affronter de graves problèmes. (V. Palestine).

gazage [gɑzaʒ] n. m. Action d'intoxiquer, d'exterminer par un gaz.

gaze [gɑz] n. f. Étoffe légère et transparente de laine, de soie ou de coton. ▷ Cette étoffe (de coton), stérilisée, utilisée pour nettoyer ou panser une plaie.

gazé, ée [gaze] adj. et n. **1.** Qui a été soumis à l'action d'un gaz nocif (notam. gaz de combat). **2.** (Guyane) Qui est ivre.

gazéification [gazeifikasjɔ̃] n. f. TECH Action de gazéifier.

gazéifier [gazeifje] v. tr. [2] **1.** TECH Transformer en gaz. **2.** *Gazéifier un liquide,* y dissoudre du dioxyde de carbone.

gazelle [gazɛl] n. f. **1.** Petite antilope au pelage beige des zones désertiques d'Afrique et d'Asie (nombr. espèces). – *Gazelle dama*.* **2.** (Afr. subsah.) Nom donné improprement au guib harnaché.

gazelle-girafe [gazɛlʒiʀaf] n. f. Nom courant du guerénouk. *Des gazelles-girafes.*

gazer [gaze] v. [1] **1.** v. tr. Intoxiquer, exterminer par un gaz nocif. **2.** v. intr. Fig., fam. *Ça gaze :* ça marche bien.

gazette [gazɛt] n. f. Vx (Sauf dans un titre.) (Belgique, vieilli) Publication périodique, journal contenant diverses nouvelles.

Gazette (la), périodique hebdomadaire créé à Paris par Théophraste Renaudot le samedi 30 mai 1631.

gazeux, euse [gazø, øz] adj. **1.** De la nature des gaz, à l'état de gaz. **2.** Qui contient du gaz. *Eau gazeuse.* ▷ ZOOL *Vessie gazeuse* ou *natatoire (des poissons) :* V. vessie.

gazier, ère [gazje, ɛʀ] adj. Relatif au gaz. *Industrie gazière.*

gazoduc [gazodyk] n. m. TECH Canalisation servant au transport du gaz naturel.

gazogène [gazɔʒɛn] n. m. TECH Appareil servant à fabriquer un gaz combustible à partir du bois ou du charbon.

gazole [gazɔl] n. m. (Off. recommandé) Produit de la distillation du pétrole, utilisé comme carburant (moteurs Diesel) ou comme combustible. Syn. (off. déconseillé) gas-oil ou gasoil, diesel.

gazoline [gazɔlin] n. f. TECH Produit le plus volatil tiré du pétrole brut.

gazon [gazɔ̃] n. m. Herbe courte et menue. *Semer du gazon.* ▷ Terre plantée, couverte de cette herbe.

gazonner [gazɔne] v. [1] **1.** v. tr. Revêtir de gazon. **2.** v. intr. (Guad.) Tondre le gazon.

gazonneuse [gazɔnøz] n. f. (Guad.) Tondeuse à gazon.

gazouillement [gazujmɑ̃] n. m. Action de gazouiller; bruit ainsi produit.

gazouiller [gazuje] v. intr. [1] **1.** Faire entendre un petit bruit doux et agréable, en parlant des oiseaux qui chantent. – Par anal. *Le ruisseau gazouillait.* **2.** Babiller (en parlant des petits enfants).

gazouillis [gazuji] n. m. Petit gazouillement; suite de légers gazouillements.

gazouz [gazuz] n. f. (Maghreb) Boisson gazeuse.

gbaya [gbaja] adj. inv. et n. m. **1.** adj. inv. Des Gbaya. **2.** n. m. LING Langue du sous-groupe oubanguien parlée en République centrafricaine et au Cameroun.

Gbaya ou, vieilli, **Baya,** population répartie sur l'O. de la Centrafrique, l'E. du Cameroun et le N.-O. de la rép. dém. du Congo (env. 1 million de personnes). Ils parlent une langue nigéro-congolaise du sous-groupe oubanguien, proche du manza.

Gdańsk (anc., en all., *Dantzig* ou *Danzig*), princ. port de Pologne, sur la *baie de Gdańsk*; 468000 hab.; ch.-l. de la voïévodie du m. nom. Centre industriel. – HIST V. Dantzig.

Gê. V. Gaia.

geai [ʒɛ] n. m. **1.** Oiseau passériforme (fam. corvidés) dont il existe plusieurs espèces. *Geai des chênes* (*Garrulus glandarius*), au plumage beige varié de blanc, de bleu clair et de noir, commun dans les forêts d'Europe, d'Asie septentrionale et d'Afrique du Nord. *Geai bleu* et *geai de Steller* (genre *Cyanocitta*), au plumage bleuté et vivant en Amérique du Nord. **2.** (Afr. subsah.) Nom donné impr. au rollier.

géant, ante [ʒeɑ̃, ɑ̃t] n. et adj. **1.** n. MYTH Être fabuleux, de taille colossale, fils de la Terre et du Ciel. ▷ Être colossal des contes et des légendes. **2.** n. Personne de stature anormalement élevée. – *Par ext.* Personne très grande. ▷ (Belgique) Mannequin gigantesque figurant dans certains cortèges folkloriques. ▷ Loc. *Aller à pas de géant,* à grandes enjambées; fig. faire des progrès rapides. **3.** n. Fig. Personne qui se distingue par des dons exceptionnels, par une destinée hors du commun. *Les géants de l'art, de la politique.* **4.** adj. Dont la taille surpasse de beaucoup celle des êtres ou des choses comparables. *Raie géante.* – *Étoile géante,* de très grand rayon et de forte luminosité. Ant. nain. ▷ (Afr. subsah.) (Personnes) Très grand. *Cet homme est géant.*

Geber (*Djābir ibn Hayyān as-Sūfī,* connu sous le nom de) (fin VIIIe s. – déb. IXe s.), alchimiste et philosophe arabe. Adepte d'Aristote, Geber s'intéressa à la nature, à la fabrication et à la transmutation des métaux; il découvrit les acides sulfurique et nitrique.

Gebeyli (Claire) (née en 1935), poétesse libanaise, d'origine grecque et d'expression française : *Mémorial d'exil* (1975), *la Corde raide* (1986), *Cantate pour l'oiseau mort* (1996).

Gébides. V. Gépides.

gecko [ʒeko] n. m. Reptile saurien des régions chaudes (genre *Gekkonidae*), aux doigts munis de lamelles adhésives. Syn. (Antilles fr., Haïti) mabouillat et mabouya, (Antilles fr., Nouv.-Cal., oc. Indien) margouillat.

Gédéon (XIIe-XIe s. av. J.-C.), cinquième juge d'Israël; il délivra les Hébreux du joug des Madianites.

Geel, v. de Belgique (prov. d'Anvers), sur la Nèthe; 31460 hab. Centre agric. Textiles. Industrie électrique. Centre de recherche scientifique de l'Union européenne.

Geffrard (Nicolas Fabre) (1806 – 1879), général et homme politique haïtien. Il participa au renversement de J.-P. Boyer (1843). Au service de l'empereur Faustin Ier (V. Soulouque), il renversa celui-ci (1859) et rétablit la république, qu'il présida. Il démissionna en 1867.

géhenne [ʒeɛn] n. f. Didac. Enfer, dans la Bible.

Geiger (Hans) (1882 – 1945), physicien allemand; inventeur d'un compteur de particules (1913), qu'il perfectionna avec Müller (1928).

geignard, arde [ʒɛɲaʀ, aʀd] adj. (et n.) Fam. Qui se plaint sans cesse et sans raison. *Ton geignard. Personne geignarde.*

geindre [ʒɛ̃dʀ] v. intr. [**55**] **1.** Se plaindre en émettant des sons faibles et inarticulés. *Geindre de douleur.* Syn. gémir. **2.** Fam. Pleurnicher.

Geiséric ou **Genséric** (m. en 477), premier souverain vandale d'Afrique (428-477). Il prit Rome en 455.

geisha [gɛjʃa] n. f. Au Japon, danseuse, musicienne et chanteuse traditionnelle, qui joue le rôle d'hôtesse.

gel [ʒɛl] n. m. **1.** Abaissement de la température atmosphérique entraînant la congélation de l'eau. *Le gel a fait éclater les tuyaux.* ▷ Eau gelée; verglas, givre. *Une couche de gel.* **2.** CHIM Précipité gélatineux colloïdal. *Gel de silice.* ▷ Cour. Préparation translucide pharmaceutique ou cosmétique, à base d'eau. *Gel après-rasage.* – *Absol.* Préparation qui aide à modeler la coiffure. **3.** Fig. Blocage, suspension. *Gel des crédits, des négociations.*

Gela, v. et port d'Italie (Sicile), sur la Méditerranée; 74800 hab. Gisements de pétrole. – La ville antique fut détruite au IIIe s. av. J.-C.

gélatine [ʒelatin] n. f. Matière albuminoïde à l'aspect de gelée, obtenue en faisant bouillir dans de l'eau certaines substances animales (os) ou végétales (algues). *On utilise la gélatine dans l'industrie alimentaire, dans la préparation des colles, en photographie, en microbiologie.*

gélatineux, euse [ʒelatinø, øz] adj. **1.** Qui a la consistance, l'aspect de la gélatine. **2.** Qui contient de la gélatine. *Os gélatineux.*

gelée [ʒəle] n. f. **1.** Gel. **2.** Bouillon de viande qui se solidifie en refroidissant. *Poulet, jambon en gelée.* ▷ *Par anal.* Jus de fruits cuits avec du sucre, qui se solidifie en refroidissant. *Gelée de groseille.* **3.** *Par ext.* Substance d'aspect gélatineux. – Loc. *Gelée royale,* avec laquelle les abeilles nourrissent les larves de reines.

Gelée ou **Gellée** (Claude). V. Lorrain (le).

geler [ʒəle] v. [**17**] **I.** v. tr. **1.** Transformer en glace, faire passer à l'état solide par l'abaissement de la température. *Le froid a gelé l'étang.* ▷ Durcir par le froid. *L'hiver a gelé la terre.* **2.** Faire mourir ou nécroser par un froid excessif (un être vivant, un organe, un tissu). *Un froid trop vif gèle les bourgeons. Geler les pieds, les mains.* **3.** *Par ext.* Causer une impression de froid à (qqn). *Ce petit vent me gèle.* ▷ v. pron. *Je me suis gelé à l'attendre.* – *Se geler* (*les pieds, les mains,* etc.) *:* avoir très froid à. **4.** (Québec) Insensibiliser (une partie du corps) par anesthésie locale. *Se faire geler une dent chez le dentiste.* – Pp. *Avoir la joue gelée.* **5.** Fig. Bloquer. *Geler les négociations, les prix, les salaires.* ▷ GEST *Geler des capitaux,* les engager dans des investissements qui les rendent indisponibles. **II.** v. intr. **1.** Se transformer en glace, devenir dur sous l'action du froid. *Le mercure gèle à −39°C.* **2.** Être perturbé dans ses fonctions vitales, mourir, se nécroser sous l'action du froid. *Les oliviers ont gelé.* ▷ *Par ext.* Avoir très froid. *On gèle, ici!* **III.** v. impers. *Il gèle.* **IV.** v. pron. (Québec) Fam. Se droguer. – Pp. *Avoir l'air gelé.*

gélifiant, ante [ʒelifjɑ̃, ɑ̃t] adj. et n. m. CHIM Se dit d'une substance qui permet de gélifier. ▷ n. m. *Certains additifs alimentaires sont des gélifiants.*

gélifier [ʒelifje] v. tr. [**2**] CHIM Transformer en gel. ▷ v. pron. *Substance qui se gélifie.*

Gélimer, dernier roi vandale d'Afrique (530-534); vaincu par Bélisaire.

gélinotte ou **gelinotte** [ʒelinɔt] n. f. **1.** Oiseau galliforme, voisin de la perdrix, commun dans les sous-bois et les bosquets. – *Gélinotte des bois (Tetrastes bonasia),* au plumage roux, vivant en Europe dans les forêts de montagne. **2.** (Afr. subsah.) Nom donné improprement au ganga.

Gellée (Claude). V. Lorrain (le).

Gell-Mann (Murray) (né en 1929), physicien américain. Sa théorie de la *symétrie unitaire* postula l'existence des quarks*. P. Nobel 1969.

gélose [ʒeloz] n. f. TECH Syn. de *agar-agar.*

Gelsenkirchen, ville d'Allemagne (Rhén.-du-N.-Westphalie), dans la Ruhr; 283560 hab. Centre houiller et industriel.

gélule [ʒelyl] n. f. Petite capsule en gélatine durcie contenant une substance médicamenteuse.

gelure [ʒəlyʀ] n. f. Lésion des tissus due au froid.

Gemayel (Pierre) (1905 – 1984), homme politique libanais. Il fonda en 1936 les *Katā'ib,* parti des Phalanges libanaises; au début de la guerre civile, il fut le principal dirigeant du Front libanais (regroupement de la droite chrétienne). — **Amine** (né en 1942), fils de Pierre, président de la République de 1982 à 1988. — **Bachir** (1947 – 1982), frère d'Amine, chef des Forces libanaises (regroupement des milices chrétiennes) à partir de 1976; élu président de la République en août 1982, il fut assassiné avant son entrée en fonctions.

Gembloux-sur-Orneau, com. de Belgique (province de Namur); 17000 hab. Faculté des sciences agronomiques (dans des bâtiments dus à Dewez*). – Victoire des Français sur les Autrichiens (1794).

gémeaux [ʒemo] n. m. pl. ASTRO *Constellation des Gémeaux,* dont les deux plus brillantes étoiles sont nommées Castor et Pollux. ▷ ASTROL Signe du zodiaque* (22 mai – 21 juin). – Ellipt. *Elle est gémeaux.*

gémellaire [ʒemɛl(l)ɛʀ] adj. Didac. Qui a trait aux jumeaux. *Grossesse gémellaire.*

gémellité [ʒemelite] n. f. État, situation de jumeaux.

Gémier (Firmin Tonnerre, dit Firmin) (1869 – 1933), acteur et directeur de théâtre français. Il fonda et dirigea le Théâtre national populaire (1920-1933).

gémination [ʒeminasjɔ̃] n. f. Didac. État de ce qui est disposé par paires. *Gémination des pistils.* ▷ RHET Répétition d'un mot. ▷ LING Doublement d'une syllabe, d'une voyelle, d'une consonne.

géminé, ée [ʒemine] adj. Didac. Double, groupé par paire. *Feuilles géminées.* ▷ ARCHI *Arcades, baies géminées.* ▷ PHON *Consonnes géminées,* se dit de deux consonnes successives identiques.

Geminiani (Francesco) (1687 – 1762), violoniste et compositeur italien.

gémir [ʒemiʀ] v. intr. [**3**] **1.** Exprimer la douleur par des plaintes faibles et inarticulées. *Blessé qui gémit.* ▷ Fig. *Gémir sous le poids des malheurs. Gémir sur (de) son sort.* **2.** Donner de la voix, en parlant de certains oiseaux au cri plaintif. *La colombe gémit.* **3.** *Par ext.* Produire un son comparable à un gémissement. *Le vent gémit dans la cheminée.*

gémissant, ante [ʒemisɑ̃, ɑ̃t] adj. Qui gémit.

gémissement [ʒemismɑ̃] n. m. **1.** Cri, plainte faible et inarticulée. **2.** Cri plaintif de certains oiseaux. **3.** *Par ext.* Bruit comparable à une plainte. *Les gémissements de la tempête.*

gemmation [ʒɛm(m)asjɔ̃] n. f. **1.** BOT Développement des gemmes, des bourgeons. ▷ Époque où se produit ce développement. ▷ Ensemble des bourgeons. **2.** ZOOL, BOT Gemmiparité.

gemme [ʒɛm] n. f. (et adj.) **1.** Pierre précieuse ou pierre fine transparente.

▷ adj. *Sel gemme :* sel de terre, chlorure de sodium cristallisé qui se trouve dans le sous-sol. **2.** BOT Partie d'un végétal qui, séparée de la plante mère, est susceptible de redonner un végétal complet par multiplication végétative. ▷ ZOOL Chez certains animaux inférieurs, partie de l'organisme qui est à l'origine d'un phénomène de multiplication végétative (par bourgeonnement, notam.).

gemmifère [ʒɛm(m)ifɛʀ] adj. BOT Qui produit des bourgeons. ▷ Qui produit de la gemme.

gemmiparité [ʒɛm(m)ipaʀite] n. f. BOT, ZOOL Multiplication végétative par gemmes.

gemmule [ʒɛm(m)yl] n. f. BOT **1.** Bourgeon de la plantule. **2.** Embryon d'une graine.

gémonies [ʒemɔni] n. f. pl. Loc. *Vouer qqn aux gémonies,* le vouer au désastre, l'accabler de mépris.

gênant, ante [ʒɛnɑ̃, ɑ̃t] adj. **1.** Qui gêne, importune, encombre. **2.** Intimidant. *C'est gênant de prendre la parole en public.* – (Québec) Se dit d'une personne intimidante. *Ma mère n'est pas gênante.*

gencive [ʒɑ̃siv] n. f. Muqueuse buccale qui recouvre les mâchoires et enserre chaque dent au collet.

gendarme [ʒɑ̃daʀm] n. m. **1.** Militaire appartenant au corps de la gendarmerie. ▷ Fig. Personne autoritaire. *C'est un vrai gendarme.* – *Spécial.* Femme autoritaire et de forte stature. ▷ Loc. *La peur du gendarme :* la crainte du châtiment. **2.** (France rég., Suisse) Fig., pop. Hareng saur. ▷ Saucisse de section rectangulaire. **3.** TECH Défaut dans un diamant. **4.** TECH Fil cassé dépassant d'un cordage métallique. **5.** ALPIN Pointe rocheuse difficile à escalader. **6.** Nom cour. de la plus grande (et l'une des plus communes) espèce de tisserin d'Afrique occidentale. Syn. (Afr. subsah.) oiseau-gendarme. **7.** Nom cour. d'une punaise (*Pyrrhocoris apterus*), rouge et noire, très commune en France.

gendarmer (se) [ʒɑ̃daʀme] v. pron. [1] Se fâcher. *J'ai dû me gendarmer pour le faire obéir.*

gendarmerie [ʒɑ̃daʀməʀi] n. f. **1.** Corps militaire spécialement chargé du maintien de l'ordre et de la sécurité publique, de la recherche et de la constatation de certaines infractions à la loi et de l'exécution des décisions judiciaires. *Gendarmerie maritime, de l'air. Brigadier, commandant de gendarmerie.* ▷ *Par ext.* Caserne et bureaux de chacune des différentes unités de ce corps. *Faire viser un passeport à la gendarmerie.* **2.** *Gendarmerie royale du Canada :* corps de police de niveau fédéral.

gendre [ʒɑ̃dʀ] n. m. Mari de la fille, par rapport au père et à la mère de celle-ci.

-gène. Élément, du gr. *genês,* de *genos,* «naissance, origine».

gène [ʒɛn] n. m. BIOL Unité constituée d'A.D.N., qui, portée par les chromosomes, conserve et transmet les propriétés héréditaires des êtres vivants. *Gène opérateur, gène régulateur.*
ENCYCL Au cours des divisions cellulaires (mitose* ou méiose*) les molécules d'A.D.N. sont reproduites, semblables à elles-mêmes; chaque molécule d'A.D.N. gagne l'une des nouvelles cellules, ce qui confère aux gènes leur caractère héréditaire et leur constance; une *mutation* correspond donc à une anomalie dans la reproduction de l'A.D.N. initial. Les organismes diploïdes comprennent deux exemplaires de chaque gène; chaque exemplaire est porté par un des deux chromosomes homologues; ces deux gènes sont des *allèles.* Lorsque les deux allèles sont semblables, l'individu est dit *homozygote* (pour ce gène); s'ils sont dissemblables (l'un des deux étant «muté»), il est dit *hétérozygote;* dans ce cas, ou bien les deux allèles sont *équivalents,* et le caractère gouverné prend alors une forme hybride, ou bien l'un des deux allèles est *récessif,* l'autre étant *dominant* et s'exprimant seul dans le *phénotype.*

gêne [ʒɛn] n. f. **1.** Souffrance légère, malaise ressenti dans l'accomplissement d'un mouvement, d'une fonction. *Sentir de la gêne dans la respiration.* **2.** Embarras, contrainte désagréable. *Nous vous prions d'excuser la gêne occasionnée par les travaux.* ▷ Loc. pop. *Où (il) y a de la gêne, (il n')y a pas de plaisir.* **3.** Confusion, trouble. *Allusion qui cause de la gêne.* **4.** Timidité. *La gêne l'empêche de venir te parler.* **5.** Manque d'argent. *Une famille dans la gêne.*

gêné, ée [ʒene] adj. (Québec) Timide. *Garçon gêné avec les filles.*

généalogie [ʒenealɔʒi] n. f. Suite d'ancêtres qui établit une filiation. *Dresser la généalogie d'une famille.* ▷ *Par ext.* Science qui a pour objet l'étude, la recherche des filiations.

généalogique [ʒenealɔʒik] adj. Qui concerne la généalogie. *Arbre généalogique :* tableau de filiation en forme d'arbre, dont le tronc figure la ligne directe, et les branches et les rameaux les lignes collatérales.

généalogiste [ʒenealɔʒist] n. Personne qui s'occupe de généalogie, qui dresse des généalogies.

gêner [ʒene] v. tr. [1] **1.** Causer une gêne (sens 2), un malaise à. *Mes souliers me gênent.* – Pp. *Personne gênée par un bruit, une odeur.* ▷ Entraver, faire obstacle au mouvement, à l'action de. *Gêner la circulation.* **2.** Créer de la difficulté, causer de l'embarras à. *Gêner qqn dans ses projets.* **3.** Troubler, mettre mal à l'aise. *Son regard me gêne.* – Pp. adj. *Un air gêné.* **4.** Intimider. *Ça la gêne de poser une question en public.* **5.** Réduire à une certaine pénurie d'argent. *Cette dépense risque de nous gêner.* – Pp. adj. *Il est momentanément gêné.* **6.** v. pron. Se contraindre par discrétion ou par timidité. *Entre amis, on ne va pas se gêner!* – Iron. *Ne vous gênez pas!,* se dit à une personne qui prend des libertés excessives. ▷ (Afr. subsah.) S'imposer des privations. *Sa famille se gêne pour payer ses études.* ▷ (Suisse) Être intimidé. *Il ne veut pas entrer, il se gêne.*

1. général, ale, aux [ʒeneʀal, o] adj. (et n.) **1.** Qui est commun, qui s'applique, convient à un grand nombre de cas ou d'individus. *Caractères, traits généraux. Idée générale.* Ant. individuel, particulier, singulier. – *D'une manière générale :* sans application à un cas particulier. ▷ n. m. *L'induction va du particulier au général.* **2.** Qui concerne la totalité ou la plus grande part des éléments d'un ensemble, des personnes d'un groupe. *Agir, œuvrer dans l'intérêt général.* **3.** Qui concerne sans aucune exception chacun des éléments d'un ensemble, des personnes d'un groupe, etc. *Mobilisation générale.* ▷ THEAT *La répétition générale* ou, n. f., *la générale :* la dernière répétition avant la première séance publique, réservée à la presse et à des spectateurs admis sur invitation. *Assister à la générale d'une pièce.* ▷ Qui intéresse l'organisme entier. *État général. Médecine générale.* **4.** Qui embrasse l'ensemble d'une administration, d'un service public, d'un commandement. *Direction générale. État-major général.* ▷ (Avec un nom de charge, de dignité, indique un rang supérieur.) *Procureur général. Officier général :* V. général 2, sens I, 2. **5.** Loc. adv. *En général :* en ne considérant que les caractères généraux, en négligeant les cas particuliers. *Étudier l'homme en général. Parler en général.* ▷ Le plus souvent, dans la plupart des cas. Syn. généralement.

2. général, ale, aux [ʒeneʀal, o] n. **I.** n. m. **1.** Chef militaire. *Alexandre fut un grand général.* **2.** Officier des plus hauts grades dans les armées de terre et de l'air. *Général de brigade, de division, de corps d'armée, d'armée.* **3.** Supérieur de certaines congrégations religieuses. *Le général des jésuites.* **II.** n. f. Femme d'un général. *Madame la générale.*

généralement [ʒeneʀalmɑ̃] adv. D'une manière générale, en général. ▷ Ordinairement, communément.

Generalife (le), anc. palais des rois maures, à Grenade, décoré au XIVe s. Jardins célèbres. (Hispanisation de l'ar. *Djennat al-'Arīf,* «Paradis de l'émir».)

généralisable [ʒeneʀalizabl] adj. Qui peut être généralisé.

généralisation [ʒeneʀalizasjɔ̃] n. f. **1.** Action de généraliser, fait de se généraliser (sens 1). *Généralisation d'une opinion.* **2.** Opération intellectuelle par laquelle on généralise (sens 2).

généraliser [ʒeneʀalize] v. tr. [1] **1.** Étendre à l'ensemble ou à la majorité des individus, des cas; rendre général. *Généraliser une méthode, des pratiques, des usages.* Syn. universaliser. – Pp. adj. *Une réglementation généralisée.* – v. pron. Devenir commun, se répandre. *Opinion qui se généralise.* ▷ S'étendre par étapes, d'une partie à l'ensemble d'un organisme. *Infection qui se généralise.* – Pp. adj. *Cancer généralisé.* **2.** Étendre à toute une classe ce qui a été observé sur un nombre limité d'éléments ou d'individus appartenant à cette classe. *Généraliser des idées.* ▷ (S. comp.) Raisonner en allant du particulier au général. *C'est un cas d'espèce, ne généralisons pas.*

généralissime [ʒeneʀalisim] n. m. Général commandant en chef toutes les troupes d'un pays ou de pays alliés en temps de guerre.

généraliste [ʒeneʀalist] n. Médecin qui soigne toutes les maladies et sollicite, si besoin est, l'intervention d'un spécialiste. Syn. omnipraticien.

généralité [ʒeneʀalite] n. f. **1.** Caractère de ce qui est général (aux différents sens du terme). *Donner trop de généralité à un principe, une affirmation.* **2.** (Surtout au plur.) Péjor. Propos qui apparaissent banals, sans originalité par leur caractère général et trop vague. *Se perdre dans des généralités.*

générateur, trice [ʒeneʀatœʀ, tʀis] adj. et n. **I.** adj. **1.** Qui concerne la génération, la reproduction. *Organe générateur. Fonction génératrice.* **2.** Fig. Qui produit certains effets. *Situation économique génératrice de chômage.* **3.** GEOM

Qui engendre par son mouvement une ligne, une surface, un volume. *Ligne génératrice d'une surface.* ▷ n. f. *Une génératrice.* **II.** n. TECH **1.** n. f. Machine servant à produire du courant continu. **2.** n. m. Appareil qui transforme une énergie quelconque en un autre type d'énergie, spécial. en énergie électrique. **III.** n. m. METEO Instrument permettant de déclencher des pluies artificielles.

génératif, ive [ʒeneʀatif, iv] adj. LING *Grammaire générative :* ensemble fini de règles permettant d'engendrer toutes (et rien que) les phrases grammaticales d'une langue et de leur associer une description formalisée.

génération [ʒeneʀasjɔ̃] n. f. **1.** Fonction par laquelle les êtres vivants se reproduisent (de manière sexuée ou asexuée). *Organes de la génération.* ▷ *Théorie de la génération spontanée :* théorie antérieure aux travaux de Pasteur, selon laquelle des êtres vivants peuvent naître à partir de matières organiques ou minérales en l'absence de tout germe bactérien ou d'embryon. ▷ GEOM Formation (d'une ligne, d'une surface, d'un volume) par le mouvement (respectivement : d'un point, d'une ligne, d'une surface). **2.** Chacun des degrés de filiation successifs dans une même famille. *La suite de générations.* ▷ *Par ext.* Espace de temps qui sépare, en moyenne, chaque degré de filiation (environ 30 ans). ▷ *Par anal.* Stade d'évolution technologique. *Une nouvelle génération de navettes spatiales.* **3.** Ensemble d'individus ayant approximativement le même âge en même temps. *La jeune, la nouvelle génération.*

générer [ʒeneʀe] v. tr. **[14]** Faire naître, produire, engendrer.

généreusement [ʒeneʀøzmɑ̃] adv. **1.** D'une manière noble et généreuse. *Pardonner généreusement.* **2.** Largement, libéralement. *Récompenser généreusement un service.*

généreux, euse [ʒeneʀø, øz] adj. (et n.) **1.** Vieilli Qui a un caractère noble et magnanime. *Un cœur généreux.* – Qui dénote un tel caractère. *Parole généreuse.* Ant. mesquin. **2.** Cour. Qui donne volontiers et largement. *Avoir la main généreuse.* Syn. charitable, libéral. ▷ Subst. *Faire le généreux :* être généreux, libéral, par ostentation. ▷ Fig. (Surtout pour une femme.) *Avoir des formes généreuses :* être bien en chair, avoir des formes arrondies. **3.** *Terre généreuse,* qui produit beaucoup. ▷ *Vin généreux,* capiteux et corsé.

1. générique [ʒeneʀik] adj. **1.** Didac. Qui appartient au genre. *Appellation générique. Caractère générique.* Ant. individuel, spécifique. **2.** PHARM *Médicament générique,* dont la formule est tombée dans le domaine public, et qui est vendu sous sa dénomination commune à un prix plus bas que le médicament de référence.

2. générique [ʒeneʀik] n. m. Séquence d'un film dans laquelle sont énumérés, avec leurs fonctions, les producteurs, auteurs, acteurs et collaborateurs divers. – Par ext. *Générique d'une émission de télévision, de radio.*

générosité [ʒeneʀɔzite] n. f. **1.** Noblesse de caractère. *Agir avec générosité.* **2.** Disposition à donner largement, sans compter. *Il abuse de ma générosité.* **3.** (Plur.) Dons, bienfaits. *Il vit de mes générosités.*

Gênes (en ital. *Genova*), v. et princ. port d'Italie; ch.-l. de la Ligurie et de la prov. du m. nom, sur le *golfe de Gênes;* 742 440 hab. Industr. – Université. Nombreux palais. Cathédrale (XIe-XVIIIe s.). Le *Campo santo* (cimetière) a une statuaire exceptionnelle. – Indépendante en 1100 (rép. de Saint-George), la cité devint un grand centre du comm. européen. En 1284, Pise lui céda la Corse et la Sardaigne. Ses nombr. possessions en Méditerranée orient., acquises à partir du XIIIe s., lui furent disputées par Venise (XIVe s.) et par les Turcs (XVe s.).

Génésareth (lac de). V. Tibériade (lac de).

genèse [ʒənɛz] n. f. **1.** (Avec une majuscule.) Premier livre de l'Ancien Testament. **2.** Ensemble des processus donnant naissance à qqch. *La genèse d'un livre, d'un crime.* ▷ BIOL Formation, développement d'un organe, d'un être vivant.

Genèse (la), le premier livre du Pentateuque* et donc de la Bible*. Nommé en hébreu *Bereshit* («Au commencement»), il raconte la Création (*genèse*) du monde, l'expulsion d'Adam et d'Ève hors du Paradis terrestre, le meurtre d'Abel par Caïn, le déluge universel, l'histoire d'Abraham et de ses fils, Ismaël et Isaac, celle de Jacob et d'Ésaü, fils d'Isaac, et celle des 12 fils de Jacob, pères des 12 tribus d'Israël. Le livre se termine par le récit du séjour en Égypte de Joseph.

-génèse, -genèse, -génésie. Élément, du lat. *genesis,* «naissance, formation, production».

génésique [ʒenezik] adj. Relatif à la génération, à la procréation.

genêt [ʒənɛ] n. m. Arbrisseau à fleurs jaunes (fam. papilionacées).

Genet (Jean) (1910 – 1986), écrivain français. Exclu par la société, il a transfiguré l'expérience du mal. Romans : *Notre-Dame-des-Fleurs* (1948), *Miracle de la rose* (1946). Récit : *Journal du voleur* (1949). Théâtre : *les Bonnes* (1947), *les Nègres* (1958), *les Paravents* (1961).

généticien, enne [ʒenetisjɛ̃, ɛn] n. Didac. Spécialiste de génétique.

génétique [ʒenetik] adj. et n. f. **I.** adj. **1.** Qui concerne la genèse (de qqch). *Psychologie génétique,* qui étudie le développement mental de l'enfant. **2.** BIOL Relatif aux gènes et à l'hérédité. *Code* génétique. Génie* génétique. Manipulation* génétique.* – *Amélioration génétique :* partie de la génétique des plantes et des animaux domestiques qui étudie les caractères héréditaires en vue de créer des génotypes mieux adaptés aux besoins de l'homme. ▷ *Empreinte génétique :* caryotype utilisé aux fins d'identification. **3.** Didac. *Critique génétique :* analyse d'un texte à partir des brouillons et du manuscrit. **II.** n. f. Didac. Science qui concerne les lois de l'hérédité. *Génétique moléculaire :* V. nucléique.

génétiquement [ʒenetikmɑ̃] adv. **1.** D'un point de vue génétique. **2.** Par transmission génétique.

genette [ʒ(ə)nɛt] n. f. Mammifère carnivore d'Europe et d'Afrique (genre *Genetta,* fam. viverridés), long de 50 cm environ, au pelage clair taché de noir.

gêneur, euse [ʒɛnœʀ, øz] n. Personne qui gêne, importun.

Genève, v. de Suisse, sur le Rhône et sur le lac Léman; 164 400 hab. (aggl. urb. 384 510 hab.); ch.-l. du cant. du m. nom. Grand centre comm. et financier (Bourse, banques). Industr. de précision et de luxe (horlogerie, orfèvrerie). Tourisme. – Université. Cath. (auj. temple) St-Pierre (XIIe s.). Musée d'Art et d'Histoire; musée Barbier-Muller (arts d'Afrique, d'Océanie et d'Amérique). Jardin anglais. – Genève abrite de nombr. institutions de l'ONU, après avoir été le siège de la S.D.N. La Croix-Rouge y a ses instances sup., qui établirent les diverses *conventions de Genève* (1864, 1906, 1929 et 1949), relatives aux blessés et aux prisonniers de guerre. – La *conférence de Genève* (1954) aboutit aux accords d'armistice en Indochine et à la division du Viêt-nam en deux zones séparées par le 17e parallèle.

Hist. – Construite sur l'emplacement d'une cité lacustre remontant au début du néolithique, la future Genève (qui devint la *Genava* des Romains) devint une cité des Allobroges que César occupa en 58 av. J.-C. Romaine pendant cinq siècles, elle fut conquise par les Burgondes en 443, puis par les Francs en 534, et rattachée au Saint Empire en 1032, avec le second royaume de Bourgogne. Progressivement libérés de l'autorité de leur évêque, les Genevois durent bientôt se défendre contre les ducs de Savoie. Commerçants et banquiers prospères malgré la concurrence des foires de Lyon, ils résistèrent avec succès grâce aux alliances conclues avec Fribourg (1519) et Berne (1526). La petite République adopta la Réforme (1536) et accueillit Calvin, qui la soumit à un régime théocratique et lui imposa une stricte discipline morale. Après une dernière tentative des ducs de Savoie pour mettre la main sur Genève *(l'Escalade,* 11-12 décembre 1602), la paix fut signée en 1603 et la ville devint un refuge pour les réformés persécutés, ainsi qu'une grande place bancaire et la capitale mondiale de l'horlogerie et de la joaillerie. Son gouvernement aristocratique étroitement uni à celui de Berne dut faire face à plusieurs révoltes des bourgeois durant le XVIIIe s. En 1792 se produisit un mouvement insurrectionnel inspiré par la Révolution française. Genève fut le chef-lieu du département français du Léman de 1798 à 1814, puis rallia la Confédération helvétique comme canton de plein droit après avoir acheté plusieurs communes à la France et à la maison de Savoie. En 1847, Genève se dota d'une Constitution libérale. Dans le courant du XXe s., sa vocation de ville internationale n'a cessé de s'affirmer.

Genève (canton de), canton suisse; 282 km^2; 373 000 hab.; ch.-l. *Genève.* – À l'endroit où le Rhône sort du lac Léman et reçoit l'Arve sur sa rive gauche, le cant. de Genève enfonce un saillant très prononcé dans le territoire français et ne communique avec le reste de la Suisse que par un corridor. Malgré une urbanisation importante, une activité agricole subsiste. L'exiguïté du canton a posé des problèmes internationaux résolus en partie par le traité de Vienne de 1815. Le ravitaillement en denrées fraîches s'effectua grâce aux zones franches, correspondant aux actuelles banlieues françaises de Genève. Au XXe s., la France a aussi consenti à échanger quelques terrains afin de permettre l'extension des pistes de l'aéroport international de Cointrin.

Geneviève (sainte) (v. 422 – v. 502), patronne de Paris. Elle soutint le courage des Parisiens à l'approche des Huns d'Attila.

Geneviève de Brabant, héroïne de récits pop. du Moyen Âge et de *la*

Légende dorée de Jacques* de Voragine. Épouse injustement accusée d'adultère, elle prouve son innocence après de nombreuses épreuves.

genevois, oise [ʒənvwa, waz] adj. et n. De Genève. ▷ Subst. *Un(e) Genevois(e).*

genévrier [ʒənevʀije] n. m. Petit conifère des régions tempérées produisant des fausses baies de couleur sombre utilisées pour parfumer diverses eaux-de-vie (le gin et le genièvre, notam.).

Gengis khān, titre signif. «le puissant khān», porté par *Temüjin* (v. 1162 – 1227), fondateur du premier Empire mongol. Après avoir unifié les tribus mongoles (v. 1206), il conquit la Chine du N. (1211-1215), la Transoxiane, l'Iran, le S. de la Russie et l'Afghānistān.

génial, ale, aux [ʒenjal, o] adj. **1.** Inspiré par le génie. *Idée, découverte géniale.* – Fam. *C'est génial!* **2.** Qui a du génie. *Artiste génial.*

-génie. Élément, du gr. *geneia,* «formation».

1. génie [ʒeni] n. m. **I. 1.** ANTIQ Esprit bon ou mauvais qui présidait à la destinée de chaque homme, ou protégeait certains lieux. ▷ Fig. *Être le bon, le mauvais génie de qqn,* exercer une bonne, une mauvaise influence sur lui. ▷ En Afrique, être mythique facétieux et souvent malveillant que l'on honore pour éviter ses méfaits. ▷ (Viêt-nam) Divinité, dieu. *Le culte des génies.* **2.** Être imaginaire, féerique. *Les génies des eaux.* Syn. lutin, gnome, sylphe. **II. 1.** Talent, aptitude particulière pour une chose. *Avoir le génie des affaires.* – (En mauv. part.) *Avoir le génie du mal.* **2.** Caractère propre et distinctif. *Le génie d'une langue. Le génie d'un peuple.* **3.** Aptitude créatrice extraordinaire, surpassant l'intelligence humaine normale. *Trait, idée de génie. Le génie d'Archimède, de Newton.* **4.** Personne géniale. – Iron. *Ce n'est pas un génie :* il est d'une intelligence médiocre.

2. génie [ʒeni] n. m. **1.** Dans l'armée, arme et service dont le rôle est de faciliter la progression des troupes alliées, d'entraver celle de l'ennemi, de créer et de fournir des installations et des équipements. **2.** Ensemble des connaissances et des techniques de l'ingénieur. ▷ *Génie civil :* ensemble des techniques et des procédés de construction d'infrastructures, de superstructures et d'ouvrages d'art. ▷ *Génie rural :* service responsable de l'aménagement des voies d'eau non navigables et de l'espace rural. ▷ *Génie sanitaire :* ensemble des techniques concernant l'hygiène publique. ▷ *Génie génétique* ou *ingénierie génétique :* ensemble des techniques visant à transformer les caractères héréditaires d'une cellule en modifiant son génome par l'introduction d'A.D.N. provenant d'une autre cellule. ▷ *Génie linguistique :* ensemble des recherches sur le traitement informatique du langage qui débouchent sur les industries* de la langue.

genièvre [ʒənjɛvʀ] n. m. **1.** Genévrier commun. ▷ Fausse baie de cet arbrisseau utilisée comme condiment. **2.** Eau-de-vie de grain aromatisée avec les fausses baies du genévrier. Syn. (Belgique) péket.

génique [ʒenik] adj. BIOL Relatif aux gènes.

génisse [ʒenis] n. f. Jeune vache qui n'a pas encore vêlé.

génital, ale, aux [ʒenital, o] adj. ANAT, PHYSIOL Qui sert à la génération ou qui s'y rapporte. *Organes génitaux.* ▷ PSYCHAN *Stade génital :* stade du développement caractérisé par le primat des organes génitaux en tant que zone érogène.
ENCYCL *L'appareil génital* est constitué, chez l'homme, par les testicules, le pénis, les vésicules séminales, la prostate; chez la femme, par les ovaires, les trompes, l'utérus, le vagin. Il a pour fonction l'élaboration des gamètes : spermatozoïdes ou ovules. Son développement est sous la dépendance des hormones mâles ou femelles.

géniteur, trice [ʒenitœʀ, tʀis] n. Celui, celle qui a engendré. ▷ n. m. ZOOL Mâle destiné à la reproduction.

génitif [ʒenitif] n. m. LING Cas exprimant l'appartenance ou la dépendance, dans les langues à flexion.

génito-urinaire [ʒenitoyʀinɛʀ] adj. ANAT Relatif aux fonctions génitales et à l'excrétion de l'urine. *Appareil génito-urinaire. Des troubles génito-urinaires.* Syn. urogénital.

Genk, commune de Belgique (Limbourg), près du canal Albert; 61 500 hab. Houillères, sidérurgie, industrie automobile.

géno-. Élément, du gr. *genos,* «origine, race».

génocide [ʒenɔsid] n. m. Extermination systématique d'un groupe ethnique, *par ext.* national ou religieux. – *Par ext.* Extermination d'un groupe important de personnes.

génoise [ʒenwaz] n. f. Pâte à biscuit servant de base à de nombreux gâteaux.

génome [ʒenom] n. m. BIOL Ensemble des gènes d'une espèce.

génotype [ʒenɔtip] n. m. BIOL Ensemble des gènes portés par l'A.D.N. chromosomique d'une cellule vivante. *Le génotype constitue le patrimoine génétique, héréditaire, de tout individu.* V. phénotype.

genou, oux [ʒ(ə)nu] n. m. **1.** Articulation unissant la jambe et la cuisse. ▷ Loc. adv. *À genoux :* les genoux posés à terre. *Être, se mettre, tomber à genoux.* – Fig., fam. *Être à genoux devant une personne,* avoir pour elle une admiration immodérée. – Fig. *Demander qqch à genoux,* avec instance et en suppliant. ▷ Fig., fam. *Être sur les genoux :* très fatigué. ▷ Par ext. *Sur les genoux :* sur les cuisses d'une personne assise. *Tenir un enfant sur ses genoux.* ▷ *Faire du genou à qqn,* toucher son genou avec son propre genou en signe de connivence, spécial. d'invite amoureuse. **2.** ZOOL Chez le cheval, articulation du membre antérieur reliant le radius aux os carpiens et métacarpiens. **3.** *Par anal.* TECH Articulation constituée d'une sphère se déplaçant dans une cavité hémisphérique. **4.** Loc. (Djibouti) *Être du même genou :* être de la même tribu, de la même origine.

genouillère [ʒ(ə)nujɛʀ] n. f. **1.** Morceau de cuir, d'étoffe servant à protéger ou à maintenir le genou. **2.** TECH Joint articulé.

genre [ʒɑ̃ʀ] n. m. **I. 1.** Ensemble d'éléments présentant des caractères communs; espèce, sorte. *Personne unique en son genre. Travaux en tout (tous) genre(s).* ▷ *Le genre humain :* l'ensemble des êtres humains, l'espèce humaine. **2.** BIOL Unité de taxinomie inférieure à la famille et supérieure à l'espèce. *Le chat domestique, famille des félidés, genre* Felis, *espèce* domesticus. *Le nom courant «genévrier» désigne plusieurs espèces du genre* Juniperus. **3.** LITTER, BX-A Sorte d'œuvres caractérisées par leur sujet, leur style, etc. *Genre épique, épistolaire, dramatique.* ▷ *Tableaux de genre,* représentant une scène de la vie familière, une nature morte, un animal. **4.** *Genre de vie :* ensemble des comportements d'une personne ou d'un groupe social. **5.** Façon de se tenir, de se comporter, de s'habiller; manières. *Avoir bon genre, mauvais genre. – Ce garçon n'est pas mon genre,* ne me plaît pas. – *Agir ainsi n'est pas mon genre,* n'est pas dans mes habitudes. ▷ *Faire du genre :* avoir des manières affectées. **II.** LING Classification morphologique de certaines catégories grammaticales (nom, pronom, etc.) réparties, en français, en masculin et féminin. *Accord en genre et en nombre.*

1. gens [ʒɑ̃] n. m. pl. **1.** Personnes, individus en nombre indéterminé. *Peu de gens. Beaucoup de gens. Une foule de gens. Les gens du village.* (Rem. : l'adj. qui précède immédiatement *gens* prend la forme du féminin, sauf lorsque *gens* est suivi de *de* et d'un nom exprimant l'état, la qualité, etc. *Ces gens sont bien vieux. De vieilles gens. De durs gens de mer.*) ▷ *Les gens :* les personnes qui nous entourent, les hommes pris en général. ▷ (À propos de personnes déterminées, d'une seule personne.) *On ne se moque pas des gens comme ça!* **2.** *Jeunes gens :* personnes jeunes et célibataires (garçons et filles). ▷ Plur. de *jeune homme. Jeunes filles et jeunes gens.* **3.** *Gens de* (suivi d'un nom indiquant une profession, un état). *Gens d'affaires. Gens d'Église. Gens de lettres :* écrivains. **4.** *Droit des gens :* V. gent (1).

2. gens [ʒɛ̃s], plur. **gentes** [ʒɛ̃tɛs] n. f. ANTIQ ROM Groupe de familles dont les chefs étaient issus d'un ancêtre commun de condition libre. *La gens Julia.*

Genséric. V. Geiséric.

1. gent [ʒɑ̃], plur. **gens** [ʒɑ̃] n. f. **1.** *Droit des gens :* droit qui règle les rapports des nations entre elles. **2.** Vx ou litt. ou plaisant Race, espèce. *«La gent trotte-menu» :* les souris (La Fontaine).

2. gent, gente [ʒɑ̃, ʒɑ̃t] adj. Vx ou plaisant Gentil, joli. *Gentes dames et beaux messieurs.*

gentiane [ʒɑ̃sjan] n. f. **1.** Plante à fleurs bleues, jaunes ou violettes des régions montagneuses tempérées et froides. **2.** Liqueur amère préparée à partir de cette plante.

1. gentil [ʒɑ̃ti] n. m. **1.** Non-juif, chez les anciens Hébreux. **2.** Païen, chez les premiers chrétiens. *L'apôtre des gentils :* saint Paul.

2. gentil, ille [ʒɑ̃ti, ij] adj. **1.** Joli, gracieux, d'une fraîcheur plaisante. *Elle n'est pas vraiment belle, mais elle est gentille.* – (Choses) Charmant, coquet. *Un gentil petit studio.* ▷ Agréable, mais sans grande portée, sans grande profondeur. *Peintre qui a un gentil coup de pinceau.* **2.** Qui a des dispositions à être agréable à autrui, sociable, obligeant, attentionné. *Un homme très gentil.* – (Choses) *Dire un mot gentil.* **3.** Sage, tranquille, docile, en parlant d'un enfant. **4.** De quelque importance. *C'est une somme encore assez gentille.*

Gentil (Émile) (1866 – 1914), explorateur français des territ. compris entre le Chari supérieur et le lac Tchad (1895-1898).

gentilhomme [ʒɑ̃tijɔm], plur. **gentilshommes** [ʒɑ̃tizɔm] n. m. Anc. Homme de naissance noble.

gentilhommière [ʒɑ̃tijɔmjɛʀ] n. f. Petit château à la campagne.

gentillesse [ʒɑ̃tijɛs] n. f. **1.** Qualité d'une personne gentille, obligeante. **2.** Action, parole gentille. *Faire, dire des gentillesses.*

gentillet, ette [ʒɑ̃tijɛ, ɛt] adj. Assez gentil. – Coquet, mignon.

gentiment [ʒɑ̃timɑ̃] adv. **1.** De manière gentille. *Recevoir gentiment qqn.* Syn. aimablement. **2.** (Belgique, France rég., Suisse) Tranquillement, sans précipitation. *Après la promenade, on s'est mis gentiment à préparer le souper.*

gentleman, men [dʒɛntləman, mɛn] n. m. Homme parfaitement bien élevé, qui se conduit en toutes circonstances avec tact et élégance.

gentleman's agreement [dʒɛntləmanzagʀimɑ̃t] n. m. (Anglicisme) Accord diplomatique entre deux peuples, ayant la valeur d'un engagement de principe conclu entre gens d'honneur. ▷ *Par ext.* Accord verbal, ne reposant que sur la bonne foi des parties. *Des gentlemen's agreements.*

génuflexion [ʒenyflɛ(ɛ)ksjɔ̃] n. f. Flexion d'un genou, des genoux en signe d'adoration ou de respect.

géo-. Élément, du gr. *gê,* «terre».

géobotanique [ʒeobɔtanik] n. f. (et adj.) Didac. Partie de la biogéographie consacrée plus particulièrement aux végétaux.

géocentrique [ʒeosɑ̃tʀik] adj. ASTRO Qui a la Terre pour centre. *Mouvement géocentrique d'une planète,* son mouvement apparent, vu de la Terre.

géochimie [ʒeoʃimi] n. f. Didac. Étude des éléments chimiques constitutifs de l'écorce terrestre.

géode [ʒeɔd] n. f. **1.** PETROG Masse minérale sphérique ou ovoïde, creuse, dont l'intérieur est tapissé de cristaux. **2.** MED Cavité pathologique dans un tissu (osseux, pulmonaire, etc.).

géodésie [ʒeɔdezi] n. f. Didac. Science qui a pour objet de déterminer la forme et les dimensions de la Terre *(géodésie géométrique),* ainsi que les caractéristiques de son champ de gravité *(géodésie dynamique).*

géodésique [ʒeɔdezik] adj. et n. f. **1.** adj. Didac. Relatif à la géodésie. **2.** n. f. GEOM Ligne la plus courte entre deux points d'une surface.

géodynamique [ʒeodinamik] n. f. et adj. Didac. Géologie dynamique, étude des modifications du globe terrestre. ▷ adj. Relatif à la géodynamique.

Geoffroi de Montmouth (v. 1100 – 1155), prélat et écrivain gallois. Son *Histoire des rois de* [Grande-] *Bretagne* est à l'origine du roman breton*. V. aussi Merlin.

Geoffroy Saint-Hilaire (Étienne) (1772 – 1844), naturaliste français. Il participa en 1798 à l'expédition d'Égypte et collabora avec Cuvier à l'*Histoire des mammifères.*

géographe [ʒeɔgʀaf] n. Personne qui étudie ou qui enseigne la géographie. ▷ (En appos.) *Ingénieur géographe.*

géographie [ʒeɔgʀafi] n. f. **1.** Science qui a pour objet l'observation, la description et l'explication des phénomènes physiques, biologiques et humains à la surface du globe, et l'étude de leur répartition. *Géographie générale, humaine, économique, régionale.* **2.** Ensemble des réalités complexes (physiques et humaines) qui font l'objet de l'étude du géographe. *La géographie du Sahara.* **3.** *Par ext.* Livre, manuel de géographie.

géographie de Paris (Société de), la plus anc. société de géographie du monde, fondée en 1821.

géographique [ʒeɔgʀafik] adj. Relatif à la géographie.

geôle [ʒol] n. f. Litt. (Cour. à la Réunion) Prison.

geôlier, ère [ʒolje, ɛʀ] n. Litt. Personne qui garde un prisonnier; gardien de prison.

géolinguistique [ʒeolɛ̃gɥistik] adj. et n. Qui traite des rapports entre une langue et une unité géographique. *Étude géolinguistique.*

géologie [ʒeɔlɔʒi] n. f. **1.** Science qui étudie l'écorce terrestre, ses constituants, son histoire et sa genèse. **2.** Ensemble des terrains étudiés par la géologie. *La géologie du bassin du Niger.*
ENCYCL La géologie est l'ensemble des *sciences de la Terre.* Considérant la Terre en tant que réalité minérale, elle utilise et comprend : la *pétrographie,* la *minéralogie,* la *géochimie,* etc., et, à l'échelle des continents et de la planète entière, la *tectonique,* la *géodynamique,* la *géophysique,* etc. Considérant la Terre comme le milieu où vivent et ont vécu des êtres vivants, dont elle contient certains restes *(fossiles),* la géologie est en rapport, de façon générale, avec la *biologie,* et de façon étroite avec la *paléontologie animale et végétale,* dont les acquis ont conduit à la théorie de l'évolution (que confirma la génétique). Pour situer dans le temps les grands événements de l'histoire du globe, le géologue recourt aux méthodes de *datation absolue* (par le carbone 14, notam.) et de *chronologie relative* (par la stratigraphie). Les *temps géologiques* sont divisés en ères (primaire, secondaire, etc.), elles-mêmes divisées en périodes, puis en étages.

géologique [ʒeɔlɔʒik] adj. Qui a rapport à la géologie.

géologue [ʒeɔlɔg] n. Personne qui étudie la géologie.

géomagnétique [ʒeomaɲetik] adj. Didac. Relatif au géomagnétisme.

géomagnétisme [ʒeomaɲetism] n. m. Didac. Magnétisme terrestre.

géomancie [ʒeomɑ̃si] n. f. Didac. Divination au moyen de figures formées par de la terre jetée au hasard sur une surface plane (on utilise aussi des cailloux, des graines, des cauris, etc).

géométral, ale, aux [ʒeometʀal, o] adj. (et n. m.) Didac. Qui représente un objet par sa projection sur un plan horizontal ou vertical. *Un dessin géométral.* ▷ n. m. *Un géométral.*

géomètre [ʒeɔmɛtʀ] n. Personne qui étudie et pratique la géométrie. ▷ Spécialiste qui exécute des levers de plans, établit des nivellements, détermine des surfaces foncières. ▷ ENTOM V. géométridés.

géométridés [ʒeometʀide] n. m. pl. ENTOM Famille de lépidoptères nocturnes dont les chenilles sont dites *arpenteuses,* ou *géomètres,* parce qu'elles semblent mesurer le chemin qu'elles parcourent. – Sing. *Un géométridé.*

géométrie [ʒeɔmetʀi] n. f. **1.** Branche des mathématiques qui étudie les propriétés de l'espace. **2.** AUTO *Géométrie de direction :* disposition des roues directrices d'un véhicule par rapport au sol. ▷ AVIAT *Avion à géométrie variable,* dont la flèche de voilure peut être modifiée.
ENCYCL La géométrie *algébrique,* qui utilise les axes de coordonnées, s'est séparée au XVIIe s. de la géométrie *différentielle,* qui utilise la notion de limite (calcul infinitésimal). On distingue : les géométries *euclidiennes,* qui acceptent les postulats d'Euclide et qui sont celles de notre vie courante; les géométries *non euclidiennes* (dont les plus connues historiquement sont celles, au XIXe s., de Lobatchevski et de Riemann), qui remplacent tel postulat euclidien par un autre axiome.

géométrique [ʒeɔmetʀik] adj. **1.** Qui appartient à la géométrie. ▷ MATH *Progression géométrique :* suite de nombres dont chacun s'obtient en multipliant le précédent par un nombre constant, appelé *raison.* (Ex. de progression de raison 3 : 2, 6, 18, 54, etc.) **2.** Qui a l'aspect des figures simples étudiées par la géométrie (cercle, carré, triangle, etc.). *Motifs géométriques d'un tissu, d'une tenture murale.* **3.** Qui procède avec méthode et rigueur. *Esprit géométrique. Précision géométrique.*

géomorphologie [ʒeomɔʀfɔlɔʒi] n. f. GEOL **1.** Science qui étudie les reliefs terrestres actuels et leur évolution. **2.** Ce relief lui-même.

géomorphologique [ʒeomɔʀfɔlɔʒik] adj. GEOL Relatif à la géomorphologie.

géophagie [ʒeofaʒi] n. f. PSYCHOPATHOL Pratique qui consiste à manger de la terre.

géophysicien, enne [ʒeofizisjɛ̃, ɛn] n. Didac. Spécialiste de géophysique.

géophysique [ʒeofizik] n. f. et adj. GEOL Étude des phénomènes physiques naturels qui affectent le globe terrestre et son atmosphère. ▷ adj. *Phénomènes géophysiques.* (V. dérive* des continents, encycl. plaque et encycl. terre.)

géophyte [ʒeofit] n. m. BOT Plante dont les bourgeons passent la saison froide dans le sol.

géopolitique [ʒeopɔlitik] n. f. et adj. Didac. Étude de l'influence des facteurs géographiques sur la politique internationale. ▷ adj. *Facteurs géopolitiques.*

George Ier (1660 – 1727), roi de G.-B. et d'Irlande (1714-1727), Électeur de Hanovre (1698-1727); il succéda à la reine Anne Stuart en 1714 en vertu de l'Acte d'établissement (1701). — **George II** (1683 – 1760), fils du préc.; roi de G.-B. et d'Irlande, Électeur de Hanovre (1727-1760). — **George III** (1738 – 1820), petit-fils du préc.; roi de G.-B. et d'Irlande (1760-1820), Électeur puis roi de Hanovre (1815-1820). — **George IV** (1762 – 1830), fils du préc.; régent en 1811 (son père étant devenu fou), roi de G.-B. et d'Irlande, roi de Hanovre (1820-1830). — **George V** (1865 – 1936), fils d'Édouard VII; roi de G.-B. et empereur des Indes (1910-1936). — **George VI** (1895 – 1952), fils du préc.; roi de G.-B. (1936-1952), frère et successeur d'Édouard VIII.

George (Stefan) (1868 – 1933), poète allemand.

Georges (saint), martyr au IVe s. Selon une légende, il était prince de

Cappadoce, soldat dans les armées de Dioclétien et fut décapité comme chrétien v. 303, en Palestine. Patron de l'Angleterre et des cavaliers, il est représenté terrassant un dragon.

Georges Ier (1845 – 1913), roi de Grèce (1863-1913); fils de Christian IX de Danemark. Il fut assassiné. – **Georges II** (1890 – 1947), petit-fils du préc., fils de Constantin Ier. Roi de Grèce en 1922, détrôné en 1923, rappelé en 1935, il s'exila en 1941 (quand les Allemands envahirent la Grèce); son pouvoir fut restauré en 1946.

Georgescu-Roegen (Nicholas) (né en 1906), économiste américain d'origine roumaine. Il a rompu avec les dogmes de l'économie libérale et du marxisme en appliquant les principes de la thermodynamique à l'ensemble de l'activité économique : *The Entropy Law and the Economic Process* (1971), *la Décroissance de l'avenir* (1979).

Georgetown, cap. de la Guyana, sur l'Atlantique; 188000 hab. Exportation de sucre, de bauxite.

Géorgie ou **Georgie** (en angl. *Georgia*), État du S.-E. des É.-U., sur l'Atlantique; 152488 km^2; 6478000 hab.; cap. *Atlanta.* – Une vaste plaine, au climat chaud et humide, dominée au N. par les Appalaches, fut le fief de la cult. du coton et de l'industr. text. – L'État, colonie brit. en 1732, ratifia la Constitution fédérale en 1788, devenant le quatrième État de l'Union. Il fit sécession en 1861.

Géorgie, État du Caucase sur la côte E. de la mer Noire, entouré de la Turquie au S., de l'Arménie et de l'Azerbaïdjan à l'E., de la Russie au N. et à l'E.; 69700 km^2; 5500000 hab.; cap. *Tbilissi.* Nature de l'État : république parlementaire. Langue off. : géorgien. Monnaie : lari. Pop. : Géorgiens (70 %), Arméniens (8 %), Azéris (5,7 %), minorités ossète et abkhaze. Relig. : orthodoxes (rite géorgien).
Géogr. et écon. – Bordée au N. par la chaîne du Grand Caucase et au S. par les montagnes de Transcaucasie, la Géorgie comporte une dépression orientée O.-E. que drainent le Rion (Colchide) et la Koura à l'O. La Géorgie cultive : riz, coton, tabac, vigne, agrumes, thé, grâce à son climat chaud et humide; quelques ressources énergétiques et minérales (manganèse surtout). Minée depuis 1991 par la guerre civile, l'économie géorgienne a esquissé un léger progrès en 1996.
Hist. – Entre le Ve et le IVe s. av. J.-C., le territoire de l'actuelle Géorgie abritait deux royaumes : la Colchide et l'Ibérie. Les Géorgiens se sont soumis à Alexandre le Grand, et, après son règne, ont acquis leur indépendance. Au Ier s. av. J.-C., la Colchide est tombée sous la domination romaine et l'Ibérie sous la domination perse. Elle a adopté le christianisme au IVe s. Unifiée à la fin du Xe s., la Géorgie a eu son apogée sous le règne de la reine Thamar (1184-1213). Elle a eu à subir une invasion mongole au XIVe s. Soumise au joug turc en 1736, la Géorgie sollicita la protection de la Russie (1783), qui l'annexa (1801). En 1918, elle proclama son indépendance. Réintégrée à la Russie au sein de la Fédération de la Transcaucasie (1921), elle voit une résistance armée se poursuivre jusqu'en 1924. En 1936, elle devient une république fédérée de l'U.R.S.S. Depuis son accession à l'indépendance, le 9 avril 1991, la Géorgie connaît une remise en cause virulente de son intégrité territoriale (menaces de sécession en Ossétie du Sud, et, dans une moindre mesure, en Adjarie; conflit séparatiste en Abkhazie depuis. Le régime, dirigé par Edouard Chevarnadzé, a dû se résigner à adopter une politique pro-russe, conduisant à l'entrée dans la C.E.I. (1993) et à la signature d'un accord de défense (1995).

géorgien, enne [ʒeɔʀʒjɛ̃, ɛn] adj. et n. **1.** De la Géorgie, État du Caucase. – Subst. *Un(e) Géorgien(ne).* ▷ n. m. *Le géorgien :* la langue caucasienne de Géorgie, qui dispose de son propre alphabet. **2.** De la Géorgie, État des États-Unis.

Géorgienne (baie), baie du lac Huron (partie orient.), au Canada.

Georgiev (Kimon) (1882 – 1969), homme politique bulgare. Chef du mouvement nationaliste et autoritaire Zveno («l'anneau») fondé en 1932, il se rapprocha ensuite des communistes et présida en 1944 le gouvernement d'union nationale avant de s'effacer devant G. Dimitrov (1946).

géostationnaire [ʒeostasjɔnɛʀ] adj. ESP Se dit d'un satellite artificiel dont la position par rapport à la Terre ne varie pas.

géosynclinal, aux [ʒeosɛ̃klinal, o] n. m. GEOL Vaste dépression de l'écorce terrestre souvent remplie d'eau, dont le fond s'enfonce sous le poids des sédiments et sous l'action des forces tectoniques latérales.

géotechnique [ʒeoteknik] n. f. et adj. Géologie appliquée à la construction et aux travaux publics. ▷ adj. *Étude géotechnique.*

géothermie [ʒeotɛʀmi] n. f. Didac. **1.** Chaleur interne de la Terre; chaleur de l'écorce terrestre. **2.** Étude de la chaleur de l'écorce terrestre et de son utilisation comme source d'énergie.

géothermique [ʒeotɛʀmik] adj. Didac. Relatif à la géothermie. – *Degré* ou *gradient géothermique :* profondeur (env. 30 m) à laquelle on doit s'enfoncer dans le sol pour constater une élévation de température de 1 °C.

géotropisme [ʒeotʀɔpism] n. m. BOT, ZOOL Orientation de la croissance des végétaux et des animaux sous l'action de la pesanteur. (V. tropisme.)

géotrupe [ʒeotʀyp] n. m. ENTOM Coléoptère scarabéidé noirâtre (genre *Geotrupes,* groupe des bousiers), long de 10 à 16 mm.

géotrypète [ʒeɔtʀipɛt] n. m. ZOOL Genre d'amphibiens apodes fouisseurs des forêts humides d'Afrique tropicale, ressemblant à de gros vers.

Gépides ou **Gébides,** peuple germanique établi aux Ier-IIe s. sur la Vistule. Ils fondèrent au Ve s. un royaume en Dacie. Ils furent vaincus par Théodoric le Grand en 489 et exterminés, v. 567, par les Lombards alliés aux Avares.

gérance [ʒeʀɑ̃s] n. f. Fonction de gérant; temps que dure cette fonction.

géranium [ʒeʀanjɔm] n. m. BOT Plante dicotylédone sauvage, aux feuilles très découpées et aux fleurs roses, rouges ou blanches régulières. (Le géranium ornemental, cultivé, est un pélargonium*.)

gérant, ante [ʒeʀɑ̃, ɑ̃t] n. Personne qui dirige et qui administre pour le compte d'autrui. *Gérant d'un immeuble, d'un magasin, d'une société. Gérant d'un portefeuille.*

Gérard (François, baron) (1770 – 1837), peintre français. Élève de David.

gerbage [ʒɛʀbaʒ] n. m. AGRIC Action de gerber (mettre en gerbes ou empiler).

gerbe [ʒɛʀb] n. f. **1.** Faisceau de tiges de céréales coupées et liées. *Lier une gerbe.* – Par ext. *Gerbe de fleurs.* **2.** *Par anal.* Assemblage en faisceau de choses, de formes allongées. *Gerbe d'eau. Les gerbes d'un feu d'artifice.* ▷ MILIT Ensemble des trajectoires parcourues par des projectiles. ▷ PHYS NUCL Faisceau de particules électrisées.

gerber [ʒɛʀbe] v. tr. [1] **1.** Mettre en gerbe. **2.** TECH Disposer en tas, empiler. *Gerber des tôles.*

gerbera [ʒɛʀbeʀa] n. m. Plante ornementale de la famille des composées, à grandes fleurs allant du jaune au pourpre.

Gerbert d'Aurillac (v. 938 – 1003), moine clunisien; théologien, archevêque de Reims (981) et pape de 999 à 1003 sous le nom de Sylvestre II. Célèbre par l'étendue de son érudition.

gerbeur, euse [ʒɛʀbœʀ, øz] adj. et n. f. **1.** AGRIC adj. Qui sert à gerber. *Un chariot gerbeur.* **2.** n. f. TECH Engin de manutention servant au gerbage des marchandises.

Gerbier-de-Jonc (mont), sommet arrondi du Massif central (1551 m), en France, où la Loire prend sa source.

gerbille [ʒɛʀbij] n. f. ZOOL Petit rongeur muridé (genre *Gerbillus,* env. 8 cm) des régions arides d'Afrique et d'Asie, aux pattes postérieures allongées.

gerboise [ʒɛʀbwaz] n. f. ZOOL Petit rongeur d'Afrique et d'Asie (genres *Dipus* et *Jaculus*), au pelage brun, qui progresse par bonds sur ses pattes postérieures très allongées.

gercer [ʒɛʀse] v. [12] **1.** v. tr. Faire de petites fentes ou crevasses à. *Le froid gerce les lèvres.* **2.** v. intr. et pron. Se fendiller, se crevasser.

gerçure [ʒɛʀsyʀ] n. f. **1.** Crevasse douloureuse sur la peau ou les muqueuses. **2.** Fente dans le bois d'un arbre, dans la terre.

gérer [ʒeʀe] v. tr. [14] Administrer, diriger pour son propre compte ou pour le compte d'autrui. *Gérer ses affaires, un domaine.* ▷ Fig. Dominer au mieux une situation difficile. *Gérer sa maladie. Gérer une crise.*

gerfaut [ʒɛʀfo] n. m. ORNITH Grand faucon des régions septentrionales d'Europe (*Falco rusticola*), long d'environ 50 cm, au plumage clair, quelquefois blanc.

Gergovie, anc. cap. des Arvernes, située sur une hauteur, à 6 km de Clermont-Ferrand (France). Victoire de Vercingétorix sur César (52 av. J.-C.).

gériatre [ʒeʀjatʀ] n. MED Médecin spécialisé en gériatrie.

gériatrie [ʒeʀjatʀi] n. f. MED Branche de la médecine qui s'occupe des maladies des personnes âgées.

gériatrique [ʒeʀjatʀik] adj. Relatif à la gériatrie.

Géricault (Théodore) (1791 – 1824), peintre français. Il jeta les bases du romantisme pictural. *Le Radeau de la Méduse* (1819, Louvre) suscita de violentes polémiques.

Gérin-Lajoie (Antoine) (1824 – 1882), romancier québécois : *Jean Rivard le défricheur* (1862) et *Jean Rivard économiste* (1864) prônent l'attachement à la terre québécoise.

Gerlache (Étienne, baron de)(1785 – 1871), magistrat et homme politique belge. Président du Congrès en 1830 et l'un des chefs du parti catholique, il proposa avec succès que Léopold de Saxe-Cobourg-et-Gotha devienne le roi des Belges (1831).

Gerlache de Gomery (Adrien de) (1866 – 1934), navigateur belge. Il dirigea l'expédition de la *Belgica* dans l'Antarctique (1897-1899).

germain, aine [ʒɛʀmɛ̃, ɛn] adj. (et n.) **1.** DR Né du même père et de la même mère. *Frère germain. Sœur germaine.* ▷ Subst. *Les germains :* les frères germains, les sœurs germaines. **2.** Loc. *Cousins germains,* dont le père ou la mère de l'un a pour frère ou sœur le père ou la mère de l'autre. – *Cousins issus de germains,* dont les parents sont cousins germains.

Germains, nom par lequel les Romains du Ier s. av. J.-C. désignaient les peuples indo-européens installés à l'E. du Rhin et au N. du Danube. Au IIe millénaire av. J.-C., les Germains vivaient peut-être en Scandinavie du S. De là, ils essaimèrent, occupant, entre 1000 et 500 av. J.-C., les plaines de l'Allemagne du N., entre le Rhin et la Vistule. En 102-101 av. J.-C., ils pénétrèrent en terre romaine, mais, vaincus par Marius et César, ils furent contenus hors des frontières de l'Empire, qu'ils ne débordèrent qu'au IIIe s. apr. J.-C. Aurélien refoula alors les Vandales et les Alamans; puis Probus, les Francs, les Vandales et les Sarmates. Aux IVe et Ve s. apr. J.-C., les invasions germaniques s'étendirent sur toute l'Europe occid. romanisée. V. Barbares.

Germanicus (Julius Caesar) (15 av. J.-C. – 19 apr. J.-C.), général romain, petit-neveu d'Auguste qui le fit adopter par Tibère. Vainqueur en Pannonie, puis sur le Rhin, il suscita la crainte de Tibère qui l'envoya en Orient, où il mourut, peut-être empoisonné. Époux d'Agrippine l'aînée, il fut le père de Caligula.

Germanie, anc. région de l'Europe du N., qui dans l'Antiquité fut occupée par les Germains; extérieure à l'Empire romain, elle était limitée à l'O. par le Rhin, au N. par la mer du Nord et la Baltique, au S. par les Alpes et les Carpates, à l'E. par la Vistule. V. Germains.

Germanie (royaume de), État formé en 843 (traité de Verdun) et comprenant les territ. carolingiens situés à l'E. du Rhin. V. Allemagne.

germanique [ʒɛʀmanik] adj. **1.** Relatif aux Germains. – *Langues germaniques :* groupe de langues indo-européennes comprenant notam. l'allemand, l'anglais, le danois, le néerlandais, le suédois. **2.** Relatif à l'Allemagne et aux Allemands.

germanisant, ante [ʒɛʀmanizɑ̃, ɑ̃t] adj. et n. Qui étudie les langues, la littérature, la civilisation germaniques.

germanisme [ʒɛʀmanism] n. m. Didac. Esprit germanique, allemand; culture, civilisation ou influence allemande.

germaniste [ʒɛʀmanist] n. Spécialiste des langues, de la civilisation germaniques.

germanium [ʒɛʀmanjɔm] n. m. CHIM Élément (symbole Ge) de numéro atomique Z = 32. – Métalloïde (Ge) utilisé comme semiconducteur.

germanophone [ʒɛʀmanofɔn] adj. et n. Qui est de langue allemande. *Les pays germanophones.*

germano-soviétique (pacte), pacte de non-agression signé le 23 août 1939 entre l'Allemagne hitlérienne et l'U.R.S.S. (qui n'avait pu s'entendre avec la France et la G.-B.). Il prévoyait le partage de l'Europe nord-orientale (Pologne notam.) entre les deux puissances. Hitler, à qui le traité évitait l'ouverture d'un deuxième front, à l'est, prépara dès 1940 l'invasion de l'U.R.S.S., déclenchée en juin 1941.

germe [ʒɛʀm] n. m. **1.** Rudiment d'un être vivant (œuf, embryon, plantule, etc.). *Le germe d'un œuf :* l'embryon. *Germe dentaire :* ébauche d'une dent. ▷ *Spécial.* Première pousse issue de la graine, du tubercule, etc. *Germes de soja.* **2.** (Le plus souv. au plur.) Bactérie, virus, spore, etc. *Germes pathogènes.* **3.** PHYS Substance qui provoque la cristallisation d'un liquide sursaturé, ou la solidification d'un liquide surfondu. **4.** Fig. Principe, élément à l'origine de qqch. *Les germes d'une révolution.* Syn. cause, source.

germen [ʒɛʀmɛn] n. m. BIOL Ensemble des cellules reproductrices d'un être vivant (par oppos. à *soma*). *Le germen transmet les caractères héréditaires.*

germer [ʒɛʀme] v. intr. [1] **1.** En parlant des semences, des bulbes, etc., commencer à se développer pour produire un nouvel individu. *Le mil commence à germer. Des pommes de terre germées,* dont les germes commencent à pousser. **2.** Fig. Se former, commencer à se développer. *Un projet a germé dans son esprit.*

germicide [ʒɛʀmisid] adj. MICROB Qui tue les germes microbiens. *Les ultraviolets sont germicides.* Syn. bactéricide.

germinal, ale, aux [ʒɛʀminal, o] adj. BIOL Relatif au germe.

germinatif, ive [ʒɛʀminatif, iv] adj. BOT **1.** Qui a le pouvoir de faire germer. **2.** Relatif à la germination. *Pouvoir germinatif d'un lot de graines.*

germination [ʒɛʀminasjɔ̃] n. f. BOT Ensemble des phénomènes qui se produisent quand la plantule passe de la vie ralentie à la vie active, et qui aboutissent à la formation de la jeune plante. ▷ Période pendant laquelle ont lieu ces phénomènes.

Germiston, v. d'Afrique du Sud, au S.-E. de Johannesburg; 155 740 hab. Mines d'or; industries.

germoir [ʒɛʀmwaʀ] n. m. TECH **1.** Local dans lequel on fait germer des semences. **2.** Caisse où l'on fait germer des graines avant de les semer.

germon [ʒɛʀmɔ̃] n. m. Thon blanc de l'Atlantique Nord.

Gernsback (Hugo) (1884 – 1967), ingénieur et écrivain américain d'origine luxembourgeoise. Il énonça le principe du radar et de la triode à cristal. On lui doit le terme *science-fiction* (1911).

gérondif [ʒeʀɔ̃dif] n. m. GRAM **1.** Mode latin, déclinaison de l'infinitif. **2.** En français, forme verbale en *-ant,* précédée le plus souvent de la prép. *en,* et qui sert à exprimer des compléments de circonstance (ex. Il parle en dormant).

Geronimo (1829 – 1908), chef indien d'une tribu apache. Il opposa, de 1860 à 1886, une farouche résistance aux troupes des É.-U.

géronto-. Élément, du gr. *gerôn, gerontos,* «vieillard».

gérontocratie [ʒeʀɔ̃tɔkʀasi] n. f. Didac. Gouvernement, prépondérance politique des vieillards.

gérontologie [ʒeʀɔ̃tɔlɔʒi] n. f. MED Étude du vieillard, de ses conditions de vie normales et pathologiques.

gérontologue [ʒeʀɔ̃tɔlɔg] n. MED Spécialiste de gérontologie.

Gers (le), riv. de France, en Gascogne (178 km), affl. de la Garonne (r. g.). – Dép. : 6291 km^2; 174587 hab.; ch.-l. *Auch* (24728 hab.). V. Midi-Pyrénées (Rég.).

Gershwin (George) (1898 – 1937), compositeur américain. Il emprunta au jazz : *Rhapsody in Blue* (1924), *Un Américain à Paris* (1928), *Porgy and Bess* (opéra, 1935).

gésier [ʒezje] n. m. Seconde poche de l'estomac des oiseaux, aux parois musculeuses très dures, qui broient les aliments.

gésir [ʒeziʀ] v. intr. défect. **[37]** (Usité seulement au présent, à l'imparfait de l'indicatif et au participe présent.) **1.** Être étendu (malade, blessé, mort). *Il gisait dans la poussière.* ▷ Spécial. *Ci-gît,* : formule d'épitaphe. **2.** (Choses) Être tombé, abandonné sur le sol. *Des débris gisaient çà et là.* **3.** Fig. Se trouver. *C'est là que gît la difficulté.*

gesse [ʒɛs] n. f. Plante fourragère, alimentaire ou ornementale, des régions chaudes et tempérées (fam. papilionacées). – *Gesse odorante :* pois de senteur.

Gessler (Hermann), bailli au service des Habsbourg, personnage légendaire qui persécuta Guillaume* Tell, lequel le tua.

gestalt [gɛʃtalt] n. f. PSYCHO Ensemble structuré dans lequel les parties, les processus partiels, dépendent du tout. (V. forme, III, sens 2).

gestaltisme [gɛʃtaltism] n. m. PSYCHO Psychologie de la forme*.

Gestapo (la), abrév. de *Geheime Staatspolizei,* «police secrète d'État». Police politique du IIIe Reich, créée en 1933, réorganisée en 1936 par H. Himmler et R. Heydrich. Elle sévit en Allemagne et dans tous les territoires occupés par les forces nazies.

gestation [ʒɛstasjɔ̃] n. f. **1.** État des femelles des mammifères qui portent leurs petits. *Être en gestation.* ▷ Durée de cet état, variable selon les espèces. **2.** Fig. Élaboration, genèse d'un ouvrage de l'esprit. *Roman en gestation.*

1. geste [ʒɛst] n. m. **1.** Mouvement volontaire ou instinctif d'une partie du corps, notam. des bras et des mains, pour faire ou exprimer qqch. *Faire des grands gestes.* **2.** Action (au sens symbolique et moral). *Avoir, faire un beau geste.* ▷ (Afr. subsah.) Plaisant *Faire le geste national :* dans la rép. dém. du Congo, donner un pourboire.

2. geste [ʒɛst] n. f. **1.** LITTER Groupe de poèmes épiques du Moyen Âge, consacrés aux exploits d'un héros. *La Geste de Charlemagne.* – Par ext. *La geste d'El Hadj Omar.* ▷ *Chanson de geste :* l'un des poèmes appartenant à cet ensemble. (V. encycl. chanson.) **2.** (Plur.) COUR. *Faits et gestes d'une personne,* ses actions, sa conduite.

gesticulation [ʒɛstikylasjɔ̃] n. f. Action de gesticuler.

gesticuler [ʒɛstikyle] v. intr. [**1**] Faire de grands gestes dans tous les sens.

gestion [ʒɛstjɔ̃] n. f. **1.** Action d'administrer, d'assurer la rentabilité (d'une entreprise). *Cette société a une bonne gestion financière.* ▷ Discipline qui étudie l'organisation et le fonctionnement des unités économiques. **2.** FIN *Gestion de portefeuille :* activité d'une banque ou d'un agent de change qui gère les valeurs d'un client. **3.** ECOL *Gestion des ressources naturelles :* ensemble de dispositions visant à protéger et à améliorer les milieux naturels en vue de leur exploitation rationelle.

gestionnaire [ʒɛstjɔnɛʀ] adj. et n. **1.** adj. Qui concerne la gestion. **2.** n. Spécialiste de la gestion. *Tout chef d'entreprise doit être un bon gestionnaire.* ▷ MILIT n. m. Officier ou gradé chargé de l'administration d'un hôpital, d'un magasin, etc.

gestuel, elle [ʒɛstɥɛl] adj. et n. f. **1.** adj. Qui a rapport aux gestes, aux mouvements du corps. **2.** n. f. Ensemble de gestes signifiants.

Gesualdo (Carlo), prince de Venosa (Naples, v. 1560 – id., 1614), luthiste et compositeur italien.

Gethsémani, domaine à l'E. de Jérusalem, au pied du mont des Oliviers. Jésus y fut arrêté, ce qui marqua le début de sa Passion.

Gétules, anc. peuple berbère qui nomadisait dans le S. du Maghreb, à la lisière du Sahara, dans une région nommée *Gétulie.* Il fournit des mercenaires à Carthage et à Jugurtha, roi de Numidie. Vaincus en 6 av. J.-C. par Rome, ils servirent comme auxiliaires dans l'armée romaine.

Getz (Stanley, dit Stan) (1927 – 1991), saxophoniste de jazz américain. Il créa un quartet.

Geulincx (Arnold) (1624 – 1669), philosophe flamand néo-cartésien : *Metaphysica vera, Ethica, Physica vera.*

Gevaert (François Auguste, baron) (1828 – 1908), compositeur et musicologue belge. Il a laissé des opéras et des ouvrages didactiques (*Histoire et théorie de la musique de l'Antiquité,* 1875-1881).

Gévaudan, ensemble de plateaux cristallins de l'O. du Massif central (alt. max. 1500 m), en France. Entre 1765 et 1768, la *bête du Gévaudan* (sans doute un loup) tua une cinquantaine de personnes.

geyser [ʒezɛʀ] n. m. Source chaude caractérisée par une projection d'eau intermittente et turbulente, accompagnée de dégagement de vapeur. *L'eau des geysers contient des silicates dissous qui se déposent et forment des tables de geysérite* (variété d'opale).

Gezelle (Guido) (1830 – 1899), prêtre et poète belge néerlandophone. Romantique (*Fleurs de cimetière,* 1858), puis «moderniste» (*Collier de rimes,* 1897), il défendit la culture flamande dans sa revue *Loquela* (1881-1895).

Gezireh (la) (en ar. *Al-Djazīrah*), région du Soudan, au S. du confluent du Nil Blanc et du Nil Bleu.

Ghadamès ou **Rhadamès** (*Gadāmis*), oasis de Libye, dans le sud-ouest de la Tripolitaine, près de la Tunisie et de l'Algérie; 7500 hab. Aéroport.

Ghālib (Mirza Asad ullah Khān) (1796 – 1869), poète musulman de l'Inde. Il a écrit des poèmes d'inspiration mystique et lyrique, en persan et en urdu.

Ghana ou **Ghāna** (royaume puis empire du), le plus ancien État d'Afrique noire connu par les historiens (VIIIe-XIe s.) situé entre les fleuves Sénégal et Niger. Il dut sa richesse à ses mines d'or (dans le haut Sénégal et le haut Niger) et au commerce transsaharien. Mis à part ce fait fondamental, on sait peu de chose sur le Ghana, État qui fut constitué par des Sarakholé (dits aussi Soninké), probablement au VIIIe s., peut-être avant. À la fin du Xe s., cet État puissant grâce à sa cavalerie soumit Aoudaghost, qui devint son princ. centre caravanier, mais qui fut pris par les Almoravides en 1054. En 1077, le royaume susu se libéra de l'emprise du Ghana, qui se disloqua. Au début du XIIIe s., les Susu, conduits par Soumangourou Kanté, s'emparèrent de cet empire affaibli mais furent vaincus en 1235 par le Manding Soundiata* Keita, qui acheva en 1240 la conquête du Ghana et fonda l'empire du Mali. – Le nom de Ghana a été repris en 1957 par la Côte-de-l'Or, première colonie d'Afrique subsaharienne qui accéda à l'indépendance, pour commémorer le «premier» État africain bien que son territoire ne fût pas celui de l'anc. empire.

Ghana (république du) (*Republic of Ghana*), anc. *Côte-de-l'Or* (en angl. *Gold Coast*), État d'Afrique occidentale sur le golfe de Guinée; 238538 km^2; 16472000 hab., croissance démographique : 3 % par an; cap *Accra.* Nature de l'État : république membre du Commonwealth. Langue off. : angl. Monnaie : cedi. Princ. ethnies : Akan (52 %), Mossi-Dagomba (16 %), Éwé (12 %). Relig. : christianisme (63 %), religions traditionnelles (21 %), islam (16 %).

Géogr. phys. et hum. – Le relief, peu accusé, est formé de plateaux qui dominent les plaines littorales du S. et la cuvette de l'E., aujourd'hui occupée par le lac Volta (le plus grand lac artificiel du monde), qui collecte les eaux des Volta noire, rouge, blanche, retenues par le barrage d'Akosombo. Au S.-O., le plateau Ashanti, humide et forestier, concentre la majorité des habitants, alors que le S.-E. et le N., au climat tropical plus sec (forêt claire et savane), ont un peuplement clairsemé. Les deux tiers des Ghanéens sont encore des ruraux : la croissance démographique (surtout importante dans les villes) contraint une partie de la main-d'œuvre à s'expatrier.

Écon. – Pays en développement, le Ghana jouit d'importantes richesses minières et hydroélectriques, et présente une économie relativement diversifiée; l'agriculture et l'industrie sont en progrès et le tourisme en essor. Aux exportations traditionnelles de cacao, d'or et de bois, s'ajoutent désormais des diamants, des fruits, du maïs et de l'aluminium. Depuis l'adoption, en 1983, du programme d'ajustement structurel du F.M.I., la croissance du P.N.B. a été forte et la situation s'est assainie. La dette reste élevée et le déficit extérieur notable mais le F.M.I. considère le Ghana comme un modèle pour tous les pays d'Afrique subsaharienne.

Hist. – L'exploitation de l'or, ainsi que celle de la cola, remonte aux temps les plus reculés. Le pays s'ouvrit à l'organisation étatique dès le XIe s., et surtout après le XVIe s., quand apparurent divers royaumes, akan, mossi, fanti, dagomba, etc. En 1471, les Portugais, qui exploraient les côtes africaines, furent les premiers à atteindre la région, à laquelle ils donnèrent le nom significatif de «Côte de l'Or». À partir du XVIIe s, ils entrèrent en compétition avec les Hollandais, les Britanniques et les Français. Au XVIIe et au XVIIIe s., un chef akan, Osei Tutu, puis ses successeurs unifièrent les chefferies ashanti* en un royaume, qui élargit son territoire et devint un véritable empire. La capitale Kumasi, les provinces intérieures puis les provinces extérieures étaient reliées par un dense réseau de routes. Le royaume vendait des esclaves aux Européens. Les Britanniques mirent fin à la traite négrière sur le littoral en 1807 et tentèrent de contrôler le pays. Ils s'allièrent avec les petits États côtiers, inquiets de la puissance de l'Ashanti. Aux accords signés par l'Ashanti et les Anglais (1817, 1831, 1867) succédèrent des conflits directs (1824, 1826, 1863, 1874). À la fin du XIXe s., l'Ashanti entra dans une phase de déclin, marquée par des querelles internes (guerre civile, 1887), et la *Confédération ashanti* ne put résister aux Britanniques, qui prirent Kumasi en 1896 et imposèrent leur protectorat. La colonie s'agrandit, au lendemain de la Première Guerre mondiale, d'une partie du Togo allemand. L'effort porta essentiellement sur les plantations de cacao : en 1911, la Gold Coast devint le premier producteur mondial.

Le nationalisme s'éveilla précocement. En 1920, un intellectuel, James Casely Hayford, créa le *National Congress of British West Africa,* mouvement panafricain anticolonialiste. En 1925, la Gold Coast reçut une Constitution qui faisait participer les chefs, mais non les intellectuels, à la gestion du pays. La Constitution de 1946 ouvrit plus largement aux Africains le Conseil législatif que celle de 1950 transforma en Assemblée nationale. En 1951, la *Convention People's Party* (C.P.P.) remporta les élections et son leader, Kwame Nkrumah, dirigea le gouv. Il obtint l'indépendance du pays, avant toutes les autres colonies, le 6 mars 1957, et le rebaptisa Ghana. En 1960, il fut élu président de la Rép. Champion du panafricanisme et du non-alignement des pays du tiers monde, il prôna un «socialisme africain» en faisant du C.P.P. le parti unique et en développant le culte de la personnalité. La baisse du prix du cacao contribua à délabrer l'économie. En 1966, alors que le président visitait la Chine, l'armée prit le pouvoir. Alternèrent alors des régimes militaires (1966-1969 et 1972-1979) et civils (Dr Busia de 1969 à 1972 et Dr Hilla Limann de 1979 à 1981), alors que sévissait la crise économique. Après une première intervention en 1979, le capitaine Jerry Rawlings s'empara du pouvoir en 1981 et renforça progressivement son autorité. En 1983, il lança un programme de redressement économique. En 1992, il fit adopter par référendum une Constitution qui établit le tripartisme, et remporta l'élection présidentielle contre le leader de l'opposition, l'historien Adu A. Boahen. Mais le régime doit faire face à l'agitation sociale et à des affrontements ethniques dans le nord-est du pays. En déc. 1996, Rawlings a été réélu à une faible majorité; pour la première fois depuis 1981, l'opposition est représentée au Parlement. En déc. 1996 également, le Ghanéen Kofi Annan a été élu secrétaire général de l'ONU.

ghanéen, enne [ganeɛ̃, ɛn] adj. et n. Du Ghana. – Subst. *Un(e) Ghanéen(ne).*

Gharb ou **Rharb,** plaine du N.-O. du Maroc, sur l'Atlantique, drainée par l'oued Sebou.

Ghardaïa *(Gardāya),* v. et oasis d'Algérie, dans le Mzab, au S.-E. du gisement de gaz naturel d'Hassi-R'Mel; 70500 hab.; ch.-l. de la wilaya du m. nom. Centre industr. : sidérurgie et mat. électrique. Dattes. Tourisme. Aéroport.

Ghāts ou **Ghātes,** chaînes côtières de l'Inde, rebords occid. (les plus élevés : 2695 m) et orient. du Dekkan.

Ghazali *(Abū Hāmid Muhammad al-Gazālī),* connu sous le nom d'*Algazel* (1058 – 1111), philosophe arabe. Il enseigna à l'université de Bagdad, mais, après une crise mystique, il voyagea dans le Proche-Orient et s'installa à Damas, où il écrivit *Revivification des sciences de la religion.* Il revint enseigner à Bagdad et se retira à Tūs, sa ville natale, dans le Khorāsān. Princ. œuvres : *Incohérence des philosophes; Ce qui délivre de l'erreur, ô jeune homme!*

Ghazawet *(al-Gazawāt)* (ancien *Gazaouet*), v. du N.-O. de l'Algérie (wilaya de Tlemcen); 29790 hab. Port de pêche et de comm. Métallurgie. – La ville s'appela *Nemours* de 1844 à l'indépendance de l'Algérie.

Ghaznévides ou **Rhaznévides,** dynastie musulmane turque (Xe-XIIe s.) qui eut pour cap. *Ghaznī* (Afghānistān) et étendit, au XIe s., sa domination jusqu'en Iran et en Inde (Pendjab). Elle disparut au XIIe s.

Ghelderode (Adhemar Martens, dit Michel de) (1898 – 1962), dramaturge belge d'expression française, baroque, truculent et mystique : *Barabbas* (1929), *Fastes d'enfer* (1938), *la Farce des ténébreux* (1952).

Gheorghiu (Virgil) (1916 – 1992), écrivain roumain d'expression roumaine et française. Il doit sa célébrité à un roman, *la Vingt-Cinquième Heure* (1949), en partie autobiographique, dans lequel il dénonce les aberrations de la société communiste.

Gheorghiu-Dej (Gheorghe) (1901 – 1965), homme politique roumain. Il adhéra dès 1930 au parti communiste, dont il devint secrétaire général en 1945. Chef de l'État de 1961 à sa mort.

Gherassimov (Alexandre Mikhaïlovitch) (1881 – 1963), peintre soviétique, représentant du réalisme socialiste.

ghetto [geto] n. m. **1.** Quartier où les Juifs étaient contraints de résider. ▷ *Par ext.* Lieu où une minorité se trouve regroupée et isolée du reste de la population. **2.** Fig. Groupe social replié sur lui-même. *Ghetto intellectuel.*

Ghezo ou **Guezo** (m. en 1858), roi d'Abomey (1818-1858), qui organisa une solide armée et réforma son administration et ses finances.

Ghiberti (Lorenzo) (1378 – 1455), orfèvre, sculpteur et architecte italien. Il travailla de 1403 à 1424 à la deuxième porte en bronze du baptistère de Florence; la troisième porte (1425-1452) marque le passage du gothique traditionnel du XIVe s. italien à l'humanisme de la Renaissance.

Ghica ou **Ghika,** famille d'origine albanaise, dont plusieurs membres furent princes de Moldavie et de Valachie entre le XVIIe et le XIXe s.

Ghil (René) (1862 – 1925), poète français d'origine belge. Du sonnet *Voyelles* de Rimbaud, il tira son système de l'« instrumentation verbale », fondé sur l'orchestration de tous les sons : *Légende d'âmes et de sangs* (1885), *Traité du verbe* (1886).

ghilde [gild] n. f. V. guilde.

Ghilizane *(Gīlzān)* (anc. *Relizane*), v. d'Algérie, au S.-E. de Mostaganem; 84460 hab.; ch.-l. de la wilaya du m. nom. Centre agricole et industr. Pétrole dans la plaine du Chélif.

Ghirlandaio ou **Ghirlandajo** (Domenico di Tommaso Bigordi, dit Domenico) (1449 – 1494), peintre italien. Il fit progresser la perspective.

Ghor (le), dépression de Palestine, où coule le Jourdain, entre le lac de Tibériade (au N.) et la mer Morte (au S.).

ghorfa [gɔʀfa] n. f. (Maghreb) Petite chambre. ▷ *Par métaph.* Silo à grain.

ghoul [gul] n. m. (Maghreb) Monstre anthropophage dans la mythologie arabe; ogre.

Giacometti (Alberto) (1901 – 1966), sculpteur et peintre suisse, fils du peintre suisse impressionniste **Giovanni Giacometti** (1868-1933). Installé en France en 1921, il subit les influences cubiste et surréaliste, et manifesta ses préoccupations spatiales. À partir des années 1940, ses personnages de bronze devinrent filiformes et tourmentés. Sa peinture et ses dessins traduisent la même angoisse.

Gia Long (1762 – 1820), empereur du Viêt-nam (1802-1820). Prince de la dynastie Nguyên, alors écarté du pouvoir, Nguyên Anh (nom initial de Gia Long) réussit, avec l'appui de la France, à battre les Tây* Son et à conquérir la majeure partie du Viêt-nam actuel, fondant un nouvel empire, qu'il baptisa Viêt-nam en 1802. Il ouvrit son pays à l'influence française.

Giambologna (Giovanni da Bologna ou), en fr. *Jean de Bologne* ou *de Boullongne* (1529 – 1608), sculpteur et architecte d'origine flamande; élève présumé de Michel-Ange. Il vécut à la cour des Médicis de Florence. Sa statuaire est teintée de maniérisme : *Mercure volant.*

Giap (Vô Nguyên) ou **Vô Nguyên Giap** (né en 1912), général et homme politique vietnamien. Communiste, commandant en chef des forces du Viêt-minh (1947), il lutta contre les Français, qu'il vainquit à Diên Biên Phu (1954), puis contre les troupes de Saigon et les Américains (1964-1975). Ministre de la Défense du Viêt-nam réunifié (1976-1980), il en fut également vice-Premier ministre jusqu'en 1991.

giardiase [ʒjaʀdiaz] n. f. Syn. de *lambliase.*

gibbon [ʒibɔ̃] n. m. Singe anthropomorphe (genre *Hypobates*) dépourvu de queue, d'Indochine et de Malaisie.

Gibbon (Edward) (1737 – 1794), historien anglais. Son *Histoire de la décadence et de la chute de l'Empire romain* (1776-1788) annonce la science historique.

gibbosité [ʒibɔzite] n. f. Didac. Bosse produite par une convexité anormale de la colonne vertébrale. ▷ *Par ext.* Saillie en forme de bosse.

Gibbs (Josiah Willard) (1839 – 1903), physicien américain; père de la thermodynamique.

gibecière [ʒibsjɛʀ] n. f. Sac où les chasseurs placent le menu gibier. Syn. carnier, carnassière.

gibelin, ine [ʒiblɛ̃, in] n. (et adj.) HIST Dans l'Italie du XIIIe au XVe s., partisan de l'empereur romain germanique (par oppos. à *guelfe**). ▷ adj. *Le parti gibelin.*

gibelotte [ʒiblɔt] n. f. **1.** Fricassée de lapin au vin blanc. **2.** (Québec) Syn. de *hachis* (sens 2). – Péjor., fam. Mets peu appétissant. – Fig. Mélange d'éléments disparates; en partic., mélange d'eau, de neige et de saletés.

gibet [ʒibɛ] n. m. Potence servant à la pendaison.

gibier [ʒibje] n. m. **1.** Ensemble des animaux susceptibles d'être chassés. *Région où le gibier abonde. Gibier à plume, à poil.* ▷ *Gros gibier :* phacochères, antilopes, etc. **2.** Viande d'animal tué à la chasse. *Il y a du gibier au menu.* **3.** Loc. fig. *Gibier de potence ;* individu malhonnête, digne de la potence.

giboyeux, euse [ʒibwajø, øz] adj. Qui abonde en gibier. *Forêts giboyeuses.*

Gibraltar (détroit de), détroit qui unit l'Atlantique à la Méditerranée et sépare l'Espagne du Maroc; largeur, 15 km env.; profondeur, 350 m. – Nommé *colonnes d'Hercule* dans l'Antiquité.

Gibraltar, territ. britannique, à l'extrémité mérid. de l'Espagne, sur le détroit du même nom; 6 km²; 29000 hab. Port de guerre et de comm. Tourisme important. Paradis fiscal. – Un rocher haut de 423 m surplombe la ville, le *djabal al-Tariq* (la « montagne de Tariq », du nom du conquérant berbère Tariq ibn Ziyad), dont la prononciation altérée a donné *Gibraltar.* – Cette place stratégique, brit. depuis 1704, est revendiquée par l'Espagne.

Gibran (Gibran Khalil), en ar. *Djubrān Khālīl Djubrān* (1883 – 1931), poète libanais; l'un des chefs de file du *Mahdjar**. Sa prose poétique, en arabe et en angl., mélancolique et colorée, rappelle la Bible : *Tempêtes, Larmes et Sourire, les Ailes brisées, les Âmes rebelles* et, surtout, *le Prophète* (en angl., 1923). Son œuvre de peintre est importante.

gibus [ʒibys] n. m. Chapeau haut de forme à ressorts, que l'on peut aplatir. Syn. claque.

giclée [ʒikle] n. f. Jet de liquide qui gicle. *Une giclée de sang.* ▷ (Suisse) Petite quantité de liquide (sans notion de jet).

giclement [ʒikləmɑ̃] n. m. Action de gicler.

gicler [ʒikle] v. [1] **1.** v. intr. Jaillir soudainement ou avec force. *Eau qui* *gicle d'une canalisation crevée.* Syn. (Québec) revoler. **2.** v. tr. (Suisse) Arroser, éclabousser (qqn ou qqch). *Gicler une pelouse au jet.*

gicleur [ʒiklœʀ] n. m. TECH Organe muni d'un dispositif spécial à un ou plusieurs trous, calibré, destiné à régler le débit d'un combustible liquide.

Gide (André) (1869 – 1951), écrivain français. Après *les Cahiers d'André Walter* (1891), symbolistes, *Paludes* (1895) et *les Nourritures terrestres* (1897) cultivent l'inquiétude. Gide parla avec véracité de son homosexualité : *Si le grain ne meurt* (1920-1924), *Journal* (tenu de 1889 à 1949). Récits et romans : *l'Immoraliste* (1902), *la Porte étroite* (1909), *les Caves du Vatican* («sotie», 1914), *la Symphonie pastorale* (1919), *les Faux-Monnayeurs* (1926). Son *Voyage au Congo* (1927) et *Retour du Tchad* (1928) dénoncent le colonialisme; *Retour de l'U.R.S.S.* (1936) et *Retouches à mon retour d'U.R.S.S.* (1937) démystifient le communisme soviétique.

G.I.E. Sigle de *groupement* d'intérêt économique.*

Gieseking (Walter) (1895 – 1956), pianiste allemand.

gifle [ʒifl] n. f. **1.** Coup donné sur la joue avec le plat ou le revers de la main. *Donner une gifle.* Syn. claque, soufflet. **2.** Fig. Affront. *Ce refus a été pour lui une gifle.*

gifler [ʒifle] v. tr. [1] Donner une gifle à (qqn). – Frapper sur la joue. *Un vent qui gifle le visage.*

giga-, gigan-. Élément, du gr. *gigas, gigantos,* «géant». Placé devant une unité, il indique sa multiplication par un milliard (symbole : G).

gigahertz [ʒigaɛʀts] n. m. PHYS Unité de fréquence valant 1 milliard de hertz (symbole : GHz).

gigantesque [ʒigɑ̃tɛsk] adj. **1.** Qui tient du géant. *Taille gigantesque.* ▷ Par ext. *Paquebot gigantesque.* Ant. minuscule. **2.** Fig. Qui dépasse de beaucoup la moyenne. *Entreprise gigantesque.*

gigantisme [ʒigɑ̃tism] n. m. **1.** MED Affection caractérisée par un accroissement exagéré du squelette. *Le gigantisme est dû à une hypersécrétion de l'hypophyse.* **2.** Caractère de ce qui est gigantesque, démesuré. *Le gigantisme des villes américaines.*

gigantostracés [ʒigɑ̃tɔstʀase] n. m. pl. PALEONT Sous-classe d'arthropodes mérostomes fossiles (de l'ordovicien au permien), d'abord marins, puis d'eau douce, ressemblant à de gros scorpions (jusqu'à 3 m de long). – Sing. *Un gigantostracé.*

gigogne [ʒigɔɲ] adj. Se dit de meubles, d'objets qui s'emboîtent les uns dans les autres. *Tables, poupées gigognes.*

gigolo [ʒigɔlo] n. m. Fam. Jeune amant d'une femme plus âgée qui l'entretient. Syn. (Afr. subsah.) mario.

gigot [ʒigo] n. m. **1.** Cuisse de mouton, d'agneau, de chevreuil, coupée pour la table. ▷ *Manche de gigot :* partie de l'os par laquelle on peut prendre le gigot. **2.** (En appos.) *Manches gigot :* manches longues de robe, de corsage, qui bouffent sur le haut du bras.

gigoter [ʒigɔte] v. intr. [1] Fam. Remuer en tous sens les jambes, le corps.

Gijón, port import. d'Espagne (Asturies), sur le golfe de Gascogne; 256000 hab. Sidérurgie, constructions navales.

Gilbert (îles). V. Kiribati.

Gilbert (Nicolas Joseph Laurent) (1750 – 1780), poète français. Vigny fit de lui *Stello.*

Gildon (IVᵉ s.), chef maure sous Théodose. Il fit avorter la révolte de son frère Firmus mais échoua dans son insurrection contre Rome en 398.

gilet [ʒilɛ] n. m. **1.** Veste courte et sans manches que les hommes portent sous un veston. **2.** Veste à manches longues, en tricot. **3.** Sous-vêtement couvrant le torse. *Gilet de flanelle.* **4.** *Gilet de sauvetage :* brassière de sécurité permettant de maintenir hors de l'eau la tête d'une personne immergée. ▷ *Gilet pare-balles :* gilet de protection à l'épreuve des balles. **5.** Loc. fig. *Pleurer dans le gilet de qqn,* se lamenter auprès de lui.

Gilgamesh, roi légendaire sumérien du IIIᵉ millénaire. Son épopée (où se trouve le premier récit du Déluge) a d'abord été connue par les tablettes de la bibliothèque d'Assurbanipal à Ninive. Depuis, de nombreux fragments de toutes les époques ont complété ce texte.

gille [ʒil] n. m. (Belgique) Personnage de carnaval au costume traditionnel.

Gilles ou **Gille,** personnage du théâtre de foire franç., au cœur tendre.

Gillespie (John, dit Dizzy) (1917 – 1993), trompettiste, chanteur et chef d'orchestre de jazz américain (école be-bop).

Gilliéron (Jules) (1854 – 1926), linguiste suisse. Son *Atlas linguistique de la France* (publié de 1902 à 1909) est le premier exemple de géographie linguistique.

Gilson (Paul) (1865 – 1942), compositeur belge. On lui doit de belles œuvres pour le théâtre *(Princesse Rayon de Soleil,* 1903), et des ouvrages didactiques *(Traité d'harmonie,* 1922-1923).

gin [dʒin] n. m. Eau-de-vie de grain aromatisée au genièvre.

gingembre [ʒɛ̃ʒɑ̃bʀ] n. m. Plante cultivée dans les régions tropicales, dont le rhizome globuleux donne un condiment à la saveur piquante. ▷ *Par ext.* Ce condiment lui-même. ▷ (Afr. subsah.) Boisson au rhizome de gingembre.

gingival, ale, aux [ʒɛ̃ʒival, o] adj. ANAT Relatif aux gencives.

gingivite [ʒɛ̃ʒivit] n. f. MED Inflammation des gencives.

ginkgo [ʒinko; ʒɛ̃ko] n. m. Arbre gymnosperme, à feuilles caduques, cultivé dans les régions tempérées pour ses qualités ornementales et ses propriétés médicinales.

Ginsberg (Allen) (1926 – 1997), poète américain de la «beat generation».

ginseng [ʒinsɑ̃g; dʒinsɛŋ] n. m. **1.** Plante d'Asie et d'Amérique (genre *Panax*). **2.** *Par ext.* Racine de cette plante. – Médicament, drogue que l'on tire de cette racine. *Les propriétés toniques du ginseng.*

Gio, population établie à la frontière du Liberia (env. 250000 personnes) et de la Côte d'Ivoire. Ils parlent une langue nigéro-congolaise du groupe mandé.

Giono (Jean) (1895 – 1970), romancier français. Chantre de la haute Provence (*Colline,* 1929; *Regain,* 1930), il a renouvelé sa manière : *le Hussard sur le toit* (1951). Acad. Goncourt (1954).

Giordano (Luca) (1634 – 1705), peintre italien de tendance baroque.

Giorgione (Giorgio da Castelfranco, dit) (v. 1477 – 1510), peintre italien; élève de Bellini et maître de Titien, il sut obtenir d'admirables effets de lumière, ses formes se diluant dans une atmosphère vaporeuse et fluide *(la Tempête,* Académie, Venise). Ses sujets sont souvent énigmatiques, sa production est peu abondante.

Giotto di Bondone (v. 1266 – 1337), peintre, mosaïste et architecte italien; le premier des grands peintres florentins. Élève de Cimabue, il s'éloigna du hiératisme byzantin en créant l'espace pictural à trois dimensions, en conférant le réalisme à ses personnages et en peignant en coloriste, sans utiliser les fonds d'or. Fresque de *la Vie de saint François* (Assise, v. 1296-1299), *Scènes de la vie du Christ et de la Vierge* (Arena, Padoue, 1303-1305), *Scènes de la vie de saint François* (Santa Croce, Florence, apr. 1317).

Giovanni Pisano (v. 1245 – apr. 1314), sculpteur et architecte italien. Fils de Nicola Pisano, il fut le maître d'œuvre du dôme de Sienne et du baptistère de Pise.

gir(o)-. V. gyr(o)-.

girafe [ʒiʀaf] n. f. Mammifère ruminant des savanes africaines (genre *Giraffa*), ongulé artiodactyle, au pelage réticulé ou tacheté, au long cou (la girafe peut atteindre 5,5 m de haut). ▷ Loc. fig., fam. *Peigner la girafe :* faire un travail long et absurde; ne rien faire, être inutile.

girafeau [ʒiʀafo] ou **girafon** [ʒiʀafɔ̃] n. m. Petit de la girafe.

girandole [ʒiʀɑ̃dɔl] n. f. Guirlande de lanternes, d'ampoules électriques, utilisée comme décoration.

giration [ʒiʀasjɔ̃] n. f. Didac. Mouvement giratoire.

giratoire [ʒiʀatwaʀ] adj. et n. m. **1.** adj. *Mouvement giratoire,* circulaire. ▷ *Sens giratoire,* selon lequel la circulation doit s'effectuer à un rond-point. **2.** n. m. (France rég., Suisse) Syn. de *rond-point.*

Giraud (Henri) (1879 – 1949), général français. En 1942, il s'évada d'Allemagne; en déc., à Alger, il devint commandant de l'Afrique française. Coprésident du Comité de libération nationale (juin-oct. 1943), avec de Gaulle, il fut évincé par celui-ci.

Giraudoux (Jean) (1882 – 1944), écrivain et diplomate français : *Siegfried et le Limousin* (1922), *Bella* (1926), etc. Théâtre : *La guerre de Troie n'aura pas lieu* (1935), *Électre* (1937), *la Folle de Chaillot* (posth., 1945).

giraumon(t) [ʒiʀɔmɔ̃] n. m. Variété de courge.

girelle [ʒiʀɛl] n. f. Poisson téléostéen (genres *Coris* et *Thalassoma*) des côtes rocheuses méditerranéennes et africaines, long d'env. 20 cm, dont le mâle se distingue par des couleurs vives.

girl [gœʀl] n. f. (Anglicisme) Danseuse d'un ballet, d'une troupe, au music-hall.

Giro (il), le Tour cycliste d'Italie, créé en 1909. Le leader porte un maillot rose.

Girod (Paul) (1878 - 1951), industriel français d'origine suisse. Pionnier de l'électrométallurgie, il fonda une aciérie à Ugine (Savoie) en 1908.

girofle [ʒiʀɔfl] n. m. *Clou de girofle :* bouton floral du giroflier employé comme épice. *Essence de girofle.*

giroflier [ʒiʀɔflije] n. m. Arbre toujours vert (fam. myrtacées), originaire des îles Moluques, dont le bouton floral est le clou de girofle.

giron [ʒiʀɔ̃] n. m. **1.** Partie du corps allant de la ceinture aux genoux, quand on est assis. ▷ Fig. *Se réfugier dans le giron maternel.* ▷ Fig. *Le giron de l'Église :* la communion des fidèles. **2.** CONSTR Profondeur d'une marche d'escalier, mesurée au milieu de la marche.

girond, onde [ʒiʀɔ̃, ɔ̃d] adj. Fam. Joli, bien fait (en parlant d'une personne, le plus souvent d'une femme). ▷ (Par attraction de *rond.*) Bien en chair.

Gironde (la), estuaire de France (75 km), formé par la Garonne et la Dordogne qui confluent après Bordeaux. - Département : 10 000 km²; 1 213 499 hab.; ch.-l. *Bordeaux**. V. Aquitaine (Rég.).

Gironde (la), le parti des Girondins.

Girondins (les), sous la Révolution franç., groupe de députés (Vergniaud, Brissot, Condorcet, etc.) plus tard nommés ainsi parce que certains étaient des élus de la Gironde. Ils se réunissaient dans le salon de Mme Roland et fréquentaient le club des Jacobins. Représentants de la bourgeoisie éclairée, ils siégèrent à gauche dans l'Assemblée* législative, où ils disputèrent le pouvoir aux Feuillants*. À la Convention (dite d'abord *girondine*), ils siégèrent à droite. Les émeutes parisiennes des 31 mai et 2 juin 1793 obtinrent leur mise hors la loi : 21 Girondins furent exécutés le 31 oct.; plusieurs autres se suicidèrent (notam. Roland et Pétion).

girouette [ʒiʀwɛt] n. f. **1.** Plaque mobile autour d'un axe vertical servant à indiquer la direction du vent. **2.** Fig., fam. Personne versatile.

Gisah. V. Gizeh.

gisant, ante [ʒizɑ̃, ɑ̃t] adj. et n. m. **1.** adj. Litt. Qui gît. *Un blessé gisant sur la route.* **2.** n. m. BX-A Effigie couchée, sculptée sur un tombeau.

Giscard d'Estaing (Valéry) (né en 1926), homme politique français. Ministre de l'Économie et des Finances (1962-1966 et 1969-1974), il fut élu président de la Rép. en 1974, notam. grâce au ralliement de J. Chirac; il choisit celui-ci pour Premier ministre puis, en août 1976, Raymond Barre. Candidat à un second septennat, il fut battu par Fr. Mitterrand en mai 1981.

gisement [ʒizmɑ̃] n. m. **1.** GEOL Disposition d'un amas minéral, d'un filon dans le sol. ▷ Filon, amas minéral. *Gisement de phosphate.* Syn. gîte. - Par ext. *Gisement préhistorique.* - *Gisement solaire, éolien :* énergie solaire ou éolienne potentiellement disponible au sol et récupérable pour le pompage de l'eau, la production d'électricité, etc. **2.** MAR, AVIAT Angle formé par une direction avec la direction du nord.

Gisenyi, v. du Rwanda, près du lac Kivu; 18 000 hab.; ch.-l. de la préf. du m. nom. Centrale hydroélectrique. Aéroport.

Gish (Lillian) (1896 - 1993), actrice américaine. Vedette des films muets de Griffith (*le Lys brisé,* 1919) et de Sjöström (*le Vent,* 1928), elle tourna jusqu'à sa mort.

Gisu, ethnie de l'Ouganda (env. 1 150 000 personnes). Ils parlent une langue bantoue.

gitan, ane [ʒitɑ̃, an] n. et adj. Bohémien, bohémienne d'Espagne. - *Par ext.* Tout bohémien. ▷ adj. *La musique gitane.*

gîte [ʒit] n. **I.** n. m. **1.** Lieu où l'on demeure, où l'on couche. *Être de retour au gîte. Gîte familial.* ▷ MILIT *Gîte d'étape :* lieu aménagé pour le stationnement des troupes en déplacement; cour. (Afr. subsah.) logement pour les hôtes de passage, en brousse. **2.** Lieu où se retirent certains animaux. *Surprendre un lièvre au gîte.* **3.** En boucherie, morceau de bœuf correspondant à la partie inférieure de la cuisse. **II.** n. f. MAR Inclinaison d'un navire sur le côté. *Prendre, donner de la gîte.*

Gitega (anc. Kitega), v. du centre du Burundi; 95 300 hab.; ch.-l. de la prov. du m. nom. Centre commercial et administratif. Musée historique et ethnographique.

gîter [ʒite] v. intr. [1] **1.** Vieilli ou litt. Demeurer, trouver refuge. *Le lièvre gîte dans les buissons.* **2.** MAR En parlant d'un navire, s'incliner sur un bord.

givrage [ʒivʀaʒ] n. m. Formation de givre sur les ailes d'un avion, sur le pare-brise d'un véhicule, etc.

givrant, ante [ʒivʀɑ̃, ɑ̃t] adj. METEO *Brouillard givrant,* qui conduit à la formation de givre.

givre [ʒivʀ] n. m. **1.** Couche constituée de minces lamelles de glace que forment, par condensation, les gouttelettes de brouillard sur les objets exposés à l'air par temps froid. *Arbres couverts de givre.* Syn. (Québec) frimas. **2.** Couche de glace qui se produit à la surface des récipients à la suite d'un refroidissement dû à l'évaporation d'un liquide ou à la détente d'un gaz.

givré, ée [ʒivʀe] adj. **1.** Couvert de givre. *Buissons givrés.* **2.** Couvert d'une substance ayant l'aspect du givre. *Verres givrés avec du sucre glace.*

givrer [ʒivʀe] v. [1] **I.** v. tr. **1.** Couvrir de givre. Syn. (Québec) frimasser. **2.** Couvrir d'une substance ayant l'aspect du givre. **II.** v. intr. Se couvrir de givre. *Le carburateur a givré.* Syn. (Québec) frimasser.

givrure [ʒivʀyʀ] n. f. TECH Glace (sens II, 3), défaut d'une pierre précieuse.

Gizeh ou **Gisah** (en ar. *El-Djīzah*), v. d'Égypte, sur la rive gauche du Nil, banlieue résidentielle du Caire; 2 156 000 hab.; ch.-l. du gouvernorat du m. nom. - Au sortir de la ville s'élèvent les grandes pyramides (Chéops, Chéphren, Mykérinos) et le Sphinx.

glabre [glabʀ] adj. Dépourvu de poils, de duvet. *Visage glabre. Feuille glabre.*

glaçage [glasaʒ] n. m. **1.** TECH Opération consistant à donner du poli, du lustre (aux tissus, aux épreuves photographiques, etc.). **2.** CUIS En pâtisserie, opération qui consiste à recouvrir d'une glace (sens I, 5). - (Québec) Syn. de *glace* (sens I, 5).

glaçant, ante [glasɑ̃, ɑ̃t] adj. Fig. Qui glace (sens 3). *Un ton glaçant.*

glace [glas] n. f. **I. 1.** Eau solidifiée par l'action du froid. *La densité de la glace est égale à 0,917 à 0 °C.* ▷ (Québec) *Glace bleue* ou *glace vive,* dont la surface est dure et polie comme un miroir. - Syn. de *glaçon* (sens 1). - *Pont* de glace.* ▷ *Glace sèche :* anhydride carbonique solide. **2.** Surface recouverte de glace sur laquelle on pratique certains sports, notam. le hockey. *Glisser, patiner sur la glace.* **3.** Loc. fig. *De glace :* très froid, très réservé. *Rester de glace. Un accueil de glace.* - *Rompre* ou (Québec, fam.) *casser la glace :* faire cesser la réserve, la gêne. **4.** Crème aromatisée servie congelée comme rafraîchissement ou comme dessert. *Glace à la vanille.* **5.** CUIS En pâtisserie, mélange de sucre glace et de blanc d'œuf dont on recouvre certains gâteaux et friandises. ▷ (En appos.) *Sucre glace,* en poudre très fine. - Jus de viande réduit. **II. 1.** Plaque de verre épaisse. *Laver les glaces d'une voiture. Glace de sécurité,* qui se brise sans donner d'éclats coupants. **2.** Miroir. *Se regarder dans une glace.* **3.** En joaillerie, tache mate dans une pierre.

Glace (mer de), grand glacier du massif du Mont-Blanc, en France (Haute-Savoie), long de 14 km.

glacé, ée [glase] adj. **1.** Congelé. *Rivière glacée.* **2.** Très froid. *Avoir les mains glacées.* **3.** Fig. Qui dénote une grande froideur de sentiments. *Politesse glacée.* Ant. chaleureux. **4.** TECH Brillant. *Papier glacé.* **5.** CUIS Recouvert d'une couche de glace (sens I, 5).

glacer [glase] v. tr. [12] **1.** Convertir en glace, congeler. **2.** Causer une vive sensation de froid à. *La bise nous glaçait le visage.* **3.** Fig. Paralyser, décourager par sa froideur. *Son abord vous glace.* - Frapper de stupeur. *Glacer d'horreur, d'effroi.* Syn. pétrifier. **4.** TECH Rendre brillant (du papier, une étoffe). **5.** CUIS Recouvrir d'une glace (sens I, 5).

glaciaire [glasjɛʀ] adj. Relatif à un glacier, à une glaciation. *Calotte glaciaire. Période glaciaire.*

glacial, ale, als ou rare **aux** [glasjal, o] adj. **1.** Extrêmement froid, glacé. *Vent glacial.* **2.** Fig. *Accueil glacial.* Syn. distant, hostile, réservé. Ant. chaleureux, enthousiaste.

Glacial (océan). V. Arctique et Antarctique.

glaciation [glasjasjɔ̃] n. f. GEOL Période pendant laquelle les glaciers ont recouvert une région.

1. glacier [glasje] n. m. Vaste masse de glace formée en montagne ou dans les régions polaires par l'accumulation de la neige. *Glacier continental* ou *inlandsis.*

2. glacier [glasje] n. m. Personne qui confectionne, qui vend des glaces, des sorbets.

glacière [glasjɛʀ] n. f. **1.** Appareil refroidi par de la glace, servant à conserver des denrées. **2.** Fig., fam. Lieu où il fait très froid. *Cette salle, quelle glacière !*

glacis [glasi] n. m. **1.** FORTIF Pente douce allant de la crête d'une fortification jusqu'au sol. ▷ Fig. POLIT Zone de protection (constituée par des pays liés à une puissance). **2.** GEOL Pente douce et unie. **3.** ARCHI Pente prévue dans une corniche pour l'écoulement des eaux.

glaçon [glasɔ̃] n. m. **1.** Morceau de glace. *La rivière charrie des glaçons.*

Rafraîchir une boisson avec des glaçons. Syn. (Québec) glace. **2.** (Belgique, Québec) Accumulation de glace en forme de stalactite sur le bord d'un toit, d'une surface quelconque. – *Par anal.* (Québec) Petit fil brillant et argenté servant à décorer l'arbre de Noël. **3.** Fig. Personne froide, sans enthousiasme, ou sans tempérament.

glaçure [glasyʀ] n. f. TECH Enduit vitrifié recouvrant les poteries.

gladiateur [gladjatœʀ] n. m. ANTIQ ROM Homme qui combattait dans l'amphithéâtre, pour le divertissement du peuple.

Gladstone (William Ewart) (1809 – 1898), homme politique britannique; chef du parti libéral (1865), Premier ministre (1868-1874, 1880-1885, 1886, 1892-1894). Épris de justice, il mena une politique réformatrice. Sa polit. extérieure, fondée sur le pacifisme et la neutralité, l'opposait à Disraeli.

glagolitique [glagɔlitik] adj. *Alphabet glagolitique :* ancien alphabet slave. (V. Cyrille [saint].)

glaïeul [glajœl] n. m. Plante ornementale (fam. iridacées), à longues feuilles pointues.

glaire [glɛʀ] n. f. **1.** Blanc d'œuf cru. **2.** MED Liquide incolore filant que sécrètent les muqueuses dans certains états pathologiques. *Glaires intestinales.*

glaireux, euse [glɛʀø, øz] adj. Qui a la nature ou l'aspect de la glaire.

glais [glɛ] n. m. (Acadie) Glaïeul des marais.

glaise [glɛz] n. f. et adj. f. Nom cour. des argiles et des terres contenant une forte proportion d'argile. ▷ adj. f. *Terre glaise.*

glaiseux, euse [glɛzø, øz] adj. De la nature de la glaise. *Terre glaiseuse.*

glaive [glɛv] n. m. Courte épée à deux tranchants. *Le glaive et la balance, emblèmes de la justice.*

glanage [glanaʒ] n. m. Action de glaner.

gland [glɑ̃] n. m. **1.** Fruit du chêne. ▷ *Par anal.* Passementerie, morceau de bois ou de métal en forme de gland. **2.** ANAT Portion terminale du pénis.

glande [glɑ̃d] n. f. **1.** ANAT Organe sécréteur. *Glandes exocrines,* dont le produit est excrété à l'extérieur du corps par un canal (glandes salivaires, lacrymales, etc.). *Glandes endocrines,* qui sécrètent leur produit (ou hormones) dans le sang (thyroïde, surrénales). *Glandes mixtes,* à sécrétion double : exocrine et endocrine (foie, pancréas). **2.** Cour. *Abusiv.* Ganglion lymphatique enflammé.

glander [glɑ̃de] v. intr. [1] Pop. Ne rien faire, traîner.

glandeur, euse [glɑ̃dœʀ, øz] n. Pop. Celui, celle qui glande.

glandulaire [glɑ̃dylɛʀ] adj. **1.** ANAT Qui a la nature ou la forme d'une glande. **2.** Relatif à une glande.

glaner [glane] v. tr. [1] **1.** Ramasser dans les champs, après l'enlèvement des récoltes, les produits du sol abandonnés ou négligés par le propriétaire. **2.** Fig. Ramasser, recueillir de-ci, de-là. *Glaner des renseignements.* – *Absol.* Trouver encore un profit là où un autre a déjà gagné ou trouvé. *Il reste encore beaucoup à glaner.*

glaneur, euse [glanœʀ, øz] n. Personne qui glane.

glanure [glanyʀ] n. f. AGRIC Ce que l'on glane.

Glaoui ou **Glawi** (Madani Al-) (v. 1860 – 1918), seigneur de la tribu berbère des Glaoua (auj. plus de 50000 personnes). Il favorisa la pénétration française au Maroc. — **Al Hadj Thami-Al-Glawi,** dit *le Glaoui* (v. 1875 – 1956), frère du préc.; pacha de Marrakech, il soutint la politique française au Maroc. En 1953, il fit déposer le sultan du Maroc Mohammed V.

glapir [glapiʀ] v. intr. [3] **1.** Émettre des jappements aigus et répétés (en parlant du renard, des jeunes chiens, etc.). **2.** Fig. Parler, chanter d'une voix aigre et criarde.

glapissant, ante [glapisɑ̃, ɑ̃t] adj. Aigu, criard. *Voix glapissante.*

glapissement [glapismɑ̃] n. m. Cri aigu. *Le glapissement d'un jeune chien.*

Glareanus (Heinrich Loritz, dit) (1488 – 1563), humaniste suisse, auteur (en latin) d'une *Helvetiae descriptio,* d'un *De geographia* et de deux traités musicaux. Il adhéra à la Réforme (à Bâle), puis se rétracta.

glaréole [glaʀeɔl] n. f. Oiseau charadriiforme (genre *Glareola*) aux longues ailes et à la queue fourchue, long de 20 cm env., qui vit sur les plages, les lagunes et les rives des fleuves dans l'Ancien Monde.

Glaris (en all. *Glarus*), com. de Suisse, sur la Linth, dans les *Alpes de Glaris;* 5800 hab.; ch.-l. du cant. du m. nom (684 km^2; 36400 hab.). Textiles. – Glaris entra en 1352 dans la Confédération suisse. Zwingli y fut prêtre de 1506 à 1516 et en fit un des premiers bastions de la Réforme. En 1861, un incendie détruisit presque entièrement la ville.

glas [glɑ] n. m. **1.** Tintement lent et répété des cloches pour annoncer des funérailles. **2.** Loc. fig. *Sonner le glas de :* annoncer la fin imminente de.

Glasgow, v. et port d'Écosse, sur la Clyde; 696570 hab. Princ. centre industr. et comm. de l'Écosse. – Université. Archevêché cathol. Cath. goth. (XIVe s.). Musée d'art.

glasnost [glasnɔst] n. f. POLIT Transparence (des institutions, des structures bureaucratiques, etc.) voulue par M. Gorbatchev en U.R.S.S. à partir de 1985.

glatir [glatiʀ] v. intr. [3] Pousser son cri, en parlant de l'aigle et de divers oiseaux de proie.

glaucome [glo(ɔ)kom] n. m. MED Affection oculaire, caractérisée par l'augmentation de la pression intra-oculaire, qui se traduit par une diminution de l'acuité visuelle pouvant amener la cécité en l'absence de traitement.

glauque [glok] adj. **1.** De couleur vert bleuâtre. *Yeux glauques.* **2.** Sans éclat, terne. *Petit matin glauque.*

Glawi. V. Glaoui.

Glazounov (Alexandre Konstantinovitch) (1865 – 1936), compositeur russe. Il aida Rimski-Korsakov à terminer *le Prince Igor* de Borodine.

glèbe [glɛb] n. f. **1.** Litt. Terre cultivée. **2.** BOT Tissu superficiel (par oppos. à *hyménium*), producteur de spores de certains champignons supérieurs.

Glèglè, Glègle ou **Glé-Glé** (Badou, dit) (m. en 1889), roi d'Abomey à partir de 1858. Il céda Cotonou à la France. À sa mort, son fils Béhanzin lui succéda.

Glénan (îles), groupe de neuf îlots de l'Atlantique, au S.-O. du Finistère (France). Importante école de voile.

glène [glɛn] n. f. ANAT Cavité de l'extrémité d'un os dans laquelle s'articule un autre os.

Glenn (John) (né en 1921), astronaute américain. Il fut le premier Américain à effectuer un vol spatial (fév. 1962, à bord d'une capsule *Mercury*).

glial, ale, aux [glijal, o] adj. ANAT *Tissu glial :* névroglie.

glibette [glibɛt] n. f. (Maghreb) Graine de tournesol (parfois de courge), grillée et salée, que l'on grignotte entre les repas. (V. pipasol.)

Glinka (Mikhaïl Ivanovitch) (1804 – 1857), compositeur russe. Il fonda l'opéra national russe : *la Vie pour le tsar* (1836), *Rouslan et Lioudmila* (1842).

gliome [glijom] n. m. MED Tumeur molle du système nerveux central.

glissade [glisad] n. f. **1.** Action de glisser; mouvement que l'on fait en glissant. *Faire des glissades.* – (Québec) Action de dévaler une pente enneigée dans un traîneau, une luge, etc. **2.** (Québec) Syn. de *glissoire* (sens 2). *La glissade du château Frontenac, à Québec.*

glissage [glisaʒ] n. m. Action de faire descendre par des glissoirs les troncs abattus en montagne.

glissant, ante [glisɑ̃, ɑ̃t] adj. **1.** Où l'on glisse facilement. *Chaussée glissante.* – Fig. *Terrain glissant :* situation où il est difficile de se maintenir. **2.** MATH *Vecteur glissant,* qui se déplace sur son support.

Glissant (Édouard) (né en 1928), écrivain français originaire de la Martinique : *la Lézarde* (1958), *le Quatrième* Siècle* (1964), *Malemort* (1975), *la Case du commandeur* (1981), romans; *le Discours antillais* (1981), essai.

glisse [glis] n. f. Capacité de glisser (d'un matériau, d'une surface). ▷ Par ext. *Sport de glisse :* ensemble des sports où l'on glisse (ski, bobsleigh, planche à voile, etc.).

glissement [glismɑ̃] n. m. **1.** Action de glisser; son résultat. *Glissement de terrain.* ▷ Fig. Action de tendre insensiblement vers. *La majorité a opéré un glissement vers la gauche.* **2.** TELECOM Variation de la fréquence d'un signal radioélectrique.

glisser [glise] v. [1] **I.** v. intr. **1.** Se déplacer d'un mouvement continu sur une surface lisse. *Glisser sur la glace. La pirogue glisse sur l'eau. Le plat mouillé lui a glissé des mains.* ▷ (Québec) Dévaler une pente enneigée ou glacée (sur un traîneau, etc.). – S'amuser à descendre dans une glissoire (sens 2). ▷ Loc fig. *Glisser entre les mains de qqn,* lui échapper. **2.** Fig. Se diriger insensiblement vers. *Glisser vers l'extrémisme politique.* **3.** Passer sans pénétrer sur une surface. *La balle a glissé sur la boîte crânienne.* ▷ Fig. *Mes remontrances ont glissé sur lui,* n'ont produit aucune impression, aucun effet. **4.** Fig. *Glisser sur (un sujet),* ne pas y insister. *Glissons là-dessus, voulez-vous?* Syn. passer. **5.** Présenter une surface glissante. *Après la pluie, la chaussée glisse.* **II.** v. tr. Mettre, introduire, transmettre adroitement ou furtivement. *Glisser une pièce dans la main de qqn.* **III.** v. pron. **1.** Se couler doucement, se faufiler. *Les serpents se glissent dans les herbes.* **2.** S'introduire habilement ou subrepticement. *Les voleurs s'étaient glissés parmi les invités.* – (Choses) *Une erreur s'est glissée dans le texte.*

glissière [glisjɛʀ] n. f. **1.** Ce qui sert à guider un mouvement de glissement. *Glissière d'une porte à coulisse.* – *Fermeture à glissière :* fermeture à dentures qui s'emboîtent à l'aide d'un curseur. Syn. (Afr. subsah., Belgique, Luxembourg) tirette. **2.** *Glissières de sécurité,* disposées le long d'une route ou d'une autoroute pour retenir et guider les véhicules qui viendraient à quitter la chaussée.

glissoir [gliswaʀ] n. m. Couloir creusé en flanc de montagne pour permettre le glissage des arbres abattus.

glissoire [gliswaʀ] n. f. **1.** Chemin ménagé sur la glace, où l'on s'amuse à glisser. **2.** (Québec) Équipement de jeu consistant en un plan incliné auquel on accède par une échelle et sur lequel on se laisse glisser. Syn. glissade. – Pente de neige ou de glace utilisée pour le même jeu.

global, ale, aux [glɔbal, o] adj. Pris dans son ensemble, en bloc; considéré dans sa totalité. *Chiffre global.* Ant. partiel. ▷ PEDAG *Méthode globale* (d'apprentissage de la lecture), qui consiste à apprendre aux enfants à reconnaître d'abord l'ensemble du mot avant de le décomposer en syllabes et en lettres.

globalement [glɔbalmɑ̃] adv. D'une façon globale, en bloc.

globalisation [glɔbalizasjɔ̃] n. f. Didac. Action de globaliser; son résultat.

globaliser [glɔbalize] v. tr. [1] Didac. Rendre global; prendre, présenter dans sa totalité.

globalité [glɔbalite] n. f. Caractère global (de qqch). *Un problème considéré dans sa globalité.*

globe [glɔb] n. m. **1.** Corps sphérique ou à peu près sphérique. *Le globe de l'œil.* **2.** *Le globe terrestre* ou, absol., *le globe :* la Terre. *Faire le tour du globe.* – *Globe terrestre, céleste :* sphère sur laquelle figure la représentation de la Terre, du Ciel. **3.** Sphère creuse, ou calotte sphérique en verre. *Le globe d'une lampe. Une pendule sous globe.*

globicéphale [glɔbisefal] n. m. Cétacé odontocète (genre *Globicephala,* fam. delphinidés) long de 4 à 8 m, presque entièrement noir, à la tête très bombée, qui vit en troupeaux groupant parfois plusieurs milliers d'individus.

globigérine [glɔbiʒeʀin] n. f. ZOOL Foraminifère perforé, caractérisé par une coquille calcaire composée de loges sphériques disposées en spirale, constituant de nombreux calcaires et boues abyssales.

globine [glɔbin] n. f. BIOCHIM Constituant protéique de l'hémoglobine.

globulaire [glɔbylɛʀ] adj. **1.** Qui a la forme d'un globe. **2.** BIOL Relatif aux globules. *Numération* globulaire.*

globule [glɔbyl] n. m. BIOL *Globule rouge :* V. hématie. *Globule blanc :* V. leucocyte.

globuleux, euse [glɔbylø, øz] adj. Qui a la forme d'une petite sphère. – *Yeux globuleux,* saillants.

globuline [glɔbylin] n. f. BIOCHIM Protéine globulaire du sérum, de poids moléculaire élevé.

gloire [glwaʀ] n. f. **1.** Grande renommée, réputation illustre acquise par des actes remarquables. *Se couvrir de gloire. La gloire militaire, littéraire.* ▷ Loc. *Dire, publier qqch à la gloire de qqn,* qqch qui exalte sa valeur, ses mérites. – *Se faire gloire de, tirer gloire de :* tirer vanité, fierté de. – *Travailler pour la gloire,* sans profit, pour le seul prestige. **2.** Personne célèbre, illustre. *Il est l'une des gloires de son pays.* **3.** Éclat, splendeur. *La gloire de Dieu. La cour royale dans toute sa gloire.* **4.** Honneur, hommage de respect. *Rendre gloire à Dieu.* **5.** THEOL CHRET Béatitude des élus.

glomérule [glɔmeʀyl] n. m. **1.** ANAT Petit amas glandulaire ou vasculaire. *Glomérule de Malpighi :* petit amas de capillaires du rein, qui assure la filtration du sang. **2.** BOT Type d'inflorescence, cyme contractée où les pédoncules floraux sont très courts et insérés très près les uns des autres.

gloria [glɔʀja] n. m. inv. (lat.) Hymne de la messe en latin, qui commence par les mots *Gloria in excelsis Deo* («gloire à Dieu dans les cieux»).

glorieusement [glɔʀjøzmɑ̃] adv. De manière glorieuse.

glorieux, euse [glɔʀjø, øz] adj. **1.** Qui donne, procure de la gloire. *Combat glorieux, succès glorieux.* **2.** Qui est empreint de gloire, de splendeur. *Nom glorieux. Période glorieuse de l'histoire.* **3.** Qui s'est acquis de la gloire. *Combattants glorieux.* **4.** RELIG Qui participe de la gloire divine. *Mystères glorieux.*

glorification [glɔʀifikasjɔ̃] n. f. Action de glorifier; son résultat. ▷ RELIG Élévation à la gloire éternelle.

glorifier [glɔʀifje] v. [2] **I.** v. tr. **1.** Rendre gloire à, honorer, célébrer. *Glorifier les grands hommes, les belles actions.* Ant. flétrir. **2.** RELIG Appeler à partager la béatitude céleste. **II.** v. pron. Se faire gloire de, tirer vanité de. *Se glorifier de ses richesses.*

gloriole [glɔʀjɔl] n. f. Vanité qui a pour objet de petites choses.

gloriosa [glɔʀjoza] n. m. BOT Liane des régions tropicales (fam. liliacées) aux belles fleurs jaunes et rouges.

glose [gloz] n. f. Note destinée à éclaircir le sens d'un mot, d'un passage dans un texte (partic. dans un manuscrit ancien). *Glose marginale.* ▷ Explication d'un terme rare ou spécialisé.

gloser [gloze] v. [1] **1.** v. tr. Éclaircir par une glose. *Gloser un texte.* **2.** v. tr. indir. Faire de longs commentaires stériles. *Gloser interminablement sur des détails.*

glossaire [glɔsɛʀ] n. m. **1.** Dictionnaire des termes anciens, rares ou spécialisés d'une langue, d'un texte. ▷ Ensemble des mots d'une langue, d'un dialecte. **2.** Lexique, à la fin d'un ouvrage.

-glosse, gloss(o)-. Éléments, du gr. *glôssa,* «langue».

glossématique [glɔsematik] n. f. LING Théorie linguistique élaborée par L. Hjelmslev dans laquelle les unités linguistiques sont étudiées et classées de façon strictement fonctionnelle. (V. encycl. linguistique.)

glossine [glɔsin] n. f. ENTOM Mouche africaine (genre *Glossina*), appelée *mouche tsé-tsé,* dont certaines espèces peuvent transmettre des trypanosomiases.

glossolalie [glɔsolali] n. f. PSYCHIAT Trouble du langage chez certains malades mentaux qui croient inventer un nouveau langage.

glottal, ale, aux [glɔtal, o] adj. PHON Qui met en jeu la glotte en tant qu'organe de la phonation. *Vibrations glottales. Consonne glottale.*

glottalisé, ée [glɔtalize] adj. et n. f. PHON Qui joint une articulation glottale à une autre articulation. *Consonne glottalisée.* – n. f. *Une glottalisée.*

glotte [glɔt] n. f. Orifice du larynx, compris entre les bords libres des cordes vocales, qui joue un rôle essentiel dans l'émission de la voix. *Œdème, spasmes de la glotte. Coup de glotte.*

Gloucester, v. et port de G.-B., sur la Severn; 91 800 hab.; ch.-l. de comté *(Gloucestershire).* Constr. méca. et aéron. – Cath. (XIe-XVe s.).

glouglou [gluglu] n. m. Fam. Bruit intermittent fait par un liquide qui s'écoule d'un orifice étroit, partic. du goulot d'une bouteille.

gloussement [glusmɑ̃] n. m. Cri de la poule. ▷ *Par anal.* Petit cri humain, rire étouffé. *Gloussement de plaisir.*

glousser [gluse] v. intr. [1] Pousser des gloussements. *La poule glousse pour appeler ses petits.* ▷ *Par anal.* (Personnes) Pousser de petits cris, rire en émettant des petits cris. *Glousser d'aise.*

glouton, onne [glutɔ̃, ɔn] adj. et n. **1.** adj. Qui mange avec excès et avidité. ▷ Subst. *C'est un glouton.* **2.** n. m. Mammifère carnivore (*Gulo gulo,* fam. mustélidés) des régions arctiques, massif, à queue courte et à pelage brun.

gloutonnement [glutɔnmɑ̃] adv. De manière gloutonne. *Manger gloutonnement.* ▷ Fig. Avec avidité. *Lire gloutonnement toutes sortes d'ouvrages.*

gloutonnerie [glutɔnʀi] n. f. Avidité propre à une personne gloutonne.

glu [gly] n. f. Matière visqueuse, molle et tenace, extraite de l'écorce du houx épineux, du gui. *Prendre des oiseaux à la glu.*

gluant, ante [glyɑ̃, ɑ̃t] adj. Qui a l'aspect, la consistance de la glu. ▷ Qui est recouvert d'une matière visqueuse et collante comme de la glu.

Glubb pacha (sir John Bagot Glubb, dit) (1897 – 1986), général britannique; chef de la Légion arabe (1939). Sujet jordanien (1946), il fut limogé par le roi Hussein en 1956.

glucagon [glykagɔ̃] n. m. BIOCHIM Hormone sécrétée par une partie du pancréas et dont l'action fait augmenter la glycémie.

glucide [glysid] n. m. BIOCHIM Nom générique de composés organiques ternaires qui constituent une partie importante de l'alimentation.

ENCYCL Les glucides, nommés plus cour. *sucres,* se divisent en deux groupes. 1° Les *oses,* composés non ramifiés dont tous les carbones sauf un portent une fonction alcool, le dernier carbone portant une fonction aldéhyde ou cétone, comprennent notam. le glucose, le fructose, le galactose. 2° Les *osides* comprennent les *holosides,* formés par la réunion d'un petit nombre d'oses (lactose, saccharose, etc.), et les *polyosides,* formés par la réunion de nombr. oses (glycogène, amidon, etc.). Les glucides, qui constituent un facteur énergétique important, sont utilisés immédiatement, ou bien stockés dans le foie sous forme de glycogène. Le sucre ordinaire est le saccharose (extrait de la canne à sucre et de la betterave).

glucidique [glysidik] adj. BIOCHIM Relatif aux glucides ou au glucose; de la nature des glucides ou du glucose.

Gluck (Christoph Willibald, chevalier von) (1714 - 1787), compositeur allemand. Ayant étudié le drame lyrique à Milan (1736), il se dégagea à Vienne de l'influence italienne : *Orphée et Eurydice* (1762), *Alceste* (1767). À Paris, il triompha contre Piccinni : *Iphigénie en Aulide* (1774), *Orphée* (1774, adaptation franç.), *Armide* (1777).

gluco-, glycé-, glyci-, glyco-. Éléments, du gr. *glukus,* «doux».

glucose [glykoz] n. m. BIOCHIM Sucre simple *(ose)* de formule $C_6H_{12}O_6$ *(hexose)* possédant un radical aldéhyde dont la forme stable est représentée par une structure cyclique de six atomes de carbone.

glucoside [glykɔzid] n. m. BIOCHIM Nom générique des hétérosides qui peuvent, par hydrolyse, donner naissance à du glucose.

glume [glym] n. f. BOT Bractée stérile située à la base de chaque épillet d'un épi de graminée ou de cypéracée. *Les glumes sont les enveloppes des grains des céréales et constituent la balle.*

glutamate [glytamat] n. m. BIOCHIM Sel de l'acide glutamique utilisé comme condiment.

glutamique [glytamik] adj. BIOCHIM *Acide glutamique :* diacide aminé, stimulant de la cellule nerveuse.

gluten [glytɛn] n. m. Protéine végétale constituant, avec l'amidon, l'essentiel des graines de céréales. *Le gluten forme avec l'eau une masse épaisse, caoutchouteuse, qui permet de le séparer de l'amidon.*

glycé-. V. gluco-.

glycémie [glisemi] n. f. PHYSIOL Concentration en glucose du sérum sanguin (normalement entre 0,8 et 1 g par litre, à jeun).

glycéride [gliseʀid] n. m. CHIM Ester résultant de la réaction du glycérol avec un ou plusieurs acides gras. *Les glycérides constituent la majeure partie des lipides simples contenus dans les tissus animaux.*

glycérine [gliseʀin] n. f. ou **glycérol** [gliseʀɔl] n. m. CHIM Liquide sirupeux de saveur sucrée, trialcool de formule $CH_2OH - CHOH - CH_2OH$. *La glycérine, qui entre dans la composition des corps gras, est utilisée dans l'industrie pharmaceutique, la chimie des matières plastiques et la fabrication des explosifs.* (V. nitroglycérine.)

glycériné, ée [gliseʀine] adj. Qui comporte de la glycérine. *Lotion glycérinée.*

glycérique [gliseʀik] adj. CHIM Qui est dérivé de la glycérine. *Acide aldéhyde glycérique.*

glycérophtalique [gliseʀoftalik] adj. CHIM Se dit des résines artificielles à base de glycérine et d'anhydride phtalique, utilisées notam. dans la fabrication des objets moulés et comme constituants des peintures laques.

glyci-, glyco-. V. gluco-.

glycocolle [glikokɔl] n. m. BIOCHIM Le plus simple des acides aminés, indispensable au métabolisme cellulaire (constituant des acides nucléiques).

glycogène [glikoʒɛn] n. m. BIOCHIM Polyoside (V. glucide) de très grand poids moléculaire, formé de chaînes ramifiées de glucose. (Il constitue dans le foie une réserve générale de glucose et dans le muscle une réserve locale. Son hydrolyse par l'acide chlorhydrique ou par des enzymes spécifiques libère uniquement des molécules de glucose.)

glycogenèse [glikoʒənɛz] ou **glycogénie** [glikoʒeni] n. f. PHYSIOL Production de glucose dans le foie à partir du glycogène.

glycol [glikɔl] n. m. CHIM Nom générique des dialcools. ▷ *Glycol ordinaire* (ou *glycol*) : dialcool de formule $CH_2OH - CH_2OH$, employé comme solvant et antigel, et dans la fabrication du tergal.

glycolyse [glikoliz] n. f. BIOCHIM Dégradation métabolique du glucose. (En présence d'oxygène, elle aboutit à l'acide pyruvique qui peut subir ensuite les réactions du cycle de Krebs. En l'absence d'oxygène, elle conduit à la formation d'acide lactique et d'éthanol.)

glycoprotéine [glikopʀɔtein] n. f. BIOCHIM Protéine comprenant un groupement glucidique (lié à la protéine par covalence).

glycosurie [glikozyʀi] n. f. MED Présence anormale de sucre dans les urines, l'un des signes du diabète sucré.

gmelina [gmelina] n. m. BOT Arbre de la forêt tropicale (fam. verbénacées) proche du teck, à croissance rapide. *Le gmelina est utilisé pour le reboisement.*

G.M.T. Sigle de l'anglais *Greenwich Mean Time,* «temps moyen de Greenwich». Mesure astronomique prise à partir du méridien de Greenwich et calculée sur midi.

gnangnan [ɲɑ̃ɲɑ̃] adj. (inv. en genre) Fam. Mou et geignard. *Elles sont très gnangnans.* ▷ Subst. *Des gnangnans.*

gneiss [gnɛs] n. m. Roche métamorphique de même composition minéralogique que le granite, constituée de lits parallèles de quartz, de feldspath et de mica.

gnocchi [ɲɔki] n. m. Petite quenelle pochée puis gratinée au four.

gnôle [njol] n. f. Fam. Eau-de-vie.

gnome [gnom] n. m. Génie souterrain qui, dans les contes, se présente sous la forme d'un nain contrefait. ▷ *Par ext.* Homme petit et difforme.

gnomique [gnɔmik] adj. Didac. Qui est, s'exprime sous forme de sentences.

-gnose, -gnosie, -gnostique. Éléments, du gr. *gnôsis,* «connaissance».

gnose [gnoz] n. f. **1.** HIST Syncrétisme religieux qui se répandit dans les derniers siècles de l'Antiquité et qui prétendait donner accès, par l'initiation, à la connaissance suprême transmise par la tradition. (V. gnosticisme.) **2.** Didac. Tout savoir qui se pose comme connaissance suprême.

gnoséologie [gnozeɔlɔʒi] n. f. PHILO Théorie de la connaissance.

gnosticisme [gnɔstisism] n. m. Didac. **1.** Ensemble des différentes doctrines gnostiques. **2.** Type de religiosité spécifique des gnostiques.

-gnostique. V. -gnose.

gnostique [gnɔstik] n. et adj. Didac. **1.** n. Adepte de la gnose. **2.** adj. Relatif à la gnose, au gnosticisme.

gnou [gnu] n. m. Bovidé africain (genre *Connochætes*) bossu, aux cornes très recourbées, mesurant 1,20 m au garrot. *Les gnous à queue noire forment de grands troupeaux en Afrique orientale. Le gnou à queue blanche ne se trouve plus que dans des réserves en Afrique du Sud.*

go [go] n. m. Jeu japonais très ancien, d'origine chinoise, qui se joue à deux, avec des pions noirs et blancs.

go (tout de) [tudəgo] loc. adv. Fam. Sans façon, d'une manière abrupte. *Il lui a dit tout de go sa façon de penser.*

Goa, État de l'Inde (créé en 1987), sur la côte de Malabar; 3702 km^2; 1168600 hab.; ch.-l. *Panaji.* – Cette rég., colonie portugaise (avec Damān et Diu) depuis le XVIe s. (v. princ. *Nova Goa*), fut occupée par l'Inde en 1961 et annexée en mars 1962.

goal [gol] n. m. (Anglicisme) SPORT Syn. (off. déconseillé) de *gardien* de but.*

goal average [golavʀɛdʒ; golaveʀaʒ] n. m. (Anglicisme) SPORT Au football, décompte des buts marqués par une équipe et des buts marqués contre elle au cours d'un championnat, en vue de départager les ex æquo. *Des goal averages.*

goalier [golje] n. m. (Afr. subsah.) SPORT Au football, gardien de but.

gobelet [gɔblɛ] n. m. **1.** Récipient pour boire, de forme cylindrique, plus haut que large, sans anse ni pied. **2.** JEU Cornet à dés.

Gobelins (manufacture nationale des), manufacture de tapisseries fondée à Paris par Colbert en 1662. Auj. les ateliers des Gobelins travaillent princ. pour l'État.

gobe-mouches [gɔbmuʃ] n. m. inv. Oiseau passériforme (genre *Muscicapa* et voisins), à bec fin, qui chasse les insectes au vol et dont de nombreuses espèces vivent dans l'Ancien Monde.

gober [gɔbe] v. tr. [1] **1.** Avaler rapidement en aspirant et sans mâcher. *Gober un œuf, une huître.* **2.** Fig., fam. Croire sans discernement. *On lui fait gober tout ce qu'on veut.* **3.** Loc. fig., fam. *Ne pas gober qqn, qqch,* ne pas le supporter, le détester.

Gobi, vaste désert d'Asie centrale, s'étendant en Mongolie (prov. de Mongolie-Intérieure) et en Chine (Xinjiang et Gansu).

gobie [gɔbi] n. m. Poisson téléostéen (genre *Gobius*) dont les diverses espèces, longues de 10 à 30 cm, vivent près des côtes, fixées sur les rochers par leurs nageoires pectorales en forme de ventouse.

Gobineau (Joseph Arthur, comte de) (1816 – 1882), diplomate et écrivain français. Sa thèse de la race germanique «pure» (*Essai sur l'inégalité des races humaines,* 1853-1855) a été exploitée par les nazis. Œuvre romanesque : *les Pléiades* (1874), *Nouvelles asiatiques* (1876).

gobra [gɔbʀa] n. m. inv. (En appos.) *Zébu gobra :* zébu d'une race répandue au Sénégal et au Niger, apte à la traction et bon producteur de viande.

godailler [gɔdaje] v. intr. [1] Fam. Syn. de *goder.*

Godard (Jean-Luc) (né en 1930), cinéaste français; la plus forte personnalité de la «nouvelle vague». Son discours haché, agressif, emprunte à tous les genres : *À bout de souffle* (1959), *Vivre sa vie* (1962), *le Mépris* (1963), *Pierrot le fou* (1965), *la Chinoise* (1967).

godasse [gɔdas] n. f. Fam. Chaussure. – (Madag.) Chaussure de sport.

Godāvari ou **Godavéry** (la), fl. sacré de l'Inde (1 500 km); naît dans les Ghātes occid.; se jette dans le golfe du Bengale par un grand delta.

Godbout (Jacques) (né en 1933), écrivain et cinéaste québécois. Il laisse libre cours à sa fantaisie. Romans : *l'Aquarium* (1962), *Salut Galarneau* (1967), *D'amour, P. Q.* (1972), *les Têtes à Papineau* (1981), *Une histoire américaine* (1986), *l'Écran du bonheur* (essai, 1990).

Godefroi de Bouillon (v. 1061 – 1100), duc de Basse-Lorraine (1089-1095). Il vendit ses domaines et partit pour la 1re croisade, dont il fut l'un des chefs. Élu roi de Jérusalem (1099), il préféra le titre d'« avoué du Saint-Sépulcre ».

Gödel (Kurt) (1906 – 1978), mathématicien et logicien américain d'origine autrichienne.

godelureau [gɔdlyʀo] n. m. Fam., péjor. Jeune homme qui fait le galant.

goder [gɔde] v. intr. [**1**] Faire des faux plis, en parlant d'un vêtement. Syn. fam. godailler.

godet [gɔdɛ] n. m. **1.** Petit récipient sans pied ni anse servant à divers usages (délayer les couleurs, recueillir la résine, etc.). ▷ TECH Petite auge (d'une roue hydraulique, d'une noria, etc.). **2.** COUT *Jupe à godets*, formée de lés taillés dans le biais et très évasée dans le bas.

godiche [gɔdiʃ] adj. et n. f. Fam. Empoté, maladroit. *Avoir l'air godiche.* – n. f. *Une grande godiche.*

godille [gɔdij] n. f. Aviron placé à l'arrière d'une embarcation, auquel on imprime un mouvement hélicoïdal qui permet la propulsion.

godiller [gɔdije] v. intr. [**1**] Faire avancer une embarcation à la godille.

godillot [gɔdijo] n. m. **1.** Soulier de soldat à tige courte. ▷ *Par ext.* Fam. Grosse chaussure. **2.** Fam., péjor. Personne qui suit un chef sans discuter.

Godin (Gérald) (1938 – 1994), poète québécois : *les Cantouques* (1967), « poèmes qui trimballent des sentiments », *Libertés surveillées* (1975), *Soirs sans atout* (1986). Directeur des éditions *Parti pris*, il a été député indépendantiste.

Godjam, prov. du centre de l'Éthiopie; ch.-l. *Debré Markos.* – Au VIIe s., elle servit de refuge aux souverains d'Axoum encerclés par les Arabes.

1. godon [gɔdɔ̃] n. m. (Afr. subsah.) Tissu lâche et épais de coton écru, de fabrication artisanale.

2. godon [gɔdɔ̃] n. m. (oc. Indien) Débarras, cave. – Pièce exiguë qui n'est pas dédiée à un usage particulier.

Godoy Álvarez de Faria (Manuel) (1767 – 1851), homme politique espagnol; amant de la reine Marie-Louise et Premier ministre sous Charles IV (1792-1798, 1800-1808).

God Save the King ou **the Queen** (« Dieu protège le roi » ou « la reine »), hymne national britannique. Ses origines remonteraient à un *catch*, pièce musicale proche du canon, composé par Purcell (fin du XVIIe s.).

Godwin Austen. V. K2.

Goebbels (Joseph Paul) (1897 – 1945), homme politique allemand. Ministre de la Propagande et de l'Information à partir de 1933, il répandit l'idéologie nazie, notam. l'antisémitisme (dirigeant lui-même, en 1938, le sac des lieux juifs). Il se suicida, avec sa famille, dans Berlin assiégé.

goéland [gɔelɑ̃] n. m. Grand oiseau (genre *Larus*, ordre des lariformes) au cri rauque caractéristique, piscivore, vivant sur les côtes, dont le plumage varie du gris très clair au noir.

goélette [gɔelɛt] n. f. Navire à deux mâts (mât de misaine et grand mât). ▷ (Polynésie fr.) Petit cargo assurant le trafic maritime entre les îles.

goémon [gɔemɔ̃] n. m. Nom cour. des algues marines telles que les fucus et les laminaires. Syn. varech.

Goerg (Édouard) (1893 – 1969), peintre, dessinateur et graveur français.

Goering ou **Göring** (Hermann) (1893 – 1946), maréchal et homme politique allemand. Nazi dès 1922, ministre de l'Air en 1933, il devint le deuxième personnage du Reich. Condamné à mort à Nuremberg (1946), il se suicida.

Goethe (Johann Wolfgang von) (1749 – 1832), écrivain allemand. Son prem. drame, *Götz von Berlichingen* (1774), et son roman épistolaire *les Souffrances du jeune Werther* (1774) portent la marque du « Sturm und Drang » : le héros romantique se révolte contre les dieux et contre l'ordre social. À cette période appartiennent deux autres drames (*Clavigo*, 1774; *Stella*, 1776) et la prem. version de *Faust* (dit *Urfaust*, 1773-1775). Installé à la cour de Weimar en 1775, Goethe se réconcilie avec l'ordre universel : *Iphigénie en Tauride* (en prose, 1779; en vers, 1787), *Egmont* (1787), *Torquato Tasso* (1789), *les Années d'apprentissage de Wilhelm Meister* (roman, version définitive, 1796), *Hermann et Dorothée* (épopée bourgeoise, 1797). Il écrit aussi des ballades (*la Fiancée de Corinthe, l'Apprenti sorcier*, etc.). En 1808, il publie la prem. partie définitive de *Faust* (dite aussi *la Tragédie de Marguerite*), et en 1809 *les Affinités électives*, roman autobiographique. Les poèmes du *Divan occidental et oriental* sont édités en 1819. Des travaux scientifiques, *les Années de voyage de Wilhelm Meister* (1821-1829), ses mémoires (*Poésie et Vérité*, posth., 1833), le *Second Faust* (1832), qui conte les amours de Faust et de l'antique Hélène, complètent son œuvre.

Goga (Octavian) (1881 – 1938), poète et homme politique roumain. Exprimant l'amour de son pays natal (*Poésies*, 1905; *Chansons sans patrie*, 1916), il réclama le rattachement de la Transylvanie à la Roumanie. Chef du parti national-chrétien, ministre puis Premier ministre en 1937, il perdit les élections et démissionna l'année suivante.

Gog et Magog, puissances ennemies de Dieu mentionnées par la Bible (Ézéchiel et Apocalypse).

goglu [gogly] n. m. Oiseau passériforme américain (*Dolichonyx oryzivorus*, fam. embérizidés) de la taille d'un moineau, au chant mélodieux, commun dans les champs.

gogo [gogo] n. m. **1.** Fam. Personne naïve, jobarde. *Un gogo qui se fait rouler.* **2.** (Guyane) Fam. Derrière (d'une personne).

gogo (à) [agogo] loc. adv. Fam. En abondance.

Gogol (Nikolaï Vassilievitch) (1809 – 1852), écrivain russe. Il obtint vite le succès avec trois recueils de nouvelles : *les Veillées du hameau près de Dikanka* (1831-1832); *Mirgorod* (1835), qui contient le récit historique « Tarass Boulba », et *Arabesques*, qui contient des essais et des nouvelles (notam. le « Journal d'un fou »). En 1836, il donna une comédie acerbe, *le Revizor.* Ses trois chefs-d'œuvre sont les nouvelles *le Manteau* (1841) et *le Nez* (1843), et le roman inachevé *les Âmes mortes* (1re partie : 1842).

goguenard, arde [gɔgnaʀ, aʀd] adj. Qui a une expression moqueuse, narquoise; qui dénote la moquerie. *Un air goguenard.*

goguette (en) [ɑ̃gɔgɛt] loc. adj. Fam. Mis de belle humeur par la boisson; bien décidé à faire la fête.

goinfre [gwɛ̃fʀ] adj. et n. Qui mange voracement et avec excès.

goinfrer (se) [gwɛ̃fʀe] v. pron. [**1**] Se gaver.

goinfrerie [gwɛ̃fʀəʀi] n. f. Caractère du goinfre; fait de se goinfrer.

goitre [gwatʀ] n. m. Grosseur siégeant à la face antérieure de la base du cou, due à une tuméfaction localisée ou diffuse du corps thyroïde. Syn. (Afr. subsah.) cou. *Goitre exophtalmique :* V. Basedow.

goitreux, euse [gwatʀø, øz] adj. et n. **1.** De la nature du goitre. **2.** Qui est atteint d'un goitre. ▷ Subst. *Un goitreux. Une goitreuse.*

Golan (plateau du), rég. du S.-O. de la Syrie; occupée par Israël de 1967 à 1974, théâtre de violents combats en 1973. La partie du territoire non évacuée en 1974 fut unilatéralement annexée par Israël en 1981.

Gold Coast, nom angl. de la Côte-de-l'Or. V. Ghana.

golden [gɔldɛn] n. f. Variété de pomme à peau jaune.

Goldoni (Carlo) (1707 – 1793), auteur dramatique italien. Il a substitué à la farce la comédie de mœurs : *la Locandiera* (1753), *les Rustres* (1760), *le Bourru bienfaisant* (en français, 1771), etc. À Paris, de 1784 à 1787, il a écrit en fr. ses *Mémoires.*

Goldsmith (Oliver) (1728 – 1774), écrivain anglais : *le Vicaire de Wakefield* (1766), roman sentimental; *Elle s'abaisse pour vaincre* (1773), comédie.

Goléa (El-). V. Menia (Al-).

Golestan. V. Gulistān.

golf [gɔlf] n. m. **1.** Sport qui consiste à placer successivement, au moyen d'une crosse nommée *club*, une balle dans une série de trous répartis le long d'un parcours. **2.** Terrain sur lequel on pratique ce sport. **3.** *Golf miniature :* jeu imité du golf qui se déroule sur un petit parcours. Syn. mini-golf.

golfe [gɔlf] n. m. Vaste échancrure d'une côte. *Le golfe de Guinée. Le golfe Saint-Laurent.* ▷ Absol. *Le Golfe :* le golfe Persique.

Golfe (guerre du), nom de deux conflits qui se déroulèrent près du golfe Persique. – Le premier opposa l'Iran* et l'Irak*, de l'offensive irakienne en sept. 1980 au cessez-le-feu de juil. 1988. – Le second débuta en janv. 1991 après l'invasion du Koweït en août 1990, par l'Irak, que combattit une coalition de 30 pays (Arabie Saoudite, Argentine, Australie, Bahreïn, Bangladesh, Belgique, Canada, Danemark, Égypte, Émirats arabes unis, Espagne, États-Unis, France, Grèce, Honduras, Italie, Koweït, Maroc, Niger, Norvège, Oman, Pākistān, Pays-Bas, Portugal, Royaume-Uni, Sénégal, Sierra Leone, Syrie, Tchécoslovaquie, Turquie). Les alliés occupèrent le Koweït le 28 fév. et un cessez-le-feu intervint le 3 mars 1991.

golfeur, euse [gɔlfœʀ, øz] n. Personne qui joue au golf.

Golgi (Camillo) (1843 ou 1844 – 1926), médecin italien; auteur de travaux histologiques et sur le paludisme. P. Nobel 1906 (avec S. Ramón y Cajal). ▷ *Appareil de Golgi* : dictyosome.

Golgotha (forme gr. du mot araméen *gulgolta*, «lieu du crâne»), nom de la colline où Jésus fut crucifié.

goliath [gɔljat] n. m. **1.** ENTOM Grande cétoine (genre *Goliathus*) de la forêt dense africaine, le plus gros et le plus lourd des insectes. **2.** (En appos.) *Héron goliath* : très grand héron des marécages et des berges des rivières d'Afrique.

Goliath, personnage biblique; géant philistin tué d'un coup de fronde par David.

Gombert (Nicolas) (v. 1490 – v. 1560), musicien franco-flamand, né à Bruges : messes, motets, magnificat, chansons.

gombo [gɔ̃bo] n. m. **1.** Plante des régions chaudes (fam. malvacées) dont on consomme les feuilles et les fruits comme légumes; son fruit. Syn. (Guyane, Haïti) calalou. **2.** Soupe faite avec la racine de cette plante (plat national en Louisiane). *Gombo aux huîtres.*

Gombrowicz (Witold) (1904 – 1969), écrivain polonais. Son œuvre complexe procède de l'angoisse. Romans : *Ferdydurke* (1938), *la Pornographie* (1960), *Cosmos* (1961). En 1970, on a publié son *Journal* (1953-1969).

goménol [gɔmenɔl] n. m. (Nom déposé.) Huile végétale tirée du niaouli, antiseptique des voies respiratoires.

goménolé, ée [gɔmenɔle] adj. Qui contient du goménol. *Huile goménolée.*

gommage [gɔmaʒ] n. m. **1.** Action de gommer; son résultat. **2.** Action d'éliminer de la peau les impuretés et les peaux mortes, par frottement avec un produit cosmétique granuleux. **3.** TECH Altération d'une huile lubrifiante qui prend la consistance d'une gomme, notam. sous l'action du froid.

gomme [gɔm] n. f. **1.** Substance visqueuse qui s'écoule de certains arbres naturellement ou après incision, utilisée dans l'industrie et en pharmacie. *Les gommes diffèrent des résines et des latex par leur solubilité dans l'eau.* ▷ *Gomme arabique,* provenant de divers acacias d'Arabie et du Sahel. ▷ *Gomme adragante,* tirée de certains astragales. ▷ *Gomme à mâcher :* friandise connue sous le nom de chewing-gum. ▷ (Québec) Gomme à mâcher. *Gomme balloune,* avec laquelle on peut faire des bulles. **2.** Petit bloc de caoutchouc ou de matière synthétique servant à effacer. *Gomme à encre.* Syn. (Québec) efface. **3.** MED Nodosité siégeant dans l'hypoderme, aux causes diverses (syphilis, tuberculose) et dont l'ouverture donne lieu à un ulcère profond. **4.** Loc. adj. Fam. *À la gomme :* sans intérêt, sans valeur (personne ou chose). *Une invention à la gomme.* **5.** Loc. fam. *Mettre la gomme, toute la gomme :* augmenter au maximum la vitesse d'un véhicule, la puissance d'un moteur.

gomme-gutte [gɔmgyt] n. f. Résine de couleur jaune, produite par divers arbres d'Asie et utilisée dans la fabrication des vernis et des peintures. *Des gommes-guttes.*

gomme-laque ou **gomme laque** [gɔmlak] n. f. Résine exsudée par divers arbres, employée dans la fabrication des vernis à l'alcool. *Des gommes-laques* ou *des gommes laques.*

gommer [gɔme] v. tr. [1] **1.** Enduire de gomme (du papier, du tissu). – Pp. adj. *Papier gommé.* ▷ (Afr. subsah.) Empeser. – Pp. *Un boubou bien gommé.* **2.** Effacer avec une gomme. **3.** Fig. Atténuer, faire disparaître. *Gommer un détail gênant.* **4.** (Réunion) Souiller, tacher. *J'ai les mains gommées.*

gommette [gɔmɛt] n. f. Petit morceau de papier coloré autocollant.

gommeux, euse [gɔmø, øz] adj. Qui produit de la gomme; qui est de la nature de la gomme.

gommier [gɔmje] n. m. **1.** Arbre qui produit de la gomme. *Gommier blanc. Gommier rouge.* – *Spécial.* Petit arbre épineux *(Acacia senegal)* du Sahel. **2.** (Antilles fr., Haïti) Embarcation creusée dans un tronc d'arbre (gommier ou autre).

Gomorrhe, anc. ville de Palestine, au S.-E. de la mer Morte. Elle aurait été détruite par le feu du ciel en même temps que Sodome (Genèse, XIX).

Gomułka (Władysław) (1905 – 1982), homme politique polonais. Secrétaire général du Parti ouvrier unifié polonais de 1943 à 1948, il fut victime du stalinisme. Emprisonné (1951-1954), il retrouva son poste en 1956, mais démissionna en 1970 après des émeutes.

gonade [gɔnad] n. f. ANAT Glande génitale (testicule ou ovaire).

gonadostimuline [gɔnadostimylin] n. f. PHYSIOL Hormone qui stimule l'activité fonctionnelle des glandes sexuelles mâles et femelles. *Les gonadostimulines sont sécrétées par le lobe antérieur de l'hypophyse et par le placenta de la femme enceinte.* Syn. gonadotrophine.

gonadotrophine [gɔnadotʀɔfin] n. f. Syn. de *gonadostimuline.*

Gonaïves, v. et port d'Haïti, dans le N. du golfe de Gonaïves; ch.-l. de dép.; env. 30000 hab. (aggl. plus de 60000 hab.). – Le *golfe de Gonaïves* occupe toute la partie O. d'Haïti. Au fond de ce golfe, abrité par l'île de la Gonâve, se trouve Port-au-Prince.

gonakié ou **gonakier** [gɔnakje] n. m. (Afr. subsah.) Acacia à gomme dont les gousses sont utilisées comme fourrage et pour tanner le cuir. Syn. gommier rouge.

Gonâve (île de la), île d'Haïti, au fond du golfe de Gonaïves; 703 km^2; env. 40000 hab.

Goncourt (Edmond Huot de) (1822 – 1896) et son frère **Jules Huot de Goncourt** (1830 – 1870), écrivains français. Stylistes de l'école naturaliste («écriture artiste»), ils ont écrit en collab. des romans et *l'Art du XVIIIe siècle* (1859-1875). Après la mort de Jules, Edmond a publié plusieurs romans et le *Journal des Goncourt.* Par testament, il créa l'*académie Goncourt.* V. académie (encycl.).

gond [gɔ̃] n. m. **1.** Pièce métallique autour de laquelle tournent les pentures d'une porte ou d'une fenêtre. **2.** Loc. fig., fam. *Sortir de ses gonds :* s'emporter.

Gondar, v. d'Éthiopie, au N. du lac Tana; 90000 hab.; ch.-l. de la prov. du m. nom. – Elle eut rang de cap. du XVIe au XIXe s. En 1887, les derviches la dévastèrent. – À partir du XVIIe s., fut bâti un ensemble architectural enfermé dans une vaste enceinte percée de portes.

gondolage [gɔ̃dɔlaʒ] ou **gondolement** [gɔ̃dɔlmɑ̃] n. m. Action de gondoler; fait de se gondoler.

gondolant, ante [gɔ̃dɔlɑ̃, ɑ̃t] adj. Fam. Très drôle.

gondole [gɔ̃dɔl] n. f. **1.** Barque vénitienne longue et plate à un seul aviron. **2.** Long meuble à rayons superposés, utilisé dans les magasins en libre-service pour présenter les marchandises.

gondoler [gɔ̃dɔle] v. [1] **1.** v. intr. Se gonfler, se déjeter, se gauchir. *Bois, carton qui gondole.* ▷ v. pron. *Papier qui se gondole.* **2.** v. pron. Fig., fam. Se tordre de rire.

gondolier, ère [gɔ̃dɔlje, ɛʀ] n. Batelier, batelière qui conduit une gondole.

Gondwana (le), continent qui, selon la théorie de la dérive des continents, aurait regroupé l'Amérique du Sud, l'Afrique, Madagascar, l'Arabie, l'Inde, l'Australie et l'Antarctique et qui, au primaire, aurait occupé le pôle Sud. Il se serait disloqué il y a 240 millions d'années.

-gone. V. gonio-.

gonflable [gɔ̃flabl] adj. Qui peut être gonflé avec de l'air ou un gaz.

gonflage [gɔ̃flaʒ] n. m. Action de gonfler. – Fait de se gonfler.

gonflant, ante [gɔ̃flɑ̃, ɑ̃t] adj. Qui gonfle; qui fait gonfler.

gonfle [gɔ̃fl] n. f. et adj. (Suisse) **1.** n. f. Syn. de *congère.* **2.** adj. V. gonflé.

gonflé, ée [gɔ̃fle] ou (Suisse) **gonfle** [gɔ̃fl] adj. **1.** Enflé. *Ventre gonflé.* **2.** Fig. Empli. *Cœur gonflé de peine.* **3.** Loc. fam. *Gonflé à bloc :* rempli d'ardeur. – Fam. *Être gonflé :* montrer une assurance exagérée, avoir du culot.

gonflement [gɔ̃fləmɑ̃] n. m. **1.** Action de gonfler. **2.** Enflure (d'une partie du corps). **3.** Fig. Exagération; augmentation trop importante. *Le gonflement des effectifs.*

gonfler [gɔ̃fle] v. [1] **I.** v. tr. **1.** Distendre, augmenter le volume d'un corps en l'emplissant d'air, de gaz. *Gonfler un ballon. Le vent gonfle les voiles du navire.* **2.** Enfler. – Pp. *Avoir les yeux gonflés de sommeil.* **3.** Fig. Remplir, combler. *Son cœur est gonflé de joie.* – Absol. Fam. Remplir d'exaspération. *Tu commences à me gonfler.* **4.** Fig. Exagérer, grossir. *La presse a gonflé cette histoire insignifiante. Gonfler une facture.* **II.** v. intr. Augmenter de volume. *Cette pâte gonfle à la cuisson.* **III.** v. pron. Devenir enflé. *Veines qui se gonflent sous l'effort.* ▷ Fig. Être empli. *Il se gonfle d'orgueil.*

gonfleur [gɔ̃flœʀ] n. m. TECH Appareil servant à gonfler (les pneus, les matelas pneumatiques, etc.).

gong [gɔ̃g] n. m. **1.** Instrument de percussion formé d'un plateau de métal sonore sur lequel on frappe avec une baguette à tampon. **2.** Timbre utilisé pour donner un signal. *Coup de gong annonçant la fin et le début d'une reprise, dans un match de boxe.*

Góngora y Argote (Luis de) (1561 – 1627), poète et ecclésiastique espagnol. Aumônier de Philippe III (1617), il est l'auteur de la *Fable de Polyphème et Galatée* (1612) et des *Solitudes* (1613). Son style recherché donna naissance à un genre précieux *(gongorisme).*

goni [gɔni] n. m. (Madag., Réunion) Toile de jute. – *Par méton.* Sac en toile de jute.

gonio-, -gone. Éléments, du gr. *gônia,* «angle».

goniomètre [gɔnjomɛtʀ] n. m. **1.** TECH Appareil servant à la mesure des angles (topographie, optique, etc.). **2.** RADIO Appareil récepteur servant à déterminer la direction d'une émission radioélectrique. (On dit aussi *radiogoniomètre* ou, par abrév., *gonio*).

goniométrie [gɔnjometʀi] n. f. TECH **1.** Ensemble des procédés de mesure des angles. **2.** Syn. de *radiogoniométrie.*

gonochorisme [gɔnɔkɔʀism] n. m. BIOL État d'une espèce animale dans laquelle il existe des individus exclusivement mâles et des individus exclusivement femelles. Ant. hermaphrodisme.

gonococcie [gɔnɔkɔksi] n. f. MED Infection due au gonocoque.

gonocoque [gɔnɔkɔk] n. m. MED Diplocoque agent de la blennorragie.

gonocyte [gɔnosit] n. m. BIOL Cellule sexuelle primitive donnant naissance aux gamètes.

gonorrhée [gɔnɔʀe] n. f. MED Blennorragie.

Gontcharov (Ivan Alexandrovitch) (1812 – 1891), romancier réaliste russe : *Une simple histoire* (1847); *Oblomov* (1859); *la Falaise* (1869).

Gontcharova (Natalia Sergheïevna) (1881 – 1962), peintre russe; créatrice, avec son mari Larionov*, d'un mouvement pictural.

González (Felipe) (né en 1942), homme politique espagnol. Secrétaire général du Parti socialiste ouvrier espagnol (P.S.O.E.) en 1972, Premier ministre de 1982 à 1996.

gonze [gɔ̃z] n. m. (France rég.) Fam. Homme, jeune homme.

gonzesse [gɔ̃zɛs] n. f. Fam. Femme, jeune femme.

Goodman (Benjamin David, dit Benny) (1909 – 1986), clarinettiste et chef d'orchestre de jazz américain. Il lança le style «swing» (1935).

Goose Bay, v. du Canada (Labrador), au S. du lac Melville; 3000 hab. Anc. base aérienne.

goral [gɔʀal] n. m. Chèvre sauvage (*Naemorhedus goral*) des montagnes d'Asie.

Goranes. V. Zaghawa.

Gorbatchev (Mikhaïl Sergeïevitch) (né en 1931), homme politique soviétique. Membre du bureau politique du P.C.U.S. (1980), secrétaire général (1985), il voulut la *perestroïka* (restructuration) du socialisme et conclut un premier accord de désarmement avec les É.-U. en 1987. Président du Præsidium du Soviet suprême en 1988, il fut élu président de l'U.R.S.S. par le Congrès du Peuple en 1989. Après l'échec d'un coup d'État des communistes conservateurs, en août 1991, il fut uniquement prés. de l'U.R.S.S., jusqu'à la dissolution de celle-ci en déc. 1991. P. Nobel de la paix 1990.

gordien [gɔʀdjɛ̃] adj. m. *Trancher le nœud gordien :* mettre fin par une décision brutale à une situation de crise apparemment insoluble.

Gordimer (Nadine) (née en 1923), écrivain sud-africain d'expression anglaise. Elle narre la vie au Transvaal : *Un monde d'étrangers* (1979), *Fille de Burger* (1982), *Un caprice de la nature* (1990). P. Nobel 1991.

Gordion, anc. ville d'Asie Mineure, cap. de la Phrygie.

Gordon (Charles) (1833 – 1885), officier et administrateur britannique. Gouverneur (1881) du Soudan égyptien (où il reçut le nom de *Gordon pacha*), il fut tué par les adeptes du Mahdi lors de la prise de Khartoum.

Gorée, îlot côtier du Sénégal, à 3 km de Dakar. Comptoir franç. import. au XVIIIe s. – Vieille ville pittoresque. – Témoignages du comm. des esclaves.

gorer [gɔʀe] v. tr. ind. **[1]** (Maurice) Fam. Tricher lors d'un exercice scolaire, copier sur son voisin de classe. *Gorer sur son voisin.*

goret [gɔʀɛ] n. m. Jeune porc.

gorge [gɔʀʒ] n. f. **1.** Partie antérieure du cou. *Serrer la gorge de qqn. Couper la gorge à qqn.* – Loc. fig. *Tenir, mettre le couteau sur la gorge à qqn,* chercher à obtenir de lui qqch par la menace. *Avoir le couteau sur (sous) la gorge.* **2.** Gosier, cavité située en arrière de la bouche. *Avoir mal à la gorge.* Syn. (Afr. subsah., Proche-Orient) cou, (France rég.) gargamelle, gargoulette. ▷ Loc. *Avoir la gorge sèche :* avoir soif, être altéré. *Rire à gorge déployée,* très fort. *Prendre à la gorge :* produire une sensation d'étouffement. *Fumée qui prend à la gorge.* – Fig. *Faire rentrer à qqn ses paroles (ses mots) dans la gorge,* l'obliger à se taire ou à se rétracter. **3.** Loc. fig. *Rendre gorge :* restituer sous la contrainte ce qui avait été pris injustement. – *Faire des gorges chaudes de qqch,* s'en moquer ostensiblement. **4.** *Par euph.* Partie supérieure de la poitrine, seins d'une femme. *Découvrir sa gorge.* **5.** GEOMORPH Vallée étroite et très profonde. *Les gorges du Verdon.* **6.** ARCHI Moulure concave. **7.** TECH Orifice ou cannelure.

gorgée [gɔʀʒe] n. f. Quantité de liquide avalée en une seule fois. *Boire à petites gorgées.*

gorger [gɔʀʒe] v. tr. **[13]** **1.** Faire manger avec excès. *On le gorgea de mets variés.* ▷ *Gorger des volailles,* les gaver. **2.** Imprégner, saturer. ▷ Pp. *Un terrain gorgé d'eau.* – Fig. *Un pays gorgé de richesses.* **3.** v. pron. Absorber en quantité. *Se gorger de café.*

Gorgias (v. 487 – v. 380 av. J.-C.), sophiste grec : *Sur le non-être et la nature.* Dans le dialogue de Platon *Gorgias ou De la rhétorique* (v. 395-v. 391 av. J.-C.), Socrate reproche à Gorgias son art superficiel.

gorgone [gɔʀgɔn] n. f. ZOOL Cnidaire octocoralliaire des mers chaudes, à squelette corné en éventail, de couleurs variées.

Gorgones, dans la myth. gr., monstres à la tête effroyable, à la chevelure faite de serpents. Elles étaient trois sœurs : Sthéno, Euryale et Méduse (la plus redoutable), filles du dieu marin Phorcys et de Céto.

gorgonzola [gɔʀgɔ̃zɔla] n. m. Fromage de vache italien.

gorille [gɔʀij] n. m. **1.** Le plus grand des singes pongidés *(Gorilla gorilla),* au pelage noir, très puissant. (Dans la rép. dém. du Congo, certains gorilles atteignent 2 m de haut, 2,70 m d'envergure et 250 kg; frugivores, assez peu belliqueux, polygames, les gorilles vivent en troupes dans les forêts.) *Le gorille des plaines est présent au Cameroun, au Gabon et dans la rép. du Congo; le gorille des montagnes vit dans l'est de la rép. dém. du Congo, en Ouganda et au Rwanda.* **2.** (Afr. subsah.) Nom donné impr. aux grands singes anthropoïdes, notam. aux chimpanzés. **3.** Fig., fam. Garde du corps.

Göring. V. Goering.

Gorizia (en all. *Görz,* en serbe *Gorica*), v. d'Italie (Frioul-Vénétie Julienne), à la frontière de la Slovénie; ch.-l. de la province du m. nom; 41 330 hab. Text. – Archevêché. – Le traité de paix de 1947 partagea la ville en deux; la partie yougoslave prit le nom de *Nova Gorica.*

Gorki, ville de Russie. V. Nijni-Novgorod.

Gorki (Alexeï Maximovitch Pechkov, dit Maxime) (1868 – 1936), écrivain russe. Il relata son existence d'orphelin vagabond dans une trilogie (*Ma vie d'enfant,* 1913-1914; *En gagnant mon pain,* 1915-1916; *Mes universités,* 1923). Il connut le succès (*Foma Gordeïev,* roman, 1899) et se montra favorable aux idées révolutionnaires (*la Mère,* roman, 1907), mais non à la violence, puis adopta le réalisme socialiste (*Vie de Klim Samguine,* 1927-1936). Théâtre : *les Petits-Bourgeois* (1902), *les Bas-Fonds* (1902).

Gorky (Vosdanig Adoian, dit Arshile) (1904 – 1948), peintre américain abstrait.

gorlot [gɔʀlo] n. m. et adj. V. guerlot.

goron [gɔʀɔ̃] n. m. (Suisse) Vin rouge du canton du Valais. (V. dôle, humagne.)

gosette [gɔzɛt] n. f. (Belgique, France rég.) Chausson aux fruits en pâte levée ou feuilletée. *Gosette aux pommes.*

gosier [gozje] n. m. **1.** Arrière-gorge et pharynx. – Fam. *Avoir le gosier (à) sec :* avoir soif. **2.** Organe vocal. *À plein gosier :* à pleine voix.

gospel [gɔspɛl] n. m. MUS Chant religieux des Noirs d'Amérique du Nord. ENCYCL Les chants religieux des Noirs d'Amérique du N. sont nés au XVIIIe s. On distingue le *negro spiritual,* chant traditionnel anonyme, et le *gospel song,* composition d'auteur, plus gai, musicalement plus complexe et toujours chanté avec accompagnement instrumental. L'apogée du gospel se situe entre 1930 et 1960.

Gossaert ou **Gossart** (Jan, dit Mabuse) (v. 1478 – v. 1535), peintre flamand.

1. gosse [gɔs] n. Fam. **1.** Enfant. *Sa femme et ses gosses.* **2.** Adolescent(e). – Loc. *Un beau gosse, une belle gosse :* un beau garçon, une belle fille.

2. gosse [gɔs] n. f. (Québec) Vulg. Testicule. – Fig. *Faire qqch rien que sur une gosse,* très rapidement ou très facilement. – Péjor. *Patente à gosses :* objet de mauvaise qualité; projet irréaliste.

Gossec (François Joseph Gossé, dit) (1734 – 1829), compositeur français originaire du Hainaut. Protégé de Rameau, directeur de l'Opéra de Paris (1782), il composa une *Messe des morts* (1760), des symphonies, des oratorios, des opéras (*Philémon et Baucis,*1775), et sous la Révolution, des œuvres de circonstance (*Offrande à la Liberté,*1792; *Triomphe de la République,*1793). Il a laissé de nombreux traités pédagogiques.

gosser [gɔse] v. [1] (Québec) **I.** v. tr. **1.** Tailler (un morceau de bois) en faisant voler des éclats. (V. chacoter.) **2.** Faire des entailles sur (un objet en bois). – *Par ext.* Graver. *Gosser ses initiales sur un arbre.* **II.** v. tr. et intr. Fig., fam. **1.** v. tr. Flatter (qqn) pour en obtenir qqch. **2.** v. tr. Chercher à séduire (qqn). *Gosser les filles.* **3.** v. intr. Travailler sans méthode.

gosseux, euse [gɔsø, øz] n. et adj. (Québec) Fam. **1.** Qui gosse du bois. – *Par ext.* Sculpteur sans prétention. **2.** Qui aime séduire. **3.** Qui travaille sans méthode.

Göteborg, v. et port de Suède, à l'embouchure du Göta älv; 425500 hab.; ch.-l. de län. Grand centre industr. – Université. Musées.

gotha [gɔta] n. m. Ensemble des familles et des personnes de la noblesse. *Faire partie du gotha.* ▷ Par anal. *Le gotha de l'industrie.*

Gotha (Almanach de), annuaire généalogique, diplomatique et statistique qui a paru à Gotha, de 1764 à 1944.

Gotha, v. d'Allemagne, au N. du Thüringerwald; 57570 hab. Industries. – Cath. (XIVe et XVe s.). Chât. des Friedenstein (XVIIe s.). – Anc. cap. du duché de Saxe-Cobourg-Gotha. – Le *congrès de Gotha* (mai 1875) créa le parti social-démocrate allemand en rapprochant marxistes et partisans de Lassalle.

gothique [gɔtik] adj. et n. m. **1.** Des Goths, qui a rapport aux Goths. **2.** BX-A *Style gothique* ou, n. m., *le gothique :* style architectural qui s'est répandu en Europe du XIIe au XVIe s.

ENCYCL Bx-A. – L'architecture gothique, née en France et en Angleterre au début du XIIe s., s'impose dans presque toute l'Europe jusqu'au XVIe s. Son essor est dû à l'emploi, pour les voûtes des édifices religieux, de la croisée d'ogives. Le style gothique se caractérise par l'emploi de l'arc brisé, la hauteur des supports, l'importance des ouvertures, garnies de vitraux. Au *gothique primitif,* de 1140 à 1200, et au *gothique à lancettes,* de 1200 à 1250 (cath. de Paris, Reims, Chartres, Bourges, et Sainte-Chapelle de Paris), succèdent le *gothique rayonnant* (XIVe s.) qui éclaire l'édifice d'immenses «roses» (cath. de Strasbourg, Metz, Cologne) puis le *gothique flamboyant* (XVe-XVIe s.), qui privilégie la décoration (cath. de Beauvais). L'architecture civile et militaire adopte aussi le style ogival : maison de Jacques Cœur à Bourges, palais des Papes à Avignon, enceintes fortifiées de Carcassonne, Saint-Malo, Aigues-Mortes (Gard).

Goths, peuple germanique installé au Ier s. av. J.-C. sur les rives de la Vistule. Vers 230 apr. J.-C., leur domination s'étend des Carpates au Don, le bas Dniepr constituant l'axe princ. de leur État. En 375, l'invasion des Huns poussa la plupart des Goths dans l'Empire romain. Ils y menèrent de ravageuses incursions (IIIe s.) avant de s'installer sur ses marches. À la fin du IIIe s., ils se divisèrent en Ostrogoths («Goths brillants») et en Wisigoths («Goths sages»).

Göttingen, v. d'Allemagne (Basse-Saxe), sur la Leine; 130800 hab. Industries. – Université fondée en 1737.

Gottwald (Klement) (1896 – 1953), homme politique tchécoslovaque, chef du parti communiste (1929). Prés. du Conseil (1946), il organisa le «coup de Prague» (fév. 1948) puis fut prés. de la République.

gouache [gwaʃ] n. f. Peinture préparée à l'aide de couleurs délayées dans de l'eau avec de la gomme et rendues pâteuses par du miel ou une autre substance. ▷ Œuvre peinte à la gouache.

gouaille [gwaj; gwɑj] n. f. Moquerie insolente teintée de vulgarité.

gouailleur, euse [gwajœʀ; gwɑjœʀ, øz] adj. Qui manifeste de la gouaille. *Une voix gouailleuse.*

gouda [guda] n. m. Fromage de Hollande au lait de vache.

goudrelle [gudʀɛl] n. f. (Québec) Lame de métal en forme de gouge que l'on fixe dans un érable pour en recueillir la sève.

goudron [gudʀɔ̃] n. m. Émulsion épaisse et noirâtre qui provient de la pyrogénation de la houille ou du bois, de la distillation du pétrole brut, etc. *Les goudrons servent à fabriquer les huiles et le brai utilisés dans le revêtement des chaussées, et entrent dans la préparation de colorants, de parfums et de carburants.* ▷ (Afr. subsah.) Route goudronnée. *Prenez le goudron à gauche.*

goudronnage [gudʀɔnaʒ] n. m. Action de goudronner. *Goudronnage des routes.*

goudronner [gudʀɔne] v. tr. [1] Enduire de goudron.

goudronneux, euse [gudʀɔnø, øz] adj. et n. f. Didac. De la nature du goudron. ▷ n. f. TECH Véhicule servant au goudronnage des routes.

gouffre [gufʀ] n. m. **1.** Dépression naturelle très profonde aux parois abruptes. – *Spécial.* GEOMORPH Vaste puits naturel, typique du relief karstique. *Le gouffre de Padirac.* Syn. abîme, aven. **2.** Fig. Catastrophe. *Le pays est au bord du gouffre.* **3.** Fig. Ce dans quoi l'on engloutit beaucoup d'argent. *Cette voiture est un gouffre!*

gouge [guʒ] n. f. TECH Ciseau droit ou coudé à tranchant semi-circulaire.

gouille [guj] n. f. (France rég., Suisse) Fam. Flaque d'eau, mare.

Gouin (sir Lomer) (1861 – 1929), homme politique québécois, Premier ministre (libéral) du Québec de 1905 à 1920.

goujat [guʒa] n. m. Homme grossier, sans éducation.

goujaterie [guʒatʀi] n. f. Grossièreté, muflerie.

1. goujon [guʒɔ̃] n. m. ZOOL Poisson cyprinidé (*Gobio gobio*) comestible, des eaux courantes d'Europe, qui atteint 15 cm de long et porte deux barbillons.

2. goujon [guʒɔ̃] n. m. TECH Pièce cylindrique aux extrémités taraudées, servant à assembler deux éléments.

Goujon (Jean) (v. 1510 – v. 1564 ou 1569), sculpteur et architecte français. Son style inaugure le retour aux normes de l'art grec classique : *fontaine des Innocents* à Paris (1549), *Déposition du Christ,* Louvre (1544).

goulag [gulag] n. m. Camp de travail forcé, en U.R.S.S.

goulasch ou **goulache** [gulaʃ] n. m. ou f. CUIS Plat hongrois, fait de bœuf au paprika.

Gould (Glenn) (1932 – 1982), pianiste canadien. Un toucher subtilement détaché caractérise ses interprétations de Bach, Beethoven, Schönberg. Parmi ses nombreux écrits, citons *le Dernier Puritain* (posth., 1983).

goule [gul] n. f. (Acadie, France rég.) Bouche (d'une personne).

Gouled Aptidon (Hassan) (né en 1916), homme d'État de Djibouti. Président de la Rép. après l'indépendance (1977), il fut élu en 1981, réélu en 1987 et en 1993.

goulée [gule] n. f. Fam. Gorgée. – Par ext. *Une goulée d'air.*

goulet [gulɛ] n. m. **1.** GEOGR Défilé. **2.** Chenal. **3.** *Goulet (goulot) d'étranglement :* ce qui limite un écoulement, un débit ou bloque un processus (rue trop étroite dans un réseau routier, machine au débit insuffisant dans un circuit de fabrication, etc.).

Goulette (La) (auj. *Halq el-Oued*), v. de Tunisie, à l'entrée du canal maritime de Tunis; 61610 hab. Port de comm. Station balnéaire populaire.

goulot [gulo] n. m. **1.** Col d'un vase, d'une bouteille à orifice étroit. *Goulot de bouteille. Boire au goulot.* **2.** *Goulot d'étranglement :* V. goulet.

goulu, ue [guly] adj. (et n.) **1.** Vorace, glouton. *Un enfant goulu.* ▷ Subst. *Un(e) goulu(e).* **2.** HORTIC *Pois goulus* ou *gourmands,* que l'on mange avec les cosses.

goulûment [gulymɑ̃] adv. Avec avidité. *Manger goulûment.*

goum [gum] n. m. HIST Formation auxiliaire recrutée, de 1908 à 1956, parmi les Maghrébins et encadrée par des gradés français.

goumbé [gumbe] n. m. (Afr. subsah.) Nom donné à diverses danses traditionnelles, en Afrique occidentale.

goumier [gumje] n. m. HIST Cavalier appartenant à un goum.

goundi [gundi] n. m. ZOOL Petit rongeur des régions subdésertiques du N. de l'Afrique, à queue courte et touffue, vivant dans les zones rocheuses.

goundou [gundu] n. m. Hypertrophie des os du nez parfois observée en Afrique au cours de l'évolution du pian.

Gounod (Charles) (1818 – 1893), compositeur français. Ses opéras *Faust* (1859), au succès considérable, *Mireille* (1864) et *Roméo et Juliette* (1867) valent par la mélodie.

goupille [gupij] n. f. TECH Tige métallique conique, ou constituée par deux branches que l'on rabat *(goupille fendue),* servant à immobiliser une pièce.

goupiller [gupije] v. tr. [1] **1.** TECH Fixer avec une goupille. **2.** Fam. Manigancer. *C'est lui qui a goupillé tout ça.*

goupillon [gupijɔ̃] n. m. **1.** Tige garnie de poils pour nettoyer un corps cylindrique creux (bouteille, par ex.). **2.** Objet qui sert à asperger d'eau bénite. – Fam., péjor. *Alliance du sabre et du goupillon,* de l'armée et du clergé, en politique.

Goupta. V. Gupta.

gour [guʀ] n. m. GEOL Butte rocheuse isolée par l'érosion, typique de certains reliefs désertiques (Sahara).

Gourara, groupe d'oasis d'Algérie, au S. du Grand Erg occidental. Elles sont peuplées de Zénètes, pop. berbère.

Gouraud (Henri Eugène) (1867 – 1946), général français. Il vainquit Samory* Touré (1898) dans le Mali actuel et seconda Lyautey au Maroc (1912-1914). Haut-commissaire en Syrie et au Liban (1919-1923), il réprima les révoltes des nationalistes syriens de Damas.

gourbi [guʀbi] n. m. **1.** (Maghreb) Habitation traditionnelle en terre et recouverte de chaume. **2.** Fam. Logement sale et en désordre, exigu.

gourbisation [guʀbizasjɔ̃] n. f. (Maghreb) Construction ou développement des gourbis.

gourd, gourde [guʀ, guʀd] adj. Engourdi, paralysé par le froid. *Avoir les doigts gourds.*

1. gourde [guʀd] n. f. **1.** Plante grimpante des régions chaudes (fam. cucurbitacées), dont le fruit, comestible, est la calebasse. **2.** *Par ext.* Récipient fait d'une calebasse séchée. **3.** Bouteille conçue pour résister aux chocs (en verre, en métal, en matière plastique, etc.), fermant hermétiquement, que l'on porte avec soi en déplacement.

2. gourde [guʀd] n. f. et adj. Fam. Fille, femme stupide. *Une grande gourde.* ▷ adj. *Il est un peu gourde.*

3. gourde [guʀd] n. f. Monnaie de la rép. d'Haïti.

gourdin [guʀdɛ̃] n. m. Gros bâton noueux.

gourer (se) [guʀe] v. pron. [1] Fam. Se tromper.

gourgane [guʀgan] n. f. (Québec) Légumineuse (*Vicia faba*) cultivée pour ses grosses graines comestibles. – Gousse ou graine de cette plante. *La soupe aux gourganes de Charlevoix.*

Gourkha. V. Gurkha.

Gourma, prov. orientale du Burkina Faso; ch.-l. *Fada N'Gourma.* – Siège du royaume des Gourmantché (XVe-XIXe s.).

Gourma. V. Gourmantché.

gourmand, ande [guʀmɑ̃, ɑ̃d] adj. et n. **I.** adj. **1.** Qui aime la bonne chère. *Il est très gourmand. Être gourmand de fruits.* ▷ Subst. *Un(e) gourmand(e).* **2.** Fig. Avide, exigeant. *Il réclame mille francs, il est trop gourmand.* **II.** n. m. BOT **1.** Stolon du fraisier. **2.** Branche inutile qui, poussant au-dessous d'une greffe ou d'une branche à fruits, tire la sève à elle. **3.** *Pois gourmands :* pois goulus*.

gourmander [guʀmɑ̃de] v. tr. [1] Litt. Réprimander sévèrement. *Gourmander un enfant.*

gourmandise [guʀmɑ̃diz] n. f. **1.** Caractère, défaut d'une personne gourmande. **2.** (Souvent plur.) Friandise.

gourmantché [guʀmɑ̃tʃe] adj. inv. et n. m. **1.** adj. inv. Des Gourmantché. **2.** n. m. LING Langue du groupe gur parlée au Burkina Faso, au Niger (langue nationale), au Ghana et au Togo.

Gourmantché ou **Gourma,** ethnie du S.-E. du Burkina Faso, du Ghana et du Togo (plus d'un million de personnes). Ils parlent une langue nigéro-congolaise du groupe gur. Au XVe s., ils fondèrent un royaume qui dura jusqu'au XIXe s.

gourme [guʀm] n. f. **1.** Nom cour. donné à l'impétigo et à l'eczéma du visage et du cuir chevelu qui atteignent les enfants mal soignés. **2.** MED VET Maladie contagieuse des équidés, due à *Streptococcus equi* et se traduisant par une angine et des abcès multiples.

gourmé, ée [guʀme] adj. Litt. Guindé, qui affecte la gravité. *Un air gourmé.*

1. gourmet [guʀmɛ] n. m. Connaisseur en bonne chère. *Un fin gourmet.*

2. gourmet ou **gourmette** [guʀmɛt] n. m. Vieilli Chrétien africain.

gourmette [guʀmɛt] n. f. **1.** TECH Chaîne réunissant les deux branches du mors de la bride d'un cheval. **2.** Bracelet formé d'une chaîne à mailles aplaties.

gouro [guʀo] n. m. LING Langue du groupe mandé parlée en Côte d'Ivoire.

gourou ou **guru** [guʀu] n. m. **1.** Guide spirituel, en Inde. **2.** Fig., iron. Maître à penser.

Gourounsi. V. Gurunsi.

1. gousse [gus] n. f. Fruit sec, typique des légumineuses, dérivant d'un seul carpelle, contenant de nombreuses graines, et s'ouvrant à maturité par deux fentes de déhiscence. *Une gousse de pois.* – Abusiv. *Gousse d'ail :* chacune des parties d'une tête d'ail. ▷ (Madag., oc. Indien) Quartier d'agrume (par oppos. au zeste). *En confiserie, on se sert de la gousse du pamplemousse et non du zeste.*

2. gousse [gus] n. f. (oc. Indien) Pot-de-vin.

gousset [gusɛ] n. m. **1.** Petite poche de pantalon ou de gilet. *Tirer une montre de son gousset.* **2.** TECH Pièce triangulaire plane servant à renforcer un assemblage de profilés, à supporter une tablette, etc.

goût [gu] n. m. **I. 1.** Sens par lequel on perçoit les saveurs. **2.** Saveur. *Un dessert au goût sucré.* **3.** Appétit. *Il n'a de goût pour rien.* – Fig. *Faire passer à qqn le goût du pain,* le tuer, le faire disparaître. **II.** Fig. **1.** Faculté de discerner et d'apprécier les qualités et les défauts d'une œuvre. *Se fier à son propre goût. Avoir le goût sûr. Il n'a aucun goût.* – (Avec la prép. *de* et un qualitatif.) *Une œuvre d'un goût raffiné,* qui révèle un goût raffiné. *Une plaisanterie de mauvais goût.* **2.** *Absol.* Bon goût. *Un intérieur décoré avec goût.* **3.** Inclination pour qqch, plaisir éprouvé à faire qqch. *Avoir le goût de la lecture.* – *Prendre goût à qqch,* commencer à l'aimer. ▷ (Plur.) Loc. prov. *Chacun ses goûts. Tous les goûts sont dans la nature.* **4.** Loc. *Dans le goût (de) :* à la manière (de). *Un tableau dans le goût de Raphaël.* ▷ *Au goût du jour :* conforme à la mode du moment.

Goutéens. V. Goutis.

1. goûter [gute] v. [1] **A.** v. tr. **I.** (Personnes) **1.** Apprécier par le sens du goût. *Goûter une sauce, un vin.* **2.** Fig. Apprécier. *Ne pas goûter une plaisanterie.* **3.** Fig. Savourer, jouir de. *Goûter les charmes de la campagne.* **II.** (Choses) (Afr. subsah., Belgique, Québec) Présenter le goût de. *Ce vin goûte le bouchon.* **B.** v. tr. indir. Boire ou manger un peu de (une chose) pour juger de sa saveur. *Goûter à un plat.* – Fig. Tâter de. *Il a goûté d'un peu tous les métiers.* **C.** v. intr. **I.** Prendre une collation au milieu de l'après-midi. *Inviter des enfants à goûter.* **II.** (Afr. subsah., Belgique) Avoir bon goût. *Cette sauce goûte bien.* – Plaire au goût (de qqn). *Ça te goûte?* ▷ (Québec) Avoir tel goût. *Ça goûte bon, mauvais, sucré, sur.*

2. goûter [gute] n. m. Collation prise au milieu de l'après-midi. *Tartines pour le goûter.* Syn. quatre-heures. – (Madag.) Collation prise au milieu de la matinée.

Goutis ou **Goutéens,** peuple de l'Asie occidentale ancienne, originaire des montagnes du Zagros, qui, à la chute du royaume d'Akkad au IIIe millénaire av. J.-C., forma un des royaumes qui se partagèrent la Mésopotamie.

1. goutte [gut] n. f. **1.** Toute petite quantité de liquide, de forme arrondie. *Des gouttes de pluie.* – Loc. fam. *Avoir la goutte au nez,* des mucosités qui coulent du nez. **2.** Loc. adv. *Goutte à goutte :* goutte après goutte. **3.** Très petite quantité de liquide. *Une goutte de liqueur.* **4.** Loc. prov. *C'est la goutte d'eau qui a fait déborder le vase,* le petit incident qui, ajouté à d'autres, a déclenché la colère. – *Une goutte (d'eau) dans l'océan, la mer :* une quantité infime par rapport au reste. **5.** (Plur.) Médicaments qui s'administrent par gouttes. *Prendre ses gouttes à heure fixe.* **6.** Loc. adv. *Ne... goutte :* ne... rien, ne... pas. *On n'y voit goutte ici.*

2. goutte [gut] n. f. Maladie métabolique caractérisée par l'accumulation d'acide urique dans l'organisme, qui se traduit par des atteintes articulaires, partic. du gros orteil, et parfois par une lithiase rénale. *Avoir une attaque de goutte.*

goutte-à-goutte [gutagut] n. m. inv. MED Appareil qui sert à la perfusion du sérum ou de liquides médicamenteux. – Perfusion avec cet appareil.

gouttelette [gutlɛt] n. f. Petite goutte.

goutter [gute] v. intr. [1] Laisser tomber des gouttes; couler goutte à goutte. *Robinet qui goutte. Eau qui goutte.*

goutteux, euse [gutø, øz] adj. et n. Qui est atteint de la goutte. ▷ Subst. *Un goutteux. Une goutteuse.*

gouttière [gutjɛʀ] n. f. **1.** Conduit de section semi-circulaire, souvent en zinc, qui sert à recueillir les eaux de pluie le long d'une toiture. Syn. chéneau, (Suisse) cheneau. ▷ Loc. *Chat de gouttière :* chat de race indéfinie. **2.** (Belgique, France rég., Suisse) Trou par lequel l'eau de pluie goutte dans une maison. *Il y a une gouttière dans le grenier.* (V. dégouttière, sens 2.) **3.** CHIR Appareil qui sert à immobiliser un membre fracturé.

gouvernail [guvɛʀnaj] n. m. **1.** Dispositif à l'arrière d'un navire, d'un avion, etc., permettant de les diriger. **2.** Fig. Direction, conduite. *Tenir le gouvernail de l'État.*

gouvernance [guvɛʀnɑ̃s] n. f. (Afr. subsah.) **1.** Au Sénégal, siège des services administratifs d'une région. *Le car s'arrête devant la gouvernance.* **2.** Ensemble de ces services.

gouvernant, ante [guvɛʀnɑ̃, ɑ̃t] adj. et n. Qui gouverne.

gouvernante [guvɛʀnɑ̃t] n. f. **1.** Femme chargée de garder, d'éduquer des enfants. *Elle a eu une gouvernante anglaise.* **2.** Femme qui tient la maison d'une personne seule.

gouverne [guvɛʀn] n. f. **1.** Loc. mod. *Pour votre gouverne... :* pour votre information... **2.** (Plur.) AVIAT Plans mobiles situés sur la voilure d'un avion et servant à le diriger. *Gouvernes de profondeur, de direction.*

gouvernement [guvɛʀnəmɑ̃] n. m. **1.** Action de gouverner, d'administrer. *Être chargé du gouvernement d'une région.* **2.** Régime politique d'un État. *Gouvernement monarchique, démocratique.* **3.** Pouvoir qui dirige un État. ▷ Ensemble des ministres. *La formation du nouveau gouvernement. Renverser le gouvernement.*

gouvernemental, ale, aux [guvɛʀnəmɑ̃tal, o] adj. **1.** Du gouvernement. *Projet gouvernemental.* **2.** Partisan du gouvernement. *La presse gouvernementale.* **3.** *Non gouvernemental :* dont les ressources ne proviennent d'aucune institution gouvernementale. *Organisation non gouvernementale.*

Gouvernement provisoire de la République française (G.P.R.F.), gouvernement formé à Alger, en mai 1944, par de Gaulle (jusqu'en janv. 1946). Quand Paris fut libéré, il s'y installa (fin août). Le 20 janv. 1946, de Gaulle, démissionnaire, fut remplacé par F. Gouin, puis par G. Bidault (juin), et enfin par L. Blum (oct.), qui démissionna quand la IVe Rép. fut instaurée.

gouvernement provisoire de 1848, formé à la fin des journées de Février* (22-24 fév. 1848). Il proclama la rép. (ce même 24 fév.) et céda le pouvoir (10 mai) à l'Assemblée constituante. V. révolution de 1848.

Gouvernement révolutionnaire provisoire (G.R.P.), organe central créé au Viêt-nam du Sud (1969) pour coordonner et diriger les comités révolutionnaires du Front* national de libération luttant contre les troupes américaines.

Gouvernement royal d'union nationale du Kampuchéa (G.R.U.N.K.), gouvernement fondé à Pékin par le prince Norodom Sihanouk (1970). Comme les Khmers rouges le dirigeaient, il cessa d'exister quand ceux-ci instaurèrent le Kampuchéa démocratique en 1976.

gouverner [guvɛʀne] v. tr. **[1]** **1.** MAR Conduire (un navire) à l'aide du gouvernail. **2.** Diriger, régir. *Gouverner un pays, un peuple.* **3.** *Absol.* Diriger l'État. *Régner sans gouverner.* **4.** Litt. Dominer, exercer un pouvoir sur. *Gouverner les esprits. Gouverner ses passions.* **5.** v. pron. Gérer ses affaires politiques. *Le droit des peuples à se gouverner eux-mêmes.*

gouverneur [guvɛʀnœʀ] n. m. **1.** MILIT Chef de place. *Le gouverneur militaire de Paris.* **2.** FIN Directeur d'une grande institution financière. *Gouverneur de la Banque centrale des États d'Afrique de l'Ouest.* **3.** Représentant de l'État dans les anciennes colonies françaises. *Le gouverneur général de la Nouvelle-France, de l'Afrique-Occidentale française.* **4.** Dans certains pays d'Afrique, haut fonctionnaire chargé de l'administration d'une région*, d'une province ou d'un département. **5.** (Belgique) *Gouverneur de province :* fonctionnaire qui est à la tête d'une des dix provinces de Belgique. **6.** *Gouverneur général du Canada :* chef officiel de l'État canadien, représentant du souverain britannique qui le nomme pour cinq ans, sur la recommandation du Premier ministre du Canada. (V. lieutenant-gouverneur.) **7.** Aux États-Unis, chef du pouvoir exécutif d'un État de l'Union.

gouvernorat [guvɛʀnɔʀa] n. m. **1.** Circonscription administrative d'un gouverneur. *Gouvernorat du Caire.* **2.** Fonction, dignité de gouverneur.

Gowon (Yakubu) (né en 1934), général et homme politique nigérian. Chef de l'État fédéral en 1966, il fut renversé en 1975.

goyave [gɔjav] n. f. Fruit comestible du goyavier, baie jaune ovoïde ou piriforme à chair blanche ou rose parfumée.

goyavier [gɔjavje] n. m. Arbre (fam. myrtacées) originaire d'Amérique centrale, dont une espèce produit les goyaves.

Goya y Lucientes (Francisco de) (1746 – 1828), peintre et graveur espagnol. Peintre officiel de Charles III et de Charles IV. Son œuvre est tantôt violente (*l'Enterrement de la Sardine,* 1808), dramatique (*le Deux Mai 1808, le Trois Mai 1808,* 1814), tantôt raffinée (*la Maja nue,* v. 1804). Il protesta contre l'invasion des Français (*les Désastres de la guerre,* 1810-1814), puis composa avec eux et fut exilé en 1814.

Goyémidé (Étienne) (né en 1942), romancier centrafricain : *le Silence de la forêt* (1984), sur les Pygmées; *le Dernier Survivant de la caravane* (1985), sur l'esclavagisme au XIXe s.

Goyon-Matignon (Jacques François de, comte de Thorigny) (1689 – 1751), aristocrate français. Il épousa en 1715 la fille d'Antoine Ier de Monaco, prit le nom de Grimaldi, régna à Monaco (1731-1733) et abdiqua en faveur de son fils Honoré III.

Gozzi (Carlo) (1720 – 1806), écrivain italien, rival de Goldoni, auteur de «fiabe» (fables transcrites pour la scène) : *l'Amour des trois oranges, Turandot.*

G.P.R.F. Sigle de *Gouvernement* provisoire de la République française.*

Graal (le), vase mystérieux qui apparaît dans le *Perceval* de Chrétien de Troyes (fin du XIIe s.). Des auteurs ultérieurs imaginent ceci : Jésus, lors de la dernière pâque, utilisa ce vase, dans lequel Joseph d'Arimathie recueillit ensuite le sang qui coulait du flanc du Christ. V. breton (roman).

grabat [gʀaba] n. m. Très mauvais lit.

grabataire [gʀabatɛʀ] adj. et n. Se dit d'un malade qui ne peut quitter son lit. – Subst. *Un(e) grabataire.*

Grabbe (Christian Dietrich) (1801 – 1836), écrivain allemand. Il voulut créer un théâtre dramatique allemand : *Don Juan et Faust* (1829).

graben [gʀabɛn] n. m. GEOMORPH Fossé d'effondrement, limagne (par oppos. à *horst*).

grabuge [gʀabyʒ] n. m. Fam. Dispute, bagarre; chahut très bruyant.

Gracchus, famille plébéienne de la gens Sempronia parvenue à la noblesse par les magistratures. — **Tiberius Sempronius Gracchus** (v. 210 – 150 av. J.-C.), tribun du peuple (v. 187), eut de Cornelia, fille de Scipion l'Africain, deux fils, dits en fr. *les Gracques :* — **Tiberius Sempronius Gracchus** (162 – 133 av. J.-C.) et **Caius Sempronius Gracchus** (154 – 121 av. J.-C.), dont les lois agraires voulurent réformer la société romaine. La noblesse fomenta des troubles. Tiberius fut assassiné; Caius fut massacré avec 3000 de ses partisans.

grâce [gʀɑs] n. f. **1.** Faveur accordée volontairement. *Solliciter, accorder, obtenir une grâce.* – Loc. (Termes de politesse.) *Faites-moi la grâce de venir.* – *De grâce :* s'il vous plaît. – *Trouver grâce auprès de qqn,* lui plaire, gagner sa bienveillance. – *Être dans les bonnes grâces de qqn,* jouir de sa faveur. – *Rendre grâce(s) :* reconnaître une faveur accordée. – *Action de grâces :* remerciements à Dieu. – *Action de grâce(s)* ou *Jour de l'Action de grâce(s) :* au Canada, jour férié (deuxième lundi d'octobre) institué sous l'influence de la fête américaine appelée *Thanksgiving Day.* – (Plur.) Prière faite avant ou après un repas. *Dire les grâces.* **2.** Loc. prép. *Grâce à :* avec l'aide de. *Grâce à vous. Grâce à Dieu.* – Par le moyen de. *Le projet a réussi grâce à son intervention.* **3.** Remise de peine, pardon accordé volontairement. *Faire grâce à qqn.* – *Droit de grâce :* droit, qu'ont certains chefs d'État, de réduire ou de commuer une peine. – Loc. *Faire grâce à qqn d'une obligation,* l'en dispenser. – Iron. *Faites-moi grâce de vos conseils.* – *Grâce ! :* pitié ! (dans une imploration). ▷ *Coup* de grâce.* **4.** THEOL CHRET Don surnaturel que Dieu accorde aux créatures pour les conduire au salut. *État de grâce.* – Fig. *Avoir la grâce, être en état de grâce :* être inspiré d'une manière particulièrement heureuse (se dit en partic. de la création artistique). **5.** Attrait, agrément, charme. *Cette danseuse a de la grâce. Grâce naturelle.* – (Plur.) Attraits. *Les grâces de l'esprit. Faire des grâces :* avoir des manières aimables ou (iron.) affectées. ▷ *De bonne grâce :* de bon gré. – *De mauvaise grâce :* à contrecœur. – *Avoir mauvaise grâce à* ou *de :* être mal placé pour. *Il aurait mauvaise grâce à me refuser ce service après ce que j'ai fait pour lui.*

Grâces (les trois), déesses romaines *(Gratiæ)* de la Beauté.

gracier [gʀasje] v. tr. **[2]** Remettre ou commuer la peine de (un condamné). *Le président de la République l'a gracié.*

gracieusement [gʀasjøzmɑ̃] adv. **1.** Aimablement. *Remercier gracieusement qqn.* **2.** Avec de la grâce, du charme. *Danser gracieusement.* **3.** Gratuitement. *Un échantillon fourni gracieusement.*

gracieuseté [gʀasjøzte] n. f. (Souvent iron.) Action, parole aimable.

gracieux, euse [gʀasjø, øz] adj. **1.** Qui a de la grâce, du charme. *Une gracieuse comédienne.* **2.** Aimable. *Avoir des manières gracieuses.* **3.** Accordé bénévolement. *Offre gracieuse. À titre gracieux :* gratuitement. **4.** DR *Recours gracieux :* recours non contentieux auprès d'une autorité administrative.

gracile [gʀasil] adj. Litt. De forme élancée et délicate. *Une adolescente gracile.*

gracilité [gʀasilite] n. f. Litt. Caractère de ce qui est gracile.

Gracq (Louis Poirier, dit Julien) (né en 1910), écrivain français : *Au château d'Argol* (1938), *le Rivage des Syrtes* (1951).

Gracques (les). V. Gracchus.

gradation [gʀadasjɔ̃] n. f. **1.** Augmentation ou diminution par degrés. *Procéder par gradations.* **2.** MUS Changement de ton progressif et ascendant. **3.** RHET Figure de style consistant en une succession d'expressions allant par progression croissante ou décroissante. **4.** PEINT Passage insensible d'une couleur à une autre. **5.** TECH Caractéristique de sensibilité d'une émulsion photographique.

-grade. Élément, du lat. *gradi,* «marcher».

grade [gʀad] n. m. **1.** Degré dans la hiérarchie. *Monter en grade.* ▷ *Spécial.* Degré dans la hiérarchie militaire. *Le grade de sergent.* – Loc. fam. *En prendre pour son grade :* se faire réprimander. **2.** *Grade universitaire :* titre, diplôme décerné par l'Université. **3.** (Belgique) Mention avec laquelle un diplôme est décerné, supérieure à la satisfaction (sens 4). **4.** GEOM Unité d'arc et d'angle (symbole gr). *La circonférence est divisée en 400 grades. 1 grade = 0,9 degré.* **5.** TECH Degré de viscosité d'une huile de graissage.

gradé, ée [gʀade] adj. (et n.) Qui a un grade dans l'armée.

grader [gʀade] v. intr. [1] (Belgique) Monter en grade dans l'armée ou la police.

gradient [gʀadjɑ̃] n. m. **1.** PHYS Taux de variation d'une grandeur en fonction d'un paramètre (par ex. : température par unité de longueur, *gradient géothermique*). **2.** BIOL Variation biochimique ou physiologique le long d'un axe d'un organisme. **3.** MATH *Gradient d'une fonction,* vecteur ayant pour composantes les dérivées partielles de la fonction par rapport à chacune des coordonnées.

gradin [gʀadɛ̃] n. m. **1.** Banc étagé avec d'autres. *Les gradins d'un amphithéâtre.* ▷ (Plur.) *Jardin en gradins,* étagé. **2.** TECH Petit degré formant étagère sur un meuble.

graduat [gʀadɥa] n. m. **1.** (Belgique, Luxembourg) Grade (titre ou diplôme) qui sanctionne certaines études supérieures non universitaires. *Faire un graduat en informatique.* **2.** (Afr. subsah., Belgique) Premier cycle universitaire. – *Par méton.* Diplôme sanctionnant ce cycle.

graduation [gʀadɥasjɔ̃] n. f. **1.** TECH Division en degrés, en repères. ▷ Action de graduer. **2.** (Maghreb) En Algérie, premier et deuxième cycles universitaires.

gradué, ée [gʀadɥe] adj. (et n.) **1.** Progressif. *Exercices gradués.* **2.** TECH Muni d'une graduation. **3.** (Afr. subsah., Belgique, Luxembourg) Qui est titulaire d'un graduat. ▷ Subst. *Un(e) gradué(e).*

graduel, elle [gʀadɥɛl] adj. Qui va par degrés, progressif. *Une augmentation graduelle.*

graduellement [gʀadɥɛlmɑ̃] adv. Par degrés, progressivement. *Diminuer graduellement les doses d'un médicament.*

graduer [gʀadɥe] v. tr. [1] **1.** Augmenter par degrés, par étapes successives. *Graduer les problèmes.* **2.** TECH Diviser au moyen de repères, de degrés, l'échelle de (un instrument de mesure). *Graduer un thermomètre.*

Graf (Urs) (v. 1485 – 1527), graveur et orfèvre suisse. Élève de son père, orfèvre à Soleure, il voyagea comme mercenaire et mêla l'influence de la Renaissance italienne à celle de Dürer. Ses gravures témoignent souvent de son caractère fantasque ou licencieux et de son goût pour l'horrible et pour la mort *(Gravures de la Passion,* 1506; nombreuses œuvres au Kunstmuseum de Bâle).

Graff (Anton) (1736 – 1813), peintre suisse. Travaillant à la cour de Dresde, il a laissé de très nombreux portraits (Herder, Lessing, Schiller, etc.).

graffiti [gʀafiti] n. m. Dessin, inscription, slogan, etc., tracé sur un mur. *Les graffiti(s) du métro.*

grafigne [gʀafiɲ] ou **grafignure** [gʀafiɲyʀ] n. f. (Québec) Fam. **1.** Égratignure. **2.** Rayure. *Faire des grafignes sur un plancher.*

grafigner [gʀafiɲe] v. tr. [1] (Québec) Fam. **I. 1.** Égratigner, griffer. ▷ v. pron. *Se grafigner les bras en cueillant des framboises.* **2.** Rayer. *Grafigner une vitre.* **II.** Fig. Critiquer (qqn).

grafignure [gʀafiɲyʀ] n. f. V. grafigne.

grage [gʀaʒ] n. m. ou f. (Antilles fr., Haïti) Syn. de *râpe* (sens 2).

grager [gʀaʒe] v. tr. [13] (Antilles fr., Haïti) Syn. de *râper* (sens 1).

Graham (Martha) (1894 – 1991), danseuse et chorégraphe américaine. Elle révolutionna la danse moderne, qu'elle fonda sur l'expression corporelle.

1. grailler [gʀɑje] v. intr. [1] Émettre un son rauque (comme le cri des corneilles).

2. grailler [gʀɑje] v. tr. [1] Fam. Manger. ▷ (S. comp.) *On va grailler?*

3. grailler [gʀɑje] v. intr. [1] (Suisse) Fam. Syn. de *farfouiller.*

graillon [gʀɑjɔ̃] n. m. Péjor. *Odeur de graillon,* de graisse ou de viande brûlée.

grain [gʀɛ̃] n. m. **1.** Toute graine ou fruit de petite taille, plus ou moins globuleux. *Un grain de riz, de raisin.* – *Poulet de grain,* nourri avec du grain (blé, maïs, etc.). ▷ *Le grain, les grains ;* les grains de céréales. *Commerce des grains.* ▷ (oc. Indien) *Grains secs :* légumineuses que l'on prépare bouillies pour accompagner le riz. **2.** Corps très petit en forme de grain. *Grain de chapelet. Grain de sel.* **3.** Loc. fam. *Mettre son grain de sel :* intervenir sans en avoir été prié. – *Un grain de bon sens, de folie :* un peu de bon sens, de folie. – *Avoir un grain :* être un peu fou, excentrique. **4.** Aspect d'une surface qui présente de petites aspérités. *Le grain d'un cuir.* **5.** TECH Dimension des particules d'une émulsion photographique. **6.** Bref coup de vent accompagné d'averses, qui se produit souvent au passage d'un cumulonimbus. – Fig. *Veiller au grain :* se tenir sur ses gardes. **7.** *Grain de beauté :* petite tache ou saillie foncée sur la peau. Syn. nævus, lentigo.

graine [gʀɛn] n. f. et interj. **I.** n. f. **1.** Organe de reproduction des plantes phanérogames, enfermé dans leur fruit (cosse, capsule, etc.). **2.** Loc. fig. *Mauvaise graine :* mauvais sujet, en parlant d'un enfant, d'un jeune homme. *Graine de chenapan! – En prendre de la graine :* prendre en exemple (ce qui est digne d'admiration). **3.** (Afr. subsah.) Noix de palme. **4.** GEOPH Partie interne du noyau de la Terre, de même composition que celui-ci mais plus condensée en raison de la pression élevée. **II.** interj. (oc. Indien) Fam. Interjection marquant le mécontentement, l'agacement. *Graine, j'ai oublié mes clés!* V. flûte (sens II), patate (sens II).

grainer [gʀɛne] v. [1] ou **grener** [gʀəne] v. [16] **1.** v. intr. AGRIC Produire des graines. **2.** v. tr. TECH Soumettre (un cuir) à l'opération du grainage (ou grenage).

graineterie [gʀɛntʀi] n. f. Magasin où l'on vend des graines.

grainetier, ère [gʀɛntje, ɛʀ] n. Personne qui vend des graines pour la consommation.

graissage [gʀɛsaʒ] n. m. TECH Action de graisser, de lubrifier. *Graissage d'un moteur.*

graisse [gʀɛs] n. f. **1.** Substance onctueuse d'origine animale, végétale ou minérale, fondant entre 25 et 50°C. *La vaseline est une graisse minérale.* ▷ (Québec) Corps gras, souvent d'origine végétale, utilisé en pâtisserie. – *Graisse de rôti :* jus de cuisson d'un rôti de porc. – Loc. fam. *Avoir les yeux dans la graisse de beans*.* **2.** PHYSIOL Tissu adipeux. – Cour. Embonpoint. *Il prend de la graisse.*

graisser [gʀese] v. tr. [1] **1.** Frotter de graisse, d'une substance grasse. *Graisser un rouage.* ▷ (Québec) Fam. Tartiner (une tranche de pain). *Graisser son pain avec du beurre, de la mélasse.* **2.** Loc. fig., fam. *Graisser la patte à qqn* ou (Québec) *graisser qqn,* le soudoyer. ▷ (Québec) *Se graisser la patte :* s'enrichir aux dépens des autres, de façon malhonnête. **3.** Souiller de graisse. *Cette poêle graisse les mains.* ▷ (Québec) Fam. Tacher, salir. – v. pron. Se salir. – Pp. *Une nappe graissée de sauce.*

graisseur, euse [gʀɛsœʀ, øz] adj. (et n. m.) **1.** adj. Qui graisse. ▷ n. m. Ouvrier préposé au graissage. – Appareil servant à répartir un lubrifiant à l'intérieur d'un mécanisme. **2.** n. m. (Maghreb) Au Maroc, personne au service des passagers ou du conducteur d'un autocar.

graisseux, euse [gʀɛsø, øz] adj. **1.** De la nature de la graisse. *Corps graisseux.* **2.** Taché de graisse. *Vêtement graisseux.*

gram [gʀam] n. m. inv. *Méthode* ou *coloration de Gram :* méthode d'analyse bactérienne qui consiste à colorer les microbes par l'iode et le violet de gentiane, puis à laver la préparation à l'alcool, de manière à pouvoir faire une distinction entre les microbes qui restent colorés, dits *gram positifs* (gram +), et ceux qui se décolorent, dits *gram négatifs* (gram –), et qui sont ensuite teintés en rouge par une solution de fuchsine.

Gram (Hans Christian Joachim) (1853 – 1938), bactériologiste danois. Il mit au point, en 1884, une méthode de coloration des bactéries (V. gram).

graminacées [gʀaminase] ou **graminées** [gʀamine] n. f. pl. BOT Très vaste famille de plantes monocotylédones (plusieurs centaines de genres réunissant des milliers d'espèces), comprenant des herbes, annuelles ou vivaces, dont la tige, aérienne et cylindrique, est creuse (chaume), emplie de pulpe (maïs, canne à sucre) ou ligneuse et haute (bambou). – Sing. *Une graminacée* ou *graminée.*

grammaire [gʀam(m)ɛʀ] n. f. **1.** Ensemble des règles d'usage qu'il faut suivre pour parler et écrire correctement une langue. *Respecter la grammaire.* **2.** Étude descriptive de la morphologie d'une langue et de sa syntaxe. *Grammaire du lingala. Grammaire historique, comparée.* **3.** Livre qui traite de la grammaire.

grammairien, enne [gʀam(m)ɛʀjɛ̃, ɛn] n. Spécialiste de la grammaire.

grammatical, ale, aux [gʀam(m)atikal, o] adj. **1.** Qui appartient à la grammaire. *Analyse grammaticale.* **2.** Qui suit les règles de la grammaire. *Cette phrase n'est pas grammaticale.*

grammaticalement [gʀam(m)atikalmɑ̃] adv. Selon les règles de la grammaire. *Une phrase grammaticalement correcte.*

grammaticaliser [gʀam(m)atikalize] v. tr. [1] LING Transformer une unité lexicale en unité grammaticale. – Pp. adj. *Forme grammaticalisée.*

grammaticalité [gʀam(m)atikalite] n. f. LING Caractère d'une phrase qui est conforme aux règles syntaxiques d'une langue, que cette phrase soit pourvue d'un sens ou non.

-gramme. Élément, du gr. *gramma,* «lettre, écriture». Suffixe de mots : dans le sens de *lettre* (ex. *télégramme*); dans le sens de *graphie, graphique* (ex. *encéphalogramme, cardiogramme*).

gramme [gʀam] n. m. **1.** Unité de masse (symbole g), valant un millième de la masse du kilogramme-étalon international. **2.** Fig. Quantité minime. *Pas un gramme d'imagination.*

Gramme (Zénobe) (1826 – 1901), électricien belge. Il inventa en 1871 la première dynamo.

Grammont (en néerl. *Geraadsbergen*), comm. de Belgique (Flandre-Orientale), sur la Dendre; 17000 hab. Industries. Hôtel de ville, égl. et hôpital gothiques, château XVIIIe s. Fêtes folkloriques.

Grampians (monts), massif cristallin d'Écosse; 1340 m au Ben Nevis, point culminant de la Grande-Bretagne.

Gramsci (Antonio) (1891 – 1937), philosophe et homme politique italien. Cofondateur (1921) puis premier secrétaire (1926) du parti communiste italien, il fut arrêté (nov. 1926) et mourut en prison. Ses *Cahiers de prison,* ses *Lettres de prison* et ses *Écrits politiques* ont enrichi le marxisme.

Granados y Campiña (Enrique) (1867 – 1916), compositeur espagnol. Son œuvre romantique fait référence au folklore : douze *Danses espagnoles* pour piano (1892-1900).

Granby, v. du Québec; 42800 hab. Célèbre jardin zoologique.

Gran Chaco. V. Chaco.

grand, grande [gʀɑ̃, gʀɑ̃d; au m. s. gʀɑ̃t devant une voyelle ou un *h* muet] adj. et n. **1.** De taille élevée. *Un grand arbre. Un homme grand. Cet enfant est grand pour son âge.* Syn. (Acadie) haut, (Afr. subsah., Djibouti) long. – Qui a atteint la taille adulte. *Les grandes personnes :* les adultes (par oppos. aux *enfants*). ▷ n. m. *Les grands et les petits :* ceux qui sont de grande taille et ceux qui sont de petite taille; les enfants plus âgés par rapport à de jeunes enfants. **2.** Qui occupe beaucoup d'espace. *Une grande ville.* **3.** D'une longueur au-dessus de la moyenne. *Marcher à grands pas.* – Loc. *Une grande heure**. **4.** Abondant, intense, qui dépasse la mesure. *Un grand bruit.* – Loc. *Les grandes eaux :* la crue d'un fleuve. – *Grand jour :* plein jour. *Grand air :* air libre. ▷ Extrême. *Le Grand Nord.* **5.** Important. *Un grand jour.* ▷ (Afr. subsah.) *Grande mosquée**. *Grande prière**. ▷ (Suisse) *Grand Conseil :* dénomination de certains parlements cantonaux. ▷ (Belgique) *Grande distinction :* mention accordée aux candidats ayant obtenu seize sur vingt et plus à un examen universitaire. **6.** Qui surpasse d'autres choses, d'autres personnes comparables. *Un grand amour. Les grands écrivains contemporains. Un grand homme.* **7.** (Afr. subsah., Québec) Aîné. *Grande sœur. Grand frère.* – Subst. Fam. *Bonjour, grand!* **8.** (Personnes) Important par le rang social, le pouvoir politique, la force économique. *Un grand seigneur. La grande bourgeoisie.* ▷ n. m. (Afr. subsah.) Fam. Puissant personnage. *Il faut s'adresser aux grands de la capitale.* ▷ n. m. pl. *Les Grands :* les grandes puissances. (S'est surtout dit, à partir de 1944-1945, des États-Unis, de la Chine, de la Grande-Bretagne, de l'U.R.S.S. et de la France.) **9.** (Dans les surnoms de personnages illustres, les titres attribués à des dignitaires.) *Alexandre le Grand. Grand marabout**. **10.** adv. Avec grandeur. *Voir grand. – En grand :* sur une grande échelle, en grande quantité. *Il veut faire de l'apiculture, mais en grand.* **11.** (En loc., au masculin se rapportant à un mot féminin.) *Grand-route. Grand-messe. Avoir grand-peur. Je n'y comprends pas grand-chose.*

grand-angle [gʀɑ̃tɑ̃gl] ou **grand-angulaire** [gʀɑ̃tɑ̃gylɛʀ] n. m. Objectif à courte distance focale, qui couvre un angle très important. *Des grands-angles, des grands-angulaires.*

Grand-Bassam, v. de Côte d'Ivoire, à l'E. d'Abidjan; le plus important port du pays jusqu'en 1930; 40000 hab.

Grandbois (Alain) (1900 – 1975), poète québécois : *les Îles de la nuit* (1944), *Avant le chaos* (nouvelles, 1945), *l'Étoile pourpre* (1957).

Grand Canyon, gorges du Colorado, dans l'Arizona (É.-U.). Parc national.

grand-chose [gʀɑ̃ʃoz] pron. indéf. *Pas grand-chose :* peu de chose, presque rien. ▷ Subst. (inv.) Fam. *Un(e) pas grand-chose :* une personne qui n'est guère recommandable, un(e) propre-à-rien.

Grand-Combin, sommet des Alpes du Valais, proche de la frontière italo-suisse, entre le val d'Aoste (Valpelline) et les vaux de Bagnes et d'Entremont (Valais); 4314 m.

Grand Dérangement, nom donné à la déportation des Acadiens en 1755, quand les Anglais exigèrent des 16000 Français un serment d'allégeance. Devant leur refus, le gouverneur Lawrence déporta env. 6000 personnes, les dissémina dans les colonies américaines et poursuivit en vain les 10000 fuyards.

grand-duc [gʀɑ̃dyk] n. m. Prince souverain d'un grand-duché. ▷ Fam. *Faire la tournée des grands-ducs,* des restaurants, des bars, des cabarets.

grand-ducal, ale, aux [gʀɑ̃dykal, o] adj. et n. Du grand-duché de Luxembourg. ▷ Subst. *Les Grands-Ducaux parlent le luxembourgeois, le français et l'allemand.*

grand-duché [gʀɑ̃dyʃe] n. m. Pays dont le souverain est un grand-duc, une grande-duchesse. *Grand-duché de Luxembourg. Des grands-duchés.*

Grande (Rio), ou **Grande del Norte** (Rio), ou **Bravo** (Río), fl. des É.-U. (2900 km); naît dans les montagnes Rocheuses, traverse du N. au S. l'État du Nouveau-Mexique, sépare le Texas et le Mexique et se jette dans le golfe du Mexique.

Grande-Bretagne et Irlande du Nord. V. Royaume-Uni de Grande-Bretagne et d'Irlande du Nord.

Grande-Comore. V. Ngazidja.

Grande del Norte (Rio). V. Grande (Rio).

grande-duchesse [gʀɑ̃dyʃɛs] n. f. **1.** Femme, fille d'un grand-duc. **2.** Souveraine d'un grand-duché. *Des grandes-duchesses.*

Grande-Grèce, ensemble des établissements fondés par les Grecs en Italie du S. et en Sicile à partir du VIIIe s. av. J.-C.

Grande Île (la). V. Madagascar.

Grande Jatte. V. Un dimanche après-midi à l'île de la Grande Jatte.

Grande Loge nationale française, organisation de la franc*-maçonnerie française fidèle au rite régulier. Fondée en 1913.

Grande Mademoiselle (la). V. Montpensier (Anne Marie Louise d'Orléans duchesse de).

grandement [gʀɑ̃dmɑ̃] adv. Beaucoup, tout à fait. *Avoir grandement raison.*

Grande-Terre, une des deux îles de la Guadeloupe (France), qu'un bras de mer, la rivière Salée, sépare de l'île de Basse-Terre, à l'O.; 588 km^2; ch.-l. *Pointe-à-Pitre.* Contrairement à Basse-Terre, volcanique, Grande-Terre est un plateau calcaire peu élevé.

grande-terrien, enne [gʀɑ̃dtɛʀjɛ̃, ɛn] adj. et n. (Antilles fr.) De l'île de la Grande-Terre. ▷ Subst. *Un(e) Grande-Terrien(ne). Des Grande-Terriens.*

grandeur [gʀɑ̃dœʀ] n. f. **1.** Caractère de ce qui est grand dans les diverses dimensions. *La grandeur d'un palais.* – Loc. fig. *Regarder qqn du haut de sa grandeur,* avec dédain. ▷ (Québec) Taille, hauteur (d'une personne). *Elle est à peu près de ma grandeur.* – Pointure, dimensions normalisées d'un vêtement, d'une chaussure. *Robe, grandeur 14 ans.* – Loc. *À la grandeur de :* sur toute la surface de. *Artiste connue à la grandeur du Canada.* **2.** Importance. *Grandeur d'un forfait.* **3.** Importance dans la société, puissance. ▷ Loc. *La folie des grandeurs :* une ambition démesurée. ▷ (Acadie) *Parler à la grandeur, en grandeur,* avec des mots recherchés. **4.** Dignité, noblesse morale, élévation. *Grandeur d'âme.* – «*Servitude et grandeur militaires*», d'Alfred de Vigny (1835). **5.** Loc. *Grandeur nature :* aux dimensions réelles. *Un portrait grandeur nature.* **6.** MATH Tout ce à quoi on peut affecter une valeur, dans un système d'unités de mesure. ▷ *Grandeur scalaire**. ▷ *Grandeur vectorielle**. **7.** PHYS *Grandeur périodique,* dont la valeur ne change pas si l'on ajoute à la valeur de la variable celle de la période. **8.** ASTRO *Étoile de première grandeur,* très brillante (de faible magnitude).

Grandgagnage (Joseph) (1797 – 1876), magistrat et écrivain belge d'expression française. Il fut président de la cour d'appel de Liège. Il créa le terme *Wallonie* dans un récit humoristique : *Voyages et aventures de M. Alfred Nicolas au royaume de Belgique* (1835). — **Charles** (1812 – 1878, neveu du préc., linguiste : *Dictionnaire étymologique de la langue wallonne* (1845-1880).

Grand-gosier [gʀɑ̃gɔzje] n. m. (Antilles fr., Haïti) Syn. de *pélican.*

Grand-Guignol (le), théâtre parisien (1897-1962) qui jouait des pièces où prédominait l'épouvante.

grand(-)guignolesque [gʀɑ̃giɲɔlɛsk] adj. Digne du Grand-Guignol. – *Par ext.* Outrancier.

grandiloquence [gʀɑ̃dilɔkɑ̃s] n. f. Éloquence pompeuse, emphase.

grandiloquent, ente [gʀɑ̃dilɔkɑ̃, ɑ̃t] adj. Pompeux, emphatique. *Orateur, style grandiloquent.*

grandiose [gʀɑ̃djoz] adj. et n. m. Imposant, majestueux, sublime. *Paysage grandiose.* – n. m. *Le grandiose chez les peintres romantiques.*

grandir [gʀɑ̃diʀ] v. [3] **I.** v. intr. **1.** Devenir plus grand, croître en hauteur. *Cet enfant a bien grandi. Arbre qui grandit vite.* **2.** Augmenter, s'intensifier. *La foule grandit à vue d'œil. La rumeur grandit.* **3.** Fig. Croître. *Grandir en sagesse :* devenir plus sage. **II.** v. tr. **1.** Rendre plus grand. *Elle porte des chaussures qui la grandissent.* **2.** Faire paraître plus grand. *Cette coiffure la grandit.* **3.** Fig. Élever moralement, ennoblir. *Les épreuves l'ont grandi.* **III.** v. pron. Se hausser. *Se grandir en portant des talons hauts.* – Fig. *Abaisser autrui pour se grandir.*

grandissant, ante [gʀɑ̃disɑ̃, ɑ̃t] adj. Qui va en augmentant, en croissant. *Une humidité grandissante. Un pouvoir grandissant.*

Grand Jeu (le), revue littéraire (1928-1930, 3 numéros) fondée par R. Gilbert-Lecomte, R. Daumal, Roger Vailland (1907-1965) et le peintre J. Sima.

Grand Lac Salé (en angl. *Great Salt Lake*), nappe d'eau salée (4690 km² env.) des É.-U., au N. de l'Utah. Sur ses rives s'est établie, au XIXe s., la secte des mormons.

Grand-Lahou, port de Côte d'Ivoire, sur la lagune Tadio à l'O. d'Abidjan; ch.-l. du dép. du m. nom; 10000 hab. Centre de pêche.

grand-livre [gʀɑ̃livʀ] n. m. **1.** FIN Liste de tous les créanciers de l'État. (On dit aussi, sans trait d'union dans cet emploi : *grand livre de la Dette publique.*) **2.** COMPTA Registre groupant tous les comptes d'une comptabilité, sur lequel on reporte toutes les opérations du journal. *Des grands-livres.*

grand-mère [gʀɑ̃mɛʀ] n. f. **1.** Mère du père ou de la mère (de qqn). *Grand-mère paternelle, maternelle. Des grand(s)-mères.* **2.** Fam. Vieille femme.

grand-messe [gʀɑ̃mɛs] n. f. Messe chantée solennelle. *Des grand(s)-messes.*

grand-oncle [gʀɑ̃tɔ̃kl] n. m. Frère (ou mari de la sœur) du grand-père ou de la grand-mère (de qqn). *Des grands-oncles.*

Grand Orient de France, la plus anc. (1773) des obédiences de la franc-maçonnerie française. Elle supprima en 1877 la référence au Grand Architecte de l'Univers (Dieu). V. franc-maçonnerie (encycl.).

Grand Paradis. V. Paradis (Grand).

grand-peine (à) [agʀɑ̃pɛn] loc. adv. Avec beaucoup de peine, très difficilement.

grand-père [gʀɑ̃pɛʀ] n. m. **1.** Père du père ou de la mère (de qqn). *Des grands-pères.* **2.** Fam. Vieillard. *Un bon grand-père.* **3.** (Québec) CUIS Boule de pâte qui a cuit dans un liquide bouillant (eau, sirop d'érable, etc.).

Grand-Place, chef-d'œuvre architectural de forme rectangulaire situé au centre de Bruxelles. Face à l'hôtel de ville gothique (prem. moitié du XVe s.), la maison du Roi (ou Halle au Pain) a été reconstruite au XIXe s. Les maisons des corporations, presque toutes postérieures à 1695 (destruction de Bruxelles par l'artillerie française), complètent le pourtour.

Grands Lacs, nom donné à l'ensemble des grands lacs d'Afrique de l'Est : Turkana (8600 km², à 375 m d'altitude), Victoria (68100 km², à 1134m), Mobutu (4500 km², à 621m), Édouard (2150 km², à 913 m), Kivu (2700 km², à 1460 m), Tanganyika (31900 km², à 782 m; 650 km de long), Malawi (26000 km², à 474 m). Leur profondeur est importante : celle du lac Tanganyika atteint 1435 m. L'expression «Grands Lacs» peut avoir un sens plus restreint, qui exclut le lac Malawi. Ainsi, la Communauté économique des pays des Grands Lacs (instituée en 1976) regroupe uniquement le Burundi, le Rwanda et la rép. dém. du Congo.

Grands Lacs, nom donné à cinq lacs d'Amérique du Nord qui couvrent 246300 km², partagés entre le Canada et les États-Unis. Ce sont, d'O. en E., les lacs : Supérieur (84131 km², à 183 m d'altitude), Michigan (57994 km², à 117 m), Huron (61797 km², à 117 m), Érié (25800 km², à 174 m) et Ontario (18800 km², à 74 m). Leur importance économique a atteint un haut niveau quand, en 1959, la voie* maritime du Saint-Laurent a été achevée.

Grandson ou **Granson,** v. de Suisse (cant. de Vaud), sur le lac de Neuchâtel; 1900 hab. – La victoire des Suisses sur Charles le Téméraire (1476) fit renoncer celui-ci à toute prétention sur la Suisse.

grands-parents [gʀɑ̃paʀɑ̃] n. m. pl. Grand-père et grand-mère paternels et maternels.

grand-tante [gʀɑ̃tɑ̃t] n. f. Sœur (ou femme du frère) du grand-père ou de la grand-mère (de qqn). *Des grand(s)-tantes.*

grand-taxi [gʀɑ̃taksi] n. m. (Maghreb) Au Maroc, taxi interurbain pouvant transporter jusqu'à six passagers. *Des grands-taxis.* (V. petit-taxi.)

grand-voile [gʀɑ̃vwal] n. f. Voile principale du grand mât. *Des grand(s)-voiles.*

grange [gʀɑ̃ʒ] n. f. Bâtiment où l'on abrite les gerbes de blé, le grain, la paille, le foin. *Mettre le foin dans la grange.*

Granique (le), petit fleuve d'Asie Mineure, près duquel Alexandre le Grand vainquit l'armée perse de Darius III (334 av. J.-C.).

granite ou **granit** [gʀanit] n. m. Roche cristalline, métamorphique, composée de quartz, de feldspath et de mica, répartis uniformément (à la différence du gneiss). *De densité élevée, le granite constitue le soubassement de tous les continents.*

granité, ée [gʀanite] adj. et n. m. **I.** adj. Qui présente un aspect grenu. **II.** n. m. **1.** Tissu à gros grains. **2.** Sorte de sorbet granuleux.

graniter [gʀanite] v. tr. [1] TECH Peindre en imitant le granite.

graniteux, euse [gʀanitø, øz] adj. Qui contient du granite. *Roche graniteuse.*

granitique [gʀanitik] adj. De la nature du granite; formé de granite.

granivore [gʀanivɔʀ] adj. et n. m. ZOOL Se dit des oiseaux qui se nourrissent de graines, notam. de graminées. ▷ n. m. *Les granivores.*

Gran Sasso d'Italia, massif des Abruzzes, où culmine l'Apennin (2914 m au Corno Grande).

Granson. V. Grandson.

Grant (Ulysses Simpson) (1822 – 1885), général et homme politique américain. Chef des armées nordistes durant la guerre de Sécession (1861-1865), il fut président (républicain) des É.-U. de 1869 à 1877.

Grant (James Augustus) (1827 – 1892), officier et explorateur britannique. Il reconnut, avec Speke, les sources du Nil (1860).

Grant (Archibald Alexander Leach, dit Cary) (1904 – 1986), acteur américain d'origine anglaise.

granulaire [gʀanylɛʀ] adj. Composé de petits grains. *Roche granulaire.*

granulat [gʀanyla] n. m. CONSTR Ensemble des matériaux inertes (sable, gravier, etc.) d'un mortier, d'un béton. Syn. agrégat.

granulation [gʀanylasjɔ̃] n. f. **1.** TECH Fragmentation ou agglomération d'une substance en petits grains. **2.** Cour. Petit grain, petite nodosité, sur une surface, dans une masse. *Les granulations d'un crépi.* **3.** MED Nodosité de petite taille, habituellement d'origine tuberculeuse.

granule [gʀanyl] n. m. Corps ressemblant à un petit grain. *Médicament administré en granules.* – *Par ext.* Chaque grain d'un tel médicament.

granulé, ée [gʀanyle] adj. et n. m. **1.** adj. Qui présente une granulation. **2.** n. m. Médicament présenté en petits grains. – *Par ext.* Chaque grain d'un tel médicament.

granuler [gʀanyle] v. tr. [1] TECH Réduire en petits grains.

granuleux, euse [gʀanylø, øz] adj. **1.** Formé de petits grains. *Terre granuleuse.* **2.** MED *Lignée granuleuse* ou *granulocytaire,* regroupant les globules blancs qui possèdent des granulations.

granulocytaire [gʀanylɔsitɛʀ] adj. MED *Lignée granulocytaire :* V. granuleux.

granulocyte [gʀanylɔsit] n. m. BIOL, HISTOL Leucocyte polynucléaire.

granulome [gʀanylom] n. m. MED Formation tumorale d'origine inflammatoire aux causes variées (tuberculose, syphilis, bilharziose, etc.).

granulométrie [gʀanylɔmetʀi] n. f. Didac. Mesure de la taille et étude de la répartition statistique, selon leur grosseur, des éléments d'une substance pulvérulente.

graph(o)-, -graphe, -graphie, -graphique. Éléments, du gr. *graphein,* «écrire».

graphe [gʀaf] n. m. MATH **1.** Partie du produit cartésien de deux ensembles, dans la théorie des ensembles. *Graphe d'une application f d'un ensemble X dans un ensemble Y :* ensemble des couples [x, f(x)] pour x appartenant à X. **2.** Figure constituée d'arcs reliés entre eux et représentant un parcours, un ensemble de tâches à accomplir (successives ou simultanées), etc. *La théorie des graphes est indispensable à la recherche opérationnelle.*

grapheur [gʀafœʀ] n. m. INFORM Logiciel de gestion de graphiques.

graphie [gʀafi] n. f. LING Manière d'écrire un mot, en ce qui concerne l'emploi des caractères.

graphique [gʀafik] adj. et n. m. **I.** adj. **1.** Qui décrit, représente par des figures. *Arts graphiques :* le dessin, et, par ext., tous les arts où il intervient (arts du livre et de l'impression, affiches, bandes dessinées, etc.). **2.** MATH *Procédé graphique :* résolution d'équations par intersection de courbes représentatives. **II.** n. m. TECH Tracé d'un diagramme, d'un plan, d'une coupe, etc.

graphiquement [gʀafikmɑ̃] adv. À l'aide de figures (du dessin, de l'écriture).

graphisme [gʀafism] n. m. **1.** Façon d'écrire de qqn, considérée du point de vue de la graphologie. **2.** BX-A Manière de dessiner particulière à un artiste. *Le graphisme de Picasso.*

graphiste [gʀafist] n. Dessinateur spécialisé dans les arts graphiques.

graphite [gʀafit] n. m. Carbone naturel, presque pur, cristallisant dans le système hexagonal.
ENCYCL Le graphite est bon conducteur du courant électrique et difficilement fusible; pour sa résistance à la chaleur il est ajouté à certains lubrifiants; il entre aussi dans la fabrication des fours électriques. L'industrie en consomme de grandes quantités dans la fabrication des crayons. On l'utilise comme ralentisseur de neutrons dans les réacteurs nucléaires (filière uranium-gaz-graphite).

graphiter [gʀafite] v. tr. [1] TECH Incorporer du graphite dans. – Pp. adj. *Huiles et graisses graphitées.*

graphiteux, euse [gʀafitø, øz] ou **graphitique** [gʀafitik] adj. TECH Qui contient du graphite.

graphologie [gʀafɔlɔʒi] n. f. Technique de l'examen scientifique de l'écriture manuscrite, qui a pour but soit d'identifier l'auteur d'un texte, soit d'analyser sa personnalité.

graphologique [gʀafɔlɔʒik] adj. Relatif à la graphologie. *Une analyse graphologique.*

graphologue [gʀafɔlɔg] n. Personne spécialiste de la graphologie. *Les experts-graphologues étudient les documents pour déceler les faux.*

grappe [gʀap] n. f. **1.** Inflorescence dans laquelle chaque fleur (et, après développement, chaque fruit) est portée par un pédoncule distinct, inséré le long d'un axe principal. (Ex. : la vigne, les orchidées.) – *Absol.* Grappe de raisin. *Récolter les grappes.* **2.** Choses ou personnes serrées en forme de grappe. *Grappes d'oignons. Des grappes de petits mendiants.*

grappillage [gʀapijaʒ] n. m. Action de grappiller.

grappiller [gʀapije] v. tr. [1] **1.** Cueillir de-ci, de-là, par petites quantités. **2.** Fig. Récolter au hasard. *Grappiller quelques informations.* **3.** Fig. Réaliser de petits profits, licites ou non. *Grappiller quelques dizaines de francs.*

grappin [gʀapɛ̃] n. m. **1.** MAR Petite ancre d'embarcation à branches recourbées. **2.** Fig., fam. *Jeter, mettre le grappin sur qqch,* s'en emparer. *Mettre le grappin sur qqn,* l'empoigner, l'accaparer. **3.** TECH Benne preneuse pour la manutention des matériaux.

graptolit(h)es [gʀaptɔlit] n. m. pl. PALEONT Groupe d'animaux fossiles classés dans les hémicordés. (Marins, ils vécurent en colonies flottantes du cambrien au silurien.)

gras, grasse [gʀɑ, gʀɑs] adj. et n. m. **1.** Qui est constitué de graisse, en contient ou en est imprégné. *Viande grasse.* ▷ n. m. Partie grasse de la viande. *Le gras et le maigre.* ▷ CHIM *Les corps gras :* esters du glycérol et des *acides gras,* acides non ramifiés, comportant un nombre pair d'atomes de carbone et qui se forment, chez les végétaux et les animaux, à partir d'un dérivé de l'acide acétique (acides stéarique, oléique, palmitique, butyrique). **2.** Se dit d'un aliment préparé avec de la viande ou de la graisse. *Bouillon gras.* ▷ *Mardi* gras.* ▷ adv. *Manger gras.* **3.** Se dit d'un être vivant qui a beaucoup de graisse. *Porc gras. Personne grosse et grasse.* ▷ Par anal. Loc. *Plantes grasses,* à tige ou à feuilles succulentes*. ▷ n. m. *Le gras de la jambe, du bras,* la partie charnue, musculeuse. **4.** Souillé, maculé de graisse. *Eaux grasses. Papiers gras.* **5.** Dont l'aspect, la consistance fait penser à la graisse. *Terre grasse. Encre grasse. – Crayon gras,* à mine grasse. ▷ *Par ext.* Épais. *Trait, caractère (typographique) gras.* **6.** (Placé le plus souvent avant le nom.) Fig. Abondant, riche. *Gras pâturages. Grasse récompense.* ▷ *Faire la grasse matinée :* se lever tard. **7.** *Toux grasse,* accompagnée d'expectorations abondantes et épaisses. ▷ *Voix grasse,* pâteuse, peu nette. **8.** Fig. Graveleux, obscène. *Plaisanterie grasse.*

gras-double [gʀɑdubl] n. m. Membrane comestible de l'estomac du bœuf. *Des gras-doubles.*

Grass (Günter) (né en 1927), romancier allemand : *le Tambour* (1959), *le Turbot* (1977).

grassement [gʀɑsmɑ̃] adv. Largement, généreusement. *Payer grassement. – Rire grassement,* grossièrement.

1. grasset [gʀɑsɛ] n. m. Articulation du membre postérieur des mammifères, correspondant au genou de l'homme.

2. grasset, ette [gʀɑsɛ, ɛt] adj. (Québec) Fam. Se dit d'une personne un peu grasse.

grasseyement [gʀasɛjmɑ̃] n. m. Fait de grasseyer.

grasseyer [gʀasɛje] v. intr. [1] Prononcer la lettre *r* de la gorge, comme à Paris (par oppos. à *rouler les «r»*).

Grassfields, plateau volcanique de l'O. du Cameroun (Hauts Plateaux). Il culmine au mont Oku (3008 m). Il est peuplé par des Bamiléké.

grassouillet, ette [gʀasujɛ, ɛt] adj. Un peu gras, dodu. *Bébé grassouillet.*

gratelle, gratele ou **grattelle** [gʀatɛl] n. f. (Haïti, oc. Indien) Syn. de *démangeaison.* ▷ Petite méduse urticante. *Gratelle bleue.*

Gratiant (Gilbert) (1895 – 1985), écrivain français d'origine martiniquaise. Son *Credo des Sang-Mêlé* (1948) reconnaît aux Antillais le double héritage européen et africain. Il écrivit en créole *Eab Compé Zicaque* (1948). De nombreux autres poèmes mêlent français et créole.

gratification [gʀatifikasjɔ̃] n. f. **1.** Somme d'argent accordée à qqn en plus de son salaire. **2.** PSYCHO Sentiment de satisfaction, de valorisation du sujet à ses propres yeux.

gratifier [gʀatifje] v. tr. [2] **1.** *Gratifier de :* faire don, nantir de. *Gratifier qqn d'une pension.* ▷ Par antiph., iron. *On l'a gratifié d'une punition.* **2.** Donner psychologiquement satisfaction à. – Pp. *Se sentir gratifié par une réussite.*

gratin [gʀatɛ̃] n. m. **1.** Croûte grillée faite de chapelure ou de fromage râpé, qui recouvre certains plats passés au four. *Macaronis au gratin.* ▷ *Par ext.* Mets ainsi préparé. *Gratin de pommes de terre.* **2.** Fig., fam. *Le gratin :* la haute société, l'élite.

gratiné, ée [gʀatine] adj. et n. f. **1.** Couvert de gratin. ▷ n. f. Soupe à l'oignon gratinée. **2.** Fig., fam. Qui surprend par son côté singulier ou excessif. *C'est gratiné, cette affaire!*

gratiner [gʀatine] v. intr. [1] Se former en gratin. *Plat qui gratine au four.*

gratis [gʀatis] adv. et adj. Gratuitement. *Entrer gratis.* ▷ adj. inv. Gratuit. *Des places gratis.*

gratitude [gʀatityd] n. f. Reconnaissance pour une aide, un service rendu. *Témoigner sa gratitude.*

gratons [gʀatɔ̃] n. m. pl. (Acadie) Syn. de *cretons.*

gratouiller [gʀatuje] v. tr. [1] Fam. **1.** Caresser, chatouiller légèrement. *Le chat aime qu'on lui gratouille le ventre.* **2.** Démanger. *Ce tissu me gratouille.*

grattage [gʀataʒ] n. m. Action de gratter; son résultat.

gratte [gʀat] n. f. **1.** AGRIC Sarcloir. **2.** (Québec) Niveleuse. – Chasse-neige. *La gratte vient de passer.* – Large pelle à plaque recourbée, servant à pousser la neige. **3.** Fam. Petit profit illicite. **4.** (Belgique) Égratignure. **5.** (Pacifique, Polynésie fr.) Syn. de *ciguatera.*

gratte-ciel [gʀatsjɛl] n. m. inv. Immeuble d'une très grande hauteur, tour.

grattelle [gʀatɛl] n. f. V. gratelle.

grattement [gʀatmɑ̃] n. m. **1.** Action de gratter. **2.** Bruit produit par ce qui gratte.

gratte-papier [gʀatpapje] n. m. inv. Péjor. Petit employé de bureau.

gratter [gʀate] v. [1] **I.** v. tr. **1.** Racler de manière à entamer la surface de. *Gratter un meuble.* – (Belgique) Égratigner. **2.** Faire disparaître en raclant. *Gratter un mot, une inscription.* **3.** (Québec) Débarrasser (une route, un trottoir, etc.) de la neige qui l'encombre. *Gratter son entrée de maison.* **4.** Frotter (une partie du corps) avec les ongles pour calmer une démangeaison. *Gratter le dos de qqn.* ▷ v. pron. *Se gratter le bras.* ▷ *Par ext.,* fam. Causer des démangeaisons. *Un vêtement qui gratte. Ça me gratte.* **5.** Fam. Distancer à la course, dépasser. **6.** Fig., fam. Faire de menus profits, souvent illicites. *Gratter quelques sous.* **II.** v. intr. **1.** *Gratter à une porte,* pour qu'on l'ouvre. **2.** *Gratter de la guitare,* en jouer de temps en temps, en amateur, ou en jouer mal.

gratteux, euse [gʀatø, øz] adj. et n. (Québec) Fam. Qui est chiche, pingre.

grattoir [gʀatwaʀ] n. m. **1.** Outil servant à gratter. **2.** Instrument qui sert à gratter le papier pour y effacer une inscription, une tache.

gratuit, uite [gʀatɥi, ɥit] adj. **1.** Qu'on donne sans faire payer; qu'on reçoit sans payer. *Billet gratuit.* ▷ Loc. adv. *À titre gratuit :* sans contrepartie. **2.** Fig. Qui n'a pas de fondement, de motif. *Supposition, méchanceté gratuite. Acte gratuit,* qui semble échapper à tout mobile logique.

gratuité [gʀatɥite] n. f. Caractère de ce qui est gratuit. *La gratuité de l'enseignement.*

gratuitement [gʀatɥitmɑ̃] adv. **1.** Sans payer. **2.** Sans motif.

gravats [gʀava] n. m. pl. **1.** Débris provenant de démolitions. **2.** TECH Résidu du plâtre après criblage.

grave [gʀɑv] adj. et n. m. **I. 1.** Qui peut avoir des conséquences funestes. *Grave maladie. Situation grave.* ▷ Par ext. *Un blessé grave.* **2.** Qui a de l'importance, qui ne peut être négligé. *Question, motif grave.* **3.** Sérieux, digne; qui dénote le sérieux, la dignité. *De graves magistrats. Une figure grave.* **II. 1.** D'une fréquence peu élevée, bas dans l'échelle tonale (sons). *Un son grave, une voix grave.* Ant. aigu. ▷ n. m. MUS *Le grave :* le registre grave. *Passer du grave à l'aigu.* **2.** *Accent grave :* V. accent.

graveleux, euse [gʀavlø, øz] adj. **1.** GEOL Mêlé de gravier. *Terre graveleuse.* **2.** BOT Se dit d'un fruit dont la pulpe contient des cellules pierreuses formant des petits grains très durs. *Poire graveleuse.* **3.** Fig. Licencieux et vulgaire. *Chanson graveleuse.*

gravelle [gʀavɛl] n. f. **1.** Vx Lithiase rénale. **2.** (Québec) Mélange de sable et de cailloux. *Chemin, route de gravelle.*

gravelot [gʀav(ə)lo] n. m. Oiseau charadriiforme (genre *Charadrius*) voisin du pluvier, avec un collier noir au niveau de la gorge. *Le grand gravelot vit dans le nord de l'Europe et de l'Amérique, le petit gravelot en Europe, en Asie et en Afrique du Nord.*

gravement [gʀɑvmɑ̃] adv. **1.** Avec dignité. **2.** D'une manière sérieuse, dangereuse. *Il est gravement malade.*

graver [gʀave] v. tr. [1] **1.** Tracer en creux sur une surface dure. *Graver une épitaphe dans le marbre.* **2.** Tracer des traits, des caractères, des figures sur une surface dure pour les reproduire. *Graver au burin, à l'eau-forte, à la pointe sèche. Graver en creux.* ▷ *Graver une médaille :* graver le poinçon destiné à sa frappe. ▷ *Graver un disque :* graver la matrice qui servira à la reproduction de l'enregistrement sur un disque (V. pressage). **3.** Fig. Rendre durable. *Ses paroles sont gravées dans ma mémoire.*

gravettien, enne [gʀavɛtjɛ̃, ɛn] adj. et n. m. PREHIST Se dit de l'industrie du paléolithique supérieur (entre l'aurignacien et le solutréen, de 27000 à 20000 ans avant notre ère). – n. m. *Le gravettien.*

graveur, euse [gʀavœʀ, øz] n. Personne dont la profession est de graver.

gravide [gʀavid] adj. Didac. En état de gestation. *Femelle gravide. Utérus gravide.*

gravier [gʀavje] n. m. **1.** GEOL Roche détritique constituée de petits galets et de sable grossier. **2.** Ensemble de très petits cailloux. *Le gravier d'une cour. Des graviers.*

gravillon [gʀavijɔ̃] n. m. Gravier fin et anguleux obtenu par concassage. *Recouvrir une route de gravillon.* – Chacun des cailloux constituant le gravillon. Syn. (Belgique) grenaille.

gravillonner [gʀavijɔne] v. tr. [1] Couvrir de gravillon.

gravimétrie [gʀavimetʀi] n. f. **1.** PHYS Mesure de l'intensité du champ de la pesanteur. **2.** CHIM Méthode d'analyse par pesée d'un précipité.

gravir [gʀaviʀ] v. tr. [3] Parcourir en montant avec effort. *Gravir un escalier.* – Monter sur, escalader. *Gravir une montagne.* ▷ Fig. *Gravir les échelons,* les degrés de la hiérarchie.

gravissime [gʀavisim] adj. Extrêmement grave.

gravitation [gʀavitasjɔ̃] n. f. PHYS Attraction universelle, qui s'exerce entre tous les corps.
ENCYCL La gravitation est l'une des forces qui régissent l'Univers. Elle s'exerce à l'intérieur des noyaux des atomes et en assure la cohésion au même titre, mais à un degré beaucoup plus faible, que les trois autres *interactions** (forte, électromagnétique et faible). C'est en étudiant les effets de la gravitation (chute des corps, mouvement des planètes) que Galilée, Kepler* et Newton ont fondé la mécanique classique. Dans la théorie de la *relativité générale,* énoncée par Einstein en 1916, la gravitation est une propriété de l'espace-temps, qui se déforme sous l'action des masses matérielles. (V. relativité.)

gravitationnel, elle [gʀavitasjɔnɛl] adj. PHYS Relatif à la gravitation; dû à la gravitation. *Force gravitationnelle.*

gravité [gʀavite] n. f. **1.** Pesanteur. ▷ *Centre de gravité d'un corps :* point d'application de la résultante des forces de pesanteur s'exerçant en chaque point de ce corps. Syn. barycentre. **2.** Caractère d'une personne grave, sérieuse; attitude grave, réservée. ▷ Importance, sérieux. *La gravité de la conversation.* **3.** Caractère de ce qui peut avoir des conséquences graves, fâcheuses ou dangereuses. *La gravité de la situation. Gravité d'une blessure, d'une maladie.*

graviter [gʀavite] v. intr. [1] Être soumis à la force de gravitation. – *Graviter autour de :* décrire une orbite autour de. *Les planètes qui gravitent autour du Soleil.* ▷ Par anal. *Les électrons gravitent autour du noyau de l'atome.* ▷ Fig. *Les courtisans gravitaient autour du roi.*

gravure [gʀavyʀ] n. f. **1.** Action de graver. *La gravure d'une initiale.* **2.** Art de graver; procédé employé pour graver. *La gravure au burin. Gravure sur bois, sur métal, sur pierre* (V. lithographie). **3.** Ouvrage, travail du graveur; estampe. **4.** *Par ext.* Image, illustration. *Livre orné de gravures.* **5.** Action de graver un disque; son résultat.

Gray (Stephen) (1670 – 1736), physicien anglais. Il découvrit l'électrisation par influence et révéla l'existence de corps conducteurs et isolants.

Graz (autref. *Gratz* en fr.), v. d'Autriche, cap. de la Styrie, sur la Mur; 232150 hab. Centre industr. – Université (depuis 1586). Cath. goth. (XVe s.). Tour de l'Horloge (XVIe s.).

gré [gʀe] n. m. (En loc.) **I.** (Au sens de *goût.*) **1.** *Au gré de qqn,* à son goût. *Trouver qqch à son gré.* ▷ *Faire qqch à son gré,* selon son bon plaisir. – *Par ext.* Suivant l'avis, l'opinion de. *Au gré de tous.* **2.** Fig. *Au gré des événements, des circonstances :* sans pouvoir modifier le cours des choses ou sans chercher à le faire. **II.** (Au sens de *volonté.*) **1.** *De son plein gré, de bon gré :* sans être contraint, de sa propre volonté. *Il est venu de son plein gré.* ▷ *De gré à gré :* à l'amiable, par entente mutuelle. *Affaire conclue de gré à gré.* **2.** *Contre le gré de :* contre la volonté de. *Il a fait cela contre mon gré.* ▷ *De gré ou de force :* volontairement ou sous la contrainte. – *Bon gré, mal gré :* qu'on le veuille ou non. **III.** (Au sens de *gratitude, reconnaissance.*) *Savoir gré à qqn de qqch,* lui en être reconnaissant. *Savoir mauvais gré à qqn de qqch,* lui en tenir rigueur.

Gréban (Arnoul) (v. 1420 – 1471), poète dramatique français. Son admirable *Mystère de la Passion* (représenté v. 1450), en quatre journées, compte 35000 vers.

grèbe [gʀɛb] n. m. Oiseau aquatique piscivore (genre *Podiceps*), très bon nageur, dont les pattes sont garnies de lobes festonnés formant une palmure incomplète. *Les grèbes, largement répartis dans le monde, construisent des nids flottants.*

Gréboun (le), sommet du Niger dans le massif de l'Aïr; 1944 m.

grec, grecque [gʀɛk] adj. et n. **I.** adj. Qui a trait à la Grèce, à sa civilisation, à sa langue. *Lettres grecques. Tragédie grecque.* ▷ *Profil grec,* dans lequel l'arête du nez prolonge la ligne du front. **II.** n. **1.** Habitant ou personne originaire de Grèce. *Un(e) Grec(que).* **2.** n. m. Langue parlée en Grèce. *Grec ancien, moderne.*

Grèce (république de) *(Hellênikê Dêmokratia),* État d'Europe méridionale, occupant le S. de la péninsule balkanique; 131990 km^2; 10046000 hab.; cap. *Athènes.* Nature de l'État : rép. parlementaire. Langue off. : grec. Monnaie : drachme. Relig. : Église orthodoxe grecque (off., 97 %).
Géogr. phys. et hum. – Le territoire se partage entre une Grèce continentale, prolongée par la péninsule du Péloponnèse, montagneuse (2911 m au mont Olympe), au climat méditerranéen tempéré par l'altitude, et une Grèce des îles (20 % de la superficie) : îles Ioniennes, Cyclades, Sporades, Dodécanèse, Crète. 70 % des Grecs vivent sur les littoraux et dans les plaines, torrides en été (Thrace, Macédoine, Thessalie, Attique). L'aggl. d'Athènes-Le Pirée groupe 35 % des hab.; l'exode rural reste important (60 % de citadins). La population vieillit et s'accroît peu (0,2 % par an). Terre d'émigration jusqu'en 1975, la Grèce enregistre, depuis, un solde migratoire excédentaire.
Écon. – La Grèce n'assure que 1 % de la prod. économique de la C.E.E. L'agriculture occupe le quart des actifs et reste, assez largement, une polyculture traditionnelle (céréales, vigne, fruits et légumes, élevage ovin, huile d'olive, tabac). Les princ. ressources du sous-sol sont le lignite et la bauxite. L'industrie est peu compétitive. La Grèce tire d'importants revenus du tourisme, de sa flotte marchande et du rapatriement de fonds des Grecs de l'étranger. Malgré l'aide massive de la C.E.E., la crise écon. est aiguë : dettes de l'État, inflation, chômage.
Hist. – À partir du XIXe s. av. J.-C., alors que la civilisation minoenne est déjà en plein essor, pénètrent en Grèce continentale des peuples indo-européens, Ioniens et Achéens, qui, peu à peu, occupent la Grèce dans sa totalité. Au XVe s., les royaumes achéens (Mycènes, notam.) dominent la Crète et s'étendent vers l'Asie Mineure. La légendaire guerre de Troie est sans doute l'écho d'une de ces expéditions guerrières menées en Asie Mineure au XIIIe s. av. J.-C. Au XIIe s., d'autres peuples venus du N., les Doriens, font leur apparition. Sous la poussée dorienne, les Achéens se réfugient en Ionie (littoral de l'Asie Mineure), en Arcadie, dans les îles

médit. La période XIIᵉ – IXᵉ s. av. J.-C. constitue une période obscure. Au IXᵉ s. av. J.-C. (siècle d'Homère), la Grèce apparaît découpée en un nombre important de *polis,* cités qui regroupent des clans et guerroient les unes contre les autres jusqu'à Alexandre le Grand. À partir du VIIIᵉ s. av. J.-C., les cités d'Asie Mineure, à la vive activité industrielle et commerciale, se lancent sur les mers, suivies par les cités de Grèce (Corinthe). Elles refoulent les Phéniciens, fondent des colonies en Sicile, Italie du Sud, mer Noire, etc. Corinthe, Chalcis, Égine sont dépassées par Athènes à partir du VIᵉ s. Dans le Péloponnèse, Sparte assure son hégémonie. La révolte de l'Ionie contre la Perse (ou *Mède*) est à l'origine des *guerres médiques** (Vᵉ s.). Après les défaites perses de Marathon (490), Salamine (480) et Platées (479), Athènes, qui domine la *ligue de Délos,* devient la première puissance de la Méditerranée orientale et développe une politique impérialiste fondée sur une hégémonie maritime, tout en développant la démocratie : élection ou tirage au sort des magistrats, accessibilité de tous les citoyens aux charges politiques et aux fonctions milit. Périclès, qui dirige Athènes de 457 à 429, donne son nom à cet âge d'or, écon., intellectuel, artistique («siècle de Périclès»). Au terme de la guerre du Péloponnèse (431-404), la victoire du Spartiate Lysandre près de l'embouchure de l'Ægos-Potamos (405) met fin à la suprématie d'Athènes, mais Sparte s'incline bientôt devant Thèbes (victoire d'Épaminondas à Leuctres, 371). Écrasant les armées athénienne et thébaine (alliées) à Chéronée (338), Philippe II de Macédoine s'impose comme l'arbitre des cités qu'il tente de fédérer. Après l'assassinat de Philippe (336), son fils, Alexandre le Grand, part conquérir l'Asie (334). En moins de dix ans, il soumet l'Égypte et l'Asie Mineure; il atteint les Indes en 327. La création de plus de 70 villes, la mise en circulation d'une monnaie grecque œuvrent à l'hellénisation de l'Orient. La mort d'Alexandre (323) entraîne le partage de son empire : la Thrace et l'Asie reviennent à Lysimaque, la Macédoine à Cassandre, l'Égypte à Ptolémée, le reste (Syrie, Mésopotamie, Perse, Inde) à Séleucos. La rivalité de ces chefs va durer trois siècles, mais une nouvelle civilisation, dite hellénistique, celle des cités nouvelles (Alexandrie, Antioche, Pergame), étend la culture et la langue grecques sur tout l'Orient. Malgré des révoltes locales, la Macédoine parvient à maintenir la Grèce sous sa tutelle. Puis les Romains font de la Macédoine, vaincue, une province romaine (148 av. J.-C.) et imposent leur autorité à l'ensemble de la Grèce (146 av. J.-C.). La conversion de la Grèce au christianisme à partir du Iᵉʳ s. est un événement capital; en effet, le christianisme va être profondément marqué par la civilisation grecque hellénistique. À partir de 250 env., les cités grecques sont pillées par les Barbares (incursion des Goths à Athènes en 267). Avec l'installation, au IVᵉ s., d'un empire chrétien à Byzance (ville anc. sur l'emplacement de laquelle Constantin fonde Constantinople en 330) commence le déclin de la culture antique. En 395, la Grèce est intégrée à l'empire d'Orient (V. byzantin). La Grèce byzantine est soumise aux invasions barbares (Vᵉ-VIᵉ s.). Dès le VIIᵉ s., les Arabes prennent certaines îles (Chypre, 649; Rhodes, 654). Aux Bulgares, aux Normands (Xᵉ-XIᵉ s.), aux Vénitiens, aux Latins (venus à la suite des croisades) et aux Génois succèdent les Turcs, qui conquièrent la Grèce de 1391 à 1461. Les Grecs ne se libérèrent de l'occupation turque qu'au XIXᵉ s., avec l'aide de la France, de la G.-B. et de la Russie (victoire navale de Navarin, 1827), après une guerre sanglante commencée en 1821. Le sultan est contraint d'accorder l'auton. au pays en 1829 (traité d'Andrinople). L'indép. est acquise en 1832. La Grèce est érigée en royaume. Otton Iᵉʳ (1833-1862), prince allemand, est remplacé par un prince danois, Georges Iᵉʳ (1863-1913). La Grèce s'agrandit du S. de l'Épire et de la Thessalie (1881) à la suite de la guerre russo-turque. Sa participation aux guerres balkaniques (1912-1913) lui permet d'incorporer la Crète, les Sporades du N., une grande partie de la Macédoine et de l'Épire. En 1917, Venizélos, partisan des Alliés, triomphe de Constantin Iᵉʳ, allié de l'Allemagne, qui abdiqua en 1917. Par les traités de Sèvres (1919) et de Neuilly (1920), la Grèce reçoit la Thrace et la côte d'Ionie, mais la guerre qu'elle mène contre la Turquie (1920-1922), qui rejette ces traités, est désastreuse; en outre, la Grèce doit accueillir un million et demi de réfugiés d'Asie Mineure. Constantin Iᵉʳ, rappelé en 1920, doit abdiquer de nouveau, en 1922, en faveur de son fils aîné Georges II. Puis la république est proclamée en 1924; Georges II est rappelé en 1935, mais le pouvoir est en fait exercé par le général Metaxás (1936-1941). La Grèce, envahie par les Italiens (1940) qu'elle met en déroute, puis occupée par les Allemands (1941) et libérée en 1944 par les partisans de l'E.L.A.S., armée populaire grecque de libération, connaît une guerre civile intermittente (1944-1949) qui se termine par la victoire des gouvernementaux sur les anciens partisans communistes. Paul Iᵉʳ succède en 1947 à son frère Georges II (qui s'est exilé de 1941 à 1946). La Grèce s'accroît en 1947 (traité de Paris) de Rhodes et des autres îles du Dodécanèse, perdues par l'Italie. En avril 1967, un coup d'État militaire fonde le «régime des colonels» et, en juillet 1973, la république est proclamée. En 1974, à la suite du conflit chypriote, de la déroute financière et de pressions extérieures, Caramanlis, appelé au pouvoir, rétablit les libertés et fait approuver la république (référendum de déc.). Ce retour à la démocratie permet l'intégration du pays au Marché commun (1ᵉʳ janv. 1981). En 1981, le PASOK, mouvement socialiste panhellénique, remporte la victoire aux élections, puis à celles de 1985, mais le gouv. d'Andhréas Papandhréou, compromis par des scandales financiers, est battu en 1989. En avril 1990, C. Mitsotakis, chef de la Nouvelle Démocratie, forme un gouv. conservateur, et un accord réduit à deux les bases militaires amér. À partir de 1991, la Grèce, s'opposant à l'ex-rép. yougoslave de Macédoine et à l'Albanie, juge grecque la Macédoine tout entière. Fondant sa campagne électorale sur ce thème nationaliste, le PASOK remporte les législatives de 1993 et A. Papandhréou redevient Premier ministre. En 1996, Costas Simitis lui succède et son parti, le PASOK, remporte les élections législatives.

grécité [gʀesite] n. f. Didac. Caractère de ce qui est grec.

Greco (Dhominikos Theotokópoulos, dit le) (1541 – 1614), peintre espagnol d'origine crétoise. Formé en Italie par Titien et le Tintoret, il travailla à l'Escurial de Madrid puis se fixa à Tolède. Sa peinture montre un allongement maniériste des formes; une fièvre mystique anime ses personnages.

Gréco (Juliette) (née en 1927), chanteuse et actrice française.

gréco-latin, ine [gʀekolatɛ̃, in] adj. Propre au grec et au latin. *Mot hybride, d'origine gréco-latine.*

gréco-romain, aine [gʀekoʀɔmɛ̃, ɛn] adj. **1.** Qui est commun aux Grecs et aux Romains. *Les arts gréco-romains.* **2.** SPORT *Lutte gréco-romaine,* qui n'admet que les prises portées au-dessus de la ceinture et exclut les clés et les coups.

grecque [gʀɛk] n. f. **1.** ARCHI Ornement formé d'une suite de lignes brisées à angle droit, rentrant sur elles-mêmes et décrivant des portions de carrés ou de rectangles. **2.** TECH En reliure, scie servant à faire des encoches au dos des volumes à coudre; chacune des encoches ainsi pratiquées. **3.** (Haïti) V. grèque.

gredin, ine [gʀədɛ̃, in] n. **1.** Personne malhonnête, crapule. **2.** (Sens atténué.) Vaurien, fripon. *Petit gredin!*

gréement [gʀemɑ̃] n. m. **I.** MAR **1.** Ensemble de ce qui est nécessaire pour mettre un navire en état de naviguer. ▷ *Spécial.* Ensemble des voiles, de la mâture et du haubanage d'un voilier. **2.** Disposition des mâts et des voiles. **II.** (Québec) Fam. **1.** Équipement. *Gréement de pêche, de camping.* **2.** Péjor. Personne mal accoutrée ou excentrique.

green [gʀin] n. m. (Anglicisme) Aire gazonnée qui entoure un trou, au golf.

Green (Julien) (né en 1900), romancier américain d'expression française, catholique : *Adrienne Mesurat* (1927), *Léviathan* (1929). Son *Journal,* entrepris en 1919, a été publié à partir de 1938. Acad. fr. (1971).

Greene (Graham) (1904 – 1991), romancier anglais : *la Puissance et la Gloire* (1940), *le Troisième Homme* (1950).

Greenpeace («paix verte»), mouvement pacifiste et écologiste international, créé à Vancouver en 1971.

Greenwich, fbg S.-O. de Londres; 200 800 hab. – Anc. observatoire dont le méridien a été adopté comme méridien zéro. V. temps (encycl.)

gréer [gʀee] v. tr. **[11] 1.** Munir (un bateau) de son gréement. Syn. (Québec) gréyer. ▷ Mettre en place (un élément du gréement). – Par ext. *Gréer une ligne de pêche.* **2.** Avoir pour gréement, pour élément de gréement, en parlant d'un bateau.

greffage [gʀɛfaʒ] n. m. Action de greffer; ensemble des opérations effectuées au cours d'une greffe.

1. greffe [gʀɛf] n. m. **1.** Lieu où sont conservées les archives des tribunaux et des cours, où sont déposées les minutes de jugements et où se font les déclarations concernant les procédures. *Le greffe du tribunal d'instance.* **2.** (Suisse) Secrétariat de mairie. *Le greffe municipal.*

2. greffe [gʀɛf] n. f. **1.** Opération qui consiste à insérer une partie vivante d'une plante (œil, branche, bourgeon), appelée *greffon,* dans une autre plante (le *porte-greffe* ou *sujet*) de manière telle que le greffon puisse se développer normalement. *Greffe en fente, par bourgeons.* ▷ La partie insérée, le greffon. **2.** CHIR Transplantation (d'un tissu, d'un organe). ▷ Tissu, organe transplanté. (V. histocompatibilité.)

greffer [gʀefe] v. [1] **1.** v. tr. Effectuer une greffe sur. *Greffer un manguier.* ▷ MED *Greffer un rein, un cœur.* (V. histocompatibilité.) **2.** v. pron. Fig. *Nouvelles lois qui se greffent sur les anciennes.*

greffier, ère [gʀefje, ɛʀ] n. Fonctionnaire préposé au greffe. *Les greffiers assistent les magistrats.*

greffon [gʀefɔ̃] n. m. **1.** Partie d'une plante destinée à être greffée sur une autre. **2.** CHIR Tissu, organe transplanté ou destiné à être transplanté. *Les greffons sont conservés au froid.*

grégaire [gʀegɛʀ] adj. Qui vit ou se développe en groupe. *Animaux, plantes grégaires.* ▷ *Instinct grégaire :* instinct qui pousse les animaux à former des groupes; fig. instinct qui pousse les individus à adopter les conduites, les opinions du groupe auquel ils appartiennent.

grège [gʀɛʒ] adj. et n. f. *Soie grège,* brute, telle qu'elle sort du cocon. – n. f. *Des grèges.* ▷ *Par ext.* De la couleur de cette soie (beige clair).

Grégoire de Nazianze (saint) (v. 330 – v. 390), Père et docteur de l'Église. Il présida le concile œcuménique de Constantinople (381), qui condamna l'arianisme. Auteur de discours, de lettres et de poésies.

Grégoire de Nysse (saint) (v. 335 – v. 395), Père et docteur de l'Église d'Orient. Son frère, saint Basile, le nomma évêque de Nysse (371). Adversaire de l'arianisme.

Grégoire de Tours (Georges Florent, saint) (v. 538 – v. 594), historien et théologien français. Auteur d'une *Histoire des Francs.*

Grégoire, nom porté par plusieurs papes dont : — **Grégoire Ier le Grand** (saint) (v. 540 – 604), pape de 590 à 604, docteur de l'Église. Il s'imposa à Rome comme un souverain; le premier, il fit de l'évêque de Rome celui de toute la chrétienté, supérieur donc aux patriarches orientaux, et s'opposa à la création d'Églises nationales chez les Barbares. — **Grégoire III** (saint) (m. en 741), pape de 731 à 741; il rechercha vainement la protection de Charles Martel contre les Lombards. — **Grégoire VII** (saint) (v. 1020 – 1085), pape de 1073 à 1085, d'abord moine à Cluny sous le nom de Hildebrand. Il lutta contre les prétentions des princes laïques à conférer à leur guise les dignités ecclésiastiques (querelle des Investitures); aussi excommunia-t-il l'empereur Henri IV (1076), qui se soumit à Canossa (1077), mais la lutte reprit et finalement (1084) le pape dut quitter Rome. — **Grégoire IX** (Ugolino de Segni) (v. 1170 – 1241), pape de 1227 à 1241; il lutta contre l'empereur Frédéric II. — **Grégoire XI** (Pierre Roger de Beaufort) (1329 – 1378), pape de 1370 à 1378; d'abord pape d'Avignon, il rétablit la papauté à Rome en 1377. — **Grégoire XIII** (Ugo Boncompagni) (1502 – 1585), pape de 1572 à 1585; il réforma le calendrier. — **Grégoire XVI** (Bartolomeo Alberto Cappellari) (1765 – 1846), pape de 1831 à 1846; il réprima les insurrections dans les États pontificaux en faisant appel à l'Autriche (1831) et à la France (1832).

Grégoire (Henri, dit l'abbé) (1750 – 1831), ecclésiastique et homme politique français. Député de toutes les assemblées pendant la Révolution française, évêque de Blois (1791), promoteur de l'abolition de l'esclavage (1794), il présenta le 6 juin 1794 un projet visant à éliminer les patois et à universaliser l'usage de la langue française. Il démissionna de son évêché après le Concordat (1801).

grégorien, enne [gʀegɔʀjɛ̃, ɛn] adj. et n. m. Se dit des réformes liturgiques introduites au VIe s. par Grégoire Ier. *Rite grégorien.* ▷ *Chant grégorien* ou, n. m., *le grégorien :* musique liturgique de l'Église romaine. ▷ *Calendrier grégorien :* calendrier julien réformé par le pape Grégoire XIII.

grègue [gʀɛg] n. f. (Louisiane) Cafetière.

1. grêle [gʀɛl] adj. (et n. m.) **1.** Long et menu. *Jambes grêles.* Ant. trapu. **2.** *Par ext.* Aigu et faible (sons). *Voix grêle.* **3.** ANAT *Intestin grêle* ou, n. m., *le grêle :* partie longue et mince de l'intestin, comprise entre le duodénum et le cæcum.

2. grêle [gʀɛl] n. f. Pluie de petits glaçons (grêlons) de forme arrondie; ces glaçons eux-mêmes. ▷ Fig. *Grêle de pierres, de coups, d'injures.*

grêlé, ée [gʀele] adj. Marqué par la variole. *Visage tout grêlé.*

grêler [gʀele] v. impers. [1] *Il grêle :* il tombe de la grêle.

grêlon [gʀɛlɔ̃] n. m. Glaçon constitutif de la grêle.

grelot [gʀəlo] n. m. **1.** Petite boule métallique creuse et percée contenant un morceau de métal libre qui la fait tinter à chaque mouvement. *Collier de chien à grelots.* **2.** Loc. *Attacher le grelot :* prendre l'initiative dans une affaire délicate. **3.** (Québec) Petite pomme de terre. (V. guerlot, gorlot.)

grelotter [gʀəlɔte] v. intr. [1] Trembler. *Grelotter de froid, de fièvre, de peur.*

greluche [gʀəlyʃ] n. f. Fam., péjor. Jeune femme sans intérêt, sotte.

greluchon [gʀəlyʃɔ̃] n. m. Fam. Petit jeune homme fade, freluquet.

grémille [gʀemij] n. f. Poisson voisin de la perche, appelé aussi *perche goujonnière,* qui vit dans les rivières à fond de gravier de l'Europe et du nord de l'Asie.

Grémillon (Jean) (1902 – 1959), cinéaste français : *Remorques* (1941).

1. grenade [gʀənad] n. f. Fruit du grenadier, comestible, globuleux et coriace, renfermant de nombreux grains à pulpe rouge, aigrelets et sucrés.

2. grenade [gʀənad] n. f. Projectile explosif, incendiaire, fumigène ou lacrymogène, lancé à la main ou avec un fusil muni d'un tube lance-grenades. *Grenade offensive. Grenade défensive.*

Grenade (en esp. *Granada*), v. d'Espagne (Andalousie), sur le Genil; 268 670 hab.; ch.-l. de la prov. du m. nom. Centre agric. et industr. Tourisme. – Université. Cath. baroque (XVIe et XVIIIe s.) renfermant les tombeaux des Rois Catholiques. Églises du XVIIIe s. (baroques). Palais de Charles Quint (XVIe-XVIIe s.); palais mauresque de l'Alhambra (XIIIe-XIVe s.) et jardins du Generalife. – La ville fut la capitale (1235-1492) d'un royaume arabe fondé au XIe s. Sa conquête par les Rois Catholiques, en 1492, marqua la fin de la Reconquista.

Grenade (la), État des Petites Antilles, membre du Commonwealth; il comprend l'île de Grenade et quelques Grenadines mérid.; 344 km^2; 115 000 hab.; cap. *Saint George's.* Nature de l'État : rép. Langue off. : anglais. Monnaie : dollar des Caraïbes orient. Pop. : Noirs, métis. Relig. : protestantisme, cathol. Cult. tropicales, pêche et tourisme sont les seules ressources. – Découverte par Christophe Colomb (1498), qui la baptisa *Concepción,* l'île de Grenade fut française (1650) puis brit. (1783). Indépendante en 1974, elle a connu, de 1979 à 1983, une expérience de type castriste, interrompue par une intervention militaire des États-Unis.

Grenade (Nouvelle-), nom de la Colombie de 1538 à 1819.

grenadelle [gʀənadɛl] n. f. (Madag.) Syn. de *fruit de la Passion*.*

grenadia [gʀənadja] n. f. (Haïti) Syn. de *barbadine.*

1. grenadier [gʀənadje] n. m. Arbre des régions chaudes, à fleurs rouge vif et dont le fruit est la grenade.

2. grenadier [gʀənadje] n. m. Soldat spécial. entraîné au lancement des grenades. ▷ *Par ext.* Soldat de corps d'élite de l'infanterie.

1. grenadille [gʀənadij] n. f. Syn. de *fruit de la Passion*.*

2. grenadille [gʀənadij] n. f. Nom de différents arbres tropicaux d'Afrique et d'Amérique exploités pour leur bois.

grenadine [gʀənadin] n. f. **1.** Sirop à base de jus de grenade. **2.** (Haïti) Syn. de *barbadine.*

Grenadines, îlots des Petites Antilles, dépendant de la Grenade et de Saint-Vincent.

grenaille [gʀənaj] n. f. **1.** TECH Métal réduit en menus grains. **2.** Rebut de grain donné aux volailles. **3.** (Belgique) Gravillon. *Répandre des grenailles.* ▷ (Plur.) *Grenailles errantes,* répandues sur une route (mention de signalisation routière).

grenaison [gʀənɛzɔ̃] n. f. AGRIC Formation des graines. *Grenaison du mil.*

grenat [gʀəna] n. m. et adj. inv. **1.** n. m. MINER Silicate métallique double naturel cristallisant dans le système cubique, d'une grande dureté. ▷ Cour. Pierre semi-précieuse recherchée en joaillerie pour sa belle couleur pourpre. **2.** adj. inv. Qui a la couleur du grenat. *Soie grenat.*

grené, ée [gʀəne] adj. (et n. m.) TECH Qui présente des petits points rapprochés. *Gravure grenée.* ▷ n. m. *Le grené d'un cuir.*

grener [gʀəne] v. [16] V. grainer.

grenier [gʀənje] n. m. **1.** Lieu où l'on conserve le grain, et, par ext., le fourrage, le sel. *Les greniers à riz de l'Asie, de Madagascar.* – Fig. Région fertile en céréales. *La Sicile fut le grenier de Rome.* **2.** Étage le plus élevé d'une maison, sous les combles. Syn. (Suisse) galetas. ▷ Loc. *De la cave au grenier :* dans toute la maison.

Grenoble, v. de France, ch.-l. du dép. de l'Isère, sur l'Isère; 153 973 hab. Aéroport. – Centre industr. et de recherche technologique. – Université. Cath. Notre-Dame (XIIe-XIIIe s.). Musée des Beaux-Arts. Musée Stendhal. Installations des J.O. d'hiver de 1968.

grenouillage [gʀənujaʒ] n. m. Fam., péjor. Lutte d'influence, manœuvres douteuses, combines.

grenouille [gʀənuj] n. f. Nom courant de nombreux amphibiens anoures (fam. ranidés), animaux sauteurs et nageurs, à peau lisse, tous insectivores. *La grenouille coasse. – Grenouille volante :* V. rhacophore.

grenouiller [gʀənuje] v. intr. [**1**] Fam., péjor. Se livrer à des grenouillages.

grenouillère [gʀənujɛʀ] n. f. Combinaison pour bébé.

grenu, ue [gʀəny] adj. (et n. m.) **1.** BOT Qui porte beaucoup de graines. *Épi grenu.* **2.** PETROG *Roches grenues,* à cristaux visibles (granite notam.). **3.** Marqué de grains, d'aspérités. *Cuir grenu.* – n. m. *Le grenu d'un cuir.*

grépi [gʀepi] n. m. ou f. (France rég.) Syn. de *onglée.*

grèque ou **grecque** [gʀɛk] n. f. (Haïti) Filtre à café en tissu.

grès [gʀɛ] n. m. **1.** PETROG Roche détritique formée de grains de nature variable (quartz, feldspath, calcaire, etc.) agglomérés par un ciment siliceux, calcaire, ferrugineux, etc. (Friables ou très durs, les grès sont utilisés comme meules, pavés, matériau de construction.) **2.** Céramique dure à base d'argile et d'un élément siliceux. *Grès flammé,* coloré au feu par des oxydes métalliques. *Grès cérame*.*

gréseux, euse [gʀezø, øz] adj. Didac. De la nature du grès. *Terrain gréseux.*

Gresham (sir Thomas) (1519 – 1579), financier anglais au service d'Élisabeth Ire. Il fonda la Bourse de Londres en 1571.

grésil [gʀezil] n. m. Pluie de petits granules formés de glace et de neige.

grésillement [gʀezijmɑ̃] n. m. Léger crépitement.

grésiller [gʀezije] v. intr. [**1**] Crépiter légèrement. *La friture grésille.*

Grétry (André Modeste) (1741 – 1813), compositeur français d'origine belge. Né à Liège, il fut formé à Rome et se fixa à Paris en 1767, où il écrivit surtout des opéras-comiques (*Richard Cœur de Lion,* 1784; *la Rosière républicaine,* 1794). Il a laissé des *Mémoires* (1789-1812) et des *Réflexions d'un solitaire* (1801-1913).

Greuze (Jean-Baptiste) (1725 – 1805), peintre français : scènes moralisantes *(le Fils puni),* portraits.

1. grève [gʀɛv] n. f. **1.** Plage de gravier, de sable, le long de la mer ou d'un cours d'eau. **2.** Banc de sable qui se déplace.

2. grève [gʀɛv] n. f. **1.** Cessation de travail concertée pour la défense d'intérêts communs à un groupe professionnel, à des salariés. *Grève générale. Grève surprise,* sans préavis. *Grève sauvage,* décidée directement par les salariés, sans mot d'ordre syndical. *Grève tournante,* qui affecte successivement les divers ateliers d'une usine, les divers départements d'une grande entreprise. *Grève sur le tas,* qui s'accompagne de l'occupation des lieux de travail par les grévistes. *Grève du zèle,* qui consiste à faire son travail en appliquant tous les règlements à la lettre, pour en ralentir le plus possible l'exécution. *Grève perlée :* succession concertée d'interruptions ou de ralentissements de l'activité d'une entreprise à un stade de la production. ▷ *Piquet de grève :* groupe de grévistes placé à l'entrée d'un lieu de travail pour en interdire l'accès aux salariés qui voudraient continuer à travailler. ▷ Loc. *Faire (la) grève.* **2.** *Par ext.* Loc. *Grève de la faim :* refus prolongé de se nourrir, destiné à attirer l'attention sur une situation dramatique, sur des revendications, etc.

Grevenmacher, com. du Luxembourg; 3000 hab. Port sur la Moselle canalisée.

grever [gʀəve] v. tr. [**16**] Soumettre à des charges financières, à des servitudes. *Frais de fonctionnement qui grèvent un budget. Maison grevée d'hypothèques.*

gréver [gʀeve] v. intr. [**14**] (Afr. subsah., Réunion) Faire grève.

Grévin (musée), galerie de figures de cire (personnages historiques et de l'actualité) créée à Paris en 1882 par le caricaturiste *Alfred Grévin* (1827 – 1892).

Grevisse (Maurice) (1895 – 1980), grammairien belge. Sa grammaire de la langue française (*le Bon Usage,* prem. éd. 1936) fourmille d'exemples tirés des grands écrivains français et d'expression française. Il a aussi écrit *Problèmes de langage* (5 vol., 1961-1970).

gréviste [gʀevist] n. et adj. Personne qui fait grève.

Grévy (Jules) (1807 – 1891), homme politique français. Président la Rép. en 1879, réélu en 1885, il démissionna en 1887 à la suite d'un scandale.

grewia [gʀevja] n. m. BOT Arbuste à feuilles duveteuses et fruits comestibles.

Grey (Charles, comte) (1764 – 1845), homme politique britannique. Premier ministre (1830-1834), il abolit l'esclavage dans les colonies de la Couronne.

gréyer [gʀeje] v. tr. et pron. [**21**] (Québec) **I.** Gréer. **II.** Par ext., fam. **1.** Pourvoir (qqn) de ce qui est nécessaire ou utile. ▷ Pp. adj. Équipé. *Être bien gréyé pour faire du camping.* – Fig. *Une femme mal gréyée,* dont le mari est un vaurien, un paresseux. **2.** Habiller (qqn). *Gréyer un enfant pour sortir.* – v. pron. *Grèye-toi, on part!*

Griaule (Marcel) (1898 – 1956), ethnologue français. Il dirigea la mission Dakar-Djibouti (1931-1933) et étudia les Dogon : *Masques dogons* (1938), *Dieu d'eau* (1948).

Gribingui. V. Ibingui.

gribouillage [gʀibujaʒ] ou **gribouillis** [gʀibuji] n. m. **1.** Dessin informe fait de lignes tracées au hasard. ▷ Par ext. Péjor. Dessin grossier, maladroit. **2.** Écriture mal formée.

Gribouille, personnage imaginaire, symbole de la maladresse brouillonne. ▷ Prov. *Il fait comme Gribouille, il se jette à l'eau par peur de la pluie.* ▷ Loc. fam. *La politique de Gribouille,* qui aboutit à la situation catastrophique qu'elle prétend éviter.

gribouiller [gʀibuje] v. [**1**] **1.** v. intr. Faire des gribouillages (sens 1). **2.** v. tr. Dessiner ou écrire grossièrement, hâtivement. *Gribouiller une caricature.* Syn. griffonner.

gribouilleur, euse [gʀibujœʀ, øz] n. Personne qui gribouille. – Mauvais écrivain, mauvais peintre.

gribouillis [gʀibuji] n. m. V. gribouillage.

gricher [gʀiʃe] v. intr. [**1**] (Québec) Fam. **1.** Faire un bruit de grésillement (radio, ligne téléphonique). **2.** *Gricher des dents :* grincer des dents.

grièche [gʀijɛʃ] n. f. V. pie-grièche.

grief [gʀijɛf] n. m. Motif de plainte. *Exposer ses griefs.* ▷ Loc. *Faire grief de qqch à qqn,* le lui reprocher.

Grieg (Edvard) (1843 – 1907), compositeur norvégien. Il s'inspira des airs pop. : *Danses et chansons norvégiennes* (1870), musique de scène pour *Peer Gynt* d'Ibsen (1876).

Grierson (John) (1898 – 1972), cinéaste anglais : *Drifters* (1929). Théoricien du cinéma, il fonda une école internationale du documentaire, à laquelle appartint notam. Flaherty. Prem. directeur de l'Office* national du film, créé en 1939 à Ottawa, il donna une puissante impulsion au cinéma canadien.

grièvement [gʀijɛvmɑ̃] adv. Gravement. *Être grièvement blessé.*

griffe [gʀif] n. f. **1.** Ongle acéré et crochu de certains animaux (reptiles, oiseaux, mammifères). *Les griffes rétractiles du chat. Coup de griffe :* griffure; fig. critique blessante. ▷ Loc. fig. *Tomber dans les griffes de qqn. – Rogner les griffes de qqn,* l'empêcher de nuire. **2.** (Belgique, France rég.) Griffure; éraflure. *Des jambes pleines de griffes. Griffes sur la portière d'une voiture.* **3.** TECH Outil, ustensile en forme de griffe. *Griffe de tapissier.* **4.** Empreinte imitant une signature; instrument pour exécuter cette empreinte. – Marque commerciale apposée sur un objet. *La griffe d'un grand couturier.* – Fig. Marque caractéristique de qqn. *Ce tableau porte la griffe du maître.*

griffer [gʀife] v. tr. [**1**] Égratigner avec les griffes ou les ongles. *Le chat l'a griffé.* – Pp. adj. *Sortir des ronces les jambes griffées.*

Griffith (David Wark) (1875 – 1948), cinéaste américain. Il libéra l'art cinématographique des conventions théâtrales. Ses chefs-d'œuvre, *Naissance d'une nation* (1915) et *Intolérance* (1916), furent suivis de nombr. œuvres : *le Lys brisé* (1919), *la Rue des rêves* (1921), etc.; il ne fit que deux films parlants.

griffon [gʀifɔ̃] n. m. **1.** Animal fabuleux, lion ailé à bec et à serres d'aigle. **2.** Chien de chasse ou d'agrément à poil long. **3.** Vautour fauve.

griffonnage [gʀifɔnaʒ] n. m. **1.** Écriture difficile à lire. **2.** Écrit hâtif et maladroit.

griffonner [gʀifɔne] v. tr. [**1**] **1.** Écrire mal, peu lisiblement. – Dessiner grossièrement. *Griffonner un schéma.* Syn. gribouiller. **2.** Rédiger à la hâte. *Griffonner quelques lignes.*

griffu, ue [gʀify] adj. Armé de griffes. *Doigts griffus.* – Fig *Arbres griffus.*

griffure [gʀifyʀ] n. f. **1.** Blessure, éraflure causée par une griffe. **2.** Égratignure.

Grignon (Claude Henri) (1894 – 1976), écrivain québécois; romancier réaliste : *Un homme et son péché* (1933), *le Déserteur* (1934), puis pamphlétaire.

grignotage [gʀiɲɔtaʒ] n. m. **1.** Syn. de *grignotement.* **2.** POLIT Action d'attaquer, de prendre du terrain par usure.

grignotement [gʀiɲɔtmɑ̃] n. m. Action de grignoter; bruit produit par cette action. Syn. grignotage.

grignoter [gʀiɲɔte] v. tr. [1] **1.** Manger en rongeant. ▷ Manger par très petites quantités, lentement. *Grignoter un sandwich.* ▷ (Sans compl.) *Elle grignote sans arrêt.* **2.** Fig. Diminuer, détruire peu à peu. *Grignoter son héritage.* **3.** Fig., fam. Rattraper, gagner peu à peu. *Ce coureur a réussi à grignoter quelques secondes à son adversaire.*

Grigorescu (Nicolae) (1838 – 1907), peintre roumain. Il vint en France en 1861 et subit l'influence de l'école de Barbizon*. Rentré dans son pays, il réalisa une œuvre puissante qui s'inspire souvent du folklore national.

grigou [gʀigu] n. m. Fam. Avare.

gri-gri, grigri ou **gris-gris** [gʀigʀi] n. m. Amulette, talisman, en Afrique noire. – *Par ext.* Porte-bonheur quelconque. *Des gris-gris* ou *des grigris.*

gril [gʀil] n. m. **1.** Ustensile de cuisine composé de tiges de métal parallèles ou d'une plaque en fonte striée sur lesquelles on fait rôtir la viande, le poisson. *Côtelettes sur le gril.* **2.** Loc. fig., fam. *Être sur le gril :* être angoissé, anxieux. **3.** TECH Claire-voie en amont d'une vanne d'écluse. **4.** Plafond de théâtre à claire-voie pour le passage des décors. **5.** MAR Plate-forme de carénage à claire-voie.

grillade [gʀijad] n. f. **1.** Manière d'apprêter la viande ou le poisson en les grillant. **2.** Viande grillée.

1. grillage [gʀijaʒ] n. m. Treillis métallique. *Clôturer un jardin avec du grillage.*

2. grillage [gʀijaʒ] n. m. **1.** Action de griller. *Grillage du café.* **2.** METALL Opération consistant à chauffer un minerai en présence d'air sans le fondre.

grillager [gʀijaʒe] v. tr. [13] Garnir d'un grillage.

grille [gʀij] n. f. **1.** Assemblage à claire-voie de barreaux servant de clôture, de séparation dans un édifice, etc. *La grille du parloir, d'un couvent, d'une prison. Ouvrir la grille.* ▷ Loc. *Être derrière les grilles :* être en prison. **2.** Châssis métallique à claire-voie sur lequel on dispose le combustible d'un foyer de fourneau, de chaudière, etc. **3.** ELECTRON Électrode d'un tube électronique qui, placée entre l'anode et la cathode, permet de régler le flux d'électrons. **4.** Carton ajouré et, par ext., document de référence (tableau, etc.) servant à coder ou à décoder un message, à exploiter les résultats d'un test. **5.** Support, tableau quadrillé. *Grille de mots croisés.* ▷ *Grille des programmes de radio, de télévision,* tableau représentant le détail, heure par heure, des programmes. ▷ *Grille de salaires :* tableau des salaires des différentes catégories de personnel d'une entreprise.

grille-pain [gʀijpɛ̃] n. m. inv. Appareil servant à faire griller des tranches de pain. (V. toasteur.)

1. griller [gʀije] v. tr. [1] CONSTR Protéger, fermer au moyen d'une grille. *Griller des fenêtres.*

2. griller [gʀije] v. [1] **I.** v. tr. **1.** Rôtir sur le gril. *Griller du poisson.* – Cuire sur la braise. *Griller des huîtres.* – Torréfier. *Griller du café.* – TECH Soumettre au grillage. *Griller du minerai.* **2.** Chauffer vivement. *Le soleil lui grillait la peau.* – Dessécher. *Les vents grillaient la végétation.* Syn. brûler. **3.** Fam. *Griller une cigarette,* la fumer. **4.** Mettre hors d'usage (un appareil électrique) en l'utilisant sous une tension trop forte, en l'utilisant trop longtemps, etc. *Griller une lampe.* – Par ext. Fam. *Griller un moteur.* **5.** Fig., fam. Dépasser sans s'arrêter. *Griller un feu rouge. Griller les étapes.* – Supplanter. *Griller un adversaire.* **6.** Démasquer. Syn. brûler (sens I, 5). **II.** v. intr. **1.** Cuire, rôtir sur un gril. *Les brochettes grillent.* ▷ Fig. Avoir très chaud. *On grille ici.* **2.** Fam. Être mis hors d'usage après avoir été utilisé sous une tension trop forte (appareil électrique) ou trop longtemps. *Le fer électrique a grillé.* **3.** Fig. *Griller de :* être très désireux, impatient de. *Il grillait de tout lui raconter. Griller d'impatience.* Syn. brûler.

grillon [gʀijɔ̃] n. m. Insecte orthoptère (genres *Gryllus* et voisins, nombr. esp.), omnivore, sauteur, long de 1 à 4 cm, à grosse tête. *Le grillon mâle stridule en frottant ses élytres l'un contre l'autre.*

grimaçant, ante [gʀimasɑ̃, ɑ̃t] adj. Qui grimace. *Un visage grimaçant.*

grimace [gʀimas] n. f. **1.** Contorsion du visage. – Loc. fig. *Faire la grimace :* marquer du déplaisir. **2.** Faux pli d'une étoffe, d'un habit. **3.** Plur. Fig. Manières feintes. *Les grimaces de la politesse.*

grimacer [gʀimase] v. [12] **I.** v. intr. **1.** Faire des grimaces. **2.** Faire des faux plis. *Corsage qui grimace.* **II.** v. tr. *Grimacer un sourire :* sourire de mauvaise grâce.

grimacier, ère [gʀimasje, ɛʀ] adj. et n. Qui fait des grimaces.

grimage [gʀimaʒ] n. m. Action de grimer; son résultat.

Grimaldi, grottes italiennes voisines de Menton, site préhistorique. ▷ PREHIST *Type de Grimaldi : Homo sapiens* trouvé en ce lieu, dont le crâne, très dolichocéphale, a un prognathisme marqué.

Grimaldi, famille génoise apparue au XIIe s. et dont descendent les princes de Monaco. Guelfe, elle dut s'exiler de Gênes, ville gibeline, en 1270. — **François I**[er] (ou Francisco) s'empara en 1297 de Monaco pour aller libérer Gênes des gibelins et mourut v. 1309. — **Antoine I**[er] (1667 – 1731), sans héritier mâle, eut pour gendre F. L. de Goyon*-Matignon, qui prit le nom de Grimaldi. — **Louis* II** (1870 – 1949), son dernier descendant, sans héritier mâle, maria sa fille à Pierre de Polignac*, qui prit le nom de Grimaldi. — **Rainier* III,** leur fils, succéda en 1949 à son grand-père Louis II.

Grimault (Paul) (1905 – 1994), réalisateur français de dessins animés poétiques : *le Roi et l'Oiseau* (1979).

Grimbergen, com. de Belgique (Brabant), dans la banlieue de Bruxelles; 32 040 hab. Industr. chim. – Abb. comprenant une église baroque du XVIIe s.

grimer [gʀime] v. tr. [1] Maquiller, farder (un acteur).

Grimm (Melchior, baron de) (1723 – 1807), écrivain allemand; ami de Diderot, de Mme d'Épinay et de J.-J. Rousseau, avec lequel il se brouilla.

Grimm (Jacob) (1785 – 1863), philologue et écrivain allemand. En collab. avec son frère **Wilhelm** (1786 – 1859), il étudia les vieilles légendes allemandes et publia un recueil de *Contes d'enfants et du foyer* (1812).

Grimmelshausen (Hans Jakob Christofell von) (v. 1620 – 1676), écrivain allemand : *la Vie de l'aventurier Simplicius Simplicissimus* (1669), roman picaresque sur la guerre de Trente Ans, inspira à Brecht *Mère Courage.*

grimoire [gʀimwaʀ] n. m. **1.** Livre de sorcellerie. *Consulter les antiques grimoires.* **2.** Ouvrage confus et illisible.

grimpant, ante [gʀɛ̃pɑ̃, ɑ̃t] adj. Qui grimpe. ▷ *Plante grimpante,* dont la tige grêle, très longue, s'appuie sur divers supports auxquels elle s'accroche par des vrilles, des crampons, des racines, etc. *Le niébé, la passiflore, le lierre, la vigne sont des plantes grimpantes.*

1. grimper [gʀɛ̃pe] v. [1] **I.** v. intr. **1.** Monter en s'aidant des pieds et des mains. *Grimper dans un arbre.* **2.** Monter (jusqu'en un lieu élevé). *Il grimpa au sommet de la colline.* ▷ Se jucher, monter. *Il grimpa sur une chaise pour atteindre le placard.* **3.** (En parlant de certaines plantes.) *Lierre qui grimpe le long d'un mur.* **4.** (Choses) Présenter une pente raide. *Rues qui grimpent.* **5.** Fig. Augmenter rapidement et fortement. *Les cours ont grimpé au maximum en une journée.* **II.** v. tr. Gravir. *Il grimpa les étages en courant.*

2. grimper [gʀɛ̃pe] n. m. SPORT Exercice par lequel on grimpe à la corde ou aux agrès.

grimpeur, euse [gʀɛ̃pœʀ, øz] adj. et n. **1.** adj. Qui grimpe. **2.** n. SPORT Personne qui pratique l'escalade. – Coureur cycliste qui monte bien les côtes dures et longues, en montagne.

grimpion [gʀɛ̃pjɔ̃] n. m. (Suisse) Syn. de *arriviste.*

grinçant, ante [gʀɛ̃sɑ̃, ɑ̃t] adj. Qui grince. ▷ Fig. Amer, irrité. *Un ton grinçant.*

grincement [gʀɛ̃smɑ̃] n. m. Fait de grincer; bruit ainsi produit. *« Il y aura des pleurs et des grincements de dents »* (allusion à l'enfer, Évangile selon saint Matthieu).

grincer [gʀɛ̃se] v. intr. [12] Produire par frottement un bruit strident et désagréable. *La porte grince. Grincer des dents :* faire un bruit en frottant ses dents du bas contre celles du haut (par rage, douleur ou nervosité).

grinche [gʀɛ̃ʃ] ou **gringe** [gʀɛ̃ʒ] adj. (Suisse) Grincheux.

grincheux, euse [gʀɛ̃ʃø, øz] adj. et n. Fam. Grognon, revêche. *Enfant grincheux.* Syn. (Suisse) grinche, gringe. – Subst. *Un perpétuel grincheux.*

gringalet [gʀɛ̃galɛ] n. m. Péjor. Homme petit et fluet.

gringe [gʀɛ̃ʒ] adj. V. grinche.

Gringore (Pierre) (v. 1475 – v. 1538), poète dramatique français : *le Jeu du prince des Sots et de la mère Sotte* (sotie, 1512), farces, poèmes moraux.

griot, griote ou **griotte** [gʀijo, ɔt] n. et adj. Membre de la caste des poètes musiciens, dépositaires des traditions orales, dans certaines ethnies d'Afrique de l'Ouest. *Les griots sont la mémoire de l'Afrique.* – adj. *Des chants griots.*

grippage [gʀipaʒ] n. m. **1.** TECH Adhérence anormale de surfaces métalliques. **2.** Fig. Défectuosité d'un mécanisme, d'un fonctionnement.

grippal, ale, aux [gʀipal, o] adj. MED Relatif à la grippe. *Virus grippal.*

grippe [gʀip] n. f. **1.** Loc. *Prendre en grippe :* avoir de l'aversion, de l'antipathie pour. **2.** Maladie infectieuse, épidémique, contagieuse, caractérisée par de la fatigue, de la fièvre, des douleurs musculaires, des troubles pulmonaires et parfois digestifs.

gripper [gʀipe] v. intr. [1] TECH Adhérer, se bloquer, en parlant des pièces d'une machine. *Le moteur grippe* (ou, v. pron., *se grippe*).

grippe-sou [gʀipsu] adj. et n. m. Fam. Avare, ladre. – n. m. *Des grippe-sou(s).*

gris, grise [gʀi, gʀiz] adj. et n. m. **I.** adj. **1.** D'une couleur résultant d'un mélange de blanc et de noir. *Cheveux gris.* ▷ *Temps gris,* brumeux, couvert. *Il fait gris.* ▷ ANAT *Substance grise,* constituant notam. l'écorce cérébrale et la partie centrale de la moelle épinière. – Par ext. Fig., fam. *Matière grise :* intelligence, réflexion. *Faire travailler sa matière grise.* **2.** Fig. Terne, triste, maussade. – Loc. *Faire grise mine. Voir tout en gris.* **3.** Fig. *Être gris :* être à moitié ivre. **II.** n. m. Couleur grise. *Le gris clair est salissant. Gris fer. Gris perle. Gris souris.*

Gris (José Victoriano González, dit Juan) (1887 – 1927), peintre espagnol cubiste.

grisaille [gʀizaj] n. f. **1.** BX-A Peinture ne comprenant que des tons gris. **2.** Fig. Caractère de ce qui est gris, terne, morne. *La grisaille quotidienne.*

grisant, ante [gʀizɑ̃, ɑ̃t] adj. Qui grise. *Parfum, succès grisant.*

grisâtre [gʀizɑtʀ] adj. Qui tire sur le gris.

grisé [gʀize] n. m. TECH Teinte grise donnée à un dessin, une gravure, etc.

griser [gʀize] v. tr. [1] **1.** Rendre gris, colorer de gris. **2.** Enivrer. *Ce vin m'a grisé.* ▷ v. pron. *Se griser au vin de palme.* **3.** Fig. Étourdir ou exciter. *Le succès l'a grisé.* ▷ v. pron. S'exalter. *Se griser de paroles.*

griserie [gʀizʀi] n. f. **1.** État comparable à une légère ivresse. *La griserie provoquée par la vitesse.* **2.** Fig. Exaltation qui émousse la faculté de juger. *La griserie de la gloire.*

gris-gris [gʀigʀi] n. m. V. gri-gri.

grison, onne [gʀizɔ̃, ɔn] adj. et n. (Suisse) Du canton des Grisons. ▷ Subst. *Un(e) Grison(ne).*

grisonnant, ante [gʀizɔnɑ̃, ɑ̃t] adj. Qui grisonne. *Tempes grisonnantes.*

grisonner [gʀizɔne] v. intr. [1] Devenir gris (en parlant de la barbe, des cheveux). – Avoir la barbe, les cheveux qui deviennent gris.

Grisons (les) (en all. *Graubünden,* en romanche *Grischun*), le plus grand des cantons suisses (entré dans la Confédération en 1803), au S.-E. du pays; 7109 km²; 172560 hab.; ch.-l. Coire. Langues : all., ital., romanche. À cause de l'altitude (4049 m au pic Bernina), le peuplement est clairsemé. Le canton comprend les hautes vallées du Rhin et de l'Inn (Engadine). L'hydroélectricité est abondante. Coire groupe les industries. Le tourisme est florissant (stations de Davos, Saint-Moritz, etc.).

grisou [gʀizu] n. m. Méthane libéré par la houille. – Loc. *Coup de grisou :* explosion du grisou.

grive [gʀiv] n. f. Oiseau passériforme long d'environ 25 cm, aux ailes brunes, à la poitrine claire, qui appartient au même genre *(Turdus)* que le merle. – Prov. *Faute de grives, on mange des merles :* faute d'avoir ce que l'on aime le mieux, on se contente de ce que l'on a.

grivelé, ée [gʀivəle] adj. Tacheté de noir et de blanc, comme le poitrail des grives européennes.

grivèlerie [gʀivɛlʀi] n. f. DR Délit consistant à se faire servir par un restaurateur, un cafetier que l'on ne pourra pas payer.

grivois, oise [gʀivwa, waz] adj. Jovial et licencieux. *Humeur grivoise. Conte grivois.* Syn. égrillard.

grivoiserie [gʀivwazʀi] n. f. Caractère de ce qui est grivois; propos, acte grivois.

grizzly ou **grizzli** [gʀizli] n. m. Grand ours gris *(Ursus arctos horribilis)* des montagnes Rocheuses.

Grock (Adrien Wettach, dit) (1880 – 1959), clown suisse; le clown le plus célèbre de tous les temps.

Groddeck (Walter Georg, dit Georg) (1866 – 1934), médecin et psychanalyste allemand, pionnier de la médecine psychosomatique.

Groenland (en danois *Grønland,* «pays vert»; en esquimau *Kalaallit Munaat*), État autonome dépendant du Danemark, situé au N.-E. de l'Amérique; 2175600 km² (2650 km de long, 1200 km de large); 49630 hab. (Esquimaux, en grande partie métissés, et Danois); cap. *Nuuk* (anc. *Godthåb*). C'est un vaste plateau, couvert, sauf au S. et au S.-O., de glace (inlandsis) d'une épaisseur moyenne de 1500 m. Princ. ressources : la pêche; le sous-sol est riche (zinc, plomb, etc.). – L'île fut découverte en 982 par l'Islandais Erik le Rouge et colonisée dans le S.-O. par les Norvégiens, tandis que les Esquimaux l'abordaient par le N.-O. «Oubliée» et redécouverte en 1578, explorée après 1721, elle devint une colonie danoise en 1814. Depuis 1951, les É.-U. y ont une base milit. (deux jusqu'en 1992). En 1953, le Groenland devint une prov. danoise. En 1979, il a obtenu l'autonomie interne. Le premier Parlement a été élu en 1984. Après référendum (1982), le pays s'est retiré de la C.É.E. en 1985.

groenlandais, aise [gʀɔenlɑ̃dɛ, ɛz] adj. Du Groenland. *Esquimaux groenlandais.* ▷ Subst. *Un(e) Groenlandais(e).*

grog [gʀɔg] n. m. Boisson composée de rhum ou d'eau-de-vie, d'eau chaude sucrée et de citron.

groggy [gʀɔgi] adj. inv. (Anglicisme) Se dit d'un boxeur qui a perdu en partie conscience. – *Par ext.,* fam. Ébranlé par un choc; abruti de fatigue.

grogne [gʀɔɲ] n. f. Fam. Mauvaise humeur, mécontentement.

grognement [gʀɔɲmɑ̃] n. m. **1.** Cri du porc, du sanglier, de l'ours, etc. **2.** Grondement indistinct que fait entendre une personne qui grogne. *Des grognements de colère.* – Protestation, paroles désagréables exprimant le mécontentement.

grogner [gʀɔɲe] v. intr. [1] **1.** Pousser son cri (en parlant du porc, du sanglier, de l'ours, etc.). ▷ Par ext. *Chien qui grogne,* qui fait entendre un grondement sourd. **2.** Exprimer son mécontentement par des paroles plus ou moins désagréables. *Il grogne, mais il obéit.*

grognon, onne [gʀɔɲɔ̃, ɔn] adj. et n. (Rare au fém.) Qui a l'habitude de grogner, maussade. *Enfant grognon.* ▷ Subst. *Un(e) grognon.*

groin [gʀwɛ̃] n. m. Museau du porc, du sanglier, du phacochère.

grommeler [gʀɔmle] v. [19] **1.** v. intr. Se plaindre, murmurer entre ses dents. **2.** v. tr. *Grommeler des injures.*

grommellement [gʀɔmɛlmɑ̃] n. m. Action de grommeler; bruit que fait entendre une personne qui grommelle.

Gromyko (Andreï Andreïevitch) (1909 – 1989), ministre soviétique des Affaires étrangères de 1957 à 1985.

grondement [gʀɔ̃dmɑ̃] n. m. Bruit sourd et prolongé. *Le grondement du tonnerre, du canon.*

gronder [gʀɔ̃de] v. [1] **I.** v. intr. **1.** Faire entendre un son sourd et menaçant. *Le chien gronde.* **2.** Faire entendre un son prolongé sourd et grave. *La mer grondait.* **3.** Fig. Menacer. *La révolte gronde.* **II.** v. tr. Réprimander (un enfant). *Gronder un enfant dissipé.*

grondeur, euse [gʀɔ̃dœʀ, øz] adj. Qui a l'habitude de gronder, de réprimander. – Par ext. *Humeur grondeuse,* bougonne.

grondin [gʀɔ̃dɛ̃] n. m. Poisson téléostéen (genre *Trigla*) gris ou rose *(rouget),* à tête volumineuse, vivant près des côtes.

Groningue (en néerl. *Groningen*), v. du N.-E. des Pays-Bas; 168000 hab.; chef-lieu de la prov. du m. nom. Centre comm. et industr. Gaz naturel à Slochteren. – Université fondée en 1614.

groom [gʀum] n. m. (Anglicisme) Jeune commis en livrée d'un hôtel.

Gropius (Walter) (1883 – 1969), architecte et urbaniste américain d'origine allemande; fondateur du Bauhaus à Weimar (1919). Émigré aux É.-U. en 1938, il y poursuivit son œuvre.

gros, grosse [gʀo, gʀos] adj., adv. et n. **I.** adj. **1.** Dont la surface ou le volume est supérieur à la moyenne. *Un gros chat. Faire de grosses taches. Imprimé en gros caractères.* – (Afr. subsah.) *Gros mil*.* **2.** (Personnes) Corpulent. *Un gros garçon.* – Subst. *Un gros, une grosse.* ▷ (Parties du corps.) *Avoir de grosses mains.* ▷ (Afr. subsah.) *Avoir de gros yeux,* de grands yeux. **3.** Loc. fig. *Avoir le cœur gros* ou (Belgique) *en avoir gros sur le cœur :* avoir de la peine. – *Grosse voix :* voix forte. – *Faire les gros yeux :* froncer les sourcils (pour intimider un enfant). – (Afr. subsah.) *Grosse note :* bonne note. – (Afr. subsah., Djibouti) *Gros mot :* mot savant. **4.** MAR *Mer grosse,* dont les vagues atteignent en moyenne 6 à 9 m (*très grosse,* 9 à 14 m). *Gros temps :* mauvais temps. **5.** Important. *Jouer gros jeu. Un gros entrepreneur. Décrocher, gagner le gros lot.* – Fam. *Un gros bonnet, une grosse légume :* un personnage important. – (oc. Indien) *Un gros planteur :* un riche propriétaire terrien exploitant la canne à sucre et possédant, seul ou en copropriété, une sucrerie. **6.** *Gros œuvre :* V. œuvre. **7.** Grossier, sans finesse. *Du gros vin,* (fam.) *du gros rouge. Gros rire,* vulgaire. *Grosses vérités :* évidences. *Cet argument est un peu gros. Cette histoire est un peu grosse,* peu crédible. ▷ *Gros mot :* mot grossier. **II.** adv. **1.** Beaucoup. *Gagner gros. Il y a gros à parier que...* **2.** En grand. *Écrire gros.* **3.** Loc. adv. *En gros :* par grandes quantités (par oppos. à *au détail*). *Vendre en gros et au détail.* – Sans donner de détails. *Racontez l'histoire en gros.* **III.** n. m. **1.** Partie la plus importante de qqch. *Le gros des troupes. Le gros de l'affaire.* **2.** (Par oppos. à *détail.*) *Commerce de gros. Faire un prix de gros.*

Gros (Antoine, baron) (1771 – 1835), peintre français; élève de David, précurseur du romantisme (*les Pestiférés de Jaffa,* 1804, Louvre).

groseille [gʀozɛj] n. f. **1.** Petite baie rouge ou blanche, comestible, fruit du groseillier. **2.** (Antilles fr., Haïti) Nom cour. de la fleur de l'oseille* de Guinée.

groseillier [gʀozeje] n. m. Arbuste dont les fleurs en grappes donnent les groseilles.

gros-grain [gʀogʀɛ̃] n. m. **1.** Tissu soyeux à grosses côtes. **2.** Ruban de ce tissu. *Des gros-grains.*

Gros-Jean ou **gros-Jean** [gʀoʒɑ̃] n. m. Loc. *Être Gros-Jean comme devant :* ne pas être plus avancé qu'auparavant.

gros-pied [gʀopje] n. m. (Antilles fr.) Éléphantiasis.

gros-porteur [gʀopɔʀtœʀ] n. m. **1.** Avion de grande capacité. *Des gros-porteurs.* **2.** CHASSE Éléphant à grosses défenses.

grosse [gʀos] n. f. **1.** DR Copie d'une décision judiciaire ou d'un acte notarié, qui comporte la formule exécutoire. **2.** COMM Douze douzaines. *Une grosse de boutons.* **3.** (Maghreb) En Mauritanie, cartouche de cigarettes.

grossesse [gʀosɛs] n. f. État de la femme enceinte, qui dure neuf mois, de la conception à l'accouchement. ▷ *Grossesse gémellaire :* présence de deux fœtus dans l'utérus. *Grossesse extra-utérine :* développement anormal de l'ovule hors de la cavité utérine. *Grossesse nerveuse :* état morbide présentant des signes de grossesse en l'absence de fécondation. ▷ *Interruption volontaire de grossesse :* avortement provoqué. – (Afr. subsah.) *Être en (état de) grossesse. Mettre, tomber en grossesse.*

grosseur [gʀosœʀ] n. f. **1.** Corpulence. **2.** Circonférence, volume. *Des ballons de grosseurs différentes.* **3.** Enflure sous la peau. *Une grosseur dans le cou.*

grossier, ère [gʀosje, ɛʀ] adj. **1.** Sans raffinement, de mauvaise qualité, de fabrication rudimentaire. *Des vêtements grossiers.* **2.** Sommaire, imparfait. *Nettoyage grossier. Imitation grossière.* **3.** Rude, inculte. *Une population grossière.* **4.** Qui relève d'une certaine ignorance; flagrant. *Des fautes grossières.* **5.** Qui choque en contrevenant à la bienséance. *Vocabulaire grossier. Quel grossier personnage!*

grossièrement [gʀosjɛʀmɑ̃] adv. **1.** Imparfaitement. *Pierre grossièrement travaillée.* **2.** Avec rudesse, impolitesse. *Répondre grossièrement.* **3.** *Se tromper grossièrement,* lourdement.

grossièreté [gʀosjɛʀte] n. f. **1.** Caractère de ce qui est grossier, rudimentaire. *Grossièreté d'une étoffe.* **2.** Indélicatesse, impolitesse. *Répondre avec grossièreté.* **3.** Parole grossière (sens 5).

grossir [gʀosiʀ] v. [3] **I.** v. intr. **1.** Devenir plus gros, prendre de l'embonpoint. *Elle a peur de grossir.* **2.** Devenir plus gros, plus important. *Le troupeau grossit.* ▷ Fig. *Rumeur qui grossit.* **II.** v. tr. **1.** Rendre plus gros. *Les pluies grossissent le marigot.* **2.** Faire paraître plus gros. *Cette camisole la grossit.* – Absol. *Le microscope grossit.* **3.** Accroître le nombre, l'importance de. *Les agneaux vont grossir le troupeau.* – Fig. *Grossir les faits,* exagérer leur importance.

grossissant, ante [gʀosisɑ̃, ɑ̃t] adj. **1.** Qui devient plus gros. **2.** Qui fait paraître plus gros. *Verre grossissant.*

grossissement [gʀosismɑ̃] n. m. **1.** Action de grossir. **2.** Fig. Exagération. *Un grossissement des faits qui permet d'obtenir un effet comique.* **3.** *Grossissement d'un instrument d'optique :* rapport entre le diamètre apparent de l'image vue à travers l'instrument et le diamètre apparent de l'objet vu sans instrument. *Le grossissement des microscopes électroniques a permis de photographier les atomes.*

grossiste [gʀosist] n. Commerçant en gros (par oppos. à *détaillant*).

grosso modo [gʀosomodo] loc. adv. (lat.) Approximativement, en gros. *Examiner grosso modo une question.*

Grosz (Georg) (1893 – 1959), peintre et caricaturiste américain d'origine allemande; membre du groupe Dada de Berlin en 1918.

grotesque [gʀɔtɛsk] n. et adj. **1.** n. f. pl. Figures bizarres, fantastiques. *Les grotesques de Callot.* **2.** adj. Ridicule, bizarre, extravagant. *Costume grotesque.* ▷ n. m. Genre grotesque, burlesque. *Mêler le grotesque au sublime.*

Grotius (Hugo de Groot, dit) (1583 – 1645), juriste et historien néerlandais. Son *De jure belli ac pacis* («Du droit de guerre et de paix», 1625) a fondé le droit international.

grotte [gʀɔt] n. f. Excavation profonde, naturelle ou creusée par l'homme, dans la roche.

grouillant, ante [gʀujɑ̃, ɑ̃t] adj. Qui grouille. *Une rue grouillante de passants.*

grouillement [gʀujmɑ̃] n. m. Mouvement, bruissement de ce qui grouille.

grouiller [gʀuje] v. [1] **I.** v. intr. **1.** S'agiter en tous sens de façon confuse, et en grand nombre. *Abeilles qui grouillent dans la ruche.* **2.** *Grouiller de :* fourmiller, être plein de. *Ce fromage grouille de vers.* – Fam. *Ça grouille de gens ici.* **3.** (Québec) Fam. Bouger. *Grouille pas de là, je vais revenir.* **II.** v. pron. Fam. Se hâter. *Grouille-toi!*

Groulx (Lionel) (1878 – 1967), prêtre et écrivain québécois. Historien : (*la Naissance d'une race,* 1919; *Notre maître le passé,* 1924-1944; *Histoire du Canada,* 1950-1951), il a écrit aussi ses souvenirs.

Groulx (Gilles) (né en 1931), cinéaste québécois : *les Raquetteurs* (1958), *le Chat dans le sac* (1964), *Entre tu et vous* (1970), *Première Question sur le bonheur* (1979).

groupage [gʀupaʒ] n. m. TRANSP Action de réunir des colis envoyés par un expéditeur à un même destinataire.

groupe [gʀup] n. m. Réunion d'objets ou d'êtres formant un ensemble. **1.** Ensemble de personnes réunies au même endroit. *Marcher en groupe.* ▷ SOCIOL Ensemble d'individus ayant un certain nombre de caractères communs et dont les rapports (sociaux, psychologiques, etc.) obéissent à une dynamique spécifique. *Dynamique de groupe.* – *Groupe parlementaire,* formé par les membres d'une assemblée parlementaire ayant les mêmes options politiques. – *Groupe financier,* regroupant des banques d'affaires. ▷ MED *Groupe sanguin :* chacune des catégories où l'on range les individus selon la variété d'antigènes ou d'anticorps que portent leurs hématies et leur sérum. **2.** MILIT *Groupe de combat :* unité d'infanterie d'une douzaine d'hommes. **3.** Réunion de choses qui forment un ensemble. *Un groupe de sapins.* **4.** MATH Ensemble muni d'une loi de composition interne associative, admettant un élément neutre et dont tout élément possède son symétrique. *Les entiers relatifs (..., –1, 0, +1,...) munis de l'addition forment un groupe.* **5.** TECH Ensemble monobloc formé de machines accouplées mécaniquement. *Groupe électrogène, groupe motopompe.*

groupe des Sept. V. G7.

groupe des Six. V. Six (groupe des).

groupement [gʀupmɑ̃] n. m. **1.** Action de grouper (des choses, des personnes). **2.** Réunion de personnes ayant un but, un intérêt commun. *Groupement politique.* ▷ DR, ECON *Groupement d'intérêt économique (G.I.E.) :* association permettant à plusieurs sociétés ou personnes physiques de développer en commun leurs activités économiques.

grouper [gʀupe] v. [1] **I.** v. tr. **1.** Disposer en groupe. **2.** Réunir, assembler. *Grouper des mots pour les analyser.* **II.** v. pron. S'assembler. *Se grouper en association.*

groupie [gʀupi] n. f. (Américanisme) Admiratrice d'un chanteur ou d'un groupe musical et, *par ext.,* d'un homme politique, d'un écrivain, etc.

groupuscule [gʀupyskyl] n. m. Péjor. Groupement politique qui ne compte qu'un très petit nombre d'adhérents.

grouse [gʀuz] n. f. Lagopède d'Écosse.

Grove (Felix Paul Greve, dit Frederick Philip) (1879 – 1948), écrivain canadien d'expression anglaise. Ses romans naturalistes peignent la vie difficile des colons dans l'Ouest : *Settlers of the Marsh* (1925), *Master of the Mill* (1944).

Groznyï, cap. de la Tchétchénie; 393 000 hab. Centre d'une région pétrolifère. – La ville a été fortement endommagée par les bombardements russes (déc. 1994-fév. 1995).

G.R.P. Sigle de *Gouvernement* révolutionnaire provisoire.*

gruau [gʀyo] n. m. **1.** Grain de céréale débarrassé du péricarpe par une mouture grossière. **2.** *Farine de gruau :* fine fleur de farine. **3.** Vx Semoule; bouillie de semoule. ▷ (Québec) Bouillie de flocons d'avoine. *Un bol de gruau.*

grue [gʀy] n. f. **1.** Oiseau migrateur de grande taille (1,20 m de haut), à longues pattes, au long cou et au bec pointu, vivant dans les marais (genres *Grus* et voisins, ordre des gruiformes). *La grue cendrée, hivernant en Afrique, traverse l'Europe deux fois par an; la grue couronnée* (Balearica pavonina), *dont la tête porte une houppe de soies jaunes, se rencontre en Afrique soudanienne.* **2.** Loc. fig., fam. *Faire le pied de grue :* attendre longtemps debout. ▷ *Grue :* prostituée; fille légère. **3.** TECH Engin de levage de grande dimension comportant un bâti et une flèche. **4.** AUDIOV Appareil servant à déplacer les caméras.

gruger [gʀyʒe] v. tr. [13] **1.** Débiter (des tôles, des profilés). **2.** Fig. Tromper (qqn) pour le dépouiller; duper. ▷ Fam. Tricher, lors d'un exercice scolaire ou d'un examen. **3.** (Québec) Manger par petits morceaux, en les coupant avec les dents. *Gruger une carotte.*

gruiformes [gʀyifɔʀm] n. m. pl. ORNITH Ordre très diversifié d'oiseaux, comprenant les grues, les râles, les poules d'eau, les outardes, etc. – Sing. *Un gruiforme.*

grume [grym] n. f. Tronc d'arbre abattu et ébranché mais non écorcé. *Bois en grume.*

grumeau [grymo] n. m. Petite masse solide coagulée. *Grumeaux d'une crème.*

grumeler (se) [grymle] v. pron. [**19**] Se former en grumeaux.

grumeleux, euse [grymlø, øz] adj. **1.** Plein de grumeaux. *Sauce, crème grumeleuse.* **2.** Présentant des granulations dures. *Bois grumeleux.*

grumier [grymje] n. m. Camion ou cargo pour le transport des grumes.

Grundtvig (Nikolai) (1783 - 1872), pasteur et écrivain romantique danois; il a réveillé l'intérêt pour la culture scandinave.

Grünewald (Mathis Nithart ou Gothardt, dit Matthias) (entre 1460 et 1470 - 1528), peintre allemand, un des maîtres du réalisme gothique : le *Polyptyque d'Issenheim* (v. 1512-1515).

Grunitzky (Nicolas) (1913 - 1969), homme politique togolais. Premier ministre (1956-1958), président de la Rép. (1963-1967).

G.R.U.N.K. Sigle de *Gouvernement* royal d'union nationale du Kampuchéa.*

Grunwald, village de l'anc. Prusse-Orientale, auj. en Pologne. - En 1410, les Polonais et les Lituaniens y vainquirent les chevaliers Teutoniques.

grutier, ère [grytje, ɛr] n. Conducteur, conductrice de grue.

Grütli ou **Rütli** (le), prairie de Suisse (cant. d'Uri), sur la rive S.-E. du lac des Quatre-Cantons. - Le 1er août 1291, les représentants de Schwyz, d'Uri et d'Unterwald y jurèrent de délivrer leur pays du joug autrichien *(serment du Grütli).*

gruyère [grɥjɛr] n. m. Fromage cuit, au lait de vache, à pâte ferme à trous et à croûte lavée, d'origine suisse.

Gruyère (la), pays des Préalpes suisses (cant. de Fribourg), traversé par la Sarine. Fromages.

Gsell (Stéphane) (1864 - 1932), historien et archéologue français : *Histoire ancienne de l'Afrique du Nord* (1913-1929); nombreuses fouilles en Algérie.

G7, groupe des sept pays les plus industrialisés du monde, ceux dont le revenu national brut est le plus élevé (chiffre global, et non pas par hab.); dans l'ordre de richesse : É.-U., Japon, Allemagne, France, Italie, Grande-Bretagne, Canada.

Gua (Pierre du). V. Monts (Pierre Gua du).

guacharo [gwaʃaro] n. m. ORNITH Oiseau caprimulgiforme frugivore (*Steatornis caripensis,* 75 cm d'envergure), qui niche en grandes colonies dans les cavernes d'Amérique tropicale et qui est capable de voler dans l'obscurité complète grâce à un système d'écholocation.

Guadalajara, v. du Mexique, à 1600 m d'alt.; 2846700 hab. pour l'aggl.; cap. de l'État de Jalisco. Métall. Industr. text. et alim. - Université. Archevêché. Cath. de style colonial (XVIe-XVIIe s.). Musées.

Guadalcanal, une des îles Salomon; 35000 hab. Les Japonais, qui l'occupèrent en juil. 1942, l'abandonnèrent aux Américains en fév. 1943.

Guadalquivir (le) (altération de l'ar. *Wādi-Kebīr,* «le Grand Fleuve»), fl. du S.-O. de l'Espagne, en Andalousie (680 km); arrose Cordoue, Séville et rejoint l'Atlantique.

Guadeloupe, groupe d'îles des Petites Antilles formant un dép. franç. d'outre-mer.

► V. carte et dossier France d'outre-mer, p. 1442.

guadeloupéen, enne [gwadlupeɛ̃, ɛn] adj. et n. De la Guadeloupe. ▷ Subst. *Un(e) Guadeloupéen(ne).*

Guam, île princ. des Mariannes (Micronésie), possession américaine depuis 1898; 541 km²; 121000 hab.; ch.-l. *Agaña.* Import. base aéronavale. Le tourisme est florissant (40 % du P.N.B., visiteurs surtout japonais). - L'île fut occupée par les Japonais de déc. 1941 à août 1944.

Guangdong, province maritime de la Chine méridionale; 220000 km²; 62530000 hab.; cap. *Canton.* Riche rég. agricole. Sidérurgie. - En 1997, Hong* Kong a été incorporé à cette province.

Guangxi, région autonome de la Chine méridionale; 230000 km²; 38730000 hab.; ch.-l. *Nanning.* Province montagneuse arrosée par le Xijiang et ses affluents.

Guangzhou. V. Canton.

guanine [gwanin] n. f. BIOCHIM Base purique des acides nucléiques.

guano [gwano] n. m. Engrais constitué par les excréments d'oiseaux marins très riches en phosphates et en azote. - *Par ext.* Engrais d'origine animale. *Guano de poisson, de viande.*

Guantánamo, v. du S.-E. de Cuba, près de la *baie de Guantánamo;* ch.-l. de la prov. du m. nom; 199990 hab. Sucreries. - Cuba revendique la base navale, américaine depuis 1903.

Guarani(s), Indiens d'Amérique du Sud (groupe linguistique tupi-guarani) vivant principalement au Paraguay.

Guardafui ou **Gardafui** (cap), cap d'Afrique orientale, en Somalie, à l'entrée du golfe d'Aden.

Guardi (Francesco) (1712 - 1793), peintre italien; élève de Canaletto, surtout connu pour ses *vedute* (vues) des bords de la lagune à Venise.

Guatemala ou **Ciudad de Guatemala,** cap. du Guatemala, à 1480 m d'alt.; 754240 hab. (aggl. urb. 1311190 hab.). Princ. centre économique du pays.

Guatemala (république du) *(República de Guatemala),* État de l'Amérique centrale, au sud du Mexique; 108889 km²; env. 9 millions d'hab. (en 1958, 3545000 hab.); croissance démographique : 3 % par an; cap. *Guatemala.* Nature de l'État : rép. de type présidentiel. Langue off. : esp. Monnaie : quetzal. Population : Amérindiens (env. 50 %), Ladinos (métis d'Indiens et d'Espagnols et Indiens urbanisés, de langue esp.), très peu de Blancs. Relig. : catholique (officielle, 75 %).

Géogr. et écon. - Les hautes terres constituent l'armature du relief et groupent encore la majorité des habitants. Elles dominent, au S., les plaines tropicales humides et fertiles du littoral du Pacifique où règnent les grandes plantations. Au N., le Petén, vaste plateau tropical couvert de forêts denses, est encore presque vide. Sur les hautes terres, de petites exploitations (surtout indiennes) produisent maïs, haricots et piments. Les grandes plantations des plaines et vallées fertiles (aux mains de grands propriétaires, Ladinos et étrangers) exportent canne à sucre, café, banane, coton, avocat, ananas. L'industrie, embryonnaire, concerne l'agro-alimentaire et le textile; le tourisme est important. La guérilla et la violence politique ont aggravé la crise : chute des cours des produits exportés, inflation élevée, mais la croissance oscille entre 4 et 5 %.

Hist. - Pays de civilisation maya, le Guatemala fut conquis par Pedro de Alvarado, lieutenant de Cortés (1523-1524), et dépendit, à partir de 1544, de la capitainerie générale de Guatemala. Indépendant de l'Espagne en 1821, inclus dans l'Empire mexicain (1822-1823), puis centre des Provinces-Unies d'Amérique centrale, il forma un État indépendant en 1839. L'emprise écon. des É.-U. s'exerça dès la fin du XIXe s., notam. sous les dictatures de M. Estrada Cabrera (1898-1920) et de J. Ubico (1931-1944). Dans les années 50, le président J. Arbenz Guzmán promulgua la réforme agraire (distribution de 900000 ha à 100000 familles), mais il fut chassé par un coup d'État militaire organisé à Washington (1954). Dans les années 60-70, les militaires se sont succédé au pouvoir; une guérilla d'origine castriste, rurale et urbaine, s'est développée, parallèlement à la répression et à la violence d'extrême droite (assassinats de leaders démocrates, massacres de paysans). En mars 1982, un coup d'État porte à la présidence le général E. Ríos Montt, renversé en août 1983 par le général Mejía. Une vaste offensive (enrôlement forcé dans les patrouilles d'autodéfense civile, concentration des Indiens dans des «pôles de développement») fait reculer la guérilla. En déc. 1985, le candidat démocrate-chrétien Vinicio Cerezo est élu président de la République, l'armée continuant à contrôler la situation politique. Jorge Serrano, centre-droit, élu président en 1991, est déposé en 1993 et remplacé par Ramiro de Léon Carpio. En 1996, le candidat de la «droite progressiste», Alvaro Arzu, est élu.

guatémaltèque [gwatemaltɛk] adj. et n. Du Guatemala. ▷ Subst. *Un(e) Guatémaltèque.*

Guayaquil, princ. port de l'Équateur, au fond du *golfe de Guayaquil;* 1387820 hab.; ch.-l. de prov. Import. centre comm., bancaire et industriel.

Gudule (sainte) (m. en 712). Issue d'une famille noble du Brabant et élevée par sainte Gertrude de Nivelles, elle mena une vie de piété. Sainte patronne de Bruxelles.

gué [ge] n. m. Endroit d'une rivière où l'eau est assez basse pour qu'on puisse passer à pied. *Traverser à gué.*

guéable [geabl] adj. Qu'on peut passer à gué. *Rivière guéable.*

Guebwiller (ballon de), dit aussi le Grand Ballon, point culminant des Vosges (France); 1424 m.

guelfe [gɛlf] n. et (adj.) HIST Partisan des papes dans l'Italie du XIIIe au XVe s. (par oppos. à *gibelin**). ▷ adj. *Le parti guelfe.*

Guelma, ville d'Algérie orientale; 85210 hab.; ch.-l. de la wilaya du m. nom. Centre d'une riche rég. agricole.

Constr. méca. – Ruines romaines de l'antique *Calama*.

Guelph, v. du Canada (Ontario); 87970 hab. Métallurgie, textiles.

guelta [gɛlta] n. f. (Maghreb) **1.** En Afrique du Nord, dépression remplie par l'eau d'un oued. – *Par ext.* Mare. **2.** Réserve naturelle d'eau, dans les montagnes du Sahara.

guelte [gɛlt] n. f. Prime accordée à un vendeur en fonction du montant de ses ventes.

guenille [gənij] n. f. **1.** (Souvent au plur.) Haillons, vieilles hardes. **2.** (Québec) Chiffon (sens 1). *Essuyer le plancher avec une guenille.*

guenillou, ouse [gəniju, uz] n. (Québec) Fam. Personne vêtue de loques. – Personne qui prend peu soin de son apparence.

guenon [gənɔ̃] n. f. Femelle du singe. – Fig., fam., péjor. Femme très laide.

guépard [gepaʀ] n. m. Félidé d'Afrique tropicale et du Moyen-Orient *(Acinonyx jubatus)*, long de 80 cm sans la queue, svelte et rapide (il atteint 95 km/h), au pelage tacheté et aux longues pattes, ayant divers caractères des canidés.

guêpe [gɛp] n. f. **1.** Insecte hyménoptère porte-aiguillon (genres *Vespa* et voisins), à l'abdomen allongé, qui construit un nid en fibres de bois mâchées *(guêpe cartonnière)* ou en terre argileuse pétrie *(guêpe maçonne* ou [Afr. subsah.] *mouche maçonne). Suivant les cas, les guêpes sont solitaires ou sociales.* Syn. (oc. Indien) mouche jaune. **2.** Fig. *Taille de guêpe :* taille très fine.

Guépéou (la), abréviation désignant la police politique soviétique de 1922 à 1934.

guêpier [gepje] n. m. **1.** ORNITH Oiseau du genre *Merops,* au bec arqué, long d'environ 25 cm, au plumage de couleurs vives, qui se nourrit d'hyménoptères (guêpes, abeilles) et aussi de libellules. **2.** Nid de guêpes. ▷ Fig. *Se fourrer, tomber dans un guêpier :* s'engager dans une mauvaise affaire.

guerba [gɛʀba] n. f. (Afr. subsah., Maghreb) Outre en peau de chèvre où l'on garde l'eau au frais.

Guerchin (Giovanni Francesco Barbieri, dit en fr. le) (1591 – 1666), peintre italien.

guère [gɛʀ] adv. **1.** *Ne... guère :* peu, pas beaucoup. *Il n'a guère d'argent. Je n'ai guère dormi.* **2.** *Ne... plus guère :* presque plus. *Je ne le vois plus guère ces temps-ci.* **3.** *Ne... guère que :* presque. *Il n'y a guère que toi à le savoir.*

guérénouk [geʀenuk] n. m. ZOOL Gazelle d'Afrique orientale à cou très long, aussi appelée *gazelle-girafe.*

guéret [geʀɛ] n. m. Terre labourée et non ensemencée.

Guericke (Otto von) (1602 – 1686), physicien allemand; connu pour ses expériences sur le vide *(hémisphères de Magdebourg).*

guéridon [geʀidɔ̃] n. m. Petite table ronde à un seul pied.

guérilla [geʀija] n. f. Guerre de partisans.

guérillero ou **guerillero** [geʀijeʀo] n. m. Partisan, franc-tireur.

Guérin (Camille) (1872 – 1961), vétérinaire et biologiste français. Il mit au point, avec A. Calmette, un vaccin antituberculeux (B.C.G.).

guérir [geʀiʀ] v. [3] **I.** v. tr. **1.** Redonner la santé à (qqn), délivrer (qqn) d'une maladie. *Guérir un malade.* **2.** Fig. Délivrer d'un mal moral. *Guérir qqn de ses préjugés, de sa passion.* **II.** v. intr. **1.** Recouvrer la santé. *Il guérira.* **2.** Disparaître, en parlant d'un mal physique. *Sa blessure guérit.* **III.** v. pron. **1.** Recouvrer la santé par ses efforts. *Se guérir en se soignant énergiquement.* **2.** Disparaître, en parlant d'un mal physique. *Cette plaie se guérit vite.* **3.** Fig. Se délivrer de. *Se guérir de ses préjugés.*

guérison [geʀizɔ̃] n. f. Recouvrement de la santé. *Il doit garder la chambre jusqu'à complète guérison.* ▷ Disparition. *La guérison d'une peine.*

guérissable [geʀisabl] adj. Qui peut être guéri.

guérisseur, euse [geʀisœʀ, øz] n. Personne qui traite, sans avoir le titre de médecin, par des méthodes extra-médicales. *Les guérisseurs peuvent tomber sous le coup de la loi punissant l'exercice illégal de la médecine.* Syn. (Maurice) longaniste, (Réunion) tisaneur.

guérite [geʀit] n. f. **1.** Abri d'une sentinelle. **2.** Petite loge qui sert d'abri. *La guérite de la vendeuse de billets de loterie.*

guerlot [gœʀlo] ou **gorlot** [gɔʀlo] n. m. et adj. (Québec) Fam. **I.** n. m. Grelot (sens 3). **II.** Fig. **1.** n. m. Plaisantin. – Imbécile. *C'est un vrai guerlot.* **2.** adj. (inv. en genre) Légèrement ivre. *Elle est pas mal gorlot.*

Guernesey (en angl. *Guernsey*), une des îles Anglo-Normandes (G.-B.); 63 km²; 58860 hab.; ch.-l. *Saint-Pierre.* Primeurs. Tourisme. – De 1855 à 1870, Victor Hugo y vécut en exil.

Guernica y Luno, v. d'Espagne, à l'E. de Bilbao; 18130 hab. – Le 27 avril 1937, l'aviation allemande au service des franquistes l'a ravagée. Picasso évoqua cette tragédie dans une monumentale peinture allégorique en noir et blanc *(Guernica,* 1937, annexe du Prado).

guerre [gɛʀ] n. f. **1.** Conflit armé entre des nations, des États, des groupes humains. *Déclarer, faire la guerre. Être en guerre avec tel pays. Guerre d'invasion. Guerre offensive, défensive.* – Loc. *Guerre civile, intestine,* entre citoyens d'un même pays. *Guerre de religion,* causée par des dissensions religieuses. *Guerres puniques :* V. punique. *Conseil de guerre. – Première Guerre* mondiale :* guerre de 1914 à 1918. *Seconde Guerre* mondiale :* guerre de 1939 à 1945. – *L'entre-deux-guerres,* entre 1918 et 1939. *La drôle de guerre :* la période qui précéda l'invasion allemande en France, en Belgique et aux Pays-Bas, de septembre 1939 à mai 1940. *Guerre N.B.C.,* qui utilise les armes *n*ucléaires, *b*actériologiques et *c*himiques. **2.** Par ext. *Petite guerre :* manœuvres simulant un combat, une guerre; jeu d'enfants qui simule la guerre, les combats. – *Guerre économique. Guerre des nerfs,* psychologique. *Guerre froide :* crise, tension entre États (spécial., dans les années 1950, entre les États-Unis et l'U.R.S.S.). ▷ *Nom de guerre :* pseudonyme. **3.** Hostilité, lutte. *C'est entre eux une guerre permanente. Faire la guerre à qqn sur qqch, à propos de qqch,* s'opposer à lui à propos de qqch. *Faire la guerre à une chose,* la combattre. – *De guerre lasse,* après une longue résistance. *Il y a consenti de guerre lasse.* – *De bonne guerre :* conformément aux usages du combat; fig. conformément aux usages de la compétition, de la polémique. – *À la guerre comme à la guerre :* il faut s'adapter aux circonstances.

guerre froide, nom donné au conflit latent entre les États-Unis et l'U.R.S.S. au lendemain de la Seconde Guerre mondiale. La «déstalinisation», suivie du dialogue entre Kennedy et Khrouchtchev (1961-1962), instaura une *détente.*

Guerre mondiale (Première) ou **guerre de 1914-1918,** guerre qui éclata dans l'été 1914 (V. Sarajevo) et s'acheva en nov. 1918. Issue fatale de la compétition des grandes puissances européennes (rivalités écon., course aux armements), elle voit l'Allemagne, l'Autriche-Hongrie, la Bulgarie et la Turquie affronter les Alliés : la Russie, la France, la Belgique, la G.-B. (et les dominions), le Japon (1914), l'Italie (1915) et les É.-U. (1917). L'Afrique est également concernée : conquête par les Alliés des colonies allemandes (Togo, Cameroun, Tanganyika, Sud-Ouest africain), plus d'un million de soldats et auxiliaires africains engagés (150000 tués). Quand la guerre s'achève (11 nov. 1918 sur le front de l'Ouest, armistice signé à Rethondes*), 10 millions d'hommes sont morts. À Versailles* est signé le plus important des traités de paix. L'Europe, ravagée, est bouleversée par l'effondrement des Empires russe, allemand et austro-hongrois. La Société* des Nations (S.D.N.) confie aux puissances coloniales victorieuses (France, Grande-Bretagne, Belgique) le mandat d'administration des ex-colonies allemandes.

Guerre mondiale (Seconde) ou **guerre de 1939-1945,** guerre déclenchée par l'Allemagne nazie, qui (après avoir signé le pacte germano*-soviétique) envahit la Pologne le 1er sept. 1939. Le 3 sept., la France et la G.-B. lui déclarent la guerre. L'Allemagne écrase la Pologne (sept. 1939), envahit le Danemark et la Norvège (9 avr.), la Belgique, les Pays-Bas et le Luxembourg (10 mai), enfin la France (mai-juin 1940), soumet l'Europe centrale et les Balkans. Le 10 juin, l'Italie déclare la guerre à la France, et attaquera en août plus. colonies brit., alors que le Japon menace l'Indochine. Pendant 4 ans, l'Allemagne nazie domine l'Europe, exterminant 10 % de la pop. tsigane et 6 millions de Juifs au nom de la supériorité d'une prétendue race aryenne. L'invasion de l'U.R.S.S. (21 juin 1941) et l'entrée en guerre des É.U. après Pearl* Harbor (7 déc. 1941) brisent l'isolement de la G.-B. L'acharnement des armées et partisans sov., l'énorme production de guerre des É.-U., provoquent le reflux des puissances de l'Axe* (V. Stalingrad). Après le débarquement américain en Afrique du Nord, le 8 nov. 1942, l'offensive franco-britannique en Libye, la jonction des Amér. et des Brit. dans le golfe de Gabès (Tunisie), le 7 avril 1943, les Allemands quittent l'Afrique en mai 1943. Le 10 juil. 1943, les Alliés débarquent en Sicile. Après le débarquement anglo-américain en Normandie (6 juin 1944), l'Allemagne, ravagée par les bombardements aériens, est envahie à l'E. et à l'O. Elle capitule le 8 mai 1945. Le Japon capitule à son tour après l'explosion de bombes atomiques à Hiroshima et à Nagasaki (6 et 9 août 1945). La guerre s'est étendue à tous les continents, sauf l'Amérique, et à tous les océans. Guerre totale, elle a tué 50 millions de personnes, civiles et militaires. En 1945, la plupart des pays d'Europe sont en ruine; É.-U. et U.R.S.S. se partagent l'hégémonie mondiale; le mouvement de décolonisation s'amorce en Asie et en Afrique. (V. Afrique.)

guerrier, ère [gɛʀje, ɛʀ] n. et adj. **I.** n. Personne qui fait la guerre. *Vaillant guerrier.* **II.** adj. **1.** De la guerre. *«Les travaux guerriers»* (Corneille). **2.** Belliqueux, martial. *Humeur guerrière.*

guerroyer [gɛʀwaje] v. intr. [**23**] Faire la guerre (contre qqn) sporadiquement. – Fig. Se battre contre (qqch). *Guerroyer contre les injustices.*

Guerzé. V. Kpélé.

Guesclin (Du). V. Du Guesclin.

Guesde (Jules Bazile, dit Jules) (1845 – 1922), homme politique français. Princ. fondateur du parti ouvrier socialiste français (1879), il s'opposa à Jaurès. En 1914, il vota la guerre et fut ministre.

guet [gɛ] n. m. Action de guetter, d'épier. *Faire le guet.*

guet-apens [gɛtapɑ̃] n. m. Embûche préméditée pour voler, tuer qqn. *Tomber dans un guet-apens.* – Fig. Machination. *Des guets-apens.*

guêtre [gɛtʀ] n. f. Jambière d'étoffe ou de cuir. – (Belgique) *Avoir (qqch ou qqn) à ses guêtres,* être contraint de subvenir à ses besoins, l'avoir à ses dépens.

guetter [gete] v. tr. [**1**] **1.** Épier. *La lionne guette sa proie.* **2.** Attendre avec impatience. *Guetter un signal.* ▷ Attendre (qqn) dans une intention malveillante ou hostile. *Guetter l'ennemi.* – Fig. *Être guetté par la maladie.* **3.** Être à l'affût de (qqch). *Guetter l'occasion, le moment d'agir.* **4.** (Québec) Fam. Surveiller. *Guette les enfants, je fais le dîner.*

guetteur, euse [gɛtœʀ, øz] n. Personne qui guette.

1. gueulard [gœlaʀ] n. m. METALL Orifice par où s'effectue le chargement d'un haut-fourneau.

2. gueulard, arde [gœlaʀ, aʀd] adj. et n. Pop. Braillard.

gueule [gœl] n. f. **1.** Bouche des animaux carnivores, des poissons. *Gueule d'un chien, d'un crocodile, d'un requin.* ▷ Loc. fig. *Se jeter dans la gueule du loup :* se mettre dans une situation dangereuse, par imprudence. **2.** Fam. Bouche, et, *par ext.,* visage humain. *Une belle gueule. Une sale, une vilaine gueule.* ▷ Loc. *Faire la gueule :* bouder. *Casser la gueule à qqn,* le battre. *Se casser la gueule :* tomber. *Fermer la (sa) gueule :* se taire. *Ta gueule! :* silence! *Grande gueule, fort en gueule :* personne qui a l'habitude de parler très fort, de crier, ou qui parle avec assurance mais sans agir efficacement. *Fine gueule :* gourmet. *Avoir la bouche de bois,* la gorge sèche et la bouche pâteuse après s'être enivré. *Avoir de la gueule* (en parlant des choses) : avoir de l'allure. **3.** Ouverture. *Canon chargé jusqu'à la gueule.* **4.** (Afr. subsah.) *Gueule tapée :* nom cour. du varan de terre.

gueule-de-loup [gœldəlu] n. f. Muflier (fam. scrofulariacées). *Des gueules-de-loup.*

gueuler [gœle] v. tr. [**1**] Fam. Crier très fort. *Gueuler des injures.*

gueuleton [gœltɔ̃] n. m. Fam. Bon repas.

1. gueuse [gøz] n. f. METALL Lingot de fonte brute.

2. gueuse ou **gueuze** [gøz] n. f. Bière belge au goût aigre, d'origine bruxelloise.

gueux, gueuse [gø, gøz] n. **1.** Vx Mendiant, pauvre. **2.** n. f. *Courir la gueuse :* mener une vie de débauche.

gueuze [gøz] n. f. V. gueuse.

Guevara (Ernesto, dit Che) (1928 – 1967), révolutionnaire latino-américain de nationalité argentine. En 1956, il gagna le maquis de F. Castro. En 1965, il quitta Cuba pour organiser la guérilla en Amérique latine. Il fut tué en Bolivie.

Guèvremont (Germaine) (1893 – 1968), romancière québécoise : *En pleine terre* (nouvelles, 1942), *le Survenant* (1945), *Marie-Didace* (1947).

Guez de Balzac. V. Balzac (Jean-Louis Guez, seigneur de).

guèze [gɛz] n. m. LING Langue sémitique parlée dans le royaume d'Axoum du IVe au Xe s., dont dérive l'amharique et qui demeure la langue liturgique des chrétiens éthiopiens.

Guezo. V. Ghezo.

Guggenheim (musée), musée d'art contemporain construit à New York par F.-L. Wright (1956-1959) sur une commande de Solomon Guggenheim (1861-1949).

gui [gi] n. m. Plante des régions tempérées et chaudes, parasite de certains arbres (chêne, hévéa), dont les baies blanches, toxiques, contiennent une substance visqueuse. *Le gui de chêne était sacré chez les Gaulois.* – *Gui d'Afrique :* plante à fleurs colorées utilisée dans certains rituels.

guib [gib] n. m. *Guib harnaché :* antilope largement répandue au sud du Sahara, à robe fauve-roux marquée de lignes et de taches blanches.

guibole ou **guibolle** [gibɔl] n. f. Fam. Jambe.

guichet [giʃɛ] n. m. **1.** Petite ouverture pratiquée dans une porte, un mur. *Parler au guichet,* dans une prison. ▷ *Scie à guichet,* à lame très étroite. **2.** Petite ouverture derrière laquelle se tiennent les employés, dans une poste, une banque, etc. – *Guichet de location,* où sont délivrés les billets d'entrée pour un spectacle. **3.** Par anal. *Guichet automatique (d'une banque) :* distributeur de billets auquel on accède grâce à une carte magnétique.

guichetier, ère [giʃtje, ɛʀ] n. Personne préposée à un guichet.

guidage [gidaʒ] n. m. **1.** Action de guider. **2.** TECH Ensemble des pièces qui guident le mouvement d'un organe de machine. **3.** Action de guider (un avion, un sous-marin, une fusée, etc.) par radio ou par un autre procédé.

guidance [gidɑ̃s] n. f. **1.** Méthode destinée à aider les enfants à s'adapter à leur milieu. *Centre de guidance.* **2.** (Belgique) Action de guider qqn, de le conduire.

Gui d'Arezzo (en ital. *Guido d'Arezzo*) (v. 990 – v. 1050), bénédictin italien. Il a créé la notation musicale (portée musicale, clés d'*ut* et de *fa,* bémol à la clé).

guide [gid] n. **I.** n. m. **1.** Personne qui montre le chemin. *Guide de chasse. Guide de musée.* ▷ MILIT Soldat sur lequel les autres doivent régler leurs mouvements. **2.** Fig. Personne qui en dirige, en conseille d'autres. *Un guide spirituel.* – *Par ext.* Ce qui dirige un être humain dans ses actions. *Sa conscience est son seul guide.* **3.** Ouvrage didactique. ▷ *Spécial.* Ouvrage décrivant une ville, une région, etc. *Guide des rues de Paris.* ▷ (Belgique) Indicateur des chemins de fer. – Annuaire téléphonique. **4.** TECH Organe qui permet d'imposer une trajectoire à un organe mobile. **5.** TELECOM *Guide d'ondes :* tuyau métallique servant à transporter des ondes radioélectriques de très haute fréquence. **II.** n. f. pl. Longue rêne servant à diriger les chevaux attelés. *Conduire à grandes guides,* très vite. ▷ Fig. *Mener la vie à grandes guides :* vivre sur un grand pied, se montrer prodigue. **III.** n. f. Jeune fille faisant partie d'un groupe de scoutisme. *Cheftaine de guides.*

Guide (Guido Reni, dit le) (1575 – 1642), peintre italien; disciple des Carrache.

Gui de Dampierre (1225 – 1305), comte de Namur (1263), auquel sa mère légua le comté de Flandre (1278). Il entra en conflit avec Philippe le Bel, dont il était le vassal, et se rapprocha de l'Angleterre. De 1300 à sa mort, il vécut captif en Île-de-France.

guider [gide] v. [**1**] **I.** v. tr. **1.** Conduire, montrer le chemin à. *Le chien guide l'aveugle.* – Fig. *Guider un élève dans ses études.* **2.** Mettre sur la bonne voie. *Les traces guident les chasseurs.* **3.** Fig. Diriger, mener, faire agir. *C'est son ambition qui le guide.* **II.** v. pron. *Se guider sur :* se diriger d'après. *Se guider sur l'étoile polaire.* – Fig. *Se guider sur l'exemple de ses prédécesseurs.*

guidon [gidɔ̃] n. m. **1.** Organe (tube métallique cintré) servant à orienter la roue avant d'un véhicule à deux ou trois roues. *Lâcher le guidon de sa bicyclette.* **2.** TECH Pièce saillante située à l'extrémité du canon d'une arme et servant à prendre la ligne de mire.

guidoune [gidun] n. f. (Québec) Fam., péjor. Femme de mœurs légères. – Prostituée.

Guiers (lac de), lac du N.-O. du Sénégal, tributaire du fl. Sénégal et où débouche la *vallée du Ferlo* (rivière fossile); 15 km^2.

1. guigne [giɲ] n. f. Cerise noirâtre à chair ferme. ▷ Loc. fam. *Se soucier de qqch, de qqn comme d'une guigne,* ne pas s'en soucier du tout.

2. guigne [giɲ] n. f. Fam. Malchance. *J'ai la guigne!*

guigner [giɲe] v. tr. [**1**] **1.** Regarder du coin de l'œil. *Guigner le jeu du voisin.* **2.** Fig., fam. Convoiter. *Guigner un emploi.*

guignol [giɲɔl] n. m. **1.** Marionnette à gaine. **2.** Théâtre de marionnettes. *Mener les enfants au guignol.* **3.** Fig., fam. Individu grotesque, fantoche. *Faire le guignol :* faire l'idiot.

Guignol, personnage du théâtre français de marionnettes, créé à Lyon par Laurent Mourguet (1769 – 1804).

guignolée [giɲɔle] n. f. (Québec) Collecte de nourriture, d'argent, etc., au profit des malheureux, faite de maison en maison pendant les fêtes de fin d'année. – *Courir la guignolée :* faire cette quête en groupe.

Guilbert (Yvette) (1867 – 1944), chanteuse française d'esprit «canaille» *(le Fiacre, Madame Arthur).*

guilde ou **ghilde** [gild] n. f. Association commerciale offrant à ses adhérents des avantages particuliers.

guildive [gildiv] n. f. (Haïti) Distillerie artisanale.

guillaume [gijom] n. m. TECH Rabot de menuisier dont le fer, très étroit, a la largeur du fût.

ALLEMAGNE

Guillaume Ier (1797 – 1888), roi de Prusse (1861-1888), empereur des Allemands (1871-1888). Bismarck, qu'il prit pour ministre en 1862, dirigea les affaires et réalisa l'unité allemande. Remportant la guerre franco-allemande (1870-1871), le roi de Prusse fut proclamé empereur d'Allemagne, à Versailles. — **Guillaume II** (1859 – 1941), petit-fils du préc.; empereur des Allemands (1888-1918). Dès 1890, il se sépara de Bismarck. Il porte une part de responsabilité dans le déclenchement de la guerre de 1914-1918 et dut abdiquer (9 nov. 1918).

ANGLETERRE ET GRANDE-BRETAGNE

Guillaume Ier le Conquérant ou **le Bâtard** (v. 1027 – 1087), duc de Normandie (1035-1087), roi d'Angleterre (1066-1087). Successeur désigné du roi d'Angleterre, Édouard le Confesseur, il vainquit et tua l'usurpateur Harold II à Hastings (1066). Il fortifia le pouvoir royal (contrôle étroit des féodaux). Pour évaluer les ressources, notam. fiscales, de son royaume, il fit entreprendre le gigantesque «Domesday Book» (livre cadastral achevé en 1090). — **Guillaume III** (1650 – 1702), stathouder des Provinces-Unies (1672-1702), roi d'Angleterre, d'Écosse et d'Irlande (1689-1702), fils posth. de Guillaume II de Nassau et d'Henriette Stuart. En 1677, il épousa sa cousine Marie, fille du futur Jacques II. Prince protestant, il fut proclamé roi d'Angleterre, conjointement avec sa femme, en 1689, évinçant du trône son beau-père, catholique. — **Guillaume IV** (1765 – 1837), roi de G.-B., d'Irlande et de Hanovre (1830-1837), fils de George III. Sa nièce, Victoria, lui succéda.

HOLLANDE

Guillaume Ier de Nassau, dit *le Taciturne* (1533 – 1584), stathouder des Provinces-Unies (1572-1584). Il dirigea dès 1566 la lutte des révoltés des Pays-Bas contre Philippe II d'Espagne et fut assassiné. Fondateur de la branche d'Orange-Nassau. — **Guillaume II de Nassau** (1626 – 1650), stathouder de Hollande (1647-1650), fils de Frédéric-Henri et gendre de Charles Ier d'Angleterre; il signa la paix de Münster, qui reconnaissait l'indépendance des Provinces-Unies, en 1648. — **Guillaume III de Nassau,** fils du préc. V. Guillaume III, roi d'Angleterre.

PAYS-BAS ET LUXEMBOURG

Guillaume Ier (1772 – 1843), roi des Pays-Bas et grand-duc de Luxembourg (1815-1840), désigné par le congrès de Vienne. La Belgique fit sécession en 1830. Il ne reconnut l'indépendance de celle-ci qu'en 1839 et dut abdiquer. Il mourut à Berlin. — **Guillaume II** (1792 – 1849), fils du préc., roi des Pays-Bas et grand-duc de Luxembourg (1840-1849). Il accorda une Constitution parlementaire (1848) qui laissa une grande autonomie au Luxembourg. — **Guillaume III** (1817 – 1890), fils du préc.; roi des Pays-Bas et grand-duc de Luxembourg (1849-1890). Il respecta le régime parlementaire, de sorte que l'autonomie du Luxembourg s'accrut.

Guillaume IV (1852 – 1912), grand-duc de Luxembourg (1905-1912). Fils d'Adolphe* de Nassau, il n'eut pas d'héritier mâle et fit promulguer une loi, en 1907, pour que sa fille Charlotte* lui succède.

Guillaume de Champeaux (v. 1070 – 1121), théologien et philosophe français. Son disciple le plus illustre, Abélard, devint son adversaire.

Guillaume de Lorris (v. 1200 – v. 1238), poète français; auteur de la première partie du *Roman de la Rose* (env. 4000 vers).

Guillaume de Nangis (m. v. 1300), chroniqueur français, moine de Saint-Denis. Sa *Chronique universelle* (en lat. *Chronicon*) va des débuts de l'humanité à 1301.

Guillaume d'Occam ou **d'Ockham** (fin XIIIe s. – v. 1349), théologien et philosophe scolastique anglais. Ses thèses *(Commentaires sur les Sentences)* annoncent l'empirisme de Locke et de Hume.

Guillaume de Machaut ou **de Machault** (v. 1300 – 1377), musicien et poète français, chanoine de Reims. Il composa la première messe polyphonique *(À Notre-Dame)*. Auteur de messes, ballades, rondeaux et virelais.

Guillaume (Charles Édouard) (1861 – 1938), physicien suisse qui créa l'*invar* et l'*élinvar* (alliages de nickel et d'acier à coefficient de dilatation presque nul). P. Nobel de physique 1920.

Guillaume (Gustave) (1883 – 1960), linguiste français. Il fonda la psychosystématique (étude des rapports de la langue et de la pensée).

Guillaume Tell, héros légendaire de l'indép. suisse (XIVe s.). La légende (probabl. d'orig. scandinave) veut que les autorités habsbourgeoises l'aient contraint, parce qu'il n'avait pas salué le chapeau du bailli Gessler, à percer d'une flèche une pomme posée sur la tête de son fils, ce qu'il parvint à faire. Par la suite, il tua Gessler. Les premiers textes sur ce héros datent de la fin du XVe s. Puisant ses sources dans la vaste *Chronique helvétique* (posth., 1574) du Suisse germanophone Gilg Tschudi (1505-1572), Schiller écrivit une tragédie généreuse, *Guillaume Tell* (1804), qui inspira à Rossini un opéra en 4 actes (1829).

guilledou [gijdu] n. m. Loc. fam. *Courir le guilledou :* aller à la recherche d'aventures amoureuses.

guillemet [gijmɛ] n. m. (Le plus souv. au plur.) Signe typographique («») ou (" ") qu'on utilise pour mettre en valeur un mot ou un groupe de mots en citation. *Passage entre guillemets. Ouvrir les guillemets.*

guillemot [gijmo] n. m. Oiseau marin (genre *Uria,* fam. alcidés) voisin du pingouin.

Guillén y Battista (Nicolás) (1902 – 1989), poète cubain, l'un des grands poètes afro-américains d'expression espagnole : *Motifs de bruit* (1930), *J'ai* (1964).

Guilleragues (Gabriel de Lavergne, sieur de) (1628 – 1685), magistrat et écrivain français, considéré auj. comme l'auteur des *Lettres de la religieuse portugaise* (1669) attribuées à Mariana Alcoforado.

guilleret, ette [gijʀɛ, ɛt] adj. Plein de vivacité, de gaieté. *L'air guilleret.* – Libre, leste. *Conte guilleret.*

guillochage [gijɔʃaʒ] n. m. TECH Action de guillocher; résultat de cette action.

guillocher [gijɔʃe] v. tr. [1] TECH Orner de guillochis.

guillochis [gijɔʃi] n. m. TECH Ornement formé par des traits gravés entrecroisés de manière régulière.

guillochure [gijɔʃyʀ] n. f. TECH Chacun des traits qui composent un guillochis.

guillon [gijɔ̃] n. m. (Suisse) Fausset 2.

Guillotin (Joseph Ignace) (1738 – 1814), homme politique et médecin français. Député aux états généraux en 1789, il fit approuver le principe de la peine unique pour tous (nobles ou roturiers), exécutée par l'instrument qu'il n'avait pas inventé et qu'on nomma ensuite *guillotine.*

guillotine [gijɔtin] n. f. **1.** Instrument destiné à trancher la tête des condamnés à mort. **2.** *Fenêtre à guillotine,* dont le châssis glisse verticalement entre deux rainures.

guillotiner [gijɔtine] v. tr. [1] Décapiter au moyen de la guillotine.

Guimard (Hector) (1867 – 1942), architecte et décorateur français; promoteur de l'*art nouveau :* entrées en fonte du métropolitain parisien (1899-1904).

guimauve [gimov] n. f. **1.** Plante herbacée des régions tempérées (fam. malvacées) dont les racines, les tiges et les feuilles ont des propriétés émollientes et sédatives. – *Pâte, sirop de guimauve.* ▷ Confiserie à pâte molle à base de sirop de cette plante. – (Québec) Cette confiserie à base de sirop de maïs. **2.** Fig., péjor. *À la guimauve :* d'une sentimentalité outrée. *Romans à la guimauve.*

guimbarde [gɛ̃baʀd] n. f. **1.** TECH Petit rabot de menuisier, d'ébéniste, de sculpteur, servant à égaliser le fond des creux. **2.** Péjor., fam. Vieille voiture.

Guimet (musée) musée national des religions et des arts de l'Extrême-Orient, fondé à Lyon (1879) par le collectionneur *Émile Guimet* (1836 – 1918), qui en 1884 le transféra près de la place d'Iéna à Paris.

guimpe [gɛ̃p] n. f. **1.** Plastron qui masque en partie le décolleté d'une robe. **2.** Chemisette sans manches à col haut.

guincher [gɛ̃ʃe] v. intr. [1] Fam. Danser.

guindaille [gɛ̃daj] n. f. (Belgique) Arg. (des étudiants) Partie de plaisir, beuverie entre étudiants. *Aller à une guindaille.*

guindailler [gɛ̃daje] v. intr. [1] (Belgique) Arg. (des étudiants) Participer à une guindaille.

guindailleur, euse [gɛ̃dajœʀ, øz] n. (Belgique) Arg. (des étudiants) Personne qui guindaille.

guindé, ée [gɛ̃de] adj. Qui manque de naturel, gêné. *Avoir l'air guindé dans des vêtements neufs.* – Fig. Affecté et solennel. *Style guindé.*

guinder [gɛ̃de] v. [1] **1.** v. tr. TECH Élever au moyen d'un engin de levage. **2.** v. pron. Adopter une rigueur affectée, se raidir.

guinée [gine] n. f. Tissu de coton teint à l'indigo en bleu foncé, qui servait, autrefois en Afrique, de monnaie d'échange entre les populations et les trafiquants européens.

Guinée, nom donné autref. à la région côtière d'Afrique comprise entre l'estuaire de la Casamance et l'estuaire Gabon. Cette région est baignée en partie par le golfe de Guinée.

Guinée (golfe de), golfe d'Afrique, dans l'océan Atlantique, qui s'étend de la Côte d'Ivoire au fl. Ogooué (Gabon).

Guinée (république de), État d'Afrique occidentale.
► V. carte et dossier, p. 1450.

Guinée (Nouvelle-). V. Nouvelle-Guinée.

Guinée-Bissau (république de) *(República de Guiné-Bissau),* État d'Afrique occidentale.
► V. carte et dossier, p. 1453.

Guinée équatoriale (république de) *(República de Guinea ecuatorial),* État d'Afrique.
► V. carte et dossier, p. 1454.

guinéen, enne [gineɛ̃, ɛn] adj. et n. De la Guinée. ▷ Subst. *Un(e) Guinéen(ne).*

guingois (de) [dəgɛ̃gwa] loc. adv. Fam. De travers. *Une vieille maison toute de guingois.*

guinguette [gɛ̃gɛt] n. f. Vieilli Petit café populaire où l'on danse. *Les guinguettes des bords de Marne.*

Guinness (sir Alec) (1914 – 1995), acteur anglais : *Noblesse oblige* (1949), *le Pont de la rivière Kwaï* (1957).

guipure [gipyʀ] n. f. Dentelle sans fond représentant des fleurs, des arabesques.

guirlande [giʀlɑ̃d] n. f. **1.** Couronne, feston de fleurs et de feuilles naturelles ou artificielles servant à décorer. ▷ Dessin, sculpture représentant une guirlande. *Papier peint à guirlandes.* **2.** Ce qui présente l'aspect d'une guirlande. *Des guirlandes de lampes colorées.*

guise [giz] n. f. (Seulement en loc.) **1.** *À sa guise :* à son gré. *Ici, chacun vit à sa guise. – N'en faire qu'à sa guise :* suivre son bon plaisir. – *À ta guise! :* comme tu voudras! **2.** Loc. prép. *En guise de :* au lieu de, comme, pour. *Il a reçu de l'argent en guise de récompense.*

Guise (maison de), branche de la maison de Lorraine. — **François I**er (1519 – 1563), fils du préc., combattit contre Charles Quint et prit Calais (1558). Chef des cathol. sous François II, il fut assassiné. — **Henri I**er, dit *le Balafré* (1550 – 1588), fils aîné du préc. Chef de la Ligue en 1576, il vainquit l'armée protestante (1587) et entra dans la capitale malgré l'interdiction d'Henri III, qui le fit assassiner.

guitare [gitaʀ] n. f. **1.** Instrument de musique à cordes pincées, à manche et à corps aplati des deux côtés. *D'origine orientale, la guitare fut introduite par les Maures en Espagne. – Guitare électrique,* munie de micros magnétiques reliés à un amplificateur. **2.** ICHTYOL Poisson cartilagineux, aussi appelé *raie guitare,* à la forme caractéristique, pouvant atteindre 2 m de long, fréquent dans les eaux côtières d'Afrique occidentale.

guitariste [gitaʀist] n. Personne qui joue de la guitare.

guitoune [gitun] n. **1.** n. f. Fam. Abri de fortune, cabane, tente. **2.** n. m. (Maghreb) Tente de campagne.

Guitry (Lucien) (1860 – 1925), acteur français. — **Sacha** (1885 – 1957), fils du préc.; acteur, cinéaste et auteur dramatique français : *Mon père avait raison* (1919), etc. Films : *le Roman d'un tricheur* (1935), *Si Versailles m'était conté* (1953).

Guizot (François) (1787 – 1874), homme politique et historien français. Ministre de l'Instruction publique (1832-1837), il organisa l'enseignement primaire (*loi Guizot,* 1833). De 1840 à 1848, il dirigea le gouv.; sa politique conservatrice provoqua la révolution de 1848. Œuvres : *Histoire de la révolution d'Angleterre* (1826-1827), *Mémoires pour servir à l'histoire de mon temps* (1858-1867). Acad. fr. (1836).

Gulf Stream («courant du Golfe»), courant chaud de l'Atlantique N. né dans la mer des Antilles. Longeant les côtes amér., il éclate au niveau de Terre-Neuve en plus. branches, dont certaines viennent réchauffer les côtes européennes (dérive nord-atlantique).

Gulistān ou **Golestan** («la Roseraie»), poème du Persan Saadi* (XIIIe s.), traité de savoir-vivre et de sagesse mêlant prose et vers.

gummifère [gymifɛʀ] adj. BOT Qui produit de la gomme. *Arbre gummifère.*

Güney (Yilmaz) (1937 – 1984), acteur, scénariste et cinéaste turc. Opposant, il dirigea depuis sa prison *le Troupeau* (1978), *l'Ennemi* (1979) et *Yol* (1980).

Günz (le), riv. d'Allemagne (75 km), affl. (r. dr.) du Danube.

Guomindang ou **Kouo-min-tang** (en fr., «Parti national du peuple»), parti nationaliste chinois fondé en 1900 par Sun* Yat-sen, qui le rénova en 1923 sur le modèle du parti communiste soviétique. Après sa mort (1925), Jiang Jieshi (Tchang Kaï-chek) regroupa l'aile anticommuniste (1927). Depuis la création de la rép. pop. de Chine (1949), l'action du Guomindang se limite à Taiwan.

Guo Moruo ou **Kouo Mo-jo** (Guo Kaizhen, dit) (1892 – 1978), écrivain chinois, attaché à la révolution prolétarienne : *Feuilles mortes* (poèmes, 1928), *la Vague* (récit, 1932). Il fut attaqué lors de la révolution culturelle.

Gupta ou **Goupta,** dynastie indienne (IIIe-VIe s. ap. J.-C.) qui fonda v. 320 un grand empire dans l'Inde du N. et l'Inde centrale. C'est sous les Gupta que se situe l'âge d'or de la peinture et de la sculpture hindoues et bouddhistes (site d'Ajantā).

gur [guʀ] adj. inv. LING *Langues gur :* groupe de langues nigéro-congolaises, parlées du nord de la Côte d'Ivoire jusqu'au Nigeria. (Ex. : le gourmantché.) Syn. anc. voltaïque.

Guragé, population d'Éthiopie (env. 1750000 personnes). Ils parlent une langue sémitique.

Gurkha ou **Gourkha,** caste militaire du Népal qui a donné des soldats d'élite à l'armée britannique.

guru [guʀu] n. m. V. gourou.

Gurunsi ou **Gourounsi,** ensemble de populations vivant au Burkina Faso (environ 500000 personnes), en Côte d'Ivoire, au Ghana et au Togo. Ils parlent des langues nigéro-congolaises du groupe gur (sous-groupe *gurunsi*).

gus [gys] n. m. Pop Homme étrange. *Qu'est-ce que c'est que ce gus?*

Gusii, ethnie du Kenya installée dans les collines qui dominent l'E. du lac Victoria (env. 1 million de personnes). Ils parlent une langue bantoue.

gustatif, ive [gystatif, iv] adj. Qui concerne le goût. *Sensation gustative. – Papilles gustatives,* situées sur la langue et sur le palais, innervées par les nerfs glosso-pharyngien et lingual.

gustation [gystasjɔ̃] n. f. Didac. Perception des saveurs par le goût.

Gustave Ier **Vasa** (1496 – 1560), roi de Suède (1523-1560). Il libéra son pays du joug danois (1520-1523), y répandit le luthéranisme et organisa l'économie. — **Gustave II Adolphe** (1594 – 1632), petit-fils du préc.; roi de 1611 à 1632. Il modernisa l'économie, l'enseignement, l'armée. Il lutta avec succès contre les Habsbourg (1631-1632) pour défendre le protestantisme allemand. Il vainquit Tilly à Breitenfeld et Wallenstein à Lützen, où il fut tué. — **Gustave III** (1746 – 1792), roi de Suède (1771-1792). Il accrut ses pouvoirs en 1772 par une nouvelle Constitution et gouverna en despote éclairé. Il fut assassiné.

Gusti (Dimitrie) (1880 – 1955), sociologue roumain : *la Monographie et l'activité monographique en Roumanie* (1935), *la Science et la réalité sociale* (1941). Haut fonctionnaire, il a fondé l'Institut social roumain.

Gutenberg (Johannes Gensfleisch, dit) (entre 1394 et 1399 – 1468), imprimeur allemand. Il perfectionna l'imprimerie en mettant au point les caractères typographiques de métal mobiles. Entre 1430 et 1444, il travailla à Strasbourg, où il aurait imprimé des feuilles mobiles qui marquent le début de la presse, un *Calendrier astronomique,* une Bible dite «à quarante-deux lignes» ou «Bible de Gutenberg», une Bible «à trente-six lignes». V. Fust (Johann).

Gutland (la «Bonne Terre»), la partie méridionale du Luxembourg.

gutta-percha [gytapɛʀka] n. f. Substance chimiquement proche du caoutchouc, qu'on extrait du latex de *Palaquium gutta,* arbre d'Asie tropicale. *Excellent isolant électrique, la gutta-percha protège les câbles téléphoniques sous-marins. Des guttas-perchas.*

guttural, ale, aux [gytyʀal, o] adj. **1.** Du gosier. *Fosse, artère gutturale.* **2.** Qui part du gosier. *Voix gutturale.* **3.** PHON *Consonne gutturale,* qui se prononce depuis le gosier (ex. [g, k]). Syn. vélaire.

Guyana (république de) *(Republic of Guyana),* État du N.-E. de l'Amérique du Sud, sur l'Atlant. (anc. *Guyane britannique*); 214970 km²; env. un million d'hab.; croissance démographique : 2 % par an; cap. *Georgetown.* Nature de l'État : rép. parlementaire. Langue off. : angl. Monnaie : dollar de la Guyana. Pop. : Indiens originaires de l'Inde (50 %), Noirs (30 %), métis (11 %), Amérindiens (4 %), Européens et Chinois. Relig. : protestantisme, hindouisme. – La plaine côtière, où débouche le fleuve Essequibo, concentre 90 % de la pop. et les cultures. Plateaux et montagnes de l'intérieur sont couverts de forêt dense équat. Le pays, qui exporte de la bauxite, du sucre, du riz, de l'or et des diamants, a connu une grave crise écon. En 1989, un plan de redressement du F.M.I. a provoqué d'importants troubles sociaux. Depuis, la croissance oscille entre 6 et 9 %.– Brit. depuis 1803, colonie en 1831, le territ. acquit son indép. en 1966 et forme depuis 1970 une rép. Le P.N.C. *(People National Congress)*, se réclamant du marxisme, parti des Noirs, au pouvoir depuis 1970, a engagé à la fin des années 1980 des réformes écon. libérales. En oct. 1992, le candidat de l'opposition (Indiens), Cheddi Jaggan, a remporté les élections présidentielles.

guyanais, aise [gɥijanɛ, ɛz] adj. et n. De la Guyane ou de la Guyana. ▷ Subst. *Un(e) Guyanais(e).*

Guyane (la) ou **Guyanes** (les), rég. du N.-E. de l'Amérique du Sud, sur l'Atlantique, partagée entre le Venezuela, la Guyana (anc. *Guyane britannique*), le Surinam (anc. *Guyane néerlandaise*), la France et le Brésil. Son climat est équat. Le *massif des Guyanes* renferme de nombr. richesses minérales. – Reconnue dès 1500 par les Européens, colonisée au XVIIe s., cette rég. fut très disputée au XVIIIe s. entre Hollandais, Britanniques et Français. Un partage fut conclu en 1814.

Guyane, dép. franç. d'outre-mer d'Amérique du Sud, situé entre le Surinam et le Brésil.
► V. dossier France d'outre-mer, p. 1442

Guyane néerlandaise. V. Surinam.

Guye (Charles Eugène) (1866 – 1942), physicien suisse. En 1913, il mesura la variation de la masse des électrons en fonction de leur vitesse, ce qui contribua à la théorie de la relativité.

Guyenne, nom qui désigna les possessions des rois d'Angleterre en Aquitaine, de 1258 à 1453.

Guynemer (Georges) (1894 – 1917), aviateur français, héros de la guerre de 1914-1918.

Guys (Constantin) (1802 – 1892), dessinateur et aquarelliste français.

Gweru (anc. Gwelo), v. du centre du Zimbabwe, sur le cours sup. du Gwelo; 100000 hab.; cap. de la prov. des Midlands. Centre minier et métallurgique. Aéroport.

Gygès (v. 687 – v. 652 av. J.-C.), berger devenu roi de Lydie grâce, dit la légende, à un anneau d'or qui lui permettait de se rendre invisible.

gymkhana [ʒimkana] n. m. Fête en plein air comportant des courses d'obstacles. *Gymkhana automobile.*

gymn(o)-. Élément, du gr. *gumnos*, «nu».

gymnase [ʒimnaz] n. m. **1.** ANTIQ GR Lieu où les athlètes s'entraînaient. **2.** Vaste salle aménagée et équipée pour la pratique de la gymnastique, de l'escrime, du basket-ball, etc. **3.** (Suisse) École secondaire, en Suisse et en Allemagne.

gymnasial, ale, aux [ʒimnazjal, o] adj. (Suisse) Relatif au gymnase (sens 3).

gymnasien, enne [ʒimnazjɛ̃, ɛn] (Suisse) Élève d'un gymnase (sens 3).

gymnaste [ʒimnast] n. Athlète pratiquant la gymnastique.

gymnastique [ʒimnastik] adj. et n. f. **1.** adj. *Pas gymnastique :* pas de course cadencé. **2.** n. f. Discipline de compétition qui comprend, pour les hommes, des exercices au sol, aux barres parallèles, à la barre fixe, aux anneaux, au cheval d'arçon, et, pour les femmes, des exercices au sol, aux barres inégales, à la barre fixe, à la poutre d'équilibre. ▷ Éducation physique. *Moniteur de gymnastique.* – *Gymnastique corrective*, exercée sous contrôle médical et destinée à corriger un maintien défectueux. ▷ Fig. *Gymnastique intellectuelle.*

gymnique [ʒimnik] adj. et n. f. **1.** adj. ANTIQ GR *Jeux gymniques*, où les athlètes combattaient nus. **2.** n. f. Didac. Art des exercices athlétiques.

gymnospermes [ʒimnɔspɛʀm] n. f. pl. et adj. BOT Sous-embranchement de phanérogames dont les ovules, non enfermés dans des carpelles clos (V. angiospermes), sont à nu et dont les graines ne sont donc pas enfermées dans un fruit. – Sing. *L'araucaria est une gymnosperme.* ▷ adj. *Les plantes gymnospermes.*

gymnote [ʒimnɔt] n. m. Poisson téléostéen d'Amérique du Sud (genre *Electrophorus*) allongé comme une anguille et dépourvu de nageoire dorsale.

gynandrie [ʒinɑ̃dʀi] n. f. **1.** BOT Disposition de la fleur dont les étamines sont soudées au pistil. **2.** PHYSIOL Traits morphologiques masculins chez certaines femmes.

gynécée [ʒinese] n. m. **1.** ANTIQ GR Appartement des femmes. **2.** BOT Ensemble des carpelles d'une fleur, organisés en pistil ou libres.

gynéco-, gyn(é)- ou **-gyne.** Éléments, du gr. *gunê, gunaikos*, «femme».

gynécologie [ʒinekɔlɔʒi] n. f. MED Étude de l'anatomie, de la physiologie, de la pathologie des organes génitaux féminins.

gynécologique [ʒinekɔlɔʒik] adj. Qui relève de la gynécologie.

gynécologue [ʒinekɔlɔg] n. Médecin spécialiste de gynécologie.

gynogamone [ʒinogamɔn] n. f. BIOL Groupe de substances chimiques sécrétées par les ovules pour favoriser la fécondation. (Les gynogamones G1 stimulent et orientent les mouvements des spermatozoïdes; les gynogamones G2 provoquent, par une réaction de type immunitaire, l'agglutination des spermatozoïdes sur la surface de l'ovule.) V. gamone.

gynogénèse [ʒinoʒenɛz] n. f. GENET Parthénogénèse.

gypaète [ʒipaet] n. m. ORNITH Très grand vautour (*Gypætus barbatus*, 3 m d'envergure), dit aussi *vautour des agneaux*, dont la tête est garnie d'un plumage beige et noir. *Le gypaète, qui se nourrit de charognes, vit dans les montagnes d'Eurasie et d'Afrique orientale.*

gypse [ʒips] n. m. Roche saline constituée de sulfate naturel hydraté de calcium ($CaSO_4$, $2H_2O$). *Chauffé vers 200 °C, le gypse perd de l'eau et donne du plâtre.*

gypserie [ʒips(ə)ʀi] n. f. (Suisse) Syn. de *plâtrerie* (sens 1 et 2).

gypseux, euse [ʒipsø, øz] adj. MINER De la nature du gypse.

gypsier, ère [ʒipsje, ɛʀ] n. (Suisse) Syn. de *plâtrier.*

gyr(o)-, gir(o)-, -gyre. Éléments, du gr. *guros*, «cercle».

gyrocompas [ʒiʀokɔ̃pɑ] n. m. TECH Compas qui indique la direction du nord géographique au moyen d'un gyroscope électrique.

gyromètre [ʒiʀomɛtʀ] n. m. AVIAT Instrument mesurant les changements de direction d'un avion.

gyrophare [ʒiʀofaʀ] n. m. TECH Phare rotatif à éclats équipant le toit de certains véhicules (ambulances, voitures de dépannage, de pompiers, de police, etc.).

gyroscope [ʒiʀɔskɔp] n. m. TECH Appareil constitué essentiellement d'un volant monté dans une armature, dont l'axe de rotation, placé dans une direction quelconque, s'y maintient indéfiniment si aucune force supplémentaire ne lui est appliquée. *Le gyroscope, qui permet de conserver une direction invariable par rapport à un repère absolu, est notamment utilisé en navigation aérienne et spatiale.* ▷ *Gyroscope à laser :* appareil utilisant les phénomènes d'interférence de faisceaux laser pour mesurer des angles et des vitesses de rotation.

gyroscopique [ʒiʀɔskɔpik] adj. TECH Relatif aux propriétés du gyroscope et à ses applications.

H

h [aʃ] n. m. ou f. **1.** Huitième lettre (h, H) et sixième consonne de l'alphabet, ne se prononçant pas, l'*h* dit abusiv. «aspiré» (['] en phonétique) notant un hiatus (ex. *des heaumes* [de'om]), l'*h* muet n'empêchant ni l'élision ni la liaison (ex. *l'homme; les hommes* [lezɔm]), ou se combinant avec les consonnes *c* et *p* dans les groupes *ch* [ʃ ou k] et *ph* [f]. **2.** MILIT *Heure H :* V. heure. – *Bombe H :* bombe à hydrogène ou thermonucléaire.

ha ! ['ɑ; ha] interj. Var. de *ah!* **1.** (Marquant la surprise.) *Ha! vous voilà!* ▷ n. m. inv. *Pousser un grand ha!* **2.** (Répété, figurant le rire.) *Ha, ha, ha!*

Haakon VII (1872 - 1957), roi de Norvège (1905-1957). Fils cadet de Frédéric VIII de Danemark, il fut élu roi après la séparation de la Suède et de la Norvège. Lors de l'invasion all. (1940), il se réfugia en Grande-Bretagne (1940-1945).

Haarlem, v. des Pays-Bas, ch.-l. de la Hollande-Septentrionale; 148 740 hab. Cultures florales. Industries. – Musée Frans Hals. – Federico, fils du duc d'Albe, assiégea la ville et s'en empara (1572-1573).

Habacuc (fin du VIe s. av. J.-C.), le huitième des douze petits prophètes juifs.

habeas corpus [abeaskɔʀpys] n. m. (Mots lat.) Loi anglaise (1679) qui garantit la liberté individuelle.

habile [abil] adj. **1.** Qui sait bien exécuter qqch; adroit, expert. *Un mécanicien habile. Il est habile dans cet art, habile à manier le pinceau. Être habile en affaires.* **2.** Qui témoigne d'une certaine adresse, d'une certaine ingéniosité. *Une décision habile. Un film habile et sans prétentions.* **3.** DR Qui remplit les conditions juridiques requises pour l'exercice d'un acte. *Habile à hériter.*

habilement [abilmɑ̃] adv. Avec adresse, habileté, finesse. *Se tirer habilement d'une affaire délicate.*

habileté [abilte] n. f. **1.** Qualité d'une personne habile. *Une broderie exécutée avec habileté. Une habileté diabolique.* **2.** Manière d'agir, procédé habile. *Ce metteur en scène connaît à fond toutes les habiletés du métier.*

habilitation [abilitasjɔ̃] n. f. DR Action d'habiliter qqn.

habiliter [abilite] v. tr. [1] DR Rendre (qqn) légalement habile, apte à accomplir un acte juridique. *Habiliter un mineur.*

habillage [abijaʒ] n. m. **1.** Action d'habiller (qqn). *S'occuper de l'habillage d'un enfant.* ▷ TECH Action d'habiller une montre (on dit aussi *rhabillage*). (V. habiller, sens I, 5.) **2.** CONSTR Revêtement décoratif destiné à masquer un radiateur, des placards, des tuyauteries, des poutres, etc.

habillé, ée [abije] adj. **1.** Vêtu. *Il a dormi tout habillé. Un homme habillé de noir.* **2.** Qui porte des habits de cérémonie, de soirée. *Être très habillé.* – Par ext. *Une tenue habillée, trop habillée. Une soirée habillée,* pour laquelle les vêtements de cérémonie sont de rigueur.

habillement [abijmɑ̃] n. m. **1.** Action d'habiller (qqn). **2.** Ensemble des vêtements que l'on porte. *Un habillement somptueux, ridicule.*

habiller [abije] v. [1] **I.** v. tr. **1.** Mettre des vêtements à (qqn). *Habiller une mariée. Habiller un enfant en costume traditionnel. Quel est le grand couturier qui habille cette comédienne?* ▷ Pp. *Être habillé de neuf. Être bien, mal habillé.* – Absol. *Être habillé,* élégamment vêtu. **2.** Aller (en parlant des vêtements que l'on porte). *Cette robe l'habille à ravir. Un rien l'habille :* même un vêtement très simple lui sied. **3.** Couvrir, envelopper (qqch). *Habiller un meuble d'une housse.* **4.** AGRIC Raccourcir les racines et la partie aérienne d'une plante que l'on transplante pour éliminer les blessures dues à l'arrachage. **5.** TECH Ajouter des accessoires à (une pièce). ▷ *Habiller une montre,* disposer dans le boîtier les pièces du mécanisme. **6.** TECH Préparer (telle ou telle marchandise) pour la vendre. *Habiller une volaille.* **II.** v. pron. **1.** Se vêtir. *S'habiller chaudement, légèrement.* – *Savoir s'habiller,* avec goût. **2.** *Absol.* Revêtir des vêtements de cérémonie. *S'habiller pour une soirée de gala.*

habilleur, euse [abijœʀ, øz] n. (Surtout au fém.) Femme qui aide les acteurs à s'habiller et qui s'occupe de leurs costumes.

habit [abi] n. m. **1.** Costume. *«Le méchant petit habit bleu du bal»* (H. de Balzac). *Habit vert :* costume officiel des membres de l'Institut. ▷ Loc. *Prendre l'habit :* se faire religieux, religieuse. – Prov. *L'habit ne fait pas le moine :* il ne faut pas juger les gens sur l'apparence. **2.** *Absol.* Vêtement de cérémonie masculin, noir, à basques et revers de soie. *Un homme en habit.* – (Québec) (Emploi critiqué.) Complet (2). **3.** (Québec) (Emploi critiqué.) Vêtement d'extérieur (combinaison, tenue) approprié à telle condition climatique (*habit de neige, de pluie*), à tel sport (*habit de motoneige, de ski*). – HIST *Habits rouges :* nom donné aux soldats britanniques, notam. lorsque les patriotes* se rebellèrent dans la région de Montréal en 1837-1838. **4.** (Plur.) Vêtements. *Des habits de deuil. Elle achète ses habits à tel endroit.* – Sing. (Afr. subsah.) *Il a sali son habit.*

habitabilité [abitabilite] n. f. **1.** Qualité de ce qui est habitable. **2.** Place qu'offre à ses occupants un logement, un véhicule, etc.

habitable [abitabl] adj. **1.** Qui peut être habité. *Logement habitable immédiatement.* **2.** Où l'on peut vivre. *La région n'est pas habitable.*

habitacle [abitakl] n. m. Partie d'un avion ou d'un vaisseau spatial, réservée au pilote et à l'équipage.

habitant, ante [abitɑ̃, ɑ̃t] n. (et adj.) **1.** Personne qui a sa demeure en un endroit. *Cette ville a 100000 habitants.* **2.** Poét. *Les habitants de l'air, des forêts, des eaux :* les oiseaux, les bêtes sauvages, les poissons. – *Les habitants de l'Olympe :* les dieux mythologiques de la Grèce ancienne. **3.** (Afr. subsah.) Vieilli Métis du Sénégal. **4.** (Québec) HIST Particulier établi à demeure sur une terre que le roi lui a léguée pour qu'il la défriche et la cultive. – (Haïti; Québec, vieilli) Cultivateur. ▷ adj. (Québec) Fig., péjor. Se dit d'une personne peu dégourdie. *Avoir l'air habitant.* (V. blédard, broussard.) **5.** (Réunion) Propriétaire d'une habitation (sens 2).

habitat [abita] n. m. **1.** SC NAT Lieu où l'on rencontre une espèce animale ou végétale. **2.** Mode de peuplement d'une région par l'homme. *Habitat urbain.* **3.** Façon dont sont logés les habitants d'une ville, d'une région, etc. *Habitat collectif, individuel.* **4.** (Afr. subsah.) En Côte d'Ivoire, groupe d'habitations construites sur un même modèle.

habitation [abitasjɔ̃] n. f. **1.** Lieu où l'on habite; maison, logis, demeure. *Habitation à loyer modéré (H.L.M.).* **2.** (Antilles fr., Haïti, Louisiane, oc. Indien) Exploitation agricole, ferme.

habiter [abite] v. [1] **I.** v. tr. **1.** Être installé en (un endroit). *Il habite Libreville.* – Pp. adj. *Une région habitée.* **2.** Avoir son logement habituel dans. *Habiter une maison au bord de la mer.* – Pp. adj. *Une zone habitée.* **3.** Fig. Résider dans. *La paix habite son âme.* – Pp. adj. *Un être habité par l'ambition.* **II.** v. intr. Demeurer, séjourner, vivre (en un endroit). *Elle habite chez ses parents.* Syn. (Afr. subsah., Belgique, France rég., Liban, Québec) rester. ▷ Fig. *L'esprit de vengeance habite en lui.*

habituation [abityasjɔ̃] n. f. BIOL Affaiblissement d'une réponse à un stimulus donné, résultant d'une accoutumance à ce dernier. *L'habituation peut concerner aussi bien un comportement biologique qu'une réaction sensorielle ou psychologique.*

habitude [abityd] n. f. **1.** Manière d'agir, état d'esprit acquis par la répétition fréquente des mêmes actes, des mêmes faits. *Avoir l'habitude de fumer, de faire du sport, de se coucher tôt.* – *Il n'a pas l'habitude d'être contredit.* – Prov. *L'habitude est une seconde nature.* **2.** Coutume. *Les habitudes de la maison.* – *Les habitudes alimentaires.* **3.** Loc. adv. *D'habitude :* ordinairement, le plus souvent. *D'habitude, je le vois le jeudi.*

habitué, ée [abitɥe] n. Personne qui va habituellement, souvent, en un endroit. *Un habitué de la maison.*

habituel, elle [abitɥɛl] adj. **1.** Passé à l'état d'habitude. *C'est son défaut habi-*

tuel. **2.** Fréquent, ordinaire, normal. *Cette réaction n'est pas habituelle chez lui.*

habituellement [abitɥɛlmɑ̃] adv. **1.** Ordinairement. *Il sort habituellement à cinq heures.* **2.** Le plus souvent. *Je le rencontre habituellement au café.*

habituer [abitɥe] v. tr. [1] **1.** Entraîner, endurcir. *Habituer le corps à la fatigue.* **2.** Accoutumer. *Habituer un enfant à dire la vérité.* **3.** v. pron. S'accoutumer. *Il s'habitue à son nouvel emploi. S'habituer à travailler méthodiquement.*

habitus [abitys] n. m. **1.** SOCIOL Manière d'être socialement codée, qui se manifeste principalement dans l'apparence. **2.** ECON Ensemble des facteurs culturels et matériels qui conditionnent le comportement économique d'un groupe social.

hâbleur, euse ['ɑblœʀ, øz] n. et adj. Litt. Personne qui a l'habitude de parler beaucoup, avec exagération et vantardise. – adj. *Marius et Olive, types des Méridionaux hâbleurs.*

habous [abus] n. m. pl. (Maghreb) Biens dont l'usufruit revient à une fondation musulmane ou à une œuvre sociale.

Habré (Hissène) (né en 1936), homme politique tchadien. Rebelle (1972) puis Premier ministre (1978), il s'empare du pouvoir en 1982 et est renversé en 1990.

Habsbourg, dynastie qui régna sur l'Autriche de 1278 à 1918 (fin de l'Empire austro-hongrois). Elle tirait son nom du chât. de Habichtsburg, situé en Argovie (Suisse), et assit sa domination en Suisse et en Alsace au XIIe s. Rodolphe Ier, roi des Romains en 1273, acquit en 1278 l'Autriche, fondant la *maison d'Autriche,* qui donna tous les empereurs du Saint Empire à partir de 1440. À partir de 1291 (serment de Grütli), les Suisses infligèrent de cuisantes défaites à cette maison dont ils se libérèrent définitivement en 1499 (traité de Bâle). Les territ. de la maison d'Autriche furent immenses sous Charles Quint. En 1556, une branche espagnole se sépara; elle s'éteignit en 1700. La branche autrich. prit le nom de Habsbourg-Lorraine quand Marie-Thérèse d'Autriche épousa (1736) François de Lorraine, empereur en 1745.

Habyarimana (Juvénal) (1937-1994), général et homme d'État rwandais. S'emparant du pouvoir en 1973, élu président de la Rép. en 1978, il mourut dans un accident d'avion aux causes indéterminées le 6 avril 1994. Ce fait déclencha une phase tragique de l'histoire du Rwanda.

hachage ['aʃaʒ] n. m. Action de hacher; résultat de cette action.

hache ['aʃ] n. f. Instrument pour couper et fendre, composé d'une lame épaisse et lourde, et d'un manche. *Hache de bûcheron. Hache de guerre,* que les Indiens d'Amérique du N. enterraient en période de paix. *Enterrer (déterrer) la hache de guerre :* faire la paix (la guerre). ▷ Loc. fig. *Fait, taillé à la hache, à coups de hache,* grossièrement.

haché, ée ['aʃe] adj. (et n. m.) **1.** Coupé en menus morceaux. *Un steak haché.* ▷ n. m. *Du haché :* de la viande hachée. – (Belgique) Hachis. **2.** Fig. Entrecoupé. *Style haché. Un discours haché d'applaudissements.*

Hache (défilé de la), défilé, au S. de Carthage, où Hamilcar extermina les mercenaires révoltés (237 av. J.-C.).

hachémite [aʃemit] ou **hachimite** [aʃimit] adj. Des Hachémites.

Hachémites ou **Hachimites,** famille arabe émanant de *Hāšim ibn 'Abd Manāf,* l'aïeul de Mahomet. Les descendants de cette famille furent, jusqu'en 1924, les gardiens des lieux saints de l'islam. La dynastie régna sur l'Irak (1920-1958) et règne sur la Jordanie (anc. *Transjordanie*) depuis 1921.

hacher ['aʃe] v. tr. [1] **1.** Couper en petits morceaux. *Hacher menu,* très fin. **2.** Endommager, détruire en déchiquetant. *La grêle a haché les blés. – Le régiment s'est fait hacher par la mitraille.* **3.** Fig. Couper, interrompre sans cesse. *Hacher un discours d'interruptions.* **4.** ARTS GRAPH Faire des hachures sur. **5.** TECH Entailler à l'aide d'une hache. *Hacher une planche.*

hachette ['aʃɛt] n. f. Petite hache.

Hachette (Jeanne Laisné ou Fourquet, dite Jeanne) (v. 1456 –?), héroïne française qui, armée d'une hache, défendit Beauvais contre Charles le Téméraire (1472).

Hachette (Louis Christophe) (1800 – 1864), éditeur français qui, à partir du fonds de la librairie Brédif, acheté en 1826, créa la Librairie Hachette.

hachis ['aʃi] n. m. CUIS **1.** Mets préparé avec de la viande ou du poisson haché. – Persil, oignon, etc., haché menu. Syn. (Belgique) haché. **2.** (Québec) Mets composé de restes de viande et de morceaux de pommes de terre que l'on fait cuire dans un bouillon. Syn. gibelotte.

hachisch ['aʃiʃ] n. m. V. haschisch.

Hachischin. V. Haschischins.

hachoir ['aʃwaʀ] n. m. **1.** Grand couteau à lame très large, servant à hacher la viande, les légumes, etc. ▷ Appareil pour hacher la viande. *Hachoir électrique.* **2.** *Par méton.* Table ou planche sur lesquelles on hache la viande.

hachure ['aʃyʀ] n. f. Chacun des traits parallèles ou croisés servant à ombrer une partie d'un dessin, à faire ressortir un relief sur une carte géographique, etc. *Dans le dessin industriel, les hachures permettent de distinguer la nature des pièces dessinées.*

hachurer ['aʃyʀe] v. tr. [1] Tracer des hachures sur. *Hachurer un dessin.*

hacienda ['asjenda] n. f. Grande exploitation agricole, en Amérique du Sud.

Haddad (Malek) (1927 – 1978), écrivain algérien d'expression française. Poésie : *le Malheur en danger* (1956). Ses romans traitent de la guerre d'Algérie.

Hadès, dans la myth. gr., fils de Cronos et de Rhéa, dieu des Enfers; c'est le Pluton des Romains.

hadith ['adit] n. m. Didac. Récit relatif à la vie de Mahomet, à ses paroles, à ses actes. *L'ensemble des hadiths constitue la Tradition, qui, dans l'islam, fait autorité immédiatement après le Coran.*

hadj ['adʒ] n. m. **1.** Musulman qui a accompli le pèlerinage à La Mecque. **2.** Ce pèlerinage lui-même. *Des hadjs ou des hadjis.*

hadja ou **adja** ['adʒa] n. f. Musulmane qui a accompli le pèlerinage à La Mecque.

Hadj Omar (Al ou El). V. Al Hadj Omar.

Hadramaout, région montagneuse de la république du Yémen, sur le golfe d'Aden et la mer d'Oman.

Hadrien ou **Adrien** (en lat. *Publius Aelius Hadrianus*) (76 – 138), empereur romain (117-138), successeur de Trajan, qui l'avait adopté. Il fit fortifier les frontières *(mur d'Hadrien)* de l'Empire, qu'il embellit de nombreux monuments. Sa réforme de l'administration fut profonde (Édit perpétuel, 131).

hadron ['adʀɔ̃] n. m. PHYS NUCL Particule caractérisée par des interactions fortes. (Les hadrons comprennent les mésons et les baryons. V. particule et quark.)

Hadrumète ou **Adrumète,** anc. v. d'Afrique du Nord, romaine après la chute de Carthage (IIe s. av. J.-C.), détruite par les Vandales (Ve s.). – Ruines près de Sousse.

Haeckel (Ernst) (1834 – 1919), biologiste allemand, adepte du transformisme. Il créa le mot «écologie».

Haendel ou **Händel** (Georg Friedrich) (1685 – 1759), compositeur allemand, naturalisé anglais. Son œuvre, entreprise tardivement mais abondante, comporte des pièces pour orgue, clavecin, orchestre (*The Water Music,* 1715), des opéras, des oratorios : *le Messie* (1742).

Ha'erbin. V. Harbin.

Hāfiz (Chams al-Dīn Muhammad, dit) (1320 – 1389), poète lyrique et auteur de panégyriques persan. Son diwan (recueil) renouvelle tous les genres classiques et développe le *ghazal* (poème d'amour).

Hafiz *(Mawlāya 'Abd al-Hafīz)* (1875 – 1937), sultan alaouite du Maroc (1907-1912). Fervent défenseur de la tradition, il se rebella contre son frère Abd al-Aziz. En 1912, il abdiqua en faveur de son frère Youssef.

hafnium ['afnjɔm] n. m. CHIM Élément métallique (symbole Hf) de numéro atomique Z=72. – Métal (Hf) utilisé dans des alliages spéciaux.

Hafsides, dynastie berbère qui gouverna l'Ifriqiyya de 1228 à 1574. Elle tire son nom d'Abu Hafs Omar, artisan de la grandeur des Almohades. Les Hafsides développèrent une civilisation brillante, mais furent vaincus par les Turcs, qui prirent Tunis en 1574.

hagard, arde ['agaʀ, aʀd] adj. Qui a une expression farouche, effarée, égarée. *Un air, des yeux hagards.*

Haggaï. V. Aggée.

hagiographe [aʒjɔgʀaf] n. Didac. Auteur d'une hagiographie.

hagiographie [aʒjɔgʀafi] n. f. Didac. **1.** Branche du savoir qui a pour objet la biographie des saints. **2.** Biographie d'un saint, des saints. **3.** *Par ext.* Récit biographique qui embellit la réalité.

hagiographique [aʒjɔgʀafik] adj. Didac. Qui concerne l'hagiographie.

Hahn (Otto) (1879 – 1968), chimiste allemand. Il découvrit en 1938 la fission de l'uranium. P. Nobel 1944.

Hahnemann (Christian Friedrich Samuel) (1755 – 1843), médecin allemand, fondateur de l'homéopathie. Œuvre princ. : *Organon de l'art de guérir* (1810).

hahnium ['anjɔm] n. m. PHYS Un des noms proposés pour l'élément artificiel de numéro atomique Z = 105, obtenu en 1970.

Haïda(s), Amérindiens du N. de la Colombie britannique et de l'île du Prince-de-Galles (Canada). Ils ont laissé d'admirables témoignages artistiques : masques, figures de proue, mâts totémiques, etc.

Haidarābād. V. Hyderābād.

haïdouk ['ajduk] n. m. HIST **1.** Boyard hongrois qui faisait partie d'une milice. **2.** Hors-la-loi chrétien de Bulgarie, de Roumanie ou de Serbie qui luttait contre les Turcs (XVIIe-XIXe s.).

haie ['ɛ] n. f. **1.** Clôture faite d'arbustes, d'épines ou de branchages entrelacés. Syn. (France rég.) baragne. ▷ SPORT *Course de haies,* où les concurrents (chevaux ou athlètes) doivent franchir un certain nombre de haies artificielles. *Le 110 mètres haies.* **2.** Suite d'obstacles disposés en ligne. *Haie de pieux, de rochers.* **3.** Série de personnes disposées selon une ligne droite. *Faire la haie, une haie d'honneur.*

Haïfa ou **Haiffa** (anc. *Caïffa*), princ. port d'Israël; ch.-l. du distr. du m. nom; 224 600 hab. (aggl. urb. 392 700 hab.). Centre culturel et industriel (notam. raff. de pétrole).

haïk ['aik] n. m. Grande pièce de tissu rectangulaire que portent les femmes musulmanes d'Afrique du Nord par-dessus leurs vêtements.

Haïk (Fardj Allah) (1909 – 1994), écrivain libanais d'expression française. Poète *(le Paradis de Satan,* 1929), puis romancier, il décrivit la vie rurale de son pays : *Barjoute* (1940), *Gofril le mage* (1947), *les Enfants de la terre* (1948-1951), *De chair et d'esprit* (1968).

haïku ['aiku] ou **haïkaï** ['aikai] n. m. Didac. Court poème japonais de trois vers.

Hailé Sélassié Ier (Tafari Makonnen, empereur sous le nom de) (1892 – 1975), empereur d'Éthiopie à partir de 1930 (régent dès 1917). L'Italie ayant envahi son royaume, il fut détrôné (1935), puis rétabli après l'offensive britannique de 1941. Il œuvra pour l'unité africaine, mais ne sut pas sortir son pays du sous-développement ni de la division (rébellion de l'Érythrée depuis 1962). L'armée le déposa en 1974. Il mourut assassiné.

haillon ['ɑjɔ̃] n. m. Vêtement usé, déchiré; vieux lambeau d'étoffe. *Être en haillons.*

Hainan, île chinoise du golfe du Tonkin; 34 000 km^2; env. 6 millions d'hab.; ch.-l. *Haikou.* Fer, uranium.

Hainaut, comté de l'Empire germanique. Fondé au IXe s., il s'étendait en Belgique et en France. En 1428, il fit partie des États bourguignons, dont il suivit le sort (V. cartes et dossiers Belgique et Communauté française de Belgique, p. 1380). Les traités des Pyrénées (1659) et de Nimègue (1678) cédèrent à la France le S. du comté : *Hainaut français* (v. princ. : Valenciennes, Le Quesnoy, Maubeuge, Avesnes-sur-Helpe). – Cette région doit son nom à la *Haine,* affl. de l'Escaut (r. dr.); 72 km.

Hainaut, prov. du S.-O. de la Belgique, limitrophe de la France; 3 790 km^2; 1 277 940 hab.; ch.-l. *Mons.* Autres villes import. : Charleroi, Tournai. – Bas plateau souvent limoneux, le Hainaut est une riche région agricole (élevage laitier, notam.). Il a également une vieille tradition industrielle (textile, métall. du fer), mais depuis la fermeture des mines de charbon sa reconversion pose des problèmes.

haine ['ɛn] n. f. **1.** Sentiment violent qui pousse à désirer le malheur de qqn ou à lui faire du mal. *Éprouver, avoir, nourrir de la haine pour qqn. Prendre qqn en haine.* **2.** Aversion violente que l'on éprouve à l'égard de qqch. *Avoir de la haine pour, avoir la haine de l'hypocrisie.* **3.** Loc. prép. *En haine de, par haine de :* à cause de la haine ressentie à l'endroit de (qqch, qqn).

haineusement ['ɛnøzmɑ̃] adv. D'une manière haineuse, par haine.

haineux, euse ['ɛnø, øz] adj. **1.** Qui est naturellement porté à la haine. *Caractère haineux.* **2.** Inspiré par la haine; rempli de haine. *Paroles haineuses.*

hain-teny ou **hainteny** ['ajnteni] n. m. Texte poétique oral malgache en vers assonancés, de forme dialoguée. *Des hain-teny(s). Les hain-teny des Merina ont été publiés en français par Jean Paulhan.*

Haiphong, port du Viêt-nam, au N. du delta du fleuve Rouge; 1 447 500 hab. Deuxième port du pays et centre industriel (métall., constr. navales, etc.). – Ce fut l'une des princ. cibles des bombardements américains (1966-1972) pendant la guerre du Viêt-nam.

haïr ['aiʀ] v. tr. **[25] 1.** Éprouver de la haine pour (qqn). *Haïr ses ennemis.* ▷ v. pron. (réfl.). *Il se hait lui-même de sa lâcheté.* (Récipr.) *Ces deux élèves se haïssent.* **2.** Éprouver de l'aversion, du dégoût pour (qqch). *Haïr le vice.*

haïssable ['aisabl] adj. Qui mérite d'être haï; odieux, détestable. *«Le moi est haïssable»* (Pascal).

Haïti (anc. *Hispaniola* ou *Saint-Domingue*), île montagneuse séparée de Cuba par le canal au Vent. (Les Dominicains récusent cette appellation et nomment l'île *Hispaniola.*)

Haïti (république d'), État d'Amérique centrale, dans l'île d'Haïti (partie O.).

► V. carte et dossier, p. 1455.

haïtien, enne ['aisjɛ̃, ɛn] adj. et n. De Haïti. *Le créole haïtien.* ▷ Subst. *Un(e) Haïtien(ne).*

Hajdu (Étienne) (1907 – 1996), sculpteur français, né à Cluj en Transylvanie (auj. roumaine). Arrivé à Paris en 1927, il fut l'élève de Bourdelle, puis fut influencé par F. Léger et Brancusi et aborda l'abstraction vers 1934 : *le Couple* (1955), *Orion* (1968).

hakem ['akɛm] n. m. (Maghreb) **1.** HIST Aux époques coloniales turque et française en Algérie, gouverneur, responsable politique et administratif. **2.** Auj. en Mauritanie, préfet.

Hakim *(Tawfīq al-Hakīm)* (1898 – 1987), écrivain égyptien. Il puise ses sujets dans la mythologie *(Œdipe-Roi, Pygmalion)* et dans la vie quotidienne *(Journal d'un substitut de campagne).* Il a introduit le théâtre dans la littérature arabe.

Hal (en néerl. *Halle*), com. de Belgique (Brabant), sur la Senne; 32 300 hab. Industr. textiles et chimiques. – Basilique goth. (pèlerinage).

halage ['alaʒ] n. m. Action de haler un bateau. *Chemin de halage.*

halal ['alal] adj. inv. Didac. Se dit de la viande des animaux abattus selon les rites musulmans.

halbran ['albʀɑ̃] n. m. Jeune canard sauvage.

Haldas (Georges) (né en 1917), écrivain suisse d'expression française. Poète lyrique, il décrit la vie simple dans des chroniques : *Boulevard des philosophes* (1966), *la Maison en Calabre* (1970), *Chronique de la rue Saint-Ours* (1973).

hâle ['ɑl] n. m. Teinte brune que prend la peau des Blancs sous l'effet du soleil et du grand air.

haleine [alɛn] n. f. **1.** Air qui sort des poumons pendant l'expiration. *Avoir l'haleine forte :* avoir une haleine d'odeur désagréable. ▷ Fig., poét. *L'haleine des fleurs, du zéphir.* **2.** Faculté de respirer, souffle. *Être hors d'haleine,* très essoufflé. ▷ Loc. adv. *À perdre haleine. Courir à perdre haleine. Discourir à perdre haleine.* **3.** Temps écoulé entre deux inspirations. ▷ Fig. *Ouvrage de longue haleine,* qui demande beaucoup de temps et d'efforts. ▷ Litt. *D'une haleine, tout d'une haleine :* sans interruption. ▷ Cour., fig. *Tenir qqn en haleine,* le laisser dans un état d'incertitude mêlé d'espérance et de crainte; l'intéresser si bien qu'il ne relâche pas son attention.

haler ['ale] v. tr. **[1] 1.** MAR Tirer à soi avec force (sur). *Haler un cordage, sur un cordage.* **2.** Faire avancer (un bateau) en le tirant. *Haler une pirogue sur la plage. Remorqueur qui hale un chaland.* **3.** (Québec, vieilli) Tirer, traîner. – v. pron. (Acadie) Se hâter.

hâler ['ɑle] v. tr. **[1]** Rendre (le teint) plus foncé, en parlant du soleil et du grand air. – Pp. adj. *Un visage hâlé.* Syn. bronzer.

Hales (Stephen) (1677 – 1761), naturaliste et physicien anglais. Il mesura, le premier, la pression sanguine (sur des chevaux) et les forces qui font monter la sève dans les plantes.

haletant, ante ['altɑ̃, ɑ̃t] adj. Qui respire vite et avec peine; essoufflé. ▷ Précipité et saccadé. *Respiration haletante. Voix haletante.*

halètement ['alɛtmɑ̃] n. m. Action de haleter; état d'une personne ou d'un animal qui est haletant. ▷ *Par anal.* Bruit saccadé de souffle. *Le halètement d'une locomotive.*

haleter ['alte] v. intr. **[18]** Respirer bruyamment et à un rythme précipité, être hors d'haleine. *Haleter après un effort prolongé, une émotion violente.*

Halévy (Ludovic) (1834 – 1908), écrivain français, auteur, en collaboration avec H. Meilhac, de comédies et d'opérettes. Acad. fr. (1884).

Haley (William, dit Bill) (1925 – 1981), chanteur et chef d'orchestre américain de rock and roll : *Rock Around the Clock* (1954).

half-track ['alftʀak] n. m. MILIT Véhicule blindé et équipé de chenilles à l'arrière. *Des half-tracks.*

Haliburton (Thomas Chandler) (1796 – 1865), homme politique et écrivain canadien d'expression anglaise. Il doit sa notoriété à des romans humoristiques : *The Clockmaker* (3 vol., 1836-1840).

Halicarnasse (auj. *Bodrum,* Turquie), anc. v. de Carie (Asie Mineure), capitale du roi Mausole. Ruines des remparts.

halieutique [aljøtik] adj. et n. f. Didac. **1.** adj. Relatif à la pêche. *Géographie halieutique.* **2.** n. f. Corps de disciplines concernant la pêche en mer.

Halifax, v. du Canada, cap. de la Nouvelle-Écosse, sur l'Atlantique; 113570 hab. (aggl. urb. 292700 hab.). Grand port de comm. et de voyageurs. Métall. Constr. navales.

haliotide [aljɔtid] n. f. ZOOL Ormeau (mollusque gastéropode).

hall ['ol] n. m. **1.** Vaste salle située à l'entrée d'une maison privée, d'un bâtiment public. *Le hall d'un hôtel, d'une gare.* **2.** Vaste atelier. *Hall d'assemblage d'une usine de construction aéronautique.*

Hall (Edwin Herbert) (1855 - 1938), physicien américain. ▷ PHYS *Effet Hall :* apparition d'une différence de potentiel entre les bords d'une plaquette conductrice traversée par un courant et placée dans un champ magnétique.

Halladj *(al-Husayn ibn Mansūr al-Hallāğ)* (858 - 922), poète mystique musulman. Il fut torturé et supplicié sans abjurer sa conviction que l'âme et Dieu sont unis.

hallali [alali] n. m. VEN Cri de chasse ou sonnerie du cor annonçant que la bête poursuivie est près de succomber.

halle ['al] n. f. **1.** Lieu public, le plus souvent fermé et couvert, où se tient un marché, un commerce en gros de marchandises. *La halle au poisson.* **2.** (Plur.) Bâtiment, endroit réservé au marché principal des produits alimentaires d'une ville. **3.** (Suisse) Grand bâtiment. - Grande salle.

Halle, v. d'Allemagne (Saxe-Anhalt); 232620 hab. Centre culturel (université fondée en 1694) et industriel. Mines de lignite, de sel et de potasse à proximité.

hallebarde ['albaʀd] n. f. Anc. Arme d'hast* à fer tranchant. ▷ Loc. fig. *Il tombe des hallebardes :* il pleut à verse.

Haller (Albrecht von) (1708 - 1777), médecin et biologiste suisse qui vécut à Berne. Ses *Elementa physiologiae* s'intéressent surtout à la sensibilité et au système nerveux. Il publia un inventaire des plantes de Suisse, des poèmes (*les Alpes,* 1729) et des romans politiques.

Halley (Edmund) (1656 - 1742), astronome anglais. En 1682, il prévit le retour pour 1758 de la comète qui porte son nom.

hallier ['alje] n. m. Ensemble de buissons très épais.

halloween [alɔwin] n. f. Fête annuelle célébrée le soir du 31 octobre, populaire aux États-Unis et au Canada, à l'occasion de laquelle les enfants, déguisés et masqués, font la tournée des maisons de leur quartier pour quêter des friandises. - *Passer l'halloween :* faire cette tournée.

Hallstatt ou **Hallstadt,** bourg de Haute-Autriche, célèbre par sa station protohistorique. Le nom de la localité a été donné au début de l'âge du fer européen (Hallstatt I, env. 800 à 600 av. J.-C.; Hallstatt II, env. 600 à 500 av. J.-C.).

hallstattien, enne ['alstatjɛ̃, ɛn] adj. PROTOHIST Qui se rapporte à la période de Hallstatt.

hallucinant, ante [al(l)ysinɑ̃, ɑ̃t] adj. Qui produit des hallucinations. ▷ Fig. *Un récit hallucinant,* d'une grande puissance évocatrice. ▷ Mod., fam. Très étonnant.

hallucination [al(l)ysinasjɔ̃] n. f. Perception dont le sujet a l'intime conviction qu'elle correspond à un objet réel alors que nul objet extérieur n'est propre à déclencher cette sensation. *Hallucination visuelle, auditive.*

hallucinatoire [al(l)ysinatwaʀ] adj. Relatif à l'hallucination.

halluciné, ée [al(l)ysine] adj. et n. Qui a des hallucinations ou y est sujet. *Un malade mental halluciné.* - Par ext. *Un regard halluciné,* égaré, hagard.

halluciner [al(l)ysine] v. tr. [1] Provoquer des hallucinations chez (qqn).

hallucinogène [al(l)ysinɔʒɛn] n. m. (et adj.) Toute substance qui perturbe le psychisme et provoque des manifestations hallucinatoires et oniriques. *Le L.S.D., le datura sont des hallucinogènes.* ▷ adj. *Substance hallucinogène.*

Hallyday (Jean-Philippe Smet, dit Johnny) (né en 1943), chanteur de rock et acteur de cinéma français.

halo-. Élément, du gr. *hals, halos,* «sel».

halo ['alo] n. m. **1.** Cercle lumineux que l'on observe autour du Soleil et de la Lune lorsque ceux-ci sont voilés par des nuages constitués de cristaux de glace (cirrus ou cirrostratus). - Par ext. *Le halo des phares dans le brouillard.* ▷ Fig. Ce qui semble émaner de qqn, de qqch. *Un halo de mystère.* **2.** PHOTO Auréole qui entoure l'image photographique d'un point lumineux, due à un phénomène de diffusion de la lumière. **3.** ASTRO *Halo galactique :* ensemble sphérique autour des galaxies, composé d'étoiles souvent groupées en amas globulaires.

halobios [alobjos] n. m. BIOL Ensemble des organismes vivant dans les mers.

halogène [alɔʒɛn] n. m. (et adj.) CHIM Se dit du fluor, du chlore, du brome, de l'iode et de l'astate, éléments possédant des propriétés communes. *Famille des halogènes. - Lampe* (à) halogène. Ampoule halogène.*

halogéné, ée [alɔʒene] adj. CHIM Se dit d'un composé qui contient un ou plusieurs halogènes.

halophile [alɔfil] adj. BIOL Se dit des organismes qui vivent dans des sols riches en sels (chlorure de sodium, notam.).

halophyte [alɔfit] n. f. BOT Plante halophile.

Hals (Frans) (v. 1580 - 1666), peintre hollandais, auteur de portraits individuels (*Descartes,* Louvre) et collectifs (*les Régentes de l'hospice des vieillards,* 1664, Haarlem).

Hälsingborg ou **Helsingborg,** v. et port de Suède, face à Elseneur (Helsingør) et au nord de Malmö; 105470 hab. Centre industriel. - Égl. XIIIe s.

halte ['alt] n. f. et interj. **I.** n. f. **1.** Moment d'arrêt au cours d'une marche, d'un voyage, etc. - Loc. verb. *Faire halte :* s'arrêter. **2.** Lieu fixé pour la halte. *Arriver en retard à la halte.* ▷ CH de F Point d'arrêt entre deux gares, réservé aux seuls trains de voyageurs. **II.** interj. *Halte!, halte-là! :* arrêtez!, n'avancez plus! ▷ Fig. *Halte-là! :* taisez-vous! - *Halte aux scandales!*

haltère [altɛʀ] n. m. Instrument de culture physique constitué de deux sphères ou disques métalliques plus ou moins lourds, réunis par une barre permettant de les soulever. - Par méton. *Pratiquer les haltères,* l'haltérophilie.

haltérophile [alteʀofil] n. m. Athlète pratiquant l'haltérophilie.

haltérophilie [alteʀofili] n. f. Sport des poids et haltères.

Hama *(Hamāh),* ville de Syrie, sur l'Oronte, dans une oasis; ch.-l. du district du m. nom; 274000 hab. - La ville anc., dont l'origine se situe au néolithique, est la capitale prospère d'un petit royaume syro-hittite. Anéantie en 720 av. J.-C. par Sargon II, elle renaît sous les Séleucides, puis est occupée par les Romains (64 av. J.-C.) et prise par les Arabes en 650.

Hama (Boubou) (1906 - 1982), écrivain et homme politique nigérien. Il recueillit la tradition orale (*Contes et légendes du Niger,* 6 vol., 1972-1976), retraça *l'Histoire des Songhaï* (1968), cultiva le récit autobiographique (*Kotia-Nima,* 1969) ou initiatique (*Le double d'hier rencontre demain,* 1973). Il présida l'Assemblée nat. de 1960 à 1974.

Hamaboullah (Cheik) (1881 - 1943), chef malien d'une confrérie musulmane hostile à la colonisation française. En 1940, il fut déporté en Algérie, puis en France, où il mourut.

hamac ['amak] n. m. Toile ou filet suspendu par ses deux extrémités, qui sert de lit.

hamada ['amada] n. f. Plateau rocheux dans les déserts du Sahara et de l'Arabie (par oppos. à *erg*). - *Hamada el-Hamra,* au N.-O. de la Libye.

Hamadhan *(Hamadān),* v. d'Iran, à 1650 m d'alt., au S.-O. de Téhéran; 234000 hab. ; ch.-l. de la prov. du m. nom (19784 km²; 1534000 hab.). Text. (tapis). Vins. - Anc. *Ecbatane.*

Hamadhani (Al-) *(al-Hamadānī),* dit *Badī' az-Zamān* («la Merveille du siècle») (967 - 1008), écrivain et philologue arabo-iranien. Il inventa la *maqāma* («séance» ou «entretien»), prose rimée.

hamadryas [amadʀijas] n. m. ZOOL Babouin *(Papio hamadryas)* d'Éthiopie, de Somalie et d'Arabie.

hamallisme ['amalism] n. m. RELIG Confrérie musulmane fondée à Nioro du Sahel (Mali) par Cheikh Hamahoullah (vers 1882-1942).

hamalliste ['amalist] n. Adepte du hamallisme.

Hamas, mouvement politico-religieux palestinien créé en 1987. Il rejette les accords de paix conclus en 1993 entre l'O.L.P. et Israël.

Hambourg (en all. *Hamburg*), deuxième v. et princ. port d'All., au fond de l'estuaire de l'Elbe, à 130 km de la mer du Nord; cap. du Land et de la région de la C.E. du m. nom; 755 km²; 1592800 hab. Il a un avant-port, *Cuxhaven.* Une forte industr. s'est développée. - Université. Musée des bx-arts. - Princ. centre, avec Lübeck, de la Hanse teutonique, Hambourg, ville libre en 1510, connut son apogée au XVIIe s. (premier port européen).

hamburger ['ɑ̃burgœʀ] n. m. Bifteck haché servi dans un petit pain rond.

Hamdallaye, ville que Cheikhou* Amadou créa en 1818 pour en faire la cap. du royaume du Macina*.

hameau ['amo] n. m. Petit groupe isolé d'habitations rurales, ne formant pas une commune.

hameçon [amsɔ̃] n. m. Petit crochet se terminant par une ou plusieurs pointes acérées, qu'on fixe au bout d'une ligne et qu'on garnit d'un appât pour prendre du poisson. ▷ Loc. fig. *Mordre à l'hameçon :* se laisser séduire.

hameçonner [amsɔne] v. tr. [1] PECHE **1.** Garnir d'hameçons. **2.** Prendre avec un hameçon.

Hamilcar ou **Amilcar Barca** («l'Éclair») (v. 290 – 229 av. J.-C.), général carthaginois, père d'Hannibal. Battu par les Romains en Sicile (241 av. J.-C.), il écrasa les mercenaires révoltés contre Carthage (240-237) et conquit une partie de la péninsule Ibérique (237-229).

Hamilton (autref. *Churchill River*), fl. du Canada (1 000 km), dans le Labrador; se jette dans l'Atlantique par un long estuaire. Import. centrale hydroélectrique à Grand Falls.

Hamilton, v. du Canada (Ontario), à l'extrémité ouest du lac Ontario; 318 490 hab. Port très actif. Centre industriel. – Université.

Hamilton (Antoine) (1646 – 1720), écrivain irlandais d'expression française : *les Mémoires de la vie du comte de Gramont* (1713), son beau-frère; contes satiriques et philosophiques.

Hamilton (Alexander) (1755 – 1804), homme politique américain. Ami de Washington, l'un des rédacteurs de la Constitution américaine, il fonda le parti fédéraliste.

Hamilton (sir William) (1788 – 1856), philosophe écossais.

Hamilton (sir William Rowan) (1805 – 1865), mathématicien et astronome irlandais, inventeur d'un système de quantités complexes exprimées à l'aide de quatre unités : les *quaternions.*

Hamites ou **Chamites** («Fils de Cham»), nom sous lequel on désignait autref. des peuples de la Corne de l'Afrique (Éthiopiens, Somalis, etc.), d'Afrique du Nord (Berbères et Touareg) et des Canaries (Guanches). Cette classification, qui s'est aussi appliquée aux langues afro*-asiatiques, dites alors *chamito* (ou *hamito*)*-sémitiques,* est auj. abandonnée.

Hamlet, prince légendaire du Jutland, immortalisé par Shakespeare (v. 1601), qui s'est inspiré de légendes danoises véhiculées en Europe occid. dep. le XIIe s. : dans le chât. d'Elseneur, le spectre du roi du Danemark apparaît à son fils Hamlet pour lui révéler que sa femme et son frère, amants, l'ont assassiné; Hamlet feint la folie pour le venger.

Hammadides ou **Banu Hammad,** dynastie berbère qui régna dans la partie centrale du Maghreb à partir de 1017. En 1091, ils prirent pour cap. Bejaia. Les Almohades les détrônèrent en 1152.

hammam [amam] n. m. (Maghreb) **1.** Source thermale chaude. – *Par ext.* Établissement, public ou privé, où l'on prend des bains de chaleur ou de vapeur. *Il y a un hammam dans toutes les médinas tunisiennes.* **2.** Asile de nuit.

Hammamet, v. de Tunisie, sur le golfe d'Hammamet (au S. du cap Bon); 12 000 hab. Station balnéaire. Vieux village pittoresque.

Hammam-Lif *(Hammā al-Anf)* v. de Tunisie (gouvernorat de Tunis); 73 580 hab. Stat. therm. et balnéaire.

Hammett (Dashiell) (1894 – 1961), pionnier du roman noir américain : *le Faucon maltais* (1930).

Hammourabi ou **Hammourapi** (chronologie controversée : 1792, 1750 ou 1730 – 1686 av. J.-C.), roi de Babylone. Il créa l'Empire babylonien en soumettant Sumer et Akkad, puis l'Assyrie. Son *Code,* gravé sur la stèle trouvée à Suse en 1901 (Louvre), montre l'importance de son œuvre législative.

Hampâté Bâ (Amadou) (v. 1901 – 1991), écrivain malien. Il a transcrit de grandes œuvres de la littérature orale peule (de *Kaydara,* 1943, à *la Poignée de poussière,* 1987), accompli d'importantes études historiques et philosophiques (de *l'Empire peul du Macina,* 1955-1962, à *Jésus vu par un musulman,* 1976), écrit un roman original (*l'Étrange Destin de Wangrin,* 1973) et laissé ses mémoires : (*Amkoullel,* 2 vol., 1991 et posth., 1994). Son œuvre poétique, en peul, compte plusieurs dizaines de milliers de vers.

1. hampe [ɑ̃p] n. f. **1.** Longue tige par laquelle on saisit certaines armes, certains outils, ou qui sert de support à un drapeau. *Hampe d'un écouvillon, d'un pinceau, d'un drapeau.* **2.** BOT Tige dépourvue de feuilles et qui porte des fleurs à son sommet. **3.** Partie de certaines lettres (p, b, h, etc.) qui dépasse vers le haut ou le bas.

2. hampe [ɑ̃p] n. f. En boucherie, partie latérale supérieure du ventre du bœuf, vers la cuisse.

Hampton (Lionel) (né en 1913), vibraphoniste et chef d'orchestre de jazz américain.

hamster [amstɛʀ] n. m. Rongeur (genres *Cricetus* et voisins) pourvu de vastes abajoues, dont une espèce, le hamster doré, est un animal familier.

Hamsun (Knut Pedersen, dit Knut) (1859 – 1952), romancier norvégien. Il évoque, au-delà du réel, un monde surréel : *la Faim* (1890), *Pan* (1894), *Victoria* (1898), *les Fruits de la terre* (1917). P. Nobel 1920.

han [ɑ̃] interj. Onomatopée imitant le cri sourd et guttural d'une personne qui fait un effort. ▷ n. m. inv. *Pousser des han de bûcheron.*

Han (dynastie des), la deuxième et la plus longue dynastie de la Chine impériale (206 av. J.-C. – 220 apr. J.-C.). On distingue les *Han antérieurs* ou *occidentaux* (206 av. J.-C. – 8 apr. J.-C.) et les *Han postérieurs* ou *orientaux* (23 – 220 apr. J.-C.).

hanafite [anafit] adj. V. hanéfite.

hanbalite [anbalit] adj. RELIG *École hanbalite :* école d'interprétation des textes sacrés musulmans, stricte et formaliste, propre à l'islam sunnite, née au IXe s. et remise en honneur au XVIIIe s. par les Wahhabites.

hanche [ɑ̃ʃ] n. f. **I. 1.** Partie latérale du corps, entre la taille et le haut de la cuisse. ▷ *Articulation de la hanche :* articulation unissant la tête du fémur à une cavité de l'os iliaque. ▷ *Mettre les poings sur les hanches,* pour exprimer la résolution ou le défi. **2.** EQUIT Partie de l'arrière-train du cheval, allant des reins au jarret. **3.** ENTOM Chez les insectes, segment basal des pattes s'articulant avec le thorax. **II.** MAR Partie supérieure de la coque d'un navire, à proximité de l'arrière.

handball ou **hand-ball** [ɑ̃dbal] n. m. Sport opposant deux équipes de sept joueurs qui doivent, en se servant uniquement de leurs mains, faire pénétrer un ballon rond dans les buts adverses. *Des handballs* ou *hand-balls.*

handballeur, euse [ɑ̃dbalœʀ, øz] n. Joueur de handball.

Händel. V. Haendel.

handicap [ˈɑ̃dikap] n. m. **1.** TURF Épreuve dans laquelle on équilibre les chances de victoire de chevaux de valeurs inégales. ▷ SPORT Compétition dans laquelle les chances de concurrents de valeurs différentes sont rendues égales par le jeu d'avantages ou de désavantages portant sur le point de départ, le temps de parcours, les points attribués, etc. **2.** Désavantage imposé à un concurrent, à un cheval, pour équilibrer les chances de victoire. **3.** Ce qui défavorise. ▷ Infirmité physique; déficience mentale.

handicapant, ante [ˈɑ̃dikapɑ̃, ɑ̃t] adj. Qui handicape, qui constitue un handicap. *Des symptômes handicapants.*

handicapé, ée [ˈɑ̃dikape] adj. et n. **1.** SPORT, TURF Désavantagé par un handicap (sens 2). **2.** Qui est atteint d'un handicap physique ou mental. ▷ Subst. *L'insertion professionnelle des handicapés.*

handicaper [ˈɑ̃dikape] v. tr. [1] **1.** SPORT, TURF Imposer un handicap (sens 2) à (un concurrent, un cheval). **2.** Fig. Mettre en état d'infériorité, désavantager. *Sa timidité l'a handicapé.*

Handke (Peter) (né en 1942), écrivain et cinéaste autrichien.

hanéfite [ˈanefit] ou **hanafite** [ˈanafit] ou **hanifite** [ˈanifit] adj. RELIG *École hanéfite :* école d'interprétation de la loi islamique qui fait largement appel au raisonnement individuel, prédominante dans les pays de l'ancien Empire ottoman et en Inde.

hangar [ˈɑ̃gaʀ] n. m. Construction ouverte formée d'un toit élevé sur des piliers; entrepôt. ▷ Vaste abri fermé destiné à recevoir des aéronefs.

Hangzhou, port de Chine, cap. du Zhejiang, au S.-O. de Shanghai; 1 330 000 hab. (aggl. 5 234 150 hab.). – Cap. des Song du Sud (XIIe s.).

Hankar (Paul) (1859 – 1901), architecte et décorateur belge. Il fut l'un des grands promoteurs de l'art* nouveau : maisons Hankar (1893) et Kleyer (1898) à Bruxelles.

Han Mac Tu (1913 – 1940), poète vietnamien, mort de la lèpre. Les poésies de ce catholique, à la veine symboliste, expriment la souffrance, l'angoisse et le mysticisme.

hanneton [ˈantɔ̃] n. m. Insecte coléoptère lamellicorne (*Melolontha* et voisins) dont différentes espèces vivent dans les régions tempérées et tropicales. *La larve du hanneton est couramment appelée ver blanc.*

Hannibal ou **Annibal** (v. 247 – 183 av. J.-C.), général et homme d'État carthaginois. Fils d'Hamilcar Barca, élu chef de l'armée (221 av. J.-C.) après l'assassinat de son beau-frère Hasdrubal, il déclencha la deuxième guerre punique (219-201 av. J.-C.). Parti d'Espagne, il traversa les Pyrénées puis les Alpes; vainqueur sur le Tessin et sur la Trébie (218), sur les bords du lac Trasimène (217), à Cannes et en Apulie (Pouilles actuelles, 216), il hésita à marcher sur Rome et se retira dans le S. de l'Italie. Il fut vaincu par Scipion à Zama, en Numidie, en 202. Ayant conclu la paix, il restaura la puissance de Carthage grâce à des réformes et voulut reprendre la guerre. Rome le contraignit à l'exil en Orient, où il chercha à dresser la Syrie puis d'autres États soumis par Rome contre leur dominateur. Sur le point d'être capturé, il s'empoisonna.

Hannon (VIe ou Ve s. av. J.-C.), navigateur carthaginois. Il aurait exploré les côtes d'Afrique occidentale; le *Périple d'Hannon* (connu par une traduction en grec) est probablement un faux.

Hanoi, cap. du Viêt-nam, port sur le delta du fleuve Rouge; 3056000 hab. Centre industr. (industr. métall., text., alim., etc.). – Universités, musées, temple de la Littérature construit en 1070 (première université); nombr. pagodes : du Pilier unique (XIe s.), Trân Quôc (VIe s., reconstruite au XVIIe s.). – D'implantation très ancienne, la ville se situe sur le site des capitales historiques du Viêt-nam : sous le nom de Long Biên au VIe s., puis sous celui de Thang Long, elle devint la capitale du Dai* Viêt en 1010. Les Lê* postérieurs l'appelèrent Dông Kinh, transformé par les Européens en Tonkin, nom qui désigna tout le nord du pays pendant la période coloniale. En 1802, Gia* Long transféra la capitale à Huê. En 1831, les Nguyên* la baptisèrent Hanoi. Elle fut prise par les Français en 1873. Capitale de l'Indochine française (1887-1954), puis du Viêt-nam du Nord en 1954, Hanoi subit de terribles bombardements américains entre 1966 et 1972, et a été choisie comme capitale du Viêt-nam réunifié en 1976. – Hanoi a été le siège du «Sommet francophone» de 1997. V. francophonie.

hanoien, enne [anɔjɛ̃, ɛn] adj. et n. De Hanoi. *Une soupe hanoienne.* ▷ Subst. *Un(e) Hanoien(ne).*

Hanovre (en all. *Hannover*), anc. État d'Allemagne du N. inclus en 1945 dans le Land de Basse-Saxe. – L'électorat de Hanovre, créé en 1692, occupé par les Franç. (1803-1814), devint un royaume (1814) que la Prusse annexa en 1866. – Depuis 1714, la *dynastie de Hanovre* règne sur la G.-B. (V. Windsor.)

Hanovre (en all. *Hannover*), v. d'Allemagne, cap. de la Basse-Saxe, sur la Leine; 505720 hab. Centre industriel et commercial (foires).

hansar ['ɑ̃saʀ] n. m. (Maurice) Scie à main (par oppos. à *scie électrique*).

Hansen (Gerhard Armauer) (1841 – 1912), médecin norvégien. Il isola en 1874 le bacille de la lèpre.

hansénien, enne ['ɑ̃senjɛ̃, ɛn] adj. et n. MED Relatif à la lèpre. ▷ Qui a la lèpre. – Subst. *Un(e) hansénien(ne).*

Hanse teutonique, ligue de marchands formée à partir de 1241 par Lübeck, Hambourg, Minden et d'autres villes (villes de l'intérieur ou ports de la Baltique et de la mer du Nord) pour se défendre contre toute entreprise extérieure et étendre les relations commerciales avec l'étranger. Forte de 85 villes, la Hanse acquit une importance considérable aux XIVe et XVe s. et disparut dans la seconde moitié du XVIIe s.

hanter ['ɑ̃te] v. tr. [1] **1.** Vx ou litt. Fréquenter de manière habituelle (une personne, un lieu). – Prov. *Dis-moi qui tu hantes, je te dirai qui tu es.* ▷ Mod. *Des fantômes hantent ce vieux château écossais.* **2.** Fig. Obséder. *Un triste souvenir le hante.*

hantise ['ɑ̃tiz] n. f. Inquiétude obsédante. *Il a la hantise d'échouer.*

haoussa ou **hausa** ['ausa] adj. et n. m. **1.** adj. (inv. en genre) Des Haoussa. **2.** n. m. (Afr. subsah.) Petit marchand musulman. **3.** n. m. LING Langue afro-asiatique du groupe tchadique, importante langue véhiculaire en Afrique de l'Ouest.

Haoussa ou **Hausa,** populations fortement islamisées qui vivent dans le N. du Nigeria (env. 20 millions de personnes), le S. du Niger (4,5 millions) et le N. du Cameroun (160000). Le *haoussa** est utilisé comme langue véhiculaire par une population beaucoup plus importante, qui notam., déborde sur le Bénin, le Togo et le Burkina Faso. – Les Haoussa ont formé dès le XIIe s. des cités-États puissantes qui atteignirent leur apogée aux XIVe et XVe s. Au début du XIXe s., des Peul se sont emparés du pouvoir dans les États haoussa, dont ils ont adopté la langue, les institutions et les coutumes.

Haouz, plaine agricole du S.-O. du Maroc, au pied du Haut Atlas; v. princ. *Marrakech.*

hapax [apaks] n. m. LING Mot, forme, expression dont on ne possède qu'un exemple à une époque donnée.

haplo-. Élément, du gr. *haploûs,* «simple»

haploïde [aplɔid] adj. (et n. m.) BIOL Qui ne possède que la moitié du nombre de chromosomes propre à l'espèce. *Les gamètes sont haploïdes* (elles possèdent *n* chromosomes) *et leur union donne naissance à un zygote diploïde* (ayant 2*n* chromosomes). – n. m. *Un haploïde.*

haplologie [aplɔlɔʒi] n. f. PHON Omission de l'une des deux articulations semblables qui se suivent (ex. *philogie* au lieu de *philologie*).

happe ['ap] n. f. TECH Crampon métallique servant à assembler deux pièces.

happening ['ap(ə)niŋ] n. m. (Anglicisme) Manifestation artistique dont l'improvisation implique une participation physique du public.

happer ['ape] v. tr. [1] **1.** Saisir avidement d'un coup de gueule ou de bec. *Les hirondelles happent les insectes.* **2.** Fig. Attraper, saisir soudainement, avec violence. *La machine a happé son bras.*

happy end ['apiɛnd] n. m. ou f. (Anglicisme) Fin heureuse d'une œuvre dramatique. *Des happy ends.*

hara-kiri ['aʀakiʀi] n. m. Mode de suicide rituel, au Japon, consistant à s'ouvrir le ventre. ▷ Par ext. *(Se) faire hara-kiri :* se suicider; abandonner qqch, se sacrifier. *Des hara-kiris.*

harangue ['aʀɑ̃g] n. f. **1.** Discours solennel prononcé à l'intention d'un personnage officiel, d'une assemblée, d'une troupe. **2.** Péjor. Discours ennuyeux, admonestation interminable.

haranguer ['aʀɑ̃ge] v. tr. [1] Adresser une harangue à (qqn). *Haranguer les troupes, la foule.*

Harar ou **Harrar** (massif du), chaîne de montagnes d'Éthiopie, entre le lac Turkana et la ville de Harar. Il culmine au mont Batu (4307 m).

Harar ou **Harrar,** v. d'Éthiopie orientale; 62160 hab.; ch.-l. de la prov. du même nom. Centre comm. (café).

Harare (anc. *Salisbury*), capitale du Zimbabwe dans le nord-est du pays; 1184000 hab. Ch.-l. du Mashonaland. Marché agricole (tabac). Mines d'or à proximité. Carrefour commercial et industriel. Constructions méca.; engrais; ciment; agro-alimentaire. Aéroport international.

haras ['aʀa] n. m. Lieu, établissement où l'on élève des juments et des étalons sélectionnés, destinés à la reproduction et à l'amélioration de l'espèce.

harassant, ante ['aʀasɑ̃, ɑ̃t] adj. Qui harasse.

harassement ['aʀasmɑ̃] n. m. Fait de harasser, d'être harassé; lassitude extrême.

harasser ['aʀase] v. tr. [1] Fatiguer à l'excès. Syn. épuiser.

Harbin, Ha'erbin ou **Kharbine,** v. de la Chine du N.-E., ch.-l. du Heilongjiang; 2800000 hab. Industries.

harcelant, ante ['aʀsəlɑ̃, ɑ̃t] adj. Qui harcèle.

harcèlement ['aʀsɛlmɑ̃] n. m. Action de harceler. *Tir de harcèlement.* ▷ Loc. *Harcèlement sexuel :* invite amoureuse insistante et répétée, pratiquée par un supérieur hiérarchique.

harceler ['aʀsəle] v. tr. [17] Poursuivre de petites attaques renouvelées. *Harceler l'ennemi.* ▷ Fig. *Harceler qqn de questions,* lui poser sans arrêt des questions. – *Les remords le harcèlent,* le tourmentent.

hard ['aʀd] adj. inv. (Anglicisme) Dur. ▷ MUS *Hard rock :* rock simple et brutal.

harde ['aʀd] n. f. VEN Troupeau de bêtes sauvages. *Harde de phacochères.*

hardes ['aʀd] n. f. pl. Litt. Vieux vêtements. ▷ (Acadie) Vêtements. *Un magasin de hardes.*

hardi, ie ['aʀdi] adj. et interj. **I.** adj. **1.** Audacieux, entreprenant, intrépide. Ant. craintif, timide, timoré. ▷ Qui dénote de l'assurance, de l'audace. *Une entreprise hardie. Une mine hardie.* **2.** Qui est d'une originalité audacieuse. *Proposition hardie.* **3.** Libre, franc, aisé. *Coup de pinceau hardi.* **II.** interj. (Employée pour encourager.) *Hardi, les gars!*

hardiesse ['aʀdjɛs] n. f. Litt. **1.** Caractère d'une personne hardie, de ce qui est hardi. **2.** Franchise, originalité (se dit surtout à propos d'une œuvre d'art). *Tableau d'une grande hardiesse de coloris.* **3.** (Souv. plur.) Parole, action hardie.

hardiment ['aʀdimɑ̃] adv. **1.** Avec hardiesse, courage. *Marcher hardiment au combat.* **2.** Nettement, sans détours. *Énoncer hardiment son opinion.*

Hardouin-Mansart (Jules). V. Mansart.

hardware ['aʀdwɛʀ] n. m. (Américanisme) INFORM Matériel (sens II, 3) (par oppos. à *software*).

Hardy (Thomas) (1840 – 1928), écrivain anglais : *Tess d'Urberville* (1891), *Jude l'Obscur* (1895), romans où l'homme est livré à la fatalité.

Hardy (Oliver) (1892 – 1957), acteur comique américain qui s'associa avec Stan Laurel en 1927.

harem ['aʀɛm] n. m. **1.** Appartement propre aux femmes, chez certains peuples musulmans. **2.** *Par ext.* Ensemble des femmes qui y habitent.

hareng ['aʀɑ̃] n. m. Poisson téléostéen clupéiforme (*Clupea harengus*) de l'Atlantique Nord. – *Hareng saur :* hareng salé, séché et fumé. ▷ Loc. fam. *Serrés comme des harengs :* très serrés.

Hargeisa, v. du N.-O. de la Somalie, dans le Habr Awal; 90000 hab.; ch.-l. de la région de Woqooyi Galbeed; ravagée par la guerre civile. Carrefour comm. Aéroport. – Ancienne capitale de la Somalie britannique.

hargne ['aʀɲ] n. f. Mauvaise humeur qui se manifeste par un comportement agressif. *Répondre avec hargne.*

hargneusement ['aʀɲøzmɑ̃] adv. D'une manière hargneuse.

hargneux, euse ['aʀɲø, øz] adj. (et n.) **1.** Qui manifeste de la hargne, qui est d'humeur querelleuse, acariâtre. – Subst. *Une insupportable hargneuse.* ▷ (Animaux) *Chien hargneux.* **2.** Qui dénote de la hargne. *Propos hargneux.*

1. haricot ['aʀiko] n. m. *Haricot de mouton :* ragoût de mouton accompagné de divers légumes.

2. haricot ['aʀiko] n. m. **1.** Plante potagère (fam. papilionacées, genre *Phascolus*), à tige herbacée, en général volubile, dont on consomme les gousses vertes et les graines. Syn. (Louisiane) zaricot. ▷ *Haricot sabre :* papilionacée (genre *Canavalia*) cultivée en Afrique, à longues gousses. – *Haricot mungo,* à grains verts, cultivé en Asie et en Afrique. **2.** Gousse verte *(haricots verts)* ou graine *(haricots blancs, rouges)* de cette plante, comestibles. Syn. fam. fayot. ▷ Loc. fam. *C'est la fin des haricots,* la fin de tout. **3.** (Afr. subsah.) Nom cour. donné au dolique. *Préparer du haricot.* **4.** (Afr. subsah.) Voandzou. **5.** (Acadie) Nom cour. du tsuga du Canada. (V. pruche.)

haricot-kilomètre ['aʀikokilɔmɛtʀ] n. m. Légumineuse (genre *Vigna*) aux très longues gousses comestibles, cultivée en Afrique. *Des haricots-kilomètres.*

haricot-sauce ['aʀikosos] n. m. (Afr. subsah.) Au Burkina Faso, dolique en grains. *Des haricots-sauces.*

harira ['aʀiʀa] n. f. (Maghreb) Soupe épaisse traditionnelle.

Hariri *(al-Qāsim ibn 'Alī al-Harīrī)* (1054 – 1122), écrivain et philologue arabe, auteur de cinquante *maqāmā* (V. Hamadhani), qui professa à Bassorah.

Hariri (Rafic) (né en 1944), homme politique libanais, musulman sunnite. De retour dans son pays, après avoir fait fortune en Arabie Saoudite, il est nommé Premier ministre en 1992.

harissa [(')aʀisa] n. f. Condiment fait de piment rouge broyé dans de l'huile d'olive, employé dans la cuisine d'Afrique du Nord.

harki ['aʀki] n. m. Supplétif algérien dans l'armée française, pendant la guerre d'Algérie.

harle ['aʀl] n. m. ORNITH Oiseau plongeur des régions septentrionales de l'Europe, de l'Asie et de l'Amérique (genre *Mergus,* fam. anatidés) au corps fuselé, au plumage noir et blanc.

Harlem, quartier de New York (N.-E. de Manhattan), habité presque exclusivement par des Noirs.

harmattan ['aʀmatɑ̃] n. m. **1.** Vent chaud et sec, souvent chargé de poussière, qui vient du Sahara et qui souffle sur l'Afrique occid. de novembre à mars. *Un coup d'harmattan.* **2.** (Afr. subsah.) Saison où souffle ce vent.

harmonica [aʀmɔnika] n. m. Instrument de musique composé d'un petit boîtier métallique renfermant une série d'anches libres mises en résonance par le souffle. Syn. (Belgique, vx; Québec; Suisse) musique à bouche.

harmonie [aʀmɔni] n. f. **I. 1.** En parlant du langage et du style, concours heureux de sons, de mots, de rythmes, etc. *L'harmonie des vers de Racine.* **2.** MUS Science de la formation et de l'enchaînement des accords. *Lois de l'harmonie.* **3.** MUS Orchestre composé d'instruments à vent (bois ou cuivre), à anche et à embouchure. *L'harmonie municipale donne un concert.* **II. 1.** Effet produit par un ensemble dont on juge que les parties s'accordent, s'équilibrent bien entre elles. *Harmonie du corps humain. Harmonie de couleurs.* **2.** Concordance, correspondance entre différentes choses. *Harmonie de points de vue. Vivre en harmonie avec ses principes.* Syn. conformité. **3.** Bonnes relations qui règnent entre des personnes. Syn. entente.

harmonieusement [aʀmɔnjøzmɑ̃] adv. Avec harmonie.

harmonieux, euse [aʀmɔnjø, øz] adj. **1.** Qui sonne agréablement, qui flatte l'ouïe. *Musique harmonieuse.* **2.** Qui a de l'harmonie. *Mélange harmonieux.*

harmonique [aʀmɔnik] adj. et n. m. **1.** Relatif à l'harmonie. **2.** GEOM *Division harmonique :* position, sur une même droite, de quatre points A, B, M et N telle que $MA/MB = -NA/NB$. **3.** MUS *Son harmonique* ou, n. m., *harmonique :* son musical dont la fréquence est un multiple d'une fréquence de base, appelée *fréquence fondamentale.*

harmonisation [aʀmɔnizasjɔ̃] n. f. Action d'harmoniser.

harmoniser [aʀmɔnize] v. tr. [1] **1.** Mettre en harmonie. *Harmoniser des tons. – Harmoniser le droit des affaires en Afrique francophone.* ▷ v. pron. Se mettre, se trouver en harmonie. *Leurs caractères s'harmonisent fort bien.* **2.** MUS Composer, sur l'air d'une mélodie, une ou plusieurs parties vocales ou instrumentales.

harmoniste [aʀmɔnist] n. MUS Personne qui connaît et applique les lois de l'harmonie.

harmonium [aʀmɔnjɔm] n. m. Instrument de musique à soufflerie, sans tuyaux, à anches libres et à clavier, d'une étendue de cinq octaves pleines.

harnachement ['aʀnaʃmɑ̃] n. m. **1.** Action de harnacher. **2.** Ensemble des harnais d'un cheval. **3.** Fig. Accoutrement lourd et ridicule. **4.** (Québec) (Emploi critiqué.) Action de harnacher (sens 3).

harnacher ['aʀnaʃe] v. tr. [1] **1.** Mettre un harnais à (un cheval). **2.** Fig. Accoutrer ridiculement, comme d'un harnais. ▷ v. pron. *Il s'était harnaché comme pour aller chasser le fauve.* **3.** (Québec) (Emploi critiqué.) Aménager (un cours d'eau) de façon qu'il alimente une centrale hydroélectrique.

harnais ['aʀnɛ] n. m. **1.** Anc. *Harnais* ou *harnois :* armure complète d'un homme d'armes. ▷ Loc. fig. *Blanchir sous le harnois :* vieillir dans un métier, et partic. dans le métier des armes. **2.** Équipement d'un cheval de selle ou d'attelage, et, par ext., de tout animal de trait. **3.** *Par anal.* Dispositif formé de sangles entourant le corps. *Harnais de parachutiste. Harnais de sécurité* (sur une automobile). **4.** TECH Ensemble des organes d'un métier à tisser.

harnois ['aʀnwa] n. m. V. harnais (sens 1).

haro ['aʀo] n. m. Loc. *Crier haro sur (qqn) :* se dresser avec indignation contre (qqn). ▷ *Crier haro sur le baudet :* appeler l'indignation générale sur qqn ou qqch.

Haroun al-Rachid. V. Harun ar-Rachid.

harpagon [aʀpagɔ̃] n. m. Litt. Individu extrêmement avare. *Vieil harpagon.*

Harpagon, personnage principal de *l'Avare** (1668) de Molière.

harpe ['aʀp] n. f. **1.** Instrument à cordes pincées, de forme triangulaire. *La harpe classique possède 47 cordes et 7 pédales, qui permettent de jouer dans tous les tons.* **2.** ZOOL Genre de mollusque gastéropode des mers chaudes, à coquille côtelée.

harpe-cithare ['aʀpəsitaʀ] n. f. Instrument de musique d'Afrique équatoriale, à cordes pincées. *Des harpes-cithares.*

harpie ['aʀpi] n. f. **1.** MYTH Monstre à visage de femme, au corps d'oiseau. **2.** *Par ext.* Femme acariâtre et criarde. **3.** ORNITH Grand aigle (*Harpia harpiga,* fam. falconidés), à tête huppée, d'Amérique du S., aux serres puissantes.

harpiste ['aʀpist] n. Personne qui joue de la harpe.

harpon ['aʀpɔ̃] n. m. TECH Crochet, instrument muni d'un dard pour accrocher, piquer. ▷ Large fer de flèche barbelé fixé à une hampe, servant à prendre les gros poissons ou les cétacés. *Pêcher la baleine au harpon.* Syn. (Maurice) fouine.

harponnage ['aʀpɔnaʒ] n. m. Action de harponner.

harponner ['aʀpɔne] v. tr. [1] **1.** Accrocher avec un harpon. Syn. (Maurice) fouiner. **2.** Fig., fam. Saisir, arrêter par surprise. *Il s'est fait harponner à la sortie.*

harponneur, euse ['aʀpɔnœʀ, øz] n. Personne qui lance le harpon, qui harponne.

Harrar. V. Harar.

harratine ['aʀatin] adj. Des Harratines.

Harratines, anciens captifs affranchis, considérés comme libres, vivant en tribus dans des oasis.

Harriman (William Averell) (1891 – 1986), financier et homme politique américain. Chargé de mission, il veilla (1948-1950) à l'application du plan Marshall en Europe. En 1968-1969, il dirigea la délégation américaine qui entama les négociations de paix avec les représentants du Viêt-nam du N.; celles-ci aboutirent aux accords de Paris (1973).

Harris (William Wade) (v. 1865 – 1929), prêcheur libérien qui fit de nombreux adeptes en Côte d'Ivoire (1914-1915). Le *harrisme** compte auj. encore des fidèles.

Harris (Zellig Sabbetai) (né en 1909), linguiste américain d'origine ukrainienne, tenant de l'analyse distributionnelle.

harrisme ['aʀism] n. m. (Afr. subsah.) Religion syncrétique d'inspiration chrétienne, prêchée par William Harris* en Côte d'Ivoire. (Elle autorise la polygamie.)

harriste ['aʀist] n. (Afr. subsah.) Adepte du harrisme.

Hartford, ville des É.-U., capitale du Connecticut, sur le Connecticut; 139700 hab. (aggl. urbaine 1030400 hab.). Centre industriel et financier.

Hartung (Hans) (1904 - 1989), peintre français d'origine allemande; élégant représentant de l'abstraction lyrique.

Harun ar-Rachid ou **Haroun al-Rachid** *(Hārūn ar-Rašid)* (766 - 809), cinquième calife abbasside (786-809). Sous son règne, Bagdad devint un centre florissant (arts, lettres, sciences). Célèbre pour ses victoires contre Byzance, Harun ar-Rachid aurait eu des échanges diplomatiques avec Charlemagne. - Ses deux fils lui succédèrent : *Al-Amīn* (809-814) et *Al-Ma'mun* (814-833). V. Ma'mun (Al-).

haruspice [aʀyspis] n. m. V. aruspice.

Harvard (université), université américaine fondée en 1636 à Cambridge (Massachusetts). ▷ ASTRO *Classification de Harvard :* classification des étoiles suivant leur température.

Harvey (William) (1578 - 1657), médecin anglais. Il découvrit la circulation sanguine.

Hasan *(Hasan)* (v. 625 - 670), fils aîné de Ali et Fatima, 2e imam des chiites.

Hasan Ier. V. Hassan Ier.

Hasanides, dynastie qui domina le Maroc à partir du milieu du XVIe s.; une de ses branches, les Alaouites, règne toujours sur le Maroc.

hasard ['azaʀ] n. m. **I. 1.** *Jeu de hasard,* où l'intelligence, le calcul n'ont aucune part. **2.** Vx Risque, péril. ▷ Mod. *Les hasards de la guerre.* **3.** Concours de circonstances imprévu et inexplicable; événement fortuit. *Quel heureux hasard! Un hasard malheureux.* Syn. (Acadie) adonnance. - *Coup de hasard :* événement inattendu. **4.** Ce qui échappe à l'homme et qu'il ne peut ni prévoir ni expliquer rationnellement. *Le hasard et le déterminisme.* (V. probabilité et statistique.) ▷ Cause personnifiée d'événements apparemment fortuits. *Le hasard a voulu qu'une noix de coco tombe au moment où elle passait.* **II.** Loc. adv. **1.** *Par hasard :* fortuitement. *Si, par hasard, tu le rencontres... - Comme par hasard :* comme si c'était par hasard. **2.** *Au hasard :* à l'aventure, sans but; sans certitude. *Marcher au hasard. Répondre au hasard.* (V. au vogelpik*.) ▷ *Parler, agir au hasard,* inconsidérément, sans méthode. ▷ *À tout hasard :* en prévision de tout ce qui pourrait arriver. **III.** Loc. prép. *Au hasard de :* selon les hasards, les aléas de. *Au hasard des jours.*

hasardé, ée ['azaʀde] adj. Litt. **1.** À la merci du hasard, risqué. *Entreprise hasardée.* **2.** Sans fondement, difficile à justifier. *Proposition hasardée.*

hasarder ['azaʀde] v. tr. [1] **1.** Litt. Exposer, livrer au hasard, et aux risques qu'il implique. *Hasarder sa fortune.* **2.** Se risquer à dire, à exprimer. *Hasarder une plaisanterie, une hypothèse.* **3.** v. pron. Se risquer (dans une entreprise, un lieu dangereux). *Se hasarder dans une contrée déserte.* ▷ Fig. *Se hasarder à dire, à faire qqch.*

hasardeux, euse ['azaʀdø, øz] adj. Qui comporte des risques. *Entreprise hasardeuse.*

haschisch ou **hachisch** ['aʃiʃ] n. m. Stupéfiant tiré du chanvre indien. *L'usage répété du haschisch peut entraîner une intoxication accompagnée de graves troubles mentaux.*

Haschischins ou **Hachischin,** membres d'une secte musulmane aux mœurs sanguinaires, fondée en 1090 par Hassan ibn as-Sabbah. (On dit également secte des Assassins.)

Hasdrubal ou **Asdrubal,** nom de plus. généraux carthaginois. — **Hasdrubal Barca** (v. 245 - 207 av. J.-C.), frère d'Hannibal; vaincu et tué au Métaure. — **Hasdrubal Haedus** («le Bouc») (IIIe s. av. J.-C.) négocia la paix entre Rome et Carthage après Zama (202 av. J.-C.). — **Hasdrubal** (IIe s. av. J.-C.) défendit Carthage contre Scipion Émilien (149 av. J.-C.) et se rendit (146 av. J.-C.).

hase ['az] n. f. CHASSE Femelle du lièvre, du lapin de garenne.

Hašek (Jaroslav) (1883 - 1923), journaliste et écrivain tchèque : *les Aventures du brave soldat Chveik au temps de la Grande Guerre* (1921-1923); Chveik symbolise la résistance passive et rusée à l'oppression.

Haskil (Clara) (1895 - 1960), pianiste roumaine naturalisée suisse. Elle étudia à Paris, avec Cortot. Atteinte de scoliose, elle parvint à mener une carrière internationale. Elle fut l'une des grandes interprètes de Mozart. Elle enseigna à Bruxelles où elle mourut.

Hassan Ier ou **Hasan I**[er] *(Hasan)* (v. 1830 - 1894), souverain alaouite du Maroc de 1873 à 1894. — **Hassan II** ou **Hasan II** *(Hasan)* (né en1929), arrière-petit-fils du préc.; roi du Maroc depuis 1961. Il succéda à son père Mohammed V, qui avait obtenu l'indépendance du Maroc en 1956. Cultivé, habile politique, il entreprit la modernisation de son pays et entretint de bons rapports avec l'Occident. Aux prises avec une opposition parfois vive, il fut souvent tenté d'adopter des mesures répressives. En 1976, il annexa la partie N. du Sahara* occidental (qu'il considère comme marocain) et en 1979 la partie S. Il contribua à établir des relations entre l'O.L.P. et Israël.

Hassan ibn as-Sabbah *(al-Hassan ibn as-Sabbāh)* (m. en 1124), fondateur de la secte des Assassins, ou Haschischins, surnommé *le Vieux de la montagne.*

hassaniya ['asanija] adj. m. *L'arabe hassaniya* ou, n. m., *le hassaniya :* le parler arabe de Mauritanie et du Mali.

Hasselt, v. de Belgique, ch.-l. du Limbourg, sur la Demer, affl. de la Dyle; 65 100 hab. Eau-de-vie réputée.

hassidisme ['asidism] n. m. Courant mystique et ascétique du judaïsme traditionnel.

Hassi-Messaoud *(Hāsi Mas'ūd),* v. nouvelle et centre pétrolier du Sahara algérien, au S.-E. d'Ouargla, relié par oléoducs aux ports de Bejaia, de Skikda et d'Arzew. Centrale électrique et raffinerie.

Hassi-R'Mel *(Hāsi-r-Raml),* v. nouvelle et gisement de gaz naturel du Sahara algérien, au N.-O. de Ghardaïa, relié par gazoducs à Arzew, Oran (auj. *Wahrān*), Alger et Sousse.

hast n. m. ou **haste** [ast] n. f. *Arme d'hast :* toute arme offensive montée sur une hampe.

Hastings, v. et port de G.-B. (Sussex), sur le pas de Calais; 78 100 hab. Pêche. Stat. baln. - Victoire de Guillaume le Conquérant sur l'usurpateur du trône Harold II (14 oct. 1066).

Hatchepsout. V. Hatshepsout.

hâte ['ɑt] n. f. **1.** Promptitude, diligence dans l'action. *Mettre trop de hâte à se décider.* ▷ *Avoir hâte (de, que) :* être pressé, impatient (de, que). - (Québec) *Avoir hâte à qqch :* attendre qqch avec impatience. *Elle a hâte aux vacances.* **2.** Loc. adv. *En hâte :* avec une grande promptitude. *Accourir en hâte, en grande hâte, en toute hâte.* ▷ *À la hâte :* avec précipitation et sans soin. *Travail fait à la hâte.*

Hatem (Jad) (né en 1951), essayiste et poète libanais d'expression française : *Énigme et chant* (1984), *l'Offrande vespérale* (1989).

hâter ['ɑte] v. [1] **I.** v. tr. **1.** Accélérer, rendre plus rapide. *Hâter le pas.* ▷ *Hâter des fruits,* les faire mûrir vite. **2.** Litt. Presser, faire arriver plus vite. *Hâter son départ.* **II.** v. pron. Aller vite, faire diligence. *Hâte-toi, tu es en retard.* Syn. (Acadie) se haler. ▷ Maxime. *Hâte-toi lentement.* ▷ *Se hâter de* (+ inf.) : se dépêcher de.

Hathor, déesse égyptienne symbolisant la demeure du dieu Horus (le Soleil); elle a la forme d'une vache dont les cornes enserrent le disque solaire.

hâtif, ive ['ɑtif, iv] adj. **1.** Qui est en avance par rapport au développement normal. *Fruit hâtif. Croissance hâtive.* **2.** Fait trop vite, à la hâte. *Un devoir hâtif.*

hâtivement ['ɑtivmɑ̃] adv. **1.** Prématurément. **2.** À la hâte.

Hatshepsout ou **Hatchepsout** (m. en 1483 av. J.-C.), reine égyptienne (v.1504-1483). Elle fit construire le temple de Deir el-Bahari (voué au culte d'Amon).

hauban ['obɑ̃] n. m. **1.** MAR Chacun des câbles métalliques qui assujettissent le mât d'un navire. **2.** TECH Barre ou câble servant à assurer la rigidité d'une construction, d'un appareil.

haubanage ['obanaʒ] n. m. **1.** MAR, AVIAT Ensemble des haubans d'un navire, d'un avion. **2.** TECH Action de haubaner.

haubaner ['obane] v. tr. [1] **1.** MAR, AVIAT Consolider à l'aide de haubans. **2.** TECH Assujettir à l'aide de haubans.

Haudricourt (André-Georges) (1911 - 1996), agronome, linguiste et ethnologue français; un des créateurs de l'ethnolinguistique : *l'Homme et les plantes cultivées* (1943), *l'Homme et la charrue à travers le monde* (1954), *Problèmes de phonologie diachronique* (1972), *la Phonologie panchronique* (1978).

Hauptmann (Gerhart) (1862 - 1946), écrivain allemand : *les Tisserands* (1893), drame. P. Nobel 1912.

hausa, Hausa ['ausa] adj. et n. m. V. haoussa, Haoussa.

haussaire ['osɛʀ] n. m. (Pacifique, Polynésie fr.) Fam. Haut*-Commissaire.

haussariat ['osaʀja] n. m. (Pacifique, Polynésie fr.) Fam. Haut*-Commissariat.

hausse ['os] n. f. **1.** Ce qui sert à hausser. *Mettre une hausse aux pieds d'une table.* ▷ TECH Appareil servant à prendre la ligne de mire et à régler le tir d'une arme à feu. ▷ CONSTR Montant servant à soutenir un remblai. **2.** Action de hausser; son résultat. ▷ Augmentation de prix, de valeur. *Hausse des matières premières. - Spécial.* Augmentation du cours des valeurs boursières. *Jouer à la hausse.*

haussement ['osmɑ̃] n. m. Action de hausser. *Haussement d'épaules :* mouvement marquant le mépris, le dédain, l'indifférence.

hausser ['ose] v. [1] **I.** v. tr. **1.** Élever, augmenter la hauteur de. *Hausser un mur.* **2.** Mettre en position plus élevée, soulever. *Hausser une charge. Hausser les épaules.* ▷ v. pron. *Se hausser sur la pointe des pieds.* **3.** Augmenter l'intensité de. *Hausser la voix.* ▷ Fig. *Hausser le ton :* parler plus fort, pour manifester sa colère, son impatience. **4.** Augmenter. **5.** Fig. Élever, rendre plus grand (qqn). *Un acte qui l'a haussé dans l'opinion de ses concitoyens.* ▷ v. pron. Parvenir, arriver à. *Se hausser jusqu'aux plus hautes dignités.* **II.** v. intr. Aller en augmentant (de hauteur, d'intensité). *Hausser d'un ton.*

Haussmann (Georges Eugène, baron) (1809 – 1891), administrateur et homme politique français. Préfet de la Seine (1853-1870), il transforma Paris par d'importants travaux d'urbanisme et lui rattacha des communes (Montmartre, Auteuil, etc.)

haut, haute ['o, 'ot] adj., n. m. et adv. **A.** adj. **I. 1.** D'une certaine dimension dans le sens vertical. *Un arbre haut de six mètres.* **2.** De dimension verticale élevée. *Une haute montagne.* – (Acadie) (Personnes) Grand (sens 1). (V. long, sens A, I, 3.) **3.** Situé, placé à un niveau supérieur à celui qui est habituel. *Les eaux du fleuve sont hautes.* ▷ Fig. *Aller la tête haute,* sans avoir à craindre aucun reproche. – *Avoir la haute main* sur qqch.* ▷ MAR *Pavillon haut,* hissé au sommet du mât. **4.** Situé au-dessus de choses semblables. *Les hauts plateaux et la plaine. La ville haute et la ville basse.* **5.** Se dit de la région d'un pays la plus éloignée de la mer et de la partie d'un cours d'eau la plus voisine de sa source. *La haute Casamance. Le haut Saint-Laurent. – Haute-Côte-Nord* (au Québec) : V. côte. – *Haut-Canada :* V. Canada (Haut-). ▷ *La haute mer*.* **6.** Très éloigné dans le temps. *La haute antiquité.* **7.** Plus élevé, plus important (en intensité, en valeur). *Notes hautes, ton haut,* élevés dans la gamme. *Parler à voix haute.* ▷ Loc. fig. *Avoir le verbe* haut.* ▷ *Haut en couleur :* vivement coloré. – Fig. *Un récit haut en couleur,* plein de notations pittoresques. ▷ JEU *Les hautes cartes,* celles qui ont le plus de valeur. ▷ PHYS NUCL *Hautes énergies :* énergies supérieures à 1 MeV. **8.** (En loc., avec une valeur adverbiale.) *Haut les mains! :* ordre de lever les mains en l'air, donné à qqn que l'on veut mettre hors d'état d'agir. – *Haut la main*.* **II.** Fig. **1.** Qui possède la prééminence, la supériorité (dans la hiérarchie, dans l'échelle des valeurs sociales). *La haute finance. La haute magistrature. Un haut fonctionnaire. – La haute société* (ou, n. f., fam., *la haute*). ▷ Loc. adv. *En haut lieu :* chez ceux qui détiennent l'autorité, le pouvoir. **2.** D'une grande valeur, d'une valeur supérieure à la moyenne. *Des recherches de la plus haute importance. Les hauts faits d'un général.* **3.** Excellent. *Avoir une haute opinion de qqn. Ouvrage de haute qualité. La haute couture.* ▷ n. m. *Le Très-Haut :* Dieu. **B.** n. m. **1.** Dimension verticale, hauteur, altitude. *Le mont Cameroun a 4070 mètres de haut.* ▷ *Tomber de son haut :* tomber de toute sa hauteur; fig. éprouver une surprise désagréable. **2.** Partie élevée de qqch. *Le haut du mur.* **3.** Sommet, partie la plus élevée d'une chose. *Le haut d'une tour.* – (Québec) Étage supérieur d'une maison. *Louer le haut.* ▷ Fig. *Tenir le haut du pavé*.* **4.** (Québec) *Haut d'une paroisse, d'une terre,* leur partie la plus éloignée du fleuve Saint-Laurent. – Région, partie de territoire située en amont du fleuve Saint-Laurent, à l'ouest (le fleuve coulant vers l'est). ▷ HIST *Les Pays-d'en-Haut :* la région où l'on pratiquait la traite des fourrures, à l'ouest du Québec (notam. le bassin des Grands Lacs). – *Par ext.* Les régions qui étaient à coloniser dans le nord-ouest du Québec. **5.** Fig., fam. *Connaître des hauts et des bas,* des périodes favorables et des périodes difficiles qui alternent. **C.** adv. **I. 1.** À une très grande hauteur. *L'aigle s'élève très haut.* **2.** Précédemment, plus loin en reculant dans le temps. *Revenir plus haut.* ▷ (Dans un texte.) *Voir plus haut :* voir ci-dessus, dans ce qui précède. **3.** Fort, à haute voix. *Parlez moins haut!* ▷ Fig. *Dire bien haut ce que l'on pense,* le dire clairement, de manière que cela se sache. **4.** Fig. À un degré très élevé sur l'échelle des valeurs sociales, morales, etc. *Un monsieur très haut placé. Estimer très haut ses collaborateurs.* **5.** D'une manière importante (en matière de prix, de valeurs). *L'or est monté très haut.* **II.** Loc. adv. **1.** *En haut :* dans la partie la plus haute, au-dessus. *Mur repeint jusqu'en haut. Il y a deux pièces en haut et trois au rez-de-chaussée. Le bruit vient d'en haut.* ▷ Fig. Du ciel. *C'est une inspiration d'en haut.* **2.** *Là-haut :* au-dessus, dans cette partie élevée. *Il habite là-haut.* ▷ Fig. Au ciel. **3.** *De haut :* d'un point, d'une partie élevée. *Un torrent qui tombe de haut.* ▷ Fig. *Le prendre de haut :* répondre avec arrogance. – *Voir les choses de haut,* dans leur ensemble et sans s'arrêter aux détails. – *Regarder qqn de haut en bas,* avec mépris et arrogance. **III.** Loc. prép. *En haut de :* dans la partie la plus haute de. *Être assis en haut d'un mur.*

hautain, aine ['otɛ̃, ɛn] adj. Arrogant, dédaigneux. *Un homme hautain.* – Par ext. *Paroles hautaines.*

hautbois ['obwɑ] n. m. **1.** Instrument de musique à vent, en bois, à tuyau conique et à anche double. **2.** Hautboïste.

hautboïste ['obɔist] n. Instrumentiste qui joue du hautbois.

Haut-Canada. V. Canada (Haut-).

haut-commissaire ['okomisɛʀ] n. m. *Haut-Commissaire de la République (française) en Nouvelle-Calédonie et Dépendances :* représentant de l'État, chef du Territoire (dirige les administrations d'État et territoriales) et président du Congrès (assemblée du Territoire). Syn. haussaire.

haut-commissariat ['okomisaʀja] n. m. *Haut-Commissariat de la République (française) en Nouvelle-Calédonie et Dépendances :* bureaux et résidence du Haut-Commissaire. Syn. (Pacifique, Polynésie fr.) haussariat.

Haut Conseil de la Francophonie, organisme public français créé en 1984 par le président François Mitterrand.

haut-de-forme ['odfɔʀm] n. m. Haut chapeau d'homme, cylindrique. *Des hauts-de-forme.*

haute-contre ['otkɔ̃tʀ] n. MUS **1.** n. f. Voix masculine, la plus aiguë des voix de ténor. **2.** n. m. ou f. Celui qui a cette voix. *Des hautes-contre.*

Haute-Corse. V. Corse.

Haute-Égypte. V. Thébaïde.

haute-fidélité ou **haute fidélité** ['otfidelite] n. f. (Employé généralement en appos.) Qualité des appareils électroacoustiques qui assure une restitution très fidèle des sons. *Des chaînes haute-fidélité.* (Abrév. : hi-fi.) ▷ Ensemble des techniques ayant pour but d'obtenir une telle qualité.

Haute-Garonne. V. Garonne.

Haute-Loire. V. Loire.

Haute-Marne. V. Marne.

hautement ['otmɑ̃] adv. **1.** Ouvertement, de manière que cela se sache. *Proclamer hautement son innocence.* **2.** Fortement, supérieurement. *Un ouvrier hautement qualifié.*

Haute-Normandie. V. Normandie.

Hautes-Alpes. V. Alpes françaises.

Haute-Saône. V. Saône.

Haute-Savoie. V. Savoie.

Hautes-Pyrénées. V. Pyrénées françaises.

hauteur ['otœʀ] n. f. **I. 1.** Dimension verticale (d'un corps), de bas en haut. *La hauteur d'un arbre. La tour Eiffel a 320 m de hauteur. – Tomber de sa hauteur,* de tout son long; fig. être très surpris. **2.** GEOM Distance d'un point à une droite ou à un plan. ▷ Segment de droite perpendiculaire au côté d'un triangle et passant par le sommet opposé. **3.** Profondeur. *Hauteur de l'eau d'une rivière.* ▷ METEO *Hauteur des précipitations :* épaisseur de la couche d'eau, exprimée en millimètres, recueillie dans un pluviomètre. **II. 1.** Caractère de ce qui est très haut. *Une tour aisément repérable par sa hauteur.* **2.** Distance qui sépare un corps de la surface de la terre. *Nuages situés à une grande hauteur.* ▷ ASTRO Angle que fait la direction d'un astre avec le plan horizontal en un lieu et à un moment donnés. **3.** Lieu élevé, éminence. *Habiter sur les hauteurs.* **4.** PHYS *Hauteur d'un son,* sa fréquence moyenne. **III.** Loc. prép. *À la hauteur de.* **1.** Au niveau de. *Accrocher un tableau à la hauteur des autres.* ▷ Par ext. *Sa maison se trouve à la hauteur du prochain carrefour.* **2.** Fig. *Être à la hauteur de qqn,* avoir les mêmes capacités, la même valeur que lui. *Un fils qui est à la hauteur de son père.* ▷ *Être à la hauteur de sa tâche, de ses fonctions,* être capable de les remplir. – *Être à la hauteur de la situation,* être à même d'y faire face. – Fam. *Ne pas être à la hauteur :* être incapable, médiocre. **IV. 1.** Caractère supérieur, élévation (d'une personne, d'un acte considérés sous l'angle des qualités morales). *Une grande hauteur de vues.* **2.** Péjor. Arrogance, dédain. *Traiter ses subordonnés avec hauteur.*

Haute-Vienne. V. Vienne.

Haute-Volta. V. dossier Burkina Faso, p. 1392.

haut-fond ['ofɔ̃] n. m. Éminence rocheuse ou sableuse du fond marin, recouverte de très peu d'eau, et qui rend dangereuse la navigation. *Des hauts-fonds.*

haut-fourneau ou **haut fourneau** ['ofuʀno] n. m. Four à cuve de très grandes dimensions (plusieurs dizaines de mètres de hauteur) destiné à l'élaboration de la fonte par fusion et réduction du minerai de fer. *Des hauts-fourneaux* ou *des hauts fourneaux.*

haut-le-cœur ['olkœʀ] n. m. inv. Nausée. ▷ Fig. Dégoût.

haut-le-corps ['olkɔʀ] n. m. inv. Brusque mouvement, réflexe du haut du corps marquant l'indignation, la surprise, la répulsion.

haut-parleur ['opaʀlœʀ] n. m. Appareil qui transforme en ondes sonores les signaux électriques modulés que lui envoie un amplificateur. *Des haut-parleurs.*

haut-relief ['oʀəljɛf] n. m. BX-A Sculpture où les figures, presque entièrement détachées du fond, sont vues dans la quasi-totalité de leur épaisseur (par oppos. à *bas-relief*). *Des hauts-reliefs.*

Haut-Rhin. V. Rhin (Haut-).

Hauts-de-Seine, dép. franç.; 175 km^2; 1391658 hab.; ch.-l. *Nanterre* (86227 hab.). V. Île-de-France (Rég.).

hauturier, ère ['otyʀje, ɛʀ] adj. MAR Qui a rapport à la haute mer. *Pêche hauturière. – Navire hauturier.*

Haüy (abbé René Just) (1743 – 1822), minéralogiste français; le créateur de la cristallographie. — **Valentin** (1745 – 1822), frère du préc., créa en 1784, à Paris, une fondation pour les jeunes aveugles.

havage ['avaʒ] n. m. TECH Abattage du minerai effectué en pratiquant une saignée le long de la taille. ▷ La saignée elle-même.

havane ['avan] n. m. et adj. inv. **1.** n. m. Tabac de La Havane. *Fumer du havane.* ▷ Cigare fait avec ce tabac. *Fumer un havane.* **2.** adj. inv. De la couleur brun-roux du tabac cubain. *Robe havane.*

Havane (La) (en esp. *La Habana*), cap. de Cuba, port sur le détroit de Floride; 2014810 hab. (pour l'aggl.). Centre industr. (sucreries, rhum, cigares) et comm. de Cuba. Fut jusqu'en 1958 une ville de plaisir.

Havas (Charles) (1783 – 1858), publiciste français; fondateur en 1832 de l'agence parisienne d'informations nommée *Agence Havas* en 1835.

hâve ['ɑv] adj. Litt. Pâli, émacié par la faim, la souffrance.

Havel (la), riv. d'Allemagne (341 km), affl. de l'Elbe (r. dr.); arrose Berlin.

Havel (Václav) (né en 1936), écrivain, dramaturge et homme politique tchèque. En 1977, il fonda la *Charte 77*, mouvement de défense des droits de l'homme, et fut plusieurs fois emprisonné. Prés. de la République tchécoslovaque (1989-1992), puis de la République tchèque (1993).

haveneau ['avno] ou **havenet** ['avnɛ] n. m. PÊCHE Filet à crevettes.

haver ['ave] v. tr. [**1**] TECH Abattre (le minerai) par havage. ▷ (S. comp.) Exécuter le havage.

Havers, médecin anglais du XVIIe s. ▷ HISTOL *Canaux de Havers :* fins canaux traversant le tissu osseux et parcourus par les vaisseaux sanguins et les nerfs.

havre ['ɑvʀ] n. m. Litt. Lieu calme et protégé, refuge. *Un havre de paix.* ▷ (France rég., vx) Petit port bien abrité.

Havre (Le), v. de France, ch.-l. d'arr. de la Seine-Maritime, à l'embouchure de la Seine (r. dr.); 197219 hab. Le Havre est le 2e port franç. de comm. (pétrole), un port de voyageurs et un centre industriel. – Musée des beaux-arts.

Hawad (né en 1950), poète nigérien. Touareg, il a écrit en tamacheq puis en français : *Caravane de la soif* (1985), *Froissevent* (1991).

Hawaii ou **Hawaï** (îles) (anc. *Sandwich*), archipel volcanique du Pacifique (Polynésie), État des É.-U., formé de vingt îles, dont Hawaii, la plus grande (10400 km^2, 92200 hab.); 16705 km^2; 1108000 hab.; cap. *Honolulu*, dans l'île Oahu. – La pop. est formée en majorité de métis (brassage des Polynésiens autochtones avec des Japonais, des Chinois, des Philippins, des Nord-Américains). Princ. ressources : canne à sucre, ananas et, surtout, tourisme. Bases militaires, dont Pearl Harbor, la plus importante du Pacifique. – Découvert par Cook en 1778, l'archipel devint territ. amér. en 1898 et le 50e État de l'Union en 1959. – Les sculptures monumentales en bois (découvertes au XVIIIe s.) représentent le dieu de la Guerre Ku (British Museum, Londres).

hawaiien ou **hawaïen, enne** [awajɛ̃, ɛn] adj. et n. Des îles Hawaii. *Guitare hawaiienne.* – Subst. *Les Hawaiiens.* ▷ GEOL *Volcan de type hawaiien,* dont les éruptions se font sans projections, par simple débordement d'une lave basaltique.

Hawks (Howard) (1896 – 1977), cinéaste américain : *Scarface* (1931), *le Grand Sommeil* (1946), *Rio Bravo* (1959).

Hawthorne (Nathaniel) (1804 – 1864), romancier américain. La hantise du mal (il descendait d'une famille puritaine calviniste) domine son œuvre : *la Lettre écarlate* (1850), *la Maison aux sept pignons* (1851).

Haydn (Joseph) (1732 - 1809), compositeur autrichien. Il rénova le quatuor à cordes (dont s'inspireront Mozart et Beethoven), la sonate et la symphonie; il dégagea notam. la structure en quatre mouvements. On lui doit des concertos pour piano, pour violon, pour violoncelle, etc.; une soixantaine de sonates pour piano; des trios; 77 quatuors à cordes; 108 symphonies; des oratorios (*la Création du monde*, 1798; *les Saisons*, 1801); des messes; des lieder; des cantates; des opéras.

Haye (La) (en néerl. *Den Haag*, anc. *'s Gravenhage*), v. des Pays-Bas, près de la mer du Nord; ch.-l. de la Hollande-Méridionale et cap. administrative de l'État (résidence du souverain); 444310 hab. – Grande Église (XVe s.); palais royaux Huis ten Bosch (XVIIe-XVIIIe s.) et Voorhout (XVIIIe s.); palais de la Paix (déb. XXe s., siège de la Cour internationale de justice); Cabinet royal de peinture (palais Mauritshuis : Hals, Rembrandt, Vermeer, etc.).

Haykal (Muhammad Hussein) (1888 – 1956), écrivain égyptien; auteur du premier roman reconnu de la littérature arabe : *Zaynab* (1914), sur la vie paysanne en Égypte, d'une *Vie de Mahomet* (1935), de *Mémoires* (1951).

hayon ['ajɔ̃] n. m. **1.** TECH Claie amovible disposée à chacune des extrémités d'une charrette. **2.** Porte pivotant autour d'un axe horizontal et fermant l'arrière de certains véhicules automobiles (camionnettes, breaks, etc.).

Hayworth (Margarita Carmen Cansino, dite Rita) (1918 – 1987), actrice de cinéma américaine : *Gilda* (1946), *la Dame de Shanghai* (1948).

Hazin *(Ibn al-Hay[ttir]am al-Hazīn)*, parfois francisé en *Alhazen* (965 – 1039), mathématicien et astronome arabe. Il aurait inventé la preuve par neuf. Son *Optique* et son *Traité des courbes géométriques* font de lui l'un des grands savants arabes.

Hazoumé (Paul) (1890 – 1980), écrivain béninois. Il étudia les traditions de son pays (*le Pacte du sang au Dahomey*, 1937) et publia un grand roman historique : *Doguicimi* (1938).

hé ! ['e; he] interj. Fam. (Pour appeler, interpeller.) *Hé! toi, viens ici!* ▷ (Marquant, selon le ton, la surprise, l'approbation, le doute, l'ironie.) *Hé! vous voilà bien pressé!*

Head (Bessie) (1937 – 1986), romancière sud-africaine, de père noir et de mère blanche : *Maru* (1971), *Serowe* (1981).

heaume ['om] n. m. Casque couvrant la tête et le visage, porté au Moyen Âge par les hommes d'armes. – *Masque heaume :* V. masque.

Hebbel (Friedrich) (1813 – 1863), poète dramatique allemand d'inspiration romantique : trilogie des *Nibelungen* (1861).

hebdomadaire [ɛbdɔmadɛʀ] adj. et n. m. **1.** adj. Relatif à la semaine; qui se renouvelle chaque semaine. *Repos hebdomadaire.* ▷ *Spécial.* Qui paraît chaque semaine. *Magazine hebdomadaire.* **2.** n. m. Publication qui paraît chaque semaine.

Hebei, prov. de Chine septent., sur le golfe du Bohai, qui englobe notam. Pékin; 190000 km^2; 55480000 hab. (Pékin exclu); ch.-l. *Shijiazhuang.*

hébéphrénie [ebefʀeni] n. f. PSYCHOPATHOL Trouble mental schizophrénique caractérisé par une tendance mélancolique et des accès de colère et de violence.

hébergement [ebɛʀʒəmɑ̃] n. m. **1.** Action d'héberger. **2.** Logement.

héberger [ebɛʀʒe] v. tr. [**13**] Recevoir, loger chez soi. *Héberger des amis.* ▷ Par ext. *Pays qui héberge des réfugiés.*

Hébert (Jacques René) (1757 – 1794), journaliste et homme politique français. Fondateur du *Père Duchesne* (1790), journal extrémiste, il contribua à la chute de la royauté (1792) et des Girondins (1793). Robespierre, dont il dénonçait la modération, le fit guillotiner, ainsi que les *hébertistes.*

Hébert (Anne) (née en 1916), écrivain québécois. Poétesse (*le Tombeau des rois*, 1953; *Mystère de la parole*, 1960), elle a donné libre cours à sa fureur de visionnaire dans plusieurs romans : *Chambres de bois* (1958), *Kamarouska* (1970), *les Enfants du sabbat* (1975), *le Premier Jardin* (1988).

hébéter [ebete] v. tr. [**14**] Rendre stupide, ahuri. *Être hébété par la douleur, par la surprise.*

hébétude [ebetyd] n. f. **1.** MED Engourdissement des facultés intellectuelles. **2.** État d'une personne hébétée.

hébraïque [ebʀaik] adj. Qui appartient aux Hébreux, partic. à leur langue. *Caractères hébraïques. – La langue hébraïque :* l'hébreu.

1. hébreu [ebʀø] n. m. **1.** *Les Hébreux :* nom donné dans la Bible aux Araméens de Harran qui traversèrent l'Euphrate et s'installèrent en terre de Canaan. *Le judaïsme, religion des Hébreux.* **2.** Langue des Hébreux. *L'hébreu est une langue sémitique.* ▷ Loc. fig., fam. *C'est de l'hébreu :* c'est incompréhensible.

ENCYCL Au IIe mill. av. J.-C., des tribus araméennes sédentarisées en Syrie depuis le XIXe ou le XVIIIe s. traversèrent l'Euphrate (XVIIe ou XVIe s. av. J.-C.), dont les Hébreux qui parvinrent en terre de Canaan (la Palestine). Cet épisode fait l'objet du chapitre XII de la Genèse, dans lequel apparaît, à la tête de ce mouvement, le patriarche Abraham. Les vicissitudes que connut, à partir de ce moment, le peuple hébreu sont relatées dans la Bible.

2. hébreu [ebʀø], fém. **hébraïque** [ebʀaik] adj. **1.** Relatif aux Hébreux. *Le peuple hébreu.* **2.** Relatif à la langue des Hébreux.

Hébrides (îles) ou **Western Islands,** archipel de Grande-Bretagne, formé d'env. 500 îles (Lewis, Skye, etc.) ou îlots, proche de la côte N.-O. de l'Écosse; 2898 km²; 31600 hab.

Hébron (auj. *Al-Khalīl*), v. de Jordanie (Cisjordanie), au S. de Jérusalem; env. 42000 hab. – Occupée par Israël depuis 1967, la ville fut cédée aux Palestiniens en 1997 (statut d'autonomie partielle).

Hécate, dans la myth. grecque, divinité lunaire et infernale, souvent représentée avec trois têtes.

hécatombe [ekatɔ̃b] n. f. **1.** ANTIQ Immolation d'un grand nombre d'animaux. **2.** Cour. Massacre, tuerie d'êtres humains. ▷ Fig. Nombre important d'échecs. *Seulement dix pour cent de reçus au concours, quelle hécatombe!*

hect(o)-. Élément, du gr. *hekaton,* «cent».

hectare [ɛktaʀ] n. m. Unité de superficie valant 100 ares (10000 m²) (symbole ha).

hecto [ɛkto] n. m. Abrév. de *hectolitre* ou, rare, de *hectogramme.*

hectogramme [ɛktogʀam] n. m. Unité de masse valant 100 grammes (symbole hg).

hectolitre [ɛktolitʀ] n. m. Unité de mesure de capacité valant 100 litres (symbole hl).

hectomètre [ɛktomɛtʀ] n. m. Unité de mesure de longueur valant 100 mètres (symbole hm).

hectométrique [ɛktometʀik] adj. Didac. Relatif à l'hectomètre; qui délimite une distance d'un hectomètre. *Bornes hectométriques d'une route.*

hectopascal [ɛktopaskal] n. m. PHYS Unité de mesure de pression valant 100 Pa (symbole hPa).

Hector, héros de l'*Iliade;* fils aîné de Priam et d'Hécube, époux d'Andromaque. Vaillant défenseur de Troie, il tua Patrocle, mais fut tué par Achille.

hectowatt [ɛktowat] n. m. PHYS Unité de mesure de puissance équivalant à 100 watts (symbole hW).

Hécube, dans la mythologie grecque, seconde femme du roi de Troie Priam. Elle lui aurait donné 19 enfants, dont Hector, Pâris et Cassandre. Les Grecs lui infligèrent tous les malheurs.

Hedjaz *(al-Hiğāz),* province occid. d'Arabie Saoudite, formant un escarpement qui domine la mer Rouge; 400000 km²; 1754000 hab.; ch.-l. *La Mecque*; v. princ. *Médine, Djedda.* Élevage de chameaux; dattes. Le pèlerinage de La Mecque favorise le comm. et le tourisme. – Autrefois sous domination ottomane, le Hedjaz fut, de 1916 à 1926, un royaume indép. qui s'unit au Nadjd pour constituer l'Arabie Saoudite.

hédonisme [edɔnism] n. m. **1.** PHILO Doctrine qui fait de la recherche du plaisir le fondement de la morale. *L'hédonisme d'Aristippe de Cyrène.* **2.** PSYCHAN Recherche du plaisir orientée vers une partie du corps, au cours du développement de la sexualité. *Hédonisme oral, anal, génital.* **3.** ECON Doctrine qui fait de la recherche du maximum de satisfactions le moteur de l'activité économique.

hédoniste [edɔnist] n. et adj. **1.** n. Adepte de l'hédonisme. ▷ adj. *Moraliste hédoniste.* **2.** adj. De l'hédonisme.

Hegel (Georg Wilhem Friedrich) (1770 – 1831), philosophe allemand. Il étudia la philosophie au séminaire de théologie protestante de Tübingen (1788-1790), où il se lia avec Schelling et Hölderlin, enseigna ensuite à Iéna (1805-1807), à Nuremberg (1809-1815), à Heidelberg (1816-1818), puis à Berlin, où il mourut du choléra. Princ. œuvres : *Phénoménologie de l'esprit* (1807), *Science de la logique* (1812-1816), *Principes de la philosophie du droit* (1821). Ses cours ont été publiés après sa mort : *Philosophie de l'histoire, Esthétique, Philosophie de la religion, Histoire de la philosophie.* S'opposant au dualisme de Kant, pour qui l'esprit et la nature sont extérieurs l'un à l'autre, Hegel cherche à montrer que l'esprit est immanent à la nature et à l'histoire : «Tout ce qui est rationnel est réel et, réciproquement, tout ce qui est réel est rationnel.» Principe moteur du monde, l'esprit se manifeste historiquement, selon un processus dialectique : tour à tour, il se nie dans ce qui est autre que lui (la matière, par ex.) et s'affirme; il se dépasse en se conservant (*aufheben*). La dialectique hégélienne est souvent représentée par la triade : *thèse* (toute réalité se pose d'abord en soi), *antithèse* (elle se développe ensuite hors de soi), *synthèse* (elle retourne en soi comme négation de la négation, réconciliant les contraires au sein d'une réalité plus haute); mais elle ne se limite pas à cette triade, elle se veut une saisie progressive de la totalité des choses. La pensée de Marx*, dans son opposition même (matérialiste) à l'idéalisme hégélien, peut être considérée comme l'héritière directe de Hegel.

hégélianisme [egeljanism] n. m. PHILO Doctrine de Hegel. – Mouvement de pensée issu de la philosophie de Hegel.

hégélien, enne [egeljɛ̃, ɛn] adj. et n. PHILO Qui appartient à la doctrine hégélienne. *L'idéalisme hégélien.* ▷ Subst. Partisan de Hegel. *Un(e) hégélien(ne).*

hégémonie [eʒemɔni] n. f. **1.** ANTIQ GR Suprématie exercée par une cité sur un groupe d'autres cités. *Athènes, Sparte, puis Thèbes luttèrent pour conquérir l'hégémonie de la Grèce.* **2.** Mod., didac. Suprématie, domination. *L'hégémonie des grandes puissances.*

hégémonique [eʒemɔnik] adj. Didac. Qui a rapport à l'hégémonie.

hégire [eʒiʀ] n. f. Ère des musulmans, qui commence en 622 de l'ère chrétienne, date du départ de Mahomet de La Mecque pour Médine. *En l'an trois cent de l'hégire.*

Heha (mont), point culminant du Burundi (2670 m), dans le massif de Mugamba.

Heidegger (Martin) (1889 – 1976), philosophe allemand. *L'Être et le Temps* (1927) développe les thèmes de l'angoisse, du néant, de l'engagement dans le monde, en rejetant la perspective «humaniste» : l'objet essentiel de la philosophie n'est pas l'homme, mais l'Être (non divin). Son adhésion au nazisme a provoqué des polémiques. Œuvres princ. : *Qu'est-ce que la métaphysique?* (1929), *Introduction à la métaphysique* (1935), *Qu'appelle-t-on penser?* (1954).

Heidelberg, v. résidentielle d'Allemagne (Bade-Wurtemberg), sur le Neckar; 136230 hab. – Université fondée en 1386, haut lieu de la Réforme au XVIe s. Château (XVe-XVIIe s.). Maisons anciennes.

Heifetz (Jascha) (1899 – 1987), violoniste américain d'origine lituanienne.

Heilongjiang, prov. de la Chine du N.-E., limitrophe de la Russie, dont elle est séparée par l'Amour (*Heilongjiang* en chinois), et de la Mongolie; 463600 km²; 33110000 hab.; ch.-l. *Harbin.*

hein ['ɛ̃; hɛ̃] interj. Fam. **1.** (Pour signifier à un interlocuteur que l'on n'a pas, que l'on a mal compris ses propos, ou pour manifester une certaine impatience.) *Hein? qu'est-ce que tu dis?* **2.** (Renforçant une interrogation.) *Qu'est-ce que tu veux, hein?* **3.** (Accompagnant un énoncé exclamatif ou interrogatif et renforçant un ordre, une menace ou l'expression d'un sentiment tel que l'étonnement, la colère, la joie, le désir d'être approuvé, etc.) *Et ne recommence pas, hein!*

Heine (Heinrich) (1797 – 1856), poète lyrique allemand. Après *Voyage dans le Harz* (1826) et *le Livre des chants* (1827), il s'installa à Paris (1831). Il a donné une forme classique à ses lieder et ballades, empreints d'un esprit romantique : *la Lorelei, les Tisserands de Silésie.*

Heisenberg (Werner) (1901 – 1976), physicien allemand : travaux sur la mécanique quantique de l'atome. P. Nobel 1932. ▷ PHYS NUCL *Principe d'incertitude de Heisenberg :* on ne peut mesurer simultanément avec précision la position et la vitesse (donc la quantité de mouvement) d'une particule.

heiva [ɛjva] n. m. (Polynésie fr.) Festival annuel (juillet-août) où concourent les meilleurs groupes polynésiens de danse et de chant traditionnels.

hélas ! [elas] interj. (Exprime la plainte, la tristesse, le désespoir, la commisération, le regret ou le déplaisir.) *Il a, hélas! perdu toute sa famille. – Hélas! il ne lui reste plus rien!*

Hélène, dans la mythologie grecque, fille de Léda, sœur de Castor et de Pollux. Épouse de Ménélas, célèbre par sa beauté, elle fut enlevée par le Troyen Pâris, ce qui provoqua la guerre de Troie, comme le rapporte l'*Iliade* d'Homère (IXe s. av. J.-C.).

héler ['ele] v. tr. [**14**] Appeler de loin. *Héler un taxi.*

hélianthe [eljɑ̃t] n. m. Plante originaire d'Amérique (fam. composées), à grands capitules jaunes. *Le tournesol et le topinambour sont des hélianthes.*

hélianthine [eljɑ̃tin] n. f. CHIM Colorant synthétique utilisé comme indicateur en acidimétrie. (L'hélianthine vire au rose pour des pH inférieurs à 3,7, au jaune orangé pour des valeurs supérieures.) Syn. méthylorange.

hélicase [elikaz] n. f. BIOL Enzyme qui ouvre la double hélice d'A.D.N. en séparant de façon transitoire les deux chaînes qui la forment.

hélice [elis] n. f. **1.** GEOM Courbe engendrée par une droite s'enroulant régulièrement sur un cylindre. *Pas, spires d'une hélice.* **2.** Organe de propulsion ou de traction constitué par deux, trois ou quatre pales en forme d'hélicoïde, fixées sur un élément moteur. *Hélice de navire, d'avion. Hélice à pas variable.* ▷ Cour. Élément constitué de pales reliées à un axe. *Hélice d'un ventilateur.* ▷ *Escalier en hélice,* en spirale.

hélicoïdal, ale, aux [elikɔidal, o] adj. **1.** Didac. En forme d'hélice ou d'hélicoïde. **2.** MECA *Mouvement hélicoïdal :* mouvement d'un solide qui tourne autour d'un axe avec une vitesse angulaire constante, tout en étant animé d'un mouvement de translation uniforme parallèlement à cet axe.

hélicoïde [elikɔid] adj. et n. m. **1.** adj. Didac. En forme d'hélice. **2.** n. m. Surface engendrée par une ligne animée d'un mouvement hélicoïdal.

hélicoptère [elikɔptɛʀ] n. m. Appareil plus lourd que l'air dont la sustentation et la propulsion sont assurées par une ou plusieurs voilures tournantes (ou *rotors*).
ENCYCL La voilure d'un hélicoptère est mise en mouvement par un moteur (à explosion ou à turbine). L'effet de réaction de la voilure sur le fuselage est compensé par un rotor de queue, par un gouvernail de direction ou par la présence de deux voilures *contrarotatives* («qui tournent en sens inverse»). Le pilotage s'effectue grâce à trois commandes : la commande cyclique de variation de pas, pour le vol en translation; la commande collective de variation de pas, pour le vol vertical; le palonnier, qui agit sur le rotor de queue ou le gouvernail. La fabrication des hélicoptères fait appel aux matériaux composites.

-hélie, hélio-. Éléments, du gr. *hêlios,* «soleil».

héliocentrique [eljosɑ̃tʀik] adj. ASTRO Qui prend le Soleil comme centre de référence (par oppos. à *géocentrique*).

héliocentrisme [eljosɑ̃tʀism] n. m. ASTRO Système cosmologique qui prend le Soleil, et non la Terre, comme centre de référence (opposé à *géocentrisme*). *Le système de Copernic repose sur l'héliocentrisme.*

Héliodore (IIIe ou IVe s. apr. J.-C.), romancier grec : *les Éthiopiques.*

Héliogabale. V. Élagabal.

héliographie [eljogʀafi] n. f. IMPRIM Procédé photographique de gravure.

héliograveur, euse [eljogʀavœʀ, øz] n. TECH Personne qui pratique l'héliogravure.

héliogravure [eljogʀavyʀ] n. f. TECH **1.** Procédé d'impression utilisant des plaques ou des cylindres gravés en creux. – Gravure photomécanique en creux. **2.** Illustration, image obtenue par ce procédé.

héliomarin, ine [eljomaʀɛ̃, in] adj. MED Qui utilise simultanément l'action thérapeutique des rayons du soleil et de l'air marin.

hélion [eljɔ̃] n. m. PHYS NUCL Noyau de l'atome d'hélium, appelé aussi *particule alpha.* (V. encycl. hélium.)

héliophyte [eljofit] n. f. BOT Plante qui ne se développe qu'au soleil.

Héliopolis. V. Baalbek.

Héliopolis, fbg N.-E. du Caire. – Dans l'Antiquité, grand centre religieux consacré aux cultes d'Aton et de Rê; obélisque de Sésostris Ier. – Victoire de Kléber sur les Turcs en 1800.

Hélios ou **Hêlios,** dans la mythologie grecque, dieu du Soleil.

héliosphère [eljosfɛʀ] n. f. ASTRO Domaine magnétique du Soleil, dont le champ s'excerce sur le système solaire avec une intensité supérieure à celle du champ interstellaire.

héliostat [eljɔsta] n. m. **1.** ASTRO Appareil, servant à l'observation du Soleil, formé d'un miroir mobile mû par un mécanisme d'horlogerie et qui maintient invariable la direction des rayons solaires qu'il réfléchit sur une lunette fixe. *Héliostat de Silbermann, de Foucault.* **2.** TECH Miroir mobile qui capte l'énergie solaire. *Héliostats plans, focalisants.*

héliothérapie [eljoteʀapi] n. f. MED Traitement de certaines maladies par exposition aux rayons ultraviolets solaires ou artificiels.

héliothermie [eljotɛʀmi] n. f. TECH Utilisation de la chaleur produite par l'énergie solaire.

héliothermique [eljotɛʀmik] adj. TECH Qui capte, utilise l'énergie solaire. *Centrale, usine héliothermique.*

héliotrope [eljɔtʀɔp] n. m. et adj. **1.** Plante vivace (fam. borraginacées) à fleurs odorantes, commune dans les régions chaudes et tempérées. ▷ adj. *Plante héliotrope,* dont la fleur se tourne vers le soleil. **2.** MINER Calcédoine verte veinée de rouge.

héliotropine [eljotʀɔpin] n. f. CHIM Composé obtenu à partir de l'essence de sassafras, utilisé en parfumerie pour son odeur d'héliotrope. Syn. pipéronal.

héliotropisme [eljotʀɔpism] n. m. Syn. de *phototropisme.* (V. tropisme.)

héliport [elipɔʀ] n. m. Aéroport ou partie d'aéroport qui reçoit des hélicoptères effectuant des vols commerciaux.

héliporté, ée [elipɔʀte] adj. Qui est transporté par hélicoptère; qui est réalisé grâce à un hélicoptère. *Troupes héliportées. Secours héliportés.*

hélium [eljɔm] n. m. CHIM Élément (symbole He) de numéro atomique Z=2. – Gaz rare (He) de l'air.
ENCYCL L'hélium est principalement utilisé, comme fluide produisant une très basse température, dans la fabrication de mélanges respiratoires à la place de l'azote, comme agent de transfert de chaleur, dans les réacteurs nucléaires et, en tant que gaz inerte, dans la métallurgie.

hélix [eliks] n. m. **1.** ANAT Repli bordant le pavillon de l'oreille externe. **2.** ZOOL Nom scientif. de l'escargot.

hellébore [e(l)lebɔʀ] n. m. V. ellébore.

hellène [elɛn; ɛllɛn] n. et adj. Habitant ou personne originaire de la Grèce ancienne *(Hellade* ou *Hellas)* ou moderne. *Les Hellènes.* ▷ adj. *Tribu, peuple hellène.*

hellénique [elenik; ɛllenik] adj. Qui appartient, qui a rapport à la Grèce, à sa civilisation, à sa langue. *Cité hellénique. Études helléniques.*

hellénisant, ante [elenizɑ̃; ɛllenizɑ̃, ɑ̃t] n. et adj. Didac. Personne qui s'occupe d'études grecques, qui étudie la langue grecque. ▷ adj. *Érudit hellénisant.*

helléniser [elenize; ɛllenize] v. tr. [**1**] Didac. Donner le caractère grec à. *Helléniser une contrée.*

hellénisme [elenism; ɛllenism] n. m. HIST Civilisation de la Grèce ancienne. – Influence que cette civilisation a exercée sur les peuples non grecs, particulièrement après la mort d'Alexandre (323 av. J.-C.).

helléniste [elenist; ɛllenist] n. Didac. Érudit qui étudie la langue, la culture et la civilisation de la Grèce ancienne.

hellénistique [elenistik; ɛllenistik] adj. Didac. Se dit de tout ce qui concerne l'histoire grecque (langue, art, civilisation), depuis la mort d'Alexandre jusqu'à la conquête romaine.
ENCYCL À partir de 338 av. J.-C. (victoire de Philippe de Macédoine à Chéronée), la Grèce perd son importance politique par rapport à la Macédoine puis aux royaumes orientaux, de culture grecque, fondés après les conquêtes d'Alexandre. La civilisation grecque se diffuse alors du golfe de Ligurie à l'Inde, de l'Ister (Danube) à l'Égypte. Par le contact des éléments grecs et indigènes, l'hellénisme se transforme et donne naissance à une civilisation complexe, dite auj. *hellénistique.* L'axe économique du monde grec se déplace vers l'Orient : Rhodes, Byzance, Éphèse, Antioche, Séleucie du Tigre, Pergame et singulièrement Alexandrie d'Égypte deviennent les foyers intellectuels. On voit s'épanouir un art réaliste. La doctrine d'Épicure de Samos et celle de Zénon de Cittium, fondateur du stoïcisme, s'imposent aux esprits cultivés. Les progrès des sciences exactes, en mathématiques avec Euclide et Archimède de Syracuse, génial physicien, en astronomie avec Aristarque de Samos et Hipparque de Nicée, en médecine avec Hérophile et Érasistrate, sont considérables. L'architecture et l'urbanisme connaissent également un grand épanouissement.

Hellens (Frédéric Van Ermenghem, dit Franz) (1881 – 1972), écrivain belge d'expression française; cofondateur de la revue *le Disque* vert* (1920). Romans : *la Femme partagée* (1929), *Naître et Mourir* (1946), etc. Poèmes : *Miroirs conjugués* (1950), *Fabulaire* (1964). Essai : *le Fantastique réel* (1967).

Hellespont, nom donné par les Anciens aux Dardanelles*.

Helmholtz (Hermann Ludwig Ferdinand von) (1821 – 1894), physiologiste et physicien allemand; il étudia la vue, l'ouïe, les muscles et les fibres nerveuses.

helminthe [ɛlmɛ̃t] n. m. ZOOL, MED Ver parasite de l'homme, des animaux et des végétaux.

helminthiase [ɛlmɛ̃tjɑz] n. f. MED Maladie causée par la présence d'helminthes dans l'intestin. *En Afrique, les helminthiases constituent un sérieux problème pour la santé humaine et animale.*

héloderme [elodɛʀm] n. m. ZOOL Saurien du sud des États-Unis et du Mexique (genre *Heloderma*), long de 70 cm, aux marbrures jaunes et noires; le seul lézard venimeux.

Héloïse (1101 – 1164), nièce du chanoine Fulbert. Elle épousa en secret son précepteur Abélard, dont elle eut un fils. Après leur séparation, elle entra au couvent. La correspondance en latin d'Héloïse et d'Abélard fut traduite en 1870.

hélophyte [elofit] n. f. BOT Nom générique des plantes des marécages dont les bourgeons restent enfouis dans la vase pendant la mauvaise saison.

Helouan (en ar. *Hulwān*), v. d'Égypte, au S. du Caire; 328 000 hab. Industr. sidér. et auto.; superphosphates. Station thermale.

Helsingborg. V. Hälsingborg.

Helsingør. V. Elseneur.

Helsinki (en suédois *Helsingfors*), cap. de la Finlande, port sur le golfe de Finlande; 497 640 hab. Princ. centre industr. du pays. – Évêché cathol. Université. Musées. Stade olympique. – *Accords d'Helsinki :* accords signés en 1975, au terme d'une conférence sur la sécurité et la coopération en Europe, et portant notam. sur la libre circulation des hommes et des idées dans toute l'Europe (y compris l'Europe de l'Est).

helvète [ɛlvɛt] adj. De l'Helvétie, des Helvètes.

Helvètes, anc. habitants de l'Helvétie. Vers 58 av. J.-C., sous la pression des Germains, ils voulurent s'installer en Gaule Celtique. César saisit ce prétexte pour intervenir en Gaule.

Helvétie, partie de l'ancienne Gaule, correspondant à la Suisse actuelle. V. Helvètes.

helvétique [ɛlvetik] adj. De la Suisse.

helvétisme [ɛlvetism] n. m. LING Manière de s'exprimer, tournure propres aux Suisses de langue française.

Helvétius (Claude Adrien) (1715 – 1771), philosophe français; mécène des encyclopédistes. Son ouvrage *De l'esprit* (1758), qui défend une philosophie matérialiste athée et l'égalité naturelle des hommes, fut condamné.

hem ! ['ɛm; hɛm] interj. (Employée pour attirer l'attention ou pour exprimer le doute, l'embarras, la défiance.)

héma-, hémat(o)-, hémo-. Éléments, du gr. *haima, haimatos,* «sang».

hémarthrose [emaRtRoz] n. f. MED Épanchement de sang dans une cavité articulaire.

hémat(o)-. V. héma-.

hématie [emati; emasi] n. f. PHYSIOL Globule rouge du sang, cellule dépourvue de noyau, dérivant de l'érythroblaste médullaire, et dont la fonction essentielle est d'assurer le transport de l'oxygène. *La durée de vie de l'hématie est de 120 jours.* (V. encycl. sang.)

hématine [ematin] n. f. BIOCHIM Partie de l'hémoglobine qui renferme du fer à l'état de fer trivalent. (V. hème et porphyrine.)

hématique [ematik] adj. PHYSIOL Qui a rapport au sang.

hématite [ematit] n. f. MINER Oxyde de fer trivalent naturel brun-rouge. (L'hématite anhydre Fe_2O_3, ou *oligiste,* et l'hématite hydratée $2Fe_2O_3$, $3H_2O$, ou *limonite,* sont exploitées comme minerais de fer.)

hématoblaste [ematoblast] n. m. PHYSIOL Cellule jeune, médullaire, de la lignée sanguine.

hématocrite [ematokRit] n. m. MED Pourcentage des volumes globulaires par rapport au volume sanguin total, qui s'abaisse en cas d'anémie.

hématologie [ematolɔʒi] n. f. MED Branche de la médecine qui étudie le sang sur le plan histologique, fonctionnel et pathologique.

hématologiste [ematolɔʒist] ou **hématologue** [ematolɔg] n. Didac. Médecin spécialiste d'hématologie.

hématome [ematom] n. m. MED Collection sanguine bien délimitée, consécutive à la rupture d'un vaisseau. *Hématome cutané, intracérébral.*

hématopoïèse [ematopɔjez] n. f. PHYSIOL Formation des cellules sanguines (hématies, leucocytes, plaquettes), qui s'opère dans la moelle osseuse (et dans les ganglions, pour divers lymphocytes).

hématopoïétique [ematopɔjetik] adj. PHYSIOL Relatif à la production des cellules sanguines. *Organes hématopoïétiques.*

hématose [ematoz] n. f. PHYSIOL Conversion du sang veineux en sang artériel oxygéné, par échange gazeux au niveau des alvéoles pulmonaires.

hématozoaire [ematozɔɛR] n. m. ZOOL, MED Parasite animal vivant dans le sang. – *Spécial.* Plasmodium du paludisme.

hématurie [ematyRi] n. f. MED Présence de sang dans les urines pouvant témoigner d'une affection des reins (lithiase, tumeur, atteinte des glomérules rénaux), de la vessie, de l'urètre.

hème [ɛm] n. m. BIOCHIM Partie de l'hémoglobine, formée par la porphyrine cyclique et par du fer bivalent, au niveau duquel se fixe l'oxygène. Syn. hématine réduite.

héméralopie [emeRalɔpi] n. f. MED Baisse anormalement forte de la vision lorsque la lumière diminue.

hémi-. Élément, du gr. *hêmi,* «à moitié».

hémianopsie [emjanɔpsi] n. f. MED Diminution ou perte totale de la vue affectant une moitié du champ visuel.

hémicordés [emikɔRde] n. m. pl. ZOOL Embranchement d'animaux proches des cordés, au corps divisé en trois segments, qui présentent des ouvertures branchiales et une formation analogue à la corde, la stomocorde. Syn. stomocordés. *Les entéropneustes sont des hémicordés.* – Sing. *Un hémicordé.*

hémicycle [emisikl] n. m. Salle, espace semi-circulaire généralement entouré de gradins.

hémiédrie [emiedRi] n. f. MINER Caractère de certains cristaux qui ne présentent de modifications que sur la moitié des arêtes ou des angles semblables, et non sur tous, par exception à la loi de symétrie cristalline.

Hemingway (Ernest Miller) (1899 – 1961), romancier américain. Il exprime, sur un mode héroïque, l'échec et la fugacité du bonheur : *Le soleil se lève aussi* (1926); *l'Adieu aux armes* (1929); *Pour qui sonne le glas* (1940); *le Vieil Homme et la mer* (1952). P. Nobel 1954.

hémiparasite [emipaRazit] n. m. et adj. BOT Plante parasite qui effectue sa propre photosynthèse. – adj. *Le gui est hémiparasite.*

hémiplégie [emipleʒi] n. f. MED Paralysie, complète ou incomplète, frappant une moitié du corps à la suite d'une lésion des centres moteurs ou du faisceau pyramidal, et dont les causes peuvent être fort diverses (vasculaires, tumorales, infectieuses, etc.).

hémiplégique [emipleʒik] adj. et n. MED **1.** adj. Relatif à l'hémiplégie. **2.** n. Personne atteinte d'hémiplégie.

hémiptères [emiptɛR] n. m. pl. ENTOM Anc. ordre qui regroupait les insectes auj. répartis dans les deux ordres des hétéroptères et des homoptères.

hémisphère [emisfɛR] n. m. **1.** Moitié d'une sphère. ▷ ASTRO Moitié du globe d'une planète, en partic. de la Terre. *L'hémisphère Nord* (ou *boréal*). *L'hémisphère Sud* (ou *austral*). ▷ PHYS *Hémisphères de Magdeburg :* hémisphères creux à l'intérieur desquels on fait le vide avant de mesurer la force d'arrachement (expérience réalisée à Magdeburg en 1654 par Otto von Guericke pour prouver l'existence de la pression atmosphérique). **2.** ANAT *Hémisphères cérébraux :* les deux moitiés symétriques, droite et gauche, du cerveau.

hémisphérique [emisfeRik] adj. Qui a la forme d'une moitié de sphère.

hémistiche [emistiʃ] n. m. VERSIF Chacune des deux moitiés d'un vers (spécial. d'un alexandrin) coupé par une césure. ▷ *Par ext.* Césure du milieu du vers, entre deux mots. *Césure à l'hémistiche.*

Hemlemle (mont), point culminant du Swaziland, situé dans le Haut Veld; 1 862 m.

hémo-. V. héma-.

hémocompatible [emokɔ̃patibl] adj. MED **1.** Qui n'altère pas le sang. **2.** Dont le groupe sanguin est compatible avec un autre.

hémoculture [emokyltyR] n. f. MED Culture bactériologique du sang prélevé chez un sujet, en vue de rechercher des microbes.

hémocytoblaste [emositɔblast] n. m. BIOL Grande cellule de la moelle osseuse aux fonctions hématopoïétiques. *Les érythroblastes, les leucoblastes, etc., sont des hémocytoblastes.*

hémodialyse [emodjaliz] n. f. MED Méthode thérapeutique de purification du sang permettant d'éliminer les déchets toxiques (urée) qu'il renferme en le filtrant à travers une membrane sélective.

hémoglobine [emɔglɔbin] n. f. BIOCHIM Pigment rouge des hématies des vertébrés qui, par une liaison réversible, transporte l'oxygène des alvéoles pulmonaires vers les tissus.

ENCYCL L'hémoglobine est une hétéroprotéine synthétisée par les érythroblastes, constituée d'une partie protéique, la *globine,* et de l'*hème.* La globine est formée de quatre chaînes polypeptidiques identiques deux à deux; chaque chaîne est combinée à une molécule d'hème. La structure spatiale de l'hémoglobine, globuleuse, présente des régions hélicoïdales séparées par des sillons. Les hèmes sont dans des poches situées à la surface de la molécule où se fixe l'oxygène. L'hémoglobine chargée d'oxygène, ou oxyhémoglobine, délivre l'oxygène dans les tissus lorsque la pression partielle d'oxygène est faible.

hémoglobinose [emɔglɔbinoz] n. f. MED Maladie caractérisée par un trouble de l'hémoglobine.

hémoglobinurie [emɔglɔbinyRi] n. f. MED Présence d'hémoglobine dans les urines.

hémoglobinurique [emɔglɔbinyRik] adj. MED Caractérisé par l'hémoglobinurie. *Fièvre bilieuse hémoglobinurique.*

hémogramme [emɔgʀam] n. m. MED Étude qualitative et quantitative des éléments figurés du sang (globules rouges, globules blancs, plaquettes).

hémolyse [emɔliz] n. f. MED Destruction normale ou pathologique des globules rouges.

hémolytique [emɔlitik] adj. MED **1.** En rapport avec l'hémolyse. *Anémie hémolytique.* **2.** Qui provoque l'hémolyse.

Hémon (Louis) (1880 - 1913), romancier français. Il séjourna au Québec, où il mourut : *Maria Chapdelaine, récit du Canada français* (posth., 1916), *Monsieur Ripois et la Némésis* (posth., 1950).

hémopathie [emopati] n. f. MED Toute maladie du sang (anémies, leucémies, etc.).

hémophile [emɔfil] adj. et n. MED Qui est atteint d'hémophilie. – Subst. *Un(e) hémophile.*

hémophilie [emɔfili] n. f. MED Maladie héréditaire, transmise par les femmes mais n'atteignant que les hommes, due à l'absence de certains facteurs plasmatiques de la coagulation et caractérisée par une tendance aux hémorragies répétées et abondantes.

hémoptysie [emoptizi] n. f. MED Expectoration de sang rouge, aéré, venant des voies respiratoires, causée par une tuberculose pulmonaire, une pneumonie, une tumeur, etc.

hémorragie [emɔʀaʒi] n. f. **1.** Écoulement d'une quantité plus ou moins importante de sang hors d'un vaisseau sanguin. *Hémorragie externe* (hémoptysie, épistaxis), *interne.* **2.** Fig. Déperdition importante. *Hémorragie de capitaux.*

hémorragique [emɔʀaʒik] adj. MED Relatif à l'hémorragie.

hémorroïde [emɔʀɔid] n. f. (Souvent au plur.) MED Varice formée par la dilatation des veines de l'anus ou du rectum.

hémostatique [emɔstatik] adj. et n. m. MED Qui arrête l'hémorragie. *Un médicament hémostatique.* – n. m. *Un hémostatique.*

Henan, prov. de Chine, au sud du Huanghe (bassin inférieur); 167000 km^2; 77130000 hab.; ch.-l. *Zhengzhou.* – L'O., montagneux (Qinling), s'oppose à l'E., où s'étend une plaine très fertile.

Hénault (Gilles) (né en 1920), poète québécois : *Totems* (1953), *Sémaphore* (1962), *Signaux pour les voyants* (1972).

hendéca-. Élément, du gr. *hendeka,* «onze».

hendécagone [ɛ̃dekagon] n. m. GEOM Polygone qui a onze angles et onze côtés.

hendécasyllabe [ɛ̃dekasil(l)ab] n. m. VERSIF Vers de onze syllabes.

hendiadyin [ɛ̃djadin] ou **hendiadys** [ɛ̃djadis] n. m. GRAM Figure de rhétorique consistant à exprimer une idée par deux noms que relie *et,* au lieu d'utiliser un nom accompagné d'un adjectif ou d'un complément déterminatif (ex. *Par la haine et par la jalousie,* au lieu de : *par une haine jalouse*).

Hendrix (Jimi) (1942 - 1970), guitariste et compositeur américain.

Hénein (Georges) (1914 - 1973), poète égyptien de langue française : *le Seuil interdit* (1956). A la fin des années 30, il fonda au Caire un groupe surréaliste qui exerça une grande influence. À partir de 1948, il prit ses distances par rapport à l'orthodoxie surréaliste (*le Signe le plus obscur,* posth., 1977).

Heng Samrin (né en 1934), homme politique cambodgien. Chef de l'État et du gouvernement installé par les Vietnamiens au Cambodge en janvier 1979, il est, depuis 1981, secrétaire général du Parti populaire révolutionnaire khmer, rebaptisé, en 1991, Parti du peuple cambodgien.

henné ['ene] n. m. **1.** Arbuste tropical dont les feuilles fournissent une teinture jaune ou rouge. **2.** Cette teinture, utilisée notam. par les musulmans pour les mains, les pieds, les ongles, les cheveux. **3.** (Afr. subsah.) Retraite précédant certaines cérémonies, au cours de laquelle on passe au henné les membres des retraitants. *Mettre les futurs époux au henné.*

hennir ['eniʀ] v. intr. [3] Pousser son cri en parlant du cheval.

hennissement ['enismɑ̃] n. m. Cri du cheval.

hennuyer, ère [enwije, ɛʀ] adj. et n. Du Hainaut. ▷ Subst. *Un Hennuyer, une Hennuyère.*

Hénoch. V. Énoch.

ALLEMAGNE

Henri Ier l'Oiseleur (v. 876 - 936), roi de Germanie (919-936); il fonda la dynastie saxonne. — **Henri II le Saint** ou **le Boiteux** (973 - 1024), arrière-petit-fils du préc.; empereur germanique de 1002 à 1024; canonisé en 1146. — **Henri III le Noir** (1017 - 1056), empereur de 1039 à 1056; il intervint dans les élections pontificales. — **Henri IV** (v. 1050 - 1106), fils du préc.; empereur de 1056 à 1106, il fut entraîné dans la *querelle des Investitures** contre Grégoire VII, qui l'excommunia (1076). Il obtint son pardon à Canossa* (1077), puis reprit la lutte contre la papauté. Il fut déposé par son fils. — **Henri V** (1081 - 1125), fils du préc.; empereur de 1106 à 1125, il mit fin à la querelle des Investitures en signant avec Calixte II le concordat de Worms (1122). — **Henri VI le Sévère** ou **le Cruel** (1165 - 1197), fils de Frédéric Barberousse; empereur de 1190 à 1197. Roi de Sicile (1194) par son mariage (1186), il imposa par la force son autorité sur l'île. — **Henri VII de Luxembourg** (v. 1275 - 1313), empereur de 1308 à 1313. Il restaura l'ordre en Allemagne, maria son frère à l'héritière de Bohême (1310) puis guerroya en Italie, où il périt.

ANGLETERRE

Henri Ier Beauclerc (1068 - 1135), roi d'Angleterre de 1100 à 1135, duc de Normandie (1106-1135); quatrième fils de Guillaume le Conquérant, il succéda à son frère Guillaume le Roux. — **Henri II Plantagenêt** (1133 - 1189), roi de 1154 à 1189, duc de Normandie (1150-1189), comte d'Anjou (1151-1189) et duc d'Aquitaine (1152-1189) par son mariage avec Aliénor. Il affirma son autorité sur l'Église, malgré l'opposition de Thomas Becket (assassiné en 1170). Ses fils se révoltèrent contre lui (1173, 1183 et 1186), notam. Jean sans Terre (1188-1189), soutenu par le roi de France. — **Henri III** (1207 - 1272), roi de 1216 à 1272, duc d'Aquitaine; fils aîné de Jean sans Terre. Ses barons révoltés, que dirigeait Simon de Montfort, lui imposèrent des réformes (1258). Saint Louis lui prit le Poitou et l'Auvergne (1259). — **Henri IV** (1367 - 1413), roi de 1399 à 1413; petit-fils d'Édouard III; fondateur de la dynastie des Lancastres, il détrôna Richard II. — **Henri V** (1387 - 1422), fils du préc.; roi de 1413 à 1422, il battit les Français à Azincourt (1415). Le traité de Troyes (1420) le fit régent de France et héritier de Charles VI, dont il épousa la fille. — **Henri VI** (1421 - 1471), fils du préc.; roi de 1422 à 1461. Il perdit toutes ses possessions en France (sauf Calais), et l'anarchie se développa en Angleterre. Le début de la guerre des Deux-Roses (1455) entraîna sa chute, son incarcération (1466), puis son assassinat. — **Henri VII** (1457 - 1509), roi de 1485 à 1509, le premier souverain de la dynastie des Tudors. Vainqueur de Richard III à Bosworth (1485), il mit fin à la guerre des Deux-Roses et restaura la prospérité. — **Henri VIII** (1491 - 1547), fils du préc.; roi de 1509 à 1547. Il suivit une polit. de bascule dans la lutte entre Charles Quint et François Ier. Il annexa définitivement le pays de Galles (1536) et se fit proclamer roi d'Irlande (1541). Son règne vit les débuts de l'expansion marit. Rompant avec Rome (le pape refusait d'annuler son mariage avec Catherine d'Aragon), il provoqua un schisme : l'Acte de suprématie (1534) le fit chef de l'Église d'Angleterre. Il épousa successivement six femmes : Catherine d'Aragon, Anne Boleyn, Jane Seymour, Anne de Clèves, Catherine Howard, Catherine Parr. Il fit décapiter Anne Boleyn et Catherine Howard.

CONSTANTINOPLE

Henri de Flandre et Hainaut (1174 - 1216), second empereur latin d'Orient (1206-1216). Il succéda à son frère Baudouin et assura la domination latine.

FRANCE

Henri Ier (1008 - 1060), roi de France (1031-1060), fils de Robert II le Pieux. Il céda la Bourgogne à son frère Robert (1032). Guillaume le Conquérant le vainquit (1054 et 1058). — **Henri II** (1519 - 1559), roi de 1547 à 1559, fils de François Ier et de Claude de France. Catherine de Médicis, qu'il épousa en 1533, eut peu d'influence sur lui, contrairement à Diane de Poitiers et aux Guises. Il combattit le calvinisme et affermit l'admin. de l'État. Contre les Habsbourg, il s'allia aux princes protestants allemands et s'empara des Trois-Évêchés : Metz, Toul et Verdun (1552). Le roi d'Espagne Philippe II, allié aux Anglais, le vainquit en 1557 et lui imposa la paix du Cateau-Cambrésis (1559) : la France renonçait à ses prétentions sur l'Italie. Henri II mourut accidentellement, blessé à l'œil par Montgomery dans un tournoi. — **Henri III** (1551 - 1589), roi de 1574 à 1589, fils du préc. Élu roi de Pologne (1573), il quitta ce pays pour succéder, en France, à Charles IX. Les guerres de Religion marquèrent le règne de ce prince intelligent et cultivé, entouré de favoris, les «mignons». La paix de Monsieur (1576), signée avec les protestants, fut dénoncée par la Ligue, que mena Henri de Guise. Après la mort de son frère le duc d'Alençon (1584), il choisit comme héritier Henri de Navarre, le chef des calvinistes (Henri IV). Aussi, les Guises, avec l'appui des Espagnols, obligèrent le roi à quitter Paris (1588). Henri III fit assassiner le duc de Guise à Blois (1588) et, avec Henri de Navarre, il assiégea Paris; il fut alors tué par un moine fanatique, Jacques Clément. — **Henri IV** (1553 – 1610), roi de Navarre sous le nom de Henri III (1572-1610) et roi de France (1589-1610); fils d'Antoine de Bourbon et de Jeanne d'Albret. Il reprit la direction de l'Union calviniste après une abjuration forcée lors de la Saint-Barthélemy (1572). Successeur légitime, mais contesté, d'Henri III, il vainquit la Ligue en 1589 et 1590, puis les Espagnols (1595). Il abjura le protestantisme (1593), fut sacré roi à Chartres, le 27 fév. 1594, et entra dans Paris le 22 mars. Le 13 avril 1598, il proclama l'édit de Nantes, qui consacrait la paix religieuse en France; le 2 mai 1598, il signa la paix avec les Espagnols. Aidé par Sully, il donna au pays, ruiné, une économie saine. En 1601, il prit à la Savoie plus. territoires. Il allait reprendre la lutte (impopulaire) contre les Habsbourg, lorsqu'il fut assassiné par Ravaillac. Il avait épousé en 1572 Marguerite de Valois et en 1600, après annulation de ce mariage, Marie de Médicis, mais le «Vert Galant» eut de nombr. aventures. — **Henri V.** V. Chambord (comte de).

PORTUGAL

Henri le Navigateur (1394 – 1460), infant de Portugal; fils du roi Jean Ier, il favorisa les voyages d'exploration des côtes d'Afrique occidentale dès 1417.

---

henry ['ɑ̃ʀi] n. m. ELECTR Unité d'inductance du système SI, égale à l'inductance d'un circuit fermé dans lequel une force électromotrice de 1 volt est produite lorsque l'intensité du courant électrique varie de 1 ampère par seconde (symbole H).

Henry (Joseph) (1797 – 1878), physicien américain : travaux sur l'autoinduction.

hep ! ['ɛp; hɛp] interj. (Employée pour appeler, pour héler.) *Hep! taxi!*

héparine [epaʀin] n. f. BIOCHIM Substance anticoagulante d'origine hépatique qui peut être obtenue par synthèse. *L'héparine est utilisée pour le traitement des phlébites et des embolies pulmonaires.*

1. hépatique [epatik] adj. et n. **1.** ANAT, MED Relatif au foie. *Artère, canal hépatique. Colique hépatique.* **2.** Qui souffre d'une maladie du foie. ▷ Subst. *Un(e) hépatique.*

2. hépatique [epatik] n. f. BOT Plante des lieux humides (bryophytes) à thalle ou à feuilles.

hépatite [epatit] n. f. MED Affection inflammatoire du foie. *Hépatite d'origine infectieuse, d'origine allergique. Hépatite virale. Hépatite A,* à virus à A.R.N., bénigne, dont la contamination se fait par les selles ou les boissons et les aliments souillés. *Hépatite B,* à virus à A.D.N., la plus grave des hépatites, transmise par le sang, la salive et le sperme, très répandue en Afrique noire, où la contamination se fait dès l'enfance. *Hépatite non-A non-B,* ou *hépatite C,* souvent transmise par du sang contaminé.

hépato-. Élément, du gr. *hêpar, hêpatos,* « foie».

hépatocyte [epatosit] n. m. BIOL Volumineuse cellule du foie, qui joue un rôle essentiel dans ses fonctions.

hépatologie [epatolɔʒi] n. f. MED Étude de la physiologie et des maladies du foie.

hépatomégalie [epatomegali] n. f. MED Augmentation du volume du foie.

Hepburn (Katharine) (née en 1907), actrice américaine : *l'Impossible Monsieur Bébé* (1938), *The African Queen* (1951).

Héphaïstos, dans la myth. grecque, dieu du Feu et des Forgerons; fils d'Héra. Assimilé à Vulcain par les Romains.

hepta-. Élément, du gr. *hepta,* «sept».

heptaèdre [ɛptaɛdʀ] n. m. GEOM Polyèdre à sept faces.

heptagone [ɛptagon] n. m. GEOM Polygone qui a sept angles et sept côtés.

heptathlon [ɛptatlɔ̃] n. m. SPORT Discipline et épreuve féminine qui a remplacé le pentathlon* en 1980, et qui combine trois courses (100 m haies, 200 m et 800 m) et quatre concours (poids, hauteur, longueur, javelot).

Héra, dans la mythologie grecque, déesse du Mariage et de la Maternité; identifiée à Junon par les Romains.

Héraclès ou **Hêraklès,** héros de la mythologie grecque que les Latins ont nommé Hercule*. Né, à Thèbes, de Zeus et d'Alcmène, doué d'une force surhumaine, il affronte le monde sauvage. ▷ LITT Homère (*l'Iliade,* VIIIe s. av. J.-C.), Hésiode (*le Bouclier d'Héraclès,* VIIIe-VIIe s. av. J.-C.), Pindare (*Épinicies,* Ve s. av. J.-C.) voient donc en lui l'un des grands constructeurs du monde civilisé. Sophocle (*les Trachiniennes,* v. 455 av. J.-C.) le décrit mourant stoïquement sur le bûcher du mont Œta. Euripide (*Héraclès furieux,* v. 424 av. J.-C.) tourne à son avantage l'épisode de la crise de folie qui l'amène à tuer sa prem. femme, Mégara, et leurs enfants. V. Nessos.

Héraclite (v. 540 – v. 480 av. J.-C.), philosophe grec. Il analyse le conflit entre *l'être* et le *devenir,* et le perpétuel écoulement des choses : «On ne se baigne jamais deux fois dans le même fleuve.» Nous ne possédons de son œuvre que des fragments.

Hêraklès. V. Heraclès.

Héraklion ou **Hêraklion** (anc. *Candie*), port de l'île de Crète (Grèce); ch.-l. du nome du m. nom; 101 630 hab. – Fut vénitien de 1204 à 1669.

héraldique [eʀaldik] adj. et n. f. Didac. **1.** adj. Qui a rapport au blason. *Art héraldique.* **2.** n. f. Science du blason, des armoiries.

Hérault (l'), fl. de France (160 km); né dans les Cévennes, il se jette dans la Méditerranée. – Dép. : 6 224 km^2; 794 603 hab.; ch.-l. *Montpellier*.* V. Languedoc-Roussillon (Rég.).

héraut ['eʀo] n. m. Litt. Messager, annonciateur.

herbacé, ée [ɛʀbase] adj. BOT Qui a l'apparence ou la structure de l'herbe. *Plantes herbacées et plantes ligneuses.*

herbage [ɛʀbaʒ] n. m. **1.** (Sing. collect.) Herbe des pâturages. **2.** Prairie destinée au pâturage des troupeaux.

herbager, ère [ɛʀbaʒe, ɛʀ] adj. Qui est caractérisé par des herbages. *Une région herbagère.*

herbe [ɛʀb] n. f. **1.** Plante fine, verte, non ligneuse, à tige molle, qui s'élève relativement peu au-dessus du sol et dont les parties aériennes meurent chaque année. *Une herbe; des, les herbes.* – *Herbe baïonnette* ou (Afr. subsah.) *herbe à paillotes :* imperata. – *Herbe chandelle :* leonotis. ▷ (Québec) *Herbe à poux :* plante (genre *Ambrosia*) qui libère un abondant pollen pouvant provoquer des allergies respiratoires. – *Herbe à puce(s) :* plante vénéneuse (genre *Toxicodendron* ou *Rhus*) dont le contact provoque une forte allergie cutanée. ▷ (Afr. subsah.) *Herbe à éléphant :* très grande graminée (genre *Pennisetum*) utilisée comme fourrage et pour couvrir les cases. – *Herbe aux sorciers :* plante médicinale odorante (fam. composées). ▷ *Fines herbes :* herbes aromatiques employées en cuisine. – *Herbes médicinales, officinales* ou (Réunion) *herbes :* herbes utilisées pour leurs propriétés thérapeutiques. ▷ (Québec) *Herbes salées :* mélange salé de fines herbes et de légumes hachés servant à assaisonner les soupes. ▷ *Mauvaises herbes :* plantes herbacées nuisibles aux cultures. Syn. adventice. ▷ Arg. ou fam. *L'herbe* ou (Afr. subsah.) *l'herbe qui tue :* le haschisch, la marihuana, le cannabis. **2.** (Sing. collect.) Végétation peu élevée formée par la réunion de plantes herbacées. *Se coucher dans l'herbe. Un brin d'herbe.* ▷ Loc. fig. *Couper* l'herbe sous le pied de qqn.* **3.** Loc. adj. *En herbe :* qui n'en est qu'au début de sa croissance, en parlant d'une céréale. *Blé en herbe.* – Fig. *Manger son blé en herbe :* dépenser son capital sans attendre qu'il ait rapporté. ▷ Qui est apte à devenir (qqch), futur (spécial. en parlant des enfants). *Un musicien en herbe.*

herbeux, euse [ɛʀbø, øz] adj. Où il pousse de l'herbe. *Plateau herbeux.*

herbicide [ɛʀbisid] adj. et n. m. Didac. Qui détruit les mauvaises herbes. *Un produit herbicide.* ▷ n. m. *Le chlorate de sodium est un herbicide.*

herbier [ɛʀbje] n. m. **1.** Collection de plantes séchées où chaque spécimen est conservé entre des feuillets de papier. ▷ Collection de planches représentant des plantes. **2.** Banc d'herbes aquatiques dans un cours d'eau, un lac, etc. ▷ Prairie sous-marine.

herbivore [ɛʀbivɔʀ] adj. et n. m. Qui se nourrit d'herbes, de végétaux verts. *Les animaux herbivores.* ▷ n. m. *Les ruminants sont des herbivores.*

herboriser [ɛʀbɔʀize] v. intr. **[1]** Cueillir des plantes pour les étudier, constituer un herbier ou les employer en herboristerie.

herboriste [ɛʀbɔʀist] n. Personne qui vend des plantes médicinales.

herboristerie [ɛʀbɔʀistəʀi] n. f. Commerce, boutique de l'herboriste.

herbu, ue [ɛʀby] adj. Où l'herbe est épaisse, où elle foisonne.

Herculanum, v. de la Campanie antique, près de Pompéi, ensevelie, en 79 apr. J.-C., lors d'une éruption du Vésuve. Ses ruines furent découvertes en 1711. Les fouilles commencèrent en 1738; souvent interrompues, elles ne furent méthodiquement poursuivies qu'après 1927.

hercule [ɛʀkyl] n. m. Homme d'une force exceptionnelle. *Être bâti en hercule :* avoir une stature particulièrement imposante.

Hercule (Colonnes d'), le mont Calpé, européen, et le rocher Abyla, africain, qui marquent l'entrée orientale du détroit de Gibraltar et constituaient, pour les Anciens, les bornes du monde (censées avoir été posées par Hercule).

Hercule, demi-dieu de la myth. latine assimilé à l'Héraclès* grec. Provenant de la myth. grecque, les *Douze Travaux d'Hercule* consistèrent à : étrangler le lion de Némée; tuer l'hydre de Lerne; capturer le sanglier d'Érymanthe; capturer la biche de Cérynie, aux pieds d'airain, qu'il blesse; abattre les oiseaux du lac Stymphale; dompter un taureau furieux qui désolait la Crète; s'emparer des juments du roi de Thrace, Diomède; prendre sa ceinture à Hippolyte, reine des Amazones; nettoyer les écuries d'Augias, en y détournant un fleuve; capturer les bœufs de Géryon; s'emparer des pommes d'or du jardin des Hespérides; descendre aux Enfers pour capturer Cerbère (il libère Thésée au passage). Virgile raconte dans l'*Énéide* (19 av. J.-C.) le combat d'Hercule contre un monstre à deux têtes qui, près de Rome, lui avait volé plusieurs bêtes.

herculéen, enne [ɛʀkyleɛ̃, ɛn] adj. Digne d'Hercule. *Force herculéenne.*

hercynien, enne [ɛʀsinjɛ̃, ɛn] adj. GEOL Se dit des plissements géologiques de la fin de l'ère primaire (carbonifère), qui constituent la *chaîne hercynienne,* aujourd'hui érodée et dont les vestiges forment les «massifs anciens» (chaîne des Mauritanides en Afrique, Vosges et Forêt Noire en Europe, par ex.).

herd-book ['ɛʀdbuk] n. m. (Anglicisme) ELEV Registre généalogique officiel des races bovines, qui atteste la filiation des individus de bonne race, utilisé pour la reproduction et l'amélioration du cheptel. *Des herd-books.*

Herder (Johann Gottfried) (1744 – 1803), écrivain allemand. Théologien, philosophe, poète et critique, il participa au *Sturm* und Drang.*

hère ['ɛʀ] n. m. *Un pauvre hère :* un homme misérable.

Heredia (José Maria de) (1842 – 1905), poète parnassien français : *les Trophées* (1893). Acad. fr. (1894).

héréditaire [eʀeditɛʀ] adj. **1.** DR Qui se transmet par droit de succession. *Titre héréditaire.* **2.** BIOL Transmis par hérédité. *Maladie héréditaire.* **3.** Qui se transmet de génération en génération. *Une haine héréditaire de la dictature.*

héréditairement [eʀeditɛʀmɑ̃] adv. **1.** DR Par droit d'hérédité. **2.** BIOL Par transmission héréditaire.

hérédité [eʀedite] n. f. **I.** DR Caractère de ce qui se transmet par droit de succession (possession, charge). *Le principe de l'hérédité du trône.* **II.** Transmission de certains caractères dans la reproduction des êtres vivants. **1.** BIOL Transmission, sans modification, de certains caractères (physiques, physiologiques, etc.) non acquis (couleur des yeux), parfois pathologiques (malformations squelettiques, hémophilie, etc.), des ascendants aux descendants par la voie de la reproduction sexuée. *Les lois de l'hérédité. Le problème de l'hérédité de l'acquis.* **2.** *Par ext.* Chez l'homme, transmission de certaines dispositions (partic. morales et psychologiques) des parents aux enfants. – Ensemble des prédispositions (physiques, morales, mentales) héritées des parents. *Une hérédité chargée :* un héritage génétique présentant des tares évidentes. **3.** Caractère particulier qui se transmet d'une génération à l'autre dans un milieu, une région, etc. *Une hérédité paysanne.*

Hérelle (Félix d') (1873 – 1949), biologiste québécois. Ses travaux novateurs sur les bactériophages améliorèrent le traitement du choléra et de la dysenterie.

Herero, peuple de la Namibie (env. 120 000 personnes) et du Botswana. Ils parlent une langue bantoue. Ils résistèrent vaillamment à la colonisation allemande (*guerre des Herero,* 1904-1907).

hérésiarque [eʀezjaʀk] n. m. Didac. Auteur d'une hérésie; chef d'une secte hérétique.

hérésie [eʀezi] n. f. **1.** RELIG CATHOL Doctrine contraire à la foi, condamnée par l'Église catholique. *L'hérésie arienne.* ▷ Toute doctrine contraire aux dogmes établis, au sein d'une religion quelconque. **2.** Opinion, doctrine, pratique en opposition avec les idées communément admises. *Cette théorie fut d'abord considérée comme une hérésie scientifique.* ▷ Plaisant *Ce mélange de couleurs est une hérésie.*

ENCYCL Relig. – Dès les temps apostoliques, le christianisme connaît des hérésies «judaïsantes» ou «hellénisantes», qui portent sur la nature de Jésus, homme pour les uns, dieu pour les autres. Aux IVe et Ve s. apparaissent les hérésies trinitaires; la plus connue est l'*arianisme* qui affirme que le Père seul est Dieu et que le Fils est donc subordonné au Père; les Vandales qui occupèrent l'Afrique du Nord (430-530) étaient ariens. Parmi les hérésies christologiques des Ve et VIe s., le *monophysisme* affirme qu'il n'y a en Jésus qu'une seule nature, la nature divine; c'est la foi des Coptes (Égypte) et, par eux, de l'Église d'Éthiopie. Le *bogomilisme,* forme de manichéisme née en Bulgarie au Xe s., gagna Byzance, puis, au XIIe s., la France où il fut pratiqué par les *cathares.* À partir du XIe s., les hérésies portent principalement sur la pratique religieuse et l'organisation de l'Église. L'Anglais Wycliff au XIVe s., le Bohémien Hus au XVe s., l'Allemand Luther et le Français Calvin au XVIe s. visaient à réformer l'Église. Leurs mouvements, qui furent alors des schismes *(protestantisme),* ont connu ensuite des déviations doctrinales. Aujourd'hui, l'Église catholique, tout en restant théoriquement aussi intransigeante face aux positions hétérodoxes, privilégie le dialogue. – Du fait de l'absence de magistère unique, il n'y a pas, dans l'islam, de définitions dogmatiques, donc d'hérésies, mais seulement des schismes ou des écoles théologiques dont les autres groupes religieux ne mettent pas en doute l'appartenance à la foi musulmane.

hérétique [eʀetik] adj. et n. **1.** Entaché d'hérésie. *Doctrine hérétique.* **2.** Qui professe, qui soutient une hérésie. *Secte hérétique.* – Subst. *Les hérétiques luthériens.* ▷ *Par ext.* Qui soutient une opinion qui va contre les idées communément admises.

Hergé (Georges Rémi, dit) (1907 – 1983), auteur belge de bandes dessinées. En 1929, il créa le personnage de Tintin, jeune reporter qui parcourt aventureusement le monde avec son chien Milou et le capitaine Haddock, grand amateur de whisky et de jurons.

Herisau, v. de Suisse (Appenzell), ch.-l. des Rhodes-Extérieures; 14 500 hab. Industr. text., chim. et mécan.

hérissement ['eʀismɑ̃] n. m. Fait de se hérisser; état de ce qui est hérissé.

hérisser ['eʀise] v. [1] **I.** v. tr. **1.** Dresser (ses poils, ses plumes) en parlant d'un animal. **2.** Se dresser sur (en parlant de choses saillantes). *Des rochers hérissent la côte.* **3.** Garnir de choses pointues, saillantes. *Hérisser de tessons de bouteilles le haut d'un mur.* **4.** Fig. Horripiler, faire réagir (qqn) vivement sous le coup de l'irritation. *Ces propos le hérissaient.* **II.** v. pron. **1.** Se dresser (en parlant des poils ou des plumes). *Ses cheveux se hérissèrent d'horreur.* ▷ Dresser ses poils ou ses plumes (en parlant d'un animal). *Le chat s'est hérissé devant le chien.* **2.** Fig. Avoir une réaction de défiance ou de défense. *Il se hérisse quand on lui parle de cela.* **III.** Pp. adj. *Cheveux, poils hérissés.*

hérisson ['eʀisɔ̃] n. m. **1.** Mammifère insectivore au corps couvert de piquants. (*Erinaceus europaeus* est le hérisson d'Europe et d'Asie. Les hérissons d'Afrique appartiennent à plusieurs genres.) ▷ Par anal. *Hérisson de mer :* oursin. **2.** (Afr. subsah.) Nom cour. de l'athérure. **3.** TECH Rouleau garni de pointes pour écraser les mottes de terre dans un champ labouré. **4.** MILIT Point d'appui isolé susceptible d'être défendu de tous côtés.

héritage [eʀitaʒ] n. m. **1.** Action d'hériter; biens transmis par succession. *Faire un héritage. L'héritage se montait à plusieurs millions de francs.* **2.** Fig. Ce qui est transmis de génération en génération. *Un lourd héritage de croyances et de superstitions.*

hériter [eʀite] v. [1] **1.** v. intr. Recueillir par héritage. *Je suis riche, j'ai hérité.* ▷ v. tr. (Seulement lorsqu'il y a deux compléments.) *Il a hérité cinq cent mille francs de sa tante.* ▷ v. tr. indir. *Hériter d'une maison.* – (Suivi d'un comp. de personne.) *Hériter de son père.* **2.** v. tr. indir. Fig. Recevoir de ses parents, de ses ancêtres. *Il a hérité du bon sens de ses parents.*

héritier, ère [eʀitje, ɛʀ] n. **1.** DR Personne qui est appelée de droit à recueillir une succession. **2.** Cour. Personne qui hérite des biens d'une personne décédée. ▷ Fig. *Les héritiers d'une longue tradition.*

hermaphrodisme [ɛʀmafʀodism] n. m. BIOL Réunion chez le même individu des caractères des deux sexes. *Hermaphrodisme vrai des espèces peu évoluées. Pseudo-hermaphrodisme des vertébrés, des humains.*

ENCYCL L'hermaphrodisme est très répandu dans le monde vivant, notam. chez les espèces les moins évoluées; cependant, les cas d'autofécondation (entre les gamètes mâles et femelles provenant d'un même individu) sont extrêmement rares, et il existe de nombreux dispositifs anatomiques et physiologiques, chez les végétaux comme chez les animaux, qui favorisent la fécondation des ovules par des gamètes mâles d'un autre individu. On distingue l'*hermaphrodisme simultané,* où il y a production synchrone de gamètes mâles et femelles (escargot), et l'*hermaphrodisme alterné,* où l'individu est alternativement mâle et femelle (huître).

hermaphrodite [ɛʀmafʀodit] n. m. et adj. **1.** n. m. pl. ZOOL Animaux qui possèdent normalement des glandes génitales mâles et femelles fonctionnelles. ▷ BOT Plantes dont les fleurs possèdent simultanément étamines et pistil. – adj. *Fleur hermaphrodite.* **2.** n. m. Sujet (animal, humain) qui, contrairement à la normale, présente des caractères apparents des deux sexes. ▷ adj. *Un adolescent hermaphrodite.* Cf. androgyne, intersexué. Syn. bisexué. Ant. unisexué.

herméneutique [ɛʀmenøtik] adj. et n. f. Didac. **1.** adj. Qui interprète les livres sacrés et, en général, tous les textes anciens. *L'art herméneutique* ou, n. f., *l'herméneutique.* **2.** n. f. Théorie de l'interprétation des symboles.

Hermès, dans la mythologie grecque, fils de Zeus et de Maia; messager et interprète des dieux; il protège le commerce, les marchands, les voyageurs, mais également les voleurs. Assimilé à Mercure dans la mythologie latine.

Hermès Trismégiste (en gr. *Hermês trismegistos,* « Hermès trois fois très grand »), nom donné par les Grecs au dieu égyptien Thot, qu'ils considéraient comme l'initiateur du savoir humain. Selon les alchimistes, il avait fondé leur art.

herméticité [ɛʀmetisite] n. f. Didac. Qualité de ce qui est hermétiquement clos.

hermétique [ɛʀmetik] adj. **1.** Qui ferme parfaitement; qui assure une fermeture parfaitement étanche. *Récipient hermétique. Joint hermétique.* **2.** Fig. Obscur, difficile à comprendre. *Poésie hermétique.*

hermétiquement [ɛʀmetikmɑ̃] adv. De façon hermétique (sens 1). *Volets hermétiquement clos.*

hermétisme [ɛʀmetism] n. m. **1.** Didac. Ensemble des doctrines occultes des alchimistes. **2.** Caractère de ce qui est obscur, impénétrable. *L'hermétisme des écrits d'un philosophe.*

hermine [ɛʀmin] n. f. **1.** Carnivore mustélidé d'Europe et d'Asie, dont la fourrure, fauve en été, devient blanche en hiver, à l'exception de l'extrémité de la queue, toujours noire. *La blanche hermine, symbole de pureté.* **2.** Fourrure blanche de l'hermine. *Manteau d'hermine.* ▷ Bande de fourrure que portent certains magistrats et professeurs.

herminette ou **erminette** [ɛʀminɛt] n. f. TECH Hachette à tranchant recourbé et perpendiculaire à l'axe du manche.

Hermite (Charles) (1822 – 1901), mathématicien français : travaux sur les espaces vectoriels.

Hermon (mont) (en ar. *Haramūn),* massif calcaire à cheval sur la frontière syro-libanaise, au N. d'Israël. Il prolonge vers le sud la chaîne de l'Anti-Liban et culmine au *djebel al-Cheikh* (2 814 m).

Hernández (José) (1834 – 1886), poète argentin : *Martín Fierro* (1872-1879), épopée à la gloire des gauchos.

herniaire ['ɛʀnjɛʀ] adj. MED Qui a rapport à une hernie, aux hernies. *Sac herniaire. Bandage herniaire.*

hernie ['ɛʀni] n. f. **1.** Masse circonscrite formée par un organe ou une partie d'organe, le plus souvent l'intestin, sorti de la cavité qui le contient normalement. *Une hernie peut être congénitale ou acquise* (défaut de la paroi abdominale). *Hernie inguinale. Hernie discale,* susceptible de comprimer douloureusement le nerf sciatique. *Hernie hiatale**. *Hernie étranglée,* dans laquelle s'exerce une constriction qui entraîne une ischémie de l'organe. **2.** *Par anal.* TECH Excroissance sur une chambre à air, due à l'usure ou à un défaut.

Hérode Ier le Grand (73 – 4 av. J.-C.), roi des Juifs de 37 à 4 av. J.-C.. Il s'appuya sur les Romains, auxquels il devait son titre. Il entreprit la restauration du Temple de Jérusalem. Il aurait ordonné le « massacre des Innocents » (V. innocent). — **Hérode Philippe** (m. en 34 apr. J.-C.), fils du préc.; tétrarque juif de 4 av. J.-C. à 34 apr. J.-C., premier époux de sa nièce Hérodiade, père de Salomé. — **Hérode Antipas** (v. 20 av. J.-C. – v. 39 apr. J.-C.), frère du préc.; tétrarque de Galilée de 4 à 39 apr. J.-C., il fit mettre à mort Jean-Baptiste. Pilate lui envoya Jésus pour qu'il le jugeât.

Hérodiade ou **Hérodias** (7 av. J.-C. – 39 apr. J.-C.), princesse juive, épouse d'Hérode Philippe puis d'Hérode Antipas. Sa fille Salomé et elle obtinrent d'Antipas la mise à mort de Jean-Baptiste, qui avait condamné son union, adultérine et incestueuse.

Hérodote (v. 484 – v. 420 av. J.-C.), historien grec, surnommé « le Père de l'Histoire ». Ses neuf livres d'*Histoires* constituent une épopée (en prose) dont le thème central est la rencontre des civilisations grecque et perse.

héroï-comique [eʀɔikɔmik] adj. LITTER Qui tient à la fois du genre héroïque et du genre comique. *« Le Lutrin », poème héroï-comique de Boileau. Des pièces de théâtre héroï-comiques.*

1. héroïne [eʀɔin] n. f. Stupéfiant dérivé de la morphine *(diacétyl-morphine),* qui se présente sous forme de poudre blanche. *Puissant analgésique, l'héroïne est une drogue plus active mais surtout plus toxique que la morphine.*

2. héroïne [eʀɔin] n. f. **1.** Femme douée d'un courage hors du commun, de vertus exceptionnelles. **2.** Femme qui tient le rôle principal dans l'action d'une œuvre littéraire, dramatique ou cinématographique. *L'héroïne d'un roman.* – Par ext. *L'héroïne de cette affaire,* celle qu'elle concerne.

héroïnomane [eʀɔinɔman] n. Toxicomane qui utilise l'héroïne.

héroïque [eʀɔik] adj. **1.** Relatif aux héros mythologiques. *Les temps héroïques.* **2.** LITTER Qui chante les hauts faits des héros. *Poésie héroïque.* **3.** Qui montre de l'héroïsme, valeureux. *Femme héroïque.* – Qui dénote l'héroïsme. *Une décision héroïque.*

héroïquement [eʀɔikmɑ̃] adv. D'une manière héroïque (sens 3). *Se battre, souffrir héroïquement.*

héroïsme [eʀɔism] n. m. **1.** Vertu, courage exceptionnels, qui sont propres au héros. *Pousser le dévouement jusqu'à l'héroïsme.* **2.** Caractère de ce qui est héroïque. *L'héroïsme de sa conduite.*

Hérold (Jacques) (1910 – 1987), peintre et sculpteur roumain naturalisé français ayant longtemps appartenu au groupe surréaliste : *les Têtes* (peint., 1933); *le Grand Transparent* (bronze, 1947).

héron ['eʀɔ̃] n. m. Grand oiseau ciconiiforme vivant au bord des eaux et se nourrissant de petits animaux aquatiques (poissons, escargots, grenouilles, etc.). ▷ (Plur.) ZOOL Nom générique des oiseaux ciconiiformes (appelés autref. « échassiers ») du genre *Ardea* et des genres voisins (butor, aigrette, etc.).

Héron l'Ancien ou **d'Alexandrie** (Ier s. apr. J.-C.), mathématicien grec; inventeur d'automates et d'une machine à réaction utilisant la pression de la vapeur d'eau.

héros ['eʀo] n. m. **1.** MYTH Demi-dieu. *Achille, Hercule sont des héros.* **2.** Celui qui s'est rendu célèbre par son courage et son succès dans les faits d'armes. *Soundiata Keita et Tchaka sont des héros africains.* **3.** Celui qui se distingue par sa grandeur d'âme exceptionnelle, son dévouement total, etc. *Les héros de la science.* **4.** Personnage principal d'une œuvre littéraire, dramatique ou cinématographique. *Le héros d'un film.* – Par ext. *Le héros d'une aventure,* celui à qui elle est arrivée. – *Le héros de la fête,* en l'honneur de qui elle est donnée.

herpès [ɛʀpɛs] n. m. Éruption cutanée due à un virus et formée de vésicules groupées qui siègent le plus souvent sur le pourtour des orifices et sur les organes génitaux.

herpétique [ɛʀpetik] adj. MED De la nature de l'herpès.

herpétologie [ɛʀpetɔlɔʒi] n. f. V. erpétologie.

Herrera (Juan de) (1530 – 1597), architecte espagnol; il collabora à la construction de l'Escurial.

Herrera (Francisco), dit *Herrera le Vieux* (v. 1576 – 1657), peintre espagnol; représentant du baroque sévillan. — **Francisco,** dit *Herrera le Jeune* (1622 – 1685), fils du précédent; peintre et architecte espagnol.

Herriot (Édouard) (1872 – 1957), homme politique et écrivain français; prés. du parti radical (1919-1957), chef du gouv. en 1924-1925 et en 1932.

hersage ['ɛʀsaʒ] n. m. AGRIC Opération qui consiste à herser la terre.

Herschel (sir William) (1738 – 1822), astronome anglais d'origine allemande. Il découvrit en 1781 la planète Uranus et en 1789 deux satellites de Saturne. Il montra que le Soleil se déplace en direction de l'apex.

herse ['ɛʀs] n. f. **1.** AGRIC Instrument aratoire formé d'un châssis muni de fortes dents et qui sert, après le labour, à briser les mottes. *Herse à dents. Herse à disques* (sur lesquels sont fixées les dents). **2.** TECH Grille servant à arrêter les corps flottants sur un cours d'eau. **3.** THEAT Appareil d'éclairage dissimulé dans les cintres.

herser ['ɛʀse] v. tr. **[1]** AGRIC Passer la herse sur (un sol). *Herser un champ.*

Herstal, com. de Belgique (prov. de Liège), sur la Meuse; 38 590 hab. Sidérurgie; manufactures d'armes. – Musées. – Anc. *Héristal,* domaine de Pépin, maire d'Austrasie et bisaïeul de Charlemagne.

Hertel (Rodolphe Dubé, dit François) (1905 – 1985), écrivain québécois. Prêtre attentif aux aspirations de la jeunesse (*Leur inquiétude,* 1936; *Pour un ordre personnaliste,* 1942), il rompit avec ses prem. attaches (*Mes naufrages,* 1951; *Un Canadien errant,* 1953). Son œuvre est abondante (poèmes, essais, récits).

hertz ['ɛʀts] n. m. PHYS Unité de fréquence (symbole Hz). *1 Hz est la fréquence d'un phénomène dont la période est de 1 seconde.*

Hertz (Heinrich Rudolf) (1857 – 1894), physicien allemand. Il détermina (1887) la vitesse de propagation des ondes électromagnétiques, qui est celle de la lumière, prouvant ainsi le caractère électromagnétique de la lumière.

hertzien, enne [ɛʀtzjɛ̃, ɛn] adj. TELECOM *Ondes hertziennes :* ondes électromagnétiques utilisées dans les télécommunications. – *Relais hertzien :* installation permettant la réception et la réémission d'ondes hertziennes. *Les relais hertziens permettent d'assurer la couverture du territoire en émissions de télévision.* Syn. réémetteur. – *Câble hertzien :* faisceau d'ondes hertziennes.

Hertzog (James) (1866 – 1942), homme politique sud-africain; fondateur du National Party en 1912, Premier ministre de 1924 à 1939.

Hertzsprung (Ejnar) (1873 – 1967), astronome danois. ▷ ASTRO *Diagramme de Hertzsprung-Russell* (par abrév. *H.-R.*) : diagramme sur lequel on porte en abscisse le type spectral d'une étoile (ou sa température de surface) et en ordonnée sa magnitude absolue, pour étudier son évolution.

herve ['ɛʀv] n. m. Fromage fermenté à pâte molle, qui est originaire du pays de Herve. *Le herve a une forte odeur.*

Herve (pays de), région bocagère de Belgique (prov. de Liège), autour de *Herve* (13000 hab.).

Herzégovine, région de Bosnie-Herzégovine; v. princ. *Mostar.* – Conquise par les Turcs (1465), qui la rattachèrent à la Bosnie (1482).

Herzen (en russe *Ghertsen*) (Alexandre Ivanovitch) (1812 – 1870), écrivain, journaliste et homme politique russe. Depuis son exil, il prôna un «socialisme russe».

Herzl (Theodor) (1860 – 1904), écrivain juif autrichien d'expression allemande : *l'État juif* (1896); en 1897, il fonda le mouvement sioniste

Herzog (Maurice) (né en 1919), alpiniste et homme politique français. Il vainquit l'Annapūrnā (1950), avec Lachenal.

Hesbaye (la) (en flam. *Haspengouw*), plaine fertile de Belgique, entre la Campine et la Meuse.

Hésiode (mil. du VIIIe s. av. J.-C.), poète grec; le fondateur de la poésie didactique : *les Travaux et les Jours, la Théogonie.*

hésitant, ante [ezitɑ̃, ɑ̃t] adj. et n. **1.** Qui hésite, qui montre de l'indécision. *Un caractère hésitant.* ▷ Subst. *Persuader les hésitants.* **2.** Mal assuré. *Un pas hésitant.*

hésitation [ezitasjɔ̃] n. f. **1.** Fait d'hésiter. *Se décider après bien des hésitations.* **2.** Temps d'arrêt dans l'action, qui manifeste l'indécision. *Parler sans hésitations.*

hésiter [ezite] v. intr. [1] **1.** Être dans un état d'irrésolution quant au parti que l'on doit prendre. *Il a longtemps hésité avant de partir. Hésiter sur le choix d'une couleur, entre deux couleurs.* – *Hésiter à* (+ inf.). *Hésiter à venir.* **2.** Marquer son irrésolution, son indécision par un temps d'arrêt dans l'action. *Hésiter dans ses réponses.*

Hesius (Willem Van Hees, dit) (1601 – 1690), jésuite et architecte flamand. Il dessina, notam., les plans de l'église Saint-Michel à Louvain.

Hespérides (îles), îles que les Anciens situaient «au bout du monde», au couchant (en gr. *hesperis, hesperidos*); ce seraient les Canaries ou les îles du Cap-Vert.

Hespérides, dans la myth. gr., les trois (ou sept) filles d'Atlas et d'Hespéris, gardiennes, avec le dragon Ladon, du jardin où poussaient des pommiers aux fruits d'or qui rendaient immortel.

Hess (Rudolf) (1894 – 1987), homme politique allemand; adjoint de Hitler (1933). En 1941, il gagna la G.-B., où il fut interné. Au procès de Nuremberg, il fut condamné à la prison à vie.

Hesse (en all. *Hessen*), Land d'All. et région de la C.E.; 21114 km^2; 5565000 hab.; cap. *Wiesbaden.* Drainée, entre le Rhin et la Weser, par le Main, c'est une rég. boisée, de plateaux et de massifs. Francfort-sur-le-Main est le grand pôle écon. – Dirigée par un landgrave à partir de 1292, la Hesse fut souvent divisée. Les divers territoires furent annexés par la Prusse en 1866.

Hesse (Hermann) (1877 – 1962), romancier suisse, d'origine et d'expression allemandes. En proie au doute métaphysique, proche de l'expressionnisme, il a écrit de nombr. romans : *Gertrud* (1910), *Demian* (1919), *Siddharta* (1922), *le Loup des steppes* (1927), *Narcisse et Goldmund* (1930), *le Jeu des perles de verre* (1943). P. Nobel 1946.

hétér(o)-. Préfixe, du gr. *heteros,* «autre».

hétérochromosome [eteʀokʀɔmozom] n. m. BIOL Chromosome sexuel, ou allosome. (V. encycl. chromosome.)

hétéroclite [eteʀɔklit] adj. Fait d'un assemblage de pièces et de morceaux disparates. *Un fatras d'objets hétéroclites.* – (Personnes) *Une clientèle hétéroclite.*

hétérodoxe [eteʀɔdɔks] adj. Didac. Qui s'écarte de la doctrine, des idées reçues, spécial. en matière de religion. *Exégèse, opinion hétérodoxe.* Ant. orthodoxe.

hétérodoxie [eteʀɔdɔksi] n. f. Didac. Doctrine hétérodoxe; caractère de ce qui est hétérodoxe. Ant. orthodoxie.

hétérodyne [eteʀodin] n. f. et adj. RADIOELECTR Oscillateur local utilisé dans un récepteur superhétérodyne (V. ce mot) pour améliorer la sélectivité. (On mélange les signaux fournis par l'amplificateur H.F. et ceux que fournit l'hétérodyne pour réduire la fréquence de l'onde porteuse, modulée en amplitude.) ▷ adj. *Générateur hétérodyne.*

hétérogamie [eteʀogami] n. f. BIOL Fécondation dans laquelle le gamète mâle est très différent, morphologiquement et physiologiquement, du gamète femelle.

hétérogène [eteʀɔʒɛn] adj. **1.** Qui est formé d'éléments ou de parties de nature différente. *Corps composé de parties hétérogènes. Roche hétérogène.* **2.** Fig. Qui n'a pas d'unité, qui est composé d'éléments fort dissemblables. *Une nation, un groupe hétérogène. Œuvre hétérogène.* Ant. homogène.

hétérogénéité [eteʀɔʒeneite] n. f. Caractère de ce qui est hétérogène.

hétérogenèse [eteʀɔʒenɛz] ou **hétérogénie** [eteʀɔʒeni] n. f. **1.** HIST Syn. de *génération* spontanée.* **2.** BIOL Apparition brutale, par mutation, de types nouveaux et stables.

hétérogreffe [eteʀogʀɛf] n. f. BIOL Greffe pratiquée entre sujets d'espèces différentes. Ant. homogreffe.

hétéromorphe [eteʀomɔʀf] adj. **1.** BIOL Se dit d'une espèce à l'intérieur de laquelle les différences morphologiques sont très marquées. **2.** MINER Se dit des minéraux de même nature chimique mais de structures différentes. *L'opale, le quartz sont hétéromorphes.*

hétéronome [eteʀonom] adj. Didac. Dont la conduite est régie par des lois reçues de l'extérieur. Ant. autonome.

hétéronomie [eteʀonɔmi] n. f. Didac. État d'un individu, d'un groupe qui se soumet à des lois venues de l'extérieur. ▷ PHILO *Hétéronomie de la volonté :* chez Kant, caractère de la volonté qui se détermine selon des principes extérieurs à elle-même.

hétéroptères [eteʀɔptɛʀ] n. m. pl. ENTOM Ordre d'insectes pourvus de deux paires d'ailes (dont l'antérieure est en partie cornée) et de pièces buccales adaptées à la piqûre. – Sing. *La punaise est un hétéroptère.*

hétérosexualité [eteʀosɛksɥalite] n. f. Sexualité des hétérosexuels. Ant. homosexualité.

hétérosexuel, elle [eteʀosɛksɥɛl] adj. et n. Qui trouve la satisfaction de ses désirs sexuels avec des sujets du sexe opposé. Ant. homosexuel.

hétérosides [eteʀozid] n. m. pl. PHARM Composés formés d'oses et d'une partie non glucidique, présents dans de nombreux végétaux et souvent actifs médicalement (ex. : les glucosides). – Sing. *Un hétéroside.*

hétérotrophe [eteʀotʀɔf] adj. BIOL Qui ne peut se nourrir qu'à partir d'aliments organiques déjà synthétisés par d'autres organismes. *Tous les animaux et tous les végétaux non chlorophylliens sont hétérotrophes.* Ant. autotrophe.

hétérozygote [eteʀozigɔt] adj. et n. m. BIOL Se dit d'un être vivant diploïde dont au moins un des couples de gènes allèles est constitué par deux gènes non identiques, l'un des deux allèles ayant muté. – n. m. *Un hétérozygote.* Ant. homozygote.

hêtre ['ɛtʀ] n. m. Grand arbre (fam. fagacées) des zones tempérées humides, à écorce lisse. Syn. (Suisse) foyard. ▷ Bois de cet arbre. *Établi en hêtre.* ▷ *Hêtre arbustif :* arbuste d'Afrique tropicale (fam. papilionacées), à propriétés médicinales.

Hetzel (Jules) (1814 – 1886), écrivain et éditeur français. Il publia Hugo, Stendhal, J. Verne.

heu ! ['ø] interj. marquant le doute, l'hésitation, la gêne, ou une difficulté d'élocution. *«Je vous cède la place, mon cher duc. – Heu!... heu!... c'est que je n'y tiens plus tant que ça»* (Maupassant).

heur [œʀ] n. m. Litt. Chance. *Avoir, ne pas avoir l'heur de plaire à qqn.*

heure [œʀ] n. f. **I. 1.** Division du temps d'une durée égale à la vingt-quatrième partie du jour (soixante minutes). *Revenez dans quarante-huit heures,* dans deux jours. – *La semaine de trente-neuf heures* (de travail). *Heures supplémentaires :* heures de travail effectuées en plus de la durée de travail hebdomadaire légale. – *Être payé soixante francs l'heure* (ou, fam., *de l'heure*). – *Une grande, une petite heure :* un peu plus, un peu moins d'une heure. – *Un quart d'heure.* – Par exag. *Il y a une, deux heures que je vous attends!* – *Ouvert 24 heures sur 24* ou

(Québec) *ouvert 24 heures,* à toute heure. *Station-service ouverte 24 heures.* **2.** ASTRO Unité de mesure d'angle, égale au 1/24 de la circonférence, soit 15°. **3.** Poét. *La fuite des heures,* du temps. **II. 1.** Moment déterminé du jour exprimé par un chiffre de 0 à 12 ou de 0 à 23 (symbole : h). *0 heure :* minuit. *12 heures :* midi. – *Quelle heure est-il* ou (Afr. subsah.) *quelle heure fait-il? Il est* ou (Afr. subsah.) *il fait une heure moins cinq. Deux heures quinze, deux heures et quart* ou *deux heures un quart. Vingt heures trente* ou *huit heures et demie du soir.* – *À six heures juste, à six heures tapantes, sonnantes.* – (Belgique, Québec) *Aux petites heures (du matin) :* en pleine nuit. ▷ *Heure locale,* variant d'un méridien à l'autre. – *Heure légale* ou (Québec) *heure normale,* établie par rapport au temps universel. (V. encycl. temps). – *Heure d'été* ou (Québec) *heure avancée,* avancée de 60 minutes pendant l'été par rapport à l'heure légale. ▷ *L'heure :* l'heure fixée, convenue. *Soyez à l'heure. Partir avant l'heure. Ne pas avoir d'heure :* ne pas respecter un horaire, un emploi du temps régulier. – Ellipt. *De sept à huit* (heures). – *L'heure H,* celle prévue pour le déclenchement d'opérations militaires; *par ext.,* cour. l'heure fixée pour entreprendre qqch, l'heure décisive. **2.** Moment déterminé de la journée (dont on évoque certaines caractéristiques). *L'heure du déjeuner. C'est une mauvaise heure pour circuler en ville.* ▷ *À la première heure :* très tôt le matin, le plus tôt possible. – Loc. adj. *De la première heure :* qui a été tel depuis le commencement. *Résistants de la première heure.* ▷ (Avec un poss.) Moment habituellement consacré à une activité précise. *Il va bientôt rentrer, c'est son heure.* ▷ (Afr. subsah., Belgique) *Heure de midi :* midi. – *Entre l'heure de midi :* pendant l'heure du déjeuner. ▷ (Afr. subsah.) *Dans les heures de midi :* entre midi et deux heures de l'après-midi. **3.** Moment, période de la vie (d'une personne, d'une société donnée). *Il a traversé des heures difficiles.* – *Les problèmes de l'heure :* les problèmes actuels. ▷ (Avec un poss.) Moment de faire une chose, moment décisif. *Son heure, sa dernière heure est venue :* il va mourir. – *Son heure viendra :* il sera enfin récompensé de ses efforts. – *Écrivain qui a eu son heure de gloire.* **III.** Loc. adv. **1.** *À l'heure qu'il est :* au moment où nous parlons; dans la situation actuelle. **2.** (Exclam.) *À la bonne heure! :* c'est parfait, voilà qui est très bien. **3.** *Sur l'heure :* aussitôt, immédiatement. **4.** *Tout à l'heure :* dans un moment. *Je vous répondrai tout à l'heure.* ▷ Il y a quelques instants. *Il est passé vous voir tout à l'heure.* ▷ Vieilli *À cette heure :* maintenant; à notre époque. (V. aster, astheure.) **5.** *De (très) bonne heure :* (très) tôt. *Se lever de (très) bonne heure.* ▷ Avant le moment prévu. *Enfant qui marche de bonne heure.* **6.** *À toute heure :* à n'importe quel moment de la journée. *Repas servis à toute heure.*
ENCYCL *L'heure, unité de temps.* On distingue l'heure *sidérale* et l'heure *solaire,* respectivement égales à la vingt-quatrième partie du jour sidéral et du jour solaire. L'heure sidérale est un peu plus brève que l'heure solaire. Dans la vie courante, lorsqu'on exprime une durée en heures, il s'agit d'heures solaires moyennes. Le jour solaire moyen est le temps qui s'écoulerait entre deux passages du Soleil au méridien, s'il parcourait l'écliptique d'un mouvement uniforme. – *L'heure, mesure du temps écoulé.* Le jour solaire utilisé en astronomie commence à midi. Dans la vie pratique, on calcule l'heure à partir de minuit (heure *civile*). L'heure civile *locale* changeant avec la longitude du lieu (à cause de la rotation de la Terre), on a défini une heure *légale,* qui reste la même à un instant donné sur toute l'étendue d'un pays.

heureusement [øʀøzmɑ̃] adv. **1.** D'une manière avantageuse; avec succès. *Régler heureusement un conflit.* **2.** D'une manière ingénieuse. **3.** Par bonheur. *Heureusement il a survécu.*

heureux, euse [øʀø, øz] adj. (et n.) **I. 1.** Favorisé par le sort. *Être heureux au jeu. Estimez-vous heureux d'être encore en vie!* **2.** Opportun, favorable. *Un heureux hasard.* ▷ Qui réussit, qui trouve une issue favorable. *Une heureuse décision.* – Loc. *Avoir la main* heureuse.* ▷ Qui laisse prévoir une issue favorable. *Heureux présage.* **3.** Impers. *Il est heureux pour lui que... :* c'est une chance pour lui que... – Ellipt. *Encore heureux qu'il ne soit pas blessé!* **II.** Ingénieux, justement choisi. *Une heureuse combinaison de couleurs.* **III. 1.** Qui jouit du bonheur. *Rendre qqn heureux.* – *Être heureux comme un roi,* très heureux. ▷ *Heureux de, que.* «*Elle s'attendrissait sur elle-même, heureuse de devenir une sorte d'héroïne de livre...*» *(Maupassant).* ▷ Subst. *Faire un heureux.* **2.** Qui marque, exprime le bonheur. *Air, visage heureux.* **3.** Rempli de bonheur. *Une existence heureuse.* ▷ Qui apporte le bonheur. *Souhaiter une heureuse année à qqn.*

heuristique [øʀistik] adj. et n. f. Didac. **1.** adj. Qui favorise la découverte (de faits, de théories). *Méthode heuristique.* **2.** n. f. Discipline scientifique et philosophique qui étudie les procédures de découverte.

heurt ['œʀ] n. m. **1.** Choc brutal (de corps qui se rencontrent). *Heurt des volets qui battaient au vent.* ▷ Accrochage. *Heurts entre grévistes et forces de l'ordre.* **2.** (Abstrait) Friction entre des personnes, désaccord. *Leur voisinage ne va pas sans heurts.* **3.** Fig. Contraste violent (entre des sons, des couleurs, etc.).

heurté, ée ['œʀte] adj. PEINT Dont les teintes ne sont pas fondues. *Tons heurtés.* ▷ Fig. Saccadé; peu harmonieux. *Débit heurté. Style heurté.*

heurter ['œʀte] v. [1] **I.** v. tr. **1.** Cogner contre, rencontrer rudement. *Son front a heurté le pare-brise.* **2.** Fig. Contrarier, blesser, offenser. *Vos refus successifs l'ont heurté. Heurter de front l'opinion publique,* aller à l'encontre. **II.** v. intr. *Heurter à :* donner intentionnellement des coups contre, sur. *Heurter au carreau, à la porte.* **III.** v. pron. **1.** Réfl. *Se heurter à un meuble.* ▷ Fig. *Se heurter aux préjugés.* **2.** Récipr. *Les deux véhicules se sont heurtés en haut d'une côte.* ▷ Fig. Être en violente opposition. *Leurs caractères se heurtent.* – *Des tons qui se heurtent.*

heurtoir ['œʀtwaʀ] n. m. **1.** Marteau fixé au vantail de la porte d'entrée d'une maison, et qui sert à frapper pour s'annoncer. **2.** CH de F Butoir.

Heusch (Luc de) (né en 1927), cinéaste belge; cofondateur du groupe Cobra (1947); auteur de films ethnologiques (*Fête chez les Hamba,* 1955; *Ruanda,* id.), sociologiques (*les Gestes du repas,* 1958) et sur l'art (*Magritte,* 1960; *Alechinsky,* 1970).

hévéa [evea] n. m. Arbre de grande taille (fam. euphorbiacées) originaire d'Amérique du Sud, cultivé dans les régions tropicales (en Asie du S.-E., au Liberia et dans la rép. dém. du Congo) pour son latex, dont on tire le caoutchouc.

hex(a)-. Élément, du gr. *heks,* « six ».

hexachlorure [ɛgzaklɔʀyʀ] n. m. CHIM Chlorure dont la molécule contient six atomes de chlore.

hexacoralliaires [ɛgzakɔʀaljɛʀ] n. m. pl. ZOOL Cnidaires anthozoaires caractérisés par un nombre de tentacules égal à six ou à un multiple de six. *Les hexacoralliaires solitaires sont les actinies, ou anémones de mer; les autres, vivant en colonies, sont les madréporaires, qui constituent les récifs coralliens.* – Sing. *Un hexacoralliaire.*

hexaèdre [ɛgzaɛdʀ] adj. et n. m. GEOM Qui a six faces planes. ▷ n. m. Polyèdre à six faces. *L'hexaèdre régulier est le cube.*

hexagonal, ale, aux [ɛgzagɔnal, o] adj. GEOM Qui a la forme d'un hexagone. ▷ Qui a pour base un hexagone. *Solide hexagonal.*

hexagone [ɛgzagon] n. m. **1.** GEOM Polygone à six angles et à six côtés. **2.** *L'Hexagone :* la France métropolitaine (dont le territoire est approximativement de forme hexagonale).

Hexagone (l'), maison d'édition fondée en 1953 par six écrivains québécois (d'où son nom) dont le principal fut Gaston Miron.

hexamètre [ɛgzamɛtʀ] n. m. VERSIF Vers de six pieds, ou de six mesures.

hexapode [ɛgzapɔd] adj. ZOOL Qui a six pattes. ▷ n. m. pl. Autre nom de la classe des insectes.

hexose [ɛgzoz] n. m. CHIM Sucre simple (ose) à six atomes de carbone. *Le glucose et le fructose sont des hexoses.*

Heymans (Cornelius) (1892 – 1968), médecin et pharmacologue belge. P. Nobel de médecine 1938 pour ses travaux sur l'appareil respiratoire.

Hezbollah (le) (en ar. *hizb Allāh,* «parti de Dieu»), organisation chiite, pro-iranienne, créée en 1982 au Liban. Après le désarmement des milices, en 1991, ses partisans se sont regroupés dans le Sud, où ils mènent des opérations contre l'occupation israélienne et contre Israël. En 1996, les Israéliens ont bombardé les positions du Hezbollah, provoquant la mort de près de 200 personnes et l'exode de 400000 civils.

hi ! ['i; hi] interj. dont la répétition note le rire ou les pleurs.

hiatal, ale, aux [(')jatal, o] adj. MED *Hernie hiatale :* hernie de l'estomac à travers l'hiatus œsophagien du diaphragme.

hiatus [jatys] n. m. **1.** Suite de deux voyelles contiguës appartenant à des syllabes différentes, soit à l'intérieur d'un mot (aréopage), soit entre deux mots (il *a été*). *L'hiatus* (ou, abusiv., *le hiatus*). **2.** Fig. Discontinuité, coupure (dans une suite de choses, dans une chose). **3.** ANAT Orifice anatomique. *Hiatus œsophagien du diaphragme.*

hibernal, ale, aux [ibɛʀnal, o] adj. Didac. De l'hibernation. *Sommeil hibernal.*

hibernation [ibɛʀnasjɔ̃] n. f. État de torpeur et d'insensibilité dans lequel demeurent certains animaux, soit en hiver, soit au cours de périodes défavorables (sécheresse, excès de chaleur, etc.). ▷ MED *Hibernation artificielle :* état de vie ralentie de l'organisme, provoqué pour faciliter certaines interventions chirurgicales.

hiberner [ibɛʀne] v. intr. [1] Passer la saison froide en hibernation. *Le loir, le hamster hibernent.*

hibiscus [ibiskys] n. m. Nom générique de plantes des régions tropicales (fam. malvacées), à fleurs colorées. (Certaines espèces sont ornementales; le gombo, l'oseille de Guinée sont à usage alimentaire; l'écorce du chanvre de Guinée fournit une fibre textile.)

hibou, oux ['ibu] n. m. Oiseau rapace nocturne (ordre des strigiformes), dont la tête est pourvue de deux aigrettes. *La plupart des hiboux sont également nommés ducs. Les hiboux huent ou ululent.*

hic ['ik] n. m. inv. Fam., vieilli Point délicat, difficile d'une question, d'une affaire. *Voilà le hic.*

hic et nunc ['ikɛtnunk] loc. adv. (Mots lat.) Litt. Ici et maintenant.

hideusement ['idøzmɑ̃] adv. D'une manière hideuse. *Être hideusement défiguré.*

hideux, euse ['idø, øz] adj. Dont la laideur est horrible, repoussante. *Visage, spectacle hideux.* ▷ (Abstrait) *Vices hideux.*

hidjab ['idʒab] n. m. Voile dont les femmes musulmanes se couvrent la tête et une partie du visage. (V. litham.)

hièble ou **yèble** [jɛbl] n. f. BOT Variété de sureau des régions tempérées et chaudes, à grandes baies noires.

hier [(i)jɛʀ] adv. et n. m. **1.** Jour qui précède immédiatement celui où l'on est, où l'on parle. *Il est parti hier, hier matin, hier soir, hier au soir* ou (Afr. subsah.) *hier nuit.* ▷ n. m. *Je l'ai cherché tout hier.* **2.** Dans un passé récent, à une date récente. ▷ *N'être pas né d'hier :* avoir déjà une grande expérience.

hiér(o)-. Élément, du gr. *hieros,* «sacré, saint».

hiérarchie ['jeʀaʀʃi] n. f. **1.** Organisation d'un groupe, d'un corps social, telle que chacun de ses éléments se trouve subordonné à celui qu'il suit. *La hiérarchie militaire. – Être en haut, en bas de la hiérarchie.* **2.** Répartition des éléments d'une série selon une gradation établie en fonction de normes déterminées. *Hiérarchie des valeurs sociales, morales.*

hiérarchique ['jeʀaʀʃik] adj. Qui appartient à la hiérarchie; de la hiérarchie. *Passer par la voie hiérarchique.*

hiérarchiquement ['jeʀaʀʃikmɑ̃] adv. Selon une, la hiérarchie.

hiérarchisation ['jeʀaʀʃizasjɔ̃] n. f. Action de hiérarchiser; son résultat.

hiérarchiser ['jeʀaʀʃize] v. tr. [1] Organiser en établissant une hiérarchie.

hiératique [jeʀatik] adj. (et n. f.) **1.** Didac. Qui concerne les choses sacrées; qui a le caractère formel des traditions liturgiques. ▷ LING *Écriture hiératique* ou, n. f., *la hiératique :* la plus ancienne des deux écritures cursives des anciens Égyptiens. **2.** Cour. Majestueux, d'une raideur figée. *Pose hiératique.*

hiératisme [jeʀatism] n. m. Didac. Caractère, attitude hiératique.

hiéro-. V. hiér(o)-.

hiéroglyphe ['jeʀoglif] n. m. **1.** Signe, caractère fondamental de l'écriture des anciens Égyptiens. **2.** Plur. Fig. Écriture illisible, signes très difficiles à déchiffrer.

ENCYCL Utilisant non pas des lettres mais des dessins d'hommes, d'oiseaux, de mammifères, de végétaux et d'objets quotidiens, les hiéroglyphes (sept cents environ) peuvent avoir deux fonctions dans l'écriture : l'*idéogramme,* représentation d'objets matériels et d'actions physiques dont la seule figuration évoque l'idée signifiée mais ne permet d'exprimer aucune idée abstraite; le *phonogramme,* hiéroglyphe évoquant un son. C'est le principe du phonogramme qui permet de transcrire phonétiquement tous les sons et donc d'écrire tous les mots du langage. Champollion (1790-1832), le premier, déchiffra les hiéroglyphes.

hiéroglyphique ['jeʀoglifik] adj. **1.** Qui se compose d'hiéroglyphes. *Système hiéroglyphique.* – Qui forme un hiéroglyphe. *Signe hiéroglyphique.* **2.** Fig., litt. Très difficile à déchiffrer.

hi-fi ['ifi] n. f. inv. Abrév. de l'angl. *high fidelity,* «haute-fidélité*». ▷ En appos. *Chaîne hi-fi.*

Highlands («Hautes Terres»), partie septentrionale et montagneuse de l'Écosse. Économie pauvre. Tourisme.

highlife ['ajlajf] n. m. Musique urbaine de l'Ouest africain qui associe les styles traditionnels et occidentaux.

hi-han ['iɑ̃] interj. et n. m. Onomatopée imitant le cri de l'âne. ▷ n. m. *Les hi-hans du baudet.*

Hikmet (Nâsim Hikmet Ran, dit Nazim) (1902 – 1963), écrivain turc. Communiste, il dénonce dans son œuvre (poèmes, surtout) l'injustice sociale et chante la révolution.

1. hilaire ['ilɛʀ] adj. BOT, ANAT Relatif au hile.

2. hilaire ['ilɛʀ] n. f. (Afr. subsah.) AGRIC En Afrique occid., houe à long manche et au fer en forme de croissant. *L'hilaire sert à débrousser, bêcher et sarcler.*

Hilal Banu. V. Hilaliens.

Hilaliens, Banu Hilal ou **Hilal Banu,** tribu d'Arabie qui émigra en Haute-Égypte au Xe s. avant de s'établir en Afrique du Nord au XIe siècle.

hilarant, ante [ilaʀɑ̃, ɑ̃t] adj. Qui excite la gaieté, provoque le rire.

hilare [ilaʀ] adj. Qui est dans un état de parfait contentement, d'euphorie. *Homme hilare.* ▷ *Par méton.* Qui exprime cet état. *Visage hilare.*

hilarité [ilaʀite] n. f. Accès brusque de gaieté qui se manifeste par le rire. *Ses mimiques provoquèrent l'hilarité générale.*

Hilbert (David) (1862 – 1943), mathématicien allemand, l'un des fondateurs de l'axiomatique moderne. Il donna son nom à l'*espace hilbertien :* espace vectoriel euclidien.

Hildebrandt (Johann Lukas von) (1668 – 1745), architecte autrichien; l'un des plus grands représentants de l'archi. baroque en Autriche : palais du Belvédère (1714-1724, Vienne).

hile ['il] n. m. **1.** BOT Zone où le cordon nourricier se soude aux téguments de l'ovule. ▷ Cicatrice laissée sur la graine par cette soudure. **2.** ANAT Zone, généralement déprimée, de pénétration des vaisseaux et des nerfs dans un viscère. *Hile du poumon, du foie.*

Hillary (sir Edmund) (né en 1919), alpiniste néo-zélandais; vainqueur de l'Everest (1953), avec le Sherpa Tensing.

Himalaya (en sanskrit, «Séjour des neiges»), chaîne montagneuse au N. de l'Inde; longue de 2800 km; large de 250 à 500 km; 8846 m (ou 8880 m) à l'Everest (point culminant du globe), au Népal, État où se situent les princ. sommets. Cette chaîne très élevée (plus de cent sommets dépassent 7000 m), plissée au tertiaire et au quaternaire, est précédée au S. par une zone de collines; le haut plateau du Tibet la limite au nord. Le relief est fragmenté par de profondes vallées (Indus, Gange, Zangbo [ou Brahmapoutre], etc.), lieux de peuplement. L'Himalaya forme une barrière entre l'Inde et l'Asie du Nord.

Himes (Chester Bomar) (1909 – 1984), auteur américain de romans policiers : *la Reine des pommes* (1958).

Himilcon (prem. moitié du Ve s. av. J.-C.), navigateur carthaginois. Il explora la côte atlantique et les îles Britanniques, à la recherche de plomb, d'étain et autres métaux.

Himmler (Heinrich) (1900 – 1945), homme politique allemand. Chef de la Gestapo (1934), puis de toute la police all. (1938), ministre de l'Intérieur (1943). Arrêté par les Britanniques, il se suicida.

Hinault (Bernard) (né en 1954), coureur cycliste français, cinq fois vainqueur du Tour de France entre 1978 et 1985.

Hinayâna. V. bouddhisme.

Hindemith (Paul) (1895 – 1963), compositeur allemand, naturalisé américain en 1946.

Hindenburg (Paul von Beneckendorff und von) (1847 – 1934), maréchal et homme politique allemand. De 1916 à 1918, il commanda les armées all. et autrich. Président de la Rép. en 1925, il prit Hitler comme chancelier (1933).

hindi ['indi] n. m. et adj. LING Langue indo-européenne du groupe indien, parlée en Inde du Nord, devenue en 1949 la langue officielle de l'Inde. ▷ adj. (inv. en genre) *La littérature hindi.*

hindou, oue [ɛ̃du] adj. et n. **1.** adj. Qui concerne l'hindouisme. **2.** n. Personne qui pratique l'hindouisme.

hindouiser [ɛ̃duize] v. tr. [1] Donner les caractéristiques de la culture et de la civilisation hindouistes à. ▷ Pp. adj. Qui a reçu ou adopté les caractéristiques de l'hindouisme.

hindouisme [ɛ̃duism] n. m. Ensemble de courants religieux surtout répandus en Inde, reposant sur les *Vedas* et les *Upanisad,* et le système des castes.

ENCYCL L'hindouisme admet quatre castes hiérarchiques, auxquelles un individu appartient selon son *karma** : celui qui agit dans le respect de l'Ordre universel renaîtra dans une caste supérieure ou, inversement, celui qui viole cet Ordre sera entraîné vers une caste plus basse; ainsi, l'hindou ne considère pas l'inégalité de naissance comme une injustice. L'hindouisme, dont l'origine remonte aux débuts de l'histoire de l'Inde, n'a pas de fondateur; il est librement interprété et enseigné par des *gourous.*

hindouiste [ɛ̃duist] adj. et n. **1.** adj. Relatif à l'hindouisme. *Rites hindouistes.* **2.** n. Personne qui professe ou étudie l'hindouisme.

Hindou Kouch, chaîne montagneuse au N. de l'Afghānistān, prolongement occidental de l'Himalaya; 7680 m au Tirich Mir.

Hindoustan, nom donné à la plaine indo-gangétique.

hindoustani [ɛ̃dustani] n. m. LING Dialecte hindi en usage dans l'Hindoustan.

hinterland ['intɛʀlɑ̃d] n. m. (Mot all.) GEOGR Arrière-pays.

hipp(o)-. Élément, du gr. *hippos,* «cheval».

Hipparque de Nicée (IIe s. av. J.-C.), astronome et mathématicien grec. Il calcula les éclipses de la Lune et du Soleil.

hippie ou **hippy,** plur. **hippies** ['ipi] n. et adj. (Mot américain.) **1.** À l'origine, membre d'un mouvement informel non violent né en Californie, qui mettait en question la «société de consommation» américaine et son conformisme. **2.** *Par ext.* Jeune homme, jeune fille imitant les hippies californiens dans sa façon de vivre ou dans sa mise. **3.** adj. *Le phénomène hippie. La mode hippie.*

hippique [ipik] adj. Qui a rapport aux chevaux, aux courses de chevaux. *Concours hippique.*

hippisme [ipism] n. m. Ensemble des activités relatives aux courses de chevaux. ▷ Sport équestre.

hippobosque [ipɔbɔsk] n. m. ENTOM Mouche au corps plat, à pattes crochues (*Hippobosca equina*), fréquente en Afrique occid., qui se nourrit du sang des grands mammifères, notam. des chevaux et des dromadaires.

hippocampe [ipɔkɑ̃p] n. m. **1.** Poisson marin (genre *Hippocampus*), long d'env. 15 cm, dont la tête est perpendiculaire à l'axe du corps, et qui est doté d'une queue préhensile lui permettant de s'accrocher verticalement dans les algues. *L'hippocampe femelle dépose ses œufs dans une poche ventrale du mâle, où ils se développent.* **2.** ANAT *Circonvolution de l'hippocampe :* cinquième circonvolution du lobe temporal de l'encéphale.

Hippocrate (460 av. J.-C. – 377 av. J.-C.), le plus grand médecin de l'Antiquité, auteur d'un grand nombre de traités. *Serment d'Hippocrate :* V. serment.

hippocratique [ipokʀatik] adj. MED Qui concerne Hippocrate et sa théorie médicale.

Hippodamos de Milet (seconde moitié du Ve s. av. J.-C.), architecte grec. Il aurait conçu le plan des villes en damier.

hippodrome [ipodʀom] n. m. **1.** ANTIQ Lieu aménagé pour les courses de chevaux et de chars. **2.** Champ de courses. *L'hippodrome de Longchamp.*

Hippolyte, dans la myth. gr., fils de Thésée et d'une Amazone (Antiope). Sa belle-mère, Phèdre, qu'il avait repoussée, l'accusa d'avoir voulu la séduire. Il périt, emporté sur les rochers par ses chevaux qu'avait effrayés un monstre marin. Ce mythe a inspiré Euripide (Ve s. av. J.-C.), Racine (*Phèdre,* 1677).

hippomobile [ipomɔbil] adj. Vieilli Qui est mû par un cheval, par oppos. à *automobile. Véhicule hippomobile.*

Hippone, anc. v. de Numidie, dont saint Augustin fut évêque de 396 à 430. Ruines aux environs d'Annaba (Algérie).

hippopotame [ipopɔtam] n. m. Mammifère herbivore d'Afrique tropicale *(Hippopotamus amphibius),* long de 3 à 4 m, pesant de 2,5 à 3 tonnes, qui passe la plus grande partie de sa vie dans les fleuves. – *Hippopotame nain du Liberia (Choeropsis liberiensis),* mesurant 0,90 m au garrot et 1,60 m de long, très peu amphibie.

hippotrague [ipotʀag] n. m. ZOOL Grande antilope (*Hippotragus equinus*) répandue en Afrique tropicale et aussi appelée *antilope-cheval, antilope rouanne, koba..*

hippy ['ipi] n. et adj. V. hippie.

Hirohito (après sa mort, *Shōwa tennō*) (1901 – 1989), empereur du Japon à partir de 1926. Il incarna la politique expansionniste du clan militaire. En 1945, il renonça à ses prérogatives «divines» et accepta une monarchie parlementaire.

hirondelle [iʀɔ̃dɛl] n. f. Oiseau passériforme, migrateur, au vol léger et rapide, à la queue fendue en V caractéristique. ▷ *Hirondelle de mer :* sterne. ▷ Prov. *Une hirondelle ne fait pas le printemps :* un fait isolé ne suffit pas à établir une règle générale.

Hiroshige (Tokutarō, dit Andō) (1797 – 1858), peintre japonais de l'ukiyo-e; paysagiste, grand maître de l'estampe au XIXe s.

Hiroshima, v. et port du Japon, au S.-E. de l'île de Honshū; 1052500 hab.; ch.-l. du ken du m. nom. Industries. – Le 6 août 1945, l'aviation américaine y lança la première bombe atomique, qui fit plus de 100000 victimes.

hirsute ['iʀsyt] adj. **1.** Didac. Garni de poils longs et fournis. **2.** Cour. Ébouriffé, échevelé, hérissé. *Une barbe hirsute. Un enfant hirsute.*

hirsutisme ['iʀsytism] n. m. MED Développement exubérant du système pileux, associé à des troubles génitaux et lié à un mauvais fonctionnement des surrénales.

hirudinées [iʀydine] n. f. pl. ZOOL Syn. de *achètes.* – Sing. *Une hirudinée.*

Hispaniola. V. Haïti.

hispanique [ispanik] adj. De l'Espagne, des Espagnols.

hispanisant, ante [ispanizɑ̃, ɑ̃t] ou **hispaniste** [ispanist] n. Personne qui étudie la langue, la culture espagnoles.

hispano-américain, aine [ispanoameʀikɛ̃, ɛn] adj. (et n.) **1.** Qui concerne l'Espagne et l'Amérique, ou l'Amérique espagnole. **2.** Relatif aux citoyens des États-Unis originaires d'Espagne ou des pays hispanophones d'Amérique. ▷ Subst. *Les Hispano-Américains.*

hispano-américaine (guerre), guerre menée par les É.-U., en 1898, contre l'Espagne, qui venait d'écraser la révolte des Cubains (1895-1897). Les É.-U. détruisirent la flotte esp. des Philippines (1er mai) et de Cuba (3 juil.). Le traité de Paris (déc.) consacra l'indép. de Cuba et l'annexion par les É.-U. de Porto Rico, des Philippines et de Guam.

hispano-arabe [ispanoaʀab] ou **hispano-mauresque** ou **hispano-moresque** [ispanomɔʀɛsk] adj. Didac. Qui concerne la période de la domination arabe sur l'Espagne.

hispanophone [ispanɔfɔn] adj. Dont l'espagnol est la langue; qui parle l'espagnol.

hisse ! (ho !) ['ois] interj. Cri que poussent des personnes en train de hisser, de tirer qqch, pour rythmer et coordonner leurs efforts. *Ho! hisse!*

hisser ['ise] v. [1] **I.** v. tr. **1.** Élever au moyen d'un cordage, d'un filin. *Hisser une voile.* **2.** Faire monter, en tirant ou en poussant. *Hisser un enfant sur ses épaules.* **3.** (oc. Indien) Tirer (qqch). – *Hisser la chaîne :* tirer la chasse d'eau. **4.** (oc. Indien) Prendre (qqch). *Hisse un pain et viens manger avec nous.* ▷ Inciter, convaincre (qqn). *Hisse ton frère pour qu'il vienne.* **5.** (oc. Indien) Donner un coup violent, lancer qqch contre qqn. *Il a hissé une pierre au chien.* **II.** v. pron. S'élever avec effort, grimper. *Se hisser au sommet du mur.* ▷ Fig. *Il se hissa au faîte du pouvoir.*

hista-, histio-, histo-. Éléments, du gr. *histos,* « tissu».

histamine [istamin] n. f. BIOCHIM Amine dérivée de l'histidine, qui, présente dans les divers tissus animaux, provoque la sécrétion du suc gastrique, contracte les artères, dilate les capillaires et joue aussi un rôle de médiateur chimique dans les réactions allergiques.

histaminique [istaminik] adj. BIOCHIM Qui se rapporte à l'histamine.

histidine [istidin] n. f. BIOCHIM Acide aminé cyclique rencontré dans toutes les protéines et relativement abondant dans l'hémoglobine.

histocompatibilité [istokɔ̃patibilite] n. f. Didac. Compatibilité entre les tissus d'un greffon et ceux d'un hôte, étroitement liée à leur appartenance à des groupes tissulaires caractérisés par des antigènes génétiquement définis. *La similitude des antigènes d'histocompatibilité chez deux individus est la condition requise pour qu'une greffe pratiquée de l'un à l'autre réussisse.*

histogenèse [istoʒənɛz] n. f. BIOL **1.** Formation de tissus divers à partir de cellules indifférenciées, au cours du développement embryonnaire. **2.** Partie de l'embryologie qui étudie le développement des tissus. **3.** Étude de la formation des tissus malades (néoplasmes, notam.).

histogramme [istɔgʀam] n. m. STATIS Représentation graphique, par des bandes rectangulaires juxtaposées, d'une série statistique.

histoire [istwaʀ] n. f. **1.** Récit d'actions, d'événements relatifs à une époque, à une nation, à une branche de l'esprit humain, qui sont jugés dignes de mémoire. *Histoire moderne. Histoire événementielle. Histoire sociale, économique, politique, diplomatique, littéraire, philosophique, religieuse, des idées. Histoire de l'Antiquité,* ou *histoire ancienne,* jusqu'à la fin du Ve s. apr. J.-C.; *histoire du Moyen Âge,* jusqu'à la fin du XVe siècle; *histoire des Temps modernes,* des XVIe, XVIIe et XVIIIe s. jusqu'à la Révolution française; *histoire contemporaine,* commençant à la Révolution et englobant notre époque. **2.** Science de la connaissance du passé. *L'histoire s'appuie sur des documents : fossiles, monuments, monnaies, œuvres d'art, chroniques, mémoires. Cours, professeur d'histoire.* **3.** *Par ext.* Suite des événements (vus rétrospectivement). *Les enseignements de l'histoire.* – *L'histoire jugera. Le sens de l'histoire,* jugé inéluctable. *L'accélération de l'histoire.* **4.** Relation d'actions, d'événements, d'aventures réelles ou inventées. *Raconter une histoire à un enfant. L'histoire d'un voyage.* – Loc. fam. *Le plus beau de l'histoire :* le fait le plus remarquable. *C'est toute une histoire :* ce serait long à raconter, ou à obtenir, à réaliser. *C'est une autre histoire :* il s'agit d'autre chose. *En voilà une histoire,* en parlant d'une nouvelle fâcheuse. *C'est de l'histoire ancienne,* se dit de qqch qu'on veut oublier. **5.** Récit inventé pour tromper, mensonge. *Une histoire à dormir debout,* invraisemblable. – Par ext. *Faire des histoires :* faire des embarras. – *S'attirer des histoires,* des désagréments, des querelles. **6.** Loc. fam. *Histoire de* (+ inf.) : pour. *J'ai dit ça, c'était histoire de rire,* c'était pour plaisanter. **7.** Vieilli, fam. (Cour. en Belgique) Objet quelconque. *Range ces histoires.*

histologie [istɔlɔʒi] n. f. BIOL Étude des tissus de l'organisme, de leur structure, de leur morphologie, de leur mode de formation et de leur rôle.

histologique [istɔlɔʒik] adj. MED Qui a rapport à l'histologie.

histolyse [istoliz] n. f. BIOL Destruction des tissus.

histone [iston] n. f. BIOCHIM Protéine qui, liée à l'acide désoxyribonucléique des noyaux cellulaires, joue un rôle important dans la synthèse des protéines.

historicité [istɔʀisite] n. f. Didac. Caractère de ce qui est historique. *L'historicité d'un fait.*

historien, enne [istɔʀjɛ̃, ɛn] n. Personne qui écrit des ouvrages d'histoire, qui enseigne ou étudie l'histoire. *Le premier historien fut Hérodote.*

historier [istɔʀje] v. tr. [**2**] BX-A Enjoliver de divers petits ornements. *Historier un manuscrit.*

historiette [istɔʀjɛt] n. f. Courte histoire, anecdote. *Récit parsemé d'historiettes piquantes.*

historiographe [istɔʀjɔgʀaf] n. Didac. Écrivain nommé officiellement pour écrire l'histoire de son temps. *Les historiographes de Louis XIV.*

historiographie [istɔʀjɔgʀafi] n. f. Didac. **1.** Art, travail de l'historiographe. **2.** Ensemble des ouvrages des historiographes d'une période donnée.

historique [istɔʀik] adj. et n. m. **I.** adj. **1.** Qui concerne l'histoire. *Recherches historiques.* – *Pièce, roman, film historique,* dont le sujet est tiré de l'histoire. – *Monument historique,* classé par l'État, qui en garantit la conservation en raison de son intérêt. **2.** Qui appartient à l'histoire (et non à la légende). *Des faits historiques. Homère n'est pas un personnage historique.* **II.** n. m. Exposé chronologique de faits, d'événements. *Faire l'historique des débats. L'historique d'un mot,* rappel de ses formes et de ses sens successifs.

historiquement [istɔʀikmɑ̃] adv. Du point de vue de l'histoire. *Des faits historiquement vérifiables.*

histrion [istʀijɔ̃] n. m. Péjor., litt. Mauvais comédien, cabotin.

Hitchcock (Alfred) (1899 – 1980), cinéaste anglais naturalisé américain; maître du suspense. En Grande-Bretagne : *l'Homme qui en savait trop* (1934), *les 39 Marches* (1935), *Une femme disparaît* (1938). Aux É.-U. : *Rebecca* (1940), *les Enchaînés* (1946), *l'Inconnu du Nord-Express* (1951), *Sueurs froides* (1958), *la Mort aux trousses* (1959), *Psychose* (1960), *Frenzy* (1971).

Hitler (Adolf) (1889 – 1945), homme politique allemand. Caporal durant la guerre de 1914-1918, il devint le chef (1921) du Parti national-socialiste allemand des travailleurs (N.S.D.A.P. : V. nazisme [encycl.]), doté d'une formation paramilitaire. Après le putsch manqué de Munich (1923), il passa neuf mois en prison, y dicta à R. Hesse des fragments qui devinrent *Mein Kampf* («Mon combat»), exposé des théories du nazisme qu'il mit en application après 1933 : suprématie de la «race aryenne», extermination des Juifs, nécessité de l'«espace vital» pour le peuple allemand, dont le «destin» serait de dominer l'Europe. Servi par la crise écon. de 1929 et par la division des partis de gauche, le parti nazi devint prépondérant, et Hitler accéda à la chancellerie en janv. 1933. Par la violence et la ruse, il assura sa dictature, le plébiscite de 1934 le reconnaissant Führer de l'État allemand. Il déclencha la Seconde Guerre* mondiale. Il se suicida le 30 avril 1945, mais son corps ne fut pas retrouvé.

hitlérien, enne [itleʀjɛ̃, ɛn] adj. et n. Relatif à Hitler, à sa doctrine, à ses partisans. – Subst. *Les hitlériens.*

hit-parade [ˈitpaʀad] n. m. (Anglicisme) Classement, par ordre de popularité, des chansons, des films, etc., récemment sortis. *Des hit-parades.* Syn. (off. recommandé) palmarès.

hittite [ˈitit] adj. et n. m. ANTIQ Des Hittites. *La civilisation hittite.* ▷ n. m. Langue indo-européenne qui était parlée par les Hittites.

Hittites, peuple d'Anatolie centrale qui domina l'Asie Mineure du XVIe au XIIIe s. av. J.-C. En lui se fondirent certains éléments autochtones du bassin du Halys (fleuve nommé auj. *Kizil Irmak*) : les Hattis, ou Proto-Hittites, et les peuplades indo-européennes qui pénétrèrent en Anatolie par vagues successives au déb. du IIe millénaire. De nombr. objets et vestiges, découverts depuis 1893, permettent d'apprécier la richesse de l'art hittite.

Hittorf (Johann Wilhelm) (1824 – 1914), physicien et chimiste allemand. Il découvrit les rayons cathodiques (1869).

H.I.V. n. m. MED Sigle pour l'angl. *Human Immunodeficiency Virus,* syn. de *V.I.H.*

hiver [ivɛʀ] n. m. **1.** Saison qui suit l'automne et va du solstice de décembre à l'équinoxe de mars dans l'hémisphère Nord (*hiver boréal*) et du solstice de juin à l'équinoxe de septembre dans l'hémisphère Sud (*hiver austral*). **2.** Saison la plus froide de l'année dans les zones tempérées et polaires. ▷ Poét. Vieillesse. *L'hiver des ans.*

hivernage [ivɛʀnaʒ] n. m. **1.** MAR Temps de relâche pendant la mauvaise saison. *Un hivernage au pôle.* **2.** Saison des orages et des pluies dans les régions tropicales. *Aux Antilles, l'hivernage s'étend d'août à décembre.* – (Afr. subsah.) Plaisant Année d'âge. *Fêter son vingtième hivernage.*

hivernal, ale, aux [ivɛʀnal, o] adj. **1.** D'hiver. *Station hivernale.* **2.** (Afr. subsah.) De l'hivernage. *Des cultures hivernales.*

hivernant, ante [ivɛʀnɑ̃, ɑ̃t] adj. et n. **1.** adj. Qui hiverne. **2.** n. Personne qui passe l'hiver dans un endroit dont le climat est doux.

hiverner [ivɛʀne] v. intr. [**1**] Passer la mauvaise saison à l'abri ou dans des régions tempérées. – (Animaux) *Les hirondelles hivernent en Afrique.*

Hjelmslev (Louis Trolle) (1899 – 1965), linguiste danois. (V. encycl. linguistique.)

H.L.M. [aʃɛlɛm] n. m. ou f. (Sigle de *habitation à loyer modéré.*) Grand immeuble d'habitation aux loyers peu coûteux, construit sous l'impulsion des pouvoirs publics et réservé aux personnes à faible revenu.

Hmông(s). V. Miao(s).

ho ! [ˈo; ho] Interjection qui sert à appeler, à témoigner de l'étonnement, de l'indignation, de la douleur, etc. *Ho! venez par ici! Ho! quel malheur!*

Hô. V. Pavillons-Noirs.

Hoa Binh, v. du Viêt-nam, près de Hanoi; env. 85000 hab. Barrage hydroélectrique. – De violents combats s'y déroulèrent de nov. 1951 à fév. 1952 entre les forces du Viêt-minh et celles de la France qui furent contraintes à abandonner leurs positions. – La *culture néolithique de Hoa Binh* s'est répandue en Indochine : industrie lithique et poterie à décor grossier.

Hoa Hao, secte politique et religieuse du Viêt-nam méridional, fondée en 1939 par le bonze Huynh Phu So, que les Français surnommèrent le Bonze fou. Il prôna le retour à la pureté originelle du bouddhisme et un culte simplifié. Il fut assassiné par le Viêt-minh en 1947. La secte pratiqua l'opportunisme politique : elle s'allia tour à tour aux Japonais, au Viêt-minh, à Bao Dai et aux Français, avant de lutter contre Ngô Dinh Diêm, et fut interdite en 1975.

Hoang Xuân Han (1910 – 1996), essayiste et lexicographe vietnamien. Venu étudier en France, polytechnicien, il a « créé » le langage scientifique vietnamien (mathématiques, physique, chimie); spécialiste de l'écriture démotique, il a contribué à propager l'écriture romanisée et introduit des méthodes de recherche scientifiques dans les sciences humaines.

hoazin [ɔazɛ̃] n. m. ORNITH Oiseau d'Amazonie (*Opisthocomus hoazin,* ordre des galliformes), qui évoque un faisan et dont le jeune a des ailes comportant des crochets (comme l'archéoptéryx).

Hobart, v. d'Australie, cap. et princ. port de la Tasmanie; 178100 hab. Industries.

Hobbema (Meindert) (1638 – 1709), peintre hollandais; paysagiste disciple de Ruysdael.

Hobbes (Thomas) (1588 – 1679), philosophe anglais. Son empirisme rationaliste débouche sur une morale utilitaire : *Léviathan* (1651) prône le despotisme. Il a fait des «objections» aux *Méditations* de Descartes.

hobereau [ˈɔbʀo] n. m. **1.** Petit faucon (*Falco subbuteo*) d'Europe, d'Asie occid. et d'Afrique du Nord, long de 35 cm. **2.** Gentilhomme campagnard de la petite noblesse.

hobo [obo] n. m. (Québec) Vieilli Vagabond qui fait de petits travaux ponctuels pour subsister. *Avoir l'air d'un vrai hobo.* – Clochard. (V. robineux.)

hocco [ɔko] n. m. Oiseau d'Amérique tropicale (genre *Crax,* ordre des galliformes), terrestre et végétarien, de couleur dominante noire.

Hoceima (Al-) ou **Husaymah (Al-)** *(al-Husayma)*, v. du Maroc, sur la Méditerranée; 60000 hab.; ch.-l. de la prov. du même nom. – Fondée par les Espagnols en 1926.

Hoche (Lazare) (1768 – 1797), général français. Commandant l'armée de Moselle (1793), il repoussa les Autrichiens et les Prussiens. De 1794 à 1796, il pacifia la Vendée.

Hochelaga, village indien sur l'emplacement duquel fut bâtie la ville de Montréal (Québec).

hochement [ˈɔʃmɑ̃] n. m. Action de hocher (la tête).

hochepot [ɔʃpo] n. m. (France rég.) Ragoût, longuement mijoté, de viande et de légumes. *Queue de bœuf en hochepot.*

hochequeue ou **hoche-queue** [ˈɔʃkø] n. m. Bergeronnette. *Les hochequeues remuent sans arrêt la queue.*

hocher [ˈɔʃe] v. tr. [1] *Hocher la tête,* la remuer, en signe d'assentiment, de dénégation, de doute. *Hocher la tête de haut en bas pour dire «oui», de gauche à droite pour dire «non».*

hochet [ˈɔʃɛ] n. m. **1.** Jouet que les enfants en bas âge peuvent secouer et qui fait du bruit. ▷ Instrument de musique fait d'une calebasse, d'une vannerie ou d'une poterie contenant des graines ou des cailloux. **2.** Fig. Chose futile qui flatte ou qui distrait. *Les hochets de la vanité.*

Hô Chi Minh (« le Lumineux) (Nguyên Tat Than, dit Nguyên Ai Quôc, puis) (1890 – 1969), homme politique vietnamien. Fils d'un magistrat, il étudia à Huê avant de venir en France (1911). Militant nationaliste et socialiste, il adhéra au parti communiste français après le congrès de Tours (1920). Il séjourna en U.R.S.S. avant de rentrer en Asie où il fonda le parti communiste indochinois (1930). Du fait de la guerre sino-japonaise, il bénéficia de l'appui de la Chine, puis des États-Unis et fonda le Viêt*-minh (1941), qui combattit les Japonais et les Français. À la suite de la défaite japonaise, il rompit avec Bao* Dai et proclama l'indépendance du Viêt-nam (2 sept. 1945), dont il devint le président. Les Chinois occupant le Tonkin et le N. de l'Annam, il préféra traiter avec les Français qui reconnurent la République démocratique du Viêt-nam au sein de l'Union* française (mars 1946). La conférence de Fontainebleau (sept. 1946) ayant échoué, il dirigea la lutte contre les Français. Celle-ci se termina par la défaite de la France (1954). Président de la Rép. démocratique du Viêt-nam du Nord, il soutint les forces opposées au régime de Saigon et aux États-Unis. Il fut secrétaire général du parti communiste de 1956 à 1960. Respectueusement appelé « oncle Hô » par ses compatriotes, il a laissé de nombreux écrits politiques et les célèbres *Poèmes de prison* (1940), composés en chinois classique. En 1975, son nom a été donné à la ville de Saigon.

Hô Chi Minh (piste), nom donné à l'ensemble des itinéraires, passant par les hauts plateaux du Viêt-nam et du Laos, qu'utilisa le Viêt-minh, puis l'armée du Viêt-nam du Nord, pendant les guerres contre les Français et les Américains. Ces pistes et tunnels, qui servirent à acheminer hommes, matériel de guerre et ravitaillement du nord au sud, jouèrent un rôle décisif.

Hô Chi Minh-Ville (*Saigon* jusqu'en 1975), la plus grande ville du Viêt-nam, à 80 km de la mer de Chine, port import. sur la rivière de Saigon, affl. du Dong Nai; 4322300 hab. avec Cho Lon (peuplé en majorité de Chinois, auj. intégré à la ville). Centre administratif et métropole économique. – La ville prit son essor sous Gia Long, à la fin du XVIIIe s. Occupée par les Français en 1859, capitale de la Cochinchine, puis du Sud-Viêt-nam (de 1954 à 1975), Saigon constitua la base princ. des troupes américaines et connut un afflux massif de réfugiés pendant la guerre du Viêt-nam. Après l'entrée des troupes communistes (avril 1975), la ville fut rebaptisée Hô Chi Minh-Ville, et le nouveau pouvoir mit en œuvre une politique de déflation de la population et d'intégration progressive à l'économie du pays.

hockey [ˈɔkɛ] ou (Québec) [ˈɔke] n. m. **1.** *Hockey* ou *hockey sur glace :* sport originaire du Canada pratiqué sur une patinoire par deux équipes de six joueurs chaussés de patins, qui consiste à s'emparer d'un palet (au Québec, rondelle*) de caoutchouc à l'aide d'une crosse (au Québec, bâton*) et à le faire pénétrer dans le but adverse. *Joueur de hockey. Équipe, club* de hockey.* ▷ (Québec) Syn. de *bâton* de hockey.* **2.** *Hockey sur gazon,* pratiqué sur un terrain gazonné par deux équipes de onze joueurs qui cherchent à faire pénétrer une balle dans le but adverse au moyen d'une crosse.

hockeyeur, euse [ˈɔkejœʀ, øz] n. Joueur, joueuse de hockey.

Hocquart (Gilles) (1695 – 1783), administrateur français. Intendant de la Nouvelle-France (1731-1748), il fit prospérer la colonie avec sagesse et habileté.

Hodeïda, port du Yémen, sur la mer Rouge; 155110 hab.

Hodgkin (Thomas) (1798 – 1866), médecin anglais. ▷ MED *Maladie de Hodgkin :* lymphogranulomatose maligne.

hodh ou **hôdh** [ˈɔd] n. m. Cuvette de Mauritanie et du Mali occupée par des ergs et bordée par un escarpement au pied duquel se trouvent des oasis.

Hodja ou **Hoxha** (Enver) (1908 – 1985), homme politique albanais. Fondateur du Parti du travail (communiste) en 1941, il lutta contre l'occupation italo-allemande. Après 1945, il dirigea le pays de façon autoritaire et isolationniste.

Hodler (Ferdinand) (1853 – 1918), peintre suisse; né à Berne, il travailla à Genève (dont le musée recèle nombre de ses œuvres). Ses portraits et ses fresques le rapprochent de l'art* nouveau. Son génie s'exprime surtout dans des paysages alpestres dépouillés où les parallèles expriment l'union de l'homme et de la nature.

Hodna (chott el-) *(Šatt al-Hudna),* chott des hauts plateaux d'Algérie orient., au S. des *monts du Hodna* (1890 m au djebel Bou-Taleb).

Hoffmann (Ernst Theodor Wilhelm, puis Amadeus) (1776 – 1822), écrivain et compositeur romantique allemand; auteur de contes et romans fantastiques : *Kreisleriana* (1814), *les Élixirs du diable* (1815-1816), *Contes des frères Sérapion* (1819-1821), *le Chat Murr* (1820-1822).

Hofmannsthal (Hugo von) (1874 – 1929), poète et dramaturge autrichien néo-romantique. Poèmes : *la Mine de Falun* (1899). Drames (mus. de R. Strauss) : *Électre* (1903), *Ariane à Naxos* (1910), *le Chevalier à la rose* (1911).

Hogarth (William) (1697 – 1764), peintre et graveur anglais. Il excelle dans la scène de genre satirique (*la Carrière d'une prostituée,* 1731).

Hoggar ou **Ahaggar,** massif du Sahara central (Algérie), dominé par des hauts sommets volcaniques culminant au pic Tahat (2918 m). Le Hoggar est habité par les Touareg. Ville princ. : *Tamanrasset.*

Hohenstaufen, maison allemande, originaire de Souabe, dont cinq membres régnèrent sur le Saint Empire, de 1138 à 1254 (Frédéric Ier Barberousse, notam.).

Hohenzollern, maison allemande, originaire de Souabe, connue dès le XIe s. En 1227, elle se divisa en deux branches : la branche de Souabe se subdivisa en plusieurs rameaux, dont celui de Sigmaringen qui donna une lignée princière à la Roumanie; la branche de Franconie acquit le duché de Prusse (XVIe s.), royaume en 1701, et fonda l'Empire allemand (1871-1918).

Hô Huu Tuong (1910 – 1980), écrivain vietnamien : *Phi Lac bouleverse les États-Unis* (1955), *Phi Lac junior bouleverse Saigon* (1967).

hoirie [waʀi] n. f. DR Anc. Héritage, succession. – Mod. *Avancement* d'hoirie.* ▷ (Suisse) Héritage indivis.

Hokkaidō (anc. *Yeso*), île septent. du Japon; 78515 km^2; 5679000 hab.; ch.-l. *Sapporo.* L'île, montagneuse (alt. max. 2290 m), aux trois quarts recouverte de forêts, a un climat rude. Sa mise en valeur a débuté à la fin du XIXe s. : pêche, céréales, bois, hydroélectricité. Un tunnel ferroviaire (23 km) relie Hokkaidō à Honshū depuis 1988.

Hokusai (Katsushika) (1760 – 1849), peintre et dessinateur japonais. Grand maître de l'estampe, il créa vers 1812 le «paysage réaliste» : *Cent vues du mont Fuji* (1834-1835), comprenant *la Vague.*

holà [ˈɔla; hɔla] interj. et n. m. **I.** interj. **1.** Servant à appeler. *Holà! quelqu'un!* **2.** Servant à arrêter qqn, à le modérer. *Holà! pas tant de bruit!* **II.** n. m. *Mettre le holà à :* mettre fin à (qqch de fâcheux). *Mettre le holà à une entreprise trop risquée.*

holarrhène [ɔlaʀɛn] n. m. BOT Petit arbre des régions tropicales (fam. apocynacées), qui contient des alcaloïdes efficaces contre les amibes.

Holbach (Paul Henri Dietrich, baron d') (1723 – 1789), philosophe français d'origine allemande; ami de Diderot, collaborateur de l'*Encyclopédie,* adepte du matérialisme : *Système de la nature* (1770).

Holbein (Hans), dit *le Vieux* ou *l'Ancien* (v. 1465 – 1524), peintre allemand; auteur de retables. — **Hans,** dit *Holbein le Jeune* (1497 – 1543), fils du préc.; peintre et graveur, portraitiste de la cour d'Angleterre. Marqué par la Renaissance, il conserve la rigueur gothique : *Érasme, Anne de Clèves,* planches pour *l'Éloge de la folie* d'Érasme.

Hölderlin (Friedrich) (1770 – 1843), poète allemand. Précepteur chez le banquier Gontard à Francfort (1795-1798), il s'éprit de Suzanne Gontard, la mère de ses élèves, qui devint la Diotima de son roman épistolaire *Hyperion* (1797 et 1799). Il laissa inachevée une tragédie, *la Mort d'Empédocle* (1798-1799), puis composa les *Odes* et les *Élégies*. Atteint de folie dès 1802, isolé du monde de 1804 à sa mort, il a créé un univers mythique : la nature, la vérité grecque et le divin formaient l'harmonie originelle que l'homme a perdue.

holding ['ɔldiŋ] n. m. ou f. (Mot anglais.) FIN Société financière qui dirige ou contrôle d'autres sociétés grâce aux actions qu'elle détient.

hold-up ['ɔldœp] n. m. inv. (Anglicisme) Agression à main armée pour dévaliser une banque, un magasin, un convoi, etc.

Holiday (Eleonora McKoy, dite Billie), dite aussi *Lady Day* (1915 – 1959), chanteuse de jazz américaine.

hollandais, aise ['ɔlɑ̃dɛ, ɛz] adj. et n. **1.** De Hollande (nom cour. des Pays-Bas). *Vermeer est un des grands peintres hollandais.* ▷ Subst. *Un(e) Hollandais(e).* **2.** *Race hollandaise* ou *frisonne :* race de vaches pie d'origine hollandaise, excellentes laitières.

Hollandais volant (le). V. Vaisseau fantôme (le).

Hollande, rég. des Pays-Bas, sur la mer du Nord. Située en grande partie au-dessous du niveau de la mer, elle possède de nombr. polders et des voies fluviales denses. Sa forte agric., des industr. diversifiées et son comm. actif en font la rég. la plus riche et la plus peuplée du pays (961 hab./km²). Elle est divisée en deux provinces : *Hollande-Méridionale* (2 907 km²; 3 208 000 hab.; ch.-l. *La Haye;* v. princ. *Rotterdam*) et *Hollande-Septentrionale* (2 657 km²; 2 353 000 hab.; ch.-l. *Haarlem;* v. princ. *Amsterdam*). – La Hollande, possession des Habsbourg en 1482, fut à l'origine de la formation des Provinces-Unies (1579). Sa capitale, La Haye, fut celle de la République, et son stathouder le commandant des armées.

Hollande (guerre de), guerre menée par Louis XIV (déjà victorieux en 1668 : V. Dévolution), avec l'appui de la Suède, contre les Provinces-Unies, alliées à l'Espagne. En juin 1672, les armées franç. entrèrent en Hollande; en juin 1673, elles prirent Maastricht. Les traités de Nimègue* (1678-1679) donnèrent la Franche-Comté à la France.

Hollywood, fbg N.-E. de Los Angeles (Californie), princ. centre de l'industr. du cinéma et de la télévision des É.-U., auj. concurrencé par d'autres villes (New York, notam.).

holmium ['ɔlmjɔm] n. m. CHIM Élément appartenant à la famille des lanthanides (symbole Ho), de numéro atomique Z=67.

holo-. Élément, du gr. *holos,* « entier ».

holocauste [ɔlokost] n. m. **1.** HIST RELIG Sacrifice en usage chez les juifs, au cours duquel la victime (un animal) était entièrement consumée par le feu. *Offrir un mouton en holocauste.* ▷ *Par ext.* Victime ainsi sacrifiée. **2.** Sacrifice religieux sanglant. **3.** Spécial. *L'Holocauste* ou *l'holocauste :* l'extermination des Juifs par les nazis. **4.** Fig. Sacrifice. *Offrir son cœur en holocauste. S'offrir en holocauste.*

holocène [ɔlɔsɛn] adj. et n. m. GEOL Se dit de l'étage le plus récent du quaternaire qui succède au paléolithique supérieur (de 8000 ou 7000 av. J.-C. à nos jours). – n. m. *L'holocène.*

holocéphales [ɔlosefal] n. m. pl. ICHTYOL Sous-classe de poissons cartilagineux des profondeurs, aux nageoires pectorales très développées, comprenant notam. les chimères (sens 3). – Sing. *Un holocéphale.*

holocrine [ɔlokʀin] adj. BIOL Qualifie les glandes (sébacées, mammaires, etc.) dont la sécrétion résulte d'une fonte cellulaire.

holocristallin, ine [ɔlokʀistalɛ̃, in] adj. GEOL Se dit d'une roche dont tous les minéraux sont cristallisés.

hologramme [ɔlogʀam] n. m. TECH Cliché photographique transparent qui donne l'illusion du relief lorsqu'il est illuminé sous un certain angle. *Le laser a permis de réaliser les premiers hologrammes.*

holographie [ɔlogʀafi] n. f. TECH Ensemble des techniques de réalisation et d'utilisation des hologrammes.

holomorphe [ɔlɔmɔʀf] adj. MATH *Fonction holomorphe :* fonction d'une variable complexe, dérivable en tout point de son domaine de définition.

Holopherne, personnage biblique; général de Nabuchodonosor, il fut décapité pendant son sommeil par Judith lors du siège de Béthulie.

holoprotéine [ɔlopʀɔtein] n. f. BIOCHIM Protéine constituée uniquement d'acides aminés.

holoside [ɔlɔzid] n. m. BIOCHIM Glucide dont l'hydrolyse complète fournit exclusivement des oses.

holothurie [ɔlotyʀi] n. f. ZOOL Échinoderme au corps mou, plus ou moins cylindrique, recouvert de spicules calcaires rugueux et appelé cour. *concombre de mer,* ou (Nouv.-Cal.) *boudin.*

Holstein, anc. État d'Allemagne du Nord, comté (1110), puis duché (1474), possession personnelle du roi de Danemark en 1460. La Prusse l'annexa avec le Schleswig en 1866. V. Duchés (guerres des) et Schleswig-Holstein.

homard ['ɔmaʀ] n. m. Crustacé marin des régions tempérées aux énormes pinces (genre *Homarus*), à la carapace bleu veiné de jaune dont la chair est très estimée. *Pinces de homard.*

home ['om] n. m. (Anglicisme) **1.** *Home d'enfants :* maison qui accueille des enfants en pension ou en vacances. – (Belgique, Luxembourg) *Par ext.* Maison d'accueil, centre d'hébergement (de personnes âgées, d'enfants abandonnés, etc.). **2.** (Luxembourg) Local où l'on se réunit, où l'on se rassemble. *Le home des scouts.*

homélie [ɔmeli] n. f. **1.** Leçon simple sur un point de doctrine religieuse. – Sermon fait sur un ton familier. **2.** Péjor. Discours moralisant et ennuyeux. *Une homélie sur la noblesse du travail.*

homéo-. Élément, du gr. *homoios,* «semblable».

homéopathe [ɔmeopat] n. et adj. Médecin pratiquant l'homéopathie. – adj. *Médecin homéopathe.*

homéopathie [ɔmeopati] n. f. Méthode thérapeutique qui consiste à traiter les maladies par des doses infinitésimales de produits capables (à plus fortes doses) de déterminer des symptômes identiques aux troubles que l'on veut supprimer. Ant. allopathie.
ENCYCL En 1790, Hahnemann énonça les trois lois de l'homéopathie : – Loi de similitude : analogie entre les symptômes du malade et ceux qui apparaissent chez un sujet sain auquel est administrée une substance médicamenteuse donnée. – Loi des doses infinitésimales : on prépare des dilutions successives au 1/100 (centésimales hahnemanniennes, par abrév. CH) ou au 1/10 (décimales notées X); en outre, l'agitation du flacon *(dynamisation)* est capitale. – Loi concernant le «terrain morbide» : il n'y a pas des maladies (à caractère universel) ni des malades (tous identiques s'ils sont frappés d'un même mal), mais un malade, global et individualisé, dont il faut stimuler le système de défense.

homéopathique [ɔmeopatik] adj. Qui a rapport à l'homéopathie. ▷ *Dose homéopathique :* dose infinitésimale.

homéostasie [ɔmeostazi] n. f. BIOL Faculté qu'ont les êtres vivants de maintenir ou de rétablir certaines constantes physiologiques (concentration du sang et de la lymphe, pression artérielle, etc.) quelles que soient les variations du milieu extérieur.

homéostatique [ɔmeostatik] adj. BIOL Relatif à l'homéostasie.

homéotherme [ɔmeotɛʀm] adj. et n. m. ZOOL Qualifie les animaux, dits aussi «à sang chaud», qui maintiennent la température de leur corps constante, quelle que soit la température ambiante. Ant. poïkilotherme. – n. m. *Un homéotherme.*

Homère, nom donné au plus célèbre des poètes grecs, considéré comme l'auteur de *l'Iliade* et de *l'Odyssée.* Toute l'Antiquité crut à son existence, mais on ne sait rien sur sa vie. Selon Hérodote, il aurait vécu en Ionie v. 850 av. J.-C. Selon la tradition, devenu vieux et aveugle, il allait encore de ville en ville, chantant ses poèmes. Il serait mort à Ios (une des Cyclades). *L'Iliade,* épopée en 24 chants, narre un épisode de la guerre de Troie (Ilion) : *la Colère d'Achille* rend incertaine l'issue du combat, et Patrocle puis Hector périssent. *L'Odyssée* (en gr. *Odusseus,* «Ulysse»), poème épique en 24 chants, raconte les aventures d'Ulysse revenant à Ithaque, son royaume, après la prise de Troie. Dans *l'Iliade,* les affrontements des hommes-héros et des dieux se déroulent dans un univers de violence. Dans *l'Odyssée,* les aventures d'Ulysse sont traitées sur un mode plus diversifié, et la vie des principautés grecques aux Xᵉ-IXᵉ s. av. J.-C. apparaît. Gigantesque, l'œuvre d'Homère regroupe des morceaux d'âges et de styles différents; la compilation a pu être l'œuvre d'un aède de génie; l'ensemble du texte a été fixé par écrit au VIᵉ s.

homérique [ɔmeʀik] adj. **1.** Qui a rapport à Homère. *Poèmes homériques.* **2.** Qui rappelle Homère, les héros et les temps anciens qu'il a célébrés. *Une bataille homérique. – Par extens.* Spectaculaire, épique. ▷ *Rire homérique,* énorme, déchaîné.

Home Rule (mot angl. signif. «autonomie»), régime revendiqué par l'Irlande de 1870 à 1912, date à laquelle il fut voté par le Parlement britannique (V. Irlande).

1. homicide [ɔmisid] n. et adj. **1.** n. Personne qui tue un être humain. **2.**

adj. Qui cause la mort d'un ou de plusieurs êtres humains. *Une fureur homicide.* ▷ Qui tend au meurtre. *Ces sentiments homicides.*

2. homicide [ɔmisid] n. m. Meurtre, action de tuer un être humain. *Un homicide volontaire. Un homicide par imprudence.*

hominidés [ɔminide] n. m. pl. PALEONT, ANTHROP Famille de primates comprenant l'homme (genre *Homo**) et ses ancêtres (genre *Australopithecus*). – Sing. *Un hominidé.*

hominiens [ɔminjɛ̃] n. m. pl. PALEONT, ANTHROP Lignée de primates qui s'étend des hommes fossiles aux hommes actuels. – Sing. *Un hominien.*
ENCYCL Le groupe des hominiens, auquel est rattaché celui des *préhominiens,* ne comporte que le genre *Homo,* lequel renferme : des australanthropiens (plus cour. nommés australopithèques* dont les restes n'ont été découverts qu'en Afrique); tous les pithécanthropes *(Homo erectus),* de Java, de Chine (Zhoukoudian), de Mauritanie et d'Europe; les néanderthaliens *(Homo sapiens neanderthalensis),* qui subsistèrent un certain temps avec *Homo sapiens sapiens,* l'homme actuel. L'*Homo habilis* est un type d'australanthropien apparu il y a 1 800 000 ans; ses restes, découverts en Afrique, sont associés à des outils. Des découvertes récentes en Palestine et en Afrique du N. font remonter l'*Homo sapiens sapiens* à 100 000 ans env. La structure générale des hominiens, c.-à-d. celle de l'homme actuel, était en place dès les premiers primates; le stade principal de l'hominisation fut l'acquisition de la station verticale, qui libéra les mains de la fonction locomotrice et favorisa l'augmentation constante du volume du cerveau, donc le développement du psychisme. L'industrie lithique est l'apanage de l'*Homo sapiens sapiens.* Précisons que la préhistoire, c.-à-d. l'« histoire » des premières activités industrielles et artistiques du genre *Homo,* ne couvre que la partie la plus récente de l'histoire des hominidés.

hominisation [ɔminizasjɔ̃] n. f. ANTHROP Ensemble des processus par lesquels l'espèce humaine s'est constituée à partir de primates.

hommage [ɔmaʒ] n. m. **1.** HIST Acte par lequel le vassal se reconnaissait homme lige* du suzerain dont il allait recevoir un fief. **2.** Acte, marque de soumission, de vénération, de respect. *Je rends hommage à votre loyauté.* – Plur. *Présenter ses hommages à une dame,* lui présenter respectueusement ses civilités. **3.** Offrande faite à qqn en signe de respect, de considération. *Hommage d'un livre par l'auteur, par l'éditeur,* se dit d'un livre offert par l'auteur, par l'éditeur.

hommasse [ɔmas] adj. Péjor. Se dit d'une femme qui a une allure virile.

homme [ɔm] n. m. **1.** Être humain. *L'homme, le plus évolué des êtres vivants, appartient à la classe des mammifères, à l'ordre des primates, à la famille des hominidés et à l'espèce « Homo sapiens sapiens ».* **2.** Être humain de sexe masculin. *Les caractéristiques qui différencient l'homme de la femme. Un homme âgé.* Syn. (Polynésie fr.) tane. ▷ (En tant que dépositaire des valeurs traditionnellement considérées comme spécifiquement masculines.) *Être, se montrer un homme,* énergique, courageux. ▷ Pop. (Avec le possessif.) Amant, mari. *C'est mon homme.* **3.** Être humain de sexe masculin et adulte. *Ce n'est plus un enfant, c'est un jeune homme. Un homme bien bâti, musclé, malingre. Un bel homme.* Syn. (Polynésie fr.) tane. – Loc. *Homme à femmes,* qui a des succès féminins. **4.** *Homme de,* suivi d'un nom, pour indiquer l'état, la profession, les qualités, les défauts d'un individu. *Homme de lettres :* écrivain. *Homme d'État :* membre d'un gouvernement. *Homme de loi :* magistrat, avocat. *Homme d'affaires,* qui s'occupe d'entreprises commerciales. *Homme de mer :* marin. *Homme de troupe :* militaire qui n'est ni officier ni sous-officier. *Homme de cœur,* généreux. *Homme de confiance,* à qui l'on confie des missions délicates. *Homme de parole,* qui respecte ses engagements. *Homme d'intérieur,* qui aime rester chez lui. *Homme de peu,* digne de mépris. *Homme de paille :* prête-nom. *Homme de main*.* – (Réunion) *Homme de cour :* employé qui cumule les fonctions de gardien, de jardinier, et assure différents services domestiques. **5.** Loc. *Être (un) homme à* (+ inf.), capable de. *Il est homme à se venger.* – *D'homme à homme :* directement, franchement. *Je voudrais vous parler d'homme à homme.* – *Comme un seul homme :* tous ensemble.

homme-grenouille [ɔmgʀənuj] n. m. Plongeur muni d'un scaphandre autonome, qui travaille sous l'eau. *Des hommes-grenouilles.*

homme-léopard [ɔmleɔpaʀ] n. m. (Afr. subsah.) **1.** Dans la zone forestière, membre d'une société secrète criminelle qui commet ses méfaits couvert d'une peau de léopard et armé d'un fer en forme de griffe. **2.** En Afrique centr., homme qui aurait le pouvoir de prendre la forme d'un léopard, ou de s'approprier la vie d'un léopard, en vue de châtier certaines fautes. *Des hommes-léopards.*

homme-orchestre [ɔmɔʀkɛstʀ] n. m. Musicien qui joue de plusieurs instruments en même temps. – Fig. Homme qui cumule plusieurs fonctions, ou qui a des talents variés. *Des hommes-orchestres.*

hommos ['ɔmos] n. m. (Proche-Orient) Purée de pois chiches délayée à l'huile de sésame.

homo-. Élément, du gr. *homos,* « semblable, le même ».

Homo [omo] n. m. Nom de genre de l'espèce humaine *(Homo sapiens sapiens)* et de diverses espèces voisines qui ont disparu. (V. encycl. hominiens.)

homocentre [omosɑ̃tʀ] n. m. GEOM Centre commun à plusieurs cercles (concentriques).

homochromie [omokʀɔmi] n. f. BIOL Caractère des espèces vivantes dont la couleur, analogue à celle du milieu, leur permet de se camoufler. *L'homochromie du caméléon.*

homocinétique [omosinetik] adj. **1.** MECA Se dit d'un joint (à la Cardan, par ex.) placé entre deux arbres tournant à la même vitesse. **2.** PHYS Animé de la même vitesse. *Particules élémentaires homocinétiques.*

homogène [ɔmɔʒɛn] adj. **1.** De la même nature, formé d'une même substance. *Des corps homogènes. Une pâte homogène.* **2.** MATH *Polynôme homogène :* somme de monômes du même degré. ▷ *Équation linéaire homogène,* dont le second membre est nul. **3.** PHYS *Formule homogène,* dont les deux membres représentent la même grandeur. ▷ *Substance homogène,* dont on ne distingue pas à l'œil nu les différents constituants. **4.** Fig. Cohérent, qui n'est pas formé d'éléments disparates. *Une documentation solide et homogène.*

homogénéisation [ɔmɔʒeneizasjɔ̃] n. f. Didac. Action d'homogénéiser. ▷ TECH Traitement que l'on fait subir à certains liquides (lait, partic.) pour empêcher la séparation des éléments qui les constituent.

homogénéiser [ɔmɔʒeneize] ou **homogénéifier** [ɔmɔʒeneifje] v. tr. [2] TECH Rendre homogène. – Pp. adj. *Lait homogénéisé,* dont on a réduit la grosseur des globules gras, pour augmenter la durée de la conservation.

homogénéité [ɔmɔʒeneite] n. f. **1.** Qualité de ce qui est homogène. **2.** Fig. Cohérence, unité. *L'homogénéité d'un gouvernement.*

homographe [ɔmɔgʀaf] adj. et n. m. GRAM Se dit de mots ayant la même orthographe mais pas nécessairement la même prononciation. *Dans « les poules du couvent* [kuvɑ̃] *couvent* [kuv] », *les mots « couvent » et « couvent » sont homographes.* – n. m. *Un homographe.*

homographie [omogʀafi] n. f. MATH Application qui transforme une droite d'un premier espace vectoriel en une droite d'un second.

homographique [omogʀafik] adj. MATH Qui se rapporte à l'homographie. *Fonction homographique,* du type $y = \frac{ax+b}{a'x+b'}$.

homogreffe [omogʀɛf] n. f. MED Greffe dans laquelle le greffon est emprunté à un donneur de même espèce.

homologation [ɔmɔlɔgasjɔ̃] n. f. **1.** DR Approbation judiciaire, administrative. **2.** SPORT Constatation et enregistrement officiels d'une performance. *Homologation d'un record.* **3.** TECH Action d'homologuer (un produit, une pièce).

homologie [ɔmɔlɔʒi] n. f. **1.** Didac. Relation qui existe entre deux éléments homologues. **2.** GEOM Application transformant toute figure dans l'espace par une figure équivalente. **3.** CHIM Caractéristique de composés homologues.

homologique [ɔmɔlɔʒik] adj. GEOM Relatif à l'homologie. ▷ MATH Se dit de deux figures pour lesquelles existe une homologie transformant l'une des figures en l'autre. *Des triangles homologiques.* – *Algèbre homologique,* qui consiste à associer des groupes à des objets mathématiques, de façon à obtenir des invariants des objets mathématiques étudiés.

homologue [ɔmɔlɔg] adj. et n. **1.** GEOM Qualifie deux points ou deux figures géométriques homologiques. **2.** CHIM *Composés homologues,* dont les formules brutes ne diffèrent que par le nombre des groupes CH_2. **3.** BIOL Se dit des organes d'espèces et de groupes différents qui ont la même origine embryologique. *Chez les vertébrés, les bras, les pattes antérieures, les ailes et les nageoires pectorales sont homologues.* **4.** Équivalent, analogue. ▷ Subst. (Personnes) *Le ministre malien des Finances a rencontré son homologue togolais.*

homologuer [ɔmɔlɔge] v. tr. [1] **1.** DR Donner l'homologation à (un acte). *Homologuer une sentence arbitrale.* **2.** SPORT Reconnaître officiellement, enregistrer. *Homologuer un record.* **3.** TECH Reconnaître officiellement la conformité à certaines normes (d'un objet).

homomorphie [omomɔʀfi] n. f. BIOL Type de mimétisme par lequel les ani-

homme

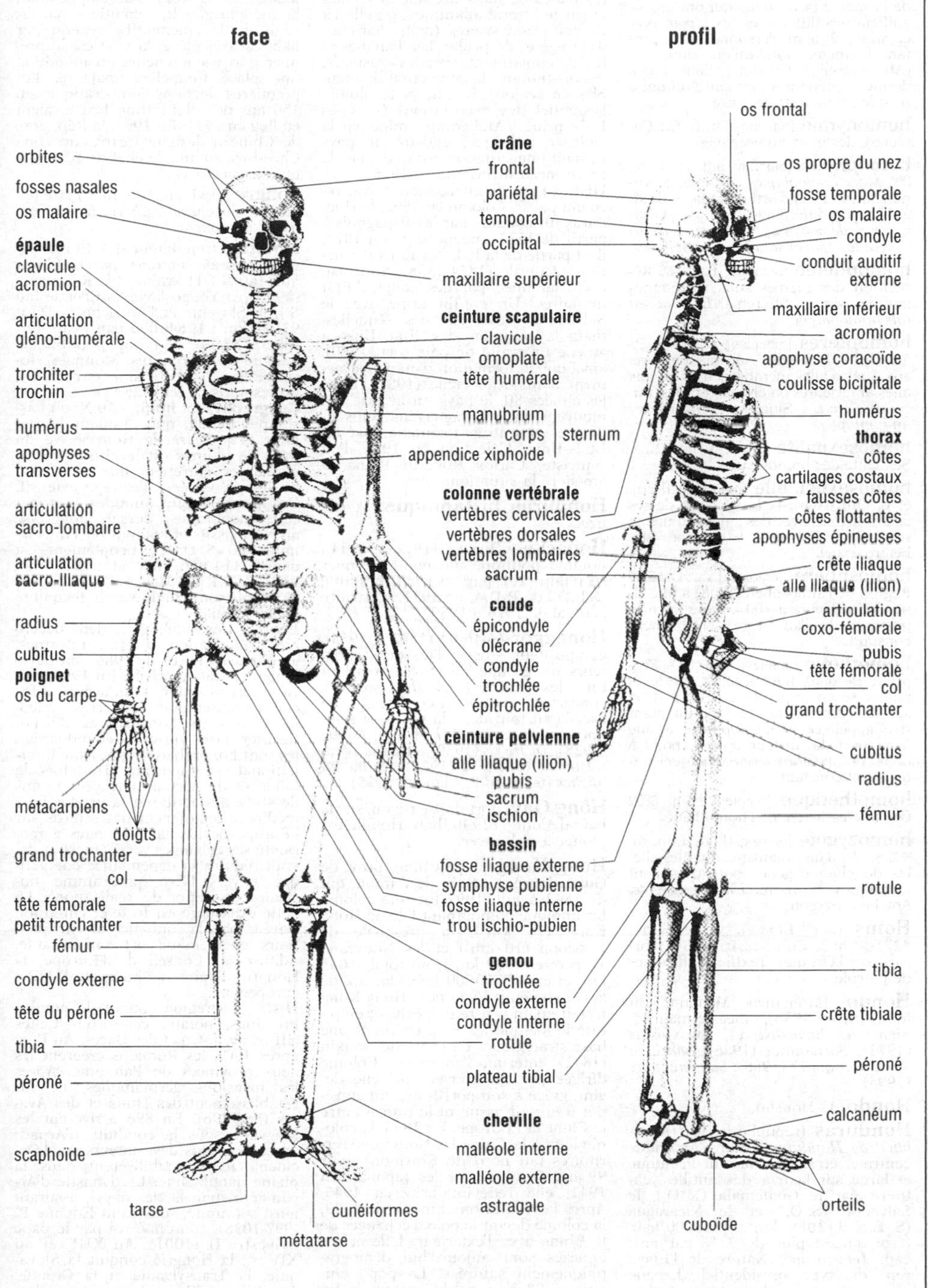
face
profil
orbites
fosses nasales
os malaire
épaule
clavicule
acromion
articulation
gléno-humérale
trochiter
trochin
humérus
apophyses
transverses
articulation
sacro-lombaire
articulation
sacro-iliaque
radius
cubitus
poignet
os du carpe
métacarpiens
doigts
grand trochanter
col
tête fémorale
petit trochanter
fémur
condyle externe
tête du péroné
tibia
péroné
scaphoïde
tarse
cunéiformes
métatarse
crâne
frontal
pariétal
temporal
occipital
maxillaire supérieur
ceinture scapulaire
clavicule
omoplate
tête humérale
manubrium
corps
sternum
appendice xiphoïde
colonne vertébrale
vertèbres cervicales
vertèbres dorsales
vertèbres lombaires
sacrum
coude
épicondyle
olécrane
condyle
trochlée
épitrochlée
ceinture pelvienne
aile iliaque (ilion)
pubis
sacrum
ischion
bassin
fosse iliaque externe
symphyse pubienne
fosse iliaque interne
trou ischio-pubien
genou
trochlée
condyle externe
condyle interne
rotule
plateau tibial
cheville
malléole interne
malléole externe
astragale
os frontal
os propre du nez
fosse temporale
os malaire
condyle
conduit auditif
externe
maxillaire inférieur
acromion
apophyse coracoïde
coulisse bicipitale
humérus
thorax
côtes
cartilages costaux
fausses côtes
côtes flottantes
apophyses épineuses
crête iliaque
aile iliaque (ilion)
articulation
coxo-fémorale
pubis
tête fémorale
col
grand trochanter
cubitus
radius
fémur
rotule
tibia
crête tibiale
péroné
calcanéum
orteils
cuboïde

maux et les végétaux adoptent une forme semblable à celle d'un élément de leur milieu. (V. mimétisme.)

homonyme [ɔmɔnim] adj. et n. m. **1.** adj. Se dit de mots qui se prononcent de la même façon mais qui ont des significations différentes (ex. : *pair, père* et *paire.*). **2.** n. m. Personne, chose portant le même nom qu'une autre. ▷ (Afr. subsah.) Personne dont on a donné le prénom à une autre ou qui a reçu le prénom d'une autre.

homonymie [ɔmɔnimi] n. f. Didac. Caractère des mots homonymes.

homophone [ɔmɔfɔn] adj. et n. m. LING *Mots homophones,* de même prononciation mais d'orthographe et de signification différentes. ▷ n. m. *«Comte» (titre de noblesse), «compte» (calcul) et «conte» (fable) sont des homophones.*

homophonie [ɔmɔfɔni] n. f. LING Répétition des mêmes sons représentés par des signes différents. *La rime est une homophonie.*

homoptères [ɔmɔptɛʀ] n. m. pl. ENTOM Ordre d'insectes suceurs de sève, aux quatre ailes membraneuses ou aux ailes antérieures en élytres (cigales, pucerons, etc.). – Sing. *La cochenille est un homoptère.*

homosexualité [ɔmosɛksɥalite] n. f. Sexualité des homosexuels.

homosexuel, elle [ɔmosɛksɥɛl] adj. et n. Qui trouve la satisfaction de ses désirs sexuels avec des sujets du même sexe. Syn. (Polynésie fr.) raerae. Ant. hétérosexuel.

homosphère [omosfɛʀ] n. f. METEO Région de l'atmosphère située à une altitude inférieure à 100 km, où la composition de l'air reste sensiblement constante.

homothétie [omotesi] n. f. GEOM Propriété de deux figures telles que leurs points se correspondent deux à deux sur des droites menées par un point fixe, appelé *centre d'homothétie,* et que le rapport des distances de ce point à deux points correspondants quelconques soit constant.

homothétique [ɔmotetik] adj. GEOM Qui a le caractère de l'homothétie.

homozygote [omozigɔt] adj. et n. m. BIOL Se dit d'un organisme dont les allèles de chaque gène sont strictement identiques. ▷ n. m. *Un homozygote.* Ant. hétérozygote.

Homs (anc. *Émèse*), v. de Syrie; 427500 hab. Cultures irriguées (barrage sur l'Oronte). Textile. Raffineries de pétrole.

Hondo (Mohamed Medoun, dit Med) (né en 1936), cinéaste mauritanien : *les Bicots-Nègres, vos voisins* (1973), *Sarraounia* (1986), *Sahel, la faim, pourquoi?* (1988), *Lumière noire* (1994).

Hondo. V. Honshū.

Honduras (république du) *(República de Honduras),* État d'Amérique centrale, étroit du côté du Pacifique et large sur la mer des Antilles, entouré par le Guatemala (N.-O.), le Salvador (S.-O.) et le Nicaragua (S.-E.); 112088 km^2; 4658000 hab. (croissance : plus de 3 % par an); cap. *Tegucigalpa.* Nature de l'État : rép. de type présidentiel. Langue off. : espagnol. Monnaie : lempira. Pop. : métis de Blancs et d'Indiens (env. 70%), Amérindiens (env. 20%), mulâtres et Blancs. Relig. : catholicisme (en majorité).
Géogr. phys. et écon. – Pays très montagneux, culminant à 2849 m, le Honduras a un climat tropical tempéré par l'altitude. La pop., rurale à près de 60 %, se concentre à l'O., sur les plateaux, dans les vallées fertiles et sur le littoral atlantique, où elle vit de cultures vivrières (maïs, haricot), d'élevage et de pêche. Les bananes et le café constituent, avec les crustacés, le bois (notam. la confection de meubles en acajou), le zinc et le plomb, l'essentiel des exportations (vers les É.-U. princ.). Mal équipé, miné par la violence politique, endetté, le pays connaît une situation critique, mais la croissance est revenue en 1995.
Hist. – Pays de civilisation maya, reconnu par C. Colomb en 1502, le Honduras fut conquis par les Espagnols à partir de 1523. Indépendant en 1821, il fit partie de la féd. des États d'Amérique centrale (1824-1838). Son hist. a été jalonnée par des coups d'État militaires. Un conflit armé avec le Salvador (1969) eut des séquelles, mais la pression des États-Unis a amené un traité de paix (oct. 1980), ainsi que la formation d'un gouvernement à majorité civile (1981). Dans les années 80, le pays fut la base des mouvements nicaraguayens antisandinistes («contras») soutenus par les États-Unis. L'élection en 1993 d'un centriste, Carlos Roberto Reina, a amélioré la situation.

Honduras britannique. V. Belize.

Honecker (Erich) (1912 – 1994), homme politique allemand. Premier secrétaire du parti socialiste unifié (S.E.D.) de R.D.A. en 1971, secrétaire général de 1976 à 1989.

Honegger (Arthur) (1892 – 1955), compositeur suisse; l'un des fondateurs du groupe des Six*. Abordant tous les genres (mélodies, sonates, concertos, quatuors à cordes, etc.), il excella surtout dans la musique symphonique : *Pacific 231* (1923), *Rugby* (1928), *Di tre re* (1950), et dans l'oratorio : *le Roi David* (1921), *Jeanne au bûcher* (texte de P. Claudel, 1935).

Hông Gay, port du Viêt-nam, sur la baie d'Along; 129400 hab. Houille exploitée à ciel ouvert.

Hong Kong, v. de Chine (prov. de Guangdong), au S.-E. de Canton, qui de 1842 à juil. 1997 fut une colonie britannique comprenant l'île de Hong Kong (76 km^2), la presqu'île de Kowloon (10 km^2) et les Nouveaux Territoires (959 km^2); au total, 1045 km^2 et env. 5700000 hab.; la cap. de la colonie était *Victoria.* – Hong Kong n'était qu'un centre de pêche et de piraterie lorsque les Brit. en firent une base stratégique. Le traité de Nankin (1842) entérina l'annexion. Colonie dirigée par un gouverneur, elle devint, grâce à son port franc, un entrepôt très actif assurant le transit entre la Chine et l'Europe. En 1898, la colonie loua à la Chine les Nouveaux Territoires (au nord de Kowloon) pour 99 ans. Occupée par les Japonais en 1941, elle redevint brit. en 1945. Après la révolution chinoise de 1949, la colonie devint le pôle d'échanges de la Chine avec l'extérieur. L'île et ses annexes sont aujourd'hui démographiquement saturées. La pop., chinoise à 98 %, a doublé depuis la fin des années 50 mais s'accroît moins : effondrement de la natalité, contrôle de l'immigration, émigration après la signature (1984) de l'accord prévoyant le retour de la ville à la Chine en 1997. Adoptant un modèle «japonais» (exportation de textile, matériel électrique, électroménager, audiovisuel, électronique, horlogerie, bijoux, jouets), Hong Kong a développé aussi la métallurgie, les chantiers navals, l'édition, le cinéma. Le revenu par hab. est très élevé, la ville est le premier port à conteneurs du monde et une place financière majeure. Les premières élections démocratiques en 150 ans de colonisation brit. avaient eu lieu en 1991. En 1997, la Rép. pop. de Chine a désigné l'armateur Tung Chee-hwa comme le chef de l'exécutif qui dirigera la ville.

hongre ['ɔ̃gʀ] adj. et n. m. Châtré (en parlant du cheval). *Cheval hongre* ou, n. m., *un hongre.*

Hongrie (république de), État d'Europe centrale, entouré par la Slovaquie (au N.), l'Ukraine et la Roumanie (à l'E.), la Yougoslavie, la Croatie (au S.), la Slovénie et l'Autriche (à l'O.); 93032 km^2; 10640000 hab.; cap. *Budapest.* Nature de l'État : république. Langue off. : hongrois. Monnaie : forint. Relig. : catholicisme (env. 55 %), protestantisme (env. 25 %).
Géogr. phys. et hum. – Au N. du bassin pannonien, que drainent le Danube et la Tisza, la Hongrie est un pays de plaines où le climat continental sec entretient une végétation de steppe, vouée à l'élevage extensif. Des hauteurs, plus humides, rompent cette monotonie : dorsale hongroise au N., massifs et collines de Transdanubie au S.-O. Le peuplement est dense (114 hab./km^2) et très homogène (97 % de Magyars); 60 % des Hongrois sont citadins et la fécondité est très faible.
Écon. – Dès 1968, après deux décennies d'étatisation, diverses réformes, amplifiées à partir de 1986, ont développé l'initiative privée. En 1990, une vaste privatisation s'est avérée difficile à réaliser pour les terres agricoles. L'économie hongroise est diversifiée, les bases agricoles et industrielles sont honorables, le tourisme international est important. Toutefois, la faiblesse du secteur tertiaire (moins de 40 % des actifs) et la productivité médiocre témoignent des retards sur l'Europe occidentale. Le pays a réorienté ses échanges vers l'Ouest et devrait réduire sa dépendance énergétique envers l'Est (programme nucléaire en cours de réalisation). La dette extérieure est forte et l'inflation élevée, mais la confiance des investisseurs occidentaux est satisfaisante. Admise au Conseil de l'Europe, la Hongrie aspire à intégrer l'Union européenne.
Hist. – La région connut de nombr. invasions, notam. celles des Celtes (IIIe s. av. J.-C.) et des Daces. Au Ier s. après J.-C., les Romains créèrent les deux provinces de Pannonie. Après les invasions germaniques, ce fut l'établissement des Huns et des Avares (568-796). En 896 arrivèrent les Magyars, sous la conduite d'Arpad; après des raids dévastateurs sur l'Occident, ils se stabilisèrent dans la plaine danubienne. La dynastie d'Arpad christianisa le pays, assurant ainsi son unité, sous saint Étienne Ier (997-1038), couronné roi par le pape Sylvestre II (1001). Au XIIIe et au XIVe s., la Hongrie conquit la Slovaquie, la Transylvanie et la Croatie. Aux XIVe et XVe s., la couronne élective échut aux maisons d'Anjou puis de Luxembourg. De 1458 à 1490, la Hongrie atteignit son apogée avec Mathias Corvin qui fit pénétrer la Re-

naissance dans son royaume. Passant au roi de Bohême en 1490, elle fut possession des Habsbourg d'Autriche de 1526 à 1918. Les Turcs, victorieux à Mohács (1526), conquirent une grande partie du pays (la plaine danubienne, avec Buda), tandis que le protestantisme s'implantait solidement, notam. en Transylvanie. La reconquête s'effectua au XVIIe s. (traité de Karlowitz, 1699). Le mouvement d'indép. de 1848, conduit par Kossuth, fut écrasé en 1849 avec l'aide de l'armée russe. Après une terrible répression, le gouvernement autrichien accorda une large autonomie à la Hongrie (1867). Ce régime dualiste, que symbolisait le nom d'Autriche-Hongrie, prit fin en 1918. Proclamée le 16 nov. 1918, la rép. connut un régime communiste (mars-août 1919) avec Béla Kun, puis s'organisa en royaume sans roi, sous la régence de Horthy (1920-1944). Le traité de Trianon (1920), qui amputa la Hongrie des 2/3 de son territ., suscita un puissant esprit de revanche. L'alliance avec l'Allemagne, favorisée par le pro-nazi Szálasi, permit de récupérer (1938-1941) divers territ., à nouveau perdus en 1945. Entrée en guerre contre l'U.R.S.S. en 1941, la Hongrie fut envahie par l'armée sov. (1944-1945), et un gouv. provisoire déclara la guerre à l'Allemagne (1944). On proclama la rép. (1946); on nationalisa terre et grandes entreprises (1946-1948). Le parti communiste imposa une rép. populaire (1949). Au stalinien Rákosi, président du Conseil en 1952, succéda le libéral Imre Nagy (1953-1955). Le remplacement de Nagy par Hegedüs accentua la colère des opposants au communisme. Ce fut alors la grande explosion d'octobre 1956, le retour de Nagy, la répression soviétique, l'emprisonnement puis l'exécution de Nagy. János Kádár, un communiste «national», fut mis au pouvoir par l'U.R.S.S. Il entreprit, avec son accord, une lente libéralisation du régime et décida, en 1968, d'une politique écon. plus souple. Lors des bouleversements amorcés en 1988, Kádár fut remplacé. La Hongrie servit de relais aux Est-Allemands qui voulaient gagner la R.F.A. En 1990, J. Antall, chef du Forum démocratique, parti conservateur, a formé un gouvernement de coalition qui a décidé un renversement d'alliance et les privatisations. En 1991, toutes les troupes soviétiques avaient quitté le sol hongrois. Mais la hausse infernale des prix et le chômage laissaient perplexe la pop., qui aux élections législatives de 1994 a porté au pouvoir l'ancien P.C., devenu le Parti socialiste hongrois, et Gyula Horn est devenu Premier ministre. Face à l'inflation, au déficit budgétaire, au chômage (10 %), il a appliqué avec succès une politique d'austérité (croissance de 2 à 3 %).

hongrois, oise ['ɔ̃gʀwa, waz] adj. et n. De Hongrie. ▷ Subst. *Un(e) Hongrois(e).* ▷ n. m. *Le hongrois :* la langue ouralienne du groupe finno-ougrien parlée par les Hongrois.

Honiara, cap. des îles Salomon, dans l'île de Guadalcanal; 30500 hab.

honnête [ɔnɛt] adj. **1.** Qui ne cherche pas à s'approprier le bien d'autrui ou à faire des profits illicites. *Domestique, commerçant honnête.* Ant. voleur. **2.** Qui se conforme à la loi morale, fait preuve de droiture. *Des honnêtes gens. Un arbitre honnête. Être honnête avec soi-même,* impartial vis-à-vis de soi-même. ▷ Spécial. *Une honnête femme :* une femme vertueuse, chaste. – *Par ext.* (Choses abstraites.) *Conduite honnête.* **3.** Qu'on estime suffisant, satisfaisant. *Obtenir des notes honnêtes à un examen. Un salaire honnête.* **4.** Litt. *Un honnête homme :* un homme qui a une culture générale étendue et des qualités sociales propres à le rendre agréable, conformément à l'idéal du XVIIe s. en France.

honnêtement [ɔnɛtmɑ̃] adv. **1.** D'une façon honnête (sens 1 et 2). *Se comporter honnêtement en affaires.* **2.** Sincèrement, franchement. *Honnêtement, tu as tort.* **3.** De façon acceptable, suffisante. *Travail honnêtement payé.*

honnêteté [ɔnɛtte] n. f. Qualité de celui, de ce qui est honnête (sens 1 et 2). *Son honnêteté est indiscutable. Honnêteté intellectuelle.*

honneur [ɔnœʀ] n. m. (et interj.) **1.** Disposition morale incitant à agir de manière à obtenir l'estime des autres en conservant le respect de soi-même. *Un homme d'honneur.* **2.** Considération dont jouit qqn qui agit selon ce principe. *Sauver l'honneur.* ▷ *Donner sa parole d'honneur, jurer sur l'honneur.* ▷ *Se faire un point d'honneur de* (+ inf.) : apporter tous ses soins à (faire qqch) comme si son honneur était en jeu. **3.** Gloire retirée d'une action, d'un mérite remarquable. *Avoir tout l'honneur d'une affaire.* ▷ *Être l'honneur de sa famille,* être pour elle un sujet d'orgueil. – *Être à l'honneur :* être mis au premier plan en signe de respect, d'admiration, d'estime. ▷ *Être en honneur* (choses) : être apprécié. ▷ *Champ d'honneur :* champ de bataille. **4.** Marque extérieure de considération, témoignage d'estime. *Préparer un repas soigné en l'honneur de ses invités.* – (Dans des formules de politesse.) *Faites-moi l'honneur d'accepter cette invitation. J'ai l'honneur de vous annoncer, de vous informer que...* ▷ *Place d'honneur,* réservée à un personnage éminent dans une réunion. *Demoiselle, garçon d'honneur,* qui, dans un mariage, assistent les mariés. ▷ (Plur.) *Honneurs militaires :* saluts, sonneries, salves d'artillerie pour honorer un chef, le drapeau. – *Les honneurs de la guerre :* les conditions de reddition permettant à une garnison de se retirer librement, avec armes et bagages. – *Honneurs funèbres :* cérémonie des funérailles. *Rendre les honneurs :* présenter ses condoléances. – *Faire les honneurs d'une maison,* y recevoir avec courtoisie. **5.** interj. (Haïti) Formule de politesse par laquelle on salue la personne chez qui on est invité. (V. respect.) **6.** *Faire honneur à qqn,* lui valoir de l'honneur, de l'estime. *Faire honneur à ses engagements, à sa signature :* remplir ses engagements. – Fam. *Faire honneur à un repas,* y manger copieusement. **7.** (Plur.) Dignités, titres qui permettent de se distinguer socialement. *Rechercher les honneurs.* **8.** JEU Nom donné aux figures à certains jeux de cartes.

honnir ['ɔniʀ] v. tr. [3] Couvrir publiquement de honte. *Je ne laisserai personne me honnir.* – Vieilli ou litt. *Être honni de, par qqn,* lui inspirer de la haine et du mépris. ▷ *Honni soit qui mal y pense! :* honte à celui qui y voit du mal.

Honolulu, cap. de l'État d'Hawaii (É.-U.), dans l'île Oahu; grand port du Pacifique; 365200 hab. Base militaire. Tourisme.

honorabilité [ɔnɔʀabilite] n. f. Caractère d'une personne honorable.

honorable [ɔnɔʀabl] adj. et n. m. **I.** adj. **1.** Qui mérite d'être honoré, considéré. *Un honorable commerçant.* ▷ (Par politesse, dans le langage parlementaire.) *Mon honorable collègue.* **2.** Qui attire le respect, qui est garant de l'honneur. *Un métier honorable.* ▷ *Faire amende honorable :* reconnaître ses torts. **3.** Suffisant, assez satisfaisant. *Élève qui a des notes honorables.* **II.** n. m. (Maurice) Titre donné aux députés de l'Assemblée nationale mauricienne.

honorablement [ɔnɔʀabləmɑ̃] adv. **1.** D'une façon qui attire de l'honneur. **2.** D'une manière suffisante.

honoraire [ɔnɔʀɛʀ] adj. **1.** Qui, après avoir exercé certaines charges, en conserve le titre et les prérogatives honorifiques. *Inspecteur honoraire.* **2.** Qui porte un titre honorifique sans exercer la fonction correspondante. *Président honoraire.*

honoraires [ɔnɔʀɛʀ] n. m. pl. Rétribution donnée aux personnes qui exercent des professions libérales. *Les honoraires d'un médecin.*

Honorat (saint) (v. 350 – v. 429), moine né en Gaule Belgique. Il vécut en Provence (France), où il fonda, au début du Ve s., un monastère dans les îles de Lérins (Alpes-Marit.) et fut archevêque d'Arles (427).

honoré, ée [ɔnɔʀe] adj. et n. f. **1.** adj. Qui est honoré (V. honorer, sens I, 1 et 4). **2.** adj. (Dans le style épistolaire, par politesse ou en signe de déférence.) *Mon honoré confrère. Mon cher et honoré maître.* **3.** n. f. COMM *Votre honorée du... :* votre lettre du...

honorer [ɔnɔʀe] v. [1] **I.** v. tr. **1.** Manifester du respect pour (qqn, qqch); traiter avec honneur. *Honorer le mérite.* **2.** *Honorer qqn de qqch,* l'en gratifier. *Honorer qqn de sa confiance.* **3.** Valoir de l'honneur, de l'estime à. *Votre courage vous honore.* **4.** *Honorer ses engagements,* les remplir entièrement. ▷ *Honorer ses dettes,* les rembourser. *Honorer un chèque,* le payer. **II.** v. pron. *S'honorer de qqch,* en tirer honneur et fierté. *Je m'honore de son amitié.*

honorifique [ɔnɔʀifik] adj. Qui confère un honneur mais aucun autre avantage. *Titre honorifique.*

honoris causa [ɔnɔʀiskoza] loc. adj. et adv. (Loc. lat., «pour l'honneur».) Se dit des titres et grades conférés à titre honorifique. *Il est docteur honoris causa.*

Honorius Ier (m. en 638), pape de 625 à 638; il essaya de rapprocher des catholiques les monothélistes d'Orient.

Honorius (Flavius) (384 – 423), premier empereur d'Occident (395-423). Il ne put empêcher le sac de Rome (410) par Alaric, roi des Wisigoths.

Honshū (dite autref. *Hondo* en Occid.), la plus grande des îles du Japon : 230862 km^2; 96687000 hab.; v. princ. *Tōkyō, Yokohama, Ōsaka.* L'île s'étire sur 1000 km env. Le centre est occupé par des montagnes (3778 m au Fuji-Yama) soumises au volcanisme. La pop. est concentrée dans les plaines côtières. Un tunnel ferroviaire mène à Hokkaidō*. – C'est à Honshū, autour de Kyōto, que s'est formée la civilisation japonaise.

honte ['ɔ̃t] n. f. **1.** Sentiment pénible causé par la conscience d'avoir commis une faute, par le fait de se sentir déshonoré, inférieur ou ridicule. *Avoir honte d'une mauvaise action, d'une infirmité, d'une tenue vestimentaire.* ▷ *Faire honte à qqn,* lui faire des reproches pour qu'il ait honte. *Faire honte à un enfant de ses mensonges.* – Être un motif de honte pour qqn. *Sa mauvaise conduite me fait honte.* ▷ Loc. *Avoir perdu toute honte, avoir toute honte bue :* être insensible au déshonneur. ▷ *Fausse honte :* honte que rien ne justifie. **2.** Timidité, embarras. *Fillette qui a honte devant ses professeurs. N'avoir pas honte de dire telle chose.* ▷ (Afr. subsah.) Attitude de décence, de réserve, prescrite à l'égard de certaines personnes. *Avoir (de) la honte devant les anciens.* **3.** Ce qui déshonore, humilie. *Couvrir qqn de honte.* ▷ Fait honteux, acte scandaleux. *C'est une honte!*

honteusement ['ɔ̃tøzmɑ̃] adv. D'une manière honteuse.

honteux, euse ['ɔ̃tø, øz] adj. **1.** Qui cause de la honte, du déshonneur. *Il est honteux de mentir. Trafic honteux,* déshonorant pour son auteur. ▷ Spécial. Loc. Vieilli *Les parties honteuses :* les organes génitaux. – *Maladie honteuse :* maladie vénérienne. – ANAT Qui a rapport aux organes génitaux. *Artères honteuses, nerfs honteux.* **2.** Qui éprouve de la honte. *Être honteux de ses échecs.* **3.** Qui, par timidité, n'ose pas révéler son état, ses convictions. *Pauvre, croyant honteux.*

Hooghe, Hoogh ou **Hooch** (Pieter de) (1629 – v. 1684), peintre hollandais. Ses scènes d'intérieur, peintes à Delft, l'apparentent à Vermeer.

Hooghly ou **Hugli,** bras occid. du delta du Gange (env. 250 km); arrose Calcutta.

Hooke (Robert) (1635 – 1703), physicien et astronome anglais. Ses travaux recoupèrent ceux de Huygens et Newton.

hooligan ['uligan] n. m. V. houligan.

Hoorne. V. Hornes.

Hoover (Herbert Clark) (1874 – 1964), homme politique américain, président (républicain) des É.-U. de 1929 à 1933. Il ne put remédier à la crise économique.

hop ! ['ɔp; hɔp] interj. Pour inciter à faire un mouvement vif et rapide ou pour accompagner celui-ci. *Hop là!*

Hopi(s), Indiens Pueblos de l'Arizona.

hôpital, aux [ɔpital, o] n. m. Établissement aménagé de manière à pouvoir dispenser tous les soins médicaux et chirurgicaux. *Une chambre d'hôpital.*

Hopkins (Gerard Manley) (1844 – 1889), poète anglais. Jésuite, son œuvre, d'une haute spiritualité, ne fut révélée qu'en 1918.

Hopper (Edward) (1882 – 1967), peintre américain, précurseur du pop'art.

hoquet ['ɔkɛ] n. m. Contraction spasmodique du diaphragme qui s'accompagne d'un bruit caractéristique lors de la fermeture de la glotte. ▷ *Avoir le hoquet,* une suite de hoquets.

hoqueter ['ɔkte] v. intr. [**20**] Avoir le hoquet, émettre des sons ressemblant au hoquet.

Horace (en lat. *Quintus Horatius Flaccus*) (65 – 8 av. J.-C.), l'un des plus grands poètes latins. Ses premières œuvres *(Satires, Épodes)* lui valurent l'amitié de Virgile et la protection (v. 39 av. J.-C.) de Mécène; il dut sa gloire de poète lyrique à ses *Odes.* Dans ses *Épîtres,* en vers, écrites de 30 av. J.-C. à sa mort, il développa une morale épicurienne.

Horaces (les trois), frères romains légendaires (VIIe s. av. J.-C.) désignés pour être les champions de Rome face aux trois frères *Curiaces,* champions d'Albe. Deux des Horaces furent tués, mais le troisième feignit la fuite pour séparer ses adversaires, qu'il tua successivement. Corneille s'inspira de cette légende (1640).

horaire [ɔʀɛʀ] adj. et n. m. **I.** adj. **1.** Qui correspond à une durée d'une heure. *Salaire horaire.* **2.** Qui a lieu toutes les heures. *Halte horaire.* **3.** Qui a rapport aux heures. ▷ ASTRO *Angle horaire :* angle que fait le méridien d'un astre avec le méridien d'origine passant par le zénith du lieu. *Fuseau* horaire.* ▷ PHYS *Sens horaire,* celui des aiguilles d'une montre. **II.** n. m. **1.** Tableau donnant les heures de départ et d'arrivée des trains, des avions, etc. ▷ *Par ext.* Ces heures elles-mêmes. *L'horaire du dernier train est incommode.* – (Belgique, Suisse) *Horaire cadencé,* qui assure la circulation des trains à intervalles réguliers. **2.** Emploi du temps. ▷ *Horaire mobile, flottant, flexible* ou *à la carte :* système dans lequel le salarié peut, à l'intérieur de certaines limites, choisir ses heures d'arrivée et de départ.

horde ['ɔʀd] n. f. **1.** Peuplade, groupement d'hommes errants. ▷ SOCIOL Chez Durkheim, groupement humain temporaire et instable. **2.** Péjor. Groupe d'individus turbulents, destructeurs. *Une horde de voyous.*

Horde d'Or, État mongol fondé au XIIIe s. dans le S. de la Sibérie et de la Russie par Batū khān, petit-fils de Gengis khān. Il s'émietta dès le XIVe s. En 1783, la Russie en annexa le dernier bastion (en Crimée). V. Mongols.

horion ['ɔʀjɔ̃] n. m. (Rare au sing.) Vieilli, litt. Coup asséné rudement à qqn.

horizon [ɔʀizɔ̃] n. m. **1.** Ligne circulaire constituant la limite du champ de vision d'un observateur et qui semble séparer le ciel et la terre. ▷ ASTRO Plan perpendiculaire à la verticale et tangent à la surface de la Terre. **2.** Parties du ciel et de la terre voisines de l'horizon. *Bateaux à l'horizon.* **3.** Étendue visible autour de soi. *Horizon limité par un mur.* **4.** Fig. Domaine où s'exerce l'action, la pensée de qqn. *Son horizon intellectuel est borné.* ▷ *Faire un tour d'horizon :* examiner sommairement une situation (politique, économique, etc.) dans son ensemble. **5.** Perspectives d'avenir. *L'horizon est sombre.* **6.** PEDOL Chacune des couches superposées, constitutives d'un sol. *Tous les points d'un horizon ont sensiblement la même composition chimique et des propriétés physiques semblables.*

horizontal, ale, aux [ɔʀizɔ̃tal, o] adj. et n. f. **1.** adj. Parallèle à l'horizon; perpendiculaire à la verticale. *Ligne horizontale.* ▷ GEOM *Plan horizontal,* dont tous les points ont la même cote (en géométrie descriptive). **2.** n. f. Ligne, position horizontale.

horizontalement [ɔʀizɔ̃talmɑ̃] adv. Dans une position horizontale ou selon une ligne horizontale.

horizontalité [ɔʀizɔ̃talite] n. f. Caractère, état de ce qui est horizontal.

horloge [ɔʀlɔʒ] n. f. Instrument non portatif servant à mesurer le temps. *Regarder l'heure à l'horloge. Horloge électrique,* dont le mouvement est assuré par un dispositif électrique. *Horloge astronomique :* horloge électrique servant à établir les étalons de temps. *Horloge atomique :* horloge d'une extrême précision, réglée sur la fréquence d'un phénomène se produisant dans un atome. ▷ *Horloge parlante,* munie d'un dispositif qui permet d'entendre l'heure énoncée par une voix enregistrée. ▷ (Québec) Pendule. *Horloge de cuisine.* ▷ Loc. fig. *Être réglé comme une horloge :* avoir des habitudes très régulières.

horloger, ère [ɔʀlɔʒe, ɛʀ] n. et adj. **1.** n. Personne qui fabrique, qui vend ou qui répare des horloges, des montres, etc. **2.** adj. Qui concerne l'horlogerie. *Industrie horlogère.*

horlogerie [ɔʀlɔʒʀi] n. f. **1.** Fabrication, industrie des horloges, des montres. **2.** Commerce, magasin d'un horloger.

hormis ['ɔʀmi] prép. Litt. Excepté. *Tous, hormis l'aîné.*

hormonal, ale, aux [ɔʀmɔnal, o] adj. Relatif aux hormones et aux glandes qui les sécrètent. *Dérèglements hormonaux.*

hormone [ɔʀmɔn] n. f. **1.** BIOL Substance produite par une glande endocrine et transportée dans le sang vers l'organe cible où elle agit. **2.** BOT *Hormones végétales* (ou *phythormones*) : nom donné abusivement aux facteurs de croissance des végétaux.

ENCYCL Biol. – Les hormones ont des structures chimiques très variées et dérivent du cholestérol, des protides, des acides aminés, etc. Projetées dans le torrent circulatoire, elles y agissent à des concentrations infimes. En effet, toute hormone se conduit comme un messager transmetteur d'une information à laquelle sont seules sensibles les cellules pourvues de récepteurs membranaires spécifiques ou de protéines cytoplasmiques capables de véhiculer la molécule hormonale informative. Selon la nature chimique de l'hormone, la transmission de l'information à la cellule cible peut être schématisée par trois mécanismes différents : – les acides aminés, leurs dérivés et les petites molécules organiques diverses (thyroxine, adrénaline, par ex.) se fixent sur la face externe de la membrane cellulaire au niveau de récepteurs membranaires spécifiques, où leur simple présence détermine sur la face interne de la membrane la synthèse d'A.M.P. cyclique responsable d'une stimulation métabolique générale de la cellule. L'action de l'hormone est par conséquent indirecte. – Les *hormones polypeptidiques* ont, à l'intérieur de la membrane cellulaire, un intermédiaire enzymatique qui induit la formation d'A.M.P. cyclique (V. adénosine-phosphate) sur la face interne de la membrane. – Les *hormones stéroïdes* (hormones sexuelles) traversent directement la membrane cellulaire des cellules cibles. La molécule d'hormone se lie à l'intérieur du cytoplasme à une protéine spécifique et devient, après cette liaison, directement active pour modifier la transcription des gènes sur l'A.R.N. messager.

hormonothérapie [ɔʀmɔnoteʀapi] n. f. MED Thérapeutique utilisant des hormones.

Horn (cap), pointe la plus australe de l'Amérique du S., dans l'archipel de la Terre de Feu (Chili).

Hornes ou **Hoorne** (Philippe II de Montmorency, comte de) (v. 1524 – 1568), gouverneur de la Gueldre sous Charles Quint. Il fut décapité sur ordre du duc d'Albe (pour avoir défendu les libertés des Pays-Bas), de même qu'Egmont*, sur la Grand-Place de Bruxelles.

horoscope [ɔʀɔskɔp] n. m. ASTROL **1.** Prédiction de l'avenir d'une personne d'après la position des planètes à certains moments de sa vie. **2.** Document représentant cette position. *Dresser un horoscope.*

Horowitz (Vladimir) (1904 – 1989), pianiste américain d'origine russe.

horreur [ɔʀœʀ] n. f. **1.** Réaction d'effroi, de répulsion provoquée par qqch d'affreux. *Être saisi d'horreur. Des atrocités qui font horreur.* ▷ *Par exag.* Sentiment d'aversion, de répugnance. *Avoir horreur de perdre. Avoir horreur du lait.* **2.** Caractère de ce qui inspire une telle réaction. *Envisager la situation dans toute son horreur.* **3.** (Souvent plur.) Ce qui inspire l'épouvante, le dégoût. *Les horreurs de la guerre. – Dire, écrire des horreurs,* des choses infâmes, obscènes. ▷ Par exag. Fam. Personne, chose très laide. *C'est une horreur!*

horrible [ɔʀibl] adj. **1.** Qui inspire de l'horreur. *Supplice horrible.* **2.** *Par exag.* Qui est difficile à supporter, qui déplaît vivement. *Un temps horrible. Une robe horrible.*

horriblement [ɔʀibləmɑ̃] adv. **1.** De façon horrible. *Horriblement défiguré.* **2.** Extrêmement. *Horriblement pâle.*

horrifiant, ante [ɔʀifjɑ̃, ɑ̃t] adj. Qui horrifie.

horrifier [ɔʀifje] v. tr. [2] (Empl. surtout au passif.) Provoquer l'horreur.

horripilant, ante [ɔʀipilɑ̃, ɑ̃t] adj. Qui agace.

horripilateur [ɔʀipilatœʀ] adj. m. (et n. m.) ANAT Se dit du muscle qui permet à chaque poil de se redresser.

horripilation [ɔʀipilasjɔ̃] n. f. **1.** Agacement très vif. **2.** PHYSIOL État des poils qui sont horripilés. Syn. chair de poule.

horripiler [ɔʀipile] v. tr. [1] **1.** Agacer vivement, exaspérer. *Sa façon de parler m'horripile.* **2.** PHYSIOL Provoquer l'érection des poils dans le frisson.

hors ['ɔʀ] prép. **1.** *Hors* (+ nom) : en dehors de. *Longueur hors tout d'un édifice, d'un wagon,* sa longueur maximale, tout compris. *Surface hors œuvre,* délimitée par les faces extérieures de l'édifice. *Gravure hors texte. Footballeur hors jeu. Exemplaire hors commerce. Objet hors série. Être hors concours. Mettre qqn hors la loi.* ▷ Fig. *Personne, qualité hors ligne*, hors pair*.* ▷ (Belgique, Luxembourg) *Hors mesure :* outre mesure. **2.** Loc. prép. *Hors de :* à l'extérieur de. *Hors de la ville. Hors d'ici! :* sortez d'ici! ▷ *Mettre qqn hors de combat. Hors d'atteinte, de portée, de danger. Hors de cause. Cela est hors de doute. Hors de question. Hors d'usage. Hors d'état. Hors (de) saison. Hors de prix** ou (Belgique, Luxembourg) *hors prix*. Être hors de soi,* violemment agité (partic. par la colère).

hors-bord ['ɔʀbɔʀ] n. m. Canot rapide dont le moteur est placé à l'arrière, en dehors de la coque. *Des hors-bord(s).*

hors-concours ['ɔʀkɔ̃kuʀ] n. m. inv. Personne qui ne peut concourir parce qu'elle fait partie du jury ou parce qu'elle est manifestement très supérieure à ses concurrents. ▷ Loc. adj. ou adv. *Être hors concours.*

hors-d'œuvre ['ɔʀdœvʀ] n. m. inv. **1.** ARCHI Pièce qui fait saillie, dans un édifice. **2.** Cour. Mets servi au début du repas. *Des hors-d'œuvre variés.*

hors-jeu ['ɔʀʒø] n. m. inv. SPORT Au football, au rugby, etc., position irrégulière d'un joueur par rapport au but adverse et aux adversaires. – La faute elle-même (sanctionnée par l'arbitre). ▷ Loc. adj. ou adv. *Être hors jeu.*

hors-la-loi ['ɔʀlalwa] n. m. inv. Individu que ses actions ont mis en dehors de la loi, qui enfreint la loi. ▷ Loc. adj. ou adv. (Sans trait d'union.) *Être hors la loi.*

hors-piste ['ɔʀpist] n. m. inv. Ski pratiqué en dehors des pistes balisées. – (En appos.) *Ski hors-piste.*

hors-série ['ɔʀseʀi] adj. inv. **1.** Qui est inhabituel, à part. *Des vacances hors-série.* **2.** Qui n'est pas fabriqué en série; qui n'appartient pas à une série. *Un poste hors-série. Un numéro hors-série.*

hors-service ['ɔʀsɛʀvis] adj. inv. Qui ne fonctionne plus, provisoirement ou définitivement. *Distributeur de boissons hors-service.*

hors-sol ['ɔʀsɔl] adj. inv. et n. m. inv. AGRIC **1.** Se dit d'une culture pratiquée sur un substrat autre que le sol. **2.** Se dit de l'élevage entièrement pratiqué dans des lieux couverts avec une alimentation préparée industriellement.

horst ['ɔʀst] n. m. GEOL Zone élevée entre deux failles (par oppos. à *graben*).

hors-texte ['ɔʀtekst] n. m. inv. Gravure intercalée dans un livre et qui ne porte pas de numéro de folio. *Des hors-texte en quadrichromie.*

Horta (Victor, baron) (1861 – 1947), architecte belge, représentant de l'art nouveau et précurseur du fonctionnalisme; auteur de mobiliers. Plusieurs de ses constructions furent détruites (Maison du peuple 1896-1900, et magasins Innovation, à Bruxelles). La maison qu'il construisit pour lui à Bruxelles (1898) est devenue en 1969 le musée Horta.

Hortense de Beauharnais (1783 – 1837), reine de Hollande (1806-1810) par son mariage avec Louis Bonaparte; fille d'Alexandre de Beauharnais et de la future impératrice Joséphine; mère de (Charles-Louis) Napoléon III.

Horthy de Nagybánya (Miklós) (1868 – 1957), amiral et homme politique hongrois, régent du royaume de Hongrie de 1920 à 1944. Il se rapprocha de l'Italie fasciste puis de Hitler.

horticole [ɔʀtikɔl] adj. Relatif à l'horticulture.

horticulteur, trice [ɔʀtikyltœʀ, tʀis] n. Personne qui pratique l'horticulture.

horticulture [ɔʀtikyltyʀ] n. f. Art de cultiver les jardins. ▷ Culture des légumes, fruits et fleurs de jardin.

Horus, divinité solaire de l'anc. Égypte, représentée sous la forme d'un faucon ou d'un homme à tête de faucon.

Hōryūji, monastère bouddhique du Japon, construit près de Nara à la fin du VIe s. et au déb. du VIIe s. sur l'ordre du prince Shōtoku Taishi.

hospice [ɔspis] n. m. Établissement public ou privé accueillant les vieillards, les orphelins, les handicapés, etc. *Finir ses jours à l'hospice.*

Hospital (Michel de L'). V. L'Hospital.

hospitalier, ère [ɔspitalje, ɛʀ] adj. **1.** Relatif aux hospices, aux hôpitaux. *Centre hospitalier.* **2.** Qui exerce volontiers l'hospitalité. *Famille, peuplade hospitalière.* ▷ Par ext. *Terre hospitalière.* Syn. accueillant.

hospitalisation [ɔspitalizasjɔ̃] n. f. Action d'hospitaliser; son résultat.

hospitaliser [ɔspitalize] v. tr. [1] Faire entrer (qqn) dans un établissement hospitalier. *Hospitaliser un blessé.*

hospitalisme [ɔspitalism] n. m. MED Ensemble des effets nocifs dus à un séjour prolongé en milieu hospitalier, partic. chez les enfants.

hospitalité [ɔspitalite] n. f. **1.** Libéralité qu'on exerce en logeant gratuitement un étranger. *Demander l'hospitalité.* **2.** Fait d'accueillir chez soi généreusement, aimablement. *Avoir le sens de l'hospitalité.*

hospitalo-universitaire [ɔspitaloyniveʀsitɛʀ] adj. *Centre hospitalo-universitaire* (C.H.U.) : hôpital auquel est attaché un centre d'enseignement de la médecine. *Des centres hospitalo-universitaires.*

hospodar ['ɔspɔdaʀ] n. m. HIST Titre donné par le sultan de Turquie aux princes régnants de Valachie et de Moldavie.

Hoss (Selim) (né en 1929), homme politique libanais. Chef du gouvernement (1976-1980), puis chef du gouvernement d'union nationale créé en 1984 et soutenu par la Syrie. Il refusa de démissionner à l'expiration du mandat d'A. Gemayel* et fut Premier ministre (1989-1990) du prés. Hraoui.

Hosséré Vokré. V. Batandji.

hostie [ɔsti] n. f. LITURG CHRET Fine rondelle de pain sans levain destinée à la communion sacramentelle.

hostile [ɔstil] adj. **1.** Qui a ou dénote une attitude inamicale. *Peuple hostile. Des paroles hostiles.* ▷ Fig. *Nature, climat hostile à l'homme.* **2.** *Hostile à :* opposé à. *Hostile aux réformes.*

hostilité [ɔstilite] n. f. **1.** Disposition hostile. *L'hostilité des manifestants contre la police.* **2.** (Plur.) Actes, opérations de guerre. *Cessation des hostilités.*

hot [hɔt; 'ɔt] adj. inv. et n. m. inv. Se dit d'une manière expressionniste de jouer le jazz.

hot dog ['ɔtdɔg] n. m. Sandwich garni d'une saucisse chaude. *Des hot dog, des hot dogs* ou (Québec) *des hots dogs.*

hôte, hôtesse [ot, otɛs] n. **I. 1.** Personne qui donne l'hospitalité. *Un hôte accueillant.* ▷ Loc. *Table d'hôte,* à laquelle les clients d'un hôtel, d'une pension de famille mangent à prix fixe. – (Québec) Menu, ensemble déterminé de plats servis pour un prix fixé à l'avance dans un restaurant. **2.** n. f. *Spécial.* Jeune femme chargée de l'accueil des visiteurs dans une entreprise, une foire, un salon, etc. ▷ *Hôtesse de l'air :* membre féminin du personnel commercial navigant, qui veille au bien-être et à la sécurité des passagers. **3.** n. m. BIOL Organisme qui héberge un parasite. **II.** (Dans ce sens le féminin est *hôte.*) **1.** Personne qui reçoit l'hospitalité. *Bien traiter ses hôtes.* **2.** Personne, animal qui occupe un lieu. *Un jeune artiste et des souris étaient les hôtes de la case.*

hôtel [otɛl] n. m. **1.** Établissement où l'on peut louer une chambre meublée pour une nuit ou plus. *Descendre à l'hôtel.* **2.** Demeure somptueuse dans une ville. ▷ *Hôtel particulier,* où réside un riche particulier. **3.** Nom donné à certains édifices publics. ▷ *Hôtel de ville :* mairie d'une grande ville. **4.** *Maître d'hôtel :* celui qui préside au service de la table dans un grand restaurant, dans la haute société.

hôtelier, ère [otəlje, ɛʀ] adj. et n. **1.** adj. Relatif à l'hôtellerie. *Industrie hôtelière.* **2.** n. Personne qui tient un hôtel.

hôtellerie [otɛlʀi] n. f. **1.** Hôtel ou restaurant élégant, au cadre campagnard. **2.** Profession de l'hôtelier. ▷ Industrie hôtelière.

hotte [ˈɔt] n. f. **1.** Grand panier muni de bretelles, qu'on porte sur le dos. **2.** Caisson collectant et évacuant les fumées, odeurs et buées, partic. dans une cuisine.

Hotte (massif de la), chaîne karstique qui occupe l'extrémité de la péninsule S. de la rép. d'Haïti. Elle culmine à 2414 m.

hottentot, ote [ˈɔtɑ̃to, ɔt] adj. et n. **1.** adj. Qui concerne les Hottentots. ▷ *Vénus hottentote :* type de femme (en réalité boschimane) fortement stéatopyge. ▷ Subst. *Un(e) Hottentot(e).* **2.** n. m. LING Langue khoisan parlée par les Hottentots.

Hottentot(s) ou **Khoi,** peuple d'Afrique du Sud, de Namibie et du Botswana. Il est difficile d'évaluer leur nombre (100000 ou 200000) car ils se sont assimilés aux autres populations d'Afrique australe. Leur langue, le *khoi,* qui appartient à la famille des langues khoisan, est caractérisée par des clics (*Hottentot* est un mot d'origine néerlandaise qui signifie «bégayeur»). Leurs origines restent mal connues. Pasteurs nomades à l'arrivée des Européens dans la région (XVIIe s.), les Hottentots seraient issus du brassage (entre le VIe et le XIIIe s.) de deux types anthropologiques très différents.

hotu [ɔty] n. m. Poisson cyprinidé (*Chondrostoma nasus*) d'eau douce, long d'env. 50 cm, dont les lèvres cornées tranchantes bordent une bouche très ventrale.

hou ! [ˈu; hu] interj. Pour faire peur ou pour huer. – (Doublé) Pour appeler. *Hou! Hou! Par ici!*

houblon [ˈublɔ̃] n. m. Plante grimpante (fam. cannabinacées), vivace, cultivée dans les régions tempérées pour ses inflorescences femelles ou cônes, utilisées pour parfumer la bière.

Hou Che. V. Hu Shi.

Houdon (Jean-Antoine) (1741 – 1828), sculpteur français. Baroque puis classique, il excella surtout dans les bustes.

houe [ˈu] n. f. **1.** Pioche à large fer courbé servant à remuer la terre. **2.** Instrument à traction animale servant à biner les cultures en ligne.

Houhou (Reda) (1911 – 1948), écrivain algérien d'expression arabe, assassiné par des colons d'extrême-droite. Recueils de nouvelles : *la Belle de La Mecque* (1947), *l'Inspiratrice* (posth., 1954), *Types humains* (posth., 1955).

houille [ˈuj] n. f. **1.** Charbon de terre, roche sédimentaire de couleur noirâtre, à cassure brillante, que l'on utilise comme combustible. **2.** *La houille blanche :* l'énergie des cours d'eau, l'hydroélectricité.

ENCYCL La densité de la houille varie entre 1,2 et 1,5, et sa teneur en eau entre 2 et 7 %. Elle contient au moins 75 % de carbone. Les houilles brûlent en dégageant de la chaleur (pouvoir calorifique inférieur compris entre 32600 et 36000 kJ/kg) et sont utilisées comme source d'énergie (chauffage industriel et domestique). La pyrogénation de la houille donne des hydrocarbures, du goudron, de l'ammoniac, etc., et un résidu : le coke. À partir de la houille, on fabrique des matières plastiques, des engrais, des carburants, etc. (carbochimie). La houille est extraite des gisements houillers par exploitation souterraine ou découverte (mine à ciel ouvert). Les réserves mondiales de houille se situeraient entre 1000 et 3000 milliards de tonnes.

houiller, ère [ˈuje, ɛʀ] adj. et n. **I.** adj. **1.** Qui renferme de la houille. *Terrain houiller.* **2.** Relatif à la houille. **II.** n. m. GEOL Époque du carbonifère supérieur. **III.** n. f. Mine de houille.

houillerie [ˈujʀi] n. f. (Belgique) Exploitation d'une mine de houille. (V. charbonnage.)

houle [ˈul] n. f. **1.** Mouvement ondulatoire de la mer formant des lames longues et élevées qui ne déferlent pas; ces lames elles-mêmes. **2.** Par métaph. Litt. Ondulation, mouvement rappelant la surface d'une mer agitée. *La houle d'un champ de blé.*

houlette [ˈulɛt] n. f. Vx Bâton de berger. ▷ Loc. fig. *Sous la houlette de qqn,* sous sa direction.

houleux, euse [ˈulø, øz] adj. **1.** Animé par la houle. *Mer houleuse.* **2.** Fig. *Assemblée houleuse,* agitée.

houligan ou **hooligan** [ˈuligan] n. m. (Mot angl., par le russe.) Jeune, inadapté à la vie sociale, qui se livre à des actes de violence et de vandalisme dans les lieux publics.

houliganisme [ˈuliganism] n. m. Comportement de houligan. ▷ Phénomène social lié à ce comportement.

houma [ˈuma], plur. **houmate** [ˈumat] n. f. (Maghreb) Syn. de *quartier* (sens II, 2).

houmisme [ˈumism] n. m. (Maghreb) Savoir-vivre qui règle la vie communautaire d'un quartier.

houmiste [ˈumist] adj. et n. (Maghreb) Se dit d'une personne qui respecte les usages de la vie communautaire d'un quartier. ▷ Subst. *Une houmiste discrète mais serviable.*

hounfor ou **hounfort** [ˈunfɔʀ] n. m. (Haïti) Temple vaudou.

houngan [ˈungan] n. m. (Haïti) Prêtre vaudou.

hounsi [ˈunsi] n. f. (Haïti) Initié qui assiste le prêtre lors d'une cérémonie vaudou.

Hountondji (Gisèle Léonce) (née en 1954), écrivain béninois. Son roman *Une citronnelle dans la neige* (1986) dénonce le racisme qu'elle rencontra à Paris.

Houphouët-Boigny (Félix) (1905 – 1993), médecin et homme politique ivoirien. Vers 1918, il se convertit au christianisme. Député français (1946-1959), il fut plusieurs fois ministre. Co-fondateur du Rassemblement* démocratique africain (R.D.A.), il présida cette organisation internationale de sa création (1946) à sa dissolution (1960). Élu président de la République lors de l'indépendance en 1960, il fut sans cesse réélu.

houppe [ˈup] n. f. **1.** Touffe de fils de laine, de soie, etc. *Houppe à poudre.* **2.** Touffe de cheveux. Syn. toupet. **3.** Syn. de *huppe* (sens 2). **4.** ANAT Papilles nerveuses terminant certains petits nerfs.

houppette [ˈupɛt] n. f. Petite houppe.

hourdage [ˈuʀdaʒ] n. m. CONSTR **1.** Maçonnage grossier de moellons ou de plâtras. **2.** Première couche de gros plâtre étendue ou jetée sur un lattis.

hourder [ˈuʀde] v. tr. [**1**] CONSTR **1.** Maçonner grossièrement. **2.** Procéder au hourdage de. *Hourder une cloison.* **3.** Garnir de hourdis. *Hourder un plancher.*

hourdis [ˈuʀdi] n. m. CONSTR Maçonnerie légère ou élément de remplissage qui garnit les vides d'un colombage ou les intervalles entre les solives d'un plancher.

houri [ˈuʀi] n. f. Femme très belle promise par le Coran aux musulmans qui iront au paradis.

hourra [ˈuʀa] interj. et n. m. **1.** Interj. pour manifester joie ou enthousiasme. *Hip hip hip, hourra!* **2.** n. m. Cri d'enthousiasme. *Pousser des hourras.*

Hourrites ou **Hurrites,** peuple asiatique établi en haute Mésopotamie dès le IIIe mill., qui fonda le royaume du Mitanni (XVe s. av. J.-C.), annexé à l'Empire hittite v. 1355 av. J.-C.

houspiller [ˈuspije] v. tr. [**1**] Réprimander, harceler de reproches.

housse [ˈus] n. f. **1.** Couverture couvrant la croupe d'un cheval. **2.** Enveloppe souple dont on recouvre des meubles, des vêtements, etc., pour les protéger. *Housse de fauteuil. Housse de toile, de plastique.*

Houston, v. des É.-U. (Texas), reliée par un canal de 70 km au golfe du Mexique; 1630500 hab. (aggl. urb. 3565700 hab.). Grand port. Import. centre industriel, commercial (coton, pétrole) et spatial (NASA).

Houthulst, commune de Belgique (Flandre-Occ.), au N. de la *forêt de Houthulst* (nombreux combats entre 1914 et 1918); 9000 hab.

houve [uv] ou **hova** [ɔva] adj. et n. (Madag.) **1.** Pour les coloniaux, se dit d'une personne appartenant à la population de la Merina. ▷ Subst. *Un(e) Houve* ou *un(e) Hova.* **2.** n. m. *Le houve* ou *le hova :* le dialecte malgache de la Merina.

houx [ˈu] n. m. Arbre ou arbuste des régions froides et tempérées, aux feuilles coriaces, luisantes, persistantes et épineuses, à baies rouges et dont l'écorce sert à fabriquer la glu.

hova [ɔva] adj. et n. V. houve.

Hoveyda (Fercidoun) (né en 1925), romancier iranien d'expression française, né en Syrie : *les Quarantaines* (1962), *les Neiges du Sinaï* (1973), *Chute du Chah* (1979).

Hoxha. V. Hodja (Enver).

hoyau [ˈɔjo] n. m. AGRIC Houe à lame aplatie en biseau.

Hraoui (Elias) (né en 1926), homme politique libanais. Chrétien maronite, il a été élu président de la Rép. en 1989 ; son mandat a été prorogé de trois ans en 1995.

Hristov (Hristo) (né en 1926), cinéaste bulgare : *Iconostase* (1970), en collaboration avec Todor Dinov, *le Dernier Été* (1976).

Huai (la), fl. de Chine (env. 1 000 km); traverse la prov. d'Anhui; son cours, régulé par des barrages-réservoirs, rejoint la mer Jaune.

Huambo (anc. *Nova Lisboa*), v. d'Angola; 250000 hab.; ch.-l. du distr. du m. nom. Aéroport.

Huang Gongwang (1269 – 1354), lettré et peintre chinois; l'un des «quatre maîtres» de l'époque Yuan.

Huanghe (fleuve Jaune), fl. du N. de la Chine (5200 km); naît sur le rebord oriental du Tibet, v. 4500 m d'alt.; se jette dans la mer Jaune. Charriant de grandes quantités de limon jaunâtre, il a des crues redoutables; gigantesques aménagements : barrages, centrales hydroélectriques, irrigation.

huard ou **huart** ['yaʀ] n. m. (Québec) **1.** Plongeon (sens 3). *Huard à collier,* au cri puissant et insolite. **2.** Fam. Pièce d'un dollar canadien représentant un huard.

Huaxtèques, peuple du Mexique précolombien qui apparut vers le Xe s. Leur art (princ. leur sculpture) présente généralement un caractère plus archaïque que celui des Mayas, auxquels ils sont ethniquement et linguistiquement apparentés.

Hubble (Edwin Powell) (1889 – 1953), astronome américain. Il a établi que la vitesse de fuite des galaxies est proportionnelle à la distance qui nous en sépare *(constante de Hubble).*

Hubble, le plus grand des télescopes spatiaux, mis en orbite en 1990; son miroir, affecté d'un défaut qui limitait les capacités de l'appareil, a été réparé, dans l'espace, en 1993.

Hubei, prov. de Chine centrale, drainée par le Yangzijiang; 180000 km^2; 49310000 hab.; ch.-l. *Wuhan.* – À la rég. montagneuse (1560 m) de l'O. succède, à l'E., une plaine fertile, sillonnée par le Yangzijiang et ses affluents. Princ. ressources : céréales, coton, fer.

hublot ['yblo] n. m. Ouverture généralement circulaire, munie d'un verre épais, qui sert à donner de l'air et de la lumière à l'intérieur d'un navire. ▷ *Par ext.* Fenêtre étanche d'un avion, d'une capsule spatiale, etc.

hucher [yʃe] v. [1] (Acadie) **I.** v. tr. **1.** Appeler (qqn) de loin, à haute voix. *Huche ton père pour le souper!* **2.** Crier (qqch). *Hucher un cri.* – *Hucher à qqn de* (+ inf.). **II.** v. intr. Crier fort, hurler. *Des enfants qui huchent.*

Hudson (l'), fl. des É.-U. (500 km), tributaire de l'Atlantique; il relie, par un canal, New York aux Grands Lacs.

Hudson (Henry) (v. 1550 – 1611), navigateur anglais. Cherchant un passage vers la Chine, il découvrit le fleuve (1609), le détroit et la baie qui portent son nom (1610). Son équipage, mutiné, l'abandonna sur un canot et il mourut en mer. – *Baie d'Hudson :* vaste mer intérieure, au N. du Canada, dans lequel elle pénètre par la baie James; elle communique avec la mer du Labrador par le *détroit d'Hudson.*

Hudson (Compagnie de la baie d'), compagnie anglaise à laquelle le roi d'Angleterre octroya en 1670 une charte, afin de coloniser l'ouest du Canada et de vendre les fourrures. Elle fusionna en 1821 avec la Compagnie du Nord-Ouest (créée en 1783), de sorte qu'elle eut l'exclusivité du commerce canadien de l'océan Atlantique à l'océan Pacifique. En 1870, elle vendit ses droits à la Confédération canadienne (créée en 1867).

hue ! ['y; hy] interj. Cri des charretiers pour faire avancer leurs chevaux ou pour les faire aller à droite. ▷ Loc. fig. *À hue et à dia :* V. dia.

Huê, v. du Viêt-nam; 260490 hab. Industr. agroalimentaires; tourisme. – Située à la frontière nord du royaume champa, la ville devint à la fin du XVIIe s. la capitale des seigneurs Nguyên, et la capitale du pays tout entier quand Gia Long monta sur le trône en 1802. Il y entama de gigantesques travaux, sur le modèle des villes impériales chinoises. Elle comprend trois enceintes : celle de la ville impériale, celle de la cité royale et, enfin, la cité pourpre interdite. Malgré les ravages de la guerre elle conserve de nombreux monuments : palais du Trône, le belvédère de la Lecture, le temple des rois Nguyên, les tombeaux royaux, etc. La ville fut accordée au Sud-Viêt-nam par les accords de Genève en 1954; en 1968 (*offensive du Têt*) et en 1972, l'armée nord-vietnamienne tenta en vain de la prendre; elle y parvint en mars 1975.

huée ['ɥe] n. f. (Le plus souvent au plur.) Clameur de dérision ou d'hostilité. *Accueillir par des huées.*

huer ['ɥe] v. [1] **1.** v. tr. Pousser des clameurs d'hostilité ou de dérision contre (qqn), conspuer. *Huer un orateur.* Syn. (oc. Indien) piper. **2.** v. intr. Pousser son cri, en parlant d'un oiseau de nuit.

Hugli. V. Hooghly.

Hugo (Victor) (1802 – 1885), écrivain français. Fils d'un général d'Empire, il fait ses études à Paris. En 1822, Louis XVIII lui attribue une pension pour son prem. recueil, *Odes,* et il épouse Adèle Foucher, dont il aura cinq enfants. Entre 1827 (*Préface* de son drame *Cromwell*) et 1830 (représentation d'*Hernani*), il devient le chef du romantisme. De 1830 à 1840, il publie : un roman historique, *Notre-Dame de Paris* (1831); des drames, *Marion de Lorme* (1831), *Le roi s'amuse* (1832), *Marie Tudor* (1833), *Lucrèce Borgia* (1833), *Ruy Blas* (1838); surtout, quatre recueils de poésies : *les Feuilles d'automne* (1831), *les Chants du crépuscule* (1835), *les Voix intérieures* (1837), *les Rayons et les Ombres* (1840). En 1833, il rencontre Juliette Drouet*; leur liaison durera jusqu'à la mort de celle-ci (1883). En 1843, sa fille Léopoldine se noie à Villequier. Hugo se lance alors dans la vie politique. Député en 1848, il s'oppose au coup d'État du 2 déc. 1851 et s'exile (Bruxelles, Jersey, Guernesey) jusqu'en 1870. Années fécondes : *Napoléon le Petit* (pamphlet, 1852), *les Châtiments* (poèmes satiriques, 1853), *les Contemplations* (lyriques, 1856), *la Légende des siècles* (épiques, 1859-1883); romans : *les Misérables* (1862), *les Travailleurs de la mer* (1866), *l'Homme qui rit* (1869). En 1876, il est élu sénateur; en 1882, la nation célèbre son 80e anniversaire. La République lui fait des funérailles grandioses. Il avait encore publié *l'Année terrible* (poèmes, 1872), *Quatre-vingt-treize* (roman, 1874) et *l'Art d'être grand-père* (poèmes, 1877). Acad. fr. (1841).

hugonie [ygɔni] n. f. BOT Arbrisseau grimpant des régions tropicales, à fruit charnu, qui appartient à la même famille que le lin.

huguenot, ote ['ygno, ɔt] n. et adj. Péjor. Calviniste.

Hugues Capet (v. 941 – 996), roi de France (987-996). Le clergé le fit proclamer roi à la place de l'héritier carolingien. Dès 987, il fit sacrer son fils Robert, fondant ainsi la dynastie des Capétiens*.

huilage [ɥilaʒ] n. m. Action d'huiler.

huile [ɥil] n. f. **1.** Liquide gras, onctueux et inflammable, d'origine végétale, animale ou minérale. *Les huiles végétale et animale sont des mélanges d'esters de la glycérine; l'huile minérale est un mélange d'hydrocarbures. Huile de table, de graissage. Huile d'arachide, de palme, de palmiste.* – (Afr. subsah.) *Huile de coco :* corps gras tiré du coprah, à usage culinaire ou cosmétique. – *Huile de schiste,* tirée du schiste bitumineux. ▷ Loc. fig., fam. *Huile de coude.* ▷ Loc. fig. *Faire tache* d'huile.* – *Jeter de l'huile sur le feu :* exciter des passions déjà vives. – *Mer d'huile,* parfaitement calme. – *Mettre de l'huile dans les rouages, dans les engrenages :* user de diplomatie pour éviter les heurts entre les personnes. **2.** Peinture dont le liant est l'huile. *Peindre à l'huile.* ▷ *Par ext.* Tableau exécuté à l'huile. **3.** (Québec) (Emploi critiqué) *Huile de chauffage :* mazout (sens 1). **4.** RELIG CATHOL *Saintes huiles :* huiles consacrées pour l'usage sacramentel. **5.** Fig., fam. Personnage influent.

ENCYCL Une huile diffère d'une graisse en ce qu'elle est liquide à la température ordinaire. Les principaux acides qui concourent à la formation des huiles sont les acides oléique, palmitique, linoléique et stéarique. On distingue trois catégories d'huiles : les huiles *végétales* (arachide, palme, palmiste, olive, colza, tournesol, ricin, etc.), dont certaines sont comestibles, et d'autres utilisées en peinture, savonnerie, pharmacie, etc.; les huiles *animales* (baleine, cachalot, foie de morue, etc.), utilisées en savonnerie, en pharmacie, dans l'industrie, etc.; les huiles *minérales,* obtenues par distillation de la houille et du pétrole ou extraites des schistes et des sables bitumineux, et qui servent surtout à lubrifier les organes mécaniques.

huiler [ɥile] v. tr. [1] Enduire, frotter d'huile; lubrifier avec de l'huile. *Huiler une machine.* – Pp. adj. *Papier huilé,* rendu imperméable par imprégnation d'huile.

huilerie [ɥilʀi] n. f. TECH Fabrique, magasin, commerce d'huile.

huileux, euse [ɥilø, øz] adj. **1.** De la nature de l'huile. *Liquides huileux.* **2.** Qui semble imbibé d'huile. *Cheveux huileux.* Syn. gras.

huilier, ère [ɥilje, ɛʀ] adj. et n. m. **I.** adj. Relatif à l'huile et à sa fabrication. **II.** n. m. **1.** Rare Fabricant, marchand d'huile. **2.** Ustensile portant des burettes contenant de l'huile et du vinaigre. *Huilier d'argent.*

huis [ɥi] n. m. **1.** Vx Porte. **2.** Loc. adv. Mod. *À huis clos :* les portes étant fermées. ▷ DR Sans que le public soit admis. *Le procès aura lieu à huis clos.* – n. m. *Demander le huis clos.*

huisserie [ɥisʀi] n. f. CONSTR Bâti formant l'encadrement d'une porte, d'une fenêtre.

huissier [ɥisje] n. m. **1.** Celui qui est chargé d'accueillir et d'annoncer les visiteurs dans les ambassades, les ministères, etc. **2.** Fonctionnaire subalterne préposé au service des séances d'une assemblée. **3.** Officier ministériel qui signifie les actes et les exploits et qui exécute les décisions de justice. ▷ *Huissier-audiencier* ou *huissier audiencier,* chargé de la police des audiences d'un tribunal. *Des huissiers-audienciers.*

huit adj. inv. et n. m. inv. **I.** ['ɥit; ɥi devant une consonne ou un *h* aspiré] adj. num. inv. **1.** (Cardinal) Sept plus un (8). *Huit ans.* ▷ *Huit jours :* une semaine. – Loc. *Donner ses huit jours à un employé,* le congédier en lui payant une semaine de dédommagement. – *D'aujourd'hui en huit :* dans une semaine à compter d'aujourd'hui. **2.** (Ordinal) Huitième. *Charles VIII.* – Ellipt. *Le huit septembre.* **II.** ['ɥit] n. m. inv. **1.** Le nombre huit. *Cinq et trois font huit.* ▷ Chiffre représentant le nombre huit (8). ▷ Numéro huit. *Habiter au huit.* ▷ *Le huit :* le huitième jour du mois. **2.** JEU Carte portant huit marques. *Le huit de cœur.* **3.** *Les trois*-huit.*

huitain ['ɥitɛ̃] n. m. VERSIF Pièce de poésie ou stance de huit vers.

huitaine ['ɥitɛn] n. f. Quantité de huit ou d'env. huit. *Une huitaine de personnes.* – *Absol.* Huit jours. *Remettre une cause à huitaine.*

huitante ['ɥitɑ̃t] adj. num. card. (Aoste, France rég., Suisse) Quatre-vingts.

huitième ['ɥitjɛm] adj. et n. **I.** adj. num. ord. Dont le rang est marqué par le nombre 8. *La huitième fois. Le huitième étage* ou, ellipt., *le huitième.* **II.** n. **1.** Personne, chose qui occupe la huitième place. **2.** n. m. Chaque partie d'un tout divisé en huit parties égales. *Le huitième d'un volume.*

huître [ɥitʀ] n. f. Mollusque lamellibranche, à deux valves inégales de forme irrégulière, qui est élevé (ou parfois pêché) pour sa chair. – *Huître perlière :* V. pinctadine.

1. huîtrier, ère [ɥitʀije, ɛʀ] adj. et n. f. **1.** adj. Relatif à l'huître. *Industrie huîtrière.* **2.** n. f. Banc d'huîtres.

2. huîtrier [ɥitʀije] n. m. Oiseau charadriiforme (genre *Haematopus*) qui se nourrit de coquillages.

Hūlāgū (v. 1217 – 1265), premier prince mongol d'Iran (1251-1265); petit-fils de Gengis khān. Il renversa les Abbassides de Bagdad (1258).

Hull, v. du Canada (Québec), près d'Ottawa; 60700 hab. Industr. du bois.

hulotte ['ylɔt] n. f. Grande chouette (genre *Stryx*), au hululement sonore, vivant en Europe, en Asie et en Afrique. *La hulotte européenne est communément appelée chat-huant.*

hululement ['ylylmɑ̃] ou **ululement** [ylylmɑ̃] n. m. Cri des rapaces nocturnes.

hululer ['ylyle] ou **ululer** [ylyle] v. intr. [**1**] Pousser son cri, en parlant des rapaces nocturnes.

hum ! ['œm; hœm] interj. Exclamation exprimant le doute, l'hésitation, la défiance, le mécontentement.

humagne ['umaɲ] n. m. (Suisse) Cépage de vin rouge du canton du Valais; vin produit par ce cépage. (V. dôle, goron.)

humain, aine [ymɛ̃, ɛn] adj. et n. m. **I.** adj. **1.** De l'homme, relatif à l'homme. *Corps humain. Esprit humain. Nature humaine.* – (Par oppos. à *animal, végétal,* etc.) *Espèce humaine. Le genre humain :* l'ensemble des hommes. – (Par oppos. à *divin.*) *Justice humaine. Les voies humaines.* ▷ Propre à l'homme, à sa nature. *L'erreur est humaine.* **2.** Qui concerne l'homme, s'applique à l'homme. *Sciences humaines. Géographie humaine.* **3.** Qui a tous les caractères de l'homme, avec ses forces et ses faiblesses. *Personnage profondément humain.* **4.** Bon, généreux, compatissant à l'égard d'autrui. *Se montrer humain.* **II.** n. m. **1.** Homme, personne humaine. *Détester les humains.* **2.** Ce qui appartient en propre à l'homme. *Cela dépasse l'humain.*
ENCYCL Les sciences qui étudient l'homme et son activité peuvent être regroupées schématiquement de la façon suivante : d'une part, les sciences qui étudient l'espèce humaine : anthropologie physique, paléontologie, biologie, physiologie, médecine, médecine sociale; d'autre part, celles qui étudient la société humaine et ses produits : histoire, archéologie, sociologie, ethnologie, sciences politiques, psychologie, démographie, linguistique, philosophie. Ces dernières constituent les sciences humaines proprement dites. Certains auteurs regroupent la linguistique et la philosophie sous le terme de «lettres» et les considèrent comme un groupe à part, bien que les méthodes scientifiques utilisées par les linguistes (notam. le structuralisme) aient été et soient encore d'un grand apport dans de nombreuses autres disciplines. De nos jours, la méthodologie dans les sciences humaines se caractérise par la multiplicité des points de vue et des théories.

humainement [ymɛnmɑ̃] adv. **1.** Du point de vue de l'homme; selon les possibilités, les pouvoirs de l'homme. *La chose est humainement impossible.* **2.** Avec humanité. *Traiter humainement des prisonniers.*

humanisation [ymanizasjɔ̃] n. f. Action d'humaniser; son résultat.

humaniser [ymanize] v. tr. [**1**] **1.** Rendre plus civilisé, plus sociable. *Sa profession l'a humanisé.* ▷ v. pron. *Son caractère s'humanise.* **2.** Rendre moins dur, plus supportable. *Humaniser un régime pénitentiaire.* ▷ v. pron. *Un environnement qui s'humanise.*

humanisme [ymanism] n. m. **1.** Doctrine, savoir et éthique des humanistes de la Renaissance. **2.** PHILO Doctrine, système qui affirme la valeur de la personne humaine et vise à l'épanouissement de celle-ci. **3.** (Afr. subsah.) Humanité (sens I, 3). *Un homme connu pour son humanisme.*

humaniste [ymanist] adj. et n. **I.** adj. **1.** Relatif aux humanistes de la Renaissance. **2.** Relatif à l'humanisme philosophique. **3.** (Afr. subsah.) Plein d'humanité, compatissant. – Subst. *Un, une humaniste.* **II.** n. m. **1.** À l'époque de la Renaissance, érudit versé dans la connaissance des langues et des littératures anciennes, considérées comme le fondement de la connaissance de l'homme. **2.** PHILO Personne qui professe un humanisme (sens 2).

humanitaire [ymanitɛʀ] adj. Qui vise au bien-être, au bonheur de l'humanité. *Théorie humanitaire. Organisations humanitaires.*

humanitarisme [ymanitaʀism] n. m. (Parfois péjor.) Idées humanitaires considérées comme naïves, ou dangereuses par irréalisme.

humanité [ymanite] n. f. **I. 1.** Nature humaine. *Humanité et divinité du Christ.* **2.** Genre humain. *Rendre service à l'humanité.* **3.** Altruisme, bienveillance à l'égard des autres. *Traiter qqn avec humanité.* **4.** Sentiment profond de la grandeur et de la misère de l'homme. *Les œuvres d'Eschyle sont pleines d'humanité.* **II.** Plur. (Belgique, Afr. subsah.) Études secondaires. (V. secondaire* inférieur, supérieur.)

humanoïde [ymanɔid] adj. et n. Qui présente des caractères ou des formes humaines.

Humbert Ier (1844 – 1900), roi d'Italie (1878-1900); fils de Victor-Emmanuel II. Il fut tué par l'anarchiste Bresci. — **Humbert II** (1904 – 1983), roi d'Italie du 9 mai au 2 juin 1946; fils de Victor-Emmanuel III. Il abdiqua après le référendum qui instaurait la république.

Humbert (Marie-Thérèse) (née en 1940), romancière mauricienne : *À l'autre bout de moi* (1979).

humble [œbl] adj. (et n. m.) **1.** Qui fait preuve d'humilité par modestie, respect ou soumission. Syn. effacé, modeste, soumis. **2.** Qui marque le respect, la déférence. *Des humbles excuses.* **3.** De condition sociale modeste. ▷ n. m. (Le plus souvent plur.) *Les humbles.* **4.** Litt. (Avant le nom.) Médiocre, modeste. *Une humble paillote. D'humbles emplois.*

humblement [œbləmɑ̃] adv. **1.** Avec humilité ou modestie. *S'incliner, répondre humblement.* **2.** Pauvrement. *Vivre humblement.*

Humboldt (courant de), important courant froid du Pacifique, qui longe, du S. au N., le Chili et le Pérou et engendre des déserts côtiers.

Humboldt (Alexander von) (1769 – 1859), explorateur (Amérique tropicale, Asie centrale) et géographe prussien. Son ouvrage *Cosmos, essai d'une description physique du monde* (1845-1858) fonda la climatologie et la biogéographie.

Hume (David) (1711 – 1776), philosophe et historien écossais : *Traité de la nature humaine* (1739); *Essais moraux et politiques* (1741-1742); *Essais sur l'entendement humain* (1748); *Enquête sur les principes de la morale* (1751); *Histoire d'Angleterre* (1754-1762). Après Locke et Berkeley, Hume analyse l'expérience et critique, notam., les notions de substance et de causalité. La *causalité,* par ex., nous permet difficilement de déduire un effet de sa cause, comme l'a cru le rationalisme; *habitude* de l'esprit, elle se fonde sur la liaison constante observée entre la cause et l'effet. Il en va de même de l'existence du monde extérieur, de l'immatérialité de l'âme, de la morale.

humecter [ymɛkte] v. tr. [**1**] Mouiller légèrement. *Humecter du linge.* ▷ v. pron. *Ses yeux s'humectent de larmes.*

humer [yme] v. tr. [**1**] Aspirer profondément pour sentir. *Humer le parfum d'un méchoui.*

huméral, ale, aux [ymeʀal, o] adj. ANAT Relatif à l'humérus ou au bras. *Artère humérale.*

humérus [ymeʀys] n. m. ANAT Os unique du bras qui s'articule en haut avec l'omoplate et en bas avec le cubitus et le radius.

humeur [ymœʀ] n. f. **I.** MED Liquide situé dans un organe, une articulation, un abcès. *Humeurs du corps.* – ANAT *Hu-*

meur aqueuse : liquide situé entre la cornée et le cristallin. *Humeur vitrée :* liquide situé entre le cristallin et la rétine. **II. 1.** Disposition affective due au tempérament ou à un état passager. *Être de bonne, de mauvaise humeur.* ▷ *Être d'humeur à :* être disposé à. **2.** *Absol.* Disposition chagrine, se traduisant par un comportement agressif. *Répondre avec humeur. Geste d'humeur.*

humide [ymid] adj. et n. m. **1.** adj. Imprégné d'un liquide, d'une vapeur. *Linge humide. Saison, climat humide. Avoir les yeux humides.* Ant. sec. **2.** n. m. Ce qui est humide. *L'humide et le sec.*

humidification [ymidifikasjɔ̃] n. f. Action d'humidifier.

humidifier [ymidifje] v. tr. [**2**] Rendre humide. ▷ Augmenter la teneur en eau.

humidité [ymidite] n. f. État de ce qui est humide. *L'humidité du sol.* ▷ *Humidité absolue :* masse d'eau contenue dans l'air, exprimée en g/m³. – *Humidité relative* ou *degré hygrométrique :* rapport, exprimé en pourcentage, entre la masse d'eau contenue dans l'air et celle que contiendrait le même volume s'il était saturé. *L'humidité atmosphérique est mesurée à l'aide d'hygromètres.* ENCYCL L'humidité de l'air, qui est la proportion de vapeur d'eau contenue dans l'air, entraîne, à saturation, les phénomènes de la pluie et de la rosée. Avec la température, elle conditionne l'évapotranspiration des plantes. L'humidité du sol est le poids d'eau contenu dans un échantillon de terre après dessiccation totale. Elle varie en fonction de la température, de la saison, des apports d'eau, du couvert végétal et de la texture du sol. Elle détermine la *capacité au champ,* ou quantité d'eau retenue par un sol après ressuyage, et le *point de flétrissement,* quantité maximale d'eau contenue dans un sol entraînant le flétrissement permanent des plantes.

humifère [ymifɛʀ] adj. Didac. Riche en humus.

humiliant, ante [ymiljɑ̃, ɑ̃t] adj. Qui cause de la honte. *Situation humiliante.*

humiliation [ymiljasjɔ̃] n. f. **1.** Action d'humilier ou de s'humilier; état d'une personne humiliée. **2.** Ce qui humilie, vexe. *Infliger une humiliation à qqn.* Syn. affront.

humilier [ymilje] v. [**2**] **1.** v. tr. *Humilier qqn,* le blesser dans son amour-propre en le couvrant de honte ou de confusion. Syn. mortifier, vexer. **2.** v. pron. Se faire humble. *S'humilier devant Dieu.*

humilité [ymilite] n. f. **1.** Sentiment de notre petitesse, de notre faiblesse, qui nous pousse à ravaler toute espèce de hauteur ou d'orgueil. *Manquer d'humilité.* Syn. modestie. ▷ Abaissement volontaire. *L'humilité chrétienne.* **2.** Soumission, déférence. *Parler avec humilité.* Ant. hauteur, arrogance. **3.** Litt. Caractère de ce qui est humble, modeste.

humique [ymik] adj. PEDOL *Acides humiques :* acides organiques constituant l'humus.

humoral, ale, aux [ymɔʀal, o] adj. MED Relatif aux humeurs.

humoriste [ymɔʀist] adj. et n. **1.** adj. Qui a de l'humour. **2.** n. Écrivain, dessinateur, auteur pratiquant le genre humoristique.

humoristique [ymɔʀistik] adj. Relatif à l'humour; où il entre de l'humour. *Dessin humoristique.*

humour [ymuʀ] n. m. Forme d'ironie plaisante, souvent satirique, consistant à souligner avec esprit les aspects drôles ou insolites de la réalité. *Avoir le sens de l'humour. Humour noir,* qui allie le comique et le macabre.

humus [ymys] n. m. Cour. Matière brun-noir d'aspect terreux formée de débris végétaux plus ou moins décomposés. *L'humus des sous-bois.* ▷ PEDOL Mélange d'acides organiques provenant de la décomposition des végétaux *(humus vrai).*

Hunan, prov. de Chine mérid.; 210000 km²; 56220000 hab.; ch.-l. *Changsha.* – Le relief est montagneux (alt. max. 1000 m), de type appalachien, sauf dans le N.-E., où s'étend une dépression (import. riziculture), lieu d'implantation des villes. Le sous-sol recèle des métaux non ferreux.

hune ['yn] n. f. MAR Plate-forme semi-circulaire fixée à la partie basse des mâts.

Huns, nom donné à des peuplades asiatiques originaires des steppes du sud de la Sibérie qui pénétrèrent aux IVᵉ et Vᵉ s. en Europe. Au Vᵉ s., sous la conduite d'Attila, les Huns passèrent le Rhin à Mayence, pénétrèrent en Gaule de l'E., allant jusqu'à Orléans. Défaits par le Romain Aetius en Champagne (bataille des champs Catalauniques, 451), ils quittèrent la Gaule pour l'Italie du N. En 453, Attila regagna la Pannonie (Hongrie actuelle), où il mourut la même année. L'empire qu'il avait constitué s'effondra après lui. Une seconde branche, les *Huns Hephthalites,* gagna, également au Vᵉ s., la Sogdiane, la Bactriane, l'Iran et l'Inde du N.-O., avant d'être arrêtée, v. 530, dans le centre de l'Inde.

Hun Sen (né en 1950), homme politique cambodgien. Après avoir rejoint les Khmers rouges (1970-1975), il passa au Viêt-nam, s'allia à Heng* Samrin, chef des Khmers pro-vietnamiens, et rentra dans Phnom Penh avec les troupes vietnamiennes (janv. 1979). Ministre (1979-1985), Premier ministre (1985-1993), il exerce depuis 1993 les fonctions de Premier ministre conjointement avec Norodom Ranariddh.

Huon de Bordeaux, chanson de geste française en laisses de décasyllabes assonancés (déb. du XIIIᵉ s.).

huppart ['ypaʀ] adj. m. *Aigle huppart :* petit aigle d'Afrique à longue huppe.

huppe ['yp] n. f. **1.** Oiseau néognathe (*Upupa epops*), au long bec arqué, au plumage bariolé et à la tête garnie d'une touffe de plumes, très répandu dans l'Ancien Monde. **2.** Touffe de plumes ornant la tête de certains oiseaux. *Huppe d'un cacatoès.*

huppé, ée ['ype] adj. **1.** Qui porte une huppe. *Alouette huppée.* **2.** Fig. Riche et distingué. *Des gens huppés.*

hure ['yʀ] n. f. Tête de quelques animaux; partic., tête coupée. *Hure de sanglier, de brochet.*

hurlement ['yʀləmɑ̃] n. m. **1.** Cri du loup, du chien. **2.** Cri aigu et prolongé. *Hurlement de douleur, de rage.* – Fig. *Les hurlements du vent.*

hurler ['yʀle] v. intr. [**1**] **1.** Pousser des hurlements. *Les loups hurlent. Hurler de douleur.* ▷ Loc. fig. *Hurler avec les loups*.* **2.** Crier, parler, chanter très fort. *Ne hurle pas, je ne suis pas sourd!* ▷ v. tr. *Hurler des injures.* **3.** Produire un son semblable à un hurlement (choses). *Sirène qui hurle.* **4.** Fig. Former un contraste violent, jurer. *Couleurs qui hurlent ensemble.*

hurleur, euse ['yʀlœʀ, øz] adj. et n. **1.** Qui hurle. **2.** ZOOL *Singe hurleur* ou, n. m., *hurleur :* singe de la grande forêt équatoriale sud-américaine (*Alouate guariba*) dont le sac vocal osseux peut émettre des cris très puissants, audibles à plusieurs kilomètres.

hurluberlu [yʀlybɛʀly] n. m. Personne étourdie, au comportement fantasque et quelque peu extravagant.

huron, onne [yʀɔ̃, ɔn] adj. Relatif aux Hurons.

Huron (lac), un des Grands Lacs américains (61797 km²), entre le Canada et les É.-U. Intermédiaire entre les trois autres Grands Lacs, il est relié à chacun d'eux.

huronien, enne ['yʀɔnjɛ̃, ɛn] adj. GEOL *Plissement huronien,* qui a affecté surtout l'Amérique du Nord et la Scandinavie au précambrien.

Hurons, tribu amérindienne d'Amérique du N., installée dans une région comprise entre les lacs Huron et Ontario, et à Loretteville (Québec). Alliés des Français auxquels ils fournissaient des fourrures de castor, les Hurons furent quasiment exterminés par les Iroquois au milieu du XVIIᵉ s.

hurricane [yʀikan] n. m. Cyclone tropical. (V. encycl. cyclone.)

Hurrites. V. Hourrites.

Hurtado de Mendoza (Diego) (1503 – 1575), diplomate et écrivain espagnol. Sa *Guerre de Grenade* (posth., 1627) relate la révolte des morisques. On lui attribue le roman picaresque *Lazarillo de Tormes.*

Hus (Jan) (1369 – 1415), réformateur religieux tchèque. Recteur de l'université de Prague (1409), il fixa l'orthographe et la langue littéraire tchèques. Prédicateur, il dénonça les vices du clergé et les tares de l'Église. Excommunié en 1411, puis en 1412, il fut cité devant le concile de Constance (1414), où il se rendit protégé par le sauf-conduit de l'empereur Sigismond, mais fut condamné comme hérétique, emprisonné et brûlé vif. Aussitôt, ses partisans se révoltèrent contre le pape et l'empereur jusqu'en 1437 *(guerres hussites).*

Husaymah (Al-). V. Hoceima (Al-).

Husayn (Husayn) (v. 626 – 680), second fils de Ali et Fatima, 3ᵉ imam des chiites. Il fut tué à Karbala par les troupes des Omeyyades.

Husayn. V. Hussein.

Husayn ibn Ali (m. en 1740), bey de Tunis. En 1702, il repoussa une invasion algérienne et s'empara du pouvoir. Il fonda ainsi la dynastie des Husaynides*.

Husaynides, dynastie turque qui gouverna la Tunisie de 1705 à 1957. (V. Lamine bey.)

Hu Shi ou **Hou Che** (1891 – 1962), philosophe et romancier chinois : *la Renaissance chinoise* (1934). Il suivit Tchang Kaï-chek à Taiwan.

hussard ['ysaʀ] n. m. Anc. Militaire appartenant à certains régiments de cavalerie légère.

hussarde (à la) [ala'ysaʀd] Loc. adv. D'une manière cavalière et brutale.

Hussein ou **Husayn ibn al-Husayn** *(Husayn ibn al-Husayn)* (v. 1765 – 1838), le dernier dey d'Alger. Il rompit en 1829 les négociations avec la France, qui s'empara d'Alger (4 juil. 1830).

Hussein ou **Husayn** (Taha) *(Tāhā Husayn)* (1889 – 1973), écrivain égyptien d'expression arabe : *le Livre des jours* (1929), roman autobiographique.

Hussein Ier ou **Husayn Ier** *(Husayn)* (né en 1935), roi de Jordanie (1952), successeur de son père, Talāl, déposé pour maladie mentale quelques mois après son accession au trône. Après avoir obtenu le départ des troupes britanniques (1958), il a fait face à une situation complexe, dominée par le problème palestinien. Ayant renoncé en 1988 à revendiquer la Cisjordanie, il a conclu en oct. 1994 un accord de paix avec Israël.

Hussein ou **Husayn** (Saddam) *(Saddām Husayn)* (né en 1937), homme politique irakien. Musulman sunnite, secrétaire général du Baas et chef de l'État irakien (1979), il a attaqué l'Iran (première guerre du Golfe : 1980-1982), puis il a envahi le Koweït en août 1990, ce qui a déclenché la seconde guerre du Golfe (janv.-mars 1991).

Husserl (Edmund) (1859 – 1938), philosophe allemand. Sa doctrine se définit comme une *phénoménologie,* ou science descriptive des essences. Princ. œuvres : *Recherches logiques* (1900-1901), *Logique formelle et logique transcendantale* (1929), *Méditations cartésiennes* (1932).

Huston (John) (1906 – 1987), cinéaste américain : *le Faucon maltais* (1941), *The African Queen* (1952), *The Misfits* (1960), *Gens de Dublin* (1987).

hutte ['yt] n. f. Petite cabane rudimentaire faite avec de la terre, des branches, etc.

Hutu(s) ou **Bahutu,** ethnie du Burundi et du Rwanda. Dans chacun de ces deux pays, ils représentent entre 80 % et 85 % de la pop. Ils parlent des langues bantoues : le kirundi* au Burundi et le kinyarwanda* au Rwanda. Depuis l'indépendance, de sanglants conflits ont, à plusieurs reprises, opposé les Hutu et les Tutsi, tant au Rwanda qu'au Burundi. Sur ce grave sujet deux thèses s'opposent : 1. Hutu et Tutsi ne sont pas deux ethnies distinctes, puisqu'ils parlent la même langue, mais deux classes sociales; 2. les Hutu étaient des agriculteurs sédentaires (une minorité vivait de chasse et de cueillette); pasteurs nomades d'origine nilotique, les Tutsi se sont fixés dans la région des Grands Lacs, où ils ont soumis les Hutu et adopté leur langue.

Huxley (Aldous) (1894 – 1963), écrivain anglais. Pessimiste, il évolua vers un idéalisme religieux inspiré par l'Orient : *Contrepoint* (roman, 1928), *le Meilleur des mondes* (roman, 1932).

Huy, com. de Belgique (province de Liège), sur la Meuse; 18000 hab. Raff.; métall. de l'étain. – Égl. N.-D. (XIVe-XVIe s., crypte du XIe s.). Couvent (XVIIe s.). Citadelle (XIXe s.).

Huy Cân (né en 1919), poète vietnamien. Il fut l'un des chefs de file du mouvement «Poésie nouvelle» : *Feu sacré* (1940), *Chant universel* (1942), *Vie de chaque jour, poésie de chaque jour* (1975).

Huygens ou, à tort, *Huyghens* (Christiaan) (1629 – 1695), physicien, géomètre et astronome néerlandais. Il travailla en France de 1665 à 1680. Il fit progresser le calcul des probabilités, inventa le balancier régulateur à ressort spiral, mit au point une lunette astronomique (étude de Saturne, Mars, etc.), attribua à la lumière le caractère d'un phénomène ondulatoire (*Traité de la lumière,* 1678).

Huysmans (Georges Charles, dit Joris-Karl) (1848 – 1907), écrivain français. D'abord romancier «naturaliste», il se tourna ensuite vers l'idéal «décadent» (*À rebours,* 1884), puis vers le catholicisme (*En route,* 1895; *la Cathédrale,* 1898).

Huysmans (Camille) (1871 – 1968), homme politique belge. Socialiste, il fut élu député en 1910 et ne perdit jamais son siège. Président de l'Internationale socialiste en 1940; président du Conseil en 1946-1947.

Huyssens (Frère Pierre) (1577 – 1637), jésuite et architecte flamand; initiateur du baroque en Belgique : égl. Saint-Charles-Borromée (Anvers).

hyænidés [jenide] n. m. pl. ZOOL Famille de mammifères carnivores et charognards des savanes de l'Ancien Monde, comprenant les hyènes et le protèle. – Sing. *Un hyænidé.*

hyalin, ine [jalɛ̃, in] adj. Didac. Qui a l'aspect, la transparence du verre. ▷ MINER *Quartz hyalin :* cristal de roche. ▷ MED *Substance hyaline,* présente dans les tissus conjonctifs et de soutien.

hyalite [jalit] n. f. **1.** MINER Variété transparente d'opale. **2.** TECH Verre noir de Bohême.

hyaloïde [jalɔid] adj. ANAT Qui a la transparence du verre. *Humeur, membrane hyaloïde de l'œil.*

hyaloplasme [jalɔplasm] n. m. BIOL Solution colloïdale hyaline, plus ou moins visqueuse, dans laquelle baignent les organites et diverses inclusions cellulaires.

hybridation [ibʀidasjɔ̃] n. f. BIOL Production d'hybrides, croisement artificiel ou naturel entre des parents appartenant à des genres, des espèces ou des variétés différents. – *Hybridation moléculaire :* création *in vitro* d'acides nucléiques à double brin par appariement de chaînes d'A.D.N. ou d'A.R.N. simple brin à des séquences complémentaires.

hybride [ibʀid] n. m. et adj. **I.** n. m. BIOL Animal ou végétal qui résulte d'une hybridation. *Le bardot est un hybride de cheval et d'ânesse.* ▷ adj. GENET *Caractère hybride :* chez les êtres vivants diploïdes, caractère que gouverne une paire d'allèles mutés l'un par rapport à l'autre. **II.** adj. **1.** Fig. Qui participe de genres, de styles différents; fait d'éléments mal assortis. *Un style hybride. Une solution hybride.* **2.** LING *Mots hybrides,* formés de radicaux empruntés à des langues différentes. *«Bigame», formé du latin «bis» et du grec «gamos», est un mot hybride.* **3.** INFORM Qui utilise à la fois le calcul numérique et le calcul analogique, en parlant d'un matériel informatique.
ENCYCL Les hybrides proviennent de croisements entre des animaux ou végétaux très proches des points de vue systématique et morphologique. Les hybrides d'espèces différentes, dits *interspécifiques* (mule, mulet, etc.), ou de genres différents, sont souvent stériles parce que les chromosomes des parents ont des structures différentes. Les hybrides de même espèce mais de races ou de variétés différentes, dits *interraciaux* ou *intraspécifiques,* sont fertiles. Lorsqu'un hybride présente une vigueur, une résistance aux maladies, aux agressions du milieu de vie, etc. supérieure à la moyenne de ses parents, on dit qu'il présente une *vigueur hybride* (ou *hétérosis*). Ce phénomène est utilisé pour les espèces animales et végétales utiles à l'homme (agronomie, boucherie, notam.).

hybrider [ibʀide] v. tr. [1] BIOL Réaliser l'hybridation entre.

hybridome [ibʀidom] n. m. BIOL Cellule hybride constituée par la fusion d'un lymphocyte et d'une cellule cancéreuse. *Les hybridomes sont utilisés notam. pour produire des anticorps monoclonaux* (V. clonage).

hydarthrose [idaʀtʀoz] n. f. MED Épanchement d'un liquide séreux dans la cavité synoviale d'une articulation.

Hyde Park, parc de Londres (146 ha), à l'ouest de la ville, traversé par la Serpentine River.

Hyderābād ou **Haidarābād,** v. de l'Inde, cap. de l'Āndhra Pradesh; 3005000 hab. Import. centre industriel.

Hyderābād, v. du Pākistān, dans une île formée par une dérivation de l'Indus; 795000 hab. Marché agricole. Textile.

hydne [idn(ə)] n. m. BOT Champignon basidiomycète comestible dont la face inférieure est tapissée d'aiguillons.

hydr-. V. hydro-.

hydracide [idʀasid] n. m. CHIM Acide non oxygéné résultant de la combinaison de l'hydrogène avec un ou plusieurs éléments non métalliques. *Le nom des hydracides est suffixé en «-hydrique», celui de leur sel en «-ure»* (ex. : *le chlorure est le sel de l'acide chlorhydrique*).

hydrant [idʀɑ̃] n. m. (Belgique; Québec, vieilli; Suisse) Borne d'incendie. – Prise d'eau. (V. borne-fontaine, sens 2).

hydratant, ante [idʀatɑ̃, ɑ̃t] adj. et n. m. Qui provoque, qui permet l'hydratation. ▷ Spécial. *Crème, lotion hydratante,* destinée à hydrater l'épiderme. – n. m. *Un hydratant.*

hydratation [idʀatasjɔ̃] n. f. **1.** CHIM Fixation d'eau sur une molécule. ▷ Formation d'un hydrate. **2.** MED Apport d'eau à l'organisme, aux tissus.

hydrate [idʀat] n. m. CHIM Composé qui résulte de la fixation de molécules d'eau sur une molécule d'un corps. ▷ *Hydrates de carbone :* syn. anc. de *glucides*.*

hydrater [idʀate] v. tr. [1] **1.** CHIM Combiner (un corps) avec l'eau. ▷ v. pron. Passer à l'état d'hydrate. **2.** MED Apporter de l'eau à (un organisme, un tissu).

hydraulicien, enne [idʀolisjɛ̃, ɛn] n. TECH Spécialiste de l'hydraulique. – (En appos.) *Ingénieur hydraulicien.*

hydraulicité [idʀolisite] n. f. TECH Rapport entre le débit moyen annuel et le débit moyen calculé sur une longue période des eaux courantes. *Une hydraulicité trop faible ne permet pas un remplissage suffisant des réservoirs des barrages.*

hydraulique [idʀolik] adj. et n. f. **I.** adj. **1.** Qui est mû par l'eau; qui utilise l'eau (ou un liquide quelconque) pour son fonctionnement. *Frein hydraulique. Vérin hydraulique.* **2.** Qui a pour objet de conduire, d'élever, de distribuer l'eau ou un liquide quelconque. *Ouvrages hydrauliques.* **3.** *Énergie hydraulique*, fournie par les chutes d'eau, les marées, etc. (V. hydroélectricité.) **4.** TECH *Mortier hydraulique*, durcissant sous l'action de l'eau. **II.** n. f. **1.** Science des lois de l'écoulement des liquides. **2.** Ensemble des techniques de captage, de distribution et d'utilisation des eaux (irrigation, chutes motrices, etc.). *Hydraulique agricole :* science visant à assurer une bonne alimentation des cultures en eau par des aménagements qui corrigent les excès (drainage) ou les déficits (irrigation). – *Hydraulique pastorale.* **3.** Ensemble des techniques utilisant les liquides pour la transmission des forces.

hydravion [idʀavjɔ̃] n. m. Avion conçu pour décoller sur l'eau et s'y poser (grâce à des flotteurs ou à une coque-fuselage).

hydre [idʀ] n. f. **1.** MYTH *L'Hydre :* serpent fabuleux dont les sept têtes repoussaient multipliées au fur et à mesure qu'on les coupait. **2.** Fig. Mal qui semble se développer en proportion des efforts qu'on fait pour le détruire; mal monstrueux. *L'hydre du fascisme, de l'anarchie.* **3.** ZOOL Petit cnidaire hydrozoaire dépourvu de squelette, polype vivant en eau douce, pourvu de 8 à 10 tentacules armés de cellules urticantes et qui régénère rapidement les parties qui lui sont enlevées.

-hydrique. CHIM Élément, du gr. *hudôr*, «eau», servant à former les noms des hydracides*.

hydrique [idʀik] adj. Didac. Relatif à l'eau. – MED *Diète hydrique :* régime ne comportant que des apports d'eau.

hydro-, hydr-, -hydre. Éléments, du gr. *hudôr*, «eau». ▷ CHIM *Hydro- :* élément indiquant une combinaison de l'hydrogène avec un autre corps.

hydrobase [idʀobaz] n. f. AVIAT Base d'hydravions; plan d'eau aménagé pour recevoir des hydravions.

hydrobiologie [idʀobjɔlɔʒi] n. f. Didac. Science consacrée aux organismes aquatiques.

hydrocarbure [idʀokaʀbyʀ] n. m. CHIM Corps composé exclusivement de carbone et d'hydrogène. (On distingue : les *hydrocarbures saturés*, ou paraffines [méthane, par ex.]; les *hydrocarbures éthyléniques*, ou oléfines; les *hydrocarbures acétyléniques*; les *hydrocarbures aromatiques* [benzène, par ex.]. Abondants dans la nature [notam. dans les pétroles], ils servent à fabriquer de nombreux produits chimiques.)

hydrocèle [idʀosɛl] n. f. MED Épanchement de sérosité dans la tunique qui entoure les testicules et le cordon spermatique.

hydrocéphale [idʀosefal] adj. et n. MED Qui est atteint d'hydrocéphalie.

hydrocéphalie [idʀosefali] n. f. MED Augmentation de volume du liquide céphalo-rachidien provoquant une dilatation des ventricules cérébraux et parfois une augmentation du volume du crâne.

hydrocoralliaires [idʀokɔʀaljɛʀ] n. m. pl. ZOOL Classe d'hydrozoaires à squelette calcaire. – Sing. *Un hydrocoralliaire.*

hydrocortisone [idʀokɔʀtizɔn] n. f. BIOCHIM Hormone cortico-surrénale que l'on peut obtenir par synthèse, proche de la cortisone, mais plus active.

hydrocotyle [idʀɔkɔtil] n. f. BOT Herbe à feuilles rondes, qui croît notam. dans les lieux humides.

hydrocution [idʀokysjɔ̃] n. f. MED Syncope brutale pouvant entraîner la mort, analogue à la syncope provoquée par l'électrocution, et déclenchée, lors d'une immersion brusque dans l'eau froide, par un trouble vasomoteur réflexe.

hydrodynamique [idʀodinamik] n. f. et adj. **1.** n. f. Partie de la physique qui traite des liquides en mouvement et des formes qui réduisent la résistance à l'avancement dans les liquides. **2.** adj. Relatif à l'hydrodynamique. – TECH *Forme hydrodynamique.*

hydroélectricité [idʀoelɛktʀisite] n. f. TECH Électricité d'origine hydraulique. ENCYCL Les centrales hydroélectriques utilisent l'énergie fournie par une chute d'eau à des turbines couplées à des alternateurs, ce qui conduit à distinguer les usines de haute chute (100 à 2 000 m), de moyenne ou basse chute (20 à 100 m) et de très basse chute (inférieure à 20 m). La classification actuelle est la suivante : usines au fil de l'eau, comportant des réservoirs de faible capacité (temps de remplissage inférieur à 2 heures); usines d'éclusées (temps de remplissage de 2 à 400 heures); usines de lac (temps de remplissage supérieur à 400 heures).

hydroélectrique [idʀoelɛktʀik] adj. TECH Relatif à la production d'électricité par des moyens hydrauliques. *Centrale hydroélectrique.*

hydrofoil [idʀofɔjl] n. m. Syn. de *hydroptère.*

hydrofuge [idʀofyʒ] adj. et n. m. TECH Qui préserve de l'humidité, de l'eau.

hydrofuger [idʀofyʒe] v. tr. [**13**] TECH Rendre hydrofuge.

hydrogénation [idʀoʒenasjɔ̃] n. f. CHIM Action d'hydrogéner; son résultat.

hydrogène [idʀoʒɛn] n. m. CHIM Élément (symbole H) de numéro atomique Z = 1. – Gaz (H_2 : dihydrogène) de densité 0,069.
ENCYCL On connaît trois isotopes de l'hydrogène : l'hydrogène léger (98,98 % de l'hydrogène naturel), l'hydrogène lourd (ou deutérium) et le tritium. Le noyau de l'atome d'hydrogène léger *(protium)* est formé uniquement d'un proton. L'hydrogène est de loin l'élément le plus abondant de l'Univers. Il entre dans de nombreuses combinaisons, l'eau (H_2O) notam., et représente la quasi-totalité de la matière interstellaire. L'hydrogène se combine avec presque tous les éléments, en donnant des hydrures; c'est un excellent réducteur. Il permet la synthèse de l'ammoniac et du chlorure d'hydrogène. Les carburants synthétiques sont obtenus par hydrogénation. L'hydrogène est utilisé dans les chalumeaux oxhydrique et à hydrogène atomique. L'hydrogène liquide sert de carburant dans les moteurs-fusées. La fusion de noyaux d'hydrogène (donc de protons) libérant une énergie considérable, la maîtrise de cette fusion permettrait de disposer d'une source d'énergie pratiquement inépuisable. Par ailleurs, la production d'hydrogène par la décomposition de l'eau à haute température pourrait fournir un combustible de choix, facile à transporter, susceptible d'être utilisé pour la fabrication directe d'électricité dans des piles à combustible.

hydrogéner [idʀoʒene] v. tr. [**14**] CHIM Combiner avec l'hydrogène.

hydrogéologie [idʀoʒeɔlɔʒi] n. f. Partie de la géologie qui étudie les eaux souterraines et leurs résurgences.

hydroglisseur [idʀoglisœʀ] n. m. Bateau à fond plat propulsé par une hélice aérienne.

hydrographie [idʀogʀafi] n. f. Didac. **1.** Partie de la géographie qui étudie les divers milieux occupés par les eaux à la surface du globe (hydrosphère). **2.** Ensemble des cours d'eau et des lacs d'une région. *L'hydrographie d'un pays.*

hydrographique [idʀogʀafik] adj. Didac. Relatif à l'hydrographie.

hydrologie [idʀolɔʒi] n. f. Didac. Science qui traite des eaux, de leurs propriétés et de leur utilisation alimentaire, agricole, industrielle ou médicale.

hydrologique [idʀolɔʒik] adj. Didac. Qui concerne l'hydrologie, son étude.

hydrologiste [idʀolɔʒist] ou **hydrologue** [idʀolɔg] n. Didac. Spécialiste d'hydrologie.

hydrolyse [idʀoliz] n. f. CHIM Décomposition d'un corps par fixation des ions H^+ et OH^- provenant de la dissociation de l'eau. *Les réactions d'hydrolyse jouent un rôle important en biochimie et dans les synthèses organiques.*

hydrolyser [idʀolize] v. tr. [**1**] CHIM Décomposer par hydrolyse.

hydromécanique [idʀomekanik] adj. TECH Mû par l'eau.

hydromel [idʀomɛl] n. m. Boisson faite d'eau et de miel, fermentée ou non.

hydrométrie [idʀometʀi] n. f. Didac. Science qui étudie les liquides, et notam. les eaux naturelles.

hydromorphie [idʀomɔʀfi] n. f. PEDOL État d'un sol où une saturation en eau, temporaire ou permanente, provoque un déficit en oxygène. *L'hydromorphie se manifeste par des taches gris-bleu sur le sol.*

1. hydrophile [idʀofil] adj. **1.** Qui absorbe l'eau, un liquide. *Coton hydrophile*, utilisé en chirurgie et pour les soins d'hygiène corporelle. **2.** CHIM *Groupement hydrophile*, qui a tendance à rendre soluble dans l'eau la molécule à laquelle il appartient.

2. hydrophile [idʀofil] n. m. ENTOM Insecte coléoptère (genres *Hydrophila* et voisins), brun-noir, long d'env. 3 à 5 cm, qui vit dans les eaux stagnantes.

hydrophobe [idʀofɔb] adj. **1.** MED Qui a une crainte morbide de l'eau. **2.** CHIM Qui n'absorbe pas l'eau. *Colloïdes hydrophobes.*

hydrophobie [idʀofɔbi] n. f. MED Peur, crainte morbide de l'eau.

hydrophyte [idʀofit] n. f. BOT Plante aquatique.

hydropisie [idʀopizi] n. f. MED Nom anc. de l'œdème et de l'œdème généralisé.

hydroponique [idʀopɔnik] adj. AGRIC *Culture hydroponique :* culture dans laquelle une solution nutritive remplace la terre.

hydroptère [idʀɔptɛʀ] n. m. MAR Navire à ailes portantes, très rapide (jusqu'à 80 nœuds). Syn. hydrofoil.

hydrosol [idʀɔsɔl] n. m. CHIM Solution colloïdale formée avec l'eau.

hydrosoluble [idʀɔsɔlybl] adj. Didac. Soluble dans l'eau.

hydrosphère [idʀɔsfɛʀ] n. f. GEOGR Ensemble de l'élément liquide du globe terrestre : océans, mers, fleuves, etc. (par oppos. à l'*atmosphère* et à la *lithosphère*).

hydrostatique [idʀɔstatik] n. f. et adj. PHYS Partie de la physique qui étudie les conditions d'équilibre des liquides. *Principe fondamental de l'hydrostatique,* selon lequel la différence de pression entre deux points d'un liquide en équilibre est égale au poids d'une colonne de liquide ayant pour section l'unité de surface et pour hauteur la distance verticale des deux points. ▷ adj. *Balance hydrostatique.*

hydrothérapie [idʀoteʀapi] n. f. MED Thérapeutique utilisant les vertus curatives de l'eau sous toutes ses formes.

hydrothermalisme [idʀotɛʀmalism] n. m. GEOL Circulation souterraine de fluides chauds.

hydroxy-. CHIM Préfixe indiquant la présence du radical hydroxyle OH.

hydroxyde [idʀɔksid] n. m. CHIM Composé métallique de formule générale $M(OH)_n$, où M est un métal. *L'hydroxyde de sodium NaOH est la soude.*

hydroxylase [idʀɔksilaz] n. f. BIOCHIM Enzyme qui favorise la fixation d'un groupement OH sur une molécule.

hydroxyle [idʀɔksil] n. m. CHIM Radical OH.

hydrozoaires [idʀɔzɔɛʀ] n. m. pl. ZOOL Superclasse de cnidaires coloniaux ou solitaires, sans cloisons internes. – Sing. *Un hydrozoaire.*

hydrure [idʀyʀ] n. m. CHIM Composé binaire hydrogéné dans lequel l'hydrogène possède le degré d'oxydation –1. *Hydrure de calcium CaH_2.*

hyène [jɛn] n. f. Mammifère carnivore, de 1 m à 1,40 m de long, au garrot plus haut que la croupe, à pelage gris ou fauve, qui se nourrit des restes des animaux tués. *L'hyène* ou, abusiv., *la hyène.*

hygiène [iʒjɛn] n. f. Branche du savoir qui traite des règles et des pratiques nécessaires pour conserver et améliorer la santé; ensemble de ces règles et de ces pratiques. *Instruments d'hygiène. Hygiène du corps. Hygiène publique. Hygiène mentale.*

hygiénique [iʒjenik] adj. **1.** Qui concerne l'hygiène, les soins du corps; qui est conforme à l'hygiène. *Mesures hygiéniques.* ▷ *Par euph.* Qui a rapport aux soins corporels intimes. *Papier, serviette hygiénique.* **2.** Qui favorise l'hygiène. *Activité, boisson hygiénique.*

hygiéniste [iʒjenist] n. Spécialiste des problèmes d'hygiène. ▷ (Québec) *Hygiéniste dentaire :* assistant(e) d'un dentiste chargé(e) de donner aux patients les premiers soins dentaires.

hygro-. Élément, du gr. *hugros,* «humide».

hygromètre [igʀɔmɛtʀ] n. m. PHYS Appareil servant à mesurer le degré d'humidité de l'air.

hygrométrie [igʀɔmetʀi] n. f. PHYS Étude et mesure du degré d'humidité de l'air.

hygrométrique [igʀɔmetʀik] adj. PHYS Relatif à l'hygrométrie. ▷ *Degré hygrométrique de l'air :* rapport entre la pression de la vapeur d'eau dans l'air et la pression de la vapeur saturante à la même température. Syn. humidité* relative. ▷ *Corps hygrométriques,* particulièrement sensibles aux variations de l'hygrométricité de l'air.

hygrophile [igʀɔfil] adj. BOT Qui aime, recherche l'humidité.

hygrophobe [igʀɔfɔb] adj. BOT Qui craint l'humidité, les lieux humides.

hygrostat [igʀɔsta] n. m. TECH Appareil de climatisation servant à maintenir constante l'humidité relative d'une atmosphère.

Hyksos, peuple asiatique refoulé en Asie Mineure par les invasions indo-européennes (IIe millénaire av. J.-C.) et qui envahit l'Égypte au XVIIIe s. av. J.-C. Ils y fondèrent les XVe et XVIe dynasties. Vers 1580 av. J.-C., le prince Ahmôsis, de Thèbes, s'empara de leur capitale, Avaris, et les expulsa définitivement hors du delta et du S. de la Palestine.

hylochère [ilɔʃɛʀ] n. m. ZOOL Grand mammifère suidé (jusqu'à 1 m au garrot, plus de 200 kg) de la forêt dense africaine, au pelage brun noir.

1. hymen [imɛn] n. m. ANAT Membrane qui obture en partie l'entrée du vagin et qui est déchirée lors du premier rapport sexuel.

2. hymen [imɛn] ou **hyménée** [imene] n. m. Litt., vx Mariage.

hyménium [imenjɔm] n. m. BOT Assise cellulaire fertile de certains champignons (ascomycètes et basidiomycètes), constituée essentiellement par les cellules productrices de spores (asques et basides). V. aussi glèbe.

hyménomycètes [imenomisɛt] n. m. pl. BOT Groupe de champignons chez lesquels l'hyménium est à nu. Ant. gastromycètes. – Sing. *Un hyménomycète.*

hyménoptères [imenɔptɛʀ] n. m. pl. ENTOM Ordre d'insectes pourvus de deux paires d'ailes membraneuses de grandeur inégale, et dont l'abdomen est le plus souvent pédonculé (ex. : les abeilles, les guêpes, les fourmis). – Sing. *Un hyménoptère.*

hymne [imn] n. **1.** n. m. ANTIQ Poème chanté en l'honneur d'un dieu, d'un héros. *Hymne à Apollon.* ▷ n. m. et f. LITURG Chant religieux. *Un(e) hymne à la gloire de Dieu.* **2.** n. m. Chant national. *«La Marseillaise» est l'hymne de la France.* ▷ Poème lyrique, œuvre musicale exprimant des sentiments nobles ou enthousiastes. *Hymne à la joie :* 9e symphonie de Beethoven.

hyoïde [jɔid] adj. et n. m. ANAT *L'os hyoïde* ou, n. m., *l'hyoïde :* l'os de la partie supérieure du cou, au-dessus du larynx.

hypallage [ipalaʒ] n. f. RHET Figure de style par laquelle on attribue à un mot d'une phrase ce qui convient à un autre (ex. : *descendant noble d'une famille* pour *descendant d'une famille noble*).

hyper-. Élément, du gr. *huper,* «au-dessus, au-delà», indiquant l'augmentation, l'excès.

hyperbare [ipɛʀbaʀ] adj. TECH Dont la pression est supérieure à la pression atmosphérique (mesurée au niveau de la mer). ▷ *Caisson hyperbare :* caisson de décompression utilisé en plongée sous-marine.

hyperbate [ipɛʀbat] n. f. RHET Figure de grammaire consistant à intervertir l'ordre habituel des mots. «*Le long d'un clair ruisseau buvait une colombe*» *(La Fontaine) est une hyperbate.*

hyperbole [ipɛʀbɔl] n. f. **1.** RHET Figure de style consistant à employer des expressions exagérées pour frapper l'esprit (ex. *verser des torrents de larmes*). **2.** GEOM Courbe à deux branches et deux asymptotes, lieu des points dont la différence des distances à deux points fixes, appelés *foyers,* est constante. (L'équation de l'hyperbole s'écrit $x^2/a^2 - y^2/b^2 = 1$; si a = b, les asymptotes se coupent à angle droit : l'hyperbole est dite *équilatère.*)

hyperbolique [ipɛʀbɔlik] adj. **1.** RHET Très exagéré dans son expression. **2.** GEOM En forme d'hyperbole. **3.** MATH Qualifie certaines fonctions déduites de fonctions exponentielles.

hypercalcémie [ipɛʀkalsemi] n. f. MED Taux de calcium dans le sang supérieur à la normale.

hypercholestérolémie [ipɛʀkɔlɛsteʀɔlemi] n. f. MED Élévation anormale du taux de cholestérol dans le sang.

hyperémotivité [ipɛʀemɔtivite] n. f. PSYCHO Exagération de l'émotivité.

hyperesthésie [ipɛʀɛstezi] n. f. MED Exaspération pathologique, souvent douloureuse, de la sensibilité.

hyperfocal, ale, aux [ipɛʀfɔkal, o] adj. et n. f. PHOTO *Distance hyperfocale* ou, n. f., *hyperfocale :* distance à partir de laquelle tous les objets sont nets jusqu'à l'infini.

hyperfréquence [ipɛʀfʀekɑ̃s] n. f. TELECOM Fréquence comprise dans la gamme de 300 mégahertz à 300 gigahertz.

hyperglycémie [ipɛʀglisemi] n. f. MED Élévation du taux de glucose dans le sang. *Hyperglycémie provoquée,* pour dépister le diabète.

hyperlipémie [ipɛʀlipemi] n. f. MED Excès de lipides dans le sang.

hypermarché [ipɛʀmaʀʃe] n. m. Magasin vendant en libre-service des denrées alimentaires et non alimentaires, et dont la surface de vente est supérieure à 2500 m^2.

hypermétrope [ipɛʀmetʀɔp] adj. et n. Didac. Qui est atteint d'hypermétropie.

hypermétropie [ipɛʀmetʀɔpi] n. f. Didac. Trouble de la vision consistant en une mauvaise perception des objets rapprochés, dû à un indice de réfraction anormal du cristallin. (L'image des objets se forme en arrière de la rétine.)

hypernerveux, euse [ipɛʀnɛʀvø, øz] adj. et n. D'une nervosité extrême.

hypéron [ipeʀɔ̃] n. m. PHYS NUCL Particule lourde, appartenant à la famille des baryons et dont la masse est supérieure à celle du proton.

hyperonyme [ipeʀɔnim] n. m. LING Mot dont le sens inclut celui d'autres mots. *Aliment est un hyperonyme de pain.* Ant. hyponyme.

hyperréalisme [ipɛʀʀealism] n. m. Mouvement pictural contemporain visant à reproduire minutieusement la réalité.

hypersécrétion [ipɛʀsekʀesjɔ̃] n. f. MED Sécrétion trop importante d'une glande ou d'une cellule.

hypersensibilité [ipɛʀsɑ̃sibilite] n. f. Sensibilité excessive. ▷ MED Exagération de la sensibilité à une sensation ou à un produit.

hypersensible [ipɛʀsɑ̃sibl] adj. et n. Qui manifeste de l'hypersensibilité.

hypersonique [ipɛʀsɔnik] adj. AVIAT Se dit des vitesses qui sont supérieures à Mach 5.

hyperstatique [ipɛʀstatik] adj. TECH En résistance des matériaux, se dit des systèmes dont les réactions d'appui doivent être déterminées en faisant intervenir les déformations élastiques.

hypertendu, ue [ipɛʀtɑ̃dy] adj. et n. Qui souffre d'hypertension.

hypertenseur [ipɛʀtɑ̃sœʀ] adj. m. et n. m. Syn. de *hypertensif* (sens 2).

hypertensif, ive [ipɛʀtɑ̃sif, iv] adj. et n. m. MED **1.** Qui a rapport à l'hypertension. *Une poussée hypertensive.* **2.** Qui provoque l'hypertension. *Un produit hypertensif* ou, n. m., *un hypertensif.* Syn. hypertenseur.

hypertension [ipɛʀtɑ̃sjɔ̃] n. f. MED Tension artérielle supérieure à la normale. Syn. (Québec) pression.

hypertexte ['ipɛʀtɛkst] n. m. et adj. INFORM Système constitué d'un ensemble de textes associés par des liens permettant à l'utilisateur de naviguer de l'un à l'autre. ▷ adj. *Liens hypertextes.*

hyperthermie [ipɛʀtɛʀmi] n. f. MED **1.** Fièvre. **2.** Technique de traitement des tumeurs malignes consistant à élever localement la température au moyen d'ondes électromagnétiques, pour tuer les cellules cancéreuses (celles-ci meurent à 41 °C).

hyperthyroïdie [ipɛʀtiʀɔidi] n. f. MED Hypersécrétion hormonale de la glande thyroïde.

hypertonie [ipɛʀtɔni] n. f. PHYS État d'une solution (dite *hypertonique*) dont la concentration est supérieure à celle du milieu dont elle est séparée par une paroi semi-perméable.

hypertrophie [ipɛʀtʀɔfi] n. f. **1.** Développement excessif d'un organe ou d'une partie du corps. **2.** Fig. Accroissement trop important. *Hypertrophie de certaines industries.*

hypertrophier [ipɛʀtʀɔfje] v. tr. [2] Didac. **1.** Produire l'hypertrophie de. *L'alcoolisme hypertrophie souvent le foie.* **2.** v. pron. Augmenter de volume (organes, tissus). *Le cœur des sportifs s'hypertrophie.* ▷ Fig. *Sentiment qui s'hypertrophie.* **3.** Pp. adj. *Un organe hypertrophié.* – Fig. *Un amour-propre hypertrophié.*

hypervitaminose [ipɛʀvitaminoz] n. f. MED Trouble dû à l'apport excessif de vitamines.

hyphe [if] n. m. ou f. BOT Filament formé de cellules placées bout à bout, constitutif du mycélium des champignons supérieurs.

hypn(o)-. Élément, du gr. *hupnos,* «sommeil».

hypnagogique [ipnagɔʒik] adj. Didac. Qui conduit au sommeil; qui concerne les états de conscience qui précèdent immédiatement le sommeil. *Hallucination hypnagogique.*

Hypnos, dans la myth. gr., le dieu du sommeil.

hypnose [ipnoz] n. f. État psychique proche du sommeil, provoqué artificiellement par suggestion ou par des moyens chimiques. (Dans ce dernier cas, on parle de *narcose.*)

hypnotique [ipnɔtik] adj. et n. m. **1.** MED Qui provoque le sommeil. *Médicament hypnotique.* ▷ n. m. *Un hypnotique.* **2.** Relatif à l'hypnose ou à l'hypnotisme.

hypnotiser [ipnɔtize] v. tr. [1] **1.** Plonger (qqn) dans un sommeil hypnotique. **2.** Fig. Fasciner, éblouir. *Il était littéralement hypnotisé par ce spectacle.* ▷ v. pron. Fig. Être obnubilé par. *S'hypnotiser sur une idée.*

hypnotiseur, euse [ipnɔtizœʀ, øz] n. Personne qui hypnotise.

hypnotisme [ipnɔtism] n. m. **1.** Ensemble des phénomènes qui constituent le sommeil artificiel provoqué, l'état d'hypnose. **2.** Ensemble des moyens, des techniques mis en œuvre pour provoquer le sommeil hypnotique. **3.** Branche du savoir qui traite des phénomènes d'hypnose.

hypo-. Élément, du gr. *hupo,* «au-dessous, en deçà», qui exprime un état inférieur, une insuffisance, un manque, une très petite quantité.

hypoacousie [ipoakuzi] n. f. MED Diminution de l'acuité auditive.

hypoallergénique [ipoal(l)ɛʀʒenik] adj. MED Peu susceptible de contenir des substances allergéniques.

hypoallergique [ipoal(l)ɛʀʒik] adj. MED Peu susceptible de provoquer une allergie.

hypocalcémie [ipokalsemi] n. f. MED Taux de calcium dans le sang inférieur à la normale.

hypocentre [iposɑ̃tʀ] n. m. GEOL Lieu d'origine, en profondeur, des ondes sismiques lors d'un séisme. *L'hypocentre d'un séisme se trouve à la verticale de son épicentre.*

hypocondre [ipokɔ̃dʀ] n. m. ANAT Chacune des parties latérales de l'abdomen, située au-dessous des côtes.

hypocondriaque [ipokɔ̃dʀijak] adj. et n. PSYCHOPATHOL Qui est atteint d'hypocondrie.

hypocondrie [ipokɔ̃dʀi] n. f. PSYCHOPATHOL Préoccupation obsessionnelle d'un sujet pour son état de santé.

hypocoristique [ipokɔʀistik] adj. LING Qui exprime une affection tendre ou amicale. *Redoublement hypocoristique (Popaul, fifille). Diminutif hypocoristique (Jacquot).*

hypocrisie [ipokʀizi] n. f. **1.** Attitude qui consiste à affecter une vertu, un sentiment noble qu'on n'a pas. **2.** Caractère de ce qui est hypocrite. *L'hypocrisie de Tartuffe.* **3.** Acte hypocrite. *J'en ai assez de vos hypocrisies.*

hypocrite [ipokʀit] adj. et n. **1.** Qui a de l'hypocrisie. *Un personnage hypocrite.* ▷ Subst. *Un(e) hypocrite.* – *Spécial.* Faux dévot. **2.** Qui dénote l'hypocrisie. *Douceur hypocrite.*

hypocritement [ipokʀitmɑ̃] adv. D'une manière hypocrite.

hypocycloïde [iposiklɔid] n. f. GEOM Courbe engendrée par un point d'un cercle roulant sans glisser à l'intérieur d'un cercle fixe.

hypoderme [ipodɛʀm] n. m. **1.** Tissu cellulaire sous le derme. **2.** ENTOM Insecte diptère (varron, notam.) dont les larves vivent dans l'hypoderme des ruminants, rendant leur cuir inutilisable.

hypodermique [ipodɛʀmik] adj. Qui concerne l'hypoderme. *Injection hypodermique,* sous-cutanée.

hypogastre [ipogastʀ] n. m. ANAT Partie inférieure de l'abdomen, située au-dessus du pubis.

hypogée [ipoʒe] n. m. ARCHEOL Construction souterraine servant notamment de sépulture. *Les hypogées de la vallée des Rois, en Égypte.*

hypoglosse [ipoglɔs] adj. et n. m. ANAT *Nerf grand hypoglosse* ou, n. m., *hypoglosse :* nerf moteur de la langue.

hypoglycémiant, ante [ipoglisemjɑ̃, ɑ̃t] adj. et n. m. MED Qui provoque l'hypoglycémie. – n. m. *L'insuline est le principal hypoglycémiant administré dans le traitement du diabète.*

hypoglycémie [ipoglisemi] n. f. MED Diminution ou insuffisance du taux de glucose dans le sang.

hyponyme [ipɔnim] n. m. LING Mot dont le sens est inclus dans celui d'un autre mot. *Rose est un hyponyme de fleur.* Ant. hyperonyme.

hypophysaire [ipofizɛʀ] adj. ANAT, PHYSIOL Qui a rapport à l'hypophyse.

hypophyse [ipofiz] n. f. ANAT, PHYSIOL Glande endocrine logée dans la selle turcique (sous le cerveau) au-dessous de l'hypothalamus et qui, sécrétant les stimulines qui agissent sur les autres glandes endocrines, joue un rôle majeur dans la régulation des sécrétions hormonales. (L'hypophyse sécrète aussi un certain nombre d'autres hormones qui agissent en particulier sur la croissance [*hormone somatotrope,* ou *hormone de croissance*], sur la teneur du corps en eau et la teneur du sang en glucose.)

hyposodé, ée [iposɔde] adj. CHIM Qui contient peu de sodium (et notam. peu de chlorure de sodium).

hypostase [ipostɑz] n. f. PHILO Sujet réellement existant, substance.

hypostyle [ipostil] adj. ARCHI Dont le plafond est soutenu par des colonnes. *Salle hypostyle.*

hyposulfite [iposylfit] n. m. CHIM Sel de l'acide hyposulfureux. *L'hyposulfite de sodium sert de fixateur en photographie pour le développement et le tirage.*

hyposulfureux [iposylfyʀø] adj. m. CHIM Se dit de l'acide $H_2S_2O_3$.

hypotendu, ue [ipotɑ̃dy] adj. et n. MED Qui a une tension artérielle insuffisante. – Subst. *Les hypotendus.*

hypotenseur [ipotɑ̃sœʀ] adj. m. et n. m. MED Qui diminue la tension artérielle. *Médicament hypotenseur.* ▷ n. m. *Un hypotenseur.*

hypotension [ipotɑ̃sjɔ̃] n. f. MED Tension artérielle inférieure à la normale.

hypoténuse [ipotenyz] n. f. GEOM Côté opposé à l'angle droit d'un triangle rectangle. *Le carré de l'hypoténuse est égal à la somme des carrés des deux autres côtés* (théorème de Pythagore).

hypothalamus [ipotalamys] n. m. ANAT Région du diencéphale située sous le thalamus et au-dessus de l'hypophyse. *L'hypothalamus joue un rôle fondamental dans les mécanismes du sommeil, l'activité sympathique (métabolisme de l'eau, des glucides et des lipides) et la thermorégulation.*

hypothécable [ipotekabl] adj. DR Qui peut être hypothéqué. *Biens hypothécables :* meubles (avion, navire) et immeubles (maison, terrain, etc.).

hypothécaire [ipotekɛʀ] adj. DR Relatif à l'hypothèque; assuré, garanti par hypothèque. *Inscription hypothécaire. Dette hypothécaire due au créancier hypothécaire.*

hypothèque [ipotɛk] n. f. **1.** DR et cour. Droit réel consenti à un créancier sur les biens d'un débiteur pour garantir l'exécution d'une obligation (prêt, créance, etc.), sans que le propriétaire soit dépossédé des biens grevés. *L'hypothèque, inscrite par le conservateur des Hypothèques, confère au créancier un droit de préférence sur les autres créanciers à concurrence du prix des biens hypothéqués.* **2.** Cour., fig. Entrave au développement de qqch. *Situation de crise qui fait peser une lourde hypothèque sur l'expansion économique.*

hypothéquer [ipoteke] v. tr. [**14**] **1.** DR Soumettre (qqch) à hypothèque. *Hypothéquer une maison.* ▷ Garantir par hypothèque. *Hypothéquer une créance.* **2.** Fig., cour. Engager en faisant peser une menace sur. *Hypothéquer l'avenir.*

hypothermie [ipotɛʀmi] n. f. MED Abaissement de la température du corps au-dessous de la normale.

hypothèse [ipotɛz] n. f. **1.** MATH Point de départ d'une démonstration logique, posé dans l'énoncé et à partir duquel on se propose d'aboutir à la conclusion (proposition nouvelle logiquement déduite) de la démonstration. **2.** (Dans les sciences expérimentales.) Explication plausible d'un phénomène naturel, provisoirement admise et destinée à être soumise au contrôle méthodique de l'expérience. *Hypothèse confirmée, infirmée par l'expérience.* **3.** Cour. Supposition, conjecture que l'on fait sur l'explication ou la possibilité d'un événement. *Émettre une hypothèse.*

hypothético-déductif, ive [ipotetikodedyktif, iv] adj. LOG Qui part des propositions posées comme hypothèses et en déduit logiquement les conséquences. *Des raisonnements hypothético-déductifs.*

hypothétique [ipotetik] adj. **1.** LOG Qui exprime ou qui contient une hypothèse, qui affirme sous condition. *Proposition hypothétique.* **2.** Cour. Douteux, incertain. *Une réponse à cette lettre paraît hypothétique.*

hypothyroïdie [ipotiʀɔidi] n. f. MED Insuffisance de fonctionnement de la thyroïde.

hypotonie [ipɔtɔni] n. f. PHYS État d'une solution hypotonique.

hypotonique [ipɔtɔnik] adj. PHYS *Solution hypotonique,* dont la pression osmotique est inférieure à celle de référence, spécial. à celle du sang.

hypovitaminose [ipovitaminoz] n. f. MED Carence en vitamines.

hypsométrie [ipsometʀi] n. f. PHYS Mesure de l'altitude d'un lieu.

hypsométrique [ipsometʀik] adj. PHYS Relatif à l'hypsométrie. ▷ *Courbes hypsométriques :* courbes de niveau. ▷ *Cartes hypsométriques :* cartes qui représentent les différences d'altitude, le plus souvent par l'emploi de teintes variées.

hyracoïdes [iʀakɔid] n. m. pl. ZOOL Ordre de mammifères ongulés comprenant les damans. – Sing. *Un hyracoïde.*

hystérectomie [isteʀɛktɔmi] n. f. CHIR Ablation, totale ou partielle, de l'utérus. ▷ *Hystérectomie totale :* ablation de l'utérus et des ovaires.

hystérie [isteʀi] n. f. **1.** PSYCHIAT Catégorie de névroses se présentant sous des formes cliniques diverses, et reposant sur un mode de représentation, certains mécanismes (notam. le refoulement) concernant le conflit œdipien, et des caractéristiques libidinales particulières. **2.** Cour. Grande excitation, agitation bruyante. *Chanteur qui déchaîne l'hystérie de la foule. Hystérie collective.*

hystérique [isteʀik] adj. et n. **1.** MED Qui a rapport à l'hystérie. *Crise hystérique.* **2.** Qui est atteint d'hystérie. *Une femme hystérique.* ▷ Subst. *Un(e) hystérique.* **3.** Cour. Énervé, surexcité; qui dénote la surexcitation. *Rire hystérique.*

hystérographie [isteʀɔgʀafi] n. f. MED Examen radiographique de l'utérus.

hystérotomie [isteʀɔtɔmi] n. f. MED Incision de l'utérus, pour en extraire le fœtus (césarienne) ou en retirer une tumeur.

hystricoïdes [istʀikɔid] n. m. pl. ZOOL Superfamille de rongeurs comprenant les porcs-épics, les chinchillas, etc. – Sing. *Un hystricoïde.*

I

i [i] n. m. **1.** Neuvième lettre (i, I) et troisième voyelle de l'alphabet, notant : la voyelle palatale non arrondie [i] (ex. *ami*) ou la semi-voyelle yod [j] (ex. *pied*); suivi de *m* ou *n*, le son [ɛ̃] ou i nasal (ex. *imbu, inclus*); et, en composition, les sons [wa] (ex. *roi*) et [ɛ] (ex. *air*). *Un i mouillé*. Un i tréma*. Le i grec, ou y*.* ▷ Loc. fig. *Mettre les points sur les i :* faire connaître sans équivoque sa manière de voir. *Droit comme un i :* très droit. **2.** I : chiffre romain qui vaut 1. *Chapitre I.* **3.** MATH i : symbole représentant la partie imaginaire du nombre complexe $\sqrt{-1}$ (dit autref. *imaginaire*).

Iahvé ou **Iaveh.** V. Yahvé.

Iakoutes, peuple sibérien d'origine turco-mongole.

Iakoutie ou **Sakha,** rép. de la Féd. de Russie, en Sibérie orientale; 3 103 200 km^2; 1 108 600 hab. (Iakoutes [360000], Russes, Ukrainiens); cap. *Iakoutsk* (184000 hab.) – Cette région de forêts (70 % du territ.) et, au N., de toundra vit de l'agric., de l'élevage, de la pêche (port de Tiksi) et exploite d'import. ressources minières (houille, étain, mica, or, diamants).

Ialou ou **Iarou,** nom donné par les anc. Égyptiens aux champs qui leur étaient réservés après leur mort.

Ialta. V. Yalta.

iambe [jɑ̃b] n. m. LITTER Pièce de vers satirique où alternent des vers de douze pieds et des vers de huit pieds. *Les Iambes d'André Chénier.*

Iaroslav Vladimirovitch, dit *le Sage* (978 – 1054), fils de Vladimir Ier (m. en 1015); grand-prince de Kiev (1017-1054) après une sévère lutte pour la succession. Il fonda Iaroslavl (1026) et étendit son autorité jusqu'à la Baltique.

Iaroslavl, v. de Russie, sur la Volga; 639000 hab.; ch.-l. de la région du m. nom. Centre industriel. Églises à cinq bulbes (XVIIe s.)

Iarou. V. Ialou.

Iași, v. de Roumanie (Moldavie); 337600 hab.; ch.-l. du dép. du m. nom. Industr. pharm., text., alim. – Ancienne capitale de la Moldavie (XVIe-XIXe s.). Université. Évêché cathol. Égl. Golia et égl. des Trois-Hiérarques (XVIIe s.). Monastère de Galața (XVIe s.).

iatr-, iatro-, -iatre, -iatrie. Éléments, du gr. *iatros,* «médecin».

Ibadan, v. du Nigeria; cap. de l'État d'Oyo; 4000000 hab. Cette anc. cap. du royaume Oyo a connu un grand développement durant la période coloniale. Industries. – Université.

Ibères, peuple d'origine mal connue, installé en Europe occidentale (Italie, Espagne, îles Britanniques) au néolithique. Sa civilisation, qui avait pour centre la région d'Almería (Andalousie actuelle), subit l'influence des colons phéniciens (VIIIe s. av. J.-C.) puis grecs (VIe-Ve s. av. J.-C.), et s'étendit dans les régions de l'Èbre et de l'Aquitaine (VIe-IIIe s. av. J.-C.). Après l'invasion des Celtes (Ve s. av. J.-C.), le mélange des deux peuples donna naissance aux Celtibères, soumis par les Romains en 133 av. J.-C.

ibérique [ibeʀik] adj. Relatif à l'Espagne et au Portugal. ▷ *Péninsule Ibérique :* partie S.-O. de l'Europe comprenant l'Espagne et le Portugal.

Ibibio, peuple du S.-E. du Nigeria (plus de 5 millions de personnes). Ils parlent une langue nigéro-congolaise du groupe Bénoué-Congo, sous-groupe Cross River. Leur organisation socio-économique traditionnelle les rapproche des Igbo.

ibidem [ibidɛm] adv. (Mot lat.) Didac. Au même endroit; dans le même texte. (Abrév. : ibid.)

ibijau [ibiʒo] n. m. Gros engoulevent gris des forêts d'Amérique tropicale.

-ibilité. Suffixe, du lat. *-ibilis,* qui exprime la possibilité d'être et sert à former des noms.

ibis [ibis] n. m. Oiseau ciconiiforme (nombr. genres), long d'env. 60 cm, à long bec courbé vers le bas. *L'ibis rouge* (Guara rubra) *vit dans les régions marécageuses d'Amérique tropicale; c'est une espèce menacée en Guyane. L'ibis sacré d'Afrique* (Threskiornis æthiopica) *était vénéré par les Égyptiens, car son arrivée annonçait les crues du Nil.*

Ibiza, la plus occidentale des trois grandes îles Baléares; 572 km^2; 67000 hab.; ch.-l. *Ibiza* (25340 hab.). Agric. (vignes, oliviers). Tourisme.

-ible. Suffixe, du lat. *-ibilis,* qui exprime la possibilité d'être (*lisible,* qui peut être lu) et qui sert à former des adjectifs.

ibn [ibn] Mot arabe signifiant «fils», qui entre dans la composition de nombreux noms propres.

Ibn al-Arabi *(Muhyī al-Dīn ibn al-'Arabī)* (1165 – 1241), grand mystique (soufi) de l'islam, auteur de deux cents ouvrages.

Ibn Badis (1889 – 1940), réformateur musulman. Il fonda le mouvement réformiste orthodoxe musulman en Algérie.

Ibn Battuta *(Abū 'Abd Allāh ibn Battuta)* (1304 – v. 1377), géographe arabe: Sa *Rihla* est un carnet de voyage, d'un grand intérêt historique, où il décrit les nombreux pays qu'il visita en Afrique et en Asie (Chine, Perse, Inde).

Ibn Khaldun *('Abd ar-Rahmān ibn Haldūn)* (1332 – 1406), philosophe arabe de l'histoire. Sa *Muqaddima* («préface») expose sa doctrine : il étudie des faits pour dégager des lois (économiques, sociologiques, etc.).

Ibn Séoud ou **Sa'ud.** V. Séoud.

Ibn Tumart (Muhammad) (v. 1080 – 1130), réformateur musulman. Il combattit les mœurs relâchées des Almoravides. Le nom de ses partisans fut francisé en Almohades*.

ibo, Ibo [ibo] adj. inv. et n. m. V. igbo, Igbo.

Iboundji (mont), point culminant du Gabon, dans le massif du Chaillu; 980 m.

Ibrahim Ier ibn al-Aghlab *(Ibrāhīm ibn al-Aġlab)* (mort en 812), gouverneur de l'Ifriqiyya (800-812); fondateur de la dynastie des Aghlabides.

Ibrahim bey *(Ibrāhīm bē)* (1735 – 1816), ancien esclave devenu gouverneur du Caire; chef des mamelouks d'Égypte lors de l'expédition de Bonaparte, il laissa celui-ci écraser Murad bey aux Pyramides (1799). En 1811, il s'enfuit au Soudan quand Méhémet-Ali massacra les mamelouks.

Ibrahim Pacha *(Ibrāhīm bāšā)* (1789 – 1848), vice-roi d'Égypte (1848) à l'abdication de son père, Méhémet-Ali. Il battit les Wahhabites (1816-1819), conquit la Morée (1826) et garda la Syrie (1832) que les puissances occidentales lui firent abandonner (1840).

Ibsen (Henrik) (1828 – 1906), dramaturge norvégien : drames historiques (*les Guerriers de Helgeland,* 1858), philosophiques (*Brand,* 1866; *Peer Gynt,* 1867), réalistes et moraux (*Maison de poupée,* 1879; *les Revenants,* 1881), enfin symboliques (*le Canard sauvage,* 1884; *Hedda Gabler,* 1890).

icaque [ikak] n. f. Fruit de l'icaquier, comestible, appelé aussi *prune icaque.*

icaquier [ikakje] n. m. Arbuste des régions tropicales (fam. rosacées), dont le fruit est l'*icaque.*

Icare, personnage de la mythologie grecque Avec son père, Dédale, il s'échappa du Labyrinthe, après avoir fixé des ailes sur ses épaules avec de la cire. Oubliant les avis de Dédale, il s'approcha du Soleil, la cire fondit et il périt dans la mer Égée.

iceberg [isbɛʀg; ajsbɛʀg] n. m. Bloc de glace non salée qui flotte dans la mer, ne laissant émerger que le dixième environ de sa masse.

Ichikawa (Kon) (né en 1915), cinéaste japonais : *la Harpe de Birmanie* (1956), *Feux dans la plaine* (1960), *les Quatre Saisons* (1983).

Ichthys ou **Ichthus,** monogramme qui désigne le Christ; il est composé des initiales des mots grecs *I*esous *Ch*ristos *Th*éou *Y*ios (ou *U*ios) *S*ôter

(« Jésus-Christ fils de Dieu sauveur »), soit, en grec, *ikhthus* (« poisson »).

ichty(o)-. Élément, du gr. *ikhthus*, « poisson ».

ichtyologie [iktjolɔʒi] n. f. Partie de la zoologie qui traite des poissons.

ichtyophage [iktjofaʒ] n. m. et adj. **1.** n. m. Petit aigle pêcheur de l'Asie du Sud-Est (genre *Ichtyophaga*). **2.** adj. Se dit d'un animal (en partic. d'un oiseau) qui se nourrit uniquement de poissons.

ichtyophis [iktjofis] n. m. Amphibien apode (*Ichtyophis glutinosus*) qui vit dans des galeries, près des cours d'eau, en Asie du Sud-Est.

ichtyosaure [iktjozɔʀ] n. m. PALEONT Reptile marin fossile à allure de poisson. *Atteignant dix mètres de long, piscivores, les ichtyosaures vécurent du trias au crétacé.*

ici [isi] adv. **I.** (Lieu) **1.** Dans le lieu défini par la personne qui parle. *Venez ici. Je suis ici pour mes vacances. Passez par ici,* par cet endroit. ▷ *D'ici :* de cette région, de ce pays. *Les gens d'ici.* ▷ *Par ici :* dans les environs. *Il y a par ici plusieurs vergers.* **2.** (Dans un texte.) À l'endroit indiqué. *Ici l'acteur marque un silence.* **3.** Loc. adv. *Ici-bas :* sur terre. *Les choses d'ici-bas.* **4.** (Québec) Pop. (En corrélation avec un démonstratif.) Ci. *Ce pays-ici.* (V. icite.) **II.** (Temps) **1.** *Jusqu'ici :* jusqu'au moment présent. *Jusqu'ici cet enfant est resté sage.* **2.** *D'ici :* à partir de maintenant jusqu'à... *D'ici huit jours, d'ici à huit jours. D'ici peu. D'ici longtemps. D'ici là :* du moment présent à une date ultérieure. *D'ici là, nous pourrons aviser.*

icite ou **icitte** [isit] adv. (Québec) **1.** Fam. Ici. *Viens icitte. – Par icite :* dans ce pays, dans cette région-ci. **2.** Pop. (En corrélation avec un démonstratif.) Ci. *Cette maison-icitte.* (V. ici, sens I, 4.)

icon(o)-. Élément, du grec *eikôn*, « image ».

icône ou **icone** [ikon] n. f. **1.** Dans les religions orthodoxes, image sacrée du Christ, de la Vierge et des saints, peinte sur du bois. **2.** INFORM Complexe graphique apparaissant sur un écran d'ordinateur à partir duquel on peut appeler un programme.

iconoclaste [ikɔnɔklast] n. **1.** Briseur d'images saintes. (V. images [querelle des].) – Vandale destructeur d'œuvres d'art. **2.** Fig. Personne qui cherche à détruire les opinions reçues, les idées établies.

iconographie [ikɔnɔgʀafi] n. f. Didac. **1.** Étude des représentations figurées (peintures, sculptures, etc.) d'un sujet; ensemble de ces représentations. *L'iconographie médiévale.* **2.** Ensemble des illustrations d'un ouvrage imprimé.

iconographique [ikɔnɔgʀafik] adj. Didac. Relatif à l'iconographie.

iconologie [ikɔnɔlɔʒi] n. f. Didac. **1.** Art de la représentation allégorique. **2.** Étude de la représentation dans les arts.

ictère [iktɛʀ] n. m. MED Coloration jaune de la peau et des muqueuses, appelée cour. *jaunisse,* symptomatique d'une accumulation anormale de pigments biliaires dans ces tissus. *L'hépatite virale est la cause la plus fréquente des ictères.*

ictus [iktys] n. m. MED Manifestation pathologique brutale. *Ictus apoplectique.*

id. Abrév. de *idem.*

Ida (auj. *Kaz Dağ*), chaîne de montagnes d'Asie Mineure (Mysie) au pied de laquelle se trouvait Troie.

Ida (mont), mont de Crète (2 456 m) dont les grottes (où la tradition légendaire localise la naissance de Zeus), servirent de sanctuaires pendant toute l'Antiquité.

Idaho, État de l'O. des É.-U.; 216412 km²; 1 007 000 hab.; cap. *Boise City.* – S'étendant sur des plateaux arides au S., sur les Rocheuses au N., cet État possède d'importantes ressources minières (argent à Cœur d'Alene). Cult. irriguées de la vallée de la Snake River. Industr. Centrale nucléaire à Arco. – Cette région, où les mormons s'établirent en 1855, se développa lorsqu'on découvrit des gisements aurifères (1860). Créé en 1863, le territoire de l'Idaho devint le quarante-troisième État de l'Union en 1890.

idéal, ale, als ou **aux** [ideal, o] adj. et n. m. **I.** adj. **1.** Qui n'existe que dans l'entendement; créé par l'imagination, la pensée. *Figure idéale. Monde idéal.* **2.** Qui atteint le plus haut degré de perfection imaginable, concevable. *Pureté idéale.* Syn. absolu. ▷ Parfait, rêvé. *C'est le compagnon de voyage idéal.* **II.** n. m. **1.** Modèle absolu de la perfection dans un domaine. *Idéal de beauté.* – But élevé que l'on se propose d'atteindre. *Homme sans idéal.* **2.** Ensemble abstrait de toutes les perfections; conception de la perfection. *Recherche de l'idéal.* – Fam. Ce qu'il y a de mieux, de plus satisfaisant. *L'idéal serait de pouvoir emmener tout le monde.* **3.** MATH *Idéal à gauche* (ou *à droite*) *d'un anneau A :* sous-groupe additif *J* de cet anneau tel que, pour tout élément *a* de *A* et pour tout élément *j* de *J*, l'élément *aj* (ou *ja*) appartient à *J*. ▷ *Idéal bilatère,* qui est à la fois un idéal à gauche et un idéal à droite.

idéalisation [idealizasjɔ̃] n. f. Action d'idéaliser; son résultat.

idéaliser [idealize] v. tr. [1] Élever à l'idéal, représenter sous une forme idéale. Syn. embellir.

idéalisme [idealism] n. m. **1.** PHILO Doctrine qui tend à ramener la réalité des choses aux idées, à la conscience du sujet qui les pense. *L'idéalisme transcendantal de Kant.* **2.** Attitude consistant à subordonner son action, sa conduite à un idéal. **3.** Didac. Conception de l'art comme traduction d'un idéal, et non comme simple représentation du réel.

idéaliste [idealist] adj. et n. **1.** PHILO Relatif à l'idéalisme philosophique. *La dialectique idéaliste de Hegel.* ▷ Subst. Partisan de l'idéalisme. **2.** Cour. Qui subordonne son action, sa conduite, à un idéal. ▷ Qui manque de sens du réel; rêveur. ▷ Subst. *Un(e) idéaliste.*

idéalité [idealite] n. f. Didac. Caractère de ce qui est idéal.

idéation [ideasjɔ̃] n. f. Didac. Processus de la formation des idées.

idée [ide] n. f. **1.** Représentation d'une chose dans l'esprit; notion. *L'idée d'arbre. Le mot et l'idée.* **2.** Conception de l'esprit, pensée; manière de concevoir une action ou de se représenter la réalité. *Idée fondamentale d'un livre. Idées neuves, hardies.* ▷ *Idée fixe :* pensée qui obsède l'esprit. ▷ *Idée force :* pensée susceptible de guider la conduite. **3.** Inspiration. *L'idée première d'une œuvre.* ▷ (Belgique) *Avoir de l'idée :* avoir de bonnes idées. ▷ (Plur.) Pensée originale. *Ce scénario est plein d'idées.* **4.** (Plur.) Opinions. *Ce n'est pas dans ses idées.* **5.** (Plur.) Représentation fausse, illusion, crainte non fondée. *Se faire des idées.* **6.** Intention, projet. *J'ai changé d'idée. Jeter sur le papier l'idée d'un ouvrage.* ▷ (Belgique) Loc. *Avoir idée de (faire qqch) :* avoir l'intention, l'envie de (faire qqch). *J'ai idée d'acheter une nouvelle voiture.* **7.** Rapide aperçu. *Donnez-moi une idée de votre livre.* **8.** Esprit, conscience. *J'ai dans l'idée que... Cela m'était sorti de l'idée.*

idéel, elle [ideɛl] adj. PHILO Relatif aux idées et à l'idéation.

idem [idɛm] adv. (Mot lat.) (S'emploie pour éviter les répétitions.) Le même, la même chose. (Abrév. : id.)

idempotent, ente [idɛmpɔtɑ̃, ɑ̃t] adj. MATH Qualifie un élément *e* d'un ensemble *E* muni d'une loi de composition interne, tel que e + e = e. *L'entier 1 est idempotent pour la multiplication* (1 × 1 = 1) *et 0 est idempotent pour l'addition* (0 + 0 = 0).

identifiable [idɑ̃tifjabl] adj. Qu'on peut identifier.

identificateur [idɑ̃tifikatœʀ] n. m. INFORM Symbole qui précise la nature d'une donnée, d'une variable.

identification [idɑ̃tifikasjɔ̃] n. f. **1.** Action d'identifier, de s'identifier; résultat de cette action. – PSYCHAN Processus psychique par lequel un sujet prend pour modèle une autre personne et s'identifie à elle. **2.** TECH Mesure des différents paramètres définissant l'état d'un système cybernétique.

identifier [idɑ̃tifje] v. tr. [2] **1.** Considérer comme identique, comprendre sous une même idée. *Identifier Dieu et le monde.* ▷ v. pron. *La définition doit s'identifier avec le défini.* **2.** Reconnaître, trouver l'identité de. *Il n'a pas pu identifier son agresseur.* **3.** Établir la nature, l'origine de. *Identifier un bruit.* **4.** v. pron. *S'identifier à, avec qqn,* s'assimiler mentalement à lui. *Romancier qui s'identifie à ses personnages.*

identique [idɑ̃tik] adj. **1.** Se dit d'objets ou d'êtres distincts qui, en tous points, sont semblables. *Objets identiques.* – MATH *Application identique,* qui associe à tout élément ce même élément. (*Identique à* est noté ≡.) **2.** Qui ne change pas. *Est-il vrai que notre caractère reste identique au fil du temps?* Syn. constant.

identitaire [idɑ̃titɛʀ] adj. Didac. Relatif à l'identité. *Crise identitaire.*

identité [idɑ̃tite] n. f. **I. 1.** Caractère de ce qui est identique ou confondu. ▷ MATH Égalité vérifiée quelles que soient les valeurs des paramètres, notée par le signe ≡. **2.** État d'une chose qui reste toujours la même. – LOG *Principe d'identité :* « ce qui est, est; ce qui n'est pas, n'est pas ». – PSYCHO Conscience de la persistance du moi. *Crise d'identité.* – *Identité culturelle :* traits culturels caractérisant un groupe humain; sentiment, chez un individu, d'appartenir à une culture donnée. **II. 1.** Ensemble des éléments permettant d'établir, sans confusion possible, qu'un individu est bien celui qu'il dit être ou qu'on présume qu'il est. *Carte d'identité.* **2.** *Identité judiciaire :* service annexé à la police judiciaire pour la recherche et l'identification des malfaiteurs.

idéogramme [ideogʀam] n. m. Didac. Signe notant une idée et non un son (comme le font les lettres de notre alphabet). *Certains signes de l'écriture égyptienne sont des idéogrammes.*

idéographique [ideografik] adj. Relatif aux idéogrammes. *Écriture idéographique.*

idéologie [ideɔlɔʒi] n. f. **1.** PHILO Doctrine élaborée par Destutt de Tracy pour remplacer la métaphysique traditionnelle par l'étude scientifique des idées (entendues au sens large de *faits de conscience*). **2.** Ensemble des idées philosophiques, sociales, politiques, morales, religieuses, etc., propres à une époque ou à un groupe social. *L'idéologie du siècle des Lumières. L'idéologie populiste.* **3.** Péjor. Philosophie vague spéculant sur des idées creuses.

idéologique [ideɔlɔʒik] adj. Relatif à l'idéologie.

idéomoteur, trice [ideomɔtœr, tris] adj. MED Relatif au lien qui unit l'intention et la réalisation d'un mouvement corporel.

idéophone [ideofɔn] n. m. LING Mot, parfois onomatopéique, qui traduit une impression sensorielle ou morale.

IDEP, acronyme pour *Institut* africain pour le développement économique et la planification.*

-idés. Élément de suffixation, du gr. *idai,* plur. de *idês,* «forme», servant à désigner des familles zoologiques.

id est [id ɛst] loc. conj. C'est-à-dire. (Abrév. : i.e.)

Idfu. V. Edfou.

idio-. Élément, du gr. *idios,* «qui appartient en propre à qqn ou à qqch».

idiomatique [idjɔmatik] adj. LING Relatif aux idiomes. ▷ Propre à une langue, à un idiome. *Expression idiomatique :* idiotisme.

idiome [idjom] n. m. Litt. Parler propre à une région (langue, dialecte ou patois).

idiosyncrasie [idjosɛ̃krazi] n. f. Didac. Tempérament propre à chaque individu.

idiot, idiote [idjo, idjɔt] adj. et n. **1.** Qui est dépourvu d'intelligence, de finesse, de bon sens. *Elle est idiote d'accepter tout cela.* Syn. stupide, bête. ▷ Subst. *Bande d'idiots.* Syn. imbécile. – Qui marque de la stupidité. *Donner une réponse idiote.* **2.** MED Atteint d'idiotie. ▷ Subst. *Un(e) idiot(e) congénital(e).*

idiotie [idjɔsi] n. f. **1.** Caractère d'une personne ou d'une chose stupide, absurde. **2.** Parole, action idiote. *Dire, faire des idioties.* **3.** MED Dernier degré de l'arriération mentale.

idiotisme [idjɔtism] n. m. LING Expression ou construction particulière à une langue, intraduisible dans une autre langue. *Idiotisme arabe.*

idolâtre [idɔlɑtr] adj. et n. Qui adore les idoles. *Peuples idolâtres.* ▷ Subst. *Les idolâtres.*

idolâtrer [idɔlɑtre] v. tr. [1] Litt. Aimer avec excès, adorer. *«J'idolâtre Junie» (Racine).*

idolâtrie [idɔlɑtri] n. f. Didac. **1.** Adoration, culte des idoles. **2.** Fig., litt. Amour excessif. *Aimer jusqu'à l'idolâtrie.*

idole [idɔl] n. f. **1.** Figure, statue représentant une divinité et exposée à l'adoration. *Renverser les idoles.* **2.** Fig. Personne ou chose à laquelle est rendue une manière de culte. *La gloire est son idole.* ▷ *Spécial.* Vedette (notam. de la chanson) adulée du jeune public.

Idris, nom de plusieurs princes du royaume du Bornou. Idris III Alaoma, qui régna de 1580 au début du XVIIe s., se convertit à l'islam, qu'il répandit dans son empire.

Idris Ier al-Sanoussi *(Muhammad Idrīs al-Mahdī as-Sanūsī)* (1890 – 1983), roi de Libye (1951-1969). Émir en Cyrénaïque, chassé par les Italiens (1923), il s'allia aux Britanniques, qui contribuèrent (1947-1951) à son accession au trône. Il fut renversé par le colonel Kadhafi, qui proclama la république (1969).

Idrisi (al-) ou **Edrisi (el-)** *(Abū 'Abd Allāh al-Idrīsī)* (v. 1099 – apr. 1165), géographe arabe; attaché à la cour de Roger II de Sicile, il réalisa des cartes.

Idrisides ou **Idrissides,** dynastie marocaine (789-974) dont les origines remontent à Ali, cousin et gendre de Mahomet. — **Idris Ier** (m. v. 792) construisit Fès. — **Idris II** (793 – 828), fils posth. du préc., continua son œuvre, mais ses successeurs ne purent maintenir l'unité du royaume (guerres civiles).

Idumée ou **Édom,** contrée au S.-E. de la Palestine, soumise par David.

Iduméens. V. Édomites.

idylle [idil] n. f. **1.** LITTER Petit poème d'amour du genre bucolique. *Idylles de Théocrite.* **2.** Fig. Aventure amoureuse naïve et tendre.

idyllique [idilik] adj. Fig. Qui évoque l'idylle par son calme bucolique, son caractère tendre et merveilleux. *Des moments idylliques.*

Iéna (all. *Jena*), v. d'Allemagne, sur la Saale; 104950 hab. Industr. – Université fondée en 1558. – Le 14 oct. 1806, Napoléon Ier y battit les Prussiens.

Ieng Sary (né v. 1926-1930), homme politique cambodgien. Ministre du gouv. des Khmers rouges en 1975, il prend le maquis en 1979. En 1996, il se rallie au gouvernement de Norodom Sihanouk.

Ienisseï, fl. de Sibérie; 3400 km. Né dans les monts Saïan (Mongolie), il se jette dans la mer de Kara (océan Arctique) par un vaste delta. Centrales hydroélectriques.

Iessenine. V. Essenine.

if [if] n. m. Conifère ornemental des régions tempérées.

IFAN, acronyme pour *Institut* fondamental d'Afrique noire.*

Ife, v. de l'ouest du Nigeria (État d'Oyo); 215000 hab. Ville anc., peut-être fondée au XIe s. et dont les activités relig. remontent au XIIIe s. – Gisements d'or. – Une riche série de portraits en pierre, en terre cuite ou en bronze constitue, pour l'essentiel, l'art de la *culture d'Ife* (XIIIe-XIVe s.), qui est celle du peuple yorouba. Le rayonnement d'Ife (notamment la technique et l'art du bronze) dépassa les limites du territoire yorouba.

Ifni, région du S.-O. du Maroc, sur la côte atlant. – Cédée à l'Espagne (1860), elle ne fut rendue au Maroc qu'en 1969.

Ifora. V. Adrar des Ifogha.

Ifrane, v. du centre-Sud du Maroc à 1650 m d'alt. dans le Moyen Atlas; ch.-l. de la province du m. nom. Résidence royale d'été.

Ifriqiyya ou **Ifriqiya** *(Ifrīqiyya),* nom donné par les conquérants arabes au territoire correspondant auj. à la Tunisie et à l'Algérie.

igbo [igbo] ou **ibo** [ibo] adj. inv. et n. m. **1.** adj. Des Igbo. **2.** n. m. LING Langue nigéro-congolaise du groupe kwa parlée par les Igbo.

Igbo ou **Ibo,** ethnie peuplant l'E. du Nigeria (plus de 16 millions de personnes). Ils parlent des langues nigéro-congolaises du groupe kwa. En 1966, les Igbo (christianisés) entrèrent en conflit armé avec d'autres ethnies (musulmanes) de la fédération du Nigeria; ce fut la *guerre du Biafra* (1967-1970).

igloo ou **iglou** [iglu] n. m. Construction hémisphérique en neige gelée, abri des Esquimaux.

Ignace de Loyola (saint) (1491 – 1556), gentilhomme espagnol, fondateur de la Compagnie de Jésus (l'ordre des Jésuites). À la fois mystique et réaliste, il organisa à Paris, en 1534, une société destinée à convertir les infidèles de Palestine, constituée en ordre en 1540. Auteur d'un célèbre guide de méditations, les *Exercices spirituels.*

igname [iɲam] n. f. ou m. Plante tropicale (fam. dioscoréacées) cultivée pour ses énormes tubercules à chair farineuse, comestibles seulement après cuisson ou torréfaction; chacun de ces tubercules. *Igname blanc, rouge. Purée d'igname.*

ignare [iɲar] adj. et n. Très ignorant, inculte. ▷ Subst. *Un(e) ignare.*

igné, ée [iɲe; igne] adj. Litt. Qui est de feu, produit par le feu. *Roche ignée.*

igni-. Élément, du lat. *ignis,* «feu».

ignicolore [iɲikɔlɔr] n. m. ORNITH Oiseau passériforme (*Euplectes orix,* fam. plocéidés) de la région sahélo-soudanienne, dont le mâle est rouge vif et noir en période de reproduction.

ignifugation [iɲifygasjɔ̃] n. f. TECH Action d'ignifuger; son résultat.

ignifuge [iɲifyʒ] adj. et n. m. TECH Qui rend incombustible ou peu combustible. *Produit ignifuge.* ▷ n. m. *Employer un ignifuge.*

ignifuger [iɲifyʒe] v. tr. [13] TECH Rendre incombustible ou très peu combustible au moyen de produits ignifuges. – Pp. adj. *Des tissus ignifugés.*

ignition [iɲisjɔ̃] n. f. PHYS État des corps qui dégagent de la chaleur et de la lumière en brûlant.

ignitron [iɲitrɔ̃] n. m. ELECTRON Tube électronique servant à produire, à partir d'un courant alternatif, un courant continu d'intensité réglable.

ignoble [iɲɔbl] adj. **1.** Très vil, bas. *Ignoble individu.* Syn. infâme. **2.** D'une saleté répugnante. *Bouge ignoble.* Syn. immonde.

ignominie [iɲɔmini] n. f. **1.** Grand déshonneur, infamie. *Être couvert d'ignominie.* Syn. opprobre. **2.** Caractère de ce qui est déshonorant. *L'ignominie d'une accusation.* **3.** Procédé, action infamants. *Souffrir de grandes ignominies.*

ignominieux, euse [iɲɔminjø, øz] adj. Litt. Qui couvre d'opprobre. *Traitement ignominieux.*

ignorance [iɲɔrɑ̃s] n. f. **1.** Fait de ne pas savoir; état de celui qui ne sait pas, ne connaît pas qqch. *Nous étions dans l'ignorance des événements.* **2.** Absence de connaissances intellectuelles. *Il est d'une ignorance crasse.*

ignorant, ante [iɲɔʀɑ̃, ɑ̃t] adj. et n. **1.** Qui ne sait pas, qui n'est pas informé. *Il restait ignorant de leurs agissements.* ▷ Subst. *Faire l'ignorant(e) :* feindre de ne pas savoir. **2.** Qui est sans connaissances, inculte. *Femme ignorante.* ▷ Subst. *Ce sont des ignorants.*

ignoré, ée [iɲɔʀe] adj. Inconnu ou méconnu. *Talent ignoré.*

ignorer [iɲɔʀe] v. tr. [1] **1.** Ne pas savoir, ne pas connaître. *Nul n'est censé ignorer la loi. J'ignorais que tu étais là.* ▷ v. pron. Ne pas se connaître, n'avoir pas une juste idée de soi-même. *«Les gens bien portants sont des malades qui s'ignorent»* (J. Romains). **2.** *Ignorer qqn,* ne lui témoigner aucune considération, feindre de ne pas le connaître. **3.** N'avoir pas l'expérience ou la pratique de. *Ignorer la flatterie.*

Iguaçu (en esp. *Iguazú*), fl. du Brésil (1 320 km); coupé de chutes puissantes, il conflue avec le Paraná (r.g.) à la frontière argentine. – Parc national brésilien dans sa vallée.

iguane [igwan] n. m. **1.** Reptile saurien (genres *Iguana* et voisins) d'Amérique tropicale, long de 1 à 2 m, au dos muni d'une crête épineuse. **2.** (Afr. subsah.) Nom improprement donné au varan et à sa peau, utilisée en maroquinerie.

iguanodon [igwanɔdɔ̃] n. m. PALEONT Reptile dinosaurien ornithopode qui vécut au crétacé.

I.H.S. Initiales pour *Iesus, Hominum Salvator,* «Jésus, sauveur des hommes».

Ijevsk (anc. *Oustinov*), v. de Russie, cap. de la rép. des Oudmourtes; 643000 hab. Métallurgie.

IJssel, riv. des Pays-Bas (116 km). Bras du Rhin, il s'en détache et se jette par un delta dans le *lac d'IJssel* ou *IJsselmeer,* lac d'eau douce séparé depuis 1932 de la mer des Wadden par une digue de 30 km. C'est l'anc. Zuiderzee; une partie fut aménagée en polders (*polders d'IJsselmeer :* 1 262 km^2).

ikebana [ikebana] n. m. Art floral japonais.

Ikhchidides, dynastie égyptienne (935-969).

il-. V. in- 1.

il, ils [il] pron. pers. de la 3e pers. **I.** pron. pers. m. **1.** Employé comme sujet de la 3e pers. *Il me fuit, le lâche. Où sont-ils?* **2.** Plur. Fam. et souvent péjor. (Désignant ceux que le locuteur tient pour responsables de l'action qu'indique le verbe.) *Ils ont encore augmenté les impôts. Qu'est-ce qu'ils ne vont pas chercher maintenant!* **II.** pron. pers. neutre. Employé comme sujet des verbes impers. *Il pleut. Il neige. Il est évident que...* ▷ Avec le sens de *ce, cela. Il est vrai.*

ilang-ilang ['ilɑ̃ilɑ̃; ilɑ̃ŋilɑ̃ŋ] n. m. V. ylang-ylang.

île [il] n. f. Espace de terre entouré d'eau de tous côtés. *Madagascar est une île. Les îles du Cap-Vert.* ▷ (Nouv.-Cal.) *Les Îles :* les dépendances de la Nouvelle-Calédonie (les îles Loyauté et l'île des Pins). – (Vanuatu) Loc. adv. *Dans les Îles :* dans toutes les îles de l'archipel de Vanuatu sauf l'île de Vaté. ▷ (Madag.) *L'Île rouge* ou *la Grande Île :* Madagascar. ▷ *L'Île sœur :* (Réunion) île Maurice; (Maurice) île de la Réunion.

Île-de-France, région historique de France autour de laquelle l'unité nationale s'est constituée. À l'avènement du roi Hugues Capet (987), la majeure partie du territ. appartenait à des vassaux. Le roi entreprit de rattacher ces terres au domaine royal, que ses successeurs ne cessèrent d'agrandir.

Île-de-France, Région admin. française et rég. de la C.E., formée des dép. de Paris, de l'Essonne, des Hauts-de-Seine, de Seine-et-Marne, de la Seine-Saint-Denis, du Val-de-Marne, du Val-d'Oise et des Yvelines; 12001 km^2; 10760861 hab. *(Franciliens);* cap. *Paris.*
Géogr. et écon. – Région la plus peuplée de France (19 % de la pop. et 21 % des actifs), premier ensemble économique national et l'un des plus puissants de la C.E., l'Île-de-France produit 28 % du P.N.B. Située au cœur du réseau de la Seine, la Région occupe les plaines et plateaux tertiaires du centre du Bassin parisien, qui portent de riches cultures (céréales, plantes sarclées, oléagineux, fourrages). Le maraîchage et l'arboriculture ont prospéré dans les vallées. La pop. a augmenté de plus de 2 millions d'hab. entre 1962 et 1990. La création de villes nouvelles et un réseau de transports rapides a déconcentré Paris et sa proche banlieue : 20 millions de déplacements quotidiens. L'Île-de-France offre 4,7 millions d'emplois, dont 75 % dans le tertiaire, mais Paris*, la première ville de tourisme du monde, demeure actif. Malgré l'absence d'industries lourdes, l'Île-de-France assure 25 % de la production industrielle de la France.

Île-du-Prince-Édouard. V. Prince-Édouard (île du).

iléon [ileɔ̃] n. m. ANAT Troisième partie de l'intestin, qui s'abouche au cæcum.

Iliade, épopée en 24 chants et en vers (hexamètres) attribuée à Homère.

iliaque [iljak] adj. ANAT Des flancs. *Os iliaque :* chacun des deux os (ischion en bas, pubis en avant) qui forment le pelvis (bassin osseux). V. ilion. *Artères, veines iliaques.* ▷ *Fosse iliaque :* l'une des deux régions de la cavité abdominale contenant les uretères, le cæcum et l'appendice, le côlon pelvien, et, chez la femme, les ovaires et les trompes utérines.

îlien, enne [iljɛ̃, ɛn] adj. et n. Qui habite une île. Syn. insulaire.

Iliescu (Ion) (né en 1930), homme politique roumain. Exclu du comité central du parti communiste roumain en 1984, il dirige, après la chute de Ceauşescu, le Front de salut national. Élu prés. de la République en 1990, réélu en 1992, il est battu en 1996 par le chrétien-démocrate E. Constantinescu.

ilion [iljɔ̃] ou **ilium** [iljɔm] n. m. ANAT Partie supérieure de l'os iliaque, appelée aussi *aile iliaque.*

Ilion. V. Troie.

Iliouchine (Sergheï Vladimirovitch) (1894 – 1977), ingénieur soviétique. Il mit au point, à partir de 1932, une cinquantaine de modèles d'avions.

Ill, riv. d'Autriche (75 km), affl. du Rhin supérieur (r. dr.); naît dans le Vorarlberg.

Ille, riv. de France (45 km), affl. de la Vilaine (r. dr.). – *Ille-et-Vilaine,* dép. : 6 758 km^2; 798718 hab.; ch.-l. *Rennes**. V. Bretagne (Rég.).

illégal, ale, aux [il(l)egal, o] adj. Qui est contraire à la loi. *Trafic illégal.*

illégalement [il(l)egalmɑ̃] adv. D'une manière illégale.

illégalité [il(l)egalite] n. f. **1.** Caractère de ce qui est illégal. **2.** Acte illégal.

illégitime [il(l)eʒitim] adj. **1.** Qui ne remplit pas les conditions requises par la loi. *Mariage illégitime.* ▷ *Un enfant illégitime,* né hors du mariage. **2.** Contraire au droit naturel, au sens moral, à l'équité. *Décision illégitime.* **3.** Dépourvu de fondement. *Requête illégitime.*

illégitimement [il(l)eʒitimmɑ̃] adv. De façon illégitime, injustement.

illégitimité [il(l)eʒitimite] n. f. Didac. Défaut de légitimité.

illettré, ée [il(l)etʀe] adj. et n. Qui ne sait ni lire ni écrire ou ne le sait qu'imparfaitement. ▷ Subst. *Alphabétiser les illettrés.* Syn. analphabète.

illettrisme [il(l)etʀism] n. m. État de celui (celle) qui, bien qu'ayant été scolarisé, a perdu l'usage habituel de la lecture et de l'écriture.

illicite [il(l)isit] adj. Contraire à la loi, à l'ordre public, à la morale, aux mœurs. *Plaisir, gain illicite.* Syn. défendu, prohibé.

illicitement [il(l)isitmɑ̃] adv. De façon illicite.

illico [il(l)iko] adv. Fam. Immédiatement, sans délai.

illimité, ée [il(l)imite] adj. Sans limites. *Espace illimité. Congé illimité.*

Illinois, riv. des É.-U. (440 km), affl. du Mississippi (r. g.); communique avec Chicago par le *canal de l'Illinois.*

Illinois, État du centre des É.-U.; 146075 km^2; 11431000 hab.; cap. *Springfield;* v. princ. *Chicago.* – Plaine alluviale, au cœur du *Corn Belt,* l'Illinois est essentiellement une région agric. (céréales) et d'élevage. Les import. ressources minières ont favorisé le développement de l'industrie. – Exploré par les Français (1673), cédé à la Grande-Bretagne (1763), l'Illinois devint territoire autonome en 1809, et le vingt et unième État de l'Union en 1818.

illisible [il(l)izibl] adj. **1.** Qu'on ne peut pas déchiffrer. *Écriture illisible.* **2.** Dont on ne supporte pas la lecture. *Roman illisible.*

illogique [il(l)ɔʒik] adj. Qui manque de logique. *Raisonnement illogique.*

illogisme [il(l)ɔʒism] n. m. Didac. Caractère de ce qui est illogique.

illumination [il(l)yminasjɔ̃] n. f. **I. 1.** THEOL Grâce divine qui procure connaissance et amour surnaturels. **2.** Fig. Inspiration soudaine et extraordinaire. **II. 1.** Action d'illuminer; son résultat. *Illumination des monuments.* **2.** (Plur.) Lumières qui décorent une ville lors d'une fête.

illuminé, ée [il(l)ymine] adj. et n. **1.** Éclairé par une vive lumière, par des illuminations. *Rue illuminée.* **2.** RELIG Fig. Qui a une vision; inspiré. ▷ Subst. Mystique qui prétend bénéficier d'une inspiration spéciale venant de Dieu. – Cour., péjor. Personne qui obéit aveuglément à ses inspirations et à ses croyances. *C'est un illuminé.*

illuminer [il(l)ymine] v. tr. [1] **1.** Répandre de la lumière sur. *Le soleil il-*

lumine la lune. ▷ Fig. *Cet espoir avait illuminé toute son existence.* **2.** Orner de multiples lumières. *Illuminer un monument.* **3.** Fig. Donner un éclat particulier à. *La joie illuminait son visage.* ▷ v. pron. *Ses yeux s'illuminèrent de plaisir.*

illuminisme [il(l)yminism] n. m. HIST Courant philosophique et religieux (XVIIIe s.), fondé sur l'idée d'une inspiration directement insufflée par Dieu. ▷ Doctrine des illuminés.

illusion [il(l)yzjɔ̃] n. f. **1.** Perception erronée due à une apparence trompeuse. **2.** Interprétation erronée d'une sensation réelle. ▷ *Illusion d'optique :* perception erronée de certaines qualités des objets (forme, dimensions, couleur, etc.). **3.** Apparence trompeuse dénuée de réalité. *Théâtre d'illusions. «L'Illusion comique», comédie de P. Corneille.* **4.** Jugement erroné, croyance fausse, mais séduisants pour l'esprit. *Se faire des illusions. Dissiper les illusions de qqn. «Illusions perdues», roman de Balzac.* ▷ *Faire illusion :* tromper en présentant une apparence flatteuse.

illusionner [il(l)yzjɔne] v. [1] **1.** v. tr. Séduire par des apparences trompeuses. **2.** v. pron. Se faire des illusions.

illusionnisme [il(l)yzjɔnism] n. m. Art de créer l'illusion par des tours de prestidigitation.

illusionniste [il(l)yzjɔnist] n. Artiste qui pratique l'illusionnisme.

illusoire [il(l)yzwaʀ] adj. Vain, chimérique. *Promesse illusoire.*

illustrateur, trice [il(l)ystʀatœʀ, tʀis] n. Artiste qui illustre des textes.

illustratif, ive [il(l)ystʀatif, iv] adj. Qui illustre (sens 2 et 3).

illustration [il(l)ystʀasjɔ̃] n. f. **1.** Litt. Enrichissement, embellissement. *«Défense et illustration de la langue française», de J. du Bellay (1549).* **2.** Didac. Action d'illustrer, de rendre plus explicite. **3.** Action d'orner de gravures, de photographies. ▷ Image (dessin, gravure, photographie, etc.) ornant un texte. *Illustrations hors texte.* ▷ AUDIOV *Illustration sonore :* musique qui accompagne un film, une émission télévisée.

illustre [il(l)ystʀ] adj. Célèbre par ses œuvres, son mérite, son savoir. *Artiste illustre.* ▷ Iron. *Un illustre inconnu.*

illustré, ée [il(l)ystʀe] adj. et n. m. **1.** adj. Orné d'illustrations. *Livre illustré.* **2.** n. m. Périodique comportant de nombreuses illustrations. ▷ *Spécial.* Journal de bandes dessinées.

illustrer [il(l)ystʀe] v. tr. [1] **1.** Litt. Rendre célèbre, illustre. *Illustrer son nom.* ▷ v. pron. *S'illustrer dans une bataille par son courage.* **2.** Rendre plus clair, plus explicite. *Illustrer un texte d'exemples et de commentaires.* **3.** Orner (un ouvrage) d'images (gravures, dessins, photographies, etc.).

Illyrie, anc. nom de la partie N. des Balkans, auj. répartie entre la Croatie, la Slovénie et l'Albanie. Colonisée par les Grecs (VIIIe s. av. J.-C.), puis par les Romains (27 av. J.-C.), elle fut occupée par des Slaves à partir du VIe s.

ilomba [ilɔ̃mba] n. m. Arbre des forêts tropicales d'Afrique au bois blanc, apprécié en menuiserie.

Ilorin, v. de l'O. du Nigeria, cap. de l'État de Kwara; env. 430 000 hab. Centre comm. et industriel.

îlot [ilo] n. m. **I.** Très petite île. ▷ Fig. *Un îlot de calme et de verdure.* **II.** *Par anal.* **1.** Groupe de maisons entouré de rues. *Îlots insalubres.* **2.** ANAT Groupement de cellules différenciées au sein d'un tissu ou d'un organe. *Îlots de Langerhans du pancréas,* qui sécrètent l'insuline.

im-. V. in- 1 et 2.

IMA, acronyme pour *Institut du monde arabe,* fondation (à Paris, 5e arr.) chargée de développer en France la connaissance de la civilisation arabo-islamique.

image [imaʒ] n. f. **I. 1.** Représentation d'une personne, d'une chose par la sculpture, le dessin, la photographie, etc. **2.** Estampe, gravure coloriée. – Loc. fig., fam. *Un enfant sage comme une image,* tranquille, calme. ▷ *Images d'Épinal :* images populaires coloriées produites à Épinal depuis le XIXe s. – Fig. *C'est une image d'Épinal,* une banalité, un cliché naïfs. **II. 1.** Représentation visuelle d'un objet donnée par une surface réfléchissante. *Regarder son image dans un miroir.* **2.** PHYS Représentation d'un objet donnée par un système optique. ▷ *Image réelle,* formée par la convergence de rayons lumineux et qui peut être reçue par un écran. ▷ *Image virtuelle,* visible par l'œil, mais qui ne peut être reçue par un écran. ▷ *Image d'un point lumineux,* qui correspond à un point objet. **3.** INFORM *Image de synthèse :* image artificielle créée à partir de données numériques, visualisable sur écran. **4.** MATH Dans une application, élément de l'ensemble d'arrivée correspondant à un élément de l'ensemble de départ. **III.** Représentation d'une réalité matérielle ou abstraite en termes d'analogie, de similitude. **1.** Ce qui évoque, reproduit qqch. *Ce sommeil qui est l'image de la mort.* **2.** Représentation sensible d'une abstraction, d'un objet invisible. *Elle est la vivante image du bonheur.* **3.** Métaphore. *Un style aux images audacieuses.* ▷ Description, représentation. *Son récit est l'image parfaite de ce que nous avons vécu.* **4.** *Image de marque :* ensemble des signes représentant la spécificité, les qualités d'une personne, d'une entreprise, etc. *Soigner son image de marque.* **IV. 1.** Représentation mentale d'une perception antérieure en l'absence de l'objet perçu. **2.** Représentation mentale d'une chose. *L'image du péril.*

imager [imaʒe] v. tr. [13] Fig., litt. Représenter, illustrer au moyen d'images, de métaphores. *Imager une représentation abstraite.* ▷ Pp. adj. *Langage, style imagé.*

imagerie [imaʒʀi] n. f. **1.** Industrie, commerce des images. **2.** Ensemble d'images dont le sujet, le style et l'inspiration sont communs. **3.** MED *Imagerie médicale :* ensemble des procédés de diagnostic reposant sur l'image (radiographie, tomographie, scintigraphie, échographie, scanographie, I.R.M.); ensemble des images ainsi produites. **4.** TECH *Imagerie satellitaire :* ensemble des techniques utilisées pour l'étude de la Terre et de l'espace à partir d'images fournies par des satellites.

images (querelle des), conflit théologique et politique portant, à Constantinople, sur la représentation de Jésus et des saints. Le culte des images (ou icônes) dans l'Église d'Orient étant apparu comme païen, l'empereur Léon III l'interdit en 730, se montrant ainsi *iconoclaste.* Face à la protestation populaire, répression et restauration du culte alternèrent. Il fut définitivement restauré le 11 mars 843 par la régente Théodora.

imaginable [imaʒinabl] adj. Qui peut être imaginé, conçu.

imaginaire [imaʒinɛʀ] adj. et n. m. **I.** adj. **1.** Qui n'existe que dans l'imagination, fictif. *Mal imaginaire. Pays imaginaire.* **2.** MATH *Nombre imaginaire :* nombre complexe. ▷ *Partie imaginaire d'un nombre complexe* $z = x + iy$ *:* le nombre iy dans lequel i est une quantité imaginaire telle que $i^2 = -1$ (par oppos. au nombre x qui en est la partie réelle). **3.** Qui n'est tel qu'en imagination. *Malade imaginaire.* **II.** n. m. Domaine, activité de l'imagination.

imaginatif, ive [imaʒinatif, iv] adj. Qui imagine aisément. *Un esprit imaginatif.* ▷ Subst. *Cet enfant est un imaginatif.*

imagination [imaʒinasjɔ̃] n. f. **I. 1.** PSYCHO Faculté qu'a l'esprit de reproduire les images d'objets déjà perçus (imagination reproductrice). **2.** Cour. Faculté de créer des images ou de faire des combinaisons nouvelles d'images (imagination créatrice). *Avoir de l'imagination, une imagination débordante.* **3.** Pouvoir d'invention. **II. 1.** Chose créée par l'imagination. **2.** Plur. Litt. Chimères. *Ce sont de pures imaginations!*

imaginer [imaʒine] v. [1] **I.** v. tr. **1.** Se représenter à l'esprit. *J'imagine votre joie à l'annonce de cette nouvelle.* ▷ Supposer, croire. *J'imagine qu'il a dû prendre la fuite.* **2.** Inventer, créer. *Imaginer de nouvelles machines.* **II.** v. pron. **1.** Se figurer, se représenter. *Imagine-toi un ciel toujours bleu.* **2.** Se figurer à tort. *S'imaginer être un poète.*

imago [imago] n. m. ENTOM Forme adulte de l'insecte sexué devenu apte à la reproduction.

imam [imam] ou (Afr. subsah.) **iman** [imɑ̃] n. m. **1.** Titre (en ar. *imām :* «guide») donné à tous les héritiers de Mahomet chez les sunnites, et seulement aux douze fondateurs du chiisme, chez les chiites. – Titre honorifique donné à certains dignitaires religieux. ▷ Chef de la communauté chiite. **2.** Celui qui, dans une mosquée, conduit la prière en commun. *Au Maroc et en Tunisie, l'imam a un statut de fonctionnaire.*

Imamura (Shohei) (né en 1926), cinéaste japonais : *la Ballade de Narayama* (1983); *Pluie noire* (1989), sur les victimes d'Hiroshima.

imanat [imana] n. m. (Maghreb) Fonction, charge de l'imam.

Imbaba ou **Embabèh,** v. d'Égypte; 341 000 hab. Faubourg du Caire, sur la rive gauche du Nil. – La ville fut prise par Bonaparte au terme de la bataille des Pyramides (21 juil. 1798).

imbattable [ɛ̃batabl] adj. **1.** Qui ne peut être battu, invincible. **2.** Fig. Qui ne peut être dépassé. *Qualité imbattable.*

imbécile [ɛ̃besil] adj. et n. Sot, dépourvu d'intelligence, d'esprit, de jugement. Syn. (Québec) sans-dessein, sans-génie. – *Par ext.* Qui marque l'imbécillité. *Rire imbécile.* ▷ Subst. *Un(e) imbécile.*

imbécillité [ɛ̃besilite] n. f. **1.** PSYCHO Arriération mentale. **2.** Bêtise, absence d'intelligence. **3.** Action, parole imbécile. *Faire, raconter des imbécillités.*

imberbe [ɛ̃bɛʀb] adj. Sans barbe.

imbiber [ɛ̃bibe] v. [1] **1.** v. tr. Imprégner d'un liquide. *Imbiber d'eau une éponge, un linge.* **2.** v. pron. S'imprégner d'un liquide. – Pp. adj. *Compresse imbibée d'alcool.*

imbrication [ɛ̃bʀikasjɔ̃] n. f. Manière dont sont disposées des choses imbriquées. ▷ Fig. *Imbrication des idées, des situations.*

imbriqué, ée [ɛ̃bʀike] adj. **1.** Qualifie des choses qui se recouvrent en partie, comme les tuiles d'un toit. **2.** *Écailles imbriquées.* ▷ Fig. Se dit de choses indissociablement liées, mêlées.

imbriquer [ɛ̃bʀike] v. [1] **1.** v. tr. Disposer en faisant se chevaucher comme les tuiles d'un toit. **2.** v. pron. Se recouvrir par imbrication. ▷ Fig. S'entremêler de manière indissociable.

imbroglio [ɛ̃bʀɔglijo; ɛ̃bʀɔljo] n. m. Embrouillement, situation confuse.

imbrûlés [ɛ̃bʀyle] n. m. pl. TECH Parties non brûlées d'un combustible.

imbu, ue [ɛ̃by] adj. Pénétré, imprégné (d'idées, de sentiments, etc.). *Être imbu de préjugés. Être imbu de soi-même,* pénétré de son importance.

imbuvable [ɛ̃byvabl] adj. Qui n'est pas buvable; mauvais au goût. *Café imbuvable.*

Imerina ou **Imerna,** région du plateau central de Madagascar arrosée par la Betsiboka et l'Ikopa. Riziculture. Berceau des Merina.

Im-Fout, grand barrage du Maroc (prov. de Settat), sur l'Oum er-R'bia.

Imhotep (v. 2800 av. J.-C.), médecin, architecte et lettré égyptien de la IIIe dynastie; ministre du pharaon Djoser. Il fut identifié au dieu guérisseur grec Asclépios. Il a construit la première pyramide à degrés (Saqqarah).

imitateur, trice [imitatœʀ, tʀis] adj. et n. **I.** adj. Qui imite, sait imiter. *Le singe est imitateur.* **II.** n. **1.** Personne qui plagie, copie. *Un imitateur de Rimbaud, de Picasso.* **2.** Personne qui imite, consciemment ou non. ▷ *Spécial.* Artiste de music-hall qui imite la voix et les gestes de personnalités connues.

imitatif, ive [imitatif, iv] adj. Qui imite. – Spécial. *Harmonie imitative,* qui imite les sons de la nature.

imitation [imitasjɔ̃] n. f. **1.** Action d'imiter; son résultat. **2.** Contrefaçon. *Une imitation de Raphaël. Imitation d'une signature.* **3.** Action de prendre pour modèle (une personne, son comportement, son œuvre). **4.** Matière, objet artificiel qui imite une matière, un objet plus précieux. *Imitation de diamant.* ▷ (En appos.) *Un sac imitation cuir.* **5.** MUS Répétition d'un thème musical déjà utilisé dans la même œuvre. *L'imitation est la base du canon, de la fugue et du contrepoint.* **6.** Loc. prép. *À l'imitation de :* sur le modèle de.

imiter [imite] v. tr. [1] **1.** Reproduire ou s'efforcer de reproduire (ce qu'on voit faire). *Imiter les manières de qqn.* **2.** Prendre pour modèle. *Imiter les Anciens.* **3.** Copier, contrefaire. *Imiter la signature de qqn.* **4.** (Choses) Ressembler à, faire le même effet que. *Bijou qui imite l'or.*

immaculé, ée [imakyle] adj. **1.** THEOL Sans tache de péché. *L'Immaculée Conception de la Vierge.* ▷ Très pur. **2.** Sans tache. *Blancheur immaculée.*

immanence [imanɑ̃s] n. f. PHILO Caractère de ce qui est immanent; inhérence. Ant. transcendance.

immanent, ente [imanɑ̃, ɑ̃t] adj. PHILO Qui existe, agit à l'intérieur d'un être et ne résulte pas d'une action extérieure. *«Dieu est la cause immanente de toutes choses» (Spinoza).* ▷ *Par ext.* Qui est inhérent à la nature même de (qqn, qqch). *Justice immanente,* qui est inscrite dans l'ordre naturel des choses, et qui fait que le coupable est puni par les conséquences mêmes de sa faute.

immanentisme [imanɑ̃tism] n. m. PHILO Doctrine selon laquelle Dieu ou tout autre absolu est immanent à l'homme, à la nature. Ant. transcendantalisme.

immangeable [ɛ̃mɑ̃ʒabl] adj. Qui ne peut être mangé; mauvais à manger.

immanquable [ɛ̃mɑ̃kabl] adj. **1.** Qui ne peut pas être manqué. *Cible immanquable.* **2.** Qui ne peut manquer de se produire. *Succès immanquable.*

immanquablement [ɛ̃mɑ̃kabləmɑ̃] adv. Sans aucun doute, infailliblement.

immatérialisme [im(m)ateʀjalism] n. m. PHILO Système métaphysique qui nie radicalement l'existence de la matière. *L'immatérialisme de Berkeley.*

immatériel, elle [im(m)ateʀjɛl] adj. **1.** PHILO Qui ne comporte pas de matière. **2.** Qui ne concerne pas le corps, les sens. *Plaisir immatériel.*

immatriculation [im(m)atʀikylasjɔ̃] n. f. Action d'immatriculer; son résultat. *Numéro d'immatriculation d'une voiture.*

immatriculé, ée [imatʀikyle] adj. et n. Dans les colonies belges, se disait d'un Africain régi par le droit civil et non par le droit coutumier.

immatriculer [imatʀikyle] v. tr. [1] Inscrire sur un registre officiel et public en vue d'identifier. *Immatriculer un étudiant.*

immature [imatyʀ] adj. **I.** BIOL **1.** Inapte à la reproduction sexuée. **2.** Qui n'est pas mûr. **II.** Qui manque de maturité. *Un adolescent immature.*

immaturité [imatyʀite] n. f. Défaut, absence de maturité.

immédiat, ate [imedja, at] adj. et n. m. **I.** adj. **1.** PHILO Qui agit, est atteint ou se produit sans intermédiaire. *Cause immédiate.* **2.** CHIM *Analyse immédiate :* séparation des corps purs présents dans un échantillon. *Analyse immédiate par triage, filtration, distillation,* etc. **3.** Cour. Qui précède ou suit sans intermédiaire. *Prédécesseur immédiat.* ▷ Qui suit instantanément. *Effet immédiat.* **II.** n. m. *Dans l'immédiat :* dans le moment présent ou qui suit sans délai.

immédiatement [imedjatmɑ̃] adv. **1.** PHILO De manière immédiate. **2.** Sans délai; de manière immédiate (dans le temps ou dans l'espace).

immédiateté [imedjatte] n. f. Litt. Qualité de ce qui est immédiat.

immémorial, ale, aux [im(m)emɔʀjal, o] adj. Qui date d'une époque très lointaine. *Temps immémoriaux. Usage immémorial.*

immense [im(m)ɑ̃s] adj. **1.** Didac. Que l'on ne peut mesurer, illimité. *L'immense sagesse des Anciens.* **2.** Dont les dimensions sont considérables.

immensément [im(m)ɑ̃semɑ̃] adv. Extrêmement. *Être immensément riche.*

immensité [im(m)ɑ̃site] n. f. **1.** Didac. Caractère de ce qui est immense. **2.** Très vaste étendue. *L'immensité des océans.* **3.** Très grande quantité.

immergé, ée [imɛʀʒe] adj. Plongé dans un liquide; recouvert d'eau.

immerger [imɛʀʒe] v. [13] **1.** v. tr. Plonger dans un liquide. **2.** v. pron. Se plonger totalement dans un milieu étranger (pour l'étudier de l'intérieur ou en apprendre la langue).

immérité, ée [imeʀite] adj. Qui n'est pas mérité.

immersion [imɛʀsjɔ̃] n. f. **1.** Action d'immerger; son résultat. – Fait d'être immergé. **2.** ASTRO Entrée d'un astre derrière un autre astre (lors d'une occultation) ou dans l'ombre portée par un autre astre (lors d'une éclipse).

immettable [ɛ̃metabl] adj. Que l'on ne peut pas mettre (en parlant d'un vêtement démodé, usé, etc.).

immeuble [imœbl] adj. et n. m. **1.** adj. DR Qui ne peut être déplacé. *Biens immeubles.* ▷ n. m. Bien immeuble. **2.** n. m. Cour. Édifice, grande maison à plusieurs étages. Syn. (Afr. subsah., Québec, Suisse) bloc.

immigrant, ante [imigʀɑ̃, ɑ̃t] adj. et n. Qui immigre ou vient d'immigrer. ▷ Subst. *Accueil des immigrants.* (On dit aussi *migrant**.)

immigration [imigʀasjɔ̃] n. f. Entrée, établissement temporaire ou définitif dans un pays, de personnes non autochtones.

immigré, ée [imigʀe] adj. et n. Établi dans un pays par immigration. *Les travailleurs immigrés.* ▷ Subst. *Un(e) immigré(e).*

immigrer [imigʀe] v. intr. [1] Entrer dans un pays autre que le sien pour s'y établir.

imminence [iminɑ̃s] n. f. Caractère de ce qui est imminent.

imminent, ente [iminɑ̃, ɑ̃t] adj. Qui menace de se produire à bref délai. *Péril, orage imminent.* ▷ Qui va avoir lieu très bientôt. *Nomination imminente.*

immiscer (s') [imise] v. pron. [12] S'ingérer dans, se mêler mal à propos de. *Vous vous immiscez dans une affaire qui ne vous regarde pas.* ▷ v. tr. *Il l'a immiscé dans cette sombre histoire.*

immixtion [imiksjɔ̃] n. f. Action de s'immiscer, ingérence.

immobile [im(m)ɔbil] adj. Qui ne se meut pas, ne se déplace pas; fixe. *Immobile comme une statue. Rester immobile.*

immobilier, ère [imɔbilje, ɛʀ] adj. et n. m. **1.** DR Composé d'immeubles; qui est immeuble ou considéré comme tel. *Biens immobiliers.* **2.** Cour. Relatif à un immeuble, aux immeubles. *Saisie, vente immobilière.* **3.** Qui a pour objet la vente ou la location de logements. *Agence, négociatrice immobilière.* ▷ n. m. *Travailler dans l'immobilier.*

immobilisation [imɔbilizasjɔ̃] n. f. **1.** Cour. Action de rendre immobile; son résultat. *Immobilisation d'un membre fracturé.* ▷ (Abstrait) FIN *Immobilisation de capitaux.* **2.** Plur. FIN *Immobilisations d'une entreprise :* biens acquis ou créés par elle pour être utilisés de manière durable (outillage, terrains, brevets, bâtiments, etc.), et qui figurent à l'actif de son bilan. **3.** DR Procédé permettant de traiter les biens meubles comme des biens immeubles.

immobiliser [imɔbilize] v. tr. [1] **1.** Rendre immobile; empêcher de se mouvoir. *Immobiliser un membre blessé.* ▷ v. pron. S'arrêter. **2.** FIN *Immobiliser des capitaux,* les rendre indisponibles en les investissant. **3.** DR Conférer fictivement à un bien mobilier la qualité d'immeuble.

immobilisme [imɔbilism] n. m. Attitude de celui qui refuse systématiquement toute transformation de l'état présent, toute innovation, tout progrès.

immobilité [imɔbilite] n. f. État d'une personne ou d'une chose immobile. *Malade contraint à l'immobilité.*

immodéré, ée [imɔdeʀe] adj. Qui n'est pas modéré, qui dépasse la mesure; excessif. *Dépenses immodérées.*

immodérément [imɔdeʀemɑ̃] adv. D'une manière immodérée. *Boire immodérément.*

immodeste [imɔdɛst] adj. Contraire à la modestie. *Propos immodestes.*

immolation [imɔlasjɔ̃] n. f. **1.** Action d'immoler; son résultat. **2.** Action de s'immoler, de sacrifier ses intérêts.

immoler [imɔle] v. tr. [1] **1.** Tuer en sacrifice à un dieu. *Immoler un animal.* **2.** v. pron. Offrir sa vie en sacrifice. *S'immoler par le feu.* **3.** Fig., litt. Sacrifier. *Immoler sa vie personnelle à la vie publique.* ▷ v. pron. Sacrifier sa vie, ses intérêts à. *S'immoler pour la patrie.*

immonde [im(m)ɔ̃d] adj. **1.** RELIG Impur. **2.** Cour. D'une extrême saleté, dégoûtant. – D'une hideur morale révoltante. *Un être immonde.*

immondices [im(m)ɔ̃dis] n. f. pl. Ordures.

immoral, ale, aux [im(m)ɔʀal, o] adj. Qui viole les règles de la morale. *Un homme, un livre immoral.*

immoralisme [im(m)ɔʀalism] n. m. Didac. Doctrine qui préconise un «renversement des valeurs» impliquant de nouvelles attitudes morales. *L'immoralisme de Nietzsche, de Gide.* ▷ Tendance à rejeter les valeurs de la morale établie.

immoralité [im(m)ɔʀalite] n. f. Caractère d'une personne ou d'une chose immorale. *L'immoralité d'un homme, d'un ouvrage, d'une doctrine.*

immortaliser [imɔʀtalize] v. tr. [1] Rendre immortel dans la mémoire des hommes. ▷ v. pron. *Démosthène s'immortalisa par son éloquence.*

immortalité [imɔʀtalite] n. f. Qualité, état de ce qui est immortel. *L'immortalité de l'âme.*

immortel, elle [imɔʀtɛl] adj. et n. m. **I.** adj. **1.** Qui n'est pas sujet à la mort. *Les spiritualistes considèrent que l'âme est immortelle.* **2.** Impérissable. *Une œuvre immortelle.* **3.** Dont le souvenir ne s'effacera pas. *Exemples immortels de courage.* **II.** n. m. pl. Divinités de l'Antiquité. *L'Olympe, séjour des immortels.*

immortelle [imɔʀtɛl] n. f. Nom cour. de diverses plantes dont les fleurs, une fois desséchées, conservent leur aspect (ex. : statices).

immotivé, ée [im(m)ɔtive] adj. Qui n'est pas motivé. *Plainte immotivée.*

immuabilité [imɥabilite] ou **immutabilité** [imytabilite] n. f. Didac. Caractère de ce qui est immuable.

immuable [imɥabl] adj. **1.** Qui n'est pas sujet à changement. *La loi immuable de la pesanteur.* **2.** Fig. Ferme, constant. *Volonté, conviction immuable.*

immun, une [imœ̃, yn] adj. et n. m. Didac. Immunisé. ▷ n. m. *Un immun.*

immunisant, ante [imynizɑ̃, ɑ̃t] adj. et n. m. Qui immunise. *Sérum immunisant.* ▷ n. m. *Un immunisant.*

immunisation [imynizasjɔ̃] n. f. Action d'immuniser; son résultat.

immuniser [imynize] v. tr. [1] Rendre réfractaire à une maladie infectieuse, à l'action d'un agent pathogène extérieur. – Pp. *Personne immunisée contre la variole.* ▷ Fig. Rendre insensible à. *Immuniser qqn contre la peur.*

immunitaire [imynitɛʀ] adj. MED, BIOL Relatif à l'immunité. *Réaction immunitaire.*

immunité [imynite] n. f. **1.** Privilège, prérogative accordés à certaines personnes. ▷ Spécial. *Immunité parlementaire :* inviolabilité judiciaire accordée à un parlementaire pendant la durée des sessions (impossibilité de le poursuivre sauf en cas de flagrant délit). – *Immunité diplomatique,* qui soustrait les membres du corps diplomatique à la juridiction du pays où ils sont en poste. **2.** BIOL Propriété que possède un organisme vivant de développer des moyens spécifiques de défense (naturels ou acquis) contre un agent pathogène extérieur (infectieux, toxique, tumoral) ou contre un corps étranger (greffe, cellules d'un autre individu). – État d'un organisme immunisé. Ant. anaphylaxie.

ENCYCL **Biol.** – L'immunité dépend de deux types de systèmes : humoral (anticorps et complément); cellulaire (lymphocytes, macrophages). Chaque type d'immunité, antibactérienne par ex., peut être acquis naturellement (transmission par la mère, acquisition lors d'une infection atténuée ou d'une grossesse) ou artificiellement (vaccination, transfusion). Elle provoque l'éviction des corps étrangers de l'organisme par la mise en jeu de différents systèmes : phagocytose, neutralisation, élaboration d'anticorps. L'immunité est déprimée en cas d'hémopathie maligne, de cancer ou lors de certains traitements; une telle dépression favorise les infections. Dans l'immunité de greffe, le rejet du greffon incompatible peut s'expliquer par la réponse spécifique de l'organisme hôte au greffon qui se comporte en antigène.

immuno-. Préfixe, du lat. *immunis,* «exempt de», et au sens méd. «rendu réfractaire à une maladie infectieuse».

immunodéficience [imynodefisjɑ̃s] n. f. MED Déficience des défenses immunitaires.

immunodéficit [imynodefisit] n. m. V. immunodépression.

immunodéficitaire [imynodefisitɛʀ] adj. MED, BIOL Qui se rapporte à l'immunodéficit.

immunodépresseur [imynodepʀesœʀ] adj. et n. m. MED, BIOL Se dit de tout procédé (chimique, physique ou biologique) capable de provoquer une diminution ou une abolition des réactions immunitaires. ▷ n. m. *Un immunodépresseur.*

immunodépression [imynodepʀesjɔ̃] n. f. ou **immunodéficit** [imynodefisit] n. m. MED, BIOL Réduction ou disparition des réactions immunitaires de l'organisme contre un antigène.

immunoglobuline [imynoglɔbylin] n. f. MED, BIOL Anticorps. (Abrév. : I.g.) V. anticorps et globuline.

immunologie [imynolɔʒi] n. f. MED, BIOL Partie de la médecine et de la biologie qui étudie l'immunité, sa pathologie et les moyens artificiels (vaccination, sérothérapie, etc.) de provoquer ou de renforcer les réactions immunitaires.

immunostimulant, ante [imynostimylɑ̃, ɑ̃t] adj. et n. m. MED Qui stimule les défenses immunitaires.

immunothérapie [imynoteʀapi] n. f. MED Méthode thérapeutique visant à renforcer les défenses de l'organisme en créant une immunisation soit contre un agent déterminé (ex. : vaccination), soit globale (ex. : dans le cas d'un cancer, administration de B.C.G., d'extraits lymphatiques, de cytokines*, etc.).

immutabilité [imytabilite] n. f. V. immuabilité.

Imo, État du sud-est du Nigeria; 11850 km² avec l'État d'Abia, qui s'en est détaché en 1991; 2485500 hab.; cap. *Owerri.*

Imola, v. d'Italie (Émilie), sur le Santerno (affl. du Reno); 60010 hab. Industr. – Circuit automobile.

impact [ɛ̃pakt] n. m. **1.** Choc, collision, heurt. – *Point d'impact :* endroit où un projectile vient frapper. **2.** Fig. Effet produit, influence sur l'opinion par un événement, une campagne publicitaire, etc. *Son discours a eu un impact important.*

1. impair, aire [ɛ̃pɛʀ] adj. MATH Qui ne peut être divisé en deux nombres entiers égaux. *Nombres impairs.* – *Fonction, application impaire,* telle que f(–x) = –f(x). *La fonction sin x est impaire.* ▷ Qui porte un numéro, les numéros impairs. *Le côté impair d'une rue.*

2. impair [ɛ̃pɛʀ] n. m. Maladresse, bévue. *Faire, commettre un impair.*

impala [impala] n. m. ZOOL Grande antilope d'Afrique orientale et australe, dont le mâle a des cornes en forme de lyre (poids de 45 à 80 kg).

impalpable [ɛ̃palpabl] adj. Qu'on ne peut palper, toucher; trop ténu pour donner une impression au toucher. *Poudre impalpable.*

impaludation [ɛ̃palydasjɔ̃] n. f. MED Contamination par l'agent du paludisme*.

impaludé, ée [ɛ̃palyde] adj. MED Atteint de paludisme. ▷ Se dit d'une région où sévit le paludisme.

imparable [ɛ̃paʀabl] adj. Impossible à parer, inévitable. *Coup imparable.*

impardonnable [ɛ̃paʀdɔnabl] adj. Qui ne peut, qui ne saurait être pardonné. *Faute impardonnable.* – (Personnes) *Il est impardonnable.*

imparfait, aite [ɛ̃paʀfɛ, ɛt] adj. et n. m. **1.** adj. Qui n'est pas parfait; défectueux, inachevé. *Ouvrage imparfait. Guérison imparfaite.* **2.** n. m. GRAM Temps passé du verbe, indiquant qu'une action n'était pas achevée quand une autre s'est produite (*imparfait de concomitance,* ex. : *j'écrivais quand vous êtes entré*) ou marquant d'une façon absolue une action prolongée, habituelle ou répétée dans le passé (*imparfait d'habitude,* ex. : *les Romains portaient la toge*) ou forme affirmative de politesse (ex : *je voulais vous demander*).

imparfaitement [ɛ̃paʀfɛtmɑ̃] adv. De manière imparfaite.

impartial, ale, aux [ɛ̃paʀsjal, o] adj. Qui n'est pas partial; équitable. *Enquête impartiale. Juge impartial.*

impartialement [ɛ̃paʀsjalmɑ̃] adv. D'une manière impartiale.

impartialité [ɛ̃paʀsjalite] n. f. Caractère de ce qui est impartial.

impartir [ɛ̃paʀtiʀ] v. tr. [3] Accorder, attribuer. *On leur a imparti un délai très court pour payer leur impôts.*

impasse [ɛ̃pas] n. f. **1.** Petite rue sans issue, cul-de-sac. ▷ Fig. Situation sans issue favorable. *Les négociations sont dans une impasse.* **2.** Fig. Dans certains jeux de cartes (bridge, par ex.), technique de jeu qui consiste à jouer par stratégie une carte inférieure à la carte maîtresse. *Tenter l'impasse.* ▷ Fig. *Faire l'impasse sur (une éventualité) :* agir en prenant un risque et en comptant que cette éventualité, défavorable, ne se réalisera pas. ▷ FIN *Impasse budgétaire :* déficit volontaire évalué lors de la préparation du budget de l'État et dont on espère la couverture par des ressources de trésorerie.

impassibilité [ɛ̃pasibilite] n. f. Qualité de celui qui est impassible.

impassible [ɛ̃pasibl] adj. Qui ne laisse paraître aucune émotion, aucun trouble. *Impassible devant le danger.*

impatiemment [ɛ̃pasjamɑ̃] adv. Avec impatience.

impatience [ɛ̃pasjɑ̃s] n. f. **1.** Manque de patience; difficulté ou incapacité d'attendre, de patienter. *L'impatience naturelle des enfants.* **2.** Incapacité de se contraindre à supporter qqn ou qqch ou à l'attendre. *Avoir un geste d'impatience.*

impatient, ente [ɛ̃pasjɑ̃, ɑ̃t] adj. et n. **1.** Qui manque de patience. ▷ Subst. *Un(e) impatient(e).* **2.** *Impatient de* (+ inf.) : qui attend et a hâte de... *Il est impatient de vous rencontrer.*

impatiente [ɛ̃pasjɑ̃t] ou **impatiens** [ɛ̃pasjɑ̃s] n. f. BOT Autres noms de la balsamine.

impatienter [ɛ̃pasjɑ̃te] v. [1] **1.** v. tr. Faire perdre patience, énerver, irriter. *Sa lenteur m'impatiente.* **2.** v. pron. Perdre patience.

impayable [ɛ̃pɛjabl] adj. Fam. Extraordinaire; comique ou ridicule. *Une histoire impayable. Il est impayable.*

impayé, ée [ɛ̃pɛje] adj. et n. m. Qui n'a pas été payé. *Effets de commerce, coupons impayés.* ▷ n. m. *Le recouvrement des impayés.*

impeccable [ɛ̃pɛkabl] adj. Irréprochable, sans défaut. *Une tenue impeccable. C'est impeccable!* – (Personnes) *Il a été impeccable avec nous.*

impeccablement [ɛ̃pɛkabləmɑ̃] adv. D'une manière impeccable.

impécuniosité [ɛ̃pekynjozite] n. f. Litt. Manque d'argent.

impédance [ɛ̃pedɑ̃s] n. f. ELECTR Rapport de la valeur efficace de la tension appliquée aux bornes d'un circuit à la valeur efficace du courant alternatif qui le traverse. (Elle est égale au rapport des valeurs maximales de ces deux grandeurs.)

impedimenta [ɛ̃pedimɛ̃ta] n. m. pl. Litt. Ce qui retarde le mouvement, l'activité.

impénétrabilité [ɛ̃penetʀabilite] n. f. Caractère de ce qui est impénétrable.

impénétrable [ɛ̃penetʀabl] adj. **1.** Qui ne peut être pénétré, traversé. *Blindage impénétrable.* – Où l'on ne peut pénétrer. *Forêt impénétrable.* **2.** Fig. Qu'on ne peut expliquer, connaître; insondable, obscur. *Mystères, desseins impénétrables.* **3.** Dont on ne peut deviner les sentiments. *Il est impénétrable.*

impénitent, ente [ɛ̃penitɑ̃, ɑ̃t] adj. **1.** RELIG Qui ne se repent pas. *Pécheur impénitent.* **2.** Cour. Qui persiste dans ses habitudes, dans son vice. *Bavard, ivrogne impénitent.*

impensable [ɛ̃pɑ̃sabl] adj. Inconcevable.

imperata [ɛ̃peʀata] n. m. Graminée tropicale nuisible aux cultures dont la tige sert à couvrir le toit des cases. Syn. herbe baïonnette, (Afr. subsah.) chiendent africain et herbe à paillotes.

impératif, ive [ɛ̃peʀatif, iv] n. m. et adj. **I.** n. m. **1.** GRAM Mode du verbe qui exprime le commandement, l'exhortation, la défense (ex. : Sortez!). ▷ adj. *Le mode impératif.* **2.** Commandement de la morale. *Impératif catégorique* (Kant), qui n'est subordonné à aucune condition. **3.** Cour. Prescription impérieuse. **II.** adj. **1.** Qui a le caractère d'un ordre absolu. *Consignes impératives.* **2.** Qui marque le commandement. *Ton impératif.* **3.** Impérieux. *Obligation impérative.*

impérativement [ɛ̃peʀativmɑ̃] adv. D'une manière impérative.

impératrice [ɛ̃peʀatʀis] n. f. **1.** Femme d'un empereur. **2.** Femme qui gouverne un empire.

imperceptible [ɛ̃pɛʀsɛptibl] adj. **1.** Qui ne peut être perçu par les sens. *Animalcules imperceptibles.* ▷ *Par ext.* À peine perceptible. *Odeur imperceptible.* **2.** Fig. Qui échappe à l'attention. *Progrès imperceptibles.*

imperdable [ɛ̃pɛʀdabl] adj. et n. m. **1.** adj. Qu'on ne peut perdre. *Procès imperdable.* **2.** n. m. (Suisse) Épingle* double, épingle de nourrice.

imperfectif, ive [ɛ̃pɛʀfɛktif, iv] adj. et n. m. LING Se dit des formes verbales exprimant une action considérée dans sa durée. *Un verbe imperfectif.* Ant. perfectif. – n. m. *Un imperfectif.*

imperfection [ɛ̃pɛʀfɛksjɔ̃] n. f. **1.** État de ce qui est imparfait. *L'imperfection de l'intelligence humaine.* **2.** Partie, détail défectueux. *Les imperfections d'un tissage.*

impérial, ale, aux [ɛ̃peʀjal, o] adj. et n. f. **1.** adj. Qui appartient à un empereur, à un empire. *La garde impériale.* – Propre à un empereur. *Une allure impériale.* **2.** n. f. Étage supérieur de certains véhicules transportant des voyageurs. *Autobus à impériale.*

impérialisme [ɛ̃peʀjalism] n. m. Politique d'un État qui cherche à étendre sa domination politique ou économique au détriment d'autres États.

impérialiste [ɛ̃peʀjalist] n. et adj. Partisan de l'impérialisme. ▷ adj. *Menées impérialistes.*

impérieux, euse [ɛ̃peʀjø, øz] adj. **1.** Vieilli Qui commande de façon absolue. *Geste, ton impérieux.* **2.** (Choses) Pressant, irrésistible. *Besoins impérieux.*

impérissable [ɛ̃peʀisabl] adj. Qui ne saurait périr. *Il n'y a rien d'impérissable.* ▷ *Par ext.* Qui dure longtemps. *Souvenir impérissable.*

impéritie [ɛ̃peʀisi] n. f. Litt. Incapacité (dans l'exercice d'une fonction). *L'impéritie d'un général.*

imperméabilisation [ɛ̃pɛʀmeabilizasjɔ̃] n. f. Traitement destiné à rendre certaines matières (spécial. le tissu) imperméables à l'eau.

imperméabiliser [ɛ̃pɛʀmeabilize] v. tr. [1] Rendre imperméable.

imperméable [ɛ̃pɛʀmeabl] adj. et n. m. **1.** Qui ne se laisse pas traverser par un liquide, par l'eau. ▷ n. m. Vêtement imperméable à l'eau. **2.** Fig. Insensible. *Imperméable aux reproches.*

impersonnel, elle [ɛ̃pɛʀsɔnɛl] adj. **1.** Dépourvu de marque personnelle, d'originalité. *Une œuvre impersonnelle.* **2.** Qui n'appartient pas à une personne en particulier. *La science est impersonnelle.* **3.** GRAM *Verbes impersonnels,* qui ne s'emploient qu'à la troisième personne du singulier et à l'infinitif, et dont le sujet grammatical (le pronom neutre *il*) ne réfère pas à un sujet réel ou déterminable de l'action exprimée par le verbe. (Ex. : il faut, il neige, il convient que.) ▷ *Modes impersonnels,* qui ne reçoivent pas d'indication de personnes (infinitif, participe).

impertinence [ɛ̃pɛʀtinɑ̃s] n. f. Comportement impertinent. ▷ Parole, action impertinente.

impertinent, ente [ɛ̃pɛʀtinɑ̃, ɑ̃t] adj. et n. Qui manque de respect, de politesse. *Enfant impertinent. Réponse impertinente.* Syn. irrévérencieux, insolent. – Subst. *Quel impertinent!*

imperturbable [ɛ̃pɛʀtyʀbabl] adj. (Personne, attitude.) Que rien ne peut troubler. *Un calme imperturbable.*

impétigo [ɛ̃petigo] n. m. Dermatose de l'enfant siégeant surtout à la face et aux mains, due au streptocoque ou au staphylocoque et caractérisée par des vésicules prurigineuses qui forment des croûtes suintantes.

impétrant, ante [ɛ̃petʀɑ̃, ɑ̃t] n. Personne qui a obtenu un titre, un diplôme, etc. *Signature de l'impétrant.*

impétueusement [ɛ̃petɥøzmɑ̃] adv. Avec impétuosité.

impétueux, euse [ɛ̃petɥø, øz] adj. **1.** Litt. (Choses) Dont le mouvement est à la fois violent et rapide. *Torrent impétueux.* **2.** Qui est plein de fougue, ne sait pas se contenir. *Il est jeune et impétueux.* – Par ext. *Désirs impétueux.*

impétuosité [ɛ̃petɥɔzite] n. f. Fougue, ardeur; violence.

impie [ɛ̃pi] adj. et n. Litt. Qui manifeste de l'indifférence ou du mépris à l'égard de la religion. *Paroles impies.* ▷ Subst. *Des impies.*

impiété [ɛ̃pjete] n. f. Litt. État d'esprit de l'impie. ▷ Action, parole impie.

impitoyable [ɛ̃pitwajabl] adj. Qui est sans pitié. *Adversaire impitoyable.*

impitoyablement [ɛ̃pitwajabləmɑ̃] adv. D'une manière impitoyable.

implacable [ɛ̃plakabl] adj. **1.** Dont on ne peut apaiser la violence. *Ennemi implacable.* **2.** À quoi l'on ne peut échapper. *Mal implacable.*

implant [ɛ̃plɑ̃] n. m. **1.** MED Fragment de tissu, comprimé médicamenteux ou substance radioactive que l'on place dans le tissu sous-cutané ou un autre tissu dans un but thérapeutique. **2.** *Implant dentaire :* dispositif enraciné dans la mâchoire et sur lequel on fixe une prothèse.

implantation [ɛ̃plɑ̃tasjɔ̃] n. f. **1.** Action d'implanter, de s'implanter. ▷ CONSTR, TRAV PUBL Opération destinée à définir, puis à matérialiser sur le terrain les contours d'un ouvrage. **2.** MED Mise en place d'un implant. **3.** *Implantation dentaire :* disposition des dents sur l'arcade dentaire.

implanté, ée [ɛ̃plɑ̃te] adj. **1.** Qui a été l'objet d'une implantation. **2.** Placé (en parlant des dents). *Dent mal implantée.* **3.** Qui s'est installé.

implanter [ɛ̃plɑ̃te] v. tr. [1] **1.** CHIR Pratiquer un implant. **2.** Introduire, établir quelque part. *Implanter une usine dans une zone franche. Implanter une population sur des terres neuves.* ▷ v. pron. Fig. *Doctrine qui s'implante.*

implication [ɛ̃plikasjɔ̃] n. f. **I.** DR Situation d'une personne impliquée dans une accusation ou un procès. **II. 1.** Conséquence inévitable. *Les implications économiques du développement industriel.* **2.** MATH Relation qui établit qu'une proposition, appelée *hypothèse,* en entraîne une autre, appelée *conclusion.* (Si la proposition P s'énonce : «x se termine par zéro» et si la proposition Q s'énonce «x est multiple de 5», l'implication P ⇒ Q est vraie, car tout nombre se terminant par 0 est divisible par 5.)

implicite [ɛ̃plisit] adj. **1.** Qui, sans être exprimé formellement, peut être déduit de ce qui est exprimé. *Condition implicite d'un marché.* Ant. explicite. **2.** MATH *Fonction implicite par rapport à une variable,* dont on ne peut directement calculer les valeurs correspondant aux valeurs de la variable.

impliquer [ɛ̃plike] v. tr. [**1**] **I.** Mêler (qqn) à une affaire fâcheuse. *Impliquer (qqn) dans un complot.* ▷ v. pron. (Réfl.) Mettre toute son énergie (dans qqch). *Il s'est impliqué dans cette affaire.* **II. 1.** Avoir pour conséquence. *La politesse implique l'exactitude.* **2.** MATH *P implique Q :* la proposition P entraîne la proposition Q. (V. implication.)

imploration [ɛ̃plɔʀasjɔ̃] n. f. Litt. Action d'implorer.

implorer [ɛ̃plɔʀe] v. tr. [**1**] **1.** *Implorer qqn,* le supplier humblement. **2.** *Implorer une grâce, une aide,* la demander avec humilité et insistance.

imploser [ɛ̃ploze] v. intr. [**1**] TECH Faire implosion.

implosif, ive [ɛ̃plozif, iv] adj. et n. f. LING Se dit d'une consonne articulée incomplètement à la fin d'une syllabe. ▷ n. f. *Une implosive.*

implosion [ɛ̃plozjɔ̃] n. f. TECH Éclatement d'un corps creux sous l'action d'une pression plus forte à l'extérieur qu'à l'intérieur. *Implosion du tube cathodique d'un téléviseur.*

impluvium [ɛ̃plyvjɔm] n. m. ANTIQ Dans les maisons romaines, bassin aménagé au centre de l'atrium pour recevoir les eaux de pluie. *Des impluviums.* ▷ *Case à impluvium :* case en forme de couronne dont le toit en entonnoir permet de recueillir les eaux de pluie.

impoli, ie [ɛ̃pɔli] adj. et n. Qui manque de politesse. *Personnes, manières impolies.* – Subst. *Un(e) impoli(e).*

impoliment [ɛ̃pɔlimɑ̃] adv. Avec impolitesse.

impolitesse [ɛ̃pɔlitɛs] n. f. Manque de politesse. ▷ Procédé impoli.

impondérable [ɛ̃pɔ̃deʀabl] adj. et n. m. **1.** PHYS Qui semble ne pas avoir de poids. **2.** Dont l'effet est difficile à prévoir. *Des économies impondérables.* – n. m. *Un impondérable.*

impopulaire [ɛ̃pɔpylɛʀ] adj. Qui n'est pas aimé, apprécié du peuple. *Ministre, loi impopulaire.* – *Par anal.* Que l'on considère sans bienveillance. *Professeur très impopulaire.*

impopularité [ɛ̃pɔpylaʀite] n. f. Absence de popularité.

importable [ɛ̃pɔʀtabl] adj. Qu'on a la possibilité, le droit d'importer (2).

importance [ɛ̃pɔʀtɑ̃s] n. f. **1.** Caractère de celui, de ce qui est important. *L'importance d'un auteur, d'un livre.* **2.** Autorité, influence, prestige. **3.** Loc. adv. *D'importance :* très fort.

important, ante [ɛ̃pɔʀtɑ̃, ɑ̃t] adj. et n. **1.** (Choses) Qui a une valeur, un intérêt très grands; considérable. *Œuvre, somme, découverte importante.* ▷ n. m. Ce qui est important. *C'est cela l'important.* **2.** Influent, puissant. *Visiteur important.* ▷ Subst. *Faire l'important(e).*

importateur, trice [ɛ̃pɔʀtatœʀ, tʀis] n. et adj. Qui fait le commerce d'importation. *Un importateur de céréales.* – adj. *Région importatrice.*

importation [ɛ̃pɔʀtasjɔ̃] n. f. **1.** Action d'importer (2). **2.** (Plur.) Ce qui est importé.

1. importer [ɛ̃pɔʀte] v. tr. indir. et intr. [**1**] (Empl. seulement à l'inf. et aux 3ᵉ pers.) **1.** (Choses) Être important, digne d'intérêt. *Cela m'importe peu.* ▷ v. impers. *Il importe de savoir manœuvrer.* **2.** Loc. *Qu'importe! Peu importe! :* cela est indifférent. **3.** Loc. pron. indéf. *N'importe qui, n'importe quoi :* une personne, une chose quelconque. ▷ Loc. adv. *N'importe comment, où, quand.*

2. importer [ɛ̃pɔʀte] v. tr. [**1**] Introduire dans un pays, en vue de commercialisation (des biens, des services achetés à l'étranger). ▷ Fig. *Importer un style de vie.* Ant. exporter.

import-export [ɛ̃pɔʀɛkspɔʀ] n. m. inv. Commerce avec l'étranger (importations et exportations). *Société spécialisée dans l'import-export.*

importun, une [ɛ̃pɔʀtœ̃, yn] adj. et n. (Personnes) Qui ennuie, dérange. – Subst. *Fuir les importuns.* ▷ Par ext. *Souvenirs importuns.* Ant. opportun.

importuner [ɛ̃pɔʀtyne] v. tr. [**1**] (Personnes ou choses.) Déranger, gêner. *Voisin, bruit qui importune.*

imposable [ɛ̃pozabl] adj. Assujetti à l'impôt.

imposant, ante [ɛ̃pozɑ̃, ɑ̃t] adj. **1.** Qui en impose. *Une allure imposante.* **2.** Qui frappe par ses vastes proportions. *Architecture imposante.*

imposé, ée [ɛ̃poze] adj. **1.** Fixé par voie d'autorité. *Prix imposé.* ▷ SPORT *Figures imposées,* que tous les concurrents d'une compétition de gymnastique ou de patinage artistique doivent exécuter (par oppos. à *figures libres*). **2.** Soumis à l'impôt.

imposer [ɛ̃poze] v. [**1**] **I.** v. tr. **1.** Faire accepter en contraignant. *Imposer une tâche. Imposer un mari à sa fille.* ▷ v. intr. *En imposer :* susciter le respect, l'admiration. **2.** Soumettre à l'impôt. *Imposer les contribuables. Imposer telle catégorie de revenus.* **3.** LITURG *Imposer les mains,* les mettre sur la tête de qqn selon un rite sacramentel. **II.** v. pron. **1.** Se contraindre à. *S'imposer des sacrifices.* **2.** (Choses) Être indispensable. *Cette démarche s'impose.* **3.** Se faire accepter par ses qualités personnelles ou par des manifestations d'autorité. *Un chef qui s'impose.*

imposition [ɛ̃pozisjɔ̃] n. f. Syn. de *taxe, impôt* ou *contribution.*

impossibilité [ɛ̃pɔsibilite] n. f. Défaut de possibilité. ▷ Chose impossible. *Rencontrer une impossibilité.*

impossible [ɛ̃pɔsibl] adj. et n. m. **I.** adj. **1.** Qui ne peut exister, qui ne peut se faire. *Changement impossible.* ▷ Très difficile à faire. *Accomplir une mission impossible.* **2.** Insupportable. *Un caractère impossible.* **3.** Fam. Bizarre. *Des goûts impossibles.* **II.** n. m. **1.** Ce qui est à la limite du possible. *Tenter l'impossible.* **2.** Loc. adv. *Par impossible :* en supposant réalisée une chose très improbable.

imposteur [ɛ̃pɔstœʀ] n. m. Celui qui trompe autrui en se faisant passer pour autre qu'il n'est. *Être abusé par un imposteur.*

imposture [ɛ̃pɔstyʀ] n. f. Action de tromper par de fausses apparences.

impôt [ɛ̃po] n. m. Taxe, droit dont sont frappées les personnes ou les choses pour subvenir aux dépenses de l'État ou des collectivités locales.
ENCYCL On distingue les impôts *directs* (impôts sur le revenu des personnes physiques, taxes sur les plus-values, impôts sur les sociétés, etc.) et les impôts *indirects* (taxe à la valeur ajoutée, taxes sur les alcools, les carburants, etc.). Des impôts *locaux* sont perçus à l'échelon de certaines subdivisions administratives (commune, par ex.).

impotence [ɛ̃pɔtɑ̃s] n. f. État d'un impotent.

impotent, ente [ɛ̃pɔtɑ̃, ɑ̃t] adj. et n. Qui ne peut se mouvoir qu'avec difficulté. *Vieillard impotent.* – Subst. *Des installations pour les impotents.*

impraticable [ɛ̃pʀatikabl] adj. **1.** Que l'on ne peut mettre en pratique. *Une idée impraticable.* **2.** Où l'on passe très difficilement. *Piste impraticable.*

imprécation [ɛ̃pʀekasjɔ̃] n. f. Litt. Malédiction. *Proférer des imprécations.*

imprécis, ise [ɛ̃pʀesi, iz] adj. Qui manque de précision. *Termes imprécis.*

imprécision [ɛ̃pʀesizjɔ̃] n. f. Manque de précision.

imprégnation [ɛ̃pʀeɲasjɔ̃] n. f. **1.** Action d'imprégner; son résultat. ▷ MED *Imprégnation alcoolique :* intoxication alcoolique aiguë ou chronique. **2.** Pénétration (d'une idée, d'une influence etc.), dans l'esprit (d'une personne, d'un groupe).

imprégner [ɛ̃pʀeɲe] v. tr. [**14**] Imbiber, faire pénétrer un liquide dans (un corps). *Imprégner un linge de produit nettoyant.* ▷ Par ext. *L'odeur de friture imprègne les vêtements.* – Pp. Fig. *Imprégné d'une idéologie.*

imprenable [ɛ̃pʀənabl] adj. **1.** Qui ne peut être pris. *Forteresse imprenable.* **2.** *Vue imprenable,* que des constructions nouvelles ne pourraient masquer.

impréparation [ɛ̃pʀepaʀasjɔ̃] n. f. Litt. Manque de préparation.

imprésario ou **impresario** [ɛ̃pʀesaʀjo] n. m. Celui qui s'occupe des contrats d'un artiste. *Des imprésarios* ou *des impresarii.*

imprescriptibilité [ɛ̃pʀɛskʀiptibilite] n. f. DR Caractère de ce qui est imprescriptible.

imprescriptible [ɛ̃pʀɛskʀiptibl] adj. DR Qui n'est pas susceptible de s'éteindre par prescription. ▷ Fig. *Les droits imprescriptibles de la nature.*

impression [ɛ̃pʀesjɔ̃] n. f. **I. 1.** Action d'imprimer des figures, des caractères. *Fautes d'impression dans un livre.* **2.** TECH *Couche d'impression :* première couche de peinture. **II.** État de conscience produit par une action extérieure quelconque, et indépendant de la réflexion. *Ressentir une impression de confort. Faire bonne, mauvaise impression.* – Absol. *Faire impression :* faire de l'effet. ▷ *Avoir l'impression de, que :* croire que. *J'ai l'impression qu'il va mieux.*

impressionnable [ɛ̃pʀesjɔnabl] adj. **1.** Qui ressent vivement les impressions, les émotions. *Vous êtes trop im-*

pressionnable. **2.** TECH Qui peut être impressionné. *Surface impressionnable.*

impressionnant, ante [ɛ̃pʀesjɔnɑ̃, ɑ̃t] adj. Qui impressionne l'esprit. *Spectacle impressionnant.*

impressionner [ɛ̃pʀesjɔne] v. tr. [1] **1.** Faire une vive impression sur (qqn). **2.** PHYSIOL Agir sur (un organe) de manière à produire une sensation. *Les ondes lumineuses impressionnent la rétine.* **3.** TECH Produire une impression matérielle sur (une surface sensible).

impressionnisme [ɛ̃pʀesjɔnism] n. m. **1.** BX-A Mouvement pictural qui se développa en France dans le dernier quart du XIXe s. en réaction contre les conceptions académiques de l'art. **2.** Litt. Manière des musiciens, des écrivains impressionnistes (sens 2).

ENCYCL L'impressionnisme repose sur la division des tons (un ton vert, par ex., résulte du voisinage d'un bleu et d'un jaune); dès lors, la touche concourt à la dissolution des formes dans l'atmosphère. La première exposition du groupe, à Paris, en 1874, fit scandale; un critique, raillant la toile de Monet *Impression, soleil levant,* inventa le sobriquet «impressionnistes» pour qualifier les peintres de cette école dont les principaux furent Renoir, Degas, Monet, Manet, Sisley, Pissarro. Dans les années 1880, divers peintres s'appuyant sur l'acquis de l'impressionnisme développèrent une œuvre personnelle : Seurat, Van Gogh, Toulouse-Lautrec, Gauguin, Cézanne; c'est abusivement qu'on leur attribue parfois le qualificatif d'impressionnistes. En revanche, dans l'Europe entière, apparurent de très nombreux artistes post-impressionnistes.

impressionniste [ɛ̃pʀesjɔnist] n. et adj. **1.** Peintre appartenant à l'impressionnisme. ▷ adj. *Une peinture impressionniste.* **2.** Écrivain, musicien dont l'art présente des affinités avec l'impressionnisme (les frères Goncourt, Loti, Debussy, etc.). ▷ adj. *Un écrivain impressionniste.*

imprévisibilité [ɛ̃pʀevizibilite] n. f. Caractère de ce qui est imprévisible.

imprévisible [ɛ̃pʀevizibl] adj. Qu'on ne peut prévoir. *Un événement imprévisible.*

imprévision [ɛ̃pʀevizjɔ̃] n. f. Litt. Manque de prévision. ▷ DR, ADMIN *Théorie de l'imprévision :* théorie selon laquelle certains faits (dépréciation de la monnaie, notam.) peuvent entraîner la révision des clauses financières d'un contrat de longue durée.

imprévoyance [ɛ̃pʀevwajɑ̃s] n. f. Défaut de prévoyance.

imprévoyant, ante [ɛ̃pʀevwajɑ̃, ɑ̃t] adj. Qui manque de prévoyance. *Jeunesse imprévoyante.*

imprévu, ue [ɛ̃pʀevy] adj. et n. m. Qui arrive sans qu'on l'ait prévu. *Une rencontre imprévue.* ▷ n. m. *Un imprévu de dernière minute.*

imprimant, ante [ɛ̃pʀimɑ̃, ɑ̃t] adj. et n. f. **1.** adj. TECH Qui imprime. *Forme imprimante.* **2.** n. f. INFORM Appareil servant à imprimer sur du papier les résultats d'un traitement, la liste d'un programme. *Imprimante à laser.*

imprimé, ée [ɛ̃pʀime] adj. et n. m. **1.** adj. Reproduit par une impression. *Une cotonnade imprimée.* ▷ ELECTRON *Circuit imprimé :* V. circuit. **2.** n. m. Livre, brochure, feuille imprimée, etc. Ant. manuscrit. ▷ Tissu imprimé.

imprimer [ɛ̃pʀime] v. tr. [1] **1.** Reporter sur un support (des signes, des dessins) au moyen d'une forme chargée de matière colorante. *Imprimer une gravure, un cachet. Imprimer une étoffe,* des motifs sur une étoffe. ▷ Spécial. *Imprimer un texte, un livre. – Par ext.* Publier (une œuvre, un auteur). *Imprimer un jeune poète.* **2.** Faire, laisser (une empreinte). *Traces de roues imprimées dans la boue.* ▷ Fig. *La satisfaction est imprimée sur son visage.* **3.** Communiquer (un mouvement). *Vitesse que le vent imprime aux voiliers.*

imprimerie [ɛ̃pʀimʀi] n. f. **1.** Art d'imprimer, technique de l'impression (sens I, 1). *L'invention de l'imprimerie.* **2.** Établissement où l'on imprime. *Fonder une imprimerie.* **3.** Matériel servant à imprimer. *Imprimerie portative.*

ENCYCL Les principaux procédés d'impression utilisés en imprimerie sont la typographie, l'offset et l'héliogravure. Dans la *typographie,* l'encre est déposée sur des éléments imprimants en relief, avant d'être transférée sur le papier. Dans le procédé *offset,* un film réalisé à partir de la composition est mis au contact d'une plaque métallique recouverte d'une couche photosensible; après insolation et développement, cette plaque est encrée. Des rouleaux de caoutchouc reportent les textes et illustrations de la plaque sur le papier. En *héliogravure,* on réalise un film positif, que l'on copie sur un papier photographique tramé; ce papier est appliqué sur un cylindre; les régions non imprimantes sont protégées par un vernis; les autres sont attaquées par du chlorure de fer, qui creuse des alvéoles plus ou moins profonds, ce qui, après encrage, permet de reproduire des demi-teintes.

imprimeur [ɛ̃pʀimœʀ] n. m. **1.** Personne qui dirige une imprimerie. **2.** Ouvrier qui travaille dans une imprimerie.

improbabilité [ɛ̃pʀɔbabilite] n. f. Didac. Caractère de ce qui est improbable.

improbable [ɛ̃pʀɔbabl] adj. Qui n'est pas probable, qui est peu probable.

improductif, ive [ɛ̃pʀɔdyktif, iv] adj. **1.** Qui ne produit rien. *Capital improductif.* **2.** Qui ne participe pas directement à la production. *Personnel improductif.*

impromptu, ue [ɛ̃pʀɔ̃pty] adj. et n. m. **I.** adj. Improvisé. *Concert impromptu.* **II.** n. m. **1.** LITTER Petite pièce de vers improvisée. **2.** Petite composition instrumentale. *Les impromptus de Schubert.*

imprononçable [ɛ̃pʀɔnɔ̃sabl] adj. Qui ne peut être prononcé.

impropre [ɛ̃pʀɔpʀ] adj. **1.** Qui ne convient pas pour exprimer la pensée (mot, expression). **2.** *Impropre à :* qui n'est pas fait pour, qui ne convient pas à. *Viande impropre à la consommation.*

improprement [ɛ̃pʀɔpʀəmɑ̃] adv. D'une manière impropre.

impropriété [ɛ̃pʀɔpʀijete] n. f. Caractère d'un mot, d'une expression impropre. ▷ Mot, expression impropre.

improvisateur, trice [ɛ̃pʀɔvizatœʀ, tʀis] n. Personne qui improvise.

improvisation [ɛ̃pʀɔvizasjɔ̃] n. f. **1.** Action d'improviser. **2.** Poème, discours, morceau de musique improvisé.

improviser [ɛ̃pʀɔvize] v. [1] **1.** v. tr. Composer sur-le-champ et sans préparation. *Improviser un discours. Improviser une fête.* ▷ Absol. *Improviser au piano.* **2.** v. pron. Remplir sans préparation la fonction de. *S'improviser cuisinier.*

improviste (à l') [alɛ̃pʀɔvist] loc. adv. De manière soudaine, imprévue. *Arriver à l'improviste.*

imprudemment [ɛ̃pʀydamɑ̃] adv. Avec imprudence.

imprudence [ɛ̃pʀydɑ̃s] n. f. **1.** Manque de prudence. ▷ DR Faute due à un manque de prévoyance, engageant la responsabilité civile et éventuellement pénale de son auteur. *Homicide par imprudence.* **2.** Action imprudente. *Commettre une imprudence.*

imprudent, ente [ɛ̃pʀydɑ̃, ɑ̃t] adj. et n. Qui manque de prudence. – Subst. *C'est un imprudent,* un casse-cou.

impubère [ɛ̃pybɛʀ] adj. et n. Qui n'a pas atteint la puberté.

impubliable [ɛ̃pyblijabl] adj. Qu'on ne peut publier.

impudence [ɛ̃pydɑ̃s] n. f. Litt. **1.** Effronterie extrême. *Mentir avec impudence.* **2.** Action, parole impudente.

impudent, ente [ɛ̃pydɑ̃, ɑ̃t] adj. et n. Litt. Qui a ou dénote de l'impudence. – Subst. *L'impudent peut se montrer cynique ou flatteur.*

impudeur [ɛ̃pydœʀ] n. f. Manque de pudeur, de décence.

impudique [ɛ̃pydik] adj. et n. Qui a ou dénote de l'impudeur. – Subst. *Une impudique provocante.*

impuissance [ɛ̃pɥisɑ̃s] n. f. **1.** Manque de pouvoir, de moyens, pour faire qqch. *Être réduit à l'impuissance.* ▷ Par ext. *L'impuissance de la raison.* **2.** *Spécial.* Impossibilité physique, pour l'homme, de pratiquer le coït.

impuissant, ante [ɛ̃pɥisɑ̃, ɑ̃t] adj. et n. m. **1.** adj. Qui n'a pas un pouvoir suffisant. *Ennemis impuissants.* – Par ext. *Colère impuissante.* **2.** adj. m. et n. m. Se dit d'un homme incapable physiquement de pratiquer le coït.

impulser [ɛ̃pylse] v. tr. [1] Donner une impulsion à.

impulsif, ive [ɛ̃pylsif, iv] adj. et n. Qui agit, qui est fait par impulsion, sans réfléchir. *Enfant impulsif. Mouvement impulsif.* – Subst. *Un impulsif.*

impulsion [ɛ̃pylsjɔ̃] n. f. **1.** Action d'imprimer un mouvement à un corps; ce mouvement. *Une légère impulsion.* ▷ PHYS Variation de la quantité de mouvement. ▷ ELECTR Passage d'un courant dans un circuit. *Générateur d'impulsions :* appareil qui produit des signaux électriques. **2.** Incitation à l'activité. *Donner une impulsion à une entreprise.* **3.** Désir soudain et impérieux d'agir. *Suivre ses impulsions.*

impulsivité [ɛ̃pylsivite] n. f. Tendance à céder à ses impulsions.

impunément [ɛ̃pynemɑ̃] adv. **1.** Sans subir de punition. *Voler impunément.* **2.** Sans inconvénient. *On ne joue pas impunément avec sa santé.*

impuni, ie [ɛ̃pyni] adj. Qui demeure sans punition. *Crime impuni.*

impunité [ɛ̃pynite] n. f. Absence de punition. – Loc. *En toute impunité :* sans que cela tire à conséquence.

impur, ure [ɛ̃pyʀ] adj. **1.** Qui est altéré par des substances étrangères. *Des eaux impures.* **2.** RELIG Impudique, lascif. *Pensées impures.* ▷ Souillé et frappé d'interdit. *Animal impur.*

impureté [ɛ̃pyʀte] n. f. **1.** Caractère d'un corps impur. *Impureté d'un métal.* ▷ Ce qui le rend impur. *Des impuretés dans une eau de boisson.* **2.** RELIG Acte impur aux yeux de la loi religieuse.

imputabilité [ɛ̃pytabilite] n. f. **1.** Didac. Caractère de ce qui est imputable à qqn. **2.** DR Possibilité d'imputer une infraction à qqn sans que cela entraîne nécessairement sa responsabilité ou sa culpabilité.

imputable [ɛ̃pytabl] adj. **1.** Qui peut, qui doit être imputé. **2.** DR Se dit d'une valeur déductible d'une autre. *Libéralité imputable sur la quotité disponible.*

imputation [ɛ̃pytasjɔ̃] n. f. Litt. Action d'imputer. – *Imputation budgétaire* : certificat garantissant qu'une dépense est imputable au budget d'un service, d'une entreprise.

imputer [ɛ̃pyte] v. tr. [1] **1.** Attribuer (une action, une faute) à qqn. *Imputer un méfait à qqn.* – Par ext. *Imputer un accident à la négligence.* **2.** FIN Affecter (une somme) à un poste comptable.

imputrescible [ɛ̃pytʀesibl] adj. Qui ne peut pourrir, se putréfier. *Le bois de rônier est imputrescible.*

1. in- ou **il-, im-, ir-.** Élément, du lat. *in-*, qui indique la négation, la privation (devant *l*, *in* devient *il-*; devant *b, m, p, im-*; devant *r, ir-*).

2. in- ou **im-.** Élément, du lat. *in,* «en, dans».

inabordable [inabɔʀdabl] adj. **1.** Où l'on ne peut aborder. *Rivage inabordable.* **2.** (Personnes) D'un abord difficile. **3.** D'un prix élevé.

inabouti, ie [inabuti] adj. Qui n'a pas abouti.

inaccentué, ée [inaksɑ̃tɥe] adj. LING Qui n'est pas accentué (avec la voix). *Syllabe inaccentuée.*

inacceptable [inakseptabl] adj. Qu'on ne peut, qu'on ne doit pas accepter. *Demande inacceptable.*

inaccessibilité [inaksesibilite] n. f. Litt. Caractère de ce qui est inaccessible.

inaccessible [inaksesibl] adj. **1.** (Lieu) Auquel on ne peut accéder. *Village inaccessible.* ▷ Fig. *Des connaissances inaccessibles.* **2.** (Personnes) Difficile à approcher, à aborder. *Personnage inaccessible.* **3.** *Inaccessible à* : insensible à. *Inaccessible à la pitié.*

inaccompli, ie [inakɔ̃pli] adj. et n. m. **1.** adj. Litt. Qui n'est pas accompli, achevé. **2.** n. m. GRAM Ensemble des formes du verbe exprimant l'action du point de vue de son déroulement.

inaccoutumé, ée [inakutyme] adj. Inhabituel. *Un silence inaccoutumé.*

inachevé, ée [inaʃ(ə)ve] adj. Qui n'est pas achevé, terminé.

inachèvement [inaʃɛvmɑ̃] n. m. État de ce qui est inachevé.

inactif, ive [inaktif, iv] adj. et n. **1.** Qui n'a pas d'activité. *Rester inactif.* ▷ Subst. *Un inactif.* **2.** Qui n'agit pas sur l'organisme. *Remède inactif.* **3.** PHYS Se dit d'un corps qui ne fait pas tourner le plan de polarisation de la lumière.

inaction [inaksjɔ̃] n. f. Absence d'action, d'occupation.

inactivation [inaktivɑsjɔ̃] n. f. BIOL Arrêt de l'activité d'une substance biochimique ou d'un micro-organisme.

inactiver [inaktive] v. tr. [1] BIOL Rendre inactif (un composé biochimique, un micro-organisme). – Pp. adj. *Agent infectieux inactivé.*

inactivité [inaktivite] n. f. **1.** Manque, absence d'activité. **2.** ADMIN État d'un fonctionnaire qui n'est pas en activité.

inactuel, elle [inaktɥel] adj. Litt. Qui n'est pas d'actualité.

inadaptable [inadaptabl] adj. Qui ne peut être adapté; qui ne peut s'adapter.

inadaptation [inadaptasjɔ̃] n. f. Manque d'adaptation. ▷ PSYCHO État des sujets, notam. des enfants, qui ne peuvent pas se conformer aux exigences de la vie en société, en raison d'une malformation physique, d'une arriération mentale, de conflits affectifs.

inadapté, ée [inadapte] adj. et n. Qui n'est pas adapté. ▷ PSYCHO Qui souffre d'inadaptation. – Subst. *Un(e) inadapté(e).*

inadéquat, ate [inadekwa, at] adj. Qui ne convient pas.

inadéquation [inadekwasjɔ̃] n. f. Didac. Caractère de ce qui est inadéquat.

inadmissibilité [inadmisibilite] n. f. Caractère de ce qui est inadmissible. ▷ *Spécial.* Situation du candidat qui n'est pas admis à un examen, à un concours.

inadmissible [inadmisibl] adj. Qui ne peut être admis, accepté. *Demande, ton inadmissible.*

inadvertance (par) [paʀinadvɛʀtɑ̃s] loc. adv. Par manque d'attention. *Faire une erreur par inadvertance.*

inaliénabilité [inaljenabilite] n. f. DR Caractère de ce qui est inaliénable.

inaliénable [inaljenabl] adj. DR Qui ne peut être cédé ou vendu. *Des biens inaliénables.*

inalpe [inalp] n. f. (Suisse) Montée du troupeau à l'alpage. Syn. poya.

inaltérabilité [inalteʀabilite] n. f. Caractère de ce qui est inaltérable.

inaltérable [inalteʀabl] adj. Qui ne peut s'altérer. *Métal inaltérable.* ▷ Fig. *Patience inaltérable.*

inamical, ale, aux [inamikal, o] adj. Qui n'est pas amical. *Procédé inamical.*

inamovibilité [inamɔvibilite] n. f. DR ADMIN Situation d'un fonctionnaire inamovible.

inamovible [inamɔvibl] adj. DR ADMIN Qui ne peut être déplacé, révoqué. *Fonctionnaire inamovible.*

inanimé, ée [inanime] adj. et n. m. **1.** Qui n'est pas doué de vie. *Êtres, objets inanimés.* ▷ n. m. GRAM Nom désignant une chose ou une notion abstraite. **2.** Qui a perdu ou semble avoir perdu la vie. *Corps inanimé.*

inanité [inanite] n. f. Litt. Caractère de ce qui est inutile, vain. *Inanité d'une remarque.*

inanition [inanisjɔ̃] n. f. Épuisement de l'organisme dû à une profonde carence alimentaire. *Mourir d'inanition.*

inaperçu, ue [inapɛʀsy] adj. Qui n'est pas remarqué. *Passer inaperçu.*

inappétence [inapetɑ̃s] n. f. Didac. Défaut d'appétit. ▷ Fig. Manque de désir, de besoin.

inapplicable [inaplikabl] adj. Qui ne peut être appliqué. *Ce procédé est inapplicable.*

inappliqué, ée [inaplike] adj. **1.** Qui manque d'application. *Un élève inappliqué.* **2.** Qui n'a pas été appliqué. *Une réglementation inappliquée.*

inappréciable [inapʀesjabl] adj. Qu'on ne saurait trop estimer. *Bienfait inappréciable.*

inapproprié, ée [inapʀopʀije] adj. Qui ne convient pas, inadéquat.

inapte [inapt] adj. et n. Qui manque d'aptitude pour qqch, pour faire qqch. *Inapte au travail manuel.*

inaptitude [inaptityd] n. f. Défaut d'aptitude.

inarticulé, ée [inaʀtikyle] adj. Qui n'est pas articulé ou mal articulé (son, mot).

inassimilable [inasimilabl] adj. Qui n'est pas assimilable.

inassouvi, ie [inasuvi] adj. Qui n'est pas assouvi. *Faim inassouvie. Ambition inassouvie.*

inattaquable [inatakabl] adj. Qu'on ne peut attaquer. *Forteresse inattaquable.* ▷ Fig. *Démonstration inattaquable.*

inattendu, ue [inatɑ̃dy] adj. Qui arrive sans qu'on s'y attende. *Événement inattendu.*

inattentif, ive [inatɑ̃tif, iv] adj. Qui manque d'attention. *Élève inattentif.*

inattention [inatɑ̃sjɔ̃] n. f. Défaut d'attention. – *Faute d'inattention,* due au manque d'attention.

inaudible [inodibl] adj. Impossible ou difficile à entendre. *Son inaudible.*

inaugural, ale, aux [inogyʀal, o] adj. Relatif à l'inauguration. *Discours inaugural.*

inauguration [inogyʀasjɔ̃] n. f. Action d'inaugurer. (V. consécration, dédicace.)

inaugurer [inogyʀe] v. tr. [1] **1.** Marquer par une cérémonie la mise en service, la mise en place de. *Inaugurer un pont, un monument.* **2.** Fig. Appliquer, employer pour la première fois. *Inaugurer une nouvelle méthode.* **3.** Fig. Marquer le début de. *Cette réussite inaugura une période faste.*

inauthenticité [inotɑ̃ticite] n. f. Manque d'authenticité.

inauthentique [inotɑ̃tik] adj. Qui n'est pas authentique.

inavouable [inavwabl] adj. Qui n'est pas avouable. *Désir inavouable.*

inavoué, ée [inavwe] adj. Qu'on n'a pas avoué; qu'on ne s'avoue pas.

inca [ɛ̃ka] adj. inv. Relatif aux Incas. *La civilisation inca.*

incalculable [ɛ̃kalkylabl] adj. **1.** Qui ne peut être calculé. *Le nombre incalculable des étoiles.* **2.** Impossible à évaluer. *Conséquences incalculables.*

incandescence [ɛ̃kɑ̃desɑ̃s] n. f. État d'un corps incandescent.

incandescent, ente [ɛ̃kɑ̃desɑ̃, ɑ̃t] adj. Devenu lumineux sous l'effet d'une chaleur intense. *Lave incandescente.*

incantation [ɛ̃kɑ̃tasjɔ̃] n. f. Récitation de formules destinées à produire des sortilèges; ces formules.

incantatoire [ɛ̃kɑ̃tatwaʀ] adj. Qui a la forme d'une incantation. *Poésie incantatoire.*

incapable [ɛ̃kapabl] adj. et n. **1.** Qui n'est pas capable. – *Incapable de. Incapable d'attention. Incapable de parler. Incapable de trahir.* ▷ Subst. Personne qui n'a pas les compétences requises pour un travail, une activité donnés. *Renvoyez tous ces incapables!* **2.** DR Qui n'a pas la capacité légalement exigée pour l'exercice ou la jouissance de certains droits. ▷ Subst. *Un(e) incapable majeur(e).*

incapacitant, ante [ɛ̃kapasitɑ̃, ɑ̃t] adj. et n. m. Qui paralyse temporairement certains organes. *Gaz incapacitant.* ▷ n. m. *Un incapacitant.*

incapacité [ɛ̃kapasite] n. f. Cour. et DR État d'une personne incapable. *Incapacité temporaire, permanente.* ▷ *Incapacité de travail :* état d'une personne qui ne peut exercer une activité à la suite d'une blessure, d'une maladie.

incarcération [ɛ̃kaʀseʀasjɔ̃] n. f. **1.** Action d'incarcérer. **2.** État d'une personne incarcérée.

incarcérer [ɛ̃kaʀseʀe] v. tr. [14] Mettre en prison.

incarnat, ate [ɛ̃kaʀna, at] adj. (Rare au fém.) et n. m. D'un rouge tirant sur le rose. ▷ n. m. Cette couleur.

incarnation [ɛ̃kaʀnasjɔ̃] n. f. **1.** RELIG Action de la divinité qui s'incarne. ▷ Mystère fondamental de la foi chrétienne, par lequel Dieu s'est fait homme en la personne de Jésus-Christ. **2.** Image, représentation. *C'est l'incarnation de la bonté.*

incarné, ée [ɛ̃kaʀne] adj. **1.** Qui s'est incarné (divinité). **2.** *Par ext.* Personnifié. *C'est la méchanceté incarnée.* **3.** *Ongle incarné,* qui est entré dans la chair.

incarner [ɛ̃kaʀne] v. [1] **I.** v. tr. **1.** Être l'image matérielle de (qqch d'abstrait). *Le roi de France incarnait la loi.* **2.** Interpréter le rôle de. *Acteur qui incarne le Cid.* **II.** v. pron. Prendre un corps de chair (divinité).

incartade [ɛ̃kaʀtad] n. f. Écart de conduite, de langage. *Il a encore fait des incartades.*

Incas, tribu du peuple quechua. Elle fonda v. 1200, à Cuzco (dans le Pérou actuel), un empire théocratique et rigoureusement organisé qui, au XVe s., engloba le Pérou, l'Équateur et la Bolivie actuels, ainsi que le nord de l'Argentine et du Chili. Il fut anéanti en six ans (1527-1533) par les Espagnols. Aqueducs, canaux d'irrigation, terrasses de culture, forteresses et palais (Machupicchu) témoignent d'une étonnante maîtrise dans l'art de construire (sans utilisation de mortier) à partir de blocs de pierre pesant parfois plusieurs tonnes (forteresse de Sacsahuamán).

incassable [ɛ̃kasabl] adj. Qu'on ne peut casser. *Vaisselle incassable.*

Ince (Thomas Harper) (1882 – 1924), cinéaste américain qui fit du western une épopée : *la Colère des dieux* (1914), *Civilisation* (1916).

incendiaire [ɛ̃sɑ̃djɛʀ] adj. et n. **I.** adj. **1.** Destiné à allumer un incendie. *Bombe incendiaire.* **2.** Fig. Propre à susciter des troubles. *Discours incendiaire.* **3.** Fig., plaisant Qui éveille le désir, la passion. *Sourire incendiaire.* **II.** n. Auteur volontaire d'un incendie.

incendie [ɛ̃sɑ̃di] n. m. Grand feu destructeur. *Un incendie de forêt.*

incendier [ɛ̃sɑ̃dje] v. tr. [2] **1.** Provoquer l'incendie de. *Incendier une voiture.* **2.** Fam. *Incendier qqn,* lui faire de violents reproches.

incertain, aine [ɛ̃sɛʀtɛ̃, ɛn] adj. et n. m. **I.** adj. **1.** (Choses) Qui n'est pas certain. *Guérison, nouvelle, signification, durée incertaine.* ▷ *Temps incertain,* nuageux, dont on ne sait s'il va devenir beau ou mauvais. **2.** Qui se présente sous une forme vague, peu distincte. *Clarté, limite incertaine.* **II.** adj. Qui doute (de qqch). *Incertain du succès.* ▷ Hésitant, indécis. *Incertain de l'attitude à prendre.* – Par ext. *La démarche incertaine d'un convalescent.* **III.** n. m. FIN *Cotation à l'incertain :* en matière de change, système où la valeur de l'unité monétaire étrangère est exprimée en monnaie nationale.

incertitude [ɛ̃sɛʀtityd] n. f. **1.** Caractère, état de ce qui est incertain (sens I, 1). *L'incertitude de la victoire.* ▷ PHYS Erreur entachant une mesure. ▷ PHYS NUCL *Principe d'incertitude de Heisenberg*.* **2.** État d'une personne qui doute. *Être dans l'incertitude.* **3.** ECON Connaissance imparfaite des phénomènes économiques futurs.

incessamment [ɛ̃sesamɑ̃] adv. **1.** Sans délai, sous peu. *Il doit partir incessamment.* **2.** (Afr. subsah.) Sans cesse. *Il bouge incessamment.*

incessant, ante [ɛ̃sesɑ̃, ɑ̃t] adj. Continuel. *Bruit incessant.*

incessible [ɛ̃sesibl] adj. DR Qui ne peut être cédé.

inceste [ɛ̃sɛst] n. m. **1.** DR Union entre parents ou alliés dont le mariage est interdit. **2.** Relations sexuelles entre proches parents ou alliés. (En Afrique, la notion d'inceste peut s'étendre à un cercle plus large de parents et d'alliés et inclure des situations autres que l'union sexuelle.)

incestueux, euse [ɛ̃sɛstɥø, øz] adj. **1.** Qui a commis un inceste. **2.** Qui a le caractère de l'inceste. *Désirs incestueux.* **3.** Né d'un inceste. *Enfant incestueux.*

inch Allah ! [inʃala] interj. **1.** (Afr. subsah., Liban, Maghreb) Si Dieu le veut. *Je viendrai demain, inch Allah!* **2.** Fam. Advienne que pourra.

inchangé, ée [ɛ̃ʃɑ̃ʒe] adj. Qui est demeuré sans changement. *Situation inchangée.*

inchoatif, ive [ɛ̃kɔatif, iv] adj. LING Qui exprime le commencement, la progression d'une action. *S'endormir est un verbe inchoatif.*

incidemment [ɛ̃sidamɑ̃] adv. Par hasard, au passage; sans y attacher d'importance. *Dire qqch incidemment.*

incidence [ɛ̃sidɑ̃s] n. f. **I.** Influence, répercussion. *L'incidence de la dévaluation sur les exportations.* **II. 1.** PHYS Direction suivant laquelle un rayon arrive sur une surface. ▷ *Angle d'incidence :* angle du rayon et de la perpendiculaire à la surface au point de rencontre. ▷ *Incidence normale,* d'angle nul. ▷ *Incidence rasante,* dont l'angle d'incidence est légèrement inférieur à 90^0. **2.** TECH Direction d'un projectile par rapport à la perpendiculaire à la surface qui reçoit l'impact.

1. incident [ɛ̃sidɑ̃] n. m. **1.** Événement fortuit, peu important. *Ce n'est qu'un incident.* **2.** Petit événement pouvant avoir de graves conséquences sur les relations internationales. *Incident diplomatique.* **3.** DR Ce qui survient au cours d'un procès et peut avoir une incidence sur lui.

2. incident, ente [ɛ̃sidɑ̃, ɑ̃t] adj. et n. f. **1.** DR Qui surgit accessoirement au cours d'un procès. **2.** GRAM Se dit d'une proposition insérée dans une autre dont elle est une partie accessoire. – n. f. *Une incidente.* **3.** PHYS Qualifie un rayon qui atteint une surface (par oppos. à rayon *réfléchi* ou *réfracté*).

incinérateur [ɛ̃sineʀatœʀ] n. m. TECH Appareil servant à brûler les déchets et les ordures.

incinération [ɛ̃sineʀasjɔ̃] n. f. Action d'incinérer.

incinérer [ɛ̃sineʀe] v. tr. [14] Réduire en cendres. *Incinérer des ordures.* ▷ Spécial. *Incinérer un cadavre.*

incipit [ɛ̃sipit] n. m. inv. (Mot lat.) Didac. Premiers mots d'un livre, d'un manuscrit, etc.

incise [ɛ̃siz] n. f. et adj. f. GRAM Proposition très courte, présentant un sens complet, et intercalée dans une autre (ex. *dit-il*). – adj. f. *Proposition incise.*

inciser [ɛ̃size] v. tr. [1] Faire, avec un instrument tranchant, une entaille, une fente dans. *Inciser un hévéa pour en extraire le latex.*

incisif, ive [ɛ̃sizif, iv] adj. Pénétrant, mordant. *Critique incisive.*

incision [ɛ̃sizjɔ̃] n. f. Action d'inciser; son résultat.

incisive [ɛ̃siziv] n. f. Chacune des quatre dents médianes et antérieures, portées par chaque maxillaire.

incitatif, ive [ɛ̃sitatif, iv] adj. Qui incite. *Mesures incitatives.*

incitation [ɛ̃sitasjɔ̃] n. f. Action d'inciter; ce qui incite. *Incitation au crime.* – ADMIN *Incitation fiscale :* mesure fiscale destinée à orienter les décisions économiques (des particuliers ou des entreprises).

inciter [ɛ̃site] v. tr. [1] Déterminer, induire à. *Inciter à la révolte. Inciter à travailler.*

inclassable [ɛ̃klasabl] adj. Qui ne peut être classé.

inclinaison [ɛ̃klinɛzɔ̃] n. f. **1.** État de ce qui est incliné. *Inclinaison du sol.* **2.** Relation d'obliquité d'une ligne, d'une surface ou d'un plan par rapport à une autre ligne, une autre surface, un autre plan. ▷ ASTRO Angle que fait l'orbite d'une planète avec l'écliptique. ▷ PHYS Angle que fait le vecteur d'induction magnétique avec le plan horizontal.

inclination [ɛ̃klinasjɔ̃] n. f. **1.** Disposition, penchant naturel qui porte vers (qqch, qqn). *Inclination à la bienveillance.* **2.** Action d'incliner le corps, la tête. *Inclination respectueuse.*

incliné, ée [ɛ̃kline] adj. Oblique. ▷ *Plan incliné :* surface plane formant un certain angle avec l'horizontale.

incliner [ɛ̃kline] v. [1] **I.** v. tr. **1.** Mettre dans une position oblique, pencher. *Incliner un parasol. Incliner la tête.* **2.** (Abstrait) Porter, inciter à. *Tout l'incline à désespérer.* **II.** v. intr. (Personnes) Être porté, enclin à. *J'incline naturellement au pardon.* **III.** v. pron. **1.** Courber le corps, se pencher. *S'incliner respectueusement.* **2.** Fig. S'avouer vaincu, se soumettre, céder. *S'incliner devant la force, devant l'évidence.*

inclure [ɛ̃klyʀ] v. tr. [78] **1.** Enfermer, insérer. *Inclure un document dans une lettre.* **2.** Comporter, impliquer. *Mon accord n'inclut pas celui de mon associé.*

inclus, use [ɛ̃kly, yz] adj. **1.** Inséré, compris (dans). ▷ MATH Se dit d'un ensemble ou d'un sous-ensemble dont tout élément est aussi un élément d'un autre ensemble. *A est inclus dans B* (noté $A \subset B$). **2.** Compris (dans ce qu'on vient de nommer). *Un salaire de tant, indemnités incluses.* **3.** Loc. adj. (après le nom) et adv. (avant le nom). *Ci-inclus, ci-incluse :* inclus, incluse dans cet envoi. *La facture ci-incluse. Veuillez trouver ci-inclus copie de.*

inclusif, ive [ɛ̃klyzif, iv] adj. Didac. Qui renferme, comprend en soi. ▷ GRAM *Nous inclusif :* qui inclut l'auditeur. Ant. exclusif.

inclusion [ɛ̃klyzjɔ̃] n. f. **1.** Action d'inclure; son résultat. **2.** MATH Propriété d'un ensemble ou d'un élément inclus dans un autre ensemble. **3.** BIOL Élément hétérogène contenu dans une cellule ou un tissu. **4.** MINER Corps étranger enfermé dans un cristal.

inclusivement [ɛ̃klyzivmɑ̃] adv. Y compris (la chose dont on parle). *Jusqu'à ce jour inclusivement.*

incoercible [ɛ̃kɔɛʀsibl] adj. Qu'on ne peut retenir. *Rire, toux incoercible.*

incognito [ɛ̃kɔɲito] adv. et n. m. Sans se faire reconnaître. *Voyager incognito.* ▷ n. m. *Garder l'incognito.*

incohérence [ɛ̃kɔeʀɑ̃s] n. f. **1.** Absence de lien logique ou d'unité. **2.** PSYCHOPATHOL Désordre, confusion dans les actes, les idées, les propos.

incohérent, ente [ɛ̃kɔeʀɑ̃, ɑ̃t] adj. Qui manque de cohérence, de suite. *Discours incohérent.*

incollable [ɛ̃kɔlabl] adj. **1.** Qui ne colle pas en cuisant. *Riz incollable.* **2.** Fam. Que l'on ne peut pas coller (sens I, 7). *Candidat incollable.*

incolore [ɛ̃kɔlɔʀ] adj. Qui n'a pas de couleur. *Verre incolore.* – Fig. Sans éclat, insipide.

incomber [ɛ̃kɔ̃be] v. tr. indir. [1] Revenir, être imposé à (qqn), en parlant de charges, d'obligations. *Ce soin vous incombe.*

incombustible [ɛ̃kɔ̃bystibl] adj. Qui ne peut être consumé ou altéré par le feu. *Matériau incombustible.*

incommensurable [ɛ̃kɔmɑ̃syʀabl] adj. **1.** Qui ne connaît pas de limites. *Sa bonté est incommensurable.* **2.** MATH Qualifie deux grandeurs de même nature qui n'ont pas de sous-multiple commun. (Ex. : la diagonale et le côté d'un carré.)

incommode [ɛ̃kɔmɔd] adj. **1.** Mal adapté à l'usage auquel il est destiné. *Appartement incommode.* **2.** Qui cause de la gêne. *Position incommode.* ▷ DR *Établissements incommodes, insalubres ou dangereux :* établissements industriels susceptibles de nuire à l'environnement et dont la création est précédée d'une enquête *de commodo et incommodo.*

incommoder [ɛ̃kɔmɔde] v. tr. [1] Causer une gêne physique à (qqn). *La fumée l'incommode.*

incommodité [ɛ̃kɔmɔdite] n. f. Caractère de ce qui est incommode.

incommunicabilité [ɛ̃kɔmynikabilite] n. f. **1.** Didac. Caractère de ce qui est incommunicable. **2.** Impossibilité de communiquer.

incommunicable [ɛ̃kɔmynikabl] adj. **1.** ne pouvoir être communiqué. *Droits incommunicables.* **2.** Qu'on ne peut exprimer, faire partager. *Angoisse incommunicable.*

incommutable [ɛ̃kɔmytabl] adj. DR *Propriétaire incommutable,* qui ne peut être dépossédé. – *Propriété incommutable,* qui ne peut changer de propriétaire.

incomparable [ɛ̃kɔ̃paʀabl] adj. **1.** Tellement supérieur que rien ne peut lui être comparé. *Beauté incomparable.* **2.** (Afr. subsah.) *Incomparable à :* qu'on ne peut comparer à. *La vie en brousse est incomparable à celle des villes.*

incompatibilité [ɛ̃kɔ̃patibilite] n. f. **1.** Caractère de ce qui est incompatible. *Incompatibilité d'humeur.* – MED *Incompatibilité sanguine, incompatibilité tissulaire.* ▷ DR *Incompatibilité de fonctions.* **2.** MATH Caractère d'un système d'équations incompatibles.

incompatible [ɛ̃kɔ̃patibl] adj. **1.** Qui n'est pas compatible, ne peut pas s'accorder (avec autre chose). *Des rêves incompatibles avec la réalité. – Des caractères incompatibles.* ▷ DR *Fonctions incompatibles,* qui ne peuvent être exercées par un même individu. **2.** MATH Qualifie un système d'équations dont l'ensemble des solutions est vide.

incompétence [ɛ̃kɔ̃petɑ̃s] n. f. Défaut de compétence d'une personne, d'une juridiction.

incompétent, ente [ɛ̃kɔ̃petɑ̃, ɑ̃t] adj. **1.** Qui n'a pas l'aptitude, les connaissances requises. **2.** DR Se dit d'une juridiction qui n'a pas la capacité légale pour connaître certaines affaires.

incomplet, ète [ɛ̃kɔ̃plɛ, ɛt] adj. Qui n'est pas complet, auquel il manque qqch. *Ouvrage incomplet.*

incomplètement [ɛ̃kɔ̃plɛtmɑ̃] adv. D'une manière incomplète.

incomplétude [ɛ̃kɔ̃pletyd] n. f. État de ce qui est incomplet. ▷ PSYCHO *Sentiment d'incomplétude :* sentiment d'inachèvement, d'insuffisance propre à certains malades.

incompréhensible [ɛ̃kɔ̃pʀeɑ̃sibl] adj. **1.** (Choses) Impossible ou très difficile à comprendre. *Texte incompréhensible.* **2.** Dont le comportement est inexplicable. *Personnage incompréhensible.* – Par ext. *Acte incompréhensible.*

incompréhension [ɛ̃kɔ̃pʀeɑ̃sjɔ̃] n. f. Incapacité à comprendre.

incompressible [ɛ̃kɔ̃pʀesibl] adj. **1.** PHYS Qui ne peut être comprimé. *Fluide incompressible.* **2.** Qui ne peut être réduit. *Dépense incompressible.*

incompris, ise [ɛ̃kɔ̃pʀi, iz] adj. et n. Dont le mérite, la valeur ne sont pas reconnus. *Artiste incompris.* ▷ Subst. *Un(e) incompris(e).*

incomptable [ɛ̃kɔ̃tabl] adj. (Afr. subsah.) Innombrable.

inconcevable [ɛ̃kɔ̃svabl] adj. **1.** Que l'esprit ne peut concevoir. **2.** Qu'on ne peut expliquer, admettre. *Conduite inconcevable.*

inconciliable [ɛ̃kɔ̃siljabl] adj. Se dit de personnes, de choses qui ne peuvent se concilier. *Adversaires, thèses inconciliables.*

inconditionnel, elle [ɛ̃kɔ̃disjɔnɛl] adj. et n. **1.** Indépendant de toute condition. *Obéissance inconditionnelle.* **2.** Qui se plie sans discussion (aux décisions d'un homme, aux consignes d'un parti). *Un partisan inconditionnel de...* ▷ Subst. *Les inconditionnels de droite, de gauche.*

inconduite [ɛ̃kɔ̃dɥit] n. f. Dévergondage.

inconfort [ɛ̃kɔ̃fɔʀ] n. m. Manque de confort.

inconfortable [ɛ̃kɔ̃fɔʀtabl] adj. Qui n'est pas confortable. *Siège inconfortable.* ▷ Fig. *Situation inconfortable,* délicate, gênante.

incongru, ue [ɛ̃kɔ̃gʀy] adj. Déplacé, inconvenant. *Une remarque, une attitude incongrue.*

incongruité [ɛ̃kɔ̃gʀyite] n. f. Caractère de ce qui est incongru. ▷ Action, parole incongrue.

inconnaissable [ɛ̃kɔnɛsabl] adj. et n. m. Qui ne peut être connu. ▷ n. m. *La recherche de l'inconnaissable.*

inconnu, ue [ɛ̃kɔny] adj. et n. **I.** adj. **1.** Dont l'existence est ignorée. *Découvrir une terre inconnue.* **2.** Sur lequel, sur quoi on n'a pas d'informations. *Origine inconnue.* **3.** Qu'on n'a jamais éprouvé. *Plaisir inconnu.* **II.** n. **1.** Personne que l'on ne connaît pas. *Aborder un inconnu.* **2.** n. m. Ce que l'on ignore. *Aller du connu à l'inconnu.* **3.** n. f. MATH Quantité que l'on se propose de déterminer par la résolution d'une équation.

inconsciemment [ɛ̃kɔ̃sjamɑ̃] adv. De manière inconsciente.

inconscience [ɛ̃kɔ̃sjɑ̃s] n. f. **1.** État d'une personne inconsciente, privée de sensibilité. *Sombrer dans l'inconscience sous l'effet d'un anesthésique.* **2.** Cour. Manque de discernement.

inconscient, ente [ɛ̃kɔ̃sjɑ̃, ɑ̃t] adj. et n. **I.** adj. **1.** Qui n'est pas conscient (être vivant). *Une personne évanouie est inconsciente.* **2.** adj. et n. Qui ne mesure pas l'importance des choses, la gravité de ses actes. *Il faut être inconscient pour rouler à cette vitesse sur une route mouillée!* **3.** Dont on n'a pas conscience. *Geste inconscient.* **II.** n. m. PSYCHAN Domaine du psychisme échappant à la conscience et influant sur les conduites d'un sujet. *Le rêve et les actes manqués sont des manifestations de l'inconscient.*

inconséquence [ɛ̃kɔ̃sekɑ̃s] n. f. Caractère de celui, de ce qui est inconséquent. ▷ Action, parole inconséquente.

inconséquent, ente [ɛ̃kɔ̃sekɑ̃, ɑ̃t] adj. **1.** Qui manque de logique, de cohérence. *Raisonnement inconséquent.* **2.** Qui se conduit avec légèreté.

inconsidéré, ée [ɛ̃kɔ̃sideʀe] adj. Irréfléchi. *Propos inconsidérés.*

inconsistance [ɛ̃kɔ̃sistɑ̃s] n. f. Manque de consistance.

inconsistant, ante [ɛ̃kɔ̃sistɑ̃, ɑ̃t] adj. **1.** Qui manque de consistance, de fermeté. *Crème inconsistante.* **2.** Fig. Qui manque de solidité, de suite, de cohérence. *Style inconsistant. Caractère inconsistant.*

inconsolable [ɛ̃kɔ̃sɔlabl] adj. Qui ne peut être consolé.

inconstance [ɛ̃kɔ̃stɑ̃s] n. f. Manque de constance.

inconstant, ante [ɛ̃kɔ̃stɑ̃, ɑ̃t] adj. **1.** Dont les opinions, les sentiments changent facilement. *Amant inconstant.* **2.** Litt. Changeant. *Temps inconstant.*

inconstitutionnalité [ɛ̃kɔ̃stitysjɔnalite] n. f. DR Caractère de ce qui est inconstitutionnel.

inconstitutionnel, elle [ɛ̃kɔ̃stitysjɔnɛl] adj. DR Qui n'est pas conforme à la Constitution.

inconstructible [ɛ̃kɔ̃stʀyktibl] adj. DR Où l'on n'a pas le droit de construire. *Terrain inconstructible.*

incontestable [ɛ̃kɔ̃tɛstabl] adj. Qui ne peut être contesté, mis en doute. *Progrès incontestable.*

incontestablement [ɛ̃kɔ̃tɛstabləmɑ̃] adv. D'une manière incontestable.

incontesté, ée [ɛ̃kɔ̃tɛste] adj. Qui n'est pas contesté. *Pouvoir incontesté.*

incontinence [ɛ̃kɔ̃tinɑ̃s] n. f. **1.** *Incontinence de langage :* tendance incontrôlée à parler trop. **2.** MED Absence du contrôle des sphincters vésical ou anal.

incontinent, ente [ɛ̃kɔ̃tinɑ̃, ɑ̃t] adj. MED Qui ne maîtrise pas ses mictions ou ses défécations.

incontournable [ɛ̃kɔ̃tuʀnabl] adj. Qu'on ne peut éviter, contourner (sens fig.) *Un obstacle incontournable.*

incontrôlable [ɛ̃kɔ̃tʀolabl] adj. Que l'on ne peut contrôler. *Affirmation incontrôlable.*

incontrôlé, ée [ɛ̃kɔ̃tʀole] adj. Qui échappe à tout contrôle. *Bandes armées incontrôlées.*

inconvenance [ɛ̃kɔ̃vnɑ̃s] n. f. **1.** Caractère de ce qui est inconvenant. **2.** Acte, propos inconvenants.

inconvenant, ante [ɛ̃kɔ̃vnɑ̃, ɑ̃t] adj. Qui blesse les convenances, la bienséance. *Propos inconvenants.*

inconvénient [ɛ̃kɔ̃venjɑ̃] n. m. **1.** Désavantage inhérent à une chose. *Les avantages et les inconvénients d'un projet.* **2.** Désagrément, résultat fâcheux. *Si vous n'y voyez pas d'inconvénients...*

inconvertibilité [ɛ̃kɔ̃vɛʀtibilite] n. f. FIN Nature de ce qui n'est pas convertible. *Inconvertibilité d'une monnaie.*

inconvertible [ɛ̃kɔ̃vɛʀtibl] adj. FIN Qui n'est pas convertible (en or, en espèces métalliques, etc.).

incorporation [ɛ̃kɔʀpɔʀasjɔ̃] n. f. Action d'incorporer, son résultat.

incorporel, elle [ɛ̃kɔʀpɔʀɛl] adj. **1.** Qui n'a pas de corps, qui n'est pas matériel. *Les idées sont incorporelles.* **2.** DR *Biens incorporels :* biens qui n'ont pas d'existence matérielle (droits d'auteur, par ex.).

incorporer [ɛ̃kɔʀpɔʀe] v. tr. [1] **1.** Unir (plusieurs choses) en un seul corps. *Incorporer une substance à* (ou *avec) une autre.* ▷ v. pron. *La cire s'incorpore aisément à la gomme.* **2.** Faire entrer dans un tout. *Incorporer un article dans un ouvrage.* **3.** Faire entrer dans son unité d'affectation (un militaire). *Incorporer une recrue.*

incorrect, ecte [ɛ̃kɔʀɛkt] adj. Qui n'est pas correct. *Style incorrect.* ▷ (Personnes) *Tu as été très incorrect avec lui.*

incorrection [ɛ̃kɔʀɛksjɔ̃] n. f. **1.** Manquement aux règles de la correction, de la bienséance. *L'incorrection d'un procédé.* **2.** Défaut de correction; faute. *Un texte plein d'incorrections.*

incorrigible [ɛ̃kɔʀiʒibl] adj. **1.** (Défauts) Qu'on ne peut pas corriger. *Une incorrigible curiosité.* **2.** (Personnes) Dont on ne peut corriger les défauts. *Un incorrigible bavard.*

incorruptibilité [ɛ̃kɔʀyptibilite] n. f. Didac. Qualité de ce qui est incorruptible. *L'incorruptibilité du bois de rônier.* ▷ Fig. *L'incorruptibilité d'un juge.*

incorruptible [ɛ̃kɔʀyptibl] adj. et n. **1.** Non sujet à la corruption, à l'altération. *Matière incorruptible.* **2.** Fig. Incapable de se laisser corrompre pour agir contre ses devoirs. *Magistrat incorruptible.* ▷ Subst. *Robespierre était surnommé «l'Incorruptible».*

incrédibilité [ɛ̃kʀedibilite] n. f. Litt. Caractère de ce qui est incroyable. *L'incrédibilité d'un fait, d'une opinion.*

incrédule [ɛ̃kʀedyl] adj. et n. **1.** Qui ne croit pas aux dogmes religieux. *Philosophe incrédule.* ▷ Subst. *Convertir les incrédules.* **2.** Qui croit difficilement. *Esprit incrédule.* ▷ Qui marque l'incrédulité. *Un sourire incrédule.*

incrédulité [ɛ̃kʀedylite] n. f. **1.** Manque de foi religieuse. **2.** Fait d'être incrédule, de croire difficilement.

incréé, ée [ɛ̃kʀee] adj. RELIG Qui existe sans avoir été créé.

incrément [ɛ̃kʀemɑ̃] n. m. INFORM Quantité dont on augmente la valeur d'une variable lors de l'exécution d'un programme.

increvable [ɛ̃kʀəvabl] adj. **1.** Qui ne peut être crevé. *Pneu increvable.* **2.** Fig., fam. Infatigable.

incriminer [ɛ̃kʀimine] v. tr. [1] Mettre en cause, accuser (qqn). *Incriminer qqn pour les propos qu'il a tenus.*

incroyable [ɛ̃kʀwajabl] adj. et n. m. **1.** Qui ne peut être cru; qui est difficile à croire. *Un récit incroyable.* ▷ n. m. *Il leur faut du merveilleux, de l'incroyable.* ▷ Impers. *Il est incroyable de* (+ inf.); *il est, il semble incroyable que* (+ subj.). **2.** Peu commun, extraordinaire, inimaginable. *Développer une activité incroyable.* ▷ *C'est incroyable! :* c'est extraordinaire! c'est un peu fort!, etc.

incroyablement [ɛ̃kʀwajabləmɑ̃] adv. D'une manière incroyable.

incroyance [ɛ̃kʀwajɑ̃s] n. f. Absence de croyance religieuse; état de celui qui est incroyant.

incroyant, ante [ɛ̃kʀwajɑ̃, ɑ̃t] n. (et adj.) Personne qui n'a pas de foi religieuse (V. agnosticisme, athéisme). ▷ adj. *Philosophe incroyant.*

incrustation [ɛ̃kʀystasjɔ̃] n. f. **1.** Action d'incruster. ▷ Ornement incrusté. *Incrustations d'or.* **2.** GEOL Couche pierreuse qui se dépose sur les objets ayant séjourné dans une eau calcaire. – Objet ainsi incrusté. **3.** AUDIOV Apparition sur une image télévisée d'une image d'un autre programme occupant une partie de l'écran.

incruster [ɛ̃kʀyste] v. [1] **I.** v. tr. **1.** (Souvent au passif.) Orner (la surface d'un corps) en y insérant des fragments d'une autre matière. *Coffret d'ébène incrusté de nacre.* **2.** AUDIOV Pp. adj. *Image incrustée,* qui présente une incrustation. **II.** v. pron. **1.** Adhérer fortement à la surface d'une chose en y pénétrant. *Coquillages qui s'incrustent dans les rochers.* **2.** Fig. *S'incruster chez qqn,* s'y installer et y demeurer de manière inopportune. **3.** TECH Se couvrir d'une croûte minérale (calcaire, tartre, etc.).

incubateur, trice [ɛ̃kybatœʀ, tʀis] adj. et n. m. TECH Qui sert à incuber les œufs. *Poche incubatrice. – Un appareil incubateur* ou, n. m., *un incubateur.* ▷ n. m. *Par anal.* MED Couveuse artificielle pour des enfants prématurés.

incubation [ɛ̃kybasjɔ̃] n. f. **1.** Didac. Action de couver; développement dans l'œuf de l'embryon des ovipares. *Incubation naturelle, artificielle.* **2.** MED Période comprise entre la contamination et l'apparition des premiers symptômes de la maladie.

incuber [ɛ̃kybe] v. tr. [1] Didac. Opérer l'incubation de. Syn. couver.

inculpation [ɛ̃kylpasjɔ̃] n. f. DR Imputation à un individu d'un crime ou d'un délit, donnant lieu à l'ouverture d'une procédure d'instruction. *Il est sous le coup d'une inculpation de vol.*

inculpé, ée [ɛ̃kylpe] n. et adj. DR Personne qui est sous le coup d'une inculpation. ▷ adj. *Audition des personnes inculpées.*

inculper [ɛ̃kylpe] v. tr. [1] DR Imputer (à qqn) une faute constituant un crime ou un délit. *Le juge d'instruction l'a inculpé d'assassinat.*

inculquer [ɛ̃kylke] v. tr. [1] Imprimer dans l'esprit de manière profonde et durable. *Inculquer à qqn les rudiments de l'hygiène.*

inculte [ɛ̃kylt] adj. **1.** Qui n'est pas cultivé. *Terres incultes.* **2.** *Par anal.* Mal soigné (en parlant de la barbe et des cheveux). **3.** Dépourvu de culture intellectuelle. *Un homme totalement inculte.* ▷ Barbare, primitif. *Peuplades incultes.*

incultivable [ɛ̃kyltivabl] adj. Qui ne peut être cultivé. *Terre incultivable.*

incunable [ɛ̃kynabl] n. m. Didac. Ouvrage imprimé entre la découverte de l'imprimerie (1438) et l'année 1500.

incurable [ɛ̃kyʀabl] adj. et n. **1.** Qui ne peut être guéri. *Maladie incurable. Malade incurable.* ▷ Subst. *Un(e) incurable.* **2.** Fig. *Une bêtise incurable.*

incurie [ɛ̃kyʀi] n. f. Défaut de soin, négligence. *Incurie administrative.*

incursion [ɛ̃kyʀsjɔ̃] n. f. **1.** Courte irruption armée dans une région, un pays. *Les incursions de bandes de pillards.* **2.** Fig. Travail, études effectués en dehors de son domaine habituel. *Les incursions de ce physicien dans le domaine de la poésie.*

incurver [ɛ̃kyʀve] v. tr. [1] Donner une forme courbe à. ▷ v. pron. *Latte de bois qui s'incurve sous l'effet de l'humidité.* – Pp. adj. *Table aux pieds incurvés.*

indatable [ɛ̃databl] adj. Qu'on ne peut dater.

Inde (république de l') *(Bharat Inktarashtra),* État d'Asie mérid. constituant un sous-continent séparé du reste de l'Asie par l'Himalaya; 3 287 782 km²; 935 millions d'hab., la 2e pop. du monde après la Chine (croissance démographique : 2 % par an); cap. *New Delhi.* Nature de l'État : rép. fédérale membre du Commonwealth (25 États et 7 territoires). Langue off. : hindi (avec l'anglais). Monnaie : roupie. Pop. : descend essentiellement d'une souche hypothétique, les Aryens, le reste étant composé princ. de Dravidiens. Relig. : hindouisme (83 %), islam (13 %), christianisme, bouddhisme, sikhisme. **Géogr. phys. et hum. –** Trois ensembles naturels constituent le territoire indien. – L'Himalaya, puissante barrière montagneuse, surtout présente au N.-O. et au N.-E. du pays, compte une série de sommets à 8 000 m, dont le K2, point culminant du territoire (8 620 m). – La plaine Indo-Gangétique, plus au S., est un ancien golfe marin remblayé de sédiments et d'alluvions arrachés à la montagne par les puissants fleuves himalayens (Indus et Gange princ.). Inondable dans ses parties basses, elle se termine sur le golfe du Bengale par le plus grand delta du monde. – Le Dekkan forme la partie péninsulaire de l'Inde. Ce socle cristallin, élément de l'ancien continent Gondwana, a été fracturé à l'ère tertiaire et recouvert au N.-O. de vastes épanchements de basalte *(trapps).* Sur les bords, les Ghāts dominent une étroite plaine littorale à l'O. (côte de Malabar); moins élevées à l'E., elles s'abaissent vers une plaine côtière plus large. Le climat, rythmé par la mousson, oppose une saison sèche d'hiver (nov.-mai) à une saison des pluies d'été (juin-sept.). On distingue une *Inde humide* (à l'O., au S. et au N.-E.), qui concentre les plus fortes densités humaines du pays, et une *Inde sèche* (Dekkan intérieur, au N.-O.), moins peuplée. À l'extrême N.-O. du pays s'étend le Thar, désertique. La forêt de l'Inde humide et les épais fourrés de l'Inde sèche (jungle) ont été largement défrichés. Aux populations autochtones de Noirs dravidiens (auj. 100 millions de personnes groupées au S.) et de tribus du N. du pays sont venus s'ajouter, entre 1700 et 1000 av. J.-C., les Aryens, envahisseurs venus du N. par la passe de Khaybar. On dénombre auj. plus de 1600 langues et dialectes, dont 15 importants. L'hindi, langue officielle, est en progrès (30 % de la pop.), mais l'anglais, parlé par l'élite, reste la langue véhiculaire. L'hindouisme, religion majoritaire, s'accompagne du système des castes, qui demeure bien que Gandhi l'ait aboli. Malgré le planning familial, l'excédent démographique dépasse 18 millions de personnes par an. Plus de 70 % des Indiens sont encore des ruraux et l'exode entraîne une explosion urbaine.

Écon. – L'Inde est la 3e puissance économique du tiers monde, après le Brésil et la Chine. Sur le legs brit. (réseau de transports, ferroviaire notam., ports, infrastructures énergétiques, bases agricoles et industrielles, équipements d'hygiène et de santé) elle a bâti un système original faisant coexister un secteur public puissant et de grands groupes privés. À partir de 1984, l'État a libéralisé l'économie, mais le Front uni qui gouverne dep. 1996 a suspendu les privatisations et n'encourage pas les investissements étrangers (satisfaisant ainsi la demande du B.J.P.). L'agriculture emploie encore 60 % des actifs : cultures *kharif*, de saison des pluies (riz, millet, jute, coton), et cultures *rabi*, de saison sèche (blé, orge, colza); les plantations (thé) et le bois (teck, bois de santal, bois de rose) constituent des exportations appréciables. Le cheptel est considérable mais sous-utilisé pour des raisons religieuses; la pêche apporte un complément. La révolution verte, les progrès techniques, l'extension de l'irrigation ont apporté à l'Inde l'autosuffisance céréalière. 40 % des ruraux vivent encore dans la misère; seul le Nord a réussi son décollage. Les ressources du sous-sol sont relativement abondantes : houille, hydrocarbures, fer, bauxite, manganèse. Le pays renforce son potentiel hydroélectrique et nucléaire. Les industries lourdes (charbonnage, sidérurgie, pétrochimie, engrais) sont contrôlées par l'État, qui a développé des branches de pointe. Le pays apparaît donc comme une puissance industrielle évoluée à faible compétitivité internationale; il souffre aussi d'un réseau de transports saturé et d'une pénurie de main-d'œuvre qualifiée. L'industrie se concentre dans les grandes métropoles. L'Inde dispose d'une recherche de haut niveau et de la première industrie cinématographique mondiale, qui produit plus de films qu'Hollywood. Les difficultés (fort endettement, inflation élevée) sont compensées par une croissance élevée.

Hist. – La protohistoire de l'Inde est marquée par une civilisation urbaine, dite de l'Indus (2500-1500 av. J.-C.). L'introduction de la civilisation aryenne apr. le XVe s. av. J.-C. nous est connue par le *Veda** (recueil littéraire et religieux). Au VIIe s. av. J.-C., cette civilisation, profondément marquée par le pouvoir religieux des brahmanes, s'étend vers l'E. et se développe. Au siècle suivant, en réaction contre le système des castes du brahmanisme, naissent le jaïnisme et, surtout, le bouddhisme. Le N.-O. du pays connaît l'invasion perse de Darius Ier, qui s'empare de la vallée de l'Indus (fin du VIe s. av. J.-C.). Deux siècles plus tard, l'expédition d'Alexandre met l'Inde en contact direct, mais bref, avec le monde grec. Chandragupta fonde en 321 av. J.-C. la dynastie des Maurya, repousse Séleucos Ier, lieutenant d'Alexandre, et établit un empire que son fils, le roi bouddhiste Açoka (v. 264-226 av. J.-C.), élargit considérablement. Après la chute de l'empire des Maurya (déb. du IIe s. av. J.-C.), l'Inde subit une nouvelle invasion (indo-scythe) et le royaume des Kushāna se forme, accordant un rôle considérable à la culture hellénique (Ier-IIIe s. apr. J.-C.). L'Empire āndhra des Çātakarni s'établit en même temps dans le Dekkan. Avec la formation de l'Empire gupta (IVe-VIe s.), l'Inde retrouve unité et éclat culturel. C'est l'âge classique de l'Inde, placée sous l'autorité d'une dynastie nationale. Mais l'invasion des Huns, au VIe s., provoque l'éclatement politique de l'Inde du Nord; le Dekkan est le lieu d'un bel essor de l'hindouisme (art d'Ajantā, de Tellora). La conquête musulmane, commencée par le Turc Mahmūd de Ghaznī (999-1030), est poursuivie par le prince iranien Muhammad de Ghor à la fin du XIIe s. Le sultanat de Delhi, qui avait rendu à l'Inde son unité, ne résista pas à l'invasion de Tamerlan (1398-1399) et se morcela en de nombr. principautés musulmanes et hindoues en lutte perpétuelle. Grâce aux contacts avec le monde arabe, les échanges commerciaux, intellectuels et artistiques sont en plein essor; en 1498, Vasco de Gama débarque à Calicut à la recherche d'épices. Un descendant de Tamerlan, Bāber, fonde l'Empire moghol, qui atteint son apogée de 1556 à 1707, puis l'Inde est à nouveau morcelée. Depuis la fin du XVe s., les contacts avec les Portugais, puis les Hollandais, enfin les Français et les Anglais, avaient été commerciaux. Au XVIIIe s., Dupleix, gouverneur des Établissements français en Inde, intervint le premier dans les querelles indiennes, afin de créer un empire colonial. Désavoué par le roi de France, il laissa le champ libre à la Compagnie anglaise des Indes qui l'emporta définitivement après la défaite du Français Lally-Tollendal (1761). Devenue une colonie rattachée à la Couronne (1858) après la révolte des soldats à la solde des Européens (1857-1858), l'Inde est transformée par les Anglais (qui confient des postes import. aux Indiens) : impôt foncier, justice, voies ferrées. En 1877, la reine Victoria est proclamée impératrice des Indes. Mais le parti du Congrès demande le statut de dominion (1885), une participation politique et la création d'une industrie nationale. Gandhi, porté à la tête du mouvement national, refuse la violence et préconise la «désobéissance civile». Londres accorde en 1919 *(Government of India Act)* une représentation indienne dans les assemblées locales et centrale; en 1935, un nouveau *Government of India Act* crée une réelle autonomie. L'indépendance est accordée en 1947, mais l'antagonisme irréductible entre les hindous et les musulmans oblige les Anglais à partager l'anc. empire des Indes en deux États : l'Union indienne et le Pākistān (lui-même constitué de deux parties distinctes, au N.-O. et au S.-E. de l'Inde). Ce partage créera de terribles conflits entre les deux communautés et entre les deux États. Après l'assassinat de Gandhi (janv. 1948), l'Inde, dotée d'une Constitution parlementaire, se donne comme chef du gouvernement le pandit Nehru, qui crée une puissante industrie lourde. Sa politique internationale, fondée sur le neutralisme, donne à l'Inde une place capitale dans le tiers monde. En 1962 éclate un conflit avec la Chine au sujet du Tibet. Après la mort de Nehru (1964) et de son successeur, Shastri (1966), Indira Gandhi, fille de Nehru, devient Premier ministre. Elle se heurte à l'opposition des «grands féodaux» et des révolutionnaires. En 1971, une nouvelle guerre (après celle de 1965) contre le Pākistān, donne naissance au Bangladesh (ex-Pākistān oriental). En mai 1974, l'Inde fait exploser sa première bombe atomique. En 1975, le Sikkim est annexé, devenant le vingt-deuxième État de l'Union. Face aux problèmes écon. (liés notam. à l'explosion démographique) et à une violente contestation politique, I. Gandhi instaure l'état d'urgence (1975-1977). Vaincue aux élections de 1977, elle laisse le pouvoir à Morarjī Desai mais remporte triomphalement celles de 1980. Alors se dessine un essor économique régulier, mais l'accentuation des particularismes culturels culmine en 1984 avec l'agitation sikhe et Indira Gandhi est assassinée. Son fils, Rajiv Gandhi, qui lui succède, remporte les élections de déc. 1984. En 1986, l'Arunachal Pradesh et, en 1987, le Mizoram et le territoire de Goa deviennent États de l'Union indienne. En 1989, compromis dans des scandales financiers, R. Gandhi est battu aux élections, mais joue un grand rôle polit. jusqu'à son assassinat lors des législatives de 1991, que remporte le parti du Congrès : Narasimha Rao, devient Premier ministre. Sur le plan international, l'Inde s'est illustrée, dans cette période, en prêtant main-forte au gouvernement du Sri* Lanka dans sa lutte contre les séparatistes tamouls (1987-1989). Elle a également fait peser sur le Népal* un blocus économique qui ne fut levé qu'en 1990, après d'importants changements politiques à Katmandou. Suite à l'effondrement de l'U.R.S.S., N. Rao a accéléré l'ouverture du pays sur l'Occident et la libéralisation de l'économie. Dep. 1990, la montée du fondamentalisme hindou, qui s'est traduite par les succès électoraux du parti Bharatiya Janata (B.J.P.), est à l'origine de violents affrontements entre hindous et musulmans, notam. à propos du lieu saint d'Ayodhya (Uttar Pradesh) revendiqué par les deux communautés, qui ont entraîné plus de 1200 morts dans tout le pays en déc. 1992. En mai 1996, le B.J.P. remporte les élections législatives, mais le Front uni (regroupant quatorze partis de gauche et de centre gauche) forme le gouv., le centriste Deye Gowda devenant Premier ministre (1er juin). Mis en minorité au Congrès, il démissionne en avril 1997 et le ministre des Affaires étrangères, Inder Kumar Gujral, lui succède.

indécence [ɛ̃desɑ̃s] n. f. **1.** Manque de correction. *Il a eu l'indécence de venir tout de même.* **2.** Caractère de ce qui est contraire à la décence. *L'indécence de ses propos choqua l'assistance.* ▷ Action, parole indécente.

indécent, ente [ɛ̃desɑ̃, ɑ̃t] adj. Contraire à la décence, inconvenant ou impudique. *Tenue indécente.*

indéchiffrable [ɛ̃deʃifʀabl] adj. **1.** Qui ne peut être déchiffré. *Dépêche codée indéchiffrable.* **2.** Très difficile à lire. *Texte, écriture indéchiffrable.* **3.** Fig. Inintelligible; très difficile à comprendre. *Un homme indéchiffrable.*

indécis, ise [ɛ̃desi, iz] adj. et n. **1.** Non décidé, incertain. *Question, victoire indécise.* **2.** Difficile à distinguer; imprécis. *Traits indécis.* **3.** (Personnes) Qui hésite; qui ne sait pas se décider. *Il est encore indécis, son choix n'est pas fait. Caractère indécis.* ▷ Subst. *Décider les indécis.*

indécision [ɛ̃desizjɔ̃] n. f. Caractère, état d'une personne indécise; indétermination.

indéclinable [ɛ̃deklinabl] adj. GRAM Qui ne se décline pas.

indécomposable [ɛ̃dekɔ̃pozabl] adj. Qu'on ne peut décomposer.

indécrottable [ɛ̃dekʀɔtabl] adj. Fam. Incorrigible dans ses mauvaises habitudes. *Cancre indécrottable.*

indéfectible [ɛ̃defɛktibl] adj. Litt. **1.** Qui ne peut cesser d'être. *Amitié indéfectible.* **2.** Qui ne peut être pris en défaut. *Un courage indéfectible.*

indéfendable [ɛ̃defɑ̃dabl] adj. **1.** Qu'on ne peut défendre. *Forteresse indéfendable.* **2.** Fig. Qu'on ne peut soutenir. *Cause, thèse indéfendable.*

indéfini, ie [ɛ̃defini] adj. et n. m. **1.** Dont les limites ne peuvent être déterminées. *Temps, espace indéfini.* **2.** Qui n'est pas défini, vague, imprécis. *Sentiment indéfini.* ▷ LOG *Terme indéfini,* dont la définition n'est pas précisée. **3.** GRAM Désigne une catégorie de déterminants et de pronoms qui présentent le nom de manière vague sous son aspect le plus général. *Articles* (un, une, des), *pronoms* (quelqu'un, chacun, personne, etc.), *adjectifs* (quelque, chaque, etc.) *indéfinis.* ▷ n. m. *Les indéfinis.*

indéfiniment [ɛ̃definimɑ̃] adv. D'une manière indéfinie, éternellement. *Ajourner indéfiniment une affaire.*

indéfinissable [ɛ̃definisabl] adj. **1.** Qu'on ne peut définir. *Terme indéfinissable.* **2.** Qu'on ne sait expliquer. *Charme indéfinissable.*

indéformable [ɛ̃defɔʀmabl] adj. Qui ne se déforme pas.

indéfrichable [ɛ̃defʀiʃabl] adj. Qui ne peut être défriché.

indéfrisable [ɛ̃defʀizabl] adj. Qui ne peut être défrisé.

indéhiscent, ente [ɛ̃deisɑ̃, ɑ̃t] adj. BOT Qui ne s'ouvre pas spontanément à maturité. *Fruits indéhiscents* (certains fruits secs : akènes, par ex.).

indélébile [ɛ̃delebil] adj. Qui ne peut être effacé. *Encre indélébile.* – Fig. *Flétrissure indélébile.*

indélicat, ate [ɛ̃delika, at] adj. **1.** Qui manque de délicatesse dans les sentiments, le comportement. *Homme indélicat.* **2.** Malhonnête. *Un comptable indélicat. Procédé indélicat.*

indélicatesse [ɛ̃delikatɛs] n. f. **1.** Manque de délicatesse dans les sentiments. ▷ Action, parole indélicate (sens 1). **2.** Malversation, vol. *Commettre des indélicatesses.*

indémaillable [ɛ̃demajabl] adj. et n. m. Se dit d'un tissu dont les mailles ne peuvent se défaire. ▷ n. m. *Tricot en indémaillable.*

indemne [ɛ̃dɛmn] adj. Qui n'a souffert aucun dommage, aucune blessure. *Sortir indemne d'un accident.*

indemnisable [ɛ̃dɛmnizabl] adj. Qui peut ou doit être indemnisé.

indemnisation [ɛ̃dɛmnizasjɔ̃] n. f. Action d'indemniser; paiement d'une indemnité.

indemniser [ɛ̃dɛmnize] v. tr. [1] Dédommager (qqn, des frais, des pertes subies, des troubles causés, etc.).

indemnité [ɛ̃dɛmnite] n. f. **1.** Ce qui est alloué à qqn en dédommagement d'un préjudice. *Indemnité d'expropriation, de licenciement.* **2.** Allocation attribuée en compensation de certains frais. *Indemnité de résidence.* **3.** Nom donné à certaines rémunérations. *Indemnité parlementaire des députés.*

indémodable [ɛ̃demɔdabl] adj. Qui n'est pas susceptible de se démoder.

indémontrable [ɛ̃demɔ̃tʀabl] adj. Qu'on ne peut démontrer. *Axiome indémontrable.*

indéniable [ɛ̃denjabl] adj. Qu'on ne peut dénier, réfuter. *Témoignage indéniable. C'est indéniable :* c'est certain, c'est incontestable.

indénombrable [ɛ̃denɔ̃bʀabl] adj. Qui ne peut être dénombré.

indentation [ɛ̃dɑ̃tasjɔ̃] n. f. Didac. Échancrure comparable à la trace d'une morsure. *Les indentations d'une côte rocheuse.*

indépassable [ɛ̃depasabl] adj. Qui ne peut être dépassé.

indépendamment [ɛ̃depɑ̃damɑ̃] adv. En loc. prép. *Indépendamment de.* **1.** En faisant abstraction de. *Indépendamment des événements.* **2.** En plus de. *Indépendamment de son traitement, il perçoit des indemnités.*

indépendance [ɛ̃depɑ̃dɑ̃s] n. f. **1.** État d'une personne ou d'une collectivité indépendante. **2.** Refus de toute sujétion. *Indépendance d'esprit, d'opinion.* **3.** Statut international d'un État dont la souveraineté est reconnue par les autres États. *L'indépendance nationale. Déclaration d'indépendance :* V. Indépendance américaine (guerre de l'). **4.** Absence de relations entre des choses, des phénomènes. *Indépendance statistique.*

Indépendance américaine (guerre de l'), guerre qui, de 1775 à 1782, opposa les treize colonies anglaises d'Amérique du Nord à leur métropole. Après des troubles durement réprimés (1770-1775), Washington prit la tête de l'armée des colonies; l'indépendance fut déclarée en 1776, le 4 juil. (auj. fête nationale). Les Anglais, vaincus à Saratoga (1777), reprirent l'offensive, mais, grâce à l'aide que Franklin obtint de la France, l'armée des *Insurgents* triompha des Anglais, qui capitulèrent à Yorktown (1781). Le traité de Versailles (1783) ratifia l'indépendance des États-Unis.

indépendant, ante [ɛ̃depɑ̃dɑ̃, ɑ̃t] adj. **1.** Libre de toute sujétion, de toute dépendance. *Peuple indépendant.* **2.** Qui refuse toute sujétion, toute dépendance. *C'est un garçon très indépendant.* **3.** *État indépendant,* qui jouit de l'indépendance (sens 3). **4.** *Indépendant de :* qui n'a pas de rapport avec. *C'est un point indépendant de la question.* ▷ MATH *Variable indépendante :* variable qui peut prendre n'importe quelle valeur, quelle que soit celle des autres variables. ▷ GRAM *Proposition indépendante,* qui ne dépend d'aucune autre et dont aucune ne dépend.

indépendantisme [ɛ̃depɑ̃dɑ̃tism] n. m. Désir d'indépendance par rapport à l'État dont on dépend.

indépendantiste [ɛ̃depɑ̃dɑ̃tist] adj. et n. **1.** adj. Relatif à l'indépendantisme. *Un mouvement indépendantiste.* **2.** n. POLIT Partisan de l'indépendance.

indéracinable [ɛ̃deʀasinabl] adj. Qu'on ne peut déraciner. – Fig. *Préjugé indéracinable.*

indéréglable [ɛ̃deʀeglabl] adj. Qui ne peut se dérégler (mécanisme).

indescriptible [ɛ̃dɛskʀiptibl] adj. Qui ne peut être décrit. *Bruit indescriptible.*

indésirable [ɛ̃deziʀabl] adj. et n. **1.** Dont le séjour dans un pays est jugé inopportun par les autorités. *On lui a notifié qu'il était indésirable sur le territoire national.* ▷ Subst. *Des mesures concernant les indésirables.* **2.** Dont on refuse la présence au sein d'un groupe. ▷ Subst. *Chasser l'indésirable.*

Indes occidentales, nom donné par Christophe Colomb aux îles américaines qu'il découvrit, parce qu'il voyait en elles le prolongement oriental des Indes.

indestructible [ɛ̃dɛstʀyktibl] adj. Qui ne peut être détruit. *Matériau indestructible.* – Fig. *Amitié indestructible.*

indétectable [ɛ̃detɛktabl] adj. Qu'on ne peut détecter.

indéterminable [ɛ̃detɛʀminabl] adj. Qu'on ne peut déterminer.

indétermination [ɛ̃detɛʀminasjɔ̃] n. f. **1.** Fait d'être indéterminé; doute, irrésolution. *Être dans l'indétermination.* **2.** Caractère de ce qui est indéterminé. *L'indétermination du sens d'un texte.* **3.** MATH Caractère d'un système d'équations qui admet un nombre infini de solutions (par ex., un système de deux équations à trois inconnues). – Caractère d'une expression dont on ne peut déterminer la valeur numérique.

indéterminé, ée [ɛ̃detɛʀmine] adj. Qui n'est pas déterminé, fixé; flou, imprécis. *Date indéterminée.*

index [ɛ̃dɛks] n. m. inv. **1.** Deuxième doigt de la main, le plus rapproché du pouce. *Pointer l'index.* **2.** TECH Aiguille, repère mobile sur un cadran ou une échelle graduée. **3.** Table alphabétique à la fin d'un ouvrage. *Index des noms cités.* **4.** Anc. *L'Index :* le catalogue des livres prohibés par l'Église catholique. (V. Index.) ▷ Fig. *Mettre (qqch ou qqn) à l'index,* le proscrire, le condamner. **5.** STATIS Indice. *Index de mortalité, de morbidité.* **6.** (Belgique, Luxembourg) *Index (des prix) :* indice* des prix.

Index (l') ou **Index librorum prohibitorum,** catalogue des livres dont le pape interdisait la lecture aux catholiques. Le concile de Trente promulgua le premier *Index* en 1564. En 1965, l'Église abolit cette institution.

indexation [ɛ̃dɛksasjɔ̃] n. f. Action d'indexer.

indexer [ɛ̃dɛkse] v. tr. [1] **1.** FIN Lier l'évolution du montant d'une valeur aux variations du montant d'une autre valeur ou d'un indice pris comme référence. *Indexer un loyer sur l'indice des prix.* **2.** Classer (un document) selon son contenu. **3.** (Afr. subsah.) Mettre à l'index, critiquer. *Celui qui ne respecte pas les coutumes est vite indexé.*

Indiana, État du centre-ouest des É.-U. (Middle West); 93993 km^2; 5544000 hab.; cap. *Indianapolis.* – Située dans le *Corn Belt,* cette riche rég. agricole possède des gisements de houille et de pétrole qui ont permis une import. industrialisation. – Exploré par les Français au XVIIe s., cédé aux Anglais en 1763, l'Indiana devint le dix-neuvième État de l'Union en 1816.

Indianapolis, v. des É.-U., cap. de l'Indiana, sur le bras occid. de la White River; 731 300 hab. Industries et commerce. Courses automobiles.

indianisme [ɛ̃djanism] n. m. **1.** Étude des langues et des civilisations de l'Inde. **2.** Étude des cultures indiennes d'Amérique latine. **3.** LING Idiotisme propre aux langues indiennes, notam. à l'hindi.

indianité [ɛ̃djanite] n. f. Didac. Idéologie prônant la reconnaissance des valeurs culturelles ancestrales des populations d'origine indienne de l'océan Indien.

indianocéanique [ɛ̃djanoseanik] adj. **1.** Litt. Relatif à l'océan Indien. **2.** Didac. Qui concerne l'indianocéanisme.

indianocéanisme [ɛ̃djanoseanism] n. m. Didac. Ensemble de traits culturels et de coutumes qui caractériseraient les populations métissées des îles australes de l'océan Indien.

indicateur, trice [ɛ̃dikatœʀ, tʀis] n. et adj. **I.** n. Personne qui, en échange d'avantages, renseigne la police. **II.** n. m. **1.** Livre, journal, etc., qui contient des renseignements. *Indicateur des chemins de fer.* **2.** TECH Instrument de mesure donnant des indications utiles à la conduite, au contrôle d'une machine ou d'un appareil. *Indicateur de vitesse, de pression, d'altitude, etc.* **3.** CHIM *Indicateur coloré :* substance dont la couleur varie en fonction du pH du milieu dans lequel on la plonge (hélianthine, tournesol, par ex.). **4.** ECON POLIT Élément significatif particulièrement important d'une situation économique et sociale, qui permet d'établir des prévisions d'évolution. *Indicateurs socio-économiques.* **5.** ECOL *Indicateur biologique :* espèce vivante dont la présence (ou l'absence) est révélatrice de certaines caractéristiques de l'environnement. **6.** ORNITH Oiseau piciforme des forêts et savanes africaines (genres *Indicator* et voisins) qui, se nourrissant de cire et de larves d'abeilles, indique, par ses allées et venues et ses cris, l'emplacement des ruches sauvages. **III.** adj. Qui indique une direction. *Poteau indicateur.*

indicatif, ive [ɛ̃dikatif, iv] adj. et n. m. **I.** adj. **1.** Qui indique. *Je vous dis cela à titre indicatif.* **2.** LING *Le mode indicatif* ou, n. m., *l'indicatif :* le mode de verbe qui exprime l'état, l'existence, l'action d'une manière absolue. *Présent de l'indicatif.* **II.** n. m. TELECOM Groupe de signaux conventionnels servant à identifier un poste émetteur. Syn. (Belgique) préfixe téléphonique. ▷ AUDIOV Formule, air musical, etc., permettant d'identifier une émission de radio ou de télévision.

indication [ɛ̃dikasjɔ̃] n. f. **1.** Action d'indiquer. *J'y suis allée sur l'indication d'un ami.* **2.** Signe, indice. *Son embarras est une indication de sa culpabilité.* **3.** Renseignement. *Donner quelques indications.* **4.** MED *Indication thérapeutique* ou, absol., *indication :* maladie, cas pour lesquels tel traitement est indiqué. *Les indications d'un médicament* (par oppos. à *contre-indication*).

indice [ɛ̃dis] n. m. **1.** Signe apparent rendant probable l'existence d'une chose. *Son agitation était l'indice d'une vive émotion. Le malfaiteur n'a laissé aucun indice.* **2.** MATH Signe (lettre ou chiffre) placé en bas à droite d'un autre signe pour le caractériser. Ex. : a_1 *(a indice 1)*, a_2,..., a_n. – *Indice d'un radical :* petit chiffre placé entre les branches d'un radical pour indiquer le degré de la racine. (Ex. : $\sqrt[3]{a}$, racine cubique de a.) **3.** Nombre exprimant un rapport entre deux grandeurs. *Indice d'octane d'un carburant.* – PHYS *Indice de réfraction d'un milieu :* rapport de la célérité c de la lumière dans le vide à la célérité v de la lumière dans le milieu considéré, noté n = c/v. (V. réfraction.) **4.** *Indice de végétation :* en agronomie, nombre utilisé pour déterminer l'importance de la végétation en un lieu donné. **5.** ECON *Indice des prix :* chiffre exprimant l'évolution générale des prix en fonction de l'évolution de ceux de certains produits et de certains services. Syn. (Belgique, Luxembourg) index (des prix).

indiciaire [ɛ̃disjɛʀ] adj. Didac. Qui est rattaché à un indice.

indicible [ɛ̃disibl] adj. Litt. Qu'on ne saurait exprimer, ineffable. *Une joie indicible.*

indien, enne [ɛ̃djɛ̃, ɛn] adj. et n. **1.** adj. De l'Inde. *Sous-continent indien.* ▷ Subst. *Un(e) Indien(ne).* **2.** adj. (Maurice, Réunion) Se dit d'une personne d'origine indienne. **3.** adj. Relatif aux indigènes d'Amérique. (V. Amérindiens.) *Tribu indienne.* ▷ Subst. *Un(e) Indien(ne).* **4.** n. (Québec) *Été* des Indiens.* – Loc. *À l'indienne* ou *en Indien :* à la façon des Indiens. *Vivre à l'indienne. S'asseoir en Indien,* sur ses jambes repliées. – Loc. fig. *Il y a plus de chefs que d'Indiens :* il y a plus de personnes pour commander que pour travailler. **5.** n. m. LING *L'indien :* le groupe de langues indo-européennes, comprenant notam. l'hindi, langue officielle de l'Inde.

Indien (océan) (anc. *mer des Indes*), océan situé entre l'Afrique, l'Asie et l'Australie; le 3e océan du monde par sa superficie (74 900 000 km^2); sa profondeur maximale est de 7 455 m (Java). Il est soumis au régime des vents de mousson, princ. entre l'Inde et l'Afrique. Très nombreuses îles, surtout dans le Sud-Ouest (Madagascar, la Réunion, l'île Maurice, les Comores, etc.).

indienne [ɛ̃djɛn] n. f. Étoffe de coton peinte ou imprimée, qui fut d'abord fabriquée en Inde.

indifféremment [ɛ̃difeʀamɑ̃] adv. Sans distinction, sans faire de différence. *Un ambidextre se sert indifféremment des deux mains.*

indifférence [ɛ̃difeʀɑ̃s] n. f. **1.** État tranquille d'une personne qui ne désire ni ne repousse une chose. *Indifférence en matière de religion.* **2.** Insensibilité. *L'indifférence d'un ami.*

indifférenciation [ɛ̃difeʀɑ̃sjasjɔ̃] n. f. Didac. État de ce qui n'est pas différencié.

indifférencié, ée [ɛ̃difeʀɑ̃sje] adj. Qui n'est pas différencié.

indifférent, ente [ɛ̃difeʀɑ̃, ɑ̃t] adj. et n. **1.** Qui ne présente aucun motif de préférence. *Il est indifférent de suivre ce chemin ou l'autre. Cela m'est indifférent.* **2.** Peu important. *Conversation indifférente.* **3.** Insensible, qui ne s'intéresse pas. *Il est indifférent à ses intérêts.* ▷ Subst. *Un(e) indifférent(e).* **4.** PHYS *Équilibre indifférent :* état d'un corps qui reste dans la position qu'on lui donne quelle que soit cette position (par oppos. aux *équilibres stable* et *instable*).

indifférer [ɛ̃difeʀe] v. tr. [14] Fam. Ne pas émouvoir, ne pas intéresser. *Ça m'indiffère totalement.*

indigénat [ɛ̃diʒena] n. m. **1.** HIST Dans les colonies françaises, régime administratif contraignant qui s'appliquait aux natifs d'un territoire, à l'exception, au Sénégal, des personnes originaires des «quatre communes» de Dakar, Gorée, Rufisque et Saint-Louis. (S'est dit aussi dans les colonies espagnoles et portugaises). **2.** (Suisse) Droit de cité* dans une commune. Syn. bourgeoisie. (Cette citoyenneté, distincte de la citoyenneté juridique de la Confédération, relève de la compétence de chaque canton, qui en définit les modalités.)

indigence [ɛ̃diʒɑ̃s] n. f. **1.** Grande pauvreté, pénurie des choses nécessaires à la vie. *Vivre dans l'indigence la plus totale.* **2.** Fig. Pauvreté intellectuelle.

indigène [ɛ̃diʒɛn] adj. et n. **1.** adj. Qui est originaire du pays, de l'endroit où il se trouve. *Population indigène. Plantes indigènes.* ▷ (Afr. subsah.) Fabriqué selon la méthode traditionnelle. *Du savon indigène.* **2.** n. *Un(e) indigène :* une personne indigène. – *Spécial.* Personne indigène d'une colonie, d'une ancienne colonie (souvent employé avec une intention péjorative ou raciste). *Les Blancs et les indigènes.* ▷ (Afr. subsah.) Fam. Péquenot.

indigénisme [ɛ̃diʒenism] n. m. Didac. En Haïti, courant littéraire, lié à *la Revue indigène* (1926), qui revendiquait l'héritage africain (comme le feront les tenants de la négritude*) tout en insistant sur la spécificité de la culture haïtienne. (Francophone, il accordait une grande importance au créole.) (V. doudouisme.)

indigéniste [ɛ̃diʒenist] adj. Litt. ou didac. Qui se rapporte à l'indigénisme. *L'École* indigéniste.*

indigent, ente [ɛ̃diʒɑ̃, ɑ̃t] adj. et n. Qui est dans l'indigence, très pauvre. ▷ Subst. *Secourir les indigents.*

indigeste [ɛ̃diʒɛst] adj. **1.** Difficile à digérer. *Cuisine indigeste.* **2.** Fig. Difficile à assimiler; lourd et embrouillé. *Ouvrage indigeste.*

indigestion [ɛ̃diʒɛstjɔ̃] n. f. **1.** Indisposition due à une mauvaise digestion (notam. à la suite d'un repas trop abondant). **2.** Fig., fam. *Avoir une indigestion de qqch,* en être dégoûté par un usage excessif.

indignation [ɛ̃diɲasjɔ̃] n. f. Sentiment de colère et de mépris excité par une injustice, une action honteuse, un affront. *Frémir d'indignation.*

indigne [ɛ̃diɲ] adj. **I.** *Indigne de.* **1.** Qui n'est pas digne de. *Il est indigne de votre estime.* **2.** Qui ne sied pas à (qqn) en raison de sa mesquinerie, de sa petitesse, etc. *Cette conduite est indigne de vous.* **II. 1.** Qui n'est pas digne de sa charge, de sa fonction. *Mère indigne.* **2.** Odieux. *Traitement indigne.*

indigner [ɛ̃diɲe] v. [1] **1.** v. tr. Exciter l'indignation de (qqn). *Votre conduite cruelle l'indigne.* **2.** v. pron. Éprouver et manifester de l'indignation. *S'indigner contre qqn. S'indigner de qqch.*

indignité [ɛ̃diɲite] n. f. **1.** Caractère d'une personne indigne. *Il a été exclu pour cause d'indignité.* **2.** Caractère de ce qui est indigne. **3.** Action indigne, odieuse. *Commettre des indignités.* **4.** DR *Indignité successorale :* déchéance du droit de succéder qui frappe un héritier ayant commis des fautes graves envers le défunt.

indigo [ɛ̃digo] n. m. **1.** Matière colorante bleue tirée de l'indigotier ou de la liane à indigo. *L'indigo est utilisé pour teindre les pagnes.* ▷ Cette couleur bleue. – (En appos.) *Bleu indigo.* ▷ (Afr. subsah.) Tissu teint à l'indigo. **2.**

Colorant bleu de synthèse. **3.** Une des couleurs fondamentales du spectre solaire (longueur d'onde : env. 0,44 μm).

indigotier [ɛ̃digɔtje] n. m. BOT Arbrisseau cultivé des régions chaudes (fam. papilionacées) à fleurs rouges, dont est tiré l'indigo.

indiqué, ée [ɛ̃dike] adj. **1.** Approprié, en parlant d'une médication (par oppos. à *contre-indiqué*). **2.** Fig. Adéquat, opportun. *Cela n'est pas très indiqué dans votre situation.*

indiquer [ɛ̃dike] v. tr. [1] **1.** Montrer, désigner de manière précise. *Indiquer qqch du doigt.* **2.** Faire connaître en donnant des renseignements. *Indiquer le chemin à qqn.* **3.** Dénoter, révéler. *Le signal vert indique la voie libre.* **4.** ART Esquisser. *Indiquer les situations, les personnages.*

indirect, ecte [ɛ̃dirɛkt] adj. **1.** Qui n'est pas direct. *Éclairage indirect,* dirigé vers le plafond ou les murs. ▷ Fig. Qui emprunte des voies détournées. *Critique indirecte.* ▷ DR *Ligne indirecte,* collatérale. ▷ *Impôt* indirect.* **2.** GRAM *Complément indirect,* rattaché au verbe par une préposition. – *Interrogation indirecte,* exprimée dans une proposition subordonnée et introduite par un pronom ou un adverbe interrogatif. (Ex. : *je demande quand il est venu.*) – *Style indirect,* qui ne reproduit pas telles quelles les paroles prononcées. (Ex. : *il avait dit qu'il viendrait le lendemain.*)

indirectement [ɛ̃dirɛktəmɑ̃] adv. De manière indirecte.

Indirect Rule (mot angl. signif. «administration indirecte»), système colonial expérimenté puis exprimé sous forme juridique par Lord Frederick Lugard, administrateur britannique, à partir de 1900, en Ouganda puis dans le Nord-Nigeria. Selon l'*Indirect Rule,* l'administration coloniale coiffait simplement l'organisation traditionnelle des société africaines.

indiscernable [ɛ̃disɛrnabl] adj. **1.** Qu'on ne peut distinguer d'une autre chose de même nature. *L'original et la copie sont absolument indiscernables.* **2.** Qu'on ne peut discerner. *Des traces indiscernables à l'œil nu.*

indiscipline [ɛ̃disiplin] n. f. Manque de discipline; désobéissance.

indiscipliné, ée [ɛ̃discipline] adj. Qui n'est pas discipliné. *Soldat indiscipliné.*

indiscret, ète [ɛ̃diskrɛ, ɛt] adj. et n. **1.** Qui manque de discrétion, de réserve. – Subst. *Fuir les indiscrets.* ▷ *Par ext.* Qui dénote un manque de discrétion. *Question indiscrète.* **2.** Qui ne sait pas garder un secret. *Ami indiscret.* ▷ Par ext. *Des propos indiscrets.*

indiscrétion [ɛ̃diskresjɔ̃] n. f. **1.** Manque de discrétion. *Son indiscrétion est insupportable.* **2.** Acte, parole qui révèle ce qui devait rester caché, secret. *Apprendre qqch par des indiscrétions.*

indiscutable [ɛ̃diskytabl] adj. Qui n'est pas discutable, qui s'impose par son évidence. *Preuve indiscutable.*

indispensable [ɛ̃dispɑ̃sabl] adj. et n. m. Absolument nécessaire, dont on ne peut se passer. *Objets indispensables.* ▷ n. m. *Je n'emporte que l'indispensable.*

indisponibilité [ɛ̃dispɔnibilite] n. f. État d'une chose ou d'une personne indisponible.

indisponible [ɛ̃dispɔnibl] adj. Qui n'est pas disponible. *Matériel indisponible. Personne indisponible.*

indisposé, ée [ɛ̃dispoze] adj. **1.** Légèrement malade, incommodé. **2.** (Au fém.) *Par euph.* (En parlant d'une femme.) Qui a ses règles.

indisposer [ɛ̃dispoze] v. tr. [1] **1.** Mettre dans une disposition défavorable. *Votre attitude l'a indisposé.* **2.** Rendre légèrement malade.

indisposition [ɛ̃dispozisjɔ̃] n. f. **1.** Légère altération de la santé. *Indisposition due à la fatigue d'un long voyage.* **2.** *Par euph.* Règles, menstruation.

indissociable [ɛ̃disɔsjabl] adj. Dont les éléments ne peuvent être dissociés. *Une équipe indissociable. Ces trois problèmes sont indissociables.*

indissolubilité [ɛ̃disɔlybilite] n. f. Didac. Caractère indissoluble.

indissoluble [ɛ̃disɔlybl] adj. Didac. Qui ne peut être dissous, délié; dont on ne saurait se dégager. *L'Église catholique considère le mariage comme une réalité indissoluble.*

indistinct, incte [ɛ̃distɛ̃, ɛ̃kt] adj. Qui n'est pas bien distinct; imprécis. *Bruits indistincts.*

indistinctement [ɛ̃distɛ̃ktəmɑ̃] adv. **1.** De manière indistincte. **2.** Sans faire de distinction. *Tirer indistinctement sur tout ce qui bouge.*

indium [indjɔm] n. m. CHIM Élément métallique (symbole In) de numéro atomique Z=49. – Métal blanc utilisé pour la fabrication d'alliages.

individu [ɛ̃dividy] n. m. **1.** Tout être organisé, animal ou végétal, qui ne peut être divisé sans perdre ses caractères distinctifs, sans être détruit. **2.** SC NAT, BIOL Être concret qui entre dans l'extension d'une espèce. *Le genre, l'espèce, l'individu.* **3.** Être humain considéré isolément par rapport à la collectivité. *L'individu et l'État, et la société.* Syn. (Réunion) monde. **4.** Cour., péjor. Personne quelconque que l'on ne peut nommer ou que l'on méprise. *Qui est cet individu? Un sinistre individu.*

individualisation [ɛ̃dividɥalizasjɔ̃] n. f. **1.** Action d'individualiser; son résultat. – État de ce qui est individualisé. Ant. généralisation. **2.** Action d'adapter qqch au cas particulier d'un individu.

individualiser [ɛ̃dividɥalize] v. [1] **I.** v. tr. **1.** Distinguer en fonction des caractères individuels. **2.** Adapter aux caractères individuels. **II.** v. pron. Devenir individuel; prendre ou accentuer des caractères propres.

individualisme [ɛ̃dividɥalism] n. m. **1.** Théorie, conception qui voit dans l'individu la réalité, la valeur la plus élevée. **2.** Cour. Égoïsme.

individualiste [ɛ̃dividɥalist] adj. et n. Relatif à l'individualisme. *Une doctrine, un comportement individualiste.* ▷ Subst. Partisan de l'individualisme. – Péjor. Égoïste.

individualité [ɛ̃dividɥalite] n. f. **1.** PHILO Ce qui caractérise un être en tant qu'individu. *L'homme considéré dans son individualité.* **2.** Originalité propre d'une personne, d'une chose. *Sa poésie est d'une grande individualité.* ▷ Personne qui fait preuve de beaucoup de caractère. *C'est une forte individualité!*

individuation [ɛ̃dividɥasjɔ̃] n. f. PHILO Ensemble des qualités particulières constituant l'individu.

individuel, elle [ɛ̃dividɥɛl] adj. **1.** De l'individu. *Liberté individuelle.* **2.** Propre à un individu. *Qualités individuelles.* **3.** Qui ne concerne qu'un individu. *Dérogation individuelle.*

individuellement [ɛ̃dividɥɛlmɑ̃] adv. D'une manière individuelle.

indivis, ise [ɛ̃divi, iz] adj. DR Possédé à la fois par plusieurs personnes (sans être divisé matériellement). *Succession indivise.* – *Propriétaires indivis,* qui possèdent un bien en commun. ▷ Loc. adv. *Par indivis :* sans être divisé, en commun. *Posséder un domaine par indivis.*

indivisaire [ɛ̃divizɛr] n. DR Propriétaire par indivis.

indivisibilité [ɛ̃divizibilite] n. f. Didac. Caractère de ce qui est indivisible.

indivisible [ɛ̃divizibl] adj. Qui ne peut être divisé.

indivision [ɛ̃divizjɔ̃] n. f. DR État de ce qui est indivis ou des personnes qui possèdent un bien par indivis.

Indochine, grande péninsule (2 074 041 km^2) du S.-E. du continent asiatique, entre l'Inde et la Chine. Baignée par le golfe du Bengale à l'O., la mer de Chine méridionale à l'E. et séparée de Sumatra par le détroit de Malacca, elle comprend la Birmanie, la Thaïlande, le Laos, le Viêt-nam, le Cambodge et la partie continentale de la Malaisie.

Indochine française ou **Union indochinoise,** nom donné de 1887 à 1954 aux pays d'Indochine colonisés par la France : Annam (V. Trung Bô), Cochinchine (V. Nam Bô), Tonkin (V. Bac Bô), qui à eux trois forment le Viêt-nam actuel, Cambodge, Laos et le territ. chinois de Guangzhouwan, situé dans le Guangdong, cédé à bail pour 99 ans par la Chine. La colonisation, entreprise sous le Second Empire (Cochinchine orientale, 1862; Cambodge, 1863; Cochinchine occidentale, 1867), fut poursuivie sous la IIIe République (conquête de l'Annam et du Tonkin, 1882-1885). En 1887 était réalisée l'*Union indochinoise,* à laquelle furent adjoints le Laos unifié (1899) et le Guangzhouwan (1900). Ces territoires avaient le statut de protectorats, à l'exception de la Cochinchine, qui était une colonie. Le 20 oct. 1911, l'organisation de l'ensemble fut fixée par décret. La Seconde Guerre mondiale ébranla la domination française : le Guangzhouwan redevint chinois en 1943. Après un long et violent conflit avec les forces du Viêt-minh («guerre d'Indochine» 1946-1954), la France dut abandonner ses possessions. En 1953, elle reconnut l'indépendance du Cambodge (officielle en 1954), et, au terme de la conférence de Genève (26 avr.-21 juil. 1954), celle du Viêt-nam et du Laos.

indochinois, oise [ɛ̃dɔʃinwa, waz] adj. et n. De l'Indochine. ▷ Subst. *Un(e) Indochinois(e).*

indocile [ɛ̃dɔsil] adj. Vieilli ou litt. Qui n'est pas docile. *Enfant indocile.*

indo-européen, enne [ɛ̃doœrɔpeɛ̃, ɛn] adj. (et n.) LING *Les langues indo-européennes :* la grande famille de langues d'Europe et d'Asie. *Le sanskrit, le grec, le latin, les langues germaniques, les langues slaves font partie des langues indo-européennes.* ▷ Subst. *Les Indo-Européens :* les peuples qui parlent ces langues.

indolence [ɛ̃dɔlɑ̃s] n. f. Mollesse, nonchalance.

indolent, ente [ɛ̃dɔlɑ̃, ɑ̃t] adj. Mou, sans volonté. *Un élève indolent.*

indolore [ɛ̃dɔlɔr] adj. Qui n'est pas douloureux. *Traitement indolore.*

indomptable [ɛ̃dɔ̃tabl] adj. **1.** Qu'on ne peut pas dompter. *Animal indomp-*

table. **2.** Fig. Qu'on ne peut pas contenir, abattre. *Courage indomptable.*

Indonésie (république d') *(Republik Indonesia),* État d'Asie du Sud-Est constitué par un archipel de plus de 3 000 îles qui s'étire d'O. en E., sur plus de 5 000 km, entre l'océan Indien et l'océan Pacifique. Les îles les plus import. sont : Sumatra, Java, Bornéo (dont l'Indonésie possède la majeure partie : Kalimantan), les Célèbes (ou Sulawesi), les Moluques, l'Irian Jaya (ouest de la Nouvelle-Guinée); au total, 1 919 270 km^2; 184 600 000 hab., croissance démographique : 2 % par an; cap. *Djakarta.* Nature de l'État : rép. de type présidentiel. Langue off. : bahasa indonesia (forgé à partir du malais commercial). Monnaie : rupiah. Pop. : malaise en grande majorité. Relig. : islam (88 %), christianisme (9 %), bouddhisme, hindouisme.
Géogr. phys. et hum. – L'archipel est constitué de deux ensembles physiques : Bornéo et les îles proches sont faiblement immergées (50 à 75 m); Célèbes et les îles de la Sonde (Sumatra, Java, Bali, Lombok, Sumbawa, Flores, Timor, Céram) correspondent aux sommets d'une chaîne qui, bordée au S. de profondes fosses marines (fosse de Java), constitue la plus importante guirlande volcanique du monde (120 des 500 volcans sont en activité). Le climat équatorial, chaud et pluvieux, entretient une forêt dense, mais les terres sont très défrichées dans les îles anciennement occupées et menacées de déboisement dans les autres. La répartition de la pop. est très inégale, bien que le gouv. veuille peupler et mettre en valeur l'E. de l'archipel. Java groupe 55 % des hab. sur 7 % du territoire; ses zones rizicoles ont les densités rurales les plus fortes du monde; à l'opposé, l'Irian Jaya groupe moins de 1 % des hab. sur 22 % du territoire. La composition ethnique est très variée : Proto-Malais, Malais, Mélanésiens (Papous d'Irian Jaya), Négritos de Célèbes, etc., et 3 500 000 Chinois. L'Indonésie est le plus vaste État musulman du monde. Malgré la baisse de la natalité, due au planning familial, la population est très jeune. L'essor urbain est réel, mais 70 % des hab. sont encore des ruraux.
Écon. – L'Indonésie fait figure de « nouveau dragon » dans la zone Pacifique : forte croissance, réduction des déséquilibres extérieurs, succès de l'ouverture à l'étranger; la croissance oscille entre 7 et 8 %; le niveau de vie demeure bas; l'inflation n'est pas maîtrisée. L'agriculture emploie encore plus de 50 % des actifs. Le riz a bénéficié des progrès de la révolution verte (deux à trois récoltes par an) : surpeuplée, Java couvre ses besoins et le pays exporte, les bonnes années. Les cultures de plantation sont nombreuses : hévéa, café, thé, canne à sucre, tabac, coprah, arachide, huiles essentielles, épices. L'Indonésie est devenue le premier exportateur de bois tropicaux du monde. La prod. croissante de pétrole et de gaz naturel (à Sumatra, dans la mer de Java et au sud-est de Bornéo) assure d'importantes recettes, ainsi que l'exploitation minière. Le développement industriel est marqué, depuis 1988, par la privatisation partielle et l'ouverture aux capitaux étrangers (japonais et américains surtout) qu'attire une main-d'œuvre peu coûteuse. Les secteurs industriels se multiplient (près de 10 millions d'ouvriers). La balance commerciale dégage d'importants excédents et les exportations se diversifient.
Hist. – Le peuplement de l'Indonésie a été précoce (pithécanthrope du N.-E. de Sumatra : 500 000 ans av. J.-C.). Les Malais qui pratiquaient la culture sur brûlis *(ladang)* ont repoussé dans les montagnes les groupes négroïdes au néolithique (début du IIe millénaire av. J.-C.) qui furent submergés par d'autres vagues de Malais qui maîtrisaient les techniques de la rizière irriguée, du fer et de la navigation. Par la suite, les migrations ont été faibles numériquement, mais importantes culturellement : les Chinois ont noué des liens comm. dont l'empreinte est toujours perceptible; l'hindouisme et le bouddhisme vinrent de l'Inde. Des princes chassés du S. de l'Inde par les conquêtes des Gupta fondèrent à Java et à Sumatra des royaumes; celui de Shrivijaya (VIIe-XIVe s.), à son apogée, s'étendait jusqu'au Cambodge, à Ceylan et aux Philippines. Au XIVe s., l'empire de Madjapahit réunit l'Indonésie et la péninsule malaise, à une époque où l'islam pénétrait le nord de Sumatra. Les principautés qui s'insurgèrent contre le Madjapahit marquèrent, par leur victoire, le triomphe de l'islam en Indonésie (1520). Au début du XVIe s., des Portugais, puis des Hollandais rencontrèrent des princes locaux. De la fin du XVIe s. jusqu'en 1940, les Néerlandais colonisèrent l'Indonésie au grand profit de la métropole : cult. et comm. des épices, du café, du thé, de la canne à sucre, de l'hévéa, du coton, du tabac; extraction des prod. miniers. Cette exploitation, interrompue par les Anglais de 1811 à 1816, entraîna le travail forcé des populations rurales. À partir de 1877, une relative autonomie fut accordée, en même temps que naissaient des mouvements nationalistes et révolutionnaires (Union sociale indonésienne, parti communiste indonésien, parti national indonésien d'Achmed Sukarno). Après l'occupation japonaise (de 1942 à 1945), Sukarno proclama l'indépendance indonésienne (17 août 1945), et les Néerlandais intervinrent militairement, provoquant une guérilla. En 1949, la conférence de La Haye reconnut la création des États-Unis d'Indonésie. Le centralisme excessif de Djakarta a renforcé les revendications autonomistes, sévèrement réprimées, notam. aux Moluques (1955), à Sumatra et aux Célèbes (1958). En 1963, l'Irian, laissée d'abord aux Hollandais, fut réunie à l'Indonésie. À l'extérieur, Sukarno se fit le champion du non-alignement (conférence de Bandung en 1955). En 1965, profitant d'une tentative de coup d'État par des militaires nationalistes de gauche, suivie d'une sanglante répression anticommuniste (plus de 600 000 personnes massacrées), l'armée prit le pouvoir, dirigée par le général Suharto. Élu président en 1968 et sans cesse réélu, Suharto s'est rapproché des É.-U., qui ont formé les économistes dont il s'est entouré pour ouvrir son pays à l'écon. libérale. Un mouvement de guérilla perdure dans l'île de Timor*, conquise en 1975 et annexée en 1976, au prix de massacres. De son côté, Sumatra connaît une agitation islamique. Enfin, les classes moyennes apparues à la suite de la forte croissance écon. revendiquent la démocratisation du régime (émeutes de Djakarta en déc. 1996). En 1997, le parti de Suharto remporte une nouvelle fois les élections à une très large majorité, mais la campagne électorale est marquée par des incidents sanglants.

indonésien, enne [ɛ̃dɔnezjɛ̃, ɛn] adj. et n. **1.** adj. D'Indonésie. ▷ Subst. *Un(e) Indonésien(ne).* **2.** n. m. LING *L'indonésien :* la langue austronésienne parlée en Indonésie (langue officielle).

indo-pacifique [ɛ̃dopasifik] adj. Relatif à l'Indo-Pacifique. *Les îles indo-pacifiques.*

Indo-Pacifique, vaste région marine formée par l'océan Pacifique, l'océan Indien, la mer Rouge et le golfe Persique.

Indra, dieu védique, maître de la pluie, de la foudre et des saisons.

Indravarman, roi du Champa (787-801). De nombreux souverains de ce royaume portèrent ce nom.

Indre, riv. de France (265 km), affl. de la Loire (r. g.). – Dép. : 6 824 km^2; 237 510 hab.; chef-lieu : *Châteauroux* (52 949 hab.). V. Centre (Rég.). – *Indre-et-Loire,* dép. : 6 126 km^2; 529 345 hab.; ch.-l. *Tours**. V. Centre (Rég.).

indri [ɛ̃dʀi] n. m. Grand lémurien (70 cm) de Madagascar à la queue courte et au pelage brun, épais et soyeux.

indu, ue [ɛ̃dy] adj. et n. m. Qui est contre la règle, l'usage. – Loc. *À une (des) heure(s) indue(s),* inhabituelle(s). ▷ n. m. DR *Paiement de l'indu :* restitution d'une somme perçue illégitimement.

indubitable [ɛ̃dybitabl] adj. Dont on ne peut douter. *Un succès indubitable.*

inductance [ɛ̃dyktɑ̃s] n. f. ELECTR Coefficient (appelé aussi *coefficient d'auto-induction*) qui caractérise la propriété d'un circuit de produire un flux à travers lui-même et qui est égal au quotient de la variation de ce flux et de la variation de l'intensité du courant qui le produit.

inducteur, trice [ɛ̃dyktœʀ, tʀis] adj. et n. m. **I.** adj. **1.** PHILO Qui sert de point de départ à une induction. **2.** ELECTR Qui produit l'induction. *Champ inducteur.* ▷ n. m. Ensemble d'électro-aimants servant à produire un champ inducteur. **II.** n. m. BIOL Substance qui, par sa présence, réalise une induction.

inductif, ive [ɛ̃dyktif, iv] adj. **1.** PHILO Relatif à l'induction; de l'induction. *Méthode inductive.* **2.** ELECTR Se dit d'un dispositif, d'un circuit où se produit une auto-induction. **3.** MATH Se dit d'un ensemble ordonné E dans lequel toute partie P totalement ordonnée de cet ensemble admet un majorant.

induction [ɛ̃dyksjɔ̃] n. f. **1.** PHILO Manière de raisonner consistant à aller des effets à la cause, des faits particuliers aux lois qui les régissent. *Raisonner par induction.* Ant. déduction. **2.** ELECTR *Induction électrique* ou *électrostatique :* syn. de *influence électrique.* ▷ *Induction électromagnétique,* caractérisée par la production d'une force électromotrice sous l'effet d'une variation de flux magnétique dans un circuit. **3.** TECH Entraînement d'un fluide par un autre fluide. **4.** BIOL Phénomène de facilitation, par une enzyme ou par un tissu, d'une réaction biochimique. – *Induction embryonnaire :* action d'un tissu ou d'un organe sur un groupe cellulaire, provoquant la différenciation de celui-ci en un autre tissu ou organe.

induire [ɛ̃dɥiʀ] v. tr. [**69**] **1.** *Induire en erreur :* tromper. **2.** PHILO Trouver par induction. **3.** ELECTR Produire une induction. **4.** BIOL Réaliser une induction. *Induire un processus expérimental.*

induit, ite [ɛ̃dɥi, it] adj. et n. m. **1.** adj. ELECTR Qui résulte d'une induction. **2.** n. m. ELECTR Partie d'une machine électrique où l'on produit une force électromotrice par induction électromagnétique.

indulgence [ɛ̃dylʒɑ̃s] n. f. **1.** Facilité à excuser, à pardonner. *Traiter qqn avec indulgence.* **2.** Bienveillance. *Cet artiste débutant demande l'indulgence du public.* **3.** RELIG CATHOL Remise de la peine attachée au péché. *Indulgence plénière.*

Indulgences (querelle des), au XVIe s., en Allemagne, conflit relatif à un système d'aumônes (destinées à la construction de St-Pierre de Rome), qui donnaient droit à une indulgence. Ce commerce, qui révolta Luther, fut à l'origine de la Réforme; le concile de Trente (1563) l'abolit.

indulgent, ente [ɛ̃dylʒɑ̃, ɑ̃t] adj. **1.** Qui pardonne, excuse aisément. *Un père indulgent.* **2.** Qui marque de l'indulgence. *Morale indulgente.*

indûment [ɛ̃dymɑ̃] adv. De manière indue, à tort. *Réclamer indûment qqch.*

induration [ɛ̃dyʀasjɔ̃] n. f. MED Durcissement et épaississement des tissus. ▷ Partie indurée.

induré, ée [ɛ̃dyʀe] adj. Devenu dur et épais. *Chancre induré.*

Indus (anc. *Sind*), fl. né dans le plateau tibétain, sur le versant nord de l'Himalaya (3180 km). Il traverse le Cachemire puis le Pākistān, où il draine le Pendjab (le «Pays des cinq rivières», les affl. de l'Indus) et la région désertique du Sind, avant de se jeter par un vaste delta dans la mer d'Oman, à Karāchi. Ses rives furent le berceau d'une civilisation antérieure à la civilisation aryenne (2500-1500 av. J.-C.).

industrialisation [ɛ̃dystʀializasjɔ̃] n. f. Action d'industrialiser.

industrialiser [ɛ̃dystʀialize] v. tr. [1] Appliquer les méthodes industrielles à. *Industrialiser l'agriculture.* – Implanter des industries dans. *Industrialiser une région.* ▷ v. pron. *Un pays qui s'industrialise.*

industrialisme [ɛ̃dystʀialism] n. m. Prépondérance de l'industrie.

industrie [ɛ̃dystʀi] n. f. Ensemble des entreprises ayant pour objet la transformation des matières premières et l'exploitation des sources d'énergie. *Industrie minière. Industries alimentaires. Industrie de production, de transformation, de répartition. Industrie lourde. Industrie du spectacle :* ensemble des activités commerciales concourant à la production de spectacles (loc. off. recommandée pour remplacer *show-business*). *Industries de la langue :* ensemble des applications commercialisables de la recherche linguistique et informatique, spécial. du traitement automatisé de la langue (analyse automatique de textes, élaboration de lexiques, de dictionnaires électroniques et de bases de données, traduction automatique, génération automatique de textes, parole artificielle, etc.).

industriel, elle [ɛ̃dystʀijɛl] adj. et n. **1.** adj. En rapport avec l'industrie. *Société, civilisation industrielle,* dont l'économie est fondée sur l'industrie. *Zone industrielle,* aménagée pour recevoir des établissements industriels. ▷ Qui provient de l'industrie. *Produits industriels.* **2.** Loc. fig., fam. *(En) quantité industrielle :* (en) grande quantité. **3.** n. Personne qui possède une entreprise industrielle. *Un gros industriel.*

industriellement [ɛ̃dystʀijɛlmɑ̃] adv. Par l'industrie. *Ces objets sont fabriqués industriellement, et non de façon artisanale.*

Indy (Vincent d') (1851 – 1931), compositeur français. Disciple de César Franck, il enseigna de 1896 à sa mort à la Schola cantorum à Paris.

-ine. Suffixe servant à désigner des substances isolées ou obtenues synthétiquement.

inébranlable [inebʀɑ̃labl] adj. **1.** Litt. Qui ne peut être ébranlé. **2.** Fig. Qui ne se laisse pas abattre. *Demeurer inébranlable dans l'épreuve. Courage inébranlable.* **3.** Fig. Ferme. *Sa résolution est inébranlable.*

inédit, ite [inedi, it] adj. et n. m. **1.** Qui n'a pas été publié, édité. *Poème resté inédit.* ▷ n. m. *Un inédit.* **2.** Qui n'a pas encore été vu, nouveau. *Spectacle inédit.* ▷ n. m. *Voilà de l'inédit.*

ineffable [inefabl] adj. Indicible. (Ne se dit que des choses agréables.) *Joie ineffable.*

ineffaçable [inefasabl] adj. Qui ne peut être effacé. *Empreinte ineffaçable.* – Fig. *Impression ineffaçable.*

ineffectivité [inefɛktivite] n. f. DR Caractère d'une règle de droit qui n'est pas ou est peu appliquée.

inefficace [inefikas] adj. Qui manque d'efficacité. *Un remède inefficace.*

inefficacité [inefikasite] n. f. Manque d'efficacité.

inégal, ale, aux [inegal, o] adj. **1.** Qui n'est pas égal (en dimension, en durée, en valeur, en quantité). *Couper un gâteau en trois parts inégales. Des chances inégales.* **2.** (Surfaces) Qui n'est pas uni. *Chemin inégal.* **3.** Qui n'est pas régulier. *Mouvement inégal.* **4.** Changeant. *Humeur inégale.* **5.** Qui est tour à tour bon et mauvais. *Style inégal. Écrivain inégal.*

inégalable [inegalabl] adj. Qui ne peut pas être égalé.

inégalé, ée [inegale] adj. Qui n'a pas été égalé.

inégalement [inegalmɑ̃] adv. De manière inégale. *Partager inégalement qqch.*

inégalitaire [inegalitɛʀ] adj. Qui n'est pas égalitaire.

inégalité [inegalite] n. f. **1.** Défaut d'égalité. *Inégalité de hauteur des pieds d'un meuble. Les inégalités sociales.* **2.** MATH Expression qui traduit que deux quantités ne sont pas égales. *L'inégalité est exprimée par les signes : ≠ différent de, > strictement supérieur à, < strictement inférieur à.* **3.** Irrégularité. *Les inégalités d'un terrain.* **4.** Litt. Changement, caprice. *Inégalités d'humeur.*

inélégance [inelegɑ̃s] n. f. Manque d'élégance.

inélégant, ante [inelegɑ̃, ɑ̃t] adj. **1.** Qui n'est pas élégant; mal habillé. ▷ Sans distinction, sans grâce. *Une façon de se tenir inélégante.* **2.** Indélicat, inconvenant. *Conduite inélégante.*

inéligibilité [ineliʒibilite] n. f. Didac. État d'une personne inéligible.

inéligible [ineliʒibl] adj. Qui ne peut être élu.

inéluctable [inelyktabl] adj. Se dit de ce contre quoi on ne peut lutter; inévitable. *Conséquence inéluctable.*

inemployé, ée [inɑ̃plwaje] adj. Inutilisé. *Capacités inemployées.*

inénarrable [inenaʀabl] adj. Qu'on ne peut raconter, décrire, sans rire. *Des mimiques inénarrables.*

inepte [inɛpt] adj. Stupide. *Raisonnement inepte.*

ineptie [inɛpsi] n. f. **1.** Sottise, stupidité. *Des propos d'une ineptie totale.* **2.** Action, parole inepte. *Dire des inepties.*

inépuisable [inepɥizabl] adj. Que l'on ne peut épuiser. *Source inépuisable.* – Fig. *Patience inépuisable.*

inéquation [inekwasjɔ̃] n. f. MATH Inégalité contenant des variables et qui n'est généralement satisfaite que pour certaines valeurs de ces variables.

inerme [inɛʀm] adj. BOT Qui n'a ni aiguillons ni épines. ▷ ZOOL Qui n'a pas de crochet. *Ténia inerme.*

inerte [inɛʀt] adj. **I. 1.** (Choses) Qui n'est pas en mouvement. *Corps inerte.* **2.** CHIM Se dit d'un corps qui ne joue aucun rôle dans une réaction donnée. *L'azote de l'air est inerte dans une combustion.* **3.** Qui n'est pas vivant; inorganique. *Matière inerte et matière vivante.* **II. 1.** Qui ne manifeste aucun mouvement indiquant la vie. *Il gisait là, inerte.* **2.** Qui n'agit pas. *Il assistait, inerte, à la ruine de ses espérances.*

inertie [inɛʀsi] n. f. **1.** État de ce qui est inerte. *Inertie d'une masse.* ▷ PHYS *Principe de l'inertie :* dans un repère galiléen, un système soumis à des forces de somme nulle a son centre de masse immobile ou animé d'un mouvement rectiligne uniforme. – *Force d'inertie :* force apparente qui se manifeste dans un repère non galiléen (la force centrifuge dans un repère en rotation, par ex.); fig. résistance passive consistant principalement à ne pas exécuter les ordres reçus. **2.** CHIM Caractère d'un corps inerte. **3.** Absence de mouvement, d'activité, d'énergie. *Vivre dans l'inertie.*

Inès de Castro (v. 1320 – 1355), dame castillane, maîtresse de l'infant Pierre de Portugal. Elle l'épousa en secret, et son beau-père, Alphonse IV, la fit assassiner. La légende prétend que, devenu roi, son mari fit couronner sa dépouille. Cette histoire inspira à Montherlant *la Reine morte* (drame, 1942).

inespéré, ée [inɛspeʀe] adj. Que l'on n'espérait pas. *Un succès inespéré.*

inesthétique [inɛstetik] adj. Qui n'est pas esthétique, laid.

inestimable [inɛstimabl] adj. **1.** Dont la valeur est au-delà de toute estimation. *Une œuvre de Rembrandt inestimable.* **2.** Fig. Très précieux. *La santé est un bien inestimable.*

inévitable [inevitabl] adj. Que l'on ne peut éviter. *La mort est inévitable.*

inévitablement [inevitabləmɑ̃] adv. Sans qu'on puisse l'éviter.

inexact, acte [inegza(kt), akt] adj. **1.** Qui manque de ponctualité. *Il était inexact à notre rendez-vous.* **2.** Qui contient des erreurs. *Calcul inexact.*

inexactitude [inegzaktityd] n. f. **1.** Manque de ponctualité. **2.** Erreur. *Un livre plein d'inexactitudes.*

inexcusable [inekskyzabl] adj. Qui ne peut être excusé. *Faute inexcusable.*

inexistant, ante [inegzistɑ̃, ɑ̃t] adj. **1.** Qui n'existe pas. **2.** Fam. Nul, sans valeur. *Argument inexistant.* ▷ Effacé, que l'on ne remarque pas. *Un petit bonhomme totalement inexistant.*

inexistence [inegzistɑ̃s] n. f. **1.** DR Défaut d'existence. *Inexistence d'un testament.* **2.** Caractère de ce qui est inexistant (sens 2).

inexorable [inegzɔʀabl] adj. **1.** Qu'on ne peut fléchir par des prières. *Se montrer inexorable.* **2.** Extrêmement rigoureux. *Une loi inexorable.* **3.** Implacable. *Destin inexorable.*

inexpérience [inekspeʀjɑ̃s] n. f. Manque d'expérience. *L'inexpérience de la jeunesse.*

inexpérimenté, ée [inekspeʀimɑ̃te] adj. Qui n'a pas d'expérience. *Photographe inexpérimenté.*

inexpiable [inɛkspijabl] adj. **1.** Qui ne peut être expié. *Crime inexpiable.* **2.** Qui ne peut être apaisé. *Haine inexpiable.*

inexplicable [inɛksplikabl] adj. Qui ne peut être expliqué; incompréhensible, étrange. *Conduite inexplicable.*

inexpliqué, ée [ineksplike] adj. Qui n'a pas été expliqué. *Un phénomène inexpliqué.*

inexploitable [ineksplwatabl] adj. Qu'on ne peut exploiter. *Carrière inexploitable.*

inexploité, ée [ineksplwate] adj. Qui n'est pas exploité. *Richesses inexploitées.*

inexploré, ée [ineksplɔʀe] adj. Qui n'a pas été exploré. *Terre inexplorée.* – Fig. *Possibilité inexplorée.*

inexpressif, ive [inɛkspʀɛsif, iv] adj. **1.** Qui manque d'expression. *Visage inexpressif.* **2.** Fig. Qui manque de force expressive. *Récit terne et inexpressif.*

inexprimable [inekspʀimabl] adj. Que l'on ne peut exprimer.

inexpugnable [inekspyɲabl] adj. Litt. Qu'on ne peut prendre d'assaut. *Forteresse inexpugnable.*

inextensible [inekstɑ̃sibl] adj. Qui n'est pas extensible.

in extenso [inekstɛ̃so] loc. adv. et adj. inv. (Mots lat.) Complètement, complet (en parlant d'un texte). *Publication in extenso d'un discours.*

inextinguible [inekstɛ̃gibl] adj. Qu'on ne peut apaiser, arrêter. *Soif, rire inextinguible.*

in extremis [inekstʀemis] loc. adv. et adj. inv. (Mots lat.) **1.** DR Aux derniers moments de la vie. – adj. inv. *Mariage in extremis.* **2.** Cour. Au dernier moment. *J'ai pu prendre mon train in extremis.*

inextricable [inekstʀikabl] adj. Que l'on ne peut démêler. *Écheveau inextricable.* – Fig. *Situation inextricable.*

infaillibilité [ɛ̃fajibilite] n. f. **1.** Caractère d'une personne qui ne peut se tromper. **2.** RELIG CATHOL *Dogme de l'infaillibilité pontificale,* proclamé en 1870, selon lequel le pape ne peut se tromper quand il tranche *ex cathedra* une question de foi.

infaillible [ɛ̃fajibl] adj. **1.** Qui ne peut se tromper. *Nul n'est infaillible. Instinct infaillible.* **2.** Certain, assuré. *Remède infaillible.*

infailliblement [ɛ̃fajibləmɑ̃] adv. Immanquablement.

infalsifiable [ɛ̃falsifjabl] adj. Qui ne peut être falsifié.

infamant, ante [ɛ̃famɑ̃, ɑ̃t] adj. **1.** Déshonorant. *Mots infamants.* **2.** DR *Peines afflictives et infamantes :* V. afflictif.

infâme [ɛ̃fɑm] adj. **1.** Avilissant, honteux. *Action infâme.* **2.** Répugnant. *Taudis infâme.* **3.** Abominable. *Infâme individu.*

infamie [ɛ̃fami] n. f. Action, parole infâme, vile.

infanterie [ɛ̃fɑ̃tʀi] n. f. Ensemble des troupes chargées de la défense, de la conquête et de l'occupation du terrain. *Infanterie de marine.*

1. infanticide [ɛ̃fɑ̃tisid] adj. et n. Qui commet, qui a commis un meurtre d'enfant. ▷ Subst. *Un(e) infanticide.*

2. infanticide [ɛ̃fɑ̃tisid] n. m. Meurtre d'un enfant, spécial. d'un enfant nouveau-né.

infantile [ɛ̃fɑ̃til] adj. **1.** Des enfants en bas âge. *Mortalité infantile.* **2.** MED Qui souffre d'infantilisme. **3.** Péjor. Puéril. *Caprice infantile.*

infantiliser [ɛ̃fɑ̃tilize] v. tr. [1] Didac. Donner une mentalité d'enfant. – Absol. *Le manque de responsabilité infantilise.*

infantilisme [ɛ̃fɑ̃tilism] n. m. **1.** MED Persistance anormale de caractères infantiles chez l'adulte (taille, voix, caractères sexuels secondaires, psychisme). **2.** Cour. Conduite puérile.

infarctus [ɛ̃faʀktys] n. m. MED Atteinte d'un territoire vasculaire oblitéré par une thrombose. *Infarctus du myocarde,* entraînant la nécrose de la paroi musculaire du cœur.

infatigable [ɛ̃fatigabl] adj. Que rien ne fatigue. *Esprit, zèle infatigable.*

inféc ond, onde [ɛ̃fekɔ̃, ɔ̃d] adj. Qui n'est pas fécond; stérile. *Terre inféconde.* – Fig. *Esprit infécond.*

infécondité [ɛ̃fekɔ̃dite] n. f. Didac. Stérilité. *Infécondité du sol.*

infect, ecte [ɛ̃fɛkt] adj. **1.** Qui répand une odeur repoussante. *Haleine infecte.* **2.** Très mauvais. *Vin infect.* **3.** Très sale. *Un recoin infect.* **4.** Fam. Moralement répugnant. *Personnage infect.*

infecter [ɛ̃fɛkte] v. tr. [1] **1.** Contaminer de germes infectieux. *Infecter une plaie.* ▷ v. pron. *Sa blessure s'est infectée.* **2.** Fig., litt. Contaminer, corrompre. *Infecter l'opinion de mensonges.*

infectieux, euse [ɛ̃fɛksjø, øz] adj. MED Qui se rapporte à une infection ou qui peut en provoquer une. *État infectieux. Agent infectieux.*

infection [ɛ̃fɛksjɔ̃] n. f. **1.** Développement d'un germe pathogène dans l'organisme. *Foyer d'infection.* **2.** Fam. Chose répugnante, malodorante. *Enlevez ça d'ici, c'est une véritable infection.*

inféodation [ɛ̃feɔdasjɔ̃] n. f. Action de s'inféoder.

inféoder (s') [ɛ̃feɔde] v. pron. [1] S'attacher par un lien étroit. *S'inféoder à un chef, à un parti.*

infère [ɛ̃fɛʀ] adj. BOT Se dit d'un ovaire situé au-dessous du plan d'insertion des autres pièces florales. Ant. supère.

inférence [ɛ̃feʀɑ̃s] n. f. Didac. Raisonnement consistant à admettre une proposition du fait de sa liaison avec d'autres propositions antérieurement admises.

inférer [ɛ̃feʀe] v. tr. [14] Didac. Admettre, établir par inférence.

inférieur, eure [ɛ̃feʀjœʀ] adj. et n. **I.** adj. **1.** Placé au-dessous, en bas. *Mâchoire inférieure.* **2.** Le plus éloigné de la source (d'un fleuve). *Le cours inférieur du Nil.* **3.** ASTRO *Planètes inférieures :* Mercure et Vénus, plus proches du Soleil que la Terre. **4.** BIOL Dont l'organisation est rudimentaire (êtres vivants). *Les plantes inférieures :* les cryptogames. *Les vertébrés inférieurs :* les poissons, les amphibiens et les reptiles (situés plus bas que les oiseaux et les mammifères dans l'échelle de l'évolution). **5.** GEOL Se dit du premier étage d'une période géologique. *Dévonien inférieur.* **6.** MATH *Inférieur à :* plus petit que. *a inférieur ou strictement inférieur à b* ($a<b$). *a inférieur ou égal à b* ($a \leq b$). **II.** n. Personne qui est au-dessous d'une autre en rang, en dignité; subordonné.

infériorité [ɛ̃feʀjɔʀite] n. f. Caractère de ce qui est inférieur. *En état d'infériorité.* – *Complexe d'infériorité :* ensemble d'attitudes, de représentations, de conduites qui mènent un individu à avoir de lui-même une idée dépréciée, dévalorisée.

infernal, ale, aux [ɛ̃fɛʀnal, o] adj. **1.** Litt. De l'enfer, des Enfers. *Dieux infernaux.* **2.** Digne de l'enfer. *Chaleur infernale, vacarme infernal.* ▷ Loc. *Machine infernale :* engin destiné à produire une explosion meurtrière. **3.** Fam. Très turbulent. *Une gamine infernale.*

inférovarié, ée [ɛ̃feʀovaʀje] adj. BOT Dont l'ovaire est infère. Ant. supérovarié.

infertile [ɛ̃fɛʀtil] adj. Stérile, infécond. *Sol infertile.* – Fig. *Esprit infertile.*

infestation [ɛ̃fɛstasjɔ̃] n. f. **1.** MED Pénétration dans l'organisme de parasites non microbiens. **2.** ECOL Présence en un lieu d'animaux (insectes, par ex.) nuisibles ou gênants.

infester [ɛ̃fɛste] v. tr. [1] Envahir en abondance, en parlant d'animaux ou de plantes nuisibles. – Pp. *Cave infestée de rats.*

infibulation [ɛ̃fibylasjɔ̃] n. f. Didac. Opération (pratiquée dans certaines sociétés africaines) qui consiste soit à fixer à demeure un anneau traversant le prépuce de l'homme ou les petites lèvres de la femme, soit à coudre les petites lèvres de la femme qui adhèrent ainsi de façon permanente. *L'infibulation a souvent des conséquences néfastes pour la santé des femmes : hémorrhagies, troubles fonctionnels, infections, complications lors de l'accouchement.*

infibuler [ɛ̃fibyle] v. tr. [1] Didac. Pratiquer l'infibulation sur.

infidèle [ɛ̃fidɛl] adj. et n. Qui n'est pas fidèle. **I.** adj. et n. **1.** Qui n'est pas constant dans ses affections. *Ami infidèle.* ▷ *Spécial.* Qui n'est pas fidèle en amour. *Mari, amant infidèle.* – Subst. *Un(e) infidèle.* **2.** Vx Qui ne professe pas la religion tenue pour vraie (à un moment donné, dans un lieu donné). *Peuples infidèles.* ▷ Subst. *Les infidèles.* **II.** adj. Sur quoi l'on ne peut compter. *Mémoire infidèle.* ▷ Inexact, qui manque à la vérité. *Traduction, récit infidèle.*

infidélité [ɛ̃fidelite] n. f. **1.** Manque de fidélité. ▷ Action manifestant le manque de fidélité, notam. en amour. *Faire des infidélités à qqn.* **2.** Manque d'exactitude. *Infidélité d'un copiste.* ▷ Inexactitude, erreur. *Les infidélités d'une traduction.*

infiltration [ɛ̃filtʀasjɔ̃] n. f. **1.** Passage lent d'un liquide à travers les interstices d'un corps solide. *Infiltrations d'eau dans un mur.* **2.** MED Injection thérapeutique d'une substance dans un tissu ou une articulation. ▷ Envahissement d'un tissu sain par des cellules, malignes ou non. **3.** MILIT Pénétration, en arrière des lignes adverses, de petits groupes armés.

infiltrer [ɛ̃filtʀe] v. [1] **I.** v. pron. **1.** Pénétrer à travers les pores, les interstices d'un corps solide. *L'eau s'infiltre dans le bois.* **2.** Fig. Pénétrer peu à peu, s'insinuer. *Le doute s'infiltre dans son esprit. S'infiltrer au travers des lignes ennemies.* **II.** v. tr. S'introduire clandestinement dans. *Infiltrer une organisation.*

infime [ɛ̃fim] adj. Très petit, insignifiant. *Détails infimes.*

infini, ie [ɛ̃fini] adj. et n. m. **I.** adj. **1.** Qui n'a ni commencement ni fin. *Dieu est infini.* – Qui n'a pas de limites. *Espace, durée infinis.* ▷ MATH *Ensemble infini :* ensemble E tel qu'il existe une partie P_2 de E qui contienne strictement une partie quelconque P_1 de E. *L'ensemble des nombres entiers est infini. Plus l'infini (symbole : + ∞), moins l'infini (symbole : – ∞).* – Loc. *Tendre vers l'infini (symbole : → ∞).* **2.** D'une quantité, d'une intensité, d'une grandeur très considérable. *Infinie variété d'objets. Une voix d'une infinie douceur.* Syn. extrême. **II.** n. m. **1.** Ce qui est ou paraît être sans limites. *Tenter d'imaginer l'infini.* **2.** Ce qui paraît infini. *L'infini de la steppe.* **3.** Loc. adv. *À l'infini :* sans qu'il y ait de fin. *Multiplier à l'infini.*

infiniment [ɛ̃finimɑ̃] adv. **1.** Sans bornes, sans mesure. ▷ MATH *Quantité infiniment grande* (ou *infiniment petite*), susceptible de devenir plus grande (ou plus petite) que tout nombre choisi arbitrairement, aussi grand (ou aussi petit) soit-il. **2.** Extrêmement. *Je vous remercie infiniment.*

infinité [ɛ̃finite] n. f. **1.** Didac. Caractère de ce qui est infini. *L'infinité de Dieu.* **2.** Quantité infinie. **3.** Quantité considérable. *J'ai eu une infinité d'ennuis.*

infinitésimal, ale, aux [ɛ̃finitezimal, o] adj. **1.** MATH Qui concerne les quantités infiniment petites. ▷ *Calcul infinitésimal,* partie des mathématiques comprenant le calcul différentiel* et le calcul intégral*. Syn. analyse. **2.** Très petit. *Dose infinitésimale.*

infinitif, ive [ɛ̃finitif, iv] n. m. et adj. GRAM Mode impersonnel qui exprime d'une manière indéterminée ou générale l'idée marquée par le verbe. *C'est l'infinitif des verbes qui figure à la nomenclature des dictionnaires français. Infinitif substantivé* (ex. : *le boire et le manger*). *Infinitif historique* ou *de narration*, employé avec la préposition *de* (ex. : *«Et grenouille de se plaindre»,* La Fontaine). ▷ adj. *Mode infinitif.* – *Proposition infinitive,* dont le verbe est à l'infinitif (ex. : *j'entends les oiseaux chanter*).

infirmation [ɛ̃fiʀmasjɔ̃] n. f. DR Action d'infirmer. *Infirmation d'un arrêt.* Syn. annulation.

infirme [ɛ̃fiʀm] adj. et n. Atteint d'une infirmité, d'infirmités. *Rester infirme à la suite d'un accident.* ▷ Subst. *Des infirmes.* Syn. handicapé, invalide.

infirmer [ɛ̃fiʀme] v. tr. [1] **1.** Aller à l'encontre de, réfuter, démentir (qqch). *Infirmer une preuve, une déclaration.* Ant. confirmer. **2.** DR Déclarer nul. *Infirmer un jugement.*

infirmerie [ɛ̃fiʀməʀi] n. f. Local où l'on soigne les malades, les blessés, dans une communauté.

infirmier, ère [ɛ̃fiʀmje, ɛʀ] n. et adj. Personne dont la profession est d'assister les médecins et de donner des soins aux malades, aux blessés, en suivant leurs prescriptions. *Infirmier de garde. Diplôme d'infirmière.* ▷ adj. Qui concerne les infirmiers, leur activité. *Soins infirmiers.*

infirmité [ɛ̃fiʀmite] n. f. **1.** Vx Manque de force. *Les infirmités de la vieillesse.* **2.** Handicap (accidentel ou congénital) affectant une fonction particulière de l'organisme mais non l'état général. *La surdité est une infirmité.*

infixe [ɛ̃fiks] n. m. GRAM Élément qui, dans certaines langues, s'insère au milieu d'une racine, pour certaines formes. (Ex. : en latin, l'infixe [n] dans *ta-n-go*, «je touche», en face de *tac-tus*, «touché».)

inflammable [ɛ̃flamabl] adj. **1.** Qui s'enflamme facilement. *L'éther est inflammable.* **2.** Fig. Qui se passionne facilement. *Cœur inflammable.*

inflammation [ɛ̃flamasjɔ̃] n. f. **1.** Fait de s'enflammer, de prendre feu. *Inflammation d'un mélange gazeux.* **2.** MED Réaction locale de l'organisme contre un agent pathogène, caractérisée par la rougeur, la chaleur, la douleur et la tuméfaction.

inflammatoire [ɛ̃flamatwaʀ] adj. MED Qui cause une inflammation, qui tient de l'inflammation.

inflation [ɛ̃flasjɔ̃] n. f. **1.** ECON Phénomène économique qui se traduit par une hausse des prix généralisée, dû, selon certains économistes, à une circulation monétaire excessive, ou, selon d'autres, à un déséquilibre entre l'offre et la demande globale des biens et des services disponibles sur le marché. **2.** Augmentation excessive. *Inflation du nombre des fonctionnaires.* Ant. déflation.

inflationniste [ɛ̃flasjɔnist] adj. ECON Relatif à l'inflation.

infléchi, ie [ɛ̃fleʃi] adj. **1.** Légèrement courbé. **2.** BOT Courbé du dehors en dedans. *Rameaux infléchis.*

infléchir [ɛ̃fleʃiʀ] v. [3] **1.** v. tr. Fléchir, courber. *L'atmosphère infléchit les rayons lumineux.* – Fig. Modifier l'orientation de. *Infléchir sa ligne de conduite.* **2.** v. pron. Dévier. *La ligne s'infléchit à droite.*

inflexibilité [ɛ̃flɛksibilite] n. f. Caractère d'une personne qui ne se laisse pas fléchir. *L'inflexibilité d'un magistrat.*

inflexible [ɛ̃flɛksibl] adj. Qui ne se laisse pas émouvoir, inexorable. *Un père inflexible.* Syn. inébranlable.

inflexion [ɛ̃flɛksjɔ̃] n. f. **1.** Action d'infléchir, de fléchir, d'incliner. *Inflexion de la tête.* **2.** PHYS Déviation. *L'inflexion des rayons lumineux par un prisme.* ▷ MATH *Point d'inflexion d'une courbe,* où la courbure change de sens. **3.** Fig. Changement de ton, d'accent dans la voix. *Avoir des inflexions touchantes.*

infliger [ɛ̃fliʒe] v. tr. [13] **1.** Imposer, appliquer (une peine). *Infliger une amende à un automobiliste.* **2.** *Par ext.* Faire subir. *Infliger un affront. Il nous a infligé un discours ennuyeux.*

inflorescence [ɛ̃flɔʀɛsɑ̃s] n. f. BOT Disposition des fleurs d'une plante les unes par rapport aux autres; ensemble de ces fleurs. *La grappe, l'épi, le corymbe, le capitule et la cyme sont des inflorescences.*

influençable [ɛ̃flyɑ̃sabl] adj. Facile à influencer. *Esprit influençable.*

influence [ɛ̃flyɑ̃s] n. f. **1.** Action exercée sur qqch ou qqn. *Avoir une bonne, une mauvaise influence sur qqn. Agir sous l'influence de la colère.* Syn. effet, emprise, ascendant. **2.** Crédit, autorité. *Un homme sans influence.* – *Trafic d'influence,* délit d'une personne qui monnaie l'obtention d'avantages administratifs. **3.** PHYS *Influence électrique* ou *influence électrostatique :* modification de la répartition des charges électriques portées par un corps sous l'effet d'un champ électrique.

influencer [ɛ̃flyɑ̃se] v. tr. [12] Exercer une influence sur. *Influencer l'opinion.*

influent, ente [ɛ̃flyɑ̃, ɑ̃t] adj. Qui a de l'influence, du crédit. *Personnage très influent.*

influer [ɛ̃flye] v. intr. [1] Exercer sur (une chose) une action qui tend à la modifier; avoir une action déterminante sur. *La lumière influe sur la végétation. Mes conseils ont influé sur sa décision.*

influx [ɛ̃fly] n. m. PHYSIOL *Influx nerveux :* courant électrique de dépolarisation qui, en se propageant le long des fibres nerveuses, transmet les commandes motrices ou les messages sensitifs. (V. nerveux.)

infographie [ɛ̃fogʀafi] n. f. (Nom déposé.) INFORM Informatique appliquée aux graphiques et à l'image.

in-folio [infɔljo] adj. inv. et n. m. inv. IMPRIM Dont les feuilles sont pliées en deux (4 pages). *Livre in-folio* ou, n. m. inv., *un in-folio.*

infondé, ée [ɛ̃fɔ̃de] adj. Qui n'est pas fondé. *Une rumeur infondée.*

informateur, trice [ɛ̃fɔʀmatœʀ, tʀis] n. Personne qui informe, qui donne des renseignements.

informaticien, enne [ɛ̃fɔʀmatisjɛ̃, ɛn] n. Spécialiste de l'informatique.

informatif, ive [ɛ̃fɔʀmatif, iv] adj. Qui informe. *Brochure informative.*

information [ɛ̃fɔʀmasjɔ̃] n. f. **1.** Action de donner connaissance d'un fait. *La presse est un moyen d'information.* **2.** Renseignement, documentation sur qqn ou qqch. *Prendre des informations.* – (Plur.) Ensemble des nouvelles communiquées par la presse, la radio, la télévision, etc. *Écouter les informations.* **3.** DR Instruction. – Enquête policière préalable à l'instruction. **4.** INFORM Élément de connaissance, renseignement élémentaire susceptible d'être transmis et conservé grâce à un support et un code. **5.** MATH *Théorie de l'information,* qui étudie les divers modes d'émission, de réception, de traitement des informations que comporte tout message (écrit, oral, informatique, etc.).

ENCYCL L'information est une production sociale : pour qu'un événement devienne une information, il faut lui donner une forme (discours, schéma, etc.) et le communiquer ainsi à un public. Aussi, les producteurs d'information (celle-ci pouvant être officielle, scientifique, publicitaire, etc.) utilisent des techniques de communication qui ont évolué très rapidement au cours du XXe s. Après la Première Guerre mondiale, la radio est venue enrichir le réseau de la presse; puis la télévision est apparue à partir de 1945. Les années 80 ont vu naître ce que l'on nomme encore «les nouveaux modes de communication» : câble, satellites, réseaux* utilisés par la télématique (Minitel, Internet). L'infrastructure de ces modes de transmission repose de plus en plus sur l'informatique. Le contenu de l'information suit ces évolutions et se spécialise, notam. avec le développement des banques ou bases de données. L'internationalisation de la transmission permise par des réseaux comme Internet donne corps à l'idée de H.M. MacLuhan* selon laquelle l'humanité peut former une «communauté électronique». À cette fin, l'information doit devenir universelle, tant par sa forme que par son fond. En outre, l'interactivité* modifie le contenu de l'information : le multimédia*, dont le succès inquiète les inconditionnels et les industriels du livre, permet maintenant de mener une recherche interactive «multicritères» (fondée sur plusieurs mots clés*) à partir d'une source liant de nombreux documents, quelle que soit leur nature (photo, reproduction d'œuvre d'art, extrait de film, extrait musical, animation didactique, etc.). Les progrès technologiques en matière de transmission de l'information ont donné naissance à une nouvelle industrie. L'information est devenue une marchandise rentable que l'on code, stocke, exporte, traite selon des besoins particuliers ou pour la rendre accessible à toutes les cultures, dans toutes les langues, à tous les budgets. Qu'ils concernent les loisirs, les services ou la formation, les nouveaux supports de l'information (CD-ROM, réseaux) pénètrent un nombre de plus en plus important de foyers, font naître de nouveaux métiers, permettent le télétravail. Cette importance économique et sociologique place l'information et ses modes de transmission parmi les préoccupations politiques prioritaires; c'est sans doute ce que les médias nomment la «révolution informationnelle».

informationnel, elle [ɛ̃fɔʀmasjɔnɛl] adj. Qui relève de l'information; qui contient une information.

informatique [ɛ̃fɔʀmatik] n. f. et adj. Technique du traitement automatique de l'information au moyen des calculateurs et des ordinateurs. *Informatique de gestion.* ▷ adj. Relatif à cette technique. *Traitement par des moyens informatiques.*
ENCYCL L'informatique est apparue avec le développement des calculateurs électroniques à grande capacité, les ordinateurs (le mot informatique date de 1962). La rapidité d'accès et de traitement de l'information, l'automatisme du fonctionnement des ordinateurs et la systématique des résolutions ont ouvert un très vaste champ d'application à l'informatique : recherche scientifique (ex. : contrôle de la trajectoire d'un satellite); industrie (conception assistée par ordinateur, contrôle et commande des machines, des processus); gestion des entreprises (opérations administratives, simulation, recherche opérationnelle); enseignement programmé; documentation, banques d'informations; informatique individuelle. La liaison de plusieurs ordinateurs accroît la puissance de leur traitement, la télématique assurant la transmission (V. télématique, ordinateur, réseau).

informatisation [ɛ̃fɔʀmatizasjɔ̃] n. f. Action d'informatiser; son résultat.

informatiser [ɛ̃fɔʀmatize] v. tr. [1] Soumettre aux méthodes, aux techniques de l'informatique. *Informatiser le calcul de la paie d'une entreprise.*

informe [ɛ̃fɔʀm] adj. **1.** Qui n'a pas de forme précise. *Masse informe.* **2.** Incomplet, inachevé. *Essais informes.*

informé, ée [ɛ̃fɔʀme] adj. et n. m. **1.** adj. Qui a pris ou reçu des informations. **2.** n. m. DR Information judiciaire. – *Jusqu'à plus ample informé :* en attendant d'en savoir plus.

1. informel [ɛ̃fɔʀmɛl] adj. m. et n. m. BX-A *Art informel* ou, n. m., *l'informel :* art consacrant la disparition de toute forme reconnaissable.

2. informel, elle [ɛ̃fɔʀmɛl] adj. Qui n'est pas organisé avec rigueur, qui n'est pas soumis à des règles strictes. *Réunions informelles.* ▷ ECON *Secteur informel :* secteur économique non soumis aux normes d'organisation et de gestion.

informer [ɛ̃fɔʀme] v. [1] **I.** v. tr. **1.** PHILO Doter d'une forme, d'une structure; donner une signification. **2.** Avertir, mettre au courant. *Informer le public des événements.* ▷ v. pron. S'enquérir. *S'informer de la santé de qqn.* **II.** v. intr. DR Faire une instruction, une information. – *Informer contre qqn :* ouvrir une information contre qqn.

inforoute [ɛ̃fɔʀut] n. f. Vaste réseau télématique transmettant l'information sous toutes ses formes (données, sons, images). Syn. autoroute de l'information.

infortune [ɛ̃fɔʀtyn] n. f. Litt. **1.** Mauvaise fortune, adversité. *Tomber dans l'infortune.* **2.** Revers de fortune, désastre. *Il m'a raconté ses infortunes.*

infortuné, ée [ɛ̃fɔʀtyne] adj. et n. Litt. Qui est dans l'infortune.

infra-. Élément, du lat. *infra*, «au-dessous, plus bas».

infra [ɛ̃fʀa] adv. (Mot lat.) Didac. Employé pour renvoyer à un passage plus loin dans le texte. *Voyez infra.* Ant. supra.

infraction [ɛ̃fʀaksjɔ̃] n. f. Violation d'une loi, d'une règle, d'un ordre, etc. *Infraction à la loi. Être en infraction.*

infranchissable [ɛ̃fʀɑ̃ʃisabl] adj. Qu'on ne peut franchir. *Obstacle infranchissable.*

infrarouge [ɛ̃fʀaʀuʒ] adj. et n. m. *Rayonnement infrarouge* ou, n. m., *infrarouge :* rayonnement dont la longueur d'onde est comprise entre 0,8 et 1 000 micromètres et que sa fréquence place en deçà du rouge dans la partie du spectre non visible à l'œil.

infrason [ɛ̃fʀasɔ̃] n. m. PHYS Vibration sonore de faible fréquence (de 2 à 16 Hz) que l'oreille humaine ne peut percevoir.

infrastructure [ɛ̃fʀastʀyktyʀ] n. f. **1.** Ensemble des ouvrages et des équipements au sol destinés à faciliter le trafic routier, aérien, maritime ou ferroviaire. *Infrastructure routière.* **2.** Ensemble des installations nécessaires à une activité, à la vie en un lieu. *Infrastructures touristiques, urbaines.* **3.** MILIT Ensemble des installations et des services nécessaires au fonctionnement d'une force armée. **4.** SOCIOL (Vocabulaire marxiste.) Ensemble des forces productives et des rapports de production qui constituent la base matérielle de la société et sur lesquels s'élève la superstructure (idéologie et institutions).

infréquentable [ɛ̃fʀekɑ̃tabl] adj. Qu'on ne peut fréquenter.

infroissable [ɛ̃fʀwasabl] adj. Qui ne se froisse pas. *Tissu infroissable.*

infructueux, euse [ɛ̃fʀyktɥø, øz] adj. Fig. Qui ne donne pas de résultat, sans profit. *Efforts infructueux.* Syn. stérile.

infrutescence [ɛ̃fʀytesɑ̃s] n. f. BOT Ensemble des fruits issus des fleurs d'une même inflorescence.

infus, use [ɛ̃fy, yz] adj. Iron. *Avoir la science infuse :* être savant sans avoir étudié.

infuser [ɛ̃fyze] v. tr. [1] Laisser macérer (une substance) dans un liquide bouillant afin que celui-ci se charge de principes actifs. *Infuser du thé.*

infusible [ɛ̃fyzibl] adj. TECH Qui n'est pas susceptible de fondre.

infusion [ɛ̃fyzjɔ̃] n. f. **1.** Action d'infuser une substance dans un liquide. *Infusion à chaud.* **2.** Produit de cette opération. *Boire une infusion de menthe.*

infusoires [ɛ̃fyzwaʀ] n. m. pl. ZOOL Embranchement formé par les protistes de grande taille (0,2 mm pour la paramécie) munis d'un macronucleus et d'un micronucleus. – Sing. *Un infusoire.*

Inga, site de la rép. dém. du Congo, dans les gorges du bas Congo, où on a implanté un puissant barrage alimentant trois centrales électriques. Ligne de haute tension Inga-Shaba.

ingénier (s') [ɛ̃ʒenje] v. pron. [2] *S'ingénier à* (+ inf.) : tâcher de trouver un moyen pour. *Il s'ingéniait à relancer la conversation.* Syn. s'évertuer.

ingénierie [ɛ̃ʒeniʀi] n. f. Didac. **1.** Ensemble des activités ayant pour objet la conception rationnelle et fonctionnelle des ouvrages ou des équipements techniques et industriels, l'établissement du projet, la coordination et le contrôle de la réalisation. Syn. (off. déconseillé) engineering. **2.** Profession de celui qui exerce une telle activité. **3.** *Ingénierie génétique :* génie* génétique.

ingénieur [ɛ̃ʒenjœʀ] n. m. Personne capable, grâce à ses connaissances et ses compétences techniques et scientifiques, de concevoir des ouvrages et des machines, d'organiser ou de diriger des unités de production ou des chantiers. *Ingénieur des travaux publics, des ponts et chaussées. – Ingénieur agronome. – Ingénieur du son*.* ▷ *Ingénieur-conseil :* ingénieur établi à son compte, capable d'apporter des conseils lors de la conception et de la réalisation d'ouvrages et d'installations. *Des ingénieurs-conseils.*

ingénieusement [ɛ̃ʒenjøzmɑ̃] adv. De façon ingénieuse.

ingénieux, euse [ɛ̃ʒenjø, øz] adj. **1.** Plein d'esprit d'invention. *Homme ingénieux.* Syn. astucieux, habile. **2.** Qui dénote de l'adresse, de l'imagination. *Invention ingénieuse.*

ingéniosité [ɛ̃ʒenjozite] n. f. Qualité d'une personne, d'une chose ingénieuse. *Montrer de l'ingéniosité.*

ingénu, ue [ɛ̃ʒeny] adj. et n. **1.** adj. D'une franchise innocente et candide. *Fillette ingénue. Air ingénu.* Syn. naïf. ▷ Subst. *Un(e) ingénu(e).* **2.** n. f. THEAT Rôle de jeune fille naïve. *Jouer les ingénues.*

ingénuité [ɛ̃ʒenɥite] n. f. Candeur innocente, naïveté. *Son ingénuité confine à la sottise.*

ingénument [ɛ̃ʒenymɑ̃] adv. D'une manière ingénue.

1. ingérable [ɛ̃ʒeʀabl] adj. Didac. Que l'on peut ingérer. *Médicament ingérable.*

2. ingérable [ɛ̃ʒeʀabl] adj. Qui ne peut être géré ou qui est très difficile à gérer.

ingérence [ɛ̃ʒeʀɑ̃s] n. f. Action de s'ingérer. Syn. intrusion. ▷ *Spécial.* Pour un État, action de s'ingérer dans les affaires d'un autre État. *Le droit d'ingérence.*

ingérer [ɛ̃ʒeʀe] v. [14] **1.** v. tr. Introduire par la bouche. *Ingérer des aliments.* **2.** v. pron. Se mêler indûment de (qqch). *Ne vous ingérez pas dans ses affaires.* Syn. s'immiscer.

ingestion [ɛ̃ʒɛstjɔ̃] n. f. Action d'ingérer.

Ingouches, peuple musulman du N. du Caucase qui compte env. 270 000 personnes, établies principalement en Ingouchie.

Ingouchie, rép. de la Fédération de Russie, dans le N. du Caucase; env. 300 000 hab.; cap. *Nazran.* – Faible minorité de la rép. de Tchétchéno-Ingouchie (créée en 1936 au sein de la Rép. socialiste fédérale soviétique de Russie), les Ingouches, comme les Tchétchènes, furent déportés massivement en 1944 par Staline. En 1992, quand la Tchétchénie proclama son indépendance (non reconnue par Moscou), ils formèrent la rép. d'Ingouchie (au sein de la Russie) et Moscou reconnut celle-ci. Les Ingouches désirent qu'on leur restitue la partie de leur territoire que Staline rattacha en 1944 à l'Ossétie du N. et où se trouve leur anc. capitale *Vladikavkaz.*

ingouvernable [ɛ̃guvɛʀnabl] adj. Qui ne peut être gouverné. *Chambre, pays ingouvernables.*

ingrat, ate [ɛ̃gʀa, at] adj. et n. **1.** Qui n'a pas de reconnaissance pour les bienfaits reçus. *Fils ingrat.* ▷ Subst. *Obliger des ingrats.* **2.** Qui ne dédommage pas des peines qu'on se donne. *Sol ingrat. Travail ingrat.* **3.** Qui manque de charme, de grâce. *Visage ingrat.* ▷ *L'âge ingrat :* la puberté.

ingratitude [ɛ̃gʀatityd] n. f. Caractère d'une personne ingrate; manque de reconnaissance.

ingrédient [ɛ̃gʀedjɑ̃] n. m. Substance qui entre dans la composition d'un mélange.

Ingres (Jean Auguste Dominique) (1780 – 1867), peintre français. Ses portraits (*Portrait de Monsieur Bertin,* 1832, Louvre), ses nus (*la Grande Odalisque,* 1814, *le Bain turc,* 1862, Louvre), ses dessins à la mine de plomb le situent entre le néo-classicisme et le romantisme.

inguérissable [ɛ̃geʀisabl] adj. Qui ne peut être guéri. *Mal inguérissable.* Syn. incurable.

inguinal, ale, aux [ɛ̃gɥinal, o] adj. ANAT Relatif à l'aine. *Hernie inguinale.*

ingurgiter [ɛ̃gyʀʒite] v. tr. [1] **1.** Absorber, avaler. **2.** Avaler avec avidité, voracité. *Il avait ingurgité une grande quantité d'alcool.* – Fig. *Ingurgiter des connaissances.*

inhabile [inabil] adj. DR Qui n'est pas apte juridiquement (à accomplir un acte). *Inhabile à contracter, à tester.*

inhabileté [inabilte] n. f. Maladresse.

inhabilité [inabilite] n. f. DR Incapacité.

inhabitable [inabitabl] adj. Qui ne peut être habité. *Contrée, maison inhabitable.*

inhabité, ée [inabite] adj. Qui n'est pas habité. *Maison inhabitée.* Syn. inoccupé.

inhabituel, elle [inabitɥɛl] adj. Qui n'est pas habituel. Syn. inaccoutumé, accidentel.

inhalateur, trice [inalatœʀ, tʀis] adj. et n. m. **1.** adj. Employé pour des inhalations. **2.** n. m. Appareil qui sert pour les inhalations.

inhalation [inalasjɔ̃] n. f. Absorption par les voies respiratoires. ▷ MED Absorption de vapeurs médicamenteuses par les voies respiratoires.

inhaler [inale] v. tr. [1] Inspirer, absorber par inhalation.

inhérence [ineʀɑ̃s] n. f. État de ce qui est inhérent.

inhérent, ente [ineʀɑ̃, ɑ̃t] adj. Lié inséparablement et nécessairement à un être, une chose. *La faiblesse inhérente à la nature humaine.*

inhibé, ée [inibe] adj. et n. Qui est victime d'inhibition. ▷ Subst. *Un(e) inhibé(e).*

inhiber [inibe] v. tr. [1] **1.** PHYSIOL, PSYCHO Produire l'inhibition de. **2.** CHIM Empêcher ou ralentir (l'activité chimique d'un corps, une réaction).

inhibiteur, trice [inibitœʀ, tʀis] adj. et n. m. PHYSIOL, PSYCHO, CHIM Qui produit l'inhibition. *Une enzyme inhibitrice.* ▷ n. m. *Inhibiteur de corrosion.*

inhibition [inibisjɔ̃] n. f. **1.** PHYSIOL Suspension de l'activité d'un organe, d'un tissu ou d'une cellule. **2.** PSYCHO Blocage des fonctions intellectuelles ou de certains actes ou conduites, dû le plus souvent à un interdit affectif. V. censure. **3.** CHIM Diminution de la vitesse d'une réaction.

inhospitalier, ère [inɔspitalje, ɛʀ] adj. **1.** Qui ne pratique pas l'hospitalité. *Peuple inhospitalier.* **2.** Qui réserve un mauvais accueil. ▷ *Terre inhospitalière,* où la vie est difficile.

inhumain, aine [inymɛ̃, ɛn] adj. **1.** Sans humanité, sans pitié. *Acte inhumain.* Syn. barbare, cruel, insensible. **2.** Qui n'est pas d'un être humain. *Pousser un cri inhumain.* **3.** Trop pénible pour l'homme. *Des conditions d'existence inhumaines.*

inhumanité [inymanite] n. f. Litt. Cruauté, barbarie. *Acte d'inhumanité.*

inhumation [inymasjɔ̃] n. f. Action d'inhumer.

inhumer [inyme] v. tr. [1] Enterrer (un corps humain) avec les cérémonies d'usage.

inimaginable [inimaʒinabl] adj. Qu'on ne peut imaginer. *Paresse inimaginable.* Syn. impensable, inconcevable.

inimitable [inimitabl] adj. Qu'on ne saurait imiter. *Talent inimitable.*

inimitié [inimitje] n. f. Hostilité, aversion. *Encourir l'inimitié de qqn.* Ant. amitié, sympathie.

ininflammable [inɛ̃flamabl] adj. Qui ne peut s'enflammer.

inintelligence [inɛ̃teliʒɑ̃s] n. f. Défaut d'intelligence.

inintelligent, ente [inɛ̃teliʒɑ̃, ɑ̃t] adj. Qui manque d'intelligence.

inintelligible [inɛ̃teliʒibl] adj. Incompréhensible. *Paroles inintelligibles.* Syn. confus, abstrus, abscons.

inintéressant, ante [inɛ̃teʀesɑ̃, ɑ̃t] adj. Qui ne présente aucun intérêt.

ininterrompu, ue [inɛ̃tɛʀɔ̃py] adj. Qui n'est pas interrompu. *Vacarme ininterrompu.* Syn. continu, permanent.

inique [inik] adj. Litt. Injuste à l'excès; contraire à l'équité.

iniquité [inikite] n. f. Grave injustice. ▷ *Par ext.* Acte d'iniquité, d'injustice. *Commettre une iniquité.*

initial, ale, aux [inisjal, o] adj. et n. f. Qui est au commencement (de qqch). *Vitesse initiale d'un projectile.* ▷ *Lettre, syllabe initiale,* qui commence un mot ou un groupe de mots. – n. f. pl. Première lettre du prénom et première lettre du nom.

initialement [inisjalmɑ̃] adv. Au commencement, à l'origine.

initialer [inisjale] v. tr. [1] (Québec) (Emploi critiqué.) Parapher.

initialiser [inisjalize] v. tr. [1] INFORM Remplacer par des valeurs nulles les valeurs de certaines variables.

initiateur, trice [inisjatœʀ, tʀis] n. et adj. Personne qui initie. ▷ adj. *Un génie initiateur.*

initiation [inisjasjɔ̃] n. f. Action d'initier (sens I, 1 et 2); son résultat. *Rites d'initiation. Initiation à la peinture.* – (Afr. subsah.) *Cycle d'initiation,* qui suit les différentes étapes de la vie d'un individu. ▷ (Québec) Cérémonie d'accueil des nouveaux étudiants par les anciens dans une université, un cégep, marquée par des jeux et des brimades. (V. bizutage.)

initiatique [inisjatik] adj. Qui a rapport à l'initiation. *Rite initiatique.*

initiative [inisjativ] n. f. **1.** Action de celui qui propose ou entreprend le premier qqch. *Prendre l'initiative d'une lutte.* **2.** POLIT Pouvoir reconnu à une autorité de proposer à un organe étatique un acte législatif en vue de son adoption. ▷ (Suisse) *Initiative populaire :* proposition de loi qui, légitimée par un nombre suffisant de signatures, est soumise au vote populaire. **3.** Qualité d'une personne disposée à entreprendre. *Faire preuve d'initiative.*

initié, ée [inisje] adj. et n. **1.** adj. Qui a reçu l'initiation, admis à la connaissance de certains mystères. ▷ Subst. *Un(e) initié(e).* **2.** n. Personne qui connaît bien une question, une spécialité, etc. *Seuls les initiés ont compris l'allusion.* ▷ *Délit* d'initié.*

initier [inisje] v. tr. [2] **I. 1.** Admettre à la connaissance, à la pratique de certains cultes secrets. *Initier un profane aux mystères d'une religion.* **2.** Recevoir au sein d'un groupe fermé (société secrète, classe d'âge dans certaines cultures, etc.). **3.** *Par anal.* Mettre au fait d'une science, d'un art, d'une pratique, etc. *Initier qqn aux affaires.* ▷ v. pron. *S'initier à :* acquérir les premiers principes de. **II. 1.** Ouvrir un domaine de connaissance nouveau. ▷ *Par ext.* Créer. **2.** Entamer (un processus). *Initier une réaction chimique.*

Injasuti (mont), point culminant de l'Afrique du Sud, dans le Drakensberg; 3408 m.

injectable [ɛ̃ʒɛktabl] adj. Que l'on introduit par injection.

injecter [ɛ̃ʒɛkte] v. tr. [1] **1.** Introduire (un liquide) dans le corps par voie veineuse, intramusculaire, souscutanée ou articulaire. *Injecter du sérum dans les veines.* ▷ v. pron. *Yeux qui s'injectent de sang.* **2.** Faire pénétrer par pression (un liquide). *Injecter du ciment liquide dans un terrain meuble.* **3.** ECON Assurer un apport supplémentaire (de monnaie, de fonds) à une économie, à une entreprise. *Injecter des capitaux.*

injecteur, trice [ɛ̃ʒɛktœʀ, tʀis] n. m. et adj. **1.** Appareil servant à injecter. ▷ adj. *Sonde injectrice* **2.** TECH Organe qui pulvérise un carburant à l'intérieur d'une chambre de combustion.

injectif, ive [ɛ̃ʒɛktif, iv] adj. MATH *Application injective,* où tout élément de l'ensemble d'arrivée est l'image d'un élément, et d'un seul, de l'ensemble de départ, ou d'aucun des éléments de cet ensemble.

injection [ɛ̃ʒɛksjɔ̃] n. f. **1.** MED, TECH (Cour. en Afr. subsah.)Action d'injecter un liquide. *Injection intraveineuse.* ▷ Liquide injecté. *Injections en ampoules scellées.* **2.** Action de faire pénétrer par pression un liquide fluide dans qqch. *Injection de ciment.* ▷ Fluide injecté. ▷ *Moteur à injection,* alimenté en carburant par un injecteur. **3.** ECON Apport supplémentaire (de monnaie, de fonds) à une économie ou à une entreprise. **4.** MATH Application injective.

injoignable [ɛ̃ʒwaɲabl] adj. Fam. Impossible ou très difficile à joindre, à contacter. *Un responsable injoignable.*

injonctif, ive [ɛ̃ʒɔ̃ktif, iv] adj. (et n. m.) GRAM Qui enjoint. *Phrase injonctive.*

injonction [ɛ̃ʒɔ̃ksjɔ̃] n. f. Action d'enjoindre; ordre formel, exprès. – DR *Injonction de payer :* procédure simplifiée concernant les petites créances.

injouable [ɛ̃ʒwabl] adj. Qui ne peut être joué, interprété. *Un drame romantique injouable.*

injure [ɛ̃ʒyʀ] n. f. **1.** Litt. Dommage causé par le temps, le sort, les éléments, etc. *L'injure du temps.* **2.** Parole offensante. ▷ DR Expression outrageante qui ne renferme l'imputation d'aucun fait.

injurier [ɛ̃ʒyʀje] v. tr. [2] Offenser par des paroles outrageantes.

injurieux, euse [ɛ̃ʒyʀjø, øz] adj. Offensant, insultant.

injuste [ɛ̃ʒyst] adj. (et n. m.) **1.** Qui n'est pas juste, qui agit contre la justice. *Se montrer injuste envers qqn.* **2.** Contraire à l'équité. ▷ n. m. *Trancher du juste et de l'injuste.* **3.** Mal fondé. *Soupçons injustes.*

injustement [ɛ̃ʒystəmɑ̃] adv. D'une manière injuste.

injustice [ɛ̃ʒystis] n. f. **1.** Défaut, manque de justice. **2.** Parole, acte, contraire à la justice.

injustifiable [ɛ̃ʒystifjabl] adj. Qu'on ne peut justifier. *Procédé injustifiable.*

injustifié, ée [ɛ̃ʒystifje] adj. Qui n'est pas justifié. *Demande injustifiée.*

inlandsis [inlɑ̃dsis] n. m. GEOGR Nom donné à la calotte glaciaire couvrant les terres polaires.

inlassable [ɛ̃lasabl] adj. Qui ne se lasse pas. Syn. infatigable.

inlassablement [ɛ̃lasabləmɑ̃] adv. Sans se lasser.

inlay [inlɛ] n. m. (Anglicisme) Bloc métallique coulé, incrusté dans une cavité dentaire et servant à l'obturer.

Inn, riv. de Suisse et d'Autriche (525 km), affl. du Danube (r. dr.); naît dans les Alpes des Grisons; arrose Innsbruck.

inné, ée [in(n)e] adj. et n. m. Que l'on possède en naissant. *Sentiment, disposition innés.* ▷ n. m. *L'inné et l'acquis.* ▷ PHILO *Idées innées,* qui seraient en nous dès notre naissance et n'auraient pas été acquises par l'expérience.

innéisme [in(n)eism] n. m. PHILO Doctrine qui soutient l'existence d'idées, de structures mentales innées. *L'innéisme de Platon, de Descartes.*

innéité [in(n)eite] n. f. PHILO Qualité de ce qui est inné.

innervation [inɛʀvasjɔ̃] n. f. ANAT Ensemble des nerfs d'une région anatomique ou d'un organe; leur mode de distribution.

innerver [inɛʀve] v. tr. [1] ANAT Réaliser l'innervation (d'un organe, d'un tissu), en parlant de fibres nerveuses.

innocemment [inɔsamɑ̃] adv. Avec innocence, sans mauvais dessein.

innocence [inɔsɑ̃s] n. f. **1.** État de l'être qui est incapable de faire le mal sciemment; pureté. ▷ THEOL CHRET État de l'homme avant le péché originel. **2.** Naïveté, ignorance, crédulité. **3.** Litt. État de ce qui est inoffensif. **4.** Absence de culpabilité d'un accusé.

innocent, ente [inɔsɑ̃, ɑ̃t] adj. et n. **1.** Pur, exempt de malice; qui ignore le mal. *Enfant innocent.* ▷ Subst. *Massacre des innocents :* massacre de tous les enfants de moins de deux ans ordonné par Hérode. **2.** Litt. Inoffensif. *Agneau innocent.* **3.** Crédule, d'une grande naïveté. *Tu es innocent de le croire!* ▷ Subst. (Prov.) *Aux innocents les mains pleines :* la fortune favorise les simples (cité le plus souvent par plaisant.). **4.** (Québec) Niais, idiot. ▷ Subst. *Faire l'innocent.* – (Comme insulte.) *Bande d'innocents!* **5.** Qui n'est pas répréhensible. *Jeux, plaisirs innocents.* **6.** Qui n'est pas coupable. *Être innocent d'un crime.* ▷ Subst. *Condamner un(e) innocent(e). – Faire l'innocent :* faire semblant d'ignorer qqch.

Innocent III (Giovanni Lotario, comte de Segni) (1160 – 1216), pape de 1198 à 1216. Son règne marque l'apogée de la puissance pontificale. Il intervint dans les affaires des royaumes (Angleterre, France, Allemagne), provoqua la 4e croisade, celle contre les albigeois (1209) et institua l'Inquisition. Il convoqua le quatrième concile du Latran (1215). — **Innocent IV** (Sinibaldo Fieschi) (v. 1195 – 1254), pape de 1243 à 1254. Il excommunia et déposa l'empereur Frédéric II (concile de Lyon, 1245). — **Innocent X** (Giambattista Pamphili) (1574 – 1655), pape de 1644 à 1655; il condamna cinq propositions de Jansénius. — **Innocent XI** (bienheureux) [Benedetto Odescalchi] (1611 – 1689), pape de 1676 à 1689. Il s'opposa au gallicanisme du roi de France, Louis XIV.

innocenter [inɔsɑ̃te] v. tr. [1] Déclarer innocent. *Innocenter un accusé.*

innocuité [inɔkɥite] n. f. Qualité de ce qui n'est pas nuisible. *Innocuité d'un vaccin.*

innombrable [in(n)ɔ̃bʀabl] adj. En très grand nombre.

innom(m)é, ée [in(n)ome] adj. Litt. Qui n'a pas reçu de nom.

innommable [in(n)ɔmabl] adj. Trop répugnant pour qu'on le nomme. ▷ Inqualifiable. *Conduite innommable.*

innovateur, trice [inɔvatœʀ, tʀis] n. et adj. Personne qui propose, fait des innovations. Syn. novateur. ▷ adj. *Recherches innovatrices.*

innovation [inɔvasjɔ̃] n. f. Action d'innover; chose innovée.

innover [inɔve] v. intr. [1] Introduire qqch de nouveau dans un système établi. *Innover en littérature.*

Innsbruck, v. d'Autriche, sur l'Inn, à 600 m d'alt.; 114990 hab.; cap. du Land du Tyrol. Centre industr. et comm. Tourisme. J.O. d'hiver de 1964 et de 1976. – Université. Hofburg (palais impérial) du XVIe s., transformé au XVIIIe s. en chât. de style rococo.

innu, ue [iny] adj. (Souvent inv.) Relatif aux Innus. *La culture innu(e).*

Innu(s), population amérindienne regroupant les Montagnais et les Naskapis.

inobservance [inɔbsɛʀvɑ̃s] n. f. Litt. Fait de ne pas observer des prescriptions (religieuses, médicales, etc.).

inoccupé, ée [inɔkype] adj. **1.** Qui n'est occupé par personne. *Place inoccupée.* **2.** Désœuvré.

in-octavo [inɔktavo] adj. inv. et n. m. inv. IMPRIM Dont les feuilles sont pliées en huit feuillets (16 pages). *Un livre in-octavo* ou, n. m. inv., *un in-octavo.* (Abrév. : in-8°).

inoculation [inɔkylasjɔ̃] n. f. MED Action d'inoculer par voie cutanée ou sanguine. *Inoculation préventive.*

inoculer [inɔkyle] v. tr. [1] MED Introduire dans l'organisme (des germes ou une toxine pathogène). *Inoculer un agent pathogène atténué pour immuniser.* ▷ Fig. Faire pénétrer dans l'esprit (de qqn). *Inoculer des idées pernicieuses à la jeunesse.*

inodore [inɔdɔʀ] adj. Sans odeur.

inoffensif, ive [inɔfɑ̃sif, iv] adj. Qui ne nuit à personne.

inondable [inɔ̃dabl] adj. Qui peut être inondé.

inondation [inɔ̃dasjɔ̃] n. f. Débordement des eaux qui submergent un terrain, un pays. ▷ Ces eaux elles-mêmes. *L'inondation s'étend sur des dizaines de kilomètres carrés.*

inonder [inɔ̃de] v. tr. [1] **1.** Submerger par un débordement des eaux. *Le fleuve a inondé la plaine.* ▷ Par anal. *Les larmes inondaient son visage.* **2.** Envahir. *Un nouveau produit qui inonde le marché.* ▷ Fig. *Joie qui inonde le cœur.*

Inönü (Ismet pacha, dit Ismet) (1884 – 1973), général et homme politique turc. Il vainquit les Grecs à Inönü (janv. 1921), nom qu'il adopta. Premier ministre (1923-1924 et 1925-1937), président de la Rép. à la mort de Kemal Atatürk (1938-1950), il maintint son pays hors de la Seconde Guerre mondiale. Opposant (1950-1961), président du Conseil (1961-1965), il fut de nouveau dans l'opposition.

inopérable [inopeʀabl] adj. Se dit d'un malade ou d'une affection pour lesquels l'acte chirurgical serait préjudiciable ou inefficace.

inopérant, ante [inopeʀɑ̃, ɑ̃t] adj. Qui ne produit pas d'effet.

inopiné, ée [inɔpine] adj. Imprévu, inattendu.

inopinément [inɔpinemɑ̃] adv. D'une manière inopinée.

inopportun, une [inɔpɔʀtɛ̃, yn] adj. Qui n'est pas opportun.

inopposable [inɔpozabl] adj. DR Qui ne peut être opposé. *Les décisions judiciaires sont inopposables à ceux qui n'y étaient pas parties.*

inorganique [inɔʀganik] adj. Didac. Qui n'a pas l'organisation d'un être vivant. ▷ Dont l'origine n'est ni animale ni végétale. *Matière inorganique.*

inorganisé, ée [inɔʀganize] adj. et n. **1.** Didac. Non organisé. **2.** Qui n'appartient pas à une organisation, à un syndicat. ▷ Subst. *Des inorganisés.*

inoubliable [inublijabl] adj. Qu'on ne peut oublier.

inouï, ïe [inwi] adj. Extraordinaire, sans précédent. *Prodige inouï.*

inox [inɔks] n. m. Abrév. de *(acier) inoxydable.*

inoxydable [inɔksidabl] adj. et n. m. Qui n'est pas susceptible de s'oxyder. *Acier inoxydable* ou, n. m., *inoxydable :* acier allié contenant plus de 12,5 % de chrome. (Abrév. : inox).

in petto [inpeto] loc. adv. (Ital., «dans la poitrine».) Litt. ou plaisant Au fond de soi-même, à part soi.

input [input] n. m. (Anglicisme) **1.** INFORM Entrée des données dans un système de traitement informatique (par oppos. à *output*). **2.** ECON Syn. de *intrant.*

inqualifiable [ɛ̃kalifjabl] adj. Qui ne peut être qualifié, scandaleux. *Procédé inqualifiable.*

in-quarto [inkwaRto] adj. inv. et n. m. inv. IMPRIM Dont les feuilles sont pliées en quatre (8 pages). *Un livre in-quarto* ou, n. m. inv., *un in-quarto.* (Abrév. : in-4°).

inquiet, ète [ɛ̃kjɛ, ɛt] adj. **1.** Troublé par la crainte, l'incertitude. *Inquiet de son sort. Inquiet de rester sans nouvelles.* **2.** Qui marque l'inquiétude. *Regards inquiets.*

inquiétant, ante [ɛ̃kjetɑ̃, ɑ̃t] adj. Qui rend inquiet. *Son état est inquiétant.* ▷ *Par ext.* Étrange et peu rassurant. *Personnage inquiétant.*

inquiéter [ɛ̃kjete] v. tr. [**14**] **1.** Rendre inquiet. *Cette nouvelle l'inquiète.* ▷ v. pron. *S'inquiéter pour un enfant.* **2.** Troubler, causer du tracas à. *Les douaniers ne l'ont pas inquiété.*

inquiétude [ɛ̃kjetyd] n. f. État d'une personne inquiète; trouble, appréhension. *Sa maladie me cause, me donne de l'inquiétude.*

inquisiteur, trice [ɛ̃kizitœR, tRis] adj. Qui cherche en scrutant avec indiscrétion.

inquisition [ɛ̃kizisjɔ̃] n. f. **1.** HIST *Tribunal de l'Inquisition* ou, absol., *l'Inquisition :* institution chargée, entre le XIIIe et le XIXe s., de rechercher et de poursuivre l'hérésie dans certains États catholiques. **2.** *Par anal.,* péjor. Recherche acharnée, menée de manière vexatoire.
ENCYCL Le tribunal de l'Inquisition menait une procédure secrète. Toute personne pouvait être poursuivie sur simple dénonciation, l'essentiel pour les juges étant d'obtenir l'aveu des inculpés (sous la torture à partir de 1252). Au XVe s., les progrès de la centralisation royale firent tomber en désuétude les tribunaux d'Inquisition en Europe, sauf en Espagne, où ils eurent, jusqu'au XVIIIe s., un grand rôle : expulsion des Maures, des Juifs et des marranes (Juifs convertis).

I.N.R.I. (Initiales des mots lat. *Iesus Nazarenus Rex Iudæorum,* «Jésus de Nazareth roi des Juifs».) Inscription que Pilate fit placer sur la Croix, par dérision.

insaisissable [ɛ̃sezisabl] adj. **1.** DR Qui ne peut faire l'objet d'une saisie. **2.** Que l'on n'arrive pas à rencontrer, à capturer, à arrêter. *Malfaiteur insaisissable. Animal insaisissable.* **3.** Fig. Imperceptible. *Différences insaisissables.*

In-Salah, oasis du Sahara algérien, dans la plaine du Tidikelt; 20 300 hab. Gisement de gaz. Aéroport.

insalubre [ɛ̃salybR] adj. Qui n'est pas salubre, malsain. *Climat, logement insalubre.*

insalubrité [ɛ̃salybRite] n. f. Caractère de ce qui est insalubre.

insanité [ɛ̃sanite] n. f. **1.** Absence de raison. **2.** Action, parole insane. *Proférer des insanités.*

insatiable [ɛ̃sasjabl] adj. Qui ne peut être rassasié. *Faim insatiable.* ▷ Fig. *Avarice insatiable.*

insatisfaction [ɛ̃satisfaksjɔ̃] n. f. Absence de satisfaction, déplaisir.

insatisfaisant, ante [ɛ̃satisfəzɑ̃, ɑ̃t] adj. Qui n'est pas satisfaisant.

insatisfait, aite [ɛ̃satisfɛ, ɛt] adj. Qui n'est pas satisfait. *Désirs insatisfaits.*

insaturé, ée [ɛ̃satyRe] adj. CHIM Qui n'est pas saturé. *Hydrocarbure insaturé.*

inscriptible [ɛ̃skRiptibl] adj. GEOM Qui peut être inscrit (à l'intérieur d'un cercle, d'un polygone).

inscription [ɛ̃skRipsjɔ̃] n. f. **1.** Action d'inscrire sur une liste, dans un registre. *Inscription sur les listes électorales.* **2.** Ce qui est inscrit. *Inscription sur un poteau indicateur, sur un monument.* **3.** DR *Inscription des privilèges et des hypothèques :* mention, faite sur les registres du conservateur, des hypothèques dont une propriété est grevée.

inscrire [ɛ̃skRiR] v. [**67**] **I.** v. tr. **1.** Écrire, coucher sur le papier. *Inscrire un nom sur une liste.* ▷ v. pron. Inscrire son nom, s'affilier à. *S'inscrire à l'université.* **2.** Écrire en creusant, graver. *Inscrire une maxime sur un monument.* **3.** GEOM Tracer (une figure géométrique) à l'intérieur d'une autre, de façon que ses sommets soient sur la circonférence ou sur le périmètre de celle-ci, ou qu'elle soit tangente à ses côtés. *Inscrire un hexagone dans un cercle.* **II.** v. pron. DR *S'inscrire en faux :* soutenir en justice qu'un acte authentique, produit par la partie adverse, est faux. – *Par ext.* Opposer un démenti. *Je m'inscris en faux contre ses dires.*

inscrit, ite [ɛ̃skRi, it] adj. et n. **1.** (Parlement) *Député non inscrit,* qui n'appartient à aucun groupe. ▷ Subst. Personne dont le nom est inscrit sur une liste. **2.** GEOM *Polygone, cercle inscrit :* V. inscrire. **3.** (Suisse) Cour. *Colis inscrit :* colis recommandé.

insécable [ɛ̃sekabl] adj. Didac. Qui ne peut être coupé, segmenté.

insecte [ɛ̃sɛkt] n. m. Petit animal arthropode dont le corps, en trois parties (tête, thorax, abdomen), porte trois paires de pattes et, le plus souvent, deux paires d'ailes, dont la respiration est trachéenne et qui subit des métamorphoses.
ENCYCL La classe des insectes constitue de loin le plus grand ensemble du règne animal par le nombre d'espèces (plus d'un million) et d'individus. Apparus au dévonien, dérivant certainement des myriapodes (mille-pattes), ils se sont diversifiés au carbonifère, où ils avaient déjà acquis leur structure actuelle, c.-à-d. un corps segmenté. La *tête* porte des yeux à facettes, une paire d'antennes et des pièces buccales qui, primitivement broyeuses, se sont plus ou moins modifiées selon le régime alimentaire (lécheur, suceur, piqueur). Le *thorax* est constitué de trois segments (d'avant en arrière : prothorax, mésothorax, métathorax), portant chacun une paire de pattes, les deux segments postérieurs portant le plus souvent chacun une paire d'ailes, dont la structure est le critère choisi par les zoologistes pour établir la classification des insectes. L'*abdomen* a au plus onze segments, dont certains portent latéralement des *stigmates,* orifices où débouchent les trachées respiratoires; il est terminé chez les mâles par un appareil copulateur, en général caché, et chez les femelles par un appareil de ponte *(ovipositeur)* plus ou moins apparent; il peut présenter en outre chez les deux sexes divers prolongements. Les insectes sont généralement ovipares; leur tégument rigide et inextensible impose une croissance par mues; le passage de la larve à l'adulte (imago) se fait soit progressivement au cours des diverses mues, soit brutalement, par la *nymphose.*

insecticide [ɛ̃sɛktisid] adj. et n. m. Qui détruit les insectes. *Poudre insecticide.* ▷ n. m. Produit insecticide.

insectifuge [ɛ̃sɛktifyʒ] adj. et n. m. Qui éloigne les insectes. *La citronnelle est insectifuge.* ▷ n. m. *Un insectifuge.*

insectivore [ɛ̃sɛktivɔR] adj. et n. m. ZOOL Qui se nourrit principalement d'insectes. ▷ n. m. pl. Ordre de mammifères placentaires primitifs se nourrissant d'insectes, dont les molaires sont hérissées de pointes. *Les insectivores, apparus au crétacé, constituent la souche des primates. Les hérissons sont des insectivores.* – Sing. *Un insectivore.*

insécurité [ɛ̃sekyRite] n. f. Absence, manque de sécurité. *L'insécurité des routes. Zone d'insécurité.*

inselberg [inselbɛRg] n. m. GEOGR Relief résiduel isolé.

inséminateur, trice [ɛ̃seminatœR, tRis] adj. et n. Didac. **1.** adj. Qui insémine; qui sert à inséminer. **2.** n. Spécialiste de l'insémination artificielle.

insémination [ɛ̃seminasjɔ̃] n. f. BIOL Dépôt de la semence mâle dans les voies génitales femelles. ▷ *Insémination artificielle,* pratiquée hors accouplement, chez les animaux domestiques pour réaliser une amélioration des espèces, et chez l'être humain lorsqu'il est impossible pour un couple d'avoir naturellement des enfants.

inséminer [ɛ̃semine] v. tr. [**1**] BIOL Féconder au moyen de l'insémination artificielle.

insensé, ée [ɛ̃sɑ̃se] adj. Contraire à la raison, extravagant. *Un discours insensé.*

insensibiliser [ɛ̃sɑ̃sibilize] v. tr. [**1**] MED Anesthésier.

insensibilité [ɛ̃sɑ̃sibilite] n. f. **1.** Perte de sensibilité physique. **2.** Indifférence. *Insensibilité aux reproches.*

insensible [ɛ̃sɑ̃sibl] adj. **1.** Qui a perdu la sensibilité physique. *Insensible au froid.* **2.** Qui n'a pas de sensibilité morale. *Insensible aux malheurs d'autrui.* **3.** Imperceptible. *Progrès insensible.*

insensiblement [ɛ̃sɑ̃sibləmɑ̃] adv. Imperceptiblement. *Avancer insensiblement.*

inséparable [ɛ̃sepaRabl] adj. (et n.) Qu'on ne peut séparer. ▷ (Personnes) Qui ne se quittent jamais. *Amis inséparables.* – Subst. *Deux inséparables.*

insérer [ɛ̃seRe] v. [**14**] **1.** v. tr. Introduire. *Insérer un feuillet dans un livre, un article dans un journal.* ▷ *Un* (ou *une*) *prière d'insérer :* notice sur un livre qu'un éditeur soumet aux critiques pour être insérée dans une publication. **2.** v. pron. SC NAT Avoir son insertion. *Ce muscle s'insère sur tel os.*

insertion [ɛ̃sɛRsjɔ̃] n. f. **1.** Action d'insérer. *Insertion d'une clause dans un contrat.* **2.** DR *Insertion légale :* publication dans un journal, en vertu de la loi. **3.** SC NAT Attache d'un organe, d'une partie du corps sur l'organisme. **4.** Intégration (de personnes) dans un nouveau milieu social. *L'insertion des jeunes dans le monde du travail.*

insidieusement [ɛ̃sidjøzmɑ̃] adv. De manière insidieuse.

insidieux, euse [ɛ̃sidjø, øz] adj. **1.** Qui tend un piège. *Une question insidieuse.* **2.** MED Plus grave qu'il ne paraît d'abord. *Fièvre insidieuse.*

1. insigne [ɛ̃siɲ] adj. Litt. Remarquable. *Une faveur insigne.*

2. insigne [ɛ̃siɲ] n. m. **1.** (Plur.) Attribut d'un grade, d'un rang, d'une fonction. **2.** Marque distinctive d'un groupe. *Insignes scouts.*

insignifiance [ɛ̃siɲifjɑ̃s] n. f. Caractère de ce qui est insignifiant.

insignifiant, ante [ɛ̃siɲifjɑ̃, ɑ̃t] adj. **1.** Sans intérêt particulier. *Personne insignifiante,* effacée, sans aucune personnalité (sens 2). **2.** Sans importance. *Détail insignifiant.*

insinuation [ɛ̃sinɥasjɔ̃] n. f. **1.** Litt. Action d'insinuer (qqch). **2.** Chose que l'on insinue. *Des insinuations malveillantes.*

insinuer [ɛ̃sinɥe] v. [1] **1.** v. tr. Laisser entendre, suggérer (le plus souvent en mauvaise part). *Elle insinue que tu as tort.* **2.** v. pron. Litt. S'infiltrer, se glisser. *S'insinuer dans un groupe.* – Fig. *S'insinuer dans les bonnes grâces de qqn,* les gagner adroitement.

insipide [ɛ̃sipid] adj. **1.** Qui n'a pas de goût, fade. ▷ Fig. Sans intérêt. *Roman insipide.* **2.** MED *Diabète insipide,* caractérisé par une polyurie due à une carence en hormone antidiurétique.

insistance [ɛ̃sistɑ̃s] n. f. Action d'insister. *Réclamer avec insistance.*

insistant, ante [ɛ̃sistɑ̃, ɑ̃t] adj. Qui insiste. *Supplication insistante.*

insister [ɛ̃siste] v. intr. [1] **1.** Souligner qqch, appuyer avec force sur telle ou telle question. *Insister sur les résultats obtenus.* **2.** Persévérer à demander (qqch). *Il insiste pour entrer.* – Absol. *Inutile d'insister.*

in situ [insity] loc. adv. (lat.) Didac. Dans son milieu naturel. *Étudier une plante in situ.*

insolateur [ɛ̃sɔlatœʀ] n. m. TECH Appareil servant à utiliser l'énergie thermique des rayons solaires.

insolation [ɛ̃sɔlasjɔ̃] n. f. **1.** Didac. Exposition à l'action des rayons solaires, de la lumière. *Sécher des plantes par insolation.* **2.** Ensemble de troubles dus à une exposition au soleil (brûlures, céphalées, vertiges, déshydratation). **3.** METEO Durée totale (en heures) au cours de laquelle le soleil a été visible.

insolemment [ɛ̃sɔlamɑ̃] adv. Avec insolence. *Répondre insolemment.*

insolence [ɛ̃sɔlɑ̃s] n. f. **1.** Manque de respect. **2.** Parole, action insolente. *Dire des insolences.* **3.** Arrogance. *L'insolence d'un parvenu.*

insolent, ente [ɛ̃sɔlɑ̃, ɑ̃t] adj. et n. **1.** Qui manque de respect, effronté. *Enfant insolent. Remarque insolente.* ▷ Subst. *Un(e) insolent(e). Petit insolent!* **2.** Qui choque par un excès insolite, provocant. *Chance insolente.*

insolite [ɛ̃sɔlit] adj. et n. m. Qui surprend par son caractère inhabituel. *Un fait insolite.* ▷ n. m. *Aimer l'insolite.*

insoluble [ɛ̃sɔlybl] adj. **1.** Qu'on ne peut dissoudre. *Corps insoluble.* **2.** Qu'on ne peut résoudre. *Une question, une difficulté insoluble.*

insolvabilité [ɛ̃sɔlvabilite] n. f. DR État d'une personne insolvable.

insolvable [ɛ̃sɔlvabl] adj. et n. DR Se dit d'une personne qui n'a pas de quoi payer ce qu'elle doit. *Débiteur insolvable.* ▷ Subst. *Un(e) insolvable.*

insomniaque [ɛ̃sɔmnjak] adj. et n. Qui est sujet à des insomnies.

insomnie [ɛ̃sɔmni] n. f. Trouble du sommeil (impossibilité de s'endormir, réveil nocturne). *Insomnie due à l'anxiété, à l'abus des excitants.*

insondable [ɛ̃sɔ̃dabl] adj. Qu'on ne peut sonder, dont on ne peut mesurer la profondeur. *Gouffre insondable.* ▷ Fig. *Désespoir insondable.*

insonore [ɛ̃sɔnɔʀ] adj. Qui amortit les sons.

insonorisation [ɛ̃sɔnɔʀizasjɔ̃] n. f. Action d'insonoriser, d'amortir les sons à l'aide de matériaux qui les absorbent; son résultat. *Insonorisation d'un studio d'enregistrement.*

insonoriser [ɛ̃sɔnɔʀize] v. tr. [1] Procéder à l'insonorisation de.

insouciance [ɛ̃susjɑ̃s] n. f. Caractère de celui qui est insouciant.

insouciant, ante [ɛ̃susjɑ̃, ɑ̃t] adj. et n. Qui ne se soucie, ne s'inquiète de rien. – Subst. *Ce sont de joyeux insouciants.* ▷ *Insouciant de :* qui ne se soucie pas de. *Insouciant du lendemain.*

insoumis, ise [ɛ̃sumi, iz] adj. et n. m. **1.** Qui n'est pas soumis. *Régions insoumises.* **2.** DR Se dit d'un soldat qui n'a pas rejoint son corps dans le délai prescrit par l'autorité militaire. ▷ n. m. *Les déserteurs et les insoumis.*

insoumission [ɛ̃sumisjɔ̃] n. f. **1.** Caractère d'une personne insoumise. **2.** DR Délit du soldat insoumis.

insoupçonnable [ɛ̃supsɔnabl] adj. Au-dessus de tout soupçon. *Probité insoupçonnable.*

insoupçonné, ée [ɛ̃supsɔne] adj. (Choses) Qu'on ne soupçonne pas. *Difficultés insoupçonnées.*

insoutenable [ɛ̃sutnabl] adj. **1.** Qu'on ne peut soutenir. *Opinion insoutenable.* **2.** Que l'on ne peut supporter. *Spectacle insoutenable.*

inspecter [ɛ̃spɛkte] v. tr. [1] **1.** Examiner dans le but de surveiller, de contrôler. *Inspecter des troupes, des travaux.* **2.** Examiner attentivement. *Inspecter un vêtement.*

inspecteur, trice [ɛ̃spɛktœʀ, tʀis] n. Agent ou fonctionnaire chargé d'effectuer des contrôles, des vérifications dans les administrations, les entreprises. *Inspecteur des impôts.*

inspection [ɛ̃spɛksjɔ̃] n. f. **1.** Action d'inspecter (sens 1); son résultat. *Inspection d'une école.* **2.** ADMIN Charge d'inspecteur. *Obtenir une inspection.* **3.** Corps de fonctionnaires chargé de la surveillance de tel ou tel secteur de l'Administration. ▷ *Inspection du travail,* chargée de veiller à l'application de la législation du travail dans les entreprises et investie de missions concernant l'emploi et les relations de travail.

inspirateur, trice [ɛ̃spiʀatœʀ, tʀis] adj. et n. **1.** Qui donne l'inspiration ou dont on s'inspire. *Passion inspiratrice.* ▷ Subst. *Un inspirateur, une inspiratrice.* **2.** ANAT Qui permet d'inspirer l'air. *Muscles inspirateurs.*

inspiration [ɛ̃spiʀasjɔ̃] n. f. **I.** Phase de la respiration au cours de laquelle l'air entre dans les poumons. **II. 1.** Action d'inspirer qqch à qqn; son résultat. *J'ai agi sur votre inspiration.* **2.** Idée venant soudain à l'esprit. *J'ai eu une bonne inspiration en l'invitant.* **3.** Impulsion créatrice. *Attendre l'inspiration.* **4.** État d'illumination qui permettrait de recevoir les révélations de puissances surnaturelles. *Inspiration prophétique.* **III.** Influence littéraire, artistique. *Chanson d'inspiration folklorique.*

inspiré, ée [ɛ̃spiʀe] adj. **1.** Qui a reçu l'inspiration. *Poète inspiré. Prophète inspiré.* ▷ Qui dénote l'inspiration. *Air inspiré.* **2.** *Être bien inspiré :* avoir une bonne inspiration, une bonne idée. **3.** *Inspiré de :* qui a pris tel modèle. *Architecture inspirée de l'Antiquité.*

inspirer [ɛ̃spiʀe] v. [1] **I.** v. tr. ou intr. Faire entrer (l'air) dans ses poumons. **II.** v. tr. **1.** Faire naître (une pensée, un sentiment, un comportement) chez qqn. *Inspirer de l'amour.* **2.** Éveiller, stimuler les facultés créatrices de (qqn). *La nature inspire les poètes.* **3.** Communiquer l'inspiration (sens II, 4) à. *Dieu a inspiré les prophètes.* **III.** v. pron. Prendre comme modèle. *Auteur qui s'est inspiré de la littérature orale.*

instabilité [ɛ̃stabilite] n. f. **1.** Défaut, absence de stabilité. ▷ PHYS, CHIM *Instabilité d'une combinaison chimique, d'un équilibre.* ▷ Fig. *L'instabilité de la fortune.* **2.** Caractère d'une personne instable.

instable [ɛ̃stabl] adj. (et n.) **1.** Qui n'est pas stable. *Échafaudage instable. Situation instable. Combinaison chimique instable. Équilibre instable.* **2.** Dont l'humeur, le comportement changent fréquemment. *Un enfant instable.* ▷ Subst. *Un(e) instable.*

installateur, trice [ɛ̃stalatœʀ, tʀis] n. Personne qui effectue des installations. *Installateur de chauffage central.*

installation [ɛ̃stalasjɔ̃] n. f. **1.** Action d'installer qqch. *Installation de l'électricité.* ▷ Ensemble des objets, des appareils installés. *Installations sanitaires.* **2.** Action, manière de s'installer. *L'installation des nouveaux locataires.* **3.** ADMIN Action d'établir officiellement qqn dans ses fonctions. *Installation d'un fonctionnaire.*

installer [ɛ̃stale] v. [1] **I.** v. tr. **1.** Mettre (qqch) en place. *Installer le téléphone.* ▷ Par ext. *Installer un appartement,* l'aménager. **2.** Placer, loger (qqn) dans un endroit. *Installer un employé dans un bureau.* **3.** ADMIN Établir officiellement (qqn) dans ses fonctions. **II.** v. pron. **1.** S'établir, se fixer. *S'installer à la campagne.* **2.** Se mettre à une place, dans une position déterminée. *S'installer confortablement sur un canapé.* ▷ Fig. *S'installer dans la médiocrité.*

instamment [ɛ̃stamɑ̃] adv. De façon pressante.

instance [ɛ̃stɑ̃s] n. f. **1.** Sollicitation pressante. *Sur les instances de ses parents.* **2.** DR Ensemble des actes de procédure nécessaires pour intenter, instruire et juger un procès. *Première instance :* poursuite d'une action devant le premier degré de juridiction. – *Affaire en instance,* non réglée. **3.** Tribunal, organisme ayant pouvoir de juger, de décider. *L'instance suprême.* **4.** Autorité, organisme ayant le pouvoir de discuter, d'examiner ou de décider. *Les instances internationales de l'ONU.* (En général, au plur. : emploi critiqué dans ce sens comme anglicisme.)

1. instant, ante [ɛ̃stɑ̃, ɑ̃t] adj. Litt. Pressant, insistant. *Prière instante.*

2. instant [ɛ̃stɑ̃] n. m. Moment très court. *S'arrêter un instant.* – *Un ins-*

tant! ; attendez un instant! ▷ Loc. adv. *À chaque instant, à tout instant :* continuellement, sans cesse. – *À l'instant :* il y a très peu de temps. – *Dans un instant :* dans très peu de temps. ▷ Loc. conj. *Dès l'instant que, où :* du moment que, où.

instantané, ée [ɛ̃stɑ̃tane] adj. **1.** Qui ne dure qu'un instant. *L'éclair est instantané.* **2.** Qui se produit immédiatement. *Riposte instantanée.* **3.** Se dit d'un produit alimentaire que l'on peut préparer rapidement. *Soupe instantanée.*

instantanément [ɛ̃stɑ̃tanemɑ̃] adv. D'une manière instantanée; immédiatement.

instar de (à l') [alɛ̃staʀ] loc. prép. À l'exemple de.

instauration [ɛ̃stoʀasjɔ̃] n. f. Action d'instaurer.

instaurer [ɛ̃stoʀe] v. tr. [1] Établir, instituer. *Instaurer un nouveau régime politique.*

instigateur, trice [ɛ̃stigatœʀ, tʀis] n. Personne qui pousse à faire qqch. *L'instigateur de la révolte.*

instigation [ɛ̃stigasjɔ̃] n. f. Rare Incitation à faire qqch. – (En loc.) Cour. *Commettre un crime à l'instigation de qqn.*

instiguer [ɛ̃stige] v. tr. [1] (Belgique; France, vx) Pousser, inciter (qqn à faire qqch). *On les a instigués à ne plus payer leur loyer.*

instillation [ɛ̃stilasjɔ̃] n. f. Didac. ou litt. Action d'instiller.

instiller [ɛ̃stile] v. tr. [1] Didac. ou litt. Verser (un liquide) goutte à goutte. *Instiller un collyre entre les paupières.*

instinct [ɛ̃stɛ̃] n. m. **1.** Ensemble des tendances innées et contraignantes qui déterminent certains comportements spécifiques et immuables, communs à tous les individus d'une même espèce du règne animal. *Instinct sexuel.* **2.** *Par ext.* Intuition, connaissance spontanée, chez l'homme. *Se fier à son instinct.* ▷ Loc. adv. *D'instinct :* spontanément, sans réfléchir. **3.** Aptitude naturelle. *Avoir l'instinct des affaires.*

instinctif, ive [ɛ̃stɛ̃ktif, iv] adj. (et n.) **1.** Qui naît de l'instinct. *Réaction instinctive.* **2.** (Personnes) Qui a tendance à obéir à son instinct. ▷ Subst. *Un instinctif, une instinctive.*

instinctivement [ɛ̃stɛ̃ktivmɑ̃] adv. D'instinct.

instituer [ɛ̃stitɥe] v. [1] **I.** v. tr. **1.** Établir (une chose nouvelle et durable). *Instituer le suffrage universel.* **2.** DR *Instituer un légataire,* le nommer par testament. **II.** v. pron. Se poser en, s'ériger en. *S'instituer moraliste.*

institut [ɛ̃stity] n. m. **1.** Corps constitué de gens de lettres, de savants, etc. **2.** Nom de certains établissements d'enseignement, de recherche. *Institut universitaire de technologie* (abrév. : I.U.T.). *L'Institut Pasteur.* **3.** Nom de certains établissements de soins. *Institut de beauté.*

Institut africain pour le développement économique et la planification (IDEP), organisme de formation, de recherche et d'expertise en matière économique, créé en mars 1962 et regroupant les pays membres de l'OUA. Siège : Dakar (Sénégal).

Institut de France, réunion officielle des cinq Académies : française, des sciences, des sciences morales et politiques, des inscriptions et belles-lettres, des beaux-arts. (V. académie.) – *Palais de l'Institut* ou, absol., *l'Institut :* monument de Paris, sur le quai Conti, construit de 1663 à 1672, affecté à l'Institut de France en 1806.

Institut du monde arabe. V. IMA.

instituteur, trice [ɛ̃stitytœʀ, tʀis] n. Personne chargée d'enseigner dans les classes du premier degré.

Institut fondamental d'Afrique noire (IFAN), organisme fondé à Dakar en 1936 et intégré en 1959 à l'université de Dakar.

institution [ɛ̃stitysjɔ̃] n. f. **1.** Action d'instituer (qqch). **2.** DR Nomination par testament. *Institution d'héritier.* **3.** Chose instituée (règle, usage, organisme). *Les institutions politiques et religieuses.* ▷ (Plur.) Lois fondamentales régissant la vie politique et sociale d'un pays. **4.** Établissement d'enseignement privé. *Institution de jeunes filles.*

institutionnaliser [ɛ̃stitysjɔnalize] v. tr. [1] Élever au rang d'institution. *Institutionnaliser un usage.*

institutionnel, elle [ɛ̃stitysjɔnɛl] adj. Relatif aux institutions; de la nature des institutions.

instructeur [ɛ̃stʀyktœʀ] n. m. et adj. m. **1.** n. m. Celui qui instruit. – *Spécial.* Celui qui est chargé de l'instruction des soldats. ▷ adj. m. *Officier instructeur.* **2.** adj. m. DR *Juge instructeur,* qui instruit une affaire.

instructif, ive [ɛ̃stʀyktif, iv] adj. (Choses) Qui instruit. *Livre instructif.*

instruction [ɛ̃stʀyksjɔ̃] n. f. **I. 1.** Action d'instruire qqn. *Instruction de la jeunesse.* ▷ Enseignement officiel. *Instruction publique.* **2.** Culture, connaissances acquises. *Manquer d'instruction.* **3.** DR Ensemble des recherches et formalités relatives à une affaire, en vue de son jugement. ▷ *Juge d'instruction :* syn. de *juge instructeur.* **II.** Plur. **1.** Indications, directives pour mener à bien une mission, utiliser correctement qqch. *Les instructions ministérielles. Les instructions d'un mode d'emploi.* **2.** INFORM Formule qui définit, dans un langage de programmation donné, les opérations que doit effectuer l'ordinateur.

instruire [ɛ̃stʀɥiʀ] v. [69] **I.** v. tr. **1.** Donner un enseignement, une formation à (qqn). *Instruire des enfants, des soldats.* ▷ Par ext. *L'exemple nous instruit.* **2.** *Instruire qqn de qqch,* l'en aviser. *Instruire qqn de ses intentions.* **3.** DR Mettre (une affaire) en état d'être jugée. *Instruire un procès.* **II.** v. pron. Acquérir des connaissances. *S'instruire dans une science.*

instruit, ite [ɛ̃stʀɥi, it] adj. Qui a des connaissances. – *Être instruit de... :* être informé de...

instrument [ɛ̃stʀymɑ̃] n. m. **1.** Outil, appareil servant à effectuer un travail, une mesure, une opération, à observer un phénomène, etc. *Instruments d'optique, de chirurgie.* ▷ *Instrument de musique,* qui sert à produire des sons musicaux. – Absol. *Jouer d'un instrument.* **2.** Fig. Personne ou chose dont on se sert pour parvenir à ses fins. *Faire de qqn, de qqch, l'instrument de sa réussite.*

instrumental, ale, aux [ɛ̃stʀymɑ̃tal, o] adj. (et n. m.) **1.** Qui sert d'instrument. **2.** Qui concerne l'instrument, les instruments. ▷ MUS Qui est exécuté par des instruments. *Musique instrumentale* (par oppos. à *musique vocale*). **3.** GRAM *Cas instrumental* ou, n. m., *instrumental,* qui exprime le complément de moyen.

instrumentalisation [ɛ̃stʀymɑ̃talizasjɔ̃] n. f. Didac. Fait de considérer qqch comme un instrument; rendre instrumental.

instrumentation [ɛ̃stʀymɑ̃tasjɔ̃] n. f. **1.** MUS Art d'utiliser les possibilités de chaque instrument dans l'élaboration d'une œuvre musicale. **2.** Ensemble d'instruments, d'appareils destinés à un ensemble d'opérations. *L'instrumentation médicale.*

instrumenter [ɛ̃stʀymɑ̃te] v. intr. [1] DR Dresser un acte authentique (constat, exploit, etc.).

instrumentiste [ɛ̃stʀymɑ̃tist] n. MUS Personne qui joue d'un instrument.

insu [ɛ̃sy] (En loc. prép.) **1.** *À l'insu de :* sans que la (les) personne(s) désignée(s) le sache(nt). *Faire qqch à l'insu de sa famille.* **2.** *À mon* (*ton, son,* etc.) *insu :* sans que je (tu, il) le sache.

insubmersible [ɛ̃sybmɛʀsibl] adj. Qui ne peut couler (navires). *Canot de sauvetage insubmersible.*

insubordination [ɛ̃sybɔʀdinasjɔ̃] n. f. Désobéissance, indiscipline. *Acte d'insubordination.*

insuccès [ɛ̃syksɛ] n. m. Absence de succès, échec. *Insuccès d'une pièce.*

insuffisamment [ɛ̃syfizamɑ̃] adv. De manière insuffisante.

insuffisance [ɛ̃syfizɑ̃s] n. f. **1.** Caractère d'une personne, d'une chose insuffisante. **2.** MED Défaillance aiguë ou chronique d'un organe, d'une glande, d'une fonction. *Insuffisance cardiaque.*

insuffisant, ante [ɛ̃syfizɑ̃, ɑ̃t] adj. **1.** Qui ne suffit pas. *Ration insuffisante.* **2.** Qui manque d'aptitude, de compétence. *Il s'est montré tout à fait insuffisant pour cette tâche.*

insuffler [ɛ̃syfle] v. tr. [1] **1.** RELIG Faire pénétrer par le souffle divin. *Dieu modela une forme dans l'argile et lui insuffla la vie.* ▷ *Par ext.* Inspirer, transmettre. *Insuffler du courage.* **2.** MED Introduire (de l'air, un mélange gazeux) dans l'organisme à des fins thérapeutiques.

insulaire [ɛ̃sylɛʀ] adj. et n. **1.** Qui habite une île. *Peuple insulaire.* ▷ Subst. *Les insulaires des Comores.* **2.** Relatif à une île. *Climat insulaire.*

insularité [ɛ̃sylaʀite] n. f. **1.** État d'un pays formé d'une ou de plusieurs îles. **2.** Fait d'être insulaire.

Insulinde, nom donné autref. aux îles qui forment l'Indonésie et les Philippines.

insuline [ɛ̃sylin] n. f. MED Hormone sécrétée par certaines cellules des îlots de Langerhans du pancréas.

ENCYCL L'insuline abaisse le taux de la glycémie (transformation du glucose en glycogène), favorise la pénétration du glucose dans les cellules et freine la dégradation du glycogène dans le foie; sa sécrétion dépend de la glycémie, qu'elle maintient constante, sous l'action de facteurs hormonaux, nerveux, métaboliques. C'est au niveau du foie qu'a lieu la destruction de l'insuline. Le diabète *insulino-dépendant* (ou *insulinoprive*), congénital, est dû à une carence en insuline (à laquelle on supplée par des injections quotidiennes d'insulines animales ou semi-synthétiques).

insulinodépendance [ɛ̃sylinɔdepɑ̃dɑ̃s] n. f. MED État du diabétique qui ne peut se passer d'administration d'insuline.

insulinothérapie [ɛ̃sylinoteʀapi] n. f. MED Traitement par l'insuline.

insultant, ante [ɛ̃syltɑ̃, ɑ̃t] adj. Qui constitue une insulte. *Insinuation insultante.*

insulte [ɛ̃sylt] n. f. Parole ou action volontairement offensante. ▷ Fig. *Une insulte au bon sens.*

insulter [ɛ̃sylte] v. tr. [1] Offenser (qqn) par des insultes. *Insulter publiquement qqn.*

insupportable [ɛ̃sypɔʀtabl] adj. **1.** Qu'on ne peut supporter. *Souffrance insupportable.* **2.** Qui a un caractère, un comportement très désagréable. *Une insupportable gamine.* ▷ *Spécial.* Très turbulent. *Un enfant insupportable.*

insurgé, ée [ɛ̃syʀʒe] adj. et n. **1.** adj. Qui s'est insurgé. **2.** n. Agitateur, révolté, révolutionnaire.

insurger (s') [ɛ̃syʀʒe] v. pron. [13] Se révolter (contre qqn, qqch). *S'insurger contre le pouvoir.*

insurmontable [ɛ̃syʀmɔ̃tabl] adj. Qu'on ne peut surmonter. *Difficulté insurmontable.*

insurpassable [ɛ̃syʀpasabl] adj. Impossible à surpasser.

insurrection [ɛ̃syʀɛksjɔ̃] n. f. Action de s'insurger; soulèvement en masse contre le pouvoir établi, révolte.

insurrectionnel, elle [ɛ̃syʀɛksjɔnɛl] adj. Qui a les caractères d'une insurrection. *Élan insurrectionnel.*

intact, acte [ɛ̃takt] adj. **1.** Qui n'a pas été touché. *Dépôt intact.* ▷ Fig. Qui n'a souffert aucune atteinte. *Réputation intacte.* **2.** Entier, qui n'a pas subi d'altération. *Ce monument est resté intact.*

intaille [ɛ̃taj] n. f. BX-A Pierre dure gravée en creux.

intangibilité [ɛ̃tɑ̃ʒibilite] n. f. Didac. Caractère de ce qui est intangible.

intangible [ɛ̃tɑ̃ʒibl] adj. Que l'on ne doit pas toucher, modifier, altérer. *Loi intangible.*

intarissable [ɛ̃taʀisabl] adj. Qui ne peut être tari. *Source intarissable.* ▷ Fig. *Bavardage intarissable.*

intégrable [ɛ̃tegʀabl] adj. Que l'on peut intégrer. ▷ MATH Dont on peut calculer l'intégrale (fonctions).

intégral, ale, aux [ɛ̃tegʀal, o] adj. et n. f. **I.** adj. **1.** Dont on n'a rien retranché. *Texte intégral.* **2.** MATH *Calcul intégral :* partie du calcul infinitésimal qui recherche la fonction F(x) dont la fonction f(x) est la dérivée. – *Calcul intégral :* ensemble des méthodes de calcul des primitives. *Le calcul intégral permet de calculer la surface d'une région limitée par une courbe fermée.* **3.** (Belgique) Cour. *Pain intégral :* V. pain (sens 1). **II.** n. f. **1.** Édition complète des œuvres d'un musicien, d'un écrivain, etc. **2.** MATH Fonction qui admet pour dérivée une fonction donnée (symb. : ∫).

intégralement [ɛ̃tegʀalmɑ̃] adv. D'une manière intégrale, en totalité.

intégralité [ɛ̃tegʀalite] n. f. État de ce qui est intégral.

intégrant, ante [ɛ̃tegʀɑ̃, ɑ̃t] adj. Se dit des parties qui sont nécessaires à l'intégrité d'un tout.

intégrateur, trice [ɛ̃tegʀatœʀ, tʀis] adj. et n. m. **1.** adj. Didac. Qui intègre. **2.** n. m. TECH Appareil qui totalise des valeurs continues.

intégration [ɛ̃tegʀasjɔ̃] n. f. **1.** Action d'intégrer, de s'intégrer dans un groupe, un pays, etc. *L'intégration économique de l'Afrique de l'Ouest. L'intégration des travailleurs immigrés en France.* **2.** ECON Rattachement à une industrie principale d'industries annexes diverses. **3.** PHYSIOL Coordination, nécessaire au fonctionnement harmonieux, des activités de différents organes. **4.** MATH Détermination de la valeur des inconnues d'une équation différentielle. Syn. résolution. ▷ Théorie ayant pour objet cette opération.

intégrationniste [ɛ̃tegʀasjɔnist] adj. et n. POLIT Qui est partisan de l'intégration (politique, économique, etc.).

intègre [ɛ̃tɛgʀ] adj. D'une extrême probité. *Ministre intègre.*

intégré, ée [ɛ̃tegʀe] adj. **1.** ELECTRON *Circuit intégré,* constitué de composants formés à partir d'un bloc semi-conducteur et contenus sur une pastille de silicium de faibles dimensions. **2.** INFORM *Gestion intégrée,* assurant la liaison entre les différents types de comptabilité.

intégrer [ɛ̃tegʀe] v. tr. [14] **1.** Faire entrer dans un tout. *Intégrer un dialogue dans un scénario.* ▷ v. pron. *S'intégrer à, dans un milieu social.* **2.** MATH Procéder à l'intégration de. *Intégrer une fonction.*

intégrisme [ɛ̃tegʀism] n. m. Attitude, opinion de ceux qui souhaitent maintenir dans son intégrité, sans qu'il évolue, un système doctrinal (et partic. religieux) donné.

intégriste [ɛtegʀist] n. et adj. Partisan de l'intégrisme.

intégrité [ɛ̃tegʀite] n. f. **1.** État d'une chose à laquelle il ne manque rien. *Conserver l'intégrité du territoire.* **2.** Probité irréprochable.

intellect [ɛ̃telɛkt] n. m. Faculté de comprendre, de connaître (par oppos. à *sensibilité*). Syn. entendement.

intellection [ɛ̃telɛksjɔ̃] n. f. PHILO Acte, exercice de l'intellect par lequel il conçoit, saisit les idées.

intellectualiser [ɛ̃telɛktɥalize] v. tr. [1] Didac. ou litt. Revêtir d'un caractère conceptuel, intellectuel.

intellectualisme [ɛ̃telɛktɥalism] n. m. PHILO Doctrine qui affirme la prééminence de l'entendement sur l'affectivité et la volonté. ▷ Cour., péjor. Travers de ceux qui privilégient l'intellect au détriment de la sensibilité, de la spontanéité. *Sombrer dans l'intellectualisme.*

intellectualité [ɛ̃telɛktɥalite] n. f. Didac. ou litt. Caractère intellectuel d'une personne, d'une attitude.

intellectuel, elle [ɛ̃telɛktɥɛl] adj. et n. **1.** Qui se rapporte à l'intelligence. *Facultés intellectuelles.* **2.** Qui s'adonne de façon prédominante, par goût ou par profession, aux activités de l'esprit. ▷ Subst. *Un(e) intellectuel(le).* **3.** (Afr. subsah.) Personne instruite. *C'est une animatrice rurale, une intellectuelle.*

intelligemment [ɛ̃teliʒamɑ̃] adv. D'une manière intelligente.

intelligence [ɛ̃teliʒɑ̃s] n. f. **I. 1.** Faculté de comprendre, de découvrir des relations (de causalité, d'identité, etc.) entre les faits et les choses. *Intelligence pratique :* adaptation réfléchie de moyens à des fins. *Intelligence conceptuelle :* faculté de connaître inséparable du langage et fondée sur la raison discursive. **2.** Aptitude à comprendre facilement, à agir avec discernement. *Intelligence remarquable.* **3.** Personne intelligente. *Une des plus belles intelligences de son temps.* **4.** *Intelligence de :* capacité ou fait de comprendre (une chose particulière). *L'intelligence des affaires.* **5.** *Intelligence artificielle (I.A.) :* ensemble des méthodes permettant la réalisation de logiciels capables de reproduire certains aspects de l'activité intelligente humaine (apprentissage et raisonnement par inférence, notam.). **II. 1.** Entente, communauté d'idées, de sentiments. *Vivre en bonne intelligence.* ▷ *Être, agir d'intelligence avec qqn,* être, agir de connivence avec lui. **2.** (Plur.) Correspondance, communication secrète. *Intelligences avec l'ennemi.*

Intelligence Service, service de renseignements et de contre-espionnage britannique.

intelligent, ente [ɛ̃teliʒɑ̃, ɑ̃t] adj. Qui a de l'intelligence; qui dénote l'intelligence. *Élève intelligent. Comportement intelligent.*

intelligentsia [ɛ̃teliʒɛntsja] n. f. Ensemble des intellectuels d'un pays. *L'intelligentsia française.*

intelligibilité [ɛ̃teliʒibilite] n. f. Didac. Caractère de ce qui est intelligible.

intelligible [ɛ̃teliʒibl] adj. **1.** Qui peut être compris. *Passage peu intelligible.* ▷ PHILO Qui est connaissable par le seul entendement. *Le monde intelligible de Platon* (par oppos. à *monde sensible*). **2.** Qui peut être entendu distinctement. *À haute et intelligible voix.*

intempérance [ɛ̃tɑ̃peʀɑ̃s] n. f. *Intempérance de langage :* liberté excessive dans l'expression.

intempéries [ɛ̃tɑ̃peʀi] n. f. pl. Mauvais temps; pluie, gel, vent, etc. *Sortir malgré les intempéries.*

intempestif, ive [ɛ̃tɑ̃pɛstif, iv] adj. Litt. Qui n'est pas fait à propos; inopportun, déplacé. *Démarche intempestive.*

intemporel, elle [ɛ̃tɑ̃pɔʀɛl] adj. Qui est étranger au temps, en dehors de la durée. *La vérité est intemporelle.*

intenable [ɛ̃t(ə)nabl] adj. **1.** Où l'on ne peut demeurer, tenir. *Place intenable. Se trouver dans une situation intenable.* **2.** Dont on ne peut se faire obéir, très turbulent. *Enfant intenable.*

intendance [ɛ̃tɑ̃dɑ̃s] n. f. **1.** Fonction d'intendant. **2.** Corps des intendants. *Intendance universitaire.* ▷ MILIT Service de l'armée ayant pour rôle de ravitailler les troupes, de vérifier les comptes des corps de troupes, de payer la solde, les salaires, les frais de déplacement. **3.** Ensemble des services dirigés par un intendant; bâtiment qui les abrite. *Aller à l'intendance.* **4.** Fig., plaisant Trésorerie. *Avoir des problèmes d'intendance.*

intendant, ante [ɛ̃tɑ̃dɑ̃, ɑ̃t] n. **1.** Personne qui administre les affaires, le patrimoine d'une collectivité, d'un particulier. **2.** n. m. Fonctionnaire de l'intendance militaire. **3.** Fonctionnaire responsable de l'administration matérielle et financière d'un établissement public. *Intendant d'un lycée.*

intense [ɛ̃tɑ̃s] adj. **1.** Qui agit avec force; grand, fort, vif. *Chaleur intense.* **2.** Considérable. *Circulation intense.*

intensément [ɛ̃tɑ̃semɑ̃] adv. De façon intense.

intensif, ive [ɛ̃tɑ̃sif, iv] adj. **1.** Qui met en œuvre la totalité des moyens disponibles; qui fait l'objet d'une activité, d'un effort intenses. *Apprentissage intensif d'une langue étrangère.* – *Culture intensive,* qui vise à obtenir des rendements élevés dans des exploitations agricoles d'étendue restreinte ou moyenne (par oppos. à *culture extensive*). *Élevage intensif.* **2.** LING Qui renforce l'idée exprimée. *Extra- est un préfixe intensif.*

intensification [ɛ̃tɑ̃sifikasjɔ̃] n. f. Action d'intensifier ou de s'intensifier.

intensifier [ɛ̃tɑ̃sifje] v. tr. **[2]** Rendre plus intense, augmenter. *Intensifier la production.* ▷ v. pron. *Les pressions s'intensifient.*

intensité [ɛ̃tɑ̃site] n. f. Degré d'activité, d'énergie, de puissance. *Intensité de la lumière, d'un séisme. L'intensité d'une passion.* ▷ ELECTR Quantité d'électricité qui traverse un circuit dans l'unité de temps. (L'unité d'intensité est l'ampère, de symbole A; 1 A = 1 coulomb par seconde.) *Intensité lumineuse :* quotient du flux lumineux émis dans un cône, par l'angle solide de ce cône. (L'unité d'intensité lumineuse est la candela, de symbole cd.)

intensivement [ɛ̃tɑ̃sivmɑ̃] adv. D'une manière intensive.

intenter [ɛ̃tɑ̃te] v. tr. **[1]** DR Engager contre qqn (une action en justice). *Intenter un procès à qqn.*

intention [ɛ̃tɑ̃sjɔ̃] n. f. **1.** Acte de la volonté par lequel on se fixe un but. *Bonne, mauvaise intention.* ▷ *Par ext.* Le but lui-même. *Aller au-delà de ses intentions.* **2.** Loc. prép. *À l'intention de (qqn) :* spécialement pour (qqn).

intentionnalité [ɛ̃tɑ̃sjɔnalite] n. f. PHILO, PSYCHO Fait, pour la conscience, de se donner un objet, d'être toujours la «conscience de quelque chose» (Husserl).

intentionné, ée [ɛ̃tɑ̃sjɔne] adj. *Bien, mal intentionné :* qui a de bonnes, de mauvaises intentions.

intentionnel, elle [ɛ̃tɑ̃sjɔnɛl] adj. Qui est fait délibérément. *Omission intentionnelle.*

inter-. Élément, du latin *inter,* «entre», qui marque la séparation, l'espacement ou la réciprocité.

1. inter [ɛ̃tɛʀ] n. m. Abrév. de *interurbain.*

2. inter [ɛ̃tɛʀ] n. m. SPORT Joueur de football placé entre l'ailier et l'avant-centre.

3. inter [ɛ̃tɛʀ] MATH Abrév. de *intersection,* symbole mathématique.

interactif, ive [ɛ̃tɛʀaktif, iv] adj. Didac. Relatif à l'interaction. ▷ INFORM Qui permet le dialogue entre l'utilisateur et un logiciel.

interaction [ɛ̃tɛʀaksjɔ̃] n. f. **1.** Action réciproque de deux ou plusieurs phénomènes. **2.** PHYS Chacun des types d'action réciproques s'exerçant entre particules élémentaires.
ENCYCL Phys. – Depuis les années 1930, on distingue quatre interactions fondamentales : *l'interaction gravitationnelle* (V. gravitation); *l'interaction électromagnétique* (V. électromagnétisme); *l'interaction forte,* qui s'exerce de façon attractive entre toutes les particules de la famille des hadrons (V. particule) et qui explique notam. la cohésion du noyau de l'atome; *l'interaction faible,* qui intervient dans les processus de désintégration. (V. boson.)

interactivité [ɛ̃tɛʀaktivite] n. f. INFORM Caractéristique d'un système interactif.

interafricain, aine [ɛ̃tɛʀafʀikɛ̃, ɛn] adj. Qui concerne les relations entre États africains.

intercalaire [ɛ̃tɛʀkalɛʀ] adj. (et n.) Qu'on intercale. ▷ *Jour intercalaire :* jour ajouté au mois de février des années bissextiles, afin que l'année civile coïncide avec l'année astronomique. ▷ Subst. *Un(e) intercalaire :* fiche, feuillet ou carte, d'un format particulier, qu'on intercale dans un ensemble de format différent.

intercaler [ɛ̃tɛʀkale] v. tr. **[1]** **1.** Placer entre deux choses ou en alternance. *Intercaler une planche entre deux plaques de tôle.* **2.** Faire entrer après coup dans une série, un ensemble, un texte. *Intercaler une clause dans un contrat.* **3.** v. pron. Se placer entre deux choses ou à l'intérieur d'un ensemble.

intercéder [ɛ̃tɛʀsede] v. intr. **[14]** Intervenir (en faveur de qqn). *Intercéder en faveur d'un coupable.*

intercellulaire [ɛ̃tɛʀselylɛʀ] adj. BIOL Qui est entre les cellules. *Espace intercellulaire.*

intercepter [ɛ̃tɛʀsepte] v. tr. **[1]** **1.** Interrompre (qqch) dans son cours, sa transmission. **2.** Prendre par surprise (ce qui est destiné à un autre). *Intercepter un message.* ▷ MAR, AERON Attaquer (un navire, un avion, un missile) pour l'empêcher d'atteindre son objectif. **3.** GEOM En parlant d'un angle dont le sommet est le centre d'un cercle ou un point de sa circonférence et dont les côtés délimitent un arc sur ce cercle. *L'angle α intercepte l'arc ab.* – Pp. *L'arc intercepté par l'angle α.*

interception [ɛ̃tɛʀsɛpsjɔ̃] n. f. Action d'intercepter; son résultat.

intercesseur [ɛ̃tɛʀsesœʀ] n. m. RELIG ou litt. Personne qui intercède.

intercession [ɛ̃tɛʀsesjɔ̃] n. f. RELIG ou litt. Action d'intercéder.

interchangeable [ɛ̃tɛʀʃɑ̃ʒabl] adj. Se dit de choses, de personnes qui peuvent être mises à la place l'une de l'autre. *Pièces interchangeables. Fonctionnaires interchangeables.*

interclasse [ɛ̃tɛʀklas] n. m. Court moment de repos entre deux séquences d'enseignement.

interclasser [ɛ̃tɛʀklase] v. tr. **[1]** Réunir en une seule série (plusieurs séries d'éléments classés). *Interclasser des dossiers.*

intercommunal, ale, aux [ɛ̃tɛʀkɔmynal, o] adj. Qui appartient à, qui relève de plusieurs communes.

intercommunion [ɛ̃tɛʀkɔmynjɔ̃] n. f. RELIG Participation en commun à l'eucharistie de membres d'Églises séparées.

intercompréhension [ɛ̃tɛʀkɔ̃pʀeɑ̃sjɔ̃] n. f. Compréhension réciproque.

interconnecter [ɛ̃tɛʀkɔnɛkte] v. tr. **[1]** TECH Procéder à l'interconnexion de (deux réseaux).

interconnexion [ɛ̃tɛʀkɔnɛksjɔ̃] n. f. TECH Connexion (entre différents réseaux de distribution, de circulation).

intercontinental, ale, aux [ɛ̃tɛʀkɔ̃tinɑ̃tal, o] adj. Qui concerne les rapports entre deux continents. ▷ *Avion, missile intercontinental,* qui peut aller d'un continent à un autre.

intercostal, ale, aux [ɛ̃tɛʀkɔstal, o] adj. ANAT Situé entre deux côtes. *Muscles intercostaux. Nerf intercostal.* – Par ext. *Douleur intercostale.*

interculturel, elle [ɛ̃tɛʀkyltyʀɛl] adj. Didac. Qui concerne les rapports entre plusieurs cultures.

interdépendance [ɛ̃tɛʀdepɑ̃dɑ̃s] n. f. Dépendance réciproque.

interdépendant, ante [ɛ̃tɛʀdepɑ̃dɑ̃, ɑ̃t] adj. En situation d'interdépendance.

interdiction [ɛ̃tɛʀdiksjɔ̃] n. f. **1.** Action d'interdire. *Interdiction d'importer des armes.* **2.** ADMIN et RELIG Action d'interdire qqn. *Interdiction d'un prêtre.* ▷ DR *Interdiction légale :* privation de l'exercice des droits civils entraînée par toute condamnation à une peine afflictive et infamante. – *Interdiction de séjour :* défense faite à certains condamnés de paraître dans certains lieux après leur libération.

interdire [ɛ̃tɛʀdiʀ] v. tr. **[65]** **1.** Défendre (qqch à qqn). *Interdire tout effort à un malade.* ▷ Fig. *La situation nous interdit d'espérer.* **2.** ADMIN et RELIG Faire défense à (qqn) d'exercer ses fonctions. *Interdire un fonctionnaire.* ▷ DR *Interdire un aliéné,* instaurer à son endroit une sauvegarde de justice ou une tutelle. ▷ v. pron. *S'interdire tout excès.*

interdisciplinaire [ɛ̃tɛʀdisiplinɛʀ] adj. Qui concerne plusieurs disciplines, plusieurs branches du savoir. – *Équipe interdisciplinaire,* qui réunit des spécialistes de disciplines différentes.

interdit, ite [ɛ̃tɛʀdi, it] adj. et n. m. **I.** adj. **1.** (Choses) Défendu. *Film interdit aux mineurs.* **2.** DR CANON Frappé d'interdit (sens II, 1). *Prêtre interdit.* ▷ n. m. DR *Un interdit de séjour.* **3.** Déconcerté, décontenancé. *Demeurer interdit.* **II.** n. m. **1.** *Jeter l'interdit sur :* prononcer l'exclusive contre (telle ou telle personne ou chose). – *Lever l'interdit :* mettre fin à une interdiction, une censure. **2.** Règle sociale qui proscrit une pratique, un comportement. *Les interdits touchant l'inceste.* Syn. tabou.

interdunaire [ɛ̃tɛʀdynɛʀ] adj. GEOMORPH Situé entre des dunes. *Dépression interdunaire.*

intéressant, ante [ɛ̃teʀesɑ̃, ɑ̃t] adj. (et n.) **1.** Qui éveille l'intérêt, l'attention de qqn. *Cours, professeur intéressant.* ▷ Subst. *Faire l'intéressant(e) :* essayer d'attirer l'attention sur soi. **2.** Qui inspire de la sympathie. *C'est un individu intéressant.* **3.** Avantageux (matériellement). *Salaire intéressant.*

intéressé, ée [ɛ̃teʀese] adj. (et n.) **1.** Qui est en cause. *Les parties intéressées.* ▷ Subst. *Signature de l'intéressé(e).* **2.** Qui n'a en vue que son intérêt personnel. *Ami intéressé.* – Par ext. *Visite intéressée.*

intéressement [ɛ̃teʀɛsmɑ̃] n. m. Attribution d'une partie des profits de l'entreprise aux salariés.

intéresser [ɛ̃teʀese] v. **[1]** **I.** v. tr. **1.** Retenir l'attention, susciter l'intérêt de (qqn). *Ce sujet m'intéresse.* **2.** Inspirer de la bienveillance. *Ses malheurs n'intéressent personne.* **3.** Concerner (qqn, qqch). *Loi qui intéresse les propriétaires.* **4.** Faire participer (qqn) aux profits d'une entreprise. *Être intéressé dans une affaire.* **II.** v. pron. Prendre intérêt à (qqch). *S'intéresser aux arts.*

intérêt [ɛ̃teʀɛ] n. m. **I.** **1.** Ce qui est utile, profitable à qqn. *Sacrifier ses intérêts personnels à l'intérêt public.* ▷ *Avoir des intérêts dans une affaire,* y avoir placé de l'argent en vue d'en tirer des bénéfices. **2.** Recherche égoïste de ce qui est avantageux pour soi. *Agir par intérêt.* **3.** Attention bienveillante envers qqn. *Marques d'intérêt.* **4.** Attention, curiosité que l'on porte à qqch.

Lire un article avec intérêt. ▷ Qualité de ce qui est digne d'attention. *Découverte d'un grand intérêt.* **II.** FIN Somme due au prêteur par l'emprunteur pour l'usage d'un capital pendant une période déterminée et versée sous forme de revenu. ▷ *Intérêt simple,* tel que le capital reste le même au cours du prêt. *L'intérêt simple est proportionnel au montant du capital, au taux d'intérêt et à la durée du prêt.* ▷ *Intérêt composé,* résultant de l'addition au capital initial des intérêts acquis successivement.

interétatique [ɛ̃teʀetatik] adj. Qui concerne les relations entre les États. *Un organisme interétatique.*

interethnique [ɛ̃teʀɛtnik] adj. Didac. Qui se produit entre ethnies.

interface [ɛ̃tɛʀfas] n. f. **1.** INFORM Dispositif (matériel et logiciel) grâce auquel s'effectuent les échanges d'informations entre deux systèmes. **2.** Didac. Limite commune à deux systèmes.

interfécondité [ɛ̃tɛʀfekɔ̃dite] n. f. BIOL Possibilité d'une conjonction sexuelle donnant des produits viables et féconds entre deux représentants d'une espèce, ou de deux espèces voisines. *L'interfécondité du chien et du loup.*

interférence [ɛ̃tɛʀfeʀɑ̃s] n. f. **1.** PHYS Phénomène qui résulte de la superposition de deux mouvements vibratoires de fréquence et d'amplitude voisines. **2.** Fig. Fait d'interférer. *Il y a interférence entre le politique et le social.* ▷ LING En situation de contact entre deux langues (bilinguisme, apprentissage), phénomène résultant de l'application dans l'une d'elles de règles (phonétiques, phonologiques, grammaticales, etc.) propres à l'autre.

interférer [ɛ̃tɛʀfeʀe] v. intr. [**14**] **1.** PHYS Produire des interférences. **2.** Fig. Se mêler en se renforçant ou en se contrariant (actions, phénomènes). *Son intervention a interféré avec celle de son collègue.*

interférométrie [ɛ̃tɛʀfeʀɔmetʀi] n. f. PHYS Technique de mesure des franges d'interférence.

interféron [ɛ̃tɛʀfeʀɔ̃] n. m. BIOCHIM Cytokine* sécrétée par les cellules hôtes en réponse à la présence de virus. *Les interférons, dont on connaît neuf types, sont capables d'arrêter la réplication virale.*

intergouvernemental, ale, aux [ɛ̃tɛʀguvɛʀnəmɑ̃tal, o] adj. Qui concerne plusieurs gouvernements.

intérieur, eure [ɛ̃teʀjœʀ] adj. et n. m. **I.** adj. **1.** Qui est situé au-dedans, entre les limites de qqch. *Mur intérieur. La politique intérieure d'un État.* **2.** Fig. Qui est du domaine de l'esprit, des sentiments. *Vie intérieure.* **II.** n. m. **1.** Le dedans. *L'intérieur d'une voiture.* **2.** Logement, foyer. *Un intérieur accueillant. Femme d'intérieur,* qui a du goût et de l'aptitude pour les travaux ménagers. **3.** Ensemble des affaires intérieures d'un État. *Ministère de l'Intérieur.* **4.** (Afr. subsah.) Ensemble d'un pays (par oppos. à la capitale ou à la zone côtière). Syn. arrière-pays, brousse (sens 4). **5.** Loc. adv. *À l'intérieur :* au-dedans. ▷ Loc. prép. *À l'intérieur de :* au-dedans de.

intérieurement [ɛ̃teʀjœʀmɑ̃] adv. **1.** Au-dedans. **2.** Dans le cœur, l'esprit. *Être touché intérieurement.*

intérim [ɛ̃teʀim] n. m. **1.** Temps pendant lequel une charge vacante est exercée par une autre personne que le titulaire; exercice de cette charge. *Président par intérim. Assurer l'intérim.* **2.** Activité du personnel intérimaire.

intérimaire [ɛ̃teʀimɛʀ] adj. et n. Qui remplit une fonction par intérim. – Subst. *Un(e) intérimaire.*

interindividuel, elle [ɛ̃tɛʀɛ̃dividɥɛl] adj. Didac. Qui a trait aux rapports entre individus. *Psychologie interindividuelle.*

intériorisation [ɛ̃teʀjɔʀizasjɔ̃] n. f. Didac. ou litt. Action d'intérioriser; tendance à se replier sur soi-même.

intérioriser [ɛ̃teʀjɔʀize] v. tr. [**1**] **1.** Rendre plus intérieur (une émotion, un sentiment). **2.** PSYCHO Ramener au moi. *Intérioriser un conflit.* **3.** Faire sien (une opinion, un sentiment, une règle de conduite).

intériorité [ɛ̃teʀjɔʀite] n. f. État de ce qui est intérieur.

interjection [ɛ̃tɛʀʒɛksjɔ̃] n. f. **1.** GRAM Mot invariable qui renseigne sur l'attitude du locuteur, ou dont la fonction est phatique. (Ex. : bof!, ah!, ouf!, ciel!, etc.) **2.** DR Action d'interjeter (un appel).

interjeter [ɛ̃tɛʀʒəte] v. tr. [**20**] DR *Interjeter appel :* faire appel d'un jugement.

Interlaken, v. de Suisse (Berne), sur l'Aar, entre les lacs de Thoune et de Brienz; 4900 hab. Tourisme.

interleukine [ɛ̃teʀløkin] n. f. BIOCHIM Cytokine* sécrétée par les lymphocytes, qui active les leucocytes et déclenche la sécrétion d'interféron*.

interligne [ɛ̃tɛʀliɲ] n. m. **1.** Espace compris entre deux lignes écrites ou imprimées. **2.** DR Ce que l'on écrit dans un interligne.

interlocuteur, trice [ɛ̃tɛʀlɔkytœʀ, tʀis] n. Personne qui converse avec une autre. ▷ *Par ext.* Personne qui est en négociation avec une autre.

interlope [ɛ̃tɛʀlɔp] adj. **1.** Dont l'activité consiste en un trafic illégal. *Navire, commerce interlope.* **2.** Fig. Louche, équivoque. *Milieux interlopes.*

interloquer [ɛ̃tɛʀlɔke] v. tr. [**1**] Déconcerter, stupéfier. *Cette apostrophe l'a interloqué.*

interlude [ɛ̃tɛʀlyd] n. m. **1.** MUS Petite pièce instrumentale, entre deux morceaux plus importants. **2.** À la radio, à la télévision, divertissement entre deux émissions.

intermède [ɛ̃tɛʀmɛd] n. m. **1.** Divertissement (musique, ballet, etc.) exécuté entre les actes d'un spectacle. *Intermède dansé.* **2.** Ce qui interrompt la continuité d'un tout. *Les vacances sont un intermède nécessaire dans l'année.*

intermédiaire [ɛ̃tɛʀmedjɛʀ] adj. et n. **I.** adj. Qui se trouve au milieu, entre deux; qui assure une transition. *Espace intermédiaire. Stade intermédiaire,* entre deux phases d'un processus. – TECH *Produit intermédiaire :* objet achevé destiné à la fabrication d'un produit fini. **II.** n. **1.** n. m. Entremise, transition. *Je lui en ai fait part par l'intermédiaire d'un ami. Passer d'une idée à l'autre sans intermédiaire.* **2.** n. Personne qui s'entremet dans une négociation.

interminable [ɛ̃tɛʀminabl] adj. Qui ne peut ou ne semble pas pouvoir se terminer, très long. *Cortège interminable. Discours interminable.*

interministériel, elle [ɛ̃tɛʀministeʀjɛl] adj. Commun à plusieurs ministres ou à plusieurs ministères. *Réunion interministérielle.*

intermittence [ɛ̃tɛʀmitɑ̃s] n. f. **1.** Caractère de ce qui est intermittent. – *Par intermittence :* par périodes, irrégulièrement. **2.** Fig. *Les intermittences du cœur.* **3.** MED Intervalle entre les accès d'une fièvre ou d'une maladie. ▷ *Intermittence du cœur, du pouls :* arrêt périodique dans la série régulière des pulsations.

intermittent, ente [ɛ̃tɛʀmitɑ̃, ɑ̃t] adj. Qui cesse et reprend par intervalles. *Source intermittente.*

internat [ɛ̃tɛʀna] n. m. **1.** État d'un élève interne. – *Par ext.* Établissement qui accueille des internes. **2.** Fonction d'interne des hôpitaux.

international, ale, aux [ɛ̃tɛʀnasjɔnal, o] adj. et n. **1.** adj. Qui a lieu, qui se passe de nation à nation, entre les nations. *Le commerce international. Relations internationales.* ▷ *Association internationale des travailleurs* ou, par abrév., n. f., *Internationale* :* groupement des divers partis ouvriers du monde dont l'objectif est l'avènement mondial du socialisme. – *L'Internationale* :* hymne révolutionnaire. **2.** n. Sportif, sportive qui participe à des compétitions internationales.

Internationale (l'), nom courant de l'Association internationale des travailleurs, fondée à Londres en sept. 1864 par des organisations ouvrières qui adoptèrent les princ. thèses de Marx. Les anarchistes de Bakounine, qui l'avaient rejointe en 1867, furent exclus en 1872. Cette *Ire Internationale* fut dissoute en 1876. Le congrès de Paris (1889) des organisations ouvrières reconstitua une *IIe Internationale* aux nombr. *sections* nationales; ainsi, en 1905, naquit la Section française de l'Internationale ouvrière (S.F.I.O.). V. Parti socialiste. En 1914, les réformistes acceptèrent la guerre, renonçant à l'idéal internationaliste. Fondé par Lénine en mars 1919, le *Komintern* (la *IIIe Internationale* communiste) fit sécession. En 1938, Trotski fonda, contre le Komintern stalinien, une *IVe Internationale.* En mai 1943, Staline mit fin au Komintern pour montrer sa bonne volonté aux Alliés (É.-U., G.-B., etc.). En 1947, il créa le *Kominform,* que la «déstalinisation» abolit (1956).

Internationale (l'), poème révolutionnaire écrit en prison par le Français Eugène Pottier (1871), membre de la Commune de Paris, et mis en mus. par le Belge Pierre Degeyter, en 1888, année où il fut chanté pour la prem. fois, à Lille (France). Ce chant devint l'hymne des partis socialistes, communistes, etc. L'U.R.S.S. en fit son hymne national jusqu'à son invasion par l'Allemagne (1941).

internationalisation [ɛtɛʀnasjɔnalizasjɔ̃] n. f. Action d'internationaliser; son résultat. *L'internationalisation d'un conflit.*

internationaliser [ɛ̃tɛʀnasjɔnalize] v. tr. [**1**] Rendre international. – Placer sous régime international (un territoire, une zone).

internationalisme [ɛ̃tɛʀnasjɔnalism] n. m. Doctrine préconisant les ententes internationales, partic. l'union internationale des peuples du monde entier.

internaute [ɛ̃tɛʀnot] n. Personne qui utilise régulièrement le réseau Internet. Syn. cybernaute, (Québec, fam.) butineur de toile.

interne [ɛ̃tɛʀn] adj. et n. **1.** adj. Qui est situé à l'intérieur, au-dedans. *Partie interne d'un récipient.* ▷ ANAT *Organe interne. Face interne d'un membre,* celle qui est située vers l'axe médian du corps. ▷ GEOM *Angles internes,* situés à l'intérieur de deux droites quelconques coupées par une sécante. ▷ MATH *Loi de composition interne :* application de E × E dans E. ▷ PHYS *Énergie interne :* somme des énergies cinétiques et potentielles des molécules. **2.** n. *Un(e) interne :* élève logé(e) et nourri(e) dans l'établissement scolaire qu'il(elle) fréquente. ▷ *Un(e) interne des hôpitaux :* un(e) étudiant(e) en médecine qui, après avoir passé le concours de l'internat, exerce des responsabilités hospitalières.

interné, ée [ɛ̃tɛʀne] adj. (et n.) Enfermé (spécial. en parlant des aliénés). ▷ Subst. *Libérer les internés politiques.*

internement [ɛ̃tɛʀnəmɑ̃] n. m. Action d'interner; état d'une personne internée.

interner [ɛ̃tɛʀne] v. tr. [1] **1.** DR Supprimer la liberté d'aller et venir par mesure administrative. *Interner des réfugiés politiques.* **2.** Enfermer dans un hôpital psychiatrique, dans un asile. *Interner un aliéné.* ▷ (Afr. subsah.) Hospitaliser. **3.** (Afr. subsah.) Mettre (un élève) dans un internat. *Sa famille l'a interné à Bamako.*

Internet, réseau mondial créé par l'interconnexion de réseaux ou d'ordinateurs (publics ou privés), et fournissant de multiples services : courrier électronique, transfert de fichiers, serveurs d'informations multimédias, etc.

interpellation [ɛ̃tɛʀpelasjɔ̃] n. f. **1.** Action d'interpeller. **2.** Demande d'explication adressée, en séance, par un membre du Parlement à un ministre. ▷ DR Sommation faite à qqn par un juge, un notaire, ou un autre officier public, de s'expliquer ou de faire qqch.

interpeller [ɛ̃tɛʀpəle] v. tr. [1] Adresser la parole à (qqn) pour lui demander qqch, pour le sommer de s'expliquer. *Interpeller grossièrement qqn.* ▷ Mod., fig. *Cet état de fait l'interpelle,* force son attention, le préoccupe.

interpénétration [ɛ̃tɛʀpenetʀasjɔ̃] n. f. Didac. Pénétration réciproque.

interpénétrer (s') [ɛ̃tɛʀpenetʀe] v. pron. [14] Didac. Se pénétrer réciproquement.

interphase [ɛ̃tɛʀfɑz] n. f. BIOL Phase de duplication de la masse d'A.D.N. dans la cellule. (V. mitose.)

interphone [ɛ̃tɛʀfɔn] n. m. (Nom déposé.) Installation téléphonique intérieure. Syn. (Belgique, Luxembourg) parlophone.

interplanétaire [ɛ̃tɛʀplanetɛʀ] adj. Qui est, qui a lieu entre les planètes. *Espaces, voyages interplanétaires.* ▷ Par ext. *Fusée interplanétaire.*

Interpol, acronyme pour *Organisation INTERnationale de POLice criminelle.* Organisme international créé en 1923 pour établir la coopération des polices criminelles.

interpolation [ɛ̃tɛʀpɔlasjɔ̃] n. f. **1.** Action d'interpoler dans un texte; résultat de cette action. **2.** MATH Évaluation de la valeur d'une fonction entre deux points de valeurs connues. – *Interpolation linéaire,* qui assimile à un segment de droite l'arc de la courbe représentative de la fonction.

interpoler [ɛ̃tɛʀpɔle] v. tr. [1] **1.** Insérer par ignorance ou par fraude (un mot ou un passage étranger) dans un texte. **2.** MATH Pratiquer une interpolation.

interposé, ée [ɛ̃tɛʀpoze] adj. Placé entre. – Loc. *Par personne interposée :* par l'entremise de qqn.

interposer [ɛ̃tɛʀpoze] v. tr. [1] **1.** Placer entre deux choses. *Interposer un prisme entre une source lumineuse et un écran.* ▷ v. pron. *Les éclipses se produisent quand la Lune s'interpose entre le Soleil et la Terre.* **2.** v. pron. Intervenir (comme médiateur, pour mettre fin à une dispute). *Ils allaient en venir aux mains, je me suis interposé.*

interposition [ɛ̃tɛʀpozisjɔ̃] n. f. **1.** Situation d'un corps interposé. **2.** Fig. Intervention d'une autorité supérieure. ▷ *Force d'interposition entre les belligérants.* **3.** DR *Interposition de personne :* procédé illégal qui consiste en l'utilisation d'un prête-nom pour faire bénéficier qqn d'avantages auxquels il n'a pas droit.

interprétable [ɛ̃tɛʀpʀetabl] adj. Qui peut être interprété.

interprétariat [ɛ̃tɛʀpʀetaʀja] n. m. Fonction d'interprète.

interprétation [ɛ̃tɛʀpʀetasjɔ̃] n. f. **1.** Action d'interpréter; explication. *Interprétation d'un songe.* **2.** Action de donner un sens à une chose; son résultat. *Interprétations opposées d'un événement.* **3.** Façon dont est jouée une œuvre dramatique ou musicale. **4.** (Québec) *Centre d'interprétation,* où l'on initie le public à des phénomènes naturels ou culturels au moyen d'observations, de visites guidées, etc.

interprète [ɛ̃tɛʀpʀɛt] n. **1.** Personne qui explique le sens d'un texte. *Les interprètes des Livres Saints.* **2.** Traducteur grâce auquel des personnes ne parlant pas la même langue peuvent communiquer oralement. *Interprète assermenté.* **3.** Personne qui fait connaître les intentions, les sentiments d'une autre. *Soyez mon interprète auprès de lui.* **4.** Personne qui joue un rôle au théâtre ou au cinéma, qui exécute une œuvre musicale. *L'interprète de Don Juan.*

interpréter [ɛ̃tɛʀpʀete] v. tr. [14] **1.** Expliquer, clarifier. *Interpréter les rêves.* **2.** Attribuer tel ou tel sens à (une chose). *Interpréter un texte de loi. Interpréter les intentions de qqn.* **3.** Jouer (un rôle). Exécuter (un morceau de musique). *Interpréter un rôle avec talent. Interpréter une symphonie.*

interpréteur [ɛ̃tɛʀpʀetœʀ] n. m. INFORM Programme utilitaire destiné à exécuter directement un programme qui se présente sous la forme d'un texte écrit dans un langage donné.

interprofessionnel, elle [ɛ̃tɛʀpʀɔfɛsjɔnɛl] adj. Commun à plusieurs professions, à toutes les professions.

interprovincial, ale, aux [ɛ̃tɛʀpʀɔvɛ̃sjal, o] adj. Qui appartient à, qui relève de plusieurs provinces.

interracial, ale, aux [ɛ̃tɛʀʀasjal, o] adj. BIOL Qui se produit entre individus de races différentes. *Mariages interraciaux.*

interrègne [ɛ̃tɛʀʀɛɲ] n. m. Didac. Intervalle de temps entre deux règnes. ▷ Fig. Intervalle de temps pendant lequel un État est sans chef.

interrelation [ɛ̃tɛʀʀəlasjɔ̃] n. f. Didac. Relation entre des individus, des groupes, des disciplines du savoir, etc.

interrogateur, trice [ɛ̃tɛʀɔgatœʀ, tʀis] adj. (et n.) Qui interroge. *Regard interrogateur.* ▷ Subst. Examinateur.

interrogatif, ive [ɛ̃tɛʀɔgatif, iv] adj. (et n. f.) Qui sert à interroger; qui exprime une interrogation. *Pronom interrogatif.* – *Une proposition interrogative* ou, n. f., *une interrogative.*

interrogation [ɛ̃tɛʀɔgasjɔ̃] n. f. **1.** Action d'interroger, question, demande. ▷ *Spécial.* Ensemble de questions posées à un élève, à un candidat à un examen. *Interrogation écrite.* **2.** GRAM Construction utilisée pour interroger. *Interrogation directe* (quand la phrase interrogative est indépendante); *interrogation indirecte* (quand elle forme une proposition subordonnée, après *demander*, par ex.). ▷ *Point d'interrogation :* signe de ponctuation (?) qui indique une interrogation directe.

interrogatoire [ɛ̃tɛʀɔgatwaʀ] n. m. DR Ensemble des questions que pose un magistrat à une personne impliquée dans une affaire. *L'interrogatoire des prévenus se poursuit.* ▷ Toute action d'interroger prolongée et systématique.

interroger [ɛ̃tɛʀɔʒe] v. tr. [13] **1.** Questionner (qqn) pour vérifier ses connaissances, ou pour s'informer. *Interroger un élève. Interroger qqn sur son passé.* ▷ v. pron. Se poser des questions, examiner en soi-même. *Je m'interroge sur mon avenir.* **2.** Fig. Consulter, examiner. *Interroger sa conscience.*

interrompre [ɛ̃tɛʀɔ̃pʀ] v. [53] **I.** v. tr. **1.** Rompre la continuité de. *Interrompre le cours d'une rivière par un barrage. Interrompre un projet.* **2.** Couper la parole à. *Interrompre un orateur.* **II.** v. pron. Cesser de faire une chose. *S'interrompre dans son travail.* – Être interrompu. *La danse s'interrompit.*

interrupteur, trice [ɛ̃tɛʀyptœʀ, tʀis] adj. et n. m. **1.** adj. Qui interrompt. **2.** n. m. ELECTR Appareil destiné à interrompre ou à rétablir le passage du courant électrique dans un circuit.

interruption [ɛ̃tɛʀypsjɔ̃] n. f. **1.** Action d'interrompre; résultat de cette action. – Loc. adv. *Sans interruption :* d'affilée. *Conduire trois heures sans interruption.* **2.** Paroles, cris destinés à interrompre. *Un orateur troublé par d'incessantes interruptions.*

intersaison [ɛ̃tɛʀsezɔ̃] n. f. Période qui sépare deux saisons (touristiques, sportives, etc.).

intersection [ɛ̃tɛʀsɛksjɔ̃] n. f. Rencontre de deux lignes, de deux surfaces, etc., qui se coupent. – GEOM *Point d'intersection,* celui où deux lignes se coupent. ▷ Croisement, rencontre de deux voies de circulation. ▷ MATH *Intersection de deux ensembles :* ensemble des éléments qui appartiennent à la fois à ces deux ensembles. *Le symbole de l'opérateur qui définit une intersection s'écrit* $\cap$ *et s'énonce «inter». Si C est l'intersection des ensembles A et B, on écrit* $C = A \cap B$ (A inter B).

intersession [ɛ̃tɛʀsɛsjɔ̃] n. f. Temps compris entre deux sessions d'une assemblée.

intersexué, ée [ɛ̃tɛʀsɛksɥe] ou **intersexuel, elle** [ɛ̃tɛʀsɛksɥɛl] adj. (et n. m.) BIOL Qui présente simultanément des caractères des deux sexes. ▷ n. m. *Un intersexué.*

intersidéral, ale, aux [ɛ̃tɛʀsideʀal, o] adj. ASTRO Qui se produit, qui s'étend entre les astres.

interspécifique [ɛ̃tɛʀspesifik] adj. BIOL Qui concerne les relations entre les espèces.

interstellaire [ɛ̃tɛʀstel(l)ɛʀ] adj. ASTRO Qui est situé, qui se produit entre les étoiles.

ENCYCL Le milieu interstellaire, où se forment les étoiles de notre Galaxie, est perpétuellement enrichi de matière (gaz et poussière) que les étoiles expulsent. Le *gaz interstellaire* est constitué d'hydrogène et d'hélium ionisés. La *matière interstellaire*, qui représente environ 10 % de la masse de toute la Galaxie*, est organisée en grands nuages groupés le long des bras spiraux dans le plan du disque galactique; elle baigne dans un champ magnétique qui attire les particules de haute énergie, formant les *rayons cosmiques*.

interstice [ɛ̃tɛʀstis] n. m. Très petit espace, écart entre les éléments constitutifs d'un tout. *Les interstices d'une clôture.*

interstitiel, elle [ɛ̃tɛʀstisjɛl] adj. Didac. Situé dans les interstices. ▷ ANAT *Tissu interstitiel*, qui entoure les éléments différenciés d'un organe.

intersyndical, ale, aux [ɛ̃tɛʀsɛ̃dikal, o] adj. et n. f. Qui concerne plusieurs syndicats. *Un comité de lutte intersyndical* ou, n. f., *une intersyndicale.*

intertitre [ɛ̃tɛʀtitʀ] n. m. Titre de paragraphe ou de toute partie d'un article de journal.

intertribal, ale, aux [ɛ̃tɛʀtʀibal, o] adj. Didac. Qui concerne les relations entre tribus.

intertrigo [ɛ̃tɛʀtʀigo] n. m. MED Lésion infectieuse siégeant au niveau des plis cutanés.

intertropical, ale, aux [ɛ̃tɛʀtʀɔpikal, o] adj. GEOGR Situé entre les tropiques.

interurbain, aine [ɛ̃tɛʀyʀbɛ̃, ɛn] adj. et n. m. Qui relie plusieurs villes entre elles. – *Réseau téléphonique interurbain* ou, n. m., *l'interurbain* (abrév. : inter).

intervalle [ɛ̃tɛʀval] n. m. **1.** Distance séparant un lieu, un élément d'un autre. *Intervalle entre deux poteaux.* ▷ MUS Écart entre les fréquences de deux sons. **2.** Espace de temps qui sépare deux faits, deux époques. *Un intervalle de deux heures. Dans l'intervalle.* – Loc. adv. *Par intervalles :* de temps à autre. **3.** MATH Partie P d'un ensemble ordonné E tel que, pour deux éléments a et b de E, a étant inférieur à b, tout élément x de E compris entre a et b appartient à P. *Intervalle fermé,* noté [a,b], tel que a ≤ x ≤ b. *Intervalle ouvert,* noté]a,b[, tel que a < x < b.

intervenant, ante [ɛ̃tɛʀvənɑ̃, ɑ̃t] n. Personne qui intervient dans un procès, un débat, un processus.

intervenir [ɛ̃tɛʀvəniʀ] v. intr. [36] **1.** Prendre part à une action en cours. *Intervenir dans une négociation.* **2.** (S. comp.) Interposer son autorité dans un différend, une dispute; entrer en action, jouer un rôle influent. *Ils allaient se battre, je suis intervenu. Il a fait intervenir ses relations.* **3.** DR Devenir, se rendre partie dans un procès. **4.** (Choses) Jouer un rôle; agir. *En l'occurrence, ces facteurs n'interviennent pas.* ▷ Se produire. *Cet incident est intervenu au moment où l'on s'y attendait le moins.*

intervention [ɛ̃tɛʀvɑ̃sjɔ̃] n. f. **1.** Action d'intervenir. *Intervention d'un personnage influent. Intervention d'un orateur dans un débat. Forces d'intervention de l'ONU.* **2.** MED *Intervention (chirurgicale) :* opération. *Pratiquer une intervention.* **3.** DR Action d'intervenir, de devenir partie dans un procès. **4.** (Choses) Fait d'intervenir. *L'intervention d'éléments historiques dans un roman.*

interventionnisme [ɛ̃tɛʀvɑ̃sjɔnism] n. m. ECON, POLIT Doctrine préconisant l'intervention soit de l'État dans les affaires privées, soit d'une nation dans un conflit entre d'autres pays.

interversion [ɛ̃tɛʀvɛʀsjɔ̃] n. f. **1.** Dérangement, renversement de l'ordre habituel. **2.** (Maghreb) Passe-droit.

intervertir [ɛ̃tɛʀvɛʀtiʀ] v. tr. [3] Déranger, renverser l'ordre (des parties d'un tout, des éléments d'un ensemble). *Intervertir l'ordre des mots d'une phrase.*

interview [ɛ̃tɛʀvju] n. f. Entretien au cours duquel un journaliste ou un enquêteur interroge une personne sur sa vie, ses opinions, etc. *Accorder, solliciter une interview.*

interviewer [ɛ̃tɛʀvjuve] v. tr. [1] Soumettre (qqn) à une interview.

intervieweur, euse [ɛ̃tɛʀvjuvœʀ, øz] n. ou **interviewer** [ɛ̃tɛʀvjuvœʀ] n. m. Personne qui interviewe.

intestat [ɛ̃tɛsta] adj. inv. et n. DR Qui n'a pas fait de testament. *Mourir intestat.* ▷ Subst. *Des intestats.* (V. aussi *ab intestat.)*

1. intestin, ine [ɛ̃tɛstɛ̃, in] adj. Litt. Qui a lieu à l'intérieur d'un corps social. *Parti agité par des dissensions intestines. Guerre intestine :* guerre civile.

2. intestin [ɛ̃tɛstɛ̃] n. m. Portion du tube digestif comprise entre l'estomac et l'anus.

ENCYCL L'intestin comprend, de haut en bas (dans le sens du transit alimentaire) : l'intestin grêle (long d'env. 8 m chez l'homme) formé par le duodénum, le jéjunum et l'iléon, qui s'abouche, au niveau du cæcum, dans le gros intestin, ou côlon, lequel se subdivise en côlon droit (ascendant), côlon transverse et côlon gauche (descendant), prolongé par le sigmoïde et terminé par le rectum et l'anus.

intestinal, ale, aux [ɛ̃tɛstinal, o] adj. Relatif aux intestins. *Suc intestinal. Occlusion intestinale.*

Intifada (en ar. «soulèvement»), soulèvement populaire et nationaliste des Palestiniens né en 1987 dans les territoires occupés par Israël (Gaza, Cisjordanie).

intime [ɛ̃tim] adj. et n. **1.** Intérieur et profond; qui fait l'essence d'une chose, d'un être. *Nature, structure intime.* **2.** Qui existe au plus profond de soi. *L'intime conviction des jurés.* **3.** Qui lie, est lié par un sentiment profond. *Amis intimes.* ▷ Subst. *Un(e) intime.* **4.** Qui est tout à fait privé. *Respecter la vie intime des gens.* ▷ Qui ne réunit que des proches. *Dîner intime.* **5.** *Par euph.* Qui a rapport aux fonctions du corps frappées de tabou (sexualité, excrétion). *Rapports intimes,* sexuels. *Toilette intime.*

intimement [ɛ̃timmɑ̃] adv. **1.** Profondément. *Intimement persuadé.* **2.** Étroitement. *Intimement liés.*

intimer [ɛ̃time] v. tr. [1] **1.** Signifier avec autorité. *Intimer un ordre à qqn.* ▷ DR Signifier légalement. **2.** DR Assigner devant une juridiction supérieure.

intimidant, ante [ɛ̃timidɑ̃, ɑ̃t] adj. Qui intimide. *Aspect intimidant.*

intimidation [ɛ̃timidasjɔ̃] n. f. Action d'intimider par des menaces; son résultat.

intimider [ɛ̃timide] v. tr. [1] Inspirer de la crainte, de l'appréhension à (qqn). *Intimider qqn par des menaces.* ▷ Troubler, inspirer de la timidité à (qqn).

intimiste [ɛ̃timist] n. et adj. ART **1.** Écrivain qui décrit les sentiments et la vie intimes sur un ton de confidence. ▷ adj. *Littérature intimiste.* **2.** Peintre de scènes d'intérieur. ▷ adj. *L'école intimiste.*

intimité [ɛ̃timite] n. f. **1.** Litt. Caractère de ce qui est intime, intérieur. *L'intimité de la conscience.* **2.** Liaison étroite. *Vivre avec qqn dans l'intimité.* **3.** Vie privée, cercle étroit des intimes. *Recevoir dans l'intimité, dans la plus stricte intimité.* ▷ Caractère de ce qui convient au confort de la vie intime. *L'intimité d'un salon.* **4.** (Afr. subsah.) Réception intime. *Nous organisons une petite intimité pour son anniversaire.*

intitulé [ɛ̃tityle] n. m. Titre (d'un livre, d'un chapitre). – DR Formule en tête d'un jugement, d'une loi, d'un acte.

intituler [ɛ̃tityle] v. tr. [1] Donner un titre à. *Intituler un ouvrage.* ▷ v. pron. *Comment s'intitule ce film?*

intolérable [ɛ̃tɔleʀabl] adj. **1.** Que l'on ne peut tolérer, insupportable. *Douleurs intolérables.* **2.** Inadmissible. *Comportement intolérable.*

intolérance [ɛ̃tɔleʀɑ̃s] n. f. **1.** Manque de tolérance; disposition haineuse envers ceux qui ont d'autres opinions que soi. *Intolérance religieuse, idéologique.* **2.** MED Incapacité d'un organisme à tolérer un produit, un aliment ou un médicament particulier. *Intolérance d'un malade aux sulfamides.*

intolérant, ante [ɛ̃tɔleʀɑ̃, ɑ̃t] adj. et n. Qui fait preuve d'intolérance.

intonation [ɛ̃tɔnasjɔ̃] n. f. Ton que l'on prend en parlant ou en lisant. *Voix aux intonations chaudes.*

intouchable [ɛ̃tuʃabl] adj. et n. **1.** adj. Qui ne peut être l'objet d'aucune sanction, d'aucune condamnation. *Politicien intouchable grâce à ses appuis.* **2.** n. Individu, considéré comme impur, qui se situe au plus bas de l'échelle sociale traditionnelle, en Inde.

intoxication [ɛ̃tɔksikasjɔ̃] n. f. **1.** MED Affection due à l'action d'un produit toxique, soit élaboré par l'organisme et non excrété (*intoxication endogène :* urémie), soit provenant de l'extérieur (*intoxication *exogène :* par aliments, médicaments, gaz, produits chimiques, stupéfiants, alcool, tabac). **2.** Fig. Action insidieuse sur les esprits par certains moyens de propagande.

intoxiqué, ée [ɛ̃tɔksike] adj. (et n.) **1.** Qui a subi une intoxication. ▷ Subst. *Un(e) intoxiqué(e).* **2.** Fig. *Il est complètement intoxiqué par la publicité.*

intoxiquer [ɛ̃tɔksike] v. tr. [1] **1.** Causer une intoxication à (un être vivant). ▷ v. pron. *S'intoxiquer au gaz.* **2.** Fig. Influencer par une propagande insidieuse.

intra-. Préfixe, du lat. *intra,* «à l'intérieur de».

intracellulaire [ɛ̃tʀaselylɛʀ] adj. BIOL Qui est, qui se produit à l'intérieur d'une cellule.

intradermique [ɛ̃tʀadɛʀmik] adj. MED Situé, pratiqué dans l'épaisseur du derme. *Injection intradermique.*

intradermoréaction [ɛ̃tʀadɛʀmoʀeaksjɔ̃] n. f. MED Injection intradermique d'une substance, que l'on pratique pour étudier la réaction de l'organisme à cette substance.

intrados [ɛ̃tʀado] n. m. ARCHI Partie intérieure (d'une voûte, d'un arc, d'une arcade, etc.). Ant. extrados.

intraduisible [ɛ̃tʀadɥizibl] adj. Impossible à traduire. *Des jeux de mots intraduisibles.*

intraitable [ɛ̃tʀɛtabl] adj. Avec qui l'on ne peut traiter, très rigoureux, inflexible. *Il est intraitable sur ce point.*

intramoléculaire [ɛ̃tʀamɔlekylɛʀ] adj. CHIM Qui existe ou a lieu à l'intérieur de la molécule.

intra-muros [ɛ̃tʀamyʀos] loc. adv. À l'intérieur (d'une ville). *Habiter intra-muros.*

intramusculaire [ɛ̃tʀamyskylɛʀ] adj. et n. f. À l'intérieur d'un muscle. *Une injection intramusculaire* ou, cour., n. f., *une intramusculaire.*

intransigeance [ɛ̃tʀɑ̃ziʒɑ̃s] n. f. Caractère intransigeant.

intransigeant, ante [ɛ̃tʀɑ̃ziʒɑ̃, ɑ̃t] adj. Qui ne transige pas, qui n'accepte pas d'accommodement. *Intransigeant dans ses opinions.*

intransitif, ive [ɛ̃tʀɑ̃zitif, iv] adj. et n. m. GRAM *Un verbe intransitif* ou, n. m., *un intransitif :* un verbe exprimant une action, un état concernant le seul sujet, et dont, par conséquent, la construction n'admet en principe pas de complément d'objet direct ou indirect (ex. *dormir*). ▷ Qui a les caractères de cette catégorie de verbes. *Sens intransitif. Construction intransitive.* Ant. transitif.

intransitivement [ɛ̃tʀɑ̃zitivmɑ̃] adv. GRAM De manière intransitive.

intransitivité [ɛ̃tʀɑ̃zitivite] n. f. GRAM Particularité du verbe intransitif.

intransmissible [ɛ̃tʀɑ̃smisibl] adj. Qui ne peut être transmis.

intransportable [ɛ̃tʀɑ̃spɔʀtabl] adj. Qui ne peut être transporté. *Malade intransportable. Meuble intransportable.*

intrant [ɛ̃tʀɑ̃] n. m. **1.** ECON Bien ou service utilisé dans la production d'un autre bien ou service. Syn. input. **2.** AGRIC Élément introduit pour améliorer les opérations culturales (engrais, pesticides, etc.).

intra-oculaire ou **intraoculaire** [ɛ̃tʀaɔkylɛʀ] adj. Didac. Qui est à l'intérieur de l'œil.

intraspécifique [ɛ̃tʀaspesifik] adj. BIOL Qui se produit au sein d'une espèce particulière.

intra-utérin, ine [ɛ̃tʀayteʀɛ̃, in] adj. MED Qui se passe à l'intérieur de l'utérus. *La vie intra-utérine.*

intraveineux, euse [ɛ̃tʀavenø, øz] adj. et n. f. Qui est, qui se pratique à l'intérieur des veines. *Une injection intraveineuse* ou, n. f., *une intraveineuse.*

intrépide [ɛ̃tʀepid] adj. (et. n.) Qui ne craint pas le danger. *Soldat intrépide.* ▷ Par ext. *Action intrépide.*

intrépidité [ɛ̃tʀepidite] n. f. Qualité d'une personne intrépide.

intrication [ɛ̃tʀikasjɔ̃] n. f. Enchevêtrement (de choses, d'idées). *L'intrication des problèmes économiques.*

intrigant, ante [ɛ̃tʀigɑ̃, ɑ̃t] adj. et n. Qui recourt à l'intrigue. ▷ Subst. *Un(e) intrigant(e).*

intrigue [ɛ̃tʀig] n. f. **1.** Manœuvres secrètes pour faire réussir ou échouer une affaire. *Intrigue politique.* **2.** Combinaison des différents incidents qui forment le sujet d'une pièce, d'un roman, d'un film. *Le fil, le nœud de l'intrigue.*

intriguer [ɛ̃tʀige] v. [1] **1.** v. tr. Exciter la curiosité de. *Cette histoire m'intrigue.* **2.** v. intr. Mener des machinations. *Intriguer pour obtenir un poste.*

intrinsèque [ɛ̃tʀɛ̃sɛk] adj. Didac. Qui appartient en propre à ce dont on parle, lui est essentiel. *Propriétés intrinsèques. Valeur intrinsèque d'un objet,* qui tient à la matière dont il est fait, en dehors de toute convention et de toute appréciation subjective.

intro-. Élément, du lat. *intro,* «dedans».

introducteur, trice [ɛ̃tʀɔdyktœʀ, tʀis] n. Personne qui introduit.

introductif, ive [ɛ̃tʀɔdyktif, iv] adj. DR Qui sert de commencement à une procédure. *Requête introductive.*

introduction [ɛ̃tʀɔdyksjɔ̃] n. f. **1.** Action d'introduire (qqn). – *Lettre d'introduction,* écrite pour prier qqn d'accueillir favorablement le porteur. **2.** Action d'introduire (qqch). *Introduction de marchandises dans un pays.* ▷ FIN *Introduction en Bourse :* inscription en Bourse (d'un titre). **3.** Ce qui introduit à la connaissance de qqch; ouvrage qui donne les premiers éléments d'un art, d'une science, d'une technique. *Introduction à la psychanalyse.* **4.** Préface, discours préliminaire. *Roman précédé d'une introduction.*

introduire [ɛ̃tʀɔdɥiʀ] v. [69] **I.** v. tr. **1.** Faire entrer (qqn) dans un lieu. *Introduire un visiteur dans le salon.* ▷ *Introduire qqn auprès d'un personnage important,* le faire recevoir par ce personnage. **2.** Faire entrer (une chose) dans une autre. *Introduire la clef dans la serrure.* ▷ Fig. *Cette mesure introduisit le désordre.* **3.** DR Commencer (une procédure). *Introduire une instance devant un tribunal.* **II.** v. pron. Entrer. *Un cambrioleur s'est introduit dans la maison.* ▷ Fig. *Le doute s'introduit dans son esprit.*

intronisation [ɛ̃tʀɔnizasjɔ̃] n. f. Action d'introniser.

introniser [ɛ̃tʀɔnize] v. tr. [1] **1.** Placer solennellement sur le trône. **2.** *Par anal.* Introduire suivant le cérémonial d'usage (qqn dans une association, une conférence). ▷ v. pron. (Souvent péjor.) *S'introniser poète.*

introspectif, ive [ɛ̃tʀɔspɛktif, iv] adj. PSYCHO Qui relève de l'introspection.

introspection [ɛ̃tʀɔspɛksjɔ̃] n. f. PSYCHO Étude, observation de la conscience par elle-même.

introuvable [ɛ̃tʀuvabl] adj. **1.** Qu'on ne peut trouver. **2.** Qu'on trouve difficilement. *Pièce de collection introuvable.*

introversion [ɛ̃tʀɔvɛʀsjɔ̃] n. f. PSYCHO Tendance à donner plus d'importance à la subjectivité qu'au monde extérieur.

introverti, ie [ɛ̃tʀɔvɛʀti] adj. et n. PSYCHO Qui a tendance à l'introversion.

intrus, use [ɛ̃tʀy, yz] n. Personne qui s'introduit quelque part sans y être conviée. *Trouver un intrus dans son bureau.*

intrusion [ɛ̃tʀyzjɔ̃] n. f. **1.** Fait de s'introduire contre le droit ou sans titre dans une dignité, une charge, une société, etc. **2.** Fait de s'introduire en un lieu sans y être convié. **3.** GEOL Pénétration d'une roche dans une couche d'une autre nature.

intubation [ɛ̃tybasjɔ̃] n. f. MED Introduction d'un tube ou d'une sonde dans un conduit naturel.

intuber [ɛ̃tybe] v. tr. [1] MED Pratiquer une intubation sur (qqn). *Intuber un malade.*

intuitif, ive [ɛ̃tɥitif, iv] adj. (et n.) **1.** Qui provient de l'intuition. *Connaissance intuitive.* **2.** Qui a une faculté d'intuition développée. ▷ Subst. *Un intuitif, une intuitive.*

intuition [ɛ̃tɥisjɔ̃] n. f. **1.** Connaissance directe et immédiate, sans recours au raisonnement. *Intuition sensorielle.* **2.** Pressentiment. *Avoir l'intuition de ce qui va arriver.*

inuit [inyit; inwit] adj. et n. (Souvent inv. en genre et en nombre.) (Surtout dans la langue officielle ou didactique.) **1.** adj. Relatif aux Esquimaux, notam. à ceux du Canada. *L'art inuit.* ▷ Subst. *Les Inuit* (ou *les Inuits) du Grand Nord canadien.* **2.** n. m. LING *L'inuit :* syn. de *inuktitut.*

Inuit (au sing. **Inuk**), nom que les Esquimaux se donnent et qui signifie *êtres humains.* (Le pluriel s'écrit aussi Inuits.) V. encycl. esquimau.

inuktitut [inuktitut] n. m. LING Langue des Inuit. Syn. inuit.

inuline [inylin] n. f. BIOCHIM Sucre complexe, polymère du fructose, qui constitue la substance de réserve de nombreux végétaux.

inusable [inyzabl] adj. Qui ne s'use pas; qui ne s'use que difficilement.

inusité, ée [inyzite] adj. **1.** Qui n'est pas ou presque pas usité. *Mot inusité.* **2.** Inhabituel. *Agir de façon inusitée.*

in utero [inyteʀo] loc. adv. (lat.) Didac. Dans l'utérus, pendant la gestation. *Les réactions du fœtus in utero.*

inutile [inytil] adj. (et n.) **1.** Qui n'est d'aucune utilité. *Meuble inutile.* **2.** (Personnes) Qui ne se rend pas utile. ▷ Subst. *Les inutiles.*

inutilement [inytilmɑ̃] adv. En vain. *Se tourmenter inutilement.*

inutilisable [inytilizabl] adj. Qui ne peut être utilisé.

inutilisé, ée [inytilize] adj. Qui n'est pas utilisé.

inutilité [inytilite] n. f. Manque d'utilité. *Inutilité d'un effort.*

invagination [ɛ̃vaʒinasjɔ̃] n. f. BIOL Repliement en doigt de gant d'une cavité sur elle-même. ▷ MED Repliement de l'intestin, provoquant une occlusion.

invaincu, ue [ɛ̃vɛ̃ky] adj. Qui n'a jamais été vaincu.

invalidant, ante [ɛ̃validɑ̃, ɑ̃t] adj. Qui rend invalide. *Maladie invalidante.*

invalidation [ɛ̃validasjɔ̃] n. f. DR Action d'invalider.

invalide [ɛ̃valid] adj. et n. **1.** Empêché par une infirmité de mener une vie normalement active. – Subst. *Un(e) invalide.* ▷ n. m. Soldat que l'âge ou les blessures empêchent de servir. **2.** DR Qui n'a pas les qualités requises par la loi. *Acte invalide.*

invalider [ɛ̃valide] v. tr. [1] DR Déclarer invalide, rendre nul. *Invalider une élection.*

Invalides (hôtel des), monument de Paris construit par Jules Hardouin-Mansart, auteur de la chapelle Saint-Louis et du dôme (1679-1706). Dans la chapelle, une crypte circulaire contient le tombeau de Napoléon Ier (1861).

invalidité [ɛ̃validite] n. f. **1.** État d'une personne invalide. *Certificat d'invalidité.* **2.** DR Nullité.

invariable [ɛ̃vaʀjabl] adj. Qui ne change pas. *Ordre invariable des saisons.* ▷ GRAM Dont la forme reste toujours identique. *Les adverbes sont des mots invariables.*

invariablement [ɛ̃vaʀjabləmɑ̃] adv. De manière invariable.

invariance [ɛ̃vaʀjɑ̃s] n. f. GEOM et PHYS NUCL Propriété caractérisant une grandeur qui n'est pas affectée par une transformation.

invariant, ante [ɛ̃vaʀjɑ̃, ɑ̃t] adj. et n. m. Qui reste constant (une grandeur, un élément, une propriété, etc.).

invasion [ɛ̃vazjɔ̃] n. f. **1.** Irruption de l'armée d'un État dans un autre État. ▷ Pénétration massive, accompagnée de destructions et de violence, d'un peuple étranger sur un territoire donné. *Les invasions des Barbares.* **2.** *Par ext.* Envahissement. *Invasion de moustiques.* ▷ Fig. *L'invasion du mauvais goût.* **3.** MED Période qui mène des premiers symptômes à la période d'état d'une maladie.

invective [ɛ̃vɛktiv] n. f. (Souvent au plur.) Parole violente contre qqch, qqn. *Se répandre en invectives.*

invectiver [ɛ̃vɛktive] v. [1] **1.** v. tr. Lancer des invectives contre. *Invectiver les passants.* **2.** v. intr. Litt. Proférer des invectives. *Invectiver contre le luxe.*

invendable [ɛ̃vɑ̃dabl] adj. Qu'on ne peut réussir à vendre.

invendu, ue [ɛ̃vɑ̃dy] adj. et n. m. Se dit d'une marchandise qui n'a pas été vendue. – n. m. *Les invendus sont recyclés.*

inventaire [ɛ̃vɑ̃tɛʀ] n. m. **1.** Dénombrement, état par articles de tous les biens d'une personne, d'une communauté, d'une succession, ainsi que des éléments de son passif (dettes, etc.). ▷ *Accepter une succession sous bénéfice d'inventaire :* déclarer qu'on n'acceptera une succession qu'après l'établissement d'un inventaire faisant apparaître un actif supérieur au passif. – Fig. *Sous bénéfice d'inventaire :* sous réserve de vérification. **2.** Dénombrement, état des marchandises en stock, des valeurs disponibles et des créances, permettant d'évaluer les pertes et les profits. *Tout commerçant doit procéder à un inventaire annuel.* **3.** Dénombrement, recensement. *Faire l'inventaire des connaissances humaines. Faire l'inventaire de la flore et de la faune du Québec. Faire l'inventaire des particularités lexicales du français en Afrique subsaharienne, en Haïti, en Wallonie.*

inventer [ɛ̃vɑ̃te] v. tr. [1] **1.** Trouver, imaginer (qqch de nouveau). *Inventer un nouveau type de moteur.* **2.** Imaginer, forger de toutes pièces. *Il invente toujours des histoires invraisemblables.* ▷ v. pron. *Cela ne s'invente pas :* c'est tellement extravagant que ce ne peut être que vrai.

inventeur, trice [ɛ̃vɑ̃tœʀ, tʀis] n. et adj. Personne qui invente, découvre (qqch de nouveau). – adj. *Une capacité inventrice.*

inventif, ive [ɛ̃vɑ̃tif, iv] adj. Qui invente; qui a la faculté, le goût d'inventer. *Esprit inventif.*

invention [ɛ̃vɑ̃sjɔ̃] n. f. **1.** Didac. Découverte. *Invention d'un trésor.* **2.** Action d'inventer; chose inventée. **3.** Faculté d'inventer. **4.** Chose imaginée; produit de l'imagination. ▷ Mensonge, chimère. *C'est une pure invention !*

inventivité [ɛ̃vɑ̃tivite] n. f. Caractère inventif. – Capacité d'inventer. *L'inventivité d'un créateur.*

inventorier [ɛ̃vɑ̃tɔʀje] v. tr. [2] Faire l'inventaire de.

invérifiable [ɛ̃veʀifjabl] adj. Qui ne peut être vérifié.

inverse [ɛ̃vɛʀs] adj. et n. m. **I.** adj. **1.** Renversé par rapport au sens, à l'ordre naturel, habituel. *En sens inverse. Dans un ordre inverse.* **2.** MATH *Nombres inverses :* nombres dont l'un est le quotient de l'unité par l'autre (ex. : 3 et 1/3). – GEOM *Figures inverses,* qui se déduisent l'une de l'autre par inversion. **3.** LOG *Proposition inverse,* dont les termes sont renversés par rapport à une autre proposition. **II.** n. m. **1.** Ce qui est inverse, opposé. *Faire, dire l'inverse.* ▷ Loc. adv. (et prép.) *À l'inverse (de) :* au contraire (de). **2.** CHIM *Inverses optiques :* chacune des deux formes (énantiomères) d'une molécule chirale qui sont des images spéculaires l'une de l'autre et ne sont pas superposables.

inversement [ɛ̃vɛʀsəmɑ̃] adv. D'une manière inverse; à l'inverse. *Grandeurs inversement proportionnelles.*

inverser [ɛ̃vɛʀse] v. tr. [1] Mettre dans l'ordre, le sens, la position inverse. ▷ TECH Changer le sens de (un courant électrique, etc.). ▷ v. pron. *Des mouvements qui s'inversent.*

inverseur [ɛ̃vɛʀsœʀ] n. m. ELECTR Appareil destiné à changer le sens d'un courant.

inversion [ɛ̃vɛʀsjɔ̃] n. f. Action d'inverser, fait de s'inverser. **1.** GRAM Renversement, changement dans l'ordre habituel des mots; construction qui en résulte. *Inversion du sujet dans les tournures interrogatives de la langue (ex. où suis-je?).* **2.** CHIM *Inversion du sucre :* dédoublement du saccharose (dextrogyre) en glucose et lévulose (mélange lévogyre). **3.** GEOM Transformation d'une figure en une autre telle que, si M est un point de la première figure et O un point fixe (appelé *pôle d'inversion*), le transformé M' de M soit situé sur la droite OM et que l'on ait $\overline{OM}.\overline{OM'}=R$ (R étant un nombre réel non nul appelé *puissance d'inversion*). **4.** METEO *Inversion de température :* augmentation de la température avec l'altitude (contrairement à ce qui se produit normalement). **5.** GEOL *Inversion de relief :* transformation résultant d'une action de l'érosion qui creuse les anticlinaux et épargne les synclinaux. **6.** PHOTO Opération qui permet d'obtenir une image positive dès la prise de vue. **7.** MED Anomalie congénitale dans laquelle un ou plusieurs organes sont situés du côté opposé à celui qu'ils occupent normalement. – Retournement d'un organe sur lui-même. **8.** État d'un inverti sexuel.

invertébré, ée [ɛ̃vɛʀtebʀe] adj. et n. m. ZOOL Qui n'a pas de vertèbres. ▷ n. m. pl. *Les invertébrés :* l'ensemble des animaux dépourvus de vertèbres. – Sing. *Un invertébré.*

inverti, ie [ɛ̃vɛʀti] adj. et n. **1.** adj. CHIM *Sucre inverti,* qui a subi une inversion. **2.** n. Homosexuel(le).

investigateur, trice [ɛ̃vɛstigatœʀ, tʀis] n. et adj. Personne qui fait des investigations. ▷ adj. *Esprit, regard investigateur.*

investigation [ɛ̃vɛstigasjɔ̃] n. f. (Souvent au plur.) Recherche suivie et approfondie.

investir [ɛ̃vɛstiʀ] v. [3] **I.** v. tr. **1.** *Investir qqn de...,* lui conférer avec certaines formalités (un titre, un pouvoir). *Investir un général des fonctions de commandant en chef.* **2.** Entourer de troupes (un objectif militaire). **3.** ECON Acquérir des moyens de production. ▷ Placer (des capitaux) pour en tirer un profit. *Investir des millions dans l'immobilier.* ▷ (S. comp.) *Il a tendance à trop épargner au lieu d'investir.* **II.** v. intr. PSYCHAN Reporter une certaine quantité d'énergie psychique sur une représentation ou sur un objet. ▷ v. pron. Cour. *S'investir totalement dans son travail.*

investissement [ɛ̃vɛstismɑ̃] n. m. **1.** Action d'investir (un objectif militaire); son résultat. **2.** FIN Action d'investir des capitaux dans une affaire pour la développer, accroître les moyens de production; capitaux investis. **3.** (Afr. subsah.) *Investissement humain :* travail collectif effectué bénévolement dans l'intérêt général.

investisseur, euse [ɛ̃vɛstisœʀ, øz] n. et adj. Personne, établissement qui investit des capitaux. ▷ adj. *Organisme investisseur.*

investiture [ɛ̃vɛstityʀ] n. f. Action d'investir (sens I, 1). ▷ Désignation officielle par un parti d'un candidat à des élections.

Investitures (querelle des), conflit qui opposa le Saint Empire et la papauté à propos de l'investiture des évêques et des abbés. Élu en 1073, le pape Grégoire VII interdit aux souverains d'effectuer ces investitures. L'empereur Henri IV se révolta (malgré l'entrevue de Canossa* en 1077). En 1122, son fils Henri V accepta que seul le pape effectue les investitures (concordat de Worms).

invétéré, ée [ɛ̃veteʀe] adj. Qui s'est enraciné, fortifié avec le temps. ▷ Péjor. (Personnes) Impénitent. *Tricheur invétéré.*

invincibilité [ɛ̃vɛ̃sibilite] n. f. Qualité de ce qui est invincible.

invincible [ɛ̃vɛ̃sibl] adj. **1.** Qu'on ne saurait vaincre. *Armée invincible.* **2.** Fig. Insurmontable, irrésistible. *Éprouver une invincible attirance pour...*

inviolabilité [ɛ̃vjɔlabilite] n. f. Caractère de ce qui est inviolable.

inviolable [ɛ̃vjɔlabl] adj. **1.** Que l'on ne saurait violer ou enfreindre. *Asile inviolable. Loi inviolable.* **2.** DR Qui est à l'abri de toute poursuite.

inviolé, ée [ɛ̃vjɔle] adj. Litt. Que l'on n'a pas violé; que l'on n'a pas profané. *Une sépulture inviolée.*

invisibilité [ɛ̃vizibilite] n. f. État, qualité de ce qui est invisible.

invisible [ɛ̃vizibl] adj. (et n. m.) **1.** Qui échappe à la vue. ▷ n. m. *Le pouvoir de l'invisible.* **2.** Qui ne veut pas être vu. *Elle reste invisible.*

invitation [ɛ̃vitasjɔ̃] n. f. **1.** Action d'inviter; son résultat. ▷ Parole, lettre par laquelle on invite. *J'ai bien reçu votre aimable invitation.* ▷ (Afr. subsah., Liban) Réunion mondaine, réception. *Je l'ai connu à une invitation.* **2.** Action d'engager, d'inciter. *Une invitation à parler. Invitation au voyage.*

invite [ɛ̃vit] n. f. Appel discret (à faire qqch).

invité, ée [ɛ̃vite] n. (et adj.) Personne qui a reçu une invitation (sens 1). ▷ adj. *Les personnes invitées.*

inviter [ɛ̃vite] v. tr. [1] **1.** Prier d'assister à, convier à. *Inviter à une soirée, à dîner.* ▷ v. pron. (Réfl.) *Des voisins qui s'invitent à dîner.* **2.** Engager, inciter à. *Je vous invite à réfléchir.* ▷ (Choses) *Le temps nous invite à sortir.*

in vitro [invitʀo] loc. adv. (lat.) Didac. En laboratoire, en dehors de l'organisme vivant. *Acides aminés synthétisés in vitro.* Ant. in vivo. ▷ Cour. *Fécondation in vitro :* V. fivete.

invivable [ɛ̃vivabl] adj. Qui n'est pas vivable, qui est très pénible. *Une situation invivable.* – Fam. *Un type invivable.*

in vivo [invivo] loc. adv. (lat.) Didac. Dans l'organisme vivant. *Réaction qui ne se produit qu'in vivo.* Ant. in vitro.

invocation [ɛ̃vɔkasjɔ̃] n. f. Action d'invoquer; son résultat.

involontaire [ɛ̃vɔlɔ̃tɛʀ] adj. Qui n'est pas volontaire.

involontairement [ɛ̃vɔlɔ̃tɛʀmɑ̃] adv. De façon involontaire.

involucre [ɛ̃vɔlykʀ] n. m. BOT Ensemble de bractées groupées à la base de certaines inflorescences (ombelles et capitules, notam.).

involuté, ée [ɛ̃vɔlyte] adj. BOT Dont les bords sont roulés en dedans en forme de volute (feuilles).

involutif, ive [ɛ̃vɔlytif, iv] adj. MATH *Application involutive :* application f d'un ensemble E dans lui-même, telle que f ∘ f soit l'application identité sur E. ▷ *Transformation involutive,* dans laquelle tout point est lui-même la transformation de son homologue.

involution [ɛ̃vɔlysjɔ̃] n. f. **1.** BOT État d'un organe involuté. **2.** MATH Application involutive. ▷ GEOM Transformation homographique involutive. **3.** PHILO Processus, inverse de la différenciation, qui conduit de la pluralité à l'unité, de l'hétérogénéité à l'homogénéité, de la diversité à l'uniformité. **4.** MED Modification régressive d'un organe sain ou malade, d'une tumeur, de l'organisme. *Involution utérine :* retour de l'utérus à sa dimension normale après l'accouchement.

invoquer [ɛ̃vɔke] v. tr. [1] **1.** Appeler à son secours (Dieu, un saint, une puissance surnaturelle). **2.** Fig. En appeler à, recourir à. *Invoquer de mauvais arguments.*

invraisemblable [ɛ̃vʀɛsɑ̃blabl] adj. **1.** Qui n'est pas vraisemblable. **2.** Inhabituel, extravagant. *Il arrivait à des heures invraisemblables.*

invraisemblance [ɛ̃vʀɛsɑ̃blɑ̃s] n. f. **1.** Défaut de vraisemblance. **2.** Chose invraisemblable. *Drame plein d'invraisemblances.*

invulnérabilité [ɛ̃vylneʀabilite] n. f. Caractère, état de ce qui est invulnérable.

invulnérable [ɛ̃vylneʀabl] adj. **1.** Non vulnérable, qui ne peut être blessé. *Achille, héros invulnérable.* **2.** Fig. Qu'on ne peut moralement toucher. *Être invulnérable aux médisances.*

Io, dans la myth. gr., prêtresse d'Héra aimée de Zeus, qui la changea en génisse pour duper Héra. Piquée par un taon, Io erra, passant notam. par le Bosphore (le « Passage de la vache »).

iodate [jɔdat] n. m. CHIM Sel de l'acide iodique.

iode [jɔd] n. m. CHIM Élément appartenant à la famille des halogènes (symbole I), de numéro atomique Z = 53. – Corps simple (I_2 : *diiode*) solide, gris foncé, qui se sublime à la température ordinaire en émettant des vapeurs violettes.
ENCYCL L'iode se trouve à l'état d'iodures dans l'eau de mer et le sel gemme. Il est utilisé en photographie (l'iodure d'argent noircit à la lumière) et en pharmacie (la teinture d'iode et l'iodoforme sont des antiseptiques). Son rôle biologique d'oligo-élément est très important.

iodé, ée [jɔde] adj. Qui contient de l'iode.

ioder [jɔde] v. tr. [1] CHIM Combiner avec l'iode.

iodoforme [jɔdofɔʀm] n. m. CHIM Antiseptique dérivé de l'iode, de formule CHI_3.

iodure [jɔdyʀ] n. m. CHIM **1.** Sel de l'acide iodhydrique (combinaison d'iode et d'hydrogène). **2.** Composé de l'iode avec un corps simple.

ion [jɔ̃] n. m. CHIM, PHYS NUCL Atome qui a perdu ou gagné un ou plusieurs électrons. *Ion positif :* V. cation. *Ion négatif :* V. anion. *Echangeur* d'ions.*

Ionesco (Eugène) (1912 – 1994), auteur dramatique français d'origine roumaine. En accumulant les lieux communs et les coq-à-l'âne, il dévoile les faux rapports entre les êtres et souligne le désarroi de l'individu face à un quotidien souvent absurde : *la Cantatrice chauve* (1950), *la Leçon* (1951), *les Chaises* (1952), *Rhinocéros* (1959), *Le roi se meurt* (1962), *Jeux de massacre* (1970). *Journal en miettes* (1967) est le plus célèbre de ses écrits intimes. Acad. fr. (1970).

Ionie, nom donné à la rég. côtière centrale de l'Asie Mineure lorsque les Ioniens, chassés de la Grèce au XIe s. av. J.-C. par les Doriens, s'y installèrent. Les cités ioniennes (Samos, Éphèse et Milet) connurent leur apogée aux VIIe-VIe s. av. J.-C. Les Perses conquirent l'Ionie et écrasèrent sa révolte (499); après les guerres médiques, l'Ionie passa sous la domination athénienne.

Ionienne (mer), partie de la Méditerranée centrale, au S. de l'Adriatique, séparant le S. de l'Italie et la Grèce.

Ioniennes (îles), archipel grec de la mer Ionienne, proche de la côte occid. de la Grèce; rég. de la Grèce et de la C.E.; 2 307 km²; 191 000 hab.; cap. *Corfou.* Îles les plus célèbres (du N. au S.) : Corfou, Ithaque, Cythère.

1. ionique [jɔnik] adj. CHIM Qui se rapporte aux ions.

2. ionique [jɔnik] adj. ARCHI *Ordre ionique :* l'un des trois ordres de l'architecture grecque, caractérisé par une colonne dressée sur une base moulurée, surmontée d'un chapiteau à volutes.

ionisant, ante [jɔnizɑ̃, ɑ̃t] adj. PHYS NUCL, CHIM *Radiations ionisantes,* constituées de particules α et β, de neutrons ou de photons, dont l'action entraîne la formation d'ions dans la substance irradiée.

ionisation [jɔnizasjɔ̃] n. f. **1.** PHYS NUCL, CHIM Formation d'ions. **2.** MED Introduction dans l'organisme des éléments d'une substance chimique décomposée par électrolyse. **3.** TECH *Ionisation des aliments,* leur stérilisation par des radiations ionisantes qui détruisent micro-organismes et insectes et arrêtent la germination des tubercules végétaux.

ioniser [jɔnize] v. tr. [1] PHYS NUCL, CHIM Produire l'ionisation de.

ionosphère [jɔnɔsfɛʀ] n. f. METEO Partie de l'atmosphère située au-dessus de la stratosphère, entre 60 et 600 km d'altitude, où se produisent des phénomènes d'ionisation.

Iorga (Nicolae) (1871 – 1940), écrivain, historien et homme politique roumain. Président du Conseil (1931-1932), ministre d'État et président du Sénat (1939), il fut assassiné par des membres de la Garde* de fer. Auteur prolifique, il a notamment écrit une *Histoire des Roumains* (10 vol., 1936-1939).

iota [jɔta] n. m. **1.** Neuvième lettre de l'alphabet grec (Ι, ι) correspondant à *i.* **2.** Fig. Très petit détail. *Sans changer un iota.*

iourte ['juʀt] n. f. V. yourte.

Iowa, État du centre des É.-U.; 145 790 km²; 2 777 000 hab.; cap. *Des Moines.* – Drainée par les affl. du Mississippi à l'E. *(Iowa, Des Moines)* et du Missouri à l'O., cette rég. de plaine fait partie du *Corn Belt.* – Territoire auton. (1838) après avoir été cédé par la France (1803), l'Iowa devint le vingt-neuvième État de l'Union en 1846.

ipéca [ipeka] n. m. Nom cour. de diverses plantes dont les racines ont des propriétés vomitives.

Iphigénie, dans la myth. gr., fille d'Agamemnon et de Clytemnestre, sacrifiée par son père à Artémis afin d'obtenir le vent favorable à la flotte des Grecs partant pour Troie. Ce mythe a inspiré Euripide, Racine et Goethe.

ipomée [ipɔme] n. f. BOT Plante grimpante des régions chaudes (fam. convolvulacées), dont certaines espèces sont alimentaires (patate douce), d'autres ornementales.

ippon [ipɔn] n. m. SPORT Au judo, prise parfaitement exécutée (étranglement, immobilisation, projection) qui met fin au combat et donne la victoire à son auteur. *Gagner par ippon.*

ipséité [ipseite] n. f. PHILO Ce qui fait qu'un être est lui-même, ce qui est essentiel dans l'individualité d'un être.

ipso facto [ipsofakto] loc. adv. (Mots lat.) Par le fait même. *Il s'est enfui, prouvant ipso facto sa culpabilité.*

Ipsos, v. de Phrygie (Asie Mineure), auj. *Ipsili,* en Turquie, près de laquelle les généraux d'Alexandre se livrèrent la « bataille des rois » (301 av. J.-C.) où périt, vaincu, Antigonos Monophthalmos. Le démembrement de l'empire d'Alexandre en résulta.

-ique. Élément de suffixation, du gr. *-ikos,* lat. *-icus,* « propre à, relatif à », servant à former des adjectifs dérivés de noms.

ir-. Préfixe privatif, variante de *in-* devant un *r.*

IRA, acronyme pour *Irish Republican Army* (« Armée républicaine irlandaise »). Force militaire nationaliste, fondée en 1919, qui, après le traité de Londres (1921), poursuivit la lutte pour l'indépendance de toute l'Irlande. Interdite depuis 1939, elle se scinda en 1969 en deux fractions, « officielle » et « provisoire ». La relance politique en Ulster amena l'IRA « provisoire » à déclencher une action terroriste contre les protestants et l'armée britannique. (V. Irlande.)

Irak ou **Iraq** (république démocratique et populaire d'), État du Moyen-Orient, entre la Syrie, la Turquie, l'Iran et l'Arabie Saoudite; 435 000 km²; env. 17 millions d'hab.; croissance démographique : 3,7 % par an; cap. *Bagdad.* Nature de l'État : rép. présidentielle. Langue off. : arabe. Monnaie : dinar irakien. Pop. : Arabes (70 % env.), Kurdes (20 % env.), Turkmènes, Assyriens, Iraniens, Égyptiens. Relig. : islam (90 %; chiite, pour plus de la moitié, et sunnite, surtout dans les villes); nombreuses Églises orientales, no-

tamment rites assyrien et chaldéen (10 %).
Géogr. phys. et hum. – La plaine de Mésopotamie, ouverte au S. sur le golfe Persique, est encadrée à l'E. et au N. par les massifs du Zagros et du Taurus, et à l'O. par le plateau syrien. C'est le lit alluvial de l'Euphrate et du Tigre (aux crues parfois désastreuses), qui confluent au S. de Bagdad, pour former le Chatt al-Arab et ses immenses marécages. Le climat, torride en été, froid en hiver, produit une végétation steppique; les forêts n'apparaissent que sur les montagnes du N. La population, citadine à 75%, se concentre dans le couloir mésopotamien et au N., où vit la minorité kurde.
Écon. – L'Irak est l'un des pays du Moyen-Orient les mieux pourvus en ressources naturelles : terres arables, ressources en eau, 10 % des réserves mondiales de pétrole. Jusqu'à la fin des années 70, le développement écon., favorisé par la rente pétrolière, l'aide de l'U.R.S.S. et l'ouverture sur l'Occident, ont fait apparaître l'Irak comme un modèle de croissance dans le monde arabe. Mais les cultures des vallées orientales, blé, orge, coton, tabac, oléagineux, dattes (1er producteur mondial), et les ovins des régions sèches de l'Ouest n'assuraient pas l'autosuffisance : le pays devait importer pour plus de 2 milliards de dollars de produits alimentaires par an dans les années 90. Le régime a développé les transports, les services publics, l'équipement énergétique, l'industrialisation et l'armement. La guerre contre l'Iran (1980-1988) a coûté 150 milliards de dollars; la reconstruction (dans le S., surtout), 60 milliards. Dès 1985, l'Irak a retrouvé ses capacités de production pétrolière de 1980 mais le cours du brut avait baissé et l'endettement atteignait 80 milliards de dollars en 1990. Financièrement exsangue, touché par un blocus écon. sévère, il a envahi le Koweït le 2 août 1990. Pendant la guerre du Golfe* (janv.-mars 1991), les bombardements ont détruit le potentiel énergétique et industriel du pays ainsi que ponts, routes, aéroports, adductions d'eau; l'embargo de l'ONU a ensuite créé une situation dramatique (pénurie alimentaire et de médicaments) malgré sa levée partielle en 1996.
Hist. – Berceau des plus anc. civilisations du Moyen-Orient, la Mésopotamie* prit le nom d'Irak lors de la conquête arabe (637). Le règne des Abbassides, fondateurs de Bagdad, marqua l'âge d'or de la civilisation arabo-islamique (VIIIe-Xe s.) que suivit un long déclin; à la fin du XIVe s., Tamerlan porta le coup de grâce au pays. En 1534, l'Irak devint une prov. de l'Empire ottoman, que lui disputèrent les Perses séfévides au XVIIe s. puis, dès le XIXe s., les puissances occidentales; à partir de 1903, les Allemands construisirent le chemin de fer de Bagdad. La guerre de 1914-1918 mit fin à l'Empire ottoman, allié de l'Allemagne. L'Irak, placé sous mandat brit. (1920), devint une monarchie constitutionnelle (1921) et accéda à l'indépendance (1932). Sous Faysal Ier (1921-1933), le premier roi hachémite, et sous Ghazi Ier (1933-1939), les Kurdes se soulevèrent plus. fois; la Grande-Bretagne s'empara du pétrole mais restaura le réseau d'irrigation abandonné depuis cinq siècles. Sous la régence d'Abd al-Ilah, oncle de Faysal II (1939-1958), le coup d'État de Rachid Ali, favorable à l'Axe, fut écrasé par les Britanniques. À partir de 1945, l'Irak s'engagea dans une politique pro-occidentale : Noury Saïd signa le pacte de Bagdad (1955) et s'allia à la Jordanie (Fédération arabe, 1958), face à l'union de l'Égypte et de la Syrie. Cette politique suscita la révolution du 14 juil. 1958, menée par les militaires; le roi et son entourage furent assassinés; le général Kassem proclama la république. Il chercha l'alliance sov. et, très vite, réprima les partisans de Nasser, les autonomistes kurdes (menés par Bārzānī), puis les communistes. Kassem fut renversé et exécuté par le Baas* (fév. 1963), qui porta au pouvoir le colonel Abd as-Salam Arif, partisan de Nasser. Arif puis (1966) son frère Abd al-Rahman se rapprochèrent de l'Égypte et de la Syrie, créèrent un parti unique, l'Union socialiste arabe, et amnistièrent les Kurdes condamnés (1966). Un nouveau coup d'État du Baas (juil. 1968) porta au pouvoir le général Hassan al-Bakr, qui fit des réformes économiques, intensifia les relations avec l'U.R.S.S. (traité d'amitié de 1972) et accorda aux Kurdes (1972) une autonomie jugée insuffisante. Ceux-ci continuèrent la guérilla jusqu'en 1975; à cette date, ils perdirent l'aide du chah d'Iran, qui bénéficiait d'un nouveau partage du Chatt al-Arab. En 1979, Saddam Hussein remplaça al-Bakr. Craignant l'influence de la révolution iranienne sur les chiites irakiens, il attaqua l'Iran (sept. 1980) avec un armement fourni par l'Occident (Europe surtout) et par l'U.R.S.S. En juil. 1988, les deux pays signèrent un cessez-le-feu sous l'égide de l'ONU : la guerre avait fait un million de morts et 2 millions de blessés. Le régime baasiste, renforcé par cette quasi-victoire, massacra et déporta les Kurdes (dont une grande partie se réfugia en Turquie). En août 1990, convoitant ses richesses, l'Irak envahi le Koweït, ignorant les mises en garde internationales jusqu'à l'expiration du dernier ultimatum, le 15 janv. 1991. La deuxième guerre du Golfe* ravagea l'Irak jusqu'au 3 mars. S. Hussein garda un potentiel suffisant pour mater une rébellion chiite au Sud et une rébellion des Kurdes au Nord. Il dut ouvrir son pays aux experts de l'ONU chargés de contrôler le désarmement (notam. nucléaire). L'embargo décidé par l'ONU dès 1990 a gravement affecté la pop. civile irakienne, sans déstabiliser S. Hussein. Les Kurdes ont profité de l'affaiblissement du contrôle de Bagdad pour organiser des élections régionales en mai 1992. À partir de 1993, de nombr. États ont demandé que l'embargo soit levé, pour des raisons humanitaires, et l'Irak a renoncé officiellement à ses prétentions sur le Koweït (nov. 1994), mais le veto des É.-U. est demeuré inflexible. En oct. 1995, S. Hussein a été réélu par 99,95 % des voix. En mai 1996, l'embargo de l'ONU a été partiellement levé.

irakien, enne ou **iraq(u)ien, enne** [iʀakjɛ̃, ɛn] adj. et n. De l'Irak. ▷ Subst. *Un(e) Irakien(ne).*

Iran (république islamique d'), État d'Asie occidentale, à l'ouest de l'Afghānistān et du Pākistān, au sud du Turkménistan, à l'est de l'Irak; 1 648 000 km²; env. 67 millions d'hab. (croissance : 3,4 % par an); capitale *Téhéran.* Nature de l'État : rép. islamique. Langue off. : persan. Monnaie : rial iranien. Population : Persans (env. 50 %), Azéris (24 %), Kurdes (8 %), plus. minorités arabophones. Relig. off. : islam chiite (84 %).
Géogr. phys. et hum. – L'Iran est un haut plateau (800 à 1 500 m), ponctué de dépressions désertiques, bordé au nord par la chaîne de l'Elbourz (5 671 m) et à l'ouest par celles du Zagros et du Baloutchistan. Le climat continental aride (steppes et déserts) n'est un peu plus arrosé que dans la bordure caspienne et sur les hauteurs. Ces régions et leur piémont concentrent la pop. L'explosion démographique s'accompagne de l'urbanisation (54 % de citadins).
Écon. – La guerre contre l'Irak (1980-1988) a ruiné l'Ouest et le Sud; le tremblement de terre de 1990 a ravagé le Nord. L'agriculture emploie 30 % des actifs et couvre 70 % des besoins : blé, orge, riz, palmier dattier; plantes industrielles : betterave, canne à sucre, coton, tabac. L'élevage ovin itinérant constitue l'activité princ. des régions sèches. Les ressources du sous-sol représentent la grande richesse du pays : 9 % des réserves mondiales de pétrole, 12 % des réserves de gaz; en outre : charbon, fer, cuivre et plomb. Seules sa prod. et l'exportation de pétrole ont été restaurées après 1988. La reconstruction est difficile; l'endettement s'accroît; les autorités veulent libéraliser l'écon. et l'ouvrir aux entreprises et aux capitaux étrangers.
Hist. – Au XIXe s., la Perse*, qui prendra le nom d'Iran en 1935, fut le centre d'une rivalité anglo-russe, qu'exacerbèrent les découvertes pétrolières. En 1907, le N. revint à la Russie, le S. à la G.-B. Celle-ci acheta la majorité des actions de l'Anglo-Persian Oil Company. En 1921 le chef de la brigade cosaque Rīza khān Pahlavi s'empara du pouvoir. Il déposa la dynastie des Qādjārs (1925), se proclama chah, fondant la dynastie des Pahlavi, et entreprit d'unifier et de moderniser le pays, comme Mustafa Kemal en Turquie. Favorable à l'Allemagne, il dut abdiquer (1941) au profit de son fils Muhammad Rīza. Dans la période troublée d'après 1945 (révoltes en Azerbaïdjan et au Kurdistān), U.R.S.S. et G.-B. se retirèrent (1946). Le Premier ministre Mossadegh nationalisa l'Anglo-Iranian Company en 1951 et mena une politique antibritannique. En 1953, le chah mit fin à ses pouvoirs (et plus tard le fit arrêter); un accord international partagea les revenus du pétrole entre l'Iran et un consortium. Le chah lança la «révolution blanche» (1962) : réforme agraire, enseignement, libéralisation du statut de la femme. En 1973, il obtint la totale maîtrise du pétrole (4e prod. mondiale). Il se rapprocha de l'U.R.S.S. (1965, 1966, 1968) et de la Chine (1970), tout en exerçant un pouvoir tyrannique (appuyé sur la *Savak,* police politique) et en réprimant la gauche, ainsi que les conservateurs. L'opposition, cristallisée autour d'un religieux, Khomeyni*, prit à partir de 1978 une ampleur telle que, après de nombr. insurrections durement matées, où se retrouvaient libéraux, musulmans traditionalistes et prolétariat urbain en formation, le chah fut contraint à l'exil en janv. 1979; la rép. fut proclamée en avril. Le pays était tiraillé entre un gouvernement faible et les puissants «comités islamiques», se réclamant de Khomeyni, qui imposèrent la prise en otage du personnel diplomatique américain (nov. 1979).

Abol Hassan Bani Sadr fut élu premier président de la Rép. en janv. 1980. En sept., l'Irak attaqua le pays. L'Iran libéra, en janv. 1981, les otages amér. En juin 1981, Khomeyni fit destituer Bani Sadr, qui se réfugia en France. En oct., Ali Khamenei, chef du Parti républicain islamique, fut élu. La répression intérieure, menée par la milice des *pasdarans* («gardiens de la révolution»), s'intensifia contre les moudjahidin du peuple (extrême gauche islamique, écrasée en 1982), l'opposition modérée, le Toudeh (parti communiste) et les séparatistes kurdes. Épuisée par le blocus écon. occidental, la révolution iranienne dut céder à l'Irak (cessez-le-feu de juil. 1988). En 1989, Ali Akbar Hachemi Rafsandjani* a été élu président (juil.), après le décès de Khomeyni (juin). Ayant envahi le Koweït, en août 1990, l'Irak*, pour s'assurer la neutralité iranienne, a renoncé à ses revendications (notam. sur l'estuaire du Chatt* al-Arab). Les législatives d'avril 1992 ont consacré la victoire du président Rafsandjani. La très forte expansion urbaine conjuguée aux difficultés économiques (qu'a accentuées l'embargo commercial décrété par les É.-U. en 1995) entraînent des troubles sporadiques dans les grandes villes. En mai 1997, un séisme à touché le nord-est de l'Iran (4000 morts). Ce même mois, un religieux réputé modéré, Mohamed Khatami, a été élu président.

iranien, enne [iʀanjɛ̃, ɛn] adj. et n. **1.** adj. D'Iran. ▷ Subst. *Un(e) Iranien(ne).* **2.** n. m. LING *L'iranien :* groupe de langues indo-européennes comprenant notam. le persan et le sanskrit.

Iraq. V. Irak.

irascibilité [iʀasibilite] n. f. Propension à la colère.

irascible [iʀasibl] adj. Prompt à la colère. *Personne, humeur irascible.*

Irène (v. 752 – 803), impératrice d'Orient (797-802). Elle détrôna son fils Constantin VI et lui fit crever les yeux (797). Opposée aux iconoclastes, elle fut canonisée par l'Église orthodoxe.

Irénée (saint) (v. 130 – v. 208), évêque de Lyon (v. 177); Père et docteur de l'Église, adversaire des gnostiques.

irénique [iʀenik] adj. Didac. Qui cherche à éviter la polémique.

Irgoun (abrév. de *Irgoun Zvaï Leoumi*), organisation militaire sioniste, nationaliste extrémiste, fondée en Palestine par des dissidents de la Haganah (1931) pour lutter contre les Arabes puis contre les Britanniques; dirigée par Menahem Begin à partir de 1943, elle fut dissoute en sept. 1948.

Irian Jaya , Irian ou **Irian Barat,** nom indonésien de la partie occid. de la Nouvelle-Guinée, qui forme une prov. de l'Indonésie; 421981 km²; 1371000 hab.; ch.-l. *Djayapura.* Cocotiers; pétrole (dans la presqu'île de Vogelkop). – Colonie néerlandaise depuis 1885, sous le contrôle de l'ONU (1962), administrée par l'Indonésie sous le nom d'Irian Barat (1963), elle fut intégrée dans cet État sous celui d'Irian Jaya (1969). La Papouasie-Nouvelle-Guinée en réclame la restitution.

iridacées [iʀidase] n. f. pl. BOT Famille de plantes monocotylédones aux fleurs colorées (iris, glaïeuls, etc.). – Sing. *Une iridacée.*

iridescent, ente [iʀidɛsɑ̃, ɑ̃t] adj. Litt. Qui a des reflets irisés.

iridié, ée [iʀidje] adj. CHIM Allié à l'iridium. *Platine iridié.*

iridium [iʀidjɔm] n. m. CHIM Élément métallique (symbole Ir) de numéro atomique Z=77. – Métal (Ir) qui sert à fabriquer des alliages très durs.

iris [iʀis] n. m. **I.** Plante des régions tempérées (fam. iridacées) à grandes fleurs ornementales. **II. 1.** Partie colorée de l'œil, formée par une membrane musculeuse qui joue le rôle d'un diaphragme. **2.** PHOTO *Diaphragme à iris,* dont l'ouverture se règle par le déplacement de lamelles radiales.

Iris, dans la mythologie grecque, messagère d'Héra et de Zeus; personnification de l'arc-en-ciel, elle était représentée avec des ailes et un caducée.

irisation [iʀizasjɔ̃] n. f. Séparation à la surface d'un objet, d'un corps, des couleurs constitutives de la lumière blanche; les reflets ainsi produits.

iriser [iʀize] v. tr. [**1**] Colorer des couleurs de l'arc-en-ciel. – Pp. adj. *Verre irisé.* ▷ v. pron. Prendre les couleurs de l'arc-en-ciel.

Irkoutsk, v. de Sibérie, sur l'Angara, au S.-O. du lac Baïkal; 618000 hab.; ch.-l. de la rég. du m. nom (782000 km²; 2,5 millions d'hab.). Industr. Université.

irlandais, aise [iʀlɑ̃dɛ, ɛz] adj. et n. D'Irlande. ▷ Subst. *Un(e) Irlandais(e).*

Irlande (mer d'), mer de l'océan Atlantique qui sépare la Grande-Bretagne et l'Irlande.

Irlande, la plus occidentale des îles Britanniques, séparée de la Grande-Bretagne par la mer d'Irlande; 83500 km²; env. 5106400 d'hab. Divisée en 1921, elle comprend l'*Irlande du Nord* ou *Ulster* (au N.-E.), qui fait partie du Royaume-Uni, et la *république d'Irlande* ou *Eire,* État indépendant.

Géogr. phys. et hum. – Socle de roches primaires limité par un littoral de 3200 km, l'Irlande est bordée de massifs peu élevés. Le centre est une plaine tourbeuse où coule le Shannon. Modelée par les glaciers quaternaires, l'île a un climat océanique, doux et pluvieux, propice au bocage et aux herbages. La pop. demeure rurale à 40 %. Sa croissance (0,8% par an) est l'une des plus fortes d'Europe, mais la natalité baisse. L'émigration séculaire (l'Irlande avait 8200000 hab. en 1841) se tarit depuis 1970.

Hist. – D'origine proto-celte, les Gaëls arrivèrent au IVe s. av. J.-C. Au Ve s., saint Patrick christianisa l'île, qui devint un intense foyer de monachisme. Sa civilisation chrétienne rayonna sur l'Europe occid. aux VIe et VIIe s. (par l'entremise de saint Colomban, notam.). Ravagée par les Norvégiens (VIIIe-Xe s.), l'île fut conquise par les Anglais au XIe s. La conquête systématique date des Tudors (XVIe s.). Aux XVIIe et XVIIIe s., les grands propriétaires fonciers anglais (les landlords) confièrent l'admin. de leurs domaines à des régisseurs sans scrupules et l'on interdit les fonctions publiques aux catholiques. Les révoltes ne cessèrent pas (massacre de Drogheda par Cromwell en 1649). Après le soulèvement malheureux de Wolfe Tone (1798), l'Irlande fut rattachée au Royaume-Uni (acte d'Union, 1800). Grâce à l'action de l'avocat O'Connell, les catholiques furent émancipés. À la fin du XIXe s., des réformes agraires rendirent peu à peu la terre aux Irlandais. Dirigés par des parlementaires comme Parnell et animés par les premiers mouvements terroristes (fenians), les Irlandais réclamèrent l'autonomie (Home Rule). La lutte prit rapidement un caractère sanglant (création du Sinn Fein qui demandait l'indépendance). L'application du Home Rule, voté en 1914, fut remise à la fin de la guerre. Le Sinn Fein suscita la «révolte de Pâques» (23-29 avril 1916). Victorieux aux élections de 1918, il proclama l'indépendance (janv. 1919). Après trois ans de guérilla, le traité du 6 déc. 1921 créa un État d'Irlande ayant le statut de dominion; l'Ulster, à majorité protestante, restant attachée au Royaume-Uni. Le Sinn Fein n'accepta pas ce statut et continua la lutte armée. (V. Irlande [république d'].)

Irlande (république d'), en gaélique **Eire,** État d'Europe occid.; 68895 km²; 3523400 hab.; cap. *Dublin.* Nature de l'État : rép. parlementaire. Langues off. : irlandais (gaélique) et anglais. Monnaie : livre irlandaise. Relig. : catholicisme (91 %).

Écon. – Depuis l'entrée de l'Irlande dans la C.É.E. en 1973, l'économie a connu une évolution rapide. L'agriculture n'emploie plus que 13 % des actifs. L'élevage fournit 90 % des recettes agric. Tourbe, charbon, gaz couvrent 50 % des besoins. L'industrie s'est développée et diversifiée. Un millier d'entreprises étrangères sont attirées par une main-d'œuvre bon marché et qualifiée, et par des avantages fiscaux; elles exportent agroalimentaire, matériel électrique, électronique, chimie et pharmacie, biens d'équipement. La zone franche de Shannon (dans l'O.) et Dublin sont les princ. centres industriels. Le tourisme est international. Les services emploient désormais plus de 60 % de la pop. active. Depuis 1987, la situation écon. s'est assainie : forte croissance du P.I.B.; maîtrise récente de l'inflation; balance comm. excédentaire; le chômage a légèrement baissé de 1992 à 1996.

Hist. – Après deux ans d'une guerre civile menée par l'IRA* (1922-1923), le Sinn* Fein dut renoncer à la violence et le gouv. modéré de Cosgrave (1921-1932) ne satisfit pas les revendications paysannes. En 1927, De Valera fonde le Fianna Fáil, parti nationaliste, qui rompt avec le Sinn Fein extrémiste. Il succède à Cosgrave et affronte la G.-B. En 1932 il obtint l'indépendance, mais l'Irlande demeurera un dominion jusqu'à la proclamation de la rép. le 21 déc. 1948. Toutefois, le Fine Gael (parti conservateur fondé par Cosgrave en 1923) et ses alliés remportent les élections de 1948. Les deux partis alterneront au pouvoir, mais depuis 1992, le parti travailliste est une troisième force. Ainsi, aux élections législatives de 1997, la victoire du Fianna Fáil (qui bat le Fine Gael sans obtenir la majorité absolue) ne devrait pas entraîner une réorientation politique majeure. À partir de 1969, l'Éire a été confrontée au problème de l'Ulster : favorable aux revendications des catholiques de Belfast et à la réunification de l'Irlande, elle n'a jamais approuvé le terrorisme de l'IRA*.

Irlande du Nord ou **Ulster,** partie du Royaume-Uni de Grande-Bretagne et d'Irlande du Nord; 13600 km²; 1583000 hab.; ch.-l. *Belfast.* Relig. :

protestantisme (50 %), cathol. (officiellement 30 %; 40 % selon certaines estimations). – Cette rég. se consacre à l'élevage, dont les productions sont exportées vers la G.-B. Les industries text. et méca. (constr. navales, aviation) sont en régression. Le chômage est aussi important qu'en Eire; les subsides de la G.-B. font vivre la population. Depuis les grandes émeutes de Belfast et de Londonderry en 1968 et 1969, le conflit entre les protestants et les catholiques (les plus nombreux et les plus pauvres) est devenu violent. La G.-B., dont l'armée assurait le maintien de l'ordre depuis 1969, a mis fin à l'autonomie de l'Irlande du Nord (1972) et l'a administrée directement. En 1993, des «fuites» ont révélé des négociations secrètes entre Londres et l'IRA*. Le cessez-le-feu unilatéral décrété par l'IRA en août 1994 fut suivi en déc. par des négociations entre la G.-B. et le Sinn Fein (l'aile officielle de l'IRA). Mais en fév. 1996, l'IRA, déçue, reprit les hostilités.

Iro (lac), petit lac du Tchad situé au sud du parc national de Zakouma.

iroko [iʀoko] n. m. Arbre des forêts tropicales d'Afrique (fam. moracées), exploité pour son bois. *Faux iroko :* arbre d'Afrique tropicale (fam. moracées) dont l'écorce sert à fabriquer le tapa.

ironie [iʀɔni] n. f. **1.** Forme de raillerie consistant à dire le contraire de ce qu'on veut faire entendre. *Montrer de l'ironie. Manier finement l'ironie. Ironie mordante, cruelle.* **2.** Manière d'être, de s'exprimer, correspondant à cette forme de raillerie. ▷ (Madag.) *Faire des ironies à (qqn) :* se moquer de (qqn). ▷ Fig. *Ironie du sort :* raillerie du sort personnifié, que semble manifester un contraste entre la réalité et ce à quoi l'on pouvait s'attendre. **3.** PHILO *Ironie socratique :* procédé dialectique employé par Socrate, consistant à amener l'adversaire, par une série de questions concertées, à se contredire ou à aboutir à une absurdité évidente.

ironique [iʀɔnik] adj. **1.** Où il y a de l'ironie. *Ton ironique.* **2.** Qui emploie l'ironie. *Se montrer ironique.*

ironiquement [iʀɔnikmɑ̃] adv. Avec ironie.

ironiser [iʀɔnize] v. intr. [1] Railler avec ironie.

iroquois, oise [iʀɔkwa, waz] adj. et n. m. **1.** adj. Relatif aux Iroquois. **2.** n. m. LING *L'iroquois :* la famille de langues du Canada et de la région de New York.

Iroquois, peuple amérindien qui habite la vallée du Saint-Laurent, l'Ontario et les États-Unis. Au XVIIe s., la nation iroquoise, puissance guerrière, s'était constituée en une Confédération des Cinq* Nations. Elle massacra les Hurons*, alliés des Français.

irradiateur [iʀ(ʀ)adjatœʀ] n. m. PHYS NUCL Installation (réacteur ou accélérateur) servant à irradier les substances.

irradiation [iʀ(ʀ)adjasjɔ̃] n. f. **1.** Mouvement, effet prenant naissance en un point et rayonnant dans toutes les directions. *Irradiation d'une douleur.* **2.** PHYS NUCL Action d'irradier. ▷ Exposition (accidentelle ou à des fins thérapeutiques ou scientifiques) d'une personne, d'un organisme, à l'action de rayonnements ionisants.

irradier [iʀ(ʀ)adje] v. [2] **1.** v. intr. Se propager, se répandre en rayonnant à partir d'un point. *Les rayons du Soleil irradient sur la Terre.* – Fig. *La joie irradiait de ses yeux.* **2.** v. tr. PHYS NUCL Soumettre à l'action d'un rayonnement ionisant.

irraisonné, ée [iʀ(ʀ)ɛzɔne] adj. Qui n'est pas raisonné. *Acte irraisonné.*

Irraouaddi. V. Irrawaddy.

irrationalisme [iʀ(ʀ)asjɔnalism] n. m. **1.** Didac. Hostilité au rationalisme. **2.** PHILO Doctrine qui n'attribue à la raison qu'un rôle secondaire dans la connaissance.

irrationalité [iʀ(ʀ)asjɔnalite] n. f. Caractère de ce qui est irrationnel.

irrationnel, elle [iʀ(ʀ)asjɔnɛl] adj. et n. **1.** Non conforme à la raison. *Démarche irrationnelle.* ▷ n. m. Ce qui est irrationnel. *L'irruption de l'irrationnel rend ses propos incohérents.* **2.** MATH *Nombre irrationnel,* que l'on ne peut mettre sous la forme $\frac{p}{q}$ (p et q étant deux nombres entiers). – n. m. *Les irrationnels font partie des nombres réels.* ▷ *Équation irrationnelle* ou, n. f., *une irrationnelle :* équation dont une ou plusieurs expressions sont engagées sous des radicaux.

irrattrapable [iʀ(ʀ)atʀapabl] adj. Qui ne peut pas être rattrapé.

Irrawaddy ou **Irraouaddi,** princ. fl. de Birmanie (2 250 km), qu'il draine du nord au sud. Il se jette dans le golfe du Bengale.

irréalisable [iʀ(ʀ)ealizabl] adj. (et n. m.) Qui ne peut se réaliser. *Projet irréalisable.* ▷ n. m. *L'irréalisable.*

irréalisme [iʀ(ʀ)ealism] n. m. Manque de réalisme.

irréaliste [iʀ(ʀ)ealist] adj. et n. Qui n'est pas réaliste.

irréalité [iʀ(ʀ)ealite] n. f. Caractère de ce qui est irréel.

irrecevabilité [iʀʀəsəvabilite] n. f. Caractère de ce qui est irrecevable. *L'irrecevabilité d'une plainte.*

irrecevable [iʀ(ʀ)əsəvabl] adj. Que l'on ne peut prendre en considération. *Demande irrecevable.*

irréconciliable [iʀ(ʀ)ekɔ̃siljabl] adj. et n. Qu'on ne peut réconcilier. *Ennemis irréconciliables.* – Subst. *Ces sœurs sont des irréconciliables.*

irrécupérable [iʀ(ʀ)ekypeʀabl] adj. Que l'on ne peut récupérer.

irrécusable [iʀ(ʀ)ekyzabl] adj. Qui ne peut être récusé. *Témoignage irrécusable.*

irrédentisme [iʀ(ʀ)edɑ̃tism] n. m. **1.** HIST Doctrine polit. au nom de laquelle l'Italie unifiée revendiquait comme italiennes certaines contrées (notam. l'Istrie et le Trentin). **2.** *Par ext.* Théorie des partisans de l'annexion à leur pays de populations de même origine ou de même langue.

irréductible [iʀ(ʀ)edyktibl] adj. et n. **1.** Qui n'est pas réductible; qui ne peut être ramené à quoi que ce soit d'autre. ▷ CHIM *Oxyde irréductible.* ▷ CHIR *Luxation, fracture irréductible,* dont on ne peut remettre les parties en place sans intervention. ▷ MATH *Fraction irréductible,* qui ne peut être réduite à une fraction égale dont les termes seraient plus petits (ex.: $\frac{22}{13}$). **2.** Fig. Qui n'admet aucune concession. *Être irréductible sur une question.* Syn. intransigeant, intraitable. – Subst. *C'est un(e) irréductible.*

irréel, elle [iʀ(ʀ)eɛl] adj. et n. m. **1.** Qui n'a pas de réalité, qui est en dehors de la réalité. *Monde irréel.* ▷ n. m. Ce qui est irréel. *Avoir un sentiment d'irréel.* **2.** GRAM *Mode irréel* ou, n. m., *l'irréel,* qualifie une construction exprimant une supposition contraire à la réalité présente ou passée (ex. *si les vents n'existaient pas, la mer serait calme*) (par oppos. à *potentiel*).

irréfléchi, ie [iʀ(ʀ)efleʃi] adj. **1.** Dit ou fait sans réflexion. *Propos irréfléchis.* **2.** Qui ne réfléchit pas. *Esprit irréfléchi.*

irréflexion [iʀ(ʀ)eflɛksjɔ̃] n. f. Manque de réflexion. *Pécher par irréflexion.* Syn. étourderie, imprévoyance.

irréformable [iʀ(ʀ)efɔʀmabl] adj. DR Qu'on ne peut réformer. *Jugement irréformable.*

irréfragable [iʀ(ʀ)efʀagabl] adj. Didac. Qu'on ne peut contredire, récuser. *Une preuve irréfragable.* Syn. irrécusable, incontestable.

irréfutable [iʀ(ʀ)efytabl] adj. Qu'on ne peut réfuter. *Preuve irréfutable.* Syn. indiscutable, irrécusable.

irrégularité [iʀ(ʀ)egylaʀite] n. f. **1.** Caractère de ce qui n'est pas régulier. *L'irrégularité des pluies.* **2.** Action contraire à la loi, aux règles établies. *Irrégularités d'une gestion administrative.* **3.** Chose irrégulière. *Irrégularités du terrain.*

irrégulier, ère [iʀ(ʀ)egylje, ɛʀ] adj. (et n.) Qui n'est pas régulier. **1.** Non conforme aux règles établies. *Procédure irrégulière.* ▷ GRAM Non conforme à un modèle type. *Conjugaison, déclinaison, verbes irréguliers.* **2.** Qui n'est pas régulier en quantité, en qualité, dans le rythme, dans la forme, etc. *Fleuve irrégulier. Travail irrégulier. Pouls irrégulier. Formes irrégulières.* – (Personnes) *Élève irrégulier.* Syn. inégal. **3.** *Troupes irrégulières,* qui n'appartiennent pas à l'armée régulière; corps francs. **4.** n. (Afr. subsah.) Personne qui n'obéit pas aux lois en matière de construction, de commerce, etc. *Ce terrain est occupé par des irréguliers.*

irrégulièrement [iʀ(ʀ)egyljɛʀmɑ̃] adv. D'une façon irrégulière.

irréligieux, euse [iʀʀeliʒjø, øz] adj. Qui n'est pas religieux, qui offense la religion. *Écrivain irréligieux.* – (Choses) *Discours irréligieux.*

irréligion [iʀ(ʀ)eliʒjɔ̃] n. f. Manque de religion, d'esprit religieux.

irrémédiable [iʀ(ʀ)emedjabl] adj. et n. m. À quoi l'on ne peut remédier. *Mal, faute irrémédiable.* Syn. irréparable. ▷ n. m. Ce qui est irrémédiable. *L'irrémédiable est accompli.*

irrémédiablement [iʀ(ʀ)emedjabləmɑ̃] adv. Sans aucun recours. *Irrémédiablement perdu.*

irremplaçable [iʀ(ʀ)ɑ̃plasabl] adj. Qui ne peut être remplacé.

irréparable [iʀʀepaʀabl] adj. (et n. m.) Qui ne peut être réparé. *Dommage irréparable.* ▷ n. m. Ce qui ne peut être réparé. *Provoquer l'irréparable.*

irrépressible [iʀ(ʀ)epʀesibl] adj. Qu'on ne peut réprimer. *Désir irrépressible.*

irréprochable [iʀ(ʀ)epʀɔʃabl] adj. À qui, à quoi l'on ne peut rien reprocher. *Employé irréprochable. Tenue irréprochable.*

irrésistible [iʀ(ʀ)ezistibl] adj. À qui, à quoi l'on ne peut résister. *Femme irrésistible. Penchant irrésistible.*

irrésolu, ue [iʀʀezɔly] adj. et n. Hésitant, indécis. *Caractère irrésolu.* – Subst. *Sa lâcheté en fait un irrésolu.*

irrésolution [iʀ(ʀ)ezɔlysjɔ̃] n. f. Manque de résolution. *Rester dans l'irrésolution.* Syn. indécision, perplexité.

irrespect [iʀ(ʀ)ɛspɛ] n. m. Manque de respect.

irrespectueux, euse [iʀ(ʀ)ɛspɛktɥø, øz] adj. Qui manque de respect. *Propos irrespectueux.* Syn. impertinent.

irrespirable [iʀ(ʀ)ɛspiʀabl] adj. **1.** Que l'on ne peut respirer. *Gaz irrespirable.* **2.** Où l'on respire mal. *Atmosphère irrespirable.* ▷ Fig. *Leur mésentente rend l'atmosphère irrespirable.*

irresponsabilité [iʀ(ʀ)ɛspɔ̃sabilite] n. f. Fait d'être irresponsable, absence de responsabilité.

irresponsable [iʀ(ʀ)ɛspɔ̃sabl] adj. et n. **1.** Qui n'est pas responsable de ses actes devant la loi. *L'enfant, le fou sont irresponsables.* ▷ Subst. *Un(e) irresponsable.* **2.** DR Qui n'a pas à répondre de ses actes. *Le chef de l'État est irresponsable devant l'Assemblée nationale.* **3.** Cour. Qui agit sans assumer de responsabilités. *Elle est complètement irresponsable!*

irrétrécissable [iʀ(ʀ)etʀesisabl] adj. Qui ne peut pas rétrécir. *Tissu irrétrécissable.*

irrévérence [iʀʀeveʀɑ̃s] n. f. **1.** Manque de révérence, de respect. Syn. irrespect, impertinence. **2.** Action, parole irrévérencieuse.

irrévérencieux, euse [iʀʀeveʀɑ̃sjø, øz] adj. Qui témoigne de l'irrévérence.

irréversible [iʀ(ʀ)evɛʀsibl] adj. Qui n'est pas réversible. **1.** TECH Qui ne fonctionne que dans un sens ou une position déterminée. *Connecteur irréversible.* **2.** Qui ne peut exister, se produire que dans un seul sens. *Réaction chimique irréversible.*

irrévocable [iʀ(ʀ)evɔkabl] adj. Qui ne peut être révoqué. *Donation irrévocable.* – Définitif. *Décision irrévocable.*

irrigable [iʀigabl] adj. Qui peut être irrigué.

irrigateur [iʀigatœʀ] n. m. Dispositif qui permet l'arrosage diffus des plantes.

irrigation [iʀigasjɔ̃] n. f. **1.** Arrosage artificiel d'une terre; ensemble des techniques qui le permettent. *Périmètre d'irrigation :* ensemble des parcelles relevant d'un même réseau d'irrigation. ▷ *Par anal.* Circulation du sang (dans un organe, une partie de l'organisme). *Irrigation de la cuisse par l'artère fémorale.* **2.** MED Fait de verser de l'eau (sur une partie malade); injection (dans une cavité naturelle).
ENCYCL L'irrigation a pour principal objectif d'assurer l'alimentation en eau des cultures. Elle est d'autant plus nécessaire que les pluies sont peu abondantes; elle est indispensable en climat désertique. L'irrigation peut aussi contribuer à la fertilisation des sols et à la destruction des parasites par l'apport de limon et de substances dissoutes dans l'eau. Selon le mode de distribution de l'eau dans la parcelle, on distingue quatre méthodes d'irrigation : l'*irrigation de surface,* dans laquelle l'eau circule à l'air libre sur le sol; l'*irrigation par contrôle de nappe,* qui agit sur le niveau de la nappe phréatique; l'*irrigation par aspersion,* qui reproduit les conditions de la pluie; l'*irrigation localisée* ou *micro-irrigation,* économique en eau mais réservée aux cultures en ligne, qui apporte l'eau au voisinage du pied des plantes par goutte à goutte, rampe perforée, etc.

irriguer [iʀige] v. tr. [1] **1.** Arroser, fournir artificiellement de l'eau à (une terre). **2.** *Par anal.* MED Arroser les tissus de l'organisme, en parlant du sang et des liquides organiques.

irritabilité [iʀitabilite] n. f. **1.** BIOL Propriété qu'ont les êtres vivants et les cellules de réagir à une stimulation externe. **2.** Caractère d'une personne qui s'irrite facilement.

irritable [iʀitabl] adj. **1.** BIOL Qui réagit à une stimulation. *Fibres irritables.* **2.** Porté à s'irriter, à se fâcher. *Personne irritable.* Syn. irascible.

irritant, ante [iʀitɑ̃, ɑ̃t] adj. **1.** Qui excite la colère. *Critiques irritantes. Personne irritante.* Syn. agaçant, énervant. **2.** Qui détermine de l'irritation. *Médicament irritant.*

irritation [iʀitasjɔ̃] n. f. **1.** Colère sourde. *Être dans une grande irritation.* **2.** Légère inflammation. *Irritation des gencives.*

irriter [iʀite] v. tr. [1] **1.** Provoquer l'irritation, l'impatience de (qqn). *Ta conduite m'irrite.* ▷ v. pron. *Il s'irrite facilement.* Syn. (litt.) courroucer, fâcher. **2.** Rendre légèrement enflammé. *Ce produit irrite la peau.* **3.** PHYSIOL Stimuler, exciter.

irruption [iʀypsjɔ̃] n. f. **1.** Invasion soudaine d'ennemis dans un pays, dans une place. **2.** Entrée brusque et inattendue. *Faire irruption chez qqn.* **3.** *Par ext.* Envahissement. *Irruption des eaux d'un fleuve en crue.*

Irving (Washington) (1783 – 1859), romancier, essayiste et historien américain.

Isaac, patriarche hébreu, le premier fils d'Abraham et de Sara, miraculeusement sauvé au moment où son père allait le sacrifier. Rébecca, sa cousine, lui donna deux fils, Ésaü et Jacob.

Isaak ou **Isaac** (Heinrich) (v. 1450 – 1517), compositeur flamand; organiste à la cour de Laurent de Médicis, auteur du recueil *Choralis Constantinus* (messes brèves à quatre voix).

Isabeau de Bavière (1371 – 1435), reine de France (1385-1422). Fille du duc Étienne II de Bavière, épouse de Charles VI, elle assuma la régence quand celui-ci devint fou (1392). Ralliée aux Bourguignons, elle reconnut le roi d'Angleterre comme héritier légitime du trône de France (traité de Troyes, 1420).

Isabelle Ire la Catholique (1451 – 1504), reine de Castille (1474-1504); fille de Jean II. Son mariage (1469) avec Ferdinand* II d'Aragon prépara l'unité de l'Espagne, bien qu'elle tînt à préserver l'indépendance des deux monarchies. Son mari et elle, les Rois Catholiques, luttèrent contre Alphonse V de Portugal, qui avait envahi la Castille (1475-1479), achevèrent la *Reconquista* (conquête de Grenade, 1492), encouragèrent le voyage de Christophe Colomb (1492) et organisèrent l'Inquisition. — **Isabelle II** (Marie-Louise, dite) (1830 – 1904), reine d'Espagne (1833-1868). Fille de Ferdinand VII, elle succéda à son père, son oncle Don Carlos ayant été écarté du trône. Elle dut abdiquer (1868).

Isaïe ou **Ésaïe** (VIIe s. av. J.-C.), le premier des trois grands prophètes juifs. Le *Livre d'Isaïe* narre la vocation du prophète durant les règnes d'Achaz puis d'Ézéchias, rois de Juda, et insiste sur la sainteté de Dieu, qui doit devenir celle des Juifs pour que naisse un jour le royaume du Messie.

isard [izaʀ] n. m. Chamois des Pyrénées.

isatis [izatis] n. m. ZOOL Renard gris-bleu des régions arctiques, dont le pelage blanchit en hiver.

isba [izba] n. f. Petite maison en bois des paysans russes.

ischémie [iskemi] n. f. MED Insuffisance de la circulation artérielle dans un organe, un tissu.

Ischia, île volcanique italienne, située à l'entrée du golfe de Naples, dans la mer Tyrrhénienne; 46,4 km^2; 40000 hab.; v. princ. *Ischia.* Tourisme.

ischion [iskjɔ̃] n. m. ANAT Partie inférieure de l'os iliaque.

Ise, ville du Japon (île Honshū); 105460 hab. – La forêt avoisinante recèle les plus anciens sanctuaires shintoïstes, reconstruits à l'identique tous les 20 ans.

Isère, riv. de France (290 km), affl. du Rhône (r. g.); arrose Grenoble. – Département : 7467 km^2; 1016228 hab.; chef-lieu *Grenoble**. V. Rhône-Alpes (Rég.).

Iseult ou **Iseut** *la Blonde,* personnage légendaire qui épousa le roi Marc de Cornouailles, mais l'absorption d'un philtre l'avait rendue éperdument amoureuse de Tristan*. La mort la délivra.

Isfahani *(Abū l-Farağ al-Isbahānī)* (897 – 967), auteur arabe du *Kitāb al-Aghāni* («Livre des chansons»).

Ishtar ou **Istar,** dans la tradition sémite, déesse du Ciel et de la Fécondité. C'est l'Ashtart des Phéniciens et l'Astarté des Grecs, qui unirent son culte à celui d'Aphrodite.

Isidore de Séville (saint) (v. 560 – 636), archevêque de Séville (601), docteur de l'Église, auteur d'une somme encyclopédique, les *Étymologies.* Il organisa l'Église d'Espagne.

Isis, divinité de l'anc. Égypte, l'une des plus anc. et des plus import.; protectrice du mariage et du foyer domestique. Divinité mère (notam. d'Horus), elle rendit la vie à Osiris («né d'Isis») et fut sa compagne. Elle était représentée par une vache, par une femme à tête de vache, ou dont la tête est surmontée de cornes enserrant un globe lunaire.

Iskăr, riv. de Bulgarie (300 km), affl. du Danube (r. dr.), qui traverse la rég. de Sofia. Barrage import. pour l'irrigation.

islam [islam] n. m. **1.** Religion des musulmans, fondée par le prophète arabe Mahomet et qui repose sur sa révélation (V. Coran). **2.** Ensemble des pays et des peuples musulmans, des civilisations musulmanes (le plus souv. avec une majuscule). *Un voyage en terre d'Islam.*
ENCYCL Vers 610, Mahomet aurait commencé à recevoir la parole de Dieu par l'intermédiaire de l'ange Gabriel. Le recueil de ces messages, établi après la mort du Prophète, est le Coran. L'islam est une religion monothéiste. Dès les premières années de l'islam, de nombreux schismes se sont produits; les deux grandes tendances sont le sunnisme (majoritaire) et le

chiisme. Les principaux dogmes de l'islam sont : la croyance en un dieu unique, créateur du monde, incréé, dont les anges sont les ministres; la croyance en la vie future, la résurrection et le jugement dernier. Les obligations cultuelles sont au nombre de cinq : les cinq «piliers». 1° La profession de foi *(shahāda)* «Il n'y a pas de divinité si ce n'est Allah et Mahomet est l'envoyé d'Allah.» Il suffit de prononcer cette formule pour être considéré comme musulman. 2° La prière rituelle *(salāt* ou *salāh)*, qui a lieu cinq fois par jour, doit être précédée d'ablutions purificatrices. 3° L'aumône légale *(zakāt)* est un impôt en espèces ou en nature payé sur la récolte ou le gain de l'année et destiné à un fonds de bienfaisance au profit de musulmans. 4° Le jeûne *(sawm)* du mois du Ramadan va du lever au coucher du soleil. La faim et la soif font connaître aux riches les conditions de vie des pauvres. 5° Le pèlerinage *(hadj)*, obligatoire une fois dans la vie si le musulman en a les moyens, s'effectue collectivement à La Mecque. Toute la législation ne pouvant être tirée du Coran, les musulmans ont cherché dans la vie et dans les paroles du Prophète des règles de vie. Ce recours aux Traditions (V. hadith) créa une science critique qui établit l'authenticité des faits recueillis. Au Coran et aux Traditions s'ajoutent les principes dégagés par les juristes. Les princ. écoles juridiques sont : les écoles hanéfite, malékite, shafi'ite, hanbalite.

Islamabad, cap. du Pākistān, à 15 km de Rawalpindi; 201 000 hab. Université. – Elle remplace depuis 1967 l'ancienne capitale, Karachi.

islamique [islamik] adj. De l'islam. *Loi islamique. – Foulard islamique :* V. hidjab.

islamisant, ante [islamizɑ̃, ɑ̃t] n. Spécialiste de l'islam.

islamisation [islamizasjɔ̃] n. f. Action d'islamiser; son résultat. *L'islamisation de l'Afrique continue de progresser.*

islamiser [islamize] v. tr. [1] Faire embrasser l'islam à (qqn). ▷ Répandre l'islam dans (un pays). ▷ Intégrer à la communauté islamique.

islamisme [islamism] n. m. Tendance religieuse et politique qui prône l'islamisation générale des institutions et du gouvernement dans les pays musulmans.

islamiste [islamist] adj. et n. **1.** adj. De l'islamisme. **2.** adj. et n. Adepte de l'islamisme.

islamité [islamite] n. f. Didac. Caractère propre à l'islam et aux musulmans.

islamologie [islamolɔʒi] n. f. Didac. Étude de l'islam.

islamologue [islamolɔg] n. m. Didac. Spécialiste de l'islam.

islandais, aise [islɑ̃dɛ, ɛz] adj. et n. De l'Islande. ▷ Subst. *Un(e) Islandais(e).*

Islande (république d'), État insulaire de l'Atlantique Nord; 102 829 km²; 247 000 hab., croissance démographique : 1% par an; cap. *Reykjavík*. Nature de l'État : rép. parlementaire. Langue off. : islandais. Monnaie : couronne islandaise. Relig. : luthéranisme.
Géogr. phys. et hum. – Île volcanique (volcans actifs, geysers, sources chaudes), l'Islande compte plus de 5 000 km de côtes, très découpées au N., plus régulières au S. L'île appartient au monde arctique mais la dérive nord-atlantique adoucit son climat. Toutefois, la toundra est la végétation naturelle et les glaciers couvrent 12% du territoire. La population vit à 90% dans les villes du littoral.
Écon. – La pêche est la principale ressource (salaison, conserveries, congélation) : 20 % des actifs et 70 % des exportations; les prises par hab. (6 t) constituent un record mondial. Le milieu est surtout propice à l'élevage ovin. 80 % de la pop. est chauffée par géothermie; l'hydroélectricité permet de produire de l'aluminium (en partie exporté). Le tourisme est notable. Le revenu par hab. est l'un des plus élevés du monde mais, auj., on note inflation, endettement, déficit du budget et de la balance commerciale.
Hist. – Découverte par des moines irlandais (VIIIᵉ s.), colonisée par les Vikings (IXᵉ s.), l'Islande resta indép. jusqu'au XIIIᵉ s. : une assemblée d'hommes libres (Althing) la gouvernait. Passée sous l'autorité du roi Haakon IV de Norvège (1262), puis des Danois (1380), qui imposèrent le luthéranisme (XVIᵉ s.) et monopolisèrent le comm. (XVIIᵉ s.), elle se dépeupla. Son statut polit. se modifia au XIXᵉ s. : rétablissement de l'Althing (1843), institution de deux chambres (1874). Auton. en 1904, indép. en 1918, elle ne garda de commun avec le Danemark que sa monnaie, la couronne. Le 17 juin 1944, la Rép. islandaise fut proclamée après référendum. La vie polit. de l'Islande (membre de l'O.C.D.E. dep. 1948, de l'OTAN dep. 1949, de l'A.E.L.E. dep. 1959) a vu alterner des coalitions de centre gauche et de centre droit. Elle affirme son neutralisme et la maîtrise des eaux territoriales, portées à 200 miles (1975). En 1980, Vigdís Finnbogadottir a été la première femme, dans le monde, élue présidente de la Rép., réélue en 1984, en 1988, reconduite (seule candidate) en 1992. En 1996, Olafur Ragnar Grimsson lui a succédé. Cette m. année, la surgescence d'une énorme coulée de lave a provoqué des dégâts extrêmes.

Isly (oued), riv. du Maroc oriental. – Victoire de Bugeaud sur les Marocains soutenant Abd el-Kader (août 1844).

Ismaël, fils d'Abraham et de sa servante égyptienne, Agar, chassé avec sa mère du foyer paternel à l'instigation de Sara, l'épouse du patriarche, après la naissance d'Isaac. Selon la Bible, il est l'ancêtre des Arabes du désert.

ismaélien, enne [ismaeljɛ̃, ɛn] ou **ismaïlien, enne** [ismailjɛ̃, ɛn] n. (et adj.) HIST, RELIG **1.** n. Membre d'une secte musulmane chiite, qui considère Isma'il comme son dernier imam. **2.** adj. *La diaspora ismaélienne.*

Isma'il *(Ismā'īl)* (m. en 762), fils de l'imam Djafar as-Sadiq. Celui-ci l'avait désigné pour lui succéder, mais il mourut (à Médine) avant lui. Les ismaéliens voient en lui le dernier imam.

Isma'il Iᵉʳ *(Ismā'īl)* (1487 – 1524), chah de Perse (1501-1524), fondateur de la dynastie des Séfévides. Il conquit l'Azerbaïdjan (1501), puis l'Arménie, l'Iran et l'Irak; il fit du chiisme une religion d'État. Son expansion militaire fut arrêtée en 1514 par les Ottomans.

Ismaïl (Moulay) (v. 1650 – 1727), roi du Maroc (1672-1727), fils du fondateur de la dynastie des Alaouites. Il lutta avec succès contre les Turcs, les Anglais et les Espagnols. Il fonda Meknès.

Ismaïlia *(al-Ismā 'īliyya)*, ville d'Égypte, sur le lac Timsah et le canal de Suez, créée en 1863; 214 000 hab.; ch.-l. du gouvernorat du m. nom. Siège de l'administration du canal; port pétrolier.

Isma'il Pacha *(Ismā'īl bāšā)* (1830 – 1895), vice-roi puis khédive d'Égypte (1863-1879). Fils d'Ibrahim pacha, il s'attacha à moderniser le pays et traita avec les Occidentaux le percement du canal de Suez mais dut accepter le contrôle financier franco-anglais (1878). L'échec du mouvement nationaliste qu'il suscita l'obligea à abdiquer.

-isme, -iste. Suffixes, du gr. *-ismos, -istês*, servant à former des substantifs : *-isme* désigne une doctrine *(socialisme)*, une profession *(journalisme)*, et également la caractéristique de (lorsque suffixe d'un adj., ex. *gigantisme, pédantisme); -iste* désigne une personne professant une doctrine (ex. *extrémiste)*, pratiquant une activité, une profession (ex. *violoniste)*.

iso-. Élément, du gr. *isos*, «égal».

isobare [izobaʀ] adj. et n. **1.** adj. PHYS D'égale pression. – METEO *Une ligne isobare* ou, n. f., *une isobare :* une ligne qui relie, sur une carte météorologique, les points de même pression atmosphérique, à un moment précis. **2.** adj. CHIM, PHYS NUCL Se dit des éléments qui ont le même nombre de masse, mais des numéros atomiques différents. – n. m. *Des isobares.*

isobathe [izobat] adj. (et n. f.) GEOGR D'égale profondeur. ▷ *Une courbe isobathe* ou, n. f., *une isobathe :* une courbe joignant les points d'égale profondeur.

isocèle [izosɛl] adj. GEOM Qui a deux côtés ou deux faces égales. *Triangle, trièdre isocèle.*

isochrone [izokʀon] ou **isochronique** [izokʀonik] adj. PHYS De même durée. *Les oscillations isochroniques du pendule.* Syn. tautochrone.

isoclinal, ale, aux [izoklinal, o] adj. GEOL *Pli isoclinal*, dont les flancs ont la même inclinaison.

isocline [izoklin] adj. (et n. f.) PHYS, GEOGR De même inclinaison. – *Une ligne isocline* ou, n. f., *une isocline :* une ligne reliant les points d'un terrain qui ont la même inclinaison.

Isocrate (436 – 338 av. J.-C.), orateur athénien. Il fut le chantre de l'union des Grecs, contre les Perses notam. (*Panégyrique d'Athènes*, 380; *Sur la paix*, 356; *À Philippe*, 346), et fut ainsi l'adversaire de Démosthène.

isogone [izogon] adj. (et n. f.) **1.** GEOM Dont les angles sont égaux. **2.** PHYS D'égale déclinaison magnétique. – *Une ligne isogone* ou, n. f., *une isogone :* une ligne reliant des points isogones.

isohyète [izɔjɛt] n. f. METEO Ligne joignant les points du globe où la hauteur des précipitations recueillies sur une période donnée est identique.

isolable [izɔlabl] adj. Qui peut être isolé.

isolant, ante [izɔlɑ̃, ɑ̃t] adj. et n. m. Qui isole. **1.** Qui s'oppose à la propagation du son, de l'électricité ou de la chaleur. *Matériaux isolants.* ▷ n. m.

Un isolant. Isolants phoniques (corps mous ou plastiques, matières alvéolées et fibreuses, etc.), *électriques* (huiles, porcelaines, etc.), *thermiques* (laine de verre, mousse de polyuréthane, etc.). **2.** LING *Langues isolantes,* qui n'emploient pas de formes liées et dans lesquelles les rapports grammaticaux sont indiqués par l'intonation et la place des mots dans la phrase. *Le chinois est une langue isolante.*

isolat [izɔla] n. m. **1.** BIOL Groupe d'êtres vivants que l'isolement prive d'échanges génétiques avec d'autres groupes semblables. **2.** ETHNOL Groupe ethnique que son isolement contraint à l'endogamie. **3.** LING Langue ou groupe de langues considérés comme une entité autonome indépendante d'une famille.

isolateur [izɔlatœʀ] n. m. Accessoire en matière isolante qui supporte un conducteur électrique. *Isolateurs des poteaux télégraphiques.*

isolation [izɔlasjɔ̃] n. f. Action d'isoler thermiquement ou phoniquement; son résultat. ▷ Action d'isoler un objet, un corps qui conduit l'électricité; son résultat.

isolationnisme [izɔlasjɔnism] n. m. POLIT Attitude, doctrine d'un pays qui se refuse à participer aux affaires internationales.

isolé, ée [izɔle] adj. (et n.) **1.** Séparé des choses de même nature. *Un grand arbre isolé.* **2.** Qui n'est pas en contact avec un corps conducteur d'électricité. ▷ Vers quoi ou à partir de quoi la chaleur, le froid ou le son se propage mal. *Une pièce bien isolée.* **3.** Situé à l'écart des lieux fréquentés, habités. *Maison isolée. Lieu isolé.* ▷ (Personnes) Sans vie de société. *Les vieillards se sentent souvent isolés.* Syn. seul. – Subst. *Vivre en isolé.* **4.** Fig. Qui ne fait pas partie d'un phénomène général ou collectif. *Fait, cas isolé.* Syn. unique.

isolement [izɔlmɑ̃] n. m. **1.** État d'une personne, d'une chose isolée. *Vivre dans l'isolement.* **2.** Qualité, état d'un conducteur électrique isolé. Syn. isolation.

isolément [izɔlemɑ̃] adv. Séparément, individuellement. *Question considérée isolément.*

isoler [izɔle] v. tr. [1] **1.** Séparer de ce qui environne. *Un vaste parc isole le palais de la ville.* ▷ Rendre (une chose) indépendante des influences extérieures, en interposant un matériau isolant entre elle et ce qui l'environne. *Isoler un moteur électrique. Isoler un studio d'enregistrement.* **2.** CHIM *Isoler un corps,* le séparer d'un mélange ou d'une combinaison. **3.** Mettre (qqn) à l'écart. *Isoler un prisonnier, des contagieux.* ▷ v. pron. *S'isoler pour réfléchir.* **4.** Fig. Considérer à part, en soi. *Isoler un fait de son contexte.*

isoloir [izɔlwaʀ] n. m. Cabine où l'électeur prépare son bulletin de vote à l'abri de tout regard.

isomère [izɔmɛʀ] adj. (et n. m.) CHIM *Corps isomères :* corps ayant la même formule brute, mais une formule développée différente dans l'espace, et donc des propriétés différentes. *Corps isomère d'un autre.* ▷ n. m. *Un isomère :* un corps isomère.

isomérie [izɔmeʀi] n. f. CHIM Caractère des corps isomères.

isomorphe [izɔmɔʀf] adj. De même forme. **1.** CHIM Qui affecte la même forme cristalline. **2.** MATH Qualifie deux ensembles E et E' reliés par un morphisme bijectif.

isomorphisme [izɔmɔʀfism] n. m. **1.** CHIM Caractère des corps isomorphes. **2.** MATH Propriété de deux ensembles isomorphes.

isopodes [izɔpɔd] n. m. pl. ZOOL Ordre de crustacés au corps aplati, aux pattes toutes semblables, comprenant notam. le cloporte. – Sing. *Un isopode.*

isoprène [izɔpʀɛn] n. m. CHIM Carbure liquide qui, polymérisé, donne un produit élastique servant à faire divers caoutchoucs synthétiques, des résines et des matières plastiques.

isoptères [izɔptɛʀ] n. m. pl. ENTOM Ordre des insectes du groupe des termites, comptant environ 2000 espèces. – Sing. *Un isoptère.*

isostasie [izɔstazi] n. f. GEOMORPH État d'équilibre entre les diverses masses constituant la croûte terrestre.

isotherme [izɔtɛʀm] adj. (et n. f.) **1.** PHYS D'égale température. ▷ *Une ligne isotherme* ou, n. f., *une isotherme,* qui, sur une carte, relie les points où règne la même température. **2.** TECH Où est maintenue une température constante. *Bouteille isotherme.*

isotope [izɔtɔp] adj. et n. m. PHYS NUCL *Éléments isotopes,* dont les noyaux ont le même nombre de protons mais un nombre différent de neutrons. (V. isobare.) ▷ n. m. *Des isotopes.*

ENCYCL La plupart des corps simples se rencontrent dans la nature sous la forme d'un mélange de divers isotopes, dont l'un est nettement plus abondant que tous les autres. Ayant le même nombre de protons et d'électrons, ils ont donc le même numéro atomique, occupent la même place (d'où leur nom d'*isotope*) dans la classification des éléments et sont désignés par le même symbole chimique. On les différencie en plaçant en haut à gauche de ce symbole leur nombre de masse, par quoi ils se distinguent. Ainsi, les isotopes 13, 14 et 15 du carbone ($^{12}_{6}C$) s'écrivent $^{13}_{6}C$, $^{14}_{6}C$ et $^{15}_{6}C$; étant donné que le corps simple carbone est un mélange de ces quatres isotopes, la masse du carbone n'est pas 12 (masse du princ. isotope), mais 12,01. Deux isotopes ont les mêmes propriétés chimiques mais des propriétés physiques différentes. La séparation des isotopes, qui permet d'enrichir un élément (uranium, par ex.) en l'un de ses isotopes, s'effectue par diffusion gazeuse, par diffusion thermique, par chromatographie ou par ultracentrifugation. Les isotopes sont utilisés notamment comme traceurs radioactifs. ► **tabl. éléments.**

isotopique [izɔtɔpik] adj. **1.** PHYS NUCL Relatif aux isotopes. *Analyse isotopique.* **2.** GEOL *Zone isotopique,* où les conditions de sédimentation sont les mêmes.

isotrope [izɔtʀɔp] adj. PHYS Se dit d'un corps homogène et qui présente les mêmes propriétés physiques dans toutes les directions.

Isou (Isidore Goldstein, dit Isidore) (né en 1925), poète français d'origine roumaine; fondateur et princ. animateur du mouvement lettriste : *l'Agrégation d'un nom et d'un messie* (1947).

Ispahan, v. d'Iran, au S. de Téhéran, sur le piémont oriental du Zagros, à 1530 m d'alt.; 927000 hab.; ch.-l. de la prov. du m. nom. Industries textiles. – Archevêchés catholiques et arménien. Palais des Quarante-Colonnes (XVIe-XVIIe s.), des Huit-Paradis (XVIIe s.), etc. Grande Mosquée, fondée sous les Seldjoukides, remaniée sous les époques mongole et séfévide. – Anc. capitale du pays sous les Seldjoukides (XIe-XIIIe s.) et les Séfévides (XVIe-XVIIIe s.).

Israël, dans la Bible, surnom («champion de Dieu») donné à Jacob après son combat contre l'ange. Le terme désigne également les tribus issues de ses douze fils : les *douze tribus d'Israël* (dont descend l'ensemble du peuple juif), et leur territoire dans l'anc. pays de Canaan (la Terre promise). Chez les chrétiens, *Israël* désigne le peuple de l'Ancienne et de la Nouvelle Alliance.

Israël (royaume d'), royaume constitué par Saül quand les douze tribus l'eurent reconnu comme roi. Après la défaite et la mort de ce dernier, David le reconstitua et le transmit à Salomon. Après lui (931 av. J.-C.), Israël ne désigna plus que les dix tribus du Nord, sous Jéroboam. La prise de la cap., Samarie, par Sargon II marque la fin du royaume (721). Le terme d'Israël a, enfin, désigné l'État sacerdotal créé au retour de l'Exil (538), correspondant au territoire de Juda (cap. : Jérusalem), et qui disparut avec la conquête de Pompée (63 av. J.-C.).

Israël (république d') [plus cour. État d'] *(Medinat Yisrael),* État du Proche-Orient, sur la Méditerranée; environ 21000 km^2; environ 5 millions d'hab., croissance démographique : 1,5 % par an (territ. occupés depuis 1967 : environ 7400 km^2 et environ 1700000 hab.); cap. *Jérusalem* (non reconnue par la plupart des pays étrangers, qui ont leur ambassade à Tel-Aviv). Nature de l'État : rép. parlementaire. Langues off. : hébreu et arabe. Monnaie : shekel. Pop. dans les frontières d'avant 1967 : Juifs (86 %), Arabes (14 %). Religion : judaïsme, minorités musulmane et chrétienne.

Géogr. phys. et hum. – Étiré sur 450 km du N. au S., large au plus de 112 km, le pays s'ordonne autour d'une arête montagneuse centrale (monts de Galilée, de Samarie et de Judée), bordée d'une plaine littorale à l'O. et dominant, à l'E., la dépression du Ghor où se trouvent le lac de Tibériade, la vallée du Jourdain et la mer Morte. Le climat est méditerranéen; au S., le désert du Néguev couvre 50% du pays. La pop., jeune, issue de l'immigration d'après-guerre, vit dans les villes de la côte méditerranéenne (90 %).

Écon. – Israël a développé une agriculture moderne et intensive sur une terre aride qui appartient à l'État. On distingue les *kibboutzim,* exploitations collectives, et les *moshavim,* coopératives. On a étendu l'irrigation en Cisjordanie, sur les plaines littorales et dans le désert du Néguev. Israël exporte agrumes, avocats, un peu de vin. Les ressources du sous-sol sont modestes : phosphates, potasse; l'approvisionnement en eau est assuré par d'importants aménagements : forages, captages du lac de Tibériade. L'industrie, diversifiée, privilégie les branches à forte valeur ajoutée : aéronautique, armements, constructions électr. et électron.; s'ajoutent le textile et l'agro-alimentaire. Les revenus du tourisme sont importants. La conjoncture est difficile : inflation, déficit, endettement; Israël doit faire face aux dépenses militaires (plus de 15 %

du P.N.B.) et à l'accueil d'immigrés. L'aide américaine est indispensable.
Hist. – La colonisation juive en Palestine* débuta à la fin du XIXe s. et s'organisa sous l'impulsion de la doctrine sioniste. En 1917, la déclaration Balfour admit en Palestine la fondation d'un foyer national juif. Provoquant de vives tensions avec la pop. arabe, l'immigration juive fut limitée par la G.-B., puissance mandataire en Palestine (1920-1948); cette politique, à l'époque même de la montée du nazisme, provoqua une forte résistance juive (V. Irgoun). Après la décision de l'ONU (nov. 1947) de diviser la Palestine en deux États (arabe et juif), la déclaration de l'indép. d'Israël (14 mai 1948) fut suivie du prem. conflit opposant les pays de la Ligue arabe au jeune État, vainqueur en juil. 1949. Il reçut un million d'immigrants entre 1948 et 1958. L'histoire du pays est dominée par le problème palestinien (plus d'un million d'exilés hors des frontières de l'anc. Palestine) et par les conflits périodiques avec ses voisins : campagne du Sinaï (oct.-nov. 1956), aux côtés de la France et de la G.-B. après la nationalisation du canal de Suez; guerre des Six Jours (juin 1967), avec l'Égypte. Israël, vainqueur, occupe le Golan, la Cisjordanie, Gaza et le Sinaï. Il remporte plus difficilement la guerre du Kippour (oct. 1973), déclenchée par l'Égypte et la Syrie. En 1964, l'Organisation de libération de la Palestine (O.L.P.) avait été fondée et des commandos de fedayin avaient lancé les premiers raids en Israël. (V. israélo-arabes [guerres].) La polit. intérieure est d'abord marquée par la prépondérance du Mapai, parti d'inspiration socialiste, devenu le parti travailliste israélien après fusion avec deux autres partis (1968). Exercent le pouvoir : Ben Gourion (1948-1953, 1955-1963), Moshé Sharett (1953-1955), Lévi Eshkol (1963-1969), Golda Meir (1969-1974), Yitzhak Rabin (1974-1977). Les élections de 1977 donnent la victoire au rassemblement nationaliste de centre droit (Likoud), dont le leader, Menahem Begin, devient Premier ministre. En nov. 1977, le président égyptien Sadate se rend à Jérusalem pour entamer une négociation qui aboutit aux accords de Camp David, aux É.-U. (sept. 78); le traité de paix israélo-égyptien, signé à Washington le 26 mars 1979 (et dénoncé par les autres pays arabes et l'O.L.P.), décida l'évacuation progressive des territoires égyptiens occupés par Israël. L'invasion du Liban par l'armée israélienne (1982-1985) a chassé l'O.L.P. de Beyrouth et Israël a pu établir une zone de protection le long de la frontière libanaise. Les élections de 1984 et de 1988 n'ont pas départagé le Likoud et le parti travailliste : le pouvoir a été exercé par le travailliste Shimon Peres et, deux ans plus tard, par le conservateur Itzhak Shamir. En 1988, I. Shamir est resté Premier ministre. L'occupation israélienne dans les territoires de Cisjordanie* et de Gaza* y a déclenché, en 1987, une résistance civile arabe, l'Intifada*, durement réprimée. La disparition de l'U.R.S.S. (qui a entraîné un afflux de Juifs, anc. soviétiques, vers Israël) a contraint l'O.L.P. à accepter en 1988, la résolution 242 de l'ONU; I. Shamir a intensifié la colonisation des territoires occupés depuis 1967. En 1990, un plan de paix américain a scindé l'union nationale; Shamir a admis dans son gouv. des partis religieux et des partis d'extrême droite. Mais, en sept. 1991, pour la prem. fois depuis 1947, le gouv. israélien et les Palestiniens (sans l'O.L.P., mais en présence de leurs alliés arabes) se sont rencontrés. Après le succès des travaillistes aux législatives de juin 1992, Y. Rabin a proposé l'autonomie partielle aux Palestiniens et légalisé les contacts avec l'O.L.P. L'accord signé à Washington en sept. 1993 (complété par celui du Caire en mai 1994) entre l'O.L.P. et le gouv. Rabin entérine leur reconnaissance mutuelle et établit un plan d'autonomie partielle à Gaza et à Jéricho (ainsi qu'à Naplouse, en 1995, et à Hébron, en 1997). En avril 1994, le Saint-Siège et Israël nouent des relations diplomatiques. En oct. 1994, un accord de paix israélo-jordanien est signé à Jérusalem par Rabin et le roi Hussein. Parallèlement, Israël poursuit des négociations sur le Golan avec la Syrie. Mais les extrémistes palestiniens et la droite israélienne contestent la paix israélo-palestinienne. En nov. 1995, un extrémiste israélien a assassiné Yitzhak Rabin, auquel Shimon Peres a succédé. En mai 1996, S. Peres a organisé des élections anticipées. Pour la première fois, le Premier ministre était élu au suffrage universel et le leader du Likoud, Benyamin Netanyahou, l'a emporté de justesse. Le Likoud, de son côté, n'a pas obtenu la majorité absolue et B. Netanyahou a dû faire entrer dans son gouvernement des représentants des partis religieux. En septembre 1996, il a repris l'implantation de colonies juives dans les territoires palestiniens, compromettant ainsi gravement le processus de paix; l'Intifada a aussitôt repris. Depuis lors, les États-Unis pèsent sur B. Netanyahou pour sauver la paix, mais celui-ci maintient ses choix.

israélien, enne [isʀaeljɛ̃, ɛn] adj. et n. De l'État d'Israël. ▷ Subst. *Un(e) Israélien(ne).*

israélite [isʀaelit] adj. et n. **1.** HIST Descendant d'Israël. Syn. juif, hébreu. **2.** Cour. De religion juive. – Subst. *Un, une israélite* : un juif, une juive.

israélo-arabes (guerres), guerres qui ont opposé certains États arabes et Israël. L'hostilité des États arabes (Égypte, Jordanie, Irak, Liban, Syrie) à la création de l'État d'Israël, en 1948, a provoqué quatre guerres. La première (mai 1948-janv. 1949) se termine par la victoire d'Israël, qui obtient le Néguev et la Galilée, et dont le territoire passe de 14 100 km^2 à 20 770 km^2. La deuxième (oct.-nov 1956) oppose Israël (qui soutient l'intervention franco-britannique sur le canal de Suez) à l'Égypte; Israël doit se replier du Sinaï, l'ONU rétablit les frontières de 1949. La troisième (offensive israélienne, 5-10 juin 1967), dite guerre des Six Jours, voit la défaite sévère de l'Égypte, de la Jordanie et de la Syrie : Israël occupe le Sinaï, Gaza, la Cisjordanie, la partie arabe de Jérusalem, le plateau du Golan. La quatrième (oct. 1973), dite guerre du Kippour, se solde par l'échec de l'offensive égyptienne et syrienne. Mais des pourparlers s'engagent entre les adversaires : accords de Washington (1979) entre Israël et l'Égypte (celle-ci récupérant le Sinaï en 1982), accords, en 1993, entre Israël et l'O.L.P. sur les territoires occupés en 1967. (V. Israël.)

Issa(s) et **Issaq,** populations vivant dans la république de Djibouti, en Somalie et en Éthiopie. Ils parlent des dialectes somalis. À Djibouti, les locuteurs de l'*issa* sont env. 200 000; ceux de l'*issaq,* 80 000.

Issaq. V. Issa(s).

issu, ue [isy] adj. Né, sorti (de telle lignée, telle famille, tel milieu). *Cousins issus de germains. Il est issu de la bourgeoisie.* ▷ Fig. *Problème issu de conditions historiques particulières.*

issue [isy] n. f. **1.** Passage, ouverture qui permet de sortir. *Issue de secours.* **2.** Fig. Moyen pour sortir d'une affaire, pour trouver une solution. *Trouver une issue. Situation sans issue.* ▷ Événement final sur lequel débouche une situation, une action. *L'issue de la bataille. Tragique issue. Issue fatale :* mort. *Voie sans issue,* qui ne mène nulle part; dont l'une des extrémités est bouchée. ▷ Loc. prép. *À l'issue de :* à la sortie, à la fin de. *À l'issue de la conférence.* **3.** TECH (Plur.) En meunerie, ce qui reste des moutures, après séparation de la farine. ▷ Parties non comestibles restant après le dépeçage d'une bête de boucherie.

Istanbul (anc. *Byzance,* puis *Constantinople*), princ. v. et port de Turquie, sur le Bosphore et la mer de Marmara; ch.-l. de l'il du m. nom; 6 331 900 hab. La ville est située de part et d'autre de la Corne d'Or (baie de la ville européenne) et du Bosphore. On distingue : sur la rive européenne, au nord de la Corne d'Or, l'anc. ville franque, avec les faubourgs de Galata et de Péra, au sud, la ville turque (ancienne Byzance); sur la rive asiatique, Üsküdar (Scutari), ville turque. Centre comm. et industr. – Universités. Basilique Ste-Sophie (532-537). Mosquée du sultan Bāyazīd (1501). Mosquée Süleymaniye (1550-1557). Palais Topkapi. – Prise par les Turcs (1453), l'anc. Constantinople fut, sous le nom d'Istanbul, la capitale de l'Empire ottoman jusqu'en 1923.

Istar. V. Ishtar.

-iste. V. -isme.

isthme [ism] n. m. **1.** Étroite bande de terre, entre deux mers ou deux golfes, réunissant deux terres. *L'isthme de Suez.* **2.** ANAT Partie rétrécie de certains organes. *Isthme du gosier,* qui fait communiquer la bouche avec la trachée. *Isthme de l'utérus,* entre le corps et le col de l'utérus.

Isthmiques (jeux), dans la Grèce antique, jeux que Corinthe organisait tous les quatre ans en l'honneur de Poséidon.

Istiqlal *(Istiqlāl,* «indépendance»), parti nationaliste marocain né en 1937 d'une scission de l'Action marocaine. Sous la conduite d'Allal* al-Fasi, il mena la lutte pour l'indépendance et devint un parti d'opposition en 1963. Depuis 1976 (quand il soutint la politique du roi Hassan II relative au Sahara occidental), il s'est rapproché du régime.

Istrati (Panait) (1884 – 1935), écrivain roumain d'expression française. C'est à une tradition orientale du récit que se rattache son art de conteur, art «spontané», dépourvu d'artifices : *la Vie d'Adrien Zograffi* (cycle romanesque, 1924-1933), *Vers l'autre flamme* (dénonciation du communisme soviét. après un bref séjour en U.R.S.S., 1927), *les Chardons des Baragan* (1928).

Istrie, presqu'île calcaire de la Croatie, près de la frontière italienne. –

Conquise par Venise à partir du XIe s. (sauf Trieste, possession des Habsbourg en 1382), la rég. passa à l'Autriche en 1797. Revendiquée par l'Italie, qui l'annexa (1920), elle fut cédée à la Yougoslavie en 1947 (à l'exclusion de la zone de Trieste).

Italie (république d'), État d'Europe méridionale qui comprend une partie continentale, au N., une longue péninsule orientée N.-O.-S.-E., et deux grandes îles (Sicile et Sardaigne); 301 262 km²; 57 576 400 hab. (croissance : moins de 0,1 % par an); cap. *Rome.* Nature de l'État : rép. parlementaire. Langue off. : italien. Monnaie : lire. Relig. : cathol. (99,6 %).

Géogr. phys. et hum. – Les Alpes forment en Italie septentrionale un arc long de 1 000 km env. Les Alpes piémontaises, à l'O., portent les plus hauts sommets (mont Rose, 4 638 m). Les massifs centraux (Alpes lombardes), compacts, précèdent les Alpes dolomitiques et vénètes, plus basses. Des cols ont toujours permis les liaisons avec les États voisins. Au pied des Alpes, la large plaine du Pô (50 000 km²) s'ouvre sur l'Adriatique. L'Italie péninsulaire est composée princ. d'une chaîne maîtresse, l'Apennin, que borde à l'E. une étroite plaine côtière et qui à l'O. domine trois bassins (Toscane, Latium et Campanie). L'Italie connaît de fréquents séismes et un volcanisme actif (Vésuve, Stromboli, Etna). Le climat, continental dans la plaine du Pô, méditerranéen en Italie péninsulaire, est marqué par une sécheresse croissante vers le S. et en Sicile. La pop., en augmentation rapide jusque dans les années 70, est groupée dans la plaine du Pô et sur les littoraux. Le taux d'urbanisation approche 70 %; quatre agglomérations excèdent le million d'hab. (Rome, Milan, Naples et Turin). L'exode traditionnel des ruraux du S. (Mezzogiorno) vers le N. s'est progressivement tari. Le solde migratoire est auj. très positif : un million d'étrangers séjourneraient clandestinement.

Écon. – L'Italie est la 5e ou 6e puissance économique du monde (à égalité avec la G.-B., ou avant); elle produit 18 % du P.I.B. de la C.É.E. Elle a connu, depuis 1985, un puissant renouveau. L'agriculture emploie 9 % des actifs. Elle oppose un secteur exportateur : légumes, fruits, soja, blé, riz, maïs, betterave, vigne (1er vignoble du monde), à l'agriculture peu compétitive des montagnes et des îles. L'élevage, bovin au nord, ovin dans la péninsule et les îles, ne couvre pas les besoins du pays, qui importe viande et produits laitiers. Le secteur industriel a connu les bouleversements les plus importants; il s'appuie sur une variété d'entreprises, depuis les grands groupes publics et privés jusqu'aux nombreuses P.M.E. souvent très compétitives qui réalisent des produits d'exportation de haute valeur ajoutée : électronique, bureautique, chaussures, confection, industries du luxe (à elles seules, 40 % des exportations italiennes). Les industries traditionnelles ont supprimé de nombr. emplois, mais retrouvé leur compétitivité. Le tertiaire occupe 60 % des actifs. Le tourisme, l'un des plus importants dans le monde, représente 7 % du P.I.B. national. L'économie italienne bénéficie d'une sous-traitance importante et le «travail au noir» (20 % des actifs?) produirait 150 milliards de dollars par an. La géographie économique du pays s'est modifiée. Entre le «triangle lourd» Gênes, Milan, Turin (50 % des richesses nationales) et le Mezzogiorno (Sud et îles), une «troisième Italie», dynamique, s'ordonne autour du quadrilatère Venise, Bologne, Florence, Rome. Des faiblesses demeurent : dette publique élevée, lire faible, administration inefficace, dépendance énergétique (85 % des besoins importés), puissance de la Mafia.

Hist. – En 476, Odoacre, roi des Hérules, met fin à l'empire d'Occident, héritier de l'Empire romain (V. Rome). Mais les Ostrogoths, conduits par Théodoric depuis l'Europe de l'Est, conquièrent toute la Péninsule (489-493). À partir de 535, l'empereur d'Orient Justinien, profitant des divisions des Barbares, réoccupe une partie de l'Italie, qui devient une prov. de l'Empire (cap. Ravenne). Les Lombards envahissent le N. et le centre du pays. Le pape Étienne II fait alors appel au roi des Francs Pépin le Bref, qui, après deux expéditions (754 et 756), reprend Ravenne, le duché de Pentapole et celui de Rome. Le don de Rome au pape constitue le noyau du futur État pontifical. Charlemagne bat aussi les Lombards, dont il se proclame roi (774). En 800, il reçoit du pape Léon III la couronne d'empereur d'Occident. La fin de l'empire carolingien crée l'anarchie; l'Italie est ravagée par les Normands et les Sarrasins; le pape Jean XII fait appel au roi de Germanie Otton le Grand, couronné empereur en 962 : le Saint Empire romain germanique est né. Pendant deux siècles, sa lutte avec le Sacerdoce (la papauté) bouleversera l'Italie. En 1190, un fils de l'empereur Frédéric Barberousse, Henri VI Hohenstaufen, épouse l'héritière du royaume de Sicile (constitué par le Normand Robert* Guiscard et comprenant tout le Sud). Leur fils, Frédéric II, réunit les deux royaumes et lutte à partir de 1236 contre les villes de Toscane et de Lombardie, qui se sont émancipées de la tutelle impériale. Il rencontre l'opposition des papes (Grégoire IX, Innocent IV). Une longue lutte s'engage entre les partisans du pape, les guelfes, et ceux de l'empereur, les gibelins. Les premiers font appel à Charles d'Anjou, dont la dynastie s'établit en Italie du S., alors que l'Italie du N. et du Centre s'affranchit de la tutelle impériale. De riches cités (Venise, Gênes, Florence, Milan), souvent rivales, deviennent des rép. municipales dont la civilisation rayonne sur l'Europe occid. (XVe-XVIe s.). Au XVIe s., l'Italie est le théâtre des luttes entre la France et l'Espagne. Alors que la France, après les «guerres d'Italie» (commencées en 1494), renonce (1559) à toute incursion au-delà des Alpes, les Espagnols dominent pendant deux siècles la Péninsule, à l'exception de la rép. de Venise et du duché de Savoie. À l'issue de la guerre de la Succession d'Espagne (1701-1714), l'Italie du N. échoit aux Habsbourg d'Autriche, les Bourbons d'Espagne ne conservant que le royaume des Deux-Siciles et le duché de Parme et Plaisance. Les campagnes de Bonaparte (1796, 1800) aboutissent à une domination française. Les traités de 1815 rétablissent les anc. monarchies. Entre 1815 et 1849, les Italiens tentent en vain d'imposer des Constitutions à leurs souverains. Toutefois, un mouvement d'abord intellectuel puis politique et idéologique (le *Risorgimento,* «Résurrection») impose l'idée de l'unité italienne, mais le roi de Piémont-Sardaigne, Charles-Albert, est battu par les Autrichiens à Novare (1849). Son successeur, Victor-Emmanuel II, qui prend pour ministre Cavour, acquiert l'alliance de la France, qui pourtant avait aboli la Rép. romaine en 1849; il lutte victorieusement contre la maison d'Autriche (Magenta, Solférino) et libère la Lombardie (1859). En 1860, les pop. d'Italie centrale votent leur réunion au Piémont, la France reçoit Nice et la Savoie, Garibaldi libère la Sicile et le royaume de Naples (expédition des Mille). En fév. 1861, à Turin, le Parlement proclame Victor-Emmanuel roi d'Italie. La Vénétie est réunie au royaume après que la Prusse a battu l'Autriche à Sadowa (1866). En 1870, les troupes ital. pénètrent dans Rome jusque-là défendue par une garnison française qui protégeait le pape. L'Italie unifiée doit alors se donner des institutions politiques et une infrastructure écon. En polit. extérieure, les partis de gauche, arrivés au pouvoir par suite de l'abstention des catholiques, sont favorables à l'Allemagne et à l'Autriche (Triple-Alliance, 1882). L'Italie commence son expansion coloniale (Érythrée, 1890). De 1900 à 1914, le gouvernement de Giolitti mène une politique impérialiste, se rapproche de la France et développe l'économie. L'Italie, qui de 1915 à 1918 a fait la guerre aux côtés des Alliés, s'agrandit du Tessin et de l'Istrie (avec Trieste). En 1922, alors que le pays est en proie à l'agitation sociale, Mussolini et les fascistes marchent sur Rome et instaurent un gouv. dictatorial. En 1929, les accords du Latran règlent la question romaine. La politique extérieure est aventureuse : conquête de l'Éthiopie (1935-1936), intervention en Espagne aux côtés de Franco (1936-1939), annexion de l'Albanie (1939). L'alliance Berlin-Rome, esquissée à partir de 1936, devient l'Axe en 1939. L'Italie combat dans les Balkans et en Afrique. En juil. 1943, le débarquement des Alliés en Sicile entraîne l'arrestation de Mussolini; libéré par les Allemands le 12 sept., ce dernier forme dans le N., à Salo, un gouv. républicain fasciste. Badoglio, qui, à Rome, avait succédé à Mussolini, se range aux côtés des Alliés contre l'Allemagne, qui impose à l'Italie un dur régime d'occupation. Le 26 avril 1945, Mussolini est arrêté par des partisans antifascistes et fusillé le 27. Après l'abdication de Victor-Emmanuel III (roi depuis 1900) et l'éphémère règne de son fils Humbert II, la rép. est proclamée par référendum (2 juin 1946). En 1947, le pays perd toutes ses possessions extérieures. Ruiné, il se relève lentement, dirigé par la démocratie chrétienne, dont le chef est De Gasperi jusqu'en 1953. Puis se succèdent de nombr. gouv. de coalition autour de la démocratie chrétienne, qui obtient l'appui des socialistes. L'économie connaît un essor spectaculaire qui lui permet d'adhérer aux institutions européennes : C.E.C.A. (1951), C.É.E. (1957). Dans les années 70, face à l'agitation contestataire et à l'instabilité des gouv. de coalition, le parti communiste (devenu la deuxième force politique du pays) propose un «compromis historique» aux démocrates-chrétiens. Le terrorisme, né à la fin des années 60, culmine en 1978 avec l'enlèvement et l'assassinat, par les Brigades rouges, d'Aldo Moro, président de la démocratie chrétienne. Malgré les scandales (liés ou non à la Mafia), et le chômage, le pays connaît, de 1983 à 1987, sous le gouv. du socialiste B. Craxi, une période de stabilité exceptionnelle. Puis les démocrates-chrétiens ont dirigé nommément : G. Goria (1987-1988), C. De Mita (1988-1989), G. Andreotti (1989-1992). Le parti communiste italien s'est transformé en parti démocrate de la gauche en 1990. Les gouv. ont une vie de plus en plus brève, les partis se sont affaiblis, des mouvements régionalistes (Ligues) sont nés dans le Nord. En 1993, la magistrature a lancé une opération «mains propres», envoyant en prison responsables polit. et écon. On a pu croire que le «compromis historique» se réaliserait, mais le magnat de la presse écrite et audiovisuelle, Silvio Berlusconi, a créé un front avec les Ligues et le parti néo-fasciste, remporté les élections d'avril 1994 et formé un gouv. Contrairement à ses promesses, la lire et l'économie ont poursuivi leur chute. Le front s'est défait, Berlusconi a démissionné en déc. En janvier 1995, Lamberto Dini a formé un gouv. de «techniciens». En fév. 1996, la crise ministérielle a repris. Le prés. de la Rép. a dissous l'Assemblée. Les élections d'avril 1996 ont porté au pouvoir une coalition de gauche et du centre, et Romano Prodi est devenu président du Conseil. Il s'est efforcé de répondre aux «critères de Maastricht» permettant à l'Italie d'utiliser l'euro en 1999. (V. Europe.)

italien, enne [italjɛ̃, ɛn] adj. et n. **1.** adj. De l'Italie. ▷ Subst. *Un(e) Italien(ne).* **2.** n. m. *L'italien :* la langue romane parlée en Italie.

italique [italik] adj. et n. **1.** Didac. Relatif à l'anc. Italie. **2.** TYPO *Caractères italiques :* caractères d'imprimerie inclinés vers la droite. ▷ n. m. ou n. f. *L'italique :* les caractères italiques.

1. -ite. Suffixe, du gr. *-itis,* servant à former les noms d'affections inflammatoires (ex. *bronchite, gingivite, entérite*).

2. -ite. Suffixe, du lat. *-itus,* servant, en chimie, à désigner les sels des acides en *-eux* (ceux qui contiennent le moins d'oxygène; ex. *sulfite :* sel de l'acide sulfureux).

3. -ite. Suffixe, du gr. *-itis,* servant à former des noms de minéraux (ex. *calcite, magnésite*).

4. -ite. Suffixe, du lat. *-itus,* servant à former des mots désignant les adeptes d'une religion (ex. *sunnite*) ou les membres d'un ordre religieux (ex. *jésuite*).

item [itɛm] n. m. **1.** Didac. Élément, objet considéré à part. **2.** PSYCHO Question, dans un test ou dans un questionnaire d'enquête.

itératif, ive [iteʀatif, iv] adj. **1.** Didac. Qui est fait, répété plusieurs fois. *Traitement itératif.* **2.** LING Syn. de *fréquentatif.*

itération [iteʀasjɔ̃] n. f. Didac. Répétition. ▷ MATH, INFORM Répétition d'un calcul, permettant d'obtenir un résultat approché satisfaisant. ▷ PSYCHOPATHOL Répétition incessante et stéréotypée d'un mouvement, d'une expression verbale.

Ithaque, une des îles Ioniennes; 96 km^2; 5000 hab.; v. princ. *Itháki.* – Selon Homère, Ulysse en était le roi.

itinéraire [itineʀɛʀ] n. m. Route à suivre ou suivie pour aller d'un lieu à un autre. *Itinéraire fléché. Notre itinéraire passe par Namur.*

itinérant, ante [itineʀɑ̃, ɑ̃t] adj. et n. **1.** Qui se déplace, qui va de lieu en lieu, sans résidence fixe, pour exercer ses fonctions. *Ambassadeur itinérant.* ▷ Subst. *Une profession largement constituée d'itinérants.* **2.** Qui a lieu successivement dans plusieurs lieux différents. *Culture itinérante :* V. essartage.

iule [jyl] n. m. ZOOL Myriapode (mille-pattes) vivant sous les pierres ou dans la terre et qui s'enroule en spirale en cas de danger.

I.U.T. n. m. Sigle de *Institut universitaire de technologie.* Établissement d'enseignement assurant la formation de techniciens supérieurs.

Ivajlo (m. en 1280), roi de Bulgarie (1277-1279). Chef d'une révolte paysanne contre les boyards et les envahisseurs mongols et byzantins, il se fit proclamer tsar. Il fut assassiné par Jean IV Asen III.

Ivan Ier Kalita (v. 1304 – 1341), grand-prince de Moscou et de Vladimir (1328-1340), le premier qui porta ce titre. Il rechercha l'alliance des Mongols. — **Ivan III le Grand** (1440 – 1505), grand-prince de Moscou et de toute la Russie de 1462 à 1505. Il rejeta la suzeraineté mongole (1480). — **Ivan IV le Redoutable** ou **le Terrible** (1530 – 1584), tsar de Russie (1533-1584), considéré comme le fondateur de la Russie moderne. Dès 1564, il fit régner la terreur, décimant en partic. les boyards. — **Ivan V** (1666 – 1696), tsar de 1682 à 1696. Débile mental, il partagea le titre de tsar avec son demi-frère Pierre (futur Pierre le Grand) qui, en 1689, prit la totalité du pouvoir.

Ivens (Joris) (1898 – 1989), cinéaste néerlandais, auteur de documentaires engagés : *Borinage* (1933), *Terre d'Espagne* (1937), *Comment Yukong déplaça les montagnes* (1976).

Ives (Charles) (1874 – 1954), compositeur américain. Autodidacte, il fut le pionnier d'une avant-garde qui annonçait Stravinski et Bartók.

I.V.G. n. f. Sigle de *interruption volontaire de grossesse.*

Ivindo (l'), riv. du N.-O. du Gabon, affl. principal de l'Ogooué.

ivoire [ivwaʀ] n. m. (et adj. inv.) **1.** Matière dure d'une blancheur laiteuse très fortement minéralisée (sels de calcium, notam.) constituant les défenses de l'éléphant. *Objets sculptés en ivoire,* ou, ellipt., *des ivoires. Bracelet en ivoire.* ▷ Poét. *D'ivoire :* d'une blancheur comparable à celle de l'ivoire. *Un cou d'ivoire.* – adj. inv. *Des tissus ivoire.* **2.** Matière des dents et défenses de certains animaux autres que l'éléphant (hippopotame, narval, etc.). **3.** ANAT Partie dure des dents. (V. dent.) **4.** TECH *Noir d'ivoire :* poudre noire utilisée en peinture, faite d'ivoire et d'os calcinés; couleur noire préparée avec cette poudre. ▷ *Ivoire végétal :* V. corozo.

ivoirien, enne [ivwaʀjɛ̃, ɛn] adj. et n. De Côte d'Ivoire. ▷ Subst. *Un(e) Ivoirien(ne).*

ivoirisation [ivwaʀizasjɔ̃] n. f. (Afr. subsah.) Action d'ivoiriser.

ivoiriser [ivwaʀize] v. tr. **[1]** (Afr. subsah.) Rendre ivoirien; attribuer à des Ivoiriens. *Ivoiriser les postes de direction dans une entreprise.*

ivraie [ivʀɛ] n. f. Graminée des régions tempérées (envahissante dans les céréales), dont les graines sont toxiques. ▷ Loc. fig. (Allus. à la Bible.) *Séparer le bon grain de l'ivraie,* les bons des méchants, le bien du mal.

ivre [ivʀ] adj. **1.** Dont le comportement, les réactions sont troublés par les effets de l'alcool. *Il était légèrement ivre. Ivre mort :* ivre au point d'avoir perdu toute conscience. Syn. fam. soûl. **2.** Fig. *Ivre de :* exalté, transporté hors de soi (par les passions). *Il est ivre de jalousie.*

ivresse [ivʀɛs] n. f. **1.** État d'une personne ivre; intoxication alcoolique. – Par anal. *Ivresse morphinique,* due à l'action de la morphine. **2.** *Par ext.* Exaltation causée par une émotion violente, une passion. *L'ivresse de l'amour.*

ivressomètre [ivʀesomɛtʀ] n. m. (Québec) Alcootest.

ivrogne [ivʀɔɲ] adj. et n. Péjor. Qui a l'habitude de s'enivrer.

ivrognerie [ivʀɔɲ(ə)ʀi] n. f. Péjor. Habitude de s'enivrer; état d'une personne ivrogne.

ivrognesse [ivʀɔɲɛs] n. f. Fam. et péjor. Femme ivrogne.

Iwo, v. du Nigeria, au N.-E. d'Ibadan, dans l'État d'Oyo; 296200 hab. Centre commercial (cacao).

Ixelles (en néerl. *Elsene*), com. de Belgique (aggl. de Bruxelles); 76000 hab. Industr. métall., chim. et text. Institut de cartographie. – Abbaye de la Cambre (bâtiments du XVIIIe s.) fondée en 1201.

ixode [iksɔd] n. m. ZOOL Nom scientifique des acariens de la famille de la tique*.

Izmir (anc. *Smyrne*), port de Turquie au fond du *golfe de Smyrne,* sur la mer Égée; ch.-l. de l'il du m. nom; 946290 hab. Centre industr. (text.) et comm. Musée archéologique.

j [ʒi] n. m. **1.** Dixième lettre (j, J) et septième consonne de l'alphabet, notant la fricative sonore prépalatale [ʒ]. **2.** MILIT *Jour J :* jour prévu pour une opération; *par ext.*, jour où quelque chose d'important doit avoir lieu.

Jabalpur ou **Jubbulpore,** v. de l'Inde (Madhya Pradesh), près de la Narbadā; 740 000 hab. Industries.

Jabès (Edmond) (1912 – 1991), écrivain français. Né en Égypte, où il fréquenta le poète G. Hénein, il s'installa en France dans les années 1950. Son œuvre est une longue quête sur le judaïsme : *le Livre des questions* (1963-1973), *le Livre des ressemblances* (1976).

jabiru [ʒabiʀy] n. m. Grand oiseau (1,50 m de haut) des régions chaudes, voisin de la cigogne, dont le bec est légèrement courbé vers le haut.

jabot [ʒabo] n. m. **1.** Poche de l'œsophage des oiseaux, dans laquelle les aliments subissent l'action de diverses sécrétions avant de passer dans l'estomac. **2.** Plissé ornant le devant d'une chemise, d'un corsage. *Chemise à jabot.*

jacana [ʒakana] n. m. Oiseau charadriiforme des marais tropicaux qui, grâce à ses doigts allongés, marche sur les nénuphars.

jacaranda [ʒakaʀɑ̃da] n. m. Arbre des régions chaudes (fam. bignoniacées) à fleurs violettes, dont le bois est très apprécié.

jacasser [ʒakase] v. intr. [**1**] **1.** Pousser son cri, en parlant de la pie. **2.** Parler, bavarder avec volubilité de choses insignifiantes.

Jaccottet (Philippe) (né en 1925), écrivain suisse d'expression française, né dans le cant. de Vaud. Poète (*l'Effraie,* 1954; *À la lumière d'hiver,* précédé de *Leçons* et de *Chants d'en bas,* 1977; *Pensées sous les nuages,* 1983), essayiste (*Rilke,* 1970) et traducteur (œuvres de Rilke, Musil, Leopardi, Ungaretti).

jachère [ʒaʃɛʀ] n. f. État d'une terre que l'on s'abstient temporairement de cultiver pour permettre la régénération du sol. *Terre en jachère.* – Cette terre. *Labourer des jachères.* Syn. (Louisiane) savane. – SYLVIC *Jachère forestière :* état d'une parcelle de forêt tropicale qui a été temporairement défrichée et cultivée, et sur laquelle on laisse la forêt repousser.

jacinthe [ʒasɛ̃t] n. f. **1.** Plante bulbeuse (fam. liliacées) des régions chaudes, à fleurs ornementales. **2.** *Jacinthe d'eau :* plante aquatique flottante et envahissante des régions chaudes, qui peut donner, par fermentation, des gaz combustibles.

jack [ʒak] n. m. (Anglicisme) ELECTR Fiche de connexion à deux broches coaxiales.

Jackson, ville des É.-U., cap. du Mississippi; 196 600 hab. Industries.

Jackson (Andrew) (1767 – 1845), homme politique américain. Anc. général, il fut élu président (démocrate) en 1828 et réélu en 1832.

Jackson (Mahalia) (1911 – 1972), chanteuse américaine de negro spirituals et de gospels.

jaco, jacot ou **jacquot** [ʒako] n. m. Perroquet gris à queue rouge d'Afrique occidentale et centrale, qui passe pour le meilleur parleur de tous les perroquets. ▷ (Antilles) *Par ext.* Perroquet (au propre et au fig.).

Jacob, patriarche hébreu, second fils d'Isaac et de Rébecca, père de douze fils, éponymes des douze tribus d'Israël; cette abondante descendance lui fut annoncée en songe par Dieu, alors que *l'échelle de Jacob* réunissait la terre au ciel. Il mourut en Égypte, où son fils Joseph était devenu ministre du pharaon. (V. Israël.)

Jacob (Max) (1876 – 1944), écrivain français. Il cultiva la satire et la fantaisie (*le Cornet à dés,* 1917) puis un mysticisme naïf. Il se convertit au catholicisme en 1915.

Jacob (François) (né en 1920), médecin et biologiste français; il étudia la génétique bactérienne : *la Logique du vivant* (1970). P. Nobel de médecine 1965 (avec Jacques Monod et André Lwoff).

jacobin, ine [ʒakɔbɛ̃, in] n. et adj. Souvent péjor. Fervent partisan des idées républicaines. ▷ adj. *Idées jacobines.*

jacobinisme [ʒakɔbinism] n. m. POLIT Ferveur républicaine.

Jacobins (club des), sous la Révolution française, société polit. qui siégeait dans l'anc. couvent des Jacobins, rue Saint-Honoré (Paris 1er). En 1791, les modérés formèrent avec La Fayette le *club des Feuillants,* tandis que les Jacobins, avec Robespierre, voulaient la république. Sous la Convention, le club dirigea la Montagne*, qui élimina les Girondins*. Fermé après Thermidor (11 nov. 1794), il fut reconstitué sans grand succès sous le Directoire et supprimé en 1799.

jacobite [ʒakɔbit] adj. et n. RELIG *Église jacobite :* Église syrienne, qui doit son nom à Jacques Baradée ou Baradaï (v. 500-578), qui rassembla et organisa les communautés monophysites de Syrie, d'Asie mineure et d'Égypte. ▷ Subst. Membre de l'Église jacobite.

jacot [ʒako] n. m. V. jaco.

jacquard [ʒakaʀ] n. m. **1.** TECH Métier à tisser inventé par Jacquard. **2.** Tricot (fait à la machine ou à la main) dont les dessins imitent les étoffes tissées au jacquard.

Jacquard (Joseph-Marie) (1752 – 1834), mécanicien français. Le métier à tisser *Jacquard* fonctionnait au moyen de cartes perforées.

jacque [ʒak] n. m. V. jaque.

jacquerie [ʒakʀi] n. f. Soulèvement de paysans.

Jacquerie (la), insurrection rurale due à la misère, qui éclata en France, dans la rég. de Beauvais (Oise), en mai 1358 : les *jacques* (paysans) ravagèrent le pays. En juin, leur chef, Guillaume Karle, fut capturé et les insurgés furent massacrés. Par la suite, on nomma *jacqueries* des révoltes analogues.

SAINTS

Jacques (saint), dit *le Majeur* (? – 44 apr. J.-C.), un des douze apôtres, frère de saint Jean l'Évangéliste. Il est vénéré à Compostelle (Espagne).

Jacques (saint), dit *le Juste* ou *le Mineur* (m. en 62 apr. J.-C.), un des douze apôtres, cousin germain de Jésus-Christ; premier évêque de Jérusalem; il fut lapidé et jeté du haut du Temple.

Jacques de Voragine (bienheureux) (v. 1228-1230 – 1298), dominicain italien, archevêque de Gênes (1292). Sa *Vie des saints* fut popularisée sous le nom de *Légende dorée.*

ANGLETERRE

Jacques Ier (1566 – 1625), roi d'Écosse (sous le nom de Jacques VI, 1567-1625), roi d'Angleterre et d'Irlande (1603-1625), fils de Marie Stuart. Son absolutisme, sa lutte contre les catholiques et les puritains, son favoritisme (dont bénéficia notam. le duc de Buckingham) mécontentèrent ses sujets. — **Jacques II** (1633 – 1701), roi d'Écosse (Jacques VII), d'Angleterre et d'Irlande (1685-1688), frère de Charles II. Sa conversion au catholicisme et son absolutisme lui aliénèrent l'opinion. Il fut détrôné par son gendre, Guillaume de Nassau, et s'enfuit en France, où il mourut.

Jacques de Vitry (v. 1170 – 1240), historien et prédicateur français. Il prêcha la croisade contre les albigeois et prit part à la 5e croisade. On lui doit *l'Historia orientalis seu Hierosolymitana.*

jacquet [ʒakɛ] n. m. Jeu de dés, variété de trictrac, qui consiste à faire avancer des pions sur une tablette où sont figurées vingt-quatre flèches de deux couleurs différentes. – Cette tablette.

jacquier [ʒakje] n. m. V. jaquier.

jacquot [ʒakɔ] n. m. V. jaco.

jactance [ʒaktɑ̃s] n. f. Litt. Manière arrogante de parler en se vantant.

jacuzzi [ʒakuzi] n. m. (Nom déposé.) Baignoire pour bains à remous. Syn. (Québec) bain tourbillon.

jade [ʒad] n. m. **1.** Pierre fine très dure (silicate naturel d'aluminium et de calcium), d'un vert plus ou moins prononcé. *Statuette en jade.* **2.** Objet sculpté en jade. *Les jades chinois.*

Jadida (El-) *(al-Ğadīda)* (anc. *Mazagan*), port du Maroc, près de Casablanca; 150000 hab.; ch.-l. de la prov. du m. nom. – La ville fut fondée par les Portugais en 1513. Le sultan Mohammed ben Abdallah la leur prit en 1769.

jadis [ʒadis] adv. Autrefois. *Jadis vivait un roi.* ▷ adj. *Le temps jadis.*

Jadotville. V. Likasi.

Jaffa ou **Yafo,** anc. v. d'Israël, sur la mer Méditerranée, auj. fbg S. de Tel-Aviv. Industr. – Très ancienne, la ville fut prise par Bonaparte (1799). Enlevée aux Turcs par l'armée brit. (1917), elle fut dévastée lors du conflit israélo-arabe de 1948.

Jagellon, famille lituanienne à l'origine de la dynastie lituano-polonaise qui, fondée par Ladislas II Jagellon, régna de 1386 à 1572 en Pologne, en Bohême et en Hongrie.

jaguar [ʒagwaʀ] n. m. Grand félin (*Panthera onca,* 1,30 m) des régions tropicales de l'Amérique du S. (Amazonie, surtout), au pelage tacheté d'ocelles, homologue américain de la panthère.

jaguarondi [ʒagwaʀɔ̃di] n. m. Félin de couleur brune (*Felis jaguarondi*) d'Amérique tropicale, env. deux fois plus gros qu'un chat domestique.

Jahvé, Jahveh. V. Yahvé.

jaillir [ʒajiʀ] v. intr. [3] **1.** Sortir impétueusement, en parlant d'un liquide, d'un fluide. *Le sang jaillit de la blessure.* ▷ Par anal. *Faire jaillir une étincelle. Un cri d'horreur jaillit de toutes les poitrines.* **2.** Fig. Se manifester soudainement. *Faire jaillir la vérité.*

jaillissement [ʒajismɑ̃] n. m. Fait de jaillir; mouvement de ce qui jaillit. *Le jaillissement des eaux.* – Fig. *Un jaillissement d'idées.*

jaïnisme [ʒainism] ou **djaïnisme** [dʒainism] n. m. RELIG Religion fondée en Inde au VIe s. av. J.-C. et qui, comme le bouddhisme, fut une réforme menée contre le brahmanisme. *La non-violence préconisée par le jaïnisme a profondément marqué l'éducation de Gandhi.*

Jaipur, v. de l'Inde, capitale du Rājasthān; 1455000 hab. Industr. Artisanat (ivoire, pierres précieuses). – Ancien centre de la civilisation du Rājputāna.

jais [ʒɛ] n. m. Variété de lignite d'un noir brillant, utilisée en bijouterie. ▷ Loc. *Noir comme du jais.* – Ellip. *Yeux, cheveux de jais,* très noirs.

Jakarta. V. Djakarta.

Jakobson (Roman) (1896 – 1982), linguiste américain d'origine russe. Fondateur, avec Troubetskoy, de la phonologie moderne, animateur du Cercle de Prague (1926-1939), il émigra en 1941 aux É.-U. Il élabora notam. une théorie de la communication : *Essais de linguistique générale* (en fr., 1963-1973).

Jalapa ou **Jalapa Enríquez,** v. du Mexique central; cap. de l'État de Veracruz; 288330 hab. Région agricole (café, tabac) et centre industriel.

Jalisco, État du Mexique, au N.-O. de Mexico, bordé par le Pacifique; 80836 km²; 5302680 hab. Cap. *Guadalajara.* – La civilisation précolombienne du Jalisco, côtière, est datée des IVe-VIIe s.

jalon [ʒalɔ̃] n. m. **1.** Fiche de bois ou de métal que l'on plante en terre pour prendre un alignement, marquer une direction. **2.** Fig. Point de repère. – *Poser, planter des jalons :* fixer les idées principales d'un ouvrage, préparer les voies d'une entreprise.

jalonnement [ʒalɔnmɑ̃] n. m. Action, manière de jalonner.

jalonner [ʒalɔne] v. [1] **I.** v. intr. Poser des jalons. **II.** v. tr. **1.** Déterminer, marquer le tracé, l'alignement, l'itinéraire de (qqch) au moyen de jalons ou de repères. *Jalonner un terrain.* ▷ Fig. *Les succès ont jalonné sa carrière.* ▷ Pp. *Une entreprise jalonnée d'obstacles.* **2.** Délimiter, indiquer (comme par des jalons). *Bidons peints qui jalonnent une piste.* ▷ *Par ext.* Être placé en bordure et de distance en distance. *Les arbres qui jalonnent la route.*

jalousement [ʒaluzmɑ̃] adv. **1.** Avec jalousie. **2.** Avec méfiance. *Garder jalousement ses trésors.*

jalouser [ʒaluze] v. tr. [1] Considérer avec envie et dépit (la situation ou les avantages d'une personne, cette personne). *Jalouser la promotion d'un collègue. Jalouser ses frères.* ▷ v. pron. (récipr.) *Ils se jalousent à tout propos.*

jalousie [ʒaluzi] n. f. **I. 1.** Sentiment de dépit mêlé d'envie, dû à ce qu'un autre obtient ou possède ce que l'on aurait voulu obtenir ou posséder. *Quiconque réussit suscite la jalousie des médiocres.* **2.** Disposition ombrageuse de celui qui voue un amour possessif et exclusif à quelqu'un et le soupçonne d'infidélité. *La jalousie d'Othello.* **II.** TECH Treillis en bois ou en métal au travers duquel on peut voir sans être vu. – Persienne constituée de lamelles parallèles orientables.

jaloux, ouse [ʒalu, uz] adj. et n. **1.** *Être jaloux de qqch,* y être très attaché. *Il est jaloux de ses prérogatives.* – Qui marque cet attachement. *Soins jaloux.* **2.** Qui envie les avantages, les succès d'autrui. ▷ Subst. *Sa réussite va faire des jaloux.* **3.** Tourmenté par la crainte que la personne aimée ne manque à la fidélité. *Mari jaloux.* ▷ Subst. *Un jaloux, une jalouse.*

jamaïquain, aine ou **jamaïcain, aine** [ʒamaikɛ̃, ɛn] adj. et n. De la Jamaïque ▷ Subst. *Un(e) Jamaïquain(e)* ou *Jamaïcain(e).*

Jamaïque *(Jamaica),* État insulaire de l'Atlantique, membre du Commonwealth, dans les Grandes Antilles, au sud de Cuba; 11425 km²; 2450000 hab. (croissance : plus de 1,5 % par an); cap. *Kingston.* Nature de l'État : rép. Langue off. : angl. Monnaie : dollar jamaïquain. Pop. : Noirs (75 %), mulâtres (15 %), Asiatiques et Européens. Relig. : anglicanisme (off.), christianisme.
Géogr. phys. et écon. – Montagneux, l'E. de l'île culmine à 2292 m, l'O. est un plateau calcaire. Le climat tropical, soumis aux alizés, plus humide au N. qu'au S., entretient une végétation de forêts. Les densités approchent 230 hab./km²; l'émigration s'est ralentie. Les Jamaïcains ont développé un culte original, mélange de rites chrétiens et de musique (reggae), fondé sur le retour mythique vers l'Afrique des ancêtres (ses adeptes sont les rastas*). – L'agriculture est dominée par les plantations comm., dues à la colonisation; on exporte sucre, bananes, rhum et café. 50 % de la bauxite (4e production mondiale) est aujourd'hui transformée sur place. Le tourisme est en essor. Les principaux partenaires économiques sont les É.-U. et la G.-B.; la dette est importante.
Hist. – Découverte par C. Colomb (1494) et occupée par les Espagnols, l'île fut conquise par les Anglais (1655-1658), qui en firent une colonie prospère. Elle accéda à l'indépendance en 1962. Deux partis s'affrontent, parfois violemment : le Parti travailliste, de tendance libérale, et le Parti national populaire, social-démocrate, dont le chef, M. Manley, a gouverné de 1972 à 1980, tentant une expérience inspirée du castrisme. En 1989, il a retrouvé le pouvoir. En 1992, Percival Patterson lui a succédé dans son parti et comme Premier ministre.

jamais [ʒamɛ] adv. **1.** (Avec un sens affirmatif.) En un temps quelconque, passé ou futur; un jour. *Avez-vous jamais observé cela? Si jamais vous le voyez...* ▷ Loc. adv. *À jamais, à tout jamais, pour jamais :* pour toujours, éternellement. *Cœur brisé à jamais.* **2.** (Dans une phrase négative.) *Ne... jamais, jamais... ne :* en aucun temps. *Je ne l'ai jamais vu. Jamais il ne reviendra.* ▷ *Il n'a jamais fait que... :* en aucun temps il n'a fait autre chose que... ▷ *Ne... plus jamais, jamais plus... ne. Je ne le ferai plus jamais. Jamais plus je ne ferai cela.* **3.** (Avec un sens négatif.) À aucun moment, en aucun cas. *Trahir? jamais! C'est le moment ou jamais :* aucun autre moment ne pourrait être plus propice. – Prov. *Mieux vaut tard que jamais,* que pas du tout.

jambage [ʒɑ̃baʒ] n. m. **1.** Trait vertical dans le tracé des lettres m, n et u. **2.** CONSTR Chacune des deux assises de pierre ou de maçonnerie qui supportent le linteau d'une porte, etc.

jambalaya [(d)ʒɑ̃balaja] n. m. (Louisiane) Mets à base de riz et de crevettes, d'huîtres ou de viande. – Fig. Mélange.

jambe [ʒɑ̃b] n. f. **I. 1.** ANAT Partie de chacun des deux membres inférieurs de l'homme comprise entre le genou et le pied et dont le squelette est formé du tibia et du péroné. **2.** Cour. Membre inférieur tout entier. *Les jambes puissantes d'un athlète.* Syn. (France rég.) cambe. ▷ Loc. fam. *Jouer des jambes, prendre ses jambes à son cou :* s'enfuir en courant. – *Courir, aller à toutes jambes,* le plus vite possible. – *Traîner la jambe :* marcher avec difficulté. – Fig. *La nouvelle lui a coupé bras et jambes,* lui a ôté toute force. *Le vin m'avait coupé les jambes.* ▷ Fig. *Tenir la jambe à qqn,* l'importuner en le retenant par ses discours. – *Faire des ronds de jambe :* faire des manières dans l'intention de séduire. – *Faire qqch par-dessous* (ou *par-dessus*) *la jambe,* avec désinvolture. – Iron. *Cela lui fait une belle jambe :* cela ne lui apporte rien. **3.** Par anal. *Jambe de bois :* pièce de bois façonnée pour servir de prothèse à un amputé. – *Jambe artificielle, articulée.* **4.** Patte (notam. des quadrupèdes). ▷ *Spécial.* Partie des membres postérieurs du cheval, entre le bas de la cuisse et le jarret. **II.** *Par anal.* Ce qui sert à porter, à soutenir. – *Jambes d'un compas,* ses branches. ▷ CONSTR *Jambe de force :* pièce inclinée qui soutient une poutre et en divise la portée.

jambette [ʒɑ̃bɛt] n. f. (Québec) Croc-en-jambe. *Donner, faire une jambette à qqn.*

jambier, ère [ʒɑ̃bje, ɛʀ] adj. et n. m. ANAT *Muscles jambiers,* de la jambe. ▷ n. m. *Le jambier antérieur.*

jambière [ʒɑ̃bjɛʀ] n. f. Pièce de vêtement qui entoure la jambe. *Jambière de cuir d'un chasseur .*

Jambol, v. de Bulgarie; 98200 hab. Industr. textile et alimentaire.

jambon [ʒɑ̃bɔ̃] n. m. Cuisse ou épaule, salée ou fumée, du porc. *Jambon cru, cuit. Tranche de jambon.*

jambonneau [ʒɑ̃bɔno] n. m. **1.** Petit jambon fait avec les pattes de devant du porc. **2.** Mollusque lamellibranche marin (genre *Pinna*), à grande coquille triangulaire (long. jusqu'à 75 cm).

jamboree [ʒɑ̃bɔʀi] n. m. Réunion internationale de scouts.

jambose [ʒɑ̃boz] n. f. Fruit du jambosier, aussi appelé *pomme-rose.*

jambosier [ʒɑ̃bozje] n. m. Arbre cultivé dans les régions tropicales (fam. myrtacées), à petits fruits roses comestibles, les *jamboses* ou *pommes-roses.*

James (baie), prolongement de la baie d'Hudson vers le sud entre le Québec et l'Ontario.

James (William) (1842 – 1910), philosophe américain. Son *Précis de psychologie* (1890) fonde le «pragmatisme», un empirisme radical. — **Henry** (1843 – 1916), frère du préc.; écrivain américain, naturalisé anglais en 1915. Méconnu du public, il eut une grande influence. Romans : *les Européens* (1878), *Washington Square* (1881), *Un portrait de femme* (id.), *les Bostoniennes* (1886), *Ce que savait Maisie* (1897), *les Ailes de la colombe* (1902), *les Ambassadeurs* (1903). Nouvelles : *le Tour d'écrou* (1898), *la Bête dans la jungle* (1903). Il consacra la fin de sa vie à ses mémoires (2 vol. publiés, 3ᵉ vol. inachevé).

Jammes (Francis) (1868 – 1938), poète français. Il exprime son amour pour la vie et la nature. Il fut converti au catholicisme par Claudel.

Jammu, v. de l'Inde, cap., avec Srinagar, de l'État de Jammu-et-Cachemire (V. Cachemire); 206000 hab. Industries.

Jamna. V. Yamunā.

jam-session [(d)ʒamsɛsjɔ̃] n. f. (Anglicisme) Réunion de musiciens de jazz où ils improvisent librement. *Des jam-sessions.*

Janáček (Leoš) (1854 – 1928), compositeur tchèque. Il puisa dans la musique populaire de son pays.

Janco (Marcel) (1895 – 1984), peintre roumain naturalisé israélien. À Zurich, où il étudiait l'architecture, il participa à la fondation de Dada*. À Bucarest (1923-1940), il réalisa des gravures et des plâtres peints. Il s'orienta ensuite vers un art plus personnel et contribua à la diffusion de l'art moderne en Israël.

Jancsó (Miklós) (né en 1921), cinéaste hongrois au lyrisme baroque : *Psaume rouge* (1972).

Janequin (Clément) (v. 1485 – 1558), maître français de la chanson polyphonique.

Janet (Pierre) (1859 – 1947), neurologue français; initiateur de la psychologie expérimentale.

Janicule (mont), l'une des sept collines de Rome (rive dr. du Tibre).

janissaire [ʒanisɛʀ] n. m. HIST Fantassin turc appartenant à un corps chargé de la garde du sultan du XIVᵉ au XIXᵉ siècle.

Jankélévitch (Vladimir) (1903 – 1985), philosophe français : *la Mauvaise Conscience* (1933), *Je-ne-sais-quoi et le Presque-rien* (1957-1980).

jansénisme [ʒɑ̃senism] n. m. HIST RELIG Doctrine de Jansénius et de ses partisans. ▷ Mouvement religieux animé par les jansénistes. ▷ *Par ext.* Vertu rigide et austère.
ENCYCL Le jansénisme est essentiellement une doctrine de la prédestination et des rapports du libre arbitre et de la grâce. Il s'appuie sur l'*Augustinus,* ouvrage présenté comme une somme des thèses de saint Augustin, et dans lequel Jansénius soutient que le péché originel a ruiné la liberté de l'homme, et que la grâce est uniquement déterminée par la volonté de Dieu qui l'accorde ou non à chacun (*prédestination gratuite*). Le grave débat théologique qui suivit la publication du livre (1640) opposa les solitaires de Port*-Royal et Pascal (adeptes de Jansénius) aux jésuites. Ces derniers firent parvenir au pape un résumé, en cinq propositions, de la doctrine de l'*Augustinus,* qu'Innocent X condamna comme hérétique (bulle *Cum occasione,* 1653). L'opinion éclairée se passionna pour ce débat où les jésuites étaient pris à partie (*Lettres provinciales* de Pascal, en 1656-1657) et qui mettait en cause toutes les formes d'absolutisme, pontifical et royal. Le pouvoir politique parut l'emporter avec la destruction de Port*-Royal des Champs (1709) et la dispersion des religieuses; en réalité, le jansénisme survécut comme une forme d'opposition pendant tout le XVIIIᵉ s., notam. dans les milieux parlementaires.

janséniste [ʒɑ̃senist] adj. et n. HIST RELIG **I.** adj. **1.** Du jansénisme. *Morale janséniste.* **2.** *Par ext.* Rigide et austère. *Des principes jansénistes.* **II.** n. Partisan de la doctrine de Jansénius. *Les jansénistes de Port*-Royal.*

Jansénius (Corneille Jansen, dit) (1585 – 1638), théologien hollandais; évêque d'Ypres (1635). Son *Augustinus* (posth., 1640) promut le *jansénisme.* (V. encycl. jansénisme.)

jante [ʒɑ̃t] n. f. Pièce circulaire, généralement de bois ou de métal, qui constitue la partie extérieure d'une roue.

Janus, divinité italique et romaine. Connaissant le passé et l'avenir, il est représenté avec deux visages tournés en sens contraire.

janvier [ʒɑ̃vje] n. m. Premier mois de l'année, comprenant trente et un jours. *Les vœux du 1ᵉʳ Janvier.*

Janvier (saint) (v. 250 – v. 305), évêque de Bénévent; patron de Naples, où son sang coagulé se liquéfierait parfois.

Japhet, dans la Bible, troisième fils de Noé, dont les sept fils peuplèrent de leurs descendants l'Europe et une partie de l'Asie.

japon [ʒapɔ̃] n. m. Papier résistant, blanc crème, utilisé pour les éditions de luxe.

Japon (mer du), partie du Pacifique séparant le Japon de la côte asiatique.

Japon (empire du) ou **Empire nippon,** État d'Extrême-Orient, composé de 3400 îles et îlots dispersés en arc de cercle au large des côtes orientales de l'Asie, et baigné à l'O. par la mer du Japon et à l'E. par l'océan Pacifique. On compte quatre îles princ., du N. au S. : Hokkaidō, Honshū (les 3/5 du territoire), Shikoku et Kyūshū. En totalité : 377765 km²; 123 millions d'hab. (croissance : moins de 0,5 % par an); cap. *Tōkyō* (dans Honshū). Nature de l'État : monarchie constitutionnelle. Langue off. : japonais. Monnaie : yen. Relig. : shintoïsme et bouddhisme.
Géogr. phys. et hum. – Le Japon est un arc montagneux récent s'élevant brutalement au-dessus de la mer (3778 m au mont Fuji). Situé sur une zone de subduction, au contact des plaques du Pacifique et de l'Asie, bordé à l'E. de profondes fosses marines, l'archipel est une zone instable : plus de 400 séismes majeurs depuis l'an mille (destruction de Tōkyō en 1923, 140000 victimes); des centaines de volcans, dont 67 en activité; érosion des pentes montagneuses par des eaux torrentielles; tsunamis qui ravagent les côtes. Les plaines couvrent 16 % du territoire. Le Japon est bordé par un littoral de 33000 km (dont 9000 km de côtes artificielles), généralement rocheux et escarpé, mais de grandes baies bordent les plaines côtières. Le climat est soumis à la double influence de la mousson d'hiver, froide et humide, et de la mousson d'été, dont l'air tropical chaud et humide souffle du S.-E. L'extension en latitude du Japon détermine trois milieux. Au N. (Hokkaidō et N. de Honshū), la forêt de conifères et de bouleaux correspond à un climat tempéré aux hivers froids; le Centre, aux hivers moins marqués, est le domaine de la forêt mixte; dans le S., aux étés moites, s'étend la forêt subtropicale. Les montagnes sont vides et boisées (la forêt couvre 68 % du territoire). Les Japonais se concentrent sur moins de 20 % du pays. On pratique la riziculture intensive sur les espaces encore exploitables; des villes tentaculaires gagnent sur eux et sur la mer. 90 % des Japonais vivent dans des aires métropolitaines. La côte est d'Honshū est une succession de mégapoles. Le peuplement est très homogène : les occupants primitifs, les Aïnos (Blancs), ont été refoulés dans le N. par des peuples venus d'Asie et d'Insulinde que l'isolement du Japon, pendant des siècles, a protégés d'autres envahisseurs. Le bouddhisme, le culte shintoïste (pratiqué, souvent en même temps que le bouddhisme, par près de 95 % des hab.), le modèle du confucianisme renforcent la cohésion de la société. Au malthusianisme qui a précédé l'ère Meiji a succédé, après 1868, une forte croissance : 35 millions d'hab. en 1868, 52 millions en 1915, 74 millions en 1941. Après 1945, on a adopté une politique antinataliste. La répartition des actifs (primaire 8 %, secondaire 34 %, tertiaire 58 %) témoigne d'une économie et d'une société avancées.
Écon. – État exigu, ruiné par la défaite de 1945, dépendant de l'extérieur pour le pétrole, le charbon et la plupart des métaux, à 60 % pour les produits alim., le Japon est auj. la 2ᵉ puissance écon. après les É.-U. : 15 % du P.N.B. de la planète, contre 4 % en 1960, mais dans les années 1990 ses progrès connaissent un tassement. Non seulement le pays occupe des places prépondérantes dans les industries traditionnelles (1ᵉʳ rang mondial pour la construction auto. et navale, 2ᵉ pour la sidérurgie et la chimie, 3ᵉ pour le textile), mais il est un champion de la haute technologie (électronique, robotique, bio-industries, nouveaux matériaux) et de domaines tels que l'audiovisuel. Ces succès ont deux causes princ. : la cohésion so-

ciale (homogénéité ethnique, hiérarchie, culte du travail); la synergie d'énormes conglomérats bancaires et industriels et d'un vaste réseau de petites et moyennes entreprises, qui travaillent en sous-traitance pour les grands groupes et jouent un rôle d'amortisseur en cas de crise. À cela s'ajoutent le protectionnisme (déguisé), l'autofinancement dû à des excédents comm. (les plus élevés du monde), une épargne élevée des ménages et une forte hausse du yen depuis 1985. L'État joue un rôle essentiel par l'intermédiaire du MITI (ministère du Commerce International et de l'Industrie). Le Japon a su s'implanter dans les pays proches (Corée du S., Taiwan, Singapour, Hong Kong), puis dans une ceinture plus lointaine (Thaïlande, Malaisie, Indonésie, Philippines, Australie), pour investir enfin massivement aux É.-U. et en Europe. L'agriculture est auj. marginale : 2 % du P.N.B., 15 % du territoire, fortes subventions. La pêche et l'aquaculture (1er rang mondial) sont une base essentielle, mais le Japon est le prem. importateur mondial de produits agroalimentaires. La production électrique (3e rang mondial) est en partie autonome (nucléaire et hydroélectricité : 40 %). Les infrastructures de transport sont complètes et excellentes. Le Japon transfère vers les pays en développement les industries polluantes ou employant une main-d'œuvre peu qualifiée, et se réserve la haute technologie, les productions à forte valeur ajoutée et la recherche. Les activités tertiaires occupent près de 6 Japonais sur 10 et privilégient communication, loisirs et culture. Le Japon renforce aujourd'hui son rôle militaire (3e budget de défense dans le monde).

Hist. – À la période néolithique (5000-300 av. J.-C.), caractérisée par la pêche, la chasse et la poterie «cordée», succède la période protohistorique (300 av. J.-C.-300 apr. J.-C.) : de Chine proviennent la riziculture et l'utilisation du bronze et du fer. À partir du Ier s. apr. J.-C., l'influence de la culture chinoise par l'intermédiaire de la Corée (art, médecine, système agraire, écriture chinoise seulement transformée par l'adjonction de signes syllabiques phonétiques) est constante; introduit en 538, le bouddhisme, qui se mêla au shintoïsme, fut le véhicule de la culture chinoise. Dès la fin du VIe s., les pouvoirs de l'empereur (dont l'origine, légendaire, remonterait au VIIe s. av. J.-C. par filiation avec la déesse solaire), qui siège à Nara, puis à Kyōto, sont limités par le développement de la féodalité : un ou plusieurs chefs militaires détiennent la réalité du pouvoir, délégué en province à des gouverneurs, les daïmyos. Jusqu'au XVIe s., de grandes familles se partagent le pouvoir : les Fujiwara, les Taira et les Minamoto. En 1603, le daïmyo d'Edo (auj. Tōkyō), Ieyasu Tokugawa, défait tous les opposants et prend le titre de shōgun («général en chef»), créé à la fin du XIIe s.; il unifie le Japon; l'empereur n'est plus que le grand prêtre du shintō. La dictature des shōgun Tokugawa connaît la stabilité : gouvernement fort et centralisé à Edo, hiérarchie sociale très rigide, fermeture du Japon aux influences extérieures, après une sanglante persécution contre les Japonais convertis au christianisme; la bourgeoisie commerçante prospère, l'art se dégage de l'influence chinoise (grande période des estampes); la litt., l'une des plus importantes du monde depuis l'an mille, donne des chefs-d'œuvre. En 1854, l'Américain M. Perry, à la tête d'une escadre armée, fait ouvrir sous la menace deux ports japonais. En quelques années, le Japon se trouve ouvert à tous les pays étrangers; l'empereur Mutsu-Hito (1867-1912) prend la tête d'un mouvement national qui oblige le dernier shōgun à se retirer (9 nov. 1867). La monarchie absolue est rétablie et la capitale établie à Edo, rebaptisée Tōkyō. À partir de 1868, l'ère Meiji (des Lumières) ouvre au monde moderne le Japon, État centralisateur gouverné par une monarchie constitutionnelle. Avec une énergie et une puissance d'adaptation rares dans l'histoire, le Japon se met à l'école occidentale pour rattraper son retard technologique, culturel, scientifique. Il bâtit une infrastructure industr., une armée et une flotte sur le modèle européen. Il défait la Chine en 1895 et annexe Formose, puis il bat la Russie en 1904-1905 et lui prend la péninsule du Liaodong; il entreprend son expansion coloniale (Corée, 1910; Mandchourie, devenue le protectorat japonais du Mandchoukouo en 1932); il pénètre en Chine du Nord et, en 1937, déclare la guerre à la Chine. La Seconde Guerre mondiale marque l'apogée de l'expansion nippone en Asie (1941-1943). Après Pearl* Harbour (7 déc. 1941), les É.-U. entrent en guerre; ils subissent d'abord des revers, puis acculent à la défaite le Japon, qui capitule sans condition (14 août 1945) après l'utilisation par les Américains de l'arme nucléaire sur Hiroshima (6 août) et Nagasaki (9 août). Avec l'aide des É.-U., le Japon s'est rapidement relevé de ses ruines. Par le traité de San Francisco (1951), il a perdu la totalité de ses conquêtes mais a retrouvé une entière souveraineté. Une nouvelle Constitution (1946) a instauré une monarchie parlementaire qui prive l'empereur de ses pouvoirs. Dominé par les milieux d'affaires, le parti libéral-démocrate a gouverné le pays jusqu'en 1993. À la mort de Hirohito (1989), son fils, Akihito, est devenu empereur. En 1992, une modification de la Constitution a autorisé l'intervention de l'armée à l'étranger. Désireux d'ouverture, le Japon a une intense activité diplomatique et vise un siège permanent au Conseil de sécurité de l'ONU. En 1993, le parti libéral (souvent impliqué dans des scandales fin.) a perdu les élections, mais la coalition de centre gauche a une faible stabilité. En janv. 1995, le tremblement de terre de Kōbe a fait douter du système de protection. Cette même année, un gaz meurtrier répandu dans le métro de Tōkyō a attiré l'attention sur le danger que représente les sectes, dont l'une (nommé *Aum*) fut incriminée. En 1996, à la faveur d'un remaniement ministériel, un nationaliste déclaré, Ryutaro Hashimoto, est devenu Premier ministre.

japonais, aise [ʒapɔnɛ, ɛz] adj. et n. **1.** adj. Du Japon. ▷ Subst. *Un(e) Japonais(e).* **2.** n. m. *Le japonais :* la langue parlée par les Japonais, qui n'est classée dans aucune famille de langues.

jappage [ʒapaʒ] n. m. (Québec) Fam. Action d'aboyer de façon persistante.

jappement [ʒapmɑ̃] n. m. Cri du chien qui jappe. *Jappements de chiots.*

japper [ʒape] v. intr. [1] **1.** Pousser des aboiements brefs et aigus. **2.** (Québec) Aboyer.

jappeux, euse [ʒapø, øz] adj. (Québec) Fam. (Animaux) Qui aboie fréquemment. – Fig. (Personnes) Qui parle généralement haut et fort.

jaque ou **jacque** [ʒak] n. m. Fruit du jaquier.

Jaques-Dalcroze (Émile) (1865 – 1950), compositeur et pédagogue suisse. Inventeur d'une méthode de gymnastique rythmique qui porte son nom, il fonda à Genève un institut spécialisé (1914).

Jaquet-Droz (Pierre) (1721 – 1790), mécanicien suisse. Il perfectionna les mécanismes d'horlogerie et construisit des automates.

1. jaquette [ʒakɛt] n. f. **1.** Veste de cérémonie pour hommes, à pans ouverts, descendant jusqu'aux genoux. **2.** Veste de femme ajustée. **3.** (Suisse) Cardigan. **4.** (Québec) Chemise de nuit. – *Jaquette d'hôpital,* que portent les patients hospitalisés. **5.** TECH Enveloppe extérieure, en tôle, d'une chaudière, d'un four, etc., formant isolant thermique et carrosserie.

2. jaquette [ʒakɛt] n. f. **1.** Couverture légère qui protège la reliure d'un livre. **2.** Revêtement destiné à remplacer l'émail de la couronne dentaire.

jaquier ou **jacquier** [ʒakje] n. m. Arbre des régions tropicales (fam. moracées), voisin de l'arbre à pain, cultivé pour ses gros fruits comestibles (12 à 15 kg) aux graines très riches en amidon *(jaques).*

Jarai(s), population des hauts plateaux du centre du Viêt-nam (env. 200 000 personnes). Ces agriculteurs parlent une langue austronésienne et possèdent un riche patrimoine musical.

jardin [ʒaʀdɛ̃] n. m. **1.** Terrain, le plus souvent clos, où l'on cultive des légumes, des fleurs, des arbres. *Jardin potager, jardin d'agrément.* – (Afr. subsah.) *Jardin de case :* potager situé près de l'habitation. – *Jardin public :* jardin d'agrément ouvert à tous. – *Jardin botanique,* où l'on cultive les plantes pour les étudier. ▷ Par anal. Région agricole riche et riante. ▷ Loc. fig. *Jeter une pierre dans le jardin de qqn,* lui jeter une pique au cours d'une conversation. **2.** *Jardin japonais :* bac où est disposé un jardin en miniature. **3.** *Jardin d'enfants :* établissement d'éducation qui reçoit de très jeunes enfants. **4.** THEAT *Côté jardin :* côté de la scène à droite de l'acteur regardant la salle (par oppos. à *côté cour*).

jardinage [ʒaʀdinaʒ] n. m. **1.** Culture des jardins. **2.** SYLVIC Mode d'exploitation consistant à couper les arbres nuisibles ou inutiles, arrivés à maturité, de manière à maintenir le bon état d'une forêt.

jardin des Plantes, partie originelle du Muséum d'histoire naturelle, située au bord de la Seine (Paris 5e) : jardin, serres, ménagerie, fossiles, etc.

jardiner [ʒaʀdine] v. intr. [1] **1.** S'adonner au jardinage (sens 1). **2.** Pp. adj. SYLVIC *Forêt jardinée,* exploitée selon le système du jardinage (sens 2), où se trouvent, de ce fait, des arbres de tous âges.

jardinet [ʒaʀdinɛ] n. m. Petit jardin.

jardinier, ère [ʒaʀdinje, ɛʀ] n. et adj. **A.** n. **I.** Personne qui cultive un jardin. **II.** n. f. **1.** Meuble supportant une caisse où l'on cultive des fleurs. ▷ Bac dans lequel on cultive des plantes, des fleurs. **2.** Mélange de légumes cuits (carottes et pommes de terre nouvelles coupées en dés, petits pois, etc.). **3.** *Jardinière d'enfants :* éducatrice dans un jardin d'enfants. **B.** adj. Relatif aux jardins. *Les cultures jardinières.*

jargon [ʒaʀgɔ̃] n. m. Langage déformé. ▷ Langage incompréhensible. *Le jargon des jeunes citadins.* ▷ *Spécial.* (Souvent péjor.) Vocabulaire particulier aux personnes exerçant la même activité, et que le profane a peine à comprendre. *Le jargon des philosophes, des médecins.*

jargonner [ʒaʀgɔne] v. intr. [1] **1.** Parler un jargon. **2.** Crier, en parlant du jars, de l'oie.

Jarnac (Guy Chabot, baron de) (1509 – apr. 1572), gentilhomme français qui, au cours d'un duel (1547), blessa mortellement un favori d'Henri II, La Châtaigneraie, d'un coup au jarret. ▷ *Coup de Jarnac :* coup décisif donné par surprise, voire par traîtrise.

jarovisation [ʒaʀɔvizasjɔ̃] n. f. AGRIC Syn. de *vernalisation.*

1. jarre [ʒaʀ] n. f. Grand vase de terre cuite, de grès, à large ventre et à anses, ou de forme cylindrique, destiné à contenir de l'eau, de l'huile, du riz, des saumures, etc. ▷ *Jarre funéraire :* urne funéraire. ▷ (Viêt-nam) *Alcool de jarre :* V. alcool (sens 2).

2. jarre [ʒaʀ] n. m. (Surtout plur.) Poil long et dur, plus épais que les autres, dans la fourrure des animaux.

Jarres (plaine des), région du Laos occupant une dépression au centre de la prov. de Xieng Khouang. On y a découvert de grandes urnes funéraires préhistoriques. En 1952, des combats y opposèrent Français et Vietnamiens.

jarret [ʒaʀɛ] n. m. **1.** Partie du membre inférieur située derrière le genou. – Loc. fig. *Avoir du jarret, des jarrets d'acier :* être bon marcheur; avoir la jambe souple et musclée. **2.** ZOOL Articulation du milieu de la jambe chez le cheval, de la patte chez la vache, etc. ▷ En boucherie, morceau correspondant à la partie supérieure des membres.

jarretelle [ʒaʀtɛl] n. f. Ruban élastique muni d'une pince, servant à fixer les bas au porte-jarretelles.

jarretière [ʒaʀtjɛʀ] n. f. Ruban élastique fixant le bas sur la jambe.

Jarretière (très noble ordre de la), le plus anc. et le plus élevé des ordres de chevalerie anglais, institué par le roi Édouard III v. 1348. Il a pour devise (en français) *Honni soit qui mal y pense.*

Jarry (Alfred) (1873 – 1907), écrivain français. Il annonce Dada, le surréalisme et le théâtre de l'absurde. Romans : *les Jours et les Nuits* (1897), *le Surmâle* (1902), *Gestes et opinions du Dr Faustroll, pataphysicien* (posth., 1911). Théâtre : *Ubu roi* (écrit en 1888, créé en 1896), «être ignoble» qu'on retrouve dans trois autres pièces.

jars [ʒaʀ] n. m. Mâle de l'oie.

Jaruzelski (Wojciech) (né en 1923), général et homme politique polonais. Il dirigea le gouv. (1981), le parti ouvrier et l'État (1985) jusqu'à l'instauration de la démocratie (1989-1990).

jasage [ʒɑzaʒ] n. m. (Québec) Fam. Action de jaser (sens 1, 2 et 3). Syn. placotage. (V. bavassage.) ▷ Propos, commentaires ainsi exprimés. *Se méfier des jasages.*

jasant, ante [ʒɑzɑ̃, ɑ̃t] adj. (Québec) Fam. Qui aime jaser (sens 1).

jase [ʒɑz] n. f. (Québec) Fam. Syn. de *jasette* (sens 1 et 2).

jaser [ʒaze] ou (Québec) [ʒɑze] v. intr. [1] **1.** Vieilli Babiller. ▷ (Québec) Fam. Échanger des propos (avec qqn), bavarder. Syn. placoter. ▷ (Aoste) Fam. Parler. **2.** Commettre des indiscrétions, révéler, en parlant trop, ce que l'on aurait dû taire. Syn. (Québec) placoter. **3.** Médire. *Sa conduite a fait jaser dans le village.* Syn. (Québec) placoter. **4.** Jacasser. *La pie jase.*

jasette [ʒɑzɛt] n. f. (Québec) Fam. **1.** Causette. *Piquer* une petite jasette avec qqn. Faire la jasette à qqn.* Syn. jase. **2.** Volubilité. *Avoir de la jasette.* Syn. jase.

jaseur, euse [ʒazœʀ, øz] adj. et n. m. **1.** adj. Vieilli Qui jase (sens 1). **2.** n. m. ORNITH *Jaseur boréal :* oiseau passériforme du nord de l'Europe, de l'Asie et de l'Amérique.

jaseux, euse [ʒɑzø, øz] adj. et n. (Québec) Fam. ou péjor. Qui jase (sens 1) beaucoup, qui parle trop. Syn. placoteux.

jasmin [ʒasmɛ̃] n. m. Arbuste des régions chaudes (fam. oléacées) à fleurs odorantes, blanches ou rougeâtres. ▷ Fleur de cet arbuste. ▷ Parfum extrait du jasmin.

Jason, dans la myth. gr., héros thessalien, fils d'Éson; chef des Argonautes, il s'empara, en Colchide, de la Toison d'or, grâce à l'aide de Médée, qu'il épousa. Il la répudia pour Créüse, fille du roi Créon.

Jaspar (Henri) (1870 – 1939), homme politique belge. Premier ministre (catholique) de 1926 à 1931, il constitua un cabinet d'union nationale pour lutter contre la crise économique.

jaspe [ʒasp] n. m. MINER Calcédoine impure, colorée par bandes ou par taches, dont les belles variétés sont utilisées en joaillerie.

jaspé, ée [ʒaspe] adj. et n. m. Bigarré comme du jaspe. *Marbre jaspé.* ▷ TECH *Acier jaspé,* qui a subi la trempe dite *au jaspé.*

Jasper (parc national de), parc du Canada (Alberta), dans les montagnes Rocheuses.

Jaspers (Karl) (1883 – 1969), philosophe allemand. Il développa des thèmes de Kierkegaard : *Philosophie* (3 vol., 1932), *Philosophie de l'existence* (1938).

jass [ʒas] n. m. (Suisse) Jeu de cartes apparenté à la belote.

jasser [ʒase] v. intr. [1] (Suisse) Jouer au jass.

jasseur, euse [ʒasœʀ, øz] n. (Suisse) Joueur de jass. *Une amicale de jasseuses.*

jātaka [ʒataka] n. m. Récit populaire relatant les vies antérieures (animales ou humaines) du Bouddha. (Le mot *jātaka* vient du sanskrit et signifie «naissance».)

jauge [ʒoʒ] n. f. **I.** Capacité, volume. **1.** Capacité que doit avoir un récipient pour être conforme à une norme donnée. *Cette futaille n'a pas la jauge.* **2.** MAR Volume intérieur d'un navire, exprimé en tonneaux de jauge (100 pieds cubes anglais, soit 2,83 m^3). – *Jauge brute,* qui traduit les dimensions hors tout du navire. *Jauge nette,* qui représente sa capacité d'utilisation. **II.** Instrument de mesure. **1.** Instrument (le plus souvent, règle graduée) mesurant la hauteur ou la quantité de liquide contenu dans un réservoir. **2.** TECH Instrument servant à contrôler les dimensions d'une pièce, et notam. les dimensions intérieures d'une pièce creuse (par oppos. à *calibre,* à *gabarit*). **3.** MECA *Jauge de contrainte,* mesurant les variations de longueur d'un solide sous les sollicitations auxquelles il est soumis.

jaugeage [ʒoʒaʒ] n. m. **1.** Opération qui consiste à jauger. *Le jaugeage d'une barrique.* ▷ Droit perçu à l'occasion de cette opération. **2.** Détermination de la jauge d'un navire. **3.** HYDROL Opération consistant à mesurer le débit d'un cours d'eau sur une section donnée.

jauger [ʒoʒe] v. [13] **I.** v. tr. **1.** Déterminer la jauge de (un récipient). **2.** Procéder au jaugeage de (un navire). **3.** Fig. Apprécier la valeur, les capacités de (qqn). *Jauger un homme au premier coup d'œil.* **II.** v. intr. MAR Avoir (telle jauge), en parlant d'un navire. *Cargo qui jauge 10000 tonneaux.*

jaunâtre [ʒonɑtʀ] adj. Qui tire sur le jaune; d'un jaune peu net, sale.

jaune [ʒon] adj., n. et adv. **I.** adj. Qui est de la couleur commune au citron, à l'or, au safran, etc. – (Québec) adj. et n. m. *Jaune orange :* orangé. ▷ *Fièvre jaune :* syn. de *typhus amaril.* – *Corps* jaune.* **II.** n. **1.** n. m. Couleur jaune (couleur du spectre visible dont la longueur d'onde est comprise entre 0,5 et 0,6 µm). **2.** n. m. Colorant jaune. *Jaune indien, jaune naphtol.* **3.** n. m. *Jaune d'œuf :* partie centrale, jaune et globuleuse, de l'œuf des oiseaux, constituant l'ovule. **4.** (Avec une majuscule.) Personne appartenant à la grand-race jaune (V. race). **5.** Péjor. Personne qui ne prend pas part à une grève. **III.** adv. Fig. *Rire jaune,* sans gaieté et en se forçant.

Jaune (fleuve). V. Huanghe.

Jaune (mer), partie du Pacifique, entre la Chine et la Corée. Le Huanghe s'y jette, donnant aux eaux une couleur jaunâtre.

jaunir [ʒoniʀ] v. [3] **1.** v. tr. Rendre jaune. *Le temps a jauni les pages de ce livre.* **2.** v. intr. Devenir jaune. *Herbe qui jaunit.*

jaunissage [ʒonisaʒ] n. m. TECH Dans la dorure en détrempe, opération consistant à passer une teinte jaune sur les parties non recouvertes par la dorure.

jaunisse [ʒonis] n. f. Syn. cour. de *ictère.*

jaunissement [ʒonismɑ̃] n. m. Fait de devenir jaune; action de jaunir (qqch).

Jaurès (Jean) (1859 – 1914), homme politique et écrivain français. Député du Tarn (1893), leader du socialisme français, grand orateur, il fonda le Parti socialiste français (1901), le journal *l'Humanité* (1904) et dirigea, avec J. Guesde et É. Vaillant, le parti socialiste S.F.I.O., créé en 1905. Hostile à la polit. coloniale et à la guerre, il fut assassiné par le nationaliste Raoul Villain (31 juil. 1914). Princ. œuvres : *Histoire de la Révolution française* (1898), *Histoire socialiste 1789-1900* (1901-1908).

1. java [ʒava] n. f. Danse de bal populaire, à trois temps, de cadence rapide; musique qui l'accompagne.

2. java [ʒava] n. m. (Afr. subsah.) Cotonnade imprimée, dont la teinture est de mauvaise qualité. – (En appos.) *Un pagne java.*

Java (mer de), mer peu profonde entre Java, Sumatra et Bornéo.

Java, île de l'Insulinde en Indonésie, la plus riche et la plus peuplée du pays (752 hab./km^2), au S.-E. de Sumatra; 128 754 km^2; 96 900 000 hab. (Javanais). Cette île volcanique (alt. max. 3 676 m), au climat équat., est fertile : riz, canne à sucre, tabac, café, thé, hévéa, épices, kapok. Le sous-sol contient surtout du pétrole. L'industrialisation touche les grandes villes (Djakarta, Surabaya, Bandung), ports actifs. (V. Indonésie.)

javanais, aise [ʒavanɛ, ɛz] adj. et n. De Java. ▷ Subst. Habitant ou personne originaire de Java. *Un(e) Javanais(e).*

Javel (eau de) [odʒavɛl] n. f. Solution d'un sel dérivé du chlore, utilisée comme antiseptique (traitement des eaux) ou comme décolorant (blanchissage).

javeler [ʒavle] v. [**19**] **1.** v. tr. AGRIC Mettre (les céréales, le sel) en javelles. **2.** v. intr. Mûrir en javelles.

javelle [ʒavɛl] n. f. **1.** AGRIC Quantité de céréales que le moissonneur coupe en un coup de faux et qu'il met en petits tas sur le sillon. **2.** TECH Petit tas de sel retiré du marais salant.

javellisation [ʒavelizasjɔ̃] n. f. Stérilisation de l'eau par l'eau de Javel.

javelliser [ʒavelize] v. tr. [**1**] Stériliser (l'eau) par javellisation.

javelot [ʒavlo] n. m. **1.** Anc. Arme de trait, lance. **2.** Instrument de lancer en forme de javelot (sens 1), utilisé en athlétisme. ▷ *Le javelot :* la discipline athlétique du lancer de javelot.

Javorov (Peju) (1878 – 1914), poète bulgare d'inspiration symboliste : *Chant à ma chanson* (1903); *Insomnies* (1907); *En suivant les ombres des nuages* (1910).

Jawara (sir Dawda Kairaba) (né en 1924), homme d'État gambien. Premier ministre (1965), président de la Rép. (1970) jusqu'à son renversement (1994).

Jayapura. V. Djayapura.

Jayavarman, nom de règne de plusieurs souverains du Cambodge ancien. — **Jayavarman II** (790 – v. 850), roi du Cambodge (802-v. 850). Il libéra le pays de la domination de Java, proclama la monarchie et établit sa capitale près du site d'Angkor. On le considère comme le véritable créateur de l'État khmer. — **Jayavarman VII,** roi du Cambodge (1181-v. 1218). Il s'empara en 1190 du Champa (qui avait mis Angkor à sac en 1177) et fit construire la ville d'Angkor Thom, centrée sur le temple du Bayon. Son règne marqua la dernière période de gloire de l'Empire khmer.

jazz [dʒaz] n. m. **1.** Genre musical propre (à l'origine) aux Noirs des É.-U., caractérisé notam. par un très large recours à l'improvisation et une manière particulière de traiter le tempo musical. (V. swing.) **2.** (Haïti) Orchestre de danse.

jazzman, men [dʒazman, mɛn] n. m. Musicien de jazz.

Jdanov (Andreï Alexandrovitch) (1896 – 1948), homme politique soviétique. Membre du Politburo (1939), il prôna l'orthodoxie stalinienne, notam. en art et en littérature (réalisme socialiste dit *jdanovisme).*

je [ʒə] pronom personnel sujet de la première personne du singulier, au masculin et au féminin. *«Je pense, donc je suis» (Descartes). Où suis-je? Puissé-je réussir!* – N. B. : Le *e* est élidé quand le verbe commence par une voyelle ou un *h* muet : *j'écris, j'hésite.*

jean [dʒin] ou **jeans** [dʒins] n. m. **1.** Blue-jean. **2.** Pantalon en jean (sens 3). *Un jean noir.* ▷ Pantalon ayant la coupe d'un blue-jean. *Des jeans de velours.* **3.** Denim utilisé pour la confection des blue-jeans, à l'origine bleu indigo.

SAINTS ET RELIGIEUX

Jean ou **Jean-Baptiste** (saint), dit *le Précurseur* (m. v. 28), fils du prêtre Zacharie et d'Élisabeth. Il donna le baptême à Jésus et le désigna au peuple comme le Messie. Hérode Antipas, tétrarque de Galilée, l'emprisonna et il fut décapité sur les instances de Salomé et de sa mère, Hérodiade, épouse d'Hérode. Saint patron des Canadiens français.

Jean ou **Jean l'Évangéliste** (saint) (? – v. 100), fils de Zébédée, l'un des douze apôtres et le disciple préféré du Christ. Ses souvenirs forment la trame du quatrième Évangile, écrit en grec et dit *de saint Jean;* on lui attribue aussi l'Apocalypse* et trois épîtres du Nouveau Testament.

Jean Chrysostome (saint) (v. 344 – 407), Père de l'Église d'Orient. Élu patriarche de Constantinople en 398, il s'attaqua au luxe de la cour. Cet extraordinaire orateur fut surnommé Bouche d'Or (*chrusostomos,* en gr.). Docteur de l'Église.

Jean Damascène (saint) (fin du VIIe s. – v. 749), docteur de l'Église, adversaire des iconoclastes. Son princ. ouvrage, *la Source de la connaissance,* laisse pressentir la scolastique médiévale.

Jean de la Croix (saint) [Juan de Yepes] (1542 – 1591), mystique espagnol. Entré chez les Carmes, il réforma, avec sainte Thérèse d'Ávila (1567), l'ordre de Notre-Dame-du-Mont-Carmel. Œuvres : *la Montée du Carmel, la Nuit obscure, la Vive Flamme d'amour, le Cantique spirituel.* Docteur de l'Église.

Jean Bosco (saint) (1815 – 1888), prêtre italien. Il fonda la congrégation des Prêtres de Saint-François-de-Sales, ou des Salésiens (1859), et celle des Filles de Marie-Auxiliatrice, ou des Salésiennes (1872).

PAPE

Jean XXIII (Angelo Giuseppe Roncalli) (1881 – 1963), pape de 1958 à 1963; dans un souci d'*aggiornamento* («mise à jour») de l'Église, il convoqua le concile œcuménique Vatican II et publia notam. l'encyclique *Pacem in terris* (1963).

ANGLETERRE

Jean sans Terre (1167 – 1216), roi d'Angleterre (1199-1216). Il succéda à son frère Richard Cœur de Lion, assassinant son neveu Arthur de Bretagne (1203). Déchu de ses fiefs français (Normandie, Maine, Anjou, Touraine, Poitou) par Philippe Auguste pour avoir enlevé Isabelle d'Angoulême (1202), il fut vaincu à Bouvines (1214). Il dut accorder à ses barons révoltés la *Magna Carta* (Grande Charte des libertés anglaises, 1215), mais sa violation provoqua une guerre civile (1215-1217).

BOURGOGNE

Jean sans Peur (1371 – 1419), duc de Bourgogne (1404-1419), fils de Philippe le Hardi. Il fit tuer le duc d'Orléans (1407), ce qui provoqua la guerre civile entre Armagnacs* et Bourguignons (ses partisans); maître de Paris (1408), il fut chassé par les Armagnacs. Allié aux Anglais après Azincourt (1415), il fut tué par un partisan du futur roi de France, Charles VII.

BULGARIE

Jean Ier Asen Ier (m. en 1196), roi de Bulgarie (1186-1196). Il rejeta la domination des Byzantins, qu'il battit en 1187 et en 1196. Fondateur de la dynastie des Asénides et du second royaume bulgare, il périt assassiné par Ivanko, un boyard favorable à Byzance. — **Jean II Kalojan Asen** (m. en 1207), frère du préc.; roi de Bulgarie (1197-1207). Il étendit les limites du royaume bulgare, vainquit l'empereur latin de Constantinople, Baudoin Ier (1205), et prit la Thrace. Il fut assassiné alors qu'il assiégeait Thessalonique. — **Jean III Asen II** (m. en 1241), fils de Jean Ier Asen Ier, roi de Bulgarie (1218-1241). Il fortifia son royaume et l'agrandit par d'heureux mariages, mais il ne put réaliser son rêve de s'emparer de Constantinople, qu'il assiégea vainement en 1236. — **Jean IV Asen III** (m. en 1280), petit-fils de Jean III Asen II; roi de Bulgarie (1279-1280). Ayant détrôné Ivajlo*, il laissa le pouvoir à son beau-frère Georges Ier. Il fut le dernier roi de la dynastie des Asénides.

FRANCE

Jean Ier le Posthume (15-19 nov. 1316), fils posthume de Louis X et de Clémence de Hongrie; roi de France à sa naissance. — **Jean II le Bon** (1319 – 1364), roi de France (1350-1364), fils de Philippe VI de Valois. Il se brouilla (1355-1356) avec son gendre Charles le Mauvais, roi de Navarre, favorable aux Anglais. V. Cent Ans (guerre de). Les Anglais le vainquirent à Poitiers (1356) et l'emmenèrent à Londres. Son fils (V. Charles V), régent, qui affronta la révolte d'Étienne Marcel et la Jacquerie, dut signer la paix de Calais (1360). Libéré (1362) contre une fabuleuse rançon et la prise en otage de deux de ses fils, Jean II donna la Bourgogne à son fils Philippe le Hardi (1363). Il se constitua prisonnier à Londres (1364), son fils Louis d'Anjou s'étant enfui.

LUXEMBOURG

Jean de Luxembourg (né en 1921), grand-duc de Luxembourg depuis l'abdication de sa mère, la grande-duchesse Charlotte (1964).

POLOGNE

Jean III Sobieski (1624 – 1696), roi de Pologne (1674-1696). Il battit plusieurs fois les Turcs, notam. à Kahlenberg lors du siège de Vienne (1683).

PORTUGAL

Jean Ier le Grand (1357 – 1433), roi de Portugal (1385-1433). Fils naturel de Pierre Ier le Justicier, il battit Jean Ier, roi de Castille (1385), assurant ainsi l'indép. du Portugal, dont il fit une grande puissance. Il s'allia à l'Angleterre (1386) et conquit Ceuta sur les Maures (1415). — **Jean IV le Fortuné** (1604 – 1656), roi de Portugal (1640-1656). Il reprit le Brésil et l'Angola aux Hollandais. — **Jean VI le Clément** (1767 – 1826), roi de Portugal (1816-1826), régent de 1792 à 1816. Fuyant les armées de Napoléon Ier (1807), il se réfugia au Brésil, dont il fut empereur jusqu'en 1815. Revenu au Portugal (1821), il y instaura un régime constitutionnel. Le Brésil se déclara indépendant (1822), ayant pour roi son fils aîné, Pierre Ier (Pedro Ier, 1825).

Jean de Bologne. V. Giambologna.

Jean de Meung ou **de Meun** (Jean Clopinel ou Chopinel, dit) (v. 1240 – v. 1305), écrivain français. Il continua *le Roman* de la Rose,* commencé par Guillaume de Lorris.

Jean Bodel (v. 1165 – 1210), trouvère et ménestrel français : *la Chanson des Saisnes,* poème épique; *le Jeu de saint Nicolas,* miracle.

Jean le Bel (v. 1290 – 1370), prélat liégeois. Il a laissé des chroniques (sur les années 1325-1360) dont Froissart s'inspira.

jean-le-blanc [ʒɑ̃ləblɑ̃] n. m. inv. ORNITH Nom cour. de l'unique circaète d'Afrique qui niche en Europe.

Jean l'Exarque (IXe-Xe s.), écrivain bulgare. Son œuvre principale, *l'Hexameron,* est un ensemble encyclopédique (philosophie, théologie, science).

Jean-Marie Vianney (saint) (1786 – 1859), prêtre français, dit *le curé d'Ars,* paroisse de l'Ain où il vécut en ascète de 1818 à sa mort.

SAINTES

Jeanne d'Arc (sainte), dite *la Pucelle d'Orléans* (1412 – 1431), héroïne française. Issue d'une famille modeste de Donrémy (village des Vosges), nommée *Darc* (elle ne fut jamais bergère), Jeanne entend vers 1425 la «voix de Dieu», qui lui ordonne de secourir le roi de France Charles VII, dont le royaume est occupé par les Anglais et dont la légitimité est contestée. En fév. 1429, elle obtient (après un refus essuyé l'année préc.) de Robert de Baudricourt, qui commandait la ville de Vaucouleurs, qu'une petite escorte l'accompagne à Chinon, où résidait le roi. Après avoir convaincu Charles VII de sa mission, elle délivre Orléans assiégée par les Anglais (8 mai), dont les défaites permettent à Charles VII de gagner Reims, où il est sacré (17 juil.). Il renonce alors au soutien de Jeanne, qui mène des actions isolées. Elle est capturée devant Compiègne (23 mai 1430) par les Bourguignons, qui la livrent aux Anglais (nov.); ceux-ci lui intentent un procès en sorcellerie à Rouen sous la conduite de l'évêque Cauchon (9 janv.-28 mars 1431). Jeanne est brûlée vive dans cette ville, le 30 mai, sans avoir renié ses «voix». La révision de son procès commence dès 1450. En 1456, elle est réhabilitée. Elle sera béatifiée en 1909 et canonisée en 1920.

Jeanne de France ou **de Valois** (sainte) (1464 – 1505), reine de France en 1498. Fille de Louis XI, elle fut mariée au futur Louis XII, qui, devenu roi, la répudia à cause de sa laideur. Elle fonda, à Bourges, l'ordre de l'Annonciade. Canonisée en 1950.

ANGLETERRE

Jeanne Seymour (1509 – 1537), reine d'Angleterre (1536), morte peu après avoir donné un fils, le futur Édouard VI, à son époux Henri VIII.

CASTILLE

Jeanne la Folle (1479 – 1555), reine de Castille (1504-1555), épouse (1496) de Philippe le Beau, archiduc d'Autriche, qui devint roi avec elle. À la mort de son mari (1506), elle sombra dans la démence; la régence fut exercée par Cisneros, mort en 1516. Cette m. année, son fils Charles (V. Charles Quint) partagea le trône avec sa mère.

NAVARRE

Jeanne III d'Albret (1528 – 1572), reine de Navarre (1555-1572), épouse du duc de Clèves puis d'Antoine de Bourbon (1548), auquel elle donna un fils, le futur roi de France Henri IV (1548). Elle favorisa la religion réformée dans ses États.

Jeanne (la Papesse), femme légendaire qui aurait occupé en 855, à la mort de Léon IV, le Saint-Siège sous le nom de Jean l'Anglais.

Jeanne Hachette. V. Hachette (Jeanne).

jeannette [ʒanɛt] n. f. Planchette montée sur un pied, utilisée pour les repassages délicats (plis, ourlets, cols de chemises, etc.).

jeannois, oise [ʒanwa, waz] adj. et n. Du lac Saint-Jean et de sa région (au Québec). – Subst. *Un(e) Jeannois(e).*

Jean-Paul, nom de deux papes. — **Jean-Paul Ier** (Albino Luciani) (1912 – 1978), pape pendant 33 jours. — **Jean-Paul II** (Karol Wojtyła) (né en 1920), pape depuis 1978. Archevêque (1964) de Cracovie, cardinal (1967), prem. pape polonais. Il s'exprime avec vigueur sur les problèmes politiques du monde et défend la doctrine traditionnelle de l'Église. En 1981, un fanatique a tenté de l'assassiner.

Jean-Paul (Johann Paul Richter, dit) (1763 – 1825), écrivain romantique allemand. Admirateur de J.-J. Rousseau, il laissa une œuvre autobiographique abondante : *la Loge invisible* (1793), *Hesperus* (1795), *Quintus Fixlein* (1796), *le Titan* (1800-1803).

Jean Renart, poète français actif au tout début du XIIIe s. dans la rég. de Liège, auteur du *Lai de l'ombre,* conte courtois : un chevalier offre l'anneau qu'une dame refuse d'accepter au reflet *(ombre)* de celle-ci dans un puits.

jeans [dʒins] n. m. V. jean.

jeep [dʒip] n. f. (Nom déposé.) Voiture tout-terrain d'origine américaine. ▷ *Par ext.* Automobile tout-terrain.

Jefferson (Thomas) (1743 – 1826), homme politique américain, un des auteurs de la Déclaration d'indépendance de 1776. Fondateur du parti antifédéraliste ou républicain (qui devint plus tard le parti démocrate), il fut élu président des É.-U. en 1800 et réélu en 1804. Il acheta la Louisiane à la France.

Jéhovah, transformation par les chrétiens du tétragramme sacré YHWH (V. Yahvé).

Jéhovah (Témoins de), mouvement religieux fondé en 1874 aux É.-U. par Charles Taze Russell. Les *Jehovah's Witnesses* (nom adopté en 1931) ne voient dans le Christ qu'un agent de Dieu.

jéjunum [ʒeʒynɔm] n. m. ANAT Partie de l'intestin grêle comprise entre le duodénum et l'iléon.

Jelev (Jeliou). V. Želev (Želju).

jello [dʒɛlo] n. m. (Québec) Gelée à saveur de fruit, préparée à partir d'une poudre de fabrication industrielle. *Du jello au citron.*

Jemappes (anc. *Jemmappes*), anc. com. de Belgique (Hainaut), auj. intégrée à Mons. Centre industr. – Victoire du général français Dumouriez sur les Autrichiens (6 nov. 1792).

je-m'en-fichisme [ʒmɑ̃fiʃism] ou **je-m'en-foutisme** [ʒmɑ̃futism] n. m. Fam., péjor. Insouciance blâmable, laisser-aller. *Des je-m'en-fichismes* ou *des je-m'en-foutismes.*

je-m'en-fichiste [ʒmɑ̃fiʃist] ou **je-m'en-foutiste** [ʒmɑ̃futist] adj. et n. Fam., péjor. Qui montre de l'indifférence, de la passivité. ▷ Subst. *Des je-m'en-fichistes* ou *des je-m'en-foutistes.*

je-ne-sais-quoi [ʒənsɛkwa] n. m. inv. Chose indéfinissable. *Son charme tient à un je-ne-sais-quoi.*

Jenner (Edward) (1749 – 1823), médecin anglais. Il fit le rapprochement entre la vaccine et la variole, et pratiqua la première vaccination.

Jenneval (Louis Alexandre Dechet, dit) (1801 – 1830), comédien (à Paris et à Bruxelles) et poète belge, auteur des paroles de l'hymne national belge, *la Brabançonne.*

Jenney (William Le Baron) (1832 – 1907), architecte américain de l'école de Chicago*.

Jensen (Wilhelm) (1837 – 1911), écrivain allemand. Sa nouvelle onirique *la Gradiva* (1903) a été étudiée par Freud (1907).

Jerba. V. Djerba.

jérémiade [ʒeʀemjad] n. f. Fam. (Le plus souvent au plur.) Lamentation continuelle et inopportune.

Jérémie (v. 645 – v. 580 av. J.-C.), l'un des trois grands prophètes juifs. Un siècle après Isaïe, il assista à la disparition du royaume de Juda et du Temple. Le livre biblique des Prophéties de Jérémie (52 chapitres) comprend une partie biographique, vraisemblablement rédigée par Baruch, son secrétaire. Les poèmes des *Lamentations,* postérieurs à la ruine de Jérusalem (587 av. J.-C.), sont d'un auteur non identifié.

Jerez de la Frontera, v. d'Espagne (province de Cadix); 185 000 hab. Vins (jerez ou xérès, manzanilla). – Alcazar (XIe-XIIIe s.).

Jéricho (en ar. *Arihā*), v. de Cisjordanie; env. 65 000 hab. Phosphates. – Très anc. cité dont il reste une enceinte cyclopéenne remontant au VIIe millénaire. Elle fut prise par les Hébreux que commandait Josué (les murailles se seraient écroulées au son des trompettes, XIVe - déb. XIIIe s. av. J.-C.). – La ville, occupée par Israël à partir de 1967, jouit depuis 1994 d'un statut d'autonomie.

Jéroboam Ier (m. en 910 av. J.-C.), premier roi d'Israël (930 à 910), idolâtre. — **Jéroboam II** (m. en 743 av. J.-C.), roi d'Israël (783 à 743 av. J.-C.), idolâtre; il étendit ses États.

Jérôme (saint), en latin *Sophronius Eusebius Hieronymus* (v. 347 – v. 420), Père et docteur de l'Église, auteur de la trad. latine des Écritures qu'on appelle la Vulgate. Nombreux ouvrages d'histoire ecclés., traités, lettres, etc.

Jerome K. Jerome (Jerome Klapka, dit) (1859 – 1927), écrivain humoriste anglais : *Trois hommes dans un bateau* (1889).

jerricane (off. recommandé) ou **jerrycan** [ʒeʀikan] n. m. Réservoir parallélépipédique portatif de vingt litres env., utilisé notam. pour contenir de l'essence, du pétrole, etc.

jersey [ʒɛʀzɛ] n. m. Tissu élastique de laine, de fil ou de soie. ▷ Corsage, tricot moulant le buste, fait avec ce tissu.

Jersey, la plus grande (116 km^2) des îles Anglo-Normandes (Manche);; 84080 hab. *(Jersiais)*; ch.-l. *Saint-Hélier.* Le tourisme complète les revenus des hab., qui jouissent d'un statut d'autonomie dans le cadre de la communauté brit.

Jérusalem (en ar. *Al-Quds,* en hébreu *Yerushalaïm,* «la Ville de la paix»), v. sainte de Palestine; 567100 hab. (*Hiérosolymites* ou *Hiérosolymitains*). Jérusalem a été partagée en 1948 entre la Jordanie (la Vieille Ville) et Israël (la Nouvelle Ville), celle-ci étant proclamée, en 1950, capitale de l'État d'Israël. En 1967, la Vieille Ville a été occupée par les Israéliens et, en 1980, le Parlement a déclaré Jérusalem réunifiée «capitale éternelle d'Israël». Bien qu'elle soit le siège effectif du gouvernement, ce statut ne lui est pas reconnu par la plus grande partie de la communauté internationale. La ville anc., construite sur deux collines séparées du mont des Oliviers par le torrent du Cédron, domine les quartiers modernes du N. et de l'O., aux industr. variées. Jérusalem est surtout un centre culturel (université hébraïque) et religieux.
Hist. anc. – Fondée au IIIe millénaire, Jérusalem entre dans l'hist. du peuple juif quand David (Xe s. av. J.-C.) la prend aux Jébuséens, en fait sa cap. et y installe l'*Arche d'alliance.* Salomon l'embellit (construction du Temple, d'un palais royal, etc.). Le schisme des tribus du N. en fait la cap. du royaume de Juda (v. 931 av. J.-C.), ravagée par les Babyloniens (586 av. J.-C., destruction du temple de Salomon). En 70 apr. J.-C., Titus la prend, l'incendie et l'intègre à l'Empire romain. Lieu de la mort du Christ, elle attire, dès le IIe s., de nombr. pèlerins chrétiens. Avec l'occupation arabe (638) et la construction, au VIIe s., de la Coupole du Rocher (souvent dite, improprement, mosquée d'Omar) à l'emplacement même du Temple, la ville devient le lieu saint d'une troisième religion : l'islam. Aussi, de nos jours, prône-t-on souvent l'internationalisation de la ville.

Jérusalem (royaume latin de), État fondé en 1099, lors de la 1re croisade, par Godefroy de Bouillon. Affaibli par les rivalités entre croisés, le royaume se réduisit sous les attaques des musulmans. Saladin Ier reconquit Jérusalem en 1187 et les dernières villes encore sous l'autorité des croisés, Acre et Tyr, furent perdues en 1291. Le roi, qui régnait sur Jérusalem, exerçait son autorité morale sur d'autres fiefs : les comtés d'Édesse et de Tripoli, les principautés d'Antioche et de Tibériade.

Jessé, dans la Bible, petit-fils de Booz et père de David, donc ancêtre de Jésus. (V. Arbre de Jessé.)

jésuite [ʒezɥit] n. m. et adj. **1.** n. m. Membre de la Compagnie de Jésus*. ▷ adj. *Un père jésuite. Méthode jésuite.* **2.** adj. Péjor. Hypocrite et astucieux (par allus. à la casuistique trop accommodante que l'on reprochait aux jésuites). *Une attitude jésuite.* ▷ n. m. *C'est un vrai jésuite.*

jésuitique [ʒezɥitik] adj. **1.** (Souvent péjor.) Propre aux jésuites. **2.** Péjor. Qui rappelle les procédés que l'on prête aux jésuites; astucieux et sournois. *Argumentation jésuitique.*

jésuitisme [ʒezɥitism] n. m. **1.** (Souvent péjor.) Système de conduite que l'on prête aux jésuites. **2.** Péjor. Hypocrisie, fourberie dans la façon d'agir ou de répondre.

jésus [ʒezy] n. m. et adj. inv. **1.** Représentation de l'Enfant Jésus. *Un jésus en ivoire.* ▷ Petit enfant particulièrement gracieux. **2.** Format de papier. *Jésus* (550 mm × 720 mm). *Grand jésus* (560 mm × 760 mm). ▷ adj. inv. *Papier jésus.*

Jésus ou **Jésus-Christ** (Jésus, forme grecque du nom hébr. Josué, signif. *Dieu sauve;* Christ, du mot gr. «Khristos», signifie *oint*), fondateur de la relig. chrétienne. Du strict point de vue historique, on admet que Jésus est né à Bethléem, non pas en l'an 753 de Rome (chronologie usuelle), mais quelques années auparavant, v. 5 ou 4 av. l'ère chrétienne. Sa prédication, transmise dans les Évangiles, paraît avoir duré trois ans. On ne connaît rien de sa vie entre sa douzième et sa trentième année. Il fut condamné à mort et crucifié à Jérusalem le vendredi 14 du mois de nisan (7 avril) de l'an 30, ou bien le 3 avril 33. Selon les Évangiles, Jésus est le Sauveur, le fils de Dieu, le Messie, prédit par les prophètes, et la deuxième personne de la Trinité. Conçu par l'opération du Saint-Esprit dans le sein de la Vierge Marie, épouse de Joseph, il vint au monde dans une étable de Bethléem. Pour le soustraire au massacre des nouveau-nés ordonné par le roi Hérode, ses parents l'emmenèrent en Égypte. Quelques années plus tard, la famille s'établit à Nazareth, en Galilée. Jean-Baptiste, le Précurseur, donne à Jésus le baptême et le désigne à la foule comme le Messie. Jésus parcourt alors la Galilée et la Judée, prêchant une éthique («Aimez-vous les uns les autres») qui se veut plus élevée, et surtout plus universelle, que les préceptes moraux de la relig. juive de l'époque : «Dieu est Amour, annoncez la *bonne nouvelle* (en gr. *euaggelion,* d'où *évangile*) au monde», demandera-t-il à ses disciples. Sans rompre avec le judaïsme, il développe des thèmes nouveaux (la rédemption, notam.) qui donneront corps à une nouvelle théologie, à une nouvelle religion : le christianisme. Il s'adresse aux humbles et, pour se faire comprendre, use de paraboles. Il opère des miracles. Bientôt, à la suite de Simon (le futur saint Pierre), onze autres disciples se groupent autour de lui : ce seront ses apôtres. De retour à Jérusalem, Jésus voit se dresser contre lui les princes des prêtres, les pharisiens, etc. Trahi par l'un de ses apôtres, Judas, il est amené devant le grand prêtre Caïphe, qui le condamne à mort comme blasphémateur pour s'être déclaré fils de Dieu. Ponce Pilate, procurateur romain de Judée, se refuse à confirmer cet arrêt, tout en abandonnant Jésus à son sort. Celuici est crucifié sur le mont Calvaire (Golgotha) entre deux larrons. Détaché de la croix, il est enseveli. Mais, le troisième jour après sa mort, le tombeau est vide : Jésus est donc ressuscité (le jour de Pâques des chrétiens); ensuite, il apparaît plusieurs fois à ses disciples et leur donne des instructions. Quarante jours après sa résurrection, il monte au ciel; lors de cette ascension, il apparaît une ultime fois et adresse un dernier message : il ne demande pas qu'on l'imite, mais il laisse sa Parole et son Esprit.

Jésus (Compagnie de), en lat. *Societas Jesu,* ordre de clercs réguliers fondé en France en 1540 par Ignace de Loyola (1534, premiers vœux à Montmartre; 1540, approbation des statuts par le pape Paul III) : vœux usuels de chasteté, de pauvreté et d'obéissance. Un «préposé général» élu à vie dirige la Compagnie, dont l'organisation est très structurée. Les jésuites se consacrent princ. à l'apostolat et à l'enseignement. Dès le XVIe s., ils ont étendu leur action au Japon (François Xavier), à la Chine, à l'Amérique latine, à la Nouvelle-France (puis Québec).

1. jet [ʒɛ] n. m. **1.** Action de jeter, de lancer. *Jet d'une balle. Armes de jet,* servant à lancer (arc, fronde, etc.) ou qu'on lance (javelot, flèche). **2.** Émission d'un fluide sous pression. *Jet de vapeur, d'eau, de gaz.* ▷ Par anal. *Jet de lumière d'un projecteur.* **3.** TECH Action de couler dans le moule le métal en fusion. ▷ Loc. *D'un (seul) jet,* d'une seule coulée du métal en fusion dans le moule; fig., cour., d'une seule traite, sans arrêt. *Écrit composé d'un seul jet.* – Fig., cour. *Premier jet :* essai, ébauche. **4.** SYLVIC Pousse droite et vigoureuse. **5.** *Jet d'eau :* gerbe d'eau projetée verticalement par une fontaine. – CONSTR Traverse inférieure d'un vantail de fenêtre, façonnée de manière à rejeter l'eau de pluie vers l'extérieur.

2. jet [dʒɛt] n. m. (Anglicisme) Avion à réaction. ▷ *Spécial.* Avion à réaction long-courrier.

jetable [ʒətabl] adj. Conçu pour être jeté après utilisation.

jeté [ʒəte] n. m. CHOREGR Saut lancé par une jambe et reçu par l'autre. *Jeté battu,* où les jambes se croisent pendant le saut.

jetée [ʒəte] n. f. **1.** Construction s'avançant dans la mer ou dans un fleuve, haute chaussée maçonnée destinée à limiter le chenal d'accès à un port, à diriger le courant, à permettre l'accostage des navires, etc. **2.** Construction qui relie le corps d'une aérogare à un poste de stationnement d'avion.

jeter [ʒəte] v. **[20] I.** v. tr. **1.** Lancer. *Jeter des pierres.* ▷ Loc. fig. *Jeter un coup d'œil sur une chose,* la regarder rapidement. – *Jeter de la poudre aux yeux :* tenter de surprendre, de séduire par des faux-semblants brillants mais vains. **2.** Faire tomber ou laisser tomber. *Les assiégés jetaient de la poix bouillante du haut des remparts.* ▷ Loc. fig. *Jeter l'argent par les fenêtres :* faire preuve d'une prodigalité excessive. **3.** Se débarrasser de (ce qui est hors d'usage, encombre, est inutile). *Jeter de vieux papiers.* **4.** Renverser. *Jeter qqn à* *terre. – Jeter bas une cloison,* la démolir. **5.** Émettre, envoyer (en faisant sortir de soi). *Serpent qui jette son venin.* ▷ Émettre (un son), pousser (un cri). – Fig. *Jeter les hauts cris :* se récrier hautement, s'indigner. **6.** Pousser, porter avec force vers. *Épaves que les vagues jettent sur la grève. – Jeter qqn dans un cachot,* l'y emprisonner, l'y faire emprisonner. ▷ Fig. *Jeter qqn dans l'inquiétude, dans l'illusion.* **7.** Asseoir, établir, poser. *Jeter les bases, les fondements de qqch.* ▷ Construire (une passerelle, un pont). *Jeter un pont de lianes au-dessus d'un torrent.* ▷ *Jeter sur :* déposer en hâte ou négligemment sur. *Jeter un châle sur ses épaules.* **II.** v. pron. **1.** Se précipiter (vers, dans, contre, etc.). *Il s'est jeté sur moi. Se jeter dans les bras, au cou de qqn.* ▷ Fig. *Se jeter avec fougue dans le militantisme politique. – Se jeter à la tête de qqn,* lui faire des avances, s'imposer à lui. **2.** Se laisser tomber. *Se jeter dans le vide, se jeter par la fenêtre.* **3.** *Se jeter dans :* confluer avec (en parlant d'un cours d'eau). *L'Aar et la Moselle se jettent dans le Rhin.*

jeteur, euse [ʒətœʀ, øz] n. (En loc.) *Jeteur, jeteuse de sort :* personne qui est censée envoûter en jetant un sort.

jeton [ʒ(ə)tɔ̃] n. m. Pièce plate symbolisant une valeur quelconque (points au jeu, rang dans une série, etc.) ou servant à faire fonctionner une machine automatique. *Jeton de téléphone.* ▷ (Afr. subsah.) Fam. Pièce de monnaie. ▷ Loc. *Jeton de présence :* indemnisation qui rémunère la présence effective des administrateurs d'une société aux séances du conseil d'administration. ▷ Fig., fam. *Un faux jeton :* une personne fourbe, hypocrite.

jet-stream [dʒɛtstʀim] n. m. METEO Courant violent dans la stratosphère. *Des jet-streams.*

jeu [ʒø] n. m. **I.** Divertissement, activité intellectuelle ou gestuelle qui n'a d'autre fin que l'amusement de celui qui s'y livre. *Jeux de société, jeux d'esprit.* ▷ Loc. *Ce n'est qu'un jeu, c'est un jeu d'enfant :* c'est une chose très facile à faire. – Prov. *Jeu de main, jeu de vilain :* la violence feinte conduit souvent à la violence réelle. **II.** Cette activité en tant qu'elle est soumise à certaines règles. *Jeu télévisé.* **1.** *Jeux de hasard,* où seul le hasard intervient et où l'on risque généralement de l'argent (roulette, dés, poker, etc.). – *Jeux de combinaisons* (dames, échecs, go, etc.). – *Jeu à douze cases :* awalé. – *Maison de jeu(x),* où l'on joue à des jeux de hasard pour de l'argent. ▷ *Théorie des jeux :* partie de la recherche opérationnelle* qui étudie les stratégies en les assimilant à celles de joueurs qui s'affrontent. ▷ Loc. *Entrer en jeu :* commencer à jouer; fig., intervenir. – *D'entrée de jeu :* dès le début. – Fig. *Être en jeu,* en cause. – *Mettre en jeu qqch,* l'exposer, le risquer. (V. aussi sens V, 2.) – *Avoir beau jeu de, à :* être dans des circonstances favorables pour. – *Faire le jeu de qqn,* agir sans le vouloir dans son intérêt. – *Jouer gros jeu :* jouer de grosses sommes; fig., risquer, hasarder beaucoup. – *Ce n'est pas de jeu :* cela contrevient aux règles du jeu. **2.** Concours sportif. ▷ *Jeux Olympiques*. Jeux Africains*.* ▷ (Afr. subsah.) Fam. Match. *Un jeu de basket.* **3.** TENNIS Chacune des parties que comporte un set. – *Jeu décisif :* syn. (off. recommandé) de *tie-break.* **III. 1.** Ensemble d'objets qui servent à jouer. *Jeu de cartes, de dames.* ▷ Ensemble des cartes qu'un joueur a en main. *Avoir un beau jeu.* ▷ (En cartomancie.) *Le grand jeu :* le jeu de tarots. **2.** Lieu où l'on joue. *Un vaste jeu de boules.* **3.** *Par ext.* Assortiment d'objets, de pièces de même nature. *Un jeu de clefs.* ▷ Spécial. *Jeu d'orgue(s) :* série de tuyaux de même nature, ayant le même timbre. **IV. 1.** Manière dont un acteur remplit son rôle. *Jeu d'un comédien. – Jeux de scène :* entrées, sorties, mouvements divers des acteurs. ▷ Fig., fam. *Être vieux jeu :* n'avoir pas les idées, les manières à la mode du jour. **2.** Manière de jouer d'un instrument de musique. *Un jeu brillant.* **3.** Fig. Manière de faire, méthode. *Jouer un jeu curieux. Jeu d'un avocat.* ▷ Loc. *Entrer dans le jeu de qqn,* s'associer à sa manière d'agir. ▷ COMPTA Loc. *Jeu d'écritures :* procédé qui consiste à passer des écritures purement formelles. **V. 1.** Mouvement d'un organe, d'un mécanisme qui tend à produire un effet. *Le jeu d'un ressort.* **2.** *Par ext.* Fig. Fonctionnement. *Le jeu des institutions.* ▷ *Mettre en jeu :* faire fonctionner, agir; faire entrer (dans un fonctionnement). *Un tel phénomène met en jeu des forces considérables.* **3.** Espace nécessaire au mouvement de deux pièces. – *Donner du jeu à un mécanisme,* laisser suffisamment d'espace entre les pièces pour qu'elles puissent fonctionner librement. – *Prendre du jeu :* cesser d'être bien serré, ajusté (du fait de l'usure, des vibrations, etc.). **4.** *Jeu d'eau, de lumière,* etc. : diversité des formes que l'on fait prendre à des jets d'eau ou variété d'éclairages destinées à produire un effet esthétique. **VI.** LITTER Pièce en vers du Moyen Âge. *Le «Jeu de la feuillée».*

Jeu de paume (serment du), à l'aube de la Révolution française, serment solennel, prêté le 20 juin 1789 à Versailles (dans une salle réservée au jeu de paume*) par les députés du tiers état, qui s'engageaient à ne pas se séparer avant d'avoir donné une Constitution à la France. V. États généraux de 1789.

jeudi [ʒødi] n. m. Quatrième jour de la semaine, qui suit le mercredi. – Loc. fig., fam. *La semaine des quatre jeudis :* jamais.– RELIG CATHOL *Jeudi saint :* jeudi de la semaine qui précède Pâques.

jeun (à) [aʒœ̃] loc. adv. Sans avoir mangé. *Prendre un médicament à jeun.*

jeune [ʒœn] adj. et n. **I.** adj. **1.** Qui n'est pas avancé en âge. *Un jeune homme. Le jeune âge*.* **2.** Par opposition à *aîné* et à *ancien. «Fromont jeune et Risler aîné»,* d'A. Daudet (1874). *Pline le Jeune.* **3.** Propre à la jeunesse. *De jeunes ardeurs. Garder le cœur jeune.* **4.** Qui est composé de jeunes gens, de jeunes filles. *Un public jeune.* **5.** Qui n'a pas beaucoup d'ancienneté. *Il est bien jeune dans le métier.* **6.** (En parlant des animaux, des plantes, des choses.) Peu âgé, récent, nouveau. *Un jeune chien. Un jeune chêne. Vin jeune.* **7.** THEAT *Jeune premier, jeune première :* comédien, comédienne jouant des rôles importants (premiers rôles) de jeunes gens. **II.** n. Personne jeune. *Être entouré de jeunes.* (L'emploi du sing. *un jeune, une jeune,* très courant de nos jours, a été critiqué par certains puristes.)

jeûne [ʒøn] n. m. **1.** Privation de nourriture. **2.** Privation volontaire de nourriture, partic. pour des motifs religieux. *Jeûne du carême, du ramadan.* **3.** (Suisse) *Jeûne fédéral :* fête religieuse fédérale (commémorant la Saint*-Barthélemy), fixée au troisième dimanche de septembre. *La tradition veut que l'on déguste des tartes aux prunes le jour du Jeûne fédéral. – Jeûne genevois :* cette fête, fixée au deuxième jeudi de septembre et observée dans le canton de Genève où c'est un jour férié.

Jeune Belgique (la), revue littéraire belge (1881-1897) qui joua un rôle capital dans la renaissance de la littérature belge d'expression française dans les années 1880. Ses princ. collaborateurs furent M. Waller*, A. Giraud, I. Gilkin, É. Verhaeren*, G. Eekhoud*, G. Rodenbach*.

jeûner [ʒøne] v. intr. [1] **1.** Être privé de nourriture. **2.** S'abstenir de nourriture, partic. pour des motifs religieux.

jeunesse [ʒœnɛs] n. f. **1.** Partie de la vie comprise entre l'enfance et l'âge adulte. *La première jeunesse :* l'adolescence. – Prov. *Il faut que jeunesse se passe :* il faut être indulgent pour les fautes dues à la vivacité, à l'inexpérience des jeunes gens. **2.** (Animaux, plantes, choses.) Jeune âge. *La jeunesse du monde.* **3.** Ensemble des personnes jeunes. – Prov. *Si jeunesse savait, si vieillesse pouvait :* si la jeunesse avait l'expérience, et la vieillesse la force. – Loc. *La jeunesse dorée*.* **4.** Fraîcheur, vigueur. *Une œuvre pleine de jeunesse.*

Jeunesses musicales de France, association créée en 1940 pour inciter les jeunes gens à l'écoute et à la connaissance de la musique, notam. classique. En 1945, une *Fédération internationale des Jeunesses musicales* fut créée à Bruxelles.

Jeunes-Turcs, membres de la société Jeune-Turquie. – On appelle aussi Jeunes-Turcs les réformistes (dont Mustafa Kemal) qui fomentèrent la révolution de palais de 1909.

Jeune-Turquie, société secrète ottomane, fondée par Midhat pacha en 1868 pour adapter à l'islam des institutions politiques et sociales européennes.

jeunet, ette [ʒønɛ, ɛt] adj. Fam. Tout jeune.

jeûneur, euse [ʒønœʀ, øz] n. Personne qui jeûne (sens 2).

jeunot, otte [ʒøno, ɔt] adj. et n. m. Fam. **1.** adj. Jeune. **2.** n. m. Jeune homme.

Jézabel (IXe s. av. J.-C.), dans la Bible, femme d'Achab, roi d'Israël, et mère d'Athalie. Elle fut défenestrée, et son cadavre fut jeté aux chiens, sur ordre de Jéhu.

Jiang Jieshi. V. Tchang Kaï-chek.

Jiang Jingguo. V. Tchang Kaï-chek (Tchang King-kouo).

Jiangsu, prov. maritime de la Chine orientale, 102000 km^2; 62130000 hab. (forte densité : 619 hab./km^2); cap. *Nankin;* v. princ. *Shanghai.* Arrosé au S. par le Yangzijiang et par la Huai, parsemé de lacs et de canaux, le Jiangsu est une riche terre agricole.

Jiangxi, prov. du S.-E. de la Chine; 164800 km^2; 34600000 hab.; cap. *Nanchang.* Rég. montagneuse arrosée au N. par le Yangzijiang. Ressources : houille, tungstène, et produit riz, coton, thé.

Jigawa, État du N. du Nigeria; 43285 km^2 avec l'État de Kano, dont il s'est détaché en 1991; 2830000 hab.; cap. *Dutsi.*

jihad [dʒiad] n. m. V. djihad.

Jijel ou **Djidjel** *(Ğīğal)* (anc. *Djidjelli*), v. et port d'Algérie; 69270 hab.; ch.-l. de la wilaya du m. nom. Port de comm. (liège). Papeteries; bois. Station balnéaire.

Jilin ou **Kirin,** v. de la Chine du N.-E. située dans la prov. du m. nom;

1 250 000 hab. (aggl. urb. 3 974 260 hab.). Houille; industries métalliques.

jil music [ʒilmjuzik] n. f. inv. Genre musical d'Égypte associant instruments orientaux et occidentaux.

jing [dʒiŋ] ou **king** [kiŋ] n. m. inv. Didac. Terme chinois par lequel on désigne un ensemble de textes assez hétéroclites, rédigés du XIe au IIIe s. av. J.-C. et qui forment la base du confucianisme. (Les princ. jing sont au nombre de cinq : le *Yijing*, ou Classique de divination; le *Shujing*, ou Classique des documents; le *Shijing*, ou Classique des odes; le *Lijing*, ou Livre des rites; le *Chunqiu*, ou Chronique des printemps et des automnes.)

Jinja, ville de l'Ouganda, à l'est de Kampala; 61 000 hab.; ch.-l. du distr. du m. nom et cap. de la prov. de Busoga. Import. centre industriel.

Jinnah (Mohammed 'Alī) (1876 – 1948), homme politique pakistanais. Chef de la Ligue musulmane, adversaire de Gandhi, il obtint la création du Pākistān (1947).

Jiu (le), riv. de Roumanie (300 km), affl. du Danube (r. g.); naît dans les Carpates mérid., passe près de Craiova et rejoint le Danube.

jiu-jitsu [ʒiyʒitsy] n. m. inv. Art martial japonais, technique de défense à main nue dont dérive le judo.

Jivaro(s), Indiens vivant en Amazonie (versant oriental des Andes, sur l'équateur), qui réduisaient la tête de leurs ennemis tués.

Jivkov (Todor). V. Živkov (Todor).

J.O. Sigle de *jeux Olympiques**.

Joab (Xe s. av. J.-C.), dans la Bible, général et neveu de David. Il tua son rival, Abner, puis le fils de David, Absalon, qui s'était révolté. David le fit assassiner par Salomon.

Joachaz (VIIe s. av. J.-C.), roi de Juda; détrôné et emmené captif en Égypte par le pharaon Néchao II.

Joachim Ier ou **Éliacim** (fin du VIIe s. av. J.-C.), roi de Juda; fils de Josias et successeur de Joachaz sous la tutelle du pharaon Néchao II. — **Joachim II** (déb. VIe s. av. J.-C.), fils du préc.; dernier roi de Juda (598-597 av. J.-C.), emmené en captivité par Nabuchodonosor.

Joachim (Paulin Kokou) (né en 1931), poète béninois. Influencé par le surréalisme, il chante la négritude avec rage et lyrisme : *Un nègre raconte* (1954), *Oraison pour une Re-naissance* (1984).

Joachim de Flore (v. 1130 – 1202), mystique italien. Selon lui, le règne du Saint-Esprit devait succéder au règne du Fils, qui avait dépassé le règne du Père.

Joad (IXe s. av. J.-C.), grand prêtre des Juifs. Il détrôna et fit périr Athalie pour placer Joas sur le trône de Juda.

joaillerie [ʒoajʀi] n. f. **1.** Art du joaillier. **2.** Commerce du joaillier. **3.** Articles fabriqués ou vendus par le joaillier. **4.** Boutique du joaillier.

joaillier, ère [ʒoalje, ɛʀ] n. Personne qui travaille les joyaux, ou en fait le commerce.

João Pessoa, v. et port du N.-E. du Brésil, à l'embouchure du Paraíba; 397 720 hab.; capitale de l'État de Paraíba. Industr. – Archevêché. Université. Tourisme.

job [dʒɔb] n. (Anglicisme) Fam. **I.** n. m. **1.** (Fém. au Québec) Emploi rémunéré. *Chercher un job.* (Québec) *Avoir une bonne job.* **2.** Emploi occasionnel. *Un job pour étudiants.* **II.** n. f. (Québec) Ouvrage, tâche. – *Travailler à la job*, à forfait.

Job, personnage de la Bible. Dieu l'ayant accablé de malheurs, il maudit le jour de sa naissance, puis accepta sa misère; sa soumission lui valut de retrouver la prospérité. Le *Livre de Job* (Ve s. av. J.-C.), livre de «sagesse», est un des plus beaux poèmes de la Bible. – Prov. *Pauvre comme Job* : dénué de tout.

jobard, arde [ʒɔbaʀ, aʀd] adj. et n. Fam. Se dit d'une personne qui est crédule, facile à duper.

jober [dʒɔbe] v. intr. [1] (Belgique) Exercer un job (sens I, 2).

jobiste [dʒɔbist] n. (Belgique) Vacataire, étudiant qui exerce un job. *Engager des jobistes pour l'accueil des congressistes.*

J.O.C. Sigle de *Jeunesse ouvrière chrétienne*. Mouvement d'action catholique tourné vers la jeunesse ouvrière, fondé en Belgique par l'abbé Joseph Cardijn (1925). Sa branche française fut créée à Clichy (1927) par l'abbé Guérin.

Jocaste, dans la myth. gr., femme de Laïos, roi de Thèbes, et mère d'Œdipe, qu'elle épousa après la mort de Laïos, ignorant qu'il était son fils. D'après Sophocle, elle se pendit quand elle apprit la vérité.

jockey [ʒɔkɛ] n. m. Personne qui fait métier de monter les chevaux dans les courses.

Jodelle (Étienne) (1532 – 1573), poète français; membre de la Pléiade. Sa pièce, en décasyllabes, *Cléopâtre captive* (1553) annonce la tragédie classique.

Joël (v. 400 av. J.-C.), un des 12 petits prophètes juifs. Le *Livre de Joël* décrit une invasion de sauterelles, puis annonce l'effusion de l'Esprit-Saint sur tous les juifs et le *Jour de Yahvé*, accompagné de prodiges cosmiques.

Joffre (Joseph) (1852 – 1931), maréchal de France (1916). Il participa à la conquête du Tonkin, de l'A.-O.F. et de Madagascar. Il remporta la victoire de la Marne (sept. 1914). Généralissime (déc. 1915), il fut remplacé par Nivelle (déc. 1916). Acad. fr. (1918).

jogging [dʒɔgiŋ] n. m. (Anglicisme) Course à pied pratiquée individuellement pour se maintenir en forme.

Johannès IV (v. 1832 – 1889), négus d'Éthiopie (1871-1889). Il se distingua contre les Italiens lors de la bataille de Dogali en 1887.

Johannesburg, v. d'Afrique du Sud, au S. de Pretoria; 1 600 000 hab. Cap. de la prov. du Gauteng, créée en 1994. Première ville de la rép. par sa pop. (qui se concentre notam. dans les banlieues, où Soweto groupe 60 % des hab.), princ. centre bancaire, comm. et industriel. À proximité, mines de charbon, d'uranium, etc. – Fondée en 1886, quand on découvrit le gisement aurifère du Witwatersrand, la ville (30 000 hab. en 1891, plus de 100 000 en 1903) devint rapidement la capitale écon. du pays.

John Bull. V. Bull.

Johns (Jasper) (né en 1930), peintre et sculpteur américain, l'un des créateurs du pop'art.

Johnson (Samuel) (1709 – 1784), écrivain anglais : *Dictionnaire de la langue anglaise* (1755), *Vies des poètes anglais les plus célèbres* (1779-1781). James Boswell (1740 – 1795) écrivit sa *Biographie* (1791-1793).

Johnson (Andrew) (1808 – 1875), homme politique américain. Élu vice-président (républicain) des États-Unis en 1864, il succéda à Lincoln, assassiné en 1865.

Johnson (Lyndon Baines) (1908 – 1973), homme politique américain. Élu vice-président (démocrate) des États-Unis en 1960, il succéda à J.F. Kennedy, assassiné en nov. 1963, et fut élu président en 1964. Il intensifia l'engagement militaire des É.-U. au Viêt-nam.

Johnson (Daniel) (1915 – 1968), homme politique québécois. À la tête de l'Union nationale en 1961, il fut Premier ministre du Québec de 1966 à sa mort.

Johnson (Benjamin, dit Ben) (né en 1961), athlète canadien d'origine jamaïquaine. Champion du monde (1987) et champion olympique (Séoul, 1988), il fut disqualifié pour dopage.

joie [ʒwa] n. f. **1.** État de satisfaction intense. *Cris de joie. Combler de joie.* – *Se faire une joie de :* se réjouir à l'idée de. – *Faire la joie de qqn,* être pour lui un sujet de profonde satisfaction. **2.** Gaieté, bonne humeur. *La joie des convives.* – *Mettre en joie :* provoquer la gaieté. **3.** (Plur.) Plaisirs, satisfactions. *Les joies de la vie.* – Iron. Inconvénients. *Il va connaître les joies du service militaire!* **4.** Loc. *Fille de joie :* prostituée.

joindre [ʒwɛ̃dʀ] v. [56] **I.** v. tr. **1.** Approcher (des objets) de sorte qu'ils se touchent; unir solidement. *Joindre des tôles par une soudure.* – *Joindre les mains,* les faire se toucher paume contre paume (en un geste de prière, de supplication). ▷ v. intr. (Choses) Se toucher sans laisser d'interstices. *Volets qui joignent mal.* **2.** *Joindre à :* ajouter, mettre avec (pour former un tout ou compléter). *Joindre des pièces à une réclamation.* ▷ Fig. Allier, associer. *Joindre l'utile à l'agréable.* ▷ DR *Joindre deux instances,* les juger en même temps. **3.** Faire communiquer, relier. *Piste joignant deux villages. Service aérien qui joint Bruxelles à Kinshasa.* **4.** Atteindre, être en contact avec (qqn). *Joindre qqn par téléphone.* **II.** v. pron. S'associer. *Nous nous joignons à vous pour protester.*

1. joint, jointe [ʒwɛ̃, ʒwɛ̃t] adj. et n. m. **I.** adj. **1.** Qui est joint, qui se touche. *Planches mal jointes.* **2.** Mis avec, ensemble; conjugué. *Protestations jointes.* **3.** Ajouté. *Pièce jointe à une lettre.* ▷ *Ci-joint :* joint à ceci. *La facture ci-jointe. Ci-joint la facture.* **II.** n. m. **1.** Articulation, endroit où deux os se joignent. *Joint de l'épaule.* (V. aussi jointure.) **2.** MECA Dispositif servant à transmettre un mouvement. *Joint de Oldham.* – *Joint de Cardan :* V. cardan. **3.** TECH Endroit où s'accolent deux éléments contigus d'une maçonnerie, d'une construction ou d'un assemblage. ▷ Intervalle entre ces éléments. *Remplir un joint de mortier.* ▷ Face la plus étroite d'une planche. **4.** Dispositif ou matériau intercalé entre deux pièces et qui sert à rendre leur raccordement étanche *(joint d'étanchéité)* ou à leur permettre de se dilater *(joint de dilatation)*.

2. joint [ʒwɛ̃] n. m. Fam. Cigarette de haschisch.

jointif, ive [ʒwɛ̃tif, iv] adj. Qui est joint sans intervalle. *Planches jointives.*

jointoiement [ʒwɛ̃twamɑ̃] n. m. CONSTR Action de jointoyer; son résultat.

jointoyer [ʒwɛ̃twaje] v. tr. [23] CONSTR Remplir avec du mortier, du ciment, du plâtre les joints de. *Jointoyer des moellons.*

jointure [ʒwɛ̃tyʀ] n. f. **1.** Articulation. *Faire craquer ses jointures.* **2.** Endroit où se joignent deux éléments; manière dont ils se joignent. *Jointure de deux planches.* Syn. (Suisse) rapponse.

Joinville (Jean, sire de) (v. 1224 – 1317), chroniqueur français. Officier royal de Champagne, il accompagna Saint Louis en Égypte (1248). Ses *Mémoires* relatent, avec naïveté, l'histoire de ce roi.

jojoba [ʒɔʒɔba] n. m. BOT Arbuste des régions désertiques chaudes dont les graines contiennent une huile utilisée comme lubrifiant et en cosmétique.

joker [ʒɔkɛʀ] n. m. Carte à jouer qui prend la valeur que lui attribue le joueur qui la détient.

joli, ie [ʒɔli] adj. et n. m. **1.** Qui plaît par ses qualités esthétiques, par son élégance, ses formes harmonieuses. *Une jolie femme. Un joli garçon. Une jolie bouche. – Faire le joli cœur* : chercher à plaire, à séduire. ▷ Agréable à voir, à entendre. *Un joli paysage. De jolis vers.* **2.** Fam. Qui présente des avantages, qui mérite de retenir l'attention. *Une jolie situation. Une jolie fortune.* **3.** Plaisant, amusant, piquant. *Faire un joli mot d'esprit. Le tour est joli.* **4.** *Par antiphrase.* Peu recommandable; déplaisant, blâmable. *Un joli monsieur! Du joli monde!* ▷ n. m. *C'est du joli!*

joliesse [ʒɔljɛs] n. f. Litt. Caractère de ce qui est joli.

Joliet (Louis) (1645 – 1700), explorateur québécois. Il descendit le cours du Mississippi (1672-1673), explora la baie d'Hudson (1679) et le Labrador (1694).

Joliette, v. du Québec, sur l'*Assomption*; 17390 hab. Industries manufacturières et forestières. – Évêché.

joliment [ʒɔlimɑ̃] adv. **1.** D'une manière jolie, plaisante. *Écrire joliment.* – Par antiphrase. *Vous voilà joliment sali!* **2.** Fam. Beaucoup, considérablement. *Joliment bête.*

Jolobe (James J. R.) (né en 1902), écrivain sud-africain. Il a abordé, en langue xhosa, tous les genres. Son œuvre la plus célèbre est le recueil de poèmes *Um Yezo.*

Jonas (VIIIe s. av. J.-C.), l'un des douze petits prophètes juifs (à ne pas confondre avec le personnage du *Livre de Jonas*).

Jonas (Livre de), livre biblique de la fin du IVe s. av. J.-C. qui prône la tolérance et l'universalisme; il raconte notam. comment Jonas fut avalé par un énorme poisson qui le régurgita vivant trois jours plus tard.

Jonathan, personnage biblique, aîné des trois fils de Saül. Ami fidèle de David, il l'avertit des desseins criminels de Saül. Il fut tué avec ses frères à la bataille de Gelboé (v. 1035), où Saül se donna la mort.

jonc [ʒɔ̃] n. m. **1.** Plante herbacée des lieux humides des régions froides et tempérées, à tige droite et flexible. ▷ Cette tige, utilisée en vannerie. *Corbeille de jonc.* **2.** Bague ou bracelet dont le cercle est de grosseur uniforme. – (Québec) *Spécial.* Alliance (sens 3).

jonchée [ʒɔ̃ʃe] n. f. Litt. Amas (de branchages, de fleurs, d'herbe, etc.) qui recouvre le sol.

joncher [ʒɔ̃ʃe] v. tr. [1] **1.** Recouvrir le sol (de branchages, de feuilles, etc.). *Joncher le sol de fleurs.* **2.** Couvrir en grande quantité. *Papiers qui jonchent le sol.*

jonction [ʒɔ̃ksjɔ̃] n. f. **1.** Action de joindre, de se joindre; son résultat; fait d'être joint, réuni. *Un pont établit la jonction entre les rives d'un fleuve. La jonction de deux colonnes blindées.* ▷ DR *Jonction d'instance, de cause* : réunion de deux causes en une seule afin que le tribunal statue sur les deux en un seul jugement. **2.** Point où deux choses se joignent. *À la jonction des deux autoroutes.* ▷ ELECTR Connexion, liaison entre deux conducteurs. ▷ ELECTRON Dans un semi-conducteur, zone de transition de faible épaisseur qui sépare les domaines caractérisés respectivement par un excès d'électrons (région N) et par un défaut d'électrons (région P).

Jones (Everett LeRoi) (né en 1934), écrivain et militant noir américain. Poète, dramaturge, essayiste et romancier, il dénonce le racisme et exalte la négritude.

Jongen (Joseph) (1873 – 1953), compositeur belge : symphonies, concertos, musique de chambre et vocale, etc. — **Léon** (1884 – 1969), son frère, fit une carrière de pianiste et de compositeur.

Jongkind (Johan Barthold) (1819 – 1891), peintre, aquarelliste et graveur hollandais; précurseur de l'impressionnisme.

jongler [ʒɔ̃gle] v. intr. [1] **1.** Lancer en l'air plusieurs objets (balles, torches enflammées, poignards, etc.) que l'on rattrape et que l'on relance alternativement. **2.** Fig. Manier avec dextérité. *Jongler avec les chiffres, les mots. Jongler avec les difficultés,* les surmonter très facilement. **3.** (Québec) Fam. Réfléchir, penser sérieusement. – Rêver, être pensif.

jonglerie [ʒɔ̃gləʀi] n. f. **1.** Art du jongleur. **2.** Fig., péjor. Manœuvre destinée à duper. *Je ne suis pas dupe de ses jongleries.* ▷ (Sans idée péjor.) Manifestation de virtuosité. *Les jongleries verbales d'un poète.*

jongleur, euse [ʒɔ̃glœʀ, øz] n. **1.** Anc. Ménestrel (diseur de poèmes, instrumentiste et chanteur), qui allait de château en château, de ville en ville. **2.** Artiste qui fait métier de jongler. *Jongleurs et acrobates.*

jonque [ʒɔ̃k] n. f. Navire à voiles lattées, très haut de l'arrière, typique de l'Extrême-Orient.

Jonquière, v. du Québec (rég. admin. du Saguenay-Lac-Saint-Jean) sur la *Saguenay*; 57900 hab. Centre industriel.

Jonson (Benjamin, dit Ben) (1572 – 1637), auteur dramatique anglais. Ami puis adversaire de Shakespeare, il créa un style comique : *Volpone ou le Renard* (1605), *l'Alchimiste* (1610).

joran [ʒɔʀɑ̃] n. m. (Suisse) Vent du nord ou du nord-ouest (soufflant du Jura).

Jordaens (Jacob) (1593 – 1678), peintre flamand. Influencé par Rubens, il associa le baroque au réalisme flamand.

Jordan (Archibald Campbell) (1906 – 1968), écrivain sud-africain. Il écrivit en langue xhosa *Ingqumbo Yeminnyanya* (*la Colère des ancêtres*, roman, 1940), en anglais *Pour une littérature africaine* (essai, 1973).

Jordanie (royaume hachémite de) *(Al-Mamlaka al-'Urdunniya al-Hāshimiyyah),* État du Proche-Orient bordé à l'O. par Israël, au N. par la Syrie et à l'E. par l'Irak et l'Arabie Saoudite; 97740 km^2; 3,9 millions d'hab. (croissance : 3,5 % par an); cap. *Amman.* Nature de l'État : monarchie constitutionnelle. Langue off. : arabe. Monnaie : dinar jordanien. Pop. : Arabes (dont env. 50 % de réfugiés palestiniens). Relig. : islam, christianisme (5 %).

Géogr. et écon. – Aux plateaux calcaires de la Palestine s'oppose une vaste dépression longitudinale, occupée par la vallée du Jourdain et la mer Morte, et surmontée à l'E. par les plateaux crayeux de Transjordanie (dont le point culminant atteint 1700 m). Le climat, très chaud dans la vallée du Jourdain, devient aride vers l'E. et le S. La Jordanie utile est surpeuplée. Les dépressions irriguées du Jourdain et du Yarmouk, son affl., fournissent la quasi-totalité du blé, des légumes, des fruits et de l'huile d'olive; ailleurs, env. 100000 nomades élèvent chèvres et moutons. Seules ressources minières : phosphates, potasse. L'aide arabe s'est tarie, ainsi que les transferts des émigrés, et plus encore les échanges vitaux avec l'Irak ont pris fin en 1990.

Hist. – Artificiellement créé sur les ruines de l'Empire ottoman (1921), l'émirat de Transjordanie reçoit son indépendance de la G.-B. en 1946. Son souverain, Abd Allah, participe aux combats contre Israël (1948-1949) et son excellente armée (la «Légion arabe» créée en 1928 par les Anglais) annexe la Cisjordanie (à l'O. du Jourdain) et nomme Jordanie le nouvel État. La Ligue arabe, qui l'accuse d'accepter le *statu quo* avec Israël, l'exclut. En 1951, Abd Allah est assassiné. En août 1952, Hussein succède à son père Talāl, déposé pour maladie mentale. L'histoire de la Jordanie sera dominée par le problème des Palestiniens (qui sont 700000 en Cisjordanie), nationalistes et favorables à la démocratie. En 1956, Hussein soutient l'Égypte lors de la crise de Suez, mais, en 1957, il congédie les éléments favorables à Nasser. Pour contrebalancer la République arabe unie (Égypte-Syrie), il entre dans une union jordano-irakienne (fév. 1958), que brise la révolution de Bagdad (juil.). Se sentant menacé, il fait appel à l'Occident. Il signe un accord avec l'Égypte lorsque éclate la guerre des Six Jours (5 juin 1967). La victoire israélienne ampute la Jordanie de la Cisjordanie et de la partie arabe de Jérusalem; 250000 réfugiés affluent. Dès lors, les fedayin palestiniens tentent une mainmise sur le royaume. En 1970-1971, il les combat («septembre noir», 1971), ce qui l'isole au sein du monde arabe. En 1980, il rompt avec la Syrie. En 1985, le rapprochement avec Arafat, président de l'O.L.P., est confirmé lors du sommet de la Ligue arabe à Amman (nov. 1987); la Jordanie y renoue avec la Syrie. En 1988, après le soulèvement palestinien dans les territoires occupés par Israël, Hussein, en juil., dissout le Parlement jordanien, où siégeaient 60 députés palestiniens, et rompt tout lien administratif avec la Cisjordanie. En nov. 1989, le mécontentement populaire dû à la crise écon. oblige le roi à concéder les premières élections dep. 20 ans. Un puissant courant islamiste se manifeste, dominé par les Frères* musulmans. Quand, en 1990, l'Irak envahit le Koweït, la majorité de la pop. (suivie par le roi lui-même) prend parti pour le gouv. irakien. En juin 1991, le pluralisme est adopté par un congrès représentant tous les courants politiques. La loi martiale (en vigueur dep. 1967) est abolie en juillet. Un accord de paix est conclu avec Israël en oct. 1994, mais le durcissement de la politique israélienne depuis l'accession au pouvoir de B. Netanyahou, en 1996, inquiète la Jordanie.

jordanien, enne [ʒɔʀdanjɛ̃, ɛn] adj. et n. De Jordanie. ▷ Subst. *Un(e) Jordanien(ne).*

Jorn (Asger Jørgensen, dit Asger) (1914 – 1973), peintre et graveur danois; cofondateur de Cobra*; l'un des promoteurs du situationnisme*.

Jos, v. du centre du Nigeria; cap. de l'État du Plateau; 91 200 hab.

Josaphat (vallée de), vallée près de Jérusalem, parcourue par le Cédron, que la tradition désigne comme le lieu du Jugement dernier (Joël, IV, 2).

Joseph, selon la Genèse, patriarche hébreu, 11ᵉ fils de Jacob et prem. fils de Rachel. Vendu par ses frères, il devint intendant de Putiphar, officier du pharaon puis ministre de celui-ci. Calomnié par la femme de Putiphar, il est jeté en prison. Le pharaon lui demande alors d'interpréter deux songes qu'il avait faits : sept vaches grasses, puis sept vaches maigres; Joseph explique que sept années de disette succéderont à sept années prospères. Le pharaon fait alors de lui son ministre. Par la suite, Joseph accueillit avec bienveillance son père et ses frères, chassés de leur pays par la famine.

Joseph (saint), charpentier de Nazareth, époux de la Vierge Marie, père nourricier de l'Enfant Jésus.

Joseph d'Arimathie (saint) (Iᵉʳ s.), Juif de Jérusalem qui, selon la légende, obtint de Pilate le corps du Christ pour l'ensevelir. V. Graal.

Joseph II (1741 – 1790), empereur germanique (1765-1790). Succédant à son père, François Iᵉʳ, il ne régna qu'à la mort de sa mère, Marie-Thérèse (1780). Despote éclairé, il centralisa l'administration de ses États, établit la liberté religieuse, intervint dans les affaires ecclésiastiques (joséphisme), supprima le servage et la torture. Hostile aux particularismes, il heurta la sensibilité des Flamands et des Wallons, qui se révoltèrent en 1789 (*Révolution* brabançonne*).

Joseph (François Joseph Le Clerc du Tremblay, en relig. le Père) (1577 – 1638), capucin français, l'*Éminence grise* (collaborateur) de Richelieu.

Joseph Bonaparte. V. Bonaparte.

Josèphe (Flavius). V. Flavius Josèphe.

Joséphine (Marie Josèphe Rose Tascher de La Pagerie) (1763 – 1814), impératrice des Français. Originaire de la Martinique, mariée au vicomte de Beauharnais, elle eut de lui Eugène et Hortense. Veuve en 1794, elle épousa Bonaparte en 1796 et fut sacrée impératrice (1804). Napoléon la répudia en 1809 parce qu'elle ne lui donnait pas d'héritier.

Jospin (Lionel) (né en 1937), homme politique français. Premier secrétaire du Parti socialiste (1981-1987 et 1995-1997), battu au second tour de l'élection présidentielle (1995) par Jacques Chirac, il est nommé Premier ministre par celui-ci après les législatives anticipées de 1997.

Josquin Des Prés ou **Deprés.** V. Des Prés (Josquin).

Josué (fin du XIIIᵉ s. av. J.-C.), dans la Bible, successeur de Moïse, chargé de conquérir la terre de Canaan. Il prit Jéricho* et vainquit les Amalécites à Gabaon en arrêtant, selon la légende, le Soleil pendant la bataille. Le *Livre de Josué* est le premier des livres historiques de la Bible.

jouable [ʒwabl] adj. Qui peut être joué. *Cette pièce n'est pas jouable.* ▷ Fig. *C'est jouable :* c'est faisable.

joual, ale, aux [ʒwal, o] n. m. et adj. (et adv.) Péjor. **1.** n. m. *Le joual :* la variété de français québécois parlée par les classes populaires. *Un roman écrit en joual.* **2.** adj. Relatif au joual. *La langue jouale.* ▷ adv. *Parler, écrire joual.*
ENCYCL Le mot *joual* (var. de *cheval*), attesté dès les années 1930 dans l'expression *parler joual,* «parler mal», s'est répandu à la suite de la publication des *Insolences du Frère Untel* (1960) de Jean-Paul Desbiens (né en 1929). Le mot a d'abord désigné le parler des classes défavorisées, pour en stigmatiser les prononciations déformées et les emprunts à l'anglais, puis le français québécois lui-même, comme variété jugée inférieure au français de France. Dans les années 1960 et 1970, des écrivains, dits *joualisants,* ont exploité les traits de langue ainsi décriés et ont suscité un débat passionné sur le statut du français au Québec, son originalité et sa légitimité.

joualisant, ante [ʒwalizɑ̃, ɑ̃t] adj. et n. (Québec) Litt. Se dit d'une personne qui s'exprime en joual. *Un écrivain joualisant.* – Par ext. *La littérature joualisante.* ▷ Subst. *Un(e) joualisant(e).*

Joubert (Petrus Jacobus) (1831 – 1900), général boer. Commandant en chef des Boers, il tint en échec les Britanniques durant l'année 1899.

joue [ʒu] n. f. **1.** Partie latérale du visage comprise entre le nez et l'oreille, l'œil et le maxillaire inférieur. *Joues creuses, rebondies.* ▷ *Coucher, mettre en joue qqch, qqn,* le viser en appuyant la crosse du fusil contre la joue. – Ellipt. *En joue! Feu :* Visez! Tirez! **2.** Partie latérale de la face de certains animaux. *Les joues du cheval.* **3.** TECH Chacune des deux flasques constituant la cage d'une poulie. ▷ MAR Partie renflée de la coque d'un navire, de chaque côté de l'avant.

jouer [ʒwe] v. [1] **A.** v. intr. **I. 1.** Se récréer, s'occuper à un jeu. *Les enfants jouent dans la cour.* ▷ Loc. fig. *Jouer avec sa santé,* commettre des imprudences qui peuvent lui porter atteinte. – *Jouer avec le feu :* prendre des risques, prendre un danger à la légère. **2.** Se mouvoir, en parlant d'une pièce, d'un mécanisme. *Ce piston ne joue pas bien.* ▷ *Faire jouer :* faire fonctionner, mettre en action. *Faire jouer une pompe.* – Fig. *Il a fait jouer ses relations.* **3.** Ne plus joindre parfaitement, se déboîter ou avoir trop de jeu. *Rivet qui joue dans son logement.* **4.** Se déformer (sous l'effet de l'humidité, de la dessiccation, etc.). *Les panneaux de la porte ont joué.* **5.** Intervenir, agir. *Ces considérations ont joué dans ma décision.* **6.** (Suisse) Fam. Convenir. *Ça joue si je t'appelle demain?* **7.** Produire un effet particulier (en parlant de la lumière, des couleurs). *Lumière qui joue sur une étoffe moirée.* **II.** *Jouer à.* **1.** S'adonner à (tel jeu, tel sport). *Jouer aux cartes, aux échecs. Jouer au tennis.* ▷ (S. comp.) *À vous de jouer :* à votre tour de jeter une carte, de déplacer un pion, etc.; fig., à vous d'agir. **2.** Miser de l'argent (dans un jeu de hasard). *Jouer à la roulette. Jouer aux courses* (de chevaux). ▷ Absol. *C'est un homme qui joue,* qui a la passion de jouer. ▷ *Jouer à la Bourse :* spéculer sur les valeurs boursières. **III.** *Jouer de.* Se servir de (tel instrument, tel outil, telle arme). *Jouer du couteau.* – *Spécial.* Se servir selon les règles de l'art (d'un instrument de musique). *Jouer du balafon, de la flûte.* ▷ Loc. *Jouer des coudes*.* **B.** v. tr. **1.** Faire (une partie) à tel ou tel jeu ou sport. *Jouer une partie de tarot, un match de rugby.* – *Jouer une carte,* jeter cette carte. – *Jouer un pion,* le déplacer. ▷ *Jouer le jeu :* jouer conformément aux règles, à l'esprit du jeu; fig., respecter des conventions explicites ou tacites. **2.** Miser. *J'ai joué cent francs sur le favori.* – *Jouer gros jeu :* V. jeu (sens II, 1). **3.** Faire entendre au moyen d'un instrument de musique. *La fanfare a joué l'hymne national. Jouer (du) Mozart.* Syn. interpréter. **4.** Représenter sur la scène. *Jouer une comédie.* – *Jouer les ingénues :* tenir habituellement le rôle d'ingénue. ▷ Fig. *Jouer la comédie :* feindre des sentiments. ▷ Loc. fig. *Jouer les... :* feindre d'être, tenter de se faire passer pour un... *Jouer les durs.* **C.** v. pron. **1.** *Se jouer de qqn,* se moquer de lui, le duper. ▷ *Se jouer des difficultés,* en triompher aisément. **2.** (Sens passif.) Être joué (en parlant d'une pièce de théâtre, d'un morceau de musique). *Cette pièce s'est jouée plus de cent fois.*

jouet [ʒwɛ] n. m. **1.** Objet avec lequel un enfant joue; objet fabriqué à cet usage. *Jouet en peluche.* **2.** Fig. Personne dont on se joue, dont on se moque. *Il n'a été qu'un jouet entre les mains de cet intrigant.* **3.** Fig. Personne, chose, livrée à une force extérieure aveugle; personne victime d'une tromperie, d'une illusion. *Être le jouet des événements.*

jouette [jwɛt] adj. et n. f. (Belgique) Fam. Se dit d'un enfant ou d'un animal familier qui aime jouer. *Il est jouette.* ▷ n. f. *C'est une jouette.*

joueur, euse [ʒwœʀ, øz] n. et adj. **1.** Personne qui joue à un jeu (de façon occasionnelle ou régulière). *Joueur de boules, d'échecs. Joueur de basket.* ▷ adj. Qui aime à jouer. *Enfant joueur.* **2.** Personne qui a la passion des jeux d'argent. *Un joueur incorrigible.* **3.** Loc. *Beau joueur,* qui sait accepter sereinement une éventuelle défaite (au jeu ou, fig., dans la vie). *Mauvais joueur,* qui n'aime pas perdre. **4.** Personne qui joue d'un instrument de musique. *Joueur de guitare.*

joufflu, ue [ʒufly] adj. Qui a de grosses joues.

Jouffroy (Théodore) (1796 - 1842), philosophe spiritualiste français : *Mélanges philosophiques* (1833), *Cours d'esthétique* (1843).

Jouffroy d'Abbans (Claude François, marquis de) (1751 - 1832), constructeur français du premier bateau à vapeur (1776), mû par une roue à aubes.

joug [ʒu] n. m. Pièce de bois que l'on place sur la tête ou l'encolure des bœufs pour les atteler. *Joug simple, double.* ▷ Fig. Sujétion, contrainte matérielle ou morale. *Secouer le joug. Le joug du mariage.*

Jouhaux (Léon) (1879 - 1954), syndicaliste français. Secrétaire général de la C.G.T. dep. 1909, il démissionna en 1947 et fonda la C.G.T.-F.O. Prix Nobel de la paix 1951.

jouir [ʒwiʀ] v. tr. indir. [3] *Jouir de.* **1.** Avoir l'usage, la possession, le profit de. *Jouir d'une bonne santé, de l'estime générale.* ▷ (Choses) *Région qui jouit d'un agréable climat.* **2.** Tirer grand plaisir de. *Jouir de l'embarras d'un adversaire.* ▷ Prendre du plaisir; vivre dans le plaisir. *Jouir de la vie.* ▷ (Absol.) Éprouver l'orgasme.

jouissance [ʒwisɑ̃s] n. f. **1.** Fait de jouir de qqch, d'en avoir l'usage, la possession, le profit. *Jouissance d'un droit.* **2.** Plaisir de l'esprit ou des sens. *Jouissance que procure une œuvre d'art.* ▷ *Spécial.* Plaisir sexuel, orgasme.

jouisseur, euse [ʒwisœʀ, øz] n. et adj. Personne qui ne songe qu'à jouir des plaisirs matériels. ▷ adj. *On le dit très jouisseur.*

joujou, oux [ʒuʒu] n. m. (Dans le langage enfantin.) Jouet. *Faire joujou :* jouer.

Joukov (Gheorghi Konstantinovitch) (1896 - 1974), maréchal soviétique. Chef d'état-major (1940), il sauva Moscou (1941), défendit Stalingrad (1943) et prit Berlin. Ministre de la Défense (1955), il fut écarté en 1957.

Joukovski (Vassili Andreïevitch) (1783 - 1852), poète lyrique russe préromantique (*le Barde au Kremlin,* ode, 1816). Précepteur d'Alexandre II, il l'engagea à libérer les serfs.

joule [ʒul] n. m. PHYS Unité d'énergie équivalant au travail d'une force de 1 newton dont le point d'application se déplace de 1 mètre dans sa propre direction (symb. : J).

Joule (James Prescott) (1818 - 1889), physicien et industriel anglais. Il détermina, à l'aide d'une expérience, l'équivalence entre la chaleur et le travail (1 calorie = 4,186 J). ▷ PHYS *Loi de Joule,* concernant le rapport entre les caractéristiques physiques d'un gaz parfait et sa température. ▷ ELECTR *Effet Joule :* dégagement de chaleur dû au passage d'un courant électrique dans un conducteur.

Joumblatt (Kamal) (1917 - 1977), homme politique libanais, un des chefs de la communauté druze et fondateur, en 1949, du Parti socialiste progressiste (P.S.P.). Il s'imposa comme le leader de la gauche au début de la guerre civile (1975-1977) et mourut dans un attentat. — **Walid** (né en 1947), fils du préc. Il lui succéda à la tête de la communauté druze et du P.S.P. Il est, depuis 1993, ministre des Personnes déplacées.

jour [ʒuʀ] n. m. **I.** Lumière, clarté. **1.** Lumière du soleil. *Il fait jour. – Le jour se lève,* apparaît. ▷ *Demi-jour :* faible clarté. – *Grand jour, plein jour :* pleine clarté solaire. ▷ *Beau comme le jour :* très beau. – *Clair comme le jour :* très clair; fig. très facile à comprendre. **2.** Manière dont la lumière éclaire un objet. – *Faux jour :* lumière qui éclaire mal, qui donne aux objets un aspect qui n'est pas le leur. ▷ Fig. Manière dont qqch ou qqn se présente, est considéré. *Je ne le connaissais pas sous ce jour.* **3.** Vie, existence. ▷ Loc. *Voir le jour :* naître. *Donner le jour à un enfant.* ▷ Fig. *Livre qui voit le jour,* qui paraît. **4.** Fig. *Au jour, au grand jour :* au vu et au su de tous. **II.** Ce qui laisse passer la lumière. **1.** Ouverture, fenêtre. *Jours ménagés dans les parois d'une case.* **2.** Ouverture pratiquée dans une étoffe en groupant plusieurs fils par des points de broderie. *Mouchoir à jours.* **3.** *Se faire jour :* apparaître progressivement. *Une vérité qui se fait jour.* **III.** Espace de temps. **1.** Période de clarté entre le lever et le coucher du soleil. **2.** Espace de temps de vingt-quatre heures correspondant à une rotation complète de la Terre sur elle-même. *Les sept jours de la semaine. Jours fériés. – Jour civil,* de minuit à minuit. ▷ ASTRO *Jour solaire vrai :* durée qui sépare deux passages supérieurs consécutifs du Soleil au méridien d'un lieu. – *Jour solaire moyen :* durée du jour solaire pour un Soleil fictif qui se déplacerait d'un mouvement uniforme. – *Jour sidéral :* durée comprise entre deux passages consécutifs d'une même étoile au méridien d'un même lieu (1 jour sidéral = 23 h 56 min 4 s). **3.** Époque, espace de temps considéré relativement aux événements qui l'occupent, à l'emploi que l'on en fait. *Jour de pluie. – Être dans un bon, un mauvais jour :* être de bonne, de mauvaise humeur. – *Vivre au jour le jour,* avec le gain de chaque jour; fig. sans souci du lendemain. ▷ *Le jour J :* V. j (sens 2). **4.** Cet espace de temps utilisé pour situer un événement, pour servir de point de repère. – *Un jour :* à un moment indéterminé. *Passez donc me voir un jour. – Un de ces jours :* prochainement. – *Un jour ou l'autre :* à un moment non précisé. ▷ *À jour :* exact, en règle, effectué en totalité au jour considéré. *Avoir des registres à jour. Mettre ses comptes à jour.* **5.** Moment présent, époque actuelle. *C'est au goût du jour,* à la mode. ▷ (Plur.) *De nos jours :* à notre époque. **6.** (Plur.) Durée de l'existence. *Ses jours sont comptés.*

Jourdain (le), fl. du Proche-Orient (360 km); né dans l'Hermon libanais, il traverse le lac de Tibériade, en Israël, puis emprunte le fossé d'effondrement du Ghor, avant de se jeter dans la mer Morte. L'utilisation de l'eau du Jourdain et de ses affluents fait l'objet de contentieux entre les Israéliens, les Jordaniens, les Syriens et les Palestiniens.

journal, aux [ʒuʀnal, o] n. m. **I. 1.** Cahier dans lequel une personne note régulièrement ses réflexions, ce qu'elle a vu ou fait, etc. *Tenir un journal de voyage. Journal intime.* ▷ (Belgique, Luxembourg) *Journal de classe :* cahier de textes*. ▷ MAR *Journal de bord :* registre dans lequel sont consignées toutes les circonstances relatives à la navigation et à la marche du navire. **2.** COMM Registre dans lequel on inscrit jour par jour les opérations comptables que l'on effectue. ▷ adj. *Livre journal.* **II. 1.** Toute publication périodique destinée à un public donné ou traitant de questions relatives à un ou à plusieurs domaines particuliers. *Journal pour enfants. Journaux féminins. Journal de mode.* ▷ *Spécial.* Publication quotidienne qui relate et commente l'actualité dans tous les domaines. **2.** *Par ext.* Bulletin d'informations diffusé à heures fixes par la radio, la télévision. *Journal télévisé.* (V. téléjournal.)

journalier, ère [ʒuʀnalje, ɛʀ] adj. et n. **1.** adj. Qui se fait, se produit chaque jour. *Tâche journalière.* **2.** n. Ouvrier, ouvrière agricole payé(e) à la journée. Syn. (Québec) travaillant.

journalisme [ʒuʀnalism] n. m. Profession, travail de journaliste.

journaliste [ʒuʀnalist] n. Personne qui fait métier d'écrire dans un journal (sens II). ▷ *Par ext.* Personne qui fait métier d'informer à travers les médias. *Journaliste d'agence. Journaliste de la presse parlée, télévisée.*

journalistique [ʒuʀnalistik] adj. Relatif au journalisme, aux journalistes. *Style journalistique.*

journée [ʒuʀne] n. f. **1.** Durée correspondant à un jour (sens III). *Une belle journée.* ▷ Loc. fam. *À longueur de journée, toute la sainte journée :* continuellement. **2.** Temps compris entre le lever et le coucher d'une personne, et l'emploi qu'elle en fait. *J'ai eu une dure journée.* **3.** Temps consacré au travail pendant la journée. – *Journée continue,* dans laquelle le temps consacré au déjeuner est très réduit, pour cesser plus tôt. – Loc. (Belgique) *Après journée :* après la journée de travail. *Travailler après journée.* ▷ Salaire du travail d'un jour. *Gagner sa journée.*

journellement [ʒuʀnɛlmɑ̃] adv. Tous les jours.

joute [ʒut] n. f. **1.** Anc. Combat courtois opposant deux cavaliers armés de lances. **2.** Fig. Lutte. *Joute oratoire.* **3.** (Québec) Match, partie. *Une joute de hockey.*

Jouve (Pierre Jean) (1887 - 1976), écrivain français. Son œuvre mêle christianisme et freudisme. Poésies : *Sueur de sang* (1933), *Moires* (1962). Romans : *Paulina 1880* (1925), *Hécate* (1928), *Vagadu* (1931).

jouvence [ʒuvɑ̃s] n. f. Vx Jeunesse. ▷ Loc. mod. *Bain de jouvence,* de jeunesse, de vitalité.

jouvenceau, elle [ʒuvɑ̃so, ɛl] n. Vx ou plaisant Jeune homme, jeune fille.

Jouvet (Louis) (1887 - 1951), acteur et metteur en scène français; directeur du théâtre de l'Athénée (1934-1951). Acteur dans de nombr. films : *Drôle de drame* (1937), *Hôtel du Nord* (1938), *Quai des Orfèvres* (1947).

Joux (vallée de), vallée de l'Orbe supérieur (Suisse, cant. de Vaud) qui se termine par le *lac de Joux.*

jouxter [ʒukste] v. tr. [1] Litt. Se trouver près de. *Le jardin qui jouxte la maison.*

jovial, ale, aux ou **als** [ʒɔvjal, o] adj. Qui est porté à une gaieté familière et bonhomme. *Humeur joviale.* Ant. morose. (Le pluriel *jovials* est rare.)

jovialement [ʒɔvjalmɑ̃] adv. D'une manière joviale.

jovialité [ʒɔvjalite] n. f. Humeur joviale.

joyau [ʒwajo] n. m. **1.** Ornement fait de matière précieuse (or, pierreries). *Les joyaux de la Couronne.* **2.** Fig. Ce qui a une grande valeur, une grande beauté. *La mosquée de Kairouan, joyau de l'art musulman.*

Joyce (James) (1882 - 1941), écrivain irlandais. Il quitta définitivement son pays en 1906 et se fixa à Trieste. En 1907, il publia *Musique de chambre* (poèmes) puis entreprit une œuvre romanesque : *Gens de Dublin* (nouvelles, 1914), *Dedalus, portrait de l'artiste en jeune homme* (1914 puis 1916), *les Exilés* (drame, 1918). *Ulysse,* écrit de 1914 à 1921, publié à Paris en 1922, fut interdit, pour pornographie, en G.-B. et aux É.-U., et révolutionna la littérature du XXe s. De 1922 à 1939, il élabora *Finnegans Wake* («la Veillée de Finnegan», cabaretier ivre), immense jeu de mots dans une quinzaine de langues, épopée stylistique qui recrée l'histoire des civilisations.

joyeusement [ʒwajøzmɑ̃] adv. D'une façon joyeuse, avec joie.

joyeuseté [ʒwajøzte] n. f. Litt. Fait, parole, action qui met en joie, qui amuse.

joyeux, euse [ʒwajø, øz] adj. **1.** Qui éprouve de la joie, gai. *Il était tout joyeux. Une joyeuse bande d'enfants.* Ant. triste, chagrin, morose. **2.** Qui exprime la joie. *Cris joyeux.* **3.** Qui inspire la joie. *Joyeux Noël !* (Formule de souhait.)

József (Attila) (1905 - 1937), poète hongrois d'inspiration prolétarienne et de style classique : *Ce n'est pas moi qui crie* (1925), *Nuit des faubourgs* (1932).

Juan (Don). V. Don Juan.

Juan Carlos Ier (né en 1938), roi d'Espagne apr. la mort de Franco (1975). Petit-fils d'Alphonse XIII et fils de Juan, comte de Barcelone (connu pour ses opinions libérales), Juan Carlos fut désigné par Franco en 1969 comme héritier de la couronne. Il a épousé Sophie de Grèce en 1962.

Juan d'Autriche (don) (1545 - 1578), fils naturel de Charles Quint. Il s'illustra en Andalousie contre les morisques, puis à Lépante (1571).

Juárez García (Benito) (1806 - 1872), homme politique mexicain. Élu président du Mexique en 1861, il lutta contre Maximilien d'Autriche et entra victorieux dans Mexico (1867).

Juba ou **Djouba,** v. du S. du Soudan, sur le Nil Blanc; 116000 hab.; cap. de la rég. de l'Équateur. Aéroport international.

jubarte [ʒybaʀt] n. f. ZOOL Baleine à bosse. V. mégaptère.

Jubbulpore. V. Jabalpur.

jubé [ʒybe] n. m. **1.** Galerie haute, en bois ou en pierre, qui sépare le chœur de la nef dans certaines églises gothiques. **2.** *Par ext.* (Québec) Galerie élevée au fond d'une église, souvent prolongée sur les côtés, où les fidèles peuvent prendre place. - Spécial. *Jubé de l'orgue :* tribune occupée par l'orgue. - *Par anal.* Balcon (d'une salle de spectacle).

jubilaire [ʒybilɛʀ] adj. et n. **1.** adj. Didac. Qui concerne le jubilé. *Année jubilaire :* année sainte (V. jubilé). **2.** n. (Belgique, Québec, Suisse) Personne fêtée à l'occasion d'un jubilé (sens 2). - (Suisse) Personne qui fête un jubilé.

jubilation [ʒybilasjɔ̃] n. f. Joie intense et extériorisée.

jubilatoire [ʒybilatwaʀ] adj. Qui dénote ou provoque la jubilation.

jubilé [ʒybile] n. m. **1.** RELIG CATHOL Année sainte, qui revient tous les vingt-cinq ans. **2.** Fête en l'honneur d'une personne qui exerce une activité depuis cinquante ans, d'un couple marié depuis cinquante ans. **3.** (Belgique, Suisse) Fête qui célèbre un événement marquant.

jubiler [ʒybile] v. intr. [1] Éprouver une joie intense.

Juby (cap), promontoire de la côte atlantique du Maroc, en face des îles Canaries.

jucher [ʒyʃe] v. [1] **1.** v. intr. Se poser sur une perche, une branche, pour dormir, en parlant de certains oiseaux. ▷ Fig. *Nos amis juchent au dernier étage.* - Pp. *J'ai vu un homme juché sur le toit.* **2.** v. tr. Placer dans un endroit élevé. *Jucher des bocaux sur un rayon élevé.* ▷ v. pron. *Se jucher sur uneéchelle.*

Juda, dans la Bible, quatrième fils de Jacob et de Lia; ancêtre d'une des douze tribus d'Israël (tribu de Juda).

Juda (royaume de), royaume (cap. *Jérusalem*) constitué au S. de la Palestine par les tribus de Juda et de Benjamin v. 931 av. J.-C., à la mort de Salomon, quand Jéroboam eut provoqué le schisme du N. Le royaume disparut en 587 av. J.-C. (prise de Jérusalem et destruction du Temple par Nabuchodonosor).

judaïcité [ʒydaisite] n. f. Didac. Appartenance à la religion juive, à la communauté juive.

judaïque [ʒydaik] adj. Des juifs, de la religion juive. *La loi judaïque.*

judaïsme [ʒydaism] n. m. **1.** Religion juive. **2.** Fait d'appartenir à la communauté juive. ▷ Communauté juive.
ENCYCL Historiquement, le judaïsme est la prem. des grandes religions monothéistes. Il a pour fondement l'Alliance inaugurée par Dieu avec Abraham et la Loi (la *Torah*) qui fut donnée à Moïse. Religion d'un peuple qui vit son histoire dans la recherche de la fidélité et l'attente du Messie, le judaïsme repose sur l'Écriture (la Bible), dont l'interprétation mystique est la Kabale, et sur le princ. recueil des commentaires de la Loi, le Talmud. V. Bible, Torah, Commandements (les Dix), Kabbale, Talmud.

judaïté [ʒydaite] n. f. Didac. Condition de juif; fait d'être juif.

judas [ʒyda] n. m. **1.** Traître. **2.** Fig. Petite ouverture dans une porte pour voir sans être vu.

Judas Iscariote, apôtre qui trahit Jésus en le vendant aux prêtres juifs pour trente deniers. Pris de remords, il jeta ensuite l'argent et se pendit. Iscariote vient p.-ê. d'un mot araméen qui signifie «faux, menteur».

Jude (saint), surnommé *Thaddée,* l'un des douze apôtres. La tradition lui attribue, à tort, la courte «épître de Jude».

Judée, prov. mérid. de la Palestine, située entre la Méditerranée et la mer Morte. Au retour des Juifs, après leur captivité à Babylone (VIe s. av. J.-C.), ce nom fut donné au territoire qui couvrait à peu près l'anc. royaume de Juda.

judéité [ʒydeite] n. f. Didac. Ensemble des traits de civilisation qui fondent l'identité du peuple juif.

judéo-arabe [ʒydeoaʀab] adj. et n. **1.** Relatif aux Juifs et aux Arabes. *Une culture judéo-arabe.* **2.** Relatif aux communautés juives des pays arabes. - Subst. *Les Judéo-Arabes.*

judéo-chrétien, enne [ʒydeokʀetjɛ̃, ɛn] adj. Qui appartient à la fois aux valeurs spirituelles du judaïsme et du christianisme. *Les traditions judéo-chrétiennes.*

judiciaire [ʒydisjɛʀ] adj. **1.** Relatif à la justice, à son administration. *Organisation judiciaire.* **2.** Fait en justice, par autorité de justice. *Enquête judiciaire.* ▷ *Combat judiciaire :* V. ordalie.

judicieusement [ʒydisjøzmɑ̃] adv. De façon judicieuse.

judicieux, euse [ʒydisjø, øz] adj. Apte à bien juger, à apprécier avec justesse. *Personne judicieuse.* ▷ Par ext. *Choix judicieux.*

Judith, héroïne juive qui tua Holopherne, général de Nabuchodonosor dont l'armée assiégeait Béthulie (anc. village de Palestine). Elle feignit de se laisser séduire par lui et, après l'avoir enivré, lui trancha la tête (*Livre de Judith,* IIe ou Ier s. av. J.-C.).

judo [ʒydo] n. m. Sport de combat d'origine japonaise se pratiquant à main nue, le but du combat consistant à immobiliser ou à faire tomber l'adversaire en utilisant des prises visant à le déséquilibrer. *Le judo, créé vers 1880 par le Japonais Jigorō Kano, emprunte de nombreux éléments au jiu-jitsu.*

judoka [ʒydoka] n. Personne qui pratique le judo. *Une judoka ceinture noire.*

jugal, ale, aux [ʒygal, o] adj. ANAT *Os jugal,* ou *zygomatique* ou *malaire :* os qui constitue la pommette de la joue.

juge [ʒyʒ] n. m. **1.** Magistrat ayant pour fonction de rendre la justice. ▷ DR Magistrat appartenant à une juridiction du premier degré (par oppos. aux conseillers des cours d'appel et de la Cour de cassation). - *Juge d'instance,* du tribunal d'instance. - *Juge consulaire :* juge au tribunal de commerce. - *Juge d'instruction,* chargé d'instruire une affaire pénale. - *Juge de la mise en état,* chargé d'établir l'information et de surveiller la marche de la procédure dans les procès au civil. - *Juge des référés,* chargé de prendre les décisions en référé. - *Juge de l'application des peines,* chargé de veiller à l'application des peines prononcées contre les condamnés, de surveiller les modalités du traitement pénitentiaire (libération anticipée, etc.). - (Suisse) *Juge informateur :* juge d'instruction. **2.** DR Juridiction. **3.** Personne appelée à se prononcer en tant qu'examinateur, en tant qu'arbitre. *Les juges d'un concours.* ▷ SPORT *Juge de touche :* personne chargée d'assister l'arbitre d'un match de football, de rugby ou de tennis, en signalant les hors-jeu, les sorties en touche, etc. - (Québec) *Juge de ligne :* au hockey, juge chargé de surveiller les hors-jeu. **4.** Personne à qui l'on demande son opinion. *Je vous fais juge.* - *Être bon, mauvais juge en qqch,* capable, incapable de porter un jugement sur qqch. - Loc. *Être juge et partie :* être à la fois arbitre et directement concerné dans une affaire.

jugé (au) ou **juger (au)** [oʒyʒe] loc. adv. D'une façon approximative. *Tirer au jugé,* sans viser.

jugement [ʒyʒmɑ̃] n. m. **I.** Action de juger (un procès, un accusé); son résultat. ▷ DR Décision rendue par les tribunaux du premier degré (par oppos. aux arrêts des cours d'appel et de la Cour de cassation). – *Jugement contradictoire,* prononcé en présence des parties ou de leurs représentants. – *Jugement par défaut,* rendu en l'absence de l'une des parties. *Jugement supplétif**. ▷ RELIG *Jugement dernier,* celui que Dieu doit porter, à la fin du monde, sur les vivants et sur les morts ressuscités. **II. 1.** Faculté de juger, discernement. *Manquer de jugement.* **2.** Opinion, avis. *Le jugement d'un critique sur un film.* **3.** LOG Fonction ou acte de l'esprit consistant à affirmer ou à nier une existence ou un rapport.

jugeote [ʒyʒɔt] n. f. Fam. Bon sens.

juger [ʒyʒe] v. [**13**] **I.** v. tr. **1.** Prendre une décision concernant (une affaire, un accusé) en qualité de juge. *Juger une cause, un criminel.* **2.** Décider comme arbitre. *On jugera lequel a le mieux réussi.* **3.** Se faire ou émettre une opinion sur (qqn, qqch). *Juger sévèrement une personne, une œuvre.* **4.** Croire, estimer. *Juger imprudent de...* ▷ v. pron. Se voir soi-même dans une situation, un état. *Se juger condamné par une maladie grave.* **5.** *Absol.* Concevoir, énoncer un jugement (sens II, 3). *Raisonner et juger.* **II.** v. tr. indir. *Juger de.* **1.** Porter une appréciation sur (qqn, qqch). *Juger de la vraisemblance d'un récit.* **2.** S'imaginer. *Jugez de ma surprise.*

Juges, chefs que les Hébreux élurent après la mort de Josué. – La *période des Juges,* qui se termine, v. 1035 av. J.-C., par la consécration du premier roi hébreu, Saül, est exposée dans le *Livre des Juges,* ouvrage hétérogène à la chronologie incertaine.

jugulaire [ʒygylɛʀ] adj. et n. f. **1.** adj. De la gorge. *La veine jugulaire* ou, n. f., *la jugulaire.* **2.** n. f. Mentonnière.

juguler [ʒygyle] v. tr. [**1**] Empêcher de se développer. *Juguler l'inflation. Juguler une épidémie.*

Jugurtha (v. 160 – v. 104 av. J.-C.), roi de Numidie. Adversaire des Romains, il fut livré à Sylla, questeur de Marius (105 av. J.-C.), et mourut de faim dans un cachot de Rome.

juif, juive [ʒɥif, ʒɥiv] n. et adj. **1.** Descendant des anc. Hébreux. (Originaires de Palestine, les Juifs forment un peuple qui, bien qu'ayant été dispersé dans de nombreux pays au cours des siècles, a conservé son unité grâce au lien religieux.) ▷ adj. Qui concerne les Juifs (en tant que peuple). *La cuisine juive.* **2.** Adepte de la religion et des traditions judaïques. ▷ adj. Qui concerne les juifs (pratiquants du judaïsme). *Les pratiques rituelles juives.*

Juif errant (le), personnage mythique, nommé Ahasvérus par un auteur allemand du XVIIIe s., que Jésus aurait condamné à errer éternellement dans le monde. Elle a inspiré : A. von Chamisso, Goethe, Lenau, etc.

juillet [ʒɥijɛ] n. m. Septième mois de l'année, comprenant trente et un jours. – HIST *Journée du 14 juillet 1789 :* insurrection parisienne, la première de la Révolution française, qui aboutit à la prise de la Bastille; commémorée chaque année comme fête nationale de la France depuis 1880.

Juillet (monarchie de), régime polit. de la France entre les révolutions de juillet* 1830 et de février* 1848. (V. Louis-Philippe Ier.) Seuls les riches (au nombre de 168 000) avaient le droit de vote; Thiers* et, surtout, Guizot* dominèrent cette monarchie bourgeoise.

juillet 1789 (journée du 14), journée au cours de laquelle une insurrection parisienne, la prem. de la Révolution française, aboutit à la prise de la Bastille* (V. Révolution, États généraux de 1789, Assemblée). Le 14 juil. 1790, la fête de la Fédération* commémora cette victoire populaire. En 1880, une telle commémoration fut décrétée fête nationale.

juillet 1830 (révolution ou journées de), insurrection parisienne, qui les 27, 28 et 29 juillet (les Trois Glorieuses), aboutirent à l'avènement de Louis-Philippe Ier. V. Juillet (monarchie de).

juin [ʒɥɛ̃] n. m. Sixième mois de l'année, comprenant trente jours. – HIST *Appel du 18 juin 1940 :* exhortation au peuple français à poursuivre les combats contre l'Allemagne, lancée, de Londres, par le général de Gaulle.

Juin (Alphonse) (1888 – 1967), maréchal de France (1952). Il commanda les troupes d'Afrique du Nord (1941), combattit en Tunisie, puis en Italie (1944) et fut résident général au Maroc (1947-1951). Acad. fr. (1952).

Juin (Hubert Loescher, dit Hubert) (1926 – 1987), écrivain belge d'expression française; poète (*les Guerriers du Chalco,* 1976), romancier (cycle des *Hameaux,* 5 vol., 1958-1968, consacré à l'Ardenne) et critique.

juin 1848 (journées de), journées (22-26 juin) au cours desquelles une insurrection ouvrière parisienne, apr. la fermeture des Ateliers* nationaux, fut réprimée avec violence par Cavaignac.

juin 1940 (appel du 18), discours, radiodiffusé dep. Londres, dans lequel de Gaulle exhorta les Français à poursuivre la lutte après l'armistice du 17 juin. V. État français et France libre.

juju [ʒyʒy] n. m. Style musical du Nigeria qui combine guitares et batterie.

jujube [ʒyʒyb] n. m. **1.** Fruit comestible du jujubier. **2.** Suc extrait de ce fruit, utilisé pour soigner la toux.

jujubier [ʒyʒybje] n. m. Arbuste dicotylédone dialypétale épineux des régions chaudes (fam. rhamnacées), dont le fruit, le jujube, est comestible.

juke-box [dʒukbɔks] n. m. (Américanisme) Électrophone automatique, placé en général dans un café, à la disposition des consommateurs. *Des juke-boxes.*

Jukun, ethnie du Nigeria établie dans la haute vallée de la Bénoué (env. 30 000 personnes). Ils parlent une langue nigéro-congolaise du groupe Bénoué-Congo (sous-groupe *jukunoïde*).

jules [ʒyl] n. m. Pop. Souteneur. ▷ Fam., plaisant Amant, mari.

Jules César. V. César (Jules).

Jules II (Giuliano Della Rovere) (1443 – 1513), pape de 1503 à 1513, ennemi de Venise puis du roi de France Louis XII. Il fit commencer par Bramante la basilique St-Pierre.

Julia (gens), illustre famille romaine qui prétendait descendre de Iule, fils d'Énée (donc de Vénus), et à laquelle appartenait Jules César.

Juliana Ire (née en 1909), reine des Pays-Bas (1948-1980). Elle a abdiqué au profit de sa fille aînée, Beatrix.

julien, enne [ʒyljɛ̃, ɛn] adj. *Calendrier julien :* calendrier établi par Jules César, dans lequel l'année *(année julienne)* comporte en moyenne 365,25 jours (365 jours normalement et 366 jours une fois tous les 4 ans).

Julien, dit *l'Apostat* (Flavius Claudius Julianus) (331 – 363), empereur romain (361-363), neveu de Constantin Ier le Grand. Il voulut rétablir l'ancien polythéisme. Il mourut en combattant les Perses.

Julien l'Hospitalier (saint), pers. d'une époque incertaine, meurtrier involontaire de son père et de sa mère.

julienne [ʒyljɛn] n. f. CUIS Potage ou garniture de légumes coupés en menus morceaux.

jumeau, elle, eaux [ʒymo, ɛl] adj. et n. **1.** Se dit des enfants (deux ou plusieurs) nés d'un même accouchement. *Des sœurs jumelles.* ▷ Subst. *Un jumeau. Une jumelle. Elle a des jumeaux.* **2.** Se dit de choses semblables groupées par deux. *Des lits jumeaux.* – *Fruits jumeaux,* joints, accolés l'un à l'autre. ▷ ANAT *Muscles jumeaux,* ou, n. m., *les jumeaux :* les deux muscles qui forment le mollet.

ENCYCL Biol. – *Les vrais jumeaux,* mieux nommés *jumeaux univitellins* ou *monozygotes,* sont issus de la division précoce d'un seul œuf; toujours du même sexe, ils se ressemblent physiquement et psychiquement, ont la même résistance aux maladies, etc. *Les faux jumeaux,* ou *bivitellins,* ou *dizygotes,* issus de deux œufs différents, peuvent être de sexe différent et fort dissemblables.

jumelage [ʒymlaʒ] n. m. Action de jumeler; son résultat. ▷ Association entre deux villes de pays différents, destinée à favoriser leurs contacts culturels, économiques, touristiques, etc.

jumelé, ée [ʒymle] adj. **1.** TECH Consolidé au moyen de jumelles (1 sens 2). **2.** Qualifie des choses groupées par deux. *Colonnes jumelées. Roues arrière jumelées d'un gros camion.* – *Villes jumelées :* V. jumelage. – *Pari jumelé :* aux courses, pari effectué en misant sur les chevaux gagnants et placés.

jumeler [ʒymle] v. tr. [**19**] Apparier (deux objets semblables). – *Jumeler deux villes :* V. jumelage.

1. jumelle [ʒymɛl] n. f. **1.** (Sing. ou plur.) Double lorgnette. *Regarder à la jumelle. Jumelles marines. Étui à jumelles.* – *Jumelles à prismes,* comportant des prismes optiques qui permettent d'obtenir un fort grossissement sous un encombrement réduit et un écartement des objectifs améliorant la vision du relief. **2.** (Le plus souvent au plur.) TECH Paire de pièces identiques et semblablement disposées. *Jumelles d'une presse,* ses montants.

2. jumelle [ʒymɛl] adj. f. et n. f. V. jumeau.

jument [ʒymɑ̃] n. f. Femelle du cheval.

Juminer (Bertène) (né en 1927), écrivain guyanais. Ses romans s'interrogent sur la communication interraciale (*les Bâtards,* 1961; *les Héritiers de la presqu'île,* 1979).

Jumna. V. Yamunā.

jumping [dʒœmpiŋ] n. m (Anglicisme) EQUIT Épreuve de saut d'obstacles.

Juneau, cap. et port de pêche de l'Alaska, sur la côte S.-E.; 26 700 hab. Centre commercial et administratif. Extraction de l'or (auquel la ville doit sa fondation, en 1880).

Jung (Carl Gustav) (1875 – 1961), psychiatre suisse. Lié à Freud (1907), il rompit avec lui en 1913. Il a introduit la notion d'*inconscient collectif*.

Jünger (Ernst) (né en 1895), écrivain allemand. Disciple de Nietzsche, il écrivit des romans de guerre, des essais et un récit allégorique (*Sur les falaises de marbre*, 1939) qui dénonce l'hitlérisme.

Jungfrau (la), sommet des Alpes suisses, dans le massif de l'Aar (cant. de Berne); 4166 m. Un chemin de fer à crémaillère atteint la stat. du *Jungfraujoch* (3457 m), laboratoire d'études scientif. Compétitions de ski.

jungle [ʒœ̃gl] n. f. **1.** Formation végétale continue, très dense, typique des pays de mousson, constituée de bambous, de lianes et de fougères arborescentes. **2.** Fig. *Une jungle :* un milieu où règne la *loi de la jungle*, la loi du plus fort.

junior [ʒynjɔʀ] adj. (inv. en genre) et n. **1.** adj. COMM ou plaisant Cadet. *Durand aîné et Durand junior.* **2.** adj. et n. Sportif âgé de plus de 17 ans et de moins de 21 ans. **3.** adj. Des jeunes, destiné aux jeunes. *La mode junior.*

Junker (Jean-Claude) (né en 1954), homme politique luxembourgeois; Premier ministre (chrétien-social) depuis 1995.

Junod (Roger Louis) (né en 1923), écrivain suisse d'expression française : *Parcours dans un miroir* (1962), *les Enfants du roi Marc* (1980).

Junon, déesse romaine, fille de Saturne, épouse de Jupiter; protectrice des femmes mariées. Assimilée à l'Héra grecque.

Junot (Jean Andoche), duc d'Abrantès (1771 – 1813), général français. Il fit avec Bonaparte les campagnes d'Italie (1796) et d'Égypte (1799). Il se distingua au Portugal (1807), où il reçut son titre, puis prit part à la campagne de Russie.

junte [ʒœ̃t] n. f. **1.** Assemblée politique ou administrative, en Espagne, au Portugal. **2.** Directoire d'origine insurrectionnelle gouvernant certains pays, notam. d'Amérique latine. *Junte militaire.*

jupe [ʒyp] n. f. **1.** Vêtement féminin qui part de la taille et couvre plus ou moins les jambes selon la mode. *Jupe courte, plissée.* – (Afr. subsah.) *Jupe pagne :* jupe portefeuille longue en tissu de pagne. **2.** TECH Surface latérale d'un piston, qui coulisse contre la paroi du cylindre. ▷ Paroi inférieure souple d'un véhicule à coussin d'air.

jupe-culotte [ʒypkylɔt] n. f. Culotte aux jambes très amples, qui ressemble à une jupe. *Des jupes-culottes.*

jupette [ʒypɛt] n. f. Jupe très courte.

Jupiter, dieu romain, assimilé au Zeus grec, maître du panthéon. Fils de Saturne et de Rhéa, époux de sa sœur Junon, il est divinité du Ciel, de la Lumière du jour, de la Foudre et du Tonnerre.

Jupiter, la cinquième planète du système solaire, dont l'orbite est située entre celles de Mars et de Saturne. Jupiter est la plus grosse planète du système solaire (diamètre : 142700 km, soit 11 fois celui de la Terre). Elle tourne autour d'elle-même en un peu moins de 10 heures et décrit son orbite en 11 ans et 315 jours. Elle est recouverte de nuages disposés en bandes sombres et en zones claires parallèles à l'équateur, avec une tache caractéristique rouge située dans la zone tempérée sud. Son atmosphère est composée d'hydrogène et d'hélium. Sa température est de –150 °C; elle serait de –175 °C si la planète n'était chauffée que par le Soleil : elle l'est également par sa propre contraction sous l'effet des forces de gravitation (Jupiter n'ayant pas encore atteint son diamètre final). Cette énergie interne serait à l'origine des fortes turbulences observées dans les bandes nuageuses. Jupiter est le siège d'un champ magnétique intense. La planète possède au moins 16 satellites; les plus gros sont Ganymède, Callisto, Europe et Io. En 1979, les sondes américaines *Voyager 1* et *2* sont passées au voisinage de Jupiter, révélant la présence de fins anneaux de matière autour de la planète. Les satellites de Jupiter ont également fait l'objet de nombreuses découvertes (comme celle de volcans en activité sur Io). L'intense champ gravitationnel de la planète est utilisé pour fournir une forte impulsion *(effet Jupiter)* aux sondes spatiales qui s'en approchent suffisamment.

jupon [ʒypɔ̃] n. m. Jupe de dessous. ▷ Par méton. Fam. *Le jupon :* les femmes. *Courir le jupon.*

Juppé (Alain) (né en 1945), homme politique français; ministre du Budget (1986-1988), puis des Affaires étrangères (1993-1995); Premier ministre (mai 1995-mai 1997).

Jura, système montagneux de France (V. Franche-Comté [Rég.]) et de Suisse qui se prolonge, au-delà du Rhin, en Allemagne. Socle ancien soulevé, au tertiaire, lors de la surrection alpine, le Jura a deux aspects (tabulaire à l'O.; plissé et plus élevé à l'E.) et deux vocations : forestière (industr. du bois) et herbagère (lait, fromages). Les industries anciennes (horloges, pipes, jouets) côtoient les nouvelles qui bénéficient de l'hydroélectricité. Le Jura allemand est formé de plateaux calcaires, au climat rude et aux sols pauvres; l'altitude augmente du N. (Jura franconien) vers le S. (Jura souabe).

Jura (canton du), canton de la Suisse du N.-O.; 837 km^2; 65830 hab.; ch.-l. *Delémont.* – Jusqu'en 1815, ce territ. appartint à l'évêché de Bâle. Francophone, il s'est détaché en 1979 du canton de Berne, germanophone. Il se consacre surtout à l'industrie.

Jura, département franç.; 5053 km^2; 248759 hab.; ch.-l. *Lons-le-Saunier* (20140 hab.). V. Franche-Comté (Rég.).

jurassien, enne [ʒyʀasjɛ̃, ɛn] adj. Relatif au Jura. ▷ GEOL *Relief jurassien*, qui se développe dans une zone montagneuse sédimentaire plissée.

jurassique [ʒyʀasik] n. m. et adj. GEOL Période du milieu de l'ère secondaire faisant suite au trias, caractérisée par la scission du Gondwana en un continent africano-brésilien et un continent indo-malais et par le développement des vertébrés. ▷ adj. *La période jurassique.*

juré, ée [ʒyʀe] adj. et n. **I. 1.** adj. et n. m. Qui a prêté le serment requis pour l'exercice d'une fonction. **2.** adj. Loc. fig. *Ennemi juré*, déclaré et irréconciliable. **II.** n. m. Membre d'un jury. ▷ DR Citoyen, citoyenne appelés à siéger dans le jury d'une cour d'assises.

jurer [ʒyʀe] v. [1] **I.** v. tr. **1.** Promettre par serment. *Jurer fidélité. – Jurer de se venger.* **2.** Loc. fam. *Jurer ses grands dieux que... :* affirmer avec force que... **3.** (Sens atténué.) Assurer, certifier. *Je jure qu'il n'en est rien.* **II.** v. intr. **1.** Faire un serment. *Jurer sur l'honneur.* ▷ Fig. *Ne jurer que par :* éprouver une admiration sans réserve pour. **2.** Dire des blasphèmes, des jurons. *Jurer comme un charretier.* **3.** Choquer, ne pas aller (bien) ensemble (en parlant de choses). *Couleurs qui jurent.*

juridiction [ʒyʀidiksjɔ̃] n. f. **1.** Pouvoir d'un juge, d'un tribunal; ressort, étendue de ce pouvoir. *Juridiction civile.* **2.** *Degré de juridiction :* chacun des tribunaux devant lesquels une même affaire peut être successivement portée.

juridictionnel, elle [ʒyʀidiksjɔnɛl] adj. DR Relatif à une juridiction.

juridique [ʒyʀidik] adj. **1.** Fait selon le droit, dans les formes requises par le droit. *Acte juridique.* **2.** Relatif au droit. *Texte juridique.*

jurisconsulte [ʒyʀiskɔ̃sylt] n. m. DR Personne versée dans la science du droit et donnant des consultations juridiques.

jurisprudence [ʒyʀispʀydɑ̃s] n. f. DR **1.** Interprétation du droit et des lois par un tribunal. *La jurisprudence du Conseil d'État en matière de droit administratif.* **2.** Ensemble des décisions rendues par les tribunaux dans des cas semblables et permettant de déduire des principes de droit. *Jugement qui fait jurisprudence*, qui sert de référence.

juriste [ʒyʀist] n. m. Spécialiste du droit. ▷ Auteur d'ouvrages juridiques.

juron [ʒyʀɔ̃] n. m. Expression blasphématoire ou grossière, terme, imprécation utilisés pour jurer (sens II, 2).

jury [ʒyʀi] n. m. **1.** DR Ensemble des citoyens susceptibles d'être jurés. ▷ Ensemble des jurés d'une cour d'assises, appelés à prendre part au jugement d'une affaire criminelle. **2.** Commission d'examinateurs, d'experts. *Jury du baccalauréat. Jury d'une exposition.*

jus [ʒy] n. m. **1.** Suc d'une substance végétale, généralement extrait par pression. *Jus d'orange.* **2.** Suc de viande. *Jus d'un rôti.* **3.** Pop. Café. **4.** Fam. Courant électrique. **5.** (Madag.) Boisson sans alcool.

jusant [ʒyzɑ̃] n. m. MAR Marée descendante; courant qui l'accompagne.

jusqu'au-boutisme [ʒyskobutism] n. m. Position extrémiste de ceux qui veulent à tout prix mener une action, quelle qu'elle soit, jusqu'au bout.

jusque, jusqu', jusques [ʒysk] prép. et loc. conj. **I.** prép. **1.** Suivi d'une prép., le plus souvent *à*, ou d'un adv. (Marquant un terme, dans l'espace ou dans le temps, que l'on ne dépasse pas.) *J'ai attendu jusqu'à 5 heures. Venez jusque chez moi. Jusqu'où?* ▷ Vx, litt. *Jusques à quand? Jusque-là :* V. là (sens IV). – Mod. *Jusques et y compris...* **2.** (Insistant sur l'inclusion de l'élément ultime dans un tout.) *Il a tout payé jusqu'au dernier centime.* **II.** loc. conj. *Jusqu'à ce que* (marquant le terme d'une durée). *J'ai marché jusqu'à ce qu'il fasse nuit.*

jusquiame [ʒyskjam] n. f. Plante herbacée toxique (fam. solanacées) des régions chaudes et tempérées.

Jussieu (Bernard de) (1699 – 1777), botaniste français; il imagina une classification botanique, poursuivie par son neveu **Antoine Laurent** (1748 – 1836).

justaucorps [ʒystokɔʀ] n. m. Maillot collant utilisé pour la danse.

juste [ʒyst] adj., n. et adv. **A.** adj. **I.** (Par oppos. à *injuste.*) **1.** Qui agit, se comporte conformément à la justice, au droit, à l'équité. *Un homme juste.* ▷ Subst. *Un juste.* – Loc. *Dormir du sommeil du juste,* d'un sommeil paisible et profond qu'aucun remords ne trouble. – RELIG *Les justes et les pécheurs.* **2.** (Choses) Conforme au droit, à la justice; équitable. *Décision juste.* **3.** (Avant le nom.) Bien fondé, légitime. *Une juste colère. Les justes revendications des travailleurs.* **II.** (Par oppos. à *faux.*) Conforme à la réalité, à la vérité; exact, précis, correct. *Avoir l'heure juste. Opération, raisonnement juste.* – *Ce que vous dites me paraît très juste.* Syn. pertinent, judicieux. – *C'est juste! C'est tout à fait juste!* Syn. exact, vrai. **III.** Trop ajusté, étroit (en parlant des vêtements). *Pantalons, chaussures trop justes.* ▷ Qui suffit à peine. *Huit jours pour faire cela, c'est juste.* **B.** adv. **1.** Avec exactitude, comme il convient. *Viser, tirer juste.* – *Penser juste.* **2.** Précisément. *C'est juste ce qu'il nous faut.* **3.** À peine. *C'est tout juste si j'arrive à équilibrer mon budget.* – *Arriver juste,* au dernier moment. **4.** Seulement. *Il n'y avait presque personne, juste quelques habitués.* **5.** Loc. adv. *Au juste :* précisément. *Combien étiez-vous, au juste?* ▷ *Au plus juste :* avec le plus de rigueur, d'exactitude possible et en se gardant de toute estimation excessive. *Calculer les prix au plus juste.* ▷ *Comme de juste :* comme il se doit.

Juste de Gand (Joos Van Wassenhove, dit) (v. 1435 – v. 1480), peintre flamand. De Gand, où il réalisa v. 1464 la *Crucifixion,* triptyque de la cathédrale Saint-Bavon, il se rendit, vers 1471, à Urbino : *Communion des Apôtres* (1473-1474), portraits.

justement [ʒystəmɑ̃] adv. **1.** Légitimement. *Se flatter justement de...* **2.** Avec justesse, pertinemment. *Il en déduit très justement que...* **3.** Cour. Exactement. *C'est justement la personne qu'il fallait éviter.*

justesse [ʒystɛs] n. f. **1.** Qualité d'une chose juste, exacte. *Justesse d'une balance, d'un appareil de mesure. Justesse d'un raisonnement.* ▷ Qualité de ce qui est tel qu'il doit être, parfaitement approprié, adéquat. *La justesse d'une expression.* **2.** Qualité de ce qui permet de faire une chose avec précision, exactitude. *Justesse du coup d'œil.* **3.** Loc. adv. *De justesse :* de très peu. *On a évité la catastrophe de justesse.*

justice [ʒystis] n. f. **1.** Vertu morale qui réside dans la reconnaissance et le respect des droits d'autrui. *Faire preuve de justice.* **2.** Principe moral de reconnaissance et de respect du droit naturel (l'équité) ou positif (la Loi). *Réformes conduites par souci de justice sociale, d'équité entre les membres de la société. Agir selon la justice, en bonne justice.* ▷ Reconnaissance et respect des droits de chacun. *Obtenir justice.* **3.** Pouvoir d'agir pour que soient reconnus et respectés les droits de chacun, pouvoir de faire régner le droit; exercice de ce pouvoir. *La justice des hommes et la justice divine. Exercer, rendre la justice.* – *Se faire justice :* se châtier soi-même en se suicidant. *Le meurtrier s'est fait justice.* – *Se faire justice soi-même :* se venger soi-même d'un dommage qu'on a subi. **4.** Pouvoir judiciaire (en tant qu'institution); l'administration publique chargée de ce pouvoir. *Porter une affaire devant la justice. Palais de justice,* où siègent les tribunaux. ▷ Ensemble des instances d'exercice du pouvoir judiciaire; ensemble des juridictions. *Justice civile, pénale.* – *Le ministère de la Justice.*

justiciable [ʒystisjabl] adj. et n. **1.** adj. Qui relève de telle ou telle juridiction. *Crime, criminel justiciable de la cour d'assises.* ▷ *Par ext.* Qui relève de. *Maladie justiciable de la psychiatrie.* **2.** n. Individu considéré dans son rapport à l'administration du pouvoir judiciaire.

justicier, ère [ʒystisje, ɛʀ] n. et adj. **1.** Personne qui aime à faire régner la justice, qui l'exerce et l'applique. – adj. *Un roi justicier.* **2.** Personne qui prétend exercer la justice et redresser tous les torts. *S'ériger en justicier.*

justifiable [ʒystifjabl] adj. Qui peut être justifié. *Conduite justifiable.*

justificateur, trice [ʒystifikatœʀ, tʀis] adj. Qui justifie.

justificatif, ive [ʒystifikatif, iv] adj. et n. m. **1.** adj. Qui justifie, qui prouve. *Pièces justificatives.* **2.** n. m. Pièce attestant qu'une opération a bien été exécutée.

justification [ʒystifikasjɔ̃] n. f. **1.** Action de justifier, de se justifier. *Donner la justification de sa conduite.* **2.** Preuve que l'on fait (d'une chose) par titres, témoins, etc. *Justification d'un fait.* **3.** IMPRIM Action de justifier une ligne. – Longueur de cette ligne (par oppos. à la *marge*).

justifier [ʒystifje] v. tr. [2] **1.** Prouver l'innocence de. *Justifier qqn d'une accusation.* ▷ v. pron. *Se justifier d'une calomnie.* – Absol. *Il a tout tenté pour se justifier.* Syn. disculper, innocenter. **2.** Rendre légitime. *La colère ne justifie pas une telle grossièreté.* **3.** Montrer le bien-fondé de. *Sa découverte justifia ses craintes.* – v. pron. *Son optimisme se justifiait totalement.* ▷ v. tr. indir. *Justifier de :* témoigner de, constituer une preuve de. *Certificats qui justifient de l'authenticité d'un tableau.* **4.** IMPRIM Donner à (une ligne) la longueur convenable au moyen de blancs (2, sens I, 3).

Justinien Ier (en lat. *Flavius Petrus Sabbatius Justinianus*) (482 – 565), empereur d'Orient (527-565). Aidé par sa femme Théodora et ses généraux Narsès et Bélisaire, il tenta de reconstituer l'anc. monde romain. Défenseur de l'orthodoxie religieuse et du droit romain, il fit construire les grands monuments de l'art byzantin : Ste-Sophie de Constantinople, égl. St-Vital et St-Apollinaire de Ravenne.

jute [ʒyt] n. m. Fibre textile grossière tirée de l'écorce du chanvre de Calcutta, cultivé au Bangladesh et en Inde, utilisée pour fabriquer des toiles d'emballage, des sacs, etc. *Toile de jute.*

juteux, euse [ʒytø, øz] adj. **1.** Qui rend beaucoup de jus. *Poire juteuse.* **2.** Fig., fam. Qui rapporte de l'argent. *Une affaire juteuse.*

Jutland. V. Jylland.

Jutra (Claude) (1930 – 1986), cinéaste québécois. Il réalise avec J. Rouch *Niger, jeune république* (1961) et avec M. Brault *les Enfants du silence,* puis ouvre l'âge d'or québécois avec *À tout prendre* (1963). Suivent *Mon oncle Antoine* (1970), *Kamouraska* (1973, d'après A. Hébert), *la Dame en couleurs* (1985).

Juvénal (en lat. *Decimus Junius Juvenalis*) (v. 60 – v. 130), poète latin; ses *Satires* brossent un tableau réaliste de son époque.

juvénile [ʒyvenil] adj. Propre à la jeunesse. *Ardeur juvénile.* Ant. sénile.

juvénilité [ʒyvenilite] n. f. Litt. Caractère de ce qui est juvénile. Ant. sénilité.

juxta-. Élément, du lat. *juxta,* «près de».

juxtalinéaire [ʒykstalineɛʀ] adj. Didac. *Traduction juxtalinéaire,* donnant, sur deux colonnes et ligne par ligne, les mots du texte original et la traduction correspondante.

juxtaposé, ée [ʒykstapoze] adj. Placé à côté, sans liaison. ▷ GRAM *Propositions, phrases juxtaposées,* sans lien de coordination ou de subordination. (Ex. : *tu ris, moi je pleure.*)

juxtaposer [ʒykstapoze] v. tr. [1] Mettre l'un à côté de l'autre. *Juxtaposer des couleurs.* ▷ v. pron. *Ces éléments se juxtaposent.*

juxtaposition [ʒykstapozisjɔ̃] n. f. Action de juxtaposer; son résultat.

Jylland ou **Jutland** (en all. *Jütland*), partie péninsulaire du Danemark; 29 766 km^2; 2 356 960 hab.; v. princ. *Århus, Ålborg.* Terre plate et basse, riche région agricole.

K

k [ka] n. m. Onzième lettre (k, K) et huitième consonne de l'alphabet, notant l'occlusive vélaire sourde [k] (ex. *kaki, kilo*).

ka [ka] n. m. V. kaon.

Kâ (Abdou Anta) (né en 1931), auteur dramatique sénégalais : *le Gouverneur de la rosée* (1972).

Kaaba ou **Caaba** (la) *(ka'ba)*, vaste édifice cubique (*ka'ba* vient du grec *kubos*, «dé à jouer»), en pierre grise, dans la mosquée de La Mecque, dont le Coran fait remonter l'origine à Abraham, à qui l'ange Gabriel aurait donné la Pierre noire (scellée dans l'angle oriental à 1,50 m du sol).

Kaabu. V. Gaabu.

Kaarta, anc. royaume situé dans le Mali actuel. Fondé au XVIIe s. par les Bambara Massassi, avec Guémou pour cap., il fut conquis en 1854 par Al* Hadj Omar.

Kaba (Alkaly) (né en 1936), auteur dramatique malien : *Nègres, qu'avez-vous fait?* (1972).

kabab [kabab] n. m. V. kebab.

Kabardino-Balkarie, rép. de la Fédération de Russie, 12500 km^2; 777700 hab.; cap. *Naltchik.*

kabari ou **kabary** [kabaʀ] n. m. (Madag.) **1.** Discours public. **2.** Péj. ou plaisant (Surtout au plur.) Palabre (sens 1).

Kabbale, mouvement mystique juif qui s'épanouit en Espagne et dans le sud de la France au XIIIe s., puis à Safed, en Palestine, au XVIe s. La Kabbale (en hébreu *kabbalah,* «traditions») tente d'adapter aux dogmes bibliques de la Création, à la gnose juive et au Talmud les théories d'Aristote, de Pythagore et de Platon. Elle veut percer le secret de la Torah : la contemplation des lettres qui la composent et de leurs valeurs chiffrées aboutit à la perception du Grand Nom de Dieu et, par là, à la connaissance universelle. Naguère, on francisait *Kabbale* en *Cabale* (V. cabale).

Kabila (Laurent-Désiré) (né en 1941), homme politique de la rép. dém. du Congo. Député partisan de Lumumba (1960-1962), il vécut à partir de 1963 dans le maquis, à la frontière du Zaïre et de la Tanzanie. Quand, à l'automne 1996, la minorité tutsi de l'est du Zaïre se rebella, il prit la tête d'une armée qui entra dans Kinshasa en mai 1997. Rendant au Zaïre son anc. nom, il se proclama alors président de la république démocratique du Congo.

kabiyè, kabiyé [kabije] ou **kabré** [kabʀe] n. m. LING Langue nigéro-congolaise du groupe gur parlée au Togo (langue nationale).

Kabiyè, Kabiyé, Kabré ou **Cabrai,** population du Togo (env. 500000 personnes) et du Bénin. Ils parlent le kabiyè*.

Kaboré (Gaston) (né en 1951), cinéaste burkinabé : *Wend Kûuni* (1982), *Zan Boko* (1988), *Rabi* (1993).

Kaboul ou **Kābul,** capitale de l'Afghānistān, sur le *Kaboul* (affl. r. dr. de l'Indus), à 1760 m d'alt.; 1000000 d'hab. env. Important centre comm. Industr. text., alim.; artisanat (soieries, tapis); travail des pierres précieuses.

kabré, Kabré [kabʀe] n. V. kabiyè, Kabiyè.

kabuki [kabuki] n. m. Au Japon, genre théâtral traditionnel qui mêle au dialogue les chants et la danse.

Kābul. V. Kaboul.

Kabwe (anc. *Broken Hill*), ville de Zambie; 166000 hab.; ch.-l. de prov. Import. centre minier (charbon, zinc, plomb, cadmium).

kabyle [kabil] adj. et n. De Kabylie, de ses habitants. – Subst. *Un(e) Kabyle.*

Kabyles, nom générique des Berbères d'Algérie (V. Berbères et Kabylie). Leur nombre serait d'un million. Traditionnellement, ce sont des arboriculteurs (oliviers, figuiers) ou, dans les vallées, des cultivateurs de céréales. Les Kabyles ne furent soumis par les Français qu'en 1857. En 1871, ils se soulevèrent; leur révolte fut écrasée à grand-peine (mars-oct.). Ils prirent une part active, à partir de 1955, à la lutte pour l'indépendance. Depuis les années 70, un mouvement de résistance à la politique d'arabisation s'est affirmé.

Kabylie, nom de plusieurs chaînes du Tell algérien. On distingue notam. la *Grande Kabylie,* formée d'une chaîne côtière et du massif du Djurdjura (2308 m au Lalla Khadidja), et la *Petite Kabylie,* composée de la chaîne des Babors et des Bibans orientaux. L'insuffisance des ressources (céréales, figuiers, oliviers) oblige les Kabyles à émigrer soit vers la Mitidja voisine, soit en France.

kachabia [kaʃabja] n. f. V. cachabia.

Kachin(s), peuple tibéto-birman du N.-E. de la Birmanie et des régions contiguës de la Chine (Yunnan) et de l'Inde (Assam); env. 450000 personnes.

kad, kade [kad] n. m. V. cadd.

Kádár (János) (1912 – 1989), homme politique hongrois. Premier secrétaire du parti communiste hongrois en 1956, il appuie d'abord le soulèvement, puis réclame la seconde intervention soviétique (nov.). Il se retira en 1988.

Kadaré (Ismaïl) (né en 1936), romancier albanais qui utilise l'histoire et les légendes de son pays : *le Général de l'armée morte* (1963), *le Crépuscule des dieux de la steppe* (1981), *le Concert* (1989).

Kadesh. V. Qadesh.

Kadhafi (Al) (Mu'ammar) (né en 1942), colonel et homme politique libyen. Président du Conseil du commandement de la révolution après le coup d'État de 1969, qui abolit la monarchie, il est, depuis lors, secrétaire général du Congrès général du peuple (seul mouvement reconnu par la Constitution promulguée en 1977). Partisan du panarabisme, il mène une polit. d'intervention active, notam. dans les affaires africaines, et prône un socialisme islamique.

Kadikoy. V. Chalcédoine.

Kadima-Nzuji (Mukala Dieudonné) (né en 1947), critique littéraire et poète de la rép. dém. du Congo : *les Ressacs* (1969), *Prélude à la terre* (1971), *Redire les mots anciens* (1977).

Kadjars. V. Qādjārs.

Kaduna, v. du Nigeria septent., sur la riv. du m. nom (500 km), affl. du Niger (r. g.); 202000 hab.; cap. de l'État du m. nom. Grand centre industriel. Nœud ferroviaire et routier.

Kaffa, population d'Éthiopie (env. 1900000 personnes). Ils parlent une langue du groupe couchitique.

kafir [kafiʀ] n. m. Chez les musulmans, incroyant. (V. cafre, sens II.)

Kafka (Franz) (1883 – 1924), écrivain tchèque de langue allemande. Il occupe d'importantes fonctions dans une compagnie d'assurances qu'il devra quitter en 1917, atteint de tuberculose, dont il mourra. Il publie, dès 1908, de courts fragments *(Description d'un combat). La Métamorphose* (1916) et *la Colonie pénitentiaire* (1919) expriment les fantasmes angoissés du monde moderne, comme ses autres nouvelles et ses deux romans inachevés : *le Procès** (écrit en 1914-1915) et *le Château* (écrit en 1922), où se lisent allégoriquement et oniriquement les thèmes de la culpabilité, de l'errance, de la quête impossible. Son ami Max Brod (auquel il avait demandé de brûler ses écrits) les publia en 1925 et en 1926, ainsi que, en 1927, *Amérique,* roman inachevé antérieur. De 1910 à sa mort, Kafka tint son *Journal.*

kafkaïen, enne [kafkajɛ̃, ɛn] adj. Didac. **1.** De Kafka, relatif à l'œuvre de Kafka. *L'imaginaire kafkaïen.* **2.** Qui a le caractère angoissant et absurde des œuvres de Kafka.

kafta [kafta] n. m. (Liban) Préparation de viande de bœuf hachée et épicée, que l'on mange crue ou cuite. (V. kefta.)

kaftan [kaftɑ̃] n. m. V. caftan.

Kaga-Bandoro, v. du centre de la Rép. centrafricaine, sur la riv. Gribingui; 78000 hab.; ch.-l. de la préf. d'Ibingui. Réserve naturelle du Gribingui-Bamingui.

Kagamé (Alexis) (1912 – 1981), théologien et écrivain rwandais. Outre de nombreux contes traditionnels, il publia en français des essais poétiques et sociologiques et des poèmes en kinyarwanda.

Kagel (Mauricio) (né en 1931), compositeur, chef d'orchestre et metteur en scène argentin.

Kagera (la), riv. d'Afrique centrale (400 km) issue du lac Rugwero. Elle sert de frontière entre le Rwanda et l'Ouganda, puis longe la frontière ougando-tanzanienne et se jette dans le lac Victoria; on peut donc la considérer comme la branche mère du Nil*. Elle donne son nom à un parc national du Rwanda.

Kagoshima, v. et port du Japon au S. de l'île de Kyūshū; ch.-l. de la prov. du m. nom; 530500 hab. Industr. Centre spatial.

kagou ou **cagou** [kagu] n. m. ORNITH Oiseau de la Nouvelle-Calédonie, de l'ordre des ralliformes, aux mœurs nocturnes, incapable de voler.

kaïna ou **kaina** [kajna] adj. inv. (Polynésie fr.) Traditionnel, typiquement polynésien. *Orchestre kaïna.*

Kainarža. V. Kutchuk-Kaïnardji.

Kainji, barrage de l'O. du Nigeria, sur le Niger; le lac de retenue a 130 km de long.

Kairouan, v. de Tunisie, au S.-E. de Sousse; 96000 hab.; ch.-l. du gouvernorat du m. nom. Centre religieux (pèlerinage) et d'artisanat. – La Grande Mosquée, fondée en 670, reconstruite au IXe s., compte parmi les chefs-d'œuvre de l'art de l'islam. Mosquée des Trois-Portes (866). – La ville fut fondée en 670. Capitale religieuse et politique de l'Ifriqiyya, elle connut, sous la dynastie des Aghlabides (IXe s.), une période brillante. Dévastée par des tribus nomades au XIe s., elle se releva au XVIIe s.

kakatoès [kakatɔɛs] n. m. V. cacatoès.

kakawi [kakawi] adj. Cour. *Canard kakawi :* cacaoui.

1. kaki [kaki] n. m. Fruit du plaqueminier, charnu, très riche en vitamines. *Des kakis.*

2. kaki [kaki] adj. inv. et n. m. **I.** adj. inv. D'une couleur brune tirant sur le jaune. *Des uniformes kaki.* ▷ n. m. Couleur kaki. **II.** n. m. **1.** (Antilles fr.) Tout vêtement de couleur kaki. **2.** (Afr. subsah.) Coutil, de couleur variable, utilisé notam. pour la confection des uniformes scolaires. **3.** (Afr. subsah.) *Par ext.* Pièce d'uniforme en grosse toile.

Kalahari (désert du), vaste plateau élevé (1300 m) du centre de l'Afrique australe; 260000 km^2 env. Marécages dans le N., végétation très maigre de buissons épineux *(bush)* dans le S., où vivent les Boschimans.

kaléidoscope [kaleidɔskɔp] n. m. Cylindre creux contenant un jeu de miroirs et de paillettes multicolores dont les réflexions forment des motifs ornementaux.

Kālī, divinité hindoue de la Mort et de la Destruction. Elle est *la Noire* (Kālī) qui danse sur le corps de Çiva, son époux divin.

Kālidāsa (IVe-Ve s.[?]), poète indien. Auteur d'un drame célèbre : *Çakuntalā.*

Kalinine (Mikhaïl Ivanovitch) (1875 – 1946), homme politique soviétique, président du Præsidium du Soviet suprême de 1937 à 1946.

Kaliningrad (anc. Königsberg), port de Russie, sur la mer Baltique; chef-lieu de région; 385000 hab. Chantiers navals; constr. mécaniques. Base militaire. – Université. Cathédrale gothique (XIVe s.). – La *région de Kaliningrad* (15100 km^2; 850000 hab.), cédée par l'Allemagne à l'U.R.S.S. en 1945, est enclavée dans la Lituanie. La Russie en a fait une zone franche en 1991.

Kalisky (René) (1936 – 1981), écrivain belge d'expression française. Hanté par l'image de son père, mort à Auschwitz, et tenté par l'idéal révolutionnaire, il analyse l'intolérance : *Sionisme et Dispersion* (1974), *l'Impossible Royaume* (1979). Théâtre : *Trotsky, etc.* (1969), *le Pique-Nique de Claretta* (1973), *Dave au bord de la mer* (1978), *Falsch* (1983).

Kallé (Kabasele Joseph, dit Grand) (1933 – 1983), chanteur-compositeur zaïrois; fondateur du groupe African Jazz (1953) et d'African-Team (1969).

Kallé (Kabasele Yampanya, dit Pépé) (né en 1952), chanteur de la rép. dém. du Congo.

Kalmar, v. et port de Suède mérid.; ch.-l. du län du m. nom; 54250 hab. Pêche, chantiers navals, industries. – Château (XIIIe-XIVe s.). – *Union de Kalmar* (1397) : traité qui réunissait la Suède, la Norvège et le Danemark en un seul royaume (danois). L'insurrection de la Suède, menée par Gustave Vasa (1521-1523), y mit fin.

Kalmouks, groupe de peuples mongols qui habitent dans la république de l'Altaï (7600 km^2; 437400 hab.) et dans la république des Kalmouks (76100 km^2; 328600 hab.) de la Fédération de Russie, ainsi qu'en Mongolie et en Chine (Xijiang).

Kama (la), riv. de Russie (2000 km), affl. de la Volga (r. g.). Elle naît sur le versant occid. de l'Oural et s'étend sur la partie orientale de la plaine russe. Centrales hydroélectriques.

Kamakura, v. du Japon (Honshū); 175500 hab. Tourisme. – Statue colossale en bronze du Bouddha (1252). Temples bouddhiques. – Capitale du Japon du XIIe au XIVe s.

Kamal (Ibrahim) (né en 1942), écrivain syrien d'expression française. Romancier (*les Quarantaines,* 1962; *le Voyage de cent mêlées,* 1979) et poète : *Babylone* (1967), *l'Existerie* (1978), *Alexandrie en perte de Venise* (1988), *Villes entrouvertes* (1990).

Kāma-sūtra («aphorismes sur le désir»), ouvrage sanskrit sur l'amour et l'érotisme, écrit par Vātsyāyana, probablement entre le IVe et le VIIe s.

Kamba, peuple occupant les plateaux centraux du Kenya, à l'E. et au S.-E. de Nairobi (plus de 3 millions de personnes). Ils parlent une langue bantoue.

Kamenev (Lev Borissovitch Rosenfeld, dit) (1883 – 1936), homme politique soviétique. Avec Staline et Zinoviev il forma contre Trotski et l'opposition de «gauche» la Troïka (1924), puis dirigea avec Zinoviev et Trotski l'opposition de «gauche» (1926). En 1928, il fit son autocritique. En 1936, il fut condamné et exécuté.

Kamerlingh Onnes (Heike) (1853 – 1926), physicien néerlandais. Il liquéfia l'hélium (1908) et découvrit la supraconductivité (1911). Prix Nobel 1913.

kamichi [kamiʃi] n. m. Oiseau d'Amérique du Sud (genre *Anhima*) aux formes lourdes, aux pattes puissantes, aux ailes armées d'éperons.

kamikaze [kamikaz] n. m. **1.** Avion japonais que son pilote faisait s'écraser sur les navires ennemis (1944-1945). ▷ Pilote d'un tel avion. **2.** *Par ext.* Personne téméraire.

Kamil Pacha (Mustafa) (1874 – 1908), homme politique égyptien. Le Parti national égyptien, qu'il fonda en 1894, entreprit de moderniser la vie politique du pays.

Kamina, v. du S. du Togo où les Allemands installèrent une station de radio au début du XXe s.

Kampala, cap. de l'Ouganda, sur le lac Victoria, à 1300 m d'altitude; 770000 hab. Marché agricole relié par voie ferrée à Nairobi (Kenya). Industr. alimentaires, textiles. Métallurgie à Port-Bell. – Université. École des Arts du collège Makereke. – Kampala était la capitale de l'ancien royaume du Buganda.

Kampuchéa démocratique, (république du), nom du Cambodge durant le gouvernement des Khmers rouges (1976-1979), rebaptisé *République populaire du Kampuchéa* pendant la tutelle vietnamienne (1979-1989).

▶ V. carte et dossier Cambodge p. 1397.

Kamtchatka, vaste presqu'île volcanique de la Sibérie, entre les mers de Béring et d'Okhotsk. La péninsule, au climat rigoureux, est très peu peuplée. Pêcheries (crabes, saumons).

kanak, Kanaks [kanak] adj. et n. V. canaque, Canaques.

Kanaky, nom donné par les indépendantistes du F.L.N.K.S. à la Nouvelle-Calédonie.

Kananga (anc. *Luluabourg*), v. du S. de la rép. dém. du Congo, sur la Lulua; 938000 hab.; ch.-l. de la province du Kasaï-Occidental. Marché agricole. Centrale hydroélectr. Industries.

Kanáris ou **Canaris** (Constantin) (1790 – 1877), amiral et homme politique grec. Il s'illustra pendant la guerre d'indépendance et fut chef du gouvernement (1848, 1864, 1877).

kanchil [kɑ̃ʃil] n. m. Nom cour. du chevrotain* pygmée.

Kandahar ou **Qandahār,** v. de l'Afghānistān, au nord du désert de Registān; ch.-l. de la prov. du m. nom; 150000 hab. Centre commercial et industriel.

Kandi, ville du nord du Bénin; 53000 hab. Import. centre commercial, culture du coton.

Kandinsky (Wassily) (1866 – 1944), peintre russe, naturalisé allemand puis français; fondateur avec Franz Marc du Blaue* Reiter (1911), professeur au Bauhaus de 1922 à 1933. Il peint en 1910 ses premières œuvres abstraites, gestuelles et lyriques, articule de 1922 à 1933 des éléments géométriques, puis distribue dans l'espace des signes (1933-1944). Écrit théorique : *Du spirituel dans l'art* (1911).

Kandy, ville de Sri Lanka, ch.-l. de prov.; 120000 hab. Centre religieux et commercial (thé).

Kane (Paul) (1810 – 1871), peintre canadien, né en Irlande. La vie des Amérindiens fut sa principale source d'inspiration.

Kane (Cheikh Hamidou) (né en 1928), romancier et homme politique sénégalais : *l'Aventure ambiguë* (1961), *Des Gardiens du temple* (1995).

Kanem, royaume créé au IXe s. à l'E. du lac Tchad. Au XIe s. son *mai* (roi) se convertit à l'islam. Au XIIIe s., le royaume domine le Bornou et le Ouaddaï. Au XIVe s., il est envahi par un peuple venu de l'est. Le *mai* reconstitua la dynastie dans la région du Bornou et, au XVIe s., reconquit son royaume.

kangourou [kɑ̃guʀu] n. m. Marsupial d'Australie (fam. macropodidés) au museau allongé, aux grandes oreilles, dont les membres postérieurs adaptés au saut permettent un déplacement très rapide par bonds.

Kangxi ou **K'ang-hi** (1654 – 1722), deuxième empereur chinois (1662-1722) de la dynastie Qing, dont il imposa le pouvoir, militairement (victoire sur les révoltés du S., occupation de la Mongolie intérieure) et culturellement. Il autorisa le christianisme.

Kankan, v. de l'E. de la Guinée, sur le Milo; 90000 hab.; ch.-l. de la prov. du m. nom. Rizières et plantations de café. La ville est reliée à Conakry par voie ferrée.

Kankan Moussa ou **Kankou Moussa** (m. en 1335), empereur du Mali (1312-1335). Il porta le Mali à son apogée. Son pèlerinage à La Mecque (1324-1325) est resté célèbre par le luxe qu'il déploya.

Kano, v. du Nigeria; 1500000 hab.; ch.-l. de l'État du m. nom. Centre comm. relié par voie ferrée à Lagos. Industries. Terminal d'oléoduc. – Royaume haoussa (XIe-XIXe s.), au faîte de sa puissance aux XIVe et XVe siècles.

Kanō (école des), école de peinture du Japon, fondée au XVe s. par Kanō Masanobu (v. 1434 – 1530). Cet art officiel des shoguns Tokugawa marquait un retour à l'influence chinoise.

kanoun [kanun] n. m. V. canoun.

kanouri, Kanouri [kanuʀi] adj. et n. m. V. kanuri, Kanuri.

Kansai ou **Kinki,** dépression du Japon, dans l'île de Honshū, région de vieille civilisation (Kyōto, Nara).

Kansas (la), riv. des É.-U. (272 km), affl. du Missouri (rive droite).

Kansas, État du centre des É.-U., à l'O. du Missouri; 213063 km^2; 2478000 hab.; cap. *Topeka.* – Rég. de plaines au climat continental contrasté, le Kansas cultive le blé d'hiver. Il possède d'import. gisements de pétrole (Wichita) et de gaz naturel. – Cédé par la France en même temps que la Louisiane (1803), il devint le trente-quatrième État de l'Union en 1861.

Kansas City, v. des É.-U., sur le fleuve Missouri, partagée entre les États du Kansas et du Missouri; 584900 hab. (aggl. urb. 1476700 hab.). Centre comm. et industriel.

Kant (Emmanuel) (1724 – 1804), philosophe allemand. De 1755 *(Sur le feu)* à 1770, il publia de nombr. essais scientif., donnant des cours, à partir de 1758, à l'université de sa ville. Sa prem. grande publication (1781) est *Critique de la raison pure* (que «résume» *Prolégomènes à toute métaphysique future...,* 1783). Kant ne se propose pas de créer une science, une morale ou une métaphysique : sa révolution critique (V. criticisme) est une interrogation sur les conditions du savoir. Toute connaissance scientifique est l'union d'une forme et d'un contenu; l'esprit humain fournit la forme; le contenu ne peut venir que de l'expérience sensible. La *Critique de la raison pure* explore en détail cet *a priori* transcendantal : – l'*esthétique transcendantale* établit que l'espace et le temps sont des intuitions pures, des formes *a priori* de la sensibilité (et non des propriétés objectives des choses); – l'*analytique transcendantale* montre que les catégories de l'entendement sont des conditions *a priori* de la connaissance des objets. La connaissance scientifique est relative, car elle dépend de la structure de l'esprit humain; elle est objective, car cette structure est commune à tous les hommes; – la *dialectique transcendantale* établit que, privée du contrôle de l'expérience, la raison métaphysique sombre dans des contradictions insolubles (les *antinomies*). La *Critique de la raison pratique* (1788), que précède *Fondements de la métaphysique des mœurs* (1785), pose ceci : un acte n'a de valeur morale que s'il est fait «par devoir». Le devoir s'adresse à la raison en chaque homme, au-dessus de l'intérêt et de la passion. C'est l'impératif catégorique, comme celui-ci : «Agis toujours d'après une maxime telle que tu puisses vouloir en même temps qu'elle devienne une loi universelle.» Kant postule la liberté de l'homme, ainsi que l'immortalité de l'âme et l'existence de Dieu, sans nous imposer ces thèses. La *Critique du jugement* (1790) montre comment la libre production de la beauté réconcilie dans l'œuvre d'art (qui est «une finalité sans fin») l'entendement, la volonté et la sensibilité. Parmi ses dernières œuvres, citons : *la Religion dans les limites de la simple raison* (1793); *Projet de paix perpétuelle* (1795), inspiré par la Révolution française, qui l'enthousiasma; *Métaphysique des mœurs* (1797); *Anthropologie du point de vue pragmatique* (1798); *Logique* (1800).

Kantara (El-) *(al-Qantara),* local. d'Algérie, dans les Aurès; 6850 hab. – Selon les Anciens, Hercule avait ouvert, d'un coup de pied, les *gorges d'El-Kantara*; elles débouchent sur le Sahara.

Kanté (Soumangourou), souverain susu (1203-1235) qui s'empara de l'empire du Ghana (alors disloqué). Il fut vaincu et tué à Kirina (dans le Mali actuel) par l'armée du Manding Soundiata Keita.

Kanté (Mory) (né en 1950), musicien guinéen, représentant de la musique mandingue.

kantien, enne [kɑ̃tjɛ̃, ɛn; kɑ̃sjɛ̃, ɛn] adj. et n. PHILO Relatif à la philosophie de Kant; partisan de cette philosophie.

kantisme [kɑ̃tism] n. m. PHILO Doctrine philosophique de Kant.

Kantor (Tadeusz) (1915 – 1990), peintre, décorateur et metteur en scène polonais.

KANU. V. Kenya African Union.

kanuri ou **kanouri** [kanuʀi] adj. (et n. m.) Des Kanuri. ▷ n. m. LING Langue nilo-saharienne du groupe saharien parlée notam. au Nigeria, au Niger, au Tchad, au Cameroun.

Kanuri ou **Kanouri,** ethnie de la prov. du Bornou, dans le N.-E. du Nigeria (env. 3700000 personnes), ainsi qu'au Tchad, au Niger (env. 700000 personnes) et au Cameroun. Ils parlent une langue nilo-saharienne (V. kanuri).

Kanza (Lokua) (né en 1958), chanteur-compositeur de la rép. dém. du Congo. Guitariste, il allie le blues à la tradition.

Kaolack, v. du Sénégal, port sur le Saloum; 157000 hab. ; ch.-l. de la rég. du m. nom. Centrale thermique. Aérodrome. Exportation d'arachides; huileries. Salines.

kaolin [kaɔlɛ̃] n. m. Silicate d'alumine hydraté, argile blanche résultant de l'altération des feldspaths en climat chaud et humide, utilisée notam. dans la fabrication de la porcelaine, de la faïence fine, de certains vernis, et comme excipient.

kaon [kaɔ̃] ou **ka** [ka] n. m. PHYS NUCL Méson instable (symboles : K^+ ou K^- pour les kaons chargés, K^0 pour le kaon neutre).

kaori [kaoʀi] n. m. **1.** Conifère d'Asie tropicale et d'Océanie (fam. pinacées) dont le bois, clair et léger, est utilisé en ébénisterie. **2.** Résine extraite de cet arbre.

Kaosiung. V. Gaoxiong.

kaoua [kawa] n. m. (Maghreb) Café. (V. kawa.)

Kaplan (Viktor) (1876 – 1934), inventeur autrichien de turbines hydrauliques à réaction munies d'aubes à pas variable.

kapok [kapɔk] n. m. Duvet végétal contenu dans les fruits du *fromager* et du *kapokier,* matière légère, imperméable et imputrescible, utilisée pour divers rembourrages.

kapokier [kapɔkje] n. m. Grand arbre des régions tropicales (fam. bombacacées) à fleurs rouges, proche du fromager, qui fournit le kapok, et dont la graine donne une huile comestible. – (Afr. subsah.) *Faux kapokier :* fromager (2).

Kaposi (Moritz) (1837 – 1902), dermatologue hongrois. ▷ MED *Sarcome de Kaposi :* tumeur maligne rare se présentant sous forme de lésions dermiques ou disséminées sur les aires ganglionnaires, très souvent associée au sida*.

kappa [ka(p)pa] n. m. Dixième lettre de l'alphabet grec (Κ, κ), notant le son [k].

Kappel ou **Cappel,** local. de Suisse (cant. de Zurich) entre les lacs de Zurich et de Zoug. – La *paix de Kappel* (juin 1529) conclut la première guerre entre les catholiques et les troupes zurichoises de Zwingli, vaincues à la *bataille de Kappel* (oct. 1531), où Zwingli trouva la mort.

Karabakh (Haut-) ou **Nagorno-Karabakh,** prov. auton. rattachée à la rép. d'Azerbaïdjan en 1923; 4400 km^2; 177000 hab. (Arméniens pour 80% d'entre eux). Ch.-l. *Stepanakert.* – Dep. 1988, les habitants du Haut-Karabakh réclament le rattachement de leur province à la rép. d'Arménie et le conflit s'intensifie entre l'Arménie et l'Azerbaïdjan. En 1991, les Arméniens y proclament unilatéralement une république et en 1993 l'armée arménienne prend le contrôle du sud-ouest de l'Azerbaïdjan (8000 km^2). En 1997, Robert Kotcharian, président du Haut-Karabakh «indépendant», est nommé Premier ministre de la rép. d'Arménie.

Karāchi, port du Pākistān, à l'O. du delta de l'Indus; ch.-l. de la prov. du Sind; 5103000 hab. Princ. ville et port du pays, premier centre industriel. – Capitale du Pākistān jusqu'en 1960.

Karageorges (Djordje Petrović, dit *Crni Djordje* ou *Karadjordje :* «Georges le Noir») (1752 [?] – 1817), fondateur de la dynastie des *Karadjordjević* (ou *Karageorgevitch*). Chef des Serbes contre les Turcs (1804-1813), il libéra Belgrade et se fit proclamer prince héréditaire des Serbes (1808). En 1813, il s'exila en Autriche; en 1817, il fut assassiné sur ordre de Miloš Obrenović. — **Alexandre Karadjordjević** (1806 – 1885), fils du préc.; prince des Serbes de 1842 à son abdication (1858).

Karajan (Herbert von) (1908 – 1989), chef d'orchestre autrichien.

Karakalpakie, république autonome d'Ouzbékistan, semi-désertique, au S. et à l'O. de la mer d'Aral; 165600 km^2; 1140000 hab.; cap. *Noukous.*

Karakoram ou **Karakorum,** chaîne de montagnes de l'Asie, à l'O. du plateau du Tibet (8620 m au K2).

karakul ou **caracul** [karakyl] n. m. Mouton d'Ouzbékistan et d'Afghānistān, dont les agneaux mort-nés fournissent la fourrure appelée *astrakan.* – Cette fourrure.

Karamé (Rachid) *(Rachīd Karāmī)* (1921 – 1987), homme politique libanais. Musulman sunnite, il fut plusieurs fois Premier ministre entre 1955 et 1976. En 1984, le prés. Gemayel le plaça à la tête du gouv. d'union nationale. Il périt dans un attentat.

Karamoko (Alfa Bouraïma, dit Alfa Ba) (m. en 1751), chef peul musulman. Il organisa et fédéra la nation peule du Fouta-Toro (dans le Sénégal actuel).

karane [karan] adj. et n. (Madag.) **1.** adj. Se dit d'une personne originaire du sous-continent indien, généralement de religion musulmane. ▷ Subst. *Un(e) karane.* **2.** n. *Spécial.* Commerçant.

karaoke ou **karaoké** [karaɔke] n. m. Équipement vidéo permettant de chanter sur un fond musical en suivant les paroles qui défilent à l'écran. – Par ext. *Faire du karaoké.*

karaté [karate] n. m. Art martial japonais, méthode de combat sans armes fondée sur l'emploi de coups portés aux points vitaux de l'adversaire. – Sport de combat codifié qui en dérive.

karatéka [karateka] n. Personne qui pratique le karaté.

Karavelov (Ljuben) (v. 1834 – 1879), écrivain et révolutionnaire bulgare. Il défendit l'idée d'une fédération des peuples balkaniques. Il créa la nouvelle bulgare : *les Bulgares du temps jadis* (1867), *l'Enfant gâté* (1875). — **Petko** (v. 1843 – 1903), frère du préc.; homme politique bulgare. Chef du parti nationaliste-libéral antirusse, il fut président du Conseil (1880-1881 et 1901).

Karbala ou **Kerbela** *(Karbalā'),* v. d'Irak, au S.-O. de Bagdad; ch.-l. du gouv. du m. nom; 115000 hab. Ville sainte des chiites.

Karen(s), peuple de Birmanie et de Thaïlande.

kari [kari] n. m. V. cari.

Kariba (gorges de), gorges du Zambèze, au N. d'Harare. Barrage grandiose.

Karisimbi, sommet du N.-O. du Rwanda situé au N. du lac Kivu; point culminant de la chaîne volcanique des monts Virunga; 4507 m.

karité [karite] n. m. **1.** Arbre d'Afrique occidentale (fam. sapotacées) appelé aussi *arbre à beurre,* dont les graines fournissent une graisse comestible *(beurre de karité),* également employée en cosmétologie. **2.** (Afr. subsah.) Fruit de cet arbre, aussi appelé *noix de karité.* **3.** (Afr. subsah.) Beurre de karité. *Se frictionner avec du karité.*

karkadé [karkade] n. m. Autre nom de l'oseille de Guinée.

Karl-Marx-Stadt. V. Chemnitz.

Karlovy Vary (en all. *Carlsbad*), v. de la Rép. tchèque; 61000 hab. Station thermale; cristalleries.

Karlowitz (auj. *Sremski Karlovci*), v. de Vojvodine, sur le Danube, où fut signé un traité (1699) par lequel la Turquie, vaincue, cédait de nombr. territoires à la Pologne, à la Russie et à Venise.

Karlsruhe, v. d'Allemagne (Bade-Wurtemberg), sur le Rhin; 268310 hab. Cette anc. résidence des ducs de Bade est devenue un port et un centre industriel importants.

karma [karma] ou **karman** [karman] n. m. RELIG Dans l'hindouisme et le bouddhisme, enchaînement des actes et de leurs effets dans les vies d'un être vivant.

Karman (méthode), méthode d'interruption de grossesse par aspiration du contenu utérin.

Karnak ou **Carnac,** village de la Haute-Égypte, bâti sur les ruines de Thèbes. Ses vestiges archéologiques (temple d'Amon) comptent parmi les plus importants du monde.

Karnātaka (anc. *Mysore*), État de l'Inde, au S. du Dekkan; 191773 km^2; 44817390 hab.; cap. *Bangalore.* – Nombreux monuments, pèlerinages.

Karone (Yodi) (né en 1954), romancier camerounais : *le Bal des caïmans* (1980), *Nègre de paille* (1982).

Karroo, ensemble des plateaux gréseux d'Afrique du Sud (prov. du Cap).

karst [karst] n. m. GEOMORPH Relief typique des régions où les calcaires prédominent.

karstique [karstik] adj. GEOMORPH Se dit d'une région à karsts.

kart [kart] n. m. Petit véhicule monoplace de sport à quatre roues, sans carrosserie.

Kartala, volcan actif et point culminant (2361 m) de l'île de Ngazidja (la Grande Comore). Son cratère de 3 km sur 8 km est l'un des plus grands du monde.

karting [kartiŋ] n. m. Sport pratiqué avec un kart.

kary [kari] n. m. V. cari et cury.

Kasaï (le), riv. de l'Afrique centrale. Il naît sur le plateau central de l'Angola et se jette dans le fleuve Congo (r. g.), au nord de la rép. dém. du Congo; 2150 km.

Kasaï, nom de deux prov. de la rép. dém. du Congo; 325183 km^2; 5500000 hab. : le *Kasaï-Occidental,* ch.-l. *Kananga,* et le *Kasaï-Oriental,* ch.-l. *Mbuji-Mayi.* Diamants. – En août 1960, le Kasaï fit sécession, se donnant un empereur, Albert Kalondji. La sécession fut réduite par les forces gouvernementales en sept. 1962.

Kasavubu (Joseph) (1913 – 1969), homme politique du Congo-Kinshasa. Président de la Rép. en 1960, quand le Congo belge accéda à l'indépendance (30 juin), il dut affronter la sécession du Katanga* (11 juil.). Son Premier ministre, P. Lumumba*, fit appel à l'ONU et Kasavubu le renvoya (sept.), puis le fit arrêter en déc. par le colonel Mobutu, qui renversa Kasavubu en 1965.

kasba [kasba; kazba] n. f. V. casbah.

kascher, kasher [kaʃɛr] adj. V. casher.

Kashmīr. V. Cachemire.

Kassel ou **Cassel,** v. d'Allemagne (Hesse), sur la Fulda; 185370 hab. Industr. – Anc. capitale de la Hesse.

Kassem (Abd al-Karim) *('Abd al-Karīm Qāsim)* (1914 – 1963), général et homme politique irakien. Il prit le pouvoir lors de la révolution de juillet 1958 et instaura la république. En 1963, le Baas le renversa et l'exécuta.

Kasserine *(Qasrīn),* ville de Tunisie; 47600 hab.; ch.-l. du gouvernorat du m. nom. Industr. de transformation (alfa). – En fév. 1943, le *col de Kasserine* fut pris par Rommel et repris par les Alliés.

Kassites, peuple asiatique apparu au déb. du IIe millénaire, les maîtres de Babylone de 1530 env. à 1160 av. J.-C., quand les Élamites les anéantirent.

kat [kat] n. m. V. khat.

Katā'ib. V. Phalanges libanaises.

Katanga (*Shaba* de 1972 à 1997), région de la rép. dém. du Congo, dans le S.-E. du pays; 496965 km^2; 4342000 hab.; ch.-l. *Lubumbashi.* – Cette rég. de plateaux, dont l'alt. excède 1000 m, recèle de considérables richesses minières : cuivre surtout, étain, uranium, manganèse, ainsi que charbon, zinc, cadmium, cobalt, germanium, radium, tungstène, argent. L'hydroélectricité a permis l'implantation d'une puissante métallurgie à Lubumbashi, à Likasi et à Kolwezi. Le Katanga fournit l'essentiel des exportations de la rép. dém. du Congo. – Peu après l'accession à l'indépendance du Congo belge (30 juin 1960), le Katanga fit sécession (11 juil.), sous la conduite de Tschombé; les forces de l'ONU s'interposèrent en 1961, puis réduisirent militairement le séparatisme katangais (déc. 1962-janv. 1963). En 1972, Mobutu rebaptisa *Shaba* le Katanga. En mars 1977 se produisit un nouveau soulèvement, aussitôt réprimé. En fév. 1978, des rebelles venus d'Angola s'emparèrent de Kolwezi; en juin, une force interafricaine s'interposa jusqu'en 1979. Au printemps 1997, les forces armées de L.-D. Kabila pénétrèrent dans Lubumbashi sans rencontrer de résistance et le Shaba redevint le Katanga.

katar [kataʀ] n. m. (Maurice) Fam. Élève ayant des difficultés scolaires. *Une classe de katars.*

Katcha (Vahé) (né en 1928), romancier syrien d'origine arménienne et d'expression française : *les Mégots du dimanche* (1953), *le Repas des fauves* (1960), *l'Homme qui troubla la fête* (1964).

kath [kat] n. m. V. khat.

katiba [katiba] n. f. (Pendant la guerre d'Algérie.) Compagnie de l'armée algérienne de libération. ▷ Groupe de combattants.

Katmandou ou **Kātmāndu,** cap. du Népal; 393490 hab. Centre commercial et religieux. – Temples hindouistes et bouddhistes.

Katowice, ville de Pologne (Silésie), ch.-l. de la voïévodie du m. nom; 362860 hab. Centre minier (houille, zinc) et industriel.

Katsina, ville du N. du Nigeria; 109000 hab.; cap. de l'État du m. nom. – Fondée par les Haoussa, l'anc. cité-État de Katsina connut son apogée aux XIVe et XVe s.

Katyn, village de Russie, à l'O. de Smolensk. Dans la forêt de Katyn, les Allemands découvrirent en avril 1943 les cadavres de 4500 officiers polonais. Les enquêtes menées après la guerre établirent la responsabilité de l'U.R.S.S.

Kaunas ou **Kovno,** v. de Lituanie, sur le Niémen; 405000 hab. Industr. diverses. – Anc. cap. de la Lituanie.

Kaunda (Kenneth) (né en 1924), homme politique zambien, premier président de la Rép. (1964-1991).

Kautsky (Karl) (1854 – 1938), théoricien et homme politique allemand. Secrétaire d'Engels (1881), il édita la fin du *Capital* de Marx (1905-1910). Il attaqua le léninisme (*Terrorisme et communisme,* 1918).

kava [kava] n. m. (Nouv.-Cal., Wallis-et-F.) **1.** Variété de poivrier. **2.** Boisson enivrante extraite de la racine de ce poivrier.

kawa [kawa] n. m. Pop. Café. (V. kaoua.)

Kawabata (Yasunari) (1899 – 1972), écrivain japonais : *Pays de neige* (1935-1948), *Nuée d'oiseaux blancs* (1949-1951), *le Grondement de la montagne* (1949-1954) expriment avec finesse la solitude et l'obsession de la mort. Il s'est suicidé. P. Nobel 1968.

kayak [kajak] n. m. Embarcation de sport en toile, à une ou deux places.

Kaya Maghan Cissé (VIIIe s.), souverain du royaume du Ghana, fondateur de la dynastie des Cissé, qui régna durant trois siècles.

Kayes, v. de l'E. du Mali, sur le fleuve Sénégal; 67000 hab.; ch.-l. de la rég. du m. nom. Terminus de la navigation sur le Sénégal. Voie ferrée Dakar-Bamako. – Kayes fut la capitale du pays jusqu'en 1907.

Kayibanda (Grégoire) (1924 – 1976), homme politique rwandais, prem. président de la Rép. du Rwanda (1961-1973).

Kayo (Patrice) (né en 1942), écrivain camerounais. Sa poésie et ses nouvelles puisent dans la culture bamiléké.

Kayoor. V. Cayor.

Kayseri, v. de Turquie, au S.-E. d'Ankara, à 1000 m d'alt.; ch.-l. de l'il du m. nom; 375940 hab. Industr. text. (tapis de soie). – C'est l'antique *Césarée de Cappadoce,* prise par les Turcs Seldjoukides en 1070.

kazakh, akhe [kazak] adj. et n. Du Kazakhstan. ▷ Subst. *Les Kazakhs sont d'origine mongole.*

Kazakhs, peuple d'origine mongole, de langue turque, du Kazakhstan.

Kazakhstan, État d'Asie centrale, bordé par la mer Caspienne à l'O., la Russie au N., la Chine à l'E., le Kirghizstan, l'Ouzbékistan et le Turkménistan au S. 2715100 km^2; 17200000 hab. (Kazakhs : 41 %; Russes : 37,5 %); cap. *Alma-Ata.* Nature de l'État : rép. présidentielle. Langues : kazakh, russe. Monnaie : tenge. Relig. : islam, orthodoxie.

Géogr. et écon. – Composé de plaines et de plateaux steppiques à l'O., l'État est bordé au N. et à l'E. par des hauteurs (seuil *Kazakh*) et devient montagneux près de la Chine. Le climat est continental; les précipitations sont assez faibles. Les cultures sont pratiquées soit de façon extensive, soit dans les oasis et les zones irriguées (blé, riz, coton, tabac); l'élevage est omniprésent. Le sous-sol recèle de nombr. métaux (cuivre, fer, plomb, zinc, nickel, manganèse), du charbon et du pétrole. Industr. métall., chim. et text.; énergie hydroélectrique.

Hist. – Les Russes ne sont parvenus à dominer les Kazakhs (ou Kirghiz-Kazakhs : «Kirghiz libres»), d'origine mongole, qu'à la fin du XIXe s. Détachés de la Kirghizie en 1925, les Kazakhs formèrent une république fédérée de l'U.R.S.S. en 1936. Après son indépendance, et son adhésion à la C.E.I. (déc. 1991), le Kazakhstan refusa, par la voix de son président Noursoultan Nazarbayev (secrétaire général du Parti communiste, devenu Parti socialiste), de s'en remettre à la nouvelle autorité russe en matière nucléaire : l'U.R.S.S., depuis l'explosion de la première bombe en 1949, avait fait du pays une importante zone d'essais (région de Semipalatinsk, notamment) et de stationnement de missiles balistiques. La base spatiale de Baïkonour est également sise au Kazakhstan. En 1995, N. Nazarbayev, soucieux d'une bonne entente avec la communauté internationale, a renoncé au maintien d'armes nucléaires sur son territoire. La même année, il a fait adopter, par référendum, la prolongation de son mandat présidentiel jusqu'en 2001 et une nouvelle Constitution accordant un large pouvoir au chef de l'État.

Kazan, v. de la Fédération de Russie, cap. du Tatarstan, sur la Volga; 1084000 hab. Centre comm., universitaire et industr. – Cap. mongole plusieurs fois prise et dévastée par les Russes (notam. en 1552). – Kremlin (1555) renfermant une cathédrale. (XVIe s.).

Kazan (Elia Kazanjoglous, dit Elia) (né en 1909), cinéaste américain : *Sur les quais* (1954), *À l'est d'Eden* (1955), *le Dernier Nabab* (1976).

Kazanlăk, v. du centre de la Bulgarie, au cœur de la Vallée des Roses (distillerie d'essence de rose); 64000 hab. – Aux environs, on découvrit, en 1944, une grande tombe thrace à tumulus, ornée de stucs et de peintures (IVe s. av. J.-C.).

Kazantzákis (Níkos) (1885 – 1957), romancier grec : *Alexis Zorba* (1946), *le Christ recrucifié* (1954).

K2, Dapsang ou **Godwin Austen,** sommet de l'Himalaya (Karakoram), vaincu par une cordée italienne (1954); 8620 m (le plus haut sommet du monde après l'Everest).

Kean (Edmund) (1787 – 1833), célèbre comédien anglais.

Keaton (Joseph Francis, dit Buster) (1896 – 1966), acteur et cinéaste américain, génial comique (l'«homme qui ne rit jamais») du cinéma muet : *les Lois de l'hospitalité* (1923), *la Croisière du «Navigator»* (1924), *le Mécano de la «General»* (1926), *le Cameraman* (1928).

Keats (John) (1795 – 1821), poète romantique anglais. En 1818, *Endymion* déchaîne les critiques, malgré le soutien de Shelley. Les *Odes,* son chef-d'œuvre, sont publiées en 1820. Tuberculeux, il part pour l'Italie et meurt à Rome.

kebab [kebab] ou **kabab** [kabab] n. m. (Maghreb) Dés de viande de mouton ou de bœuf rôtis en brochette. – *Par ext.* Plat comportant cette viande. Syn. chiche-kebab.

kebbé [kebe] n. m. (Liban) Viande de bœuf ou d'agneau hachée, mélangée à du blé concassé, qui se mange crue ou cuite.

Kebbi (le), État du N.-E. du Nigeria; 102535 km^2 avec l'État du Sokoto dont il s'est détaché en 1991; 2063000 hab.; cap. *Birnin Kebbi.*

Kébé (Mbaye Gana) (né en 1936), écrivain sénégalais. Il a abordé tous les genres : théâtre (*l'Afrique a parlé,* 1970), poésie (*Ébéniques,* 1975), nouvelles, roman (*le Blanc du Nègre,* 1979).

Kebir (el-). V. Rummel.

Keewatin, région du Canada (Territoires du Nord-Ouest) située au nord du Manitoba; 593216 km^2; 5800 hab.

Kef (Le), v. du N.-E. de la Tunisie, dans le haut Tell; ch.-l. du gouvernorat du m. nom; 34520 hab. Minerai de fer. – Ruines romaines. Basilique de Dar al-Kous.

keffieh [kefje] n. m. Coiffure des Bédouins et des Arabes, grand carré de tissu maintenu par un gros cordon.

kefta [kefta] n. f. (Maghreb) Boulette de viande hachée et mélangée à d'autres ingrédients. (V. kafta.)

Keihin, nom donné à la conurbation formée par Tōkyō, Kawasaki et Yokohama; 15 millions d'habitants.

Keita (Soundiata). V. Soundiata Keita.

Keita (Modibo) (1915 – 1977), homme politique malien; président de la Rép. de 1960 à1968.

Keita (Fodéba). V. Fodéba Keita.

Keita (Salif) (né en 1946), chanteur malien.

Keitel (Wilhelm) (1882 – 1946), feld-maréchal allemand. Chef suprême des armées de 1938 à 1945, il signa la capitulation du IIIe Reich. Le tribunal de Nuremberg le condamna à mort.

Kekkonen (Urho) (1900 – 1986), homme politique finlandais. Premier ministre (1950-1953 et 1954-1956), président de la Rép. (1956-1982).

Kekulé von Stradonitz (Friedrich August) (1829 – 1896), chimiste allemand. Il découvrit la tétravalence du carbone et le noyau benzénique.

Kélimane. V. Quelimane.

Keller (Gottfried) (1819 – 1890), romancier suisse d'expression allemande. Son roman autobiographique : *Henri le Vert* (1854-1855, remanié en 1879-1880) est une méditation sur l'échec. Autres romans : *les Gens de Seldwyla* (1856-1873), c.-à-d. de Zurich; *Martin Salander* (1886).

Kellogg (Frank Billings) (1856 – 1937), diplomate américain, artisan du pacte Briand-Kellogg (27 août 1928) qui condamnait la guerre. P. Nobel de la paix 1929.

Kelly (Eugene Joseph Curran, dit Gene) (1912 – 1996), danseur, acteur, chorégraphe et cinéaste américain : *Un Américain à Paris* (1951), *Chantons sous la pluie* (1952).

Kelly (Grace) (1928 – 1982), actrice américaine, interprète d'Hitchcock : *Fenêtre sur cour* (1954). En 1956, elle épousa Rainier III de Monaco.

kelvin [kɛlvin] n. m. PHYS Unité légale de température absolue, de symbole K. (La température absolue T, qui est exprimée en kelvins, est liée à la température t, exprimée en degrés Celsius, par la relation T=t+273,15; 100 °C =373,15 K; 0 °C=273,15 K.)

Kelvin (lord). V. Thomson (sir William, lord Kelvin).

Kemal (Mustafa), dit *Kemal Atatürk* («le Père des Turcs») (1881 – 1938), homme politique turc. Général, il se distingua durant la guerre de Tripolitaine (1911-1912) et en 1914-1918. Prenant la tête d'un mouvement nationaliste, il réunit à Ankara une assemblée qui vota la Constitution de 1921, puis il dénonça le traité de Sèvres et chassa les Grecs d'Asie Mineure. Premier président de la République turque (1923-1938), il gouverna de façon autoritaire tout en transformant son pays en un État laïque et moderne.

Kemal (Yaşar). V. Yaşar Kemal.

kémia [kemja] n. f. (Maghreb) En Algérie, en Tunisie, petit hors-d'œuvre servi en accompagnement de boissons alcoolisées. (V. amuse-gueule, niamaniama.)

Kemmel (mont), hauteur de Belgique (Flandre-Occidentale), au S.-S.-O. d'Ypres (156 m). – Théâtre de violents combats en 1918.

ken [kɛn] n. m. Préfecture, au Japon.

kénaf [kenaf] n. m. Chanvre de Guinée. Syn. dah.

kendo [kendo] n. m. Art martial japonais, escrime qui se pratique avec des sabres de bambou.

Kenitra (anc. *Port-Lyautey*), v. et port du Maroc, à l'embouchure de l'oued Sebou; 188 190 hab. (aggl. urb. 449 700 hab.); ch.-l. de la prov. du m. nom. Industries.

Kennedy (John Fitzgerald) (1917 – 1963), homme politique américain. Ce sénateur démocrate devint, en 1961, le premier président catholique des É.-U. Il entreprit un vaste jeu diplomatique : attitude ferme dans la crise de Cuba face à l'U.R.S.S., puis détente avec Khrouchtchev, intervention en Amérique latine et au Viêt-nam. Il visait une «nouvelle frontière» : intégration raciale, conquête de l'espace, négociations écon. avec le monde occid. (*Kennedy Round* de 1964 à 1967). La lumière n'a pas encore été faite sur son assassinat. — **Robert Francis** (1925 – 1968), frère du préc., homme polit. américain. Candidat à la prés. des États-Unis, il fut assassiné.

Kennedy Airport (anc. *Idlewild*), principal aéroport de New York.

Kennedy (centre spatial John F.), centre spatial américain, situé sur la côte E. de la Floride, près du cap Canaveral.

kénotron [kenɔtʀɔ̃] n. m. ELECTR Tube électronique à vide très poussé servant de redresseur de courant.

Kentucky (le), riv. des É.-U. (410 km), affl. de l'Ohio (rive gauche).

Kentucky, État du centre-est des É.-U., au S. de l'Ohio; 104 623 km^2; 3 685 000 hab.; cap. *Frankfort*. – Cet État est surtout agric. : tabac, céréales, coton, élevage; le comté de Bourbon a donné son nom à un whisky. Houille, pétrole et gaz naturel ont favorisé l'essor industriel. – Autrefois uni à la Virginie, il fut constitué en État distinct, le quinzième à être admis dans l'Union, en 1792.

Kenya (mont), massif volcanique portant un des plus hauts sommets de l'Afrique (5 194 m), au centre du Kenya. Réserve naturelle.

Kenya (république du), État d'Afrique orientale, membre du Commonwealth, bordé à l'E. par la Somalie et l'océan Indien, au S. par la Tanzanie, à l'O. par l'Ouganda et au N. par le Soudan et l'Éthiopie; 582 646 km^2; env. 28 millions d'hab., croissance démographique : 3,3 % par an; cap. *Nairobi*. Nature de l'État : rép. de type présidentiel. Langues off. : anglais et swahili. Monnaie : shilling kenyan.

Géogr. et écon. – À l'O. se dressent de hautes terres montagneuses et volcaniques (5 194 m au mont Kenya), que traverse la Rift Valley, occupée au N. par le lac Turkana (anc. Rodolphe); elles sont flanquées, sur la frontière ougandaise, d'un haut plateau où s'inscrit le lac Victoria. Ces hautes terres forestières, soumises à un climat tropical humide d'alizés, dominent la plaine côtière du S.-E., moins arrosée, où règne la savane nue ou arborée. Ces deux régions concentrent l'essentiel de la population du pays. Le plateau du N. et du N.-E., plus sec et steppique, n'est que faiblement peuplé. On dénombre une quarantaine d'ethnies; les princ. sont : les Kikuyu (21 %), les Luhya (14 %), les Luo (13 %), les Kamba (11 %) et les Kalenjin (11 %). Les religions sont diverses : protestants (26,5 %), catholiques (26,5 %), fidèles d'Églises indépendantes (20 %), adeptes de religions traditionnelles (21 %), musulmans (6 %). Les Kenyans sont ruraux à 80 % et leur croissance démographique est l'une des plus élevées du monde. Pays pauvre, le Kenya connaît cependant un développement sensible et assez équilibré. L'agriculture repose sur le maïs (32 % des terres cultivées) et les cultures commerciales (thé, surtout) des hautes terres et de la plaine littorale, et sur l'élevage extensif : 11 millions de bovins, 5,5 millions d'ovins, 7,5 millions de caprins. Le bois constitue une très importante ressource. Toutefois, le Kenya a souffert de la sécheresse et a dû accueillir des réfugiés en provenance du Soudan et de la Somalie. L'hydroélectricité, importante et croissante, assure l'autosuffisance. Des foyers industriels (agro-alimentaires, notam.) se sont développés à Nairobi et Mombasa, le principal port; ils sont souvent régis par des Indo-Pakistanais. Thé et café, ainsi que fruits, légumes et fleurs, constituent l'essentiel des exportations. Le tourisme actif, appuyé sur 18 parcs naturels et une protection sévère de la nature (lutte contre le trafic d'ivoire), assure plus de 25 % des recettes du pays. La situation écon. fragile rend l'aide internationale indispensable.

Hist. – Dès le Ier millénaire av. J.-C., des commerçants indonésiens et indiens se rendirent sur le littoral pour y acquérir de l'ivoire. À partir du VIIe s. apr. J.-C., des Arabes vinrent s'approvisionner en ivoire, en cuivre, en or et en esclaves. En 1498, Vasco de Gama atteignit la côte et bientôt les Portugais se substituèrent aux Arabes, mais ne purent imposer leur domination. En 1729, ils s'en allèrent. Des Arabes originaires d'Oman élargirent, au début du XIXe s., la domination arabo-swahili sur la côte. Dans les années 1880, Britanniques et Allemands rivalisèrent pour posséder le pays. La G.-B. établit en 1895 son protectorat sur le Kenya, qui devint une colonie en 1920. Les cultures traditionnelles périclitèrent. À partir de 1931, Jomo Kenyatta* anima la résistance aux colons. Il devint le prem. président de la Kenya African Union (K.A.U.), fondée en 1947. Cette même année, le mouvement clandestin des Mau-Mau (ou Combattants de la liberté) recruta des Kikuyu. Interdit en 1950, il passa à l'action violente en 1952; la répression fut impitoyable, mais la G.-B. concéda des réformes. Emprisonné (1953), malgré son opposition aux violences des Mau-Mau, libéré (1961), Kenyatta négocia l'autonomie interne. Le 12 déc. 1963, le Kenya accéda à l'indépendance. En 1964, la rép. fut proclamée et Kenyatta la présida. Il surmonta les dissensions entre des factions au sein de la Kenya African National Union (K.A.N.U.), qui en 1960 avait succédé à la K.A.U., et entre des ethnies (notam. entre les Kikuyu et les Luo en 1966). À sa mort (1978), son successeur Daniel Arap Moi dut faire face à la dégradation écon. et aux luttes interethniques. Il instaura le parti unique. En 1991, il rétablit le multipartisme. En 1992, il fut réélu et la Banque mondiale consentit de nouveau à aider le pays. Les violences interethniques ont repris; l'Ouest est en proie à la guerre civile. Des tensions avec les pays voisins sont apparues. L'opposition est divisée.

kenyan, ane [kenjɑ̃, an] adj. et n. Du Kenya. ▷ Subst. *Un(e) Kenyan(e).*

kenyapithèque [kenjapitɛk] n. m. PREHIST Primate fossile (14 millions d'années) découvert au Kenya, l'un des ancêtres possibles de l'homme.

Kenyatta (Kamau Johnstone wa Ngengi, dit Jomo) (v. 1893 – 1978), homme politique kenyan. Secrétaire du parti nationaliste (Kikuyu Central Association), il doit s'exiler à Londres (1931-1946), où il publie plus. essais : *Facing Mount Kenya* («Au pied du mont Kenya») dénonce le colonialisme. Cofondateur de la Kenya African Union (1947), il est accusé d'avoir suscité la révolte des Mau-Mau et est emprisonné (1953-1961). Premier ministre du Kenya autonome, il fut le premier président de la République (1964-1978).

képi [kepi] n. m. Coiffure cylindrique munie d'une visière, portée par les officiers, les douaniers, etc.

Kepler (Johannes) (1571 – 1630), astronome allemand. Il précisa la représentation du système solaire donnée par Copernic et formula les *lois de Kepler* (V. ci-après), en utilisant notam. les relevés dus à Tycho Brahe*. Il fonda l'optique géométrique (notions de rayon lumineux, d'images réelle et virtuelle); la *loi de la réfraction de Kepler* annonce, pour les faibles incidences, la loi générale de Descartes.

Kepler (lois de), lois relatives au mouvement des planètes autour du Soleil. *Première loi* (1605) : dans un repère ayant pour origine le centre du Soleil et des axes dirigés vers les étoiles supposées fixes, les planètes décrivent des ellipses dont le Soleil occupe l'un des foyers. *Deuxième loi* (1605) : en des temps égaux, le rayon vecteur reliant le Soleil à une planète balaie des aires égales. *Troisième loi* (1618) : le carré de la période de révolution d'une planète autour du Soleil est proportionnel au cube du demi-grand axe de son orbite.

képlérien, enne [keplerjɛ̃, ɛn] adj. ASTRO Relatif aux lois de Kepler. *Les étoiles décrivent des orbites képlériennes autour du centre galactique.*

Kerala, État du S.-O. de l'Inde; 38864 km^2; 29011200 hab. (dont 7 millions de chrétiens); cap. *Trivandrum.* La population, groupée sur l'étroite plaine irriguée au pied des Ghāts occidentaux, y atteint de très fortes densités.

kérat(o)-. Élément, du gr. *keras, keratos,* «corne, cornée».

kératine [keratin] n. f. BIOCHIM Protéine fibreuse, principal constituant des formations épidermiques chez l'homme et les animaux (cornes, ongles, sabots, becs et plumes, cheveux, poils).

kératiniser [keratinize] v. pron. [1] ANAT, MED Se durcir par la formation de kératine.

kératite [keratit] n. f. MED Inflammation de la cornée. *Kératite ulcéreuse.*

Kerbela. V. Karbala.

Kérékou (Mathieu) (né en 1933), général et homme politique béninois. Porté au pouvoir (1972) par un coup d'État militaire, il se réclama du marxisme. Élu président de la Rép. en 1980, réélu en 1984 et en 1989, il renonça alors au marxisme. En 1991, il perdit les prem. élections libres, mais remporta celles de 1996..

Kerenski (Alexandre Feodorovitch) (1881 – 1970), homme politique russe. Député socialiste révolutionnaire (1912), chef du gouv. (août 1917) après la révolution de Février, il fut renversé par la révolution d'Octobre (nov. 1917) et se retira aux États-Unis.

Kerguelen (îles) (anc. *îles de la Désolation*), archipel français de l'Antarctique (300 îles). Une base scientifique est établie à *Port-aux-Français.*

Kerguelen de Trémarec (Yves Joseph de) (1734 – 1797), marin et explorateur français. Il découvrit, en 1772, les îles Kerguelen.

Kerkenna (îles) *(Qarqana),* archipel de Tunisie, au S. du cap Bon; 15000 hab. Pêche. Tourisme.

Kerma, site archéologique du Soudan, situé en amont de la 3e cataracte du Nil. Anc. cap. du Koush, elle fut conquise par le pharaon Thoutmôsis Ier v. 1529 av. J.-C.

Kermānchāh (*Bākhtarān* de 1981 à 1992), v. d'Iran, dans le Kurdistān, à 1450 m d'alt.; ch.-l. de la province du m. nom; 531000 hab. Raff. de pétrole; artisanat (tapis).

kermesse [kɛrmɛs] n. f. **1.** Fête foraine en plein air. ▷ (Belgique, Luxembourg) Fête foraine annuelle d'une localité; réjouissances populaires marquant la fête annuelle d'un quartier. (V. ducasse.) **2.** Fête de plein air au bénéfice d'une œuvre. *La kermesse de la caisse des écoles.*

kérosène [kerozɛn] n. m. Carburant obtenu par raffinage de pétrole brut, utilisé pour l'alimentation des réacteurs d'avion.

Kerouac (Jack) (1922 – 1969), écrivain américain de la «beat* generation» : *Sur la route* (1957), *les Clochards célestes* (1958), *les Anges vagabonds* (1965).

Kessel (Joseph) (1898 – 1979), romancier français d'origine russe : *Fortune carrée* (1930), *le Lion* (1958). Il écrivit, avec son neveu M. Druon, le *Chant des partisans.* Acad. fr. (1962).

ketch [kɛtʃ] n. m. MAR Voilier à deux mâts, dont le mât d'artimon est placé en avant de la barre. *Des ketchs.*

ketchup [kɛtʃəp] ou (Québec) [kɛtʃɔp] n. m. Condiment à base de purée de tomates aromatisée. – (Québec) *Par ext.* Condiment artisanal fait de légumes ou de fruits coupés en morceaux et cuits avec du vinaigre et des épices.

ketmie [kɛtmi] n. f. Nom donné à certaines espèces d'hibiscus, notam. le gombo.

Keynes (John Maynard, 1er baron) (1883 – 1946), économiste et financier britannique. *Traité sur la monnaie* (1930) et *Théorie générale de l'emploi, de l'intérêt et de la monnaie* (1936) montrent comment le capitalisme contemporain engendre le chômage permanent et comment l'État peut, et doit, y remédier (sécurité sociale).

keynésien, enne [kenezjɛ̃, ɛn] adj. et n. ECON De Keynes. *Théories keynésiennes.* ▷ Subst. Partisan des théories économiques de Keynes.

K.G.B. Sigle de *Komitet Gossoudarstvennoï Bezopasnosti,* «Comité de sécurité de l'État» qui remplaça le M.G.B. (ministère de la Sécurité d'État) en 1954. Police politique de l'U.R.S.S. jusqu'en 1991.

Kha(s) (« sauvages » en langue lao), nom longtemps utilisé pour désigner l'ensemble des populations protoindochinoises habitant les montagnes du N. et les plateaux du S. du Laos. Ils parlent un dialecte môn-khmer et représentent env. 16 % de la population du Laos.

Khadidja *(Hadīğa)* (m. en 619), première épouse de Mahomet (à qui elle donna cinq enfants, dont seule Fatima survécut). La première à croire en la mission du Prophète, elle l'encouragea et même l'influença. Elle mourut à La Mecque.

khadria ou **qadriya** [kadrija] n. f. (Afr. subsah.) Confrérie musulmane d'origine marocaine.

Khai Hung (Trân Khan Du, dit) (1896 – 1947), écrivain vietnamien. Avec Nhât* Linh, il fonda et anima le mouvement littéraire Tu* Luc-Van Doan (1932). Ses romans et ses nouvelles (en quôc ngu) observent avec finesse les mœurs de son temps : *Rêve d'un papillon* (1932), *le Beau* (1940), *le Chapeau de travers* (1941).

Khaïr-Eddine (Mohammed) (né en 1941), écrivain marocain d'expression française. Ses poèmes et ses récits mêlent cauchemar et réalité : *Nausée noire* (1964), *Agadir* (1967), *Moi, l'aigre* (1970), *le Déterreur* (1973), *Légende et vie d'Agoun'chich* (1984), *Mémorial* (1992).

Khakassie, république de la Fédération de Russie, arrosée par l'Ienisseï; 61900 km^2; 547000 hab.; ch.-l. *Abakan.*

Khaled (Hadj Brahim Khaled, dit Cheb) (né en 1960), chanteur algérien, adepte du *raï.*

khalifa [kalifa; xalifa] n. m. V. khalife.

khalifat [kalifa] n. m. V. califat.

khalife [kalif; xalif] ou (Maghreb) **khalifa** [kalifa; xalifa] n. m. **1.** V. calife. **2.** (Afr. subsah.) Chef religieux musulman. – *Khalife général :* chef d'une confrérie. *Le khalife général des mourides.*

Khama (sir Seretse) (1921 – 1980), premier président de la République du Botswana (1966-1980).

khammes [xamɛs] n. m. (Maghreb) Métayer qui est payé au cinquième de la récolte.

Khammouane ou **Thakhek** (plateau du), plateau gréseux du centre du Laos, situé dans la province du même nom.

Kharbine. V. Harbin.

Khārezm ou **Khwārazm,** anc. royaume d'Asie centrale; puissant au XIIe s., conquis par les Ouzbeks au XVIe s.; protectorat russe en 1873.

kharidjisme [karidʒism] n. m. RELIG Doctrine religieuse émanant d'une secte dissidente de l'islam, qui, à l'origine, regroupait les adeptes d'Ali devenus ses adversaires quand Mu'awiyah Ier le déposa.

kharidjite [karidʒit] n. et adj. RELIG Adepte du kharidjisme.

Kharkov, v. d'Ukraine, au N.-O. du Donbass; 1604000 hab.; ch.-l. de la rég. du m. nom. Industr. – Disputée entre «rouges» et «blancs» (1918-1920), capitale de la rép. d'Ukraine (1919-1934).

Khartoum, cap. du Soudan, au confl. du Nil Blanc et du Nil Bleu; 1745700 hab. ; ch.-l. de la prov. du m. nom. Cimenterie; industr. text. et alim. – L'aggl. est constituée de trois villes reliées par des ponts : la moderne *Khartoum* (618800 hab.), au S. du confluent; *Khartoum-Nord* ou *Halfayé* (443100 hab.), sur la rive droite du Nil Bleu, dotée d'industries; *Omdurman 20* (683800 hab.), cité populeuse, sur la rive gauche du Nil Blanc. Centre commercial, administratif et universitaire. Mosquée. Aéroport intern. – La ville, fondée en 1822 par Méhémet-Ali, acquit de l'importance. En 1885, le Mahdi (V. Muhammad Ahmad ibn Abdallah) la prit aux Brit. après un long siège. Reprise en 1898 par Kitchener, elle fut reconstruite selon un plan moderne.

Khasékhem, avant-dernier pharaon de la IIe dynastie (v. 2810 av. J.-C.).

Khasékhemoui, dernier pharaon de la IIe dynastie (v. 2800 av. J.-C.).

Khassonké. V. Xassonké.

khat, kat, kath ou **qat** [kat] n. m. (Djibouti) Arbuste d'Afrique orientale dont les feuilles possèdent des propriétés hallucinogènes. ▷ *Partie de khat :* réunion d'amis où l'on consomme du khat. (V. malraze).

Khatchatourian (Aram Ilitch) (1903 – 1978), compositeur soviétique. Il utilisa les folklores géorgien, azerbaïdjanais et de son pays, l'Arménie. Son ballet *Gayaneh* (1942) comprend la *Danse du sabre*.

khaté, ée [kate] adj. (Djibouti) Fam. (Souvent péj.) Se dit d'une personne qui est droguée au khat.

khater [kate] v. intr. [1] (Djibouti) Fam. Consommer du khat.

khateur, euse [katœʀ, øz] n. (Djibouti) Consommateur de khat.

Khatibi (Abdelkebir) (né en 1938), universitaire et écrivain marocain d'expression française : *la Mémoire tatouée* (1971), *la Blessure du nom propre* (1974), *le Livre du sang* (1979), *Amour bilingue* (1983), *Un été à Stockholm* (1990).

Khayr al-Dīn. V. Barberousse.

Khayyām (Omar) (v. 1050 – v. 1123), poète persan. Il doit sa notoriété en Occident au poète anglais E. Fitzgerald, qui adapta (1859) ses *rubā'iyyāt* (quatrains). Il fut également mathématicien et astronome.

Khazars, peuple apparenté aux Turcs qui, venu du Caucase, fonda au VIIe s. un royaume sur les rives N. de la Caspienne. Les Khazars jouèrent un rôle d'intermédiaire entre les Russes et les Byzantins, qui anéantirent leur royaume en 1016.

khédive [kediv] n. m. HIST Titre du vice-roi d'Égypte de 1867 à 1914.

Khemis-Miliana, conurbation d'Algérie, entre la plaine du Cheliff et le *massif Miliana*; 177500 hab. Arboriculture. Vignobles.

Khémisset, v. du Maroc, dans la région du N.-O.; 115000 hab.; ch.-l. de la préfecture du m. nom.

Khenchela *(Hanšala)* (anc. *Mascula*), v. d'Algérie, dans l'Aurès; 69570 hab.; ch.-l. de la wilaya du m. nom.

khêne [kɛn] n. m. (Viêt-nam) MUS Sorte d'orgue à bouche, formé de plusieurs roseaux, dont jouent les Laos et des montagnards appartenant à d'autres ethnies.

Khénifra, v. du centre-S. du Maroc; 131000 hab.; ch.-l. de la préf. du m. nom. – Cette rég. résista à l'occupation française jusqu'en 1921.

Khéops. V. Chéops.

Khéphren. V. Chéphren.

Kherson, ville d'Ukraine, près de l'embouchure du Dniepr; ch.-l. de la prov. du m. nom; 352000 hab. Port et centre industriel.

khi [ki] n. m. Vingt-deuxième lettre de l'alphabet grec (Χ, χ) correspondant à *kh* (vélaire sourde aspirée [x]).

Khieu Samphan (né en 1931), homme politique cambodgien. Dirigeant des Khmers rouges (1967), il s'allia avec Norodom Sihanouk après le coup d'État de Lon Nol (1970) et dirigea la résistance. Sous la dictature des Khmers rouges (1976-1979), il fut chef de l'État. Il participa aux négociations qui conduisirent à l'accord de Paris (1991) et à la création du Conseil national suprême, composé des différentes factions politiques (1991-1993).

Khlebnikov (Victor Vladimirovitch, dit Vélémir) (1885 – 1922), poète russe, chef de file du futurisme. Il donne la primauté au son : *la Nuit avant les soviets* (1921).

khmer, khmère [kmɛʀ] adj. et n. **1.** adj. Des Khmers. – Subst. *Un Khmer, une Khmère.* **2.** n. m. LING *Le khmer :* la langue du groupe môn-khmer, langue nationale du Cambodge, parlée également au Viêt-nam, dans le delta du Mékong, ainsi qu'en Thaïlande.

Khmers, peuple d'Indochine mérid., de souche ethnolinguistique môn-khmer, dont les actuels Cambodgiens (V. dossier Cambodge) sont les descendants. L'histoire du peuple khmer et de son art se partage généralement en deux périodes : préangkorienne (du déb. du VIIe s. à la fin du VIIIe s.) et angkorienne (IXe-XVe s.), quand Angkor* fut la cap. du royaume. Au sommet de leur puissance (XIe-XIIe s.), les Khmers étendirent leur domination sur le Champa, le Laos et une grande partie du Siam; toutefois, les Chams prirent Angkor en 1177; cinq ans plus tard, Angkor fut repris par un grand monarque de l'Empire : Jayavarman VII (1181-1218 env.), qui bâtit l'un des plus fameux monuments de l'art khmer, le temple du Bayon. À partir du XIVe s., les Khmers durent faire face aux Siamois et aux Vietnamiens, qui se rendirent maîtres de l'ancien Cambodge. Angkor, tombé entre les mains des Siamois en 1431, fut abandonné et ne fut tiré de l'oubli qu'à la fin du XIXe s. par les archéologues de l'École française d'Extrême-Orient.

Khmers rouges, nom donné aux guérilleros communistes opposés, dans les années 1960, au gouvernement pro-américain de Lon Nol. En 1975, ils prirent Phnom Penh et, sous la conduite de Pol Pot, de Ieng Sary et de Khieu Samphan, exterminèrent une importante partie de la population du Cambodge (le nombre des victimes dépasserait le million), avant d'être chassés du pouvoir par l'intervention vietnamienne de 1979. Partie prenante du gouvernement de coalition en exil, ils intensifièrent la guérilla contre le gouv. provietnamien, participèrent aux accords de paix en 1991, mais reprirent la guérilla en 1993 contre le gouvernement mis en place par Norodom Sihanouk. En 1996, une grande partie des Khmers rouges se rallia aux forces royales. (V. dossier Cambodge, p. 1397.)

Khnopff (Fernand) (1858 – 1921), peintre symboliste belge : *Méduse endormie* (1896).

khobziste [kɔbzist; xɔbzist] adj. et n. (Maghreb) Syn. de *opportuniste* (sens 1).

Khoi. V. Hottentot(s).

khoisan [kɔisan] n. m. inv. et adj. inv. LING Famille de langues parlées dans le S. de l'Afrique (Afrique du Sud, Namibie, Angola, Botswana, Zambie, Tanzanie), comprenant notam. le hottentot (ou khoi) et le boschiman (ou san), caractérisées par la présence de clics*. – adj. inv. *Les langues khoisan.*

khôl [kol] n. m. V. kôhl.

Khomeyni (Rūhullāh) (1902 – 1989), chef religieux et homme politique iranien. Exilé par le schah, il inspira le soulèvement populaire qui aboutit à la chute du souverain (1979) et instaura en Iran la République islamique, qu'il dirigea jusqu'à sa mort.

Khorāsān ou **Khurāsān** («Région du soleil»), province du N.-E. de l'Iran; 314282 km^2; 5300000 hab.; ch.-l. *Mechhed* (dans une oasis). Région semi-désertique.

Khotine (en roumain *Hotin*, en polonais *Chocim)*, v. d'Ukraine sur le Dniestr; 12000 hab. – Les Polonais y vainquirent les Turcs en 1621 et 1673. Ensuite, la Turquie et la Russie se disputèrent la ville. La Russie l'obtint en 1812. De 1918 à 1945, elle fut roumaine, puis soviétique, enfin (1991) ukrainienne.

Khouribga, v. du Maroc, au S.-E. de Rabat; 127180 hab.; ch.-l. de la province du m. nom. Gisements de phosphates.

Khoury (Gérard) (né en 1938), essayiste et romancier libanais d'expression française : *Mémoire de l'aube* (1987), *la Maison absente* (1991).

Khoury-Ghata (Vénus) (née en 1937), poétesse libanaise d'expression française. Elle exprime avec lyrisme et amertume les déchirements de son pays : *les Ombres et leurs cris* (1979). Roman : *Bayarmine* (1988).

Khristov ou **Christoff** (Boris) (1918 – 1993), chanteur bulgare. Célèbre basse, il interpréta notam. *le Prince Igor* et *Boris Godounov*.

Khrouchtchev (Nikita Sergheïevitch) (1894 – 1971), homme politique soviétique; premier secrétaire du P.C.U.S. (1953-1964), président du Conseil des ministres (1958-1964). Dès 1956 («rapport secret» sur les crimes de Staline au XXe congrès P.C.U.S.), il amorça la déstalinisation, améliora les rapports avec les États-Unis, rompit avec la Chine. Il fut contraint de démissionner en 1964.

Khurāsān. V. Khorāsān.

Khūzistān (anc. *'Arabistān*), prov. d'Iran, sur le golfe Persique; 117713 km^2; 2700000 hab.; ch.-l. *Ahwāz;* v. princ. *Abadan.* Gisements de pétrole.

Khwārazm. V. Khārezm.

Khwarizmi (Muhammad ibn Mūsā al-) (mort v. 850), mathématicien et astronome musulman qui vécut à Samarkand ou dans une ville proche. Il résolut les équations du 2e degré. Une déformation de son nom a donné le mot *algorithme.*

ki-. Préfixe caractérisant les noms de langues bantoues. (Ex. : le kikongo est la langue des Kongo.) Variantes : ci-, li-, si-, se-, etc.

kibboutz, pl. **kibboutz** ou **kibboutzim** [kibuts, kibutsim] n. m. Exploitation agricole collective, en Israël.

Kibo (mont). V. Kilimandjaro.

Kichinev. V. Chisinau.

kick [kik] n. m. TECH Dispositif permettant de mettre en marche, au pied, un moteur de motocyclette.

kicker [kikɛʀ] n. m. (Belgique, Luxembourg) Baby-foot. *Jouer une partie de kicker.*

Kidjo (Angélique) (née en 1960), chanteuse béninoise au succès international.

kidnapper [kidnape] v. tr. [1] Enlever (une personne) le plus souvent pour obtenir une rançon.

kidnappeur, euse [kidnapœʀ, øz] n. Personne qui kidnappe.

kidnapping [kidnapiŋ] n. m. (Anglicisme) Enlèvement, rapt, particulièrement pour obtenir une rançon.

kief [kif] n. m. V. kif.

Kiel, v. d'Allemagne, capitale du Schleswig-Holstein, sur la Baltique; 243 630 hab. Industr.; faïences; pêche. – Par le *traité de Kiel* (1814), la Suède imposa au Danemark la cession de la Norvège. – Le *canal de Kiel* (99 km), creusé de 1887 à 1895, unit la Baltique à la mer du Nord en coupant le Jylland.

Kierkegaard (Søren Aabye) (1813 – 1855), philosophe danois. Sa thèse de théologie, *le Concept d'ironie* (1841), oppose une «attitude poétique» au christianisme dogmatique. *Le Concept d'angoisse* (1844), les *Étapes sur le chemin de la vie* (1845), le *Traité du désespoir* (1849), etc., montrent le tragique de l'existence quotidienne et fondent l'existentialisme.

Kieslowski (Krzysztof) (1941 – 1996), cinéaste polonais, anti-communiste et spiritualiste : *le Décalogue* (10 films, 1988). En France : *Bleu, Blanc, Rouge* (trilogie, 1993-1994).

Kiev, cap. de l'Ukraine, au confl. du Dniepr et de la Desna; 2 577 000 hab. Grand centre industr. et culturel. – Université. Cathédrale Ste-Sophie (1017-1037, de nombreuses fois remaniée). – Première cap. de la *Rous,* dite aussi Russie kiévienne, dont l'apogée se situe sous le règne de Iaroslav Vladimirovitch (XIe s.), Kiev fut détruite par les Mongols (1240); du XIVe au XVIIe s., elle subit la suzeraineté de la Lituanie puis de la Pologne. En 1654, elle revint à la Russie. Capitale de la Rép. soviétique d'Ukraine (1934), occupée par les Allemands en sept. 1941, reprise par les Soviétiques en nov. 1943, elle devint la capitale de l'Ukraine indépendante en 1991.

kif, kief ou **kiff** [kif] n. m. Mélange de chanvre indien et de tabac (en Afrique du Nord, notam.).

kif-kif [kifkif] adj. inv. Fam. Pareil. *C'est kif-kif!*

Kiga, Chiga ou **Bakiga,** population installée dans le S. de l'Ouganda (env. 1 200 000 personnes). Ils parlent une langue bantoue.

Kigali, cap. du Rwanda, au centre de l'État, à 1 560 m d'altitude; 235 000 hab. Marché agricole et centre artisanal. Aéroport intern. – Évêché. – La ville fut créée par l'Allemagne en 1908. Lors de l'indépendance (1962), la population n'excédait pas 5 000 hab.

Kigéli V (XXe s.), dernier roi du Rwanda (1959-1961).

kikiwi [kikiwi] n. m. Oiseau passériforme brun à ventre jaune commun en Guyane (*Pitangus sulphuratus*), à chant caractéristique.

kikongo [kikɔ̃ŋgo] n. m. LING Langue bantoue parlée par les Kongo*. *Le kikongo véhiculaire, ou munukutuba, est une langue nationale de la rép. dém. du Congo.*

Kikuyu ou **Kikouyou,** population établie au Kenya (près de 6 millions de personnes). Ils parlent des langues bantoues. V. Mau-Mau.

Kikwit, v. de la rép. dém. du Congo, dans la rég. de Bandundu, à l'E. de Kinshasa; 346 000 hab. Nœud routier. Huileries.

Kilia (en roumain *Chilia),* bras septentrional du Danube qui sépare la Roumanie et la Moldavie.

Kilimandjaro (auj. *pic Uhuru,* «Liberté»), massif volcanique du N. de la Tanzanie, près de la frontière du Kenya. La base, dont le pourtour mesure 90 km, a une hauteur de 4 200 m; sur cette base se dressent deux sommets enneigés d'où s'échappent des fumerolles (mais le volcan est éteint) : le mont Mawensi (5 148 m) et le mont Kibo (5 895 m, le plus haut sommet d'Afrique).

Killy (Jean-Claude) (né en 1943), skieur français. Il remporta trois médailles d'or aux J.O. de Grenoble (1968).

kilo-. Élément, du gr. *khilioi,* «mille, mille fois». ▷ INFORM Unité de mesure de quantité d'information utilisée aussi pour évaluer la capacité de mémoire des ordinateurs (1 kilo correspond à 1024, soit 2^{10} positions en mémoire). Symbole K.

kilo [kilo] n. m. **1.** Cour. Abrév. de *kilogramme. Donnez-m'en trois kilos.* **2.** INFORM Abrév. de *kilo-octet.*

kilocalorie [kilokalɔʀi] n. f. PHYS Unité de chaleur valant 1 000 calories. (Symbole kcal.)

kilocycle [kilosikl] n. m. RADIOELECTR (Improprement) Kilohertz.

kilogramme [kilogʀam] n. m. Unité de masse du système international (symbole kg) égale à la masse de l'étalon en platine iridié du Bureau international des poids et mesures, déposé au pavillon de Breteuil, à Sèvres (France, Hauts-de-Seine). Abrév. cour. : kilo.

kilohertz [kiloɛʀts] n. m. PHYS Unité de mesure de fréquence des ondes radioélectriques valant 1000 hertz (symbole kHz).

kilométrage [kilɔmetʀaʒ] n. m. **1.** Action de kilométrer; son résultat. **2.** Nombre de kilomètres parcourus. *Le kilométrage d'une voiture.* Syn. (Québec) millage.

kilomètre [kilɔmɛtʀ] n. m. Unité pratique de distance (symbole km) valant 1000 m. *Marcher plusieurs kilomètres sans s'arrêter.* – *Kilomètre par heure (km/h)* ou cour. *kilomètre à l'heure, kilomètre-heure :* vitesse d'un mobile qui parcourt 1 km en 1 heure à vitesse constante. *Faire du 100 km/h.* ou, ellipt., *du 100.* ▷ *Kilomètre carré* (symbole km^2) : superficie égale à celle d'un carré de 1 km de côté, soit 1 million de m^2.

kilométrer [kilɔmetʀe] v. tr. [**14**] **1.** Jalonner (une route) de bornes kilométriques. **2.** Mesurer en kilomètres. *Kilométrer un trajet.*

kilométrique [kilɔmetʀik] adj. Qui a rapport au kilomètre. *Bornes kilométriques,* placées tous les kilomètres.

kilo-octet [kiloɔktɛ] n. m. INFORM Unité valant 1024 octets. (Symbole Ko). *Des kilo-octets.* (Abrév. kilo).

kilotonne [kilotɔn] n. m. Unité de puissance des explosifs nucléaires (symbole kt).

kilowatt [kilowat] n. m. PHYS Unité de puissance (symbole kW), égale à 1 000 watts.

kilowattheure [kilowatœʀ] n. m. Unité de travail ou d'énergie (symbole kWh); travail ou énergie fournis par une machine d'une puissance de 1 kW pendant 1 heure (1 kWh = $3{,}6.10^6$ J).

Kilwa, v. et port de Tanzanie, entre Lindi et l'embouchure du Rufiji; env. 6000 hab. – Fondée en 1200, cette ville développa les échanges entre l'Afrique de l'E. et le monde musulman, ainsi que l'Asie. Des ruines importantes subsistent.

Kimbangu (Simon) (1899 – 1951), prédicateur congolais né dans la prov. de Léopoldville. Il fonda en avr.-mai 1921 une Église chrétienne, *l'Église de Jésus-Christ sur terre,* dite ensuite *kimbanguiste* (V. kimbanguisme). Incarcéré par le colonisateur en sept. 1921, il mourut dans une prison d'Élisabethville (auj. Lubumbashi).

kimbanguisme [kimbɑ̃gism] n. m. RELIG Mouvement religieux d'inspiration protestante fondé en 1921 par S. Kimbangu* et répandu notam. en rép. dém. du Congo, en rép. du Congo et en Angola.

kimbanguiste [kimbɑ̃gist] adj. et n. Relatif au kimbanguisme. ▷ Subst. Adepte du kimbanguisme.

Kimberley, v. d'Afrique du Sud (prov. du Cap); 149 670 hab. Extraction et taille des diamants. Cultures florales.

Kim Il Sung (1912 – 1994), homme politique nord-coréen. Secrétaire général du parti communiste coréen (1945), chef de l'État de 1945 à sa mort. Son fils **Kim Jong-il** (né en 1942) lui a succédé.

kimono [kimɔno] n. m. **1.** Longue tunique japonaise à larges manches. **2.** Peignoir à manches non rapportées. – (En appos.) *Des manches kimono.* **3.** *Abusiv.* Tenue des judokas, karatékas, etc., en forte toile blanche.

kimpoutou [kimputu] n. m. (Afr. subsah.) En Afrique centr., tique dont la piqûre provoque une fièvre récurrente, appelée *fièvre du kimpoutou.*

kinase [kinaz] n. f. BIOCHIM Enzyme qui favorise le transfert d'une liaison riche en énergie vers une liaison pauvre.

Kindia, v. de Guinée, au N.-E. de Conakry; 80 000 hab.; ch.-l. de la prov. du m. nom. Centrale hydroélectrique. Bauxite. À proximité, forêt de Ganga.

Kindu, v. de l'E. de la rép. dém. du Congo (région de Kivu), sur le Lualaba; 50 000 hab. Centre comm. et industr. actif.

kiné [kine] ou **kinési** [kinezi] n. **1.** Abrév. cour. de *kinésithérapeute.* **2.** n. f. Abrév. cour. de *kinésithérapie.*

kinési-. Élément, du gr. *kinêsis,* «mouvement».

kinésiste [kinezist] n. (Belgique) Kinésithérapeute.

kinésithérapeute [kineziteʀapøt] n. Praticien diplômé qui soigne par la kinésithérapie. Syn. (Belgique) kinésiste, (Québec, Suisse) physiothérapeute. (Abrév. cour. : kiné ou kinési).

kinésithérapie [kineziteʀapi] n. f. Mode de traitement de certaines affections de l'appareil de soutien (os, ligaments) et de l'appareil locomoteur (muscles, nerfs), qui utilise la mobilisation musculaire passive (électricité, massages) ou active (gymnastique corrective, rééducation). Syn. (Québec, Suisse) physiothérapie. (Abrév. cour. : kiné ou kinési).

kinesthésie [kinɛstezi] n. f. Ensemble des sensations d'origine musculaire, tendineuse, articulaire, cutanée et labyrinthique qui renseignent sur les positions et les mouvements des différentes parties du corps.

king [kiŋ] n. m. inv. V. jing.

King (Martin Luther) (1929 - 1968), pasteur noir américain; leader intégrationniste. Membre de l'Association nationale pour la promotion des peuples de couleur, il créa en 1957 la Conférence des leaders chrétiens du Sud. Il fut assassiné. P. Nobel de la paix 1964.

Kingston, v. du Canada (Ontario), port sur le Saint-Laurent; 56590 hab. Commerce du blé. Nombr. industries. - Cap. du Canada de 1841 à 1844.

Kingston, cap. de la Jamaïque, port sur la côte S. de l'île; 104040 hab. (aggl. urb. 524640 hab.). Distillerie; manuf. de tabac; text.; raff. de pétrole.

Kingstown, cap. de l'État de Saint-Vincent et les Grenadines, port sur la côte S.-O. de l'île Saint-Vincent; 33000 hab.

kinkajou [kɛ̃kaju] n. m. Petit mammifère carnivore d'Amérique du Sud (*Potos flavus*) au pelage roux, au museau court, à la longue queue prenante.

kinkéliba [kɛ̃keliba] n. m. V. quinquéliba.

Kinki. V. Kansai.

kino [kino] n. m. Résine rouge d'arbres d'Afrique et d'Asie, aux propriétés astringentes.

kinois, oise [kinwa, waz] adj. et n. De Kinshasa. ▷ Subst. *Un(e) Kinois(e).*

Kinsey (Alfred Charles) (1894 - 1956), biologiste et sociologue américain. Il publia deux rapports : *le Comportement sexuel de l'homme* (1948) et *de la femme* (1953).

Kinshasa (anc. *Léopoldville*), cap. de la rép. dém. du Congo, port fluvial sur le fleuve Congo; plus de 3500000 hab. Princ. centre commercial et industriel du pays, situé sur le Pool Malebo en face de Brazzaville (au N.). Terminus aval de la navigation fluviale, relayée par une voie ferrée jusqu'à Matadi, son avant-port. Grand marché agricole. Industries : métallurgie, textile, chimie, agroalimentaire. Aéroport. - Université.

kinyarwanda [kiɲaʀwɑ̃da] n. m. LING Langue bantoue parlée au Rwanda (langue officielle, avec le français) et en Ouganda.

kiosque [kjɔsk] n. m. **1.** Pavillon ouvert, dans un jardin. *Kiosque à musique.* **2.** Petit pavillon conçu pour la vente des journaux, du pain, etc., sur la voie publique. **3.** (Québec) Stand (notam., dans une exposition, une foire commerciale). **4.** MAR Superstructure d'un sous-marin qui sert de passerelle pour la navigation en surface. **5.** (Maghreb) Syn. de *station-service.*

kip [kip] n. m. Monnaie du Laos.

Kipling (Rudyard) (1865 - 1936), écrivain anglais. Excepté *Capitaines courageux* (1897), ses princ. œuvres ont pour cadre l'Inde : les deux *Livres de la jungle* (1894 et 1895), recueils de récits; *Kim* (1901), roman. P. Nobel 1907.

Kippour. V. Yom Kippour.

Kippour (guerre du), guerre déclenchée contre Israël le 6 octobre 1973 (jour de la fête du Kippour) par l'Égypte et la Syrie, gagnée par Israël après des revers. Le cessez-le-feu intervint à la suite d'une résolution américano-soviétique adoptée par l'ONU le 22 octobre. En 1974-1975, l'Égypte et Israël signèrent des accords de désengagement.

Kirchhoff (Gustav Robert) (1824 - 1887), physicien et mathématicien allemand. Son invention du spectroscope (1859) fonda l'analyse spectrale.

Kirchner (Ernst Ludwig) (1880 - 1938), peintre expressionniste allemand; cofondateur du groupe Die Brücke.

kirghiz, ize [kiʀgiz] adj. et n. De la population d'Asie occidentale vivant au Kirghizistan. ▷ Subst. *Un(e) Kirghiz(e).*

Kirghizstan (anc. *Kirghizistan* ou *Kirghizie*), État d'Asie centrale, entouré du Tadjikistan au S., de l'Ouzbékistan à l'O., du Kazakhstan au N., et de la Chine à l'E.; 198500 km^2; 4,5 millions d'hab. (dont env. 53 % de Kirghiz, 21 % de Russes, 12 % d'Ouzbeks); cap. *Bichkek.* Nature de l'État : rép. parlementaire. Langue : kirghiz, russe. Monnaie : som. Relig. : islam, orthodoxie.

Géogr. et écon. - Région montagneuse, le Kirghizstan s'étend en Asie centrale, au N.-E. du Pamir. Élevage dans les montagnes (moutons); cultures fruitières et céréalières (blé) dans les vallées. Centrales hydroélectriques. Le sous-sol est riche (antimoine, mercure, uranium et charbon).

Hist. - Les *Kirghiz,* peuple de langue turque, aux origines mal définies, furent persécutés par les Russes, notam. en 1916. La Kirghizie, territoire auton. (1926) séparé du Kazakhstan, devint une rép. fédérée en 1936. En 1990, Kirghiz et Ouzbeks s'affrontèrent et la Rép. proclama sa souveraineté, puis son indépendance, en août 1991, et devint membre de la C.É.I. (déc.). Le dirigeant du Mouvement démocratique (qui regroupe des ex-communistes), Askar Akaiev, fut élu président de la République (oct. 1991) et réélu en déc. 1995.

Kiribati, État de Micronésie, dans l'océan Pacifique, sur l'équateur, formé par l'archipel des Gilbert et de nombr. îles et atolls; 728 km^2; 73500 hab.; cap. *Bairiki,* sur l'atoll de *Tarawa.* Coprah, pêche. - Anc. *Gilbert et Ellice,* protectorat britannique (1892). Ellice a fait sécession en 1975 (V. Tuvalu) et Kiribati a accédé à l'indépendance en 1979.

Kirin. V. Jilin.

Kirina (bataille de), local. du Mali, située près de Koulikoro, sur la rive gauche du Niger. Soumangourou Kanté* y fut vaincu et tué par l'armée de Soundiata Keita en 1235.

Kirov (théâtre national académique), grand Opéra de Saint-Pétersbourg, construit en 1723, plusieurs fois reconstruit entre 1860 et 1969.

kirsch [kiʀʃ] n. m. Eau-de-vie de cerises.

kirundi [kiʀundi] n. m. LING Langue bantoue parlée au Burundi (langue officielle, avec le français) et par les Rundi de la rép. dém. du Congo.

Kisangani (anc. *Stanleyville*), v. de la rép. dém. du Congo, sur le fleuve Congo; 557000 hab.; ch.-l. de prov. du Haut-Zaïre. Brasserie. Industries text. Aéroport. - Université.

Kisling (Moïse) (1891 - 1953), peintre français d'origine polonaise.

Kismaayo, v. et port du sud de la Somalie; 90000 hab.; cap. de la région du Jubbada Hoose.

kissi [kisi] adj. (et n. m.) Des Kissi. ▷ n. m. LING Langue du groupe ouest-atlantique parlée en Guinée.

Kissinger (Henry Alfred) (né en 1923), diplomate américain d'origine allemande (naturalisé en 1943). Conseiller du président Nixon (1968-1973), chef du département d'État (1973-1977) sous Nixon et Ford, il déploya une intense activité diplomatique (Chine, Viêt-nam, U.R.S.S., Proche-Orient). P. Nobel de la paix 1973 avec Lê Duc Tho (qui refusa le prix).

Kistnā (la) (anc. *Krichnā*), fl. de l'Inde (1300 km); naît dans les Ghāts occid., se jette dans le golfe du Bengale.

Kisumu, v. et port du Kenya, sur le lac Victoria; 185000 hab.; cap. de la prov. de Nyanza. Pêche; canne à sucre, coton.

kit [kit] n. m. Objet vendu en pièces détachées dont l'assemblage est à réaliser par l'acheteur. - *En kit :* en pièces détachées, à monter soi-même.

Kitara (royaume du Bunyoro-). V. Bunyoro.

Kitchener, v. du Canada (Ontario), sur la riv. Grand; 168280 hab. (aggl. urb. 309300 hab.). Centre industriel.

Kitchener (lord Horatio Herbert), comte de Khartoum (1850 - 1916), maréchal britannique. Réorganisateur de l'armée égyptienne, il occupa le Soudan (affaire de Fachoda, 1898). De 1900 à 1902, il écrasa les Boers.

Kitega. V. Gitega.

Kitimat, v. du Canada (Colombie-Britannique), sur le chenal Douglas, au sud-est de Prince Rupert; 14000 hab. - La centrale de Kemano (à 80 km au S.-O.) alimente en électr. une puissante usine de fabrication d'aluminium. Papeterie.

kitsch [kitʃ] adj. inv. et n. m. Se dit d'objets (mobilier, bijoux, éléments décoratifs) et d'œuvres picturales de style démodé ou de mauvais goût. - n. m. *Le goût du kitsch.*

Kitwe-Nkana, v. du centre de la Zambie, proche de la frontière zaïroise; 495000 hab. Gisements de cuivre, de zinc, de cadmium, de cobalt, de vanadium.

Kivi (Aleksis Stenvall, dit Aleksis) (1834 - 1872), romancier et auteur dramatique finlandais : *les Sept Frères* (1870).

Kivu (lac), lac d'Afrique, situé entre la rép. dém. du Congo et le Rwanda, à 1460 m d'alt., au N. du lac Tanganyika, dont il est tributaire; 2700 km^2. Il est occupé au centre par l'île Idiwi.

kiwi [kiwi] n. m. **1.** ORNITH Ratite aptère des forêts de Nouvelle-Zélande, de la taille d'une poule. Syn. aptéryx. **2.** Fruit comestible originaire de Chine à l'écorce velue et à la chair parfumée.

Ki-Zerbo (Joseph) (né en 1922), historien burkinabé, auteur d'une importante *Histoire de l'Afrique noire* (1971).

Klagenfurt, v. d'Autriche; 89500 hab.; cap. de la Carinthie. Université. Centre commercial et industriel.

Klaïpeda (anc. en all. *Memel*), v. de Lituanie, port sur la Baltique; 195000 hab. Centre industriel. - Fondée par les chevaliers Teutoniques (1252). Ville libre en 1919, occupée par les All. en mars 1939, elle fut conquise par les Soviétiques en 1944.

Klat (Hector) (1888 – 1977), poète libanais d'expression française : *Du cèdre aux lys* (1964), *Ma seule joie* (1966).

klaxon [klakson] n. m. (Nom déposé.) Avertisseur sonore d'automobile. *Donner un coup de klaxon.* Syn. (off. recommandé) avertisseur.

klaxonner [klaksɔne] v. intr. [1] Faire usage du klaxon. Syn. (off. recommandé) avertir.

Kléber (Jean-Baptiste) (1753 – 1800), général français. Il se distingua en Vendée (1793), à Fleurus (1794) et en Allemagne (1796). En 1799, il commanda l'armée que Bonaparte abandonnait en Égypte. Victorieux des Turcs à Héliopolis, il fut assassiné au Caire.

Klee (Paul) (1879 – 1940), peintre suisse. Né près de Berne, il se lia au Blaue* Reiter et enseigna au Bauhaus* (1920-1931) puis à Dusseldorf (1931-1933). À l'avènement du nazisme, il regagna son pays et mourut près de Locarno. S'attachant au symbolisme de la ligne et de la couleur, il cultiva un humour poétique et dépassa avec génie l'opposition figuration-abstraction. Son *Journal* (1898-1917) a été publié en 1957. Ses *Esquisses pédagogiques* (1925) ont été reprises dans *Théorie de l'art moderne* (posth., 1964).

Klein (Melanie) (1882 – 1960), psychanalyste britannique d'origine autrichienne. Elle travailla à Berlin puis à Londres (1926). Elle s'est surtout intéressée à l'enfance.

Kleist (Ewald Christian von) (1715 – 1759), poète allemand (*le Printemps*, 1749), ami de Lessing. — **Heinrich** (1777 – 1811), petit-neveu du préc.; écrivain et dramaturge allemand. Il accorde une grande importance à l'inconscient et à la pulsion sexuelle : *Penthésilée* (tragédie, 1808); *la Cruche cassée* (comédie, 1808); *le Prince de Hombourg* (drame patriotique, 1810); *Histoire de Michel Kohlhaas* (roman, 1810).

kleptomane ou **cleptomane** [klɛptɔman] n. et adj. Personne qui souffre de kleptomanie. ▷ adj. *Elle est kleptomane.*

kleptomanie ou **cleptomanie** [klɛptɔmani] n. f. Impulsion morbide à commettre des vols.

Klerk (Michel de) (1884 – 1923), architecte néerlandais, proche des expressionnistes allemands.

Klimt (Gustav) (1862 – 1918), peintre autrichien; cofondateur de la « Sécession » viennoise (1897) qui propagea l'art* nouveau.

Kline (Franz) (1910 – 1962), peintre américain (expressionnisme abstrait).

Klinger (Friedrich Maximilian von) (1752 – 1831), écrivain allemand. Son drame *Sturm* und Drang* (1776) a suscité le mouvement litt. du m. nom.

Klingsor (Léon Leclère, dit Tristan) (1874 – 1966), peintre néo-impressionniste et écrivain français.

Klondike (le), rivière du Canada (180 km), affl. du Yukon (r. dr.), célèbre parce qu'on y a trouvé de l'or (1896).

Klopstock (Friedrich Gottlieb) (1724 – 1803), poète allemand : *la Messiade* (20 chants, 1748-1773), poème épique sur la Passion du Christ; *Odes* (1771).

kneffé [knɛfe] n. m. (Liban) Fromage sucré et cuit, consommé au petit déjeuner dans une galette de pain.

Knesset, le Parlement israélien : une seule Chambre; 120 représentants élus pour 4 ans à la proportionnelle.

Knob Lake, site d'une mine de fer du Québec, à la frontière du Labrador.

knock-out [nɔkawt] ou **K.-O.** [kao] n. m. inv. et adj. inv. **1.** n. m. inv. État du boxeur resté plus de dix secondes à terre, après un coup de l'adversaire et qui se trouve de ce fait mis hors de combat. – adj. *Son adversaire l'a mis K.-O.* **2.** adj. inv. Fam. Assommé. ▷ Fig. Très affaibli; très fatigué. *Il est complètement K.-O.*

Knoll (Hans) (1914 – 1955), architecte allemand. Il fonda aux É.-U., avec sa femme **Florence** (Américaine, née en 1917), la société *Knoll International* (1938), créatrice de mobilier moderne.

Knox (Fort), camp militaire, situé dans le Kentucky, où est enfermée la principale réserve d'or des États-Unis.

Knox (John) (v. 1505 – 1572), réformateur religieux écossais; l'un des fondateurs de l'Église presbytérienne.

Knud le Grand (995 – 1035), souverain danois. Il devint roi d'Angleterre (1016-1035) après avoir débarqué et vaincu le roi anglo-saxon Æthelraed. Il fut roi du Danemark (1018-1035), à la mort de son frère Harald, et roi de Norvège (1028-1035) après sa victoire sur le roi Olav.

K.-O. [kao] n. m. inv. et adj. inv. V. knock-out.

koala [kɔala] n. m. Mammifère marsupial grimpeur d'Australie que son pelage fourni fait ressembler à un ourson.

kob [kɔb] n. m. V. cob.

koba [koba] n. m. (Afr. subsah.) En Afrique occid., hippotrague.

Kōbe, v. et port du Japon (Honshū); ch.-l. de ken et port sur la baie d'Ōsaka; 1 419 860 hab. Import. centre industr. – En janv. 1995, la ville a été ravagée par un séisme (5 000 morts).

Koch (Robert) (1843 – 1910), médecin allemand. Il découvrit en 1882 le bacille de la tuberculose *(bacille de Koch)*; le cultivant, il découvrit la tuberculine. P. Nobel 1905.

Köchel (Ludwig von) (1800 – 1877), musicologue autrichien. Il établit le catalogue des œuvres de Mozart (1862).

Kodály (Zoltán) (1882 – 1967), compositeur hongrois. Ami de Bartók, il s'inspira du folklore national.

Koestler (Arthur) (1905 – 1983), écrivain hongrois de langue anglaise, naturalisé anglais. Son roman *le Zéro et l'Infini* (1940) est une critique incisive du stalinisme.

Koffka (Kurt) (1886 – 1941), psychologue américain d'orig. allemande; il est l'un des fondateurs du gestaltisme.

Kogi, État du centre-O. du Nigeria; 66 869 km² avec l'État de Kwara, dont il s'est détaché en 1991; 2 780 400 hab.; cap. *Lokoja.*

kôhl, kohol ou **khôl** [kol] n. m. Poudre sombre utilisée en Orient comme fard à paupières.

Kohl (Helmut) (né en 1930), homme politique allemand. Président du parti démocrate-chrétien (C.D.U.) en 1973, chancelier de la R.F.A. (1982) puis de l'Allemagne réunifiée.

koinè [kɔjnɛ] n. f. LING Dans l'Antiquité, langue commune du monde grec, de l'Adriatique à l'Asie hellénistique. ▷ *Par ext.* Langue commune à un groupe humain. *Le castillan, koinè de l'Espagne.*

kokoman [kokomɑ̃] n. m. (Afr. subsah.) En Côte d'Ivoire, fruit du kokomantier.

kokomantier [kokomɑ̃tje] n. m. (Afr. subsah.) En Côte d'Ivoire, badamier.

Kokoschka (Oskar) (1886 – 1980), peintre expressionniste autrichien, naturalisé anglais (1947).

kola [kɔla] n. f. ou m. V. cola.

Kola (péninsule de), presqu'île de Russie, entre la mer Blanche au sud et l'océan Arctique au nord.

Kolamba. V. Colombo.

Kolarov (Vasil) (1877 – 1950), homme politique bulgare. Socialiste de gauche, membre fondateur du parti communiste bulgare (1919), il participa à l'insurrection de 1923, fut incarcéré, puis s'exila en U.R.S.S., d'où il revint en 1945. Président de l'Assemblée nationale populaire (1946), il fut président du Conseil (chef de l'État) en 1949.

kolatier [kɔlatje] n. m. V. colatier.

Kolingba (André) (né en 1935), général et homme politique centrafricain; chef de l'État (1981) puis président de la Rép. (1986-1993).

kolkhoz ou **kolkhoze** [kɔlkoz] n. m. Exploitation agricole collective, en U.R.S.S. *Les kolkhoz (ou kolkhozes) ont été démantelés en 1992.*

kolkhozien, enne [kɔlkozjɛ̃, ɛn] adj. et n. Relatif au kolkhoz. ▷ Subst. Membre d'un kolkhoz.

Koltchak (Alexandre Vassilievitch) (1874 – 1920), amiral russe. Chef des forces contre-révolutionnaires (à Omsk, 1918), il occupa la Sibérie, l'Oural et la région de la Volga (1919). Les bolcheviks (1919-1920) le vainquirent et le fusillèrent.

Koltès (Bernard-Marie) (1948 – 1989), dramaturge français : *Combat de nègre et de chiens* (1979), *Dans la solitude des champs de coton* (1987), *Roberto Zucco* (posth., 1991).

Kolwezi, v. du S. de la rép. dém. du Congo dans la prov. du Katanga; 384 000 hab. Centre d'extraction du cuivre. – HIST V. Katanga.

Koman, population établie au sud du Nil, de part et d'autre de la frontière entre le Soudan et l'Éthiopie (environ 6 000 personnes). Ils parlent le *koman,* qui à lui seul constitue une sous-famille de la famille nilo-saharienne.

Kominform, contraction de deux mots russes désignant le bureau d'*information* des partis *communistes* du monde entier (1947-1956). V. Internationale (l').

Komintern, contraction de deux mots russes désignant la IIIᵉ Internationale communiste (1919-1943).

Komis (rép. des), rép. de la Fédération de Russie; 415 900 km^2; 1 228 000 hab.; cap. *Syktyvkar.* Recouverte par la toundra au N., boisée au S., la rép. a une pop. clairsemée de *Komis* (ou *Zyrianes*), chasseurs, éleveurs, pêcheurs.

Komodo (dragon de). V. varan.

Kom-Ombo, ville d'Égypte (gouvernorat d'Assouan); 30 000 hab. – Ruines d'un temple d'époque ptolémaïque (IIe-Ier s. av. J.-C.).

Kompong Cham, v. du S.-E. du Cambodge, sur le Mékong; env. 35 000 hab.; ch.-l. de la prov. du m. nom.

Kompong Som. V. Sihanoukville.

Konan-Bédié (Henri) (né en 1934), homme politique ivoirien : président de la Rép. par intérim après la mort du prés. Houphouët-Boigny (déc. 1993) et élu en oct. 1995.

Konaré (Alpha Oumar) (né en 1946), homme politique malien. Lors des élections pluralistes de 1992, il a été élu président de la République; en 1997, il a été réélu.

Konaté (Moussa) (né en 1951), romancier malien : *le Prix de l'âme* (1981), *Fils du chaos* (1986), *Chronique d'une journée de répression* (1988). Essai : *Mali, ils ont assassiné l'espoir* (1990).

Kondé. V. Nyakyusa.

Koné (Amadou) (né en 1953), écrivain ivoirien. Romans : *les Frasques d'Ebinto* (1975), *Sous le pouvoir des Blakoros* (1980-1982). Théâtre : *De la chair au trône* (1975), *le Respect des morts* (1980).

Kong, v. de la Côte d'Ivoire, anc. cité marchande fondée v. 1700 par les Malinké, détruite par Samory Touré en 1897.

Kongfuzi. V. Confucius.

kongo [kɔ̃go] adj. inv. Des Kongo.

Kongo (royaume du), anc. État de l'O. de l'Afrique équatoriale, qui connut une vaste extension depuis le bas Congo jusqu'au N. de l'Angola actuel. On ne connaît pas ses origines (que certains auteurs font remonter à des temps reculés). À la fin du XVe s., les Portugais entrèrent en contact avec son roi *(mani),* Nzinga Nkuwu, qui se convertit en 1491 au christianisme. Afonso* Ier, roi de 1507 à 1543, fut un ardent propagateur du christianisme et un adepte du mode de gouv. portugais. Garcia II Afonso, roi de 1641 à 1661, tenta de résister au Portugal, qui écrasa militairement Antonio Ier, tué en 1665.

Kongo ou **Bakongo,** populations établies en rép. dém. du Congo, dans la prov. du Bas-Congo (env. 7 millions de personnes), en rép. du Congo (1 500 000), dans le N. de l'Angola (1 500 000) et au Gabon. Ils parlent une langue bantoue (V. kikongo). – L'art kongo montre une forte tendance au naturalisme. Les œuvres les plus belles sont des statues en stéatite antérieures au XVIe s. et des statues en bois (fétiches peints, mères tenant un enfant, etc.).

Kongzi. V. Confucius.

Königsberg. V. Kaliningrad.

Konkouré (le), fl. de Guinée (260 km) tributaire de l'océan Atlantique. Né dans le Fouta-Djalon, il alimente une centrale qui permet le traitement de la bauxite à Fria. La réalisation du barrage de Garafari va permettre d'accroître le potentiel hydroélectrique de la Guinée.

Konstantinov (Aleko) (1863 – 1897), écrivain bulgare. Il obtint la célébrité avec *Baj Ganju* (1895), roman dont le héros est devenu le prototype du nouveau riche aussi mal dégrossi que prétentieux.

Konté (Lamine) (né en 1945), musicien sénégalais qui s'inspire de la tradition mandingue.

Konya, ville de Turquie, place forte à 1 500 m d'altitude au S. du désert Salé; 439 180 hab.; ch.-l. de l'il du même nom. Artisanat. – Nombreuses mosquées du XIIIe s.

Kooning (De). V. De Kooning.

kopeck [kɔpɛk] n. m. Monnaie russe, centième partie du rouble.

kora ou **cora** [kɔʀa] n. f. Instrument à cordes d'Afrique occidentale. *Au pays mandingue, la kora des griots a 21 cordes.*

Koraïchites. V. Qurayshites.

Korda (sir Alexander) (1893 – 1956), cinéaste et producteur britannique d'origine hongroise : *Marius* (en France, 1931), *la Vie privée d'Henri VIII* (1934).

Kordofan *(Kurdufān),* région centrale du Soudan; 380 547 km^2; 3 100 000 hab.; cap. *El-Obeïd.* Zone sèche : élevage itinérant, cult. du mil. – Du XIVe au XVIIIe s., il forma un royaume, qui fut rattaché au Darfour au début du XVIIe siècle et annexé par l'Égypte en 1820.

kordofanien [kɔʀdofanjɛ̃] n. m. LING Sous-famille de langues congo-kordofaniennes parlées dans le Kordofan.

koriste ou **coriste** [kɔʀist] n. (Afr. subsah.) Personne qui joue de la kora.

korité [kɔʀite] n. f. (Afr. subsah.) En Afrique occid., Aïd el-Seghir.

Kornet el-Saouda. V. Qurnat al-Sawdā.

Kornilov (Lavr Gheorghievitch) (1870 – 1918), général russe; adversaire des bolcheviks, il fut tué au combat.

Kororofa, royaume jukun, dans le haut Bénoué (auj. au Nigeria). Constitué au XIIe s., il devint vassal du Bornou au XVIIIe s.

Körös. V. Criș.

Kosciusko (mont), massif du S.-E. de l'Australie, point culminant du pays (2 228 m).

Kościuszko (Tadeusz) (1746 – 1817), général et héros national polonais. Volontaire lors de la guerre d'Indépendance américaine (1776-1783), il rentra en 1794 en Pologne, où il dirigea l'insurrection contre la Russie et la Prusse; il remporta quelques victoires, notam. à Varsovie contre les Prussiens (1794). Battu à Maciejowice, prisonnier des Russes de 1794 à 1796, il se réfugia en France à sa libération.

Košice, ville de Slovaquie; ch.-l. de la province de Slovaquie-Orientale; 220 210 hab. Complexe sidérurgique. – Cath. gothique des XIVe et XVe s.

kosipo [kozipo] n. m. Grand arbre des forêts tropicales d'Afrique (fam. méliacées) exploité pour son bois.

Kosovo (anc. *Kosovo-Metohija*), province de Serbie qui fut de 1974 à 1990 une province autonome (au sein de la Fédération yougoslave); 10 887 km^2; 1 850 000 hab. Pop. : Albanais (plus de 80 %), Serbes (13 %); cap. *Priština.* Langue off. : d'Albanais. – Les Albanais proclament la région «unité indépendante» en juil. 1990. Les Serbes suppriment l'autonomie de la prov. En 1992, les Albanais organisent clandestinement des élections et se donnèrent pour «chef de l'État» Ibrahim Rugova, apôtre de la non-violence.

Kossou (lac de), lac du centre de la Côte d'Ivoire, alimenté par le Bandama blanc et dont est issu le Bandama. Un barrage a étendu la retenue d'eau (1 700 km^2).

Kossuth (Lajos) (1802 – 1894), patriote et homme politique hongrois. Chef du mouvement révolutionnaire de 1848-1849, il fit voter par la Diète de Presbourg l'indép. politique de la Hongrie, dotée d'un régime parlementaire (14 avr. 1849). Après l'écrasement de l'insurrection par les armées autrich. et russe, il s'exila en Italie, où il mourut.

Kostov (Ivan) (né en 1949), homme politique bulgare; dirigeant de l'Union des forces démocratiques (U.F.D.), principale force d'opposition aux ex-communistes. En 1997, son parti remporte les élections et il devient Premier ministre.

Kosuth (Joseph) (né en 1945), artiste américain (art conceptuel).

kot [kɔt] n. m. (Belgique) Chambre ou petit appartement loués à un(e) étudiant(e).

koteba [koteba] n. m. (Afr. subsah.) Au Mali, au Niger, théâtre populaire bambara dont les thèmes sont empruntés aux contes et aux récits historiques.

koter [kɔte] v. intr. [**1**] (Belgique) Vivre dans un kot.

koteur, euse [kɔtœʀ, øz] n. (Belgique) Celui ou celle qui vit dans un kot.

koto [koto] n. m. Arbre des forêts tropicales d'Afrique (fam. sterculiacées), au bois blanc apprécié en menuiserie.

Kotto (la), riv. de la Rép. centrafricaine, affluent de l'Oubangui, qui prend sa source au massif des Bongo; env. 600 km.

Kouba. V. Kuba.

Koubilaï khān ou **Kūbīlāy khān** (1214-1294), empereur mongol (1260-1294), fondateur de la dynastie des Yuan. Il ajouta à l'empire de son grand-père, Gengis khān, la Chine du Sud. Marco Polo séjourna à sa cour.

Kouch. V. Koush.

koudou [kudu] n. m. Antilope d'Afrique orientale et australe à la robe rayée de blanc, dont le mâle porte des cornes spiralées. *Grand koudou. Petit koudou.*

Koudougou, v. du Burkina Faso; 105 000 hab.; ch.-l. de la prov. du Boulkiemdé. Marché agric., industr. textiles, abattoirs.

Kouilou (le), fl. du Congo (320 km) tributaire de l'Atlantique. Il traverse, par des gorges, le Mayombé. Principl affluent : le Niari.

Koulibaly, dynastie bambara qui vainquit le Mali et fonda le royaume de Ségou en 1660. Le plus célèbre souverain fut Mamari Koulibaly, dit Biton, roi de 1712 à 1755.

Koulikoro, v. de l'ouest du Mali; 22000 hab.; ch.-l. de la rég. du m. nom. Point de départ de la navigation sur le moyen Niger; terminus de la voie ferrée Dakar-Niger.

Koumassi. V. Kumasi.

Kountché (Seyni) (1931 – 1987), général et homme politique nigérien; président de la Rép. (1974-1987).

Kouo-min-tang. V. Guomindang.

Kouo Mo-jo. V. Guo Moruo.

kouprey [kupʀɛ] n. m. Le dernier grand bovidé sauvage (*Bibos sauveli*, jusqu'à 1,5 m au garrot et 900 kg, de couleur grise avec des taches blanches, découvert en 1937 (Cambodge), vivant en Asie du Sud-Est.

Koura (la), fl. de Transcaucasie, tributaire de la Caspienne; 1515 km.

Kouriles (îles), archipel du Pacifique, longue chaîne d'îles volcaniques (1200 km) du Kamtchatka à Hokkaidō, le long de la *fosse des Kouriles* (–10389 m). – Soviétiques depuis 1945, puis russes, les îles sont en partie revendiquées par les Japonais.

Kouro-shivo. V. Kuro-shio.

Kourou, v. de Guyane (France), près de l'embouchure du *Kourou*; 13962 hab. – Centre spatial européen d'où fut lancée la prem. fusée Ariane* le 24 déc. 1979. Depuis lors, les lancements se succèdent. La mise en orbite est favorisée par la proximité de l'équateur. – Au large de Kourou se situe l'île du Diable où le capitaine Dreyfus* fut incarcéré.

Kourouma (Ahmadou) (né en 1927), romancier ivoirien : *les Soleils des indépendances* (1968), qui narre la déchéance d'un prince malinké, quand l'argent l'emporte sur les traditions; *Monnè, outrages et défis* (1990), fresque historique du pays mandingue. Théâtre : *Tougnantiguy ou le Diseur de vérité* (1972)

kourtchatovium [kuʀtʃatɔvjɔm] n. m. CHIM Élément radioactif artificiel (symbole Ku) de numéro atomique Z=104, découvert en 1964 en U.R.S.S.

Koush, Kouch ou **Couch** (pays de), nom donné par les anciens Égyptiens à la partie méridionale de la Nubie, dans l'actuel Soudan central. Le royaume de (ou du) Koush avait une religion et une administration calquées sur celles de l'Égypte : le dieu Amon était vénéré. En 730 av. J.-C., le roi du Koush, Piankhi, fit une incursion en Égypte (affaiblie) et se fit reconnaître roi, fondant la XXVe dynastie (730-663 av. J.-C.). Au milieu du Ve s. av. J.-C., la cap. du Koush fut transférée de Napata à Méroé. Au IVe s. apr. J.-C., le royaume d'Axoum (éthiopien) évinça ce royaume de Méroé. V. Méroé.

Kousseri (anc. *Fort-Foureau*), v. de l'extrême nord du Cameroun, au confluent du Chari et du Logone, face à N'Djamena; ch.-l. du dép. de Logone-et-Chari. – Lieu de la bataille (22 avr. 1900) au cours de laquelle Rabah*, vaincu, et son adversaire français Lamy* furent tués.

Koutaïssi, v. de Géorgie, sur le Rion; 214000 hab. Industries. – Anc. cap. de l'Imérétie, principauté féodale de l'O. du pays; monastères médiévaux.

koutoukou [kutuku] n. m. (Afr. subsah.) En Afrique occid., alcool obtenu par distillation du vin de palme. (Sa fabrication est interdite.)

Koutouzov ou **Kutusof** (Mikhaïl Illarionovitch Golenichtchev), prince de Smolensk (1745 – 1813), maréchal russe. Défenseur de Moscou contre Napoléon, il fut vaincu à Borodino (7 sept. 1812) puis provoqua la débâcle française.

Kouzbass, rég. industr. de Sibérie occidentale, implantée sur un import. bassin houiller.

Kovno. V. Kaunas.

Koweït ou **Kuwayt** *(Dawlat al-Kuwayt)*, émirat d'Arabie, sur la côte N.-O. du golfe Persique; 17818 km^2; 700000 Koweïtiens (V. ci-après); capitale *Koweït* (agglomération urb. 360000 hab.). Nature de l'État : monarchie constitutionnelle. Langue off. : arabe. Monnaie : dinar. Relig. : islam (chiites).

Géogr. et écon. – Situé au fond du golfe Persique, le Koweït est formé de terres basses, sablonneuses et désertiques. Le taux d'urbanisation dépasse 90 %. Le pays abrite plus d'étrangers que de nationaux : 1100000 personnes (83 % de la pop. active). Après la guerre du Golfe, le Koweït avait voulu réduire cette disparité. L'économie a reposé, depuis 1946, sur l'exploitation du pétrole (env. 10 % des réserves mondiales) et du gaz qui a suscité une filière complète d'industries de transformation. Les revenus des hydrocarbures et les placements fin. à l'étranger ont permis de grands aménagements. Le revenu par hab. est l'un des plus élevés du monde. Le Koweït a entrepris sa reconstruction dès 1991, l'a achevée en 1994, a retrouvé dès 1993 sa production de pétrole, mais le chômage frappe les Koweitiens de souche.

Hist. – Établie au Koweït depuis le XVIIIe s., la dynastie Sabbah, tolérée au sein du gouvernorat ottoman de Bassora (1871), choisit en 1899 la tutelle de la G.-B. (traité déclaré illégal par le gouvernement turc), puis subit son protectorat (1914). Le contrôle britannique se renforça après le dépeçage de l'Empire ottoman (1923) : la position du Koweït sur la route maritime des Indes en faisait un enjeu stratégique capital. L'exploitation du pétrole commença dans les années 1930. Indépendant en 1961, le Koweït repoussa (1961, 1973) les prétentions territoriales de l'Irak; mais il a été solidaire de l'Irak contre l'Iran (1980-1988), par crainte que ne se propage l'intégrisme musulman. Le Koweït a été le premier pays arabe à nationaliser complètement sa production pétrolière (1975). En août 1990, l'Irak, criblé de dettes et surarmé, a envahi l'émirat; l'armée américaine a pris aussitôt position en Arabie Saoudite et la communauté internationale a décrété le blocus écon. En nov., l'ONU a autorisé le recours à la force contre l'Irak, et la guerre du Golfe* a commencé le 15 janv. 1991. Libéré (fin fév.), le pays avait subi d'importantes destructions. L'extinction du dernier des puits incendiés ne fut réalisée qu'en nov. Dès juillet 1991, l'exportation de pétrole a repris. Les élections législatives d'oct. 1992 (les femmes étant toujours exclues du vote) ont donné la majorité aux oppositions laïque et islamique, qui ont fait leur entrée au gouvernement.

koweïtien, enne [kɔwetjɛ̃, ɛn] adj. et n. Du Koweït. ▷ Subst. *Un(e) Koweïtien(ne).*

Kozhikode (anc. *Calicut*), ville et port de l'Inde (État de Kerala); 420000 hab. Tissage.

Kozloduj, v. du N.-O. de la Bulgarie (en aval. de Lom) sur le Danube, près de laquelle est implantée une centrale nucléaire.

kpélé ou **kpelle** [kpele] adj. (et n. m.) Des Kpélé. ▷ n. m. LING Langue du groupe mandé parlée par les Kpélé.

Kpélé ou **Kpelle** (anc. *Guerzé*), population du Liberia (environ 600000 personnes) et de la Guinée, ainsi que de la Côte d'Ivoire. Ils parlent une langue nigéro-congolaise du groupe mandé.

kraal [kʀɑl] n. m. **1.** Village de huttes défendu par une palissade, que construisent les Hottentots. **2.** Enclos à bétail, en Afrique du Sud et dans la rép. dém. du Congo. ▷ (Afr. subsah.) Troupeau que l'on parque dans un kraal. ▷ Fig. (Afr. subsah.) Lieu malpropre.

krach [kʀak] n. m. Chute brutale des cours des valeurs financières ou boursières.

kraft [kʀaft] n. m. Papier fort servant essentiellement à l'emballage. – (En appos.) *Papier kraft.*

Krajina, bande de territoire qui en Croatie enveloppe la partie saillante du N.-O. de la Bosnie-Herzégovine. Aux XVIIe-XVIIIe s., l'Autriche y installa de nombreux Serbes. Après de durs combats, les Serbes y proclamèrent la rép. en 1992. Les Croates reprirent la région en 1995.

Krakatoa ou **Krakatau,** île volcanique entre Java et Sumatra; éruption du volcan Perbuatan en août 1883 (40000 victimes).

Krasnodar (anc. *Iekaterinodar*), v. de Russie (Caucase); 632000 hab. Ville industr. au centre d'une riche rég. céréalière. – Fondée par Catherine II en 1792.

Krasnoïarsk, ville de Russie (Sibérie), sur l'Ienisseï; 912000 hab. District minier; industries.

Krebs (sir Hans Adolf) (1900 – 1981), biochimiste allemand naturalisé anglais. ▷ BIOCHIM *Cycle de Krebs :* ensemble de phénomènes d'oxydation (carbones transformés en CO_2, hydrogènes en H_2O) lors du métabolisme des glucides. P. Nobel 1953.

Kremikovci, v. de Bulgarie (de la rég. de Sofia). Un import. complexe sidérurgique a été implanté près des gisements de fer.

kremlin [kʀɛmlɛ̃] n. m. Partie centrale, fortifiée, des anciennes villes russes.

Kremlin (le), anc. palais impérial et citadelle de Moscou. Ses murailles (XVe s., remaniées) enferment plus. palais et églises (XVe-XIXe s.), en partic. la cath. de l'Assomption (1479), où les tsars étaient couronnés. Siège du gouvernement soviétique puis russe.

Kretschmer (Ernst) (1888 – 1964), neurologue et psychiatre allemand.

Krichnā. V. Kistnā.

kriek [kʀik] n. f. (Belgique) Variété de bière obtenue par addition de cerise à la gueuse.

krill [kʀil] n. m. ZOOL Crustacé pélagique *(Euphausia superba)* vivant en bancs, dont se nourrissent les cétacés à fanons.

Krishna ou **Krichna** *(le Noir)*, huitième incarnation de la divinité indienne Vishnu.

Kronos. V. Cronos.

Kronstadt. V. Cronstadt.

Kropotkine (Piotr Alexeïevitch, prince) (1842 – 1921), officier, géographe et révolutionnaire russe; théoricien de l'anarchisme : *la Grande Révolution 1789-1793* (1893), *l'Anarchie, sa philosophie, son idéal* (1896). Exilé en Europe de l'O., il ne retourna en Russie qu'en 1917.

krou [kRu] adj. inv. V. kru.

Kroumirie, partie de l'Atlas tellien (aux confins de l'Algérie et de la Tunisie) qui borde la Méditerranée. Le pays est habité par des pasteurs sédentaires, les Kroumirs. – Leurs incursions sur le territ. algérien fournirent un prétexte à la France pour occuper la Tunisie (1881).

kru ou **krou** [kRu] adj. inv. LING *Langues kru :* groupe de langues nigéro-congolaises parlées en Côte d'Ivoire et au Liberia (ex. : le bassa, le bété), que certains auteurs rattachent au groupe kwa.

Kru, population vivant sur les côtes du Liberia (env. 200000 personnes) et de la Côte d'Ivoire. Ils parlent des langues nigéro-congolaises qui forment le groupe kru*.

Kruger (Paul) (1825 – 1904), homme politique du Transvaal. Il participa à la création de la république, qu'il présida de 1883 à 1900, et dirigea la lutte des Boers contre les Britanniques (1899-1902). Vaincu, il s'exila en Suisse.

Krugersdorp, v. d'Afrique du Sud au N.-O. de Johannesburg, dans le Witwatersrand (Transvaal); 158540 hab. Mines d'or.

Krupp, famille d'industriels allemands d'Essen (bassin de la Ruhr). — **Alfred** (1812 – 1887) développa l'aciérie paternelle. Après la mort d'Alfred Krupp von Bohlen und Halbach (1907 – 1967), le groupe Krupp échappa à cette famille.

Krylov (Ivan Andreïevitch) (1769 – 1844), fabuliste russe, imitateur de La Fontaine. Son œuvre, encore populaire, constitue une réserve de dictons.

krypton [kRiptɔ̃] n. m. CHIM Élément (symbole Kr) de numéro atomique Z=36. – Gaz rare (Kr) de l'air. *On utilise le krypton dans certaines lampes à incandescence.*

ksar [ksaR], plur. **ksour** [ksuR] n. m. Village fortifié des régions sahariennes et sahéliennes.

Ksar el-Kébir (El-) *(al-Qasr al-Kabīr)* (en esp. *Alcazarquivir*), ville du Maroc (province de Tétouan); 73540 hab. Marché agricole. – En 1578 s'y déroula la bataille des Trois Rois, où Al-Mansur écrasa Sébastien de Portugal.

ksi [ksi] n. m. **1.** Xi*. **2.** PHYS NUCL Particule de la famille des hypérons.

Ksour (monts des), massif occidental de l'Atlas saharien (Algérie); 2236 m au djebel Aïssa.

Kuala Lumpur, cap. fédérale de la Malaisie et ch.-l. de l'État de Selangor; 919610 hab. Centre commercial et industriel.

Kuba, Bakuba, Kouba ou **Bakouba,** peuple habitant la prov. de Kasaï en rép. dém. du Congo. Ils parlent une langue bantoue (groupe kuba). Leur art consiste en des statues de bois représentant des souverains des XVIIIe et XIXe s.

Kūbīlāy khān. V. Koubilaï khān.

Kubitschek de Oliveira (Juscelino) (1902 – 1976), homme politique brésilien. Président de la République (1956-1961), il créa Brasília.

Kubrick (Stanley) (né en 1928), cinéaste américain : *les Sentiers de la gloire* (1957), *Lolita* (1962), *2001 : l'Odyssée de l'espace* (1968), *Orange mécanique* (1971), *Barry Lindon* (1975).

Ku Klux Klan, société secrète américaine fondée vers 1865 dans le S. des É.-U. pour entraver l'exercice, par les Noirs, de leurs droits nouvellement acquis. Dissoute en 1877, elle se reconstitua en 1915. Antisémite, hostile à l'intégration des Noirs et au communisme, elle fut interdite en 1928 par la Cour suprême des É.-U., mais continua ses activités, le plus souvent terroristes.

Kulturkampf (le) *(combat pour la civilisation),* lutte engagée par Bismarck contre l'influence, jugée dangereuse pour l'unité de l'Allemagne, de l'Église catholique (1873-1875).

Kum'a N'Dumbe III (Alexandre) (né en 1942), écrivain camerounais d'expression française et allemande, auteur de pièces tragi-comiques : *Kafra-Biatanga* (1973), *Cannibanalisme* (1973), *Lisa, la Putain de...* (1976).

Kumasi ou **Koumassi,** v. du Ghana, au N.-O. d'Accra, ch.-l. de la rég. d'Ashanti; 500000 hab. Centre commercial (cacao), liaison ferroviaire avec Accra et Takoradi. – Anc. capitale du royaume ashanti*, fondée en 1625; prise par les Brit. en 1896.

Kumba, v. du S.-O. du Cameroun; 60000 hab.; ch.-l. du département de Mémé.

Kun (Béla) (1886 – 1938), journaliste et homme politique hongrois. Fondateur du parti communiste hongrois, il dirigea la «république des Conseils» (mars-août 1919). Il se réfugia en U.R.S.S., où Staline l'élimina.

Kundera (Milan) (né en 1929), romancier français d'orig. tchèque : *la Plaisanterie* (1967); *l'Insoutenable Légèreté de l'être* (1987).

kung-fu [kuŋfu] n. m. Art martial chinois, voisin du karaté, pratiqué sans armes.

Kunming, v. de Chine, cap. du Yunnan; 1500000 hab. Centre industriel.

Kupka (František, dit Frank) (1871 – 1957), peintre abstrait tchèque.

kurde [kyRd] adj. et n. Du Kurdistān; des Kurdes. ▷ Subst. *Un(e) Kurde.*

Kurdes, peuple (env. 25 millions de personnes) d'Asie occid. (S.-E. de la Turquie, N. de l'Irak, O. de l'Iran et de la Syrie), d'origine indo-aryenne, dont la majorité est auj. sunnite. Ils furent soumis au XVIIe s. à la Turquie. Le traité de Sèvres* (1920), qui leur promit un État indép., ne fut pas appliqué et ils se soulevèrent de 1925 à 1928, en 1937 et en 1938. En Irak, ils constituèrent la rép. de Marhabād, qui s'effondra aussitôt (1945-1946). Puis leur rébellion redevint active à partir de 1961, sous la conduite du général Bārzānī; l'accord de 1970 ne fut qu'une trêve; celui de mars 1975 entre l'Iran et l'Irak fut fatal à l'action de Bārzānī. L'avènement, en 1979, de la République islamique d'Iran a relancé la rébellion, soutenue en Iran par les Irakiens et en Irak par les Iraniens. En Turquie, la rébellion née en 1984 a gagné en violence, malgré l'acquisition du droit de parler le kurde (1991). À la faveur de la guerre du Golfe* (1991), les Kurdes irakiens ont tenté de se libérer et ont subi une répression accrue. En Turquie, en 1995, 1996 et 1997, l'armée a attaqué les bases de la résistance kurde.

Kurdistān, région d'Asie occid. habitée par les Kurdes, sans réalité administrative, sauf en Iran où la prov. du Kurdistān (24998 km^2; 1 million d'hab.) a pour ch.-l. *Sanandadj.*

Kurdufān . V. Kordofan.

Kuria, ethnie du Kenya et de la Tanzanie (env. 500000 personnes). Ils parlent une langue bantoue.

Kurosawa (Akira) (né en 1910), cinéaste japonais. Il décrit les injustices sociales passées et présentes : *la Légende du Grand Judo* (1943), *Rashōmon* (1950), *Vivre* (1952), *les Sept Samouraïs* (1954), *Derzou Ouzala* (1974). Il a adapté avec fidélité et invention : *l'Idiot* (1951), *Macbeth* (*le Château de l'araignée,* 1957), *les Bas-Fonds* (1957), *le Roi Lear* (*Ran,* 1985).

Kuro-shio ou **Kouro-shivo** *(fleuve Noir),* courant chaud du Pacifique qui baigne les côtes S.-E. du Japon.

kuru [kuRu] n. m. MED Type d'encéphalite observé pour la première fois dans une tribu de Nouvelle-Guinée et qui a permis la découverte des virus lents.

Küssnacht am Rigi, com. de Suisse (cant. de Schwyz), au bord du lac des Quatre-Cantons; 13000 hab. – Aux env., chapelle édifiée à l'endroit où Guillaume Tell aurait maltraité Gessler.

Kutchuk-Kaïnardji (auj. *Kainarža*), local. du N.-E. de la Bulgarie où fut signé en juil. 1774 un traité entre la Russie et la Turquie, après la guerre (1768-1774) remportée par la Russie. Celle-ci obtenait notam. la plaine située entre le Bug et le Dniepr. Alliée de la Russie, l'Autriche obtenait la Bucovine. Très défavorable à la Turquie, ce traité ouvrit la question d'Orient*.

Kuti (Fela Anikulapo) (1938 – 1997), chanteur et musicien nigérian s'exprimant en pidgin anglais.

Kutter (Joseph) (1894 – 1941), peintre luxembourgeois, le plus célèbre de son pays. Son art se rattache à l'expressionnisme. Une partie du musée d'État de Luxembourg est consacrée à son œuvre.

Kutusof. V. Koutouzov.

Kuwayt. V. Koweït.

kwa [kwa] adj. inv. LING *Langues kwa :* groupe de langues de la famille nigéro-congolaise parlées le long de la côte nord du golfe de Guinée (ex. : le yorouba).

Kwakiutl(s), Amérindiens de l'O. du Canada qui occupent la partie N. de l'île de Vancouver et la côte voisine. Ils pratiquaient le potlatch. – Sculpture sur bois (mâts, proues, masques polychromes).

Kwandebele, anc. bantoustan de l'Afrique du Sud (1959-1994), dans le Transvaal; 2399 km^2; 156000 hab; cap. *Kwanhlanga.*

Kwangju, v. de la Corée du Sud; 906130 hab.; ch.-l. de prov. Industr. – Ancienne nécropole royale.

Kwango (le), riv. d'Afrique équatoriale (1026 km), affl. du Kasaï. Il constitue la frontière entre l'Angola et la rép. dém. du Congo.

Kwanza. V. Cuanza.

Kwara, État du centre-O. du Nigeria; 66869 km^2 avec l'État de Kogi, qui s'en est détaché en 1991; 1566469 hab.; cap. *Ilorin.*

kwashiorkor [kwaʃjɔʀkɔʀ] n. m. MED Maladie due à la malnutrition grave du jeune enfant, observée surtout en Afrique noire.

KwaZulu ou **Kwazulu,** région d'Afrique du Sud, correspondant approximativement à l'ancien Natal* et peuplé en majorité de Zoulous*. **Hist.** – En 1959, l'Afrique du Sud de l'apartheid constitua le bantoustan du KwaZulu («autonome» en 1970), dont étaient exclues notamment les agglomérations «blanches» : 32395 km^2 (nombr. parcelles), env. 5 millions d'hab. (en majorité zoulous). C'était un royaume dirigé par le Premier ministre (dep. 1965) M. G. Buthelezi*, chef du parti Inkatha*, qui s'est opposé à l'A.N.C. de Mandela, notamment en 1993-1994. V. KwaZulu-Natal.

KwaZulu-Natal (le), province de l'Afrique du Sud créée en 1994; 91481 km^2; 8549000 hab.; cap. *Ulundi.*

kwela [kwela] n. m. Musique et danse populaires des townships d'Afrique du Sud en vogue depuis les années 50.

Kwilu (la), rivière de l'Angola et de la rép. dém. du Congo, affl. du Kwango (r. dr.); 1046 km.

Kyoga (lac), lac de l'Ouganda alimenté par le Nil Victoria, au N. du lac Victoria, long de 129 km, situé à 1035 m d'altitude.

Kyokutei Bakin. V. Bakin.

Kyöngsong. V. Séoul.

Kyōto, v. du Japon (S. de Honshū); ch.-l. du ken du m. nom; 1481130 hab. Grand centre industr. – Université. Anc. palais des empereurs; nombr. temples. – Cap. impériale du Japon du VIIIe s. à 1868, princ. ville culturelle du pays, supplantée au XVIIe s. par Edo (Tōkyō).

kyrie [kiʀije] n. m. inv. LITURG CATHOL Invocation qui se fait au début de la messe en latin.

kyrielle [kiʀjɛl] n. f. **1.** Longue suite (de mots). *Il a débité une kyrielle d'injures.* **2.** Suite interminable.

kyste [kist] n. m. **1.** MED Formation pathologique constituée d'une poche sans communication avec l'extérieur, contenant une substance liquide ou solide, d'origine variable. *Kyste de l'ovaire. Kyste sébacé :* kyste dû à l'accumulation de matières graisseuses dans les glandes sébacées. **2.** BIOL Forme que prennent certains êtres unicellulaires en se déshydratant et en s'entourant d'une coque protectrice lorsque le milieu devient défavorable à la vie.

Kyūshū, la plus mérid. des grandes îles du Japon; 42073 km^2; 14300000 hab. Île montagneuse, volcanique, aux côtes découpées (nombr. ports), elle a une agriculture tropicale. Le développement industriel n'a pas touché toutes les régions.

L

l [ɛl] n. m. ou f. **1.** Douzième lettre (l, L) et neuvième consonne de l'alphabet, notant la dentale latérale sonore [l], simple ou redoublée (ex. *lilas, ballade* [balad], *allégorie* [al(l)egɔʀi]), se prononçant ou non en finale (ex. *subtil* [syptil], *gentil* [ʒɑ̃ti], *recul* [ʀəkyl], *cul* [ky]). *Un l mouillé**. **2.** L : chiffre romain qui vaut 50.

1. la [la] article défini ou pron. pers. fém. sing. V. le.

2. la [la] n. m. inv. Sixième note de la gamme d'*ut*. – Signe qui figure cette note. – Loc. *Donner le la :* donner le ton à un autre musicien, à un orchestre, en faisant sonner le *la.*

là [la] adv. et interj. **I. 1.** Dans un lieu différent (de celui où l'on se trouve ou dont on parle). *Ici il pleut, là il fait beau.* **2.** À tel moment précis. *C'est là qu'il a mentionné votre nom.* **3.** À tel point déterminé. *Tenez-vous-en là. En venir là.* **4.** *Être là :* être présent. *Est-ce qu'Untel était là?* **II.** Suivi d'une proposition relative. *C'est là que je vais. Là où il est.* **III.** Renforçant un nom. *C'est là votre meilleur rôle. En ce temps-là.* – Renforçant un adj. ou un pron. démonstratif. *Ce cas-là. Celui-là.* **IV.** Avec une préposition. ▷ *De là :* de cet endroit. – (Abstrait) *Il est un peu menteur, mais de là à penser qu'il est malhonnête, il y a loin.* ▷ *D'ici là :* du moment présent à tel autre (que précise la phrase). *Nous nous verrons lundi; d'ici là, téléphonez-moi.* ▷ *De-ci de-là, par-ci par-là, çà et là :* par endroits, de place en place; par moments, de temps en temps. *Çà et là :* de tous côtés. ▷ *Loin de là :* loin de tel endroit (dont on parle). – (Abstrait) Au contraire. *Je ne pense pas qu'il ait raison, loin de là.* ▷ *Par là :* par tel endroit, tel chemin (que l'on montre ou dont on parle). *Il est passé par là. Quelque part par là.* – Fig. Cela. *Qu'entendez-vous par là?* ▷ *Jusque-là :* jusqu'à cet endroit; jusqu'à ce moment. **V.** *Là-bas :* à tel endroit au loin. ▷ *Là-haut :* en tel endroit élevé. ▷ *Là-dessus, là-dessous, là-dedans : V. dessus, dessous, dedans.* **VI.** interj. (Pour apaiser, appeler au calme.) *Là, tout doux!*

Laabi (Abdellatif) (né en 1942), poète marocain, fondateur de la revue *Souffles* (1966-1971) : *l'Œil et la Nuit* (1969), *le Règne de barbarie* (1976), *Chroniques de la citadelle d'exil* (1983).

Laâyoune (anc. *El-Aaiún*), ville du Maroc, dans la rég. du Sahara occidental; env. 100000 hab.; ch.-l. de la prov. du m. nom. À proximité, phosphates de Boukraa.

là-bas [laba] adv. V. là, sens V.

Labat (Jean-Baptiste) (1663 – 1738), dominicain français, auteur du *Voyage aux îles d'Amérique* (1722), document monumental sur les Antilles.

labbe [lab] n. m. Syn. de *stercoraire* (1).

Labé, v. de Guinée, dans le Fouta-Djalon; 70000 hab.; ch.-l. de la prov. du m. nom; carrefour routier.

Labé (Louise) (v. 1524 – 1566), poétesse française de l'école de Lyon. Surnommée *la Belle Cordière* (son riche mari vendait des cordes), elle a chanté la passion amoureuse dans un *Débat de Folie et d'Amour* (prose), trois *Élégies* et vingt-quatre *Sonnets* (1555).

label [labɛl] n. m. **1.** Marque délivrée par un organisme officiel, que l'on appose sur certains articles pour attester leur qualité, leur origine ou le respect de certaines normes. **2.** INFORM Groupe de caractères qui identifie une information.

labelle [labɛl] n. m. BOT Grand pétale formant la partie antérieure de la corolle des orchidées.

labeur [labœʀ] n. m. **1.** Litt. Travail long et pénible. *Labeur ingrat.* **2.** IMPRIM Travail d'une certaine importance.

labial, ale, aux [labjal, o] adj. (et n. f.) **1.** Qui a rapport aux lèvres. *Muscle labial.* **2.** PHON *Consonne labiale* ou, n. f., *une labiale,* qui s'articule avec les lèvres (ex. [b, p, f, v]).

labialisation [labjalizasjɔ̃] n. f. PHON Transformation d'une consonne en labiale.

labialiser [labjalize] v. tr. [**1**] PHON Donner à (une lettre) la prononciation d'une labiale.

Labiche (Eugène) (1815 – 1888), auteur dramatique français; créateur du vaudeville de mouvement : *Un chapeau de paille d'Italie* (1851), *le Voyage de M. Perrichon* (1860), *la Poudre aux yeux* (1861). Acad. fr. (1880).

labié, ée [labje] adj. BOT Se dit d'une corolle gamopétale à deux lobes en forme de lèvres.

labiées [labje] ou **labiacées** [labjase] n. f. pl. BOT Famille de plantes dicotylédones, souvent aromatiques, à fleurs labiées, comprenant notam. la menthe, la sauge, le basilic. – Sing. *Le thym est une labiée.*

labile [labil] adj. Didac. Sujet à se transformer, à tomber, à disparaître. *Pétales labiles. Phonème labile.* – Fig. *Mémoire labile,* peu fiable.

Labine (Marcel) (né en 1938), poète québécois : *les Allures de ma mort* (1979), *Papiers d'épidémie* (1987).

labiodental, ale, aux [labjodɑ̃tal, o] adj. et n. f. PHON *Consonne labiodentale* ou, n. f., *une labiodentale :* consonne prononcée avec la lèvre inférieure et les dents du haut (ex. [f, v]).

labiopalatal, ale, aux [labjopalatal, o] adj. et n. f. PHON *Consonne labiopalatale* ou, n. f., *une labiopalatale,* qui s'articule avec une projection des lèvres, la langue touchant le devant du palais (ex. : [ɥ] dans huile [ɥil]).

labiovélaire [labjovelɛʀ] adj. et n. f. PHON *Consonne labiovélaire* ou, n. f., *une labiovélaire,* qui combine l'arrondissement des lèvres et le relèvement du dos de la langue vers le palais mou (ex. : [w] dans oui [wi]).

labium [labjɔm] n. m. ZOOL Partie inférieure de l'appareil buccal des insectes.

lablab [lablab] n. m. BOT Légumineuse grimpante (fam. papilionacées) des régions tropicales, cultivée pour ses graines comestibles.

labné [labne] n. m. (Proche-Orient) Fromage frais, de brebis ou de vache.

La Boétie (Étienne de) (1530 – 1563), écrivain français; conseiller au parlement de Bordeaux, ami de Montaigne, auteur de sonnets. Le *Discours de la servitude volontaire* ou *Contr'un* (posth., 1576) démontre que la servilité des peuples fait la force des tyrans.

laborantin, ine [labɔʀɑ̃tɛ̃, in] n. Assistant, aide, dans un laboratoire.

laboratoire [labɔʀatwaʀ] n. m. **1.** Local spécialement aménagé et équipé pour mener à bien des travaux (notam. de recherche) scientifiques ou techniques. *Laboratoire de physique. Laboratoire d'analyses bactériologiques. Laboratoire d'un photographe.* ▷ *Laboratoire pharmaceutique,* où l'on fabrique des médicaments. **2.** *Laboratoire de langues :* local spécialement aménagé pour enseigner les langues étrangères à l'aide de magnétophones. **3.** *Laboratoire spatial :* vaisseau spatial conçu pour la réalisation d'expériences scientifiques. **4.** Local (distinct du magasin) où travaille un boucher, un charcutier, un pâtissier. (Abrév. fam. : labo).

laborieux, euse [labɔʀjø, øz] adj. **1.** (Personnes) Qui travaille beaucoup, qui aime le travail. **2.** (Choses) Qui coûte beaucoup de travail, de fatigue, d'efforts. *Entreprise laborieuse.* – Péjor. Qui sent l'effort. *Un style laborieux.*

labour [labuʀ] n. m. **1.** Travail de labourage, façon donnée à une terre. **2.** (Plur.) Terres labourées.

labourable [labuʀabl] adj. Qui peut être labouré, cultivé. *Terre labourable.*

labourage [labuʀaʒ] n. m. Action de labourer.

La Bourdonnais (Bertrand François Mahé, comte de) (1699 – 1753), marin et administrateur français. Gouverneur des îles de France (île Maurice) et de Bourbon (la Réunion), qu'il fit prospérer, il lutta aux Indes contre les Anglais. Critiqué par Dupleix, il fut rappelé en France et emprisonné (1748).

labourer [labuʀe] v. tr. [**1**] **1.** Retourner la terre avec la charrue, la bêche, la houe, etc. *Labourer un champ.* ▷ Absol. *Il serait temps de labourer.* **2.** *Par anal.* Creuser (comme la charrue la terre). *Le passage des camions a labouré la piste.*

laboureur [labuʀœʀ] n. m. Celui qui laboure.

Labour Party. V. travailliste (Parti).

Labou Tansi (Sony). V. Sony Labou Tansi.

Labov (William) (né en 1927), linguiste américain; il développe la sociolinguistique.

Labrador, vaste presqu'île du Canada bordée par l'Atlantique et le détroit de Belle-Isle. La toundra glacée fait place vers le S. à de grandes forêts de conifères qui abritent une population clairsemée et composite. Le Labrador possède les mines de fer les plus import. du Canada (Schefferville), découvertes en 1895, et le princ. centre hydroél. (Churchill Falls). Administrativement, il est rattaché au Québec (sous le nom de *Nouveau-Québec*), à l'exception de sa partie N.-E., rattachée à la prov. de Terre-Neuve. – En 1763 (traité de Paris), la France dut céder le Labrador à l'Angleterre, en même temps que le Québec. En 1809, la partie N.-E. fut rattachée à Terre-Neuve. ▷ OCEANOGR *Courant du Labrador :* courant froid de surface de l'Atlantique Nord, engendré par les eaux peu salées de l'océan Arctique. Il longe l'île de Baffin et s'étend jusqu'aux bancs de Terre-Neuve, où il rencontre le Gulf Stream. Import. zone de pêche.

1. labre [labʀ] n. m. ENTOM Lèvre supérieure des insectes.

2. labre [labʀ] n. m. ICHTYOL Gros poisson (genres *Labrus* et *Bodianus*) des côtes rocheuses, aux lèvres épaisses et à la forte denture. Syn. cour. vieille.

labret [labʀɛ] n. m. Ornement que les femmes portent dans les lèvres, chez certaines ethnies africaines.

labridés [labʀide] n. m. pl. ICHTYOL Famille de poissons perciformes comprenant notam. les labres. – Sing. *Un labridé.*

La Brosse (Gui de) (? – 1641), médecin de Louis XIII et botaniste français. Il créa le Jardin des Plantes de Paris.

La Bruyère (Jean de) (1645 – 1696), écrivain français. En 1688, il publia les *Caractères de Théophraste traduits du grec, avec les caractères ou les mœurs de ce siècle,* dont chaque édition, jusqu'en 1696, s'enrichit de portraits; s'éloignant de Théophraste, La Bruyère moralise sur l'homme de son temps. Autres œuvres : *Discours à l'Académie française* (1693), *Dialogues sur le quiétisme* (posth., 1699). Acad. fr. (1693).

labyrinthe [labiʀɛ̃t] n. m. **1.** Réseau compliqué de salles, de chemins, où l'on s'oriente avec difficulté. *Un labyrinthe de pistes défoncées.* **2.** Fig. Ensemble compliqué, où il est difficile de se reconnaître. *Le labyrinthe de la jurisprudence.* Syn. dédale. **3.** ANAT Ensemble des cavités qui constituent l'oreille interne.

Labyrinthe, dans la myth. gr., édifice complexe construit par Dédale* dans l'île de Crète : la disposition des nombr. pièces et galeries était telle que ceux qui s'y engageaient n'en trouvaient l'issue et le Minotaure, qui y était emprisonné, les dévorait. Promis à ce sort, Thésée* en sortit grâce à Ariane*.

labyrinthodontes [labiʀɛ̃tɔdɔ̃t] n. m. pl. PALEONT Ordre d'amphibiens fossiles stégocéphales qui ont l'allure de grosses salamandres (3 à 4 m de long). (Descendant des *crossoptérygiens,* ils ont donné naissance aux amphibiens anoures et aux reptiles.) – Sing. *Un labyrinthodonte.*

lac [lak] n. m. Grande étendue d'eau à l'intérieur des terres. *Lac de cratère, de dépression.*

laçage [lasaʒ] n. m. Action de lacer; son résultat. – Manière de lacer.

La Calprenède (Gautier de Costes de) (v. 1610 – 1663), romancier français. Un personnage de *Cléopâtre* (12 vol., 1647-1658), Artaban, inspira l'expression *fier comme Artaban.*

Lacan (Jacques) (1901 – 1981), médecin et psychanalyste français. Il a renouvelé les concepts et les principes de Freud : *Écrits* (1966).

Lacédémone. V. Sparte.

Lacépède (Bernard Germain Étienne de La Ville, comte de) (1756 – 1825), naturaliste français; continuateur de Buffon.

lacer [lase] v. tr. **[12]** Fermer, serrer, assujettir au moyen d'un lacet. *Lacer ses chaussures.*

lacérer [laseʀe] v. tr. **[14]** Déchirer, mettre en pièces (des papiers, des étoffes). *Lacérer une affiche.*

lacertiens [lasɛʀtjɛ̃] ou **lacertiliens** [lasɛʀtiljɛ̃] n. m. pl. ZOOL Syn. de *sauriens.*

lacet [lasɛ] n. m. **1.** Cordon que l'on passe dans des œillets pour serrer une partie de vêtement ou une chaussure. Syn. (Acadie) amarre à soulier. **2.** (Par anal. de forme.) *Route en lacet,* en zigzag. **3.** Nœud coulant utilisé pour piéger les lièvres, les perdrix, etc. *Tendre un lacet.* **4.** Cordon plat en fil, utilisé en passementerie. **5.** MATH Dans un graphe, chemin dont l'origine et l'extrémité sont confondues.

lâchage [lɑʃaʒ] n. m. **1.** Action de lâcher (qqch). **2.** Fam. Action d'abandonner (qqn).

lâche [lɑʃ] adj. et n. **I.** adj. **1.** Qui n'est pas tendu, qui n'est pas serré. *Nœud trop lâche.* **2.** Fig. Qui manque de vigueur. *Style lâche.* **II.** adj. et n. **1.** Qui est sans courage. *Être lâche face au danger.* ▷ Subst. *Un(e) lâche.* **2.** Qui dénote la lâcheté; vil. *Lâches provocations.*

lâchement [lɑʃmɑ̃] adv. Avec lâcheté, bassesse. *Trahir lâchement qqn.*

Lachenal (Louis) (1921 – 1955), alpiniste français. Il vainquit l'Annapūrnā, en 1950, avec M. Herzog.

1. lâcher [lɑʃe] v. **[1]** **I.** v. tr. **1.** Détendre, desserrer. *Lâcher une corde tendue. Lâcher la bride à un cheval,* cesser de la tendre. – Fig. *Lâcher la bride à qqn,* lui laisser plus de liberté. **2.** (En loc.) Cesser de tenir. *Lâcher pied :* reculer; fig. céder. – *Lâcher prise :* laisser aller ce qu'on tient; fig. céder. **3.** Laisser aller, laisser échapper. *Lâcher les chiens contre qqn.* ▷ Fam. *Lâcher qqn,* l'abandonner. ▷ SPORT *Lâcher ses concurrents,* les distancer. **4.** Lancer. *Le cheval lui a lâché une ruade. Lâcher une flèche, un coup de fusil.* – Fig. *Lâcher des injures à qqn.* **II.** v. intr. Se détendre, se rompre. *La corde a lâché.*

2. lâcher [lɑʃe] n. m. Action de laisser aller. *Un lâcher de pigeons.*

lâcheté [lɑʃte] n. f. **1.** Manque de courage; poltronnerie. **2.** Action lâche. *Se rendre coupable de lâchetés répétées.*

lâcheur, euse [lɑʃœʀ, øz] n. Fam. Personne qui abandonne ses amis.

Lachine, ville du Québec, sur le Saint-Laurent, près des *rapides de Lachine;* 35 260 hab. Banlieue industr. de Montréal (constr. métallurgiques et navales).

lacinié, ée [lasinje] adj. BOT Se dit d'un organe découpé en lanières.

lacis [lasi] n. m. Entrelacement, réseau.

Laclos (Pierre Choderlos de) (1741 – 1803), officier et écrivain français. Son roman par lettres, *les Liaisons dangereuses* (1782), substitue à l'amour une violence subtile, faite de cynisme et de perversité; les deux héros en sont la marquise de Merteuil et le vicomte de Valmont. En 1783, il entreprit un traité moral : *De l'éducation des femmes.* Sous la Révolution, il fut jacobin.

La Condamine, quartier de Monaco.
► V. carte et dossier Monaco, p. 1482.

Laconie, anc. contrée de la Grèce, au S.-E. du Péloponnèse, dont Lacédémone (Sparte) était la capitale. – Auj. nome; 94 900 hab.; ch.-l. *Sparte.*

laconique [lakɔnik] adj. Qui parle peu. ▷ *Par ext.* Bref, concis. *Une réponse laconique.*

laconisme [lakɔnism] n. m. Manière de s'exprimer avec peu de mots, concision.

Lacordaire (Henri) (1802 – 1861), religieux français. Avocat, ordonné prêtre en 1827, il connut Lamennais et collabora à *l'Avenir.* Ses conférences à N.-D. de Paris (1835-1836) sont célèbres. Acad. fr. (1860).

Lacoste (René) (1904 – 1996), joueur de tennis français, surnommé le Crocodile, l'un des Quatre* Mousquetaires.

lacrymal, ale, aux [lakʀimal, o] adj. Relatif aux larmes. – ANAT *Glande lacrymale,* qui sécrète les larmes. *Canal lacrymal.*

lacrymogène [lakʀimɔʒɛn] adj. Qui provoque les larmes. – *Gaz lacrymogène,* qui provoque une irritation violente des muqueuses et fait pleurer abondamment.

lacs [la] n. m. CHASSE Nœud coulant servant à prendre du gibier. *Tendre des lacs.*

lact-, lacti-, lacto-. Élément, du latin *lac, lactis,* «lait».

lactaire [laktɛʀ] n. m. BOT Champignon basidiomycète (fam. agaricacées), dont le chapeau, généralement coloré, contient un latex (certains lactaires sont comestibles, d'autres trop âcres).

lactase [laktaz] n. f. BIOCHIM Enzyme (hydrolase) qui scinde le lactose en galactose et glucose.

lactate [laktat] n. m. CHIM Sel ou ester de l'acide lactique.

lactation [laktasjɔ̃] n. f. PHYSIOL Sécrétion et excrétion du lait par la glande mammaire, après l'accouchement, sous l'action d'une hormone hypophysaire, la prolactine, et d'un processus réflexe qu'entretient la succion du mamelon par le nouveau-né.

lacté, ée [lakte] adj. **1.** Qui a rapport au lait, qui en a la couleur. **2.** Qui contient du lait. *Farine lactée.* **3.** ASTRO *Voie lactée :* bande blanchâtre formée d'innombrables étoiles, barrant le ciel par nuit claire, trace sur la voûte céleste du plan de la Galaxie (V. ce mot).

lactescent, ente [laktɛsɑ̃, ɑ̃t] adj. **1.** Qui a l'aspect, la couleur du lait. **2.** Se dit des plantes qui contiennent un suc blanc.

lactifère [laktifɛʀ] adj. **1.** ANAT Qui porte, amène le lait. **2.** BOT Syn. de *lactescent* (sens 2).

lactique [laktik] adj. *Acide lactique :* acide-alcool que l'on trouve en grande quantité dans le lait aigre et qui résulte de la fermentation de sucres (lactose, notam.). ▷ *Ferments lactiques,* employés dans l'industrie laitière pour coaguler la caséine, notam. dans les yaourts.

lactose [laktoz] n. m. BIOCHIM Oside (sucre) constitué de galactose et de glucose, abondant dans le lait.

lactosérum [laktoseʀɔm] n. m. Syn. de *petit-lait.*

lacunaire [lakynɛʀ] ou **lacuneux, euse** [lakynø, øz] adj. **1.** Qui présente des lacunes (sens 1). ▷ Qui présente des manques ou des omissions. *Texte lacunaire.* **2.** MED Qui présente des lacunes (sens 2).

lacune [lakyn] n. f. **1.** Ce qui manque pour qu'une chose soit entière, complète. *Les lacunes d'une loi.* ▷ *Spécial.* Manque dans un texte. *Les lacunes d'un manuscrit ancien.* ▷ Manque dans le domaine intellectuel. *Ses connaissances présentent quelques lacunes.* **2.** MED En radiologie, image tumorale du tube digestif, saillante et irrégulière. – (Plur.) En neurologie, lésions caractérisées par la production de petites cavités irrégulières dans le tissu nerveux. **3.** PHYS Emplacement laissé libre par le départ d'un atome, dans un réseau cristallin. ▷ ELECTR *Lacune d'électron :* V. trou. ▷ GEOL Absence d'une couche de terrain dans une série sédimentaire.

lacustre [lakystʀ] adj. D'un lac, des lacs. *Village lacustre,* bâti sur pilotis au bord d'un lac ou sur une lagune. – GEOL *Roche, dépôt lacustre,* qui s'est formé dans un lac.

lad [lad] n. m. Garçon d'écurie chargé du soin des chevaux de course.

Ladākh, plateau très élevé de l'Inde (Cachemire), au N. de l'Himalaya, traversé par l'Indus. – Nombreux monastères bouddhiques.

là-dessus, là-dessous, là-dedans [lad(ə)sy, lad(ə)su, lad(ə)dɑ̃] Loc. adv. V. dessus, dessous, dedans.

Ladislas Ier Árpád (saint) (1040 ou 1043 – 1095), roi de Hongrie (1077-1095).

Ladislas Ier (ou **IV**) **Łokietek** (1260 – 1333), duc puis roi de Pologne (1320-1333). Il lutta contre l'ordre Teutonique et réunifia une grande partie de la Pologne.

ladite [ladit] adj. V. dit 2.

Ladoga (lac), lac de Russie, le plus grand d'Europe (18400 km^2). La Neva l'unit au golfe de Finlande.

Ladoumègue (Jules) (1906 – 1973), athlète français; recordman du monde (800 m, 1500 m et mile); disqualifié en 1932 pour professionnalisme.

ladre [lɑdʀ] adj. MED VET Se dit d'un animal dont certains tissus, notam. la langue, contiennent des larves de ténia. *Porc, bœuf ladre.*

ladrerie [lɑdʀəʀi] n. f. **1.** MED VET Maladie d'un animal ladre, transmissible à l'homme (par consommation de viande mal cuite). **2.** Vx ou litt. Avarice sordide.

Laeken, anc. com. de Belgique, annexée à Bruxelles en 1921. – Chât. (XVIIIe s.), résidence royale.

Laennec (René Théophile Hyacinthe) (1781 – 1826), médecin français. Il étudia les affections pulmonaires et hépatiques *(cirrhose de Laennec).* Il découvrit l'auscultation, inventant le stéthoscope.

Laërte, dans la mythologie grecque, roi d'Ithaque, père d'Ulysse.

Laethem-Saint-Martin (école de), ensemble de peintres flamands établis dans la ville du m. nom (prov. de Flandre-Or.) à la fin du XIXe s. Un premier groupe (V. de Saedeleer, G. Van* de Woestejine, A. Servaes et G. Minne*) eut une inspiration symboliste. Un second groupe, à partir de 1910 (E. Gevaert, C. Permeke*, A. Saverys, G. et L. Smet, J. De Sutter, Van den Berghe) fut expressionniste.

Laetoli, site de Tanzanie où furent mises au jour, en 1976, des traces de pas d'australopithèque, les plus anciennes (vers –3,5 millions d'années) traces connues d'hominidé.

La Fayette ou **Lafayette** (Marie-Madeleine Pioche de La Vergne, comtesse de) (1634 – 1693), écrivain français. *La Princesse de Clèves* (1678) est un chef-d'œuvre d'analyse psychologique. Elle a laissé d'autres romans, très brefs, et des *Mémoires de la cour de France pour les années 1688 et 1689* (posth., 1731).

La Fayette (Marie Joseph Paul Yves Roch Gilbert Motier, marquis de) (1757 – 1834), officier et homme politique français. Il s'illustra aux côtés des insurgés durant la guerre d'Indépendance américaine (1777-1779). Au début de la Révolution franç., il fut un monarchiste libéral; chef de la garde nationale, il prêta serment à la Constitution le 14 juil. 1790 (fête de la Fédération). Passé à l'ennemi après le 10 août 1792, il ne reprit sa vie publique qu'en 1814, comme député. Commandant de la garde nationale lors de la révolution de 1830, il contribua à l'avènement de Louis-Philippe, mais devint bientôt opposant (parti du Mouvement).

La Fère (Anne-Marie) (née en 1940), romancière belge d'expression française : *le Semainier* (1982).

lafête [lafɛt] n. f. (Vanuatu) Fête traditionnelle (mariage, circoncision, fête religieuse).

laffe [laf] n. m. Nom cour. d'un poisson aux épines venimeuses (genre *Scorpaenopsis*), comprenant plusieurs espèces.

La Fontaine (Jean de) (1621 – 1695), poète français. Avocat au Parlement, il ne plaide guère. Il se marie (1647) et reprend (1652) la charge paternelle de maître des Eaux et Forêts, se montrant fonctionnaire négligent, époux et père indifférent. Protégé notam. par Fouquet (1658-1661) et Mme de La Sablière (1673-1693), il publie : des poèmes de circonstance; *Contes et Nouvelles en vers* (1665-1674), récits licencieux en vers irréguliers; *les Amours de Psyché et de Cupidon* (1669), roman en prose et en vers. Dans ses *Fables* (12 livres, 1668-1694) il s'inspira d'Ésope et de Phèdre, mais renouvela le genre : la fable n'est plus la sèche démonstration d'une morale; c'est un récit à l'intrigue rapide, où le poète manifeste sa sublime maîtrise de la langue et du vers. Acad. fr. (1683).

La Fontaine (sir Louis-Hippolyte) (1807 – 1864), homme politique canadien. Premier ministre du Bas-Canada (Québec) de 1848 à 1851, il forma, avec Baldwin, le premier gouv. parlementaire du Canada.

Laforgue (Jules) (1860 – 1887), poète symboliste français; un des créateurs du vers libre : *les Complaintes* (1885). Prose : *Moralités légendaires* (1887).

Lagarde (Léonce) (1860 – 1936), administrateur français; fondateur de Djibouti en 1884.

Lagash (auj. *Tell al-Hiba,* Irak), anc. cité-État de la basse Mésopotamie, fondée au IIIe millénaire av. J.-C.

Lagerkvist (Pär) (1891 – 1974), écrivain suédois. Il traita avec angoisse le problème du mal. P. Nobel 1951.

Lagerlöf (Selma Ottiliana Lovisa) (1858 – 1940), romancière suédoise qui s'inspira des légendes de son pays : *la Saga de Gösta Berling* (1891). P. Nobel 1909.

Laghouat *(al-Agwāt),* v. d'Algérie, sur l'oued Mzi; 71610 hab.; ch.-l. de la wilaya du m. nom. Palmeraie. Constructions méca.; textile; agro-alimentaire.

Lagides, dynastie qui régna sur l'Égypte de 306 à 30 av. J.-C. Elle doit son nom au père de Ptolémée, Lagos, général d'Alexandre qui prit le titre de roi d'Égypte à la mort de ce dernier.

lagmi [lagmi] n. m. (Maghreb) Vin de palme produit par fermentation de la sève de palmier.

lagomorphes [lagɔmɔʀf] n. m. pl. ZOOL Ordre de mammifères possédant deux incisives à chaque demi-mâchoire supérieure. *Les lièvres, les lapins sont des lagomorphes.* – Sing. *Un lagomorphe.*

lagon [lagɔ̃] n. m. **1.** Étendue d'eau plus ou moins complètement isolée de la pleine mer par un récif corallien vivant. **2.** Lagune centrale d'un atoll.

lagopède [lagɔpɛd] n. m. ORNITH Oiseau galliforme (genre *Lagopus*) des régions tempérées froides de l'hémisphère Nord, appelé aussi *perdrix des neiges* ou (Québec) *perdrix blanche. La grouse est le lagopède d'Écosse.*

lagos [lagos] ou **légos** [legɔs] n. m. (Afr. subsah.) Tissu léger de coton imprimé. *Un pagne en lagos.*

Lagos, anc. cap. du Nigeria et port sur le golfe du Bénin; 1500000 hab. (env. 9 millions d'hab. pour l'aggl. urb.). – *L'État de Lagos* (3345 km^2) a pour cap. *Ikeja* (env. 10000 hab.). – Les industr. sont concentrées sur le port d'*Apapa :* montage d'automobiles; industr. méca., textiles et alim.; cimenterie; manuf. de cigarettes. Aéroport international. – Université. Musée nigérian. – Lagos est le siège de la Communauté* économique des États de l'Afrique de l'Ouest (C.É.D.É.AO.).

Lagoya (Alexandre) (né en 1929), guitariste français d'origine égyptienne.

Lagrange (Joseph Louis, comte de) (1736 – 1813), mathématicien et astronome français. Il créa la géométrie analytique et étudia le mouvement des planètes du système solaire. Il nota le premier les fonctions dérivées.

La Guma (Alex) (né en 1925), écrivain sud-africain d'expression anglaise : *Nuit d'errance* (1967); *les Résistants du Cap* (1972).

lagunage [lagynaʒ] n. m. INDUSTR Méthode d'épuration des eaux usées consistant à les recueillir et à les laisser reposer en plein air jusqu'à dégradation complète des déchets.

lagunaire [lagynɛʀ] adj. et n. D'une lagune, de la nature des lagunes. ▷ n. m. pl. *Les Lagunaires :* nom donné aux populations du littoral de la Côte d'Ivoire. – Sing. *Un(e) Lagunaire.*

lagune [lagyn] n. f. Étendue d'eau de mer, séparée du large par une flèche de sable ou un cordon littoral. *La lagune Ebrié.*

là-haut [laɔ] adv. V. là, sens V.

La Havane. V. Havane (La).

La Haye. V. Haye (La).

Lahore, v. du Pākistān; ch.-l. du Pendjab; 2 922 000 hab. Industr. traditionnelles (text., artisanat) et nouvelles. – Université. Mosquées de l'époque moghole. Jardin de l'Amour.

1. lai [lɛ] n. m. LITTER Petit poème médiéval en vers octosyllabiques. *Les lais de Marie de France* (XIIe s.).

2. lai, laie [lɛ] adj. RELIG CATHOL *Frère lai, sœur laie :* frère convers, sœur converse.

laïc, laïque ou **laïque** [laik] n. et adj. **I.** n. Chrétien qui n'est ni clerc ni religieux. *Conseil des laïcs.* **II.** adj. **1.** Qui concerne la vie civile (par oppos. à *confessionnel, religieux*). *Habit laïque.* **2.** Qui est indépendant de toute confession. *Un État laïque.*

laïcat [laika] n. m. Didac. Ensemble des laïcs.

laiche [lɛʃ] n. f. (Acadie) Ver de terre.

laïcisation [laisizasjɔ̃] n. f. Action de laïciser; son résultat.

laïciser [laisize] v. tr. [1] Rendre laïque, ôter tout caractère religieux à. *Laïciser l'enseignement.*

laïcité [laisite] n. f. **1.** Caractère laïque, non confessionnel. **2.** Principe de séparation des Églises et de l'État.

laid, laide [lɛ, lɛd] adj. et n. **1.** Qui heurte le sens esthétique, qui est désagréable à la vue. *Ce tableau est bien laid.* – n. m. Ce qui est laid. *Le beau et le laid.* ▷ *Spécial.* (Personnes) Dont l'apparence du visage ou du corps cause une impression déplaisante; physiquement disgracié. – Subst. *Fi! le laid!* **2.** Qui choque en contrevenant aux bienséances ou à la probité. *C'est une laide action qu'il a faite là.*

laidement [lɛdmɑ̃] adv. **1.** D'une manière laide. **2.** D'une manière vile, indigne.

laideron [lɛdʀɔ̃] n. m. Vx ou fam. Jeune fille ou jeune femme laide.

laideur [lɛdœʀ] n. f. Caractère de ce qui est laid (au phys. ou au moral).

1. laie [lɛ] n. f. Femelle du sanglier.

2. laie [lɛ] n. f. Chemin forestier rectiligne servant notam. à transporter les bois coupés.

lainage [lɛnaʒ] n. m. **1.** Étoffe de laine. *Commerce des lainages.* ▷ Vêtement de laine. *Mettre un lainage.* **2.** Opération qui consiste à lainer un tissu.

laine [lɛn] n. f. **1.** Poil doux, épais et frisé, qui croît sur la peau de certaines races de moutons et de quelques autres animaux (chèvres angora, lamas, chameaux, etc.), et que l'on utilise comme matière textile. *Filer la laine. Pelote de laine.* ▷ Loc. fig. *Se laisser manger la laine sur le dos :* tout supporter, ne pas savoir se défendre. **2.** Fam. Vêtement de laine. *Mettre une (petite) laine.* **3.** Fibres de différentes matières, utilisées généralement comme isolants thermiques ou phoniques. – *Laine de verre,* constituée de fils de verre filé enchevêtrés. – *Laine de laitier* ou *de roche* ou *minérale,* tirée du laitier de haut fourneau. **4.** (Québec) *Laine d'acier :* paille* de fer. *Décaper un meuble avec une laine d'acier fine.* **5.** BOT Duvet de certaines plantes. **6.** Loc. adj. (Québec) Fig. *Pure laine,* qui est de souche (par oppos. à *immigré*). *Un Américain, un Acadien, un Canadien pure laine.* – Spécial. (En parlant d'un francophone du Québec.) Qui descend en droite ligne des premiers colons venus de France. *Une Québécoise pure laine.*

lainer [lɛne] v. tr. [1] Faire ressortir le poil de (un tissu, un drap).

laineux, euse [lɛnø, øz] adj. **1.** Très fourni en laine, qui contient beaucoup de laine. *Étoffe laineuse.* **2.** Qui a l'aspect de la laine; qui est recouvert d'un duvet semblable à la laine.

lainier, ère [lɛnje, ɛʀ] adj. et n. De la laine, relatif à la laine. *Industrie lainière.* ▷ Subst. Personne qui vend de la laine ou qui travaille la laine.

Laïos ou **Laïus,** roi légendaire de Thèbes, père d'Œdipe, qui le tua.

laïque [laik] n. et adj. V. laïc.

laisse [lɛs] n. f. **1.** Lien servant à attacher, à conduire un chien, un petit animal. *Chien qui tire sur sa laisse.* ▷ Fig. *Mener, tenir qqn en laisse,* l'empêcher d'agir à sa guise. **2.** LITTER Suite de vers d'une chanson de geste, terminés par une même assonance. *Les laisses de la «Chanson de Roland».* **3.** MAR Limite atteinte par les eaux à l'étale de haute mer et à l'étale de basse mer. – Partie du rivage comprise entre ces limites. ▷ (Plur.) Débris (coquillages, algues, épaves) marquant la limite atteinte par les eaux à l'étale de haute mer.

laissé(e)-pour-compte ou **laissé(e) pour compte** [lɛsepuʀkɔ̃t] adj. et n. **1.** Se dit d'une marchandise refusée par un client parce qu'elle ne répond pas aux stipulations fixées à la commande. ▷ n. m. *Le laissé-pour-compte. Des laissés-pour-compte.* **2.** (Choses ou personnes.) Dont personne ne veut, n'a voulu. *On ne l'invitait pas à danser, elle était laissée pour compte.* ▷ Subst. *Un(e) laissé(e)-pour-compte.*

laisser [lese] v. tr. [1] **I.** *Laisser qqn ou qqch.* **1.** Ne pas prendre (ce dont on peut disposer, ce que l'on pourrait s'attribuer). *Laisser du vin dans son verre.* ▷ *C'est à prendre ou à laisser :* c'est à accepter sans condition ou à refuser. **2.** Abandonner, quitter. ▷ Se séparer de (qqn, qqch qui reste dans un lieu dont on s'éloigne). *Je l'ai laissé chez lui. Laisser ses bagages à la consigne.* – *Laisser une route sur la droite, à droite :* prendre par la gauche, en sorte que cette route soit sur la droite. ▷ Abandonner involontairement, par oubli. *J'ai laissé mon parapluie dans le train.* ▷ Perdre (une partie du corps). *Il a laissé une jambe à la guerre.* – Fig., fam. *Laisser des plumes, des poils :* subir un dommage physique ou moral; spécial., subir une perte d'argent. – *Laisser la vie :* mourir. **3.** (En parlant d'une personne qui disparaît, relativement à celles qui survivent.) *Il laisse trois enfants en bas âge.* **4.** Continuer à faire sentir ses effets, en parlant d'une cause qui a disparu. *Blessure qui laisse une profonde cicatrice. Voyage qui laisse de bons souvenirs.* ▷ (Personnes) *Ne laisser que des regrets.* **5.** Omettre de retirer, de supprimer. *Laisser des fautes dans un texte.* **II.** *Laisser (qqch, qqn)* + comp. déterminé par un adj., un attribut, une complétive : permettre à (qqn, qqch) de demeurer dans telle position, tel état. *Laisser qqn dans l'embarras. Laisser un champ en friche. Laisser qqn tranquille,* ne pas le déranger. – Loc. fam. *Laisser qqn en plan, en rade,* cesser de s'en occuper. ▷ *Absol.* Ne pas s'occuper de. *Laissez-moi. Laissez, cela ne vous regarde pas.* **III.** *Laisser (qqch, qqn) à (qqn).* **1.** Permettre à (qqn) de disposer de (qqch); ne pas enlever (qqn) à (qqn). *Laissez les places assises aux personnes âgées. Le jugement laisse les enfants à la mère.* **2.** Donner en garde, confier à. *Laissez les clés au gardien de l'immeuble.* – *Laisser des instructions.* **3.** Abandonner entre les mains de, au profit de (qqn). *Laisser un pourboire au portier.* ▷ Céder (une marchandise). *Je vous laisse le lot pour dix francs.* **4.** Transmettre à (ses héritiers, des légataires). *Laisser sa fortune à ses enfants.* **IV. 1.** *Laisser* (+ inf.) Ne pas empêcher de. *Laissez les enfants jouer.* ▷ *Laisser voir :* montrer, découvrir. *L'échappée entre les collines laisse voir la mer.* – Fig. *Laisser voir sa pensée, ses sentiments,* ne pas les dissimuler. ▷ *Laisser tomber :* lâcher. *Il a laissé tomber la pile d'assiettes qu'il portait.* – Fig., fam. Abandonner (qqch, qqn). *Nous avons laissé tomber ce projet. Alors, on laisse tomber les copains?* ▷ Absol. *Laisser faire* ou (oc. Indien) *laisser porter :* ne pas intervenir. **2.** *Laisser à* (+ inf.) *Laisser à penser :* donner matière à bien des réflexions. – (Personnes) *Je vous laisse à penser si :* c'est à vous de juger, de décider si. ▷ *Laisser à désirer :* n'être pas entièrement satisfaisant. **3.** Litt. *Ne pas laisser de* ou *que de :* ne pas cesser de, ne pas s'abstenir de. *Il ne laissait pas de boire beaucoup.* ▷ (Choses) *Cela ne laisse pas d'être embarrassant :* c'est fort embarrassant. **V.** v. pron. *Se laisser* (+ inf.) **1.** (Indiquant que le sujet subit l'action sans pouvoir s'y opposer ou sans vouloir l'empêcher.) *Vous vous êtes laissé distancer par vos concurrents. Se laisser mourir de faim. Laissez-vous faire, laissez-vous tenter.* ▷ (Sujet n. de chose.) Fam. *Un livre qui se laisse lire,* qu'on lit avec plaisir. **2.** Loc. *Se laisser aller :* ne pas faire d'effort pour surmonter les difficultés, les obstacles.

laisser-aller [leseale] n. m. inv. Abandon dans les manières, les attitudes. *Le laisser-aller du repos, du sommeil.* ▷ Péjor. Manque de rigueur, négligence. *Nous ne pouvons tolérer aucun laisser-aller.*

laissez-faire ou **laisser-faire** [le sefɛʀ] n. m. inv. Attitude consistant à ne pas intervenir, notam. dans le domaine écon. *Ce laissez-faire a conduit à une catastrophe économique.* Ant. interventionnisme.

laissez-passer [lesepase] n. m. inv. **1.** Autorisation écrite de laisser une personne entrer, sortir, circuler. *Présenter un laissez-passer au poste de garde.* **2.** DR Titre de mouvement qui permet de transporter certaines marchandises (boissons, tabacs, etc.) soumises à des droits.

lait [lɛ] n. m. **1.** Liquide opaque, blanc, plus ou moins sucré, que sécrètent les glandes mammaires de la femme et des femelles des mammifères, et dont se nourrissent les bébés, les petits. *Frères* de lait.* ▷ Ce liquide, en tant qu'il est produit par les femelles des animaux domestiques et sert à l'alimentation humaine. *Lait de vache, de chèvre, de chamelle. – Absol.* Lait de vache. *Acheter un litre de lait. – Lait concentré* ou (Belgique) *lait condensé,* dont on a diminué le volume par évaporation. – *Lait en poudre :* extrait sec de lait, se présentant sous forme de fins granulés à dissoudre dans de l'eau. ▷ (Belgique, Luxembourg) *Lait battu :* babeurre. **2.** *Par anal.* Liquide ayant l'aspect du lait. *Lait démaquillant. – Lait de chaux :* chaux éteinte délayée dans de l'eau. – *Lait de coco*.* – *Lait végétal :* latex blanc sécrété par divers végétaux.

laitage [lɛtaʒ] n. m. (Le plus souvent au plur.) *Les laitages :* le lait et les aliments tirés du lait (fromage, beurre, crème, etc.).

laitance [lɛtɑ̃s] ou **laite** [lɛt] n. f. Substance comestible constituée par le sperme des poissons.

laiterie [lɛtʀi] n. f. **1.** Lieu où l'on traite le lait, où l'on fait la crème, le beurre, le fromage. **2.** Industrie du lait et de ses dérivés.

laiteux, euse [lɛtø, øz] adj. Qui a la couleur, l'aspect du lait.

laitier, ère [lɛtje, ɛʀ] adj. et n. **I. 1.** adj. Du lait, relatif au lait. *L'industrie laitière. – Vache laitière :* vache élevée pour son lait. **2.** n. Personne qui fait commerce du lait et des produits laitiers. **II.** n. m. Silicate de calcium et d'aluminium, qui se forme dans les hauts fourneaux. *Le laitier est utilisé dans la fabrication du ciment.*

laiton [lɛtɔ̃] n. m. Alliage, ductile et malléable, de cuivre, de zinc (5 à 42 %) et parfois d'autres métaux (fer, plomb, aluminium, etc.), appelé cour. *cuivre jaune.*

laitue [lɛty] n. f. Plante herbacée (fam. composées) à larges feuilles irrégulièrement découpées et s'enveloppant les unes les autres, dont plus. variétés sont cultivées pour être consommées crues en salade, ou cuites. *Salade de laitue.* ▷ *Laitue d'eau :* plante flottante envahissante des eaux calmes des régions tropicales (fam. aracées). ▷ *Laitue de mer :* V. ulve.

laïus [lajys] n. m. Fam. Discours généralement long et sans grand intérêt.

laize [lɛz] n. f. **1.** TECH Syn. de *lé* (sens 1). **2.** MAR Bande de toile d'une voile.

Lakhdaria ou **Al-Akhdaria** *(al-Ahdariyya)* (anc. *Palestro*), v. d'Algérie (wilaya de Tizi-Ouzou); 41 400 hab. À proximité, célèbres gorges.

Laleau (Léon) (1892 – 1979), écrivain haïtien : *Musique nègre* (1931), *le Choc* (1932), roman consacré à l'occupation américaine.

Lalibela (anc. *Roha*), v. d'Éthiopie (prov. de Wollo). – Ville sainte des chrétiens d'Éthiopie, elle prit le nom de son fondateur qui y fit construire de nombr. couvents, dont il reste douze églises monolithes, taillées à flanc de falaise ou creusées dans le sol rocheux et datant surtout du XIIIe s.

Lalibela (1172 – 1225), roi d'Éthiopie de la dynastie Zagoué; canonisé par l'Église éthiopienne. Il fonda sa capitale à Roha (V. Lalibela).

-lalie, lalo-. Éléments, du gr. *lalein,* «parler».

Lalique (René) (1860 – 1945), sculpteur et verrier d'art français, représentant de l'art nouveau.

lallation [lalasjɔ̃] n. f. **1.** Syn. de *lambdacisme.* **2.** Émission par l'enfant de sons dépourvus de signification, lors de la période prélinguistique de l'acquisition du langage.

Lally (Thomas Arthur, baron de Tollendal, comte de) (1702 – 1766), officier français d'origine irlandaise. Commandant des Établissements français de l'Inde (1758), il fut vaincu par les Anglais (1761). Rappelé à Paris, il fut exécuté pour trahison. Voltaire fit réviser ce jugement (1783).

Lalo (Édouard) (1823 – 1892), compositeur français postromantique.

Lalonde (Michèle) (née en 1937), poétesse québécoise. Indépendantiste, elle renouvelle avec vigueur le lyrisme («rien ne vaut une langue à jurons») : *Speak white* (1974), *Portée disparue* (1979).

Lam (Wifredo) (1902 – 1982), peintre cubain. Il mêle surréalisme et références aux cultures africaine et latine.

1. lama [lama] n. m. Mammifère ruminant (*Lama glama,* fam. camélidés), à long cou et hautes pattes, des régions montagneuses d'Amérique du Sud, domestiqué pour sa toison laineuse et utilisé comme animal de bât.

2. lama [lama] n. m. Religieux bouddhiste du Tibet et de la Mongolie. (V. dalaï-lama.)

lamaïsme [lamaism] n. m. Didac. Forme du bouddhisme propre au Tibet et à la Mongolie.

lamantin [lamɑ̃tɛ̃] n. m. Mammifère aquatique herbivore (genre *Trichechus,* ordre des siréniens) au corps gris massif (400 kg pour 3 m de longueur), qui vit le long des côtes, dans les lagunes et les grands fleuves. *Le lamantin d'Afrique se trouve du Sénégal au Zaïre, le lamantin d'Amérique de la Floride au Brésil.*

La Marck (Guillaume de) (v. 1445 – 1485), seigneur wallon dit *le Sanglier des Ardennes.* Allié au roi de France Louis XI, il fit tuer le prince-évêque de Liège en 1482, mais les Liégeois le capturèrent et il fut décapité.

Lamarck (Jean-Baptiste Pierre de Monet, chevalier de) (1744 – 1829), naturaliste français; professeur de zoologie des invertébrés au Muséum de 1793 à sa mort : *la Flore française* (1778), *Philosophie zoologique* (1809), *Histoire naturelle des animaux sans vertèbres* (1815-1822). (V. lamarckisme.)

lamarckisme [lamaʀkism] n. m. Didac. Théorie constituée par l'ensemble des idées de Lamarck sur l'évolution des êtres vivants.

ENCYCL Le lamarckisme est à la base du transformisme*, mais il s'oppose au darwinisme*, car il considère que les divers caractères qu'une espèce acquiert au cours d'une génération, par suite des influences du milieu de vie, sont transmis à la génération suivante. Cette hypothèse est en contradiction avec les découvertes de la génétique moderne (mutations, notamment), mais le *néo-lamarckisme* demeure vivace.

Lamartine (Alphonse de) (1790 – 1869), poète romantique et homme politique français. Son enfance s'écoula à Milly (Saône-et-Loire). En 1816, il rencontra Mme Julie Charles, qui sera l'Elvire des *Méditations poétiques,* publiées en 1820 avec un succès considérable. Puis vinrent les *Harmonies poétiques et religieuses* (1830) et les poèmes *Jocelyn* (1836) et *la Chute d'un ange* (1838). *L'Histoire des Girondins* (1847) lui valut une grande popularité. Ministre des Affaires étrangères en 1848, véritable chef du gouvernement provisoire, il cautionna la répression lors des journées de juin* et échoua aux élections présidentielles du 10 déc. 1848. Ruiné, endetté, il rédigea des récits autobiographiques (*les Confidences,* 1849; *les Nouvelles Confidences,* 1851) et un *Cours familier de littérature* (1856-1869). Acad. fr. (1829).

lamba [lɑ̃ba] n. m. V. lambe.

Lambaréné, ville du Gabon sur l'Ogooué; 26257 hab.; ch.-l. de la prov. du Moyen-Ogooué. Centre médical fondé par le docteur Schweitzer*. Aux alentours, nombreux lacs; palmeraies.

lambda [lɑ̃bda] n. m. et adj. inv. **1.** n. m. Onzième lettre de l'alphabet grec (Λ, λ) équivalant à notre l. **2.** n. m. PHYS NUCL Particule de la famille des hypérons. **3.** adj. inv. Fam. Quelconque, moyen. *Le citoyen lambda.*

lambdacisme [lɑ̃bdasism] n. m. Didac. Trouble de la prononciation touchant la consonne l. Syn. lallation.

lambe [lɑ̃b] ou **lamba** [lɑ̃ba] n. m. (Madag.) Étoffe de coton ou de soie portée en drapé, pièce principale du costume traditionnel malgache. *Des lambes multicolores en soie sauvage.*

lambeau [lɑ̃bo] n. m. **1.** Morceau déchiré d'une matière souple et mince. *Lambeau d'étoffe. Mettre une affiche en lambeaux. – Des lambeaux de chair.* **2.** Fig. Fragment, débris. *Lambeau de territoire.*

Lambert (Jean Henri) (1728 – 1777), mathématicien, physicien, philosophe et érudit français qui vécut en Allemagne; il démontra l'incommensurabilité du nombre π et étudia la trigonométrie sphérique et l'optique. ▷ TECH *Système de projection Lambert :* méthode de projection utilisée en cartographie.

Lambèse. V. Tazoult.

lambi [lɑ̃bi] n. m. **1.** Gastéropode des Antilles (*Strombus gigas*), dont la coquille à ouverture évasée atteint 30 cm et dont la chair est estimée. **2.** (Haïti) Coquille de ce mollusque, utilisée comme instrument de musique.

lambin, ine [lɑ̃bɛ̃, in] n. et adj. Fam. Personne lente, indolente. *Presse-toi, lambin!* ▷ adj. *Être très lambin.*

lambiner [lɑ̃bine] v. intr. [1] Fam. Agir avec lenteur, indolence.

lamblia [lɑ̃blia] n. m. MED Protozoaire parasite de l'intestin, dit aussi *giardia.*

lambliase [lɑ̃bliaz] n. f. MED Infection intestinale due à un lamblia. Syn. giardiase.

lambourde [lɑ̃buʀd] n. f. **1.** CONSTR Pièce de bois qui supporte les lames d'un parquet. **2.** ARBOR Rameau gros et court, terminé par un bouton à fruit.

lambrequin [lɑ̃bʀəkɛ̃] n. m. Bande d'étoffe garnie de franges, de glands, etc., décorant un ciel de lit, un dais. ▷ Plaque de bois ou de tôle, découpée à jour, qui couronne un pavillon, une fenêtre, etc.

lambris [lɑ̃bʀi] n. m. Revêtement de menuiserie sur les parois intérieures d'une pièce.

lambrissage [lɑ̃bʀisaʒ] n. m. Action de lambrisser; son résultat.

lambrisser [lɑ̃bʀise] v. tr. [**1**] Revêtir de lambris. – Pp. adj. *Pièce lambrissée,* dont les murs sont revêtus de boiseries.

lame [lam] n. f. **I. 1.** Bande de matière dure, mince et allongée. *Lame de fer, d'argent. Lame de parquet, de persienne, etc. :* planche, planchette dont sont formés les parquets, les persiennes, etc. – *Lame de ressort :* bande d'acier trempé, longue et mince, employée dans les ressorts de flexion. *Ressort à lames.* ▷ ANAT Partie plate et longue d'un os. *Lame criblée de l'ethmoïde. Lame vertébrale.* ▷ BOT Chacun des feuillets disposés radialement sous le chapeau de certains champignons. Syn. lamelle. **2.** Partie tranchante d'un instrument destiné à couper, tailler, gratter ou percer. *Lame de ciseaux, de couteau, de coupe-coupe.* **II.** Masse d'eau déplacée par le vent à la surface de la mer, vague forte et bien formée. – *Lame de fond :* lame beaucoup plus grosse que les autres, qui surgit inopinément. ▷ (Guad.) (En parlant des cheveux.) *Faire des lames :* onduler.

lamé, ée [lame] adj. et n. m. Se dit d'une étoffe de laine ou de soie entremêlée de fils d'or, d'argent, de métal brillant. ▷ n. m. Cette étoffe elle-même.

La Mecque. V. Mecque (La).

lamellaire [lamɛllɛʀ] adj. Qui, par sa structure, peut se diviser en lames, en lamelles. ▷ *Cassure lamellaire,* qui présente des facettes brillantes.

lamelle [lamɛl] n. f. Petite lame, tranche très mince. ▷ BOT Syn. de *lame.* – *Champignons à lamelles :* groupe de basidiomycètes supérieurs (agarics, etc.) dont l'hyménium est porté par des lamelles disposées radialement sous le chapeau. – *Lamelle moyenne :* mince couche de matière pectique liant deux cellules contiguës.

lamellé, ée [lamɛl(l)e] adj. et n. m. Qui est constitué de lamelles. ▷ n. m. TECH *Lamellé collé :* matériau constitué de lamelles de bois collées entre elles, utilisé notam. en charpente pour les arcs de longue portée.

lamellibranches [lamɛllibʀɑ̃ʃ] n. m. pl. ZOOL Classe de mollusques aquatiques à coquille, à branchies en lamelles recouvertes de cils vibratiles et qui comprend les huîtres, les moules, les coques, etc. – Sing. *Un lamellibranche.*

lamellicornes [lamɛlikɔʀn] n. m. pl. ENTOM Groupe de coléoptères à antennes courtes terminées par un groupe de lamelles pouvant s'écarter comme un éventail (scarabées, hannetons). – Sing. *Un lamellicorne.*

La Mennais puis **Lamennais** (Félicité Robert de) (1782 – 1854), prêtre et écrivain français. D'abord ultramontain, il fonda un journal, *l'Avenir* (1830-1831), qui demandait la séparation de l'Église et de l'État. Condamné par le pape (1832), il professa ensuite un humanitarisme socialiste.

lamentable [lamɑ̃tabl] adj. **1.** Litt. Déplorable, navrant. *Une mort lamentable.* **2.** Qui excite la pitié par sa médiocrité. *Un spectacle lamentable.*

lamentation [lamɑ̃tasjɔ̃] n. f. **1.** Plainte accompagnée de gémissements et de cris, exprimant une grande douleur. **2.** Récrimination geignarde.

lamenter (se) [lamɑ̃te] v. pron. [**1**] Se plaindre, se désoler à grand bruit; gémir.

Lamentin (Le), ch.-l. de cant. de la Martinique, sur la riv. Lézarde; 30 596 hab. – Prod. pharm.; éditions; industries alim. – Aéroport.

La Mettrie (Julien Offroy de) (1709 – 1751), médecin et philosophe matérialiste français. Les thèses mécanistes de son *Histoire naturelle de l'âme* (1745), firent scandale (avant celles de *l'Homme*-machine* en 1748) et Frédéric II de Prusse l'accueillit.

lamie [lami] n. f. ZOOL Requin (genre *Lamia*), long de 3 à 4 m, commun dans l'Atlantique Nord et la mer Méditerranée.

lamifié, ée [lamifje] adj. et n. m. Syn. de *stratifié* (sens 2). ▷ n. m. *Les lamifiés, qui résistent parfaitement à l'humidité, sont employés dans les salles d'eau.*

laminage [laminaʒ] n. m. Action de laminer; son résultat.

1. laminaire [laminɛʀ] n. f. BOT Algue brune des mers froides, dont le thalle peut atteindre plusieurs mètres de long.

2. laminaire [laminɛʀ] adj. **1.** MINER Composé de lames parallèles. **2.** PHYS *Écoulement, régime laminaire,* dans lequel les diverses couches d'un fluide glissent les unes sur les autres sans se mélanger (par oppos. à *turbulent*).

Lamine bey (1882 – 1962), dernier bey de Tunis (1943-1957), descendant des Husaynides.

laminer [lamine] v. tr. [**1**] **1.** Réduire la section de (une pièce de métal) en la faisant passer au laminoir. **2.** Fig. Réduire à l'extrême. *L'augmentation des prix de revient lamine les bénéfices.*

laminoir [laminwaʀ] n. m. Machine composée de cylindres tournant en sens inverse, entre lesquels on fait passer une masse métallique pour en réduire la section, et lui donner éventuellement un profil particulier. ▷ Fig. *Passer au laminoir :* soumettre à de dures épreuves.

Lamizana (Sangoulé) (né en 1916), homme politique burkinabé. Lieutenant-colonel, il s'empara en 1966 du pouvoir, qu'il exerça comme président de la Rép., jusqu'à son renversement, en 1980.

La Motte-Fouqué (Friedrich, baron de) (1777 – 1843), auteur allemand de drames romantiques et d'un conte : *Ondine* (1811).

lampadaire [lɑ̃padɛʀ] n. m. **1.** Support vertical d'un système d'éclairage. **2.** Système d'éclairage dont le support repose par terre. *Lampadaire de rue, d'appartement.*

lampant, ante [lɑ̃pɑ̃, ɑ̃t] adj. *Pétrole lampant :* pétrole raffiné destiné à être utilisé pour l'éclairage.

lampe [lɑ̃p] n. f. **1.** Ustensile d'éclairage brûlant un combustible liquide ou gazeux. *Lampe à huile, à pétrole, à acétylène.* – *Lampe-tempête,* dont la flamme est protégée du vent par un globe de verre. – (Afr. subsah.) *Lampe Aladin :* lampe à pétrole à verre haut et étroit. **2.** Appareil d'éclairage utilisant l'électricité. *Lampe électrique, lampe de poche.* ▷ *Spécial.* Source lumineuse d'un tel appareil. *Lampe à incandescence,* dans laquelle la lumière est fournie par un filament porté à incandescence. *Lampe à luminescence* ou *à décharge,* dans laquelle la lumière est fournie par la décharge d'un courant électrique dans un gaz rare (néon, argon, etc.) ou dans les vapeurs d'un métal (sodium ou mercure). *Lampe (à) halogène :* lampe à incandescence contenant des vapeurs d'iode ou de brome qui réduisent le noircissement de l'ampoule. *Lampe à fluorescence :* lampe à vapeur de mercure dont la paroi interne est revêtue de substances fluorescentes. **3.** Appareil dont la flamme sert à fournir de la chaleur. *Lampe à alcool. Lampe à souder.* **4.** Tube électrique ou électronique, utilisé autrefois pour redresser les courants, amplifier des signaux, produire des rayonnements, etc.

Lampedusa. V. Tomasi di Lampedusa.

lampée [lɑ̃pe] n. f. Fam. Grande gorgée d'un liquide que l'on avale d'un trait.

lamper [lɑ̃pe] v. tr. [**1**] Boire d'un trait ou à grands traits. ▷ (Maurice) Fam. S'enivrer (sens 1).

lampe-torche [lɑ̃ptɔʀʃ] n. f. Lampe électrique de poche. *Des lampes-torches.*

lampeur [lɑ̃pœʀ] n. m. (Maurice) Fam. Personne qui s'adonne à la boisson.

lampion [lɑ̃pjɔ̃] n. m. Lanterne* vénitienne.

lampiste [lɑ̃pist] n. m. **1.** Personne chargée de l'entretien des appareils d'éclairage. **2.** Fig. Employé subalterne. ▷ Subordonné sur lequel ses chefs font retomber la responsabilité de leurs fautes.

lamproie [lɑ̃pʀwa] n. f. Vertébré aquatique (cyclostome*) à allure de poisson, caractérisé par un disque buccal suceur, un corps allongé et sept paires d'orifices branchiaux visibles.

lampyre [lɑ̃piʀ] n. m. ENTOM Insecte coléoptère (genre *Lampyrus*) dont la femelle est le ver luisant.

Lamu, archipel côtier du S.-E. du Kenya accueillant la v. de Lamu, la plus anc. cité-État du Kenya. Tourisme, fort, musée.

Lamy (François Joseph) (1858 – 1900), officier et explorateur français; tué à la bataille de Kousseri*.

Lanaudière, région admin. du Québec située entre les rég. admin. Laurentides, Mauricie-Bois-Francs et Montérégie; 13 458 km^2; 343 222 hab. Tourisme (ski, notam.).

Lancangjiang. V. Mékong.

Lancashire, comté (de Lancaster*) au N.-E. de l'Angleterre; 3 043 km^2; 1 365 100 hab.; ch.-l. *Preston;* v. princ. *Manchester* et *Liverpool.* L'une des plus anciennes régions industrielles de Grande-Bretagne.

Lancaster, v. et port du N.-E. de l'Angleterre, sur l'estuaire de la Lune; 125 600 hab. Université. Industries.

Lancaster (Burton Stephen Lancaster, dit Burt) (1912 – 1994), acteur américain, héros de films policiers (*les Tueurs,* 1946), de westerns (*Vera Cruz,* 1954), de drames (*Elmer Gantry,* 1960; *le Guépard,* 1964; *1900,* 1976).

Lancastre (maison de), famille anglaise issue de Jean de Gand (1340-1399), quatrième fils d'Édouard III, rivale victorieuse de la maison d'York dans la guerre des Deux-Roses (ses armes portaient une rose rouge). Elle donna trois rois à l'Angleterre : Henri IV, Henri V et Henri VI.

lance [lɑ̃s] n. f. **1.** Anc. arme offensive à longue hampe et à fer pointu. ▷ *Fer de lance :* pointe, fer d'une lance; fig. élément offensif d'un dispositif militaire, et, par ext., partie la plus combative, la plus productive d'une collectivité, d'une corporation. *Le tourisme est le fer de lance de certaines économies.* ▷ Loc. fig. *Rompre une lance* ou *des lances (avec* ou *contre qqn) :* disputer contre qqn, avoir avec lui une controverse assez vive. **2.** *Lance d'incendie* ou, absol., *lance :* appareil constitué d'un embout ajusté à un tuyau, permettant de projeter de l'eau sous pression sur un foyer d'incendie.

lancé, ée [lɑ̃se] adj. Qui a atteint une certaine notoriété. *Un artiste lancé.*

lancée [lɑ̃se] n. f. (En loc.) *Continuer sur sa lancée,* sur son élan.

lance-flammes [lɑ̃sflam] n. m. inv. Arme portative servant à projeter un jet de liquide enflammé.

lance-fusées [lɑ̃sfyze] n. m. inv. Syn. de *lance-roquettes.*

lance-grenades [lɑ̃sgʀənad] n. m. inv. Arme servant à lancer des grenades.

lancement [lɑ̃smɑ̃] n. m. **1.** Action de lancer. *Le lancement du disque.* **2.** Mise à l'eau d'un navire par glissement sur le plan incliné où il a été construit. **3.** Ensemble des opérations consistant à faire quitter le sol à un engin spatial. **4.** Mise sur le marché d'un produit; campagne publicitaire qui l'accompagne.

lance-missiles [lɑ̃smisil] n. m. inv. Engin spécialement conçu pour le tir de missiles.

lancéolé, ée [lɑ̃seɔle] adj. BOT En forme de fer de lance. *Feuille lancéolée.*

lance-pierres [lɑ̃spjɛʀ] n. m. inv. Fronde d'enfant, jouet muni de deux élastiques pour lancer des pierres. Syn. (Antilles fr.) chassepot, (Maghreb) tire-boulettes.

1. lancer [lɑ̃se] v. **[12]** **I.** v. tr. **1.** Jeter avec force loin de soi (avec la main ou au moyen d'un instrument). *Lancer une balle, des pierres, des flèches.* ▷ Fig. *Lancer un regard de colère.* **2.** Porter vivement (un coup) dans une certaine direction. *Lancer une ruade.* – Émettre avec intensité ou violence. *Lancer un cri.* **3.** Faire se porter en avant avec vivacité. *Lancer une troupe contre l'ennemi.* **4.** Faire démarrer. *Lancer un moteur.* – Fam. Amener (qqn) à parler de qqch. *Lancez-le sur ce sujet, il devient intarissable.* ▷ Déclencher. *Lancer une campagne de presse. Lancer une mode,* la mettre en faveur. **5.** Procéder au lancement de. *Lancer un navire, une fusée.* ▷ Procéder au lancement publicitaire de. *Lancer un nouveau modèle.* **II.** v. pron. Se jeter avec hardiesse, avec fougue. *Se lancer à la poursuite de qqn.* – Fig. *Se lancer dans l'aventure, dans des explications.* **III.** v. intr. **1.** MAR *Lancer dans le vent :* venir vent debout. **2.** Fam. Élancer (en parlant d'une douleur aiguë). *Ça me lance dans le dos.*

2. lancer [lɑ̃se] n. m. Action de lancer. *Lancer de grenades.* ▷ *Pêche au lancer* ou, absol., *lancer,* consistant à lancer l'appât le plus loin possible et à le ramener à l'aide d'un moulinet. ▷ SPORT Chacune des quatre épreuves athlétiques du lancement du poids, du disque, du javelot et du marteau.

lance-roquettes [lɑ̃sʀɔkɛt] n. m. inv. Tube permettant le tir de roquettes. Syn. lance-fusées.

lance-torpilles [lɑ̃stɔʀpij] n. m. inv. Appareil installé sur certains bâtiments de guerre pour le lancement de torpilles.

lancette [lɑ̃sɛt] n. f. CHIR Petit instrument formé d'une lame plate, très pointue et acérée.

lanceur, euse [lɑ̃sœʀ, øz] n. **1.** Personne qui lance (qqch). ▷ *Spécial.* SPORT Athlète spécialisé dans le lancer. *Lanceur de poids.* – Au base-ball, à la balle-molle, joueur qui lance la balle en direction du marbre près duquel se tient un frappeur de l'équipe adverse. **2.** n. m. ESP Véhicule spatial (fusée à étages ou navette spatiale) permettant d'envoyer une charge utile dans l'espace.

Lan Chang. V. Lan Xang.

lancinant, ante [lɑ̃sinɑ̃, ɑ̃t] adj. Qui lancine. *Une douleur lancinante. Un air lancinant.*

lanciner [lɑ̃sine] v. **[1]** **1.** v. intr. Faire souffrir par des élancements douloureux. *Abcès qui lancine.* **2.** v. tr. Fig. Tourmenter; obséder. *Ce remords le lancine depuis l'enfance.*

lançon [lɑ̃sɔ̃] n. m. *Lançon* ou *lançon percé-sable :* équille.

landamman [lɑ̃daman] n. m. (Suisse) Président du gouvernement cantonal dans certains cantons alémaniques.

Land Art, mouvement artistique, apparu vers 1967-1970 aux États-Unis, qui utilise les paysages et autres éléments naturels.

landau [lɑ̃do] n. m. Voiture d'enfant à caisse suspendue, munie d'une capote. Syn. (Québec) carrosse, (Belgique, Suisse) poussette. *Des landaus.*

Landau (Lev Davidovitch) (1908 – 1968), physicien soviétique. Il étudia la théorie quantique des champs et l'état superfluide de l'hélium. P. Nobel 1962.

lande [lɑ̃d] n. f. Grande étendue de terre peu fertile où ne croissent que des fougères, des ajoncs, des bruyères, etc. *Les landes de Bretagne.*

Lander (Richard Lemon) (1804 – 1834), explorateur anglais. Avec son frère **John** (1807-1839), il étudia le cours inférieur du Niger.

Landes (les), vaste région du S.-O. de la France sur l'Atlantique; 14000 km^2. Rég. plane où le sable forme une couche imperméable *(alios),* les Landes sont bordées à l'O. par un cordon de hautes dunes (100 m d'alt. au Pyla) qui entravent l'écoulement des eaux vers l'Océan (nombreux étangs côtiers). Cette zone déshéritée fut transformée, notam. au XIXe s., par la plantation de pins en la première forêt d'Europe (1 million d'ha). – Dép. : 9236 km^2; 311461 hab.; ch.-l. *Mont-de-Marsan* (31864 hab.). V. Aquitaine (Rég.).

landgrave [lɑ̃dgʀav] n. m. HIST Titre de certains princes souverains de l'anc. Allemagne. ▷ Magistrat qui rendait la justice au nom de l'empereur germanique.

landolphia [lɑ̃dɔlfja] ou **landolphie** [lɑ̃dolfi] n. f. BOT Liane d'Afrique et de Madagascar (fam. apocynacées) dont le latex donne un caoutchouc.

Landsteiner (Karl) (1868 – 1943), médecin américain d'origine autrichienne. En 1900, il découvrit chez l'homme l'existence des groupes sanguins et, en 1940, le facteur Rhésus. P. Nobel 1930.

Lang (Fritz) (1890 – 1976), cinéaste autrichien naturalisé américain. Il tourna en Allemagne ses chefs-d'œuvre expressionnistes, *le Docteur Mabuse* (1922), *les Nibelungen* (1923 et 1925), *Metropolis* (1927), *M le Maudit* (1931), et aux É.-U. : *Furie* (1936), *la Femme au portrait* (1944), *l'Ange des maudits* (1951). Il revint en Allemagne (*le Tigre du Bengale,* 1958).

langage [lɑ̃gaʒ] n. m. **1.** Faculté humaine de communiquer au moyen de signes vocaux (parole), éventuellement susceptibles d'être transcrits graphiquement (écriture); usage de cette faculté. *«Le langage est multiforme et hétéroclite; à la fois physique, physiologique et psychique, il appartient au domaine individuel et au domaine social» (F. de Saussure).* **2.** *Par ext.* Tout système de signes, socialement codifiés, qui ne fait pas appel à la parole ou à l'écriture. *Langage du regard, des sourds-muets. Langages symboliques* (langage pictural, langage des fleurs). **3.** *Par anal.* Ensemble des moyens de communication que l'on observe chez certaines espèces animales. *Le langage des abeilles, des dauphins.* **4.** Manière de s'exprimer propre à un ensemble social donné, à un individu, etc. *Langage de la rue, langage soutenu, langage technique.* **5.** Contenu de l'expression orale ou écrite. *Tenir le langage de la raison. Un langage subversif.* **6.** INFORM Série d'instructions utilisant divers signes, notam. numériques et alphabétiques. – *Langage de programmation :* code servant à rédiger les instructions d'un programme. – *Langage évolué :* langage de programmation ressemblant au langage humain. – *Langage machine :* code de lettres et de chiffres qui permet de simplifier l'écriture des instructions de commande.

langagier, ère [lɑ̃gaʒje, ɛʀ] adj. Qui a rapport au langage.

lange [lɑ̃ʒ] n. m. Étoffe dont on enveloppe les nourrissons de la taille aux pieds. – Loc. fig. *Être dans les langes,* dans son enfance, à ses débuts. *La science était encore dans les langes.*

langer [lɑ̃ʒe] v. tr. **[13]** Envelopper d'un lange.

Langerhans (Paul) (1847 – 1888), physiologiste allemand. ▷ ANAT et PHYSIOL *Îlots de Langerhans :* petits massifs cellulaires du pancréas qui sécrètent l'insuline.

Langevin (Paul) (1872 – 1946), physicien français : travaux sur la relativité.

Langlade (île), île située au S. de la Grande Miquelon et nommée aussi Petite Miquelon.

► V. carte et dossier Saint-Pierre-et-Miquelon, p. 1446.

Langmuir (Irving) (1881 – 1957), physicien et chimiste américain. Il inventa le chalumeau à plasma. Prix Nobel de chimie 1932.

langoureux, euse [lɑ̃guʀø, øz] adj. Iron. Qui marque la langueur amoureuse. *Lancer des œillades langoureuses.*

langouste [lɑ̃gust] n. f. Gros crustacé marin (genres *Palinurus* et voisins) des fonds rocheux, à carapace épineuse, aux longues antennes et aux pattes terminées par des griffes, dont la chair est très estimée.

langoustier [lɑ̃gustje] n. m. ou **langoustière** [lɑ̃gustjɛʀ] n. f. **1.** Balance (filet) pour la pêche de la langouste. **2.** n. m. Bateau spécialement équipé pour la pêche de la langouste.

langoustine [lɑ̃gustin] n. f. Petit crustacé marin des régions tempérées, long d'environ 20 cm, aux pinces longues et étroites.

langouti [lɑ̃ŋuti; lɑ̃guti] n. m. (oc. Indien) Anc. Vêtement masculin porté par les Mauriciens d'origine indienne. *Amarrer son langouti.*

Lang Son, v. du N.-E. du Viêt-nam, à la frontière de la Chine; 52 000 hab. (princ. des minorités ethniques, dont les Nungs). – En 1885, l'échec français dans la guerre contre la Chine, exploité par l'opposition parlementaire, amena la chute du ministère Jules Ferry. La ville fut en partie détruite lors des incidents frontaliers avec la Chine (1979).

langue [lɑ̃g] n. f. **I. 1.** Organe charnu et mobile situé dans la bouche. *La langue, qui joue un rôle capital dans la déglutition et dans l'articulation des sons du langage, est organe du goût, grâce aux papilles gustatives qui recouvrent sa face supérieure.* – *Tirer la langue à qqn,* le narguer en lui montrant la langue. – Fig. *Tirer la langue :* faire effort, peiner, et, *par ext.*, se trouver dans le besoin. ▷ (Animaux) Cet organe utilisé comme abats. *Langue de bœuf. Langue fumée.* **2.** (En loc.) Langue, en tant qu'organe de la parole. *Ne pas savoir tenir sa langue, avoir la langue (trop) longue :* ne pas savoir taire un secret. – *Avoir la langue bien pendue* ou (Belgique) *avoir une grande langue :* avoir la parole facile ou hardie. – *Je l'ai sur (le bout de) la langue,* en parlant d'un mot que l'on croit tout près de revenir à la mémoire. – *Se mordre la langue :* retenir à temps une parole, ou se repentir de l'avoir dite. – *Avoir avalé sa langue :* rester, contrairement à l'habitude, silencieux. – *Prendre langue avec qqn,* entrer en rapport avec lui. – *Mauvaise* (ou *méchante*) *langue, langue de serpent, de vipère :* personne portée à la médisance, à la calomnie. – (Belgique) *Grande langue :* personne bavarde. **3.** Ce qui a la forme d'une langue. *Langues de feu. Langue de terre :* portion de terre étroite et longue qui s'avance dans les eaux. **II. 1.** Ensemble de signes linguistiques et de règles de combinaison de ces signes entre eux, qui constitue l'instrument de communication d'une communauté donnée. *La langue française, créole.* – *Langues vivantes,* qui sont toujours en usage. *Langues mortes,* qui ne se parlent plus. – *Langue maternelle*.* – *Langue nationale,* d'une nation ou d'une partie d'une nation. – *Langue dominante, dominée.* – *Langue véhiculaire, vernaculaire.* – *Industries* de la langue.* **2.** Forme parlée ou écrite du langage propre à un milieu, à une profession, à un individu, etc. *Langue savante, poétique. La langue de Rabelais.* – *La langue verte :* l'argot. – *Langue de bois :* toute façon de s'exprimer construite autour de stéréotypes. **3.** Fig. Tout système de signes non linguistiques. *Langue algébrique. Langue des couleurs, des sons.*
ENCYCL La langue est un système de signification utilisé notam. à des fins de communication. (V. encycl. linguistique.) Elle recouvre également des enjeux politiques importants : elle est le symbole de l'unité nationale d'un pays, comme a pu l'illustrer la volonté des Québécois que le français devienne la langue officielle de leur province. Le *plurilinguisme* (V. encycl. bilinguisme) de certaines nations, qui est le fait d'événements historiques plus ou moins récents, peut faire obstacle à cette unité, qu'elle soit politique ou culturelle. La Belgique compte ainsi les Flamands qui, au nord, parlent néerlandais, les Wallons qui, au sud, parlent français et une petite communauté qui, à l'est, parle allemand. D'autres pays, qui ont récemment obtenu leur indépendance, doivent également gérer leur plurilinguisme par une politique d'*aménagement linguistique* adaptée aux langues coexistantes (V. sociolinguistique). Il est impossible de dénombrer avec exactitude les langues parlées dans les sociétés humaines; les linguistes qui ont tenté l'expérience évaluent le nombre des langues à environ 6000. Cet inventaire est d'autant plus délicat qu'aucun critère ne permet de considérer certains systèmes linguistiques comme des *langues* plutôt que des *dialectes* ou des *patois*. Généralement, on entend par *langue* une langue nationale; ainsi, le danois et le suédois sont deux langues et non deux dialectes d'une même langue. Dans d'autres cas, le statut de langue est conféré lorsqu'il y a écriture : le breton peut être considéré comme une langue de par sa tradition écrite et littéraire. Il existe plusieurs façons de classer les langues du monde, et chaque classification est matière à controverse. La *classification typologique* des langues consiste à les regrouper selon leur analogie de structure grammaticale; la *classification génétique* regroupe les langues en fonction de leur origine commune; la *classification géographique* les regroupe selon leur proximité. La classification génétique ordonne les langues en *familles,* qui se divisent elles-mêmes en *groupes* (ou *sous-familles*). Parmi les principales familles de langues, on compte : la famille indo-européenne (groupes roman, slave, germanique, celtique, balte, iranien, indien), dont l'albanais, l'arménien et le grec qui constituent des groupes à eux seuls; la famille afro-asiatique ou chamito-sémitique (groupes sémitique, égyptien, berbère, couchitique, tchadique); la famille altaïque ou turco-mongole (groupes turc, mongol, toungouse); la famille ouralienne (groupes finno-ougrien, samoyède); la famille sino-tibétaine (groupes chinois, tibéto-birman); la famille dite austroasiatique (groupes thaï, môn-khmer) au sein de laquelle le miao-yao, le vietnamien et le mundā constitueraient des groupes à eux-seuls; la famille austronésienne ou malayo-polynésienne; la famille nigéro-kordofanienne ou congo-kordofanienne (groupes nigéro-congolais, kordofanien); la famille nilo-saharienne (groupes songhay-zarma, saharien, chari-nilotique, maban), dont le fur et le koman qui constituent des groupes à eux seuls; la famille khoisan; la famille caucasienne; la famille dravidienne; la famille algonquine; la famille iroquoise; la famille sioux; la famille maya; le japonais et le coréen qui constituent des entités autonomes avec, selon certains linguistes, le mundā (V. ces mots).

Languedoc, région historique du sud de la France (où se parlait la langue d'oc). – *Canal du Languedoc :* V. Midi (canal du).
Hist. – Conquise par les Romains dès le IIe s. av. J.-C., la Narbonnaise, région très prospère, passe sous la domination des Wisigoths (Ve s.) et se morcelle. L'actuel Languedoc devient la Septimanie et les Francs la conquièrent. Au XIIe s., il connaît un bel essor sous les comtes de Toulouse (XIIe s.). La croisade des albigeois (1209-1229) ruine le Languedoc, rattaché à la Couronne en 1271. La révolte des protestants camisards (1702-1705) suit la révocation de l'édit de Nantes (1685). Au XIXe s., la monoculture de la vigne s'impose. V. Roussillon et Languedoc-Roussillon.

Languedoc-Roussillon, Région admin. française et rég. de la C.E., formée des dép. de l'Aude, du Gard, de l'Hérault, de la Lozère (Languedoc) et des Pyrénées-Orientales (Roussillon); 27 559 km^2; 2 151 346 hab.; cap. *Montpellier*.*
Géogr. et écon. – Adossé au Massif central et aux Pyrénées, le relief s'ordonne en gradins à partir de la Méditerranée. La plaine côtière, en partie marécageuse, concentre auj. l'essentiel des hommes et des aménagements. En arrière, collines et plateaux calcaires couverts de garrigue sont aérés de bassins et de vallées qui ont fixé l'occupation humaine. À partir des années 70, l'irrigation de 10 % des terres agricoles a substitué à la vigne fruits, légumes et fourrages; la prod. de vin de qualité s'est multipliée par trois; le tourisme balnéaire s'est développé; des activités de pointe se sont implantées, notam. à Montpellier, l'une des villes les plus dynamiques de France.

languette [lɑ̃gɛt] n. f. **1.** Ce qui a la forme d'une petite langue. *Languette de cuir, d'une chaussure.* **2.** TECH Partie mâle d'un assemblage destinée à s'encastrer dans une rainure. **3.** MUS Anche libre, dans certains instruments à vent.

langueur [lɑ̃gœʀ] n. f. **1.** Apathie paralysant toute énergie; dépression. *La langueur due à une vie de misère.* **2.** Disposition d'esprit tendre et rêveuse. *Une langueur voluptueuse.*

languir [lɑ̃giʀ] v. intr. [3] **1.** Endurer (physiquement ou moralement) l'état d'affaiblissement, d'abattement, que peuvent causer la peine, le besoin, l'attente. *Languir dans l'incertitude. Languir d'ennui. Languir d'amour pour qqn.* **2.** Attendre avec impatience; soupirer (après qqch). *«Ne me fais plus languir, dis promptement»* (Corneille). ▷ Fam. *Je languis de vous revoir. Je languis que ce jour finisse.* **3.** (Choses) Perdre sa force, sa vivacité; péricliter. *La conversation, l'affaire languit.*

languissant, ante [lɑ̃gisɑ̃, ɑ̃t] adj. Qui manque de force, de vivacité; qui périclite. *Économie languissante.*

langur [lɑ̃gyʀ] n. m. Syn. de *entelle.*

lanice [lanis] adj. TECH Qui vient de la laine. *Bourre lanice.*

lanière [lanjɛʀ] n. f. Bande longue et étroite de cuir ou d'une autre matière.

lanifère [lanifɛʀ] adj. Qui porte ou produit de la laine ou une autre matière d'aspect laineux ou cotonneux. *Le mouton est un animal lanifère.*

lanigère [laniʒɛʀ] adj. ZOOL, BOT Qui est couvert de laine ou d'une substance laineuse.

lanoline [lanɔlin] n. f. Corps gras onctueux et jaunâtre, extrait du suint des laines, utilisé en pharmacie et en parfumerie.

La Nouvelle-Orléans. V. Nouvelle-Orléans (La).

lantanier [lɑ̃tanje] n. m. Arbuste à fleurs colorées des régions chaudes (fam. verbénacées), parfois cultivé.

lanterne [lɑ̃tɛʀn] n. f. **I. 1.** Appareil d'éclairage, boîte aux parois transparentes ou translucides dans laquelle on enferme une lumière pour l'abriter de la pluie et du vent. *Lanterne sourde,* munie de volets qui permettent de masquer la source de lumière. – *Lanterne vénitienne :* lanterne de papier coloré, utilisée pour les illuminations. Syn. lampion. ▷ *Lanterne rouge,* qui signale l'arrière d'un véhicule, ou l'extrémité de son chargement. – Fig., fam. *La lanterne rouge :* celui qui est classé le dernier. ▷ Loc. fig. *Prendre des vessies pour des lanternes :* commettre des bévues grossières; s'en laisser conter. **2.** *Lanterne magique :* instrument d'optique projetant sur un écran l'image agrandie de figures peintes sur verre ou de clichés photographiques. **II. 1.** ARCHI Petit dôme vitré placé au sommet d'un édifice pour donner du jour à l'intérieur. **2.** TECH Cylindre d'engrenage à barreaux parallèles entre lesquels s'engrènent les dents d'une roue. **3.** ZOOL *Lanterne d'Aristote :* appareil masticateur des oursins, dont la forme rappelle une lanterne.

lanternéger [lɑ̃tɛʀneʒe] v. intr. [**13**] (France rég.) Hésiter à prendre une décision. *Décide-toi au lieu de lanternéger pendant des heures.*

lanterner [lɑ̃tɛʀne] v. intr. [**1**] Perdre son temps à des riens, atermoyer par irrésolution.

lanthane [lɑ̃tan] n. m. CHIM Élément métallique (symbole La) de numéro atomique Z=57. – Métal (La) du groupe des terres rares. ► tabl. **éléments.**

lanthanides [lɑ̃tanid] n. m. pl. Nom générique des éléments dont le numéro atomique est compris entre 57 et 71. *Les lanthanides font partie des terres rares.*

Lan Xang ou **Lan Chang** (« Million d'éléphants »), nom traditionnel du royaume du Laos fondé en 1353 par le prince Fa Ngum. Ce premier État laotien, plus étendu que le pays actuel, avait pour capitale Xien Tong (la future Luang Prabang). Au début du XVIIIe s., le Lan Xang éclata en trois royaumes rivaux : Champassak, Luang Prabang et Vientiane.

lao [laɔ] n. m. LING Langue du groupe thaï parlée au Laos et dans l'est de la Thaïlande. *Le lao est la langue officielle du Laos.* Syn. laotien. (V. Asie, encycl. langue.)

Lao(s), population majoritaire du Laos, établie également dans le N.-E. de la Thaïlande. Ils parlent le lao.

laobé [laobe] n. (Afr. subsah.) Au Mali et au Sénégal, membre de la caste des bûcherons et artisans du bois.

Laocoon, héros troyen, fils de Priam et d'Hécube, prêtre d'Apollon à Troie. Puni par Apollon, il périt étouffé avec ses fils par des serpents. Un groupe sculpté (v. 50 av. J.-C., musée du Vatican) évoque cet épisode.

Laos (République démocratique populaire lao), État de l'Asie du Sud-Est.
► V. carte et dossier, p. 1459.

Lao She (Shu Qingchun, dit) (1899 – 1966), écrivain chinois : *la Cité des chats* (1932); *le Pousse-pousse* (1936).

laotien, enne [laɔsjɛ̃, ɛn] adj. et n. **1.** adj. Du Laos. *Une coutume laotienne.* ▷ Subst. *Un(e) Laotien(ne).* **2.** n. m. LING *Le laotien :* syn. de *lao.*

Lao-tseu ou **Laozi,** philosophe chinois (VIe s. av. J.-C. [?]). Ses biographies sont en grande partie légendaires. Sa doctrine, le *taoïsme,* dont l'influence fut parallèle à celle de Confucius, est condensée dans un ouvrage en 5000 caractères, le *Tao-tö* king* (en pinyin *Daodejing*). Il l'aurait rédigé au cours du long voyage vers l'ouest qui marque le dernier épisode connu de sa vie.

La Palice ou **La Palisse** (Jacques II de Chabannes, seigneur de) (v. 1470 – 1525), maréchal de France (1515), tué à Pavie. D'une complainte sur sa mort, déformée plus tard *(Un quart d'heure avant sa mort, / il était encore en vie),* est née l'expression « une vérité de La Palisse ».

lapalissade [lapalisad] n. f. Vérité évidente (V. La Palice).

laparotomie [lapaʀɔtɔmi] n. f. CHIR Incision chirurgicale de la paroi abdominale et du péritoine.

laper [lape] v. tr. [**1**] (Animaux) Boire en tirant le liquide à coups de langue. *Laper du lait.*

lapereau [lapʀo] n. m. Jeune lapin.

La Pérouse (Jean François de Galaup, comte de) (1741 – 1788), navigateur français. Chargé d'explorer la côte N.-O. du Canada et de l'Alaska (1785), il fit naufrage sur la route du retour au large de l'île de Vanikoro, dont les hab. le tuèrent (probablement).

lapette [lapɛt] n. f. (Belgique) Fam. Breuvage trop dilué, lavasse. – Café excessivement léger.

1. lapidaire [lapidɛʀ] n. m. **1.** Personne qui taille ou qui vend des pierres précieuses. **2.** TECH Meule servant au dressage ou au polissage des pierres précieuses et des pièces métalliques.

2. lapidaire [lapidɛʀ] adj. **1.** *Musée lapidaire,* où l'on conserve des pierres gravées ou sculptées. **2.** Propre aux inscriptions sur pierre. ▷ Fig. Dont la concision rappelle le style de ces inscriptions. *Formule lapidaire.*

lapidation [lapidasjɔ̃] n. f. Action de lapider; supplice d'une personne qu'on lapide.

lapider [lapide] v. tr. [**1**] **1.** Tuer à coups de pierres. **2.** Poursuivre, attaquer à coups de pierres.

lapidifier [lapidifje] v. tr. [**2**] GEOL Donner la consistance de la pierre à; transformer en roche.

lapin, ine [lapɛ̃, in] n. **1.** Petit mammifère herbivore lagomorphe (fam. léporidés), élevé pour sa chair, à la fourrure douce, aux longues oreilles. ▷ *Lapin de garenne :* lapin sauvage. ▷ (Afr. subsah.) Nom impr. donné au lièvre d'Afrique. **2.** Chair du lapin. *Servir du lapin.* **3.** Fourrure du lapin domestique. *Veste de lapin.* **4.** Loc. fig. *Courir comme un lapin,* très vite. – *Le coup du lapin,* violemment porté sur la nuque du tranchant de la main et qui brise les vertèbres cervicales de l'animal; *par ext.,* coup violent, parfois mortel, porté sur la nuque de l'homme. – Loc. fig., fam. *Un chaud lapin :* un homme sexuellement ardent. – *Poser un lapin à qqn,* ne pas venir à son rendez-vous. – *Mon (petit) lapin,* terme d'affection.

lapiner [lapine] v. intr. [**1**] En parlant de la lapine, mettre bas.

lapis [lapis] ou **lapis-lazuli** [lapislazyli] n. m. inv. Pierre d'un beau bleu, recherchée en joaillerie. Syn. lazurite.

Lapithes, dans la myth. gr., peuple de la Thessalie, célèbre par son victorieux combat contre les Centaures.

Laplace (Pierre Simon, marquis de) (1749 – 1827), mathématicien, physicien et astronome français. Son *Traité de mécanique céleste* (5 vol., 1798-1825) développe les théories de Newton. Il donna une *Théorie analytique des probabilités* (1812). Son *Exposition du système du monde* (1796) suppose que le système solaire provient d'une nébuleuse primitive. Acad. fr. (1816). ▷ MATH *Loi de Laplace-Gauss :* V. Gauss.

Lapointe (Paul-Marie) (né en 1929), poète québécois. Il prône la « révolte contre les lieux communs » : *le Vierge incendié* (1948), *Arbres* (1960), *le Réel absolu* (1971), *écRitu-rEs* (1977-1980).

Laponie, région la plus septent. d'Europe, dans l'Arctique. Habitée par les Lapons, elle est partagée entre la Norvège, la Suède, la Finlande et la Russie. L'O., montagneux, est couvert de glace; l'E. est une surface d'érosion au sol marécageux.

laps [laps] n. m. *Laps de temps :* espace de temps.

lapsus [lapsys] n. m. Erreur que l'on commet en parlant *(lapsus linguæ)* ou en écrivant *(lapsus calami). Pour Freud, les lapsus sont des actes manqués.* (V. manqué, sens 4.)

laptot [lapto] n. m. (Afr. subsah.) HIST Débardeur ou manœuvre des ports d'Afrique occidentale.

laquage [lakaʒ] n. m. Opération qui consiste à recouvrir de laque un objet.

laquais [lakɛ] n. m. Anc. Valet revêtu de la livrée. ▷ Fig. Homme servile.

laque [lak] n. **I.** n. f. **1.** Sève résineuse rouge foncé de divers arbres d'Asie. Syn. gomme laque. **2.** Vernis coloré naturel, obtenu à partir de cette sève. **3.** Peinture qui a un aspect brillant et dur. **4.** Art de peindre avec la laque (sens 2). **5.** Substance que l'on vaporise sur les cheveux pour les fixer. **II.** n. m. Objet d'art peint avec la laque (sens I, 2). *De beaux laques d'Extrême-Orient.*
ENCYCL La laque est une technique picturale qui requiert l'utilisation d'une substance, la laque, composée de résine naturelle et de colorants généralement noirs, rouges ou acajou. Elle s'applique sur des objets traditionnellement en bois de teck et préalablement polis. L'application de chaque couche de laque s'effectue après durcissement et ponçage de la précédente. Le nombre de couches est variable mais ne peut être inférieur à onze. On peut ajouter des motifs en relief ou peints, ou des incrustations en nacre, en argent ou en or. Vraisemblablement originaire de Chine, à l'époque des Han, l'art de la laque atteint son apogée au Japon du XIIe au XIVe s., en Chine du XIVe au XVIIe s., et prend son essor au Viêt-nam au milieu du XVe s.

laqué, ée [lake] adj. **1.** Recouvert de laque ou de peinture brillante. *Un lit d'enfant laqué rose.* **2.** MED *Sang laqué :* sang ayant subi l'hémolyse. **3.** CUIS Se dit d'une viande ou d'une volaille enduite d'une sauce aigre-douce pendant la cuisson. *Porc, canard laqué.*

laquelle [lakɛl] pron. relat. et interrog. V. lequel.

laquer [lake] v. tr. [**1**] **1.** Recouvrir de laque ou de peinture brillante. **2.** CUIS Enduire une viande ou une volaille d'une sauce aigre-douce pendant la cuisson.

laqueur, euse [lakœʀ, øz] n. Personne spécialisée dans l'application de la laque (laques d'Extrême-Orient) ou de vernis décoratifs.

laquier [lakje] n. m. (Viêt-nam) Nom cour. d'une variété de sumac*, également appelé *arbre à laque*.

Larache (en ar. *Al-'Arā'ich*), v. et port du Maroc, sur l'Atlantique, à l'embouchure du Loukkos; 70000 hab. Ch.-l. de la prov. du m. nom. Pêche; industries alim. Site archéologique de Lixus à 5 km.

Larbaud (Valery) (1881 – 1957), écrivain français : *Fermina Marquez* (1911), roman; *A.O. Barnabooth*, ensemble autobiographique (1908-1913); *Ce vice impuni, la lecture* (1936), essai critique.

larbiche ou **larbish** [laʀbiʃ] n. m. MED Larve de l'ankylostome du chien, qui se loge sous la peau de l'homme, provoquant un prurit douloureux.

larbin [laʀbɛ̃] n. m. Fam., péjor. Domestique de sexe masculin. ▷ Fig. Homme servile.

larcin [laʀsɛ̃] n. m. Petit vol commis sans violence.

lard [laʀ] n. m. **1.** Couche épaisse de tissu conjonctif chargé de graisse, qui est située sous la peau des mammifères à poil rare (porc, cétacés). *Le lard de baleine.* ▷ *Spécial.* Lard du porc, utilisé pour la cuisine. *Lard salé, fumé.* **2.** Loc. fam. *Un homme gras à lard, un gros lard :* un homme gras et lourdaud. ▷ Fam. *Tête de lard :* personne entêtée et bourrue.

larder [laʀde] v. tr. [1] **1.** *Larder de la viande,* y piquer de petits morceaux de lard. **2.** Par anal. *Larder qqn de coups d'épée, de couteau,* lui porter de nombreux coups d'épée, de couteau. **3.** CONSTR *Larder une pièce de bois,* y planter des clous pour maintenir le plâtre dont on la recouvre.

Larderello, localité d'Italie (prov. de Pise); vapeurs (120 °C env.) émises par le sol et utilisées par des centrales géothermiques.

lardon [laʀdɔ̃] n. m. **1.** Petit morceau de lard avec lequel on larde la viande ou dont on accommode certains mets. **2.** Fig., fam. Petit enfant.

largage [laʀgaʒ] n. m. Action de larguer. *Largage de bombes.*

large [laʀʒ] adj., n. m. et adv. **I.** adj. **1.** Dont la largeur est grande. *Couloir large.* Ant. étroit. **2.** Ample. *Ce short est trop large.* **3.** *Large de :* qui a une largeur de. *Route large de dix mètres.* **4.** Fig. Étendu, vaste, grand. *De larges possibilités. Avoir des vues larges.* Ant. restreint, borné. **5.** Fig. Généreux. *Le patron n'est pas large.* ▷ *Une existence large,* dans laquelle on ne manque pas d'argent. **6.** Fig. Qui comprend autrui, qui est tolérant. *Un esprit large.* – Par ext. *Avoir les idées larges.* **II.** n. m. **1.** Largeur. *Cette table a 90 cm de large.* ▷ *En long et en large :* dans tous les sens, et, fig., fam., complètement et en détail. **2.** *Le large :* la haute mer. ▷ *Prendre le large :* s'éloigner du rivage, et, fig., fam., s'en aller. ▷ *Au large de :* en mer, en face de tel point de la côte. *Les îles du Cap-Vert se trouvent au large de Dakar.* **3.** Loc. adv. *Au large :* spacieusement. *Être logé au large.* ▷ Fig. *Être au large :* avoir suffisamment de ressources. **III.** adv. **1.** Sans serrer. *Ces mocassins chaussent large.* **2.** Avec une grande ampleur de vues. *Voir large.* **3.** Fig., fam. *Il n'en mène pas large :* il est dans l'inquiétude.

largement [laʀʒəmɑ̃] adv. **1.** D'une manière large. **2.** (Devant une indication de quantité.) Au moins. *Cette valise pèse largement dix kilos.*

largesse [laʀʒɛs] n. f. Libéralité, générosité. – (Plur.) Dons généreux. *Combler qqn de largesses.*

largeur [laʀʒœʀ] n. f. **1.** Une des dimensions d'une surface, d'un volume (par oppos. à *longueur, hauteur, profondeur, épaisseur*). *Largeur d'une table.* **2.** Fig. Qualité de ce qui n'est pas borné, mesquin. *Largeur d'esprit. Largeur de vues.*

largo, plur. **largo** ou **largos** [laʀgo] adv. et n. m. MUS Avec un mouvement très lent et majestueux. ▷ n. m. Morceau joué dans ce mouvement.

largue [laʀg] n. m. MAR Allure de route d'un bateau qui reçoit le vent d'une direction comprise entre l'arrière et le travers.

larguer [laʀge] v. tr. [1] **1.** MAR Lâcher; désamarrer et laisser aller. *Larguer une amarre, une écoute.* **2.** AVIAT Lâcher en cours de vol. *Larguer des bombes, des parachutistes.* **3.** Fam. Mettre à la porte, congédier. *Elle a largué son petit ami.*

lariformes [laʀifɔʀm] n. m. pl. ORNITH Ordre d'oiseaux marins à longues ailes, comprenant les mouettes, les goélands, les sternes, etc. – Sing. *Un lariforme.*

Larionov (Mikhaïl Fiodorovitch, dit Michel) (1881 – 1964), peintre russe naturalisé français; créateur avec sa femme, N. Gontcharova, du «rayonnisme», non figuratif.

Lárissa, ville de Grèce (Thessalie), ch.-l. du nome du m. nom; 102050 hab. Industr. – Archevêché. Musée archéologique. Ruines antiques.

Lāristān (le), région montagneuse de l'Iran, en bordure du détroit d'Ormuz. Riche région agricole.

larme [laʀm] n. f. **1.** Goutte du liquide sécrété par les glandes lacrymales. *Les larmes humidifient et protègent la cornée.* – Loc. *Fondre en larmes :* se mettre à pleurer. *Pleurer à chaudes larmes :* pleurer beaucoup. *Rire aux larmes,* beaucoup, très fort. ▷ *Avoir des larmes dans la voix :* parler d'une voix altérée par l'émotion. ▷ Fig., fam. *Pleurer des larmes de crocodile,* des larmes hypocrites. **2.** Fam. Très petite quantité (de boisson). *Versez-moi une larme de vin.*

larmier [laʀmje] n. m. **1.** ARCHI Moulure, élément en saillie qui collecte les gouttes de ruissellement. **2.** ANAT Angle interne de l'œil. **3.** ZOOL Appareil sécréteur propre aux cervidés, situé dans l'angle interne de l'œil.

larmoiement [laʀmwamɑ̃] n. m. Fait de larmoyer.

larmoyant, ante [laʀmwajɑ̃, ɑ̃t] adj. **1.** Qui larmoie. *Yeux larmoyants.* **2.** Propre à faire verser des larmes, à attendrir. *Une comédie larmoyante.*

larmoyer [laʀmwaje] v. intr. [23] **1.** *Yeux qui larmoient,* qui sont sans cesse humectés de larmes. **2.** Péjor. Pleurnicher.

La Rochefoucauld (François, duc de) (1613 – 1680), écrivain français. Il complota contre Richelieu, puis soutint la Fronde des princes (1648). Blessé au visage (1652), il se rallia au roi (1653). Retiré sur ses terres, il rédigea ses *Mémoires* (1662). En 1664, il publia anonymement, à La Haye, ses *Réflexions ou Sentences et Maximes morales* et les réédita sous son nom; ces *Maximes* expriment un pessimisme sévère.

Larousse (Pierre) (1817 – 1875), lexicographe, encyclopédiste et éditeur français; auteur du *Grand Dictionnaire universel du XIX*[e] *siècle* (14 vol., 1866-1876). En 1852, il fonda la Librairie Larousse avec Augustin Boyer.

larron [laʀɔ̃] n. m. Vx Brigand, voleur. ▷ *Le bon larron et le mauvais larron :* les deux malfaiteurs qui, selon l'Évangile, furent crucifiés en même temps que le Christ. ▷ Loc. prov. Mod. *Ils s'entendent comme larrons en foire :* ils sont d'accord entre eux au détriment d'autrui. – Prov. *L'occasion fait le larron.* ▷ *Le troisième larron,* celui qui profite du désaccord de deux autres personnes (*les Voleurs et l'Âne* de La Fontaine).

larsen [laʀsɛn] n. m. ELECTROACOUST *Larsen* ou *effet Larsen :* phénomène se traduisant par un sifflement intense qui se produit lorsque le microphone dans lequel on parle et le haut-parleur d'un même ensemble électroacoustique sont rapprochés.

Larsen (Søren Absalon) (1871 – 1957), électroacousticien danois.

larvaire [laʀvɛʀ] adj. **1.** D'une larve, de la larve. *La phase larvaire de la vie d'un insecte.* **2.** Fig. Embryonnaire.

larve [laʀv] n. f. **1.** Forme que prennent certains animaux entre l'état embryonnaire et l'état adulte. **2.** Fig., péjor. Individu insignifiant et méprisable.

larvé, ée [laʀve] adj. Qui ne se déclare pas franchement; insidieux. *Une guerre civile larvée.*

laryngal, ale, aux [laʀɛ̃gal, o] adj. et n. f. PHON Dont le point d'articulation est situé au niveau du larynx. *Une consonne laryngale* ou, n. f., *une laryngale.*

laryngé, ée [laʀɛ̃ʒe] adj. MED Qui concerne le larynx. *Dyspnée laryngée.*

laryngectomie [laʀɛ̃ʒɛktɔmi] n. f. CHIR Ablation chirurgicale partielle ou totale du larynx.

laryngien, enne [laʀɛ̃ʒjɛ̃, ɛn] adj. ANAT, MED Du larynx. *Région laryngienne.*

laryngite [laʀɛ̃ʒit] n. f. MED Inflammation aiguë ou chronique du larynx, aux causes variées (inflammatoire, infectieuse, traumatique, etc.), qui se manifeste par une toux, une dyspnée et des modifications de la voix.

laryngologie [laʀɛ̃gɔlɔʒi] n. f. MED Partie de la médecine qui étudie le larynx et sa pathologie.

laryngoscope [laʀɛ̃gɔskɔp] n. m. MED Appareil qui permet d'examiner le larynx.

laryngotomie [laʀɛ̃gɔtɔmi] n. f. CHIR Incision du larynx.

larynx [laʀɛ̃ks] n. m. Partie des voies aériennes supérieures situées entre la trachée, qui lui fait suite, et le pharynx, qui le précède. *Le larynx est l'organe essentiel de la phonation.*

las, lasse [lɑ, lɑs] adj. **1.** Qui ressent péniblement la fatigue physique, la difficulté ou l'incapacité de poursuivre un effort, une action, etc. *Être las de marcher.* – Qui exprime la fatigue. *Un air, un sourire las.* **2.** Excédé, dégoûté. *Être las des plaisirs. Las d'espérer.*

Lasalle, ville du Québec sur le Saint-Laurent, dans la banlieue S.-O. de Montréal; 75620 hab. Industr. alim. et chimiques; constr. mécaniques.

La Salle (René Robert Cavelier de) (1643 – 1687), explorateur français. Il arriva dans l'île de Montréal en 1667 et explora les Grands Lacs à partir de 1669. Il partagea sa vie entre des séjours en France et des expéditions en Amérique. En 1681, il partit de Nouvelle-France, descendit le Mississippi, atteignit le golfe du Mexique et prit possession, au nom de Louis XIV, des terres qu'il nomma la *Louisiane* (9 avril 1682), puis remonta au lac Michigan (déc. 1682). En 1684, il partit de France, atteignit Haïti, puis le territ. nommé auj. Texas, où l'un de ses compagnons le tua en mars 1687.

1. lascar [laskaʀ] n. m. Fam. **1.** Homme malin, débrouillard. **2.** Individu allant et décidé.

2. lascar, ine [laskaʀ, in] n. (oc. Indien) Péjor. Personne d'origine indienne et de religion musulmane.

Las Casas (Bartolomé de) (1474 – 1566), dominicain espagnol. Missionnaire en Amérique, il défendit les Indiens : *Très brève relation de la destruction des Indes* (1542).

Las Cases (Emmanuel, comte de) (1766 – 1842), écrivain français. Chambellan de Napoléon Ier, il vécut à Sainte-Hélène en 1815-1816, consignant leurs entretients (*Mémorial de Sainte-Hélène*, 8 vol., 1823).

Lascaux (grotte de), refuge souterrain proche de Montignac (Dordogne). Découverte en 1940, cette grotte est ornée de très nombr. peintures et gravures pariétales (magdalénien moyen, env. 13000 av. J.-C.). Dégradée par l'afflux des touristes, elle fut fermée en 1963 et restaurée. À proximité, une reconstitution est ouverte au public.

lascif, ive [lasif, iv] adj. **1.** Porté à la volupté ou à la luxure. *Une nature lascive.* **2.** Qui exprime la sensualité; qui éveille ou excite le désir. *Spectacle lascif. Démarche lascive.*

lasciveté [lasivte] ou **lascivité** [lasivite] n. f. Caractère lascif.

laser [lazɛʀ] n. m. Appareil qui produit un faisceau de lumière cohérente. ▷ (En appos.) *Faisceau laser.*
ENCYCL Un laser est un générateur d'ondes électromagnétiques monochromatiques possédant des caractéristiques de directivité, d'intensité et de cohérence de phase particulièrement intéressantes. Il se compose d'un milieu actif contenu dans une cavité résonante que délimitent deux miroirs. Son principe consiste à *exciter* les atomes d'un corps et à provoquer, lorsque les atomes reviennent à leur niveau d'énergie initial, l'émission de photons aux caractéristiques très voisines. Le rendement de cette émission augmente lorsque le nombre d'atomes possédant le niveau d'énergie le plus élevé est supérieur à celui des atomes dont le niveau d'énergie est le plus faible (inversion des populations). Le milieu actif d'un laser peut être constitué : d'ions métalliques noyés dans une matrice cristalline (laser à rubis, à néodyme); d'ions de terres rares en solution dans un liquide; d'un gaz (laser à hélium-néon, à gaz carbonique, etc.); d'un semiconducteur (arséniure de gallium, par ex.); d'un colorant liquide. Le faisceau lumineux émis par un laser est pratiquement constitué par un cylindre, d'un diamètre de quelques millimètres, la divergence des rayons étant très faible. Il peut être focalisé, le diamètre minimal de la tache focale étant de l'ordre de la longueur d'onde, ce qui permet d'obtenir des intensités d'éclairement considérables.

lasoupe [lasup] n. f. (Vanuatu) Bouillon (sens II, 1).

Lassalle (Ferdinand) (1825 – 1864), homme politique allemand. Partisan d'un socialisme autoritaire, l'État se plaçant au-dessus des classes sociales, il fonda, en 1863, l'Association allemande des travailleurs, premier grand parti socialiste d'Europe.

lassant, ante [lasɑ̃, ɑ̃t] adj. Qui lasse. *Un travail lassant. Des propos lassants.*

lasser [lɑse] v. [1] **I.** v. tr. **1.** Causer une fatigue morale à; ennuyer, excéder. *Vos discours nous lassent.* **2.** Décourager. *Lasser la patience de qqn.* **II.** v. pron. *On ne se lasse pas de l'écouter.*

lassitude [lasityd] n. f. **1.** État ou sensation pénible de fatigue physique. **2.** Découragement; abattement moral.

lasso [laso] n. m. Corde à nœud coulant utilisée par les gauchos et les cow-boys pour capturer les chevaux sauvages, le bétail, etc.

Lassus (Roland de) (v. 1531 – 1594), compositeur wallon, né à Mons (Hainaut). Il voyagea en France, en Italie, en Allemagne. Dans plus de 2000 compositions (dont env. 1000 motets), il aborda tous les genres et porta la chanson française à son plus haut niveau.

lastex [lastɛks] n. m. (Nom déposé.) Fil de caoutchouc gainé de textile (laine, coton, rayonne, etc.).

Las Vegas, ville des États-Unis (Nevada); 258290 hab. (aggl. urb. 536500 hab.). Cet anc. centre minier est devenu la cap. mondiale du jeu.

Latakieh. V. Lattaquié.

latanier [latanje] n. m. **1.** Palmier d'Amérique, d'Asie et des îles de l'océan Indien (fam. aracées), fournissant une fibre textile. *Tisseuses de latanier.* **2.** (Afr. subsah.) Litt. Rônier.

Lat-Dior Diop (v. 1842 – 1886), roi du Cayor (dans le centre-O. du Sénégal actuel), vaincu et tué par les Français.

Latécoère (Pierre) (1883 – 1943), industriel français. Constructeur d'avions, il créa les premieres. lignes régulières France-Afrique-Amérique du Sud.

latence [latɑ̃s] n. f. État de ce qui est latent. ▷ BIOL, PSYCHO Délai qui s'écoule entre un stimulus et la réaction à ce stimulus. ▷ PSYCHAN *Période de latence,* qui va du déclin de la sexualité infantile (à la fin du complexe d'Œdipe) jusqu'au début de la puberté, et qui est marquée par un temps d'arrêt dans l'évolution de la sexualité.

La Tène. V. Tène (La).

latent, ente [latɑ̃, ɑ̃t] adj. **1.** Qui ne se manifeste pas; qui reste caché. *Une aversion latente.* **2.** MED *Maladie latente,* dont les symptômes ne sont pas encore cliniquement perceptibles. ▷ BIOL *Vie latente :* état d'un organe ou d'un organisme dont les fonctions physiologiques sont presque entièrement suspendues dans certaines conditions défavorables. Syn. ralenti. ▷ TECH *Image latente :* ensemble des points d'une émulsion photographique qui donneront l'image après développement. ▷ PHYS *Chaleur latente :* quantité de chaleur nécessaire pour faire passer d'un état à un autre, à température constante, l'unité de masse d'un corps. ▷ PSYCHAN *Contenu latent d'un rêve** (par oppos. à *contenu manifeste*) :* son sens profond et réel, qui procède de l'inconscient et que le travail de l'analyse tente de mettre au jour.

latéral, ale, aux [lateʀal, o] adj. (et n. f.) **1.** Qui appartient au côté; qui se trouve sur le côté. *Galerie latérale. Canal latéral.* **2.** PHON *Une consonne latérale* ou, n. f., *une latérale :* une consonne articulée en laissant passer l'air de chaque côté de la langue (ex. [l]).

latéralement [lateʀalmɑ̃] adv. De côté, sur le côté.

latéralisation [lateʀalizasjɔ̃] n. f. Établissement progressif, dans la petite enfance, de la prédominance d'un hémisphère cérébral (généralement le gauche) sur l'autre.

latéralisé, ée [lateʀalize] adj. Qui a acquis la latéralité. *Bien, mal latéralisé.*

latéralité [lateʀalite] n. f. PHYSIOL Fait que l'une des deux moitiés du corps soit fonctionnellement dominante sur l'autre. *Latéralité à droite, à gauche.*

latérisation [lateʀizasjɔ̃] ou **latéritisation** [lateʀitizasjɔ̃] n. f. MINER Ensemble des réactions d'altération des roches formées de feldspath, qui conduisent à la formation de latérite par lessivage de la silice.

latérite [lateʀit] n. f. MINER Roche rouge ou brune constituée d'hydroxydes d'aluminium et de fer, formant des cuirasses totalement stériles à la surface des plateaux des régions tropicales. *La bauxite est une latérite essentiellement composée d'alumine.* Syn. ferrallite.

latéritique [lateʀitik] adj. MINER De latérite ou formé dans la latérite. *Sol, minerai latéritique.*

latex [latɛks] n. m. inv. Sécrétion opaque blanche ou colorée, coagulable, de divers végétaux (hévéa, euphorbe, laitue). – Par ext. *Latex synthétique,* obtenu par polymérisation et servant notam. à la fabrication de caoutchouc synthétique.

latifolié, ée [latifɔlje] adj. BOT Qui a de larges feuilles.

latifundium [latifɔ̃djɔm], plur. **latifundia** [latifɔ̃dja] n. m. **1.** ANTIQ ROM Immense domaine des Romains fortunés. **2.** Mod. Vaste domaine agricole privé, souvent insuffisamment exploité.

latin, ine [latɛ̃, in] adj. et n. **I.** adj. **1.** Originaire du Latium. **2.** De la Rome ancienne ou des peuples romanisés. **3.** Qui a trait à la langue latine. *Littérature latine. – Alphabet latin. – Le Quartier latin :* le quartier de la Sorbonne, à Paris. **4.** Qui parle une langue romane (dérivée du latin). *Les peuples latins :* les Français, Italiens, Espagnols, Portugais, etc. **5.** MAR *Voile latine :* voile triangulaire dont le grand côté est enverguée sur une antenne. **II.** n. **1.** Habitant(e) du Latium ou des anciens pays latins. **2.** Personne qui appartient à un peuple d'origine latine. *Les Latins. Un tempérament de Latin.* **3.** n. m. *Le latin :* la langue latine. *Latin classique :* langue des plus célèbres auteurs lat. (notam. César et Cicéron). *Latin ecclésiastique :* latin de l'Église catholique romaine. *Latin populaire :* langue du peuple lat., à l'origine des langues romanes. – *Latin de cuisine :* mauvais latin. ▷ Loc. *C'est à y perdre son latin :* c'est à n'y plus rien comprendre.

latiniser [latinize] v. tr. [1] Donner une forme latine à. ▷ Donner un caractère latin à. *Les Romains latinisèrent la Gaule.* Syn. cour. romaniser.

latiniste [latinist] n. Personne versée dans la connaissance de la langue et de la littérature latines.

latinité [latinite] n. f. Civilisation des Latins; caractère de ce qui est latin.

latino-américain, aine [latinoameʀikɛ̃, ɛn] adj. et n. De l'Amérique latine. ▷ Subst. *Les Latino-Américains.*

latitude [latityd] n. f. **I. 1.** Étendue, extension. **2.** Faculté, liberté ou pouvoir de disposer, d'agir. *Donner, laisser (à qqn) toute latitude (de faire qqch).* **II. 1.** Distance angulaire d'un lieu à l'équateur, mesurée de 0 à + ou -90^0 sur le méridien (vers le nord : positivement; vers le sud : négativement) (par oppos. à *longitude*). **2.** Climat, lieu appartenant à telle ou telle latitude. *L'homme s'adapte à toutes les latitudes. Hautes ou basses latitudes,* voisines des pôles ou de l'équateur. *Moyennes latitudes,* au-dessus des tropiques. **3.** ASTRO Angle que fait la direction d'un astre avec le plan de l'écliptique.

Latium, anc. pays de l'Italie centrale, sur la mer Tyrrhénienne, habité par les Latins dès le IIe millénaire et conquis par Rome en 338-335 av. J.-C. – Région admin. d'Italie et région de la C.E., formée des prov. de Frosinone, Latina, Rieti, Rome, Viterbe; 17203 km²; 5137270 hab.; cap. *Rome.* Riche région agric. et industr. (banlieue de Rome), le Latium présente un relief complexe de collines (monts Sabins) et de plaines (plaine du Tibre, marais Pontins).

La Tour (Georges de) (v. 1593 – 1652), peintre français. Maître du clair-obscur au réalisme austère : *Madeleine à la veilleuse* (Louvre).

La Tour (Maurice Quentin de) (1704 – 1788), pastelliste, peintre et dessinateur français.

Latran (église Saint-Jean-de-), l'une des trois basiliques patriarcales de Rome. Construite sous le règne de Constantin, en 324, elle doit son aspect actuel (baroque) à Borromini (1646-1650) et à A. Galilei (façade, 1736). – Attenant à la basilique, le *palais du Latran* servit de résidence aux papes avant leur exil en Avignon; détruit par un incendie en 1308, il fut reconstruit par D. Fontana en 1586. Cinq conciles *(du Latran)* s'y sont tenus : 1123 (confirmation du concordat de Worms* et promulgation de canons disciplinaires); 1139 (liquidation du schisme d'Anaclet); 1179 (élection du pape à la majorité des deux tiers des cardinaux); 1215 (obligation de la confession annuelle et de la communion pascale, condamnation définitive des albigeois et des vaudois); 1512-1517 (vote de divers décrets de réforme). Le 11 fév. 1929, les *accords du Latran* y furent signés : le Vatican (cardinal Gaspari) reconnaissait l'État italien, avec Rome pour cap.; l'État italien (Mussolini) affirmait que la relig. «catholique, apostolique et romaine» était la seule relig. d'État (clause annulée en 1984) et reconnaissait la souveraineté du pape dans l'État du Vatican.

-lâtre, -lâtrie. Éléments, du gr. *latreuein,* «servir», employés en composition dans le sens de «adorateur, adoration».

latrie [latʀi] n. f. THEOL *Culte de latrie,* rendu à Dieu seul (par oppos. à *culte de dulie,* rendu aux anges et aux saints).

latrines [latʀin] n. f. pl. Vieilli Lieux d'aisances.

La Trinité. V. Trinité (La).

latrodecte [latʀɔdɛkt] n. m. ENTOM Nom scientifique de la veuve* noire.

Lattaquié ou **Latakieh,** v. et port de Syrie, ch.-l. du distr. du m. nom; 239530 hab. Industr. agricoles. – Anc. *Laodicée* des Séleucides.

latte [lat] n. f. Pièce de bois, de métal, de matière plastique, etc., longue, plate et étroite. ▷ (Belgique) Règle plate graduée. ▷ SPORT (Belgique, Luxembourg) Au football, barre transversale du but.

latté [late] n. m. Contre-plaqué dont l'âme est formée de lattes sur chant, collées entre elles.

latter [late] v. tr. [1] **1.** Garnir de lattes. **2.** Arg. Donner des coups de pied.

lattis [lati] n. m. Ouvrage de lattes (généralement destiné à l'exécution d'un plafond en plâtre, d'un revêtement, etc.).

Lattre de Tassigny (Jean-Marie Gabriel de) (1889 – 1952), maréchal de France à titre posthume. Il reçut la capitulation allemande pour la France (8 mai 1945) avec les Alliés. Il fut haut-commissaire en Indochine (1950-1952).

laudateur, trice [lodatœʀ, tʀis] n. Litt. Personne qui loue, qui décerne des louanges.

laudatif, ive [lodatif, iv] adj. Élogieux. *Discours laudatif.*

Laue (Max von) (1879 – 1960), physicien allemand. Il étudia la diffraction des rayons X par les cristaux. P. Nobel 1914.

Laughton (Charles) (1899 – 1962), acteur et cinéaste britannique. Après s'être consacré au théâtre, il s'illustra au cinéma (*la Vie privée d'Henri VIII,* 1933; *les Révoltés du Bounty,* 1935). Il réalisa *la Nuit du chasseur* (1955).

lauracées [lɔʀase] n. f. pl. BOT Famille de dicotylédones dialypétales comprenant des arbres ou arbrisseaux généralement aromatiques (laurier, camphrier, avocatier). – Sing. *Une lauracée.*

Laurasie, ensemble continental de l'ère secondaire, comprenant l'Amérique du N., le Groenland et l'Eurasie. (V. Pangée.)

lauréat, ate [lɔʀea, at] adj. et n. Qui a remporté un prix dans un concours. ▷ Subst. *Lauréat du concours général.*

Laure de Noves ou **de Sade.** V. Noves (Laure de).

Laurel (Arthur Stanley Jefferson, dit Stan) (1890 – 1965), acteur comique américain d'origine anglaise. De 1926 à 1950, il tourna avec Oliver Hardy un très grand nombre de films.

Laurencin (Marie, baronne Otto von Wägen) (1883 – 1956), peintre français; amie des cubistes et inspiratrice d'Apollinaire.

Laurens (Henri) (1885 – 1954), sculpteur et dessinateur français. Cubiste, il s'orienta en 1921 vers un art plus sensuel.

Laurent de Médicis. V. Médicis.

Laurentides (les), série de plateaux bordant l'E. du bouclier canadien. Les plus hautes collines dépassent rarement 900 m (1172 m au N. de Québec), mais l'ensemble domine la vallée du Saint-Laurent par un abrupt. Parc national. – Rég. admin. du Québec, au N. de Montréal, entre les rég. admin. Ouataouais, à l'ouest, et Lanaudière, à l'est; 21572 km²; 395000 hab. Tourisme. Industries traditionnelles et de haute technologie. Aéroport de *Mirabel.*

laurentien, enne [lɔʀɑ̃sjɛ̃, ɛn] adj. et n. **1.** Relatif aux Laurentides. ▷ Subst. *Un(e) Laurentien(ne).* **2.** Relatif au fleuve Saint-Laurent. ▷ HIST *La colonie laurentienne,* celle qui, à l'époque de la Nouvelle-France, s'étendait de Québec à Montréal.

laurier [lɔʀje] n. m. **1.** Espèce d'arbres très divers dont une variété (laurier-sauce, fam. lauracées) donne des feuilles persistantes, lisses, luisantes, utilisées comme condiment. ▷ Ces feuilles. **2.** *Couronne de laurier :* couronne de feuilles de laurier décernée au vainqueur, dans l'Antiquité. – Loc. fig. *Cueillir des lauriers. Lauriers de la victoire. Se reposer, dormir, s'endormir sur ses lauriers :* ne pas poursuivre après un succès. **3.** *Laurier-rose :* arbrisseau ornemental des régions chaudes (fam. apocynacées), aux feuilles persistantes et aux grandes fleurs diversement colorées. **4.** *Laurier-jaune :* thevetia.

Laurier (sir Wilfrid) (1841 – 1919), homme politique canadien, né au Québec. Chef du parti libéral (1887), Premier ministre du Canada (1896-1911), il contribua au renforcement de l'autonomie canadienne et à l'essor économique du pays.

Lausanne, v. de Suisse, sur la rive N. du lac Léman; ch.-l. du cant. de Vaud; 125610 hab. Centre d'affaires, ville résidentielle. Université. Industries. – Cath. (XIIIe s.) gothique (culte protestant). Château épiscopal Saint-Maire (XVe s.), où siège le conseil cantonal. Musée des Beaux-Arts (dans le palais de Rumine). – Ville gallo-romaine (*Lausonna*), évêché (fondé par saint Maire au VIe s.), la ville et le pays de Vaud furent soumis à Berne de 1536 à 1803. Le cant. de Vaud adhéra alors à la Confédération et Lausanne fut bientôt un grand carrefour routier et ferroviaire qui s'industrialisa après 1945 et devint une grande place européenne.

lausannois, oise [lozanwa, waz] adj. et n. De Lausanne. ▷ Subst. *Un(e) Lausannois(e).*

Lautréamont (Isidore Ducasse, dit le comte de) (1846 – 1870), écrivain français. Ses *Chants de Maldoror* (1869), éloge sarcastique du mal, annoncent le surréalisme. En 1870, il fit paraître sous son nom des *Poésies,* sentences morales au «sérieux» déconcertant.

lavable [lavabl] adj. Qui peut être lavé. *Papier lavable.*

lavabo [lavabo] n. m. Appareil sanitaire comprenant une cuvette munie d'une robinetterie et d'un système de vidage.

lavadaire ou **lavadère** [lavadɛʀ] n. m. (Afr. subsah.) Vieilli En Afrique centr., domestique chargé de laver et de repasser le linge.

lavage [lavaʒ] n. m. **1.** Action de laver. ▷ (Québec) Lessive (sens II, 2). *Étendre son lavage sur une corde à linge.* **2.** Fig. *Lavage de cerveau :* action psychologique exercée sur un individu, visant à détruire les structures de sa personnalité et à modifier son comportement, ses opinions.

Laval, v. et rég. admin. du Québec, sur l'île Jésus, voisine de l'île de Montréal; 325000 hab. Industries diverses. – La rég. admin. (245 km^2) correspond seulement à la ville.

Laval (Pierre) (1883 – 1945), homme politique français. Président du Conseil (1931-1932, juin 1935-janv. 1936), il voulut rapprocher la France de l'Italie fasciste. Vice-président du Conseil (1940), il prôna la collaboration avec l'Allemagne. Il dirigea le gouv. en 1942-1944. Arrêté par les Américains en mai 1945, il fut livré à la France et condamné à mort.

Laval (François-Xavier de Montmorency) (1623 – 1708), prélat français, prem. évêque de la Nouvelle-France (1674); il fonda le séminaire de Québec (1663), où il mourut.

Laval (université), université créée à Québec en 1852. Son nom évoque celui de François de Montmorency-Laval*.

La Vallée-Poussin (Charles de) (1866 – 1962), mathématicien belge; connu pour ses travaux sur la théorie des fonctions.

lavallière [lavaljɛʀ] n. f. Cravate à large nœud flottant.

La Vallière (Louise de La Baume Le Blanc, duchesse de) (1644 – 1710), favorite (1661-1667) de Louis XIV, dont elle eut quatre enfants.

lavallois, oise [lavalwa, waz] adj. et n. De Laval (région de Montréal). ▷ Subst. *Un(e) Lavallois(e).*

lavande [lavɑ̃d] n. f. et adj. inv. **1.** Arbuste (fam. labiées) cultivé dans la région méditerranéenne pour ses feuilles et ses épis floraux bleus, qui sécrètent une essence aromatique utilisée en parfumerie. *Eau de lavande.* **2.** Parfum extrait de cette plante. **3.** adj. inv. *Bleu lavande* ou, ellipt., *lavande :* bleu mauve assez pâle. *Des robes bleu lavande.*

lavandière [lavɑ̃djɛʀ] n. f. Anc. ou litt. Femme qui lave le linge à la main.

lavane [lavan] n. f. LITT Fable en langue wolof. (V. Diop [Birago].)

lavant, ante [lavɑ̃, ɑ̃t] adj. Qui lave. *Poudre lavante.*

lavasse [lavas] n. f. Fam., péjor. Breuvage insipide trop dilué dans de l'eau. Syn. (Belgique) lapette.

Lavater (Johann Kaspar) (1741 – 1801), philosophe, poète et théologien protestant suisse. Il classa les caractères d'après le faciès des individus : *Fragments physiognomoniques* (1775-1778).

lave [lav] n. f. **1.** Roche en fusion qui sort d'un volcan lors d'une éruption. **2.** Cette roche solidifiée et refroidie.

lavé, ée [lave] adj. TECH Se dit d'un dessin teinté au lavis. ▷ *Couleur lavée,* peu chargée en pigments.

lave-auto [lavoto] n. m. (Québec) Établissement en libre-service pourvu des installations nécessaires au lavage automatique des voitures. *Des lave-autos.*

lave-glace [lavglas] n. m. **1.** Dispositif permettant de projeter de l'eau sur le pare-brise d'une automobile pour le laver. *Des lave-glaces.* **2.** (Québec) Solution à base d'antigel dont on remplit ce dispositif pendant la saison froide. Syn. lave-vitre(s).

lave-linge [lavlɛ̃ʒ] n. m. inv. Machine à laver le linge. Syn. (Québec) laveuse, (Belgique) lessiveuse.

lavement [lavmɑ̃] n. m. **1.** LITURG CHRET *Le lavement des pieds* (des apôtres par le Christ) : cérémonie du jeudi saint qui commémore cet acte. **2.** MED Injection par l'anus d'une solution purgative (eau tiède, huile légère) ou d'un liquide destiné à opacifier l'intestin.

laver [lave] v. tr. [1] **1.** Nettoyer avec de l'eau ou un autre liquide. *Laver du linge. Machine à laver le linge,* ou, absol., *machine à laver.* **2.** Nettoyer avec de l'eau le corps, une partie du corps. *Laver une plaie.* ▷ v. pron. Laver son corps. – (Suivi d'un compl. d'objet.) *Se laver les cheveux.* – Fig. *Se laver les mains de qqch,* déclarer qu'on n'en est pas responsable. **3.** Loc. fig. *Laver qqn d'une accusation. Laver un affront (dans le sang).* – Loc. fig. *Laver son linge sale en famille :* régler les problèmes familiaux dans l'intimité et non en public. **4.** CHIM *Laver un gaz,* le débarrasser de ses impuretés en lui faisant traverser un liquide. **5.** TECH *Laver un dessin,* le teinter au lavis. **6.** MINER *Laver un minerai,* le débarrasser des éléments terreux.

La Vérendrye (Pierre Gaultier de Varennes de) (1685 – 1749), explorateur québécois. À partir de 1731, il parcourut la région comprise entre le lac Supérieur et les montagnes Rocheuses, y édifiant des forts.

laverie [lavʀi] n. f. *Laverie automatique :* blanchisserie en libre-service. Syn. (Belgique) lavoir et salon-lavoir.

lavette [lavɛt] n. f. **1.** Morceau de linge, ou brosse pour laver la vaisselle. **2.** (Suisse) Gant* de toilette. **3.** Fig., fam., péjor. Homme mou, sans énergie.

laveur, euse [lavœʀ, øz] n. **1.** Personne qui lave. *Laveur de carreaux.* **2.** n. m. TECH Appareil servant à laver certaines substances. ▷ *Laveur d'air :* appareil servant à augmenter la teneur en eau d'un courant d'air. ▷ n. f. (Québec) Cour. Lave-linge. **3.** n. m. (En appos.) *Raton laveur :* V. raton.

lave-vaisselle [lavvɛsɛl] n. m. inv. Machine à laver la vaisselle.

lave-vitre(s) [lavvitʀ] n. m. Détergent liquide pour les miroirs, les vitres. *Vaporiser du lave-vitre.* ▷ (Québec) Syn. de *lave-glace* (sens 2). *Des lave-vitres.*

Lavigerie (Charles Allemand-) (1825 – 1892), prélat français; archevêque d'Alger (1867), cardinal (1882), primat d'Afrique; fondateur des Pères blancs.

lavis [lavi] n. m. Technique consistant à teinter un dessin avec de l'encre de Chine, du bistre ou une autre substance délayée dans de l'eau. – *Par ext.* Dessin ainsi obtenu.

lavoir [lavwaʀ] n. m. **1.** Bassin aménagé pour laver le linge. *Lavoir public.* **2.** (Belgique) Laverie automatique. Syn. salon-lavoir.

Lavoisier (Antoine Laurent de) (1743 – 1794), chimiste français; créateur de la chimie moderne. Il découvrit la nature et le rôle de l'oxygène, établit la composition de l'eau, expliqua la respiration. Fermier général (dep. 1779), il se constitua prisonnier en nov. 1793 (quand la Convention fit arrêter les fermiers généraux) et fut guillotiné.

lavra [lavʀa] n. (oc. Indien) Fam. Personne oisive, paresseuse. *C'est un lavra fini !*

lavrater [lavʀate] v. intr. [1] (oc. Indien) Fam. Paresser (notam. au lit), demeurer oisif.

lavure [lavyʀ] n. f. **1.** Eau qui a servi à laver. **2.** TECH Action de laver (certaines matières). **3.** TECH (Plur.) Parcelles d'or ou d'argent provenant de la lessive de la terre ou des cendres auxquelles elles étaient mêlées.

Law (John) (1671 – 1729), financier écossais; contrôleur général des Finances de la France (1720). En 1716, il créait à Paris une banque autorisée à émettre des billets. Elle fit banqueroute en 1720. Law s'enfuit et mourut dans la misère.

Lawfeld (auj. *Laaffelt*), hameau de Belgique (Limbourg) où le maréchal de Saxe vainquit les Anglais (2 juillet 1747).

Lawrence (sir Thomas) (1769 – 1830), portraitiste anglais.

Lawrence (David Herbert) (1885 – 1930), romancier anglais. Il traite l'harmonie sexuelle, le viol, la bisexualité, la solitude, l'autodestruction : *le Serpent à plumes* (1926), *l'Amant de lady Chatterley* (1928, longtemps interdit en Angleterre).

Lawrence (Thomas Edward), dit *Lawrence d'Arabie* (1888 – 1935), aventurier, officier et écrivain anglais. Agent des services secrets brit., il dressa les Arabes contre les Turcs en 1914-1918. Princ. œuvres : *les Sept Piliers de la sagesse* (1926), *Lettres* (posth., 1938), *la Matrice* (posth., 1955). ▷ CINÉ *Lawrence d'Arabie,* film de David Lean (1962), avec Peter O'Toole (né en 1932).

Lawrence (Ernest Orlando) (1901 – 1958), physicien américain. Il inventa le cyclotron (1930). P. Nobel 1939.

lawrencium [lɔʀɑ̃sjɔm] n. m. CHIM Élément radioactif artificiel (symbole Lr) appartenant à la famille des actinides, de numéro atomique Z = 103.

laxatif, ive [laksatif, iv] adj. et n. m. **1.** adj. Qui purge légèrement. **2.** n. m. Purgatif léger.

laxisme [laksism] n. m. **1.** Doctrine morale qui nie les interdits ou en atténue la gravité. **2.** Tolérance excessive.

laxiste [laksist] adj. et n. **1.** adj. et n. Se dit d'un adepte du laxisme. **2.** adj. Qui relève du laxisme.

Laxness (Halldór Kiljan Gudjónsson, dit Halldór Kiljan) (né en 1902), écrivain islandais : *Salka Valka* (1931-1932), *la Cloche d'Islande* (1943-1946), romans historiques et sociaux. P. Nobel 1955.

Laye (Camara) ou **Camara Laye** (1928 – 1980), écrivain guinéen. *L'Enfant noir* (1953) sembla stéréotypé aux critiques africains. Exilé à Dakar (1965), Laye dénonça le régime de Sékou Touré dans *Dramouss* (1966). *Le Maître de la parole* (1978) transcrit l'épopée orale consacrée à l'empereur mandingue Soundiata*.

layé [leje] n. m. (Haïti) Van (1) circulaire, en feuilles de latanier.

layer [leje] v. tr. [21] TECH **1.** *Layer un bois, une forêt,* y tracer un chemin. **2.** Marquer (les arbres qui doivent être épargnés dans une coupe).

layette [lɛjɛt] n. f. Linge, vêtements nécessaires à un nouveau-né.

lay-farming [lejfaʀmiŋ] n. m. (Anglicisme) AGRIC Technique consistant à faire entrer dans l'assolement une prairie temporaire comme engrais vert.

Lazare (saint), frère de Marthe et de Marie, ressuscité à Béthanie par

Jésus (Jean, XI, 1-44); la légende a fait de lui le premier évêque de Marseille.

lazaret [lazaʀɛ] n. m. Établissement servant à isoler les voyageurs en quarantaine.

lazariste [lazaʀist] n. m. Membre d'une congrégation religieuse fondée par saint Vincent de Paul en 1625.

lazurite [lazyʀit] n. f. Syn. de *lapis-lazuli.*

lazzi ou **lazzis** [ladzi] n. m. pl. Plaisanteries moqueuses lancées à qqn.

L-dopa [ɛldɔpa] n. f. V. dopa.

1. le, la, les [lə, la, le] articles définis, *le,* m., *la,* f., *les,* m. et f. pl. *Le* et *la* s'élident en *l'* devant une voyelle (sauf devant *ouate, oui, ouistiti*) ou un h muet : *l'été, l'hôtel.* **1.** (Valeur démonstrative.) *Le livre qui est sur la table.* **2.** (Valeur possessive.) *Avoir mal à la tête.* **3.** (Valeur de notoriété.) *La Terre.* **4.** (Valeur distributive.) *Un franc le bouquet. Une fois l'an.* **5.** Avec les noms de personnes, emploi laudatif *(la Callas),* péjor. *(la Voisin),* collectif *(les Goncourt).* **6.** *À la (suivi d'un adj. fém. et formant une loc. adv.). Partir à la dérobée. Des jardins à l'anglaise.* ▷ GRAM Avec un superlatif, l'article s'accorde avec le nom ou l'adjectif qu'il accompagne *(la journée la plus chaude du mois),* ou prend la forme inv. *le (c'est lundi que la journée a été le plus chaude),* obligatoirement si le verbe ou l'adverbe sont modifiés par le superlatif *(la journée que j'ai le plus attendue).*

2. le, la, les [lə, la, le] pronoms personnels de la 3e personne, *le,* m., *la,* f., *les,* m. et f. pl. *Le* et *la,* placés devant un verbe ou un adverbe commençant par une voyelle ou un h muet, s'élident en *l'. Il l'aime, il l'en félicite. Nous l'humilions.* **1.** Pron. complément direct ou attribut d'un verbe, remplaçant un nom déjà exprimé. *Voici un bon livre, lisez-le. Je le vois. Je l'ai vue. Le, la, les* s'accordent avec le nom qu'ils représentent, ou peuvent garder la forme du pron. neutre *le. Êtes-vous la directrice? Je la suis. Êtes-vous directrice de l'école? Je le suis.* **2.** Pron. neutre (ne représentant pas un nom précis). *Se le tenir pour dit. Le prendre de haut. Nous l'avons échappé belle.*

lé [le] n. m. **1.** TECH Largeur d'une étoffe entre les deux lisières. *Un lé de velours.* Syn. laize. **2.** Bande de papier peint coupée à la dimension voulue.

Lê, nom de deux dynasties du Viêt-nam. Celle des *Lê antérieurs* régna de 980 à 1009. Celle des *Lê postérieurs* (1428-1789), fondée par Lê Loi, connut son apogée sous le règne de Lê Thanh Tông (1460-1497). Il réforma profondément l'administration, réorganisa l'agriculture, lutta contre le Laos et le Champa. Grand lettré, il fonda une école littéraire, dite *Tao-dan* (Autel de la poésie), et composa des poèmes en chinois et en nôm. Mais à la fin du XVIe s., le règne des Lê ne fut plus que nominal, le pouvoir étant exercé par les Trinh* dans le Nord et par les Nguyên* dans le Sud.

Leacock (Stephen Butler) (1869 – 1944), écrivain canadien d'expression anglaise, célèbre pour ses récits humoristiques : *Nonsense Novels* (1911), *Arcadian Adventures with the Idle Rich* (1914).

leader [lidœʀ] n. m. (Anglicisme) **1.** Chef ou personne en vue, dans une organisation, un pays. *Les leaders syndicaux.* – *Par ext.* Personne qui prend la tête d'un groupe, d'un mouvement. **2.** Sportif, sportive ou équipe qui est en tête dans une compétition.

leadership [lidœʀʃip] n. m. (Anglicisme) Commandement; fonction de leader. ▷ Hégémonie. *Le leadership des États-Unis dans l'Alliance atlantique.*

Leakey (Louis Seymour Bazett) (1903 – 1972), paléontologiste anglais. Il découvrit (1959) en Tanzanie le zinjanthrope.

Lean (David) (1908 – 1991), cinéaste anglais : *Brève Rencontre* (1946), *le Pont de la rivière Kwaï* (1957), *Lawrence d'Arabie* (1962), *le Docteur Jivago* (1965).

Leang K'ai. V. Liang Kai.

Léautaud (Paul) (1872 – 1956), écrivain et critique dramatique français. Son *Journal littéraire* (1893-1956, 19 vol.) fut publié entre 1954 et 1966.

Lebeau (Joseph) (1794 – 1865), homme politique belge, de tendance libérale. En 1830, il s'opposa victorieusement à ceux qui voulaient unir la Belgique indép. à la France et proposa qu'on offre le trône à Léopold Ier. Président du Conseil en 1840-1841, il se heurta aux catholiques (jusqu'alors alliés des libéraux).

Leblanc (Maurice) (1864 – 1941), journaliste et écrivain français : *Arsène Lupin, gentleman cambrioleur* (1907) revient dans de nombreux romans policiers ultérieurs.

Le Brun (Charles) (1619 – 1690), peintre français. Maître du classicisme, il créa l'Académie de peinture en 1648 et dirigea les Gobelins de 1663 à 1690. Il décora la voûte de la galerie des Glaces à Versailles.

Lebrun (Charles François), duc de Plaisance (1739 – 1824), homme politique français, troisième consul avec Bonaparte et Cambacérès (1799).

Lebrun (Albert) (1871 – 1950), homme politique français. Dernier président de la IIIe Rép. (élu en 1932, réélu en 1939), il se retira le 13 juil. 1940.

Le Cap. V. Cap (Le).

Le Carré (David John Moore Cornwell, dit John) (né en 1931), diplomate anglais, auteur de romans d'espionnage : *l'Espion qui venait du froid* (1965), *la Taupe* (1974).

léchage [leʃaʒ] n. m. Action de lécher.

Le Chapelier (Isaac) (1754 – 1794), homme politique français. La loi *Le Chapelier* (juin 1791) interdisait toute association ouvrière.

léché, ée [leʃe] adj. **1.** *Un ours mal léché :* un individu bourru, hargneux, mal élevé. **2.** (Souvent péjor.) *Un portrait léché,* exécuté avec un fini très minutieux.

lèche-bottes [lɛʃbɔt] n. m. inv. Fam. Individu servile. Syn. (Belgique) frotte-manche, (Suisse) mouilleur.

lèchefrite [lɛʃfʀit] n. f. Ustensile de cuisine servant à recueillir la graisse et le jus de la viande qui rôtit.

lèche-plat [lɛʃpla] n. m. (Belgique) Ustensile de vaisselle à raclette souple, servant à nettoyer les plats. *Des lèche-plats.*

lécher [leʃe] v. tr. [14] **1.** Passer la langue sur (qqch). *Lécher la cuiller.* Syn. (Acadie) friper. ▷ (Faux pron.) *Le chat se lèche le ventre.* – Fig. *Il s'en est léché les doigts :* il a trouvé cela bon. ▷ Fig., péjor. *Lécher les bottes à qqn,* être servile à son égard. ▷ Fig., fam. *Lécher les vitrines,* les regarder en flânant. **2.** Effleurer. *Les flammes lèchent le mur.* ▷ Toucher doucement. *Les vagues lèchent le sable.*

lécheur, euse [leʃœʀ, øz] adj. **1.** Qui lèche. **2.** Péjor. Flatteur.

lèche-vitrines [lɛʃvitʀin] n. m. inv. Fam. Passe-temps qui consiste à regarder en flânant les devantures des magasins.

lécithine [lesitin] n. f. BIOCHIM Phospholipide présent dans de nombreuses cellules de l'organisme et dans le jaune d'œuf.

Leclair (Jean-Marie), dit *l'Aîné* (1697 – 1764), compositeur et violoniste français.

Leclanché (Georges) (1839 – 1882), ingénieur français. Il inventa (1868) la pile électrique au bioxyde de manganèse qui porte son nom.

Leclerc (Charles Victor-Emmanuel) (1772 – 1802), général français; époux de Pauline Bonaparte (1797). En 1802, il commanda l'expédition de Saint-Domingue (auj. Haïti) contre Toussaint Louverture, qu'il captura, mais il périt de la fièvre jaune.

Leclerc (Philippe Marie de Hauteclocque, dit) (1902 – 1947), maréchal de France à titre posth. (1952). Rallié à de Gaulle, il se distingua au Tchad, en Libye et en Tunisie (1940-1943), débarqua en Normandie (1944), libéra Paris, Strasbourg. Commandant en chef en Indochine (1945) puis inspecteur des forces franç. en Afrique, il périt dans un accident d'avion.

Leclerc (Félix) (1914 – 1988), auteur-compositeur, chanteur et écrivain québécois. Premier en date des «chansonniers» québécois (*le P'tit Bonheur, Moi mes souliers, le Roi heureux*), il produisit une abondante œuvre poétique et dramatique (*Théâtre de village,* 1951), ainsi que des récits et des fables en prose.

Le Clézio (Jean-Marie Gustave) (né en 1940), romancier français : *le Procès-Verbal* (1963), *Désert* (1980), *le Chercheur d'or* (1985), *Onitsha* (1991), *la Quarantaine* (1995). Il revendique son appartenance ancestrale à la culture mauricienne.

leçon [ləsɔ̃] n. f. **I.** Enseignement. **1.** Ce qu'un enseignant donne à apprendre à un élève. *Il ne sait pas sa leçon.* **2.** Enseignement, instruction que donne un maître à un auditoire. *Les élèves écoutent la leçon de français.* ▷ Loc. fig. *Faire la leçon à qqn,* lui indiquer la conduite qu'il doit tenir; le réprimander. **3.** *Leçon particulière* ou, absol., *leçon :* séance d'enseignement donnée à un élève ou à quelques élèves. **4.** Chacune des divisions d'un enseignement. *L'italien en dix leçons.* **5.** Enseignement que l'on peut tirer d'un fait. *Tirer la leçon d'un échec.* **II.** Variante d'un texte.

Leconte de Lisle (Charles Marie Leconte, dit) (1818 – 1894), poète français, originaire de la Réunion; chef de l'école parnassienne : *Poèmes antiques* (1852), *Poèmes barbares* (1862). Acad. fr. (1886).

Le Corbusier (Édouard Jeanneret-Gris, dit) (1887 – 1965), architecte, urbaniste et peintre français d'origine suisse. Il simplifia les formes architecturales (villa Savoye à Poissy, France, Yvelines, 1929) et s'interrogea sur la concentration urbaine (projet d'aménagement du front de mer d'Alger, 1930). Après 1945, il réalisa la Cité radieuse de Marseille (1946-1952), le Capitole de Chandigarh (Inde, Pendjab, 1950-1956), la chapelle N.-D.-du-Haut à Ronchamp (France, Hte-Saône, 1950-1955), le couvent de la Tourette à Éveux (France, département du Rhône, 1957-1959). Peintre, il est, avec Ozenfant, le fondateur du purisme (Paris, 1918). Il a écrit notamment : *la Charte d'Athènes* (1931-1943), *Propos d'urbanisme* (1945).

lecteur, trice [lɛktœʀ, tʀis] n. **I.** (Personnes) **1.** Personne dont la fonction, permanente ou occasionnelle, est de faire la lecture à haute voix devant une ou plusieurs personnes. *Le lecteur du roi.* **2.** Locuteur natif adjoint à un professeur de langue vivante (dans une université). **3.** Personne qui lit (un livre, un journal, etc.). *Avis au lecteur. Les lecteurs d'un journal.* **4.** Dans une maison d'édition, un théâtre, personne chargée de lire, d'examiner et de juger les manuscrits ou les pièces que proposent les auteurs. **II.** n. m. **1.** TECH Appareil destiné à reproduire des sons à partir d'informations enregistrées sur un support tel que film (bande sonore), bande, disque, etc. *Lecteur de cassettes.* **2.** INFORM Système effectuant le décodage d'informations.

lectine [lɛktin] n. f. BIOCHIM Protéine végétale capable de se combiner spécifiquement à certains constituants glucidiques des membranes cellulaires pour les agglutiner entre elles.

lectorat [lɛktɔʀa] n. m. **1.** Ensemble des lecteurs (d'un journal). **2.** Fonction de lecteur (dans une université).

lecture [lɛ(e)ktyʀ] n. f. **I. 1.** Action de lire (des livres, un journal, un document, etc.). *Il aime la lecture et la musique. Je l'ai appris par la lecture des journaux.* ▷ *Donner lecture d'un texte,* le lire à haute voix devant un auditoire. **2.** Œuvre, texte qu'on lit; texte, livre qu'on a à lire. *Une lecture passionnante. Tenez, voilà de la lecture!* **3.** Fig. Manière de comprendre, d'interpréter un auteur, une œuvre, une doctrine. *Une nouvelle lecture de Proust.* **4.** En droit constitutionnel, chacune des délibérations d'une assemblée législative sur un projet ou une proposition de loi. *Texte adopté en deuxième lecture.* **II. 1.** TECH *Appareil de mesure à lecture directe,* qui fournit directement la valeur de la grandeur mesurée (par ex., par affichage numérique). **2.** ELECTR, INFORM Opération qui consiste à décoder les informations enregistrées sur un support et à les transformer en signaux (pour les transmettre, par ex., vers le système d'exploitation d'un ordinateur). **3.** AUDIOV *Table de lecture :* élément d'une chaîne haute fidélité, constitué d'un moteur, d'une platine et d'un bras muni d'une tête de lecture de disques. ▷ *Tête de lecture :* V. tête (sens V, 1). **4.** *Lecture optique :* procédé optoélectronique de reconnaissance d'informations graphiques. – *Lecture numérique :* procédé optique, mécanique, électrique ou magnétique de reconnaissance d'informations en données binaires.

Léda, dans la myth. gr., mère de deux couples de jumeaux : Castor et Clytemnestre, nés de Tyndare, son époux; Pollux et Hélène, nés de Zeus, qui métamorphosa Léda en cygne.

ledit [lədi] adj. V. dit 2.

Ledoux (Claude Nicolas) (1736 – 1806), architecte et urbaniste français; précurseur «maudit» de l'architecture fonctionnelle.

Lê Duan (1908 – 1986), homme politique vietnamien. Membre du parti communiste, il dirigea les forces clandestines au Sud-Viêt-nam de 1952 à la victoire de 1975. Succédant à Hô Chi Minh, il fut secrétaire général du parti communiste de 1960 à sa mort.

Lê Duc Anh (né en 1920), homme politique et général vietnamien. Militant communiste, il dirigea les forces militaires du Sud à partir de 1962. Membre du Comité central du parti communiste (1976), vice-ministre de la Défense nationale (1980), il commanda l'armée vietnamienne au Cambodge. Élu prés. de la République en 1992, il a été réélu en 1996.

Lê Duc Tho (1911 – 1990), homme politique vietnamien. Il fut l'un des fondateurs du parti communiste indochinois (1930) et du Viêt-minh (1941). Il signa les accords de Paris (1973) conduisant au retrait de l'armée américaine du Viêt-nam. Il refusa le prix Nobel de la paix qui lui fut décerné en commun avec Henri A. Kissinger (1973). En 1986, il démissionna du bureau polit. du parti communiste (dont il était membre dep. 1955).

Lee (Robert Edward) (1807 – 1870), général américain. Chef des armées sudistes pendant la guerre de Sécession, il capitula à Appomattox (1865).

Leeds, ville d'Angleterre (West Yorkshire), sur l'Aire; 674 400 hab. Industries. – Université.

Leeuwarden, ville des Pays-Bas, ch.-l. de la Frise; 85 170 hab.

Lefebvre (Jean-Pierre) (né en 1941), cinéaste québécois : *Il ne faut pas mourir pour ça* (1967), *les Maudits Sauvages* (1971), *les Dernières Fiançailles* (1973), *les Fleurs sauvages* (1982), *le Fabuleux Voyage* (1991).

Lefèvre (Théo) (1914 – 1973), homme politique belge; président du parti chrétien social et Premier ministre (1961-1965), il dut affronter la querelle linguistique.

Lefèvre d'Étaples (Jacques) (v. 1450 – 1536), théologien et humaniste français. Il a traduit Aristote, l'Ancien et le Nouveau Testament. On lui reprocha d'être favorable à la Réforme.

légal, ale, aux [legal, o] adj. **1.** Ayant nature de loi. *Disposition légale.* **2.** Conforme à la loi, qui résulte de la loi. *Procédure légale. Représentation légale.*

légalement [legalmɑ̃] adv. D'une manière légale.

légalisation [legalizasjɔ̃] n. f. Action de légaliser; résultat de cette action.

légaliser [legalize] v. tr. [1] **1.** Rendre légal. **2.** *Légaliser une signature, un acte, une copie,* l'authentifier. – Pp. adj. *Copie de diplôme légalisée par le commissaire de police.*

légalisme [legalism] n. m. Respect scrupuleux ou trop minutieux de la loi.

légaliste [legalist] adj. et n. Qui fait preuve de légalisme.

légalité [legalite] n. f. **1.** Caractère de ce qui est légal. *Contester la légalité d'une décision.* **2.** Situation légale, ensemble des actes et des moyens autorisés par la loi. *Sortir de la légalité.*

légat [lega] n. m. DR CANON Représentant du Saint-Siège.

légataire [legatɛʀ] n. Personne à laquelle on fait un legs. ▷ *Légataire universel,* auquel on lègue tous ses biens.

légation [legasjɔ̃] n. f. **1.** DR CANON Charge, mission d'un légat. **2.** Mission diplomatique permanente qu'un État entretient dans un pays où il n'a pas d'ambassade. ▷ *Par ext.* Édifice qui abrite le personnel de cette mission.

légendaire [leʒɑ̃dɛʀ] adj. **1.** Qui est de la nature de la légende. *Les récits légendaires concernant Charlemagne.* **2.** Qui n'existe que dans la légende. *Romulus, personnage légendaire.* Syn. fabuleux, imaginaire, mythique. Ant. historique, réel. **3.** Bien connu de tous. *Sa distraction légendaire.*

légende [leʒɑ̃d] n. f. **1.** Récit ou tradition populaire qui a, en général, pour sujet soit des événements ou des êtres imaginaires, mais donnés comme historiques, soit des faits réels, mais mêlés de merveilleux. *La légende de Roland. La légende de Soundiata.* **2.** Texte qui donne la signification des codes, des couleurs et des signes qui figurent sur un plan, une carte, etc. **3.** Texte accompagnant une figure, une photographie, un dessin humoristique, etc.

légender [leʒɑ̃de] v. tr. [1] Compléter (une illustration, une carte, un dessin) par une légende (sens 2 et 3).

Legendre (Adrien Marie) (1752 – 1833), mathématicien français.

léger, ère [leʒe, ɛʀ] adj. **I.** Qui pèse peu. **1.** De faible poids. *Une valise légère.* Ant. lourd. ▷ SPORT *Catégorie des poids légers :* catégorie de boxeurs, de lutteurs, d'haltérophiles et de judokas (poids variant, selon les disciplines, entre les limites extrêmes de 57 et de 70 kg). ▷ *Par ext.* Peu dense. *Les alliages légers.* ▷ MILIT Facile à transporter, à déplacer; très mobile. *Armes légères. Croiseur léger.* **2.** Facile à digérer. *Un plat léger.* ▷ Peu copieux. *Un dîner léger.* **3.** Peu dense. *Terre légère,* facile à remuer. **4.** Peu épais. *Étoffe, robe légère. Brume légère. Une couche légère de badigeon.* **5.** Gracieux, délié. *Clochetons aux formes légères.* **II.** Qui appuie peu. **1.** Alerte, vif. *Démarche légère. Se sentir léger.* ▷ Fig. *Avoir le cœur léger,* sans soucis. **2.** Délicat. *Avoir la main légère :* agir avec mesure ou avec une délicatesse précise. – Par ext. *Procéder par touches légères.* **3.** Se dit d'une voix agile dans l'aigu, ou d'un chanteur possédant une telle voix. *Ténor léger.* **III.** Faible, peu sensible. **1.** Peu intense, peu violent. *Brise légère.* **2.** Peu perceptible. *Un murmure léger.* **3.** Peu grave, peu pénible. *Une blessure légère. Un léger dépit.* **4.** De faible grandeur, de petite amplitude. *Température en légère hausse.* **5.** Peu riche en principe actif. *Café léger.* – *Vin léger,* peu riche en alcool. **6.** *Sommeil léger,* peu profond. **IV.** Qui a peu de sérieux. **1.** Peu réfléchi, peu prévoyant. *Un chef léger et négligent.* ▷ *Une tête légère :* une personne étourdie, frivole. ▷ Loc. adv. *À la légère :* sans réfléchir, sans prévoir. *S'engager à la légère.* **2.** *Femme, fille légère* ou *de mœurs légères :* femme, fille facile. **3.** Quelque peu licencieux. *Histoire légère.* **4.** (Sans valeur péjor.) Qui ne vise pas au grand art, mais à une facilité pleine d'agrément. *Musique légère.* **5.** Insuffisant. *C'est un peu léger!*

Léger (Fernand) (1881 – 1955), peintre français. Un dessin figuratif géométrique, des couleurs vives en aplats, la dissociation du dessin et des plages de couleurs caractérisent son œuvre puissante : *les Plongeurs* (1940-1945), *les Constructeurs* (1950-1951). Il réalisa également des vitraux, des céramiques et des mosaïques.

légèrement [leʒɛʀmɑ̃] adv. **1.** D'une manière légère, sans peser, avec agilité. *Courir légèrement.* **2.** Sans se charger l'estomac. *Dîner légèrement.* **3.** Délicatement. *Cela est peint légèrement.* **4.** Quelque peu; à peine. *Tourner légèrement la tête.* **5.** Sans réfléchir, imprudemment. *Se conduire légèrement.*

légèreté [leʒɛʀte] n. f. **1.** Caractère de ce qui pèse peu. *La légèreté d'un bâti en aluminium.* **2.** Agilité. *La légèreté de sa démarche.* **3.** Délicatesse. *La légèreté de touche d'un peintre.* **4.** Manque de constance, de réflexion, de prudence, de sérieux. *Faire preuve de légèreté dans la conduite d'une affaire.*

légiférer [leʒifeʀe] v. intr. [**14**] Faire des lois. *Le Parlement légifère.*

légion [leʒjɔ̃] n. f. **1.** ANTIQ ROM Unité militaire. **2.** Grand nombre d'êtres. *Une légion de quémandeurs.* ▷ *Ils sont légion,* très nombreux. **3.** MILIT Unité de gendarmerie commandée par un colonel. ▷ *La Légion* étrangère* ou, absol., *la Légion.*

Légion arabe, armée arabe créée en 1921 en Transjordanie par l'Anglais Peake. Un autre Anglais, Glubb pacha, la commanda de 1939 à 1956, date à laquelle le roi Hussein le limogea, faisant de la Légion un corps jordanien.

Légion d'honneur (ordre de la), premier ordre national français, institué en 1802 par Bonaparte.

légionellose [leʒjɔnɛloz] n. f. MED Maladie due à un bacille, provoquant un état grippal, une pneumonie, avec, parfois, des troubles plus généraux. Syn. maladie du légionnaire.

Légion étrangère, formation militaire française dont la plupart des membres sont étrangers, créée en 1831 en Algérie par Louis-Philippe.

légionnaire [leʒjɔnɛʀ] n. m. **1.** Soldat d'une légion romaine. **2.** Soldat de la Légion étrangère. **3.** MED *Maladie du légionnaire :* légionellose.

législateur, trice [leʒislatœʀ, tʀis] n. **1.** Celui, celle qui donne des lois à un peuple. *Solon fut le législateur d'Athènes.* ▷ *Par ext.* Celui qui établit les principes d'un art, d'une science. *Boileau, législateur du Parnasse.* **2.** n. m. *Le législateur :* le pouvoir qui fait les lois. *Le législateur a voulu que...*

législatif, ive [leʒislatif, iv] adj. et n. **1.** Qui fait les lois. *Le pouvoir législatif* ou, n. m., *le législatif. Une assemblée législative.* **2.** Par ext. *Les élections législatives* ou, n. f. pl., *les législatives,* par lesquelles sont élus les députés. **3.** Qui est de la nature de la loi. *Les dispositions législatives.* **4.** Qui émane de la loi (par oppos. à *coutumier, jurisprudentiel, doctrinal*).

législation [leʒislasjɔ̃] n. f. Ensemble des lois d'un pays, ou concernant un domaine précis. *La législation européenne. La législation de l'adoption.*

Législative (la). V. assemblée (encycl).

législature [leʒislatyʀ] n. f. Période pour laquelle une assemblée législative est élue.

légiste [leʒist] n. m. et adj. **1.** n. m. Celui qui connaît ou étudie les lois. Syn. jurisconsulte, juriste. **2.** adj. *Médecin légiste,* médecin chargé des expertises légales.

légitimation [leʒitimasjɔ̃] n. f. **1.** Action de légitimer. *Tentative de légitimation d'un coup de force.* **2.** DR Acte par lequel on légitime (un enfant naturel).

légitime [leʒitim] adj. **1.** Qui est consacré par la loi. *Enfant légitime,* né dans le mariage (par oppos. à *enfant naturel*). ▷ *Légitime défense :* droit de se défendre reconnu par la loi à celui qui est attaqué. *Être en état de légitime défense.* **2.** Établi conformément à la Constitution ou aux traditions politiques. *Pouvoir, gouvernement légitime.* **3.** Conforme à l'équité, à la morale, à la raison; justifié. *Un désir légitime. Une inquiétude légitime.*

légitimement [leʒitimmɑ̃] adv. D'une manière légitime.

légitimer [leʒitime] v. tr. [**1**] **1.** Rendre légitime; faire reconnaître pour authentique. *Légitimer un pouvoir.* **2.** DR Donner juridiquement à un enfant naturel les droits et la qualité d'enfant légitime. ▷ Pp. adj. *Enfant légitimé.* **3.** Justifier. *Une conduite que rien ne peut légitimer.*

légitimiste [leʒitimist] n. et adj. Partisan du souverain ou de la dynastie légitime. ▷ adj. *Journaux légitimistes.*

légitimité [leʒitimite] n. f. **1.** Caractère de ce qui est légitime. *La légitimité d'un régime. La légitimité d'une réclamation.* **2.** *Spécial.* Qualité juridique d'enfant légitime.

légos [legɔs] n. m. V. lagos.

legs [lɛg] n. m. **1.** DR Action de céder la possession d'un bien à qqn par testament; bien ainsi cédé. *Legs universel,* qui porte sur la totalité des biens ou sur la totalité de la quotité disponible (lorsqu'il y a des héritiers réservataires). ▷ *Legs à titre universel,* qui porte soit sur l'ensemble, soit sur une quote-part des biens meubles ou immeubles, ou de l'ensemble des biens meubles et immeubles. ▷ *Legs à titre particulier,* qui porte sur un bien meuble ou un bien immeuble déterminé (par ex., tel tableau, tel immeuble). **2.** Fig. Ce qui est laissé en héritage. *Ce trésor de sagesse, legs de nos ancêtres.*

léguer [lege] v. tr. [**14**] **1.** Céder par testament. *Il légua sa maison à son neveu.* **2.** Fig. Transmettre. *Les Romains ont légué à l'Occident le sens de l'État.*

légume [legym] n. m. **1.** BOT Syn. de *gousse.* **2.** Cour. Aliment constitué par les plantes potagères ou par certaines parties de celles-ci : graines (pois d'Angol, haricots, etc.), gousses (haricots verts), feuilles (choux, salades, etc.), tiges (asperges), racines (navets, carottes, etc.), tubercules (patates douces, ignames), fruits (tomates), fleurs (oseille de Guinée). *Légumes verts,* riches en cellulose (salades, haricots verts, épinards, etc.). *Légumes secs,* riches en amidon et farineux (haricots en grains, niébés, pois, etc.). ▷ (Afr. subsah.) Feuille comestible, consommée cuite ou crue. **3.** *Par ext.* Plante potagère. *Cultiver des légumes dans son jardin.*

légumier [legymje] n. m. **1.** Plat à légumes. **2.** (Belgique, vieilli; Maghreb) Marchand de légumes.

légumineuses [legyminøz] n. f. pl. BOT Grande famille de dicotylédones dialypétales superovariées, comprenant 12 0000 espèces d'herbes et d'arbres de toutes les régions du monde, qui ont en commun d'avoir pour fruits des *légumes,* c.-à-d. des gousses. (On les divise en *papilionacées, césalpiniacées* et *mimosacées.*) – Sing. *Une légumineuse.*

Lehár (Franz) (1870 – 1948), compositeur autrichien d'orig. hongroise; auteur d'opérettes viennoises : *la Veuve joyeuse* (1905), *le Pays du sourire* (1929).

Leibniz (Gottfried Wilhelm) (1646 – 1716), philosophe et mathématicien allemand. Méditant sur le principe de continuité en mathématique et sur la notion d'infini, il découvrit, en même temps que Newton, le calcul différentiel et intégral (1676). En physique, il substitua au *mécanisme* cartésien, qui réduisait la matière à l'étendue, une *dynamique* reposant sur la notion de force vive. Philosophe, il a développé une théorie de la substance : chaque sujet (ou monade*) exprime à sa manière l'univers entier, mais, des choses extérieures à elle, elle n'a que des perceptions *confuses,* et le passage du confus au clair constitue la *dynamique* intérieure de son développement. Dieu a créé les monades selon une «harmonie préétablie» : bien qu'elles soient sans influence réelle les unes sur les autres, chaque monade existe en «concordance» exacte avec toutes les autres. En raison de sa perfection, Dieu a choisi, parmi d'innombrables combinaisons de monades, celle qui réalisait «le meilleur des mondes possibles», où le mal est toujours le moindre mal; ce point de vue a été ridiculisé par Voltaire (Leibniz est le Pangloss de *Candide*). Princ. œuvres : *Nouveaux Essais sur l'entendement humain* (1704), *Essais de théodicée* (1710), *Monadologie* (1714).

Leicester, v. d'Angleterre, sur la *Soar,* au S. de Nottingham; 270 600 hab.; ch.-l. de comté. Centre industr. – Université. Évêché. Égl. (XIIe s.). Cathédrale gothique.

Leigh (Viviane Mary Hartley, dite Vivien) (1913 – 1967), actrice anglaise : *Autant* en emporte le vent* (1939).

Leipzig, ville d'Allemagne (Saxe); 607 660 hab. Import. centre comm. et industr. – Édition. Université fondée en 1409. – Victoire de Gustave II Adolphe sur les Impériaux (1631). – Bataille dite *des Nations,* perdue par Napoléon face aux coalisés (16-19 oct. 1813).

Leiris (Michel) (1901 – 1990), écrivain français. Surréaliste (1924), ethnographe (*l'Afrique fantôme,* 1934), il explore son moi : *l'Âge d'homme* (1939), *la Règle du jeu* (5 vol., 1948-1988), *Journal 1922-1989* (posth., 1992).

leishmaniose [lɛʃmanjoz] n. f. MED Maladie due à l'infestation de l'organisme par une *leishmanie,* protozoaire flagellé parasite des globules blancs, voisin du trypanosome.

Leitha (la), riv. d'Europe centrale (180 km). Née en Autriche, elle coule en Hongrie et se jette dans le Danube. – De 1867 à 1918, elle divisa l'Autriche-Hongrie en *Cisleithanie* (Autriche) et *Transleithanie* (Hongrie).

leitmotiv [lajtmɔtif; lɛtmɔtiv] n. m. **1.** MUS Motif, thème qui revient à plusieurs reprises dans une œuvre musicale. *Les leitmotive de Wagner.* ▷ *Par ext.* Thème récurrent. **2.** Fig. Formule, idée qui revient fréquemment. *Des leitmotivs* ou, didac., *leitmotive.*

Lekeu (Guillaume) (1870 – 1894), compositeur belge; élève de César Franck : *Sonate pour violon et piano* (1892), *Fantaisie symphonique sur des airs angevins* (1892).

Lê Loi (XVe s.), empereur du Viêtnam (1428-1433). Fondateur de la dynastie des Lê* postérieurs, il combattit les occupants chinois.

Lema (Raymond Lema-A-Nsi Nzinga, dit Ray) (né en 1946), chanteur et musicologue de la république démocratique du Congo.

Lemaire de Belges (Jean) (1473 – v. 1520), poète wallon originaire de Belges (anc. com. du Hainaut). Grand rhétoriqueur*, il publia notam. *le Temple d'honneur et de vertu* (1503), *les Épîtres de l'amant vert* (1505), *la Plainte du Désiré* (1509) et un autre récit légendaire : *les Illustrations de Gaule et singularités de Troie* (3 vol. 1509-1513).

Lemaître (Antoine Louis Prosper, dit Frédérick) (1800 – 1876), acteur français.

Lemaître (Mgr Georges Henri) (1894 – 1966), astronome belge. Professeur à l'université de Louvain, il fut amené par ses travaux sur la relativité générale à supposer, le premier (1927), l'expansion de l'Univers et, en 1931, l'existence d'un *atome primitif* dont l'Univers serait né.

Leman (Gérard Mathieu, comte) (1851 – 1920), général belge. Il défendit héroïquement Liège (4-14 août 1914) contre les Allemands.

Léman (lac), lac franco-suisse, le plus grand lac d'Europe occid. (582 km^2), situé à 370 m d'alt. entre le Jura au N.-O. et les Alpes au S. Unissant le dép. franç. de Haute-Savoie et le Plateau suisse, le lac Léman est partagé entre la France (234 km^2) et la Suisse (348 km^2). En forme de croissant, il s'allonge d'E. en O. sur 72 km. D'origine glaciaire, il occupe une zone de failles et atteint 310 m de profondeur. À la hauteur de Nyon, il se divise en deux bassins : le *Grand Lac* à l'E. (13,8 km de large) et le *Petit Lac* à l'O. Le Rhône, qui le traverse, forme un delta à son entrée, dans le Valais. Sujet à de rares et violentes tempêtes, le lac Léman a une flore et une faune variées, menacées par la pollution urbaine et industrielle contre laquelle luttent des stations d'épuration. Le climat doux et ensoleillé favorise la polyculture, les herbages et les vignobles réputés des coteaux vaudois et du Chablais (France, Haute-Savoie). Villes principales : Genève et Lausanne. Tourisme : stations climatiques et thermales (Vevey, Montreux, Thonon, Évian), où ont lieu expositions, foires et festivals.

Le May (Pamphile) (1837 – 1918), écrivain québécois : *les Gouttelettes* (poèmes rustiques, 1904), contes, romans.

Lemelin (Roger) (né en 1919), écrivain québécois, auteur de peintures réalistes et mordantes de la vie canadienne : *les Plouffe* (1948), *Pierre le Magnifique* (1952), *le Crime d'Ovide Plouffe* (1982).

Lemercier (Jacques) (v. 1585 – 1654), architecte français; précurseur du classicisme français.

lemme [lɛm] n. m. PHILO, MATH Proposition préliminaire préparant une démonstration, et n'ayant pas forcément un rapport immédiat avec la proposition à démontrer.

lemming [lemiŋ] n. m. ZOOL Petit mammifère rongeur (fam. muridés) des régions arctiques, à queue courte, vivant en bandes immenses.

Lemonnier (Camille) (1844 – 1913), écrivain belge d'expression française. Auteur de nombr. romans naturalistes (*Un mâle,* 1881; *Happe-chair,* 1886; *la Fin des bourgeois,* 1892; *Hallali,* 1906), il fut également critique d'art (*Gustave Courbet,* 1878).

Le Moyne d'Iberville (Pierre) (1661 – 1706), marin et explorateur français, né à Ville-Marie (auj. Montréal). Après avoir guerroyé victorieusement contre la marine anglaise dans la baie d'Hudson et en Nouvelle-France, il descendit le Mississippi et fut le premier gouverneur (1699) de la Lousiane.

lémuriens [lemyʀjɛ̃] n. m. pl. ZOOL Ensemble constitué de mammifères primates inférieurs typiques de Madagascar (maki), mais vivant aussi en Afrique et Asie tropicales. – Sing. *Un lémurien.*

Lena (la), fl. de Sibérie (4270 km); né sur la rive ouest du lac Baïkal, il arrose Iakoutsk et se jette dans l'océan Arctique par un vaste delta.

Le Nain, nom de trois frères, peintres français qui travaillèrent en collab. : — **Antoine** (entre 1600 et 1610 – 1648). — **Louis** (entre 1600 et 1610 – Paris, 1648). — **Mathieu** (v. 1610 – 1677). En 1629, à Paris, ils ont vite du succès : scènes religieuses et mythologiques (*Vénus dans la forge de Vulcain,* 1641), paysannes, «portraits collectifs».

Lenau (Nikolaus Niembsch von Strehlenau, dit Nikolaus) (1802 – 1850), poète lyrique autrichien : *Chants des joncs* (1832), *Faust** (poème dramatique, 1836), *Don* Juan* (poème inachevé, 1844).

lendemain [lɑ̃dəmɛ̃] n. m. **1.** Jour qui suit le jour considéré. – Prov. *Il ne faut jamais remettre au lendemain ce qui peut être fait le jour même.* **2.** *Le lendemain :* l'avenir. *Songer au lendemain.* **3.** Loc. *Du jour au lendemain :* très vite, en très peu de temps. ▷ Fig. *Sans lendemain :* sans prolongement, sans suite. *Un bonheur sans lendemain.*

Lenglen (Suzanne) (1899 – 1938), joueuse de tennis française; victorieuse à Wimbledon (1919-1923 et 1925).

Lenhardt (Maurice) (1878 – 1974), missionnaire protestant, ethnologue et linguiste français; créateur de l'Institut français d'Océanie. Œuvres princ. : *Notes d'ethnologie néo-calédonienne* (1930), *Gens de la Grande-Terre* (1938).

lénifiant, ante [lenifjɑ̃, ɑ̃t] adj. **1.** MED Qui lénifie. **2.** Fig. Qui calme, qui adoucit. *Paroles lénifiantes.*

lénifier [lenifje] v. tr. [2] **1.** MED Soulager au moyen d'un produit adoucissant. **2.** Fig. Adoucir.

Lénine (Vladimir Ilitch Oulianov, dit) (1870 – 1924), révolutionnaire russe, fondateur de l'État soviétique. Chef de la fraction bolchevique de la social-démocratie russe, exilé à Genève et à Paris, il créa un parti fort et centralisé. Rentré en avril 1917 (après la révolution de Février) en Russie, par le train (grâce à l'aide allemande), il préconisa : la fin immédiate de la guerre, l'opposition au gouv. de Kerenski, la nationalisation des terres, le pouvoir des soviets (conseils populaires). Organisateur de la révolution d'Octobre* (nov. 1917), il fut élu président du Conseil des commissaires du peuple (tous bolcheviques) et organisa la dictature du prolétariat. La IIIe Internationale* (communiste) fut créée (1919). Comme des armées «blanches» attaquaient le nouv. État, Lénine décréta le «communisme de guerre», coercitif. La contre-révolution fut vaincue en 1921, mais le pays était exsangue. La «nouvelle politique économique» (NEP) rétablit une certaine liberté pour le commerce et les petites industries. En 1922, l'Union des républiques socialistes soviétiques (U.R.S.S) était fondée. Frappé d'hémiplégie en mai 1922, il cessa ses activités en mars 1923 (nouvelle attaque). Dans son «Testament», il demandait le remplacement de Staline, secrétaire général du parti. Il laissa de nombr. écrits : *Que faire?* (1902), *Matérialisme et Empiriocriticisme* (1909), *l'Impérialisme, stade suprême du capitalisme* (1917), *l'État et la Révolution* (1918), *le Gauchisme, maladie infantile du communisme* (1920).

Leningrad. V. Saint-Pétersbourg.

léninisme [leninism] n. m. Doctrine de Lénine et de ses partisans.

léniniste [leninist] adj. et n. **1.** adj. De Lénine. *La doctrine léniniste.* **2.** n. Partisan de Lénine, du léninisme.

Lenoir (Étienne) (1822 – 1900), ingénieur français d'origine wallonne. Il inventa en 1860 le moteur à explosion.

Lenormand (Maurice Henri) (né en 1913), homme politique néo-calédonien. En 1953, il fonda l'Union calédonienne, le premier mouvement indépendantiste né dans le pays.

Le Nôtre (André) (1613 – 1700), architecte et paysagiste français; jardinier du roi (1645). Il a créé le *jardin à la française :* parcs des châteaux de Vaux-le-Vicomte, près de Melun (1656-1661), de Versailles (1661-1668), etc.

lent, lente [lɑ̃, lɑ̃t] adj. **1.** Dont la vitesse n'est pas grande. *Une lente progression. Avoir l'esprit lent.* **2.** Dont l'action ou l'effet ne se fait pas immédiatement sentir. *Un poison lent. Fièvre lente,* continue et peu intense.

lente [lɑ̃t] n. f. Œuf de pou.

lentement [lɑ̃t(ə)mɑ̃] adv. Avec lenteur. *Manger lentement.*

lenteur [lɑ̃tœʀ] n. f. Manque de rapidité, de promptitude. *Les lenteurs de l'Administration. Lenteur d'esprit.*

lenticelle [lɑ̃tisɛl] n. f. BOT Pore traversant le liège imperméable de l'écorce d'un végétal et permettant les échanges gazeux entre les tissus profonds et l'atmosphère.

lenticulaire [lɑ̃tikylɛʀ] adj. Qui a la forme d'une lentille. *Verre lenticulaire. Zone lenticulaire.*

lentigo [lɑ̃tigo] n. m. MED Tache pigmentaire de la peau apparaissant notam. chez les personnes âgées.

lentille [lɑ̃tij] n. f. **1.** Légumineuse papilionacée, plante grimpante des régions tempérées, dont les feuilles composées sont terminées par des vrilles. **2.** La graine elle-même, comestible. ▷ (Afr. subsah.) *Lentille de terre :* légumineuse des régions chaudes à fruits souterrains, cultivée pour ses graines comestibles. **3.** *Lentille d'eau :* plante aquatique dont les rares feuilles, de la taille d'une lentille, flottent sur l'eau stagnante. **4.** OPT Système optique réfringent limité par des faces dont une au moins est concave ou convexe. *Lentille convergente, divergente.* ▷ *Lentille électronique :* dispositif formé de disques portés à des potentiels différents, ou de bobines disposées dans une carcasse en matériaux ferromagnétiques, qui permet de faire converger des flux d'électrons. *Les lentilles électroniques comprennent les lentilles électrostatiques et les lentilles électromagnétiques.* **5.** Verre de contact. *Remplacer ses lunettes par des lentilles.*

lentisque [lɑ̃tisk] n. m. Pistachier dont on tire une huile astringente et une matière résineuse appelée *mastic.*

lentivirus [lɑ̃tiviʀys] n. m. MICROB Virus à action lente.

lento [lɛnto] adv. MUS Lentement.

Lenz (Jakob Michael Reinhold) (1751 - 1792), auteur dramatique allemand : *la Précepteur* (1774), *les Soldats* (1776); pionnier du Sturm* und Drang.

Léon (en esp. *León*), v. du N.-O. de l'Espagne (Castille-León), sur le *río Bernesga*; 137750 hab.; ch.-l. de la prov. du m. nom. Industries. - Cath. goth. (XIIIe-XVe s.). Basilique San Isidoro (XIe-XIIe s.), longtemps sépulture royale. - L'anc. *royaume de Léon,* fondé en 914 par Ordoño, roi des Asturies, fut réuni à la Castille en 1230.

Léon, nom de treize papes, dont : — **Léon Ier** (saint), surnommé *le Grand* (? - 461), pape de 440 à 461; docteur de l'Église, défenseur de l'orthodoxie; il convoqua le concile de Chalcédoine (451). — **Léon X** (Jean de Médicis) (1475 - 1521), pape de 1513 à 1521. Cardinal à quatorze ans, pape à trente-huit ans, il conclut avec François Ier le concordat de Bologne (1516), mit fin au concile du Latran et condamna Luther par la bulle *Exsurge Domine* (1520). Il fut le mécène de Michel-Ange et de Raphaël. — **Léon XIII** (Vincenzo Gioacchino Pecci) (1810 - 1903), pape de 1878 à 1903; il détermina les règles de l'exégèse orthodoxe et promut le mouvement chrétien social (encyclique *Rerum novarum,* 1891).

Léon, nom de six empereurs d'Orient, dont : — **Léon Ier** *le Grand* ou *le Thrace* (Ve s.), empereur de 457 à 474; il lutta vainement en Afrique contre les Vandales. — **Léon III** *l'Isaurien* (v. 674 - 741), empereur de 717 à 741. Il déchaîna la querelle des Images*. — **Léon IV** *le Khazar* (750 - 780), empereur de 775 à 780; il combattit Arabes et Bulgares. — **Léon V** *l'Arménien,* empereur de 813 à 820; il sauva Constantinople des Bulgares (817). — **Léon VI** *le Sage* ou *le Philosophe* (866 - 912), empereur de 886 à 912; il publia un recueil de lois.

Léonard de Vinci (en ital. *Leonardo da Vinci*) (1452 - 1519), peintre, architecte, sculpteur, ingénieur et savant italien. Fils naturel d'un notaire au service des Médicis, il entra, en 1469, dans l'atelier de Verrocchio. Ses œuvres d'alors sont perdues; *l'Annonciation* (Offices) serait de cette époque. En 1482, il s'installa à Milan, à la cour de Ludovic le More, où il dressa les plans de canaux et entreprit la statue équestre de François Sforza, qui ne fut jamais fondue. Peintre, il utilisa la structure pyramidale et la technique du *sfumato,* modelé vaporeux des contours : *la Vierge aux rochers* (v. 1483, Louvre; réplique, 1506, à la National Gallery). Il peignit à fresque *la Cène* (1495-1497, réfectoire d'un couvent milanais). Après l'entrée des Français à Milan (1499), il séjourna à Mantoue, à Venise, à Rome et enfin à Florence, où il travailla à *la Bataille d'Anghiari* (dont il ne subsiste que des dessins préparatoires) et à *la Joconde** (v. 1503-1506, Louvre). À Milan (1506-1513), il peignit *la Vierge, l'Enfant Jésus et sainte Anne* (v. 1509, Louvre), puis se rendit à Rome en 1513, où il se heurta à la toute-puissance de Raphaël. Appelé en France par François Ier (1515), il s'installa au château de Cloux, près d'Amboise, où il mourut, laissant de nombr. dessins et une pléthore de manuscrits, regroupés et publiés sous le titre de *Carnets.* Esprit universel, Léonard étudia l'anatomie, la botanique, l'optique, la géologie, la mécanique, etc.

Leoncavallo (Ruggero) (1858 - 1919), compositeur italien d'opéras (*Paillasse,* 1892).

Leone (Sergio) (1929 - 1989), cinéaste italien; créateur du «western-spaghetti» (*Pour une poignée de dollars,* 1964; *Il était une fois dans l'Ouest,* 1969).

Léonidas Ier, roi de Sparte de 490 à 480 av. J.-C.; il mourut aux Thermopyles en luttant, avec 300 guerriers, contre l'armée perse de Xerxès.

léonin, ine [leɔnɛ̃, in] adj. **1.** Qui appartient au lion. **2.** Qui rappelle le lion. *Chevelure léonine.* **3.** DR *Contrat léonin, partage léonin,* par lequel l'une des parties s'attribue la part du lion, la plus grosse part des bénéfices.

Léon l'Africain (Al-Hasan ibn Muhammad al-Fa'sī, dit) (v. 1483 - apr. 1554), diplomate et géographe andalou (*Description de l'Afrique,* en ar., 1526; en ital., 1550). Émigré au Maroc après la Reconquista, capturé, au cours d'un de ses voyages, par des corsaires chrétiens, il s'établit à Rome, où il se convertit au christianisme et enseigna.

leonotis [leɔnɔtis] n. m. BOT Plante herbacée des régions tropicales (fam. labiées) à fleurs blanches, rouges, jaunes. Syn. cour. herbe-chandelle.

Leonov (Alekseï Arkhipovitch) (né en 1934), cosmonaute soviétique; le premier homme qui effectua une sortie dans l'espace (1965).

léopard [leɔpaʀ] n. m. **1.** Syn. de *panthère.* **2.** (En appos.) MILIT *Tenue léopard :* vêtement de camouflage tacheté, partic. utilisé par les parachutistes. **3.** *Léopard de mer :* phoque très vorace des mers australes, au pelage tacheté.

Leopardi (Giacomo, comte) (1798 - 1837), écrivain italien. L'impossibilité d'aimer et l'hostilité de la nature ont inspiré des ouvrages en prose (*Petites Œuvres morales,* 1827-1833; *Cent Onze Pensées,* posth., 1845; *Pensées diverses,* posth., 1900) et des vers (*Canti,* 1824-1835). Il accomplit aussi des travaux d'érudition et des traductions d'auteurs grecs.

Léopold Ier (1790 - 1865), prince de Saxe-Cobourg, premier roi des Belges, élu en 1831. Il eut besoin de l'appui de la France et de la G.-B. (notam. contre les Pays-Bas, qui durent restituer Anvers) et il sut ne subir l'influence ni de l'une ni de l'autre puissance. Il épousa la fille de Louis-Philippe, Louise-Marie d'Orléans, en 1832. Jusqu'en 1855, il forma des cabinets «unionistes» (comprenant des catholiques et des libéraux). — **Léopold II** (1835 - 1909), fils du préc.; roi des Belges de 1865 à 1909. Dans les années 1870, il se lança dans une politique africaine audacieuse. Sous prétexte de recherches géographiques (V. association internationale africaine), il devint en 1885 propriétaire de *l'État libre du Congo* (V. dossier Congo [république démocratique du], p. 1420), qu'il céda à la Belgique en 1908. Il présida à l'évolution libérale et économique de la Belgique. — **Léopold III** (1901 - 1983), fils d'Albert Ier; roi des Belges de 1934 à 1951. Chef de l'armée en 1940, il capitula dès l'invasion de la Belgique par l'Allemagne, ce qui lui fut reproché en 1945 («question royale»). Il se retira en Suisse, et son frère, le prince Charles, fut régent. En 1950, un plébiscite rendit le pouvoir à Léopold, mais le roi abdiqua en faveur de son fils Baudouin (juillet 1951).

Léopoldville. V. Kinshasa.

Lépante (auj. *Naupacte*), v. de Grèce près de laquelle don Juan d'Autriche remporta, pour le roi d'Espagne Philippe II, une import. victoire navale sur les Turcs (1571), qui n'entama point leur domination sur la Grèce.

Lepaute, famille d'horlogers français des XVIIIe et XIXe s. — **Jean André** (1720 - 1787 ou 1789) équipa de pendules de haute précision les principaux observatoires européens.

Le Pichon (Xavier) (né en 1937), géophysicien français. Son apport à la tectonique des plaques* est fondamental.

Lépide (en lat. *Marcus Aemilius Lepidus*) (m. en 13 av. J.-C.), homme politique romain, membre, avec Octave et Antoine, du second triumvirat (43 av. J.-C.).

lépidoptères [lepidɔptɛʀ] n. m. pl. ENTOM Ordre d'insectes, nommés cour. *papillons,* à deux paires d'ailes membraneuses couvertes d'écailles colorées, et dont les appendices buccaux forment une trompe enroulée en spirale qui aspire le nectar des fleurs. - Sing. *Un lépidoptère.*

lépiote [lepjɔt] n. f. Champignon basidiomycète à lamelles (fam. agaricacées), comestible ou toxique selon l'espèce. *La coulemelle est une lépiote.*

lépisme [lepism] n. m. ENTOM Insecte thysanoure, commun dans les maisons un peu humides, appelé cour. *poisson d'argent.*

léporidés [lepɔʀide] ou **léporides** [lepɔʀid] n. m. pl. ZOOL Famille de mammifères lagomorphes, à longues oreilles, comprenant les lièvres et les lapins. - Sing. *Un léporidé* ou *un léporide.*

lèpre [lɛpʀ] n. f. **1.** Maladie infectieuse contagieuse due au bacille de Hansen et dont les manifestations sont diverses. *Lèpre maculeuse* ou *lépromateuse,* caractérisée par des taches dermiques, puis des tumeurs nodulaires *(lépromes). Lèpre mutilante* ou *tuberculoïde :* forme nerveuse de la lèpre, qui entraîne la chute des doigts, des orteils, etc. **2.** Fig. Creux et taches d'une surface rongée. *Mur recouvert de lèpre.* **3.** Fig. Mal répugnant et contagieux comme la lèpre. *Une lèpre morale.*

ENCYCL La lèpre est endémique dans de nombreux pays tropicaux et subtropicaux, notam. en Inde et en Afrique, où prédomine la forme mutilante. La contamination se fait surtout par contact d'homme à homme et par l'intermédiaire d'objets souillés. Les sulfones et certains antibiotiques permettent de guérir la forme mutilante et de stabiliser, par un traitement à vie, la forme maculeuse.

lépreux, euse [lepʀø, øz] adj. et n. **1.** Qui a la lèpre. ▷ Subst. *Un lépreux,* *une lépreuse.* **2.** Fig. Couvert de lèpre (sens 2). *Murailles lépreuses.*

Leprince de Beaumont (Jeanne-Marie) (1711 – 1780), femme de lettres française : *le Magasin des enfants* (1758), recueil de contes comprenant notam. *la Belle et la Bête.*

léprome [lepʀom] n. m. MED Lésion cutanée saillante, typique de la lèpre maculeuse.

léproserie [lepʀɔzʀi] n. f. Hôpital où les lépreux sont isolés et soignés.

Leptis, nom de deux anc. villes de l'Afrique du Nord : *Leptis Magna,* auj. Lebda, en Libye; ruines considérables. – *Leptis Parva,* auj. Lamta, en Tunisie.

leptocéphale [lɛptosefal] n. m. ICHTYOL Larve pélagique, aplatie et transparente, de certains poissons, tels que l'anguille et le tarpon.

lepton [lɛptɔ̃] n. m. PHYS NUCL Particule* qui ne subit par l'interaction* forte, par oppos. aux hadrons. (Ex. : électron, neutrino.)

leptospire [lɛptospiʀ] n. m. MICROB Protozoaire en forme de spirale, responsable des leptospiroses.

leptospirose [lɛptospiʀoz] n. f. MED Maladie infectieuse due aux leptospires, transmise à l'homme par les rats et les eaux souillées, et revêtant des formes variées.

leptynite [lɛptinit] n. f. MINER Roche métamorphique de structure massive, généralement de couleur claire, riche en quartz et en feldspath, pauvre en mica et en amphibole.

lequel, laquelle, lesquels, lesquelles [ləkɛl, lakɛl, lekɛl] **duquel, desquels, desquelles** [dykɛl, dekɛl] **auquel, auxquels, auxquelles** [okɛl] pron. relat. et interrog. S'emploient dans certains cas pour *qui, que* et *dont.* **I.** pron. relat. **1.** compl. indir. ou circonstanciel. *L'histoire à laquelle vous faites allusion, de laquelle vous parlez. Les personnes auxquelles on veut donner sa confiance. La situation dans laquelle il se trouve.* **2.** (Pour éviter une équivoque.) Sujet ou compl. dir. *Il y a une édition de ce livre, laquelle se vend fort bien.* **3.** adj. relatif. Vx Sauf dans *auquel cas :* dans cette circonstance. *Vous ne serez peut-être pas libre, auquel cas prévenez-moi.* **II.** pron. interrog. (Pour marquer un choix à faire, dans la réponse, entre deux ou plusieurs personnes, entre deux ou plusieurs choses.) *Lequel des deux frères est-ce? Duquel est-il le parent? Dites-moi lesquels de ces objets vous voulez.* – (Pour éviter de nommer à nouveau des choses ou des personnes qui viennent de l'être.) *Une porte a claqué. Laquelle?*

Lérida, v. d'Espagne (Catalogne), sur le Sègre; 111 800 hab.; ch.-l. de la province du m. nom. Marché agric.; industries. – Cath. (1203-1278), chef-d'œuvre de l'art roman cistercien.

Lermontov (Mikhaïl Iourievitch) (1814 – 1841), poète romantique russe : *le Novice* (1839), *le Démon* (1841). Roman : *Un héros de notre temps* (1840).

Leroi-Gourhan (André) (1911 – 1986), préhistorien français.

LeRoi Jones. V. Jones (Everett LeRoi).

lérot [leʀo] n. m. Petit mammifère rongeur (*Eliomys quercinus*) d'Europe et d'Afrique du N., au pelage tacheté.

Leroux (Pierre) (1797 – 1871), homme politique et philosophe socialiste français, influencé par le saint-simonisme.

Leroux (Gaston) (1868 – 1927), auteur français de romans policiers : *le Mystère de la chambre jaune* (1908), *le Parfum de la dame en noir* (1909), *Chéri Bibi* (1914).

les [lɛ] article déf. et pron. pers. V. le (1 et 2).

Lesage (Alain René) (1668 – 1747), écrivain français. Sa comédie *Turcaret* (1709), satire des financiers, fit scandale. Romans picaresques : *le Diable boiteux* (1707), *Gil Blas de Santillane* (4 vol., 1715-1735).

Lesage (Jean) (1912 – 1980), homme politique québécois; Premier ministre (libéral) du Québec de 1960 à 1966, il promut la *Révolution* tranquille.*

lesbien, enne [lɛzbjɛ̃, ɛn] n. f. Femme homosexuelle. ▷ adj. Qui concerne l'homosexualité féminine.

Lesbos ou **Mytilène,** île grecque de la mer Égée; 2 154 km^2; 103 700 hab.; ch.-l. *Mytilène.* Pêche. Oliveraies. Tourisme. – Génoise au XIVe s. puis turque, l'île revint à la Grèce en 1913.

Lescot (Pierre) (1515 – 1578), architecte français; l'un des maîtres de la Renaissance française.

lèse- Élément, d'un adj. lat. au fém., employé devant quelques noms fém. *Crime de lèse-majesté :* attentat contre la personne ou l'autorité du souverain. – Par anal. Litt. *Crime de lèse-humanité, de lèse-nation,* etc.

Le Senne (René) (1882 – 1954), psychologue français : *Traité de caractérologie* (1945).

léser [leze] v. tr. **[14] 1.** Causer préjudice à (qqn); causer du tort à. *Léser qqn dans ses intérêts.* – Par ext. *Léser les droits de qqn.* ▷ Fig. Blesser. *Léser qqn dans sa fierté.* **2.** MED Blesser en produisant une lésion. *Le projectile a lésé le foie.*

lésiner [lezine] v. intr. **[1]** Épargner avec une avarice sordide. *Lésiner sur tout.* – Fig. *Ne pas lésiner sur les moyens.*

lésion [lezjɔ̃] n. f. **1.** DR Atteinte portée aux droits, aux intérêts de qqn. – *Spécial.* Préjudice subi par l'un des contractants dans un contrat à titre onéreux. *Rescision d'un contrat de vente pour cause de lésion.* **2.** MED Altération des caractères anatomiques et histologiques d'un tissu sous l'influence d'une cause accidentelle ou morbide (traumatisme, action d'un parasite, fonctionnement défectueux d'un organe, etc.). *L'étude des lésions constitue l'anatomie pathologique.*

lésionnaire [lezjonɛʀ] adj. DR Entaché de lésion. *Partage lésionnaire.*

lésionnel, elle [lezjɔnɛl] adj. MED En rapport avec une lésion.

Lesotho (royaume du) *('Muso oa Lesotho),* État de l'Afrique australe, enclavé dans la rép. d'Afrique du Sud; 30 355 km^2; env. 1 900 000 hab., croissance démographique : 2,9 % par an; cap. *Maseru.* Nature de l'État : monarchie parlementaire, membre du Commonwealth. Langues off. : anglais, sesotho. Monnaie : loti. Ethnie : Sotho (99,7 %). Relig. : catholicisme (43,5 %), diverses Églises protestantes (50 %), religions traditionnelles (6,5 %).
Géogr. et écon. – Plateau volcanique découpé par l'Orange et ses affl., et situé sur le revers occid. du Drakensberg, le Lesotho connaît un climat tropical favorable à la prairie (température moyenne : 32,2 °C; moyenne annuelle des pluies : 725 mm). Les principales ressources du pays sont constituées de produits de l'élevage (notamment la laine mohair des chèvres angora) et du rapatriement des salaires des hommes travaillant dans les mines sud-africaines (30 % des actifs du pays). La balance agricole est fortement déficitaire. La capacité hydroélectr. va être renforcée par la construction de barrages : l'audacieux *Lesotho Highlands Water Project* se propose de maîtriser les eaux du fl. Orange d'ici 2020. Depuis le coup d'État de 1986, des conditions favorables ont attiré des entreprises textiles et l'exportation de vêtements est devenue l'une des premières recettes du pays. Entièrement dépendant de l'Afrique du Sud, le Lesotho fait partie des pays pauvres, mais le P.N.B. de 1995 est supérieur de 50 % à celui de 1992.
Hist. – Les guerres zouloues* du début du XIXe siècle repoussèrent les Sotho vers la haute vallée de l'Orange. Leur chef Moshoeshoe les regroupa sur le territoire du Lesotho actuel. Les nombreux affrontements avec les Boers le poussèrent à signer un traité de protectorat avec les Britanniques en 1868. Le Basutoland (pays des Basuto ou Suto ou Sotho) fut annexé par la colonie du Cap en 1878 et devint en 1884 un «protectorat autonome». Le 4 oct. 1966, le Basutoland accéda à l'indépendance, sous le règne de Moshoeshoe II, et prit le nom de Lesotho. Il se constitua en monarchie constitutionnelle, membre du Commonwealth. Le Parti national avait la majorité à l'Assemblée. Son leader, Leabua Jonathan, était Premier ministre. Il interdit les partis et exila le roi. En 1986, il fut renversé par le général Lekhanya, favorable à l'Afrique du Sud. En 1991, celui-ci fut renversé par un Conseil militaire, qui établit le multipartisme. En 1993, le *Basotho Congress Party* de Ntsu Mokhehle remporta les élections. En 1995, Moshoeshoe II revint sur le trône; il mourut en 1996 dans un accident de voiture. Son fils, Letsie III (qui avait occupé le trône de 1990 à 1994), lui a succédé.

Lespugue, com. de France (Haute-Garonne); 85 hab. – La *Vénus de Lespugue,* statuette féminine en ivoire de mammouth (env. 20 000 ans av. J.-C.), fut découverte en 1922 dans une grotte.

Lesse (la), riv. de Belgique (84 km), affl. de la Meuse (r. dr.); elle coule dans les célèbres grottes de Han.

Lesseps (Ferdinand Marie, vicomte de) (1805 – 1894), diplomate et administrateur français. Consul en Égypte (1833-1838), il se lia avec le prince héritier Sa'id, qui, khédive en 1854, l'autorisa à percer le canal de Suez, inauguré en 1869. En revanche, le percement de l'isthme de Panamá (1876-1889) aboutit à la faillite et donna lieu à un scandale polit. (V. Panamá).

Lessing (Gotthold Ephraim) (1729 – 1781), écrivain allemand. Il s'efforça de soustraire la philosophie et le théâtre de son pays à l'influence française : *Minna von Barnhelm* (1767), *Emilia Galotti* (1772), *Nathan le Sage* (1779). Essai sur l'art : *Laocoon* (1766-1768).

Lessing (Doris) (née en 1919), femme de lettres anglaise d'origine sud-africaine. Elle narra sa jeunesse en Rhodésie : *les Enfants de la violence* (5 vol., 1952-1969), *le Carnet d'or* (1962).

lessivage [lesivaʒ] n. m. **1.** Action de lessiver; son résultat. *Le lessivage d'un parquet.* **2.** GEOL Entraînement par les eaux d'infiltration des substances solubles et colloïdales d'un sol vers les couches profondes, ayant pour effet de rendre la terre inculte. *En climat tropical, le lessivage des sols se produit habituellement pendant la saison des pluies, mais peut aussi être provoqué en saison sèche par une irrigation excessive.*

lessive [lesiv] n. f. **I. 1.** Produit (en poudre ou liquide) à base de sels alcalins, servant au nettoyage, en partic. au lavage du linge. *Un paquet de lessive.* Syn. (Québec) savon à linge et savon en poudre. – Solution d'un tel produit dans de l'eau. *Vider la lessive.* **2.** TECH Solution alcaline employée dans l'industr. du savon (pour la saponification, notam.). **II. 1.** Action de laver du linge. *Faire la lessive.* **2.** Linge qui doit être lavé ou qui vient de l'être. *Étendre la lessive.* Syn. (Québec) lavage.

lessiver [lesive] v. tr. [1] **1.** Nettoyer avec de la lessive. *Lessiver des murs avant de les peindre.* ▷ (Belgique) *Machine à lessiver :* V. machine (sens I, 1). **2.** Loc. fig., fam. *Lessiver qqn* (au jeu), le dépouiller complètement. ▷ (Passif) *Être lessivé :* être très fatigué, épuisé. **3.** CHIM Soumettre (un corps) à l'action de l'eau pour le débarrasser de ses parties solubles.

lessiveuse [lesivøz] n. f. Grand récipient à couvercle, servant à faire bouillir le linge à lessiver. ▷ (Belgique) Lave-linge.

lest [lɛst] n. m. **1.** Matière lourde servant à équilibrer, à stabiliser un navire ou un avion ou à augmenter l'adhérence au sol d'un véhicule. ▷ Sable en sacs, qu'on largue d'un aérostat pour gagner de l'altitude. – Fig. *Lâcher du lest :* faire des concessions. **2.** PHYSIOL *Aliment de lest :* élément de la ration alimentaire, sans valeur nutritive (cellulose, par ex.), destiné à assurer au bol alimentaire un volume favorable à sa progression.

lestage [lɛstaʒ] n. m. Action et manière d'arrimer du lest.

leste [lɛst] adj. **1.** Qui a de la légèreté, de l'agilité dans les mouvements. – *Avoir la main leste :* être prompt à frapper. **2.** Fig. Libre, grivois. *Tenir des propos assez lestes.*

lestement [lɛstəmɑ̃] adv. D'une manière leste, adroite.

lester [lɛste] v. tr. [1] Garnir, charger de lest.

L'Estoile (Pierre de) (1546 - 1611), chroniqueur français : *Mémoires journaux* (1574-1610).

Le Sueur (Eustache) (1616 - 1655), peintre classique français : *Vie de saint Bruno* (1645-1648, Louvre).

let [lɛt] n. m. et interj. (Anglicisme) SPORT Au tennis ou au tennis de table, se dit d'une balle de service qui frappe le haut du filet avant de retomber dans le carré de service adverse. (La balle est alors à rejouer.) Syn. net.

létal, ale, aux [letal, o] adj. **1.** Qui entraîne la mort. – BIOL *Gène létal :* gène qui, à l'état homozygote, entraîne la mort de l'individu qui le porte. **2.** *Dose létale* (d'un produit toxique, d'une radiation) : dose mortelle.

létalité [letalite] n. f. **1.** Caractère de ce qui est létal. **2.** *Par ext.* Mortalité.

letchi [lɛtʃi] n. m. V. litchi.

Le Tellier (Michel, seigneur de Chaville) (1603 - 1685), homme d'État français. Secrétaire d'État à la Guerre (1643), il créa une armée moderne avec l'aide de son fils, Louvois*.

léthargie [letaʀʒi] n. f. **1.** Sommeil pathologique profond et continu dans lequel les fonctions vitales sont très ralenties. *Tomber en léthargie.* **2.** Fig. État de torpeur. *Tirer qqn de sa léthargie.*

léthargique [letaʀʒik] adj. **1.** Qui tient de la léthargie. *Sommeil léthargique.* **2.** (Personnes) Sujet à la torpeur.

Léthé, dans la myth. gr., un des cinq fleuves des Enfers, qui séparait le Tartare des champs Élysées. Les âmes des morts, en buvant de ses eaux, oubliaient le passé.

Letsie III (né en 1963), roi du Lesotho en 1990, déposé en 1994, remonté sur le trône en 1996.

letton, onne ou **one** [lɛtɔ̃, ɔn] adj. et n. **1.** adj. De Lettonie. ▷ Subst. *Les Lettons.* **2.** n. m. *Le letton :* la langue indo-européenne du groupe balte parlée en Lettonie.

Lettonie, État d'Europe, frontalier de l'Estonie au nord, de la Russie à l'est, de la Biélorussie et de la Lituanie au sud, sur le bord de la Baltique; 63 700 km^2; 2 681 000 hab. (dont 40 % de Russes, cadres et ouvriers de l'industrie notam.); cap. *Riga.* Nature de l'État : rép. parlementaire. Langue off. : letton. Monnaie : lats. Relig. : luthéranisme, orthodoxie.
Géogr. et écon. – Vaste plaine au climat océanique, rigoureux en hiver, la Lettonie est un pays boisé et agric. (lin, pomme de terre, céréales, élevage). Aux industr. text. et alim. s'ajoutent les industr. méca. de Riga et la pêche.
Hist. – Soumise au XIIIe s. par les chevaliers Porte-Glaive, la Lettonie partagea aux siècles suivants les destinées de la Pologne, de la Suède ou de la Russie. Indépendante en 1918, elle forma l'Entente baltique avec l'Estonie et la Lituanie. Après la chute d'une éphémère Rép. sov. lettone, elle fut occupée par les troupes sov. en juin 1940 et fédérée à l'U.R.S.S. en août. Occupée par l'Allemagne en 1941, la Lettonie redevint une république soviétique en 1944. En 1991, après plusieurs années de lutte nationaliste, l'U.R.S.S. reconnut l'indépendance des pays Baltes*. En sept., la Lettonie fut admise à l'ONU. En 1996, Guntis Ulmanis, président de la République depuis 1993, a été réélu.

Lettow-Vorbeck (Paul von) (1870 - 1964), général allemand. Commandant des armées de l'Afrique-Orientale allemande, il opposa aux Alliés une résistance invaincue de 1914 à 1918.

lettre [lɛtʀ] n. f. **I. 1.** Signe graphique, caractère d'un alphabet, que l'on utilise pour transcrire une langue et qui représente, seul ou combiné avec d'autres, un phonème. *Les vingt-six lettres de l'alphabet français.* ▷ Loc. *En toutes lettres :* sans abréviation. – Spécial. *Écrire un nombre en toutes lettres,* non avec des chiffres, mais avec des mots. – Fig. *Dire, écrire une chose en toutes lettres,* nettement, sans rien taire. **2.** Chaque caractère de l'alphabet, considéré dans sa forme ou dans son aspect. *Lettre majuscule, minuscule.* ▷ TYPO Caractère qui représente en relief une lettre de l'alphabet inversée en miroir. **II.** Au sing. (sens collectif). **1.** *Lettre morte :* écrit, parole, décision qui n'a pas reçu d'application, qui n'a pas eu d'effet. *Mes conseils sont restés lettre morte.* **2.** *Avant la lettre :* avant l'état complet, définitif. *Les Romains furent des urbanistes avant la lettre* (avant que l'urbanisme se soit constitué en discipline particulière). **3.** *La lettre du discours* (par oppos. à l'*esprit*) : le sens strict, littéral. – Loc. fig. *À la lettre, au pied de la lettre :* au sens propre, exactement. *Appliquer un ordre à la lettre.* **III. 1.** Écrit que l'on adresse à qqn (généralement par poste et sous enveloppe, à la différence de la *carte*) pour lui faire savoir qqch. *Écrire, envoyer, décacheter une lettre.* – *Lettre d'amour, d'excuse, de condoléances.* ▷ Loc. fig., fam. *Passer comme une lettre à la poste :* être ingurgité facilement (aliments); être accepté sans objection, sans difficulté. ▷ *Lettre ouverte,* adressée à qqn en particulier, mais diffusée par le canal de la presse, de l'édition, etc., de manière à donner à cet écrit une large publicité. **2.** Nom de certains écrits officiels. ▷ *Lettres de créance,* qui accréditent un ambassadeur auprès d'un gouvernement étranger. ▷ COMM, FIN *Lettre de change :* effet de commerce par lequel une personne (le tireur) donne ordre à une autre (le tiré) de payer à son ordre ou à celui d'une troisième personne (le bénéficiaire) une certaine somme d'argent à échéance déterminée. Syn. traite. (V. billet [à ordre].) – *Lettre de crédit,* par laquelle un banquier invite un de ses correspondants à verser au porteur les sommes qu'il demandera, à concurrence d'un total déterminé. – *Lettre d'agrément :* lettre administrative d'accord (notam. pour des travaux). **IV.** n. f. pl. *Les lettres.* **1.** Les connaissances et les études littéraires (par oppos. à *sciences*). *Faculté des lettres. Licencié, docteur ès lettres.* – *Avoir des lettres :* avoir une certaine culture littéraire. **2.** *Homme, femme de lettres :* celui, celle qui s'adonne spécial. à la littérature.

lettré, ée [letʀe] adj. et n. **1.** Qui a des lettres, du savoir, de la culture. ▷ Subst. *Un fin lettré.* **2.** (Afr. subsah.) Qui sait lire et écrire.

lettrine [letʀin] n. f. Lettre majuscule, parfois ornée, plus grande que les autres lettres, au début d'un chapitre, d'un alinéa.

lettrisme [letʀism] n. m. Litt. École poétique fondée par Isidore Isou vers 1945, qui s'attache à la musique et au graphisme des lettres pour elles-mêmes et non au sens des mots.

1. leu [lø] n. m. (En loc.) *À la queue leu leu :* à la file les uns derrière les autres (comme les loups : *leu* forme anc. de *loup*).

2. leu [lø], plur. **lei** [lɛj] n. m. Unité monétaire de la Roumanie.

leuc(o)-. Élément, du gr. *leukos,* «blanc».

leucémie [løsemi] n. f. Maladie caractérisée par la prolifération de globules blancs dans le sang (jusqu'à 1 000 000 par mm^3) et par la présence de cellules anormales révélant une affection grave des organes hématopoïétiques. *Leucémies aiguës,* à évolution rapide, *leucémies chroniques,* à évolution lente. *La leucémie est un cancer du sang.*

leucémique [løsemik] adj. et n. **1.** De la leucémie. *Cellule leucémique.* **2.** Qui est atteint de leucémie. ▷ Subst. *Un(e) leucémique.*

Leucippe (v. 460 – 370 av. J.-C.), philosophe grec. Disciple de Zénon d'Élée, il fonda une pensée matérialiste.

leucoblaste [løkoblast] n. m. BIOL Cellule, précurseur des leucocytes, qui se développe dans la moelle osseuse.

leucocytaire [løkositɛʀ] adj. BIOL Des leucocytes. *Formule leucocytaire :* répartition des leucocytes par mm^3 de sang (7000 env. à l'état normal). – *Groupe leucocytaire :* système de classement des propriétés antigéniques tissulaires permettant d'apprécier le degré de compatibilité des tissus.

leucocyte [løkosit] n. m. BIOL Cellule sanguine de la lignée blanche. Syn. cour. globule blanc. (On distingue : les *leucocytes mononucléaires* et les *leucocytes polynucléaires.*) *Les leucocytes concourent à la défense de l'organisme contre les agents infectieux ou étrangers.* (V. sang et immunité.)

leucocytose [løkositoz] n. f. MED Augmentation pathologique du nombre des leucocytes dans le sang ou dans une sérosité.

leucoderme [løkodɛʀm] adj. (et n.) ANTHROP Vx De race blanche.

leucopoïèse [løkopɔjɛz] n. f. BIOL Formation des globules blancs.

leucorrhée [løkɔʀe] n. f. MED Écoulement vulvaire blanchâtre, témoignant d'une hypersécrétion de l'utérus et du vagin. Syn. pertes blanches.

leucose [løkoz] n. f. MED Syn. de *leucémie.*

1. leur [lœʀ] pron. pers. inv. de la 3e pers. du plur., m. et f., comp. d'attribution, d'objet indir. ou comp. d'adj. équivalant à : *à eux, à elles. Je le leur donne. Je leur en ai parlé. Il leur est fidèle. Ne leur parlez pas.* (Généralement placé avant le verbe, *leur* se place après le verbe à l'impératif s'il n'y a pas de négation. *Dites-leur de venir.*)

2. leur, leurs [lœʀ] adj. et pron. poss. **1.** adj. poss. m. et f. de la 3e pers., marquant qu'il y a plusieurs possesseurs. *Elles ressemblent à leur père. Ils ont pris leur parapluie* (ou *leurs parapluies*), le parapluie (ou les parapluies) qui leur appartien(nen)t. **2.** pron. poss. *Le leur, la leur, les leurs :* celui, celle, ceux, celles qu'ils, qu'elles ont, possèdent. *Nous avons réuni nos amis et les leurs.* – Loc. *Ils y ont mis du leur,* de la bonne volonté. ▷ *Les leurs :* leurs parents, leurs proches, leurs alliés. – *Il est des leurs :* il appartient à leur groupe. *J'étais des leurs pour cette fête :* j'étais parmi eux.

leurre [lœʀ] n. m. **1.** PECHE Appât factice dissimulant un hameçon. **2.** Fig. Ce dont on se sert artificieusement pour attirer et tromper. *Cette promesse n'est qu'un leurre.* Syn. tromperie.

leurrer [lœʀe] v. tr. [**1**] Attirer par quelque espérance pour tromper. ▷ v. pron. (Réfl.) S'abuser. *Vous vous leurrez sur ses intentions.*

lev [lɛv] n. m. Unité monétaire de la Bulgarie.

levage [ləvaʒ] n. m. **1.** TECH Action de lever, de soulever qqch. *Appareils de levage* (palans, grues, ponts roulants, etc.). **2.** Gonflement d'une pâte en fermentation.

levain [ləvɛ̃] n. m. **1.** Pâte à pain aigrie que l'on incorpore à la pâte fraîche pour faire lever le pain. **2.** Fig. *Un levain de... :* ce qui fait naître ou accroît (tel sentiment, telle passion, etc.). *Un levain de discorde.*

levalloisien, enne [ləvalwazjɛ̃, ɛn] n. m. et adj. PREHIST Facies du paléolithique inférieur, caractérisé par la taille en éclats larges et plats. – adj. *Silex levalloisien.*

levant [ləvɑ̃] adj. m. et n. m. **1.** adj. m. *Le soleil levant,* qui se lève. Ant. couchant. ▷ Litt. *L'empire du Soleil-Levant :* le Japon. **2.** n. m. *Le levant :* l'est, l'orient. *Maison exposée au levant.* ▷ Vieilli *Le Levant :* l'ensemble des côtes orientales de la mer Méditerranée.

levantin, ine [ləvɑ̃tɛ̃, in] adj. et n. Vieilli ou péjor. Des pays du Levant. *Les peuples levantins.* ▷ Subst. (Souvent péjor., à connotation raciste.) *Un(e) Levantin(e).*

Levassor (Émile) (1843 ou 1844 – 1897), ingénieur français, associé de Panhard*.

Le Vau (Louis) (1612 – 1670), architecte français; l'un des maîtres du classicisme naissant. Il construisit le château de Vaux-le-Vicomte (1655-1661), près de Melun, et diverses parties du château de Versailles.

levé, ée [ləve] adj. et n. m. **I.** adj. **1.** *Être levé,* debout, sorti du lit. *À cinq heures du matin, il est déjà levé.* ▷ Loc. (Belgique, Luxembourg) Fam. *Être bien* ou *mal levé :* être de bonne ou de mauvaise humeur. **2.** Loc. fig. *Au pied levé :* à l'improviste. **3.** *Pierre levée :* menhir. **II.** n. m. Ensemble des opérations de mesure nécessaires à l'établissement d'un plan. (On écrit aussi *lever.*)

levée [ləve] n. f. **I.** Action de lever. **1.** Fig. *Levée de boucliers :* protestation massive et énergique. **2.** Action d'ôter, d'enlever. *Levée des scellés.* ▷ *Levée du corps :* enlèvement du corps d'un défunt de la maison mortuaire. **3.** Cessation, fin, suppression. *Levée du siège, du blocus. Levée des punitions.* ▷ Clôture. *Levée de séance.* – (Afr. subsah.) *Levée de deuil :* cérémonie qui marque la fin des funérailles ou de la période de deuil. **4.** Action de ramasser, de recueillir. ▷ Ramassage des lettres déposées dans une boîte publique. *La dernière levée est à 17 heures.* ▷ Ensemble des cartes gagnées et ramassées à chaque coup par un joueur ou une équipe. Syn. pli. ▷ Perception (d'un impôt). *La levée d'une taxe.* ▷ Enrôlement, recrutement. *Une levée de troupes.* **5.** DR *Levée de jugement :* action de délivrer copie d'un jugement à l'une des parties. **6.** DR *Levée d'option :* action de lever une option. **II.** (Chose, matière levée.) Digue en terre *(levée de terre)* ou en maçonnerie, élevée généralement sur les berges d'un cours d'eau.

1. lever [ləve] v. [**16**] **I.** v. tr. **1.** Déplacer de bas en haut. *Lever un sac.* **2.** Dresser, redresser, soulever, orienter vers le haut (une partie du corps). *Lever le bras, la main, la jambe, la tête.* ▷ *Lever les yeux sur :* regarder (qqn, qqch). ▷ Fig., fam. *Lever le coude :* boire. **3.** Relever (ce qui couvre) de manière à démasquer. ▷ Fig. *Lever le voile sur une affaire,* la faire connaître, la rendre publique. ▷ Fig. *Lever le masque*.* ▷ Loc. (Maurice) *Lever un nid de mouches jaunes :* susciter une discussion vive, une polémique. **4.** *Lever du gibier,* le faire sortir de son gîte, le faire s'envoler, etc. (pour le tirer). **5.** Enlever d'un lieu. *Lever les scellés.* – Loc. *Lever le siège :* retirer les troupes qui assiègent une place, une ville. – *Lever le blocus,* le faire cesser. ▷ *Lever une interdiction,* l'annuler. **6.** Mettre fin à, clore. *Lever l'audience. La séance est levée.* **7.** CUIS Prélever. *Lever des filets de poisson.* **8.** Recruter, enrôler. *Lever des troupes, une armée.* **9.** Percevoir (un impôt). *Lever une taxe.* **10.** *Lever un plan :* procéder sur le terrain aux mesures nécessaires pour l'établir. **11.** DR *Lever une option :* rendre ferme une vente ou un achat à option. **II.** v. intr. **1.** Sortir de terre. *Les semis commencent à lever.* **2.** Augmenter de volume, en parlant de la pâte en fermentation. *Le levain fait lever la pâte.* **III.** v. pron. **1.** Se mettre debout. ▷ *Se lever de table :* quitter la table, le repas fini. **2.** Sortir du lit. *Il se lève à sept heures. Le malade se lèvera demain.* **3.** Apparaître au-dessus de l'horizon, en parlant d'un astre. *Le soleil va se lever.* ▷ Par ext. *Le jour se lève :* il commence de faire jour. **4.** Commencer à souffler (vent). *La brise se lève.* **5.** Se dissiper. *Le brouillard se lève.* ▷ *Le temps se lève,* s'éclaircit.

2. lever [ləve] n. m. **1.** Apparition d'un astre au-dessus de l'horizon. *Un beau lever de soleil.* ▷ Par ext. *Le lever du jour.* **2.** *Lever de rideau :* petite pièce de théâtre en un acte que l'on joue avant la pièce principale. **3.** Action de sortir du lit; moment où l'on se lève. **4.** Action de déplacer de bas en haut (V. lever 1, sens I). **5.** *Lever* ou *levé :* V. levé (sens II).

Le Verrier (Urbain) (1811 – 1877), astronome français. Il découvrit par le calcul, en partant des perturbations de l'orbite d'Uranus, l'existence de Neptune. Une semaine après la communication (18 sept. 1846), l'Allemand Galle observa l'astre (à Berlin).

Lévesque (René) (1922 – 1987), homme politique québécois. Titulaire de plusieurs postes ministériels (1960-1966), il fonda, en 1968, le Parti québécois, qui visait l'indépendance politique du Québec assortie d'une association écon. avec le Canada. Premier ministre du Québec (nov. 1976), il proposa en vain un référendum sur la « souveraineté-association » (1980) mais remporta les élections de 1981. En 1985, la question de la souveraineté divisa le Parti québécois et il démissionna.

Levi (Carlo) (1902 – 1975), médecin, écrivain et peintre italien, antifasciste et néo-réaliste : *Le Christ s'est arrêté à Eboli* (1945), essai sociologique sur les paysans du Sud.

Levi (Primo) (1919 – 1987), écrivain italien. *Si c'est un homme* (1947) narre sa déportation à Auschwitz.

Lévi, troisième fils de Jacob et de Lia; ancêtre éponyme d'une des tribus d'Israël, dans laquelle on choisissait les ministres du culte *(lévites).*

levier [ləvje] n. m. **1.** Pièce rigide, mobile autour d'un appui, sur laquelle s'exercent une force résistante et une force motrice, appliquée pour équilibrer la force résistante. **2.** Organe de commande (d'un mécanisme) conçu sur le principe du levier ou évoquant sa forme. *Levier de vitesse.* **3.** Fig. Moyen d'action, mobile qui pousse à agir. *L'ambition est un levier puissant.* ▷ ECON *Effet de levier :* effet de rentabilité exercé par une modification de la structure de financement ou des coûts dans une entreprise.

lévirat [leviʀa] n. m. RELIG Coutume hébraïque selon laquelle le frère d'un homme mort sans enfant devait en épouser la veuve.

Lévis (François Gaston, duc de) (1720 – 1787), maréchal de France. Succédant à Montcalm (tué en sept. 1759), il défendit vaillamment la Nouvelle-France contre les Anglais mais dut capituler à Montréal (sept. 1760).

Lévi-Strauss (Claude) (né en 1908), ethnologue français. Il introduisit l'analyse structurale (issue de la linguistique) dans l'étude des mythes : *les Structures élémentaires de la parenté* (1949), *Tristes Tropiques* (1955), *Anthropologie structurale 1* et *2* (1958; 1973), *la Pensée sauvage* (1962), *Mythologiques* (5 vol., 1964-1985). Acad. fr. (1973).

Levitan (Isaak Ilitch) (1861 - 1900), peintre russe influencé par les maîtres de l'école de Barbizon. Il peignit de nombreux paysages mélancoliques.

lévitation [levitasjɔ̃] n. f. **1.** Élévation, sans appui ni intervention matériels ou physiques, d'une personne au-dessus du sol. **2.** PHYS Technique permettant de soustraire un objet à l'action de la pesanteur.

Lévitique (le), troisième livre du Pentateuque. Il concerne le rituel du culte confié aux lévites, le calendrier des fêtes, un code d'instruction morale.

lévogyre [levɔʒyʀ] adj. CHIM Qualifie une substance qui fait tourner le plan de polarisation de la lumière vers la gauche.

levraut [ləvʀo] n. m. Jeune lièvre.

lèvre [lɛvʀ] n. f. **I. 1.** Chacune des parties charnues qui forment le rebord de la bouche. *Lèvre supérieure. Lèvre inférieure.* **2.** Loc. fig. *Du bout des lèvres :* à contrecœur, sans conviction. ▷ *S'en mordre les lèvres,* regretter une chose qu'on a faite, qu'on a dite. ▷ *Être suspendu aux lèvres de qqn,* l'écouter avidement. ▷ *Il y a loin de la coupe aux lèvres :* on est souvent loin du but qu'on croit toucher. **II.** *Par anal.* **1.** CHIR *Les lèvres d'une plaie,* ses bords. **2.** ANAT Replis cutanés de la vulve. *Grandes lèvres, petites lèvres.* **3.** BOT Grand pétale inférieur de certaines fleurs zygomorphes (labiées, scrofulariacées, etc.).

levrette [ləvʀɛt] n. f. **1.** Femelle du lévrier. **2.** Petit lévrier, à poil ras.

lévrier [levʀije] n. m. Chien aux membres longs, à la taille étroite et au ventre concave, très rapide à la course, autrefois utilisé pour chasser le lièvre.

Levski (Vasil) (1837 - 1873), patriote bulgare. Il lutta pour l'indépendance de son pays sous domination ottomane et fonda, avec L. Karavelov*, le Comité central de la révolution bulgare. Il fut pendu sur ordre des Turcs.

lévulose [levyloz] n. m. BIOCHIM Sucre simple, très abondant dans la cellule végétale, à l'état libre ou combiné à d'autres hexoses.

levure [l(ə)vyʀ] n. f. **1.** MICROB Micro-organisme capable de produire une fermentation. **2.** Cour. Substance constituée par ces micro-organismes, présentée en pâte ou en poudre, qui sert à la fabrication du pain, de la bière, en pâtisserie, etc. *Sachet de levure.* Syn. (Suisse) poudre à lever, (Québec) poudre à pâte.

Lévy-Bruhl (Lucien) (1857 - 1939), sociologue français. Il opposa *la Mentalité primitive* (1922) et la logique des sociétés modernes.

Lewis (Matthew Gregory) (1775 - 1818), écrivain anglais; maître du roman noir avec *le Moine* (1796). Théâtre : *le Spectre du château* (1798).

Lewis (Gilbert Newton) (1875 - 1946), physicien et chimiste américain. Il définit les acides comme des corps susceptibles d'accepter (et les bases de donner) un doublet d'électrons.

Lewis (Percy Wyndham) (1882 - 1957), peintre et écrivain anglais. En 1914, il fonda le *vorticisme* (prônant, contre le cubisme, un tourbillon abstrait). E. Pound et lui animèrent la revue *Blast* (1914-1915), hostile au progrès. Il revint à la figuration et écrivit des romans virulents : *les Singes de Dieu* (1930), *Monstre gai, fête maligne* (1955).

Lewis (Sinclair) (1885 - 1951), romancier américain : *Babbitt* (1922), *Elmer Gantry* (1927). P. Nobel 1930.

Lewis (Oscar) (1914 - 1970), anthropologue américain : *les Enfants de Sanchez, autobiographie d'une famille mexicaine* (1961).

Lewis (sir William Arthur) (1915 - 1991), économiste britannique, né à Sainte-Lucie. Sa *Théorie de la croissance économique* (1955) décrit la transition d'une économie agraire à une économie industrialisée. Prix Nobel d'économie en 1979.

Lewis (Jerry) (né en 1926), acteur et cinéaste américain : *le Tombeur de ces dames* (1961), *T'es fou Jerry* (1982).

Lewis (Carlton Mc Hinley, dit Carl) (né en 1961), athlète américain; champion olympique à Los Angeles (1984) du 100 m, du 200 m, du saut en longueur et du 4 fois 100 m.

lexème [lɛksɛm] n. m. LING Unité significative minimale non grammaticale (par oppos. à *morphème*). *«Compt-» est un lexème qui entre dans les mots «compte», «comptage», etc.*

lexical, ale, aux [le(ɛ)ksikal, o] adj. LING Relatif au lexique.

lexicaliser (se) [lɛksikalize] v. pron. [1] LING Devenir une unité lexicale autonome. *«Prêt-à-porter» s'est lexicalisé en tant que substantif masculin vers 1960.* – Pp. adj. *Une expression lexicalisée.*

lexicographe [lɛksikɔgʀaf] n. Didac. Auteur d'un dictionnaire de langue.

lexicographie [lɛksikɔgʀafi] n. f. Didac. Science et technique de la rédaction des dictionnaires de langue.

lexicographique [lɛksikɔgʀafik] adj. Didac. De la lexicographie.

lexicologie [lɛksikɔlɔʒi] n. f. LING Partie de la linguistique qui étudie les unités significatives (lexèmes), leurs combinaisons (mots, lexies), leur histoire (étymologie) et leur fonctionnement dans un système socio-culturel donné.

lexicologue [lɛksikɔlɔg] n. Didac. Linguiste spécialisé en lexicologie.

lexie [lɛksi] n. f. LING Toute unité du lexique, mot unique (ex. *haricot, carotte*) ou expression lexicalisée (ex. *petits pois, pomme de terre*).

lexique [le(ɛ)ksik] n. m. **1.** Dictionnaire bilingue abrégé. *Lexique grec-français.* **2.** Dictionnaire de la langue propre à un auteur, à une science, à une activité. *Lexique de Rabelais. Lexique d'art et d'archéologie.* **3.** Ensemble des mots appartenant au vocabulaire d'un auteur, d'une époque, d'une science, d'une activité, etc. *Étude du lexique de Hugo.* Syn. vocabulaire. **4.** LING Ensemble des mots d'une langue (par oppos. à *syntaxe,* à *grammaire*).

Leyde (en néerl. *Leiden*), ville des Pays-Bas (Hollande-Méridionale), sur le *Vieux Rhin*; 107 890 hab. Centre intellectuel. Industries. – Université créée en 1575. Égl. goth. St-Pierre (XIVe s.). Musées. Patrie de Rembrandt.

Leydenbach (Joseph) (1903 - 1997), romancier luxembourgeois d'expression française : *les Désirs de Jean Bachelin* (1948), *Baladins* (1979).

Leyé (Jean-Marie) (né en 1933), homme politique du Vanuatu; élu président de la Rép. en 1994.

lézard [lezaʀ] n. m. **1.** Reptile saurien au corps allongé, couvert d'écailles, à la longue queue effilée susceptible de se couper (genres *Lacerta* et voisins), vivant notam. dans une grande partie de l'Ancien Monde, sauf à Madagascar. ▷ Fam. *Faire le lézard :* se chauffer paresseusement au soleil. **2.** *Par ext.* Peau de cet animal. *Sac à main en lézard.*

lézarde [lezaʀd] n. f. Fissure qui se produit dans un mur, une voûte, etc., par l'effet du tassement du sol.

lézardé, ée [lezaʀde] adj. Crevassé de lézardes.

1. lézarder [lezaʀde] v. intr. [1] Fam. Se chauffer paresseusement au soleil.

2. lézarder [lezaʀde] v. tr. [1] Fissurer. *Le tassement du sol a lézardé le mur.* ▷ v. pron. Se fissurer.

Lhasa ou **Lhassa** (en chinois *Lasa*), cap. et v. sainte du Tibet (Chine), sur le *Kitshu*, à 3630 m d'alt.; 343 240 hab. Artisanat. – Résidence du dalaï-lama jusqu'en 1959. Nombreux monastères.

L'Herbier (Marcel) (1890 - 1979), cinéaste français; maître du cinéma expressionniste : *El-dorado* (1921), *l'Inhumaine* (1923), *l'Argent* (1928), *la Nuit fantastique* (1942).

Lhérisson (Justin) (1873 - 1907), écrivain haïtien : *la Famille des Pitite Caille* (1905), *Zoune chez sa ninnaine* (1906), romans humoristiques. Il a écrit les paroles de l'hymne haïtien, *la Dessalinienne* (1903).

L'Hermite (François, dit Tristan). V. Tristan l'Hermite.

L'Hospital (Guillaume de) (1661 - 1704), mathématicien français : travaux sur le calcul infinitésimal.

Lhote (Henri) (1903 - 1991), ethnologue français. Il étudia les Touareg et découvrit les peintures rupestre du tassili des Ajjer. (V. Sahara et Ajjer.)

liaison [ljɛzɔ̃] n. f. **I.** Assemblage, union de deux ou plusieurs objets ou substances. **1.** CUIS Opération consistant à épaissir un aliment liquide, potage ou sauce. *Liaison à la farine, à l'œuf.* **2.** CONSTR Ce qui sert à jointoyer un ouvrage en maçonnerie (mortier, plâtre, etc.). ▷ *Maçonnerie en liaison,* dans laquelle chaque élément (pierre ou brique) porte sur le joint de deux autres. **3.** TECH Alliage servant à former une soudure. **4.** PHYS, CHIM Force qui unit entre eux des atomes (V. encycl. ci-après). **II.** Relation qui unit deux éléments successifs d'un ensemble. **1.** Union logique entre les éléments d'une argumentation, d'un texte, d'une œuvre. *Paragraphe assurant la liaison entre deux parties d'une dissertation. Mots de liaison :* prépositions et conjonctions. **2.** Connexion, rapport entre des faits, des choses. *Quelle liaison établir entre ces deux événements?* **3.** MUS Signe de notation indiquant que des notes consécutives doivent être enchaînées. **4.** Prononciation de la consonne finale d'un mot placé devant un autre mot commençant par une voyelle ou un h muet (ex. : *Des fines herbes* prononcé [definzɛʀb]). *Faites bien les liaisons quand vous lisez à haute voix.* **III.** Relation entre des personnes. **1.** Relation amoureuse. *Avoir une liaison.* **2.** MILIT Maintien du contact entre les diverses unités ou entre les divers niveaux de la hiérarchie, au cours des opérations. *Officier de liaison.* **3.** Communication entre deux lieux. *Les liaisons ferroviaires. Liaisons téléphoniques. La liaison radio.*

ENCYCL Chim. – Les liaisons chimiques résultent des interactions qui s'établissent, au sein de la matière, entre atomes, ions et molécules. Une liaison s'établit entre deux atomes si le nouvel ensemble formé possède une énergie inférieure à celle des deux atomes pris séparément; la différence entre ces deux énergies est l'*énergie de liaison.* Les liaisons sont dues à des échanges ou à des déplacements d'électrons appartenant aux couches les plus externes des atomes. On distingue les liaisons *fortes* et les liaisons *faibles.* – *Liaisons fortes :* l'*électrovalence* assure la cohésion des cristaux formés d'ions de signes opposés; la *covalence* assure celle des atomes dans les molécules de composés non ionisés par la mise en commun de deux électrons; la *liaison métallique* assure celle des métaux à l'état solide. – *Liaisons faibles :* les *liaisons hydrogène* sont responsables de certaines anomalies des propriétés physiques d'un corps; les *liaisons par forces de Van der Waals* (physicien néerlandais, 1837 – 1923) expliquent la cohésion des gaz rares et de l'hydrogène dans les cristaux formés par solidification ainsi que certains phénomènes d'adsorption.

liane [ljan] n. f. Végétal dont la tige, trop flexible pour se soutenir d'elle-même, croît le long d'un support (arbre, mur, etc.). *Les lianes sont abondantes dans les forêts africaines.* – (Afr. subsah.) *Liane à eau,* dont la sève est potable. *Liane à caoutchouc :* landolphia. *Liane corail,* ornementale, à fleurs roses. *Liane à indigo. Liane réglisse.* ▷ Fig. *Un corps de liane :* un corps très souple.

Liang Kai ou **Leang K'ai** (XIIIe s.), peintre chinois de l'époque des Song. Il est, avec Muqi, le plus illustre des adeptes du chan (zen) et l'un des plus grands artistes chinois de tous les temps : *Portrait imaginaire du poète Li Bo* (encre sur papier).

liant, liante [ljɑ̃, ljɑ̃t] n. m. et adj. **1.** n. m. PEINT Constituant des peintures et des vernis dont la fonction est d'assurer une bonne dispersion des pigments dans le produit, et de former après séchage une pellicule protectrice. ▷ TRAV PUBL Produit que l'on ajoute aux granulats du corps d'une chaussée pour les faire adhérer entre eux. **2.** adj. Fig. Qui entre facilement en relations amicales avec autrui. ▷ n. m. Qualité d'une personne liante. *Il manque de liant.*

lias [ljɑs] n. m. GEOL Jurassique inférieur.

liasse [ljas] n. f. Ensemble de journaux, de papiers, de billets de banque, etc., liés en paquet.

Liban (Mont)(en ar. *djabal Lubnān* «montagne blanche»), chaîne calcaire du Liban, s'allongeant du N. au S., sur 170 km et large de 10 à 40 km. Il atteint 3086 m au *Qurnat al-Sawdā,* point culminant du pays. Les forêts de cèdres, exploitées à outrance, ont presque disparu. Élevage ovin. Sports d'hiver. – D'accès difficile, le Mont Liban a souvent servi de refuge aux minorités (maronites, chiites, druzes).

Liban (république du), État du Proche-Orient.
▶ V. carte et dossier, p. 1461.

libanais, aise [libanɛ, ɛz] adj. et n. **1.** Du Liban. **2.** (Afr. subsah.) Du Moyen-Orient. Syn. libano-syrien. ▷ Subst. *Un(e) Libanais(e).*

libanisme [libanism] n. m. LING Fait de langue (prononciation, mot, tournure, etc.) caractéristique du français du Liban.

libanité [libanite] n. f. (Proche-Orient) **1.** Caractère de ce qui est libanais. **2.** Spécificité culturelle du Liban et des Libanais. *Affirmer sa libanité.*

libano-syrien, enne [libanosiʀjɛ̃, ɛn] adj. et n. (Afr. subsah.) Du Proche-Orient. ▷ Subst. *Des Libano-Syriens.*

libation [libasjɔ̃] n. f. ANTIQ Pratique religieuse qui consistait à répandre, en l'honneur des dieux, une coupe de vin, de lait, etc. ▷ (Afr. subsah.) Action de répandre sur le sol, en l'honneur des ancêtres, quelques gouttes de la boisson qu'on va absorber. ▷ (Le plus souvent au plur.) Mod., plaisant *Faire de copieuses libations :* boire beaucoup (de vin, d'alcool).

Libby (Willard Frank) (1908 – 1980), chimiste américain. Il mit au point la datation* au carbone 14. P. Nobel 1960.

libelle [libɛl] n. m. Petit livre de caractère satirique, insultant ou diffamatoire. Syn. pamphlet.

libellé [libelle] n. m. Texte d'un document; manière dont il est rédigé. *Le libellé d'une mise en demeure.*

libeller [libɛlle] v. tr. [**1**] Rédiger dans les formes requises (un document financier, judiciaire ou administratif). ▷ *Libeller un mandat, un chèque,* le compléter par l'indication du montant, du destinataire, etc.

libellule [libɛllyl] n. f. Insecte odonate pourvu de deux paires d'ailes membraneuses inégales à nervation abondante, dont les larves vivent dans les eaux douces dormantes (genres *Libellula* et voisins; nombreuses espèces). Syn. cour. (Guad.) zing-zing.

liber [libɛʀ] n. m. BOT Tissu conducteur de la sève élaborée, qui constitue la face interne de l'écorce.

libérable [libeʀabl] adj. Qui peut être libéré.

libéral, ale, aux [libeʀal, o] adj., n. (et adv.) **I.** adj. (et n.) **1.** Litt. Qui se plaît à donner. Syn. généreux. **2.** *Profession libérale :* profession non manuelle et non salariée (médecins, avocats, notaires, architectes, etc.). **3.** Tolérant, large, ouvert, peu autoritaire. *Une éducation libérale.* **4.** Partisan du libéralisme, en politique, en économie. ▷ Subst. *Les libéraux.* **II.** n. (et adj. et adv.) POLIT Membre ou partisan d'un parti libéral. ▷ adj. Relatif aux libéraux, à leur parti. *Le parti libéral du Québec.* ▷ adv. *Voter libéral.*

libéral canadien (Parti), parti créé en 1867 et qui s'opposa au Parti conservateur*. Il accéda au pouvoir en 1896, sous la direction du Québécois W. Laurier, et le perdit en 1911. Par la suite, le libéral Mackenzie King fut Premier ministre de 1921 à 1930 et de 1935 à 1948. Depuis, l'alternance des deux partis est régulière.

libéral du Québec (Parti), parti créé en 1848-1850. En 1960, il vainquit l'Union nationale, conservatrice, et son leader, Jean Lesage, entama la *Révolution tranquille.* En 1976, le Parti québécois vainquit le Parti libéral; depuis, les deux partis alternent au gouvernement du Québec.

libéralement [libeʀalmɑ̃] adv. Avec libéralité, généreusement.

libéralisation [libeʀalizasjɔ̃] n. f. Action de libéraliser.

libéraliser [libeʀalize] v. tr. [**1**] Rendre plus libéral, moins autoritaire. *Libéraliser un régime politique.*

libéralisme [libeʀalism] n. m. **1.** HIST Au XIXe s., doctrine et système politiques de ceux qui réclamaient la liberté politique, religieuse, etc., conformément à l'esprit des principes de 1789. ▷ Mod. Attitude de ceux qui s'attachent en premier lieu à la défense de la démocratie politique et des libertés individuelles des citoyens. Ant. totalitarisme. **2.** Doctrine économique hostile à l'intervention de l'État dans la vie économique et à son contrôle sur les moyens de production. Ant. étatisme. **3.** Attitude qui respecte la liberté d'autrui en matière d'opinion, de conduite, etc. Ant. autoritarisme, intransigeance.

libéralité [libeʀalite] n. f. **1.** Litt. Propension à donner; générosité. **2.** *Par méton.* Litt. Don généreux. *Faire des libéralités.* **3.** DR Toute disposition à titre gratuit (don, donation ou legs).

libérateur, trice [libeʀatœʀ, tʀis] n. et adj. **1.** n. Celui, celle qui libère une personne, un peuple, un territoire (d'une oppression, de la servitude). Ant. occupant, oppresseur. ▷ adj. *L'armée libératrice.* **2.** adj. Qui libère (d'une contrainte, d'une sensation d'oppression). *Un fou rire libérateur.*

libération [libeʀasjɔ̃] n. f. **1.** Action de libérer. *Libération d'un otage.* ▷ *Libération conditionnelle :* mise en liberté d'un détenu avant l'expiration de sa peine, sous certaines conditions. – *Libération d'un territoire. Libération de la femme.* – *La libération d'énergie qui accompagne une réaction nucléaire.* **2.** FIN *Libération du capital :* mise à disposition d'une entreprise des apports de ses actionnaires. ▷ Décharge, suppression d'une obligation, d'une dette, d'une gêne, etc. *Libération par versement anticipé.* **3.** ASTRO, ESP *Vitesse de libération :* vitesse minimale qu'il faut donner à un corps pour qu'il échappe à l'attraction d'un astre; elle est proportionnelle à la racine carrée de la masse de cet astre.

Libération (la), période de la Seconde Guerre mondiale (1943-1945) durant laquelle les forces alliées et les mouvements de résistance locaux libérèrent les pays d'Europe occupés par les troupes allemandes.

libératoire [libeʀatwaʀ] adj. DR, FIN Qui libère d'une dette, d'un engagement, d'une obligation. *Versement, prélèvement libératoire.*

libéré, ée [libeʀe] adj. **1.** Mis en liberté. *Détenu libéré.* **2.** Délivré de l'occupation ennemie. *Les régions libérées.* **3.** Délivré d'une gêne, d'une entrave morale.

libérer [libeʀe] v. [**14**] **I.** v. tr. **1.** Mettre en liberté. *Libérer un détenu.* **2.** Décharger d'une obligation, d'une gêne, etc. *Libérer sa maison d'une servitude. Libérer le crédit, les importations.* **3.** Renvoyer (des soldats) dans leurs foyers, à la fin du service. **4.** Délivrer de la présence de l'occupant ennemi. **5.** Délivrer d'une entrave, d'une gêne morale. *Il a libéré sa conscience.* **6.** Dégager, produire. *Cette réaction chimique libère du gaz carbonique.* **II.** v. pron. **1.** S'acquitter. *Se libérer d'une dette.* **2.** S'affranchir, se délivrer. *Se libérer d'un préjugé.*

Liberia (république du), État d'Afrique occidentale, bordé par l'Atlantique au S. et au S.-O., et limitrophe de la Sierra Leone au N.-O., de la Guinée au N. et de la Côte d'Ivoire à l'E.; 111 369 km^2; env. 2,8 millions d'hab., croissance démographique : plus de 3 % par an; cap. *Monrovia.* Nature de l'État : rép. de type présidentiel. Langue off. : anglais. Monnaie : dollar libérien. Relig. : christianisme (68 %), religions traditionnelles (18 %), islam (14 %).
Géogr. et écon. – Le pays est constitué d'un plateau ondulé de roches anciennes, qui culmine au N.-E. à 1 752 m, dans les monts Nimba, et retombe sur l'Atlantique par une côte souvent abrupte, bordée de mangrove et d'accès difficile. La forêt dense qui couvre le Liberia correspond à un climat subéquatorial très humide qui ne connaît une courte saison sèche que dans l'O. et vers l'arrière-pays. La population autochtone, à majorité rurale, se répartit entre une vingtaine d'ethnies dont les princ. sont les Kpélé (20 % de la population), les Bassa (14 %) et les Grébo (9 %). Les ressources sont variées : produits des grandes plantations tropicales (caoutchouc, café, cacao), bois, produits miniers (fer des monts Nimba et diamants), recettes tirées du «pavillon de complaisance» : le Liberia a la première flotte marchande du monde, constituée de bateaux étrangers immatriculés dans le pays en raison d'une réglementation et d'une fiscalité très favorables. La situation écon., critique du fait de la baisse des cours des matières premières et des troubles intérieurs des années quatre-vingts, est devenue catastrophique avec la guerre civile de 1990. Ainsi, la balance agricole était naguère excédentaire; auj., la famine règne. La production minière est nulle.
Hist. – Fondée en 1822 par une société américaine pour y installer des esclaves noirs libérés, la rép. du Liberia accéda à l'indépendance en 1847. Elle a longtemps connu une vie politique calme et stable (le président Tubman est resté au pouvoir de 1944 à 1971) malgré l'antagonisme entre les descendants des Afro-Américains et les pop. indigènes. En avril 1980, un coup d'État conduit par le sergent Samuel K. Doe mit fin au régime contesté de William Tolbert (au pouvoir depuis 1972), qui fut tué. Après la proclamation d'une Constitution en 1984, suivie de tribulations électorales, S. Doe devint prés. de la République en 1985. Dès cette date, il dut déjouer des tentatives de coup d'État. La rébellion qui éclata en 1989 entraîna la chute (sept. 1990) du régime sanguinaire de S. Doe (qui fut exécuté), mais ouvrit une période de guerre civile entre partisans du Mouvement uni de libération (ULIMO), du Front national patriotique du Liberia (N.P.F.L.) de Charles Taylor et d'autres factions, pour prendre le contrôle du pays. Depuis 1991, la Force interafricaine d'interposition, dominée par le Nigeria, est restée impuissante à désarmer les combattants. Les accords d'Akosombo et Accra (1994), d'Abuja (1995) furent sans effets, mais en août 1996, un exécutif provisoire a été mis en place, celui-ci essaya de procéder au désarmement des factions, prépara le rapatriement d'environ un million de réfugiés et de déplacés, organisa les élections générales. En juil. 1997, Charles Taylor a été élu président de la Rep.

libérien, enne [libeʀjɛ̃, ɛn] adj. et n. Du Liberia. ▷ Subst. *Un(e) Libérien(ne).*

libéro [libeʀo] n. m. SPORT Au football, joueur qui opère entre le gardien de but et la ligne de défense.

libertaire [libɛʀtɛʀ] adj. et n. Partisan d'une liberté sans limitation (dans l'ordre social et politique). Syn. anarchiste.

liberté [libɛʀte] n. f. **I.** Par oppos. à *esclavage,* à *captivité.* **1.** Condition d'une personne libre, non esclave, non serve. *L'esclave romain pouvait parfois obtenir la liberté.* **2.** État d'une personne qui n'est pas prisonnière. ▷ *Liberté surveillée :* régime imposé à certains délinquants mineurs qui sont rendus à leur famille, mais sous la surveillance et le contrôle d'un délégué. ▷ *Liberté provisoire :* état d'un inculpé qui n'est pas emprisonné, tant qu'il n'est pas encore jugé. ▷ Par ext. *Animaux en liberté,* non enfermés dans des cages, dans un enclos. **II.** Par oppos. à *oppression,* à *interdiction.* **1.** Possibilité, assurée par les lois ou le système politique et social, d'agir comme on l'entend, sous réserve de ne pas porter atteinte aux droits d'autrui ou à la sécurité publique. ▷ *Liberté naturelle,* celle qui doit être accordée à tout homme en vertu du droit naturel. ▷ *Liberté civile :* droit d'agir à sa guise, sous réserve de respecter les lois établies. ▷ *Liberté politique,* celle d'exercer une activité politique, d'adhérer à un parti, de militer, d'élire des représentants, etc. ▷ *Liberté individuelle :* droit de chaque citoyen de disposer librement de lui-même et d'être protégé contre toute mesure arbitraire ou vexatoire (emprisonnement arbitraire, astreinte à résidence, interdiction de se déplacer, etc.). **2.** Absol. *La liberté :* le principe politique qui assure aux citoyens la liberté individuelle, la liberté civile, la liberté politique. **3.** *Liberté de... :* chacune des possibilités qui réalisent ce principe de liberté (dans un domaine déterminé). – *Liberté de conscience,* concernant le choix d'une religion ou le refus d'avoir une religion. – *Liberté du culte,* concernant l'exercice du culte public des diverses religions. – *Liberté d'opinion, de pensée, d'expression :* droit d'avoir et d'exprimer des opinions religieuses, politiques, philosophiques. – *Liberté de la presse :* droit de publier des journaux, des livres sans autorisation préalable ni censure. – *Liberté syndicale :* droit d'adhérer à un syndicat de son choix ou de n'adhérer à aucun. **4.** (Plur.) Droits locaux. *Libertés communales.* **III.** Par oppos. à *contrainte, gêne, entrave.* **1.** État d'une personne qui n'est pas liée, engagée. *Dans ce cas, je dénonce le contrat et je reprends ma liberté.* **2.** État d'une personne qui n'est pas gênée dans son action par le manque de temps, les préoccupations, etc. *Ce travail me laisse peu de liberté. Quelques instants de liberté.* **3.** Manière aisée, non contrainte, de penser, d'agir, de parler, etc. *Liberté d'esprit. Liberté d'allure. Liberté de langage.* **4.** *Je prends la liberté de vous écrire :* je me permets de vous écrire, j'ose vous écrire. – Plur. *Prendre des libertés :* agir avec désinvolture, familiarité, ou sans respect des règles. *Il prend des libertés avec la syntaxe.* **IV.** PHILO Possibilité qu'a l'homme d'agir de manière autonome, sans être soumis à la fatalité ni au déterminisme biologique ou social.

libertin, ine [libɛʀtɛ̃, in] adj. et n. Adonné au libertinage, à la licence des mœurs. – Subst. *Un incorrigible libertin.* ▷ Par ext. *Contes libertins.*

libertinage [libɛʀtinaʒ] n. m. Dérèglement des mœurs; licence, inconduite.

libidineux, euse [libidinø, øz] adj. Porté à la luxure.

libido [libido] n. f. **1.** PSYCHAN Pour les psychanalystes freudiens, énergie vitale émanant de la sexualité. ▷ Chez Jung et ses successeurs, énergie psychique en général. **2.** Cour. Instinct sexuel.
ENCYCL La libido est «la manifestation dynamique dans la vie psychique de la pulsion sexuelle» (Freud). Elle joue un rôle déterminant aux différents stades du développement, de l'enfant à l'adulte, ainsi que dans l'étiologie des névroses.

libitum (ad) [adlibitɔm] Loc. adv. V. ad libitum.

Li Bo ou **Li Taibo** ou **Li (Taï) Po** (v. 701 – 762), poète chinois de la dynastie des Tang. Surnommé le *Saint de la poésie,* il est considéré comme le plus grand poète classique chinois.

liboké [liboke] n. m. (Afr. subsah.) En rép. dém. du Congo, cuisson à l'étuvée d'un aliment enveloppé dans des feuilles de bananier. *Poisson en liboké.* ▷ Mets ainsi préparé. *Liboké de viande.*

libraire [libʀɛʀ] n. Personne qui fait le commerce des livres.

librairie [libʀɛʀi] n. f. **1.** Magasin de libraire. **2.** Profession du libraire. ▷ Commerce des livres.

librairie-trottoir [libʀɛʀitʀɔtwaʀ] n. f. (Afr. subsah.) Fam. Étal de bouquiniste disposé à même le trottoir. *Des librairies-trottoirs.*

libration [libʀasjɔ̃] n. f. ASTRO Balancement apparent de la face visible de la Lune de part et d'autre de sa position moyenne, dû à la trajectoire elliptique de son orbite *(libration en longitude),* à l'inclinaison de l'axe de ses pôles *(libration en latitude)* et à la rotation de la Terre *(libration diurne).*

libre [libʀ] adj. **I. 1.** Qui n'est pas prisonnier, captif. *Il est sorti libre du cabinet du juge d'instruction.* **2.** Qui n'est pas esclave ni serf. *Dans l'Antiquité, la société se divisait en hommes libres et en esclaves.* **3.** Qui a la possibilité d'agir ou non; qui se détermine indépendamment de toute contrainte extérieure. *Les hommes naissent et demeurent libres et égaux en droit.* ▷ *Libre de* (+ inf.) Qui a le droit, la possibilité de. *Il est libre d'agir à sa guise.* ▷ *Libre de* (+ subst.) Qui ne subit pas la contrainte de. *Libre d'inquiétude. Avoir l'esprit libre de soucis.* **4.** (En parlant d'un pays, d'une nation.) Qui n'est pas soumis à l'autorité d'un gouvernement totalitaire; qui n'est pas soumis à une puissance étrangère. ▷ Spécial. *Le monde libre, les pays libres :* les démocraties occidentales d'économie capitaliste. **5.** Qui n'est pas contrôlé par une autorité. *La libre entreprise. Presse libre.* **6.** Relatif à l'enseignement confessionnel. *Les écoles libres.* **7.** Qui n'est lié par aucun engagement. *Refuser un emploi pour rester libre.* – *Spécial.* Qui n'est pas marié ou engagé dans une relation amoureuse. ▷ Qui peut disposer de son temps comme il l'entend. *Je suis libre à cinq heures.* **8.** Qui manifeste de l'aisance dans son allure, dans son comportement; simple et naturel. *Être libre avec qqn.* **9.** Qui n'est pas soumis aux contraintes sociales, aux convenances (en partic. en matière de mœurs). *Une conduite fort libre.* ▷ Par ext. *Des propos trop libres.* **II. 1.** Qui n'est pas occupé; disponible, dégagé d'obstacles. *Voie libre. Place libre. Appartement libre.* ▷ *Temps libre,* dont on peut disposer à sa guise. **2.** (Choses) Qui n'est pas serré, attaché, fixé; qui se meut sans difficulté. *Cheveux libres.* ▷ *Laisser, donner libre cours à :* laisser se manifester sans retenue. *Donner libre cours à sa joie.* ▷ BOT Qui n'adhère pas aux organes voisins. *Étamines libres.* ▷ *Chute libre :* mouvement d'un corps sous la seule action de son poids. **3.** Dont la forme ou le contenu n'est pas imposé. *Sujet libre.* – *Vers libres,* non soumis aux règles class. de la versification. ▷ SPORT *Lutte libre,* qui permet des prises sur tout le corps (par oppos. à *lutte gréco-romaine*). **4.** *Entrée libre :* entrée gratuite, ou qui n'est soumise à aucune obligation d'achat.

libre arbitre [libʀaʀbitʀ] n. m. Pouvoir qu'a la raison humaine de se déterminer librement.

libre-échange [libʀeʃɑ̃ʒ] n. m. ECON Système qui préconise la suppression des droits de douane et de toute entrave au commerce international. *Des libre-échanges.*

libre-échangiste [libʀeʃɑ̃ʒist] adj. et n. Qui concerne le libre-échange. ▷ Subst. Partisan du libre-échange. *Des libre-échangistes.*

librement [libʀəmɑ̃] adv. **1.** En étant libre. *Aller et venir librement.* **2.** Franchement, sans arrière-pensées. *Parler librement.* ▷ Avec licence. **3.** Sans respecter certaines contraintes. *Traduire librement un auteur.*

libre pensée [libʀəpɑ̃se] n. f. État d'esprit, doctrine du libre penseur.

libre penseur, euse [libʀəpɑ̃sœʀ, øz] n. et adj. Personne qui déclare n'avoir aucune croyance religieuse. ▷ adj. *Pamphlets libres penseurs.*

libre-service [libʀəsɛʀvis] n. m. Système de commercialisation dans lequel les clients se servent eux-mêmes. ▷ *Par ext.* Établissement qui utilise ce système. *Des libres-services.*

Libreville, cap. du Gabon; 370000 hab. Port (avec son annexe Owendo*) sur l'estuaire du Gabon, la ville est un important centre d'exportation et de traitement des bois tropicaux (okoumé, ébène). Industries text. et agro-alimentaire; cimenterie. Aéroport international. – Université. – Libreville est le siège du Centre* international des civilisations bantu (CICIBA) et de la Communauté* économique des États de l'Afrique centrale (C.E.E.A.C.). – Libreville fut fondée en 1849 pour y installer des esclaves libérés.

Libye (désert de) ou **Libyque** (désert), partie nord-est du Sahara partagée entre l'Égypte et la Libye (Cyrénaïque); env. 2000000 km². Cet ensemble de plateaux gréseux et calcaires couverts de sable comporte des pitons volcaniques (djebel Oucinat, 1934 m). Il est parcouru par des nomades. Princ. oasis : Koufra et Djaraboub en Libye, Siouah et Bahariya en Égypte.

Libye (République arabe libyenne) (*al-Gamāhīriyya al-'arabiyya al-lībiyya),* État d'Afrique du Nord, bordé au N. par la mer Méditerranée et limité au N.-O. par la Tunisie, à l'O. par l'Algérie, au S. par le Niger et le Tchad, à l'E. par l'Égypte et le Soudan; 1759540 km²; 4500000 hab., croissance démographique : 3,6 % par an; cap. *Tripoli.* Nature de l'État : rép. de type socialiste. Langue off. : arabe. Monnaie : dinar. Relig. : islam sunnite (97 %).

Géogr. et écon. – Une étroite bande côtière au climat méditerranéen (Cyrénaïque, Tripolitaine) groupe l'essentiel de la population et des cultures (oliviers, céréales). Le reste (99 % du territoire) appartient au désert du Sahara où l'occupation se limite aux oasis du Fezzan (dattes, légumes). Jadis nomades, les Libyens se sont sédentarisés. Aussi, l'élevage nomade est en recul. L'économie a été transformée par la rente pétrolière (gisements du golfe de Syrte découverts en 1959), qui a permis d'importants investissements dans l'agriculture (irrigation), les infrastructures et l'industrie (pétrochimie) entraînant un important essor urbain (70 % de citadins) et l'arrivée de 500000 étrangers. La baisse des prix du pétrole et l'embargo aérien (dep. 1992) ont entraîné l'austérité et le ralentissement de l'investissement productif. La «Grande Rivière artificielle», inaugurée en 1991 pour fertiliser le nord de la Libye (coût total : 25 milliards de dollars), ne fournit actuellement que 20 % de l'eau prévue; le reste s'évapore.

Hist. – Dans l'Antiquité, la Tripolitaine fut occupée par les Phéniciens et les Carthaginois, tandis que la Cyrénaïque, colonisée par les Grecs à partir du VIIe s. av. J.-C., vécut ensuite sous la tutelle des Ptolémées d'Égypte. Les Romains unifièrent le pays qui fut alors une riche région agricole de l'Empire. Puis la Libye passa sous la domination arabe. Au XVIe s., la Libye fut conquise par les Turcs, et v. 1710 un janissaire, Ahmed Paşa Karamanli, établit une dynastie qui gouverna le pays jusqu'en 1835, date à laquelle l'administration directe d'Istanbul fut rétablie. Les Senoussis, confrérie musulmane rigoriste, acquirent cependant une quasi-indépendance pour la Cyrénaïque. Colonisée par les Italiens à partir de 1912, la Libye fut pendant la guerre de 1939-1945 le théâtre d'opérations d'envergure qui opposèrent les forces de l'Axe aux Britanniques et aux Français. Elle obtint son indépendance en 1951; Idris as-Sanusi fut proclamé roi. La découverte du pétrole et le brusque enrichissement du pays dans les années 60 ébranlèrent les structures encore féodales. Idris Ier fut renversé par le coup d'État militaire du 1er sept. 1969, à l'issue duquel fut créé un Conseil de la révolution, dirigé par Mu'ammar Al Kadhafi. Partisan du panarabisme, ce dernier rechercha diverses unions, notam. avec la Tunisie, la Syrie, l'Égypte, le Maroc, qui toutes avortèrent. L'intransigeance de Kadhafi à l'égard d'Israël l'amena à condamner la politique d'Anouar el-Sadate au point d'entraîner avec l'Égypte un bref conflit armé (juil. 1977). La Libye a soutenu activement divers mouvements nationalistes et terroristes. Elle est intervenue au Tchad et a pris la bande d'Aozou (1973); ses troupes, appuyant le gouvernement d'union nationale de transition (G.U.N.T.) contre Hissène Habré, ont occupé le nord du pays. De sévères défaites, en 1987, ont contraint la Libye à reconnaître le gouvernement de Hissène Habré. Cette politique interventionniste a conduit à la rupture avec les Etats.-Unis, qui ont décidé le boycott économique (1981), puis bombardé plusieurs objectifs militaires en territoire libyen (1986). À l'intérieur, Kadhafi, prônant un socialisme islamique, lui-même se consacrant à son rôle de «guide de la révolution», se déchargea des fonctions traditionnelles du chef de l'État (1974). En 1977, la Constitution a été abrogée et remplacée par la «Charte du pouvoir populaire», qui a confié le pouvoir à des «comités populaires». En 1990, les bases d'une union polit. et écon. avec le Soudan ont été établies. Après la neutralité observée par le régime lors de la guerre du Golfe*, la Libye s'est à nouveau retrouvée isolée en 1992 : son refus de livrer deux de ses ressortissants accusés de terrorisme a entraîné la mise en place, sous l'égide de l'ONU, d'un embargo aérien et militaire. En 1994, la Cour internationale de justice de La Haye l'a condamnée à restituer au Tchad la bande d'Aozou. En 1995, Kadhafi a protesté contre les accords de paix entre Arafat et Israël en expulsant des travailleurs immigrés palestiniens, alors que le chômage menace la Libye.

libyen, enne [libjɛ̃, ɛn] adj. et n. De Libye. ▷ Subst. *Un(e) Libyen(ne).*

Libyque (désert). V. Libye (désert de).

1. lice [lis] n. f. HIST Espace où se déroulaient les courses, les joutes, les tournois. – Fig. *Entrer en lice :* se jeter dans la lutte, entrer en compétition.

2. lice. V. lisse 2.

3. lice [lis] n. f. CHASSE Femelle d'un chien de chasse.

licence [lisɑ̃s] n. f. **I. 1.** Autorisation spéciale accordée par l'administration des douanes d'importer ou d'exporter certaines marchandises dont le commerce est réglementé. ▷ Autorisation d'exercer certaines activités, de vendre certains produits. *Licence de pêche, de débit de boissons.* **2.** Autorisation que donne à un tiers le titulaire d'un brevet d'invention d'exploiter celui-ci. *Contrat de licence.* **3.** SPORT Autorisation, émise par une fédération sportive, donnant droit à l'exercice d'un sport de compétition et assurant la couverture de certains risques en cas d'accident. **4.** (Afr. subsah., Liban, Maurice) Permis* de conduire. **II. 1.** Grade universitaire qui se place entre le baccalauréat et la maîtrise. *Licence ès lettres. Certificat de licence.* **2.** (Afr. subsah., Belgique) Ensemble du deuxième cycle universitaire (trois ou quatre années, selon les études). – *Première licence :* troisième année d'université (V. licence [sens II, 1]). – *Deuxième licence :* quatrième année d'université (V. maîtrise [sens 2]). – *Licence spéciale :* première année du troisième cycle universitaire; diplôme sanctionnant cette année. **III. 1.** Litt. Dérèglement des mœurs. *Vivre dans la licence.* **2.** *Licence poétique :* transgression de la règle et de l'usage que le poète se permet. *«Encor» pour «encore» est une licence poétique.*

licencié, ée [lisɑ̃sje] n. et adj. **1.** Titulaire d'un diplôme de licence (sens II, 1). *Licencié en droit.* – adj. *Professeur licencié.* ▷ (Belgique) Titulaire d'un diplôme de licence (sens II, 2). **2.** SPORT Titulaire de la licence d'une fédération sportive. **3.** Personne congédiée. – adj. *Employée licenciée.*

licenciement [lisɑ̃simɑ̃] n. m. Action de licencier; son résultat. *Licenciement* *collectif. Licenciement sec,* sans contrepartie ni reclassement pour le licencié.

licencier [lisɑ̃sje] v. tr. [2] Congédier, renvoyer. *Licencier un employé.*

licencieux, euse [lisɑ̃sjø, øz] adj. Qui est contraire aux bonnes mœurs, qui offense la pudeur.

liche [liʃ] n. f. V. lichette.

lichen [likɛn] n. m. Végétal résultant de l'association symbiotique d'un champignon et d'une algue, et qui pousse sur les roches et les matières organiques.

Li Cheng (actif v. 940-967), paysagiste chinois. Nous ne possédons que des copies du XIe s.

licher [liʃe] v. tr. [1] (Québec) Fam. **1.** Lécher. **2.** Loc. *Se licher* ou *se licher la patte :* aller au diable. *Tu n'en voulais pas tout à l'heure? Eh bien, liche-toi la patte maintenant!*

lichette [liʃɛt] ou **liche** [liʃ] n. f. (Belgique) Petite attache (en cuir, en tissu ou chaînette) cousue sur un vêtement, un torchon, pour le suspendre. *J'ai cassé la lichette de mon pardessus.*

licheux, euse [liʃø, øz] adj. et n. (Québec) Fam. **1.** Qui est affectueux. *Un enfant licheux.* **2.** Péjor. Qui est flatteur, flagorneur (notam. en parlant d'un élève). ▷ Subst. *Une petite licheuse.*

Lichtenberg (Georg Christoph) (1742 – 1799), écrivain allemand; maître de l'humour noir : *Aphorismes* (posth., 1800-1806).

Lichtenstein (Roy) (né en 1923), peintre américain du pop'art.

licier, ère [lisje, ɛʀ] n. V. lissier, ère.

licitation [lisitasjɔ̃] n. f. DR Vente aux enchères, par ses copropriétaires, d'un bien indivis.

licite [lisit] adj. Qui n'est pas défendu par la loi, les règlements. *Gain licite.* Syn. légal, légitime. Ant. illicite.

licorne [likɔʀn] n. f. Animal fabuleux, cheval à longue corne unique implantée au milieu du chanfrein.

licou [liku] ou **licol** [likɔl] n. m. Lien de cuir, de corde, passé autour du cou des bêtes de somme pour les attacher, les conduire.

Licra, acronyme pour *Ligue* internationale contre le racisme et l'antisémitisme.*

lido [lido] n. m. GEOGR *Côte à lido,* comportant des accumulations littorales avancées, parallèles à la ligne générale du rivage et délimitant des lagunes.

Lido, flèche de sable composée de sept îles, qui isole de la mer la lagune de Venise. L'une d'elles est proprement le Lido (stat. baln. où se trouve le palais du Festival international de cinéma).

lie [li] n. f. et adj. inv. **1.** Dépôt qu'un liquide fermenté laisse précipiter au fond du récipient qui le contient. *Lie de vin.* ▷ adj. inv. *Lie-de-vin :* rouge violacé. **2.** Fig., litt. Ce qu'il y a de plus vil, de plus bas. *La lie du peuple.*

Liebig (Justus, baron von) (1803 – 1873), chimiste allemand. Il mit au point le chloroforme (1831) et fonda la chimie agricole.

Liebknecht (Wilhelm) (1826 – 1900), homme politique allemand. Fondateur du parti social-démocrate allemand (1869), député au Reichstag (de 1874 à sa mort). — **Karl** (1871 – 1919), fils du préc.; député social-démocrate, seul parlementaire qui s'opposa (dès déc. 1914) à la guerre, il fonda la Ligue Spartakus* (1916), qui devint, en 1918, le parti communiste allemand. Arrêté après l'insurrection spartakiste de Berlin (1919), qu'il dirigea avec Rosa Luxemburg*, il fut assassiné.

Liechtenstein, principauté de l'Europe centrale, située entre la Suisse et l'Autriche; 160 km^2; 27710 hab. (Liechtensteinois, dont 35% d'étrangers, suisses surtout); cap. *Vaduz.* Nature de l'État : monarchie constitutionnelle. Langue off. : allemand. Monnaie : franc suisse. Relig. : catholicisme.

Géogr. et écon. – Formé des Alpes rhétiques et de la rive droite alluviale du Rhin, le Liechtenstein a un climat montagnard humide, favorable aux herbages et à l'élevage laitier. Paradis fiscal, le pays a attiré de nombreuses entreprises étrangères qui en ont fait une place industr., fin. et comm. importante. Les habitants jouissent de l'un des revenus les plus hauts de la planète. Le tourisme est actif.

Hist. – Formée de la réunion des seigneuries de Vaduz et de Schellenberg (1699), le Liechtenstein est élevé en 1719 au rang de principauté par l'empereur Charles VI. Après l'épisode napoléonien, il entre dans la Confédération germanique de 1815 à 1866, s'unit à l'Autriche dans une union douanière (1876-1918), puis signe avec la Suisse (1921-1924) un ensemble d'accords. Le prince régnant est Hans-Adam II, qui a succédé à son père François-Joseph II (prince de 1938 à 1984, mort en 1989). En 1986, les femmes ont obtenu le droit de vote. Le Liechtenstein est devenu membre de l'ONU en 1990 et de l'A.E.L.E. en 1991.

lied [lid] n. m. Ballade populaire des pays germaniques. *Des lieder* ou *des lieds.*

liège [ljɛʒ] n. m. **1.** Matière spongieuse, imperméable, peu dense, fournie par l'écorce de certains arbres, notam. du chêne-liège. **2.** BOT Tissu protecteur secondaire des plantes dicotylédones, constitué par des cellules mortes emplies d'air, dont la paroi est imprégnée d'une substance lipidique.

Liège (en néerl. *Luik*), v. de Belgique, au confl. de la Meuse et de l'Ourthe canalisée; ch.-l. de la prov. du m. nom; 196000 hab. (aggl. urbaine 600000 hab.). Grande ville industr., port fluvial import. relié à Anvers par le canal Albert. – Université. Cath. goth. St-Paul (Xe s. et XIIIe-XVe s.); égl. St-Barthélemy (XIe s.) comprenant des fonts baptismaux en laiton du XIIe s.; égl. St-Denis (XIe s.); palais des princes-évêques (XVIe s.), etc. Musées.

Hist. – Liège devint v. l'an 1000 le siège d'une principauté ecclésiastique appartenant au Saint Empire romain germanique. Celle-ci se dota alors d'écoles dont la réputation devint internationale. À partir du XIVe s., les mines de charbon accélérèrent l'essor de Liège, grande ville industr. (textiles, armes) et commerçante. Au XVe s., Liège fut convoitée par les ducs de Bourgogne; en 1468, Charles le Téméraire incendia la ville. En 1482, Guillaume de La* Marck fait tuer le prince-évêque mais il est décapité (1485). En 1492, l'empereur Maximilien d'Autriche reconnaît à la principauté de Liège son indép., qui durera jusqu'à la conquête française (1792). En 1815, la principauté est donnée aux Pays-Bas. En 1830, elle rejoint la Belgique indépendante et Liège devient bientôt un des grands centres industriels d'Europe.

Liège (principauté de), principauté ecclésiastique née vers l'an 1000 et qui connut une totale indépendance de 1492 à 1792. (V. Liège).

Liège (province de), prov. de la Belgique orient. qui fait partie de la Communauté française de Belgique et de la Région wallonne; 3874 km^2; 992000 hab.; ch.-l. *Liège.* La vallée de la Meuse, en amont et en aval de la ville de Liège, et les basses vallées affluentes constituent l'axe industr. de la province (sidér., métall.) et séparent le plateau limoneux de la Hesbaye (céréales), au N.-O., des plateaux du Condroz et du pays de Herve, régions d'élevage. À l'extrémité S.-E., les Hautes Fagnes font partie de l'Ardenne, région d'exploitation forestière et d'élevage.

liégeois, oise [ljeʒwa, waz] adj. et n. De Liège. – De la province de Liège. ▷ Subst. *Un(e) Liégeois(e).*

lien [ljɛ̃] n. m. **1.** Bande longue, étroite et souple qui sert à lier. *Lien d'une gerbe.* **2.** Fig. Ce qui unit des personnes entre elles; ce qui attache des personnes à des choses. *Lien conjugal. Le lien entre l'homme et la nature.* **3.** Fig. Ce qui permet d'établir une liaison entre plusieurs faits. *Lien de cause à effet.*

lier [lje] v. tr. [1] **I.** *Lier qqch.* **1.** Attacher, serrer avec un lien. *Lier un fagot.* **2.** Unir, établir une liaison entre (divers éléments solides); donner une certaine consistance, de la cohésion à (une substance). *Le ciment lie les pierres. Lier une sauce.* ▷ Par anal. *Lier deux mots :* prononcer deux mots consécutifs en faisant une liaison. – MUS Pratiquer la liaison de notes consécutives. **II.** *Lier qqn (ou un animal).* **1.** Attacher, immobiliser avec un lien. *Lier qqn avec une corde.* – Pp. adj. *Un poulet aux pattes liées, offert à la vente.* ▷ Fig. *Avoir les mains liées :* être réduit à l'impuissance. **2.** Unir. *Contrat qui lie l'employé à l'employeur.* **3.** Engager. – (Au pass.) *Être lié par une promesse.* **III.** Établir (des relations entre personnes). *Lier amitié avec qqn. Lier connaissance. Lier conversation avec qqn,* entrer en conversation avec lui. ▷ v. pron. *Se lier d'amitié.*

lierne [ljɛʀn] n. f. CONSTR Pièce de bois horizontale reliant des pièces de charpente.

lierre [ljɛʀ] n. m. Plante ligneuse grimpante des régions tempérées, à feuilles persistantes, ayant des racines adventives à crampons.

liesse [ljɛs] n. f. Litt. Allégresse collective. *Foule, peuple en liesse.*

Liestal, v. de Suisse, sur l'*Ergolz*; ch.-l. du cant. de Bâle-Campagne; 12200 hab. Ville industrielle (text., chim.) et militaire (arsenal, école). – Hôtel de ville du XVe s. Un palais du XVIIIe s. abrite le gouvernement cantonal et un musée.

1. lieu, (plur.) **lieux** [ljø] n. m. **I.** Partie délimitée de l'espace. **1.** Espace considéré quant à sa situation, à ses qualités. *Lieu écarté, humide.* – *Lieu géométrique :* ligne ou surface dont les points possèdent une même propriété. *La sphère est le lieu géométrique des points situés à égale distance d'un point fixe.* **2.** Portion délimitée de l'espace, où se déroule un fait, une action. *Le lieu d'un accident.* – Plur. *Sur les lieux du crime.* ▷ *Règle de l'unité de lieu :* règle du théâtre classique selon laquelle l'action d'une pièce doit se dérouler dans un lieu unique. **II.** Endroit considéré quant aux activités qui s'y déroulent. **1.** *Lieu public,* lieu auquel tout le monde a accès. **2.** *Lieu saint, saint lieu :* église, temple, mosquée. – *Les Lieux saints :* V. Lieux saints (les). **3.** *Haut lieu :* endroit rendu célèbre par les faits qui s'y déroulèrent. **III.** Plur. **1.** Endroit destiné à l'habitation. *Visiter les lieux.* ▷ DR *État des lieux :* acte constatant l'état d'un local avant que le locataire en prenne possession. **2.** *Lieu commun :* idée banale, rebattue. **IV.** Loc. **1.** *En premier, second, etc., lieu :* premièrement, deuxièmement, etc. **2.** *Au lieu de :* à la place de. *Au lieu du train, nous prendrons l'avion.* ▷ (Avec un inf.) *Au lieu de travailler, il dort.* **3.** *Tenir lieu de :* remplacer. *Sa sœur aînée lui tient lieu de mère.* **4.** *Avoir lieu :* se produire; arriver. ▷ *Avoir lieu de :* avoir une occasion, une raison de. *Avoir lieu de se réjouir.*

2. lieu [ljø] n. m. Poisson (*Merlangus pollachius,* fam. gadidés) de la Manche et de l'Atlantique, à la mâchoire inférieure allongée. *Les lieus noirs sont aussi appelés colins.*

lieu-dit [ljødi] n. m. Lieu dans la campagne qui, sans constituer une commune, porte un nom particulier. *Des lieux-dits.*

lieue [ljø] n. f. **1.** *Lieue marine :* vingtième partie du degré méridien, soit 5,555 km. **2.** Fig. *Être à cent, mille lieues de :* être très éloigné de. *J'étais à cent lieues d'imaginer une telle réaction.*

lieuse [ljøz] n. f. Machine servant à lier les gerbes, le plus souvent associée à une moissonneuse. *Moissonneuse-lieuse.*

lieutenant [ljøtnɑ̃] n. m. **1.** Personne directement sous les ordres d'un chef et qui peut éventuellement le remplacer. *Labienus fut l'un des lieutenants de César.* **2.** Officier dans les armées de terre et de l'air, d'un grade intermédiaire entre celui de capitaine et celui de sous-lieutenant. ▷ *Lieutenant de vaisseau :* officier de marine, dont le grade correspond à celui de capitaine dans les armées de terre et de l'air. ▷ (Suisse) Sous-lieutenant. – *Premier lieutenant :* lieutenant (sens 2).

lieutenant-colonel [ljøtnɑ̃kɔlɔnɛl] n. m. Officier supérieur dont le grade se situe immédiatement avant celui de colonel et après celui de commandant. *Des lieutenants-colonels.*

lieutenant-gouverneur [ljøtnɑ̃guvɛrnœr] n. m. Représentant de la Couronne britannique dans chacune des provinces canadiennes. *Des lieutenants-gouverneurs.*

Lieux saints (les), sites de Palestine où le Christ vécut. L'aspect politique des Lieux saints est apparu lors de la prise de Jérusalem par les Perses (614), par les Arabes (638) et par les croisés (1099). À partir du XVIIe s., la France fit reconnaître par les Ottomans son rôle protecteur; la Russie orthodoxe prétendit à la même position et la querelle fut une des raisons de la guerre de Crimée (1854). L'Angleterre hérita de ce rôle (mandat sur la Palestine, 1922). La création de l'État d'Israël amena l'ONU à proclamer l'internationalisation des Lieux saints, mais, depuis 1967, les Lieux saints sont *de facto* sous la responsabilité d'Israël.

lièvre [ljɛvr] n. m. **1.** Petit mammifère sauvage (fam. léporidés) qui ressemble au lapin, et auquel de très longues pattes postérieures confèrent une grande rapidité à la course. *Le lièvre gîte dans des dépressions à même le sol. La femelle du lièvre est la hase.* ▷ Fig. *Lever un lièvre :* soulever une question imprévue et embarrassante pour l'interlocuteur. **2.** Chair comestible de cet animal. *Civet, pâté de lièvre.* **3.** Loc. fig. *Courir deux lièvres à la fois :* entreprendre deux affaires en même temps. **4.** ZOOL *Lièvre de mer,* mollusque marin herbivore (genre *Aplysia*), à longs tentacules, pouvant atteindre 30 cm et peser 1 kg, qui émet un liquide violet lorsqu'il est inquiété. **5.** SPORT Dans les courses de demi-fond, coureur qui mène une course à un rythme soutenu, afin de permettre aux autres coureurs de réaliser des performances.

Lifar (Serge) (1905 - 1986), danseur et chorégraphe néo-classique français d'origine russe.

lift [lift] n. m. (Belgique) Place offerte dans une voiture privée pour un trajet déterminé. *Je cherche un lift pour Bruxelles.*

lifter [lifte] v. tr. [1] TENNIS Donner de l'effet à une balle en la frappant de bas en haut. – Pp. adj. *Une balle liftée.*

lifting [liftiŋ] n. m. (Faux anglicisme.) Opération de chirurgie esthétique consistant à tendre la peau du visage pour supprimer les rides. Syn. (off. recommandé) lissage ou remodelage.

ligament [ligamɑ̃] n. m. **1.** ANAT Faisceau fibreux résistant, de taille et de forme variables, plus ou moins élastique, qui relie deux parties d'une articulation ou deux organes. *Ligament articulaire.* ▷ Repli du péritoine qui relie les organes abdominaux entre eux, ou à la paroi abdominale. – *Ligament large :* repli du péritoine qui relie l'utérus à la paroi pelvienne. **2.** ZOOL Matière cornée et élastique qui réunit les deux valves des coquilles des lamellibranches.

ligamentaire [ligamɑ̃tɛr] adj. MED Relatif au ligament.

ligamenteux, euse [ligamɑ̃tø, øz] adj. De la nature des ligaments.

ligase [ligaz] n. f. BIOCHIM Enzyme qui catalyse une réaction de synthèse en utilisant l'énergie fournie par l'A.T.P.

ligature [ligatyr] n. f. **1.** Opération consistant à serrer ou à assembler par un lien. **2.** CHIR Opération qui consiste à lier un conduit; résultat de cette action. *Ligature d'un vaisseau. Ligature des trompes.* **3.** TECH Lien réalisé au moyen d'une corde, d'un fil métallique.

ligaturer [ligatyre] v. tr. [1] Serrer, attacher au moyen d'une ligature.

lige [liʒ] adj. **1.** FEOD *Homme lige :* personne qui était liée au seigneur par une promesse de fidélité et de dévouement absolu. **2.** Fig. *Homme lige :* celui qui est tout dévoué à une personne, à un parti, etc.

Ligeti (György) (né en 1923), compositeur autrichien d'origine hongroise : mus. sérielle, électronique (*Articulation,* 1958), ensuite plus classique. Opéra : *le Grand Macabre* (1974-1977).

ligie [liʒi] n. f. ZOOL Crustacé isopode (genre *Ligia*) côtier, qui ressemble à un cloporte.

lignage [liɲaʒ] n. m. **1.** HIST, ETHNOL Ensemble des personnes issues d'un même ancêtre. *Lignage matrilinéaire* (ou *matrilignage*), *lignage patrilinéaire* (ou *patrilignage*). **2.** TYPO Nombre de lignes d'un texte imprimé.

lignager, ère [liɲaʒe, ɛr] adj. **1.** ANTHROP Relatif au lignage. *Rites lignagers.* **2.** *Biens lignagers :* biens collectifs (terre, troupeaux), sur lesquels les membres du lignage ont un simple droit d'usage.

ligne [liɲ] n. f. **I.** Trait continu. **1.** Trait simple considéré quant à sa forme ou à sa longueur. *Tracer une ligne pour écrire droit. Ligne courbe, horizontale, perpendiculaire.* – *Lignes de la main :* traits qui sillonnent la paume de la main. **2.** GEOM Figure engendrée par le déplacement d'un point. *Ligne droite. Ligne brisée :* succession de segments de droite. – *Lignes trigonométriques :* fonctions circulaires d'un axe ou d'un angle. ▷ *Ligne de niveau :* ensemble de points situés à une même altitude. **3.** Trait réel ou imaginaire qui sépare deux choses, qui délimite le contour, les formes de qqch. *Ligne de démarcation. Un corps aux belles lignes.* ▷ *Garder la ligne :* rester mince. ▷ *Dans les grandes lignes :* sans entrer dans les détails. ▷ MAR *Ligne d'eau, de flottaison :* séparation entre la partie de la coque qui est immergée et celle qui ne l'est pas. ▷ GEOGR *La ligne équinoxiale :* l'équateur. – *Ligne de partage des eaux :* relief du sol qui forme la séparation de deux bassins. – *Ligne de faîte :* crête marquant la séparation de deux versants. ▷ (Québec) Au hockey, trait qui délimite des sections de la patinoire. *La ligne rouge et les lignes bleues.* – Fam. (Emploi critiqué.) *Les lignes :* la frontière avec les États-Unis. *Passer les lignes.* ▷ (Afr. subsah., Belgique) Raie (dans les cheveux). **II. 1.** Direction continue dans un sens donné. *Aller en ligne droite.* ▷ *La ligne d'un parti,* ses principes, ses grandes options. **2.** Parcours suivi régulièrement par un véhicule, un train, un avion; service assuré sur ce parcours. *Ligne d'autobus. Lignes aériennes.* ▷ (France rég., Madag.) *Ligne de chemin de fer :* voie ferrée. **3.** (Haïti) Syn. de *taxi* (sens 1). *Il a pris une ligne pour arriver à l'heure.* **III. 1.** Suite de choses, de personnes disposées selon une direction donnée. *Poteaux, plantes en ligne. Rangez-vous en ligne.* ▷ MILIT Succession d'ouvrages fortifiés. *Ligne de défense.* – *Monter en ligne, en première ligne :* se rendre sur le front. – Ensemble des troupes faisant face à l'ennemi. *L'armée marchait sur trois lignes.* – (Belgique) Unité d'infanterie. *Le douzième de ligne.* ▷ FIN *Ligne de crédit :* mode de crédit bancaire permettant au bénéficiaire un usage échelonné aux mêmes conditions. **2.** Rang. *Être sur la même ligne.* ▷ *Hors ligne :* qui se distingue par ses qualités éminentes. *Administrateur hors ligne.* **3.** Ensemble des caractères rangés sur une ligne horizontale dans une page; ce qui est écrit dans cette ligne. ▷ *Aller à la ligne :* faire un alinéa. ▷ Fig. *Faire entrer en ligne de compte :* tenir compte de, ne pas négliger. ▷ Fig. *Lire entre les lignes :* saisir ce qui, dans un écrit, reste implicite. **4.** Suite des descendants d'une famille; filiation. *Ligne ascendante, descendante.* ▷ *Ligne directe,* de père en fils. **5.** COMM *Ligne de produits :* ensemble de produits répondant aux mêmes critères de technologie et d'emploi. **IV. 1.** Fil, cordeau, ficelle, etc., tendus dans une direction donnée. *Arbres plantés à la ligne. Tracer un sillon à la ligne.* ▷ Cordeau, enduit d'une matière colorée, qui sert à marquer un niveau. *Ligne bleue.* **2.** MAR Petit cordage à trois torons tressés serré. *Ligne de sonde.* **3.** PECHE Fil (nylon, crin) à l'extrémité duquel est attaché un hameçon garni d'un appât ou d'un leurre. *Ligne flottante. Ligne de traîne. Pêcher à la ligne.* – *Ligne de fond,* qui repose au fond de l'eau. **4.** ELECTR Ensemble de conducteurs servant au transport de l'énergie électrique. *Ligne électrique à haute tension. Ligne téléphonique.* ▷ *Par ext.* Circuit de communication. *Il y a qqn sur la ligne.* – (Québec) (Emploi critiqué.) *Gardez la ligne! :* ne quittez pas! – (Québec) *Ligne ouverte :* émission de radio ou de télévision durant laquelle les auditeurs peuvent intervenir en téléphonant. **V.** Anc. Mesure de longueur, douzième partie du pouce. – Au Canada, huitième partie du pouce, soit 3,175 mm.

Ligne (Charles Joseph, prince de) (1735 – 1814), aristocrate wallon né à Bruxelles et écrivain d'expression française. Maréchal autrichien, il se distingua pendant la guerre de Sept Ans. Conseiller de Joseph II, il fut envoyé en Russie auprès de Catherine II. Parfait représentant du cosmopolitisme du XVIIIe s., il analysa avec finesse les plaisirs et le déclin de l'Ancien Régime : *Mélanges militaires, littéraires et sentimentaux* (34 vol., 1795-1811).

lignée [liɲe] n. f. Descendance. *Une nombreuse lignée.* – Fig. *Un théologien qui s'inscrit dans la lignée de saint Thomas d'Aquin,* dans sa ligne spirituelle.

ligneux, euse [liɲø, øz] adj. De la nature du bois. *Plantes ligneuses* (par oppos. à *herbacées*).

lignicole [liɲikɔl] adj. ZOOL Qui vit dans le bois. *Ver lignicole.*

lignifier (se) [liɲifje] v. pron. [**2**] BOT Se transformer en bois.

lignine [liɲin] n. f. CHIM Substance organique qui imprègne la paroi des vaisseaux du bois et de diverses cellules végétales, et les rend résistantes, imperméables et inextensibles.

lignite [liɲit] n. m. Roche sédimentaire brunâtre, combustible, qui provient de la décomposition incomplète de divers végétaux.

ligoter [ligɔte] v. tr. [**1**] Lier, attacher solidement. *Ligoter qqn sur une chaise.* ▷ Fig. *La censure ligotait la presse.*

ligue [lig] n. f. **1.** Union, coalition d'États, liés par des intérêts communs. – *Ligue arabe :* V. arabe (Ligue). **2.** Nom pris par certaines associations. *Ligue antialcoolique. La Ligue des droits de l'homme.* **3.** (En mauvaise part.) Complot, cabale.

Ligue arabe. V. arabe (Ligue).

Ligue (la Sainte) ou, absol., **la Ligue,** confédération de catholiques français organisée par Henri de Guise en 1576 contre les protestants, et visant à détrôner Henri III. Après l'assassinat d'Henri de Guise puis d'Henri III, Henri IV finit par vaincre son chef, Mayenne, en 1590.

Ligue des droits de l'homme, association française, fondée en 1898, qui défend les principes définis par la Déclaration* des droits de l'homme et du citoyen de 1789.

Ligue internationale contre le racisme et l'antisémitisme (Licra), association française fondée en 1927 pour lutter, dans le monde entier, contre le racisme et l'antisémitisme.

liguer [lige] v. tr. [**1**] Unir en une ligue; grouper en vue d'une action commune. *Liguer les mécontents.* ▷ v. pron. Former une ligue, un complot; s'unir. *Se liguer contre un ennemi commun.*

ligueur, euse [ligœʀ, øz] n. et adj. Personne qui fait partie d'une ligue. ▷ *Spécial.* HIST Membre de la Sainte Ligue. – adj. *Moine ligueur.*

ligule [ligyl] n. f. BOT Appendice (lamelle ou poil) à la jonction de la gaine et du limbe de la feuille des graminées.

liguliflores [ligyliflɔʀ] n. f. pl. BOT Tribu de composées dont les fleurs sont en forme de languette. – Sing. *Une liguliflore.* Syn. chicoracées.

ligure [ligyʀ] adj. Relatif aux Ligures.

Ligures, anc. peuple installé au S.-E. de la Gaule et sur le golfe de Gênes. Ils s'opposèrent avec force aux Romains, qui ne les soumirent définitivement que v. 14 av. J.-C.

Ligurie, rég. admin. du N. de l'Italie et rég. de la C.E., sur le golfe de Gênes, formée des prov. de Gênes, Imperia, Savone et La Spezia; 5416 km^{2}; 1758960 hab.; cap. *Gênes.* – Constituée de l'Apennin ligure, calcaire et gréseux, et d'une étroite plaine littorale où se groupe la pop., la Ligurie est une région d'horticulture (fleurs, légumes, fruits). Les industr. se regroupent autour des grands ports de Gênes et de La Spezia. Le tourisme est florissant (*Riviera*).

ligurien, enne [ligyʀjɛ̃, ɛn] adj. et n. De Ligurie. ▷ Subst. *Un(e) Ligurien(ne).*

Ligurienne (république), État fondé par Bonaparte en 1797, réuni à la France en 1805 et au royaume de Sardaigne en 1815.

Lijing ou **Li King,** recueil de textes «classiques» chinois. (V. jing.)

Likasi (anc. *Jadotville*), v. de la rép. dém. du Congo, dans la province du Katanga, au N.-O. de Lubumbashi; 194470 hab. Ville minière (cuivre, uranium); fonderies.

Likoud, en Israël, groupement polit. de plus. partis du centre et de droite, constitué en 1973 par Begin*.

Lilar (Suzanne) (1901-1992), écrivain belge d'expression française. Elle s'est interrogée sur les dualités homme-femme et flamand-wallon dans des pièces de théâtre (*le Burlador,* 1945; *le Roi lépreux,* 1950), dans des essais (*le Couple,* 1963; *À propos de Sartre et de l'amour,* 1967) et dans son chef-d'œuvre autobiographique : *Une enfance gantoise* (1976). V. Mallet-Joris (Françoise).

lilas [lila] n. m. et adj. inv. **1.** Arbuste ornemental des régions tempérées (fam. oléacées) à fleurs blanches ou violettes. ▷ Fleurs de cet arbuste. – *Lilas du Japon, des Indes :* arbre tropical à fleurs mauves, aux propriétés insecticides et vermifuges. **2.** Couleur violette plus ou moins foncée. *Un lilas pâle.* ▷ adj. inv. *Des robes lilas.*

liliacées [liljase] n. f. pl. BOT Famille de plantes monocotylédones à bulbe ou à rhizome, pour la plupart herbacées et vivaces. *L'oignon, l'aloès, le dragounier sont des liliacées.* – Sing. *Une liliacée.*

Lilienthal (Otto) (1848 – 1896), ingénieur allemand. Constructeur de planeurs, il se tua au cours de son 2000e «vol».

Lille, v. de France, ch.-l. du dép. du Nord et de la Rég. Nord-Pas-de-Calais, sur la Deûle; 178301 hab. Aéroport *(Lesquin).* La métropole *Lille-Roubaix-Tourcoing* (1 million d'hab.) domine une région agricole et industrielle auj. frappée par la crise. – Université. Égl. St-Maurice (XIVe s., restaurée). Ancienne Bourse (XVIIe s.). Musée. – Ville drapière des Flandres, Lille fut prise en 1667 par Louis XIV. Les Hollandais la reprirent en 1708; le traité d'Utrecht la rendit à la France en 1713.

Lillehammer, ville de Norvège (comté d'Oppland); 25816 hab. Centre industr. Siège des J.O. d'Hiver en 1994.

lilliputien, enne [lilipysjɛ̃, ɛn] adj. et n. Très petit. – Subst. *Un(e) lilliputien(ne).*

Lilongwe, cap. du Malawi, au S.-O. du lac Malawi; 300000 hab. Industrie textile; meubles; tabac; plastiques. Reliée par voie ferrée à Blantyre et au port mozambicain de Beira sur l'océan Indien. Aéroport intern.– Université.

Lima, cap. du Pérou, sur un plateau, à 14 km de Callao (son port sur le Pacifique, ville industr.); 5008400 hab. *(Liméniens).* – Archevêché. Université. Cath. (tombeau de Pizarro, qui fonda la ville en 1535). Églises de style colonial baroque (San Pedro, etc.). Musées.

limace [limas] n. f. **1.** Mollusque gastéropode pulmoné terrestre dont la coquille est absente ou cachée. Syn. (Belgique) limaçon. **2.** Fig., fam. Personne très molle et lente.

limaçon [limasɔ̃] n. m. **1.** Escargot. **2.** (Belgique) Limace (sens 1). **3.** ANAT Partie antérieure de l'oreille interne dont le conduit est enroulé autour d'un axe conique. **4.** MATH *Limaçon de Pascal :* lieu géométrique constitué par le lieu des pieds des perpendiculaires abaissées d'un point fixe sur les tangentes à un cercle.

limage [limaʒ] n. m. Action de limer.

limaille [lima(ɑ)j] n. f. Poudre de métal constituée de fines particules détachées par la lime. *Limaille de fer.*

liman [limɑ̃] n. m. GEOMORPH Estuaire barré par un cordon littoral.

limande [limɑ̃d] n. f. Poisson plat de l'Atlantique nord (*Pleuronectes limanda,* fam. pleuronectidés), long de 40 cm environ et dont seul le côté droit, qui porte les yeux, est pigmenté.

Limassol (en gr. *Lemêssos*), v. et port de Chypre, sur le *golfe de Limassol*; 107200 hab.; ch.-l. du distr. du m. nom. – Château médiéval (XIIe s.).

limba [limba] n. m. Fraké.

Limba, population établie au N. et au centre de la Sierra Leone (env. 350000 personnes). Ils parlent une langue nigéro-congolaise du groupe ouest-atlantique.

limbali [limbali] n. m. BOT Arbre des forêts tropicales d'Afrique (fam. césalpinacées) exploité pour son bois.

limbe [lɛ̃b] n. m. **I. 1.** Bord extérieur gradué d'un instrument de précision. *Limbe d'un sextant.* **2.** ASTRO Bord du disque d'un astre. *Le limbe de la Lune est le bord du disque en direction du Soleil.* **3.** BOT Partie lamellaire, mince, chlorophyllienne d'une feuille. **4.** ANAT Zone périphérique circulaire. *Limbe de la cornée.* **II.** RELIG CATHOL *Les limbes :* le séjour des âmes des enfants morts sans baptême. ▷ Fig. *Être dans les limbes :* n'avoir pas encore vu le jour.

Limbé (anc. *Victoria*), v. du littoral S.-O. du Cameroun; 33000 hab. Centre industriel très actif.

limbique [lɛ̃bik] adj. ANAT Qui concerne un limbe. – *Système limbique :* partie du cerveau comprenant la circonvolution de l'hippocampe et celle du corps calleux.

limbo-conjonctivite [lɛ̃bokɔ̃ʒɔ̃ktivit] n. f. MED Affection oculaire chronique de l'enfance, fréquente dans les pays tropicaux, qui peut être cause de cécité.

Limbourg (en néerl. *Limburg*), prov. du N.-E. de la Belgique; 2422 km^2; 737 000 hab.; ch.-l. *Hasselt*. Le Nord appartient au plateau de la Campine; le Sud, au plateau de Hesbaye. Le Nord est fortement industrialisé; le Sud est agricole.

Limbourg (en néerl. *Limburg*), prov. mérid. des Pays-Bas; 2 167 km^2; 1 095 000 hab.; ch.-l. *Maastricht*.

Limbourg (les frères Pol, Hennequin et Hermann de) (déb. XVe s.), miniaturistes français. Ils ont enluminé les *Belles Heures* et les *Très* Riches Heures du duc de Berry*, les plus beaux manuscrits à peintures de l'art gothique.

limbourgeois, oise [lɛ̃buʀʒwa, waz] adj. et n. **1.** De Limbourg. ▷ Subst. *Un(e) Limbourgeois(e)*. **2.** n. m. LING *Le limbourgeois :* le parler néerlandais en usage dans les Flandres.

1. lime [lim] n. f. **1.** Outil à main, formé d'une lame d'acier trempé hérissée de dents, qui sert à ajuster et à polir, à froid, la surface des métaux, des matières dures. *Lime plate*. ▷ Spécial. *Lime à ongles*. **2.** ZOOL Mollusque lamellibranche marin qui ressemble à la coquille Saint-Jacques.

2. lime [lim] ou **limette** [limɛt] n. f. BOT Petit citron de couleur verte, très parfumé. Syn. citron vert.

limer [lime] v. tr. [1] Façonner à la lime. *Limer une clef*. ▷ v. pron. *Se limer les ongles*.

limeur, euse [limœʀ, øz] n. et adj. **1.** n. Ouvrier, ouvrière qui lime. **2.** adj. Qui sert à limer. ▷ *Étau limeur :* machine-outil qui sert à usiner des surfaces planes sur des pièces métalliques.

limicolaire [limikɔlɛʀ] n. f. ZOOL Mollusque gastéropode pulmoné terrestre à coquille allongée, plus petit que l'achatine et vivant habituellement dans des régions sèches de l'Afrique.

limicole [limikɔl] adj. et n. m. ZOOL Qui vit dans la vase, dans les marécages. (Se dit notam. d'oiseaux charadriiformes). – n. m. *Un limicole*.

limier [limje] n. m. **1.** Chien de chasse utilisé pour dépister et rabattre l'animal qui sera chassé à courre. **2.** Fig. Policier, détective. *Les plus fins limiers sont à la poursuite du coupable*.

liminaire [liminɛʀ] adj. Qui est placé au début (d'un livre, d'un écrit, d'un discours, etc.). *Épître liminaire*.

limitatif, ive [limitatif, iv] adj. Qui limite, qui précise des bornes. *Clause limitative*.

limitation [limitasjɔ̃] n. f. **1.** Action de limiter. **2.** Restriction. *Limitation de vitesse*.

limite [limit] n. f. **1.** Ce qui sépare un terrain, un territoire d'un autre; ce qui est contigu. *Bornes qui marquent la limite d'un champ. Limite entre deux États voisins. Limite d'une forêt*. **2.** Par anal. *La limite du XIXe et du XXe siècle*. ▷ *Limite d'âge :* âge au-delà duquel on ne peut plus se présenter à un concours, ou après lequel un fonctionnaire doit être mis à la retraite. *Atteindre la limite d'âge*. ▷ SPORT *Avant la limite :* avant la fin du temps imparti. *Combat de boxe gagné avant la limite*. **3.** Fig. Point où s'arrête qqch; borne. *Courir jusqu'à la limite de ses forces. Exercer une autorité sans limites*. ▷ Loc. *Dépasser les limites :* aller au-delà de ce que la bienséance permet. **4.** MATH Valeur vers laquelle tend une expression algébrique. *La limite de* $\frac{1}{n}$ *lorsque n tend vers l'infini est égale à zéro*. – (En appos.) *Vitesse limite*.

limité, ée [limite] adj. Qui a des limites. *Responsabilités limitées*.

limiter [limite] v. [1] **I.** v. tr. **1.** Fixer, donner des limites à. *Limiter un terrain*. **2.** Fixer un terme à. *Limiter la durée d'un voyage à huit jours*. ▷ Restreindre. *Limiter des dépenses*. – Par anal. Fam. *Limiter les dégâts*. **II.** v. pron. S'imposer des limites.

limiteur [limitœʀ] n. m. TECH Appareil servant à éviter qu'une grandeur dépasse une valeur donnée. *Limiteur de tension*.

limitrophe [limitʀɔf] adj. **1.** Qui est à la frontière, à la limite d'un pays, d'une région. **2.** Qui a des limites, des frontières communes avec la région que l'on considère. *Le Tchad et les pays limitrophes*.

limnée [limne] n. f. ZOOL Mollusque gastéropode pulmoné (genre *Limnæa*) à coquille conique et allongée, très répandu dans les eaux douces stagnantes.

limnologie [limnɔlɔʒi] n. f. GEOGR Science qui a pour objet les phénomènes se produisant dans les eaux douces.

limogeage [limɔʒaʒ] n. m. Action de limoger; fait d'être limogé.

limoger [limɔʒe] v. tr. [13] Priver de ses responsabilités, de son poste (un officier, un haut fonctionnaire, etc.).

Limoges, v. de France, ch.-l. du dép. de la Haute-Vienne et de la Région Limousin; 136 407 hab. Centre comm. (marché agricole) et industr. traditionnelles (émaillerie d'art dep. le XIe s., porcelaines dep. le XVIIIe s.). – Université. Cath. St-Étienne (XIIIe-XIVe s.). Pont St-Étienne (XIIIe s.). Musée de la céramique.

1. limon [limɔ̃] n. m. Boue argilo-sableuse mêlée de matière organique, très fertile, charriée par les cours d'eau et qui s'accumule le long de leurs berges.

2. limon [limɔ̃] n. m. **1.** Chacun des deux brancards entre lesquels on attelle un cheval qui tire une voiture. Syn. (Québec) menoire. **2.** CONSTR Pièce rampante d'un escalier qui le limite du côté du vide et qui reçoit la balustrade.

limonade [limɔnad] n. f. **1.** Boisson faite d'eau gazeuse sucrée et acidulée avec de l'essence de citron. ▷ (Haïti) Citronnade non gazeuse. **2.** Commerce des limonadiers. ▷ Travail des garçons de café.

limonaderie [limɔnad(ə)ʀi] n. f. (Maghreb) Fabrique de limonade et de boissons rafraîchissantes.

limonadier, ère [limɔnadje, ɛʀ] n. Personne qui fabrique de la limonade ou des boissons gazéifiées.

limonage [limɔnaʒ] n. m. AGRIC Épandage de limon ou d'argile sur une terre très sableuse pour augmenter sa fertilité.

limoneux, euse [limɔnø, øz] adj. Riche en limon; bourbeux.

limousin, ine [limuzɛ̃, in] adj. et n. Du Limousin. ▷ Subst. *Un(e) Limousin(e)*. ▷ Spécial. *Race limousine :* race de bœufs élevés pour la boucherie.

Limousin, anc. prov. de France, plus petite que la Rég. actuelle. – Évangélisé au IIIe s., le Limousin fait partie du duché d'Aquitaine; il appartient donc à l'Angleterre de 1152 à la fin du XIVe s. et la guerre de Cent Ans le ravage. Il ne sera réuni à la France qu'en 1589.

Limousin, Région admin. française et région de la C.E., formée des dép. de la Corrèze, de la Creuse et de la Haute-Vienne; 16932 km^2; 746238 hab.; cap. *Limoges**.

Géogr. et écon. – Au N.-O. du Massif central, de hautes terres cristallines connaissent un climat océanique aux hivers marqués en altitude. Soumise à l'exode rural, la Région compte moins d'hab. qu'en 1850. Elle s'est spécialisée dans l'élevage; la forêt est peu exploitée. L'industrie utilise les ressources locales : kaolin pour la porcelaine, bois pour le meuble et la papeterie, cuir pour la chaussure et la ganterie; auj., traitement de l'uranium.

limousine [limuzin] n. f. **1.** Automobile à trois glaces latérales et quatre portes. **2.** (Viêt-nam) Vieilli Voiture de location avec chauffeur.

limpide [lɛ̃pid] adj. Parfaitement transparent, clair, pur. *Eau, ciel limpide*. – Par ext. *Regard limpide*. ▷ Fig. Dépourvu de toute obscurité, facile à comprendre. *Style limpide*.

limpidité [lɛ̃pidite] n. f. Qualité de ce qui est limpide.

Limpopo (le), fleuve d'Afrique australe (1 600 km), tributaire de l'océan Indien. Il sépare l'Afrique du Sud du Botswana et du Zimbabwe puis entre au Mozambique, où il reçoit le Changané (r. g.) peu avant de se jeter dans l'océan Indien au N. de Maputo. Son bassin est supérieur à 400 000 km^2.

limule [limyl] n. f. ZOOL Grand arthropode marin (classe des mérostomes), dont une espèce vit aux Antilles et d'autres en Asie du Sud-Est.

lin [lɛ̃] n. m. **1.** Plante à fleurs bleues des régions tempérées, à tige fibreuse utilisée dans le textile, cultivée également pour ses graines oléagineuses. – *Graine, farine, huile de lin*. **2.** Toile, tissu faits de fibres de lin. *Torchon de lin*.

Lin Biao ou **Lin Piao** (1908 – 1971), maréchal et homme politique chinois. Chef de l'armée (1959), successeur désigné par Mao Zedong (1969), il fut accusé de trahison (1971) et périt, officiellement, dans un accident d'avion en tentant de gagner l'U.R.S.S.

linceul [lɛ̃sœl] n. m. Pièce de toile dans laquelle on ensevelit un mort.

Lincoln, v. des É.-U.; capitale du Nebraska; 191 900 hab. Centre commercial, universitaire et industriel.

Lincoln (Abraham) (1809 – 1865), homme politique américain. Fils de pionniers, il eut des débuts difficiles. Avocat en 1837, il plaida des causes antiesclavagistes et adhéra au parti républicain (1856). Son élection à la présidence des É.-U. (1860) donna le signal de la sécession des États du Sud, puis de la guerre (1861), au cours de laquelle il fit voter l'abolition de l'esclavage (1863). Réélu en 1864, il fut assassiné par un sudiste exalté, l'acteur Booth, cinq jours après la victoire nordiste (avr. 1865).

Lindbergh (Charles) (1902 – 1974), aviateur américain. Il réussit la première traversée de l'Atlantique d'ouest en est, sur un monoplan, le *Spirit of Saint Louis* (1927).

Lindblad (Bertil) (1895 – 1965), astronome suédois. Il détermina en 1927, avec J. Oort, la rotation de la Galaxie.

Lindemann (Ferdinand von) (1852 – 1939), mathématicien allemand. En 1882, il démontra la transcendance du nombre π (V. pi)).

Linder (Gabriel Leuvielle, dit Max) (1883 – 1925), acteur et cinéaste français comique : *Sept Ans de malheur* (1921), *l'Étroit Mousquetaire* (1922), *le Roi du cirque* (1925).

Lindtberg (Léopold) (1902 – 1984), cinéaste suisse d'origine autrichienne : *Lettres d'amour mal employées* (1941), *la Dernière Chance* (1946), *la Fille de la tempête* (1954).

linéaire [lineɛʀ] adj. **1.** Qui a rapport aux lignes; qui se fait par des lignes. *Géométrie, dessin, perspective linéaire.* – *Mesure linéaire :* mesure de longueur (par oppos. à *mesure de superficie* ou *de volume*). **2.** MATH *Fonction, équation linéaire,* du premier degré par rapport à chacune des variables. ▷ *Algèbre linéaire,* qui étudie les applications linéaires. ▷ *Programmation linéaire :* méthode consistant à rechercher l'optimum d'une fonction dont les variables sont liées entre elles par des équations linéaires et sont soumises à certaines contraintes. **3.** Dont la forme, la disposition rappelle une ligne. ▷ BOT *Feuille linéaire,* allongée et étroite. ▷ Fig. *Récit linéaire,* au déroulement simple comme une ligne.

linéament [lineamɑ̃] n. m. (Surtout plur.) Trait élémentaire d'une forme considérée dans sa globalité. *Les linéaments d'un visage.* ▷ Fig. Ébauche, esquisse. *Les premiers linéaments d'un ouvrage.* ▷ GEOL Ligne du paysage qui peut révéler l'architecture géologique.

linéarité [linearite] n. f. Didac. Propriété, qualité de ce qui est linéaire.

linéique [lineik] adj. PHYS Qui est rapporté à l'unité de longueur. *Masse linéique d'un fil homogène de section uniforme :* masse de l'unité de longueur de ce fil.

liner [lajnœʀ] n. m. (Anglicisme) Paquebot de grande ligne.

lingala [lingala] n. m. LING Langue bantoue des Ngala, à fonction véhiculaire, parlée en rép. dém. du Congo (langue nationale) et au Congo.

linge [lɛ̃ʒ] n. m. **1.** Étoffe utilisée à des fins domestiques diverses. ▷ *Prendre un linge usagé pour astiquer les meubles.* ▷ Ensemble des pièces de tissu réservées à ces usages. *Armoire à linge. Linge de maison* (ou, absol., *linge*). ▷ (Suisse) *Linge de toilette, de bain :* serviette de toilette, de bain. ▷ (Québec) *Linge à vaisselle :* torchon (sens 1). **2.** *Linge de corps* (ou, absol., *linge*) : pièce(s) d'habillement portée(s) à même la peau, sous les vêtements. *Changer de linge.* (V. sous-vêtement.) **3.** Rare (Cour. en Afr. subsah., dans l'oc. Indien, au Québec) Ensemble des pièces composant l'habillement, vêtements. *Linge d'été, linge d'hiver.* – (Québec) *S'acheter un morceau de linge,* un vêtement. ▷ (Afr. subsah.) *Faire le (son) linge :* laver et repasser du (son) linge, des (ses) vêtements. ▷ (oc. Indien) *Bon linge* ou *linge de mariage :* vêtement de sortie. **4.** (Madag.) Tissu d'ameublement. *Il a changé le linge des fauteuils.*

lingère [lɛ̃ʒɛʀ] n. f. Femme chargée de l'entretien, de la distribution du linge dans une communauté, un hôtel, une maison.

lingerie [lɛ̃ʒʀi] n. f. **1.** Industrie et commerce du linge (sens 2). **2.** Lieu où l'on range et où l'on entretient le linge. **3.** Linge de corps féminin.

lingot [lɛ̃go] n. m. Pièce brute de métal obtenue par coulée dans un moule. *Lingot d'or.*

lingua franca [lɛ̃gwafʀɑ̃ka] n. f. Parler permettant à des locuteurs de langues maternelles différentes de communiquer. (V. véhiculaire.)

lingual, ale, aux [lɛ̃gwal, o] adj. **1.** ANAT Relatif à la langue. **2.** PHON *Consonne linguale,* articulée surtout avec la langue (par oppos. à *labiale*). *[l], [n] et [t] sont des consonnes linguales.*

lingue [lɛ̃g] n. f. Poisson (fam. des gadidés) des côtes de Norvège, voisin de la morue.

lingué [lɛ̃ge] n. m. V. doussié.

linguiforme [lɛ̃gɥifɔʀm] adj. Didac. Qui a la forme d'une langue, d'une languette.

linguiste [lɛ̃gɥist] n. Personne spécialiste de linguistique.

linguistique [lɛ̃gɥistik] n. f. et adj. **I.** n. f. Science du langage. «*La linguistique est l'étude scientifique du langage humain*» *(A. Martinet).* **II.** adj. **1.** Relatif à la linguistique; envisagé du point de vue de la linguistique. **2.** Qui concerne la langue, une ou plusieurs langues. **3.** Qui concerne l'apprentissage des langues. *Séjour linguistique.*
ENCYCL Le langage est le fondement de toute société, et dès l'Antiquité les philosophes grecs, notam. Platon et Aristote, ont entrepris de réfléchir sur la langue. Mais c'est seulement au XVIIe s. que la *Grammaire* de Port-Royal (1660), due à Arnauld et Lancelot, proposa une théorie du langage; fondée sur le lien entre langue et logique, elle considérait le langage comme une représentation de la pensée : il existerait autant de langues que de manières de penser différentes. Au début du XIXe s. naquit en Europe une nouvelle discipline : la *grammaire comparée,* qui analysait les différentes langues du monde afin d'en découvrir les origines communes. Le XXe s. s'écarte de cette vision *diachronique* de la langue pour s'attacher à son analyse *synchronique.* Le *Cours de linguistique générale* (1916) de Saussure pose les fondements des théories linguistiques actuelles en élaborant les distinctions entre *langage, langue* et *parole,* et entre *axe paradigmatique* et *axe syntagmatique.* Il considère les unités constitutives de la langue comme des *signes* (V. sémiologie). Chaque signe est pourvu d'une *fonction* dans le *système* et constitué d'un *signifié* et d'un *signifiant* dont le rapport est *arbitraire.* Trois écoles linguistiques se distinguent peu après. **1.** Le cercle de Prague, fondé en 1926 autour de Jakobson et Troubetskoï, donne naissance à la *phonologie structurale.* Considérant que la langue a une fonction de communication, ils en étudient les unités en utilisant la phonétique et la phonologie. Benveniste et Martinet importent ces théories en France. **2.** L'école structuraliste américaine, autour de Bloomfield et de Sapir, rejette la sémantique au profit de l'étude des comportements associés à l'acte de communication. Bloomfield segmente l'énoncé en unités (*constituants immédiats* et *morphèmes*) qui se *distribuent.* Harris développe cette *analyse distributionnelle* dans *Methods in Structural Linguistics* (1951). Chomsky confronte ensuite les travaux de Harris sur la *linguistique transformationnelle* avec l'analyse de Port-Royal, pour en dégager sa propre théorie de la *grammaire générative,* distinguant deux niveaux : les *structures profondes* de la langue et les *structures superficielles.* **3.** Le cercle de Copenhague, fondé en 1931 par Hjelmslev, s'inscrit dans la lignée de Saussure en créant la *glossématique,* «algèbre de la langue». La dichotomie *connotation / dénotation* qu'il élabore est reprise en France par Barthes. Héritière de Saussure, la linguistique française a subi, à un degré moindre, l'influence de l'école de Prague. Benveniste et Martinet sont les deux vecteurs de ce mouvement. Les *Problèmes de linguistique générale* (1966-1974) de Benveniste constituent un complément important au *Cours* de Saussure. Martinet a exposé sa *linguistique fonctionnaliste* dans *Éléments de linguistique générale* (1960) : s'appuyant sur les théories phonologiques pragoises, il élabore la notion de *double articulation,* segmentant la langue en *monèmes* et en *phonèmes.* Si la linguistique peut apparaître comme une science abstraite, ses applications, nombreuses, se rencontrent pourtant dans la vie quotidienne. L'enseignement des langues, la traduction, l'informatique, et la plupart des sciences humaines, notam. la psychanalyse, ont recours à elle. La sociolinguistique*, et notam. l'*aménagement linguistique,* connaissent un développement récent; ainsi dans les pays ayant récemment obtenu leur indépendance, l'analyse du plurilinguisme* permet de proposer une langue commune, de normaliser le vocabulaire et ses modes de formation, etc., dans un souci d'*intercompréhension. L'aménagement linguistique,* tout en restant une question politique relevant de la compétence des États, repose donc également sur des principes éthiques.

Lini (Walter) (né en 1943), pasteur anglican et homme politique du Vanuatu. Premier ministre (1979), il dut faire face à une tentative de sécession des îles francophones. Réélu (1984), il affronta le prés. de la Rép. Sokomanu et fut renversé en 1991.

liniment [linimɑ̃] n. m. Médicament onctueux pour frictionner la peau.

links [links] n. m. pl. (Anglicisme) Parcours d'un terrain de golf.

Linné (Carl von) (1707 – 1778), médecin et botaniste suédois. Son ouvrage *Système de la nature* (1735) établit la nomenclature, universellement adoptée par la suite, qui désigne tout être vivant par ses deux noms latins (ou latinisés), de genre et d'espèce; en outre, il proposait une classification des plantes qui suscita engouement et hostilité, car elle reposait sur la sexualité végétale; il quitta la Suède, où il revint en 1738 pour y être couvert d'honneurs.

lino [lino] n. m. Abrév. cour. de *linoléum.*

linogravure [linogʀavyʀ] n. f. TECH Gravure en relief sur linoléum, caoutchouc ou matière plastique.

linoléine [linolein] n. f. CHIM Ester de l'acide linoléique.

linoléique [linoleik] adj. BIOCHIM *Acide linoléique :* acide gras diéthylénique de formule brute $C_{18}H_{32}O_2$, monoacide non saturé à chaîne normale qui entre dans la composition des lipides.

linoléum [linoleɔm] n. m. Revêtement de sol, tapis, constitué par une toile de jute enduite d'un mélange de liège aggloméré et d'huile de lin. Syn. (Québec) prélart. (Abrév. cour. : du lino, un lino).

linon [linɔ̃] n. m. Toile de lin claire à chaîne et trame peu serrées.

linotte [linɔt] n. f. **1.** Petit oiseau chanteur d'Europe (fam. fringillidés). **2.** Fam. *Tête de linotte :* personne très étourdie,écervelée.

linotype [linotip] n. f. (Nom déposé.) IMPRIM Machine à composer qui fond les caractères en plomb par lignes entières (lignes-blocs).

linotypie [linotipi] n. f. IMPRIM Composition sur linotype.

linotypiste [linotipist] n. IMPRIM Ouvrier, ouvrière qui compose sur linotype.

Lin Piao. V. Lin Biao.

linsang [lɛ̃sɑ̃g] n. m. Mammifère carnivore (*Prionodon linsang*) de l'Asie du S.-E., voisin de la genette.

linteau [lɛ̃to] n. m. CONSTR Pièce horizontale de forme allongée reposant sur les deux jambages d'une baie et soutenant une maçonnerie.

Linz, v. d'Autriche, sur le Danube; cap. de la Haute-Autriche; 202 850 hab. Port fluvial import. Industr. lourde. – Université. Nombr. églises baroques.

lion, lionne [ljɔ̃, ljɔn] n. **I. 1.** Grand mammifère carnivore d'Afrique (*Panthera leo,* fam. félidés) au pelage fauve, à la puissante crinière (chez le mâle), dont la queue se termine par une touffe de poils. *Le rugissement du lion. Le lion, «roi des animaux». Le courage et la force légendaires du lion.* ▷ n. f. Lion femelle. **2.** (Par comparaison.) *Fort, courageux comme un lion. Il s'est battu comme un lion.* – Homme d'une grande bravoure, d'un grand courage. *C'est un lion!* ▷ Loc. *La part du lion,* la plus grosse, celle que s'adjuge le plus fort dans un partage. *Se tailler la part du lion.* (V. contrat léonin*.) **3.** Par anal. *Lion de mer :* nom cour. de l'otarie de Steller, répandue dans le Pacifique nord, dont le mâle a une crinière. **II. 1.** ASTRO *Le Lion :* constellation zodiacale de l'hémisphère boréal. **2.** ASTROL Signe du zodiaque (23 juillet-23 août).

Lion (golfe du), vaste golfe de la côte française de la Méditerranée, entre le delta du Rhône et les Pyrénées.

lionceau [ljɔ̃so] n. m. Petit du lion.

Liotard (Jean Étienne) (1702 – 1789), peintre suisse qui travailla à Genève et dans de nombr. cap. européennes comme portraitiste; auteur également de natures mortes.

Liouville (Joseph) (1809 – 1882), mathématicien français. En 1851, il généralisa la notion de nombre transcendant (tel que π : V. pi).

lip(o)-. Élément, du gr. *lipos,* «graisse».

Lipari (îles). V. Éoliennes (îles).

lipase [lipaz] n. f. BIOCHIM Enzyme qui hydrolyse les graisses en acides gras en détachant leur fonction alcool, permettant ainsi leur absorption lors de la digestion.

Lipatti (Constantin, dit Dinu) (1917 – 1950), pianiste et compositeur roumain; interprète sensible de Chopin, Schumann, Bach et Mozart.

Lipchitz (Chaim Jacob Lipschitz, dit Jacques) (1891 – 1973), sculpteur cubiste français d'origine lituanienne. Arrivé en France en 1909, il se fixa aux États-Unis en 1941.

lipémie [lipemi] ou **lipidémie** [lipidemi] n. f. BIOL Taux des lipides en circulation dans le sang.

lipide [lipid] n. m. CHIM Ester résultant de l'action d'un alcool sur un acide gras insoluble dans l'eau, soluble dans les solvants organiques. *Les corps gras sont des lipides, esters du glycérol.*
ENCYCL Les lipides possèdent un rôle biologique important : structural, en tant que constituants des membranes cellulaires et du tissu nerveux; énergétique (la plus grande réserve d'énergie de l'organisme); en outre, ils interviennent dans la coagulation sanguine, dans la vision, etc. Leur origine est double : ils sont soit apportés par l'alimentation, soit synthétisés par l'organisme.

lipidique [lipidik] adj. CHIM Relatif aux lipides.

lipo-. V. lip(o)-.

Li Po. V. Li Bo.

lipogenèse [lipoʒənɛz] n. f. BIOCHIM Formation des lipides, dans les organismes végétaux et animaux (succession de réactions enzymatiques).

lipoïde [lipɔid] adj. et n. m. Didac. **1.** adj. De la nature de la graisse; qui ressemble aux graisses. **2.** n. m. Substance proche des lipides, soluble dans les corps gras.

lipolyse [lipoliz] n. f. BIOCHIM Hydrolyse, favorisée par la bile, des graisses en acides gras et alcools au cours de la digestion.

lipoprotéine [lipopʀotein] n. f. BIOCHIM Molécule organique résultant de l'association d'une protéine avec un lipide spécifique, forme lipidique sous laquelle les protéines sont transportées dans le sang.

liposoluble [liposɔlybl] adj. CHIM Soluble dans les lipides.

liposome [lipozom] n. m. BIOCHIM Vésicule constituée de phospholipides, dans laquelle il est possible d'inclure des composés variés et, de ce fait, utilisée en cosmétologie, pharmacie, biologie et chimie.

lipothymie [lipotimi] n. f. MED Premier degré de la syncope, dans lequel la circulation et la respiration persistent.

lippe [lip] n. f. (En loc.) *Faire la lippe :* faire la moue; fig. bouder.

Lippi (Filippo, dit Fra Filippo) (v. 1406 – 1469), peintre et moine italien. Son art raffiné doit beaucoup à Masaccio et annonce Botticelli (son élève) : *Couronnement de la Vierge* (1441-1447).

lippu, ue [lipy] adj. Qui a de grosses lèvres.

liquéfaction [likefaksjɔ̃] n. f. Passage d'un corps de l'état gazeux ou solide à l'état liquide.

liquéfiable [likefjabl] adj. Qui peut être liquéfié. *Tous les gaz sont liquéfiables.*

liquéfier [likefje] v. tr. [2] Faire passer à l'état liquide (un gaz, un solide). *Liquéfier du propane.* – v. pron. *Morceau de glace qui se liquéfie,* qui fond.

liqueur [likœʀ] n. f. **1.** Boisson sucrée faite à partir d'un mélange d'alcool ou d'eau-de-vie et d'essences aromatiques. *L'anisette, le curaçao sont des liqueurs. Liqueurs apéritives, digestives.* ▷ *Par ext.* Tout digestif. *Proposer des liqueurs après un repas.* ▷ (Afr. subsah.) Boisson à forte teneur en alcool. **2.** (Québec) Cour. (Emploi critiqué.) *Liqueur (douce) :* boisson gazeuse, soda. **3.** CHIM, PHARM Nom donné à diverses solutions. *Liqueur de Fehling.*

liquidambar [likidɑ̃baʀ] n. m. BOT Arbre d'Asie et d'Amérique, dont on tire diverses résines aromatiques (styrax, en partic.).

liquidateur, trice [likidatœʀ, tʀis] n. Personne chargée de procéder à une liquidation. *Liquidateur judiciaire.*

liquidatif, ive [likidatif, iv] adj. DR Qui opère la liquidation. *Acte liquidatif d'une succession.*

liquidation [likidasjɔ̃] n. f. **1.** DR Opération par laquelle on liquide un compte, une succession, etc. – Spécial. *Liquidation des biens :* procédure entraînant la vente des éléments actifs d'une entreprise en état de cessation de paiements et dont la situation ne permet pas d'envisager la continuation de son activité. **2.** Fig. Action de se débarrasser de qqn en le tuant. *La liquidation d'un traître.* – Action de mettre fin à une situation, de se débarrasser de qqch. *La liquidation d'un conflit.* **3.** *Liquidation de marchandises, de stock,* leur vente au rabais en vue d'un écoulement rapide.

1. liquide [likid] adj. et n. **I.** adj. **1.** Qui coule ou tend à couler. *L'eau est une substance liquide. – Sauce, pâte trop liquide,* trop diluée. ▷ *Corps à l'état liquide* (par oppos. à *solide* et à gazeux). – Liquéfié. *Gaz liquide en bouteilles* (notam. butane, propane à usage domestique). **2.** PHON Se dit des consonnes l, m, n, r, dont l'émission, après une autre consonne et dans la même syllabe (par ex. : «craie», «clef», «calme», etc.), se fait aisément. – n. f. *Les vibrantes et les nasales sont des liquides.* **II.** n. m. **1.** Substance liquide; tout corps à l'état liquide. *Les liquides n'ont pas de forme propre, ils se rassemblent, sous l'effet de la pesanteur, dans le fond des récipients, dont ils épousent la forme.* – (Par oppos. à *solide* et à *gaz.*) *Le lait est un liquide.* **2.** Aliment liquide. ▷ Spécial. *Le commerce des liquides,* des boissons spiritueuses. **3.** ANAT *Liquides organiques :* solutions diverses qui circulent dans l'organisme. *Liquide céphalorachidien.* Syn. humeur.

2. liquide [likid] adj. et n. m. FIN **1.** Dont la valeur ou le montant est exactement déterminé. *Créance liquide.* **2.** Dont on peut disposer immédiatement et sans frais. *Bien liquide,* exempt d'hypothèque. ▷ Par ext. Cour. *Argent liquide,* immédiatement disponible. ▷ n. m. *Payer en liquide,* en espèces.

liquider [likide] v. tr. [1] **1.** Procéder, après en avoir fixé le montant, au règlement de. *Liquider un compte. Liquider une succession. – Liquider une société commerciale :* procéder, lors de sa cessation, au règlement de son passif, et, entre les ayants droit, au partage de l'actif résiduel. **2.** Prendre les mesures nécessaires pour en finir définitivement avec (qqch). *Liquider une affaire, une situation.* – Fig., pop. *Liquider qqn,* le tuer ou le faire tuer. **3.** Vendre au rabais (des marchandises, des biens) pour s'en débarrasser. *Liquider un vieux stock.*

liquidité [likidite] n. f. FIN État d'un actif, d'un bien liquide. ▷ (Plur.) Ensemble des valeurs immédiatement disponibles. *Les liquidités d'une entreprise.*

1. lire [liʀ] v. tr. [**66**] **I. 1.** Identifier par la vue (des caractères écrits ou imprimés, des lettres, l'assemblage qu'elles forment) en faisant le lien entre ce qui est écrit et la parole. *Apprendre à lire et à écrire. – Écriture qu'on a du mal à lire.* Syn. déchiffrer. ▷ Par anal. MUS *Lire une partition.* **2.** Prendre connaissance de (un texte) en parcourant des yeux ce qui est écrit, par la lecture. *Lire un roman, une lettre. Lire le journal. – Lire un auteur étranger dans le texte,* dans la langue même de cet auteur. ▷ *Lire couramment l'anglais,* pouvoir lire des textes dans cette langue. **3.** Énoncer à haute voix (un texte écrit). *Lire des vers devant qqn. Lire un article de journal à qqn.* **II.** Fig. **1.** Trouver la signification de (qqch) en fonction d'indications précises qu'il faut savoir interpréter, de signes qu'il faut savoir décoder. *Lire une carte, un graphique, une statistique.* **2.** Interpréter, comprendre de telle ou telle manière. *On peut lire ces vers à plusieurs niveaux.* – v. pron. *Son geste peut aussi se lire comme un appel désespéré.* **3.** Fig. Deviner, discerner, déceler (qqch) grâce à certains signes. *Lire l'avenir dans les cauris. – Cette peur qu'on pouvait lire sur son visage.* – v. pron. *La joie qui se lisait sur ses traits.* ▷ (Sans comp. dir.) Deviner les pensées, les motivations secrètes. *Lire dans le cœur de qqn.* **III.** INFORM Décoder (les informations enregistrées sur un support).

2. lire [liʀ] n. f. Unité monétaire italienne.

lis ou **lys** [lis] n. m. **1.** Plante ornementale (fam. liliacées) à bulbe écailleux, à grandes fleurs blanches, jaunes, orangées ou rouges. ▷ *Spécial.* Lis à fleurs blanches; sa fleur, symbole de la pureté, de la blancheur. ▷ (Afr. subsah.) *Lis de brousse :* plante à fleurs blanches des régions forestières d'Afrique (fam. amaryllidacées). **2.** *Fleur de lis :* figure héraldique représentant trois fleurs de lis stylisées et unies. **3.** ZOOL *Lis de mer :* nom cour. de tous les échinodermes crinoïdes fixés par un pédoncule.

Lisbonne (en portug. *Lisboa*), cap. du Portugal, sur l'estuaire du Tage; 827 800 hab. Ce port, qui fut l'un des plus import. du monde par ses relations avec l'Amérique du Sud et avec l'Afrique, est auj. surtout un port pétrolier. Princ. centre industr. du pays. – Archevêché. Musées. Cath. romane (XIIe s.), reconstruite après le terrible tremblement de terre de 1755, qui dévasta la ville basse. Monuments épargnés : le chât. São Jorge (tours et murailles du temps des Wisigoths), le couvent des Jerónimos (XVIe s.), la tour de Belém (XVIe s.). La reconstruction de la ville (XVIIIe s.) fut l'œuvre du marquis de Pombal.

lise [liz] n. f. Sable mouvant, au bord de la mer.

liseré [lizʀe] ou **liséré** [lizeʀe] n. m. **1.** Ruban étroit dont on borde un vêtement. **2.** Raie, d'une couleur différente de celle du fond, qui borde une pièce d'étoffe, un panneau peint, etc.

liseron [lizʀɔ̃] n. m. Plante volubile grimpante (fam. convolvulacées) aux fleurs colorées en forme de cloches. – *Liseron d'eau :* plante de la famille des convolvulacées consommée en Asie à la manière des épinards.

Lisette (Gabriel) (né 1919), homme politique français d'origine guadeloupéenne. Fondateur du Parti progressiste tchadien en 1946, chef du gouv. autonome du Tchad (1958-1960).

liseur, euse [lizœʀ, øz] n. **I.** Personne qui lit beaucoup. *Un grand liseur.* **II.** n. f. **1.** Petit coupe-papier qui sert de signet. **2.** Couverture de livre. **3.** Tricot léger de femme (pour lire au lit).

lisibilité [lizibilite] n. f. Caractère, qualité de ce qui est lisible.

lisible [lizibl] adj. **1.** Qui est aisé à lire, à déchiffrer. *Écriture lisible.* **2.** (Surtout en tournure négative.) *Un ouvrage peu lisible,* mal composé et de style incorrect.

lisiblement [lizibləmɑ̃] adv. D'une manière lisible. *Ecrivez lisiblement.*

lisier [lizje] n. m. AGRIC Liquide provenant du mélange des déjections solides et de l'urine des animaux de ferme, constituant un excellent engrais.

lisière [lizjɛʀ] n. f. **1.** Bord d'une pièce d'étoffe, de chaque côté de sa largeur. **2.** Partie extrême d'une région (partic. d'une région boisée). *Se promener en lisière d'un bois.*

Lisieux, v. de France, ch.-l. d'arr. du Calvados; 24 506 hab. Industries. – Cath. (fin XIIe-déb. XIIIe s.). Couvent de carmélites (reliques de sainte Thérèse de l'Enfant-Jésus); basilique (1929-1952) dédiée à la sainte (pèlerinage).

lissage [lisaʒ] n. m. **1.** Action de lisser; son résultat. **2.** TECH Action de disposer les lisses d'un métier à tisser. (V. lisse 2.) **3.** MATH *Lissage d'une courbe* (V. lisser). **4.** Syn. (off. recommandé) de *lifting.*

1. lisse [lis] adj. Qui ne présente aucune aspérité. *Surface lisse. Animal à poil lisse.* Ant. rugueux.

2. lisse ou **lice** [lis] n. f. TECH Fil métallique ou textile portant un œillet dans lequel passe le fil de chaîne, dans un métier à tisser. ▷ *Tapisserie de haute lisse,* dont la chaîne est tendue verticalement. *Tapisserie de basse lisse,* dont la chaîne est tendue horizontalement.

3. lisse [lis] n. f. **1.** MAR Membrure longitudinale de la charpente des fonds et de la muraille d'un navire. **2.** CONSTR Barre horizontale servant de garde-fou ou d'appui.

lissé, ée [lise] adj. et n. m. **1.** adj. Rendu lisse. (V. lisse 1.) **2.** n. m. Degré de cuisson du sucre, qui permet de l'étirer en fils.

lisser [lise] v. tr. [**1**] **1.** Rendre lisse. **2.** STATIS Retracer (la courbe que figure une série de points) en éliminant du tracé les écarts par rapport à la ligne idéale joignant les valeurs moyennes.

lissier, ère ou **licier, ère** [lisje, ɛʀ] n. TECH Ouvrier, ouvrière spécialisé(e) qui monte les lisses.

lissoir [liswaʀ] n. m. TECH Instrument servant à lisser.

Lissouba (Pascal) (né en 1931), homme politique congolais. En août 1992, il a été élu président de la Rép. du Congo lors des premières élections pluralistes.

listage [listaʒ] n. m. INFORM Action de lister; son résultat. Syn. off. déconseillé listing.

liste [list] n. f. **1.** Série d'éléments analogues (noms, mots, chiffres, symboles, etc.) mis les uns à la suite des autres. *La liste des lauréats sera publiée dans la presse.* ▷ *Liste électorale :* liste des électeurs d'une commune. – *Scrutin de liste,* dans lequel les électeurs votent pour plusieurs candidats groupés en une liste. ▷ *Liste rouge :* liste des abonnés au téléphone refusant de figurer dans l'annuaire. ▷ *Liste noire :* liste de personnes à surveiller, à exclure, à éliminer. **2.** INFORM Ensemble d'informations qui sort d'une imprimante (résultat d'un traitement, ensemble des instructions d'un programme, etc.). Syn. off. déconseillé listing. **3.** *Liste civile :* somme attribuée annuellement à un chef d'État pour subvenir aux dépenses qu'impliquent ses fonctions.

lister [liste] v. tr. [**1**] INFORM Faire éditer sous forme de liste par une imprimante.

Lister (Joseph, baron) (1827 – 1912), chirurgien anglais; il promut l'asepsie.

listériose [listeʀjoz] n. f. VETER, MED Maladie infectieuse due à un bacille *(Listeria monocytogenes),* fréquente chez l'animal et transmissible à l'homme, chez lequel elle peut se manifester sous forme de méningite. *La listériose est particulièrement fréquente et grave chez le nouveau-né.*

listing [listiŋ] n. m. INFORM (Anglicisme) Syn. (off. déconseillé) de *liste* ou de *listage.*

Liszt (Franz) (1811 – 1886), compositeur, pianiste et chef d'orchestre hongrois; virtuose fêté dans toute l'Europe. De sa liaison avec la comtesse Marie d'Agoult naquirent trois enfants; Cosima épousa Hans von Bülow puis Wagner. Piano : trois *Grandes Études de concert* (1848), deux *Concertos* (1849), *Sonate en «si» mineur* (1853), dix-neuf *Rhapsodies* hongroises* (1846-1885). Orchestre : douze *Poèmes symphoniques* (dont les *Préludes,* 1850), symphonies avec chœur (*Faust,* 1854; *Dante,* 1856), *Messe hongroise du Couronnement* (1867); requiem, oratorios, etc.

lit [li] n. m. **I. 1.** Meuble sur lequel on se couche pour se reposer, pour dormir. *Lits superposés, jumeaux. Se mettre au lit. Le malade doit garder le lit. – Lit de camp,* démontable et portatif. – *Lit double*,* (Québec) *lit simple*.* ▷ *Au saut du lit :* dès le réveil. ▷ *Faire un lit,* le préparer en étendant dessus les draps et les couvertures et en les bordant. ▷ Prov. *Comme on fait son lit, on se couche :* il faut accepter les conséquences de ses actes. ▷ Cadre du lit. *Lit de fer, d'acajou.* ▷ Matelas, sommier sur lequel on se couche. *Un bon lit.* **2.** Fig. (En loc.) Union conjugale. *Il a deux enfants d'un premier lit.* **II. 1.** *Par ext.* Couche, place préparée pour que l'on puisse s'y étendre, y dormir. *Le blessé était étendu sur un lit de feuillages.* **2.** Couche d'épaisseur régulière d'une matière quelconque. *Un lit de gravier, de sable, d'argile.* **III.** Espace occupé par les eaux d'un cours d'eau. *Lit d'un fleuve.*

litage [litaʒ] n. m. PETROG Alternance, dans une roche détritique, de minces couches parallèles dont la composition est différente.

Li Taibo ou **Li Taï Po.** V. Li Bo.

Litani (en ar. *Nahr al-Lītānī*), fl. du Liban, tributaire de la mer Méditerranée (170 km). Né sur le versant est du Mont Liban, il arrose la Beqaa en direction du S. et se jette dans la mer au N. de Tyr. Barrage de Karaoun (irrigation et hydroélectricité).

litanie [litani] n. f. **1.** LITURG Prière consistant en une suite de brèves invocations. **2.** Fig. Énumération monotone (souvent de griefs, de plaintes).

litanmari. V. Tanmari.

litchi [litʃi] ou **letchi** [lɛtʃi] n. m. Arbre (*Letchis sinensis*, fam. sapindacées) des régions tropicales, au fruit comestible de saveur douce; ce fruit. *Il a rapporté des litchis secs du Viêt-nam.*

-lite. V. lith(o)-.

liteau [lito] n. m. TECH Pièce de bois horizontale, de faible section, fixée à un mur pour supporter une tablette. Syn. tasseau. ▷ Pièce de bois de section standardisée, utilisée notam. dans la constr. des toitures.

liter [lite] v. tr. [1] TECH Disposer par lits, par couches. *Liter des poissons salés.*

literie [litʀi] n. f. Ensemble des objets dont se compose un lit. ▷ *Spécial.* (Excluant le sommier et le châlit.) Garniture d'un lit (matelas, traversin, oreillers, draps, couvertures, etc.).

lith(o)-, -lithe, -lite, -lithique. Éléments, du gr. *lithos*, «pierre».

litham [litam] n. m. (Maghreb) **1.** Voile dont les femmes musulmanes se couvrent le visage.(V. hidjab.) **2.** Voile couvrant le bas du visage, en usage dans les régions désertiques, et notam. chez les Touareg.

lithiase [litjaz] n. f. MED Présence de calculs dans les voies excrétrices d'une glande ou d'un organe. *Lithiase rénale. Lithiase biliaire* (dans la vésicule, dans les canaux cholédoque et cystique).

lithine [litin] n. f. CHIM Hydroxyde de lithium (LiOH).

lithique [litik] adj. De la pierre, qui a rapport à la pierre. *Industrie lithique des hommes de la préhistoire.*

lithium [litjɔm] n. m. CHIM Élément alcalin (symbole Li) de numéro atomique Z=3. – Métal (Li), surtout utilisé pour l'élaboration d'alliages antifriction. – *Sels de lithium,* utilisés en médecine dans le traitement des états maniaco-dépressifs.

litho [lito] n. f. Abrév. de *lithographie.*

lithobie [litobi] n. m. ENTOM Mille-pattes carnassier, long d'env. 3 cm, de couleur brun-roux, fréquent en Europe sous les pierres et dans l'humus.

lithographe [litogʀaf] n. Personne qui imprime par les procédés de la lithographie. ▷ Artiste qui réalise des lithographies.

lithographie [litogʀafi] n. f. Impression à la pierre lithographique; épreuve obtenue par ce procédé. (Abrév. cour. : litho).

ENCYCL Le dessin est exécuté, à l'envers, sur la pierre lithographique avec un crayon ou une plume à encre grasse. Après action de l'acide nitrique, il se produit, sauf à l'emplacement du dessin, une couche de nitrate de calcium, qui ne prend pas l'encre. L'épreuve est obtenue par impression sur un papier.

lithographier [litogʀafje] v. tr. [2] Imprimer en lithographie.

lithographique [litogʀafik] adj. De la lithographie, qui a rapport à la lithographie.

lithophage [litofaʒ] adj. et n. m. ZOOL Se dit des animaux (mollusques, notam.) qui creusent les pierres pour s'y loger. – n. m. *Un lithophage.*

lithophone [litofɔn] n. m. MUS Instrument à percussion d'Asie et de certaines régions d'Afrique composé de pierres plates que l'on frappe avec des baguettes ou des pierres, chacune rendant un son distinct.

lithosphère [litosfɛʀ] n. f. GEOL Partie solide de la sphère terrestre comportant la croûte et le manteau supérieur.

litière [litjɛʀ] n. f. **I. 1.** Paille que l'on répand dans les étables, les écuries, etc., pour que les animaux se couchent dessus. ▷ Sciure ou matière absorbante destinée à recevoir les excréments des chats en appartement. **2.** PEDOL Couche superficielle de l'humus forestier, contenant des débris végétaux de grande taille. **3.** Fig. *Faire litière de qqch,* ne pas s'en soucier. *Nous faisons litière de tels préjugés.* **II.** Anc. Véhicule à deux brancards, dans lequel on voyageait couché.

litige [litiʒ] n. m. DR Contestation en justice, procès. *Arbitrer un litige.* – *Par ext.* Contestation, controverse. *Point en litige.*

litigieux, euse [litiʒjø, øz] adj. Qui est ou qui peut être en litige. *Point litigieux.* Syn. contesté, controversé.

litorne [litɔʀn] n. f. Grive (*Turdus pilaris*), longue de 25 cm, à tête et à croupion gris, qui niche dans le nord de l'Europe et en Sibérie, et hiverne plus au sud, en partic. en France. – (En appos.) *Grive litorne.*

litote [litɔt] n. f. Figure de rhétorique consistant à dire moins pour faire entendre plus. *Dans «le Cid», Chimène use d'une litote quand elle dit à Rodrigue : «Va, je ne te hais point», pour lui faire comprendre qu'elle l'aime.*

lit-picot [lipiko] n. m. (Afr. subsah.) Lit de camp pliant, en bois et en toile. *Des lits-picots.*

litre [litʀ] n. m. **1.** Unité de mesure de volume égale à un décimètre cube (symbole l). **2.** Récipient contenant un litre; son contenu. *Un litre de lait. Du vin en litres.* Syn. (Québec) pinte.

littéraire [liteʀɛʀ] adj. (et n.) **1.** Relatif aux lettres, à la littérature. *Journal littéraire.* – *Langue littéraire* (par oppos. à *langue populaire* ou *langue parlée*). ▷ Qui a les caractères attribués à la littérature. *Genre littéraire.* **2.** Qui étudie la littérature; qui traite, qui rend compte de la production littéraire. *Critique, histoire littéraire.* **3.** Qui montre des dispositions, des dons pour les lettres. *Esprit littéraire.* ▷ Subst. Personne formée par des études de lettres. *Les littéraires et les scientifiques.*

littéral, ale, aux [liteʀal, o] adj. Didac. **1.** Strictement conforme à la lettre (d'un mot, d'un texte). *Le sens littéral d'un passage de l'Écriture.* ▷ *Traduction littérale,* mot à mot. **2.** Exprimé par écrit. *Preuve littérale.* ▷ *Arabe* littéral.* – MATH *Grandeur littérale,* exprimée par une (des) lettre(s).

littéralement [liteʀalmɑ̃] adv. **1.** Didac. À la lettre. *Traduire littéralement.* **2.** Au sens strict du mot. *Je suis littéralement affamé.* Syn. véritablement.

littérarité [liteʀaʀite] n. f. Didac. Caractère distinguant un texte littéraire d'un autre.

littérateur [liteʀatœʀ] n. m. (Parfois péjor.) Homme de lettres, écrivain.

littérature [liteʀatyʀ] n. f. **1.** Œuvres réalisées par les moyens du langage, orales ou écrites, considérées tant au point de vue formel et esthétique qu'idéologique et culturel. *Littérature orale :* V. encycl ci-après. **2.** Ensemble des œuvres littéraires d'un pays, d'une époque. *La littérature française du XIX*[e] *s.* **3.** Étude des œuvres littéraires. *Cours de littérature.* **4.** Ensemble des textes qui traitent d'un sujet. *La littérature médicale.* **5.** Art d'écrire. – Carrière d'écrivain. *Se lancer dans la littérature.* **6.** Fam., péjor. Paroles brillantes mais sans rapport avec la réalité, ou inefficaces. *Tout cela n'est que littérature.*

ENCYCL **Littérature orale.** – La littérature orale est l'ensemble des productions verbales qui se distinguent de la parole ordinaire par leur qualité formelle, la puissance communicative de leur contenu, leurs fonctions dans la société. Elle existe ou a existé chez tous les peuples et demeure encore une réalité vivante dans de nombreuses sociétés traditionnelles d'Afrique, d'Asie, d'Amérique et d'Océanie, mais elle a presque disparu d'Europe, sauf à l'est. Les formes orales ont longtemps coexisté avec l'écriture dans les grandes civilisations orientales. La mise en forme codifiée du fonds culturel est déterminée par des *genres* et obéit à des *règles* fixant la *structure,* le *mode d'énonciation* et aussi les *circonstances* dans lesquelles un genre donné peut être actualisé (temps, lieu, auditoire, etc.). Aucune typologie n'est absolue. On peut distinguer les genres narratifs en *prose* (mythe, conte, légende, récit historique, genres oratoires) et les genres *poétiques,* caractérisés par des énoncés rythmés, un mode vocal particulier, des recherches de sonorités et l'association fréquente avec la musique (épopée, poésie panégyrique, incantation, prière, devise, poésie lyrique). Le proverbe et la devinette, qui utilisent certains procédés poétiques, constituent une catégorie intermédiaire. Les agents transmetteurs sont très divers. Les textes à valeur religieuse (mythe, prière, devise) ne peuvent être dits que par des dignitaires ou par certains vieillards. D'autres sont réservés à des individus hautement spécialisés, par ex. les bardes pour les épopées, genre noble très développé en Asie du Sud-Est et récemment découvert en Afrique subsaharienne. Les contes constituent un genre plus populaire; il existe des répertoires spécialisés (hommes, femmes, castes d'artisans, etc.). La littérature orale remplit de nombreuses fonctions. Elle sert au *divertissement,* dans les veillées où l'on conte et chante, dans les fêtes, ou lors du passage de professionnels itinérants (bardes, griots, conteurs). Sa fonction *esthétique* se manifeste dans les recherches stylistiques, le talent dramatique d'un narrateur, la puissance envoûtante du verbe poétique. Sa fonction *sociale* se mesure au respect des circonstances d'énonciation, lequel assure son efficacité. C'est par elle que s'exerce la satire, que se transmet la morale sociale. À la fois conservatoire et véhicule des modèles culturels, elle est utilisée dans l'enseignement traditionnel (fonction *pédagogique*) et jouit d'une haute fonction *symbolique,* car à travers les images et les symboles s'expriment les grands thèmes fondamentaux de la vision du monde propre au groupe.

Little Rock, v. des É.-U., cap. de l'Arkansas; 175 790 hab. (aggl. urb. 492 700 hab.). Commerce et travail du coton; bauxite.

littoral, ale, aux [litɔʀal, o] adj. et n. m. **1.** adj. Qui appartient aux bords de la mer. *Zone littorale d'un pays.* **2.** n. m. Zone située en bordure de mer. *Le littoral du Golfe de Guinée.* Syn. côte.

littorine [litɔʀin] n. f. ZOOL Mollusque gastéropode marin, très abondant sur les côtes rocheuses et dans les mangroves, dont diverses espèces sont consommées sous le nom de *bigorneau.*

Littré (Émile) (1801 – 1881), médecin, philosophe et lexicographe français. Disciple d'Auguste Comte, il devint le chef de l'école positiviste. Son *Dictionnaire de la langue française* (1863-1873), dit le *Littré,* fut édité par la Librairie Hachette. Acad. fr. (1871).

Lituanie ou (anc.) **Lithuanie,** État d'Europe, limité par la Pologne et la Russie (rég. de Kaliningrad) au S., la Biélorussie à l'E., la Lettonie au N., baigné à l'O. par la Baltique; 65200 km²; 3690000 hab.; cap. *Vilnius.* Nature de l'État : rép. parlementaire. Langue off. : lituanien; pop. : Lituaniens (80 %), Russes (9 %), Polonais (7 %). Monnaie : litas. Relig. : cathol.
Géogr. et écon. – Vaste plaine ponctuée à l'O. de collines, la Lituanie est un pays boisé, mais on cultive céréales, pommes de terre et lin. Pêche et élevage. Industries mécaniques et textiles. L'indépendance a entraîné une forte récession, mais la croissance est revenue en 1994.
Hist. – Unifiée dès le XIIIe s., la *grande principauté de Lituanie* s'unit en 1386 à la Pologne, puis passe à la Russie lors du partage de la Pologne (1795). Indépendante en nov. 1918, elle se heurte à la Pologne, qui occupe Vilnius (1920), et forme l'Entente baltique avec l'Estonie et la Lettonie. Envahie par l'armée sov. en juin 1940, elle devient une rép. fédérée de l'U.R.S.S. Occupée par l'Allemagne en 1941, la Lituanie redevint une république soviétique en 1944. En 1991, après plusieurs années de lutte, l'U.R.S.S. reconnaît l'indépendance des pays Baltes*. En sept., la Lituanie est admise à l'ONU. Après l'échec, en mai 1992, d'un référendum sur le renforcement du pouvoir prés., le parti nationaliste Sajudis de Vytautas Landsbergis (chef de l'État depuis mars 1990) perd les élections législ. d'oct. 1992 face à l'ex-parti communiste d'Algirdas Brazauskas, élu président en fév. 1993, mais remporte l'élection présidentielle de 1996.

lituanien, enne [litɥanjɛ̃, ɛn] adj. et n. De Lituanie. – Subst. *Un(e) Lituanien(ne).* ▷ n. m. Langue balte parlée en Lituanie.

liturgie [lityʀʒi] n. f. Culte public, ordre des cérémonies institué par une Église. *Liturgie catholique.*

liturgique [lityʀʒik] adj. Relatif à la liturgie. *Réforme liturgique.*

Liu Shaoqi (1898 – 1969), homme politique chinois. Président de la Rép. en 1959, il fut destitué en 1968, emprisonné et réhabilité en 1980.

live [lajv] adj. inv. (Anglicisme) AUDIOV Enregistré en public. *Un disque, une émission live.* Syn. (off. recommandé) en public.

Liverpool, v. et port du N.-O. de l'Angleterre, sur l'estuaire de la Mersey; 448300 hab. Import. de pétrole, chantiers navals; centre industriel; le déclin de ses activités portuaires a entraîné chômage et diminution de la population. – Université. Évêchés catholique et anglican.

livide [livid] adj. **1.** D'une couleur terne et plombée. *Les nuages livides des ciels d'orage.* **2.** (En parlant du teint, de la peau, etc.) Très pâle, blafard.

Livie (en lat. *Livia Drusilla*) (v. 55 av. J.-C. – 29 apr. J.-C.), impératrice romaine. Elle épousa en 38 av. J.-C. Auguste, qui adopta son fils Tibère.

living-room [liviŋʀum] ou **living** [liviŋ] n. m. (Anglicisme) Syn. de *salle* de séjour. Des living-rooms, des livings.*

Livingstone (monts), massif de la Tanzanie bordant le nord-est du lac Malawi.

Livingstone (David) (1813 – 1873), missionnaire (protestant) et explorateur écossais. En 1853, il remonta le Zambèze (découvert en 1851) et atteignit les chutes Victoria (1855). Antiesclavagiste, il dénonça la traite des Noirs. Sa rencontre avec Stanley au bord du lac Tanganyika (1871) est demeurée célèbre.

Livonie, anc. prov. balte de la Russie, au N. de la Courlande. Domaine des chevaliers Porte-Glaive, elle demanda la protection de la Pologne contre les Russes en 1557. La Suède l'annexa en 1772. En 1919, elle forma les républiques de Lettonie et d'Estonie.

Livourne, v. et port d'Italie (Toscane); 176050 hab.; ch.-l. de la prov. du m. nom. Acad. navale. Industries.

livrable [livʀabl] adj. Qui peut être livré au destinataire.

livraison [livʀɛzɔ̃] n. f. **1.** Remise d'une marchandise vendue à la personne qui l'a acquise. *Voiture de livraison.* ▷ *Par méton.* Marchandise livrée. **2.** EDITION Partie d'un ouvrage publié par fascicules.

1. livre [livʀ] n. m. **1.** Assemblage de feuilles imprimées formant un volume. *Livre broché, relié. Format d'un livre.* ▷ Loc. *À livre ouvert :* à la première lecture, sans préparation. *Il traduit le grec à livre ouvert.* – Fig. *Il est si naïf qu'on lit en lui à livre ouvert.* **2.** Texte imprimé d'un livre. *Lire, écrire un livre. Bon, mauvais livre. Livre d'images, de poésie, de grammaire.* ▷ Fig. *Le grand livre de la nature :* la nature considérée comme source d'instruction directe. ▷ *Le livre :* l'imprimerie, l'édition. *Industrie du livre. Les ouvriers du livre :* les ouvriers imprimeurs. ▷ *Livre électronique :* ouvrage stocké sur un disque optique numérique, destiné à la lecture sur écran informatique. **3.** Subdivision d'une œuvre littéraire. *Les «Fables» de La Fontaine se composent de douze livres.* Syn. partie. **4.** Volume dans lequel sont consignés des renseignements dont on veut conserver la trace; registre. – DR, COMM *Livres de commerce,* dans lesquels est enregistré le détail de la comptabilité d'un commerçant. *Grand-livre, livre journal.* – MAR *Livre de bord :* registre (appelé aussi *livre de loch*) tenu par l'officier de quart, où sont enregistrés tous les renseignements relatifs à la navigation; *abusiv.,* journal de mer, registre tenu par le commandant d'un navire, relatant le voyage qui vient d'être effectué. – *Livre d'or :* registre d'apparat que les visiteurs de marque d'un lieu sont invités à signer. ▷ (Luxembourg) *Livre de classe :* document scolaire où sont consignés divers renseignements relatifs à la classe (matières enseignées, devoirs, liste des élèves, etc.).

2. livre [livʀ] n. f. **1.** Unité de masse non officielle, valant un demi-kilogramme, utilisée surtout pour les denrées. *Une livre de tomates.* ▷ Unité de masse anglo-saxonne (en angl. *pound*) valant 453,59 g., en usage notam. au Canada. **2.** Unité monétaire du Royaume-Uni et de divers autres pays. *Livre sterling* (symb. : £). *Livre égyptienne.* V. tabl. monnaies.

livre-cassette [livʀkasɛt] n. m. Cassette contenant l'enregistrement de la lecture à haute voix d'un livre. *Des livres-cassettes.*

Livre des morts (le), recueil de rituels funéraires de l'Égypte anc., ensemble d'écrits sur toile ou sur papyrus retrouvés dans les tombes.

livrée [livʀe] n. f. **1.** Tenue particulière portée autref. par les domestiques d'un prince, d'une grande maison et auj. par le personnel de certains grands hôtels. *Portier en livrée.* **2.** ZOOL Pelage, plumage de divers animaux.

livrer [livʀe] v. tr. **[1] I. 1.** Mettre à la disposition, au pouvoir de. *Livrer un coupable à la justice.* – (Avec une idée de trahison.) *Livrer ses complices. Livrer des plans à l'ennemi.* Syn. donner. ▷ v. pron. *Son forfait accompli, il se livra à la police.* Syn. remettre. **2.** Abandonner, exposer à l'action de. *Livrer une ville au pillage. Épave qui dérive, livrée aux vents et aux courants.* ▷ v. pron. S'abandonner, se laisser aller (à). *Se livrer à des violences.* – S'adonner (à). *Se livrer à l'étude avec ardeur.* **3.** Donner à connaître. *Livrer ses pensées, un secret.* ▷ v. pron. Se confier. *C'est une personne réservée, qui ne se livre pas.* **4.** *Livrer une bataille, un combat,* l'engager. **5.** *Livrer passage :* laisser passer. **II.** Effectuer la livraison de (qqch). *Livrer de la marchandise.*

livresque [livʀɛsk] adj. Qui vient des livres. *Savoir purement livresque.*

livret [livʀɛ] n. m. **1.** Petit livre, petit registre. *Livret de la caisse d'épargne. Livret scolaire.* ▷ *Livret de famille* ou (Belgique) *livret de mariage,* remis aux nouveaux époux et destiné à recevoir mention de tous les actes d'état civil concernant la famille. Syn. (Belgique) carnet de mariage. **2.** MUS Texte, en vers ou en prose, destiné à être mis en musique pour la scène. **3.** (Suisse) Table de multiplication. *Le livret sept.*

livreur, euse [livʀœʀ, øz] n. Personne qui livre les marchandises vendues. – (En appos.) *Garçon livreur.*

lixiviation [liksivjasjɔ̃] n. f. **1.** CHIM Extraction des parties solubles d'un corps au moyen d'un solvant. **2.** METALL Traitement des minerais par un acide ou une base pour séparer les métaux de la gangue qui les contient.

Ljubljana, cap. de la Slovénie, sur la *Ljubljanica*; 303470 hab. Centre industr. – Archevêché. Université. Égl. des Franciscains (XVIIe s.); cath. (XVIIIe s.); hôtel de ville (XVIIIe s.). Musée.

Lloyd (Harold) (1893 – 1971), acteur de cinéma américain; un des grands comiques du muet : *Monte là-dessus* (1923), *Vive le sport!* (1925).

Lloyd George (David), 1er comte de Dwyfor (1863 – 1945), homme politique britannique; chef du parti libéral. Premier ministre (1916-1922), il organisa la paix en Europe après 1918. En 1921, il reconnut l'État libre d'Irlande.

Lloyd's, association constituée par l'ensemble des particuliers qui pratiquent les opérations d'assurances dans le centre d'affaires (ou Bourse) situé à Londres et nommé Lloyd's.

Lô (Ismaël) (né en 1956), musicien sénégalais. L'un des talents les plus complets de sa génération.

loa [lwa] n. m. (Haïti) Divinité, puissance surnaturelle dans le culte vaudou. *Être possédé par un loa.*

Loango (réserve du Petit). V. Petit Loango.

Loango, v. de la rép. du Congo, sur la côte atlantique, au N. de Pointe-Noire. Cap. d'un royaume du m. nom, qui était florissant quand les Portugais abordèrent (fin XVe s.).

loase [loaz] n. f. MED Filariose due à la filaire *Loa loa,* qui sévit dans la zone forestière d'Afrique centrale.

lob [lɔb] n. m. SPORT Coup par lequel on envoie la balle (ou le ballon) par-dessus l'adversaire, hors de sa portée.

Loba Aké (né en 1927), romancier ivoirien : *Kocumbo, l'étudiant noir* (1960), inspiré par son séjour en France; *les Fils de Kouretcha* (1970); *les Dépossédés* (1973).

lobaire [lɔbɛʀ] adj. ANAT Constitué de lobes; relatif aux lobes. *Affection lobaire.*

Lobamba, ville du Swaziland, au S.-E. de Mbabané, dans le district de Manziné; capitale royale et législative. Aéroport international.

Lobatchevski (Nikolaï Ivanovitch) (1792 – 1856), mathématicien russe. Auteur d'une géométrie non euclidienne où par un point passent plusieurs parallèles à une droite.

lobby [lɔbi] n. m. (Anglicisme) Groupe de pression (sur les pouvoirs publics, sur l'État). *Des lobbies américains.*

lobe [lɔb] n. m. **1.** ANAT Partie arrondie et bien délimitée de certains organes. *Lobes du cerveau, du foie.* ▷ Cour. *Lobe de l'oreille :* partie inférieure du pavillon. **2.** BOT Découpure, généralement arrondie, des feuilles ou des pétales.

lobé, ée [lɔbe] adj. Divisé en lobes. *Feuille lobée.*

lobectomie [lɔbɛktɔmi] n. f. CHIR Ablation d'un lobe d'un organe (poumon, cerveau, etc.).

lober [lɔbe] v. intr. [1] SPORT Faire un lob. ▷ v. tr. *Lober qqn,* le tromper par un lob. *Lober le goal.*

Lobi, population établie au S. du Burkina Faso et au N. de la Côte d'Ivoire (env. 1300000 personnes). Ils parlent une langue nigéro-congolaise du groupe gur.

Lobito, v. de l'Angola, prov. de Benguela, port sur l'Atlantique; 200000 hab. Exportation du cuivre extrait en rép. dém. du Congo et en Zambie. Raffinerie de pétrole, cimenterie.

Lob Nor, lac de Chine (Xinjiang) instable et peu profond (2000 km^2). Centre d'expériences nucléaires.

lobotomie [lobotɔmi] n. f. CHIR Opération consistant à sectionner certaines fibres nerveuses du lobe frontal du cerveau.

lobulaire [lɔbylɛʀ] ou **lobulé, ée** [lɔbyle] adj. ANAT Constitué de lobules ou en forme de lobule. – Relatif aux lobules.

lobule [lɔbyl] n. m. ANAT **1.** Petit lobe. *Lobule de l'oreille.* **2.** Partie constituante d'un lobe. *Lobule pulmonaire.*

lobuleux, euse [lɔbylø, øz] adj. ANAT Constitué de nombreux lobes ou lobules. *Organe lobuleux.*

local, ale, aux [lɔkal, o] adj. et n. m. **I.** adj. **1.** Propre à un lieu, à une région. *Usages locaux.* ▷ (Afr. subsah., Madag.) Qui ne vient pas de l'étranger. *Viande locale. Employer du personnel local. – Consommer local.* **2.** Limité à un endroit déterminé; circonscrit. *Un problème purement local.* ▷ Relatif à une certaine partie du corps. *Anesthésie locale.* **3.** *Couleur locale :* ce qui représente au naturel les personnes, les choses, les mœurs, etc., d'un lieu ou d'une époque. *Détail qui fait couleur locale.* **II.** n. m. Lieu fermé ou partie d'un bâtiment, considérés quant à leur état ou à leur destination. *Local commercial, professionnel, à usage d'habitation.*

localement [lɔkalmɑ̃] adv. Relativement à un lieu, une région. *Climat localement perturbé. – Remède appliqué localement,* à l'endroit du corps concerné par le mal.

localisable [lɔkalizabl] adj. Qui peut être localisé.

localisation [lɔkalizasjɔ̃] n. f. **1.** Action de localiser en situant. *Localisation d'un navire en détresse.* **2.** Fait de se produire ou d'exister en un point précis. *La localisation très étroite du foyer d'épidémie permettra une éradication rapide.* **3.** Action de localiser en limitant. *L'intervention des pompiers a permis une localisation rapide de l'incendie.*

localiser [lɔkalize] v. tr. [1] **1.** Déterminer la position de. *Localiser l'ennemi. Localiser un bruit.* **2.** Empêcher l'extension de. *Localiser un incendie.*

localité [lɔkalite] n. f. Petite agglomération, bourg, village.

Locarno, v. de Suisse (Tessin), au bord du lac Majeur; 14000 hab. Tourisme. – *Accords de Locarno* (1925) : pacte de non-agression signé par la France, la G.-B., l'Allemagne, l'Italie, la Belgique, la Pologne et la Tchécoslovaquie. Il fut violé par Hitler en 1936.

locataire [lɔkatɛʀ] n. Personne qui prend à loyer un logement, une terre, etc.

1. locatif, ive [lɔkatif, iv] adj. et n. m. **1.** adj. Relatif au locataire ou à la location. *Réparations locatives,* à la charge du locataire. *Risques locatifs,* qui engagent la seule responsabilité du locataire. *Valeur locative :* revenu supputé d'un bien donné en location. **2.** n. m. (Suisse) Immeuble dont les appartements sont réservés à la location.

2. locatif, ive [lɔkatif, iv] adj. et n. m. LING Qui exprime le lieu. *Proposition subordonnée locative.* ▷ n. m. Cas du complément de lieu, dans certaines langues à déclinaisons (latin, russe, etc.).

location [lɔkasjɔ̃] n. f. **1.** Action de donner ou de prendre une chose à loyer. *Location d'une villa, d'une voiture.* ▷ *Location-vente :* système de location qui permet au locataire de devenir propriétaire de la chose louée, moyennant versement d'un loyer majoré d'intérêts. *Des locations-ventes.* **2.** Action de louer à l'avance (une place de spectacle, une chambre d'hôtel, etc.).

loch [lɔk] n. m. MAR Appareil servant à mesurer la vitesse d'un navire.

loche [lɔʃ] n. f. **1.** Poisson d'eau douce (genre *Cobitis* et voisins), d'Europe et d'Asie, au corps allongé couvert de mucus. **2.** Nom cour. de diverses limaces.

Locke (John) (1632 – 1704), philosophe anglais; fondateur de l'école empiriste. Son *Essai sur l'entendement humain* (1690) s'oppose à la doctrine cartésienne des idées innées, son traité *Du gouvernement civil* (1690) aux théories despotiques de Hobbes.

lock-out [lɔkawt] n. m. inv. (Anglicisme) Fermeture d'une entreprise décidée par la direction en riposte à un mouvement de grève ou de revendication du personnel.

Lockyer (sir Norman) (1836 – 1920), astrophysicien anglais. En 1868, il supposa l'existence de l'hélium.

loco-. Élément, du lat. *locus,* «lieu».

locomobile [lɔkɔmɔbil] n. f. Moteur à explosion (autref. machine à vapeur) monté sur un châssis à roues, que l'on déplace pour entraîner des machines (batteuses, notam.).

locomoteur, trice [lɔkɔmɔtœʀ, tʀis] adj. et n. f. **1.** adj. Qui sert à la locomotion. *Organe locomoteur.* **2.** n. f. Véhicule de traction de moyenne puissance.

locomotion [lɔkɔmɔsjɔ̃] n. f. **1.** Mouvement par lequel on se transporte d'un lieu à un autre; fonction assurant un tel mouvement. *Organes de la locomotion.* **2.** TRANSP *Moyens de locomotion. Locomotion à vapeur, aérienne.*

locomotive [lɔkɔmɔtiv] n. f. **1.** Puissant véhicule circulant sur rails et remorquant ou poussant des rames de voitures ou de wagons. **2.** Fig., fam. Personne, collectivité, événement qui joue le rôle d'élément moteur dans un domaine donné.

Locride, contrée de la Grèce anc., entre les golfes de Corinthe et d'Eubée.

loculaire [lɔkylɛʀ] ou **loculé, ée** [lɔkyle] ou **loculeux, euse** [lɔkylø, øz] adj. BOT Divisé en loges. *Ovaire loculé.*

locus [lɔkys] n. m. GENET Emplacement d'un gène sur un chromosome.

locusta [lɔkysta] ou **locuste** [lɔkyst] n. f. Criquet migrateur.

locuteur, trice [lɔkytœʀ, tʀis] n. LING Sujet parlant. – Personne qui parle (par oppos. à *auditeur*). – *Locuteur de l'espéranto :* personne qui parle l'espéranto.

locution [lɔkysjɔ̃] n. f. **1.** Expression, forme de langage particulière ou fixée par la tradition. *Locution vicieuse,* impropre. **2.** Groupe de mots formant une unité quant au sens ou à la fonction grammaticale. *Locution verbale* (ex. *avoir faim*). *Locution adverbiale* (ex. *sans doute*). *Locution prépositive* (ex. *au-dessous de*).

loden [lodɛn] n. m. Lainage imperméable, épais et feutré. ▷ *Par ext.* Manteau en loden.

Łódź, v. de Pologne, ch.-l. de la voïévodie du même nom; 849260 hab. Centre industriel et culturel (université).

lœss [løs] n. m. GEOL Dépôt éolien, limon constitué de granules de quartz et de calcaire enrobés d'argile, qui forme un sol très fertile.

lof [lɔf] n. m. *Aller, venir au lof :* lofer. *Virer lof pour lof :* virer vent arrière.

lofer [lɔfe] v. intr. [1] En parlant d'un navire, venir à un cap plus rapproché de la direction d'où souffle le vent.

Logan (mont), point culminant du Canada, situé dans la chaîne Saint-

Élie (Yukon), à la frontière de l'Alaska; 6050 m.

loganiacées [loganjase] n. f. pl. BOT Famille de plantes herbacées ou ligneuses des régions chaudes, dont de nombreuses espèces contiennent des alcaloïdes très toxiques (strychnine, curare). – Sing. *Une loganiacée.*

logarithme [lɔgaʀitm] n. m. MATH *Logarithme d'un nombre :* exposant dont il faut, pour obtenir ce nombre, affecter un autre nombre appelé *base. 2 est le logarithme de 100 dans le système à base 10 (10^2 = 100). – Logarithme népérien*.* ▷ (En appos.) *Fonction logarithme,* telle que, pour tout couple (x, y) de nombres réels strictement positifs, f(xy) = f(x) + f(y).

logarithmique [lɔgaʀitmik] adj. Qui a rapport aux logarithmes. *Calcul logarithmique.* ▷ De la nature des logarithmes. *Échelle* logarithmique.*

loge [lɔʒ] n. f. **1.** Logement d'un concierge, d'un gardien d'immeuble, placé près de la porte d'entrée. **2.** Dans les concours des écoles des beaux-arts, pièce, atelier où chacun des concurrents est isolé. *Entrer en loge.* **3.** Petite pièce dans les coulisses d'un théâtre, où les acteurs changent de costume, se maquillent, etc. ▷ Chacun des petits compartiments rangés par étages au pourtour d'une salle de spectacle, et où plusieurs spectateurs peuvent prendre place. – Loc. fig. *Être aux premières loges :* être bien placé pour voir, pour juger une chose. **4.** Local où ont lieu les réunions des francs-maçons; groupe, cellule de francs-maçons. **5.** BOT Chacune des petites cavités existant dans le fruit, l'ovaire, les anthères, etc.

logé [lɔʒe] adj. **1.** À qui on fournit le logement; qui est hébergé. **2.** (Madag.) (En parlant d'un produit alimentaire.) Qui est consigné. *Yaourt logé.* (V. nu.)

logeable [lɔʒabl] adj. Habitable; spacieux, où l'on peut loger beaucoup de choses.

logement [lɔʒmɑ̃] n. m. **1.** Action de loger (qqn, une population). *Indemnité de logement. Politique du logement.* **2.** Local d'habitation. – *Spécial.* Appartement. *Un logement exigu.* ▷ (Afr. subsah.) *Logement de passage :* V. case* de passage. **3.** TECH Creux ménagé pour recevoir une pièce. *Logement d'un tenon :* mortaise.

loger [lɔʒe] v. [13] **I.** v. intr. Habiter à demeure ou provisoirement. *Loger en meublé.* **II.** v. tr. **1.** Abriter dans un logis, héberger. *Loger un ami.* ▷ (Choses) Contenir. *Hôtel qui peut loger cent personnes.* **2.** Mettre; faire entrer. *Loger des affaires dans un placard. Loger une balle dans l'épaule de qqn.*

Loges (les), galeries couvertes du Vatican (cour Saint-Damase), terminées sous Léon X. Raphaël y peignit 52 fresques bibliques.

logeur, euse [lɔʒœʀ, øz] n. Personne qui loue des logements garnis.

loggia [lɔdʒja] n. f. **1.** Balcon couvert, en retrait par rapport à la façade. **2.** Plate-forme accessible, construite à une certaine distance du sol dans une pièce haute de plafond.

1. logiciel [lɔʒisjɛl] n. m. **1.** INFORM Ensemble des règles et des programmes relatifs au fonctionnement d'un ensemble de traitement de l'information (par oppos. à *matériel*). **2.** Cour. Programme.

2. logiciel, elle [lɔʒisjɛl] adj. INFORM Relatif au logiciel. *Erreur logicielle.*

logicien, enne [lɔʒisjɛ̃, ɛn] n. **1.** Spécialiste de la logique. **2.** Personne qui raisonne rigoureusement. *C'est un logicien implacable.*

logicisme [lɔʒisism] n. m. Tendance à accorder une place prépondérante à la logique (en philosophie, en mathématiques, en sciences humaines).

-logie, -logique, -logiste, -logue. Éléments, du gr. *logia,* «théorie», de *logos,* «discours».

1. logique [lɔʒik] n. f. **1.** Science dont l'objet est de déterminer les règles de pensée par lesquelles on peut atteindre la vérité. *Logique dialectique, logique mathématique. Logique formelle,* qui opère sur des formes de raisonnements, indépendamment du contenu de ceux-ci. **2.** Suite dans les idées, cohérence du discours. *Une logique sans faille. Manque de logique.* ▷ Manière de raisonner ou de se conduire qui a sa cohérence propre. *Logique des sentiments.* **3.** Enchaînement nécessaire des choses. *La logique des événements.*
ENCYCL «Science des lois du raisonnement», la logique a joué un rôle fondamental dans le développement de l'analyse philosophique classique appliquée aux formes de la pensée *(logos).* L'étude de la raison, chez Aristote et dans toute la tradition philosophique qui s'en inspire, est fondée sur l'analyse syllogistique, notam. en pédagogie. Cependant, dès le XVIIe s., la notion de logique se transforme au contact des sciences et spécial. des mathématiques, pour donner naissance aux logiques modernes *(logique mathématique, logique formelle).*

2. logique [lɔʒik] adj. **1.** Conforme aux règles de la logique, cohérent. *Raisonnement logique.* **2.** Qui raisonne conformément à la logique. *Avoir l'esprit logique. Soyez logique avec vous-même!* **3.** De la logique en tant que science. *Recherches logiques.* **4.** GRAM *Analyse logique :* V. analyse (sens 4).

logiquement [lɔʒikmɑ̃] adv. D'une manière conforme à la logique. *Raisonner logiquement.*

logis [lɔʒi] n. m. **1.** Vieilli, litt. Habitation. *Rester au logis.* – Loc. fig. *La folle du logis :* l'imagination. **2.** ARCHI *Corps de logis :* V. corps (II, sens 3). **3.** MILIT *Maréchal des logis :* V. maréchal.

-logiste. V. -logie.

logistique [lɔʒistik] n. f. (et adj.) **I.** Logique symbolique utilisant un système de signes analogue à celui de l'algèbre. **II. 1.** Partie de l'art militaire ayant trait aux activités et aux moyens matériels qui permettent à une force armée d'accomplir au mieux sa mission; ces activités, ces moyens eux-mêmes. ▷ adj. *Le soutien logistique d'une unité en campagne.* **2.** *Par ext.* Organisation matérielle (d'une entreprise, d'une collectivité, etc.).

logithèque [lɔʒitɛk] n. f. Didac. Bibliothèque de logiciels.

logo-. Élément, du gr. *logos,* «parole, discours».

logo [logo] n. m. V. logotype.

logomachie [lɔgɔmaʃi] n. f. Litt. Suite de mots creux.

Logone (le), riv. d'Afrique centrale séparant le Cameroun et le Tchad (900 km), affluent du Chari (r. g.), qu'il rejoint à N'Djamena (r. d.) et Kousseri (r. g.).

logopède [lɔgɔpɛd] n. (Belgique, Luxembourg) Orthophoniste.

logopédie [lɔgɔpedi] n. f. MED Traitement des défauts de prononciation chez l'enfant. – (Suisse) Syn. de *orthophonie.*

logopédiste [lɔgɔpedist] n. MED Spécialiste de la logopédie. – (Suisse) Syn. de *orthophoniste.*

logorrhée [lɔgɔʀe] n. f. Manie de parler interminablement et sans nécessité; discours, propos interminables.

logos [lɔgos] n. m. **1.** PHILO Chez les philosophes stoïciens, Dieu en tant que raison et principe actif de toutes choses. ▷ Chez Philon d'Alexandrie, hypostase intermédiaire entre Dieu et le monde. **2.** THEOL Le Verbe de Dieu (chez saint Jean, qui identifie le Verbe à Jésus).

logotype [lɔgɔtip] ou **logo** [logo] n. m. **1.** IMPRIM Groupe de lettres ou de signes d'un usage fréquent (abréviation, marque de l'éditeur, etc.) fondu en un seul bloc. **2.** *Par ext.* (Le plus souvent sous la forme *logo,* dans ce sens.) Élément graphique qui sert d'emblème à une société, à une marque commerciale. *Le H flanqué d'une grille, logo de Hachette.*

-logue. V. -logie.

Loherins (cycle des), chanson* de geste ayant pour héros Garin* de Monglave.

1. loi [lwa] n. f. **I. 1.** Règle édictée par une autorité souveraine et imposée à tous les individus d'une société. *Se conformer aux lois de son pays.* ▷ DR Prescription obligatoire du pouvoir législatif. *Lois civiles, criminelles. – Loi de finances,* qui fixe l'évaluation globale du budget de l'État, de ses dépenses et du rendement des impôts et qui autorise le gouvernement à recouvrer ceux-ci. – *Loi organique.* ▷ *Par ext.* Ensemble des lois. *Nul n'est censé ignorer la loi.* ▷ *Homme de loi :* juriste. **2.** (Plur.) Conventions régissant la vie sociale. – *Les lois de la guerre.* **3.** Fig. Autorité, pouvoir. *La loi du plus fort.* ▷ *Faire la loi :* se conduire en maître, dicter sa volonté à autrui. **II.** Ensemble des règles que tout être conscient et raisonnable se sent tenu d'observer. *La loi morale.* – *Loi naturelle :* principe du bien tel qu'il se révèle à la conscience. ▷ *Loi divine :* préceptes que Dieu a donnés aux hommes par révélation. **III. 1.** Expression de rapports constants entre des phénomènes du monde physique. *Loi de la gravitation universelle.* ▷ Par ext. *Lois économiques, sociologiques.* **2.** MATH *Loi de composition :* V. composition. *Loi normale :* V. Gauss.

2. loi [lwɑ; lwa] n. f. Titre auquel une monnaie doit être fabriquée.

loi-cadre [lwɑkadʀ] n. f. Loi énonçant un principe général dont les modalités d'application sont précisées par des décrets. *La loi-cadre de 1956 a permis l'accession à l'autonomie interne des T.O.M. français d'Afrique. Des lois-cadres.*

loin [lwɛ̃] adv. **I. 1.** (Exprimant le lieu.) À une grande distance. *Ce chemin ne mène pas loin.* ▷ Fig. *Il ira loin :* il réussira. – *Aller trop loin :* exagérer, dépasser la mesure. – Fam. *Ne pas voir plus loin que le bout de son nez :* avoir l'esprit borné. – *Loin s'en faut :* il s'en faut de beaucoup. ▷ (Suisse) *Être loin :* être parti ou absent. *Il sera loin demain toute la journée.* **2.** (Exprimant le temps.) À une époque éloignée dans le passé ou dans l'avenir. *Le temps dont je parle est déjà loin. Ce malade n'ira pas loin,* il mourra bientôt. **II.** Loc. adv. **1.** *Au loin :* à une grande distance. **2.** *De* *loin :* d'un endroit éloigné. **3.** Fig. *De loin :* de beaucoup. *Il est de loin le plus âgé.* – Fig. *De près ou de loin :* d'une manière ou d'une autre. **III.** Loc. prép. *Loin de.* **1.** À une grande distance de; à une époque éloignée (dans le passé ou dans l'avenir) de. *Nous sommes encore loin de Pâques.* ▷ Fig. *Loin de moi cette pensée.* **2.** *Loin de* + inf. (Marquant une négation.) *Il est loin d'avoir compris :* il n'a pas compris du tout. **IV.** Loc. conj. de lieu et de temps. *Du plus loin que, d'aussi loin que. Du plus loin qu'il m'en souvienne. D'aussi loin qu'il me vit.*

lointain, aine [lwɛ̃tɛ̃, ɛn] adj. et n. m. **I.** adj. Qui est loin (dans l'espace ou dans le temps). *La Chine est un pays lointain. L'époque lointaine des pharaons.* ▷ Fig. *Une influence lointaine,* indirecte. **II.** n. m. **1.** *Le lointain :* les lieux que l'on voit au loin. **2.** PEINT Ce qui paraît le plus éloigné dans un tableau.

loi-programme [lwapʀɔgʀam] n. f. ECON Loi de finances pluriannuelle. *Des lois-programmes.*

loir [lwaʀ] n. m. Petit rongeur européen, pourvu d'une longue queue touffue, qui hiberne plusieurs mois dans le sol. ▷ Loc. *Dormir comme un loir,* très profondément.

Loir. V. Loir-et-Cher.

Loire (la), le plus long fl. de France (1012 km), tributaire de l'Atlantique. Elle prend sa source dans le *Massif central* (mont Gerbier-de-Jonc, 1551 m) et reçoit l'Allier. Dans le *Bassin parisien,* elle reçoit, après Tours, des riv. venues du Massif central (Cher, Indre, Vienne) et, sur la droite, la Maine. Dans le *Massif armoricain,* sa vallée s'encaisse puis s'élargit en un long estuaire après Nantes. La Loire a un régime pluvio-nival, très irrégulier. – *Loire,* dép. : 4774 km^2; 746288 hab.; ch.-l. *Saint*-Étienne.* V. Rhône-Alpes (Rég.). – *Haute-Loire,* dép. : 4965 km^2; 206568 hab.; ch.-l. *Le Puy-en-Velay* (23434 hab.). V. Auvergne (Rég.). – *Loire-Atlantique,* dép. : 6893 km^2; 1052183 hab.; ch.-l. *Nantes*.* V. Loire (Pays de la) [Rég.].

Loire (Pays de la), Région admin. française et région de la C.E., formée des dép. de la Loire-Atlantique, de Maine-et-Loire, de la Mayenne, de la Sarthe et de la Vendée; 32126 km^2; 3125342 hab. ; cap. *Nantes*.*
Géogr. et écon. – À cheval sur le Massif armoricain, le Bassin aquitain et le Bassin parisien, la Région bénéficie d'un climat océanique doux favorable au bocage et à l'herbe. Le solde migratoire n'est positif qu'en Vendée et en Loire-Atlantique. À partir de 1960, l'agriculture s'est modernisée. Les industries traditionnelles (liées aux ports) se sont restructurées. La décentralisation et l'essor du tourisme ont beaucoup profité à la Région.
Hist. – V. Anjou, Bretagne, Maine, Poitou, Vendée.

Loire (châteaux de la), habitations royales, princières, seigneuriales ou bourgeoises élevées aux XVe et XVIe s. dans les environs de Blois, de Tours, dans le Berry et en Anjou. Citons : Amboise, Azay-le-Rideau, Blois, Chambord, Chaumont-sur-Loire, Chenonceaux, Cheverny, Valençay et Villandry.

Loiret (le), riv. franç. (12 km), au sud d'Orléans, affl. de la Loire (r. g.), dont il est une résurgence. – Dép. : 6742 km^2; 580612 hab.; ch.-l. *Orléans*.* V. Centre (Rég.).

Loir-et-Cher, dép. franç., traversé au N.-O. par le *Loir* (affl. de la Sarthe, r. g.); 6314 km^2; 305937 hab.; ch.-l. *Blois*.* V. Centre (Rég.).

loisible [lwazibl] adj. *Il lui est loisible de* (+ inf.) : il lui est permis, possible de. *Il lui est loisible de partir demain.*

loisir [lwaziʀ] n. m. **1.** Temps pendant lequel on n'est astreint à aucune tâche. *Des moments de loisir.* **2.** (Plur.) Activités diverses (sportives, culturelles, etc.) auxquelles on se livre pendant les moments de liberté. *Les loisirs de plein air.* **3.** Temps nécessaire pour faire commodément qqch. *Je n'ai pas eu le loisir d'y réfléchir.* ▷ Loc. adv. *À loisir, tout à loisir :* à son aise, sans hâte.

Loita (plaines de), région broussailleuse du S.-O. du Kenya; réserve nationale de Masaï Mara.

lolette [lɔlɛt] n. f. (Suisse) Tétine (sens 2).

Lollobrigida (Luigina, dite Gina) (née en 1927), actrice italienne. *Fanfan la Tulipe* (1952) la révéla.

1. lolo [lolo] n. m. (Madag.) Syn. de *loule.*

2. lolo [lɔlɔ] n. m. (Guad.) Petite boutique où l'on vend tous les produits courants.

Lolo(s). V. Yi(s).

Loma (monts de), massif de l'E. de la Sierra Leone, appartenant à la dorsale guinéenne, culminant au pic Bintimane (1948 m).

Loma ou **Toma,** population établie au Liberia et en Guinée (env. 300000 personnes). Ils parlent une langue nigéro-congolaise du groupe mandé.

Lomami, riv. de la rép. dém. du Congo qui prend sa source dans le plateau du Katanga et rejoint le fl. Congo en aval de Kisangani; env. 1450 km.

Lomami-Tshibamba (Paul) (né en 1914), écrivain de la rép. dém. du Congo. Ses récits revêtent une dimension initiatique : *Ngando le crocodile* (1948), *Faire médicament* (1974), *Légende de Londema* (1974), *Ngemena* (1981).

lombago [lɔ̃bago] n. m. V. lumbago.

lombaire [lɔ̃bɛʀ] adj. MED, ANAT Qui concerne les lombes, la région des reins. – *Une vertèbre lombaire* ou, n. f., *une lombaire.*

lombalgie [lɔ̃balʒi] n. f. MED Douleur dans la région basse de la colonne vertébrale, d'origines diverses (osseuse, articulaire, musculaire ou viscérale).

lombard [lɔ̃baʀ] n. m. (Nouv.-Cal.) Personne grande et maigre.

Lombardie, région admin. d'Italie et rég. de la C.E., au N. du pays, sur le versant S. des Alpes et la plaine du Pô, formée des prov. de Bergame, Brescia, Côme, Crémone, Mantoue, Milan, Pavie, Sondrio et Varèse; 23856 km^2; 8886400 hab.; cap. *Milan.* Région la plus riche d'Italie, la Lombardie est l'un des ensembles écon. les plus puissants de la C.E.E.

Lombards, peuple germanique qui, établi au Ier s. sur l'Elbe inférieure, se déplaça vers le S., passa au VIe s. en Pannonie (Hongrie d'auj.), aida Byzance contre les Ostrogoths d'Italie, puis pénétra dans le Frioul (mai 568) et prit la plaine du Pô à Byzance, qui conserva l'exarchat de Ravenne. Convertis au catholicisme au cours du VIIe s., les Lombards furent en conflit quasi permanent avec Rome. Les Byzantins chassés de Ravenne (751), le pape appela le Franc Pépin le Bref, qui sauva la papauté et créa les États pontificaux. En 774, Charlemagne (fils de Pépin) s'empara de Pavie et détrôna le roi des Lombards, Didier. Ce fut la fin de l'indépendance lombarde.

lombard-vénitien (Royaume), royaume créé par le congrès de Vienne et placé sous la souveraineté de l'Autriche (la Lombardie de 1815 à 1859; la Vénétie de 1815 à 1866).

lombarthrose [lɔ̃baʀtʀoz] n. f. MED Arthrose du rachis lombaire.

lombes [lɔ̃b] n. f. pl. ANAT Région postérieure du tronc située entre les dernières côtes et les ailes iliaques.

Lombok, île volcanique d'Indonésie, à l'E. de Bali; 5450 km^2; env. 2 millions d'hab. Cult. du riz. – *Détroit de Lombok :* bras de mer qui fait communiquer l'océan Indien avec la mer de Java.

lombo-sacré, ée [lɔ̃bosakʀe] adj. ANAT Situé au niveau de l'articulation du rachis sacré et du rachis lombaire. *Des douleurs lombo-sacrées.*

lombric [lɔ̃bʀik] n. m. Ver annélide oligochète de mœurs souterraines, à la peau rose légèrement visqueuse, appelé cour. *ver de terre.*

Lombroso (Cesare) (1835 – 1909), médecin et criminaliste italien. Dans *l'Homme criminel* (1875), il développa la théorie du «criminel-né».

Lomé, cap. du Togo, port sur le golfe du Bénin; 600000 hab. Ch.-l. de préfecture et de la région Maritime (6396 km^2; 1040000 hab.). – Le port exporte phosphates, cacao et café. Marché agric. Industries : text., cimenterie, brasserie. Aéroport international. – Université. Archevêché catholique. – **Conventions de Lomé :** accords de coopération économique inaugurés en 1975 entre la C.É.E. et de nombreux pays d'Afrique, des Antilles et du Pacifique.

Lomonossov (Mikhaïl Vassilievitch) (1711 – 1765), écrivain et physicien russe. Auteur d'odes (*Sur la prise de Khotine,* 1739), de traités scientifiques, d'une *Grammaire russe* (1755), de tragédies, etc., il a contribué à la création de la langue littéraire russe.

Lomwé, population du Mozambique (env. 5200000 personnes) et du Malawi (env. 1800000 personnes) parlant une langue voisine du makua. V. Makua.

London, v. du Canada (Ontario), sur la *Thames*; 303160 hab. Centre industr.; raff. de pétrole. – Évêché. Université.

London (John Griffith London, dit Jack) (1876 – 1916), écrivain américain. Docker, marin, chercheur d'or, grand voyageur, il puisa dans son expérience la matière de ses récits : *l'Appel de la forêt* (1903), *Croc-Blanc* (1907), *Martin Eden* (1909), etc.

Londonderry (en gaélique *Dhoire*), v. et port d'Irlande du Nord; ch.-l. du district du m. nom, au fond de l'estuaire du *Foyle*; 88000 hab. Constr. navales; industr. (chômage très élevé). – De 1967 à 1994, la ville fut le siège de conflits entre catholiques et protestants.

londonien, enne [lɔ̃dɔnjɛ̃, ɛn] adj. et n. De Londres. ▷ Subst. *Un(e) Londonien(ne).*

Londres (en angl. *London*), cap. de la Grande-Bretagne, port sur la Tamise; 2700000 hab. (env. 7 millions d'hab. pour le «Grand Londres»). Premier port britannique, Londres a une puissante fonction commerciale, bancaire, boursière *(Stock Exchange)*, politique, culturelle; c'est le prem. centre industr. de G.-B. La *City*, centre des affaires et des banques, est entourée par des quartiers *(boroughs)* fort différents : à l'aristocratique West End, ponctué de parcs (Hyde Park), s'oppose l'industriel East End. De nombr. et vastes villes ont été créées dans la grande banlieue. Les rénovations entreprises en 1981 affectent 1 million de m² dans la *City*; les *Docklands* s'étendront sur 40 km le long de la Tamise. – Les princ. monuments sont voisins : Tour de Londres (fin du XIe s.) et Tower Bridge (pont faisant face à la Tour, 1886-1894); abb. de Westminster*, fondée au XIe s. (remaniée aux XIVe, XVe et XVIe s.); Westminster Palace (siège du Parlement), néo-gothique (terminé en 1888); la cath. Saint Paul (1675-1710); Buckingham Palace (XVIIIe et XIXe s.), résidence officielle des souverains brit. depuis 1837. Musées d'une richesse exceptionnelle : National Gallery, British Museum, Tate Gallery (art moderne), etc.
Hist. – Bourgade celtique, Londres fut colonisée par les Romains puis exposée aux attaques anglo-saxonnes et danoises. Elle devint capitale sous Guillaume le Conquérant puis obtint une charte (1191). Dès lors, l'essor de Londres crût sans cesse, mais des catastrophes la ravagèrent au XVIIe s. (peste en 1665, incendie en 1666). La révolution industr. du XIXe s. donnera à la ville son aspect victorien et son rôle international. Lors de la guerre de 1939-1945, les bombardements l'endommagèrent.

Londres (Conférence internationale de), conférence qui réunit la France, la Grande-Bretagne et la Russie de 1827 à 1832. Elle reconnut l'indépendance de la Grèce, fixa les frontières du nouvel État et choisit le prince Otton de Bavière comme roi.

Londres (Conférence internationale de), conférence qui siégea à Londres en 1830-1831 et décréta l'indépendance de la Belgique, ainsi que sa neutralité. En juin 1831, elle proposa au pays un souverain, Léopold de Saxe-Cobourg, que le Congrès belge élut roi. Elle accorda à la Belgique une partie du Luxembourg (*Luxembourg belge*).

Londres (Conférence internationale de), conférence (1912-1913) des six grandes puissances européennes, qui mit fin à la première guerre balkanique (V. Balkans) et consacra l'indépendance de l'Albanie.

Londres (traité de), traité, signé en 1867 à la suite d'une conférence internationale, qui garantit l'indépendance et la neutralité du grand-duché de Luxembourg. En effet, la France avait brigué le pays et la Prusse avait menacé celle-ci.

long, longue [lɔ̃, lɔ̃g] adj., n. et adv. **A.** adj. **I.** (Idée d'espace.) **1.** Qui présente une certaine étendue dans le sens de sa plus grande dimension (par oppos. à *court*, à *large*). *Une longue perche. Une robe longue. Une salle très longue.* ▷ ANAT *Le muscle long abducteur du pouce.* – n. m. *Le long dorsal.* ▷ Loc. fig. *Avoir le bras long :* avoir de l'influence. – *Avoir les dents longues :* être très ambitieux. ▷ *Long de :* dont la longueur est de. *Tapis long de deux mètres.* **2.** Qui couvre une grande distance. *Phares à longue portée.* – MILIT *Coup long,* tel que le projectile tombe au-delà de l'objectif. ▷ MAR *Navigation au long cours,* en dehors des limites du cabotage. **3.** (Afr. subsah., Djibouti, Madag., Proche-Orient) (Personnes) Grand, de haute stature. *Son frère est plus long que lui.* (V. haut, sens A, I, 2.) – Subst. *C'est un long.* **II.** (Idée de temps.) **1.** Qui dure longtemps (par oppos. à *bref*, à *court*). *Une longue vie.* ▷ LING *Syllabe, voyelle longue,* dont l'émission dure longtemps, relativement aux autres syllabes, aux autres voyelles (dites *brèves*). – n. f. *Une longue.* ▷ *Long de :* dont la durée est de. *Un règne long de dix ans.* **2.** Éloigné (dans le passé ou dans l'avenir). *Nous nous connaissons de longue date. Un bail à long terme.* **3.** *Long à :* qui met beaucoup de temps pour. *Il est long à se décider.* **B.** n. m. Longueur. *Des rideaux de trois mètres de long.* Ant. largeur. ▷ *Tomber de tout son long,* en ayant le corps étendu sur toute sa longueur. **C. I.** adv. Beaucoup. *Regard qui en dit long.* **II.** Loc. adv. **1.** *De long, en long :* dans le sens de la longueur. *Scieur de long. Fendre une bûche en long.* **2.** *Se promener de long en large :* aller et venir dans un espace restreint. **3.** *Tout du long :* entièrement, complètement. *Je lui ai exposé le problème tout du long.* **4.** *À la longue :* avec le temps. *Redites qui, à la longue, finissent par lasser.* **III.** Loc. prép. **1.** *Au (le) long de :* en suivant, en côtoyant. *Au long du ruisseau.* **2.** *Tout au (le) long de :* pendant toute la durée de. *Tout le long de l'année.*

Long (Marguerite) (1874 – 1966), pianiste française. Elle fonda avec J. Thibaud, en 1946, un concours international d'interprètes.

longane [lɔ̃gan] n. m. Fruit comestible du longanier, voisin du litchi.

longanier [lɔ̃ganje] n. m. Arbre originaire de l'Inde (*Euphoria longana*), voisin du litchi, cultivé pour son fruit (le longane) en Asie et dans les îles de l'océan Indien.

longaniste [lɔ̃ganist] n. m. (Maurice) Sorcier guérisseur.

long-courrier [lɔ̃kuʀje] n. m. (et adj. m.) **1.** Navire qui effectue des navigations au long cours. **2.** Avion de transport pouvant franchir des étapes de plus de 6000 km. *Des long-courriers.* – adj. m. *Un avion long-courrier.*

1. longe [lɔ̃ʒ] n. f. En boucherie, partie du dos du veau et du porc.

2. longe [lɔ̃ʒ] n. f. Longue courroie qui sert à attacher ou à conduire un cheval, un animal domestique.

longer [lɔ̃ʒe] v. tr. [13] **1.** Aller le long de. *Longer la rivière.* **2.** S'étendre le long de. *La route longe la voie ferrée.*

longévité [lɔ̃ʒevite] n. f. Longue durée de la vie. *La longévité des tortues.* ▷ Durée de la vie. *Longévité moyenne d'une espèce.*

Longfellow (Henry Wadsworth) (1807 – 1882), poète américain, inspiré par l'Acadie (*Évangeline*, 1847) et le folklore indien (*Hiawatha*, 1855).

Longhena (Baldassare) (1598 – 1682), architecte italien; princ. représentant du baroque vénitien.

Longhi (Pietro Falca, dit) (1702 – 1785), peintre italien. Ses tableaux de genre constituent une chronique pittoresque de la vie à Venise.

longicorne [lɔ̃ʒikɔʀn] adj. et n. m. ENTOM Qui a de longues cornes ou de longues antennes (insectes). *Coléoptère longicorne.* ▷ n. m. pl. Syn. de *cérambycidés*. – Sing. *Un longicorne.*

longiligne [lɔ̃ʒiliɲ] adj. Qui a les membres longs par rapport au tronc. Ant. bréviligne. ▷ Cour. Mince et élancé.

Long Island, île de la côte Atlantique des É.-U. sur laquelle sont bâtis deux quartiers fortement industrialisés de New York : *Brooklyn* et *Queens.*

longitude [lɔ̃ʒityd] n. f. Une des deux coordonnées qui permettent de situer un lieu à la surface du globe terrestre (l'autre est la latitude); angle, compté de 0° à 180°, que forme le plan du méridien de ce lieu avec le plan du méridien pris pour origine (méridien de Greenwich). *Ouagadougou est situé par 12° 20' de latitude nord et 1° 40' de longitude ouest.* ▷ ASTRO *Longitude d'un astre :* dans le système de coordonnées écliptique géocentrique, angle formé dans le plan de l'écliptique par la droite qui passe par le centre de la Terre et le point vernal, d'une part, et par la projection de la droite reliant le centre de la Terre à l'astre, d'autre part.

longitudinal, ale, aux [lɔ̃ʒitydinal, o] adj. Qui s'étend, qui est disposé ou pratiqué selon le sens de la longueur. *Coupe longitudinale.*

Longmen. V. Luoyang.

longtemps [lɔ̃tɑ̃] adv. **1.** Pendant un long espace de temps. *Il a longtemps vécu au Gabon.* **2.** (Après une préposition ou après *il y a.*) Un long espace de temps. *Je le savais depuis longtemps. Vous partez pour longtemps? Il y a longtemps que nous avons quitté la banlieue.* **3.** Loc. adv. et adj. (oc. Indien) *Le temps longtemps* ou *létemps longtemps :* il y a longtemps, autrefois.

Longue Marche (la), retraite (oct. 1934 – oct. 1935) organisée par Mao Zedong pour éviter le massacre de ses troupes (130000 militants) par le Guomindang. Parties du Jiangxi, ces dernières parvinrent au Shănxi (12000 km au N.), au nombre de 20000.

longuement [lɔ̃gmɑ̃] adv. Durant un long moment; en détail. *Attendre longuement. S'expliquer longuement.*

Longueuil, v. du Québec, sur le Saint-Laurent (face à Montréal); 129870 hab. Constr. aéronautiques.

longueur [lɔ̃gœʀ] n. f. **A. I. 1.** Dimension d'une chose de l'une à l'autre de ses extrémités. *La longueur d'un fleuve.* ▷ Étendue d'une chose dans sa plus grande dimension (par oppos. à *largeur, profondeur, hauteur, épaisseur*). *La longueur d'un parallélépipède.* ▷ SPORT *Cheval, véhicule qui gagne une course d'une longueur,* avec une avance égale à sa longueur. **2.** Dimension linéaire (par oppos. à *surface* et à *volume*). *L'unité de longueur est le mètre.* ▷ PHYS *Longueur d'onde :* distance parcourue par une vibration au cours d'une période. ▷ MATH *Longueur d'un vecteur,* son module. **II. 1.** Durée. *La longueur du jour est variable d'une saison à l'autre.* ▷ Longue durée. *La longueur de l'attente l'a découragé.* **2.** Étendue (d'un texte). *La longueur d'un poème.* ▷ Trop grande étendue (d'un texte). *Être rebuté par la longueur d'un ouvrage.* **3.** (Plur.) Parties superflues qui ralentissent le rythme d'une œuvre littéraire, d'un spectacle. *C'est un bon roman, mais il contient quelques longueurs.* **B. 1.** Loc. adv. *En longueur :*

dans le sens de la longueur. ▷ *Traîner en longueur :* durer trop longtemps. **2.** Loc. prép. *À longueur de :* pendant tout le temps de. *À longueur d'année.*

longue-vue [lɔ̃gvy] n. f. Lunette d'approche. *Des longues-vues.*

Longus (IIIe ou IVe s. apr. J.-C.), écrivain grec de Lesbos, auteur présumé de *Daphnis* et Chloé,* roman pastoral.

Lon Nol (1913 – 1985), homme politique cambodgien. Général, ministre de la Défense (1959-1966), Premier ministre en 1966-1967, puis à partir de 1969; il renversa Norodom Sihanouk en mars 1970, ce qui précipita le Cambodge dans une guerre civile où intervinrent Américains et Vietnamiens. Président de la Rép. (1972), il installa une dictature milit., mais perdit progressivement le contrôle du pays. Il s'exila aux É.-U. en avril 1975, peu avant l'entrée des Khmers rouges à Phnom Penh.

Lönnrot (Elias) (1802 – 1884), poète finlandais. Il rassembla et amplifia en une épopée monumentale, *le Kalevala* (1835, éd. augmentée en 1849 : 23000 vers), les poèmes populaires finnois.

loofa [lufa] n. f. V. loufa.

looping [lupiŋ] n. m. (Anglicisme) Figure de voltige aérienne consistant en une boucle complète effectuée dans le plan vertical.

Loos (Adolf) (1870 – 1933), architecte autrichien; un des pionniers du fonctionnalisme : maison Steiner à Vienne (1910).

Lope de Vega Carpio (Felix) (1562 – 1635), poète et auteur dramatique espagnol. D'une fécondité prodigieuse, ayant pratiqué tous les genres, il est surtout connu pour son œuvre dramatique : 1800 comédies et 400 drames religieux. Seules 500 pièces nous sont parvenues dont les meilleures sont ses comédies de mœurs : *l'Alcade de Zalaméa* (1600); *le Chien du jardinier* (1618); *Aimer sans savoir qui* (1630); *Le meilleur alcade, c'est le roi* (1635). Son *Nouvel Art de faire des comédies* (1609) eut une influence profonde, notam. sur Corneille et Molière.

Lopès (Henri) (né en 1937), homme politique et romancier de la rép. du Congo : *Tribaliques* (nouvelles, 1971), *la Nouvelle Romance* (1976), *Sans tam-tam* (1977), *le Pleurer-Rire* (1982), *le Chercheur d'Afriques* (1990).

López (Carlos Antonio) (1790 – 1862), homme politique paraguayen; président de la République (1844-1862), il ouvrit son pays sur l'extérieur, notam. sur le Brésil (1858). Alliés, les deux États renversèrent l'Argentin Rosas. — **Francisco Solano** (1827 – 1870), fils et successeur (1862-1870) du préc., il déclencha en 1865 une guerre (pour libérer des territ. guaranis) contre le Brésil, l'Argentine et l'Uruguay, qui vainquirent en 1870 (1 million de Paraguayens tués, 300000 survivants).

López de Mendoza (Iñigo), marquis de Santillana (1398 – 1458), homme de guerre et poète espagnol. Il introduisit le sonnet en Espagne.

lophophore [lɔfɔfɔʀ] n. m. ZOOL Couronne de tentacules couverts de cils vibratiles, chez certains cœlomates.

lophophoriens [lɔfɔfɔʀjɛ̃] n. m. pl. ZOOL Embranchement d'animaux munis d'un lophophore buccal. *Les brachiopodes sont des lophophoriens.* – Sing. *Un lophophorien.*

lopin [lɔpɛ̃] n. m. Petit morceau (de terrain). *Cultiver un lopin de terre.*

loquace [lɔkas] adj. Qui parle beaucoup, bavard.

loquacité [lɔkasite] n. f. Habitude de parler beaucoup.

-loque. Élément, du lat. *loqui,* «parler».

loque [lɔk] n. f. **1.** Morceau d'étoffe déchirée. ▷ (Afr. subsah., Belgique, France rég., Luxembourg) Syn. de *serpillière.* Syn. torchon. – *Loque à poussière :* chiffon à poussière. **2.** (Plur.) Haillons. *Un vagabond en loques.* **3.** Fig. Personne privée d'énergie, de ressort. *Une loque humaine.*

loquet [lɔkɛ] n. m. Fermeture de porte formée d'une clenche mobile qui vient se bloquer dans une pièce métallique (mentonnet) fixée au chambranle.

loqueteux, euse [lɔktø, øz] adj. (et n.) Qui est en loques. *Vieillard loqueteux.*

Lorca. V. García Lorca.

lord [lɔʀd] n. m. En Grande-Bretagne, titre porté par les pairs du royaume, les membres de la Chambre des lords* et les titulaires de certaines hautes fonctions.

lordose [lɔʀdoz] n. f. MED Déformation de la colonne vertébrale caractérisée par une courbure à convexité antérieure.

lords (Chambre des), assemblée des seigneurs anglais, puissante à partir du XIIIe s. Ses pouvoirs furent exercés par la Chambre des communes* dès la fin du XVIIe s. Ceux qui lui restent auj. sont très réduits.

Lorelei (la), falaise rocheuse de la r. dr. du Rhin. Une légende selon laquelle le chant d'une sirène (*la Lorelei*) attirait contre la falaise les bateliers fut popularisée par C. Brentano et surtout par Heine.

Loren (Sophia Scicolone, dite Sophia) (née en 1934), actrice de cinéma italienne révélée par *l'Or de Naples* (1954).

Lorentz (Hendrik Antoon) (1853 – 1928), physicien néerlandais. Ses travaux, capitaux, sur l'électromagnétisme permirent à Einstein d'élaborer sa théorie de la relativité. P. Nobel 1902 (avec P. Zeeman).

Lorenz (Konrad) (1903 – 1989), biologiste autrichien; considéré comme le père de l'éthologie moderne. P. Nobel 1973.

Lorenzetti (Pietro) (v. 1280 – v. 1348), peintre italien de l'école de Sienne (fresques de l'égl. inférieure à Assise, v. 1326-1330), influencé par Giotto.

Lorenzo Monaco (v. 1370 – apr. 1422), peintre italien de l'école de Sienne, maître de Fra Angelico.

Lorestān. V. Luristān.

Lorette (en ital. *Loreto*), v. d'Italie (prov. d'Ancône); 10620 hab. Pèlerinage. – Au XVe s. est née la croyance qu'un bâtiment de la ville était la maison de la Vierge Marie (*Santa Casa*) transportée par des anges, en 1294, depuis Nazareth.

lorgner [lɔʀɲe] v. tr. [1] **1.** Regarder à la dérobée; regarder indiscrètement. *Lorgner les passantes.* **2.** Fig. Convoiter. *Lorgner un héritage.*

lorgnette [lɔʀɲɛt] n. f. Petite jumelle utilisée surtout au spectacle. ▷ Loc. fig. *Regarder (une chose) par le petit bout de la lorgnette,* la considérer avec étroitesse d'esprit, ou en s'attachant au détail qui fait perdre l'ensemble de vue.

lorgnon [lɔʀɲɔ̃] n. m. Paire de verres correcteurs avec leur monture, sans branches *(binocle),* maintenue sur le nez par un ressort *(pince-nez)* ou munie d'un manche *(face-à-main).*

loriot [lɔʀjo] n. m. Oiseau passériforme (genre *Oriolus*) long d'une vingtaine de cm, au chant sonore, au plumage jaune et noir (mâle) ou verdâtre (femelle).

lorisidés [lɔʀiside] n. m. pl. ZOOL Famille de lémuriens d'Afrique et d'Asie du S.-E., de mœurs nocturnes et forestières. – Sing. *Un lorisidé.*

Lorrain ou **le Lorrain** (Claude Gelée ou Gellée, dit Claude) (1600 – 1682), peintre français établi à Rome en 1627. Il rendit la lumière crépusculaire dans des paysages portuaires.

Lorraine, anc. province du N.-E. de la France; c'est l'actuelle région administrative.

Hist. – Sous Charlemagne, la Lorraine fut la *Francia media.* Le partage de Verdun (843) la plaça dans le territoire de Lothaire Ier, qui la donna (855) à Lothaire II; elle prit alors le nom de *Lotharingie.* Déclarée indépendante de l'Empire par Charles Quint (1542), la Lorraine fut amputée, au profit de la France, des Trois*-Évêchés (1552). Cédée au roi de Pologne (1738), elle échut à la France à la mort de celui-ci (1766). Dès 1770, elle exploita ses mines de fer. En 1871, l'Allemagne annexa une partie des dép. de la Meurthe et de la Moselle, que la France reprit en 1919.

Lorraine, Région admin. française et région de la C.E. formée des dép. de Meurthe-et-Moselle, de la Meuse, de la Moselle et des Vosges; 23540 km²; 2368366 hab.; cap. *Metz*,* qui forme, avec Nancy* et Thionville (40835 hab.), une métropole d'équilibre.

Géogr. et écon. – Drainée par la Meuse et la Moselle, la Région s'étend sur l'E. du Bassin parisien et le versant occid. des Vosges; c'est un ensemble de hauts plateaux aux hivers longs et rudes et aux étés chauds et orageux. Bien dotée en ressources naturelles : minerai de fer, charbon, sel gemme, la Lorraine est devenue, à la fin du XIXe s., une puissante rég. d'industries lourdes, attirant une forte immigration; les vallées vosgiennes développaient l'industrie du coton. L'industrie n'emploie auj. que le tiers des actifs; modernisée, concentrée et plus compétitive, elle n'a pu enrayer le chômage (depuis 1970) et l'émigration. La Lorraine a créé, avec la Belgique et le Luxembourg, un pôle européen de développement.

Lorraine (Alain) (né en 1946), poète français d'origine réunionnaise : *Tienbo le rein* (1975), dédié «aux z'enfants la misère» de son pays.

Lorre (Laszlo Lowenstein, dit Peter) (1904 – 1964), acteur américain. Après *M le Maudit* (1931), il s'exile aux É.-U. : *les Mains d'Orlac* (1934); *le Faucon maltais* (1941).

Lorris (Guillaume de). V. Guillaume de Lorris.

lorry, plur. **lorries** [lɔʀi] n. m. (Anglicisme) CH de F Wagonnet plat servant aux travaux d'entretien des voies.

lors [lɔʀ] adv. Loc. adv. *Dès lors :* dès ce moment-là. – *Depuis lors :* depuis ce moment-là. ▷ Loc. prép. *Lors de :* au moment de. *Lors de son passage ici.* ▷ Loc. conj. *Dès lors que :* à partir du moment où. *Dès lors que vous acceptez, l'affaire est conclue.* – *Lors même que* (+ conditionnel) : quand bien même. *Lors même que vous le penseriez, ne le dites pas.*

lorsque [lɔʀsk(ə)] conj. de temps. Au moment où, quand. *Lorsque je le verrai, je le lui dirai.* – N.B. Le *e* final de *lorsque* s'élide devant *il, elle, on, un, une* et parfois *en.*

Los Alamos, v. des É.-U. (Nouveau-Mexique); 11400 hab. – Laboratoires de phys. nucl. La première bombe atomique y fut expérimentée (16 juil. 1945).

losange [lɔzɑ̃ʒ] n. m. Parallélogramme dont les diagonales sont perpendiculaires.

Los Angeles, conurbation de Californie (É.-U.), sur le Pacifique; 3485390 hab. (aggl. urb. 7818000 hab.). Grand centre comm. et industriel : aéron., cinéma (dans le fbg Hollywood), pétrochim., électron., automobile, constr. méca., sidérurgie. La pollution atmosphérique est forte. Les diverses communautés (Européens, Latino-Américains, Noirs) s'affrontent parfois. – Archevêché catholique. Université (UCLA). Musées. Siège des J. O. de 1932 et 1984.

Losey (Joseph) (1909 – 1984), cinéaste américain. Il tourna surtout en Europe : *Temps sans pitié* (1956), *The Servant* (1963), *Monsieur Klein* (1976).

lost generation («génération perdue»), celle des écrivains américains, tels que Hemingway et son ami Dos Passos, auxquels la Première Guerre mondiale ôta leurs illusions.

lot [lo] n. m. **1.** Portion d'un tout à partager entre plusieurs personnes. *Lots d'une succession.* ▷ (Madag.) Portion de terrain. **2.** Ce qui échoit dans une loterie à chacun des gagnants. *Le gros lot :* le plus important des lots. **3.** Fig. Ce que le sort, la destinée réserve à qqn. *Mon lot est d'être malchanceux.* **4.** COMM Ensemble d'articles assortis qui ne sont pas vendus séparément. **5.** CONSTR Chacun des marchés d'entreprise. *Appel d'offres par lots séparés.* **6.** INFORM *Traitement par lots :* traitement d'une suite de programmes dans un certain ordre pour obtenir une meilleure efficacité de calcul, une meilleure utilisation de la mémoire.

Lot (le), riv. du S.-O. de la France (481 km), affl. de la Garonne (r. dr.). – *Lot,* dép. : 5228 km²; 155816 hab.; ch.-l. *Cahors* (20787 hab.). V. Midi-Pyrénées (Rég.). – *Lot-et-Garonne,* dép. : 5358 km²; 305989 hab.; ch.-l. *Agen* (32223 hab.). V. Aquitaine (Rég.).

lote [lɔt] n. f. V. lotte.

loterie [lɔtʀi] n. f. **1.** Jeu de hasard comportant la vente de marques ou de billets numérotés et le tirage au sort des numéros gagnant un lot. *Prendre un billet de loterie.* Syn. (Québec) loto. **2.** Fig. Ce qui dépend du hasard. *Le bonheur est une loterie.*

Loth ou **Lot,** personnage biblique; patriarche, neveu d'Abraham. Averti par des anges de la destruction prochaine de Sodome, il put s'enfuir avec les siens, qui ne devaient pas regarder derrière eux; sa femme désobéit et fut changée en statue de sel. Le patriarche s'unit à ses filles, engendrant Moab et Ammon.

Lothaire Ier (795 – 855), empereur d'Occident (840-855). Fils aîné de Louis le Pieux, il dut partager l'empire d'Occident avec ses frères (traité de Verdun, 843). Son territoire s'étendait de Rome à Aix-la-Chapelle. – **Lothaire II** (v. 825 – 869), second fils du préc., hérita (855-869) de la partie N. du territoire, devenue *Lotharingie* (V. Lorraine).

Lothaire (941 – 986), roi de France (954-986). Fils de Louis IV d'Outremer, il laissa gouverner son oncle Bruno, archevêque de Cologne, puis se perdit dans de nombreuses guerres.

Lothaire II (ou **Lothaire III**) **de Supplinburg** (v. 1060 – 1137), duc de Saxe en 1106 et empereur germanique (1125-1137). Il lutta contre les Hohenstaufen (déclenchant la querelle des guelfes et des gibelins) et soutint le pape Innocent II.

Lotharingie. V. Lorraine (Hist.).

Loti (Julien Viaud, dit Pierre) (1850 – 1923), officier de marine et écrivain français à l'exotisme nostalgique : *Pêcheur d'Islande* (1886), *Madame Chrysanthème* (1887), *Ramuntcho* (1897). Acad. fr. (1891).

lotion [losjɔ̃] n. f. Liquide spécialement préparé pour les soins de toilette. *Lotion capillaire.*

lotir [lɔtiʀ] v. tr. [3] **1.** Partager en lots. *Lotir un terrain.* **2.** Mettre en possession d'un lot. **3.** Loc. fig. *Être bien (mal) loti :* être favorisé (défavorisé) par le sort.

lotissement [lɔtismɑ̃] n. m. **1.** Morcellement d'un terrain en parcelles destinées à la construction et vendues séparément. **2.** Terrain ainsi morcelé; chacune des parcelles d'un tel terrain.

loto [lɔto] n. **1.** n. Jeu de hasard qui se joue avec des jetons numérotés à placer sur des cartons; matériel (carton, pions, sac) avec lequel on joue à ce jeu. (V. bingo.) – *Loto sportif :* jeu reposant sur des pronostics de résultats sportifs. **2.** n. f. (Québec) Syn. de *loterie* (sens 1). *Gagner à la loto.*

lotoko [lotoko] n. m. (Afr. subsah.) En rép. dém. du Congo, boisson alcoolisée à base de céréales (maïs, mil, etc.).

Lotophages («Mangeurs de lotus», c.-à-d. de jujubes), anc. peuple du golfe de la Grande Syrte (probabl. de Djerba) chez qui Ulysse aborda.

lotte ou **lote** [lɔt] n. f. **1.** Poisson gadidé (*Lota lota*) d'eau douce, d'Eurasie et d'Amérique du N., au corps allongé (40 à 60 cm) et à la peau grise marbrée de jaune. **2.** Nom sous lequel sont vendus certains poissons de mer auxquels on a enlevé la tête, les viscères et souvent aussi la peau : baudroie (vraie lotte, à la chair fine), tétrodon (fausse lotte, de qualité très inférieure, qui peut provoquer des intoxications).

Lotto (Lorenzo) (v. 1480 – 1556), peintre italien de portraits (*Jeune Homme au béret,* 1526) et de compositions religieuses.

lotus [lɔtys] n. m. Nom cour. d'un nénuphar. *Le lotus joue un grand rôle dans les mythologies de l'Égypte, de la Grèce et de l'Inde. Le lotus sacré est l'un des principaux symboles de l'hindouisme.*

louable [luabl] adj. Digne de louange. *Des intentions louables.*

louage [luaʒ] n. m. **1.** Location. *Voiture de louage.* **2.** (Maghreb) En Tunisie, taxi collectif interurbain.

louange [lwɑ̃ʒ] n. f. **1.** Discours par lequel on loue qqn; éloge. **2.** Gloire, mérite. *Cette action est à la louange de son auteur.*

louangeur, euse [lwɑ̃ʒœʀ, øz] adj. Élogieux. *Des articles louangeurs.*

Louang Prabang. V. Luang Prabang.

Louba. V. Luba.

loubard [lubaʀ] n. m. Fam. Jeune voyou.

Loubomo (anc. *Dolisie*), v. de la rép. du Congo, au N.-E. de Pointe-Noire; 83000 hab.; ch.-l. de région.

1. louche [luʃ] adj. Qui ne paraît pas parfaitement honnête; qui n'inspire pas confiance. *Une affaire louche. Un personnage louche.*

2. louche [luʃ] n. f. Grande cuiller à long manche utilisée pour servir notam. le potage. Syn. (Suisse) poche.

loucher [luʃe] v. intr. [1] **1.** Être atteint de strabisme. **2.** Fig., fam. *Loucher sur un objet,* le convoiter.

loucheur, euse [luʃœʀ, øz] n. Personne qui louche.

1. louer [lue] v. tr. [1] **1.** Donner en location. *Le propriétaire loue un appartement au locataire.* **2.** Prendre en location. *Chercher une maison à louer.* ▷ *Louer une, sa place,* la payer à l'avance pour la réserver.

2. louer [lue] v. tr. [1] **1.** Exalter (qqch, qqn), en célébrer les mérites. *Louer l'habileté d'un peintre.* ▷ *Louer (qqn) de, pour (qqch),* l'en féliciter. *«Oui, je te loue, Ô ciel, de ta persévérance»* (Racine). **2.** *Louer Dieu,* le célébrer. – Loc. *Dieu soit loué!,* exclamation de contentement, de soulagement. **3.** v. pron. *Se louer de qqch, de qqn,* témoigner qu'on en est satisfait. *Je n'ai qu'à me louer de vos services.*

loueur, euse [luœʀ, øz] n. Personne qui fait métier de donner (qqch) en location. *Loueur de voitures.*

loufa, luffa, lufa ou **loofa** [lufa] n. f. Plante herbacée annuelle grimpante des régions chaudes, dont une espèce produit un fruit de forme cylindrique qui, une fois séché, est utilisé comme éponge végétale. – Cette éponge elle-même.

loufoque [lufɔk] adj. Fam. **1.** Fou. *Un type complètement loufoque.* **2.** D'une absurdité voulue. *Comédie loufoque.*

loufoquerie [lufɔkʀi] n. f. **1.** Acte, propos loufoque. **2.** Caractère de ce qui est loufoque.

Louga, ville du Sénégal, au S.-E. de Saint-Louis; 38000 hab.; ch.-l. de la région du même nom.

Louis (Saint). V. Louis IX, roi de France.

BAVIÈRE

Louis II de Wittelsbach (1845 – 1886), roi de Bavière (1864-1886), fils aîné de Maximilien II. Souverain extravagant, il protégea Wagner et fit construire plusieurs châteaux grandioses (Herrenchiemsee, 1878). Interné au château de Berg en juin 1886, il se noya mystérieusement dans le lac de Starnberg.

FRANCE

Louis, nom de dix-huit rois de France. — **Louis Ier le Pieux** ou **le Débonnaire** (778 - 840), fils de Charlemagne; empereur d'Occident et roi des Francs (814-840). Incapable d'assurer l'unité de l'empire, il lutta jusqu'à sa mort contre ses trois premiers fils (Pépin, Louis et Lothaire), jaloux de leur demi-frère, Charles le Chauve, fils de sa seconde femme Judith de Bavière. — **Louis II le Bègue** (846 - 879), fils de Charles le Chauve; roi (877-879). — **Louis III** (v. 863 - 882), fils et successeur, avec son frère Carloman, de Louis le Bègue (879-882). — **Louis IV d'Outremer** (921 - 954), fils de Charles le Simple; il devint roi (936-954) grâce à son vassal Hugues le Grand, qu'il combattit ensuite. — **Louis V le Fainéant** (967 - 987), fils de Lothaire; le dernier Carolingien qui ait régné en France (986-987). — **Louis VI le Gros** ou **le Batailleur** (v. 1081 - 1137), fils et successeur de Philippe Ier, roi (1108-1137). Il affermit son pouvoir en Île-de-France avec l'aide de son ministre Suger. Il lutta contre Henri Ier Beauclerc, duc de Normandie et roi d'Angleterre, et repoussa l'empereur germanique Henri V. — **Louis VII le Jeune** (v. 1120 - 1180), fils et successeur du préc., roi (1137-1180). En répudiant Aliénor d'Aquitaine, qui épousa ensuite Henri Plantagenêt, futur roi d'Angleterre (Henri II), il amorça la lutte entre Capétiens et Plantagenêts. — **Louis VIII le Lion** (1187 - 1226), fils et successeur de Philippe Auguste, roi (1223-1226). Il chassa les Anglais du S.-O. de la France (sauf de l'Aquitaine) et dirigea une croisade contre les albigeois (1226). — **Louis IX** ou **Saint Louis** (1214 - 1270), fils et successeur du préc., roi (1226-1270). Il régna d'abord sous la tutelle de sa mère, Blanche de Castille, qui affronta la rébellion des grands vassaux. En 1242, le roi, gouvernant personnellement, triompha d'une ligue de seigneurs du Midi et de l'Ouest soutenus par Henri III d'Angleterre. Le traité de Paris (1259) suspendit le conflit franco-anglais. Dans son royaume, il voulut faire régner l'ordre et la justice. Il entreprit une croisade en Égypte (1248), où il fut fait prisonnier; une autre vers Tunis, où il mourut de la peste. Canonisé en 1297. — **Louis X le Hutin** (1289 - 1316), fils de Philippe le Bel et de Jeanne de Navarre, roi (1314-1316). Les nobles obtinrent des chartes fixant leurs droits et leurs immunités. — **Louis XI** (1423 - 1483), fils de Charles VII et de Marie d'Anjou, roi (1461-1483). Dauphin, il pactisa avec les nobles contre son père. Roi, il combattit contre eux (vainquant la ligue du Bien public en 1465) et surtout contre Charles le Téméraire, duc de Bourgogne, qui parvint à l'emprisonner à Péronne (1468). Habile, il déjoua toutes les coalitions féodales dirigées contre lui par son adversaire, qui fut battu par le duc de Lorraine et périt devant Nancy (1477). Il occupa toutes les possessions du Téméraire, sauf la Flandre, apportée en dot par sa fille Marie à Maximilien d'Autriche. Par ailleurs, il hérita du comté d'Anjou (1480) et de la Provence (1481). — **Louis XII,** dit *le Père du peuple* (1462 - 1515), fils du poète Charles d'Orléans, cousin et successeur de Charles VIII, roi (1498-1515). Il poursuivit les guerres d'Italie, d'où il fut chassé à la fin de son règne. Il avait fait annuler en 1498 son mariage (1476) avec Jeanne de Valois, fille de Louis XI, pour s'unir (1499) avec Anne de Bretagne, veuve de Charles VIII : le duché de Bretagne resta à la France; veuf en 1514, il épousa la très jeune Marie d'Angleterre, mais mourut sans postérité mâle. — **Louis XIII le Juste** (1601 - 1643), fils d'Henri IV et de Marie de Médicis, roi (1610-1643). Gouvernèrent d'abord Marie de Médicis et Concini (1610-1617), puis, après l'assassinat de ce dernier, le favori Luynes (1617-1621), qui imposa le pouvoir royal et combattit les protestants, et enfin le cardinal de Richelieu (1624-1642), que Louis XIII soutint contre la Cour (journée des Dupes, 11 nov. 1630). Il abattit la puissance protestante en prenant La Rochelle (1629); il conquit l'Artois, une grande partie de l'Alsace et le Roussillon en intervenant dans la guerre de Trente* Ans contre la maison d'Autriche. En 1615, il avait épousé Anne d'Autriche. — **Louis XIV le Grand** (1638 - 1715), fils du préc.; roi (1643-1715). Sa mère, régente, Anne d'Autriche, confia le gouvernement à Mazarin. Une guerre civile, la Fronde* (1648-1653), marqua le jeune Louis. À l'extérieur, la paix de Westphalie (1648) termina la guerre de Trente Ans; la paix des Pyrénées (1659) fut signée avec l'Espagne. À partir de 1661, Louis XIV gouverna, portant à son apogée la monarchie absolue. Cette année-là, il fit arrêter Fouquet et entreprit la construction du chât. de Versailles, pour que le luxe et le rituel de la Cour (à partir de 1682) asservissent la noblesse au *Roi-Soleil.* Servi par de grands «commis» : Colbert, Le Tellier et son fils Louvois, et par de grands généraux (Condé, Vauban, Turenne), il déclencha quatre longues guerres : *de Dévolution* (1667-1668), qui donna la Flandre méridionale à la France (traité d'Aix-la-Chapelle); *de Hollande* (1672-1678), par laquelle elle obtint la Franche-Comté (paix de Nimègue); *de la Ligue d'Augsbourg* (1688-1697), terminée par le traité de Ryswick; *de la Succession d'Espagne* (1701-1713). À la paix d'Utrecht (1713), la France conservait la plupart de ses acquisitions, mais elle était lasse et ruinée. Louis XIV entra en conflit avec la papauté. Il révoqua en 1685 l'édit de Nantes accordé aux protestants et persécuta les jansénistes. Époux de l'infante d'Espagne Marie-Thérèse d'Autriche (1660), il eut des liaisons «officielles» : Mlle de La Vallière (1661), Mme de Montespan* (1667), Mlle de Fontanges (1680); il épousa secrètement Mme de Maintenon (probablement en 1683), qui le «reconvertit» à la foi chrétienne. — **Louis XV le Bien-Aimé** (1710 - 1774), arrière-petit-fils et successeur de Louis XIV, roi (1715-1774). À la Régence, présidée par Philippe d'Orléans (1715-1723), succédèrent le gouvernement du duc de Bourbon (1723-1726), qui lui fit épouser Marie* Leczinska (fille du roi de Pologne) (1725), puis celui du cardinal Fleury (1726-1743), qui engagea la France dans la *guerre de la Succession de Pologne* (1733-1738). La *guerre de la Succession d'Autriche* (1740-1748) et la *guerre de Sept Ans* (1756-1763) firent perdre à la France ses possessions de l'Inde et du Canada et la Louisiane occid., puis elle acquit la Lorraine (1766) et la Corse (1768). À l'intérieur, Louis XV affronta les privilégiés, qu'il ne put soumettre à l'impôt, et le parlement. Ses liaisons (Mme de Pompadour, Mme du Barry) lui furent reprochées. Cependant, bien administrée à la fin du règne par Choiseul, puis par Maupeou, la France connut un grand essor économique. — **Louis XVI** (1754 - 1793), petit-fils et successeur de Louis XV, roi (1774-1792), époux (1770) de Marie-Antoinette d'Autriche. Ni Turgot ni Necker (1777-1781) ne parvinrent à restaurer le Trésor public et à amadouer le parlement, rappelé en 1774. La participation française à la *guerre d'Indépendance américaine* (1774-1783) aggrava la dette de l'État, que Calonne, puis Loménie de Brienne et de nouveau Necker ne purent combler. Le roi dut alors convoquer les États* généraux (mai 1789). En se proclamant Assemblée nationale (17 juin 1789) puis Assemblée constituante, les députés du tiers état engagèrent un processus révolutionnaire dont le roi ne saisit pas l'ampleur. Refusant la Constitution de 1791, il s'enfuit (20-21 juin 1791). Arrêté à Varennes, discrédité, il fut ramené à Paris et jura fidélité à la Constitution, qui lui reconnaissait des pouvoirs limités (droit de veto). Escomptant la défaite des révolutionnaires, il déclara la guerre à l'Autriche (20 avril 1792), mais l'insurrection du 10 août 1792 le renversa et la Convention fit son procès (déc. 1792-janv. 1793) : Louis XVI fut guillotiné le 21 janvier 1793. Sa mort provoqua une coalition des souverains d'Europe contre la France. — **Louis XVII** (1785 - 1795), fils de Louis XVI et de Marie-Antoinette; il mourut dans la prison du Temple. Certains historiens admettent qu'il en fut enlevé. — **Louis XVIII** (1755 - 1824), frère cadet de Louis XVI; il régna d'avril 1814 à mars 1815 (première Restauration) puis de juil. 1815 à sa mort (seconde Restauration). Comte de Provence, il émigra en juin 1791 puis rentra à Paris après l'abdication de Napoléon. Pendant les Cent*-Jours (mars-juin 1815), il se retira en Belgique et revint après Waterloo. La Charte qu'il avait «octroyée» en 1814 établit en France la monarchie constitutionnelle. Favorable au gouv. des libéraux (Decazes, notam.), Louis XVIII résista mal à la réaction ultraroyaliste du début (Terreur blanche) et surtout de la fin de son règne (ministère Villèle, 1821), après l'assassinat du duc de Berry (1820).

GERMANIE

Louis II le Germanique (804 - 876), fils de l'empereur Louis Ier le Pieux; roi de Germanie après le partage de Verdun (843); il dut céder à son frère Charles une partie de la Lorraine (869), la vallée du Rhône et l'Italie (874).

MONACO

Louis II de Monaco (1870 - 1949), prince de Monaco (1922-1949), fils d'Albert Ier. En 1900, il reconnut comme sa fille la princesse Charlotte* (née en 1877).

Louisbourg, port de pêche du Canada (Nouvelle-Écosse); environ 2000 hab. – Cap. de l'île Royale (auj. île du Cap-Breton), elle fut prise à la France par les Anglais (1745-1748), qui l'assiégèrent à nouveau en 1758 et la prirent définitivement.

Louis de Mâle (1330 - 1384), comte de Flandre (1346-1384). Il dut faire face aux révoltes des Gantois contre lesquels il lutta avec l'aide des Français. Il laissa la Flandre à sa fille, Marguerite de Mâle, et à son gendre, Philippe le Hardi, duc de Bourgogne.

Louise de Savoie (1476 - 1531), régente de France quand son fils François Ier guerroya en Italie. Elle signa avec Marguerite d'Autriche la paix de Cambrai, dite *paix des Dames* (1529).

louisianais, aise [lwizjanɛ, ɛz] adj. et n. De la Louisiane. ▷ Subst. *Un(e) Louisianais(e).*

ENCYCL Ling. – L'appellation *français louisianais* recouvre une réalité très diversifiée qui va du français dit standard jusqu'au français créolisé et qui s'explique par l'histoire du français en Louisiane depuis la fin du XVIIe s. (usages de l'époque coloniale, usages apportés par les immigrants acadiens à la suite de la Déportation* de 1755, puis influence créole). Le français a été banni de l'école en 1921 et les Cadjins* (ou Cajuns*) ont fortement ressenti l'oppression que cette mesure représentait; l'anglais est devenu le seul véhicule de la promotion sociale. En 1968, l'État de Louisiane reconnaît le mouvement de renaissance culturelle qui anime depuis quelque temps l'Acadiana (aire francophone de la Louisiane) en accordant au français un statut officiel et en instituant le Conseil pour le développement du français en Louisiane (CODOFIL). Les différences régionales rendent difficile l'établissement d'un lexique commun, mais certains mots ont une valeur emblématique (*fais-dodo, gombo, zydeco*).

Louisiane, immense territoire que la France posséda au centre des États-Unis actuels et dont l'axe N.-S. était la vallée du Mississippi. En 1543, l'Espagnol Hernando de Soto explora cette région, jugée sans intérêt car il n'y trouva pas d'or. Parti de la Nouvelle-France en 1681, le Français René Robert Cavalier de La* Salle descendit la vallée du Mississippi jusqu'au golfe du Mexique et, en 1682, nomma *Louisiane* (en l'honneur de Louis XIV) les territ. découverts. Pierre Le* Moyne d'Iberville peut être considéré comme le premier gouverneur de cette colonie qui en 1722 se donna pour cap. La Nouvelle-Orléans (fondée en 1717). Quelques centaines de Français peuplaient alors ce territ., qui devint colonie de la couronne de France en 1731. L'importation d'esclaves africains permit le développement agric. (canne à sucre et coton). En 1755, des Acadiens chassés de la Nouvelle-Écosse (Canada) par les Anglais vinrent s'installer. En 1762, par un traité secret, la France céda à l'Espagne la région située à l'O. du Mississippi. En 1763, le traité de Paris céda à l'Angleterre la région située à l'E. du fleuve, à l'exception de La Nouvelle-Orléans. À la fin du XVIIIe s., la Louisiane avait moins de 40000 hab. (esp. et franç.). En 1800, par un nouveau traité secret, l'Espagne rendit l'Ouest à la France, qui en 1803 vendit aux É.-U., pour 80 millions de francs, ses possessions. En 1812, la Louisiane (au sens restreint) devint le dix-huitième État des États-Unis. Les immigrants imposèrent la langue anglaise, mais la langue française demeura vivace dans la communauté d'origine acadienne.

Louisiane, État du S. des É.-U., sur le golfe du Mexique; 125674 km²; 4220000 hab.; cap. *Baton Rouge;* v. princ. : *La Nouvelle-Orléans.*

Géogr. et écon. – Sous un climat subtropical, cet État, aux sols alluviaux plats et souvent marécageux, produit de la canne à sucre, du riz, du coton, des agrumes. Les gisements de pétrole, de gaz naturel, de soufre et de sel ont suscité une puissante industr. chimique. Les ports ont développé la métallurgie.

Hist. – V. Louisiane.

Louis-Philippe Ier (1773 - 1850), fils de Philippe d'Orléans («Philippe Égalité»), roi des Français de 1830 à 1848. Officier de la Révolution, il s'exila en 1793. Après la révolution de 1830, qui renversa Charles X, il fut proclamé roi des Français. D'abord libéral, le régime accentua son conservatisme. De 1840 à 1848, le long ministère Guizot ne combattit pas la crise écon. et sociale, qui aboutit à la révolution de 1848. Louis-Philippe abdiqua (en vain) en faveur de son petit-fils, le comte de Paris, et se réfugia en Grande-Bretagne.

loukhoum ou **loukoum** [lukum] n. m. Pâtisserie orientale à base de miel.

Louksor. V. Louxor.

loule [lul] n. m. (Madag.) Fantôme, esprit (sens I, 3). *Il y a des loules dans cette maison abandonnée.* Syn. (Madag.) lolo.

Loulou. V. Lulu.

Lounda. V. Lunda.

loup [lu] n. m. **1.** Mammifère carnivore à l'allure de grand chien (fam. canidés), au pelage gris jaunâtre, aux yeux obliques, aux oreilles dressées. *Le petit du loup est le louveteau, la femelle est la louve.* ▷ *Loup peint :* lycaon (impr. appelé *loup* en Afrique). **2.** Loc. fig. *Faim de loup :* grande faim. – *Marcher à pas de loup,* sans bruit. – *Être connu comme le loup blanc :* être très connu. – *Hurler avec les loups :* se conformer à l'avis des gens avec qui l'on se trouve. – *L'homme est un loup pour l'homme,* il est sans pitié pour ses semblables. – *Enfermer le loup dans la bergerie*.* – *Se jeter dans la gueule* du loup.* ▷ *Jeune loup :* homme jeune et plein d'ambition. **3.** Fam. Terme d'affection. *Mon (petit) loup.* **4.** Bar (poisson). **5.** Fam. *Loup de mer :* marin expérimenté. **6.** Petit masque noir que l'on porte dans les bals masqués. **7.** TECH Gros défaut d'une pièce, entraînant sa mise au rebut.

loup-cervier [lusɛʀvje], fém. **loup-cerve** [lusɛʀv] n. Lynx qui vit dans les régions boréales. *Des loups-cerviers, des loups-cerves.*

loupe [lup] n. f. **1.** Défaut d'une perle ou d'une pierre précieuse. **2.** Kyste sébacé. ▷ (Guad.) Syn. de *enflure* (sens 1). **3.** Excroissance ligneuse qui se développe sur certains arbres. **4.** Lentille convergente qui donne des objets une image agrandie. *Loupe de philatéliste, d'horloger.* – Loc. fig. *Regarder qqch à la loupe,* l'examiner de près. **5.** TECH Masse de fer incandescente que l'on martèle pour en extraire les scories.

louper [lupe] v. [1] **1.** v. tr. Fam. Rater. *Louper un examen. Louper un train.* **2.** v. intr. (Guad.) Provoquer des enflures. *Les feuilles de canne, ça loupe.*

loup-garou [lugaʀu] n. m. Personnage légendaire, malfaisant qui se métamorphose la nuit en loup. *Des loups-garous.*

loupiotte [lupjɔt] n. f. (France rég.) Petite lampe de faible intensité.

loup-marin [lumaʀɛ̃] n. m. (Québec) (Surtout chez les pêcheurs.) Nom cour. du phoque commun. *Des loups-marins.* ▷ Fourrure de cet animal. *Bottes en loup-marin.*

Louqsor. V. Louxor.

louquer [luke] v. tr. [1] (Maurice, Réunion) Fam. et plaisant Épier furtivement, reluquer.

lourd, lourde [luʀ, luʀd] adj. et adv. **I.** adj. **1.** Pesant. *Une lourde charge.* – Loc. fig. *Lourd de sous-entendus.* ▷ SPORT *Poids lourd :* catégorie de boxeurs pesant plus de 86,184 kg (professionnels). *Poids mi*-lourd.* ▷ Qui donne une sensation de pesanteur. *Des aliments lourds. Avoir la tête lourde.* – *Avoir le sommeil lourd,* profond. **2.** Qui se remue avec peine. *Devenir lourd en vieillissant.* – Par ext. *Marcher d'un pas lourd.* **3.** Loc. *Avoir la main lourde :* frapper fort; fig. punir sévèrement. – Dépasser la mesure en pesant, en versant une substance. **4.** Oppressant. – *Temps lourd,* orageux. **5.** Qui manque d'élégance, de finesse. *Une plaisanterie lourde. Un style lourd.* ▷ *Lourde faute :* erreur grossière. **6.** PHYS NUCL *Eau lourde :* eau constituée par la combinaison de l'oxygène avec l'isotope de masse atomique 2 de l'hydrogène (deutérium ou hydrogène lourd). *L'eau lourde sert de modérateur dans certaines réactions nucléaires.* **II.** adv. *Ce colis pèse lourd,* beaucoup. – Loc. fig. *Peser lourd dans la balance :* avoir beaucoup d'importance. – *Elle n'en sait pas lourd :* elle ne sait pas grand-chose.

lourdaud, aude [luʀdo, od] adj. et n. Péjor. Grossier, maladroit.

lourdement [luʀdəmɑ̃] adv. **1.** Pesamment. *Il s'appuie lourdement sur sa canne.* **2.** Grossièrement. *Il s'est trompé lourdement.*

Lourdes, ville de France (Hautes-Pyrénées); 16581 hab. – Un des plus grands centres de pèlerinage du monde catholique. – Grotte de Massabielle, où Bernadette Soubirous déclara avoir vu la Vierge Marie (1858); une basilique sup. (1876), au-dessus de la grotte, et une basilique souterraine Saint-Pie-X (1958) sont consacrées à la Vierge.

lourdeur [luʀdœʀ] n. f. **1.** Pesanteur. *Lourdeur de la démarche.* **2.** Fig. Défaut de ce qui est lourd (sens 5), de ce qui manque d'élégance. *Lourdeur du style.* **3.** Fig. Caractère de ce qui pèse, de ce qui fait difficulté. *La lourdeur d'une responsabilité.*

Lourenço Marques. V. Maputo.

Lou Siun. V. Lu Xun.

lousse [lus] adj. et n. m. (Québec) Fam. **I. 1.** Lâche, qui n'est pas tendu (courroie, corde), qui n'est pas serré (nœud, vis). ▷ n. m. *Du lousse :* du jeu. *Courroie qui a du lousse.* **2.** Ample, flottant. *Une robe lousse.* **3.** (Animaux) Sans entrave, non attaché. *Cheval lâché lousse dans un champ.* **II.** Fig. **1.** Qui dépense volontiers, qui dépense trop. *Profitez-en, il est lousse ce soir!* **2.** Libre, non retenu; de mœurs légères.

loustic [lustik] n. m. Fam., péjor. Individu. *Qu'est-ce que c'est que ce loustic?*

loutre [lutʀ] n. f. Mammifère carnivore de mœurs aquatiques (fam. mustélidés) aux pattes palmées, à la fourrure épaisse et brune. (La loutre d'Europe [*Lutra lutra*] est aussi appelée *loutre de rivière* ou *loutre commune* et mesure près d'1 m. La loutre de mer [*Enhyora lutris*] vit le long des côtes américaines et est protégée : la commercialisation de sa fourrure est interdite.) – Fourrure de cet animal.

Louvain (en néerl. *Leuven*), v. de Belgique (Brabant), ch.-l. d'arr., sur la Dyle; 85080 hab. Centre industriel d'une région agric., la ville appartient à la conurbation Louvain-Malines-Bruxelles. – Univ. cathol. fondée en 1426, l'une des plus prestigieuses d'Europe. En 1968, sa section francophone a été tranférée à Louvain-la-Neuve. Hôtel de ville (XVe s.). Égl. goth. St-Pierre (XVe s.). Égl. baroque St-Michel (XVIIe s.). Halles (1317-1345 et XVIIIe s.). Musée.

Louvain-la-Neuve, v. de Belgique, construite à partir de 1970 sur le territoire de la com. d'Ottignies (Brabant wallon, au bord de la Dyle) 20000 hab. – Remarquable réalisation de l'architecture moderne, présentant l'attrait d'être entièrement piétonnière, cette ville abrite la section francophone de l'université de Louvain.

louve [luv] n. f. Femelle du loup.

Louverture. V. Toussaint Louverture.

louveteau [luvto] n. m. **1.** Petit du loup. **2.** Jeune scout.

Louvière (La), com. de Belgique (Hainaut); 77330 hab. Industrie lourde.

louvoiement [luvwamɑ̃] n. m. Action de louvoyer (sens 2).

Louvois (François Michel Le Tellier, seigneur de Chaville, marquis de) (1639 – 1691), homme d'État français. Succédant en 1677 à son père, Michel Le* Tellier, il inspira à Louis XIV les dragonnades contre les protestants et la dévastation du Palatinat. Il fut disgracié en 1689.

louvoyer [luvwaje] v. intr. [**23**] **1.** MAR Se dit d'un bateau à voiles qui tire successivement des bords tribord et bâbord pour atteindre un point au vent. **2.** Fig. Faire de nombreux détours pour arriver à ses fins. ▷ *Par ext.* Agir par des procédés peu francs.

Louvre (palais du), palais de Paris qui borde la rive droite de la Seine. Au XIVe s., Charles V transforma en résidence royale la forteresse bâtie en 1204. Elle fut reconstruite et agrandie sous François Ier (par P. Lescot), sous Henri II, Henri IV, Louis XIII (pavillon de l'Horloge, œuvre de Lemercier), Louis XIV (bâtiments élevés par Le Vau), Napoléon Ier (travaux de Percier et Fontaine) et Napoléon III (aménagements de Visconti et Lefuel). Par décret du 6 mai 1791, le Louvre devint le Muséum central des arts de la Rép. En 1988, une pyramide de verre (due à Pei*) fut achevée. En 1993, le Grand Louvre fut ouvert au public.

Louxor, Louksor ou **Louqsor** *(al-Aqsur)*, v. de Haute-Égypte (gouv. de Qena ou Kénèh); 40000 hab. – La ville recouvre une partie de l'antique Thèbes. Vestiges d'un temple d'Amon élevé par Aménophis III et augmenté par Ramsès II d'une cour à portique et d'un pylône flanqué de deux obélisques (dont l'un est, depuis 1836, sur la place de la Concorde, à Paris).

Louÿs (Pierre Louis, dit Pierre) (1870 – 1925), écrivain français. Poèmes : *les Chansons de Bilitis* (1894). Romans et contes galants : *la Femme et le Pantin* (1898); *les Aventures du roi Pausole* (1901).

Lovecraft (Howard Phillips) (1890 – 1937), auteur américain de récits fantastiques : *la Couleur tombée du ciel* (1927), *l'Appel de Cthulhu* (1928).

lover [lɔve] v. [**1**] **1.** v. tr. MAR Enrouler (un cordage) sur lui-même en en superposant les spires. **2.** v. pron. Se rouler en spirale. *Serpent qui se love.*

Lowlands (en fr. *Basses Terres*), dépression du centre de l'Écosse. Princ. région écon. d'Écosse, elle comprend Glasgow et Édimbourg.

Lowry (Malcolm) (1909 – 1957), écrivain anglais. Son chef-d'œuvre, *Au-dessous du volcan* (1947), influencé par Joyce, est le roman de la solitude, du désespoir et de l'alcoolisme.

loxodromie [lɔksodʀɔmi] n. f. MAR Courbe de la sphère terrestre qui coupe tous les méridiens sous un angle constant.

loyal, ale, aux [lwajal, o] adj. **1.** DR Conforme à la loi. *Bon et loyal inventaire.* **2.** Droit, franc, sincère, honnête. *Loyal camarade. Une discussion loyale.*

loyalement [lwajalmɑ̃] adv. Avec loyauté.

loyalisme [lwajalism] n. m. **1.** Fidélité au régime établi. **2.** Fidélité à une cause.

loyaliste [lwajalist] adj. et n. **1.** adj. Qui proclame son loyalisme. ▷ Subst. *Un(e) loyaliste.* **2.** n. m. pl. HIST *Les loyalistes :* nom donné aux colons américains qui demeurèrent fidèles à la couronne britannique durant la guerre de l'Indépendance américaine (1775-1782). (Plusieurs dizaines de milliers d'entre eux se réfugièrent au Canada où les autorités britanniques leur accordèrent des terres et de généreux privilèges. Leur arrivée, qui est à l'origine de la fondation du Nouveau-Brunswick, en 1784, et de la division de la province de Québec en Haut-Canada et en Bas-Canada, en 1791, contribua à l'anglicisation de l'est du pays).

loyauté [lwajote] n. f. Droiture, probité, honnêteté. *Reconnaître ses erreurs avec loyauté.*

Loyauté (îles), archipel français du Pacifique, dépendance de la Nouvelle-Calédonie; 2095 km²; 15000 hab. Trois îles : Lifou, Maré et Ouvéa.

loyer [lwaje] n. m. **1.** Prix payé par le preneur pour l'usage d'une chose louée (propriété, immeuble, maison, local, appartement, etc.). *Payer son loyer.* – Loc. (Québec) *Être, vivre à loyer :* être locataire. ▷ FIN *Loyer de l'argent :* taux d'intérêt. **2.** (Québec) Fam. Logement. *Un loyer de cinq pièces.*

Loyola (Ignace de). V. Ignace de Loyola.

Lozère, massif des Cévennes (France du S.-E.). – Dép. : 5179 km²; 72825 hab.; ch.-l. *Mende* (12113 hab.). V. Languedoc-Roussillon (Rég.).

L.S.D. n. m. (Sigle de l'all. *Lyserg Säure Diäthylamid,* «acide lysergique diéthylamide».) Substance hallucinogène très puissante.

Lualaba (le), cours supérieur du Congo, jusqu'à Kisangani; barrage hydroélectrique.

Luanda, cap. de l'Angola, port sur l'Atlantique; 1200000 hab. (aggl. 1700000 hab.). Industries agricoles (sucrerie, manufacture de tabac); raffinerie de pétrole. Aéroport. – Fondée en 1576 par les Portugais, Luanda est la plus ancienne ville européenne d'Afrique noire.

Luang Prabang ou **Louang Prabang,** v. du Laos, sur le haut Mékong; 68000 hab.; ch.-l. de la prov. du m. nom. Cap. du Lan* Xang au XIVe s. et dénommée alors Xien Tong, la ville prit le nom de Luang Prabang en 1563, lorsque la capitale du roy. fut transférée à Vientiane. Au XVIIIe s., après la division du Lan Xang, elle devint la cap. du royaume de Luang Prabang qui dut subir les invasions birmanes et la tutelle thaï. En 1893, Oun* Kham, roi de Luang Prabang, menacé par les Pavillons*-Noirs et le Siam, accepta le protectorat de la France. Lors de la réunification du Laos (1946), Luang Prabang redevint cap. royale jusqu'en 1975. – Centre d'artisanat (laque, or et argent). – Nombreux monastères bouddhiques.

Luangwa (la), riv. de la Zambie orientale, affl. du Zambèze; 600 km.

Luapula (la), riv. du N. de la Zambie, qu'elle sépare de la rép. dém. du Congo; elle traverse le lac Bangwolo et se jette dans le lac Moero; env. 800 km.

Luba, Louba, Baluba ou **Balouba,** groupe ethnique du S. de la rép. dém. du Congo (prov. du Kasaï et du Katanga). Leur nombre excède les 7 millions de personnes. Ils parlent des langues bantoues (notam. le *ciluba*). Ils vivent de la chasse et de l'agriculture, mais bon nombre d'entre eux ont afflué dans les villes. – Les Luba ont laissé des sculptures anthropomorphes en bois (fétiches et statuettes féminines) d'une grande beauté plastique et des masques ronds au décor curviligne.

Lubango, v. d'Angola; cap. de la prov. de Huíla; 150000 hab. Brasserie.

Lübeck, ville et port d'Allemagne (Schleswig-Holstein), sur la *Trave,* près de la Baltique; 209160 hab. Anc. capitale de la Ligue hanséatique, ville libre jusqu'en 1937, centre comm. et industr. – Cath. romane (modifiée au XVIe s.). Marienkirche et Jakobkirche (égl. des XIIIe et XIVe s.). – Par la *paix de Lübeck* (1629), Christian IV de Danemark, vaincu, renonçait à intervenir en Allemagne.

lubie [lybi] n. f. Caprice bizarre, fantaisie subite. *Avoir des lubies.*

Lubitsch (Ernst) (1892 – 1947), cinéaste américain d'origine allemande; maître de la comédie music. : (*la Veuve joyeuse,* 1934) et polit. (*Ninotchka,* 1939; *To be or not to be,* 1942).

Lublin, v. de Pologne, sur la *Bystrzyca*; 325940 hab.; ch.-l. de la voïévodie du m. nom. Centre industr. – En 1569, une diète y décréta l'*Union* (dite *de Lublin*) entre la Pologne et la Lituanie (fédérée à la Pologne depuis 1386).

lubricité [lybʀisite] n. f. Fait d'être salace, penchant à la luxure.

lubrifiant, ante [lybʀifjɑ̃, ɑ̃t] adj. et n. m. Qui lubrifie. ▷ n. m. Produit servant à la lubrification (talc, graphite, graisses, huiles, etc.).

lubrification [lybʀifikasjɔ̃] n. f. Action de lubrifier; son résultat. Syn. graissage.

lubrifier [lybʀifje] v. tr. [**2**] Graisser, rendre glissant afin de réduire le frottement entre deux pièces mobiles l'une par rapport à l'autre et de protéger ces pièces contre l'usure et la corrosion. *Lubrifier un roulement à billes.*

lubrique [lybʀik] adj. Porté à la luxure. ▷ Inspiré par la lubricité. *Des gestes lubriques.*

Lubumbashi (anc. *Élisabethville*), v. du S.-E. de la rép. dém. du Congo; 739000 hab.; ch.-l. de la rég. minière du Katanga. Métall. du cuivre, industr. agricoles (huileries, manuf. de cigarettes). – La ville est desservie par la route et la voie ferrée qui relient Lobito (Angola) à Lusaka (Zambie). Aéroport.

Luc (saint) (m. v. 70), disciple de saint Paul, qu'il accompagna dans ses voyages; auteur du troisième Évangile et, peut-être, des Actes des Apôtres.

Luca (Gherasim) (1913 – 1994), poète roumain. Résidant en France à partir de 1952, il mit alors la langue française au service d'une poésie d'inspiration surréaliste : *le Chant de la carpe* (1986), *La proie s'ombre* (1991).

Lucain (en lat. *Marcus Annæus Lucanus*) (39 – 65), poète latin; neveu de Sénèque. *La Pharsale* narre le conflit milit. entre César et Pompée. Accusé d'avoir conspiré contre Néron, il s'ouvrit les veines.

lucane [lykan] n. m. Coléoptère (*Lucanus* et genres voisins), appelé aussi *cerf-volant,* dont le mâle porte des mandibules en forme de grosses pinces.

Lucanie, anc. contrée du sud de l'Italie, l'actuel Basilicate.

lucarne [lykaʀn] n. f. Ouverture vitrée pratiquée à la surface d'une toiture pour donner du jour.

Lucas (George) (né en 1945), cinéaste et producteur américain. Il a produit avec Spielberg *la Guerre des étoiles* (1977), *les Aventuriers de l'arche perdue* (1981), et leurs suites.

Lucas de Leyde (v. 1494 – 1533), peintre et graveur hollandais.

Lucerne (en all. *Luzern*), v. de Suisse, sur le lac des Quatre-Cantons; 63280 hab.; ch.-l. du cant. du m. nom. Centre tourist. et culturel. – Festival international de musique. – Pont en bois couvert (XIVe s., incendié en 1993, reconstruit en 1994) flanqué de la Tour de l'eau. Collégiale Saint-Léger (XIVe et XVIIe s.). Monument du Lion (à la mémoire des gardes suisses tués dans le palais des Tuileries, à Paris, en 1792).
ENCYCL Hist. – La ville se serait développée, à partir du VIIIe s., autour d'un couvent dédié à saint Leodegar (saint Léger) et dépendant de l'abbaye de Murbach en Alsace. Celle-ci vendit la ville aux Habsbourg en 1291. Contre les Habsbourg, Lucerne conclut en 1332 une alliance avec les cantons d'Uri, de Schwyz et d'Unterwald, et conquit son indépendance en 1386 (victoire de Sempach). À partir du XVIe s., elle fut le bastion du catholicisme face à la Réforme et, en 1845, entra dans le Sonderbund*. L'ouverture du tunnel du Saint-Gothard (1882) et le développement du tourisme firent sa fortune.

Lucerne (canton de), canton de Suisse, au centre du pays; 1492 km^2; 308700 hab.; ch.-l. *Lucerne.* Situé à l'extrémité O. du lac des Quatre-Cantons, il s'adosse au S.-E. à des hauteurs allant du *Rothorn de Brienz* (2350 m) au *Pilate* (2132 m), que contourne la vallée verdoyante de la Petite Emme *(Entlebuch).* Au N. s'étend un plateau parsemé de petits lacs (Baldegg, Sempach). Élevage bovin et polyculture. Gros bourgs agricoles. Constructions mécaniques et électriques; textiles artificiels; papeteries; tabac. Tourisme.

lucide [lysid] adj. **1.** Qui envisage la réalité clairement et nettement, telle qu'elle est. *Esprit lucide. Un homme lucide.* ▷ Qui témoigne d'une telle vue de la réalité. *Une politique lucide.* **2.** Pleinement conscient. *Le malade est resté lucide jusqu'à sa mort.*

lucidement [lysidmɑ̃] adv. De manière lucide.

lucidité [lysidite] n. f. **1.** Qualité d'une personne lucide. **2.** État de pleine conscience. *Le malade a gardé toute sa lucidité.*

Lucien de Samosate (v. 125 – v. 192), écrivain satirique et philosophe grec. Il restaura la langue attique par la pureté de son style, savoureux et irrespectueux, dans ses *Dialogues (des dieux* et *des morts)* et ses contes.

Lucifer, nom («qui apporte la lumière») du démon chez les Pères de l'Église.

luciférine [lysifeʀin] n. f. BIOCHIM Substance dont l'oxydation, sous l'effet d'une enzyme spécifique (*la luciférase*), produit la luminescence de certains insectes (lampyre, notam.).

lucilie [lysili] n. f. ENTOM Mouche (genre *Lucilia*), d'un vert métallique, qui pond ses œufs sur la viande, appelée cour. *mouche à viande.* – *Lucilie bouchère :* mouche qui pond ses œufs dans les plaies des bestiaux, que ses larves élargissent jusqu'à provoquer la mort en l'absence de soins.

Lucinschi (Petru) (né en 1940), homme politique moldave. Militant communiste, député au Soviet suprême de l'U.R.S.S. (1986-1989), député du peuple de l'U.R.S.S. (1989-1991), président du Parlement de Moldavie (1993), il est élu prés. de la République en déc. 1996.

luciole [lysjɔl] n. f. Coléoptère luminescent voisin du lampyre.

Lucknow, v. de l'Inde, cap. de l'État d'Uttar Pradesh, sur la *Gumti*; 1592000 hab. dans l'aggl. Industries. – Université. Musée archéologique.

Luçon ou **Luzon** (île), la plus grande et la plus peuplée des îles des Philippines; 108172 km^2; 23900000 hab.; ville princ. *Manille.* Île volcanique au climat de mousson. Riziculture, cult. tropicales.

Lucques (en ital. *Lucca*), v. d'Italie, en Toscane; 90100 hab.; ch.-l. de la prov. du m. nom. Industr. – Archevêché. Université. Remparts (XVIe s.). Cath. (XIe-XVIe s.). Églises et palais médiévaux.

lucratif, ive [lykʀatif, iv] adj. **1.** Qui rapporte un profit, de l'argent. *Association à but non lucratif.* **2.** Qui rapporte beaucoup d'argent. *Un trafic lucratif.*

lucre [lykʀ] n. m. Péjor. Gain, profit qu'on recherche avidement. *La passion du lucre.*

Lucrèce (m. en 509 av. J.-C.), dame romaine, épouse de Tarquin Collatin (neveu de Tarquin le Superbe). D'après la tradition, Sextus, fils de Tarquin le Superbe, la viola et elle se poignarda.

Lucrèce (en lat. *Titus Lucretius Carus*) (v. 98 – 55 av. J.-C.), poète et philosophe latin. Son unique poème, long et inachevé *(De natura* rerum)*, expose la doctrine d'Épicure. Puisque l'âme périt avec le corps, l'homme peut trouver le bonheur sur terre, s'il s'affranchit de ses erreurs, de ses préjugés, et maîtrise ses passions.

Lucrèce Borgia. V. Borgia.

Lucullus (Lucius Licinius) (v. 106 – v. 57 av. J.-C.), général romain. Victorieux de Mithridate (87 et 69 av. J.-C.). Il vécut à Tusculum, près de Rome, dans un faste resté légendaire, notam. pour la magnificence de sa table. Fin lettré, il constitua une immense bibliothèque.

Lucy, nom donné à un squelette d'hominien *(Australopithecus afarensis)* femelle, découvert à Hadar (Éthiopie) en 1974. Lucy aurait vécu il y a environ 3,5 millions d'années. Dans les années 1990, certains paléontologistes ont estimé que ce fossile était un mâle.

Ludendorff (Erich von) (1865 – 1937), général allemand. Adjoint de Hindenburg (1917-1918), il participa au putsch de Munich (nov. 1923).

ludion [lydjɔ̃] n. m. Appareil de démonstration, en physique, constitué d'un corps creux lesté présentant une ouverture vers le bas, qui monte ou descend dans l'eau d'un bocal fermé par une membrane, selon la pression exercée sur cette dernière.

ludique [lydik] adj. Didac. Qui concerne le jeu, qui est de la nature du jeu. *L'activité ludique est indispensable à la maturation du psychisme chez l'enfant.*

Ludogorie, plateau calcaire du N.-E. de la Bulgarie, qui prolonge vers l'O. le plateau de la Dobroudja.

Ludovic Sforza le More (1452 – 1508), duc de Milan de 1494 à 1500. Succédant à son neveu Jean Galéas (peut-être assassiné), il fut vaincu et capturé par le roi de France Louis XII à Novare (1500). Il mourut en France.

Luéna. V. Lwena.

luette [lɥɛt] n. f. Appendice conique prolongeant le bord postérieur du voile du palais.

lueur [lɥœʀ] n. f. **1.** Lumière faible ou passagère. *La lueur d'une bougie.* **2.** Fig. Expression passagère du regard. *Une lueur de haine apparut dans ses yeux.* **3.** Fig. Apparition passagère. *Des lueurs de raison chez un aliéné.*

lufa, luffa [lufa] n. f. V. loufa.

Luftwaffe (la), nom donné, depuis 1935, à l'armée de l'air allemande.

Lugano, v. de Suisse (Tessin), sur le *lac de Lugano* (48 km^2, italo-suisse); 27800 hab. Tourisme. – Cath. (conçue par Bramante), égl. (XVe et XVIe s.).

Luganville, v. du Vanuatu, ch.-l. de l'île Espíritu Santo; 9000 hab.

Lugard (Frederick John Dealtry) (1858 – 1945), administrateur colonial britannique. Il fut le premier gouverneur général du Nigeria (1912-1919). V. Indirect Rule.

Lugbara, population établie au nord-ouest de l'Ouganda et au nord-est de la rép. dém. du Congo (env. 250000 personnes). Ils parlent une langue nilo-saharienne appartenant au groupe soudanais central.

luge [lyʒ] n. f. Petit traîneau utilisé pour descendre rapidement les pentes neigeuses. Syn. (Belgique, Québec) traîneau. – Sport pratiqué avec la luge.

luger [lyʒe] v. intr. [**13**] Rare (Cour. en Suisse) Faire de la luge. ▷ (Suisse) Fig., fam. Échouer.

lugubre [lygybʀ] adj. **1.** Litt. Qui a le caractère sombre du deuil. *Une lugubre cérémonie.* **2.** Qui inspire ou qui dénote une tristesse profonde. *Un air lugubre.* Syn. sinistre.

Luguru ou **Ruguru,** population établie dans l'E. de la Tanzanie (env. 400000 personnes). Ils parlent une langue bantoue.

Luhya, population de l'O. du Kenya (env. 3700000 personnes). Ils parlent une langue bantoue.

lui [lɥi] pron. pers. de la 3e pers. du sing. **I.** pron. m. et f. (plur. *leur :* V. leur 1). À lui, à elle. *Je lui ai causé de la joie. J'ai vu cette femme et je lui ai parlé.* **II.** pron. exclusivement m. **1.** Employé avec une prép. *J'ai parlé de lui. Nous avons voté pour lui. Je partirai avec lui.* **2.** Sert de pronom de renforcement et d'insistance. *C'est lui qui est le responsable. Lui seul a le droit de parler.* **3.** Joue, dans certains cas, le rôle de complément direct. *Qui avez-vous choisi? – Lui, bien sûr! Je veux vous voir, toi et lui.*

Luimbé ou **Luimbi,** population du centre de l'Angola (env. 600000 personnes). Ils parlent une langue bantoue.

luire [lɥiʀ] v. intr. [**69**] Briller (en produisant de la lumière). *Le soleil luit.* ▷ *Par ext.* Briller (en reflétant la lumière). *Une lame d'acier qui luit.* ▷ Fig. Apparaître (comme une lueur). *Un espoir luit encore.*

luisant, ante [lɥizɑ̃, ɑ̃t] adj. Qui luit, qui a des reflets. *Un métal luisant.* ▷ *Ver luisant :* V. lampyre. ▷ n. m. Aspect luisant. *Le luisant du bois poli.*

Lukács (György) (1885 – 1971), philosophe et homme politique hongrois. Théoricien du marxisme (*Histoire et Conscience de classe,* 1923), il fonda une esthétique (*la Théorie du roman,* 1916; *Balzac et le réalisme français,* 1936). Membre du P.C. hongrois dès 1919, il fut ministre en 1956.

Łukasiewicz (Jan) (1878 – 1956), logicien polonais; créateur, en 1917, d'un système logique trivalent.

Lulle (Ramon Llull, en fr. le bienheureux Raymond) (v. 1235 – 1315), théologien, philosophe et poète catalan, *le Docteur illuminé.* Son *Ars magna* (v. 1275) se veut une méthode universelle pour raisonner sur tout sujet. Il parcourut l'Europe et la Méditerranée, tentant notam. de convertir les musulmans; il serait mort lapidé à Bougie, ou à Majorque.

Lully ou **Lulli** (Jean-Baptiste) (1632 – 1687), compositeur français d'orig. ital. Appelé en France (1646), surintendant de la musique (1661), il fonda l'opéra français : ballets de cour, comédies-ballets avec Molière, tragédies lyriques, grands motets.

Lulua (la), riv. de la rép. dém. du Congo (900 km), affl. du Kasaï (r. dr.).

Luluabourg. V. Kananga.

lumbago [lœbago] ou **lombago** [lɔ̃bago] n. m. Douleur lombaire survenant brutalement.

lumen [lymɛn] n. m. PHYS Unité de flux lumineux du système international (symbole lm); flux émis par une source dont l'intensité lumineuse est de 1 candela dans un angle solide de 1 stéradian.

lumière [lymjɛʀ] n. f. **I.** Ce qui éclaire (au sens propre). **1.** PHYS Ensemble de particules élémentaires (nommées *photons*) se déplaçant à très grande vitesse (299792,427 km/s dans le vide) et présentant les caractères d'une onde. ▷ *Lumière froide,* émise par les corps luminescents. ▷ *Lumière comprimée,* dans laquelle les fluctuations aléatoires ont été diminuées par un traitement physique. (V. cohérent.) ▷ *Lumière visible,* dont les ondes électromagnétiques ont une longueur d'onde comprise entre 0,4 et 0,8 μm. (V. visible.) ▷ ASTRO *Lumière cendrée :* lumière solaire reçue par la Lune par effet de réflexion sur la Terre. (De la Terre, elle permet de distinguer le relief lunaire peu avant ou peu après la nouvelle lune. Pour un astronaute placé sur la Lune, la lumière cendrée est le *clair de Terre.*) ▷ *Lumière zodiacale :* lueur blanchâtre, allongée dans le plan de l'écliptique, que l'on peut voir après le coucher du soleil ou avant son lever. ▷ *Année de lumière :* V. année-lumière. **2.** Cour. Phénomène spontanément perçu par l'œil et susceptible d'éclairer et de permettre de voir. *La lumière du soleil, du jour* ou, absol., *la lumière. La lumière d'une lampe.* ▷ *Ouvrir les yeux à la lumière :* naître. – *Voir la lumière :* vivre. ▷ Ce qui sert à éclairer, lampe. *Apportez de la lumière, que je puisse lire.* – (Plur.) (Liban) Phares d'un véhicule. ▷ Représentation de la lumière en peinture. *La lumière argentée d'un Corot.* ▷ *Habit de lumière :* costume brodé de fils brillants des toreros. **3.** Point lumineux, tache lumineuse. *Apercevoir une lumière dans la nuit. Les ombres et les lumières d'un tableau.* **4.** (Québec) Fam. Ampoule électrique. ▷ (Québec) Feu de circulation. *Passer sur la lumière rouge.* ▷ (Liban, plur.; Québec) Phare(s) ou feu(x) arrière d'un véhicule. **II.** Ce qui éclaire (au sens figuré). **1.** Ce qui permet de comprendre ou de savoir. *Les lumières de la foi, de la raison.* ▷ *Faire la lumière sur une chose,* la révéler, l'expliquer. ▷ *Mettre en lumière, en pleine lumière :* faire voir clairement, mettre en évidence. **2.** (Plur.) *Les lumières :* la connaissance. *Mes lumières sur ce sujet sont très réduites.* **3.** *Les lumières :* la connaissance rationnelle (par oppos. à l'obscurantisme). ▷ *Le siècle des Lumières :* le XVIIIe s., entre 1715 et 1789, marqué en France par l'*Encyclopédie*,* et qui se caractérise par le rejet de l'autorité et du fanatisme, au nom du progrès et de la raison. **4.** Fam. *Ce n'est pas une lumière :* il n'est pas très intelligent. **III.** Orifice **1.** Dans certains instruments d'optique, petit trou servant à la visée. **2.** Ouverture dans le fût d'un rabot, pour loger le fer. **3.** Ouverture d'admission et d'échappement dans le cylindre d'une machine à vapeur ou d'un moteur à deux temps.

ENCYCL Phys. – La lumière présente un double aspect, corpusculaire et ondulatoire, qui a été expliqué par la mécanique ondulatoire. À chaque particule (le *photon* pour la lumière) de quantité de mouvement *p* est associée une onde de longueur d'onde a = $\frac{h}{p}$, où *h* est la constante de Planck, égale à $6{,}62.10^{-34}$ joule-seconde. La *vitesse de la lumière* dans le vide, traditionnellement notée *c,* s'élève à 299792,457 km/s; cette vitesse, la plus élevée qu'on connaisse dans l'Univers, sert de références en physique. (V. encycl. relativité.) Les corps portés à haute température (comme les étoiles), les flammes, les décharges électriques dans les gaz produisent de la lumière. Il en est de même des corps luminescents. Quand elle traverse un prisme, la lumière se décompose et forme un spectre dont la structure varie avec la source (arc-en-ciel pour la lumière blanche). Nous percevons la lumière grâce à nos yeux, qui constituent un système optique complexe; les images se forment sur la rétine, qui contient deux sortes d'éléments sensibles : les *bâtonnets,* qui donnent la sensation de noir et de blanc; les *cônes,* qui contiennent trois substances photosensibles permettant la sensation des couleurs.

Lumière (Louis) (1864 – 1948), chimiste et industriel français, inventeur du cinématographe et précurseur du septième art. Il tourna, à partir de 1895, de nombreux films : *l'Arroseur arrosé, l'Arrivée du train en gare de La Ciotat,* etc. — **Auguste** (1862 – 1954), frère et collaborateur du précédent.

lumignon [lymiɲɔ̃] n. m. Lampe qui éclaire peu.

luminaire [lyminɛʀ] n. m. Appareil d'éclairage (lampe, applique lumineuse, etc.).

luminance [lyminɑ̃s] n. f. PHYS Quotient de l'intensité lumineuse qu'émet une source par sa surface apparente. (Elle s'exprime en nits; 1 nt = 1 candela par m^2.)

luminescence [luminɛsɑ̃s] n. f. PHYS Propriété des corps qui émettent de la lumière quand ils sont soumis, à basse température, à l'action d'un rayonnement.

luminescent, ente [lyminɛsɑ̃, ɑ̃t] adj. PHYS et cour. Qui présente une luminescence.

lumineusement [lyminøzmɑ̃] adv. Avec beaucoup de clarté. *Expliquer une chose lumineusement.*

lumineux, euse [lyminø, øz] adj. **1.** Qui émet de la lumière, qui réfléchit de la lumière. *Source lumineuse. Point lumineux dans la nuit. Montre à cadran lumineux.* **2.** De la nature de la lumière, qui concerne la lumière. *Phénomène lumineux.* ▷ OPT *Rayon lumineux :* axe rectiligne le long duquel se propage la lumière. **3.** Plein de lumière. *Couleur chaude et lumineuse. Ciel lumineux.* **4.** Fig. Très clair et très éclairant à la fois. *Un exposé lumineux. Une idée lumineuse :* une idée de génie. ▷ *Intelligence lumineuse,* claire, pénétrante.

luminisme [lyminism] n. m. PEINT Courant de la peinture qui privilégie les effets de lumière.

luminosité [lyminɔzite] n. f. **1.** Cour. Caractère de ce qui est lumineux. *La luminosité du ciel italien.* **2.** ASTRO Énergie totale rayonnée par un astre en une seconde.

lump [lœp] n. m. Poisson de l'Atlantique nord, dont les œufs sont préparés à la façon du caviar.

lumpenprolétariat [lumpənpʀɔletaʀja] n. m. POLIT Pour les marxistes, frange du prolétariat trop misérable pour acquérir une conscience de classe et se rallier à la révolution prolétarienne.

Lumumba (Patrice) (1925 – 1961), homme politique du Congo-Kinshasa (auj. rép. dém. du Congo). En 1958, il fonda le Mouvement national congolais (M.N.C.). En janv. 1960, il participa, avec Kasavubu*, à la conférence de la Table ronde de Bruxelles qui décida l'indépendance du «Congo Belge» (le 30 juin). En mai, le M.N.C. remporta les élections et Lumumba devint président du Conseil. Face à la sécession du Katanga, le 11 juil., il incarna la défense de l'unité nationale. Destitué par le président de la Rép. Kasavubu (5 sept. 1960), il fut arrêté par le colonel Mobutu et transféré au Katanga, où il fut assassiné.

lumumbisme [lumumbism] n. m. POLIT Doctrine politique de P. Lumumba.

lunaire [lynɛʀ] adj. **1.** De la Lune. *Le sol lunaire.* ▷ *Mois lunaire :* dans le calendrier musulman, période de 28 ou 29 jours qui correspond à peu près à une lunaison. **2.** Qui évoque l'aspect désolé de la surface de la Lune. *Paysage lunaire.* **3.** Fig. *Face, visage lunaire :* visage rond et blafard.

lunaison [lynɛzɔ̃] n. f. Durée comprise entre deux nouvelles lunes consécutives (29 j 12 h 44 min 2,8 s).

lunatique [lynatik] adj. et n. Capricieux, fantasque. Syn. (Antilles fr.) drôle.

lunch [lœ̃ʃ; lənʃ] ou (Québec) [lɔnʃ] n. m. **1.** Repas froid que l'on prend debout, au cours d'une réception. *Des lunchs* ou *des lunches.* **2.** (Québec) Repas que l'on apporte avec soi au travail, à l'école. *Préparer le lunch des enfants. – Boîte* à lunch.* ▷ Fam. Repas léger que l'on prend entre les heures de repas ou en fin de soirée.

luncher [lɔnʃe] v. intr. [1] (Québec) Fam. Prendre un lunch (sens 2).

Lunda ou **Balunda,** population établie princ. dans l'E. de l'Angola, ainsi que dans la rép. dém. du Congo et en Zambie (env. 300000 personnes). Ils parlent une langue bantoue voisine du chokwé.

lundi [lœ̃di] n. m. Premier jour de la semaine, qui suit le dimanche. ▷ *Lundi saint :* lundi de la semaine sainte.

Lundkvist (Artur) (1906 – 1991), écrivain suédois : *Ascension* (1935), *Contrefeu* (1955).

Lundu, population de l'O. du Cameroun (env. 80000 personnes). Ils parlent une langue bantoue.

lune [lyn] n. f. **I.** Satellite de la Terre. **1.** ASTRO et cour. *La Lune :* l'unique satellite de la Terre. V. Lune. **2.** Cour. *Clair de lune :* lumière de la Lune qui éclaire la Terre, certaines nuits. ▷ *Croissant de lune :* partie de la Lune vue de la Terre avant et après la nouvelle lune. **3.** *Phases de la Lune,* les divers aspects qu'elle présente vue de la Terre. ▷ *Nouvelle lune :* période où la Lune est invisible. ▷ *Pleine lune :* période où la Lune est visible sous forme d'un disque lumineux. **4.** Loc. fig. *Visage, face en pleine lune,* de forme toute ronde. ▷ Fam. *Demander, promettre la lune,* une chose impossible. ▷ Fam. *Être dans la lune :* être distrait, inattentif. ▷ SPORT *Coup de pied à la lune :* plongeon renversé. **II.** Période comprise entre deux nouvelles lunes. **1.** Mois lunaire*. **2.** Lunaison. ▷ Fam. *Vieilles lunes :* époque révolue; fig. idées dépassées. ▷ *Lune de miel :* débuts du mariage (que l'on suppose être une période de bonheur). **III.** Ce qui est de forme ronde. **1.** Fam. Gros visage tout rond. **2.** *Lune de mer* ou *poisson-lune :* poisson au corps en forme de disque (V. môle 3).

Lune, satellite unique de la Terre. Son diamètre s'élève à 3476 km et sa distance moyenne par rapport à la Terre est de 380400 km, soit un peu plus de 30 diamètres terrestres. La Lune nous présente toujours la même face, car sa période de rotation sur elle-même est exactement égale à celle de sa révolution autour de la Terre : 27 j 7 h 43 min 14,95 s. Quand la Lune est en conjonction avec le Soleil, c.-à-d. située entre le Soleil et la Terre, sa face éclairée par le Soleil nous est entièrement cachée; c'est la phase de la nouvelle lune. De 6 jours 1/2 à 7 jours 1/2 après la nouvelle lune, le disque lunaire apparaît sous la forme d'un demi-cercle (premier quartier). Quinze jours après la nouvelle lune, celle-ci est en opposition avec le Soleil (pleine lune). La phase suivante est celle du dernier quartier, qui précède une nouvelle conjonction. Les *marées* terrestres sont dues à l'attraction de la Lune sur les masses océaniques; le Soleil intervient, à un degré moindre toutefois, pour amplifier ou contrarier cette action. Le relief lunaire comprend de vastes plaines unies parsemées de collines, les *mers,* et des régions présentant un aspect tourmenté et chaotique, avec des chaînes de montagnes (8200 m au mont Leibniz), les *continents.* Le sol lunaire est parsemé de cratères d'origine météoritique, dont les plus grands, les *cirques,* ont un diamètre impressionnant : 270 km pour le cirque Bailly, 340 km pour le cirque Schiller. L'exploration de la Lune par les sondes mises en orbite autour de notre satellite par les vaisseaux spatiaux amér. du programme Apollo*, par les engins automatiques déposés par les Soviétiques à sa surface et par les astronautes amér. qui ont mis pour la première fois le pied sur la Lune le 21 juillet 1969 (mission Apollo XI), a considérablement fait progresser notre connaissance de la physique et de la chimie du sol lunaire. Celui-ci est recouvert d'une couche poudreuse ou granuleuse dont la composition est intermédiaire entre celle des météorites et celle des cendres volcaniques. Les éléments princ. sont le silicium, l'aluminium, le fer, le titane, le calcium et le magnésium. Les plus vieilles roches rapportées de la Lune ont l'âge des plus vieilles roches terrestres (4,6 milliards d'années). La pesanteur à la surface de la Lune est égale au 1/6 de la pesanteur terrestre; aussi, la vitesse nécessaire pour qu'un corps se libère de l'attraction lunaire n'est que de 2,38 km/s, contre 11,2 km/s sur la Terre.

luné, ée [lyne] adj. *Être bien (mal) luné,* de bonne (de mauvaise) humeur.

lunetier, ère [lyntje, ɛʀ] n. Personne qui fabrique ou vend des lunettes. ▷ adj. *Industrie lunetière.*

lunette [lynɛt] n. f. **I. 1.** Glace arrière d'une automobile. **2.** Ouverture de la cuvette de cabinets; le siège qui s'y adapte. **3.** TECH Coussinet de filetage; pièce servant au raccord des tuyauteries. **4.** Partie d'un boîtier de montre qui retient le verre. **II. 1.** OPT Instrument destiné à grossir ou à rapprocher l'image d'un objet éloigné. *Lunette d'approche. Lunette astronomique,* pour l'observation des astres. **2.** (Plur.) Paire de verres fixés à une monture, servant à corriger la vue ou à protéger les yeux. *Porter des lunettes. – Lunettes de soleil,* qui protègent les yeux des rayons du soleil. Syn. (Afr. subsah.) antisoleil.

lunetterie [lynɛtʀi] n. f. Industrie ou commerce du lunetier.

Lunik, nom d'engins spatiaux sov. *Lunik 2* fut la première sonde qui atteignit la Lune (21 oct. 1959).

lunule [lynyl] n. f. **1.** GEOM Figure en forme de croissant, formée par deux arcs de cercle qui se coupent. **2.** Zone blanchâtre en forme de *lunule* (sens 1), située à la base de l'ongle.

Luo ou **Lwo,** terme générique désignant plusieurs ethnies d'Ouganda (4 à 5 millions de personnes), du Kenya et de Tanzanie (plus de 4 millions). Ces populations parlent des langues du groupe nilotique. Traditionnellement, les Luo sont des pasteurs, qui pratiquent une agriculture complémentaire (sorgho, mil).

Luoyang, v. de Chine (Henan); 1160000 hab. – Musée archéol.; temple du Cheval Blanc (la plus anc. fondation bouddhique de Chine); grottes de Longmen, comportant des sculptures bouddhiques (500-750).

lupus [lypys] n. m. MED Dermatose à extension progressive et destructive, principalement localisée au visage. *Lupus acnéique, tuberculeux. – Lupus érythémateux disséminé :* maladie à manifestations multiples, touchant notam. la peau, les reins, les articulations, et où l'on trouve des signes biologiques d'auto-immunisation.

Lurçat (Jean) (1892 – 1966), peintre français; maître de la tapisserie.

lurette [lyʀɛt] n. f. Loc. fam. *Il y a belle lurette :* il y a bien longtemps.

Luri. V. Alur.

Luristān ou **Lorestān,** prov. montagneuse de l'Iran occidental (28803 km²; 1370000 hab.). En 1929, on découvrit, dans des tombeaux mégalithiques, de nombreux «bronzes du Luristān» (Ier millénaire av. J.-C.) ; armes, mors de chevaux, figurines, bijoux.

luron [lyʀɔ̃] n. m. Personne pleine d'insouciance, de gaieté; bon vivant. *Un joyeux luron.*

Lusace (en all. *Lausitz*), région d'Allemagne aux confins de la Bohême.

Lusaka, cap. de la Zambie, au nord des gorges de Kariba (sur le Zambèze); 1200000 hab. Centre comm. et industr. (coton; montage de tracteurs). Aéroport. – Université. Jardin botanique Munda Wanga.

Lüshun. V. Port-Arthur.

Lusignan (Gui de) (v. 1129 – 1194), roi de Jérusalem (1186-1192) et de Chypre (1192-1194). Battu par Saladin près du lac de Tibériade, il perdit Jérusalem en 1187; en 1192, il acheta Chypre à Richard Cœur de Lion et en fit un roy. latin, que ses descendants vendirent à Venise en 1489.

Lusitania, paquebot anglais qui fut torpillé par un sous-marin allemand le 7 mai 1915 à son retour des É.-U. (1200 morts). Ce fait contribua à l'entrée en guerre des États-Unis.

Lusitanie, anc. prov. romaine de la péninsule Ibérique; elle comprenait le Léon, une partie de l'Estrémadure et le Portugal actuel.

lusitanien, enne [lyzitanjɛ̃, ɛn] n. m. GEOL Étage du jurassique. – adj. *Étage lusitanien.*

lusophone [lyzɔfɔn] adj. et n. Didac. Qui parle portugais.

lustrage [lystʀaʒ] n. m. Action de lustrer; son résultat.

lustral, ale, aux [lystʀal, o] adj. Litt. Qui sert à purifier. *Eau lustrale :* eau du baptême.

1. lustre [lystʀ] n. m. Litt. Période de cinq ans. – *Par ext.,* fam. Longue période. *Cela fait des lustres qu'on ne l'a revu à Montréal.*

2. lustre [lystʀ] n. m. **1.** Brillant, poli d'un objet, d'une matière. ▷ TECH Produit utilisé pour donner ce brillant. **2.** Fig. Éclat, relief que donne la parure, le mérite. *Cette distinction lui rend un peu de lustre.* **3.** Luminaire à plusieurs lampes, que l'on suspend au plafond.

lustré, ée [lystʀe] adj. **1.** Qui présente un aspect brillant, poli. *Pelage lustré.* **2.** Devenu brillant par le frottement, l'usure. *Habit lustré.*

lustrer [lystʀe] v. tr. [1] **1.** Donner du lustre à, rendre brillant. *Lustrer un meuble.* ▷ TECH Traiter avec un lustre. *Lustrer des peaux.* **2.** *Lustrer un vêtement,* le rendre lustré (sens 2).

lustrine [lystʀin] n. f. Tissu de coton très apprêté et lustré. *Des manchettes de lustrine.*

Lustucru (le père), type grotesque de sot; son nom viendrait de «l'eusses-tu cru?».

Lutèce, v. de la Gaule, cap. des *Parisii,* dans une île de la Seine (auj. *île de la Cité* à Paris).

lutéine [lytein] n. f. CHIM Pigment jaune présent dans le pollen, le jaune d'œuf, etc.

lutéinisant, ante [lyteinizɑ̃, ɑ̃t] adj. BIOL *Hormone lutéinisante* ou *lutéostimuline :* gonadostimuline hypophysaire qui stimule la sécrétion de la progestérone chez la femme et des androgènes testiculaires chez l'homme.

lutéinisation [lyteinizasjɔ̃] n. f. BIOL Transformation du follicule ovarien arrivé à maturité, en corps jaune sécréteur.

lutétium [lytesjɔm] n. m. CHIM Élément (symbole Lu) appartenant à la famille des lanthanides, de numéro atomique Z = 71. – Métal (Lu) très rare.

luth [lyt] n. m. **1.** Instrument de musique à cordes pincées, à caisse bombée, dont le haut du manche forme un angle droit. ▷ Litt. Symbole du don poétique, de la poésie. *«Et mon luth constellé porte le Soleil noir de la Mélancolie» (Nerval).* **2.** *Tortue luth :* tortue marine à carapace molle (genre *Dermochelys*), qui peut atteindre 2,50 m de longueur pour un poids de 550 kg.

Luther (Martin) (1483 – 1546), théologien et réformateur protestant allemand. Maître en philosophie de l'université d'Erfurt (1505), il entra chez les Augustins de cette ville. En 1511, à Wittenberg, il fut reçu docteur en théologie. Les écrits de saint Augustin et les Épîtres de saint Paul lui parurent résoudre la question du salut : la grâce de Dieu reçue par la foi sauve le pécheur; seul compte le lien personnel de l'homme avec Dieu. Le 31 oct. 1517, quand le dominicain Tetzel vint prêcher une indulgence pour acquérir les fonds nécessaires à Saint-Pierre de Rome, il afficha à Wittenberg 95 thèses qui fondaient le luthéranisme. Excommunié par Léon X en 1520, mis au ban de l'Empire en 1521, il trouva refuge à la Wartburg, domaine de Frédéric III, Électeur de Saxe. De là, il diffusa sa doctrine et il entreprit de traduire la Bible en allemand; de retour à Wittenberg en 1522, il organisa la vie de communautés. En 1525, il épousa une anc. religieuse, Katharina von Bora, et invita les seigneurs à écraser la révolte des paysans, en partie suscitée par le libéralisme de ses écrits. Ses ouvrages ont un style neuf et vigoureux : *la Captivité de Babylone* (1520), *De la liberté du chrétien* (1520), *le Petit* et *le Grand Catéchisme* (1529), *la Confession d'Augsbourg* (publiée par Melanchton* en 1530), *les Articles de Smalkalde* (1537), *la Formule de concorde* (posth., 1580). Le luthérianisme* considère comme essentiels deux sacrements : le baptême et l'eucharistie, pour laquelle il professe la consubstantiation (contrairement au calvinisme).

luthéranisme [lyteʀanism] n. m. Didac. Doctrine religieuse de Luther, fondée sur la conviction que seule la foi confiante en l'infinie bonté de Dieu sauve le fidèle; protestantisme luthérien.

lutherie [lytʀi] n. f. **1.** Fabrication des instruments de musique à cordes pincées (famille du luth) et frottées (famille du violon). **2.** Profession, commerce du luthier.

luthérien, enne [lyteʀjɛ̃, ɛn] adj. et n. Conforme ou relatif à la doctrine de Luther. ▷ Subst. Adepte de cette doctrine.

luthier [lytje] n. m. Fabricant ou marchand d'instruments de musique à cordes.

Luthuli (Albert John) (1898 – 1967), leader politique noir d'Afrique du Sud; adversaire non violent de l'apartheid. P. Nobel de la paix 1960.

lutin [lytɛ̃] n. m. **1.** Petit démon familier d'esprit malicieux ou taquin. **2.** Fig. Enfant vif, espiègle.

lutiner [lytine] v. tr. [1] Harceler de familiarités galantes.

lutrin [lytʀɛ̃] n. m. **1.** LITURG Pupitre sur lequel on pose les livres dont on se sert pour chanter l'office, dans une église. **2.** (Belgique, Québec, Suisse) Pupitre sur lequel on pose une partition.

lutte [lyt] n. f. **1.** Combat de deux adversaires qui se prennent corps à corps. ▷ Sport de combat opposant deux adversaires dont chacun doit s'efforcer d'immobiliser l'autre au sol. *Lutte gréco-romaine,* dans laquelle ne sont autorisées que certaines prises entre la ceinture et la tête. *Lutte libre,* qui comporte un plus grand nombre de prises autorisées (notam. aux jambes). – (Afr. subsah.) *Lutte (traditionnelle) :* forme de lutte pratiquée dans certaines ethnies comme sport ou dans le cadre de cérémonies, et qui autorise ou non les coups. *Lutte avec frappe. Lutte sans frappe.* **2.** (Entre deux ou plusieurs adversaires.) Rixe ou combat armé (souvent fig.). *Lutte au couteau. Luttes sanglantes.* ▷ Fig. Opposition ou conflit d'idées, d'intérêts, de pouvoir. *Luttes politiques. Lutte d'influence.* **3.** Action contre une force, un phénomène, un événement, nuisible ou hostile. *Lutte contre le cancer. Lutte antipollution. Lutte anti-acridienne.* ▷ *Lutte biologique :* méthode de destruction des animaux nuisibles (insectes, notam.) par leurs prédateurs. *Lutte chimique. Lutte physique.* **4.** Conflit entre deux forces matérielles ou morales. *Lutte des éléments. Lutte du droit et du devoir.* **5.** Loc. adv. *De haute lutte :* par de grands efforts.

lutter [lyte] v. intr. [1] **1.** Combattre corps à corps. **2.** Se battre. *Lutter contre un ennemi.* **3.** Rivaliser. *Lutter d'adresse.* **4.** Fig. Être en lutte. *Lutter contre le vent. Lutter pour la réussite.*

lutteur, euse [lytœʀ, øz] n. **1.** Athlète qui pratique la lutte. **2.** Fig. Personne que sa nature énergique incite à lutter contre l'adversité, quelles que soient les circonstances.

Luu Quang Vu (1948 – 1988), dramaturge vietnamien. Auteur prolifique, dégagé du théâtre classique, il fut surnommé le «Molière vietnamien» : *l'Âme de Truong Ba dans la peau d'un boucher.*

Luvalé. V. Lwena.

lux [lyks] n. m. PHYS Unité d'éclairement lumineux (symbole lx); éclairement d'une surface qui reçoit un flux lumineux de 1 lumen par m².

luxation [lyksasjɔ̃] n. f. MED Position permanente anormale des surfaces d'une articulation osseuse, due le plus souvent à un choc. *Luxation du coude. Réduire* une luxation.*

luxe [lyks] n. m. **1.** Magnificence, éclat déployé dans les biens, la parure, le mode de vie dispendieux; abondance de choses somptueuses. *Vivre dans le luxe.* **2.** Qualité de ce qui est recherché, somptueux. *Vêtements, produits de luxe.* **3.** Bien, plaisir coûteux et superflu. *Elle va de temps en temps au théâtre, c'est son seul luxe.* – Fig. *Pour des miséreux, de tels scrupules sont un luxe.* – *Ce n'est pas un luxe :* c'est vraiment utile, nécessaire. – *Se payer, s'offrir le luxe de* (+ inf.) : se permettre de (faire qqch de difficile, d'agréable, de remarquable, etc.). **4.** *Un luxe, un grand luxe de :* une grande quantité, une profusion de. *Décrire avec un luxe de précisions.*

Luxembourg, capitale du grand-duché de Luxembourg, sur l'*Alzette*; 79 000 hab. Centre polit. et comm. du pays, ville industr. Siège de la C.E.C.A. (1952), la ville abrite auj. la Cour de justice européenne, le secrétariat général du Parlement européen, la Banque européenne d'investissements. – En 963, Sigefroi, comte d'Ardenne, construisit un château fort, le Lucilinburhuc, mot franc (signifiant «petit château») qui donna son nom à la ville. Celle-ci se développa d'abord sur la hauteur qui domine l'Alzette et son affl., la Pétrusse : palais grand-ducal (XVIe-XIXe s.), cath. (XVIIe-XXe s.), musée d'État installé dans une vaste maison anc. (archéol., bx-arts, traditions populaires, armes, sc. nat.), Bibliothèque nationale. – De 1684 à 1697, la France occupa Luxembourg, et Vauban transforma et modernisa la citadelle. Sous la Révolution française et sous l'Empire, la ville devint le ch.-l. du dép. français des Forêts, qui englobait le duché. De 1815 à 1967, une garnison prussienne séjourna dans la ville.

Luxembourg (grand-duché de), État d'Europe occidentale.
► V. carte et dossier, p. 1464.

Luxembourg, prov. du S.-E. de la Belgique; 4 419 km²; 224 990 hab.; ch.-l. *Arlon.* – Détaché du grand-duché de Luxembourg en 1831, le *Luxembourg belge* s'étend sur l'Ardenne*. C'est la province la plus étendue et la moins peuplée de Belgique, au climat rude.

Luxembourg français, partie N. des dép. français de Moselle et de Meurthe-et-Moselle qui appartenait au grand-duché de Luxembourg et que la paix des Pyrénées (1659) entre la France et l'Espagne permit à la France d'annexer.

Luxembourg (palais du), palais construit à Paris, pour la reine de

France Marie de Médicis, par Salomon de Brosse (1615-1626). Il abrite auj. le sénat, que borde le *jardin du Luxembourg.*

luxembourgeois, oise [lyksɑ̃buʀʒwa, waz] adj. et n. **1.** adj. Du grand-duché de Luxembourg. ▷ Subst. *Un(e) Luxembourgeois(e).* (V. grand-ducal.) **2.** n. m. *Le luxembourgeois :* la langue indo-européenne du groupe germanique occidental, parlée dans le grand-duché de Luxembourg et dans le sud-est de la Belgique.

luxembourgisme [lyksɑ̃buʀʒism] n. m. LING Fait de langue (prononciation, mot, tournure, etc.) caractéristique du français en usage dans le grand-duché de Luxembourg.

Luxemburg (Rosa) (1870 – 1919), révolutionnaire allemande; écrivain marxiste : *l'Accumulation du capital* (1913). Elle fonda, avec Karl Liebknecht*, le groupe Spartakus* (1914). Lors de la révolution spartakiste, elle fut arrêtée et assassinée.

luxer [lykse] v. tr. [1] Provoquer la luxation de (une articulation). ▷ v. pron. *Se luxer le genou.*

luxmètre [lyksmɛtʀ] n. m. PHYS Appareil servant à mesurer l'éclairement.

luxueusement [lyksɥøzmɑ̃] adv. D'une manière luxueuse.

luxueux, euse [lyksɥø, øz] adj. Caractérisé par le luxe.

Lu Xun ou **Lou Siun** (Zhou Shuren, dit) (1881 – 1936), écrivain chinois : *la Véridique Histoire d'Ah Q* (1921), *Contes anciens à notre manière* (1935).

luxure [lyksyʀ] n. f. Litt. Pratique immodérée des plaisirs sexuels.

luxuriance [lyksyʀjɑ̃s] n. f. Caractère de ce qui est luxuriant.

luxuriant, ante [lyksyʀjɑ̃, ɑ̃t] adj. **1.** Qui pousse avec abondance, en parlant de la végétation. **2.** Fig. Caractérisé par l'exubérance. *Un style luxuriant.*

luzerne [lyzɛʀn] n. f. Plante fourragère des régions tempérées (fam. papilionacées). – *Luzerne tropicale :* stylosanthes.

Luzon. V. Luçon.

Lvov (en polonais *Lwów,* en all. *Lemberg*), v. d'Ukraine, à proximité de la Pologne, sur le *Peltev*; 790 000 hab.; ch.-l. de la rég. du m. nom. Centre industr. – Ville ancienne. Nombreux monuments religieux (XIIIe-XVIIe s.). – Polonaise de 1349 à 1772, la ville fut ensuite la cap. de la Galicie autrichienne. Redevenue pol. (1919), elle fut disputée entre Soviétiques et Allemands de 1941 à 1944.

Lwena, Luéna ou **Luvalé,** population de l'E. de l'Angola et de l'O. de la Zambie (env. 370 000 personnes). Ils parlent une langue bantoue.

Lwo. V. Luo.

Lwoff (André) (1902 – 1994), biologiste français. P. Nobel de médecine 1965, avec J. Monod et F. Jacob.

Ly, dynastie du Viêt-nam (1010-1225) fondée par Ly Cong Uân, qui nomma son pays Dai Viêt et installa sa capitale, Thang Long, sur le site actuel de Hanoi. Cette première grande dynastie vietnamienne réalisa une œuvre très importante : administration centralisée; grands travaux publics (construction des digues); développement de l'architecture (construction de monastères, de palais, de temples, dont celui de la Littérature, dédié à Confucius et édifié à Thang Long, future Hanoi, en 1070); développement de la littérature (poésie) et de l'éducation (fonctionnaires recrutés par concours parmi les lettrés, «mandarinat»); organisation de l'armée, qui repoussa le Champa et permit au royaume d'entamer sa marche vers le Sud. Les Ly furent renversés par les Trân*.

Ly (Ibrahima) (1936 – 1989), romancier malien. Emprisonné (1974-1978), il s'exila à Dakar. *Toiles d'araignées* (1982) décrit l'univers pénitentiaire; *Ténèbres blanches* est le prem. tome (1988) d'une série inachevée, *Les noctuelles vivent de larmes.*

Lyautey (Louis Hubert Gonzalve) (1854 – 1934), maréchal de France (1921). Il combattit au Tonkin (1894), à Madagascar (1897), commanda dans le Sud oranais (1903) et fut résident général au Maroc de 1912 à 1925. Il a laissé de nombreux écrits. Acad. fr. (1912).

lycaon [likaɔ̃] n. m. ZOOL Mammifère canidé (*Lycaon pictus*) d'Afrique, au pelage fauve bigarré de noir et de blanc, impr. appelé loup. Syn. cynhyène, loup peint.

lycée [lise] n. m. **1.** Établissement public d'enseignement du second degré classique, moderne ou technique. ▷ (Belgique) Établissement d'enseignement secondaire dépendant d'un pouvoir public. (V. athénée.) **2.** *Lycée français :* établissement scolaire placé, hors de France, sous la responsabilité de la mission française de coopération, accueillant les enfants français et, à titre payant, des enfants d'autres nationalités.

lycéen, enne [liseɛ̃, ɛn] n. et adj. Élève d'un lycée. ▷ adj. *Revendications lycéennes.*

lycène [lisɛn] n. f. ENTOM Petit papillon diurne, souvent bleuté pour le mâle et brunâtre pour la femelle.

lycoperdon [likɔpɛʀdɔ̃] n. m. BOT Champignon en forme d'outre, comestible jeune, appelé cour. *vesse-de-loup.*

lycopode [likɔpɔd] n. m. BOT Plante cryptogame ressemblant à une grande mousse.

lycose [likoz] n. f. ZOOL Araignée (genre *Lycosa*) qui attrape ses proies à la course et creuse des terriers. *La tarentule est une lycose.*

lycra [likʀa] n. m. (Nom déposé.) Fibre textile artificielle très élastique.

Lycurgue, personnage légendaire qui, entre le XIe et le IXe s. av. J.-C., aurait donné à Sparte ses lois sévères.

Lydie, anc. pays de l'Asie Mineure, sur la mer Égée, que les Perses prirent au roi Crésus (546 av. J.-C.); cap. *Sardes.*

lymphangite [lɛ̃fɑ̃ʒit] n. f. MED Inflammation aiguë ou chronique des vaisseaux lymphatiques.

lymphatique [lɛ̃fatik] adj. et n. **1.** ANAT De la lymphe, qui a rapport à la lymphe. *Ganglion lymphatique.* ▷ n. m. *Un lymphatique :* un vaisseau lymphatique. **2.** Lent et apathique. *Un tempérament lymphatique.* ▷ Subst. *Un(e) lymphatique.*

ENCYCL Le système lymphatique comprend : les *vaisseaux lymphatiques*; les *ganglions lymphatiques,* petits renflements échelonnés le long des vaisseaux lymphatiques; les *vaisseaux chylifères,* qui déversent dans la lymphe certains produits de la digestion intestinale.

lymphatisme [lɛ̃fatism] n. m. **1.** MED État de déficience que l'on observe plus souvent chez l'enfant, caractérisé par l'augmentation du volume des organes lymphoïdes, la pâleur et l'infiltration des tissus. **2.** Cour. État d'une personne lente et apathique.

lymphe [lɛ̃f] n. f. BIOL Liquide clair, blanchâtre, riche en protéines et en lymphocytes, qui circule dans les vaisseaux lymphatiques.

lymphoblaste [lɛ̃fɔblast] n. m. BIOL Cellule jeune et normale du sang.

lymphocyte [lɛ̃fɔsit] n. m. BIOL Cellule sanguine mononucléaire appartenant à la lignée blanche, présente dans le thymus, le sang, la moelle osseuse, les ganglions, la lymphe. *Lymphocytes B :* agents de l'immunité humorale, sécréteurs des immunoglobulines (cf. anticorps). *Lymphocytes T :* supports de l'immunité cellulaire et régulateurs des sécrétions humorales dues aux lymphocytes B. – *Lymphocytes tueurs,* capables de détruire les cellules étrangères à l'organisme après avoir été stimulés par les lymphocytes T.

lymphocytose [lɛ̃fɔsitoz] n. f. MED Augmentation du nombre de lymphocytes dans le sang ou dans la moelle osseuse.

lymphogranulomatose [lɛ̃fɔgʀanylomatoz] n. f. MED Nom donné à différentes maladies dont la manifestation clinique initiale est un granulome qui se dissémine par voie lymphatique. (V. Hodgkin [Thomas].)

lymphoïde [lɛ̃fɔid] adj. BIOL *Tissu, système lymphoïde :* ensemble constitué par les lymphocytes et les *organes lymphoïdes* (thymus, moelle osseuse, ganglions lymphatiques, amygdales, etc.) et dont dépendent les réactions d'immunité spécifique de l'organisme.

lymphokine [lɛ̃fɔkin] n. f. BIOCHIM Cytokine* sécrétée par les lymphocytes.

lymphome [lɛ̃fom] n. m. MED Terme générique pour désigner les proliférations malignes de certains éléments hématologiques.

lynchage [lɛ̃ʃaʒ] n. m. Action de lyncher.

lyncher [lɛ̃ʃe] v. tr. [1] **1.** Exécuter, sans jugement préalable ou après un jugement extrêmement sommaire, une personne présumée coupable. **2.** Faire subir à (qqn) des brutalités pouvant entraîner la mort (en parlant d'une foule). *Il a été lynché par la foule.*

lynx [lɛ̃ks] n. m. Mammifère carnivore félidé des régions tempérées froides de l'hémisphère nord, au pelage tacheté jaunâtre. – Loc. *Avoir des yeux de lynx,* la vue très perçante.

Lyon, v. de France, ch.-l. du dép. du Rhône et de la Région Rhône-Alpes; 422 444 hab. (env. 1 262 200 hab. dans l'aggl.). Une excellente desserte routière, ferroviaire, fluviale (au confluent de la Saône et du Rhône) et aérienne, l'apport d'une énergie abondante (gazoduc, oléoducs, hydroélectr. alpine) expliquent son essor. L'industr. traditionnelle de la soie et du textile cède la place aux industries chim., pétrochim. et métall. On y a créé un métro (1978). – Archevêché. Université. Musées. La vieille ville occupe, au pied de la colline de Fourvière (basilique Notre-Dame, XIXe s.), les quartiers de St-Paul et de St-Jean (cath. St-Jean, XIIe-XVe s.). Le centre

est riche de monuments (du XIIe au XIXe s.).
Hist. – Anc. *Lugdunum,* Lyon devient la cap. des Gaules puis celle du prem. roy. de Bourgogne. Au XIIIe s., deux conciles s'y tiennent : en 1245, le pape Innocent IV dépose l'empereur Frédéric II; en 1274, le mode d'élection des papes y est fixé. En 1312, la ville est rattachée à la France. Au XVIe s., les poètes M. Scève et L. Labé y rayonnent. Sous la Révolution, la Convention assiège la ville (1793) et organise des exécutions massives. En 1831 et 1834, les canuts* se soulèvent.

lyophilisation [ljɔfilizasjɔ̃] n. f. TECH Procédé de dessiccation par congélation brutale (entre -40^0C et -80^0C) puis sublimation sous vide.

lyophiliser [ljɔfilize] v. tr. **[1]** TECH Soumettre à la lyophilisation.

lyre [liʀ] n. f. **1.** Instrument de musique à cordes pincées utilisé par les Anciens. ▷ Litt. Symbole de l'inspiration poétique. **2.** ZOOL Nom cour. de divers poissons (trigle par ex.) et d'un oiseau (ménure ou oiseau-lyre).

Lyre (la), constellation boréale, entre le Cygne et Hercule, qui contient Véga.

lyrique [liʀik] adj. et n. m. **1.** ANTIQ Chanté avec un accompagnement de lyre. *Poème lyrique.* ▷ *Poète lyrique :* auteur de poèmes lyriques. **2.** Mis en musique pour être chanté sur scène. *Théâtre lyrique,* où l'on représente des ouvrages mis en musique. *Drame lyrique :* opéra, oratorio. – *Artiste lyrique :* chanteur, chanteuse d'opéra ou d'opéra-comique. **3.** D'inspiration ou de forme analogue à celle de la poésie lyrique antique. *Genre lyrique* (par oppos. à *épique*). – n. m. *Le lyrique :* le genre lyrique. **4.** Qui laisse libre cours à l'expression des sentiments personnels souvent sous forme d'images évocatrices. *Un style lyrique.*

lyrisme [liʀism] n. m. **1.** Inspiration poétique lyrique. *Le lyrisme de Lamartine.* **2.** Caractère lyrique. *Le lyrisme d'un discours.* **3.** Expression lyrique des sentiments. *Il s'abandonne au lyrisme.*

lys [lis] n. m. V. lis.

Lys (la), (en néerl. *Leie*), riv. canalisée de France et de Belgique (214 km), affl. de l'Escaut (r. g.) à Gand. Arrose Courtrai.

Lysandre (m. en 395 av. J.-C.), général spartiate. Il vainquit les Athéniens à Ægos-Potamos (405 av. J.-C.), prit Athènes et y établit les Trente.

-lyse, lys(o)-. Éléments, du gr. *lusis,* «dissolution, dissociation».

lyse [liz] n. f. BIOL Dissolution, destruction (d'une structure organique).

lysergique [lisɛʀʒik] adj. BIOCHIM *Acide lysergique :* alcaloïde de l'ergot de seigle, dont dérive le L.S.D.

Lysias (v. 440 – v. 380 av. J.-C.), orateur athénien; célèbre pour sa lutte contre les Trente.

lysine [lizin] n. f. **1.** BIOL Nom générique de substances à propriétés lytiques. **2.** BIOCHIM Acide aminé basique indispensable à la croissance, fourni à l'organisme par l'alimentation.

Lysippe (v. 390 – apr. 310 av. J.-C.), sculpteur grec; le dernier des grands maîtres de l'époque classique.

lyso-. V. -lyse.

lysosome [lizɔzom] n. m. BIOL Organite intracellulaire, limitée par une membrane, contenant de nombreuses enzymes digestives actives lors de la phagocytose.

Lyssenko (Trofim Denissovitch) (1898 – 1976), botaniste et généticien soviétique. Il soutint la théorie (stalinienne) que les caractères acquis peuvent devenir héréditaires. (V. Mitchourine.)

-lyte, -lytique. CHIM Éléments, du gr. *lutos,* «qui peut être dissous».

Ly Thuong Kiêt (1019 - 1105), général et lettré vietnamien. Après avoir battu (1076) les Chinois venus aider le Champa, il rédigea un quatrain considéré comme le premier poème écrit (en caractères chinois) de la littérature vietnamienne.

lytique [litik] adj. BIOL Relatif à la lyse; qui entraîne la lyse.

Lytton (Edward George Bulwer-Lytton, baron) (1803 – 1873), homme politique et écrivain anglais : *les Derniers Jours de Pompéi* (1834).

M

m [ɛm] n. m. **1.** Treizième lettre (m, M) et dixième consonne de l'alphabet, notant l'occlusive bilabiale nasale [m] (ex. *mime* [mim], *mammaire* [mam(m)ɛʀ]), et, devant une consonne ou en finale, un son nasal (ex. *comte* [kɔ̃t], *humble* [œ̃bl], *nom* [nɔ̃]). **2.** M : chiffre romain qui vaut 1000.

ma [ma] adj. poss. V. mon.

Maadi, site archéol. de l'Égypte, situé au S.-E. du Caire; vestiges d'un village chalcolithique.

Maalouf (Amin) (né en 1949), écrivain libanais d'expression française. Ses premiers écrits traitent le passé : *les Croisades vues par les Arabes* (1983), *Léon l'Africain* (1986), *Samarcande* (1988), puis un retour nostalgique à ses racines lui inspire un roman consacré au Liban (*le Rocher de Tanios,* prix Goncourt 1993).

Maastricht v. des Pays-Bas, sur la Meuse (néerl. *Maas*), ch.-l. du Limbourg; 115780 hab. Centre industriel, relié à Rotterdam. – Cath. St-Servais (XIe-XIIe s.). Basilique Notre-Dame (romane et gothique). – **Traité de Maastricht** (7 fév. 1992), instituant l'*Union européenne* des douze États membres de la Communauté européenne. V. Europe.

Maba, groupe de populations de l'O. du Tchad (env. 550000 personnes). Au nombre d'une quinzaine, ces ethnies parlent une langue appartenant à la famille nilo-saharienne.

maban [mabɑ̃] n. m. LING Groupe de langues nilo-sahariennes parlées au Tchad, en République centrafricaine et au Soudan.

mabé [mabe] n. m. (Polynésie fr.) Semi perle noire se formant sur la surface interne de la coquille d'huître.

Mabillon (Jean) (1632 – 1707), bénédictin français; fondateur de la diplomatique (*De re diplomatica,* 1681).

mabouillat ou **mabouya** [mabuja] n. m. (Antilles fr., Haïti) Syn. de *gecko.* (V. margouillat.)

mabraze [mabʀaz] n. m. (Djibouti) Lieu où des personnes ont l'habitude de se rassembler pour consommer du khat.

macabo [makabo] n. m. (Afr. subsah.) Nom donné au Cameroun et au Tchad à une variété de taro.

macabre [makabʀ] adj. Qui évoque des choses funèbres, la mort. *Plaisanterie macabre. Faire la macabre découverte de restes humains.*

macach, macache ou **makach** [makaʃ] adv. Fam. Rien; il n'y (en) a pas. *Tu veux de l'argent? Macache!*

1. macadam [makadam] n. m. Vieilli (Cour. à la Réunion) **1.** Revêtement de chaussée constitué de pierres concassées agglomérées. **2.** *Abusiv.* Bitume. – Partie de la voie publique recouverte de bitume.

2. macadam [makadam] n. m. (Guyane) Court-bouillon. *Macadam de morue.*

MacAdam (John Loudon) (1756 – 1836), ingénieur écossais; inventeur du revêtement routier qui porte son nom.

Macaire d'Égypte (saint) (v. 301 – v. 391), ermite et ascète du désert de Scété (Basse-Égypte). Ses lettres, homélies, écrits spirituels, dont la paternité lui est contestée, sont l'un des fondements de la mystique orientale.

Macao, enclave portugaise en territ. chinois, à l'embouchure du Xijiang; 16 km^2; env. 500000 hab. (en majorité chinois). Pêche; manuf. de tabac; confection (70 % des exportations); tourisme et jeux (casinos). Le P.N.B. par hab. est élevé. – Comptoir portugais depuis 1557, une des bases du comm. européen en Chine pendant trois siècles. Doit être restitué à la Chine en déc. 1999.

1. macaque [makak] n. m. **1.** Cercopithèque d'Afrique du Nord et d'Eurasie (genre *Macaca*), haut de 50 à 75 cm, à queue réduite ou absente. (Les travaux sur *Macaca rhesus* permirent la découverte du facteur rhésus.) **2.** Fig., fam. Personne très laide.

2. macaque [makak] n. m. (Haïti) Syn. de *matraque. Un coup de macaque.* (V. cocomacaque.)

macaquerie [makakʀi] n. f. (Haïti, Louisiane) Syn. de *singerie. Arrêtez vos macaqueries!*

macareux [makaʀø] n. m. Nom cour. de divers oiseaux de la famille des alcidés (genre *Æthia, Lunda,* etc.) au bec haut et comprimé latéralement.

macaron [makaʀɔ̃] n. m. **1.** Petit gâteau rond à la pâte d'amande. **2.** Natte de cheveux roulée sur l'oreille. **3.** Gros insigne de forme arrondie. – (Québec) Syn. de *badge* (sens 2).

macaroni [makaʀɔni] n. m. (Surtout au plur.) Pâte alimentaire à base de farine de blé dur, de forme tubulaire. *Des macaroni(s).* ▷ (Afr. subsah.) Pâte alimentaire de forme quelconque.

MacArthur (Douglas) (1880 – 1964), général américain. Commandant des forces alliées en Extrême-Orient (1941-1945), il vainquit le Japon. Commandant des troupes de l'ONU en Corée (1950), il envisagea d'attaquer la Chine et fut démis en avril 1951.

Macassar. V. Makassar.

macatia [makatja] n. m. (oc. Indien) Brioche préparée sans beurre. – *Macatia coco,* à la noix de coco.

Macbeth (mort en 1057), roi d'Écosse au règne tragique (1040-1057). Il assassina Duncan Ier et fut tué par Malcom III, le fils de sa victime. Shakespeare lui a consacré une tragédie (1605).

Maccabées (Livre des), nom de quatre livres de l'Ancien Testament. Seuls les deux premiers font partie de la Bible cathol. Le deuxième relate l'histoire de sept frères (les sept Maccabées) martyrisés avec leur mère pour leur fidélité à la loi de Moïse, sous Antiochos IV, en 168 av. J.-C.

McCarey (Leo) (1898 – 1969), cinéaste américain. Il dirige les Marx Brothers et Harold Lloyd, puis réalise des comédies : *Elle et Lui* (1939, puis 1957).

McCarthy (Joseph) (1909 – 1957), homme politique américain. Élu sénateur en 1947, il attaqua les citoyens suspects de sympathies communistes («chasse aux sorcières»); en 1954, le sénat condamna le maccarthysme.

McCarthy (Mary) (1912 – 1989), romancière américaine : *l'Oasis* (1949), *Oiseaux d'Amérique* (1973).

maccarthysme [makaʀtism] n. m. HIST Politique anticommuniste systématique des États-Unis mise en œuvre par le sénateur J. McCarthy*.

McCay (Windsor Zenic) (1869 – 1934), créateur américain de la bande dessinée *Little Nemo* (1905-1907).

McClintock (sir Francis Leopold) (1819 – 1907), navigateur irlandais. Il explora les régions boréales canadiennes. – Le *canal McClintock* sépare l'île Victoria de l'île du Prince-de-Galles (Canada, Territoires du Nord-Ouest).

McCormick (Cyrus Hall) (1809 – 1884), ingénieur et industriel américain, inventeur des faucheuses et moissonneuses mécaniques.

MacCoy (Horace) (1897 – 1955), auteur américain de romans «noirs» à caractère social : *On achève bien les chevaux* (1935).

McCullers (Carson Smith) (1917 – 1967), romancière américaine : *Le cœur est un chasseur solitaire* (1940), *Reflets dans un œil d'or* (1941).

Macdonald (sir John Alexander) (1815 – 1891), homme politique canadien; membre du Parti conservateur. Attorney général du Haut-Canada (Ontario) de 1854 à 1864, il fut l'un des fondateurs de la Confédération canadienne (1867), dont il assura l'expansion comme Premier ministre (1867-1873 et 1878-1891).

MacDonald (James Ramsay) (1866 – 1937), homme politique britannique. Premier ministre (travailliste) en 1924, puis en 1929, il affronta la crise écon.; abandonné par son parti, il présida un gouvernement d'Union nationale (1931-1935).

macédoine [masedwan] n. f. Mets composé de plusieurs sortes de légumes ou de fruits coupés en morceaux.

Macédoine, rég. historique de la péninsule des Balkans (env. 66000 km²), auj. partagée entre la Grèce*, la rép. de Macédoine* et la Bulgarie (V. dossier Bulgarie p. 1389). Celle-ci ne possède que le bassin supérieur de la Struma, dominé par les massifs du Rila et du Pirin. – Aux VIIe et VIe s. av. J.-C., les tribus de Macédoine sont unifiées dans un royaume qui expulse progressivement les Thraces et les Perses. Le royaume connaît son apogée au IVe s. av. J.-C., quand les rois de Macédoine Philippe II et Alexandre le Grand soumettent la Grèce et conquièrent une partie de l'Asie, ainsi que l'Égypte. Mais, après la mort d'Alexandre (323 av. J.-C.), son empire se disloque. Les Macédoniens doivent alors constamment lutter contre les velléités d'indépendance des Grecs. Philippe V (v. 237-179 av. J.-C.) est le dernier grand souverain du roy., mais son alliance avec Hannibal lui vaut l'hostilité des Romains et, en 148 av. J.-C., le pays, soumis, devient une province romaine. Au IVe s. apr. J.-C., la province est rattachée à l'Empire romain d'Orient et repeuplée par des Slaves, puis christianisée par les Byzantins. Au IXe s., elle est intégrée dans l'Empire bulgare. Disputée entre les Bulgares, les Byzantins et les Serbes, elle est finalement conquise par les Ottomans (1371) et connaît une longue décadence. Dans le cadre de la question d'Orient*, le partage de la Macédoine entre les États des Balkans et l'Empire ottoman va provoquer plusieurs guerres (V. Balkans [péninsule des]). La première guerre balkanique (1912-1913) l'enlève aux Turcs. Mais le partage de la Macédoine entraîne la seconde guerre balkanique (1913) à l'issue de laquelle la Bulgarie ne conserve qu'une infime partie de la Macédoine : la Serbie gagne les terres situées à l'ouest de la Struma; la Grèce obtient la côte de la mer Égée et la partie méridionale. De 1915 à 1918, les troupes alliées y combattent contre les forces germano-austro-bulgares. Au cours de la Seconde Guerre mondiale, la Bulgarie se range à nouveau aux côtés des Allemands et annexe les régions grecque et yougoslave, qu'elle doit restituer off. en 1947.

Macédoine (en grec, *Makedonia*), région du N. de la Grèce divisée en trois régions admin. : la *Macédoine centrale* (18842 km²; 1736000 hab. ; cap. Thessalonique); la *Macédoine occidentale* (9448 km²; 293000 hab.; cap. Kozani) et la *Macédoine orientale et Thrace* (14155 km²; 571000 hab.; cap. Komotini). Montagneuse, coupée par des vallées fertiles, dont celle du Vardar, la région est située au débouché de la grande voie de passage transbalkanique entre Orient et Occident. - Agriculture intensive dans les plaines (fruits, maïs, oléagineux).

Macédoine (république de) *(Republika Makedonija)*, État de la péninsule balkanique (qui fut l'une des rép. yougoslaves de 1945 à 1991), situé entre la Yougoslavie au N., la Grèce au S., l'Albanie à l'O., et la Bulgarie, à l'E.; 25713 km²; 2111000 hab.; cap. *Skopje*. Nature de l'État : rép. parlementaire. Langue off. : macédonien. Monnaie : dinar de Macédoine. Pop. : Macédoniens (64,5 %), Albanais (21 %), Turcs (4,7 %). Relig. : orthodoxes, musulmans.
Écon. – Agriculture variée (fruits et légumes, riz, tabac). Lignite, importantes ressources hydroélectriques. L'écon. macédonienne est gravement affectée par l'incertitude politique qui sévit dans les Balkans.
Hist. – Longtemps disputée entre Byzantins et Bulgares, puis entre Bulgares et Ottomans, la région, essentiellement peuplée de Slaves, fut intégrée à la Yougoslavie* en 1918 et devint une rép. fédérée en 1945. En 1991, quand la Yougoslavie a éclaté, la Macédoine s'est proclamée indépendante et a adopté une nouvelle Constitution. Le pays a été admis à l'ONU en 1993, sous le nom provisoire de *FYROM (Former Yougoslavian republic of Macedonia)* et plus. États de l'Union européenne ont établi des relations avec elle, bien que la Grèce* lui conteste le droit d'utiliser des symboles hist. helléniques (nom et drapeau macédoniens) et lui impose en 1994 un blocus écon. qui est levé en 1995 après l'acceptation d'un compromis sur le drapeau. En 1996, la Macédoine signe un traité de reconnaissance mutuelle avec la République fédérale de Yougoslavie.

Maceió, v. et port de comm. du Brésil; cap. de l'État d'Alagoas, sur l'Atlantique; 484090 hab. Industries.

McEnroe (John) (né en 1959), champion de tennis américain.

macération [maseʀasjɔ̃] n. f. **1.** RELIG Mortification que l'on s'inflige pour faire pénitence. **2.** Action de laisser séjourner dans un liquide une substance (notam. une substance alimentaire), pour l'accommoder, la conserver, etc. ▷ *Par ext.* Liquide ainsi utilisé.

macérer [maseʀe] v. **[14] 1.** v. tr. Soumettre à la macération. *Macérer des cornichons dans du vinaigre.* **2.** v. intr. Séjourner longuement dans un liquide. *Les filets de poisson macèrent dans du jus de citron.*

mach ou **Mach** [mak] n. m. PHYS, AVIAT *Nombre de Mach :* rapport entre la vitesse d'un mobile dans un fluide et la vitesse du son dans ce même fluide. (En aviation, Mach 1, qui représente la limite entre le vol subsonique et le vol supersonique, correspond, pour un vol à haute altitude, à 1060 km/h; à partir de Mach 5, on parle de vitesses hypersoniques.) – Loc. *Voler à Mach 1, Mach 2,* à une fois, deux fois la vitesse du son.

Mach (Ernst) (1838 – 1916), physicien et philosophe autrichien. Il étudia le rôle de la vitesse du son en aérodynamique.(V. mach.)

Machado (Antonio) (1875 – 1939), poète espagnol. Il a chanté l'Andalousie et la Castille : *Solitudes* (1903), *les Paysages de Castille* (1912), *Nouvelles Chansons* (1924).

machaon [makaɔ̃] n. m. ENTOM Grand papillon diurne d'Europe et d'Afrique du Nord.

Machaut (Guillaume de). V. Guillaume de Machaut.

mâche [mɑʃ] n. f. Variété de valérianelle (*Valerianella olitoria*) que l'on consomme en salade. Syn. doucette, (Suisse) rampon.

mâchefer [mɑʃfɛʀ] n. m. Scorie provenant de la combustion de certains charbons.

Machel. V. Samora Machel.

mâcher [mɑʃe] v. tr. [1] **1.** Broyer avec les dents. *Mâcher les aliments avant de les avaler.* **2.** Triturer dans la bouche. *Mâcher du chewing-gum.* **3.** Loc. fig. *Mâcher la besogne à qqn,* la lui préparer de façon qu'il puisse l'achever sans peine. – *Ne pas mâcher ses mots :* dire sans ménagement ce que l'on pense. **4.** TECH Couper en déchirant, en arrachant.

machette [maʃɛt] n. f. Grand couteau à forte lame qui sert d'outil et d'arme. Syn. coupe-coupe, (Guad.) sabre.

mâcheur, euse [mɑʃœʀ, øz] n. Personne qui a pour habitude de mâcher (qqch). *Les mâcheurs de kola.*

Machiavel (en ital. *Niccolo Machiavelli*) (1469 – 1527), homme politique et écrivain italien. Chargé de missions diplomatiques, il perd ses fonctions quand ses protecteurs sont chassés de Florence par les Médicis (1512). Pauvre, il se consacre à ses œuvres : *le Prince* (1513, publié en 1531), dédié à Laurent de Médicis, *Discours sur la première décade de Tite-Live* (1513-1519), une comédie, *la Mandragore* (1520), et une *Histoire de Florence* (1521-1525).

machiavélique [makjavelik] adj. Péjor. Qui calcule ses coups avec une habileté perfide. *Politicien machiavélique.* – Par ext. *Ruse machiavélique.*

machiavélisme [makjavelism] n. m. **1.** Doctrine politique de Machiavel. **2.** Péjor. Attitude machiavélique.

mâchicoulis [mɑʃikuli] n. m. Encorbellement placé en haut d'un ouvrage fortifié et percé d'ouvertures.

-machie. Élément, du gr. *makhê*, «combat».

machin, ine [maʃɛ̃, in] n. (Surtout au masc.) Fam. Mot employé pour remplacer un nom de personne ou de chose, que l'on ne connaît pas, qui échappe ou que l'on ne veut pas prononcer. Syn. truc, chose.

machinal, ale, aux [maʃinal, o] adj. Fait sans intention consciente. *Gestes machinaux.*

machinalement [maʃinalmɑ̃] adv. De manière machinale.

machination [maʃinasjɔ̃] n. f. Intrigue ourdie secrètement dans le dessein de nuire.

machine [maʃin] n. f. **I. 1.** Appareil plus ou moins complexe, qui utilise une énergie pour la transformer en une autre, qui accomplit des tâches que l'homme ne pourrait pas accomplir par lui-même, ou qui rend ces tâches plus faciles. *Machine à calculer, à écrire.* – *Machine à laver* ou (Belgique) *à lessiver.* – *Machine à coudre.* – *Machine agricole.* – *Machine à bois,* qui sert au travail du bois (V. machine-outil). ▷ *Machine électrique,* qui fonctionne à l'électricité ou qui sert à en produire. – *Machine à vapeur,* dans laquelle l'expansion de la vapeur d'eau produit la force motrice. **2.** MAR Élément moteur de l'appareil propulsif d'un navire. *La salle des machines.* ▷ *Par ext.* L'appareil propulsif lui-même. ▷ Loc. *Faire machine arrière*.* **3.** Véhicule. *Motocycliste dont la machine est en panne.* ▷ CH de F Locomotive. ▷ (Québec) Vieilli Automobile. **4.** *Machine à sous*.* ▷ (Québec) *Machine à boules :* billard électrique. **II.** Fig. **1.** Être vivant qui agit de façon purement mécanique. *Selon Descartes, les animaux sont de simples machines.* ▷ Péjor. *Il n'est qu'une machine à débiter des sornettes.* **2.** Ensemble organisé qui fonctionne comme un mécanisme. *La machine bureaucratique.*

machine-outil [maʃinuti] n. f. Machine servant à façonner un matériau, à modifier la forme ou les dimensions d'une pièce, par la mise en mouvement d'un ou de plusieurs outils (presse, emboutisseuse, raboteuse, tour, fraiseuse, perceuse, etc.). *Des machines-outils.*

machinerie [maʃinʀi] n. f. Ensemble de machines. – *Par ext.* Local où sont regroupées les machines. *Machinerie d'ascenseur, de navire.*

machinisme [maʃinism] n. m. Généralisation de l'emploi de machines en remplacement de la main-d'œuvre.

machiniste [maʃinist] n. **1.** Conducteur d'un véhicule de transports en commun (tramway, autobus, etc.). **2.** Personne chargée de la manœuvre des décors dans un théâtre, dans un studio de cinéma, de télévision.

machisme [ma(t)ʃism] n. m. Comportement, idéologie du macho.

machiste [ma(t)ʃist] adj. et n. Se dit d'une personne qui est partisane du machisme ou qui le pratique.

macho [matʃo] n. m. et adj. inv. Fam., péjor. Homme qui affiche une attitude de supériorité à l'égard des femmes. ▷ adj. inv. *Il est vaniteux et macho.*

mâchoire [mɑʃwaʀ] n. f. **1.** Chacune des deux pièces osseuses dans lesquelles les dents sont implantées, chez l'homme et la plupart des vertébrés. *Mâchoire supérieure, inférieure.* ▷ Cour. Mâchoire inférieure. *Bâiller à se décrocher la mâchoire.* **2.** Nom cour. de diverses pièces de l'appareil buccal de certains invertébrés (crabes, par ex.). **3.** TECH Pièces jumelées que l'on rapproche, pour assujettir un objet. *Mâchoires d'un étau, d'une pince.* ▷ *Mâchoire de frein :* pièce métallique d'un frein à tambour, qui porte la garniture.

mâchoiron [mɑʃwaʀɔ̃] n. m. Nom cour. donné à tout poisson siluriforme en Afrique tropicale.

mâchonnement [mɑʃɔnmɑ̃] n. m. Action de mâchonner.

mâchonner [mɑʃɔne] v. tr. [1] **1.** Mâcher (un aliment) avec difficulté ou négligence. **2.** Mordiller. *Mâchonner un brin d'herbe.* **3.** Fig. Prononcer de façon peu distincte. *Mâchonner ses mots.*

Machrek (en ar. *machriq,* «le Levant»), ensemble des pays arabes du Proche-Orient.

Machupicchu ou **Machu Picchu,** site inca du Pérou, près de Cuzco, à 2400 m d'altitude; ruines d'une ville fortifiée, découvertes en 1911.

mâchurer [mɑʃyʀe] v. tr. [1] TECH Écraser par une pression exagérée.

Macías Nguema (Francisco) (1924 – 1979), homme politique de la Guinée équatoriale. Président de la Rép. (1968-1979), il institua un régime de terreur, fut renversé et exécuté.

Macina ou **Massina** (le), région du Mali correspondant au delta intérieur du fleuve Niger, entre Ségou et Tombouctou, vaste plaine où l'on cultive le riz et le coton. Le barrage de Sansanding a amélioré l'irrigation naturelle. – Vers 1400, Maga Dialo y fonda un État peul, qui fut annexé en 1496 par l'Empire songhay. En 1818, le marabout peul Cheikhou* Amadou fonda un nouveau royaume du Macina, avec Hamdallaye pour cap. En 1862, Al* Hadj Omar s'en empara et l'intégra à l'Empire toucouleur*.

Macke (August) (1887 – 1914), peintre expressionniste allemand, membre du Blaue Reiter.

Mackenzie (le), le plus long fl. du Canada (4600 km), gelé huit mois par an, qui naît dans les Rocheuses, traverse le Grand Lac des Esclaves et se jette dans l'Arctique par un immense delta.

Mackenzie (sir Alexander) (v. 1764 – 1820), voyageur écossais. Il découvrit en 1789 le fleuve du Canada qui porte son nom.

Mackenzie (William Lyon) (1795 – 1861), homme politique canadien d'origine écossaise. Républicain actif, maire de Toronto, il tenta de soulever le Haut-Canada puis s'exila aux É.-U. (1837-1849).

Mackenzie King (William Lyon) (1874 – 1950), homme politique canadien; petit-fils de W.L. Mackenzie. Premier ministre (libéral) en 1921, il entreprit des réformes sociales, mais la crise de 1929 lui fit perdre les élections de 1930. Revenu au pouvoir (1935), il déclara la guerre à l'Allemagne (1939) et forma un gouv. d'union nationale. En 1947, il obtint de Londres la citoyenneté propre des Canadiens et se retira en 1948.

McKinley (mont), le plus haut sommet de l'Alaska et de l'Amérique du Nord (6187 m).

McKinley (William) (1843 – 1901), homme politique américain. Président (républicain) des États-Unis (1897-1900), réélu en 1900, il fut assassiné par un anarchiste.

Mackintosh (Charles Rennie) (1868 – 1928), architecte et décorateur écossais; chef de file de l'art nouveau en Grande-Bretagne.

McLaren (Norman) (1914 – 1987), dessinateur et cinéaste canadien britannique; il s'installa au Canada en 1940. Il révolutionna le film d'animation.

Maclaurin (Colin) (1698 – 1746), mathématicien écossais. Disciple de Newton, il fit progresser le calcul infinitésimal.

1. macle [makl] n. f. PETROG Assemblage, selon une figure régulière, de deux ou plusieurs cristaux de même nature orientés différemment.

2. macle [makl] n. f. V. macre.

MacLennan (Hugh) (1907 – 1990), écrivain canadien d'expression anglaise. Son chef-d'œuvre, le roman *les Deux Solitudes* (1945), décrit un village canadien pendant la Seconde Guerre mondiale où, étrangères l'une à l'autre, les communautés anglophone et francophone sont aux prises avec la même réalité. MacLennan vécut et mourut à Montréal.

Macleod (John James Richard) (1876 – 1935), physiologiste écossais. Professeur à Toronto (1918-1928), il obtint le prix Nobel (1923) pour sa découverte de l'insuline (avec F. G. Banting).

MacLuhan (Herbert Marshall) (1911 – 1980), sociologue canadien; *la Galaxie Gutenberg* (1962) annonce l'âge des médias électroniques succédant à la «civilisation du livre». (V. encycl. information.)

Mac-Mahon (Edme Patrice Maurice de), duc de Magenta (1808 – 1893), maréchal de France et homme d'État. Vainqueur à Sébastopol (1855), puis à Magenta (1859), il fut gouverneur général de l'Algérie (1864-1870). En 1870, il fut battu en Alsace puis à Sedan. À la tête des versaillais, il écrasa la Commune en mai 1871. Les conservateurs (monarchistes notamment) l'élurent président de la Rép. en mai 1873. Il entra en conflit dès mai 1876 avec une Assemblée* nationale devenue républicaine, et démissionna le 30 janvier 1879.

Macmillan (Harold), lord Stockton (1894 – 1986), homme politique britannique. Premier ministre conservateur (1957-1963).

macocotte [makɔkɔt] n. f. (Guyane) Fam. Femme homosexuelle.

maçon, onne [masɔ̃, ɔn] n. et adj. **I.** n. **1.** n. m. Ouvrier spécialisé dans les travaux de maçonnerie. **2.** n. Abrév. pour *franc-maçon.* **II.** adj. ZOOL Se dit de certains animaux bâtisseurs. *Guêpe maçonne.*

maçonner [masɔne] v. tr. [1] **1.** Réaliser (un ouvrage, un élément de construction) avec des pierres, des briques, des parpaings, etc. *Maçonner des fondations.* **2.** Obturer (une ouverture) au moyen d'une maçonnerie. *Maçonner une fenêtre.* **3.** Revêtir d'une maçonnerie. *Maçonner un puits.*

maçonnerie [masɔnʀi] n. f. **1.** Ouvrage en pierres, briques, moellons, agglomérés, etc., liés au moyen de plâtre ou de ciment. Syn. (Acadie) maçoune. ▷ *Petite maçonnerie :* travaux de revêtement comprenant la pose des enduits, du carrelage, etc. **2.** Corps de métier du bâtiment spécialisé dans le gros œuvre. *Entreprise de maçonnerie.* **3.** Franc-maçonnerie.

maçonnique [masɔnik] adj. Qui appartient à la franc-maçonnerie. *Loge maçonnique.*

maçoune [masun] n. f. (Acadie) Maçonnerie (sens 1). – Fondations en pierre d'une maison.

1. macoute [makut] n. f. (Haïti) Grand sac en feuilles de latanier utilisé par les paysans.

2. macoute [makut] n. m. (Haïti) Syn. de *tonton-macoute.*

Macpherson (James) (1736 – 1796), écrivain écossais. Il publia des poèmes épiques, *Fingal* (1762) et *Temora* (1763), qu'il donnait comme des traductions des poèmes gaéliques d'Ossian, barde écossais du IIIe s.

macr(o)-. Élément, du gr. *makros,* «long, grand».

macramé [makʀame] n. m. Sorte de grosse dentelle faite de cordelettes entrelacées et nouées.

macre [makʀ] ou **macle** [makl] n. f. BOT Plante des eaux claires et stagnantes, à fleurs blanches, dont le fruit contient une amande comestible.

macreuse [makʀøz] n. f. Canard marin des régions nordiques.

macrobiotique [makʀobjɔtik] adj. et n. f. Se dit d'un régime alimentaire inspiré des traditions philosophiques et religieuses d'Extrême-Orient, qui exclut la viande et consiste surtout en céréales, légumes et fruits. – n. f. *La macrobiotique.*

macrocéphale [makʀosefal] adj. (et n.) MED, ZOOL Dont le crâne et l'encéphale sont d'une taille anormalement importante. – Subst. *Un(e) macrocéphale.*

macrocosme [makʀokɔsm] n. m. PHILO Univers (par oppos. au *microcosme,* que représente l'homme).

macrocyte [makʀosit] n. m. MED Hématie aux dimensions anormalement grandes.

macroéconomie [makʀoekɔnɔmi] n. f. ECON Partie de l'économie qui étudie uniquement les phénomènes et comportements économiques d'ensemble (par oppos. à *microéconomie*).

macroéconomique [makʀoekɔnɔmik] adj. ECON Qui concerne la macroéconomie.

macroélément [makʀoelemɑ̃] n. m. BIOL Élément de structure, qui entre pour une proportion importante dans la composition de la matière vivante (par oppos. à *oligo-élément*).

macromolécule [makʀomɔlekyl] n. f. CHIM et BIOCHIM Molécule géante obtenue par polymérisation de molécules simples identiques, appelées *monomères*, ou par polycondensation.

macronucleus [makʀonykleys] n. m. BIOL Élément constitutif, avec le micronucleus*, du noyau des infusoires.

macrophage [makʀofaʒ] n. m. BIOL Cellule dérivée des monocytes, présente dans le sang et les tissus, et ayant une fonction phagocytaire.

macrophotographie [makʀofɔtɔgʀafi] n. f. Photographie des objets de petites dimensions, donnant une image plus grande que nature. Syn. photomacrographie.

macropode [makʀopɔd] adj. et n. m. **1.** adj. SC NAT Qui a de longs pieds, de longues nageoires ou de longs pédoncules. **2.** n. m. ICHTYOL Poisson tropical d'eau douce (genre *Macropodus*), vivement coloré. *Le macropode mâle fabrique avec son mucus un nid flottant dans lequel il abrite la ponte de la femelle, qu'il surveille jusqu'à ce que les alevins quittent le nid.*

macropodidés [makʀɔpɔdide] n. m. pl. ZOOL Famille de marsupiaux comprenant les kangourous. – Sing. *Un macropodidé.*

macroscélide [makʀoselid] n. m. ZOOL Petit mammifère insectivore à museau allongé en trompe et à longues pattes minces, dont il existe une espèce en Afrique du N. et plusieurs autres en Afrique centrale, orientale et australe.

macroscopique [makʀɔskɔpik] adj. Se dit des objets, des phénomènes qui peuvent être observés à l'œil nu (par oppos. à *microscopique*). ▷ Se dit des objets, des phénomènes à l'échelle humaine, tels qu'ils peuvent être perçus directement par les sens, par oppos. aux phénomènes à l'échelle moléculaire et atomique.

macrospore [makʀospɔʀ] n. f. BOT Cellule issue de la méiose, qui se différenciera en gamétophyte femelle chez les végétaux supérieurs.

macroures [makʀuʀ] n. m. pl. ZOOL Sous-ordre de crustacés décapodes à l'abdomen allongé et très musculeux. – Sing. *La langouste est un macroure.*

Macta (la), région de marécages d'Algérie, près de Mostaganem, où Abd el-Kader surprit, en 1835, les troupes françaises du général Trézel.

macula [makyla] n. f. ANAT Dépression située à la partie postérieure de la rétine, appelée aussi *tache jaune. La macula est le point de la rétine le plus sensible à la lumière.*

macule [makyl] n. f. MED Tache rouge sur la peau.

maculer [makyle] v. tr. [1] Tacher. *Maculer ses habits.*

Madagascar (République démocratique de Madagascar), État insulaire de l'océan Indien, appelé également Grande Île.
► V. carte et dossier, p. 1465.

madame [madam], plur. **mesdames** [medam] n. f. (Abrév. : Mme, Mmes). **1.** Titre donné à une femme mariée et qui tend auj. à être employé pour toute femme en âge d'être mariée. *Au revoir, madame.* **2.** Titre donné à une femme remplissant certaines fonctions (même si elle n'est pas mariée). *Madame l'Inspectrice.* **3.** *Absol.* La maîtresse de maison. *Madame est servie.* **4.** (Afr. subsah.) Mon épouse. *Je viendrai avec madame.*

madan-Sara [madɑ̃saʀa] n. f. inv. (Haïti) **1.** Oiseau de la famille du gendarme (*Ploceus*), très bruyant. **2.** Commerçante qui va vendre en ville des produits de la campagne, et revient à la campagne vendre des produits de la ville. *Depuis quelques années, les madan-Sara font également le va-et-vient entre Haïti et certains pays voisins.*

madécasse [madekas] adj. (Madag.) Rare Malgache.

made in [mɛdin] loc. anglaise («fabriqué en») précédant le nom du pays où un produit a été fabriqué. *Made in France.*

Madeira (le), riv. de Bolivie et du Brésil (3240 km), affl. de l'Amazone (r. dr.).

madeleine [madlɛn] n. f. Petit gâteau rond ou ovale à pâte molle.

Madeleine (îles de la), petit archipel du Québec situé dans le golfe du Saint-Laurent.

Madeleine (la), site préhistorique de la Dordogne, sur la Vézère; il a donné son nom *(magdalénien)* à la dernière période du paléolithique supérieur.

madelinot, ote [madlino, ɔt] adj. Des îles de la Madeleine. ▷ Subst. *Un(e) Madelinot(e).* (On dit aussi *madelinien, enne.*)

mademoiselle [madmwazɛl], plur. **mesdemoiselles** [medmwazɛl] n. f. (Abrév. : Mlle, Mlles). Titre donné aux jeunes filles et aux femmes célibataires.

madère [madɛʀ] n. m. Vin sucré de Madère.

Madère (îles), archipel portugais de l'Atlantique, à 450 km au N. des îles Canaries; 796 km^2; 269500 hab.; ch.-l. *Funchal,* port princ. Climat doux et humide, tropical. Vins, fruits, canne à sucre. Tourisme.

Maderna (Bruno) (1920 – 1973), compositeur (dodécaphonique) et chef d'orchestre italien.

Maderno (Carlo) (1556 – 1629), architecte italien. Précurseur direct du baroque, il acheva St-Pierre de Rome.

Madhya Pradesh, État de l'Inde, au N. du Dekkan; 442841 km^2; 66135860 hab.; cap. *Bhopāl.* État montagneux et forestier.

madimba [madimba] n. m. Sorte de xylophone utilisé en république démocratique du Congo.

Madison (James) (1751 – 1836), homme politique américain. Fondateur du Parti républicain (1800) avec Jefferson, il lui succéda comme président des É.-U. (1809-1817).

madone [madɔn] n. f. **1.** *La Madone :* la Vierge. **2.** Représentation peinte ou sculptée de la Vierge. *Les madones de Raphaël.* ▷ Fig. *Visage de madone,* d'une beauté très pure.

Madoura. V. Madura.

madrague [madʀag] n. f. **1.** (France rég.) PECHE Grande enceinte de filets tendue pour pêcher le thon, en mer Méditerranée. **2.** (Guad.) Acte malhonnête. *Un homme à madragues.*

madras [madʀɑs] n. m. **1.** Étoffe légère à chaîne de soie et trame de coton de couleurs vives, tissée d'abord à Madras. **2.** Coiffure faite avec cette étoffe, portée par les Antillaises.

Madras, v. de l'Inde, sur la côte de Coromandel; cap. de l'État de Tamil Nadu; 3795000 hab. (4e aggl. urb. de l'Inde). Port; industries textiles. – Premier établissement anglais aux Indes (1639). Elle fut prise ou assiégée plusieurs fois par les Français. – Centre universitaire. Musée (art dravidien).

madrasa [madʀasa] n. f. V. medersa.

Madre (sierra), nom de chaînes de montagnes qui encadrent, à l'E. et à l'O., le plateau mexicain et forment, au S., la sierra Madre du Sud.

madré, ée [madʀe] adj. et n. Rusé, matois. ▷ Subst. *C'est un madré.*

madréporaires [madʀepɔʀɛʀ] n. m. pl. ZOOL Ordre de cnidaires hexacoralliaires le plus souvent coloniaux, dont les polypiers forment les récifs coralliens et les atolls. – Sing. *Un madréporaire.*

madrépore [madʀepɔʀ] n. m. ZOOL Cnidaire anthozoaire, représentant le type principal des madréporaires.

madréporien, enne [madʀepɔʀjɛ̃, ɛn] ou **madréporique** [madʀepɔʀik] adj. Constitué de madrépores. *Récifs madréporiens.*

Madrid, cap. de l'Espagne, sur le Manzanares; 3120730 hab. (*Madrilènes*); communauté autonome du centre de l'Espagne et rég. de la C.E.; 7995 km^2; 5028120 hab. Ville administrative. Centre relig. et intellectuel, le plus grand centre industr. d'Espagne. – Archevêché. Mosquée. Université. Bibl. nationale. Dans la vieille ville : Plaza Mayor (XVIIe s.), basilique San Miguel (XVIIIe s.), cathédrale San Isidro (XVIIe s.), église San Francisco (XVIIIe s.). Autres monuments : couvent San Plácido (XVIIe s.); Palais royal (XVIIIe s.); musée du Prado* (XVIIIe s.). – Madrid devint la cap. de l'Espagne en 1561. Centre de la résistance aux Français (notamment en mai 1808), la ville fut disputée avec violence pendant la guerre civile (1936-mars 1939). – Par le *traité de Madrid* (1526), le roi de France François Ier renonçait à ses conquêtes italiennes, à la Flandre et à l'Artois.

madrier [madʀije] n. m. Forte pièce de bois d'un équarrissage standard de 75 mm × 200 ou 225 mm. ▷ *Par ext.* Forte pièce de bois rectangulaire.

madrigal, aux [madʀigal, o] n. m. **1.** MUS Pièce vocale polyphonique sur un sujet profane. **2.** Petite pièce de vers exprimant des pensées galantes.

madrilène [madʀilɛn] adj. et n. De Madrid. ▷ Subst. *Un(e) Madrilène.*

Madura ou **Madoura,** île d'Indonésie, au N.-O. de Java; 5290 km^2; env. 2 millions d'hab. (Malais).

Madurai (anc. *Madura*), v. de l'Inde (État de Tamil Nadu); 952000 hab. – Anc. ville sacrée de l'Inde. Temple brahmanique dravidien (XVIIe s.).

maelström [maɛlstʀɔm] ou **malstrom** [malstʀɔm] n. m. **1.** Violent tourbillon marin. **2.** Fig. Tourbillon. *Le maelström de la Révolution.*

Maelström ou **Malstrom,** courant au large des côtes des îles Lofoten (côtes N. de la Norvège), qui, au moment des marées, crée un tourbillon; il se forme par grand vent d'ouest.

maërl [maɛʀl] ou **merl** [mɛʀl] n. m. GEOGR Dépôt littoral granuleux formé par les débris d'algues marines imprégnées de calcaire.

maestria [maɛstʀija] n. f. Grande habileté. *La maestria d'un artiste.*

maestro [maɛstʀo] n. m. Grand compositeur, chef d'orchestre réputé. *Des maestros.*

Maeterlinck (Maurice) (1862 – 1949), écrivain belge d'expression française. Poète symboliste (*les Serres chaudes,* 1889; *Douze Chansons,* 1896), il écrivit de nombr. drames; le plus célèbre est *Pelléas et Mélisande* (1892, dont Debussy tira un opéra en 1902); la féerie symbolique *l'Oiseau bleu* (1908) lui valut un autre grand succès au théâtre. Parmi ses nombr. essais philosophiques (*le Trésor des humbles,* 1896) ou consacrés à la nature, citons *la Vie des abeilles* (1901), *la Vie des termites* (1926) et *la Vie des fourmis* (1930). P. Nobel 1911.

Mafa. V. Matakam.

Mafeking, v. d'Afrique du Sud, près du Botswana; 244 000 hab. Industries alim. Aéroport. – Assiégée par les Boers en 1899, elle fut défendue par Baden-Powell.

maf(f)ia [mafja] n. f. **1.** (Avec une majuscule.) *La Mafia sicilienne :* association secrète qui cherche à maintenir son emprise sur la vie politique et économique de la Sicile par le racket, les trafics, le crime et la loi du silence. **2.** Péjor. Association secrète, clan réunissant des individus plus ou moins dénués de scrupules. *Une mafia de trafiquants et de spéculateurs.*

Mafia sicilienne, société secrète née en 1282 (V. Vêpres siciliennes). Jusqu'au XIXe s., la Mafia lutta contre la tyrannie et pour le respect des traditions locales, mais, après l'unification de l'Italie, elle glissa vers le banditisme, la défense des riches et le racket. L'émigration des Siciliens l'implanta aux État-Unis, où deux faits la rendirent puissante : la prohibition (1919-1933), qu'une puissante organisation clandestine sut exploiter; sa condamnation par Mussolini, qui entraîna une nouvelle vague d'émigration. Auj., la Mafia, tant en Sicile qu'aux É.-U. (où elle se nomme *Cosa Nostra,* «la chose nôtre»), joue un rôle important grâce à la complicité de personnages haut placés.

maf(f)ieux, euse [mafjø, øz] adj. De la Mafia; qui évoque la Mafia, ses mœurs. *Une société mafieuse.*

Maga (Hubert) (né en 1916), homme d'État béninois. Président de la République (1960-1963), chef de l'État (1970-1972), il fut renversé par deux fois.

Maga (ou **Maghan**) **Dialo,** chef peul qui fonda le royaume du Macina (v. 1400).

magan(n)é, ée [magane] adj. (Québec) Fam. (Personnes) En mauvaise santé, fatigué. *Avoir l'air magané.* Syn. poqué. – (Choses) En mauvais état, endommagé. *Une route maganée.*

magan(n)er [magane] v. [1] (Québec) Fam. **I.** v. tr. **1.** Syn. de *poquer* (sens II, 2). *Maganer son chien.* – Faire du tort à (une personne, un animal). *La grippe le magane.* – (Absol.) *Fumer, ça magane.* **2.** Endommager, abîmer (une chose). *Maganer son auto, ses livres.* **3.** Fig. S'en prendre violemment à (qqn, qqch) par des paroles, des écrits. *Écrivain qui se fait maganer par la critique.* **II.** v. intr. Subir les effets de la fatigue (personnes), de l'usure (choses). *Je magane à attendre debout. Tente qui magane à cause des intempéries.* **III.** v. pron. **1.** (Personnes) Se causer du tort. – (Avec un compl.) *Se maganer les mains, la vue.* **2.** (Choses) Subir des dommages, se détériorer. *La peinture se magane au soleil.*

magasin [magazɛ̃] n. m. **1.** Lieu couvert où l'on entrepose des marchandises, des denrées, etc. – *Magasins généraux :* entrepôts où les négociants peuvent déposer leurs marchandises en les mettant en gage. ▷ (Afr. subsah.) Local, dans une maison ou une concession, où sont entreposés les provisions et divers ustensiles. **2.** Local, ensemble de locaux servant à un commerce; établissement commercial de vente. *Magasin de détail. Magasin à succursales multiples.* – *Grand magasin,* comportant plusieurs niveaux et servant à la vente de marchandises variées. – *Magasin à grande surface,* où se pratique la vente en libre-service (supermarchés, hypermarchés). **3.** THEAT Dépôt. *Magasin des accessoires, des décors.* **4.** MILIT Lieu où sont entreposées les munitions. **5.** TECH *Magasin d'une arme à répétition,* cavité recevant les cartouches. – *Magasin d'un appareil de photo, d'une caméra,* boîtier recevant les bobines de pellicule à impressionner.

magasinage [magazinaʒ] n. m. **1.** Action de déposer ou fait de conserver des marchandises dans un magasin. *Droits de magasinage,* versés pour laisser des marchandises en dépôt. **2.** (Québec) Action de magasiner.

magasiner [magazine] v. [1] (Québec) **1.** v. intr. Courir les magasins. **2.** v. tr. Se renseigner dans divers magasins sur le prix de (une marchandise). *Magasiner une auto.*

magasinier, ère [magazinje, ɛʀ] n. Personne chargée de surveiller les marchandises déposées dans un magasin et d'assurer le contrôle comptable des entrées et des sorties.

magazine [magazin] n. m. **1.** Publication périodique, le plus souvent illustrée. **2.** Émission périodique à la radio, à la télévision.

Magdala (auj. *Migdal,* Israël), v. de la Palestine antique; patrie de Marie de Magdala (Marie Magdeleine, c.-à-d. Marie*-Madeleine).

Magdalena (río), fl. de Colombie (1 700 km), tributaire de la mer des Antilles à Barranquilla; en partie navigable, il a une vallée très active.

magdalénien, enne [magdalenjɛ̃, ɛn] adj. et n. m. PREHIST Relatif à la période de la fin du paléolithique supérieur. *Sculpture magdalénienne.* ▷ n. m. *Les peintures des grottes de Lascaux* et d'Altamira* datent du magdalénien.*

Magdeburg, v. d'Allemagne, sur l'Elbe, cap. du Land de Saxe-Anhalt; 287 360 hab. Carrefour ferrov. et centre industr. – Grande ville hanséatique, elle fut un centre actif du protestantisme au XVIe s. – Archevêché (Xe s.). Cath. gothique (XIIIe s.).

mage [maʒ] n. m. **1.** *Les trois mages, les Rois mages :* Balthazar, Gaspard et Melchior, riches personnages qui, selon l'Évangile, vinrent visiter Jésus à sa naissance. **2.** Magicien, voyant.

Magellan (détroit de), détroit découvert par Magellan, qui sépare l'Amérique du Sud de la Terre de Feu.

Magellan (Nuages de), les deux galaxies les plus proches de la nôtre (le *Petit* et le *Grand Nuage de Magellan*), visibles à l'œil nu dans le ciel austral.

Magellan (Fernand de), en portugais *Fernão de Magalhães* (1480 – 1521), navigateur portugais, au service de l'Espagne à partir de 1512. Il chercha, en 1519, à passer au S. de l'Amérique et découvrit le détroit qui porte son nom (1520). Il aborda, après une traversée de trois mois sur un océan qu'il nomma Pacifique, dans l'île Cebu (Philippines), où les indigènes le tuèrent.

magenta [maʒɛ̃ta] n. m. et adj. inv. TECH Rouge cramoisi très vif, couleur complémentaire du vert. ▷ adj. inv. *Peinture magenta.*

Magenta, v. d'Italie (Lombardie); 23 690 hab. – Victoire de Mac-Mahon sur les Autrichiens (4 juin 1859).

Maghan Dialo. V. Maga Dialo.

maghreb [magʀɛb] n. m. (Maghreb) Chez les musulmans, prière du coucher du soleil.

Maghreb (en ar. *al-Maghrib,* «le Couchant»), ensemble des pays d'Afrique du Nord : Tunisie, Algérie, Maroc, auxquels on adjoint parfois la Libye et la Mauritanie. Ces cinq pays ont signé un accord économique (fév. 1989) instituant *l'Union du Maghreb arabe.*

Généralités. – Occupant le nord-ouest du continent africain, étendus sur quelque 6 millions de km^2, les pays du Maghreb connaissent les mêmes contrastes : une étroite plaine côtière, des ensembles montagneux importants (chaînes du Tell en Algérie et de l'Atlas au Maroc) et une immense zone désertique couvrant les cinq sixièmes de la superficie. (V. Sahara.) L'aridité s'accroît du littoral aux marges du désert. Les précipitations ne sont abondantes que dans les zones montagneuses, des périodes de sécheresse peuvent durer plusieurs années. Traditionnellement, les sociétés regardaient vers l'intérieur : le Sahara et les routes de l'or. Des montagnes peuplées contrastaient avec les plaines, où vivaient des éleveurs nomades. C'est depuis la colonisation française qu'elles ont connu un développement agricole. Les cinq pays du Grand Maghreb ont en commun un ancien peuplement berbère. Aujourd'hui, on compte 33 % de berbérophones au Maroc, 20 % en Mauritanie, 17% en Algérie, 5,4 % en Libye et 3 % en Tunisie. (V. Berbères.)

Hist. – Au Ier millénaire av. J.-C., les territoires à l'ouest du Nil étaient occupés jusqu'à l'Atlantique par de multiples populations berbères. Dès le XIIe s. av. J.-C., les Phéniciens avaient fondé des comptoirs sur le littoral méditerranéen. Vers le IXe av. J.-C., le plus actif, Carthage, commence à se donner une organisation politique et économique; il deviendra un empire maritime et développera les échanges entre l'intérieur de l'Afrique et les contrées méditerranéennes. À la fin du IIIe s. av. J.-C., trois royaumes berbères firent leur apparition : les royaumes masaesyle, massyle et maure. Le premier, éphémère, ne sur-

vécut pas à son roi Syphax (avant 220-203); le second, au contraire, connut sous le règne de Masinissa (203-148) un grand essor. Après avoir absorbé son voisin et rival masaesyle, il s'étendit à toute la Numidie, et même dans la région des Syrtes. En 146 av. J.-C., Rome écrasa Carthage, vainquit le roi numide Jugurtha (111-105 av. J.-C.) et, à l'O., conquit la Maurétanie. En 42 apr. J.-C., Rome divisa celle-ci en Maurétanie Césarienne (avec pour cap. Césarée : V. Cherchell) et Maurétanie Tingitane (avec pour cap. Tingis, qui devint Tanger).
Contre Rome, les Numides sous Tibère, les Nasamons et les Garamantes sous Auguste et Domitien, les Maures sous les règnes d'Hadrien, d'Antonin, de Marc Aurèle et de Commode, les Gétules s'insurgèrent de façon répétée. Au IIIe s., des confédérations de tribus harcelèrent les Romains, au point que Dioclétien abandonna les territ. de l'O. Dans ce siècle, la Tunisie actuelle fut christianisée et l'évêché de Carthage eut une grande importance; le christianisme progressa vers l'Ouest. Au IVe s., le schisme donatiste (V. Donat) donna aux Berbères un moyen de s'opposer à la domination romaine. Au milieu du Ve s., les Vandales occupèrent la Tunisie et l'est de l'Algérie. Ailleurs, des tribus berbères purent se constituer en royaumes indépendants. Byzance entreprit la reconquête en 553; en quelques mois, l'Afrique du Nord redevint romaine.
Venus de l'est, les Arabes, qui triomphèrent des Byzantins, affrontèrent le roi berbère Koçeila (683-686) et la reine de l'Aurès, el-Kahéna (695-700). Les Berbères durent s'incliner et se convertir à l'islam, mais, par le biais du kharidjisme, ils entrèrent en révolte contre les Orientaux. Le mouvement commença vers 740 à l'ouest puis s'étendit à tout le Maghreb. Les troupes arabes mirent plus de vingt ans à récupérer la seule Ifriqiya. L'agitation reprit au Xe s. au nom du chiisme, que les Berbères adoptèrent en réaction contre l'orthodoxie sunnite : l'Ifriqiya aghlabide (800-909), royaume rattaché nominalement aux Abbassides, tomba en 910 entre les mains des chiites fatimides, aidés par les Berbères Ketama de Petite Kabylie. Les Sanhadjas, qui avaient embrassé la cause fatimide, s'opposèrent aux Zénètes, qui furent les alliés des Omeyyades d'Espagne. Cette rivalité s'exprima après le départ des Fatimides pour l'Égypte en 973. Les royaumes berbères se multiplièrent : ziride (973-1060) et hammadide (1015-1163), fondés par les Sanhadjas; ceux de Tlemcen, de Sidjilmasa et de Fès, contrôlés par les Zénètes. Au Xe s., des invasions des Hilaliens contribuèrent à maintenir ce fractionnement politique jusqu'à la constitution de la dynastie berbèr des Almoravides*, qui étendirent leur empire, à l'est, jusqu' au massif de la Grande Kabylie (1082-1083), puis devinrent maîtres de toute l'Espagne musulmane. Au XIIe s., les Almohades* les détrônèrent et unifièrent l'islam occidental, de la Tripolitaine à l'Espagne. À partir de la seconde moitié du XIIIe s., le Maghreb retrouva un état de division : Abdelwadides à Tlemcen, Mérénides à Fès, Hafsides à Tunis se partagèrent la Berbérie. Les États de l'Est et du Centre finirent par tomber sous une dépendance turque qui dura jusqu'au XIXe siècle. L'Ouest, gouverné par les Saadiens (1549-1659), puis par les Alaouites, ne connut pas plus de stabilité.
Le Maghreb devint ensuite la proie de la France, qui prit Alger le 5 juil. 1830 et acheva la conquête de l'Algérie en 1857. Elle établit son protectorat sur la Tunisie (1881) et sur le Maroc (1912), laissant le Rif à l'Espagne. Elle occupa en 1902-1904 la Mauritanie, dont elle fit une colonie en 1920. Les Italiens s'installèrent en Libye (1912). Après la Seconde Guerre mondiale, les pays du Maghreb accédèrent à l'indépendance : la Libye en 1951, le Maroc et la Tunisie en 1956, la Mauritanie en 1960 et l'Algérie en 1962.

maghrébaniser [magʀebanize] v. tr. [1] (Maghreb) Donner un caractère maghrébin à.

maghrébin, ine [magʀebɛ̃, in] adj. et n. Du Maghreb. ▷ Subst. *Un(e) Maghrébin(e).*

magicien, enne [maʒisjɛ̃, ɛn] n. **1.** Personne qui pratique la magie. *La magicienne Circé séduisit Ulysse.* **2.** Fig. Personne qui produit des effets extraordinaires, qui enchante. *Ce violoniste, quel magicien !*

magie [maʒi] n. f. **1.** Science occulte qui permet d'obtenir des effets merveilleux à l'aide de moyens surnaturels. ▷ *Magie noire,* qui a recours à l'aide supposée des esprits infernaux. – *Magie blanche,* bénéfique. **2.** Fig. Influence puissante qu'exercent sur les sens et sur l'esprit la poésie, les passions, etc. *La magie du chant.*

Maginot (André) (1877 – 1932), homme politique français; ministre de la Guerre (1922-1924 et 1929-1932). – *Ligne Maginot :* système de fortifications, auj. désaffecté, édifié sur les frontières est et nord-est de la France entre 1927 et 1936. Ne se prolongeant pas le long de la Belgique (neutre), la ligne Maginot fut tournée par les armées allemandes en 1940.

magique [maʒik] adj. **1.** Qui a rapport à la magie. ▷ *Carré magique :* V. carré (1, sens I, 10). **2.** Fig. Qui charme, qui enchante. *Cette musique produit sur lui un effet magique.* **3.** *Lanterne magique :* V. lanterne (sens I, 2).

magiquement [maʒikmɑ̃] adv. Par magie.

magistère [maʒistɛʀ] n. m. **1.** Autorité morale, intellectuelle ou doctrinale établie de manière absolue. *Exercer un magistère.* **2.** Formation universitaire sélective, de très haut niveau, mise en place en France en 1985.

magistral, ale, aux [maʒistʀal, o] adj. **1.** Qui appartient au maître. *Chaire magistrale.* – *Ton magistral,* doctoral, solennel. **2.** Donné par un maître. *Cours magistral.* ▷ PHARM *Médicament magistral :* préparation faite par le pharmacien sur ordonnance du médecin (par oppos. à *officinal*). **3.** Fig. Qui porte la marque d'un maître, qui est d'une qualité remarquable. *Il a donné de cette œuvre une interprétation magistrale.* – *Réussir un coup magistral,* un coup de maître. – Par plaisant. *Recevoir une correction magistrale.*

magistralement [maʒistʀalmɑ̃] adv. D'une manière magistrale.

magistrat [maʒistʀa] n. m. **1.** Fonctionnaire ou officier civil investi d'une autorité juridictionnelle, politique ou administrative. *Le président de la République, premier magistrat de l'État.* **2.** *Spécial.* Membre de l'ordre judiciaire. *Magistrat du siège,* qui rend la justice. – *Magistrats du parquet,* qui requièrent, au nom de l'État, l'application de la loi.

magistrature [maʒistʀatyʀ] n. f. **1.** Dignité, charge de magistrat (sens 1). **2.** *Spécial.* Fonction, charge d'un magistrat de l'ordre judiciaire. – *Par ext.* Temps pendant lequel un magistrat exerce ses fonctions. **3.** Corps des magistrats de l'ordre judiciaire. – *Magistrature assise :* les magistrats du siège (inamovibles). – *Magistrature debout :* les magistrats du parquet (amovibles).

Magloire (Paul Eugène) (né en 1907), homme politique haïtien. Élu président de la Rép. en 1950, il fut contraint à la démission en octobre 1956 et François Duvalier accéda au pouvoir.

magma [magma] n. m. **1.** CHIM Matière pâteuse qui reste après l'expression des parties les plus fluides d'un mélange quelconque. ▷ *Par ext.* Bouillie pâteuse. **2.** GEOL Mélange pâteux, plus ou moins fluide, de matières minérales en fusion, provenant des zones profondes de la Terre, où les roches sont soumises à des pressions et à des températures très élevées. *Les laves sont des magmas. Lorsqu'il arrive à la surface du globe et se refroidit, le magma donne naissance, en se solidifiant, aux roches volcaniques.* **3.** Fig. Mélange confus, désordonné. *Un magma de notions mal assimilées.*

magmatique [magmatik] adj. Qui provient du magma. *Roches magmatiques,* ou *éruptives.*

magnan [maɲɑ̃] n. f. **1.** Fourmi noire carnivore très agressive *(Anomma nigricans)* d'Afrique tropicale, dont le nid est souterrain et qui se déplace en grandes colonnes. Syn. fourmi de visite, fourmi-magnan. **2.** (France rég.) Syn. de *ver* à soie.*

magnanerie [maɲanʀi] n. f. Bâtiment servant à l'élevage de vers à soie. – *Par ext.* Élevage de vers à soie. Syn. sériciculture.

Magnani (Anna) (1908 – 1973), actrice italienne révélée par *Rome ville ouverte* (1945).

magnanier, ère [maɲanje, ɛʀ] n. (France rég.) Éleveur de vers à soie.

magnanime [maɲanim] adj. Qui a de la générosité, de la clémence (à l'égard des faibles, des vaincus). – Par ext. *Cœur magnanime.*

magnanimité [maɲanimite] n. f. Litt. Générosité, clémence.

Magnasco (Alessandro), dit *il Lissandrino* (v. 1667 – 1749), peintre italien, auteur de scènes de genre d'une verve picaresque.

magnat [maɲa] n. m. Personnage très puissant par les gros intérêts financiers qu'il représente. *Les magnats de la finance, de la presse.*

Magnelli (Alberto) (1888 – 1971), peintre italien; un des maîtres de l'abstrait.

magnésie [maɲezi] n. f. CHIM Oxyde de magnésium (MgO), poudre blanche qui peut être transformée en magnésie hydratée (hydroxyde de magnésium, $Mg(OH)_2$).

magnésien, enne [maɲezjɛ̃, ɛn] adj. CHIM Qui contient du magnésium. – *Série magnésienne :* groupe formé des éléments magnésium, zinc, cadmium, fer, manganèse, nickel et cobalt.

magnésite [maɲezit] n. f. MINER **1.** Silicate naturel de magnésium *(«écume* *de mer»).* **2.** Carbonate naturel de magnésium *(giobertite).*

magnésium [maɲezjɔm] n. m. Élément alcalino-terreux (symbole Mg) de numéro atomique Z = 12. – Métal (Mg) gris-blanc.
ENCYCL Le magnésium, qui brûle à l'air avec une flamme éblouissante, est employé dans les lampes au magnésium pour la photographie. Il entre dans la composition d'alliages ultra-légers utilisés dans la construction aéronautique. Certains de ses sels servent en thérapeutique.

magnétique [maɲetik] adj. **I. 1.** Qui a rapport à l'aimant, qui en possède les propriétés; qui a rapport au magnétisme. *Champ magnétique. Compas magnétique. Orages magnétiques* (V. orage). ▷ GEOGR *Pôles magnétiques :* points de rencontre des forces du champ magnétique terrestre qui a deux pôles (pôle Nord et pôle Sud). **2.** Qui a rapport au magnétisme animal. *Passes magnétiques. Fluide magnétique.* **3.** Fig. Qui exerce ou semble exercer une influence puissante et mystérieuse sur la volonté d'autrui. *Un regard magnétique.* **II. 1.** Se dit de tout support (bande, ruban, disque, etc.) recouvert d'une couche d'oxyde magnétique et sur lequel on peut enregistrer des informations (son, image, etc.) et les reproduire. *Bande magnétique.* **2.** Qui utilise un support magnétique. *Enregistrement magnétique des données.*

magnétisation [maɲetizasjɔ̃] n. f. Action, manière de magnétiser. – État d'une personne magnétisée.

magnétiser [maɲetize] v. tr. [1] **1.** Communiquer les propriétés de l'aimant à (une substance). Syn. aimanter. **2.** Soumettre (une personne, une chose) à l'action du fluide magnétique. **3.** Fig. Exercer une influence puissante, subjuguer. *Sa seule présence magnétisait les foules.*

magnétiseur, euse [maɲetizœʀ, øz] n. Personne qui utilise ou prétend utiliser le magnétisme animal.

magnétisme [maɲetism] n. m. **1.** Partie de la physique qui étudie les propriétés des aimants, des phénomènes et des champs magnétiques. ▷ Ensemble de propriétés physiques dont celles de l'aimant furent les premières connues. – *Magnétisme terrestre* ou *géomagnétisme :* champ magnétique de la Terre, dont les pôles magnétiques sont orientés sud-nord. **2.** *Magnétisme animal :* fluide magnétique qu'auraient les êtres vivants. **3.** Fig. Fascination qu'une personne exerce sur une autre, sur son entourage.,
ENCYCL Certains minéraux qui contiennent de l'oxyde de fer Fe_3O_4 ont la propriété d'attirer la limaille de fer; on les appelle *aimants naturels.* Il est possible d'observer le même phénomène, appelé *magnétisme,* avec des aimants *artificiels,* qui acquièrent leur aimantation au contact d'un aimant naturel ou après avoir été placés à l'intérieur d'une bobine parcourue par un courant électrique. Le magnétisme résulte d'un déplacement de charges électriques (déplacement des électrons dans l'atome ou rotation de l'électron sur lui-même). Les applications du magnétisme, et en particulier celles de l'électromagnétisme, sont considérables : boussoles et compas de navigation, prospection minière, moteurs électriques, tubes cathodiques des récepteurs de télévision, microscope électronique, mémoires magnétiques des ordinateurs, magnétoscopes, accélérateurs de particules, etc.

magnétite [maɲetit] n. f. MINER Oxyde naturel de fer Fe_3O_4 qui possède la propriété d'attirer le fer.

magnéto-. Élément, du gr. *magnês, magnêtos,* «aimant».

magnéto [maɲeto] n. f. Génératrice de courant alternatif comportant un induit tournant entre les pôles d'aimants permanents. *C'est une magnéto qui produit l'allumage de certains moteurs à explosion.*

magnétomètre [maɲetɔmɛtʀ] n. m. Instrument de mesure qui permet de comparer l'intensité des champs et des moments magnétiques.

magnétophone [maɲetɔfɔn] n. m. Appareil permettant l'enregistrement et la reproduction des sons par aimantation rémanente d'une bande magnétique. *Magnétophone à cassette.*

magnétoscope [maɲetoskɔp] n. m. Appareil permettant d'enregistrer les images sur bande magnétique et de les reproduire sur un écran de télévision.

magnétosphère [maɲetɔsfɛʀ] n. f. GEOPH Zone s'étendant, autour de la Terre, des limites de l'atmosphère à une distance d'env. 60000 km, dans laquelle le champ magnétique subit l'influence de l'activité solaire (orages magnétiques, notam.).

magnificat [maɲifikat; magnifikat] n. m. inv. **1.** LITURG CATHOL Cantique de la Vierge Marie à l'Annonciation. **2.** MUS Musique sur le texte du Magnificat.

magnificence [maɲifisɑ̃s] n. f. **1.** Litt. Disposition, attitude de celui qui donne, qui dépense avec une libéralité grandiose. **2.** Caractère de ce qui est magnifique; splendeur somptueuse. **3.** (Abstrait) Éclat, richesse extraordinaire. *La magnificence du style de Chateaubriand.*

magnifier [maɲifje] v. tr. [2] Litt. Célébrer, exalter la grandeur de.

magnifique [maɲifik] adj. **1.** Somptueux, plein de grandeur, d'éclat, de luxe. **2.** Très beau. *Un bébé magnifique.* **3.** Remarquable, extraordinaire. *Vous avez été magnifique.*

magnifiquement [maɲifikmɑ̃] adv. De manière magnifique.

Magnitogorsk, v. de Russie, au pied du mont *Magnitnaïa* («Montagne aimantée»), Oural méridional; 422000 hab. Mines de fer; métallurgie.

magnitude [maɲityd] n. f. **1.** ASTRO Grandeur servant à caractériser l'éclat d'un astre. (Le nombre qui l'exprime, d'autant plus grand que l'astre est faible, est donné par une relation logarithmique entre l'éclat de l'astre et celui d'une étoile-étalon. Une différence de 5 magnitudes correspond à un rapport d'éclat de 100.) **2.** GEOPH Valeur caractérisant l'énergie totale dispersée par un séisme (à ne pas confondre avec l'intensité*).

magnolia [maɲɔlja] n. m. Arbre ornemental aux feuilles persistantes et luisantes, aux grandes fleurs blanches ou délicatement colorées, très odorantes.

Magog. V. Gog et Magog.

1. magot [mago] n. m. Macaque sans queue d'Afrique du N. et de Gibraltar.

2. magot [mago] n. m. Fam. Somme d'argent, économies.

magouille [maguj] n. f. ou **magouillage** [magujaʒ] n. m. Fam. Intrigue, manœuvre douteuse.

magouiller [maguje] v. intr. [1] Fam. Se livrer à des magouilles.

magouilleur, euse [magujœʀ, øz] n. et adj. Fam. Personne qui magouille. ▷ adj. *Il est très magouilleur.*

magouzou [maguzu] ou **mavouzou** [mavuzu] n. m. (oc. Indien) Personne rustre, bonne à rien.

Magritte (René) (1898 - 1967), peintre belge. Cubiste, il subit l'influence de De Chirico (1923), qui l'orienta vers le surréalisme. À Paris, il fréquenta ce groupe (1927-1930) et inventa sa manière propre : le décalage entre le titre du tableau et l'objet représenté engendre le merveilleux. En 1953, il décora le casino de Knokke-le-Zoute (Flandre-occidentale) et, en 1957, le palais des Beaux-Arts de Charleroi. En 1979, on a réuni ses *Écrits complets.*

magyar, are [magjaʀ] adj. Qui a rapport aux Magyars. – *Par ext.* De Hongrie.

Magyars, nom donné à un peuple de langue finno-ougrienne qui envahit la vallée du Danube au IXe s. et s'y établit. – Auj., syn. de *Hongrois.*

Mahābalipuram. V. Māvalipuram.

Mahābhārata (le), épopée anonyme composée en sanskrit entre le VIe s. av. J.-C. et le IVe s. apr. J.-C., le texte le plus populaire de la littérature sacrée de l'Inde (V. Veda). Ses 200000 vers racontent la lutte des Kaurava et des Pāndava, deux clans qui, descendant d'un roi mythique, le grand (Mahā) Bhārata, se disputent la possession de son royaume. L'épisode *Bhagavad-Gītā* expose la philosophie brahmanique; il a Krishna et Arjuna pour héros.

Mahajanga (anc. *Majunga*), v. du N.-O. de Madagascar, sur le canal de Mozambique; 130000 hab.; ch.-l. de la prov. du m. nom (150023 km^2; 1253000 hab.). Port de pêche. Conserveries; huilerie; industr. textile. Aéroport international.– En 1894, un corps expéditionnaire français y débarqua pour entreprendre la conquête de l'île.

Mahalla al-Kubra (Al-) *(al-Mahalla al-Kubrā),* ville d'Égypte, dans le delta du Nil; 400000 hab. Textile (coton).

Mahānadi (la), fl. de l'Inde (820 km) qui se jette dans le golfe du Bengale par un immense delta, après avoir traversé le Dekkan. Irrigation.

mahara(d)jah [maaʀadʒa] n. m. Titre donné autref. aux princes de l'Inde. *Des mahara(d)jah(s).*

Mahārāshtra, État de l'Inde, dans la partie O. du Dekkan, sur la mer d'Oman; 307762 km^2; 78706700 hab.; cap. *Bombay.* Coton; sucre.

mahatma [maatma] n. m. Nom attribué dans l'Inde moderne à certains chefs spirituels. *Le mahatma Gandhi.*

Mahāyāna. V. bouddhisme (encycl.).

mahdi [madi] n. m. RELIG Dans l'islam, envoyé d'Allah qui doit venir à la fin des temps pour compléter la mission de Mahomet.

Mahdi ou **Mahdī** (le). V. Muhammad Ahmad ibn Abdallah.

Mahdia, v. de Tunisie, sur la Méditerranée; 36830 hab.; chef-lieu du gouvernorat du m. nom. Huile d'olive; port, pêche. Tourisme. – Anc. place forte, fondée au Xe s. à l'emplacement d'un comptoir phénicien puis romain.

mahdisme [madism] n. m. RELIG Croyance en la venue du mahdi.

Mahdjar (École du), nom donné à une école littéraire issue de l'émigration d'écrivains syro-libanais dans le continent américain à partir des années 1880. Parmi ses plus célèbres représentants, citons Gibran Khalil Gibran*, I. Abu Madi (1889-1957), M. Nuayma (1889-1988), N. 'Arīda (1887-1946) et les frères A. al-Masīh Haddad (1890-1963) et N. Haddad (1881-1950).

Mahé, île principale de l'archipel des Seychelles ayant un massif granitique orienté N.O.-S.E. (le *Morne Seychellois,* 905 m); 153 km²; 59 500 hab.; ville princ. et cap. de l'État : *Victoria.*

Mahé, v. et port de l'Inde, sur la côte de Malabār; 20 000 hab. – Anc. comptoir français, elle fut réunie à l'Inde (Kerala) en 1954.

Mahfouz (Naguib) (né en 1912), écrivain égyptien. Auteur notamment d'une trilogie romanesque (*Bayn al-Qasrayn,* 1956; *Qasr ach-Chawq,* 1957; *As-Sukkariyyah,* 1957); son plus célèbre roman est *le Passage des miracles* (trad. 1970). Prix Nobel de littér. 1988.

mahi-mahi [mɛjmɛj] n. m. (Polynésie fr.) Variété de daurade (*Coryphaena hippurus*), comestible. *Des mahis-mahis.*

mah-jong [maʒɔ̃g] n. m. Jeu chinois voisin des dominos. *Des mah-jongs.*

Mahler (Gustav) (1860 – 1911), compositeur et chef d'orchestre autrichien, le dernier des grands romantiques, précurseur de la mus. moderne : neuf symphonies (la 10e est inachevée), *Chant de la Terre* (1908), nombreux lieder.

Mahomet ou **Mohammed** (en ar. *Muhammad,* «le Loué»), dit *le Prophète* (v. 570 – 632), prophète de l'islam. Orphelin dès sa naissance, Mahomet fut élevé à La Mecque par un oncle et assez tôt chargé de la garde des troupeaux. Plus tard, il entra au service d'une riche veuve, Khadidjah, qui l'associa à ses affaires puis l'épousa. Ils eurent sept enfants : trois fils, qui ne vécurent pas, et quatre filles; la plus jeune, Fatima, épousera Ali, cousin de Mahomet, et assurera la descendance du Prophète. La Mecque, cité caravanière, était le lieu d'un pèlerinage polythéiste, mais un courant monothéiste y existait. Mahomet aimait les méditations solitaires dans une grotte du mont Hira; c'est là, dans des songes d'abord, des visions ensuite, que l'archange Gabriel lui révéla la mission dont Dieu l'investissait (V. Coran). Son entourage reçut son message et l'encouragea; les riches commerçants de La Mecque repoussèrent une doctrine qui ruinait leurs intérêts, les humbles formèrent un groupe d'adeptes. En 619, ayant perdu deux alliés, Khadidjah et son oncle Abu Talib, Mahomet chercha refuge hors de La Mecque, où il s'opposait désormais à son oncle paternel Abu Lahab. Des contacts furent pris avec des tribus de la ville de Yathrib, palmeraie au N.-O. de La Mecque, qui cherchaient un médiateur. Mahomet y émigra avec ses partisans en 622. Cette émigration (*hidjra,* «hégire») est le point de départ de l'ère musulmane, et Yathrib prit le nom de Al-Madīnat an-Nabī (la «ville du Prophète» : Médine). Le Prophète organisa à Médine la communauté musulmane (*umma*), formée de deux catégories égales d'adeptes : les Muhādjirūn, émigrés mecquois, et les Ansar, disciples locaux. Ranimant la foi monothéiste d'Abraham (Ibrahim), Mahomet donna des racines arabes à l'organisation cultuelle et liturgique (qu'il précisa au fil des années). Victoires et défaites militaires alternèrent contre les Mecquois, qui conclurent avec Mahomet un pacte (628) permettant le pèlerinage et stipulant une trêve de dix ans. En 630, les Mecquois ayant rompu la trêve, le Prophète s'empara de leur ville, détruisit les idoles, décréta une amnistie générale, puis retourna à Médine. Les derniers adversaires se rallièrent; vers 632, toute l'Arabie était quasiment islamisée. Mahomet fit le pèlerinage (dit «de l'Adieu») à La Mecque et en codifia les rites (*hadj*); de retour à Médine, il tomba malade et mourut le 8 juin 632. (V. coran, islam et Arabes.)

mahométan, ane [maɔmetɑ̃, an] n. et adj. Vieilli Musulman(e).

Mahón, v. et port des Baléares (Espagne); ch.-l. de l'île de Minorque; 21 860 hab. Constr. navales; pêche.

mahonne [maɔn] n. f. **1.** Anc. Galère turque. **2.** MAR Chaland ponté utilisé pour le chargement ou le déchargement des navires.

mahorais, aise [maɔʀɛ, ɛz] adj. et n. De Mayotte. – Subst. *Un(e) Mahorais(e).*

Mahoré. V. Mayotte.

mai [mɛ] n. m. **1.** Cinquième mois de l'année, comprenant trente et un jours. **2.** Loc. *Le 1er Mai,* fête du travail (chômée dans de nombreux pays). – *Mai 1968 :* mouvement de contestation, contre l'ordre établi et la société de consommation, né en France en 1968 parmi les étudiants.

Maïakovski (Vladimir Vladimirovitch) (1894 – 1930), poète soviétique. Futuriste (*le Nuage en pantalon,* 1915), il participa à la révolution d'Octobre (affiches, tracts) : *150 000 000* (poème, 1920). Sa pièce satirique *les Bains* (1929) attaqua la bureaucratie stalinienne. Il s'est suicidé.

Maiduguri, v. du Nigeria, au S.-O. du lac Tchad; cap de l'État du Bornou; 262 000 hab. Huilerie; cuir.

maïeutique [majøtik] n. f. PHILO Méthode dialectique dont Socrate usait pour «accoucher» les esprits, c.-à-d. pour amener ses interlocuteurs à découvrir les vérités qu'ils portaient en eux sans le savoir.

1. maigre [mɛgʀ] adj. et n. **1.** Qui a peu de graisse. *Viande maigre.* – n. m. *Le maigre de jambon.* ▷ *Faire maigre :* ne pas manger de viande. **2.** (Personnes) Dont le corps présente peu de chair autour du squelette. – Loc. fam. *Maigre comme un clou :* très maigre. ▷ n. *Les maigres et les gros.* **3.** Peu fourni. *Une maigre végétation.* **4.** CONSTR *Mortier maigre,* qui ne contient que peu de liant. **5.** TYPO *Lettre, caractère maigre,* dont les jambages sont peu épais (par oppos. à *gras*). **6.** Fig. Qui manque d'ampleur, d'importance; insuffisant. *Maigre bénéfice. Comme résultat, c'est maigre!* **7.** n. m. pl. Période des basses eaux.

2. maigre [mɛgʀ] n. m. ICHTYOL Poisson perciforme côtier de l'Atlantique (*Argyrosomus regius*), pouvant atteindre 60 kg, prédateur des bancs de sardinelles et de mulets. Syn. courbine, sciène.

maigrelet, ette [mɛgʀəlɛ, ɛt] ou **maigrichon, onne** [mɛgʀiʃɔ̃, ɔn] adj. et n. Fam. Un peu trop maigre. ▷ Subst. *Un maigrichon.*

maigrement [mɛgʀəmɑ̃] adv. Petitement, chichement. *Travail maigrement rémunéré.*

maigreur [mɛgʀœʀ] n. f. **1.** État d'un corps sans graisse, décharné. *La maigreur d'un malade.* **2.** État de ce qui est peu productif, peu fourni. *Maigreur de la végétation.* **3.** Fig. Manque d'ampleur, d'importance; insuffisance. *La maigreur d'un salaire.*

maigrir [mɛgʀiʀ] v. [3] **1.** v. tr. Donner une apparence de maigreur. *Sa barbe le maigrit.* **2.** v. intr. Devenir maigre. *Elle suit un régime pour maigrir.*

Mailer (Norman) (né en 1923), romancier américain : *les Nus et les Morts* (1948).

mailing [mɛliŋ] n. m. Syn. (off. déconseillé) de *publipostage.*

maillage [majaʒ] n. m. **1.** Ordonnance des mailles (d'un filet). ▷ Par ext. PECHE Taille des mailles d'un filet. **2.** Division d'un espace selon une structure en réseau. ▷ TRAV PUBL Desserte d'une zone par un réseau de canalisations reliées les unes aux autres, réalisant un bon équilibre des pressions. **3.** (Réunion) Syn. de *embrouillamini. Maillage politique.*

Maillart (Robert) (1872 – 1940), ingénieur et architecte suisse. Il inventa en 1908 le «pilier champignon», support intégré à une dalle de béton qui sert de plancher, et construisit de nombreux ponts en béton.

1. maille [maj] n. f. **1.** Chacune des boucles (de fil, de laine, etc.) dont l'entrelacement constitue un tissu, un tricot, un filet, un grillage, etc. **2.** *Par ext.* Espace libre à l'intérieur de cette boucle. *Les poissons ont filé à travers les mailles.* **3.** MINER Motif géométrique constitué par le plus petit édifice d'atomes, dont la reproduction à l'infini constitue un réseau cristallin. **4.** TECH (Sylvic. et menuiserie.) *Débit sur mailles :* débit d'un arbre dans le sens du rayon; *en contre-mailles,* perpendiculaire au rayon. **5.** TECH Maillon (d'une chaîne).

2. maille [maj] n. f. (En loc.) *Avoir maille à partir avec (qqn) :* avoir un différend avec (qqn).

maillechort [majʃɔʀ] n. m. METALL Alliage de nickel, de cuivre et de zinc, blanc, dur et inaltérable, que l'on utilise dans la fabrication de pièces d'orfèvrerie, d'instruments scientifiques, etc.

mailler [maje] v. tr. [1] **I.** v. tr. **1.** Fabriquer en mailles. *Mailler un filet.* ▷ (oc. Indien) Nouer, emmêler. *Maille ces deux cordes ensemble.* **2.** (oc. Indien) Prendre, capturer qqn, un animal. *Mailler une belle pêche.* **3.** (Suisse) Tordre, fausser. *Mailler une clé.* **II.** v. intr. (oc. Indien) Se prendre, se coincer. *L'hameçon a maillé dans le corail.*

maillet [majɛ] n. m. Marteau à deux têtes en bois dur. *Maillet de menuisier.*

Maillet (Antonine) (née en 1929), écrivain acadien originaire du Nouveau-Brunswick. Parlant «la langue populaire de ses pères descendus à cru du XVIe s.», elle se fit connaître par le long monologue d'une vieille, *la Sagouine* (1971), et par des romans :

Mariaagélas (1973), *les Cordes-de-bois* (1977), *Pélagie-la-Charrette* (prix Goncourt 1979), *le Huitième Jour* (1986), *l'Oursiade* (1990), *les Confessions de Jeanne de Valois* (1993).

mailloche [majɔʃ] n. f. **1.** TECH Gros maillet. **2.** MAR Maillet rainuré que l'on utilise pour fourrer (entourer d'un cordage plus fin formant protection) les cordages. **3.** MUS Baguette terminée par une boule de feutre ou de caoutchouc, dont on se sert pour jouer de certains instruments à percussion (grosse caisse, xylophone, vibraphone, etc.).

Maillol (Aristide) (1861 - 1944), sculpteur, dessinateur et peintre français. Il sut concilier la massivité des volumes avec la gracieuseté et la sensualité du corps féminin.

maillon [majɔ̃] n. m. **1.** Anneau d'une chaîne. – Fig. *Être un maillon de la chaîne,* un des éléments d'un ensemble organisé. **2.** MAR Section de chaîne de 30m de long.

maillot [majo] n. m. **1.** Vieilli Lange et couche dont on enveloppe un bébé. – *Un enfant au maillot :* un nourrisson. **2.** Vêtement de tricot qui moule le corps. *Une danseuse en maillot.* **3.** Vêtement fermé qui couvre le torse. *Maillot de sport.* ▷ *Maillot de corps :* sous-vêtement masculin sans manches. Syn. (Afr. subsah.; Belgique, vx; Québec; Suisse) camisole. **4.** *Maillot de bain* et, absol., *maillot :* costume de bain.

Maimonide (Moïse) (en hébr. *Mosheh ben Maymon,* dit *Ramban;* en ar. *'Abū 'Imrān Mūsa-bn Maymūn*) (1135 - 1204), médecin, philosophe et théologien juif, disciple d'Averroès : abrégé du Talmud *(Mishna Torah); Guide des égarés,* qui concilie les connaissances scientifiques avec le sens littéral des Écritures.

main [mɛ̃] n. f. **I. 1.** Partie du corps humain qui termine le bras, munie de cinq doigts dont l'un (le pouce) peut s'opposer aux autres, et qui sert au toucher et à la préhension. – *Tendre la main,* pour demander l'aumône. – *Serrer la main de qqn,* pour le saluer. ▷ Loc. *Porter la main sur qqn,* le frapper. – Loc. fig. *Mettre la main sur une chose,* la trouver après l'avoir cherchée. – *Avoir le cœur sur la main :* être très généreux. – *Forcer la main à qqn,* le contraindre à faire qqch. ▷ *À main droite, à main gauche :* à droite, à gauche. – *À pleines mains :* abondamment, avec libéralité. – *À la main. Lettre écrite à la main* (et non à la machine). – *Attaque à main armée,* par une (des) personne(s) armée(s). ▷ *De main.* MILIT *Coup de main :* opération de faible envergure, exécutée par surprise. – Fam. *Donner un coup de main à qqn,* l'aider. – Prov. *Jeux de main, jeux de vilain.* V. jeu. – *Homme de main :* exécuteur stipendié. – *De main de maître :* très bien (fait, fabriqué, exécuté). *Tableau peint de main de maître.* – Fam. *Ne pas y aller de main morte :* frapper rudement; fig. user de procédés excessifs, d'expressions violentes. – *De longue main :* depuis longtemps. – *De première main :* directement, sans intermédiaire. – *De seconde main :* d'occasion. *Ouvrage de seconde main :* compilation. – *De la main à la main :* sans intermédiaire, directement. *Remettre de l'argent de la main à la main,* sans qu'il en reste trace écrite, sans reçu. ▷ *En main :* dans la main. *Il a sa canne en main.* – Fig. *Avoir qqch en main,* l'avoir à sa disposition. – *Avoir, tenir une chose en main,* savoir parfaitement s'en servir. – Fig. *Prendre en main(s) une affaire,* s'en charger. – *En main(s) propre(s) :* directement entre les mains de la personne concernée. *Lettre à remettre en main propre.* – Fig. *En bonnes mains :* sous la responsabilité d'une personne compétente. ▷ *Sous main :* secrètement. *Négocier sous main* (ou *en sous-main*) avec l'ennemi. – *Sous la main :* à portée, non loin. *J'ai ce document sous la main.* **2.** (*La main* instrument de travail, d'exécution, ou symbole d'autorité.) Loc. *Mettre la main à l'ouvrage, à la pâte :* participer activement à un travail. – Fig. *Avoir les mains liées :* être dans l'impossibilité d'agir. – *Mettre la dernière main à un ouvrage,* le terminer. – Loc. adv. *En un tour de main :* en un instant, avec autant de rapidité que d'adresse. – *Avoir la main heureuse :* réussir ce que l'on entreprend. – *Avoir la haute main sur qqch :* avoir autorité sur qqch. – *Emporter une affaire haut la main,* facilement. – Fig. *Avoir la main lourde :* faire trop sentir son autorité. – Loc. prov. *Une main de fer dans un gant de velours :* une autorité impitoyable sous des apparences de douceur. – *Faire main basse sur :* s'emparer de, piller. ▷ (Maghreb) *Main de Fatma :* chez les musulmans, symbole en forme de main destiné à conjurer le mauvais sort et à exprimer son adoration pour Dieu; bijou traditionnel représentant ce symbole. **3.** *Demander, obtenir, accorder la main d'une jeune fille,* la permission de l'épouser. **4.** JEU *Avoir la main :* être le premier à jouer, aux cartes. – *Donner, passer la main :* céder à un adversaire l'avantage de jouer le premier; fig. renoncer à ce à quoi l'on avait droit. **5.** COUT *Première main :* couturière experte. – *Petite main :* couturière débutante. **II.** ZOOL Partie homologue de la main humaine chez certains vertébrés tétrapodes. *Les mains d'un singe.* **III.** (Sens spéciaux et techniques.) **1.** IMPRIM Assemblage de vingt-cinq feuilles de papier. **2.** *Main courante :* dessus de la rampe d'un escalier. **3.** (Afr. subsah.) *Main (de bananes) :* partie d'un régime comprenant une vingtaine de fruits.

Main (le), riv. d'Allemagne (524 km); naît en Franconie, arrose Bayreuth, Francfort et se jette dans le Rhin (r. dr.) près de Mayence.

mainate [menat] n. m. **1.** Gros passériforme d'Asie du Sud-Est, pouvant imiter la voix humaine. **2.** (Québec) Nom cour. donné à divers oiseaux passériformes nord-américains (fam. embérizidés), ressemblant à l'étourneau. – *Mainate bronzé,* dont le plumage bleu ou violet de la tête contraste avec le noir brillant du reste du corps (on l'appelle aussi *quiscale bronzé*).

main-d'œuvre [mɛ̃dœvʀ] n. f. **1.** Façon, travail de l'ouvrier. *Facturer les pièces et la main-d'œuvre.* **2.** Personnel utilisé pour la production. *Manquer de main-d'œuvre.* (Plur. rare.) *Mains-d'œuvre.*

Maine (la), riv. de France (10 km), réunion de la Mayenne et de la Sarthe (grossie du Loir), affl. de la Loire (r. dr.). – *Maine-et-Loire,* dép. : 7131 km^2; 705882 hab.; ch.-l. *Angers**. V. Loire (Pays de la) [Région].

Maine, État du N.-E. des É.-U. (Nouvelle-Angleterre), baigné par l'Atlantique, à la frontière canadienne; 86027 km^2; 1228000 hab.; cap. *Augusta.* Forêts de conifères. Pêche lacustre et marit. Tourisme.
ENCYCL Hist. – Cette région, que visitèrent peut-être les Normands v. l'an 1000, ne fut découverte qu'en 1498 (par J. Cabot, navigateur vénitien au service de l'Angleterre). À partir de 1604, le Français Pierre du Gua* et quelques-uns de ses compatriotes fondèrent des établissements dans cette région, à laquelle ils donnèrent le nom d'une province franç. (qui avait pour ch.-l. Le Mans*), mais, dès cette époque, les Anglais entreprirent sa colonisation. Le Maine forma la partie N. du Massachusetts et se détacha de cet État en 1820, pour devenir le 23e État de l'Union.

Maine de Biran (Marie François Pierre Gontier de Biran, dit) (1766 - 1824), philosophe spiritualiste français : *la Décomposition de la pensée* (1805), *l'Aperception immédiate* (1807).

main-forte [mɛ̃fɔʀt] n. f. sing. *Donner, prêter main-forte à qqn,* l'aider à exécuter qqch de difficile, de dangereux.

mainlevée [mɛ̃lve] n. f. DR Acte mettant fin aux mesures judiciaires de saisie, de séquestre, d'opposition, d'hypothèque.

mainmise [mɛ̃miz] n. f. Souvent péjor. Domination, emprise. *La mainmise des capitaux étrangers sur l'industrie nationale.*

mainmorte [mɛ̃mɔʀt] n. f. DR *Biens de mainmorte :* biens possédés par des communautés religieuses, des œuvres charitables, etc., et qui échappent aux règles des mutations par décès.

maint, mainte [mɛ̃, mɛ̃t] adj. indéfini. Litt. Un certain nombre de, plusieurs. *Je le lui ai dit maintes fois.*

maintenance [mɛ̃tnɑ̃s] n. f. **1.** TECH Ensemble des opérations qui permettent de maintenir en état de fonctionnement un matériel susceptible de se dégrader. *Maintenance d'un ordinateur, d'un matériel agricole.* **2.** MILIT Maintien des effectifs et de l'état du matériel d'une troupe au combat.

maintenant [mɛ̃t(ə)nɑ̃] adv. **1.** À présent, au temps où nous sommes. *Partons maintenant.* ▷ Loc. conj. *Maintenant que :* à présent que. *Maintenant qu'il est en vacances, il se repose.* **2.** (+ futur) Désormais. *Maintenant ils seront heureux.* **3.** (En tête de proposition.) Cela dit, de toute manière. *Je te dis mon avis, maintenant tu en feras à ta guise.*

maintenir [mɛ̃t(ə)niʀ] v. tr. **[36] 1.** Tenir ferme et fixe. *Cette barre maintient la charpente.* **2.** Conserver dans le même état; garder, défendre. *Maintenir la température constante. Maintenir l'ordre public.* ▷ v. pron. Demeurer dans le même état. *Sa santé se maintient.* **3.** Continuer à affirmer, soutenir. *Je maintiens que cela est vrai.*

Maintenon (Françoise d'Aubigné, marquise de) (1635 - 1719), petite-fille d'Agrippa d'Aubigné. Convertie au catholicisme (1652), elle épousa Scarron* (m. en 1660); en 1669, elle devint gouvernante des enfants de Louis XIV et de Mme de Montespan. Mariée secrètement au roi (1684?), elle eut une grande influence (relig. notam.) sur lui. À sa mort (1715), elle se retira à Saint*-Cyr.

maintien [mɛ̃tjɛ̃] n. m. **1.** Contenance, attitude. *Avoir un maintien modeste, étudié. Leçons de maintien.* **2.** Action de maintenir, de conserver dans le même état. *Maintien de l'ordre.*

Maio, île volcanique et comté du Cap-Vert appartenant aux îles Sous-le-vent; 269 km^2; 4000 hab. Chef-lieu : *Porto Inglès.*

Maiorescu (Titu) (1840 - 1917), écrivain et homme politique roumain.

Théoricien du renouveau littéraire roumain, il édita les *Poésies* d'Eminescu (1883). Président du Conseil (1912-1914) pendant les guerres balkaniques, il refusa de s'unir aux Alliés contre l'Allemagne et l'Autriche.

maïpouri [majpuRi] n. m. (Guyane) Nom cour. du tapir (1).

maire [mɛR] n. **1.** n. m. Élu qui se trouve à la tête d'une commune*. *Le maire est élu par les conseillers municipaux. Le maire de Namur, de Cotonou, de Bordeaux. Madame le maire. Association* internationale des maires (...) francophones.* (V. moukhtar.) **2.** n. (Québec) Élu qui se trouve à la tête d'une municipalité*. *Le maire de Trois-Rivières. Madame la maire* ou *la mairesse*.*

mairesse [mɛRɛs] n. f. **1.** Fam. Épouse du maire. **2.** (Québec) Femme élue à la tête d'une municipalité. *Madame la mairesse* ou *la maire.*

mairie [mɛRi] n. f. **1.** Fonction du maire. ▷ Temps pendant lequel on exerce cette fonction. **2.** Administration municipale. ▷ Bureaux de cette administration; bâtiment qui les abrite. Syn. (Afr. subsah., Aoste, Belgique) maison communale.

mais [mɛ] adv., conj. **I.** adv. **1.** Litt., dans la loc. *n'en pouvoir mais :* n'y pouvoir rien. *Je n'en peux mais.* **2.** Assurément, sûrement. *Acceptez-vous cette offre? – Mais bien évidemment!* **II.** conj. de coord. **1.** (Marquant une restriction, une différence.) *Elle est riche mais avare.* **2.** (Donnant une explication.) *Il a été puni mais il l'avait mérité.* **3.** (En opposition avec l'idée précédemment exposée.) Néanmoins, malgré cela. *«Mais cependant, ce jour, il épouse Andromaque» (Racine).* **4.** (En début de phrase, marquant une transition.) *Mais qu'ai-je dit?* **5.** (Employé avec une interjection, et marquant la surprise ou le mécontentement.) *Ah mais!* **III.** Loc. conj. de temps (Québec) Fam. *Mais que* (suivi du subj.) : quand, lorsque. *Elle va revenir mais que tu sois parti.*

maïs [mais] n. m. Graminée *(Zea mays)* annuelle, à haute tige (2,50 m) et à grandes feuilles, cultivée pour son grain. *Maïs blanc, maïs rouge.*
ENCYCL Cette graminée, originaire d'Amérique du S., est cultivée dans tous les pays du monde grâce aux variétés hybrides adaptées aux divers climats. Son importance économique est considérable : plante alimentaire (épi, grains, farine, huile de table extraite des germes) et fourragère (épi ou coupé vert), elle a une place remarquable en biotechnologie, notam. à cause de son amidon transformable en glucose, puis en fructose.

maison [mɛzɔ̃] n. f. **I. 1.** Bâtiment d'habitation. *Louer une maison à la mer.* – (Afr. subsah.) *Maison à étage(s),* comportant un ou plusieurs étages. ▷ (Viêt-nam) *Maison des hôtes,* où l'on héberge des invités, notam. des invités officiels. *La maison des hôtes du gouvernement.* ▷ (Québec) *Maison mobile :* grande caravane conçue pour être installée de façon fixe dans un lieu et servir de domicile. **2.** Ensemble des lieux que l'on habite, où l'on vit; les habitants de ces lieux. *Avoir une maison bien tenue. Ameuter toute la maison.* ▷ Loc. adv. *À la maison :* chez soi. **3.** Ménage, administration des affaires domestiques. *Avoir un grand train de maison.* ▷ *Gens de maison :* domestiques. **II.** Établissement. **1.** Établissement commercial, financier, industriel, etc. ▷ (En appos.) Fait par la maison, à la maison. *Tarte maison. – Ingénieur maison :* technicien qui a reçu dans l'entreprise qui l'emploie une formation lui permettant de remplir les fonctions d'ingénieur, et qui en porte le titre. **2.** *Maison de...* ▷ *Maison d'arrêt :* prison. ▷ *Maison de retraite :* établissement où se retirent les personnes âgées ne travaillant plus. Syn. (Belgique) seigneurie, seniorie, seniorerie. ▷ *Maison de jeu :* établissement où l'on joue à des jeux d'argent. **3.** (Afr. subsah., Aoste, Belgique) *Maison communale :* mairie (sens 2). **III. 1.** Ensemble des personnes attachées au service personnel d'un chef d'État. *Maison militaire, civile.* **2.** Famille noble; famille régnante. *La maison d'Autriche.* **3.** *Maison mère :* établissement d'un ordre religieux, d'une congrégation dont dépendent les autres communautés. – *Par ext.* Maison de commerce principale, par rapport à ses succursales.

Maison-Blanche (la), résidence du président des É.-U., à Washington, depuis 1800 (John Adams, président); édifiée par J. Hoban à partir de 1792, brûlée en 1814, restaurée.

maisonnée [mɛzɔne] n. f. Ensemble de ceux qui habitent une maison.

maisonnette [mɛzɔnɛt] n. f. Petite maison.

Maisonneuve (Paul de Chomedey de) (1612 – 1676), explorateur français. Venu en Nouvelle-France, il prit l'initiative de construire, en mai 1642, sur une île du Saint-Laurent un groupe de maisons. Contre les Iroquois, il fortifia ce village, qui allait devenir Montréal. En 1665, il fut contraint au retour en France.

Maistre (Joseph, comte de) (1753 – 1821), homme politique et écrivain français. Adversaire de la Révolution, il insista sur le rôle de la Providence divine, dont le pape est l'interprète sur terre : *les Soirées de Saint-Pétersbourg* (1821). — **Xavier** (1763 – 1852), frère du préc.; écrivain français : *Voyage autour de ma chambre* (1795).

maître, maîtresse [mɛtR, mɛtRɛs] n. et adj. **I.** n. **1.** Personne qui exerce son autorité, de droit ou de fait. *On ne peut servir deux maîtres à la fois.* **2.** Propriétaire. *Le chien aime son maître.* **3.** *Maître de maison :* hôte, chef de famille. **4.** Loc. *Être (le) maître de faire qqch,* avoir la liberté de le faire. – *Être maître de soi :* se dominer. – *Se rendre maître de qqch, de qqn,* s'en emparer. **5.** Chef, dirigeant. *Maître de ballet, des cérémonies. – Maître d'hôtel,* qui dirige le service de table dans un hôtel ou chez des particuliers. – (Afr. subsah.) *Maître de la terre :* chef coutumier chargé des cultes agraires. ▷ MAR *Premier maître, quartier-maître, maître d'équipage :* grades de la marine militaire. ▷ CONSTR *Maître d'œuvre :* personne physique ou morale chargée de concevoir, d'étudier et de surveiller la réalisation d'un ouvrage. – *Maître de l'ouvrage :* personne physique ou morale qui décide la construction d'un ouvrage, en assure le financement et confie sa réalisation à un maître d'œuvre. ▷ (Suisse) *Maître d'état :* artisan responsable d'un secteur (plomberie, isolation, etc.) de la construction d'une maison. **6.** Personne qui enseigne. – Vieilli *Maître d'école :* instituteur. – *Maître auxiliaire :* dans l'enseignement secondaire, enseignant non titulaire. – *Maître assistant :* dans l'enseignement supérieur, titre supérieur à celui d'assistant. – (Afr. subsah., Maghreb) *Maître coranique :* personne qui dirige une école coranique. **7.** Loc. *Passer maître en qqch,* y exceller. **8.** Personne qui a excellé dans un art, une science, et sert de modèle. *Les grands maîtres de la peinture.* **9.** Titre donné aux avocats, aux notaires, aux commissaires-priseurs. *Par-devant Maître Untel, notaire.* **II.** adj. **1.** *Maîtresse femme :* femme énergique, qui s'impose avec autorité. **2.** CONSTR Qui supporte l'essentiel des efforts. *Poutre maîtresse.* **3.** Dominant. *La qualité maîtresse de qqn. Carte maîtresse,* supérieure à celle de l'adversaire.

maître-autel [mɛtRotɛl] n. m. Autel principal d'une église. *Des maîtres-autels.*

maître chanteur [mɛtR(ə)ʃɑ̃tœR] n. m. V. chanteur.

maître-de-langue [mɛtRdəlɑ̃g] n. m. (Afr. subsah.) Vieilli Au Sénégal, interprète (sens 1, 2 et 3). *Seigneur, vous m'avez fait maître-de-langue (...)* (Senghor). *Des maîtres-de-langue.*

Maître de Moulins. V. Moulins (le Maître de).

maîtresse [mɛtRɛs] n. f. **1.** Fém. de *maître.* **2.** Femme qui a des relations intimes avec un homme qui n'est pas son mari. Syn. (Afr. subsah.) amante.

maîtrisard [mɛtRizaR] n. m. (Afr. subsah.) Titulaire du grade universitaire de la maîtrise. *Un maîtrisard chômeur.*

maîtrise [mɛtRiz] n. f. **1.** Ensemble du personnel chargé de l'encadrement des ouvriers (chefs d'atelier, contremaîtres, chefs d'équipe). *Agent, cadre de maîtrise.* **2.** Titre universitaire supérieur à la licence et inférieur au doctorat. **3.** Excellence dans un art, une science, une technique. *Posséder la maîtrise de la peinture sous verre.* **4.** Domination, empire. *La maîtrise des mers.* ▷ *Maîtrise de soi :* contrôle de soi-même. **5.** (Suisse) *Maîtrise fédérale :* brevet autorisant à former des apprentis.

maîtriser [mɛtRize] v. tr. [1] **1.** Réduire par la force, dompter. *Maîtriser un cheval fougueux.* **2.** Fig. Dominer. *Maîtriser ses passions.* ▷ v. pron. Se contrôler. **3.** Savoir parfaitement conduire, traiter, utiliser. *Maîtriser son véhicule. Maîtriser son sujet, sa technique.*

majesté [maʒɛste] n. f. **1.** Grandeur suprême; caractère auguste qui inspire le respect. *La majesté divine.* ▷ *Par ext.* Qualité de ce qui, par sa grandeur, sa noblesse, inspire admiration et respect. *La majesté d'un palais.* **2.** Titre donné aux souverains. *Sa Majesté.*

majestueusement [maʒɛstɥøzmɑ̃] adv. Avec majesté.

majestueux, euse [maʒɛstɥø, øz] adj. Qui a de la majesté, de la grandeur, de la noblesse. *Une allure majestueuse.*

majeur, eure [maʒœR] adj. et n. **I.** adj. **1.** Plus grand. *La majeure partie du territoire.* **2.** MUS *Gamme majeure,* dans laquelle la première tierce* et la sixte* sont majeures. – *Ton, mode majeur,* utilisant les notes de la gamme majeure (par oppos. à *mineur*). **3.** JEU *Tierce, quarte majeure :* suite de trois, quatre cartes commençant par l'as. **4.** Grand, considérable. *Un intérêt majeur. – Cas de force majeure :* événement qui n'a pas pu être évité. **5.** Qui a atteint l'âge de la majorité légale. *Un fils majeur.* **II.** n. **1.** Personne arrivée à l'âge de la majorité légale. **2.** n. m. Doigt du milieu, le plus long. Syn. médius. **3.** n. f. LOG Prémisse d'un syllogisme contenant le grand terme (qui a la plus grande extension).

Majeur (lac), lac des Alpes centrales, que traverse le Tessin; 212 km². Il renferme, en Italie, les îles Borromées. Sa partie N. appartient à la Suisse (cant. du Tessin). Climat doux. Tourisme. Villes princ. : *Locarno* (Suisse) et *Stresa* (Italie).

Maji-Maji (révolte des), soulèvement contre les colons allemands opéré en 1905 par les ethnies du S. du Tanganyika. La répression fit plusieurs dizaines de milliers de victimes.

major [maʒɔʀ] n. m. **1.** *Major* ou *commandant major :* officier supérieur chargé de l'administration d'un corps de troupes. **2.** (En composition.) Supérieur par le rang. *Infirmière-major.* – *Tambour-major :* V. ce mot. **3.** *Major de promotion :* premier au concours d'une grande école. **4.** (Suisse) *Major de table :* personne qui préside un banquet. **5.** (Afr. subsah.) Dans les anciennes colonies françaises, préposé aux tâches administratives dans les services spécialisés des hôpitaux. **6.** (Suisse) MILIT Commandant d'un bataillon.

Major (John) (né en 1943), homme politique britannique conservateur. Il succéda à M. Thatcher au poste de Premier ministre (1990-1997).

majorant [maʒɔʀɑ̃] n. m. MATH *Majorant d'une partie P d'un ensemble ordonné E :* élément de l'ensemble *E* supérieur à tout élément de la partie *P*. Ant. minorant.

majoration [maʒɔʀasjɔ̃] n. f. **1.** Action de majorer. *Majoration d'impôt.* – Surestimation. **2.** Hausse (de prix).

majordome [maʒɔʀdɔm] n. m. Chef des domestiques d'une grande maison.

majorer [maʒɔʀe] v. tr. [1] **1.** Augmenter le nombre, le montant de. *Majorer un prix. Majorer une facture.* **2.** MATH Être un majorant pour (un ensemble).

majorette [maʒɔʀɛt] n. f. Jeune fille en uniforme militaire de fantaisie, qui participe à un défilé.

majoritaire [maʒɔʀitɛʀ] adj. **1.** *Scrutin majoritaire,* dans lequel celui des candidats qui a le plus grand nombre de voix l'emporte (par oppos. à *scrutin proportionnel*). **2.** Qui constitue une majorité, qui appartient à la majorité. *C'est l'opinion majoritaire.* **3.** DR COMM Qui possède la majorité des actions dans une société. *Actionnaire majoritaire.*

majoritairement [maʒɔʀitɛʀmɑ̃] adv. Par une majorité. – En majorité.

majorité [maʒɔʀite] n. f. **1.** Âge fixé par la loi pour que qqn jouisse du libre exercice de ses droits. **2.** Le plus grand nombre, la majeure partie. *Dans la majorité des cas.* **3.** Le plus grand nombre des suffrages dans un vote. – *Majorité absolue,* se composant de la moitié des voix plus une. – *Majorité relative,* qui résulte du plus grand nombre des voix obtenues. **4.** *La majorité :* le parti, le groupe qui réunit le plus grand nombre de suffrages.

Majorque (en esp. *Mallorca*), la plus grande des îles Baléares (V. Baléares); 3640 km²; 530000 hab.; cap. *Palma de Majorque*. Tourisme très actif. Cultures.

Majuba Hill, local. d'Afrique du Sud, dans le Natal. Victoire des Boers sur les Anglais (27 fév. 1881).

Majunga. V. Mahajanga.

majuscule [maʒyskyl] adj. et n. f. *Lettre majuscule :* grande lettre d'une forme particulière, à l'initiale d'un nom propre ou d'un mot placé en tête de phrase, de vers, etc. ▷ n. f. *Les noms des habitants des villes et des pays prennent une majuscule.* Syn. capitale. Ant. minuscule.

Maka, groupe de populations vivant au Cameroun (env. 650000 personnes), au Gabon, en Centrafrique et au Congo. Ils parlent des langues bantoues.

makach [makaʃ] adv. V. macach.

Makalé ou **Maqalié,** ville de l'Éthiopie; chef-lieu de la province du Tigré; 61500 hab.

Makāli-Phāl (Pierrette Guesde, dite) (1899 – 1965), écrivain français. Fille d'un fonctionnaire français et d'une Cambodgienne, elle quitta le Cambodge en 1906. Romans : *la Favorite de dix ans* (1940), *Narayana* (1942), *le Roi d'Angkor* (1952).

Makālu (le), sommet du Népal (Himalaya central, 8515 m), vaincu par une expédition française (1955).

Makários III (Mikhaíl Khristódhoulos Mouskos, en relig.) (1913 – 1977), archevêque et homme politique chypriote; premier président de la République de Chypre (1959-1977).

Makassar ou **Macassar** (auj. *Ujungpandang*) (détroit de), passage entre les Célèbes (Sulawesi) et Bornéo (Kalimantan).

Makeba (Myriam) (née en 1932), chanteuse sud-africaine.

makélélé [makelele] n. m. (Afr. subsah.) En Afrique centrale, poisson d'eau douce (*Schilbe mystus*) à la chair savoureuse.

Makeni, v. du centre de la Sierra Leone; 30000 hab.; ch.-l. de la prov. du Nord. Centre administratif et agricole.

makhzen [makzɛn ; maxzɛn] n. m. (Maghreb) Ensemble de l'administration, du gouvernement; pouvoir, autorité.

maki [maki] n. m. (Madag.) Nom cour. de divers lémuriens. Syn. maque.

Makkarites. V. Makorites.

Makoko, royaume créé au XVe s. dans la rég. du Pool Malebo, au N. du fleuve Congo. Il détint le quasi-monopole du commerce des esclaves aux XVIIe et XVIIIe s. et du commerce de l'ivoire au XIXe s.

Makondé, population de Tanzanie (env. 1600000 personnes), du Mozambique et du Malawi. Ils parlent une langue bantoue. Ils ont développé un art original. (V. Mozambique.)

Makonnen (1854 – 1906), chef éthiopien *(ras)* qui vainquit les Italiens (1895-1896). Son fils, Tafari Makonnen, devint empereur (V. Hailé Sélassié Ier).

makoré [makɔʀe] n. m. Grand arbre des forêts tropicales d'Afrique (fam. sapotacées) exploité pour son bois.

Makorites, Makkarites ou **Maqurra** (royaume des), royaume chrétien de Nubie (dans le Soudan actuel), qui se forma entre la 3e et la 4e cataracte du Nil quand le royaume d'Axoum supplanta le royaume du Koush (IVe s.). Il survécut jusqu'au XIVe s. et eut Dongola pour capitale.

Makoua. V. Makua.

Makouta-Mboukou (Jean-Pierre) (né en 1929), écrivain de la rép. dém. du Congo : poésie, essais (*le Français en Afrique noire,* 1973; *les Littératures de l'exil,* 1996), roman (*les Dents du destin,* 1984).

makroud [makʀud ; maʀud] n. m. (Maghreb) Petit gâteau en forme de losange, à base de semoule et de pâte de datte.

Makua, Makoua ou **Makwa,** ethnie du Mozambique septentrional (env. 2700000 personnes). Ils parlent une langue bantoue. Ils constituent avec les Lomwé l'ensemble Makua-Lomwé (48 % de la pop. du Mozambique, soit env. 7900000 personnes).

Makurdi, v. du Nigeria, sur la riv. Bénoué; cap. de l'État de la Bénoué; 90000 hab. Centre agro-alimentaire; centrales hydroélectriques.

Makwa. V. Makua.

1. mal [mal], plur. **maux** [mo] n. m. **I. 1.** Douleur, souffrance physique. *Avoir mal aux dents.* **2.** Maladie. *La tuberculose n'est plus un mal incurable.* – *Mal de Pott :* tuberculose de la colonne vertébrale. – *Mal blanc :* panaris. ▷ Indisposition, malaise. – *Avoir mal au cœur :* avoir la nausée. – *Mal de mer, mal de l'air, mal des transports :* malaise que l'on ressent à bord d'un bateau, d'un avion, d'un véhicule en mouvement. ▷ Loc. prov. *Aux grands maux les grands remèdes,* se dit lorsque la gravité de la situation impose que l'on intervienne avec énergie et décision. **II.** Peine, souffrance morale. – *Le mal du pays :* la nostalgie. – *Le mal du siècle :* les tourments propres à une génération (partic. la mélancolie des romantiques). ▷ Fig. *Être en mal de :* manquer cruellement de. **III. 1.** Difficulté, peine. *Se donner beaucoup de mal* (fam., *un mal de chien*) *pour faire une chose, pour aider qqn, etc.* **2.** Calamité, tourment. *Les maux de la guerre.* ▷ Dommage, dégât. *Il n'y a que demi-mal.* **3.** Inconvénient. *La discipline est un mal nécessaire.* **IV.** (Ne s'emploie qu'au sing.) Parole, opinion défavorable (dans les expressions *dire, penser du mal*). ▷ *En mal :* en mauvaise part. *Prendre tout en mal.* **V.** (Ne s'emploie qu'au sing.) Ce qui est contraire aux règles que la morale impose. *Je le faisais sans songer à mal,* sans intention maligne ou mauvaise. ▷ *Le mal :* le principe que les différents systèmes philosophiques et religieux opposent au bien, à ce qui est considéré comme désirable, souhaitable, au regard de la morale naturelle. *Les forces du mal.*

2. mal [mal] adv. **1.** D'une manière défavorable, fâcheuse. *Les affaires vont mal.* ▷ *Aller mal, être au plus mal :* être malade, très malade. – *Se sentir mal :* éprouver un malaise. – *Se trouver mal :* défaillir, tomber en syncope. **2.** D'une manière blâmable. *Se conduire mal.* **3.** D'une manière défavorable. *Parler mal de qqn.* ▷ *Prendre mal une réponse, une réflexion, etc.,* s'en offenser. ▷ *Être mal avec qqn,* être brouillé avec lui. **4.** D'une manière incorrecte ou défectueuse. *Travail mal fini.* ▷ D'une façon qui ne convient pas, ne sied pas. *S'habiller mal.* – *Venir mal à propos,* à contretemps. **5.** Loc. adv. *Pas mal :* assez bien, plutôt bien. ▷ (Avec valeur d'adj. en attribut.) *Ce garçon n'est pas mal,* il a des qualités (morales ou physiques). ▷ (Sans négation.) Fam. En assez grand nombre; beaucoup. *Il y avait pas mal de monde.* **6.** *De mal en pis :* en s'aggravant.

3. mal, male [mal] adj. **1.** Mauvais, dans les loc. *bon an, mal an; bon gré, mal gré**. **2.** (En fonction d'attribut.)

Contraire à la morale ou aux bienséances. *C'est mal de mentir.* ▷ *Pas mal :* V. mal 2, sens 5.

malabar [malabaʀ] ou **malbar** [malbaʀ] adj. (inv. en genre) et n. (oc. Indien) Inj. Se dit d'une personne d'origine indienne. ▷ Subst. *Un(e) Malabar.*

Malabār (côte de), littoral du S.-O. de l'Inde, sur le golfe d'Oman, arrosé par la mousson. Région très fertile.

Malabo (anc. *Santa Isabel*), cap. de la Guinée équatoriale, port sur la côte N. de l'île de Bioko; 48000 hab. Centre commercial exportant du café et du cacao. Aéroport international.

Malacca, v. et port de comm. de Malaisie; 89000 hab.; cap. de l'État du m. nom (1650 km^2; 550000 hab. env.), sur la *presqu'île malaise* (ou *presqu'île de Malacca*). Le *détroit de Malacca,* entre la péninsule de Malacca et Sumatra, relie l'océan Indien à la mer de Chine.

malachigan [malaʃigɑ̃] n. m. Poisson d'eau douce d'Amérique du Nord (*Aplodinotus grunniens*) au dos arqué, plus gros que l'achigan.

malachite [malakit] n. f. Carbonate hydraté de cuivre, de couleur verte.

malacologie [malakɔlɔʒi] n. f. ZOOL Partie de la zoologie qui étudie les mollusques.

malacoptérygiens [malakɔpteʀiʒjɛ̃] n. m. pl. ICHTYOL Groupe de poissons téléostéens dont les rayons des nageoires sont mous (anchois, murène, sardine). – Sing. *Un malacoptérygien.*

malacostracés [malakɔstʀase] n. m. pl. ZOOL Sous-classe de crustacés appelés aussi *crustacés supérieurs,* dont le corps est divisé en 19 segments. – Sing. *Un malacostracé.*

malade [malad] adj. et n. **I.** adj. **1.** (Personnes) Qui éprouve quelque altération dans sa santé. *Tomber malade.* – Par exag. *Être malade de chagrin, d'anxiété.* ▷ *Spécial.* Qui éprouve des troubles mentaux. *Esprit malade.* **2.** (Parties du corps.) Dont l'état ou le fonctionnement est altéré. *Un poumon malade.* **3.** (Animaux, végétaux.) Qui est atteint par une maladie. *Cheval malade. Des arbres malades.* **4.** Fig., fam. En mauvais état. *Une voiture bien malade. Une économie malade.* **II.** n. Personne malade.

Maladetta ou **Maladeta** (la), massif le plus élevé des Pyrénées centr., en Espagne (prov. de Huesca); 3404 m au pic d'Aneto. La Garonne y naît.

maladie [maladi] n. f. **1.** Altération de la santé. *Maladie chronique, mortelle. Maladie mentale. Maladie professionnelle.* – Par exag., fam. *Il en fera une maladie :* cela le contrariera extrêmement. ▷ *La maladie des jeunes chiens* ou, absol., *la maladie :* la maladie de Carré*. **2.** (Végétaux) *Les maladies des plantes.* **3.** Altération chimique ou biochimique. *Maladie de la pierre.* **4.** Fig. Manie. *Avoir la maladie du rangement.*

maladif, ive [maladif, iv] adj. **1.** Sujet à être malade. *Un enfant maladif.* **2.** Qui est le signe d'une maladie ou d'une santé précaire. *Teint maladif.* **3.** Qui a le caractère anormal d'une maladie. *Une susceptibilité maladive.*

maladresse [maladʀɛs] n. f. **1.** Manque d'adresse. *Sauter avec maladresse.* **2.** Manque d'habileté, de tact. *Accumuler les maladresses.*

maladroit, oite [maladʀwa, wat] adj. et n. Qui n'est pas adroit. *Un pêcheur maladroit.* ▷ Qui manque d'habileté. *Un négociateur maladroit.* ▷ Qui marque de la maladresse. *Geste maladroit.* ▷ Subst. *Un(e) maladroit(e).* Syn. (oc. Indien) mazette.

maladroitement [maladʀwatmɑ̃] adv. D'une manière maladroite.

Málaga, v. et port d'Espagne (Andalousie), sur la Méditerranée; 560490 hab.; ch.-l. de la prov. du m. nom. Exportation de vin, raisins, etc.; industries. Tourisme (Costa del Sol). – Forteresses mauresques (XIVe s.). Cath. de style Renaissance.

malagasy [malagas] adj. inv. et n. (Madag.) Cour. **1.** adj. Syn. de *malgache.* (V. gasy.) ▷ Subst. *Un(e) Malagasy.* **2.** n. m. *Le malagasy :* la langue malgache.

malaguette [malagɛt] n. f. V. maniguette.

mal-aimé, ée [maleme] n. Personne qui n'est pas aimée et en souffre. *La «Chanson du Mal-aimé», poème d'Apollinaire.*

malaire [malɛʀ] adj. ANAT Relatif à la joue. *Os malaire.*

malais, aise [malɛ, ɛz] adj. et n. De Malaisie. ▷ Subst. *Un(e) Malais(e).*

malaise [malɛz] n. m. **1.** Sensation pénible d'un trouble, d'une indisposition physique. *Avoir un malaise, être pris d'un malaise. Éprouver des malaises.* **2.** Fig. Sentiment pénible de gêne, de trouble mal défini. *Dissiper un malaise.* **3.** État d'inquiétude, de crise. *Le malaise économique.*

malaisé, ée [maleze] adj. Qui n'est pas facile à faire. *Entreprise malaisée.*

malaisément [malezemɑ̃] adv. D'une manière malaisée.

Malaisie ou **Malaysia** (Fédération de) *(Persekutuan Tanah Malaysia),* État fédéral du Sud-Est asiatique regroupant, dep. 1957, onze États du S. de la péninsule malaise et, dep. 1963, deux États (Sarawak et Sabah) du N. de l'île de Bornéo; Singapour a fait sécession en 1965. On distingue donc la Malaisie occid. (péninsulaire) et la Malaisie orient. (insulaire); en tout 329747 km^2; env. 18 millions d'hab. (croissance : plus de 3 % par an); cap. *Kuala Lumpur* (Malaisie occid.). Nature de l'État : monarchie constitutionnelle, membre du Commonwealth; le roi est élu pour cinq ans parmi les sultans des États de Malaisie occid. Monnaie : ringgit. Langue off. : malais (l'angl., le chinois et le tamoul sont utilisés). Relig. : islam (50 %), bouddhisme, hindouisme et taoïsme.
Géogr. phys. et hum. – La péninsule malaise, à l'O., et Sarawak et Sabah, à l'E. (anc. Nord-Bornéo), ont des caractères assez homogènes : montagnes, plaines côtières alluviales, littoraux marécageux, forêt dense. La péninsule s'ordonne sur une série de chaînes escarpées (culminant à 2815 m), séparées par d'amples dépressions où coulent de courtes rivières. Les plaines côtières ont de riches gisements métallifères alluviaux (étain, fer, bauxite, or). La Malaisie orientale comprend une large plaine côtière marécageuse (longée de gisements offshore d'hydrocarbures), une zone de collines et un arrière-pays montagneux d'accès difficile. Partout, le climat équatorial chaud est très arrosé; la forêt dense couvre encore 60 % du territoire, malgré le défrichement par brûlis et les coupes de bois. La péninsule (40% de la superficie) groupe 83 % des hab. Les Malais (souvent musulmans) constituent 50 % de la pop.; les Chinois (35 %), qui contrôlent 80 % de l'écon., et les Indiens (près de 11 %) vivent surtout dans les villes en croissance rapide.
Écon. – Membre de l'ASEAN, la Malaisie connaît l'une des croissances les plus fortes du monde et appartient auj. au groupe des nouveaux pays industriels. Exportateur traditionnel de caoutchouc et d'huile de palme (1er producteur mondial), d'étain et de bois précieux, le pays exploite désormais son pétrole, ainsi que son gaz. Malgré l'irrigation (années 1970), l'autosuffisance en riz n'est pas totale. L'industrie est soutenue par les investissements japonais, asiatiques et américains, et encadrée par l'État. La croissance avoisine les 9 % par an.
Hist. – Le peuplement malais a été très précoce (IIIe millénaire av. J.-C.). Au début de l'ère chrétienne, le bouddhisme et l'écriture viennent de l'Inde. La péninsule malaise est soumise à différents royaumes hindous, notam. à l'empire de Shrivijaya (VIIe-XIVe s.) établi à Sumatra. Un premier État malais, le roy. de Malacca, se forme en 1402. L'islam gagne le pays et les Arabes assumeront seuls pendant des siècles les liaisons maritimes que les Malais avaient établies entre l'Asie et l'Afrique. L'arrivée des Portugais brise la puissance de cet État malais (1511, prise de Malacca par Albuquerque). Comptoir important, Malacca passe aux Néerlandais en 1641, puis aux Brit. en 1824, qui le conservent après l'occupation japonaise (1941-1945). En 1957 est proclamée l'indépendance de la Fédération de Malaisie qui devient, en 1963, Fédération de Grande Malaisie, ou Malaysia, avec l'adjonction de Singapour, de Sarawak et de Sabah. Mais Singapour fait sécession en 1965. Née dans les années 50, une guérilla communiste animée par les éléments chinois a été vaincue par les Britanniques. En 1969, des centaines de Chinois sont massacrés. En 1975, Sabah veut faire sécession. D'une façon générale, les affrontements entre musulmans et hindouistes sont fréquents. Le Dr Mahathir bin Mohamad, prés. du Front national (coalition de 11 partis), est Premier ministre depuis 1981.

Malakula ou **Malekula,** île du Vanuatu; 2053 km^2; 20000 hab.; ch.-l. Lakatoro. Elle culmine au mont Peno (891 m).

Malan (Daniel François) (1874 – 1959), pasteur et homme politique sud-africain. Premier ministre (1948-1954), partisan de l'apartheid.

malandrin [malɑ̃dʀɛ̃] n. m. Vieilli, litt. (cour. à Haïti) Vagabond, brigand.

Malang, v. d'Indonésie (E. de Java); 512000 hab. Centre agric. et industr.

malanga [malɑ̃ga] n. m. (Haïti) Plante à tubercule comestible (fam. aracées).

Malaparte (Kurt Suckert, dit Curzio) (1898 – 1957), écrivain italien. Il brossa une fresque tragique et cynique de l'Europe des années 1930-1950 : *Kaputt* (1944), *la Peau* (1949).

malaptérure [malapteʀyʀ] n. m. ICHTYOL Poisson siluriforme des eaux douces africaines, pourvu d'organes électriques pouvant produire des décharges de 300 à 350 volts.

Mälar ou **Mälaren,** lac de Suède (1140 km^2) communiquant, à Stockholm, avec un bras de la mer Baltique.

malard [malaʀ] n. m. **1.** (France rég.) Col-vert mâle. **2.** (Québec) Col-vert (mâle ou femelle).

malaria [malaʀja] n. f. Paludisme.

malate [malat] ou **malata** [malata] adj. et n. (Madag.) Se dit d'une personne descendant d'un pirate. ▷ Subst. *Un(e) malate* ou *un(e) malata.*

Malatesta, famille (guelfe) de condottieri italiens. Elle posséda Rimini (à partir du XIIIe s.). Son plus célèbre représentant est **Sigismondo Pandolfo** (1417 – 1468), excellent chef de guerre et prince cultivé.

Malatya, v. de Turquie, oasis au pied de l'Anti-Taurus; 243140 hab.; ch.-l. de l'il du m. nom. Textile; fruits séchés.

malavisé, ée [malavize] adj. Litt. Qui agit ou parle mal à propos.

Malawi (lac) (anc. lac *Nyassa*), grand lac de l'Afr. subsah. orientale, partagé entre la Tanzanie, le Mozambique et le Malawi; 26000 km^2; 700 m de profondeur.

Malawi ou **Maravi,** ethnie établie au Malawi et dans le N.-O. du Mozambique (env. 8 millions de personnes). Ils parlent une langue bantoue.

Malawi (république du), État d'Afrique orientale, situé entre la Zambie, la Tanzanie et le Mozambique; 118484 km^2; 10500000 hab.; cap. *Lilongwe.* Nature de l'État : rép. membre du Commonwealth. Langue off. : angl. Monnaie : kwacha. Relig. : christianisme (65 %), relig. traditionnelles (19 %), islam (16 %).
Géogr. et écon. – Le quart oriental du pays est occupé par le lac Malawi, dominé à l'O. par de hauts plateaux (jusqu'à 2000 m) et duquel débouche, au S., la vallée du Shire, zone la plus peuplée du pays. La savane boisée domine, correspondant à un climat tropical tempéré par l'altitude. Toutes les ethnies parlent des langues bantoues; la princ. se nomme Maravi ou Malawi. La population, qui augmente de plus de 3,3 % par an, est rurale à 90 %. L'agriculture constitue la grande richesse du pays et la balance agricole est largement excédentaire. Le maïs est cultivé, sur les deux tiers des terres arables, par de petites exploitations, de même que l'arachide (en forte régression : 3 % des terres). Le tabac et le thé, ainsi que la canne à sucre, sont les princ. cultures d'exportation, mais le Malawi souffre de son enclavement. La pêche et le bois constituent des ressources appréciables. L'hydroélectricité assure presque l'autosuffisance. Les ressources minières (charbon, bauxite, uranium) sont peu exploitées. L'industrie est rudimentaire (agro-alimentaire, surtout). Le Malawi est un pays très pauvre, mais non pas misérable.
Hist. – Le pays a longtemps participé au grand commerce arabo-swahili qui remontait depuis la côte de l'océan Indien. Vers 1835, les Ngoni, chassés d'Afrique australe par les Zoulous, atteignirent la région où certains s'installèrent, avec violence. En 1859, l'explorateur écossais David Livingstone appela *Nyassa* le pays, dont l'évangélisation commença v. 1875. En 1891, la G.-B. établit son protectorat sur le *Nyassaland.* Elle ne soumit les Ngoni (moins de 10 % de la pop.) qu'en 1904. Jusqu'à la Seconde Guerre mondiale, le nationalisme s'exprima par le biais des Églises indépendantes. En 1953, la G.-B. regroupa dans une Fédération d'Afrique centrale les deux Rhodésie et le Nyassaland. Celui-ci craignit l'extension de la discrimination raciale qui sévissait en Rhodésie du Sud. En 1960, le Dr Hastings Kamuzu Banda créa le *Malawi Congress Party* (M.C.P.), qui obtint l'indépendance en 1964. H. K. Banda fit du M.C.P. le parti unique et manifesta un conservatisme répressif. En 1971, il devint président à vie. Son pays fut le seul en Afrique à entretenir de bonnes relations avec l'Afrique du Sud. En 1992, l'Église catholique dirigea la contestation. En 1993, Banda fit approuver le multipartisme par référendum. En 1994, Bakili Muluzi, leader de l'*United Democratic Front,* fut élu président. En 1995, H. K. Banda fut inculpé de meurtres.

malaxage [malaksaʒ] n. m. Action de malaxer.

malaxer [malakse] v. tr. [1] **1.** Pétrir (une substance, un mélange), pour l'amollir ou l'homogénéiser. *Malaxer une pâte.* **2.** Manier, triturer.

malaxeur [malaksœʀ] n. m. Machine à malaxer.

malayo-polynésien, enne [malajɔpɔlinezjɛ̃, ɛn] n. m. et adj. LING Syn. anc. d'*austronésien.*

Malaysia. V. Malaisie.

malbar [malbaʀ] adj. et n. V. malabar.

Malbrough. V. Marlborough.

malchance [malʃɑ̃s] n. f. Mauvaise chance. *User, jouer de malchance.* Syn. fam. déveine, guigne. ▷ Événement fâcheux. *Quelle série de malchances!*

malchanceux, euse [malʃɑ̃sø, øz] adj. et n. En butte à la malchance.

Malcolm X (Malcolm Little, dit) (1925 – 1965), militant noir américain. Membre des Black Muslims (Musulmans noirs), il fonda l'Organisation de l'unité afro-américaine (1964); il fut assassiné.

malcommode [malkɔmɔd] adj. et n. **I.** adj. Qui n'est pas commode. *Cette installation est malcommode.* Ant. pratique. **II.** adj. et n. (Québec) **1.** (En parlant d'un adulte.) Qui est désagréable, difficile à vivre. *Des voisins malcommodes.* ▷ Subst. *De sacrés malcommodes.* **2.** (En parlant d'un enfant.) Qui est turbulent, espiègle. ▷ Subst. *Un petit malcommode.*

maldéveloppement [maldevlɔpmɑ̃] n. m. SOCIOL État d'une économie dont le développement entraîne une dégradation des conditions de vie.

Maldives (république des), État insulaire de l'océan Indien (env. 1200 îles, dont 200 habitées, menacées par la montée de la mer), au S.-O. du Sri Lanka; 298 km^2; 195000 hab. (Maldiviens); cap. *Mālé.* Nature de l'État : rép. présidentielle. Monnaie : roupie. Pop. d'orig. indienne. Relig. : islam. Langue : maldivien. Les Maldives font partie des pays les moins avancés, mais la croissance avoisine les 6 %. Princ. ressources : pêche, noix de coco, coprah; tourisme. – Protectorat britannique en 1877, les Maldives ont accédé à l'indépendance en 1965. Le sultanat a été abrogé en 1968. Le prés. Gayyoom, au pouvoir dep. cette date, a déjoué plusieurs tentatives de coup d'État.

maldonne [maldɔn] n. f. JEU Erreur commise dans la distribution des cartes.

mâle [mɑl] n. m. et adj. **I.** n. m. **1.** Individu (homme ou animal) qui appartient au sexe doué du pouvoir fécondant. *Le bélier est le mâle de la brebis.* – adj. *Un héritier mâle. Une souris mâle.* ▷ BOT *Fleur mâle,* qui ne porte que les étamines. **2.** Fam. Homme considéré dans sa force virile. ▷ adj. Viril. *Voix mâle.* **II.** adj. TECH Se dit d'une pièce qui présente une saillie, une proéminence destinée à venir s'encastrer dans la cavité correspondante d'une autre pièce, dite *femelle. Une prise électrique mâle.*

Malebo Pool. V. Pool Malebo.

Malebranche (Nicolas de) (1638 – 1715), oratorien et philosophe français, disciple de Descartes. Pour lui, Dieu est l'unique cause de la coïncidence entre les activités de l'âme et les mouvements du monde matériel. En réservant la connaissance des causes à Dieu seul, et donc à la métaphysique, tandis que la science humaine se borne à rechercher les lois de la nature, Malebranche annonce le positivisme. Œuvres princ. : *Recherche de la vérité* (1674), *Traité de la nature et de la grâce* (1680), *Traité de l'amour de Dieu* (1697).

malédiction [malediksjɔ̃] n. f. Litt. **1.** Action de maudire; paroles par lesquelles on maudit. *Proférer une malédiction.* **2.** Réprobation divine. – *Par ext.* Fatalité, destin néfaste.

maléfice [malefis] n. m. Opération magique destinée à nuire; mauvais sort, enchantement. Syn. sortilège.

maléfique [malefik] adj. Qui exerce une influence surnaturelle mauvaise.

malegache [malgaʃ] adj. et n. V. malgache.

Malek *(Mālik ibn Anas)* (v. 710 – 795), docteur de la loi islamique. Il rassembla les traditions musulmanes dans *Kitāb al-Muwatta'* («la Voie aplanie»).

malékisme [malekism] ou **malikisme** [malikism] n. m. RELIG Doctrine de l'un des quatre rites de l'islam, fondé par l'imam Malek (ou Mālik) ibn Anas, s'inspirant de la coutume de Médine. *Le malékisme est surtout pratiqué en Afrique du Nord, en Afrique noire et en Haute-Égypte.*

malékite [malekit] ou **malikite** [malikit] adj. RELIG Du malékisme.

Malekula. V. Malakula.

malencontreusement [malɑ̃kɔ̃tʀøzmɑ̃] adv. Mal à propos.

malencontreux, euse [malɑ̃kɔ̃tʀø, øz] adj. Qui survient mal à propos.

Malenkov (Gheorghi Maximilianovitch) (1902 – 1988), homme politique soviétique. Secrétaire de Staline (1932), il lui succéda en 1953. Khrouchtchev l'évinça en fév. 1955.

mal-en-point ou **mal en point** [malɑ̃pwɛ̃] loc. adj. inv. En mauvais état de santé ou de fortune. *Être très mal-en-point.*

malentendant, ante [malɑ̃tɑ̃dɑ̃, ɑ̃t] adj. et n. Se dit d'une personne qui souffre d'une déficience de l'ouïe.

malentendu [malɑ̃tɑ̃dy] n. m. Mauvaise interprétation d'une parole, d'un acte, entraînant une confusion; situation qui en résulte. *Leur désaccord repose sur un malentendu.* Syn. méprise.

Malesherbes (Chrétien Guillaume de Lamoignon de) (1721 – 1794), magistrat français. Secrétaire de la Maison du roi (1775-1776), il protégea les philosophes. Avocat du roi devant la Convention (1792), il fut guillotiné (1794). Acad. fr. (1774).

Malevitch (Kazimir Severinovitch) (1878 – 1935), peintre russe; créateur du suprématisme, à l'origine de l'abstraction géométrique (*Carré blanc sur fond blanc,* 1918). Vers 1925, il revint au figuratif.

malfaçon [malfasɔ̃] n. f. Défaut dans la confection d'un ouvrage.

malfaisant, ante [malfəzɑ̃, ɑ̃t] adj. **1.** Qui se plaît à nuire. *Génies malfaisants.* **2.** Néfaste, nuisible. *Animaux malfaisants.*

malfaiteur [malfetœʀ] n. m. Homme qui se livre à des activités délictueuses ou criminelles. Syn. bandit.

malfamé ou **mal famé, ée** [malfame] adj. V. famé.

malformation [malfɔʀmasjɔ̃] n. f. Anomalie congénitale, vice de conformation. *Malformation cardiaque.*

malfrat [malfʀa] n. m. Fam. Malfaiteur, truand.

malgache ou (Madag.) **malegache** [malgaʃ] adj. et n. **1.** adj. De Madagascar. ▷ Subst. *Un(e) Malgache.* Syn. (Madag.) malagasy. **2.** n. m. *Le malgache :* la langue officielle de Madagascar, appartenant à la famille austronésienne.

Malgache, ancien nom de Madagascar.

malgachisation [malgaʃizasjɔ̃] n. f. Action de malgachiser. ▷ HIST Dans les années 1975, politique ayant consisté, à Madagascar, à malgachiser les contenus des programmes scolaires jugés trop marqués par la tradition coloniale, puis à donner plus de place au malgache comme langue d'enseignement.

malgachiser [malgaʃize] v. tr. [**1**] **1.** Rendre malgache. *Malgachiser le contenu des programmes scolaires.* **2.** Attribuer à des Malgaches. *Malgachiser les postes de direction.*

Malghir (chott). V. Melghir (chott).

malgré [malgʀe] prép. Contre la volonté, le désir, la résistance de (qqn); en dépit de (qqch). *Il a fait cela malgré moi. Il est sorti malgré la pluie.* Syn. litt. en dépit de. ▷ *Malgré tout :* quoi qu'il arrive. *Malgré tout, je tente l'expérience.*

malhabile [malabil] adj. Qui manque d'habileté, d'adresse. Syn. maladroit.

Malherbe (François de) (1555 – 1628), poète français. Adversaire de Desportes et de Ronsard, il condamna la préciosité, prôna l'harmonie des vers, la clarté des images et fonda ainsi le français classique : odes (*Consolation à Dupérier,* 1599), stances, chansons, sonnets. Prose : *Commentaire sur Desportes* (posth., 1825).

malheur [malœʀ] n. m. **1.** Mauvaise fortune, sort funeste. – Loc. *Jouer de malheur :* être victime de la malchance. – Loc. exclam. *Malheur à, sur...* (exprimant une imprécation). *Malheur à vous si vous n'obéissez pas!* – *Porter malheur :* avoir une influence funeste. **2.** Situation douloureuse, pénible; adversité. ▷ *Faire le malheur de qqn,* être la cause d'événements qui l'affligent. **3.** Événement affligeant, douloureux. *Quel malheur!* ▷ Loc. *Faire un malheur :* se livrer à une action violente, à un éclat regrettable; *par antiphrase,* avoir un succès considérable, gagner. ▷ (Prov.) *Un malheur ne vient, n'arrive jamais seul. À quelque chose malheur est bon.*

malheureusement [maløʀøzmɑ̃] adv. Par malheur. *Il n'est malheureusement pas à la hauteur.*

malheureux, euse [maløʀø, øz] adj. et n. **I.** adj. et n. (Personnes) **1.** Qui est dans une situation pénible, douloureuse. *Être malheureux comme les pierres.* ▷ Subst. *Il souffre, le malheureux.* **2.** Qui n'a pas de chance; qui ne réussit pas. *Il a été plutôt malheureux dans le choix de ses collaborateurs.* ▷ Subst. (Désignant la victime d'un accident, d'une calamité.) *La malheureuse a coulé à pic.* ▷ Exclam. (En apostrophe.) *Taisez-vous, malheureux!* **3.** n. Individu dans la misère. Syn. pauvre, indigent. **II.** adj. **1.** Pénible, affligeant. *Être dans une situation malheureuse.* – *C'est malheureux :* c'est dommage, regrettable. ▷ Qui dénote le malheur. *Un air malheureux.* **2.** Qui porte malheur. **3.** Qui a des conséquences fâcheuses ou funestes. *Parole, geste malheureux.* Syn. malencontreux. **4.** Qui ne réussit pas. *Une initiative malheureuse.* **III.** adj. (Placé devant le nom.) Insignifiant, négligeable. *Il ne vous demande qu'un seul malheureux franc.*

Malheureux (cap), promontoire le plus septentrional de l'île Maurice. – En 1810, les Anglais y débarquèrent et prirent l'île.

malhonnête [malɔnɛt] adj. et n. **1.** Qui manque à la probité. *Caissier malhonnête.* Syn. indélicat. Ant. honnête, intègre. – Par ext. *Action malhonnête.* **2.** Vieilli Contraire à la décence. *Propositions malhonnêtes.* Syn. inconvenant.

malhonnêtement [malɔnɛtmɑ̃] adv. D'une manière malhonnête.

malhonnêteté [malɔnɛtte] n. f. Manque de probité. ▷ Action malhonnête. *Commettre une malhonnêteté.*

mali [mali] n. m. (Belgique) Déficit. *Être en mali.*

Mali (empire du), empire mandingue fondé probablement v. l'an 1000 dans la région de Bamako. Au XIIIe s., Soundiata*, l'un des plus prestigieux souverains de toute l'histoire de l'Afrique, vainquit l'empereur du Ghana. Au début du XIVe s., Kankan* Moussa porta à son apogée l'empire du Mali, qui excédait le territ. du Mali actuel et qui, aux XVe et XVIe s., se rétrécit, notam. sous les coups de l'Empire songhay*.

Mali (république du) (anc. *Soudan français*), État intérieur de l'Afrique occidentale.

► V. carte et dossier, p. 1469.

malianisation [maljanizasjɔ̃] n. f. (Afr. subsah.) Action de malianiser.

malianiser [maljanize] v. tr. [**1**] (Afr. subsah.) Rendre malien; attribuer à des Maliens. *Malianiser l'enseignement.*

Malibran (María de la Felicidad García, dame Malibran, dite la) (1808 – 1836), cantatrice française d'origine espagnole. Elle fut la gloire du Théâtre-Italien.

malice [malis] n. f. **1.** Vx Inclination à nuire, à mal faire avec adresse et finesse. ▷ Mod. *Il ne faut pas entendre malice à ses plaisanteries,* il ne faut y voir aucune intention de blesser. – *Un homme sans malice,* simple et bon, un peu naïf. ▷ (Réunion) Syn. de *méchanceté* (sens 2); pratique magique. **2.** Disposition à l'espièglerie, à la taquinerie. *Enfant plein de malice.*

malicieusement [malisjøzmɑ̃] adv. Avec malice.

malicieux, euse [malisjø, øz] adj. **1.** Qui a de la malice. *Enfant malicieux.* Syn. taquin, espiègle. **2.** Qui dénote la malice, où il entre de la malice. *Ton malicieux.* Syn. railleur, narquois.

malien, enne [maljɛ̃, ɛn] adj. et n. Du Mali. ▷ Subst. *Un(e) Malien(ne).*

malignité [maliɲite] n. f. **1.** Inclination à nuire. *La malignité du cœur humain.* Syn. méchanceté, malveillance, malice. **2.** MED Caractère de gravité (d'une maladie).

Mālik ibn Anas. V. Malek.

malikisme [malikism] n. m. V. malékisme.

malikite [malikit] adj. V. malékite.

malin, maligne [malɛ̃, maliɲ] adj. et n. **I. 1.** *L'esprit malin* ou, absol., *le Malin :* le diable. **2.** Où il entre de la méchanceté. *Joie maligne.* **3.** Mauvais, pernicieux. ▷ MED Qui présente un caractère de gravité. Ant. bénin. – *Tumeur maligne,* à potentiel évolutif grave, et pouvant se généraliser. **4.** (Québec) (Au fém., *maligne* ou *maline* [malin].) Méchant, dangereux (en parlant d'un animal). *Un chien malin.* – Coléreux, irascible (en parlant d'une personne). *Sa mère est maline.* **II. 1.** Fin, rusé, astucieux. *Malin comme un singe.* ▷ Subst. *C'est un malin qui ne se laissera pas duper.* ▷ Fam. *Faire le malin :* affecter un air de supériorité. (V. feinter, sens I, 2.) **2.** Fam. *Ce n'est pas malin :* ce n'est pas très intelligent.

Malines (en néerl. *Mechelen*), v. de Belgique (prov. d'Anvers), sur la Dyle; 77 270 hab. Cap. de la draperie flamande. Dentelles. Industr. – Archevêché métropolitain de Belgique (avec Bruxelles). Cath. goth. St-Rombaut (XIIIe s.), halle aux draps (XIVe s.), églises du XVe s.

malingre [malɛ̃gʀ] adj. (et n.) De constitution délicate et chétive. *Personne malingre.*

malinké [malɛ̃ke] n. m. LING Langue du sous-groupe mandingue, parlée notam. au Mali, au Sénégal et en Guinée.

Malinké, ethnie établie dans de nombreux pays d'Afrique de l'Ouest (Côte d'Ivoire, Mali, Guinée, Sénégal, Gambie, etc.); près de 4 millions de personnes. Ils parlent une langue nigéro-congolaise du groupe mandé, sous-groupe mandingue.

Malinovski (Rodion Iakovlevitch) (1898 – 1967), maréchal soviétique. Il défendit Stalingrad (1942), prit Bucarest (1944), Budapest, Vienne (1945). Ministre de la Défense (1957-1967).

Malinowski (Bronisław) (1884 – 1942), ethnologue britannique d'origine polonaise. Il étudia les indigènes de Mélanésie : *les Argonautes du Pacifique occidental* (1922), *la Sexualité et sa répression dans les sociétés primitives* (1927).

malintentionné, ée [malɛ̃tɑ̃sjɔne] adj. Qui a de mauvaises intentions.

Malipiero (Gian Francesco) (1882 – 1973), compositeur italien.

Mallarmé (Stéphane) (1842 – 1898), poète français, surnommé le «prince des poètes». Baudelairiens, ses prem. poèmes traitent déjà des thèmes personnels : refus du vil réel, goût pour l'absolu de l'art; ensuite *Hérodiade* (commencé en 1864) et *l'Après-midi d'un faune* (1876) participent du symbolisme; *Prose pour Des Esseintes* (1885), les sonnets (*Tombeau d'Edgar Poe,* de *Baudelaire,* de *Verlaine,* etc.) utilisent les ressources cachées des mots, qui suggèrent les objets. Il veut écrire le «Livre» (plan et conception publiés en 1957) qui, «explication orphique de la terre», soumettrait le hasard à l'esprit humain. *Un coup de dés jamais n'abolira le hasard* (1897), long poème en vers libres, à la typographie révolutionnaire, avoue son échec. Ses œuvres en prose (en partie réunies sous le titre de *Divagations,* 1897) offrent une approche plus aisée de son écriture.

1. malle [mal] n. f. **1.** Coffre servant à enfermer les objets que l'on transporte en voyage. ▷ *Faire sa malle :* préparer ses bagages, et, *par ext.,* s'apprêter à partir. **2.** Coffre à bagages d'une automobile.

2. malle [mal] n. f. (Québec) Fam. Courrier (sens 3). *Recevoir de la malle.* – Poste (1, sens 2). *Envoyer un paquet par la malle.* ▷ Fam. *Boîte à malle :* boîte* aux lettres.

3. malle [mal] n. f. (Belgique) Bateau assurant la traversée de la Manche.

Malle (Louis) (1932 – 1995), cinéaste français : *Ascenseur pour l'échafaud* (1958), *les Amants* (1960); *Lacombe Lucien* (1974).

malléabilité [maleabilite] n. f. Propriété des corps malléables. ▷ Fig. *La malléabilité des jeunes esprits.*

malléable [maleabl] adj. **1.** Se dit d'une substance qui peut facilement être façonnée en lames ou en feuilles par martelage. *Les métaux les plus malléables sont l'or, l'argent, l'aluminium et le cuivre.* **2.** *Par ext., cour.* Que l'on peut modeler sans difficulté. *La cire est malléable.* ▷ Fig. *Caractère malléable.*

malléole [maleɔl] n. f. ANAT Chacune des saillies osseuses communément appelées *chevilles,* formées par les extrémités inférieures du tibia et du péroné.

maller [male] v. tr. [1] (Québec) (Emploi critiqué.) Fam. Envoyer par la poste, poster (1). *Maller une lettre.*

Mallet-Jorris (Françoise) (née en 1930), romancière belge d'expression française, fille de Suzanne Lilar* : *le Rempart des béguines* (1951), *les Mensonges* (1956).

mallette [malɛt] n. f. **1.** Petite valise. – *Malette pédagogique,* contenant un choix d'ouvrages fournis à des fins pédagogiques. **2.** (Belgique) Cartable (sens 1).

mallophages [malɔfaʒ] n. m. pl. ENTOM Ordre d'insectes aptères comprenant les poux des oiseaux. – Sing. *Un mallophage.*

Malloum (Félix) (né en 1932), homme d'État tchadien. Président de la Rép. (1975-1979).

Malmédy, com. de Belgique (prov. de Liège), en Ardenne; 10040 hab. – Égl. du XVIIIe s. – Au VIIe s., saint Remade fonda sur le site une abbaye, et la ville fut une principauté abbatiale jusqu'à son annexion par la France (1801). En 1815, la Prusse obtint une partie du territ., qui redevint belge en 1919 (ainsi qu'Eupen). En 1944, la ville fut très endommagée par les bombardements.

malmener [malməne] v. tr. [16] **1.** Traiter (qqn) avec rudesse, en paroles ou en actes. **2.** *Malmener un adversaire,* le tenir en échec par une action rude, énergique.

Malmö, ville de la Suède méridionale, sur l'Øresund; ch.-l. de län; 230000 hab. Grand port commercial et centre industriel.

malnommée [malnɔme] n. f. Plante herbacée des régions tropicales (fam. euphorbiacées), aux vertus médicinales.

malnutri, ie [malnytʀi] adj. et n. Qui souffre de malnutrition. *Un enfant malnutri.*

malnutrition [malnytʀisjɔ̃] n. f. Déséquilibre entre les constituants de la ration alimentaire (protéines, glucides, lipides, eau, sels minéraux et vitamines). *Malnutrition protéo-calorique :* V. encycl. ci-après.

ENCYCL La malnutrition doit être distinguée de la sous-alimentation, qui est une insuffisance quantitative de la ration alimentaire. Elle sévit essentiellement dans les pays pauvres d'Afrique, d'Amérique latine et d'Asie, où elle touche en priorité les enfants, les femmes qui travaillent et celles qui sont enceintes ou qui allaitent. Ses causes sont le sevrage mal conduit, une alimentation pauvre en protéines, la misère, les grossesses rapprochées, les mauvaises habitudes et les interdits alimentaires, le manque de surveillance médicale des nourrissons, les calamités naturelles, l'ignorance, le transfert maladroit de modes d'alimentation étrangers. Les principales formes de la malnutrition sont le *kwashiorkor* (carence en protéines) et les *avitaminoses.* L'association d'une carence en protéines et de la sous-alimentation constitue la *malnutrition protéo-calorique.* La malnutrition a des conséquences graves : maigreur, affaiblissement, ralentissement de la croissance, moindre efficacité du système immunitaire, moindre résistance de la peau et des muqueuses aux microbes, aggravation des maladies infectieuses, perturbation des fonctions intellectuelles et endocriniennes. Elle est rapidement réversible si on donne aux malnutris une alimentation abondante, riche et équilibrée. Pour lutter contre ce fléau qui met en danger l'avenir sanitaire et mental de l'humanité, il faut améliorer l'alimentation en quantité et en qualité, espacer les naissances, systématiser l'allaitement maternel, assurer un sevrage correct, surveiller médicalement les enfants, les vacciner, les débarrasser des parasites, prévenir le paludisme, améliorer l'hygiène et les conditions de vie, lutter contre l'ignorance, utiliser rationnellement les ressources alimentaires locales.

malodorant, ante [malɔdɔʀɑ̃, ɑ̃t] adj. Qui sent mauvais. ▷ Fig. *Des trafics plus ou moins malodorants.*

malogué [maloge] n. m. (oc. Indien) Genre musical mêlant séga ou maloya et reggae. Syn. maloya-reggae.

Malonga (Jean) (1907 – 1985), écrivain du Congo-Brazzaville. Son œuvre décrit les traditions (*la Légende de M'Foumou Ma Mazono,* 1954) et la colonisation (*Cœur d'Aryenne,* 1947).

Malory (sir Thomas) (1408 – 1471), écrivain anglais. Il poursuit le roman breton* dans *Mort d'Arthur* (1469-1470).

Malot (Hector) (1830 – 1907), écrivain français : *Sans famille* (1878).

malotru, ue [malɔtʀy] n. Personne qui a des manières grossières.

Malou (Jules) (1810 – 1886), homme politique belge. Chef du parti catholique, il présida le Conseil des ministres de 1871 à 1878. Il revint au pouvoir en 1884, mais sa politique favorable aux écoles privées suscita des émeutes à Bruxelles et il dut démissionner.

malouf [maluf] n. m. (Maghreb) Genre musical traditionnel d'origine arabo-andalouse.

Malouines (îles). V. Falkland.

maloya [maloja] n. m. (oc. Indien) Forme de séga pratiquée uniquement à la Réunion.

maloya-reggae [malojaʀege] n. m. (oc. Indien) Syn. de *malogué.*

Malpighi (Marcello) (1628 – 1694), médecin italien. Le prem., il étudia au microscope les tissus humains. ▷ ANAT *Corpuscules de Malpighi :* granulations glandulaires de la rate; glomérules constitutifs du rein. ▷ *Pyramide de Malpighi :* faisceau de tubes urinifères.

Malplaquet, localité de France (Nord), où Villars fut vaincu par Marlborough et le Prince Eugène (1709).

malpropre [malpʀɔpʀ] adj. (et n.) **1.** Sale. *Un homme, un habit malpropre.* **2.** Fig. Contraire à la droiture, malhonnête. *Des manœuvres malpropres.* ▷ Subst. Personne peu recommandable. *On l'a renvoyé comme un malpropre.*

malproprement [malpʀɔpʀəmɑ̃] adv. D'une manière malpropre.

malpropreté [malpʀɔpʀəte] n. f. **1.** État de ce qui est malpropre. *Cette chambre est d'une malpropreté repoussante.* **2.** Fig. Indélicatesse, malhonnêteté. ▷ Action malhonnête.

Malraux (André) (1901 – 1976), écrivain et homme politique français. Il décrivit les révolutionnaires chinois de 1926 (*les Conquérants,* 1928; *la Condition humaine,* 1933), lutta aux côtés des républicains espagnols (*l'Espoir,* 1937) puis dans la Résistance. Gaulliste, il fut ministre des Affaires culturelles (1959-1969). Œuvres non romanesques : *les Voix du silence* (1951), *la Métamorphose des dieux* (3 vol., 1957-1976), sur l'art; *Antimémoires* (1967).

malsain, aine [malsɛ̃, ɛn] adj. **1.** Qui n'est pas en bonne santé; maladif. ▷ Qui dénote un mauvais état de santé. – Fig. Qui dénote une mauvaise santé morale, mentale. *Une curiosité malsaine.* **2.** Qui est nuisible à la santé. *Climat malsain.* ▷ Fig. *Une excitation malsaine.*

malstrom [malstʀɔm] n. m. V. maelström.

Malstrom. V. Maelström.

malt [malt] n. m. **1.** Graines d'orge (quelquefois d'une autre céréale) ayant subi le maltage, que l'on utilise dans la fabrication de la bière, du whisky, etc. **2.** (Belgique) Substitut de café consistant en orge torréfié.

maltage [maltaʒ] n. m. Suite d'opérations (humidification, dessèchement, dégermage) qui transforme l'orge germé (ou une autre céréale) en malt. – Résultat de ces opérations.

maltais, aise [maltɛ, ɛz] adj. et n. De Malte. ▷ Subst. *Un(e) Maltais(e).*

Malte (république de) *(Repubblika ta'Malta; Republic of Malta),* État insulaire de la Méditerranée, membre du Commonwealth, situé entre la Sicile et la Tunisie; 316 km^2; environ

345000 hab. ; capitale et port principal *La Valette.* Nature de l'État : rép. parlementaire. Langues off. : maltais, anglais. Monnaie : livre maltaise. Religion : cathol.
Géogr. et écon. – Île calcaire peu élevée (258 m), au climat méditerranéen sec, Malte doit produire l'eau douce dans des usines de dessalement d'eau de mer. Auj., la pop. s'accroît peu; l'émigration, autref. massive, s'est tarie. La densité est extrême : 1100 hab./km^2. L'économie est diversifiée et assez prospère : agriculture (céréales, fruits, légumes), industries, tourisme.
Hist. – En raison de sa position stratégique, l'île fut toujours disputée; Phéniciens, Grecs, Carthaginois et Romains l'occupèrent. Conquise par les Arabes (IXe s.) puis par les Normands de Roger de Sicile (1090), son histoire se confondit avec celle du royaume de Sicile jusqu'en 1530 : Charles Quint la céda aux chevaliers de Rhodes, qui prirent le nom de *chevaliers de Malte.* L'île leur fut enlevée par Bonaparte en 1798. Les Anglais s'en emparèrent en 1800 et en firent une base militaire, plus importante encore après 1940. Malte accéda à l'indép. en 1964, dans le cadre du Commonwealth. De 1971 à 1987, le travailliste Dom Mintoff pratiqua le non-alignement; en 1972, il conclut avec la G.-B. la fermeture des bases, effective en 1979. En 1987, les libéraux, vainqueurs aux élections, orientèrent autrement la polit. et demandèrent en 1990 l'adhésion à la C.É.E.

Malte (croix de), croix à quatre branches égales allant en s'évasant et dont les bras se terminent par des pointes, insigne des chevaliers de Malte.

Malte (fièvre de). Syn. de *brucellose.*

Malte (ordre souverain militaire et hospitalier de), ordre religieux et militaire créé en 1099 et 1113 pour défendre les pèlerins de Terre sainte, et appelé alors *hospitaliers de Saint-Jean de Jérusalem.* Après la prise de Saint-Jean-d'Acre, les hospitaliers s'installèrent à Chypre (1291), puis à Rhodes (1308 : *chevaliers de Rhodes*) et à Malte (1530-1798 : *chevaliers de Malte*). L'ordre s'installa à Rome en 1834. Aujourd'hui, sa fonction est seulement charitable.

malté, ée [malte] adj. Qui contient du malt. *Biscuit malté.*

Malthus (Thomas Robert) (1766 – 1834), économiste anglais. Son *Essai sur le principe de population* (1798) déclencha des polémiques. Il étudia également le rôle de la monnaie, de l'épargne et des investissements.

malthusianisme [maltyzjanism] n. m. Doctrine de Malthus selon laquelle, la population tendant à s'accroître plus rapidement que la somme des subsistances, le seul remède à l'accroissement de la misère est la limitation volontaire des naissances par abstinence. ▷ *Malthusianisme économique :* politique consistant à restreindre volontairement la production.

malthusien, enne [maltyzjɛ̃, ɛn] adj. et n. **1.** adj. Qui a rapport au malthusianisme. **2.** n. Partisan de la doctrine de Malthus.

maltose [maltoz] n. m. BIOCHIM Sucre formé de deux molécules de glucose.

maltraiter [maltʀete] v. tr. [1] **1.** Traiter d'une façon brutale. *Maltraiter un chien.* **2.** Traiter sans aménité, rudoyer, malmener. *Maltraiter ses employés.* – Par ext. *La critique a maltraité ce spectacle.*

malus [malys] n. m. Augmentation de la prime d'assurance d'un véhicule, en cas d'accident engageant la responsabilité du conducteur. Ant. bonus.

Malus (Étienne Louis) (1775 – 1812), physicien français. Il découvrit la polarisation de la lumière (1808).

Malva (Alphonse Boulard, dit Constant) (1903 – 1969), écrivain belge d'expression française, mineur révolutionnaire puis désabusé : *Histoire de ma mère et de mon oncle Fernand* (1932), *Borins* (1937), *Ma nuit au jour le jour* (1953).

malvacées [malvase] n. f. pl. BOT Famille de dicotylédones dialypétales des régions tempérées et tropicales comprenant des plantes herbacées *(mauve, gombo, oseille de Guinée)* et des arbustes *(cotonnier, hibiscus).* – Sing. *Une malvacée.*

malveillance [malvɛjɑ̃s] n. f. **1.** Disposition à vouloir du mal à son prochain; disposition à blâmer, à critiquer autrui. **2.** Intention criminelle. *Un incendie dû à la malveillance.*

malveillant, ante [malvɛjɑ̃, ɑ̃t] adj. et n. **1.** Qui a de la malveillance. ▷ Subst. *Laisser dire les malveillants.* **2.** Qui manifeste de la malveillance. *Des bavardages malveillants.*

malvenu, ue [malvəny] adj. **1.** Qui s'est mal développé. *Un arbre malvenu.* **2.** Litt. Qui n'a pas de raison légitime pour (faire qqch). *Il serait bien malvenu à (de) se plaindre.* – Par ext. *Des reproches malvenus,* inopportuns.

malversation [malvɛʀsasjɔ̃] n. f. Malhonnêteté grave commise dans l'exercice d'une charge. – *Spécial.* Détournement de fonds publics.

malvoyant, ante [malvwajɑ̃, ɑ̃t] n. Personne qui souffre d'une déficience importante de la vue.

mama [mama] n. f. **1.** (Afr. subsah.) Syn. de *maman* (sens 2). **2.** (Afr. subsah.) Bonne d'enfants africaine. **3.** (Polynésie fr.) Femme d'âge mûr respectant la tradition polynésienne dans son habillement et ses activités.

Mamadou Lamine Dramé (v. 1830 – 1887), chef sarakholé musulman du Sénégal. Résistant héroïquement à la France (1886-1887), il fut tué par un guerrier africain allié aux Français.

Mamaia, station balnéaire réputée de Roumanie, sur la mer Noire, au nord de Constanța.

maman [mamɑ̃] n. f. **1.** Mère (mot affectueux). *Va voir maman. Comment va votre maman?* **2.** (Afr. subsah.) Nom appellatif à la fois familier et respectueux à l'adresse d'une femme mariée ou que l'on juge âgée. Syn. mama.

Mamani (Abdoulaye) (1932 – 1993), écrivain nigérien : *Poémirides* (poésie, 1972); *Sarraounia* (1980) narre la résistance d'une reine à la conquête coloniale.

Mamari Koulibaly. V. Koulibaly.

1. mamba [mɑ̃ba] n. m. Grand serpent très venimeux d'Afrique subsaharienne. *Le mamba noir est terrestre, le mamba vert, plus petit, est arboricole.*

2. mamba [mɑ̃mba] n. m. (Haïti) Pâte d'arachide parfois relevée de piment.

Mambwe, population du N. de la Zambie (env. 400000 personnes) et du sud de la Tanzanie. Ils parlent une langue bantoue.

mamelle [mamɛl] n. f. Organe glandulaire propre aux femelles des mammifères placentaires et marsupiaux, qui sécrète le lait.

mamelon [mamlɔ̃] n. m. **1.** ANAT Saillie conique formant la pointe du sein de la femme. *Le mamelon est entouré d'une zone pigmentée, l'aréole.* **2.** Élévation de terrain de forme arrondie. ▷ TECH Raccord fileté à ses deux extrémités.

mamelouk ou **mameluk** [mamluk] n. m. et adj. inv. **1.** n. m. HIST Soldat esclave (le plus souvent turc) faisant partie d'une milice destinée à la garde du sultan d'Égypte. *Les mamelouks acquirent une telle influence que leurs chefs prirent le pouvoir en Égypte et en Syrie en 1250.* **2.** adj. inv. Relatif à la période de domination des mamelouks sur l'Égypte. *Architecture mamelouk.*

mamie [mami] n. f. Fam., enfantin Grand-mère.

mammaire [mam(m)ɛʀ] adj. ANAT Relatif aux mamelles.

mammalien, enne [mam(m)aljɛ̃, ɛn] adj. ZOOL et PALEONT *Reptiles mammaliens :* reptiles fossiles qui existèrent dès le permien et dont la disposition des os du crâne annonce les mammifères.

mammalogie [mammalɔʒi] n. f. Partie de la zoologie qui étudie les mammifères.

mammectomie [mamɛktɔmi] n. f. CHIR Ablation de la glande mammaire.

Mammeri (Mouloud) (1917 – 1989), romancier et folkloriste algérien d'expression française : *la Colline oubliée* (1952), *l'Opium et le Bâton* (1965), *Escales* (nouvelles, posth., 1992).

mammifère [mamifɛʀ] adj. et n. m. ZOOL Qui a des mamelles. ▷ n. m. pl. Classe de vertébrés supérieurs homéothermes («à température constante»), portant des mamelles (ou des aires mammaires, chez les monotrèmes). – Sing. *L'homme est un mammifère.*
ENCYCL Les mammifères forment la classe de vertébrés la plus évoluée. Les glandes mammaires, qui caractérisent leurs femelles, sécrètent du lait pour nourrir les jeunes. Leur cœur est divisé en quatre cavités et ils possèdent un encéphale volumineux. Leur corps est le plus souvent couvert de poils. Les organes des sens sont très développés. Les mammifères peuplent tous les milieux; certains vivent sous terre *(taupe),* d'autres sont amphibies *(loutre, castor),* marins *(cétacés)* ou adaptés au vol *(chauve-souris)*; beaucoup sont terrestres *(lion, zèbre)* et arboricoles *(écureuil, singe).* Les mammifères, issus des reptiles mammaliens, apparaissent au trias. La plupart des ordres actuels existent depuis le tertiaire. Les mammifères se divisent en trois sous-classes : les *protothériens,* fossiles, à l'exception de quelques rares monotrèmes *(ornithorynque),* les *marsupiaux* ou *métathériens (kangourou, opossum),* les *placentaires* ou *euthériens.* Ces derniers comprennent les ordres suivants : ongulés; carnivores, fissipèdes terrestres (félidés, chiens, ours) ou pinnipèdes marins (phoques); cétacés à fanons (mysticètes : baleines) ou à dents (odontocètes : dauphins); xénarthres (tatous, paresseux); pholidotes (pangolins), recouverts d'écailles; rongeurs (rats, écureuils); lagomorphes

(lièvres, lapins); chiroptères (chauves-souris); galéopithèques ou dermoptères, aptes au vol; insectivores (hérissons, taupes); primates (tarsiens, lémuriens, singes et hominiens). Les ongulés constituent soit un super-ordre, soit un ordre divisé en cinq sous-ordres : artiodactyles (porc, bœuf, girafe), périssodactyles (cheval, rhinocéros), proboscidiens (éléphant), siréniens (lamantin), tubulidentés (oryctérope).

mammite [mam(m)it] n. f. MED, MED VET Inflammation de la glande mammaire.

mammographie [mam(m)ɔgʀafi] n. f. MED Radiographie des seins.

Mammon, terme araméen et hébreu désignant la richesse, employé dans l'Évangile pour personnifier l'argent et sa puissance. *« Vous ne pouvez servir Dieu et Mammon »* (Luc, XVI, 13).

mammouth [mamut] n. m. Éléphant fossile du quaternaire, qui possédait une toison roussâtre, de grandes défenses courbes, et mesurait 3,50 m de haut.

Mamoudzou, chef-lieu de la collectivité territoriale (franç.) de Mayotte; au nord-est de la Grande Terre; 5 865 hab.

Ma'mun (Al-) *('Abd Allāh al-Ma'mūn)* (786 - 833), calife abbasside (813-833); fils de Harun ar-Rachid. D'une grande culture, il fit traduire en arabe les œuvres philosophiques grecques et favorisa le développement des sciences et des arts. (V. Bagdad.)

Man (île de), île anglaise de la mer d'Irlande; 588 km²; 69780 hab.; v. princ. *Douglas.* Pêche. Climat doux. Agriculture; élevage; tourisme.

Man, v. de la Côte d'Ivoire, à l'O. de Yamoussoukro; 59000 hab.; ch.-l. du dép. du m. nom. Café, cacao.

manafe, manaf [manaf] ou **manafo** [manafo] n. m. (Madag.) Ouvrier, manœuvre.

management [manadʒmɛnt ; manaʒmɑ̃] n. m. (Anglicisme) **1.** Ensemble des techniques d'organisation et de gestion des entreprises, des sociétés commerciales, etc. **2.** *Par ext.* Ensemble des dirigeants (d'une entreprise).

manager [manadʒɛʀ] (Anglicisme) ou **manageur** [manaʒœʀ] n. m. **1.** Personne qui assure l'organisation de spectacles, qui gère les intérêts d'un artiste, d'un sportif, etc. **2.** Dirigeant d'une entreprise.

Managua, cap. du Nicaragua, sur le *lac de Managua;* 682100 hab. Industries. – Université. – Plusieurs fois détruite par des tremblements de terre, notam. en 1972.

Manāma ou **Menama** *(Manāmah),* cap. de Bahreïn; 121990 hab. Port de cabotage. Raffineries de pétrole.

Manassé, roi de Juda (687-642 av. J.-C.). Il favorisa les cultes païens et sacrifia son fils à Moloch; vaincu par Assurbanipal et déporté, il aurait rétabli le culte de Yahvé à sa libération.

Manaus (anc. *Manáos*), v. du Brésil, sur le río Negro, près de son confl. avec l'Amazone; 834540 hab.; cap. de l'État d'Amazonas. Port fluv. Centre comm. et industr. Zone franche. – La ville fut, à la fin du XIXe s., la cap. du caoutchouc.

mancenillier [mɑ̃snije] n. m. BOT Arbre des régions tropicales (fam. euphorbiacées) qui sécrète un latex caustique extrêmement vénéneux.

mancha [mɑ̃ʃa] n. f. Maladie d'origine cryptogamique du caféier. Syn. stilbose.

Mancham (James) (né en 1930), homme d'État seychellois; premier président de la Rép. (1976-1977).

1. manche [mɑ̃ʃ] n. m. **1.** Partie d'un instrument, d'un outil, par laquelle on le tient pour en faire usage. *Le manche d'un couteau, d'une pelle.* ▷ (France rég.) Fam. Personne malhabile. – *S'y prendre comme un manche :* manquer de méthode. ▷ AVIAT *Manche à balai* ou *manche :* levier qui commande les gouvernes de profondeur et les ailerons d'un avion. **2.** Partie découverte de l'os d'un gigot, d'une côtelette. **3.** MUS Partie allongée d'un instrument, sur laquelle les cordes sont tendues. *Manche de guitare.*

2. manche [mɑ̃ʃ] n. f. **1.** Partie du vêtement qui recouvre le bras. ▷ *Être en manches de chemise,* sans veston. ▷ Fam. *C'est une autre paire de manches* ou (Québec) *ce n'est pas la même paire de manches :* c'est plus difficile. ▷ (Belgique) *Être dans la bonne, mauvaise manche de qqn :* être bien, mal considéré par qqn. – *Avoir qqn dans sa manche,* être bien disposé à son égard. – *Frotter la manche à qqn,* le flatter pour en obtenir une faveur. **2.** (Par anal. de forme.) MAR *Manche à air :* tube coudé qui sert de prise d'air, sur le pont d'un navire. – AVIAT Tronc de cône en toile qui indique la direction du vent, sur un terrain d'aviation. ▷ *Manche à incendie :* tuyau d'incendie souple. **3.** Chacune des parties liées d'un jeu, d'une compétition. *Gagner la première manche.*

Manche (la) (en esp. *la Mancha*), région naturelle d'Espagne (S.-E. de Castille-la Manche). Plateaux arides.

Manche (la) (en angl. *the Channel*), mer bordière de l'Atlantique entre la France et la Cornouailles (Grande-Bretagne); le détroit du pas de Calais la fait communiquer avec la mer du Nord; 75000 km². Cette mer poissonneuse et peu profonde (55 m en moyenne) constitue l'un des axes maritimes les plus fréquentés du monde. – *Tunnel sous la Manche :* triple tunnel ferroviaire qui, depuis 1994, relie la Grande-Bretagne (Cheriton) et la France (Frethun, près de Calais).

Manche, dép. franç.; 5947 km²; 479636 hab.; ch.-l. *Saint-Lô* (22819 hab.). V. Normandie (Basse-) [Région].

manche-à-balles [mɑ̃ʃabal] n. (Belgique) Fam. Élève zélé(e) à l'excès. *Des manches-à-balles.*

Manchester, ville de G.-B. sur l'Irwell, reliée à Liverpool par canal; 406900 hab.; ch.-l. du comté du Greater Manchester (2598000 hab.). Centre cotonnier (confection); 2e place comm. et financière de G.-B. Industr. – Évêché. Université. Cath. (nef et chœur du XVe s.).

manchette [mɑ̃ʃɛt] n. f. **1.** Garniture fixée aux poignets d'une chemise ou au bas des manches d'une robe. *Boutons de manchettes.* **2.** Demi-manche destinée à protéger celle d'un vêtement. *Manchettes de lustrine.* **3.** SPORT En lutte, prise à l'avant-bras; coup donné avec l'avant-bras. **4.** IMPRIM Titre en gros caractères en première page d'un journal.

manchon [mɑ̃ʃɔ̃] n. m. **1.** Fourreau dans lequel on met les mains pour les protéger du froid. **2.** TECH Pièce, généralement cylindrique, qui relie deux tubes, deux arbres, etc. ▷ *Manchon à incandescence :* gaine en tissu incombustible imprégné d'oxyde de thorium et de cérium, émettant une lumière blanche au contact d'une flamme. *Manchon à incandescence d'une lampe à gaz, à pétrole.*

1. manchot, ote [mɑ̃ʃo, ɔt] adj. et n. Privé ou estropié de la main ou du bras. ▷ Fig., fam. Maladroit.

2. manchot [mɑ̃ʃo] n. m. Oiseau palmipède (ordre des sphénisciformes) qui vit dans l'Antarctique en vastes colonies, et dont les ailes, devenues inaptes au vol, se sont transformées en nageoires.

mancie [mɑ̃si] n. f. Science divinatoire. (N.B. Le mot *mancie* entre comme élément de composition dans les noms de pratiques occultes : *chiromancie, cartomancie,* etc.)

Manco Cápac Ier (XIe s.), fondateur légendaire de l'Empire inca. — **Manco Cápac II** (m. apr. 1537), le dernier souverain inca. Il tenta de chasser les Espagnols du Pérou et fut assassiné.

Mandalay, v. de Birmanie septentrionale, sur l'Irrawaddy; ch.-l. de la prov. du m. nom; 532900 hab. Textile (soie). – Cap. du royaume birman de 1860 à 1885. – Temples bouddhiques.

mandant, ante [mɑ̃dɑ̃, ɑ̃t] n. DR Personne qui donne mandat à qqn de faire qqch.

Mandara (mont du), massif granitique du Cameroun septentrional, à la frontière nigériane; 1442 m au mont Tourou.

Mandara (royaume du), ancien royaume situé dans le Cameroun actuel, au S. du lac Tchad. Il fut édifié au XVe s. et tomba sous la suzeraineté du royaume du Bornou. En 1715, son roi *(maï)* se convertit à l'islam. Au XIXe s., les Peuls conquirent la région.

Mandara, population du N. du Cameroun (env. 750000 personnes). Ils parlent une langue afro-asiatique du groupe tchadique. Ils ont donné leur nom au royaume et au mont du Mandara, de sorte que, par ext., on nomme Mandara les montagnards qui habitent ce mont.

mandarin, ine [mɑ̃daʀɛ̃, in] n. m. et adj. **I.** n. m. **1.** HIST Dans l'ancienne Chine, puis au Viêt-nam et en Corée, fonctionnaire qui était recruté par concours parmi les lettrés. **2.** Fig., péjor. Lettré influent. *Les mandarins de la littérature, de la presse.* ▷ Professeur d'université attaché à ses prérogatives. **II.** adj. **1.** Des mandarins (sens I, 1). *Jonque mandarine.* ▷ n. m. *Le mandarin :* la plus importante des langues chinoises, parlée ou comprise dans presque tout le pays, à l'exception des régions côtières du Sud-Est. *Le mandarin est la langue officielle de la république populaire de Chine.* **2.** *Canard mandarin :* canard d'Extrême-Orient, au plumage bariolé, élevé comme oiseau de représentation.

mandarinat [mɑ̃daʀina] n. m. Domination exercée par les mandarins.

mandarine [mɑ̃daʀin] n. f. et adj. inv. Fruit comestible du mandarinier, ressemblant à une petite orange. ▷ adj. inv. De couleur orange foncé. *Des tissus mandarine.*

Mandarine (route), route du Viêtnam, dont la construction fut décidée par l'empereur Gia Long afin de consolider son pouvoir dans un Viêtnam réunifié du nord au sud en 1802. Cette piste, modernisée et prolongée par les colons français, relia Huê à Hanoi, à Saigon et à Phnom Penh.

mandarinier [mɑ̃daʀinje] n. m. Arbrisseau (fam. rutacées) originaire de Chine qui produit la mandarine.

mandat [mɑ̃da] n. m. **1.** Acte par lequel une personne donne à une autre le pouvoir de faire une chose en son nom. *Donner mandat à qqn de faire qqch.* Syn. procuration. **2.** Pouvoir conféré par les membres d'une société à leurs représentants. – Charge, fonction de ce représentant. *Mandat présidentiel. Mandat de député.* – Durée de cette charge. *Il est mort avant la fin de son mandat.* **3.** HIST *Mandat international,* en vertu duquel un État administrait provisoirement un pays, un territoire, sous le contrôle de la S.D.N. *La S.D.N. mit le Liban et la Syrie sous mandat français après la Première Guerre mondiale.* **4.** DR Ordonnance signée par le juge d'instruction. *Mandat d'amener.* **5.** FIN Ordre de payer adressé par un propriétaire de fonds à son dépositaire. **6.** Titre postal de paiement permettant à son destinataire de toucher une somme d'argent versée par l'expéditeur. *Envoyer, recevoir un mandat.* – *Mandat-carte,* à expédier comme une carte postale. – *Mandat-lettre,* destiné à être envoyé sous enveloppe. – *Mandat télégraphique,* adressé par télégramme. – *Mandat optique,* destiné à être exploité au moyen d'un ordinateur, par lecture optique.

mandataire [mɑ̃datɛʀ] n. m. Celui qui est chargé d'un mandat.

mandatement [mɑ̃datmɑ̃] n. m. Rédaction d'un titre de paiement par un comptable du Trésor.

mandater [mɑ̃date] v. tr. [**1**] **1.** FIN Inscrire (une somme) sur un mandat de paiement. **2.** Confier un mandat à (qqn). *Député que ses électeurs ont dûment mandaté.*

mandchou [mɑ̃dʃu] n. m. LING Langue altaïque du groupe toungouse, parlée par les Mandchous.

Mandchoukouo (le), nom japonais de la Mandchourie* (1931-1945).

Mandchourie, nom d'un anc. territ. de la Chine du N.-E. découpé auj. en plusieurs prov. chinoises; v. princ. *Shenyang* et *Harbin.* Le pays est riche (soja, millet, riz; houille; forte industr.). – Convoitée par la Russie et le Japon, la Mandchourie fut partagée en deux zones d'influence (1905). L'U.R.S.S. ayant abandonné ses droits (1924), le Japon créa l'État vassal du Mandchoukouo (1932), territ. chinois en 1945.

Mandchous, peuple toungouse qui envahit la Chine au XVIIe s.; il lui donna sa dernière dynastie, celle des Qing (1644-1911).

mandé [mɑ̃de] n. m. et adj. inv. LING Groupe de langues nigéro-congolaises, parlées en Afrique de l'Ouest (Sénégal, Mali, Guinée, Guinée-Bissau, Sierra Leone, Liberia, Nigeria, Côte d'Ivoire et Burkina Faso) et comprenant notam. le mandingue. ▷ adj. inv. *Les langues mandé.*

Mandé, nom collectif désignant les populations de l'Afrique de l'Ouest (Malinké, Sarakholé ou Soninké, Bambara, Susu, Manding, Diola) qui parlent les langues mandé*. Ils peuplent la Guinée, le Mali, le Burkina Faso, le Sénégal, le Liberia, la Côte d'Ivoire, le Ghana. V. mandé et Manding.

Mandela (Nelson) (né en 1918), homme d'État sud-africain. Président de l'African National Congress (A.N.C.), le plus anc. parti d'opposition en Afrique du Sud, il fut emprisonné en 1962 pour incitation à la grève et condamné à la détention à perpétuité en 1964 pour incitation à la lutte armée contre le régime d'apartheid. Libéré en février 1990, redevenu président effectif de l'A.N.C. en 1991, il participe avec le gouvernement à des travaux destinés à édifier une république d'Afrique du Sud démocratique. En 1994, il est élu président de la Rép. après la victoire de l'A.N.C. aux premières élections multiraciales d'Afrique du Sud (avril 1994). Prix Nobel de la paix 1994 (avec Fr. De Klerk).

Mandelstam (Ossip Emilievitch) (1891 – 1938), poète russe : *la Pierre* (1913), *Tristia* (1922), *le Bruit du temps* (1925, nouvelles). Il mourut victime du stalinisme.

mandement [mɑ̃dmɑ̃] n. m. DR CANON Écrit par lequel un évêque donne des instructions pastorales à ses diocésains. *Mandement de carême.*

mandibule [mɑ̃dibyl] n. f. **1.** Maxillaire inférieur. **2.** ZOOL Chacune des deux pièces tranchantes, plus ou moins développées, constituant la première paire d'appendices buccaux des crustacés et des insectes. **3.** Chacune des deux pièces cornées qui forment le bec des oiseaux.

Manding ou **Mandingues,** ensemble de populations du haut Sénégal et du haut Niger, parlant des langues nigéro-congolaises du groupe mandé. (V. mandingue.) Les principales ethnies sont les Malinké, les Bambara, les Susu et les Dioula. Musulmans, ils ont édifié un empire qui connut son apogée au XIVe s. et disparut au XVIIe s.

Manding (plateau), région montagneuse de la Guinée et du Mali, culminant à 800 m env. et contournée par la vallée du haut Niger.

mandingue [mɑ̃dɛ̃g] adj. et n. m. **1.** adj. Relatif aux Manding. **2.** n. m. LING *Le mandingue :* sous-groupe formé de trois langues mandé (bambara, dioula, malinké), parlées notam. au Mali, en Côte d'Ivoire et en Guinée.

Mandja. V. Manza.

mandoline [mɑ̃dɔlin] n. f. MUS Instrument à cordes pincées (quatre cordes doubles), dont on joue à l'aide d'un médiator.

mandragore [mɑ̃dʀagɔʀ] n. f. Plante (genre *Mandragora,* fam. solanacées) dont la racine, qui évoque une silhouette humaine, possède des propriétés narcotiques et purgatives.

mandrill [mɑ̃dʀil] n. m. Singe cynocéphale du Cameroun et du Gabon (*Mandrillus sphinx,* fam. des cercopithécidés), haut d'environ 80 cm, dont la face est pigmentée de rouge et de bleu.

mandrin [mɑ̃dʀɛ̃] n. m. TECH **1.** Poinçon. **2.** Outil servant à redresser les tubes. **3.** Appareil servant à fixer sur l'arbre d'une machine la pièce à usiner ou l'outil d'usinage.

manducation [mɑ̃dykasjɔ̃] n. f. PHYSIOL Ensemble des opérations de la nutrition qui précèdent la digestion (mastication, insalivation, etc.).

1. -mane. Élément, du lat. *manus,* «main».

2. -mane, -manie. Éléments, du gr. *mania,* «folie».

manège [manɛʒ] n. m. **I. 1.** Lieu où l'on dresse les chevaux et où l'on donne des leçons d'équitation. *Mettre un cheval au manège.* **2.** TECH Appareil composé d'une poutre horizontale engrenée dans un axe vertical, à laquelle on attelle un cheval; machine mue par ce dispositif. *Manège à puiser l'eau.* **3.** *Par anal.* Attraction foraine dans laquelle des animaux figurés ou des véhicules divers tournent autour d'un axe central. Syn. (Belgique, Maurice, Québec, Suisse) carrousel. **II.** Fig. Manière d'agir artificieuse pour parvenir à qqch. *Je ne suis pas dupe de son manège.* Syn. jeu, manœuvre.

Manengouba (monts), massif de la dorsale volcanique du Cameroun occidental, culminant à 2396 m.

mânes [mɑn] n. m. pl. Litt. Âmes des morts. *Les mânes de nos ancêtres.*

Manès (en gr.) ou **Mani** (en anc. persan) (v. 216 – v. 273), fondateur du manichéisme. Il se disait le Paraclet (l'incarnation du Saint-Esprit) annoncé par le Messie. Après de longs voyages missionnaires en Asie centrale et en Inde, il rentra en Perse v. 270. Le roi Bahrâm Ier le fit mettre à mort.

Manet (Édouard) (1832 – 1883), peintre français. Sa liberté de touche (*le Déjeuner sur l'herbe,* 1862; *Olympia,* 1863) opéra une révolution qui fit scandale.

manette [manɛt] n. f. Petite poignée, petit levier que l'on manœuvre à la main pour actionner un mécanisme.

mangabey [mɑ̃gabɛ] n. m. Singe noir à grands favoris blancs des forêts de la rép. dém. du Congo.

manganèse [mɑ̃ganɛz] n. m. CHIM Élément métallique (symbole Mn) de numéro atomique Z=25. – Métal (Mn) gris. *Le manganèse entre dans la composition d'alliages avec le fer.*

manganin [mɑ̃ganɛ̃] n. m. (Nom déposé.) METALL Alliage de cuivre (82 %), de manganèse (15 %) et de nickel (3 %) utilisé dans la confection des résistancesélectriques.

Mangareva (île), la plus grande des îles Gambier, située au nord de cet archipel de la Polynésie française. Elle est d'origine volcanique.

mangarévien, enne [mɑ̃gaʀevjɛ̃, ɛn] adj. et n. De l'île Mangareva – *Par ext.* De l'archipel des îles Gambier. ▷ Subst. *Un(e) Mangarévien(ne).*

Mangbetu, ensemble de populations établies dans la pointe N.-E. de la rép. dém. du Congo (env. 120000 personnes). V. Moru.

mangeable [mɑ̃ʒabl] adj. Qui peut se manger, qui n'a pas un goût désagréable. *C'est juste mangeable!*

mange-mil [mɑ̃ʒmil] n. m. inv. (Afr. subsah.) Nom donné à divers petits oiseaux nuisibles aux cultures, et spécialement au *travailleur à bec rouge.*

mangeoire [mɑ̃ʒwaʀ] n. f. Récipient dans lequel on donne à manger aux animaux domestiques.

1. manger [mɑ̃ʒe] v. tr. [**13**] **1.** Mâcher et avaler (un aliment). – (S. comp.) Se nourrir, prendre ses repas. *Manger deux fois par jour.* ▷ Loc. *Faire à manger :* cuisiner. ▷ Loc. fig. *Manger son pain blanc le premier :* commencer par ce qui est le plus agréable. ▷ Loc. fig., fam. *Manger de la vache enragée :* V. vache. ▷ v. pron. (passif) *Ce plat se mange chaud ou froid.* **2.** Ronger, entamer. – (En parlant d'une chose.) *La rouille a mangé le fer.* **3.** Fig. *Manger ses mots,* les prononcer indistinctement, incomplètement. **4.** Fig. Dilapider. *Manger ses économies.* **5.** (Afr. subsah.) *Manger l'âme de qqn,* le détruire en s'emparant par sorcellerie de son principe vital. **6.** (Maurice) Fam. *Manger des gousses :* être corrompu. **7.** (Maurice, Québec) Fam. Subir. – *Manger de la misère :* endurer des privations. ▷ Recevoir (des injures, des coups). *Manger des bêtises, une volée.* – *En manger une, toute une :* écoper d'une correction.

2. manger [mɑ̃ʒe] n. m. Vieilli Action de manger. *Perdre le boire et le manger, de chagrin.* ▷ (Antilles fr., oc. Indien) Syn. de *repas.* ▷ Fam. Ce qu'on mange. *On peut apporter son manger.*

mange-tout ou **mangetout** [mɑ̃ʒtu] n. m. inv. **1.** Variété de haricots verts sans fils. ▷ adj. inv. *Haricots mange-tout.* **2.** Variété de pois dont on mange la cosse avec le grain.

mangeur, euse [mɑ̃ʒœʀ, øz] n. Personne qui mange (de grosses, de petites quantités de nourriture), qui aime à manger (tel aliment). *Un gros mangeur. C'est un mangeur de pain.* – (Afr. subsah.) *Mangeur d'âmes :* syn. de *anthropophage* (sens 2).

mangle [mɑ̃gl] ou **manglier** [mɑ̃glije] n. m. Palétuvier. *Manglier gris. Manglier blanc.*

mango [mɑ̃go] n. m. **1.** (Afr. subsah.) Fruit, petit et fibreux, du mangotier. **2.** (Haïti) Syn. de *mangue.*

mangot [mɑ̃go] n. m. (Mart.) Syn. de *mangue* (sens 1).

mangotier [mɑ̃gotje] n. m. (Afr. subsah.) Manguier non greffé dont le fruit est le mango.

mangoustan [mɑ̃gustɑ̃] ou **mangoustanier** [mɑ̃gustanje] n. m. Plante arborescente des régions tropicales dont les fruits sont comestibles.

mangouste [mɑ̃gust] n. f. Petit mammifère carnivore d'Asie et d'Afrique (genres *Herpestes* et voisins, fam. viverridés) à pelage brun, grand destructeur de serpents. *Une espèce asiatique de mangouste* (Herpestes edwardsi) *a été introduite aux Antilles vers 1870 pour lutter contre les rats et les serpents des plantations de canne à sucre.*

mangrove [mɑ̃gʀɔv] n. f. GEOGR Forêt de palétuviers s'étendant sur les vasières de la bande littorale, formation végétale typique des eaux saumâtres et peu profondes, dans les pays tropicaux. *Côte à mangrove.*

mangue [mɑ̃g] n. f. **1.** Fruit comestible du manguier, à la pulpe jaune, très parfumée, dont il existe de nombreuses variétés (*mangue-ananas, mangue-papaye, mangue-pêche,* etc.). Syn. (Haïti) mango, (Mart.) mangot. **2.** Mammifère carnivore d'Afrique, voisin de la mangouste.

manguier [mɑ̃gje] n. m. Arbre tropical (fam. anacardiacées) produisant de petits fruits fibreux (mangos) ou, après greffage, des mangues charnues et parfumées.

Mangwana (Sam) (né en 1945), chanteur-compositeur de la rép. dém. du Congo.

Manhattan, île des É.-U., entre l'Hudson, l'East River et la rivière de Harlem. C'est le berceau de la ville de New York, le quartier des affaires et des activités culturelles.

mani [mani] ou **manikongo** [manikɔ̃go] n. m. Titre porté par le souverain de l'anc. royaume du Kongo*.

Mani. V. Manès.

maniabilité [manjabilite] n. f. Qualité de ce qui est maniable.

maniable [manjabl] adj. Aisé à manier.

maniaco-dépressif, ive [manjakodepʀesif, iv] adj. et n. PSYCHIAT Se dit d'un état pathologique qui se manifeste par une alternance d'états d'exaltation et de dépression. *Psychose maniaco-dépressive.* ▷ *Sujet maniaco-dépressif,* atteint d'une telle psychose. ▷ Subst. *Des maniaco-dépressifs.*

maniaque [manjak] adj. et n. **1.** PSYCHIAT Caractéristique de la manie. *Délire maniaque.* ▷ Qui est atteint de manie. – Subst. *Un(e) maniaque.* **2.** Qui a une, des manies (notam. la manie de l'ordre). ▷ Subst. *Les maniaques m'exaspèrent.*

maniaquerie [manjakʀi] n. f. Caractère d'un maniaque (sens 2).

manichéen, enne [manikeɛ̃, ɛn] n. et adj. **1.** n. Adepte du manichéisme. **2.** adj. Qui appartient au manichéisme, ou qui l'évoque.

manichéisme [manikeism] n. m. **1.** Doctrine de Manès* et de ses disciples, qui admet l'existence d'un principe du bien et d'un principe du mal, dont éma-nerait une double création. **2.** *Par ext.* Toute conception morale, toute doctrine qui oppose les principes du bien et du mal. ▷ Toute attitude qui oppose d'une manière absolue le bien et le mal.

manicle [manikl] n. f. V. manique.

Manicouagan (la), riv. du Québec qui conflue avec le Saint-Laurent (r. g.) près de Baie-Comeau; 500 km. Puissantes centrales hydroél. (barrage Daniel-Johnson).

-manie. V. -mane 2.

manie [mani] n. f. **1.** PSYCHIAT Syndrome mental caractérisé par des troubles de l'humeur (excitation psychomotrice, instabilité, troubles de l'attention) à évolution cyclique. **2.** Idée fixe, obsession. **3.** Goût immodéré et déraisonnable pour (qqch). *Avoir la manie des citations.* **4.** Habitude bizarre à laquelle on est particulièrement attaché.

maniement [manimɑ̃] n. m. **1.** Action, façon de manier, de se servir (d'une chose) avec les mains. *S'exercer au maniement des armes.* ▷ Fig. *Maniement des idées, des affaires.* **2.** Région du corps, facilement palpable, d'un animal de boucherie, où s'accumule la graisse.

manier [manje] v. tr. [2] **1.** Avoir entre les mains (qqch que l'on bouge). *Manier un objet fragile avec précaution.* ▷ Fig. *Manier des fonds :* faire des opérations de recettes, de placement, etc. **2.** Façonner. *Forgeron qui manie bien le fer.* **3.** CUIS *Manier le beurre,* le pétrir en le mélangeant à de la farine. **4.** Se servir avec plus ou moins d'adresse (d'une arme, d'un instrument). *Savoir manier l'épée, le ciseau.* – Fig. *Manier l'ironie.* **5.** Diriger, mener à son gré. *Une voiture difficile à manier.* ▷ Fig. *L'art de manier les esprits, les foules.*

manière [manjɛʀ] n. f. **I. 1.** Façon, forme particulière sous laquelle une chose, une action se présente. ▷ *C'est une manière de parler :* ce sont des paroles qu'il ne faut pas prendre à la lettre. ▷ *Il y a la manière :* la façon de s'y prendre (avec tact, etc.) a son importance, pour parvenir à un résultat. **2.** Façon de se comporter habituelle, propre à qqn. **3.** Façon de composer, de s'exprimer propre à un artiste, un groupe d'artistes. **4.** GRAM *Complément, adverbe de manière,* qui indique comment est accomplie une action. **II. 1.** Loc. prép. *À la manière de :* comme. ▷ *De manière à :* de façon à. **2.** Loc. conj. *De (telle) manière que :* de sorte que, d'une façon telle que. *Il parle fort, de manière que nous l'entendions* (subjonctif marquant la conséquence recherchée, voulue). – *Il parle trop bas, de manière qu'on ne comprend plus rien* (indicatif marquant le résultat acquis, réel). **3.** Loc. adv. *De toute manière :* de toute façon, quoi qu'il en soit. – *D'une manière générale :* généralement, en gros. **III.** (Plur.) Façon de se comporter en société. *Apprendre les bonnes manières.* ▷ Péjor. *Faire des manières :* agir avec affectation, se faire prier.

maniéré, ée [manjeʀe] adj. Qui manque de simplicité. ▷ BX-A *Style maniéré,* qui manque de naturel.

maniérisme [manjeʀism] n. m. Manque de naturel, affectation, en littérature, en art.

manieur, euse [manjœʀ, øz] n. Personne qui manie, sait manier (telle chose). – Fig. *Manieur d'argent :* financier, homme d'affaires. – *Manieur d'hommes,* qui a des capacités de chef.

manifestant, ante [manifɛstɑ̃, ɑ̃t] n. Personne qui participe à une manifestation.

manifestation [manifɛstasjɔ̃] n. f. **1.** Action de manifester; fait de se manifester. **2.** Rassemblement public de personnes pour exprimer une opinion, une protestation. *Une manifestation d'agriculteurs.* **3.** Réunion organisée pour présenter, vendre des œuvres, des produits, etc. *Une manifestation artisanale.*

manifeste [manifɛst] adj. et n. m. **I.** adj. Évident, indéniable. *Une erreur manifeste.* ▷ PSYCHAN *Contenu manifeste d'un rêve** (par oppos. à *contenu latent**), son sens apparent. **II.** n. m. **1.** Liste détaillée des marchandises embarquées sur un navire. **2.** *Par anal.* Document de bord d'un avion mentionnant l'itinéraire suivi, le nombre de passagers, le chargement de l'appareil. **3.** Écrit public par lequel un groupe expose sa doctrine, ses conceptions, ses buts. *Le Manifeste du surréalisme*.*

manifestement [manifɛstəmɑ̃] adv. De manière manifeste.

manifester [manifɛste] v. [1] **1.** v. tr. Rendre manifeste, faire connaître. ▷ v. pron. Apparaître, se montrer. ▷ *Elle ne s'est pas manifestée depuis son retour,* elle n'a pas donné signe de vie. ▷ (Passif) *La peur se manifeste par des tremblements,* se traduit par... **2.** v. intr. Prendre part à une manifestation (sens 2).

Manifestes du surréalisme, ensemble de textes publiés par André Breton : *Manifeste du surréalisme* (1924), *Second Manifeste du surréalisme* (1930), *Position politique du surréalisme* (1935), *Prolégomènes à un troisième manifeste du surréalisme ou non* (1942), *Du surréalisme en ses œuvres vives* (1953).

manigance [manigɑ̃s] n. f. Fam. (Souvent au plur.) Petite intrigue.

manigancer [manigɑ̃se] v. tr. [**12**] Fam. Tramer par quelque manigance.

maniguette [manigɛt] ou **malaguette** [malagɛt] n. f. Graine de l'amome, au goût poivré, qui sert de condiment et est aussi appelée *poivre maniguette* ou *graine de paradis.*

manihotoxine [maniotɔksin] n. f. Hétéroside toxique contenu dans la racine des maniocs amers.

manikongo [manikɔ̃go] n. m. V. mani.

1. manille [manij] n. f. MAR et TECH Pièce métallique en forme de U qui sert à réunir deux longueurs de chaînes.

2. manille [manij] n. f. Jeu de cartes où le dix, appelé *manille,* est la carte la plus forte.

Manille, cap. et port des Philippines, sur la mer de Chine, dans l'île de Luçon; 1 598 900 hab. (aggl. urb. 6 720 050 hab.); ch.-l. de prov. Premier centre industriel et commercial du pays. – Import. universités, dont celle de Santo Tomas, créée en 1611. – La ville, fondée par les Espagnols en 1571, englobe Quezón City (1 166 000 hab. env.), cap. légale de 1948 à 1979.

manioc [manjɔk] n. m. Arbrisseau (fam. euphorbiacées), cultivé dans les pays tropicaux dont les feuilles sont comestibles et dont la racine tubérisée, riche en amidon, est consommée bouillie ou séchée, et fournit divers produits : farine, semoule (attiéké, gari), fécule (tapioca), pâtes, etc. (Les *maniocs doux* peuvent être cuits sans préparation particulière; les *maniocs amers* contiennent une substance toxique, la manihotoxine, qui doit être éliminée par compression ou ébullition, ou par trempage-rouissage, suivi de plusieurs lavages.)

manipulateur, trice [manipylatœʀ, tʀis] n. Personne chargée de faire des manipulations.

manipulation [manipylasjɔ̃] n. f. **1.** Action de manipuler. ▷ Mise en œuvre de substances chimiques ou pharmaceutiques, d'appareils, etc. dans un laboratoire. **2.** Partie de la prestidigitation qui se fonde uniquement sur l'habileté manuelle. **3.** Fig., péjor. Manœuvre, pratique louche. ▷ Emprise exercée à leur insu sur un individu ou un groupe. **4.** MED Manœuvre manuelle destinée à rétablir la position normale et la mobilité des os d'une articulation. **5.** BIOL *Manipulation génétique :* opération visant à transformer le génome pour obtenir un organisme ayant des caractères héréditaires différents.

manipuler [manipyle] v. tr. [**1**] **1.** Manier, arranger avec précaution (des substances, des appareils). **2.** Manier, déplacer avec la main. **3.** Fig. et péjor. Utiliser (qqn) à des fins non avouées et en le trompant. *C'est un naïf que l'on peut facilement manipuler.*

Manipur, État de l'Inde, limitrophe de la Birmanie; 22 356 km²; 1 826 700 hab.; cap. *Imphāl.* Région montagneuse et forestière (bois précieux).

manique [manik] ou **manicle** [manikl] n. f. TECH **1.** Demi-gant qui protège la main, utilisé dans certains métiers (cordonnerie, bourrellerie). **2.** Manche de plusieurs outils.

Manitoba (lac), lac du Canada (4 800 km²) qui communique par la riv. Dauphin avec le lac Winnipeg, de niveau inférieur.

Manitoba, prov. du Canada central, sur la baie d'Hudson; 650 086 km²; 1 091 900 hab. (53 000 francophones); capitale *Winnipeg.* Au sud s'étend la Prairie (blé, orge, avoine, élevage), au centre et au nord le Bouclier canadien, couvert de forêts (conifères). Le climat est sec et rigoureux. Le sous-sol est riche : cuivre, zinc, nickel, or, pétrole, etc. L'énergie est fournie par les nombr. cours d'eau. L'industrie est concentrée dans la région de Winnipeg. – Concédé à la Compagnie de la baie d'Hudson (1670), colonisé à partir de 1812 sous le nom de *Rivière-Rouge,* ce territoire était peuplé de métis, de commerçants français et d'Amérindiennes. Ces métis se révoltèrent en 1870. Le gouvernement fédéral mata la révolte et transforma la colonie en la province du Manitoba (du nom du lac) unie à la Confédération. En 1885, une nouvelle révolte des métis, conduite par Louis Riel, fut écrasée; Riel fut pendu; le gouvernement fédéral encouragea l'implantation d'immigrants anglophones. Le développement des voies ferrées permit notamment celui d'une céréaliculture puissante.

manitobain, aine [manitobɛ̃, ɛn] adj. et n. Du Manitoba. ▷ Subst. *Un(e) Manitobain(e).*

Maniu (Iuliu) (1873 – 1953), homme politique roumain. Il fut l'artisan de la réunion de la Transylvanie à la Roumanie en 1918. Chef du gouvernement de 1928 à 1930 et en 1932-1933, il se montra hostile aux tendances dictatoriales du roi Carol II, puis soutint les Gardes de fer et aida Antonescu à prendre le pouvoir (1940). En 1944, il décida de signer l'armistice avec l'U.R.S.S. Il fut cependant arrêté en 1947 par les communistes et mourut en prison.

manivelle [manivɛl] n. f. Pièce coudée deux fois à angle droit, dans des sens opposés, qui sert à imprimer un mouvement de rotation à un axe, à un arbre.

Manja. V. Manza.

Mankiewicz (Joseph Leo) (1909 – 1993), cinéaste américain : *Ève* (1950), *Jules César* (1953), *la Comtesse aux pieds nus* (1954), *Cléopâtre* (1963).

Mann (Heinrich) (1871 – 1950), écrivain allemand; l'un des précurseurs de l'expressionnisme : *le Professeur Unrat* (1905), devenu au cinéma *l'Ange bleu* (1930). — **Thomas** (1875 – 1955), frère du préc., écrivain allemand. Son œuvre traite des antinomies entre l'action et la vie de l'esprit, des affinités entre l'art et la mort, voire entre la maladie et la santé. Romans : *les Buddenbrook* (1901), *la Montagne magique* (1924), *Joseph et ses frères* (tétralogie, 1933-1943), *le Docteur Faustus* (1947), etc. Nouvelles : *Tonio Kröger* (1903), *la Mort à Venise* (1913). Essais : *Noblesse de l'esprit* (sur Nietzsche, Freud, Goethe, etc., 1945). P. Nobel 1929.

Mann (Emil Anton Bundmann, dit Anthony) (1906 – 1967), cinéaste américain : *Je suis un aventurier* (1955); *l'Homme de l'Ouest* (1958).

manne [man] n. f. **1.** Nourriture miraculeuse qui, d'après la Bible, tomba du ciel pour nourrir les Hébreux dans le désert. ▷ Fig. Aubaine, avantage que l'on n'espérait pas. **2.** *Manne des pêcheurs* ou *des poissons :* éphémères qui s'abattent sur l'eau en grande quantité. **3.** Matière sucrée qui exsude de certains végétaux (frêne, eucalyptus, tamaris).

Manneken-Pis, personnage du folklore bruxellois, représenté sous la forme d'une statue d'un enfant urinant, dominant une ancienne fontaine publique.

1. mannequin [mankɛ̃] n. m. HORTIC Panier haut et rond, à claire-voie.

2. mannequin [mankɛ̃] n. m. **1.** Figure articulée représentant le corps humain, qui sert de modèle aux peintres, aux sculpteurs, etc. ▷ Forme humaine en osier, en bois, etc., servant à l'essayage ou à l'exposition des vêtements. ▷ ELEV Forme animale empaillée, figure en bois, utilisée pour déclencher ou favoriser la sécrétion lactée, notam. chez la vache ayant perdu son veau. **2.** Personne qui présente au public les créations des couturiers.

Mannerheim (Carl Gustaf Emil, baron) (1867 – 1951), maréchal et homme politique finlandais. En 1918, il vainquit les bolcheviks et devint régent. De 1939 à 1944, il combattit l'U.R.S.S. Chef de l'État de 1944 à 1946.

Mannheim, ville et port d'Allemagne (Bade-Wurtemberg), au confl. du Rhin et du Neckar; 294 650 hab. Centre industriel. – Université. Chât. grand-ducal (XVIIIe s.). Musée d'art.

manœuvrable [manœvʀabl] adj. Qui peut être facilement manœuvré, maniable (navire, aéronef, véhicule).

1. manœuvre [manœvʀ] n. f. **I. 1.** Mise en œuvre d'un instrument, d'une machine; action ou opération nécessaire à son fonctionnement. **2.** Action exercée sur le gréement, les voiles, etc., d'un navire, et destinée à assurer sa bonne marche ou à déterminer une évolution particulière; cette évolution. ▷ *Par anal.* Évolution d'un véhicule, d'un aéronef; action ou ensemble d'actions qui déterminent une (des) évolution(s). – *Fausse manœuvre,* mal exécutée, ou exécutée à contretemps. **3.** Exercice destiné à l'instruction des troupes. *Champ de manœuvres.* ▷ Au combat, mouvement de troupes ordonné par le commandement. **4.** Fig. Ensemble des moyens que l'on emploie pour réussir; intrigue, combinaison. – *Manœuvres électorales,* employées pour influencer le vote des électeurs. **II.** MAR Cordage du gréement.

2. manœuvre [manœvʀ] n. m. Ouvrier affecté à des travaux ne nécessitant aucune qualification professionnelle.

manœuvrer [manœvʀe] v. [**1**] **I.** v. intr. **1.** Effectuer une manœuvre, à bord d'un navire, d'un aéronef, d'un véhicule. **2.** S'exercer en faisant des manœuvres. ▷ MILIT Exécuter un mouvement stratégique ou tactique. **3.** Fig. Prendre les mesures nécessaires pour arriver à ses fins. **II.** v. tr. **1.** Agir sur (un appareil, un véhicule, etc.) pour le diriger, le faire fonctionner. **2.** Fig. Influencer (qqn) de manière détournée pour qu'il agisse comme on le souhaite.

manœuvrier, ère [manœvʀije, ɛʀ] n. **1.** Personne qui sait manœuvrer (un navire, des troupes, etc.). *Un fin manœuvrier.* **2.** Fig. Personne qui sait conduire ses affaires avec habileté.

manoir [manwaʀ] n. m. Demeure seigneuriale. – Petit château campagnard.

Manolete (Manuel Rodríguez Sánchez, dit) (1917 – 1947), matador espagnol; il fut tué dans l'arène.

manomètre [manɔmɛtʀ] n. m. TECH Appareil servant à mesurer la pression d'un gaz ou d'un liquide. *Les baromètres sont des manomètres qui mesurent la pression atmosphérique.*

manométrie [manɔmetʀi] n. f. PHYS Mesure de la pression des gaz, des liquides.

manostat [manɔsta] n. m. TECH Appareil servant à maintenir constante la pression d'un fluide dans une enceinte.

manou [manu] n. m. (Nouv.-Cal., Wallis-et-F.) Paréo.

Manou. V. Manu.

manquant, ante [mɑ̃kɑ̃, ɑ̃t] adj. et n. Qui manque; qui est absent. *Pièce manquante d'une collection. Élève manquant.* – Subst. *Les manquants seront punis.*

manque [mɑ̃k] n. m. **1.** Défaut, absence de ce qui est nécessaire. *Manque de pain.* ▷ *État de manque :* état d'angoisse et de souffrance physique d'un toxicomane privé de drogue. **2.** Ce qui manque. ▷ *Manque à gagner :* gain que l'on aurait pu réaliser.

manqué, ée [mɑ̃ke] adj. **1.** Qui n'est pas réussi. *Une soirée manquée.* **2.** À quoi l'on n'a pas été présent. *Rendez-vous manqué.* **3.** *Un comédien, cuisinier,* etc. *manqué,* qui en a la vocation, mais pas l'état. **4.** PSYCHAN *Acte manqué,* qui traduit une pulsion inconsciente.

manquement [mɑ̃kmɑ̃] n. m. Fait de manquer à un engagement, à un devoir. *Manquement à la discipline.*

manquer [mɑ̃ke] v. [1] **I.** v. intr. **1.** Faire défaut. *L'eau manque.* ▷ v. impers. *Il manque encore deux chaises.* **2.** Être absent, ne pas être là quand il le faudrait. *Plusieurs élèves manquent cette semaine.* – *Les forces lui manquèrent.* **3.** (Choses) Échouer. *La tentative a manqué.* **II.** v. tr. indir. **1.** *Manquer à (qqn),* ne pas lui manifester les égards qu'on lui doit. – *Manquer à (qqn) :* faire défaut (par son absence). *Sa fille lui manque.* **2.** *Manquer à* (une obligation), s'y soustraire. *Manquer à sa parole.* **3.** (Semi-auxil.) Être sur le point de. *Il a manqué de tomber.* – *Il a manqué donner sa démission.* **III.** v. tr. dir. **1.** Ne pas réussir. *Manquer son affaire.* **2.** Ne pas atteindre (un but). ▷ *Spécial.* Ne pas réussir à tuer. *Manquer un lièvre.* ▷ v. pron. (réfl.) Ne pas réussir à se tuer. *Il a fait une tentative de suicide, mais il s'est manqué.* **3.** Ne pas parvenir à rencontrer (qqn). ▷ v. pron. (récipr.) *Ils se sont manqués à dix minutes près.* **4.** Être absent, arriver trop tard pour assister, participer à (qqch). *Manquer la classe.* ▷ *Manquer le train,* arriver trop tard pour le prendre. **5.** Laisser échapper (qqch d'intéressant). *Manquer une bonne occasion.*

Man Ray. V. Ray (Man).

Mans (Le), v. de France, ch.-l. du dép. de la Sarthe, sur la Sarthe; 148465 hab. Centre industr. Circuit automobile (les Vingt-Quatre Heures du Mans, dep. 1923). – Évêché. Cath. (XIe-XVe s.). Deux égl. des XIe-XIIIe s. Musées.

mansa [mɑ̃sa] n. m. (Afr. subsah.) HIST Titre des souverains de l'empire du Mali.

mansarde [mɑ̃saʀd] n. f. Pièce ménagée sous un toit, dont un mur au moins est incliné.

mansardé, ée [mɑ̃saʀde] adj. Disposé en mansarde.

Mansart (François) (1598 – 1666), architecte français; élève de Samuel de Brosse. Il créa un style national lié à la doctrine classique : église de la Visitation-de-Sainte-Marie (1632, Paris), hôtel de la Vrillière (1635-1638, Banque de France, Paris), château de Maisons (1642-1651). — **Hardouin-Mansart** (Jules) (1646 – 1708), petit-neveu du précédent; architecte français; continuateur du classicisme, architecte de Louis XIV : château de Clagny (1674-1683), de Marly (1679-1686), de Dampierre (1680), partie principale du château de Versailles (façade sur le parc, galerie des Glaces : 1678-1684), dôme des Invalides (1680), Grand Trianon (1687), place des Conquêtes (1698, aujourd'hui place Vendôme, Paris).

Mansfeld (Ernst, comte) (1580 – 1626), homme de guerre né à Luxembourg. Catholique, il combattit pour l'Espagne aux Pays-Bas, puis servit successivement l'Électeur du Palatinat contre l'empereur Ferdinand II de Habsbourg, la France, l'Angleterre et Ferdinand II. Il fut vaincu par Wallenstein à Dessau (1626).

Mansfield (Kathleen Mansfield Beauchamp, dite Katherine) (1888 – 1923), écrivain anglais : *Félicité* (1920), *la Garden Party* (1922), *Journal* (posth. 1927).

Manson. V. Monzon.

Mansour ou **Mansur** *(Abū Ğa'far al-Mansūr),* deuxième calife abbasside (754-775). Il fonda Bagdad en 762; célèbre par ses luttes contre les chiites et les kharidjites.

Mansour ou **Mansur** (Muhammad ibn Abī Amir, surnommé Al-) *(Muhammad ibn Abī Āmir al-Mansūr)* (m. en 1002), chef militaire musulman. Il gouverna Cordoue de 978 à 1002 et mena des expéditions contre les États chrétiens d'Espagne.

Mansour (Joyce) (née en 1928), poétesse égyptienne d'expression française; surréaliste et lyrique : *Cris* (1953), *Ça* (1970).

Mansourah, ville d'Égypte, sur le delta du Nil (r. g. de la branche de Damiette); ch.-l. du gouvernorat de Dagahliya; 360000 hab. Égrenage du coton; minoteries. – Saint Louis y fut fait prisonnier en 1250.

mansuétude [mɑ̃sɥetyd] n. f. Litt. Clémence, indulgence.

mante [mɑ̃t] n. f. **1.** Insecte dictyoptère carnassier des régions tempérées et chaudes, au corps étroit et allongé, cour. appelé *mante religieuse.* **2.** Grande raie cornue pouvant atteindre 5 m d'envergure. Syn. diable de mer.

manteau [mɑ̃to] n. m. **1.** Vêtement qui se porte par-dessus les autres habits. ▷ Fig. Ce qui recouvre, dissimule. *Un manteau de verdure.* – Loc. *Sous le manteau :* clandestinement. (V. sous le burnous*, sous la couverte*.) **2.** ZOOL Région dorsale d'un animal quand elle est d'une autre couleur que celle du reste du corps. ▷ Repli de peau qui enveloppe le corps et dont la face externe sécrète la coquille, chez les mollusques. **3.** GEOL Couche du globe terrestre située entre l'écorce et le noyau, d'une épaisseur moyenne de 3000 km.

Mantegna (Andrea) (1431 – 1506), peintre et graveur italien. Il a créé la perspective (*le Christ mort,* pinacothèque Brera, Milan) et la plastique corporelle (*Saint Sébastien,* Louvre).

mantelé, ée [mɑ̃tle] adj. ZOOL Dont le dos est d'une couleur différente de celle du reste du corps. *Regarde, c'est une corneille mantelée.*

mantille [mɑ̃tij] n. f. Écharpe de dentelle couvrant la tête et les épaules, portée par les Espagnoles.

Mantinée, anc. v. d'Arcadie où Épaminondas triompha des Spartiates en 362 av. J.-C. et trouva la mort.

mantisse [mɑ̃tis] n. f. MATH Partie décimale du logarithme d'un nombre.

Mantoue (en ital. *Mantova*), v. d'Italie (Lombardie), entourée de lacs; 61000 hab.; ch.-l. de la prov. du m. nom. Industr. – Palais ducal (XIIIe-XVIe s., fresques de Mantegna). Cath. (XIVe s.) à façade baroque. – De 1328 à 1708, les Gonzague gouvernèrent la ville, qu'ils fortifièrent (XIVe s.) et embellirent. Passée à l'Autriche en 1708, Mantoue fut rattachée au royaume d'Italie en 1866.

Manu ou **Manou,** nom de 14 personnages légendaires de l'Inde qui doivent régner à tour de rôle jusqu'au renouvellement complet du monde. Le 7e Manu, qui règne sur la présente humanité, serait l'auteur du *Mānava-Dharma-Çāstra* («lois de Manu»), code religieux, moral et social rédigé un peu avant l'ère chrétienne et officiellement aboli aujourd'hui.

manucure [manykyʀ] n. Personne dont la profession consiste à donner des soins de beauté aux mains, aux ongles. ▷ n. f. Ces soins eux-mêmes.

manucurer [manykyʀe] v. tr. [1] Faire la manucure de. – Pp. adj. *Des ongles manucurés.*

1. manuel, elle [manɥɛl] adj. et n. **1.** Qui se fait avec la main. *Travail manuel.* ▷ Propre à la main. *Habileté manuelle.* ▷ Réalisé par une intervention de l'homme (par oppos. à *automatique*). **2.** *Travailleur manuel,* qui fait un métier manuel. ▷ Subst. *Les manuels et les intellectuels.*

2. manuel [manɥɛl] n. m. Ouvrage, souvent à usage scolaire, qui présente, dans un format maniable, l'essentiel des notions d'un art, d'une science, etc.

Manuel Ier le Grand ou **le Fortuné** (1469 – 1521), roi de Portugal (1495-1521). Il favorisa les grandes expéditions maritimes (Vasco de Gama, Cabral, Albuquerque) et gouverna en roi absolu. Ce fut un grand bâtisseur (style *manuéli*). — **Manuel II** (1889 – 1932), dernier roi de Portugal (1908-1910), renversé par un coup d'État militaire.

Manuel Deutsch (Niklaus). V. Deutsch (Niklaus Manuel).

manuellement [manɥɛlmɑ̃] adv. Avec la ou les mains.

manufacture [manyfaktyʀ] n. f. Établissement où l'on fabrique des produits de luxe ou des produits exigeant un haut niveau de finition. *Manufacture de tapisseries.*

manufacturer [manyfaktyʀe] v. tr. [1] Transformer (une matière première) en un produit fini. – Pp. adj. *Produits manufacturés et produits bruts.*

manufacturier, ère [manyfaktyʀje, ɛʀ] adj. Relatif aux manufactures, à leur production; où il y a des manufactures. *Pays manufacturier.*

manu militari [manymilitaʀi] loc. adv. (lat.) En utilisant la force armée. – *Par ext.* En employant la force. *Il l'a fait sortir manu militari.*

manuscrit, ite [manyskʀi, it] adj. et n. m. **I.** adj. Écrit à la main. *Page manuscrite.* **II.** n. m. **1.** Livre ancien écrit à la main. *Conservation des manuscrits.*

2. Original écrit à la main (ou, par ext., dactylographié) d'un texte imprimé ou destiné à l'être.

manuscrits de la mer Morte. V. Morte (manuscrits de la mer).

manutention [manytɑ̃sjɔ̃] n. f. **1.** Transport de marchandises, de produits industriels, sur de courtes distances (d'un poste de stockage à un autre, d'un véhicule à un autre, etc.). **2.** Local où ont lieu ces opérations de manutention.

manutentionnaire [manytɑ̃sjɔnɛʀ] n. Personne qui fait des travaux de manutention.

manutentionner [manytɑ̃sjɔne] v. tr. [**1**] Procéder à la manutention de.

Manza, Manja ou **Mandja,** ethnie peuplant le centre de la République centrafricaine (env. 250000 personnes). Ils parlent une langue nigéro-congolaise du sous-groupe oubanguien, proche du gbaya.

Manzetti (Léon-Marius) (1903 – 1936), poète valdôtain : *la Voix du pays* (1926). Il enseigna le français en Syrie et au Liban.

Manzoni (Alessandro) (1785 – 1873), écrivain italien. Son unique roman, *les Fiancés* (1825-1827; 2e éd. revue, 1840-1842), décrit la réalité sociale du Milanais sous l'occupation espagnole (1628-1630). Autres œuvres : poèmes (*la Colère d'Apollon,* 1816-1818; *Hymnes sacrés,* 1822), drames (*le Comte de Carmagnole,* 1820), un *Essai sur le roman historique* (1845).

Mao Dun ou **Mao Touen** (Shen Dehong, dit Shen Yanbing et) (1896 – 1981), romancier chinois (*Minuit,* 1933), essayiste, critique littéraire (près de 200 ouvrages), ministre de la Culture (1949-1965).

maohi [maɔj] adj. inv. et n. (Polynésie fr.) Qui porte les caractères de la tradition polynésienne. *La culture maohi.* ▷ Subst. Personne fidèle à la tradition polynésienne, qui en porte les caractères. *De vieilles maohis portant des vêtements traditionnels.*

ma'ohi [maɔi] adj. inv. (Polynésie fr.) Autochtone, indigène.

maoïsme [maɔism] n. m. Doctrine, pensée politique de Mao Zedong. (Le maoïsme se présentait comme une application du marxisme aux conditions de la Chine et comme une théorie de la révolution nationale dans les pays dominés par l'impérialisme.) ▷ Cour. Mouvement politique se réclamant de Mao Zedong.

maoïste [maɔist] adj. et n. Qui a rapport au maoïsme. *La doctrine maoïste.* ▷ Subst. Partisan du maoïsme.

maori, ie [maɔʀi] adj. et n. **1.** adj. Relatif aux populations indigènes de la Nouvelle-Zélande. **2.** n. *Un(e) Maori(e).*

Maoris, population polynésienne de la Nouvelle-Zélande (400000 individus auj., huit fois plus qu'à la fin du XIXe s.). – Les objets rituels ou usuels des anc. Maoris ont généralement une ornementation complexe.

Mao Touen. V. Mao Dun.

Maouloud. V. Mouloud.

Mao Zedong, Mao Tsé-toung ou **Mao Tsö-tong** (1893 – 1976), homme politique chinois. Militant marxiste dès 1918, l'un des fondateurs du parti communiste chinois, il le dirigea à partir de 1935, ayant imposé dès 1931 sa thèse : la paysannerie constitue la principale force révolutionnaire. Allié (1937-1941) puis adversaire de Tchang Kaï-chek (Jiang Jieshi) contre les Japonais, il reconquit la Chine continentale (1946-1949) et devint président de la rép. pop. de Chine (1954-1959); après 1959, il resta, en tant que président du parti communiste, le princ. personnage de la Chine. Il inspira les «Cent Fleurs» (1956-1957), le «grand bond en avant» (1958), la rupture avec l'U.R.S.S. (1960), la révolution culturelle (1966). Sa pensée (nombr. poèmes et traités : *De la contradiction,* 1937; *De la juste solution des contradictions au sein du peuple,* 1957) a été résumée dans le *Petit Livre rouge,* massivement diffusé.

Mapfumo (Thomas) (né en 1945), chanteur-compositeur du Zimbabwe.

mapou [mapu] n. m. (Haïti) Syn. de *fromager* (2).

mappemonde [mapmɔ̃d] n. f. Carte du globe terrestre sur laquelle les deux hémisphères sont représentés côte à côte, en projection plane. ▷ *Abusiv.* Cour. Globe représentant la surface de la Terre.

Maputo (anc. *Lourenço Marques*), cap. du Mozambique et port au fond de la *baie de Maputo,* au S.-E. du pays; 1200000 hab. Ch.-l. de la prov. du m. nom. Débouché du Zimbabwe, mais également du Transvaal, le port (fondé en 1868) possède quelques industries. Aéroport international. – Université. Musée.

Maqalié. V. Makalé.

maque [mak] n. m. (Madag.) Syn. de *maki.*

1. maquereau [makʀo] n. m. Poisson marin perciforme comestible (genre *Scomber*) au corps fusiforme, au dos bleu-vert rayé de noir, pouvant atteindre 40 cm de longueur.

2. maquereau, elle [makʀo, ɛl] n. Pop. Personne qui tire profit de la prostitution des femmes; proxénète.

maquette [makɛt] n. f. **1.** Ébauche en réduction d'une œuvre d'architecture, de sculpture, etc. **2.** Représentation, le plus souvent à échelle réduite, d'un véhicule, d'une machine, d'une construction, d'un décor, etc. **3.** Modèle original, simplifié ou complet, d'un ouvrage imprimé, d'une mise en page, etc. *Maquette d'affiche.*

maquettiste [maketist] n. **1.** Réalisateur de maquettes ou de modèles réduits. **2.** Cour. Technicien spécialisé dans la réalisation de maquettes pour l'imprimerie, l'édition.

maquignon [makiɲɔ̃] n. m. **1.** Marchand de chevaux. **2.** Fig. Personne peu scrupuleuse en affaires.

maquignonnage [makiɲɔnaʒ] n. m. **1.** Métier de maquignon. **2.** Fig. Procédés indélicats, manœuvres illicites.

maquillage [makijaʒ] n. m. **1.** Action de maquiller ou de se maquiller; son résultat. ▷ Ensemble des produits que l'on utilise pour (se) maquiller. **2.** Modification de l'aspect d'une chose dans une intention malhonnête ou frauduleuse. *Maquillage d'un défaut.*

maquiller [makije] v. tr. [**1**] **1.** Modifier à l'aide de fards, de produits colorés, l'apparence d'un visage. ▷ v. pron. *Femme qui se maquille, qui se maquille les yeux.* **2.** Modifier l'aspect de (qqch) pour tromper qqn, pour frauder. – Fig. *Maquiller la vérité :* dénaturer les faits, les présenter sous une apparence trompeuse.

maquilleur, euse [makijœʀ, øz] n. Personne qui fait métier de maquiller.

maquis [maki] n. m. **I. 1.** Formation végétale dense des régions méditerranéennes, caractérisée par des plantes adaptées à la sécheresse. – *Gagner, prendre le maquis,* s'y réfugier (selon la coutume des bandits corses). **2.** Fig. Ce qui est ou paraît impénétrable, inextricable. *Le maquis de la procédure.* **II.** HIST En France, pendant la guerre de 1939-1945, ensemble des régions où trouvaient refuge les résistants qui luttaient contre l'occupant; l'ensemble de ces résistants. ▷ Organisation de lutte contre un État, etc., retranchée dans des lieux d'accès difficile. **III.** (Afr. subsah.) **1.** Restaurant clandestin. **2.** Bar mal famé. ▷ Quartier mal famé. *Les maquis de la capitale.*

maquisard, arde [makizaʀ, aʀd] n. **1.** n. m. HIST Résistant combattant en France dans le maquis, franc-tireur, pendant la guerre de 1939-1945. ▷ *Par ext.* Tout franc-tireur. **2.** n. (Afr. subsah.) Habitué des lieux mal famés.

Maqurra. V. Makorites.

maraamu [maʀamu] n. m. (Polynésie fr.) Vent d'ouest soufflant pendant la saison fraîche (mai-septembre).

marabout [maʀabu] n. m. **I. 1.** Mystique musulman qui mène une vie contemplative et se livre à l'étude du Coran. *Les marabouts sont consultés comme docteurs et interprètes de la loi.* ▷ (Afr. subsah.) Chef religieux musulman. – *Grand marabout :* chef suprême d'une confrérie. *Le grand marabout de Touba.* Syn. khalife général. ▷ (Djibouti) Musulman. **2.** (Afr. subsah.) Jeteur de sorts. Syn. charlatan. ▷ Homme connu pour ses pouvoirs de devin et de guérisseur. **3.** (Maghreb) Monument à coupole blanche élevé sur la tombe d'un marabout (sens I, 1). **4.** adj. inv. et n. (m. ou f.) (Québec) Se dit d'une personne qui est de mauvaise humeur. *Elle s'est levée marabout.* **II.** Grand oiseau ciconiiforme (genre *Leptoptilos*) d'Asie et d'Afrique, charognard au bec puissant et au cou déplumé enfoncé entre les ailes.

maraboutage [maʀabutaʒ] n. m. (Afr. subsah.) Pratiques des marabouts (sens I, 2), envoûtement. *Faire du maraboutage.*

marabouter [maʀabute] v. tr. [**1**] (Afr. subsah.) Envoûter, faire envoûter. *C'est sa co-épouse qui l'a maraboutée.* ▷ (Sans compl.) Recourir aux services des jeteurs de sorts. *Il réussit parce qu'il maraboute.* Syn. attacher.

maraboutique [maʀabutik] adj. (Afr. subsah., Maghreb) Qui concerne les marabouts. *Une famille maraboutique.*

maraboutisme [maʀabutism] n. m. **1.** (Afr. subsah., Maghreb) Fait de consulter un marabout (sens I, 1). – Développement des pratiques maraboutiques. **2.** (Afr. subsah.) Fonction de marabout.

Maracaibo, v. du Venezuela, port sur la rive O. du *lac de Maracaibo* (vaste baie, import. gisements de pétrole); cap. de l'État de Zulia; 1232250 hab. Grand centre pétrolier.

maracas [maʀakas] n. m. pl. Instrument de percussion composé d'une paire de boules creuses remplies de petits corps durs, que l'on agite pour scander le rythme.

maracuja ou **maracudja** [maʀakydʒa ; maʀakudʒa] n. m. Syn. de *fruit de la Passion**.

Maradi, ville du sud du Niger; 113000 hab.; ch.-l. du dép. du m. nom. Centre industriel. Coton, arachide, huileries, tanneries.

marae [maʀae] n. m. RELIG Ancien lieu de culte polynésien consistant en une esplanade carrée ou rectangulaire bordée d'un muret de pierres sèches.

maraîchage [maʀɛʃaʒ] n. m. Culture de légumes pour la vente.

maraîcher, ère [maʀɛʃe, ɛʀ] n. et adj. Personne qui pratique la culture de légumes pour la vente. ▷ adj. Qui concerne cette culture.

marais [maʀɛ] n. m. **1.** Étendue d'eau stagnante de faible profondeur, envahie par la végétation aquatique (roseaux, carex, etc.). – *Gaz des marais :* méthane. **2.** *Marais salant :* petit bassin peu profond, à proximité d'un rivage maritime, où l'on recueille le sel après évaporation de l'eau de mer. **3.** Terrain humide ou irrigable propre à la culture maraîchère. **4.** Fig. État, situation, activité, etc., où l'on risque de s'enliser. *Le marais de la médiocrité quotidienne.* **5.** METEO *Marais barométrique :* zone de pression uniforme, voisine de la normale et sans gradient bien défini.

Marais (le) ou **Plaine** (la), pendant la Révolution franç., nom donné au parti modéré. Il prit le pouvoir après le 9 Thermidor* an II (1794).

Marais (Marin) (1656 – 1728), violiste et compositeur français; élève de Lully. Il écrivit pour la viole et donna des opéras.

Marais (Jean Alfred Villain-Marais, dit Jean) (né en 1913), comédien français. Jeune premier (*la Belle et la Bête,* 1945; *Orphée,* 1949), puis héros de films d'aventures (*le Bossu,* 1959).

Maramba (anc. *Livingstone*), v. princ. de la Zambie méridionale, près de la frontière du Zimbabwe, sur le Zambèze, à proximité des chutes Victoria (qui alimentent une centrale hydroélectrique); 102000 hab. Capitale de la prov. du Sud. Coton, tabac, maïs. – Musée.

Maramureș, massif cristallin des Carpates, en Roumanie (Transylvanie); 2305 m dans les monts de Rodna. – Le distr. de *Maramureș* (538500 hab.; ch.-l. *Baia Mare*), couvert de forêts, est célèbre pour ses édifices en bois.

Maran (René) (1887 – 1960), écrivain français d'origine guyanaise. Fonctionnaire colonial, il prit conscience de sa négritude : *Batouala* (prix Goncourt 1921), plus. autres romans, dont *M'bala, l'éléphant* (1944), essais (*Livingstone et l'exploration de l'Afrique,* 1938), poésie (*le Livre du souvenir,* 1960).

maranta [maʀɑ̃ta] ou **marante** [maʀɑ̃t] n. f. BOT Plante monocotylédone tropicale voisine des balisiers, dont le rhizome fournit l'arrow*-root.

marasme [maʀasm] n. m. **1.** MED Maigreur extrême consécutive à une longue maladie ou due à la sous-alimentation. – *Marasme infantile :* état pathologique grave, caractérisé par un déficit calorique, qui survient surtout dans la première année de la vie par suite d'un arrêt précoce de l'allaitement maternel. **2.** Cour. Apathie, découragement. **3.** Fig. Activité très ralentie, stagnation. *Marasme des affaires.*

Marat (Jean-Paul) (1743 – 1793), médecin, écrivain et homme politique français. Né dans le cant. de Neuchâtel d'une humble famille d'origine sarde, il fit ses études de médecine en France et les termina en Angleterre, où il publia, en angl., des essais philosophiques et politiques. Il revint en France, à Paris, en 1777 et exerça la médecine. En 1789, il fonda le journal *l'Ami du peuple,* qui dénonça les traîtres à la révolution et prôna des mesures extrêmes. Il porte une part de responsabilité dans les massacres de Septembre* (1792). Conventionnel montagnard, il contribua à la chute des Girondins (juin 1793); pour cette raison, Charlotte Corday l'assassina.

marathon [maʀatɔ̃] n. m. **1.** Épreuve de course à pied de grand fond (42,195 km), sur route. **2.** Fig. Compétition, séance, négociation, etc., prolongée et éprouvante. *Marathon parlementaire.*

Marathon, village de l'Attique où les Athéniens, commandés par Miltiade, vainquirent les Perses (490 av. J.-C.). Venu annoncer la nouvelle à Athènes, le *coureur de Marathon* serait mort d'épuisement au pied de l'Acropole.

marathonien, enne [maʀatɔnjɛ̃, ɛn] n. Coureur, coureuse de marathon.

marâtre [maʀɑtʀ] n. f. **1.** Vx ou péjor. Belle-mère, pour les enfants d'un premier lit. **2.** (Afr. subsah.) Co-épouse de la mère. **3.** Mauvaise mère. – adj. f. Fig. *« Quand la marâtre nature nous prive de la vue... »* (Voltaire).

maraudage [maʀodaʒ] n. m. ou **maraude** [maʀod] n. f. **1.** Vol des produits de la terre avant leur récolte. **2.** *En maraude :* en quête d'un larcin, d'une proie. *Bête sauvage en maraude.* ▷ *Taxi en maraude,* qui roule lentement à la recherche de clients.

marauder [maʀode] v. intr. [1] Se livrer au maraudage.

maraudeur, euse [maʀodœʀ, øz] n. Personne qui maraude.

Maravi. V. Malawi.

Marbot (François) (1817 – 1866), écrivain français installé à la Martinique. Il transcrivit en créole les fables de La Fontaine : *les Bambous.*

marbre [maʀbʀ] n. m. **1.** Calcaire cristallin métamorphique, souvent veiné, dont les colorations variées sont dues à diverses impuretés. *Palais, colonne, statue, plaque de marbre.* ▷ Loc. fig. *Être, rester de marbre,* impassible. **2.** Morceau, objet de marbre. *Le marbre d'une cheminée.* ▷ Statue de marbre. *Un marbre de Rodin.* **3.** TECH Table, plaque métallique parfaitement plane, servant à divers usages. *Marbre de mécanicien.* ▷ TYPO Grande table en fonte sur laquelle on étale les formes pour les corriger et faire la mise en page. **4.** SPORT Au base-ball, à la balle-molle, cible du lanceur représentant également le point de départ et le point d'arrivée du circuit à parcourir par le lanceur.

marbré, ée [maʀbʀe] adj. **1.** Veiné comme le marbre. *Bois marbré.* **2.** Par ext. *Peau marbrée de coups.*

marbrer [maʀbʀe] v. tr. [1] **1.** Décorer de dessins imitant les veines du marbre. **2.** Produire des marques semblables aux veines du marbre. *Le froid marbrait son visage de taches violacées.*

marbrerie [maʀbʀəʀi] n. f. **1.** Art, métier du marbrier. **2.** Atelier de marbrier.

marbrier, ère [maʀbʀije, ɛʀ] n. m. et adj. **1.** n. m. Spécialiste du travail du marbre et des pierres dures. ▷ *Spécial.* Entrepreneur spécialisé dans la construction et la vente des monuments funéraires. **2.** adj. Relatif au marbre, à son traitement. *Industrie marbrière.*

marbrure [maʀbʀyʀ] n. f. **1.** Imitation des veines du marbre (sur des boiseries, du papier, etc.). **2.** *Par ext.* Marque (spécial. sur la peau) évoquant le veinage du marbre.

1. marc [maʀ] n. m. DR *Au marc le franc :* en proportion de la créance ou de l'intérêt de chacun dans une affaire. *Partager, payer au marc le franc.*

2. marc [maʀ] n. m. **1.** Résidu de fruits dont on a extrait le suc par pression. *Marc de raisin, de pommes.* **2.** Eau-de-vie obtenue par distillation du marc de raisin. **3.** Résidu d'une substance végétale dont on a extrait le suc par infusion. *Marc de thé, de café.*

Marc (saint) (Ier s.), l'un des quatre évangélistes; son Évangile est le second Évangile synoptique après celui de Matthieu, dont il reprit la version primitive et influença la version définitive. Compagnon de Paul, puis de Pierre, il serait mort en Égypte. Marc est le patron de Venise, qui a pris pour emblème un lion ailé, figure sous laquelle Ézéchiel entrevit le saint dans une de ses visions.

Marc (le roi), roi légendaire de Cornouailles, époux d'Iseult* la blonde et oncle de Tristan*.

Marc (Franz) (1880 – 1916), peintre allemand; animateur avec Kandinsky du Blaue* Reiter. En 1913, il s'orienta vers l'art abstrait.

Marc Antoine. V. Antoine.

marcassin [maʀkasɛ̃] n. m. Petit du sanglier.

marcassite [maʀkasit] n. f. MINER Variété de pyrite (FeS_2) jaune, à éclat métallique, utilisée en bijouterie de fantaisie.

Marc Aurèle (en lat. *Marcus Annius Verus,* puis *Marcus Aurelius Antoninus*) (121 – 180), empereur romain (161-180). Il lutta contre les Parthes (161) et les Germains (166-169); habile administrateur, il protégea les arts et les lettres. D'abord tolérant à l'égard des chrétiens, il les fit ensuite persécuter. Écrivain, il a laissé un recueil de *Pensées,* sorte de journal intime orienté vers un stoïcisme pratique.

Marceau (François Séverin Marceau-Desgraviers, dit) (1769 – 1796), général français. Il vainquit les Vendéens (1793), les Austro-Hollandais (1794), les Autrichiens (1795). Il mourut au combat.

Marceau (Louis Carette, dit Félicien) (né en 1913), écrivain français d'origine belge : romans (*Creezy,* 1969), essais (*le Roman en liberté,* 1978) et surtout théâtre, dans lequel il flétrit une humanité médiocre (*l'Œuf,* 1956; *la Bonne Soupe,* 1958; *l'Ouvre-Boîte,* 1972). Acad. fr. (1975).

Marcel (Étienne) (v. 1316 – 1358), prévôt des marchands de Paris à partir de 1355. Il tenta d'organiser Paris à l'imitation des villes flamandes (1358); face à l'opposition du Dauphin, il appela Charles le Mauvais, roi de Navarre, ce qui mécontenta le peuple. Un partisan du Dauphin l'assassina.

Marcel (Gabriel) (1889 – 1973), philosophe et dramaturge français, proche de l'existentialisme chrétien (*Jour-*

nal métaphysique, 1923; *Être et Avoir,* 1933); *Homo viator,* (1944).

Marcelin (Frédéric) (1848 - 1917), écrivain haïtien. Roman humoristique : *Thémistocle-Épaminondas Labasterre* (1901).

Marcello (Benedetto) (1686 - 1739), compositeur italien; auteur de l'*Estro Poetico-Armonico* (paraphrases sur les premiers psaumes).

marcescent, ente [marsesɑ̃, ɑ̃t] adj. BOT Qui se fane sans se détacher de la plante. *Les feuilles de bambou sont marcescentes.*

Marchais (Georges) (né en 1920), homme politique français; secrétaire général du parti communiste (1972-1994).

Marchal (Henri) (1875 - 1970), archéologue français. Membre de l'École française d'Extrême-Orient (1919), dont il dirigea le service archéologique (1933), il fut conservateur du site d'Angkor* (1916-1933, 1936-1937, 1947-1953), dont il dégagea et restaura la plupart des monuments.

marchand, ande [marʃɑ̃, ɑ̃d] n. et adj. **1.** n. Personne qui fait profession d'acheter et de revendre avec bénéfice. *Marchand en gros, au détail.* ▷ *Marchand de biens,* qui s'occupe de l'achat et de la revente des terres et des immeubles. **2.** adj. Relatif au commerce. *Valeur, denrée marchande.* – *Prix marchand,* auquel les marchands se vendent les produits entre eux. – *Qualité marchande,* courante (par oppos. à *supérieure, extra,* etc.). ▷ *Rue marchande,* où il y a beaucoup de commerces. ▷ *Marine* marchande,* par oppos. à *marine militaire.*

Marchand (Jean-Baptiste) (1863 - 1934), général et explorateur français; chef de la mission Congo-Nil qui traversa l'Afrique et atteignit Fachoda (Soudan) en 1898. Face aux Anglais de Kitchener, il dut se replier. V. Fachoda.

marchandage [marʃɑ̃daʒ] n. m. **1.** Action de marchander. ▷ Par ext. Péjor. Tractation peu scrupuleuse. *Marchandage électoral.* **2.** DR Forme illégale de louage d'ouvrage dans laquelle un sous-entrepreneur traite à forfait avec un entrepreneur et fait exécuter le travail par des ouvriers employés à l'heure ou à la journée et payés à un tarif très bas.

marchander [marʃɑ̃de] v. tr. [1] **1.** Débattre le prix (de qqch) pour l'obtenir à meilleur compte. *Marchander un tableau.* – Absol. *Il n'aime pas marchander.* **2.** Fig. (Surtout en tournure négative.) Accorder (qqch) à contrecœur. *Ne pas marchander les compliments.* **3.** DR Conclure un marchandage.

marchandisage [marʃɑ̃dizaʒ] n. m. COMM Ensemble des techniques de diffusion commerciale. (Terme off. recommandé pour *merchandising.*)

marchandise [marʃɑ̃diz] n. f. Objet, produit qui se vend ou s'achète. – CH de F *Train, wagon de marchandises* (par oppos. à *de voyageurs*).

marchant, ante [marʃɑ̃, ɑ̃t] adj. MILIT *Aile marchante d'une armée,* celle qui marche, par oppos. à celle qui sert de pivot dans un mouvement tournant.

1. marche [marʃ] n. f. **I. 1.** Mode de locomotion de l'homme et de certains animaux; enchaînement des pas. **2.** Trajet que l'on parcourt en marchant (évalué en distance ou en temps). *La mission est à deux heures de marche de ce village.* **3.** Mouvement d'un groupe de personnes qui marchent. – *Ouvrir, fermer la marche :* marcher en tête, en queue d'un cortège. ▷ *Marche forcée,* dans laquelle on fait parcourir par des troupes une étape plus longue que d'habitude. **4.** Pièce de musique destinée à régler le pas d'une troupe, d'un cortège. *La «Marche* funèbre» de Chopin.* **5.** Mouvement d'un corps, d'un véhicule qui se déplace, d'un mécanisme qui fonctionne. *Mettre un appareil, une voiture en marche.* – Loc. *Faire marche arrière :* reculer; fig. revenir sur une prise de position. – Fig. Fait de suivre son cours ou de fonctionner. *La marche du temps. La bonne marche d'une usine.* **6.** *Marche à suivre :* façon de procéder pour obtenir ce que l'on désire. ▷ *Par méton.* Mode d'emploi. **II.** Élément plan et horizontal d'un escalier, sur lequel on pose le pied pour monter ou pour descendre.

2. marche [marʃ] n. f. Province frontière.

Marche (Longue). V. Longue Marche.

marché [marʃe] n. m. **1.** Lieu couvert ou en plein air où l'on met en vente des marchandises. *Marché aux poissons, aux fleurs.* **2.** Rassemblement périodique de ceux qui vendent et qui achètent dans un lieu public. *Le marché a lieu tous les mardis.* ▷ *Faire son marché :* acheter au marché (ou, par ext., dans les magasins) les denrées dont on a besoin. **3.** Ville, endroit qui est le centre d'un commerce important. **4.** Débouché économique. *Industries concurrentes qui se disputent un marché.* – *Marché porteur :* secteur économique rentable. ▷ *Étude de marché :* analyse des besoins des consommateurs en vue de la fabrication et de la vente d'un produit. **5.** Ensemble des transactions portant sur tels biens, tels services; ensemble de ceux qui se livrent à ces transactions. *Le marché du sucre. Le marché du travail.* ▷ FIN *Marché financier,* dans lequel se négocient, en Bourse, les valeurs cotées. – *Marché monétaire :* ensemble des transactions qu'effectuent entre elles les banques pour faire face à leurs besoins en liquidités. ▷ *Marché unique,* en vigueur depuis 1993 dans l'Union européenne. ▷ *Marché noir :* commerce clandestin, à un prix anormalement élevé, de produits rares et recherchés. *Faire du marché noir.* ▷ *Économie de marché,* dans laquelle la régulation de la production et des prix est assurée par la loi de l'offre et de la demande (par oppos. à *économie planifiée,* à *économie dirigée*). **6.** Convention concernant les conditions d'une vente, d'un travail à exécuter. *Conclure un marché.* – *Mettre à qqn le marché en main,* le contraindre d'accepter ou de refuser un marché sans plus admettre de discussion. ▷ Loc. fam. *Par-dessus le marché :* de plus, en outre. ▷ FIN, COMM *Marché à terme,* dont le prix était fixé à la transaction, la livraison et le paiement s'effectuant selon un calendrier (par oppos. à *marché au comptant*). – *Marché à option :* marché à terme où l'une des parties se réserve le droit d'annuler le marché à l'échéance. – *Marché ferme,* dans lequel l'acheteur est en droit d'exiger la livraison. – *Marché public :* contrat administratif concernant la fourniture de biens ou de services à une collectivité publique. – *Marché de gré à gré :* contrat administratif impliquant la liberté de choix du cocontractant par l'Administration. **7.** Accord, pacte quelconque entre plusieurs personnes. **8.** *(A) bon marché :* à un prix avantageux. ▷ Fig. *Faire bon marché d'une chose,* ne pas lui reconnaître d'importance.

Marché commun. V. Europe.

Marche-en-Famenne, v. de Belgique (prov. du Luxembourg), à l'E. de Dinant; 14 120 hab. – Église romane de Waha, la plus ancienne de Belgique (fondée au XIe s.).

marchepied [marʃəpje] n. m. **1.** Marche ou série de marches permettant de monter dans un véhicule. **2.** Fig. Moyen de parvenir à une charge supérieure. *Ce poste lui a servi de marchepied.* **3.** (Antilles fr.) Syn. de *paillasson* (sens 2).

marcher [marʃe] v. intr. [1] **1.** Se déplacer par la marche. *Marcher lentement. Marcher à pas de loup*. Marcher à plusieurs de front.* ▷ *Marcher à :* s'avancer vers. *Marcher au combat.* ▷ *Marcher sur, dans qqch,* poser le pied dessus. *Marcher sur une peau de banane, dans une flaque boueuse.* **2.** Loc. fig. *Marcher sur les traces de qqn,* suivre son exemple. – Fam. *Ne pas se laisser marcher sur les pieds :* savoir se faire respecter. **3.** Fig., fam. Accepter de participer à une affaire, à une action. *Je ne marche pas!* **4.** Fig. Se laisser duper. – *Faire marcher quelqu'un,* lui faire croire des choses fausses. **5.** Se déplacer (en parlant de véhicules). *Ce train marche à 130 km à l'heure.* **6.** Fonctionner. *Ce magnétophone ne marche plus.* ▷ Fig. *Cette entreprise marche bien.* **7.** (S. comp.) Prospérer, avoir du succès. *Affaire, spectacle qui marche.*

Marches (les), rég. admin. d'Italie péninsulaire et région de la C.E., sur l'Adriatique, formée des prov. d'Ancône, d'Ascoli, de Macerata et de Pesaro e Urbino; 9 694 km^2; 1 428 560 hab.; cap. *Ancône.* Agric. intensive.

marche sur Rome (la), manifestation organisée par Mussolini pour intimider Victor-Emmanuel III : le 28 octobre 1922, 40 000 militants fascistes, venus de plus. villes ital., pénétrèrent dans Rome. Le roi préféra céder et demanda à Mussolini de former le premier gouv. fasciste.

marchette [marʃɛt] n. f. (Québec) **1.** Cadre sur roulettes muni d'un siège, destiné à soutenir un enfant qui fait ses premiers pas. **2.** Syn. de *déambulateur.*

marcheur, euse [marʃœr, øz] n. Personne qui marche, ou qui peut marcher longtemps sans se fatiguer. *Un bon marcheur.*

Marche verte, manifestation organisée par Hassan II du Maroc du 6 au 9 nov. 1975 : 350 000 volontaires marocains franchirent symboliquement la frontière du Sahara* occidental, considéré comme partie intégrante du Maroc, puis rebroussèrent chemin.

Marchienne-au-Pont, anc. com. de Belgique (Hainaut), sur la Sambre, intégrée à Charleroi en 1977. Sidérurgie. – Chât. (XVIIe-XVIIIe s.).

Marciano (Rocco Francis Marchegiano, dit Rocky) (1923 - 1969), boxeur américain poids lourd.

Marcinelle, anc. com. de Belgique (Hainaut) rattachée à Charleroi. Anc. houillères; métallurgie, prod. chimiques. Catastrophe minière en 1956 (263 victimes).

Marcomans, anc. peuple germanique, du groupe des Suèves. Ils envahirent le N. de l'Italie au IIe s. et furent repoussés par Marc Aurèle.

Marconi (Guglielmo) (1874 – 1937), physicien italien. Il établit les prem. liaisons radioélectr. (à Bologne, 1896; entre la France et l'Angleterre, 1899). P. Nobel 1909.

Marco Polo. V. Polo (Marco).

Marcos (Ferdinand) (1917 – 1989), homme politique philippin. Élu président de la Rép. en 1965, il proclama en 1972 la loi martiale, et dut s'exiler après les élections de 1986.

marcottage [maʀkɔtaʒ] n. m. Formation naturelle d'une (de) marcotte(s). – Opération par laquelle on suscite artificiellement la formation de marcottes.

marcotte [maʀkɔt] n. f. Organe végétal aérien qui s'enterre et s'enracine avant de se séparer (ou d'être séparé) de la plante mère.

marcotter [maʀkɔte] v. tr. [1] Pratiquer le marcottage sur. *Marcotter un arbre à pain.*

Marcuse (Herbert) (1898 – 1979), philosophe américain d'origine allemande. Sa critique des sociétés industrielles s'inspire du marxisme et du freudisme : *Éros et Civilisation* (1955), *l'Homme unidimensionnel* (1964).

Mar del Plata, v. et port d'Argentine, sur l'Atlant., au S. du río de la Plata; 448000 hab. Stat. balnéaire. Pêche. Industr. alimentaires.

mardi [maʀdi] n. m. Deuxième jour de la semaine, qui suit le lundi. ⊳ *Mardi gras :* veille du premier jour de carême. ⊳ *Mardi saint :* le mardi de la semaine sainte.

mardi-gras [maʀdigʀɑ] n. m. (Haïti, Louisiane) Grande fête organisée à l'occasion du mardi gras. – Personne déguisée participant à un carnaval. *Des mardi-gras.* ⊳ (Louisiane) *Le capitaine des mardi-gras* ou (mieux) *des Mardi-Gras :* celui qui ouvre le cortège des Mardi-Gras. – *Courir le Mardi-Gras :* V. courir (sens B, 3).

Mardrus (Joseph Charles) (1868 – 1949), médecin et orientaliste français; traducteur des *Mille et Une Nuits* (1898-1904) et du *Coran* (1925).

mare [maʀ] n. f. **1.** Petite étendue d'eau stagnante, naturelle ou artificielle. *Mare à canards.* **2.** Grande quantité de liquide répandue sur le sol. *Une mare de vin, de sang.*

marécage [maʀekaʒ] n. m. Étendue d'eau dormante peu profonde, marais.

marécageux, euse [maʀekaʒø, øz] adj. (et n.) **1.** De la nature du marécage. *Terrain marécageux.* **2.** Qui se trouve dans les marécages. *Plantes marécageuses.* **3.** (Madag.) Péjor. Se dit d'une personne vivant dans la brousse. ⊳ Subst. *Des marécageux.*

maréchal, aux [maʀeʃal, o] n. m. **1.** *Maréchal-ferrant :* artisan dont le métier est de ferrer les chevaux. *Des maréchaux-ferrants.* **2.** Officier général investi de la plus haute dignité militaire. *On appelle un maréchal «monsieur le Maréchal».* ⊳ *Bâton de maréchal :* insigne de la dignité de maréchal. **3.** *Maréchal des logis :* sous-officier dont le grade correspond à celui de sergent, dans la cavalerie, l'artillerie, le train des équipages et la gendarmerie. **4.** (Luxembourg) *Maréchal de la Cour :* personnalité civile désignée par le gouvernement luxembourgeois et qui exerce des fonctions de représentation de la cour grand-ducale.

maréchalat [maʀeʃala] n. m. (Luxembourg) Fonction du Maréchal* de la Cour.

maréchalerie [maʀeʃalʀi] n. f. TECH Profession du maréchal-ferrant; son atelier.

maréchal-ferrant [maʀeʃalfeʀɑ̃] n. m. V. maréchal.

marée [maʀe] n. f. **1.** Mouvement périodique des eaux de la mer, qui s'élèvent et s'abaissent chaque jour à des intervalles réguliers, dû à l'attraction qu'exercent sur les masses fluides du globe terrestre les masses de la Lune et du Soleil. – *Marée montante :* flux, flot. *Marée descendante :* reflux, jusant. – *Marée haute :* fin du flux. *Marée basse :* fin du reflux. – *Marées de vive-eau :* V. vive-eau. *Marées de morte-eau :* V. morte-eau. ⊳ *Raz* de marée.* ⊳ Loc. fig. *Contre vents et marées :* sans tenir compte des obstacles. ⊳ Fig. *Une marée humaine :* une foule considérable en mouvement. **2.** *Marée noire :* couche d'hydrocarbures répandus accidentellement (naufrage de pétrolier, éruption de puits marin, etc.) ou non à la surface de la mer et qui vient souiller les rivages. – (oc. Indien) Nuit sans lune; obscurité (sens 1). **3.** Poissons de mer, coquillages, crustacés qui viennent d'être pêchés. *Marchande de marée.*

marégraphe [maʀegʀaf] n. m. TECH Appareil servant à enregistrer les variations du niveau de la mer selon la marée.

marelle [maʀɛl] n. f. Jeu d'enfants qui consiste à pousser un palet, en sautant à cloche-pied.

marémoteur, trice [maʀemɔtœʀ, tʀis] adj. Qui concerne ou qui utilise l'énergie des marées. ⊳ *Centrale* ou *usine marémotrice,* qui utilise l'énergie des marées pour produire de l'électricité.

Marenzio (Luca) (Coccaglio, Brescia, v. 1553 – Rome, 1599), compositeur italien; le plus grand maître du madrigal polyphonique traditionnel.

Maréotis. V. Mariout.

Mareth (ligne), ligne de défense construite (1934-1939) par les Français dans le sud de la Tunisie.

Marey (Étienne Jules) (1830 – 1904), médecin et physiologiste français. Il réalisa, pour décomposer le vol des oiseaux, la chronophotographie (1882), ancêtre du cinématographe.

mareyage [maʀɛjaʒ] n. m. Activité du mareyeur.

mareyeur, euse [maʀɛjœʀ, øz] n. Personne qui pratique le commerce en gros du poisson et des fruits de mer.

Margai (Milton Augustus Strieby) (1895 – 1964), homme politique de la Sierra Leone; Premier ministre de 1961 à sa mort. — **Albert** (1910-1980), frère du préc., lui succéda (1964-1967).

margaille [maʀgaj] n. f. (Belgique) **1.** Querelle, dispute. *Ils sont en margaille depuis plus de vingt ans.* **2.** Désordre.

margarine [maʀgaʀin] n. f. Mélange de graisses épurées, pour la plupart d'origine végétale, utilisé en cuisine pour remplacer le beurre.

margau [maʀgo] n. m. (Acadie) Fou de Bassan. *Des margaux.* (V. fou 2.)

marge [maʀʒ] n. f. **1.** Espace blanc autour d'un texte, d'une gravure, d'une photographie, etc. *Annotations en marge.* **2.** Fig. Latitude, liberté d'action relative. *Laisser de la marge à qqn. Tolérer une marge d'erreur.* **3.** FIN *Marge commerciale :* différence entre le prix de vente et le prix d'achat d'une marchandise, exprimée en pourcentage du prix de vente. ⊳ *Marge bénéficiaire :* différence entre le prix de vente et le prix de revient. ⊳ *Marge brute d'autofinancement (M.B.A.) :* V. cash-flow. **4.** Loc. prép. *En marge de (qqch) :* en dehors de (qqch), sans en être éloigné. – *Vivre en marge (de la société),* sans être socialement intégré.

margelle [maʀʒɛl] n. f. Assise de pierre formant le rebord d'un puits.

marger [maʀʒe] v. intr. [13] Placer le margeur d'une machine à écrire de façon à obtenir les marges souhaitées.

margeur [maʀʒœʀ] n. m. Machine permettant de ménager des marges de part et d'autre d'une feuille de papier. ⊳ Dispositif d'une machine à écrire servant à régler les marges.

Marggraf (Andreas Sigismund) (1709 – 1782), chimiste allemand. Il fut le premier à obtenir du sucre de betterave à l'état solide (1747).

marginal, ale, aux [maʀʒinal, o] adj. et n. **1.** Qui est en marge d'un texte. *Notes marginales d'un manuscrit.* **2.** Qui n'est pas essentiel, qui n'est pas principal. *Une œuvre marginale.* **3.** Qui vit en marge de la société. *Groupe marginal.* ⊳ Subst. *Un(e) marginal(e).* **4.** ECON *Utilité marginale,* celle que présente aux yeux du producteur ou du consommateur la dernière unité produite ou consommée. – *Coût marginal d'un produit,* coût de production d'une unité supplémentaire de ce produit.

marginalisation [maʀʒinalizasjɔ̃] n. f. Fait de se marginaliser. – Action de marginaliser; son résultat.

marginaliser [maʀʒinalize] v. tr. [1] Rendre marginal. *La ségrégation raciale ou sociale marginalise certaines communautés.* ⊳ v. pron. Devenir marginal.

marginalisme [maʀʒinalism] n. m. ECON Théorie qui définit la valeur par son utilité marginale (par oppos. à la théorie marxiste de la valeur fondée sur le temps social moyen de production).

marginalité [maʀʒinalite] n. f. État de celui, de ce qui est en marge de la société.

marginelle [maʀʒinɛl] n. f. Mollusque gastéropode de taille petite à moyenne, à coquille lisse et brillante avec une ouverture allongée, dont il existe de nombreuses espèces dans les mers chaudes.

Margot (la reine). V. Marguerite de Valois.

margouillat [maʀguja] n. m. **1.** ZOOL Lézard d'Afrique occidentale, qui se pare de couleurs vives en période reproductive. **2.** (Antilles fr., Nouv.-Cal., oc. Indien) Syn. de *gecko.* (V. mabouillat.)

margoze [maʀgɔz] n. f. (oc. Indien) Cucurbitacée (*Momordica balsamina*) originaire d'Inde, à peau granuleuse et à saveur amère, utilisée pour la préparation de mets régionaux.

margrave [maʀgʀav] n. m. HIST Titre de certains princes souverains d'Allemagne dont les principautés étaient ou avaient été des marches (provinces frontières).

marguerite [maʀgəʀit] n. f. **1.** Plante ornementale (fam. composées), dont le capitule porte des fleurs centrales jaunes (hermaphrodites) et des fleurs périphériques («pétales») blanches (femelles). – Cour. Fleur de la marguerite. **2.** TECH Tête d'impression de machines à écrire et imprimantes, dont les caractères figurent sur des languettes disposées en rayons autour de l'axe moteur.

Marguerite (pic), point culminant de la rép. dém. du Congo (5119 m), dans le massif du Ruwenzori.

Marguerite d'Youville (sainte) (1701 - 1771), religieuse québécoise. Elle fonda, v. 1740, un groupe laïque qui devint, en 1753, la congrégation des Sœurs de la Charité, dites sœurs grises. Elle a été canonisée en 1990.

DANEMARK, NORVÈGE ET SUÈDE

Marguerite Valdemarsdotter (1353 - 1412), reine de Danemark, de Norvège et de Suède. Fille du roi de Danemark Valdemar IV, elle épousa (1363) Haakon VI de Norvège. Reine (1387) apr. la mort de son mari et de son fils (Olav V), elle réunit le Danemark, la Norvège et la Suède (union de Kalmar, 1397). — **Marguerite II** (née en 1940), reine de Danemark. Elle succéda à son père Frédéric IX en 1972.

FLANDRE

Marguerite de Dampierre ou **de Flandre** (1350 - 1405), comtesse de Flandre, duchesse de Bourgogne. Veuve de Philippe Ier de Rouvres, duc de Bourgogne (m. à quinze ans, en 1361), elle épousa en 1369 son successeur Philippe II le Hardi, apportant à la maison de Bourgogne l'héritage de son père, Louis de Mâle, comte de Flandre.

FRANCE

Marguerite de Bourgogne (1290 - 1315), reine de Navarre, puis de France par son mariage (1305) avec le futur Louis X le Hutin, qui, devenu roi (1314), la fit arrêter pour adultère puis étouffer.

NAVARRE

Marguerite d'Angoulême ou **de Navarre** (1492 - 1549), reine de Navarre; sœur de François Ier, épouse du duc d'Alençon, puis, en 1527, d'Henri d'Albret, roi de Navarre. Elle protégea les poètes, les humanistes, les réformés, et écrivit des poèmes (*les Marguerites de la Marguerite des princesses*, 1547), des contes (*l'Heptaméron*, publié en 1559) et des comédies.

Marguerite de Valois ou **de France** (1553 - 1615), reine de Navarre puis de France, surnommée la *reine Margot*. Fille d'Henri II, elle épousa en 1572 Henri de Navarre. Connue pour ses aventures galantes, elle fut longtemps éloignée de la Cour; devenu Henri IV, roi de France, son mari fit annuler son mariage (1599).

Marguerite-Marie Alacoque (sainte) (1647 - 1690), religieuse française; propagatrice de la dévotion au Sacré-Cœur de Jésus.

marguillier, ère [margije, ɛr] n. (Québec) Membre du conseil de fabrique* d'une paroisse.

mari [mari] n. m. Homme uni à une femme par le mariage. Syn. conjoint,époux.

Mari *(Mārī)*, anc. v. de Mésopotamie, sur le moyen Euphrate (site archéologique de Tell Harīrī, Syrie). Contemporaine de la civilisation sumérienne d'Ourouk (v. 3000 av. J.-C.), cette cité puissante, dominée successivement par les Akkadiens, les Amorrites et les Assyriens, fut prise (XVIIIe s. av. J.-C.) par le Babylonien Hammourabi. – Vestiges du palais royal (début du IIe millénaire av. J.-C.), bien conservé, qui recèle de nombr. temples et a livré des tablettes cunéiformes.

mariable [marjabl] adj. Qui est en état, en âge, en condition de se marier.

mariage [marjaʒ] n. m. **1.** Union légitime d'un homme et d'une femme. *Mariage civil. Mariage religieux. – Contrat de mariage. – Mariage coutumier*, célébré par une autorité coutumière ou religieuse et non par l'autorité civile. **2.** Célébration du mariage. *Assister à un mariage.* **3.** Fig. Union, alliance, assortiment de deux ou plusieurs choses. *Un heureux mariage de couleurs.* **4.** Jeu de cartes qui consiste à réunir dans une même main le roi et la dame de la même couleur.

marial, ale, aux [marjal, o] adj. Relatif à la Vierge Marie. *Culte marial.*

Mariam (Haïlé) (né en 1940), homme politique éthiopien; président de la Rép. (1977-1991).

Marianne, nom donné à la République française et à ses représentations symboliques (notam. bustes de jeune femme en bonnet phrygien).

Mariannes (îles) (anc. îles des Larrons), archipel du Pacifique Nord (Micronésie), formé de quinze îles. Guam, la princ., est territoire américain; les autres forment le Commonwealth des Mariannes du Nord, État associé aux É.-U.; 404 km^2; 19600 hab.; cap. *Saipan.* – Vendues par l'Espagne aux All. en 1899 (sauf Guam, cédée aux É.-U. en 1898), les îles passèrent sous mandat japonais en 1919. Une import. bataille aéronavale s'y déroula en juin 1944. De 1947 à 1975, elles ont été sous tutelle amér. ▷ OCEANOGR *Fosse des Mariannes :* la plus grande profondeur connue (– 11516 m).

Maribor, v. de Slovénie, sur la Drave; 106110 hab. Métallurgie; constr. mécaniques (auto.). – Cath. XIIe s. (reconstruite au XVIIIe s.). Hôtel de ville (XVIe s.).

Marica ou **Maritza** (la) (anc. *Hèbre*), fl. de Bulgarie et de Grèce (490 km); se jette dans la mer Égée. En Bulgarie, le bassin de la Marica, qui couvre un tiers du pays, est une riche région agricole (irrigation).

Maridines. V. Méridines.

marié, ée [marje] adj. et n. **1.** adj. Uni par le mariage (à qqn). *Femme mariée.* ▷ Subst. *Jeunes mariés.* **2.** n. Celui, celle dont on célèbre le mariage. *Le marié, en habit noir... Vive la mariée!* ▷ Loc. fig. et prov. *Se plaindre que la mariée est trop belle :* se plaindre de ce dont on devrait plutôt se réjouir.

Marie (sainte), dite la *Vierge Marie* ou la *Sainte Vierge*, mère de Jésus-Christ, fille d'Anne et de Joachim. Dans l'Évangile de Luc, l'ange Gabriel vient lui annoncer sa conception virginale de Jésus. Luc ne reparle de Marie qu'après la Résurrection. Jean évoque deux fois sa présence : aux noces de Cana et pendant la Crucifixion. Les dogmes cathol. de l'Immaculée Conception (1854) et de l'Assomption (1950) ont renforcé le culte de Marie, à qui les protestants dénient toute participation à l'œuvre du Christ.

ANGLETERRE

Marie Ire Tudor (1516 - 1558), reine d'Angleterre et d'Irlande (1553-1558); fille d'Henri VIII et de Catherine d'Aragon. En 1554, elle épousa Philippe II d'Espagne. Catholique, *Marie la Sanglante* persécuta les protestants. — **Marie II Stuart** (1662 - 1694), reine d'Angleterre, d'Irlande et d'Écosse (1689-1694). Fille de Jacques II, elle accéda au trône à l'abdication de son père, conjointement avec son époux Guillaume de Nassau, qui devint le roi Guillaume III.

BOURGOGNE

Marie de Bourgogne (1457 - 1482), fille de Charles le Téméraire. L'année où son père mourut (1477), elle épousa Maximilien d'Autriche, à qui elle apporta les Pays-Bas (c.-à-d. les Pays-Bas, la Belgique et le Luxembourg actuels) et la Franche-Comté.

ÉCOSSE

Marie Ire Stuart (1542 - 1587), reine d'Écosse (1542-1567); fille de Jacques V d'Écosse. Élevée en France dont elle fut reine (1559-1560) par son mariage (1558) avec le futur François II, elle revint en Écosse (1561) après la mort du roi. Elle épousa (1565) Henry Stuart, lord Darnley, chef des catholiques, puis Bothwell (1567), l'un des responsables de l'assassinat de lord Darnley (1567); le soulèvement provoqué par ce mariage entraîna son abdication. Elle s'exila en Angleterre, où Élisabeth Ire la fit condamner à mort.

FRANCE

Marie de Médicis (1573 - 1642), reine de France. Fille du grand-duc François Ier de Toscane, elle épousa Henri IV (1600). Régente à la mort du roi (1610), elle se laissa mener par son entourage, notam. par Concini (que le jeune Louis XIII fit assassiner en 1617), puis se révolta contre son fils (1617-1620). Réconciliée avec lui (1622), admise au Conseil, elle y fit entrer Richelieu en 1624, puis essaya en vain de le faire disgracier (journée des Dupes, 1630) et dut s'exiler. Elle fit bâtir le palais du Luxembourg (Paris).

Marie Leczinska (1703 - 1768), reine de France; fille de Stanislas Leczinsky, roi de Pologne, épouse de Louis XV (1725), dont elle eut dix enfants.

PORTUGAL

Marie Ire de Bragance (1734 - 1816), fille de Joseph Ier, reine de Portugal (1777-1816); en 1760, elle épousa son oncle Pierre de Portugal, qu'elle associa ensuite au trône (Pierre III). En 1792, elle perdit la raison à la suite de la mort de son mari et de son fils aîné.

Marie-Adélaïde de Luxembourg (1894 - 1924), grande-duchesse du Luxembourg. Fille de Guillaume IV, elle monta sur le trône en 1912, abdiqua en 1919 en faveur de sa sœur Charlotte et entra au carmel.

Marie-Antoinette d'Autriche (1755 - 1793), reine de France; fille de l'empereur François Ier et de Marie-Thérèse. Elle épousa le futur Louis XVI en 1770. Elle encourut une grande impopularité (que l'affaire du Collier* renforça). Enfermée avec le roi au Temple (1792), puis à la Conciergerie, condamnée à mort, elle fut guillotinée (16 oct. 1793).

Marie de France (1154 - 1189), poétesse française qui vécut en Angleterre; auteur de *Lais* et de *Fables*. V. breton (roman).

Marie de l'Incarnation (Marie Guyart, en religion Mère) (1599 – 1672), religieuse française. Veuve, ursuline à Tours (1631), elle partit en 1639 pour la Nouvelle-France et fonda à Québec un couvent dont elle fut la première supérieure. Elle est l'auteur de témoignages de grande valeur sur l'histoire de la Nouvelle-France. Elle fut déclarée «vénérable» par le pape Léon XIII.

Marie-Galante, île des Antilles françaises, à 26 km au S.-E. de la Guadeloupe, dont elle dépend; 158 km^2; 13512 hab.; ch.-l. *Grand-Bourg*. Canne à sucre; distilleries.

Marie-Louise de Habsbourg-Lorraine (1791 – 1847), impératrice des Français; fille de François II, empereur d'Autriche. Elle épousa Napoléon Ier (1810), dont elle eut un fils, le roi de Rome. Elle se remaria secrètement avec le comte de Neipperg (1821) puis avec le comte de Bombelles (1834). De 1815 à sa mort, elle régna sur Parme et Plaisance.

Marie-Madeleine (sainte) (Ier s. apr. J.-C.), sainte. Ce nom et ce culte (qui se développa dès le Ier s. apr. J.-C.) confondent trois personnes : la pécheresse qui oignit de parfum les pieds du Christ et obtint son pardon; Marie de Magdala, qui reconnut Jésus ressuscité; Marie de Béthanie, sœur de Lazare et de Marthe, qu'une légende fait aborder aux Saintes-Maries-de-la-Mer (France, Camargue).

marier [maʀje] v. [2] **I.** v. tr. **1.** Unir (un homme et une femme) par les liens du mariage. **2.** Donner en mariage. *Il a marié sa fille à un ingénieur.* **3.** Provoquer le mariage de, être à l'origine du mariage de, organiser le mariage de. *Ils ont marié leur fille en mai.* **4.** Participer aux cérémonies de mariage de. *Ils marient un de leurs cousins la semaine prochaine.* **5.** (Afr. subsah., Belgique, France rég., Maghreb, Québec, Suisse) Syn. de *épouser* (sens 1). *Elle a marié son ami d'enfance. Il a marié la fille du boucher.* **6.** Fig. Unir, allier, assortir. *Marier les couleurs.* ▷ v. pron. *Couleurs qui se marient.* **II.** v. pron. S'unir par les liens du mariage. – (Réciproque) *Ils se sont mariés hier.* – (Réfléchi) *Elle se marie avec lui.*

marie-salope [maʀisalɔp] n. f. MAR Chaland destiné à recevoir les vases draguées dans les ports et dans les rivières. *Des maries-salopes.*

Marie-Thérèse (1717 – 1780), impératrice d'Autriche (1740), reine de Hongrie (1741) et de Bohême (1743). Fille de l'empereur Charles VI, elle épousa en 1736 François de Lorraine, empereur en 1745. Grâce à l'Angleterre, elle conserva son héritage (guerre de la Succession d'Autriche, 1740-1748) mais ne put reprendre la Silésie à Frédéric II de Prusse (guerre de Sept Ans, 1756-1763). Elle bénéficia du prem. partage de la Pologne (1772).

Marie-Thérèse d'Autriche (1638 – 1683), reine de France; fille de Philippe IV d'Espagne, épouse de Louis XIV (1660).

Mariette (Auguste) (1821 – 1881), égyptologue français. Il découvrit le serapeum de Memphis (1851); directeur général des fouilles en Égypte (1858).

marieur, euse [maʀjœʀ, øz] n. Fam. Personne qui s'entremet pour favoriser un (des) mariage(s).

Marie-Victorin (Conrad Kirouac, en relig. frère) (1885 – 1944), botaniste et écrivain québécois : *la Flore laurentienne* (1935).

marigalantais, aise [maʀigalɑ̃tɛ, ɛz] adj. et n. De Marie-Galante. ▷ Subst. *Un(e) Marigalantais(e).*

Marignan (en ital. *Melegnano*), v. d'Italie, près de Milan; 18480 hab. – Victoire du roi de France François Ier sur les Suisses (1515).

marigot [maʀigo] n. m. **1.** GEOGR Dans les pays tropicaux, dépression de terrain inondée pendant la saison des pluies, ou bras mort d'un fleuve. **2.** (Afr. subsah.) Mare permanente ou temporaire; petit cours d'eau.

Marigot, ch.-l. de la partie franç. de l'île Saint-Martin (administrativement rattachée à la Guadeloupe), sur la côte ouest.

marihuana [maʀiʀwana] ou **marijuana** [maʀiʒɥana] n. f. Stupéfiant préparé à partir de jeunes inflorescences femelles desséchées du chanvre indien. *Cigarette de marihuana.*

1. marin, ine [maʀɛ̃, in] adj. **1.** Qui vient de la mer, qui y habite; qui concerne la mer. *Sel marin. Animaux marins. – Dieux, monstres marins.* **2.** Qui concerne la navigation en mer. *Carte marine.* ▷ Qui tient bien la mer, qui est à l'aise sur la mer. – Loc. *Avoir le pied marin :* être à l'aise sur un bateau malgré les mouvements de la mer. **3.** TECH Se dit de travaux (partic., pétroliers) effectués au-delà du rivage. *Prospection marine,* ou *en mer* (off. recommandé pour *off-shore*).

2. marin [maʀɛ̃] n. m. Personne dont la profession est de naviguer en mer. ▷ *Spécial.* Homme d'équipage. *Les officiers et les marins. – Col marin :* grand col carré dans le dos, en pointe devant. *– Costume marin :* costume bleu rappelant l'uniforme des marins, à col marin.

Marin (Le), ch.-l. d'arr. de l'île de la Martinique; 6429 hab.

Marin (le Cavalier). V. Marino (Giambattista).

marina [maʀina] n. f. Complexe touristique associant des logements à un port de plaisance.

marinade [maʀinad] n. f. **1.** Mélange aromatisé, dans lequel on laisse tremper des viandes ou des poissons. **2.** (Antilles fr., Guyane, Haïti) Acara. **3.** Plur. (Québec) Condiments faits de légumes (cornichons, petits oignons, etc.) confits dans du vinaigre. *Marinades sucrées, sures.*

1. marine [maʀin] n. f., adj. inv. (et n. m.) **1.** Ce qui concerne l'art de la navigation sur mer. *Instrument de marine.* **2.** Ensemble des gens de mer. ▷ Ensemble des navires, des équipages et des activités de navigation d'un même genre. – *Marine marchande :* navires et équipages employés pour le commerce. ▷ Puissance navale, marine militaire d'un État. *Servir dans la marine nationale. Officier de marine.* **3.** BX-A Tableau qui a la mer pour sujet. **4.** adj. inv. *Bleu marine* ou *marine :* bleu foncé. *Des pantalons bleu marine. Des jupes marine.* ▷ n. m. *Du marine :* du bleu marine.

2. marine [maʀin], plur. **marines** [maʀins] n. m. (Mot américain.) Fusilier marin britannique ou américain.

mariner [maʀine] v. [1] **1.** v. tr. Mettre (un poisson, de la viande) dans une marinade pour les conserver, les attendrir ou leur donner un arôme particulier. ▷ (Québec) Confire (des légumes) dans du vinaigre. *Mariner des concombres.* **2.** v. intr. Tremper, être placé dans une marinade. *Poisson qui marine depuis deux heures.*

Marinetti (Filippo Tommaso) (1876 – 1944), poète italien; fondateur du futurisme (dont il publia le manifeste, en franç., dans *le Figaro,* en 1909). Il se montra favorable au fascisme.

maringouin [maʀɛ̃gwɛ̃] n. m. Nom cour. de divers moustiques au Canada et dans divers autres pays d'Amérique.

Marini. V. Marino.

Marinides. V. Mérinides.

marinier, ère [maʀinje, ɛʀ] adj. et n. **1.** adj. Qui appartient à la marine. **2.** n. Personne qui conduit des péniches, des chalands ou des remorqueurs sur les rivières et les canaux.

marinière [maʀinjɛʀ] n. f. **1.** Manière de nager sur le côté. *Nager à la marinière* ou *nager la marinière.* **2.** CUIS *Moules marinière,* cuites dans leur jus, avec du vin blanc, des échalotes et du persil. **3.** Vêtement, blouse ample, que l'on enfile par la tête.

Marino ou **Marini** (Giambattista), dit *le Cavalier Marin* (1569 – 1625), poète italien, auteur d'*Adonis* (1623, poème mythologique de 45000 vers). Son style recherché développa en France et en Italie une littérature précieuse, le *marinisme.*

marin-pêcheur n. m. Inscrit maritime qui pêche à bord d'un navire. *Des marins-pêcheurs.*

mario [maʀjo] n. m. (Afr. subsah.) Fam. En rép. dém. du Congo, jeune amant d'une femme plus âgée qui l'entretient, gigolo.

Marion-Dufresne (Nicolas Thomas) (1729 – 1772), navigateur français. Il découvrit, dans l'océan Indien, les îles du Prince-Édouard (Afrique du Sud) ainsi que les îles Crozet, qui font auj. partie des terres Australes et Antarctiques françaises.

marionnette [maʀjɔnɛt] n. f. **1.** Figurine qu'une personne actionne à l'aide de ficelles (*marionnette à fils :* fantoche) ou à la main (*marionnette à gaine :* guignol). *Théâtre de marionnettes.* – (Viêt-nam) *Marionnettes sur l'eau :* spectacle de marionnettes évoluant sur l'eau, mimant de grandes légendes ou des sujets comiques. **2.** Fig. Personne qu'on manœuvre comme on veut. *Ce ministre est une marionnette.*

marionnettiste [maʀjɔnɛtist] n. Montreur de marionnettes.

Mariotte (abbé Edme) (v. 1620 – 1684), physicien français. Il étudia notam. l'état des corps (solide, liquide, gazeux) et utilisa le baromètre pour prévoir le temps. ▷ *Loi de Mariotte :* pour une masse donnée de gaz et à température constante, le produit de la pression d'un gaz par son volume reste constant. (Cette loi n'est rigoureuse que pour les gaz parfaits.)

Marioupol (anc. *Jdanov*), v. et port d'Ukraine, sur la mer d'Azov; 522000 hab. Industries.

Mariout ou **Maréotis** *(Maryūt),* petit lac d'Égypte, séparé de la Méditerranée par une langue de terre sur laquelle est bâtie Alexandrie.

Maris (république des), rép. de la Fédération de Russie, située à l'E. de Nijni-Novgorod; 23200 km^2; 758000 hab.; cap. *Iochkar-Ola.*

marisque [maʀisk] n. f. MED Petite tuméfaction du pourtour de l'anus due à la transformation fibreuse d'une hémorroïde externe.

mariste [maʀist] n. Membre d'une des congrégations religieuses vouées à la Vierge Marie. *Pères maristes. Sœurs, frères maristes.*

marital, ale, aux [maʀital, o] adj. Du mari. *Autorisation maritale.*

maritalement [maʀitalmɑ̃] adv. Comme des époux mais sans être mariés. *Vivre maritalement.*

maritime [maʀitim] adj. **1.** Qui est en contact avec la mer, qui subit son influence. *Les populations maritimes. Climat maritime,* tempéré par le voisinage de la mer. ▷ *Plantes maritimes,* qui croissent au voisinage de la mer, sur les rivages. **2.** Qui se fait par mer. *Transport, commerce maritime.* **3.** Qui concerne la navigation sur mer, la marine. *Grande puissance maritime.*

Maritimes (les). V. provinces Maritimes (les).

Maritza. V. Marica.

Marius (Caius) (157 – 86 av. J.-C.), général et homme politique romain. D'origine modeste, élu tribun du peuple en 119 av. J.-C., préteur (116), consul (107), il vainquit en Afrique le roi de Numidie, Jugurtha (105), puis fut élu cinq autres fois consul (104-100). Ses victoires en Gaule sur les Teutons (102) et les Cimbres (101) accrurent son prestige, mais Sulla le fit proscrire. Revenu à Rome en l'absence de Sulla, qui luttait alors en Orient, Marius, allié à Cinna, fit massacrer la plupart de ses adversaires et mourut quelques jours après son élection au consulat.

marivaudage [maʀivodaʒ] n. m. **1.** LITTER Affectation, préciosité du style (à la manière de Marivaux). **2.** Galanterie raffinée, affectation dans l'expression des sentiments amoureux.

marivauder [maʀivode] v. intr. [**1**] User de marivaudage.

Marivaux (Pierre Carlet de Chamblain de) (1688 – 1763), écrivain français. Au théâtre, il exprima les sentiments amoureux par une forme spirituelle, un peu précieuse, le *marivaudage : Arlequin poli par l'amour* (1720), *la Double Inconstance* (1723), *le Jeu* de l'amour et du hasard* (1730), *les Fausses Confidences* (1737), *l'Épreuve* (1740). Il renouvela le roman avec deux œuvres réalistes : *la Vie de Marianne* (1731-1741) et *le Paysan parvenu* (1734-1735), toutes deux inachevées. Acad. fr. (1743).

marjolaine [maʀʒɔlɛn] n. f. Plante aromatique (genre *Origanum,* fam. labiées) appelée *origan.*

mark [maʀk] n. m. *Ellipt.* (pour *deutsche Mark*). Unité monétaire de l'Allemagne réunifiée.

Marka, v. et port de Somalie, au S. de Muqdisho; 60 000 hab.; cap. de la région du Shabeellaha Hoose. Centre de pêche.

marketing [maʀketiŋ] n. m. (Anglicisme) ECON Ensemble des démarches, des méthodes et des techniques, ayant pour objet l'adaptation de l'offre à la demande sous tous ses aspects (quantité et qualité des produits, publicité, études de marché, etc.). Syn. (off. recommandé) mercatique.

Markov (Andreï Andreïevitch) (1856 – 1922), mathématicien russe (travaux sur les probabilités).

Marlborough (John Churchill, 1er duc de) (1650 – 1722), général anglais. Il soutint Guillaume d'Orange. Commandant en chef lors de la guerre de la Succession d'Espagne, il remporta contre les Français trois grandes victoires (notam. à Malplaquet, 1709). Une chanson de soldats française le railla («Malbrough s'en va-t-en guerre»).

Marley (Robert Nesta Marley, dit Bob) (1945 – 1981), chanteur et compositeur jamaïcain; un des créateurs du reggae et du mouvement rasta.

marlin [maʀlɛ̃] n. m. ICHTYOL Poisson marin *(Makaira nigricans)* voisin de l'espadon, pouvant dépasser 500 kg pour une longueur de 4 m.

Marlowe (Christopher) (1564 – 1593), poète dramatique anglais, devancier de Shakespeare : *Tamerlan le Grand* (1587), *la Tragique Histoire du docteur Faust* (1588), *le Juif de Malte* (1589), *Édouard II* (v. 1592). Il fut assassiné. Poème (posth.) : *Héro et Léandre.*

marmaille [maʀmaj] n. Fam. **1.** n. f. Ensemble, groupe de petits enfants. **2.** n. (oc. Indien) Enfant, adolescent(e). *Un bon marmaille.*

Marmara (mer de) (anc. *Propontide*), partie de la Méditerranée reliée à la mer Égée par les Dardanelles, et à la mer Noire par le Bosphore.

Marmarique, district de la Libye, sur la côte N.-E. de la Cyrénaïque; ch.-l. *Tobrouk.* – Affrontements des forces alliées et de celles de l'Axe (1940-1942).

marmelade [maʀməlad] n. f. **1.** Préparation de fruits sucrés et très cuits, presque réduits en bouillie. *Marmelade d'oranges.* **2.** *En marmelade,* se dit d'un aliment trop cuit, presque en bouillie.

marmite [maʀmit] n. f. **1.** Récipient fermé d'un couvercle, dans lequel on fait cuire les aliments. *Les anses* (ou *oreilles) d'une marmite.* – Contenu d'une marmite. *Une marmite de soupe.* ▷ Loc. fig., fam. *Faire bouillir la marmite :* V. bouillir. **2.** (Haïti) Récipient, boîte de conserve, de capacité variable, utilisés comme mesure par les commerçants. *Acheter une marmite de riz.* **3.** TECH *Marmite de Papin :* récipient clos dans lequel on peut élever beaucoup plus qu'à l'air libre la température de l'eau pour utiliser la force d'expansion de la vapeur. **4.** GEOL *Marmite de géants :* cavité dans le lit rocheux d'un cours d'eau, creusée par le mouvement tourbillonnaire de débris rocheux charriés par le courant.

marmitée [maʀmite] n. f. Contenu d'une marmite.

marmiton [maʀmitɔ̃] n. m. Jeune aide de cuisine.

marmonnement [maʀmɔnmɑ̃] n. m. Action de marmonner; murmure indistinct.

marmonner [maʀmɔne] v. tr. [**1**] Murmurer, dire entre ses dents.

Marmontel (Jean-François) (1723 – 1799), écrivain français : *Contes moraux* (1761-1765), romans idéologiques (*Bélisaire,* 1767); il collabora à l'*Encyclopédie*.* Acad. fr. (1763).

marmoréen, enne [maʀmɔʀeɛ̃, ɛn] adj. **1.** De la nature du marbre ou qui en a l'apparence. *Roches marmoréennes.* **2.** Fig., litt. Qui a la blancheur, la fermeté ou la froideur du marbre. *Impassibilité marmoréenne.*

marmot [maʀmo] n. m. Fam. Petit enfant.

marmotte [maʀmɔt] n. f. Mammifère rongeur (genre *Marmota,* fam. sciuridés) des montagnes des régions tempérées de l'hémisphère Nord, qui hiberne jusqu'à 8 mois par an, à fourrure épaisse. Syn. (Québec) siffleux. ▷ Loc. fig. *Dormir comme une marmotte,* profondément.

marmotter [maʀmɔte] v. tr. [**1**] Dire confusément et entre ses dents.

1. marnage [maʀnaʒ] n. m. AGRIC Apport de marne destiné à amender un sol.

2. marnage [maʀnaʒ] n. m. Variation du niveau de la mer entre marée basse et marée haute.

marne [maʀn] n. f. Roche sédimentaire argileuse très riche en calcaire, que l'on utilise pour amender les sols acides et pour fabriquer le ciment.

Marne (la), riv. de France (525 km) qui rejoint la Seine (r. dr.) juste avant Paris. – *Marne,* dép. : 8 162 km²; 558 217 hab.; ch.-l. *Châlons-en-Champagne* (51 533 hab.). V. Champagne-Ardenne (Rég.). – *Haute-Marne,* dép. : 6 211 km²; 204 067 hab.; ch.-l. *Chaumont* (28 900 hab.). V. Champagne-Ardenne (Rég.).

Marne (batailles de la), les deux batailles livrées sur la Marne pendant la Première Guerre mondiale, gagnées par Joffre (24 août-13 sept. 1914) et par Foch (18 juil.-6 août 1918).

marner [maʀne] v. tr. [**1**] Amender (un sol) en y incorporant de la marne.

marneux, euse [maʀnø, øz] adj. De la nature de la marne ou qui contient de la marne.

Marnix (Philippe de), baron de Sainte-Aldegonde (1540 – 1598), homme politique et écrivain flamand, né à Bruxelles. Conseiller de Guillaume Ier de Nassau, il joua un rôle important dans les négociations qui aboutirent à la pacification de Gand en 1576. Son œuvre la plus importante est un vaste pamphlet contre la religion catholique, écrit en français : *Tableau des differens de la religion* (posth., 1599). On lui attribue, sans aucune certitude, *Wilhelmus van Nassouwe,* poème devenu l'hymne national néerlandais.

Maroc (royaume du) *(al-Mamlaka al-maġribiyya),* État d'Afrique du Nord.

► V. carte et dossier, p. 1473.

Maroc (campagne du), opérations militaires menées au Maroc par la France en trois phases : pénétration et établissement d'un cadre administratif (1907-1914); pacification (1914-1918); guerre du Rif et conquête totale (1919-1934).

marocain, aine [maʀɔkɛ̃, ɛn] adj. et n. Du Maroc. ▷ Subst. *Un(e) Marocain(e).*

marocanisation [maʀɔkanizasjɔ̃] n. f. Action de marocaniser. ▷ (Maghreb) Au Maroc, remplacement des étrangers par des Marocains aux postes de responsabilité.

marocaniser [maʀɔkanize] v. [**1**] **1.** v. tr. Donner un caractère marocain à. *Marocaniser son vocabulaire.* **2.** v. pron. Prendre un caractère marocain.

marocanité [maʀɔkanite] n. f. Caractère propre à la culture, à l'identité marocaines.

marollien, enne [marɔljɛ̃, ɛn] adj. et n. **1.** Du quartier des Marolles à Bruxelles. ▷ Subst. *Un(e) Marollien(ne).* **2.** n. m. LING *Le marollien :* le parler associant français et flamand en usage dans le quartier des Marolles.

Maroni (le), fl. séparant la Guyane française du Surinam (680 km); arrose *Saint-Laurent-du-Maroni.*

maronite [marɔnit] n. et adj. Catholique oriental de rite syrien. (Les maronites sont env. 1,5 million; la moitié vit au Liban; l'autre moitié est émigrée en Afrique et en Amérique.) ▷ adj. *Église maronite.*

maroquin [marɔkɛ̃] n. m. Cuir de chèvre tanné et teint du côté fleur (côté du poil).

maroquinage [marɔkinaʒ] n. m. TECH Action de maroquiner; son résultat.

maroquiner [marɔkine] v. tr. [1] TECH Apprêter (un cuir) à la façon du maroquin. *Maroquiner du mouton, du veau.*

maroquinerie [marɔkinri] n. f. **1.** Art, industrie de la préparation du maroquin, de la fabrication des objets en maroquin ou en cuir fin. **2.** Commerce de ces objets; magasin où on les vend.

maroquinier [marɔkinje] n. m. **1.** Spécialiste du travail du maroquin ou de la fabrication d'articles de maroquinerie. **2.** Commerçant en maroquinerie.

Marot (Jean des Mares ou des Marets, dit) (1463 – v. 1526), poète français (grand rhétoriqueur) à la cour d'Anne de Bretagne puis de François Ier. — **Clément** (1496 - 1544), fils du préc.; poète français. Protégé de Marguerite* de Navarre, sœur de François Ier, mais soupçonné de luthéranisme, emprisonné (1526), poursuivi en 1534 et en 1542, il s'exile et meurt pauvre à Turin. Dans son œuvre, nous préférons auj. les pièces pleines de verve : épigrammes, églogues (*Églogue au roi,* 1538), élégies, épîtres (*Épître à Lyon Jamet,* 1526; *Épître au roi pour le délivrer de prison,* 1527).

marotte [marɔt] n. f. Manie.

Maroua, ville du Cameroun; 106 200 hab.; ch.-l. du dép. de Diamaré et de la prov. de l'Extrême-N. Égrenage du coton.

marouflage [maruflaʒ] n. m. TECH Action de maroufler; son résultat.

maroufle [marufl] n. f. TECH Colle forte.

maroufler [marufle] v. tr. [1] TECH Coller (une toile peinte sur une toile de renfort, un panneau de bois, un mur, etc.) avec de la maroufle. ▷ Renforcer (un assemblage) en l'entourant d'une bande de toile enduite de colle.

marquage [markaʒ] n. m. **1.** Action d'appliquer une marque. *Le marquage des bêtes d'un troupeau.* **2.** SPORT Action de marquer (sens I, 8) un joueur adverse.

marquant, ante [markɑ̃, ɑ̃t] adj. Qui marque par sa singularité, son action, etc.; mémorable.

marque [mark] n. f. **I. 1.** Signe particulier mis sur une chose pour la distinguer. *Marque à la craie. Marque indélébile.* **2.** Signe distinctif appliqué au fer rouge *(marque à chaud)* ou peint sur la peau d'un animal. ▷ Cachet de contrôle sanitaire sur un animal de boucherie. – Par métaph. *Les marques de la débauche.* **3.** Signe d'attestation (d'un contrôle effectué, de droits payés, etc.). *Marque de la douane.* **4.** Signe distinctif d'un produit, d'un fabricant, d'une entreprise. *Marque de fabrique, de commerce.* – *Marque déposée,* qui assure une protection juridique à celui qui la dépose (au tribunal de commerce). – *Produit de marque,* d'une marque renommée. ▷ Entreprise industrielle ou commerciale; ses produits. *Une grande marque de meubles.* **5.** Repère (en construction, en mécanique, etc.). *Marque de pose, de taille.* ▷ SPORT Repère que se fixe un sauteur, un coureur, pour régler sa foulée, son départ. – Dispositif pour caler les pieds des coureurs au départ. Syn. starting-block. *À vos marques!... Prêts! Partez!* **II.** Trace, empreinte. ▷ CHASSE (Plur.) Empreintes qui permettent d'identifier une bête. **III. 1.** Tout moyen, tout objet de reconnaissance, de repérage, d'évaluation. *Mettre une marque entre les pages d'un livre.* ▷ Jeton, fiche qu'on met au jeu au lieu d'argent; jeton qui sert à marquer les points. ▷ *Par ext.,* fig. Décompte. *Il y a dix points à la marque.* – SPORT Décompte des points en cours ou en fin de partie. **2.** Signe, preuve, témoignage. *«Cette marque d'honneur qu'il met dans ma famille»* (Corneille).

marqué, ée [marke] adj. **1.** Qui porte une marque. *Arbre marqué.* ▷ BIOL *Substance marquée,* qui contient un isotope radioactif permettant de suivre son déplacement dans un organisme. – Fig. *Être marqué,* engagé dans qqch, déterminé par ses choix. **2.** *Visage marqué,* qui porte les marques de l'âge, de la fatigue ou de la maladie. ▷ Fig. *Marqué par le destin* ou, absol., *marqué,* poursuivi par la fatalité. – *Il est resté marqué par son enfance,* impressionné, influencé. **3.** Très apparent, très net; accusé. *Avoir les traits du visage marqués. Taille marquée,* soulignée (par l'habit). – (Abstrait) *Avoir des préférences marquées,* évidentes, très nettes.

marquer [marke] v. [1] **I.** v. tr. **1.** Mettre une marque sur (pour distinguer, indiquer l'appartenance, attester une vérification, etc.). *Marquer du linge. Marquer le bétail.* **2.** Signaler par une marque, un repère. *Marquer une séparation.* ▷ BIOL Introduire un isotope radioactif dans (une substance). ▷ (Choses) *Cet arbre marque la limite du champ.* – Fig. *La prise de Constantinople marque la fin du Moyen Âge.* **3.** Faire ou laisser une trace, une empreinte sur, dans. *Le coup l'a marqué au front.* – Par métaph. *La maladie marque ses traits.* ▷ Absol. *Ces épreuves l'ont marqué.* **4.** Fam. Inscrire, noter. *Marquer un rendez-vous.* **5.** Indiquer. *L'horloge marque midi.* **6.** Enregistrer en inscrivant. *Marquer les points d'une partie de cartes.* ▷ Fig. *Marquer un point :* obtenir un avantage (dans une discussion, une négociation, etc.). **7.** SPORT Inscrire à la marque. *Marquer un but, un essai.* **8.** SPORT *Marquer un adversaire,* demeurer à son côté, pour contrôler ou empêcher son action. **9.** Indiquer en soulignant, en accentuant. *Habit qui marque la taille.* – Fig., fam. *Marquer le coup :* souligner l'importance d'un événement; réagir par rapport à qqch. ▷ MILIT Loc. *Marquer le pas :* conserver sur place la cadence du pas, sans avancer; fig., cour. ralentir, stagner. *La production marque le pas.* **10.** Manifester, témoigner, exprimer. *Marquer son intérêt pour qqch, qqn, à qqn.* ▷ (Choses) Caractériser; révéler, attester. *Acte qui marque la volonté.* **II.** v. intr. **1.** Laisser une marque, une trace. **2.** Fig. *Personne, événement qui marque,* qui impressionne ou influence durablement.

Marquet (Albert) (1875 - 1947), peintre français. Paysagiste influencé par le fauvisme, il opta rapidement pour des tons plus doux.

marqueter [markəte] v. tr. [20] Décorer en marqueterie.

marqueterie [markɛtri] n. f. **1.** Ouvrage d'ébénisterie constitué de placages de bois, de nacre, d'ivoire, etc., de différentes couleurs et formant un motif décoratif. *Table de* (ou *en*) marqueterie. **2.** Art du marqueteur. **3.** Fig. Ensemble disparate.

marqueteur [markətœr] n. m. Ébéniste spécialisé dans la marqueterie.

marqueur, euse [markœr, øz] n. **1.** Personne qui marque (les marchandises, le bétail, etc.). **2.** n. f. Machine à marquer. **3.** n. m. Crayon-feutre à pointe épaisse. **4.** n. m. GENET *Marqueur génétique :* caractère facile à identifier, transmissible héréditairement, qui peut être utilisé pour établir la filiation. **5.** Personne qui tient le compte des points (au jeu, en sport). **6.** SPORT Joueur qui marque (un but, un essai, etc.).

marquis [marki] n. m. Titre de noblesse entre celui de duc et celui de comte.

marquise [markiz] n. f. **1.** Femme d'un marquis. **2.** Auvent ou vitrage qui protège des intempéries un perron, un quai de gare, etc.

Marquises (îles), archipel volcanique de la Polynésie française, à 1 400 km de Tahiti; 1 274 km²; 7 350 hab. (*Marquisiens* ou *Marquésans*); ch.-l. *Taiohae.* Une dizaine d'îles s'échelonnent sur 400 km. Les ressources sont modestes : cocoteraies, tubercules, pêche. – Découvertes par les Espagnols dès 1595, elles sont franç. depuis 1842. – Les anc. Marquisiens développaient un art original.

marquoir [markwar] n. m. TECH **1.** Instrument pour marquer. **2.** Modèle de lettre à marquer le linge.

marraine [marɛn] n. f. **1.** Celle qui tient, a tenu un enfant sur les fonts baptismaux et s'est engagée à veiller à son éducation religieuse. Syn. (Louisiane) nénène. **2.** Celle qui préside à la cérémonie de baptême d'une cloche, d'un navire, etc.

Marrakech, ville du Maroc méridional, dans la plaine du Haouz, au pied N. du Haut Atlas; 644 000 hab.; ch.-l. de la prov. du m. nom. Grand marché du Sud; huileries; artisanat. Centre touristique. Aéroport international – Nombreuses mosquées, dont la Kutubiyyah (XIIe s.). Porte Bab Agnau. Palais *el-Badi* (fin XVIe s.). Tombeaux de la dynastie des Saadiens. – Fondée en 1062 par les Almoravides, elle fut la capitale des Almohades (XIIe-XIIIe s.).

Marrakech (traité de), acte constitutif de l'Union du Maghreb arabe, adopté le 17 février 1989 par l'Algérie, la Libye, le Maroc, la Mauritanie et la Tunisie.

marrant, ante [marɑ̃, ɑ̃t] adj. (et n.) Fam. Drôle, amusant. – Subst. *Un petit marrant.* ▷ Curieux, étonnant. *C'est marrant qu'il ne t'ait pas prévenu.*

marre [mar] adv. Fam. *En avoir marre :* en avoir assez, être excédé.

marrer (se) [mare] v. pron. [1] Fam. Rire, s'amuser.

1. marron [marɔ̃] n. m. et adj. inv. **I. 1.** n. m. Fruit comestible d'une variété de châtaignier. – *Marron glacé,* confit dans du sucre. ▷ Loc. fig. *Tirer les marrons du feu :* prendre de la peine ou des risques au seul profit d'un autre. **2.** adj. inv. De la couleur du marron (brun-rouge). *Des yeux marron.* ▷ n. m. *Le marron vous va bien.* **II.** Fam. **1.** n. m. Coup de poing. **2.** adj. inv. *Être marron :* être attrapé, dupé. *Il m'a fait marron.*

2. marron, onne [maʀɔ̃, ɔn] adj. **1.** HIST *Esclave, nègre marron,* fugitif et réfugié dans une zone peu accessible, dans les colonies d'Amérique. **2.** Qui exerce sans titre ou en marge de la légalité. *Courtier, avocat marron.* ▷ (oc. Indien) Se dit de produits prohibés. *Alcool marron.* **3.** (oc. Indien) Se dit d'une plante ou d'un animal sauvage. *Café marron. Chat marron.*

marronnage [maʀɔnaʒ] n. m. (Réunion) Anc. Action de s'enfuir (pour un esclave). – Mod. Fuite (sens 1).

marronnier [maʀɔnje] n. m. Variété de châtaignier.

mars [maʀs] n. m. Troisième mois de l'année, comprenant trente et un jours.

Mars, dans la myth. lat., dieu de la Guerre et de la Végétation *(Mars Silvanus),* identifié au dieu grec Arès. Fils de Junon, il eut Romulus et Remus de la vestale Rhea Silvia.

Mars, première planète jovienne du système solaire, dédiée au dieu romain de la Guerre du fait de sa teinte rougeâtre. L'excentricité de son orbite, inclinée de 1°51' par rapport au plan de l'écliptique, est très supérieure à celle de la Terre : 207 millions de km du Soleil au périhélie, 249 millions de km à l'aphélie. Dans le cas le plus favorable, la distance entre Mars et la Terre se réduit à 56 millions de km (dernier rapprochement le 7 janvier 1993). La planète, qui parcourt son orbite en 687 jours et 23 h, effectue un tour sur elle-même en 24 h 37 min 22,7 s (jour sidéral martien), tandis que le jour solaire martien (appelé *sol* depuis que la mission *Viking* explora la surface de Mars, juillet 1976) vaut 24 h 39 min 35 s. Le diamètre équatorial de Mars atteint 6794 km, soit un peu plus de la moitié de celui de la Terre; sa masse représente 0,107 fois celle de notre globe; sa gravité, environ le tiers de la gravité terrestre. Avec un axe de rotation incliné de 24° sur le plan orbital (23° 26' dans le cas de la Terre), la planète connaît, comme la Terre, des saisons bien marquées. Son atmosphère est très ténue (la pression atmosphérique au niveau du sol martien est de l'ordre de 6 hectopascals, soit 6/1 000 de la pression atmosphérique terrestre); elle est constituée de 95 % de dioxyde de carbone, de 2,7 % d'azote et de traces d'autres gaz (dont 0,03 % de vapeur d'eau). Recevant 2,3 fois moins d'énergie solaire que la Terre (en raison de sa distance au Soleil), Mars est plus froide qu'elle (minimum –143 °C au pôle Sud, maximum +22 °C à l'équateur); les grands écarts thermiques entre le jour et la nuit provoquent des vents parfois très violents. Le relief comprend des cratères et des bassins dus à des météorites, des chaînes volcaniques (le volcan *Olympus Mons,* qui s'étend sur 600 km et s'élève à 26 km au-dessus du sol, est le plus grand volcan connu du système solaire), des dunes, des rivières fossiles, preuve qu'un liquide (certainement de l'eau) a coulé jadis sur la planète. Mars possède deux petits satellites, *Phobos* et *Deimos,* sans doute des astéroïdes capturés il y a plus de trois milliards d'années.

Mars (Anne Boutet, dite Mlle) (1779 – 1847), actrice française.

Marsa (La) *(al-Marsā),* v. de Tunisie, près de Carthage; 35120 hab. Stat. baln. – Le *traité de La Marsa* (1883) confirma l'établissement du protectorat français en Tunisie.

Marsais (César Chesneau, sieur Du) (1676 – 1756), grammairien français : *Traité des tropes* (1730), c.-à-d. des «tournures» (de style).

Marsala, port de Sicile, à l'extrémité O. de l'île; 79090 hab. Vin renommé. – La ville fut fondée par les Carthaginois (IVe s. av. J.-C.). Garibaldi y débarqua le 11 mai 1860, à la tête de ses «Mille».

marseillais, aise [maʀsɛjɛ, ɛz] adj. et n. De Marseille. ▷ Subst. *Un(e) Marseillais(e).*

Marseillaise (la), hymne national français. Ce *Chant de guerre pour l'armée du Rhin* fut composé à Strasbourg, en avril 1792, par l'officier du génie Rouget de Lisle; en août, des fédérés marseillais l'interprétèrent en entrant dans Paris et on le nomma *Marseillaise.* Décrété chant national en 1795, il tomba en disgrâce sous les régimes autoritaires. Une loi votée le 14 fév. 1879 en fit l'hymne de la France.

Marseille, v. de France, ch.-l. du dép. des Bouches-du-Rhône et de la Rég. Provence-Alpes-Côte d'Azur, 1er port de la Méditerranée; 807726 hab., env. 1231000 hab. pour l'aggl. Le trafic lourd (pétrole, surtout) s'est reporté vers l'étang de Berre et Fos (au N.-O.), ainsi que les industr. de base (pétrochimie, sidérurgie). Un métro y a été inauguré en 1978. – Archevêché. Univ. Églises médiév. Forts du XVIIe s. Basilique N.-D.-de-la-Garde (consacrée en 1864). Musées. – La ville *(Massalia)* fut fondée par une colonie phocéenne au VIe s. av. J.-C. Port florissant jusqu'à la conquête des Gaules (49 av. J.-C.), elle fut à nouveau très prospère au temps des croisades, déclina ensuite et retrouva sa puissance après l'ouverture du canal de Suez (1869).

Marshall (îles), archipel du S.-O. du Pacifique Nord (Micronésie), État librement associé aux É.-U. depuis 1983, membre de l'ONU en 1991; 181 km²; 34920 hab.; ch.-l. *Majuro.* – Ces îles, all. de 1885 à 1914, jap. de 1920 à 1944, furent conquises, en 1944, par les Amér., qui les administrèrent (sur décision de l'ONU) de 1947 à 1980. De 1946 à 1956, ils firent des expériences nucléaires sur les atolls de Bikini et d'Eniwetok.

Marshall (George Catlett) (1880 – 1959), général et homme politique américain. Secrétaire d'État (1947-1948), il organisa l'assistance écon. à l'Europe de l'Ouest (*plan Marshall,* 1948-1952, V. Europe). P. Nobel de la paix 1953.

marsouin [maʀswɛ̃] n. m. Mammifère cétacé odontocète (*Phocœna* et genres voisins, fam. delphinidés), dont une espèce, commune dans l'Atlantique, se rencontre souvent dans le sillage des navires.

marsupial, ale, aux [maʀsypjal, o] adj. et n. m. ZOOL **1.** adj. *Poche marsupiale :* poche ventrale, contenant les mamelles, dans laquelle les petits des marsupiaux achèvent leur développement embryonnaire après la naissance. **2.** n. m. pl. Ordre de mammifères primitifs, seuls représentants actuels de la sous-classe des métathériens, caractérisés par un développement embryonnaire inachevé à la naissance. ▷ Sing. *Un marsupial.*

martagon [maʀtagɔ̃] n. m. Lis de montagne (*Lilium martagon*) à fleurs roses tachetées de brun.

marte [maʀt] n. f. V. martre.

marteau [maʀto] n. m. (et adj.) **I. 1.** Outil composé d'une tête en métal, munie d'un manche, qui sert à battre les métaux, enfoncer des clous, etc. **2.** Instrument, pièce qui sert à frapper. *Marteau de porte :* heurtoir. ▷ MUS Pièce qui vient frapper, sous l'action de la touche, la corde d'un piano. **3.** (En composition.) Machine, instrument qui produit un effet par percussion. ▷ *Marteau-piqueur :* engin comportant un piston actionné par l'air comprimé *(marteau pneumatique)* ou l'électricité, muni d'une pointe *(fleuret)* qui sert à défoncer les matériaux durs. *Des marteaux-piqueurs.* **4.** ANAT Un des osselets de l'oreille moyenne. ▷ (France rég., Suisse) Syn. de *molaire* (sens 1). **5.** SPORT Sphère métallique de 7,257 kg reliée à une poignée par un fil d'acier, que l'athlète doit projeter le plus loin possible. *Le lancer du marteau* (épreuve seulement masculine). **6.** adj. Fam. *Être marteau :* être un peu fou. **II.** ZOOL *Marteau* ou *requin marteau :* poisson sélacien (genre *Sphyrna*) dont les yeux sont portés par des expansions latérales de la tête.

marteau-pilon [maʀtopilɔ̃] n. m. Machine-outil servant à forger les pièces de métal de grande dimension. *Des marteaux-pilons.*

martel [maʀtɛl] n. m. Vx Marteau. – Loc. mod. *Se mettre martel en tête :* se tourmenter, se faire du souci.

martelage [maʀtəlaʒ] n. m. Action de marteler (notam. pour préparer ou mettre en forme des métaux). ▷ SYLVIC Marquage au marteau des arbres à abattre ou à conserver.

martèlement [maʀtɛlmɑ̃] n. m. **1.** Action de marteler; son résultat. **2.** Bruit scandé et sonore comme celui d'un marteau.

marteler [maʀtəle] v. tr. **[17] 1.** Battre ou façonner à coups de marteau. *Marteler du cuivre.* **2.** *Par anal.* Frapper à coups répétés, comme avec un marteau. *Marteler d'obus les positions ennemies.* **3.** Fig. Articuler, prononcer avec force. *Marteler ses phrases.*

Martenot (Maurice) (1898 – 1980), musicien français, inventeur d'un instrument de musique électronique à clavier *(ondes Martenot).*

Martens (Wilfried) (né en 1936), homme politique belge. Leader du parti social-chrétien flamand, il fut Premier ministre de 1979 à 1992.

Marthe (sainte), sœur de Lazare et de Marie de Béthanie, dite aussi Marie*-Madeleine.

Marti (José) (1853 – 1895), écrivain cubain; artisan de l'indépendance cubaine; auteur de *Vers simples* (1891). Il trouva la mort à Cuba lors du soulèvement de 1895.

martial, ale, aux [maʀsjal, o] adj. **1.** Guerrier; caractéristique du tempérament ou des façons militaires. *Un air, un discours martial.* **2.** *Loi martiale,* qui autorise l'emploi de la force armée pour le maintien de l'ordre. – *Cour martiale :* tribunal militaire d'exception. **3.** *Arts martiaux :* disciplines individuelles d'attaque et de défense, d'origine japonaise (judo, karaté, kendo, aïkido, etc.).

Martial (en lat. *Marcus Valerius Martialis*) (v. 40 – v. 104), poète latin. Ses *Épigrammes* (80-102) dépeignent, dans un style cru et vif, les mœurs des Romains.

martien, enne [marsjɛ̃, ɛn] adj. et n. Relatif à la planète Mars. ▷ Subst. Habitant fictif de cette planète. *Un(e) martien(ne).*

Martigny, v. de Suisse (Valais), au pied du col du Grand-Saint-Bernard; 11 300 hab. Carrefour routier. Centre touristique. Aluminium. – Des fouilles, commencées en 1972, ont mis au jour des vestiges romains et gallo-romains.

Martin (saint) (v. 316 – 397), soldat chrétien de l'armée romaine en garnison à Amiens. Il aurait partagé son manteau avec un pauvre. Évêque de Tours (371), il fonda de nombreux monastères et fut un des évangélisateurs de la Gaule.

Martin V (Oddone Colonna) (1368 – 1431), pape de 1417 à 1431; son élection mit fin au grand schisme d'Occident.

Martin (Pierre) (1824 – 1915), ingénieur et inventeur français. ▷ METALL *Four Martin :* four à sole équipé d'un système permettant de récupérer la chaleur des gaz de combustion. ▷ *Procédé Martin* d'affinage de l'acier : un décarburant agit sur un mélange de fonte et de ferraille dans un four Martin.

Martin (Frank) (1890 – 1974), compositeur suisse. Son langage, qui emprunte à Bach et à Schönberg, est caractérisé par la complexité rythmique et la rigueur formelle : *le Vin herbé* (1940), *Petite Symphonie concertante* (1946), *Concerto de violoncelle* (1966), *Requiem* (1971-1972).

Martin (Archer) (né en 1910), biochimiste anglais; inventeur, avec Richard Synge, de la chromatographie sur papier (1944). P. Nobel 1952.

martin-chasseur [martɛ̃ʃasœr] n. m. Oiseau néognathe (genre *Halcyon*), proche du martin-pêcheur, qui se nourrit d'insectes, de crustacés et de petits reptiles. *Des martins-chasseurs.*

Martin du Gard (Roger) (1881 – 1958), romancier français : *Jean Barois* (1913); *les Thibault* (8 vol., 1922-1940). Théâtre : plusieurs farces paysannes. P. Nobel 1937.

1. martinet [martinɛ] n. m. **1.** Marteau mécanique employé au forgeage des petites pièces. **2.** Fouet à plusieurs brins de corde ou de cuir.

2. martinet [martinɛ] n. m. Oiseau aux grandes ailes et aux pattes courtes (genres *Apus* et voisins), ressemblant à l'hirondelle.

martingale [martɛ̃gal] n. f. **I. 1.** Courroie qui relie la sangle, sous le ventre du cheval, à la bride. **2.** Demi-ceinture qui retient l'ampleur du dos d'un vêtement. **II.** JEU Action par laquelle on mise sur chaque coup le double de sa perte du coup précédent. – *Par ext.* Système de jeu qu'un joueur applique méthodiquement. *Suivre une martingale.*

Martini (Simone) (v. 1284 – 1344), peintre italien, maître du gothique de Sienne.

Martini (Giovanni Battista), dit *Père Martini* (1706 – 1784), moine cordelier italien, compositeur.

Martini (Arturo) (1889 – 1947), sculpteur italien. Combinant la statuaire antique et le futurisme, il devint le sculpteur officiel de l'Italie fasciste.

martiniquais, aise [maktinikɛ, ɛz] adj. et n. De la Martinique. ▷ Subst. *Un(e) Martiniquais(e).*

Martinique (île de la), île des Antilles françaises (Petites Antilles) formant un dép. franç. d'outre-mer dep. 1946 et une Rég. dep. 1982; 1 102 km²; 359 572 hab.; ch.-l. *Fort-de-France.*

► V. dossier France d'outre-mer, p. 1442.

martin-pêcheur [martɛ̃pɛʃœr] n. m. Oiseau néognathe (genres *Alcedo* et voisins), aux couleurs souvent vives, qui vit au bord de l'eau et se nourrit de poissons. *Des martins-pêcheurs.*

martre [martr] ou **marte** [mart] n. f. **1.** Mammifère carnivore des régions tempérées (fam. mustélidés) au corps long et souple, à la queue touffue et au pelage brun. **2.** Fourrure de martre. *Col de martre.*

martyr, e [martir] n. **1.** Personne qui a souffert la mort plutôt que de renoncer à la religion chrétienne et, par ext., à sa religion, quelle qu'elle soit. ▷ *Par ext.* Personne qui est morte ou a beaucoup souffert pour une cause. *Les martyrs de la Révolution.* **2.** Personne qui souffre beaucoup. *Se donner des airs de martyr.* – (En appos.) *Un enfant martyr,* gravement maltraité par ses parents.

martyre [martir] n. m. **1.** Mort, tourments endurés par un martyr. *Le martyre de saint Sébastien.* **2.** Très grande souffrance physique ou morale. *Souffrir le martyre.*

martyriser [martirize] v. tr. [1] **1.** Livrer au martyre; faire souffrir le martyre. *Néron martyrisa, fit martyriser de nombreux chrétiens.* **2.** Cour. Maltraiter à l'extrême physiquement ou moralement. *Martyriser un animal, un parent.*

martyrologe [martirɔlɔʒ] n. m. Catalogue de martyrs.

Martyrs canadiens (saints), missionnaires français massacrés par des Amérindiens entre 1642 et 1649. Ces huit jésuites ont été canonisés en 1930.

Marx (Karl) (1818 – 1883), philosophe, théoricien de l'économie politique et révolutionnaire allemand. Issu d'une famille juive convertie au protestantisme, il fait des études de droit et de philosophie. Dès 1837, il lit Hegel, soutient à Iéna (1841) une thèse sur Démocrite et Épicure. En 1842, il s'intéresse au matérialisme de Feuerbach et prend la direction de *la Gazette rhénane,* interdite en 1843. À Paris, il collabore aux *Annales franco-allemandes* (qui publient, en 1844, *Sur la question juive* et *Contribution à la critique de la philosophie du droit de Hegel*), se lie d'amitié avec Engels, prend contact avec des groupes ouvriers. Expulsé de France (1845), il s'installe à Bruxelles. Engels l'y rejoint; ils écrivent ensemble *la Sainte Famille* (1845), *l'Idéologie allemande* (1845-1846), qui fondent le matérialisme historique, et le célèbre *Manifeste du parti communiste* (publié à Londres en 1848). Chassé de Belgique en 1848, il s'établit définitivement à Londres en 1849 avec sa femme Jenny et ses trois enfants. Vivant misérablement, il se tue au travail : *Travail salarié et capital* (1849), *Contribution à la critique de l'économie politique* (1859), *le Capital* (tome I, 1867; le tome II, 1885, et le tome III, 1894, inachevé, furent publiés par Engels d'après ses brouillons), *les Luttes de classes en France* (1850), *la Guerre civile en France* (sur la Commune de Paris, 1871). En 1864, Marx dirige la Ire Internationale*; après la dissolution de celle-ci (1876), il réduit son activité politique.

Marx Brothers (les), trio comique du music-hall et du cinéma américain, constitué par les frères *Marks,* nés à New York de parents allemands : — **Leonard,** dit *Chico* (1891 – 1961), joueur de pipeau et pianiste; — **Arthur,** dit *Harpo* (1893 – 1964), mime, harpiste; — **Julius,** dit *Groucho* (1895 – 1977), leur chef, moustachu, rhéteur intarissable. Princ. films : *Monnaie de singe* (1931), *Soupe au canard* (1933), *Une nuit à l'Opéra* (1935), *Go West* (1940), *Une nuit à Casablanca* (1946). Un quatrième frère, **Herbert,** dit *Zeppo* (1901 – 1979), compléta le groupe jusqu'en 1932.

marxien, enne [marksjɛ̃, ɛn] adj. Didac. De Karl Marx. *Analyse marxienne de la société capitaliste.*

marxisant, ante [marksizɑ̃, ɑ̃t] adj. Proche du marxisme. *Pensée marxisante.*

marxisme [marksism] n. m. Doctrine philosophique, politique et économique de Karl Marx*, Friedrich Engels et de leurs continuateurs.
ENCYCL Théorie générale de l'histoire et des sociétés humaines, le marxisme visait notam. à la transformation des sociétés et à l'émancipation des hommes. Il prend assise sur le *matérialisme dialectique,* qui postule une antériorité de la matière sur l'esprit, et sur le *matérialisme historique,* qui montre comment la conscience humaine se constitue dans le concret des rapports sociaux. Ces derniers sont fonction des modes économiques de production, qui définissent, au fil des siècles, les formations sociales; Marx distingue ainsi des modes de production antique (esclavage), féodal (servage), capitaliste (salariat). Les forces productives sont l'*infrastructure* de la société et les rapports de production sa *structure*; sur quoi s'élève une *superstructure* juridique, politique, idéologique, visant à la reproduction de la structure de base en son état. Dans toute société, selon Marx, une classe détentrice des moyens de production exploite les producteurs. Ainsi, les sociétés sont articulées sur une « lutte des classes » qui ne peut être dépassée que dans le socialisme, lequel instaurera par étapes une société sans classes : le communisme. Dans le système capitaliste, le travailleur vend au détenteur des moyens de production sa force de travail, devenue elle-même marchandise et soumise aux lois de la concurrence. La *plus-value,* le profit du capitaliste, est la différence entre la valeur tirée d'une quantité de travail donnée et la valeur marchande de ce travail payée au travailleur. Ce dernier aliène sa force de travail au possesseur des moyens de production. La circulation de l'argent résulte de l'accumulation du capital que produit l'extraction constante de la plus-value. Ce système aboutit à d'insurmontables contradictions, notam. à la concentration des richesses à un pôle de la société, à la misère à l'autre. La seule issue pour les exploités est, selon Marx, de s'unir en partis ouvriers au sein d'une

«internationale», de s'employer, par l'action révolutionnaire, à renverser le pouvoir des possédants et à instaurer la *dictature du prolétariat,* voie d'avènement du *socialisme.* Le marxisme, après Marx, inspira de nombr. mouvements révolutionnaires et la mise en place, dans plusieurs pays, de régimes se réclamant de lui. V. Internationale et encycl., socialisme, communisme.

marxisme-léninisme [marksismleninism] n. m. POLIT Doctrine philosophique et politique de Lénine*, inspirée du marxisme.

marxiste [marksist] adj. et n. Relatif au marxisme. ▷ Subst. Partisan, adepte du marxisme. *Un, une marxiste.*

marxiste-léniniste [marksistleninist] adj. et n. POLIT Relatif au marxisme-léninisme. ▷ Subst. Partisan de cette doctrine. *Des marxistes-léninistes.*

Maryland, État de l'est des É.-U., sur l'Atlantique; 27394 km^2; 4781000 hab.; cap. *Annapolis*; v. princ. *Baltimore.* – Les contreforts appalachiens de l'O. retombent, à l'E., sur une plaine côtière enserrant la baie, très découpée, de Chesapeake. Princ. ressources : cultures maraîchères, céréales, tabac; pêche; élevage. Nombr. industries dans les ports. – Donné par Charles Ier d'Angleterre à lord Baltimore (1632), colonie royale en 1692, le Maryland se déclara indépendant en 1776 et ratifia la Constitution fédérale en 1788. Il resta neutre pendant la guerre de Sécession.

mas [mɑ; mas] n. m. inv. Dans le sud de la France, ferme ou maison de campagne.

masa ou **massa** [masa] n. m. Langue et groupe de langues afro-asiatiques du groupe tchadique parlées des deux côtés de la frontière tchado-camerounaise, sur le Logone, par env. 130000 personnes.

Masaccio (Tommaso di Ser Giovanni, dit) (1401 – 1428), peintre italien. Par ses recherches sur les volumes et la perspective, il est le premier génie de la Renaissance toscane : *Scènes de la vie de saint Pierre* (égl. Santa Maria del Carmine, Florence, 1426-1428).

Masada. V. Massada.

Masaesyles (royaume des), royaume qui, dans l'Antiquité, occupait la partie occid. de la Numidie. Son roi, Syphax*, affronta au IIIe s. av. J.-C. le roi des Massyles*, Masinissa*.

Masai. V. Massaï.

Masaka, v. du sud de l'Ouganda; 49000 hab.; ch.-l. du district du m. nom et capitale de la prov. du Buganda Sud. Centre agric. et forestier.

Masaryk (Tomáš Garrigue) (1850 – 1937), homme politique tchécoslovaque. Député au Reichsrat de Vienne (1891), exilé pendant la guerre de 1914-1918, il organisa la lutte pour l'indépendance. Il fut le premier président de la République (1918-1935). — **Jan** (1886 – 1948), fils du préc.; homme politique tchécoslovaque; ministre des Affaires étrangères, il se suicida (ou fut assassiné) peu après le coup d'État communiste.

Mascagni (Pietro) (1863 – 1945), compositeur italien; initiateur du vérisme, dans l'opéra en un acte *Cavalleria rusticana* (1890).

mascara [maskaʀa] n. m. Cosmétique pour colorer et épaissir les cils.

Mascara (auj. *Mouaskar,* en ar. *Mu'askar),* ville d'Algérie (région d'Oran), 70450 hab.; ch.-l. de la wilaya du m. nom. Vins renommés.

mascarade [maskaʀad] n. f. **1.** Réunion, défilé de gens masqués et déguisés. **2.** Déguisement, accoutrement bizarre et ridicule. **3.** Fig. Actions hypocrites; mise en scène trompeuse.

Mascareignes (îles), archipel du S.-O. de l'océan Indien comprenant la Réunion et les îles Maurice, Rodrigues et Saint-Brandon.

mascarer [maskaʀe] v. tr. [1] (France rég.) Noircir, tacher. ▷ v. pron. *Le ciel se mascare, il va pleuvoir.*

mascaret [maskaʀɛ] n. m. Haute vague qui remonte certains fleuves au moment de la marée montante.

mascarin, ine [maskaʀɛ̃, in] adj. (Réunion) Rare Relatif aux îles Mascareignes.

Mascate, v. et port de la péninsule arabique, cap. du sultanat d'Oman, sur la côte S. du golfe d'Oman; 25000 hab. (aggl. 100000 hab.).

mascotte [maskɔt] n. f. Être ou objet considéré comme portant bonheur; fétiche.

masculin, ine [maskylɛ̃, in] adj. et n. m. **I.** Qui appartient au mâle, à l'homme; qui le concerne; qui a ses qualités, ses caractères ou ceux qu'on lui prête traditionnellement. *Le sexe masculin. Femme aux allures masculines.* **II.** LING **1.** Qui s'applique aux êtres mâles, ou aux objets et notions que l'usage assimile à ceux-ci. *Un substantif masculin.* ▷ n. m. *Le masculin :* le genre masculin. **2.** *Rime masculine,* qui ne se termine pas par un e muet.

masculiniser [maskylinize] v. tr. [1] **1.** Rendre masculin; donner des manières viriles à. **2.** GRAM Attribuer le genre masculin. **3.** BIOL Provoquer l'acquisition de caractères sexuels secondaires de type masculin (par l'action d'hormones).

masculinité [maskylinite] n. f. Qualité de ce qui est masculin.

Maseru, cap. du Lesotho, au N.-O. du pays, sur la riv. Caledon; 109400 hab. Ch.-l. du distr. du m. nom. Centre comm. et agricole. Taille et polissage des diamants.

Mashonaland, rég. du N. du Zimbabwe constituée de trois prov. (Central, East, West), autour de la cap. Harare; 115000 km^2; 2900000 hab.

Masinissa ou **Massinissa** (v. 238 – v. 148 av. J.-C.), roi des Numides orientaux; allié des Carthaginois, puis des Romains contre Carthage.

maskinongé [maskinɔ̃ʒe] n. m. Grand brochet de l'est de l'Amérique du Nord.

masochisme [mazɔʃism] n. m. **1.** PSYCHO Perversion sexuelle dans laquelle le sujet ne peut atteindre au plaisir qu'en subissant une humiliation ou une souffrance physique. **2.** Cour. Comportement d'une personne qui semble prendre plaisir à provoquer des situations dommageables ou humiliantes pour elle.

masochiste [mazɔʃist] adj. et n. Atteint, empreint de masochisme. *Comportement masochiste. Personne masochiste.* ▷ Subst. *Un(e) masochiste.*

Masolino da Panicale (Tommaso di Cristoforo Fini, dit) (1383 – av. 1447), peintre italien; il travailla avec Masaccio aux fresques de l'égl. Santa Maria del Carmine de Florence.

Maspero (Gaston) (1846 – 1916), égyptologue français; directeur des fouilles et antiquités de l'Égypte (1881); il dégagea le sphinx de Gizeh, le temple de Louxor, etc. — **Henri** (1883 – 1945), fils du préc.; sinologue français : *la Chine antique* (1927).

masque [mask] n. m. **I. 1.** Faux visage en carton, en cuir, en plastique, etc., dont on se couvre la face pour se déguiser ou pour dissimuler son identité. *Masque de théâtre.* ▷ Loup (sens 6). *Masque de velours noir.* ▷ Objet rigide destiné à évoquer un être surnaturel, qui est porté sur la tête, couvrant ou non le visage. **2.** *Par ext.,* Personne qui porte un masque. – (Afr. subsah.) *Sortie des masques :* cérémonie au cours de laquelle des porteurs de masques exécutent des danses rituelles. – *Masque cimier,* qui consiste en une sculpture fixée sur un casque laissant voir le visage du porteur. – *Masque heaume,* qui entoure complètement la tête du porteur. **3.** Fig. Apparence trompeuse sous laquelle on s'efforce de cacher ses véritables sentiments, sa véritable nature. *Arracher le masque à qqn. – Lever le masque :* ne plus déguiser ses vrais sentiments. **4.** Aspect particulier d'une physionomie. *Masque tragique, immobile, d'un acteur.* – MED Aspect particulier du visage dans certaines maladies, ou pendant la grossesse. **5.** Moulage du visage. *Masque mortuaire.* **II. 1.** Dispositif couvrant et protégeant le visage. *Masque de soudeur. – Masque à gaz :* appareil destiné à protéger le visage, les yeux, les organes respiratoires des effets des gaz nocifs. – Accessoire de plongée sous-marine, protégeant les yeux et le nez, permettant de voir sous l'eau. **2.** MED Pièce de tissu ou de matière jetable placée devant le nez et la bouche pour éviter la contamination microbienne. *Le masque du chirurgien.* **3.** MED Appareil pour administrer un anesthésique ou de l'oxygène par voie respiratoire. **4.** Préparation qu'on applique et qu'on laisse sécher sur le visage et le cou, par ext. sur la chevelure. *Masque antirides. Masque de beauté.* **5.** PHOTO Image transparente qui, superposée à une autre, permet de filtrer la source lumineuse pour améliorer des contrastes ou des teintes. **III.** ZOOL Labium très développé et articulé qui couvre en partie la tête des larves des libellules et leur sert à capturer les proies.

masqué, ée [maske] adj. **1.** Couvert d'un masque. *Bandit masqué.* ▷ *Bal masqué,* où l'on porte un masque, où l'on se déguise. **2.** Fig. Caché. *Une porte masquée par une tenture.*

Masque de fer (l'homme au), mystérieux prisonnier d'État, interné à Pignerol (ville française du Piémont) en 1679, au château d'If, au large de Marseille (1687-1698) et à la Bastille (1698-1703), où il mourut. Un masque de velours noir et de métal dissimulait son visage.

masquer [maske] v. tr. [1] **1.** Mettre un masque sur le visage de (qqn). **2.** Fig. Cacher (qqch) sous des apparences trompeuses. *Masquer ses desseins.* **3.** Dissimuler, cacher (qqch) à la vue. *Ce mur masque la vue du parc.*

massa [masa] n. m. V. masa.

Massachusetts, État de l'est des É.-U. (Nouvelle-Angleterre), sur l'Atlantique; 21386 km^2; 6016000 hab.; cap. *Boston.* – C'est une région de montagnes (Appalaches) et de collines, drainée par le Connecticut. La côte est très découpée. Princ. ressources : élevage, pêche. Hydroélectricité.

Industr. – Les pèlerins du *Mayflower** s'y installèrent en 1620 (à New Plymouth). Foyer intellectuel, la colonie prit la tête du mouvement pour l'indépendance (1775). Elle ratifia la Constitution fédérale en 1788 et devint le sixième État de l'Union.

massacrant, ante [masakʀɑ̃, ɑ̃t] adj. *Être d'une humeur massacrante,* de très mauvaise humeur.

massacre [masakʀ] n. m. **1.** Action de massacrer; son résultat. ▷ *Jeu de massacre :* jeu forain qui consiste à abattre au moyen de balles des poupées à bascule. **2.** Fig. *Par exag.* Action d'endommager, de détériorer une chose, de rater une opération. *Sa coupe de cheveux, quel massacre!* ▷ Très mauvaise exécution d'une œuvre musicale, théâtrale, etc. **3.** (Guyane) Devinette créole.

massacrer [masakʀe] v. tr. [**1**] **1.** Tuer en grand nombre et avec sauvagerie (des êtres sans défense). *Massacrer des otages.* **2.** Fig. Mettre à mal (un adversaire nettement inférieur). *Boxeur qui massacre son adversaire.* **3.** Fig. Mettre (qqch) en très mauvais état. ▷ Gâter par une exécution maladroite (une œuvre musicale, théâtrale, etc.).

massacreur, euse [masakʀœʀ, øz] n. **1.** Personne qui massacre des gens. **2.** Fig. Personne qui exécute une chose avec maladresse et la gâte.

Massada ou **Masada,** forteresse juive située sur la rive occid. de la mer Morte. Après la chute de Jérusalem (70), des zélotes s'y réfugièrent. Au terme d'un long siège (72-73), les Romains ne trouvèrent que sept survivants (deux femmes et cinq enfants) : les zélotes s'étaient suicidés.

massage [masaʒ] n. m. Action de masser. – *Massage cardiaque :* manœuvre de réanimation d'urgence pratiquée en cas d'arrêt cardiaque et qui consiste à comprimer le cœur sur le rachis par des mouvements de pression de la paume de la main sur le sternum. (En dernière extrémité, il est pratiqué à thorax ouvert en milieu chirurgical.)

Massaï ou **Masai,** peuple vivant au Kenya et en Tanzanie. Ce sont des pasteurs nomades qui parlent une langue nilotique. Venus du Soudan, ils envahirent le Kenya à partir du XVIIe siècle et descendirent jusqu'au centre de la Tanzanie actuelle.

massalé [masale] n. m. (oc. Indien) Poudre constituée de diverses épices broyées (piments, coriandre, cannelle, etc.). – Mets assaisonné avec cette poudre.

Massamba-Débat (Alphonse) (1921 – 1977), homme d'État de la république du Congo; président de la Rép. (1963), renversé en 1968, exécuté en 1977.

Massaoua, v. et port d'Érythrée, sur la mer Rouge, au N. du détroit du m. nom séparant l'archipel des Dahlak et le continent; 37000 hab. En avril 1990, la ville a été ruinée par la guerre civile.

1. masse n. f. **I.** (Choses) **1.** Quantité relativement grande (d'une matière), d'un seul tenant et sans considération de forme. *Une énorme masse de granit. La masse d'eau qui déferle après rupture d'un barrage.* – Loc. *Tomber, s'écrouler comme une masse,* pesamment. ▷ METEO *Masse d'air :* région de l'atmosphère (s'étendant sur des surfaces de plusieurs millions de km^2 et sur une épaisseur de plusieurs kilomètres) dont les propriétés présentent une certaine homogénéité. **2.** Bloc que constitue une matière. *Pris, taillé dans la masse,* dans un seul bloc de matière. **3.** Ensemble constitué de choses de même nature. *J'ai pris celui-là au hasard dans la masse.* **4.** Totalité d'une chose, par oppos. à toute partie de cette chose. *La masse sanguine.* **5.** Ensemble constitué de nombreux éléments distincts réunis. **6.** Ensemble des parties d'un tout, considérées dans leurs rapports. – ARCHI *Plan de masse,* ou *plan-masse,* qui représente une construction ou un ensemble de constructions et le complexe des aménagements extérieurs (voies de desserte, espaces verts, etc.). **7.** Somme d'argent affectée à une catégorie de dépenses particulières. *Masse salariale.* ▷ ECON *Masse monétaire :* ensemble de la monnaie immédiatement disponible et de la quasi-monnaie. **8.** Loc. adv. *En masse :* en grande quantité. **II.** (Êtres animés.) **1.** Grande quantité de personnes ou d'animaux rassemblés. **2.** Grand nombre de personnes constitué en groupe humain. ▷ Absol. *Les masses :* les couches populaires. **3.** Le plus grand nombre des hommes, des choses. *La grande masse des électeurs a voté pour lui.* ▷ Péjor. (Par oppos. à *l'élite.*) *Plaire à la masse.* – Loc. *De masse. Culture de masse.* **4.** Loc. adv. *En masse :* tous ensemble et en grand nombre. *Voter en masse.* **III.** PHYS, MECA **1.** Grandeur fondamentale liée à la quantité de matière que contient un corps et qui intervient dans les lois de son mouvement. *Le kilogramme, unité de masse SI.* – *Masse volumique :* masse de l'unité de volume (autref. appelée *masse spécifique,* elle s'exprime en kg/m^3 et ne doit pas être confondue avec la densité*. ▷ *Centre de masse :* barycentre des masses élémentaires d'un corps. **2.** PHYS NUCL *Nombre de masse :* nombre total des protons et des neutrons d'un atome. – *Masse critique :* masse de matière fissile au-delà de laquelle une réaction en chaîne peut s'amorcer. **3.** CHIM *Masse atomique molaire :* nombre qui mesure la masse d'un nombre N d'atomes, N désignant le nombre d'Avogadro soit $6{,}02.10^{23}$. (Par définition, la masse de N atomes de l'isotope $^{12}_{6}C$ du carbone est égale à 12 grammes.) – *Masse moléculaire molaire :* masse d'un nombre N de molécules. **4.** ELECTR Parties conductrices d'un appareil, d'une machine, par lesquelles s'effectue le retour du courant au générateur. *Mettre à la masse :* relier un bâti à ces parties conductrices.

ENCYCL Phys. – Masse et poids sont deux grandeurs essentiellement différentes. La masse est un nombre qui caractérise l'inertie d'un corps, c.-à-d. la résistance que ce corps oppose à un changement de vitesse; elle est indépendante du lieu où l'on effectue la mesure. Le poids est une force qui s'exerce sur un corps placé dans un champ de gravitation (dû à une planète, une étoile, etc.); elle est proportionnelle à l'intensité de ce champ. En un lieu donné, la masse m et le poids p d'un corps sont liés par la relation p = mg, g étant l'accélération de la pesanteur en ce lieu.

2. masse [mas] n. f. **1.** Marteau à tête très lourde et sans panne. **2.** Gros bout d'une queue de billard.

Masséna (André) (1758 – 1817), maréchal de France. Il s'illustra à Rivoli (1797), Essling et Wagram (1809).

Massenet (Jules) (1842 – 1912), compositeur français. Opéras : *Manon* (1884), *Werther* (1892), *Thaïs* (1894), *le Jongleur de Notre-Dame* (1902).

massepain [maspɛ̃] n. m. Pâtisserie à base d'amandes pilées et de sucre.

1. masser [mase] v. [**1**] **1.** v. tr. Disposer en grand nombre. *Masser des troupes.* **2.** v. pron. Se rassembler en masse. *Badauds qui se massent devant une vitrine.*

2. masser [mase] v. tr. [**1**] Pétrir, presser différentes parties du corps de (qqn) avec les mains ou des instruments spéciaux (pour donner plus de souplesse, améliorer la tonicité musculaire, diminuer une douleur, etc.). *Masser qqn. Se faire masser le dos.*

3. masser [mase] v. tr. [**1**] Au billard, frapper (la boule) avec la queue perpendiculairement à la table pour donner un effet particulier.

masséter [masetɛʀ] n. m. ANAT Muscle élévateur du maxillaire inférieur.

massette [masɛt] n. f. **1.** TECH Masse à long manche pour casser, tailler les pierres. **2.** Roseau aquatique aux inflorescences brunâtres et veloutées groupées en épis compacts.

masseur, euse [masœʀ, øz] n. **1.** Personne qui pratique des massages. – *Masseur-kinésithérapeute,* habilité à pratiquer les massages thérapeutiques. **2.** n. m. Appareil pour masser.

Massey (Charles Vincent) (1887 – 1967), homme politique canadien, le premier Canadien qui fut gouverneur général du Canada (1952-1959).

1. massicot [masiko] n. m. CHIM Poudre jaune, utilisée en peinture et dans la préparation des mastics, constituée par de l'oxyde de plomb (PbO).

2. massicot [masiko] n. m. TECH Machine à couper ou à rogner le papier.

massicoter [masikɔte] v. tr. [**1**] TECH Couper, rogner (du papier) au massicot.

massif, ive [masif, iv] adj. et n. m. **I.** adj. **1.** Qui est ou paraît épais, compact, lourd. *Porte massive. Colonnes massives.* **2.** Se dit d'un ouvrage d'orfèvrerie, d'ébénisterie, dont tous les éléments sont taillés dans la masse, ne sont ni creux, ni plaqués. *Bijou en or massif. Meuble en acajou massif.* **3.** Qui a lieu, se produit, est fait en masse. *Attaque massive de l'aviation. – Dose massive,* très élevée. **II.** n. m. **1.** CONSTR Ouvrage de maçonnerie, masse de béton qui sert de fondement pour asseoir un édifice, pour supporter un poteau, etc. **2.** Assemblage compact d'arbres, d'arbustes. *Massif de bambous.* – Assemblage de fleurs plantées pour produire un effet décoratif. *Massif de cannas.* **3.** GEOGR Ensemble montagneux de forme massive (par oppos. à *chaîne*).

Massif central, vaste ensemble de hautes terres qui couvre le sixième de la France, dans le Centre et le Sud. Formé par le plissement hercynien, aplani puis recouvert en partie de sédiments, il fut relevé au tertiaire et fracturé par le plissement alpin, ce qui édifia des volcans. Il est aujourd'hui partagé administrativement en six Régions. C'est un foyer permanent d'émigration. L'agriculture et l'élevage bovin dominent. L'artisanat est en déclin (dentelles, coutellerie). La grande industrie utilise l'hydroélectricité : métallurgie (Le Creusot, Saint-Étienne), textile (Roanne, Saint-Étienne), caoutchouc (Clermont-Ferrand [Michelin]). À ces ressources, insuffisantes, s'ajoute le tourisme, surtout dans les stations thermales (dont la principale est Vichy).

massification [masifikasjɔ̃] n. f. Didac. Transformation d'un groupe social en un tout (masse) anonyme.

Massignon (Louis) (1883 - 1962), orientaliste français : *la Passion d'Al-Hallādj, martyr mystique de l'islam* (1922).

Massillon (Jean-Baptiste) (1663 - 1742), prélat et prédicateur français : oraison funèbre de Louis XIV (1715); sermons du *Petit Carême* (1718). Acad. fr. (1719).

Massina. V. Macina.

Massine (Léonide) (1896 - 1979), danseur et chorégraphe américain d'origine russe, très actif dans les années 30.

Massinissa. V. Masinissa.

massique [masik] adj. PHYS Qui se rapporte à la masse ou à l'unité de masse. *Volume massique :* volume de l'unité de masse d'un corps (c'est l'inverse de la masse volumique). ▷ *Chaleur massique :* quantité de chaleur nécessaire pour élever de un degré l'unité de masse d'un corps.

massivement [masivmɑ̃] adv. **1.** D'une manière massive. **2.** En masse, en grand nombre.

mass media [masmedja] n. m. pl. (Anglicisme) Ensemble des moyens de diffusion de l'information destinée au grand public (presse, radio, télévision, cinéma, affichage). Syn. cour. media. (V. encycl. information.)

Masson (Loys) (1915 - 1969), écrivain mauricien francophone, poète (*la Dame de Pavoux,* 1961) et romancier (*l'Étoile et la Clef,* 1945; *le Notaire des Noirs,* 1961). — **Hervé** (1919 - 1990), frère du préc., peintre et écrivain : *le Dictionnaire initiatique* (1969), *les Heures bleues du Capricorne* (1989), *l'Homme Équateur* (1989).

Masson (André) (1896 - 1987), peintre français surréaliste, puis gestuel.

massue [masy] n. f. **1.** Bâton noueux beaucoup plus gros à un bout qu'à l'autre et servant d'arme. **2.** Fig. *Coup de massue :* coup brutal, décisif; catastrophe accablante. ▷ (En appos.) *Argument massue,* décisif, qui laisse l'interlocuteur sans réplique.

Massuku. V. Franceville.

Massyles (royaume des), royaume qui, dans l'Antiquité, occupait la partie orientale de la Numidie. À la fin du IIIe s. av. J.-C., son roi Masinissa s'allia à Rome contre Carthage et le roi des Numides occidentaux (ou Masaesyles), Syphax, qui fut vaincu.

Massys. V. Matsys.

mastaba [mastaba] n. m. Tombeau de l'Égypte antique (Ancien Empire) en forme de pyramide tronquée.

mastère [mastɛʀ] n. m. Didac. Diplôme de haut niveau sanctionnant une année d'études postérieures à l'obtention du titre d'ingénieur.

mastic [mastik] n. m. (et adj. inv.) **1.** Résine jaunâtre qui s'écoule du lentisque. **2.** Composition adhésive plastique durcissant à l'air, formée de blanc d'Espagne (craie pulvérisée) et d'huile de lin, dont on se sert pour certaines opérations de rebouchage et de scellement. *Mastic de vitrier.* ▷ adj. inv. D'une couleur gris-beige clair. *Imperméable mastic.* **3.** TYPO Erreur de composition consistant à intervertir plusieurs lignes ou groupes de lignes.

masticage [mastikaʒ] n. m. Action de joindre ou de boucher avec du mastic.

masticateur, trice [mastikatœʀ, tʀis] adj. Qui sert à la mastication. *Muscles masticateurs.*

mastication [mastikasjɔ̃] n. f. Action de mastiquer, de mâcher; son résultat.

masticatoire [mastikatwaʀ] n. m. et adj. **1.** n. m. MED Substance à mâcher destinée à exciter la sécrétion salivaire. **2.** adj. Destiné à être mâché. *Pâte masticatoire.*

1. mastiquer [mastike] v. tr. [1] Joindre, boucher avec du mastic.

2. mastiquer [mastike] v. tr. [1] Mâcher, broyer avec les dents (un aliment, une substance solide).

mastite [mastit] n. f. MED Inflammation aiguë du tissu mammaire.

mastoc [mastɔk] adj. inv. Lourd, épais, sans grâce. *Un bâtiment mastoc.*

mastocyte [mastɔsit] n. m. BIOL Cellule du sang et du tissu conjonctif dont le cytoplasme contient de nombreuses granulations et qui joue un rôle important dans les phénomènes de cicatrisation et les réactions allergiques.

mastodonte [mastɔdɔ̃t] n. m. **1.** PALEONT Grand mammifère herbivore fossile (ordre des proboscidiens) du tertiaire et du quaternaire, voisin de l'éléphant. **2.** Fig. Personne d'une taille, d'une corpulence démesurée. **3.** Objet, machine énorme.

mastoïde [mastɔid] adj. et n. f. ANAT *Apophyse mastoïde,* ou, n. f., *mastoïde :* éminence de l'os temporal, située en arrière du conduit auditif externe.

mastoïdien, enne [mastɔidjɛ̃, ɛn] adj. Relatif à l'apophyse mastoïde. *Cavités mastoïdiennes :* petites cavités osseuses tapissées de muqueuse, situées au sein de l'apophyse mastoïde.

mastoïdite [mastɔidit] n. f. MED Inflammation de la muqueuse des cavités mastoïdiennes, en général consécutive à une otite.

Mastroianni (Marcello) (1924 - 1996), acteur italien; interprète de Fellini (*la Dolce Vita, Huit et demi, Ginger et Fred*).

masturbation [mastyʀbasjɔ̃] n. f. Attouchement des parties génitales, destiné à procurer le plaisir sexuel. ▷ Fig. *Masturbation intellectuelle :* complaisance à tourner et à retourner les mêmes pensées.

masturber [mastyʀbe] v. tr. [1] Se livrer à la masturbation sur (qqn). ▷ v. pron. Se livrer à la masturbation sur soi-même.

m'as-tu-vu [matyvy] n. inv. et adj. inv. Péjor. Individu trop satisfait de lui-même. *Un(e) m'as-tu-vu* (ou *une m'as-tu-vue*). *Des m'as-tu-vu.* – adj. inv. Prétentieux. *Cette robe est un peu m'as-tu-vu.*

Mas'udi *(Abu-l-Hasan 'Alī al-Mas'ūdī)* (? - v. 956), historien et géographe arabe; *les Prairies d'or* rassemble les connaissances du temps.

masure [mazyʀ] n. f. Maison misérable, tombant en ruine.

Masurie. V. Mazurie.

Masvingo (anc. *Fort Victoria*), v. du S.-E. du Zimbabwe, au N. du lac Kyle; env. 50000 hab.; capitale de la prov. du m. nom. Centre minier (fer, mica). Au sud, barrage de Kyle et site archéologique du Grand Zimbabwe.

1. mat [mat] n. m. et adj. inv. **1.** n. m. Aux échecs, échec imparable qui met fin à la partie. *Faire mat.* **2.** adj. inv. Se dit d'un joueur qui a perdu la partie.

2. mat, mate [mat] adj. **1.** Qui réfléchit peu la lumière, qui ne brille pas. ▷ *Teint mat :* plutôt foncé, pour un Blanc (opposé à *teint clair*). **2.** *Son mat,* sourd.

mât [mɑ] n. m. **1.** MAR Longue pièce de bois ou de métal destinée à porter les voiles (sur un voilier), les pavillons, les antennes de radio, les aériens de radar (sur un navire). ▷ *Mât de charge :* appareil de levage servant au chargement et au déchargement d'un navire. **2.** *Par anal.* Poteau, perche. ▷ Perche lisse utilisée en gymnastique pour s'exercer à grimper. ▷ *Mât de cocagne :* haute perche de bois au sommet de laquelle sont placés des prix que des concurrents tentent de décrocher.

Matabeleland, rég. du S.-O. du Zimbabwe formée de deux prov. (North et South) autour de Bulawayo; 140000 km²; 1400000 hab. Cette rég. de hauts plateaux (1700 m) couverts de savane est peuplée de Ndébélé (dits aussi Matébélé). Charbon, or, argent. Au N.-E., barrage de Kariba. Parcs nationaux.

matabiche [matabiʃ] n. m. (Afr. subsah.) En rép. dém. du Congo, syn. de *pourboire,* de *pot-de-vin. Il a réussi en distribuant les matabiches.*

Matadi, v. de la rép. dém. du Congo, sur le bas Congo; 216000 hab.; ch.-l. de la rég. du Bas-Congo. Port fluvial. Constr. navales.

1. matador [matadɔʀ] n. m. Torero qui met à mort le taureau au cours d'une corrida.

2. matador [matadɔʀ] n. f. (Antilles fr.) **1.** Antillaise portant le costume traditionnel. **2.** Femme de tête. ▷ Enfant délurée.

matage [mataʒ] n. m. TECH Action de mater un rivet, une soudure, etc.

Mata Hari (Margaretha Geertruida Zelle, dite) (1876 - 1917), danseuse et aventurière néerlandaise. Espionne au service de l'Allemagne, elle fut fusillée par les Français.

Matakam ou **Mafa,** ethnie du N. du Cameroun (env. 90000 personnes). Ils parlent une langue afro-asiatique du groupe tchadique.

Matala (Mukadi Tshiakatumba) (né en 1942), poète de la rép. dém. du Congo : *Réveil dans un nid de flammes* (1969).

matamata [matamata] n. f. Tortue carnivore (*Chelys fimbriata*) à tête triangulaire, des eaux douces de Guyane et du bassin de l'Amazone, mesurant jusqu'à 40 cm de longueur.

Matamba, région naturelle du centre de l'Angola actuel. En 1648, la princesse A-Zinga s'y réfugia, après avoir été vaincue par les Portugais, et leur interdit de pénétrer plus avant dans l'intérieur du pays.

matamore [matamɔʀ] n. m. Faux brave.

Matamore, personnage de *l'Illusion comique* (1636) de Corneille, traîneur de sabre fanfaron et poltron.

Mata-Utu, chef-lieu du territoire français d'outre-mer des îles Wallis-et-Futuna, dans l'île d'Uvéa; 815 hab.

match [matʃ] n. m. Lutte, compétition opposant deux adversaires ou deux équipes. *Match de boxe, de basket.* Syn. (Québec) partie. – *Match nul,* qui se termine à égalité de score. *Des matches* ou *des matchs.*

maté [mate] n. m. Boisson tonique fournie par les feuilles d'un arbuste d'Amérique du Sud.

Matébélé, Tébélé ou **Tébé,** peuple bantou de l'Afrique australe, mieux nommé Ndébélé*. Il est établi dans le Matabeleland*.

matelas [matla] n. m. **1.** Élément de literie constitué par un grand coussin rembourré, généralement posé sur un sommier. ▷ *Matelas pneumatique :* grand coussin fait d'une enveloppe étanche, gonflée d'air. **2.** CONSTR *Matelas d'air :* couche d'air entre deux parois.

matelassé, ée [matlase] adj. et n. m. *Tissu matelassé,* garni d'une doublure ouatinée maintenue par des piqûres. ▷ n. m. *Du matelassé.*

matelasser [matlase] v. tr. [1] Rembourrer (qqch) à la façon d'un matelas.

matelassier, ère [matlasje, ɛʀ] n. Personne qui confectionne, qui répare les matelas.

matelot [matlo] n. m. Homme d'équipage d'un navire. *Les officiers, sous-officiers et matelots.* ▷ MILIT Grade le plus bas dans la marine.

matelote [matlɔt] n. f. Ragoût de poisson au vin rouge.

1. mater [mate] v. tr. [1] **1.** (Aux échecs.) *Mater le roi :* mettre le roi en position mat. – *Absol.* Faire mat. **2.** Fig. Rendre soumis (qqn). *Mater les fortes têtes.* – Par ext. *Mater une rébellion.*

2. mater [mate] [1] ou **matir** [matiʀ] [3] v. tr. TECH **1.** Rendre mat, dépolir. **2.** *Mater :* refouler (du métal), en partic. pour parfaire un joint. *Mater un rivet, une soudure.*

mâter [mɑte] v. tr. [1] Munir (un navire) de son (ses) mât(s).

matérialisation [mateʀjalizasjɔ̃] n. f. **1.** Action de matérialiser, de se matérialiser; son résultat. **2.** PHYS NUCL Création d'une paire électron-positon à partir d'un photon.

matérialisé, ée [mateʀjalize] adj. **1.** Qui est devenu matériel, sensible. **2.** *Voie, chaussée matérialisée,* sur laquelle il existe une signalisation indiquée par des bandes peintes.

matérialiser [mateʀjalize] v. [1] **1.** v. tr. Donner une apparence ou une réalité matérielle à (une chose abstraite). *Matérialiser un espoir.* **2.** v. pron. Se concrétiser. *Des espoirs qui se matérialisent.*

matérialisme [mateʀjalism] n. m. **1.** PHILO Toute doctrine qui affirme que la seule réalité fondamentale est la matière et que toute autre réalité y est, d'une façon ou d'une autre, réductible. *Matérialisme historique, matérialisme dialectique :* V. encycl. marxisme. Ant. idéalisme, spiritualisme. **2.** Cour. Attitude de celui qui recherche uniquement des satisfactions matérielles.

matérialiste [mateʀjalist] adj. et n. **1.** PHILO Qui professe le matérialisme. **2.** Cour. Qui ne recherche que des satisfactions matérielles.

matérialité [mateʀjalite] n. f. Caractère de ce qui est matériel. ▷ *La matérialité d'un fait, d'un délit,* sa réalité.

matériau [mateʀjo] n. m. sing. Toute matière utilisée pour fabriquer ou construire.

matériaux [mateʀjo] n. m. pl. **1.** Ensemble des éléments qui entrent dans la construction d'un bâtiment (pierre, bois, tuiles, ciment, etc.). ▷ *Résistance* des matériaux.* **2.** Fig. Ce à partir de quoi l'on élabore un ouvrage de l'esprit. *Les matériaux d'un historien.*

matériel, elle [mateʀjɛl] adj. et n. m. **I.** adj. **1.** Formé de matière. *Le monde matériel.* Ant. spirituel. **2.** PHILO Qui concerne la matière (par oppos. à *formel*). *Cause matérielle.* **3.** Qui relève de la réalité concrète, objective. *Être dans l'impossibilité matérielle, ne pas avoir le temps matériel de faire qqch.* **4.** Relatif aux nécessités de l'existence, à l'argent. *Problèmes, secours matériels.* **5.** Fig., péjor. Incapable de sentiments élevés. *Esprit bassement matériel.* **6.** Qui sanctionne les choses et non les personnes. *Dégâts matériels.* **II.** n. m. **1.** Ensemble des objets de toute nature (machines, engins, mobilier, etc.) utilisés par une entreprise, un service public, une armée, etc. (par oppos. à *personnel*). *Le matériel d'une usine.* **2.** Ensemble des objets que l'on utilise dans une activité, un travail déterminés. *Matériel de cuisine.* ▷ (Plur.) (Madag.) Fournitures, matériel. *Des matériels d'informatique.* **3.** INFORM Ensemble des éléments physiques employés pour le traitement de l'information, par oppos. à *logiciel.* (Terme officiellement recommandé pour remplacer *hardware.*)

matériellement [mateʀjɛlmɑ̃] adv. **1.** En ce qui concerne la vie matérielle. *Situation matériellement avantageuse.* **2.** Réellement, effectivement. *C'est matériellement impossible.* **3.** *Être matériellement responsable d'une chose,* responsable des dommages matériels qui peuvent lui être causés.

maternage [matɛʀnaʒ] n. m. Fait de materner.

maternel, elle [matɛʀnɛl] adj. **1.** Propre à une mère. *Instinct maternel.* **2.** Qui a ou évoque l'attitude d'une mère. *Gestes maternels.* **3.** Relatif à la mère, en ce qui concerne les liens de parenté. **4.** *La langue maternelle :* la première langue parlée par un enfant. **5.** *École maternelle :* école où l'on reçoit les très jeunes enfants (2-5 ans). Syn. (Djibouti) maternité.

maternellement [matɛʀnɛlmɑ̃] adv. De façon maternelle.

materner [matɛʀne] v. tr. [1] Prodiguer des soins maternels à (qqn); avoir une attitude maternelle à l'égard de (qqn).

materniser [matɛʀnize] v. tr. [1] Donner les qualités du lait humain à (un lait animal). – Pp. adj. *Lait maternisé.*

maternité [matɛʀnite] n. f. **1.** État, qualité de mère. **2.** Fait de porter un enfant, de lui donner naissance. **3.** Hôpital, clinique où les femmes accouchent. **4.** BX-A Tableau, dessin représentant une mère avec son enfant dans les bras. **5.** (Djibouti) École maternelle.

matété [matete] n. m. (Guyane) Bouillie pour bébé. (V. matoutou.)

math ou **maths** [mat] n. f. pl. Abrév. fam. de *mathématiques.*

mathématicien, enne [matematisjɛ̃, ɛn] n. Spécialiste des mathématiques.

mathématique [matematik] adj. et n. f. **I.** adj. **1.** Relatif à la science du calcul et de la mesure des grandeurs. *Raisonnement mathématique.* **2.** Fig. D'une précision rigoureuse. *Exactitude mathématique.* **II.** n. f. (Empl. cour. au plur.) **1.** Ensemble des opérations logiques que l'homme applique aux concepts de nombre, de forme et d'ensemble. ▷ *Mathématiques pures,* qui opèrent sur des quantités abstraites (algèbre, trigonométrie). ▷ *Mathématiques appliquées,* qui opèrent sur des grandeurs concrètes, effectivement mesurées (astronomie, mécanique, informatique, statistique). **2.** *Mathématiques supérieures :* classe qui précède celle de mathématiques spéciales. (Abrév. : math. sup.). *Mathématiques spéciales :* classe où l'on prépare les candidats aux grandes écoles scientifiques. (Abrév. : math. spé.).

ENCYCL La mathématique (mot singulier qu'on préfère auj. à celui de mathématiques) est une science abstraite, à caractère essentiellement déductif, qui se construit par le seul raisonnement. Elle est la science de base sans laquelle la pratique des autres sciences et de nombreuses techniques serait impossible. La *logique* est un préliminaire indispensable aux théories mathématiques, auxquelles elle donne les moyens de condenser et d'enchaîner l'exposition des résultats. La *théorie des ensembles* se place immédiatement derrière la logique dans une présentation raisonnée des mathématiques. Son langage, à la fois très général et codifié, est un instrument puissant de simplification et de normalisation qui s'applique à la totalité des différentes branches des mathématiques. *L'arithmétique,* science des nombres, fait partie de l'*algèbre,* qui a pour objet principal l'étude des structures et qui trouve son application dans de multiples domaines. L'algèbre utilise comme outils principaux le calcul matriciel et le calcul tensoriel. L'*analyse infinitésimale,* nommée plus couramment *analyse,* s'occupe des infiniment petits et constitue un outil indispensable dans tous les domaines des mathématiques appliquées. La *géométrie* étudie les propriétés de l'espace. La période contemporaine a été marquée par deux grands phénomènes : – la réduction de la géométrie à l'algèbre et à l'analyse; – l'apparition de géométries non euclidiennes (V. géométrie). La *topologie* est l'étude de la continuité en géométrie et du maintien de cette continuité dans les transformations. En topologie, deux figures sont équivalentes toutes les fois que l'on peut passer de l'une à l'autre par une déformation continue. La *trigonométrie** constitue l'outil principal de la géodésie et de l'astronomie de position. Le *calcul des probabilités* étudie la fréquence des éléments incertains. Il est utilisé dans la *statistique,* qui trouve ses applications dans des domaines variés (démographie, économie, physique nucléaire, biologie, etc.).

mathématiquement [matematikmɑ̃] adv. **1.** Selon les règles des mathématiques. **2.** Rigoureusement.

matheux, euse [matø, øz] n. Fam. Personne qui a des dons, du goût pour les mathématiques, qui les étudie.

Mathias ou **Matthias** (saint) (m. en 61 ou 64), disciple de Jésus. Il fut désigné par le sort pour remplacer Judas et compléter le collège des douzes apôtres (Actes des Apôtres, I, 21-26).

Mathias Ier Corvin (1440 – 1490), roi de Hongrie (1458-1490). Ses nombreuses conquêtes (Silésie, Moravie, etc.) ne lui survécurent pas. Humaniste, il fonda l'université de Pozsony (auj. Bratislava, 1465) et la bibliothèque Corvina.

Mathieu (saint). V. Matthieu.

Mathiez (Albert) (1874 – 1932), historien français de la Révolution française.

maths [mat] n. f. pl. V. math.

Mathurā ou **Muttra,** v. de l'Inde (Uttar Pradesh), sur la Yamunā; 147 490 hab. – La ville donna son nom à l'un des grands styles de la statuaire de l'Inde. Musée archéologique. Dans la myth. hindoue, patrie de Krishna.

Mathusalem ou **Mathusala,** patriarche biblique, fils d'Énoch et grand-père de Noé; il aurait vécu 969 ans.

matière [matjɛʀ] n. f. **1.** Substance constituant les corps (par oppos. à *esprit*). *L'âme et la matière.* **2.** PHYS Substance composée d'atomes et possédant une masse. *États solide, liquide, gazeux, ionisé, de la matière.* ▷ BIOL *Matière vivante :* ensemble des substances organiques (lipides, protides, glucides, vitamines, etc.) et minérales (eau, ions métalliques, sels minéraux, etc.) constituant les cellules d'un être vivant. **3.** Substance considérée du point de vue de ses propriétés, de ses utilisations, etc. *Une matière fragile.* – *Matières fécales* ou *matières :* excréments, fèces. ▷ TECH *Matières premières :* éléments bruts ou semi-ouvrés qui sont utilisés au début d'un cycle de fabrication. – *Matières consommables :* produits utilisés en cours de fabrication pour alimenter des machines ou les faire fonctionner (gazole, électricité, graisse, etc.). ▷ FIN *Comptabilité matières,* qui porte sur les matières premières et les matières consommables. ▷ ASTRO *Matière interstellaire :* gaz situé entre les étoiles et réparti à l'intérieur de nuages plus ou moins denses (les nébuleuses). **4.** Ce dont une chose est faite. *La matière de cette robe est de la soie.* **5.** Ce sur quoi on écrit, on parle, on travaille. *La matière d'un roman. Matières scolaires. Table des matières :* dans un livre, liste des sujets abordés, des divers chapitres. ▷ (Belgique) *Matières personnalisables :* domaines d'action relevant de la santé publique et de l'aide sociale, considérés comme étroitement liés à la vie des personnes et confiés à la compétence des Communautés. ▷ DR *Matière civile, criminelle, commerciale :* domaine du droit civil, criminel, commercial. **6.** (Sans article.) Sujet, occasion. *Fournir matière à rire.* **7.** Loc. prép. *En matière de :* en ce qui concerne, en fait de. *En matière d'art.*
ENCYCL Phys. – Le constituant fondamental de la matière est l'atome, formé d'un noyau et d'électrons périphériques. Le noyau est lui-même formé de nucléons (protons et neutrons), particules soumises à des interactions qui assurent leur cohésion. Dans l'*état solide,* les atomes sont liés les uns aux autres de façon rigide. Dans l'*état liquide,* les molécules sont agitées d'un mouvement rapide et désordonné, en étant voisines les unes des autres. L'*état gazeux* est aussi caractérisé par l'agitation des molécules, mais celles-ci sont éloignées les unes des autres, ce qui confère aux gaz élasticité et compressibilité. Les *plasmas* sont constitués d'atomes ionisés (électrons négatifs et ions positifs).

Matignon (hôtel), hôtel parisien (7e arr.) du XVIIIe s., où réside auj. le Premier ministre. – Les *accords Matignon* (juin 1936), entre le patronat français et la Confédération générale du travail (C.G.T.), créèrent la semaine de 40 heures et les congés payés.

matin [matɛ̃] n. m. , adv. (et adj. inv.) **I.** n. m. **1.** Première partie du jour, après le lever du soleil. – *De bon, de grand matin :* très tôt. ▷ Fig. *Le matin de la vie :* la jeunesse. **2.** Partie de la journée qui va du point du jour à midi. *Le matin et l'après-midi.* **3.** Espace de temps compris entre minuit et midi. *Une heure du matin.* **4.** *Un matin, un beau matin :* un jour parmi les autres. ▷ *Ce matin :* le matin du jour où l'on est. ▷ (Québec) Fam. *À matin :* ce matin. **II.** adv. Vieilli Tôt. *Se lever matin.* **III.** adj. inv. (Québec) Vieilli *Être matin,* matinal.

mâtin [mɑtɛ̃] n. m. Chien de garde de grande taille, aux mâchoires puissantes.

matinal, ale, aux [matinal, o] adj. **1.** Qui a rapport au matin. *Fraîcheur matinale.* **2.** Qui se lève tôt. *Être matinal.*

mâtiné, ée [mɑtine] adj. **1.** (Chiens) De race croisée. **2.** Fig. Mélangé. *Un français mâtiné de patois.*

matinée [matine] n. f. **1.** Temps qui s'écoule entre le lever du soleil et midi. *Au cours de la matinée.* **2.** Spectacle ayant lieu l'après-midi.

matines [matin] n. f. pl. LITURG CATHOL Première partie de l'office divin, que l'on récite la nuit ou à l'aube.

matir [matiʀ] v. tr. V. mater 2.

Matisse (Henri) (1869 – 1954), peintre français. D'abord fauviste, il simplifia les couleurs et les formes : *le Luxe* (1907), *l'Odalisque à la culotte rouge* (1920), *le Buffet* (1928), *les Deux Amies* (1941).

matité [matite] n. f. Caractère de ce qui est mat.

matiti [matiti] n. m. (Afr. subsah.) (Souvent au plur.) Broussailles, hautes herbes.

Mato Grosso, État du Brésil, limitrophe de la Bolivie et du Paraguay; 881 001 km²; 1 660 000 hab.; cap. *Cuiabá.* C'est un vaste plateau semi-désertique, voué à l'élevage extensif. Le sous-sol contient du manganèse.

Mato Grosso do Sul, État du Brésil occid. (détaché du Mato Grosso en 1976); 350 548 km²; 1 729 000 hab.; cap. *Campo Grande.*

matois, oise [matwa, waz] adj. et n. Litt. Rusé, finaud.

matou [matu] n. m. Chat domestique mâle non castré.

matoutou [matutu] n. m. **1.** (Mart.) Mets à base de riz et de crabe. **2.** (Guad.) Bouillie pour bébé. (V. matété.)

matraquage [matʀakaʒ] n. m. **1.** Action de frapper avec une matraque. **2.** Fig. *Matraquage publicitaire :* multiplication des opérations publicitaires destinées à lancer une vedette, un produit, etc.

matraque [matʀak] n. f. Arme pour frapper, en forme de bâton court, au bout plus ou moins renflé. Syn. (Haïti) macaque.

matraquer [matʀake] v. tr. [1] **1.** Donner des coups de matraque à (qqn). **2.** Fig., fam. Demander un prix trop élevé à (qqn). **3.** Fig. Faire subir un matraquage publicitaire à (un public).

matriarcal, ale, aux [matʀijaʀkal, o] adj. Relatif au matriarcat.

matriarcat [matʀijaʀka] n. m. Régime social ou juridique basé sur la seule filiation maternelle. ▷ *Abusiv.* Régime social dans lequel la mère, la femme joue un rôle prépondérant ou exerce une grande autorité.

matriçage [matʀisaʒ] n. m. TECH Mise en forme d'une pièce par application contre une matrice à l'aide d'un poinçon. Syn. estampage.

matrice [matʀis] n. f. **1.** TECH Moule, généralement métallique, qui présente une empreinte destinée à donner une forme à une pièce. **2.** MATH Tableau de nombres permettant de représenter une application linéaire, chaque nombre étant affecté de deux indices, l'un relatif à la ligne et l'autre à la colonne sur lesquelles il se trouve. (On définit des opérations sur les matrices, telles que somme, produit et inversion de matrices, qui sont à la base du *calcul matriciel.*) **3.** FIN Registre d'après lequel sont établis les rôles des contributions.

1. matricide [matʀisid] adj. et n. Se dit d'une personne qui a tué sa mère. ▷ Subst. *Un(e) matricide.*

2. matricide [matʀisid] n. m. Crime de la personne qui a tué sa mère.

matriciel, elle [matʀisjɛl] adj. MATH Qui porte sur les matrices. *Calcul matriciel,* utilisé en algèbre, en analyse, en science économique, en calcul numérique.

matricule [matʀikyl] n. **1.** n. f. Registre où est noté et numéroté le nom des personnes qui entrent dans certains corps, certains établissements. *Les matricules d'un régiment, d'une prison.* – (En appos.) *Registre matricule.* **2.** n. m. Numéro sous lequel une personne est inscrite sur une matricule.

matrilignage [matʀiliɲaʒ] n. m. ANTHROP Lignage dont tous les membres descendent par les femmes d'un(e) même ancêtre.

matrilinéaire [matʀilineɛʀ] adj. ETHNOL Qualifie un mode de filiation et d'organisation sociale reposant sur la seule famille maternelle. Ant. patrilinéaire.

matrilocal, ale, aux [matʀilɔkal, o] adj. ETHNOL Se dit d'un mode de résidence qui impose aux couples de venir habiter après le mariage dans la famille de la femme.

matrimonial, ale, aux [matʀimɔnjal, o] adj. Qui concerne le mariage, spécial. sous son aspect juridique. *Le régime matrimonial. Compensation* matrimoniale.* ▷ *Agence matrimoniale,* qui organise des rencontres entre personnes cherchant à se marier.

matronat [matʀɔna] n. m. (Afr. subsah.) Didac. État, activité des matrones.

matrone [matʀɔn] n. f. **1.** ANTIQ Femme d'un citoyen, à Rome. **2.** Péjor. Femme d'un certain âge, corpulente et autoritaire. **3.** (Cour. en Afr. subsah.) Vx ou rég. Sage-femme.

matronyme [matʀɔnim] n. m. Nom de famille transmis par la mère.

matsawanisme [matsawanism] n. m. V. amicalisme.

Matsys, Massys, Metsys, Metzys ou **Messys** (Quinten ou Quentin) (1465 ou 1466 – 1530), peintre flamand, considéré comme le créateur de l'école d'Anvers. Il cultiva l'expression psychologique : *le Changeur et sa femme* (1514, Louvre).

Matta (Roberto) (né en 1911), peintre chilien surréaliste.

Matterhorn. V. Cervin.

Matthias (saint). V. Mathias (saint).

Matthieu ou **Mathieu** (saint) (Ier s.), un des douzes apôtres (aussi nommé Lévi), publicain à Capharnaüm. Son Évangile, longtemps considéré comme le premier en date, est en fait postérieur à celui de Marc.

maturation [matyʀasjɔ̃] n. f. **1.** Ensemble des phénomènes conduisant à la maturité. *Maturation des fruits.* **2.** MED Évolution d'un abcès vers sa maturité. **3.** Fig. Fait de mûrir. *Maturation d'un projet.*

mature [matyʀ] adj. **1.** BIOL Se dit d'une cellule vivante arrivée à son complet développement. **2.** Se dit des poissons femelles prêts à pondre. **3.** Fig. Qui manifeste de la maturité d'esprit.

mâture [mɑtyʀ] n. f. Ensemble des mâts d'un navire et de leur gréement.

Maturin (Charles Robert) (1782 – 1824), écrivain irlandais; l'un des maîtres du roman «noir» : *Melmoth ou l'Homme errant* (1820). Théâtre : *Bertram* (tragédie, 1816).

maturité [matyʀite] n. f. **1.** État de ce qui est mûr. *Fruit à maturité.* **2.** Époque, entre la jeunesse et la vieillesse, où l'être humain atteint la plénitude de son développement physique et intellectuel. ▷ Fig. Plénitude qui est l'aboutissement d'une évolution. *Ses dons artistiques sont arrivés à maturité.* **3.** Prudence, sagesse qui vient avec l'âge et l'expérience. **4.** (Suisse) Diplôme qui couronne les études secondaires, baccalauréat.

maudire [modiʀ] v. tr. [**3**] **1.** Vouer (qqn) au malheur; prononcer des imprécations contre (qqn, qqch). *Maudire sa pauvreté.* ▷ (Afr. subsah.) Envoûter. *Il ne peut se marier, on l'a maudit.* **2.** RELIG Condamner à la damnation. *Dieu a maudit ces pécheurs.*

maudit, ite [modi, it] adj. , interj. et n. **I.** adj. **1.** Sur qui s'abat une malédiction. – Fig. *Artiste maudit,* qui n'est pas reconnu de son vivant. **2.** (Comme imprécation.) *Maudit soit ce traître!* **3.** (Toujours placé av. le nom.) Détestable. *Cette maudite époque.* **4.** Loc. Très fam. (Québec) *En (beau) maudit :* en colère, fâché. *Il est en maudit, en beau maudit contre son voisin.* **II.** interj. (Québec) Très fam. Juron exprimant l'impatience, l'étonnement, etc. *Maudit que cette fille est belle!* **III.** n. RELIG Damné. – *Le Maudit :* le diable.

Maugham (William Somerset) (1874 – 1965), romancier anglais : *Servitude humaine* (1915), *le Fil du rasoir* (1944).

maugréer [mogʀee] v. intr. [**11**] Témoigner son mécontentement en pestant entre ses dents.

Mau-Mau (révolte des), mouvement indépendantiste kikuyu animé par Jomo Kenyatta (1952-1956) et dirigé contre les Européens pour reprendre leurs terres. La répression gouvernementale fit des milliers de victimes.

Mauna Kea, volcan éteint, point culminant d'Hawaii (4208 m), proche du *Mauna Loa,* volcan actif (4168 m).

Maunick (Édouard J.) (né en 1931), poète mauricien : *les Manèges de la mer* (1964), *Ensoleillé vif* (1976), *Toi, laminaire* (1990).

Maupassant (Guy de) (1850 – 1893), écrivain français. Dirigé par Flaubert (ami d'enfance de sa mère), il exprima son pessimisme dans ses 300 nouvelles naturalistes, réunies dans des recueils : *la Maison Tellier* (1881), *Mademoiselle Fifi* (1882), *Contes de la bécasse* (1883), *Toine* (1885), *le Horla* (1887), *le Rosier de Mme Husson* (1888). *Boule-de-Suif* parut dans le recueil collectif des *Soirées de Médan* (1880). Romans : *Une vie* (1883), *Bel Ami* (1885), *Pierre et Jean* (1888). Il mourut de la syphilis.

Maupertuis (Pierre Louis Moreau de) (1698 – 1759), géomètre et mathématicien français. Ses mesures en Laponie (1736-1737) prouvèrent l'aplatissement du globe terrestre. De 1746 à 1756, il dirigea l'Académie royale de Prusse. Acad. fr. (1743). ▷ PHYS *Principe de Maupertuis* ou de *moindre action :* le mouvement d'un point physique dans un champ de forces s'effectue de façon que l'action de ce point soit minimale.

maure ou **more** [mɔʀ] n. et adj. **1.** ANTIQ *Les Maures :* les Berbères de la Maurétanie (ouest de l'Algérie et Maroc) non soumis à Rome. **2.** HIST *Les Maures* ou *les Mores :* les musulmans arabo-berbères du nord de l'Afrique. – *Spécial.* Ceux qui envahirent l'Espagne au VIIIe s. et l'occupèrent en partie jusqu'au XVe s. ▷ adj. Mod. *Bain maure. Café maure.* **3.** *Les Maures :* population du Sahara occidental (Mauritanie, Mali, Sénégal), dont la langue maternelle est l'arabe hassaniya. ▷ adj. *Tribu maure.*

mauresque ou **moresque** [mɔʀɛsk] n. f. et adj. **1.** n. f. Femme maure. **2.** adj. Propre aux Maures (sens 2) et en partic. aux Maures d'Espagne. *Art, architecture, palais, décoration mauresques.*

Maurétanie (mieux que *Mauritanie*), ancien royaume berbère qui s'étendait, à l'O. des Aurès, jusqu'à l'Atlantique. Ses rois, alliés des Romains (Masinissa, IIe s. av. J.-C.) ou, au contraire, ennemis de Rome (Jugurtha), vécurent sous la tutelle romaine. Après l'annexion de la Numidie (O. de l'Algérie) par J. César, le reste de la Maurétanie fut organisé en royaume vassal jusqu'à son annexion par Rome (42 apr. J.-C.). Ce domaine fut divisé en *Maurétanie Césarienne* (à l'E.) et *Maurétanie Tingitane* (à l'O.); cette dernière, correspondant au nord du Maroc actuel, avait Tingis (Tanger) pour cap. Sous Dioclétien (IIIe s. apr. J.-C.) fut créée la prov. romaine de *Maurétanie Sitifienne,* correspondant à la partie la plus orientale de la Maurétanie Césarienne, avec Sitifis (Sétif) pour cap. Envahie par les Vandales (Ve s.), soumise à la domination byzantine (VIe s.), la Maurétanie fut entièrement conquise par les Arabes à la fin du VIIe s.

Mauriac (François) (1885 – 1970), romancier français, peintre de la bourgeoisie provinciale : *Genitrix* (1924), *Thérèse Desqueyroux* (1927), *le Nœud de vipères* (1932). Théâtre : *Asmodée* (1938). Chroniques : *Bloc-Notes* (1958-1971). Acad. fr. (1933). P. Nobel 1952.

Maurice (île) (en angl. *Mauritius*), État insulaire de l'océan Indien.
► V. carte et dossier, p. 1477.

Maurice (saint) (mort v. 287), chrétien qui, selon la légende, commanda la légion envoyée par l'empereur Maximien contre des envahisseurs barbares et aurait été massacré avec ses frères d'armes chrétiens, dans le Valais. Il est le saint patron de la Suisse et de l'Autriche.

Maurice de Nassau (1567 – 1625), stathouder des Provinces-Unies (1584-1625); fils de Guillaume le Taciturne. En 1619, il élimina le grand pensionnaire Oldenbarnevelt, qui voulait la paix avec l'Espagne.

mauricianité [moʀisjanite] n. f. Caractère propre à la culture mauricienne.

Mauricie-Bois-Francs, région admin. du Québec qui s'étend des deux côtés du Saint-Laurent à l'est des régions Lanaudière et Montérégie, et à l'ouest des régions de Québec et Chaudière-Appalaches; 46804 km^2; 475000 hab.; ville principale *Trois-Rivières.*

1. mauricien, enne [moʀisjɛ̃, ɛn] adj. et n. **1.** De l'île Maurice. ▷ Subst. *Un(e) Mauricien(ne).* **2.** LING *Le mauricien :* le créole dérivé du français en usage à l'île Maurice.

2. mauricien, enne [mɔʀisjɛ̃, ɛn] adj. et n. De la Mauricie (Québec). ▷ Subst. *Un(e) Mauricien(ne).*

Mauritanie. V. Maurétanie.

Mauritanie (république islamique de), État d'Afrique au S.-O. du Sahara occidental, sur l'Atlantique.
► V. carte et dossier, p. 1478.

mauritanien, enne [moʀitanjɛ̃, ɛn] adj. et n. De Mauritanie. – Subst. *Un(e) Mauritanien(ne).*

mauritanisation [moʀitanizasjɔ̃] n. f. Action de mauritaniser.

mauritaniser [moʀitanize] v. [**1**] **1.** v. tr. Donner un caractère mauritanien à. *Le baccalauréat a été mauritanisé en 1974.* **2.** v. pron. Prendre un caractère mauritanien.

Maurois (Émile Herzog, dit André) (1885 – 1967), écrivain français : *Climats* (1928), biographies de Shelley, G. Sand, Hugo, etc. Acad. fr. (1938).

Maurras (Charles) (1868 – 1952), écrivain français. Il défendit son nationalisme monarchiste dans *l'Action française* (1908-1944), soutint le gouv. de Vichy et fut emprisonné en 1945 (gracié en 1952). Acad. fr. (1938, radié en 1945).

Maurya, dynastie de l'Inde fondée à la fin du IVe s. av. J.-C. par Chandragupta et dont Açoka fut le souverain le plus illustre; Pushyamitra la renversa v. 185 av. J.-C.

Mausole (m. en 353 av. J.-C.), satrape de Carie (377-353 av. J.-C.); son *Mausolée,* une des Sept Merveilles du monde, fut élevé à Halicarnasse par sa sœur et épouse Artémise II.

mausolée [mozɔle] n. m. Grand et riche monument funéraire.

Mauss (Marcel) (1872 – 1950), sociologue et ethnologue français, neveu et disciple de Durkheim : *Essai sur le don, forme archaïque de l'échange* (1925).

maussade [mosad] adj. **1.** Désagréable, qui dénote la mauvaise humeur. *Visage maussade.* **2.** Ennuyeux, sombre, triste. *Un temps maussade.*

Mauthausen, village d'Autriche, sur le Danube, site d'un camp nazi (1938-1945).

mauvais, aise [mɔvɛ, ɛz] adj., n. m. et adv. **I.** adj. (Choses) **1.** Imparfait, défectueux. *Avoir une mauvaise vue.* **2.**

Qui n'a pas les qualités propres à son emploi, à sa destination. *Fournir de mauvais arguments.* **3.** Défavorable. – *Prendre qqch en mauvaise part,* l'interpréter défavorablement. – *Faire contre mauvaise fortune bon cœur :* accueillir la malchance avec sérénité. **4.** Susceptible de causer du désagrément, des ennuis. *Préparer un mauvais coup. – La mer est mauvaise,* agitée, dangereuse. ▷ *Mauvais œil :* V. œil (sens I, 3). **5.** Contraire à la morale. *Mauvaise action.* **6.** Désagréable. *Être de mauvaise humeur. – Avoir mauvaise mine :* avoir l'air fatigué ou malade. – *C'est une mauvaise tête :* il (elle) a un caractère difficile. – Fam. *La trouver, l'avoir mauvaise :* être mécontent, dépité. **7.** Insuffisant, d'un mauvais rapport. *Mauvaise récolte.* **II.** adj. (Personnes) **1.** De mauvaise moralité. *Un mauvais sujet, un mauvais garçon :* un voyou, un malfaiteur. – *Une femme de mauvaise vie :* une prostituée. **2.** Méchant, dur, malfaisant. *Les gens mauvais et haineux.* **3.** Qui n'a pas les qualités requises pour son emploi. *Un mauvais administrateur.* **III.** n. m. Ce qu'il y a de défectueux dans qqch, qqn. *Il y a du bon et du mauvais dans cette affaire.* **IV.** adv. *Sentir mauvais :* exhaler une odeur désagréable. – Fig. *Ça sent mauvais :* les choses tournent mal. – *Il fait mauvais :* le temps n'est pas au beau.

mauve [mov] n. et adj. **1.** n. f. Petite plante (fam. malvacées), dont diverses espèces à grandes fleurs blanches, roses ou violettes sont ornementales, et d'autres médicinales. **2.** adj. De couleur violet pâle. *Des robes mauves.* ▷ n. m. *Une étoffe d'un mauve délicat.*

mauviette [movjɛt] n. f. Fam. Personne frêle, chétive.

mauvis [movi] n. m. Grive du nord de l'Europe.

Māvalipuram ou **Mahābalipuram** , v. de l'Inde, près de Madras (côte de Coromandel, État de Tamil Nadu). Sanctuaires rupestres ornés de reliefs sculptés (style pallava, VIIe s.).

mavouzou [mavuzu] n. m. V. magouzou.

Mavrocordato, famille de Phanariotes*. — **Alexandre** (1641 - 1709), le fondateur, qui représenta l'Empire ottoman lors du traité de Karlowitz (1699). — **Constantin** (1711-1769), petit-fils du préc., hospodar de la Porte en Moldavie et en Valachie. Il affranchit les paysans en 1746. Les Mavrocordato furent des lettrés inspirés par le mouvement des Lumières français.

Mawlid [mawlid] n. m. (Maghreb) Syn. de *Mouloud,* en usage au Maroc.

maxi-. Élément, du lat. *maximus,* superlatif de *magnus,* «grand», exprimant une idée de grandeur, de longueur exceptionnelles, utilisé dans la publicité, la mode. *Maxibouteille. Maxi(-)jupe,* qui tombe jusqu'aux pieds.

maxillaire [maksilɛʀ] n. m. et adj. **1.** n. m. ANAT Chacun des deux os qui forment les mâchoires. *Maxillaire supérieur. Maxillaire inférieur.* **2.** adj. Qui se rapporte aux maxillaires, aux mâchoires.

maxille [maksil] n. m. ZOOL Mâchoire des arthropodes antennates (insectes, crustacés, etc.).

maxima [maksima] n. m. et adj. V. maximum.

maximal, ale, aux [maksimal, o] adj. Qui atteint un maximum, qui est à son plus haut degré. *La température maximale.*

maximalisation [maksimalizasjɔ̃] ou **maximisation** [maksimizasjɔ̃] n. f. Action de maximaliser, de maximiser.

maximaliser [maksimalize] ou **maximiser** [maksimize] v. tr. [1] Didac. Donner la plus haute valeur à. *Maximaliser les chances.*

maximaliste [maksimalist] n. et adj. Didac. Celui, celle qui est porté(e) aux solutions extrêmes, en polit. notam. *Les maximalistes d'un parti.* ▷ adj. *Un discours maximaliste.*

maxime [maksim] n. f. **1.** Principe, fondement, règle dans un art, dans une science, dans la conduite de la vie. **2.** Sentence qui résume une maxime. *Les «Maximes*» de La Rochefoucauld (1665).*

Maximien (en lat. *Aurelius Valerius Maximianus*) (v. 250 - 310), empereur romain (286-305 et 306-310). Associé à l'Empire par Dioclétien (286), qui le contraignit à abdiquer en 305, il se dressa contre lui puis contre son propre gendre et allié Constantin, et dut se donner la mort.

Maximilien Ier (1459 - 1519), empereur germanique (1493-1519). Fils de Frédéric III, il épousa en 1477 Marie de Bourgogne, fille de Charles le Téméraire, qui lui apporta en dot tous les biens paternels (V. Marie de Bourgogne). Le roi de France, Louis XI, contesta cette succession, mais, en 1479, Maximilien Ier le vainquit en Flandre occid., à Guinegatte (auj. France, dép. du Pas-de-Calais). En 1499, la Confédération suisse infligea une sévère défaite à Maximilien Ier, qui dut enfin reconnaître officiellement l'indépendance de celle-ci (traité de Bâle).

Maximilien Ier (Ferdinand Joseph Maximilien de Habsbourg) (1832 - 1867), frère de l'empereur d'Autriche François-Joseph. Napoléon III le fit empereur du Mexique (1864), mais le pays se souleva et il fut fusillé.

maximisation [maksimizasjɔ̃] n. f. V. maximalisation.

maximiser [maksimize] v. tr. [1] **1.** Didac. Syn. de *maximaliser.* **2.** TECH, ECON Pousser à son maximum. *Maximiser le profit d'une entreprise.*

maximum, fém. **maxima,** plur. **maximums** ou **maxima** [maksimɔm, maksima] n. m. et adj. **I.** n. m. **1.** La plus grande valeur qu'une quantité variable puisse prendre. **2.** MATH *Maximum d'une fonction,* valeur de cette fonction, supérieure à toutes les valeurs voisines. **3.** DR *Le maximum (d'une peine) :* (la peine) la plus élevée. **4.** Loc. *Au maximum :* au plus. **II.** adj. Le plus élevé. *Tarif maximum. Hauteur maxima.* (N.B. Dans le langage scientifique, on emploie *maximal, maximale, maximaux,* et non *maximum, maxima.*)

maxwell [makswɛl] n. m. PHYS Unité de flux magnétique du système électromagnétique C.G.S., de symbole Mx (1 Mx = 10^{6} weber).

Maxwell (James Clerk) (1831 - 1879), physicien anglais; célèbre pour ses travaux sur le magnétisme et l'électricité. ▷ ELECTR *Règle de Maxwell :* un tire-bouchon (hypothétique), placé dans l'axe d'une bobine parcourue par un courant électrique et tournant sur lui-même dans le sens du courant, entre par la face sud de la bobine. ▷ *Équations de Maxwell :* équations relatives à la propagation du champ électromagnétique.

maya [maja] adj. et n. m. **1.** adj. (inv. en genre) Relatif à la civilisation des Mayas. *Architecture maya.* **2.** n. m. LING *Le maya :* la famille de langues parlées au Mexique, dans la région du Yucatán et au Guatemala.

Maya-Maya, aéroport international de Brazzaville, au nord de la ville.

Mayas, peuple indien d'Amérique centrale, auj. peu nombreux et regroupé princ. au Yucatán, fondateur d'une civilisation précolombienne très évoluée. L'origine de cette civilisation remonterait au IVe s. av. J.-C. Trois périodes : une période «formative» de 800 ans env., l'Ancien Empire (320-987) et le Nouvel Empire (987-1697). Les VIIe, VIIIe et IXe s. marquent son apogée. Princ. sites mayas : au Guatemala, Tikal (palais, temples-pyramides, dont le plus imposant a 58 m de haut); au Honduras, Copán (stèles colossales, escalier hiéroglyphique, etc.); aux Chiapas, Palenque (temples de la Croix-Feuillue, du Soleil, etc.), Bonampak (fresques); au Yucatán, Uxmal (palais du Gouverneur, Grande Pyramide), Chichén Itzá (pyramide El Castillo, temple maya-toltèque des Guerriers).

mayen [majɛ̃] n. m. (Suisse) Pâturage d'altitude moyenne.

Mayence (en all. *Mainz*), v. et port d'Allemagne, au confl. du Main et du Rhin; ch.-l. du Land de Rhénanie-Palatinat; 189010 hab. Industries. – Évêché. Université. Cath. (XIe-XIIIe s.); musée Gutenberg.

Mayenne (la), riv. de France (200 km), affl. de la Sarthe (r. dr.), qu'elle rejoint pour former la Maine. – Dép. : 5171 km^{2}; 278037 hab.; ch.-l. *Laval* (53479 hab.). V. Loire (Pays de la) [Région].

Mayer (Julius Robert von) (1814 - 1878), physicien et médecin allemand. Il énonça le principe de la conservation de l'énergie.

Mayerling, local. d'Autriche, proche de Vienne, où, dans un pavillon de chasse, furent trouvés, le 30 janv. 1889, les cadavres de l'archiduc Rodolphe et de la baronne Marie Vetsera.

Mayflower («Fleur de mai»), navire qui, en 1620, transporta de Southampton vers le territoire correspondant au Massachusetts actuel 102 puritains anglais; ils fondèrent les premières colonies anglaises d'Amérique du Nord.

mayo [majo] n. m. (Afr. subsah.) Mot d'origine peule désignant un cours d'eau.

Mayol (Félix) (1872 - 1942), chanteur français, interprète de *Viens poupoule.*

Mayombé ou **Mayumbe,** massif cristallin, couvert de forêts, qui s'étire du fleuve Ogooué, au S. de Lambaréné (Gabon), jusqu'à l'embouchure du fleuve Zaïre. Parallèle au littoral atlantique, il couvre le S. du Gabon et le S.-O. de la rép. dém. du Congo.

mayonnaise [majɔnɛz] adj. et n. f. CUIS *Sauce mayonnaise :* sauce faite d'huile émulsionnée avec un jaune d'œuf. ▷ n. f. *Œufs durs à la mayonnaise.*

Mayotte ou **Mahoré,** île des Comores, collectivité territoriale de la

Rép. française; 374 km^2; 68000 hab. *(Mahorais)*; ch.-l. *Mamoudzou*.
► V. dossier France d'outre-mer, p.1442.

Mayumbe. V. Mayombé.

Mazagran, anc. v. d'Algérie, auj. intégrée à la com. de Mostaganem. – Siège célèbre soutenu par 123 soldats français, sous les ordres du capitaine Lelièvre, contre les troupes d'Abd el-Kader (fév. 1840).

Mazar-i Charif, v. d'Afghānistān; 105000 hab.; ch.-l. de la province de Balkh. – Mosquée (XVe s.) construite sur le tombeau prétendu du calife Ali; pèlerinage.

Mazarin (Jules) (en ital. *Giulio Mazarini*) (1602 – 1661), prélat et homme d'État français d'origine italienne. Richelieu le remarqua (1630) et le fit nommer cardinal (1641). Il succéda à ce dernier comme ministre (1643). Au nom de la régente, Anne d'Autriche (que peut-être il épousa secrètement), il fit triompher l'absolutisme en écrasant la Fronde (1648-1653), dirigée contre lui, et en luttant contre les jansénistes. Il abaissa l'Autriche, assit la prépondérance française (traités de Westphalie, 1648; traité des Pyrénées, 1659), accrut son territoire (Alsace et Roussillon, notam.). Mais, à sa mort, le trésor royal était vide. Il accumula une énorme fortune et fut un actif mécène : V. Mazarin (palais).

Mazarin (palais), nom donné au palais de l'Institut*, primitivement collège des Quatre-Nations à Paris.

mazdéisme [mazdeism] n. m. Religion de la Perse ancienne, appelée aussi *zoroastrisme* (du nom du prophète Zoroastre ou Zarathoustra), fondée sur l'antagonisme du bien et du mal.

Mazeppa ou **Mazepa** (Ivan Stepanovitch) (v. 1644 – 1709), chef des Cosaques d'Ukraine. Allié de Pierre le Grand puis, pour assurer l'autonomie ukrainienne, de Charles XII de Suède. Il s'enfuit en Moldavie après la défaite de Poltava (1709).

mazette [mazɛt] n. , adj. et interj. **1.** n. f. Vieilli Personne maladroite au jeu. ▷ *Par ext.* Personne sans énergie ou sans adresse. **2.** adj. et n. (oc. Indien) Maladroit. ▷ Subst. *Ce mazette a encore raté la cible.* **3.** interj. Vieilli ou plaisant Marque l'étonnement, l'admiration. *Mazette! Quel faste!*

mazot [mazɔ] n. m. (Suisse) Petit bâtiment rural.

mazouk ou **mazouque** [mazuk] n. f. (Antilles fr.) Musique et danse traditionnelles de la Martinique, proches de la mazurka.

mazout [mazut] n. m. **1.** Combustible liquide visqueux obtenu par raffinage du pétrole, à pouvoir calorifique élevé. Syn. (Québec) huile de chauffage. **2.** *Par ext.* (Djibouti) Carburant (sens 2). ▷ *Par métaph.* Vin rouge.

mazoutage [mazutaʒ] n. m. Pollution par le mazout.

mazouter [mazute] v. [1] **1.** v. intr. Faire le plein de mazout. **2.** v. tr. Polluer par le mazout. – Pp. adj. *Rivage mazouté. Oiseaux mazoutés.*

mazouteur [mazutœʀ] n. m. (Djibouti) Arg. Gros consommateur de vin.

Mazurie ou **Masurie,** région de l'anc. Prusse-Orientale, rattachée à la Pologne en 1945; autref. peuplée de Slaves germanisés. Nombreux lacs.

mazurka [mazyʀka] n. f. Danse d'origine polonaise.

Mazzini (Giuseppe) (1805 – 1872), patriote italien. Fondateur d'une société secrète (la Jeune-Italie), il conspira, à l'étranger, contre l'Autriche. Il fit partie du triumvirat qui proclama la république à Rome (1849).

M'Ba (Léon) (1902 – 1967), homme d'État gabonais; président de la Rép. de 1961 à sa mort.

Mbabane, cap. du Swaziland, dans l'O. du pays; env. 50000 hab. Centre agricole et comm. La ville est reliée par voie ferrée au port de Maputo (Mozambique).

Mbala (Roger Gnoan) (né en 1943), cinéaste ivoirien : *Ablakon* (1984), *Bouka* (1988).

Mbale, v. du S.-E. de l'Ouganda, au pied du mont Elgon; 54000 hab.; ch.-l. du district du m. nom et cap. de la prov. de l'Est. – Centre textile cotonnier et agro-alimentaire.

mbam-nkam [mbam-nkam] n. m. LING Groupe englobant les Bamilékés et des populations voisines, linguistiquement apparentées.

Mbamou (île), île du Congo, dans le Pool Malebo, entre Brazzaville et Kinshasa.

Mbandaka (anc. *Coquilhatville* ou *Equateurville*), v. de la rép. dém. du Congo, sur le Congo (r. g.); 294000 hab.; ch.-l. de la rég. de l'Équateur. Café, cacao; cuirs.

Mbanza Kongo, cap. du royaume de Kongo, auj. São Salvador (dans le N. de l'Angola).

Mbeya, v. du S. de la Tanzanie, sur la riv. Great Ruaha; 153000 hab.; ch.-l. de la région du m. nom. Centre industriel.

Mbini (le), princ. cours d'eau qui se jette dans la ria nommée Río Muni, en Guinée équatoriale.

Mbock (Charly-Gabriel) (né en 1950), écrivain camerounais; auteur d'essais (*Le monde s'effondre,* 1978) et de romans (*la Croix du cœur,* 1984).

Mbomou (le), rivière (750 km) qui sépare le S.-E. de la Rép. centrafricaine et la rép. dém. du Congo. Né au Soudan, il coule d'E. en O. et conflue avec le Uélé pour former l'Oubangui.

Mbuji-Mayi (anc. *Bakwanga*), v. du S. de la rép. dém. du Congo, sur la rivière Sunkuru; 613000 hab.; ch.-l. de la prov. du Kasaï-Oriental. Gisements et industrie du diamant.

Mbundu, ethnie du N. de l'Angola (env. 2400000 personnes). Ils parlent une langue bantoue, le *kimbundu.* V. Ovimbundu.

Mbuti, Pygmées de l'Ituri (N.-E. de la rép. dém. du Congo); leur nombre est difficile à évaluer (entre 10000 et 60000 personnes). Ils parlent des langues bantoues et des langues nilo-sahariennes du groupe soudanais central (sous-groupes *mangbetu* et *mangbutu*). Traditionnellement, leur économie repose sur la chasse et la cueillette, et ils forment des groupes restreints.

Mc. V. Mac.

me [mə] pron. pers. de la 1re pers. du sing. (N.B. *me* s'élide en *m'* devant voyelle ou *h* muet.) **1.** Comp. d'objet dir. *Il me blesse.* **2.** Comp. d'objet indir. À moi. *Il m'a parlé de toi.* ▷ Comp. d'attribution. *Tu me donnes ce livre.* **3.** À la place d'un poss. *(mon, ma, mes). La tête me tourne.* **4.** Sujet d'un inf. régi par *faire, laisser, falloir* ou un v. de perception. *Il m'entend parler.* **5.** Dans les v. pron. *Je me suis blessé. Je me repens.* **6.** (Renforçant un ordre, une exclamation.) *Vous allez me ficher le camp!* **7.** Devant *voici, voilà, revoici, revoilà. Me voici!*

mé-, més-. Préfixe péjoratif. (Ex. *mépriser, mésalliance, mésestimer.*)

mea-culpa [meakulpa] n. m. inv. Aveu, repentir d'une faute commise. *Faire son mea-culpa.*

Mead (Margaret) (1901 – 1978), anthropologue américaine. Elle étudia (Nouvelle-Guinée, Samoa, Bali) l'influence du milieu socioculturel sur l'individu.

méandre [meɑ̃dʀ] n. m. **1.** Sinuosité d'un fleuve due à la pente très faible de son cours. ▷ Par anal. *Méandres d'un sentier.* **2.** Fig. Détour, sinuosité. *Les méandres de la politique.*

Méandre. V. Menderes.

méat [mea] n. m. **1.** ANAT Conduit ou orifice d'un conduit. *Méat urinaire :* orifice externe de l'urètre. **2.** BIOL *Méat intercellulaire :* espace persistant entre les cellules d'un être vivant.

mec [mɛk] n. m. Fam. Homme, individu. *Quel mec gentil!*

mécanicien, enne [mekanisjɛ̃, ɛn] n. **1.** Didac. Mathématicien, physicien spécialiste de mécanique. **2.** Spécialiste de la conduite, de l'entretien ou de la réparation des machines, des moteurs. **3.** Conducteur de locomotive.

mécanicien-dentiste [mekanisjɛ̃ dɑ̃tist] n. m. Aide-dentiste diplômé qui fabrique des appareils de prothèse dentaire. *Des mécaniciens-dentistes.*

mécanique [mekanik] adj. et n. f. **I.** adj. **1.** Relatif à la mécanique, à ses lois. **2.** Exécuté par un mécanisme. *Tissage mécanique.* ▷ Mû par un mécanisme. *Escalier mécanique.* **3.** Qui agit uniquement d'après les lois du mouvement (et non chimiquement, électriquement). **4.** Fig. Qui semble produit par une machine, sans intervention de l'intelligence, de la volonté. *Gestes, paroles mécaniques.* **II.** n. f. **1.** Partie de la physique ayant pour objet l'étude des mouvements des corps, leurs relations et les forces qui les produisent. ▷ ASTRO *Mécanique céleste,* qui étudie le mouvement des astres. **2.** Science de la construction et du fonctionnement des machines. **3.** Ensemble de pièces destinées à produire ou à transmettre un mouvement. *La mécanique d'une montre.* ▷ Machine. *Une belle mécanique.* **4.** Fig. Ensemble complexe d'éléments qui concourent à une action, à un résultat. *La mécanique diplomatique.*

ENCYCL Phys. –La mécanique comprend deux parties essentielles : la *cinématique,* qui a pour objet la description des mouvements des points matériels en fonction du temps, sans se préoccuper des causes de ces mouvements; la *dynamique,* qui étudie les relations entre les mouvements et leurs causes, qui sont les forces. La cinématique et la dynamique sont complétées par la *cinétique,* qui considère la masse d'un corps en mouvement comme un nombre constant, et par la *statique,* qui étudie les conditions d'équilibre des corps. La mécanique *newtonienne,* ou *classique,* repose sur l'existence de repères, dits *galiléens,* dans lesquels s'applique la relation $\vec{F} = m\vec{a}$: l'accélération $\vec{a}$, communiquée à un corps de masse sous l'action d'une force $\vec{F}$, est proportionnelle à cette force; elle a le même sens et la même direction que celle-ci. La *mécanique relativiste* (V. relativité) est fondée sur le caractère relatif du temps lorsque les vitesses approchent celle de la lumière (en physique des particules, notam.). Le mouvement contracte les longueurs et dilate les durées, la vitesse de la lumière restant constante quel que soit le repère utilisé. La *mécanique quantique* et la *mécanique ondulatoire* sont nées de la théorie des *quanta* (V. quantum) de Planck. L'idée centrale de la mécanique quantique est que l'énergie cinétique et le moment cinétique (moment de la quantité de mouvement) ne peuvent varier que par sauts et non de façon continue. La mécanique ondulatoire, introduite par L. de Broglie en 1924, postule qu'à toute particule correspond une onde. La *mécanique statistique* étudie le comportement d'un ensemble de particules.

mécaniquement [mekanikmɑ̃] adv. **1.** D'une façon mécanique. **2.** Du point de vue de la mécanique.

mécanisation [mekanizasjɔ̃] n. f. Action de mécaniser; son résultat. *Mécanisation de l'agriculture.*

mécaniser [mekanize] v. tr. [**1**] Introduire l'utilisation de la machine dans (une activité où les tâches étaient accomplies manuellement).

mécanisme [mekanism] n. m. **1.** Agencement de pièces disposées pour produire un mouvement, un effet donné. *Mécanisme d'une montre, d'un engin explosif.* ▷ Par ext. *Le mécanisme du corps humain.* **2.** Manière dont fonctionne un ensemble complexe, manière dont se déroule une action. *Mécanisme du langage, de la pensée. Les mécanismes de la propagande.* **3.** PHILO Système qui explique la totalité ou une partie des phénomènes physiques, biologiques, psychophysiologiques, etc., par le mouvement. *Le mécanisme de Descartes.*

mécaniste [mekanist] adj. et n. PHILO Relatif, propre au mécanisme (sens 3). ▷ Subst. Philosophe adepte du mécanisme.

mécano-. Élément, du gr. *mêkhanê*, «machine».

mécanothérapie [mekanoteʀapi] n. f. MED Thérapeutique consistant à favoriser les mouvements articulaires à l'aide d'appareils mécaniques spéciaux.

mécénat [mesena] n. m. Soutien matériel apporté à une œuvre ou à une personne pour l'exercice d'activités présentant un intérêt général.

mécène [mesɛn] n. m. Protecteur (ou protectrice) généreux des lettres, des sciences, des arts, etc.

Mécène (en lat. *Caius Cilnius Mæcenas*) (v. 69 – 8 av. J.-C.), chevalier romain. Conseiller d'Auguste, ami d'Horace et de Virgile, il protégea les lettres et les arts.

Méchain (Pierre François André) (1744 – 1804), astronome français. Entre 1792 (la France révolutionnaire voulant faire du mètre* l'unité de longueur) et 1798, il mesura avec Delambre* la longueur de l'arc Dunkerque (nord de la France)-Barcelone, mais une fine anomalie du résultat le bouleversa, et il ne le communiqua pas.

méchamment [meʃamɑ̃] adv. Avec méchanceté.

méchanceté [meʃɑ̃ste] n. f. **1.** Penchant à faire du mal. **2.** Action, parole méchante. Syn. (Réunion) malice.

méchant, ante [meʃɑ̃, ɑ̃t] adj. et n. **1.** (Devant le nom.) Litt. Mauvais; médiocre, sans intérêt. *Un méchant écrivain.* **2.** Qui se plaît à faire du mal, à nuire à autrui. *Être plus bête que méchant. Chien méchant,* qui mord. **3.** Qui peut faire mal, causer des ennuis graves. *Une méchante affaire. Une méchante langue. Des paroles méchantes.* – Subst. *Faire le (la) méchant(e) :* menacer, chercher à se faire craindre. ▷ Contraire à la justice, à la charité. *Une méchante action.* **4.** Déplaisant, désagréable. *Vous êtes de méchante humeur.*

1. mèche [mɛʃ] n. f. **1.** Cordon, assemblage de fils de coton, de chanvre, imprégné d'un combustible, que l'on enflamme à l'une de ses extrémités. *Mèche d'une bougie, d'une chandelle.* **2.** Cordon combustible servant à mettre le feu à une charge explosive. ▷ Fig. *Vendre la mèche :* dévoiler qqch qui devait être tenu secret. **3.** CHIR Petite bande de gaze stérile utilisée pour réaliser une hémostase, le drainage d'un liquide, la cicatrisation d'une plaie. **4.** *Mèche de cheveux :* petite touffe de cheveux distincte du reste de la chevelure. *Mèche blanche.* **5.** Outil servant à percer le bois, la pierre, etc. *Mèche d'un vilebrequin.* **6.** MAR Axe (du gouvernail).

2. mèche [mɛʃ] n. f. inv. Fam. *Être de mèche avec qqn,* être de connivence avec lui.

Meched, Mechhed ou **Meshhad,** v. d'Iran, oasis au N.-E. du pays; 1 750 000 hab.; ch.-l. de la prov. du Khorāsān. Import. centre comm. Industr. – Mosquée, célèbre sanctuaire chiite.

méchoui [meʃwi] n. m. **1.** Mouton ou quartier de mouton cuit à la broche sur un feu de bois. **2.** Repas au cours duquel on sert ce mets.

méchouia [meʃuja] n. f. (Maghreb) Assortiment de légumes frits assaisonné d'huile d'olive et de cumin.

mechta [mɛʃta] n. f. (Maghreb) Hameau, groupe de maisons en zone rurale.

Mecklembourg (en all. *Mecklenburg*), anc. pays d'Allemagne, entre l'Elbe et l'Oder, au nord du Brandebourg. – Land d'Allemagne et région de la C.E. (Mecklembourg-Poméranie antérieure); 23 838 km^2; 1 964 000 hab.; cap. *Schwerin.*

mécompte [mekɔ̃t] n. m. Espérance trompée, déception.

méconduire (se) [mekɔ̃dɥiʀ] v. pron. [**69**] (Belgique) Avoir une conduite répréhensible.

méconium [mekɔnjɔm] n. m. MED Matière fécale contenue dans l'intestin du fœtus et expulsée peu après la naissance.

méconnaissable [mekɔnɛsabl] adj. Que l'on ne peut pas reconnaître, que l'on a peine à reconnaître.

méconnaissance [mekɔnɛsɑ̃s] n. f. Fait de méconnaître; ignorance.

méconnaître [mekɔnɛtʀ] v. tr. [**73**] Ne pas savoir reconnaître, apprécier à sa juste valeur; ignorer.

méconnu, ue [mekɔny] adj. (et n.) Qui n'est pas apprécié à sa juste valeur.

mécontent, ente [mekɔ̃tɑ̃, ɑ̃t] adj. et n. Qui n'est pas content; qui a, ou croit avoir sujet de se plaindre. ▷ Subst. *Le parti des mécontents.*

mécontentement [mekɔ̃tɑ̃tmɑ̃] n. m. Déplaisir, manque de satisfaction.

mécontenter [mekɔ̃tɑ̃te] v. tr. [**1**] Rendre mécontent, insatisfait.

mécoptères [mekɔptɛʀ] n. m. pl. ENTOM Ordre d'insectes mécoptéroïdes carnivores dont la panorpe (*mouche-scorpion*) est le représentant le plus courant. – Sing. *Un mécoptère.*

mécoptéroïdes [mekɔpteʀɔid] n. m. pl. ENTOM Super-ordre d'insectes néoptères aux ailes membraneuses très développées, comprenant les mécoptères, les trichoptères, les lépidoptères (papillons), les diptères (mouches) et les siphonaptères (puces). – Sing. *Un mécoptéroïde.*

Mecque (La) (en ar. *Makkah*), v. d'Arabie Saoudite à l'O. de la péninsule arabique, ch.-l. de la prov. du m. nom; 370 000 hab. env. Patrie de Mahomet, cap. religieuse de l'islam, elle renferme la Ka'ba*, vers laquelle les musulmans du monde entier se tournent pour la prière; ils doivent s'y rendre en pèlerinage au moins une fois dans leur vie (env. 2 500 000 pèlerins par an). – La ville existe depuis l'Antiquité, centre de comm. et de cultes fétichistes préislamiques. Ses maîtres successifs lui ont toujours laissé une grande autonomie.

mécréant, ante [mekʀeɑ̃, ɑ̃t] adj. et n. **1.** Se dit d'une personne qui n'a pas la foi considérée comme la seule vraie. **2.** Se dit d'une personne qui n'est pas croyante.

médaille [medaj] n. f. **1.** Pièce de métal frappée en l'honneur d'un personnage illustre ou commémorant un événement important. **2.** Pièce de métal destinée à récompenser une action méritoire; décoration. **3.** Prix décerné dans un concours. *Médaille d'or des jeux Olympiques.* **4.** Petite pièce de métal représentant un sujet de dévotion. **5.** Plaque de métal servant à l'identification.

médaillé, ée [medaje] adj. et n. Qui a reçu une médaille. ▷ Subst. *Les médaillés militaires.*

médailler [medaje] v. tr. [**1**] Décerner une médaille à.

médailliste [medajist] n. Fabricant, graveur de médailles.

médaillon [medajɔ̃] n. m. **1.** Portrait miniature entouré d'un cadre circulaire ou ovale. **2.** Bijou de forme circulaire ou ovale dans lequel on enferme un portrait, une mèche de cheveux. **3.** Tranche (de viande, de poisson, etc.) de forme ronde ou ovale. *Médaillon de veau.*

Médéa (auj. *Lemdiyya*), v. d'Algérie, au S.-O. d'Alger, dans l'Atlas tellien; 85 730 hab.; ch.-l. de la wilaya du m. nom (céréales, vigne, élevage).

médecin [mɛdsɛ̃] n. m. **1.** Personne qui exerce la médecine, qui est habilitée à le faire. – *Médecin traitant,* qui soigne un malade pour une affection déterminée. – *Médecin légiste,* habilité à faire des expertises et à déposer des rapports, dans les affaires judiciaires. ▷ (En appos.) *Femme médecin.* **2.** Fig. Moyen propre à conserver ou à rendre la santé. *Le sommeil est un excellent médecin.*

médecine [mɛdsin] n. f. **1.** Science des maladies et art de les guérir. *Médecine générale. Médecine préventive. Doctorat en médecine.* – *Médecine interne,* qui s'occupe de l'ensemble de l'organisme et de la pathologie. – *Médecine sociale,* destinée à prévenir ou à combattre les effets nocifs de certains facteurs sociaux. – *Médecine du travail,* concernant les accidents ou maladies dus à l'activité professionnelle. – *Médecine traditionnelle :* ensemble des connaissances et des pratiques des guérisseurs. ▷ Études de médecine. *Faire sa médecine.* **2.** Système médical; mode de traitement. *Médecine psychosomatique.* – *Médecines naturelles :* ensemble des modes de traitement (acupuncture, homéopathie, phytothérapie, mésothérapie, etc.) qui font appel aux défenses naturelles de l'organisme en cherchant à les renforcer, sans pour autant s'appliquer aux affections majeures. **3.** Profession, pratique du médecin. *Exercice illégal de la médecine.*

médecine-ball [medsinbol] n. m. Ballon plein, assez lourd, utilisé pour certains exercices de rééducation motrice. *Des médecine-balls.*

Médée, dans la myth. gr., magicienne, fille du roi de Colchide Æétès, petite-fille d'Hélios (le Soleil) et nièce ou sœur de Circé. Elle aida Jason* (V. Argonautes) à conquérir la Toison d'or et l'épousa; abandonnée par lui, elle se vengea en égorgeant leurs enfants.

Medellín, v. de Colombie, dans la Cordillère centrale, à 1 510 m d'alt.; ch.-l. de dép.; 1 418 550 hab. (2e ville du pays). Centre comm. (café) et industriel. – *Cartel de Medellín :* organisation de transformation et de trafic de drogue (cocaïne) démantelée en 1993.

Médenine, v. du S.-E. de la Tunisie; 27 000 hab.; ch.-l. du gouvernorat du m. nom (8 588 km²; 333 000 hab.). Oasis. Centre comm. et agricole. Habitations troglodytes.

medersa [medɛʀsa], **médersa** [medɛʀsa] ou **madrasa** [madʀasa] n. f. **1.** École coranique. (V. msid.) ▷ (Maghreb) École supérieure musulmane. ▷ (Afr. subsah.) École privée musulmane postérieure à l'école coranique, où l'enseignement se fait en arabe. **2.** À l'époque coloniale, école où l'enseignement était dispensé en français et en arabe. ▷ (Afr. subsah.) Auj., école primaire où l'enseignement est dispensé en français et en arabe.

Mèdes, peuple indo-européen, habitant la Médie depuis le Ier mill. av. J.-C., réuni aux Perses par Cyrus le Grand (v. 550 av. J.-C.).

média, plur. **médias** n. m. ou **media** [medja] n. m. inv. Abrév. usuelle de *mass* media.*

médiale [medjal] n. f. STATIS Valeur qui sépare une série statistique en deux groupes égaux. Syn. médiane.

médian, ane [medjɑ̃, an] adj. et n. f. **I.** adj. **1.** Placé au milieu. *Ligne médiane.* ▷ ANAT *Nerf médian :* nerf, issu du plexus brachial, qui innerve les muscles de la partie antérieure de l'avant-bras et de la main. **2.** PHON *Une voyelle médiane* ou, n. f., *une médiane,* dont le lieu d'articulation se trouve dans la partie moyenne du canal buccal. **II.** n. f. **1.** GEOM Droite qui joint l'un des sommets d'un triangle au milieu du côté opposé. *Les trois médianes d'un triangle concourent en un même point situé au tiers de chacune d'elles à partir de la base et qui constitue le centre de gravité du triangle.* **2.** STATIS Médiale.

médiastin [medjastɛ̃] n. m. ANAT Région médiane du thorax située entre les poumons, le sternum, le rachis, contenant le cœur, les gros vaisseaux, la trachée et les grosses bronches, l'œsophage, le thymus ou ses reliquats.

médiat, ate [medja, at] adj. Didac. Qui est pratiqué ou qui agit de façon indirecte, par un intermédiaire.

médiateur, trice [medjatœʀ, tʀis] n. et adj. **I.** n. **1.** Personne qui s'entremet pour opérer un accord entre plusieurs personnes, entre différents partis. ▷ Personnalité officiellement chargée de servir d'intermédiaire entre les administrés et l'État, en cas d'abus de l'Administration. *Le Médiateur.* ▷ adj. *L'action d'une puissance médiatrice.* **2.** n. m. BIOCHIM *Médiateur chimique :* polypeptide (1 à 20 acides aminés) qui transfère l'information fonctionnelle au sein des cellules d'un même tissu ou organe ou entre les cellules des systèmes nerveux et endocrinien, d'une part, et les tissus et organes, d'autre part. (Les médiateurs forment quatre grandes catégories : neuromédiateurs*, dans les nerfs; neuropeptides*, dans les centres nerveux; hormones*, dans les glandes; cytokines*, dans les cellules.) **II.** adj. GEOM *Plan médiateur :* plan perpendiculaire à un segment de droite en son milieu.

médiathèque [medjatɛk] n. f. Collection de documents sur des supports divers (film, bande magnétique, disque, diapositive, etc.). – Lieu où est réunie une telle collection.

médiation [medjasjɔ̃] n. f. Action d'intervenir entre plusieurs personnes, plusieurs partis, pour faciliter un accord. ▷ DR INTERN Action de conciliation que tente un gouvernement entre deux pays qui sont en contestation, ou en guerre.

médiatique [medjatik] adj. Relatif aux médias; transmis par les médias.

1. médiatisation [medjatizasjɔ̃] n. f. Didac. Action de médiatiser (1); fait d'être médiatisé.

2. médiatisation [medjatizasjɔ̃] n. f. Action de médiatiser (2).

1. médiatiser [medjatize] v. tr. [1] Didac. Rendre médiat (ce qui était immédiat).

2. médiatiser [medjatize] v. tr. [1] Faire connaître par les médias. *Médiatiser les actions terroristes.*

médiator [medjatɔʀ] n. m. MUS Lamelle d'ivoire, de corne, etc., avec laquelle on fait vibrer les cordes de certains instruments (banjo, mandoline). Syn. plectre.

médiatrice [medjatʀis] n. f. GEOM Droite perpendiculaire à un segment de droite en son milieu.

médical, ale, aux [medikal, o] adj. Qui concerne la médecine; qui appartient à la médecine.

médicalement [medikalmɑ̃] adv. Du point de vue médical.

médicalisation [medikalizasjɔ̃] n. f. **1.** Action de médicaliser. **2.** Implantation (dans une région) d'équipements médicaux; développement des soins médicaux.

médicaliser [medikalize] v. tr. [1] **1.** Donner à (un acte, un traitement) le caractère d'un acte médical. *Médicaliser l'avortement.* **2.** Doter d'équipements médicaux, de personnel médical. – Pp. adj. *Milieu médicalisé.*

médicament [medikamɑ̃] n. m. Substance ou composition possédant des propriétés curatives ou préventives à l'égard des maladies humaines ou animales. *Médicament de confort*.* ▷ (Afr. subsah.) Préparation, amulette destinée à soigner ou à protéger contre les maladies, le mauvais sort, etc.

médicamenteux, euse [medikamɑ̃tø, øz] adj. Qui a la propriété d'un médicament; qui renferme un, des médicaments.

médication [medikasjɔ̃] n. f. Administration systématique d'agents thérapeutiques pour répondre à une indication déterminée.

médicinal, ale, aux [medisinal, o] adj. Qui possède des propriétés thérapeutiques. *Plantes médicinales.*

Medicine Hat, v. du Canada (Alberta), sur la Saskatchewan du S.; 43 600 hab. Gisement de gaz naturel, le plus riche du Canada.

médicinier [medisinje] n. m. BOT Nom donné à divers arbustes et herbes fournissant des huiles médicinales et siccatives.

Médicis, famille florentine qui domina la vie économique et politique de Florence dès le XVe s.; elle régna sur la ville du XVIe au XVIIIe s. — **Cosme l'Ancien,** dit *le Père de la Patrie* (1389 - 1464), fit de la compagnie Médicis une puissante entreprise comm. et bancaire. Il exerça la réalité du pouvoir à partir de 1434 et pratiqua le mécénat. — **Laurent Ier le Magnifique** (1449 - 1492), petit-fils du préc.; protecteur des arts et des lettres, il fit de Florence la cap. intellectuelle de l'Europe. Poète, il écrivit *Bois d'amour* (1513), *Chansons carnavalesques,* des *Ballades,* etc. Son fils Jean fut le pape Léon X.

Médicis (villa), palais de Rome édifié v. 1544 d'après les plans de Lippi* et occupé depuis 1803 par l'Académie de France et ses pensionnaires.

médico-. Élément, du lat. *medicus,* «médecin».

médico-légal, ale, aux [medikolegal, o] adj. Relatif à la médecine légale.

médico-social, ale, aux [medikososjal, o] adj. Relatif à la médecine sociale. *Des centres médico-sociaux.*

Médie, anc. contrée de l'Asie, au N.-O. de l'Iran actuel; cap. *Ecbatane.* (V. médiques [guerres].)

médiéval, ale, aux [medjeval, o] adj. Relatif au Moyen Âge.

médiéviste [medjevist] n. Didac. Spécialiste de l'histoire médiévale.

médina [medina] n. f. En Afrique du Nord, partie ancienne d'une ville, par oppos. aux quartiers nouveaux, de conception européenne; en Afrique noire islamisée, à l'époque coloniale, quartier africain d'une ville.

Medina del Campo, ville d'Espagne (Castille-León); 18 890 habitants. Centre agricole. Métallurgie. – Château fort de la Mota (XVe s.) où César Borgia et François Ier furent emprisonnés.

Médine *(al-Madīna)* (anc. *Yatrib*), v. d'Arabie Saoudite (Hedjaz), à 350 km au N.-O. de La Mecque; ch.-l. de la prov. du m. nom; 198 000 hab. – Chassé de La Mecque, Mahomet s'y réfugia en 622 et y mourut. Deuxième ville sainte de l'islam (en ar. *Al-Madīnat an-Nabī,* la «ville du Prophète»), elle abrite le tombeau de Mahomet et de sa fille Fatima.

Médinet el-Fayoum *(Madīnat al-Fayyūm),* v. d'Égypte; 212 000 hab.; ch.-l. du gouvernorat du Fayoum.

médio-. Élément, du lat. *medius,* «moyen».

médiocratie [medjokʀasi] n. f. Litt. Pouvoir, domination des médiocres.

médiocre [medjɔkʀ] adj. et n. **1.** adj. Qui n'est pas très bon; qui est d'une valeur inférieure à la moyenne. *Un résultat médiocre.* **2.** adj. Qui n'a pas beaucoup de talent, de capacités. *C'est un étudiant médiocre.* ▷ Subst. Personne médiocre. **3.** n. m. Ce qui est médiocre. *Être au-dessous du médiocre.*

médiocrement [medjɔkʀəmɑ̃] adv. **1.** De façon médiocre. **2.** Pas beaucoup, pas très. *Être médiocrement surpris.*

médiocrité [medjɔkʀite] n. f. **1.** État, caractère de ce qui est médiocre. *La médiocrité de sa fortune.* **2.** Personne médiocre. *Nous sommes entourés de médiocrités.*

médiopalatal, ale, aux [medjopalatal, o] adj. et n. f. PHON Se dit d'un son qui s'articule à la partie médiane du palais. *Une consonne médiopalatale* ou, n. f., *une médiopalatale.*

médiques (guerres), guerres qui opposèrent les Grecs aux Perses (dits aussi Mèdes) de 492 à 448 av. J.-C. **1.** Les armées de Darius, qui avaient envahi le N. de la Grèce, furent vaincues à Marathon (490 av. J.-C.). **2.** En 480 av. J.-C., à la tête de 300000 guerriers, Xerxès Ier vainquit les Spartiates aux Thermopyles, prit et incendia Athènes, mais les Grecs détruisirent la flotte perse à Salamine (29 sept.) et, en 479 av. J.-C., vainquirent à Platées et au cap Mycale. **3.** Athènes fonda en 476 av. J.-C. la Confédération athénienne (ou ligue de Délos), qui sera l'instrument de son hégémonie en Grèce et sur la mer Égée, dont elle chassa les Perses (victoire navale d'Eurymédon en 468 av. J.-C.). La paix de Callias (448 av. J.-C.) mit un terme aux guerres médiques.

médire [mediʀ] v. tr. indir. [**65**] Dire du mal (de qqn) sans aller contre la vérité. *Médire de son entourage.*

médisance [medizɑ̃s] n. f. **1.** Propos médisant. **2.** Action de médire. *Être victime de la médisance de ses voisins.*

médisant, ante [medizɑ̃, ɑ̃t] adj. Qui médit. *Parole médisante. Des gens médisants.*

méditatif, ive [meditatif, iv] adj. (et n.) **1.** Porté à la méditation. *Esprit méditatif.* ▷ Subst. *Les méditatifs sont souvent distraits.* **2.** Qui dénote la méditation. *Un air méditatif.*

méditation [meditasjɔ̃] n. f. **1.** Action de méditer, d'examiner une question avec grande attention. *S'adonner à la méditation.* **2.** RELIG Prière mentale.

méditer [medite] v. [**1**] **1.** v. tr. Examiner, réfléchir profondément sur (un sujet). *Méditer une question.* ▷ Se proposer de réaliser (qqch) en y réfléchissant longuement. *Méditer un plan.* – *Méditer de* (+ inf.) : projeter de. *Il médite de se retirer.* **2.** v. tr. indir. *Méditer sur (qqch) :* faire longuement porter sa réflexion (sur qqch). *Méditer sur l'avenir de l'humanité.* ▷ (S. comp.) *Passer son temps à méditer.* – RELIG Se livrer à une méditation (sens 2).

Méditerranée (mer), la plus vaste des mers intérieures. Séparant l'Europe méridionale de l'Afrique du Nord, elle communique avec l'Atlantique par le détroit de Gibraltar, et avec la mer Noire par les détroits des Dardanelles et du Bosphore; le canal de Suez la relie à la mer Rouge. Elle couvre 2966000 km², avec ses annexes : mers Tyrrhénienne, Adriatique, Ionienne, Égée, et s'étire sur 3800 km. Le détroit de Sicile la divise en deux bassins princ. : Méditerranée occid. et Méditerranée orient. (plus ramifiée). Elle est formée de bassins d'effondrement profonds, séparés par des seuils élevés, et atteint sa profondeur maximale (5121 m) au large du cap Matapan, au S. du Péloponnèse. Sa salinité est très élevée (37‰) en raison d'une intense évaporation, que compensent mal les grands fleuves qu'elle reçoit : Nil, Pô, Rhône, Èbre, etc. Les marées y sont de faible amplitude (50 cm à Marseille). Avec ses côtes découpées, propices à l'installation de ports, et ses nombr. îles, favorables aux escales, la Méditerranée est le foyer d'une intense navigation. La pauvreté de ses eaux en éléments nutritifs ralentit le développement des organismes marins; en outre, elle est polluée. Sur ses rives, les grandes civilisations de l'Antiquité s'épanouirent. Son rôle dans les relations comm. diminua au bénéfice du trafic atlantique à partir du XVIe s. jusqu'au percement du canal de Suez (1869).

méditerranéen, enne [mediteʀaneɛ̃, ɛn] adj. et n. De la Méditerranée. *Climat méditerranéen.* ▷ Subst. Habitant du bassin méditerranéen, des régions qui bordent la mer Méditerranée. *Un(e) Méditerranéen(ne).*

médium [medjɔm] n. Personne qui, selon les spirites, peut communiquer avec les esprits et servir d'intermédiaire entre eux et les humains. *Des médiums.*

médiumnique [medjɔmnik] adj. Didac. Relatif aux médiums.

médius [medjys] n. m. Doigt du milieu de la main. Syn. majeur.

Medjerda (monts de la), massif montagneux de l'Algérie et de la Tunisie longeant le cours de la Medjerda.

médullaire [medyl(l)ɛʀ] adj. **1.** ANAT Qui a rapport à la moelle osseuse ou à la moelle épinière. *Canal médullaire.* ▷ BOT Qui se rapporte à la moelle d'une plante. **2.** ANAT Qui a rapport à la partie interne d'un organe (par oppos. à *cortical*). *Zone médullaire du rein.*

médullosurrénale [medylosyʀ(ʀ)enal] n. f. ANAT Partie interne des glandes surrénales, sécrétant diverses hormones (notam. l'adrénaline).

méduse [medyz] n. f. Animal marin nageur, translucide et gélatineux, forme libre des cnidaires (par oppos. au *polype,* qui en est la forme fixée). ▷ (En appos.) *Forme, phase méduse.*

Méduse, dans la myth. gr., une des trois Gorgones, dont Athéna, par jalousie, avait transformé les cheveux en serpents et dont le regard pétrifiait les vivants. Persée lui coupa la tête et l'offrit à Athéna; de son sang naquit le cheval Pégase.

Méduse (naufrage de la), naufrage d'un navire français (2 juil. 1816), au large de l'Afrique occid.; 149 passagers se réfugièrent sur un radeau. Géricault traita ce sujet (*le Radeau de la Méduse,* 1819, Louvre).

méduser [medyze] v. tr. [**1**] Frapper d'étonnement, de stupeur. – Pp. adj. *Devant ce spectacle il resta médusé.*

meeting [mitiŋ] n. m. **1.** Réunion publique ayant pour but de discuter une question d'ordre politique, social. **2.** Réunion sportive; démonstration devant un public. **3.** (Québec) Réunion de travail (dans le monde des affaires, du sport). *Des meetings.*

méfait [mefɛ] n. m. **1.** Action nuisible; délit. *Il a commis de nombreux méfaits.* **2.** Conséquence néfaste de l'action de qqch. *Les méfaits du tabac.*

méfiance [mefjɑ̃s] n. f. Disposition à être méfiant; état de la personne qui se méfie. *Ses arguments ont éveillé ma méfiance.*

méfiant, ante [mefjɑ̃, ɑ̃t] adj. et n. Qui se méfie, qui est soupçonneux. ▷ Subst. *C'est un méfiant.*

méfier (se) [mefje] v. pron. [**2**] *Se méfier de :* ne pas se fier à, ne pas avoir confiance en; se garder de. *Je me méfie de ses inventions.* ▷ (S. comp.) Faire attention. *Méfiez-vous, il y a un virage.*

méforme [mefɔʀm] n. f. SPORT Mauvaise forme physique.

méga-. Élément, du gr. *megas,* «grand». ▷ PHYS Préfixe signifiant un million. Abrév. : M dans les symboles d'unités. (Ex. *MeV* pour méga-électronvolt, *MHz* pour mégahertz.)

mégabit [megabit] n. m. INFORM Unité de mesure valant 1 million de bits.

mégacalorie [megakalɔʀi] n. f. PHYS Unité (symbole *Mcal*) valant un million de calories.

mégaceros [megaseʀos] n. m. PALEONT Gros mammifère cervidé fossile (genre *Megaceros*) du quaternaire, dont les bois atteignaient 3,50 m d'envergure.

mégaélectronvolt [megaelɛktʀɔ̃vɔlt] n. m. PHYS NUCL Unité (symbole *MeV*) valant un million d'électronvolts, servant à mesurer l'énergie des rayonnements et correspondant à l'énergie acquise par 1 électron, accéléré sous une différence de potentiel de 1 million de volts (1 MeV : $1{,}6.10^{-13}$ J).

mégahertz [megaɛʀtz] n. m. TELECOM Unité de fréquence valant 1 million de hertz (symbole MHz).

mégal(o)-, -mégalie. Éléments, du gr. *megas, megalê,* «grand».

mégalithe [megalit] n. m. Monument formé de gros blocs de pierre brute (dolmen, menhir, etc.).

mégalithique [megalitik] adj. Relatif aux mégalithes. *La civilisation mégalithique.*

mégaloblaste [megalɔblast] n. m. MED Érythroblaste anormal, de grande taille, présent dans la moelle osseuse de sujets atteints de certaines anémies.

mégalocytaire [megalɔsitɛʀ] adj. BIOL *Série mégalocytaire :* série de cellules comprenant les promégaloblastes, les mégaloblastes et les mégalocytes.

mégalocyte [megalɔsit] n. m. BIOL Globule rouge de très grande taille provenant d'un mégaloblaste dont le noyau s'est résorbé.

mégalomane [megalɔman] adj. et n. Atteint de mégalomanie. ▷ Subst. *Un(e) mégalomane.*

mégalomanie [megalɔmani] n. f. Désir immodéré de puissance, goût des réalisations grandioses. ▷ PSYCHOPATHOL Délire des grandeurs.

mégalopole [megalopɔl] n. f. Grande agglomération urbaine tendant à se former entre plusieurs villes proches, sans discontinuité.

Megalopolis, vaste zone urbaine et industrialisée des É.-U. : plus de 850 km entre les Appalaches et l'Atlantique, de Boston (Massachusetts), au N., jusqu'à Washington au S.; 40 millions d'hab.

méga-octet [megaokte] n. m. INFORM Unité de mesure valant un million d'octets (symbole : Mo). *Des méga-octets.*

mégaparsec [megapaʀsɛk] n. m. ASTRO Unité de longueur valant un million de parsecs (3 261 500 années de lumière).

mégaphone [megafɔn] n. m. Appareil servant à amplifier électriquement les sons, utilisé notam. comme porte-voix.

mégaptère [megaptɛʀ] n. m. ZOOL Cétacé (*Megaptera novæangliæ*) long d'une quinzaine de mètres, lourd et massif, qui vit le long des côtes. Syn. jubarte, baleine à bosse.

mégarde [megaʀd] n. f. (En loc.) *Par mégarde :* par inadvertance.

Mégare, v. de Grèce (Attique), sur l'isthme de Corinthe; 17 720 hab. – Cité rivale de Corinthe et d'Athènes, elle joua un rôle important dans la guerre du Péloponnèse (431 à 404 av. J.-C.). – *École de Mégare :* école philosophique, créée, à Mégare, à cette époque, qui est restée célèbre pour ses paradoxes.

mégatonne [megatɔn] n. f. Unité servant à mesurer la puissance d'un explosif nucléaire, correspondant à l'énergie produite par l'explosion d'une charge de 1 million de tonnes de trinitrotoluène (symbole Mt).

mégawatt [megawat] n. m. ELECTR Unité de puissance électrique valant un million de watts (symbole MW).

mégawattheure [megawatœʀ] n. m. ELECTR Unité d'énergie égale à un million de wattheures (symbole MWh).

mégère [meʒɛʀ] n. f. Femme méchante et emportée.

mégir [meʒiʀ] [3] ou **mégisser** [meʒise] [1] v. tr. TECH Tanner (une peau) en utilisant l'alun.

mégisserie [meʒisʀi] n. f. **1.** TECH Tannage à l'alun des peaux de chevreaux et d'agneaux. **2.** Commerce des peaux ainsi tannées.

mégot [mego] n. m. Bout de cigare, de cigarette, qui reste non consumé.

Méhallet el-Kobra, ville de l'Égypte, au N. du Caire; 239 000 hab. Industrie textile.

méharée [meaʀe] n. f. Randonnée à dos de méhari ou de chameau.

méhari [meaʀi] n. m. Dromadaire de selle, rapide et endurant.

méhariste [meaʀist] n. **1.** Personne qui monte un méhari. **2.** n. m. Anc. Soldat appartenant aux compagnies montées françaises, au Sahara.

Méhémet-Ali, Muhammad Ali ou **Mohammed Ali** (1769 – 1849), vice-roi d'Égypte. Général ottoman, il vint en Égypte combattre Bonaparte (1798) et se saisit du pouvoir dans ce pays (1803-1804). Reconnu pacha par Istanbul (1805), il élimina les Mamelouks (1811) et fit de l'Égypte un État moderne. Il aida la Turquie contre la Grèce (1825-1828), puis l'affronta (1831-1839), lui prenant notam. la Syrie, mais la Grande-Bretagne réduisit ses ambitions, qu'encourageait la France. En 1840, le traité de Londres le reconnut vice-roi héréditaire d'Égypte.

Mehmet Ier (v. 1380 – 1421), sultan ottoman (1413-1421); fils de Bajazet Ier, il triompha de ses frères aînés. — **Mehmet II,** dit *le Conquérant* (1432 – 1481), sultan (1444-1446 et 1451-1481); il prit Constantinople (1453) et en fit sa capitale (Istanbul), s'empara de la Serbie, d'une partie de la Grèce, de l'Albanie. — **Mehmet VI** (1861 – 1926), sultan en 1918; il abdiqua en 1922 après la proclamation de la république.

Méhul (Étienne) (1763 – 1817), compositeur français. Opéras : *Stratonice* (1792), *Joseph* (1807). V. Chant du départ.

Meier (Richard Alan) (né en 1934), architecte américain.

Meiji (ère), au Japon, «ère du gouvernement éclairé» ou «ère des Lumières» (1867-1912) : l'empereur Meiji* tennō, reprenant le pouvoir aux shoguns, accomplit des réformes profondes, inspirées par l'Europe occidentale.

Meiji tennō (Mutsuhito, dit, après sa mort) (1852 – 1912), empereur du Japon (1867-1912). Il installa sa cap. à Edo (devenue Tōkyō) et en 1889 accorda une constitution.

Meilhac (Henri) (1831 – 1897), auteur dramatique français. Il écrivit, en collab. avec Ludovic Halévy*, de nombr. comédies, des livrets d'opéras et d'opérettes. Acad. fr. (1888).

meilleur, eure [mɛjœʀ] adj., adv. et n. **I.** Comparatif de supériorité de *bon.* **1.** adj. Qui a un plus haut degré de bonté. *Cet homme est meilleur qu'il n'en a l'air.* ▷ Qui est d'une qualité plus grande. *Sa santé est meilleure.* – *De meilleure heure :* plus tôt. **2.** adv. *Il fait meilleur qu'hier :* le temps est plus beau. **II.** *Le meilleur, la meilleure,* superlatif de bon. **1.** adj. Qui atteint le plus haut degré de bonté, de qualité dans son genre. *Le meilleur des hommes.* ▷ Subst. Personne qui surpasse les autres. *Que le meilleur gagne!* **2.** n. m. *Le meilleur :* ce qui vaut le mieux. *Donner le meilleur de soi-même.* ▷ SPORT *Avoir, prendre le meilleur sur :* l'emporter sur.

méiose [mejoz] n. f. BIOL Mode de division cellulaire conduisant à une réduction de moitié du nombre de chromosomes de chaque cellule fille.
ENCYCL La méiose n'affecte que les cellules dont le noyau est diploïde. Elle ne se produit que chez les espèces vivantes soumises à la fécondation, qu'elle précède. Elle comporte deux divisions successives : la première donne deux cellules filles dont le nombre de chromosomes est égal à la moitié de celui de la cellule mère; la seconde est une mitose subie par chacune des deux cellules filles, ce qui donne quatre cellules génétiquement identiques 2 à 2. Lors de la première division, une séparation des gènes allèles s'effectue. La méiose conduit à la formation des gamètes, contenus dans les organes génitaux. La fécondation, en réunissant des gamètes qui ont seulement n chromosomes, donnera à nouveau une cellule à 2n chromosomes. V. mitose.

Meir (Golda Mabovitz, Mme Meyerson, dite Golda) (1898 – 1978), femme politique israélienne. Militante du parti sioniste socialiste (Mapaï), ministre de 1949 à 1966, elle fut Premier ministre de 1969 à 1974.

Meitner (Lise) (1878 – 1968), physicienne autrichienne. Exilée (1938) à Copenhague, elle y découvrit, avec son neveu Frisch, la fission de l'uranium en 1939.

Meknès, v. du Maroc, entre le Rif et le Moyen Atlas; 484 000 hab.; ch.-l. de la prov. du m. nom. Centre comm. et industr. dans une riche rég. agricole. – Enceinte percée de la célèbre porte Bab al-Mansur. – Cap. du Maroc sous Isma'il (1672-1727).

Mékong (le), fl. d'Indochine (env. 4 200 km); bassin de 810 000 km^2; naît dans le Tibet, traverse le Yunnan, sert de frontière entre la Birmanie et le Laos puis entre le Laos et la Thaïlande, draine le Cambodge et se jette dans la mer de Chine méridionale par un immense delta dans le S. du Viêt-nam. Alimenté en amont par la fonte des neiges et en aval par la mousson, son débit est irrégulier. Après les étroits défilés du Yunnan, il entre dans le N. montagneux du Laos, où il arrose Luang Prabang; il est entravé par des rapides avant Vientiane, puis avant d'atteindre les plateaux du S. (rapides de Kemmarat), où, à nouveau, les grandes chutes de Khone barrent le passage vers le Cambodge. Dans ce pays, il se divise aux «Quatre-Bras» en plusieurs branches; l'une remonte au lac Tonlé Sap, deux autres forment la tête du delta (à Phnom Penh) : le bras occidental, ou Bassac, et le bras oriental qui rentrent au Viêt-nam. Le lac Tonlé Sap lui sert de régulateur. En effet, pendant la saison sèche le débit du Mékong tombe à 1 500 m^3/s., mais son maximum (sept.-oct.) peut atteindre plus de 60 000 m^3/s.; la crue reflue alors dans le Tonlé Sap (l'inondation peut couvrir env. 21 000 km^2), qui se déverse, au contraire, vers le fleuve d'oct. à mai. Au Viêt-nam, une crue régulière (de juin à oct.) inonde le delta, dans la plaine sud du Nam* Bô, en particulier le Transbassac (à l'O. du Bassac). Médiocre voie de navigation, sauf en aval de Phnom Penh, le Mékong constitue cependant une voie de pénétration qui a favorisé les échanges (mais aussi les guerres) et le développement de civilisations évoluées. Des projets d'aménagement (circulation, énergie, pêche...) doivent être réalisés dans les années à venir.

mektoub [mɛktub] interj. (Maghreb) Formule signifiant «c'est le destin, c'est écrit».

méla-, mélan-, mélano-. Élément, du gr. *melas, melanos,* «noir».

Melanchthon (Philipp Schwarzerd, dit) (1497 – 1560), réformateur religieux allemand; disciple de Luther. Il rédigea avec Camerarius la *Confession d'Augsbourg* (1530).

mélancolie [melɑ̃kɔli] n. f. **I.** MED, PSYCHIAT État dépressif aigu, caractérisé par un sentiment de douleur morale intense, une inhibition psychomotrice, des idées délirantes et une tendance au suicide. **II.** Cour. **1.** Tristesse vague, sans cause définie, souvent accompagnée de rêverie. – Loc. *Cela n'engendre pas la mélancolie :* c'est très gai. **2.** Caractère de ce qui rend mélancolique. *La mélancolie d'un adieu, d'un paysage.*

mélancolique [melɑ̃kɔlik] adj. et n. **1.** Propre à, relatif à la mélancolie (sens I). ▷ Subst. *Un mélancolique.* **2.** Où domine la mélancolie. **3.** Qui exprime, qui inspire la mélancolie.

Mélanésie («îles des Noirs»), une des parties de l'Océanie, comprenant la Papouasie-Nouvelle-Guinée, l'archipel Bismarck, les îles Salomon, la Nouvelle-Calédonie, Vanuatu et les îles Fidji. On y parle des langues austronésiennes.

mélanésien, enne [melanezjẽ, ɛn] adj. et n. De Mélanésie. ▷ Subst. *Un(e) Mélanésien(ne).*

mélange [melɑ̃ʒ] n. m. **1.** Action de mêler; fait de se mêler. *On obtient l'orangé par le mélange du jaune et du rouge. Le mélange des peuples.* **2.** Produit résultant de l'union de substances incorporées les unes aux autres. – Fig. *Un mélange de douceur et de gravité. Un bonheur sans mélange,* que rien ne trouble. ▷ CHIM, PHYS Substance résultant de l'union, sans combinaison, de plusieurs corps, par dissémination de leurs molécules au sein les uns des autres. *On peut séparer les constituants d'un mélange par les méthodes de fractionnement de l'analyse immédiate. Mélange homogène* (qui comporte une phase), *hétérogène* (qui comporte plusieurs phases). **3.** (Plur.) Recueil composé d'écrits sur différents sujets.

mélanger [melɑ̃ʒe] v. tr. [**13**] **1.** Réunir de manière à former un mélange. *Mélanger l'huile et le vinaigre.* Syn. mêler. **2.** Fam. Mettre en désordre. – Confondre. *Vous mélangez les noms.*

mélangeur [melɑ̃ʒœʀ] n. m. Appareil servant à opérer un mélange. – *Mélangeur* ou, en appos., *robinet mélangeur,* qui mélange l'eau froide et l'eau chaude.

mélanine [melanin] n. f. BIOCHIM Pigment foncé de la peau, de la choroïde et des cheveux, particulièrement abondant chez les Noirs. *Certaines tumeurs bénignes* (nævi, grains de beauté) *ou malignes* (cancers mélaniques) *sont très riches en mélanine.*

mélanique [melanik] adj. Caractérisé par la présence de mélanine.

mélano-. V. méla-.

mélanocyte [melanɔsit] n. m. HISTOL Cellule qui effectue la synthèse de la mélanine.

mélanoderme [melanɔdɛʀm] adj. et n. ANTHROP Se dit d'une personne dont la peau est noire.

mélanodermie [melanɔdɛʀmi] n. f. MED Augmentation pathologique de la coloration des téguments, due à une surcharge en mélanine, observée en partic. dans la maladie d'Addison.

mélano-indien, enne [melanoɛ̃djẽ, ɛn] adj. et n. *Populations mélano-indiennes :* groupes humains du S. de l'Inde (Dravidiens) et du Sri Lanka, à la peau très foncée. ▷ Subst. *Des Mélano-Indiens.*

mélanome [melanom] n. m. MED Tumeur mélanique. *Mélanome bénin, malin.*

mélanose [melanoz] n. f. **1.** MED, MED VET Accumulation anormale dans le derme de mélanine ou d'un autre pigment de couleur noire. *La mélanose est plus fréquente chez le cheval que chez le bœuf.* **2.** BOT Maladie de la vigne et des agrumes due à divers champignons. Syn. fumagine.

mêlant, ante [mɛlɑ̃, ɑ̃t] adj. (Québec) **1.** Difficile à comprendre. *Une explication mêlante.* **2.** Où l'on ne s'oriente pas facilement. *Un quartier mêlant.* **3.** Loc. fam. *C'est pas mêlant :* il n'y a pas lieu de s'inquiéter. *C'est pas mêlant, la secrétaire va s'occuper de toutes les réservations. – C'est pas mêlant, je ne savais plus quoi dire!,* je te l'assure, sans blague!

mélasse [melas] n. f. **1.** Sous-produit de la fabrication du sucre, matière visqueuse d'un brun plus ou moins foncé utilisée en distillerie, en pharmacie, dans l'alimentation humaine et dans celle du bétail. **2.** Fig., fam. Brouillard très épais. ▷ Fam. Misère, situation pénible. *Être dans la mélasse.*

Melbourne, deuxième v. d'Australie, cap. de l'État de Victoria, au fond de la baie de Port Phillip; 2916600 hab. Premier centre comm. du pays; centre minier (bassin du Murray) et industriel. Port import. – Fondée en 1835 par des Anglais de Tasmanie, la ville connut un essor rapide (élevage, ruée vers l'or); elle fut capitale de 1901 à 1927. Archevêché catholique. Université. Jeux Olympiques (1956).

Melchior, l'un des trois Rois mages*.

Melchite. V. Melkite.

Melchtal (Arnold de), représentant du canton d'Unterwald qui, selon la légende, aurait prêté le serment du Grütli avec ceux des cant. de Schwyz et d'Uri (1er août 1291).

mêlée [mele] n. f. **1.** Combat confus où deux troupes s'attaquent corps à corps et se mêlent. – Fig. *Au-dessus de la mêlée :* en dehors des conflits. **2.** Cohue, bousculade tumultueuse. **3.** SPORT Au rugby, phase du jeu où deux groupes de joueurs se disputent le ballon en luttant corps à corps.

mêler [mele] v. [**1**] **I.** v. tr. **1.** Mettre ensemble (plusieurs choses, plusieurs substances) de manière à les confondre, à les unir. *Mêler de l'eau et du vin.* ▷ (Abstrait) *Mêler le tragique au comique.* – Pp. adj. Péjor. *Une société très mêlée,* où des individus peu estimables côtoient des personnes honorables. **2.** Mettre en désordre, emmêler, embrouiller. *Mêler du fil.* **3.** Impliquer (qqn) dans quelque affaire. *Ne me mêlez pas à vos querelles.* **II.** v. pron. **1.** Se confondre, s'unir. *L'odeur des roses se mêlait à celle du jasmin.* **2.** *Se mêler de :* s'occuper de. – Fam., péjor. *Mêlez-vous de vos affaires!*

mêle-tout [mɛltu] n. inv. (Belgique) Fam. Personne indiscrète, qui s'immisce dans les affaires des autres.

mélèze [melɛz] n. m. Conifère (genre *Larix*) à feuilles caduques de l'hémisphère Nord. – *Mélèze laricin,* poussant au Canada dans des terrains humides et tourbeux. Syn. (Québec) épinette rouge.

Melghir ou **Malghir** (chott) *(Malghīr),* grande dépression, lac salé d'Algérie, au sud du massif de l'Aurès, à la limite du Sahara.

melhoun [mɛlun] n. m. (Maghreb) Poème en arabe dialectal chanté sur une musique rythmée.

méliacées [meljase] n. f. pl. BOT Famille d'arbres et d'arbustes tropicaux exploités pour leur bois (acajou, sipo) ou ornementaux (lilas du Japon, nim). – Sing. *Une méliacée.*

Méliès (Georges) (1861 – 1938), cinéaste français. Il construisit les premiers studios, inventa les fondus, la surimpression, les trucages, créant un monde fantastique. Après 500 films (*l'Affaire Dreyfus,* 1899; *le Voyage dans la Lune,* 1902; *les Hallucinations du baron de Münchhausen,* 1911), il cessa de tourner en 1912 et sombra dans la misère.

Melilla, ville et enclave espagnole (dépendant admin. de Maluga) au Maroc, port franc sur la Méditerranée; 62560 hab. Exportation de fer et de plomb. – La ville fut conquise par les Espagnols en 1497.

méli-mélo [melimelo] n. m. Fam. Mélange confus de choses en désordre. *Des mélis-mélos.*

mélinite [melinit] n. f. Explosif de grande puissance, constitué d'acide picrique fondu.

mélioratif, ive [meljɔʀatif, iv] adj. et n. m. Didac. Se dit d'un terme, d'une expression qui présente la personne, la chose dont on parle, d'une façon avantageuse. Ant. péjoratif. ▷ n. m. *Des mélioratifs.*

mélipone [melipɔn] n. f. ENTOM Insecte hyménoptère mellifique voisin des abeilles, mais plus petit et sans aiguillon, qui vit en société dans les régions tropicales.

mélisse [melis] n. f. Plante mellifère et aromatique (genre *Melissa,* fam. labiées), renfermant une essence qui est un tonique nerveux. ▷ *Eau de mélisse* ou *eau des Carmes :* alcoolat préparé avec des feuilles de mélisse fraîches.

Melka Kontouré, site préhistorique éthiopien (vallée de l'Aouach), riche en vestiges d'industries lithiques.

melkite ou **melchite** [mɛlkit] n. et adj. Fidèle d'une école orientale de rite byzantin. ▷ adj. *Patriarcat melkite.* **Hist.** – En 1724, une partie des melkites se rallia à l'Église romaine. Souvent appelés Grecs catholiques, ils sont auj. environ 700000 (dont 300000 au Proche-Orient et 400000 dans l'émigration). Les melkites orthodoxes (dits aussi Grecs orthodoxes) sont aujourd'hui environ 1500000 (dont 1 million au Proche-Orient et 500000 dans l'émigration).

mellah [mɛla] n. m. (Maghreb) **1.** Anc. Quartier réservé à la communauté juive marocaine. **2.** Mod. Vieux quartier.

mellifère [me(ɛl)lifɛʀ] adj. Didac. Qui produit du miel. ▷ *Plantes mellifères,* qui produisent un nectar que les abeilles récoltent pour le transformer en miel.

mellifique [me(ɛl)lifik] adj. Didac. Qui élabore, qui produit du miel. *Abeilles mellifiques.*

Mellili (mont), sommet du S.-O. du Kenya, dans l'escarpement du Mau; 3098 m.

mélo [melo] n. m. et adj. Abrév. fam. de *mélodrame* et de *mélodramatique.*

mélodie [melɔdi] n. f. **1.** Succession de sons qui forment une phrase musicale. **2.** Composition instrumentale ou vocale dont les phrases sont ordonnées «selon les lois du rythme et de la modulation» (J.-J. Rousseau) pour produire des sons agréables à entendre. **3.** Fig. Qualité de ce qui charme l'oreille. *La mélodie d'un vers.*

mélodieusement [melɔdjøzmɑ̃] adv. D'une manière mélodieuse.

mélodieux, euse [melɔdjø, øz] adj. Qui forme une mélodie; qui produit des sons agréables à l'oreille. *Un air mélodieux. Une voix mélodieuse.*

mélodique [melɔdik] adj. Qui appartient à la mélodie (par oppos. à *rythmique,* à *harmonique*).

mélodramatique [melɔdʀamatik] adj. **1.** Qui a rapport au mélodrame. *Le genre mélodramatique.* (Abrév. fam. : mélo). **2.** Qui évoque l'outrance du mélodrame. *Des lamentations mélodramatiques.*

mélodrame [melɔdʀam] n. m. Drame populaire qui cherche à produire un effet pathétique en mettant en scène des personnages au caractère outré dans des situations compliquées et peu vraisemblables.

mélomane [melɔman] n. Personne qui aime passionnément la musique. ▷ (Afr. subsah.) Amateur de musique de danse.

melon [məlɔ̃] n. m. **1.** Plante potagère (fam. cucurbitacées) au fruit comestible. **2.** Fruit de cette plante, relativement volumineux, de forme ovoïde ou sphérique, dont la pulpe jaunâtre ou orangée est juteuse et parfumée à maturité. ▷ *Melon d'eau :* pastèque. **3.** *Chapeau melon* ou, ellipt., *melon :* chapeau de feutre rigide et bombé. *Des chapeaux melon.*

melonnière [məlɔnjɛʀ] n. f. Terrain où l'on cultive des melons.

mélopée [melɔpe] n. f. Chant, air monotone.

Melqart ou **Melkart,** divinité phénicienne, vénérée à Tyr sous la forme d'un guerrier victorieux; les Grecs l'assimilèrent à Héraclès et lui élevèrent un temple sur le site de la ville actuelle de Monaco.

▶ V. dossier Monaco, p. 1482.

Melsens (Louis Henri Frédéric) (1814 – 1886), physicien belge. Il inventa le paratonnerre à pointes et à conducteurs multiples.

melting-pot ou **melting pot** [mɛltiŋpɔt] n. m. (Anglicisme) Creuset, lieu où des peuples d'origines très diverses se mêlent et se confondent. *Le melting-pot américain. Des melting-pots.*

Melville (île), île de l'archipel arctique de Parry (Canada).

Melville (presqu'île de), péninsule de la côte N. du Canada.

Melville (Herman) (1819 – 1891), romancier américain. Son œuvre traite l'amour fou et le rêve (*Mardi*, 1849), la grandeur de l'homme dans l'échec (*Moby Dick,* nom d'un cachalot monstrueux, la «baleine blanche», dont la quête, symbolique et tragique, est celle de l'absolu, 1851), la recherche de la liberté (*Israel Potter,* 1855), l'ambiguïté de la morale (*le Grand Escroc,* 1857), la cruauté de la loi (*Billy Budd,* 1891, publié en 1924).

Melville (Jean-Pierre) (1927 – 1973), cinéaste français : *le Silence de la mer* (1947), *Léon Morin prêtre* (1961), *le Cercle rouge* (1970).

membrane [mɑ̃bʀan] n. f. **1.** ANAT Tissu mince et souple qui enveloppe, tapisse, sépare, etc., des organes. *Membrane muqueuse, séreuse.* ▷ MED *Rupture des membranes :* au cours de l'accouchement, rupture de la poche* des eaux. **2.** BIOL Structure complexe (composée essentiellement de glycoprotéine) enveloppant les cellules *(membrane cytoplasmique)* et, à l'intérieur de celles-ci, le noyau *(membrane nucléaire)* et les organites. (V. récepteur.) **3.** Feuille, cloison mince, dans un appareil, un dispositif. *Membrane de caoutchouc d'une pompe.* ▷ TECH Feuille mince qui fait partie du système vibrant d'un haut-parleur, d'un écouteur.

membraneux, euse [mɑ̃bʀanø, øz] adj. **1.** BIOL Qui a les caractères d'une membrane. **2.** Formé de membranes. *Ailes membraneuses.*

membranule [mɑ̃bʀanyl] n. f. ANAT Petite membrane.

membre [mɑ̃bʀ] n. m. **I. 1.** Chacun des appendices articulés disposés sur le tronc par paires latérales, et qui permettent les grands mouvements (locomotion, préhension) chez l'homme et les animaux. *Membres supérieurs et inférieurs* (chez l'homme); *membres antérieurs et postérieurs* (chez les animaux). **2.** Par anal. *Membre viril* ou, absol., *membre :* verge. **II.** Fig. Chacun des éléments (personne, groupe, pays, etc.) composant un ensemble organisé (famille, société, etc.). *Les membres d'un club.* – (En appos.) *Les États membres de l'O.U.A.* **III. 1.** ARCHI Chacune des parties qui composent un édifice. **2.** GRAM Chacune des parties d'une période ou d'une phrase. **3.** MATH Chacune des parties d'une équation ou d'une inéquation séparées par le signe d'égalité ou d'inégalité.

membrure [mɑ̃bʀyʀ] n. f. **1.** Ensemble des membres d'une personne. *Forte membrure.* **2.** MAR Chacun des éléments de la charpente d'un navire perpendiculaires à la quille et auxquels est fixé le bordé.

même [mɛm] adj., pron. et adv. **I.** adj. indéf. Qui n'est pas autre. **1.** Placé devant le nom, exprime l'identité ou la ressemblance. *Elle porte la même robe que sa sœur.* **2.** Placé immédiatement après un nom ou un pronom, *même* a une valeur emphatique et souligne plus expressément la personne ou la chose dont on parle. *C'est le roi même qui le dit,* le roi en personne. – *C'est cela même :* c'est exactement cela. – Après un pronom personnel, joint à celui-ci par un trait d'union. *Ils s'abusent eux-mêmes.* **3.** Après un nom exprimant une qualité, indique que cette qualité est au plus haut degré. *Il est la probité même.* **II.** pron. indéf. Toujours précédé de l'article défini. **1.** Marque l'identité de la personne, la permanence de sa façon d'être. *Il ne change pas, il est toujours le même.* **2.** Marque la ressemblance. *Vous avez un beau livre, j'ai le même.* **3.** *Le même* (neutre) : la même chose. *Cela revient au même.* **III.** adv. **1.** Précédant ou suivant le mot ou la proposition qu'il modifie, indique une gradation entre des termes semblables d'une proposition, ou entre deux propositions, et signifie «aussi, de plus, y compris, jusqu'à». *Tous, même les ignorants, le savent. L'ennemi massacra tout le monde, les femmes et les enfants même.* **2.** (Afr. subsah.) Fam. ou plaisant Marque l'insistance. *C'est quoi même? :* qu'est-ce donc? **IV.** Loc. adv. *À même :* directement en contact avec. *Coucher à même le sol.* ▷ *Être à même de (faire qqch) :* être capable de (faire qqch). ▷ *De même :* de la même manière. *Vous devriez agir de même.* Syn. (Afr. subsah., Aoste) mêmement. ▷ (Québec) Fam. De cette façon, ainsi. – Loc. adj. Semblable, pareil. *Un accident de même, c'est rare!* ▷ *Tout de même :* cependant. *On lui a interdit de sortir, il l'a fait tout de même.* – Pour marquer une objection, une désapprobation. *Ne dites pas ça, tout de même!* ▷ *Quand même, quand bien même :* même si. *Quand bien même il me l'aurait dit, je ne m'en souviens plus.* – Exclam. *Quand même! :* malgré tout. *Je sortirai quand même!* ▷ Loc. conj. *De même que* (introduisant une comparaison) : comme, de la même manière que.

mémé [meme] n. f. Fam. (Langage enfantin.) Grand-mère. Syn. mamie.

mêmement [mɛm(ə)mɑ̃] adv. (Afr. subsah., Aoste) De même.

Memel. V. Klaïpeda.

mémento [memɛ̃to] n. m. **1.** Carnet où l'on note ce dont on doit se souvenir, agenda. **2.** Livre où sont résumées les notions essentielles sur une science, une technique. *Le mémento du mécanicien professionnel. Des mémentos.* Syn. aide-mémoire.

mémérage [memeʀaʒ] n. m. (Québec) Fam. Commérage.

mémère [memɛʀ] n. f. **1.** (Langage enfantin dans les milieux pop.) Grand-mère. **2.** Pop., péjor. Femme d'un certain âge, corpulente. **3.** (Québec) Fam. Personne curieuse et bavarde, portée à critiquer les autres. **4.** (Québec) Fam. Personne craintive, geignarde, casanière.

mémérer [memeʀe] v. intr. **[14]** (Québec) Fam. Parler à la façon d'une mémère (sens 3). – Faire des commérages.

Memling ou **Memlinc** (Hans) (v. 1433 – 1494), peintre flamand originaire de Rhénanie, qui travailla à Bruges, où il mourut. Influencé par Van Eyck et Van der Weyden, il a laissé de nombr. compositions religieuses, des scènes de genre et des portraits.

Memmi (Albert) (né en 1920), écrivain français d'origine tunisienne : *la Statue de sel* (roman, 1953), *Portrait du colonisé* (essai, 1957).

Memnon, dans la myth. gr., fils de l'Aurore et de Tithonos; roi des Éthiopiens. Lors du siège de Troie, il voulut secourir Priam et fut tué par Achille.

1. mémoire [memwaʀ] n. f. **1.** Fonction par laquelle s'opèrent dans l'esprit la conservation et le retour d'une connaissance antérieurement acquise. *Le siège de la mémoire.* ▷ *De mémoire ;* par cœur. *Citer de mémoire.* – Faculté de se souvenir. *Avoir de la mémoire.* **2.** Litt. Fait de se souvenir. ▷ *De mémoire d'homme :* aussi loin que remonte le souvenir. ▷ *Pour mémoire :* à titre de rappel, ou à titre indicatif. **3.** Souvenir laissé par qqn ou qqch. *Samory Touré, d'illustre mémoire. Ce jour, de sinistre mémoire.* ▷ *À la mémoire de, en mémoire de :* pour perpétuer le souvenir de. **4.** Siège de la fonction de la mémoire, réceptacle des souvenirs. *L'incident est gravé dans sa mémoire.* ▷ INFORM Dispositif servant à recueillir et à conserver des informations en vue d'un traitement ultérieur. *Mettre des données en mémoire.* – *Mémoire morte,* dont on ne peut modifier le contenu. *Mémoire vive,* dont on peut modifier le contenu. **5.** Réputation de qqn après sa mort. *Ternir, réhabiliter la mémoire de qqn.*

2. mémoire [memwaʀ] n. m. **1.** Écrit sommaire destiné à exposer l'essentiel d'une affaire, d'une requête. *Dresser un mémoire.* – DR Exposé des faits relatifs à un procès et servant à l'instruire. **2.** Dissertation sur un sujet de science, d'érudition. *Soutenir un mémoire devant un jury.* ▷ Dissertation lue devant une société savante ou littéraire. – (Plur.) Recueil de ces dissertations. **3.** État définitif, détaillé et chiffré précisant les sommes dues pour les travaux effectués, les fournitures remises, etc. **4.** (Plur.) Relations écrites d'événements auxquels participa l'auteur, ou dont il fut témoin. *«Mémoires» d'Hampaté* Bâ.* Syn. chronique. – Autobiographie. *Écrire ses mémoires.*

mémorable [memɔʀabl] adj. Qui est digne d'être conservé dans la mémoire.

mémorandum [memɔʀɑ̃dɔm] n. m. **1.** Note destinée à rappeler qqch; carnet où sont inscrites ces notes. Syn. agenda, mémento. (Abrév. fam. : mémo). **2.** Note écrite par un diplomate au gouvernement du pays auprès duquel il est accrédité. **3.** Ordre d'achat remis par un commerçant à ses fournisseurs. *Des mémorandums.*

mémorant, ante [memɔʀɑ̃, ɑ̃t] n. (Belgique) Étudiant(e) qui prépare un mémoire (sens 2).

mémorial, aux [memɔʀjal, o] n. m. **1.** Écrit relatant des faits mémorables. **2.** Monument commémoratif.

mémorialiste [memɔʀjalist] n. Auteur de mémoires historiques ou littéraires.

mémoriel, elle [memɔʀjɛl] adj. Didac. De la mémoire.

mémorisation [memɔʀizasjɔ̃] n. f. Action de mémoriser; son résultat.

mémoriser [memɔʀize] v. tr. [1] **1.** Enregistrer (une connaissance) dans sa mémoire. – Pp. adj. *Des consignes bien mémorisées.* **2.** INFORM Mettre (des informations) en mémoire. – Pp. adj. *Des données mémorisées.*

Memphis, anc. capitale de l'Égypte sous l'Ancien Empire. Ses ruines se trouvent à 35 km au S. du Caire.

Memphis, v. des É.-U. (Tennessee), port de comm. sur le Mississippi; 610 300 hab. Grand centre industriel.

Menama. V. Manāma.

menaçant, ante [mənasɑ̃, ɑ̃t] adj. **1.** Qui laisse craindre qqch de mauvais. **2.** Qui exprime une menace.

menace [mənas] n. f. **1.** Action de menacer. *Vous n'obtiendrez rien par la menace.* **2.** Parole ou geste signifiant une intention hostile et visant à intimider. *Proférer des menaces de mort.* – *Menace en l'air,* qui n'est suivie d'aucun effet. **3.** Fig. Indice laissant prévoir quelque événement fâcheux, grave ou dangereux. *Menaces de tempête.*

menacer [mənase] v. tr. [12] **1.** Chercher à intimider, à faire peur à (qqn). *Il l'a menacé du bâton.* **2.** Représenter un danger, un risque imminent. *Un grand péril nous menace.* – (Passif) *Être menacé d'apoplexie.* **3.** Laisser prévoir (qqch de fâcheux). *Ce toit menace de s'écrouler.* ▷ *Menacer ruine :* être près de tomber en ruine. – Absol. *Le temps menace.*

ménage [menaʒ] n. m. **1.** Administration domestique. *Conduire, tenir son ménage.* ▷ *De ménage :* fait chez soi. *Pain, sirop de ménage.* – Ensemble des objets nécessaires à la vie dans une maison. *Monter son ménage.* **2.** Soin, entretien d'une maison, d'un intérieur. *Faire le ménage.* ▷ *Femme* de ménage.* – *Faire des ménages :* faire le ménage chez les autres moyennant rétribution. ▷ (Québec) *Grand ménage :* grand nettoyage. *Faire son grand ménage du printemps.* **3.** Couple d'époux. *Vieux, jeune ménage.* ▷ *Entrer, se mettre en ménage :* se marier ou commencer à vivre sous le même toit. ▷ *Faire bon, mauvais ménage :* s'entendre bien, mal, en parlant de personnes ou d'animaux qui vivent ensemble. ▷ Fam. *Ménage à trois,* constitué par le mari, la femme et l'amant ou la maîtresse. **4.** STATIS Unité élémentaire de population (d'une ou plusieurs personnes) habitant un même logement.

ménagement [menaʒmɑ̃] n. m. Réserve, précaution avec laquelle on traite qqn.

1. ménager, ère [menaʒe, ɛʀ] adj. et n. f. **1.** adj. Relatif aux travaux du ménage, à l'entretien de la maison. *Arts ménagers. Appareils ménagers.* **2.** n. f. Femme qui s'occupe de son foyer. ▷ (Afr. subsah.) Syn. de *femme* de ménage.*

2. ménager [menaʒe] v. [13] **I.** v. tr. **1.** Employer avec économie. *Ménager ses ressources.* – *Ménager ses forces, sa santé, son temps.* Syn. épargner. **2.** User avec réserve, circonspection, de. *Ménager ses paroles, ses expressions.* Syn. mesurer. **3.** Traiter (qqn) avec égard ou avec précaution. *C'est un homme à ménager.* ▷ Fig. et prov. *Ménager la chèvre et le chou :* V. chèvre. **4.** Préparer habilement et avec soin. *Ménager ses effets.* **5.** Arranger à l'avance. *Ménager une entrevue.* **6.** Prévoir un aménagement; le pratiquer. *Ménager un escalier dans un bâtiment.* **II.** v. pron. Prendre soin de sa santé, éviter de trop se fatiguer. *Il lui faut se ménager.* ▷ Arranger, régler (qqch) pour soi. *Se ménager une issue.*

ménagère [menaʒɛʀ] n. f. Service de couverts pour la table, présenté dans un écrin. (V. coutellerie, sens 3.)

ménagerie [menaʒʀi] n. f. Lieu où sont rassemblés des animaux rares (dans un jardin zoologique, dans les exhibitions foraines, etc.).

Ménandre (v. 342 – v. 292 av. J.-C.), poète comique grec; ami d'Épicure. Il aurait créé la comédie de mœurs : *l'Arbitrage, la Samienne,* etc.

menchevik [mɛnʃevik] n. m. HIST Membre de l'aile modérée du parti social-démocrate russe, mise en minorité au congrès de Londres (1903).

Menchú (Rigoberta) (née en 1959), militante révolutionnaire guatémaltèque. Elle défend les Indiens, soumis à la discrimination raciale au Guatemala. P. Nobel de la paix 1992.

Mencius, nom latinisé du philosophe confucéen chinois *Mengzi* (v. 372 – 289 av. J.-C.). Son traité de morale figure parmi les classiques de l'école de Confucius.

Mendé, ethnie de la Sierra Leone (env. 1 500 000 personnes). Ils parlent des langues nigéro-congolaises du groupe mandé.

Mendel (Johann, en relig. Gregor) (1822 – 1884), religieux et botaniste autrichien. Augustin, prêtre en 1848, professeur à Brünn en 1853, il entreprit en 1856 ses expériences d'hybridation végétale, et en 1866 énonça les lois qui fondent la science génétique. Mais il fallut attendre 1900 pour que son ouvrage *Versuche über Pflanzenhybriden* («Recherche sur les hybrides des plantes») soit connu.

Mendeleïev ou **Mendéleiev** (Dimitri Ivanovitch) (1834 – 1907), chimiste russe; auteur de la première classification périodique des éléments* (1869).

mendélévium [mɛ̃delevjɔm] n. m. CHIM Élément radioactif artificiel (symbole Md) appartenant à la famille des lanthanides, de numéro atomique Z = 101.

mendélien, enne [mɑ̃deljɛ̃, ɛn] adj. BIOL **1.** *Génétique mendélienne,* fondée par Mendel. **2.** *Caractère mendélien,* qui se transmet conformément aux lois de Mendel. Syn. génétique.

mendélisme [mɑ̃delism] n. m. Didac. Théorie génétique de Mendel.

Mendelssohn (Moses) (1729 – 1786), philosophe allemand. Il joignit à la culture juive traditionnelle celle de l'Aufklärung : *Entretiens philosophiques* (1755), *Phédon* (1767).

Mendelssohn-Bartholdy (Felix) (1809 – 1847), compositeur allemand; petit-fils du philosophe. Son œuvre tient du classicisme et du romantisme : *Songe d'une nuit d'été* (1843), contenant la *Marche nuptiale,* 48 *Romances sans paroles* pour piano (1829-1845), etc. Il contribua à la redécouverte de Bach.

Menderes ou **Büyük Menderes** (le) (anc. *Méandre*), fl. de Turquie d'Asie (450 km); se jette dans la mer Égée.

Mendès France (Pierre) (1907 – 1982), homme politique français. Député radical-socialiste (1932), membre du gouv. du Front populaire en 1938, membre du Comité français de libération nationale, il fut président du Conseil (1954-1955) et mit fin à la guerre d'Indochine (juil. 1954).

mendiant, ante [mɑ̃djɑ̃, ɑ̃t] n. (et adj.) **1.** Personne qui mendie. *Faire l'aumône aux mendiants.* **2.** (Plur.) Ordres religieux (dominicains, franciscains, augustins et carmes) qui vivaient de la charité publique. ▷ adj. *Moines, ordres mendiants.*

mendicité [mɑ̃disite] n. f. **1.** Action de mendier. *Vivre de la mendicité.* **2.** État, condition de mendiant. *Réduire qqn à la mendicité.*

mendier [mɑ̃dje] v. [2] **I.** v. intr. Demander l'aumône. *Mendier à la porte des mosquées.* **II.** v. tr. **1.** Demander comme aumône. *Mendier son pain.* **2.** *Par ext.* Solliciter humblement, ou avec bassesse. *Mendier un sourire.*

Mendoza, v. d'Argentine, sur le piémont andin (au débouché du Transandin); 119 090 hab. (aggl. urb. 668 000 hab.); ch.-l. de la prov. du m. nom. Région viticole. Gisements de pétrole (pétrochim.) et d'uranium.

mené [məne] n. m. (Québec) Nom donné à divers petits poissons d'eau douce dont on se sert comme appât.

meneau [məno] n. m. ARCHI Montant ou traverse qui partage l'ouverture d'une fenêtre en plusieurs compartiments.

menées [məne] n. f. pl. Intrigues, machinations. *J'ai découvert ses menées.*

Ménélas, roi légendaire de Sparte, qu'il fonda et enrichit par des expéditions de piraterie. Dans l'*Iliade,* il est le frère d'Agamemnon et l'époux d'Hélène (enlevée par Pâris).

Ménélik (Xe s. av. J.-C.), selon la tradition, fils de Salomon et de la reine de Saba, premier roi d'Axoum.

Ménélik II (1844 – 1913), négus d'Éthiopie (1889-1909); fondateur d'Addis-Abeba (1887). Il résista victorieusement aux Italiens (Adoua, 1896), qui durent reconnaître l'indépendance du pays.

mener [məne] v. tr. [16] **I.** Conduire (quelque part). **1.** Faire aller (quelque part) en accompagnant. *Mener les bêtes au pâturage.* ▷ (Sujet n. de chose.) *Sa promenade le mena jusqu'au fleuve.* – Fig. *Cette affaire peut vous mener loin,* peut avoir des conséquences graves. Syn. guider, conduire. **2.** (Sujet n. de chose.) Aboutir. *Ce chemin ne mène nulle part.* – Fig. *La débauche mène à la misère.* ▷ Prov. *Tous les chemins mènent à Rome :* on peut atteindre un but par de nombreux moyens. **3.** Tracer. *Mener une droite d'un point à un autre.* **II.** Diriger, être à la tête de. **1.** Conduire, diriger (qqch). *Mener une embarcation.* – Par ext. *Mener sa vie comme on l'entend.* ▷ *Mener à bien, à mal une affaire,* la faire réussir ou échouer. ▷

Mener la danse : diriger une affaire, un mouvement. ▷ *Mener le deuil :* marcher en tête du cortège d'un enterrement. ▷ SPORT *Mener le train :* tenir la tête, dans une course. **2.** Conduire, diriger (qqn, des personnes). *Le commandant sait mener son équipage.* **3.** Exercer un ascendant sur (qqn), faire agir. *Il le mène par le bout du nez,* il en fait ce qu'il veut. ▷ *Mener la vie dure à qqn,* lui rendre la vie difficile, pénible, par un excès d'autorité, d'influence. ▷ Fam. *Mener qqn en bateau,* le berner. **4.** v. intr. SPORT Être provisoirement en tête. *Mener par deux points à zéro.*

ménestrel [menɛstʀɛl] n. m. Au Moyen Âge, poète et musicien itinérant.

meneur, euse [mənœʀ, øz] n. **1.** Personne qui mène, dirige. *Meneur d'hommes.* ▷ *Meneur de jeu,* qui anime et dirige un jeu ou un spectacle. **2.** Personne qui est à la tête d'un mouvement populaire. *Meneur de grèves.* ▷ Absol. *On a arrêté les meneurs.*

Menga (Guy) (né en 1935), écrivain de la rép. dém. du Congo : romans (*la Palabre stérile,* 1968; *Kotawali,* 1977; *la Case de Gaulle,* 1984); contes (*les Aventures de Moni-Mbambou,* 3 vol., 1971-1974); théâtre, en français (*la Marmite de Koka-Mbala,* 1966; *l'Oracle,* 1967), en lingala et en kikongo.

Mengistu (Hailé Mariam) (né en 1937), militaire et homme politique éthiopien. Il a dirigé l'Éthiopie de1977 à 1991.

Mengzi. V. Mencius.

menhir [meniʀ] n. m. Monument mégalithique, pierre plus ou moins allongée, dressée verticalement. *Les menhirs peuvent être isolés, groupés en lignes (alignements mégalithiques) ou disposés en un ou plusieurs cercles (cromlechs).*

Menia ou **Minia (Al-)** (anc. *El-Goléa*), v. et oasis d'Algérie; 21 740 hab. Carrefour de pistes sahariennes.

Menin (en néerl. *Menen*), v. de Belgique (Flandre-Occid.), sur la Lys, à la frontière française; 33 540 hab. Industr. textiles et mécaniques. – Fortifications de Vauban.

méninge [menɛ̃ʒ] n. f. **1.** ANAT Chacune des trois membranes qui enveloppent le cerveau et la moelle épinière. (On distingue de l'extérieur vers l'intérieur : la dure-mère, au contact de l'os; l'arachnoïde, sous la dure-mère; la pie-mère, qui recouvre étroitement le tissu nerveux. Le liquide céphalo-rachidien circule entre la pie-mère et l'arachnoïde.) **2.** Fam. *Les méninges :* le cerveau.

méningé, ée [menɛ̃ʒe] adj. ANAT, MED Relatif aux méninges. ▷ *Syndrome méningé :* ensemble des signes qui témoignent d'une atteinte méningée diffuse.

méningite [menɛ̃ʒit] n. f. MED Inflammation des méninges. *Méningite tuberculeuse, virale.* – *Méningite cérébro-spinale,* à méningocoque.

méningocoque [menɛ̃gɔkɔk] n. m. MICROB Diplocoque constituant l'agent spécifique de la méningite cérébro-spinale épidémique.

ménisque [menisk] n. m. **1.** ANAT Formation cartilagineuse existant dans certaines articulations (notam. celle du genou), accroissant la surface de contact entre les pièces articulaires. **2.** PHYS Lentille présentant une face convexe et une face concave. **3.** PHYS Surface convexe ou concave d'une colonne de liquide contenue dans un tube de faible section (phénomène de capillarité).

Menkaourê. V. Mykérinos.

menoire [mənwaʀ] n. f. (Québec) (Souvent au plur.) Syn. de *limon* (2, sens 1); syn. de *brancard* (sens 1).

ménopause [menɔpoz] n. f. Cessation de la fonction ovarienne chez la femme, marquée par l'arrêt définitif de la menstruation. *La ménopause se produit entre 45 et 55 ans.*

ménopausée [menɔpoze] adj. f. Se dit d'une femme dont la ménopause s'est effectuée.

ménorragie [menɔʀaʒi] n. f. MED Écoulement menstruel anormalement abondant ou prolongé.

ménorrhée [menɔʀe] n. f. MED Écoulement menstruel.

menotte [mənɔt] n. f. **1.** Petite main. *La menotte d'un enfant.* **2.** (Plur.) Bracelets de métal reliés par une chaîne, que l'on met aux poignets d'un prisonnier. *Passer, mettre les menottes à qqn.*

menotter [mənɔte] v. tr. [1] Passer les menottes à.

Menou d'Aulnay (Charles) (1596 – 1650), colonisateur français de l'Acadie, où, venu de France, il s'installa en 1632.

Mensah (Charles) (né en 1948), cinéaste gabonais : *Ayouma* (1977, coréalisé avec P.-M. Dong), *Ilombe* (1978), *l'Érable et l'okoumé* (1983, documentaire tourné au Gabon et au Canada).

mensonge [mɑ̃sɔ̃ʒ] n. m. **1.** Assertion contraire à la vérité faite dans le dessein de tromper. – *Pieux mensonge,* dit pour rendre service ou pour ne pas faire de peine. ▷ Pratique, habitude du mensonge. Syn. (France rég., oc. Indien, Québec) menterie. **2.** Erreur, illusion. *Tous les songes sont mensonges.*

mensonger, ère [mɑ̃sɔ̃ʒe, ɛʀ] adj. **1.** Faux, trompeur. *Un comportement mensonger.* **2.** Qui repose sur une fiction.

menstruation [mɑ̃stʀyasjɔ̃] n. f. **1.** Ensemble des phénomènes physiologiques qui déterminent l'écoulement menstruel. *Troubles de la menstruation* (V. aménorrhée, dysménorrhée). **2.** Période où se produisent les menstrues.

menstruel, elle [mɑ̃stʀyɛl] adj. Des menstrues; qui a rapport aux menstrues. *Cycle menstruel.*

menstrues [mɑ̃stʀy] n. f. pl. PHYSIOL Écoulement sanguin d'origine utérine, qui se produit durant trois à cinq jours chez la femme non enceinte, selon un rythme approximativement mensuel, de la puberté à la ménopause. Syn. cour. règles.

mensualisation [mɑ̃sɥalizasjɔ̃] n. f. Action de mensualiser (un salarié, un salaire horaire, un paiement). *Mensualisation de l'impôt.*

mensualiser [mɑ̃sɥalize] v. tr. [1] Transformer (un salaire horaire, un paiement) en un salaire mensuel. – Accorder à (un salarié) le statut de mensuel.

mensualité [mɑ̃sɥalite] n. f. Somme payée ou reçue chaque mois.

mensuel, elle [mɑ̃sɥɛl] adj. et n. Qui se fait tous les mois. *Publication mensuelle* ou, n. m., *un mensuel.* – *Salaire mensuel,* calculé sur un mois et versé chaque mois. ▷ Subst. Salarié payé au mois.

mensuellement [mɑ̃sɥɛlmɑ̃] adv. Tous les mois.

mensuration [mɑ̃syʀasjɔ̃] n. f. Opération qui consiste à mesurer certaines dimensions caractéristiques du corps humain (tour de poitrine, taille, tour de hanches, etc.); ces dimensions elles-mêmes.

-ment. Élément, du lat. *mente,* «dans (tel) esprit, de (telle) manière», qui permet de former la plupart des adverbes de manière à partir du fém. des adjectifs (ex. *gaie, gaiement; grande, grandement,* etc.).

mental, ale, aux [mɑ̃tal, o] adj. et n. m. **1.** Qui se fait, qui s'exécute dans l'esprit. *Calcul mental. Image, représentation mentale.* **2.** Qui a rapport aux facultés intellectuelles, au fonctionnement psychique. *Maladie mentale.* ▷ *Âge mental :* degré de maturité intellectuelle d'un individu (spécial. d'un enfant) mesuré par des tests. ▷ n. m. *Le mental :* l'ensemble des facultés psychiques; l'esprit.

mentalement [mɑ̃talmɑ̃] adv. **1.** Par la pensée seulement, sans parler ni écrire. *Compter mentalement les jours.* **2.** Sur le plan mental. *Ce chagrin l'a beaucoup éprouvé mentalement.*

mentalité [mɑ̃talite] n. f. **1.** État d'esprit; façon, habitude de penser, de se représenter la réalité. **2.** Ensemble des habitudes, des croyances propres à une collectivité et communes à chacun de ses membres.

menterie [mɑ̃t(ə)ʀi] n. f. (France rég.; oc. Indien; Québec, fam.) Syn. de *mensonge.*

menteur, euse [mɑ̃tœʀ, øz] n. et adj. **1.** n. Personne qui ment, qui a l'habitude de dire des mensonges. **2.** adj. Qui ment habituellement. *Un enfant menteur.* ▷ (Choses) Trompeur. *Des propos menteurs.*

menthe [mɑ̃t] n. f. **1.** Plante (fam. labiées) à fleurs blanches ou roses, courante dans les lieux humides, dont les feuilles aromatiques, riches en menthol, sont utilisées en infusion, seules ou avec du thé *(thé à la menthe).* **2.** Sirop de menthe. ▷ Liqueur de menthe. **3.** Infusion de menthe.

menthol [mɛ̃tɔl] n. m. Alcool secondaire, extrait de l'essence d'une variété de menthe, utilisé pour ses propriétés antiseptiques et anesthésiques.

mentholé, ée [mɛ̃tɔle] adj. Qui contient du menthol.

mention [mɑ̃sjɔ̃] n. f. **1.** Témoignage, rapport fait de vive voix ou par écrit. *La presse a fait mention de cet événement.* **2.** Indication, petite note apportant une précision. ▷ *Mention marginale,* inscrite en marge d'un acte pour y apporter des modifications. **3.** Appréciation favorable accordée par un jury d'examen à un candidat. *Être reçu au baccalauréat avec la mention passable (à partir de dix sur vingt), assez bien (à partir de douze sur vingt), bien (à partir de quatorze sur vingt) ou très bien (à partir de seize sur vingt).* (V. distinction, sens 3.)

mentionner [mɑ̃sjɔne] v. tr. [1] Faire mention de. *Avez-vous mentionné ce fait dans votre rapport?*

mentir [mɑ̃tiʀ] v. [30] **I.** v. intr. **1.** Donner pour vrai ce que l'on sait être faux; nier ce que l'on sait être vrai, dans l'intention de tromper; ne pas dire la vérité. – *Sans mentir :* en vérité, à vrai dire. ▷ v. pron. (réfl.) *Se mentir à soi-même :* essayer de se convaincre de ce que l'on sait être faux. **2.** Tromper par son apparence. *Un regard qui ne ment pas.* **II.** v. tr. indir. *Mentir à* *(qqch) :* se mettre en contradiction avec (qqch). *Mentir à sa réputation, à ses promesses.*

menton [mɑ̃tɔ̃] n. m. **1.** Saillie plus ou moins prononcée de la mâchoire, au-dessous de la lèvre inférieure. *Menton en galoche*.* – *Double, triple menton :* bourrelets de chair sous le menton. **2.** ZOOL Dessous de la mâchoire inférieure, chez certains animaux.

Menton, v. de France (Alpes-Mar.), sur la Méditerranée; 29 474 hab. Stat. climatique. – Égl. (XVIIe s.). Festival de musique. – Anc. possession des Grimaldi de Monaco, la ville fut rattachée à la France en 1860.

mentonnet [mɑ̃tɔnɛ] n. m. TECH Pièce saillante servant de butée, d'arrêt.

mentonnière [mɑ̃tɔnjɛʀ] n. f. Bande étroite passant sous le menton et servant à attacher une coiffure. Syn. jugulaire.

mentor [mɛ̃tɔʀ] n. m. Litt. Guide, conseiller avisé.

Mentor, personnage de *l'Odyssée;* Ulysse lui confia l'éducation de son fils Télémaque avant de partir pour Troie.

menu, ue [məny] adj., adv. et n. m. **I.** adj. **1.** Qui a peu de volume, de grosseur. *Du menu bois. Découper qqch en menus morceaux.* ▷ (Personnes) Petit et mince. *Une jeune femme toute menue.* **2.** Fig. De peu d'importance, de peu de valeur. *Menues dépenses. Menue monnaie.* **II.** adv. En très petits morceaux. *Prendre un oignon et le hacher menu.* ▷ n. m. *Par le menu :* en détail. **III.** n. m. **1.** Liste détaillée des mets qui seront servis au cours d'un repas. ▷ Ensemble déterminé de plats servis pour un prix fixé à l'avance dans un restaurant. ▷ Support sur lequel le menu est indiqué. ▷ (Québec) *Menu du jour :* syn. de *plat* du jour.* **2.** INFORM Liste des opérations qu'un logiciel est capable d'effectuer, et qui s'affiche sur l'écran.

Menuhin (Yehudi) (né en 1916), violoniste de nationalité amér. et brit.

menuiser [mənɥize] v. tr. [1] Travailler en menuiserie. – Pp. adj. *Ouvrage menuisé.*

menuiserie [mənɥizʀi] n. f. **1.** Art, métier de celui qui fabrique des ouvrages en bois en assemblant des pièces de dimensions relativement petites. ▷ (Par oppos. à *charpente.*) Confection d'ouvrages en bois destinés à l'équipement et à la décoration des bâtiments (huisseries, cloisons, placards, croisées, persiennes, parquets, etc.); ces ouvrages. ▷ (Par oppos. à *ébénisterie.*) Fabrication de meubles utilitaires en bois massif. **2.** Par ext. *Menuiserie métallique :* confection de châssis et de systèmes métalliques ouvrants pour le bâtiment; ces châssis, ces systèmes. **3.** *Par ext.* Lieu, atelier où le menuisier exerce sa profession.

menuisier [mənɥizje] n. m. Entrepreneur, artisan, ouvrier spécialisé dans les travaux de menuiserie.

ménure [menyʀ] n. m. Oiseau australien (le plus grand de tous les passériformes, de la taille d'une pintade), appelé aussi *oiseau-lyre* à cause des longues plumes recourbées qui ornent la queue du mâle.

Menzel-Bourguiba *(Manzil Bū Rqība)* (anc. *Ferryville*), v. de Tunisie, port au fond du golfe de Bizerte; 51 400 hab. Arsenal. Industr. sidérurgique. Pneumatiques.

Méo(s). V. Miao(s).

Méphistophélès, personnage de la légende de *Faust**. Simple envoyé du diable à l'orig., il prend une dimension pathétique chez Marlowe (*la Tragique Histoire du docteur Faust,* 1588), puis satanique chez Goethe (*Faust,* 1808).

méplat [mepla] n. m. **1.** Chacun des plans formant par leur réunion la surface d'un corps. **2.** Partie plane du corps (par oppos. aux parties saillantes). *Méplats des joues.* ▷ TECH Surface plane (sur une arête, sur la surface ronde d'une pièce).

méprendre (se) [mepʀɑ̃dʀ] v. pron. [52] Se tromper; prendre une personne ou une chose pour une autre. *Se méprendre sur les intentions de qqn.* ▷ Loc. *À s'y méprendre :* d'une façon telle que l'on peut facilement s'y tromper.

mépris [mepʀi] n. m. **1.** Sentiment, attitude traduisant que l'on juge qqn, qqch indigne d'estime, d'égards ou d'intérêt. *Traiter qqn avec mépris. – Il n'a pour elle que du mépris.* **2.** Indifférence, dédain. *Le mépris de l'argent. – Le mépris du danger.* ▷ Loc. prép. *Au mépris de :* sans prendre en considération.

méprisable [mepʀizabl] adj. Qui ne mérite que le mépris.

méprisant, ante [mepʀizɑ̃, ɑ̃t] adj. Qui marque du mépris.

méprise [mepʀiz] n. f. Erreur de qqn qui se méprend. *Il y a méprise sur la personne.*

mépriser [mepʀize] v. tr. [1] **1.** Avoir du mépris pour (qqch, qqn). *Mépriser les flatteurs.* **2.** Dédaigner (ce qui est généralement recherché, estimé). *Mépriser les honneurs.* – Ne faire aucun cas de (ce qui est habituellement craint). *Mépriser la mort.*

mer [mɛʀ] n. f. **1.** Vaste étendue d'eau salée qui entoure les continents. ▷ Partie de cette étendue couvrant une surface déterminée. *La mer Baltique. – La mer Morte.* ▷ (Québec) Par ext. *La mer :* le fleuve Saint-Laurent dans sa partie large, en aval de Rivière-du-Loup. ▷ *Prendre la mer :* s'embarquer. – *Pleine mer, haute mer,* la partie de la mer éloignée des côtes. – *Un homme à la mer,* tombé d'un bateau dans la mer; fig., un homme perdu, désemparé. – *Mal de mer.* ▷ Loc. fig. *Ce n'est pas la mer à boire :* ce n'est pas un travail, une tâche très difficile. **2.** Fig. Étendue vaste comme la mer. *Le Sahara, vaste mer de sable.* **3.** Importante quantité (de liquide). *Une mer de sang.* ▷ Fig. *Une mer de difficultés.*

mercanti [mɛʀkɑ̃ti] n. m. Commerçant avide et peu scrupuleux.

mercantile [mɛʀkɑ̃til] adj. **1.** Vx Qui concerne le commerce; qui se livre au commerce. ▷ *Système mercantile :* mercantilisme (sens 1). **2.** Péjor. Digne d'un mercanti; avide, âpre au gain. *Calculs mercantiles. Esprit mercantile.*

mercantilisme [mɛʀkɑ̃tilism] n. m. **1.** ECON Doctrine économique prônée surtout aux XVIe et XVIIe s., fondée sur le principe de la supériorité du commerce extérieur comme moyen pour l'État d'accumuler des richesses sous la forme de métaux précieux. **2.** Péjor. Esprit mercantile.

mercatique [mɛʀkatik] n. f. Syn. (off. recommandé) de *marketing.*

Mercator (Gerhard Kremer, dit) (1512 – 1594), mathématicien et géographe flamand; inventeur d'un système de représentation cartographique qui porte son nom.

mercenaire [mɛʀsənɛʀ] adj. et n. **I.** adj. Qui ne travaille, n'agit, ne combat que moyennant une rémunération. *Troupe mercenaire.* **II.** n. **1.** Soldat étranger à la solde d'un État. **2.** Fig. Personne qui accomplit, contre de l'argent, une mission, un travail que d'autres feraient par conviction.

Mercenaires (guerre des), après la première guerre punique*, révolte des mercenaires employés par Carthage qui fut écrasée par Hamilcar Barca après trois années de lutte (241-237 av. J.-C.).

mercerie [mɛʀsəʀi] n. f. Ensemble des menus articles servant pour la couture et la confection (fils, aiguilles, boutons, rubans, etc.). ▷ Commerce de ces articles. ▷ Boutique de mercier.

mercerisage [mɛʀsəʀizaʒ] n. m. TECH Traitement des fibres de coton avec une lessive de soude, donnant un brillant qui rappelle la soie.

merceriser [mɛʀsəʀize] v. tr. [1] TECH Soumettre (le coton) au mercerisage. – Pp. adj. Cour. *Coton mercerisé.*

merchandising [məʀtʃɑ̃dajziŋ; mɛʀʃɑ̃diziŋ] n. m. (Anglicisme) Syn. (off. déconseillé) de *marchandisage.*

merci [mɛʀsi] n. **I.** n. f. **1.** Vx Miséricorde, grâce, pitié. *Demander, crier merci.* ▷ Mod. *Une lutte sans merci,* sans pitié, acharnée. **2.** Loc. prép. *Être à la merci de qqn,* être entièrement dépendant de lui, livré à son bon vouloir. ▷ Fig. *Vous êtes à la merci du moindre imprévu.* ▷ Loc. adv. *Dieu merci :* grâce à Dieu. **II.** n. m. **1.** Formule de remerciement. *Merci beaucoup. Dire merci.* **2.** Remerciement. *Voilà le seul merci que j'aie reçu pour tous mes efforts!* **3.** Formule de politesse servant à décliner les offres de qqn. *Prenez-vous du café? Non, merci.*

mercier, ère [mɛʀsje, ɛʀ] n. Personne qui vend de la mercerie.

Mercier (Louis-Sébastien) (1740 – 1814), écrivain français. Auteur de nombr. drames (*la Brouette du vinaigrier,* 1775), il dressa un audacieux *Tableau de Paris* (12 vol., 1781-1790).

Merckx (Eddy) (né en 1945), coureur cycliste belge. Il domina le cyclisme mondial de 1967 à 1974, remportant le Tour de France en 1968, 1970, 1972, 1973 et 1974.

Mercosur, acronyme désignant le *Marché commun de l'Amérique du Sud* qui, depuis 1995, regroupe l'Argentine, le Brésil, le Paraguay et l'Uruguay.

mercredi [mɛʀkʀədi] n. m. Troisième jour de la semaine, qui suit le mardi. ▷ *Mercredi des Cendres :* premier jour du carême. ▷ *Mercredi saint :* mercredi de la semaine sainte (avant Pâques).

mercure [mɛʀkyʀ] n. m. Élément métallique (symbole Hg) de numéro atomique Z = 80. – Métal (Hg) liquide à température ordinaire, utilisé comme liquide barométrique et thermométrique.

Mercure, dieu romain, assimilé à l'Hermès des Grecs et généralement représenté avec des ailes aux pieds. Il présidait au commerce, à l'éloquence, transmettait les messages de Jupiter et protégeait les voyageurs.

Mercure, la planète la plus proche du Soleil (distance moyenne : 58 millions de km). Elle décrit en 87,97 jours une orbite très excentrique, assez fortement inclinée sur le plan de l'écliptique (7°), en effectuant sur elle-même une rotation dont la période (58,65 jours) vaut exactement les deux tiers de sa révolution orbitale. À peine plus grosse que la Lune (4878 km de diamètre contre 3476 km), Mercure a une densité comparable à celle de la Terre (5,44 contre 5,52). Son atmosphère étant quasi inexistante (2.10^{-9} hPa), les écarts de température sont considérables (maximum 400°C le jour au périhélie, minimum –170°C la nuit). Le relief de Mercure ressemble à celui de la Lune : régions montagneuses, plaines criblées de cratères creusés par des météorites, longues failles rectilignes.

Mercure de France, revue litt. française (1889-1940 et 1946-1965).

mercureux, euse [mɛʀkyʀø, øz] adj. CHIM Qui contient du mercure monovalent.

mercuriale [mɛʀkyʀjal] n. f. Liste des prix des denrées ou des fournitures sur un marché public; cours officiel de ces denrées.

mercuriel, elle [mɛʀkyʀjɛl] adj. CHIM Contenant du mercure. ▷ PHARM *Dérivés mercuriels,* utilisés en solution pour leurs propriétés antiseptiques.

mercurique [mɛʀkyʀik] adj. CHIM Qui contient du mercure bivalent.

mercurochrome [mɛʀkyʀokʀom] n. m. (Nom déposé.) PHARM Soluté alcoolique d'une fluorescéine mercurielle, utilisé comme antiseptique externe.

merde [mɛʀd] n. f. et interj. **I.** n. f. Grossier **1.** Excrément, matière fécale. **2.** Fig. Personne ou chose basse, méprisable, sans valeur. **3.** Situation difficile, inextricable. *Être dans la merde.* **II.** interj. Fam. Exclamation de colère, d'agacement, de dégoût. *Merde, à la fin!*

merdeux, euse [mɛʀdø, øz] n. Grossier Enfant qui fait l'important; blanc-bec.

-mère, -mérie, méro-. Éléments, du grec *meros,* «partie».

mère [mɛʀ] n. f. **I. 1.** Femme qui a donné naissance à un ou plusieurs enfants. *Mère de famille.* ▷ RELIG CHRET *La mère de Dieu :* la Vierge Marie. ▷ (Afr. subsah.) Fam. *Petite mère* ou *mère :* sœur cadette de la mère. ▷ Litt. Femme dont, symboliquement ou par filiation, est issue une lignée. *Ève, la mère de tous les hommes.* – Fig. *La mère patrie :* la patrie. **2.** Femelle d'un animal qui a eu un, des petits. **3.** *La mère supérieure :* la supérieure d'un couvent de femmes. ▷ Titre donné aux religieuses professes de certains ordres. *Mère Teresa.* **II. 1.** Terre d'élection, lieu où qqch prend naissance. *La Grèce, mère des arts.* ▷ Fig. *L'oisiveté est mère de tous les vices.* **2.** (En appos.) Source, point de départ. *Langue mère.* ▷ *Maison mère :* V. maison, sens III, 3. ▷ Fig. *Idée mère d'une œuvre.* ▷ CHIM *Eau mère :* solution aqueuse qui a laissé déposer des cristaux. **3.** TECH Pièce obtenue à partir d'un original. – *Spécial.* Pièce qui sert à obtenir la matrice à partir de laquelle les disques sont pressés. ▷ *Mère du vinaigre* ou *mère :* membrane formée par les bactéries qui transforment le vin en vinaigre.

Meredith (George) (1828 – 1909), écrivain anglais; maître du roman psychologique : *la Carrière de Beauchamp* (1875), *l'Égoïste* (1879).

Merejkovski (Dimitri Sergheïevitch) (1866 – 1941), auteur russe de romans symbolistes : *le Christ et l'Antéchrist* (1892), *Julien l'Apostat* (1894).

mergoum [mɛʀgum] n. m. (Maghreb) Tapis de tradition berbère.

merguez [mɛʀgɛz] n. f. Petite saucisse fraîche à la viande de bœuf ou de mouton, épicée et pimentée, spécialité nord-africaine.

Mérida, v. du Mexique, proche du golfe du Mexique; cap. de l'État du Yucatán; 557340 hab. Centre comm. et industriel. – Université. Cath. (XVIe s.).

méridien, enne [meʀidjɛ̃, ɛn] adj. et n. **I.** adj. **1.** Litt. De l'heure de midi, du milieu du jour. ▷ ASTRO *Plan méridien d'un lieu,* qui passe par la verticale de ce lieu et par l'axe de rotation de la Terre, et dans lequel se trouve le Soleil fictif à midi. **2.** Didac. Qui se rapporte au plan méridien. *Hauteur méridienne d'un astre,* sa hauteur au-dessus de l'horizon à l'instant où il est dans le plan méridien du lieu de l'observateur. ▷ *Lunette méridienne,* mobile autour d'un axe horizontal perpendiculaire au plan méridien. **II.** n. m. **1.** Grand cercle fictif déterminé par l'intersection de la surface du globe et d'un plan quelconque passant par l'axe de la Terre. – *Méridien d'origine,* pris comme base du calcul de la longitude d'un lieu (méridien de Greenwich depuis 1914, par convention internationale). **2.** PHYS *Méridien magnétique d'un lieu :* grand cercle passant par ce lieu et par les pôles magnétiques du globe. **3.** MED Ligne le long de laquelle sont répartis des points d'acupuncture*. *Les quatorze méridiens de l'acupuncture.* **III.** n. f. **1.** Canapé dont les deux chevets sont de hauteur inégale. **2.** ASTRO *Méridienne d'un lieu :* intersection du plan méridien et du plan horizontal en ce lieu.

méridional, ale, aux [meʀidjɔnal, o] adj. et n. **1.** Qui est du côté du midi, du sud. **2.** Du Midi, propre aux habitants du Midi (spécial., du midi de la France). *Accent méridional.* ▷ Subst. *Les Méridionaux.*

-mérie. V. -mère.

Mérimée (Prosper) (1803 – 1870), écrivain français : *Théâtre de Clara Gazul* (1825), *Chronique du règne de Charles IX* (roman, 1829), nouvelles (*Colomba,* 1840; *Carmen,* 1845). Responsable de la Commission des monuments historiques en 1833, il contribua à sauver le patrimoine architectural de la France. Acad. fr. (1844).

merina ou **mérina** [meʀina] adj. (inv. en genre) De la province de l'Imerina; des Merina.

Merina ou **Mérina,** population de Madagascar (Imerina), divisée en castes (andriana, houve, mainty, andevo); env. 3500000 personnes. Ils parlent le malgache.

meringue [məʀɛ̃g] n. f. Pâtisserie légère faite de blancs d'œufs montés en neige et de sucre, et cuite à four doux.

méringue ou (Antilles fr.) **méringué** [meʀɛ̃ge] n. f. (Haïti) **1.** Musique rythmée à deux temps. **2.** Danse exécutée sur cette musique.

Mérinides ou **Marinides,** dynastie zénète (berbère), originaire de Fès, qui succéda aux Almohades en 1269 et régna sur le Maroc jusqu'en 1420. V. Wattasides.

mérinos [meʀinos] n. m. Race de mouton très estimée pour sa laine longue et fine.

merise [məʀiz] n. f. Fruit comestible du merisier.

merisier [məʀizje] n. m. **1.** Arbre sauvage à fleurs en grappes (*Prunus padus,* fam. rosacées) dont le bois d'un blond roussâtre est très utilisé en ébénisterie. (On l'appelle aussi *cerisier des bois.*) **2.** (Québec) Nom cour. donné aux variétés de bouleaux dont l'écorce n'est pas blanche.

méristème [meʀistɛm] n. m. BOT Tissu végétal formé de cellules se divisant rapidement, qui constitue la zone de croissance des plantes.

méritant, ante [meʀitɑ̃, ɑ̃t] adj. Qui a du mérite.

mérite [meʀit] n. m. **1.** Ce qui rend une personne digne d'estime, de considération. *Elle a du mérite à travailler dans ces conditions.* **2.** Qualité estimable que possède qqn, qqch. *Les mérites comparés de César et de Pompée. Un des mérites de cet ouvrage...* ▷ *Se faire un mérite de qqch,* en tirer gloire. **3.** *Le mérite :* la valeur d'une personne, l'ensemble de ses qualités. *Un homme de mérite. Une promotion due au seul mérite.* **4.** RELIG *Les mérites d'un chrétien,* ses bonnes œuvres.

mériter [meʀite] v. **[1] I.** v. tr. **1.** Se rendre, par sa conduite, digne de (une récompense) ou passible de (une sanction). *Mériter l'estime de ses concitoyens. Mériter un blâme.* – *Mériter de* (+ inf.). *Il mérite d'être puni.* – *Mériter que* (+ subj.). *Il mérite qu'on fasse une exception.* ▷ *Mériter qqn,* en être digne. *On a les amis qu'on mérite.* **2.** Donner droit à. *Tout travail mérite salaire.* **II.** v. tr. indir. Litt. *Avoir bien mérité de la patrie, de l'État :* avoir rendu de grands services à la patrie, à l'État.

méritocratie [meʀitokʀasi] n. f. Système socioculturel privilégiant le mérite individuel.

méritoire [meʀitwaʀ] adj. (Choses, actions.) Louable, digne d'estime.

merl [mɛʀl] n. m. V. maërl.

merlan [mɛʀlɑ̃] n. m. Poisson gadiforme à trois nageoires dorsales et deux anales, long de 20 à 40 cm, qui vit en bancs près du littoral européen.

merle [mɛʀl] n. m. Oiseau passériforme dont une espèce très répandue en Europe, le merle noir *(Turdus merula),* est remarquable pour son dimorphisme sexuel. *Le merle mâle a le plumage noir et le bec jaune, la femelle et les jeunes sont brun-roux. Siffler comme un merle.* ▷ *Merle blanc :* personne, chose très rare, introuvable. ▷ *Merle d'eau :* V. cincle. ▷ *Merle métallique : V. étourneau.*

Merleau-Ponty (Maurice) (1908 – 1961), philosophe français : *Phénoménologie de la perception* (1945). Il rompit avec Sartre : *les Aventures de la dialectique* (1955).

merlette [mɛʀlɛt] n. f. Femelle du merle.

merlin [mɛʀlɛ̃] n. m. **1.** Hache pour fendre le bois. **2.** Grosse masse servant à abattre les bœufs destinés à la boucherie.

Merlin, dit **l'Enchanteur,** magicien légendaire du roman breton*.

merlu [mɛʀly] n. m. Rég. Grand poisson gadiforme des eaux profondes (genre *Merluccius*), très répandu dans l'Atlantique, à dos gris et ventre blanc, souvent vendu sous le nom de *colin.*

merluche [mɛʀlyʃ] n. f. Nom commercial donné à divers poissons gadiformes séchés.

Mermoz (Jean) (1901 – 1936), aviateur français. Il créa les lignes France-

Amérique du Sud et Rio de Janeiro-Santiago du Chili. Il disparut à bord de l'hydravion *Croix-du-Sud*.

méro-. V. -mère.

Méroé ou **Merowe,** v. au N. du Soudan, sur le Nil en aval de la 4ᵉ cataracte, cap. du royaume de Koush* de 530 av. J.-C, à 330 apr. J.-C. D'abord liée à l'Égypte, elle s'africanisa de plus en plus. Ses vestiges (architecturaux et sculpturaux) montrent que la civilisation *méroïtique* associa les influences égyptienne et hellénistique.

mérostomes [meʀɔstom] n. m. pl. PALEONT, ZOOL Classe d'arthropodes marins, tous fossiles, la limule exceptée. – Sing. *Un mérostome.*

mérou [meʀu] n. m. Poisson des mers chaudes (divers genres, ordre des perciformes), long de 1 à 2 m, massif, à grosse tête, dont la chair est très estimée. *Certains mérous pèsent plus de 200 kg.*

Mérovée ou **Merowig,** roi légendaire (Vᵉ s.), ancêtre des Mérovingiens.

Mérovingiens, dynastie de rois francs saliens, issue de Mérovée, qui régna sur la Gaule après les conquêtes de Clovis (481-511) et qui fut évincée en 751 par les Carolingiens.

Mers el-Kébir (auj. *Al-Marsa Al-Kabīr*, «le Grand Port»), ville d'Algérie (wilaya d'Oran); 11450 hab. Port de pêche doté d'une rade profonde et bien abritée, sur le golfe d'Oran. – La base navale française (créée en 1935) fut évacuée en 1968. – Le 3 juil. 1940, une escadre française à l'ancre y fut détruite par les Brit.; son amiral, Gensoul, avait refusé l'alternative brit. : se joindre aux Alliés ou se laisser désarmer; 1300 marins français périrent.

Mersenne (Marin) (1588 – 1648), prêtre, philosophe et savant français; ami de Descartes. Il fit progresser l'acoustique.

Mertens (Pierre) (né en 1939), écrivain belge d'expression française. Romancier du déracinement intime : *l'Inde ou l'Amérique* (1969), *Terre d'asile* (1978), *Ombres au tableau* (1982), *les Éblouissements* (1987), *les Phoques de San Francisco* (1991), *une Paix royale* (1995), il a écrit un livret d'opéra : *la Passion de Gilles* (1982).

Mertert, port fluvial du Luxembourg sur la Moselle canalisée; 4000 hab.

Meru (mont), sommet du nord de la Tanzanie se dressant à l'ouest du Kilimandjaro (4566 m).

merveille [mɛʀvɛj] n. f. **1.** Chose qui suscite l'admiration; personne remarquable, étonnante. – *Les Sept Merveilles du monde :* les sept ouvrages cités par le Grec Strabon dans sa *Géographie :* le mausolée d'Halicarnasse, le temple d'Artémis à Éphèse, la statue chryséléphantine de Zeus Olympien par Phidias, le colosse de Rhodes, le phare d'Alexandrie, les jardins suspendus de Babylone, les pyramides d'Égypte (seul ouvrage subsistant auj.). – Fig. et souvent iron. *C'est la huitième merveille du monde.* ▷ *Faire merveille* ou *faire des merveilles :* se distinguer par des qualités, une action remarquables. ▷ *Promettre monts et merveilles :* faire des promesses exagérées, que l'on ne pourra tenir. ▷ Loc. adv. *À merveille :* très bien, remarquablement. **2.** CUIS Beignet sucré, de forme ronde ou triangulaire.

merveilleusement [mɛʀvɛjøzmɑ̃] adv. D'une façon merveilleuse.

merveilleux, euse [mɛʀvɛjø, øz] adj. et n. m. **I.** adj. Étonnant, prodigieux, qui suscite l'admiration. *Une œuvre merveilleuse.* ▷ Excellent en son genre. *Un vin merveilleux.* ▷ Magique, surnaturel. *Les pouvoirs merveilleux des marabouts.* **II.** n. m. **1.** Ce qui est extraordinaire, inexplicable. ▷ Intervention d'êtres surnaturels, de phénomènes inexplicables qui concourent au développement d'un récit littéraire. *Le merveilleux dans l'épopée.* – Genre littéraire qui recourt au merveilleux. *Le merveilleux, le fantastique et l'étrange.* **2.** (Belgique) CUIS Pâtisserie composée de meringue et de crème fraîche, parfois enrobée de chocolat.

merzlota [mɛʀzlɔta] n. f. GEOGR Couche du sol et du sous-sol gelée en permanence dans les régions voisines des pôles. V. permafrost.

mes [me] adj. poss. pl. V. mon.

més-. V. mé-.

mésalliance [mezaljɑ̃s] n. f. Fait de se mésallier.

mésallier (se) [mezalje] v. pron. [**2**] Épouser une personne d'une condition considérée comme inférieure.

mésange [mezɑ̃ʒ] n. f. Oiseau passériforme insectivore, long de 10 à 14 cm, au plumage coloré, aux mouvements vifs, dont la plupart des espèces appartiennent au genre *Parus.*

mésaventure [mezavɑ̃tyʀ] n. f. Aventure désagréable, fâcheuse.

mescaline [mɛskalin] n. f. Alcaloïde doté de propriétés hallucinogènes, extrait du peyotl.

mesdames, mesdemoiselles [medam, medmwazɛl] n. f. pl. V. madame, mademoiselle.

mésencéphale [mezɑ̃sefal] n. m. ANAT Partie du cerveau de l'adulte qui correspond à la région moyenne de l'encéphale de l'embryon et qui comprend les tubercules quadrijumeaux et les pédoncules cérébraux.

mésenchyme [mezɑ̃ʃim] n. m. ANAT Tissu conjonctif embryonnaire.

mésentente [mezɑ̃tɑ̃t] n. f. Défaut d'entente, désaccord.

mésentère [mezɑ̃tɛʀ] n. m. ANAT Partie du péritoine unissant l'intestin grêle à la paroi abdominale.

mésestimer [mezestime] v. tr. [**1**] Litt. Ne pas apprécier à sa juste valeur. *Mésestimer un artiste, son talent.*

Meseta, plateau élevé du centre de l'Espagne présentant une surface grossièrement tabulaire.

Meseta marocaine, région du Maroc, située à l'O. du Moyen Atlas et au sud du Rif.

Meshhad. V. Meched.

Mésie, anc. contrée des Balkans qui correspond partiellement à l'antique Thrace et à la Bulgarie actuelle. Les Romains la conquirent entre 75 et 29 av. J.-C. Au Iᵉʳ s. apr. J.-C., Domitien la divisa en deux provinces : la Mésie supérieure et la Mésie inférieure (Bulgarie actuelle). À partir du VIᵉ s., des Slaves et des Bulgares s'installèrent dans la région.

mésintelligence [mezɛ̃teliʒɑ̃s] n. f. Défaut de compréhension mutuelle, d'entente.

Meskhets, Turcs originaires de Géorgie, déportés par Staline en Ouzbékistan* en 1944, sous prétexte de collaboration avec les armées allemandes.

Mesmer (Franz Anton) (1734 – 1815), médecin allemand; il créa la doctrine du magnétisme animal.

méso-. Préf., du gr. *mesos,* «au milieu, médian».

mésocarpe [mezokaʀp] n. m. BOT Partie médiane des tissus du fruit. *Le mésocarpe des drupes et des baies est charnu.*

mésoderme [mezodɛʀm] ou **mésoblaste** [mezoblast] n. m. BIOL Feuillet embryonnaire situé entre l'ectoderme et l'endoderme, qui, au cours du développement, donne naissance aux muscles, au sang, au squelette, aux appareils urogénital et cardio-vasculaire.

mésolithique [mezolitik] adj. et n. m. PREHIST Se dit de la période préhistorique intermédiaire entre l'épipaléolithique et le néolithique. ▷ n. m. *Le mésolithique (v. 10000 – v. 5000 av. J.-C.) marque les débuts de la sédentarisation agricole.*

mésomérie [mezomeʀi] n. f. CHIM Théorie qui décrit une molécule par une série de formules limites, qui se déduisent les unes des autres par le déplacement de certaines liaisons, le squelette restant le même. (La mésomérie permet d'expliquer les propriétés particulières de certaines molécules.) V. résonance.

mésomorphe [mezomɔʀf] adj. CHIM Se dit d'états de la matière intermédiaires entre l'état cristallin et l'état liquide. *Les cristaux liquides sont des corps mésomorphes.*

méson [mezɔ̃] n. m. PHYS NUCL Particule instable subissant l'interaction* forte (hadron) et constituée d'une paire quark-antiquark. *Méson* π (pi) ou «pion». *Méson K* ou «kaon».

Mésopotamie (du gr. *mesos,* «au milieu», et *potamos,* «fleuve»), région située en Asie occid., entre le Tigre et l'Euphrate. Avant sa transformation en prov. de l'Empire achéménide (539 av. J.-C., conquête de Babylone par Cyrus II le Grand, roi des Perses), la Mésopotamie fut un très brillant foyer de civilisation, dont l'histoire peut se diviser en quatre grandes périodes : *sumérienne et akkadienne* (IVᵉ-IIIᵉ millénaire); *babylonienne* (XVIIIᵉ-XVIᵉ s.); *assyrienne* (XIIᵉ-VIIᵉ s.); *néobabylonienne* (VIIᵉ-VIᵉ s.). Soumise en 331 av. J.-C. par Alexandre, intégrée dans l'Empire séleucide (321 av. J.-C.), tombée sous la domination des Parthes (141 av. J.-C.), puis temporairement organisée en prov. romaine sous Trajan (117 apr. J.-C.), la Mésopotamie fut définitivement conquise par les Arabes entre 637 et 641. Elle constitue auj. la plus grande partie de l'Irak.

mésopotamien, enne [mezopɔtamjɛ̃, ɛn] adj. De Mésopotamie. *Civilisation mésopotamienne.*

mésosphère [mezosfɛʀ] n. f. METEO Partie de l'atmosphère située entre 40 et 80 km d'alt., entre la stratosphère et la thermosphère.

mésothérapie [mezoteʀapi] n. f. MED Mode d'administration médicamenteuse par une série de micro-injections intradermiques au niveau de la zone malade.

mésothorax [mezotɔʀaks] n. m. ZOOL Deuxième segment du thorax des insectes (entre le prothorax et le métathorax), qui porte les ailes supérieures ou les élytres.

mésozoïque [mezozɔik] adj. GEOL, PALEONT De l'ère secondaire. ▷ n. m. *Le mésozoïque :* le secondaire.

mesquin, ine [mɛskɛ̃, in] adj. **1.** (Choses) Qui manque de grandeur, de noblesse, de générosité. *Procédés mesquins.* **2.** (Personnes) Qui est attaché à ce qui est petit, médiocre. – Par ext. *Esprit mesquin.* **3.** Qui témoigne d'une parcimonie excessive. *Somme mesquine.*

mesquinerie [mɛskinʀi] n. f. **1.** Caractère d'une chose ou d'une personne mesquine. *La mesquinerie de ces accusations. – Agir avec mesquinerie.* ▷ Avarice. **2.** Action mesquine. *Il est capable de mesquineries sordides.*

mess [mɛs] n. m. Lieu où les officiers, les sous-officiers d'une même unité prennent ensemble leurs repas.

message [mesaʒ] n. m. **1.** Commission de transmettre qqch. *Être chargé, s'acquitter d'un message.* **2.** Ce que l'on transmet (objet, information, etc.). *Recevoir, transmettre un message. – Message téléphoné.* ▷ *Message publicitaire* (off. recommandé pour traduire l'amér. *spot*). **3.** Contenu d'une œuvre considérée comme dotée d'un sens profond et important. *Film à message.* **4.** DR Communication officielle adressée par le chef de l'État au pouvoir législatif. **5.** En sémiologie, en cybernétique, ensemble de signaux organisés selon un code et qu'un émetteur transmet à un récepteur par l'intermédiaire d'un canal. ▷ INFORM Ensemble de données à transmettre par voie de communication informatique.

messager, ère [mesaʒe, ɛʀ] n. **1.** Personne chargée d'un message. **2.** Ce qui annonce une chose; avant-coureur. **3.** BIOL *A.R.N. messager :* V. ribonucléique.

Messager (André) (1853 – 1929), compositeur français d'opérettes : *Véronique* (1898), etc.

messagerie [mesaʒʀi] n. f. **1.** Service de transport de marchandises; bureaux d'un tel service. – *Messageries maritimes. – Messageries de presse,* qui se chargent d'assurer le routage des périodiques. **2.** *Messagerie électronique :* système de communication organisé autour d'un serveur, qui permet à l'utilisateur d'adresser et de recevoir des messages par le truchement d'un terminal informatique. (V. courrier* électronique.)

Messali Hadj (Ahmad) *(Ahmad Masālī al-Hāğğ)* (1898 – 1974), homme politique algérien; fondateur de l'Étoile nord-africaine (1924), qui devint en 1937 le Parti populaire algérien, et en 1946 le Mouvement pour le triomphe des libertés démocratiques. Ses partisans, regroupés dans le Mouvement nationaliste algérien (M.N.A.) à partir de 1954, s'opposèrent au F.L.N.

Messaline (en lat. Valeria Messalina) (v. 25 – 48 apr. J.-C.), impératrice romaine; cinquième femme de Claude, dont elle eut deux enfants : Octavie et Britannicus. Débauchée, elle eut sans doute aussi des ambitions polit.; Claude la fit assassiner au moment de son scandaleux mariage avec Silius Caius.

messe [mɛs] n. f. Cérémonie rituelle du culte catholique, célébrée par le prêtre, qui commémore le sacrifice du Christ. *Célébrer la messe. – Aller à la messe :* se rendre à l'église pour assister à la messe; *par ext.* pratiquer (sens I, 3). – *Messe de minuit,* célébrée la nuit de Noël. – *Messe basse,* dont aucune partie n'est chantée (par oppos. à *grand-messe*).

Messerschmitt (Willy) (1898 – 1978), ingénieur et industriel allemand. Il construisit notam. des avions de chasse et, en 1938, le premier avion à réaction produit en série (utilisé en nov. 1944).

Messiaen (Olivier) (1908 – 1992), compositeur et organiste français. Il s'est inspiré du plain-chant grégorien, des chants d'oiseaux et des rythmes orientaux : *Quatuor pour la fin des temps* (1941).

messianique [mesjanik] adj. Qui a rapport au Messie, à sa venue. – Relatif au messianisme.

messianisme [mesjanism] n. m. **1.** Croyance en l'avènement du royaume de Dieu sur la terre, dont le Messie sera l'initiateur. **2.** (Afr. subsah.) Religion syncrétique s'inspirant de la religion traditionnelle, du christianisme et, à un moindre degré, de l'islam, caractérisée par des rituels collectifs d'exorcisme.

messie [mesi] n. m. Libérateur, rédempteur des péchés, que Dieu promit aux hommes dans l'Ancien Testament, et que les chrétiens reconnaissent en Jésus-Christ. ▷ Fig., fam. *Attendre qqn comme le Messie,* en mettant en lui beaucoup d'espoir.

messieurs [mɛsjø] n. m. pl. V. monsieur.

Messine, v. et port de voyageurs d'Italie (Sicile), sur le détroit de Messine; 264 850 hab.; ch.-l. de la prov. du m. nom. Industries. – Archevêché. Université. Musée. – La ville fut détruite par un séisme en 1908.

Messine (Antonello de). V. Antonello da Messina.

Messys. V. Matsys.

mesurable [məzyʀabl] adj. Qui peut être mesuré.

mesurage [məzyʀaʒ] n. m. TECH Action de mesurer.

mesure [m(ə)zyʀ] n. f. **I. 1.** Évaluation d'une grandeur par comparaison avec une grandeur constante de même espèce prise comme référence (unité, étalon). *Mesure d'une distance au mètre près. – Appareil de mesure.* **2.** Quantité, grandeur déterminée par la mesure et, spécial., dimension. *Vérifier une mesure. – Prendre les mesures d'une pièce d'étoffe.* ▷ *Spécial.* Dimensions du corps d'une personne. *Vêtement fait aux mesures de qqn, sur mesure.* – Fig. *Sur mesure :* spécialement adapté à une personne, à une situation, à un objectif. **3.** Quantité, grandeur servant d'unité; étalon matériel servant à mesurer. *Le mètre, mesure de longueur. – Le système des poids et mesures.* ▷ Fig. *Commune mesure* (seulement en tournure négative) : comparaison, rapport qu'il est possible d'établir entre deux personnes, deux choses, deux situations. *Il n'y a pas de commune mesure entre lui et eux. – Faire deux poids, deux mesures :* juger différemment deux choses identiques; être partial. **4.** Récipient servant de mesure. *Mesures en bois* (pour les grains), *en étain* (pour les liquides). ▷ Quantité contenue dans une mesure. *Versez une mesure de lait pour deux mesures d'eau.* **5.** Fig. Valeur, capacité d'une personne. *Il a donné toute sa mesure, toute la mesure de son talent, dans cette affaire,* il a montré ce dont il était capable. **6.** Loc. *À la mesure de :* proportionné à. *Une réussite à la mesure de son talent.* ▷ *Dans la mesure où :* dans la proportion où. – *Dans la mesure du possible :* autant qu'il est possible. ▷ Loc. conj. *À mesure que :* simultanément et dans la même proportion que. *Les troupes ennemies fuyaient à mesure que nous avancions.* ▷ adv. *Au fur et à mesure :* V. fur. **7.** Division régulière ou périodique de la durée. – MUS Division de la durée musicale en parties égales, marquée dans l'exécution par des séquences rythmiques correspondant à l'espace compris entre deux barres verticales sur la partition écrite. *Barre de mesure. – Battre la mesure,* l'indiquer matériellement (en tapant du pied, par ex.). *Mesure à trois temps. – Chanter, danser en mesure,* en suivant correctement la mesure. **8.** Loc. *Être en mesure de :* être capable, avoir le pouvoir de. **II. 1.** Limites de la bienséance, de ce qui est considéré comme normal, souhaitable. *Dépasser la mesure.* ▷ *Une jalousie sans mesure. – Outre mesure :* d'une manière excessive. **2.** Modération, pondération dans sa manière d'agir, de se conduire, de penser, de parler. *Avoir le sens de la mesure.* **III.** Moyen que l'on se donne pour obtenir qqch. *Il a pris des mesures pour que cela ne se reproduise plus. Mesures fiscales impopulaires.*

mesuré, ée [məzyʀe] adj. **1.** Réglé précisément par la mesure. – *Pas mesurés,* lents. **2.** Modéré, qui a de la mesure. *Paroles mesurées.*

mesurer [məzyʀe] v. [1] **I.** v. tr. **1.** Évaluer (un volume, une surface, une longueur) par la mesure. *Mesurer un champ.* **2.** (Abstrait) Évaluer, apprécier. *Mesurer l'étendue du désastre.* **3.** Essayer (sa force, son talent) contre qqn ou qqch pour déterminer sa valeur. *Mesurer sa force avec* (ou *contre*) *qqn.* **4.** Proportionner. *Mesurer le châtiment à la faute.* **5.** Modérer. *Mesurer ses paroles.* **6.** Donner, distribuer avec parcimonie. *Le temps nous est mesuré,* nous est compté. **II.** v. intr. Avoir pour mesure. *Ce mur mesure deux mètres.* – Avoir pour taille. *Il mesure 1,80 m.* **III.** v. pron. **1.** (Passif) Être mesurable. *Le bois se mesure en stères.* **2.** *Se mesurer à, avec qqn,* essayer ses forces contre lui.

mesureur [məzyʀœʀ] n. m. **1.** Celui qui est chargé de mesurer. **2.** Appareil de mesure.

méta-. Élément, du gr. *meta,* «après, au-delà de», qui indique le changement, la postériorité, la supériorité, le dépassement. ▷ CHIM Préfixe utilisé pour caractériser un corps moins hydraté qu'un autre, pour distinguer certains composés benzéniques de leurs isomères ortho- ou para-, et pour désigner certains polymères. (Abrév. : m-).

méta [meta] n. m. (Nom déposé.) Abrév. de *métaldéhyde.*

métabolique [metabɔlik] adj. BIOL Du métabolisme; relatif au métabolisme.

métabolisme [metabɔlism] n. m. BIOL Ensemble des réactions biochimiques qui se produisent au sein de la matière vivante et par lesquelles certaines substances s'élaborent (anabolisme) ou se dégradent en libérant de l'énergie (catabolisme). ▷ MED *Métabolisme de base* ou *basal :* quantité de chaleur produite par un sujet à jeun et au repos, par heure et par mètre carré de la surface du corps.

métabolite [metabɔlit] n. m. BIOL Substance résultant de la transformation d'une matière organique au cours d'une réaction métabolique.

métacarpe [metakaʀp] n. m. ANAT Partie du squelette de la main située entre le carpe (poignet) et les doigts.

métacarpien, enne [metakaʀpjɛ̃, ɛn] adj. et n. m. ANAT Du métacarpe, relatif au métacarpe. ▷ n. m. Chacun des cinq os qui forment le métacarpe.

métairie [meteʀi] n. f. Domaine rural exploité par un métayer.

métal, aux [metal, o] n. m. **1.** Corps simple, le plus souvent ductile et malléable, d'un éclat particulier («éclat métallique») et dont un oxyde au moins est basique. – *Métaux précieux :* l'or, l'argent, le platine. – *Métal natif* ou *vierge,* qui se trouve dans la nature à l'état pur. – *Métaux de transition :* V. transition. ▷ Matière métallique (pure ou d'alliage). *Métal blanc :* alliage à prédominance d'étain dont la couleur rappelle l'argent. **2.** Fig., litt. Fond du caractère. *De quel métal est-il donc fait?* ENCYCL Les métaux sont caractérisés par leur éclat, leur pouvoir réflecteur, leur conductibilité thermique et électrique. Ils ont tendance à perdre des électrons et diffèrent en cela des non-métaux. La plupart des métaux cristallisent dans des systèmes simples à structure très compacte. Les propriétés physiques d'un métal, en partic. sa conductivité, s'expliquent par la nature de la liaison entre ses atomes (V. encycl. liaison). Dans la *liaison métallique,* les électrons cédés par les atomes constituent un nuage électronique qui se déplace librement dans le cristal entre les interstices laissés par les ions. Les propriétés mécaniques des métaux (dureté, résistance et malléabilité) sont étroitement liées à leur texture cristalline. Les métaux ont la propriété de former des *alliages* entre eux ou avec certains non-métaux. Certains possèdent par ailleurs d'importantes propriétés magnétiques. Les atomes métalliques peuvent former, par association avec d'autres atomes, des *complexes* plus ou moins stables. Dans l'industrie, on distingue les métaux ferreux et les métaux non ferreux. Les métaux entrent sous forme d'oligo-éléments dans la composition des organismes vivants.

métalangage [metalɑ̃gaʒ] n. m. ou **métalangue** [metalɑ̃g] n. f. LING Langage utilisé pour décrire un autre langage, une langue naturelle.

métaldéhyde [metaldeid] n. m. CHIM Polymère de l'aldéhyde éthylique, combustible solide utilisé notam. sous le nom commercial de *méta.*

métalinguistique [metalɛ̃gɥistik] adj. LING Qui relève du métalangage, de la métalangue.

métallerie [metal(l)ʀi] n. f. CONSTR Fabrication et pose d'ouvrages métalliques (notam. serrurerie).

métallifère [metal(l)ifɛʀ] adj. Qui contient un métal. *Sol métallifère.*

Métallifères (monts) (en all. *Erzgebirge,* en tchèque *Krušné Hory*), chaîne hercynienne (1 244 m au *Klinoveć,* en Bohême), qui sépare l'Allemagne et la Rép. tchèque. Grande région industrielle.

métallique [metal(l)ik] adj. **1.** Qui est en métal. *Pont métallique.* **2.** Propre au métal. *Un son métallique.* ▷ Fig. *Voix métallique.* **3.** CHIM *Élément non métallique :* non-métal.

métallisation [metal(l)izasjɔ̃] n. f. TECH Opération consistant à recouvrir un corps d'une mince couche de métal.

métallisé, ée [metal(l)ize] adj. *Peinture métallisée,* contenant une poudre métallique qui lui donne un aspect brillant et pailleté.

métalliser [metal(l)ize] v. tr. [1] **1.** Donner un aspect métallique à. **2.** TECH Procéder à la métallisation de.

métallographie [metalogʀafi] n. f. TECH Étude de la structure et des propriétés des métaux et des alliages.

métalloïde [metal(l)ɔid] n. m. CHIM Élément intermédiaire entre un métal et un non-métal. Syn. semi-métal.

métalloplastique [metaloplastik] adj. TECH Qui allie certaines des propriétés du métal et de la matière plastique. *Joint métalloplastique.*

métallurgie [metalyʀʒi] n. f. **1.** Ensemble des techniques et des opérations nécessaires à l'extraction, à l'affinage et au travail des métaux. **2.** Ensemble des installations et des établissements industriels qui assurent ces tâches. ▷ *Métallurgie de transformation :* industrie de la construction mécanique (machines, véhicules, etc.).

métallurgique [metalyʀʒik] adj. Relatif à la métallurgie.

métallurgiste [metalyʀʒist] adj. et n. m. Qui s'occupe de métallurgie, qui travaille dans la métallurgie. *Ingénieur métallurgiste.* ▷ n. m. Ouvrier de la métallurgie.

métalogique [metalɔʒik] adj. et n. f. **1.** adj. LOG Qui sert de fondement à la logique. **2.** n. f. Théorie des énoncés d'une logique formalisée et des règles de son fonctionnement.

métamère [metamɛʀ] n. m. ZOOL Chacun des segments successifs, présentant la même organisation, du corps des annélides et des arthropodes.

métamorphique [metamɔʀfik] adj. GEOL Relatif au métamorphisme; produit par métamorphisme. *Le micaschiste est une roche métamorphique.*

métamorphisme [metamɔʀfism] n. m. GEOL Ensemble des transformations (minéralogiques, structurales, etc.) qui affectent une roche soumise à des conditions de température et de pression différentes de celles de sa formation.

métamorphose [metamɔʀfoz] n. f. **1.** Changement d'une forme en une autre. *La métamorphose des bourgeons en fleurs et en feuilles.* **2.** Ensemble des transformations successives que subissent les larves de certains animaux (amphibiens, insectes, etc.) pour atteindre l'état adulte. **3.** Fig. Changement complet dans l'apparence, l'état, la nature d'une personne ou d'une chose. *Métamorphoses d'un comédien, d'un paysage.*

métamorphoser [metamɔʀfoze] v. [1] **I.** v. tr. **1.** Opérer la métamorphose de. *Zeus métamorphosa Niobé en rocher.* **2.** Fig. Modifier profondément l'apparence, l'état, la nature de (qqn, qqch). *Son succès l'a métamorphosé.* ▷ v. pron. *Hypothèses qui se métamorphosent en affirmations.* **II.** v. pron. ZOOL Subir une métamorphose.

métaphase [metafaz] n. f. BIOL Deuxième phase de la division du noyau cellulaire. (V. mitose.)

métaphore [metafɔʀ] n. f. Figure de rhétorique qui consiste à donner à un mot un sens qu'on ne lui attribue que par une analogie implicite. *«Le printemps de la vie» est une métaphore pour parler de la jeunesse.*

métaphorique [metafɔʀik] adj. **1.** Qui appartient à la métaphore. *Sens métaphorique.* **2.** Qui abonde en métaphores. *Style métaphorique.*

métaphoriquement [metafɔʀikmɑ̃] adv. D'une manière métaphorique.

métaphyse [metafiz] n. f. ANAT Segment d'un os long compris entre la diaphyse et l'épiphyse.

métaphysicien, enne [metafizisjɛ̃, ɛn] n. Personne qui fait de la métaphysique son étude.

métaphysique [metafizik] n. f. Recherche rationnelle de la connaissance des choses en elles-mêmes, au-delà de leur apparence sensible et des connaissances que l'on en a grâce aux sciences positives; *spécial.* Ensemble des spéculations sur les idées, la vérité, Dieu, etc. – *Par ext.* Toute théorie générale abstraite. ▷ adj. Qui concerne la métaphysique. *Certitude métaphysique.*

métaplasie [metaplazi] n. f. BIOL Transformation d'un tissu différencié en un autre tissu différencié, normal sur le plan cellulaire mais anormal quant à sa localisation dans l'organisme.

métastable [metastabl] adj. CHIM Qualifie un système physico-chimique qui n'a pas atteint la stabilité, mais dont la vitesse de transformation est suffisamment faible pour qu'il présente les caractères de la stabilité. *La surfusion d'un liquide est un équilibre métastable.*

métastase [metastaz] n. f. MED Localisation dans un ou plusieurs points du corps de cellules ayant migré d'un foyer primitif infectieux, parasitaire ou cancéreux.

Métastase (Pierre) [en ital. *Pietro Trapassi,* dit *Metastasio*] (1698 – 1782), poète italien, installé à la cour de Vienne de 1730 à sa mort; auteur de «mélodrames» (tragédies musicales) et de textes mis en musique par J.-Ch. Bach, Haendel, Mozart.

métatarse [metataʀs] n. m. ANAT Partie du squelette du pied située entre le tarse (cheville) et les orteils.

métatarsien, enne [metataʀsjɛ̃, ɛn] adj. et n. m. ANAT Du métatarse; relatif au métatarse. ▷ n. m. Chacun des cinq os qui forment le métatarse.

métathériens [metateʀjɛ̃] n. m. pl. ZOOL Sous-classe de mammifères renfermant actuellement seulement des marsupiaux. – Sing. *Un métathérien.*

métathèse [metatɛz] n. f. LING Déplacement ou interversion d'un phonème ou d'une syllabe à l'intérieur d'un mot ou d'un groupe de mots. *«Berbis»* (XIe s.) *est devenu «brebis» en français moderne par métathèse.*

métathorax [metatɔʀaks] n. m. ZOOL Troisième et dernier segment du thorax des insectes, qui porte la paire d'ailes postérieures.

métayage [metejaʒ] n. m. Système de louage agricole selon lequel l'exploitant partage les récoltes avec le propriétaire.

métayer, ère [meteje, ɛʀ] n. Personne qui exploite un domaine rural selon le système du métayage. Syn. (Haïti) de-moitié.

métazoaire [metazɔɛʀ] n. m. ZOOL Animal pluricellulaire (par oppos. à *protozoaire*).

Metchnikoff (Ilia Ilitch Metchnikov, dit Élie) (1845 – 1916), microbiologiste russe. À Paris, il collabora avec Pasteur. Il découvrit la phagocytose (1884). Prix Nobel de médecine 1908.

Metellus (Jean) (né en 1937), écrivain haïtien. Poète, il chanta avec passion son pays (*Au pipirit chantant,* 1978) puis écrivit en France des romans : *Jacmel au crépuscule* (1981), *la Famille Vortex* (1982), *Une eau-forte* (1983), dont l'action se déroule en Suisse, *Charles-Honoré Bonnefoy* (1990). Il n'abandonna pas la poésie (*Voyance,* 1985) et donna au théâtre *Anacoana* (1988).

Metemma (bataille de), localité d'Éthiopie où l'empereur Johannès IV vainquit en 1889 le Mahdi (V. Muhammad Ahmad ibn Abd Allah), mais il fut tué.

métempsycose ou **métempsychose** [metɑ̃psikoz] n. f. PHILO, RELIG Transmigration, après la mort, de l'âme d'un corps dans un autre.

météo [meteo] n. f. et adj. Fam. Abrév. de *météorologie, météorologique.*

Meteor Crater, grand cratère, à l'origine creusé par une météorite, situé en Arizona; son diamètre est de 1 300 m et sa profondeur de 175 m.

météore [meteɔʀ] n. m. **1.** ASTRO Cour. Météorite. **2.** Fig. Personne dont la carrière est brillante mais très brève.

Météores (les), monastères de Thessalie (Grèce) bâtis sur des rochers escarpés et d'accès difficile.

météorique [meteɔʀik] adj. Relatif aux météores.

météorisation [meteɔʀizasjɔ̃] n. f. MED VET Accumulation dans l'estomac ou l'intestin de gaz avec ou sans liquide et débris alimentaires, due à une indigestion. *Météorisation gazeuse, spumeuse.*

météorisme [meteɔʀism] n. m. MED Accumulation de gaz dans l'intestin.

météorite [meteɔʀit] n. f. ou m. Fragment minéral provenant de l'espace et traversant l'atmosphère terrestre.

météorologie [meteɔʀɔlɔʒi] n. f. Science ayant pour objet la connaissance des phénomènes atmosphériques et des lois qui les régissent, et l'application de ces lois à la prévision du temps. (Abrév. : météo).

météorologique [meteɔʀɔlɔʒik] adj. Relatif à la météorologie. *Bulletin météorologique.* (Abrév. : météo).

météorologiste [meteɔʀɔlɔʒist] ou **météorologue** [meteɔʀɔlɔg] n. Spécialiste de météorologie.

méthadone [metadɔn] n. f. PHARM Dérivé de la morphine utilisé dans les cures de sevrage des toxicomanes.

méthanal [metanal] n. m. CHIM Premier terme des aldéhydes de formule H–CHO. Anc. nom : aldéhyde formique (V. formol).

méthane [metan] n. m. CHIM Hydrocarbure saturé, de formule CH_4.

méthanier [metanje] n. m. Navire spécialement conçu pour le transport du gaz naturel liquéfié.

méthanol [metanɔl] n. m. CHIM Alcool méthylique.

méthionine [metjɔnin] n. f. BIOL Acide aminé soufré essentiel qui fournit les méthyles dont la cellule a besoin.

méthode [metɔd] n. f. **1.** PHILO Marche rationnelle de l'esprit pour arriver à la connaissance ou à la démonstration de la vérité. «*Discours de la méthode*» *(Descartes).* **2.** Ensemble de procédés, de moyens pour arriver à un résultat. *Méthode d'enseignement. Méthodes de fabrication d'un produit.* – Fam. Manière de procéder. *Je connais la méthode pour le convaincre.* **3.** Ouvrage d'enseignement élémentaire. *Méthode de piano.* **4.** Qualité d'esprit consistant à savoir classer et ordonner les idées, à savoir effectuer un travail avec ordre et logique. *Avoir de la méthode.* – Disposition ordonnée et logique. *Livre composé sans méthode.*

Méthode (saint) (v. 825 – 885), religieux chrétien, originaire de Thessalonique. En 864, l'empereur Michel III l'envoya avec son frère Cyrille en Moravie. À la mort de celui-ci (869), il partit seul pour la Pannonie (Hongrie). Les deux frères traduisirent la Bible en slavon, utilisant un alphabet dérivé du grec (V. cyrillique et glagolitique). Évêque de Pannonie, Méthode eut juridiction sur presque tous les pays slaves. La destruction du royaume de Moravie par les Hongrois (v. 910) ruina son œuvre. Mais les disciples des deux frères, établis en Bulgarie, transmirent la liturgie slave aux Serbes et aux Russes.

méthodique [metɔdik] adj. **1.** Fait avec méthode. *Recherches méthodiques.* Syn. systématique. **2.** Qui a de la méthode. *Esprit méthodique.*

méthodiquement [metɔdikmɑ̃] adv. Avec méthode.

méthodisme [metɔdism] n. m. RELIG Mouvement protestant s'appuyant sur la doctrine de Wesley.

méthodiste [metɔdist] adj. et n. RELIG Relatif au méthodisme. *Église méthodiste.* ▷ Subst. Adepte du méthodisme. *Les méthodistes sont environ 20 millions dans le monde.*

méthodologie [metɔdɔlɔʒi] n. f. **1.** PHILO Partie de la logique qui étudie les méthodes des différentes sciences. (V. épistémologie.) **2.** Cour. Ensemble des méthodes appliquées à un domaine particulier de la science, de la recherche.

méthodologique [metɔdɔlɔʒik] adj. Relatif à la méthodologie.

méthyle [metil] n. m. CHIM Radical monovalent CH_3. – *Chlorure de méthyle* (CH_3Cl), employé comme agent frigérant et anesthésique.

méthylène [metilɛn] n. m. **1.** COMM Alcool méthylique. **2.** CHIM Radical bivalent CH_2. ▷ *Chlorure de méthylène :* liquide volatil de formule CH_2Cl_2, utilisé comme solvant. ▷ *Bleu de méthylène :* liquide colorant utilisé comme antiseptique.

méthylique [metilik] adj. CHIM Qui renferme le radical méthyle. *Alcool méthylique* ou *méthanol,* de formule CH_3OH, utilisé dans la fabrication du formol et comme solvant.

méthylorange [metilɔʀɑ̃ʒ] n. m. CHIM Syn. de *hélianthine.*

méticuleusement [metikyløzmɑ̃] adv. D'une manière méticuleuse.

méticuleux, euse [metikylø, øz] adj. **1.** Scrupuleux. **2.** Minutieux. *Esprit méticuleux.* **3.** Qui demande un grand soin. *Travail méticuleux.*

méticulosité [metikylozite] n. f. **1.** Caractère d'une personne méticuleuse. **2.** Caractère d'une activité qui demande un grand soin.

métier [metje] n. m. **I. 1.** Occupation manuelle ou mécanique qui permet de gagner sa vie. *Le métier de menuisier. Corps de métier.* **2.** Profession quelconque, considérée relativement au genre de travail qu'elle exige. *Écrivain qui connaît bien son métier.* – *Un homme du métier :* un professionnel, un spécialiste. ▷ Prov. *Il n'y a pas de sot métier :* toutes les professions sont honorables et utiles, même les plus humbles. **3.** Savoir-faire, habileté acquise dans l'exercice d'un métier, d'une profession. *Cet acteur a du métier.* **II.** TECH Machine utilisée pour la fabrication des tissus. *Métier à tisser.* ▷ Châssis sur lequel on tend certains ouvrages. *Métier à broder.* ▷ Loc. fig. «*Vingt fois sur le métier remettez votre ouvrage*» (Boileau).

métis, isse [metis] adj. et n. **1.** Dont les parents sont chacun d'une race différente. – Subst. *Un Eurasien est un métis.* Syn. (Polynésie fr.) demi. ▷ *Spécial.* Au Canada, issu de l'union d'individus d'ascendance européenne (surtout française) avec des Amérindiennes. – Subst. *Les Métis de la Rivière-Rouge (auj. Manitoba) se révoltèrent en 1870 et en 1885.* **2.** ZOOL Issu du croisement de races différentes au sein d'une même espèce. **3.** TECH *Toile métisse,* dans laquelle lin et coton sont mélangés. – n. m. *Du métis.*

métissage [metisaʒ] n. m. Croisement de races. ▷ Par ext. *Métissage culturel :* mélange de cultures.

métisser [metise] v. tr. [1] Croiser (deux races différentes). – Pp. adj. *Une population métissée.*

Metlaoui, local. du S. de la Tunisie. Mines de phosphates.

métonymie [metɔnimi] n. f. Figure de rhétorique dans laquelle un concept est dénommé au moyen d'un terme désignant un autre concept, lequel entretient avec le premier une relation d'équivalence ou de contiguïté (la cause pour l'effet, la partie pour le tout, le contenant pour le contenu, etc.). «*La salle applaudit*» (pour «*les spectateurs*») *est une métonymie.*

métonymique [metɔnimik] adj. Qui a le caractère de la métonymie.

métrage [metʀaʒ] n. m. **1.** CONSTR Action de métrer. **2.** Longueur en mètres (d'une pièce de tissu, par ex.). **3.** (Dans les locutions ou les mots composés *court(-)métrage, moyen(-)métrage, long(-)métrage.*) Longueur d'un film. *Long(-)métrage :* film qui dure une heure et demie ou plus.

Métraux (Alfred) (1902 – 1963), ethnologue français d'origine suisse. Il consacra sa carrière à l'étude des populations de l'Amérique latine : *la Religion des Tupi-Guarani* (1928), *l'Île de Pâques* (1941), *le Vaudou haïtien* (1958).

-mètre, -métrie, -métrique, métro-. Éléments, du gr. *metron,* «mesure,évaluation».

1. mètre [mɛtʀ] n. m. **1.** Unité fondamentale des mesures de longueur (symbole m), définie légalement, à l'origine (1795), comme la dix-millionième partie du quart du méridien terrestre, et, en 1983, comme le trajet parcouru par la lumière dans le vide pendant une durée de 1/299792458 de seconde. ▷ *Mètre carré* (m^2) : unité de surface égale à l'aire d'un carré de 1 mètre de côté. ▷ *Mètre cube* (m^3) : unité de volume égale au volume d'un cube de 1 mètre d'arête. ▷ *Mètre par seconde* (m/s) : unité de vitesse. – *Mètre par seconde par seconde* (m/s^2) : unité d'accélération. (V. tabl. **unités** physiques.) **2.** Règle, ruban gradué de 1 m de long. *Mètre de couturière.*

2. mètre [mɛtʀ] n. m. **1.** Dans les versifications grecque et latine, unité rythmique, groupe de syllabes longues ou brèves comprenant un temps fort et un temps faible. **2.** En versification française, nombre de syllabes d'un vers.

métré [metʀe] n. m. CONSTR Relevé général et détaillé des différentes quantités entrant dans un ouvrage, en partic. en vue de sa facturation.

métrer [metʀe] v. tr. [**14**] **1.** Mesurer à l'aide d'un mètre. **2.** CONSTR Établir un métré.

métreur, euse [metʀœʀ, øz] n. CONSTR Personne chargée de l'établissement des métrés. *Métreur-vérificateur.*

-métrie. V. -mètre.

-métrique. V. -mètre.

1. métrique [metʀik] adj. **1.** Relatif au mètre. ▷ Qui a le mètre pour base. *Système métrique.* (V. tabl. **unités** physiques.) **2.** *Tonne métrique :* masse de 1000 kg (par oppos. aux unités de masse anglo-saxonnes).

2. métrique [metʀik] n. f. et adj. **1.** n. f. Étude de la versification. **2.** adj. Qui concerne la mesure des vers.

métrite [metʀit] n. f. MED Inflammation et infection de l'utérus.

métro-. V. -mètre.

1. métro [metʀo] n. m. Chemin de fer urbain à traction électrique, partiellement ou totalement souterrain.

2. métro [metʀo] adj. et n. (Antilles fr., oc. Indien) Abrév. de *métropolitain. Un(e) métro.*

métrologie [metʀɔlɔʒi] n. f. Didac. Science des mesures.

métronome [metʀɔnɔm] n. m. Instrument battant la mesure sur un rythme choisi, utilisé en musique pour l'étude. Syn. (Louisiane) balan.

métropole [metʀɔpɔl] n. f. **1.** État considéré par rapport aux colonies qu'il a fondées. **2.** Capitale d'un pays, ville principale d'une région. *Métropole régionale.*

métropolitain, aine [metʀɔpɔlitɛ̃, ɛn] adj. et n. **1.** adj. De la métropole. *Le territoire métropolitain et les colonies.* Abrév. métro. **2.** n. (Antilles fr., oc. Indien) Personne originaire de la métropole (sens 1). Abrév. métro.

métrorragie ou **métrorrhagie** [metʀɔʀaʒi] n. f. MED Hémorragie d'origine utérine.

mets [mɛ] n. m. Aliment préparé qui entre dans la composition d'un repas; plat. *L'art d'apprêter les mets.*

Metsys. V. Matsys.

mettable [mɛtabl] adj. Qui peut encore être porté (habits, vêtements).

Metternich-Winneburg (Klemens Wenzel Lothar, comte, puis prince de) (1773 – 1859), homme politique autrichien. Ambassadeur à Paris (1806-1809), puis ministre des Affaires étrangères et chancelier, il négocia le mariage de Marie-Louise et Napoléon Ier (1810) puis rompit l'alliance avec la France (1813). Après le congrès de Vienne (1815), où son rôle fut majeur, jusqu'en 1848, il réprima les mouvements libéraux en Europe.

metteur, euse [mɛtœʀ, øz] n. **1.** TECH *Metteur en œuvre :* ouvrier bijoutier qui monte les joyaux. **2.** TYPO *Metteur en pages :* ouvrier qui rassemble les éléments de composition pour en former des pages. **3.** *Metteur en scène :* personne qui, au théâtre, dirige le jeu des acteurs, les répétitions, règle les décors, etc. ▷ Réalisateur de cinéma ou de télévision.

mettre [mɛtʀ] v. tr. [**60**] **I.** Faire passer dans un lieu. **1.** Placer ou amener (qqch, qqn) dans un endroit déterminé. *Mettre un enfant au lit. Mettre les mains dans les poches. Mettre du vin en bouteilles.* ▷ *Mettre en terre :* enterrer, planter. *Mettre en terre un rosier.* ▷ *Mettre le couvert :* disposer sur la table les objets dont on a besoin pour le repas. ▷ *Mettre qqch dans la tête de qqn,* le lui faire comprendre, l'en convaincre. **2.** Placer (qqn) dans un endroit en faisant changer son état, sa situation. *Mettre qqn en prison.* ▷ *Mettre un enfant au monde*.* ▷ *Mettre bas :* pour les animaux, donner naissance à des petits. *La chienne a mis bas.* ▷ Affecter (qqn) à un travail, placer (qqn) dans une situation professionnelle déterminée. *Mettre qqn à un poste. Mettre qqn au chômage.* **3.** Placer à un certain rang (dans une suite, une série, une hiérarchie). **4.** Employer (de l'argent, du temps). *Mettre ses fonds dans une entreprise. Mettre trois heures pour faire un travail.* **5.** Placer sur le corps. *Mettre ses habits.* ▷ Porter habituellement. *Il ne met pas de veste.* **6.** Ajouter (ce qui manque, ce qui est nécessaire). *Mettre un manche à un balai.* **II.** Faire occuper telle position à; placer dans telle situation, tel état. **1.** *Mettre qqch en gage,* le donner à titre de garantie en échange du prêt d'une somme d'argent. ▷ *Mettre à prix* la tête de qqn.* **2.** Placer dans une certaine position. *Mettre le verrou.* **3.** Noter par écrit. *Mettre son nom au bas d'une page.* **4.** *Mettre... à :* faire consister... à. *Mettre son plaisir à faire du bien.* **III.** Opérer un changement, amener à une autre situation. **1.** *Mettre en :* amener (qqch) à être dans telle situation, tel état. *Mettre une lampe en veilleuse. – Mettre en valeur*.* **2.** Faire passer d'une forme d'expression à une autre. *Mettre en vers, en prose.* **3.** Faire marcher, fonctionner. *Mettre la radio.* **4.** Faire passer (qqn) d'un état à un autre. *Mettre qqn en danger, en colère, en garde. Mettre qqn hors de lui.* **IV.** v. pron. **1.** Se placer dans un endroit précis, dans un état déterminé. *Se mettre au lit. Se mettre en colère.* **2.** *Se mettre à faire qqch,* commencer à le faire. **3.** Fig. *Se mettre à la place de qqn,* faire l'effort de le comprendre. **4.** *Se mettre à table*.* **5.** Mettre sur soi, porter. *Je n'ai rien à me mettre.*

Metz, v. de France, ch.-l. du dép. de la Moselle et de la Rég. Lorraine; 123 920 hab. *(Messins).* Industries. – Évêché. Cath. St-Étienne (XIIIe-XVIe s.). Place d'Armes du XVIIIe s. Musée. – Metz, ville libre impériale, fut prise par les Français en 1552. L'Allemagne l'annexa en 1871-1918 et 1940-1944.

Metzys. V. Matsys.

meuble [mœbl] adj. et n. m. **I.** adj. **1.** DR Que l'on peut déplacer. *Biens meubles. Biens meubles par nature* (mobilier, animal, marchandise, etc.). *Biens meubles déterminés tels par la loi* (valeurs immobilières, obligations, droits d'auteur, etc.). **2.** *Sol, terre meuble,* facile à retourner, à labourer; qui se sépare aisément. **II.** n. m. Tout objet pouvant être déplacé, construit en matériau rigide, employé pour l'aménagement des locaux et des lieux d'habitation. *Meubles de bureau, de jardin.*

meublé, ée [mœble] adj. et n. m. *Chambre, maison meublée,* qui est louée garnie de meubles. ▷ n. m. *Un meublé.*

meubler [mœble] v. tr. [**1**] **1.** Garnir de meubles. *Meubler un appartement.* – v. pron. Faire l'acquisition de meubles pour sa maison. ▷ Fig. *Meubler son esprit,* l'enrichir de connaissances. **2.** Fig. Remplir. *Meubler ses loisirs en collectionnant les timbres.*

meuglement [møgləmɑ̃] n. m. Cri des bovins, beuglement.

meugler [møgle] v. intr. [**1**] Faire entendre son cri, en parlant des bovins. Syn. beugler.

meulage [mølaʒ] n. m. Opération effectuée avec une meule (1, sens 2).

1. meule [møl] n. f. **1.** Pièce massive cylindrique qui sert à broyer, à moudre. **2.** Disque de matière abrasive qui sert à aiguiser, à polir, à rectifier. ▷ (Afr. subsah.) Pierre plate abrasive sur laquelle on écrase le grain à l'aide d'une autre pierre. **3.** Fromage qui a la forme d'un disque épais et de grand diamètre. *Meule de gruyère.* **4.** Loc. (Suisse) Fam. *Faire la meule :* importuner, harceler. Syn. bringuer.

2. meule [møl] n. f. **1.** Amas de gerbes de foin, de paille, etc., que l'on conserve jusqu'au battage ou à l'utilisation. **2.** Tas de bois préparé pour faire du charbon de bois. **3.** (oc. Indien) *Meule de pierres :* entassement de pierres dégagées d'un champ, souvent disposé au milieu de celui-ci.

meuler [møle] v. tr. [**1**] Passer à la meule (1, sens 2).

meunerie [mønʀi] n. f. **1.** Industrie de la fabrication de la farine; commerce du meunier. **2.** Ensemble des meuniers. *Chambre de la meunerie.*

Meung (Jean de). V. Jean de Meung.

meunier, ère [mønje, ɛʀ] n. **1.** Personne qui exploite un moulin à céréales, qui fabrique de la farine. – adj. Relatif à la meunerie. *Industrie meunière.* ▷ n. f. Épouse d'un meunier. ▷ *Échelle de meunier :* escalier raide, sans contremarches. **2.** CUIS *À la meunière* ou, ellipt., *meunière :* se dit d'un poisson passé à la farine avant cuisson au beurre. *Des soles meunière.* **3.** n. m. Nom cour. du chevesne.

Meunier (Constantin) (1831 – 1905), sculpteur et peintre belge. Il exalta le monde du travail (statue du *Débardeur,* 1905, Anvers; *Monument au travail,* 1930, Bruxelles).

meuron [møʀɔ̃] n. m. (Suisse) Mûre sauvage.

Meurthe (la), riv. de France (170 km), affl. de la Moselle; naît dans les Vosges. – *Meurthe-et-Moselle,* dép. : 5235 km^2; 711 822 hab.; ch.-l. *Nancy*.* V. Lorraine (Rég.).

meurtre [mœʀtʀ] n. m. Homicide volontaire. *Commettre un meurtre.*

meurtrier, ère [mœʀtʀije, ɛʀ] n. et adj. **1.** n. Personne qui a commis un meurtre. **2.** adj. Qui cause la mort d'un grand nombre de personnes. *Combat meurtrier.* ▷ Qui provoque, pousse à commettre un meurtre, des meurtres. *Folie meurtrière.*

meurtrière [mœʀtʀijɛʀ] n. f. Ouverture étroite pratiquée dans un mur de fortification et par laquelle on pouvait lancer des projectiles.

meurtrir [mœʀtʀiʀ] v. tr. [**3**] **1.** Faire une meurtrissure à. *Le coup de bâton lui avait meurtri l'épaule.* ▷ Fig. Blesser moralement. *Meurtrir un cœur.* **2.** Endommager par un choc, un contact prolongé (un fruit, un légume).

meurtrissure [mœʀtʀisyʀ] n. f. **1.** Contusion s'accompagnant d'un changement de coloration de la peau. **2.** Tache sur un fruit, ou sur un légume, provenant d'un choc.

Meuse (la) (en néerl. *Maas*), fl. de France, de Belgique et des Pays-Bas (950 km). Née dans les Vosges, cette grande voie fluviale traverse le dép. français de la Meuse du sud au nord. Dans l'Ardenne franç., elle se grossit de la Semois et de la Chiers. À Namur, elle reçoit son princ. affluent, la Sambre, puis arrose Liège. Elle entre aux Pays-Bas au niveau de Maastricht, et se jette dans la mer du Nord par plusieurs bras, dont certains communiquent avec ceux du Rhin. En Belgique, la Meuse est reliée au canal Albert. Dans le Limbourg néerlandais, le canal Juliana la double. – *Meuse*, dép. franç. : 6220 km²; 196344 hab.; ch.-l. *Bar-le-Duc* (18577 hab.). V. Lorraine (Rég.).

meute [møt] n. f. Troupe de chiens courants dressés pour la chasse à courre. *Chien de meute.* ▷ Fig. Troupe de personnes acharnées contre qqn.

mévente [mevɑ̃t] n. f. Mauvaise vente, vente inférieure en quantité à ce qui était escompté.

mexicain, aine [mɛksikɛ̃, ɛn] adj. et n. Du Mexique. ▷ Subst. *Un(e) Mexicain(e).*

Mexico, capitale du Mexique (district fédéral), sur le plateau central (Anáhuac), à 2260 m d'alt.; 8831080 hab. (agglomération urb. 13636100 hab.). Import. foyer culturel. Premier centre industr. et comm. du pays. – Archevêché. Université. Cath. baroque (XVIe-XVIIIe s.). Palais national (XVIe s., remanié au XIXe s.). Cité universitaire (1950-1955). Musées. Siège des XIXes jeux Olympiques (1968). – Sa forte croissance démographique a engendré un import. prolétariat. – Fondée en 1325 par les Aztèques, conquise par H. Cortés en 1521, la ville (alors nommée *Tenochtitlán*) fut rasée et reconstruite; résidence du vice-roi de la Nouvelle-Espagne, elle devint la cap. du Mexique en 1824. En sept. 1985, un séisme a ravagé la ville.

Mexique (golfe du), mer bordière de l'Atlantique, cernée par la côte S. des États-Unis, le N. du Mexique, le Yucatán et Cuba; 1544000 km². Le Gulf Stream y prend naissance.

Mexique, État fédéral de l'Amérique septent. et centr., sur le Pacifique et l'Atlantique (golfe du Mexique); 1972547 km²; 81249600 hab. (31426000 hab. en 1957; croissance : près de 2,5 % par an); cap. *Mexico*. Nature de l'État : rép. fédérale de type présidentiel. Langue off. : espagnol. Monnaie : peso mexicain. Population : métis (80 %), Amérindiens (10 %), Blancs (10 %). Relig. : catholicisme.

Géogr. phys. et hum.– Au N. du pays, de hauts plateaux (1000 m) sont encadrés par la sierra Madre occidentale et par la sierra Madre orientale qui convergent vers le S., pour former un ensemble de hautes terres (bassins et plateaux), situé entre 1700 et 2600 m et que dominent de puissants volcans : Orizaba (5704 m), Popocatepetl (5452 m). Les plaines côtières, étroites sur le Pacifique, sont plus larges sur le golfe du Mexique. Le climat tropical, aride au N.-O., chaud et humide au S., est tempéré par l'altitude dans les hautes terres du S., qui concentrent la pop. et les villes. La croissance démographique, et donc l'exode rural, surpeuplent celles-ci (70 % de citadins; l'aggl. de Mexico excède 20 millions d'hab.) et alimentent l'émigration clandestine vers les É.-U.

Écon. – Quatrième puissance écon. du tiers monde, le Mexique dispose d'une agric. diversifiée (maïs, blé, haricots, pomme de terre, élevage bovin), qui emploie le quart des actifs; il exporte du café, du coton, des fruits et légumes et des boissons, mais ne réalise pas l'autosuffisance. Les ressources du sous-sol sont importantes : argent (1er rang mondial), cuivre, fer, zinc, plomb, et surtout pétrole (4e rang) et gaz. La gamme industrielle est large, les industries de base étant le plus souvent aux mains de l'État. Près de 2000 entreprises sous-traitantes *(maquiladoras)*, aux 500000 salariés, ont été créées dans des zones franches du N. (capitaux surtout amér.). Le Mexique reçoit près de 5 millions de touristes par an. L'endettement massif a suscité un plan d'assainissement et d'austérité et le Mexique a su profiter du plan Brady de réduction de la dette (il en fut le premier bénéficiaire en 1989). Le Mexique, lié à l'économie des É.-U. avec lesquels il réalise 75 % de ses échanges, a intégré l'ALENA* le 1er janv. 1994.

Hist. – Au Ier millénaire apr. J.-C., les Mayas* fixés aux confins du Mexique, du Guatemala et du Honduras créent une grande civilisation fondée sur des cités-États. À partir du XIe s., des vagues d'envahisseurs venus du N. provoquent de longs bouleversements. Les derniers venus, les Aztèques* (ou *Mexicas*), soumettent les peuples voisins (surtout au XVe s.) et, sur le site de Mexico, fondent Tenochtitlán, centre d'une vaste confédération. De 1519 à 1525, l'Espagnol H. Cortés les écrase. Le territoire conquis, baptisé Nouvelle-Espagne, va s'étendre jusqu'à la Californie. La pop. indienne, convertie par les franciscains, est considérablement réduite par les massacres et le travail forcé, mais la société coloniale se métisse peu à peu. À partir de 1810, des révoltes paysannes agitent le pays. Rejoignant finalement les insurgés, les créoles, menés par Iturbide, obtiennent l'indépendance (1821). Santa Anna renverse Iturbide qui s'est proclamé empereur et instaure une rép. en 1824. L'armée jouera un rôle prépondérant : pronunciamientos, dictatures militaires. L'annexion du Texas par les É.-U. (1845) provoque une guerre (1846-1848) qui se solde par la perte de la haute Californie, de l'Arizona et du Nouveau-Mexique. Après une violente guerre civile (1858-1861), la victoire des libéraux anticléricaux (Juárez) entraîne l'intervention de la France (V. Mexique [campagne du]). La dictature de Porfirio Díaz (1876-1911) est suivie d'une longue révolution (1911-1920) qui plonge le pays dans le chaos : Pancho Villa au Nord, Zapata au Sud mènent de longs soulèvements paysans. Les prés. Madero (1911-1913), Carranza (1917-1920) et Obregón (1920-1924) sont assassinés. Le président Calles (1924-1928) provoque par sa politique anticatholique le soulèvement des «cristeros»; il fonde le parti qui deviendra le Parti révolutionnaire institutionnel (P.R.I.), encore au pouvoir auj. Lázaro Cárdenas (1934-1940) démocratise la vie politique, accélère la distribution des terres et nationalise le pétrole (1938). Ses successeurs poursuivent la modernisation (scolarisation, hygiène), mais les conflits sociaux se succèdent (répression des manifestations étudiantes à Mexico, en 1968). J. López Portillo (1976-1982) a plaidé pour l'abrogation de la dette des pays du tiers monde, ainsi que son successeur Miguel de la Madrid (1982-1988). L'élection, en 1988, du candidat du P.R.I., Carlos Salinas de Gortari, a été contestée, mais le P.R.I. a remporté les législatives de 1991. Élu en 1994, Ernesto Zedillo (P.R.I.) affronte la révolte des Indiens «zapatistes» dans le Chiapas (État montagneux de l'extrême S.-E.). Pour faire face à la catastrophe écon. et fin., il a obtenu une aide très importante des É.-U. (1995).

Mexique (campagne, expédition ou guerre du), campagne entreprise, en 1862, par Napoléon III, en vue de créer au Mexique un empire catholique qui contrebalançât la puissance américaine. Rapidement abandonnée par ses alliés (G.-B., Espagne), l'armée française, dirigée par Bazaine, tenta en vain d'imposer l'archiduc Maximilien d'Autriche comme empereur. Harcelées par les troupes de Juárez que soutenaient les États-Unis, les forces françaises quittèrent le pays en fév. 1867; Maximilien, vaincu à Querétaro, fut fusillé en juin.

Meyer (Conrad Ferdinand) (1825 – 1898), écrivain suisse d'expression allemande; auteur de romans historiques : *Révolte dans la montagne* (1874), *le Saint* (1879), *les Noces du moine* (1883-1884), *la Tentation de Pescara* (1887), *Angela Borgia* (1891). Sa poésie l'assimile au Parnasse.

Meyer (Hannes) (1889 – 1954), architecte et urbaniste suisse; directeur du Bauhaus de Dessau de 1928 à 1930.

Meyerbeer (Jakob Liebmann Beer, dit Giacomo) (1791 – 1864), compositeur allemand; auteur d'opéras romantiques en forme de mélodrames historiques : *Robert le Diable* (1831), *les Huguenots* (1836).

Meyerhold (Vsevolod Emilievitch) (1874 –1940 [?]), metteur en scène soviétique; expérimentateur de nombr. formes théâtrales (réalisme, symbolisme, futurisme, etc.). Il mourut dans un camp stalinien.

Meyrin, com. de Suisse, près de Genève; 19000 hab. Siège du Conseil européen pour la recherche nucléaire.

mézès [meze] n. m. Assortiment de spécialités culinaires libanaises tenant lieu de repas.

mézoued [mezuɛ] n. m. (Maghreb) Instrument à vent composé d'un sac en peau de chèvre et de tuyaux.

mezzanine [medzanin] n. f. **1.** ARCHI Petit étage pratiqué entre deux plus grands, entresol. ▷ *Spécial.* Étage ménagé entre le parterre et le balcon, dans un théâtre. **2.** *Par ext.* Niveau intermédiaire aménagé dans une pièce haute de plafond.

Mezzogiorno (mot ital. signif. *Midi*), ensemble des régions d'Italie mérid. (Abruzzes, Molise, Campanie, Pouilles, Basilicate, Calabre, Sicile, Sardaigne) : 131000 km²; plus de 20 millions d'hab. L'importance de l'agric., la faiblesse de l'industrie, le chômage persistent, bien que, dep. 1957, des mesures aient atténué le déséquilibre avec l'Italie du Nord.

mezzo-soprano [medzosɔpʀano] n. **1.** n. m. Voix de femme intermédiaire entre le soprano et le contralto. **2.** n. f. Celle qui a cette voix. *Une mezzo-soprano. Des mezzo-sopranos.*

mi-. Préfixe, du lat. *medius,* «qui est au milieu», qui peut être joint à des adj. *(mi-clos),* ou à des subst. pour former : **1.** Des noms composés. *La mi-août, la mi-carême.* **2.** Des loc. adv. (il est alors précédé de *à*). *À mi-corps, à mi-jambe, à mi-chemin.* **3.** Des loc. adj. *Mi-figue mi-raisin.*

mi [mi] n. m. MUS Troisième note de la gamme d'*ut. Mi bécarre, mi bémol.* – Signe qui la représente.

Miami, v. et port des É.-U. (Floride); 358 500 hab. (aggl. urb. 2 799 300 hab.). Grande stat. balnéaire et touristique d'hiver (climat tropical).

Miao(s), Méo(s) ou **Hmông(s),** population montagnarde de l'Asie du S.-E., implantée dans le N.-O. du Viêt-nam, le N. du Laos et de la Thaïlande, et dans le S. de la Chine, d'où ils sont originaires. Ils pratiquent la riziculture sur brûlis et parlent des langues du groupe miao-yao.

miao-yao [mjaɔjaɔ] n. m. et adj. inv. **1.** n. m. LING Groupe de langues de la famille dite austroasiatique parlées en Chine et dans la péninsule indochinoise. (V. Asie, *Langues.*) **2.** adj. inv. Relatif au miao-yao.

miasme [mjasm] n. m. (Surtout au plur.) Émanation putride provenant d'une décomposition.

miaulement [mjolmɑ̃] n. m. **1.** Cri du chat et de certains félins. **2.** Son analogue au miaulement.

miauler [mjole] v. intr. [**1**] **1.** Pousser son cri, en parlant du chat et de certains félins. **2.** Émettre un bruit semblable au miaulement.

mi-blanc [miblɑ̃] adj. m. (Suisse) Se dit d'un pain fait avec une farine contenant une petite quantité de son.

mica [mika] n. m. Minéral formé principalement de silicate d'aluminium et de potassium, caractérisé par sa structure feuilletée, son éclat métallique et sa grande résistance à la chaleur.

micacé, ée [mikase] adj. **1.** Qui est de la nature du mica; qui contient du mica. **2.** Qui ressemble au mica. ▷ SC NAT Qui a des écailles ressemblant au mica.

mi-carême [mikaʀɛm] n. f. Jeudi de la troisième semaine du carême. *Des mi-carêmes.* ▷ (Acadie) *Courir la mi-carême :* V. courir.

micaschiste [mikaʃist] n. m. PETROG Roche métamorphique composée de mica et de quartz.

micelle [misɛl] n. f. CHIM Agrégat de molécules ou d'ions dont la cohésion est assurée par des forces intermoléculaires.

Michaux (Henri) (1899 – 1984), poète et peintre français d'origine belge; explorateur de l'inconscient. Poésie : *Qui je fus* (1927), *Mes propriétés* (1929), *La nuit remue* (1931), *Plume* (1938), etc. Journaux de voyage : *Ecuador* (1929), *Un barbare en Asie* (1932). La mescaline lui inspira notam. *Misérable Miracle* (1956), *l'Infini turbulent* (1957) et *Connaissance par les gouffres* (1961).

miche [miʃ] n. f. Gros pain rond. ▷ (Maghreb) Baguette (sens 2).

Michée (v. 740 – v. 687 av. J.-C.), sixième des petits prophètes de la Bible.

Michel ou **Michaël** (saint), un des archanges, chef de la milice céleste qui protège Israël, d'après le prophète Daniel (Daniel, X, 13).

Michel III l'Ivrogne (838-867), empereur byzantin de 842 à 867. Sa mère, Théodora, exerça la régence de 842 à 856. La querelle avec Rome s'amplifia sous son règne (concile de Constantinople, 869-870). — **Michel VIII Paléologue** (1224 – 1282), empereur à Nicée (1258-1261), puis à Constantinople (1261-1282) qu'il reprit aux Latins (1261); restaurant l'Empire byzantin, il le consolida en Occident : il fomenta les Vêpres siciliennes (1282).

Michel Ier (né en 1921), roi de Roumanie (1927-1930 et 1940-1947). Fils de Carol II, roi à six ans, il fut écarté du trône par son père en 1930 et ne reprit son titre qu'après la seconde abdication de celui-ci (1940). Il subit d'abord l'ascendant du maréchal Antonescu*, favorable à l'Allemagne nazie; mais, en août 1944, alors que les troupes soviétiques venaient d'entrer en Roumanie, il limogea Antonescu et se retourna contre l'Allemagne. Les communistes le contraignirent à l'abdication (déc. 1947) et à l'exil.

Michel III Fiodorovitch (1596 – 1645), tsar de Russie de 1613 à 1645 (le premier tsar Romanov). Il sut écarter, par des compromis avec la Suède et avec la Pologne, les menaces extérieures et institua l'attachement du paysan à la terre (1636).

Michel III Obrenović (1823 – 1868), prince de Serbie (1839-1842 et 1860-1868). Fils de Miloš Obrenović, il succéda à son frère Milan en 1839, et dut abdiquer en 1842. En 1860, il succéda à son père, revenu au pouvoir en 1858. Il fut assassiné à l'instigation d'Alexandre Karadjordjević.

Michel (Louise) (1830 – 1905), révolutionnaire française, dite *la Vierge Rouge,* déportée à Nouméa (1871) pour son action pendant la Commune, puis amnistiée (1880).

Michel-Ange (Michelangelo Buonarroti, dit) (1475 – 1564), sculpteur, peintre, architecte et poète italien. Élève de D. Ghirlandaio (1488), il étudia l'art antique à Florence, chez son protecteur Laurent de Médicis (1489-1492). En 1497, il exécuta à Rome une *Pietà* (marbre, St-Pierre de Rome); de retour à Florence (1501-1502), il réalisa la statue colossale en marbre de *David.* En 1505, le pape Jules II lui confia l'érection de son monumental tombeau, dont Michel-Ange, par suite de désaccords avec la papauté, ne réalisa que quelques sculptures puissantes : *Moïse* (St-Pierre-aux-Liens, Rome), *Esclaves* (Louvre et Académie de Florence). En 1508, le pape chargea l'artiste de décorer la voûte de la chapelle Sixtine, travail gigantesque (340 figures sur près de 500 m^2) achevé en 1512. À Florence (1515-1534), il sculpta les grandes figures de la chapelle funéraire des Médicis à l'égl. San Lorenzo. Installé définitivement à Rome (1534), il peignit, de 1535 à 1541, la fresque du *Jugement dernier* (13,70 × 12,20 m), au-dessus de l'autel de la Sixtine. À la fin de sa vie, le génie de Michel-Ange s'appliqua aussi à l'architecture : projet pour St-Pierre de Rome, construction de la Porta Pia (1560), aménagement de la place du Capitole à Rome. Ses *Rimes* sont un chef-d'œuvre poétique.

Michelet (Jules) (1798 – 1874), historien et écrivain français. Il enseigne au Collège de France (1838), où son libéralisme et son anticléricalisme le font suspendre. Il perd définitivement sa chaire (1851), puis sa fonction aux Archives (1852). Son *Histoire de France* (6 vol., 1833-1846, et 12 vol., 1855-1867) et son *Histoire de la Révolution française* (7 vol., 1847-1853) sont un hymne au peuple. Visionnaire, il a écrit notam. : *le Peuple* (1846), *l'Amour* (1859), *la Sorcière* (1862), *la Bible de l'humanité* (1864), *Journal intime* (publication intégrale posth., 1959-1976).

Michelin (André) (1853 – 1931) et son frère Édouard (1859 – 1940), industriels français; inventeurs du pneumatique démontable.

Michel le Brave (1557 – 1601), prince de Valachie (1593-1601). Le premier, il tenta d'unifier les terres peuplées de Roumains (Valachie, Moldavie, Transylvanie). Il y parvint pendant une courte période, après avoir libéré la Valachie des Ottomans (1595) et conquis la Transylvanie et la Moldavie (1599-1600) avec l'aide de l'empereur Rodolphe II de Habsbourg. Mais celui-ci, inquiet de son pouvoir, le fit assassiner. Après sa mort, la Valachie subit durement la tutelle ottomane.

Michelson (Albert Abraham) (1852 – 1931), astronome et physicien américain. Il mesura la vitesse de la lumière, confirmant Einstein dans la voie qui le mena à la théorie de la relativité. P. Nobel de physique 1907.

mi-chemin (à) [amiʃmɛ̃] loc. adv. À la moitié d'un trajet, d'un parcours.

Michiels (Rik Ceuppens, dit Ivo) (né en 1923), romancier belge d'expression néerlandaise : *l'Adieu* (1957), *Journal brut* (1958), *le Livre des relations étroites* (1985).

Michigan (lac), un des Grands Lacs d'Amérique du N. (57994 km^2; long de 516 km; largeur max. 200 km), relié au lac Huron par le détroit de Mackinac.

Michigan, État du N. des É.-U., sur les lacs Michigan, Supérieur, Huron et Érié; 150 779 km^2; 9 295 000 hab.; cap. *Lansing.* – L'État comprend deux péninsules, que sépare le lac Michigan. Le sous-sol (pétrole, gaz, fer, cuivre, etc.) a favorisé l'industrialisation. – La région, explorée par des trappeurs français (XVIIe-XVIIIe s.), fut anglaise à partir de 1763 et devint, après de longues luttes contre les Indiens, le vingt-sixième État de l'Union (1837).

Michna (la). V. Mishna.

Mickiewicz (Adam) (1798 – 1855), poète, dramaturge et militant politique polonais. Ses œuvres, romantiques, exaltent le martyre de la Pologne : *Ode à la jeunesse* (1820, devint le chant des insurgés en 1830), *Ballades et Romances* (1822), *Pan Tadeusz* (1834).

mi-clos, -close [miklo, kloz] adj. Qui est à moitié clos. *Yeux mi-clos.*

1. micmac [mikmak] n. m. Fam. Intrigue secrète et embrouillée. *Faire des micmacs.* ▷ Situation confuse.

2. micmac, aque [mikmak] adj. Relatif aux Micmacs. *Village micmac.*

Micmacs, Amérindiens, au parler algonquin, de la côte E. du Canada, aujourd'hui en très faible nombre (env. 5 000 personnes). Aux XVIIe-XVIIIe s., ils s'allièrent aux Acadiens contre les Anglais.

micoine [mikwɛn] n. f. V. micouenne.

Micombero (Michel) (1940 – 1983), homme politique du Burundi. Premier ministre, il proclama en 1966 la république, qu'il présida jusqu'à son renversement en 1976. Il mourut en exil.

mi-corps (à) [amikɔʀ] loc. adv. Jusqu'au milieu du corps, jusqu'à la taille.

mi-côte (à) [amikot] loc. adv. Au milieu de la côte.

micouenne ou **micoine** [mikwɛn] n. f. (Québec) Grande cuillère en bois qui servait autref. à divers usages domestiques.

mi-course [mikuʀs] n. f. Lieu, moment situé à la moitié d'une course. *La mi-course était déjà un but pour lui.* – Loc. *À mi-course. S'arrêter à mi-course.*

micro-. Élément, du gr. *mikros,* «petit», marquant : **1.** l'idée de petitesse ou d'une action s'exerçant sur un très petit objet; **2.** la division par un million de l'unité (symbole μ).

micro [mikʀo] n. m. Abrév. de *microphone* et de *micro-ordinateur.*

micro-ampère ou **microampère** [mikʀoɑ̃pɛʀ] n. m. ELECTR Un millionième d'ampère. *Des micro-ampères.*

microbalance [mikʀobalɑ̃s] n. f. Balance de grande précision (de l'ordre du centième de milligramme).

microbe [mikʀɔb] n. m. Organisme microscopique unicellulaire (bactérie, virus, etc.). Syn. germe.

microbien, enne [mikʀɔbjɛ̃, ɛn] adj. Relatif aux microbes.

microbiologie [mikʀobjɔlɔʒi] n. f. Science qui étudie les microbes.

microcéphale [mikʀosefal] adj. (et n.) MED, ZOOL Dont le crâne et l'encéphale sont anormalement petits.

microchimie [mikʀoʃimi] n. f. CHIM Étude chimique de très petites quantités de matière, de l'ordre du centigramme ou du décigramme.

microchirurgie [mikʀoʃiʀyʀʒi] n. f. **1.** CHIR Chirurgie pratiquée à l'aide d'un microscope. **2.** BIOL Micromanipulation à caractère chirurgical.

microclimat [mikʀoklima] n. m. Climat propre à une zone de très faible étendue, et dont les caractéristiques dépendent de conditions locales.

microcomposant [mikʀokɔ̃pozɑ̃] n. m. TECH Composant électronique de très faibles dimensions.

microcosme [mikʀokɔsm] n. m. **1.** Monde en réduction (par oppos. à *macrocosme,* le grand monde, l'univers). ▷ *Spécial.* L'homme, considéré comme le résumé et l'abrégé de la création tout entière, pour les philosophes mystiques ou hermétiques du Moyen Âge et de la Renaissance. **2.** Reproduction en miniature de la société. *Le microcosme qu'était notre village.*

micro-détail [mikʀodetaj] n. m. Vente de marchandises en quantités minimes (pièce, poignée).

micro-économie ou **microéconomie** [mikʀoekɔnɔmi] n. f. ECON Partie de l'économie qui étudie les comportements économiques individuels (par oppos. à *macro-économie*).

micro-édition ou **microédition** [mikʀoedisjɔ̃] n. f. Application de la micro-informatique à l'édition. *Des micro-éditions.*

micro-électronique ou **microélectronique** [mikʀoelɛktʀɔnik] n. f. ELECTRON Ensemble des techniques utilisées pour réaliser des microstructures électroniques.

microfaune [mikʀofon] n. f. Faune microscopique.

microfiche [mikʀofiʃ] n. f. TECH Document de format normalisé (105×148 mm) comportant plusieurs microphotographies.

microfilaire [mikʀofilɛʀ] n. f. ZOOL, MED Forme larvaire des filaires, présente dans le sang des malades atteints de filariose.

microfilm [mikʀofilm] n. m. TECH Film qui groupe des photographies de format très réduit reproduisant des documents.

microfilmer [mikʀofilme] v. tr. [1] Photographier (des documents) sur microfilm.

microflore [mikʀoflɔʀ] n. f. Totalité des micro-organismes végétaux existant dans les cavités naturelles ou sur les tissus de l'organisme.

micrographie [mikʀogʀafi] n. f. **1.** Didac. Application de la microscopie à l'étude des matériaux. **2.** Technique de réalisation de microfilms.

micro-informatique [mikʀoɛ̃fɔʀmatik] n. f. INFORM Domaine de l'informatique concernant l'utilisation des microprocesseurs et des micro-ordinateurs.

micro-irrigation [mikʀoiʀigasjɔ̃] n. f. Méthode d'irrigation qui apporte l'eau au pied des plantes, aussi appelée *irrigation localisée.*

micromécanique [mikʀomekanik] n. f. Technique de la fabrication des mécanismes de très petites dimensions.

micromètre [mikʀomɛtʀ] n. m. **1.** PHYS Unité de longueur valant un millionième de mètre (symbole μm). **2.** TECH Instrument de précision pour mesurer les petites longueurs.

micrométrie [mikʀometʀi] n. f. PHYS Mesure des très petites dimensions.

micrométrique [mikʀometʀik] adj. **1.** PHYS Relatif à la micrométrie. **2.** TECH *Vis micrométrique :* vis à très faible pas, utilisée pour parfaire la mise au point ou le réglage de certains appareils (microscope, palmer, etc.).

Micronésie («petites îles»), ensemble d'îles du Pacifique, situées entre l'Indonésie et les Philippines à l'O., la Mélanésie au S. et la Polynésie à l'E. Principaux archipels : les Mariannes, les Palau (État indépendant depuis 1994), les Carolines (dont l'Est est devenu semi-indépendant en 1986 sous le nom d'*État fédéré de Micronésie* et a été admis à l'ONU en 1991), les Marshall et les Gilbert (auj. Kiribati) dont les habitants sont des Polynésiens.

micronésien, enne [mikʀonezjɛ̃, ɛn] adj. et n. De Micronésie. ▷ Subst. *Un(e) Micronésien(ne).*

micronucleus [mikʀonykleys] n. m. BIOL Élément constitutif, avec les macronucleus, du noyau des infusoires.

micro-onde [mikʀɔɔ̃d] n. **1.** n. f. TECH Onde électromagnétique faisant partie des ondes hertziennes et comprise entre 300 MHz et 300 GHz. – *Four à micro-ondes,* dans lequel les aliments absorbent l'énergie de micro-ondes qui se transforme en chaleur. **2.** n. m. (Portant la marque du plur.) *Un micro-ondes :* un four à micro-ondes.

micro-ordinateur [mikʀoɔʀdinatœʀ] n. m. INFORM Ordinateur de petit format, le plus souvent individuel, dont l'unité centrale est constituée autour d'un microprocesseur. *Des micro-ordinateurs.* (Abrév. : micro).

micro-organisme ou **microorganisme** [mikʀoɔʀganism] n. m. BIOL Organisme microscopique.

microphone [mikʀofɔn] n. m. ELECTROACOUST Appareil servant à transformer en signaux électriques des vibrations sonores. (Abrév. : micro).

microphotographie [mikʀofɔtɔgʀafi] n. f. TECH **1.** Photographie sur microfilm. **2.** Photographie de l'image fournie par un microscope.

microphysique [mikʀofizik] n. f. PHYS Partie de la physique qui étudie l'atome et son noyau.

microprocesseur [mikʀopʀɔsɛsœʀ] n. m. INFORM Ensemble de circuits intégrés constituant notamment sous un très faible volume, l'unité centrale d'un micro-ordinateur.

microprogrammation [mikʀɔpʀɔgʀamasjɔ̃] n. f. INFORM Programmation dans laquelle chaque instruction commande au niveau programmable le plus élémentaire d'un ordinateur.

microscope [mikʀɔskɔp] n. m. PHYS Instrument d'optique permettant d'observer des objets trop petits pour être discernés à l'œil nu. *Microscope optique. Microscope électronique. Microscope acoustique.*

microscopie [mikʀɔskɔpi] n. f. Observation à l'aide du microscope. – Technique de l'emploi du microscope.

microscopique [mikʀɔskɔpik] adj. **1.** PHYS Réalisé à l'aide du microscope. *Observations microscopiques.* **2.** Qui n'est visible qu'au microscope. *Animaux microscopiques. – Par ext.* Minuscule. *Écriture microscopique.*

microseconde [mikʀosəgɔ̃d] n. f. PHYS Millionième de seconde (symbole μs).

microsillon [mikʀɔsijɔ̃] n. m. **1.** Sillon d'un disque phonographique de profondeur et de largeur particulièrement faibles, permettant une audition de longue durée. **2.** Cour. Disque gravé en microsillon.

microsociété [mikʀosɔsjete] n. f. SOCIOL Communauté humaine de très petite taille.

microsonde [mikʀosɔ̃d] n. f. Sonde permettant l'analyse et le dosage de très petites quantités de matière.

microspore [mikʀospɔʀ] n. f. BOT Cellule issue de la méiose, qui se différencie en gamétophyte mâle chez les végétaux supérieurs (par oppos. à *macrospore*).

microstructure [mikʀostʀyktyʀ] n. f. Didac. **1.** Structure microscopique. **2.** Structure faisant partie d'une structure plus grande. *On étudie les microstructures en sociologie, en linguistique, etc.*

miction [miksjɔ̃] n. f. MED Expulsion de l'urine accumulée dans la vessie.

Midas (fin VIIIe s. av. J.-C.), roi de Phrygie, qui est un être ou une dynastie, victime de l'invasion des Cimmériens. Les Grecs ont fait de Midas, à la richesse fabuleuse, un être cupide et irréfléchi.

Middle West (par abrév. *Midwest*), le centre des É.-U., limité à l'E. par les Appalaches et à l'O. par les montagnes Rocheuses. La partie du Midwest située à l'O. du Mississippi constitue la Prairie.

midi [midi] n. m. **1.** Milieu du jour; douzième heure. *En plein midi.* – *Demain à midi* ou, ellipt., *demain midi.* Syn. (France rég.) miejour. ▷ *Vers les midi :* aux environs de midi. ▷ (Afr. subsah., Belgique) *Heure* de midi.* – *Entre l'heure* de midi.* – (Belgique) *Temps de midi :* pause de la mi-journée. *Prendre son temps de midi.* ▷ (Afr. subsah.) *Dans les heures* de midi.* ▷ Fig. *Chercher midi à quatorze heures :* trouver des difficultés inexistantes. **2.** Sud (point cardinal). **3.** (Avec une majuscule.) Région, pays méridional. ▷ Spécial. *Le Midi :* la partie méridionale de la France.

Midi (aiguille du), sommet des Alpes françaises (3 843 m), dans le massif du Mont-Blanc (Haute-Savoie).

Midi (canal du), dit aussi *du Languedoc,* canal de France reliant l'Atlantique à la mer Méditerranée par la Garonne.

Midi (pic du), nom de deux sommets des Pyrénées françaises : le *pic du Midi de Bigorre* (Hautes-Pyrénées), culminant à 2 872 m, doté d'un observatoire astronomique; le *pic du Midi d'Ossau* (Pyrénées-Atlantiques), culminant à 2 885 m.

midinette [midinɛt] n. f. Jeune citadine aux idées naïves et romanesques.

Midi-Pyrénées, Région admin. française et région de la C.E., formée des dép. de l'Ariège, de l'Aveyron, de la Haute-Garonne, du Gers, du Lot, des Hautes-Pyrénées, du Tarn et du Tarn-et-Garonne; 45 427 km² (la plus vaste des Régions françaises); 2 489 955 hab.; cap. *Toulouse*.*
Géogr. phys. et hum. – Au N.-E., la bordure du Massif central oppose de vieux massifs cristallins aux causses calcaires, qu'entaillent des vallées. Au centre, les larges vallées de la Garonne, de l'Ariège et du Tarn concentrent les villes et la pop. Au S., les Pyrénées (3 298 m au Vignemale) dominent un plateau et des collines. Après une longue émigration, la Région connaît un renouveau démographique.
Écon. – La polyculture intensive (céréales, oléagineux, fruits et légumes) domine dans les plaines et sur les collines. En montagne s'impose l'élevage ovin (fromage de Roquefort). Cahors et Gaillac sont des vignobles réputés. Dès 1930, des industries stratégiques (aéronautique, armement, explosifs) puis industries spatiales, chimie, pharmacie, électronique se sont ajoutées aux activités anc. (cuir, laine, etc.). Auj., Toulouse est la capitale européenne de l'aérospatiale (Airbus, CNES). Le tourisme est actif.

Midjourtin (monts), massif du N. de la Somalie culminant au mont Surud Cad (2 418 m).

Midlands, rég. de G.-B., plaine marneuse du centre de l'Angleterre. L'industr. s'y est développée dès le XVIIIe s., grâce aux mines de fer (auj. épuisées) et de houille (auj. en déclin). Principaux centres : *Birmingham, Nottingham.*

Midway (îles), atolls du Pacifique, au nord-ouest des îles Hawaii, dépendances des États-Unis depuis 1867. – Importante bataille aéronavale (juin 1942) entre les Américains et les Japonais (vaincus).

Midwest. V. Middle West.

1. mie [mi] n. f. Partie intérieure du pain, qui est molle. *La mie et la croûte.*

2. mie [mi] n. f. Vx ou litt. Femme aimée.

miejour [miʒuʀ] n. m. (France rég.) Syn. de *midi* (sens 1).

miel [mjɛl] n. m. **1.** Matière sucrée plus ou moins épaisse, blanche ou jaune, parfois brune, que les abeilles élaborent à partir du nectar qu'elles recueillent sur les fleurs. ▷ (Acadie, France rég., Louisiane) *Mouche à miel :* v. mouche (sens 4). **2.** Fig. Ce qui est plein de douceur. *Paroles de miel.* – Loc. *Être tout sucre tout miel :* être d'une douceur, d'une amabilité inhabituelles, en général pour obtenir qqch. ▷ *Lune* de miel.*

miellat [mjɛla] n. m. APIC Liquide sucré plus ou moins visqueux excrété par divers insectes suceurs de sève (pucerons, notam.) et récolté par les abeilles.

miellé, ée [mjele] adj. **1.** Enduit de miel, sucré au miel. **2.** Qui rappelle le miel (par son goût, son aspect, etc.).

mielleux, euse [mjɛlø, øz] adj. **1.** Qui rappelle le miel, sa saveur. ▷ Péjor. Fade, doucereux. **2.** D'une douceur affectée et obséquieuse. *Un ton mielleux.*

mien, mienne [mjɛ̃, mjɛn] adj. et pron. poss. de la 1re pers. du sing. **I.** adj. poss. Litt. Qui est à moi, qui m'appartient; de moi. *Un mien ami.* ▷ (Attribut.) *Cette maison est mienne.* – *Je fais mienne cette proposition.* **II.** pron. poss. *Le(s) mien(s), la (les) mienne(s).* **1.** Ce qui est mien. *Ta fille et la mienne.* – *Ce livre est le mien.* ▷ *Vos conditions seront les miennes :* j'accepterai les conditions mêmes que vous proposerez. **2.** n. m. *Le mien :* ce qui m'appartient. *Le tien et le mien.* ▷ Fig. *J'y mettais du mien,* de ma personne, de mes capacités, de la bonne volonté. ▷ *Les miens :* mes proches, mes parents.

Miescher (Johannes) (1844 – 1895), biochimiste suisse. Étudiant les spermatozoïdes du saumon, il isola, en 1868, dans le noyau cellulaire, la « nucléine » et supposa qu'elle jouait un rôle génétique primordial.

Mies van der Rohe (Ludwig) (1886 – 1969), architecte américain d'orig. all. Directeur du Bauhaus de Dessau (1930-1933). Il imposa l'ossature d'acier apparente et les façades de verre.

miette [mjɛt] n. f. **1.** Petite parcelle de pain, de gâteau qui se détache quand on le coupe, qui reste quand on a mangé. ▷ Fig. *Il n'a recueilli que les miettes de l'héritage.* **2.** Petite parcelle. *Briser un verre en miettes.* **3.** (France rég.) Terme d'affection à l'adresse d'une femme (diminutif de *mie* [2]).

mieux [mjø] adv., n. m. et adj. Comparatif de *bien.* **I.** adv. **1.** D'une manière plus avantageuse, plus accomplie. *Il peut mieux faire. Il chante mieux que les autres.* ▷ *Aller mieux :* être en meilleure santé. – *Ses affaires vont mieux,* sont dans un meilleur état. ▷ *Aimer mieux :* préférer. ▷ *Valoir mieux :* être préférable. Prov. *Mieux vaut tard que jamais.* **2.** Loc. adv. *De mieux en mieux :* en faisant toujours des progrès. ▷ *Le mieux du monde :* aussi bien que possible. ▷ *Au mieux :* dans les conditions les plus favorables. *Il l'a vendu au mieux.* – *Être au mieux avec qqn :* être en très bons termes avec lui. ▷ Fam. *À qui mieux mieux :* en rivalisant. ▷ *Tant mieux :* interj. marquant la satisfaction. *Il a gagné, tant mieux!* **3.** Superl. de *bien. Le mieux :* de la manière la meilleure. *Le texte le mieux rédigé. Agis le mieux, du mieux que tu peux.* **II.** n. m. Ce qui est meilleur, quelque chose de meilleur. *En attendant mieux.* – *Faute de mieux.* ▷ Prov. *Le mieux est l'ennemi du bien :* on gâte souvent une bonne chose en voulant la rendre meilleure. ▷ *Il y a du mieux,* une amélioration. ▷ *Faire de son mieux, pour le mieux* ou (Belgique) *pour un mieux :* faire aussi bien que l'on peut. **III.** adj. attribut. **1.** (Choses) Meilleur, plus convenable. *C'est mieux pour lui. Il n'a rien de mieux à vous proposer.* **2.** En meilleure santé. *Il est mieux qu'hier.* ▷ Plus beau; d'une valeur supérieure. *Elle est mieux que lui.*

mieux-être [mjøzɛtʀ] n. m. inv. Bien-être accru.

mièvre [mjɛvʀ] adj. D'une grâce un peu fade, affectée.

mièvrerie [mjɛvʀəʀi] n. f. Qualité, état de qqn, de qqch qui est mièvre. – Acte, chose mièvre.

Mifune (Toshiro) (né en 1920), acteur japonais, le comédien fétiche de Kurosawa : *Rashōmon* (1950), *les Sept Samouraïs* (1954), *Barberousse* (1965).

Mignard (Nicolas), dit *Mignard d'Avignon* (1606 – 1668), peintre français; portraitiste de Louis XIV. — **Pierre,** dit *le Romain* (1612 – 1695), frère du préc.; peintre français, portraitiste de la cour, il décora la coupole du Val-de-Grâce, à Paris (1663).

mignardise [miɲaʀdiz] n. f. Délicatesse, gentillesse affectée.

mignon, onne [miɲɔ̃, ɔn] adj. et n. **1.** adj. Délicat, gentil, gracieux. *Enfant mignon.* ▷ (Surtout au fém.) Aimable, joli. *Une jeune fille très mignonne.* ▷ Fam. Complaisant, gentil. *Sois mignon, va me poster cette lettre.* **2.** n. Jeune personne, enfant mignon. ▷ Terme d'affection. *Alors, ma mignonne!*

mignonnette [miɲɔnɛt] n. f. **1.** Poivre concassé. **2.** Gravillon roulé d'une granulométrie inférieure à 10 mm. **3.** Bouteille d'alcool miniature. **4.** (Afr. subsah.) Variété de banane, de la grosseur d'un doigt. Syn. banane doigt. (V. banane* mignonne.)

migraine [migʀɛn] n. f. MED Douleur d'origine vasomotrice n'affectant qu'un seul côté de la tête, qui s'accompagne parfois de nausées et de vomissements. – Cour. Mal de tête.

migraineux, euse [migʀɛnø, øz] adj. et n. **1.** adj. Relatif à la migraine. **2.** n. Personne qui a la migraine, qui y est sujette.

migrant, ante [migʀɑ̃, ɑ̃t] adj. et n. Qui effectue une migration (sens 1). ▷ Subst. Personne qui migre ou a migré depuis peu de temps. – *Spécial.* Travailleur immigré.

migrateur, trice [migʀatœʀ, tʀis] adj. et n. Qui migre.

migration [migʀasjɔ̃] n. f. **1.** Déplacement d'une population passant d'une région dans une autre pour s'y établir. *Les migrations des Barbares.* – *Migration saisonnière,* qui s'effectue en fonction des saisons vers les lieux de travail, de vacances. **2.** Déplacement en groupes qu'effectuent, au cours des saisons, certains animaux. *Migration des cigognes.* **3.** MED Déplacement (d'un corps étranger, de cellules) dans l'organisme. *Migration d'un calcul. Migration de l'ovule.* **4.** PHYS, METALL Déplacement (de particules) dans une substance sous l'effet d'un facteur extérieur.

migratoire [migʀatwaʀ] adj. Qui concerne les migrations.

migrer [migʀe] v. intr. [1] Effectuer une, des migrations. *Population qui migre. – Oiseaux migrant vers le sud.* ▷ PHYS *Les ions migrent à la cathode.*

Mihalovici (Marcel) (1898 – 1985), compositeur français d'origine roumaine. Il étudia dans sa ville natale, Bucarest, puis à Paris, où il s'installa en 1919, avec V. d'Indy. Le folklore roumain reste présent dans son œuvre, qui est librement atonale : *Symphonie pour le temps présent* (1943-1944), *Krapp* (opéra, 1959-1960).

mihrab [miʀab] n. m. Niche à l'intérieur d'une mosquée, orientée vers La Mecque.

mi-jambe (à) [amiʒɑ̃b] loc. adv. Au milieu de la jambe. *Bottes qui montent à mi-jambe, jusqu'à mi-jambe.*

mijaurée [miʒoʀe] n. f. Fille, femme aux manières prétentieuses, affectées. *Faire la mijaurée.*

mijoter [miʒɔte] v. [1] **I.** v. tr. **1.** Faire cuire lentement, à petit feu. ▷ Cuisiner avec beaucoup de soin. *Je vous ai mijoté un bon petit plat.* **2.** Fig., fam. Préparer à loisir, et d'une manière plus ou moins secrète (un projet, un mauvais coup, etc.). **II.** v. intr. Cuire à petit feu.

mikado [mikado] n. m. **1.** Empereur du Japon. **2.** Jeu d'adresse auquel on joue avec de fines baguettes de bois.

Mikhalkov (Nikita) (né en 1945), cinéaste russe : *Partition inachevée pour piano mécanique* (1976), *Quelques jours de la vie d'Oblomov* (1979), *les Yeux noirs* (1987). — **Mikhalkov-Kontchalovski** (Andreï) (né en 1937), frère du préc., cinéaste russe : *le Premier Maître* (1965), *le Bonheur d'Assia* (1967), *Runaway train* (1985).

Mikoyan (Anastas Ivanovitch) (1895 – 1978), homme politique soviétique. Président du præsidium du Soviet suprême (1964-1965), il tomba avec Khrouchtchev.

1. mil [mil] adj. et n. m. inv. V. mille 1.

2. mil [mil] n. m. Nom courant de différentes graminées des régions tropicales sèches d'Afrique et d'Asie, cultivées comme céréales et plantes fourragères. *Mil (à) chandelle. – Couscous de mil. – Bière de mil :* boisson alcoolisée obtenue par fermentation d'une décoction de grains de mil. Syn. dolo, tchapalo. – Loc. (Afr. subsah.) *Gagner son mil :* gagner son pain.
ENCYCL On distingue les *millets* ou *petits mils (mil chandelle* ou *pénicillaire),* aux nombreuses variétés, dont le *mil tardif (sanio, mil sanio),* et les *gros mils (mil blanc, mil rouge),* qui sont des sorghos.

milan [milɑ̃] n. m. Oiseau rapace diurne (*Milvus,* et genres voisins) aux longues ailes (jusqu'à 1,50 m d'envergure) de l'Ancien Monde, particulièrement fréquent en Afrique tropicale, surtout près des lieux habités.

Milan (en ital. *Milano*), v. d'Italie, au centre de la plaine du Pô; 1 548 580 hab. ; cap. de la Lombardie et ch.-l. de la prov. du m. nom; la 2e ville d'Italie par sa pop., la 1re par son importance écon. (métropole industr., comm., financière). Son industrie, très différenciée, est dominée par l'électromécanique et le textile. Elle souffre de pollution. Centre culturel (édition, presse). – Archevêché. Université. Cath. goth. (*il Duomo,* XIVe-XVIe s.). Nombr. égl. : Santa Maria delle Grazie (XVe s.; le cloître renferme la *Cène* de Léonard de Vinci), basilique romane Sant'Ambrogio (XIe s., tour du IXe s.). Château des Sforza (XVe s., restauré au XIXe s.). Palais et pinacothèque Brera (XVIIe s.). Bibliothèque Ambrosienne. Théâtre de la Scala (XVIIIe s.). – Milan fut une métropole ecclés. après 313 (*édit de Milan,* autorisant la liberté des cultes). Ruinée par les invasions (452, puis 539), elle se releva au IXe s. D'Otton Ier (962) à Napoléon Ier (1805), les empereurs y reçurent la couronne lombarde.

Milanais, anc. État de l'Italie du N., constitué autour de Milan dès le déb. du XIIe s. Les seigneurs de la ville dominèrent les cités voisines, les Visconti au XIVe s., les Sforza au XVe s. En 1535, l'État passa aux Habsbourg. Donné par Charles Quint à son fils, le futur Philippe II d'Espagne (1540), il fut cédé à l'Autriche. Centre de la république Cisalpine (1797), il forma, avec la Vénétie, le royaume lombard-vénitien (1815), fondu dans celui d'Italie (1859).

Milan Obrenović (1854 – 1901), prince (1868-1882), puis roi (1882-1889) de Serbie. Après une guerre (1876-1878), les Turcs reconnurent l'indépendance de la Serbie, puis il prit le titre de roi (1882). Autoritaire, impopulaire et corrompu, il abdiqua.

mildiou [mildju] n. m. Maladie des plantes (vignes, cultures maraîchères, etc.) due à des moisissures et qui se manifeste par des taches brunes suivies d'un flétrissement général.

mile [majl; mil] n. m. Unité de mesure de longueur anglo-saxonne équivalant à 1 609 m.

Milet (en gr. *Milêtos*), anc. v. d'Asie Mineure, en Ionie, à l'embouchure du Méandre, que les alluvions ont ensevelie. À partir du VIIIe s. av. J.-C., Milet fut la plus grande métropole grecque d'Asie Mineure, illustrée notam. par ses philosophes (Thalès, Anaximène, Anaximandre). Au Ve s. av. J.-C., elle souffrit des invasions perses et déclina.

Milhaud (Darius) (1892 – 1974), compositeur français : *le Bœuf sur le toit* (1919), *la Création du monde* (1923), ballets.

miliaire [miljɛʀ] n. f. MED Éruption de fines vésicules dues à la rétention de la sueur caractéristique notam. de la bourbouille.

Miliana. V. Khemis-Miliana.

milice [milis] n. f. **1.** Corps de police supplétif. ▷ (Vanuatu) HIST Police française instituée durant le condominium. **2.** Formation de police, sans caractère officiel. **3.** (Belgique) Service militaire. **4.** Loc. adj. (Suisse) *De milice :* formé de membres non professionnels. *Armée de milice. Parlement de milice.*

Milice (la), organisation franç. créée par le gouv. Pétain-Laval en janv. 1943 pour lutter contre la Résistance, en collaboration avec les Allemands. Jusqu'à la Libération, elle participa aux persécutions contre les Juifs.

milicien, enne [milisjɛ̃, ɛn] n. Personne qui fait partie d'une milice.

milieu [miljø] n. m. **I. 1.** Centre d'un lieu, point situé à égale distance des extrémités. *Faire un dessin au milieu d'une feuille de papier. Place située au milieu d'une ville.* **2.** Période située à égale distance du début et de la fin. *Le milieu du mois.* **3.** Loc. *Au milieu de :* au centre de, en plein dans. *Au milieu de la forêt.* ▷ *Au beau milieu (de) :* tout au milieu, en plein milieu (de). *Au beau milieu de son discours, il a été interrompu.* **4.** Fig. Ce qui est également éloigné de deux excès contraires. *Garder le juste milieu.* – Loc. *Il n'y a pas de milieu :* il faut absolument choisir entre un parti ou l'autre. **II. 1.** Ensemble de conditions naturelles (géographiques, climatiques, etc.) qui régissent la vie d'êtres vivants. *Milieu marin. Adaptation d'un animal à son milieu.* (V. écologie, écosystème, environnement, habitat). **2.** *Milieu intérieur :* ensemble des liquides interstitiels (y compris le sang) qui baignent les cellules de l'organisme. **3.** Entourage, société, sphère sociale où l'on vit. *Influence du milieu.* ▷ Absol. *Le milieu :* le monde de la pègre.

Milieu (empire du), nom donné autref. par les Chinois à leur pays, qu'ils disaient le centre du monde.

militaire [militɛʀ] adj. et n. m. **I.** adj. **1.** Relatif à l'armée, aux soldats, à la guerre. *Art militaire. – Autorités militaires* (par oppos. à *autorités civiles*). – *Honneurs militaires,* rendus par les troupes en armes. **2.** Qui s'appuie sur l'armée. *Dictature militaire.* **II.** n. m. Membre de l'armée. *Un militaire en uniforme.*

militairement [militɛʀmɑ̃] adv. **1.** Par la force armée. *Zone occupée militairement.* **2.** Fig. Avec exactitude; avec résolution.

militant, ante [militɑ̃, ɑ̃t] adj. et n. **1.** adj. Qui agit en combattant. *Politique militante.* **2.** n. Adhérent actif d'un parti, d'une organisation.

militantisme [militɑ̃tism] n. m. Activité des militants d'une organisation.

militarisation [militaʀizasjɔ̃] n. f. Action de militariser; son résultat.

militariser [militaʀize] v. tr. [1] Pourvoir d'une force armée. ▷ Organiser de façon militaire.

militarisme [militaʀism] n. m. **1.** Politique s'appuyant sur les militaires, sur l'armée, ou exercée par des militaires. *Le militarisme de l'Allemagne impériale.* **2.** Opinion, tendance de ceux qui sont favorables à l'influence des militaires, de l'armée.

militariste [militaʀist] adj. et n. Péjor. Partisan du militarisme. ▷ Subst. *Un militariste chauvin.*

militer [milite] v. intr. [1] **1.** Œuvrer activement à la défense ou à la propagation d'une idée, d'une doctrine. ▷ Être militant d'une organisation. *Militer dans l'opposition.* **2.** *Militer pour, contre :* plaider pour, contre. *Cet élément milite pour sa thèse.*

Mill (John Stuart) (1806 – 1873), philosophe et économiste anglais, connu pour sa théorie de l'induction et sa morale utilitariste (*De l'utilitarisme,* 1863). Il manifesta des tendances socialistes et féministes (*De l'assujettissement des femmes,* 1869).

millage [milaʒ] n. m. (Québec) **1.** Mesure de distance en milles. **2.** Nombre de milles parcourus par un véhicule automobile. – *Faire du millage :* parcourir une bonne distance (en voiture). **3.** *Par ext.* Syn. de *kilométrage* (sens 2).

1. mille [mil] adj. et n. m. inv. **I.** adj. **1.** adj. num. cardinal. Qui vaut dix fois cent (1000). *Mille kilomètres.* ▷ N.B. *Mille* peut s'écrire *mil* dans une date inférieure à *deux mille : mil neuf cent trente.* **2.** Un grand nombre de. *Je vous* *remercie mille fois.* **3.** adj. num. ordinal. Millième. *L'an mille.* **II.** n. m. inv. **1.** Le nombre mille. *Multiplier par mille.* **2.** Millier. *Quel est le prix au mille?* **3.** Centre d'une cible, qui fait gagner mille points quand on le touche. – Loc. fig. *Mettre, taper, toucher dans le mille :* tomber juste; réussir pleinement. **4.** Groupe de mille exemplaires d'un ouvrage. *Vingtième mille.*

2. mille [mil] n. m. **1.** *Mille marin :* unité de mesure des distances utilisée en navigation maritime et aérienne, distance entre deux points d'un méridien terrestre séparés par une minute d'arc (1852 m). **2.** Unité anglo-saxonne de mesure des distances utilisée au Canada, valant environ 1609 m, comme le mile.

Mille (les), patriotes italiens dits aussi *les Chemises rouges,* réunis par Garibaldi. De Gênes (6 mai 1860), ils naviguèrent jusqu'à Marsala (11 mai) et prirent la Sicile aux Napolitains (vaincus le 15). Le 7 sept. ils prenaient Naples où, le 7 nov., Garibaldi reçut Victor-Emmanuel II, lui affirma son allégeance et se retira.

Mille et Une Nuits (les), recueil de contes populaires arabes (X^{e}-XIIe s. env.) d'orig. diverses (Perse, Bagdad, Égypte). Pendant mille nuits plus une, symbole de la quantité infinie, la belle Schéhérazade* ne cesse de narrer des histoires au roi de Perse Chāhriyār pour le tenir en haleine et l'empêcher de se venger une fois encore de son épouse infidèle (il avait décidé de passer chaque nuit avec une femme différente et de la faire mourir au matin). Ainsi s'enchaînent *Aladin et la lampe merveilleuse, Ali Baba et les quarante voleurs, Sinbād le marin,* etc.

millefeuille [milfœj] n. m. Gâteau de pâte feuilletée garnie de crème pâtissière.

millénaire [millenɛʀ] adj. et n. m. **I.** adj. Qui existe depuis mille ans. *Un monument millénaire.* **II.** n. m. **1.** Période de mille ans. **2.** Millième anniversaire. *Célébrer le millénaire de Paris.*

millénarisme [millenaʀism] n. m. RELIG Croyance en un règne messianique destiné à durer mille ans.

millénariste [millenaʀist] adj. RELIG Du millénarisme. *Théorie millénariste.*

mille-pattes [milpat] n. m. inv. Nom cour. de nombreux myriapodes.

mille-pertuis ou **millepertuis** [milpɛʀtɥi] n. m. inv. Plante dicotylédone herbacée à fleurs jaunes, qui doit son nom aux glandes translucides qui criblent ses feuilles.

millépore [millepɔʀ] n. m. ZOOL Hydrozoaire à squelette calcaire (genre *Millepora*), qui contribue à la construction des récifs coralliens tropicaux.

Miller (Henry) (1891 – 1980), écrivain américain qui vécut à Paris de 1930 à 1938 : *Tropique du Cancer* (1934), *Tropique du Capricorne* (1939); trilogie *Crucifixion en rose* (*Sexus,* 1949; *Plexus,* 1952; *Nexus,* 1960); *Big Sur* (1956).

Miller (Arthur) (né en 1915), auteur dramatique américain : *Mort d'un commis voyageur* (1949), *les Sorcières de Salem* (1953), *Vu du pont* (1955). Il adapta pour l'écran son roman *les Misfits* (1960).

millésime [millezim] n. m. **1.** Chiffre exprimant le nombre mille dans une date. *1 est le millésime de 1950.* **2.** Chiffre marquant l'année de fabrication d'une monnaie, l'année de récolte d'un vin, etc.

millet [mijɛ] n. m. Nom de diverses graminées céréalières à petits grains. Syn. cour. (Afr. subsah.) petit mil.

Millet (Jean-François) (1814 – 1875), peintre français; auteur de scènes de la vie rurale : *l'Angélus* (1859).

milli-. Élément, du lat. *mille,* «mille», marquant la division par mille de l'unité (abrév. : m).

milliampère [milliɑ̃pɛʀ] n. m. ELECTR Millième d'ampère (symbole mA).

milliard [miljaʀ] n. m. Nombre qui vaut mille millions. – Absol. *Un milliard :* mille millions de francs. – *Par ext.* Nombre indéterminé et très considérable.

milliardaire [miljaʀdɛʀ] adj. et n. Dont la fortune dépasse le milliard.

milliardième [miljaʀdjɛm] adj. et n. m. **1.** adj. numéral ordinal. Dont le rang est marqué par le nombre un milliard. **2.** n. m. Chacune des parties d'un tout divisé en un milliard de parties égales.

millième [miljɛm] adj. et n. **I.** adj. num. ord. Dont le rang est marqué par le nombre 1000. *La millième heure de vol.* **II.** n. **1.** Personne, chose qui occupe la millième place. **2.** n. m. Chacune des parties d'un tout divisé en mille parties égales. *Un millième du budget national.*

millier [milje] n. m. **1.** Nombre de mille, d'environ mille. *Des milliers de gens.* **2.** Loc. *Par milliers :* en très grand nombre.

milligrade [miligʀad] n. m. GEOM Unité de mesure d'angle égale à un millième de grade (symbole mgr).

milligramme [milligʀam] n. m. PHYS Unité de mesure de masse, équivalant à la millième partie du gramme (symbole mg).

Millikan (Robert Andrews) (1868 – 1953), physicien américain. Il détermina la charge électrique et la masse de l'électron, calcula la valeur de la constante de Planck (1916) et étudia les rayons cosmiques. P. Nobel 1923.

millilitre [mililitʀ] n. m. PHYS Unité de mesure de volume, équivalant à la millième partie du litre (symbole ml).

millime [milim] n. m. (Maghreb) En Tunisie, millième de dinar.

millimètre [milimɛtʀ] n. m. Unité de longueur valant un millième de mètre (symbole mm). ▷ *Millimètre carré (mm^2) :* unité de surface correspondant à un carré de 1 mm de côté. *Millimètre cube (mm^3) :* unité de volume correspondant à un cube d'arête de 1 mm.

millimétré, ée [millimetʀe] adj. Gradué, réglé en millimètres. *Papier millimétré.*

millimétrique [millimetʀik] adj. **1.** Syn. de *millimétré.* **2.** D'un ordre de grandeur voisin du millimètre.

million [miljɔ̃] n. m. Nombre qui vaut mille fois mille. *Quatre millions d'habitants.* – Absol. *Un million :* mille fois mille francs. – *Par ext.* Nombre indéterminé et très considérable.

millionième [miljɔnjɛm] adj. et n. m. **1.** adj. num. ordinal. Dont le rang est marqué par le nombre un million. **2.** n. m. Chacune des parties d'un tout divisé en un million de parties égales.

millionnaire [miljɔnɛʀ] adj. et n. Dont la fortune s'évalue en millions.

millithermie [millitɛʀmi] n. f. PHYS Millième de thermie (symbole mth).

millivolt [milivɔlt] n. m. ELECTR Millième de volt (symbole mV).

Milo, île des Cyclades (Grèce); 161 km^2; 4500 hab.; ch.-l. *Mílos.* – L'île fut un des centres de la civilisation minoenne. V. Milo (Aphrodite, dite *Vénus de*).

Milo (Aphrodite, dite *Vénus de*), statue en marbre du IIe s. av. J.-C. (haute de 2,02 m, Louvre), trouvée dans l'île de Milo en 1820. Certains experts, arguant de sa pose déhanchée, la rattachent à l'école de Praxitèle (IVe s. av. J.-C.).

Milon de Crotone (né au VIe s. av. J.-C.), athlète grec. Selon la tradition, il voulut fendre un chêne avec ses mains, mais les deux parties du tronc se resserrèrent sur l'une d'elles et il fut dévoré par des loups.

Milosevic (Slobodan) (né en 1941), homme politique serbe. Prés. de la Ligue communiste de Serbie de 1986 à 1988, élu président de la rép. de Serbie en 1989, puis réélu en 1992, il mène une politique ultra-nationaliste.

Miloš Obrenović (1780 – 1860), prince de Serbie (1817-1839 et 1858-1860); fondateur de la dynastie des Obrenović. Éleveur de porcs, il se distingua dans la révolte contre les Turcs (1804-1813). Il supplanta Karageorges, qu'il fit assassiner (1817). Despote, il abdiqua (1839) et fut rappelé en 1858.

Milosz (Oscar Vladislas de Lubicz-Milosz, dit O. V. de L.) (1877 – 1939), écrivain français d'origine lituanienne. Mystique, il a écrit des poèmes élégiaques (*les Sept Solitudes,* 1906) ou dramatiques (*Scènes de don Juan,* 1906), des drames, des essais.

Miłosz (Czesław) (né en 1911), écrivain polonais. Poète «catastrophiste», il quitta son pays en 1951. Il a écrit de nombr. essais, sur le monde communiste (*la Pensée captive,* 1953), sur la civilisation moderne (*Visions de la baie de San Francisco,* 1969). P. Nobel 1980.

milouin [milwɛ̃] n. m. Canard plongeur (genre *Aythya*). *Le milouin mâle est gris, avec la poitrine noire et la tête rousse. Le milouin femelle est gris-brun.*

mi-lourd [miluʀ] adj. et n. m. SPORT Se dit d'un boxeur professionnel pesant entre 76,204 kg et 79,378 kg. ▷ n. m. *Des mi-lourds.*

Miltiade (540 – v. 489 av. J.-C.), général athénien. Élu stratège en 491, il fut l'artisan de la victoire de Marathon (490).

Milton (John) (1608 – 1674), poète anglais. Cromwell le prit au Conseil d'État, puis les Stuarts l'emprisonnèrent. Libéré (1660), aveugle (depuis 1652), ruiné, Milton vécut entouré de ses trois filles et composa son chef-d'œuvre, *le Paradis perdu* (1658-1665, éd. 1667), suivi du *Paradis reconquis* et de *Samson Agonistes* (1671).

Milwaukee, v. des É.-U. (Wisconsin), port sur le lac Michigan; 628080 hab. Centre comm. et industriel.

mime [mim] n. m. (Rare au fém.) Interprète de pantomime, acteur qui s'exprime uniquement par les gestes et les attitudes, sans dire une seule parole. – *Par ext.* Personne qui mime.

mimer [mime] v. tr. [1] Imiter, représenter par des gestes, des attitudes.

mimétique [mimetik] adj. Qui se rapporte au mimétisme.

mimétisme [mimetism] n. m. **1.** Aptitude de certaines espèces animales à prendre l'aspect d'un élément de leur milieu de vie et spécial., celui d'une autre espèce vivant dans ce milieu. **2.** *Par anal.* Tendance d'une personne à prendre les manières, les habitudes d'une personne, d'un milieu, etc.

mimique [mimik] n. f. Représentation par le geste ou par l'expression du visage d'une idée, d'un sentiment, etc. *Une mimique expressive.*

mimodrame [mimɔdʀam] n. m. Œuvre dramatique dans laquelle les acteurs miment leur rôle sans parler.

mimosa [mimoza] n. m. **1.** Herbe ou arbuste (fam. mimosacées) dont les feuilles se replient quand on les touche. **2.** Nom donné à divers acacias (mimosa des fleuristes, par ex.). – *Mimosa épineux :* petit arbre des régions semi-arides d'Afrique, qui fournit une gomme. – *Mimosa pourpre :* néré.

mimosacées [mimozase] n. f. pl. Famille de légumineuses, souvent épineuses, comprenant les mimosas, les acacias, les prosopis, etc. – Sing. *Une mimosacée.*

Mimoun (Alain) (né en 1921), athlète français, né en Algérie. Il remporta le marathon aux J.O. de Melbourne (1956).

minable [minabl] adj. **1.** Qui fait pitié. *Aspect minable.* **2.** Fam. Médiocre, dérisoire. ▷ Subst. *Un minable.*

minage [minaʒ] n. m. MILIT Action de miner (un terrain, un port, etc.).

minaret [minaʀɛ] n. m. Tour d'une mosquée. *Du haut du minaret, le muezzin appelle à la prière.*

Minas , roi chrétien d'Éthiopie (1559-1563). Il freina l'invasion des Galla (V. Oromo).

Minas Gerais, État intérieur du Brésil oriental; 587172 km²; 15239000 hab.; cap. *Belo Horizonte.* Ce pays de hautes terres (*serra da Mantiqueira,* 2750 m) se consacre à l'élevage bovin et à l'extraction minière (fer, manganèse, bauxite, mica), qui a permis l'industrialisation.

minauder [minode] v. intr. [1] Faire des mines, faire des manières.

minauderie [minodʀi] n. f. **1.** Action de minauder; manque de naturel d'une personne qui minaude. **2.** (Plur.) Manières affectées.

minbar [minbaʀ] n. m. Chaire à prêcher d'une mosquée.

mince [mɛ̃s] adj. et interj. **I.** adj. **1.** De peu d'épaisseur. *Étoffe mince.* **2.** Svelte. *Femme mince.* **3.** Fig. Peu important, médiocre. *De minces revenus.* **II.** interj. Fam. (Marquant la surprise, l'admiration, etc.) *Mince alors!*

minceur [mɛ̃sœʀ] n. f. **1.** Caractère de ce qui est mince, peu épais. **2.** État d'une personne mince.

mincir [mɛ̃siʀ] v. intr. [3] S'amincir. *Il a minci très vite.*

minçolet, ette [mɛ̃sɔlɛ, ɛt] adj. (Suisse) Qui est très mince, fluet.

Mindanao, grande île des Philippines, au N.-E. de Bornéo; 99311 km²; 14297430 hab.; v. princ. *Davao.* Cult. tropicales; fer. – Au N.-E. se trouve la *fosse de Mindanao* (10500 m).

Mindel (le), riv. bavaroise (84 km), affl. (r. dr.) du Danube.

Mindszenty (József Pehm, dit József) (1892 – 1975), prélat hongrois. Primat de Hongrie (1945), cardinal en 1946, il fut arrêté (1948). Après l'échec de la révolution hongroise (1956), qui l'avait rétabli dans ses fonctions, il se réfugia à l'ambassade des É.-U. jusqu'en 1971, puis gagna Vienne.

1. mine [min] n. f. **I. 1.** Gisement, le plus souvent souterrain, d'où l'on extrait une substance métallique ou minérale. *Mine de phosphate, de diamant.* ▷ Fig. *Une mine d'or :* une source de profits considérables et continus. – *Cette bibliothèque est une mine de renseignements.* **2.** Excavation pratiquée pour exploiter un tel gisement. *Descendre au fond d'une mine.* **3.** Ensemble des machines et des installations nécessaires à cette exploitation. **II. 1.** Excavation dans laquelle on place une charge explosive destinée à détruire un ouvrage; cette charge elle-même. **2.** Engin de guerre conçu de manière à faire explosion lorsqu'un homme, un véhicule, un navire, etc., passe à proximité. *Mine antichar, sous-marine.* **III.** Mince baguette de graphite ou de matière colorée constituant la partie centrale d'un crayon. – *Mine de plomb :* graphite utilisé pour faire la mine des crayons, plombagine. ▷ (Afr. subsah.) Syn. de *crayon* (sens 2); syn. de *stylo à bille.*

2. mine [min] n. f. **1.** Expression du visage, physionomie d'une personne, en tant qu'indice de son état de santé. *Avoir bonne mine, mauvaise mine.* **2.** Expression du visage, physionomie d'une personne, en tant qu'indice de son humeur, de son caractère, de ses sentiments. *Une mine réjouie. Juger qqn sur sa mine.* – Loc. (Afr. subsah.) *Avoir la mine serrée :* être renfrogné. ▷ Contenance que l'on prend, air que l'on affecte. – *Faire bonne (triste, grise) mine à qqn,* bien (mal) l'accueillir. – *Faire mine de* (+ inf.) : faire semblant de; paraître prêt à. – *Mine de rien :* en ayant l'air de rien. ▷ Plur. *Faire des mines :* avoir un comportement affecté. Syn. (Antilles fr.) faire des dièses. **3.** Tournure. *Un homme de fort belle mine.* ▷ Loc. *Ne pas payer de mine :* ne pas se présenter à son avantage.

miner [mine] v. tr. [1] **I. 1.** (Sujet n. de chose.) Creuser en créant un risque d'effondrement. *Fleuve qui mine ses berges pendant une crue.* **2.** Fig. Consumer, détruire peu à peu. – Pp. adj. *Elle est minée par le chagrin.* **II.** Placer des mines explosives dans (un lieu).

minerai [minʀɛ] n. m. Corps contenu dans un terrain et renfermant un métal (ou tout autre élément utile) en proportion suffisante pour en permettre l'exploitation. *Un riche minerai.*

minéral, ale, aux [mineʀal, o] n. m. et adj. **1.** n. m. Corps inorganique se trouvant à l'intérieur de la terre ou à sa surface. *Propriétés d'un minéral (densité, dureté, couleur, éclat, propriétés optiques).* **2.** adj. Des minéraux. *Règne minéral* (par oppos. à *règne végétal* et à *règne animal). – Chimie minérale,* qui a trait à tous les éléments autres que le carbone, et aux combinaisons auxquelles ils peuvent donner lieu (par oppos. à la *chimie organique,* dite aussi *chimie du carbone*). **3.** adj. *Eau minérale :* eau provenant du sous-sol et parfois minéralisée.
ENCYCL Selon la classification *chimique,* on divise ainsi les 2000 espèces minérales existantes : **1.** *Éléments natifs,* c.-à-d. purs, comme l'or, le platine, le cuivre, etc.; **2.** *Oxydes et hydroxydes,* comme la magnétite (Fe_3O_4), le corindon (Al_2O_3), le rutile (TiO_2), etc.; **3.** *Sels* de divers acides, comme les chlorures, fluorures, sulfures, nitrates, borates, etc. **4.** On classe à part les *silicates,* qui constituent près de 90 % de l'ensemble des minéraux terrestres. (V. silicate.)

minéralier [mineʀalje] n. m. Cargo équipé pour le transport des minerais et des cargaisons en vrac.

minéralisation [mineʀalizasjɔ̃] n. f. **1.** Transformation d'un métal en minerai. **2.** État d'une eau qui contient en dissolution certaines substances minérales.

minéralogie [mineʀalɔʒi] n. f. Science qui étudie les minéraux.

minéralogique [mineʀalɔʒik] adj. **1.** De la minéralogie, relatif à la minéralogie. *Carte minéralogique.* **2.** *Numéro minéralogique :* combinaison de chiffres et de lettres constituant l'immatriculation d'un véhicule automobile. *Plaque minéralogique d'un camion.*

minéralogiste [mineʀalɔʒist] n. m. Spécialiste de minéralogie.

minéralurgie [mineʀalyʀʒi] n. f. Didac. Ensemble des techniques de traitement des minerais.

minerval, als [mineʀval] n. m. (Afr. subsah., Belgique, Luxembourg) Frais de scolarité.

minerve [minɛʀv] n. f. Appareil d'orthopédie, collerette rigide qui maintient la tête droite et les vertèbres cervicales en extension.

Minerve, dans la mythologie romaine, déesse de la Sagesse, assimilée à l'Athéna des Grecs; patronne de Rome.

minet, ette [minɛ, ɛt] n. Fam. **1.** Petit(e) chat(te). **2.** (Terme d'affection.) *Mon gros minet.* **3.** Jeune homme, jeune fille qui s'habille en suivant la mode de très près.

1. mineur, eure [minœʀ] adj. et n. **1.** De moindre importance. *Cela n'a qu'un intérêt mineur.* **2.** DR Qui n'a pas atteint l'âge de la majorité. *Une fille mineure.* ▷ Subst. *Détournement, enlèvement de mineur.* **3.** GEOGR *L'Asie Mineure :* l'Anatolie, en Turquie. **4.** MUS *Gamme mineure,* dans laquelle la première tierce* et la sixte* sont mineures. – *Ton, mode mineur,* utilisant les notes de la gamme mineure (par oppos. à *ton, mode majeur*). **5.** LOG *Terme mineur d'un syllogisme,* qui est sujet dans la conclusion. ▷ n. f. *La mineure :* la deuxième proposition d'un syllogisme, qui contient le terme mineur. **6.** RELIG CATHOL *Ordres mineurs :* V. ordre (sens II, 10).

2. mineur [minœʀ] n. m. **1.** MINES Ouvrier qui travaille dans une exploitation minière. **2.** MILIT Soldat du génie employé au travail de sape et de mine.

Ming, dynastie qui régna en Chine de 1368 à 1644. Proprement chinoise, elle succéda à la dynastie mongole des Yuan et fut détrônée par la dynastie mandchoue des Qing. Elle fixa sa capitale à Pékin en 1409.

Mingus (Charles, dit Charlie) (1922 – 1979), contrebassiste, compositeur et chef d'orchestre de jazz américain.

Minho (le) (en esp. *Miño*), fleuve (275 km) qui sépare l'Espagne, au nord, et le Portugal, au sud, et se jette dans l'Atlantique.

mini-. Élément, du lat. *minus,* «moins», par l'angl., impliquant une idée de petitesse, surtout utilisé dans la formation de termes récents (mode, publicité, etc.). *Mini(-)jupe.*

Minia (Al-). V. Menia (Al-).

minianka [miniɑ̃ka] n. m. LING Langue nigéro-congolaise du groupe gur, parlée par les Bamana.

miniature [minjatyʀ] n. f. **1.** Très petite peinture sur émail, ivoire, vélin, etc. *Des miniatures persanes.* V. aussi enluminure. **2.** Loc. adv. *En miniature :* sous une forme très réduite, condensée. – (En appos.) *Golf miniature.*

miniaturisation [minjatyʀizasjɔ̃] n. f. TECH Action de miniaturiser; son résultat.

miniaturiser [minjatyʀize] v. tr. **[1]** TECH Réduire le plus possible l'encombrement de (un appareillage, une machine, etc.).

miniaturiste [minjatyʀist] n. Peintre de miniatures.

mini-boubou [minibubu] n. m. (Afr. subsah.) Boubou court, porté par les femmes. *Des mini-boubous.*

minibus [minibys] n. m. Petit autobus comportant un nombre réduit de places.

minicar [minikaʀ] n. m. Petit autocar.

minicassette [minikasɛt] n. (Nom déposé.) **1.** n. f. Boîtier plat en matière plastique renfermant une bande magnétique. **2.** n. m. *Par ext.* Magnétophone dans lequel on utilise ce type de cassette.

minier, ère [minje, ɛʀ] adj. Relatif aux mines. *Gisement minier.*

mini-jupe ou **minijupe** [miniʒyp] n. f. Jupe très courte. *Des mini-jupes.*

minima [minima] n. m. pl. et n. f. V. minimum.

minimal, ale, aux [minimal, o] adj. Qui a atteint, qui constitue un minimum. *Température minimale.*

minimalisme [minimalism] n. m. Point de vue, position du minimaliste.

minimaliste [minimalist] adj. et n. Qui défend ou représente une position minimale. ▷ Subst. *Le point de vue des minimalistes.*

minime [minim] adj. et n. **1.** adj. Très petit. *Valeur minime.* **2.** n. Jeune sportif âgé de 13 à 15 ans.

minimisation [minimizasjɔ̃] n. f. Action de minimiser.

minimiser [minimize] v. tr. **[1]** **1.** Donner à (un fait, une réalité, une chose, etc.) une importance moins grande que celle qu'on aurait pu ou dû lui accorder. ▷ ECON Rendre minimale la valeur d'une variable (par oppos. à *maximiser*). *Minimiser les coûts.* **2.** (Afr. subsah.) Mépriser, faire peu de cas de (qqn). *Ne minimisez pas les gens!*

minimum [minimɔm] n. m. et adj. **I.** n. m. **1.** La plus petite valeur qu'une quantité variable puisse prendre. *Ne pas obtenir le minimum de points requis.* – Loc. adv. *Au minimum :* au moins. **2.** *Minimum vital :* minimum que doit toucher un travailleur pour pouvoir satisfaire ses besoins essentiels. **3.** DR Peine la plus petite. *Le substitut n'a requis que le minimum.* **4.** MATH *Minimum d'une fonction :* valeur de la fonction plus petite que toutes les valeurs immédiatement voisines. **II.** adj. Le plus bas. *Tarif minimum.* (N.B. Dans le langage scientifique, on emploie *minimal, minimale, minimaux.* Dans le langage courant, le plur. est *minimums* ou *minima,* le féminin est *minima.*)

mini-ordinateur [miniɔʀdinatœʀ] n. m. INFORM Ordinateur de faibles dimensions dont l'unité centrale est miniaturisée. *Des mini-ordinateurs.*

ministère [ministɛʀ] n. m. **1.** Charge de ministre. **2.** Ensemble des ministres constituant un cabinet. *Renverser le ministère.* **3.** Durée des fonctions d'un ministre. **4.** Ensemble des services publics placés sous la direction d'un ministre; bâtiment qui les abrite. *Le ministère des Affaires étrangères.* **5.** DR *Ministère public :* corps de magistrats formant la magistrature debout (ou parquet), chargés de représenter l'État auprès des tribunaux et de requérir l'exécution des lois. **6.** Sacerdoce. *Le saint ministère.* **7.** Entremise, intervention. – *Signifier une décision de justice par ministère d'huissier.*

ministériel, elle [ministeʀjɛl] adj. **1.** Relatif au ministère. *Crise ministérielle. Arrêté ministériel,* pris par un ministre. **2.** DR *Officier ministériel :* notaire, huissier ou commissaire-priseur.

ministrable [ministʀabl] adj. et n. Qui peut devenir ministre. ▷ Subst. *Un(e) ministrable.*

ministre [ministʀ] n. **1.** n. m. Membre du gouvernement qui dirige un ensemble de services publics. *Ministre des Finances. Les délibérations du Conseil des ministres. Madame le ministre de l'Industrie.* – n. (Québec) *Madame la ministre.* – *Ministre d'État :* titre honorifique attribué à certains ministres qui entrent au gouvernement en fonction de leur personnalité ou de leur représentativité. – *Ministre sans portefeuille,* qui fait partie du gouvernement sans être à la tête d'un ministère. ▷ *Premier ministre :* chef du gouvernement. **2.** n. m. Agent diplomatique de rang inférieur à celui d'ambassadeur. *Ministre plénipotentiaire.* **3.** n. m. (En appos.) *Papier ministre,* de grand format. – *Bureau ministre,* de grande taille. **4.** n. m. RELIG Ecclésiastique. *Ministre du culte.* ▷ Pasteur protestant. **5.** n. m. (France rég.) Syn. de *chat* (sens 1).

minitel [minitɛl] n. m. (Nom déposé.) INFORM Petit terminal servant à la consultation de banques de données et à l'échange d'informations.

minium [minjɔm] n. m. *Minium de plomb* ou, absol., *minium :* pigment rouge orangé, constitué d'oxyde de plomb de formule Pb_3O_4, utilisé principalement comme antirouille.

Minkowski (Hermann) (1864 – 1909), mathématicien lituanien. Il fonda une géométrie des nombres.

Minne (baron Georges) (1866 – 1941), sculpteur belge; membre du groupe de Laethem*-Saint-Martin. Son œuvre se caractérise par sa sobriété et sa grande expressivité *(Fontaine aux agenouillés,* 1898, Bruxelles).

Minneapolis, v. des É.-U. (Minnesota), sur la r. g. du Mississippi; 368 380 hab. (aggl. urb. 2 300 000 hab.). Marché agric. Industr. – Université.

Minnelli (Vincente) (1910 – 1986), cinéaste américain. Nombr. comédies musicales : *Un Américain à Paris* (1951). Films dramatiques : *la Vie passionnée de Vincent Van Gogh* (1956), *Comme un torrent* (1959).

Minnesang, dans l'Allemagne médiév. des XIIe-XIIIe s., poésie courtoise (*Minne :* «amour»; *Sang :* «chanson»). V. Minnesänger.

Minnesänger (les), poètes courtois allemands (XIIe-XIIIe s.) influencés par les troubadours et les trouvères de France.

Minnesota, État du centre-nord des É.-U., limitrophe du Canada, sur le lac Supérieur; 217 735 km²; 4 375 000 hab.; cap. *Saint Paul.* – Marqué par les glaciations, drainé par le haut Mississippi et son affl. le *Minnesota* (510 km), cet État est une grande rég. agricole. Autres ressources : fer, hydroélectricité, industr. – Territoire fédéral en 1849, trente-deuxième État de l'Union en 1858.

Miño. V. Minho (le).

minois [minwɑ] n. m. Visage frais, délicat d'enfant, de jeune fille, de jeune femme.

minorant [minɔʀɑ̃] n. m. MATH *Minorant d'une partie P d'un ensemble ordonné E :* élément de l'ensemble E inférieur à tout élément de la partie P. Ant. majorant.

minoration [minɔʀasjɔ̃] n. f. Didac. Action de minorer; son résultat.

minorer [minɔʀe] v. tr. **[1]** **1.** Réduire la valeur, l'importance de (qqch). **2.** MATH Être un minorant pour (un ensemble).

minoritaire [minɔʀitɛʀ] adj. et n. Qui appartient à la minorité.

minorité [minɔʀite] n. f. **I.** **1.** Le plus petit nombre (dans un ensemble). *Dans une minorité de cas.* **2.** Le plus petit nombre des suffrages, dans une réunion, une assemblée où l'on vote. *Être mis en minorité.* ▷ Parti, tendance minoritaire (par oppos. à *majorité*). ▷ Petite collectivité à l'intérieur d'un ensemble. *Les minorités ethniques, religieuses.* **II.** État d'une personne légalement mineure. – Temps pendant lequel on est mineur.

Minorque (en esp. *Menorca*), île des Baléares, au N.-E. de Majorque; 668 km²; 61 000 hab.; ch.-l. *Mahón.*

Minos, roi légendaire de Cnossos (Crète), fils de Zeus et d'Europe, époux de Pasiphaé, père d'Ariane et de Phèdre. Après sa mort, il devint l'un des trois juges des Enfers.

minot [mino] n. m. (Québec) Mesure de capacité utilisée pour les grains et les matières sèches, valant 8 gallons, soit 36,37 litres. Syn. boisseau.

Minotaure, dans la myth. gr., monstre moitié homme, moitié taureau. Enfermé dans le Labyrinthe de Dédale, en Crète, il y fut tué par Thésée.

minoterie [minɔtʀi] n. f. **1.** Meunerie. **2.** Grand moulin industriel.

minotier [minɔtje] n. m. Exploitant d'une minoterie.

minou [minu] n. m. Fam. **1.** Chat, petit chat. **2.** (Québec) Chaton (1, sens 2). **3.** (Belgique, Québec) Petit amas de poussière qui s'accumule sous les meubles. **4.** Terme affectueux (en parlant à une personne). *Mon petit minou.*

minoucher [minuʃe] v. tr. **[1]** (Québec) Fam. Caresser, cajoler. – Flatter (qqn) pour l'amadouer. ▷ v. pron. récipr. Se caresser, s'embrasser.

minoune [minun] n. f. (Québec) Fam. **1.** Chatte, petite chatte. **2.** Terme affectueux (en parlant à une femme, à une petite fille). ▷ Péjor. Femme de mœurs légères; femme entretenue. **3.** Vieille voiture, grosse et luxueuse, qui coûte cher en réparations.

Minsk, capitale de la Biélorussie; 1583000 hab. Import. carrefour routier et ferroviaire. Centre industriel. – Prise par les Allemands en 1941 après une dure bataille, la ville fut reprise par les Soviétiques en 1944.

minuit [minɥi] n. m. **1.** Milieu de la nuit. **2.** Instant où un jour finit et où l'autre commence. *Le jour civil commence à minuit et se compte de 0 à 24 heures.*

minulle [minyl] n. m. ORNITH *Autour minulle :* petit autour d'Afrique, noir à croupion blanc.

minuscule [minyskyl] adj. et n. f. **1.** Très petit. *Animal minuscule.* **2.** *Lettre, caractère minuscule* ou, n. f., *une minuscule :* lettre, caractère dont la graphie est petite et particulière par rapport à la majuscule.

minutage [minytaʒ] n. m. Décompte précis du temps.

1. minute [minyt] n. f. **I. 1.** Division du temps, égale à la soixantième partie d'une heure et à 60 secondes (symbole : min). **2.** Espace de temps très court. *Je reviens dans une minute.* – Loc. *À la minute :* immédiatement. *À la minute où :* dès que. – *D'une minute à l'autre :* tout de suite, dans l'instant qui va suivre. – Fam. *Minute! :* attention, doucement! – (En appos.) Très rapide. *Ressemelage minute.* **II.** GEOM *Minute sexagésimale* ou, absol., *minute :* unité de mesure d'arc et d'angle, égale à la soixantième partie d'un degré (symbole : ').

2. minute [minyt] n. f. DR Original des actes notariés ou des sentences rendues par les tribunaux.

minuter [minyte] v. tr. [1] Déterminer avec précision le déroulement dans le temps, l'horaire de. *Minuter un exposé.*

minuterie [minytʀi] n. f. **1.** TECH Partie d'un mouvement d'horlogerie destinée à marquer les fractions de l'heure. **2.** Cour. Dispositif électrique à mouvement d'horlogerie, servant à établir un contact pendant une durée déterminée, utilisé princ. pour l'éclairage.

minuteur [minytœʀ] n. m. Dispositif programmable, déclenchant une sonnerie ou coupant un contact électrique au bout du temps donné.

minutie [minysi] n. f. Soin extrême, qui se manifeste jusque dans les plus petits détails.

minutieusement [minysjøzmɑ̃] adv. De façon minutieuse.

minutieux, euse [minysjø, øz] adj. **1.** Qui travaille avec minutie, méticuleux. **2.** Qui marque la minutie. *Recherches minutieuses.*

miocène [mjɔsɛn] n. m. et adj. GEOL *Le miocène :* troisième étage de l'ère tertiaire, après l'oligocène et avant le pliocène, caractérisé par la tendance des mammifères au gigantisme. ▷ adj. *Une couche miocène.*

mioche [mjɔʃ] n. Fam. Enfant.

mi-parti, ie [mipaʀti] adj. Composé de deux parties d'égale importance mais de nature différente.

Miquelon, nom de deux îles presque dépeuplées qui constituent la partie occid. de l'archipel français de Saint-Pierre-et-Miquelon (V. dossier France d'outre-mer, p. 1442) : la Grande Miquelon et Langlade (ou Petite Miquelon) sont réunies par l'isthme de Langlade.

Mir (station orbitale), station sov. lancée en 1986.

Mirabeau (Honoré Gabriel Riqueti, comte de) (1749 – 1791), homme politique français. Son père le fit emprisonner plusieurs fois, notam. au château de Vincennes (près de Paris), où il écrivit ses *Lettres à Sophie* (épouse du marquis de Monnier, avec laquelle il s'était enfui en 1776). Élu député par le tiers état d'Aix en 1789, il s'imposa à l'Assemblée nationale par son éloquence. Introduit à la cour, il reçut du roi des subsides. Accusé de trahison, il mourut brusquement, avant que fût démêlé son double jeu.

miracle [miʀɑkl] n. m. **1.** Phénomène réputé contraire aux lois de la nature et attribué à l'intervention divine. *Cela tient du miracle.* ▷ *Crier miracle, au miracle :* s'extasier devant une chose fort ordinaire. ▷ *Croire aux miracles :* être trop crédule. **2.** Effet extraordinaire d'un hasard heureux. *Par miracle il est sauf.* **3.** *Par exag.* Fait, chose extraordinaire qui cause la surprise et l'admiration. *Ce tableau est un miracle d'harmonie.* **4.** LITTER Au Moyen Âge, composition dramatique qui mettait en scène les interventions miraculeuses des saints ou de la Vierge.

miraculé, ée [miʀakyle] adj. et n. Se dit d'une personne qui a été l'objet d'un miracle. ▷ Subst. *Les miraculés de Lourdes. Les miraculés de la route.*

miraculeusement [miʀakyløzmɑ̃] adv. D'une façon miraculeuse.

miraculeux, euse [miʀakylø, øz] adj. **1.** Fait par miracle, qui tient du miracle. *Guérison miraculeuse.* **2.** Qui fait des miracles. *Remède miraculeux.* **3.** *Par anal.* Extraordinaire, merveilleux, étonnant. *Tout cela est miraculeux.*

mirador [miʀadɔʀ] n. m. Poste de surveillance ou d'observation.

mirage [miʀaʒ] n. m. **I. 1.** Phénomène optique propre aux régions chaudes du globe, qui donne l'illusion d'une nappe d'eau lointaine où se reflètent les objets, et qui est dû à la courbure des rayons lumineux dans l'air surchauffé. **2.** Fig. Illusion séduisante. *Le mirage de l'espérance.* Syn. chimère. **II.** Action de mirer (sens 2). *Le mirage des œufs.*

Mirage, nom donné à des avions militaires construits par la firme française Avions Marcel-Dassault.

Mirandole (Pic de la). V. Pic de la Mirandole.

Mirbeau (Octave) (1848 – 1917), romancier français : *Journal d'une femme de chambre* (1900). Théâtre : *Les affaires sont les affaires* (1903).

Mircea le Vieux (dit aussi le Grand) (mort en 1418), prince de Valachie (1386-1418). Bon administrateur, il réorganisa la principauté et lutta, avec Sigismond de Luxembourg, contre les Ottomans. Ces derniers les vainquirent à Nicopolis* en 1396, et Mircea dut se reconnaître leur vassal.

mire [miʀ] n. f. **1.** *Cran de mire :* V. cran. – *Ligne de mire :* droite qui va de l'œil de l'observateur au point visé. – *Point de mire :* point visé. – Fig. *Être le point de mire de toutes les convoitises.* **2.** TECH Tout signal fixe servant à orienter un instrument, à prendre des repères par visée. ▷ *Spécial.* Règle graduée utilisée pour les relevés topographiques.

mire-œufs [miʀø] n. m. inv. Appareil servant à mirer les œufs.

mirer [miʀe] v. tr. [1] **1.** Examiner à la lumière. *Mirer des œufs,* les observer par transparence devant une source de lumière vive pour s'assurer qu'ils sont frais. **2.** Litt. Regarder dans une surface réfléchissante. *Narcisse mirait son visage dans l'eau des fontaines.* ▷ v. pron. *Se mirer dans une psyché.*

mirgane [miʀgan] n. m. (Djibouti) État de bien-être et de torpeur généré par la consommation de khat. *Être en plein mirgane.*

miri [miʀi] n. m. (Égypte) HIST Impôt foncier que percevait le seigneur à l'époque mamelouk.

mirifique [miʀifik] adj. Iron. Merveilleux.

mirliton [miʀlitɔ̃] n. m. Instrument de musique formé d'un tube percé de deux trous, bouché aux deux extrémités par une membrane. ▷ *Vers de mirliton :* mauvais vers.

Miró (Joan) (1893 – 1983), peintre, graveur, sculpteur et céramiste espagnol. Ami des surréalistes à partir de 1924, il a inventé un langage formé de signes, de lignes sinueuses et de taches.

mirobolant, ante [miʀɔbɔlɑ̃, ɑ̃t] adj. Fam. Magnifique, extraordinaire au point d'en être incroyable.

miroir [miʀwaʀ] n. m. **1.** Corps (surface polie, glace de verre étamée, etc.) qui réfléchit les rayons lumineux, qui renvoie l'image des objets. *Miroir concave, convexe.* ▷ Fig. *Miroir aux alouettes :* moyen d'attirer les gens crédules pour les berner. **2.** Fig. Surface unie réfléchissant les rayons lumineux. *Miroir d'eau.* **3.** Fig., litt. Ce qui reproduit l'image de qqch, de qqn. *Les yeux, miroir de l'âme.*

miroitement [miʀwatmɑ̃] n. m. Éclat d'une surface qui miroite. Syn. reflet, chatoiement.

miroiter [miʀwate] v. intr. [1] Renvoyer la lumière en présentant des reflets changeants, scintiller. *Le lac miroite au soleil.* ▷ Fig. *Faire miroiter :* faire valoir (pour séduire, pour tenter qqn).

miroiterie [miʀwatʀi] n. f. Commerce, industrie des miroirs. – TECH Fabrique de vitrages épais et de miroirs.

miroitier, ère [miʀwatje, ɛʀ] n. TECH Personne qui vend, qui répare, qui installe des miroirs ou des glaces.

Miron (Gaston) (1928 – 1996), poète québécois. Fondateur des éditions de l'Hexagone (1953), qui jouèrent un rôle considérable dans le renouveau litt. du Québec, il est l'auteur d'une œuvre qualitativement importante réunie dans *l'Homme rapaillé* (1970; 2e éd. 1981). Essais : *Courtes-Pointes* (1975), *la Marche à l'amour* (1977).

mis(o)-. Élément, du gr. *misein,* «haïr».

misaine [mizɛn] n. f. MAR *Mât de misaine :* mât vertical à l'avant du navire, entre la proue et le grand mât. – *Voile de misaine* ou *misaine :* voile principale de ce mât.

misandre [mizɑ̃dʀ] adj. et n. f. Qui déteste, qui méprise les hommes.

misandrie [mizɑ̃dʀi] n. f. Aversion, mépris pour le sexe masculin, les hommes.

misanthrope [mizɑ̃tʀɔp] n. et adj. **1.** Personne qui déteste le genre humain. Ant. philanthrope. **2.** *Par ext.* Personne bourrue, maussade, qui fuit le commerce des hommes. Ant. sociable. ▷ adj. *Il est complètement misanthrope.*

misanthropie [mizɑ̃tʀɔpi] n. f. **1.** Haine des hommes, du genre humain. **2.** *Par ext.* Caractère du misanthrope. Ant. philanthropie.

miscible [misibl] adj. CHIM Qui peut se mélanger de manière homogène avec un autre corps.

mise [miz] n. f. Action de mettre, son résultat. **1.** Action de placer dans un lieu déterminé. *La mise au tombeau du Christ.* ▷ ELECTR *Mise à la terre :* action de réunir un appareil au sol ou à une prise de terre, par l'intermédiaire d'un conducteur. **2.** Action de placer dans une certaine situation. *Mise à l'épreuve. Mise en vente. Mise en valeur*. Mise à prix.* ▷ (Suisse) *Mise à l'enquête :* annonce publique d'un projet de construction en vue d'éventuelles oppositions. **3.** Action de disposer d'une certaine manière. *Mise en place.* ▷ PHYS *Mise au point :* réglage d'un instrument d'optique. – *Par ext.* Réglage, en général. ▷ IMPRIM *Mise en page(s) :* agencement des textes et des illustrations sur un feuillet d'un format déterminé. ▷ *Mise en scène :* direction artistique d'une œuvre théâtrale ou cinématographique; fig. ensemble de dispositions prises à l'avance en vue de faire croire qqch. *Organiser une mise en scène pour faire croire à un suicide.* ▷ Par ext. *Mise en ondes :* direction artistique d'une émission radiophonique. **4.** *Être, n'être pas de mise :* être, n'être pas convenable, admissible. **5.** Manière de se vêtir. *Mise soignée.* Syn. tenue, toilette. **6.** Somme que l'on engage (au jeu, dans une entreprise, etc.). *Perdre sa mise. Mise de fonds.* **7.** (Suisse) Vente aux enchères. *Mise de bois, de bétail, d'immeubles.*

miser [mize] v. tr. [1] **1.** Déposer comme mise, comme enjeu. *Miser dix francs.* – Absol. *Miser gros.* **2.** (Sans comp. dir.) Compter, faire fond sur. *Je mise sur sa loyauté.* **3.** (Suisse) Vendre ou acheter aux enchères. *Miser une armoire de style.*

misérabilisme [mizeʀabilism] n. m. Forme de populisme qui s'attache avec complaisance à la description de la misère.

misérabiliste [mizeʀabilist] adj. Qui relève du misérabilisme. *Écrivain misérabiliste.*

misérable [mizeʀabl] adj. et n. **1.** Qui est dans la misère, le dénuement. – Subst. *«Les Misérables», roman de Victor Hugo (1862).* Syn. pauvre, nécessiteux. ▷ (Choses) *Une cabane misérable.* **2.** Qui est malheureux, digne de pitié. *Se sentir misérable.* **3.** Qui est sans valeur. *Des vers misérables.* Syn. méchant, piètre. – Insignifiant. *Ils se battent pour quelques misérables sous.* Syn. malheureux.

misérablement [mizeʀabləmɑ̃] adv. D'une manière misérable.

misère [mizɛʀ] n. f. **I. 1.** État d'extrême pauvreté. *Au comble de la misère. Misère noire,* totale. Syn. indigence. ▷ *Crier misère :* (personnes) proclamer sa pauvreté; (choses) être le signe d'un grand dénuement. *Son vieux manteau crie misère.* ▷ (Québec) Fam. *Manger de la misère :* V. manger. **2.** État, condition malheureuse, pitoyable. *La misère du temps.* **3.** Faiblesse, impuissance de l'homme, néant de sa condition. *Tout ici-bas n'est que misère et vanité.* **4.** Chose pénible, douloureuse. *C'est une misère de le voir ainsi diminué!* ▷ (Plur.) Peines, ennuis. *Raconter ses petites misères.* Syn. malheurs. – *Faire des misères à qqn* ou (Belgique) *chercher misère à qqn,* l'ennuyer, lui créer du souci, lui apporter des problèmes. **5.** Chose insignifiante. *Se quereller pour une misère.* Syn. bagatelle, vétille. **6.** Loc. (Québec) *Avoir de la misère à,* de la difficulté. *La vieille a de la misère à monter l'escalier.* **II.** BOT Nom cour. de plusieurs monocotylédones ornementales à croissance rapide, vivaces, à tiges retombantes.

miséreux, euse [mizeʀø, øz] adj. et n. **1.** Qui est dans la misère. ▷ Subst. *Une bande de miséreux.* **2.** Qui dénote la misère. *Air miséreux.*

miséricorde [mizeʀikɔʀd] n. f. **1.** Compassion éprouvée aux misères d'autrui. *Ayez miséricorde.* Syn. pitié. **2.** Pardon, grâce accordée à un coupable. *Implorer miséricorde.* ▷ (Prov.) *À tout péché miséricorde :* toute faute peut être pardonnée. **3.** *Miséricorde! :* exclamation exprimant la surprise, la crainte.

miséricordieux, euse [mizeʀikɔʀdjø, øz] adj. Qui a de la miséricorde. *Dieu est clément et miséricordieux.*

Mishima (Kimitake Hiraoka, dit Yukio) (1925 – 1970), écrivain japonais : *le Pavillon d'or* (1956), *le Marin rejeté par la mer* (1963), *la Mer de la fertilité* (4 vol., 1970). Nationaliste accablé par la disparition des traditions, il se suicida en public après un coup d'État manqué.

Mishna ou **Michna** (la), commentaires de droit civil, pénal, etc., sur la Torah, qui composent l'une des deux grandes parties du Talmud* (rédigés au IIIᵉ s. apr. J.-C.).

Miskolc, v. du N.-E. de la Hongrie (2ᵉ ville du pays); ch.-l. de comté; 211 650 hab. Industries.

miso-. Élément, du gr. *misein,* «haïr».

misogyne [mizɔʒin] adj. et n. Qui déteste, qui méprise les femmes.

misogynie [mizɔʒini] n. f. Aversion, mépris pour les femmes.

miss [mis] n. f. Titre donné aux lauréates des concours de beauté. *Miss Monde. Des misses* ou *des miss.*

missel [misɛl] n. m. LITURG CATHOL Livre contenant les prières de la messe.

missile [misil] n. m. Engin explosif de grande puissance possédant son propre dispositif de propulsion et de guidage. *Missiles stratégiques, antimissiles, tactiques, de croisière.*

mission [misjɔ̃] n. f. **1.** Charge confiée à qqn de faire qqch. *Mission diplomatique. Chargé de mission.* ▷ *Mission de Coopération et d'Action culturelle.* ▷ RELIG Pour les chrétiens, charge apostolique confiée aux évangélisateurs. – Ensemble des activités visant à l'évangélisation. *Société des missions étrangères.* **2.** Ensemble des personnes auxquelles une charge est confiée. *Mission scientifique dans les régions polaires.* ▷ Communauté religieuse travaillant à l'évangélisation. – Établissement où vit cette communauté. *La mission comporte une école et un dispensaire.*

missionnaire [misjɔnɛʀ] n. et adj. **1.** RELIG Celui, celle qui propage l'Évangile au loin. – Celui, celle qui propage une foi. *Les missionnaires de l'islam.* ▷ adj. *Père, sœur missionnaire.* ▷ adj. Relatif aux missions. *Congrégation missionnaire.* **2.** *Par ext.* Propagandiste (d'une idée). *Missionnaire de la paix.* **3.** (Afr. subsah., Madag.) Enseignant venu de l'étranger pour une courte mission d'enseignement. *Le cours sera assuré par un missionnaire.*

Mississippi (le) (anc. *Meschacebé*), princ. fleuve d'Amérique du Nord au débit important (3780 km; 6260 km si on ajoute le Missouri à la partie du fleuve qui coule en aval de leur confluence), qui draine la vaste plaine centrale des É.-U. Né dans le Minnesota, près du lac Itasca, grande voie de communication depuis le XVIIᵉ s., il arrose Minneapolis, Saint Louis, La Nouvelle-Orléans, et se jette dans le golfe du Mexique par un vaste delta.

Mississippi, État du sud des É.-U., sur le golfe du Mexique, limité à l'O. par le Mississippi; 123584 km²; 2573000 hab. (env. 35 % de Noirs); cap. *Jackson.* – Pays de plaines, grand producteur de coton. Autres ressources : riz, canne à sucre, élevage bovin, pétrole, gaz naturel. L'industrialisation progresse. – La région fut cédée par la France à l'Angleterre (1763), forma un territoire américain en 1798 et devint en 1817 le vingtième État de l'Union.

missive [misiv] n. f. et adj. Lettre, écrit que l'on envoie à qqn. ▷ adj. DR *Lettre missive.*

Missolonghi, v. de Grèce, sur la côte N. du golfe de Patras (mer Ionienne); ch.-l. de nome; 10160 hab. – La ville se défendit victorieusement contre les Turcs en 1822 et soutint un siège désespéré de 1825 à 1826. Byron y mourut (1824).

Missouri (le), riv. des É.-U. (4370 km), princ. affl. du Mississippi (r. dr.), le plus long cours d'eau du pays; né dans les Rocheuses, il se jette dans le Mississippi en amont de Saint Louis. Rivière boueuse, peu navigable, aux nombreux aménagements hydroélectriques.

Missouri, État du centre des É.-U., drainé par le Missouri, limité à l'E. par le Mississippi; 180486 km²; 5117000 hab.; cap. *Jefferson City*; v. princ. : *Saint Louis.* – Un plateau peu élevé retombe, au S.-E., sur une plaine. L'agric. domine. Le sous-sol est riche en houille, en fer et, surtout, en plomb. Industr. – Cédée par la France à l'Espagne (1762), à nouveau française puis cédée aux É.-U. (1803), la région forma un territoire (1812) et en 1821 devint le vingt-quatrième État de l'Union.

Mistassini (la), riv. du Québec (300 km), qui prend sa source à l'E. du *lac Mistassini* (2176 km²) et se jette dans le Saguenay.

Mistinguett (Jeanne Bourgeois, dite) (1875 – 1956), actrice et chanteuse française de music-hall : *Mon homme* (1920), *C'est vrai* (1935).

Mistra ou **Mystra,** village de Grèce, dans le Péloponnèse (Laconie), à l'O. de Sparte. Vestiges import. (XIᵉ-XVᵉ s.) d'une cité byzantine. – Elle fut la capitale du *despotat de Mistra* ou *Morée*.*

mistral, als [mistʀal] n. m. Vent violent de secteur nord soufflant en France, le long de la vallée du Rhône et sur la région méditerranéenne.

Mistral (Frédéric) (1830 – 1914), écrivain français d'expression provençale; fondateur du félibrige. Son poème *Mireille* (1859) le révéla. Autres œuvres : *le Trésor du félibrige* (lexique de la langue d'oc, 1878), *les Olivades* (poésies, 1912). P. Nobel 1904.

Misurata *(Masrāta)*, v. et port de Libye, à l'E. de Tripoli; 290 000 hab. Centre industriel et sidérurgique important.

mitaine [mitɛn] n. f. **1.** Gant qui laisse découvertes les deux dernières phalanges des doigts. **2.** (Québec, Suisse) Syn. de *moufle*. *Mitaines de laine. Mitaines de ski.* ▷ (Québec) Au baseball, gant qui ne comporte de séparation que pour le pouce. – Au hockey, gant du gardien de but, muni d'un grand panier. **3.** (Québec) Fig., péjor. Personne qui manque de caractère, de combativité.

mitan [mitɑ̃] n. m. (Acadie; France, vx ou rég.) Milieu, centre. *En plein mitan de la pièce :* au centre de la pièce.

mitasse [mitas] n. f. (Québec) Autref., jambière de peau ou d'étoffe servant à protéger du froid.

Mitchell (Margaret) (1900 – 1949), romancière américaine : *Autant en emporte le vent* (1936), roman-fleuve sur la guerre de Sécession.

Mitchell (Joan) (1926 – 1992), peintre américain, dont le style relève de l'impressionnisme et de l'expressionnisme abstrait.

Mitchourine (Ivan Vladimirovitch) (1855 – 1935), arboriculteur soviétique. Ses hybridations par greffe le conduisirent à contester la génétique mendélienne. Ses idées furent développées par Lyssenko.

Mitchum (Robert) (né en 1917), acteur américain : *la Nuit du chasseur* (1955); *Celui par qui le scandale arrive* (1960).

mite [mit] n. f. **1.** Nom cour. de divers arthropodes vivant sur des aliments. **2.** Cour. Insecte lépidoptère, de la fam. des teignes, dont les chenilles attaquent les tissus et les fourrures.

mité, ée [mite] adj. Rongé par les mites.

mi-temps [mitɑ̃] n. **1.** n. f. Temps de repos entre les deux parties d'un jeu d'équipes. *L'arbitre a sifflé la mi-temps.* ▷ Chacune de ces deux parties, d'égale durée. *Seconde mi-temps.* **2.** Loc. adv. *À mi-temps.* ▷ *Travail à mi-temps,* d'une durée équivalente à la moitié du temps de travail normal, du temps complet. – n. m. inv. *Un mi-temps.*

miter (se) [mite] v. pron. [1] Être rongé par les mites.

miteux, euse [mitø, øz] adj. et n. D'aspect misérable, pitoyable.

Mithra, divinité des Perses, probablement issue du dieu indien Mitra qui représentait le Soleil.

Mithridate VI Eupator, dit *le Grand* (v. 132 – 63 av. J.-C.), roi du Pont de 111 à 63 av. J.-C. Dès son jeune âge, il avait accoutumé son organisme aux poisons violents. Devenu roi, il inquiéta Rome par ses conquêtes en Asie Mineure. Pompée le vainquit sur l'Euphrate en 66 av. J.-C. Victime d'un coup d'État fomenté par son fils, Mithridate, qui ne pouvait s'empoisonner, demanda à un soldat de le tuer.

mithridatiser [mitʀidatize] v. tr. [1] Immuniser (contre un poison) par l'accoutumance.

Mitidja (la), plaine d'Algérie (région d'Alger), longue de 100 km, large de 20 km, très fertile. Princ. cultures : agrumes, vignes, tabac, maraîchage.

mitigé, ée [mitiʒe] adj. **1.** Peu sévère; relâché. *Morale mitigée.* **2.** *Abusiv.* Partagé, mêlé. *Une joie mitigée de remords.* Syn. atténué, tempéré.

mitigeur [mitiʒœʀ] n. m. TECH Appareil de robinetterie mélangeur pour régler la température de l'eau.

mitochondrie [mitɔkɔ̃dʀi] n. f. BIOL Organite, présente dans le cytoplasme de toutes les cellules, qui joue un rôle essentiel dans les phénomènes d'oxydation et de stockage de l'énergie sous forme d'A.T.P. Syn. chondriosome.

mitonner [mitɔne] v. [1] **1.** v. intr. Cuire doucement dans son jus. **2.** v. tr. Faire cuire longtemps et à petit feu. ▷ Préparer avec soin (un mets). *Mitonner de bons petits plats.* Syn. mijoter.

mitose [mitoz] n. f. BIOL Ensemble des phénomènes de transformation et de division des chromosomes aboutissant, à partir d'une cellule mère, à la formation de deux cellules filles ayant le même nombre de chromosomes. ENCYCL Précédée par *l'interphase,* pendant laquelle a lieu la duplication de la masse d'A.D.N., la mitose débute par la *prophase :* les chromosomes s'individualisent et se fissurent longitudinalement en deux chromatides. Ensuite, la *métaphase* commence par la formation du fuseau achromatique à partir des asters, puis les chromosomes se groupent dans le plan équatorial du fuseau. *L'anaphase* se caractérise par la scission totale des chromosomes fils et la migration des chromatides vers les extrémités du fuseau. La mitose s'achève par la *télophase :* les chromosomes perdent leur individualité, le fuseau disparaît et une membrane plasmique se forme, qui sépare les deux cellules filles identiques à la cellule mère. V. méiose.

mitotique [mitɔtik] adj. BIOL De la mitose, relatif à la mitose.

mitoyen, enne [mitwajɛ̃, ɛn] adj. Qui est entre deux choses, qui sépare deux choses et leur est commun. *Mur mitoyen.* ▷ DR Qui sert de séparation entre deux propriétés.

mitoyenneté [mitwajɛnte] n. f. État, qualité de ce qui est mitoyen.

Mitra (mont de la), sommet de la Guinée équatoriale, au S.-O. du rio Mbini (1 200 m).

mitraillage [mitʀajaʒ] n. m. Action de mitrailler.

mitraille [mitʀaj] n. f. **1.** Menus morceaux de cuivre; vieille ferraille. ▷ Fam. Menue monnaie. **2.** Décharge de balles, d'obus.

mitrailler [mitʀaje] v. [1] **I.** v. intr. Tirer à la mitrailleuse, au canon mitrailleur. **II.** v. tr. **1.** Diriger un mitraillage sur. **2.** Par anal., fam. Photographier, filmer sous tous les angles. ▷ *Mitrailler de questions :* questionner sans relâche.

mitraillette [mitʀajɛt] n. Pistolet* mitrailleur.

mitrailleur, euse [mitʀajœʀ, øz] adj. et n. f. **1.** adj. *Pistolet* mitrailleur.* ▷ *Fusil*-mitrailleur.* **2.** n. f. Arme automatique à tir rapide d'un calibre de 7,5 à 20 mm, montée sur affût, sur tourelle ou à poste fixe. *Mitrailleuse lourde.*

mitral, ale, aux [mitʀal, o] adj. En forme de mitre. ▷ ANAT *Valvule mitrale :* valvule du cœur entre l'oreillette et le ventricule gauches. ▷ MED Qui se rapporte à la valvule mitrale. *Maladie mitrale. Rétrécissement mitral.*

mitre [mitʀ] n. f. **1.** Coiffure haute et conique portée par les évêques, lorsqu'ils officient. **2.** ZOOL Gastéropode à coquille allongée fréquent dans les mers chaudes.

mitron [mitʀɔ̃] n. m. Garçon boulanger; garçon pâtissier.

Mitteleuropa (mot all., « Europe centrale »), pour les pangermanistes, de 1880 à 1918, programme d'une Europe centrale, danubienne et (partiellement) balkanique organisée en un ensemble économique (notam. douanier), satellite de l'Allemagne et portant son influence économique et politique jusqu'au Proche-Orient.

Mittelland. V. Plateau suisse.

Mitterrand (François) (1916 – 1996), homme politique français. Plusieurs fois ministre, il fut un opposant à de Gaulle dès 1958. Il rénova le parti socialiste, dont il fut le premier secrétaire de 1971 à 1981. Candidat de la gauche unie à la présidence de la Rép. en 1965 et en 1974, il fut vaincu par le général de Gaulle puis par V. Giscard d'Estaing. En mai 1981, contre ce dernier, il fut élu président de la Rép. En mars 1986, la droite remporta les élections législatives et J. Chirac forma un gouv. dit « de cohabitation ». Mitterrand fut réélu en mai 1988. Son mandat s'acheva (mars 1993-mai 1995) par une nouv. cohabitation (gouv. de É. Balladur).

Mitumba (monts), massif montagneux du S.-E. de la rép. dém. du Congo culminant à 2 987 m.

mi-voix (à) [amivwa] loc. adv. En ne donnant qu'un faible son de voix.

mixage [miksaʒ] n. m. AUDIOV Opération par laquelle on combine plusieurs signaux (son ou image) sur un même support.

mixer [mikse] v. tr. [1] AUDIOV Procéder au mixage de.

mixeur ou **mixer** [miksœʀ] n. m. Appareil ménager électrique pour broyer, mélanger des aliments.

mixité [miksite] n. f. État, caractère de ce qui est mixte (sens 2).

mixte [mikst] adj. **1.** Qui est formé d'éléments hétérogènes et qui participe de leurs différentes propriétés. – *Commission mixte,* composée de personnes représentant des intérêts différents. – ECON *Économie mixte,* fondée sur la participation de partenaires publics et privés. ▷ Intermédiaire, participant de deux ou de plusieurs genres ou catégories. *Le drame, genre mixte entre la tragédie et la comédie.* ▷ *Mariage mixte,* entre personnes de religions, de races différentes. *Couple mixte.* **2.** Qui comprend, qui reçoit des personnes des deux sexes. *École mixte.* – *Double* mixte.*

Mixtèques, anc. peuple du Mexique précolombien. Apparus vers 300 av. J.-C., d'origine obscure, ils imposèrent leur pouvoir aux Zapotèques (XIIIe s.) avant d'être eux-mêmes en butte à la conquête aztèque (fin XIVe s.). Leur civilisation s'épanouit autour de Mitla. Auj. les Mixtèques (env. 275 000 personnes) se cantonnent dans les États d'Oaxaca, de Puebla et de Guerrero.

mixtion [miksjɔ̃] n. f. PHARM Action de mélanger plusieurs substances ou drogues pour composer un médicament. ▷ Produit ainsi obtenu.

mixture [mikstyʀ] n. f. **1.** CHIM, PHARM Mélange, généralement liquide, de substances chimiques, de médicaments. **2.** Cour. Mélange peu appétissant.

Mizoguchi (Kenji) (1898 – 1956), cinéaste japonais; esthète et réaliste, austère et lyrique : *le Jour où revient l'amour* (1922), *les Contes des chrysanthèmes* (1939), *Contes de la lune vague après la pluie* (1953), *les Amants crucifiés* (1954).

Mizoram, État du N.-E. de l'Inde, à la frontière du Bangladesh et de la Birmanie; 21 087 km^2; 686 200 hab. (94% de chrétiens); cap. *Aizawl.* – Ce vingt-troisième État de l'Union indienne fut créé en 1987.

Mladenov (Petăr) (né en 1936), homme politique bulgare. Communiste, député et ministre des Affaires étrangères (1971-1989), il devient (nov. 1989) président du parti communiste bulgare et chef de l'État à la place de T. Živkov, qu'il a contraint à démissionner. En juil. 1990, il doit démissionner au profit du porte-parole de l'opposition Ž. Želev.

Mlange. V. Mulanje.

M.L.F. Sigle de *Mouvement de libération des femmes,* groupe féministe franç. né peu après Mai 1968.

Mlu Prei, région du Cambodge, au N. d'Angkor, qui fut le berceau d'une culture néolithique caractérisée par un abondant outillage de pierre à bords tranchants et un centre métallurgique prospère.

Mnémosyne, dans la myth. gr., déesse de la Mémoire, fille d'Ouranos et de Gaia, et mère des Muses.

mnémotechnique [mnemɔtɛknik] adj. Qui aide la mémoire par des procédés d'association mentale. *Procédé mnémotechnique.*

mnésique [mnezik] adj. Relatif à la mémoire.

Mnong(s), population du S. du Viêt-nam, établie sur les hauts plateaux du Dac Lac (env. 67 000 personnes). Ils parlent un dialecte môn-khmer et pratiquent la riziculture sur brûlis.

Mnongs (plateaux), hautes terres de la péninsule indochinoise (Laos et Viêt-nam), bordant le S. de la cordillère Annamitique; 2 598 m au *Ngoc Linh.* Ces vastes nappes d'écoulements basaltiques de la fin du tertiaire sont couvertes de forêts plus ou moins denses, habitées par diverses minorités qui pratiquent la culture du riz sur brûlis («ray»), l'élevage et la chasse.

Moab, personnage biblique, fils de Loth, ancêtre éponyme des Moabites.

moabi [moabi] n. m. Arbre à port en parasol des forêts tropicales d'Afrique (fam. sapotacées), exploité pour son bois brun rougeâtre.

Moabites, peuple sémite qui habitait le pays de Moab, au S.-E. de la Palestine, et qui fut soumis par Saül et par David, puis par les Assyriens.

moambe, mouambe ou **mwambe** [mwɑ̃mb] n. m. (Afr. subsah.) Dans la rép. dém. du Congo, sauce à base de pulpe de noix de palme. ▷ Poule cuite dans cette sauce.

Moanda, local. du S.-E. du Gabon, au pied du mont Kindi, ch.-l. du dép. de Leboumbi-Leyou; 25 000 hab. À proximité, gisement de manganèse.

mob [mɔb] n. m. (Djibouti) Abrév. de *mobilisé.*

moba [moba] n. m. LING Langue nigéro-congolaise du groupe gur, parlée au Togo.

Mobamba ou **Moba,** ethnie occupant la zone frontière entre le N. du Togo (env. 200 000 personnes) et le N. du Ghana. Ils parlent une langue nigéro-congolaise du groupe gur, le *moba.*

mobile [mɔbil] adj. et n. m. **I.** adj. **1.** Qui se meut; qui peut être mû, déplacé. **2.** Changeant. *Caractère, visage mobile.* **3.** Qui se déplace, qui n'est pas sédentaire. ▷ MILIT *Troupes mobiles. Population mobile.* **4.** Dont la date varie d'une semaine, d'une année, etc., à l'autre. – *Fêtes mobiles :* Pâques, l'Ascension et la Pentecôte. **5.** Dont la valeur varie. *Échelle mobile des salaires.* **II.** n. m. **1.** PHYS Corps en mouvement. **2.** Ce qui incite à agir. *Le mobile d'un crime.* **3.** BX-A Composition artistique dont les éléments sont mis en mouvement par le vent ou un moteur.

mobilier, ère [mɔbilje, ɛʀ] adj. et n. m. **I.** adj. **1.** Qui consiste en meubles, qui concerne les meubles. **2.** DR Qui est de la nature du meuble. *Biens, effets mobiliers. – Valeurs mobilières :* titres, actions, obligations, parts sociales, qui sont, en droit, des biens meubles. **II.** n. m. Ensemble des meubles d'un logement. ▷ *Mobilier urbain :* ensemble des équipements installés dans les lieux publics de plein air.

mobilisable [mɔbilizabl] adj. (et n.) Qui peut être mobilisé. ▷ Susceptible d'être appelé sous les drapeaux.

mobilisateur, trice [mɔbilizatœʀ, tʀis] adj. **1.** MILIT Responsable de la mobilisation. *Centre mobilisateur.* **2.** *Par ext.* Susceptible de mobiliser. *Un mot d'ordre mobilisateur.*

mobilisation [mɔbilizasjɔ̃] n. f. **1.** DR Action de considérer fictivement un immeuble comme un meuble. **2.** Action de mobiliser; son résultat. ▷ *Spécial.* Ensemble des opérations permettant de mettre une nation sur le pied de guerre. *Mobilisation générale.*

mobilisé [mɔbilize] n. m. Militaire rappelé pour servir l'armée en temps de guerre. ▷ (Djibouti) Militaire enrôlé pour la guerre de 1991-1993, puis appelé à remplacer les enseignants en grève dans les écoles primaires. (Abrév. : mob.)

mobiliser [mɔbilize] v. tr. [1] **1.** FIN *Mobiliser une créance,* faciliter sa circulation en la constatant par un titre négociable. ▷ *Mobiliser des capitaux,* assurer leur circulation. **2.** MED Faire mouvoir. *Mobiliser un membre pour éviter l'atrophie. Mobiliser un malade.* **3.** Procéder à la mobilisation (d'une armée, de citoyens mobilisables). ▷ Par ext. *Mobiliser son personnel pour organiser une fête. – Parti qui mobilise ses adhérents.*

mobilité [mɔbilite] n. f. **1.** Caractère de ce qui est mobile. **2.** Qualité de ce qui change d'aspect rapidement. *Mobilité de la physionomie.* ▷ Fig. *Mobilité d'esprit.* **3.** CHIM Aptitude d'une particule chargée électriquement à se déplacer dans un milieu déterminé.

Möbius (August Ferdinand) (1790 – 1868), mathématicien et astronome allemand. ▷ GEOM *Bande* ou *ruban de Möbius :* surface qui ne possède qu'une face, obtenue en tordant un ruban dont on joint les extrémités bout à bout.

mobutisme [mobutism] n. m. (Afr. subsah.) Doctrine politique du dictateur zaïrois Mobutu (idéologie officielle du Zaïre jusqu'en 1990), qui prônait l'authenticité* négro-africaine.

mobutiste [mobutist] n. et adj. (Afr. subsah.) Partisan du mobutisme. ▷ adj. Du mobutisme.

Mobutu (lac) (*lac Albert* jusqu'en 1973), lac du nord-est des Hauts Plateaux lacustres d'Afrique équatoriale, à 618 m d'alt., entre le Zaïre et l'Ouganda; 4 500 km^2. Le Nil Victoria y déverse les eaux du lac Victoria.

Mobutu (Joseph Désiré, puis Sese Seko) (né en 1930), maréchal et homme politique zaïrois. Colonel, chef d'état-major dans le gouvernement de Lumumba, en déc. 1960 il fit arrêter celui-ci. En 1965, il renversa Kasavubu et, en 1970, il fut élu président de la Rép. En 1982, il fut promu maréchal. En mai 1997, il quitta le Zaïre alors que Kabila entrait dans Kinshasa.

mobylette [mɔbilɛt] n. f. (Nom déposé.) Cyclomoteur de la marque de ce nom. – *Par ext.* Cyclomoteur.

mocassin [mɔkasɛ̃] n. m. **1.** Chaussure de peau des Amérindiens d'Amérique du Nord. – (Québec) Chaussure d'inspiration amérindienne que l'on porte pour faire de la raquette. **2.** Chaussure basse, très souple, dépourvue de lacets.

mocauque [mɔkok] n. (Acadie) **1.** Terrain humide, marécage. **2.** Airelle canneberge.

moche [mɔʃ] adj. Fam. **1.** Laid, pas beau. *Le temps est moche, aujourd'hui.* – Fig. *C'est moche, ce que tu fais là!* **2.** Indélicat, méprisable. *Il a été moche.*

Mockel (Albert) (1866 – 1954), poète belge d'expression française. Fondateur de la revue symboliste *la Wallonie* (1886), il publia *Chantefable un peu naïve* (1891), *Clartés* (1902), *la Flamme immortelle* (1924), et exposa son esthétique dans des essais (*Propos de littérature,* 1895; *Stéphane Mallarmé, un héros,* 1899).

Moco (mont), point culminant de l'Angola, situé dans le plateau de Bihé, à l'ouest du pays; 2 620 m.

Moctezuma ou **Montezuma I**er (v. 1390 – 1469), empereur aztèque de 1440 à 1469; il réalisa d'importantes conquêtes. — **Moctezuma II** (1466 – 1520), empereur de 1502 à 1520. Il accueillit les Espagnols de Cortés (1519).

modal, ale, aux [mɔdal, o] adj. (et n. m.) **1.** MUS Relatif aux modes. *Notes modales.* **2.** GRAM Relatif aux modes. – *Attraction modale :* influence du mode du verbe de la proposition principale sur celui du verbe de la subordonnée. ▷ LING *Auxiliaire modal* ou, n. m., *un modal,* qui exprime la modalité logique. *«Devoir», «pouvoir» sont des auxiliaires modaux.* **3.** Relatif à une modalité. ▷ DR *Clause modale.*

modalité [mɔdalite] n. f. **1.** MUS Caractère que revêt une phrase musicale selon le mode auquel elle appartient. **2.** Forme particulière que revêt une chose, un acte, une pensée, etc. *Préciser les modalités de paiement.* ▷ DR Disposition d'un acte juridique qui aménage son exécution ou ses effets. **3.** LOG Caractère d'un jugement, selon qu'il énonce une relation existante ou inexistante, possible ou impossible, nécessaire ou contingente.

1. mode [mɔd] n. f. **1.** Vieilli Usages propres à un pays, une région, un groupe social. *Mariage* à la mode du pays.* ▷ CUIS Mod. *À la mode de. Tripes à la mode de Caen.* **2.** Usage peu durable, manière collective d'agir, de penser, propre à une époque et à une société données. *Être à la pointe de la mode. C'est passé de mode.* ▷ Loc. *À la mode :* au goût du jour. **3.** *La mode :* la mode vestimentaire. – Ellipt. *Coloris mode.* **4.** Industrie et commerce de l'habillement féminin. *Travailler dans la mode.*

2. mode [mɔd] n. m. **1.** Forme, procédé. *Mode de vie. Mode de gouvernement. Mode d'alimentation.* **2.** MUS Système d'organisation des sons, des rythmes, et partic. des différentes gammes. ▷ Échelle limitée de sons. *Mode mineur, majeur :* V. mineur, majeur. **3.** LING Catégorie grammaticale marquée dans la forme du verbe, qui exprime l'attitude du sujet parlant envers ce qu'il est en train de dire. (En français il existe des *modes personnels** : indicatif, impératif, conditionnel, subjonctif; et des *modes impersonnels* :* infinitif et participe.) **4.** STATIS Valeur correspondant quantitativement à la population la plus dense.

modelage [mɔdlaʒ] n. m. Action de modeler une substance, un objet; ouvrage ainsi obtenu.

modelé [mɔdle] n. m. **1.** Rendu du relief, des formes, en sculpture, en peinture, en dessin. **2.** GEOGR Forme ou figuration du relief.

modèle [mɔdɛl] n. m. et adj. **1.** Ce qui sert d'exemple, ce qui doit être imité. *Modèle d'écriture. – Prendre modèle sur qqn, qqch. – Un modèle de vertu.* ▷ adj. Qui a les qualités idéales. *Un élève modèle.* **2.** Personne qui pose pour un peintre, un sculpteur. **3.** Objet reproduit industriellement à de nombreux exemplaires. *Un modèle déjà ancien.* ▷ Représentation d'un ouvrage, d'un objet que l'on se propose d'exécuter. – *Modèle réduit :* reproduction à petite échelle. **4.** Didac. Schéma théorique visant à rendre compte d'un processus, des relations existant entre divers éléments d'un système. ▷ MATH *Modèle mathématique :* ensemble d'équations et de relations servant à représenter et à étudier un système complexe.

modeler [mɔdle] v. tr. [17] **1.** Façonner (une matière molle) pour en tirer une forme déterminée. – *Pâte à modeler :* V. pâte. **2.** Façonner (un objet) en manipulant une matière molle. **3.** Fig. *Modeler sur :* conformer à. ▷ v. pron. *Se modeler sur les gens de bien.*

modeleur, euse [mɔdlœʀ, øz] n. **1.** Sculpteur qui façonne des modèles. **2.** Ouvrier qui façonne des modèles (de pièces, de machines, etc.).

modélisation [mɔdelizasjɔ̃] n. f. Didac. Action de modéliser.

modéliser [mɔdelize] v. tr. [1] Didac. Concevoir, établir le modèle théorique de (qqch); présenter sous forme de modèle (sens 4).

modélisme [mɔdelism] n. m. Fabrication de modèles réduits.

modéliste [mɔdelist] n. **1.** Personne qui dessine, qui crée des modèles (partic. des modèles pour la mode). **2.** Spécialiste de la fabrication de modèles réduits.

modem [mɔdɛm] n. m. TELECOM et INFORM Système électronique servant à connecter un terminal ou un ordinateur à une ligne de télécommunication.

Modène (en ital. *Modena*), v. d'Italie (Émilie-Romagne); ch.-l. de la province du même nom; 178 660 hab. Import. centre industriel. – Cap. du duché de Modène, créé en 1452 pour la famille d'Este, la ville fut définitivement annexée au Piémont en 1860. – Archevêché. Université; acad. militaire. Cath. (XIe-XIIe s.). Palais ducal (XVIIe-XIXe s.).

modérateur, trice [mɔdeʀatœʀ, tʀis] n. et adj. **1.** n. Personne qui tempère des opinions exaltées. ▷ adj. *Élément modérateur d'une assemblée.* **2.** adj. PHYSIOL Qui ralentit une activité organique.

modération [mɔdeʀasjɔ̃] n. f. **1.** Retenue qui porte à garder en toutes choses une certaine mesure. *User de modération.* **2.** Fait de modérer (qqch). **3.** DR Adoucissement. *Modération d'une peine.* **4.** Diminution (d'un prix). *Modération des taxes.*

moderato [mɔdeʀato] adv. (Mot ital.) MUS D'un mouvement au tempo modéré, entre *allegro* et *andante.*

modéré, ée [mɔdeʀe] adj. et n. **1.** Éloigné de tout excès. *Prix modéré. Chaleur modérée. – Un esprit modéré.* **2.** Dont les opinions politiques sont également éloignées des extrêmes. – Subst. *Les modérés.*

modérément [mɔdeʀemɑ̃] adv. Avec modération. *Boire modérément.*

modérer [mɔdeʀe] v. tr. [14] Diminuer, tempérer. *Modérer le zèle de qqn.* ▷ v. pron. Se contenir, rester à l'écart de tout excès.

modern dance [mɔdɛʀndɑ̃s] n. f. Danse contemporaine, issue de la danse classique.

moderne [mɔdɛʀn] adj. et n. m. **1.** Actuel, de notre époque ou d'une époque récente. *Les auteurs modernes.* ▷ n. m. LITTER *Les modernes :* les écrivains contemporains (au XVIIe s.), par oppos. aux écrivains de l'Antiquité, *les anciens.* **2.** HIST *Histoire moderne :* histoire comprise entre la prise de Constantinople (1453) ou la découverte de l'Amérique (1492) et la Révolution française (1789). **3.** Nouveau, récent. *Tout le confort moderne.* ▷ n. m. *Le moderne :* l'ameublement contemporain (par oppos. à *rustique,* à *de style*). **4.** Qui est de son époque, qui est au goût du jour. *Jeune femme moderne.* **5.** DR *Droit moderne :* dans les États issus de la décolonisation, droit inspiré du droit occidental (par oppos. au *droit traditionnel*).

modernisateur, trice [mɔdɛʀnizatœʀ, tʀis] adj. et n. Qui modernise.

modernisation [mɔdɛʀnizasjɔ̃] n. f. Action de moderniser; son résultat.

moderniser [mɔdɛʀnize] v. tr. [1] Donner un caractère moderne à (qqch). ▷ v. pron. Devenir moderne.

modernisme [mɔdɛʀnism] n. m. Tendance à préférer ce qui est moderne.

moderniste [mɔdɛʀnist] adj. et n. Qui préfère ce qui est moderne.

modernité [mɔdɛʀnite] n. f. Caractère de ce qui est moderne.

modern style [mɔdɛʀnstil] n. m. inv. et adj. inv. Nom anglo-saxon de *l'art* nouveau.*

modeste [mɔdɛst] adj. **1.** Exempt de vanité, d'orgueil. *Il est resté modeste malgré son succès.* **2.** Plein de pudeur. *Propos modestes.* **3.** Simple, sans faste. *Un modeste présent. – Une famille de condition modeste.* **4.** De moindre importance. *Des progrès modestes.*

modestement [mɔdɛstəmɑ̃] adv. **1.** Avec modestie. **2.** Avec pudeur. **3.** Avec simplicité, sans dépenser beaucoup. *Vivre très modestement.*

modestie [mɔdɛsti] n. f. **1.** Absence de vanité, d'orgueil. **2.** Réserve, pudeur. **3.** Caractère de ce qui est modeste; simplicité, absence de faste.

modicité [mɔdisite] n. f. Caractère de ce qui est modique.

modifiable [mɔdifjabl] adj. Qui peut être modifié.

modificateur, trice [mɔdifikatœʀ, tʀis] adj. et n. m. Didac. Qui a la capacité, le pouvoir de modifier. *Gène modificateur.* ▷ n. m. Agent propre à modifier.

modification [mɔdifikasjɔ̃] n. f. **1.** Changement qui ne transforme pas complètement qqch. *Modification dans l'état de santé de qqn.* **2.** Changement. *Modifications dans un programme.*

modifier [mɔdifje] v. tr. [2] Changer (une chose) sans la transformer complètement. *Modifier ses habitudes.* ▷ v. pron. Subir un changement.

Modigliani (Amedeo) (1884 - 1920), peintre italien de l'école de Paris. Ses portraits et ses nus sont caractérisés par l'étirement. Il mourut dans la misère, alcoolique et tuberculeux.

modique [mɔdik] adj. Peu considérable, de peu de valeur. *Ressources modiques.*

modiste [mɔdist] n. f. Personne qui confectionne ou qui vend des chapeaux, des coiffures de femme.

modulable [mɔdylabl] adj. Qu'on peut moduler (sens II, 2).

modulaire [mɔdylɛʀ] adj. Relatif au module; constitué de modules.

modulateur, trice [mɔdylatœʀ, tʀis] adj. et n. ELECTR Se dit de tout appareil qui sert à moduler le courant électrique.

modulation [mɔdylasjɔ̃] n. f. **1.** Ensemble des variations d'un son musical, enchaînées sans heurt. *Modulation du chant d'un oiseau.* **2.** MUS Passage d'une tonalité à une autre. **3.** ELECTR Opération qui consiste à faire varier l'une des caractéristiques d'un courant ou d'une oscillation pour transmettre un signal donné. *Modulation d'amplitude. – Modulation de fréquence :* procédé permettant une reproduction sonore d'excellente qualité, utilisé par la radiodiffusion et la télévision.

module [mɔdyl] n. m. **1.** ARCHI Mesure servant à établir les rapports de proportion entre les parties d'un édifice. ▷ Unité de base, élément simple caractéristique d'une structure répétitive. **2.** MATH Racine carrée du produit d'un nombre complexe par son conjugué. ▷ *Module d'un vecteur,* sa norme*. **3.** TECH *Module d'élasticité* ou *module de Young :* coefficient qui caractérise l'allongement d'un corps soumis à une traction. ▷ *Module de résistance à la flexion :* coefficient qui caractérise la résistance d'une poutre à la flexion. **4.** ESP Élément d'un vaisseau spatial. *Module lunaire.*

moduler [mɔdyle] v. [1] **I.** v. intr. MUS Passer d'une tonalité à une autre. **II.** v. tr. **1.** ELECTR Faire subir une modulation à (un courant, une oscillation). **2.** Fig. Adapter aux conditions du moment, aux circonstances.

modus vivendi [mɔdysvivɛ̃di] n. m. inv. (Lat., « manière de vivre ».) Accommodement, accord conclu entre deux parties en litige.

moelle [mwal] n. f. **1.** ANAT *Moelle épinière :* partie du système nerveux central contenue dans le canal rachidien. **2.** ANAT *Moelle osseuse, moelle :* substance molle et graisseuse localisée dans le canal central des os longs et dans les alvéoles des os plats, qui joue un rôle capital dans la formation des globules rouges. ▷ Fig. *Jusqu'à la moelle :* complètement. *Être corrompu jusqu'à la moelle (des os).* **3.** BOT Tissu mou, à grosses cellules, situé au centre de la tige de certains végétaux.

moelleux, euse [mwalø, øz] adj. Doux, agréable aux sens. *Lit moelleux.*

moellon [mwalɔ̃] n. m. CONSTR Pierre de petite dimension.

Moero ou **Mweru,** lac situé aux confins de la rép. dém. du Congo (Katanga) et de la Zambie, au S.-O. du lac Tanganyika, à 980 m d'altitude; en voie d'assèchement; env. 4850 km^2.

mœurs [mœʀ(s)] n. f. pl. **1.** Habitudes de conduite d'une personne. *Cet homme a des mœurs austères.* ▷ DR *Bonnes mœurs :* ensemble des règles conformes à la norme sociale, notam. en matière sexuelle. – *Attentat aux mœurs :* outrage aux bonnes mœurs, outrage public à la pudeur. **2.** Habitudes, coutumes propres à un groupe humain, une société, un peuple. – (Prov.) *Autres temps, autres mœurs :* chaque époque a ses usages. ▷ *Roman de mœurs,* qui décrit les mœurs d'une époque, d'un groupe social, etc. **3.** Habitudes d'une espèce animale. *Les mœurs des éléphants, des abeilles.*

mofette [mɔfɛt] n. f. **1.** GEOL Émanation de gaz carbonique, dans certains terrains volcaniques. **2.** V. moufette.

mofler [mɔfle] v. tr. [1] (Belgique) Arg. (des écoles) Syn. de *buser.*

mofleur, euse [mɔflœʀ, øz] n. (Belgique) Arg. (des écoles) Professeur qui a la réputation de recaler facilement les élèves, de mofler.

Mofolo (Thomas) (1877 – 1948), écrivain du Lesotho, l'un des premiers d'Afrique : *Chaka,* écrit en langue sotho (1925), puis traduit en anglais (1931) et en français (1940).

Mogadiscio ou **Mogadishu.** V. Muqdisho.

Mogador. V. Essaouira.

Moghilev, v. de Biélorussie, sur le Dniepr; ch.-l. de prov.; 343000 hab. Métallurgie, constr. mécaniques.

moghol, ole [mɔgɔl] adj. Relatif aux Moghols.

Moghols ou **Mogols** (Grands), Timourides qui régnèrent sur l'Inde du Nord du XVIe au XVIIIe s. V. Timourides.

mogho-naba [moʀonaba] n. m. V. morho-naba.

Mohács, v. du S. de la Hongrie, sur le Danube; 21000 hab. – Victoire de Soliman le Magnifique sur les Hongrois (1526) et de Charles V de Lorraine sur les Turcs (1687).

mohafazat [moafazat] n. m. (Liban) Division administrative du pays. *Le Liban compte cinq mohafazats.*

mohafez [moafɛz] n. m. (Liban) Administrateur d'un mohafazat.

mohair [mɔɛʀ] n. m. Poil de chèvre angora; laine filée avec ce poil. ▷ Étoffe légère fabriquée avec du mohair.

Mohammadia *(al-Muhammadiyya)* (anc. *Perrégaux*), ville d'Algérie, à l'est d'Oran; 58970 hab. Centre agricole et commercial.

Mohammed. V. Mahomet.

Mohammed (Ali Mahdi) (né en 1938), homme politique somalien. En janv. 1991, ses troupes prirent Muqdisho et il se proclama président de la République.

Mohammed as-Sadok *(Muhammad as-Sadūq)* (1812 – 1882), bey de Tunis (1859-1882). Il dut signer le traité du Bardo (1881), qui imposait le protectorat français.

Mohammed V ben Youssef *(Muhammad ibn Yūsuf)* (1909 – 1961), sultan (1927-1953 et 1955-1957), puis roi du Maroc (1957-1961). Il entretint d'excellentes relations avec la France (il fut fait compagnon de la Libération) jusqu'en 1944, puis lui demanda l'indépendance du Maroc. Déposé par la France (1953), rappelé quand les troubles s'aggravèrent (1955), il obtint l'indépendance du pays (mars 1956) et se fit proclamer roi (août 1957).

Mohammedia *(al-Muhammadiyya)* (anc. *Fédala*), v. et port du Maroc, sur l'Atlantique, aujourd'hui partie intégrante du Grand Casablanca; 105120 hab. Port pétrolier. Raff. de pétrole. – Le port était actif dès le XIVe s.

Mohammed ibn Arafa (v. 1890 – 1976), roi du Maroc de 1953 à 1955.

Mohammed Touré. V. Askia Mohammed.

Mohave ou **Mojave** (désert), rég. désertique des É.-U., au S.-E. de la Californie.

mohawk [moɑk] adj. (inv. en genre). Relatif aux Mohawks. *Les traditionalistes mohawks.*

Mohawks, une des tribus amérindiennes du Canada qui formaient autref. la Confédération iroquoise. Ils vivent auj. dans l'Ontario et dans les environs de Montréal.

Mohéli (île). V. Moili.

Mohenjo-Dāro, site archéologique du Pākistān (État du Sind) contenant une cité (2500-1500 av. J.-C.) caractéristique de la civilisation de l'Indus.

Mohicans, Indiens du groupe tribal des Algonquins. Leurs rares descendants habitent le Connecticut (É.-U.).

Mohieddine (Zakaria) (né en 1918), homme politique égyptien; il fut Premier ministre et vice-président de la République (1961-1968).

Moholy-Nagy (László) (1895 – 1946), peintre et sculpteur hongrois; professeur au Bauhaus (1922-1929), fondateur du New Bauhaus de Chicago (1937), précurseur de l'art cinétique.

Mohorovičić (Andrija) (1857 – 1936), géologue croate. Il mit en évidence la *discontinuité de Mohorovičić,* qui, à env. 10 km de profondeur sous les océans et à 30 km sous les continents, sépare l'écorce terrestre et le manteau*.

Mohs (Friedrich) (1773 – 1839), minéralogiste allemand. Il classa les minéraux selon leur dureté.

Moi (Daniel Arap) (né en 1924), homme politique kenyan; président de la République depuis 1968.

1. moi [mwɑ] pron. pers. Forme tonique de la 1re personne du sing. et des deux genres, insistant sur la personne qui s'exprime. **1.** (Complément d'objet, après un impératif.) *Laisse-moi.* – (Dans les réponses.) *Qui demande-t-on? – Moi.* – (Quand le complément d'objet est redoublé.) *Il nous appelle, mon frère et moi.* **2.** (Après une préposition.) *Pensez à moi. De vous à moi :* en confidence. *Choisi par moi. Sors avec moi. En souvenir de moi. Digne de moi.* **3.** (Complément d'un comparatif.) *Aussi content que moi.* **4.** (Attribut) *« L'État, c'est moi » (Louis XIV).* **5.** (Sujet, renforçant *je.*) *Moi, je travaille, toi, tu t'amuses.* **6.** (Emploi explétif.) *Écoute-moi cet air!* **7.** Loc. *À moi! :* cri pour appeler au secours. ▷ *Pour moi :* à mon avis. *Pour moi, c'est étrange.* ▷ *Quant à moi :* en ce qui me concerne. ▷ *Chez moi :* dans l'endroit où j'habite. – N.B. : devant *en* et *y, moi* devient *m'. Passe-m'en. Fais-m'y inscrire, à ce club.*

2. moi [mwɑ] n. m. inv. **1.** PHILO Personne humaine en tant qu'elle a conscience d'elle-même, à la fois sujet et objet de la pensée. *« Le moi consiste dans ma pensée » (Pascal).* **2.** Personne de chaque individu, à laquelle il tend à rapporter toute chose. *« Le moi est haïssable » (Pascal).* **3.** PSYCHAN Instance qui maintient l'unité de la personnalité en permettant l'adaptation au principe de réalité, la satisfaction partielle du principe de plaisir et le respect des interdits émanant du surmoi.

Moï(s) (« sauvages » en vietnamien), nom qui a été longtemps usité pour désigner les populations minoritaires du Viêt-nam résidant dans les montagnes et les hauts plateaux.

moignon [mwaɲɔ̃] n. m. **1.** Partie d'un membre amputé située entre la cicatrice et l'articulation. *Moignon de jambe.* **2.** Membre rudimentaire. *Moignon d'aile.* **3.** Ce qui reste d'une grosse branche d'arbre coupée ou cassée.

Moili (anc. *Mohéli*), la plus petite des îles Comores; 290 km^2; 25200 hab.; v. princ. *Fomboni* (7000 hab.). Pêche artisanale.

moindre [mwɛ̃dʀ] adj. **1.** (Comparatif) Plus petit, moins important. *De moindre valeur.* **2.** (Superlatif) *Le moindre :* le plus petit, le moins important. *C'est la moindre des choses,* le moins qu'on puisse faire. *Un écrivain et non des moindres.* **3.** Loc. adv. (Suisse) *La moindre :* une petite quantité, un peu. *Manger la moindre.*

moindrement [mwɛ̃dʀəmɑ̃] adv. **1.** Loc. litt. *Le moindrement :* le moins du monde. **2.** (Réunion) Quelque peu; dans une moindre mesure. *Le secteur de l'agriculture est moindrement concerné.*

moine [mwan] n. m. **1.** Religieux appartenant à un ordre monastique. ▷ Loc. prov. *L'habit ne fait pas le moine :* on ne doit pas juger les gens sur leur apparence. **2.** Nom cour. d'autres plocéidés, en partic. africains. **3.** (Québec) Vieilli Toupie. *Jouer au moine.* – Fam. Perceuse électrique.

moineau [mwano] n. m. **1.** Oiseau passériforme de petite taille (*Passer domesticus,* fam. plocéidés), à livrée brune et beige, très courant dans les villes. (Le mâle se reconnaît à son cou taché de noir.) **2.** Nom donné à divers plocéidés africains. *Moineau gris. Moineau-tisserin.*

moins [mwɛ̃] adv., prép. et n. m. **1.** Comparatif d'infériorité de *peu. Moins grand que son frère. J'ai trois ans de moins que lui. J'ai reçu mille francs en moins.* – *De moins en moins :* en diminuant peu à peu. – *Moins que jamais :* moins dans ce cas que dans tout autre. – *D'autant moins que :* en proportion inverse du fait que. **2.** *Le moins :* superlatif de *peu. Le moins bon élève de la classe. Parlez-en le moins possible.* – *Pas le moins du monde :* pas du tout. ▷ *Du moins :* cependant, en tout cas. Syn. tout au moins, pour le moins, à tout le moins. ▷ *Au moins :* seulement. *Si au moins il travaillait, au lieu de s'amuser.* – *Il a au moins cinquante ans,* au minimum cinquante ans. ▷ *Des moins :* très peu. *Une soirée des moins réussie.* **3.** Loc. adv. *À moins :* pour qqch de moindre. *On se fâcherait à moins.* ▷ Loc. prép. *À moins de :* à un prix inférieur à. – Sauf dans le cas de. *Présence requise à moins d'une impossibilité dûment attestée.* ▷ Loc. conj. (suivie de «ne» et du subj.). *À moins que :* sauf dans le cas où. *Je n'irai pas à moins que vous ne veniez aussi.* **4.** n. m. *Le moins :* le minimum. *Le moins que l'on puisse dire. C'est bien le moins :* on ne saurait faire moins. – (Prov.) *Qui peut le plus peut le moins.* **5.** n. m. MATH Signe de la soustraction (–). **6.** prép. (Employée pour soustraire.) *8 moins 5 égale 3. Dix heures moins le quart.* – Loc. fam. *Il était moins cinq, moins une :* il s'en est fallu de peu. ▷ adv. (Afr. subsah., Madag.) *Six heures moins :* entre 5h 30 et 6h.

moins-disant [mwɛ̃dizɑ̃] n. m. DR Personne qui, dans une adjudication, fait l'offre la plus basse. *Des moins-disants.*

moins-perçu [mwɛ̃pɛʀsy] n. m. FIN Ce qui manque à la somme perçue. *Des moins-perçus.* Ant. trop-perçu.

moins-value [mwɛ̃valy] n. f. FIN Diminution de la valeur d'un fonds, d'un revenu. *Des moins-values.* Ant. plus-value.

moire [mwaʀ] n. f. **1.** Étoffe de soie à reflets chatoyants. **2.** Litt. Reflet des étoffes moirées. – Effet lumineux évoquant une étoffe moirée.

Moire, dans la myth. gr., chacune des trois divinités qui présidaient à la destinée (Clotho, Lachésis et Atropos).

moiré, ée [mwaʀe] adj. Qui a les reflets de la moire.

moirer [mwaʀe] v. tr. [1] TECH Donner à (une étoffe) des reflets chatoyants en la comprimant à chaud. ▷ Fig., litt. *Le soleil moirait la surface des eaux.*

mois [mwa] n. m. **1.** Chacune des douze parties de l'année. *Le mois de janvier. Mois lunaire*.* **2.** Espace d'environ trente jours. *Il me faudra deux mois pour finir ce travail.* **3.** Prix payé pour un mois de travail. *Payer son mois à un employé.*

Moïse (en hébr. *Mosché*) (XIIIe s. av. J.-C.), prophète et législateur d'Israël, connu essentiellement par les cinq livres de la Bible qui constituent le Pentateuque. Fils de parents hébreux, il serait né sous le règne de Ramsès II (1301 à 1235 env.), en Égypte. Après avoir échappé providentiellement à l'extermination des nouveau-nés mâles hébreux de ce pays (légende du berceau d'osier abandonné sur le Nil), il est élevé à la cour du pharaon qui persécute son peuple. Le meurtre d'un fonctionnaire égyptien le contraint à se réfugier dans le désert du Sinaï, où Yahvé lui apparaît sous la forme d'un buisson ardent et lui enjoint de conduire hors d'Égypte les tribus hébraïques captives. Il dirige alors les Hébreux vers le pays de Canaan, leur fait traverser la mer Rouge, dont les eaux se sont ouvertes, reçoit de Dieu les *Tables de la Loi* (V. Torah) ou *Dix Commandements** ou *Décalogue.* Cette Loi affirme l'existence d'un Dieu unique. Moïse est le constructeur de l'arche d'Alliance, symbole de la présence de Yahvé parmi le peuple élu (le peuple juif). Dieu ne lui accorda pas, comme à toute la génération qui avait vécu en Égypte, le droit d'entrer en Terre promise, mais lui permit de la contempler du haut du mont Nebo, où il mourut.

moisi, ie [mwazi] adj. et n. m. **1.** adj. Couvert de moisissures. **2.** n. m. Ce qui est moisi. *Odeur de moisi.*

moisir [mwaziʀ] v. [3] **I.** v. tr. Couvrir de moisissures. **II.** v. intr. **1.** Devenir moisi. **2.** Fig., fam. Attendre trop longtemps, se morfondre.

moisissure [mwazisyʀ] n. f. Nom cour. des champignons ne comportant pas de fructifications massives et se développant sur des matières organiques humides ou en décomposition. *On tire la pénicilline d'une moisissure blanche, le pénicillium.*

Moïsseïev (Igor Alexandrovitch) (né en 1906), danseur et chorégraphe russe; il fonda (1937) la plus import. compagnie de ballets folkloriques de l'U.R.S.S. *(ballets Moïsseïev).*

moisson [mwasɔ̃] n. f. **1.** Action de récolter le blé, les céréales. *Faire la moisson.* **2.** La récolte elle-même. ▷ Fig. *Une ample moisson de renseignements.* **3.** Temps, époque où l'on fait la moisson. *La moisson sera tardive.*

moissonnage [mwasɔnaʒ] n. m. AGRIC Manière de moissonner. *Moissonnage à la machine.*

moissonner [mwasɔne] v. tr. [1] **1.** Faire la moisson, la récolte de céréales. *Moissonner du blé.* – Par ext. *Moissonner un champ.* – Absol. *Il est temps de moissonner.* **2.** Fig. Remporter, recueillir en abondance. *Moissonner les récompenses, les distinctions.*

moissonneur, euse [mwasɔnœʀ, øz] n. **1.** Personne qui moissonne. **2.** n. f. Machine servant à moissonner.

moissonneuse-batteuse [mwasɔnøzbatøz] n. f. Machine agricole qui bat le grain et le sépare de la paille. *Des moissonneuses-batteuses.*

moissonneuse-lieuse [mwasɔnøzljøz] n. f. Machine agricole qui met les tiges en bottes. *Des moissonneuses-lieuses.*

moite [mwat] adj. Légèrement humide. *Avoir les mains moites. Chaleur moite qui précède l'orage.*

moiteur [mwatœʀ] n. f. Caractère de ce qui est moite; légère humidité.

moitié [mwatje] n. f. et adv. **I.** n. f. **1.** Chacune des deux parties égales en lesquelles un tout est divisé. *Trois est la moitié de six.* – Partie qui représente env. une moitié d'un tout. *Il passe la moitié de son temps à dormir.* **2.** Milieu. *Être à la moitié du chemin.* **3.** Fig., fam. Épouse. *Ma chère moitié.* **4.** Loc. adv. *À moitié :* à demi et, *par ext.*, en partie. ▷ *De moitié, pour moitié :* pour une part égale à la moitié. *Ce produit a augmenté de moitié. Il est pour moitié responsable de ce qui lui arrive.* ▷ *Être, se mettre de moitié avec qqn,* s'associer avec lui, partager également le gain et la perte. **II.** adv. À demi. *Pain moitié froment, moitié seigle.* ▷ Fam. *Moitié-moitié :* en partageant en deux parts égales.

Mojave (désert), V. Mohave.

moka [mɔka] n. m. **1.** Café renommé provenant d'Arabie. ▷ (Belgique, Luxembourg) *Glace au moka,* au café. – *Éclair au moka,* au café. **2.** Gâteau garni de crème au beurre aromatisée au café.

Moka *(Muhā),* v. et port du Yémen, sur la mer Rouge; 6000 hab. – Autref. ville princ. (50000 hab.) de l'Arabie Heureuse, grâce à son comm. d'épices, de dattes et de café.

mokadem [mɔkadɛm] n. m. (Maghreb) **1.** Représentant de l'autorité à l'échelon d'un quartier ou d'un village. **2.** Chef de confrérie religieuse.

mol, molle [mɔl] adj. et n. V. mou.

Mol, com. de Belgique (prov. d'Anvers), dans la Campine; 29800 hab. Centrale nucléaire.

1. molaire [mɔlɛʀ] n. f. Chacune des grosses dents implantées à l'arrière des mâchoires, qui servent à broyer. Syn. (France rég., Suisse) marteau.

2. molaire [mɔlɛʀ] adj. CHIM Relatif à la mole. ▷ *Masse* moléculaire molaire.* ▷ *Solution molaire,* qui contient une mole de soluté par litre. ▷ *Volume molaire,* occupé par une mole.

môlaire [molɛʀ] adj. MED Relatif à la môle. *Grossesse môlaire,* dans laquelle se produit une môle.

Moldau. V. Vltava.

moldave [mɔldav] adj. et n. **1.** adj. De Moldavie. ▷ Subst. *Un(e) Moldave.* **2.** n. m. LING *Le moldave :* la langue indo-européenne du groupe roman, parlée en Moldavie.

Moldavie, région historique d'Europe orientale partagée auj. entre la Roumanie (V. carte et dossier Roumanie, p. 1486) et la république de Moldavie (V. carte et dossier Moldavie [rép. de], p. 1481). La Moldavie roumaine (cap., Iași) s'étend entre les Carpates orientales à l'O. et le Prout à l'E. Le relief s'abaisse d'O. en E. Les forêts des Carpates et les prairies étagées dominent des collines et la plaine, drainée par le Siret et le Prout, et prolongée, au S., par la Munténie. L'agriculture repose sur l'élevage et l'exploitation des forêts dans les montagnes, et les cultures de céréales, de fruits et de la vigne dans les plaines et les collines. L'industrie chimique est concentrée à Bacău, Iași et Piatra Neamț; les industries textile et alimentaire sont représentées dans la plupart des villes. L'hydroélectricité se développe (barrage sur la Bistrița). **Hist.** – Dans l'Antiquité, la Moldavie occupe une grande partie de la province romaine de Dacie*. Du IIIe au XIIIe s., elle subit de multiples invasions : Goths, Huns, Slaves, Bulgares, Tatars; ces derniers sont chassés au XIIIe s. par les Hongrois qui soutiennent les voïévodes locaux. En 1359, Bogdan* Ier, voïévode de Maramureș, se soulève contre les Hongrois et fonde la principauté de Moldavie. Celle-ci se développe, mais devient tributaire des Ottomans en 1455. Elle connaît son apogée durant le règne d'Étienne* III le Grand (1457-1504), qui repousse les Hongrois (1467) et lutte héroïquement pendant quarante ans contre les Ottomans; mais la Moldavie passe, après sa mort, sous la suzeraineté des Turcs. Les princes Basile* le Loup (1634-1653) et Dimitrie Cantemir* (1710-1711) s'efforcent de secouer le joug ottoman et continuent l'œuvre culturelle d'Étienne III le Grand. À partir du XVIIIe s., les tutelles s'alourdissent, les Ottomans soutiennent les hospodars phanariotes* qui remplacent les princes moldaves; ce régime phanariote se maintient jusqu'en 1821. Au XIXe s., la Russie et l'Autriche se disputent le pays; l'Autriche ayant pris la Bucovine en 1775, la Russie annexe la Bessarabie en 1812 (traité de Bucarest). Dans une Moldavie administrée par des princes de la famille Sturdza*, les mouvements nationalistes se développent malgré l'échec de la révolte de 1848, que réprime la Russie. L'autonomie du pays, soutenue, au nom de la France, par Napoléon III, se renforce après le congrès de Paris* (1856) qui rend le sud de la Bessarabie à la Moldavie et place les principautés de Moldavie et de Valachie sous la garantie collective des puissances européennes. En 1859, la Moldavie et la Valachie élisent un même prince, Alexandre-Jean Cuza* (1859-1869), et s'unissent pour former la Roumanie (officiellement réalisée en 1862), dont l'indépendance est reconnue en 1878 par le congrès de Berlin. En déc. 1918, la Bessarabie russe revient à la Roumanie; en réponse, les Soviétiques créent à la frontière une petite république autonome de Moldavie (1924), rattachée à l'Ukraine. En 1944, ils lui rattachent la Bessarabie, reprise à la Roumanie, pour former la république fédérée de Moldavie, au sein de l'Union soviétique. En 1991, la rép. de Moldavie proclame son indépendance.

Moldavie (république de), État du sud-est de l'Europe.
► V. carte et dossier, p. 1481.

Moldoveanu (mont), point culminant de la Roumanie (2 543 m) dans les Carpates méridionales.

mole [mɔl] n. f. CHIM Unité de quantité de matière du système international SI (symbole mol), équivalant à la quantité de matière d'un système qui comprend autant d'entités élémentaires (molécules, atomes, ions, électrons) qu'il y a d'atomes dans 12 g de carbone 12 (soit $6{,}022.10^{23}$).

1. môle [mol] n. f. MED Dégénérescence des villosités de la paroi de l'œuf en cours de grossesse.

2. môle [mol] n. m. MAR Jetée construite à l'entrée d'un port et faisant office de brise-lames. – Terre-plein bordé de quais, le long desquels peuvent accoster les navires.

3. môle [mol] n. f. ICHTYOL Poisson marin *(Mola mola)*, appelé cour. *poisson-lune* ou *lune de mer* à cause de son corps aplati en disque (il peut atteindre 3 m pour 1 500 kg).

moléculaire [mɔlekylɛʀ] adj. CHIM Relatif à la molécule.

molécule [mɔlekyl] n. f. CHIM Ensemble d'atomes liés les uns aux autres par des liaisons fortes.

moleskine [mɔlɛskin] n. f. **1.** Coutil de coton lustré. **2.** Toile cirée imitant le grain du cuir.

molester [mɔlɛste] v. tr. [1] Faire subir des violences physiques à (qqn). Syn. malmener, brutaliser.

moleter [mɔlte] v. tr. [20] TECH **1.** Travailler à la molette. **2.** Strier à la molette. – Pp. adj. *Écrou moleté.*

molette [mɔlɛt] n. f. **1.** Roulette garnie de pointes, à l'extrémité d'un éperon. **2.** Roulette munie d'un tranchant, de pointes ou d'aspérités, et servant à couper, à marquer, à frotter, etc. *Molette de vitrier.* **3.** Petit disque, petit cylindre cannelé que l'on manœuvre pour actionner un mécanisme. *Clé à molette.*

Molière (Jean-Baptiste Poquelin, dit) (1622 – 1673), auteur dramatique et comédien français. Son père, tapissier ordinaire du roi, le mit en 1635 au collège de Clermont (auj. lycée Louis-le-Grand), dirigé par les jésuites. Il obtint le titre d'avocat, puis fonda avec un groupe d'amis, les Béjart, la troupe de l'Illustre-Théâtre (1643), qui échoua. Se joignant à une troupe de comédiens ambulants, ils jouèrent de ville en ville pendant treize ans. Rentré à Paris en 1658, où Monsieur, frère du roi, le protégea, Molière obtint son premier triomphe avec *les Précieuses ridicules* (1659). La troupe se fixa au Palais-Royal (1661), jouant : *l'École des maris* (1661), *l'École des femmes* (1662), *Tartuffe* (1664), *Dom Juan* (1665), *le Misanthrope* (1666), *le Médecin malgré lui* (1666), *Amphitryon* (1668), *l'Avare* (1668), *Georges Dandin* (1668), *le Bourgeois gentilhomme* (1670), *les Fourberies de Scapin* (1671), *les Femmes savantes* (1672), *le Malade imaginaire* (1673). Le roi riait à ses pièces, mais Molière subit de nombr. attaques (querelle de *l'École des femmes*, du *Tartuffe*, etc.). Miné par ses luttes et par son travail, malheureux en ménage (il avait épousé en 1662 Armande Béjart, de vingt-deux ans sa cadette), il eut des convulsions en jouant *le Malade imaginaire* et mourut. En 1680, Louis XIV fit fusionner la troupe de Molière et celle de l'hôtel de Bourgogne, créant la Comédie-Française, la «Maison de Molière».

moliéresque [mɔljeʀɛsk] adj. De Molière; qui évoque Molière.

Molina (Luis) (1536 – 1600), jésuite espagnol. Le *molinisme,* qu'expose *Accord du libre arbitre avec les dons de la grâce* (1588), fut combattu par les jansénistes et adopté par les jésuites.

Molina (Tirso de). V. Tirso de Molina.

Molinos (Miguel de). V. quiétisme.

Molise, rég. admin. d'Italie péninsulaire et de la C.E., formée des prov. de Campobasso et d'Isernia, agricoles et pauvres; 4438 km²; 334700 hab.; cap. *Campobasso.*

mollah [mɔla], **mulla** ou **mullah** [mulla] n. m. Docteur en droit religieux dans l'islam chiite.

mollasse [mɔlas] adj. Péjor. **1.** Sans consistance, mou et flasque. *Chair mollasse.* **2.** Fig. (Personnes) Sans énergie. Syn. apathique, indolent.

mollasson, onne [mɔlasɔ̃, ɔn] n. et adj. Fam. Personne molle, mollasse. ▷ adj. *Un enfant mollasson.*

mollement [mɔlmɑ̃] adv. **1.** Avec mollesse. *Couché mollement.* **2.** Sans vigueur, sans conviction. *Se défendre mollement.*

mollesse [mɔlɛs] n. f. **1.** Caractère de ce qui est mou, moelleux. *La mollesse d'un matelas.* Ant. dureté. **2.** Manque d'énergie dans le caractère, la conduite. – Excès d'indulgence. *La mollesse d'un père.* Syn. indolence, faiblesse. Ant. fermeté, résolution. **3.** Manque de vigueur, de force dans l'expression. *La mollesse des traits d'un visage.* Syn. atonie. **4.** Délicatesse d'une vie facile.

1. mollet, ette [mɔlɛ, ɛt] adj. (rare au fém.) D'une mollesse douce, agréable. *Pain mollet.* ▷ *Œuf mollet,* cuit dans sa coquille de manière que le blanc soit pris et le jaune onctueux.

2. mollet [mɔlɛ] n. m. Relief musculaire à la face postérieure de la jambe, au-dessous du genou.

Mollet (Guy) (1905 – 1975), homme politique français; secrétaire général de la S.F.I.O. (1946-1969), plusieurs fois ministre, chef du gouv. (fév. 1956-mai 1957). En mai 1958, il contribua au retour du général de Gaulle, puis s'opposa à lui.

molletière [mɔltjɛʀ] n. f. et adj. f. Guêtre protégeant le mollet. ▷ adj. f. *Bandes molletières :* bandes d'étoffe ou de cuir dont on entoure le mollet.

molleton [mɔltɔ̃] n. m. Étoffe de laine ou de coton gratté. – Pièce de cette étoffe servant d'épaisseur protectrice et isolante. *Intercaler un molleton entre la nappe et la table.*

molletonné, ée [mɔltɔne] adj. **1.** Qui a l'aspect du molleton. **2.** Doublé de molleton.

molletonner [mɔltɔne] v. tr. [1] Doubler, garnir de molleton.

mollir [mɔliʀ] v. [3] **I.** v. intr. **1.** Devenir mou. *Ces goyaves mollissent.* **2.** Perdre de sa force. *Le vent mollit.* **3.** Fig. Céder sous un effort, faiblir. *Les troupes mollissent.* Syn. fam. flancher. **II.** v. tr. MAR Détendre. *Mollir un câble.*

mollusque [mɔlysk] n. m. **1.** (Plur.) ZOOL Embranchement de métazoaires au corps mou non segmenté souvent pourvu d'une coquille calcaire. – Sing. *L'escargot est un mollusque.* **2.** Fig., fam. Individu mou, sans énergie.

moloch [mɔlɔk] n. m. ZOOL Lézard (*Moloch horridus*, fam. agamidés) du désert australien, long d'une vingtaine de cm, couvert d'épines.

Moloch ou **Molk** (en hébr. *Melek,* «roi»), dans la Bible, divinité cananéenne à laquelle auraient été offerts des sacrifices d'enfants. On voit plutôt dans le Molk le sacrifice lui-même, au cours duquel de jeunes enfants étaient égorgés et brûlés comme offrandes, en pays cananéen et dans les territoires carthaginois.

Molopo (le), riv. du Botswana, qui trace la frontière avec l'Afrique du Sud; 700 km.

molosse [mɔlɔs] n. m. Grand dogue.

Molosses, peuple de l'anc. Épire (Grèce continentale).

Molotov (Viatcheslav Mikhaïlovitch Skriabine, dit) (1890 – 1986), homme politique soviétique. Président du Komintern (1930-1934), il dirigea la diplomatie soviétique de 1939 à 1949 et de 1953 à 1956.

Moltke (Helmuth, comte von) (1800 – 1891), feld-maréchal prussien. Chef du grand état-major (1857-1888), il fut l'artisan des victoires contre l'Autriche (1866) et contre la France (1870).

molto [mɔlto] adv. MUS Très, beaucoup. *Molto vivace.*

Moluques (archipel des), archipel et prov. d'Indonésie, situé entre les Célèbes et la Nouvelle-Guinée; 74505 km²; 1608560 hab.; ch.-l. *Amboine.* Princ. îles : Halmahera, Céram, Buru, Aru. Montagneux et forestier (climat équat.), l'archipel produit surtout des épices et du coprah. – Ces îles, où les Hollandais étaient établis dès le

XVIIe s., furent incluses dans la République indonésienne en 1949.

molybdène [mɔlibdɛn] n. m. CHIM Élément métallique (symbole Mo) de numéro atomique Z=42. – Métal (Mo) blanc utilisé pour la fabrication d'aciers inoxydables.

Mombasa ou **Mombassa,** v. et princ. port de comm. du Kenya, sur l'océan Indien; 465000 hab.; ch.-l. de la prov. de la Côte. Raff. de pétrole. Engrais; cimenterie. Station balnéaire. Aéroport international.

mombin ou **monbin** [mɔ̃bɛ̃] n. m. Arbre des régions tropicales (*Spondias mombin,* fam. anacardiacées) dont le fruit ovoïde, au goût acidulé *(prune mombin),* est comestible.

môme [mom] n. **1.** Fam. Enfant. *Un môme odieux.* **2.** n. f. Pop. Jeune fille.

moment [mɔmɑ̃] n. m. **A. I. 1.** Petite partie du temps. *Il n'en a que pour un moment.* Syn. instant. – *N'avoir pas un moment à soi :* être sans cesse occupé. **2.** Laps de temps indéterminé. *Attendre un long, un bon moment,* longtemps. – *Passer de bons, de mauvais moments,* des moments heureux, pénibles. ▷ *Absol.* Temps présent. *Les vedettes du moment.* **3.** Circonstance, occasion. *C'est le moment, le bon moment. Il a choisi un mauvais moment.* ▷ *Moment psychologique,* propice pour dénouer une situation. **II. 1.** Loc. adv. *Dans un moment :* bientôt. – *D'un moment à l'autre :* incessamment. – *En un moment :* très rapidement. – *Par moments :* de temps en temps. – *À tout (tous) moment(s) :* sans cesse. – *En ce moment :* à l'heure qu'il est. **2.** Loc. prép. *Au moment de :* sur le point de. **3.** Loc. conj. *Au moment où :* lorsque. – *Du moment que :* puisque. **B. 1.** MATH *Moment d'un vecteur* $\overrightarrow{AB}$ *par rapport à un point O :* vecteur $\overrightarrow{OM}$ tel que $\overrightarrow{OM} = \overrightarrow{OA} \wedge \overrightarrow{AB}$, perpendiculaire au plan OAB dans le sens direct et dont le module est égal au produit de AB par la distance de O à la droite AB. **2.** PHYS *Moment d'une force par rapport à un point :* moment du vecteur représentant cette force, par rapport à ce point. ▷ *Moment d'un couple de forces :* vecteur perpendiculaire au plan des forces constituant le couple dans le sens direct et dont le module est le produit de l'intensité des forces par leur distance. ▷ *Moment cinétique, moment dynamique en un point :* moment du vecteur $m\overrightarrow{V}$ (quantité de mouvement), du vecteur $m\overrightarrow{\Gamma}$ (force) par rapport à ce point. ▷ *Moment d'inertie d'un système par rapport à un axe :* somme des produits des masses des élé-ments du système par les carrés des distances de ceux-ci à l'axe.

momentané, ée [mɔmɑ̃tane] adj. Qui dure peu. *Plaisir momentané.*

momentanément [mɔmɑ̃tanemɑ̃] adv. D'une façon momentanée.

momie [mɔmi] n. f. **1.** Corps embaumé par les anciens Égyptiens. *La momie d'un pharaon.* ▷ *Par ext.* Cadavre desséché et conservé. **2.** Fig. Personne très maigre. ▷ Personne à l'esprit rétrograde.

momification [mɔmifikasjɔ̃] n. f. Action de momifier; son résultat.

momifier [mɔmifje] v. tr. [2] **1.** Transformer (un cadavre) en momie. ▷ v. pron. *Cadavre qui se momifie.* **2.** Fig. Rendre extrêmement maigre. – Figer dans l'inertie ou dans des habitudes surannées.

momordique [momɔRdik] n. f. Plante grimpante des régions tropicales, aussi appelée *liane merveille* (fam. cucurbitacées), dont les graines ont des propriétés vermifuges.

mompère [mɔ̃pɛR] n. m. (Madag.) Prêtre catholique. *Il lit le latin aussi bien qu'un mompère.* (V. mon père.)

mon, ma, mes [mɔ̃, ma, me] adj. poss. masc. sing., fém. sing., et plur. de la première personne, marquant : **1.** la possession. *Ma maison. Mon fils*; **2.** des rapports divers (affectifs, sociaux, d'habitude, de convenance, d'intérêt, etc.). *Mon meilleur ami. Mon général. Ma promenade quotidienne. Mon dentiste.* – Fam. *Voilà mon homme qui se met à courir*; **3.** des relations grammaticales (sujet ou objet d'une action). *Veuillez accepter mes excuses,* celles que je vous fais. *Venez à mon secours,* me secourir. (N.B. On emploie *mon* au lieu de *ma* devant un nom fém. commençant par une voyelle ou un *h* muet : *mon île, mon horloge.*)

mon(o)-. Élément, du gr. *monos,* «seul».

môn [mɔ̃n] n. m. LING Langue du groupe môn-khmer, parlée par les Môns de Birmanie.

Môn(s), population de Birmanie et de Thaïlande, de langue môn. Établis en basse Birmanie et dans la Thaïlande actuelle, ils forment au VIIe s. un puissant royaume hindouisé, qui est occupé par les Khmers (XIe s.) puis conquis par un prince thaï (XIIIe s). Ils luttèrent contre les Birmans jusqu'au XVIIIe s. L'apport de leur civilisation fut très important chez leurs conquérants; ils leur transmirent notam. le bouddhisme theravâda, qui se répandit dans toute l'Asie du S.-E.

monacal, ale, aux [mɔnakal, o] adj. Propre aux moines, au genre de vie des moines. *Vie monacale.*

monachisme [mɔnaʃism; mɔnakism] n. m. Vie des moines. ▷ Institution monastique. *Esprit du monachisme.*

Monaco (principauté de), État enclavé dans le dép. français des Alpes-Maritimes, sur la Côte d'Azur.

► V. carte et dossier p.1482.

monade [mɔnad] n. f. PHILO Pour Leibniz, substance simple, irréductible, élément premier de toutes les choses.

monadisme [mɔnadism] n. m. ou **monadologie** [mɔnadɔlɔʒi] n. f. PHILO Théorie des monades de Leibniz.

monarchie [mɔnaRʃi] n. f. **1.** Forme de gouvernement d'un État dans laquelle le pouvoir est détenu par un seul chef, le plus souvent un roi héréditaire. *Selon que l'autorité du souverain est illimitée ou limitée par une constitution, la monarchie est dite «absolue» ou «constitutionnelle».* – *Monarchie parlementaire :* monarchie constitutionnelle dans laquelle le gouvernement est responsable devant le Parlement. **2.** État gouverné par un monarque.

monarchique [mɔnaRʃik] adj. Qui se rapporte à la monarchie.

monarchisme [mɔnaRʃism] n. m. Doctrine des monarchistes.

monarchiste [mɔnaRʃist] adj. et n. Qui est partisan de la monarchie. *Partis monarchistes.* ▷ Subst. *Le point de vue des monarchistes.*

1. monarque [mɔnaRk] n. m. Celui qui détient l'autorité souveraine dans une monarchie.

2. monarque [mɔnaRk] n. m. Grand papillon migrateur américain (*Danaus plexippus*), de 8 à 9 cm d'envergure, de couleur brun-roux avec des nervures noires, qui se rencontre parfois sur les côtes européennes et qui s'est acclimaté en Océanie.

monastère [mɔnastɛR] n. m. Lieu, groupe de bâtiments habité par des moines ou des moniales.

monastique [mɔnastik] adj. Des moines, de la vie des moines.

Monastir, v. et port de Tunisie, sur le golfe de Hammamet; 35550 hab.; ch.-l. du gouvernorat du m. nom. Pêche; industr. alim. Aéroport intern. – À proximité, palais de Skanès, édifié pour Bourguiba.

monbin [mɔ̃bɛ̃] n. m. V. mombin.

monceau [mɔ̃so] n. m. Tas, amas important. *Un monceau de ruines.* ▷ Fig. *Un monceau d'absurdités.*

Mönchengladbach, v. d'Allemagne (Rhénanie-du-Nord-Westphalie); 255090 hab. Import. centre industriel.

Moncton, v. du Canada (Nouveau-Brunswick), sur le *Petitcodiac*; 57000 hab. Industrie du bois. Aéroport. – Archevêché cathol. Université dont l'importante section francophone a promu le renouveau acadien.

mondain, aine [mɔ̃dɛ̃, ɛn] adj. et n. **1.** Qui concerne la haute société, ses divertissements. *Vie mondaine.* **2.** Qui fréquente, qui aime le monde, la haute société. *Femme très mondaine.* ▷ Subst. *Un(e) mondain(e).*

mondanité [mɔ̃danite] n. f. **1.** Goût pour les divertissements mondains. *Sa mondanité est excessive.* **2.** (Plur.) Événements, faits de la vie mondaine.

monde [mɔ̃d] n. m. **I. 1.** Ensemble de tout ce qui existe, univers. *La fin du monde.* **2.** Système planétaire; planète. *D'autres mondes habités.* **3.** La planète où vivent les hommes, la Terre. *Courir le monde :* voyager beaucoup. – Fig. *Au bout du monde :* très loin. ▷ *Le Nouveau Monde :* l'Amérique, par oppos. à *l'Ancien Monde,* la partie de la surface terrestre connue avant la découverte de l'Amérique (Europe, Asie, Afrique). ▷ *Tiers* monde.* **4.** RELIG *L'autre monde :* le séjour des morts (par oppos. à *ce monde, ce bas monde,* le séjour des vivants). **5.** Fig. Univers particulier. *Le monde du rêve.* ▷ *Se faire un monde d'une chose,* se l'imaginer comme plus difficile, plus importante qu'elle n'est en réalité. ▷ *C'est un monde! :* c'est incroyable! (avec une nuance d'indignation). **II.** *Le monde.* **1.** Genre humain, humanité. *Ainsi va le monde.* ▷ *Venir au monde :* naître. *Mettre un enfant au monde,* lui donner naissance. **2.** Groupe social défini. *Le monde de l'art. Le monde scientifique.* ▷ (Québec) Fam. *Vieux monde :* gens âgés. *Il y a beaucoup de vieux monde dans ce quartier.* – *Le pauvre monde :* les gens pauvres, la classe laborieuse. **3.** Haute société, classes aisées qui ont une vie facile et brillante. *Le grand monde. Un homme du monde.* ▷ (Québec) Fam. (Dans des expressions.) Gens honnêtes, bien élevés. *Parler, se tenir, se conduire comme du monde,* de façon correcte, comme il convient. **4.** Vie en société. *Fuir le monde.* ▷ *Spécial.* Vie laïque (par oppos. à la vie monastique). *Renoncer au monde.* **5.** (Réunion) Gens, personnes. *Le monde doit prendre un ticket puis attendre.* ▷ Syn. de *individu* (sens 3). *Mauvais monde :* personne peu recommandable. **III. 1.** Un grand nombre, ou un certain nombre de personnes. *Il y a du monde dans les rues.* ▷ *Recevoir du monde,* des invités, des hôtes. **2.** Entourage de qqn (proches, subordonnés, etc.). *Réunir tout son monde.* **IV. 1.** Loc. *Du monde, au monde.* (Renforçant certaines expressions.) *La plus belle fille du monde. Pour rien au monde.* ▷ (Suisse) (En tournure négative.) *Au monde :* pas du tout. *Je ne sais pas au monde où j'ai posé mes lunettes.* **2.** Loc. pron. indéf. *Tout le monde :* tous, on. ▷ Fam. *Monsieur Tout-le-Monde :* n'importe qui.

monder [mɔ̃de] v. tr. [1] Débarrasser (un fruit, une substance) de ses parties inutiles, de ses impuretés.

mondial, ale, aux [mɔ̃djal, o] adj. Qui concerne le monde entier. *Savant de réputation mondiale.*

mondialement [mɔ̃djalmɑ̃] adv. D'une manière mondiale. *Mondialement connu.*

mondialisation [mɔ̃djalizasjɔ̃] n. f. Action de mondialiser ou de se mondialiser; son résultat. ▷ ECON Transformation d'une économie* internationale à une économie mondiale, caractérisée par une concurrence généralisée, où les nations sont intégrées, sur une base privée et non politique, dans un espace économique mondial qui échappe en partie au contrôle des États.

mondialiser [mɔ̃djalize] v. tr. [1] Rendre mondial. ▷ v. pron. Devenir mondial.

mondialisme [mɔ̃djalism] n. m. Universalisme visant à l'unité politique de la communauté humaine.

mondialiste [mɔ̃djalist] adj. et n. **1.** Qui est à l'échelle mondiale. **2.** Qui a rapport au mondialisme. ▷ Subst. Partisan du mondialisme.

mondovision [mɔ̃dɔvizjɔ̃] n. f. Système de transmission d'émissions de télévision par satellite dans le monde entier. Syn. cosmovision.

Mondrian (Pieter Cornelis Mondriaan, dit Piet) (1872 – 1944), peintre hollandais; un des fondateurs de l'art abstrait, promoteur de l'abstraction géométrique.

mone [mɔn] n. f. ZOOL Singe *(Cercopithecus mona)* largement répandu dans les forêts d'Afrique tropicale.

monégasque [mɔnegask] adj. et n. De la principauté de Monaco. ▷ Subst. *Un(e) Monégasque.*

monème [mɔnɛm] n. m. LING Unité minimale de première articulation. *On distingue les monèmes lexicaux, ou* lexèmes (*elle* court, *il* court), *des monèmes grammaticaux, ou* morphèmes (*nous* cour*ons*, *vous* cour*ez*).

Monénembo (Diallo Thierno Saïdou, dit Tierno) (né en 1947), romancier guinéen : *Crapauds-brousse* (1979), qui dénonce les dictatures; *les Écailles du ciel* (1986); *Un rêve inutile* (1991); *Un attiéké pour Elgass* (1993).

Monet (Claude) (1840 – 1926), peintre français; chef de file de l'impressionnisme. En compagnie de ses amis Renoir, Sisley, Bazille, il découvre le paysage (v. 1863) et capte le jeu de la lumière en posant les couleurs par touches distinctes. Son tableau *Impression, soleil levant,* peint en 1872 et exposé en 1874, donne son nom à l'impressionnisme. Séries de la *Gare Saint-Lazare* (1876-1878), de la *Cathédrale de Rouen* (1892-1894), des *Nymphéas* (à partir de 1900).

monétaire [mɔnetɛʀ] adj. Relatif à la monnaie, aux monnaies. *Système monétaire. Politique monétaire. – Unité monétaire d'un État :* la monnaie qui a cours dans cet État. ► V. tabl. **monnaies**, p. 834.

monétarisme [mɔnetaʀism] n. m. ECON Doctrine prônant le contrôle de l'offre de monnaie pour éviter l'inflation et réguler l'activité économique réelle.

monétariste [mɔnetaʀist] adj. et n. **1.** ECON Relatif au monétarisme. – Subst. Personne qui défend le monétarisme. **2.** FIN Relatif aux questions monétaires.

monétique [mɔnetik] n. f. Didac. Ensemble des moyens informatiques et électroniques utilisés comme mode de paiement.

monghettes [mɔ̃ʒɛt] n. f. pl. (France rég.) Haricots blancs, traditionnellement servis avec du gigot d'agneau.

Mongo ou **Bamongo,** populations occupant la cuvette centrale de la rép. dém. du Congo (près de 6 millions de personnes). Elles parlent une langue bantoue.

Mongo Beti. V. Beti (Mongo).

mongol, ole [mɔ̃gɔl] adj. et n. **1.** De Mongolie. ▷ Subst. *Un(e) Mongol(e).* **2.** LING *Langues mongoles :* groupe de langues altaïques parlées en Mongolie, en Chine et en Russie.

Mongolie, vaste région d'Asie centrale, dont une partie correspond à l'État de Mongolie, tandis que l'autre, rattachée à la Chine, forme la région autonome de Mongolie-Intérieure.

Mongolie (État de), État continental de l'Asie du Centre-Est, situé entre la Russie et la Chine; 1565000 km²; 2017000 hab. (croissance : 3 % par an); cap. *Oulan-Bator.* Nature de l'État : rép. présidentielle. Langue off. : mongol (parler khalkha). Monnaie : tugrik. Relig. : lamaïsme.

Géogr. phys. et hum. – Haute pénéplaine rajeunie par les plissements tertiaires, la Mongolie est une vaste cuvette au centre de laquelle se dresse le massif du Khangaï, à l'O. et au N., que bordent les chaînes d'Asie centrale et de Sibérie méridionale (Altaï, notam.). Le pays, au climat continental (hivers très froids, étés torrides, rares pluies), est continuellement venté. La steppe domine; le désert de Gobi occupe le S. Les Mongols khalkhas constituent 78 % de la pop.; les autres ethnies : Kazakhs, Dörbeds, Bayads, Bouriates, Darigangas sont également de langue mongole. Tous étaient des nomades, mais auj. plus de 59 % vivent en ville.

Écon. – La Mongolie a vécu à l'ombre de l'U.R.S.S., calquant son organisation écon. sur le modèle soviétique. L'élevage a été rationalisé et les cultures fourragères ont imposé la semi-nomadisation ou la sédentarisation. Une industrie lourde, fondée sur les ressources nationales (charbon, cuivre, molybdène) ou importées d'U.R.S.S., s'est développée. La politique d'ouverture fut décidée en 1989, mais la pauvreté affecte plus du quart de la population et la Mongolie devra toujours composer avec la Chine et la Russie, qui l'enserrent.

Hist. – Ayant proclamé son autonomie en 1911, la Mongolie (dite alors Mongolie-Extérieure, par oppos. à la Mongolie-Intérieure, demeurée chinoise) a pour chef d'État le Bogdo Gegen (le Bouddha vivant) jusqu'en 1924. Pendant la guerre civile russe, elle est à nouveau occupée par les tsaristes et les Chinois; en 1921, l'armée soviétique donne le pouvoir à un gouv. communiste. Rép. populaire en 1924, alliée de l'U.R.S.S., la Mongolie est indépendante de la Chine depuis 1946, après référendum. Elle s'est engagée dans la construction du socialisme en éliminant l'influence des lamas. Après la rupture sino-soviétique de 1960, elle a choisi la mouvance soviétique et dû entretenir une armée importante, accepter le stationnement de troupes sov. Après le rapprochement sino-soviétique (1984), Ioumjaghine Tsedenbal a été remplacé par Jambyn Batmönh, qui, en 1990, s'est effacé devant les communistes réformateurs. Le rôle dirigeant du parti pop. révolutionnaire mongol a été aboli, mais, aux législatives de 1990 et de 1992, l'opposition a obtenu un faible nombr. de voix. P. Orshirbat est devenu prés. de la Rép., réélu en 1993. Une Constitution démocratique a été adoptée en 1992. En 1996, l'Union démocratique, favorable à une réforme radicale de l'économie, remporta les élections législatives. En 1997, le social-démocrate Nachagyn Bagabandi a été élu président de la République.

Mongolie-Intérieure (en chin. *Neimenggu*), rég. autonome du N. de la Chine; 1200000 km²; 20070000 hab.; cap. *Hohhot.* – Le plateau mongol (1000 m) est bordé au N. par le désert de Gobi et au S. par le plateau de l'Ordos. Le climat est rigoureux; la végétation, steppique. Princ. ressources : élevage; houille, fer. Les colons chinois sont auj. plus nombreux que la population mongole.

mongolien, enne [mɔ̃gɔljɛ̃, ɛn] n. (et adj.) Sujet atteint de mongolisme. Syn. (off. recommandé) trisomique.

mongolisme [mɔ̃gɔlism] n. m. MED Nom auj. abandonné de la trisomie* 21.

Mongols, nom générique donné à des ethnies originaires de l'Asie centrale. Peuples de la steppe, les nomades turcs et mongols parlent des langues de la famille altaïque. – Un peuple proto-turc, les *Xiongnu* (ou *Hiong-nou,* «les Puants»), dès le IXᵉ s. av. J.-C., harcèle les Chinois, qui bâtissent la Grande Muraille à partir du IIIᵉ s. av. J.-C., mais les *Turcs Tuoba (Tabghatch)* conquièrent la Chine du Nord, où ils fondent la dynastie des Wei. Immédiatement, ils doivent faire face aux *Ruanruan* (Avares), défaits (552) par les *Turcs Tujue* qui dominent l'Asie centrale, puis s'effondrent. Ils réapparaîtront, sous les noms de Turkmènes (Turkestan russe) et surtout de Turcs, en Turquie, où ils fondent l'empire des Seldjoukides. En Asie centrale, ils laissent la place aux *Ouïgours,* qui s'effacent devant les *Turcs Kirghiz,* lesquels sont chassés à leur tour par les *Mongols Kitans* ou *Kitais* qu'expulsent les Tartares et les Djurchets. Le Mongol Gengis, proclamé khān universel en 1206, se lance à la conquête du monde. À sa mort (1227), l'Asie continentale n'est plus que ruines jusqu'à l'Ukraine; mais les Mongols ont adopté l'écriture; le bouddhisme se répand parmi eux. L'empire de Gengis est divisé en quatre entre son petit-fils Bātū et ses fils Djaghataï, Ogoday (khān universel) et Toluy, qui, en 1235, décident une nouvelle offensive générale : la Corée est conquise, la Chine est attaquée (elle résistera quarante-trois ans), les Turcs seldjoukides d'Asie Mineure reconnaissent la suzeraineté mongole. Le principal assaut est donné vers l'O.; Bātū ravage la Russie du Nord, l'Ukraine, la Hongrie, et son avant-garde s'approche de Vienne. En 1259, Hūlāgū, le fils de Toluy, conquiert le califat de Bagdad et la Syrie, mais, vaincu par les mamelouks d'Égypte, il évacue la Syrie, conservant l'Irak et la Perse. En 1279, la Chine entière est annexée par le grand khān Koubilaï, descendant d'Ogoday. Depuis la mort de Mangū, le fils aîné de Toluy (1259), l'empire avait perdu son unité. Marqués par la culture de leurs sujets, les successeurs de Koubilaï se convertirent au bouddhisme; ailleurs, les Mongols adoptèrent l'islam des peuples turcs. Au XIIIe s., l'Occident chrétien entre en contact avec les mondes turc et mongol par les voyageurs (Marco Polo) et les missionnaires franciscains (Jean du Plan Carpin). À la fin du XIVe s., Tamerlan se réclame de la descendance de Gengis, mais l'empire qu'il fonde est turc (1370-1405). Bāber fondera en Inde l'Empire moghol. Au XVIIe s., la soumission des Mongols orientaux aux Qing permet aux Mongols occid., les Kalmouks, de reformer l'Empire oïrat (Mongolie, Turkestan, Tibet), qui menace la Chine. L'histoire des Mongols devient alors celle de la Russie et de la Chine.

moniale [mɔnjal] n. f. Religieuse cloîtrée.

monilia [monilja] n. f. BIOL Champignon deutéromycète, moisissure qui se développe sur les fruits et provoque leur pourriture par cercles concentriques. *La monilia est pathogène pour l'homme et les animaux.*

monisme [mɔnism] n. m. PHILO Doctrine considérant le monde comme formé d'un seul principe, tel que la matière *(monisme matérialiste)* ou l'esprit *(monisme spiritualiste* ou *idéaliste).*

moniteur, trice [mɔnitœʀ, tʀis] n. **1.** Personne chargée d'enseigner certains sports, certaines techniques. *Moniteur de voile. Moniteur d'auto-école.* ▷ Personne qui dirige les activités d'un groupe d'enfants. *Les moniteurs d'une colonie de vacances.* ▷ (Afr. subsah.) Fonctionnaire subalterne. – *Spécial.* Enseignant de grade inférieur à celui d'instituteur. **2.** n. m. INFORM Programme particulier assurant la gestion de l'ensemble des travaux à réaliser par un ordinateur. – Syn de *écran.* ▷ MED Appareil électronique qui réalise automatiquement certaines opérations de surveillance, des analyses biologiques et la correction de certains déséquilibres biologiques.

monitorage [mɔnitɔʀaʒ] n. m. TECH, MED Système de surveillance électronique.

monitorat [mɔnitɔʀa] n. m. Formation, fonction de moniteur.

Monk (Thelonious Sphere) (1917 – 1982), musicien de jazz américain; pianiste, compositeur.

monkey pox [mɔnkepɔks] n. m. VET, MED Maladie virale du singe analogue à la variole, transmissible à l'homme.

môn-khmer, ère [mɔ̃nkmɛʀ] n. m. et adj. **1.** n. m. LING Groupe de langues de la famille dite autroasiatique par certains linguistes, parlées depuis la péninsule indochinoise jusqu'à la Birmanie et l'Assam, comprenant notam. le môn et le khmer. (V. Asie, encycl. langues.) **2.** adj. Relatif au môn-khmer. *Des langues môn-khmères.*

Monluc ou **Montluc** (Blaise de Lasseran de Massencome, seigneur de) (1502 – 1577), maréchal de France et chroniqueur. Il se distingua à Pavie (1525) et défendit Sienne (1554-1555). En France (1564), il persécuta les protestants de Guyenne. Ses *Commentaires* (posth., 1592) relatent ses campagnes.

Monmouth. V. Geoffroi de Monmouth.

monnaie [mɔnɛ] n. f. **1.** Ensemble des valeurs, matérialisées par des pièces de métal ou des billets de papier ayant cours légal, qui servent de moyen d'échange. *Monnaie d'or, de cuivre, de bronze, d'aluminium. Monnaie métallique. Monnaie de papier* ou *monnaie fiduciaire.* – *Monnaie de compte,* qui n'est pas représentée matériellement par des pièces ou des billets. – Monnaie utilisée dans un État donné. *La gourde est la monnaie d'Haïti.* Syn. unité monétaire. (V. tabl. **monnaies.**) – *Fausse monnaie,* fabriquée frauduleusement en dehors des émissions légales. – *Battre monnaie :* faire fabriquer de la monnaie. ▷ Loc. fig. *C'est monnaie courante*.* – *Servir de monnaie d'échange :* tenir lieu de moyen d'échange dans une tractation. **2.** Pièces ou billets de faible valeur. *Je n'ai pas de monnaie sur moi, je n'ai qu'un gros billet.* – (oc. Indien) *Monnaie pistaches :* monnaie de faible valeur. *Ma bourse est pleine de monnaie pistaches.* **3.** Ensemble de pièces ou de billets dont la valeur totale équivaut à celle d'une pièce ou d'un billet unique. *Auriez-vous la monnaie de mille francs?* **4.** Ensemble de pièces ou de billets représentant la différence de valeur entre un prix à payer et le signe monétaire donné en paiement. *Rendre la monnaie.* – Loc. fig. *Rendre à qqn la monnaie de sa pièce,* user de représailles contre lui, se venger.

Monnaie (théâtre royal de la), grand théâtre de Bruxelles, au style néo-classique, construit en 1856 sur la place de la Monnaie.

monnayable [mɔnɛjabl] adj. Qui peut être monnayé, vendu.

monnayer [mɔnɛje] v. tr. **[21] 1.** Transformer (un métal) en monnaie. *Monnayer de l'or.* **2.** Donner l'empreinte à (la monnaie). *Cette presse monnaie mille pièces par heure.* **3.** Vendre, transformer en argent liquide. *Monnayer des actions.* **4.** Fig. Tirer argent de (qqch). *Monnayer ses louanges.* **5.** (Afr. subsah.) Faire la monnaie de; rendre la monnaie sur. *Pouvez-vous me monnayer cinq mille francs?*

Monnet (Jean) (1888 – 1979), économiste et homme politique français. Président (1952-1955) de la C.E.C.A., il œuvra à l'unité européenne.

Monnier (Henri) (1799 – 1877), écrivain, caricaturiste et comédien français; créateur de *Joseph Prudhomme* (1853), bourgeois vaniteux.

Monnier (Jean-Pierre) (né en 1921), écrivain suisse d'expression française. *Clarté de la nuit* (1956) et *l'Arbre un jour* (1971) décrivent le monde jurassien.

mono-. V. mon(o)-.

mono [mono] adj. inv. Abrév. fam. de *monophonique* (par oppos. à *stéréo*). *Disque mono.*

Mono (le), fl. né au Bénin, qui traverse le Togo et se jette dans la lagune de Grand-Popo; 500 km.

monoacide [monoasid] adj. CHIM Qui possède une seule fonction acide.

monoamine-oxydase [monoaminɔksidaz] n. f. BIOCHIM Enzyme dégradant les catécholamines, qui joue un rôle très important dans la transmission nerveuse. *Des monoamines-oxydases.* (Abrév. : M.A.O.) *Inhibiteurs de la monoamine-oxydase* ou *I.M.A.O.*

monoatomique [monoatɔmik] adj. CHIM Dont la molécule ne comprend qu'un atome.

monoblaste [monoblast] n. m. BIOL Cellule souche des monocytes.

monobloc [monoblɔk] adj. inv. et n. m. TECH Constitué d'un seul bloc.

monocamérisme [monokameʀism] ou **monocaméralisme** [monokameʀalism] n. m. DR En droit constitutionnel, système politique dans lequel il n'existe qu'une seule assemblée de représentants élus.

monochromatique [monokʀɔmatik] adj. PHYS *Radiation monochromatique,* qui correspond à une longueur d'onde unique et bien déterminée.

monochrome [monokʀom] adj. D'une seule couleur. Syn. unicolore. Ant. polychrome, multichrome.

monocle [mɔnɔkl] n. m. Verre correcteur unique que l'on fait tenir entre l'aile du nez et l'arcade sourcilière.

monoclinal, ale, aux [monoklinal, o] adj. GEOL Se dit d'une structure géologique où toutes les couches ont la même inclinaison.

monoclonal, ale, aux [mɔnɔklonal, o] adj. BIOL Qui dérive par clonage* d'une cellule unique.

monocoque [mɔnɔkɔk] adj. et n. m. MAR *Bateau monocoque* ou, n. m., *un monocoque,* qui n'a qu'une coque (par oppos. à *multicoque*).

monocorde [monokɔʀd] adj. **1.** MUS Qui n'a qu'une seule corde. *Violon monocorde.* **2.** Fig. Dont les inflexions sont peu variées; monotone. *Une voix monocorde.*

monocotylédone [monokɔtiledɔn] adj. et n. f. BOT **1.** adj. Se dit d'une plante dont l'embryon ne possède qu'un cotylédon. **2.** n. f. pl. Groupe de plantes angiospermes caractérisées par un embryon à un seul cotylédon, des feuilles démunies de pétioles à nervures parallèles, à gaine développée. *Les céréales, les lis, les palmiers sont des monocotylédones.* – Sing. *Une monocotylédone.*

monoculaire [mɔnɔkylɛʀ] adj. **1.** MED Qui se rapporte à un seul œil. *Vision monoculaire.* **2.** OPT À un seul oculaire. *Lunette monoculaire.*

monoculture [monokyltyʀ] n. f. Culture d'une seule plante sur un même sol. Ant. polyculture.

monocyte [mɔnosit] n. m. BIOL Élément figuré du sang, cellule de la lignée blanche (V. leucocyte), précurseur des macrophages.

Monod (Jacques) (1910 – 1976), médecin et biologiste français. Ses travaux sur l'A.R.N. messager lui ont valu le P. Nobel de médecine 1965 (avec F. Jacob et A. Lwoff).

monogame [mɔnɔgam] adj. et n. **1.** Qui a une seule femme, un seul mari (par oppos. à *bigame, polygame*). ▷ Subst. *Un(e) monogame.* **2.** ZOOL Dans les espèces animales, se dit d'un mâle vivant avec une seule femelle à la fois. **3.** BOT Se dit d'une plante dont chaque pied ne porte que des fleurs d'un seul sexe.

PAYS	MONNAIE	ISO	SUBDIVISION
Afghânistân	*afghani*	*AFA*	*100 puli*
Afrique du Sud	*rand*	*ZAR*	*100 cents*
Albanie	*lek*	*ALL*	*100 qindars*
Algérie	*dinar algérien*	*DZD*	*100 centimes*
Allemagne	*deutsche Mark*	*DEM*	*100 pfennig*
Andorre	*franc*	*FRF*	*100 centimes*
	peseta	*ESP*	*100 centimos*
Angola	*kwanza*	*AOR*	*100 lwei*
Anguilla (île)	*dollar des Caraïbes de l'E.*	*XCD*	*100 cents*
Antigua-et-Barbuda	*dollar des Caraïbes de l'E.*	*XCD*	*100 cents*
Antilles néerlandaises	*florin des Ant. néerland.*	*ANG*	*100 cents*
Arabie Saoudite	*riyal saoudien*	*SAR*	*100 halalas*
Argentine	*peso argentin*	*ARS*	*100 centavos*
Arménie	*dram*	*AMD*	*100 lumas*
Aruba (île)	*florin d'Aruba*	*AWG*	*100 cents*
Australie	*dollar australien*	*AUD*	*100 cents*
Autriche	*schilling*	*ATS*	*100 groschen*
Azerbaïdjan	*manat*	*AZM*	*100 giapik*
Bahamas	*dollar des Bahamas*	*BSD*	*100 cents*
Bahreïn	*dinar de Bahreïn*	*BHD*	*1 000 fils*
Bangladesh	*taka*	*BDT*	*100 paisa*
Barbade (la)	*dollar de la Barbade*	*BBD*	*100 cents*
Belgique	*franc belge*	*BEF*	*100 centimes*
Belize	*dollar de Belize*	*BZD*	*100 cents*
Bénin	*franc C.F.A.*	*XOF*	
Bermudes	*dollar des Bermudes*	*BMD*	*100 cents*
Bhoutan	*ngultrum*	*BTN*	*100 chetrums*
Biélorussie	*rouble biélorusse*	*BYR*	
Birmanie	*kyat*	*MMK*	*100 pyas*
Bolivie	*boliviano*	*BOB*	*100 centavos*
Bosnie-Herzégovine	*dinar bosniaque*	*BAD*	
Botswana	*pula*	*BWP*	*100 thebe*
Brésil	*real brésilien*	*BRL*	*100 centavos*
Brunei	*dollar de Brunei*	*BND*	*100 cents*
Bulgarie	*lev*	*BGL*	*100 stotinki*
Burkina Faso	*franc C.F.A.*	*XOF*	
Burundi	*franc du Burundi*	*BIF*	*100 centimes*
Caïmans (îles)	*dollar des Caïmans*	*KYD*	*100 cents*
Cambodge	*riel*	*KHR*	*100 sen*
Cameroun	*franc C.F.A.*	*XAF*	
Canada	*dollar canadien*	*CAD*	*100 cents*
Cap-Vert (îles du)	*escudo du Cap-Vert*	*CVE*	*100 centavos*
centrafricaine (Rép.)	*franc C.F.A.*	*XAF*	
Chili	*peso chilien*	*CLP*	*100 centavos*
Chine	*yuan (rinminbi)*	*CNY*	*10 jiao, 100 fen*
Chypre	*livre chypriote*	*CYP*	*100 cents*
	livre turque	*TRL*	*100 kurus*
Colombie	*peso colombien*	*COP*	*100 centavos*
Comores	*franc des Comores*	*KMF*	*100 centimes*
Congo (Rép. du)	*franc C.F.A.*	*XAF*	
Congo (Rép. dém. du)	*zaïre (1)*	*ZRN*	*100 makuta*
Corée du Nord	*won*	*KPW*	*100 cheun*
Corée du Sud	*won*	*KRW*	*100 chon*
Costa Rica	*colon*	*CRC*	*100 centimos*
Côte d'Ivoire	*franc C.F.A.*	*XOF*	
Croatie	*kuna*	*HRK*	*100 lipas*
Cuba	*peso cubain*	*CUP*	*100 centavos*
Danemark	*couronne danoise*	*DKK*	*100 øre*
Djibouti	*franc de Djibouti*	*DJF*	*100 centimes*
dominicaine (Rép.)	*peso dominicain*	*DOP*	*100 centavos*
Dominique	*dollar des Caraïbes de l'E.*	*XCD*	*100 cents*
Égypte	*livre égyptienne*	*EGP*	*100 piastres*
Émirats arabes unis	*dirham des E.A.U.*	*AED*	*100 fils*
Équateur	*sucre*	*ECS*	*100 centavos*
Érythrée	*birr érythréen*	*ERB*	*100 cents*
Espagne	*peseta*	*ESP*	*100 centimos*
Estonie	*couronne estonienne*	*EEK*	*100 senti*
États-Unis	*dollar des États-Unis*	*USD*	*100 cents*
Éthiopie	*birr éthiopien*	*ETB*	*100 cents*
Falkland (îles)	*livre des Falkland*	*FKP*	*100 pence*
Fidji (îles)	*dollar des Fidji*	*FJD*	*100 cents*
Finlande	*markka*	*FIM*	*100 pennia*
France	*franc français*	*FRF*	*100 centimes*
Gabon	*franc C.F.A.*	*XAF*	
Gambie	*dalasi*	*GMD*	*100 bututs*
Géorgie	*lari géorgien*	*GEL*	*100 tetri*
Ghana	*cedi*	*GHC*	*100 pesewas*
Gibraltar	*livre de Gibraltar*	*GIP*	*100 pence*
Grèce	*drachme*	*GRD*	*100 lepta*
Grenade	*dollar des Caraïbes de l'E.*	*XCD*	*100 cents*
Groenland	*couronne danoise*	*DKK*	*100 øre*
Guam (île de)	*dollar des États-Unis*	*USD*	*100 cents*
Guatemala	*quetzal*	*GTQ*	*100 centavos*
Guinée	*franc guinéen*	*GNF*	*100 centimes*
Guinée-Bissau	*franc C.F.A.*	*XOF*	
Guinée équatoriale	*franc C.F.A.*	*XAF*	
Guyana	*dollar de Guyana*	*GYD*	*100 cents*
Haïti	*gourde*	*HTG*	*100 centimes*
Honduras	*lempira*	*HNL*	*100 centavos*
Hong Kong	*dollar de Hong Kong*	*HKD*	*100 cents*
Hongrie	*forint*	*HUF*	*100 filler*
Inde	*roupie indienne*	*INR*	*100 paise*
Indonésie	*rupiah*	*IDR*	*100 sen*
Irak	*dinar irakien*	*IQD*	*5 rials, 1 000 fils*
Iran	*rial*	*IRR*	*100 dinars*
Irlande	*livre irlandaise*	*IEP*	*100 pence*
Islande	*couronne islandaise*	*ISK*	*100 aurar*
Israël	*shekel*	*ILS*	*100 agorot*
Italie	*lire italienne*	*ITL*	*100 centesimi*
Jamaïque	*dollar jamaïcain*	*JMD*	*100 cents*
Japon	*yen*	*JPY*	*100 sen*
Jordanie	*dinar jordanien*	*JOD*	*1 000 fils*
Kazakhstan	*tengué*	*KZT*	*100 tyne*
Kenya	*shilling du Kenya*	*KES*	*100 cents*
Kirghizstan	*som*	*KGS*	*100 tyiyin*
Kiribati	*dollar australien*	*AUD*	*100 cents*
Koweït	*dinar koweïtien*	*KWD*	*1 000 fils*
Laos	*kip*	*LAK*	*100 at*
Lesotho	*loti*	*LSL*	*100 lisente*
Lettonie	*lats*	*LVL*	*100 santimu*
Liban	*livre libanaise*	*LBP*	*100 piastres*
Liberia	*dollar libérien*	*LRD*	*100 cents*
Libye	*dinar libyen*	*LYD*	*1 000 dirhams*
Liechtenstein	*franc suisse*	*CHF*	*100 centimes*
Lituanie	*litas*	*LTL*	*100 centas*
Luxembourg	*franc luxembourgeois*	*LUF*	*100 centimes*
Macao	*pataca*	*MOP*	*100 avos*
Macédoine	*denar*	*MKD*	*100 deni*
Madagascar	*franc malgache*	*MGF*	*100 centimes*
Malaisie	*ringgit*	*MYR*	*100 sen*
Malawi	*kwacha du Malwi*	*MWK*	*100 tambala*
Maldives (îles)	*rufiyaa*	*MVR*	*100 leris*
Mali	*franc C.F.A.*	*XOF*	
Malte	*livre maltaise*	*MTL*	*100 cents*
Maroc	*dirham marocain*	*MAD*	*100 centimes*
Maurice (île)	*roupie mauricienne*	*MUR*	*100 cents*
Mauritanie	*ouguiya*	*MRO*	*5 khoums*
Mexique	*peso mexicain*	*MXN*	*100 centavos*
Micronésie	*dollar des États-Unis*	*USD*	*100 cents*
Moldavie	*leu*	*MDL*	*100 bani*
Monaco	*franc français*	*FRF*	*100 centimes*
Mongolie	*tugrik*	*MNT*	*100 mongo*
Mozambique	*metical*	*MZM*	*100 centavos*
Namibie	*dollar namibien*	*NAD*	*100 cents*
Nauru	*dollar australien*	*AUD*	*100 cents*
Népal	*roupie népalaise*	*NPR*	*100 pice*
Nicaragua	*cordoba*	*NIO*	*100 centavos*
Niger	*franc C.F.A.*	*XOF*	
Nigeria	*naira*	*NGN*	*100 kobo*
Norvège	*couronne norvégienne*	*NOK*	*100 øre*
Nouv.-Calédonie	*franc C.F.P.*	*XPF*	
Nouv.-Zélande	*dollar néo-zélandais*	*NZD*	*100 cents*
Oman	*rial d'Oman*	*OMR*	*1 000 baizas*
Ouganda	*shilling ougandais*	*UGX*	*100 cents*
Ouzbékistan	*soum*	*UZS*	
Pâkistân	*roupie pakistanaise*	*PKR*	*100 paisa*
Palau	*dollar des États-Unis*	*USD*	*100 cents*
Palestine	*shekel israélien*	*ILS*	*100 agorot*
	dinar jordanien	*JOD*	*1 000 fils*
Panama	*balboa*	*PAB*	*100 centesimos*
Papouasie-Nouv.-Guinée	*kina*	*PGK*	*100 tosa*
Paraguay	*guarani*	*PYG*	*100 centesimos*
Pays-bas	*gulden*	*NLG*	*100 cents*
Pérou	*sol*	*PEN*	*100 centimos*
Philippines	*peso philippin*	*PHP*	*100 centavos*
Pologne	*zloty*	*PLN*	*100 groszy*
Polynésie franç.	*franc C.F.P.*	*XPF*	
Porto Rico	*dollar des États-Unis*	*USD*	*100 cents*
Portugal	*escudo*	*PTE*	*100 centavos*
Qatar	*riyal du Qatar*	*QAR*	*100 dirhams*
Roumanie	*leu*	*ROL*	*100 bani*
Royaume-Uni	*livre sterling*	*GBP*	*100 pence*
Russie	*rouble*	*RUR*	
Rwanda	*franc rwandais*	*RWF*	*100 centimes*
Sainte-Hélène	*livre de Sainte-Hélène*	*SHP*	*100 pence*
Sainte-Lucie	*dollar des Caraïbes de l'E.*	*XCD*	*100 cents*
Saint-Marin	*lire italienne*	*ITL*	*100 centesimi*
Saint-Vincent	*dollar des Caraïbes de l'E.*	*XCD*	*100 cents*
Salomon (îles)	*dollar des Salomon*	*SBD*	*100 cents*
Salvador	*colon du Salvador*	*SVC*	*100 centavos*
Samoa amér. (îles)	*dollar des États-Unis*	*USD*	*100 cents*
Samoa occid. (îles)	*tala*	*WST*	*100 sene*
São Tomé et Príncipe	*dobra*	*STD*	*100 centavos*
Sénégal	*franc C.F.A.*	*XOF*	
Seychelles	*roupie des Seychelles*	*SCR*	*100 cents*
Sierra Leone	*leone*	*SLL*	*100 cents*
Singapour	*dollar de Singapour*	*SGD*	*100 cents*
Slovaquie	*couronne slovaque*	*SKK*	*100 haleru*
Slovénie	*tolar*	*SIT*	*100 stotin*
Somalie	*shilling de Somalie*	*SOS*	*100 centesimi*
Soudan	*dinar soudanais*	*SDD*	*100 piastres*
Sri Lanka	*roupie sri lankaise*	*LKR*	*100 cents*
Suède	*couronne suédoise*	*SEK*	*100 øre*
Suisse	*franc suisse*	*CHF*	*100 centimes*
Surinam	*florin du Surinam*	*SRG*	*100 cents*
Swaziland	*lilangeni*	*SZL*	*100 cents*
Syrie	*livre syrienne*	*SYP*	*100 piastres*
Tadjikistan	*rouble tadjik*	*TJR*	
Taiwan	*dollar de Taiwan*	*TWD*	*100 cents*
Tanzanie	*shilling tanzanien*	*TZS*	*100 cents*
Tchad	*franc C.F.A.*	*XAF*	*100 centimes*
tchèque (Rép.)	*koruna*	*CZK*	*100 haleru*
Thaïlande	*baht*	*THB*	*100 satang*
Togo	*franc C.F.A.*	*XOF*	
Tonga	*paanga*	*TOP*	*100 seniti*
Trinité-et-Tobago	*dollar de Trinité-et-Tobago*	*TTD*	*100 cents*
Tunisie	*dinar tunisien*	*TND*	*1 000 millimes*
Turkménistan	*manat*	*TMM*	*100 tengés*
Turquie	*livre turque*	*TRL*	*100 kurus*
Tuvalu	*dollar de Tuvalu*	*TVD*	*100 cents*
Ukraine	*hryvnia (grivna)*	*UAH*	*100 kopecks*
Uruguay	*peso uruguayen*	*UYU*	*100 centesimos*
Vanuatu	*vatu*	*VUV*	
Vatican	*lire italienne*	*ITL*	*100 centesimi*
Venezuela	*bolivar*	*VEB*	*100 centimos*
Vierges amér. (îles)	*dollar des États-Unis*	*USD*	*100 cents*
Vierges britan. (îles)	*dollar des États-Unis*	*USD*	*100 cents*
Viêt-nam	*dông*	*VND*	*10 hao, 100 xu*
Wallis-et-Futuna	*franc C.F.P.*	*XPF*	
Yémen	*rial yéménite*	*YER*	*40 bugshas*
Yougoslavie	*dinar yougoslave*	*YUM*	*100 paras*
Zambie	*kwacha zambien*	*ZMK*	*100 ngwee*
Zimbabwe	*dollar du Zimbabwe*	*ZWD*	*100 cents*

(1) Une nouvelle monnaie est en cours de création.

monogamie [mɔnɔgami] n. f. Fait d'être monogame. ▷ Régime juridique dans lequel une personne ne peut avoir légalement qu'un seul conjoint.

monogamique [mɔnɔgamik] adj. Qui a rapport à la monogamie; où la monogamie est en usage. *Société monogamique.*

monogramme [mɔnɔgʀam] n. m. Chiffre formé des principales lettres entrelacées d'un nom.

monographie [mɔnɔgʀafi] n. f. Ouvrage traitant d'un sujet précis de manière exhaustive.

monographique [mɔnɔgʀafik] adj. De la nature de la monographie.

monoï ou **monoi** [mɔnɔj] n. m. Huile parfumée tirée de la fleur du frangipanier ou du coprah. *Le monoï de Tahiti peut entrer dans la composition de cosmétiques dont on s'enduit le corps, la coiffure.*

monoïque [mɔnɔik] adj. BOT Se dit d'une plante qui porte sur le même pied des fleurs mâles et des fleurs femelles.

monolingue [mɔnolɛ̃g] adj. et n. Didac. Qui ne parle qu'une seule langue. – Qui ne compte qu'une langue. *Un dictionnaire monolingue.* Syn. unilingue.

monolinguisme [mɔnɔlɛ̃gɥism] n. m. Didac. Utilisation d'une seule langue.

monolithe [mɔnɔlit] adj. et n. m. **1.** adj. Qui est formé d'une seule pierre. *Colonne monolithe.* **2.** n. m. Monument fait d'une seule pierre.

monolithique [mɔnɔlitik] adj. Fait d'un seul bloc de pierre. ▷ Fig. *Parti, système politique monolithique.*

monolithisme [mɔnɔlitism] n. m. Caractère de ce qui est monolithique.

monologue [mɔnɔlɔg] n. m. **1.** Scène d'une pièce de théâtre où un personnage est seul et se parle à lui-même. *Le monologue d'Hamlet.* – Petite composition scénique récitée par une seule personne. **2.** Discours d'une personne qui ne laisse pas parler les autres. **3.** *Monologue intérieur :* discours qu'une personne se tient à elle-même. ▷ LITTER Procédé consistant à reproduire à la première personne le mouvement de la pensée des personnages.

monologuer [mɔnɔlɔge] v. intr. [1] Parler en monologue, parler seul.

monomane [mɔnɔman] ou **monomaniaque** [mɔnɔmanjak] adj. et n. PSYCHOPATHOL Relatif à la monomanie; atteint de monomanie. ▷ Subst. *Un(e) monomane* ou *monomaniaque.*

monomanie [mɔnɔmani] n. f. PSYCHOPATHOL Altération partielle de la raison, caractérisée par la divagation sur un seul sujet.

monôme [mɔnom] n. m. **1.** MATH Expression algébrique ne renfermant aucun signe d'addition ou de soustraction. *5 a^2b est un monôme égal à $5{\times}a{\times}a{\times}b$.* **2.** Fig. Cortège joyeux d'étudiants.

monomère [mɔnɔmɛʀ] adj. et n. m. CHIM Constitué de molécules simples susceptibles de former un ou des polymères. ▷ n. m. *L'acétylène C_2H_2 est un monomère du benzène C_6H_6.*

monométallisme [mɔnometal(l)ism] n. m. FIN Système dans lequel un seul métal constitue l'étalon de monnaie légale (par oppos. à *bimétallisme*).

Monomotapa (royaume du), royaume fondé par des Shona au IXe s. dans la région du Zambèze (dans le nord du Zimbabwe actuel). L'une de ses villes princ. était le Grand Zimbabwe* (d'où son autre nom de royaume du Zimbabwe). Il se développa à partir du XIIe s. grâce au commerce des métaux et de l'ivoire. Au XVe s., il occupait un vaste territoire, où il dominait des chefferies locales. Celles-ci se libérèrent au XVIe s. Au XVIIe s., son roi dut céder aux Portugais ses mines d'or, d'étain, de cuivre, de fer et de plomb. Le nom *Monomotapa* est la déformation, par les Européens, de l'expression *mwene Mutapa* : «roi du Mutapa».

monomoteur [mɔnomɔtœʀ] n. m. Avion qui n'a qu'un seul moteur.

mononucléaire [mononykleeʀ] adj. (et n. m.) BIOL Se dit des globules blancs ne possédant qu'un seul noyau (lymphocytes et monocytes).

mononucléose [mononykleoz] n. f. MED Augmentation du nombre des mononucléaires dans le sang.

monoparental, ale, aux [mɔnopaʀɑ̃tal, o] adj. Se dit d'une famille comportant un seul parent.

monopartisme [mɔnɔpaʀtism] n. m. Didac. Régime à parti unique.

monophasé, ée [mɔnofaze] adj. ELECTR Qui ne présente qu'une seule phase. *Courant monophasé.* ▷ *Réseau monophasé,* à deux conducteurs.

monophonie [mɔnofɔni] n. f. Procédé de reproduction des sons utilisant un seul canal (par oppos. à *stéréophonie*).

monophysisme [mɔnofizism] n. m. THEOL Doctrine qui ne reconnaît en Jésus-Christ que la nature divine, condamnée au concile de Chalcédoine en 451 (représentée auj. notam. par l'Église copte en Égypte et en Éthiopie).

monophysite [mɔnofizit] adj. et n. THEOL Relatif au monophysisme. ▷ Subst. Partisan du monophysisme.

monoplace [mɔnoplas] adj. et n. Qui ne comporte qu'une seule place (automobile, avion).

monoplan [mɔnoplɑ̃] n. m. Avion qui n'a qu'un plan de sustentation.

monoplégie [mɔnopleʒi] n. f. MED Paralysie localisée à un seul membre ou à un seul groupe musculaire.

monopole [mɔnɔpɔl] n. m. **1.** Privilège exclusif de fabriquer, de vendre, de faire qqch, que possède un individu, un groupe d'individus ou l'État. ▷ Par ext. *Monopole de fait :* accaparement du marché par une seule entreprise productrice ou distributrice. **2.** Fig. Droit, privilège exclusif que l'on s'attribue. *Il croit avoir le monopole de l'esprit.*

monopoleur, euse [mɔnɔpɔlœʀ, øz] n. ECON Personne qui bénéficie d'un monopole. Syn. monopoliste.

monopolisateur, trice [mɔnɔpɔlizatœʀ, tʀis] n. et adj. Personne qui monopolise (qqch). ▷ adj. *Des trusts monopolisateurs.*

monopolisation [mɔnɔpɔlizasjɔ̃] n. f. Action de monopoliser.

monopoliser [mɔnɔpɔlize] v. tr. [1] **1.** Exercer le monopole de. **2.** Fig. Accaparer. *Il monopolise tous les cendriers.*

monopoliste [mɔnɔpɔlist] adj. et n. Syn. de *monopoleur.*

monopolistique [mɔnɔpɔlistik] adj. ECON Caractérisé par l'existence de monopoles. *Économie monopolistique.*

monorail [mɔnɔʀaj] n. m. et adj. inv. Chemin de fer à rail unique. ▷ adj. inv. *Trains monorail.*

monorime [mɔnɔʀim] adj. et n. m. VERSIF Se dit d'un poème dont tous les vers ont la même rime.

monosaccharide [mɔnosakaʀid] n. m. CHIM Syn. de *ose.*

monosémique [mɔnosemik] adj. LING Se dit d'un mot qui n'a qu'un sens.

monosperme [mɔnospɛʀm] adj. BOT Qui contient une seule graine.

monosyllabe [mɔnosil(l)ab] adj. et n. m. GRAM Qui n'a qu'une syllabe. ▷ n. m. *Parler, répondre par monosyllabes,* sans former de phrases.

monosyllabique [mɔnosil(l)abik] adj. **1.** Monosyllabe. **2.** Qui ne comporte que des monosyllabes. *Langues monosyllabiques* (chinois, par ex.).

monothéisme [mɔnoteism] n. m. Foi en un Dieu unique. Ant. polythéisme.

monothéiste [mɔnoteist] adj. et n. Qui croit en un Dieu unique.

monotherme [mɔnotɛʀm] adj. PHYS *Cycle monotherme,* au cours duquel un système n'échange de chaleur qu'avec une source unique à une température donnée.

monotone [mɔnɔtɔn] adj. **1.** Qui est toujours ou presque toujours sur le même ton. *Chant monotone.* Syn. monocorde. **2.** Fig. Qui manque de variété; qui ennuie par une uniformité fastidieuse. *Style monotone.*

monotonie [mɔnɔtɔni] n. f. Caractère de ce qui est monotone; uniformité ennuyeuse. *Monotonie du débit.* – Fig. *Rien ne venait rompre la monotonie de ce paysage.* Ant. variété, diversité.

monotrèmes [mɔnɔtʀɛm] n. m. pl. ZOOL Ordre de mammifères regroupant les rares protothériens actuels, ovipares, munis d'un bec corné et couverts de poils ou de piquants (notam. l'ornithorynque). – Sing. *Un monotrème.*

monotype [mɔnɔtip] adj. Dont le type est uniforme. ▷ BOT Qualifie un genre qui ne possède qu'une espèce.

monovalent, ente [monovalɑ̃, ɑ̃t] adj. CHIM Qui possède la valence 1. Syn. univalent.

monoxyde [mɔnɔksid] n. m. CHIM Oxyde contenant un seul atome d'oxygène.

monoxyle [mɔnɔksil] adj. TECH Fait d'une seule pièce de bois. *Pirogue, tambour monoxyle.*

monozygote [mɔnozigɔt] adj. BIOL Se dit de jumeaux issus d'un même œuf. Syn. univitellin. Ant. dizygote, bivitellin.

mon père [mɔ̃pɛʀ] n. m. (Réunion) Prêtre catholique. (V. mompère.)

Monroe (James) (1758 – 1831), homme politique américain, républicain; président des É.-U. (1817-1825). Son message au Congrès en 1823 exigea *(doctrine de Monroe)* la non-intervention de l'Europe dans les affaires de l'Amérique.

Monroe (Norma Jean Mortenson, dite Marilyn) (1926 – 1962), actrice américaine de cinéma; «sex-symbol» mondial : *Les hommes préfèrent les blondes* (1953), *Certains l'aiment chaud* (1959), *The Misfits* (1961). Elle se suicida.

Monrovia, cap. et port du Liberia, sur l'Atlantique, à l'embouchure de la rivière Saint-Paul; 800 000 hab. Princ.

port (exportation de minerai de fer) et princ. centre économique du pays : raffinerie de pétrole; industr. text., agro-alimentaire; cimenterie. – Université. – Fondée en 1822 pour accueillir des esclaves noirs libérés aux É.-U., la ville doit son nom au président J. Monroe.

Mons (en néerl. *Bergen*), com. de Belgique, ch.-l. du Hainaut, à l'E. du Borinage; 94420 hab. Centre industr. Université. – Collégiale Ste-Waudru (XVe-XVIe s.). Hôtel de ville gothique. Beffroi baroque.

monseigneur [mɔ̃se(ɛ)ɲœʀ] n. m. Titre honorifique donné aux archevêques, aux évêques et aux princes d'une famille souveraine. (Abrév. : Mgr). ▷ Plur. *Messeigneurs; nosseigneurs* (abrév. : NN. SS.).

Monsengwo (Laurent) (né en 1939), prélat et théologien de la rép. dém. du Congo. Archevêque de Kisangani (1988), il présida la Conférence nationale (1991) qui tenta de démocratiser le Zaïre.

monsieur [məsjø], plur. **messieurs** [mesjø] n. m. **1.** Titre donné par civilité à tous les hommes. *Je vous prie d'agréer, Monsieur... Monsieur et madame Untel. Messieurs les jurés.* (Abrév. devant un nom : M., plur., MM.) **2.** Titre donné par déférence à un homme à qui l'on parle à la troisième personne. *Comme Monsieur voudra.* **3.** Homme de condition sociale élevée ou qui fait l'important. *Des allures de monsieur.* – Fam. *Un vilain* (ou, par antiphrase, *un joli*) *monsieur :* un homme peu recommandable.

monstre [mɔ̃stʀ] n. m. et adj. **I.** n. m. **1.** Être fantastique des légendes et des traditions populaires. *Persée combattit le monstre.* – Fig. *Monstre sacré :* acteur très célèbre. **2.** Animal de taille exceptionnelle. *Monstres marins.* **3.** Être très difforme. *Monstre à deux têtes.* **4.** Personne très méchante. *Un monstre de cruauté.* **II.** adj. Fam. Exceptionnellement grand, important. *Un banquet monstre.*

monstrueusement [mɔ̃stʀyøzmɑ̃] adv. D'une manière monstrueuse.

monstrueux, euse [mɔ̃stʀyø, øz] adj. **1.** Qui a la conformation d'un monstre. **2.** Gigantesque, colossal. **3.** Horrible, effroyable.

monstruosité [mɔ̃stʀyozite] n. f. **1.** Anomalie dans la conformation. **2.** Caractère de ce qui est monstrueux. **3.** Chose monstrueuse. *Cette calomnie est une monstruosité.*

mont [mɔ̃] n. m. **1.** Élévation de terrain de quelque importance. *Le mont Blanc.* ▷ Loc. *Aller par monts et par vaux :* voyager beaucoup. ▷ Fig. *Promettre monts et merveilles*.* **2.** ANAT *Mont de Vénus :* saillie du pubis de la femme. Syn. pénil.

montage [mɔ̃taʒ] n. m. **1.** Action d'assembler différentes parties pour former un tout. *Atelier de montage.* ▷ AUDIOV Opération par laquelle on assemble les différentes séquences d'un film (ou d'une bande sonore). **2.** Ensemble d'éléments montés, assemblés. *Montage photographique.* ▷ ELECTR Assemblage de composants selon un schéma déterminé. *Montage en triangle*.* **3.** TECH Action de sertir une pierre précieuse. **4.** FIN *Montage financier :* ensemble des modalités et des conditions de financement prévues pour un investissement.

montagnais, aise [mɔ̃taɲɛ, ɛz] adj. Relatif aux Montagnais. *Une réserve montagnaise.*

Montagnais, Amérindiens du Canada qui parlent une langue algonquine et vivent de nos jours principalement au Québec, entre le bas Saint-Laurent et le Labrador. (V. innu.)

montagnard, arde [mɔ̃taɲaʀ, aʀd] adj. et n. **1.** Relatif à la montagne et à ses habitants. **2.** Qui habite la montagne. ▷ Subst. *Un vrai montagnard.*

Montagnards (les), les députés membres de la Montagne*.

montagne [mɔ̃taɲ] n. f. **1.** Relief important du sol s'élevant à une grande hauteur. *Le pied d'une montagne. Chaîne de montagnes.* ▷ Loc fig., fam. *Se faire une montagne de qqch,* s'en exagérer les difficultés. ▷ (Afr. subsah.) Élévation de terrain, quelle que soit sa hauteur. **2.** Région montagneuse (par oppos. à *plaine*). *Habiter en montagne.* **3.** Fig. Grande quantité de choses amoncelées. *Une montagne de paperasses.* **4.** *Montagnes russes :* jeu forain, suite de pentes et de contre-pentes qu'un véhicule sur rails parcourt à grande vitesse.

Montagne (la), pendant la Révolution française, groupe de députés qui siégeaient sur les bancs les plus élevés. Extrémistes révolutionnaires, les Montagnards gouvernèrent du 2 juin 1793 (chute des Girondins) au 27 juillet 1794 (9 thermidor an II). Principaux chefs : Danton, Marat, Robespierre.

Montagne Sainte-Victoire (la), site de la région d'Aix-en-Provence (France) dont Cézanne s'inspira.

montagnette [mɔ̃taɲɛt] n. f. (Aoste) **1.** Pâturage de moyenne altitude. **2.** Résidence secondaire en haute montagne.

montagneux, euse [mɔ̃taɲø, øz] adj. Où il y a des montagnes; constitué de montagnes. *Région montagneuse.*

Montagnier (Luc) (né en 1932), médecin français. Il a découvert, avec son équipe de l'Institut Pasteur, le virus (H.I.V.) responsable du sida.

Montaigne (Michel Eyquem de) (1533 – 1592), écrivain français. Conseiller au parlement de Bordeaux (1557), où il se lie d'amitié avec La Boétie, il se retire sur ses terres en 1571 pour se consacrer à ses *Essais** (prem. éd. livres I et II, 1580). Mais il est élu maire de Bordeaux (1581-1585). Ensuite, il s'enferme dans la *librairie* (bibliothèque) de son château, pour corriger et enrichir son livre (éd. des trois livres, 1588; éd. définitive posth., en 1595 par Marie de Gournay, sa «fille d'alliance»). Sa sagesse, sous des aspects tantôt stoïciens, tantôt sceptiques, s'appuie sur la Raison et sur la Nature pour préserver le bonheur et la liberté de l'homme. Son *Journal de voyage* (en Europe et, surtout, en Italie, 1580-1581) a été publié en 1774.

Montaigus. V. Roméo et Juliette.

montaison [mɔ̃tɛzɔ̃] n. f. BOT Début de l'allongement des entre-nœuds chez les graminées, du développement des tiges florifères chez les autres plantes.

Montale (Eugenio) (1896 – 1981), poète italien : *Os de seiche* (1925), *les Occasions* (1939), *la Tempête* (1956). P. Nobel 1975.

Montalembert (Charles Forbes, comte de) (1810 – 1870), homme politique (chef des catholiques libéraux), écrivain français. Collaborateur du journal *l'Avenir* (1830), il rompit avec Lamennais, son ami, condamné par Rome (1834). Acad. fr. (1851).

Montana, État du N.-O. des É.-U., à la frontière canadienne; 381086 km^2; 799000 hab.; cap. *Helena.* – À l'O. se dressent les Rocheuses; à l'E. commencent les Grandes Plaines. Le climat est continental. Le sous-sol est riche (cuivre, surtout). – Vendue par la France en 1803, la région forma, après la découverte des mines d'or, un territoire (1864) et, en 1889, le quarante et unième État de l'Union.

Montand (Ivo Livi, dit Yves) (1921 – 1991), chanteur et comédien français. Interprète, notam., de chansons écrites par J. Prévert et J. Kosma. Films : *le Salaire de la peur* (1953), *Z* (1966), *César et Rosalie* (1973).

1. montant, ante [mɔ̃tɑ̃, ɑ̃t] adj. **1.** Qui monte, qui va de bas en haut. *Marée montante :* V. flux. ▷ MUS *Gamme montante,* qui va des notes graves aux notes aiguës. Syn. ascendant. Ant. descendant. **2.** MILIT *Garde montante,* celle qui vient relever la garde descendante. **3.** Qui recouvre vers le haut. *Chaussures montantes.*

2. montant [mɔ̃tɑ̃] n. m. **1.** Pièce longue disposée verticalement. *Les montants d'une échelle.* **2.** Total d'un compte. *Le montant des dépenses.*

Mont-Blanc (massif du). V. Blanc (mont).

Montcalm de Saint-Véran (Louis Joseph, marquis de) (1712 – 1759), général français. Chargé de défendre la Nouvelle-France contre les Anglais (1756) pendant la guerre de Sept* Ans, il remporta des succès, sa mobilité compensant la faiblesse de ses forces, notam. au fort Carillon qu'il défendit héroïquement (juil. 1758). Les Anglais disposant de puissants renforts, il les attaqua, en 1759, dans les plaines d'Abraham, près de Québec, mais fut vaincu et blessé à mort (comme son adversaire James Wolfe).

Mont-Cenis. V. Cenis (Mont-).

monte [mɔ̃t] n. f. **1.** Accouplement des étalons et des juments. – Temps, saison de cet accouplement. **2.** Action, manière de monter un cheval.

Monte (Philippus de) (1521 – 1603), compositeur flamand; un des plus importants compositeurs «franco-flamands» de la seconde moitié du XVIe s. Il travailla en Italie de 1542 à 1570; son livre de madrigaux publié à Rome en 1554 lui valut une renommée européenne.

Monte Albán, v. précolombienne du Mexique, non loin d'Oaxaca. Fondée au VIIIe s. av. J.-C., elle fut d'abord une cité des Olmèques, puis des Zapotèques et enfin des Mixtèques.

Monte-Carlo, un des quatre noyaux urbains de la principauté de Monaco. – Casino, œuvre de Ch. Garnier (1879). Rallye automobile.

monte-charge [mɔ̃tʃaʀʒ] n. m. inv. Appareil élévateur pour le transport vertical des objets.

montée [mɔ̃te] n. f. **1.** Action de se porter vers un endroit plus élevé. – *Montée de la sève.* – Par ext. *Montée laiteuse* ou *montée de lait :* apparition de la sécrétion lactée. **2.** Pente, en tant qu'elle conduit vers le haut. *Sa maison se situe au milieu de la montée.* Syn. rampe. **3.** Augmentation, élévation. *La montée des prix, des eaux.* **4.** (Afr. subsah.) Moment où débute la journée de travail. *Je te verrai à la montée.* **5.** Loc. (Madag.) *Faire double montée :* monter à deux sur une bicyclette.

Monteil (Parfait Louis) (1855 – 1925), officier et explorateur français. Il traversa l'Afrique du Sénégal à Tripoli (1890-1892) et participa à la campagne contre Samory* Touré (1894-1895).

monténégrin, ine [mɔ̃teneɡʀɛ̃, in] adj. et n. Du Monténégro.

Monténégro (en serbo-croate *Crna Gora*), rép. fédérée de Yougoslavie de 1945 à 1991, entre la Serbie, la Bosnie-Herzégovine, la Croatie et l'Albanie; 13812 km^2; 620000 hab.; capitale *Podgorica.* – La plaine littorale est dominée par les chaînes Dinariques. Principales ressources : élevage ovin, oliviers, agrumes, bauxite, zinc, charbon. – Principauté ecclésiastique, le Monténégro résiste à l'emprise des Turcs. En 1910, avec Nicolas Ier, il s'agrandit grâce aux guerres balkaniques. En 1918, il s'unit à la Serbie et est bientôt inclus dans la Yougoslavie, dont il constitue une république fédérée à partir de 1945. Après la dislocation de la Yougoslavie (1991), les Monténégrins optent, par référendum, pour le maintien dans une structure fédérale et constituent le 27 avril 1992, avec la Serbie, une nouvelle Rép. fédérale de Yougoslavie*.

monter [mɔ̃te] v. [1] **A.** v. intr. **I.** (Sujet n. de personne.) **1.** Se transporter dans un lieu plus haut que celui où l'on était. *Monter au haut d'un arbre, sur une chaise.* ▷ (Maghreb) Syn. de *se déplacer* (sens III, 2). – *Spécial.* Se rendre à son travail. ▷ (Québec) Aller vers un endroit situé en amont du point de départ par rapport au fleuve Saint-Laurent. *Monter de Rimouski à Québec.* – *Par ext.* S'éloigner (du fleuve, du chemin principal, de sa maison, etc.). – Vieilli *Monter dans les chantiers :* aller travailler dans une exploitation forestière. **2.** Prendre place (dans un véhicule, un avion, etc.). *Monter en avion, en train.* ▷ *Monter à cheval, à bicyclette.* – *Absol.* Faire de l'équitation. *Il monte chaque jour.* **3.** (Afr. subsah.) Commencer sa demi-journée de travail. *À quelle heure montez-vous?* **4.** Passer à un degré supérieur. *Monter en grade.* ▷ (France rég., Madag.) *Monter de classe* ou (fam.) *monter :* être admis dans la classe supérieure. **5.** Surenchérir, partic. au jeu, fournir une carte plus forte. *Monter sur la dame.* **II.** (Sujet n. de chose.) **1.** S'élever, se porter vers un point élevé. *Le ballon monta dans le ciel. Le brouillard monte.* ▷ Atteindre, gagner un point élevé (du corps). *Le sang lui monta au visage.* ▷ *Vin qui monte à la tête,* qui enivre. – Fig. *Le succès lui est monté à la tête.* **2.** Augmenter de niveau, de volume, de prix, etc. *La mer monte sous l'effet de la marée. Le prix de l'or a beaucoup monté. Il sentit sa colère monter.* ▷ Pousser, croître (en hauteur). *Les salades commencent à monter.* – *Monter à fleurs, à graines* ou *monter en graine :* quitter l'état végétatif pour produire fleurs ou graines. ▷ Fig. Prendre de l'importance, arriver. *La génération qui monte.* **3.** S'élever en pente. *Rue qui monte en pente raide.* – Conduire vers un point élevé. *Escalier qui monte au grenier.* **B.** v. tr. **I. 1.** Gravir, franchir (une élévation). *Monter un escalier.* **2.** Porter dans un lieu élevé. *Monter des meubles dans une chambre.* **3.** Chevaucher (un animal). *Monter un cheval.* **4.** MUS Parcourir (l'échelle des sons) en allant du grave à l'aigu. *Monter la gamme.* **5.** Fig. *Monter la tête à qqn,* ou *monter qqn,* l'exciter contre qqn ou qqch. **6.** *Monter la garde :* assurer le service de garde. **II. 1.** Ajuster, assembler différentes parties pour former un tout. *Monter une machine. Monter les manches d'un vêtement.* **2.** Installer, insérer dans un cadre, une garniture. *Monter un diamant, une estampe.* **3.** Disposer (les éléments de base d'un ouvrage). *Monter les mailles d'un tricot.* ▷ *Monter un métier à tisser,* y tendre les fils de chaîne. **4.** Préparer, organiser. *Monter une pièce de théâtre. Monter un coup.* **5.** Réunir les éléments de, constituer (un ensemble). *Monter son ménage.* **C.** v. pron. **1.** S'exalter, s'irriter. *Se monter contre qqn.* – Absol. *Il se monte aisément.* **2.** Se pourvoir. *Se monter en livres.* **3.** S'élever à (en parlant d'un total). *La dépense se monte à mille francs.*

Montérégie, rég. admin. du Québec bordée à l'O. par l'Ontario et au S. par les É.-U.; 11058 km^2; 1236000 hab.; v. princ. *Longueuil.* Son nom dérive d'une latinisation de Montréal, dont elle englobe le sud de l'agglomération. Elle est puissamment industrialisée.

Montespan (Françoise Athénaïs de Rochechouart de Mortemart, marquise de) (1640 – 1707), maîtresse du roi de France Louis XIV de 1667 à 1684; de leurs huit enfants, six survécurent (légitimés).

Montesquieu (Charles de Secondat, baron de La Brède et de) (1689 – 1755), écrivain français. Il devient conseiller au parlement de Bordeaux en 1714, et président à mortier en 1716. Ses *Lettres* persanes* (1721), reportage critique sur la société française par un Persan fictif, remportèrent le succès. Il publie en 1734 les *Considérations sur les causes de la grandeur des Romains et de leur décadence.* En 1748, *De l'esprit* des lois* paraît anonymement à Genève; aux attaques des jansénistes et des jésuites répond une *Défense de «l'Esprit des lois»* (1750). Montesquieu a, le premier, montré l'interdépendance de tous les aspects de la vie sociale (juridiques, économiques, moraux, religieux); il désire pour la France une monarchie constitutionnelle de type anglais. Acad. fr. (1727).

monteur, euse [mɔ̃tœʀ, øz] n. Personne qui effectue des montages, des installations. *Monteur électricien.* – AUDIOV Personne chargée du montage.

Monteverdi (Claudio) (1567 – 1643), compositeur italien. Créateur de l'opéra, il unit trois principes distincts : l'exploitation de toutes les possibilités du style polyphonique traditionnel (premiers *Livres de madrigaux,* 1586-1603; deux messes, 1610 et 1641); la subordination de la mus. au texte poétique (*Orfeo,* opéra, 1607; *Arianna* 1608; *Vêpres de la Vierge,* av. 1610); la monodie accompagnée (derniers *Livres de madrigaux,* 1619 et 1638; *le Couronnement de Poppée,* opéra, 1642).

Montevideo, cap. de l'Uruguay, sur la rive N. du río de La Plata; 1247920 hab. (42 % de la pop. du pays). Port d'escale et d'exportation (viande, cuir, laine). Princ. centre industriel du pays. – Archevêché. Université.

Montfort (Simon IV le Fort, comte de) (v. 1150 – 1218), chef de la croisade contre les albigeois. Il fut tué en défendant les terres qu'il avait enlevées à Raimond VI de Toulouse. — **Simon,** comte de Leicester (v. 1208 – 1265), troisième fils du préc.; il dirigea la révolte des barons anglais contre son beau-frère Henri III (1258). Il obtint du roi d'import. réformes (Provisions d'Oxford), qu'Henri III voulut abolir en 1261. Au cours de la guerre civile, il perdit l'appui de la noblesse et fut tué.

Montgolfier (Joseph de) (1740 – 1810), et son frère, **Étienne** (1745 – 1799), industriels français. Ils perfectionnèrent l'industrie du papier et inventèrent les montgolfières.

montgolfière [mɔ̃ɡɔlfjɛʀ] n. f. AERON Aérostat qui tire sa force ascensionnelle de l'air chaud.

Montgomery of Alamein (Bernard Law Montgomery, 1er vicomte) (1887 – 1976), maréchal britannique. Commandant la VIIIe armée en Égypte, il vainquit Rommel (Al-Alamein, 1942), puis combattit en Sicile, en Italie, dirigea les forces terrestres du débarquement de Normandie.

Montherlant (Henry Millon de) (1896 – 1972), écrivain français. Romans : *les Bestiaires* (1926), *les Célibataires* (1934), *les Jeunes Filles* (1936-1939). Théâtre : *la Reine morte* (1942), etc. Essais : *les Olympiques* (1924). Il s'est suicidé. Acad. fr. (1960).

monticule [mɔ̃tikyl] n. m. Petite élévation de terrain. Syn. éminence, butte.

Montlhéry, v. de France (Essonne), au flanc d'une colline; 5545 hab. Mat. électr. Le *circuit automobile de Montlhéry* a pour site la commune voisine de Linas.

Montluc. V. Monluc.

Montmartre, com. de l'ancienne banlieue de Paris, rattachée à la capitale en 1860 (18e arr.). Vieux cabarets (le Lapin Agile, etc.). Église St-Pierre (XIIe s.). Basilique du Sacré-Cœur (1876) au sommet de la *butte Montmartre.*

Montmorency (chute), chute située à l'E. de la ville de Québec. Avec ses 83 m de hauteur, elle est une fois et demie plus haute que celles du Niagara.

montois, oise [mɔ̃twa, waz] adj. et n. De Mons. ▷ Subst. *Un(e) Montois(e).*

Montparnasse (quartier du), quartier de Paris (6e et 14e arr.) habité durant l'entre-deux-guerres par des peintres et par une société cosmopolite.

Montpellier, v. de France, ch.-l. du dép. de l'Hérault et de la Rég. Languedoc-Roussillon; 210866 hab. Aéroport. Centre commercial (vins), industriel et culturel. – Université. Faculté de médecine (dep. le XIIIe s.). Jardin botanique (1593). Musée Fabre. – Import. centre comm. (épices d'Orient) au Moyen Âge grâce à son port de Lattes (envasé au XVIe s.), rattaché à la Couronne en 1349, foyer du calvinisme aux XVIe et XVIIe s.

Montpensier (Anne Marie Louise d'Orléans, duchesse de) (1627 – 1693), nièce de Louis XIII. Lors de la Fronde*, *la Grande Mademoiselle* aida Condé contre les troupes royales.

montrable [mɔ̃tʀabl] adj. Que l'on peut montrer; présentable.

1. montre [mɔ̃tʀ] n. f. (Vx Action de montrer.) **1.** Loc. *Faire montre de :* donner des marques, des preuves de.

Faire montre de courage. **2.** *Marchandises en montre,* exposées en vitrine.

2. montre [mɔ̃tʀ] n. f. **1.** Instrument portatif qui indique l'heure. *Montre électrique, électronique, à quartz.* ▷ (Afr. subsah.) Tout objet indiquant l'heure. *La montre de la gare est arrêtée.* **2.** SPORT *Course contre la montre,* dans laquelle chaque coureur, partant seul, est classé selon le temps qu'il a mis à parcourir la distance fixée; fig. lutte contre le temps pour accomplir une action, mener à bien une affaire, etc.

Montréal, v. et région admin. du Québec, sur l'île de Montréal (entre le Saint-Laurent et la rivière des Prairies); 1017660 hab. (aggl. urb. 3300000 hab., dont près des deux tiers sont francophones). Import. port fluvial et maritime. Grand centre industr. (bénéficiant d'une abondante hydroélectricité) et comm.; métropole culturelle et financière. Montréal est le siège de l'AUPELF-UREF (V. francophonie). – Archevêché cathol. Universités. Musée des beaux-arts. *Biodôme* (musée de la nature et de l'environnement). Exposition universelle en 1967. Jeux Olympiques en 1976. – La région admin. de Montréal a 499 km^2 et 1822516 hab. Le sud de l'aggl. de Montréal fait partie de la rég. admin. de Montérégie.
Hist. – La ville, fondée en 1642 par Maisonneuve* et baptisée alors *Ville-Marie,* se développa autour du mont Royal. Elle prit son essor après que l'ouverture du canal de Lachine (1822) eut permis d'éviter les rapides de Lachine. Ensuite, Montréal devint un carrefour ferroviaire capital qui bénéficia de la mise en valeur des Prairies. La population est passée de 250000 hab. en 1900 à 600000 en 1920, 1 million en 1945, 2 millions en 1970. C'est, depuis cette date, l'une des places comm. et fin. les plus importantes du monde.

montréalais, aise [mɔ̃ʀealɛ, ɛz] adj. et n. De Montréal. ▷ Subst. *Un(e) Montréalais(e).*

montrer [mɔ̃tʀe] v. [1] **I.** v. tr. **1.** Faire voir. *Montrer sa maison. Dessin qui montre des objets.* **2.** Indiquer par un geste, un signe. *Montrer qqn du doigt. – Montrer la porte à qqn,* l'inviter à sortir. ▷ (Sujet n. de chose.) *Panneau qui montre une direction.* **3.** Enseigner, apprendre. *Montrer à lire à un enfant.* **4.** Laisser voir, exposer à la vue. *Robe qui montre les genoux.* **5.** Faire ou laisser paraître; manifester. *Montrer sa douleur. Montrer du courage.* **6.** Exposer ou établir (par la description, le témoignage, la démonstration, etc.). *Montrer le bon côté d'une chose. Montrez-moi que j'ai tort.* ▷ (Sujet n. de chose.) *Bilan qui montre des carences.* **II.** v. pron. **1.** Se faire voir, paraître. *Il n'ose plus se montrer.* **2.** (Suivi d'un adj.) Se révéler, s'avérer. *Se montrer généreux.*

montreur, euse [mɔ̃tʀœʀ, øz] n. *Montreur de :* personne qui montre (tel spectacle). *Montreur de marionnettes.*

Montreux, v. de Suisse (cant. de Vaud), sur la rive N.-E. du lac Léman; 20000 hab. Tourisme. Festivals de musique.

Monts (Pierre du Gua, sieur de) (v. 1568 – v. 1630), colonisateur français. Après un prem. voyage en 1600, il prospecta l'Acadie (1604) où il fonda en 1605 Port-Royal (auj. *Annapolis Royal,* Nouvelle-Écosse), puis, avec Champlain, il partit (1608) coloniser la vallée du Saint-Laurent.

Mont-Saint-Michel (Le), com. de France (Manche), sur un îlot rocheux relié au continent par une digue (que doit remplacer une passerelle), dans la *baie du Mont-Saint-Michel* (marées à très fortes amplitudes); 72 hab. – Remparts (XIIIe et XVe s.). Abbaye bénédictine (XIIe-XIIIe s.) dominée par une église abbatiale à nef et transept romans.

monture [mɔ̃tyʀ] n. f. **1.** Animal de selle; animal que l'on utilise pour se faire porter. – (Prov.) *Qui veut voyager loin ménage sa monture.* **2.** Pièce qui sert de support ou d'armature. *Monture d'un diamant, de lunettes.*

monument [mɔnymɑ̃] n. m. **1.** Ouvrage d'architecture ou de sculpture édifié pour conserver la mémoire de qqn ou de qqch. *Monument funéraire* (tombeau, mausolée, etc.). *Monument aux morts* (d'une guerre). **2.** Édifice, ouvrage considéré pour sa grandeur, sa valeur ou sa signification (religieuse, esthétique, historique, etc.). *Monuments de l'Antiquité. – Monument historique.* **3.** Fig. Œuvre considérable par ses dimensions ou ses qualités. *Les monuments de l'art, de la littérature.* ▷ Plaisant *Un monument de sottise.*

monumental, ale, aux [mɔnymɑ̃tal, o] adj. **1.** Relatif aux monuments. **2.** Qui forme un monument ou qui en fait partie. *Fontaine, fresque monumentale.* **3.** Imposant (de grandeur, de proportions, etc.). *Une œuvre écrite monumentale.* **4.** Fam. Énorme. *Un orgueil monumental.*

Monzon ou **Manson,** roi (1790-1808) de Ségou (dans le Mali actuel). Il fut en conflit permanent avec le royaume du Kaarta.

Monzón (Carlos) (1942 – 1995), boxeur argentin. Champion du monde des poids moyens de 1970 à 1977.

Moore (Henry) (1898 – 1986), sculpteur anglais. Ses œuvres, souvent de dimensions imposantes, sont abstraites ou figuratives.

mooré [mɔʀe] n. m. LING Langue nigéro-congolaise du groupe gur, majoritaire au Burkina Faso. *Le mooré est la langue des Mossi.*

Moorea, île volcanique de l'archipel de la Société (Polynésie française), à 15 km à l'O. de Tahiti; 5600 hab.

Mopti, v. du Mali, port sur le Niger, dans le Macina; 78000 hab.; ch.-l. de la région du même nom. Pêche, riziculture.

moque [mɔk] n. f. (oc. Indien) Boîte de conserve vide utilisée comme récipient. ▷ *Spécial.* Écope.

moquer (se) [mɔke] v. pron. [1] *Se moquer de.* **1.** Railler, tourner en ridicule. **2.** Mépriser, braver, ne faire aucun cas de (qqn, qqch). *Se moquer du danger.* ▷ Traiter avec une trop grande légèreté; abuser (qqn). *Il se moque du monde.*

moquerie [mɔkʀi] n. f. **1.** Action de se moquer. *Être enclin à la moquerie.* **2.** Parole, action par laquelle on se moque. *Accabler qqn de moqueries.*

moquette [mɔkɛt] n. f. Tapis cloué ou collé qui recouvre uniformément le sol d'une pièce ou d'un appartement. Syn. (Afr. subsah., Belgique) tapis plain.

moqueur, euse [mɔkœʀ, øz] adj. et n. **I.** adj. **1.** Qui se moque, qui est porté à la moquerie. *Esprit moqueur.* ▷ Subst. *Un moqueur impénitent.* **2.** Qui exprime ou marque de la moquerie. *Regard moqueur.* **II.** n. m. ORNITH Oiseau arboricole des savanes africaines, au plumage noir à reflets vert-bleu, au long bec mince incurvé et à longue queue.

moracées [mɔʀase] n. f. pl. BOT Famille d'arbres ou d'arbustes dicotylédones apétales, surtout tropicaux, comprenant les ficus (figuiers) et les artocarpus (arbre à pain, jaquier). – Sing. *Une moracée.*

moraine [mɔʀɛn] n. f. Amas de débris de natures diverses arrachés et transportés par un glacier.

morainique [mɔʀenik] adj. Qui se rapporte aux moraines.

moral, ale, aux [mɔʀal, o] adj. et n. m. **I.** adj. **1.** Qui concerne les mœurs, les règles de conduite en usage dans une société. *Jugement moral. Obligation morale.* ▷ Relatif au bien, au devoir, aux valeurs qui doivent régler notre conduite. *Conscience, doctrine morale. – Sens moral :* faculté de discerner le bien du mal. *Écrivain, livre moral.* **2.** Relatif à l'esprit, au mental. *Santé morale.* ▷ DR *Personne morale :* être collectif ou impersonnel auquel la loi reconnaît une partie des droits civils exercés par les citoyens. **II.** n. m. Disposition d'esprit. *Avoir bon moral. Remonter le moral d'une troupe. – Au moral :* sur le plan intellectuel ou spirituel.

morale [mɔʀal] n. f. **1.** Ensemble des principes de jugement et de conduite qui s'imposent à la conscience individuelle ou collective comme fondés sur les impératifs du bien; cet ensemble érigé en doctrine. *Morale épicurienne, chrétienne.* **2.** Tout ensemble de règles, d'obligations, de valeurs. *Morale rigoureuse. Morale politique.* **3.** Leçon, admonestation à caractère moral. *Faire la morale à qqn.* **4.** Enseignement moral, conclusion morale. *La morale d'une fable.* ▷ *Par ext.* Enseignement quelconque. *La morale de cette affaire, c'est qu'on nous a bernés.*

moralement [mɔʀalmɑ̃] adv. **1.** Conformément à la morale, à ses règles. **2.** Du point de vue moral, au plan des sentiments, de l'opinion, etc. *Être moralement certain que...* ▷ *Soutenir moralement une entreprise.*

moralisant, ante [mɔʀalizɑ̃, ɑ̃t] adj. Qui moralise (sens 2).

moralisateur, trice [mɔʀalizatœʀ, tʀis] adj. et n. (Souvent péjor.) Qui fait la morale; qui édifie ou prétend édifier.

moralisation [mɔʀalizasjɔ̃] n. f. Action de moraliser, de rendre moral.

moraliser [mɔʀalize] v. [1] **1.** v. tr. *Moraliser qqn,* lui faire la morale, l'admonester. **2.** v. intr. Faire des réflexions morales. *Moraliser sur l'inconstance.*

moralisme [mɔʀalism] n. m. **1.** Attitude ou système fondés sur la prééminence de la morale. **2.** Formalisme moral.

moraliste [mɔʀalist] n. (et adj.) **1.** Philosophe qui traite de la morale. **2.** Auteur d'observations critiques sur les mœurs, la nature humaine. **3.** Personne qui aime à faire la morale. ▷ adj. *Il est un peu trop moraliste.*

moralité [mɔʀalite] n. f. **1.** Conformité aux principes, aux règles de la morale. *Moralité d'une action.* **2.** Sens moral d'une personne, tel qu'il peut se manifester dans sa conduite. *Un homme de moralité douteuse.* **3.** Enseignement moral. *Moralité d'un événe-*

ment. **4.** LITTER Pièce de théâtre, fréquemment allégorique et à portée moralisatrice, au Moyen Âge.

moramora [muʀamuʀ] adj., adv. et n. m. (Madag.) **1.** adj. Plaisant Lent, doux. **2.** adv. Lentement, doucement. *Te presse pas, vas-y moramora.* **3.** n. m. Lenteur, douceur de vivre. *Madagascar est le pays du moramora.*

Morand (Paul) (1888 – 1976), diplomate et écrivain français : nombreux récits de voyages.

Morandi (Giorgio) (1890 – 1964), peintre et graveur italien. Il peignit de subtiles natures mortes, presque abstraites.

morasse [mɔʀas] n. f. IMPRIM Dernière épreuve, avant l'impression, d'un journal mis en pages.

Morat (en all. *Murten*), com. de Suisse (cant. de Fribourg), sur le *lac de Morat* (relié par la Broye au lac de Neuchâtel); 4600 hab. Horlogerie. – Remparts (XVe s.). Maisons anciennes. – Soutenus par le roi de France Louis XI, les Suisses vainquirent en juin 1476 le duc de Bourgogne Charles le Téméraire qui voulait conquérir l'ouest de la Suisse actuelle.

1. moratoire [mɔʀatwaʀ] adj. DR Qui accorde un délai. *Sentence moratoire.* – *Intérêts moratoires,* dus, par décision de justice, à compter du jour d'exigibilité d'une créance.

2. moratoire [mɔʀatwaʀ] ou **moratorium** [mɔʀatɔʀjɔm] n. m. DR Décision légale de suspendre provisoirement l'exigibilité de certaines créances. *Des moratoires ou des moratoriums.*

Moravia (Alberto Pincherle, dit Alberto) (1907 – 1990), romancier italien : *les Indifférents* (1929), *la Belle Romaine* (1947), *le Mépris* (1954).

Moravie (en tchèque *Morava*), rég. orientale de la Rép. tchèque; 26094 km^2; 4017520 hab. Elle est divisée en deux rég. admin., la *Moravie-Méridionale* (cap. *Brno*) et la *Moravie-Septentrionale* (cap. *Ostrava*). Ce riche pays de collines est drainé par la Morava. Ressources : céréales, vigne, élevage bovin et porcin, charbon, lignite. – Occupée successivement par les Boïens, les Quades, les Avares (567) et, au VIIIe s., par des Slaves, la Moravie forma au IXe s. le noyau d'un grand royaume que christianisèrent Cyrille et Méthode, mais les Magyars la conquirent (908). En 1029 elle fut unie à la Bohême.

morbide [mɔʀbid] adj. **1.** MED Qui tient de la maladie. *État morbide.* **2.** Qui provient d'un dérèglement de l'esprit, de la sensibilité, de la volonté. *Curiosité, jalousie morbide.* **3.** Moralement malsain. *Littérature morbide.*

morbidité [mɔʀbidite] n. f. **1.** MED Caractère morbide. **2.** Rapport du nombre des malades au nombre des personnes saines dans une population donnée et pendant un temps déterminé. *Morbidité cancéreuse.*

1. morbier [mɔʀbje] n. m. Fromage du Jura, au lait de vache.

2. morbier [mɔʀbje] n. m. (Suisse) Horloge d'appartement.

Morbihan, dép. franç.; 6763 km^2; 619838 hab.; ch.-l. *Vannes* (48454 hab.). V. Bretagne (Rég.).

morce ou **morse** [mɔʀs] n. f. (Suisse) Syn. de *bouchée* (sens 1). *Elle est bonne ta pomme? Fais-moi goûter une morce.*

morceau [mɔʀso] n. m. **1.** Partie séparée (bouchée, portion) d'un aliment solide. *Morceau de brioche.* ▷ Fam. *Manger un morceau :* se restaurer rapidement. – Fig., fam. *Manger, cracher, lâcher le morceau :* passer aux aveux. ▷ Pièce de bête de boucherie ou de volaille. *Morceau de choix. Les bas morceaux.* **2.** Partie d'un corps ou d'une matière solide; partie d'un objet brisé. *Morceau de bois, d'assiette. Mettre en morceaux.* – *Être fait de pièces et de morceaux,* d'éléments disparates. ▷ Partie non séparée, mais distincte, d'un tout. *Morceau de ciel.* – (Québec) Partie d'une tenue vestimentaire. *Un morceau de linge.* **3.** Partie, fragment d'une œuvre (d'art, de littérature, etc.). *Recueil de morceaux choisis.* ▷ Objet, ouvrage pris dans sa totalité. *Morceau de musique.*

morceler [mɔʀsəle] v. tr. [19] Diviser en morceaux, en parties.

morcellement [mɔʀsɛlmɑ̃] n. m. Action de morceler; état de ce qui est morcelé. *Morcellement des terres.*

1. mordache [mɔʀdaʃ] n. f. TECH Pièce que l'on adapte aux mâchoires d'un étau pour ne pas endommager l'objet à serrer.

2. mordache [mɔʀdaʃ] n. f. (Suisse) Syn. de *faconde.*

mordant, ante [mɔʀdɑ̃, ɑ̃t] adj. et n. m. **I.** adj. **1.** Qui mord. **2.** *Par ext.* Corrosif. *Acide mordant.* ▷ Fig. Caustique (dans la critique, la raillerie, etc.). *Esprit, pamphlet mordant.* **II.** n. m. **1.** Agent avec lequel on corrode les surfaces métalliques. *L'eau-forte est le mordant employé en gravure.* ▷ Substance dont on imprègne une matière pour qu'elle fixe les colorants. **2.** Fig. Causticité. *Le mordant d'une satire.* ▷ Caractère incisif; vivacité, énergie. *Voix qui a du mordant.*

mordée [mɔʀde] n. f. (Québec) **1.** Morsure, lésion faite avec les dents. **2.** Bouchée d'un aliment qu'on détache avec les dents. *Prendre une mordée dans une pomme.*

mordicus [mɔʀdikys] adv. Fam. Avec opiniâtreté, obstinément. *Soutenir mordicus une opinion.*

mordiller [mɔʀdije] v. tr. et intr. [1] Mordre légèrement et à petits coups.

mordoré, ée [mɔʀdɔʀe] adj. (et n. m.) D'un brun chaud, à reflets dorés.

Mordovie (république de), rép. de la Fédération de Russie au sud-ouest de Nijni-Novgorod; 26200 km^2; 964000 hab.; cap. *Saransk.* C'est une région de steppes et de forêts, habitée par les *Mordves,* peuple d'origine finnoise.

mordre [mɔʀdʀ] v. [6] **I.** v. tr. **1.** Saisir, serrer, entamer avec les dents. *Mordre qqn jusqu'au sang.* Syn. (Maurice) caper. ▷ Loc. fig. *Mordre la poussière :* être terrassé dans un combat; subir une défaite. – v. pron. *Se mordre les doigts (d'une chose) :* se repentir (de l'avoir faite). *Se mordre les lèvres,* pour s'empêcher de parler ou de rire, ou par dépit. **2.** Piquer, blesser, en parlant d'un insecte, d'un serpent, etc. *Être mordu par un insecte.* **3.** Entamer, pénétrer (en rongeant, en creusant, etc.). *Lime qui mord un métal.* – Fig. *Froid qui mord.* **4.** Avoir prise, s'engrener. *Foret, engrenage qui mord.* **II.** v. tr. indir. *Mordre à :* prendre avec les dents, avec la bouche. *Poisson qui mord à l'appât* ou, absol., *qui mord.* – Fig. *Mordre à l'appât, à l'hameçon :* se laisser prendre (à des propositions, à des flatteries, etc.). **III.** v. intr. **1.** *Teinture qui mord,* qui prend, qui se fixe bien. – *Étoffe qui mord,* qui prend la teinture. **2.** *Mordre dans :* enfoncer les dents dans; pénétrer, entamer. **3.** *Mordre sur :* attaquer en corrodant. **4.** Empiéter. *Les coureurs ne doivent pas mordre sur la ligne de départ.*

mordu, ue [mɔʀdy] adj. et n. Fam. **1.** adj. *Il est mordu :* il est amoureux. **2.** n. Personne passionnée. *Un mordu de rugby.*

more [mɔʀ] n. et adj. V. maure.

More. V. Thomas More (saint).

Moréas (Jean Papadiamantopoulos, dit Jean) (1856 – 1910), poète français d'origine grecque. En 1886, il publia *Cantilènes* et le *Manifeste symboliste* (dans le Figaro du 18 sept.) puis revint au classicisme (*Stances,* 1899-1920).

Moreau (Gustave) (1826 – 1898), peintre français; visionnaire, précurseur du symbolisme et du surréalisme : *Salomé dansant devant Hérode* (1876).

Moreau (Jeanne) (née en 1928), comédienne française : *les Amants* (1958), *Jules et Jim* (1962).

Morée, nom donné au Péloponnèse (*morea,* en lat., signif. «mûrier») par les croisés (4e croisade, 1202-1204), qui en firent une principauté latine, dite de *Morée* ou d'*Achaïe,* fondée en 1205 par Guillaume* Ier de Champagne. Geoffroi Ier de Villehardouin en devint le prince (v.1209 – v.1228). En 1259, Byzance annexa la capitale, Mistra et ne cessa d'affronter les Latins, définitivement vaincus en 1430; les Turcs s'emparèrent du pays après 1460. La Morée ne revint à la Grèce qu'en 1828.

morelle [mɔʀɛl] n. f. BOT Plante (fam. solanacées) dont les espèces les plus connues sont la pomme de terre, le tabac, la tomate et qui comprend également des espèces sauvages.

Moreno (Jacob Levy) (1892 – 1974), psychosociologue américain d'origine roumaine. Il a étudié les structures de groupe : *Fondements de la sociométrie* (1934), *Psychodrame et Sociodrame* (1944-1954).

moresque [mɔʀɛsk] n. f. et adj. V. mauresque.

morfil [mɔʀfil] n. m. Petites barbes ou aspérités qui adhèrent au tranchant d'une lame fraîchement affûtée.

morfondre (se) [mɔʀfɔ̃dʀ] v. pron. [6] S'ennuyer à attendre.

Morgan (Lewis Henry) (1818 – 1881), anthropologue et ethnologue américain : *Systèmes de consanguinité et d'affinité de la famille humaine* (1871).

Morgan (John Pierpont) (1837 – 1913), financier américain. Il fonda un trust de l'acier.

Morgan (Thomas Hunt) (1866 – 1945), biologiste américain. Étudiant la drosophile (mouche du vinaigre aux chromosomes géants), il détermina, le premier, la position des gènes les uns par rapport aux autres. P. Nobel de médecine 1933.

Morgan (Simone Roussel, dite Michèle) (née en 1920), comédienne française : *Quai des brumes* (1938), *les Orgueilleux* (1953).

morganatique [mɔʀganatik] adj. DR, HIST Se dit du mariage d'un prince avec une femme de condition inférieure. *Épouse morganatique.*

Morgarten, chaînon montagneux et col de la Suisse centrale (cant. de Zoug et de Schwyz). – En 1315, les Suisses des Trois-Cantons (Schwyz, Uri et Unterwald) qui avaient prêté en 1291, selon la tradition, le serment du Grütli y remportèrent une victoire décisive sur Léopold Ier de Habsbourg.

Morgenstern (Oskar) (1902 – 1977), économiste américain d'origine autrichienne; il étudia les comportements économiques et la théorie des jeux.

1. morgue [mɔʀg] n. f. Contenance hautaine et méprisante.

2. morgue [mɔʀg] n. f. Salle froide où sont déposés provisoirement les morts, dans un hôpital, une clinique.

morho-naba ou **mogho-naba** [moʀonaba] n. m. (Afr. subsah.) Titre du chef de la principale fraction des Mossi, dont la capitale est à Ouagadougou.

moribond, onde [mɔʀibɔ̃, ɔ̃d] adj. et n. Qui est près de mourir. ▷ Subst. *Un(e) moribond(e).* ▷ Fig. (Choses) *Entreprise moribonde.*

moricaud, aude [mɔʀiko, od] adj. et n. Fam. Qui a la peau très brune (pour une personne de race blanche). ▷ Subst. *Un(e) moricaud(e).*

morigéner [mɔʀiʒene] v. tr. [**14**] Réprimander, tancer.

morille [mɔʀij] n. f. Champignon ascomycète comestible, dont le chapeau alvéolé a l'aspect d'une éponge.

morillon [mɔʀijɔ̃] n. m. **1.** Variété de raisin noir. **2.** Canard plongeur (*Aythia fuligula*) huppé noir et blanc, commun en Europe et dans le nord de l'Asie. **3.** Émeraude brute.

Morins, anc. peuple celtique de la Gaule Belgique, rebelle à César qui finit par le soumettre v. 56-55 av. J.-C.

morio [mɔʀjo] n. m. ENTOM Grand papillon (*Euvanessa antiopa*) d'Eurasie et d'Amérique du N., aux ailes brunes bordées de jaune.

Morisot (Berthe) (1841 – 1895), peintre français impressionniste.

mormon, one [mɔʀmɔ̃, ɔn] n. et adj. Membre d'un mouvement religieux fondé aux États-Unis à partir de 1830, dont la doctrine repose sur l'Ancien Testament mêlé d'emprunts à diverses religions. ▷ adj. *La foi mormone.*

mormyre [mɔʀmiʀ] n. m. ICHTYOL Poisson malacoptérygien (genres *Mormyrus* et voisins) des eaux douces africaines, dont la bouche s'ouvre au bout d'une sorte de trompe.

1. morne [mɔʀn] adj. **1.** Abattu, morose; empreint d'une sombre tristesse. *Un homme, un air morne.* **2.** Qui engendre la tristesse; maussade, terne. *Pays, ciel morne. Existence morne.*

2. morne [mɔʀn] n. m. Colline ronde et isolée dans les Antilles, la Réunion et l'île Maurice. *Habiter sur le morne.* ▷ Loc. (Antilles fr.) *Tête de morne :* sommet d'une colline.

Morne seychellois (le), sommet des Seychelles, au N. de l'île de Mahé, à l'O. de Victoria; 905 m.

Moro (Aldo) (1916 – 1978), homme politique italien. Démocrate-chrétien favorable au «compromis historique» avec les communistes, il fut enlevé (1978) par les Brigades rouges et assassiné.

Moroni, cap. des Comores, sur l'île Ngazidja (anc. *Grande-Comore*); 21 000 hab. Port de pêche. Centre administratif et commercial.

morose [mɔʀoz] adj. Qui est d'humeur chagrine; triste, maussade. *Air morose. Climat politique morose.*

morosité [mɔʀozite] n. f. Caractère, tempérament morose.

morph(o)-, -morphe, -morphique, -morphisme. Éléments, du gr. *morphê,* «forme».

Morphée, dans la myth. gr., dieu des Songes, fils du Sommeil (Hypnos) et de la Nuit.

morphème [mɔʀfɛm] n. m. LING **1.** Unité grammaticale de première articulation qui se combine aux lexèmes* suivant les règles de la morphologie. **2.** *Morphème grammatical :* morphème (sens 1). *Morphème lexical :* lexème.

morphine [mɔʀfin] n. f. CHIM Principal alcaloïde de l'opium, antalgique puissant mais toxique à fortes doses, et qui entre dans la catégorie des stupéfiants. *Morphine-base,* non purifiée.

morphinisme [mɔʀfinism] n. m. MED Intoxication chronique par la morphine ou par ses sels (héroïne, codéine, etc.).

morphinomane [mɔʀfinoman] adj. et n. Qui s'intoxique à la morphine.

morphinomanie [mɔʀfinomani] n. f. Toxicomanie des morphinomanes.

-morphique, -morphisme. V. morph(o)-.

morphisme [mɔʀfism] n. m. MATH Application d'un ensemble E dans un ensemble F, E et F étant munis chacun d'une loi de composition interne.

morpho [mɔʀfo] n. m. Grand papillon d'Amérique du S., aux ailes d'un bleu lumineux irisé.

morphogenèse [mɔʀfoʒənɛz] ou **morphogénie** [mɔʀfoʒeni] n. f. BIOL Ensemble des processus qui déterminent la structure des tissus et des organes d'un être vivant au cours de sa croissance; leur étude.

morphologie [mɔʀfɔlɔʒi] n. f. **1.** Étude de la configuration et de la structure des formes externes des êtres vivants et de leurs organes. **2.** Forme, conformation; aspect général. *Morphologie d'un muscle, d'un relief.* **3.** LING Étude de la formation, de la structure des mots et des variations de leurs formes.

morphologique [mɔʀfɔlɔʒik] adj. Didac. Relatif à la morphologie, aux formes (en biologie, géologie, etc.).

morpion [mɔʀpjɔ̃] n. m. Syn. de *pou* du pubis.*

Morrice (James Wilson) (1865 – 1924), peintre canadien dont l'œuvre est caractérisée par l'exotisme de ses couleurs et la rigueur de ses formes : *la Traversée de Québec* (v. 1909).

Morris (William) (1834 – 1896), écrivain, peintre, décorateur et homme politique anglais; pionnier du modern style.

Morris (Maurice de Bévère, dit) (né en 1923), dessinateur et scénariste de bandes dessinées. Créateur de *Lucky Luke* (1947).

mors [mɔʀ] n. m. **1.** Pièce métallique que l'on place dans la bouche d'un cheval, et qui, agissant comme un levier sur les barres, permet de le diriger. ▷ Loc. *Prendre le mors aux dents :* (pour un cheval) s'emballer; fig. (pour une personne) se laisser emporter par la passion, la colère, etc. **2.** TECH Partie de la mâchoire d'un étau qui serre l'objet à travailler. ▷ Mâchoire d'une pince.

1. morse [mɔʀs] n. m. Grand mammifère marin des régions arctiques *(Odobenus rosmarus),* long de 3 à 4 m, pouvant peser jusqu'à une tonne, aux canines supérieures développées en défenses.

2. morse [mɔʀs] n. m. TELECOM Code inventé par S. Morse, dont chaque signe est constitué de points (correspondant à des impulsions brèves) et de traits (impulsions longues). ▷ adj. *Appareil morse,* qui utilise ce code.

morse [mɔʀs] n. f. V. morce.

Morse (Samuel Finley Breese) (1791 – 1872), peintre et physicien américain; inventeur du télégraphe électrique qui utilise le code *morse.*

morsure [mɔʀsyʀ] n. f. **1.** Action de mordre; marque ou plaie qui en résulte. *Une morsure de chien.* ▷ Fig. *Les morsures du froid.* **2.** Action d'une substance corrosive. *Morsure d'un acide.*

1. mort [mɔʀ] n. f. **1.** Fin de la vie, cessation définitive de toutes les fonctions corporelles. – *Se donner la mort :* se tuer, se suicider. – *Être à la mort, à l'article de la mort,* sur le point de mourir. – *Arrêt, sentence de mort.* – Loc. adv. *À mort :* de telle sorte que la mort survient. *Être frappé à mort.* – Fig. *En vouloir à mort à qqn,* lui en vouloir tellement que l'on souhaite sa mort (*par exag.,* lui garder une rancune extrêmement vive). – *Par ext.,* fam. Beaucoup, très fort, à fond. *Serrer un écrou à mort.* – Interj. *À mort! Mort à...! :* cris par lesquels on réclame la mort de qqn (ou par lesquels on proclame son hostilité à qqn, à qqch). *À mort les traîtres! – À la vie (et) à la mort :* pour toujours. ▷ BIOL Cessation définitive des fonctions biologiques. *Mort d'une cellule.* **2.** Ensemble des circonstances qui accompagnent la fin de la vie; manière de mourir. *Mourir de mort naturelle, violente. – Mourir de sa belle mort,* de vieillesse et sans souffrance. **3.** Fig. Souffrance extrêmement vive; désarroi, désespoir. *Souffrir mille morts. Avoir la mort dans l'âme.* ▷ THEOL CHRET *Mort éternelle :* état des pécheurs condamnés aux peines de l'enfer. **4.** Extinction, destruction, disparition (de qqch). *Le développement de la pêche industrielle pourrait entraîner la mort de la pêche artisanale.* **5.** *La Mort :* personnification de la mort, souvent représentée sous l'aspect d'un squelette armé d'une faux.

2. mort, morte [mɔʀ, mɔʀt] adj. et n. **I.** adj. **1.** Qui a cessé de vivre. *Un enfant mort.* – (Animaux, végétaux, tissus, etc.) *Cheval mort. Bois mort. Cellule morte.* **2.** Qui semble privé de vie, qui semble être dans un état voisin de la mort. *Ivre mort. – Être mort de peur, plus mort que vif,* saisi d'une frayeur paralysante. – Loc. *C'est un homme mort,* qui ne peut plus échapper à une mort prochaine. ▷ *Regard mort,* sans expression, vide. **3.** (Choses) Sans apparence de vie, sans activité. *Ville morte. – Eau morte,* stagnante. – *Langue morte,* que l'on ne parle plus. – *Angle mort :* partie du champ de vision qui se trouve masquée par un obstacle. – MECA *Point mort :* point où un organe mécanique ne reçoit plus d'impulsion motrice; *spécial.* position du levier de commande de la boîte de vitesses d'un véhicule automobile, dans laquelle aucun pignon n'est enclenché. – Fig. *L'affaire est au point mort,* elle n'avance plus. – *Poids mort :* poids propre d'une machine, qui réduit son travail utile; fig.

(personne) se dit de qqn d'encombrant, qui est inutile de sa personne. – SPORT *Temps mort :* temps d'un arrêt de jeu; fig. temps de diminution ou de cessation de l'activité, de l'intérêt, etc. **II.** n. **1.** Personne qui a cessé de vivre. *L'incendie a fait deux morts. – Sonnerie aux morts :* sonnerie militaire d'hommage aux soldats morts pour la patrie. ▷ Cadavre. *Enterrer un mort.* – Loc. *Faire le mort :* feindre l'immobilité d'un mort; fig. s'abstenir de toute réaction, de toute intervention; ne pas se manifester. **2.** Personne morte mais considérée seulement comme soustraite au monde des vivants. *Culte, messe des morts.* **3.** n. m. JEU Au bridge, celui des quatre joueurs qui étale ses cartes; le jeu, étalé, de ce joueur.

Mort (Vallée de la) (en angl. *Death Valley*), profond et aride fossé d'effondrement des É.-U. (en Californie, près de la frontière du Nevada).

mortadelle [mɔʀtadɛl] n. f. Gros saucisson d'Italie.

mortaise [mɔʀtɛz] n. f. TECH **1.** Cavité pratiquée dans une pièce pour recevoir le tenon d'une autre pièce. **2.** Ouverture de la gâche d'une serrure, où s'engage le pêne.

mortaiser [mɔʀtɛze] v. tr. [1] TECH Faire une mortaise dans.

mortalité [mɔʀtalite] n. f. Ensemble des morts (d'hommes ou d'animaux) survenues dans un certain temps pour une même raison. *Mortalité du bétail.* ▷ *Taux de mortalité* ou *mortalité :* rapport entre le nombre des décès et le nombre des individus d'une population, pour un temps et en un lieu donnés. *Mortalité infantile.*

mort-aux-rats [mɔʀoʀɑ] n. f. inv. (Rare au plur.) Poison destiné à la destruction des rongeurs.

Morte (mer), lac aux confins d'Israël et de la Jordanie, alimenté par le Jourdain, à 393 m env. au-dessous du niveau de la mer; 1015 km²; longueur, 85 km; largeur moyenne, 17 km. Les eaux sont sursaturées de sels minéraux (26 %).

Morte (manuscrits de la mer), manuscrits (IIe s. av. J.-C. – Ier s. apr. J.-C.) découverts entre 1946 et 1956 dans les grottes de falaises voisines de la mer Morte, à Qirbet Qumran (Jordanie). Dus à la secte juive des esséniens, ces écrits (une dizaine de rouleaux de parchemin et des milliers de fragments), bibliques (un quart) et non bibliques (trois quarts), en hébreu et en araméen, indiquent le contexte historique dans lequel est né le christianisme.

morte-eau [mɔʀto] n. f. *Marée de morte-eau* ou *morte-eau :* marée d'amplitude relativement faible, qui se produit lorsque le Soleil et la Lune sont en quadrature. *Les mortes-eaux.*

mortel, elle [mɔʀtɛl] adj. et n. **1.** Sujet à la mort. *Tous les hommes sont mortels. – La dépouille mortelle de qqn,* son cadavre. ▷ Subst. Être humain. *Un heureux mortel. – Le commun des mortels :* les hommes en général. **2.** Qui cause ou qui peut causer la mort. *Danger mortel. – Ennemi mortel d'une personne,* ennemi implacable. – RELIG CATHOL *Péché mortel,* qui a pour conséquence la damnation. **3.** *Par exag.* Extrême dans son genre. *Ennui mortel.* ▷ Excessivement ennuyeux. *Une attente mortelle.*

mortellement [mɔʀtɛlmɑ̃] adv. **1.** À mort. *Blesser mortellement.* **2.** Fig. Extrêmement. *Être mortellement inquiet.*

morte-saison [mɔʀt(ə)sɛzɔ̃] n. f. Temps où la terre ne produit rien. ▷ *Par ext.* Période de l'année pendant laquelle l'activité économique diminue. *Des mortes-saisons.*

mortier [mɔʀtje] n. m. **I.** Mélange de ciment ou de chaux, de sable et d'eau, utilisé en construction comme matériau de liaison. **II. 1.** Récipient aux parois épaisses utilisé pour broyer, au moyen d'un pilon, certaines substances, notam. des graines pour l'alimentation. **2.** Pièce d'artillerie à canon court et à tir courbe, pour les objectifs rapprochés et masqués. *Mortier d'infanterie,* portatif. **3.** Toque portée par certains magistrats.

mortifiant, ante [mɔʀtifjɑ̃, ɑ̃t] adj. Qui mortifie.

mortification [mɔʀtifikasjɔ̃] n. f. **1.** RELIG Souffrance, privation que l'on s'inflige pour se préserver ou se purifier de tentations, de péchés. **2.** Blessure d'amour-propre, humiliation. **3.** MED Altération et destruction d'un tissu, d'un organe (par gangrène ou nécrose).

mortifier [mɔʀtifje] v. tr. [2] **1.** RELIG Soumettre à quelque mortification spirituelle ou corporelle. *Mortifier sa chair, ses passions.* ▷ v. pron. *Se mortifier en secret.* **2.** Fig. Blesser moralement, humilier. *Ce refus l'a mortifié.*

mort-né, -née [mɔʀne] adj. et n. **1.** Mort à sa mise au monde. *Une enfant mort-née.* ▷ Subst. *Un mort-né, des mort-nés* (inus. au fém.). **2.** Fig. Qui ne voit pas le jour. *Projet mort-né.*

Morton (Ferdinand Joseph La Menthe, dit Jelly Roll) (1885 – 1941), pianiste, compositeur et chef d'orchestre de jazz américain.

mortuaire [mɔʀtɥɛʀ] adj. et n. f. **1.** adj. Relatif à un mort, à une cérémonie funèbre. *Couronne mortuaire. – Masque mortuaire :* empreinte du visage d'un défunt. **2.** n. f. (Belgique) Maison dans laquelle un défunt est veillé. *Les visites à la mortuaire sont limitées.*

Moru, population établie dans le S. du Soudan (env. 30000 personnes). Ils parlent une langue nilo-saharienne, le *moru,* qui forme avec le mangbetu un sous-groupe du groupe soudanais central.

morue [mɔʀy] n. f. Poisson (genre *Gadus,* fam. gadidés) des régions froides de l'Atlantique Nord (Terre-Neuve, Islande, Norvège), long d'un à deux mètres. *Huile de foie de morue. – Fausse morue :* mérou bronzé. *– Morue fraîche :* cabillaud. ▷ Par métaph. *Queue de morue :* pans longs et étroits du frac. ▷ (oc. Indien) *Morue frisée,* coupée en petits morceaux frits.

morula [mɔʀyla] n. f. EMBRYOL Petite sphère pleine, ayant l'aspect d'une mûre, constituée par les cellules (blastomères) provenant de la division de l'œuf. (V. encycl. embryogenèse.)

Morus. V. Thomas More (saint).

morutier, ère [mɔʀytje, ɛʀ] adj. et n. m. **1.** adj. Relatif à la morue. *Pêche morutière.* **2.** n. m. Pêcheur ou bateau qui fait la pêche à la morue.

Morvan, massif granitique de France (902 m), au N.-E. du Massif central.

morve [mɔʀv] n. f. **1.** Humeur visqueuse sécrétée par les muqueuses nasales et s'écoulant par le nez. **2.** MED VET Maladie contagieuse des équidés, transmissible à l'homme.

morveux, euse [mɔʀvø, øz] adj. et n. **I. 1.** adj. Qui a la morve au nez. – Prov. *Qui se sent morveux (qu'il) se mouche :* que celui qui se sent visé par une critique en fasse son profit. **2.** n. Fam. Jeune enfant. ▷ Jeune prétentieux. **II.** adj. MED VET Atteint de la morve.

1. mosaïque [mɔzaik] n. f. **1.** Ouvrage décoratif composé de petites pièces (en pierre, en verre, en émail, etc.) de différentes couleurs, assemblées et jointoyées; art de composer de tels ouvrages. **2.** Fig. Juxtaposition d'éléments nombreux et divers. *Mosaïque de fleurs. Mosaïque d'États.* **3.** BOT Maladie virale de certaines plantes (tabac, pomme de terre, etc.), caractérisée par des taches vert clair ou jaunes sur les feuilles.

2. mosaïque [mɔzaik] adj. RELIG Relatif à Moïse. *Loi mosaïque.*

mosaïste [mɔzaist] n. ART, TECH Artiste, artisan qui compose des mosaïques.

mosan, ane [mɔzɑ̃, an] adj. De la Meuse ou de sa région. *La vallée mosane.*

Moscou (en russe *Moskva*), cap. de la Russie, sur la Moskova, au centre de la grande plaine russe; 8675000 hab. Import. port fluvial. Grand centre industriel, financier et comm. – Universités. Le Kremlin* est bordé à l'E. par la place Rouge (où se dresse le mausolée de Lénine). Égl. Basile-le-Bienheureux (XVIe s.), St-Nicolas-des-Tisserands (XVIIe s.), monastère Novodievitchi (XVIe-XVIIIe s.), etc. Grand Théâtre (*Bolchoï Teatr,* 1824, reconstruit en 1856 apr. un incendie); Petit Théâtre (*Malyi Teatr*). Musée d'art Pouchkine; galerie Tretiakov; musée des Arts orientaux. Conservatoire Tchaïkovski. Bibl. nationale. Métro (1935). Siège des J.O. de 1980. – Centre de la principauté de Moscou (XIIIe s.), la ville devint la cap. religieuse du pays en 1326 et prospéra sous Ivan III (XVe s.). Elle fut cap. polit. jusqu'en 1712 et à partir de 1918. Prise par Napoléon Ier, puis à demi détruite par un incendie (1812), elle résista victorieusement aux Allemands en 1941.

Moscovie, ancien nom porté par l'État russe (XVe-XVIIe s.), qui se constitua autour de la principauté de Moscou.

moscovite [mɔskɔvit] adj. et n. De Moscou. ▷ Subst. *Un(e) Moscovite.*

Moseley (Henry Gwyn Jeffreys) (1887 – 1915), physicien anglais. Il classa les éléments selon la fréquence des rayons X émis.

Moselle (la), riv. de France, du Luxembourg et d'Allemagne (550 km), affl. du Rhin (r. g.); née dans les Vosges, elle traverse la Lorraine, où elle arrose Metz, constitue la frontière entre le Luxembourg et l'Allemagne, traverse Trèves et le Massif schisteux rhénan, et rejoint le Rhin à Coblence. – Dép. franç. : 6214 km²; 1011302 hab.; ch.-l. *Metz**. V. Lorraine (Rég.).

Moshoeshoe ou **Moshesh** (1790 – 1870), roi du Lesotho. Il s'opposa aux Anglais et aux Boers, puis, contre ces derniers, il se plaça sous protectorat britannique (1868).

Moshoeshoe II (1938 – 1996), roi du Lesotho (1966-1996).

Moskova (la) (en russe *Moskva*), riv. de Russie (508 km), affl. de l'Oka (r. dr.); elle donne son nom à Moscou, qu'elle traverse; un canal la relie à la Volga supérieure. – Napoléon remporta la *bataille de la Moskova* (qui eut lieu à Borodino) sur Koutouzov (7 sept. 1812).

mosquée [mɔske] n. f. Édifice réservé au culte musulman. *La mosquée Hassan II à Casablanca.* – (Afr. subsah.) *Grande mosquée :* mosquée où a lieu la prière solennelle du vendredi et des grandes fêtes. ▷ (Afr. subsah.) Espace délimité réservé à la prière des musulmans.
ENCYCL Une grande mosquée comprend traditionnellement : une vaste cour à ciel ouvert et une salle de prière couverte. Le mur de *qibla,* le long duquel les fidèles s'alignent pour prier, est désigné par une niche (le *mihrab*), qui indique la direction de La Mecque. À côté se trouve une chaire (le *minbar*). La mosquée, parfois surmontée d'une ou de plusieurs coupoles, est flanquée d'un minaret, du haut duquel le muezzin convie les fidèles à la prière. Parmi les plus belles mosquées du monde, citons celles des Omeyyades à Damas (Syrie), de Kairouan (Tunisie), du Caire (Al-Azhar), de Cordoue, de Jérusalem (Al-Aqsā), d'Ispahan.

Mossadegh ou **Musaddaq** (Muhammad Hidāyāt, dit) (1881 – 1967), homme politique iranien. Ministre sous les Qādjārs, puis après le coup d'État (1921) de Rīza Pahlavi, il se brouilla avec ce dernier, qui le brima. Il revint à la vie politique en 1944. En 1949, il créa le Front national. Premier ministre (1951-1953), il nationalisa le pétrole (brit.); un coup d'État rétablit le pouvoir du schah et il fut condamné à mort, gracié, puis libéré (1956).

Mössbauer (Rudolf) (né en 1929), physicien nucléaire allemand. P. Nobel 1961. ▷ PHYS NUCL *Effet Mössbauer :* émission (ou absorption) d'un rayonnement gamma* par les noyaux d'un cristal.

mossi [mosi] adj. et n. inv. De l'ethnie des Mossi. *Les royaumes mossi.* – Subst. *Un(e) Mossi.*

Mossi (plateau), rég. élevée (env. 1 000 m), couverte de savanes, du centre du Burkina Faso, au S. de Ouagadougou. Terre ancestrale des Mossi.

Mossi, peuple du Burkina Faso, où il constitue l'ethnie la plus importante (près de 5 millions de personnes). Ils parlent le mooré, langue nigéro-congolaise du groupe gur. Auj., ils quittent leur territoire surpeuplé pour émigrer en Côte d'Ivoire et au Ghana. – Leur art (masques à échafaudages, de structure géométrique) s'apparente à celui des Dogon. – Venus, selon la légende, du N. du Ghana actuel à la fin du XIe s., les Mossi formèrent, à partir des XIIe-XIIIe s., un ensemble de royaumes qui à la fin du XVe s. perdirent de leur importance.

Mossoul ou **Mosul** (en ar. *Al-Mawsil*), v. d'Irak, port sur le Tigre, dans une rég. pétrolifère; 600 000 hab.; ch.-l. de prov. Grand centre commercial et industriel.

Mostaganem *(Mustağānim),* v. d'Algérie, port sur le golfe d'Arzew; 116 570 hab.; ch.-l. de la wil. du m. nom. Terminal d'oléoduc; raff. de pétrole. Centre comm. (vins, primeurs). Industrie alimentaire.

Mosul. V. Mossoul.

mot [mo] n. m. **1.** Son ou groupe de sons d'une langue auquel est associé un sens, et que les usagers de cette langue considèrent comme formant une unité autonome; lettre ou suite de lettres comprise entre deux espaces blancs, transcrivant un tel son ou un tel groupe de sons, en français et dans les langues de tradition graphique comparable. *Mot savant, mot courant. Épeler un mot.* – *Chercher ses mots :* parler avec difficulté, en hésitant. – *Manger ses mots,* mal les prononcer. – *Ce sont des mots, ce ne sont que des mots,* des paroles qui ne veulent rien dire. – *Grands mots* ou (Afr. subsah.) *gros mots :* mots trop solennels, qui dénotent l'emphase, l'affectation sentencieuse. – *Gros mot :* mot grossier. – *Le mot de Cambronne,* euph. pour *merde* (mot que le général français Cambronne aurait lancé au général anglais qui le sommait de se rendre, à Waterloo). – *Le mot de l'énigme :* ce qui éclaire une affaire demeurée longtemps mystérieuse. – *Le fin mot,* celui qui vient en dernier, et qui permet de comprendre le reste. *J'ai su le fin mot de l'affaire.* – *Maître mot :* mot qui résume la pensée (de qqn), la volonté (d'un groupe). – *Jeu de mots :* équivoque plaisante jouant sur les similitudes phonétiques et les rencontres de sens, calembour. – *Mot à mot :* un mot après l'autre; littéralement, sans dégager le sens général de l'expression, du texte. *Traduire mot à mot.* – n. m. *Faire du mot à mot.* – *Mot pour mot :* sans changer un seul mot. ▷ *Mots croisés :* V. croisé. ▷ INFORM *Mot clé,* associé à un contenu et ayant une signification spécifique. ▷ LING *Mot-outil,* dont la fonction est purement grammaticale (ex. *il* dans *il pleut*). **2.** Ce que l'on dit en peu de paroles; courte phrase. *Dites-lui un mot en ma faveur. J'ai deux mots à vous dire.* ▷ Loc. *Avoir son mot à dire :* être fondé à donner son avis, ou en avoir le droit. – *Ne pas souffler mot :* demeurer silencieux. – Prov. *Qui ne dit mot consent.* – *Avoir le dernier mot :* l'emporter dans une discussion. – *C'est mon dernier mot,* ma dernière proposition, mon ultime conclusion. – *Je n'ai pas dit mon dernier mot :* je n'ai pas renoncé à avoir le dessus (dans une affaire, une action mal engagée, etc.). – *Au bas mot :* en évaluant au plus bas. – *À demi-mot :* V. demi-mot (à). – *Toucher un mot d'une affaire à qqn,* lui en parler, la porter à sa connaissance. – *Prendre qqn au mot,* tenir pour assurées ses assertions, ses promesses. – *Mot d'ordre :* consigne d'action. – *Mot de passe :* formule qui permet de se faire reconnaître d'un parti ami, d'une sentinelle, etc. – Fig. *Se donner le mot :* convenir par avance de qqch. – Fig. *En un mot :* pour résumer. **3.** Parole remarquable ou mémorable; sentence. *Citer un mot historique. Mot d'auteur, d'enfant.* – *Le mot de la fin :* l'expression qui conclut heureusement un discours, un entretien. ▷ Parole amusante ou spirituelle. *Mot d'esprit. Bon mot. Avoir le mot pour rire.* **4.** Courte missive, billet. *Envoyer un mot à qqn.*

motard [mɔtaʀ] n. m. Fam. Motocycliste. – *Spécial.* Motocycliste de la police, de la gendarmerie, de l'armée.

motel [mɔtɛl] n. m. Hôtel aménagé pour servir de gîte d'étape aux automobilistes.

moteur, trice [mɔtœʀ, tʀis] n. et adj. **I. 1.** n. m. PHILO Anc. Principe, agent premier; force qui imprime un mouvement. ▷ Cour. Personne qui dirige, inspire ou anime. *Le moteur d'une politique.* ▷ Cause, motif. *L'intérêt, moteur de nos actions.* **2.** adj. Qui produit ou communique le mouvement. *Muscles moteurs. Force, roue motrice.* ▷ Relatif aux organes du mouvement. *Troubles moteurs.* **II.** n. m. **1.** Appareil conçu pour la transformation d'une énergie quelconque en énergie mécanique. **2.** (Proche-Orient) Générateur électrique. ▷ Pompe à eau. **III.** n. f. V. motrice.
ENCYCL **Moteur à vapeur.** Il utilise l'énergie de la vapeur qui, produite dans un générateur, alimente une machine à piston (anciennes locomotives à vapeur) ou une turbine (centrales électriques, propulsion des navires). – **Moteur à combustion interne.** L'énergie est fournie par la combustion et la détente d'un gaz. – **Moteur à explosion.** Moteur à combustion interne. – **Moteur à étincelles.** Moteur à allumage commandé (par oppos. à *moteur Diesel*). – **Moteur hydraulique.** Il transforme l'énergie hydraulique (chute d'eau, huile sous pression) en énergie mécanique. – **Moteur électrique.** Il transforme l'énergie électrique en énergie mécanique. – **Moteur à réaction.** Il tire sa force motrice de l'éjection d'un fluide (le plus souvent les gaz résultant d'une combustion). – **Moteur-fusée.** Moteur à réaction capable de fonctionner sans recourir à l'oxygène de l'air comme carburant, constitué d'une chambre de combustion et d'une tuyère qui assure l'éjection à grande vitesse des gaz résultant de la combustion des propergols.

Motherwell (Robert) (1915 – 1991), peintre abstrait américain.

motif [mɔtif] n. m. **1.** Raison qui détermine ou explique un acte, une conduite. *Les motifs d'un refus.* – *Se tourmenter sans motif,* sans raison. ▷ DR *Motifs d'un jugement,* exposé des raisons de droit et de fait qui le justifient. **2.** Sujet d'un tableau. *Travailler sur le motif,* d'après nature. **3.** Dessin, ornement répété. *Motifs décoratifs.* ▷ MUS Partie délimitée d'une ligne mélodique, dont l'articulation est caractéristique.

motilité [mɔtilite] n. f. Didac. Faculté de se mouvoir. *Motilité musculaire.*

motion [mosjɔ̃] n. f. Proposition faite dans une assemblée délibérante par un ou plusieurs de ses membres. *Rejeter une motion. Motion de censure*.*

motivant, ante [mɔtivɑ̃, ɑ̃t] adj. Qui incite à agir.

motivation [mɔtivasjɔ̃] n. f. **1.** PHILO Relation d'un acte à ses motifs. **2.** PSYCHO Ensemble des facteurs conscients ou inconscients qui déterminent un acte, une conduite. **3.** ECON Ensemble des facteurs déterminant le comportement d'un individu en tant qu'agent économique (plus partic., en tant que consommateur). *Étude de motivation.*

motivé, ée [mɔtive] adj. Soutenu, stimulé par une motivation.

motiver [mɔtive] v. tr. [1] **1.** Expliquer, justifier par des motifs. *Motiver un arrêt, un choix.* **2.** Servir de motif à, être le motif de. *Nécessité qui motive une démarche.* **3.** Fournir une motivation à (qqn). *C'est l'appât du gain qui le motive.*

moto-. Élément, tiré de *moteur* (n. m.).

1. moto [mɔto] n. f. Cour. Abrév. de *motocyclette.*

2. moto [moto] n. m. MUS *Con moto* [kɔnmoto] *:* d'une manière animée.

motobineuse [motobinøz] n. f. TECH Machine à biner à moteur.

motocross [mɔtokʀɔs] n. m. inv. Course de motos sur parcours naturel fortement accidenté.

motoculteur [mɔtokyltœʀ] n. m. Appareil automoteur conduit à la main, pour les petits travaux agricoles, la viticulture, etc.

motoculture [mɔtokyltyʀ] n. f. Utilisation dans l'agriculture de machines mues par des moteurs.

motocycle [motosikl] n. m. ADMIN Tout engin à deux roues équipé d'un moteur.

motocyclette [motosiklɛt] n. f. ADMIN Vieilli ou litt. Motocycle équipé d'un moteur d'une cylindrée supérieure à 125 cm^3. (Abrév. : moto).

motocycliste [motosiklist] n. Personne qui monte une motocyclette.

motoneige [motonɛʒ] n. f. **1.** Petit véhicule sur chenille utilisé pour se déplacer sur la neige, muni d'un guidon et de skis à l'avant et qu'on enfourche comme une moto. **2.** Pratique sportive de la motoneige.

motoneigiste [motonɛʒist] n. Personne qui fait de la motoneige.

motopompe [motopɔ̃p] n. f. Pompe entraînée par un moteur. – *Par ext.* Véhicule automobile équipé d'une motopompe, contre les incendies.

motorisation [mɔtɔʀizasjɔ̃] n. f. Action de motoriser; son résultat.

motoriser [mɔtɔʀize] v. tr. [1] **1.** Doter de véhicules, de machines automobiles. – Pp. adj. *Troupes motorisées,* dotées de moyens de transport automobiles. **2.** Fam. *Être motorisé :* avoir à sa disposition une automobile, une motocyclette, etc.

motoriste [mɔtɔʀist] n. m. TECH **1.** Mécanicien spécialisé dans l'entretien et la réparation des automobiles et des moteurs. **2.** Constructeur de moteurs (d'avion, en partic.). **3.** (Guyane) Conducteur d'une pirogue à moteur.

mototracteur [mɔtotʀaktœʀ] n. m. AGRIC Tracteur automobile ou camion tout-terrain équipé d'outils pour la culture.

motrice [mɔtʀis] n. f. Voiture munie d'un moteur, destinée à la traction des rames, des convois. *Motrice d'un autorail.*

motricité [mɔtʀisite] n. f. PHYSIOL Ensemble des fonctions permettant le mouvement. ▷ Faculté motrice liée à l'activité d'un système musculaire. *La motricité gastrique.*

motte [mɔt] n. f. **1.** Petite masse de terre compacte. *Briser à la herse les mottes d'un champ.* **2.** *Motte de beurre :* masse de beurre pour la vente au détail. *Beurre à la motte.* **3.** (Québec) *Motte (de neige) :* boule de neige. *Se lancer des mottes.*

motteux [mɔtø] n. m. Oiseau passériforme, traquet *(Œnanthe œnanthe)* à croupion blanc, dit aussi *cul-blanc,* qui niche en Europe et passe l'hiver en Afrique soudanienne.

motu [mɔtu] n. m. (Polynésie fr.) Îlot de corail ou de sable corallien, partie émergée de la plate-forme d'un récif.

motus ! [mɔtys] Fam. Interj. invitant qqn à garder le silence. *Motus et bouche cousue!*

mot-valise [movaliz] n. m. Mot formé d'éléments d'autres mots (ex. *motel* formé à partir de *motor[car]* et de *hôtel; franglais,* de *français* et *anglais*; *caméscope,* de *caméra* et *magnétoscope*).

1. mou [mu] ou **mol** [mɔl] devant une voyelle ou un h muet, **molle** [mɔl] adj. et n. m. **I.** adj. **1.** Qui cède facilement au toucher, qui s'enfonce à la pression (par oppos. à *dur, ferme*). *Fromage mou. Oreiller mou.* **2.** Qui plie facilement, qui manque de rigidité. *Tige molle.* – *Chapeau mou.* **3.** Fig. Qui manque d'énergie, de résolution, de vigueur morale. *Caractère mou. N'adresser à qqn qu'un mol avertissement.* **4.** Qui manque de vigueur (dans le style, l'exécution). *Dessin au trait mou.* **5.** *Le temps, l'air est mou,* chaud, humide et lourd. **II.** n. m. **1.** Homme qui manque de fermeté, de caractère. *Un mou.* **2.** Ce qui est mou. **3.** *Donner, reprendre du mou à un cordage,* le détendre, le retendre.

2. mou [mu] n. m. Poumon de certains animaux de boucherie. *Mou de veau.*

mouambe [mwɑ̃mb] n. m. V. moambe.

Mouaskar. V. Mascara.

Moubarak (Hosni) (né en 1928), homme politique et général égyptien; commandant en chef de l'aviation de son pays lors de la guerre israélo-arabe de 1973. Il succéda à Anouar el-Sadate à la présidence de la Rép. en 1981 et fut réélu en 1987 et en 1993.

moucafou [mukafu] n. m. (Madag.) Simulie des plages et des forêts, à peine visible, dont l'effet de la piqûre dure plusieurs jours.

moucate [mukat] n. f. (Réunion) Inj. Personne basse, méprisable, sans valeur.

mouchard, arde [muʃaʀ, aʀd] n. **1.** Péjor. Indicateur, espion; dénonciateur. **2.** n. m. Nom de certains appareils de contrôle et de surveillance.

moucharder [muʃaʀde] v. tr. [1] Fam. Espionner et rapporter ce que l'on a vu, entendu.

mouche [muʃ] n. f. **I. 1.** Insecte de l'ordre des diptères, dont les espèces sont très nombreuses; spécial., insecte de la fam. des muscidés dont l'espèce la plus commune est la mouche domestique *(Musca domestica). Les mouches sont les vecteurs de diverses maladies.* **2.** Loc. *On entendrait une mouche voler :* il règne un silence absolu. ▷ Fam. *Mourir, tomber comme des mouches,* en grand nombre. – *Il ne ferait pas de mal à une mouche :* il est inoffensif. – *La mouche du coche :* personne qui s'agite beaucoup sans rendre service efficacement. – *Quelle mouche le pique? :* pourquoi s'emporte-t-il si brusquement? – *Prendre la mouche :* se vexer. – *Pattes de mouche :* écriture difficilement lisible. – *Fine mouche :* personne fine et rusée. **3.** *Mouche (artificielle) :* assemblage de petites plumes pour servir d'appât, que l'on fixe au bout d'un hameçon. **4.** (Insectes volants d'ordres divers.) *Mouche à bœuf :* taon. – *Mouche tsé-tsé :* glossine. ▷ (Acadie, France rég., Guad., Louisiane) *Mouche à miel :* abeille. ▷ (Québec) Syn. de *moustique. Se faire piquer, manger par les mouches.* – *Mouche noire :* moustique partic. fréquent dans le Grand Nord, dont la piqûre est douloureuse. – *Mouche à feu :* luciole. ▷ (oc. Indien) *Mouche jaune :* guêpe. ▷ (Afr. subsah.) *Mouche maçonne :* guêpe maçonne. **II. 1.** *Mouches volantes :* petites taches sombres ou brillantes se déplaçant dans le champ visuel. **2.** SPORT *Poids mouche,* en boxe, catégorie d'athlètes pesant entre 48,99 et 50,80 kg (professionnels). *Poids mi-mouche,* entre 47,63 et 48,98 kg (professionnels). *Poids super-mouche,* entre 50,80 et 52,16 kg (professionnels). **3.** Point noir marquant le centre d'une cible. – *Faire mouche :* atteindre le centre d'une cible; fig. toucher juste. *Sa repartie a fait mouche.* **4.** (Québec) *Mouche de moutarde :* sinapisme utilisé en médecine traditionnelle contre le rhume et contre l'asthme.

moucher [muʃe] v. tr. [1] **1.** Débarrasser (le nez) des mucosités qui l'encombrent en expirant fortement tout en pressant les narines. *Mouche ton nez! – Moucher un enfant.* ▷ v. pron. *Se moucher bruyamment.* **2.** Rejeter par le nez. *Moucher du sang.* **3.** *Moucher une chandelle,* couper l'extrémité carbonisée de sa mèche ou l'éteindre avec ses doigts.

moucherolle [muʃʀɔl] n. f. ORNITH Oiseau passériforme des forêts africaines (genre *Terpsiphone*), voisin des gobe-mouches, à longue queue et à plumes érectiles sur la tête.

moucheron [muʃʀɔ̃] n. m. Nom courant des petits insectes volants.

moucheté, ée [muʃte] adj. Marqué de mouchetures ou de taches de couleurs différentes. *Soie mouchetée.* – *Pelage moucheté d'un animal.* – (Québec) *Truite mouchetée :* V. truite (sens 2).

moucheter [muʃte] v. tr. [20] **1.** Marquer de petites taches d'une autre couleur que le fond. **2.** SPORT Garnir (un fleuret) d'une mouche.

mouchetis [muʃti] n. m. CONSTR Crépi projeté sur un mur extérieur et qui présente de petites aspérités.

moucheture [muʃtyʀ] n. f. **1.** Petite tache d'une autre couleur que le fond. **2.** Tache naturelle du pelage, de la peau ou du plumage de certains animaux.

mouchoir [muʃwaʀ] n. m. **1.** Linge de forme carrée qui sert à se moucher. Syn. (France rég.) tirenifle. – *Mouchoir en papier.* – *Faire un nœud à son mouchoir* (pour se rappeler qqch). *Agiter son mouchoir* (en signe d'adieu). – (Aoste) *Mouchoir de nez :* mouchoir. ▷ Fig. *Terrain grand comme un mouchoir de poche,* très petit. – SPORT *Arriver dans un mouchoir,* avec une très petite avance. – Par ext. *La bataille électorale va se jouer dans un mouchoir.* **2.** (Afr. subsah.) Cour. *Mouchoir de tête* ou *mouchoir :* grand carré de tissu dont les femmes se coiffent.

mouchure [muʃyʀ] n. f. Mucosité nasale que l'on extrait en se mouchant.

moudjahid [mudʒaid], plur. **moudjahidin** [mudʒaidin] n. m. Combattant pour la foi musulmane ou pour la patrie; résistant.

moudre [mudʀ] v. tr. [77] Broyer, réduire en poudre (des grains) avec une meule ou un moulin. *Moudre du café.*

moue [mu] n. f. Grimace faite en rapprochant, en avançant les lèvres et qui manifeste le mécontentement. *Moue de dédain, de mépris, de dépit.* – *Faire la moue :* prendre, avoir un air mécontent.

mouette [mwɛt] n. f. Oiseau marin lariforme (genre *Larus*) voisin du goéland mais plus petit, commun et largement répandu le long des côtes dans l'hémisphère Nord.

moufe [muf] n. m. (Madag.) Nom donné à divers pains moulés et beignets vendus dans la rue.

mouf(f)ette [mufɛt] ou **mofette** [mɔfɛt] n. f. Mammifère carnivore d'Amérique (genres *Mephitis, Spilogale, Conepatus,* fam. mustélidés) au pelage noir orné de blanc, qui projette la sécrétion malodorante de ses glandes anales lorsqu'il est attaqué.

moufle [mufl] n. f. Gros gant ne comportant pas de séparations pour les doigts, excepté pour le pouce. Syn. (Québec, Suisse) mitaine.

mouflon [muflɔ̃] n. m. Ovin sauvage des montagnes dont le mâle porte de grosses cornes recourbées. (Le mouflon propr. dit, genre *Ovis,* vit dans les régions tempérées de l'hémisphère Nord, et le *mouflon à manchettes, Ammotragus lervia,* dans le nord de l'Afrique.)

Mouhoun (le) (anc. *Volta noire*), cours principal du fleuve Volta, qui, né au Burkina Faso occidental, sert de frontière entre le Burkina Faso et le Ghana, et entre le Ghana et la Côte d'Ivoire.

mouillage [mujaʒ] n. m. **1.** Action de mouiller (qqch). **2.** Action d'ajouter frauduleusement de l'eau à une boisson. **3.** MAR Action de mettre à l'eau. – *Spécial.* Action de mouiller l'ancre. *Manœuvres de mouillage.* **4.** Endroit où un navire mouille.

mouillant, ante [mujɑ̃, ɑ̃t] adj. et n. m. TECH Se dit de produits qui permettent à un liquide de mieux imprégner une surface, de s'y étaler plus uniformément.

mouillasser [mujase] v. impers. [**1**] (Québec) Fam. Bruiner.

mouillé, ée [muje] adj. **1.** Rendu humide; trempé. *Linge mouillé.* **2.** Plein de larmes. *Yeux mouillés.* – Par ext. *Voix mouillée,* pleine d'émotion. **3.** PHON *Consonne mouillée,* articulée avec le son [j] (ex. *l* et *n* dans *paille* [paj], *montagne* [mɔ̃taɲ]).

mouiller [muje] v. tr. [**1**] **1.** Tremper, rendre humide. ▷ v. pron. *Il n'a pas envie de se mouiller sous l'orage.* **2.** Étendre d'eau. *Mouiller du lait.* ▷ CUIS Ajouter un liquide (eau, vin, etc.) à un mets pendant la cuisson pour faire une sauce. **3.** MAR Mettre à l'eau. *Mouiller des mines. – Mouiller l'ancre* ou, sans comp., *mouiller :* laisser tomber l'ancre de manière qu'elle morde le fond et retienne le navire. **4.** Fig., fam. Compromettre, impliquer (qqn). *Mouiller qqn dans un scandale.* ▷ v. pron. Se compromettre, prendre des risques. **5.** PHON *Mouiller une consonne,* la prononcer en y adjoignant le son [j]. **6.** v. impers. (Québec) Fam. Pleuvoir. – *Mouiller à boire debout :* pleuvoir à verse. ▷ (Louisiane) *Ça mouille :* il pleut.

mouilleur [mujœʀ] n. m. **1.** Instrument pour humecter le dos des étiquettes, des timbres, etc. **2.** MAR Dispositif destiné à libérer l'ancre et la chaîne au moment du mouillage. **3.** (Suisse) Fam. Syn. de *lèche-bottes.*

mouillure [mujyʀ] n. f. **1.** Action de mouiller. – État de ce qui est mouillé. **2.** *Une mouillure :* une tache d'humidité. **3.** PHON Caractère d'une consonne mouillée.

moujik [muʒik] n. m. Paysan russe.

moukhtar [muxtaʀ] n. m. (Liban) Maire.

moulage [mulaʒ] n. m. **1.** Action de mouler. *Pièce obtenue par moulage.* **2.** Objet obtenu par moulage, spécial. reproduction d'une œuvre sculptée.

moulant, ante [mulɑ̃, ɑ̃t] adj. Qui moule le corps. *Une jupe moulante.*

Moulay-Idris ou **Mulay-Idris,** v. sainte du Maroc (prov. de Meknès); 11 130 hab. – Pèlerinage au tombeau d'Idris Ier, fondateur de Fès.

1. moule [mul] n. m. **1.** Corps solide creux et façonné, destiné à recevoir une matière pâteuse plus ou moins fluide pour lui donner une forme qu'elle conservera en se solidifiant. *Verser, couler du plâtre, du métal en fusion, dans un moule.* – CUIS *Moule à gaufre, à tarte.* **2.** Pièce pleine sur laquelle on applique une matière malléable pour lui donner une forme. **3.** Fig. Type, modèle qui imprime sa marque (sur le caractère, le comportement, etc.). *Homme d'affaires formé au moule* (ou *dans le moule*) des écoles américaines. **4.** Loc. *Être fait au moule,* parfaitement fait. **5.** Loc. fam. (Belgique) *Mettre à moule :* démolir; mettre hors d'usage. – *Être à moule,* cassé, hors d'usage. *Le four est à moule.*

2. moule [mul] n. f. **1.** Mollusque lamellibranche marin, comestible, pourvu d'une coquille à deux valves oblongues articulées, qui vit en groupes, fixé par son byssus aux corps immergés (rochers, pieux, etc.), dans la zone de balancement des marées. ▷ *Moules-frites :* plat de moules servi avec des frites, spécialité de Belgique et du nord de la France. **2.** Fam. Personne molle, sans caractère.

moulé, ée [mule] adj. **1.** Obtenu, reproduit par moulage. *Frise moulée.* – METALL *Acier moulé,* mis en forme dans un moule (par oppos. à *forgé, laminé*). **2.** Serré; dont la forme est dessinée (par un vêtement ajusté). *Corps moulé dans un maillot. – Lettre moulée,* imprimée ou imitant l'imprimé. *Écriture moulée,* bien formée.

Mouled [mulɛd] n. m. (Maghreb) Syn. de *Mouloud,* en usage en Tunisie.

mouler [mule] v. tr. [**1**] **1.** Fabriquer, mettre en forme, reproduire au moyen d'un moule. *Mouler une médaille.* **2.** Prendre une empreinte (de qqch) pour qu'elle puisse servir de moule. *Mouler un bas-relief.* **3.** Fig. *Mouler sur :* faire coïncider avec, ajuster à. **4.** Épouser la forme de. *Robe qui moule le corps.*

mouleur, euse [mulœʀ, øz] n. TECH Ouvrier, ouvrière qui exécute des moulages.

moulin [mulɛ̃] n. m. **1.** Machine à moudre les grains des céréales. *Moulin à mil. – Moulin à vent, à eau.* – Établissement où est installé un moulin. ▷ Loc. fig. *Entrer quelque part comme dans un moulin,* comme on veut. – *Apporter de l'eau au moulin de qqn :* apporter des arguments à l'appui de ce qu'il dit. – (Prov.) *On ne peut être à la fois au four et au moulin :* on ne peut pas faire deux choses à la fois. – *Se battre contre des moulins à vent,* contre des adversaires imaginaires. **2.** Machine servant à broyer des graines pour en extraire un suc. *Moulin à huile.* ▷ Petit appareil ménager pour broyer. *Moulin à poivre, à café. Moulin à légumes.* **3.** (Québec) *Moulin à scie :* syn. de *scierie.* – Fam. *Moulin à coudre :* machine à coudre. **4.** *Moulin à prières :* chez les bouddhistes tibétains, cylindre qui renferme une formule sacrée et que l'on fait tourner en guise de prière. **5.** Fam. *Moulin à paroles :* personne très bavarde.

Moulin (Jean) (1899 – 1943), résistant français. En 1940, il rejoignit de Gaulle à Londres. En 1943, revenu en France, il fonda le Conseil national de la Résistance, qu'il présida. Arrêté près de Lyon (juin), il mourut dans le train qui l'emportait en Allemagne.

moulinage [mulinaʒ] n. m. **1.** TEXT Opération consistant à tordre ensemble les fils de soie grège tirés des cocons et, par ext., d'autres fibres textiles. **2.** Action de presser au moulin à légumes.

mouliner [muline] v. tr. [**1**] **1.** TEXT Procéder au moulinage de la soie et, par ext., d'autres fibres textiles. **2.** Presser au moulin à légumes.

moulinet [mulinɛ] n. m. **I. 1.** Petit tambour commandé par une manivelle, placé sur une canne à pêche et sur lequel est enroulée la ligne. **2.** Objet, appareil fonctionnant par un mouvement de rotation. **II.** Mouvement de rotation d'une canne, d'une épée, etc., que l'on fait tournoyer. – Par ext. *Faire des moulinets avec les bras.*

moulinette [mulinɛt] n. f. (Nom déposé.) Petit moulin à légumes.

Moulin-Rouge (le), célèbre salle de bal, puis de music-hall (auj. cabaret à grand spectacle), située place Blanche, à Paris. Le «quadrille naturaliste» (futur french cancan) fut immortalisé par Toulouse-Lautrec.

Moulins (le Maître de) (fin XVe s.), peintre non identifié; auteur du triptyque du *Couronnement de la Vierge* (v. 1498), dans la cath. de Moulins (v. de France, ch.-l. du dép. de l'Allier).

Mouloud, Maouloud ou **Aïd el-Mouloud,** fête qui célèbre la naissance de Mahomet (douzième jour du troisième mois du calendrier musulman). Syn. (Maghreb) Mawlid et Mouled.

Moulouya (oued), fl. du Maroc orient. (450 km). Né dans le Moyen Atlas, il se jette dans la Méditerranée.

moult [mult] adv. Vx ou litt. Beaucoup, très.

moulu, ue [muly] adj. **1.** Broyé, réduit en poudre. *Café moulu.* **2.** Fig. Meurtri (de coups); brisé (de fatigue).

moulure [mulyʀ] n. f. **1.** Ornement allongé d'architecture, creux ou saillant. *Moulures décorant un plafond. – Par anal.* Ornement taillé ou rapporté, en ébé-nisterie. **2.** *Moulure électrique :* baguette creusée de rainures destinées à recevoir des fils électriques.

moulurer [mulyʀe] v. tr. [**1**] Orner de moulures.

Mounana, local. du S.-E. du Gabon, sur le haut Ogooué; 10 000 hab. Usine de traitement de l'uranium.

Moundang. V. Mundang.

Moundou, v. du S. du Tchad; 117 000 hab.; ch.-l. de la préfecture du Logone-Occidental. Centre admin. et industriel.

Mounet-Sully (Jean Sully Mounet, dit) (1841 – 1916), acteur classique et romantique français.

Mounier (Emmanuel) (1905 – 1950), philosophe français. Il fonda, en 1932, la revue *Esprit* et développa le «personnalisme communautaire».

Mountbatten, famille anglaise d'origine allemande — **Louis,** 1er comte Mountbatten of Burma (1900 – 1979); officier de marine; dernier vice-roi des Indes (1946-1947). Il périt victime d'un attentat organisé par l'IRA provisoire. — **Philip** (né en 1921), neveu du préc.; fils d'André de

Grèce et d'Alice de Battenberg; prince de Grèce et de Danemark, élevé en Angleterre par son oncle, il adopta en 1947 la nationalité brit. et le nom de Mountbatten. Il épousa en nov. de la même année la future Élisabeth II et fut fait duc d'Édimbourg.

mourant, ante [muʀɑ̃, ɑ̃t] adj. et n. **1.** Qui se meurt. *Le malade est mourant.* ▷ Subst. *Se tenir au chevet d'un mourant.* **2.** Fig. Qui va faiblissant. *Voix, lumière mourante.*

mourgate [muʀgat] n. f. (oc Indien) Calmar.

mouride [muʀid] adj. et n. (Afr. subsah.) RELIG Du mouridisme. *La confrérie mouride. Les talibés mourides.* – Subst. Adepte du mouridisme. *Un(e) mouride.*

mouridisme [muʀidism] n. m. (Afr. subsah.) RELIG Doctrine de la confrérie musulmane fondée au Sénégal par Amadou Bamba Mbacké (mort en 1927) et dont le centre est à Touba. (Le mouridisme prêche la soumission totale du croyant à un guide spirituel pour obtenir le salut et exalte le travail en tant qu'activité religieuse.)

mourir [muʀiʀ] v. [**34**] **I.** v. intr. **1.** Cesser de vivre. *Mourir de maladie. Mourir noyé. Mourir au champ d'honneur. Mourir de sa belle mort*.* Syn. (Acadie) bâsir. ▷ (Végétaux) *Les fleurs coupées meurent très vite.* **2.** Fig. Ressentir vivement les atteintes de (une sensation pénible, une passion violente). *Mourir de faim, de peur, d'amour. Mourir d'envie. Mourir de rire.* – *S'ennuyer à mourir,* profondément. **3.** (Choses) Cesser d'exister. *Laisser mourir le feu.* – Fig. *Passion qui meurt.* **II.** v. pron. Litt. Être sur le point de mourir. *«Madame se meurt, Madame est morte» (Bossuet).* ▷ Fig. *Le jour se meurt.*

Mourmansk, v. et import. port de pêche de Russie, sur la mer de Barents (presqu'île de Kola); ch.-l. de rég.; 419 000 hab. Constr. navales; industr. – De 1941 à 1945, le matériel de guerre des Alliés atteignit l'U.R.S.S. par ce port.

mouroir [muʀwaʀ] n. m. **1.** Péjor. Hospice, asile ou hôpital où l'on ne dispense aux vieillards qu'un minimum de soins médicaux, en raison de leur mort prochaine. **2.** Lieu où l'on meurt en masse.

mouron [muʀɔ̃] n. m. **1.** Cour. Nom de diverses herbes de petite taille (genre *Anagallis,* fam. primulacées), à fleurs rouges, toxiques pour certains animaux. **2.** Loc. pop. *Se faire du mouron,* du souci.

mouscaille [muskaj] n. f. Arg. Excrément. – Fig. *Être dans la mouscaille :* avoir des ennuis, des problèmes; être dans la misère.

Mouscron, com. de Belgique (Hainaut), à la frontière française; 54 590 hab. Textile.

mousquet [muskɛ] n. m. Ancienne arme à feu portative, à mèche, en usage avant le fusil.

mousquetaire [muskətɛʀ] n. m. Gentilhomme d'une compagnie montée faisant partie de la garde du roi aux XVIIe et XVIIIe s. *«Les Trois Mousquetaires», roman d'Alexandre Dumas.*

mousqueton [muskətɔ̃] n. m. **1.** Fusil à canon court. **2.** Boucle métallique qu'une lame formant ressort ou un ergot articulé maintient fermée, constituant une agrafe de sûreté.

Moussa Ali (mont), point culminant de la rép. de Djibouti; 2 063 m.

moussaillon [musajɔ̃] n. m. Fam. Petit mousse.

moussaka [musaka] n. f. Plat d'origine turque, constitué d'un gratin d'aubergines, à la viande hachée et à la sauce tomate, souvent recouvert de béchamel.

moussant, ante [musɑ̃, ɑ̃t] adj. Susceptible de produire de la mousse. *Produit moussant.* ▷ CHIM *Pouvoir moussant :* aptitude à former des mousses.

1. mousse [mus] n. m. Jeune apprenti marin. ▷ (Acadie) Garçonnet.

2. mousse [mus] n. f. **I.** Plante rase des lieux humides, vivant en touffes serrées et volumineuses. – (Prov.) *Pierre qui roule n'amasse pas mousse :* qui change souvent d'état, court le monde, ne s'enrichit pas. ▷ (En appos.) *Vert mousse :* nuance de vert clair. ▷ (Québec) *Mousse à (de) caribou :* nom donné à des lichens de la zone arctique. – *Mousse de mer :* nom donné à la zostère. ▷ (Louisiane) *Mousse espagnole :* sorte de crin végétal qui pend aux arbres poussant près de l'eau et dont on se servait pour rembourrer les matelas, les coussins, etc. **II. 1.** Accumulation de bulles à la surface d'un liquide; émulsion d'un gaz à l'intérieur d'un liquide. *Mousse de la bière, de la lessive.* ▷ *Par méton.* Fam. Bière. – (Suisse) Bière à la pression. ▷ CUIS Crème à base de blancs d'œufs battus en neige. *Mousse au chocolat.* – Sorte de pâté à texture fine. *Mousse de foies de volaille.* ▷ Cour. Produit moussant. *Mousse à raser.* ▷ TECH *Mousse carbonique,* formée de bulles de dioxyde de carbone. *Extincteurs à mousse carbonique.* **2.** (Désignant une matière spongieuse. En appos.) *Caoutchouc mousse,* à alvéoles et de faible densité. ▷ *Point mousse,* obtenu au tricot en faisant tous les rangs à l'endroit. **3.** (Québec) Petit amas de poussière.

3. mousse [mus] adj. Émoussé. *Instrument, pointe mousse.* ▷ Qui n'est ni pointu ni tranchant. *Ciseaux à pointes mousses.*

mousseline [muslin] n. f. et adj. inv. **1.** n. f. Toile très fine et transparente. **2.** adj. inv. CUIS *Gâteau mousseline :* brioche à pâte légère.

mousser [muse] v. intr. [**1**] **1.** Produire de la mousse. *Le champagne mousse.* **2.** Fig., fam. *Faire mousser qqn, qqch,* le présenter sous un jour trop favorable.

mousseux, euse [musø, øz] adj. et n. m. **1.** Qui mousse; qui constitue une mousse. *Crème mousseuse.* ▷ n. m. Vin mousseux (à l'exception du champagne). **2.** Fig. Qui évoque la mousse. *Des dentelles mousseuses.*

mousson [musɔ̃] n. f. Régime de vents (notam. en Asie) dont la direction, constante au cours d'une saison, s'inverse brutalement d'une saison à l'autre, produisant des variations climatiques importantes (sécheresse, pluie). ▷ *Par méton.* Époque où se produit ce phénomène.

Moussorgski (Modest Petrovitch) (1839 – 1881), compositeur russe; membre du groupe des Cinq. Son style récitatif, ses audaces harmoniques font de lui un pionnier. Opéras : *Boris Godounov* (1868-1870; 2e version, 1870-1872), *la Khovanchtchina* (1872-1880, inachevé). Pièces pour piano : *Tableaux d'une exposition* (1874, orchestrés par Ravel). Œuvres symphoniques : *Une nuit sur le mont Chauve* (1867).

moussu, ue [musy] adj. Couvert de mousse (2, sens I). *Vieil arbre moussu.*

moustache [mustaʃ] n. f. **1.** Poils qu'on laisse pousser au-dessus de la lèvre supérieure. *Homme qui porte la moustache.* **2.** (Plur.) Vibrisses du museau de nombre d'animaux carnivores et rongeurs.

moustachu, ue [mustaʃy] adj. (et n. m.) Qui porte la moustache, qui a de la moustache. ▷ n. m. *Un moustachu.*

Moustapha (Mahamat Moustapha, dit Baba) (1952 – 1982), auteur dramatique tchadien : *Makarie aux épines* (1973); *le Maître des djinns* (1977); *le Commandant Chaka* (posth., 1983).

moustérien, enne [musteʀjɛ̃, ɛn] adj. et n. m. PREHIST Se dit de l'ensemble des industries du paléolithique moyen connu en Europe (homme de Néandertal), en Asie et en Afrique du Nord. ▷ n. m. *Le moustérien.*

moustiquaire [mustikɛʀ] n. f. Rideau de gaze, de mousseline entourant un lit pour protéger des moustiques. ▷ Toile métallique tendue sur les ouvertures d'une habitation pour arrêter les insectes. Syn. (Québec) passe.

moustique [mustik] n. m. Petit insecte ailé (nématocère) dont la larve prolifère dans les eaux dormantes et dont la piqûre cause de vives démangeaisons. *Les femelles de diverses espèces de moustiques (qui seules se nourrissent de sang) transmettent des maladies infectieuses telles que le paludisme, la fièvre jaune, la dengue, la filariose.* Syn. (Québec) mouche.

moût [mu] n. m. Jus (de raisin, de pomme, de poire, etc.) qui n'a pas encore fermenté. ▷ *Par anal.* Jus extrait de certains végétaux dont la fermentation donnera une boisson alcoolique.

moutabbal [mutabal] n. m. (Liban) Purée d'aubergines grillées, délayée d'huile de sésame.

moutaille [mutaj] n. m. (oc. Indien) Beignet sucré en forme de spirale.

moutarde [mutaʀd] n. f. (et adj. inv.) **1.** Nom cour. de diverses crucifères (genre *Sinapis*). **2.** Graines de ces plantes. **3.** Condiment à base de graines ou de farine de moutarde. ▷ Loc. fig., fam. *La moutarde lui monte au nez :* la colère le gagne. ▷ adj. inv. Couleur jaune orangé tirant sur le vert. **4.** (Québec) *Mouche de moutarde :* V. mouche (sens II, 4).

moutarderie [mutaʀdʀi] n. f. (Luxembourg) Usine de fabrication de moutarde. *La moutarderie de Luxembourg.*

moutardier [mutaʀdje] n. m. **1.** Petit pot dans lequel on présente la moutarde. **2.** Personne qui fabrique ou qui vend de la moutarde.

moutassarrif [mutasaʀif] n. m. (Proche-Orient) HIST Gouverneur d'une moutassarrifiyat.

moutassarrifiyat [mutasarifijat] n. f. (Proche-Orient) HIST Subdivision géographique et administrative de l'Empire ottoman qui jouissait d'une relative autonomie administrative. Syn. sandjak.

moutazilite ou **mutazilite** [mutazilit] n. m. RELIG Membre d'une secte musulmane fondée par Wasil ibn 'Ata au VIIIe s. pour lutter contre l'islam orthodoxe (sunnisme).

mout-mout [mutmut] n. m. Nom usuel donné en Afrique occid. à différents moucherons piqueurs (phlébotomes, simulies, etc.). *Des mout-mouts.*

mouton [mutɔ̃] n. m. **1.** Mammifère ruminant *(Ovis aries)* au cri (bêlement) caractéristique, dont certaines races ont une épaisse toison frisée, élevé pour sa laine, son lait et sa viande. *Troupeau de moutons. Le mouton mâle est le bélier, le mouton femelle, la brebis.* – *Spécial.* Mâle castré de cet animal, élevé pour la boucherie. (par oppos. à *bélier*). – (Afr. subsah.) *Mouton de case,* élevé dans la concession* familiale. ▷ Loc. fig. *Revenons à nos moutons,* au sujet que nous avons quitté. – Péjor. *Moutons de Panurge :* personnes qui imitent stupidement les autres. – *Mouton à cinq pattes :* chose rarissime; personne exceptionnelle. **2.** Viande de mouton. **3.** Peau de mouton tannée. *Une veste de mouton.* **4.** Fig. (Souvent au plur.) Petite vague au sommet couvert d'écume. – Petit nuage. **5.** TECH Lourde masse utilisée pour le battage des pieux.

moutonné, ée [mutɔne] adj. *Ciel moutonné,* couvert de petits nuages floconneux.

moutonner [mutɔne] v. intr. [**1**] Prendre un aspect floconneux, ondulant, qui fait songer à la toison du mouton. *Mer qui moutonne.*

moutonneux, euse [mutɔnø, øz] adj. Qui moutonne.

moutonnier, ère [mutɔnje, ɛʀ] adj. Qui suit niaisement les autres, comme les moutons.

mouture [mutyʀ] n. f. **1.** Action de moudre le grain. **2.** Produit qui en résulte. *Une excellente mouture.* **3.** (Souvent péjor.) Fig. Version remaniée d'un sujet déjà traité. *Faire paraître une nouvelle mouture d'une œuvre ancienne.*

mouvance [muvɑ̃s] n. f. Domaine, sphère d'influence. *Petit pays qui est dans la mouvance d'un voisin puissant.* ▷ Tendance politique. *La mouvance présidentielle.*

mouvant, ante [muvɑ̃, ɑ̃t] adj. **1.** Changeant, instable. *Des reflets mouvants. Des opinions mouvantes.* **2.** Qui manque de solidité, de stabilité (sol). *Sables mouvants.*

mouvée [muve] n. f. (Acadie) Syn. de *banc* (de poissons). *Une mouvée de harengs.* – Troupeau (de phoques). *Une mouvée de phoques.*

mouvement [muvmɑ̃] n. m. **I. 1.** Changement de place, de position d'un corps. *Le mouvement des vagues, d'un bateau amarré.* ▷ ASTRO *Mouvement diurne*.* – *Mouvement propre* : déplacement angulaire d'une étoile par rapport à l'ensemble des étoiles voisines. ▷ PHYS *Quantité de mouvement :* produit de la masse par la vitesse. **2.** Déplacement d'un organisme vivant ou de l'une de ses parties; action, manière de mouvoir son corps. *Mouvements de danse.* – Loc. *En deux temps, trois mouvements :* très rapidement. ▷ *Prendre, se donner du mouvement :* faire de l'exercice. **3.** Évolution, déplacement d'un groupe de personnes. **4.** Animation, passage. *Il y a du mouvement dans la rue.* **5.** Fig. Série de changements, de mutations dans un corps militaire ou civil. *Mouvement préfectoral.* **6.** Circulation des biens, de la monnaie. *Mouvement de fonds.* ▷ Opération de débit ou de crédit sur un compte bancaire. **7.** Variation en quantité. *Mouvement des prix.* **8.** Ce qui évoque le mouvement. *Le mouvement d'un drapé sur une statue.* ▷ *Mouvement de terrain :* accident de terrain. ▷ LITTER *Mouvement oratoire.* **9.** MUS Degré de vitesse ou de lenteur à donner à la mesure. (Principaux mouvements : *largo, lento, adagio, andante, allegro, presto.*) ▷ Partie d'une œuvre musicale qui doit être jouée dans un mouvement donné. *Le premier mouvement d'une symphonie.* **II. 1.** Passage d'un état affectif à un autre. *Un mouvement de colère. Agir de son propre mouvement,* de sa propre initiative. **2.** Évolution sociale. *Le mouvement des idées, des mœurs.* – *Être dans le mouvement :* suivre la mode, le progrès. **3.** Action collective qui tend à produire un changement dans l'ordre social. *Mouvement séditieux, populaire.* **4.** Groupe humain qui s'est formé pour accomplir une action déterminée. *Mouvement surréaliste, anarchiste.* – Association, groupement. *Mouvements de jeunesse.* **III.** Mécanisme produisant un mouvement régulier et servant en général à la mesure du temps. *Le mouvement d'une montre. Mouvement d'horlogerie commandant un contact électrique. Mouvement perpétuel*.*

mouvementé, ée [muvmɑ̃te] adj. **1.** Accidenté (relief). *Terrain mouvementé.* **2.** Fig. Agité. *Séance mouvementée.*

Mouvement pour le triomphe des libertés démocratiques (M.T.L.D.), parti réformiste algérien fondé en 1946 par Messali* Hadj.

mouvoir [muvwaʀ] v. [**43**] **I.** v. tr. **1.** Faire changer de position. *Le mécanisme qui meut un automate.* **2.** Fig. Faire agir (qqn). *Être mû par l'ambition.* **II.** v. pron. Se déplacer, bouger. *Vieillard qui se meut péniblement.*

moyac [mojak] n. f. ou m. (Acadie) Eider, en partic., eider à duvet (*Somateria mollissima*).

1. moyen, enne [mwajɛ̃ (ou mwajɛn devant une voyelle ou un h muet), fém. ɛn] adj. (et n. m.) **1.** Qui est au milieu (dans l'espace, dans le temps, dans une série). *Le cerveau moyen. Momie égyptienne datant du Moyen Empire.* ▷ LING *Moyen français :* langue parlée et écrite en France du XIVe au XVIe s. (intermédiaire entre l'ancien français et le français moderne). ▷ MATH *Termes moyens* ou, n. m. pl., *les moyens :* dans deux fractions égales, le dénominateur de la première et le numérateur de la seconde. ▷ LOG *Moyen terme,* celui qui, dans un syllogisme, est commun à la majeure et à la mineure. – Fig. Solution intermédiaire entre des extrêmes. *Ce moyen terme satisfera chacune des parties.* **2.** Qui est également éloigné des deux extrêmes (par la quantité ou par la qualité). *Corpulence moyenne. Âge moyen. Intelligence moyenne.* – *Les classes moyennes,* intermédiaires entre le prolétariat et la haute bourgeoisie. – *Cours moyen,* entre le cours élémentaire et la classe de sixième. ▷ SPORT *Poids moyen :* catégorie de poids variant de 72 à 75 kg suivant les disciplines. **3.** Commun, ordinaire; qui appartient au genre le plus répandu. *Français moyen.* **4.** Calculé en faisant la moyenne de plusieurs valeurs. *Consommation moyenne d'électricité par personne et par an.*

2. moyen [mwajɛ̃] n. m. **I. 1.** Ce que l'on fait ou ce que l'on utilise pour parvenir à une fin. *C'est le seul moyen.* – *Moyens de communication, de transport. Moyens de production. La fin justifie les moyens :* tous les moyens sont bons pour obtenir le résultat désiré. – Fam. *Employer les grands moyens :* recourir à des mesures particulièrement énergiques ou spectaculaires. ▷ *Il y a, il n'y a pas moyen de :* il est possible, il est impossible de. ▷ DR Chacune des raisons sur lesquelles on se fonde pour tirer une conclusion. *Moyens de nullité.* **2.** (Plur.) Capacités naturelles (physiques ou intellectuelles). *Écolier qui a peu de moyens.* **3.** (Plur.) Ressources pécuniaires. *Ne pas avoir les moyens de s'offrir qqch.* **II.** Loc. prép. *Au moyen de :* en se servant de, à l'aide de. ▷ *Par le moyen de :* grâce à.

Moyen Âge, nom donné à la période qui s'étend de 476 (chute de l'empire d'Occident) à 1453 (prise de Constantinople par les Turcs) ou 1492 (découverte de l'Amérique). ▷ *Haut Moyen Âge :* du Ve s. au XIe-XIIe s.

moyenâgeux, euse [mwajɛnaʒø, øz] adj. **1.** Qui évoque le Moyen Âge. *Costumes moyenâgeux.* **2.** Fig. Retardataire. *Des coutumes moyenâgeuses.*

moyen-courrier [mwajɛ̃kuʀje] n. m. et adj. Avion de transport dont l'autonomie ne dépasse pas 4000 km. ▷ adj. *Des avions moyen-courriers.*

moyennant [mwajenɑ̃] prép. Au moyen de. *Moyennant finance :* en payant. – *Moyennant quoi :* grâce à quoi.

moyenne [mwajɛn] n. f. **1.** Ce qui tient le milieu entre les extrêmes. *Être plus riche que la moyenne.* **2.** MATH *Moyenne arithmétique de plusieurs valeurs :* quotient de la somme de ces valeurs par leur nombre. – *Moyenne quadratique de deux nombres positifs :* racine carrée de la moyenne arithmétique de leur carré. – *Moyenne harmonique de deux nombres :* quotient de 2ab par a + b. *Les nombres 2 et 8 ont 5 pour moyenne arithmétique, 5,8 pour moyenne quadratique et 3,2 pour moyenne harmonique.* **3.** Nombre de points égal à la moitié de la note maximale. *Avoir la moyenne à un devoir.* **4.** *En moyenne :* selon une moyenne approximative. *Cet automobiliste fait en moyenne 20000 km par an.*

moyennement [mwajɛnmɑ̃] adv. D'une manière moyenne, modérément, médiocrement.

Moyen-Orient, expression utilisée à partir de la fin du XIXe s. (par oppos. à *Extrême-Orient*) pour désigner les rég. riveraines de la Méditerranée orientale, de la mer Rouge, du golfe d'Oman, du golfe Persique et qui inclut parfois l'Afghānistān, la Libye et le Soudan. L'expression Proche*-Orient désigne un ensemble géographique plus restreint.

Moyen Pays. V. Plateau suisse.

moyeu [mwajø] n. m. Partie centrale de la roue d'un véhicule, traversée par l'essieu, et sur laquelle sont éventuellement assemblés les rayons. – Par ext. *Moyeu d'un volant, d'une poulie.*

Moynier (Gustave) (1826 – 1910), philanthrope suisse; l'un des fondateurs de la Croix-Rouge (1863).

mozabite. V. mzabite.

mozambicain, aine [mɔzɑ̃bikɛ̃, ɛn] adj. et n. Du Mozambique. ▷ Subst. *Un(e) Mozambicain(e).*

Mozambique (canal de ou du), partie de l'océan Indien située entre l'Afrique et Madagascar.

Mozambique (république du) *(República de Moçambique),* État d'Afrique orient., sur l'océan Indien (canal de Mozambique); 784692 km^2; env. 15 millions d'hab. (croissance démographique : 2,7 % par an); cap. *Maputo.* Nature de l'État : rép. de

type présidentiel. Langue off. : portugais. Monnaie : metical. Pop. : Makua-Lomwé (47 %), Thonga (23 %), Malawi (12 %), Shona (11 %), etc. Relig. : religions traditionnelles (48 %), christianisme (39 %), islam (10 %).
Géogr. phys. et hum. – Étiré en latitude, le Mozambique comprend une plaine littorale (45% de la superficie du pays), bordée de mangrove, inhospitalière au centre mais qui groupe l'essentiel de la population du pays. On trouve ensuite des plateaux de moyenne altitude (200 à 600 m), que dominent de hauts plateaux (600 à 1000 m), ces hauteurs étant surtout développées au N.-E. (point culminant, 2436 m). Le climat tropical assez humide favorise la savane en plaine et la forêt claire sur les versants (jusqu'à 600 m d'altitude). Les fleuves, bien alimentés, ont un important potentiel hydraulique. Malgré une forte mortalité, la croissance démographique est importante. Toutes les langues parlées sont bantoues.
Écon. – La population, rurale à 80%, vit surtout de l'agriculture : productions vivrières (maïs, manioc, sorgho), cultures d'exportation (thé, coton, canne à sucre, noix de cajou), mais la balance agricole est négative. La pêche est importante; les crevettes assurent le tiers des exportations du pays. Les ressources du sous-sol sont notables (charbon, mica, fer, or, pierres précieuses, gaz), mais peu exploitées et l'industrie se limite à quelques productions textiles et agro-alimentaires, mais la découverte d'un riche gisement de gaz dans le sud du pays, exploité par une compagnie amér. (accord signé en nov. 1995), peut sortir le pays du marasme. En effet, l'économie, désorganisée par le départ des Portugais et la collectivisation qui suivit, a été affectée par des calamités successives (sécheresses, inondations) et par la guerre civile. Le Mozambique fait partie des pays les plus pauvres du monde; il ne survit que grâce à l'aide internationale et attend beaucoup de la coopération avec l'Afrique du Sud.
Hist. – À une époque très ancienne, les marchands indiens et indonésiens fréquentaient le littoral. Au XIIe s., les Arabes atteignirent cette région, dont ils épuisèrent les ressources. Ils s'enfoncèrent alors vers l'intérieur, que le réseau marchand relia à l'océan Atlantique aux XVIIe-XVIIIe s. Face à cette concurrence, les Portugais ne purent développer leurs comptoirs (fondés à partir de 1530). Ils n'entreprirent la colonisation du pays qu'en 1894. Les populations de l'intérieur résistèrent longtemps. À partir de 1926, le gouvernement de Salazar relança la colonisation. En 1935, le Mozambique devint partie intégrante du Portugal; en 1951, une prov. d'outre-mer. L'indigénat, catégorie soumise au travail forcé, comprenait 99 % des Mozambicains. En 1961, cette pratique fut abolie, mais les inégalités demeuraient fortes. En 1962, Eduardo Mondlane et le pasteur Uria Simango fondèrent le Frelimo (*Front de libération du Mozambique*), basé à Dar es-Salaam en Tanzanie. Le 25 sept. 1964, le Frelimo proclama l'insurrection générale. En 1965, il contrôlait 20 % du territoire, mais des divergences internes menèrent notam. à l'assassinat de Mondlane en 1969. Le Frelimo se déclara marxiste en 1970. Après la révolution des Œillets à Lisbonne (1974), le Mozambique accéda à l'indépendance (juin 1975) et devint une rép. populaire, dirigée par le leader du Frelimo (parti unique en 1977), Samora Machel, qui nationalisa l'économie, l'éducation, la santé. En 1981, commencèrent les offensives de la *Résistance nationale du Mozambique* (*Renamo*), qui, soutenue par l'Afrique du Sud, ruina le pays. En 1986, le prés. Machel mourut dans un accident d'avion. Son successeur, Joaquim Chissano, tenta d'assouplir l'étatisme. En 1989, il renonça au marxisme. En 1990, une nouvelle Constitution établit le multipartisme, alors que le Frelimo et la Renamo négociaient. En 1992, ils signèrent un accord sous l'égide de l'ONU. En 1994, des élections libres, surveillées par une mission de l'ONU, virent la victoire de J. Chissano.

mozarabe [mɔzaʀab] n. et adj. **1.** n. HIST Espagnol chrétien autorisé à pratiquer sa religion, au temps de la domination maure sur l'Espagne. **2.** adj. *Art mozarabe :* art chrétien fortement influencé par l'islam, qui se répandit en Espagne aux Xe et XIe s.

Mozart (Wolfgang Amadeus) (1756 – 1791), compositeur autrichien, né à Salzbourg*. Dès l'âge de six ans, il composa des pièces pour clavecin. Soumis à des soucis matériels, il s'acharna au travail et mourut, à Vienne, dans un état voisin de la misère. Opéras : *l'Enlèvement au sérail* (1782), *les Noces* de Figaro* (1786), *Don Giovanni* (1787), *Cosi fan tutte* (1790), *la Flûte* enchantée* (1791); mus. relig. : messes, dont la *Messe solennelle en* ut *mineur* (1783), motets, *Kyrie*, vêpres, le célèbre *Requiem* (1791); symphonies (les n°s 40, en *sol* mineur, et 41, dite «Jupiter»; concertos pour violon, piano, etc.; musique de chambre : sonates pour piano, trios, quatuors à cordes, quintettes à cordes, etc. Dépassant tous ses prédécesseurs, à l'exception de Bach, Mozart annonce le romantisme.

Mphahlele (Ezekiel) (né en 1919), universitaire et écrivain sud-africain d'expression anglaise; auteur d'essais (*l'Image de l'Afrique,* 1962) et de romans.

Mpumalanga. V. Transvaal oriental.

msid [msid] n. m. (Maghreb) École primaire coranique. (V. médersa.)

M'sila, v. d'Algérie, au N. du Hodna; 82880 hab.; ch.-l. de la wil. du m. nom. Artisanat.

Msir (m. en 1891), prince marchand d'Afrique centrale. Il fonda un État dans la région du Katanga et fut assassiné alors qu'il résistait au colonisateur belge.

M.S.T. Sigle de *maladie sexuellement* transmissible.*

Mswati III (prince Makhosetiwe) (né en 1968), roi du Swaziland depuis 1986.

M.T.L.D. Sigle de *Mouvement* pour le triomphe des libertés démocratiques.*

mu [my] n. m. Douzième lettre de l'alphabet grec (μ, M) utilisée en français pour noter le préfixe *micro-*, qui indique la division de l'unité par un million. (Ex. : 1 μm=1 micromètre =1 millionième de mètre.)

mû, mue [my] Pp. du v. mouvoir. Plur. *mus, mues.*

Mu'awiyyah Ier *(Mu'āwiyya)* (v. 603 – 680), secrétaire de Mahomet. Gouverneur de Syrie (641), il s'opposa à Ali (gendre de Mahomet), qu'il fit déposer en 659. Calife de 661 à 680 il fonda la dynastie des califes omeyyades de Damas (661-750).

mucilage [mysilaʒ] n. m. Substance végétale sécrétée par les cellules de certaines plantes, qui, en présence d'eau, gonfle et forme une gelée.

mucilagineux, euse [mysilaʒinø, øz] adj. (et n.) Didac. Qui contient un mucilage; qui rappelle le mucilage par sa consistance, son aspect. ▷ Subst. *Un mucilagineux.*

mucosité [mykozite] n. f. Amas de mucus épais.

mucoviscidose [mykovisidoz] n. f. MED Affection héréditaire, caractérisée par une trop grande viscosité des sécrétions bronchiques et digestives.

mucus [mykys] n. m. Sécrétion protectrice des muqueuses. *Mucus nasal.* ▷ ZOOL Substance visqueuse sécrétée par les téguments de certains animaux.

Mudimbe (Vincent-Yves, puis Vumbi Yoka) (né en 1941), écrivain et linguiste de la rép. dém. du Congo; poète, essayiste et romancier : *Entre les eaux* (1973), *l'Écart* (1979), *Shaba deux* (1989).

mue [my] n. f. **I. 1.** Changement de poil, de plumes, de peau, de cornes, etc., qui s'opère chez certains animaux, à des périodes déterminées. **2.** Dépouille d'un animal qui a mué. **3.** Changement dans le timbre de la voix, qui devient plus grave au moment de la puberté. ▷ Temps où s'opère ce changement. **II.** Cage sous laquelle on met la volaille à engraisser.

muer [mɥe] v. [1] **I.** v. intr. **1.** Changer de pelage, de plumage, de carapace, etc., en parlant d'un animal. **2.** Changer de ton et devenir plus grave, en parlant de la voix d'un adolescent. – Par ext. *Jeune homme qui mue,* qui acquiert sa voix d'homme. **II.** v. pron. *Il s'est mué en cuisinier pour la circonstance.*

muet, ette [mɥe, ɛt] adj. et n. **1.** Privé de l'usage de la parole. ▷ Subst. *Un(e) muet(te).* **2.** Qui se tait. *Rester muet comme une carpe.* ▷ THEAT *Jeu muet,* dans lequel l'acteur s'exprime seulement par des mimiques. – *Rôle muet,* dans lequel il n'y a pas de texte. ▷ *Troc* muet.* **3.** Qui n'est pas exprimé, prononcé. *Les grandes douleurs sont muettes.* **4.** *Film, cinéma muet,* qui ne comporte pas de sons. V. sonore. ▷ n. m. *Le muet :* le cinéma muet. **5.** Qui ne se prononce pas. *Dans «allemand», l'«e» est muet.* **6.** Sur quoi rien n'est écrit. *Carte muette.*

muezzin [mɥedzin; mɥedzɛ̃] n. m. Homme attaché à une mosquée pour appeler les fidèles à la prière du haut du minaret. *Le muezzin est parfois un fonctionnaire.*

muffin [mœfin] ou (Québec) [mɔfœn] n. m. **1.** Petit pain rond moulé qu'on mange en général grillé et beurré. **2.** (Québec) Petit gâteau rond qu'on consomme au petit déjeuner. *Muffin au son, aux bleuets.*

mufle [myfl] n. m. et adj. **1.** Extrémité nue du museau de certains mammifères. *Mufle d'un taureau, d'un lion.* **2.** Fig. Individu grossier, spécial. envers les femmes. ▷ adj. *Il est assez mufle.*

muflerie [myfləʀi] n. f. Fam. Caractère, agissement d'un mufle.

muflier [myflije] n. m. Plante ornementale (fam. scrofulariacées) dont les fleurs, de couleurs variées, ont la forme d'un mufle. Syn. gueule-de-loup.

mufti ou **muphti** [myfti] n. m. Docteur de la loi musulmane, jugeant les questions de dogme et de discipline.

Mufulira, v. du N.-O. de la Zambie; 206 000 hab. Les mines de cuivre (exploitées dep. 1923) alimentent une fonderie.

Mugabe (Robert Gabriel) (né en 1924), homme politique du Zimbabwe; secrétaire général (1963) de la *Zimbabwe African national Union* (ZANU), président de la Rép. depuis l'indépendance (1980).

Mugamba (massif du), rég. montagneuse de l'O. du Burundi, culminant au mont Heha (2 670 m).

muge [myʒ] n. m. Syn. de *mulet* (2).

mugir [myʒiʀ] v. intr. [3] Pousser son cri, en parlant des bovidés. *La vache mugit.* ▷ Fig. Produire un son analogue à un mugissement. *La sirène mugit.*

mugissement [myʒismɑ̃] n. m. Cri des bovidés. ▷ Fig. Son grave et prolongé rappelant ce cri.

muguet [mygɛ] n. m. **1.** Plante à rhizome (fam. liliacées) des régions tempérées, aux fleurs blanches odorantes, fleurissant au printemps. **2.** Maladie contagieuse due à une levure *(Candida albicans)* et caractérisée par la présence de plaques d'un blanc crémeux sur les muqueuses buccale et pharyngienne.

Muhabura ou **Muhavura,** volcan en activité à la frontière de l'Ouganda et du Rwanda, à l'E. des monts Virunga; 4 127 m.

Muhammad. V. Mahomet.

Muhammad Ahmad ibn Abdallah *(Muhammad Ahmad ibn 'Abd Allāh),* dit *le Mahdī* (1844 - 1885), révolutionnaire arabe. Se proclamant *mahdi* (1881), il se rebella contre les Britanniques et leurs alliés égyptiens, prit Khartoum (1885), contrôla tout le Soudan, mais mourut la même année.

Muhammad Ali ou **Mohammed Ali,** autres orthographes de Méhémet*-Ali.

Muhavura. V. Muhabura.

Muhinga. V. Muyinga.

Muhungwe, sommet du N.-O. de la crête Congo-Nil au Rwanda (2 990 m).

Muisca(s). V. Chibcha(s).

Mu'izz Li-Din-Allah (Abu Tamim Ma'add al-) (931 - 975), calife fatimide de l'Égypte, de la Syrie et de l'Afrique du Nord.

mukulungu [mukuluŋgu] n. m. Arbre d'Afrique tropicale au port en parasol (fam. sapotacées), dont le bois est utilisé en grosse menuiserie.

Mulanje ou **Mlange,** massif du sud-est du Malawi, culminant à 3 000 m.

mulassier, ère [mylasje, ɛʀ] adj. Du mulet. ▷ *Jument mulassière,* réservée à la production des mulets.

mulâtre [mylɑtʀ] adj. et n. Se dit d'une personne dont l'un des parents est un(e) Noir(e) et l'autre un(e) Blanc(he). (Le féminin *mulâtresse* est vieilli.)

Mulay-Idris. V. Moulay-Idris.

1. mule [myl] n. f. Hybride femelle de l'âne et de la jument. ▷ Loc. fig., fam. *Être têtu comme une mule. C'est une vraie tête de mule,* un(e) entêté(e).

2. mule [myl] n. f. Pantoufle sans quartier.

muleron [mylʀɔ̃] n. m. (Acadie) Meule de foin. (V. veilloche.)

1. mulet [mylɛ] n. m. Hybride mâle de l'âne et de la jument. V. bardot. – Loc. fam. *Chargé comme un mulet :* très chargé.

2. mulet [mylɛ] n. m. Poisson téléostéen (genres *Mugil* et *Liza*) vivant en bancs le long des côtes, dans les lagunes et dans les estuaires, dont la chair est appréciée, et dont les œufs salés et séchés constituent la poutargue.

muletier, ère [myltje, ɛʀ] n. m. et adj. **1.** n. m. Conducteur de mulets, de mules. **2.** adj. Qui convient aux mulets. *Chemin muletier.*

Mulhouse, ville de France, chef-lieu d'arr. du Haut-Rhin, sur l'Ill et le canal du Rhône au Rhin; 109 905 hab. Industr. Près de Mulhouse, aéroport international de Bâle-Mulhouse (Euro-Airport). – Hôtel de ville (XVIe s.). Musées.

mulla ou **mullah** [mulla] n. m. V. mollah.

Müller (Johannes von) (1752 - 1809), historien suisse d'expression allemande : *Histoire de la confédération suisse* (1786-1808).

Müller (Paul Hermann) (1899 - 1965), biochimiste suisse. Il mit au point des insecticides (D.D.T., notam.). P. Nobel de médecine 1948.

Müller (Karl Alexander) (né en 1927), physicien suisse. P. Nobel de physique 1987 avec J. G. Bednorz pour ses travaux sur les supraconducteurs à haute température.

Mulliken (Robert Sanderson) (1896 - 1986), physicien et chimiste américain. Il découvrit la notion d'orbitale atomique. P. Nobel 1966.

mulot [mylo] n. m. Rat des bois et des champs (fam. muridés) vivant notam. en Europe et en Afrique du Nord.

Mulroney (Brian) (né en 1939), homme politique canadien; leader du parti progressiste conservateur (1983), Premier ministre de 1984 à 1993.

multi-. Élément, du lat. *multus,* «nombreux».

multicaule [myltikol] adj. BOT Qui a plusieurs tiges.

multicellulaire [myltiselylɛʀ] adj. BIOL Qui est formé de plusieurs cellules.

multicolore [myltikɔlɔʀ] adj. Qui présente des couleurs variées.

multiconfessionnel, elle [myltikɔ̃fesjɔnɛl] adj. Didac. Où coexistent plusieurs religions.

multiculteur [myltikyltœʀ] n. m. AGRIC Machine agricole à traction animale pouvant être équipée de divers instruments aratoires.

multiculturalisme [myltikyltyʀalism] n. m. Coexistence de plusieurs cultures au sein d'un même pays. *Le multiculturalisme canadien.*

multiculturel, elle [myltikyltyʀɛl] adj. Où coexistent plusieurs cultures.

multiethnique [myltiɛtnik] adj. Où vivent plusieurs ethnies. *Pays multiethnique.*

multiflore [myltiflɔʀ] adj. BOT Qui a de nombreuses fleurs.

multiforme [myltifɔʀm] adj. Qui a ou qui peut prendre des formes diverses, variées.

multigrade [myltigʀad] adj. TECH *Huile multigrade,* dont la viscosité varie peu avec la température.

multilatéral, ale, aux [myltilateʀal, o] adj. POLIT Qui concerne plusieurs États (et non deux États seulement). *Accords multilatéraux.* ▷ *Aide multilatérale,* accordée par un pays industrialisé à un pays en voie de développement par l'intermédiaire d'organismes internationaux.

multilingue [myltilɛ̃g] adj. Didac. **1.** Qui est rédigé, qui existe en trois langues au moins. **2.** Syn. de *plurilingue.*

multilinguisme [myltilɛ̃gɥism] n. m. Didac. Syn. de *plurilinguisme.*

multimédia [myltimedia] n. m. et adj. **1.** n. m. Technique permettant de rassembler sur un même support des moyens audiovisuels (textes, sons, images fixes et animées) et des moyens informatiques (programmes, données) pour les diffuser simultanément et de manière interactive; équipement, industrie se rapportant à cette technique. **2.** adj. Qui concerne, qui utilise plusieurs médias. *Un groupe de communication multimédia.* (V. mass media.) **3.** adj. Qui concerne, qui utilise le multimédia. *Un dictionnaire multimédia.* (V. encycl. information.)

multimètre [myltimɛtʀ] n. m. ELECTR Appareil qui mesure une grandeur électrique (intensité, résistance, etc.).

multimillionnaire [myltimiljɔnɛʀ] adj. (et n.) Plusieurs fois millionnaire. – *Par ext.* Extrêmement riche.

multinational, ale, aux [myltinasjɔnal, o] adj. (et n. f.) Qui comprend, qui concerne plusieurs nations. *L'U.R.S.S. était un pays multinational.* ▷ *Société multinationale* ou, n. f., *une multinationale :* grande firme dont les activités s'exercent dans plusieurs États.

multipale [myltipal] adj. Qui comporte plusieurs pales. *Une éolienne multipale.*

multipare [myltipaʀ] adj. (et n.) **1.** ZOOL Se dit d'une femelle qui a plusieurs petits en une seule portée. **2.** MED Se dit d'une femme qui a accouché plusieurs fois (par oppos. à *nullipare, primipare*).

multiparité [myltipaʀite] n. f. **1.** ZOOL Caractère des femelles multipares. **2.** MED État d'une femme multipare.

multipartisme [myltipaʀtism] n. m. POLIT Système parlementaire caractérisé par l'existence de plus de deux partis.

multiple [myltipl] adj. et n. m. **1.** Composé, constitué d'éléments différents; complexe. *Organe multiple,* composé de plusieurs pièces élémentaires. – *Poulie multiple,* à plusieurs gorges. – GEOM *Point multiple d'une courbe :* point par lequel passent plusieurs branches de cette courbe. ▷ Qui présente divers aspects. *La nature est multiple.* **2.** *Par ext.* Qui existe en grand nombre. *Le cas est illustré par de multiples exemples.* Syn. nombreux. **3.** MATH Qualifie un nombre égal au produit d'un nombre donné par un nombre entier. *15 est multiple de 3 et de 5.* ▷ n. m. Nombre multiple. *8 est un multiple de 2, et 2 est un sous-multiple de 8.* – *Plus petit commun multiple* (abrév. : P.P.C.M.) : plus petit parmi les nombreux multiples que certains nombres ont en commun.

multiplet [myltiplɛ] n. m. MATH Association ordonnée d'éléments appartenant à des ensembles différents.

multiplex [myltiplɛks] adj. et n. m. TELECOM *Dispositif multiplex* ou, n. m., *un multiplex :* dispositif permettant de transmettre plusieurs communications télégraphiques, téléphoniques ou radiotéléphoniques, ou plusieurs émissions radioélectriques ou télévisées avec une seule voie de transmission.

multiplicande [myltiplikɑ̃d] n. m. MATH Nombre que multiplie un autre nombre.

multiplicateur, trice [myltiplikatœʀ, tʀis] adj. et n. m. Qui multiplie, qui a pour fonction de multiplier. ▷ n. m. MATH Nombre par lequel on multiplie un autre nombre. ▷ ECON *Multiplicateur d'investissement* ou *de crédit* : coefficient par lequel est multiplié le revenu (ou le crédit) par suite d'une variation de l'investissement (ou des réserves des banques).

multiplicatif, ive [myltiplikatif, iv] adj. Qui multiplie. ▷ MATH *Loi multiplicative,* qui confère les propriétés de la multiplication. *Groupe multiplicatif,* muni d'une loi multiplicative.

multiplication [myltiplikasjɔ̃] n. f. **1.** Augmentation en nombre. *Multiplication des espèces.* Syn. accroissement, prolifération. **2.** MATH Opération, notée [×] ou [.], consistant à additionner à lui-même un nombre (multiplicande), un nombre de fois égal à un autre nombre (multiplicateur). ▷ *Table de multiplication :* tableau donnant les produits des premiers nombres (de 1 à 10 ou 12) entre eux. **3.** TECH Rapport des vitesses angulaires d'un arbre entraîné et d'un arbre moteur, quand l'arbre moteur tourne moins vite que l'arbre entraîné. Ant. démultiplication.

multiplicité [myltiplisite] n. f. **1.** Caractère de ce qui est multiple. **2.** Grande quantité. *Multiplicité des lois.* Syn. pluralité.

multiplier [myltiplije] v. [2] **I.** v. tr. **1.** Augmenter le nombre, la quantité de. *Multiplier les difficultés.* Syn. accroître. – *Par ext.* Produire en grand nombre. *Multiplier les erreurs.* **2.** MATH Faire la multiplication de. *Multiplier 2 par 3.* **II.** v. pron. **1.** Croître en nombre. *Les obstacles se multipliaient.* **2.** Se reproduire. *Animaux qui se multiplient très rapidement.* **3.** Fig. Sembler être en plusieurs lieux à la fois, à force d'activité. *Se multiplier pour rendre service.*

multipolaire [myltipɔlɛʀ] adj. ELECTR Qui comporte plus de deux pôles.

multiprise [myltipʀiz] n. f. Prise de courant électrique qui permet de brancher plusieurs prises. Syn. prise multiple.

multiprocesseur [myltipʀɔsesœʀ] n. m. Ordinateur qui possède plusieurs unités centrales de traitement.

multiracial, ale, aux [myltiʀasjal, o] adj. Didac. Qui comporte plusieurs groupes raciaux humains. *Une société multiraciale.*

multirisque [myltiʀisk] adj. FIN *Assurance multirisque,* qui couvre des risques de natures différentes.

multitude [myltityd] n. f. **1.** Grand nombre. *Une multitude de spectateurs.* **2.** Péjor. Le plus grand nombre, le commun des hommes. Syn. foule, masse.

Muluzi (Bakili) (né en 1943), homme d'État du Malawi; élu président de la Rép. lors des premières élections pluralistes (1994).

Munch (Edvard) (1863 – 1944), peintre et graveur norvégien, précurseur de l'expressionnisme : *le Cri* (1893).

Münchhausen (Karl Hieronymus, baron von) (1720 – 1797), officier allemand. Il combattit, dans l'armée russe, contre les Turcs en 1740-1741. Son personnage de soldat hâbleur a été popularisé par R. E. Raspe (*les Aventures du baron de Münchhausen,* 1785) et Collin d'Harleville (*Monsieur de Crac dans son petit castel,* 1791).

mundā [munda] n. m. et adj. **1.** n. m. LING Groupe de langues parlées dans les régions montagneuses de l'Inde (qui, selon les écoles de linguistes, est considéré comme une entité autonome ou comme appartenant à la famille dite austroasiatique). (V. Asie, encycl. langues.) **2.** adj. (inv. en genre) Relatif au mundā.

Mundang ou **Moundang,** ethnie du Cameroun septentrional et du Tchad (env. 120000 personnes). Ils parlent une langue nigéro-congolaise du groupe adamawa.

mundélé [mundele] n. m. (Afr. subsah.) Dans la rép. dém. du Congo, Blanc ou Africain occidentalisé. Syn. (Afr. subsah.) toubab.

mungo [mœ̃go] n. m. Dolique à petits grains vert brun ou jaunes, cultivé en Asie et en Afrique, aussi appelé *haricot mungo.*

Muni (Río), ria, large et découpée, du S.-O. de la Guinée équatoriale, qui donne son nom *(Rio Muni)* à la partie continentale du pays, recouverte par la forêt vierge. Le Mbini est le plus important des fleuves qui se jettent dans cette ria.

Muni (Muni Weisenfreund, dit Paul) (1897 – 1967), acteur américain : *Scarface* (1932), *Je suis un évadé* (id.), *la Vie d'Émile Zola* (1937), *Juarez* (1939).

Munich (en all. *München*), v. d'Allemagne, cap. de la Bavière, sur l'Isar; 1274720 hab.; 3e ville du pays. Grand centre culturel, commercial, financier et industriel. – Archevêché. Université. Cath. du XVe s. Anc. hôtel de ville (XVe s.). Pinacothèque. Glyptothèque. Musée national bavarois. – La ville fut le siège des jeux Olympiques de 1972 (assassinat de 11 athlètes israéliens par un commando de Septembre noir). – Fondé v. 1158 par Henri le Lion sur un territoire occupé par des moines (München, en latin *Monachium*), Munich fut la résidence (1255) des ducs de Wittelsbach. En 1806, Maximilien IV de Wittelsbach devint roi (Maximilien Ier) et en fit sa capitale, que ses descendants (notam. Louis Ier) embellirent. Un premier soulèvement révolutionnaire s'y produisit (nov. 1918-mai 1919). En nov. 1923, Hitler tenta un putsch dans cette ville favorable au nazisme. – *Accords de Munich* (29-30 sept. 1938) entre la G.-B. (Chamberlain), la France (Daladier), l'Allemagne (Hitler) et l'Italie (Mussolini) : pour tenter de maintenir la paix, les démocraties encourageaient l'expansionnisme d'Hitler.

municipal, ale, aux [mynisipal, o] adj. Relatif à une commune (nommée, au Canada, une municipalité) et à son administration. *Conseil municipal.*

municipalité [mynisipalite] n. f. **1.** Corps d'élus qui administre une commune (nommée, au Canada, une municipalité), comprenant le maire et les conseillers municipaux. – DR ADMIN Ensemble du maire et de ses adjoints. **2.** Lieu où siège le conseil municipal; mairie. **3.** Commune. ▷ *Municipalité de village, municipalité de paroisse :* les plus petites divisions administratives au Canada. **4.** *Municipalité régionale de comté (M.R.C.) :* au Québec, organisme régional de gestion et de coordination des services dispensés aux municipalités rurales qui en font partie, ayant à sa tête un préfet.

munificence [mynifisɑ̃s] n. f. Grande libéralité, générosité, largesse.

munificent, ente [mynifisɑ̃, ɑ̃t] adj. D'une grande générosité.

munir [myniʀ] v. tr. [3] **1.** Pourvoir du nécessaire. *Munir des voyageurs de vivres.* ▷ v. pron. *Se munir d'un parapluie.* – Fig. *Se munir de patience.* **2.** Garnir, équiper. *Munir des fauteuils de housses.*

munitions [mynisjɔ̃] n. f. pl. Approvisionnement pour les armes à feu (cartouches, obus, grenades, etc.).

Münster, v. d'Allemagne (Rhénanie-du-Nord-Westphalie); 267630 hab. Centre industriel. – Université. Cath. (XIIIe s.). Hôtel de ville goth. (XIVe s.). – En 1648, après quatre ans de négociations, les *traités de Westphalie**, qui mettaient fin à la guerre de Trente* Ans, furent signés à Münster.

Munténie, rég. de la Roumanie méridionale. Avec l'Olténie, située à l'O., elle forme la Valachie. Riche région agric. (vergers, vignobles); ville princ. *Bucarest.*

muntjac [mœ̃ntʒak] n. m. Petit cervidé asiatique (*Muntiacus muntjak*) 50 cm de hauteur au garrot pour 15 à 18 kg, à bois courts portés par des excroissances osseuses. *Le cri du muntjac ressemble à un aboiement.*

munukutuba [munukutuba] n. m. LING Forme véhiculaire du kikongo.

Münzer ou **Müntzer** (Thomas) (1489 [?] – 1525), réformateur religieux allemand; un des fondateurs de la secte des anabaptistes. Il dirigea la révolte des paysans; battu par les princes à Frankenhausen (15 mai 1525), il fut torturé puis décapité.

Muong(s), population du N. du Viêt-nam, établie dans la rég. de Hoa Binh et sur les pentes de la cordillère Annamitique (env. 914000 personnes). Ils sont proches des Vietnamiens par la langue et des Thaïs quant à l'organisation sociale et culturelle (riziculture irriguée, maisons sur pilotis regroupées en villages). Ils pratiquent le culte des ancêtres et ont développé une riche littérature populaire.

Muong Xua, principauté lao fondée vers le XIe s. et qui avait pour capitale Xien Tong, la future Luang Prabang. Un de ses princes, Fa* Ngum, fonda en 1353 le premier royaume du Laos, le Lan* Xang.

muphti [myfti] n. m. V. mufti.

Muqdisho (anc. *Mogadishu* et, en ital., *Mogadiscio*), cap. et port de la Somalie, sur l'océan Indien; 750000 hab. Principal centre commercial du pays et port princ. (exportation de produits agric.). Raff. de pétrole. Aéroport international. Festival de cinéma.

muqueux, euse [mykø, øz] adj. et n. f. MED **1.** De la nature du mucus. **2.** Qui sécrète du mucus. ▷ n. f. ANAT Membrane qui tapisse l'intérieur des organes creux communiquant directement avec l'extérieur, et qui sécrète du mucus. *Muqueuse buccale.*

mur [myʀ] n. m. **1.** Ouvrage de maçonnerie servant à soutenir un plancher ou une charpente *(mur porteur)*, ou à cloisonner un espace. *Mur en banco. Mur de refend*. Mur de soutènement.* ▷ Loc. Arg., fig. *Faire le mur :* sortir en cachette (de la caserne, du lycée, etc.) en sautant par-dessus le mur. – Prov. *Les murs ont des oreilles :* il faut se méfier, on peut être entendu. – *Mettre qqn au pied du mur,* le mettre en demeure de prendre une décision, de faire qqch, etc. ▷ (Plur.) *Les murs :* l'enceinte d'une ville. – *Par ext.* La ville elle-même. *Vous êtes dans nos murs.* ▷ (Wallis-et-F.) *Mur à cochons :* muret faisant le tour de l'île de Futuna, séparant les habitations des cultures. **2.** *Par ext.* Toute barrière. *Un mur de rondins.* **3.** Fig. Barrière, limite fictive. *Le mur de la vie privée.* – Ce qui constitue un obstacle. *Il se heurta à un mur de silence.* ▷ AVIAT *Mur du son :* ensemble des phénomènes aérodynamiques qui font obstacle au franchissement de la vitesse du son par un avion, un missile, etc.

mûr, mûre [myʀ] adj. **1.** (En parlant d'un fruit, d'une céréale.) Parvenu à un point de développement qui le rend propre à propager l'espèce ou à être consommé. *Mil, ananas mûrs.* **2.** *Par ext.* Prêt à être réalisé, à remplir une fonction, etc., dans des conditions idéales. *L'affaire n'est pas encore mûre.* – (Personnes) *Être mûr pour qqch,* être en âge, en situation de l'obtenir. **3.** Qui a atteint son développement complet, physique ou intellectuel. *Homme mûr. Âge mûr.* ▷ *Abcès mûr,* près de percer. **4.** Qui a un jugement sage, réfléchi. *Fille mûre pour son âge.* ▷ *Après mûre réflexion :* après avoir longuement réfléchi.

Murad Ier (v. 1326 – 1389), 3e sultan ottoman (1359-1389). Il prit aux Byzantins la Thrace et installa sa capitale à Andrinople. Il s'empara de la Macédoine, de la Bulgarie et vainquit les Serbes et leurs alliés à Kosovo (1389). — **Murad II** (1404 - 1451), 6e sultan ottoman (1421-1451). Il renforça l'autorité ottomane en Asie Mineure et dans les Balkans et écrasa les Polonais et les Hongrois à Varna (1444). — **Murad III** (1546 – 1595), 12e sultan ottoman (1574-1595), fils de Selim II. Son armée enleva l'Azerbaïdjan et le Daghestan à la Perse (1578-1590). — **Murad IV** (1612 – 1640), 17e sultan ottoman (1623-1640). Dernier sultan guerrier, il reprit Bagdad aux Persans (1638).

Murad Ier (XVIIe s.), bey ottoman, régent de Tunis de 1612 à 1631. — **Murad II** (XVIIe s.), bey ottoman, régent de Tunis de 1659 à 1675.

Murad bey (v. 1750 – 1801), mamelouk d'Égypte, né en Circassie. Il organisa la résistance contre les Français lorsque ceux-ci eurent débarqué à Alexandrie, mais fut vaincu par Bonaparte à la bataille des Pyramides (1798).

Muradides, dynastie de beys ottomans, qui régnèrent sur Tunis au XVIIe s.

muraille [myʀɑj] n. f. **1.** Mur épais et assez haut. *Pan de muraille.* **2.** (Souvent au plur.) Construction servant de clôture; fortification. *Muraille crénelée.* Syn. rempart, enceinte. **3.** MAR Partie de la coque du navire comprise entre la flottaison et le plat-bord.

Muraille (Grande) ou **Muraille de Chine,** mur de fortification monumental (de 6 à 18 m de hauteur pour une épaisseur de 8 à 10 m) qui part du golfe du Bohai, passe au nord de Pékin et finit au désert de Gobi (plus de 5000 km de fortifications). Érigée au IIIe s. av. J.-C. (dynastie Qin), elle fut modernisée (brique) et achevée sous les Ming (XVe-XVIIe s.).

mural, ale, aux [myʀal, o] adj. Qui se fixe, s'applique au mur. *Placard mural.* ▷ BX-A *Peinture murale,* faite directement sur un mur.

Murano, îlot de la lagune de Venise. Fabriques de glaces, dites de Venise, et verreries d'art (dès le XIIIe s.). – Basilique Santa Maria (XIIe s.).

Murasaki Shikibu (v. 978 – v. 1020), écrivain japonais, dame d'honneur à la cour de l'impératrice Shōshi. Elle a laissé un chef-d'œuvre, le *Genji monogatari,* fresque romanesque de la société courtoise en 54 livres.

Murat (Joachim) (1767 – 1815), maréchal de France, roi de Naples. Général pendant la campagne d'Italie, il épousa en 1800 Caroline Bonaparte. Brillant cavalier, il se distingua notam. à Marengo. Maréchal (1804), prince d'Empire (1805), roi de Naples (1808-1815), il abandonna Napoléon Ier en 1814. En 1815, il perdit ses États, tenta de les reconquérir, fut pris et fusillé.

Murcie, v. d'Espagne méridionale, sur le Segura, 322900 hab., cap. de la communauté autonome et de la région de la C.E. du même nom; 11317 km²; 17062060 hab. Centre agricole et industriel. – Université.

Mur des lamentations, mur occidental de l'anc. Temple de Jérusalem, devant lequel les juifs viennent prier. C'est un vestige du mur qui soutenait la terrasse du Temple que restaura Hérode.

mûre [myʀ] n. f. **1.** Fruit comestible du mûrier. *Sirop de mûre.* **2.** Fruit comestible de la ronce.

mûrement [myʀmɑ̃] adv. Avec une réflexion approfondie. *Un projet mûrement réfléchi.*

murène [myʀɛn] n. f. Poisson apode des côtes rocheuses, au corps mince et long, très vorace.

murer [myʀe] v. tr. [1] **1.** Entourer de murs, de murailles. *Murer une ville.* **2.** Fermer par une maçonnerie. *Murer une porte.* **3.** Enfermer en maçonnant les issues. *Murer un prisonnier.* **4.** Fig. Soustraire à toute influence extérieure. *Murer sa vie privée.* ▷ v. pron. S'enfermer pour s'isoler. *Se murer chez soi.* – Fig. *Se murer dans son obstination.*

Mureș (le) (en hongrois *Maros*), riv. de Roumanie et de Hongrie (758 km, dont 720 en Roumanie), affl. de la Tisza (r. g.); naît dans les Carpates orientales, arrose Tîrgu-Mureș, Alba-Iulia et Arad avant de passer en Hongrie.

muret [myʀɛ] n. m. ou **murette** [myʀɛt] n. f. Mur de faible hauteur.

murex [myʀɛks] n. m. Mollusque gastéropode marin dont la coquille est garnie d'épines, de tubercules, et prolongée en siphon tubulaire. *Les Anciens extrayaient la pourpre d'une espèce méditerranéenne de murex.*

Murger (Henri) (1822 – 1861), écrivain français. Ses années de misère lui ont inspiré *Scènes de la vie de bohème* (1847-1849).

murgère [myʀʒɛʀ] n. m. (Aoste) Muret de pierres sèches séparant plusieurs propriétés.

muridés [myʀide] n. m. pl. ZOOL Famille de petits rongeurs à museau pointu (rats, souris et mulots). – Sing. *Un muridé.*

mûrier [myʀje] n. m. Arbre à latex blanc (fam. moracées), dont il existe différentes espèces, ayant souvent des usages médicinaux. *Mûrier noir. Les feuilles du mûrier blanc servent de nourriture au ver à soie.* ▷ (Nouv.-Cal., Wallis-et-F.) *Faux mûrier* ou *mûrier à papier :* mûrier (*Broussonetia papyrifera*) dont la seconde écorce est utilisée pour fabriquer des tapas.

Murillo (Bartolomé Esteban) (1618 – 1682), peintre espagnol : œuvres religieuses (*l'Immaculée Conception,* v. 1668, cath. de Séville) et scènes de genre (*le Jeune Mendiant,* Louvre).

mûrir [myʀiʀ] v. [3] **I.** v. intr. **1.** Devenir mûr. *Des fruits qui mûrissent.* – Fig. *Laisser mûrir une affaire.* ▷ Loc. (Mart.) *Mûrir en case :* pour un fruit, mûrir dans des chiffons ou de la paille afin de devenir plus onctueux. (V. cabaner.) **2.** Acquérir du jugement. *Esprit qui mûrit.* **II.** v. tr. **1.** Rendre mûr. *Le soleil mûrit les fruits.* **2.** Former (qqn), lui donner de la sagesse. *Ces épreuves l'ont mûri.* **3.** Mettre au point peu à peu. *Mûrir un projet.*

mûrissement [myʀismɑ̃] n. m. Venue à maturation (des fruits).

mûrisserie [myʀisʀi] n. f. TECH Local où on laisse mûrir certains fruits.

murmel [myʀmɛl] n. m. Fourrure de marmotte rappelant la marte ou le vison.

murmure [myʀmyʀ] n. m. **1.** Bruit continu, sourd et confus, de voix humaines. *Murmure d'approbation.* **2.** *Par anal.* Bruit léger et régulier produit par des eaux qui coulent, le vent dans les feuilles, etc. *Le murmure du ruisseau.* **3.** (Souvent plur.) Plaintes, commentaires plus ou moins malveillants exprimés à mi-voix. *Provoquer des murmures de protestation.*

murmurer [myʀmyʀe] v. intr. [1] **1.** Parler, prononcer à voix basse. *Elle murmurait plus qu'elle ne parlait.* ▷ v. tr. *Il lui murmura quelques mots à l'oreille.* Syn. chuchoter. **2.** Émettre un murmure, un bruit léger et régulier. *Le vent murmure dans le feuillage.* **3.** Se plaindre, protester sourdement. *Murmurer entre ses dents. Murmurer contre un ordre reçu.* ▷ Faire des commentaires de bouche à oreille; jaser.

Murnau (Friedrich Wilhelm Plumpe, dit) (1888 – 1931), cinéaste allemand; l'un des maîtres du cinéma muet : *Nosferatu le Vampire* (1922), *le Dernier des hommes* (1924), *Faust* (1926), *l'Aurore* (1927), *Tabou* (avec Flaherty, 1931).

Murray (le), grand fl. du S.-E. de l'Australie (2574 km); né dans la Cordillère australienne, il sépare les États de Nouvelle-Galles du Sud et de Victoria, et se jette dans l'océan Indien.

Murray (James) (1721 – 1794), général britannique. Il combattit au Canada, dont il fut le premier gouverneur civil anglais (1763-1766).

Mururoa, atoll de la Polynésie française (îles Tuamotu); 3000 hab. Anc. centre d'essais nucléaires.

musacées [myzase] n. f. pl. Famille de monocotylédones tropicales comprenant notam. le bananier. – Sing. *Une musacée.*

Musaddaq. V. Mossadegh.

Musa ibn Nusayr *(Mūsā ibn Nusayr)* (v. 640 – 718), général arabe. Il conquit le Maghreb jusqu'au Maroc

(708) puis l'Espagne, avec l'aide de Tariq ibn Ziyad (711-713).

Musala (pic), point culminant (2 925 m) de la Bulgarie, dans le massif du Rhodope.

musaraigne [myzaʀɛɲ] n. f. Petit mammifère insectivore au museau pointu (genres *Sorex* et voisins, fam. soricidés).

musarder [myzaʀde] v. intr. [1] Flâner. Syn. (Réunion) amuser.

musc [mysk] n. m. **1.** Substance très odorante extraite des glandes abdominales du chevrotain porte-musc mâle. **2.** Parfum à base de musc.

muscade [myskad] n. f. et adj. f. Graine du muscadier qui, réduite en poudre, est utilisée comme condiment. ▷ adj. f. *Noix muscade.*

muscadet [myskadɛ] n. m. Vin blanc sec de la région de la Loire.

muscadier [myskadje] n. m. Arbuste tropical qui donne un fruit dont l'amande est la noix de muscade. – *Faux muscadier :* anonacée d'Afrique tropicale aux graines aromatiques.

muscardin [myskaʀdɛ̃] n. m. Petit rongeur européen au pelage roux doré, long d'une quinzaine de cm, qui construit un nid en boule dans les buissons.

muscat [myska] n. m. et adj. m. **1.** Variété de raisin parfumé, à l'odeur musquée. ▷ adj. m. *Raisin muscat.* **2.** Vin fait avec ce raisin.

muscidés [myside] n. m. pl. ENTOM Famille de diptères comprenant les mouches proprement dites. – Sing. *Un muscidé.*

muscinées [mysine] n. f. pl. BOT Classe de végétaux bryophytes appelés couramment *mousses.* – Sing. *Une muscinée.*

muscle [myskl] n. m. Organe contractile assurant le mouvement, chez l'homme et chez les animaux. *Gonfler ses muscles.*
ENCYCL Selon les fibres qui les composent, on distingue : les *muscles rouges striés* (appelés aussi muscles squelettiques, car ils sont en relation avec les os), agents de la mobilité volontaire; les *muscles lisses,* ou involontaires, qui obéissent au système neurovégétatif. Le *muscle cardiaque* doit être classé à part, car il possède à la fois des fibres lisses et des fibres striées.

musclé, ée [myskle] adj. Qui a les muscles volumineux, bien dessinés. *Athlète musclé.* ▷ Fig. Qui a du nerf, de la force. *Musique musclée.*

muscler [myskle] v. tr. [1] Développer les muscles de (qqn). ▷ v. pron. *Faire des exercices pour se muscler.*

muscovite [myskɔvit] n. f. MINER Mica blanc.

musculaire [myskylɛʀ] adj. Des muscles, qui a rapport aux muscles.

musculation [myskylasjɔ̃] n. f. Ensemble d'exercices destinés à favoriser le développement des muscles.

musculature [myskylatyʀ] n. f. Ensemble des muscles du corps.

musculeux, euse [myskylø, øz] adj. **1.** ANAT Composé de fibres musculaires. **2.** Qui a une forte musculature.

muse [myz] n. f. **1.** (Avec une majuscule.) MYTH Chacune des neuf déesses qui présidaient aux arts libéraux*. *Calliope était la Muse de l'éloquence, Clio de l'histoire, Érato de l'élégie, Euterpe de la musique, Melpomène de la tragédie, Polymnie de la poésie lyrique, Terpsichore de la danse, Thalie de la comédie et Uranie de l'astronomie.* **2.** (Parfois avec une majuscule.) *La Muse, les Muses :* la poésie. ▷ Litt., plaisant *Taquiner la Muse :* composer à l'occasion des poèmes, par divertissement. **3.** (Avec une minuscule.) Vieilli Femme qui inspire un poète, un artiste.

museau [myzo] n. m. **1.** Partie antérieure de la tête de certains animaux (mammifères, sauf le cheval; poissons) comprenant la gueule et le nez. *Museau de chien, de requin.* **2.** Fam. Visage. *Vilain museau.*

musée [myze] n. m. Lieu public où sont rassemblées des collections d'objets d'art, ou des pièces présentant un intérêt historique, scientifique, technique.

Musée océanographique de Monaco, musée construit (1899-1910) au S.-O. du port de Monaco.

museler [myz(ə)le] v. tr. [19] **1.** Mettre une muselière à (un animal). **2.** Fig. Empêcher de s'exprimer. *Museler la presse.*

muselière [myzəljɛʀ] n. f. Appareil que l'on met au museau de certains animaux, pour les empêcher de mordre ou de manger.

musellement [myzɛlmɑ̃] n. m. Action de museler.

muséographie [myzeɔgʀafi] n. f. Description des musées; description, étude de leurs collections.

muséologie [myzeɔlɔʒi] n. f. Ensemble des connaissances scientifiques et techniques concernant la conservation et la présentation des collections des musées.

muser [myze] v. [1] (Belgique) **1.** v. intr. Bourdonner. – Produire un son sourd et continu de la gorge, bouche fermée. *Les élèves musent toujours avec ce professeur.* **2.** v. intr. et tr. Fredonner. *Muser un air. Muser en marchant.*

musette [myzɛt] n. f. **1.** *Bal musette :* bal populaire. **2.** Sac en toile que l'on peut porter en bandoulière.

Musette (Auguste Robinet, dit) (1862 – 1930), écrivain français d'Algérie, créateur en 1895 d'un personnage, Cagayous, qui s'exprime en pataouète*.

muséum [myzeɔm] n. m. Musée consacré aux sciences naturelles.

Muséum national d'histoire naturelle, établissement scientifique français, fondé à Paris, en 1635, par Gui de La Brosse et nommé *Jardin du roi* jusqu'en 1794.

Museveni (Yoweri) (né en 1944), homme d'État ougandais; président de la Rép. depuis 1986.

musical, ale, aux [myzikal, o] adj. **1.** Relatif à la musique. *Composition musicale.* **2.** Où l'on donne de la musique. *Soirée musicale.* **3.** Harmonieux, chantant. *Phrase musicale.* ▷ Par ext. *Avoir l'oreille musicale :* être apte à saisir, à reconnaître les sons musicaux et leurs combinaisons.

musicalement [myzikalmɑ̃] adv. **1.** D'une façon musicale, harmonieuse. **2.** Pour ce qui est de la musique.

musicalité [myzikalite] n. f. Qualité de ce qui est musical. *Musicalité d'un enregistrement. – Musicalité d'un vers de Racine.*

music-hall [myzikol] n. m. **1.** Établissement où se donnent des spectacles de variétés. *Des music-halls.* **2.** Ce genre de spectacle.

musicien, enne [myzisjɛ̃, ɛn] n. et adj. **1.** Personne qui connaît, pratique l'art de la musique. ▷ adj. *Il est très musicien. Avoir l'oreille musicienne.* **2.** Personne dont la profession est de composer ou de jouer de la musique. *Bach est son musicien préféré. Un orchestre de soixante musiciens. Un musicien de jazz.*

musicographe [myzikɔgʀaf] n. Auteur, critique qui écrit sur la musique.

musicographie [myzikɔgʀafi] n. f. Art, travail du musicographe.

musicologie [myzikɔlɔʒi] n. f. Étude de la musique dans ses rapports avec l'histoire, l'art, l'esthétique.

musicologue [myzikɔlɔg] n. Spécialiste de musicologie.

Musil (Robert von) (1880 – 1942), écrivain autrichien : *les Désarrois de l'élève Törless* (roman, 1906); *les Exaltés* (drame, 1921); *Trois femmes* (nouvelles, 1924); *l'Homme sans qualités* (4 vol. : 1930, 1933, 1943 et 1952, inachevé).

musique [myzik] n. f. **1.** Art de combiner les sons suivant certaines règles. ▷ Ensemble des productions de cet art; œuvre musicale. *Musique religieuse. Musique de chambre,* pour petit orchestre. *Musique atonale, dodécaphonique, sérielle. Musique enregistrée. Musique de film. Préférez-vous la musique classique ou la musique contemporaine?* **2.** Musique écrite. *Copier de la musique. Savoir déchiffrer la musique.* **3.** Société de musiciens exécutant de la musique ensemble. *Une musique militaire. Chef de musique.* **4.** Loc. fig. et fam. *En avant la musique! :* allons-y! – *Connaître la musique :* savoir à quoi s'en tenir. – *Réglé comme du papier à musique :* très bien organisé, méthodique; qui se produit inévitablement. **5.** Fig. Suite de sons qui produisent une impression agréable. *La musique d'une source.* **6.** (Louisiane) Instrument de musique. *Musique à mains :* accordéon. – (Belgique, vx; Québec; Suisse) *Musique à bouche :* syn. de *harmonica.*

muskeg [mɔskɛg] n. m. (Québec) Terrain marécageux du Nord canadien, couvert d'une maigre végétation.

musqué, ée [myske] adj. **1.** Parfumé au musc. **2.** Dont l'odeur rappelle le musc. **3.** ZOOL *Bœuf musqué :* V. ovibos. – *Rat musqué :* V. ondatra.

Musset (Alfred de) (1810 – 1857), écrivain français. Admis dans le cénacle romantique de Nodier, il publia en 1830 un vol. de vers, *Contes d'Espagne et d'Italie.* En 1833, il partit pour l'Italie avec George Sand. Il en revint seul. Son désespoir lui inspira *les Nuits* (1835-1837) et un roman autobiographique, *la Confession d'un enfant du siècle* (1836). Jusqu'en 1839, il écrivit de nombr. pièces, destinées uniquement à la lecture. Puis il sombra dans l'alcoolisme et la paresse. En 1852, il réunit son œuvre poétique dans *Premières poésies* (1829-1835) et *Nouvelles poésies* (1835-1852); en 1853, son théâtre dans *Comédies et Proverbes* (1853) : *les Caprices de Marianne* (1833), *Fantasio* (1834), *On ne badine pas avec l'amour* (1834), *Lorenzaccio* (1834), *Il ne faut jurer de rien* (1836), etc. Acad. fr. (1852).

mussolini [mysolini] n. m. ICHTYOL Poisson marin *(Selene dorsalis)* voisin des carangues, très commun sur les côtes d'Afrique occidentale, au corps fortement comprimé et au front élevé.

Mussolini (Benito) (1883 - 1945), homme politique italien. Socialiste, il fut rédacteur en chef d'*Avanti!* (1912-1914), puis fonda *Il Popolo d'Italia,* qui prônait l'entrée en guerre de l'Italie aux côtés de l'Entente. En 1919, il créa les premiers faisceaux italiens de combat, dont il était le Duce (le «chef»). Dans un pays en proie à une crise totale, le parti fasciste fut soutenu par la bourgeoisie. En 1922 (V. Rome [marche sur]), le roi lui confia le pouvoir; celui-ci devint dictatorial dès 1924. En 1936, après la conquête de l'Éthiopie, Mussolini s'allia au IIIe Reich (axe Rome-Berlin) et, en juin 1940, se lança dans la guerre. Les désastres militaires dressèrent contre lui les principaux dirigeants fascistes, qui l'emprisonnèrent (juil. 1943). Délivré par les Allemands (sept.), il instaura en Italie du N. (Salo) une «République sociale italienne». Pris par les partisans antifascistes le 27 avril 1945, il fut fusillé le 28.

Mustafa Kamil. V. Kamil Pacha.

Mustafa Kemal. V. Kemal.

Mustağānim. V. Mostaganem.

mustang [mystɑ̃g] n. m. Cheval sauvage de l'ouest des États-Unis.

mustélidés [mystelide] n. m. pl. ZOOL Famille de mammifères à fourrure, carnivores, pourvus de glandes à musc. *L'hermine, la loutre, le vison sont des mustélidés.* – Sing. *Un mustélidé.*

musulman, ane [myzylmɑ̃, an] adj. et n. **1.** Qui professe l'islam. ▷ Subst. *Un(e) musulman(e).* Syn. (Djibouti) marabout. **2.** De l'islam. *Les fêtes musulmanes.*

mutabilité [mytabilite] n. f. **1.** Litt. Caractère de ce qui est susceptible de changer. **2.** BIOL Caractère de ce qui peut subir une mutation.

mutable [mytabl] adj. Qui peut changer, être changé.

mutagène [mytaʒɛn] adj. BIOL Qui produit une mutation.

mutagenèse [mytaʒənɛz] n. f. BIOL Formation d'une mutation.

Mutanabbi (Al-) *(Abū t-Tayyib al-Mutanabbī,* «Celui qui se prend pour un prophète») (915 - 965), poète arabe. Orgueilleux, utilisant un style précieux, il a écrit un diwan abondant. Il fut assassiné.

mutant, ante [mytɑ̃, ɑ̃t] n. et adj. BIOL Être vivant qui subit ou qui a subi une ou plusieurs mutations. ▷ adj. Qui a subi une mutation. *Type mutant.*

Mutapa. V. Monomotapa.

Mutare (anc. *Umtali*), v. de l'E. du Zimbabwe; 74000 hab.; ch.-l. de la prov. du Manicaland. À Feruka, local. proche, raffinerie de pétrole reliée par oléoduc au port de Beira (Mozambique).

mutation [mytasjɔ̃] n. f. **1.** Changement. **2.** Remplacement d'une personne par une autre, changement d'affectation. *Mutation d'un fonctionnaire, d'un militaire.* Syn. (Afr. subsah.) affectation. **3.** BIOL Modification du génome (patrimoine héréditaire) d'un être vivant, pouvant être transmise aux générations suivantes. **4.** DR Transmission de la propriété. *Droits de mutation.*

mutationnisme [mytasjɔnism] n. m. BIOL Théorie émise en 1901 par H. De Vries qui explique l'évolution des êtres vivants par les mutations.

mutatis mutandis [mytatismytɑ̃dis] loc. adv. (lat.) En faisant les changements nécessaires.

mutazilite [mutazilit] n. m. V. moutazilite.

mutenye [mutenje] n. m. Arbre des forêts équatoriales d'Afrique (fam. césalpiniacées), dont le bois veiné est apprécié en ébénisterie.

muter [myte] v. tr. [1] Changer d'affectation. *Muter un fonctionnaire.* Syn. (Afr. subsah.) affecter.

Mutesa Ier Nabulagala (v. 1838 - 1884), roi du Buganda de 1856 à sa mort. — **Mutesa II** (Edward Frederick) (1924 - 1969), dernier roi du Buganda; premier président de l'Ouganda en 1962, il fut destitué en 1966 par Milton Obote.

mutilation [mytilasjɔ̃] n. f. **1.** Amputation accidentelle d'un membre, d'une partie du corps. **2.** Dégradation. *Mutilation d'une œuvre d'art.* **3.** Suppression fâcheuse d'une partie d'un tout, particulièrement, retranchement d'un passage d'un ouvrage.

mutilé, ée [mytile] n. Personne qui a subi une mutilation. *Mutilé de guerre.*

mutiler [mytile] v. tr. [1] **1.** Amputer (une personne, un animal) d'un membre, lui infliger une blessure grave qui porte atteinte irréversiblement à son intégrité physique (surtout au passif et au pp.). *Ancien combattant mutilé d'un bras.* **2.** Détériorer gravement, tronquer (une chose). *Mutiler une sculpture.* – *Mutiler un texte, un ouvrage,* l'amputer d'une partie essentielle.

mutin, ine [mytɛ̃, in] n. et adj. **1.** n. Personne qui est entrée en rébellion ouverte contre un pouvoir établi. **2.** adj. Espiègle, vif et taquin. *Garçonnet mutin.* – Par ext. *Air mutin.*

mutiner (se) [mytine] v. pron. [1] Refuser d'obéir au pouvoir hiérarchique; se révolter. *Les soldats se sont mutinés et se sont emparés de la ville.*

mutinerie [mytinʀi] n. f. Action de se mutiner; son résultat.

mutisme [mytism] n. m. État, attitude de celui qui refuse volontairement de parler, de s'exprimer ou qui est contraint au silence. *S'enfermer dans un mutisme obstiné.*

mutité [mytite] n. f. Impossibilité physiologique de parler, déterminée par des lésions des centres cérébraux du langage articulé, des organes phonateurs, ou par suite de surdité *(surdi-mutité).*

Mutsuhito. V. Meiji tennō.

Muttra. V. Mathurā.

mutualisme [mytɥalism] n. m. ECON Doctrine qui préconise la mutualité.

mutualiste [mytɥalist] adj. et n. Relatif au mutualisme; fondé sur ses principes. *Société mutualiste.* ▷ Subst. Membre d'une société mutualiste. Syn. (Belgique) mutuelliste.

mutualité [mytɥalite] n. f. Système de solidarité sociale (assurance, prévoyance) fondé sur l'entraide mutuelle des membres cotisants groupés au sein d'une même société à but non lucratif. *La mutualité fut une des formes de socialisme préconisées par Proudhon.* – Ensemble des sociétés mutualistes.

mutuel, elle [mytɥɛl] adj. et n. f. **1.** Réciproque, fondé sur un ensemble d'actes, de sentiments qui se répondent. *Haine mutuelle. Torts mutuels,* partagés. **2.** Fondé sur les principes de la mutualité. *Société d'assurance mutuelle* (à but non lucratif). ▷ n. f. *Une mutuelle :* une société mutualiste.

mutuellement [mytɥɛlmɑ̃] adv. Réciproquement.

mutuelliste [mytyɛlist] n. (Belgique) Mutualiste.

mvet [mvɛt] n. m. (Afr. subsah.) **1.** Harpe cithare des Fang. **2.** Récit épique chanté et joué chez les Béti.

MW PHYS et ELECTR Symbole du mégawatt.

mwambe [mwɑ̃mb] n. m. V. moambe.

Mwambutsa IV (1912 - 1977), roi (mwami) du Burundi, intronisé en 1915, déposé en 1996.

mwami [mwami] n. m. (Afr. subsah.) Souverain des Tutsi du Rwanda.

Mwanza, v. et port de Tanzanie, sur le lac Victoria; 252000 hab.; ch.-l. de la rég. du m. nom. Centre industr. (or, diamants; coton). Chantier naval.

mwene Mutapa. V. Monomotapa.

Mweru. V. Moero.

Mwinyi (Ali Hassan) (né en 1925), homme politique tanzanien (originaire de Zanzibar); président de la Rép. depuis 1995.

my(o)-. Élément, du gr. *mus,* «muscle».

myalgie [mjalʒi] n. f. MED Douleur musculaire.

Myanmar. V. Birmanie.

myasthénie [mjasteni] n. f. MED Affection musculaire caractérisée par une fatigabilité anormale des muscles volontaires, avec épuisement progressif de la force musculaire.

-myce, myc(o)-. Éléments, du gr. *mukês,* «champignon».

mycélium [miseljɔm] n. m. BOT Appareil végétatif des champignons, formé de filaments plus ou moins ramifiés, cloisonnés (hyphes) ou non (siphons).

Mycènes (en gr. *Mykênai* ou *Mikínes*), anc. ville de Grèce au N.-E. d'Argos (Argolide), royaume d'Atrée, puis d'Agamemnon. Créée au IIIe millénaire, la bourgade reçut au déb. du IIe millénaire une pop. achéenne (grecque) qui, sous l'influence crétoise, développa une civilisation brillante (XVIe-XIIIe s. av. J.-C.) que l'invasion dorienne détruisit brutalement v. 1200 av. J.-C. À partir de 1876, l'Allemand H. Schliemann mit au jour ses ruines : *trésor d'Atrée* (v. 1330 av. J.-C.), vaste salle funéraire de plan circulaire, à la très haute coupole conique; *porte des Lionnes* (v. 1300-1200 av. J.-C.); *acropole,* etc.

mycétome [misetom] n. m. MED Pseudo-tumeur sous-cutanée due à des champignons ou des bactéries, fréquente dans les zones semi-désertiques. *Le mycétome est souvent provoqué par des piqûres d'épineux.*

myco-. V. -myce.

mycobactérie [mikɔbakteʀi] n. f. BIOL Bactérie ayant des caractères proches de certains champignons.

mycoderme [mikɔdɛʀm] n. m. BOT Levure qui se forme en voile à la surface des liquides fermentés ou sucrés. *Mycoderme acétique* («fleur de vin»), qui transforme le vin en vinaigre.

mycologie [mikɔlɔʒi] n. f. Didac. Partie de la botanique qui a pour objet l'étude des champignons.

mycoplasme [mikɔplasm] n. m. BIOL Bactérie polymorphe de petite taille, dépourvue de paroi et parfois pathogène pour l'homme.

mycorhize [mikɔʀiz] n. m. BOT Champignon associé par symbiose aux racines d'un végétal.

mycose [mikoz] n. f. MED Affection due à un champignon parasite.

mye [mi] n. f. ZOOL Mollusque marin bivalve de l'Atlantique N. et du Pacifique N., comestible, qui vit enfoui dans le sable.

myél(o)-, -myélite. Éléments, tirés du gr. *muelos,* «moelle».

myéline [mjelin] n. f. ANAT Substance constituée principalement de lipides et qui forme l'essentiel de la gaine du cylindraxe de certaines cellules nerveuses. *Les fibres nerveuses pourvues d'une gaine de myéline forment la substance blanche du cerveau et de la moelle épinière.*

-myélite. V. myél(o)-.

myélite [mjelit] n. f. MED Inflammation de la moelle épinière. *La poliomyélite est une myélite virale.*

myéloblaste [mjelɔblast] n. m. BIOL Cellule souche des myélocytes dont dérivent les leucocytes granuleux (polynucléaires).

myélocyte [mjelɔsit] n. m. BIOL Cellule jeune de la moelle osseuse, précurseur des leucocytes polynucléaires.

myélome [mjelom] n. m. MED Tumeur maligne caractérisée par une prolifération de cellules médullaires et par la sécrétion excessive d'une immunoglobuline particulière. Syn. maladie de Kahler.

myélopathie [mjelɔpati] n. f. MED Affection de la moelle épinière ou osseuse.

mygale [migal] n. f. Grosse araignée des régions tropicales (nombr. genres), qui creuse un terrier qu'elle ferme par un opercule. *La morsure de certaines espèces de mygales est dangereuse pour l'homme.*

myiase [mijaz] n. f. MED, VET Lésion causée par les larves de certaines mouches (ver de Cayor, par ex.).

Mykérinos, Mykerinus ou **Menkaourê** (v. 2500 av. J.-C.), l'un des derniers pharaons de la IVe dynastie; bâtisseur de la troisième des grandes pyramides de Gizeh (la plus petite).

myo-. V. my(o)-.

myoblaste [mjɔblast] n. m. BIOL Cellule dont dérivent les fibres musculaires.

myocarde [mjɔkaʀd] n. m. ANAT Tunique du cœur, constituée de fibres musculaires striées. – *Infarctus du myocarde :* V. infarctus.

myocardite [mjɔkaʀdit] n. f. MED Atteinte inflammatoire du myocarde, due à un rhumatisme articulaire aigu, à une scarlatine, à une infection virale, à la syphilis, etc.

myoglobine [mjɔglɔbin] n. f. BIOL Protéine du tissu musculaire, dont la structure, proche de celle de l'hémoglobine, permet le stockage de l'oxygène.

myologie [mjɔlɔʒi] n. f. Didac. Partie de l'anatomie qui traite des muscles.

myopathie [mjɔpati] n. f. MED Affection du tissu musculaire, acquise ou congénitale, d'origine métabolique, neurologique, endocrinienne ou toxique.

myope [mjɔp] adj. et n. Atteint de myopie. *L'œil myope est trop convergent, sa correction exige le port de verres divergents.* ▷ Fig. Peu perspicace, borné.

myopie [mjɔpi] n. f. Trouble de la vision des objets lointains, dû à un défaut optique du cristallin, qui forme l'image de l'objet en avant de la rétine. ▷ Fig. *Myopie intellectuelle.*

myosine [mjɔzin] n. f. BIOCHIM Fibrine musculaire qui joue un rôle important dans le mécanisme de la contraction musculaire.

myosotis [mjɔzɔtis] n. m. Petite plante (genre *Myosotis,* fam. borraginacées) à feuilles velues et à fleurs bleues, blanches ou roses, appelée aussi *ne-m'oubliez-pas* et *oreille-de-souris. La plupart des myosotis sont communs dans les lieux incultes d'Europe et d'Asie.*

Myrdal (Karl Gunnar) (1898 – 1987), économiste et homme politique suédois : *le Défi du monde pauvre* (1970). P. Nobel de sciences écon. 1974. — **Alva** (1902 – 1986); épouse du préc. P. Nobel de la paix 1982 pour son action en faveur des femmes, des handicapés et du tiers monde.

myria-, myrio-. Élément, du gr. *murias,* «dizaine de mille».

myriade [miʀjad] n. f. Quantité innombrable. *Des myriades d'étoiles.*

myriapodes [miʀjapɔd] n. m. pl. ZOOL Classe d'arthropodes terrestres dont le corps est formé d'un grand nombre de segments presque identiques portant chacun une ou deux paires de pattes. (La morsure de certaines espèces de grande taille est venimeuse.) – Sing. *Un myriapode.* Syn. cour. mille-pattes.

Myrmidons, anc. peuple de Thessalie qui, selon la légende, serait issu de fourmis que Zeus transforma en êtres humains.

Myron (Éleuthères, Béotie, prem. moitié du Ve s. av. J.-C.), sculpteur grec : *le Discobole* (répliques à Rome et à Londres).

myrrhe [miʀ] n. f. Gomme résine aromatique produite par différents arbres des régions chaudes. *Myrrhe d'Arabie. Myrrhe africaine.*

myrtacées [miʀtase] n. f. pl. BOT Famille de dicotylédones dialypétales voisine des rosacées, essentiellement tropicale (eucalyptus, giroflier, etc.). – Sing. *Une myrtacée.*

myrte [miʀt] n. m. **1.** Arbuste ornemental méditerranéen (genre *Myrtus*) à feuilles persistantes coriaces, à fleurs blanches odorantes et à baies bleu-noir comestibles. **2.** ANTIQ ou litt. Feuille de myrte, comme symbole de la gloire, de l'amour.

myrtille [miʀtij] n. f. **1.** Variété d'airelle poussant en Europe dans les forêts de montagne, aux baies noires comestibles. Syn. (Belgique) myrtillier. **2.** Fruit de cet arbrisseau.

myrtillier [miʀtilje] n. m. (Belgique) Myrtille (sens 1).

My Son, site du centre du Viêt-nam (au S.-E. de Da Nang), où se trouvent les ruines du centre religieux le plus prospère du royaume champa* (V^e-XVe s.). Il comprend cinq groupes de temples édifiés du VIIe s. au XIIe s. Les plus belles sculptures appartiennent à l'art champa du VIIe s. et du Xe s.

mystère [mistɛʀ] n. m. **I. 1.** ANTIQ Doctrine religieuse qui n'était révélée qu'aux seuls initiés. – (Plur.) Cérémonies du culte qui se rapportaient à ces doctrines. *Les mystères grecs d'Éleusis.* **2.** THEOL Dogme révélé du christianisme, inaccessible à la raison. *Le mystère de la Trinité.* **3.** Ce qui n'est pas accessible à la connaissance humaine. *Les mystères de la nature, du cœur humain.* **4.** Ce qui est inconnu, incompréhensible (mais virtuellement connaissable). *Cette disparition reste un mystère pour la police. Percer un mystère.* **5.** Ce qui est tenu secret. *Les mystères de la politique.* ▷ Ensemble des précautions dont on s'entoure pour tenir une chose secrète (souvent sans raisons sérieuses). *Expliquez-nous, au lieu de faire des mystères! Il y est allé et n'en fait pas mystère,* et ne s'en cache pas. **II.** LITTER Drame religieux qui se jouait au Moyen Âge sur le parvis des églises. *«Le Mystère de la Passion», d'Arnoul Gréban (1452).*

mystérieusement [misteʀjøzmɑ̃] adv. D'une façon mystérieuse, cachée.

mystérieux, euse [misteʀjø, øz] adj. **1.** Qui est de la nature du mystère, qui contient un mystère, un sens caché. *Prophétie mystérieuse.* **2.** Cour. Qui fait des mystères. *Un homme mystérieux.* **3.** Sur qui ou sur quoi plane un mystère. *Personnage mystérieux.*

mysticètes [mistisɛt] n. m. pl. ZOOL Sous-ordre de cétacés comprenant les espèces pourvues de fanons (baleines). – Sing. *Un mysticète.*

mysticisme [mistisism] n. m. **1.** Doctrine philosophique, tour d'esprit religieux qui suppose la possibilité d'une communication intime de l'homme avec la divinité par la contemplation et l'extase. *Mysticisme chrétien, musulman.* **2.** *Par ext.* Doctrine philosophique fondée sur l'intuition immédiate, sur une foi absolue en son objet.

mystificateur, trice [mistifikatœʀ, tʀis] n. et adj. Personne qui aime mystifier. *L'œuvre d'un mystificateur.* ▷ adj. Qui mystifie.

mystification [mistifikasjɔ̃] n. f. **1.** Acte, propos par lesquels on mystifie qqn. *Être victime d'une mystification.* **2.** Tromperie ou illusion collective (morale ou intellectuelle).

mystifier [mistifje] v. tr. [2] Tromper (qqn) en abusant de sa crédulité pour s'amuser à ses dépens.

mystique [mistik] adj. et n. **1.** Relatif au mystère d'une religion. *Le corps mystique du Christ :* l'Église. **2.** Qui procède du mysticisme. *Foi, expérience, connaissance mystiques.* **3.** Prédisposé au mysticisme ou dont la foi en procède. ▷ Subst. *Les mystiques musulmans.* **4.** Dont les idées sont absolues. *Un progressiste mystique.* ▷ Subst. *Les mystiques de la révolution.* **5.** n. f. *La mystique :* l'ensemble des pratiques et des connaissances liées au mysticisme. *La mystique juive.* ▷ *Par anal.* Manière plus passionnelle que rationnelle d'envisager une idée, une doctrine. *La mystique révolutionnaire.* **6.** adj. (Afr. subsah.) Magique (sens 1). *Le pouvoir mystique des féticheurs.*

Mystra. V. Mistra.

mythe [mit] n. m. **1.** Récit légendaire transmis par la tradition, qui, à travers les exploits d'êtres fabuleux (héros, divinités, etc.), fournit une tentative d'explication des phénomènes naturels et humains (naissance du monde, de l'homme, des institutions; acquisition des techniques). *Les mythes égyptiens, dogons. Le mythe d'Œdipe, de Prométhée.* **2.** Allégorie destinée à présenter sous une forme concrète et imagée une idée abstraite, une doctrine philosophique. *Le mythe platonicien de la caverne.*

▷ Fiction admise comme porteuse d'une vérité symbolique. *Le mythe de l'éternel retour.* **3.** Représentation, amplifiée et déformée par la tradition populaire, de personnages ou de faits historiques, qui prennent force de légende dans l'imaginaire collectif. *Le mythe napoléonien.* **4.** Représentation traditionnelle, simpliste et souvent fausse, mais largement partagée. *Le mythe de la galanterie française.* **5.** Croyance entretenue par la crédulité ou l'ignorance. *Le mythe de l'alcool qui fortifie.*

-mythie, mytho-. Éléments, du gr. *muthos*, «fable».

mythification [mitifikasjɔ̃] n. f. Action de mythifier; son résultat.

mythifier [mitifje] v. tr. [2] Conférer à (une chose, un fait, un personnage) une dimension mythique, quasi sacrée.

mythique [mitik] adj. Qui a rapport au mythe, qui lui appartient ou qui en a le caractère. *Récits mythiques.*

My Tho, v. du S. du Viêt-nam, sur un bras du delta du Mékong; 149000 hab. Industries alimentaires.

mythologie [mitɔlɔʒi] n. f. **1.** Ensemble des mythes propres à une civilisation, à un peuple, à une religion. *La mythologie aztèque. – Spécial.* Mythologie de l'Antiquité gréco-latine. **2.** Étude des mythes.

mythologique [mitɔlɔʒik] adj. Qui a rapport ou qui appartient à la mythologie.

mythologue [mitɔlɔg] n. Spécialiste de l'étude des mythes.

mythomane [mitɔman] adj. et n. Qui relève de la mythomanie; qui en est atteint. *Délire mythomane.* ▷ Subst. *Un(e) mythomane.*

mythomanie [mitɔmani] n. f. Tendance pathologique à dire des mensonges, à fabuler, à simuler.

Mytilène, ch.-l. de l'île grecque de Lesbos (dite aussi *Mytilène*); 24120 hab. Vestiges antiques. Musée.

myxœdème [miksedɛm] n. m. MED Affection due à l'insuffisance ou à la suppression de la sécrétion thyroïdienne, caractérisée par un œdème blanchâtre de la peau et par des troubles sexuels et intellectuels (arriération mentale).

myxomatose [miksɔmatoz] n. f. MED VET Maladie infectieuse du lapin, mortelle et très contagieuse, causée par un poxvirus, transmise par les moustiques, et qui se manifeste par des nodules et par une tuméfaction de la face et des organes génitaux.

myxomycètes [miksɔmisɛt] n. m. pl. BOT Champignons inférieurs proches du règne animal. – Sing. *Un myxomycète.*

myxovirus [miksoviʀys] n. m. BIOL *Les myxovirus :* groupe de virus qui comprend ceux de la grippe, de la pneumonie virale et des oreillons.

Mzab, région du Sahara algérien. Centre princ. *Ghardaïa.* Palmeraies.

mzabite [mzabit] ou **mozabite** [mɔzabit] adj. et n. **1.** adj. Du Mzab. *L'architecture mozabite.* **2.** Subst. Habitant du Mzab. *Les Mzabites.* ▷ Musulman d'une secte schismatique dont la terre d'élection est le Mzab. ▷ *Le mzabite :* la langue berbère parlée au Mzab.

N

n [ɛn] n. m. Quatorzième lettre et onzième consonne de l'alphabet. (Employé seul, *n* note l'occlusive nasale dentale [n]; devant une consonne ou en fin de mot, il transforme en un son nasal la voyelle qui le précède, comme dans *anse* [ɑ̃s], *ronce* [ʀɔ̃s], *jardin* [ʒaʀdɛ̃], etc. Combiné avec *g* (*gn*), il note la palatale nasale [ɲ] : *peigne* [pɛɲ], *montagne* [mɔ̃taɲ], etc.)

Naaman (Abdallah) (né en 1947), essayiste et poète libanais d'expression française et arabe. Après un recueil de poèmes (*Printemps perdu,* 1973), il publie des essais : *le Français au Liban* (1979), *la Mort et Camus* (1980), *les Levantins* (1984), *les Courants laïcs dans le monde arabe* (1990), et des nouvelles.

naba [naba] n. m. (Afr. subsah.) Chef local, chez les Mossi.

nabab [nabab] n. m. Plaisant Homme très riche qui fait étalage de sa fortune.

Nabatéens, anc. peuple de l'Arabie du N.-O. Ils fondèrent au Ve s. av. J.-C. un puissant roy. dont la cap. était *Pétra* (conquise sur les Édomites). Trajan les soumit en 106 apr. J.-C.

Nabeul, ville de Tunisie, sur le cap Bon; 39530 hab.; ch.-l. de gouvernorat du m. nom. Marché import. Arboriculture. Célèbres poteries.

nabis (Groupe des), groupe de peintres français (P. Sérusier*, Maurice Denis [1870-1943], Émile Bernard [1868-1941], É. Vuillard*, P. Bonnard*, O. Redon*, etc.) constitué en 1888. S'inspirant du synthétisme de Gauguin et de l'esthétique symboliste, les nabis (de l'hébreu *nabi,* «prophète») révolutionnèrent les techniques décoratives (vitrail, lithographie, affiche) jusqu'en 1899. Le peintre suisse Félix Vallotton* a appartenu à ce groupe.

nabla [nabla] n. m. MATH Opérateur utilisé dans les calculs vectoriel et différentiel (symbole ∇).

Nabokov (Vladimir Vladimirovitch) (1899 – 1977), romancier américain d'origine russe, et d'expression russe, anglaise et française : *la Défense Loujine* (1929), *Lolita* (1955), *Ada ou l'Ardeur* (1969).

nabot, ote [nabo, ɔt] n. et adj. Péjor. Personne de très petite taille.

Nabuchodonosor Ier, roi de Babylone de 1129 à 1106 env. av. J.-C. — **Nabuchodonosor II,** roi de Babylone de 605 à 562 av. J.-C.; fils et successeur de Nabopolassar. Il écrasa les Égyptiens à Karkemish (605) et s'empara de Jérusalem, qu'il détruisit (587), déportant les Juifs à Babylone (586).

nacelle [nasɛl] n. f. Panier fixé sous un aérostat et dans lequel prennent place les aéronautes.

Nachtigal (Gustav) (1834 – 1885), explorateur allemand. Il reconnut les rives du Tchad et explora les pays voisins, puis fixa les frontières des colonies allemandes de cette région (Togo et Cameroun).

nacot ou **naco** [nako] n. m. (Souvent au plur.) (Afr. subsah., Maurice, Réunion) Châssis de fenêtre formé de lames de verre orientables. *Immeuble équipé de naco(t)s.*

nacre [nakʀ] n. f. **1.** Substance calcaire et organique, dure, brillante, à reflets irisés et chatoyants, qui recouvre la face interne de la coquille de certains mollusques et que l'on utilise en bijouterie et en marqueterie. *Perles véritables en nacre pure. Boutons de nacre.* **2.** Litt. Couleur nacrée.

nacré, ée [nakʀe] adj. Qui a l'éclat, l'aspect de la nacre.

nacrer [nakʀe] v. tr. [1] **1.** TECH Donner (aux fausses perles de verre) l'aspect de la nacre. **2.** Donner l'irisation de la nacre.

nacroculture [nakʀɔkyltyʀ] n. f. Didac. Culture de la nacre.

Nadar (Félix Tournachon, dit) (1820 – 1910), photographe, aéronaute, dessinateur et écrivain français. En 1858, il opéra depuis un aérostat. Il a laissé d'admirables portraits : Baudelaire, Delacroix, A. Dumas, G. Sand.

Nader (Ralph) (né en 1934), avocat américain; pionnier de la défense des consommateurs dès 1965.

nadir [nadiʀ] n. m. ASTRO Point imaginaire de la sphère céleste locale, opposé au zénith, situé à la verticale de l'observateur sous le plan horizontal.

Nādir chāh (1688 – 1747), roi de Perse (1736-1747). Aventurier au service des Séfévides, il vainquit les Afghans et les Ottomans, accéda au trône et entreprit de grandes conquêtes (Afghānistān, 1738; N.-O. de l'Inde, 1739). Il fut assassiné. Son empire ne lui survécut pas.

Nadjd ou **Nedjd,** région d'Arabie Saoudite; 1390300 km^2 (env. 3,5 millions d'hab.); ch.-l. *Riyad.* Ce plateau (en ar. *naǧd*) cristallin, fortement relevé (jusqu'à 1800 m) et désertique, vaut surtout par les richesses, considérables, en pétrole du Hasa. – En 1924, l'émir du Nadjd conquit le Hedjaz voisin, s'en proclama roi en 1926 et adopta le titre de roi d'Arabie Saoudite en 1932.

Nadjef ou **Najaf** *(an-Naǧaf),* v. d'Irak; 147860 hab.; ch.-l. du gouvernorat du m. nom. Lieu de pèlerinage chiite.

Nador, v. et port du Maroc, sur la Méditerranée, au S. de Melilla; 115000 hab.; ch.-l. de la prov. du m. nom. Fer. Complexe sidérurgique.

nævocarcinome [nevɔkaʀsinom] n. m. MED Mélanome malin.

nævus [nevys], plur. **nævi** [nevi] n. m. MED Tache colorée de la peau, d'origine congénitale. *Certains nævi peuvent dégénérer en cancer.* Syn. grain de beauté.

Naffah (Fouad Gabriel) (1925 – 1983), poète libanais d'expression française. La recherche formelle au service d'une quête métaphysique, proche de Nerval, marque son œuvre : *la Description de l'homme, du cadre et de la lyre* (1957), poèmes de 17 alexandrins non rimés; *l'Esprit-Dieu* (1966).

Nagada, ville de l'Égypte prédynastique, au N. de Thèbes. Une brillante culture s'y développa à partir du Ve millénaire av. J.-C. et atteignit son apogée vers 3500 av. J.-C.

Nagaland, État montagneux du N.-E. de l'Inde, dans l'Assam, à la frontière birmane; 16527 km^2; 1215570 hab.; cap. *Kohīma.* Thé, riz. – Cet État, créé en 1963, est peuplé par les *Nagas,* tribus d'origine tibéto-birmane.

Nagasaki, v. et port du Japon, sur la côte N.-O. de Kyūshū; 449000 hab.; ch.-l. du ken du m. nom. Constr. navales, industr. textiles, pêche. – La seconde bombe atomique américaine (9 août 1945) y fit 80000 morts.

nage [naʒ] n. f. **1.** Action de nager. *Passer une rivière à la nage :* en nageant. ▷ Manière de nager. *Le crawl est la nage la plus rapide.* – SPORT *Nage libre :* épreuve de natation où le type de nage n'est pas imposé. **2.** MAR Action, manière de ramer. *Bancs de nage,* sur lesquels sont assis les rameurs. *Chef de nage,* qui dirige les rameurs. **3.** Loc. fam. *Être en nage,* tout mouillé de sueur.

nageoire [naʒwaʀ] n. f. Organe locomoteur et stabilisateur, en forme de palette, des poissons. *Nageoires paires :* nageoires pectorales, pelviennes. *Nageoires impaires :* nageoires dorsales, caudale, anales. – *Par ext.* Organe natatoire de certains animaux aquatiques (marsouins, phoques, etc.; à propos de ces animaux, les zoologistes préfèrent parler de *palette natatoire*).

nager [naʒe] v. intr. [13] **1.** Se soutenir et avancer sur l'eau, ou sous l'eau, par des mouvements adéquats. *Nager comme un poisson. Apprendre à nager.* ▷ Fig., fam. *Savoir nager :* savoir manœuvrer, être habile en affaires, et souvent peu scrupuleux. – *Nager contre le courant :* lutter contre le cours des choses. **2.** (Choses) Être plongé, noyé, dans un liquide; flotter. *Quelques morceaux de viande nageant dans la sauce.* **3.** Fig. Être pleinement dans tel état, telle situation. *Nager dans le bonheur, dans l'opulence.* **4.** Fam. Être très au large (dans un vêtement). **5.** Fam. Se trouver très embarrassé. *Tout cela le dépasse, il nage complètement.* **6.** MAR Ramer.

nageur, euse [naʒœʀ, øz] n. **1.** Celui, celle qui nage. *C'est un très bon nageur.* **2.** MAR Rameur.

nago [nago] n. m. (Afr. subsah.) **1.** En Afrique occid., marchand tenant un petit commerce de proximité.**2.** Colporteur.

Nagorno-Karabakh. V. Karabakh (Haut-).

Nagoya, v. et port du Japon, au S. de Honshū; 2127580 hab.; ch.-l. de ken. Grand centre industriel. – Université. Temples bouddhiques et shintoïstes; château (XVIIe s.).

naguère [nagɛʀ] adv. **1.** Il y a peu de temps, récemment. **2.** Cour. et *abusiv.* Jadis, autrefois.

Nagy (Imre) (1896 – 1958), homme politique hongrois. Membre du parti communiste dès 1917, Premier ministre de 1953 à 1955, il fut exclu du parti (avr. 1956). Rappelé lors de la révolte d'oct. 1956 à la tête du gouv., il fut destitué après l'intervention sov. (4 nov. 1956), condamné à mort et exécuté.

Nahhas Pacha (Mustafa al-) (1876-1965), homme politique égyptien. Leader du Wafd (1927), chef du gouv. à plusieurs reprises, il signa le traité anglo-égyptien de 1936.

Nahum (VIIe s. av. J.-C.), prophète juif : le *livre de Nahum* (3 chapitres).

naïade [najad] n. f. **1.** MYTH Nymphe, divinité des rivières et des fontaines. **2.** Litt. ou plaisant Baigneuse, nageuse.

naïf, ïve [naif, iv] adj. et n. **I. 1.** Qui est, par manque d'expérience, candide, simple et ingénu. *La fillette répondit avec une candeur naïve et charmante.* **2.** Qui est d'une simplicité un peu niaise, d'une crédulité excessive. *On lui fait faire n'importe quoi tant il est naïf.* ▷ Subst. *Un naïf, une naïve.* **II. 1.** Naturel, ingénu, sans artifice. *Les élans naïfs de l'enfance.* ▷ Didac. Se dit d'un comportement qui fait appel à l'intuition dans le domaine des connaissances au lieu de s'appuyer sur une démarche scientifique. **2.** BX-A *Art naïf :* nom donné à l'art de certains autodidactes dont les œuvres ont un caractère ingénu et populaire. – Par ext. *Peintre naïf.* ▷ Subst. *Les naïfs haïtiens.*

nain, naine [nɛ̃, nɛn] n. et adj. **I.** n. **1.** Personne d'une taille anormalement petite; personne atteinte de nanisme. **2.** JEU *Nain jaune :* jeu de cartes dans lequel on utilise un plateau au centre duquel est représenté un nain jaune. **II.** adj. **1.** Qui est d'une extrême petitesse (objets, végétaux, animaux). *Plante naine. Pois nain. Caniche nain.* **2.** (Personnes) Atteint de nanisme. *Il est presque nain.* **3.** ASTRO *Étoile naine* ou, n. f., *une naine :* étoile dont le diamètre et la luminosité sont relativement faibles (par oppos. aux *étoiles géantes* et *supergéantes*). *Les naines rouges. Les naines blanches.*

Naïndouba (Maoundoé) (né en 1948), écrivain tchadien; nouvelliste (*la Double Détresse,* 1975; *la Lèpre,* 1979) et auteur dramatique (*l'Étudiant de Soweto,* 1978).

Naipaul (Vidiadhar Surajprasad) (né en 1932), journaliste et écrivain de la Trinité, d'origine indienne. Ses romans (*Une maison pour Mr. Biswas,* 1961; *Guérilleros,* 1975) et ses essais traitent du tiers monde.

Nairobi, cap. du Kenya, sur un plateau situé à 1660 m d'altitude; 1800000 hab. Princ. centre comm. et industr. du pays, desservi par la voie ferrée Kampala-Mombasa. – L'Organisation des Nations unies pour la protection de l'environnement y siège.

Nairobi (charte de), acte *(Charte africaine des droits de l'homme et des peuples)* adopté le 28 juin 1981 par l'O.U.A. Cette charte a institué la Commission africaine des droits de l'homme et des peuples en tant qu'organe de l'O.U.A.

naissain [nɛsɛ̃] n. m. Ensemble des très jeunes moules ou huîtres d'un élevage.

naissance [nɛsɑ̃s] n. f. **1.** Commencement de la vie indépendante, caractérisée par l'établissement de la respiration pulmonaire. *Date de naissance. Donner naissance à :* enfanter. – *Déclaration, acte de naissance. Régulation, contrôle, limitation des naissances.* ▷ Loc. adv. *De naissance :* dès la naissance, de manière congénitale. *Aveugle de naissance.* **2.** Accouchement. *Naissance difficile.* **3.** Vx ou litt. Extraction. *Un homme de haute naissance.* **4.** Fig. Origine, commencement. *La naissance d'une nation. La naissance du jour.* **5.** Point où commence une chose. *La naissance de l'épaule. La naissance d'une voûte,* le commencement de sa courbure.

naissant, ante [nɛsɑ̃, ɑ̃t] adj. **1.** Qui commence à se former, à se développer. *Barbe naissante. Sentiments naissants.* **2.** CHIM *État naissant :* état d'un corps qui vient de se former dans une réaction. *Hydrogène naissant.*

naître [nɛtʀ] v. intr. [**74**] **1.** Venir au monde; sortir du ventre de sa mère. *Un enfant qui vient de naître. Napoléon Ier naquit à Ajaccio, en 1769.* – (Suivi d'un attribut.) *Il est né sourd-muet.* **2.** *Naître à :* s'ouvrir à. *Naître à une vie nouvelle.* **3.** Fig. Commencer à exister. *La révolution industrielle est née en Angleterre au XVIIIe s.* – *Naître de :* prendre son origine dans (telle cause). *Cette idée est née de la volonté de mieux servir le public.* ▷ *Faire naître :* produire, provoquer, susciter. *Ce voyage a fait naître chez lui un goût très vif pour l'art persan.* **4.** Commencer à paraître, à se manifester. *Le jour allait naître.*

naïvement [naivmɑ̃] adv. De façon naïve.

naïveté [naivte] n. f. **1.** Ingénuité. *Il a gardé une naïveté d'enfant.* **2.** Péjor. Simplicité niaise. *Il a fait preuve d'une bien grande naïveté à l'égard de ses débiteurs.* **3.** Propos, geste naïf qui échappe par ignorance ou par gaucherie.

naja [naʒa] n. m. ZOOL Nom scientif. du cobra. *Naja haje :* cobra égyptien.

Najaf. V. Nadjef.

Nakanbé (le) (anc. *Volta blanche*), riv. du Burkina Faso, affluent de la Volta.

Nakhitchevan, république de l'Azerbaïdjan, enclavée dans la rép. d'Arménie; 5500 km^2; 305700 hab. Cap. *Nakhitchevan* (61700 hab.). Le Nakhitchevan, peuplé d'Azéris, désire son indépendance.

Nakuru, v. du Kenya, au N. du lac de m. nom; 102000 hab.; ch.-l. de la prov. de la Rift Valley. Centre industr. Parc nat. du lac Nakuru à proximité.

Nam Bô (anc. *Cochinchine* des Européens), région méridionale du Viêt-nam (V. dossier et carte p. 1516, centrée sur la plaine alluviale du delta du Mékong et bordée à l'E. par la mer de Chine méridionale; v. princ. : Hô Chi Minh-Ville. La riziculture, prédominante, est vitale pour l'économie du pays. La production de fruits et de légumes n'est pas négligeable. À l'extrême E., sur le piémont des hauts plateaux, les plantations d'hévéas ont été durement touchées par les défoliants chimiques déversés pendant la guerre. La pêche est très active.
Hist. – Au cœur du royaume du Funan*, puis intégrée dans l'Empire khmer (VIIe s.), la région, peu peuplée, voit affluer au XVIIe s. des réfugiés chams fuyant l'avancée vers le sud des Vietnamiens, des Chinois Ming fuyant les Mandchous et des Vietnamiens fuyant les luttes dynastiques. À la fin du XVIIe s., elle passe sous la domination des Nguyên* et, en 1802, Gia* Long l'intègre dans le Viêt-nam unifié. La France s'installe en 1859 à Saigon et crée la colonie de Cochinchine en 1867 qu'elle intègre en 1887 dans l'Union indochinoise avec les protectorats du Tonkin et de l'Annam (V. Indochine française). Au Viêt-nam indépendant proclamé par Hô Chi Minh en 1945, la France refuse d'incorporer la Cochinchine. Ce désaccord provoque la guerre d'Indochine (1946-1954), qui oppose les Vietnamiens à la puissance coloniale française dans un combat pour l'indépendance et l'unité nationale. Les accords de Genève (juil. 1954) mettent fin à la guerre et à la domination française, mais le pays est divisé à la hauteur du 17e parallèle, ce qui provoque un nouveau conflit (où interviennent cette fois-ci les États-Unis). Il faut attendre la victoire du Nord (avr. 1975) pour que le Nam Bô retrouve sa place dans un Viêt-nam réunifié.

Nam Cao (1917 - 1951), écrivain vietnamien. Romancier réaliste et caustique, son œuvre, censurée à l'époque coloniale, est en partie perdue : *De quoi rire* (1946), *S'user à vivre* (1956).

Nam Dinh, v. du N. du Viêt-nam, sur le delta du fleuve Rouge; env. 220000 hab. Textiles, commerce.

Nam Hou (le), riv. du N. du Laos, affl. du Mékong (r. g.).

Namib (désert du), désert côtier du S.-O. de l'Afrique; il a donné son nom à la Namibie. Le littoral abrite des ports de pêche très actifs. Autres ressources : salines; diamants.

Namibe *(Moçamedes),* ville et port d'Angola; 100000 hab.; ch.-l. de la prov. du m. nom.

Namibie (anc. *Sud-Ouest africain*), État de l'Afrique australe, limité au N. par l'Angola et la Zambie, à l'E. par le Botswana, au S. par l'Afrique du Sud et à l'O. par l'océan Atlantique; 824292 km^2; env. 1,7 million d'hab.; croissance démographique : 3 % par an; cap. *Windhoek.* Nature de l'État : république présidentielle et pluraliste. Monnaie : dollar namibien. Langues off. : angl. et afrikaans. Population : Ovambo (50 %); quelques ethnies de langues bantoues; quelques îlots d'Hottentots et de Boschimans; Blancs (6 %); métis. Relig. : christianisme (80 %, dont 20 % de catholiques), relig. traditionnelles (20 %).
Géogr. phys., hum. et écon. – Un haut plateau central, culminant à 2606 m, groupe l'essentiel de la population. Il retombe à l'O. sur le désert côtier du Namib (lié au courant froid du Benguela) et à l'E. sur la cuvette semi-désertique du Kalahari. Le

climat aride, un peu plus humide au N., ne permet qu'une très faible densité (1,5 hab./km^2). La population est urbaine à 55 %. L'activité minière domine l'économie (diamants, uranium, cuivre, plomb, zinc, argent, cadmium); l'élevage et la pêche arrivent au second rang. Malgré la sécheresse, la balance agricole est positive. L'hydroélectricité est importante. Le pays reste dépendant de l'Afrique du Sud. Le revenu par hab. est l'un des plus élevés d'Afrique (3 100 dollars par hab.), mais les inégalités demeurent grandes.
Hist. – Les Boschimans occupèrent la région au paléolithique supérieur. Les migrations bantoues se produisirent vers 1500. À cette époque, les côtes furent atteintes par les Portugais. La colonisation allemande débuta en 1883. En 1892, ils créèrent la colonie. De 1904 à 1907, ils réprimèrent brutalement la révolte des Herero* (80 000 morts). La colonie fut conquise en 1915 par les Sud-Africains, qui reçurent un mandat de la S.D.N. en 1920. En 1946, l'Afrique du Sud demanda l'annexion du pays, requête rejetée par l'ONU qui, en 1966, révoqua le mandat de Pretoria et plaça la Namibie sous son autorité (théorique). Un mouvement de libération, la South West African People's Organization (Swapo), apparu en 1966, a mené la guérilla, dep. l'Angola, contre le régime mis en place et défendu militairement par l'Afrique du Sud. Un accord fut finalement signé, en déc. 1988, qui prévoyait des élections libres et l'accession de la Namibie à l'indépendance avant avr. 1990, sous contrôle de l'ONU En nov. 1989, les premières élections générales ont donné à la Swapo une majorité (57 % des voix) mais insuffisante pour élaborer seule la nouvelle Constitution. Le 21 mars 1990, la Namibie est devenue indépendante et Samuel Nujoma, dirigeant de la Swapo, premier président de la nouvelle République. En 1994, l'Afrique du Sud a restitué Walvis* Bay à la Namibie. Cette même année, S. Nujoma a été réélu.

namibien, enne [namibjɛ̃, ɛn] adj. et n. Relatif à la Namibie; de Namibie. ⊳ Subst. *Un(e) Namibien(ne).*

Nam Ngum, centrale hydroélectrique du N. du Laos, en amont de Vientiane (puissance 150 MW).

Nampula, ville du Mozambique; 250 000 hab.; ch.-l. du district du m. nom. Centre agric. Aéroport international.

Namuli (mont), sommet du centre du Mozambique; 2 419 m.

Namur (province de), province située au S. de la Belgique; 3 660 km^2; 415 300 hab.; ch.-l. Namur. Elle s'étend sur des plateaux qui culminent, à l'E., dans l'Ardenne (400 m). Les productions agricoles sont variées : céréales, fourrages, élevage, bois. L'industrie (métall., text. et chim.) se concentre dans le sillon de la Sambre et de la Meuse. Le tourisme apporte des ressources supplémentaires.

Namur (en néerl. *Namen*), v. de Belgique, au confl. de la Meuse et de la Sambre; ch.-l. de la prov. du m. nom; cap. de la Wallonie; 102 320 hab. (*Namurois*). Industr. – Cath. St-Aubin (XVIIIe s.). Égl. St-Loup (baroque). Citadelle (XVIIIe s.). Musées. – La cité fut importante au Moyen Âge. Place forte, elle soutint de nombr. sièges à partir du XVIIe s. Elle fut le ch.-l. du dép. français de Sambre-et-Meuse (1794-1814).

namurois, oise [namyʀwa, waz] adj. et n. De Namur. ⊳ Subst. *Un(e) Namurois(e).*

1. nana [nana] n. f. Fam. **1.** Maîtresse. **2.** Femme, fille. *Sortir avec une nana.*

2. nana [nana] interj. (Nouv.-Cal., Polynésie fr.) Fam. Au revoir*. Syn. (Nouv.-Cal.) tata.

nana-benz [nanabɛnts] n. f. inv. (Afr. subsah.) Au Togo, riche commerçante en tissus.

Nānak ou **Nanek** (1469 – 1538), écrivain mystique hindou; fondateur de la secte des sikhs.

nanan [nanɑ̃] n. m. **1.** Fam., vx Friandise. – Fig. fam. *C'est du nanan :* c'est délicieux. **2.** (Antilles fr.) Syn. de *nannan* (sens 2).

Nancy, v. de France, ch.-l. du dép. de Meurthe-et-Moselle, sur la Meurthe et le canal de la Marne au Rhin; 102 410 hab. (*Nancéiens*); 329 450 hab. dans l'aggl. Centre intellectuel, comm., fin. et industr. – Université. Égl. goth. des Cordeliers (fin XVe s.). Cath. du XVIIIe s. (trésor). Place Stanislas, ensemble architectural (1750-1755). Parc de la Pépinière (1765). Palais ducal (XVIe s.). Musées. – La ville devint résidence des ducs de Lorraine au XIIIe s. Charles le Téméraire mourut en l'assiégeant en 1477. Elle devint française en 1766.

Nancy (école de), groupe de décorateurs et d'artisans d'art, formé à Nancy v. 1890 autour du verrier É. Gallé.

nandinie [nɑ̃dini] n. f. Mammifère carnivore (*Nandinia binotata,* fam. viverridés) de la grande forêt africaine, à allure de genette, mais plus trapu, avec les oreilles plus petites et la queue plus grosse.

nandou [nɑ̃du] n. m. Oiseau ratite (genre *Rhea*) vivant dans la pampa sud-américaine, ressemblant à une petite autruche.

Nanek. V. Nānak.

Nanga (Bernard) (1934 – 1985), écrivain camerounais, maître du roman satirique (*les Chauves-Souris,* 1980; *la Trahison de Marianne,* 1984).

Nānga Parbat (le) ou **Diamir** (le), sommet himalayen (8 120 m), au Cachemire; conquis, en 1953, par l'Autrichien Buhl.

Nangis (Guillaume de). V. Guillaume de Nangis.

nanisme [nanism] n. m. MED Anomalie liée en général à des troubles endocriniens (insuffisances thyroïdienne, hypophysaire ou cortico-surrénale, notam.), caractérisée par une taille de beaucoup inférieure à la moyenne.

Nankin ou **Nanjing,** v. de Chine, cap. du Jiangsu, port sur le bas Yangzijiang; 2 091 400 hab. Centre culturel et industr. – Vestiges de l'époque des Ming : remparts, portes monumentales, tombeaux des empereurs. Mausolée de Sun Yat-sen. – Fondée au Ve s. av. J.-C., berceau du bouddhisme chinois (le premier temple y fut construit en 247), la ville fut la cap. de la Chine au temps des Six Dynasties (IIIe s.-VIe s.), sous les Tang du Sud (Xe s.), les premiers Ming (1368-1421), les rebelles Taiping (1853-1864) et le Guomindang (1927-1939). – Le *traité de Nankin* (1842) entre la G.-B. et la Chine mit fin à la guerre de l'Opium et ouvrit des ports chinois au commerce étranger.

nannan [nɑ̃nɑ̃] n. m. (Antilles fr.) **1.** Pulpe d'un fruit. **2.** (Langage enfantin.) Nourriture. Syn. nanan.

nano-. Élément, du gr. *nanos,* «petit». ⊳ PHYS Préfixe (symbole n) qui, accolé au nom d'une unité de mesure, forme le nom du milliardième (10^{-9}) de cette unité. (Ex. *nanomètre, nanoseconde.*)

Nansen (Fridtjof) (1861 – 1930), océanographe et homme politique norvégien. Il explora les régions polaires (1893-1896). Il dirigea (1921-1924) l'organisation intern. (dite *Nansen*) qui s'occupa des réfugiés apr. la guerre de 1914-1918 : elle créa le *passeport Nansen,* qui permettait aux réfugiés de s'établir dans le pays qui l'avait délivré. P. Nobel de la paix 1922.

Nanterre, v. de France, ch.-l. du dép. des Hauts-de-Seine, à l'O. de Paris; 86 627 hab. – Université. Basilique Ste-Geneviève (nef du XVe s.).

Nantes, v. de France, ch.-l. du dép. de la Loire-Atlantique et de la Rég. Pays de la Loire; 252 029 hab. (*Nantais*). Port marit. et fluv. au fond de l'estuaire de la Loire; aéroport. Forte activité portuaire et industr. – Université. Palais du duc de Bretagne (XVe-XVIe s.), qui abrite auj. plusieurs musées. Cath. gothique St-Pierre (XVe s.). Porte St-Pierre (XVe s.). – Cap. de la Bretagne de 1213 à 1524, la ville se développa à partir du XVIe s. Le comm. maritime, prospère grâce à la traite des Noirs, déclina avec la Révolution. Républicaine, la ville résista aux Vendéens (1793), mais le conventionnel Carrier y fit régner la terreur *(noyades de Nantes).*

Nantes (édit de), édit par lequel Henri IV, le 13 avril 1598, donna un statut légal à l'Église réformée en France. En 1629, Richelieu (paix d'Alès) enleva aux protestants leurs «places de sûreté». Louis XIV restreignit leurs droits accordés, usant à partir de 1681 de violences pour que les protestants se convertissent au catholicisme. Le 18 oct. 1685, il signa l'édit de Fontainebleau, *révocation de l'édit de Nantes :* 250 000 sujets émigrèrent en Allemagne, en Hollande et en Suisse; dans les Cévennes, les protestants se révoltèrent en 1704 (V. camisard).

nanti, ie [nɑ̃ti] adj. et n. Bien pourvu, riche. ⊳ Subst. *Spécial.* Péjor. *Les nantis :* les riches, les privilégiés.

nantir [nɑ̃tiʀ] v. tr. [3] DR **1.** Pourvoir (un créancier) de gages pour la garantie d'une dette, d'un prêt. – v. pron. *Se nantir des effets d'une succession,* s'en saisir comme y ayant droit, avant liquidation. **2.** Pourvoir, mettre en possession de (qqn). *Nanti par l'Assemblée de pouvoirs exceptionnels.*

nantissement [nɑ̃tismɑ̃] n. m. DR Contrat par lequel un débiteur met en possession effective d'un bien son créancier pour sûreté de la dette qu'il contracte; ce bien.

napalm [napalm] n. m. Essence gélifiée par du palmitate d'aluminium ou de sodium, dont on se sert pour fabriquer des bombes incendiaires.

Napata, cap. de l'anc. royaume de Koush, dans le Soudan actuel. Au milieu du Ve s. av. J.-C., la cap. fut transférée à Méroé. Grand temple d'Amon.

naphtaline [naftalin] n. f. Naphtalène impur utilisé notam. comme antimite.

naphte [naft] n. m. **1.** Huile minérale, pétrole brut. **2.** PETROCHIM Partie légère du pétrole distillé, de densité 0,70 env., utilisée comme dissolvant, dégraisseur, etc.

Napier. V. Neper.

Naples (golfe de), golfe de l'Italie du S. (mer Tyrrhénienne), entre les caps Misène, que prolonge Ischia, et Campanella, que prolonge Capri. Au fond du golfe : Naples, Herculanum, Pompéi.

Naples (en ital. *Napoli*), v. d'Italie (Campanie), au fond du golfe de Naples, sur la mer Tyrrhénienne; 1 207 750 hab.; cap. de la Campanie et ch.-l. de la prov. du m. nom. Port de voyageurs et de comm. (pétrole surtout). Grand centre industr. du Mezzogiorno, mais chômage import. Tourisme. – Archevêché. Université. Nombr. chât. du XIIe au XVIIe s. Égl. : Dôme (XIVe s.), basilique San Gennaro extra Moenia (fondée au Ve s.). Palais royal (XVIIe-XVIIIe s.). Théâtre San Carlo (XVIIIe s.). Musée. – La ville (baptisée *Parthénope*) fut fondée v. 600 av. J.-C. par les Grecs; elle fusionna au IVe s. av. J.-C. avec la ville voisine de Neapolis. Import. centre comm. au Moyen Âge, elle fit partie du royaume de Sicile (XIe s.), et devint la cap. du *royaume de Naples* lorsque la dynastie angevine perdit la Sicile (1282). Pris par le roi d'Aragon en 1442, le royaume, occupé par les Français en 1495, fut rattaché à l'Aragon (1504), gouverné par un vice-roi jusqu'en 1734, puis directement par les Bourbons d'Espagne, chassés par la France en 1799. Napoléon le donna à son frère Joseph (1806), puis à Murat (1808). Ferdinand IV, rétabli en 1815, le réunit à la Sicile; ce royaume «des Deux-Siciles» fut annexé à l'Italie en 1861.

Naplouse (en ar. *Nāblus*), v. de Cisjordanie (Samarie); env. 50 000 hab. Centre comm. – Vestiges de l'anc. Sichem, dont Jéroboam fit la cap. d'Israël (Xe s. av. J.-C.) et que les Romains détruisirent pour fonder Flavia Neapolis (72 apr. J.-C.). À Naplouse vivent les derniers Samaritains. La ville, occupée par Israël à partir de 1967, a reçu un statut d'autonomie en 1995.

napoléon [napɔleɔ̃] n. m. Gros poisson commun dans les eaux du Pacifique (*Cheilinus ondulatus*, fam. labridés) pouvant atteindre cent kilos.

Napoléon Ier (Napoléon Bonaparte) (1769 – 1821), empereur des Français (1804-1815), deuxième fils de Charles-Marie Bonaparte et de Letizia Ramolino. Issu de la petite noblesse corse d'Ajaccio, il entra à l'école militaire de Brienne (1779-1784) et sortit en 1785 lieutenant d'artillerie de l'École militaire de Paris. Il joua un rôle décisif dans la prise de Toulon (1793), puis tomba en disgrâce après le 9 Thermidor. En 1796, Barras, qu'il aida en réprimant l'insurrection royaliste du 13 Vendémiaire, le fit nommer chef de l'armée d'Italie et il épousa Joséphine de Beauharnais. Victorieuse, sa campagne d'Italie (avril 1796-avril 1797), couronnée par le traité de Campoformio avec l'Autriche, assit sa popularité. Chargé de lutter contre la G.-B., il mena l'expédition d'Égypte (1798-1799), marquée par la victoire des Pyramides et la défaite navale d'Aboukir. Laissant son armée, il revint en France et participa au coup d'État du 18 Brumaire (9 nov. 1799), fomenté par Sieyès; il en fut le princ. bénéficiaire, devenant Premier consul (Constitution de l'an VIII) puis consul à vie (Constitution de l'an X), en 1802. Entre-temps, il contraignit l'Autriche et la G.-B. à traiter, réorganisa l'administration, la justice (Code civil), les finances; le Concordat de 1801 assujettit l'Église à l'État. Il se fit nommer empereur des Français par le Sénat (Constitution de l'an XII), le 18 mai 1804; le pape le couronna le 2 déc., et il se fit nommer roi d'Italie en 1805. Il dressa contre lui les grandes puissances, surtout la G.-B., effrayées par l'extension territoriale et l'influence françaises en Europe. Ayant vaincu les 3e et 4e coalitions (victoires d'Austerlitz en 1805 sur les Austro-Russes, d'Iéna en 1806 sur les Prussiens, de Friedland en 1807 sur les Russes), il établit le Blocus continental (1806-1808) pour diminuer la puissance de la G.-B., ce qui le contraignit à contrôler l'Europe : Étrurie, Hollande, États pontificaux, Portugal, Espagne. Après sa victoire sur les Autrichiens à Wagram (1809), il fit dissoudre son mariage avec Joséphine de Beauharnais, dont il n'avait pas eu d'enfant, pour épouser en 1810 Marie-Louise de Habsbourg, fille de l'empereur d'Autriche; celle-ci lui donna un fils en 1811. Les bases de l'Empire, de plus en plus despotique, s'effritèrent : dure guerre d'Espagne (1808-1813); difficultés écon.; opposition du clergé catholique, après l'emprisonnement du pape (1809). La campagne de Russie, entreprise en 1812, fut fatale à l'Empereur. En oct., la Grande Armée dut battre en retraite, essuya le désastre de la Berezina (nov.), fut défaite à Leipzig (oct. 1813). Les Alliés envahirent la France et entrèrent à Paris (janv.-mars 1814). Napoléon abdiqua le 6 avril. Relégué à l'île d'Elbe, il s'en échappa pour reprendre le pouvoir; ce furent les Cent* Jours (20 mars-22 juin 1815). Il fut battu à Waterloo (18 juin) par l'Europe coalisée. Ayant confié sa personne à la G.-B., il fut interné jusqu'à sa mort à Sainte-Hélène, où Las* Cases recueillit ses propos (*Mémorial de Sainte-Hélène*). Les cendres de l'Empereur furent rendues à la France en 1840 et déposées aux Invalides (Paris 7e).

Napoléon II (François Charles Joseph Napoléon Bonaparte) (1811 – 1832), fils de Napoléon Ier et de Marie-Louise, proclamé roi de Rome à sa naissance. Il vécut en Autriche à partir de 1814, prenant le nom de duc de Reichstadt.

Napoléon III (Charles Louis Napoléon Bonaparte) (1808 – 1873), empereur des Français (1852-1870); fils de Louis Bonaparte et d'Hortense de Beauharnais. Il vécut en exil après la chute du Premier Empire. En 1836 à Strasbourg, en 1840 à Boulogne, il tenta de renverser Louis-Philippe. Condamné à la prison à vie, il s'évada en 1846 et gagna la G.-B. Il revint en France après la révolution de 1848 et fut élu président de la République (10 déc. 1848). Le 2 déc. 1851, il élimina les opposants républicains et royalistes par un coup d'État, qu'approuva le plébiscite du 21-22 déc. 1851. Le plébiscite du 21 nov. 1852 le proclama empereur des Français (2 déc. 1852). En 1853, il épousa l'aristocrate espagnole Eugénie de Montijo, une fervente catholique. À l'«empire autoritaire» succéda en 1860 l'«empire libéral», que Napoléon III voulut étendre à l'Algérie («empereur des Arabes»). Un import. essor économique marqua son règne; la France se modernisa enfin. À l'extérieur, Napoléon III remporta des succès : guerre de Crimée* (1854-1856), d'Italie (1859), qui permit l'annexion de Nice et de la Savoie, conquête de la Cochinchine (1859-1863). L'expédition du Mexique* (1862-1867) fut un échec. Ayant dû capituler à Sedan (2 sept.) lors de la guerre franco-allemande de 1870, qu'il avait déclarée sans discernement, Napoléon III fut déchu (4 sept.). Après une courte captivité en Allemagne, il se retira en Angleterre (1871), où il mourut.

Napoléon (Eugène Louis) (1856 – 1879), fils unique de Napoléon III. Il reçut une formation militaire en Angleterre (1872-1875); admis dans l'armée brit. (1878), il fut tué par les Zoulous.

napoléonien, enne [napɔleɔnjɛ̃, ɛn] adj. Relatif à Napoléon Ier, à sa dynastie, à son système. *La légende napoléonienne.*

napolitain, aine [napɔlitɛ̃, ɛn] adj. et n. De Naples. ▷ Subst. *Un(e) Napolitain(e).*

nappage [napaʒ] n. m. Action de napper; résultat de cette action. *Le nappage d'un gâteau.*

nappe [nap] n. f. **I.** Linge destiné à couvrir une table. *Nappe blanche, à fleurs, brodée.* ▷ *Nappe d'autel.* **II. 1.** Toute masse étalée ou formant une couche d'un corps fluide. *Nappe d'huile. Nappe de gaz, de brouillard.* – *Nappe d'eau :* grande étendue d'eau tranquille. ▷ GEOL *Nappe phréatique :* V. phréatique. **2.** GEOL Couche de matières éruptives ou sédimentaires. *Nappe volcanique.* **3.** GEOM Portion illimitée d'une surface courbe.

napper [nape] v. tr. [1] CUIS Recouvrir (un mets) d'une préparation d'accompagnement onctueuse (sauce, crème, etc.). – Pp. adj. *Gâteau nappé de chocolat noir.*

napperon [napʀɔ̃] n. m. Petite nappe décorative.

Nara, v. du Japon (Honshū), à l'E. d'Ōsaka; 327 700 hab.; ch.-l. du ken du m. nom. Industr. text. Tourisme. – Cap. du Japon de 710 à 794. *L'époque Nara* (VIIe-VIIIe s.) vit la naissance d'une littérature nationale. – Temples shintoïstes et bouddhiques, sanctuaires, etc.

Narbadā (la), un des fleuves sacrés de l'Inde (1 230 km); se jette dans la mer d'Oman (golfe de Cambay).

Narbonnaise, l'une des quatre provinces de la Gaule romaine issues de la division admin. fixée par Auguste en 27 av. J.-C. Villes princ. : Narbonne, Toulouse, Valence, Aix, Marseille.

Narbonne, v. de France, ch.-l. d'arr. de l'Aude; 47 086 hab. Marché de vins. Industries. Stat. baln. – Palais des Archevêques (XIIe-XIVe s.). Cath. St-Just (fin du XIIIe s., inachevée). Basilique goth. (XIIe-XIIIe s.). – Importante cité romaine *(Narbo Martius)* fondée en 118-117 av. J.-C.; port maritime actif jusqu'au XIVe s. (comblé ensuite).

narcisse [naʀsis] n. m. **1.** Plante ornementale d'Europe et d'Afrique du Nord (fam. amaryllidacées), bulbeuse à fleurs jaunes ou blanches très parfumées. Syn. coucou. **2.** Homme exclusivement ou complaisamment attaché à sa propre personne.

Narcisse, dans la myth. gr., jeune homme très beau épris de ses propres traits; il périt de langueur en contemplant son visage dans l'eau d'une fontaine et fut changé en la fleur narcisse.

narcissique [narsisik] adj. Qui est de la nature du narcissisme. *Une admiration narcissique.*

narcissisme [narsisism] n. m. **1.** Cour. Admiration plus ou moins exclusive de sa propre personne. **2.** PSYCHAN Amour morbide de soi-même.

narco-. Élément, du gr. *narkê,* «engourdissement».

narco-analyse [narkoanaliz] n. f. PSYCHAN Procédé thérapeutique d'investigation psychanalytique utilisant un narcotique. *Des narco-analyses.*

narcodollar [narkɔdɔlar] n. m. (Souvent employé au plur.) Dans le langage des médias, ensemble des ressources, notam. en devises, tirées du commerce de la drogue.

narcolepsie [narkolepsi] n. f. MED Besoin irrépressible de dormir, survenant par accès, d'origine pathologique.

narcose [narkoz] n. f. Sommeil provoqué artificiellement par une substance chimique; anesthésie générale.

narcotique [narkɔtik] n. m. et adj. **1.** n. m. Substance dont l'absorption provoque l'engourdissement intellectuel, la résolution musculaire et l'affaiblissement de la sensibilité, en agissant sur le système nerveux central. **2.** adj. Qui affaiblit la sensibilité, provoque l'engourdissement, l'assoupissement. *Propriétés narcotiques de la morphine.*

nard [nar] n. m. **1.** *Nard* ou *nard indien :* plante d'Asie, dont les racines fournissent un parfum fort estimé autrefois; ce parfum. **2.** Herbe des prés des régions tempérées (fam. cypéracées) aux feuilles coriaces et piquantes.

narghilé ou **narghileh** [nargile] n. m. V. narguilé.

narguer [narge] v. tr. [**1**] Braver par l'attitude ou la parole, avec une insolence dédaigneuse ou moqueuse.

narguilé, narghilé ou **narghileh** [nargile] n. m. Grande pipe à tuyau souple, en usage au Moyen-Orient et au Maghreb, comportant un réservoir d'eau aromatisée à travers laquelle passe la fumée.

narine [narin] n. f. Chacun des deux orifices du nez, chez l'homme et la plupart des mammifères.

Narmer, roi de la Haute-Égypte, un des plus anciens pharaons connus (début du IIIe millénaire av. J.-C.).

narquois, oise [narkwa, waz] adj. Qui exprime une malice railleuse; goguenard. *Air narquois.* – (Personnes) *Il m'a paru plutôt narquois.*

narquoisement [narkwazmɑ̃] adv. D'une façon narquoise.

narrateur, trice [naratœr, tris] n. Personne qui raconte, qui fait un récit.

narratif, ive [naratif, iv] adj. En forme de récit; propre au récit, à la narration. *Exposé narratif. Style narratif.*

narration [narasjɔ̃] n. f. **1.** Récit ou relation d'un fait, d'un événement. **2.** Exercice scolaire qui consiste à imaginer un récit sur un sujet donné et à le développer par écrit.

narrer [nare] v. tr. [**1**] Litt. Raconter, faire connaître par un récit. *Narrer une aventure.*

narthex [narteks] n. m. ARCHI Vestibule ou porche couvert, précédant la nef des basiliques romanes et byzantines.

narval, als [narval] n. m. Mammifère cétacé odontocète *(Monodon monoceros),* long de 4 à 5 m, vivant en bandes dans l'Arctique. (Chez le mâle, l'incisive supérieure gauche se développe en une défense torsadée qui peut mesurer plus de 2,5 m.)

Narvik, port du N. de la Norvège (Nordland); 18730 hab. Exportation du minerai de fer suédois. – En 1940, durs combats entre les Alliés et les Allemands, qui protégeaient la «route du fer».

NASA, acronyme pour *National Aeronautics and Space Administration,* organisme créé aux É.-U. (1958) pour coordonner les travaux aéronautiques et spatiaux civils.

nasal, ale, als ou **aux** [nazal, o] adj. (plur. *nasals*) et n. f. **1.** Du nez; relatif au nez. *Les fosses nasales :* les deux cavités qui communiquent en avant avec les narines, en arrière avec le pharynx, et qui forment la partie supérieure des voies respiratoires. *Les fosses nasales sont le siège de l'odorat.* **2.** PHON *Son nasal,* dont l'émission se caractérise par la vibration de l'air dans les fosses nasales. *Consonnes nasales* (m [ɛm], n [ɛn], gn [ɲ]). *Voyelles nasales* (an, am, en, etc. [ɑ̃]; in, aim, etc. [ɛ̃]; on, om, etc. [ɔ̃]; un, eun [œ̃]). ▷ n. f. *Une nasale :* une consonne ou une voyelle nasale.

nasalisation [nazalizasjɔ̃] n. f. PHON Caractère d'un son nasalisé; transformation d'un son oral en son homologue nasal.

nasaliser [nazalize] v. tr. [**1**] PHON Transformer en un son nasal; prononcer avec un son nasal. – Pp. adj. *Une voyelle nasalisée.*

nasalité [nazalite] n. f. PHON Caractère nasal d'un son.

naseau [nazo] n. m. Chacune des narines du cheval et de quelques grands mammifères.

Nashville-Davidson (anc. *Nashville*), v. des É.-U., cap. du Tennessee; 488370 hab. Centre de l'imprimerie, de la presse et de la musique.

nasillard, arde [nazijar, ard] adj. Se dit du timbre qu'a la voix d'une personne qui nasille. – Se dit d'un son dont le timbre rappelle une telle voix.

nasillement [nazijmɑ̃] n. m. **1.** Fait de nasiller. **2.** Cri du canard.

nasiller [nazije] v. intr. [**1**] **1.** Parler en laissant passer de l'air par le nez, parler du nez. ▷ v. tr. *Nasiller un refrain.* **2.** Émettre des sons nasillards. *Haut-parleur qui nasille.* **3.** Pousser son cri, en parlant du canard.

nasique [nazik] n. m. Singe cercopithèque de Bornéo, au nez très long (surtout chez le mâle) et tombant.

naskapi, ie [naskapi] n. et adj. Nom donné aux membres d'une petite nation amérindienne établie dans le nord-est du Québec et le Labrador. *Un(e) Naskapi(e).* ▷ adj. *Un chasseur naskapi.*

Nassau, capitale des îles Bahamas, dans l'île de New Providence; 135430 hab. Centre touristique.

Nassau (maison de), famille originaire de Rhénanie. À partir du XIIIe s., elle se divisa en plusieurs branches. De la branche d'Otton Ier le Grand sortit au XVIe s. la dynastie d'*Orange-Nassau,* qui régna sur les Provinces-Unies : Guillaume Ier le Taciturne, Frédéric-Henri, Guillaume II, Maurice, Guillaume III (roi d'Angleterre en 1689), etc.

nasse [nas] n. f. **I. 1.** Engin de pêche en osier ou en fil métallique, de forme oblongue, à ouverture conique. **2.** Filet destiné à capturer les petits oiseaux, les rongeurs. **II.** Mollusque gastéropode marin à coquille, qui se nourrit de proies mortes.

Nasser (lac), lac d'Égypte formé sur le Nil par le barrage d'Assouan; 60000 km^2. V. Nil.

Nasser (Gamal Abdel) (1918 – 1970), officier et homme politique égyptien. Inspirateur du mouvement des Officiers libres, qui renversa le roi Farouk (22-23 juil. 1952) et proclama la république (juin 1953), il remplaça le général Néguib en oct. 1954, devenant le maître absolu (*ra'ts,* «le chef») de l'Égypte; en 1956, il fut élu président de la République. Il liquida les oppositions intérieures et put alors entreprendre des réformes hardies (réforme agraire limitant la propriété privée à une quarantaine d'hectares) et donner à son pays de nouvelles orientations : panarabisme, non-alignement (conférence de Bandung, avril 1955), nationalisations (canal de Suez, 26 juil. 1956), appui aux mouvements de libération nationale, union à la Syrie (République arabe unie de 1958 à 1961), soutien militaire au régime républicain au Yémen, industrialisation du pays (construction du haut barrage d'Assouan).

nassérien, enne [naserjɛ̃, ɛn] ou **nassériste** [naserist] adj. et n. Qui se rapporte à Nasser ou au nassérisme. ▷ Subst. *Un(e) nassérien(ne)* ou *un(e) nassériste.*

nassérisme [naserism] n. m. Doctrine politique panarabe de Nasser.

nassériste [naserist] adj. et n. V. nassérien.

natal, ale, als [natal] adj. Où l'on est né. *Pays natal, ville natale.*

Natal, anc. prov. d'Afrique du Sud, sur l'océan Indien, peuplée de Zoulous*; v. princ. *Durban.* Canne à sucre. Houille, fer, manganèse. Princ. centres industr. : Durban, Newcastle. V. KwaZulu et KwaZulu-Natal.

Natal, v. du Brésil, cap. de l'État de Rio Grande do Norte, sur l'Atlantique; 606541 hab. Industries. Aéroport.

nataliste [natalist] adj. Qui vise à favoriser l'accroissement des naissances. *Politique, mesures natalistes.*

natalité [natalite] n. f. Rapport du nombre des naissances à la population totale, dans un temps (en général l'année) et un lieu donnés. *Pays à forte natalité. Taux de natalité.*

natation [natasjɔ̃] n. f. Activité physique qui consiste à nager; cette activité, en tant que sport de compétition. *Pratiquer la natation. Épreuves de natation des jeux Olympiques* (courses dans les diverses catégories de nage; plongeons; water-polo, etc.).

natatoire [natatwaʀ] adj. *Vessie natatoire :* vessie remplie d'un mélange gazeux que l'on trouve dans le corps de nombreux poissons.

nate [nat] n. m. V. natte 2.

Nathan, prophète juif. Il reprocha à David le meurtre d'Urie et son mariage avec Bethsabée (Bible, Samuel, XII).

natice [natis] n. f. Mollusque gastéropode carnivore, à coquille globuleuse, vivant sur les côtes sableuses.

natif, ive [natif, iv] adj. et n. **1.** *Natif de :* né à, originaire de. *Natif de Bangui.* ▷ Subst. *Les natifs du Tibet.* **2.** Que l'on a de naissance, inné. *Qualité, grâce native.* **3.** Se dit d'un corps simple que l'on trouve dans la nature sous une forme non combinée. *Or, soufre natif.*

nation [nasjɔ̃] n. f. **1.** Communauté humaine caractérisée par la conscience de son identité historique ou culturelle, et souvent par l'unité linguistique ou religieuse. *La nation kurde. La nation arabe.* **2.** Communauté (sens 1), définie comme entité politique, réunie sur un territoire ou un ensemble de territoires propres, et organisée institutionnellement en État. *La nation française. L'Organisation des Nations unies (ONU).* ▷ DR Personne juridique dotée de la souveraineté et distincte de l'ensemble des individus qui la composent en tant que nationaux. *Le droit des nations.*

national, ale, aux [nasjɔnal, o] adj. et n. **I.** adj. **1.** Relatif ou propre à une nation. *Hymne national.* **2.** Qui concerne la nation entière, en tant qu'ensemble d'individus ou de biens, ou en tant qu'institution (par oppos. à *privé,* à *local,* etc.). *Assemblée nationale. Défense nationale. – Route nationale* ou, n. f., *une nationale,* dont la construction et l'entretien incombent à l'État. **II.** n. m. pl. Personne qui a telle nationalité. *Les consuls défendent à l'étranger les intérêts de leurs nationaux.* ▷ n. (Afr. subsah., Madag., Maghreb, Nouv.-Cal.) Personne qui possède la nationalité du pays où elle réside. *En tant que national, je ne suis pas logé par mon entreprise.* (V. européen, sens 3.)

National Gallery, l'un des plus importants musées de peinture du monde, fondé à Londres en 1824 et installé, en 1838, à Trafalgar Square.

nationalisation [nasjɔnalizasjɔ̃] n. f. Transfert du domaine privé au domaine public de la propriété de biens ou de moyens de production.

nationaliser [nasjɔnalize] v. tr. [**1**] Procéder à la nationalisation de. *Nationaliser les grandes industries.*

nationalisme [nasjɔnalism] n. m. **1.** Attachement exclusif à la nation dont on fait partie et à tout ce qui lui est propre. **2.** Doctrine politique revendiquant la primauté de la puissance nationale sur toute autre considération de rapports internationaux. **3.** Mouvement fondé sur la prise de conscience, par une communauté, de ses raisons de fait et de droit de former une nation. *Le nationalisme arabe.*

nationaliste [nasjɔnalist] adj. et n. Relatif au nationalisme. ▷ Subst. Partisan du nationalisme.

nationalité [nasjɔnalite] n. f. **1.** Ensemble des caractères propres à une nation (sens 1). – *Principe des nationalités,* en vertu duquel les communautés humaines qui forment une nation (au sens 1) ont le droit de former un État politiquement indépendant. **2.** Lien d'appartenance d'une personne physique ou morale à un État déterminé. *Nationalité d'origine, acquise. Nationalité d'une société, d'une entreprise.*

national-socialisme [nasjɔnalsɔsjalism] n. m. sing. Doctrine du Parti ouvrier allemand national-socialiste (NSDAP) qui avait pour chef Adolf Hitler. Syn. nazisme.

national-socialiste (Parti ouvrier allemand). V. Parti ouvrier allemand national-socialiste.

Nations unies (Organisation des). V. Organisation des Nations unies.

Natitingou, ville du Bénin; 52 000 hab.; ch.-l. du dép. d'Atakora. Aéroport.

nativisme [nativism] n. m. PHILO Théorie selon laquelle la perception de l'espace est donnée immédiatement avec la sensation et non acquise par un travail de l'esprit.

nativité [nativite] n. f. RELIG Naissance (de Jésus, de la Vierge, de Jean-Baptiste). ▷ Fête anniversaire de cette naissance. – Absol. (Avec une majuscule.) *La Nativité :* la fête de Noël. ▷ BX-A *Une nativité :* une œuvre gravée, peinte ou sculptée représentant la naissance de Jésus. La Nativité *du Maître de Flémalle**.

NATO, acronyme pour *North Atlantic Treaty Organization.* V. Organisation du traité de l'Atlantique Nord (OTAN).

natron [natʀɔ̃] ou **natrum** [natʀɔm] n. m. CHIM Carbonate de sodium hydraté naturel. *Les Égyptiens utilisaient le natron pour déshydrater les corps à momifier.*

Natron (lac), lac du N. de la Tanzanie, près de la frontière du Kenya.

Natron (lacs de), ensemble de lacs répartis en Basse-Égypte. Leurs fonds sont recouverts de dépôts salins, dont le natron.

natronné, ée [natʀɔne] adj. Qui contient du natron. *La fréquentation des terres natronnées du Sahel tient lieu pour le bétail de cure salée.*

Natsume. V. Soseki (Natsume).

1. natte [nat] n. f. **1.** Ouvrage fait de brins d'une matière végétale entrelacés à plat. *Dormir sur une natte. Natte de prière.* **2.** Tresse de cheveux.

2. natte ou **nate** [nat] n. m. Grand arbre des îles de l'océan Indien (fam. sapotacées) dont le bois est apprécié en ébénisterie et dont le latex fournit une glu qui sert à capturer les oiseaux. (Principales variétés : *grand natte* et *petit natte.*)

natter [nate] v. tr. [**1**] Tresser une natte (1, sens 2).

nattier [natje] adj. inv. *Bleu nattier :* bleu profond et mat, plus clair que le marine.

Nattier (Jean-Marc) (1685 – 1766), peintre et pastelliste français; portraitiste de la cour de Louis XV.

naturalisation [natyʀalizasjɔ̃] n. f. **I. 1.** Action de naturaliser (sens I, 1); fait d'être naturalisé. *Étranger qui demande sa naturalisation.* **2.** Acclimatation. *Naturalisation d'une espèce végétale.* – Fig. *Naturalisation d'une invention.* **II.** Opération par laquelle on donne à une plante coupée, à un animal mort, l'apparence de la nature vivante.

naturalisé, ée [natyʀalize] adj. et n. **1.** Qui a obtenu une naturalisation (sens I, 1). – Subst. *Les nationaux et les naturalisés.* **2.** Se dit d'un animal mort, d'une plante coupée qui ont subi la naturalisation (sens II).

naturaliser [natyʀalize] v. tr. [**1**] **I. 1.** Accorder à (un étranger) telle nationalité. *Se faire naturaliser tchadien.* **2.** Acclimater complètement (un animal, une plante). ▷ Fig. Introduire dans un pays. *Naturaliser un usage.* **II.** Préparer (un animal mort, une plante coupée) de manière à leur conserver l'aspect du vivant.

naturalisme [natyʀalism] n. m. **I.** PHILO **1.** Doctrine qui prétend opérer à partir des données naturelles, refusant le surnaturel. **2.** Doctrine qui prend ses critères dans la nature, faisant ainsi de la vie morale le prolongement de la vie biologique. **II.** BX-A, HIST, LITTER Théorie suivant laquelle l'art, la littérature se doivent de dépeindre la nature et ses réalités et non de la rêver ou de l'interpréter. *Émile Zola, théoricien du naturalisme littéraire.*

naturaliste [natyʀalist] n. et adj. **I.** n. **1.** Spécialiste de sciences naturelles. **2.** Personne qui prépare les animaux morts pour les conserver. Syn. taxidermiste. **II.** adj. **1.** PHILO Adepte du naturalisme (sens 1). **2.** BX-A, HIST, LITTER Partisan du naturalisme artistique ou littéraire. *Les peintres, les romanciers naturalistes.* ▷ Subst. *Les naturalistes du XIXe siècle.*

nature [natyʀ] n. f. (et adj. inv.) **I. 1.** Ensemble des caractères, des propriétés d'un être ou d'une chose, qui définissent son appartenance à une catégorie, à un genre déterminés. *Déterminer la nature d'un phénomène. – De toute nature,* de toute sorte. ▷ Loc. *De nature à* (+ inf.) : qui, par sa nature même, est susceptible de. *Des propositions de nature à le satisfaire.* **2.** (Appliqué à l'homme.) *La nature humaine* et, sans comp., *la nature* : l'ensemble des caractères innés, fondamentaux (physiques et moraux), propres à l'être humain (par oppos. aux caractères acquis du fait de l'éducation, de la coutume, etc.). *– L'homme dans l'état de nature* (par oppos. à l'état *civil, social*), avant toute organisation sociale, toute civilisation. **3.** *Spécial.* Ce qui, en l'homme, relève de l'instinct. *Refréner en nous la nature.* **4.** Conscience morale. – *Vices contre nature :* perversions sexuelles. **5.** Complexion, tempérament. *Ils ont des natures, ce sont des natures très différentes.* – Par ext. *Une nature violente, impulsive. Une heureuse nature.* ▷ Loc. *De nature, par nature :* de façon innée. *Ils sont avares de nature.* **II.** (Concret) **1.** Principe actif d'organisation du monde, qui préside à la production des phénomènes dans l'univers et anime les êtres vivants. *Les lois de la nature. – La nature, opposée à la culture.* – (Personnifiée, souvent avec une majuscule.) *La Nature ne fait rien en vain.* **2.** Ensemble, organisé selon un certain ordre, de tout ce qui existe, choses et êtres; l'Univers et les phénomènes qui s'y produisent. *La place de l'homme dans la nature.* ▷ *Spécial.* Monde physique et ses lois. *Les sciences de la nature* (par oppos. aux *sciences humaines*). **3.** Monde sensible, Univers considéré indépendamment des transformations opérées par l'homme. ▷ *Spécial.* Environnement, monde physique et biologique (éléments, faune, flore, etc.) dans le rapport affectif ou esthétique qu'entretient l'homme avec eux. *Nature hostile, riante. Les beautés de la nature. – La protection de la nature.* **4.** Loc. *D'après nature :* d'après un modèle réel. *Peindre d'après nature. – Plus grand que* *nature,* que dans la réalité. – (En appos.) *Grandeur nature :* de mêmes dimentions que l'original. ▷ *Nature morte :* tableau représentant un groupe d'êtres ou d'objets inanimés. Le Bœuf écorché, *nature morte de Rembrandt.* **5.** *En nature :* en prestations, en objets réels (sans intermédiaire monétaire). *Rémunération en nature.* **III.** adj. inv. **1.** Préparé ou consommé tel quel, sans adjuvants. *Bœuf nature :* bœuf bouilli servi sans sauce. **2.** Fam. (Personnes) Naturel, sans affectation. *Il est très nature.*

naturel, elle [natyʀɛl] adj. et n. m. **I.** adj. **1.** Relatif à la nature d'une chose, d'un être. *Propriétés naturelles.* ▷ THEOL *Religion naturelle,* que l'homme posséderait de nature (par oppos. à *révélée*). **2.** De la nature, qui appartient à la nature; qui relève du monde physique et de ses lois. *Les forces, les phénomènes naturels. – Sciences naturelles* (on disait autref. *histoire naturelle*). **3.** Qui existe dans la nature préalablement à toute pensée réfléchie. – MATH *Nombres naturels :* les entiers positifs (0, 1, 2, 3, 4, etc.). **4.** (Par oppos. à *humain,* à *artificiel.*) Qui est le fait de la nature. *Ressources naturelles d'un pays. Frontière naturelle.* **5.** Qu'on trouve tel quel dans la nature. *Gaz naturel.* **6.** Qui est tel qu'il existe dans la nature; qui n'a pas été modifié, altéré, falsifié. *Produits alimentaires naturels.* **7.** MUS *Note naturelle,* sans dièse ni bémol. **8.** Fondé sur la nature (au sens I, 4), et non sur des dispositions relevant de la coutume ou de la volonté du législateur. *Droit naturel* (par oppos. au *droit positif*). ▷ (Par oppos. à *légitime.*) *Enfant naturel,* né en dehors du mariage. **9.** Conforme à la nature, au cours habituel et normal des choses. *Cela est naturel, tout naturel :* cela va de soi. **II.** adj. (Appliqué à l'homme.) **1.** Qui appartient à la nature humaine (dans l'ordre physique, physiologique ou psychique). *Fonctions naturelles.* **2.** Qui fait partie de la nature de qqn, qui lui est inné. *Dispositions, penchants naturels.* **3.** Conforme à la nature profonde d'un individu, et, par suite, exempt d'affectation. *Se comporter de manière simple et naturelle. – Rester naturel en toutes circonstances.* **III.** n. m. **1.** Ensemble des caractères (physiques ou moraux) qu'une personne tient de naissance. *Il est d'un naturel peu aimable.* **2.** Manière d'être exempte de toute affectation. *Savoir se comporter avec beaucoup de naturel.* **3.** Loc. *Au naturel :* sans assaisonnement, sans préparation particulière. *Riz au naturel.*

naturellement [natyʀɛlmɑ̃] adv. **1.** D'une façon naturelle; conformément aux propriétés, aux caractères naturels d'une chose, d'un être. *Substance naturellement radioactive. – C'est un homme naturellement bon.* **2.** Par une suite logique, un enchaînement naturel. *Nous avons été naturellement, tout naturellement, amenés à...* ▷ Évidemment, bien sûr. *Naturellement, elle a refusé. «Vous irez? – Naturellement!»* **3.** Sans affectation. *Parler naturellement.*

naturisme [natyʀism] n. m. **1.** PHILO Doctrine selon laquelle l'adoration des forces naturelles serait la source essentielle de la religion. **2.** MED Système thérapeutique préconisant le recours aux médications naturelles (bains, massages, exercice physique, etc.). **3.** Doctrine de ceux qui préconisent le retour à la nature. ▷ Cour. Nudisme.

naturiste [natyʀist] n. et adj. Adepte du naturisme (sens 3). ▷ adj. *Plage naturiste.*

naufrage [nofʀaʒ] n. m. **1.** Perte d'un navire en mer par suite d'un accident. **2.** Fig. Grande perte, grand malheur. *Il n'a pas survécu au naufrage de sa fortune.*

naufragé, ée [nofʀaʒe] adj. et n. Qui a fait naufrage. *Navire naufragé. – Marins naufragés.* ▷ Subst. *Recueillir à son bord des naufragés.*

naufrageur, euse [nofʀaʒœʀ, øz] n. **1.** Pilleur d'épaves qui provoquait le naufrage des navires. **2.** Fig. Personne qui cause la perte, l'effondrement de qqch. *Les naufrageurs de l'équilibre monétaire.*

Naum (Gellu) (né en 1915), poète roumain. Fondateur avec G. Luca* du groupe surréaliste roumain, il chante la liberté et l'amour : *le Voyageur incendiaire* (1936), *Athanor* (1968), *Mon père fatigué* (1971), *Zénobie* (prose, 1985).

Nauplie (*Náfplion*), port de Grèce (Péloponnèse), au fond du *golfe de Nauplie;* 10610 hab.; ch.-l. du nome d'Argolide. – Citadelle vénitienne. Musée archéol. – Anc. port d'Argos, la ville appartint à la principauté de Morée (1212-1388), à Venise (1388-1540), aux Turcs, de nouveau à Venise (1686-1718); prise par les Grecs insurgés (1822), elle fut leur cap. (1829-1834).

Nauru (république de), État de Polynésie, membre du Commonwealth, situé sur un atoll de 21 km^2; 8000 hab.; cap. *Yaren.* Langues : nauruan (off.), anglais. Monnaie : dollar australien. Pop. : Polynésiens, Chinois, Européens. Relig. : protestantisme, catholicisme. – La pêche, la production de phosphates (quasiment épuisés) et les placements dans l'immobilier en Asie du S.-E., à Hawaii et en Australie fournissent d'import. ressources. – Découverte en 1798 par les Brit., l'île, allemande de 1888 à 1914, passa sous mandat brit., puis sous l'administration conjointe de l'Australie, de la Nouvelle-Zélande et de la G.-B. Elle accéda à l'indépendance en 1968.

nauruan, ane [noʀyɑ̃, an] adj. et n. **1.** adj. De Nauru. ▷ Subst. *Un(e) Nauruan(e).* **2.** n. m. *Le nauruan :* la langue parlée dans la rép. de Nauru.

nauséabond, onde [nozeabɔ̃, ɔ̃d] adj. **1.** Qui provoque le dégoût, qui cause des nausées (en parlant d'une odeur). *Odeur nauséabonde.* **2.** Fig. Dégoûtant, répugnant. *Un livre nauséabond.*

nausée [noze] n. f. **1.** Envie de vomir. *Avoir des nausées.* **2.** Fig. Dégoût, écœurement profond. *Ce spectacle me donne la nausée. J'en ai la nausée.*

nauséeux, euse [nozeø, øz] adj. **1.** Qui provoque des nausées. **2.** Fig. Qui provoque un dégoût profond. *Des propos nauséeux.* **3.** Qui éprouve des nausées. *Se sentir nauséeux.*

Nausicaa, dans la myth. gr., fille d'Alcinoos, roi des Phéaciens. Selon l'*Odyssée,* elle recueillit Ulysse naufragé.

-naute, -nautique. Éléments, du gr. *nautês,* «navigateur», *nautikos,* «relatif à la navigation».

nautile [notil] n. m. ZOOL Mollusque céphalopode des océans Indien et Pacifique, à grande coquille cloisonnée et spiralée.

nautique [notik] adj. et n. m. **1.** Relatif à l'art et aux techniques de la navigation. *Cartes nautiques.* **2.** Relatif à la navigation de plaisance, aux jeux et sports pratiqués sur l'eau. *Fête nautique. Ski nautique.* **3.** MAR *Mille nautique* ou, n. m., *nautique :* mille marin.

nautisme [notism] n. m. Ensemble des sports nautiques.

nautonier, ère [notonje, ɛʀ] n. Vx Personne qui conduit une embarcation. ▷ MYTH *Le nautonier des Enfers :* Charon. (V. nocher.)

nautou [notu] n. m. V. notou.

Navaho(s) ou **Navajo(s),** Amérindiens qui vivent auj. dans des réserves de l'Arizona et du Nouveau-Mexique, formant le groupe indien le plus important des É.-U. (env. 130000 personnes). Ils préfèrent à ce nom l'appellation de *Dineh* ou *Diné.*

naval, ale, als [naval] adj. **1.** Qui concerne les navires. *Constructions navales. Des chantiers navals.* **2.** Qui concerne les navires de guerre, la marine militaire. *Bataille navale.*

navarin [navaʀɛ̃] n. m. CUIS Ragoût de mouton accompagné d'oignons, de navets et de pommes de terre.

Navarre, anc. royaume, fondé au IXe s. en Espagne, autour de Pampelune, peuplé de Basques. Il comprit à partir du XIe s. la *Basse-Navarre* ou *Navarre française* (dans le dép. actuel des Pyrénées-Atlantiques). De 1284 à 1328, il appartint aux rois de France, puis à la maison d'Évreux, enfin à la maison d'Albret. En 1512, Ferdinand le Catholique s'empara de la *Haute-Navarre* (Navarre espagnole). En 1589, Henri IV (Henri III de Navarre) unit à la France la Basse-Navarre (les rois de France devinrent «roi de France et de Navarre»). – La *Navarre espagnole* forme une communauté autonome et une région de la C.E.; 10421 km^2; 527300 hab.; cap. *Pampelune.*

Navas de Tolosa (Las), bourg du S. de l'Espagne (prov. de Jaén) où les rois d'Aragon, de Castille et de Navarre vainquirent les Almohades en 1212.

navet [navɛ] n. m. **1.** Plante potagère (*Brassica napus,* fam. crucifères) cultivée pour sa racine comestible; cette racine. **2.** Fig. Œuvre d'art sans valeur. – *Spécial.* Très mauvais film.

naveteur, euse [naftœʀ, øz] n. V. navetteur.

1. navette [navɛt] n. f. **1.** Dans un métier à tisser, instrument pointu aux deux extrémités qui sert à faire courir le fil de trame et à le croiser avec le fil de chaîne. ▷ Dans une machine à coudre, organe qui supporte et guide la canette. **2.** Fig. *Faire la navette :* faire des allées et venues répétées. *Son travail l'oblige à faire la navette entre Paris et Bruxelles.* ▷ Engin, service de transport qui effectue des allers et retours réguliers sur une courte distance. – *Navette spatiale :* véhicule spatial en grande partie récupérable.

2. navette [navɛt] n. f. BOT Plante des régions tempérées cultivée pour ses fruits oléagineux et pour le fourrage.

navetteur, euse [navɛtœʀ, øz] ou **naveteur, euse** [naftœʀ, øz] n. (Belgique) Personne qui fait la navette. (V. pendulaire 2.)

Navez (François Joseph) (1787 – 1869), peintre belge; auteur de compositions mythologiques et religieuses et de portraits (*la Famille De Hemptinne,* 1816, Bruxelles).

navicule [navikyl] n. f. BOT Algue diatomée de forme elliptique, commune dans les eaux douces et salées.

navigabilité [navigabilite] n. f. **1.** État de ce qui est navigable. **2.** Aptitude pour un navire à prendre la mer, pour un aéronef à prendre l'air, dans les conditions de sécurité requises. *Certificat de navigabilité.*

navigable [navigabl] adj. Où l'on peut naviguer. *Rivière navigable.*

navigant, ante [navigɑ̃, ɑ̃t] adj. et n. Se dit du personnel qui navigue dans l'aviation ou la marine, par oppos. à celui qui reste à terre.

navigateur, trice [navigatœʀ, tʀis] n. **1.** Personne qui navigue. ▷ Litt. Marin qui fait des voyages au long cours. – HIST *Les grands navigateurs,* ceux qui, aux XVe et XVIe s., contribuèrent à la découverte par les Européens de nouvelles terres, de nouvelles voies maritimes (C. Colomb, Vasco de Gama, etc.). ▷ adj. Qui s'adonne à la navigation. *Peuple navigateur.* **2.** Personne chargée de la navigation à bord d'un navire, d'un avion. **3.** n. m. *Navigateur automatique :* appareil permettant de déterminer automatiquement le point d'un avion, d'un navire ou d'un char ainsi que son éventuel écart par rapport au plan de route établi.

navigation [navigasjɔ̃] n. f. **1.** Action de naviguer. *Navigation maritime, fluviale, sous-marine. Navigation côtière, au long cours.* **2.** Art et technique de la conduite des navires (détermination de la position et tracé de la route). – *Navigation à l'estime,* dans laquelle on trace sur la carte la route suivie par le navire en relevant les caps successifs, ainsi que la vitesse du navire. – *Navigation astronomique,* qui consiste à relever au sextant, à des instants déterminés, la hauteur du Soleil ou d'autres astres. – *Navigation radioélectrique :* radionavigation. (V. sonar.) **3.** Ensemble du trafic, de la circulation sur l'eau. *Compagnie, ligne de navigation.* **4.** AVIAT Art de déterminer la route que doit suivre un avion, la position en vol de cet avion, etc. *Dispositifs d'aide à la navigation.* – Circulation, trafic aériens. ▷ Par anal. *Navigation spatiale.*

naviguer [navige] v. intr. (et tr.) [1] **1.** Voyager sur mer, sur l'eau. *Ce navire n'est plus en état de naviguer. Nous avons navigué trois jours en pleine mer.* ▷ (Louisiane) Voyager, se déplacer sur terre (par ex., en auto). – v. tr. *Naviguer une heure pour aller travailler.* **2.** (Personnes) Pratiquer la navigation; conduire un navire. *Aimer naviguer.* **3.** (Navires) Se comporter à la mer. *Un trois-mâts qui naviguait remarquablement bien.* **4.** Diriger la marche d'un avion. *Naviguer à basse altitude.* **5.** Fig., fam. Voyager, se déplacer beaucoup et souvent. *Il a beaucoup navigué dans sa vie.* **6.** Fig. Se diriger habilement dans des affaires troubles ou difficiles. *Savoir naviguer.* **7.** INFORM Se déplacer à l'intérieur d'un ensemble de données informatiques ou d'un réseau télématique grâce à des liens hypertextes.

navire [naviʀ] n. m. Bâtiment ponté conçu pour la navigation en haute mer. (Moins cour. que *bateau.* Désigne surtout les bâtiments de fort tonnage.) *Navire de commerce, de guerre.* – *Navire-hôpital,* aménagé pour le transport des malades et des blessés. *Des navires-hôpitaux.* – *Navire-citerne :* navire équipé pour le transport des liquides (pétrole et gaz liquéfiés, notam.). *Des navires-citernes.* – *Navire-usine :* navire spécialement équipé pour le traitement du poisson. *Des navires-usines.*

navrant, ante [navʀɑ̃, ɑ̃t] adj. Qui cause une profonde affliction. *Un spectacle navrant.* ▷ Cour. Regrettable. *Un contretemps navrant.*

navrer [navʀe] v. tr. [1] Affliger, causer une grande peine à. *Son départ m'a profondément navré.* ▷ Cour. Désoler. *Je suis navré, mais c'est impossible.*

Naxos, île grecque, la plus grande des Cyclades; 450 km²; 15000 hab.; v. princ. *Naxos.* Vins. – Duché vénitien de 1207 à 1566.

nazaréen, enne [nazaʀeɛ̃, ɛn] adj. et n. De Nazareth. ▷ Subst. Nom donné aux premiers chrétiens. – *Le Nazaréen :* Jésus.

nazaréens, groupe de peintres allemands (J. Overbeck, F. Pforr, etc.) qui, à Rome, à partir de 1810-1812, prônaient l'esthétique chrétienne des primitifs italiens.

Nazareth (en ar. *An-Nasirah*), v. d'Israël, en Galilée; 44780 hab. – Égl. de l'Annonciation (XVIIIe s.), abattue en 1955 et reconstruite. – Séjour de la Sainte Famille jusqu'au baptême de Jésus («Jésus de Nazareth»).

Nazca, site archéol. précolombien (IIe s. av. J.-C.-VIIe s. ap. J.-C.) de la côte S. du Pérou. On ignore la signification de figures longues de plusieurs centaines de mètres tracées sur le sol. Les nécropoles recèlent céramiques, orfèvrerie, tissus en abondance.

nazi, ie [nazi] adj. et n. National-socialiste. *Barbarie nazie.* ▷ Subst. *Les nazis.*

nazi (parti). V. Parti ouvrier allemand national-socialiste.

Nazinon (le) (anc. *Volta rouge*), rivière du Burkina Faso, affluent de la Volta.

nazisme [nazism] n. m. Mouvement, régime et doctrine nazis. Syn. national-socialisme.
ENCYCL Élaboré par Hitler dans *Mein Kampf,* le nazisme fut la doctrine officielle de l'État allemand de 1933 à 1945. Les nazis exaltaient la supériorité des Germains, considérés comme le rameau le plus pur de la race blanche, digne de dominer les peuples inférieurs (parmi lesquels les hommes de couleur) et en droit d'éliminer les races considérées par eux comme impures : Juifs, Tsiganes furent exterminés dans des camps de concentration. La conception de l'État nazi était totalitaire; de la naissance à la mort, et en tous domaines (éducation, presse, arts), la nation allemande était embrigadée. Toute velléité d'opposition au régime se trouvait neutralisée par l'action du parti ou impitoyablement réduite par la Gestapo. Le nazisme était expansionniste. Hitler demandait la réunion de tous les Allemands dans le cadre d'une Grande Allemagne après abrogation du traité de Versailles. La politique d'annexion des régions en partie peuplées de germanophones fut le prélude à la Seconde Guerre mondiale.

N. B. Abrév. de *nota* bene.*

Ncam ou **Ntcham,** population du du N.-O. du Togo (env. 95000 personnes). Ils parlent une langue nigéro-congolaise du groupe gur.

ndama [ndama] n. m. (Afr. subsah.) Nom donné à un bovin d'une race de petite taille, résistante à la trypanosomiase. ▷ adj. (inv. en genre) *Des bœufs ndamas.*

Ndao (Cheik Aliou) (né en 1933), écrivain sénégalais : poésie (*Kairée,* 1962), théâtre (*l'Exil d'Albouri,* 1967; *Du sang pour un trône,* 1983), roman (*Buur Tileen,* 1972; *Excellence, vos épouses,* 1983).

N'Debeka (Maxime) (né en 1944), écrivain de la rép. du Congo : théâtre (*le Président,* 1970), poésie (*l'Oseille les Citrons,* 1975).

Ndébélé, population du Zimbabwe (env. 1500000 personnes). Ils parlent une langue bantoue. On les a également appelés Matébélé, Tébélé et Tébé. Le nom de Ndébélé est aussi appliqué à des locuteurs d'un dialecte zoulou et à des locuteurs d'un dialecte sotho en Afrique australe. V. Ngoni.

Ndiaye Coumba Rose (Doudou) (né en 1930), musicien sénégalais.

N'Djamena (*Ngãmĩnã*) (*Fort-Lamy* jusqu'en 1973), cap. du Tchad, sur le Chari, à la limite de la savane boisée et de la savane proprement dite; 687000 hab. (47000 hab. en 1955); ch.-l. de la préf. de Chari-Baguirmi. Centre comm.; marché agricole. Industr. alimentaires. Port fluvial. Aéroport. – Musée. – À proximité, réserve animale du bas Chari.

Ndjekery (Noël Nénoton) (né en 1956), écrivain tchadien : théâtre (*Goudangou,* 1980), nouvelles (*la Descente aux enfers,* 1982; *la Carte du parti,* 1984).

Ndola, v. du N. de la Zambie, près de la frontière de la rép. dém. du Congo; 545000 hab.; ch.-l. de la prov. du Copper Belt. Raffinage du cuivre; raff. de pétrole; constr. métall. (auto.); sucreries; bois; huileries. Aéroport.

ndolé [ndɔle] n. m. (Afr. subsah.) Au Cameroun, plat composé de feuilles cuites (*vernovia*), accompagnées de viande ou de poisson.

N'Dour (Youssou) (né en 1959), chanteur sénégalais.

Ndzouani. V. Anjouan.

ne [nə] (*n'* devant une voyelle ou un *h* muet) adv. **A.** *Ne* marquant la négation. **I.** *Ne* employé seul. **1.** (Dans une principale ou une indépendante, seulement dans certaines tournures ou expressions.) *N'avoir cure, n'avoir garde. N'importe! Qu'à cela ne tienne. Que ne le disiez-vous!* **2.** (Dans une subordonnée relative au subj., après une principale négative ou interrogative; dans certaines loc.; dans quelques constructions.) *Il n'est pas d'instant qu'il n'y pense. – Si je ne me trompe; si je ne m'abuse. – Voici bientôt trois jours qu'il n'est venu.* **II.** *Ne* employé en corrélation avec un mot négatif ou restrictif. **1.** *Ne... pas; ne... point; ne... plus; ne... jamais. Il n'ira pas.* – Litt., vx ou rég. *Il n'ira point. – Il n'ira plus. – Jamais il n'ira.* ▷ *Ne... que. Je n'irai que si on me le demande :* j'irai seulement si on me le demande. **2.** (Avec un indéfini négatif placé avant ou après.) *Personne n'y est allé. Je n'ai rien vu.* ▷ (Avec *ni* répété.) *Ni lui ni moi n'y sommes allés.* **3.** (Affirmation renforcée par double négation.) *Vous n'êtes pas sans savoir qu'il vous attend :* vous savez très bien qu'il vous attend. **B.** *Ne* employé sans valeur négative (emploi dit *explétif*). **1.** (Après les verbes d'empêchement, de défense, de crainte.) *J'interdirai, j'éviterai qu'il ne vienne. J'ai peur, je crains qu'il n'arrive.*

2. (En phrase négative ou interrogative après les verbes exprimant le doute ou la négation.) *Je ne doute pas une seconde qu'il ne renonce. Niez-vous qu'il n'y soit parvenu?* **3.** (Après les propositions comparatives d'inégalité introduites par *autrement, meilleur, mieux, moindre, pire,* etc., si la principale est affirmative.) *Vous le ferez mieux que je ne le ferais moi-même.* **4.** Après *à moins que, sans que* (emploi du *ne* explétif critiqué), *il s'en faut que, avant que, que. Allez-y avant qu'il n'arrive.*

né, née [ne] adj. **1.** Venu au monde. *Le premier-né, le dernier-né :* le premier, le dernier des enfants d'une famille. *C'est la dernière-née.* – *Né de :* issu de. *Né d'une famille bourgeoise. Né de père inconnu.* – *Né pour :* naturellement disposé pour. *Il est né pour faire de la musique.* **2.** *Bien né, mal né :* qui a un bon, un mauvais naturel. *Âme bien née.* **3.** De naissance, naturellement. *Un orateur(-)né.*

Néandert(h)al, vallée du Neander, près de Düsseldorf, où l'on découvrit des restes humains. ▷ PREHIST *Homme de Néandertal* ou *néandertalien :* homme fossile du pléistocène constituant la sous-espèce *Homo sapiens neandert(h)alensis.* D'autres restes de néandertaliens ont été trouvés en France (notam. en Dordogne), en Asie et en Afrique.

néandert(h)alien, enne [neãdɛʀtaljɛ̃, ɛn] adj. et n. PREHIST De Néandert(h)al. ▷ Subst. *Un néandert(h)alien.*

néanmoins [neãmwɛ̃] adv. Malgré cela; mais, toutefois, cependant. *Il est très jeune et néanmoins fort raisonnable.*

néant [neã] n. m. **1.** Rien; état de ce qui n'existe pas. – Loc. *Réduire à néant :* anéantir. *Tous ces projets réduits à néant.* ▷ *Ellipt.* Aucun. *Signes particuliers : néant.* **2.** Absence de valeur d'une chose. *Il a parfaitement conscience du néant des honneurs qu'on lui rend.* ▷ *Tirer qqn du néant,* le tirer d'une condition obscure pour le placer dans une situation honorable. **3.** PHILO Ce qui n'a pas d'être, le non-être (par oppos. à *l'être.*) *«L'Être et le Néant», essai de Jean-Paul Sartre (1943).*

Néarque (IVe s. av. J.-C.), navigateur crétois, amiral d'Alexandre le Grand. Il explora les côtes asiatiques de l'Indus à l'Euphrate.

nebka [nɛpka] n. f. GEOMORPH Petite dune qui se forme derrière un obstacle et s'allonge en forme de flèche dans le sens des vents dominants.

Nebka. V. Sanakht.

nebneb [nɛbnɛb] n. m. Acacia d'Afrique tropicale, dont l'écorce et le fruit sont utilisés pour le tannage et dans la pharmacopée.

Nébo (mont), montagne du pays biblique de Moab, à l'E. de la mer Morte, d'où Moïse contempla la Terre promise.

Nebraska, État du centre des É.-U., dans les Grandes Plaines, limité à l'E. par le Missouri; 200 017 km^2; 1 578 000 hab.; cap. *Lincoln.* Grande rég. agricole. Pétrole. – Explorée au XVIIIe s. par des Espagnols et des Français, la région, devenue territoire (1854), forma le trente-septième État de l'Union (1867). – Son nom vient du *Nebraska,* ou *Platte River* (527 km), affl. du Missouri (r. dr.).

nébuleuse [nebyløz] n. f. ASTRO Objet céleste qui, contrairement aux étoiles et aux planètes, nettement délimitées, présente un aspect diffus et vaporeux. *Nébuleuse à émission :* concentration de gaz interstellaire ionisé qui apparaît comme une nébulosité lumineuse aux contours diffus. *Nébuleuse obscure :* nuage dense de gaz interstellaire froid, qui masque les étoiles plus éloignées.

nébuleux, euse [nebylø, øz] adj. **1.** Obscurci par les nuages. *Ciel nébuleux.* **2.** Fig. Qui manque de clarté; fumeux. *Théories, projets nébuleux.*

nébulisation [nebylizasjɔ̃] n. f. TECH Action de nébuliser; son résultat.

nébuliser [nebylize] v. tr. [1] TECH Projeter, vaporiser (un liquide) en fines gouttelettes à l'aide d'un nébuliseur.

nébuliseur [nebylizœʀ] n. m. TECH Appareil servant à nébuliser.

nébulosité [nebylozite] n. f. **1.** Caractère, état de ce qui est nébuleux. – METEO Morceau de ciel couvert par des nuages. **2.** Fig. *La nébulosité d'une théorie.*

nécessaire [nesesɛʀ] adj. et n. m. **I.** adj. **1.** Se dit de ce qui constitue une condition indispensable à la réalisation de qqch. *La respiration est nécessaire à la vie.* – MATH *Condition nécessaire et suffisante,* qui rend vraie une proposition si, et seulement si, cette condition est remplie. **2.** Se dit de ce qui est indispensable pour répondre à un besoin. *Une voiture m'est absolument nécessaire pour mon travail. Il est nécessaire d'en discuter, que nous en discutions.* – *Se rendre nécessaire :* se rendre indispensable. **3.** LOG Qui découle logiquement et inévitablement de conditions ou d'une hypothèse déterminées. *Le syllogisme est un type formellement parfait d'enchaînement nécessaire.* ▷ Cour. Inéluctable. **4.** Qui ne peut pas ne pas être ni être autrement (par oppos. à *contingent*). *«Les lois, dans la signification la plus étendue, sont des rapports nécessaires qui dérivent de la nature des choses»* (Montesquieu). **II.** n. m. **1.** Ce qui est absolument indispensable pour vivre. *Le nécessaire et le superflu. Manquer du plus strict nécessaire.* **2.** Ce qu'il faut faire pour arriver à un résultat déterminé. *Faire le nécessaire.* **3.** PHILO *Le nécessaire et le contingent.* **4.** *Un nécessaire :* un coffret garni des objets nécessaires pour un usage déterminé. *Un nécessaire de toilette, de couture.* **5.** (Afr. subsah.) (Souvent au plur.) Matériel d'écolier. *À l'ouverture des classes, les enfants doivent acheter leur(s) nécessaire(s).*

nécessairement [nesesɛʀmã] adv. **1.** Par un besoin impérieux; absolument. *Il faut nécessairement qu'on trouve une solution.* **2.** D'une manière nécessaire, logique et inévitable.

nécessité [nesesite] n. f. **1.** Caractère de ce qui est nécessaire; chose nécessaire; obligation. *La nécessité de manger pour vivre.* – *Nécessité vitale,* absolue. **2.** Besoin impérieux; ce qui est indispensable dans une situation donnée. – *Les nécessités de la vie.* ▷ *Objets de première nécessité,* ceux qui sont vraiment indispensables pour vivre. **3.** Loc. *Nécessité fait loi :* certains actes se justifient d'eux-mêmes par leur caractère inévitable. – *Faire de nécessité vertu :* s'acquitter, en y cherchant une occasion de mérite, d'une chose nécessaire. **4.** PHILO, LOG Caractère nécessaire d'un enchaînement de causes et d'effets.

nécessiter [nesesite] v. tr. [1] **1.** Rendre indispensable; exiger. *Ce travail nécessite énormément d'attention.* **2.** PHILO Impliquer logiquement et inéluctablement.

nécessiteux, euse [nesesitø, øz] adj. et n. Qui est dans le besoin, qui manque du nécessaire. *Vieillard nécessiteux.* – Subst. Indigent.

Nechako (la), riv. du Canada (400 km), en Colombie-Britannique, affl. (r. dr.) du Fraser.

Necker (Jacques) (1732 – 1804), financier et homme d'État suisse. Venu à Paris en 1747, il devint un riche banquier. Directeur général des Finances (1777), il se heurta aux privilégiés et démissionna (1781). Rappelé (25 août 1788), il fit convoquer les États* généraux. Renvoyé le 11 juil. 1789, rappelé le 16, impuissant à contrôler les événements, il se retira en 1790 en Suisse, avec sa fille, Mme de Staël.

né-coiffé, ée [nekwafe] adj. et n. (Antilles fr.) Se dit d'un enfant né avec la membrane du placenta adhérant à la tête et réputé posséder de ce fait un don de prémonition particulier. ▷ Subst. *Des né-coiffés.*

nec plus ultra [nɛkplysyltʀa] n. m. inv. (loc. lat.) Ce qui ne peut être surpassé. *Le nec plus ultra de l'élégance.*

nécr(o)-. Élément, du gr. *nekros,* «mort».

nécrobie [nekʀɔbi] adj. et n. **1.** adj. et n. m. BIOL Se dit d'un organisme vivant sur les cadavres. **2.** n. f. ENTOM Coléoptère (genre *Necrobia*) qui vit sur les matières animales desséchées.

nécrologie [nekʀɔlɔʒi] n. f. **1.** Notice biographique sur un personnage décédé récemment. **2.** Liste de personnes décédées pendant un laps de temps déterminé. – Avis des décès survenus à une date ou pendant une période déterminées, et publiés. *La nécrologie d'un journal.*

nécrologique [nekʀɔlɔʒik] adj. Qui concerne la nécrologie.

nécromancie [nekʀomãsi] n. f. Science occulte qui prétend, par l'évocation des morts, révéler l'avenir.

nécromancien, enne [nekʀomãsjɛ̃, ɛn] n. Personne qui s'occupe de nécromancie.

nécrophage [nekʀofaʒ] adj. et n. Qui se nourrit de cadavres. *Animal, insecte nécrophage.* ▷ Subst. PSYCHIAT, ANTHROP Malade commettant des actes de nécrophagie.

nécrophagie [nekʀofaʒi] n. f. PSYCHIAT, ANTHROP Cannibalisme perpétré sur des cadavres.

nécrophilie [nekʀofili] n. f. PSYCHIAT Attirance sexuelle morbide pour les cadavres.

nécrophore [nekʀɔfɔʀ] n. m. ENTOM Coléoptère noir (genre *Necrophorus*) commun en Eurasie, long d'environ 25 mm, qui pond ses œufs sur des charognes qu'il a enterrées.

nécropole [nekʀɔpɔl] n. f. **1.** ANTIQ Vaste ensemble de sépultures antiques. *Les nécropoles de Thèbes, en Égypte. Nécropole souterraine.* **2.** Litt. Vaste cimetière d'une grande ville moderne.

nécrose [nekʀoz] n. f. BIOL Mort cellulaire ou tissulaire.

nécroser [nekʀoze] v. tr. [1] Provoquer la nécrose de. ▷ v. pron. Être atteint de nécrose.

nectar [nɛktaʀ] n. m. **1.** MYTH Breuvage des dieux. ▷ Litt. Breuvage délicieux. *Ce vin est un nectar.* **2.** Liquide sucré, très riche en glucose, sécrété par certaines plantes et utilisé par les abeilles pour faire le miel.

nectarine [nektaʀin] n. f. Hybride de pêche à peau lisse et à noyau qui n'adhère pas à la chair.

necton [nɛktɔ̃] n. m. OCEANOGR Ensemble des animaux marins qui se déplacent en nageant (par oppos. à *plancton*).

Nedjd. V. Nadjd.

neem [nim] n. m. V. nim.

néerlandais, aise [neɛʀlɑ̃dɛ, ɛz] adj. et n. **1.** adj. Des Pays-Bas. ▷ Subst. *Un(e) Néerlandais(e).* **2.** n. m. *Le néerlandais :* la langue germanique parlée aux Pays-Bas et dans le nord de la Belgique (flamand).

néerlandophone [neɛʀlɑ̃dofon] adj. et n. Se dit d'une personne de langue néerlandaise. ▷ Subst. Personne qui parle le néerlandais. *Les Flamands sont néerlandophones.*

Neerwinden, anc. local. de Belgique (Brabant), auj. rattachée à Landen. Le maréchal de Luxembourg y vainquit Guillaume III d'Orange (1693); et le prince de Cobourg, le général français Dumouriez (1793).

nef [nɛf] n. f. Partie d'une église qui va du portail à la croisée du transept.

néfaste [nefast] adj. Malheureux, désastreux. *Journée néfaste.* ▷ Qui porte malheur. *Personnage néfaste. – Idée néfaste.*

Néfertiti (XIVe s. av. J.-C.), reine d'Égypte, femme d'Aménophis IV Akhenaton. Probablement, elle participa à la révolution religieuse accomplie par Aménophis IV et la maintint après la disparition de son époux.

nèfle [nɛfl] n. f. Fruit du néflier, que l'on consomme blet.

néflier [neflije] n. m. Rosacée arborescente aux fruits comestibles des régions tempérées. – *Néflier du Japon :* bibassier.

Nefousa (djebel), escarpement calcaire de Libye, en Tripolitaine, qui se prolonge jusqu'en Tunisie; alt. moy. 800 m.

Nefta, v. et vaste oasis du S. de la Tunisie (gouvernorat de Gafsa); 15 510 hab. Métropole religieuse du Djérid.

négateur, trice [negatœʀ, tʀis] adj. et n. Litt. Qui nie, qui a l'habitude de nier. ▷ Subst. *Un négateur de Dieu.*

négatif, ive [negatif, iv] adj. et n. **1.** Qui exprime une négation, qui marque un refus (par oppos. à *affirmatif*). *La réponse est négative. – Assertion négative.* ▷ n. f. *Ils nous ont encore répondu par la négative,* négativement. **2.** Qui n'est pas constructif, qui ne fait que s'opposer. *Critique négative.* **3.** Qui ne consiste qu'en l'absence de son contraire (par oppos. à *positif*). *Bonheur, plaisir négatif.* **4.** MATH *Nombre négatif,* inférieur ou égal à zéro. *Nombre strictement négatif,* inférieur à zéro. ▷ *Exposant négatif,* affecté du signe moins. ▷ METEO *Température négative,* inférieure à 0 °C. **5.** *Électricité négative,* constituée d'électrons. ▷ *Pôle négatif :* pôle par lequel le courant arrive, dans un générateur de courant continu. ▷ CHIM *Ion négatif :* anion. **6.** PHOTO *Épreuve négative* ou, n. m., *un négatif :* phototype dans lequel les parties claires et les parties sombres sont inversées par rapport au modèle.

négation [negɑsjɔ̃] n. f. **1.** Action de nier; son expression verbale, écrite, etc. ▷ LOG *Négation d'une proposition P :* proposition, notée non P ou $\bar{P}$, qui est fausse si P est vraie et inversement. ▷ Comportement, acte qui est en contradiction complète avec qqch. *Accepter, ce serait la négation de tout ce que nous avons fait.* **2.** Mot, groupe de mots qui sert à rendre un énoncé négatif. *«Non», «ne... pas» sont des négations.*

négativement [negativmɑ̃] adv. D'une manière négative.

négativisme [negativism] n. m. **1.** PHILO Système niant toute croyance à une réalité. **2.** PSYCHIAT Trouble de l'activité volontaire caractérisé par le refus passif ou actif de répondre à toute sollicitation, interne ou externe. **3.** Didac. Attitude caractérisée par le refus systématique de tout.

négativité [negativite] n. f. **1.** PHYS Caractère d'un corps porteur d'une charge négative. **2.** Caractère de ce qui est négatif (sens 2).

négaton [negatɔ̃] n. m. PHYS NUCL Syn. de *électron* (par oppos. à l'électron positif ou *positon*).

négligé, ée [neglіʒe] adj. et n. m. **I.** adj. **1.** Dont on n'a pas pris un soin suffisant. *Barbe, tenue négligée.* ▷ Pour qui l'on manque d'égards, d'attentions. **2.** Qui néglige sa personne, sa tenue. **II.** n. m. État d'une personne dont la toilette est sans recherche. *Le négligé lui va bien. Être toujours en négligé.*

négligeable [negliʒabl] adj. Qui peut être négligé, sans importance. *Efforts négligeables.* ▷ Cour., péjor. Ce qui est sans intérêt, ne compte pas.

négligemment [negliʒamɑ̃] adv. **1.** Avec négligence. *S'habiller négligemment.* **2.** Avec indifférence. *Répondre négligemment.*

négligence [negliʒɑ̃s] n. f. **1.** Défaut de soin, d'application; manque d'attention. ▷ *Spécial.* Manque de soin dans la tenue. *Vêtu avec négligence.* **2.** Faute, erreur due à un manque de soin, d'application. *Commettre une, des négligences. – Négligences de style.*

négligent, ente [negliʒɑ̃, ɑ̃t] adj. Qui fait preuve de négligence.

négliger [negliʒe] v. tr. [**13**] **1.** Ne pas s'occuper de (qqch) avec autant de soin, d'attention qu'on le devrait. *Négliger sa santé, ses intérêts. – Négliger sa mise, sa toilette.* ▷ v. pron. Prendre moins soin qu'à l'ordinaire de sa personne. **2.** Ne pas montrer à (qqn) autant d'attention, d'affection qu'on le devrait. *Négliger ses amis.* **3.** Ne pas mettre en usage ou à profit. *Négliger un avertissement. – Négliger une occasion.*

négoce [negɔs] n. m. Vieilli Commerce en gros.

négociabilité [negɔsjabilite] n. f. COMM Qualité de ce qui peut être négocié (sens II, 1). *Négociabilité d'un effet de commerce.*

négociable [negɔsjabl] adj. Que l'on peut négocier. *Titre négociable.*

négociant, ante [negɔsjɑ̃, ɑ̃t] n. Personne qui fait du négoce, du commerce en gros. *Négociant en laine.*

négociateur, trice [negɔsjatœʀ, tʀis] n. **1.** Personne chargée de négocier une affaire. **2.** Diplomate, personne qui a pour mission de mener des négociations.

négociation [negɔsjasjɔ̃] n. f. **I. 1.** Action de négocier; l'affaire que l'on négocie. *Une négociation difficile.* **2.** COMM Action de négocier (un billet, une traite). **II.** Ensemble des démarches entreprises pour conclure un accord, un traité, pour rechercher une solution à un problème social ou politique; résultat de ces démarches. *Engager, rompre des négociations.*

négocier [negɔsje] v. [**2**] **I.** v. intr. Engager des pourparlers, procéder à des échanges de vues dans l'intention de traiter une affaire. **II.** v. tr. **1.** COMM Céder (un effet, une lettre de change) à un tiers contre de l'argent liquide. **2.** Se concerter sur les conditions de réalisation de qqch. *Négocier une affaire importante. – Négocier un traité de paix.* **3.** SPORT, AUTO *Négocier un virage,* le prendre, vite et le mieux possible.

nègre, négresse [nɛgʀ, negʀɛs] n. et adj. **A.** n. **I. 1.** Vieilli (Souvent employé avec une intention péjor. et raciste, sauf par les Noirs eux-mêmes.) Personne de race noire. – (Antilles fr.) Mod. Terme mélioratif utilisé comme adresse à un interlocuteur. *Comment vas-tu, nègre(sse)?* **2.** Esclave noir employé autrefois dans les colonies. *La traite des nègres.* ▷ Fam. *Travailler comme un nègre,* beaucoup, durement. **II.** n. m. Fig. Personne qui prépare ou fait le travail d'un écrivain célèbre, d'une personne connue. **B.** adj. **1.** De race noire; relatif à la race, aux ethnies noires. *Coutumes nègres.* ▷ *Art nègre :* art de l'Afrique noire, spécial. tel que l'Occident l'a découvert au début du XXe s. *L'art nègre a contribué à la naissance du cubisme.* V. encycl. ci-après. **2.** adj. inv. *Nègre* ou, plus cour., *tête-de-nègre :* marron foncé. ▷ *Nègre blanc :* équivoque, dont les termes, les conclusions sont contradictoires. *Réponse nègre blanc.*

ENCYCL Art nègre. – L'art africain est découvert et revalorisé au début du XXe siècle par le regard de quelques peintres (Vlaminck, Derain, Picasso), écrivains (Apollinaire, Cendras) ou anthropologues français, qui apprécient, d'un point de vue esthétique, la primitivité et la naïveté qu'ils lui attribuent. Une première exposition d'«art nègre» a lieu à Paris en 1919, une étude de Georges Hardy *(L'Art nègre)* paraît en 1927. Le succès fait à l'art nègre en Europe est contemporain de l'engouement pour la musique de jazz. (V. Art africain à l'encycl. art.)

nègrerie [nɛgʀəʀi] n. f. HIST Au temps de la traite des Noirs, local où étaient détenus les captifs avant leur embarquement.

négrier, ère [negʀije, ɛʀ] adj. et n. m. **I.** adj. Qui a rapport à la traite des Noirs; qui se livre, qui sert à la traite des Noirs. *Capitaine négrier. Navire négrier.* **II.** n. m. **1.** Celui qui faisait la traite des Noirs. – Navire qui servait à faire la traite des Noirs. **2.** Fig. Chef d'entreprise dur et âpre comme un marchand d'esclaves.

négrillon, onne [negʀijɔ̃, ɔn] n. Vx ou péjor. et raciste Petit enfant de race noire.

Négritos, populations primitives mélano-indonésiennes (Philippines, Malaisie, îles Andaman), de petite taille, aux caractères négroïdes.

négritude [negʀityd] n. f. **1.** Fait d'appartenir à la race noire. **2.** Ensemble des caractéristiques culturelles, historiques, des nations, des peuples noirs.

ENCYCL Préparé par l'Antillais (installé au Liberia) E.W. Blyden (1880), l'Américain W.E.B. Du* Bois (1903), le Haïtien Price*-Mars (1915) et le Guyanais René Maran* (prix Goncourt 1921, pour *Batouala*), le lancement du concept de négritude, expression culturelle du panafricanisme ou «ensemble des valeurs de la civilisation noire» (Senghor) est le fait du Guyanais Léon-Gontran Damas*, du Sénégalais L.S. Senghor* et du Martiniquais Aimé Césaire* qui employa le mot pour la première fois dans la revue *L'Étudiant noir* (1939). À partir des années 1950, le concept fut contesté par des intellectuels d'inspiration marxiste.

Negro (rio), riv. d'Amérique du S. (600 km), affl. de l'Uruguay (r. g.). Il draine le Rio Grande do Sul, au Brésil, et l'Uruguay.

Negro (río), riv. d'Amérique du S. (2200 km), affl. de l'Amazone (r. g.) en aval de Manaus. Il arrose la Colombie, le Venezuela et le Brésil septentrional.

négro-africain, aine [negʀoafʀikɛ̃, ɛn] adj. et n. Relatif aux peuples d'Afrique noire. *Les arts négro-africains.* ▷ Subst. *Les Négro-Africains.*

négro-américain, aine [negʀo ameʀikɛ̃, ɛn] adj. Qui appartient aux Noirs d'Amérique. *La musique négro-américaine.* ▷ Subst. *Les Négro-Américains.*

négroïde [negʀɔid] adj. (et n.) Qui présente, dans le visage, certaines des caractéristiques du type noir.

négropolitain, aine [negʀopɔlitɛ̃, ɛn] n. (Antilles fr.) Péjor. Antillais(e), né(e) et vivant en France.

negro spiritual [negʀospiʀitɥɔl] n. m. Chant religieux des Noirs chrétiens des États-Unis. *Les negro spirituals.*

Negruzzi (Costache) (1808 - 1868), écrivain et homme politique moldave. Il créa la nouvelle historique en Roumanie : *Alexandru Lăpuşneanul* (1840). Il participa à la fondation du Théâtre national de Iaşi (1840) et fut ministre des Finances sous Alexandre Cuza*.

Néguev, rég. en partie désertique du S. de l'État d'Israël, ayant un débouché sur le golfe d'Akaba, mise en valeur depuis 1948; les ressources (cult. irriguées, sous-sol) sont importantes.

Néguib (Mohammed) (1901 - 1984), général et homme politique égyptien. Chef du coup d'État de juil. 1952 qui renversa le roi Farouk, il proclama la république en 1953 et la présida jusqu'en 1954. Nasser le remplaça.

négus [negys] n. m. HIST Titre des empereurs d'Éthiopie.

Nehru (Çrī Jawāharlāl) (1889 - 1964), homme politique indien. Rallié à Gandhi, président du parti du Congrès (1929), Premier ministre de 1947 à sa mort, il fut un champion du neutralisme.

neige [nɛʒ] n. f. **1.** Eau congelée qui tombe en flocons blancs et légers. *Chute de neige, tempête de neige, boule de neige.* ▷ (Québec) *Neige collante, poudreuse. Motte* de neige. Bordée* de neige. Banc* de neige. Habit* de neige.* ▷ Fig. *Être blanc comme neige* : être innocent. ▷ (Plur.) *Les premières neiges, la fonte des neiges.* – *Neiges éternelles,* qui ne fondent pas en été. **2.** *Neige carbonique :* anhydride carbonique solide (CO^2) utilisé dans les extincteurs et comme réfrigérant. **3.** CUIS *Œufs (montés) en neige :* blancs d'œufs battus formant une masse blanche compacte.

Neige (crêt de la), point culminant du Jura (1723 m), en France (dép. de l'Ain).

neigeasser [nɛʒase] v. impers. [**1**] (Québec) Neiger un peu.

neiger [nɛʒe] v. impers. [**13**] Tomber, en parlant de la neige.

Neiges (piton des), point culminant de la Réunion (3069 m), au centre-ouest de l'île.

neigeux, euse [nɛʒø, øz] adj. **1.** Couvert de neige. **2.** Qui évoque la neige. **3.** Qui est caractérisé par l'abondance de neige. *Un hiver neigeux.* – *Ciel neigeux,* qui laisse présager des chutes de neige.

Neisse de Lusace ou **Nysa Łuzycka** (la), riv. d'Europe centrale (256 km), affl. de l'Oder (r. g.). Une partie de son cours marque la frontière entre l'Allemagne et la Pologne *(ligne Oder-Neisse).*

Nekrassov (Nikolaï Alexeïevitch) (1821 - 1877), journaliste et poète lyrique russe d'inspiration populaire. Ses *Poésies* réclament l'affranchissement des serfs.

Nelligan (Émile) (1879 - 1941), poète québécois qu'influencèrent Baudelaire, Rimbaud et les symbolistes. Il cessa quasiment d'écrire en 1899, alors qu'il commençait à sombrer dans la folie. Une prem. publication de ses œuvres date de 1903, mais l'édition de ses *Poésies complètes* ne fut réalisée qu'en 1952.

Nelson (Horatio, vicomte de) (1758 - 1805), amiral britannique. Chargé d'intercepter Bonaparte en route pour l'Égypte, il vainquit la flotte française à Aboukir (1798). En 1799, il reprit Naples aux révolutionnaires. Il écrasa la flotte franç. de l'amiral Villeneuve à Trafalgar (1805), trouvant la mort, mais la Grande-Bretagne eut alors la maîtrise des mers.

nem [nɛm] n. m. Mets asiatique, petite crêpe de riz fourrée et frite.

némathelminthes [nematɛlmɛ̃t] n. m. pl. ZOOL Embranchement de vers au corps cylindrique non segmenté, appelés aussi *vers ronds.* – Sing. *Un némathelminthe.*

nématicide [nematisid] n. m. ECOL Substance capable de s'opposer au développement des nématodes.

nématocères [nematɔsɛʀ] n. m. pl. ENTOM Sous-ordre d'insectes diptères comprenant notam. les moustiques. – Sing. *Un nématocère.*

nématodes [nematɔd] n. m. pl. ZOOL Classe très import. de némathelminthes comprenant des espèces marines, d'eau douce ou terrestres, menant une vie libre ou parasite d'animaux ou de végétaux, caractérisées par un tube digestif complet. *L'ascaris, la trichine, les filaires sont des nématodes parasites de l'homme.* – Sing. *Un nématode.*

Némée, vallée de l'Argolide (Péloponnèse), où Héraclès tua un lion redoutable. – Les *jeux Néméens* y étaient organisés par les Grecs tous les deux ans (depuis 374 av. J.-C.) en l'honneur de Zeus Néméen et d'Héraclès.

némertiens [nemɛʀsjɛ̃] n. m. pl. ZOOL Embranchement de métazoaires cœlomates, vers généralement marins, parfois très longs (jusqu'à 30 m), au tube digestif complet. – Sing. *Un némertien.*

Némésis, dans la myth. gr., déesse de la Vengeance des dieux; par son action justicière, elle personnifie, rythme et équilibre le destin des hommes.

Nemeyri (Djafar al-) (né en 1930), officier et homme politique soudanais. Colonel, il dirigea le coup d'État de 1969 et gouverna avec l'appui des communistes, qu'il élimina en 1971 par des exécutions massives. Élu président de la Rép.(1971), il fut renversé en 1985.

Nemrod, petit-fils de Cham. La Bible l'appelle *vaillant chasseur devant l'Éternel* et le donne comme fondateur de l'Empire babylonien (Genèse, X, 8-12).

Nèn ou **Banèn,** population installée dans le centre du Cameroun (env. 80000 personnes). Ils parlent une langue bantoue, le *tunèn.*

nénène [nenɛn] n. f. **1.** (oc. Indien) Syn. de *bonne* d'enfants.* **2.** (Louisiane) Marraine.

nengone [nɛ̃ŋone] n. m. Langue mélanésienne parlée aux îles Loyauté.

nénuphar [nenyfaʀ] n. m. Plante aquatique des eaux tranquilles (fam. nymphéacées) aux feuilles flottantes et aux fleurs solitaires.

néo-. Préfixe, du gr. *neos,* «nouveau».

néo-alphabète [neoalfabɛt] n. (Afr. subsah.) Didac. Adulte alphabétisé depuis peu. *Des néo-alphabètes.*

néoblaste [neoblast] n. m. BIOL Cellule de régénération existant chez certains groupes d'animaux primitifs (planaires, annélides).

néo-brunswickois, oise [neobʀɔnz wikwa, waz; neobʀɔnzwikwa, waz] adj. et n. Du Nouveau-Brunswick. ▷ Subst. *Les Néo-Brunswickois.*

néo-calédonien, enne [neokaledɔ njɛ̃, ɛn] adj. et n. De Nouvelle-Calédonie; relatif aux Néo-Calédoniens. ▷ Subst. *Les Néo-Calédoniens.*

néo-capitalisme [neokapitalism] n. m. ECON Forme moderne du capitalisme qui accepte l'intervention de l'État dans certains secteurs.

néo-classicisme [neoklasisism] n. m. **1.** LITTER Mouvement littéraire français du début du XXe s. qui s'est attaché à renouveler les formes poétiques modernes en prenant pour modèle l'idéal classique. *Le néo-classicisme est issu de l'«école romane» de J. Moréas.* **2.** BX-A Mouvement artistique de retour à l'Antiquité gréco-romaine apparu vers le milieu du XVIIIe s.

néo-classique [neoklasik] adj. et n. m. **1.** Relatif au néo-classicisme, qui appartient au néo-classicisme. – n. m. *Les néo-classiques.* **2.** ECON Se dit d'un courant, né à la fin du XIXe s., qui, à partir d'une analyse micro-économique, préconise le libre jeu du marché.

néo-colonialisme [neokɔlɔnjalism] n. m. État de domination économique et culturelle maintenu par des voies détournées sur d'anciennes colonies.

néo-colonialiste [neokɔlɔnjalist] adj. et n. Qui a les caractères du néo-colonialisme; qui pratique le néo-colonialisme. *Une politique néo-colonialiste.* ▷ Subst. *Des néo-colonialistes.*

néo-criticisme [neokʀitisism] n. m. PHILO Doctrine philosophique d'inspiration kantienne.

néo-darwinisme [neodaʀwinism] n. m. BIOL Théorie de l'évolution fondée sur la seule sélection de l'espèce par le milieu, qui nie l'hérédité des caractères acquis.

Néo-Destour, en Tunisie, mouvement politique à la fois nationaliste et libéral, dirigé par Habib Bourguiba. (V. Destour.)

néo-destourien, enne [neodɛstuʀjɛ̃, ɛn] adj. Qui se rapporte au Néo-Destour. *Réformes néo-destouriennes.*

néodyme [neodim] n. m. CHIM Élément (symbole Nd) appartenant à la famille des lanthanides, de numéro atomique Z=60. – Métal (Nd).

néo-écossais, aise [neoekɔsɛ, ɛz] adj. et n. De la Nouvelle-Écosse. ▷ Subst. *Les Néo-Écossais.*

néogène [neɔʒɛn] adj. et n. m. GEOL Se dit de la dernière partie de l'ère tertiaire, qui comprend le miocène et le pliocène.

néognathes [neognat] n. m. pl. ORNITH Syn. de *carinates.* – Sing. *Un néognathe.*

néo-impressionnisme [neoɛ̃pʀesjɔnism] n. m. BX-A Mouvement pictural, fondé sur la division systématique du ton, qui s'affirma entre 1884 et 1891 (Seurat, Signac, Cross, etc.). (V. divisionnisme, pointillisme.)

néo-kantisme [neokɑ̃tism] n. m. PHILO Doctrine philosophique de la seconde moitié du XIXe s., qui s'inspire de l'idéalisme transcendantal de Kant.

néo-keynésien, enne [neokenezjɛ̃, ɛn] adj. ECON Relatif à un courant de la fin des années 70, qui tente de renouveler la théorie de Keynes. *Les théories néo-keynésiennes combattent le libéralisme.*

néo-libéralisme [neolibeʀalism] n. m. ECON, POLIT Forme renouvelée du libéralisme, qui permet à l'État une intervention limitée sur le plan économique et juridique.

néolithique [neolitik] n. m. et adj. Dernière période de la préhistoire, à laquelle succède la protohistoire. ▷ adj. *Âge néolithique.*

néologie [neɔlɔʒi] n. f. Invention, introduction de mots nouveaux dans une langue. ▷ LING Processus de formation de mots nouveaux dans le lexique d'une langue par emprunt, dérivation, composition, suffixation, abréviation populaire, etc.

néologique [neɔlɔʒik] adj. Relatif à la néologie; par néologie. *Expression néologique. Formation néologique.*

néologisme [neɔlɔʒism] n. m. **1.** Usage d'un mot nouveau; emploi d'un mot dans un sens nouveau. **2.** Mot, sens nouveau.

néon [neɔ̃] n. m. Élément (symbole Ne) de numéro atomique Z = 10. – Gaz rare (Ne) de l'air, utilisé pour l'éclairage par tubes luminescents.

néonatal ou **néo-natal, ale, als** [neonatal] adj. MED Du nouveau-né. *Médecine néo-natale.*

néonatalogie [neonatalɔʒi] n. f. MED Discipline spécialisée dans les maladies du nourrisson dans la période qui suit immédiatement la naissance.

néonazisme ou **néo-nazisme** [neonazism] n. m. Tendance, mouvement politique d'extrême droite qui s'inspire du nazisme.

néophyte [neɔfit] n. et adj. Personne nouvellement convertie à une doctrine, à une religion, etc. *L'ardeur du néophyte.* ▷ adj. *Un fanatisme néophyte.*

néo-platonicien, enne [neoplatɔnisjɛ̃, ɛn] adj. et n. De l'école néo-platonicienne. *Plotin, philosophe néo-platonicien.* ▷ Subst. *Des néo-platoniciens.*

néo-platonisme [neoplatɔnism] n. m. PHILO ANC Doctrine, élaborée à Alexandrie au IIIe s. apr. J.-C. (notam. par Plotin*) et qui se développa jusqu'au VIe s., tentant de concilier les doctrines religieuses de l'Orient avec la philosophie de Platon.

néo-positivisme [neopozitivism] n. m. PHILO Mouvement philosophique du XXe s., dit aussi *positivisme logique,* issu du cercle de Vienne* (Schlick, Carnap, Reichenbach, Wittgenstein, etc.).

néo-positiviste [neopozitivist] adj. et n. Qui appartient au néo-positivisme. ▷ Subst. Philosophe de l'école néo-positiviste. *Les néo-positivistes ont étudié le langage, les systèmes de symboles et la logique formelle.*

néoprène [neopʀɛn] n. m. (Nom déposé.) TECH Caoutchouc synthétique incombustible, résistant aux huiles et au froid.

néoptères [neɔptɛʀ] n. m. pl. ENTOM Vaste division regroupant les insectes dont les ailes, au repos, sont repliées vers l'arrière, les ailes antérieures recouvrant les ailes postérieures (orthoptères, coléoptères, hyménoptères, diptères, etc.). – Sing. *Un néoptère.*

Néoptolème. V. Pyrrhus.

néo-québécois, oise [neokebekwa, waz] adj. et n. Relatif aux immigrés établis au Québec au cours des dernières décennies. ▷ Subst. *Les Néo-Québécois.*

néo-réalisme [neoʀealism] n. m. CINE École italienne qui se manifesta de 1942 à 1953, marquée par le réalisme des décors, des situations, et par un intérêt pour les problèmes sociaux.

néoténie [neoteni] n. f. ZOOL Possibilité pour certains animaux de se reproduire à l'état larvaire. (V. axolotl.)

néo-thomisme [neotɔmism] n. m. PHILO Doctrine philosophique contemporaine qui intègre au thomisme les acquisitions de la science moderne.

Néo-Wafd. V. Wafd.

néo-zélandais, aise [neozelɑ̃dɛ, ɛz] adj. et n. De la Nouvelle-Zélande. ▷ Subst. *Les Néo-Zélandais.*

NEP, acronyme pour *Novaïa Ekonomitcheskaïa Politika,* «nouvelle politique économique», élaborée par Lénine, qui notam. restaura (en partie) l'entreprise privée de 1921 à 1929.

Népal (royaume du) *(Srī Nepalā Sarkār),* État d'Asie situé, au cœur de l'Himalaya, entre la Chine, au N., et l'Inde, au S.; 140797 km^2; 17400000 hab. (croissance : 2,5 % par an); cap. *Katmandou.* Nature de l'État : monarchie constitutionnelle. Langue off. : népalais. Monnaie : roupie népalaise. Relig. : hindouisme (relig. off., 82 %), bouddhisme (16 %), islam.

Géogr. et écon. – Le relief s'ordonne du S. au N. en bandes parallèles. Le Teraï est un piémont marécageux bordant la plaine du Gange; il est adossé à la chaîne des Siwāliks (2000 m), suivie au N. du Moyen Himalaya (plus de 3000 m). Le climat de mousson (fortes précipitations d'été) produit la forêt tropicale. Au N., le Moyen Pays, aux températures plus saines, inclut de larges bassins (de Katmandou, notam.). Il est dominé par le Haut Himalaya (neiges, glaciers), que coupent d'impressionnantes vallées et qui compte les plus hauts sommets du monde (Everest, Annapūrnā); une chaîne moins élevée fait ensuite transition avec le Tibet. La pop., concentrée dans le Teraï (riz, canne à sucre, jute) et les bassins du Moyen Pays (céréales, pomme de terre) comprend de nombr. ethnies; majoritaires, les Indo-Népalais, hindouistes, ont imposé le système des castes. Le Népal est l'un des rares pays qui vivent encore d'une écon. agraire traditionnelle (90% de ruraux). De rares lieux se sont ouverts au monde avec le tourisme (Katmandou, alpinisme). Un élevage important complète les cultures vivrières. Des tapis sont exportés. Le potentiel hydroélectrique est peu exploité; l'absence de routes limite le développement. Dépendant de l'Inde et, secondairement, de la Chine, le Népal fait partie des pays les plus misérables du monde (75 % d'analphabètes).

Hist. – Jusqu'au XVIIIe s., de nombr. principautés se partagèrent le territ. En 1768, des guerriers hindous, les Gurkhas, unifièrent le pays, sous la conduite de Prithuri Narayana, dont les descendants règnent encore. Après plusieurs échecs milit. (1767-1814), les Brit. étendirent leur influence, grâce au soutien de la famille Rānā qui exerçait le pouvoir («maires du palais») depuis 1846. Dès 1923, l'indépendance du pays fut reconnue. En 1951, le roi évinça les Rānā et accorda une Constitution, mais le régime fut autoritaire de 1960 à 1990 : le roi Birendra Bir Bikram (monté sur le trône en 1972) accepta le retour à la démocratie après trente ans de pouvoir absolu. En 1994, le parti communiste gagna les élections. En 1997, le Premier ministre fut remplacé par un royaliste rallié aux communistes, Lok Bahadur Chand.

népalais, aise [nepalɛ, ɛz] adj. et n. **1.** adj. Du Népal. ▷ Subst. *Un(e) Népalais(e).* **2.** n. m. *Le népalais* ou *le népali :* la langue indo-européenne parlée au Népal.

népali [nepali] n. m. V. népalais (sens 2).

nèpe [nɛp] n. f. Punaise carnassière d'eau douce, à longs tubes respiratoires. Syn. scorpion d'eau.

népenthès [nepɛ̃tɛs] n. m. BOT Plante carnivore des forêts tropicales.

néper [nepɛʀ] n. m. PHYS Unité, utilisée en radioélectricité, servant à mesurer le rapport de deux grandeurs de même nature (tension, puissance, etc.). (Symbole Np; 1 Np = 8,69 dB.)

Neper ou **Napier** (John, baron de Merchiston) (1550 – 1617), mathématicien écossais. Il publia la première table de logarithmes et inventa un instrument appelé *bâtons de Neper,* ancêtre de la règle à calcul.

népérien, enne [nepeʀjɛ̃, ɛn] adj. MATH *Logarithme népérien,* dont la base est le nombre *e* (symbole Log ou ln).

néphile [nefil] n. f. Araignée à abdomen cylindrique, tissant de grandes toiles verticales, fréquente en Afrique tropicale, et dont le mâle est très petit.

néphr(o)-. Élément, du gr. *nephros,* «rein».

néphrétique [nefʀetik] adj. MED *Colique néphrétique :* crise douloureuse souvent due à la migration d'un calcul dans l'uretère.

néphrite [nefʀit] n. f. MED Atteinte inflammatoire du rein.

néphro-. V. néphr(o)-.

néphrologie [nefʀɔlɔʒi] n. f. MED Partie de la médecine qui traite de la physiologie et de la pathologie rénales.

néphron [nefʀɔ̃] n. m. ANAT Unité fonctionnelle rénale qui comprend le glomérule et le tubule. *Le rein compte environ un million de néphrons.*

néphrose [nefʀoz] n. f. MED Affection dégénérative du rein.

Nepos (Cornelius). V. Cornelius Nepos.

népotisme [nepɔtism] n. m. Abus d'influence d'un notable qui distribue des emplois, des faveurs à ses proches.

Neptune, dans la myth. rom., dieu de la Mer, identifié à Poséidon.

Neptune, la plus lointaine des planètes géantes du système solaire, découverte en 1846 par Galle à partir des calculs de Le Verrier. Elle parcourt en 164 ans et 280 jours une orbite quasi circulaire, de 30 UA de rayon, inclinée de 1° 47' par rapport au plan de l'écliptique. Son diamètre atteint 50000 km, sa densité moyenne est voisine de 1,5 et sa période de rotation sur elle-même de l'ordre de 16 h. La dernière des planètes survolées par la sonde américaine *Voyager 2* (août 1989), Neptune se révéla constituée d'un noyau dense, riche en fer, entouré d'un manteau de glace, et enveloppée d'une épaisse atmosphère composée d'hydrogène, d'hélium et de méthane. En plus des deux satellites repérés depuis la Terre (Triton, diamètre 2720 km, découvert en 1846; Néréide, diamètre 340 km, découvert en 1948), *Voyager 2* a identifié six autres satellites (dont les diamètres s'échelonnent de 50 à 420 km) et un système d'anneaux.

neptunium [neptynjɔm] n. m. CHIM Élément artificiel (symbole Np) de numéro atomique Z=93.

néré [neʀe] ou **nété** [nete] n. m. (Afr. subsah.) Arbre d'Afrique tropicale (fam. mimosacées) dont le fruit farineux fournit un condiment appelé *moutarde de néré.*

néréide [neʀeid] n. f. ZOOL Ver annélide polychète marin carnassier, pourvu de quatre ocelles et d'antennes.

Néréides, dans la myth. gr., les cinquante filles de Nérée (l'un des dieux de la mer). Chevauchant des monstres marins, ces nymphes symbolisent le mouvement de la mer.

nerf [nɛʀ] n. m. **I. 1.** Chacun des filaments blanchâtres qui mettent les différentes parties du corps en relation avec l'encéphale et la moelle épinière. *Nerfs sensitifs,* qui transmettent les sensations de la périphérie vers le névraxe. *Nerfs moteurs,* qui transmettent aux muscles l'excitation motrice. *Nerfs mixtes,* à la fois sensitifs et moteurs. **2.** (Plur.) *Les nerfs* (considérés comme le siège d'émotions telles que l'agacement, l'irritation, la colère). *Crise de nerfs,* extériorisation soudaine d'une tension affective devenue insupportable (sous forme de pleurs, de cris, de gesticulations diverses). – Loc. fam. *Avoir les nerfs en boule :* être très agacé. *Taper sur les nerfs de qqn,* l'agacer considérablement. *Paquet de nerfs :* personne très nerveuse. *Être à bout de nerfs :* être nerveusement épuisé. **3.** Loc. fig. *Guerre des nerfs :* ensemble des procédés de démoralisation qu'emploient des pays en conflit pour affaiblir le moral de l'ennemi (civils et militaires). **II. 1.** Fig. Vigueur. *Avoir du nerf,* du ressort. – Prov. *L'argent est le nerf de la guerre,* ce qui la permet et l'entretient. **2.** Cordelette au dos d'une reliure. **3.** *Nerf de bœuf :* cravache, matraque faite d'une verge de bœuf étirée.

ENCYCL **Anat. et physiol.** – Le système nerveux est un ensemble de structures, très complexes et hétérogènes, qui concourent à l'activité consciente ou inconsciente, volontaire ou involontaire de l'homme. On peut le diviser en deux grands systèmes : le système cérébrospinal et le système neurovégétatif, ou sympathique. Le *système cérébrospinal* est constitué par deux ensembles : le système nerveux central (ou névraxe), qui se compose de l'encéphale et de la moelle épinière, et le système nerveux périphérique, qui comprend les nerfs et les ganglions nerveux. Il permet la relation avec le milieu extérieur. Le *système neurovégétatif,* ou *sympathique,* se subdivise en systèmes sympathique, dit également orthosympathique, et parasympathique, qui innervent les viscères et règlent leur fonctionnement suivant les besoins de l'organisme. Il coordonne les fonctions de l'organisme humain en contrôlant la vie végétative (ou viscérale). Les nerfs crâniens, au nombre de 12 paires, se détachent de l'encéphale, du bulbe et de la protubérance. Les nerfs rachidiens (31 paires) se détachent de la moelle épinière par deux racines (antérieure et postérieure), se réunissent en un tronc commun pour sortir du canal rachidien, puis se séparent à nouveau. Les nerfs du système sympathique se détachent des ganglions de la chaîne sympathique, avec lesquels ils forment des plexus : plexus cardiaque, pulmonaire, solaire, hypogastrique, etc. Les nerfs sympathiques ont une action antagoniste de celle des nerfs parasympathiques. Tout nerf est composé par la réunion des fibres nerveuses (axones) qui prolongent les cellules nerveuses (neurones). V. encycl. neurone.

Neri (saint Philippe). V. Philippe Neri (saint).

nérite [neʀit] n. f. Mollusque gastéropode marin (genre *Nerita*) très nombreux sur les côtes rocheuses, dont la coquille épaisse a un sommet arrondi et une ouverture en demi-cercle munie d'un opercule.

Néron (Lucius Domitius Claudius Nero) (37 – 68 apr. J.-C.), empereur romain (54-68). Fils d'Agrippine la Jeune et de Cneius Domitius Ahenobarbus, adopté par l'empereur Claude après le mariage de ce prince avec Agrippine, il eut pour gouverneur Burrus, un soldat, et pour précepteur le philosophe Sénèque. Le début de son règne fut heureux, puis il fit mettre à mort : Britannicus, fils de Claude, auquel il avait ravi l'Empire; sa mère, Agrippine; sa femme, Octavie; Sénèque. Accusé d'avoir provoqué l'incendie de Rome (64), il rejeta le crime sur les chrétiens, qu'il persécuta. Quand les prétoriens eurent proclamé empereur Galba, il quitta Rome, et, sur le point d'être rejoint, se fit égorger par un affranchi en s'écriant : *Qualis artifex pereo!* («Quel grand artiste périt avec moi!»).

Neruda (Neftalí Ricardo Reyes Basoalto, dit Pablo) (1904 – 1973), poète chilien; membre du parti communiste (1945). *Le Chant général* (1950) exalte la lutte des peuples d'Amérique latine contre leurs oppresseurs. Autres œuvres : *l'Espagne au cœur* (1937), *Mémorial de l'île Noire* (1964), etc. P. Nobel 1971.

Nerva (Marcus Cocceius) (26 – 98 apr. J.-C.), empereur romain (96-98). Successeur de Domitien, il gouverna avec sagesse et adopta Trajan, qui lui succéda.

Nerval (Gérard Labrunie, dit Gérard de) (1808 – 1855), écrivain français. Sa passion malheureuse pour la comédienne Jenny Colon provoqua en lui une exaltation mystique : *les Filles du feu* (nouvelles, dont *Sylvie,* 1854), *les Chimères* (12 sonnets hermétiques en alexandrins, 1854), *Aurélia ou le Rêve et la Vie* (prose, inachevé; éd. posth., 1855). Atteint v. 1841 de troubles mentaux, il fut interné dans la clinique du docteur Blanche. En 1843 il fit un *Voyage en Orient* (1851).

nervation [nɛʀvasjɔ̃] n. f. **1.** BOT Nervures d'une feuille; disposition de ces nervures. **2.** ZOOL Ensemble, disposition des nervures des ailes des insectes.

nerveusement [nɛʀvøzmɑ̃] adv. **I. 1.** En ce qui concerne le système nerveux. *Il est épuisé nerveusement.* ▷ *Pleurer nerveusement,* sous l'effet d'une trop forte tension nerveuse. **2.** Avec nervosité. *Parler nerveusement.* **II.** Fig. Avec vigueur. *Tableau nerveusement brossé.*

nerveux, euse [nɛʀvø, øz] adj. (et n.) **I. 1.** Qui appartient, qui a rapport aux nerfs. *Centre nerveux. Influx nerveux. Système nerveux :* V. encycl. nerf. **2.** Relatif au système nerveux considéré comme le siège de l'affectivité et de l'émotivité. *Maladies nerveuses,* affectant les nerfs en l'absence de lésions organiques. *Dépression nerveuse.* **3.** (Personnes) Agité, excité. *Un enfant nerveux.* – Subst. *C'est un grand nerveux.* **II. 1.** Fort, musclé. *Des bras nerveux.* **2.** Filandreux, en parlant d'une viande. *Morceau trop nerveux.* **3.** Fig. Vigoureux. *Un discours nerveux.* ▷ *Moteur nerveux,* qui a de bonnes reprises.

Nervi (Pier Luigi) (1891 – 1979), ingénieur et architecte italien; spécialiste des couvertures à grande portée : palais de l'Unesco à Paris (1954-1958, en collab. avec Breuer et Zehrfuss).

nervosité [nɛʀvozite] n. f. Énervement, irritabilité.

nervure [nɛʀvyʀ] n. f. **1.** Saillie longue et fine à la surface d'une chose. **2.** BOT Faisceau composé de liber et de bois d'une feuille, qui fait généralement saillie sur la face inférieure du limbe. **3.** ZOOL Renforcement, en saillie, des ailes membraneuses des insectes. **4.** En reliure, saillie au dos d'un livre, formée par les cordelettes (nerfs) qui relient les cahiers entre eux.

nervuré, ée [nɛʀvyʀe] adj. Qui porte des nervures. *Une feuille très nervurée.*

Nesebăr, v. de Bulgarie sur la mer Noire, au N. de Bourgas; env. 3000 hab. – Il reste peu de vestiges de la ville thrace, grecque et romaine, mais de nombr. églises et monuments (Ve-XIVe s.) témoignent de la splendeur de son passé byzantin.

Ness (loch), lac d'Écosse, près d'Inverness, dans la dépression du Glen More; le *monstre du loch Ness* est un animal qui vivrait dans ses eaux.

Nessos ou **Nessus,** dans la myth. gr., centaure qui, ayant voulu enlever Déjanire, la femme d'Héraclès, fut tué par celui-ci. En mourant, il donna à Déjanire sa tunique sanglante, qui lui ramènerait son mari s'il devenait infidèle. Plus tard, Déjanire fit revêtir celle-ci à Héraclès; atrocement brûlé, il se jeta dans les flammes d'un bûcher qu'il éleva sur l'Œta.

Nestlé (Henri) (1814 – 1890), chimiste suisse qui créa en 1867, à Vevey, la société *Nestlé,* qui à l'origine produisait des médicaments pour enfants. À la fin du XIXe s., elle fabriqua du lait concentré puis devint une multinationale de l'agro-alimentaire.

Nestor, guerrier dans l'*Iliade* d'Homère, vieux roi de Pylos, célèbre par sa prudence et sa sagesse.

Nestorius (v. 380 – apr. 451), patriarche de Constantinople (428-431), d'où il chassa les disciples d'Arius. Il fut condamné par le concile d'Éphèse (431) et excommunié, car il enseignait qu'il existe deux personnes distinctes en Jésus (l'une divine, l'autre humaine) et que la Vierge n'est pas la mère de Dieu, mais seulement du Christ.

1. net, nette [nɛt] adj., n. m. et adv. **I.** adj. **1.** Propre. *Une chambre nette.* – Fig. *Il est sorti net de cette fâcheuse affaire.* ▷ Loc. fig. *Avoir les mains nettes :* avoir la conscience tranquille. **2.** Nettoyé. ▷ Loc. *Faire place nette :* nettoyer un endroit; fig. éliminer ce dont on veut se débarrasser. **3.** FIN Tous frais et charges déduits (par oppos. à *brut*). *Bénéfice, prix, salaire nets.* **4.** *Poids net :* poids du seul contenu (par oppos. à *poids brut :* poids du contenu et du contenant). **5.** Dont les contours sont bien visibles; qui n'est ni brouillé ni flou. *Une image nette.* **6.** Clair, précis. *Une voix nette. Avoir l'esprit net.* – Fig. *Cette affaire n'est pas nette,* n'est pas honnête. **II.** n. m. *Au net :* au propre. *Mettre un écrit au net.* **III.** adv. **1.** Clairement. *Parler net.* **2.** Uniment et tout d'un coup. *La branche s'est cassée net.*

2. net [nɛt] n. m. Syn. de *let.*

Netanyahou (Benyamin) (né en 1949), homme politique israélien. Vice-ministre des Affaires étrangères (1988-1991), président du Likoud en 1993, il fut élu Premier ministre en mai 1996. Il décida d'implanter de nouvelles colonies juives dans les territoires occupés, ce qui dressa contre sa politique une grande partie des Palestiniens dès sept. 1996.

nété [nete] n. m. V. néré.

Nèthe (la), riv. de Belgique (Campine), formée par la *Grande Nèthe* (90 km) et la *Petite Nèthe* (64 km). Réunie à la Dyle, elle forme le Rupel.

Néthou. V. Aneto (pic d').

Neto (Agostinho) (1922 – 1979), homme politique et poète angolais. Il dirigea la lutte pour l'indépendance et devint, en 1975, le premier président de la rép. pop. d'Angola. Poète de langue portugaise, il a publié en 1974 *l'Espérance sacrée.*

nettement [nɛtmɑ̃] adv. **1.** Avec netteté. *On discerne nettement la maison d'ici.* **2.** D'une manière claire, évidente. *Expliquer nettement qqch.* **3.** Fam. Incontestablement; beaucoup. *Il paraît nettement plus âgé que vous.*

netteté [nɛtte] n. f. **1.** Propreté. *La netteté d'un miroir.* **2.** Clarté, précision. *S'exprimer avec netteté.*

nettoiement [netwamɑ̃] n. m. Ensemble des opérations de nettoyage. *Le service de nettoiement de la ville.*

nettoyage [netwajaʒ] n. m. Action de nettoyer. – *Nettoyage à sec :* nettoyage à l'aide de solvants très volatiles.

nettoyant, ante [netwajɑ̃, ɑ̃t] n. m. et adj. Produit qui nettoie. *Les nettoyants ménagers.* ▷ adj. *Poudre nettoyante.*

nettoyer [netwaje] v. tr. [23] Rendre propre, net. *Nettoyer un vêtement, une maison.* ▷ v. pron. (Passif) *Cette veste se nettoie facilement.* – (Réfl.) Se laver.

nettoyeur, euse [netwajœʀ, øz] n. **1.** n. Personne qui nettoie. **2.** n. m. Machine qui sert à nettoyer en utilisant la vapeur d'eau distribuée sous pression. **3.** n. m. (Québec) Teinturerie (sens 2). ▷ Teinturier (sens 2). *Aller porter des chemises chez le nettoyeur.*

Neuchâtel (en all. *Neuenburg*), v. de Suisse, sur la rive N.-O. du lac de Neuchâtel*, au pied du Jura; ch.-l. du cant. de Neuchâtel. Centre industriel et touristique. – Université. Chât. (XIIe-XVIe s.). Collégiale des XIIe-XIVe s. Maison des Halles (XVIe s.).

Neuchâtel (lac de), lac suisse, au pied du Jura; 216 km^{2}; longueur : 38 km; largeur : 3 à 8 km. Il est relié au lac de Bienne, au N., par la Thièle et au lac de Morat, au N.-E., par la Broye. Des vignobles couvrent ses rives. Villes princ. : Neuchâtel, Yverdon-les-Bains.

Neuchâtel (canton de), canton de Suisse couvrant une partie de la chaîne du Jura et bordant le lac de Neuchâtel; 796 km^{2}; 157 000 hab.; ch.-l. *Neuchâtel.* Au N.-O., il s'étend sur un plateau du Jura central. La population occupe les bassins (les *Vallées)* drainés par le Seyon (Val-de-Ruz) et l'Areuse (Val-de-Travers), et les pentes tournées vers le S.-E., en particulier celles du vignoble qui dominent le lac. Élevage (menant notam. à la production de gruyère) et forêt (sapins, hêtres), dans les *Montagnes neuchâteloises,* où se sont développés La Chaux-de-Fonds et Le Locle. Industries spécialisées (constructions mécaniques et électriques, horlogerie et mécanique de précision; textiles), tourisme important.

Hist. – Le pays de Neuchâtel *(Novum Castellum)* fit d'abord partie du royaume franc, puis de celui de Bourgogne, et au XIe s., du Saint Empire. Érigé en principauté en 1648, il appartint à la famille française des Orléans-Longueville de 1504 à 1707. La principauté devint alors la propriété personnelle du roi de Prusse. Quand la France révolutionnaire puis l'Empire dominèrent la Suisse (1798-1814), Napoléon donna la principauté au maréchal Berthier en 1806. En avril 1815, celle-ci devint un canton helvétique, tout en conservant son allégeance à la monarchie prussienne jusqu'à la révolution républicaine de 1848; le roi de Prusse ne renonça à ses droits qu'en 1857.

1. neuf [nœf] adj. num. inv. et n. m. inv. **I.** adj. num. inv. **1.** (Cardinal) Huit plus un (9). *Les neuf Muses.* (N. B. Le *f* se prononce *v* devant une voyelle ou un *h* muet dans certains systèmes usuels. *Neuf ans* [nœvɑ̃]. *Neuf heures* [nœvœʀ].) **2.** (Ordinal) *Chapitre neuf. Charles IX.* – Ellipt. *Le neuf janvier.* **II.** n. m. inv. **1.** Le nombre neuf. *Divisibilité par neuf.* – *Preuve par neuf :* calcul rapide destiné à vérifier l'exactitude d'une multiplication, d'une division ou de l'extraction d'une racine carrée; fig. preuve irréfutable. ▷ Chiffre représentant le nombre neuf (9). *Faites bien vos neuf.* ▷ Numéro neuf. *Pour avoir cette communication, il faut faire le neuf.* ▷ *Le neuf :* le neuvième jour du mois. **2.** JEU Carte portant neuf marques. *Neuf de trèfle.*

2. neuf, neuve [nœf, nœv] adj. et n. m. **I.** adj. **1.** Qui est fait depuis peu. *Maison neuve.* **2.** Qui n'a pas encore servi. *Un tapis neuf.* – Loc. *Faire peau neuve :* muer, en parlant du serpent; fig. se transformer entièrement. **3.** Plus récent (par oppos. à *ancien,* à *vieux*). *La vieille ville et la ville neuve.* **4.** Novice. *Être neuf dans un métier.* **5.** Nouveau, original. *Des idées neuves.* **6.** Qui n'est pas émoussé par l'habitude. *Porter un regard neuf sur qqch de banal.* **7.** Fam. *Qqch de neuf,* de nouveau. *Rien de neuf aujourd'hui?* **II.** n. m. **1.** Ce qui est neuf. *Le neuf et l'occasion.* **2.** *À neuf :* de manière à restituer l'aspect du neuf. *Refaire une chambre à neuf.* **3.** *De neuf :* avec qqch de neuf. *Être habillé de neuf.*

neuillasse [nœjas] n. m. ou f. (Acadie) Jeune bovin (mâle ou femelle) en âge de se reproduire.

Neuilly-sur-Seine, v. de France (Hauts-de-Seine), limitrophe de Paris, en bordure du bois de Boulogne; 61 768 hab. (*Neuilléens*). Ville résidentielle; quelques industries.– Le *traité de Neuilly* (nov. 1919), entre les Alliés et la Bulgarie, aggrava les termes du traité de Bucarest (1913) : outre la Thrace occid. et la Dobroudja, la Bulgarie perdait son ouverture sur la mer Égée.

Neumann (Johann Balthasar) (1687 – 1753), architecte baroque allemand : résidence des princes-évêques de Würzburg (1720-1750), église des Vierzehnheiligen, près de Cobourg (1734-1772).

Neumann (Johannes von) (1903 – 1957), mathématicien américain d'origine hongroise; connu pour ses travaux de mécanique quantique et par sa théorie des jeux. Il participa à la conception de la bombe H et fut un pionnier de l'informatique.

neur(o)-. Élément, du gr. *neuron,* «nerf».

neural, ale, aux [nøʀal, o] adj. BIOL Qui a rapport au système nerveux dans sa période embryonnaire. *Plaque neurale.*

neurasthénie [nøʀasteni] n. f. Disposition générale à la tristesse, à la mélancolie. Syn. abattement, dépression.

neurasthénique [nøʀastenik] adj. et n. Sujet à la neurasthénie. ▷ Subst. *Un(e) neurasthénique.*

neuro-. V. neur(o)-.

neurobiologie [nøʀobjɔlɔʒi] n. f. BIOL Étude du fonctionnement des tissus nerveux et des cellules.

neuroblaste [nøʀoblast] n. m. BIOL Cellule souche des neurones.

neurochimie [nøʀoʃimi] n. f. BIOCHIM Partie de la biochimie qui concerne le fonctionnement chimique du système nerveux.

neurochirurgie [nøʀoʃiʀyʀʒi] n. f. Chirurgie du système nerveux.

neurochirurgien, enne [nøʀoʃiʀyʀʒjɛ̃, ɛn] n. Spécialiste de neurochirurgie.

neurodépresseur [nøʀodepʀesœʀ] adj. m. et n. m. PHARM Se dit d'un médicament qui déprime l'activité du système nerveux central. – n. m. *Un neurodépresseur.*

neurofibrille [nøʀofibʀij] n. f. ANAT Structure microscopique du neurone, qui se prolonge dans l'axone.

neurohormone [nøʀoɔʀmɔn] n. f. BIOCHIM Hormone sécrétée par les cellules nerveuses.

neuroleptique [nøʀolɛptik] adj. et n. m. MED Qui exerce une action sédative sur le système nerveux. ▷ n. m. PHARM Médicament neuroleptique.

neurolinguistique [nøʀolɛ̃gɥistik] n. f. Didac. Branche de la neuropsychologie qui traite des rapports entre le langage et les structures cérébrales.

neurologie [nøʀɔlɔʒi] n. f. MED Branche de la médecine qui étudie les affections du système nerveux.

neurologique [nøʀɔlɔʒik] adj. MED Qui a rapport à la neurologie ou à son objet. *Troubles neurologiques.*

neurologue [nøʀɔlɔg] n. Spécialiste de neurologie.

neuromédiateur [nøʀomedjatœʀ] n. m. BIOCHIM Neurotransmetteur transmettant l'influx nerveux aux neurones périphériques et aux jonctions neuromusculaires. *L'adrénaline, l'acétylcholine, la sérotonine sont des neuromédiateurs.*

neuromusculaire [nøʀomyskylɛʀ] adj. Didac. Qui concerne à la fois les muscles et leur innervation.

neuronal, ale, aux [nøʀɔnal, o] adj. Du neurone.

neurone [nøʀon] n. m. ANAT Cellule qui assure la conduction de l'influx nerveux.

ENCYCL Chaque neurone comprend : – un corps, entouré par une membrane, et pourvu d'un noyau et d'un cytoplasme; – des prolongements courts et très ramifiés, les dendrites, qui transmettent l'influx au corps cellulaire; – un axone, ou cylindraxe, comprenant, de l'intérieur vers l'extérieur : une enveloppe; une gaine de myéline, interrompue par places et délimitant des segments annulaires; une couche de cytoplasme. Certains neurones sont sensitifs, d'autres moteurs. Les neurones sont connectés par des synapses, qui permettent la transmission de l'influx nerveux de neurone à neurone et de neurone à organe récepteur. V. encycl. nerf.

neuropaludisme [nøʀopalydism] n. m. MED Accès pernicieux palustre, caractérisé par une intense souffrance cérébrale, fréquent surtout en fin d'hivernage.

neuropathologie [nøʀopatɔlɔʒi] n. f. MED Branche de la pathologie qui étudie les maladies nerveuses.

neuropeptide [nøʀopɛptid] n. m. BIOCHIM Neurotransmetteur, constitué d'un faible nombre d'acides aminés (1 à 5), uniquement présent dans le système nerveux central.

neurophysiologie [nøʀofizjɔlɔʒi] n. f. Didac. Physiologie du système nerveux.

neuropsychiatre [nøʀopsikjatʀ] n. Médecin spécialiste de neuropsychiatrie.

neuropsychiatrie [nøʀopsikjatʀi] n. f. Didac. Partie de la médecine consacrée aux affections nerveuses et aux maladies mentales.

neuropsychologie [nøʀopsikɔlɔʒi] n. f. Didac. Discipline qui traite des fonctions mentales supérieures et de leurs rapports avec les structures cérébrales.

neurostimulant, ante [nøʀostimylɑ̃, ɑ̃t] adj. et n. m. MED Qui stimule le système nerveux central. ▷ n. m. Médicament neurostimulant.

neurotoxine [nøʀotɔksin] n. f. BIOCHIM Toxine agissant sur le système nerveux central et causant la paralysie ou la contracture.

neurotoxique [nøʀotɔksik] adj. Toxique pour le système nerveux.

neurotransmetteur [nøʀotʀɑ̃smɛtœʀ] n. m. BIOCHIM Toute molécule capable de transporter l'information d'un neurone vers un autre (V. neuromédiateur et neuropeptide.)

neurotrope [nøʀotʀɔp] adj. BIOCHIM Qui se fixe électivement sur le système nerveux, en parlant d'une substance chimique, d'un germe, etc.

neurovégétatif, ive [nøʀoveʒetatif, iv] adj. PHYSIOL *Système neurovégétatif* ou *système nerveux autonome :* partie du système nerveux qui assure la régulation des fonctions végétatives de l'organisme (fonctions circulatoire, respiratoire, digestive, métabolique, reproductive, endocrinienne).

neurula [nøʀyla] n. f. EMBRYOL Embryon de vertébré parvenu au stade de la formation de l'axe cérébrospinal. (V. encycl. embryogenèse.)

Neustrie, l'un des royaumes francs formés en 561 (majeure partie du Bassin parisien, jusqu'à la Meuse, à l'E.); v. princ. *Paris, Soissons.* – Rivale de l'Austrasie, la Neustrie fut conquise par Pépin de Herstal en 687.

neutralisant, ante [nøtʀalizɑ̃, ɑ̃t] adj. et n. m. Qui neutralise; propre à neutraliser. ▷ CHIM *Substance neutralisante.* – n. m. *Un neutralisant.*

neutralisation [nøtʀalizasjɔ̃] n. f. **1.** Action de neutraliser; fait de se neutraliser. **2.** Attribution du statut de neutre (à un territoire, un navire, une personne, etc.). **3.** CHIM Diminution de l'acidité d'un corps, d'une solution, sous l'effet d'une base (ou, inversement, de l'alcalinité sous l'effet d'un acide).

neutraliser [nøtʀalize] v. [1] **I.** v. tr. Rendre neutre. **1.** Donner la qualité, le statut de neutre à. *Neutraliser un territoire.* **2.** Supprimer ou amoindrir considérablement l'effet de. *Neutraliser l'influence d'une doctrine.* ▷ MILIT Annihiler les possibilités d'action de (une troupe, une batterie, etc.). – *Par ext.,* cour. Empêcher d'agir, maîtriser (un individu dangereux). *Des passants sont parvenus à neutraliser le dément.* **3.** CHIM Effectuer la neutralisation de. *Neutraliser une solution, un acide.* **II.** v. pron. Se compenser, s'annuler mutuellement. *Forces égales et de sens contraire qui se neutralisent.*

neutralisme [nøtʀalism] n. m. Doctrine selon laquelle une puissance rejette toute adhésion à un système d'alliances militaires.

neutralité [nøtʀalite] n. f. **1.** État d'une personne qui reste neutre, qui évite de prendre parti. *Observer une stricte neutralité.* ▷ État d'une puissance souveraine qui n'adhère à aucun système d'alliances militaires ou qui se tient en dehors d'un conflit entre d'autres puissances. **2.** CHIM *Neutralité d'une solution :* (du point de vue acide/base) état d'une solution dont le pH est égal à 7; (du point de vue électrique) état d'une solution dans laquelle la somme des charges positives apportées par les cations est égale à la somme des charges négatives apportées par les anions. **3.** ELECTR État d'un corps ou d'un système qui porte des charges électriques dont la somme algébrique est nulle. **4.** ECON Caractère d'une variable neutre. *Neutralité de la monnaie.*

neutre [nøtʀ] adj. et n. m. **A.** adj. **I. 1.** Qui ne prend pas parti dans une discussion, un différend. *Ils se disputaient, j'ai préféré rester neutre.* ▷ Qui n'adhère pas à un système d'alliances militaires; qui ne prend pas part à un conflit armé. – Par ext. *Négocier en terrain neutre.* **2.** Qui n'a pas de caractère marqué (d'expression, d'éclat, etc.). *Voix neutre. Couleur neutre.* **3.** GRAM Qui n'entre pas dans la catégorie grammaticale du masculin ni dans celle du féminin. **4.** ECON Qui est sans influence sur les grandeurs économiques réelles. *Monnaie neutre.* **II. 1.** ELECTR Se dit d'un corps qui ne porte aucune charge électrique ou dont les charges, de signe contraire, se compensent exactement. – PHYS NUCL *Particules neutres :* V. neutrino et neutron. **2.** CHIM Qui n'est ni acide ni basique. **B.** n. m. **1.** Individu, nation neutre. *Le droit des neutres.* **2.** GRAM *Le neutre :* le genre neutre. *Le neutre existe notamment en latin et en grec.*

neutrino [nøtʀino] n. m. PHYS NUCL Particule (symbole ν) de masse nulle et dénuée de charge électrique, émise dans la radioactivité bêta en même temps que l'électron.

neutron [nøtʀɔ̃] n. m. PHYS NUCL Particule fondamentale, constituant du noyau atomique (symbole n, n^0 ou $\frac{1}{0}$ n). V. encycl. atome, particule et quark. – *Bombe à neutrons.* ▷ ASTRO *Étoile à neutrons :* astre constitué de neutrons, ayant un rayon de 10 km et une masse volumique de 1 milliard de t/cm^3, résultant de l'explosion d'une supernova.

ENCYCL **Phys. nucl.** – Le neutron a une masse très voisine de celle du proton, une charge électrique nulle. Un noyau atomique comprend Z protons (Z=numéro atomique) et [A–Z] neutrons (A=nombre de masse). Protons et neutrons sont liés au sein du noyau par les forces internucléaires. Lors de réactions nucléaires, des neutrons peuvent être libérés par le noyau. Ils constituent alors des projectiles qui, s'ils sont suffisamment ralentis (neutrons thermiques), provoquent la fission de certains noyaux (utilisée dans les réacteurs nucléaires et dans la bombe atomique).

neutronique [nøtʀɔnik] adj. PHYS NUCL Du neutron.

neuvaine [nøvɛn] n. f. RELIG CATHOL Suite d'actes de dévotion répétés pendant neuf jours consécutifs.

neuvième [nœvjɛm] adj. et n. **I.** adj. numéral ord. Dont le rang est marqué par le nombre 9. *La neuvième fois. Le neuvième étage* ou, ellipt., *le neuvième.* **II.** n. **1.** Personne, chose qui occupe la neuvième place. **2.** n. m. Chaque partie d'un tout divisé en neuf parties égales. *Un neuvième du gain.* **3.** n. f. MUS Intervalle de neuf degrés, d'une note à une autre.

Neva (la), fl. de Russie (74 km), émissaire du lac Ladoga; arrose Saint-Pétersbourg et se jette dans le golfe de Finlande par un vaste delta. Fort débit.

Nevada (sierra), massif montagneux de l'Espagne méridionale; 3 478 m au Mulhacén.

Nevada (sierra), chaîne de l'O. des É.-U.; 4418 m au mont Whitney. Elle sépare la Grande Vallée (Californie) du Grand Bassin.

Nevada, État de l'O. des É.-U.; 286 297 km^2; 1 202 000 hab.; cap. *Carson City;* v. princ. : *Las Vegas, Reno.* – L'État s'étend sur la majeure partie du Grand Bassin (hauts plateaux secs) et, à l'O., sur la sierra Nevada. Sous-sol riche. Tourisme import. (jeux). – Exploré à partir de 1841, le Nevada fut cédé aux É.-U. par le Mexique (1848) et inclus dans l'Utah

(1850). Territoire autonome en 1861, il devint en 1864 le trente-sixième État de l'Union.

névé [neve] n. m. Amas de neige qui donne naissance à un glacier.

neveu [nəvø] n. m. Fils du frère ou de la sœur, du beau-frère ou de la belle-sœur. (En Afrique subsah. et à Madagascar, on appelle aussi *neveux* les fils des cousins et des cousines de même génération que soi.) – *Petit-neveu :* fils du neveu ou de la nièce. *Des petits-neveux.*

névr(o)-. Élément, du gr. *neuron,* «nerf».

névralgie [nevʀalʒi] n. f. **1.** MED Douleur siégeant sur le trajet d'un nerf. **2.** *Abusiv.* Mal de tête.

névralgique [nevʀalʒik] adj. **1.** Relatif à la névralgie. **2.** Fig. *Point névralgique :* point sensible, critique (d'une situation, d'une affaire, etc.). – *Centre névralgique :* centre d'importance capitale (dans une organisation, un réseau de communication, etc.).

névraxe [nevʀaks] n. m. ANAT Système nerveux central, ensemble formé par le cerveau et la moelle épinière.

névrite [nevʀit] n. f. MED Lésion inflammatoire des nerfs.

névro-. V. névr(o)-.

névroglie [nevʀɔgli] n. f. ANAT Tissu interstitiel nourricier du système nerveux.

névrose [nevʀoz] n. f. PSYCHIAT Affection nerveuse, caractérisée par des conflits psychiques, qui détermine des troubles du comportement, mais n'altère pas gravement la personnalité du sujet (à la différence de la *psychose*). *Névrose obsessionnelle**. *Névrose d'angoisse, d'échec.*

névrosé, ée [nevʀoze] adj. et n. PSYCHIAT Atteint de névrose. ▷ Subst. *Un(e) névrosé(e).*

névrotique [nevʀɔtik] adj. PSYCHIAT Qui a rapport à la névrose; qui est de la nature de la névrose.

Nevski (Alexandre). V. Alexandre Nevski.

Newark, v. et port des É.-U. (New Jersey), sur la *baie de Newark,* près de New York; 275200 hab. (aggl. urb. 1882000 hab.). Industr. Aéroport.

Newcastle, v. et port d'Australie (Nouvelle-Galles du Sud); 423300 hab. Industries.

Newcomen (Thomas) (1663 – 1729), mécanicien anglais. Il réalisa, en 1712, la première machine à vapeur.

New Deal («nouvelle donne»), politique économique et sociale adoptée par Roosevelt en 1933 pour vaincre la crise aux É.-U. Elle s'inspirait des théories de Keynes.

New Delhi. V. Delhi.

New Hampshire, État du N.-E. des É.-U., sur l'Atlantique; 24097 km^2; 1109000 hab.; cap. *Concord.* – Cet État montagneux et forestier, au climat rude, est drainé à l'O. par le Connecticut. Élevage. Industries modestes. – La région forma en 1692 une prov. royale. Elle proclama son indépendance en 1776 et ratifia la Constitution fédérale en 1788.

New Haven, v. et port des É.-U. (Connecticut), sur la *baie de New Haven;* 130470 hab. (aggl. urb. 506000 hab.). Centre industriel et universitaire (Yale).

New Jersey, État du N.-E. des É.-U., sur l'Atlantique; 20295 km^2; 7730000 hab.; cap. *Trenton.* – Le piémont de la chaîne des Appalaches retombe sur une plaine côtière au sol riche. L'État, très urbanisé et industrialisé, a une forte densité. Import. cultures maraîchères. – Reconnu au XVIe s., annexé par les Anglais en 1664, le New Jersey proclama son indépendance en 1776 et ratifia la Constitution fédérale en 1787.

new-look [njuluk] n. m. inv. et adj. inv. Aspect, style nouveau. ▷ adj. inv. *Politique new-look.*

Newman (John Henry) (1801 – 1890), prélat et écrivain anglais; promoteur avec Pusey* du mouvement d'Oxford*, il se convertit au catholicisme (1845).

Newman (Paul) (né en 1925), comédien et cinéaste américain : *le Gaucher (*1958), *l'Arnaqueur (*1961), *le Verdict (*1982).

New Orleans. V. Nouvelle-Orléans (La).

newton [njutɔn] n. m. PHYS Unité de force du système SI (symbole N), force qui communique à un corps dont la masse est de 1 kg une accélération de 1 m/s^2. – *Newton-mètre :* unité de mesure du système SI (symbole N/m); moment, par rapport à un axe, d'une force de 1 newton dont le support, perpendiculaire à cet axe, se trouve à une distance de 1 m de celui-ci.

Newton (sir Isaac) (1642 – 1727), mathématicien, physicien et astronome anglais. Il établit v. 1665 les lois de la gravitation universelle et calcula la force qui retient la Lune sur son orbite; il abandonna alors ses travaux astronomiques, qui ne furent publiés qu'en 1687 *(Principes mathématiques de philosophie naturelle),* et revint aux mathématiques, tout en s'adonnant à l'optique (son *Traité d'optique* fut publié en 1704). Il montra que la lumière blanche est formée de plusieurs couleurs (1669) et réalisa p.-ê. le prem. télescope à réflexion (1671). Avant Leibniz, il établit les fondements du calcul différentiel et intégral («méthode des fluxions»). À partir de 1672, les honneurs occupèrent sa vie. Il fut enterré à l'abbaye de Westminster. ▷ MATH *Binôme de Newton :* formule donnant le développement en série de $(a+b)^n$. ▷ OPT *Anneaux de Newton,* dus à l'interférence des rayons lumineux.

newtonien, enne [njutɔnjɛ̃, ɛn] adj. Relatif au système de Newton.

New Windsor. V. Windsor.

New York, la plus grande ville des É.-U. (État de New York), l'une des plus grandes conurbations du monde, sur l'Atlantique, à l'embouchure de l'Hudson; 7322500 hab. Elle a cinq quartiers (boroughs) : *Manhattan,* dans l'île du m. nom; *Queens* et *Brooklyn,* dans Long Island, au-delà de l'East River; *Richmond,* dans Staten Island; *Bronx,* sur le continent. New York (2e port du monde après Rotterdam) est la 1re place financière (Wall Street, bourses des céréales, de la laine, etc.) et commerciale, une métropole industrielle, un foyer culturel. L'ONU y siège depuis 1946. De nombreuses communautés y coexistent : Anglo-Saxons, Noirs (Harlem), Portoricains, Italiens, Chinois (Chinatown), Juifs, etc. – Archevêché. Universités : N.Y. University, Columbia (fondée en 1754), Princeton. Musées : Metropolitan Museum of Art, Brooklyn Museum, Frick Collection, Musée Guggenheim (art contemp.), Museum of Modern Art, etc. Théâtres (notam. à Broadway). Metropolitan Opera. – Fondée en 1626 par les Hollandais (*(Nieuwe Amsterdam),* la ville fut conquise en 1664 par les Anglais, qui la nommèrent en hommage au duc d'York, futur Jacques II. En 1760 la ville comptait 15000 hab., plus de 600000 hab. en 1850; cette expansion s'intensifia grâce à l'immigration, notam. d'Irlandais.

New York, État du N.-E. des É.-U., sur les lacs Érié et Ontario, et sur l'Atlantique; 128401 km^2; 17990000 hab.; cap. *Albany;* v. princ. : *New York, Buffalo.* – Cet État montagneux (1628 m au *mont Marcy,* dans les Adirondacks) est bordé au N.-O. par la plaine qui jouxte les Grands Lacs et au S.-E. par la plaine côtière. L'agric. est prospère. L'État est le plus puissant des É.-U. par ses fonctions industr., comm., fin., polit., etc. – En 1664, les Anglais annexèrent la colonie fondée par les Hollandais et l'inclurent dans la Nouvelle-Angleterre (1688); elle devint province royale en 1691. Elle proclama son indépendance en 1776 et ratifia la Constitution fédérale en 1788.

new-yorkais, aise [nujɔʀkɛ, ɛz] adj. et n. De la ville ou de l'État de New York. ▷ Subst. *Un(e) New-Yorkais(e).*

Ney (Michel) (1769 – 1815), maréchal de France. Il s'illustra sous l'Empire. Créé pair de France par Louis XVIII (1814), il se rallia en 1815 à Napoléon, qu'il avait été chargé d'arrêter à son retour de l'île d'Elbe. Il fut condamné à mort par la Cour des pairs et fusillé.

nez [ne] n. m. **1.** (Chez l'homme.) Partie du corps faisant saillie au milieu du visage, entre la bouche et le front, qui participe à la fonction respiratoire et, par ses récepteurs olfactifs, à l'odorat. *Nez aquilin, épaté, camus. Parler, chanter du nez :* nasiller. ▷ (Animaux doués de flair.) Museau. *Nez de chien.* **2.** Loc. fig. *Mener qqn par le bout du nez,* lui faire faire ce que l'on veut. – *Cela m'est passé sous le nez :* cela m'a échappé. – *Cela lui pend au nez :* cela risque fort de lui arriver. – *À vue de nez :* approximativement. – *Ne pas voir plus loin que le bout de son nez :* manquer absolument de discernement, de prévoyance. – *Faire un pied de nez à qqn :* tenir sa main grande ouverte, le pouce sur le nez, pour narguer qqn. – *Mettre (fourrer) le nez dans une chose,* commencer à l'examiner, à l'étudier; s'en mêler indiscrètement. – *Montrer le bout du* (ou *de son) nez :* commencer à se montrer; commencer à montrer ses intentions. ▷ (Belgique) Fam. *Faire de son nez :* faire l'important. **3.** Visage. *On m'a fermé la porte au nez.* – *Nez à nez :* face à face. – *Au nez de qqn,* en sa présence; en le bravant. *Le prisonnier s'est évadé au nez et à la barbe de ses gardiens.* **4.** Odorat, flair. *Chien qui a du nez.* ▷ Fig. Sagacité. *Avoir du nez, le nez fin, le nez creux.* **5.** Partie allongée ou fuselée qui forme l'avant d'une chose. *Nez d'un avion. Bateau trop chargé de l'avant qui pique du nez dans la lame.* **6.** TECH Saillie se terminant en pointe ou en biseau. *Nez de marche, de gouttière.*

Ngal (Mbwill a Mpaang Georges) (né en 1933), critique littéraire et écrivain de la rép. dém. du Congo. Ses deux romans *Giambatista Viko ou le Viol du discours africain* (1975) et *l'Errance* (1979) dénoncent l'imitation de l'Occident.

Ngala, population de l'O. de la rép. dém. du Congo (env. 200000 personnes). Ils parlent une langue bantoue (V. lingala).

Ngambay, ethnie établie autour de Moundou, au Tchad (env. 500000 personnes). Ils parlent une langue nilo-saharienne du groupe soudanais central.

Ngandu Nkashama (Pius) (né en 1946), critique littéraire et écrivain de la rép. dém. du Congo : anthologies africaines, romans *(le Pacte de sang,* 1984), théâtre (*la Délivrance d'Ilunga,* 1977) essais sur la littérature et la religion africaine.

N'Gaoundéré, v. du Cameroun, ch.-l. du dép. d'Adamaoua, à 1120 m d'alt.; 47508 hab., en majorité peuls. Marché aux bestiaux. Bauxite à proximité. Terminus du *Transcamerounais.* Aéroport.

Ngazidja (anc. *Grande-Comore*), île principale de l'archipel des Comores; 1148 km^2; 249000 hab.; v. princ. : *Moroni* (cap. de la république des Comores).

Ngazobil, localité du Sénégal, en pays sérère, où Senghor fit ses premières études.

Ngbandi, ethnie de Centrafrique (320000 personnes) et de la rép. dém. du Congo. Ils parlent une langue nigéro-congolaise du sous-groupe oubanguien.

Ngô Dinh Diêm (1901 - 1963), homme politique vietnamien. Il fit destituer l'empereur Bao Dai (1955) et devint en 1956 le chef de l'État sud-vietnamien. Il instaura un régime autoritaire, perdit l'appui des États-Unis et fut tué lors d'un coup d'État militaire.

ngola [ngɔla] n. m. Souverain de l'ancien royaume Ndongo. (V. Angola.)

Ngolo Diara (1700 - 1787), roi de Ségou (1770-1787), vaincu et tué par les Mossi.

Ngoni ou **Nguni,** populations établies en Zambie, en Tanzanie et au Malawi (où ils sont 700000). Au sens large, l'appellation *Ngoni* englobe aussi les Xhosa, Zoulous*, Swazi et Ndébélé.

Ngorongoro, volcan du nord de la Tanzanie, dans le Rift oriental; 3600 m. Son cratère (15 km de diamètre et 600 m de profondeur) est occupé par un lac salé. Réserve d'animaux.

Ngô Tât Tô (1894 - 1954), écrivain vietnamien. Il écrivit des romans sociaux sur la condition des paysans sous le régime féodal (*Quand la lampe s'éteint,* 1939), une *Histoire de la littérature vietnamienne au temps des Ly et des Trân* (1942) et traduisit en vietnamien des poètes classiques chinois.

Ngouabi (Marien) (1938 - 1977), homme d'État du Congo-Brazzaville. Président du Conseil national de la révolution en août 1968, chef de l'État en janv. 1969, il fut assassiné.

Nguema Mbasogo (Teodoro Obiang) (né en 1942), colonel et homme d'État de la Guinée équatoriale. En 1979, il renversa Macias Nguema. Président de la Rép. depuis 1982.

Nguesso (Denis Sassou) (né en 1943), homme d'État de la rép. du Congo; président de la République de 1979 à 1992.

Ngugi wa Thiong'o (né en 1938), écrivain kenyan d'expression anglaise et kikuyu; auteur de romans : *Enfant, ne pleure pas* (1964), *Et le blé jaillira* (1967), *Pétales de sang* (1977), *Devil on the cross* (1982), et de pièces de théâtre : *Ngaahika Ndeenda,* en kikuyu (1977; en angl. : *I will marry when I want).*

Nguni. V. Ngoni.

Nguyên, nom d'une dynastie vietnamienne (1802-1845). Ces hauts dignitaires, au service des Lê*, qui dominaient au XVIe s. Huê et les rég. du Sud, entrèrent en conflit avec la dynastie des Lê (déjà attaquée au nord par les Trinh*), puis avec les Trinh, absorbèrent les restes du royaume Champa (XVIIe s.), et chassèrent les Khmers du delta du Mékong (XVIIIe s.). Souverains d'un royaume qui correspond au Nam* Bô actuel (appelé Cochinchine par les Européens), ils vainquirent les Tây* Son soutenus par les Trinh (1778-1802) après la chute des Lê (1789). Gia* Long (Nguyên Anh) unifia le pays du nord au sud (1802) en un royaume qu'il dénomma Viêt-nam. Il fut le premier empereur de la dynastie impériale, qui s'éteignit quand Bao* Dai abdiqua en 1945.

Nguyên Binh Khiêm (dit aussi Trang Trinh) (1491 - 1585), lettré vietnamien; poète d'expression chinoise (*Poèmes de l'Asile du nuage blanc*) ou démotique (nôm). À ce sage versé dans les arts divinatoires, la tradition attribue de nombreux prédictions et oracles.

Nguyên Dinh Chiêu (1822 - 1888), lettré vietnamien. Poète, aveugle (v. 1843), il fut le dernier grand représentant de la littérature classique imprégnée des valeurs confucéennes. Il a laissé une œuvre féconde, écrite en nôm, dont un roman en vers *Histoire de Luc Vân Tiên* et des oraisons funèbres à la mémoire des combattants du colonialisme français, où la figure du paysan vietnamien apparaît pour la prem. fois dans la littérature.

Nguyên Du (1765 -1820), lettré vietnamien qui fut au service de la dynastie des Lê puis de celle des Nguyên. Auteur du chef-d'œuvre de la littérature vietnamienne classique, rédigé en nôm, selon les règles de la métrique de la poésie populaire, *Kim Vân Kiêu* (noms des trois personnages princ.). Ce roman de 3254 vers raconte les mésaventures de Kiêu, une belle jeune fille soumise à de nombreuses épreuves.

Nguyên Huu Tho (né en 1910), homme politique vietnamien. Président du présidium central du Front national de libération du Viêt-nam du Sud (F.N.L.) à partir de 1960, il devint vice-président du Viêt-nam réunifié en 1976, puis fut président de la République par intérim (1980-1981). Il présida ensuite l'Assemblée nationale de 1981 à 1987.

Nguyên Huy Thiêp (né en 1950), écrivain vietnamien. Considéré comme le meilleur nouvelliste contemporain, il a publié en 1988-1989 deux recueils de nouvelles, au style limpide, comprenant notam. *Le général part à la retraite* et *le Cœur du tigre.*

Nguyên Mông Giac (né en 1940), écrivain vietnamien. Après avoir émigré aux États-Unis, il publie une longue fresque en cinq volumes (*Saison de mer agitée,* 1984-1989) et un roman (*la Porte*), où il s'efforce de réconcilier la diaspora et les Vietnamiens restés en terre natale.

Nguyen Tien Lang (1906 - 1976), écrivain vietnamien d'expression française : *Indochine la douce* (essai, 1936), *les Chemins de la révolte* (roman, 1953).

Nguyên Trai (1380 - 1442), lettré et homme politique vietnamien. Rallié à Lê* Loi, il combattit les occupants chinois, servit la dynastie Lê, se retira de la cour, puis fut condamné à mort avec sa concubine accusée de régicide. Auteur fécond, il sut allier les valeurs confucéennes aux traditions communautaires propres à la société vietnamienne. Il rédigea en prose rythmée : *la Grande proclamation sur la pacification des Ngô,* après la victoire contre les Chinois; des poèmes en chinois et en nôm; un *Traité de géographie.*

Nguyên Van Thiêu (né en 1923), homme politique sud-vietnamien. Général, il participa au renversement de Ngô* Dinh Diêm et fut placé à la tête de la junte militaire en juin 1965. Élu président de la République en sept. 1967, réélu en 1971, il fut contraint par les États-Unis de négocier avec le Front national de libération du Viêt-nam du Sud et le Nord-Viêt-nam; il démissionna en avril 1975, quelques jours seulement avant la chute de Saigon, et s'exila.

Nguyên Van Vinh (1882 - 1936), écrivain et journaliste vietnamien. Fondateur de la première revue en quôc ngu, *la Revue indochinoise* (1913), et d'autres périodiques tel *l'Annam nouveau* (1931), il contribua à la diffusion de la littérature française et à l'essor de la langue vietnamienne moderne. Il traduisit La Fontaine, Molière, Hugo.

nhaque ou **nhaqué** [njakue] n. (inv. en genre.) (Viêt-nam) Souvent péjor. Campagnard, villageois.

Nhât Linh (Nguyên Tuong Tam, dit) (1905 - 1968), écrivain vietnamien. Avec Khai* Hung, il anima le mouvement littéraire Tu* Luc-Van Doan et introduisit la psychologie des personnages dans la littérature vietnamienne. Il sut allier l'élégance du style avec la critique sociale dans ses romans et nouvelles : *la Rupture* (1935), *la Marchande de fleurs* (1937), *Deux Amis* (1938).

Nha Trang, v. et port du centre du Viêt-nam, sur la mer de Chine; 263100 hab. Industries diverses; pêche. Tourisme. – Université (anc. institut Pasteur, fondé par A. Yersin). – Au N., ancien site cham (temple de la déesse de Po Nagar, construit du VIIe au XIIe s., dont il reste quatre tours).

ni [ni] conj. S'emploie pour réunir (avec valeur de *et* ou de *ou*) des propositions négatives ou les différents termes d'une proposition négative. *Je ne l'aime ni ne l'estime. Ni les honneurs ni les richesses ne rendent heureux. Sans tambour ni trompette.*

niable [njabl] adj. Que l'on peut nier. (Surtout en tournure négative.) *Voilà un fait qui n'est pas niable.*

Niagara (le), petit fl. d'Amérique du Nord (54 km), qui forme frontière entre le Canada et les É.-U., et unit les lacs Ontario et Érié. Les chutes canadienne et américaine (hautes de 57 et 59 m, larges de 640 et 328 m), que double le canal Welland, alimentent d'import. centrales hydroélectriques.

Niagara Falls, v. du Canada (Ontario), proche des chutes du Niagara; 75 000 hab. Tourisme. Industries utilisant la production d'hydroélectricité.

Niagara Falls, v. des É.-U. (État de New York), en amont des chutes; 80 000 hab. Industries utilisant la production d'hydroélectricité.

niais, niaise [njɛ, njɛz] adj. et n. Sot et emprunté. – Subst. *Jouer les niais.* ▷ Par ext. *Un rire niais. Voilà un roman bien niais.*

niaisage [njɛzaʒ] n. m. (Québec) Fam. Action de niaiser; résultat de cette action. *As-tu fini ton niaisage?*

niaisement [njɛzmɑ̃] adv. D'une manière niaise.

niaiser [njɛze] v. [**1**] (Québec) Fam. **I.** v. intr. **1.** Faire, dire des niaiseries, des sottises. – *Par ext.* Avoir l'air niaiseux. – *Faire niaiser qqn,* se moquer de lui. **2.** Perdre son temps à ne rien faire qui vaille, lambiner. *On a niaisé toute la journée. – Par ext.* Tergiverser. **II.** v. tr. Prendre (qqn) pour un niaiseux, se moquer de lui. *Arrête de me niaiser.*

niaiserie [njɛzʀi] n. f. **1.** Caractère d'une personne ou d'une chose niaise. *Sa niaiserie est fort affligeante. – Niaiserie d'une remarque.* **2.** Action, parole niaise. *Dire des niaiseries. – Par ext.* Futilité. *Perdre son temps à des niaiseries.*

niaiseusement [njezøzmɑ̃] adv. (Québec) Fam. D'une manière niaiseuse.

niaiseux, euse [njezø, øz] adj. et n. (Québec) Fam. **I.** adj. et n. **1.** (Personnes) Qui est dénué d'intelligence, de jugement. *Être, avoir l'air niaiseux. – Faire le niaiseux.* ▷ Inj. *Espèce de niaiseux!* **2.** *Par ext.* (Personnes) Qui n'est pas débrouillard, dégourdi. *Être niaiseux avec les filles.* – Qui manque d'attention. *Que je suis niaiseuse! J'ai oublié de noter son adresse!* **II.** adj. **1.** Qui caractérise une personne niaiseuse. *Un air, un sourire niaiseux.* **2.** *Par ext.* (En parlant de qqch) Bête, stupide, insignifiant. *Un accident niaiseux. Une réponse niaiseuse.* – Très simple à faire, facile à réussir. *Une recette niaiseuse.*

niama-niama [njamanjama] n. m. pl. (Afr.subsah.) Fam. **1.** Pacotilles, bricoles. *Un étalage de niama-niama.* **2.** Ingrédients culinaires utilisés en petites quantités. **3.** Amuse-gueules.

Niamey, cap. du Niger, sur la r. g. du Niger, dans le S.-O. du pays; 550 000 hab. Centre commercial. Industr. alimentaires, mécaniques, textiles. Aéroport international. – Université. Musée national. – Cathédrale. Mosquée.

Niane (Djibril Tamsir) (né en 1932), écrivain guinéen. Il transcrivit l'épopée orale de *Soundjata* (1960), traduisit Molière en malinké, étudia *le Soudan occidental au temps des grands empires* (1975), donna au théâtre *Sikasso* et *Chaka* (publiés en 1971).

niangon [njɑ̃gɔ̃] n. m. Arbre de la forêt tropicale (fam. sterculiacées), exploité pour son bois et qui constitue une bonne essence de reboisement.

Niani, anc. cap. de l'empire du Mali. Elle fut peut-être fondée par Soundiata Keita v. 1240.

niaouli [njauli] n. m. Arbrisseau (fam. myrtacées) abondant en Nouvelle-Calédonie, parfois utilisé dans le reboisement, qui fournit l'*essence de niaouli,* dont on extrait le goménol.

Nibelungen, dans la myth. germanique (Allemagne, Scandinavie, Islande), nains possesseurs de prodigieuses richesses et soumis au roi Nibelung («Fils du brouillard», c.-à-d. du monde souterrain). Siegfried tua Nibelung et s'empara du trésor. Les compagnons de Siegfried, puis les Burgondes, prirent l'appellation de Nibelungen. Cette légende inspira à Wagner la tétralogie *l'Anneau du Nibelung* (1854-1874).

Nicaragua (république du) *(República de Nicaragua),* État d'Amérique centrale, sur le Pacifique et l'Atlantique; 139 000 km^2; 3 500 000 hab. (croissance : 3% par an); cap. *Managua.* Nature de l'État : rép. présidentielle. Langue off. : espagnol. Monnaie : nouveau córdoba. Pop. : métis (71 %), Blancs, Noirs, Amérindiens (5 %). Relig. : cathol. (90 %).

Géogr. et écon. – La côte pacifique est dominée par une étroite chaîne volcanique (alt. max. 1780 m) qui retombe sur une dépression occupée par les lacs Nicaragua (8 400 km^2) et Managua. Vers l'E., de hauts plateaux aux vallées fertiles s'abaissent vers l'Atlantique par une plaine couverte d'une forêt dense (côte des Mosquitos). Le climat est tropical. La pop. compte 60% de citadins. L'agriculture (25 % des actifs) a suscité des industries de transformation. Maïs, café, coton, viande, bananes représentent 80% des exportations. L'épisode sandiniste (1979-1990) a ruiné le pays, qui souffre d'une inflation et d'un endettement considérables.

Hist. – Exploré par les Espagnols au XVIe s., inclus dans la capitainerie générale du Guatemala, le pays accéda à l'indépendance en 1821. Membre des Provinces-Unies de l'Amérique centrale de 1823 à 1838, il fut occupé par les É.-U. de 1912 à 1933 (interruption en 1925). La famille Somoza, au pouvoir depuis 1936, fut chassée en 1979 par le Front sandiniste de libération nationale, qui, face à une opposition intérieure (partis «bourgeois») et extérieure (commandos installés au Honduras, les «contras»), s'est appuyé sur l'U.R.S.S. et Cuba. Malgré les réticences du Congrès américain, le gouvernement de R. Reagan a sévi : minage des ports, embargo commercial (à partir de 1984), aide aux «contras». La plupart des États centre-américains ont recommandé un règlement global des conflits en Amérique centrale (plan Arias, prix Nobel de la paix en 1987). Le pouvoir sandiniste a accepté le principe d'élections libres. En fév. 1990, elles ont donné la victoire à l'opposition menée par Violetta Chamorro, élue prés. de la République. En 1996, Arnoldo Aleman, conservateur, a succédé à celle-ci.

nicaraguayen, enne [nikaʀagwɛjɛ̃, ɛn] adj. et n. Du Nicaragua. ▷ Subst. *Un(e) Nicaraguayen(ne).*

Nice, v. de France, ch.-l. du dép. des Alpes-Maritimes, v. princ. de la Côte d'Azur; 345 674 hab. Stat. touristique. Centre comm. et industriel. Port vers la Corse. Aéroport. – Université. Cath. Sainte-Réparate (XVIIe s.). Arènes romaines de Cimiez (IIIe s.). Musées. – Au Ve s. av. J.-C., la colonie grecque de Massalia (Marseille) fonda Nice (*Nikaia,* «la Victorieuse»). Le *comté de Nice,* possession de la maison de Savoie depuis 1388, fut rattaché à la France en 1860.

Nicée, anc. ville de Bithynie (Asie Mineure), auj. *Iznik.* En 325, un concile excommunia Arius et ses partisans; un second concile (787) y condamna les iconoclastes. Nicée fut la capitale de *l'empire grec de Nicée* (1204-1261) que constitua Théodore Ier Lascaris après la prise de Constantinople par les croisés.

1. niche [niʃ] n. f. **1.** Enfoncement pratiqué dans l'épaisseur d'un mur pour y placer une statue, un buste, un vase, etc. ▷ Alcôve. **2.** Petite cabane servant d'abri à un chien. **3.** ECOL *Niche écologique :* place (d'un organisme, d'une espèce animale) dans un biotope donné, déterminée par son alimentation et ses relations avec les autres espèces. **4.** ECON *Niche technologique :* domaine de l'activité économique à l'intérieur duquel il est rentable de créer des entreprises mettant en œuvre les techniques de pointe.

2. niche [niʃ] n. f. Farce, espièglerie. *Faire des niches à qqn.*

nichée [niʃe] n. f. Ensemble des petits oiseaux d'une même couvée, encore dans le nid. ▷ Fig. *Une nichée d'enfants.*

nicher [niʃe] v. [**1**] **I.** v. intr. **1.** Établir son nid. *Les fauvettes nichent dans les buissons.* **2.** Fig., fam. Se loger; habiter. *Où niche-t-il, en ce moment?* **II.** v. pron. **1.** Établir son nid. **2.** Fig., fam. Se mettre, se cacher (comme des oisillons blottis dans le nid). *Où est-il donc allé se nicher?* ▷ Se placer. – Fig. *Où l'orgueil se niche-t-il?*

nicheur, euse [niʃœʀ, øz] adj. ORNITH Qui construit des nids.

nichoir [niʃwaʀ] n. m. Cage, boîte, panier, où les oiseaux viennent nicher.

nickel [nikɛl] n. m. Élément métallique (symbole Ni) de numéro atomique Z=28. – Métal (Ni) blanc qui entre dans la composition de nombreux alliages, notam. des aciers inoxydables.

nickelage [niklaʒ] n. m. Action de nickeler; son résultat.

nickeler [nikle] v. tr. [**19**] Recouvrir d'une couche de nickel par électrolyse. ▷ Pp. adj. *Acier nickelé.*

nic-nac [niknak] n. m. inv. (Belgique) Petit biscuit sec ayant le plus souvent la forme d'une lettre de l'alphabet. *Saint Nicolas a apporté des nic-nac.*

Nicobar (îles), archipel indien (territ. des îles Andaman et Nicobar), dans le golfe du Bengale; 1 645 km^2; 30 000 hab. Forêts. Pêche.

Nicolaier (Arthur) (1862 – 1945), médecin allemand. Il identifia le bacille du tétanos en 1884 *(bacille de Nicolaier).*

Nicola Pisano (v. 1220 – av. 1287), sculpteur italien. Il s'inspira des modèles antiques romains ainsi que du gothique français.

Nicolas (saint) (IVe s.), évêque de Myre (en Lycie; ruines près de Finike, Turquie); on lui a attribué des miracles, notam. la résurrection d'enfants assassinés pour être mangés. Il est le «Père Noël» dans le N. de l'Europe.

Nicolas Ier (1796 – 1855), empereur de Russie (1825-1855), fils de Paul Ier. Tsar autocrate, il renforça le dispositif policier et bureaucratique de ses États et agit comme le «gendarme de l'Europe» : il fit de la Pologne une prov. russe après la révolte de 1830 et aida l'Autriche lors de la révolution hongroise de 1848. Afin d'assurer à la Russie un débouché sur la Méditerranée (V. Orient [question d']), il attaqua la Turquie (guerre de Crimée, 1854). — **Nicolas II** (1868 – 1918), dernier empereur de Russie (1894-1917), fils et successeur d'Alexandre III. Les défaites contre le Japon

(1904-1905), ajoutées au mécontentement populaire, provoquèrent la révolution* de 1905 et il décida l'élection d'une assemblée. La révolution de février 1917 le contraignit à abdiquer (15 mars). Il fut exécuté avec sa famille (17 juil. 1918) par les bolcheviks, que menaçait l'avance des Russes blancs.

Nicolas de Flüe (saint) (1417 – 1487), ermite suisse. Marié, père de dix enfants, il se fit ermite dans son canton d'origine (Obwald). – À la diète de Stans (1481), il contribua à rapprocher les cantons montagnards et citadins. Patron de la Suisse.

Nicole (Pierre) (1625 – 1695), écrivain français de Port-Royal. Il collabora avec Arnauld à la *Logique de Port-Royal* (1662) et écrivit les *Essais de morale* (1671-1678).

Nicolle (Charles) (1866 – 1936), bactériologiste français. Directeur de l'institut Pasteur de Tunis (1903-1936), il étudia notam. le typhus. P. Nobel de médecine 1928.

Nicopolis (auj. *Nikopol,* en Bulgarie), anc. v. de Dacie, sur le Danube. – La ville fut fondée par Trajan. Le sultan Bajazet Ier y écrasa les armées chrétiennes de Sigismond de Luxembourg, roi de Hongrie (1396).

Nicosie, cap. de Chypre, dans le N. de l'île; 180000 hab.; coupée en deux dep. la partition de l'île en 1974. Centre commercial. – Vest. d'une enceinte vénitienne érigée en 1567. Cathédrale Ste-Sophie (XIIIe-XIVe s.), auj. mosquée. Abbaye de Bellepais (XIIe-XVIe s.). Musée d'art byzantin.

Nicot (Jean) (v. 1530 – 1600), diplomate français. Il rapporta le tabac du Portugal v. 1561 et composa un dictionnaire du français (1606).

nicotinamide [nikɔtinamid] n. f. BIOCHIM Amide de l'acide nicotinique, constituant de nucléotides qui assurent le rôle de transporteur d'hydrogène. (La carence en nicotinamide – vitamine B 3 ou PP – provoque de graves troubles physiologiques : pellagre chez l'homme, notam.)

nicotine [nikɔtin] n. f. BIOCHIM Alcaloïde contenu dans le tabac, stimulant de la sécrétion d'adrénaline, qui a des effets extrêmement nocifs à haute dose.

nictitant, ante [niktitɑ̃, ɑ̃t] adj. ZOOL *Paupière nictitante :* troisième paupière des oiseaux, qui clignote et se déplace horizontalement pour préserver l'œil de la lumière vive.

nid [ni] n. m. **1.** Abri construit par les oiseaux pour pondre et couver leurs œufs, pour élever leurs petits. ▷ *Par ext.* Lieu qu'aménagent certains animaux (pour y pondre, y mettre bas, élever leurs petits). *Nid de souris. Nid de guêpes.* **2.** Fig. *Nid-de-poule :* petite cavité dans une chaussée défoncée. *Des nids-de-poule.* – *Nid d'aigle :* habitation presque inaccessible, en un lieu escarpé, élevé. – MAR *Nid-de-pie :* poste d'observation sur le mât d'un navire. *Des nids-de-pie.* ▷ TECH *Nid(s)-d'abeilles :* structure alvéolaire formée par un assemblage de rubans métalliques. – Tissage formant des alvéoles. *Serviette de toilette (en) nid(s)-d'abeilles. Des nids-d'abeilles.* **3.** *Par métaph.* Habitation de l'homme. *Un nid douillet.* **4.** *Nid de :* endroit où se trouvent rassemblées des choses ou des personnes qu'on a toute raison de craindre. *Nid de brigands.* Syn. repaire. – MILIT *Nid de mitrailleuses.*

nidation [nidasjɔ̃] n. f. BIOL Implantation de l'œuf fécondé des mammifères sur la muqueuse utérine, au début de la gestation.

nidicole [nidikɔl] adj. ORNITH Qui demeure longtemps au nid (en parlant de jeunes oiseaux).

nidification [nidifikasjɔ̃] n. f. Action, manière de nidifier; construction d'un nid.

nidifier [nidifje] v. intr. [2] Construire son nid.

nidifuge [nidifyʒ] adj. ORNITH Qui quitte rapidement le nid (en parlant de jeunes oiseaux).

Nidwald (en all. *Nidwalden),* demi-canton de Suisse, formant la partie est d'Unterwald; 275 km²; 31700 hab.; chef-lieu *Stans.* Il s'étend dans les Préalpes (2413 m au *Brisen),* où serpente l'Aa d'Engelberg, et borde la rive S. du lac des Quatre-Cantons. Il possède une enclave en Obwald, comprenant la cime du *Pilate* (2120 m). Forêts et alpages; polyculture en plaine et élevage bovin. Tourisme.

niébé [ɲebe] n. m. (Afr. subsah.) Dolique. *Farine de niébé. Pain de niébé,* contenant une petite portion de farine de niébé.

nièce [njɛs] n. f. Fille du frère ou de la sœur. *Je suis son oncle, elle est ma nièce.* (En Afrique subsah. et à Madagascar, on appelle aussi *nièces* les filles des cousins et des cousines de même génération que soi.)

1. nielle [njɛl] n. f. Maladie des céréales provoquée par un nématode microscopique.

2. nielle [njɛl] n. m. TECH Incrustation noire sur fond blanc ornant certaines pièces d'orfèvrerie.

1. nieller [njele] v. tr. [1] Attaquer, gâter par la nielle. – Pp. adj. *Blé niellé.*

2. nieller [njele] v. tr. [1] TECH Orner de nielles.

Niémen (le), fl. de Biélorussie et de Lituanie (880 km); naît près de Minsk; se jette dans la Baltique.

Niemeyer (Oscar) (né en 1907), architecte et urbaniste brésilien, élève de Le Corbusier; auteur des princ. bâtiments de Brasília et du siège de l'ONU à New York.

Niepce (Joseph Nicéphore) (1765 – 1833), physicien et inventeur français. Dès 1812, il parvint à obtenir en lithographie des négatifs (grâce au chlorure d'argent) et des positifs (bitume de Judée); aussi, en 1829, Daguerre lui demanda de fixer les images de la chambre noire et inventa ainsi la photographie.

nier [nje] v. tr. [2] **1.** Rejeter comme faux, comme inexistant. *Nier un fait. Nier l'évidence.* ▷ *Nier* (+ inf.). *Il nie être venu.* ▷ *Nier que* (+ indic.). *Il nie que je suis venu.* – *Nier que* (+ subj.). *Il nie que je sois venu.* **2.** *Nier un dépôt, une dette :* déclarer n'avoir pas reçu de dépôt, n'avoir pas fait de dette.

Nietzsche (Friedrich) (1844 – 1900), philosophe allemand. Professeur de philologie à Bâle (1969-1978), il subit l'influence de Schopenhauer et de certaines idées esthétiques de son ami R. Wagner. Brouillé avec Wagner (1878), malade, malheureux (en 1882, Lou Andréas Salomé refusa de l'épouser), il voyagea. Sa maladie (d'origine syphilitique?) s'aggrava; en 1889, une crise de démence le terrassa dans une rue de Turin. Sa sœur Élisabeth Foerster Nietzsche l'hébergea; elle publia ses œuvres. À la métaphysique occidentale, qui présente l'être comme un donné absolu et immuable, Nietzsche oppose une analyse généalogique des valeurs; selon lui, celles-ci sont le reflet rationalisé, voire le déguisement, d'une croyance, et l'être n'est ni Dieu ni vérité établie, mais devenir, et donc (comme la vie) création toujours renouvelée. Ses grandes formules (volonté de puissance, éternel retour, surhomme, etc.) ont donné lieu à des interprétations contradictoires. L'activité artistique, qui cherche l'être en créant des formes nouvelles, symbolise et réalise le projet nietzschéen. Princ. œuvres : *la Naissance de la tragédie* (1872), où Nietzsche distingue dimensions dionysiaque et apollinienne; *Considérations inactuelles* (1873-1876); *Humain, trop humain* (1878); *le Gai Savoir* (1881-1887); *Ainsi parlait Zarathoustra* (1883-1885); *la Volonté* de puissance* (1884-1888), vaste recueil d'aphorismes arbitrairement réunis par sa sœur; *Au-delà du bien et du mal* (1886); *la Généalogie de la morale* (1887); *le Crépuscule des idoles* (1888); *le Cas Wagner* (1888); *Ecce Homo* (1888); *l'Antéchrist* (1888).

nietzschéen, enne [nitʃeɛ̃, ɛn] adj. Didac. Relatif à Nietzsche, à sa philosophie.

Nieuport (en néerl. *Nieuwpoort*), com. de Belgique (Flandre-Occid.), sur l'Yser, à 3 km de la mer du Nord; 8200 hab. Pêche; tourisme. – Victoire de Maurice de Nassau sur l'archiduc Albert (1600). Combats en 1914.

Nièvre (la), riv. de France (53 km), affl. de la Loire (r. dr.), avec laquelle elle conflue à Nevers. – Dép. : 6837 km²; 233278 hab.; ch.-l. *Nevers* (43889 hab.). V. Bourgogne (Rég.).

nif [nif] n. m. (Maghreb) Vieilli En Algérie, nez. ▷ *Par ext.,* fig. Honneur, dignité, amour-propre. *Avoir du nif.*

nifé [nife] ou **nife** [nif] n. m. GEOL Vieilli Noyau de la Terre, qui serait constitué principalement de nickel et de fer. Syn. barysphère.

nigaud, aude [nigo, od] adj. et n. Qui se conduit de manière sotte ou niaise. ▷ Subst. *Quel nigaud!*

Niger (le), grand fleuve d'Afrique occid., tributaire de l'Atlantique (golfe de Guinée); le 3e du continent; 4160 km pour un bassin de 2092000 km² s'étendant sur huit États. Né en rép. de Guinée sur le versant est du Fouta-Djalon et appelé *Djoliba* («grand fleuve»), il coule vers le N.-E., grossi de nombreux affluents. Navigable depuis Kouroussa (Guinée) jusqu'à Bamako et aux rapides de Sotuba, en amont de Ségou, il forme un vaste delta intérieur dans le Macina*. Après avoir longé la falaise de Bandiagara, il entre en zone sahélienne (ce qui affecte son régime), passant près de Tombouctou et à Gao. Navigable par biefs, il dessine une grande boucle vers le S.-E., arrose Niamey et aborde la savane. L'encaissement de son lit dans des grès et le socle cristallin ont permis la construction du grand barrage de Kainji (Nigeria). En zone forestière, il reçoit la Kaduna et la Bénoué, et s'avance dans le golfe du Bénin en un grand delta de 22 bouches, débitant 6000 m³/s.

Niger (république du), État continental d'Afrique occidentale.
► V. carte et dossier, p. 1483.

Niger, État du centre-ouest du Nigeria; 65037 km^2; 2482367 hab.; cap. *Minna.*

Niger-Congo. V. nigéro-congolais.

Nigeria (République fédérale du), État d'Afrique occid., sur le golfe de Guinée, limité à l'O. par le Bénin, au nord par le Niger, au nord-est par le Tchad et à l'E. par le Cameroun; 923768 km^2; environ 100 millions d'hab., État le plus peuplé d'Afrique, croissance démographique : 3,3 % par an; cap. : *Abuja.* Nature de l'État : rép. fédérale. Langues off. : anglais, français. Monnaie : naira. Princ. ethnies : Haoussa (21 %), Yoruba (21 %), Igbo (18 %), Peul (11 %); on compte environ 200 ethnies. Relig. : islam (45 %), christianisme (40 %), relig. traditionnelles (15 %).
Géogr. phys. et hum. – Au N. du pays se trouvent des plateaux accidentés qui s'abaissent vers une large plaine littorale bordée de mangrove. Les vallées de la Bénoué et du Niger (qui se termine par un vaste delta) donnent au pays son unité géographique. La zonation climatique fait se succéder, du S. au N., un domaine subéquatorial forestier, un domaine tropical de savane et une zone plus sèche, steppique. La population présente une grande diversité ethnique et une forte densité (125 hab./km^2); le centre est le moins peuplé; le S. l'est le plus. L'exode rural est important, lié à une croissance démographique rapide et trois villes dépassent le million d'hab. : Lagos (le Grand Lagos regroupe 9 millions de personnes), Ibadan, Kano.
Écon. – Le décollage économique du Nigeria, amorcé au début des années 80, ne s'est pas confirmé dix ans plus tard. L'agriculture reste une activité essentielle, employant 40 % des actifs et assurant une production très diversifiée, grâce à la variété des terroirs et des climats : maïs, manioc, millet, riz, sorgho, pour les cultures vivrières; cacao, caoutchouc, arachide, coton et bois, pour les produits exportés. Mais le déficit agricole demeure important. Le pays a durement souffert de l'effondrement de ses revenus pétroliers, divisés par trois entre 1980 et 1990, en raison de la chute de la prod. et de la baisse des cours; cela a compromis les efforts de développement et provoqué des troubles sociaux dans les villes. Le Nigeria garde cependant de nombreux atouts : développement agricole; réserves de gaz naturel; diversification industrielle : pétrochimie, usine de liquéfaction de gaz, essor de la filière agro-alimentaire.
Hist. – Sur le plateau de Jos, la culture de Nok* fut l'une des prem. du continent africain (Ve s. av. J.-C.-IIe s. apr. J.-C.). Aux XIIIe-XIVe s., la culture d'Ife* atteignit son apogée. À cette époque, les cités-États haoussa* forment un réseau solidaire qui leur permet de résister au Kanem*-Bornou et au Songhay*, notam. Aux XVIIe-XVIIIe s., les royaumes du Bénin* et d'Oyo* atteignent leur apogée. En 1804, le Peul musulman Ousmane* Dan Fodio attaqua les Haoussa et fonda le royaume théocratique de Sokoto*. Dès 1631, les Anglais avaient implanté des comptoirs sur la côte, où ils contrôlèrent le commerce. L'exploration de l'intérieur commença seulement en 1849. Les Anglais imposèrent leur protectorat à Lagos en 1861. En 1897, ils s'emparèrent du royaume du Bénin, après avoir vaincu le pays yoruba. En 1900, lord Lugard entreprit la conquête du Nord. En 1914, il fusionna le Nord et le Sud, et le Nigeria attaqua le Cameroun allemand. Les Britanniques encouragèrent la formation d'une élite locale et, à partir de 1945, l'évolution vers l'indépendance se fit par étapes. Le Nigeria accéda à l'indépendance en 1960 et forma une république en 1963. Les oppositions ethniques provoquèrent la sécession du Biafra (1967-1970), province du S.-E. riche en pétrole. En 1975, le général Gowon, chef de l'État depuis 1966, fut renversé par le général Mohammed, lui-même renversé (1976) par le général O. Obasanjo. Après la défaite biafraise, la conjoncture écon. intern. (hausse des cours du pétrole) a fait du Nigeria un pays riche, consommant beaucoup mais investissant peu. Le régime militaire ne fit rien pour réprimer une corruption dont il profita largement, mais le phénomène s'amplifia encore sous le gouvernement civil du prés. A.S. Shagari (1979 à 1983). Ayant repris le pouvoir en 1983, l'armée dut tenir compte de la chute des cours du pétrole. Après le coup d'État du général Babangida en 1985, le clientélisme et la corruption sont restés de règle, tandis que la polit. d'austérité recommandée par le F.M.I. entraînait en 1992 des émeutes de la faim dans la capitale. Ne cessant de différer la remise du pouvoir aux civils, Babangida a déclenché une grave crise polit. et a démissionné en août 1993, mais deux mois plus tard, les militaires, dirigés par le général Sanni Abacha, ont repris le pouvoir. En 1995, une répression sanglante s'abattit sur les partisans de la cause des Ogoni : huit personnes, dont l'écrivain Ken Saro-Wiwa, furent pendues. Le Nigeria fut exclu du Commonwealth et l'Afrique du Sud orchestra le boycott du pays.

nigérian, ane [niʒeʀjɑ̃, an] adj. et n. Du Nigeria. ▷ Subst. *Un(e) Nigérian(e).*

nigérianisation [niʒeʀjanizasjɔ̃] ou **nigérisation** [niʒeʀizasjɔ̃] n. f. (Afr. subsah.) Action de nigérianiser.

nigérianiser [niʒeʀjanize] ou **nigériser** [niʒeʀize] v. tr. [1] (Afr. subsah.) Rendre nigérien; attribuer à des Nigériens. *Nigérianiser les programmes scolaires.*

nigérien, enne [niʒeʀjɛ̃, jɛn] adj. et n. Du Niger. ▷ Subst. *Un(e) Nigérien(ne).*

nigéro-congolais, aise [niʒeʀokɔ̃gɔlɛ, ɛz] adj. LING *Langues nigéro-congolaises* ou *langues Niger-Congo :* langues de l'un des deux embranchements de la famille nigéro-kordofanienne (congo-kordofanienne), qui forment six groupes : l'ouest-atlantique (ou atlantique occidental), le mandé, le gur, le kwa, le Bénoué-Congo (qui comprend notam. les langues bantoues) et l'adamawa-oubanguien. (On compte sept groupes si l'on détache le sous-groupe kru du groupe kwa.)

nigéro-kordofanien, enne [niʒeʀokɔʀdofanjɛ̃, ɛn] ou **congo-kordofanien, enne** [kɔ̃gokɔʀdofanjɛ̃, ɛn] adj. et n. m. LING *Langues nigéro-kordofaniennes* ou *congo-kordofaniennes :* famille de langues africaines qui comporte deux sous-familles, nigéro-congolaise (ou Niger-Congo) et kordofanienne. – n. m. *Le nigéro-kordofanien.*

night-club [najtklœb] n. m. (Anglicisme) Syn. de *boîte* de nuit. Des night-clubs.*

nigog [nigɔg] n. m. (Québec) Harpon de conception amérindienne, garni de mâchoires qui permettent de retenir le poisson.

nihilisme [niilism] n. m. **1.** PHILO Scepticisme absolu; négation totale de toute hiérarchie des valeurs. **2.** POLIT Doctrine qui n'admet aucune contrainte de la société sur l'individu, formée en Russie au XIXe s.

nihiliste [niilist] adj. et n. Qui se rapporte au nihilisme. ▷ Subst. Adepte du nihilisme.

Nijinski (Vaslav Fomitch) (1890 – 1950), danseur et chorégraphe russe d'orig. polonaise; il créa, pour les Ballets russes de Diaghilev, *l'Après-midi d'un faune* (1912), *le Sacre du printemps* (1913). Il sombra dans la folie vers 1917.

Nijni-Novgorod (*Gorki* de 1932 à 1991), v. de Russie, au confl. de la Volga et de l'Oka; ch.-l. de la rég. du m. nom; 1438000 hab. Grand port fluv. et centre industr. – Nombr. monuments. Foire import. au XIXe s.

Nikè (en gr. *Victoire*), déesse de la Victoire chez les Grecs.

Nikkei (indice), abrév. de *Nihon Keizai Shimbun* (nom d'un journal). Index des prix relatifs de valeurs représentatives de la Bourse de Tōkyō.

Nikolaïev, v. et port d'Ukraine, sur la mer Noire et l'estuaire du Bug; 509000 hab.; ch.-l. de la rég. du m. nom. Métallurgie, constr. navales.

Nikon (Nikita Minine, en relig.) (1605 – 1681), prélat russe. Patriarche de Moscou (1652), il réforma la liturgie russe et se heurta à l'opposition des traditionalistes (vieux-croyants) suscitant le schisme du *raskol.*

Nil (le), le plus long fl. d'Afrique (6671 km env.), tributaire de la Méditerranée orientale, de direction S.-N. Émissaire du lac Victoria, qui reçoit la branche mère du fl., la Kagera, née au N. du lac Tanganyika, il traverse les lacs Kioga et Mobutu, puis la plaine soudanaise, où il prend le nom de Bahr el-Djebel. Il porte ensuite le nom de *Nil Blanc* jusqu'à Khartoum, lieu où il conflue avec le *Nil Bleu.* Il s'engage en Égypte au niveau de la deuxième cataracte (on a donné le nom de «cataractes» aux six rapides situés entre Khartoum et Assouan). Après Assouan, il s'encaisse entre des déserts, creusant une vallée fertile grâce au limon déposé lors de sa crue (estivale). Cette vallée est large de 10 à 25 km. Le delta, vaste et marécageux, débute au Caire. La navigation est active en Égypte. De grands barrages (Assouan, Assiout, etc.) ont développé l'irrigation. Ce fleuve a fait l'unité ethnique, politique et économique de l'Égypte depuis la protohistoire.
Hist. – L'agriculture apparut dans la basse vallée du Nil il y a environ 7000 ans. Il s'agit tout d'abord de cultures pratiquées dans le limon laissé par la décrue du fleuve; puis, vers 3400 av. J.-C., on commence à retenir l'eau dans des bassins. L'unification du delta et de la vallée égyptienne, réalisée vers 3300 av. J.-C., assure la prospérité du pays. Menées au-delà de la 1re cataracte, de fructueuses expéditions aboutissent parfois à une présence égyptienne permanente. Mais dès le IVe millénaire est apparue au Soudan actuel la civilisation du Koush, dont la capitale est Kerma, en Nubie. Colonisée au Moyen Empire,

la Nubie recouvre son indépendance lors de la deuxième période intermédiaire (XVIIIe-XVIe s. av. J.-C.); Thoutmès III la reconquiert au XVe s., mais elle s'émancipe à nouveau vers l'an 1000. Sous la XXVe dynastie, dite éthiopienne, des pharaons noirs de Napata rétablissent l'unité de l'Empire égyptien; vers 700 av. J.-C., ils étendent leur pouvoir jusqu'à la Méditerranée pendant un siècle, puis le royaume de Napata, replié au sud de la Ire cataracte, transfère sa capitale à Méroé, entre l'Atbara et le Nil Bleu. La civilisation de Méroé, où le respect des traditions égyptiennes s'allie au fonds africain, se maintient jusqu'au IIIe s. apr. J.-C. et disparaît sous les coups du puissant royaume d'Axoum, qui contrôle le haut bassin du Nil Bleu. Des royaumes chrétiens, à la civilisation florissante, se fondent en Abyssinie à partir du IVe s. et en Nubie à partir VIe s. La conquête de l'Égypte par les Arabes, en 641 rend plus difficiles les contacts de ces royaumes avec les centres de la chrétienté. Le royaume d'Aloa, au confluent des deux Nil, subsiste pourtant jusqu'au début du XVIe s., et le christianisme éthiopien, demeuré monophysite, comme celui d'Égypte, se maintient jusqu'à nos jours. L'islam ne provoque pas l'unification de la vallée du Nil, même si en 1504 le sultanat noir des Fundji s'établit sur les rives du Nil soudanais, avec pour cap. Sennar. Aux XIIIe-XIVe s., l'Ouganda est le siège de quatre royaumes : Bouganda, Toro, Ankolé et Bounyoro, le plus puissant. Mais, au XVIe s., le Bouganda, en s'alliant aux commerçants arabes de la côte, prend le dessus et continue son expansion jusqu' à l'occupation britannique.
En 1821, Méhémet Ali, vice-roi d'Égypte, envoie son fils Ismaïl à la conquête du Soudan. L'expédition parviendra en 1840 presque à l'équateur. La cuvette nilotique et la région des Grands Lacs seront alors livrées à des razzias d'esclaves dévastatrices, en direction du sultanat de Zanzibar ou des marchés égyptiens et arabes. L'intervention des puissances européennes, dont l'objectif réel est le partage de l'Afrique, les fait cesser. À la suite de l'ouverture du canal de Suez, la Grande-Bretagne impose son protectorat sur l'Égypte (1882), tandis qu'au Soudan le Mahdi (V. Muhammad Ahmad ibn Abd Allah) s'empare de Khartoum (1885) et fonde un empire qui durera treize ans. L'Éthiopie est également menacée, mais les troupes italiennes sont écrasées à Adoua en 1890. Les visées françaises et britanniques s'entrechoquent à Fachoda (1898), sur le Nil Blanc; les Français s'inclinent, préférant l'Entente cordiale (avec la G.-B. contre l'Allemagne) : le Nil est britannique jusqu'au lac Victoria. En 1894, la G.-B. avait établi son protectorat sur l'Ouganda.
Les aménagements du Nil. – Méhémet-Ali érige le premier barrage, en aval du Caire, pour élever le niveau de l'eau dans le delta. La vallée est ensuite équipée de barrages d'élévation à Assiout (1902), à Esnèh (1909) et à Nag Hamadi (1930), pour étendre la culture du coton, mais l'extension de l'irrigation pérenne est handicapée par le manque d'eau pendant l'étiage, alors que la plus grande partie de l'eau de la crue se perd dans la Méditerranée. Les premiers barrages-réservoirs en Égypte et au Soudan ont permis d'augmenter le niveau de l'eau disponible pendant l'étiage : le premier barrage d'Assouan (construit de 1898 à 1902) voit sa capacité passer de 1 à 5 milliards de m^3, grâce à deux surélévations; le barrage de Sennar (1925), sur le Nil Bleu, sert à irriguer le vaste périmètre cotonnier de la Gezireh (le Soudan renonça en 1929 à toute ponction entre janvier et juillet); le barrage du djebel Aulia (1929-1933) retient les eaux du Nil Blanc durant la crue du Nil Bleu. En 1959, l'eau du Nil est partagée : 55,5 milliards de m^3 pour l'Égypte et 18,5 milliards pour le Soudan. Le haut barrage d'Assouan (capacité max. : 156 milliards de m^3), construit avec l'aide soviétique, est inauguré en 1970. Cent mille villageois nubiens durent quitter leur foyer submergé. Ce barrage a permis la régulation pluriannuelle du débit, la production d'électricité, la bonification d'étendues désertiques, l'extension des cultures grosses consommatrices d'eau (canne à sucre, riz), mais il a créé des désastres écologiques. C'est le Nil Bleu qui détient le plus grand potentiel inexploité : il dispose de sites hydroélectriques prometteurs et donne à l'Éthiopie, qui en a la maîtrise, les clés du destin du Soudan et surtout de celui de l'Égypte.

nille [nij] n. f. TECH Manchon mobile entourant le manche d'une manivelle et tournant autour de lui.

nilomètre [nilɔmɛtʀ] n. m. Didac. Puits en contact avec l'eau du Nil, permettant d'en mesurer les crues.

nilo-saharien, enne [nilosaarjɛ̃, ɛn] adj. LING *Langues nilo-sahariennes :* famille de langues qui comprend les groupes songhay, saharien, chari-nilotique, maban, fur et koman.

nilotique [nilɔtik] adj. GEOGR Relatif au Nil. ▷ LING *Langues nilotiques :* ensemble de langues nilo-sahariennes du groupe Chari-Nil (sous-groupe soudanais oriental).

Nilotiques, ensemble des populations établies dans le bassin du haut Nil Blanc (Soudan mérid., Ouganda, Kenya occid. et Tanzanie septent.) parlant des langues nilotiques* ou soudanaises orientales. Remarquables par leur haute taille, les Nilotiques sont traditionnellement des pasteurs nomades.

nim ou **neem** [nim] n. m. Arbre (fam. méliacées) à croissance rapide, bien adapté à la sécheresse, introduit au Sahel pour son ombrage et son bois.

Nimba (mont), massif forestier et point culminant de la Guinée (1752 m). Import. gisement de fer. Réserve naturelle du mont Nimba (17000 ha).

nimbe [nɛ̃b] n. m. BX-A Cercle lumineux représenté autour de la tête de Dieu, des anges ou des saints.

nimber [nɛ̃be] v. tr. [1] Orner d'un nimbe. ▷ Litt. Auréoler. *Un rayon de soleil nimbait son visage.*

nimbo-stratus ou **nimbostratus** [nɛ̃bostʀatys] n. m. inv. METEO Nuage très développé verticalement et très étendu, dont la base, souvent sombre, présente un aspect flou dû aux chutes de pluie ou de neige qui en tombent de façon généralement durable.

Nimègue (en néerl. *Nijmegen*), v. des Pays-Bas (Gueldre), sur le Waal (r. g.), près de l'Allemagne; 145820 hab. Centre industriel. – Université cathol. Égl. St-Étienne (XVe s.). Hôtel de ville du XVIe s. – Les *traités de Nimègue* (1678-1679), qui mirent fin à la guerre de Hollande*, prirent à l'Espagne, pour les donner à la France, la Franche-Comté et la plupart des territ. qui constituent auj. la Rég. franç. Nord-Pas-de-Calais.

Nîmes, v. de France, ch.-l. du dép. du Gard; 133607 hab. Marchés agric. Industries. Écoles militaires. – Nombr. monuments rom. : les Arènes (amphithéâtre), la Maison carrée, le temple de Diane, la tour Magne, etc. Musée archéologique. Musée des beaux-arts. – Nîmes, cité romaine en 120 av. J.-C., fut très prospère sous les Antonins. Rattachée au comté de Toulouse en 1185, elle fut cédée à la France en 1229.

Nimitz (Chester William) (1885 – 1966), amiral américain qui commanda la flotte du Pacifique de 1941 à 1945.

Nin (Anaïs) (1903 – 1977), écrivain américain. Liée aux Américains de Paris (H. Miller, notam.), elle a écrit des romans autobiographiques et un *Journal*.

Ningbo, v. et port de Chine (Zhejiang); 1070000 hab. Conserveries; laques. Monuments anciens.

Ninive, cap. de l'empire d'Assyrie. Elle s'élevait sur la r. g. du Tigre en face de la ville actuelle de Mossoul (Irak). Déjà habitée au IIIe millénaire, elle fut portée à son apogée par le roi assyrien Sennachérib (705-681 av. J.-C.) et demeura cap. jusqu'à sa destruction en 612 av. J.-C. – Les fouilles entreprises par l'Anglais Layard en 1847 ont mis au jour ruines du palais, bas-reliefs, tablettes cunéiformes, etc.

Niño (El), courant qui, dans le Pacifique, entraîne les eaux chaudes de l'Asie vers l'Amérique du Sud.

Niobé, dans la myth. gr., fille de Tantale et femme d'Amphion, roi de Thèbes. Elle railla Léto, qui n'avait engendré qu'Apollon et Artémis. Ceux-ci tuèrent les quatorze enfants de Niobé, que Zeus accepta de transformer en rocher.

niobium [njɔbjɔm] n. m. CHIM Élément métallique (symbole Nb) de numéro atomique Z=41. – Métal (Nb) gris et brillant, toujours associé au tantale dans ses minerais.

Nipigon, lac du Canada (Ontario), qui se déverse dans le lac Supérieur; 4450 km^2.

nipper [nipe] v. tr. [1] Fam. Habiller. ▷ Pp. adj. *Il est bien nippé.*

nippes [nip] n. f. pl. Fam. Vêtements usés; hardes. *De vieilles nippes.*

nippon, one ou **onne** [nipɔ̃, ɔn] adj. Du Japon.

nique [nik] n. f. *Faire la nique à qqn,* lui adresser un geste de mépris ou de moquerie.

Nirina (Esther Rabemananjara, dite Esther) (née en 1932), poétesse malgache : *Silencieuse Respiration* (1975), *Simple Voyelle* (1980), *Lente Spirale* (1990).

nirvāna ou **nirvana** [niʀvana] n. m. RELIG Dans le bouddhisme, suprême félicité dont jouit celui qui s'est défait de tout attachement.

Niš, ville de Serbie; 161380 hab. Centre agricole et industriel.

nitouche (sainte) [sɛ̃tnituʃ] n. f. V. sainte nitouche.

nitr(o)-. Élément, du lat. *nitrum,* «nitre», indiquant la présence d'un nitrate dans un composé chimique.

nitratation [nitʀatasjɔ̃] n. f. CHIM Transformation, dans le sol, des nitrites en nitrates par les bactéries nitriques (genre *Nitrobacter*).

nitrate [nitʀat] n. m. CHIM Sel ou ester de l'acide nitrique. *Les nitrates de sodium, de potassium, de calcium, de magnésium et surtout d'ammonium sont des engrais très utilisés. Le nitrate d'argent est employé comme cautérisant.*

nitrer [nitʀe] v. tr. [**1**] CHIM Introduire, en remplacement d'un atome d'hydrogène, le radical nitryle (NO_2) dans une molécule.

nitreux, euse [nitʀø, øz] adj. CHIM Se dit des dérivés oxygénés de l'azote, au degré d'oxydation + 1 ou + 3. ▷ *Acide nitreux* (HNO_2), qui se décompose en acide nitrique.

nitrifiant, ante [nitʀifjɑ̃, ɑ̃t] adj. CHIM Qui assure la nitrification. *Bactéries nitrifiantes* (ou *nitrobactéries*).

nitrification [nitʀifikasjɔ̃] n. f. CHIM Transformation, dans le sol, des composés organiques azotés en nitrates facilement assimilables par les plantes chlorophylliennes.

nitrifier [nitʀifje] v. tr. CHIM Transformer en nitrates. ▷ v. pron. Se transformer en nitrates.

nitrique [nitʀik] adj. CHIM Se dit des dérivés oxygénés de l'azote, au degré d'oxydation +2 ou +5. ▷ *Acide nitrique :* acide HNO_3, utilisé dans l'industrie chimique (explosifs, vernis, etc.) et en gravure (eau-forte).

nitro-. V. nitr(o)-.

nitrobacter [nitʀobaktɛʀ] n. m. ou **nitrobactérie** [nitʀobakteʀi] n. f. CHIM Bactérie aérobie qui provoque la nitrification.

nitrobenzène [nitʀobɛ̃zɛn] n. m. CHIM Dérivé nitré du benzène utilisé en parfumerie, dans la fabrication de certains explosifs et dans l'industrie chimique (colorants).

nitrocellulose [nitʀoselyloz] n. f. CHIM Ester résultant de l'action de l'acide nitrique sur la cellulose (nitrate de cellulose), utilisé notam. pour fabriquer des vernis et des explosifs (dynamite-gomme : V. dynamite).

nitroglycérine [nitʀoglyseʀin] n. f. CHIM et cour. Ester nitrique de la glycérine, liquide jaunâtre et huileux qui détone violemment au choc.

nitrophile [nitʀofil] adj. BOT Se dit des plantes bien adaptées aux milieux très riches en azote (abords des villages, zones d'épandage).

nitrotoluène [nitʀotɔlɥɛn] n. m. CHIM Dérivé nitré du toluène. (L'un des nitrotoluènes, le *trinitrotoluène,* ou T.N.T., est un explosif.)

nitrure [nitʀyʀ] n. m. CHIM Combinaison de l'azote avec un corps simple (métal, en partic.).

Niue (île), île du Pacifique, à 2400 km au N. de la Nouvelle-Zélande; 259 km²; 3500 hab.; chef-lieu : *Alofi.* Rép. autonome depuis 1974, sous administration de la Nouvelle-Zélande, l'île reçoit l'aide de celle-ci et des fonds transférés par ses ressortissants qui travaillent en Nouvelle-Zélande.

nival, ale, aux [nival, o] adj. GEOGR Relatif à la neige; dû à la neige.

ni-vanuatu [nivanwatu] adj. inv. et n. inv. (Dénomination officielle.) De la république de Vanuatu. *Les cultures ni-vanuatu.* ▷ Subst. Citoyen mélanésien de la république de Vanuatu. *Des Ni-vanuatu.* (Abrév. fam. ni-vat). (V. vanuatais.)

nivaquine [nivakin] n. f. (Afr. subsah.) Médicament antipaludéen, sans distinction de marque.

nivaquinisation [nivakinizasjɔ̃] n. f. (Afr. subsah.) Distribution générale d'antipaludiques. *Campagne de nivaquinisation.* Syn. chloroquinisation.

ni-vat [nivat] adj. inv. et n. inv. Fam. Abrév. de *ni-vanuatu.* ▷ Subst. *Des Ni-vat.*

niveau [nivo] n. m. **I. 1.** Instrument servant à vérifier ou à obtenir l'horizontalité d'une surface plane. *Niveau d'eau :* instrument formé de deux fioles de verre ajustées à un support et contenant un liquide, la droite passant par les surfaces des liquides indiquant l'horizontalité. **2.** Instrument servant à déterminer la différence d'altitude entre deux points. **II. 1.** Degré d'élévation d'un plan horizontal ou de plusieurs points dans le même plan horizontal par rapport à un plan parallèle pris comme référence. *L'évaporation a fait baisser le niveau de l'eau de ce bassin. La piscine est au même niveau que la terrasse; elle est de niveau avec la terrasse.* – *Courbe de niveau,* reliant sur une carte, un plan, les points situés à une même altitude. – *Au niveau de :* à la même hauteur que. **2.** Par métaph. *Texte que l'on peut lire à différents niveaux* (littéraire, historique, psychologique, etc.). **3.** Fig. Degré plus ou moins élevé dans une échelle de grandeurs. *Niveau des prix, du pouvoir d'achat. Niveau de vie. – Le niveau de la mortalité baisse grâce aux progrès de l'hygiène.* – *Niveau social :* degré occupé dans la hiérarchie sociale. ▷ Valeur comprise par rapport à une valeur de référence. *Artisan d'un haut niveau professionnel. Niveau intellectuel, moral.* – *Être au niveau :* être à la hauteur. *Cet élève n'est pas au niveau (de sa classe).* ▷ LING *Niveau de langue :* marque stylistique (choix du vocabulaire, des formes syntaxiques) renvoyant à un classement hiérarchisé des pratiques langagières en fonction des situations de communication ou de caractéristiques socioculturelles. *On distingue divers niveaux de langue : courant, familier, populaire, littéraire, etc.*

nivelage [nivlaʒ] n. m. Action de niveler; son résultat.

niveler [nivle] v. tr. [**19**] **1.** Rendre (une surface) horizontale ou plane. *Niveler le sol.* **2.** Fig. Rendre égal, mettre au même niveau. *Niveler les fortunes, les conditions sociales.* **3.** TECH Mesurer ou vérifier avec un niveau.

niveleuse [nivløz] n. f. TRAV PUBL Engin de terrassement muni d'une lame orientable et qui sert à profiler la surface d'un sol.

nivellement [nivɛlmɑ̃] n. m. **1.** TECH Action de déterminer, avec un niveau, l'altitude des différents points d'une surface. *Le nivellement s'effectue à l'aide d'un niveau à lunette ou par photogrammétrie.* **2.** Action de niveler une surface, de la rendre plane. **3.** Fig. Action de niveler (sens 2). *Le nivellement des fortunes. Nivellement par la base, par le bas,* qui égalise en prenant pour référence la valeur la plus basse.

Nivelles (en néerl. *Nijvel*), com. de Belgique (Brabant); 21580 hab. Métallurgie; papeteries. – Collégiale Ste-Gertrude (XIe-XIIIe s.).

nivo-glaciaire [nivoglasjɛʀ] adj. GEOGR *Régime nivo-glaciaire :* régime d'un cours d'eau alimenté par la fonte des neiges et des glaciers.

nivo-pluvial, ale, aux [nivoplyvjal, o] adj. GEOGR *Régime nivo-pluvial :* régime d'un cours d'eau alimenté par la fonte des neiges et des pluies.

Nixon (Richard Milhous) (1913 – 1994), homme politique américain. Républicain, vice-président des É.-U. de 1953 à 1960, battu de peu par Kennedy (1959), il fut élu président en 1968 et réélu en 1972. Impliqué dans le scandale (écoutes téléphoniques) dit «du Watergate», il démissionna en août 1974. Son administration fut marquée par les négociations avec l'U.R.S.S. sur la limitation des armements, l'établissement de relations avec la Chine populaire, la guerre puis le cessez-le-feu au Viêt-nam (3 janv. 1973) et par les premières difficultés du dollar.

Nizan (Paul) (1905 – 1940), écrivain français : *Aden Arabie* (1931), militant et journaliste communiste jusqu'à la signature, en 1939, du pacte germano-soviétique.

Nkolé, Nkoré ou **Ankolé,** population du sud de l'Ouganda (env. 1400000 personnes). Ils parlent une langue bantoue.

N'kongsamba, v. du Cameroun, au N. de Douala, ch.-l. du dép. de Wouri; 123150 hab. Café, rizerie. Centrale thermique. Aéroport.

Nkoré. V. Nkolé.

Nkrumah (Kwame) (1909 – 1972), homme politique et philosophe ghanéen. Chef du gouv. (1951), Premier ministre de la Côte-de-l'Or (1952), puis du Ghana indépendant (1957), président de la République en 1960, renversé par une junte en 1966, il fut l'un des fondateurs de l'O.U.A. et l'un des leaders du neutralisme (conférences d'Accra en 1958 et 1960).

nô [no] n. m. inv. Drame lyrique japonais.

Nô (lac), cuvette lacustre du Soudan méridional, d'où sort le Nil Blanc.

Noailles (Anna, princesse Brancovan, comtesse Mathieu de) (1876 – 1933), poétesse française d'origine roumaine : *le Cœur innombrable* (1901), *les Vivants et les Morts* (1913), *l'Honneur de souffrir* (1927).

Nobatia ou **Nobadia** (royaume de), royaume de Nubie (dans le Soudan actuel) établi au N. de la troisième cataracte du Nil vers le Ier s. apr. J.-C.; cap. *Faras.* Christianisé au VIe s., le royaume de Nobatia fut islamisé au XIVe siècle.

Nobel (Alfred) (1833 – 1896), chimiste suédois; inventeur de la dynamite. Il fit don de sa fortune pour la création des *prix Nobel* qui, depuis 1901, récompensent les bienfaiteurs de l'humanité dans les domaines suivants : physique, chimie, physiologie et médecine, littérature, contribution à l'amélioration des relations entre les peuples (prix Nobel de la paix) et, depuis 1969, sciences économiques.

nobélium [nɔbeljɔm] n. m. CHIM Élément radioactif artificiel (symbole No) appartenant à la famille des actinides, de numéro atomique Z=102.

Nobile (Umberto) (1885 – 1978), aviateur et explorateur italien. Avec

Amundsen, il explora le pôle N. en dirigeable (1926).

nobiliaire [nɔbiljɛʀ] adj. Qui appartient à la noblesse, qui lui est propre. *Titres nobiliaires.*

noble [nɔbl] adj. et n. **1.** Qui fait partie de la noblesse; dont les ancêtres appartenaient à cette classe. ▷ Subst. *Les privilèges des nobles.* **2.** Propre à ce groupe social, à ses membres. *Un nom, un sang noble.* **3.** Qui a ou qui dénote des sentiments élevés, de la grandeur, de la distinction. *Se montrer noble et généreux. Un maintien noble. Un style noble.* ▷ THEAT *Père noble :* rôle de personnage digne et d'un certain âge. **4.** Supérieur aux choses de même catégorie. *Métaux nobles :* métaux précieux (or et platine), difficilement oxydables.

noblement [nɔbləmɑ̃] adv. De manière noble.

noblesse [nɔblɛs] n. f. **1.** Dans certaines sociétés et à certaines époques, classe sociale dont les membres jouissent légalement de privilèges. – *Par ext.* Catégorie sociale constituée par les descendants des membres de cette classe. **2.** Condition, état de noble. *Avoir ses lettres de noblesse :* avoir une origine ancienne et illustre. – Prov. *Noblesse oblige :* une personne noble ou occupant une position élevée doit se conduire en fonction de son rang. **3.** Élévation des sentiments, grandeur d'âme. *J'admire sa noblesse de cœur.* ▷ Caractère noble (sens 3); distinction. *Noblesse des gestes, du visage.*

noce [nɔs] n. f. **1.** (Plur.) Mariage. *Voyage de noces. Justes noces :* mariage légitime. ▷ *Noces d'argent, d'or, de diamant :* vingt-cinquième, cinquantième, soixantième anniversaire de mariage. **2.** Fête organisée lors d'un mariage. *Les parents et les amis invités à la noce.* ▷ (Afr. subsah.) Fête organisée à une occasion quelconque. **3.** Ensemble des personnes qui assistent à un mariage. **4.** Loc. fam. *Faire la noce :* se divertir, ripailler en joyeuse compagnie.

nocer [nose] v. intr. [12] (Afr. subsah., Guyane) Fam. Faire la noce, se divertir. *Il aime nocer.*

noceur, euse [nɔsœʀ, øz] n. Fam. Fêtard, viveur.

nocher [nɔʃe] n. m. Litt. Celui qui conduit un bateau. ▷ MYTH *Le nocher des Enfers :* Charon. (V. nautonier.)

nocif, ive [nɔsif, iv] adj. Susceptible de nuire. *Produit nocif.* – (Abstrait) *Répandre des idées nocives.*

nocivité [nɔsivite] n. f. Propriété de ce qui est nocif.

noctambule [nɔktɑ̃byl] n. et adj. Personne qui passe ses nuits à se divertir, à faire la fête. ▷ adj. *Un fêtard noctambule.*

noctiluque [nɔktilyk] n. f. ZOOL Organisme marin unicellulaire (classe des péridiniens), luminescent, qui prolifère parfois en quantité telle que la surface de la mer en est éclairée.

noctuelle [nɔktɥɛl] n. f. Papillon de nuit de couleur sombre, aux ailes antérieures allongées ou triangulaires et au thorax velu.

nocturne [nɔktyʀn] adj. et n. **I.** adj. **1.** Qui a lieu pendant la nuit. *Visite nocturne.* **2.** Qui a une vie active la nuit. **II.** ORNITH n. m. pl. Division des oiseaux rapaces, regroupant ceux dont la vie active est nocturne. **III.** n. m. MUS Morceau pour piano, de forme libre, d'un caractère tendre et mélancolique. *Un nocturne de Chopin.* **IV.** n. m. ou n. f. **1.** Match, compétition sportive qui a lieu en soirée. **2.** Prolongation dans la soirée de l'ouverture d'un magasin.

nodal, ale, aux [nɔdal, o] adj. **1.** ANAT, PHYSIOL *Tissu nodal :* tissu du myocarde renfermant les nœuds cardiaques, et qui est à l'origine du fonctionnement automatique du cœur. **2.** PHYS Relatif à un nœud* de vibration. ▷ *Points nodaux,* situés sur l'axe d'un système optique et tels que tout rayon incident passant par l'un de ces points est parallèle au rayon émergent passant par l'autre.

Nodier (Charles) (1780 – 1844), écrivain français. Il réunit le premier cénacle romantique (1824-1830). Il écrivit des poèmes, des romans, des contes fantastiques, un *Dictionnaire des onomatopées françaises* (1808). Acad. fr. (1833).

nodosité [nɔdozite] n. f. **1.** MED Petite tumeur dure et circonscrite, en général indolore. **2.** État d'un végétal qui a des nœuds. **3.** Nœud dans le bois. ▷ BOT Renflement des radicelles de certaines plantes, notam. des légumineuses, dû à la présence de bactéries qui transforment l'azote atmosphérique en azote organique.

nodulaire [nɔdylɛʀ] adj. **1.** Didac. Qui présente des nœuds, des nodules. *Tige nodulaire.* **2.** METALL *Fonte nodulaire :* fonte résistante, ductile et usinable, contenant de petites sphères de graphite.

nodule [nɔdyl] n. m. **1.** Petit nœud, petite protubérance. **2.** MED Petite nodosité. **3.** TECH *Nodules polymétalliques :* petites sphères de quelques centimètres de diamètre contenant du manganèse, du nickel, du cobalt, du cuivre et des minéraux divers, qui tapissent le fond de certaines régions océaniques.

noduleux, euse [nɔdylø, øz] adj. Qui présente des nodules.

Noé, patriarche biblique, fils de Lamech. Sur l'ordre de Dieu, il construisit l'arche, où il plaça sa famille et des couples de tous les animaux, pour les préserver des eaux du déluge. L'arche aborda au mont Ararat (?); ce fut un nouveau départ pour l'humanité dont les premiers ancêtres furent les fils de Noé : Sem, Japhet et Cham.

noël [nɔɛl] n. **1.** n. m. (Avec une majuscule.) Fête de la nativité de Jésus-Christ, célébrée le 25 déc. ▷ n. f. *La Noël :* la période de Noël, la fête de Noël. ▷ *Père Noël :* personnage imaginaire censé apporter des jouets aux enfants pendant la nuit de Noël. **2.** n. m. Chant pour le temps de Noël.

noème [nɔɛm] n. m. PHILO Objet de la pensée (par oppos. à *noèse*).

noèse [nɔɛz] n. f. PHILO Acte de la pensée (par oppos. à *noème*).

nœud [nø] n. m. **I. 1.** Enlacement étroit obtenu soit en entrecroisant les extrémités d'une corde (d'un ruban, d'un lacet, etc.) puis en tirant sur celles-ci, soit en liant une corde (un ruban, etc.) à une ou plusieurs autres. *Nœud simple, double. Corde à nœuds.* ▷ *Nœud gordien*.* **2.** Ornement en nœud de ruban ou en forme de nœud. *Robe garnie de nœuds.* **3.** Fig., litt. Lien entre personnes. *Les nœuds de l'amitié.* **4.** Point essentiel d'une question, d'une difficulté. *Le nœud de l'affaire.* **5.** LITTER, THEAT Moment capital d'une pièce, d'un roman, à partir duquel l'intrigue s'achemine vers son dénouement. **6.** Point d'un réseau de communication où plusieurs voies se croisent. *Nœud routier, ferroviaire.* ▷ ELECTR Point d'un circuit où plusieurs conducteurs se trouvent reliés. **7.** MATH Point commun aux extrémités de plusieurs arcs d'un graphe. **8.** PHYS Point d'une onde stationnaire où l'amplitude de la vibration est nulle (par oppos. au *ventre,* où elle est maximale). **9.** ASTRO Chacun des deux points où l'orbite d'un corps céleste qui gravite autour d'un autre coupe le plan de référence (plan de l'écliptique pour la Lune et les planètes; plan équatorial pour un satellite artificiel, etc.). **10.** ANAT *Nœud vital :* point du bulbe rachidien contenant les centres nerveux vitaux (notam. respiratoires). **II. 1.** BOT Point de la tige d'une plante où s'insère une feuille portant un bourgeon axillaire, à l'origine d'une ramification. ▷ Petit noyau de bois de cœur adhérant plus ou moins au reste du tissu ligneux. – Défaut du bois correspondant au point d'insertion d'une ramification sur l'arbre. **2.** ANAT *Nœuds cardiaques :* formations spécialisées du myocarde, qui commandent les contractions du cœur. **III.** MAR Unité de vitesse utilisée pour les navires, équivalant à 1 mille (1852 m) par heure. *Filer 15 nœuds.*

Nogaret (Guillaume de) (v. 1260 – 1313), légiste français. Au service de Philippe le Bel (1296), il lutta contre la papauté (arrestation de Boniface VIII, 1303) et contre les Templiers.

noir, noire [nwaʀ] adj., adv. et n. **I.** adj. **1.** Qui est de la couleur la plus sombre, propre aux corps dont la surface ne réfléchit aucune radiation visible. *Noir comme du jais.* ▷ PHYS *Corps noir :* corps qui absorbe totalement le rayonnement thermique qu'il reçoit et qui peut le réémettre. – *Lumière noire :* rayonnement ultraviolet utilisé pour obtenir certains effets décoratifs de fluorescence. **2.** De teinte relativement foncée. *Raisin noir.* ▷ (Québec) *Sou noir :* pièce en alliage cuivreux valant un centième de dollar. ▷ *Spécial.* Que la poussière, la saleté a assombri. *Chemise dont le col est tout noir.* **3.** Où il n'y a pas de lumière. *Cachot noir. Nuit noire.* ▷ Loc. *Il fait noir,* sombre. **4.** Fig. Caractérisé par la tristesse, le malheur. *Des idées noires. Une période noire.* **5.** Inspiré par ce qu'il y a de plus mauvais en l'homme. *De noirs desseins. Une noire ingratitude.* – *Messe noire :* parodie sacrilège de la messe, célébrée en l'honneur du Diable. ▷ *Roman, film noir,* sombre, pessimiste ou traitant de crimes et de violence. ▷ *C'est sa bête noire :* la chose, la personne qu'il déteste le plus au monde. **6.** Qui est à la fois illégal et secret. *Marché* noir. Travail (au) noir* ou (Belgique) *en noir,* qui n'est pas déclaré. *Liste* noire. Caisse noire,* constituée de fonds qui ne sont pas comptabilisés. **II.** adj. et n. Qui appartient à la grand-race humaine caractérisée par une pigmentation très prononcée de la peau. *Des enfants noirs.* – Subst. *Les Noirs des États-Unis.* **III.** n. m. **1.** Couleur noire. *Un noir profond et mat. S'habiller en noir.* – Fig. *C'est écrit noir sur blanc,* clairement, d'une manière qui ne prête pas à équivoque. ▷ Fig. *Voir tout en noir :* être très pessimiste. **2.** Substance de couleur noire utilisée comme colorant. *Noir animal. Noir de fumée, de carbone, d'aniline.* – (Québec) *Noir à chaussures :* cirage noir. ▷ Fig. *Broyer du noir :* être déprimé. **3.** Obscurité. *Avancer à tâtons dans le noir.* **IV.** adv. (Québec) Fam. (Marquant l'intensité.) *Être fâché, enragé, insulté noir :* V. rouge (sens II).

noirâtre [nwaʀɑtʀ] adj. D'une couleur qui tire sur le noir.

noiraud, aude [nwaʀo, od] adj. (et n.) Qui a le teint et les cheveux très bruns (pour un Blanc).

noirceur [nwaʀsœʀ] n. f. **1.** Litt. Couleur noire. *La noirceur de l'ébène.* **2.** (Québec) Cour. Obscurité; pénombre. – Tombée du jour. ▷ HIST *La grande noirceur* (parfois avec majuscules) *:* nom donné à la période des années 1950, laquelle a précédé la Révolution* tranquille. (Terme utilisé pour souligner la censure sociale et l'obscurantisme attribués au régime politique de l'époque.) **3.** Fig., litt. Vilenie, méchanceté, bassesse. *La noirceur de son âme.*

noircir [nwaʀsiʀ] v. [3] **I.** v. tr. **1.** Rendre noir, colorer en noir. – Fam. *Noircir du papier :* écrire des choses sans grande valeur. **2.** Fig. Diffamer, porter atteinte à la réputation de. ▷ Présenter (qqch) d'une façon exagérément pessimiste. *Noircir la situation.* **II.** v. intr. Devenir noir. *L'argent noircit à l'air.*

noircissement [nwaʀsismɑ̃] n. m. Action de rendre noir; fait de devenir noir.

noircissure [nwaʀsisyʀ] n. f. Tache de noir.

noire [nwaʀ] n. f. Note de musique valant le quart d'une ronde, représentée par un ovale noir muni d'une queue simple.

Noire (mer) (anc. *Pont*-Euxin*), mer intérieure entre l'Europe du S.-E. et l'Asie; 461 000 km^2, dont 38 000 km^2 pour la mer d'Azov. Elle s'ouvre sur la mer Méditerranée par le Bosphore et les Dardanelles, détroits qui enserrent la mer de Marmara. Le détroit de Kertch la relie à la mer d'Azov. Peu poissonneuse, elle abrite de nombr. ports de commerce et des stat. balnéaires. – La mer Noire eut une grande importance stratégique, notam. dans la *question d'Orient**. En 1919, la marine française y opéra contre les bolcheviks; une révolte se déclencha alors sur un bâtiment («mutins de la mer Noire»). En 1992, onze pays de la région de la mer Noire (Albanie, Arménie, Azerbaïdjan, Bulgarie, Géorgie, Grèce, Moldavie, Roumanie, Russie, Turquie et Ukraine) ont créé à Istanbul la Zone de coopération économique de la mer Noire (C.E.N.).

Noire (rivière)(en chinois *Hei Jiang*, en vietnamien *Sông Da)*, riv. de Chine et du Viêt-nam, affl. du fleuve Rouge (r. dr.); 800 km.

noise [nwaz] n. f. Querelle. (Vx, sauf dans la loc. *Chercher (des) noise(s) à qqn.*)

noisetier [nwaztje] n. m. Arbuste des régions tempérées (fam. bétulacées), dont le fruit est la noisette.

noisette [nwazɛt] n. f. et adj. inv. **1.** Fruit du noisetier dont l'amande oléagineuse est appréciée pour sa saveur. ▷ adj. inv. Qui est de la couleur de la noisette. *Des yeux noisette.* **2.** *Par ext.* Morceau gros comme une noisette. *Faire fondre une noisette de beurre.*

noix [nwɑ] n. f. **1.** Fruit (drupe) du noyer commun, renfermant une graine oléagineuse à gros cotylédons, de forme irrégulière. *Huile de noix.* **2.** Fruit de divers arbres. *Noix de cajou*. Noix de coco*. Noix de cola* ou *de kola*. Noix de karité. Noix de palme :* fruit du palmier à huile. *Noix (de) muscade*. Noix vomique.* **3.** *Par ext.* Morceau de la grosseur d'une noix. *Noix de margarine.* **4.** CUIS *Noix de veau,* morceau de choix placé dans le cuisseau. **5.** TECH Partie renflée de certains axes. – Rainure à fond semi-cylindrique solidaire du châssis d'une fenêtre et à l'intérieur de laquelle vient s'encastrer la languette de rive (ou *de noix*) du battant. **6.** Fig., fam. *Une noix :* un imbécile.

Nok, localité du centre du Nigeria, qui a donné son nom à une culture archaïque (*culture de Nok,* Ve s. av. J.-C. – IIe s. apr. J.-C.), la plus anc. civilisation connue en Afrique. Spécialisée dans l'industrie du fer, elle est caractérisée par des statues (têtes humaines, représentations animales) en terre cuite; les visages humains ont des traits géométriques.

Nokan (Charles Konan Kouame, dit Zegoua Gbessi) (né en 1936), romancier ivoirien : *le Soleil noir point* (1962), *Violent était le vent* (1966), *les Petites Rivières* (1983).

Nola, v. du S.-O. de la République centrafricaine; 59 000 hab.; ch.-l. de la préf. de Sangha. Port fluvial. Diamants.

noliser [nɔlize] v. tr. [**1**] TRANSP Syn. de *affréter.* – Pp. adj. *Vol nolisé :* vol à la demande, vol en charter.

nom [nɔ̃] n. m. **I. 1.** Mot qui sert à désigner un être vivant, une chose (abstraite ou concrète), un groupe. Syn. substantif. ▷ *Nom propre,* qui désigne un être singulier, unique (ex. *Socrate, Kigali*). – *Nom commun,* donné à toutes les choses, à tous les êtres conçus comme appartenant à une même catégorie (ex. *homme, arbre, cheval*). ▷ *Appeler les choses par leur nom :* donner sans ménagement aux personnes ou aux choses les noms qu'elles méritent, parfois au mépris de la bienséance. ▷ *Une chose sans nom, qui n'a pas de nom,* inqualifiable ou indicible. *Une horreur sans nom.* **2.** Appellation qui fonde l'identité de l'individu qu'elle désigne, qui permet de le distinguer d'un autre dans le langage. *Afficher les noms des candidats reçus.* ▷ (Par oppos. à *prénom.*) *Nom de famille* ou, absol., *nom :* nom commun aux personnes d'une même famille; patronyme. *Déclinez vos nom, prénom, qualités.* ▷ Prénom, nom de baptême, nom individuel. *Jean, Gilles, Mamadou sont des noms courants.* – Fam. *Petit nom.* ▷ (Afr. subsah.) *Nom de plaisanterie :* terme d'affection à l'adresse d'un proche parent. *Nom de réincarnation,* donné à un enfant né peu après la mort d'un de ses ascendants. *Nom du jour de naissance,* donné suivant le jour de la semaine où naît l'enfant. ▷ *Se faire un nom :* devenir célèbre. **3.** Le mot opposé à la chose; l'apparence. *La gloire n'est qu'un vain nom.* **II.** Loc. interj. (dans des jurons). *Nom d'un chien! Nom de nom!* **III.** Loc. prép. *Au nom de.* **1.** De la part de. *Emprunter de l'argent au nom d'un ami.* **2.** En vertu de, en considération de. *Au nom de la loi, ouvrez!*

nôm [nom] n. m. Système d'écriture du vietnamien élaboré sur la base de l'écriture chinoise. (Pour transcrire un mot vietnamien, on utilise un idéogramme chinois dont le sens est proche de ce mot et un autre idéogramme chinois, dont le son se rapproche de celui du mot vietnamien. Le premier texte en nôm que l'on possède date du XIVe s., mais l'usage du nôm remonterait au Xe s. À partir du XVIIe s., le quôc* ngu, écriture romanisée, se substitue lentement au nôm.)

noma [noma] n. m. MED Gangrène de la face qui frappe surtout les enfants malnutris et vivant dans des conditions d'hygiène défectueuse.

nomade [nɔmad] adj. et n. **1.** Qui n'a pas d'habitation fixe. *Peuples nomades de chasseurs ou de pasteurs.* – Par ext. *Vie nomade.* ▷ Subst. *Les nomades du Sahara.* **2.** n. m. (Djibouti) Péjor. Personne ignorante des usages de la vie moderne et citadine. Syn. bédouin, broussard.

nomadiser [nɔmadize] v. intr. [**1**] Vivre en nomade. *Peuples qui nomadisent aux confins du Sahel et du Sahara.*

nomadisme [nɔmadism] n. m. Genre de vie d'un groupe humain que la nature de ses activités contraint à des déplacements saisonniers ou étendus sur un certain nombre d'années. *Nomadisme de cueillette, de pêche, de chasse. Nomadisme pastoral.*

no man's land [nomanslɑ̃d] n. m. (En angl. «terre d'aucun homme».) Zone séparant les premières lignes de deux armées ennemies. ▷ *Par anal.* Terrain neutre. *Des no man's land(s).*

nombre [nɔ̃bʀ] n. m. **I. 1.** Unité ou collection, soit d'unités, soit de parties de l'unité. *Multiplier un nombre par un autre. Nombre cardinal,* qui sert à marquer la quantité (un, deux, etc.), par oppos. à *nombre ordinal,* qui sert à marquer l'ordre (premier, deuxième, etc.). *Nombre entier,* sans décimale. *Nombre entier naturel :* nombre entier positif (0, 1, 2, 3...), appartenant à l'ensemble noté N. *Nombre entier relatif :* nombre entier positif ou négatif (..., – 3, – 2, – 1, 0, 1, 2, 3,...), appartenant à l'ensemble noté Z. *Nombre décimal,* qui s'exprime sous la forme d'une partie entière et d'une partie décimale, séparées par une virgule. *Nombre rationnel :* nombre qui peut s'exprimer sous la forme d'une fraction et appartient à l'ensemble noté Q (par oppos. à *nombre irrationnel*). *Nombre réel :* nombre appartenant à l'ensemble, noté R, qui comprend tous les nombres rationnels et irrationnels. *Les nombres décimaux font partie des nombres réels. Nombre complexe,* qui peut s'écrire sous la forme $a + i \times b$, a et b étant deux nombres réels et i la quantité définie par l'égalité $i^2 = -1$. (L'ensemble des nombres complexes est noté C.) *Nombre algébrique,* qui est la solution d'une équation de la forme $a_0 + a_1x + a_2x^2 + ... + a_nx^n = 0$, par oppos. à *nombre transcendant**. (L'ensemble des nombres algébriques réels est noté A.) *Nombre premier,* qui n'admet comme diviseurs que lui-même et l'unité. (Ex. : 1, 2, 3, 5, 7, 11, 13, 17, etc.) *Nombres premiers entre eux,* qui n'admettent que l'unité comme diviseur commun (18 et 25, par ex.). *Nombre positif,* supérieur à zéro et affecté ou non du signe +, par oppos. à *négatif,* inférieur à zéro et affecté du signe –. (Zéro est à la fois positif et négatif.) *Nombre parfait,* égal à la somme de tous ses diviseurs (par ex. 6 = 1 + 2 + 3). – *Théorie des nombres :* branche de l'arithmétique élémentaire. – *Loi des grands nombres :* si l'on effectue un grand nombre d'expériences, le nombre d'apparitions d'un résultat donné tendra vers la probabilité de ce résultat. ▷ PHYS, CHIM *Nombre d'Avogadro**. – *Nombre de masse :* nombre de nucléons (neutrons et protons) contenus dans le noyau d'un atome. ▷ CHIM *Nombre d'oxydation* : V. oxydation. ▷ ASTRO *Nombre d'or :* rang de l'année dans le cycle lunaire de 19 années juliennes. ▷ BX-A, ARCHI *Nombre d'or :* nombre correspondant au partage considéré comme le plus harmonieux d'une grandeur en deux parties inégales, qui est exprimé par la formule : $\frac{a+b}{a} = \frac{a}{b}$; si b = 1, a = $\frac{1+\sqrt{5}}{2}$ = 1,618... **2.** Quantité indéterminée. *Un petit nombre* *de personnes. Le nombre croissant des chômeurs. – Le grand, le plus grand nombre :* la majorité. **3.** Grande quantité. *Être écrasé sous le nombre. – Faire nombre :* donner une impression de multitude. **4.** GRAM Forme que prend un mot pour exprimer l'unité ou la pluralité. *Le grec connaît trois nombres : le singulier, le duel et le pluriel.* **5.** LITTER Harmonie résultant du rythme, de la succession des sons, en prose ou en poésie. **II. 1.** Loc. adv. *Sans nombre :* en quantité considérable. *Se heurter à des difficultés sans nombre. – En nombre :* en grande quantité. **2.** Loc. prép. *Au nombre de, du nombre de :* parmi. *On le compte au nombre des grands hommes. Il est du nombre des victimes.* **3.** Loc. adj. *Nombre de, bon nombre de :* beaucoup de. *Nombre de gens pensent que...*

Nombres (livre des), quatrième livre du Pentateuque (36 chapitres); il débute par un *dénombrement* des Hébreux au Sinaï avant le départ infructueux vers Canaan et le séjour à Cadès, dans l'extrême sud du pays.

nombreux, euse [nɔ̃bʀø, øz] adj. **1.** Dont les éléments sont en grand nombre. *Une famille nombreuse.* **2.** En grand nombre. *De nombreux spectateurs.* **3.** LITTER Qui crée une impression d'harmonie par une disposition heureuse des sonorités et des mots, par le nombre (sens I, 5). *Vers nombreux.*

nombril [nɔ̃bʀi(l)] n. m. Cicatrice de la section du cordon ombilical chez l'homme et les mammifères. Syn. ombilic. ▷ Fig., fam. *Se prendre pour le nombril du monde :* accorder à sa personne une importance excessive.

-nome, -nomie, -nomique, nomo-. Éléments, du gr. *nomos,* «ce qui est attribué en partage, loi».

nomenclature [nɔmɑ̃klatyʀ] n. f. **1.** Ensemble des termes propres à un art, à une science, à une technique, strictement définis et classés; méthode de classification de ces termes. *Nomenclature biologique, chimique. – Nomenclature de Linné*.* **2.** Liste concernant des éléments classés et définis pour un usage précis. **3.** Ensemble des mots constituant les entrées d'un dictionnaire. *Faire entrer un néologisme dans la nomenclature d'un dictionnaire.*

-nomie. V. -nome.

nominal, ale, aux [nɔminal, o] adj. **I.** (Par oppos. à *réel,* à *effectif.*) **1.** Qui n'existe que de nom. *Le pouvoir que lui confère ce poste est purement nominal.* **2.** ECON *Valeur nominale :* valeur théorique qui est inscrite sur un billet de banque, un effet de commerce, une obligation. **3.** TECH *La puissance, la vitesse nominale d'une machine,* celle annoncée par le fabricant. **II.** Qui a rapport au nom, qui dénomme (des choses ou des personnes). *Erreur nominale :* erreur sur le nom. *Appel nominal,* qui se fait en appelant les noms. **III.** GRAM Qui a rapport au nom; qui équivaut à un nom. *Formes nominales et formes verbales. Emploi nominal d'un adjectif.*

nominalement [nɔminalmɑ̃] adv. **1.** De nom seulement. *Il en est nominalement propriétaire.* **2.** Par son nom. *Nous avons été appelés nominalement.* Syn. nominativement. **3.** LING Comme un nom. *Adjectif employé nominalement.* Syn. substantivement.

nominalisme [nɔminalism] n. m. PHILO **1.** Doctrine selon laquelle les idées abstraites et générales se réduisent à des noms, à des mots. **2.** Mod. *Nominalisme scientifique :* doctrine qui voit dans la science une simple construction de l'esprit, de valeur purement pratique, ne pouvant atteindre la nature réelle des objets auxquels elle s'applique. **3.** DR *Nominalisme monétaire :* principe selon lequel une unité monétaire garde toujours la même valeur tant qu'elle a le même nom et en application duquel le débiteur d'une certaine quantité d'unités monétaires en doit toujours la même quantité, sans possibilité de revalorisation.

nominaliste [nɔminalist] adj. et n. Qui a rapport au nominalisme. ▷ Subst. Partisan du nominalisme.

1. nominatif, ive [nɔminatif, iv] adj. Qui dénomme; qui contient des noms. *La liste nominative des électeurs.* ▷ *Titre nominatif,* sur lequel est porté le nom du possesseur (par oppos. à *titre au porteur*).

2. nominatif [nɔminatif] n. m. LING Cas sujet dans les langues à déclinaison.

nomination [nɔminasjɔ̃] n. f. Action de nommer à un emploi, une fonction, une dignité; fait d'être nommé. ▷ *Par méton.* Document faisant foi d'une nomination.

nominativement [nɔminativmɑ̃] adv. Par son nom. *Désigner nominativement une personne.* Syn. nominalement.

nominette [nɔminɛt] n. f. (Belgique) Bandelette de tissu fixée sur un vêtement pour en identifier le propriétaire. *Coudre une nominette.*

-nomique. V. -nome.

nommé, ée [nɔme] adj. (et n.) **1.** Qui a pour nom. *Un homme nommé Aguessy.* ▷ Subst. (Dans le style jurid., ou péjor.) *Le, un nommé Dupont.* **2.** Loc. adv. *À point nommé :* fort à propos. *Il arriva à point nommé.* **3.** Cité. *Les personnes nommées ci-après...* **4.** Désigné par nomination (par oppos. à *élu*).

nommément [nɔmemɑ̃] adv. En désignant par le nom. *On l'accuse nommément.*

nommer [nɔme] v. tr. [1] **I. 1.** Donner un nom à; désigner par un nom. *Comment allez-vous nommer votre fils?* ▷ v. pron. *Il se nomme Paul.* **2.** Dire le nom d'une personne, d'une chose; la désigner par son nom. *Refuser, par discrétion, de nommer qqn.* **II.** Désigner (qqn) pour remplir un office, l'investir d'une fonction, d'une charge, d'un titre. (Souvent opposé à *élire.*) *Il a été nommé ministre de l'Intérieur. Il a été nommé à Port-au-Prince.*

nomo-. V. -nome.

nomogramme [nɔmɔgʀam] n. m. Didac. Table graphique cotée destinée à faciliter les calculs pratiques.

non [nɔ̃] adv. et n. m. inv. **I.** adv. de négation. **1.** (Par oppos. à *oui.*) Refus, réponse négative. *Viendrez-vous? – Non. Est-il venu? – Non.* ▷ *Il dit que oui, moi non. Il a déclaré que non.* ▷ En début de phrase, pour insister. *Non, je ne viendrai pas.* ▷ Fam. (Exclamatif) Marquant la protestation, l'indignation. *Non, par exemple!* – (Interrogatif) Marquant le doute, l'étonnement. *Non, pas possible?* **2.** Accompagné d'un autre adv. et en double négation. *Je partis, non sans avoir remercié.* **3.** Loc. adv. *Non plus* (pour *aussi,* dans les phrases négatives). *Vous n'en voulez pas? Moi non plus.* ▷ *Non seulement... mais* ou *mais encore. Il fut battu non seulement sur mer, mais encore* (ou *mais aussi*) *sur terre.* **II.** n. m. inv. *Un non, des non. Un non très sec.* **III.** (En composition.) Devant un nom, un adjectif ou un verbe pour donner au mot un sens négatif. (Rem. : Les mots composés s'écrivent avec un trait d'union mais en fonction d'adjectif ils n'en prennent pas.) *Non-activité. Non recevable.*

non-accompli, ie [nɔnakɔ̃pli] n. m. et adj. LING Syn. de *imperfectif.* ▷ adj. *Les verbes non accomplis.*

non-activité [nɔnaktivite] n. f. Situation d'un fonctionnaire, partic. d'un officier, qui, provisoirement, n'exerce aucune fonction.

nonagénaire [nɔnaʒenɛʀ] adj. et n. Qui a entre quatre-vingt-dix et cent ans.

non-agression [nɔnagʀesjɔ̃] n. f. Fait de ne pas attaquer (un pays, un État). *Pacte de non-agression.*

non-aligné, ée [nɔnaliɲe] adj. (et n.) Qui pratique le non-alignement. *Les pays non alignés du tiers monde.* – Subst. *Les non-alignés.*

non-alignement [nɔnaliɲmɑ̃] n. m. Politique des pays qui ne s'alignent pas sur la politique étrangère d'autres pays.

nonantaine [nɔnɑ̃tɛn] n. f. (Aoste, Belgique, France rég., Suisse) Ensemble d'environ quatre-vingt-dix années. – *Être dans la nonantaine :* avoir entre quatre-vingt-dix ans et cent ans.

nonante [nɔnɑ̃t] adj. num. card. (Afr. subsah., Aoste, Belgique, France rég., Suisse) Syn. de *quatre-vingt-dix.*

nonantième [nɔnɑ̃tjɛm] adj. num. ord. (Aoste, Belgique, France rég., Suisse) Syn. de *quatre-vingt-dixième.*

non-assistance [nɔnasistɑ̃s] n. f. DR Délit qui consiste à s'abstenir volontairement de porter secours à qqn. *Non-assistance à personne en danger.*

non-belligérance [nɔ̃bɛliʒeʀɑ̃s] n. f. Position d'un État qui, sans se déclarer neutre lors d'un conflit armé, ne s'y engage pas militairement.

nonce [nɔ̃s] n. m. Ambassadeur du Saint-Siège auprès d'un gouvernement étranger. (On dit aussi *nonce apostolique.*)

non-centre [nɔ̃sɑ̃tʀ] n. m. GENET Vaste zone, à l'échelle d'un continent, où l'on trouve des indices de l'origine des plantes cultivées. *Le non-centre africain s'étend du Sahara à l'équateur et de l'océan Atlantique à l'océan Indien.*

nonchalamment [nɔ̃ʃalamɑ̃] adv. Avec nonchalance.

nonchalance [nɔ̃ʃalɑ̃s] n. f. **1.** Fait d'être nonchalant, manque d'ardeur, de vivacité. **2.** Manque de soin.

nonchalant, ante [nɔ̃ʃalɑ̃, ɑ̃t] adj. Qui manque d'ardeur, de vivacité, d'activité (par insouciance, par indifférence). *Personne nonchalante.* ▷ Par ext. *Une pose nonchalante.*

nonciature [nɔ̃sjatyʀ] n. f. Charge d'un nonce. ▷ Résidence d'un nonce.

non-comparant, ante [nɔ̃kɔ̃paʀɑ̃, ɑ̃t] n. et adj. DR Personne qui, faute de comparaître, fait défaut en justice. *Les non-comparants.* ▷ adj. *La partie non comparante.*

non comptable [nɔ̃kɔ̃tabl] adj. LING Se dit d'un nom qui, désignant une abstraction, une masse ou un ensemble d'objets, ne peut s'employer avec un numéral. Syn. non dénombrable.

non-conducteur [nɔ̃kɔ̃dyktœʀ] n. m. Corps qui n'est pas conducteur de l'électricité ou de la chaleur. *Des non-conducteurs.*

non-conformisme [nɔ̃kɔ̃fɔʀmism] n. m. Attitude d'un non-conformiste.

non-conformiste [nɔ̃kɔ̃fɔʀmist] n. et adj. Personne qui ne se conforme pas aux traditions, aux mœurs, aux manières d'être en usage. *Des non-conformistes.* ▷ adj. *Intellectuel non conformiste. – Attitude non conformiste.*

non-contradiction [nɔ̃kɔ̃tʀadiksjɔ̃] n. f. PHILO *Principe de non-contradiction,* selon lequel une chose ne peut pas être à la fois elle-même et autre qu'elle-même.

non dénombrable [nɔ̃denɔ̃bʀabl] adj. LING Syn. de *non comptable.*

non directif, ive [nɔ̃diʀɛktif, iv] adj. Qui n'est pas directif. *Des méthodes pédagogiques non directives.* ▷ PSYCHO, SOCIOL *Entretien non directif,* dans lequel l'enquêteur s'efforce de conserver une attitude neutre.

non-dit [nɔ̃di] n. m. Ce qui se comprend, bien que non exprimé. *Des non-dits.*

non-être [nɔnɛtʀ] n. m. inv. PHILO Ce qui n'a pas d'être*.

non gouvernemental, ale, aux [nɔ̃guvɛʀnəmɑ̃tal, o] adj. Qui ne dépend pas d'un État. *Organisation non gouvernementale :* V. O.N.G.

non-ingérence [nɔnɛ̃ʒeʀɑ̃s] n. f. POLIT Non-intervention dans les affaires intérieures d'un pays étranger. *Des non-ingérences.*

non-inscrit, ite [nɔnɛ̃skʀi, it] n. et adj. Député ou sénateur qui ne fait pas partie d'un groupe parlementaire. *Les non-inscrits.* ▷ adj. *Sénateur non inscrit.*

non-intervention [nɔnɛ̃tɛʀvɑ̃sjɔ̃] n. f. Attitude d'un gouvernement qui s'abstient d'intervenir dans les affaires d'autres pays.

Nonius (Pedro Nunes, connu sous le nom lat. de) (1492 – 1577), astronome et mathématicien portugais. Il démontra que le trajet le plus court entre deux points de la surface de la Terre est l'arc de grand cercle (orthodromie).

non-lieu [nɔ̃ljø] n. m. DR Décision par laquelle un juge d'instruction, ou la chambre des mises en accusation, déclare qu'il n'y a pas lieu de poursuivre en justice la personne contre laquelle une procédure d'instruction avait été engagée. *Une déclaration, ordonnance de non-lieu* ou, ellipt., *un non-lieu. Des non-lieux.*

non-métal, aux [nɔ̃metal, o] n. m. CHIM Tout élément qui n'est pas un métal.

non-moi [nɔ̃mwɑ] n. m. inv. PHILO Tout ce qui est distinct du moi du sujet, du locuteur.

nonnette [nɔnɛt] n. f. (Par anal. d'aspect avec l'habit de certaines religieuses.) Nom cour. de divers passereaux, parmi lesquels la mésange à tête noire d'Europe (*Parus palustris*) et un estrildidé d'Afrique tropicale (*Lonchura cucullata.*).

nono [nono] n. m. (Polynésie fr.) Simulie dont la piqûre peut transmettre la dengue. – *Nono blanc.* (V. fourou.)

Nono (Luigi) (1924 – 1990), compositeur italien. Son œuvre dodécaphonique reflète son engagement marxiste : *Intolleranza 1960* (opéra, 1960-1961).

nonobstant [nɔnɔpstɑ̃] prép. Vx Malgré l'existence de, en dépit de. ▷ DR *Le tribunal a prononcé l'exécution de l'obligation nonobstant les voies de recours.*

non-prolifération [nɔ̃pʀɔlifeʀasjɔ̃] n. f. POLIT Arrêt ou limitation du développement de l'armement nucléaire. *Des non-proliférations.*

non-recevoir [nɔ̃ʀ(ə)səvwaʀ] n. m. DR *Fin de non-recevoir :* V. fin 1, II, sens 3.

non-retour [nɔ̃ʀətuʀ] n. m. Seulement dans la loc. *Point de non-retour :* moment à partir duquel l'autonomie d'un aéronef ne lui permet plus de revenir à son point de départ. ▷ Fig. Moment à partir duquel un processus est engagé de manière irréversible.

non-sens [nɔ̃sɑ̃s] n. m. inv. **1.** Parole, action absurde, dépourvue de sens. **2.** Défaut de sens, de signification. ▷ Phrase, énoncé, raisonnement dépourvu de sens. *Faire des non-sens dans une traduction.*

non-tissé [nɔ̃tise] n. m. TECH Étoffe obtenue sans tissage ni tricotage. *Les non-tissés.*

non-valeur [nɔ̃valœʀ] n. f. **1.** DR Défaut, manque de productivité d'une terre, d'un bien; cette terre, ce bien. **2.** FIN Créance que l'on n'a pas pu recouvrer. *Des non-valeurs.*

non-violence [nɔ̃vjɔlɑ̃s] n. f. Attitude, doctrine philosophique et politique de ceux qui refusent d'opposer la violence à la violence, et qui prônent le recours aux moyens pacifiques (résistance passive, par ex.) pour résister aux agressions et à la force brutale.

non-violent, ente [nɔ̃vjɔlɑ̃, ɑ̃t] n. et adj. **1.** n. Partisan, adepte de la non-violence. *Les non-violents.* **2.** adj. Qui se réclame de la non-violence ou qui s'y rapporte. *Des actions non violentes.*

non-voyant, ante [nɔ̃vwajɑ̃, ɑ̃t] adj. et n. Se dit d'une personne aveugle ou presque aveugle. *Une personne non voyante.* ▷ Subst. *Des non-voyants.*

noosphère [nɔɔsfɛʀ] n. f. Didac. Monde de la pensée.

nopal, als [nɔpal] n. m. BOT Syn. de *opuntia.*

Noppeney (Marcel) (1877 – 1966), écrivain luxembourgeois d'expression française. Poésie : *le Prince d'avril* (1907). Récits (le plus souvent autobiographiques) : *À Luxembourg autrefois* (1936-1960); *Stylogrammes* (1949), *le Complexe d'Ésope* (1960). Il fonda en 1934 la Société des écrivains luxembourgeois de langue française.

noradrénaline [nɔʀadʀenalin] n. f. BIOCHIM Précurseur de l'adrénaline sécrété par les fibres sympathiques et par la médullosurrénale, important médiateur chimique de la synapse nerveuse.

nord [nɔʀ] n. m. et adj. inv. **I.** n. m. **1.** Celui des quatre points cardinaux auquel on fait face (dans l'hémisphère boréal) lorsqu'on a l'ouest à gauche et l'est à droite. (Abrév. : N.) ▷ *Au nord de :* dans la région située vers le nord par rapport à (tel lieu). *Au nord de Paris.* ▷ Loc. fig. *Perdre le nord :* n'être plus tout à fait lucide et raisonnable, perdre la tête. – (En tournure négative.) *Il ne perd pas le nord :* il sait défendre ses intérêts. **2.** Partie septentrionale (située vers le nord) d'une région, d'un pays, d'un continent. *Le nord de la France, de l'Europe.* – (Dans les noms propres.) *Afrique du Nord. Amérique du Nord.* ▷ Absol. (Avec une majuscule.) *Les peuples du Nord,* des pays septentrionaux. *Le Nord canadien.* **II.** adj. inv. Situé au nord. *Le pôle Nord. La porte nord de la ville.*

Nord (mer du), mer bordière de l'Atlantique (env. 547000 km^2), cernée par les côtes de G.-B., de France, de Belgique, des Pays-Bas, d'Allemagne, du Danemark et de la Norvège. S'ouvrant sur l'Atlantique par un large seuil que jalonnent les îles Orcades et Shetland, elle est reliée à la Manche par le pas de Calais et à la Baltique par plus. détroits. Peu profonde, elle a un rôle écon. considérable : elle borde des pays industrialisés (import. ports de comm.), elle est poissonneuse, elle recèle d'immenses réserves de pétrole et de gaz naturel au large de l'Écosse, de la Norvège et du Danemark.

Nord, département français; 5739 km^2; 2531855 hab.; ch.-l. *Lille**. V. Nord-Pas-de-Calais (Rég.).

nord-africain, aine [nɔʀafʀikɛ̃, ɛn] adj. et n. D'Afrique du Nord, du Maghreb. ▷ Subst. *Des Nord-Africains.*

nord-américain, aine [nɔʀameʀikɛ̃, ɛn] adj. et n. D'Amérique du Nord. *Le continent nord-américain.* ▷ Subst. *Des Nord-Américains.*

nord-coréen, enne [nɔʀkɔʀeɛ̃, ɛn] adj. et n. De Corée du Nord. ▷ Subst. *Un Nord-Coréen, des Nord-Coréens.*

nord-côtier, ère [nɔʀkotje, ɛʀ] adj. et n. De la Côte-Nord (rég. admin. du Québec). ▷ Subst. *Des Nord-Côtiers.*

Nord-du-Québec, rég. admin. du Québec, la plus vaste mais la moins peuplée, située au N. des rég. admin. Abitibi-Témiscamingue et Mauricie-Bois-Francs; 840178 km^2; 37000 hab.; v. princ. : *Chibougamau.*

nord-est [nɔʀest; nɔʀdɛst] n. m. et adj. inv. **1.** n. m. Point de l'horizon situé à égale distance, angulairement, du nord et de l'est. ▷ Région située vers le nord-est. *Le nord-est des États-Unis.* **2.** adj. inv. *La côte nord-est de l'Afrique.* (Abrév. : N.-E.)

Nord-Est (passage du), voie maritime (praticable de juin à sept.) reliant l'Atlantique au Pacifique par l'océan Arctique, le long de la côte russe; découverte par le Suédois Adolf Erik Nordenskjöld (1878-1879).

Nordeste, partie N.-E. du Brésil, couvrant neuf États. Autref. riche (cultures coloniales exportées par les ports les plus proches de l'Europe), la région est auj. misérable. Le plateau intérieur souffre tantôt de la sécheresse, tantôt des inondations.

nordet [nɔʀdɛ] n. m. MAR Nord-est. ▷ Vent de nord-est. (On écrit aussi *nordé.*)

nordique [nɔʀdik] adj. et n. **1.** Relatif à l'ensemble des pays et régions situés dans la partie septentrionale de l'hémisphère Nord, aux peuples qui y vivent. *Le Canada est un pays nordique.* ▷ Subst. *Les Nordiques.* **2.** *Spécial.* Relatif aux peuples, aux pays du nord de l'Europe (notam. islandais et scandinaves). *Langues nordiques ou scandinaves**. ▷ Subst. *Des Nordiques.*

nordiste [nɔʀdist] n. (et adj.) **1.** HIST Partisan, soldat des États du Nord, dans la guerre de Sécession, aux États-Unis. (V. yankee.) **2.** (Afr. subsah.) Dans les pays situés sur la côte Nord du golfe de Guinée, habitant des savanes (par oppos. aux habitants de la zone forestière du Sud). **3.** (Maghreb) Habitant du littoral, du nord du pays. (V. sudiste).

Nordling (Raoul) (1882 – 1962), diplomate suédois. Consul général à Paris au cours de la Seconde Guerre mondiale, il fit sauvegarder Paris à la Libération (août 1944).

nord-ouest [nɔʀwɛst; nɔʀdwɛst] n. m. et adj. inv. **1.** n. m. Point de l'horizon situé à égale distance, angulairement, du nord et de l'ouest. ▷ Région située vers le nord-ouest. *Le nord-ouest de la Suisse.* **2.** adj. inv. *Les quartiers nord-ouest de Paris.* (Abrév. : N.-O.)

Nord-Ouest (passage du), voie maritime reliant l'Atlantique au Pacifique par l'archipel arctique canadien, découverte par le Norvégien Roald Amundsen (1903-1906).

Nord-Ouest, prov. de l'Afrique du Sud, créée en 1994; 118710 km^2; 3506800 hab. Cap. *Mmabatho.* Le parlement provincial comprend 30 membres élus au suffrage universel.

Nord-Ouest (Territoires du), territoire du Canada comprenant les zones arctique et subarctique, entre le Yukon et la baie d'Hudson; 3426320 km^2; 57600 hab.; v. princ. *Yellowknife.* Cette partie septent. du Bouclier canadien est parsemée de lacs (lac de l'Ours, Grand Lac des Esclaves, etc.) et recouverte par la toundra. Pêche, chasse; sous-sol riche (or, radium, uranium, nickel, pétrole). – Cette immense région appartenait à la Compagnie (anglaise) de la baie d'Hudson*, qui la céda à la Confédération canadienne en 1870.

Nord-Pas-de-Calais, Région admin. française et rég. de la C.E., formée des dép. du Nord et du Pas-de-Calais; 12378 km^2; 4011952 hab.; cap. *Lille*.*
Géogr. et écon. – Plat pays (alt. max. 266 m), au climat frais et humide, la Région oppose les hauteurs crayeuses de l'Artois et du Cambrésis, au S., aux croupes bocagères et boisées du vieux massif ardennais à l'E., alors que le N. est formé de plaines (Flandre intérieure, Flandre maritime, etc.). La forte densité (320 hab./km^2) et le taux d'urbanisation (90 %) s'accompagnent d'un fort déficit migratoire dû à la crise économique : la puissance industr., fondée sur les charbonnages (créés en 1720, abolis en 1990), la sidérurgie et le textile, qui avaient attiré la main-d'œuvre étrangère, a été ébranlée vers 1960; en 30 ans, 250000 emplois industriels ont été supprimés. Toutefois, la Région dispose d'une agriculture riche et intensive, d'une importante filière agro-alimentaire, et occupe encore le 4e rang industr., grâce à une polit. de reconversion et aux aides de la C.É.E.
Hist. – V. Flandre.

Nord-Sud (relations), relations entre les pays développés (généralement situés dans l'hémisphère Nord) et les pays les moins avancés (généralement situés dans l'hémisphère Sud).

Norge (Georges Mogin, dit) (1898 – 1990), poète belge d'expression française. Il conjugue avec virtuosité l'invention verbale, la langue populaire, l'ironie et le lyrisme : *l'Imposteur* (1937), *Râpes* (1949), *les Oignons* (1953), *le Vin profond* (1968), *la Belle Saison* (1973), *Les oignons sont en fleurs* (1979).

noria [nɔʀja] n. f. Machine à élever l'eau, constituée principalement d'une roue ou d'une chaîne sans fin à laquelle sont fixés des godets. ▷ Fig. Circulation sans fin. *La noria d'un pont aérien.*

Noriega (Manuel) (né en 1940), général et homme politique panaméen. Chef de la Garde nationale en 1983, il contrôla le pouvoir au Panamá* avec l'accord des États-Unis, qui, en 1987, l'accusèrent de trafic de drogue et, en 1989, intervinrent au Panamá. En janv. 1990, Noriega se rendit. Il est détenu aux États-Unis.

normal, ale, aux [nɔʀmal, o] adj. et n. **I.** adj. **1.** Conforme à la règle commune ou à la règle idéale, ou à la moyenne statistique. *Un phénomène normal.* ▷ Habituel, naturel. – PHYS *Conditions normales de température et de pression,* correspondant à une température de 0°C et à une pression de 1013,25 hectopascals. ▷ Qui n'est pas altéré par la maladie. *Être dans son état normal.* ▷ Dont les aptitudes intellectuelles et physiques, dont le comportement sont conformes à la moyenne. *Une personne normale. Un enfant qui n'est pas normal.* **2.** *École normale,* où sont formés les futurs instituteurs. ▷ *École normale* supérieure.* **3.** Qui sert de règle, de modèle. ▷ CHIM *Solution normale :* solution qui contient une mole d'éléments actifs (protons, électrons) par litre. – *Chaîne normale :* chaîne carbonée non ramifiée. **4.** GEOM Perpendiculaire. **II.** n. f. **1.** Ce qui est habituel, régulier, conforme à la règle commune. *Intelligence supérieure à la normale.* **2.** GEOM *Normale en un point d'une courbe, d'une surface,* perpendiculaire en ce point à la tangente, au plan tangent.

normalement [nɔʀmalmɑ̃] adv. **1.** De manière normale, habituelle. **2.** GEOM Perpendiculairement.

normale supérieure (École), école française fondée en 1794 pour recevoir l'élite des futurs professeurs.

normalien, enne [nɔʀmaljɛ̃, ɛn] n. Élève ou ancien élève d'une École normale supérieure ou d'une école normale d'instituteurs.

normalisateur, trice [nɔʀmalizatœʀ, tʀis] adj. Qui normalise. *Des mesures normalisatrices.*

normalisation [nɔʀmalizasjɔ̃] n. f. **1.** Établissement et mise en application d'un ensemble de règles et de spécifications (normes), ayant pour objet de simplifier, d'unifier et de rationaliser les produits industriels, les unités de mesure, les symboles, etc. ▷ LING Établissement de règles de formation du vocabulaire, de grammaire, etc., dans le but d'harmoniser l'usage d'une langue. *Normalisation du vocabulaire informatique.* **2.** Action de normaliser (sens 2).

normaliser [nɔʀmalize] v. tr. [1] **1.** Rendre conforme à une norme. ▷ Procéder à la normalisation (sens 1) de. – Pp. adj. *Appareil de contrôle normalisé.* **2.** Rendre normal. *Normaliser les relations diplomatiques entre deux États.*

normalité [nɔʀmalite] n. f. Caractère de ce qui est normal. ▷ CHIM *Normalité d'une solution :* nombre de moles d'éléments actifs (protons, électrons) par litre.

Norman (Jessye) (née en 1945), cantatrice américaine, soprano au répertoire très vaste.

normand, ande [nɔʀmɑ̃, ɑ̃d] adj. et n. De la Normandie, de ses habitants. ▷ Subst. *Un(e) Normand(e).* – *Réponse de Normand,* ambiguë.

Normandie, anc. prov. de France, qui constitue auj. deux Régions : Basse-Normandie et Haute-Normandie. – Peuplée de Ligures, d'Ibères, de Celtes et de Belges, la région normande fut conquise par les Romains (56 av. J.-C.). Prise par Clovis, englobée plus tard dans la Neustrie, elle fut un foyer du monachisme bénédictin. Envahie par les Normands dès le début du IXe s., elle leur fut cédée en 933. Fief anglais après la conquête de l'Angleterre, en 1066, par Guillaume le Conquérant, la Normandie, prise aux Plantagenêts (1204) par Philippe Auguste, fut très éprouvée par la guerre de Cent Ans. En 1468, Louis XI la rattacha au domaine royal. La Normandie fut, en 1944, le théâtre du débarquement des forces alliées commandées par Eisenhower (*bataille de Normandie :* juin-août 1944).

Normandie (Basse-), Région admin. française et rég. de la C.E., formée des dép. du Calvados, de la Manche et de l'Orne; 17583 km^2; 1422874 hab.; cap. *Caen*.*
Géogr. et écon. – Région d'altitude modeste, au climat doux et humide, la Basse-Normandie s'ouvre sur la Manche par un littoral de 500 km. L'O. cristallin, rural et bocager, s'oppose à l'E. sédimentaire, plus varié et plus urbanisé. La pop. connaît une croissance modérée. Dominée par l'élevage bovin et assurant plus de 10 % de la pêche et de l'aquaculture du pays, la Région a développé une industrie agroalim. puissante et tire sa réputation de quelques spécialités (camembert, pont-l'évêque, livarot, calvados) et de l'élevage de chevaux pur sang. Des branches nouvelles ont diversifié l'activité industr., notam. grâce à l'électricité nucléaire. Le tourisme est important (Deauville, Mont-Saint-Michel).

Normandie (Haute-), Région admin. française et rég. de la C.E., formée des dép. de l'Eure et de la Seine-Maritime; 12258 km^2; 1763615 hab.; cap. *Rouen*.*
Géogr. et écon. – Traversée par la basse Seine, qui s'ouvre sur la Manche par un profond estuaire, la Région s'étend sur les plateaux occid. du bassin de Paris. La croissance démographique profite surtout à l'E., sous influence parisienne. La Région figure parmi les premières pour le revenu par habitant. L'agriculture se transforme et débouche sur une importante industrie agroalimentaire. À cause de la crise écon., les industries qui avaient assuré la croissance dans les années 60 ont été restructurées. Le Havre et Rouen, 2e et 5e ports français, desservent le puissant arrière-pays parisien.

Normands (en angl. *Northmen,* «hommes du Nord»), pillards scandinaves qui se nommaient Vikings. Ayant mis au point de petits navires rapides à faible tirant d'eau, Norvégiens et Danois colonisèrent aux VIIIe et IXe s. des petites îles et des territoires côtiers de Grande-Bretagne, de l'Islande et du Groenland. Au IXe s., ils remontèrent la Seine, atteinte en 857, et le Rhin; en 911, le roi de France Charles le Simple leur accorda une partie de la Normandie* actuelle. Au IXe s., des Suédois (V. Varègues) traversèrent le territoire qui deviendra la Russie jusqu'à la mer Noire (v. 840) et poussèrent jusqu'à Constantinople.

normatif, ive [nɔʀmatif, iv] adj. Qui a force de règle, qui pose une norme; qui a les caractères d'une norme; relatif à une norme. *Jugements normatifs.* – *Grammaire normative,* qui prescrit des règles conformes à un état de la langue reconnu correct. ▷ *Sciences normatives :* l'esthétique, la logique et la morale (parce qu'elles déterminent une norme, édictent des règles).

norme [nɔʀm] n. f. **1.** Règle, loi à laquelle on doit se conformer; état habituel conforme à la moyenne des cas, à la normale. *Ne pas s'écarter de la norme.* ▷ *Spécial.* TECH Règle, spécification à laquelle un produit doit être conforme. ▷ LING Usage d'une langue considéré comme le modèle du bon langage. *Norme scolaire,* celle qui est enseignée dans les écoles. **2.** MATH *Norme d'un vecteur :* généralisation à un espace vectoriel quelconque de la notion de longueur d'un vecteur de l'espace physique. Syn. anc. module.

normographe [nɔʀmɔgʀaf] n. m. TECH Instrument de dessinateur, plaque dans laquelle des évidements ont été pratiqués à la forme des lettres, des chiffres, des symboles usuels, etc., pour servir de gabarits.

Norodom Ier (1835 – 1904), roi du Cambodge (1859-1904), fils d'Ang Duong. Il signa le traité qui établit le protectorat français (1863) et lui assura le trône, que lui avait ravi son frère en 1861. Il entreprit d'importantes réformes, mais dut signer, en 1884, un nouvel accord avec la France qui renforçait son emprise coloniale. — **Norodom Suramarit** (1896 – 1960), petit-neveu de Norodom Ier; roi du Cambodge (1955-1960). — **Norodom Sihanouk** (né en 1922), fils du préc.; roi du Cambodge de 1941 à 1955 et dep. 1993. En fév. 1955, il abdiqua en faveur de son père, peu après avoir obtenu l'indép. de son pays (déc. 1954), mais continua à gouverner, comme président du Conseil puis, à la mort de son père, comme chef de l'État (sans reprendre le titre de roi). En 1963, le prince Sihanouk rompit avec les États-Unis et se fit l'apôtre du neutralisme. Renversé par un coup d'État de Lon Nol (proaméricain) en mars 1970, il gagna Pékin, d'où il encouragea les Khmers rouges et forma avec eux le Gouvernement* royal d'union nationale du Kampuchéa (G.R.U.N.K.). Quand ceux-ci triomphèrent (1975), il revint à la tête de l'État (rôle purement officiel) puis démissionna en 1976. Quand les Vietnamiens occupèrent son pays, il s'exila de nouveau à Pékin (1979). En déc. 1982, il présida un gouv. de coalition (avec Khieu Samphan), dont il démissionna en 1988 pour favoriser les négociations avec le gouvernement provietnamien de Phnom Penh. En 1991, il devint président du Conseil national suprême et, à la suite des accords de Paris (oct.), il rentra à Phnom Penh. Chef de l'État en juin 1993, il remonta sur le trône en sept. de la même année. — **Norodom Ranariddh** (né en 1944), homme politique cambodgien, fils du préc. Dirigeant du Funcinpec, parti royaliste, il fut co-Premier ministre (avec Hun* Sen) du Cambodge de 1993 jusqu'à son éviction en 1997.

norois ou **noroît** [nɔʀwa] n. m. MAR Nord-ouest. ▷ Vent de nord-ouest.

Norris (Franck) (1870 – 1902), romancier naturaliste américain : *Mc Teague* (1899, dont Stroheim tira *les Rapaces*).

Norrköping, v. et port de la Suède méridionale, sur la Baltique; 118 570 hab. Nombr. industr. – Gravures rupestres de l'âge du bronze.

Northern Province. V. Transvaal septentrional.

Northumberland (détroit de), bras de mer du Canada séparant le Nouveau-Brunswick et la Nouvelle-Écosse de l'île du Prince-Édouard.

Norvège (royaume de) *(Kongeriket Norge),* État d'Europe septent., en Scandinavie, baigné par l'Atlantique et par la mer du Nord; 323 886 km²; 4 274 000 hab. (croissance : 0,2 % par an); cap. *Oslo.* La souveraineté norvégienne s'étend sur des îles des océans Arctique (Spitzberg) et Antarctique. Nature de l'État : monarchie constitutionnelle. Langue off. : norvégien (bokmål, surtout, et nynorsk ou néo-norvégien). Monnaie : couronne norvégienne. Relig. d'État : luthéranisme (88 %).

Géogr. et écon. – Étirée en latitude sur 1 750 km, la Norvège est un pays de hautes terres (Alpes scandinaves culminant à 2 648 m), modelé par les glaciers quaternaires qui ont ouvert de profondes vallées littorales submergées par la mer : les fjords. Le climat, océanique frais sur la côte O., est continental vers l'intérieur et subarctique au N. La forêt mixte du S. fait place à la forêt boréale de conifères dans la plus grande partie du pays; la toundra domine au N. La pop., citadine à 75 %, est groupée dans le S. et sur le littoral; elle est vieillissante (16 % de plus de 65 ans). Pénalisée par le climat difficile et l'exiguïté des terres arables (3 % du territoire), l'agric. est marginale. La pêche (2e rang européen) et la sylviculture dégagent de bonnes ressources. Les princ. richesses sont énergétiques (pétrole et gaz de la mer du Nord, 1er rang européen pour l'hydroélectricité) et minérales (fer, cuivre, zinc, plomb) : 60 % des exportations, forte industrie de transformation (pétrochimie, électrochimie, métallurgie de l'aluminium); en outre : constr. navale, industries textile, méca., électr. et électron. Malgré les mesures d'austérité et la hausse (légère) du chômage, les Norvégiens ont l'un des niveaux de vie les plus élevés du monde. À une croissance soutenue (4 à 5 % par an) s'associe un excédent budgétaire.

Hist. – L'hist. de la Norvège, comme celle des pays scandinaves, est connue à partir du IXe s. : les Vikings accomplirent des raids marins de pillage vers l'Angleterre et les côtes hollandaise et belge, explorèrent l'Irlande (874), le Groenland (v. 980). Unifiée par Harald Ier Hårfager v. 872, puis par Olav Ier (995-1000), la Norvège s'ouvrit au christianisme sous Olav II le Saint (1016-1030). Après deux siècles de crises dynastiques, elle connut son apogée au XIIIe s. (rattachement de l'Islande et du Groenland). Le déclin s'annonça dès le XIVe s., avec la concurrence commerciale de la Hanse* teutonique. La reine Marguerite, fille de Valdemar IV de Danemark, unit la Norvège au Danemark (1380) puis, en 1397, à la Suède (union de Kalmar), laquelle fit sécession en 1523. La Norvège, province danoise, devint luthérienne. Elle fut très éprouvée par le Blocus* continental que Napoléon Ier imposa à l'Europe. Cédée à la Suède (1814) et bien que jouissant d'une large autonomie (Constitution de 1814), elle revendiqua son indépendance, effective en 1905. De 1940 à 1945, elle fut occupée par les Allemands. Un fort parti travailliste, qui a quasiment toujours exercé le pouvoir de 1935 à 1996, a mis en place une législation avancée, mais en 1996, le conservateur Thorbjörn Jagland est devenu Premier ministre. La Norvège fait partie de l'OTAN (1949). En 1972, elle a refusé par référendum d'entrer dans la C.É.E., ainsi qu'en 1994. En janv. 1991, à la mort du roi Olav V, qui régnait dep. 1957, son fils, le prince Harald, lui a succédé.

norvégien, enne [nɔʀveʒjɛ̃, ɛn] adj. et n. De Norvège. – Subst. *Un(e) Norvégien(ne).* ▷ CUIS *Omelette norvégienne :* crème glacée recouverte d'une croûte de meringue chaude.

Norwich, v. de G.-B.; ch.-l. du comté de Norfolk; 120 700 hab. Centre industriel. – Cath. des XIe et XIIe s. – Grande cité drapière au Moyen Âge.

nos [no] adj. poss. V. notre.

noso-. Élément, du gr. *nosos,* «maladie».

nosoconiose [nɔzɔkɔnjoz] n. f. MED Nom générique des affections produites par l'action de poussières.

Nossi-Bé ou **Nosy-Bé,** île malgache, à 11 km au N.-O. de Madagascar; 270 km²; 38 720 hab. Tourisme. Aéroport.

nostalgie [nɔstalʒi] n. f. **1.** Tristesse de la personne qui souffre d'être loin de son pays. **2.** Mélancolie causée par un regret. *Avoir la nostalgie du passé.*

nostalgique [nɔstalʒik] adj. **1.** Qui souffre de nostalgie. **2.** Qui évoque, qui exprime la nostalgie. *Un chant nostalgique.*

nostoc [nɔstɔk] n. m. BOT Algue bleue (cyanophycées) formée de chapelets de cellules globuleuses.

Nostradamus (Michel de Nostre-Dame, dit) (1503 – 1566), médecin français (du roi Charles IX) et astrologue; ses *Centuries astrologiques* (1555), recueil de quatrains, expriment des prédictions obscures.

Nosy-Bé. V. Nossi-Bé.

nota [nɔta] ou **nota bene** [nɔtabene] n. m. inv. Mots latins signifiant «remarquez bien», placés avant une remarque importante pour attirer l'attention du lecteur (abrév. : N.B.).

notabilité [nɔtabilite] n. f. Notable (sens 2). *Les notabilités de la politique.* Syn. personnalité.

notable [nɔtabl] adj. et n. m. **1.** adj. Qui mérite d'être noté, pris en considération. *Différence notable.* Syn. remarquable. **2.** n. m. Personnage important par sa situation sociale. *Inviter les notables du village.*

notablement [nɔtabləmɑ̃] adv. D'une manière notable.

notaire [nɔtɛʀ] n. m. Officier public établi pour recevoir tous les actes et contrats auxquels les parties doivent ou veulent faire donner un caractère d'authenticité.

notamment [nɔtamɑ̃] adv. Spécialement, entre autres.

notarial, ale, aux [nɔtaʀjal, o] adj. Qui appartient au notariat.

notariat [nɔtaʀja] n. m. **1.** Charge, profession de notaire. **2.** Ensemble des notaires.

notarié, ée [nɔtaʀje] adj. Passé devant notaire. *Un acte notarié.*

notation [nɔtasjɔ̃] n. f. **1.** Action, manière de représenter par des signes conventionnels. *Notation algébrique. Notation musicale. Notation chimique :* système conventionnel de représentation des espèces chimiques par des lettres symbolisant les éléments et des formules figurant leurs combinaisons. **2.** Ce que l'on note par écrit; brève remarque. *Pensée exprimée par quelques notations précises.* **3.** Action de donner une note, une appréciation. *Barème de notation.*

note [nɔt] n. f. **I. 1.** Bref commentaire sur un passage d'un texte. *Notes au bas de la page.* **2.** Communication succincte faite par écrit. *Rédiger une note de service. Note diplomatique,* adressée par un agent diplomatique à un autre ou par un ambassadeur au gouvernement auprès duquel il est accrédité. ▷ (Afr. subsah.) Fam. Lettre. *Faire une note :* écrire une lettre. **3.** Indication sommaire que l'on consigne pour ne pas oublier qqch. *Prendre des notes à un cours.* **4.** Décompte d'une somme due. *Acquitter, payer une note.* **5.** Appréciation concernant le travail, le comportement de qqn (élève, fonctionnaire), généralement exprimée par un chiffre ou une lettre. *Le carnet de notes d'un élève.* Syn. (Belgique) cote. – Fam. *Une bonne note* ou (Afr. subsah.) *une grosse note :* une note élevée. **II. 1.** MUS Caractère de l'écriture musicale utilisé pour représenter un son. *Il sait lire les* (ou *ses*) *notes.* **2.** Son représenté par un tel caractère. *Les sept notes de la gamme* (do ou ut, ré, mi, fa, sol, la, si). *Fausse note :* note discordante; fig. ce qui détonne dans un ensemble. *Cet échange de répliques un peu vives a été la seule fausse note de la soirée.* ▷ Loc. fig. *Être dans la note :* être en harmonie (avec le reste). *Cette réflexion est bien dans la note du personnage.* – *Forcer la note :* exagérer. **3.** Détail, touche. *Une note gaie, originale, dans un costume. La note juste.*

noter [nɔte] v. tr. [1] **1.** Affecter d'une marque. *Noter d'un trait rouge les passages à corriger sur un manuscrit.* **2.** Inscrire (qqch) pour s'en souvenir. *Noter des citations sur un cahier.* **3.** Remarquer (qqch). *Noter une amélioration dans l'état d'un malade.* **4.** Porter une appréciation, le plus souvent chiffrée, sur les qualités de (qqn, qqch). *Noter des copies.* – Pp. adj. *Employé mal noté.* **5.** MUS Écrire (de la musique) avec les signes destinés à cet usage. *Noter un air.* ▷ Représenter par (un signe). – v. pron. *Le son* [y] *se note u.*

notice [nɔtis] n. f. Texte bref donnant des indications, des explications sur un sujet. *Notice biographique, nécrologique. Notice de montage d'un appareil.*

notification [nɔtifikasjɔ̃] n. f. Action de notifier; acte par lequel on notifie. ▷ DR *Notification d'un jugement, d'un procès-verbal.*

notifier [nɔtifje] v. tr. [2] *Notifier qqch à qqn,* le porter à sa connaissance de manière officielle ou dans les formes légales. *Je lui ai notifié ma décision par lettre recommandée.* Syn. signifier, informer.

notion [nosjɔ̃] n. f. **1.** Connaissance immédiate, plus ou moins confuse. *La notion du beau. N'avoir aucune notion du danger.* **2.** Concept, idée. *«Les notions primitives sont comme des originaux sur le patron desquels nous formons toutes nos autres connaissances»* (Descartes). **3.** Connaissance élémentaire d'une langue, d'une science. *Notions d'allemand, de géométrie.*

notionnel, elle [nɔsjɔnɛl] adj. Didac. Qui se rapporte à une notion, aux notions (sens 2).

notoire [nɔtwaʀ] adj. Connu de beaucoup; public. *Fait notoire. Tricheur notoire.* Syn. manifeste.

notonecte [nɔtɔnɛkt] n. f. ENTOM Punaise aquatique qui nage sur le dos.

notoriété [nɔtɔʀjete] n. f. **1.** Caractère d'un fait notoire. *Il est de notoriété publique que...* ▷ DR *Acte de notoriété,* par lequel des témoins attestent un fait quelconque, devant un officier public. **2.** Célébrité. *Avoir une certaine notoriété.* Syn. réputation.

notou ou **nautou** [notu] n. m. (Nouv.-Cal.) Nom courant du carpophage.

notre [nɔtʀ], plur. **nos** [no] adj. poss. de la 1re pers. du plur. **1.** Qui nous appartient ou se rapporte à nous. *Notre chien. Notre père. Notre pays.* **2.** Employé à la place de *mon, ma* ou *mes* (plur. de majesté ou de modestie). *Il est de notre devoir, en tant qu'auteur de cet ouvrage...*

nôtre, nôtres [notʀ] adj., pron. et n. **1.** adj. poss. de la 1re pers. du plur. (Empl. comme attribut.) À nous. *Cette terre est nôtre.* **2.** pron. poss. *Le nôtre, la nôtre, les nôtres :* celui, celle, ceux que nous possédons. *C'est votre chien, ce n'est pas le nôtre.* – Loc. *Nous y avons mis du nôtre :* nous avons fait des efforts, des concessions. ▷ n. m. pl. *Les nôtres :* les membres du groupe (famille, amis, société) auquel nous appartenons. *Serez-vous des nôtres? :* vous joindrez-vous à nous?

Notre-Dame, nom que les catholiques donnent à la Vierge Marie. ▷ Nom donné aux sanctuaires qui lui sont consacrés.

Notre-Dame de Paris, égl. métropolitaine de Paris, de style goth., située dans l'île de la Cité. Commencée en 1163, elle fut terminée, pour le gros œuvre, v. 1250. Saccagée et mutilée pendant la Révolution, elle a été restaurée de 1845 à 1864 par Viollet-le-Duc, qui a reconstruit une flèche.

Nottingham, ville de G.-B., sur la Trent; 261 500 hab. Industr. – Évêché cathol. Université. Chât. reconstruit au XVIIe s. Égl. du XVe s.

notule [nɔtyl] n. f. Brève annotation.

Nouadhibou ou **Nouadhibu** (anc. *Port-Étienne)*), v. et port de Mauritanie, sur le cap Blanc *(ras Nouadhibou)*; ch.-l. de région; 60000 hab. Port d'exportation du minerai de fer de F'Derick, auquel il est relié par voie ferrée (675 km). Pêche industrielle. Aéroport.

nouage [nwaʒ] n. m. **1.** Action de nouer. **2.** TECH En tissage, opération consistant à nouer l'extrémité d'une chaîne terminée à l'extrémité de la suivante.

nouaison [nwɛzɔ̃] n. f. AGRIC, ARBOR Développement de l'ovaire de la fleur fécondée qui se transforme en fruit. (On dit aussi *nouure.)*

Nouakchott, cap. de la Mauritanie, près de l'Atlantique, au S. de la sebkha de Ndaghamcha; 600000 hab. Centre commercial. Usine de dessalement de l'eau de mer. – Cette ville, créée en 1958 sur un carrefour caravanier, avait 135000 hab. en 1976, puis les nomades fuyant la sécheresse ont augmenté sa pop. – Port ultramoderne. Aéroport international. Point de départ de la Transmauritanienne, route menant jusqu'à Néma.

nouba [nuba] n. f. **1.** Au Maghreb, œuvre musicale classique d'origine andalouse. **2.** À l'époque coloniale, fanfare des tirailleurs d'Afrique du Nord. ▷ Fig., fam. *Faire la nouba :* faire la fête.

Nouba. V. Nuba.

noué, ée [nwe] adj. À quoi l'on a fait un nœud; lié au moyen d'un nœud. ▷ Fig. *Avoir la gorge nouée,* contractée par l'émotion, l'anxiété, etc.

nouer [nwe] v. [1] **I.** v. tr. **1.** Faire un nœud à; réunir au moyen d'un nœud les extrémités de (un lien, une corde, etc.). *Nouer une ficelle autour d'un colis.* Syn. (oc. Indien) mailler. **2.** Réunir, rassembler, serrer au moyen d'un ou de plusieurs nœuds. *Nouer ses cheveux avec un ruban.* Syn. attacher. **3.** Fig. *Nouer une amitié :* établir un lien amical avec qqn. *Nouer de nouvelles relations.* ▷ *Nouer l'action, l'intrigue d'une pièce,* en former le nœud, combiner les événements à partir desquels l'action, l'intrigue pourra se développer. **II.** v. pron. S'entrelacer, s'attacher. ▷ BOT Commencer à se former à partir de la fleur fécondée, en parlant d'un fruit. – Fig. *Le drame se noue.*

Nouer. V. Nuer.

noueux, euse [nuø, øz] adj. Se dit du bois qui comporte de nombreux nœuds. ▷ Fig. Dont l'aspect évoque les nodosités d'un arbre. *Membres noueux.*

nougat [nuga] n. m. **1.** Confiserie à base d'amandes, de sucre et de miel. *Nougat de Montélimar.* **2.** (Afr. subsah.) Sorte de nougatine de cacahuètes.

nougatine [nugatin] n. f. Confiserie faite de sucre caramélisé et de menus morceaux d'amandes ou de noix.

Nougé (Paul) (1895 - 1967), écrivain belge d'expression française. Il anima dès 1925 le groupe surréaliste de Belgique. Il a peu publié : *Histoire de ne pas rire* (1956), *L'expérience continue* (recueil de ses poèmes, 1966).

Nouhak Phoumsavane (né en 1914), homme politique laotien. Représentant du Pathet Lao à la conférence de Genève en 1954, membre du parti populaire révolutionnaire lao, communiste (1955), vice-président du Conseil des ministres (1975-1990), il est élu prés. de la République en nov. 1992.

nouille [nuj] n. f. (et adj.) **1.** (Plur.) Pâtes alimentaires en forme de lamelles minces et allongées. **2.** Fig., fam. Personne molle et indolente. ▷ adj. *Ce qu'il est nouille!* **3.** adj. *Style nouille :* nom donné en France à l'art* nouveau (v. 1860-v. 1910).

Nouméa, port et ch.-l. de la Nouvelle-Calédonie; 60200 hab. Aéroport. Archevêché. – Métallurgie (nickel) à Doniambo; industries alimentaires.

nouméen, enne [numeɛ̃, ɛn] adj. et n. De Nouméa. ▷ Subst. *Un(e) Nouméen(ne).*

noumène [numɛn] n. m. PHILO Chez Kant, la chose en soi, telle qu'elle existe indépendamment de qui peut la connaître ou la sentir (par oppos. à *phénomène*).

nounou [nunu] n. f. Nourrice, dans le langage enfantin.

Noupé. V. Nupé.

Noureïev (Rudolf) (1938 - 1993), danseur et chorégraphe autrichien (1982) d'origine russe. Danseur étoile à Leningrad, puis à Londres, il a été, de 1983 à 1989, directeur de la danse de l'Opéra de Paris.

nourri, ie [nuʀi] adj. **1.** Qui reçoit de la nourriture. *Un chat bien nourri.* **2.**

Fig. Riche, substantiel. *Style nourri.* – *Fusillade nourrie,* dans laquelle les décharges sont fréquentes et nombreuses.

nourrice [nuʀis] n. f. **1.** Femme qui allaite un enfant (le sien ou celui d'une autre). **2.** Femme qui, moyennant une rétribution, s'occupe chez elle d'enfants qui ne sont pas les siens. *Mettre un enfant en nourrice,* le placer chez une nourrice. **3.** Bidon contenant une réserve de liquide (eau, essence, etc.). ▷ TECH Réservoir auxiliaire de carburant. – Réservoir constitué par une tuyauterie de gros diamètre placée à l'embranchement de plusieurs canalisations plus petites, qui sert à opérer des mélanges de fluides ou à équilibrer des pressions.

nourricier, ère [nuʀisje, ɛʀ] adj. **1.** *Père nourricier :* homme qui élève un enfant qui n'est pas le sien; père adoptif; mari de la nourrice. **2.** Qui fournit la nourriture. *Terre nourricière.* **3.** Qui a des propriétés nutritives. *Suc nourricier.* ▷ ANAT *Artères nourricières,* qui irriguent les os.

nourrir [nuʀiʀ] v. [3] **I.** v. tr. **1.** Fournir en aliments (une personne, un animal). *Nourrir un enfant. Nourrir des poules au maïs.* – *Mère qui nourrit son bébé,* qui l'allaite. Syn. alimenter. **2.** Subvenir aux besoins matériels de (qqn). *Nourrir sa famille.* ▷ Par ext. *Son travail ne le nourrit pas.* **3.** Entretenir; faire durer. *Le bois nourrit le feu.* **4.** Fig., litt. Entretenir intérieurement. *Nourrir des craintes.* **5.** Fig. Former, instruire (l'esprit). *La lecture nourrit l'intelligence.* **II.** v. pron. Consommer (tel ou tel aliment). *Se nourrir de lait.* – *Absol.* Manger.

nourrissage [nuʀisaʒ] n. m. ELEV Action, manière de nourrir des bestiaux, de les élever.

nourrissant, ante [nuʀisɑ̃, ɑ̃t] adj. Qui a valeur nutritive. *Régimes peu nourrissants.* ▷ *Absol.* Qui nourrit bien; substantiel. *Un aliment nourrissant.*

nourrisseur [nuʀisœʀ] n. m. ELEV **1.** Éleveur qui engraisse le bétail pour la boucherie ou qui élève des vaches pour leur lait, sans cultiver le fourrage. **2.** Mangeoire qui débite automatiquement la nourriture aux animaux au fur et à mesure des besoins.

nourrisson [nuʀisɔ̃] n. m. Jeune enfant qui n'est pas encore sevré. ▷ MED Jeune enfant, entre la fin de la période néo-natale et la fin de la première dentition (2ᵉ année).

nourriture [nuʀityʀ] n. f. **1.** Ce dont on se nourrit. *Ne pas avoir assez de nourriture.* **2.** Fig. Ce qui forme, enrichit. *Les nourritures de l'esprit.*

nous [nu] pron. pers. de la 1ʳᵉ pers. du plur., sujet ou complément. **1.** (Désignant un ensemble de personnes qui inclut la personne qui parle.) *Nous partons. Il nous regarde. Suivez-nous. Il l'a dit à nous et à nos amis. Il nous l'a dit.* – *Chez nous :* dans notre maison, notre pays. ▷ *Nous autres* (marquant l'opposition entre un groupe dont la personne qui parle fait partie et les autres). *Nous autres, travailleurs.* **2.** Remplaçant *je* (*nous* de majesté ou de modestie). *Nous, maire de...* **3.** Fam. (Employé pour *tu* ou *vous.*) *Nous avons été sages?* **4.** (Employé comme indéterminé.) *Il nous arrive à tous de nous tromper.*

nouveau [nuvo] ou **nouvel** [nuvɛl] (devant un nom commençant par une voyelle ou un *h* muet), **nouvelle** [nuvɛl] adj. et n. **A.** adj. **I. 1.** Qui n'existe que depuis peu; qui est apparu très récemment. *Pommes de terre nouvelles. Vin nouveau. Procédé nouveau. Mot nouveau. Quoi de nouveau? :* quels sont les faits récents? **2.** Que l'on ne connaissait pas jusqu'alors. *Un nouveau visage. Ce milieu est nouveau pour lui.* ▷ Neuf, original. *La ligne de cette voiture est tout à fait nouvelle.* **3.** Qui vient après, qui remplace (telle autre chose, telle autre personne). *Un nouveau vin. Un nouvel emploi. C'est un nouveau César. Le nouvel an.* – *Le Nouveau Monde :* l'Amérique. – *Le Nouveau Testament :* V. ce nom. **II.** Qui est tel depuis peu. *Un nouveau riche*. Des nouveaux venus.* **B.** n. **I.** Personne qui vient d'entrer dans une collectivité (école, entreprise, etc.). **II.** n. m. *Du nouveau.* **1.** Des événements, des faits nouveaux. *J'ai appris du nouveau.* **2.** Des choses originales, inédites. *Il nous faut du nouveau.* **C.** Loc. adv. **1.** *De nouveau :* encore une fois. *Il est de nouveau malade.* **2.** *À nouveau :* une fois de plus et d'une façon différente. *Rédiger à nouveau un rapport.* ▷ FIN *Créditer, porter à nouveau,* sur un nouveau compte.

Nouveau (Germain) (1851 - 1920), poète français, ami de Rimbaud; auteur d'une poésie sensuelle, mystique et lyrique.

Nouveau-Brunswick (en angl. *New Brunswick*), une des prov. maritimes du Canada, sur l'Atlantique.
► V. carte et dossier, p. 1408.

Nouveau-Mexique (en angl. *New Mexico*), État du S.-O. des É.-U., à la frontière mexicaine; 315113 km²; 1515000 hab.; cap. *Santa Fe.* – À l'O. et au N. s'étendent les Rocheuses méridionales, dont l'alt. dépasse parfois 4000 m; à l'E., des hauts plateaux. Le climat est désertique, l'agric. faible, le sous-sol riche. – Colonisée par les Espagnols (XVIᵉ s.), la région fit partie du Mexique indépendant, et les É.-U. la conquirent en 1848. Territoire en 1850, longtemps troublée par les guerres avec les Apaches, elle forma en 1912 le quarante-septième État de l'Union.

nouveau-né, -née [nuvone] adj. et n. **1.** adj. Qui vient de naître. *Des enfants nouveau-nés, une fille nouveau-née. Un agneau nouveau-né.* **2.** n. Enfant ou animal qui vient de naître. *Des nouveau-nés.* ▷ MED Enfant de moins de 28 jours.

Nouveau-Québec (anc. *Ungava),* région boréale du N. du Québec, entre la baie d'Hudson, le Labrador et la rivière Eastmain; entre 0,8 à 1 million de km²; 18000 hab. (Amérindiens et Inuit, surtout). V. princ. : *Schefferville, Fort-Chimo.* Cette partie est du Bouclier canadien, couverte par la taïga, au S., et par la toundra, au N., a un climat continental très rude. Minerais (fer, titane).

nouveau roman, terme désignant les recherches sur l'écriture romanesque menées en France, à partir des années 50, par N. Sarraute, A. Robbe-Grillet, M. Butor, Cl. Simon, R. Pinget, etc.

nouveauté [nuvɔte] n. f. **1.** Caractère de ce qui est nouveau. *La nouveauté d'une doctrine.* **2.** Chose nouvelle. *Aimer les nouveautés. Le rayon des nouveautés dans une librairie. Magasin de nouveautés,* spécialisé dans les articles de mode.

Nouveau Testament, pour les chrétiens, l'ensemble des textes sacrés qui fait suite à la Bible* hébraïque (nommée l'Ancien Testament) : les Évangiles*, les Actes* des Apôtres, les Épîtres* (notam. de saint Paul), l'Apocalypse* de saint Jean. Selon les chrétiens, à l'Alliance entre Dieu et le peuple juif a succédé une Nouvelle Alliance grâce à l'entremise du Christ.

Nouvel (Jean) (né en 1945), architecte français : Institut du monde arabe (1987) à Paris. (V. IMA.)

nouvelle [nuvɛl] n. f. **I. 1.** Annonce d'un événement récent. *Répandre une nouvelle. Fausse nouvelle. Écouter les nouvelles à la radio.* – *Première nouvelle! :* ce que vous m'annoncez me surprend! **2.** (Plur.) Renseignements relatifs à la situation, à la santé de qqn. *Prendre des nouvelles d'un malade.* – Prov. *Pas de nouvelles, bonnes nouvelles :* quand on ne reçoit pas de nouvelles de qqn, on peut présumer qu'il va bien. ▷ (Par menace.) *Vous aurez de mes nouvelles!* ▷ *Vous m'en direz des nouvelles :* à coup sûr cela vous plaira. **3.** (Afr. subsah.) *Donner les (des) nouvelles :* pour un visiteur, indiquer, par des formules stéréotypées, le lieu d'où il vient. *Demander les (des) nouvelles.* **II.** LITTER Brève composition littéraire de fiction. *Un recueil de nouvelles.*

Nouvelle-Amsterdam, île française (depuis 1893) du sud de l'océan Indien, la plus septentrionale des terres Australes et Antarctiques; 55 km² environ; inhabitée. Station météorologique.

Nouvelle-Angleterre (en angl. *New England*), rég. du N.-E. des É.-U., qui correspond aux six colonies anglaises fondées au XVIIᵉ s. : New Hampshire, Massachusetts, Rhode Island, Connecticut, Maine, Vermont.

Nouvelle Barre du jour. V. Barre du jour.

Nouvelle-Bretagne (en angl. *New Britain*), île princ. de l'archipel Bismarck, au N.-E. de la Nouvelle-Guinée, incluse (1975) dans la Papouasie-Nouvelle-Guinée; 36519 km²; env. 290000 hab.; ville principale *Rabaul.* Forêts; cocotiers et cacaoyers. – Annexée par l'Allemagne de 1884 à 1914 (Nouvelle-Poméranie), l'île fut sous mandat australien. – L'art y est représenté par des masques rehaussés de couleurs vives.

Nouvelle-Calédonie, île du Pacifique S., territ. français d'outre-mer, à env. 1500 km de l'Australie orient.
► V. dossier France d'outre-mer, p.1442.

Nouvelle-Écosse, une des prov. marit. du Canada, formée d'une vaste presqu'île et de l'île du Cap-Breton; 55490 km²; 899900 hab. (36000 francophones); cap. *Halifax.* – Le climat est froid et humide. La pêche, l'élevage et la forêt sont des ressources importantes. Le sous-sol est riche.

Nouvelle-France, nom des possessions françaises d'Amérique du Nord jusqu'en 1763 (traité de Paris, par lequel la France céda la plus grande partie de ces possessions à l'Angleterre). À la fin du XVIIᵉ s., la Nouvelle-France consistait en un vaste territoire allant de la baie d'Hudson jusqu'au golfe du Mexique et du golfe Saint-Laurent jusqu'au-delà du lac Supérieur, englobant l'Acadie, dont le territoire allait bientôt être largement amputé au profit de l'Angleterre (traité d'Utrecht, 1713), le Canada et la Louisiane. (V. dossier Canada, p. 1404.) – *Les martyrs de la Nouvelle-France,* dits aussi (Québec) les *saints martyrs cana-*

diens : jésuites martyrisés lors de l'évangélisation du Canada, ils furent canonisés en 1930.

Nouvelle-Galles du Sud (en angl. *New South Wales*), État du S.-E. de l'Australie; 801 600 km²; 5 600 000 hab.; cap. *Sydney*. Import. élevage ovin; céréales. Hydroélectricité; houille.

Nouvelle-Grenade, nom de la Colombie jusqu'en 1886.

Nouvelle-Guinée, la plus grande île du monde (après le Groenland), au N. de l'Australie, dont elle est séparée par le détroit de Torres; 785 000 km²; env. 4 300 000 hab. – L'île s'allonge du N.-O. au S.-E. Très montagneuse (alt. max. 5 040 m au mont Jaya), humide et volcanique, elle est habitée par des Papous. Cult. d'exportation : noix de coco, cacao, thé. Pétrole. À l'O. s'étend *l'Irian Jaya,* prov. d'Indonésie, à l'E. l'État de *Papouasie-Nouvelle-Guinée.* – La Nouvelle-Guinée fut un centre import. de sculpture «primitive» : plaques de bois sculptées polychromes, avants de pirogue, masques en vannerie, crânes surmodelés et peints, etc.

Nouvelle-Irlande (anc. *Nouveau-Mecklembourg*) (en angl. *New Ireland*), île de l'archipel Bismarck qui dépend de la Papouasie-Nouvelle-Guinée; 9 600 km²; 74 800 hab.; ville princ. *Kavieng.* – L'art y est représenté par des mâts polychromes taillés en ronde bosse, des masques et des statues en pied.

nouvellement [nuvɛlmɑ̃] adv. Depuis peu. *Maison nouvellement bâtie.*

Nouvelle-Orléans (La) (en angl. *New Orleans*), v. des É.-U. (Louisiane); port import. (2ᵉ des É.-U.) sur le Mississippi, à 170 km de son delta; 496 900 hab. Marché du coton. Nombr. industries. Tourisme. – Cette ville coloniale (qui a conservé de nombr. maisons pittoresques), française jusqu'en 1803, fut, v. 1900, le berceau du jazz.

Nouvelle-Poméranie. V. Nouvelle-Bretagne.

Nouvelle Revue française (la) (N.R.F.), revue littéraire mensuelle française fondée en 1909 par André Gide, Jean Schlumberger (1877 – 1968), Jacques Copeau, Gaston Gallimard, etc.

Nouvelles-Hébrides, nom de l'État de Vanuatu avant son indépendance.

► V. carte et dossier, p. 1515.

Nouvelle Vague, mouvement cinématographique français né à la fin des années 50, qui regroupe notam. Chabrol, Truffaut et Godard.

Nouvelle-Zélande (en angl. *New Zealand*), État d'Océanie, archipel qui s'étire sur 1 500 km, à 2 000 km au S.-E. de l'Australie; 268 675 km²; 3 435 000 hab. (*Néo-Zélandais*), croissance démographique : 1 % par an; cap. *Wellington* (dans l'île du Nord). Nature de l'État : rép. parlementaire membre du Commonwealth. Langue off. : angl. Monnaie : dollar néo-zélandais. Population : Européens (90 %), Maoris (10 %) dont le taux de natalité est très élevé. Relig. : protestants (en majorité).
Géogr. et écon. – *L'île du Nord,* volcanique, groupe 75 % de la pop. dans les plaines littorales (ville princ. *Auckland*); *l'île du Sud,* montagneuse (Alpes néo-zélandaises : 3 764 m au mont Cook), est surtout peuplée sur la côte E. (ville princ. *Christchurch*). Le climat, océanique humide, est favorable aux forêts et aux herbages. La pop. est urbanisée à plus de 80 %. L'élevage ovin, très important, alimente l'exportation (viande, laine); l'industrie (textile, métallurgie, papeterie) dispose d'une hydroélectricité abondante; on a extrait 11,5 t d'or en 1995. Le revenu par hab. est très élevé. Les princ. partenaires écon. sont les É.-U., le Japon, l'Australie et la G.-B.
Hist. – Découverte par le Hollandais Tasman (1642), la Nouvelle-Zélande fut reconnue par Cook (1769). En 1840, les Maoris abandonnèrent leur souveraineté à la G.-B., qui malgré l'accord s'empara de leurs terres. Il y eut plusieurs guerres (1840-1847, 1860-1870). Dominion en 1907, le pays eut une législation sociale très avancée et devint indép. au sein du Commonwealth en 1931. Le pouvoir est exercé par les conservateurs du Parti national (surtout) et les travaillistes (1972-1975, 1984-1990). Tous condamnent les essais nucléaires français dans le Pacifique. Au pouvoir depuis 1990, le conservateur Jim Bolger a appliqué une politique libérale qu'avaient amorcée les précédents cabinets travaillistes : il a généralisé les privatisations, aboli les subventions, réduit les «avantages sociaux»; le chômage et l'inflation ont régressé. – L'art est surtout l'œuvre des anciens Maoris*.

Nouvelle-Zemble (en russe *Novaïa Zemlia,* «Terre nouvelle»), archipel montagneux de Sibérie, dans l'Arctique, formé de deux îles entre les mers de Barents et de Kara; 82 600 km².

nouvelliste [nuvelist] n. LITTER Auteur de nouvelles.

nova [nɔva], plur. **novæ** [nɔve] n. f. ASTRO Étoile dont l'éclat augmente brusquement (de plus de 10 magnitudes en quelques jours) puis décline lentement (en plusieurs mois) jusqu'au retour à l'état initial. (V. supernova.)

Novalis (Friedrich, baron von Hardenberg, dit) (1772 – 1801), poète allemand : *Hymnes à la nuit* (1800) et *Cantiques spirituels,* poèmes en forme de prières qui mêlent symbolisme et mysticisme. L'essai *les Disciples à Saïs* (1798) et le roman inachevé *Henri d'Ofterdingen* (posth., 1802) expriment les principes du romantisme allemand («la poésie est le réel absolu»).

Nova Lisboa. V. Huambo.

novateur, trice [nɔvatœʀ, tʀis] n. et adj. Personne qui fait ou qui tente de faire des innovations. *Un hardi novateur.* ▷ adj. *Tendances novatrices.*

novation [nɔvasjɔ̃] n. f. DR Substitution d'une obligation à une autre, extinction d'une dette en raison de la création d'une dette nouvelle.

novembre [nɔvɑ̃bʀ] n. m. Onzième mois de l'année, comprenant trente jours.

Noves (Laure de) (1308 – 1348), dame provençale, célèbre par sa beauté, que Pétrarque chanta dans son *Canzoniere.* On l'identifie généralement à la fille du seigneur de Noves, épouse d'Hugues de Sade.

Novgorod, ville de Russie, au sud de Saint-Pétersbourg; 220 000 hab.; ch.-l. de prov. Centre commercial et textile (lin), traitement du bois. – Important foyer artistique du XIᵉ au XVIᵉ s. : cathédrale Ste-Sophie (1045-1052), St-Nicolas-le-Thaumaturge (1113), St-Georges (1130), égl. de la Transfiguration (1374), etc., fresques, icônes, miniatures. – Fondée par les Varègues (IXᵉ s.), la ville, d'abord dépendante de Kiev, fut aux XIIᵉ et XIIIᵉ s. une puissante cité marchande libre qui dominait les villes du N.-O. de la Russie. Ivan III l'annexa (1475-1478) à l'État de Moscovie.

novice [nɔvis] n. et adj. **I.** n. **1.** RELIG Personne qui passe dans un couvent un temps d'épreuve avant de prononcer ses vœux. ▷ ANTHROP Personne qui va passer par les différentes phases de l'initiation. **2.** Personne qui est encore peu expérimentée dans une activité, un métier. ▷ adj. *Un avocat novice.* **3.** MAR Apprenti marin, qui n'est plus mousse mais qui n'est pas encore matelot. **II.** adj. Qui n'a pas l'expérience du monde; candide, innocent.

noviciat [nɔvisja] n. m. **1.** État de novice dans un ordre religieux. – Temps que dure cet état. **2.** Bâtiment où logent les novices.

Novi Sad, cap. de la Vojvodine, sur le Danube; 170 020 hab. Port fluvial. Centre industriel.

Novokouznetsk (*Stalinsk* de 1932 à 1961), ville de Sibérie occid., dans le Kouzbass; 577 000 hab. Centre industriel.

Novossibirsk, v. de Sibérie occid., sur l'Ob; 1 440 000 hab.; ch.-l. de la rég. du m. nom. Import. industr. – Université.

Novotný (Antonín) (1904 – 1975), homme politique tchécoslovaque. Président de la République (1957), il se démit en mars 1968.

noyade [nwajad] n. f. Action de noyer une personne, un animal; résultat de cette action; fait de se noyer.

noyau [nwajo] n. m. **I. 1.** Partie centrale dure de certains fruits, résultant de la lignification de l'endocarpe et contenant la graine. *Noyau de mangue.* **2.** *Par ext.* Petit amas de matière au sein d'un solide, d'une densité différente de celle du reste de la masse. *Les nœuds du bois constituent des noyaux durs au sein de la substance ligneuse.* **II.** Fig. **1.** Petit groupe humain à partir duquel un groupe plus vaste se constitue. *Le noyau d'une colonie.* **2.** Petit groupe humain envisagé quant à sa stabilité, à sa cohésion. *Il avait conservé autour de lui un noyau de fidèles.* ▷ *Noyau dur :* dans le langage des affaires, groupe d'actionnaires stable qui contrôle une société. **3.** Groupe de quelques personnes qui se consacrent à une action particulière. *Noyau de propagandistes. Noyau de résistance.* **III. 1.** BIOL Organite cellulaire de forme approximativement sphérique, limité par une membrane percée de pores, qui contient les chromosomes et un ou plusieurs nucléoles. (V. encycl. chromosome.) **2.** PHYS NUCL Partie centrale de l'atome autour de laquelle gravitent les électrons. (V. encycl. ci-après.) **3.** CONSTR Partie centrale d'un bâtiment. ▷ *Noyau d'escalier :* partie centrale d'un escalier en hélice, à laquelle sont fixées les marches. **4.** ELECTR Pièce ferromagnétique autour de laquelle sont enroulées les spires d'un bobinage. *Noyau d'une bobine d'induction.* **5.** ASTRO Partie solide au centre de la tête d'une comète. **6.** CHIM Chaîne cyclique particulièrement stable, conférant à la molécule dont elle fait partie certaines propriétés caractéristiques. *Noyau benzénique des composés aromatiques.* **7.** GEOL

Partie centrale de la sphère terrestre. (V. encycl. terre.) **8.** ANAT Petit amas de substance grise dans un centre nerveux.

ENCYCL Phys. nucl. – Le noyau d'un atome est constitué de protons et de neutrons, rassemblés sous le nom de nucléons. Les réactions entre noyaux sont appelées *réactions nucléaires*. La *fission* d'un noyau d'uranium 235 s'obtient par un bombardement de neutrons. La différence de masse entre ce noyau et les fragments résultant de la fission libère une quantité considérable d'énergie, ainsi que des neutrons, qui permettent à la réaction de se poursuivre (réaction en chaîne). La fission nucléaire est utilisée à des fins pacifiques pour produire de l'électricité (réacteurs nucléaires). La *fusion* des noyaux légers (deutérium, tritium) en un noyau plus lourd (hélium) s'accompagne également d'une perte de masse libérant de l'énergie. Elle n'est possible qu'à des températures très élevées, atteignant plusieurs millions de kelvins (bombe à hydrogène, fusion thermonucléaire contrôlée); elle s'effectue naturellement dans les étoiles. Certains noyaux, qualifiés de *radioactifs*, sont instables car ils contiennent relativement trop de protons ou de neutrons. Ils ont tendance à se transformer en d'autres noyaux plus stables, en émettant des rayonnements : ils se désintègrent. (V. encycl. nucléaire et radioactivité.)

noyautage [nwajotaʒ] n. m. Action de noyauter.

noyauter [nwajote] v. tr. [**1**] S'implanter dans (un milieu) pour y mener une action de propagande ou de subversion.

noyé, ée [nwaje] adj. et n. **I.** adj. **1.** Mort par asphyxie dans un liquide. **2.** Mouillé, baigné. *Des yeux noyés de larmes.* **3.** TECH *Noyé dans la masse :* enrobé d'une matière formant un bloc. **4.** Fig. *Être noyé :* être incapable de surmonter les difficultés à affronter. **II.** n. Personne asphyxiée par immersion (morte ou simplement sans connaissance).

1. noyer [nwaje] v. [**23**] **I.** v. tr. **1.** Faire mourir par asphyxie dans un liquide. *Noyer une portée de chiots.* ▷ Loc. fig. *Noyer le poisson,* se perdre dans des digressions pour éluder une question embarrassante. – *Noyer une révolte dans le sang,* en venir à bout par une répression meurtrière. **2.** Inonder, submerger. *Les crues ont noyé les champs près de la rivière.* ▷ AUTO *Noyer le carburateur,* y laisser arriver une trop grande quantité d'essence, qui l'empêche de fonctionner. **3.** Enrober, faire disparaître dans une masse. *Noyer une poutrelle dans du béton.* **4.** Rendre indiscernable, indistinct. *La brume noyait les silhouettes des arbres.* ▷ Bx-A *Noyer les couleurs,* les fondre les unes dans les autres en les détrempant. **II.** v. pron. **1.** Mourir asphyxié par submersion. *Se noyer dans un puits.* ▷ Loc. fig. *Se noyer dans un verre d'eau :* ne pouvoir résoudre une petite difficulté. **2.** Fig. Se perdre. *Se noyer dans les détails.*

2. noyer [nwaje] n. m. **1.** Grand arbre des régions tempérées dont le fruit est la noix. ▷ Bois de cet arbre, recherché en ébénisterie. **2.** *Noyer d'Afrique :* dibétou.

N.R.F. Sigle de *Nouvelle* Revue Française (la).*

Ntare IV Rugamba (v. 1796 – 1852), roi du Burundi. Il agrandit le Burundi jusqu'à ses frontières actuelles.

Ntare Ruhatsi, souverain du Burundi. Il aurait fondé le royaume de Burundi au XVIIe s.

Ntaryamira (Cyprien) (1955 – 1994), homme politique du Burundi. Élu président de la Rép. en janv. 1994, il trouva la mort dans un accident d'avion, avec le président du Rwanda, le 6 avril.

Ntcham. V. Ncam.

1. nu [ny] n. m. Treizième lettre de l'alphabet grec (Ν, ν), correspondant à *n.*

2. nu, nue [ny] adj. et n. m. **I.** adj. **1.** Qui n'est couvert d'aucun vêtement. *Être tout nu. Avoir la tête nue. Être nu-tête, nu-jambes, nu-pieds :* avoir la tête, les jambes, les pieds nus. **2.** Sans enveloppe, sans revêtement, sans ornement. *Épée nue. Chambre nue,* dépourvue de meubles, d'ornements. *Terrain nu,* sans végétation ni construction. *Arbre nu,* dépouillé de son feuillage. ▷ (Madag.) (En parlant d'un produit alimentaire.) Qui est vendu sans emballage. *Yaourt nu.* (V. logé.) – *Prix nu :* prix du produit vendu sans emballage. ▷ *À l'œil nu :* sans instrument d'optique. **3.** Fig. Simple, sans fioritures. *Un style nu. Voilà la vérité toute nue,* sans en rien cacher. **II.** n. m. **1.** Corps ou partie du corps dénudé(e); sa représentation dans l'art. *Le nu et le drapé. Nu artistique.* **2.** CONSTR *Nu du mur :* surface unie de parement par rapport à laquelle on mesure les retraits et les saillies. **III.** Loc. adv. *À nu :* à découvert. *Enlever l'écorce pour mettre le bois à nu.* ▷ Fig. *Montrer, mettre son cœur à nu :* ne rien cacher de ses états d'âme, de ses sentiments.

nuage [nyaʒ] n. m. **1.** Amas de gouttelettes d'eau ou de petits cristaux de glace en suspension dans l'atmosphère. *Un ciel sans nuages.* ▷ Fig. *Être dans les nuages,* distrait, absent. **2.** Ce qui évoque un nuage par son aspect. *Un nuage de poussière.* **3.** Fig. Ce qui trouble la tranquillité. *Bonheur sans nuages.*

nuageux, euse [nyaʒø, øz] adj. **1.** Couvert partiellement ou entièrement par les nuages. *Ciel nuageux.* **2.** METEO Des nuages. *Système nuageux.* **3.** Fig. Confus, obscur. *Esprit nuageux.*

nuance [nɥɑ̃s] n. f. **1.** Chacun des degrés par lesquels peut passer une couleur. *Une belle nuance de rose.* **2.** Fig. Différence délicate, subtile (entre des choses de même genre). *Style sans nuance. Il y a une nuance entre «juste» et «équitable».* **3.** MUS Degré d'intensité que l'on doit donner aux sons.

nuancé, ée [nɥɑ̃se] adj. Qui présente des nuances. *Teinte nuancée.* – Fig. *Pensée nuancée.*

nuancer [nɥɑ̃se] v. tr. [**12**] Introduire des nuances dans. *Nuancer un bleu.* ▷ Fig. *Nuancer un jugement.*

nuancier [nɥɑ̃sje] n. m. Carton présentant les nuances d'un produit coloré.

Nuba, Nouba ou **Nubiens,** ensemble de populations du Soudan établies dans le Kordofan (env. 2100000 personnes). Ils parlent des langues nilo-sahariennes du groupe soudanais oriental.

Nubie, rég. désertique du N.-E. de l'Afrique, partagée entre l'Égypte *(Basse-Nubie)* et le Soudan *(Haute-Nubie).* Vastes plateaux de grès surmontés de dunes (désert Libyque), massifs cristallins ou volcaniques de plus de 2000 m d'alt. vers la mer Rouge, aux côtes découpées (désert Nubien). – HIST V. Nil, Afrique, Koush, Napata, Méroé.

nubien, enne [nybjɛ̃, ɛn] adj. et n. De Nubie. ▷ Subst. *Les Nubiens.*

nubile [nybil] adj. **1.** Qui est en âge de se marier. **2.** Qui est en âge de procréer.

nubilité [nybilite] n. f. État d'une personne nubile; âge nubile.

nuclé(o)-. Élément, du lat. *nucleus,* «noyau».

nucléaire [nykleɛʀ] adj. et n. m. **A.** adj. BIOL Du noyau de la cellule; qui a rapport au noyau de la cellule. *Membrane nucléaire.* **B. I.** adj. **1.** Didac. Du noyau de l'atome; qui a rapport au noyau de l'atome. *Physique nucléaire. Chimie nucléaire :* partie de la physique nucléaire qui s'intéresse plus particulièrement à l'étude des réactions entre noyaux et particules. (V. encycl. ci-après.) *Réaction nucléaire :* V. encycl. fission et encycl. fusion. *Énergie nucléaire :* énergie dégagée par une réaction nucléaire. **2.** Cour. Qui a trait à l'énergie nucléaire, qui l'utilise ou la produit. *Centrale nucléaire,* qui utilise l'énergie nucléaire pour produire de l'électricité. *Armes nucléaires.* ▷ Par ext. *Guerre nucléaire. Les puissances nucléaires :* les pays qui possèdent des armes nucléaires. **II.** n. m. *Le nucléaire :* l'énergie nucléaire; l'ensemble de ses utilisations industrielles, militaires, etc. **C.** adj. SOCIOL *Famille nucléaire,* constituée d'un couple et de ses enfants, et parfois d'un frère de la mère.

ENCYCL Phys. nucl. – La *physique nucléaire* est l'étude des constituants du noyau atomique. L'étude des interactions des particules aux hautes énergies nécessite l'emploi d'appareils destinés à communiquer aux particules une énergie élevée, les accélérateurs de particules (cyclotron, synchrotron, accélérateurs linéaires). Ces appareils provoquent des transmutations artificielles, c.-à-d. des transformations d'un élément en un autre. L'énergie nucléaire due à la *fission* du noyau de l'atome (V. encycl. noyau) est utilisée pour produire de l'électricité ou de la chaleur (centrales nucléaires, propulsion des navires et des sous-marins, alimentation en énergie électrique des satellites). Les premières bombes atomiques étaient fondées sur ce phénomène de fission.

nucléarisation [nykleaʀizasjɔ̃] n. f. Action d'équiper en centrales nucléaires ou en armes nucléaires.

nucléase [nykleaz] n. f. BIOCHIM Enzyme capable de scinder les acides nucléiques en leurs deux brins homologues.

nucléé, ée [nyklee] adj. BIOL Pourvu d'un ou de plusieurs noyaux.

nucléide [nykleid] n. m. PHYS NUCL Noyau atomique défini par son numéro atomique Z et son nombre de masse A. (V. encycl. noyau.)

nucléique [nykleik] adj. BIOCHIM *Acides nucléiques :* constituants fondamentaux de la cellule vivante, porteurs de l'information génétique, polymères constitués de très nombreuses unités de nucléotides.

ENCYCL Les acides nucléiques furent d'abord mis en évidence dans le noyau cellulaire; c'est à cette circonstance qu'ils doivent leur nom. On divise ces acides en deux groupes selon le type d'ose (sucre) qui entre dans leur composition : l'acide désoxyribonucléique (A.D.N.), essentiellement localisé dans le noyau; les acides ribonucléiques (A.R.N.), plus abondants dans le cytoplasme. V. encycl. code, désoxyribonucléique et ribonucléique.

nucléo-. V. nuclé(o)-.

nucléole [nykleɔl] n. m. BIOL Corpuscule nucléaire qui joue un rôle important dans la physiologie de la cellule (synthèse des protéines et de l'A.R.N.).

nucléon [nykleɔ̃] n. m. PHYS NUCL Particule constitutive du noyau de l'atome (proton ou neutron).

nucléoprotéine [nykleopʀɔtein] n. f. BIOCHIM Association basique formée par une protéine et un acide nucléique.

nucléosynthèse [nykleosɛ̃tɛz] n. f. ASTRO Ensemble des réactions nucléaires qui permettent d'expliquer la formation (à partir du noyau d'hydrogène) de tous les éléments chimiques présents dans l'Univers.

nucléotide [nykleɔtid] n. m. BIOCHIM Unité élémentaire des acides nucléiques, constituée par la liaison d'un sucre, d'un acide phosphorique et d'une base purique ou pyrimidique.

nudisme [nydism] n. m. Doctrine invitant à vivre nu en plein air; la pratique de cette doctrine. Syn. naturisme.

nudiste [nydist] adj. et n. Relatif au nudisme. *Un camp nudiste.* ▷ Subst. Adepte du nudisme.

nudité [nydite] n. f. **1.** État d'une personne nue. ▷ Fig. *Vice qui s'étale dans toute sa nudité,* effrontément. **2.** Partie du corps habituellement dérobée aux regards par un vêtement. *Voiler sa nudité.* **3.** État de ce qui n'a pas de revêtement, d'ornement; dépouillement. *La nudité d'une cellule de moine.* ▷ Fig. *La nudité du style.*

nue [ny] n. f. Litt. Nuages. ▷ Loc. fig. *Porter aux nues :* louer exagérément. – *Tomber des nues :* éprouver une grande surprise.

nuée [nɥe] n. f. **1.** Litt. Nuage épais et de grande taille. *Nuées noires annonçant un orage.* **2.** *Nuée ardente :* projection de cendres accompagnées de gaz en combustion à très haute température, qui émane d'un volcan. **3.** Multitude d'insectes, d'oiseaux, etc., évoquant un nuage. *Une nuée de sauterelles.* ▷ Très grande quantité (d'éléments distincts). *Une nuée d'assaillants.*

nue-propriété [nypʀɔpʀijete] n. f. DR *Avoir la nue-propriété d'une chose,* en avoir la propriété sans en avoir la jouissance (celle-ci étant réservée à l'*usufruitier*). *Des nues-propriétés.*

Nuer ou vieilli **Nouer,** population du haut Nil (Soudan, mais également Éthiopie). Ils parlent une langue nilotique et élèvent des bovins. Leur nombre est difficile à préciser, car des guerres civiles ont ravagé leur territoire; ils sont env. 1 250 000 au Soudan.

nuire [nɥiʀ] v. tr. indir. [**69**] Causer du tort, un dommage (à qqn, qqch). *Il cherche à me nuire.* – Absol. *Volonté de nuire.* Syn. desservir, léser. ▷ v. pron. Se causer du tort.

nuisance [nɥizɑ̃s] n. f. Ensemble des facteurs techniques ou sociaux (bruit, pollution, etc.) qui nuisent à la qualité de la vie.

nuisible [nɥizibl] adj. Qui nuit. *Fumer est nuisible à la santé. Animal nuisible,* qui nuit notam. à la végétation. Syn. préjudiciable, dommageable.

nuit [nɥi] n. f. **1.** Temps pendant lequel le soleil reste au-dessous de l'horizon. *Passer une bonne, une mauvaise nuit :* bien, mal dormir. *Passer une nuit blanche,* sans sommeil. ▷ Loc. adv. *Nuit et jour :* sans cesse. – *De nuit :* pendant la nuit. *Voyager de nuit.* ▷ (Précédé d'un subst.) *De nuit :* qui s'effectue la nuit, qui est actif ou fonctionne pendant la nuit, qui sert la nuit. *Travail de nuit. Équipe de nuit. Oiseau de nuit. Train de nuit. Table, chemise de nuit.* **2.** Obscurité de la nuit. *Une nuit noire. S'enfuir à la faveur de la nuit.* ▷ Loc. fig. *C'est le jour et la nuit :* ce sont deux personnes, deux choses très différentes. – *La nuit des temps :* les temps les plus reculés. **3.** Litt., fig. Aveuglement moral ou aveuglement des sens. *La nuit de l'ignorance.* **4.** ISLAM *Nuit du destin :* nuit de la révélation du Coran au prophète Mohammed supposée coïncider avec la nuit du 26e au 27e jour du mois de Ramadan; commémoration de cette nuit, considérée comme propice. **5.** (Afr. subsah.) (Dans certaines expressions.) *Hier nuit :* hier soir. *Lundi nuit :* lundi soir. *Dix heures de la nuit :* dix heures du soir. *Deux heures de la nuit :* deux heures du matin.

nuitamment [nɥitamɑ̃] adv. Litt. De nuit. *Molière fut enterré nuitamment.*

nuitée [nɥite] n. f. Durée pendant laquelle on peut rester dans un hôtel, un camping, en payant le prix d'une nuit (de midi au lendemain à midi).

Nujoma (Samuel Daniel) (né en 1929), homme d'État namibien; prem. président de la Rép. (1990).

Nuku-Hiva, la plus grande des îles Marquises (Polynésie française); 482 km²; 2 500 hab.

nul, nulle [nyl] adj., pron. et n. **I.** adj. indéf. (Placé avant le nom.) Aucun, pas un. *Nul homme n'est infaillible. Je n'en ai nul besoin.* ▷ pron. indéf. masc. (Empl. comme sujet.) Personne. *Nul n'est censé ignorer la loi.* **II.** adj. qualificatif (Placé après le nom.) **1.** Qui équivaut à rien, qui est réduit à rien. *Bénéfice nul. Visibilité nulle.* – *Match nul,* sans vainqueur ni vaincu. ▷ MATH Égal à zéro. – *Vecteur nul,* dont toutes les composantes sont nulles. **2.** DR Entaché de nullité. *Testament nul. Élection nulle.* Syn. caduc. **3.** Sans aucune valeur. *Devoir nul.* **4.** Qui manque de capacité (dans tel domaine). *Il est nul en anglais, en cuisine.* – Absol. *Ce candidat est absolument nul.* ▷ Subst. *C'est un nul.*

nullement [nylmɑ̃] adv. En aucune façon, pas du tout. *Il n'est nullement déçu.*

nullipare [nylipaʀ] adj. et n. f. **1.** MED Se dit d'une femme qui n'a jamais accouché. **2.** ZOOL Se dit d'une femelle de mammifère avant sa première gestation.

nullité [nylite] n. f. **1.** DR Caractère d'un acte juridique qui n'a pas de valeur légale par suite d'un vice de forme, d'un défaut de procédure. *Acte frappé de nullité.* Ant. validité. **2.** Caractère d'une chose, d'une personne nulle, sans valeur. *La nullité d'un argument. Nullité d'un élève.* **3.** Personne incapable. *Elle a épousé une nullité.*

Numance, anc. v. d'Espagne, détruite en 133 av. J.-C. par Scipion Émilien, après une résistance héroïque. Vestiges archéologiques.

Numa Pompilius (v. 715 – v. 672 av. J.-C.), deuxième roi légendaire de Rome. (V. Égérie.)

numéraire [nymeʀɛʀ] n. m. et adj. **1.** n. m. Monnaie métallique. – *Par ext.* Toute monnaie ayant cours légal (par oppos. à *effets de commerce, titres,* etc.). *Payer en numéraire.* ▷ adj. *Espèces numéraires,* monnayées. **2.** adj. ECON Qui sert d'unité de compte.

numéral, ale, aux [nymeʀal, o] adj. (et n. m.) Qui désigne un nombre; qui symbolise, figure un nombre. ▷ GRAM *Adjectif numéral cardinal,* exprimant le nombre (un, deux, dix, etc.). *Adjectif numéral ordinal,* exprimant l'ordre, le rang dans une série (premier, deuxième, centième, etc.). ▷ n. m. *Un numéral, les numéraux.*

numérateur [nymeʀatœʀ] n. m. MATH Nombre placé au-dessus de la barre d'une fraction, qui indique combien celle-ci contient de divisions égales de l'unité. *Dans la fraction* $\frac{7}{8}$, *7 est le numérateur et 8 le dénominateur.*

numération [nymeʀasjɔ̃] n. f. **1.** Façon d'énoncer ou d'écrire les nombres. *Numération romaine, arabe.* ▷ Système qui organise la suite des nombres en séries hiérarchisées. *Numération à base 10 ou décimale. Numération à base 2 ou binaire.* **2.** Opération qui consiste à compter, à dénombrer. – MED *Numération globulaire :* détermination de la concentration sanguine en globules rouges, en globules blancs et en plaquettes. – GENET *Numération chromosomique :* dénombrement des chromosomes, qui peut permettre de déceler une anomalie génétique.

numérique [nymeʀik] adj. **1.** Relatif aux nombres. *Opération numérique.* – *Calcul numérique,* qui s'effectue uniquement avec des nombres (par oppos. au *calcul algébrique* qui, outre les nombres, utilise des lettres). ▷ MATH *Droite numérique :* ensemble ordonné des nombres réels. *Fonction numérique :* application de la droite numérique dans elle-même. **2.** Considéré du point de vue du nombre. *La supériorité numérique de l'ennemi.* **3.** TECH Qui utilise des nombres (par oppos. à *analogique*). *Calculateur, système d'affichage numérique.*

numérisation [nymeʀizasjɔ̃] n. f. INFORM Action de numériser; résultat de cette action.

numériser [nymeʀize] v. tr. [**1**] INFORM Représenter (un signal) sous forme numérique. *Numériser une image en la scannant.*

numériseur [nymeʀizœʀ] n. m. INFORM Dispositif servant à numériser des signaux.

numéro [nymeʀo] n. m. (N[o], n[o] par abrév. devant un nombre en chiffres.) **1.** Chiffre, nombre que l'on inscrit sur une chose, et qui sert à la reconnaître, à la classer. *Le numéro d'une page, d'un immeuble, d'une carte d'identité.* – (Liban) Syn. de *pointure.* – (Belgique) *Numéro postal* ou (Suisse) *numéro postal d'acheminement :* code* postal. – Loc. fig. *Tirer le bon numéro :* être favorisé par la chance. – CHIM *Numéro atomique* d'un élément.* ▷ *Le numéro un :* le membre le plus important (du gouvernement d'un pays, d'un groupement politique, etc.). **2.** Chacune des livraisons d'un périodique. *Un numéro de revue.* **3.** Partie du programme d'un spectacle de variétés, de cirque, présentée par un même artiste ou un même groupe d'artistes. *Un numéro de chant, d'acrobatie.* ▷ Fig., fam. Exhibition déplacée. *C'est bientôt fini, ton petit numéro?* **4.** Fig., fam. Personne originale. *C'est un numéro, un drôle de numéro!*

numérotage [nymeʀɔtaʒ] n. m. Action de numéroter.

numérotation [nymeʀɔtasjɔ̃] n. f. Résultat du numérotage; ordre des numéros.

numéroter [nymeʀɔte] v. tr. [1] Pourvoir d'un numéro, distinguer par un numéro (chacun des éléments d'une série ordonnée). *Numéroter des pages.*

numerus clausus [nymeʀysklozys] n. m. (Mots lat.) Nombre limite de candidats que l'on admet à un concours, à une fonction.

numide [nymid] adj. et n. De Numidie. ▷ Subst. *Les Numides.*

Numidie, anc. nom de l'Afrique du Nord, entre Carthage et la Mauritanie, correspondant à une partie de l'Algérie actuelle. *Cirta* (auj. *Qassantîna*) en fut la capitale. Les Numides, peuple semi-nomade, sont les ancêtres des Berbères actuels. Leur pays, unifié par Masinissa, fut divisé en royaumes tributaires de Rome, puis réunifié par César en une prov. romaine d'Africa nova en 44 av. J.-C. (V. aussi Maurétanie). La christianisation s'y effectua dès le IIe s.; au IVe s. le pays devint le foyer du donatisme. Après avoir été conquise par les Vandales (429-456), puis par Justinien (533-534), la Numidie passa sous la domination arabe (VIIIe s.). V. Berbères et Maghreb.

numismate [nymismat] n. Personne versée dans la numismatique.

numismatique [nymismatik] n. f. et adj. Étude, science des monnaies et des médailles. ▷ adj. *Recherches numismatiques.*

nummulite [nymylit] n. f. PALEONT Foraminifère du tertiaire dont le test calcaire spiralé peut avoir plusieurs centimètres de diamètre.

nummulitique [nymylitik] n. m. GEOL Première partie du tertiaire, caractérisée par l'expansion des nummulites.

Nunavik (anc. *Nouveau-Québec*), territoire du nord du Québec où, entre les baies d'Hudson et d'Ungava, vivent un peu plus de 6000 Inuits dans des villages récents.

Nung(s), population du nord-est du Viêt-nam, dont une partie réside auj. à Hô Chi Minh-Ville et sur le plateau du Dac Lac (env. 705000 personnes). Agriculteurs, éleveurs, très proches des Tay, ils parlent une langue thai. Adeptes du bouddhisme, ils pratiquent aussi le culte des ancêtres. Ils possèdent un riche patrimoine populaire, littéraire et artistique.

Nungesser (Charles) (1892 - 1927), aviateur français. Il périt dans l'Atlantique nord à bord de l'*Oiseau-Blanc*, avec son coéquipier François Coli*, alors qu'ils tentaient la traversée Paris-New York.

nuoc-mâm [nyokmam] n. m. inv. Saumure extraite des salaisons de petits poissons séchés, qui sert de condiment, spécialité d'origine vietnamienne.

Nupé ou **Noupé,** ethnie établie au Nigeria (env. 1100000 personnes). Ils parlent une langue nigéro-congolaise du groupe kwa. Ils sont musulmans. Traditionnellement, ils vivent surtout de l'agriculture.

nu-pieds [nypje] n. m. inv. Sandale légère laissant le dessus du pied largement découvert.

nu-propriétaire, nue-propriétaire [nypʀɔpʀijetɛʀ] n. Personne qui a la nue-propriété d'un bien (par oppos. à *usufruitier*). *Des nus-propriétaires.*

nuptial, ale, aux [nypsjal, o] adj. Des noces; relatif aux noces, à la cérémonie du mariage. *Anneau nuptial.* ▷ Par ext. (Animaux) *Mœurs nuptiales de certaines espèces.*

nuptialité [nypsjalite] n. f. STATIS Nombre annuel des mariages dans une population donnée.

nuque [nyk] n. f. Partie postérieure du cou, au-dessous de l'occiput.

Nuremberg (en all. *Nürnberg*), v. d'Allemagne (Bavière), sur la Regnitz; 467400 hab. Grand centre industriel. – Jusqu'à la guerre de 1939-1945, qui la ruina, la ville avait conservé son aspect médiéval : remparts (XVe-XVIe s.), vieilles maisons, églises (dont l'égl. goth. St-Laurent, XIVe-XVe s., restaurée), chât. impérial (XIIe s., restauré). – La ville fut le siège du parti nazi. – Au *procès de Nuremberg* (20 nov. 1945-1er oct. 1946), les chefs nazis furent jugés par un tribunal international, qui, pour la première fois dans l'histoire, précisa les notions de crime de guerre et de génocide. Sur les 24 accusés, trois ne comparurent pas, douze furent condamnés à mort, sept à des peines de prison et trois furent acquittés.

Nūristān (anc. *Kāfiristān*), région montagneuse de l'est de l'Afghānistān.

nurse [nœʀs] n. f. Femme chargée de s'occuper des enfants dans une famille.

nutriment [nytʀimɑ̃] n. m. BIOL Toute substance nutritive qui peut être assimilée directement par l'organisme, sans passer par le tube digestif.

nutritif, ive [nytʀitif, iv] adj. **1.** Qui a la propriété de nourrir. *Substance nutritive.* **2.** Qui a rapport à la nutrition. *Valeur nutritive d'un aliment.*

nutrition [nytʀisjɔ̃] n. f. Processus par lequel les organismes vivants utilisent les aliments pour assurer leur croissance et leurs fonctions vitales.

nutritionnel, elle [nytʀisjɔnɛl] adj. Relatif à la nutrition.

nutritionniste [nytʀisjɔnist] n. MED Spécialiste des problèmes d'alimentation, de diététique.

Nuuk (anc. *Godthåb*), capitale du Groenland, située sur un fjord de la côte S.-O. de l'île; 11650 hab.

Nyakyusa ou **Kondé,** population de Tanzanie, de Zambie, du Malawi et de Mozambique (env. 300000 personnes). Ils parlent une langue bantoue.

Nyamulgira ou **Nyamaragira,** volcan actif de la rép. dém. du Congo (3055 m) dans les monts Virunga, au N. du lac Kivu.

Nyamwezi, population établie en Tanzanie (env. 1400000 personnes). Ils parlent une langue bantoue.

Nyaneka, population du S.-O. de l'Angola (env. 600000 personnes). Ils parlent une langue bantoue.

Nyanja, population établie au Malawi, en Zambie et au Mozambique (env. 1500000 personnes). Ils parlent une langue bantoue.

Nyassa (lac). V. Malawi (lac).

Nyassaland. V. Malawi (rép. du).

nyctalopie [niktalɔpi] n. f. Didac. Faculté de voir dans l'obscurité, propre à certains animaux (hibou, chat). *La nyctalopie constitue une anomalie chez l'être humain.*

nycthémère [niktemɛʀ] n. m. BIOL Durée de vingt-quatre heures, correspondant à un cycle biologique réglé par l'alternance du jour et de la nuit.

nycticèbe [nictisɛb] n. m. Petit lémurien de l'Asie du Sud-Est (fam. lorisidés) à fourrure laineuse de couleur beige.

Nyerere (Julius Kambarage) (né en 1922), homme politique tanzanien. Premier ministre (1961), président de la République du Tanganyika (1962), puis de la Tanzanie (1964-1985), il mena une politique progressiste et non alignée.

Nyika, plateau du nord du Malawi culminant à 2606 m. – Parc national; env. 90000 ha.

Nyiragongo (le), volcan de la république démocratique du Congo dans les monts Virunga au N.-N.-E. du lac Kivu (3470 m).

nylon [nilɔ̃] n. m. (Nom déposé.) Textile synthétique à base de polyamide, utilisé pour fabriquer des fils et des tissus. *La résistance du nylon à la traction est égale à celle de l'acier.*

nymphe [nɛ̃f] n. f. **1.** MYTH Divinité subalterne des bois, des montagnes, des eaux, dans la mythologie gréco-romaine. **2.** ENTOM Deuxième état larvaire, entre la larve et l'imago, des insectes à métamorphose, caractérisé par des ébauches alaires visibles. **3.** (Plur.) ANAT Petites lèvres de la vulve.

nymphéa [nɛ̃fea] n. m. BOT Nénuphar blanc.

nymphéacées [nɛ̃fease] n. f. pl. BOT Famille de dicotylédones dialypétales aquatiques (ordre des ranales) comprenant les nénuphars. – Sing. *Une nymphéacée.*

nymphomane [nɛ̃fɔman] adj. et n. f. Qui est atteinte de nymphomanie. ▷ n. f. *Une nymphomane.*

nymphomanie [nɛ̃fɔmani] n. f. Exagération pathologique des désirs sexuels chez la femme.

nymphose [nɛ̃foz] n. f. ENTOM Transformation d'une larve d'insecte en nymphe.

Nyon, com. de Suisse (Vaud), sur le lac Léman; 12500 hab. Faïence. Tourisme. – Chât. du XIIe s. (modifié au XVIe s.) abritant un musée (archéologie, histoire, porcelaine). Égl. XIIe-XVe s. (culte protestant).

Nyonda (Vincent de Paul) (né en 1918), auteur dramatique gabonais : *la Mort de Guykafi* (1966), drame historique; *Deux Albinos à la M'Passa* (1971), comédie montrant l'arrivée de P.S. de Brazza au Gabon; *le Soûlard* (1971), comédie amère.

Nyoro, ethnie établie en Ouganda (env. 400000 personnes). Ils parlent une langue bantoue.

Nysa Łuzycka. V. Neisse de Lusace.

nzimbu [nzimbu] n. m. inv. En Afrique centrale, ce petit coquillage etait autrefois utilisé comme monnaie et pour la parure.

O

o [o] n. m. Quinzième lettre (o, O) et quatrième voyelle de l'alphabet, notant les sons [ɔ] ou o ouvert (ex. *fiole*), [o] ou o fermé (ex. *dôme*), [ɔ̃] ou, suivi de *m* ou *n*, o nasal (ex. *bombé, bond*) et, en composition, les sons [wa] (ex. *roi*), [u] (ex. *coup*), [œ] (ex. *œil*) et [e] (ex. *œdème*), restant muette dans certains mots (ex. *paon* [pɑ̃]).

ô [o] interj. **1.** (Dans une apostrophe, une invocation.) *Ô mon Dieu!* **2.** (Marquant l'émotion.) *Ô joie!*

O.A.C.I. Sigle de *Organisation* de l'aviation civile internationale.*

Oahu, la plus peuplée des îles Hawaii; 1555 km²; 762500 hab. *Honolulu* et *Pearl Harbor* s'y trouvent.

Oakland, v. des É.-U. (Californie), sur la baie de San Francisco; 372200 hab. Port. Centre industriel.

O.A.S. Sigle de *Organisation* de l'armée secrète.*

oasien, enne [ɔazjɛ̃, ɛn] adj. et n. Qui a rapport aux oasis. ▷ Subst. Habitant(e) d'une oasis.

oasis [ɔazis] n. f. **1.** Lieu qui, au milieu d'un désert, est couvert d'une végétation liée à la présence d'eau en surface ou à faible profondeur. *Les palmiers d'une oasis.* **2.** Fig. Endroit ou moment plaisant, formant contraste avec le désagrément d'un milieu ou d'une époque. *Une oasis de paix.*

Oaxaca de Juárez ou **Oaxaca,** v. du Mexique méridional, à 1500 m d'alt.; 212900 hab. Cap. de *l'État d'Oaxaca* (95364 km²; 3019560 hab.). Import. richesses minières. Industries.

Ob ou **Obi,** grand fl. de Sibérie occid. (4345 km et 5410 km avec son princ. affluent, l'Irtych); il naît dans l'Altaï, arrose Novossibirsk et Tomsk, et se jette dans l'océan Arctique (*golfe de l'Ob,* sur 1000 km). Crues violentes.

oba [oba] n. m. (Afr. subsah.) HIST Nom du roi, dans le royaume du Bénin.

Obadya. V. Abdias.

obéché [ɔbeʃe] n. m. BOT Arbre d'Afrique tropicale (fam. sterculiacées), au bois tendre et léger, aussi appelé *samba.*

obédience [ɔbedjɑ̃s] n. f. *D'obédience* (+ adj.) : qui reconnaît (telle autorité spirituelle). *Être d'obédience israélite.* ▷ *Par ext.* Qui se rattache à (telle tendance). *Groupement communiste d'obédience maoïste.*

Obeïd (El-), site mésopotamien, un peu à l'O. de la ville d'Ur (auj. en Irak), qui donna son nom à une phase de la protohistoire sumérienne (4400 à 3500 av. J.-C. env.).

Obeïd (El-) ou **Ubayyid (Al-)** *(Al-'Ubayyid),* v. du Soudan central; 250630 hab.; capitale de la région du Kordofan. Centre commercial (gomme arabique).

obéir [ɔbeiʀ] v. tr. indir. [3] **1.** Se soumettre (à qqn), accomplir sa volonté, ses ordres. *Obéir à ses chefs.* – (Passif) *Vous serez obéi.* ▷ Par ext. *Obéir au règlement.* – Fig. *Obéir à la force, à un caprice.* **2.** (Choses) Être soumis, sensible (à une action). *Les corps obéissent aux lois de la gravitation universelle.*

obéissance [ɔbeisɑ̃s] n. f. Action, état de celui qui obéit; disposition à obéir. *Obéissance à ses parents.*

obéissant, ante [ɔbeisɑ̃, ɑ̃t] adj. Qui obéit, qui fait preuve d'obéissance.

obélisque [ɔbelisk] n. m. Monolithe quadrangulaire en forme d'aiguille surmontée d'une petite pyramide.

Obenga (Théophile) (né en 1936), égyptologue et poète de la rép. du Congo : *Stèles pour l'avenir* (1978).

obérer [ɔbeʀe] v. tr. [14] Endetter.

Oberland bernois, rég. de Suisse (Berne), entre le Rhin et l'Aar.

Oberon ou **Alberon,** roi des génies de l'air (elfes).

obèse [ɔbɛz] adj. et n. D'un embonpoint excessif. ▷ Subst. *Un(e) obèse.*

obésité [ɔbezite] n. f. **1.** État d'une personne obèse. **2.** Accumulation excessive de graisses dans l'organisme.

Obi. V. Ob.

Obianim (Sam), écrivain ghanéen. Il a écrit en éwé plus. romans, notam. *Agbezuge* (1949, trad. fr. 1990).

objectal, ale, aux [ɔbʒɛktal, o] adj. PSYCHAN Dont l'objet est indépendant du moi. *Relation objectale.*

objecter [ɔbʒɛkte] v. tr. [1] Opposer (un argument) à une affirmation, à une demande. *On nous a objecté la nécessité de réduire les dépenses.*

objecteur [ɔbʒɛktœʀ] n. m. *Objecteur de conscience :* homme qui refuse d'accomplir ses obligations militaires par scrupule de conscience philosophique ou religieux.

objectif, ive [ɔbʒɛktif, iv] adj. et n. m. **A.** adj. **1.** PHILO Qui existe en dehors de l'esprit (par oppos. à *subjectif*). *Réalité objective.* **2.** Qui n'est pas influencé par les préjugés, le parti pris. *Une analyse objective de la situation. Historien objectif.* **B.** n. m. **I.** PHYS Système optique qui, dans un instrument, est tourné vers l'objet. *Objectif et oculaire d'une lunette, d'un microscope. Objectif d'un appareil photo.* **II. 1.** MILIT Cible sur laquelle on dirige le feu d'une arme. **2.** Fig. But que l'on se propose d'atteindre. *Son objectif, c'est le pouvoir.*

objection [ɔbʒɛksjɔ̃] n. f. Ce que l'on objecte. *Faire une objection.* ▷ Spécial. *Objection de conscience :* refus du service militaire, fondé sur des opinions philosophiques ou religieuses.

objectivement [ɔbʒɛktivmɑ̃] adv. De manière objective.

objectiver [ɔbʒɛktive] v. tr. [1] PHILO Rendre objectif; considérer comme objectif.

objectivisme [ɔbʒɛktivism] n. m. PHILO **1.** Doctrine qui pose l'existence d'une réalité objective. **2.** Attitude intellectuelle qui consiste à s'en tenir à la stricte objectivité.

objectivité [ɔbʒɛktivite] n. f. **1.** PHILO Qualité de ce qui existe en dehors de l'esprit. **2.** Attitude objective, impartiale. *Objectivité d'un journaliste.*

objet [ɔbʒɛ] n. m. **1.** Ce qui peut être perçu par les sens, spécial. la vue. *Les hallucinogènes déforment la perception des objets.* **2.** Chose, généralement maniable, destinée à un usage particulier. *Objet en métal, en bois. Objet fragile. Objet d'art,* créé par un artiste. **3.** *Objet volant non identifié :* V. ovni. **4.** PHYS Tout corps lumineux ou éclairé dont un système optique forme l'image. **5.** Ce qui occupe l'esprit. *Le vrai est l'objet de l'entendement.* ▷ PHILO La chose même qui est pensée, par oppos. au sujet qui pense. **6.** Ce à quoi est consacrée une activité de l'esprit. *L'objet des mathématiques.* ▷ Matière, sujet. *Objet d'une note de service.* **7.** But, fin. *Son objet est de nous convaincre.* **8.** Personne, chose à laquelle s'adresse un sentiment. *Être un objet de respect.* **9.** GRAM Complément du verbe (mot ou groupe de mots) indiquant l'être ou la chose qui subit l'action réalisée par le sujet. *Le sujet et l'objet du verbe. Complément d'objet direct* ou *objet direct :* complément d'un verbe transitif direct, construit sans préposition (ex. : *le vase* dans *il a cassé le vase*). *Complément d'objet indirect* ou *objet indirect :* complément d'un verbe transitif indirect, construit avec une préposition (ex. : *un malade* dans *cela ne convient pas à un malade*).

objurgation [ɔbʒyʀgasjɔ̃] n. f. (Surtout au plur.) Intervention pressante visant à détourner qqn de ses intentions. *Je me suis rendu à ses objurgations.*

oblat, ate [ɔbla, at] n. RELIG CATHOL Laïc qui se joint à une communauté religieuse sans prononcer de vœux. ▷ Religieux de certains ordres.

oblation [ɔblasjɔ̃] n. f. RELIG Action par laquelle on offre (qqch) à Dieu.

obligataire [ɔbligatɛʀ] n. et adj. FIN Porteur d'obligations. ▷ adj. *Emprunt obligataire,* en obligations.

obligation [ɔbligasjɔ̃] n. f. **1.** Ce qui est imposé par la loi, la morale ou les circonstances. *Satisfaire à ses obligations familiales et professionnelles. Être dans l'obligation de déménager.* ▷ RELIG CATHOL *Fête d'obligation,* qui comporte les mêmes obligations que le dimanche. **2.** DR Lien astreignant à effectuer une prestation ou à s'abstenir d'un acte déterminé. *Obligation alimentaire entre* *parents.* – *Par ext.* Acte par lequel une personne s'engage à faire ou à ne pas faire qqch. *Souscrire une obligation.* **3.** FIN Valeur mobilière négociable qui donne droit à des intérêts.

obligatoire [ɔbligatwaʀ] adj. **1.** Qui constitue une obligation. *Clause obligatoire. Arrêt obligatoire.* **2.** Fam. Forcé.

obligatoirement [ɔbligatwaʀmɑ̃] adv. D'une manière obligatoire.

obligé, ée [ɔbliʒe] adj., n. et adv. **I.** adj. **1.** Contraint, forcé. *Vous serez obligé d'accepter.* **2.** Reconnaissant. *Je vous suis obligé de votre attention.* **3.** Dont on ne peut se dispenser. *Corvée obligée.* **II.** n. **1.** Personne à qui l'on a rendu un service. *Je suis votre obligé.* **2.** DR *Le principal obligé :* le principal débiteur. **III.** adv. (Maghreb) De façon forcée, sous la contrainte. *Il a signé obligé.*

obligeamment [ɔbliʒamɑ̃] adv. D'une manière obligeante.

obligeance [ɔbliʒɑ̃s] n. f. Disposition à être obligeant. *Il a eu l'obligeance de me raccompagner.*

obligeant, ante [ɔbliʒɑ̃, ɑ̃t] adj. Qui aime à rendre service. *Voisin obligeant.* – Par ext. *Attitude obligeante.*

obliger [ɔbliʒe] v. tr. [**13**] **1.** *Obliger à :* contraindre, forcer à. *La crainte l'oblige à se taire.* **2.** DR Lier juridiquement. *La loi oblige tous les citoyens.* **3.** Rendre service, faire plaisir à (qqn).

oblique [ɔblik] adj. et n. **1.** Qui s'écarte de la direction droite ou perpendiculaire. *Ligne oblique. Les pans obliques d'un prisme.* – Fig. *Regard oblique.* ▷ n. f. GEOM Droite inclinée, non perpendiculaire (à une autre droite, à un plan). ▷ n. m. ANAT Muscle dont les fibres sont obliques chez un sujet debout. *Le grand oblique de l'abdomen.* **2.** DR *Action oblique,* par laquelle le créancier se substitue au débiteur pour l'exercice de certains droits. **3.** GRAM *Cas obliques,* qui n'expriment pas un rapport direct (génitif, datif, ablatif). **4.** Loc. adv. *En oblique :* en suivant une ligne oblique.

obliquement [ɔblikmɑ̃] adv. De biais, en oblique.

obliquer [ɔblike] v. intr. [**1**] Aller en oblique. *Obliquer vers la droite.*

obliquité [ɔblikɥite] n. f. Position de ce qui est oblique. *Obliquité des rayons du soleil.* ▷ ASTRO *Obliquité de l'écliptique :* angle que fait le plan de l'écliptique avec le plan de l'équateur (23° 27' en moyenne).

oblitération [ɔbliteʀasjɔ̃] n. f. **1.** Action d'oblitérer; son résultat. *Oblitération d'un timbre.* **2.** MED État d'un conduit, d'une cavité obstruée.

oblitérer [ɔbliteʀe] v. tr. [**14**] **1.** Litt. Effacer peu à peu. *Le temps a oblitéré ces inscriptions.* ▷ Fig. Supprimer. *Son snobisme oblitère parfois son bon sens.* **2.** *Oblitérer un timbre,* l'annuler par l'apposition d'un cachet. **3.** MED Boucher, obstruer (une cavité, un conduit).

oblong, ongue [ɔblɔ̃, ɔ̃g] adj. Plus long que large. *Figure oblongue.*

obnubiler [ɔbnybile] v. tr. [**1**] Priver de lucidité en envahissant l'esprit. *La passion obnubile son jugement. Il est obnubilé par cette idée.* – *Par ext.* Obséder.

Obock, port de la république de Djibouti, sur la mer Rouge; 9000 hab. Ch.-l. du distr. du m. nom. – Ch.-l. de la *colonie* (*franç.*) *d'Obock* (1862-1896), il fut supplanté par Djibouti.

obole [ɔbɔl] n. f. Petite somme d'argent, petite contribution. *Apporter son obole.*

Obote (Apollo Milton) (né en 1925), homme politique ougandais. Premier ministre en 1962, il renversa le roi en 1966 et fut renversé, en 1971, par Amin Dada. Il fut élu président de la Rép. en 1980 et renversé en 1985.

oboto [oboto] n. m. Arbre d'Afrique tropicale exploité pour son bois brun rougeâtre.

Obrenović ou **Obrénovitch,** dynastie serbe fondée par Miloš Obrenović (1817).

obscène [ɔpsɛn] adj. Qui offense la pudeur. *Propos obscènes.*

obscénité [ɔpsenite] n. f. **1.** Caractère de ce qui est obscène. **2.** Parole, action obscène.

obscur, ure [ɔpskyʀ] adj. **1.** Privé de lumière. *Cour obscure.* Syn. sombre. **2.** Fig. Difficile à comprendre. *Discours obscur.* ▷ Vague, confus. *Être tourmenté par d'obscurs désirs.* **3.** Qui n'a pas de notoriété. *Né de parents obscurs,* d'un milieu modeste.

obscurantisme [ɔpskyʀɑ̃tism] n. m. Hostilité systématique au progrès de la civilisation, des «lumières».

obscurantiste [ɔpskyʀɑ̃tist] adj. et n. Qui concerne l'obscurantisme. ▷ Subst. Partisan de l'obscurantisme.

obscurcir [ɔpskyʀsiʀ] v. [**3**] **I.** v. tr. **1.** Rendre obscur. *Les nuages obscurcissent le ciel.* **2.** Fig. Frapper d'aveuglement (l'esprit). *Les préjugés obscurcissent son intelligence.* **3.** Rendre peu compréhensible. *Tournures compliquées qui obscurcissent le style.* **II.** v. pron. **1.** Devenir obscur. *Le ciel s'obscurcit.* **2.** Fig. Se troubler (esprit). *Sa raison s'obscurcit.*

obscurcissement [ɔpskyʀsismɑ̃] n. m. Action d'obscurcir, fait de s'obscurcir; son résultat. – Fig. *Obscurcissement de la conscience.*

obscurément [ɔpskyʀemɑ̃] adv. D'une façon peu claire, confuse. *Percevoir obscurément.*

obscurité [ɔpskyʀite] n. f. **1.** Absence de lumière. *Chambre plongée dans l'obscurité.* Syn. (oc. Indien) marée noire. **2.** Fig. Manque d'intelligibilité. *Obscurité d'un texte.* **3.** État de ce qui est difficilement connaissable. *L'obscurité de ses antécédents.* **4.** Absence de notoriété. *Préférer l'obscurité à la gloire.*

obsédant, ante [ɔpsedɑ̃, ɑ̃t] adj. Qui obsède.

obsédé, ée [ɔpsede] n. et adj. Qui a une obsession. *Obsédé sexuel.* – *Par exag.* Maniaque.

obséder [ɔpsede] v. tr. [**14**] S'imposer sans relâche à l'esprit. *Cette vision m'obsède.*

obsèques [ɔpsɛk] n. f. pl. Cérémonie accompagnant un enterrement. Syn. (Québec) funérailles.

obséquieux, euse [ɔpsekjø, øz] adj. D'une politesse excessive, servile.

obséquiosité [ɔpsekjɔzite] n. f. Caractère, comportement obséquieux.

observabilité [ɔpsɛʀvabilite] n. f. Didac. Qualité de ce qui est observable.

observable [ɔpsɛʀvabl] adj. Qui peut être observé.

observance [ɔpsɛʀvɑ̃s] n. f. **1.** Exécution de ce que prescrit une règle (en particulier une règle religieuse). *Observance des cérémonies.* **2.** Pratique de la règle par un ordre religieux; la règle elle-même. *La stricte observance de Cîteaux.*

observateur, trice [ɔpsɛʀvatœʀ, tʀis] n. et adj. **I.** n. **1.** Personne qui s'applique à observer les hommes, les choses, les phénomènes. *Ce peintre est un bon observateur de la nature.* **2.** Personne qui assiste à un événement qu'elle observe, sans y prendre part. *Observateur officiel envoyé par son pays à un congrès.* **II.** adj. Porté à observer. *Esprit observateur.*

observation [ɔpsɛʀvasjɔ̃] n. f. **I.** Action d'observer ce qui est prescrit. *Observation d'une règle.* **II.** **1.** Action d'étudier avec attention. *Observation scientifique. Avoir l'esprit d'observation :* être apte à observer. **2.** Action de surveiller, d'épier. *Poste d'observation.* ▷ *Mettre un malade en observation,* surveiller particulièrement l'évolution de son cas pour établir un diagnostic. **3.** Remarque portant sur ce que l'on a observé. *Une observation juste.* **4.** Léger reproche. *Faire une observation à qqn.*

observatoire [ɔpsɛʀvatwaʀ] n. m. **1.** Établissement destiné aux observations astronomiques ou météorologiques. – Par ext. *Observatoire économique :* établissement officiel chargé d'observer les variations des principaux facteurs économiques d'une région. – *Observatoire de la langue française.* **2.** Lieu d'où l'on peut observer qqch.

Observatoire de Paris, établissement scientifique fondé par Louis XIV en 1667 et construit (1667-1672) par Cl. Perrault*, siège du Bureau international de l'heure.

observer [ɔpsɛʀve] v. [**1**] **A.** v. tr. **I.** Suivre, respecter (ce qui est prescrit). *Observer le règlement, le silence.* **II.** **1.** Considérer, étudier avec soin (qqn, qqch). *Observer un nouveau venu. Observer un phénomène dans un but scientifique.* **2.** Surveiller, épier. *Observer les allées et venues de ses voisins.* **3.** Remarquer (qqch). *On observe un ralentissement de la production. Faire observer qqch à qqn.* **B.** v. pron. Prendre garde à ce qu'on dit, à ce qu'on fait.

obsessif, ive [ɔpsesif, iv] adj. Syn. de *obsessionnel.*

obsession [ɔpsesjɔ̃] n. f. Pensée obsédante. *Avoir l'obsession de l'échec.* ▷ PSYCHOPATHOL Trouble mental caractérisé par une idée fixe, une crainte ou une impulsion qui s'impose à l'esprit et détermine une sensation d'angoisse.

obsessionnel, elle [ɔpsesjɔnɛl] adj. Relatif à l'obsession. Syn. obsessif. – PSYCHOPATHOL *Névrose obsessionnelle :* trouble mental dans lequel le conflit psychique s'exprime par des idées obsédantes, une compulsion* à accomplir certains actes, la lutte contre ces idées et compulsions, un mode de pensée (doute, rumination mentale) qui finissent par provoquer l'inhibition*.

obsidienne [ɔpsidjɛn] n. f. MINER Roche éruptive vert foncé, très cassante.

obsolescence [ɔpsɔlesɑ̃s] n. f. Didac. Fait de se périmer, de devenir désuet.

obsolescent, ente [ɔpsɔlɛsɑ̃, ɑ̃t] adj. Qui devient désuet.

obsolète [ɔpsɔlɛt] adj. Périmé, désuet.

obstacle [ɔpstakl] n. m. **1.** Ce qui s'oppose au passage, à la progression. *Il y a un obstacle sur la route.* ▷ SPORT *Course d'obstacles,* qui s'effectue sur un parcours où sont disposés des fossés, des haies, etc. **2.** Fig. Ce à quoi on se heurte dans l'exécution d'un projet. *Faire obstacle à un plan.*

obstétricien, enne [ɔpstetʀisjɛ̃, ɛn] n. MED Médecin spécialiste en obstétrique.

obstétrique [ɔpstetʀik] n. f. MED Partie de la médecine qui traite de la grossesse et des accouchements.

obstination [ɔpstinasjɔ̃] n. f. Caractère d'une personne obstinée, opiniâtre.

obstiné, ée [ɔpstine] adj. et n. Qui a de l'obstination; qui dénote l'obstination. ▷ Subst. *Un(e) obstiné(e).*

obstinément [ɔpstinemɑ̃] adv. D'une manière obstinée.

obstiner (s') [ɔpstine] v. pron. [**1**] Persister opiniâtrement. *S'obstiner dans son erreur. S'obstiner à faire qqch.*

obstruction [ɔpstʀyksjɔ̃] n. f. **1.** MED Engorgement ou occlusion d'un conduit de l'organisme. **2.** Manœuvre dilatoire destinée à retarder ou empêcher l'aboutissement d'un débat. *Faire de l'obstruction dans une assemblée.*

obstruer [ɔpstʀye] v. tr. [**1**] Boucher (un conduit, un passage, un canal). *Caillot qui obstrue une artère.*

obtempérer [ɔptɑ̃peʀe] v. tr. indir. [**14**] DR ADMIN *Obtempérer à un ordre, à une sommation, etc.*, y obéir, s'y soumettre. – Absol. *Refus d'obtempérer.* ▷ Cour. Obéir sous la menace.

obtenir [ɔptəniʀ] v. tr. [**36**] **1.** Réussir à se faire accorder (ce que l'on demande). *Obtenir une place, une permission.* **2.** Parvenir à (tel résultat). *Obtenir un bon rendement de ses terres.*

obtention [ɔptɑ̃sjɔ̃] n. f. Fait d'obtenir. *Obtention d'un titre.*

obturateur, trice [ɔptyʀatœʀ, tʀis] adj. et n. m. **1.** adj. Qui sert à obturer. **2.** n. m. Objet, mécanisme servant à obturer. ▷ TECH Pièce servant au réglage ou à l'arrêt du débit d'un liquide, d'un gaz. ▷ PHOTO Dispositif qui laisse pénétrer la lumière dans un appareil photographique pendant le temps de pose fixé.

obturation [ɔptyʀasjɔ̃] n. f. Action d'obturer. *Obturation d'une dent cariée.*

obturer [ɔptyʀe] v. tr. [**1**] Boucher (une cavité, un trou).

obtus, use [ɔpty, yz] adj. **1.** GEOM *Angle obtus,* plus grand que l'angle droit. **2.** Fig. *Esprit obtus,* peu pénétrant, sans finesse.

obtusangle [ɔptyzɑ̃gl] adj. GEOM *Triangle obtusangle,* qui a un angle obtus.

obus [oby] n. m. Projectile explosif tiré par une pièce d'artillerie.

obusier [obyzje] n. m. Pièce d'artillerie courte qui permet d'atteindre des objectifs défilés.

obvier [ɔbvje] v. tr. indir. [**2**] Litt. *Obvier à :* prendre les précautions, les mesures nécessaires pour éviter, prévenir (un mal, un inconvénient).

Obwald (en all. *Obwalden*), demi-canton de Suisse; 490 km^2; 27700 hab.; ch.-l. *Sarnen.* Moitié ouest d'Unterwald, il est drainé par l'Aa de Sarnen, qui se jette dans le lac des Quatre-Cantons. À l'O., plusieurs massifs s'étirent du *Brienzer-Rothorn* (2350 m) au *Pilate* (2132 m). À l'E., l'enclave d'Engelberg, dans le Nidwald, est dominée par le glacier du *Titlis* (3239 m). Économie agropastorale et forestière. Textiles à Sarnen. Tourisme.

oc [ɔk] partic. signifiant «oui» dans les dialectes de la France du sud de la Loire, couramment parlés au Moyen Âge. – *Langue d'oc :* ensemble des dialectes du domaine gallo-roman parlés en France au sud de la Loire (à l'exception du basque et du catalan) et dans lesquels «oui» se dit *oc* (par oppos. à *langue d'oïl* et à *francoprovençal*). (V. encycl. roman.)

O.C.A.M. Sigle de *Organisation* commune africaine et malgache* (puis *africaine et mauricienne*).

ocarina [ɔkaʀina] n. m. Petit instrument à vent de musique populaire.

O'Casey (Sean) (1880 – 1964), auteur dramatique irlandais. Lyrique, il peignit la vie des quartiers pauvres de Dublin et chanta la lutte pour l'indépendance de l'Irlande : *la Charrue et les étoiles* (1926), *Roses rouges pour moi* (1943).

Occam (Guillaume d'). V. Guillaume d'Occam.

occasion [ɔkazjɔ̃] n. f. **1.** Circonstance, conjoncture favorable, qui vient à propos. *Profiter de l'occasion. Manquer l'occasion.* ▷ Loc. adv. *À l'occasion :* si une circonstance favorable se présente. **2.** Circonstance, moment. *Montrer du sang-froid en toute occasion.* **3.** Circonstance qui donne lieu à telle ou telle action, qui a pour conséquence tel ou tel fait. *Avoir l'occasion de rendre service.* – *Occasions de réjouissance.* ▷ Loc. adv. *À l'occasion de. Banquet à l'occasion d'un anniversaire.* – *D'occasion :* que des circonstances accidentelles ont suscité. *Un héroïsme d'occasion.* **4.** Marché, achat conclu dans des conditions avantageuses. ▷ *Vêtements, voitures d'occasion,* qui ne sont pas neufs. Syn. (Québec) usagé. ▷ Ellipt. *Vendre du neuf et de l'occasion.* **5.** (Afr. subsah.) Fam. Possibilité de transport gratuit ou d'un prix modique. *Trouver une occasion pour envoyer un colis.* ▷ Véhicule dans lequel s'offre une telle possibilité. *Je suis venu par occasion.* ▷ Car, taxi interurbain.

occasionnel, elle [ɔkazjɔnɛl] adj. (et n.) **1.** PHILO *Cause occasionnelle :* cause qui est seulement l'occasion offerte à la véritable cause de produire son effet. **2.** Qui arrive fortuitement. **3.** (Québec) Dont le contrat de travail est temporaire. *Une secrétaire occasionnelle.* ▷ Subst. *Des occasionnels.*

occasionnellement [ɔkazjɔnɛlmɑ̃] adv. De manière occasionnelle.

occasionner [ɔkazjɔne] v. tr. [**1**] Donner lieu à, être la cause de (un inconvénient, une gêne, un malheur).

occident [ɔksidɑ̃] n. m. **1.** Celui des quatre points cardinaux qui est du côté où le soleil se couche. Syn. ouest, couchant. **2.** Région située à l'ouest par rapport à un lieu donné. ▷ (Avec une majuscule.) Ensemble des pays situés à l'ouest du continent eurasiatique. – Ensemble des peuples qui habitent ces pays, en tant que dépositaires de certaines valeurs. *Défendre l'Occident chrétien.* ▷ POLIT Ensemble atlantique constitué par les pays d'Europe de l'Ouest, le Canada et les États-Unis.

Occident (empire d'), l'un des deux empires issus du démembrement de l'Empire romain à la mort de Théodose Ier (395 apr. J.-C.). Il subsista jusqu'en 476 (prise de Rome par le Barbare Odoacre) et fut rétabli par Charlemagne en 800. (V. aussi Saint Empire romain germanique.)

occidental, ale, aux [ɔksidɑ̃tal, o] adj. et n. **1.** adj. Qui est à l'occident. *Peuples de l'Afrique occidentale.* **2.** adj. Qui a rapport à l'Occident. *Mode de vie occidental. S'habiller à l'occidentale,* à la manière des Occidentaux. **3.** n. Habitant, personne originaire de l'Occident. *Les Occidentaux.*

occidentalisation [ɔksidɑ̃talizasjɔ̃] n. f. Action d'occidentaliser, fait de s'occidentaliser; son résultat.

occidentaliser [ɔksidɑ̃talize] v. tr. [**1**] Transformer en prenant comme modèle les valeurs, la culture de l'Occident. ▷ v. pron. *Habitudes de vie qui s'occidentalisent.*

occipital, ale, aux [ɔksipital, o] adj. et n. m. ANAT De l'occiput. ▷ *Os occipital* ou, n. m., *l'occipital :* os situé à la partie inférieure de l'arrière du crâne et traversé par un large orifice, le *trou occipital,* qui livre passage au bulbe rachidien.

occiput [ɔksipyt] n. m. Didac. ou plaisant Partie postérieure de la tête, au-dessus de la nuque.

occitan, ane [ɔksitɑ̃, an] adj. et n. m. **1.** adj. Relatif à l'Occitanie, à la langue d'oc. *Littérature, culture occitane.* **2.** n. m. *L'occitan :* la langue d'oc. (V. oc.)

Occitanie, ensemble des pays de langue d'oc : trente et un départements du sud de la France, douze vallées des Alpes italiennes, une vallée pyrénéenne d'Espagne.

occlus, use [ɔkly, yz] adj. **1.** CHIM Se dit d'un gaz inclus dans un solide. **2.** METEO *Front occlus :* V. front.

occlusif, ive [ɔklyzif, iv] adj. et n. f. **1.** MED Qui produit l'occlusion. *Bandage occlusif.* **2.** PHON *Consonne occlusive* ou, n. f., *une occlusive :* consonne dont l'articulation se fait par une fermeture complète et momentanée du conduit buccal suivie ou non d'une ouverture brusque. *Occlusives bilabiales* ([p], [b]), *occlusives dentales* ([t], [d]), etc.

occlusion [ɔklyzjɔ̃] n. f. Rapprochement des bords d'une ouverture naturelle. *L'occlusion des paupières.* ▷ MED *Occlusion intestinale :* oblitération interrompant le transit des matières fécales et des gaz.

occultation [ɔkyltasjɔ̃] n. f. **1.** ASTRO Passage d'un astre derrière un autre qui le masque à la vue de l'observateur terrestre. **2.** Action d'occulter; son résultat.

occulte [ɔkylt] adj. **1.** Caché. *Cause occulte.* **2.** Qui s'exerce en secret; clandestin. *Pressions occultes faites sur un juré.* **3.** *Sciences occultes :* doctrines et pratiques reposant sur la croyance en des influences, des forces que la connaissance rationnelle serait impuissante à expliquer (astrologie, alchimie, divination, etc.).

occulter [ɔkylte] v. tr. [**1**] **1.** ASTRO Cacher (un astre) en passant devant lui, en parlant d'un autre astre. **2.** Rendre difficilement visible (un signal lumineux) dans une zone déterminée. ▷ (Abstrait) Dissimuler. *Occulter un fait gênant.*

occultisme [ɔkyltism] n. m. Connaissance, pratique des sciences occultes.

occupant, ante [ɔkypɑ̃, ɑ̃t] n. et adj. **1.** n. DR et cour. Personne qui occupe un local, un emplacement. ▷ *Spécial.* DR Personne qui occupe un local d'habitation ou un local professionnel sans être titulaire d'un bail ou d'un engagement de location. ▷ *Premier occupant :* celui qui le premier prend possession d'un lieu. **2.** adj. Qui occupe militairement un pays. *Troupes occupantes.* ▷ n. m. *Lutter contre l'occupant.*

occupation [ɔkypasjɔ̃] n. f. **1.** Affaire, activité à laquelle on est occupé. *Il a de multiples occupations.* **2.** Place, emploi. *Il n'a pas d'occupation actuellement.* **3.** Jouissance d'un lieu, d'un local. *Loyer payé à proportion de l'occupation.* **4.** Action de se rendre maître d'un pays par les armes et d'y maintenir des forces militaires. *Armée d'occupation.* ▷ Période pendant laquelle un pays est occupé par une puissance étrangère. **5.** Fait d'occuper un lieu. *L'occupation d'une usine par des grévistes.*

occupation allemande ou absol. **Occupation (l')**, période de l'histoire de France où l'armée allemande occupa le territ. français depuis l'armistice du 22 juin 1940 jusqu'à la Libération* (juin-nov. 1944).

occupé, ée [ɔkype] adj. **1.** Qui a une occupation, qui s'occupe de qqch. *Il est occupé à terminer ce travail.* ▷ Qui a de l'occupation; actif. *Un homme très occupé.* **2.** Placé sous l'autorité de troupes d'occupation. **3.** Où quelqu'un est déjà installé. *Fauteuil occupé.*

occuper [ɔkype] v. [**1**] **I.** v. tr. **1.** Se rendre maître, demeurer maître de (un lieu). *Occuper une ville ennemie.* ▷ Par ext. *Ouvriers en grève qui occupent une usine.* **2.** Remplir (une étendue d'espace ou de temps). *Un grand lit occupait la moitié de la chambre. Ce travail a occupé toute ma matinée.* ▷ Absorber (qqn), lui prendre son temps. *Sa famille et sa carrière l'occupent tout entier.* **3.** Habiter. *Occuper le rez-de-chaussée.* **4.** Remplir, exercer (une fonction, un emploi). *Il occupe un poste très important au ministère.* **5.** Employer, donner de l'occupation à. *Occuper qqn à qqch.* **II.** v. pron. **1.** *S'occuper de qqch,* y consacrer son temps, son attention. *S'occuper d'œuvres sociales. Occupez-vous de ce qui vous regarde.* ▷ *S'occuper de qqn,* lui consacrer son temps, veiller sur lui. *Son mari s'occupe bien des enfants.* **2.** (S. comp.) Ne pas rester inactif. *Aimer, savoir s'occuper.* **III.** v. intr. DR Défendre en justice les intérêts d'un client, en parlant d'un avocat.

occurrence [ɔkyʀɑ̃s] n. f. **1.** Litt. Occasion, circonstance. – Loc. *En l'occurrence :* dans le cas envisagé. **2.** LING Apparition d'une unité linguistique dans unénoncé.

O.C.D.É. Sigle de *Organisation* de coopération et de développement économiques.*

océan [ɔseɑ̃] n. m. **1.** Vaste étendue d'eau salée baignant une grande partie de la Terre. ▷ Partie de cette étendue. *L'océan Atlantique, Pacifique.* **2.** Fig. *Océan de :* grande étendue. *Le désert, vaste océan de sable.*

Océan. V. Océanos.

océanides, dans la myth. gr., nymphes, filles d'Océanos et de Téthys.

Océanie, une des cinq parties du monde; 8935124 km²; 26 800 000 hab.

Géogr. phys. et hum. – Située dans le Pacifique Sud, l'Océanie se compose de l'Australie (85 % de la superficie et deux tiers des hab.), de la Nouvelle-Guinée, de la Nouvelle-Zélande (éléments d'un socle ancien remaniés par la tectonique récente) et d'environ 10000 îles d'origine volcanique ou corallienne, réparties en trois archipels : Mélanésie, Micronésie, Polynésie. Les climats chauds (équatorial et tropical insulaire) dominent, mais l'Australie, du fait de son ampleur, connaît aussi des climats arides et méditerranéens, alors que le climat néo-zélandais est océanique tempéré. L'isolement et le morcellement des terres expliquent la relative pauvreté de la faune et de la flore. Si les populations autochtones (Mélanésiens, Micronésiens, Polynésiens) sont encore majoritaires dans la plupart des îles, elles ne sont plus que marginales en Australie et en Nouvelle-Zélande, où elles ont été refoulées par la colonisation européenne; les apports asiatiques (Indiens, Chinois, Vietnamiens) sont notables et le métissage est important. Australie et Nouvelle-Zélande appartiennent au monde riche, de même que les îles dépendant de grandes puissances (Hawaii, Nouvelle-Calédonie, Polynésie française); le reste du continent fait partie du tiers monde.

Écon. – L'économie trad. (cueillette, pêche, cocotier) a été définitivement détruite par la guerre nippo-américaine (1941-1945) et remplacée par le développement des plantations (ananas, bananes) et l'exploitation des mines et l'on a fait appel à la main-d'œuvre indienne, japonaise et chinoise. Les deux seuls pays qui ont eu un essor industriel sont la Nouvelle-Zélande et l'Australie. Le tourisme est prospère dans les îles polynésiennes, tout particulièrement à Hawaii et à Tahiti. L'installation de bases militaires en Océanie constitue un autre facteur de transformation. Un Forum du Pacifique Sud, réunissant les gouvernements indépendants, défend les intérêts régionaux (notam. contre les essais nucléaires français en Polynésie).

Hist. – Le peuplement des îles océaniennes fut progressif à partir de 20000 av. J.-C. et, dans certains cas, tardif (vers l'an 1000 pour les Fidji). Les Européens abordèrent la région au XVIe s., avec Magellan. À une phase d'exploration (scientifiquement organisée seulement à la fin du XVIIIe s. : Bougainville, Cook) succéda, au XIXe s., la période du partage des terres entre les puissances coloniales (G.-B., É.-U., Allemagne, France) dont les missionnaires ont souvent précédé les commerçants et les soldats. L'Australie et la Nouvelle-Zélande mises à part, la décolonisation ne commença que vers 1960; de nombr. îles sont encore auj. possessions européennes ou américaines.

Océanie (Établissements français de l'), nom porté de 1885 à 1958 par la *Polynésie française.*
▶ V. dossier France d'outre-mer, p. 1442).

océanien, enne [ɔseanjɛ̃, ɛn] adj. et n. De l'Océanie; relatif à ses habitants. ▷ Subst. *Les Océaniens.*

océanique [ɔseanik] adj. **1.** De l'océan. *Flore océanique.* **2.** Qui est proche de l'océan, qui en subit l'influence. *Climat océanique :* climat doux et humide que l'influence des océans fait régner sur les îles et les façades maritimes de la zone tempérée.

océanographe [ɔseanɔgʀaf] n. Spécialiste d'océanographie.

océanographie [ɔseanɔgʀafi] n. f. Science qui a pour objet l'étude des océans.

océanographique [ɔseanɔgʀafik] adj. Relatif à l'océanographie.

océanologie [ɔseanɔlɔʒi] n. f. Océanographie appliquée à l'exploitation des ressources océaniques et à la protection des mers.

Océanos ou **Océan,** dans la myth. gr., divinité personnifiant l'eau qui entoure la terre. Fils d'Ouranos et de Gaia, c'est l'aîné des Titans; époux de Téthys, il est le père des fleuves et des océanides.

ocelle [ɔsɛl] n. m. ZOOL **1.** Tache arrondie dont le centre est d'une autre couleur que la circonférence. *Les ocelles des ailes de papillon.* **2.** Œil simple de certains arthropodes.

ocelot [ɔslo] n. m. **1.** Félin d'Amérique du Sud, dont la fourrure tachetée est très recherchée. **2.** Fourrure de l'ocelot.

ochnacées [ɔknase] n. f. pl. BOT Famille d'arbres et d'arbustes tropicaux tels que l'azobé. – Sing. *Une ochnacée.*

Ockeghem ou **Okeghem** (Johannes) (v. 1410 – v. 1497), compositeur franco-flamand; musicien de plus. rois de France : messes, motets, chansons polyphoniques.

O'Connel (Daniel) (1775 – 1847), homme politique irlandais. Adepte de la non-violence, il fonda en 1823 la Catholic Association et obtint en 1829 l'émancipation des catholiques. Il refusa de s'opposer à l'Angleterre (1843-1844) et les extrémistes fondèrent le mouvement Jeune-Irlande (1845).

O'Connor (Flannery) (1925 – 1964), femme de lettres américaine. Elle dénonce la violence : *la Sagesse dans le sang* (1952), *Les violents réussissent* (1960).

ocre [ɔkʀ] n. f. et adj. inv. **1.** Argile friable, de couleur jaune, rouge ou brune selon la nature des oxydes qu'elle contient. **2.** Couleur, colorant à base d'ocre. **3.** Couleur d'un brun tirant sur le jaune ou le rouge. ▷ adj. inv. *Des murs ocre.*

ocrer [ɔkʀe] v. tr. [**1**] Colorer en ocre. ▷ Pp. adj. Coloré, teinté en ocre. – Qui se rapproche de la couleur ocre.

oct-, octa-, octi-, octo-. Éléments, du lat. *octo,* «huit».

octaèdre [ɔktaɛdʀ] n. m. (et adj.) GEOM Polyèdre à huit faces.

octane [ɔktan] n. m. CHIM Hydrocarbure saturé de formule C_8H_{18}. ▷ *Indice d'octane,* qui mesure le pouvoir antidétonant d'un carburant.

octant [ɔktɑ̃] n. m. GEOM Huitième partie d'un cercle, arc de 45°.

octave [ɔktav] n. f. **1.** LITURG CATHOL Espace de huit jours suivant une grande fête. **2.** MUS Intervalle dans lequel la note la plus haute a pour fréquence le double de la plus basse. ▷ Huitième degré de l'échelle diatonique.

Octave (en lat. *Octavius*), nom de famille du futur empereur Auguste*.

Octavie (en lat. *Octavia*) (v. 70 – 11 av. J.-C.), sœur d'Auguste; épouse (40-32) de Marc Antoine, qui lui préféra Cléopâtre.

Octavie (en lat. *Octavia*) (v. 42 – 62), impératrice romaine; fille de Claude et de Messaline, sœur de Britannicus. En 53, elle épousa Néron, qui, devenu empereur, la répudia, puis la contraignit à se tuer.

octavon, onne [ɔktavɔ̃, ɔn] adj. et n. Se dit d'une personne née d'un quarteron et d'une Blanche ou d'un Blanc et d'une quarteronne.

octet [ɔktɛ] n. m. INFORM Groupe de huit bits.

octi-. V. oct-.

octo-. V. oct-.

octobre [ɔktɔbʀ] n. m. Dixième mois de l'année, comprenant trente et un jours.

Octobre 1917 (révolution d'), insurrection dirigée par les bolcheviks qui renversa à Petrograd le gouv. de Kerenski. Lénine et Trotski la déclenchèrent le 24 oct. (du calendrier russe; c.-à-d. le 6 nov.); elle triompha le 26 oct. (8 nov.). Le palais d'Hiver, où siégeait le gouv., ayant été pris à 2 h 30 du matin, Lénine constitua le jour même le Conseil *(Soviet)* des commissaires du peuple, qu'il présida, et instaura la dictature du prolétariat.

octocoralliaires [ɔktokɔʀaljɛʀ] n. m. pl. ZOOL Classe de cnidaires anthozoaires qui comprend notam. les alcyons et le corail rouge. – Sing. *Un octocoralliaire.*

octogénaire [ɔktɔʒenɛʀ] adj. et n. Qui a entre quatre-vingts et quatre-vingt-dix ans. ▷ Subst. *Un(e) octogénaire.*

octogonal, ale, aux [ɔktɔgɔnal, o] adj. En forme d'octogone.

octogone [ɔktɔgɔn] n. m. GEOM Polygone qui a huit angles (et donc huit côtés).

octopode [ɔktɔpɔd] adj. et n. m. **1.** adj. Qui a huit pieds, huit tentacules. **2.** n. m. pl. ZOOL Ordre de mollusques céphalopodes dibranchiaux dépourvus de coquille et possédant huit bras, qui comprend notam. la pieuvre et l'argonaute. – Sing. *Un octopode.*

octosyllabe [ɔktosil(l)ab] adj. et n. m. Qui a huit syllabes. ▷ n. m. Vers octosyllabe.

octroi [ɔktʀwa] n. m. **1.** Action d'octroyer. *Octroi d'un privilège.* **2.** Anc. Impôt perçu par les villes sur certaines marchandises qui y entraient. ▷ *Par ext.* Administration qui percevait cet impôt. – Bureau où il était versé.

octroyer [ɔktʀwaje] v. tr. [**23**] **1.** Concéder, accorder comme une faveur. *Octroyer une grâce.* ▷ v. pron. Fam. *S'octroyer un peu de repos.* **2.** Allouer. *La maigre pension qu'on lui octroie.*

octuor [ɔktɥɔʀ] n. m. MUS **1.** Morceau écrit pour huit voix ou huit instruments. **2.** Groupe de huit musiciens ou de huit chanteurs.

oculaire [ɔkylɛʀ] adj. et n. m. **I.** adj. **1.** Qui a rapport à l'œil, de l'œil. *Globe oculaire.* **2.** *Témoin oculaire,* qui a vu une chose de ses propres yeux. **II.** n. m. Lentille ou système de lentilles qui, dans un instrument d'optique, est proche de l'œil de l'observateur (par oppos. à *objectif*).

oculiste [ɔkylist] n. Vieilli Syn. de *ophtalmologiste.*

ocypode [osipɔd] n. m. ZOOL Crabe de couleur sable, à carapace carrée, très fréquent sur les plages africaines, où il creuse des terriers.

odalisque [ɔdalisk] n. f. **1.** Anc. Esclave remplissant les fonctions de femme de chambre auprès des femmes du sultan. **2.** Cour. Femme de harem.

ode [ɔd] n. f. LITTER **1.** Poème chanté, chez les anciens Grecs. **2.** Poème lyrique d'inspiration élevée, composé de strophes le plus souvent symétriques ou de stances.

Odense, port du Danemark, ch.-l. de l'île de Fionie; 177 600 hab. Industries. – Église Notre-Dame (XIIe s.), St-Knud (XIVe s.; tombeaux royaux).

Oder (en polonais *Odra*), fl. de Pologne (848 km); il naît dans les Sudètes, en République tchèque, arrose Francfort-sur-l'Oder, Szczecin et se jette dans la Baltique. V. Oder-Neisse (ligne).

Oder-Neisse (ligne) (en polonais *Odra-Nysa*), frontière occid. de la Pologne, dont le tracé fut décidé par les accords de Potsdam (1945). Ce tracé, reconnu par la R.D.A. en 1950, fut ratifié par la Pologne et par l'Allemagne réunifiée en 1990.

Odessa, v. d'Ukraine, princ. port sur la mer Noire; 1 148 000 hab.; ch.-l. de la rég. du m. nom. Centre industriel. – Créée (1794) par Catherine II de Russie sur le site d'*Odessos,* anc. colonie grecque, la ville devint, au XIXe s., le deuxième port de Russie. En 1905, les marins du cuirassé *Potemkine** se révoltèrent en rade d'Odessa.

odeur [ɔdœʀ] n. f. Émanation volatile produite par certains corps et perçue par l'organe de l'odorat. *Bonne, mauvaise odeur. Une odeur de moisi.* ▷ Loc. fig. *Mourir en odeur de sainteté :* mourir saintement après une vie de piété. – Par ext. *N'être pas en odeur de sainteté auprès de qqn,* ne pas jouir de son estime.

odieusement [ɔdjøzmɑ̃] adv. D'une manière odieuse.

odieux, euse [ɔdjø, øz] adj. **1.** Qui suscite l'aversion, l'indignation. *Se rendre odieux. Mensonge odieux.* **2.** (Personnes) Très désagréable; méchant et grossier. *Il a été odieux avec elle.*

Odin ou **Odinn,** divinité princ. de la myth. scandinave, assimilé au Wotan des Germains; dieu de la Sagesse, de la Poésie et surtout de la Guerre.

Odoacre (v. 434 – 493), roi des Hérules. Il prit Rome en 476 et mit fin à l'empire d'Occident. Il fut vaincu et assassiné par Théodoric, roi des Ostrogoths, à l'issue du siège de Ravenne (490-493).

odonates [ɔdɔnat] n. m. pl. ENTOM Ordre d'insectes carnassiers à pièces buccales de type broyeur, à longues ailes, dont les larves sont aquatiques. – Sing. *La libellule est un odonate.*

odontalgie [ɔdɔ̃talʒi] n. f. MED Mal de dent.

odontocètes [ɔdɔ̃tɔsɛt] n. m. pl. ZOOL Sous-ordre de cétacés pourvus de dents (dauphins, cachalots, narvals, etc.). – Sing. *Un odontocète.*

odontologie [ɔdɔ̃tɔlɔʒi] n. f. MED Étude des dents et de leurs affections, médecine dentaire.

odontostomatologie [ɔdɔ̃tostɔmatɔlɔʒi] n. f. MED Discipline regroupant l'odontologie et la stomatologie.

odorant, ante [ɔdɔʀɑ̃, ɑ̃t] adj. Qui répand une odeur (partic. une bonne odeur). *Substance odorante.* Ant. inodore.

odorat [ɔdɔʀa] n. m. Sens par lequel l'homme et les animaux perçoivent et reconnaissent les odeurs.

odoriférant, ante [ɔdɔʀifeʀɑ̃, ɑ̃t] adj. Qui répand une odeur agréable.

odyssée [ɔdise] n. f. Voyage plein de péripéties; vie mouvementée.

Odyssée, poème épique grec en 24 chants attribué à Homère et princ. consacré aux péripéties du retour d'Ulysse* à Ithaque, son royaume, après la chute de Troie.

Ôé (Kenzaburô) (né en 1935), écrivain japonais : *Dites-nous comment survivre à notre folie* (1969), *Parents de la vie* (1989). P. Nobel 1994.

O.É.A. Sigle de *Organisation* des États américains.*

œcoumène [ekumɛn] n. m. V. écoumène.

œcuménique [ekymenik; økymenik] adj. **1.** RELIG Universel. ▷ *Concile œcuménique :* concile universel des évêques de l'Église catholique, présidé par le pape ou par ses légats (V. concile). ▷ *Conseil œcuménique des Églises :* association créée en 1948 pour la communion fraternelle des Églises chrétiennes non catholiques en quête d'unité. **2.** Relatif à l'œcuménisme. – Qui rassemble les Églises. *Une réunion œcuménique.*

œcuménisme [ekymenism; økymenism] n. m. RELIG Mouvement visant à l'union de toutes les Églises chrétiennes en une seule.

œdémateux, euse [edematø; ødematø, øz] adj. MED **1.** De la nature de l'œdème. **2.** Atteint d'œdème.

œdème [edɛm; ødɛm] n. m. MED Infiltration séreuse d'un tissu (partic. du tissu sous-cutané), qui se traduit par un gonflement localisé ou diffus.

œdipe [edip; ødip] n. m. PSYCHAN *Œdipe* ou *complexe d'Œdipe :* ensemble des désirs amoureux et des sentiments d'hostilité éprouvés par l'enfant à l'égard de ses parents (V. Œdipe).

Œdipe, héros de la myth. gr., fils de Laïos, roi de Thèbes, et de Jocaste. L'oracle de Delphes ayant prédit qu'il tuerait son père et épouserait sa mère, Œdipe fut abandonné à sa naissance par ses parents. Recueilli et élevé par Polybos, roi de Corinthe, il apprend qu'il n'est qu'un enfant trouvé et va consulter l'oracle de Delphes, qui lui révèle la prédiction que cet oracle fit. Effrayé, il fuit Corinthe. Sur la route, il se querelle avec un étranger : son père, et le tue. Aux portes de Thèbes, il affronte le Sphinx et résout sa célèbre énigme, ce qui provoque la mort du Sphinx; aussi, il est proclamé roi (en grec *tyran*) de Thèbes et épouse sa propre mère. Mais le couple découvre la vérité : Jocaste se pend; Œdipe se crève les yeux et part en exil, accompagné de sa fille Antigone. Eschyle et, surtout, Sophocle ont traité cette histoire. ▷ PSYCHAN Œdipe ayant épousé sa mère, Freud a nommé *complexe d'Œdipe* le phénomène psychique qu'il avait observé sur lui-même : « J'ai trouvé en moi des sentiments d'amour envers ma mère et de jalousie envers mon père, sentiments qui sont, je pense, communs à tous les jeunes enfants » (1897).

œdipien, enne [edipjɛ̃; ødipjɛ̃, ɛn] adj. PSYCHAN Qui a trait à l'œdipe; qui est de la nature de l'œdipe.

œil [œj], plur. **yeux** [jø] n. m. **I. 1.** Organe de la vue (le globe oculaire : iris, pupille, etc.; les paupières). *Avoir les yeux bleus, noirs.* – Fig. et prov. (Allus. biblique.) *Œil pour œil, dent pour dent,* formule de la loi du talion. – *Avoir de bons yeux,* une bonne vue. – Loc. fig. *Avoir bon pied, bon œil :* être en bonne santé. – *Faire les gros yeux à qqn,* le regarder d'un air sévère. **2.** *Ouvrir, fermer les yeux,* les paupières. *Ouvrir des yeux ronds* (sous l'effet de la surprise). – Fig. *Ouvrir* (ou *avoir*) *l'œil :* être très attentif. – Fig. *Ouvrir les yeux à qqn,* faire en sorte qu'il se rende à l'évidence. ▷ Fig.

Fermer les yeux sur une chose, faire semblant, par complicité, par indulgence ou par lâcheté, de ne pas la voir. ▷ *Cligner de l'œil, des yeux. Faire un clin d'œil à qqn.* **3.** Regard. *Jeter un œil sur qqch,* l'examiner rapidement. *L'œil du maître.* – Fam. *Faire de l'œil à (qqn) :* cligner de l'œil avec un regard appuyé pour exprimer une invite amoureuse. – Fam. *Taper dans l'œil de qqn* ou (Belgique) *tomber dans l'œil de qqn :* plaire vivement à qqn. – *Sous les yeux de qqn :* à sa vue; juste devant lui. – *Cela saute aux yeux, crève les yeux :* cela est d'une évidence criante. – *Visible à l'œil nu,* sans l'aide d'un instrument d'optique. ▷ *Coup d'œil :* regard rapide. ▷ *Mauvais œil :* regard qui est censé porter malheur, faculté de porter malheur; malédiction, acharnement du sort. *Conjurer le mauvais œil.* **4.** Loc. fig. *Coûter les yeux de la tête :* coûter excessivement cher. – *Tourner de l'œil :* s'évanouir. ▷ Loc. adv. *À l'œil :* gratuitement. **5.** (En tant qu'indice des qualités de l'âme, du caractère.) *L'œil mauvais, fourbe,* etc. ▷ Disposition, état d'esprit. *Voir qqn, qqch, d'un bon œil, d'un mauvais œil :* considérer qqn, qqch, favorablement, défavorablement. **II.** *Par anal.* (de fonction). **1.** *Œil de verre :* œil artificiel en verre ou en émail qui remplace, dans l'orbite, un œil perdu. **2.** *Œil électrique :* cellule photoélectrique. **III.** *Par anal.* (de forme). **1.** TECH (Plur. *œils*). Ouverture, trou, sur divers articles ou instruments. – *L'œil d'une aiguille,* son chas. – *Œil d'une roue,* par lequel passe son axe. – *Œil d'un marteau,* dans lequel on fixe le manche. **2.** Bulle de graisse qui nage à la surface d'un bouillon. **3.** ARBOR Bouton, bourgeon.

ENCYCL Anat. – L'œil humain est un organe irrégulièrement sphérique, de 2 à 3 cm de diamètre, qui pèse de 7 à 8 g. Calé dans l'orbite par un coussinet adipeux, il est fixé à l'os par 6 muscles moteurs. L'œil est formé de 3 enveloppes (de l'extérieur vers l'intérieur) : la *sclérotique,* la *choroïde* et la *rétine.* La sclérotique (le « blanc » de l'œil), cartilagineuse, devient transparente à la partie antérieure de l'œil, formant la *cornée.* Derrière, la choroïde se prolonge par les *procès ciliaires* et l'*iris,* qui limite la *pupille,* ouverture à diamètre variable, derrière laquelle se trouve une lentille biconvexe, le *cristallin.* La rétine, seule membrane sensible aux rayons lumineux, contient les cellules visuelles à cônes et à bâtonnets (V. encycl. vision). On distingue sur la rétine : la *tache jaune,* où se forment le plus nettement les images, et le *point aveugle,* où s'épanouit le nerf optique et qui est insensible aux rayons lumineux. Entre la cornée et le cristallin se trouve un liquide, l'*humeur aqueuse* et, à l'intérieur de l'œil, l'*humeur vitrée.* Princ. anomalies de l'œil : courbure défectueuse du cristallin ou de la rétine *(hypermétropie, presbytie, astigmatisme);* anomalie chromatique *(daltonisme).*

œil-de-bœuf [œjdəbœf] n. m. Ouverture ronde ou ovale destinée à donner du jour. *Des œils-de-bœuf.*

œil-de-perdrix [œjdəpɛʀdʀi] n. m. Cor entre deux orteils. *Des œils-de-perdrix.*

œillade [œjad] n. f. Coup d'œil furtif, clin d'œil en signe de connivence, spécial. en signe d'invite amoureuse.

œillère [œjɛʀ] n. f. **1.** Chacune des deux pièces de cuir attachées au montant de la bride d'un cheval pour l'empêcher de voir sur les côtés. ▷ Fig. *Avoir des œillères :* avoir une vue étroite ou partisane des choses; être borné. **2.** Petit récipient ovale pour les bains d'œil.

1. œillet [œjɛ] n. m. **1.** Petit trou rond, souvent bordé d'un renfort, servant à passer un cordon, un lacet, un cordage, un bouton, etc. **2.** Petite pièce métallique circulaire qui sert à renforcer la bordure d'un œillet. – Toute pièce servant à renforcer les bordures d'une perforation circulaire.

2. œillet [œjɛ] n. m. **1.** Plante ornementale dicotylédone dialypétale, à fleurs très odorantes de diverses couleurs. **2.** *Œillet d'Inde :* tagète (fam. composées).

1. œilleton [œjtɔ̃] n. m. Pièce adaptée à l'oculaire d'un instrument d'optique, d'un appareil photo, etc., pour permettre une meilleure position de l'œil de l'observateur. ▷ Petit viseur circulaire sur certaines armes.

2. œilleton [œjtɔ̃] n. m. BOT Rejet (sens II) de certaines plantes qu'on utilise pour leur reproduction. *Des œilletons de bananier.*

œilletonner [œjtɔne] v. tr. [1] ARBOR **1.** Multiplier (une plante) en séparant les œilletons. **2.** Débarrasser (un arbre fruitier) de ses œilletons à feuilles; débarrasser (un arbre) de ses bourgeons à bois.

œillette [œjɛt] n. f. Pavot cultivé, aux graines oléagineuses, dont on extrait *l'huile d'œillette.*

Oe Kenzaburo (né en 1935), romancier japonais : *Une affaire personnelle* (1964). P. Nobel 1994.

œkoumène [ekumɛn] n. m. V. écoumène.

œnologie [enɔlɔʒi; ønɔlɔʒi] n. f. Art de fabriquer et de conserver les vins.

œnologue [enɔlɔg; ønɔlɔg] n. Spécialiste d'œnologie.

œnothéracées [ønɔteʀase] n. f. pl. BOT Famille de plantes dicotylédones dialypétales, des lieux humides surtout, qui comprend notam. le fuchsia. Syn. onagracées. – Sing. *Une œnothéracée.*

O.É.R.S. V. Organisation* pour la mise en valeur du fleuve Sénégal.

Œrsted ou **Ørsted** (Hans Christian) (1777 – 1851), physicien danois; il découvrit l'existence du champ magnétique créé par un courant électrique (1820).

œsophage [ezɔfaʒ] n. m. ANAT Segment du tube digestif qui relie le pharynx à l'estomac.

œsophagien, enne [ezɔfaʒjɛ̃, ɛn] adj. ANAT, MED Relatif à l'œsophage.

œstradiol [østʀadjɔl] n. m. BIOL Œstrogène naturel très actif, considéré comme la véritable hormone femelle. (V. encycl. œstrogène.)

œstral, ale, aux [østʀal, o] adj. BIOL Relatif à l'œstrus. – *Cycle œstral :* succession de modifications cycliques affectant l'appareil génital des femelles des mammifères durant la période où elles sont aptes à la reproduction.

œstre [østʀ] n. m. ENTOM Mouche au corps épais et velu, qui dépose ses œufs sur la peau ou dans les fosses nasales (*œstre du mouton*) des animaux domestiques.

œstrogène [ɛstʀɔʒɛn] adj. et n. m. BIOL Qui déclenche l'œstrus chez la femme et les femelles des mammifères. *Hormones œstrogènes.* ▷ n. m. *Les œstrogènes.*

ENCYCL Chez la femme, les œstrogènes naturels, œstradiol et œstrone (ou folliculine), sont synthétisés par l'ovaire et par le placenta au cours de la grossesse et, chez l'homme, dans les testicules. En dehors de la grossesse, la sécrétion d'œstrogènes par la femme est cyclique, avec un pic au 14e jour du cycle, correspondant à l'ovulation (V. œtrus). Cette sécrétion dépend des hormones hypophysaires.

œstrone [ɛstʀɔn] n. f. BIOL Syn. de *folliculine.*

œstrus [østʀys] n. m. BIOL Phase du cycle œstral de la femme et des femelles des mammifères, correspondant à l'ovulation et à la période où la fécondation est possible.

Œta, montagne de Grèce (S. de la Thessalie, 2 152 m) qui domine le défilé des Thermopyles.

œuf [œf], plur. **œufs** [ø] n. m. **I. 1.** Produit de la ponte externe des oiseaux, de forme caractéristique *(ovoïde),* comprenant une coquille, des membranes, des réserves. *Le blanc et le jaune de l'œuf. Œuf d'autruche.* ▷ ZOOL Produit de la ponte des reptiles, des poissons, des insectes. *Œuf de serpent. Œufs d'esturgeon* (caviar). **2.** Œuf de poule, en tant qu'aliment. *Œuf à la coque, sur le plat. Œuf dur.* **3.** Loc. fig. *Mettre tous ses œufs dans le même panier :* faire dépendre d'une seule chose une entreprise. – *Marcher sur des œufs :* se conduire avec une circonspection extrême dans des circonstances délicates. – *Étouffer, tuer dans l'œuf :* faire avorter (une entreprise à l'état de projet). – (Belgique) Fam. *Avoir un œuf à peler avec qqn :* avoir un compte à régler avec qqn. **II.** BIOL Cellule résultant de la fécondation du gamète femelle par le gamète mâle et dont le développement donnera un nouvel être vivant, animal ou végétal. Syn. zygote.

œuvé, ée [œve] adj. Se dit d'un poisson femelle qui porte des œufs. *Hareng œuvé.*

œuvre [œvʀ] n. **I.** n. f. **1.** Ce qui est fait, produit par quelque agent et qui subsiste après l'action. *Faire œuvre utile.* – Loc. *Être le fils de ses œuvres :* être arrivé au succès par son propre mérite. **2.** Action, activité, travail. Prov. *À l'œuvre on connaît l'ouvrier* (ou *l'artisan*). – *Être, se mettre à l'œuvre.* – *Mettre qqch en œuvre :* employer (qqch) pour un usage déterminé; fig. avoir recours à (qqch). *Mettre tout en œuvre pour réussir.* **3.** Organisation charitable. *Œuvre de bienfaisance.* **4.** Ouvrage littéraire, production artistique. *Œuvres choisies, complètes d'un écrivain. Une œuvre de jeunesse, de maturité.* **5.** MAR (Plur.) *Œuvres vives d'un navire :* partie de la coque qui est au-dessous de la ligne de flottaison. *Œuvres mortes,* au-dessus de la ligne de flottaison. **II.** n. m. **1.** ALCHIM *Le grand œuvre :* la recherche de la pierre philosophale. **2.** Litt. Ensemble des œuvres (plastiques, en partic.) d'un artiste. *L'œuvre peint de Michel-Ange.* **3.** CONSTR *Gros œuvre :* ensemble des ouvrages qui assurent la stabilité et la résistance d'une construction. *Second œuvre :* ensemble des aménagements. – Loc. *À pied d'œuvre :* très près de la construction que l'on élève. *Apporter des matériaux à pied d'œuvre.* – Fig., cour. *Être à pied d'œuvre :* être prêt à entreprendre une besogne.

œuvrer [œvʀe] v. intr. [1] Travailler, agir. *Œuvrer pour une cause.*

œuvrette [œvʀɛt] n. f. Fam. Petite œuvre littéraire, œuvre mineure.

off [ɔf] adj. inv. Syn. de *hors champ.*

Offenbach (Jacques) (1819 – 1880), compositeur français d'origine allemande. Opérettes (livrets de Meilhac et Halévy) : *la Belle Hélène* (1864), *la Vie parisienne* (1866), etc. Opéra : *les Contes d'Hoffmann* (1881).

offensant, ante [ɔfɑ̃sɑ̃, ɑ̃t] adj. Qui offense. *Des paroles offensantes.*

offense [ɔfɑ̃s] n. f. **1.** Injure, affront. *Faire, recevoir une offense. Offense envers un chef d'État.* **2.** RELIG Péché.

offensé, ée [ɔfɑ̃se] adj. et n. Qui a reçu une offense. *Susceptibilité offensée.* – Subst. *L'offensé a demandé réparation.*

offenser [ɔfɑ̃se] v. [1] **I.** v. tr. **1.** Heurter, blesser, froisser. *Offenser un ami.* – Litt. *Un spectacle qui offense la vue.* **2.** RELIG *Offenser Dieu,* par le péché. **II.** v. pron. Se vexer, se considérer comme offensé.

offenseur [ɔfɑ̃sœʀ] n. m. Celui, celle qui offense.

offensif, ive [ɔfɑ̃sif, iv] adj. et n. f. **I.** adj. Qui attaque; qui sert à attaquer. *Grenade offensive.* **II.** n. f. **1.** Initiative des opérations militaires. *Prendre l'offensive.* – Par ext. *Une offensive diplomatique.* **2.** Fig. Attaque.

offertoire [ɔfɛʀtwaʀ] n. m. LITURG CATHOL Moment de la messe où le prêtre fait l'oblation du pain et du vin.

office [ɔfis] n. m. **1.** Vieilli Fonction. – Loc. Mod. *Remplir son office. Faire office de :* servir de. ▷ Loc. *D'office :* sans l'avoir demandé, par ordre d'une autorité supérieure. *Avocat désigné d'office.* **2.** (Plur.) *Bons offices :* services. *Offrir ses bons offices à qqn.* – Médiation diplomatique. **3.** Fonction publique conférée à vie. *Office de notaire.* **4.** Bureau, agence. *Office touristique.* **5.** ADMIN Établissement d'État ou d'une collectivité publique doté de la personnalité morale et de l'autonomie financière. *Office national des forêts.* **6.** LITURG *Office divin* ou, absol., *office :* service religieux.

Office national du film (O.N.F.), institution canadienne créée en 1939, dirigée alors par le Britannique John Grierson*. V. dossier Canada, p. 1404, *Cinéma.*

Offices (en ital. *Uffizi*) (palais ou galerie des), palais de Florence construit de 1560 à 1580 par Vasari pour Cosme Ier et où siégèrent les services administratifs *(uffizi)* de la rép. de Florence. Il est occupé auj. par un riche musée.

officialisation [ɔfisjalizasjɔ̃] n. f. Action d'officialiser.

officialiser [ɔfisjalize] v. tr. [1] Rendre officiel.

officiant [ɔfisjɑ̃] n. m. (et adj. m.) RELIG CATHOL Prêtre qui célèbre l'office.

officiel, elle [ɔfisjɛl] adj. et n. m. **1.** Qui émane d'une autorité constituée. *L'interprétation officielle d'un événement. Avis officiel d'une nomination.* **2.** Qui représente une telle autorité. *Les personnages officiels.* ▷ n. m. *L'entrée des officiels.* – *Par ext.* Responsable, organisateur d'une compétition sportive.

officiellement [ɔfisjɛlmɑ̃] adv. D'une manière officielle.

1. officier [ɔfisje] v. intr. [2] **1.** Célébrer un office religieux. **2.** Fig., plaisant Faire une chose banale en s'entourant d'une certaine solennité. *Le patron du restaurant officiait à la cuisine.*

2. officier [ɔfisje] n. m. **1.** Personne qui remplit une charge civile. *Officier ministériel. Officier de police judiciaire, de l'état civil.* **2.** Militaire qui exerce un commandement avec un grade allant de celui de sous-lieutenant (armée de terre, aviation) ou d'enseigne de vaisseau (marine) à celui de général ou d'amiral. *Officier d'active, de réserve. Officiers supérieurs, officiers généraux.* ▷ Membre du commandement d'un navire marchand. **3.** Titulaire d'un grade, dans un ordre honorifique.

officieusement [ɔfisjøzmɑ̃] adv. D'une manière officieuse.

officieux, euse [ɔfisjø, øz] adj. Qui émane d'une source autorisée, mais qui n'a pas de caractère officiel. *La nouvelle est encore officieuse.*

officinal, ale, aux [ɔfisinal, o] adj. Didac. Qui entre dans les préparations pharmaceutiques. *Plantes officinales.*

officine [ɔfisin] n. f. **1.** Laboratoire d'un pharmacien. **2.** Fig., péjor. Lieu où se trament des choses louches.

offrande [ɔfʀɑ̃d] n. f. **1.** Litt. Don. *Apporter son offrande à une souscription.* **2.** Don fait à une divinité, à ses ministres.

offrant [ɔfʀɑ̃] n. m. Loc. *Le plus offrant :* celui qui offre le prix le plus élevé. *Adjudication au plus offrant.*

offre [ɔfʀ] n. f. **1.** Action d'offrir qqch. – *Spécial.* Fait de proposer un prix pour qqch; somme proposée. *Faire une offre :* V. offrir (sens 3). ▷ Ce qui est offert. *Accepter, repousser une offre.* ▷ DR Proposition de contrat faite par une personne à une ou plusieurs autres; l'objet de cette proposition. **2.** DR Action de proposer le paiement d'une dette ou l'exécution d'une obligation pour éviter des poursuites. **3.** Quantité de marchandises ou de services proposée sur le marché. *La loi de l'offre et de la demande. – Appel d'offres :* V. appel.

offrir [ɔfʀiʀ] v. [4] **I.** v. tr. **1.** Présenter, proposer (qqch à qqn). *Offrir ses services à qqn. Offrir des gâteaux.* **2.** Donner comme cadeau. *Offrir un disque à qqn pour Noël.* **3.** Proposer en échange (de qqch). *Il offre tant de la maison.* **4.** Présenter à la vue, à l'esprit. *Ce tableau offre un exemple de la seconde manière du peintre.* **II.** v. pron. Se présenter. *Une occasion s'offre à vous.*

offset [ɔfsɛt] n. m. inv. IMPRIM Procédé d'impression industrielle dérivé de la lithographie, dans lequel le report du texte ou de l'image à imprimer se fait d'abord de la forme d'impression sur un rouleau spécial (blanchet en caoutchouc), puis de ce rouleau au papier. – (En appos.) *Machine offset,* qui permet d'imprimer en offset.

off shore ou **offshore** [ɔfʃɔʀ] adj. inv. et n. m. (Américanisme) **1.** TECH Qui a rapport aux techniques de recherche, de forage et d'exploitation des gisements pétroliers marins. *Prospection off shore.* ▷ n. m. *L'off shore :* l'ensemble de ces techniques. **2.** Par ext. ECON Se dit d'un établissement financier établi à l'étranger. Syn. (off. recommandé) extraterritorial.

offusquer [ɔfyske] v. tr. [1] Choquer, porter ombrage à. *Son franc-parler offusque les gens.* ▷ v. pron. réfl. Être choqué, froissé. *S'offusquer d'une remarque.*

Ogaden, région steppique de plaines et de plateaux au S.-E. de l'Éthiopie, peuplée de Somali nomades, et qui se prolonge en république de Somalie. – En 1977, une guerre a opposé l'Éthiopie à la Somalie dans l'Ogaden éthiopien révolté (Front de libération de l'Ogaden) contre Addis-Abeba. La paix entre les deux pays ne fut officiellement proclamée qu'en 1988.

Ogbomosho , v. du S.-O. du Nigeria (État d'Oyo); 660000 hab. Centre commercial (tabac, coton, cacao).

Ogdensburg (accord d'), pacte d'alliance militaire signé par le Canada et les É.-U. le 18 août 1940.

Ogino (Kyusaku) (1882 – 1975), gynécologue japonais qui, avec l'Autrichien Hermann Knaus (1892 – 1970), mit au point en 1923 une méthode contraceptive fondée sur la détection de la date d'ovulation.

ogival, ale, aux [ɔʒival, o] adj. En forme d'ogive.

ogive [ɔʒiv] n. f. **1.** Arc bandé en diagonale sous une voûte pour la renforcer. *Croisée d'ogives,* formée par deux arcs qui se croisent à la clef de voûte. *La voûte d'ogives est caractéristique du style gothique.* **2.** Partie d'un objet dont le profil est en forme d'ogive. *L'ogive d'un obus. – Ogive nucléaire :* ogive d'une bombe ou d'un missile, contenant une charge nucléaire.

ogla [ogla], plur. **ogol** [ogɔl] n. m. GEO Puits, généralement creusé dans une nappe alluvionnaire.

Ogoni, population de l'E. du delta du Niger (env. 300000 personnes). Ils parlent une langue nigéro-congolaise du groupe Bénoué-Congo, sous-groupe Cross-River. V. Nigeria.

Ogooué, fl. de l'Afrique équatoriale (970 km); il naît au N.-O. de Brazzaville, draine le Gabon et se jette dans l'Atlantique par un vaste delta. Utilisé pour le flottage du bois, il est navigable en permanence en aval de N'Djolé.

Ogou, préf. du Togo, dans la rég. des Plateaux; 6145 km^2; 163910 hab.; ch.-l. *Atakpamé.*

ogre, ogresse [ɔgʀ, ɔgʀɛs] n. Géant(e) mythique (légendes, contes de fées), avide de chair humaine. Syn. (Maghreb) ghoul. – Loc. *Manger comme un ogre,* énormément.

Ogun, État du S.-O. du Nigeria; 16762 km^2; 2338600 hab.; cap. *Abeokuta.*

oh ! [o] interj. **1.** (Marquant la surprise ou l'admiration.) *Oh! c'est toi!* **2.** (Insistant de manière expressive sur ce que l'on dit.) *Oh! si je pouvais réussir!*

ohé ! [ɔe] interj. (Pour appeler.) *Ohé! du bateau!*

O. Henry (William Sidney Porter, dit) (1862 – 1910), écrivain américain. Ses nouvelles sont empreintes d'un fatalisme teinté d'humour.

O'Higgins (Bernardo) (1776 – 1842), général et homme politique chilien. Lieutenant de San Martín, il proclama l'indép. du Chili en 1818. Le général Freire le renversa en 1823.

Ohio, riv. de l'est des É.-U. (1580 km), affluent du Mississippi (r. g.); né à Pittsburgh de la confluence de l'Alleghany et de la Monongahela.

Ohio, État du N.-E. des É.-U., sur le lac Érié, bordé à l'E. et au S. par l'Ohio; 106765 km^2; 10847000 hab.; cap. *Colombus.* – L'État, qui s'étend sur des plaines souvent limoneuses, a une agriculture puissante. Houille, pétrole et gaz naturel ont fait de l'Ohio un grand État industriel. – Acquis par les Anglais sur les Français (1763), cédé aux É.-U. (1783), l'Ohio devint le dix-septième État de l'Union (1803).

ohm [om] n. m. ELECTR Unité de résistance, de symbole Ω; résistance d'un conducteur que traverse un courant de 1 ampère lorsqu'une différence de potentiel de 1 volt est appliquée à ses extrémités.

Ohm (Georg Simon) (1787 – 1854), physicien allemand; le fondateur de l'électrocinétique. ▷ ELECTR *Loi d'Ohm* (1826) : la différence de potentiel U aux extrémités d'une résistance R est égale au produit de cette résistance et de l'intensité I du courant qui la traverse (U = RI).

ohmmètre [ommɛtʀ] n. m. ELECTR Instrument servant à mesurer les résistances électriques.

Ohrid, v. de la rép. de Macédoine, sur le *lac d'Ohrid* (348 km^2), à la frontière albanaise; 26 500 hab. – Égl. Ste-Sophie, basilique byzantine des XIe et XIVe s. (fresques), St-Clément (XIIIe s.).

-oïde, -oïdal. Éléments, du gr. *-eidês*, de *eidos*, « aspect », indiquant l'idée de ressemblance.

oïdium [ɔidjɔm] n. m. **1.** BOT Moisissure microscopique, redoutable parasite des plantes. *Oïdium de la pastèque, du melon, du rosier.* **2.** Maladie due à ce champignon.

oie [wa] n. f. **1.** Oiseau migrateur (fam. anatidés) répandu dans tout l'hémisphère Nord, qui descend un peu au sud pour hiverner. *On engraisse les oies domestiques pour obtenir le foie gras. Plume d'oie,* utilisée autref. pour écrire. **2.** *Jeu de l'oie :* jeu consistant à faire avancer un pion selon le nombre de points obtenus aux dés, sur un tableau à cases numérotées, où sont figurées des oies. ▷ *Pas de l'oie :* pas de parade en usage dans certaines armées qui s'effectue sans plier les jambes. **3.** Nom donné à plusieurs oiseaux de la fam. des anatidés. *Oie d'Égypte. Oie de Gambie* (aussi appelée *canard armé*). **4.** Fig. et péjor. Personne fort niaise. *Oie blanche :* jeune fille candide et niaise.

oignon [ɔɲɔ̃] n. m. **I. 1.** Plante potagère (fam. liliacées) cultivée pour ses bulbes, de saveur et d'odeur fortes, composés de plusieurs tuniques s'enveloppant les unes dans les autres. **2.** Bulbe de l'oignon. **3.** Loc. fig., fam. *Se mêler de ses oignons :* s'occuper de ses affaires et non de celles des autres. **4.** Bulbe de diverses plantes, liliacées notam. *Oignons de tulipe.* **II.** Fig. Induration douloureuse qui se développe surtout près des orteils.

oïl [ɔjl] Particule affirmative, forme anc. de « oui ». ▷ *Langue d'oïl :* ensemble des dialectes du domaine gallo-roman parlés en France au Moyen Âge au nord de la Loire (par oppos. à *langue d'oc* et à *francoprovençal*), comprenant notam. le picard et le wallon. (V. encycl. roman.)

oindre [wɛ̃dʀ] v. tr. [**56**] Vx ou litt. Enduire d'une substance grasse.

oint, ointe [wɛ̃, wɛ̃t] adj. et n. m. **1.** Enduit d'une substance grasse, d'huile. **2.** Consacré avec une huile bénite. – n. m. *L'Oint du Seigneur :* Jésus.

Oise, riv. de France (302 km); née en Belgique, elle se jette dans la Seine (r. dr.) peu après Paris. – Dép. : 5 857 km^2; 725 603 hab.; ch.-l. *Beauvais**. V. Picardie (Rég.).

oiseau [wazo] n. m. **1.** Vertébré ovipare, couvert de plumes, ayant deux pattes et deux ailes, à la tête munie d'un bec et généralement adapté au vol. – *Chant, cri, gazouillis, sifflement des oiseaux. Migration des oiseaux. La classe des oiseaux.* **2.** Loc. fig. *Être comme l'oiseau sur la branche**. – (Belgique) *Un oiseau pour le chat :* une personne de santé très fragile. – (Québec) Fam. *Être aux (petits) oiseaux :* être très heureux, satisfait. ▷ Prov. *Petit à petit l'oiseau fait son nid :* des efforts patients conduisent au but. ▷ *À vol d'oiseau :* en ligne droite. **3.** (Dans le nom de divers oiseaux.) (Afr. subsah.) *Oiseau cafard :* indicateur. – *Oiseau serpent :* anhinga. – *Oiseau de paradis :* paradisier. **4.** Fam., péjor. Individu. *En voilà un drôle d'oiseau! Oiseau de malheur, de mauvais augure**. – Plaisant, souvent iron. *Oiseau rare :* personne douée de qualités exceptionnelles. **5.** (Belgique) CUIS *Oiseau sans tête :* paupiette.
ENCYCL Comme les mammifères, les oiseaux sont homéothermes et leur cœur comporte quatre cavités. Ils sont apparus au jurassique dans une lignée de reptiles qui a donné également les dinosaures et les crocodiliens. Deux sous-classes sont représentées actuellement : les *ratites,* sans bréchet et inaptes au vol, et les *carinates,* dont le bréchet supporte les muscles nécessaires au vol; ce sont les plus nombreux et les plus diversifiés, avec, en partic., les ordres des pélécaniformes, ansériformes, falconiformes, columbiformes, galliformes et passériformes.

oiseau-chat [wazoʃa] n. m. Oiseau passériforme du Canada et des États-Unis, dont le chant ressemble à un miaulement. *Des oiseaux-chats.*

oiseau-gendarme [wazoʒɑ̃daʀm] n. m. (Afr. subsah.) Syn. de *gendarme* (sens 6). *Des oiseaux-gendarmes.*

oiseau-lunettes [wazolynɛt] n. m. (Afr. subsah.) Zostérops. *Des oiseaux-lunettes.*

oiseau-lyre [wazoliʀ] n. m. Ménure. *Des oiseaux-lyres.*

oiseau-mouche [wazomuʃ] n. m. **1.** Colibri. **2.** (Afr. subsah.) Nom cour. du souimanga. *Des oiseaux-mouches.*

oiseau-trompette [wazotʀɔ̃pɛt] n. m. **1.** En Amérique, nom cour. de l'agami. **2.** (Afr. subsah.) Grue couronnée. *Des oiseaux-trompettes.*

oiseleur [waz(ə)lœʀ] n. m. Celui qui fait métier de prendre les oiseaux.

oiselier, ère [wazəlje, ɛʀ] n. Personne qui élève des oiseaux et les vend.

oisellerie [wazɛlʀi] n. f. **1.** Métier de l'oiselier. **2.** Endroit où l'on élève des oiseaux.

oiseux, euse [wazø, øz] adj. Inutile, vain. *Discours oiseux.*

oisif, ive [wazif, iv] adj. et n. **1.** adj. Inactif, désœuvré, sans occupation. **2.** n. Personne qui n'exerce aucune profession, dont tout le temps est libre.

oisillon [wazijɔ̃] n. m. Petit oiseau. – Jeune oiseau.

oisiveté [wazivte] n. f. État d'une personne oisive; désœuvrement.

oison [wazɔ̃] n. m. Jeune oie.

Oïstrakh (David Feodorovitch) (1908 – 1974), violoniste russe.

O.I.T. Sigle de *Organisation* internationale du travail.*

O.K. [ɔke] adv. et adj. inv. Fam. D'accord. ▷ adj. inv. Correct, convenable. *Tout est O.K.*

oka [ɔka] n. m. Fromage de lait de vache à pâte ferme, fabriqué à l'origine par les moines trappistes d'Oka (Québec).

okan [ɔkɑ̃] n. m. Arbre d'Afrique tropicale exploité pour son bois.

okapi [ɔkapi] n. m. Ruminant artiodactyle des forêts de la rép. dém. du Congo, haut de 1,60 m au garrot, au pelage marron, à la croupe et aux pattes antérieures rayées de blanc.

Okavango. V. Cubango.

Okayama, v. du Japon, dans l'E. de Honshū; 594 000 hab.; ch.-l. du ken du m. nom. Industries.

Okeghem. V. Ockeghem.

Okinawa, principale île de l'archipel japonais des Ryūkyū. Le *ken d'Okinawa* (2 264 km^2; 1 222 000 hab.) a pour ch.-l. *Naha.* – En 1945, durs combats entre Américains et Japonais.

Oklahoma, État du centre-ouest des É.-U., limité au S. par la Red River; 181 089 km^2; 3 146 000 hab.; cap. *Oklahoma City.* – Ce pays de plaines, au sol riche et au climat sec (cultures, élevage) recèle du pétrole et du gaz naturel. Industr. – Partie de la Louisiane (1682-1803), réserve pour les Indiens des Cinq Nations de 1834 à 1889, la région forma en 1907 le quarante-sixième État de l'Union.

Oklahoma City, v. des É.-U., cap. de l'Oklahoma; 444 700 hab. Centre comm. et industriel (pétrole).

Oklo, local. du Gabon, près de Mounana, dans le haut Ogooué; gisement d'uranium exploité à ciel ouvert.

Okoumba-Nkoghe (né en 1954), écrivain gabonais. Poète (*Paroles vives écorchées,* 1979; *Rhône-Ogooué,* 1980; *Le soleil élargit la misère,* 1980), il donne des romans (*Siana,* 1982; *la Mouche et la glu,* 1984), puis une épopée (*Olendé,* 1990).

okoumé [ɔkume] n. m. Arbre d'Afrique équatoriale dont le bois rose et tendre est utilisé en ébénisterie et dans la fabrication du contreplaqué.

-ol. Élément, du lat. *oleum,* « huile », servant à caractériser certaines substances chimiques.

olacacées [ɔlakase] n. f. pl. BOT Famille d'arbres et d'arbustes à feuilles alternes des régions chaudes, tels que le ximénia. – Sing. *Une olacacée.*

Oldenbourg (en all. *Oldenburg*), v. d'Allemagne (Basse-Saxe); 139 260 hab. Centre comm et industr. – Chât. des XVIIe et XVIIIe s.

Oldenburg (Claes) (né en 1929), peintre américain d'origine suédoise; représentant du pop'art et promoteur du happening.

Olduvai ou **Oldoway,** important site préhistorique de la Rift Valley au nord de la Tanzanie, où les niveaux les plus anciens datent de 1 800 000 ans. On y découvrit en 1959-1960 les restes d'un australopithèque *(Australopithecus boisei),* d'un *Homo habilis* et d'un *Homo erectus.*

olé-, oléi-, oléo-. Élément, du lat. *olea,* « olivier », *oleum,* « huile ».

oléacées [ɔlease] n. f. pl. BOT Famille de dicotylédones gamopétales comprenant des arbres (olivier, notam.) et des arbustes (jasmin, notam.). – Sing. *Une oléacée.*

oléagineux, euse [ɔleaʒinø, øz] adj. et n. m. **1.** De la nature de l'huile. **2.** Qui contient, qui peut fournir de l'huile. *Graine oléagineuse.* ▷ n. m. Plante oléagineuse.

olécrane ou **olécrâne** [ɔlekʀan; ɔlekʀɑn] n. m. ANAT Apophyse de l'extrémité supérieure du cubitus, formant le relief osseux du coude.

oléfiant, ante [ɔlefjɑ̃, ɑ̃t] adj. CHIM Qui produit de l'huile.

oléfine [ɔlefin] n. f. CHIM Syn. de *alcène.*

oléi-. V. olé-.

oléifère [ɔleifɛʀ] adj. Didac. Qui fournit de l'huile (en parlant de plantes).

oléine [ɔlein] n. f. CHIM Ester triglycérique de l'acide oléique, constituant principal des huiles fluides non siccatives et des matières grasses.

oléique [ɔleik] adj. CHIM *Acide oléique :* acide gras naturel très répandu dans les graisses animales et végétales.

oléo-. V. olé-.

oléoduc [ɔleɔdyk] n. m. TECH Grosse conduite servant au transport des hydrocarbures liquides. (V. pipeline.)

oléoprotéagineux [ɔleɔpʀɔteaʒinø] n. m. AGRIC Plante dont les graines ou les fruits sont riches en lipides et en protéines.

olfactif, ive [ɔlfaktif, iv] adj. Relatif à l'odorat.

olfaction [ɔlfaksjɔ̃] n. f. Didac. Sens de l'odorat.

olibrius [ɔlibʀijys] n. m. **1.** (Avec une majuscule.) Dans les mystères du Moyen Âge, personnage bravache et fanfaron. **2.** Fam., péjor. Personnage ridicule, pédant et importun.

olig(o)-. Élément, du gr. *oligos,* «petit, peu nombreux».

oligarchie [ɔligaʀʃi] n. f. Didac. Régime politique dans lequel le pouvoir est aux mains d'un petit nombre d'individus ou de familles; ces individus ou ces familles. *L'oligarchie romaine.*

oligarchique [ɔligaʀʃik] adj. Didac. Relatif à l'oligarchie. *État oligarchique.*

oligocène [ɔligɔsɛn] n. m. et adj. GEOL Partie du nummulitique (période la plus ancienne du tertiaire), caractérisée par la prolifération des nummulites, des oiseaux, des mammifères, des angiospermes, et au cours de laquelle les Alpes commencèrent à se former. – adj. *Faune oligocène.*

oligochètes [ɔligɔket] n. m. pl. ZOOL Classe d'annélides dont chaque segment porte un petit nombre de soies. – Sing. *Le lombric est un oligochète.*

oligo-élément ou **oligoélément** [ɔligoelemɑ̃] n. m. BIOCHIM Élément qui existe à l'état de traces dans l'organisme, à la vie duquel il est indispensable.
ENCYCL Les princ. oligo-éléments sont, par ordre de concentration décroissante, le magnésium, le fer, le silicium, le zinc, le rubidium, le cuivre, le brome, l'étain, le manganèse, l'iode, l'aluminium, le plomb, le molybdène, le bore, l'arsenic, le cobalt et le lithium.

oligopole [ɔligopɔl] n. m. ECON Marché caractérisé par un petit nombre de vendeurs face à un grand nombre d'acheteurs.

oligurie [ɔligyʀi] n. f. MED Diminution de la quantité d'urine émise en un temps donné.

olivaie [ɔlivɛ] ou **oliveraie** [ɔlivʀɛ] n. f. Terrain planté d'oliviers. Syn. (rare) olivette.

olivâtre [ɔlivɑtʀ] adj. Qui tire sur le vert olive. *Teint olivâtre,* bistre, mat.

olive [ɔliv] n. f. **1.** Fruit (drupe) comestible de l'olivier, dont la pulpe pressée fournit de l'huile. *Huile d'olive. Olives vertes,* cueillies avant maturité et conservées dans la saumure. *Olives noires,* cueillies mûres, ébouillantées et conservées dans l'huile. *Olives farcies.* **2.** (En appos.) *Couleur olive, vert olive* ou, absol., *olive :* couleur verdâtre tirant sur le brun. *Des robes olive.* **3.** TECH Objet ayant la forme d'une olive. **4.** Mollusque gastéropode des mers chaudes (genre *Oliva*).

Oliveira (Manoel Candido Pinto de Oliveira, dit Manoel de) (né en 1908), cinéaste portugais. Il passe du néo-réalisme (*Aniki-Bobo,* 1942) à un cinéma d'esthète (*le Mystère du printemps,* 1962; *Amour de perdition,* 1978; *le Soulier de satin,* 1985; *la Divine Comédie,* 1991).

Oliver (Joe, dit King) (1885 – 1938), cornettiste, compositeur et chef d'orchestre de jazz américain; un des pionniers du style «Nouvelle-Orléans».

oliveraie [ɔlivʀɛ] n. f. V. olivaie.

olivette [ɔlivɛt] n. f. **1.** Rare Olivaie. **2.** Raisin à grains de forme allongée. **3.** Variété de tomate oblongue.

olivier [ɔlivje] n. m. Arbre des régions méditerranéennes (fam. oléacées), dont le fruit est l'olive. ▷ Bois clair, dur et odorant de cet arbre.

Olivier (sir Laurence Kerr, dit Laurence) (1907 – 1989), acteur, directeur de théâtre et metteur en scène anglais; interprète de Shakespeare; également acteur et metteur en scène de cinéma : *Hamlet* (1948).

Oliviers (mont des), lieu ainsi nommé parce que s'y trouvait un pressoir à huile, près de Jérusalem, où Jésus alla prier la veille de sa mort.

olivine [ɔlivin] n. f. MINER Variété très répandue de péridot.

Olmèques, peuple précolombien établi dans la grande plaine côtière du golfe du Mexique au IIe millénaire av. J.-C. On a retrouvé des vestiges de constructions (temples, pyramides, stèles, autels), de sculptures (notam. hommes-jaguars) et de peintures murales. Sur des bas-reliefs et des vases apparaissent des traces d'écriture hiéroglyphique.

Olmi (Ermanno) (né en 1931), cinéaste italien : *Il Posto* (1961), *l'Arbre aux sabots* (1978); *la Légende du saint buveur* (1987).

Olmütz. V. Olomouc.

Ologoudou (Émile Désiré) (né en 1935), poète béninois : *Éloge d'un royaume éphémère* (1983), *Prisonniers du Ponant* (1986).

olographe [ɔlɔgʀaf] adj. DR Se dit d'un testament daté, signé et écrit en entier de la main du testateur.

Olomouc (en all. *Olmütz*), v. de la Rép. tchèque (région de la Moravie-Septentrionale), sur la Morava; 105 910 hab. Industr. – En 1850, le roi de Prusse renonça, sous la pression autrich., à y établir son pouvoir sur l'Allemagne du N. *(reculade d'Olmütz).* La ville est tchèque dep. 1918.

O.L.P. Sigle de *Organisation* de libération de la Palestine.*

Olt, riv. de Roumanie, affl. du Danube (r. g.); 700 km. Née en Transylvanie, elle rejoint le Danube en Valachie, à Turnu Măgurele. Aménagements hydroélectriques.

Olten, v. de Suisse (cant. de Soleure), sur l'Aar; 20 000 hab. Centre ferroviaire. Industries.

Olténie, rég. de Roumanie, dans la plaine de Valachie, à l'O. de l'Olt, limitée par le Banat à l'O., les Carpates méridionales au N., le Danube au S.; v. princ. *Craiova.* Rég. agricole : céréales, vigne, cultures maraîchères (irrigation).

Olympe, massif montagneux du N. de la Grèce; culmine à 2 911 m. – Séjour des dieux dans la myth. gr. et, par ext., l'ensemble des dieux de cette mythologie. – Poét. Le ciel.

olympiades [ɔlɛ̃pjad] n. f. pl. Jeux Olympiques. *Les prochaines olympiades.*

Olympias (v. 375 – 316 av. J.-C.), épouse de Philippe II de Macédoine (qui la répudia), mère d'Alexandre le Grand. À sa mort, elle devint régente de Macédoine (319), mais Cassandre, le fils d'Antipatros, l'assassina.

Olympie, sanctuaire du Péloponnèse (Élide), lieu des jeux Olympiques, célèbre par le temple de Zeus que les Éléens y édifièrent (468-456 av. J.-C.), où Phidias sculpta la colossale statue d'or et d'ivoire de Zeus (haute de 10 m), l'une des Sept Merveilles du monde.

olympien, enne [ɔlɛ̃pjɛ̃, ɛn] adj. **1.** MYTH Qui habite l'Olympe, le séjour des dieux. **2.** Litt. Serein et majestueux. *Un calme olympien.*

Olympio (Sylvanus) (1902 – 1963), homme politique togolais; le premier président de la Rép. du Togo (1960-1963), renversé et tué.

olympique [ɔlɛ̃pik] adj. **1.** ANTIQ GR *Jeux Olympiques*.* **2.** Qui se rapporte aux jeux Olympiques. *Record olympique.*

Olympiques (jeux), dans la Grèce antique, concours sportif qui se déroulait tous les 4 ans à Olympie, en l'honneur de Zeus. Les prem. Jeux eurent lieu en 776 av. J.-C. Ils constituaient la fête la plus importante du monde grec et donnaient lieu à des trêves sacrées. Seuls pouvaient y prendre part des citoyens grecs de race pure, nobles, paysans ou artisans. Les femmes n'y étaient pas conviées. Les athlètes étaient nus. Les fêtes duraient 7 jours. Le 1er et le 7e étaient consacrés aux cérémonies religieuses. Pendant les 2e, 3e et 4e jours, 4 courses à pied, course en armes, marathon, pentathlon (lancers du javelot et du disque, saut en longueur, course, épreuve de lutte), lutte à main plate, pugilat et pancrace. Le 5e jour, les enfants s'affrontaient dans des luttes et des courses. Le 6e jour, courses de chars et de chevaux montés. Les vainqueurs recevaient une palme ou une couronne d'olivier. Après la conquête de la Grèce par les Romains, en 146 av. J.-C., l'esprit des Jeux dégénéra. Ils prirent un caractère international, puis des professionnels intervinrent, les jeux du cirque alternèrent avec les combats de gladiateurs. En 392 apr. J.-C., l'empereur chrétien Théodose abolit les Jeux. – Le Français Pierre de Coubertin organisa les prem. jeux Olympiques de l'ère moderne, en 1896, à Athènes. Dès 1900, à Paris, les femmes y participèrent (tennis, tir à l'arc). En 1912, les nageuses apparurent à leur tour. Dès lors, les épreuves féminines se multiplièrent. En 1924 avaient lieu à Chamonix les prem. Jeux d'hiver. En 1916, 1940 et 1944, il n'y eut pas de Jeux en raison des guerres. À Athènes, on comptait 13 nations participantes; à Barcelone, en 1992, 171 nations. Le *Comité international olympique* (C.I.O.) existe depuis 1894. C'est un comité permanent, formé de 73 membres élus à vie. Les Comités nationaux olympiques sont seuls compétents pour inscrire leurs athlètes aux Jeux. L'organisation des Jeux est confiée tous les 4 ans à une ville différente (et non à un pays), choisie par le C.I.O. Les Jeux ont lieu la 1re année d'une période de 4 ans nommée olympiade. Qu'ils se déroulent ou non, ils prennent le numéro de l'olympiade. Tous les athlètes participants devaient être amateurs jusqu'en 1984. Les récompenses consistent, pour le prem., en un titre de champion olympique et une médaille d'or; le 2e obtient une médaille d'argent; le 3e, une médaille de bronze. Le drapeau olympique porte, entrelacés sur fond blanc, les anneaux des cinq continents : bleu, jaune, noir, vert, rouge, et la devise latine «Citius, Altius, Fortius» (plus vite, plus haut, plus fort). Les jeux Olympiques d'hiver se déroulaient la m. année que les Jeux d'été; depuis 1994 (Lillehammer), ils les précèdent de deux ans. Dates et lieux des Jeux d'été (de 1924 à 1992, le lieu des Jeux d'hiver suit celui des Jeux d'été). 1896 : Athènes (Grèce). 1900 : Paris (France). 1904 : Saint Louis (É.-U.). 1908 : Londres (G.-B.). 1912 : Stockholm (Suède). 1920 : Anvers (Belgique). 1924 : Paris (France). Prem. Jeux d'hiver à Chamonix (France). 1928 : Amsterdam (Pays-Bas). Saint-Moritz (Suisse). 1932 : Los Angeles (É.-U.). Lake Placid (É.-U.). 1936 : Berlin (Allemagne). Garmisch (Autriche); 1948 : Londres (G.-B.). Saint-Moritz (Suisse). 1952 : Helsinki (Finlande). Oslo (Norvège). 1956 : Melbourne (Australie). Cortina d'Ampezzo (Italie). 1960 : Rome (Italie). Squaw Valley (É.-U.). 1964 : Tokyo (Japon). Innsbruck (Autriche). 1968 : Mexico (Mexique). Grenoble (France). 1972 : Munich (R.F.A.). Sapporo (Japon). 1976 : Montréal (Canada). Innsbruck (Autriche). 1980 : Moscou (ex-U.R.S.S.). Lake Placid (É.-U.). 1984 : Los Angeles (É.-U.). Sarajevo (Bosnie-Herzégovine). 1988 : Séoul (Rép. de Corée du Sud). Calgary (Canada). 1992 : Barcelone (Espagne). Albertville (France). 1994 : jeux d'hiver de Lillehammer (Norvège). 1996 : Atlanta (É.-U.). 1998 : jeux d'hiver de Nagano (Japon). 2000 : Sydney (Australie). 2002 : jeux d'hiver de Salt Lake City (É.-U.).

olympisme [ɔlɛ̃pism] n. m. Didac. Esprit, idéal olympique.

Oman (mer d'), mer de l'océan Indien, entre l'Inde et l'Arabie. Le *golfe d'Oman* communique avec le golfe Persique par le détroit d'Ormuz.

Oman (sultanat d') *(Saltanat 'Umān)*, État du S.-E. de l'Arabie, sur la *mer* et le *golfe d'Oman;* 212 457 km²; env. 1 380 000 hab.; cap. *Mascate.* Nature de l'État : monarchie absolue. Langue off. : arabe. Monnaie : rial d'Oman. Population : Arabes (en majorité). Relig. : islam sunnite (25 %) et ibadite, secte liée au kharidjisme (75 %). – L'intérieur est montagneux (alt. max. 3020 m), les côtes sont très découpées. Princ. ressources : pétrole, gaz. – À cause de sa situation, le pays se livra tôt au commerce. Aux XVIIe et XVIIIe s., il domina les régions du golfe Persique et une partie de la côte E. de l'Afrique, Zanzibar notam. Lié à la G.-B. (1891), il s'est nommé jusqu'en 1970 sultanat de *Mascate-et-Oman.* En 1970, le sultan Qabus déposa son père. De 1970 à 1979, une rébellion, soutenue par le Yémen du Sud, occupa la région montagneuse du Sud. Elle fut écrasée par l'armée iranienne, à laquelle le sultan Qabus avait fait appel. Contrairement à son père, traditionaliste, Qabus a modernisé son pays (hôpitaux, enseignement, routes, etc.) et l'a doté d'une Constitution.

omanais, aise [ɔmane, ɛz] adj. et n. Du sultanat d'Oman. ▷ Subst. *Un(e) Omanais(e).*

Omar. V. Umar (ibn-i-l-Khattab).

Omayyades. V. Omeyyades.

ombelle [ɔ̃bɛl] n. f. BOT Type d'inflorescence formée d'axes secondaires qui rayonnent depuis l'axe principal.

ombellifère [ɔ̃bɛllifɛʀ] adj. et n. f. BOT **1.** adj. Qui porte des ombelles. *Plante ombellifère.* **2.** n. f. pl. Famille de dicotylédones dialypétales comprenant des plantes généralement herbacées, caractérisées essentiellement par leur inflorescence en ombelle et par leur fruit formé d'un double akène, dont certaines espèces sont comestibles (carotte, cerfeuil, persil), d'autres vénéneuses (ciguë). – Sing. *Une ombellifère.*

ombiache [ɔ̃bjaʃ] n. m. (Madag.) Devin et guérisseur.

ombilic [ɔ̃bilik] n. m. **1.** ANAT Ouverture de la paroi abdominale du fœtus, par laquelle passe le cordon ombilical. – Nombril. **2.** Fig., litt. Point central.

ombilical, ale, aux [ɔ̃bilikal, o] adj. ANAT Qui a rapport à l'ombilic. *Hernie ombilicale. Cordon ombilical,* qui met en relation le système circulatoire du fœtus et celui de la mère par l'intermédiaire du placenta.

omble [ɔ̃bl] n. m. ICHTYOL Grand salmonidé (genre *Salvelinus,* jusqu'à 80 cm) dont on distingue deux espèces : l'*omble chevalier* (*Salvelinus alpinus*) aux flancs tachetés, qui vit dans les lacs d'Europe de l'Ouest et dont la chair est très estimée; et l'*omble de fontaine* ou *saumon de fontaine* (*Salvelinus fontinalis*) aux flancs et au dos zébrés, importé d'Amérique, qui vit dans les eaux courantes d'Europe, appelé cour. *truite mouchetée* au Québec.

ombrage [ɔ̃bʀaʒ] n. m. **1.** Ombre produite par les feuillages des arbres; ces feuillages eux-mêmes. *Ombrage épais.* **2.** Fig. *Porter ombrage à qqn,* blesser sa susceptibilité. *Prendre ombrage de qqch,* s'en offenser.

ombragé, ée [ɔ̃bʀaʒe] adj. Protégé par un (des) ombrage(s). *Parc ombragé.*

ombrager [ɔ̃bʀaʒe] v. tr. [**13**] Couvrir d'ombre.

ombrageux, euse [ɔ̃bʀaʒø, øz] adj. **1.** Qui a peur de son ombre, des ombres, en parlant d'un animal craintif. *Cheval, âne ombrageux.* **2.** Fig. Soupçonneux ou susceptible.

1. ombre [ɔ̃bʀ] n. f. **I. 1.** Obscurité provoquée par un corps opaque qui intercepte la lumière. *L'ombre qui règne dans les forêts.* ▷ Par ext. *L'ombre, les ombres de la nuit,* son obscurité. **2.** Image, silhouette sombre projetée par un corps qui intercepte la lumière. *Voir son ombre sur la route.* ▷ *Ombres chinoises :* ombres de figures découpées ou de mains dans différentes positions, portées sur un écran et figurant des animaux, des personnages, etc. – *Théâtre d'ombres.* ▷ Loc. fig. *Suivre qqn comme son ombre, être l'ombre de qqn,* le suivre partout. – *Lâcher la proie pour l'ombre,* un avantage réel pour un faux-semblant. – *Avoir peur de son ombre :* être très craintif. – *L'ombre de :* l'apparence de. *Il n'y a pas l'ombre d'un doute.* **3.** Partie couverte de couleurs plus sombres, de hachures, etc., représentant les ombres, dans un tableau, un dessin. ▷ Loc. fig. *Il y a une ombre au tableau :* la situation n'est pas totalement bonne. **4.** Fantôme, apparence à demi matérialisée d'un mort, dans certaines croyances. *Royaume des ombres.* – Fig. *Être l'ombre de soi-même :* être diminué, affaibli au point de n'être plus soi. **5.** Fig. Obscurité, incognito. *Rester dans l'ombre.* **II.** Loc. adv. *À l'ombre,* dans un endroit abrité du soleil. ▷ Fig., litt. *À l'ombre de :* dans le voisinage de; sous la protection de.

2. ombre [ɔ̃bʀ] n. m. ICHTYOL Poisson malacoptérygien (*Thymallus*), long de 25 à 40 cm, de couleur brunâtre, qui vit dans les eaux courantes d'Europe, à la chair estimée.

ombrelle [ɔ̃bʀɛl] n. f. **1.** Petit parasol de dame. Syn. (Afr. subsah., oc. Indien) parasol. **2.** ZOOL Partie gélatineuse, en forme de cloche, d'une méduse.

ombrer [ɔ̃bʀe] v. tr. [**1**] Figurer une ombre, les ombres sur (un dessin, un tableau).

ombrette [ɔ̃bʀɛt] n. f. Oiseau ciconiiforme *(Scopus umbretta),* de couleur brune, dont la tête porte vers l'arrière une touffe de plumes, qui construit de grands nids de branchages dans les régions marécageuses d'Afrique.

ombreux, euse [ɔ̃bʀø, øz] adj. Plein d'ombre. *Vallons ombreux.*

Ombrie, rég. admin. d'Italie centrale et rég. de la C.E., formée des prov. de Pérouse et de Terni; 8 456 km²; 818 000 hab.; cap. *Pérouse.* Cette rég. montagneuse (Apennins) est drainée par le Tibre. Oliviers, vigne, élevage bovin important. L'hydroélectricité a permis l'industrialisation.

ombrière [ɔ̃bʀijɛʀ] n. f. AGRIC Abri de feuilles, de paille ou de plastique destiné à protéger les semis et les jeunes plantes des brûlures du soleil et à conserver l'humidité du sol.

O.M.C. Sigle de *Organisation* mondiale du commerce.*

Omdurman, v. du Soudan, sur le Nil, en face de Khartoum; 688 800 hab. – Tombeau du Mahdi; palais du calife. – Le Mahdi (V. Muhammad Ahmad) en fit sa cap., en 1884. Lord Kitchener la reprit, en 1898, à son successeur Abd Allah.

-ome. MED Suffixe impliquant l'idée de tumeur (ex. *fibrome, carcinome*).

oméga [ɔmega] n. m. Vingt-quatrième et dernière lettre de l'alphabet grec (Ω, ω), correspondant à *o* long. ▷ Fig. *L'alpha et l'oméga :* le commencement et la fin (Bible).

omelette [ɔmlɛt] n. f. Mets fait d'œufs battus cuits à la poêle. ▷ Loc. prov. *On ne fait pas d'omelette sans casser des œufs :* on n'obtient pas de résultats sans sacrifices.

Ometo, population vivant en Éthiopie, dans le bassin central de l'Omo (env. 1 400 000 personnes). Ils parlent une langue couchitique.

omettre [ɔmɛtʀ] v. tr. [**60**] Passer, oublier, négliger; s'abstenir volontairement (de faire, d'agir). *Omettre un mot dans une lettre. Omettre de saluer.*

Omeyyades, Omayyades ou **Umayyades** (*Banū 'Umayya :* «les descendants d'Umayya»), dynastie de califes qui gouverna de 661 à 750 le monde musulman alors à l'apogée de son expansion. Véritables créateurs de l'art islamique, ils embellirent Damas, Kairouan, Jérusalem. Mu'awiyyah, son fondateur, appartenait à la tribu des Koraïchites; gouverneur de Syrie, il se fit proclamer calife en 661. Deux branches se succédèrent : les Sufyanides et les Marwanides. Ils furent évincés par les Abbassides. Tous les membres de la famille furent massacrés, mais Abd al-Rahman, petit-fils du calife Hicham, s'enfuit au Maghreb; de là, il débarqua avec quelques troupes en Espagne et conquit Cordoue (756), où il fonda un émirat. Abd al-Rahman III (912-961) le consolida et se déclara calife. Cordoue devint une grande capitale, à la civilisation brillante.

omicron [ɔmikʀɔn] n. m. Quinzième lettre de l'alphabet grec (Ο, ο), correspondant à *o* bref.

omis, ise [ɔmi, iz] adj. Qui a été oublié, négligé, passé, dans une phrase, une énumération, etc. *Trois mots omis.*

omission [ɔmisjɔ̃] n. f. Action d'omettre; chose omise. *Signaler une omission.* – *Pécher par omission :* ne pas faire ce qui devrait être fait.

Ommegang, cortège d'origine religieuse organisé chaque été à Bruxelles pour évoquer les festivités par lesquelles la ville honora en 1549 l'empereur Charles Quint.

omni-. Élément, du lat. *omnis,* «tout».

omnibus [ɔmnibys] n. m. Train qui dessert toutes les stations sur son parcours. Ant. express, rapide.

omnidirectionnel, elle [ɔmnidiʀɛksjɔnɛl] adj. TECH Qui a les mêmes propriétés, la même efficacité dans toutes les directions. *Antenne omnidirectionnelle. Micro omnidirectionnel.*

omnipotence [ɔmnipɔtɑ̃s] n. f. Toute-puissance.

omnipotent, ente [ɔmnipɔtɑ̃, ɑ̃t] adj. Tout-puissant. *Chef omnipotent.*

omnipraticien, enne [ɔmnipʀatisjɛ̃, ɛn] n. Médecin généraliste.

omniprésence [ɔmnipʀezɑ̃s] n. f. Présence en tous lieux.

omniprésent, ente [ɔmnipʀezɑ̃, ɑ̃t] adj. Présent partout.

omniscience [ɔmnisjɑ̃s] n. f. Science universelle, infinie. *Omniscience divine.*

omniscient, ente [ɔmnisjɑ̃, ɑ̃t] adj. Qui sait tout.

omnisports [ɔmnispɔʀ] adj. inv. Qui concerne tous les sports. – Où l'on pratique plusieurs sports. *Gymnase omnisports.*

omnium [ɔmnjɔm] adj. et n. f. inv. (Belgique) *Une assurance omnium* ou *une omnium :* une assurance tous risques. (V. casco).

omnivore [ɔmnivɔʀ] adj. et n. m. Qui se nourrit aussi bien d'aliments végétaux que d'aliments animaux. *Le porc est omnivore.* – n. m. *Un omnivore.*

Omo, riv. d'Éthiopie (env. 650 km), tributaire du lac Turkana. Encaissée entre des falaises hautes de 600 m, la vallée de l'Omo (formée au quaternaire) comporte des sédiments lacustres dont les datations absolues et les vestiges apportent un matériau d'une grande importance pour l'histoire de l'homme.

omoplate [ɔmɔplat] n. f. Os pair, triangulaire et plat, qui est appliqué contre la partie postérieure et supérieure du thorax.

omra [ɔmʀa] n. f. Visite des lieux saints de l'Islam effectuée en dehors de la période de pèlerinage (hadj).

O.M.S. Sigle de *Organisation* mondiale de la santé.*

Omsk, v. de Russie, au confl. de l'Om (1091 km) et de l'Irtych; 1150000 hab.; ch.-l. de la rég. du m. nom. Nombreuses industries.

on [ɔ̃] pron. pers. indéf. Pron. de la 3e pers., inv., ayant toujours fonction de sujet. **I.** Désignant une ou plus. pers. non déterminées. **1.** L'homme, les hommes en général. *Autrefois, on vivait mieux.* – (Emploi fréquent dans les proverbes, les sentences.) *Quand on veut, on peut. On n'aime qu'une fois.* **2.** Un certain nombre (plus ou moins grand) de personnes. *Ici, on est plutôt de gauche.* **3.** Les gens, l'opinion. *On dit, on raconte que* (cf. on-dit, qu'en-dira-t-on). ▷ Loc. *On dirait* (introduisant une comparaison). *Il gesticule et parle tout seul, on dirait un fou.* – *On dirait que :* il semble que. *On dirait qu'il arrive.* **4.** Une personne quelconque (connue ou non), qqn. *On frappe. On vous demande au secrétariat.* – (Emploi correspondant à un passif sans compl. d'agent.) *On sert le dîner. On a interdit ce passage.* ▷ Loc. *On ne peut plus* (exprimant un superlatif). *Il est on ne peut plus bête.* – *On ne sait jamais* (indiquant une éventualité peu probable). *Il peut encore venir, on ne sait jamais.* **II.** Désignant une ou plus. pers. déterminées. **1.** (Représentant une 1re pers. sing. ou plur.) Fam. Je, moi. *Oui, on arrive.* – Litt. *On a voulu montrer dans ce chapitre...* ▷ Fam. Nous. *Nous, on va au cinéma.* **2.** Fam. (Représentant une 2e pers. sing. ou plur.) Tu, toi, vous. *Alors? on ne dit pas bonjour?* **3.** (Représentant une 3e pers. sing. ou plur.) Il(s), elle(s). *Nous sommes encore très liés : on me raconte ses secrets.* – Rem. *On* est en principe masc. sing., toutefois le part. passé ou l'adj. qui le suit s'accorde en genre et en nombre avec la ou les pers. représentées par *on. Quand on est belle et coquette. On est tous frères.* – Pour éviter un hiatus, on emploie souvent *l'on* au lieu de *on. Si l'on réfléchit.*

onagracées [ɔnagʀase] n. f. pl. BOT Syn. de *œnothéracées.* – Sing. *Une onagracée.*

onagre [ɔnagʀ] n. m. Âne sauvage *(Equus onager)* vivant en Iran et en Inde.

Onan, personnage biblique, second fils de Juda; contraint par la loi des patriarches à «susciter une postérité» à la veuve de son frère, il éluda cette obligation en «fraudant par terre» (Genèse, XXXVIII); aussi l'Éternel le fit-il périr.

onanisme [ɔnanism] n. m. Masturbation.

1. once [ɔ̃s] n. f. **1.** Ancienne unité de poids qui valait le seizième de la livre de Paris. ▷ Mesure de poids anglo-saxonne (symbole *oz*) en usage au Canada, valant un seizième de livre, soit 28,35 g. **2.** Fig. *Une once de :* une très petite quantité de. *Ne pas avoir une once de bon sens.*

2. once [ɔ̃s] n. f. Grand félidé *(Panthera uncia)* au pelage clair, tacheté et épais, des montagnes d'Asie centrale. Syn. panthère des neiges.

onchocercose [ɔ̃kosɛʀkoz] n. f. MED Parasitose fréquente, surtout en Afrique tropicale, due à l'onchocerque. ENCYCL Le vecteur de la maladie, l'onchocerque, est une simulie qui pond sur les rochers et les plantes dans les eaux courantes, notam. les canaux d'irrigation des rizières. L'onchocercose se manifeste par trois syndromes : cutané (prurit, *craw-craw* ou *gale filarienne*), kystique (nodules) et oculaire (*cécité des rivières,* causée par les microfilaires). Son éradication requiert la lutte chimique (insecticides) et biologique contre les simulies; des programmes internationaux ont permis l'installation ou le retour de populations dans de vastes zones anciennement infectées.

onchocerque [ɔ̃kosɛʀk] n. f. ZOOL Filaire *(Onchocerca volvulus)* responsable de l'onchocercose. (V. encycl. onchocercose.)

oncle [ɔ̃kl] n. m. Frère du père ou de la mère. *Oncle paternel, maternel.* ▷ *Par ext.* Mari de la tante. ▷ *Spécial.* (Afr. subsah.) Dans les sociétés matrilinéaires, frère ou cousin de la mère.

oncogène [ɔ̃kɔʒɛn] adj. et n. m. MED Qui provoque l'apparition de tumeurs cancéreuses. *Virus oncogène.* – n.m. *Il existe plusieurs types d'oncogènes.*

oncologie [ɔ̃kɔlɔʒi] n. f. Didac. Étude des tumeurs cancéreuses.

onction [ɔ̃ksjɔ̃] n. f. **1.** LITURG Geste rituel consistant à oindre une personne avec les saintes huiles pour la bénir ou la consacrer. *Onction du baptême.* – *Onction* ou *sacrement des malades :* cinquième sacrement de l'Église catholique, conféré aux fidèles en danger de mort. **2.** Litt. Douceur de la parole ou des manières, évoquant la piété.

onctueux, euse [ɔ̃ktɥø, øz] adj. **1.** Qui évoque au toucher la fluidité ou la douceur de l'huile. *Pâte, crème onctueuse.* **2.** Fig. (Souvent péjor.) Qui a de l'onction (sens 2). *Une éloquence, des manières onctueuses.*

onctuosité [ɔ̃ktɥozite] n. f. Caractère de ce qui est onctueux.

ondatra [ɔ̃datʀa] n. m. ZOOL Gros rongeur originaire d'Amérique du Nord, aux pattes palmées, adapté à la vie dans les marais. Syn. rat musqué.

onde [ɔ̃d] n. f. **I. 1.** Litt. Déformation qui se propage à la surface d'une nappe liquide, caractérisée par une succession de bosses et de creux. *Le vent fait des ondes sur le lac.* ▷ Ornement ou forme naturelle évoquant une onde. *Les ondes d'une chevelure.* **2.** Litt., vieilli Eau (de la mer, d'une rivière, d'un lac). *Une onde limpide. Voguer sur les ondes.* **II.** PHYS **1.** Déformation d'un milieu fluide, qui se propage à partir d'un point (source). *Onde de marée. Onde acoustique. Onde de choc,* engendrée par un corps qui se déplace dans un fluide à une vitesse supérieure à celle de la propagation du son dans ce fluide. **2.** Tout phénomène vibratoire qui se propage. *Onde sismique. Onde lumineuse. Onde stationnaire,* résultant de l'interférence de deux vibrations et caractérisée par des *nœuds,* où l'amplitude de vibration est nulle, et des *ventres,* où l'amplitude est maximale. *Onde amortie,* dont l'amplitude décroît. *Ondes électromagnétiques :* V. encycl. électromagnétisme et encycl. rayonnement. *Ondes radioélectriques* ou *hertziennes.* (Cour. : *grandes ondes, ondes moyennes, petites ondes. Émission sur ondes courtes.*) ▷ TELECOM *Onde porteuse :* onde électromagnétique de haute fréquence dont la modulation permet la transmission de signaux. **3.** (Plur.) *Les ondes :* les émissions radiodiffusées, la radio. *Retransmission sur les ondes. Mise en ondes d'une émission.* **4.** MUS *Ondes Martenot :* V. Martenot.

ondée [ɔ̃de] n. f. Pluie subite et de courte durée. Syn. averse.

on-dit [ɔ̃di] n. m. inv. Propos, bruit qui court. *Se méfier des on-dit.*

Ondo, État du S.-O. du Nigeria; 20 959 km^2; 5 619 000 hab.; capitale *Akure.*

ondoiement [ɔ̃dwamɑ̃] n. m. **1.** Action d'ondoyer, mouvement de ce qui ondoie. **2.** LITURG CATHOL Baptême d'urgence, réduit à l'essentiel, conféré à un nouveau-né ou à une personne en danger de mort.

ondoyant, ante [ɔ̃dwajɑ̃, ɑ̃t] adj. **1.** Qui ondoie. **2.** Fig. Versatile.

ondoyer [ɔ̃dwaje] v. [**23**] **1.** v. intr. Faire des mouvements évoquant une onde (sens I, 1). *Les drapeaux ondoient au vent.* **2.** v. tr. LITURG CATHOL Baptiser par ondoiement.

ondulant, ante [ɔ̃dylɑ̃, ɑ̃t] adj. **1.** Qui ondule. – Qui présente une ondulation. **2.** Qui varie en intensité. *Une fièvre ondulante.*

ondulation [ɔ̃dylasjɔ̃] n. f. **1.** Mouvement des ondes (sens I, 1). *Ondulations de la houle.* **2.** Ligne, contour sinueux, évoquant le mouvement des ondes.

ondulatoire [ɔ̃dylatwaʀ] adj. **1.** Qui a le caractère d'une onde (sens I, 1). *Mouvement ondulatoire des vagues.* **2.** PHYS Relatif aux ondes. ▷ *Mécanique ondulatoire :* théorie physique, due à L. de Broglie (1923), qui postule qu'à toute particule correspond une onde.

ondulé, ée [ɔ̃dyle] adj. Qui ondule. *Cheveux ondulés.* ▷ Dont la surface présente des ondulations. *Tôle ondulée.*

onduler [ɔ̃dyle] v. intr. [**1**] Avoir un mouvement d'ondulation, des ondulations. *Les herbes ondulent sous le vent.*

onduleur [ɔ̃dylœʀ] n. m. ELECTR Source auxiliaire de courant électrique qui permet de suppléer le réseau en cas de coupure.

onduleux, euse [ɔ̃dylø, øz] adj. Qui ondule, qui présente des ondulations. *Démarche, draperie onduleuse.*

Onega (lac), lac de Russie (9 900 km^2), en Carélie.

O'Neill (Eugene Gladstone) (1888 – 1953), auteur dramatique américain. Son œuvre évolua du naturalisme au tragique expressionniste (*Le deuil sied à Électre,* 1931) et à l'évocation autobiographique (*Long voyage dans la nuit,* 1939-1941, créé en 1955). P. Nobel 1936.

one man show [wanmanʃo] loc. subst. m. (Anglicisme) Spectacle de variétés donné par un artiste seul en scène. Syn. (officiellement recommandé) spectacle solo ou solo.

onéreux, euse [ɔneʀø, øz] adj. Qui occasionne des frais. *Un logement onéreux.* ▷ *À titre onéreux :* en payant.

O.N.F. V. Office national du film.

O.N.G. n. f. Sigle de *organisation non gouvernementale.* Organisation qui ne reçoit aucune subvention de l'État, constituée dans l'intérêt public ou dans un but humanitaire.

ongle [ɔ̃gl] n. m. **1.** Chez l'homme, lame cornée implantée à l'extrémité dorsale de la dernière phalange des doigts et des orteils. *Racine de l'ongle. Se faire les ongles.* ▷ Loc. fig. *Avoir de l'esprit (de l'humour,* etc.) *jusqu'au bout des ongles,* en avoir beaucoup. **2.** Griffe des carnassiers; serre des rapaces.

onglée [ɔ̃gle] n. f. Engourdissement douloureux du bout des doigts, causé par le froid. *Avoir l'onglée.* Syn. (France rég.) grépi, (Suisse) débattue.

onglet [ɔ̃glɛ] n. m. **1.** TECH (Menuiserie) Assemblage formé par la juxtaposition de deux biseaux pratiqués aux extrémités de deux pièces de bois (baguettes, moulures, liteaux, etc.) selon la bissectrice de l'angle que forment celles-ci; chacun des biseaux (le plus souvent à quarante-cinq degrés) ainsi pratiqués. *Assemblage à onglet. Boîte à onglets :* outil formé de trois planches assemblées en U et convenablement entaillées, qui permet de guider la lame d'une scie lorsqu'on pratique un onglet. **2.** GEOM Portion de volume délimitée par une surface de révolution, et comprise entre deux plans passant par l'axe de révolution. **3.** BOT Partie rétrécie d'un pétale ou d'un sépale qui s'insère sur le réceptacle. **4.** IMPRIM Bande de papier ou de toile fixée au dos des cahiers d'un livre pour permettre l'insertion des hors-texte.

onglon [ɔ̃glɔ̃] n. m. ZOOL Étui corné qui enveloppe chacun des doigts des ongulés (on dit aussi *sabot*).

onguent [ɔ̃gɑ̃] n. m. Médicament à usage externe, de consistance molle, se liquéfiant à la chaleur de la peau.

onguiculé, ée [ɔ̃gikyle] adj. et n. m. ZOOL *Mammifères onguiculés,* dont les doigts sont terminés par des griffes ou par des ongles. ▷ n. m. *Les onguiculés.*

ongulé, ée [ɔ̃gyle] adj. et n. m. ZOOL Se dit d'un mammifère dont la dernière phalange des doigts est protégée par un étui corné ou onglon. ▷ n. m. *Le cheval est un ongulé.*

onguligrade [ɔ̃gyligʀad] adj. ZOOL Se dit des quadrupèdes dont les membres reposent sur des onglons.

onir(o)-. Élément, du grec *oneiros,* «rêve».

onirique [ɔniʀik] adj. **1.** Qui est de la nature du rêve, qui concerne les rêves. **2.** Qui rappelle les rêves par son caractère étrange, irréel.

onirisme [ɔniʀism] n. m. MED État de délire aigu dominé par des hallucinations visuelles souvent terrifiantes apparentées aux images du rêve.

onirologie [ɔniʀɔlɔʒi] n. f. Étude des rêves.

oniromancie [ɔniʀomɑ̃si] n. f. Divination par les songes.

Onitsha, ville du Nigeria (État d'Anambra), sur le Niger; 269 000 hab. Centre commercial.

Onk (djebel), massif de l'Algérie orientale. Phosphates.

onomastique [ɔnɔmastik] adj. et n. f. LING **1.** adj. Qui a rapport aux noms propres. *Table onomastique.* **2.** n. f. Étude des noms propres.

onomatopée [ɔnɔmatɔpe] n. f. LING Mot dont le son suggère celui de la chose qu'il dénomme. *Cliquetis, glouglou, crac, boum sont des onomatopées.*

ontarien, enne [ɔ̃taʀjɛ̃, ɛn] adj. et n. De l'Ontario. ▷ Subst. *Un(e) Ontarien(ne).*

Ontario, le plus oriental des Grands Lacs américains (18 800 km^2), formant frontière entre le Canada et les É.-U. Il communique avec le lac Érié par le Niagara et avec l'Atlantique par le Saint-Laurent.

Ontario, prov. du Canada (la plus peuplée); 1 068 852 km^2; 10 084 880 hab.; cap. *Toronto.* En bordure de la baie d'Hudson et des Grands Lacs s'étendent des plaines. Le climat, continental, est très rude dans le Nord. Nombr. lacs et cours d'eau. Céréales, élevage, pêche, fourrures, exploitation forestière. Import. richesses minières (dans le N.-O., surtout). Industr. dans le Sud.

Hist. – La région fut explorée par des Français au début du XVIIe s. (notam. par Champlain en 1615-1616). Comme le reste de la Nouvelle-France, elle fut cédée en 1763 aux Anglais qui la détachèrent du Québec en 1791 pour en faire le Haut-Canada. Lors de la guerre anglo-américaine de 1813-1814, les Américains l'envahirent et incendièrent Toronto (nommé alors York), mais des loyalistes (Américains demeurés fidèles à l'Angleterre) vinrent des É.-U. et peuplèrent le territoire. Dans les années 1820-1830, la mécanisation de l'agriculture en G.-B. poussa vers le Haut-Canada des dizaines de milliers de sans-emploi. À la même époque, des autonomistes exigèrent que le pouvoir de l'Assemblée soit supérieur à celui du gouverneur anglais et, en 1837, l'armée anglaise écrasa une révolte dirigée par W.L. Mackenzie. En 1840, la G.-B. unifia le Haut-Canada et le Bas-Canada. En 1867, l'Ontario fut une des quatre provinces qui formèrent la Confédération canadienne.

onto-. Élément, du gr. *ôn, ontos,* «l'étant, l'être, ce qui est».

ontogenèse [ɔ̃toʒənɛz] ou **ontogénie** [ɔ̃toʒeni] n. f. BIOL Science qui étudie la croissance et le développement des individus, de l'œuf à l'âge adulte.

ontologie [ɔ̃tɔlɔʒi] n. f. PHILO Connaissance de l'être en tant qu'être, de l'être en soi.

ontologique [ɔ̃tɔlɔʒik] adj. PHILO Qui a rapport à l'ontologie.

ONU ou **O.N.U.** Acronyme pour ou sigle de *Organisation* des Nations unies.*

onyx [ɔniks] n. m. Agate semi-transparente présentant des couches annulaires, concentriques, de couleurs variées.

onzabili [ɔ̃zabili] n. m. Arbre d'Afrique tropicale exploité pour son bois.

onze [ɔ̃z] adj. inv. et n. m. inv. **I.** adj. num. inv. **1.** (Cardinal) Dix plus un (11). *Onze (personnes) à table.* **2.** (Ordinal) Onzième. *Louis XI. Page onze.* – Ellipt. *Le onze octobre.* **II.** n. m. inv. Le nombre onze. ▷ Chiffres représentant le nombre onze (11). ▷ Numéro onze (11). *Composer le onze.* ▷ *Le onze :* le onzième jour du mois.

onzième [ɔ̃zjɛm] adj. et n. **I.** adj. num. ord. Dont le rang est marqué par le nombre onze. *La onzième fois.* **II.** n. **1.** Personne, chose qui occupe la onzième place. **2.** n. m. Chaque partie d'un tout divisé en onze parties égales. *Héritier pour un onzième.*

oocyte [ɔɔsit] ou **ovocyte** [ɔvɔsit] n. m. BIOL Gamète femelle non encore parvenu à la maturité.

oosphère [ɔɔsfɛʀ] n. f. BOT Gamète femelle végétal.

oospore [ɔɔspɔʀ] n. f. BOT Cellule de fécondation des algues et des champignons.

opacification [ɔpasifikasjɔ̃] n. f. Action d'opacifier; fait de s'opacifier.

opacifier [ɔpasifje] v. tr. [**2**] Rendre opaque. ▷ v. pron. Devenir opaque.

opacité [ɔpasite] n. f. Propriété des corps opaques. ▷ PHYS Rapport entre le flux lumineux transmis et le flux incident.

opale [ɔpal] n. f. Pierre fine, à reflets irisés, constituée de silice hydratée. ▷ adj. inv. *Des perles opale.*

opalin, ine [ɔpalɛ̃, in] adj. et n. f. **1.** adj. Qui a une teinte laiteuse, des reflets irisés. *Porcelaine opaline.* **2.** n. f. Verre à l'aspect blanc laiteux et aux reflets irisés. ▷ Bibelot en opaline.

opaque [ɔpak] adj. **1.** Qui n'est pas transparent, qui ne laisse pas passer la lumière. *Corps opaque.* **2.** PHYS *Opaque à :* qui ne laisse pas passer (telles radiations). *Corps opaque aux rayons X.* **3.** Qui ne laisse passer que peu de lumière; épais, impénétrable à la vue. *Brouillard opaque.*

op'art [ɔpaʀt] n. m. Mouvement d'art abstrait, né aux É.-U. v. 1960, qui privilégie les effets optiques de l'art cinétique. (V. aussi cinétique.)

-ope, -opie. Éléments, du gr. *ôps, opis,* «vue».

ope [ɔp] n. m. ou f. ARCHI Emplacement ménagé dans une maçonnerie pour recevoir l'extrémité d'une poutre, d'un madrier d'échafaudage. Syn. trou de boulin. ▷ Trou d'évacuation pour la fumée.

open [ɔpɛn] adj. inv. (et n. m.) **1.** SPORT Se dit d'une compétition ouverte à la fois aux professionnels et aux amateurs. **2.** *Billet open :* billet d'avion non daté.

openfield ou **open field** [ɔpɛnfild] n. m. GEOGR Territoire composé de portions de terre cultivable non closes.

open market [ɔpɛnmaʀkɛt] n. m. ECON Opération consistant, pour une banque centrale, à intervenir sur le marché monétaire par des achats ou des ventes de titres privés ou publics afin d'influencer le taux d'intérêt sur ce marché.

OPEP, acronyme pour *Organisation* des pays exportateurs de pétrole.*

opéra [ɔpeʀa] n. m. **1.** Œuvre dramatique, représentée au théâtre avec un accompagnement de musique orchestrale et dont toutes les paroles sont chantées (récitatifs, airs, etc.). *Les opéras de Mozart, de Verdi. – Opéra bouffe :* V. bouffe. – *Grand opéra* ou *opéra sérieux,* dont l'action est tragique. **2.** Genre lyrique constitué par ces ouvrages. *Amateur d'opéra. – L'opéra italien.* **3.** Théâtre où l'on joue des opéras. ▷ *L'Opéra :* l'Opéra de Paris.

Opéra (théâtre de l'), à Paris, théâtre national consacré à l'origine aux spectacles lyriques et chorégraphiques et, depuis 1989 (V. Opéra-Bastille), uniquement à la danse. Construit à Paris de 1862 à 1874 par l'architecte C. Garnier.

Opéra-Bastille, théâtre lyrique national, construit à Paris par Carlos Ott, inauguré en 1989.

opérable [ɔpeʀabl] adj. Qu'on peut opérer (sens II, 2). *Malade, blessé, tumeur opérable.*

opéra-comique [ɔpeʀakɔmik] n. m. **1.** Drame musical lyrique dans lequel des parties dialoguées s'intercalent entre les parties chantées. *Des opéras-comiques.* **2.** Théâtre où l'on joue ce genre d'ouvrage.

opérant, ante [ɔpeʀɑ̃, ɑ̃t] adj. Qui agit, qui produit un effet.

opérateur, trice [ɔpeʀatœʀ, tʀis] n. **1.** Personne chargée de la commande d'une machine. ▷ AERON, MAR *Opérateur radio,* chargé des télécommunications à bord. ▷ CINE Responsable de la prise de vues, de l'enregistrement sonore ou de la projection d'un film. **2.** FIN Personne ou organisme habilités à faire des opérations financières. Syn. donneur d'ordre. **3.** *Opérateur économique :* personne, physique ou morale, qui effectue des opérations économiques. **4.** MATH Symbole représentant une opération ou une suite d'opérations à effectuer sur un concept quelconque (par ex. d'ordre logique, mathématique ou physique).

opération [ɔpeʀasjɔ̃] n. f. **I.** Action d'un pouvoir, d'une faculté, d'un organe, etc., qui agit selon sa nature pour produire un effet. *Les opérations de l'esprit, de la mémoire. – Les opérations de la fécondation.* **II. 1.** Action, suite ordonnée d'actes qui suppose une méthode, une recherche et une combinaison de moyens mis en œuvre en vue de produire un résultat précis. *Tenter, réussir une opération de sauvetage en mer.* **2.** MILIT Ensemble de mouvements stratégiques destinés à faire réussir une attaque, à organiser une défense. *Base d'opérations,* où sont rassemblés le personnel et les moyens logistiques. **3.** Cour. Action, ensemble de mesures en vue d'obtenir un résultat. *Monter une opération publicitaire.* **4.** COMPTA Acte, ou ensemble d'actes, distinctif de la vie économique. *La production et la consommation sont des opérations économiques.* **5.** FIN *Opérations boursières :* transactions opérées sur des valeurs mobilières ou des marchandises. ▷ Cour. Affaire. *Faire une bonne opération.* **III. 1.** MATH Ensemble de démarches méthodiques de la pensée procédant de la déduction et s'appliquant sur les parties d'un ou de plusieurs ensembles en suivant une loi déterminée. ▷ *Spécial.* Application d'un ensemble sur lui-même. *L'addition et la multiplication sont des opérations dans l'ensemble des nombres réels.* ▷ Cour. *Les quatre opérations :* l'addition, la soustraction, la multiplication et la division. **2.** CHIR Cour. Intervention chirurgicale.

opérationnel, elle [ɔpeʀasjɔnɛl] adj. **1.** Qui a trait à des opérations militaires. *Secteur opérationnel.* **2.** Prêt à être mis en service. *Cette usine sera opérationnelle à la fin de l'année.* ▷ Fig. Efficace, pratique. **3.** MATH, TECH *Recherche opérationnelle :* ensemble des méthodes mises en œuvre pour analyser les problèmes d'organisation, à des fins stratégiques, commerciales, etc.

opératoire [ɔpeʀatwaʀ] adj. **1.** Relatif aux interventions chirurgicales. *Choc opératoire. Bloc opératoire,* pour les opérations chirurgicales. – *Champ opératoire :* V. champ (sens III, 2). **2.** Didac. Relatif à une opération, qui a les caractères d'une opération (sens II, III, 1).

opercule [ɔpɛʀkyl] n. m. **I.** TECH Pièce mobile servant à fermer une ouverture, à recouvrir une cavité. **II.** BOT Pièce qui ferme l'urne des mousses. **III.** ZOOL **1.** Lame cornée ou calcaire qui ferme la coquille de divers gastéropodes. **2.** Membrane recouvrant l'ouverture des narines à la base du bec, chez les oiseaux. **3.** Pièce osseuse paire recouvrant les branchies des poissons. **4.** Membrane qui clôt les alvéoles des abeilles.

opéré, ée [ɔpeʀe] adj. et n. **1.** Qui vient d'être soumis à une intervention chirurgicale. ▷ Subst. *L'état de l'opéré est satisfaisant.* **2.** (Choses) Effectué, réalisé.

opérer [ɔpeʀe] v. [**14**] **I.** v. intr. Produire un effet, agir. *Laisser opérer la nature.* **II.** v. tr. **1.** Effectuer, réaliser par une série ordonnée d'actes. *Troupes qui opèrent leur jonction. – Opérer des réformes.* ▷ (S. comp.) Agir. *Les cambrioleurs ont opéré en toute tranquillité.* **2.** Pratiquer une intervention chirurgicale sur. *Opérer un malade. Se faire opérer des amygdales.* ▷ *Opérer qqn d'une tumeur,* pratiquer l'ablation de celle-ci. **III.** v. pron. S'effectuer, s'accomplir. *Changements qui s'opèrent.*

opérette [ɔpeʀɛt] n. f. Œuvre théâtrale composée sur un sujet gai et dans laquelle une musique légère accompagne les parties chantées. *Les opérettes d'Offenbach.* ▷ *Héros d'opérette,* que l'on ne peut prendre au sérieux.

opéron [ɔpeʀɔ̃] n. m. BIOCHIM Unité d'information fonctionnant sous le contrôle de deux gènes antagonistes.

ophidiens [ɔfidjɛ̃] n. m. pl. ZOOL Sous-ordre de reptiles dépourvus de pattes, possédant de nombreuses côtes. *Les ophidiens, ou serpents, sont apparus au crétacé.* – Sing. *Un ophidien.*

ophioglosse [ɔfjɔglɔs] n. m. BOT Fougère (genre *Ophioglossum*) des lieux humides, aux frondes ovales non découpées prolongées par un épi qui porte les sporanges.

ophiolite [ɔfjɔlit] n. f. GEOL Ensemble de roches, principalement éruptives, qui se forme dans les rifts océaniques.

ophiologie [ɔfjɔlɔʒi] n. f. ZOOL Partie de la zoologie qui traite des serpents.

ophiure [ɔfjyʀ] n. f. ZOOL Échinoderme de la sous-classe des ophiurides.

ophiurides [ɔfjyʀid] ou **ophiurides** [ɔfjyʀide] n. m. pl. ZOOL Sous-classe d'échinodermes dont le corps est constitué d'un disque central et de cinq bras rayonnants longs et grêles. – Sing. *Un ophiuride* ou *un ophiuridé.*

ophtalm(o)-, -ophtalmie. Éléments, du gr. *ophtalmos,* «œil».

ophtalmie [ɔftalmi] n. f. MED Maladie inflammatoire de l'œil.

ophtalmique [ɔftalmik] adj. ANAT, MED Des yeux, relatif aux yeux. *Migraine ophtalmique.*

ophtalmologie [ɔftalmɔlɔʒi] n. f. Branche de la médecine qui traite des affections des yeux et de leurs annexes.

ophtalmologique [ɔftalmɔlɔʒik] adj. Relatif à l'ophtalmologie.

ophtalmologiste [ɔftalmɔlɔʒist] ou **ophtalmologue** [ɔftalmɔlɔg] n. Médecin spécialisé en ophtalmologie. (Abrév. fam. : ophtalmo).

Ophuls (Max Oppenheimer, dit Max) (1902 – 1957), cinéaste français d'orig. allemande : *Liebelei* (1932), *la Ronde* (1950), *le Plaisir* (1951), *Lola Montès* (1955). — **Marcel** (né en 1927), fils du préc., cinéaste français, auteur de documentaires : *le Chagrin et la Pitié* (1969), sur l'occupation allemande en France.

opiacé, ée [ɔpjase] adj. et n. m. Qui contient de l'opium ou qui en a l'odeur, le goût. *Médicament opiacé.* ▷ n. m. Médicament à base d'opium.

-opie. V. -ope.

opilions [ɔpiljɔ̃] n. m. pl. ZOOL Ordre d'arachnides appelés cour. *faucheurs* ou *faucheux,* aux pattes généralement longues et grêles. – Sing. *Un opilion.*

opiner [ɔpine] v. intr. [1] DR ou litt. Donner son avis dans une assemblée sur un sujet mis en délibération. *Opiner sur, pour ou contre une clause.* ▷ Mod., plaisant *Opiner du bonnet :* marquer d'un signe de tête son acquiescement.

opiniâtre [ɔpinjɑtʀ] adj. (et n.) **1.** Tenace dans sa volonté. *Caractère opiniâtre.* ▷ Subst. *Un(e) opiniâtre.* **2.** Où il entre de la persévérance, de l'acharnement. *Zèle, travail, lutte opiniâtre.* ▷ Persistant. *Fièvre opiniâtre.*

opiniâtreté [ɔpinjɑtʀəte] n. f. Volonté persévérante, tenace.

opinion [ɔpinjɔ̃] n. f. **1.** Jugement qu'on se forme ou qu'on adopte sur un sujet, sur une personne; assertion ou conviction personnelle plus ou moins fondée. *Se faire, avoir, soutenir, émettre une opinion. Avoir bonne ou mauvaise opinion de qqn.* **2.** (Surtout au plur.) Manière de penser, doctrine, croyance (en matière morale, politique, etc.). *Opinions libérales, avancées.* **3.** Ensemble des idées ou des convictions communes à une collectivité. *L'opinion publique* ou, absol., *l'opinion. Braver l'opinion. Sondage d'opinion.*

opiomane [ɔpjɔman] n. et adj. Toxicomane qui fume ou qui mâche l'opium. ▷ adj. *Il est devenu opiomane.*

opiomanie [ɔpjɔmani] n. f. Toxicomanie des opiomanes.

opisthobranches [ɔpistɔbʀɑ̃ʃ] n. m. pl. ZOOL Sous-classe de mollusques gastéropodes marins hermaphrodites. – Sing. *Un opisthobranche.*

opisthoglyphe [ɔpistɔglif] adj. ZOOL Se dit des serpents venimeux dont les crochets sont situés vers l'arrière de la mâchoire.

opium [ɔpjɔm] n. m. **1.** Suc narcotique tiré de certains pavots, fumé ou mâché comme excitant et comme stupéfiant. *La morphine est extraite de l'opium.* **2.** Fig. Ce qui assoupit insidieusement (la volonté, l'esprit critique, etc.). *Marx disait de la religion qu'elle était «l'opium du peuple».*

Opium (guerre de l'), conflit qui opposa la Chine et la G.-B. de 1839 à 1842. En 1839, l'empereur de Chine interdit l'importation d'opium indien. En 1840, les Britanniques occupèrent Shanghai. En 1842, le traité de Nankin leur donna Hong Kong, autorisa les États européens à commercer avec 5 ports (dont Canton et Shanghai), abaissa à 5 % les tarifs douaniers.

oponce [ɔpɔ̃s] n. m. V. opuntia.

opossum [ɔpɔsɔm] n. m. Marsupial d'Amérique, au pelage gris fort recherché. ▷ Fourrure de cet animal.

Oppenheimer (Julius Robert) (1904 - 1967), physicien américain : travaux de mécanique quantique. En 1943, il fut nommé directeur du centre de recherches de Los Alamos où fut construite la première bombe atomique.

opportun, une [ɔpɔʀtœ̃, yn] adj. Qui vient à propos. *Mesure opportune.* ▷ Qui convient. *Au moment opportun,* convenable, favorable.

opportunément [ɔpɔʀtynemɑ̃] adv. De façon opportune.

opportunisme [ɔpɔʀtynism] n. m. Attitude consistant à agir selon les circonstances, à en tirer le meilleur parti, en faisant peu de cas des principes.

opportuniste [ɔpɔʀtynist] adj. et n. **1.** Qui fait preuve d'opportunisme. *Conduite opportuniste.* ▷ Subst. *C'est un(e) opportuniste.* Syn. (Maghreb) khobziste. **2.** MED Se dit d'un microorganisme normalement présent dans la flore d'un individu et qui devient pathogène lors d'un affaiblissement des défenses de l'organisme.

opportunité [ɔpɔʀtynite] n. f. Caractère de ce qui est opportun. *L'opportunité d'une démarche.* ▷ Occasion favorable. *Saisir une opportunité inespérée.* ▷ ECON *Coût d'opportunité :* coût d'un bien exprimé en termes d'un autre bien auquel on renonce. Syn. coût alternatif.

opposabilité [ɔpozabilite] n. f. **1.** Caractère de ce qui est opposable. *Opposabilité du pouce.* **2.** DR Caractère de ce qui est juridiquement opposable.

opposable [ɔpozabl] adj. **1.** Qui peut être mis vis-à-vis de (qqch). *Le pouce est opposable aux autres doigts.* ▷ Qui peut être opposé à (qqch). *Décision opposable à une autre.* **2.** DR Dont on peut se prévaloir contre un tiers.

opposant, ante [ɔpozɑ̃, ɑ̃t] adj. et n. **1.** Qui s'oppose. ▷ Subst. Personne qui, en matière politique, appartient à l'opposition. *Les opposants au régime.* **2.** ANAT Se dit d'un muscle de certains doigts. – n. m. *L'opposant du pouce,* qui permet un mouvement en avant et en dedans.

opposé, ée [ɔpoze] adj. et n. m. **I.** adj. **1.** Placé en vis-à-vis. *Rives opposées.* ▷ Orienté en sens inverse. *Direction opposée.* ▷ GEOM *Angles opposés (par le sommet),* formés par deux droites qui se coupent. – MATH *Nombres opposés* ou *symétriques,* de même valeur absolue mais de signes contraires (par ex., +1 et −1). **2.** Qui diffère totalement; contraire, contradictoire. *Intérêts, caractères opposés.* **3.** Qui est défavorable ou hostile à; qui lutte contre. *Partis opposés.* **II.** n. m. Ce qui est opposé (par sa place, sa direction, sa nature, etc.). *L'opposé de l'avers est le revers.* – Fam. *Elle est tout l'opposé de son mari.* ▷ Loc. adv. ou prép. *À l'opposé (de) :* au contraire (de).

opposer [ɔpoze] v. [1] **I.** v. tr. **1.** Présenter, mettre en face de (comme réplique, résistance, obstacle, etc.). *Je lui ai opposé mes intérêts. Opposer une digue à un torrent.* – DR *Opposer la caducité d'un acte.* **2.** Mettre en lutte, en rivalité. **3.** Mettre en vis-à-vis; disposer de manière à faire contraste. *Opposer deux miroirs.* **4.** Comparer en soulignant les différences. *Opposer Aristote à Platon.* **II.** v. pron. **1.** Faire obstacle. *S'opposer à une entreprise.* **2.** S'affronter. *Orateurs, armées qui s'opposent.* **3.** Être vis-à-vis; former un contraste. *Ornements qui s'opposent.*

opposition [ɔpozisjɔ̃] n. f. **1.** Position ou rapport de choses situées en vis-à-vis ou qui s'opposent, s'affrontent. *Opposition de deux couleurs.* ▷ DR *Opposition d'intérêts,* qui empêche l'une des parties à une même opération d'en représenter ou d'en assister une autre. ▷ ASTRO Position de deux corps célestes diamétralement opposés par rapport à la Terre ou au Soleil. ▷ PHYS *Grandeurs sinusoïdales en opposition de phase,* dont la différence de phase est de 180°. ▷ (Personnes) *Opposition de deux concurrents.* ▷ *Être, entrer en opposition avec qqn.* **2.** Résistance qu'oppose une personne, un groupe. *Opposition à un projet.* – DR *Opposition à mariage,* défense de le célébrer lorsque les conditions exigées par la loi ne sont pas remplies. – *Faire opposition à un paiement.* ▷ DR Voie de recours ouverte à toute personne condamnée par une décision de justice rendue contre elle par défaut. **3.** Parti ou ensemble de personnes opposés au régime politique en place.

oppressant, ante [ɔpʀesɑ̃, ɑ̃t] adj. Qui oppresse. *Chaleur oppressante.* ▷ Fig. Qui étreint, accable.

oppresser [ɔpʀese] v. tr. [1] **1.** Presser fortement la poitrine de (qqn) de manière à gêner sa respiration; donner une impression de gêne respiratoire à (qqn). *L'asthme l'oppresse.* **2.** Fig. Faire subir un tourment moral, une angoisse à. *Une attente qui oppresse.*

oppresseur [ɔpʀesœʀ] n. m. Celui, celle qui opprime. ▷ adj. m. *Pouvoir oppresseur.*

oppressif, ive [ɔpʀesif, iv] adj. Qui sert à opprimer, qui vise à opprimer. *Mesures oppressives.*

oppression [ɔpʀesjɔ̃] n. f. **I. 1.** Sensation d'un poids sur la poitrine. **2.** *Par ext.* Malaise physique ou psychique d'une personne oppressée. **II. 1.** Action d'opprimer; contrainte tyrannique. *Oppression policière.* **2.** État d'opprimé. *Vivre dans l'oppression.*

opprimé, ée [ɔpʀime] adj. et n. Qui est soumis à une oppression. – Subst. *Défendre les opprimés.*

opprimer [ɔpʀime] v. tr. [1] Accabler par abus de pouvoir, par violence. *Opprimer les faibles.* – Fig. *Opprimer les esprits, l'opinion.*

opprobre [ɔpʀɔbʀ] n. m. Litt. Honte extrême et publique, déshonneur.

opsonine [ɔpsɔnin] n. f. BIOCHIM Substance soluble du sérum, proche des anticorps, qui se combine aux bactéries pour les rendre vulnérables aux leucocytes.

optatif, ive [ɔptatif, iv] adj. et n. m. LING Qui exprime le souhait. ▷ *Mode optatif* ou, n. m., *l'optatif :* mode verbal exprimant le souhait, dans certaines langues (sanskrit, grec).

opter [ɔpte] v. intr. [1] Choisir, se déterminer entre deux ou plusieurs choses qu'on ne peut obtenir ou exécuter à la fois. *Opter pour une politique.*

opticien, enne [ɔptisjɛ̃, ɛn] n. (et adj.) Personne qui fabrique ou vend des instruments d'optique (et partic. des lunettes). ▷ adj. *Ingénieur opticien.*

optimal, ale, aux [ɔptimal, o] adj. Qui est le meilleur possible. *Rendement optimal d'un moteur.* ▷ Qui correspond à l'optimum. *Valeur optimale.*

optimisation [ɔptimizasjɔ̃] n. f. Action d'optimiser; son résultat.

optimiser [ɔptimize] v. tr. [1] Rendre optimal.

optimisme [ɔptimism] n. m. **1.** PHILO Système philosophique, développé partic. par Leibniz, selon lequel le monde est le meilleur possible, le mal n'y ayant de sens qu'en fonction du bien. *Voltaire a fait dans «Candide*» la satire de l'optimisme.* **2.** Cour. Attitude consistant à voir le bon côté des choses. *Optimisme béat.* ▷ Espérance confiante. *Nouvelle qui incite à l'optimisme.* Ant. pessimisme.

optimiste [ɔptimist] adj. (et n.) **1.** PHILO Relatif à l'optimisme ou qui en est partisan. – Subst. *Les optimistes.* **2.** Cour.

Qui prend les choses du bon côté, qui présage heureusement de l'avenir. – Subst. *C'est un optimiste de nature.*

optimum [ɔptimɔm] n. m. et adj. **1.** n. m. État le plus favorable, le meilleur possible d'une chose. *L'optimum d'un fonctionnement.* ▷ ECON *Optimum de population :* point d'équilibre entre le nombre des individus d'une population et les ressources disponibles. **2.** adj. *Conditions optimums* ou *optima.*

option [ɔpsjɔ̃] n. f. **1.** Faculté d'opter; action d'opter. – *Matières à option,* entre lesquelles un candidat peut choisir, dans un concours, un examen. **2.** DR Faculté de choisir entre plusieurs possibilités légales ou conventionnelles. ▷ Promesse d'achat ou de vente, sans engagement de l'acheteur, et moyennant ou non des arrhes. *Prendre, accorder une option sur une terre.*

optionnel, elle [ɔpsjɔnɛl] adj. Qui donne lieu à un choix.

optique [ɔptik] adj. et n. f. **I.** adj. **1.** Relatif ou propre à la vision, à l'appareil de la vision. *Nerf optique.* **2.** Relatif à l'optique, propre à l'optique (voir sens II). ▷ PHYS *Système optique :* association de lentilles, de miroirs, de prismes, etc. – *Centre optique :* point d'un système optique centré, tel que le rayon incident passant par ce point n'est pas dévié. **II.** n. f. **1.** Partie de la physique qui étudie les lois de la lumière et de la vision. *Optique géométrique, physique.* – *Optique électronique :* technique permettant de former l'image d'un objet à l'aide d'un faisceau d'électrons soumis à l'action d'un champ électrique ou magnétique (télévision, microscope électronique, etc.). ▷ Industrie ou commerce des instruments d'optique. *Travailler dans l'optique.* **2.** Ensemble du système optique d'un instrument. *L'optique d'un spectrographe.* **3.** Perspective. *La mise en scène doit tenir compte de l'optique du théâtre.* – *Illusion d'optique :* V. illusion. ▷ Fig. Manière de voir, de juger. *Je n'ai pas sur cette question la même optique que vous.*

ENCYCL Phys. – L'*optique géométrique* est la partie de l'optique qui traite du trajet suivi par la lumière dans des milieux homogènes comme l'eau ou l'air, où la lumière se propage suivant des lignes droites appelées *rayons lumineux,* qui obéissent aux lois de la réflexion et de la réfraction énoncées par Descartes. Le rapport *n* entre la vitesse *c* de la lumière dans le vide (env. 300 000 km/s) et la vitesse *v* dans un milieu homogène est appelé *indice absolu* du milieu. L'indice absolu de l'eau est égal à 1,33 (v = 226 000 km/s) et celui du diamant à 2,42 (v = 124 000 km/s). Une *surface d'onde* est le lieu des points atteints au même instant par la lumière qui provient d'une source ponctuelle. Un *système optique* est constitué par une succession de miroirs, qui provoquent la réflexion de la lumière, et de dioptres (surfaces séparant deux milieux d'indices différents), qui provoquent sa réfraction. Les *instruments d'optique* (loupes, lunettes astronomiques, microscopes) sont constitués d'un ou de plusieurs systèmes optiques. Seul un instrument composé uniquement de miroirs plans donne d'un point quelconque de l'espace une image ponctuelle (stigmatisme). Les autres sont entachés d'*aberrations.* Un instrument d'optique est caractérisé : par son *pouvoir séparateur**; par sa *puissance* (rapport entre l'angle sous lequel on voit l'image de l'objet et la longueur réelle de cet objet), qui s'exprime en dioptries; par son *grossissement*; par sa *clarté.* L'*optique ondulatoire,* appelée également *optique physique,* assimile la lumière à une vibration électromagnétique qui se propage à une vitesse déterminée. Une onde de fréquence donnée produit sur l'œil l'impression d'une couleur déterminée; elle est dite *monochromatique.* Dans le vide, une onde lumineuse monochromatique est un ensemble de deux champs sinusoïdaux : un champ électrique et un champ magnétique, perpendiculaires entre eux, et vibrant en phase. La propagation s'effectue perpendiculairement au plan formé par ces deux champs. L'émission s'effectue au niveau des électrons des atomes. Chaque atome émet une suite de vibrations (train d'ondes), de durée limitée, se traduisant par une lumière non cohérente. Chacun des points de la source émet des trains d'ondes sans relation de phase (incohérence temporelle) et non monochromatiques, de même que, à un instant donné, la phase des trains d'ondes émis par tous les points n'est pas la même (incohérence spatiale). Les *lasers* permettent d'obtenir une lumière présentant une parfaite cohérence spatiale, qui leur confère une directivité remarquable, et une excellente cohérence temporelle; ce sont des sources lumineuses quasiment monochromatiques. Leurs applications sont innombrables. L'*optique électronique* est l'ensemble des techniques qui permettent de former une image d'un objet à l'aide d'un faisceau d'électrons soumis à l'action de champs magnétiques ou électriques. Il est possible, à l'aide de tels champs, de dévier un faisceau d'électrons, comme on dévie un faisceau lumineux à l'aide d'un dioptre. Pour rendre visible l'image d'un objet, il suffit de recevoir le faisceau d'électrons sur un écran fluorescent ou sur une couche photographique. Le microscope électronique et la télévision constituent deux des domaines d'application. La lumière peut être transmise le long de parcours sinueux à l'intérieur de *fibres optiques,* qui jouent un rôle de guide d'onde et permettent de transporter à section égale un débit d'informations beaucoup plus élevé que les conducteurs électriques.

optoélectronique [ɔptoelɛktʀɔnik] n. f. TECH Ensemble des techniques permettant de transmettre des informations à l'aide d'ondes électromagnétiques dont les longueurs d'onde sont proches de celles de la lumière visible.

optométrie [ɔptɔmetʀi] n. f. PHYS Partie de l'optique qui a trait à la vision.

opulence [ɔpylɑ̃s] n. f. **1.** Abondance de biens. *Vivre dans l'opulence.* **2.** Fig. Plénitude des formes. *L'opulence des nus de Rubens.*

opulent, ente [ɔpylɑ̃, ɑ̃t] adj. **1.** Qui est dans l'opulence; qui manifeste l'opulence. *Homme opulent. Train de vie opulent.* **2.** Fig. Qui présente des formes amples, pleines. *Poitrine opulente.*

opuntia [ɔpɔ̃sja] ou **oponce** [ɔpɔ̃s] n. m. BOT Plante grasse (fam. cactacées) aux rameaux épineux aplatis en forme de raquette (figuier de Barbarie, nopal, raquette).

opus [ɔpys] n. m. MUS Morceau numéroté de l'œuvre complète d'un musicien. (Abrév. : op.)

opuscule [ɔpyskyl] n. m. Petit ouvrage de science, de littérature, etc.

Opus Dei (société sacerdotale de la Sainte-Croix et de l'), prélature personnelle de l'Église catholique fondée en 1928 par un prêtre espagnol, José María Escrivá de Balaguer (1902-1975), afin de favoriser la pratique des principes de l'Évangile, notam. dans le travail professionnel.

1. or [ɔʀ] n. m. **1.** Élément métallique (symbole Au) de numéro atomique Z=79. – Métal (Au) précieux, mou, ductile et malléable, jaune par réflexion et vert par transparence. *L'or est quasiment inaltérable.* ▷ CHIM *Or colloïdal :* suspension colloïdale d'or. **2.** Ce métal, monnayé ou non, considéré pour sa valeur. *Payer en or.* – *Étalon-or :* V. étalon 2. **3.** Alliage à base de ce métal, utilisé notam. en bijouterie. – (Afr. subsah.) *Or fétiche :* alliage titrant moins de 18 carats. **4.** (Dans certaines loc. fig.) Richesse, valeur considérable. *Être cousu d'or, rouler sur l'or :* être très riche. *Acheter, vendre à prix d'or,* très cher. *Valoir son pesant d'or :* valoir très cher, être très précieux. *C'est de l'or en barre, c'est une affaire d'or* (ou *en or*) : c'est une affaire très fructueuse. **5.** Couleur, aspect de l'or (souvent au plur.); objet ou substance de cette couleur, de cet aspect. *Les ors d'une icône.* **6.** (Pour signifier l'excellence, la perfection, la rareté, etc.) *Un cœur d'or,* bon, généreux. *Parler d'or :* prononcer des paroles sages, judicieuses. – Fam. *Un ami, un public en or.* **7.** *L'or noir :* le pétrole.

2. or ou **ores** [ɔʀ] conj. et adv. **1.** conj. Sert à lier deux termes d'un raisonnement (notam. la majeure à la mineure d'un syllogisme), à introduire certaines phases d'un récit, ou certaines incidentes (d'explication, d'objection, etc.) d'un discours. *Il rêvait de voyages, or il était pauvre.* **2.** adv. *D'ores et déjà :* dès maintenant. *Il est d'ores et déjà certain du succès.*

oracle [ɔʀakl] n. m. **1.** ANTIQ Réponse d'une divinité à ceux qui la consultaient. ▷ Lieu où étaient rendus ces oracles. *L'oracle de Delphes.* **2.** (Souvent iron.) Décision, opinion émanant d'une personne détenant l'autorité, le savoir. *Les oracles de la science.* **3.** Personne autorisée, compétente.

Oradea (anc. *Nagyvárad*), v. de Roumanie, à la frontière hongroise; 220 848 hab.; ch.-l. du district de Bihor, sur le Criş rapide. Centre industriel. – Cath. catholique baroque (1752-1780); église orthodoxe « à la Lune » (1784); palais baroque (1762-1770).

Hist. – Citadelle hongroise, rasée par les Tatars en 1241, la ville se développe au cours des XVe et XVIe s. Les Ottomans l'incendient en 1660. Sous l'occupation austro-hongroise qui leur succède dès 1692, la cité connaît un essor rapide. Après le rattachement de la Transylvanie à la Roumanie (1918), confirmé par le traité de Trianon (juin 1920), Oradea devient roumaine. Elle est cédée à la Hongrie en 1940 et revient à la Roumanie en 1945 (rattachement officialisé par le traité de Paris en 1947).

orage [ɔʀaʒ] n. m. **1.** Violente agitation de l'atmosphère accompagnée d'éclairs et de tonnerre, de pluie, de grêle, etc. *L'orage gronde, éclate.* ▷ GEOPH *Orage magnétique,* qui se produit lors des éruptions solaires. **2.** Fig. Tumulte ou éclat de sentiments, de passions. *Il est en colère, laissez passer l'orage.*

orageux, euse [ɔʀaʒø, øz] adj. **1.** Qui menace d'orage. *Temps orageux.* ▷ Sujet aux orages. *Climat orageux.* ▷ Troublé par l'orage. *Nuit orageuse.* **2.** Fig. Tumultueux. *Séance orageuse.*

oraison [ɔʀɛzɔ̃] n. f. **1.** Prière. *Faire une oraison.* **2.** *Oraison funèbre :* éloge d'un mort, solennel et public.

oral, ale, aux [ɔʀal, o] adj. et n. m. **1.** adj. Transmis ou exprimé par la bouche, la voix (par oppos. à *écrit*). *Tradition orale. Littérature orale :* V. encycl. littérature. ▷ *Épreuves orales d'un concours.* – n. m. *Échouer à l'oral,* aux épreuves orales. **2.** adj. Qui a rapport à la bouche. *Cavité orale :* bouche. *Soigner par voie orale.* ▷ PHON *Phonème oral* ([a], [o], etc.), par oppos. à *phonème nasal* ([ɑ̃], [ɔ̃], etc.). ▷ PSYCHAN *Stade oral :* première phase d'organisation libidinale (de la naissance au sevrage), dans laquelle la satisfaction auto-érotique est liée à l'activité de la zone érogène buccale.

oralement [ɔʀalmɑ̃] adv. De vive voix (par oppos. à *par écrit*).

oralité [ɔʀalite] n. f. **1.** Caractère oral. *L'oralité d'une tradition.* – *Une civilisation de l'oralité,* qui ignore l'écriture. **2.** PSYCHAN Ensemble des caractéristiques du stade oral.

Oran (auj. *Wahrān*), v. d'Algérie occidentale, sur la Méditerranée; 660 500 hab.; ch.-l. de la wilaya du m. nom (2 114 km²; 916 578 hab.). Port de commerce. Exportation de gaz naturel et de prod. agricoles. Centre industr. actif : aciéries, métallurgie, textiles. – Évêché. Université. Mosquée du Pacha (XVIIIe s.). – La ville, fondée vers 903, fut occupée par les Français en 1831.

orange [ɔʀɑ̃ʒ] n. et adj. inv. **1.** n. f. Fruit comestible de l'oranger, de forme sphérique, dont la pulpe juteuse et parfumée est protégée par une écorce épaisse et souple, de couleur jaune-rouge. *Orange amère, orange douce.* **2.** adj. inv. De la couleur de l'orange. *Des robes orange.* ▷ n. m. *Soleil d'un bel orange.*

Orange, fl. d'Afrique australe (env. 1 860 km, bassin de 1 020 000 km²), qui naît dans le Drakensberg et se jette dans l'Atlantique. Son cours, coupé de chutes et grossi du Vaal (r.dr.), forme la frontière entre la Namibie et l'Afrique du Sud. Peu navigable, il sert surtout à l'irrigation.

Orange, v. de France (Vaucluse); 28 136 hab. – Théâtre antique bâti v. 120 apr. J.-C. Arc de triomphe datant probabl. du règne d'Auguste. Anc. cath. (XIIe s.). – La cité fut la cap. d'une principauté qui appartint aux Nassau (V. Orange-Nassau) de 1544 à 1673.

Orange (État libre d'), auj. *État libre* dep. 1995), prov. d'Afrique du Sud; 129 437 km²; 2 804 000 hab.; ch.-l. *Bloemfontein.* Céréales; import. élevage bovin et ovin. Mines d'or, de diamants et de charbon. – Les Britanniques reconnurent en 1854 l'indépendance de la colonie fondée v. 1836 par les Boers lors de leur migration vers le nord. L'Orange lutta avec le Transvaal contre les Britanniques (1900-1902), obtint son autonomie (1907) et entra dans l'Union sud-africaine (1910).

Orange (Guillaume d'). V. Guillaume III, roi d'Angleterre.

orangé, ée [ɔʀɑ̃ʒe] adj. et n. m. **I.** adj. De couleur orange. *Teinte orangée.* **II.** n. m. **1.** Couleur orange. *On obtient l'orangé par le mélange du jaune et du rouge.* **2.** Pigment ou colorant de couleur orange.

orangeade [ɔʀɑ̃ʒad] n. f. Boisson composée d'orange, d'eau et de sucre.

Orange-Nassau, nom que prirent (et conservèrent) les Nassau quand la principauté d'Orange revint, par héritage, à la famille de Nassau (1544).

oranger [ɔʀɑ̃ʒe] n. m. Arbre (fam. rutacées) cultivé dans les régions chaudes, aux feuilles épaisses et persistantes, dont le fruit est l'orange. *Eau de fleur d'oranger :* eau aromatisée sédative, faite avec de l'essence extraite des fleurs d'oranger.

orangeraie [ɔʀɑ̃ʒʀɛ] n. f. Terrain planté d'orangers.

orang-outan ou **orang-outang** [ɔʀɑ̃utɑ̃] n. m. Grand singe anthropomorphe (*Pongo pygmæus,* fam. pongidés) des forêts de Sumatra et de Bornéo, dont la taille atteint 1,40 m. *Les orangs-outans sont arboricoles et frugivores.*

orateur, trice [ɔʀatœʀ, tʀis] n. **1.** Personne qui prononce un discours. *Interrompre l'orateur.* **2.** Personne qui a le don de la parole. *Un orateur-né.*

1. oratoire [ɔʀatwaʀ] adj. Relatif à l'éloquence, à l'art de bien parler. *Formules oratoires.*

2. oratoire [ɔʀatwaʀ] n. m. Petite chapelle.

Oratoire ou **Oratoire d'Italie (congrégation de l'),** société de prêtres séculiers fondée en 1564 à Rome par Philippe Néri.

oratorio [ɔʀatɔʀjo] n. m. Drame lyrique à caractère le plus souvent religieux, qui est exécuté sans décors ni costumes.

1. orbe [ɔʀb] adj. CONSTR *Mur orbe,* sans ouverture.

2. orbe [ɔʀb] n. m. ASTRO Espace circonscrit par l'orbite d'une planète ou de tout corps céleste.

Orbe, riv. du Jura (57 km); née au S.-E. de Morez, elle passe en Suisse, alimente le lac de Joux, arrose *Orbe* (cant. de Vaud, 4 500 hab.), puis, sous le nom de *Thièle,* se jette dans le lac de Neuchâtel.

orbiculaire [ɔʀbikylɛʀ] adj. (et n. m.) Didac. **1.** De forme arrondie. ▷ ANAT Se dit de muscles à fibres circulaires. *Muscle orbiculaire,* ou, n. m., *orbiculaire des lèvres, des paupières.* **2.** Didac. Qui décrit une circonférence. *Mouvement orbiculaire.*

orbitaire [ɔʀbitɛʀ] adj. ANAT Qui a rapport à l'orbite de l'œil.

orbital, ale, aux [ɔʀbital, o] adj. et n. f. **1.** adj. ASTRO, ESP Relatif à l'orbite d'une planète, d'un satellite. **2.** n. f. PHYS NUCL, CHIM Région de l'espace, autour du noyau de l'atome, où la probabilité de présence d'un électron donné est maximale. (V. encycl. liaison.)

orbite [ɔʀbit] n. f. **1.** ANAT Cavité de la face dans laquelle est logé l'œil. **2.** ASTRO Trajectoire décrite par un corps céleste, naturel ou artificiel, autour d'un autre. **3.** Fig. Sphère dans laquelle se manifeste l'influence, l'activité (de qqn, de qqch). *Politiciens qui gravitent dans l'orbite du pouvoir.*

Orcades (en angl. *Orkney*), archipel britannique, au N.-E. de l'Écosse : 90 îles, dont 20 sont habitées (île princ. *Mainland*); 975 km²; 19 570 hab.; ch.-l. *Kirkwall.*

Orcades du Sud, archipel britannique de l'Antarctique (622 km²), au S.-E. de l'Argentine, qui le revendique.

Orcagna (Andrea di Cione Arcangelo, dit l') (actif à Florence entre 1343 et 1368), peintre, sculpteur et architecte italien.

orchestral, ale, aux [ɔʀkɛstʀal, o] adj. Qui a rapport à un orchestre, à l'orchestre. *Musique orchestrale.*

orchestrateur, trice [ɔʀkɛstʀatœʀ, tʀis] n. Celui, celle qui conçoit une orchestration.

orchestration [ɔʀkɛstʀasjɔ̃] n. f. **1.** Art d'orchestrer. *Traité d'orchestration.* **2.** Adaptation d'une œuvre musicale en vue de son exécution par un orchestre.

orchestre [ɔʀkɛstʀ] n. m. **1.** Dans une salle de spectacle, ensemble des places situées au niveau inférieur (par oppos. à *balcon*). **2.** Ensemble des instrumentistes qui participent à l'interprétation d'une œuvre musicale. *Un orchestre symphonique.* – *Chef d'orchestre.* ▷ Troupe de musiciens qui jouent habituellement ensemble. *Orchestre de jazz.*

orchestrer [ɔʀkɛstʀe] v. tr. [1] **1.** Écrire (une œuvre musicale) en combinant les parties instrumentales. **2.** Fig. Diriger (une action concertée). *Orchestrer une campagne de presse.*

orchidacées [ɔʀkidase] n. f. pl. BOT Famille de plantes monocotylédones, surtout des zones chaudes, aux fleurs généralement très décoratives. – Sing. *Une orchidacée.*

orchidée [ɔʀkide] n. f. **1.** Plante de la famille des orchidacées (environ 15 000 espèces), à fleurs ornementales; la fleur de cette plante. *La vanille est une orchidée.* **2.** (Plur.) Syn. de *orchidacées.*

orchite [ɔʀkit] n. f. MED Inflammation aiguë ou chronique du testicule.

ordalie [ɔʀdali] n. f. HIST, ETHNOL Épreuve judiciaire dont l'issue, réputée dépendre de Dieu ou d'une puissance surnaturelle, établit la culpabilité ou l'innocence d'un individu.

ordinaire [ɔʀdinɛʀ] adj. et n. m. **I.** adj. **1.** Qui ne sort pas de l'ordre commun, de l'usage habituel. *Il lui est arrivé une chose peu ordinaire.* **2.** De qualité moyenne, courante. *Du papier ordinaire.* – Péjor. *Des gens très ordinaires,* de condition modeste ou de manières vulgaires. **3.** (Belgique) *Professeur ordinaire :* V. professeur. **II.** Loc. adv. *À l'ordinaire, d'ordinaire :* d'habitude, en général. *Agir comme à l'ordinaire. C'est ce qu'on fait d'ordinaire dans ces cas-là.* **III.** n. m. **1.** Ce qui est ordinaire, courant. *Cela ne change pas de l'ordinaire.* **2.** Ce que l'on sert habituellement aux repas (en partic. dans l'armée). *Dans cette caserne, l'ordinaire est mauvais.* **3.** LITURG *L'ordinaire de la messe :* les prières fixes qui sont dites dans toutes les messes.

ordinairement [ɔʀdinɛʀmɑ̃] adv. D'ordinaire, d'habitude.

ordinal, ale, aux [ɔʀdinal, o] adj. Qui marque le rang, l'ordre. *Nombre ordinal :* V. nombre. ▷ GRAM *Adjectif numéral ordinal :* adjectif qui exprime le rang dans une série ordonnée (ex. premier, deuxième, troisième, etc.).

ordinateur [ɔʀdinatœʀ] n. m. INFORM Machine capable d'effectuer automatiquement des opérations arithmétiques et logiques (à des fins scientifiques, administratives, comptables, etc.) à partir de programmes définissant la séquence

de ces opérations. *Ordinateur individuel. Ordinateur domestique.*
ENCYCL L'utilisation de l'ordinateur est fondée sur *l'informatique.* Un ordinateur est constitué d'éléments physiques appelés *matériel* (*hardware* en anglais) et fonctionne à partir d'un ensemble de programmes appelé *logiciel* (*software* en anglais). Un ordinateur est caractérisé par sa grande rapidité de calcul et par sa capacité de stocker des informations dans des organes appelés *mémoires.* Les opérations successives qu'on doit effectuer pour traiter des informations sont inscrites à l'intérieur d'un programme rédigé dans un langage conventionnel.

ordination [ɔʀdinasjɔ̃] n. f. LITURG CATHOL Action de conférer ou de recevoir le sacrement de l'ordre (sens II, 6). – Cérémonie au cours de laquelle ce sacrement est conféré.

ordonnance [ɔʀdɔnɑ̃s] n. f. **I.** Disposition ordonnée des éléments d'un ensemble. *L'ordonnance d'un tableau.* ▷ ARCHI Disposition des différentes parties d'un édifice. **II.** Ce qui est prescrit par une autorité compétente. **1.** Acte législatif d'un gouvernement. ▷ Règlement édicté par le pouvoir exécutif. **2.** DR Décision émanant du président de la juridiction ou d'un juge d'instruction. *Une ordonnance de référé, de non-lieu.* **3.** Ensemble des prescriptions faites par un praticien (médecin, dentiste, etc.). ▷ Écrit daté et signé les contenant.

ordonnancement [ɔʀdɔnɑ̃smɑ̃] n. m. **1.** Action de régler suivant un certain ordre. *Ordonnancement d'une cérémonie.* **2.** FIN Action d'ordonnancer un paiement.

ordonnancer [ɔʀdɔnɑ̃se] v. tr. [12] **1.** Régler selon un ordre déterminé. *Ordonnancer une fête.* **2.** FIN Donner l'ordre de payer (une dépense publique) après qu'en ont été contrôlés le montant et la légitimité.

ordonnancier [ɔʀdɔnɑ̃sje] n. m. Registre dans lequel le pharmacien doit consigner les préparations et les produits vendus sur ordonnance.

ordonnateur, trice [ɔʀdɔnatœʀ, tʀis] n. **1.** Personne qui dispose, règle selon un ordre. *L'ordonnateur d'une fête.* **2.** FIN Personne habilitée à ordonnancer un paiement.

ordonné, ée [ɔʀdɔne] adj. **1.** Qui est en ordre, rangé, bien tenu. *Une maison ordonnée.* **2.** Qui est naturellement enclin à mettre de l'ordre, à ranger. *Un garçon soigneux et ordonné.* Syn. (Suisse) ordré. **3.** Dont les éléments sont classés, disposés selon leur rang. ▷ MATH *Ensemble ordonné,* muni d'une relation d'ordre (sens I, 1).

ordonnée [ɔʀdɔne] n. f. MATH Coordonnée verticale qui permet, avec l'abscisse, de définir la position d'un point dans un espace à deux dimensions. (On la représente par le symbole y).

ordonner [ɔʀdɔne] v. tr. [1] **1.** Mettre en ordre. *Ordonner les diverses parties d'un manuscrit.* ▷ MATH *Ordonner un polynôme,* ranger ses termes suivant les puissances croissantes ou décroissantes de l'une des variations. **2.** Commander; prescrire. *Ordonner à qqn de partir. Je fais ce qu'on m'ordonne. – Le médecin lui a ordonné un régime.* **3.** RELIG Conférer le sacrement de l'ordre à (qqn).

ordovicien, enne [ɔʀdɔvisjɛ̃, ɛn] adj. et n. m. GEOL *Période ordovicienne* ou, n. m., *l'ordovicien :* deuxième période de l'ère primaire, caractérisée par l'apparition des premiers vertébrés. ▷ De cette période.

ordre [ɔʀdʀ] n. m. **I. 1.** Organisation d'un tout en ses parties; relation entre les éléments d'un ensemble, qui associe à chacun de ceux-ci un rang, une importance par rapport à tous les autres. *Ordre alphabétique, chronologique. Procédons par ordre.* ▷ MATH *Relation d'ordre dans un ensemble :* relation binaire R qui est réflexive ($\forall x \in E$, xRx), transitive (xRy et yRz $\Rightarrow$ xRz) et antisymétrique (xRy et yRx $\Rightarrow$ y = x). *L'ensemble N des entiers naturels est muni de la relation d'ordre notée* [≤]. ▷ *Ordre du jour :* liste ordonnée des questions sur lesquelles doit délibérer une assemblée. – Fig. *C'est un problème qui est à l'ordre du jour,* qui est d'actualité. **2.** Arrangement régulier dans l'espace. ▷ MILIT Disposition d'une troupe sur le terrain. *Ordre de bataille. Progresser en ordre dispersé.* ▷ Bonne organisation, fonctionnement normal, régulier. *Remettre de l'ordre dans les affaires d'une entreprise.* ▷ Disposition régulière d'un ensemble d'objets, destinée à réduire l'espace qu'ils occupent et permettant de trouver facilement ceux dont on a besoin. *Outils disposés en bon ordre.* **3.** Méthode, exactitude, précision de l'esprit. *Un homme d'ordre.* ▷ Tendance spontanée à disposer les objets en ordre (sens 2), à ranger. *Elle a beaucoup de soin et d'ordre.* **4.** Organisation sociale; stabilité des institutions, paix civile. *Interdire une réunion susceptible de troubler l'ordre public. Maintien de l'ordre.* **5.** Ensemble des lois naturelles. *L'ordre de l'univers, des choses.* Loc. *C'est dans l'ordre (des choses) :* c'est normal. **II. 1.** HIST Chacune des trois grandes classes de la société sous l'Ancien* Régime. *Les états généraux rassemblaient les représentants des trois ordres : noblesse, clergé et tiers état.* **2.** Corps composé de membres élus de certaines professions libérales. *Ordre des avocats, des médecins, des architectes.* **3.** Société religieuse dont les membres ont fait solennellement vœu de vivre selon une règle. *L'ordre des Bénédictins, des Jésuites, des Carmélites.* **4.** Anc. *Ordres de chevalerie :* associations religieuses et militaires formées pour combattre les infidèles au Moyen Âge. *Ordre de Malte, ordre des Templiers.* **5.** Société dont on est admis à faire partie à titre de récompense honorifique. *Ordre de la Légion* d'honneur.* **6.** Catégorie d'êtres ou de choses; division, espèce. *Dans un autre ordre d'idées. Un travail d'ordre intellectuel.* ▷ *De l'ordre de :* d'environ (telle grandeur, telle quantité). *Somme de l'ordre d'un million.* **7.** BIOL Unité systématique faisant suite à la classe et précédant la famille. *L'ordre des carnivores, des ongulés. Les ordres, parfois divisés en sous-ordres, peuvent être regroupés en super-ordres.* **8.** ARCHI Style de construction de l'architecture antique. *Les ordres ionique, dorique et corinthien.* **9.** LITURG CATHOL *Sacrement de l'ordre :* sacrement donnant pouvoir d'exercer certaines fonctions ecclésiastiques. **10.** RELIG CATHOL Degré dans la hiérarchie ecclésiastique. *Ordres majeurs :* le diaconat et le sacerdoce (prêtre, évêque). *Ordres mineurs* (appelés auj. *ministères :* lecteur et servant à l'autel. – *Entrer dans les ordres :* se faire prêtre, religieux, religieuse. **11.** Fig. Degré établi par comparaison. *Ouvrage de premier, de second ordre,* de première, de seconde importance. **III. 1.** Commandement, prescription. *Donner, exécuter un ordre. – Jusqu'à nouvel ordre :* jusqu'à ce que les dispositions actuelles aient été modifiées. **2.** FIN *Billet à ordre :* effet de commerce endossé par le bénéficiaire et payé à la personne désignée par celui-ci. **3.** COMM Commande. *Adresser un ordre à un fournisseur.*

ordré, ée [ɔʀdʀe] adj. (Suisse) Syn. de *ordonné(e)* (sens 2). *Une personne ordrée.*

ordure [ɔʀdyʀ] n. f. **1.** Matière vile, malpropre. – *Spécial.* Excrément. *L'ordure d'un chien.* **2.** (Plur.) Déchets, matières de rebut. *Boîte à ordures. Collecte des ordures ménagères.* **3.** Fig., litt. Abjection. **4.** Parole, écrit infâme ou obscène. *Ce texte est un tissu d'ordures.*

ordurier, ère [ɔʀdyʀje, ɛʀ] adj. et n. m. **1.** adj. Qui se plaît à dire, à écrire des ordures, des obscénités. *Être ordurier.* ▷ Qui contient des obscénités. *Un texte ordurier.* **2.** n. m. (Maghreb) Au Maroc, éboueur.

orée [ɔʀe] n. f. Lisière, bordure. *L'orée d'un bois.* ▷ Fig., litt. *L'orée du jour.*

Oregon, État du N.-O. des É.-U., sur le Pacifique; 251 180 km^2; 2 842 000 hab.; cap. *Salem;* v. princ. *Portland.* – À l'E. s'étendent de hauts plateaux; à l'O., des chaînes montagneuses. Climat océanique. Exploitation forestière, pêche, élevage, céréales, hydroélectricité. Ressources minières et industr. – Explorée à la fin du XVIIIe s., la région devint un territoire (1848) et forma le trente-troisième État de l'Union (1859).

oreillard [ɔʀɛjaʀ] n. m. Chauve-souris aux grandes oreilles de l'hémisphère Nord.

oreille [ɔʀɛj] n. f. **1.** Organe de l'ouïe. *Se boucher les oreilles.* ▷ ANAT Chacun des trois segments de l'appareil auditif. *Oreille externe, oreille moyenne, oreille interne* (V. encycl. ci-après). ▷ Loc. *Parler à l'oreille de qqn.,* de manière à n'être entendu que de lui. – Fig. *Prêter l'oreille :* écouter attentivement. **2.** Ouïe, perception des sons. *Musique qui flatte l'oreille. Être dur d'oreille,* un peu sourd. – *Faire la sourde oreille :* feindre de ne pas entendre ce que l'on dit, ce que l'on demande. – Absol. *Avoir de l'oreille :* bien distinguer les sons musicaux. **3.** Pavillon de l'oreille. *Boucles d'oreilles. Tirer les oreilles.* – Fig. *Se faire tirer l'oreille pour... :* n'accepter qu'avec réticence de... ▷ Loc. fig. *Mettre la puce à l'oreille :* éveiller les soupçons. *Montrer le bout de l'oreille :* laisser entrevoir sa véritable personnalité, ses intentions cachées. **4.** Ce qui rappelle une oreille par sa forme, son aspect. *Les oreilles d'un récipient :* les deux appendices en vis-à-vis qui servent à le tenir. ▷ TECH *Écrou à oreilles,* muni de deux ailettes qui permettent de la manœuvrer sans utiliser de clé. ▷ *Oreille-de-mer :* haliotide. ▷ (Afr. subsah.) *Oreille d'éléphant :* nom de diverses plantes à larges feuilles et à tubercule souvent comestible; syn. de *taro(t).*
ENCYCL Anat. – L'oreille est un organe d'audition mais également d'équilibre. L'oreille externe se compose du pavillon de l'oreille et du conduit auditif externe. L'oreille moyenne est constituée par plusieurs cavités situées dans le rocher et qui communiquent entre elles : la caisse du tympan, la trompe d'Eustache et les cavités mastoïdiennes; le tympan est une membrane qui transmet ses vibrations à l'oreille interne par l'intermédiaire de 3 osselets : le marteau, l'enclume et l'étrier. L'oreille interne se compose de deux parties : le labyrinthe, membraneux, qui, formé des

canaux semi-circulaires et du vestibule, est responsable des fonctions d'équilibre; le limaçon, ou cochlée, qui possède la fonction d'audition proprement dite. Le récepteur sensoriel de l'ouïe est l'organe de Corti, qui contient les cellules sensorielles et se prolonge à son extrémité inférieure par le nerf cochléaire, branche du nerf auditif qui gagne le lobe temporal.

oreiller [ɔʀɛje] n. m. Coussin destiné à soutenir la tête d'une personne couchée. *Taie d'oreiller.* Syn. (Belgique, Luxembourg, Suisse) coussin.

oreillette [ɔʀɛjɛt] n. f. ANAT Chacune des deux cavités supérieures du cœur, où arrive le sang. *L'oreillette droite reçoit le sang des veines caves, l'oreillette gauche, celui des veines pulmonaires.*

oreillons [ɔʀɛjɔ̃] n. m. pl. MED Infection virale, contagieuse et immunisante, qui se manifeste le plus souvent par la tuméfaction de certaines glandes, notam. des parotides.

Orenbourg (*Tchkalov* de 1938 à 1957), v. de Russie, sur l'Oural; 547000 hab.; chef-lieu de la région du même nom. Industr. Gisement de gaz naturel.

Orénoque (en esp. *Orinoco*), fl. du Venezuela (2160 km); se jette dans l'Atlantique par un delta (23000 km^2).

ores [ɔʀ] adv. V. or 2.

Oreste, dans la myth. gr., fils d'Agamemnon et de Clytemnestre, frère d'Électre et d'Iphigénie. Il tua sa mère et Égisthe, l'amant de celle-ci, pour venger le meurtre de son père. V. Andromaque. Son histoire a inspiré Eschyle, surtout, Sophocle et Euripide.

Orfeo. V. Orphée.

orfèvre [ɔʀfɛvʀ] n. Personne qui fabrique ou qui vend des objets d'ornement en métaux précieux. ▷ *Être orfèvre en la matière :* avoir une connaissance parfaite de ce dont il est question.

orfèvrerie [ɔʀfɛvʀəʀi] n. f. **1.** Art, commerce de l'orfèvre. **2.** Ouvrages de l'orfèvre. *Articles d'orfèvrerie.*

orfraie [ɔʀfʀɛ] n. f. Aigle de grande taille, appelé aussi *pygargue* et *aigle de mer.* (Ne pas confondre avec l'effraie, qui est une chouette.)

organdi [ɔʀgɑ̃di] n. m. Mousseline de coton très légère raidie par un apprêt.

organe [ɔʀgan] n. m. **I. 1.** Partie d'un corps organisé remplissant une fonction déterminée. *Les organes des sens. – Organe de Corti,* situé dans le canal cochléaire, récepteur de l'audition. **2.** Moyen, instrument. *Les lois sont les organes de la justice.* **3.** Institution chargée de faire fonctionner une catégorie déterminée de services. *Les organes du pouvoir.* **4.** Pièce d'une machine, d'un mécanisme, remplissant une fonction déterminée. *Organes de freinage.* **II. 1.** *Absol.* Voix. *Avoir un bel organe.* **2.** Fig. Personne, chose par l'entremise de laquelle on fait connaître sa pensée, son opinion. ▷ *Par ext.* Publication périodique, journal. *Organe de presse. L'organe officiel d'un parti.*

organicisme [ɔʀganisism] n. m. **1.** PHILO Théorie selon laquelle la vie résulte, non d'une force qui anime les organes, mais de l'activité propre de l'ensemble des organes eux-mêmes. **2.** MED Théorie qui rattache toute maladie à une lésion organique. **3.** SOCIOL Doctrine qui assimile les sociétés à des organismes vivants.

organigramme [ɔʀganigʀam] n. m. Schéma représentant l'organisation générale d'une administration, d'une entreprise.

organique [ɔʀganik] adj. **1.** Qui a rapport aux organes ou aux organismes vivants. *Vie organique.* **2.** Qui provient d'organismes, de tissus vivants. *Matières organiques.* ▷ *Chimie organique* ou *chimie du carbone :* partie de la chimie qui étudie les composés du carbone (par oppos. à *chimie minérale*). **3.** DR Qui a trait aux parties essentielles de la constitution d'un État, d'un traité. *Loi organique.*

organisateur, trice [ɔʀganizatœʀ, tʀis] adj. et n. Qui organise. *Principe organisateur.* ▷ Subst. Personne qui organise, sait organiser. *C'est un excellent organisateur.*

organisation [ɔʀganizasjɔ̃] n. f. **1.** Manière dont un corps est organisé; structure. *Organisation des reptiles, d'une cellule.* **2.** Action d'organiser. *Voulez-vous vous charger de l'organisation de la fête?* **3.** Manière dont un ensemble quelconque est constitué, réglé. *Organisation judiciaire.* **4.** Association, groupement. *Organisation non gouvernementale :* V. O.N.G.

Organisation commune africaine et malgache (O.C.A.M.), organisme créé en 1965 par les États africains francophones en vue de resserrer leurs liens, économiques notam. L'île Maurice y adhéra en 1970, et l'organisation devint *Organisation commune africaine, malgache et mauricienne* (O.C.A.M.M.), mais, lorsque Madagascar (après d'autres États) s'en retira en 1973, l'organisme prit le nom d'*Organisation commune africaine et mauricienne.* Elle s'est dissoute en 1985.

Organisation de coopération et de développement économiques (O.C.D.E.), qui succéda en 1961 à l'*Organisation européenne de coopération économique* (O.E.C.E.), créée en 1948 pour répartir l'*aide Marshall.* (V. Europe : *Organisations européennes.*)

Organisation de l'armée secrète (O.A.S.), mouvement clandestin (1961-1962) conçu pour empêcher l'accès de l'Algérie à l'indépendance. Il se livra au terrorisme.

Organisation de l'aviation civile internationale (O.A.C.I.), organisation spécialisée de l'ONU, fondée en 1947, qui réglemente les transports aériens. Siège : Montréal (Canada).

Organisation de libération de la Palestine (O.L.P.), organisation de la résistance palestinienne, fondée en 1964 à Jérusalem en vue de libérer la Palestine de l'occupation israélienne et de créer une entité palestinienne souveraine. Regroupant plusieurs mouvements, elle est présidée depuis 1969 par Yasser Arafat, qui dirige le princ. d'entre eux, le Fatah. Elle privilégia d'abord l'action militaire, connut quelques succès mais se heurta à certains États arabes. Après les affrontements avec les autorités jordaniennes qui, en 1970, réprimèrent durement les manifestations des Palestiniens (*septembre noir*), l'O.L.P. s'installa au Liban. (V. dossier Liban, p. 1461.) Les accords de Camp David entre Israël et l'Égypte (1977) puis le départ du Liban, consécutif au siège de Beyrouth par l'armée israélienne (1982), lui ôtant l'espoir d'une solution militaire, l'O.L.P. a peu à peu mis l'accent sur l'action diplomatique et limité ses objectifs à la création d'un État dans les territoires occupés par Israël en 1967 (l'existence de cet État fut proclamée unilatéralement, en 1988, par les Palestiniens, à l'occasion de l'Intifada*). Reconnue par l'ONU en 1974, l'O.L.P. est membre de la Ligue arabe depuis 1976. En sept. 1993, l'O.L.P. a signé avec Israël un accord de reconnaissance mutuelle, complété par celui du Caire (mai 1994) : l'O.L.P. a obtenu l'autonomie partielle de Gaza et de Jéricho, puis (1995) de Naplouse et de cinq autres villes cisjordaniennes placés sous l'Autorité palestinienne, que dirige l'O.L.P. Mais des extrémistes, tant israéliens que palestiniens, refusent la paix. Toutefois, les premières élections du Conseil de l'autonomie (janv. 1996) ont connu une forte participation et le Fatah de Y. Arafat a obtenu une large majorité. En juin 1996, B. Netanyahou, candidat de la droite israélienne, est élu Premier ministre. Il gèle le processus de paix et reprend l'implantation de colonies juives dans les territoires occupés, où, à partir de sept., se produisent de nouveaux affrontements. Mais, sous la pression des États-Unis, il accorde l'autonomie partielle à la ville d'Hébron.

Organisation de l'unité africaine (O.U.A.), organisation créée en 1963 (charte d'Addis-Abeba) et regroupant tous les États indépendants d'Afrique (l'Afrique du Sud ayant été admise en 1994). Elle est chargée d'œuvrer à l'unité politique de l'Afrique et de mettre en place, à travers la Communauté économique africaine (C.É.A.F.) instituée en 1991, une union économique et monétaire panafricaine. L'O.U.A. comprend un nombre important d'institutions spécialisées : l'Agence panafricaine d'information (PANA), le Bureau africain des sciences de l'éducation (BASE), la Commission africaine de l'aviation civile (CAFAC), la Commission scientifique, technique et de la recherche (C.S.T.R.), le Conseil supérieur des sports en Afrique (C.S.S.A.), le Mouvement panafricain de la jeunesse, l'Organisation de l'unité syndicale africaine (OUSA), l'Union africaine des chemins de fer (U.A.C.), l'Union panafricaine des postes (UPAP) et l'Union panafricaine des télécommunications (UPAT). Siège : Addis-Abeba (Éthiopie).

Organisation des États américains (O.É.A.) (en angl. *Organization of American States,* O.A.S.), organisme créé en 1948, regroupant les É.-U. et les principaux États d'Amérique latine (à l'exception de Cuba, exclue en 1962).

Organisation des États riverains du Sénégal (O.É.R.S.). V. Organisation pour la mise en valeur du fleuve Sénégal.

Organisation des Nations unies (ONU), organisation internationale créée en 1945 pour maintenir la paix entre les États et promouvoir l'entraide économique, sociale et culturelle. Elle siège à New York et a succédé en 1946 à la S.D.N. (créée en 1919). Les États membres souscrivent à la *Charte des Nations unies,* signée à San Francisco par cinquante États le 26 juin 1945. Une Assemblée générale groupe tous les États membres (une voix par État). Au début de 1994, l'ONU compte 184 membres. Sur le plan politique, l'ONU dispose d'un organe exécutif : le Conseil de sécurité, formé par quinze États, dont dix sont élus pour deux ans; cinq d'entre eux, les membres permanents (É.-U., G.-B., U.R.S.S., puis Russie en 1991, France, Chine), peuvent exercer leur droit de veto, ce qui paralyse souvent son pouvoir effectif. Autres organes centraux : Conseil économique et social, Conseil de tutelle, Cour internationale de justice (siège à La Haye) et Secrétariat général. Lors de conflits militaires, l'ONU peut, aux termes de la résolution du 3 nov. 1950, créer une force d'urgence (les «casques bleus»), composée de contingents appartenant à des États membres et dont elle assure le commandement.

Organisation de solidarité des peuples d'Afrique et d'Asie (O.S.P.A.A.), organisation chargée de défendre les intérêts des peuples afro-asiatiques. La première conférence s'est tenue à Bandung en avril 1955.

Organisation des pays exportateurs de pétrole (OPEP), organisme siégeant à Vienne qui regroupe depuis 1960 les princ. pays exportateurs de pétrole afin d'appliquer une politique tarifaire commune. L'OPEP compte (par ordre chronologique) 12 membres : Arabie Saoudite, Irak, Iran, Koweït, Venezuela (membres fondateurs), Qatar, Indonésie, Libye, Fédération des Émirats arabes unis, Algérie, Nigeria et Gabon.

Organisation du traité de l'Asie du Sud-Est (OTASE), organisme créé en 1954 sur l'initiative des É.-U. en vue du maintien de la paix dans le S.-E. asiatique et surtout destiné à défendre la région contre toute agression communiste. Elle siégeait à Bangkok et fut dissoute en 1977.

Organisation du traité de l'Atlantique Nord (OTAN, acronyme angl. : NATO), organisation issue du traité d'alliance (pacte de l'Atlantique Nord) signé le 4 avril 1949 par douze États. Comportant des structures civiles et militaires, elle a pour but de «sauvegarder la paix et la sécurité, et de développer la stabilité et le bien-être dans l'Atlantique Nord». États membres depuis sa création : Belgique, Canada, Danemark, É.-U., France, G.-B., Islande, Italie, Luxembourg, Norvège, Pays-Bas, Portugal. Entrées de : la Grèce et la Turquie (1952), la R.F.A. (1955), l'Espagne (1982). La France s'est retirée en 1966 de l'organisation militaire, mais a réintégré certaines de ses structures en 1995. Le Conseil de l'Atlantique Nord siège à Bruxelles.

Organisation internationale de police criminelle (O.I.P.C.). V. Interpol.

Organisation internationale du travail (O.I.T.), organisme de l'ONU (depuis 1946), qui siège à Genève. Créée en 1919, reconstituée en 1946-1948, l'O.I.T. se propose d'améliorer les conditions de travail dans le monde. Le *Bureau international du travail* (B.I.T.) est son secrétariat permanent. P. Nobel de la paix 1969.

Organisation mondiale de la santé (O.M.S.), organisme de l'ONU créé en 1948 et siégeant à Genève.

Organisation mondiale du commerce (O.M.C.), organisme créé en 1994 et groupant (depuis le 1er janv. 1995) les États du monde qui ont signé l'accord du GATT* libéralisant le commerce mondial.

organisationnel, elle [ɔʀganizasjɔnɛl] adj. Relatif à l'organisation. *Capacités organisationnelles.*

Organisation pour la sécurité et la coopération en Europe (O.S.C.E.). V. Europe.

organisé, ée [ɔʀganize] adj. **1.** BIOL Pourvu d'organes. *Êtres organisés.* **2.** Constitué, agencé pour tel usage, telle fonction. *Groupe organisé. Atelier bien organisé.* **3.** (Personnes) Ordonné, méthodique, prévoyant. *Une ménagère bien organisée.* – (Choses) Conçu pour être efficace; réglé d'avance. *Voyage organisé.*

organiser [ɔʀganize] v. [1] **I.** v. tr. **1.** Mettre en place (les éléments d'un ensemble) en vue d'une fonction, d'un usage déterminés. *Organiser un service.* **2.** Préparer, monter. *Organiser un voyage, un spectacle.* ▷ Régler, aménager. *Organiser ses loisirs, son temps.* **II.** v. pron. Devenir organisé. *Les secours s'organisent.* ▷ Prendre ses dispositions pour agir efficacement.

organisme [ɔʀganism] n. m. **1.** Ensemble des organes constituant un être vivant; cet être vivant, en tant que corps organisé doué d'autonomie. ▷ *Spécial.* Corps humain. *Substances nécessaires à l'organisme.* **2.** Groupement, association. *Organisme politique.* **3.** Ensemble de services administratifs remplissant une fonction déterminée. *Organisme d'aide sociale.*

organiste [ɔʀganist] n. Musicien, musicienne qui joue de l'orgue.

organite [ɔʀganit] n. m. BIOL Microstructure intracellulaire présentant une architecture et des fonctions métaboliques propres (dictyosomes, mitochondries, lysosomes).

organochloré, ée [ɔʀganɔklɔʀe] adj. et n. m. CHIM Se dit d'un produit organique dérivé du chlore. ▷ n. m. *Les organochlorés.*

organométallique [ɔʀganometalik] adj. et n. m. CHIM Se dit d'un composé organique contenant un atome de métal directement lié à un atome de carbone. ▷ n. m. *Un organométallique.*

organophosphoré, ée [ɔʀganɔfɔsfɔʀe] adj. et n. m. CHIM Se dit d'un produit organique de synthèse dérivé du phosphore. ▷ n. m. *Un organophosphoré.*

orgasme [ɔʀgasm] n. m. Paroxysme du plaisir sexuel.

orge [ɔʀʒ] n. f. Plante herbacée (fam. graminées), céréale annuelle des régions tempérées, à épi simple; grain de cette plante. Syn. (Acadie) baillarge.

orgelet [ɔʀʒəlɛ] n. m. Petit furoncle du bord libre de la paupière, en forme de grain d'orge. Syn. compère-loriot.

orgiaque [ɔʀʒjak] adj. Qui a les caractères d'une orgie.

orgie [ɔʀʒi] n. f. **1.** Partie de débauche où, aux excès de la table, s'ajoutent des débordements sexuels. **2.** Profusion.

orgue [ɔʀg] n. m. au sing., et au plur. lorsque le mot désigne plusieurs instruments; n. f. au plur. (souvent emphatique) lorsque le mot désigne un seul instrument. **I. 1.** Grand instrument à vent composé de tuyaux de différentes grandeurs, d'un ou de plusieurs claviers et d'une soufflerie. *Un bel orgue. Grandes orgues.* ▷ *Orgue électrique, électronique :* instrument à clavier, sans tuyaux, dans lequel le son est produit par un signal électrique convenablement amplifié et modulé. ▷ *Orgue de Barbarie :* orgue mécanique portatif. **2.** *Point d'orgue :* prolongation de la durée d'une note ou d'un silence, laissée à la discrétion de l'instrumentiste; signe) indiquant cette prolongation. **II.** PETROG *Orgues basaltiques :* formation prismatique de basalte, rappelant les tuyaux d'un orgue.

orgueil [ɔʀgœj] n. m. **1.** Opinion trop avantageuse de soi-même, de son importance. **2.** (En bonne part.) Sentiment légitime de sa valeur, de sa dignité. **3.** (Afr. subsah.) *Orgueil de Chine :* arbuste ornemental (fam. césalpiniacées) à fleurs jaunes et rouges.

orgueilleusement [ɔʀgœjøzmɑ̃] adv. D'une manière orgueilleuse.

orgueilleux, euse [ɔʀgœjø, øz] adj. (et n.) **1.** Qui a de l'orgueil. *Un personnage orgueilleux.* ▷ Subst. *C'est une orgueilleuse.* **2.** Qui dénote l'orgueil. *Ton orgueilleux.*

orient [ɔʀjɑ̃] n. m. **I. 1.** Celui des quatre points cardinaux qui est du côté où le soleil se lève; est, levant. **2.** Partie d'une région, d'un pays, d'un continent située vers l'est. ▷ *Spécial.* (Par rapport à l'Europe occidentale.) Les régions de l'est de l'Ancien Monde. – HIST *L'Orient ancien :* l'ensemble constitué par les grandes civilisations de l'Antiquité entourant la Méditerranée orientale jusqu'à l'Iran inclus (Mésopotamie, Égypte, etc.). **II.** Ville qui est le siège d'une loge maçonnique. – *Grand orient :* loge centrale, de la capitale. **III.** *L'orient d'une perle,* son reflet nacré.

Orient (Empire latin d'). V. Constantinople (Empire latin de).

Orient (Empire romain d'). V. byzantin (Empire).

Orient (question d'), ensemble des problèmes internationaux créés à partir du XVIIIe s. par le recul de l'Empire ottoman, notam. en Europe. L'Autriche-Hongrie, la Russie, la G.-B. et la France cherchèrent à tirer profit de cette situation. Après l'émancipation de certains peuples chrétiens (Monténégro, Serbie, Grèce et Roumanie : V. dossier Roumanie, p. 1486), la Russie, qui voulait contrôler les Détroits (Bosphore et Dardanelles), se heurta à la France et à la Grande-Bretagne (guerre de Crimée*, 1854-1856), puis à la Turquie (1877-1878). Le traité de Berlin* (1878) ne mit pas fin à la compétition austro-russe. En 1908, l'Autriche-Hongrie annexa complètement la Bosnie-Herzégovine; la Russie dut s'incliner, mais, désireuse de prendre sa revanche, elle favorisa une alliance entre la Serbie, la Bulgarie (V. dossier Bulgarie, p. 1389), la Grèce et le Monténégro contre la Turquie, ce qui provoqua les guerres balkaniques en 1912-1913 (V. Balkans [péninsule des]) : la Turquie perdit presque toutes ses possessions en Europe. Après 1920, la question d'Orient fut en fait la *question des Détroits.* Devenus zone internationale (1920), les Détroits furent restitués à la Turquie (traité de Lausanne, 1923), qui, à partir de 1936, reçut l'autorisation de les défendre, et repoussa, avec l'appui américain, les tentatives de contrôle par l'U.R.S.S. après 1945. La fin de la guerre froide et l'éclatement de l'U.R.S.S. ont réduit leur importance stratégique.

orientable [ɔʀjɑ̃tabl] adj. Qui peut être orienté. *Antenne orientable.*

oriental, ale, aux [ɔʀjɑ̃tal, o] adj. et n. **1.** Qui est situé à l'est. *L'Afrique orientale.* **2.** Originaire de l'Orient; propre aux pays, aux peuples de l'Orient.

Langues orientales (hébreu, arabe, chinois, etc.). ▷ Subst. *Les Orientaux.*

orientalisme [ɔʀjɑ̃talism] n. m. **1.** Étude de l'Orient, de ses peuples, de leurs civilisations, etc. **2.** Goût des choses de l'Orient.

orientaliste [ɔʀjɑ̃talist] n. et adj. **1.** Personne versée dans la connaissance de l'Orient (notam. de ses langues et civilisations). **2.** Personne (partic., artiste) attachée à l'orientalisme (sens 2). – adj. *Peintre orientaliste.*

orientation [ɔʀjɑ̃tasjɔ̃] n. f. **1.** Détermination du lieu où l'on se trouve, à l'aide des points cardinaux ou de tout autre repère. *Avoir le sens de l'orientation. Table* d'orientation.* **2.** Action d'orienter (sens I, 1) une chose, de régler sa position par rapport aux points cardinaux. *Orientation d'un édifice.* **3.** Fig. Action de diriger dans telle ou telle direction. *Orientation des recherches. Orientation scolaire et professionnelle,* vers telles études, tel métier.

orienté, ée [ɔʀjɑ̃te] adj. **1.** Disposé, construit de telle ou telle manière par rapport aux points cardinaux. *Maison bien orientée.* **2.** MATH *Droite orientée,* sur laquelle on a choisi un vecteur unité. **3.** Qui manifeste ou trahit une certaine tendance politique, doctrinale, etc. *Commentaire orienté.*

orienter [ɔʀjɑ̃te] v. [1] **I.** v. tr. **1.** Disposer une chose par rapport aux points cardinaux ou dans une direction déterminée. *Orienter au sud, vers la mer.* **2.** *Orienter une carte, un plan,* y porter les points cardinaux. **3.** Indiquer une direction à (qqn). ▷ Fig. Faire prendre telle ou telle direction à. *Orienter une enquête. Orienter un enfant vers les sciences.* **4.** GEOM *Orienter une droite :* définir un sens positif sur cette droite. **II.** v. pron. **1.** Déterminer sa position par des repères, par les points cardinaux. *S'orienter à la boussole.* **2.** Prendre telle direction. *S'orienter vers le nord, le sud.* – Fig. *S'orienter vers la politique.*

orienteur, euse [ɔʀjɑ̃tœʀ, øz] n. Personne qui s'occupe d'orientation scolaire et professionnelle.

orifice [ɔʀifis] n. m. Ouverture qui sert d'entrée ou d'issue à une cavité, un conduit. *Orifice d'un tube, d'un puits. Orifice naturel,* du corps humain ou animal (bouche, anus, etc.).

oriflamme [ɔʀiflam] n. f. Bannière d'apparat, de décoration.

origan [ɔʀigɑ̃] n. m. Plante aromatique (*Origanum vulgare,* fam. labiées) à fleurs rougeâtres.

Origène (v. 185 – v. 254), théologien et Père de l'Église grecque. Il enseigna à Alexandrie, puis à Césarée de Palestine. Il a donné notam. des *Commentaires* de l'Écriture et laissé des traités de morale chrétienne.

originaire [ɔʀiʒinɛʀ] adj. et n. **I.** adj. **1.** Qui tire son origine de (tel lieu). *Plante originaire de Chine.* **2.** Qui existe depuis l'origine. *Déformation originaire.* **3.** (Suisse) Qui a tel droit de cité communale. *Untel, originaire de Neuchâtel, né à Genève.* **II.** n. **1.** (Madag.) Natif de telle région, de telle ethnie. *C'est un originaire de notre région.* **2.** (Afr. subsah.) À l'époque coloniale, personne née dans l'une des quatre communes de Dakar, Rufisque, Gorée et Saint-Louis, au Sénégal, et qui, à ce titre, jouissait de la qualité de citoyen français.

original, ale, aux [ɔʀiʒinal, o] adj. et n. **I. 1.** adj. Qui est de l'auteur même, qui constitue la source première. *Dessin original. Copie d'un acte original. Édition originale (d'un texte, d'une gravure),* la première parue. **2.** n. m. Ouvrage, document, modèle primitif. *L'original d'un traité. Reproductions d'après l'original.* ▷ Modèle artistique ou littéraire. *Ressemblance d'un portrait avec l'original.* **II.** adj. **1.** D'une singularité neuve ou personnelle. *Idée originale. Artiste original.* **2.** *Par ext.* Excentrique. *Manières originales.* ▷ Subst. *C'est une originale.*

originalité [ɔʀiʒinalite] n. f. **1.** Caractère d'une personne ou d'une chose originale (sens II). *Originalité d'un artiste, d'un décor.* – *Manquer d'originalité,* d'invention, de personnalité. **2.** Ce qui est original (sens II).

origine [ɔʀiʒin] n. f. **1.** Principe, commencement. *L'origine de la vie.* – (Plur.) *Des origines à nos jours.* ▷ Loc. adv. *À* (ou *dès*) *l'origine :* au (ou dès le) commencement. **2.** Cause, source. *L'origine d'une guerre.* **3.** Point de départ généalogique, milieu d'extraction (d'une personne, d'un groupe). *Origine des Peuls. Être d'origine paysanne.* **4.** Temps, lieu, milieu dont une chose est issue; provenance. *Mot d'origine bantoue.* – *Origine d'un envoi.* – *Produit d'origine,* dont l'origine (de lieu ou de fabrication) est attestée. **5.** MATH Point à partir duquel sont définies les coordonnées d'un point. **6.** (Suisse) *Acte d'origine :* document officiel établissant le droit de cité d'une personne de nationalité suisse. – *Commune d'origine,* dans laquelle un citoyen suisse jouit du droit de cité.

originel, elle [ɔʀiʒinɛl] adj. **1.** De l'origine, qui remonte à l'origine. *Instinct originel.* **2.** THEOL Qui remonte à la faute d'Adam. *Le péché originel.*

orignal, aux [ɔʀiɲal, o] ou **orignac** [ɔʀiɲak] n. m. Nom cour. de l'élan d'Amérique du Nord.

oriol [ɔʀjɔl] n. m. Passereau nord-américain au bec conique et au plumage noir et jaune-orangé (*Icterus galbula*), appelé également *loriot de Baltimore.*

Orion, grande constellation équatoriale, composée de quatre étoiles très brillantes formant un quadrilatère, au milieu duquel se trouvent trois étoiles alignées en biais *(Baudrier d'Orion). La nébuleuse d'Orion :* la plus spectaculaire des nébuleuses* à émission, visible à l'œil nu.

oripeaux [ɔʀipo] n. m. pl. Vieux habits d'apparat.

Orizaba (volcan d'), point culminant du Mexique (5 700 m), dominant la *ville d'Orizaba* (115 000 hab.).

Orkney. V. Orcades.

Orléans, v. de France, ch.-l. du dép. du Loiret et de la Région Centre, sur la Loire; 107 965 hab. Centre comm. et industr. – Cath. Ste-Croix. Hôtel de ville du XVIe s. Forêt au N.-E. de la ville. – L'anc. cité gauloise *Cenabum,* évêché au IVe s., devint avec Clovis la cap. du *royaume d'Orléans.* Assiégée par les Anglais en 1428, elle fut délivrée par Jeanne d'Arc en 1429.

Orléans (maisons d'), nom de quatre familles princières de France. **1.** La première eut pour unique représentant **Philippe** (1336 – 1375), cinquième fils du roi Philippe VI de Valois, qui reçut le duché d'Orléans en apanage (1344) et mourut sans héritier. **2.** La deuxième fut fondée par **Louis Ier** (1372 – 1407), frère de Charles VI, qui reçut le duché en 1392. Il fut tué par les partisans de Jean sans Peur, ce qui déclencha la guerre entre les Armagnacs et les Bourguignons. — **Charles d'Orléans** (1391 – 1465), fils du préc.; poète français. Chef des Armagnacs, il participa à la bataille d'Azincourt (1415), puis resta vingt-cinq ans prisonnier des Anglais. À son retour, il réunit autour de lui, à Blois, une cour raffinée. Ses œuvres (ballades, rondeaux) constituent un sommet de la poésie courtoise. — **Louis II,** fils du préc., duc d'Orléans en 1465, devint roi de France (V. Louis XII). **3.** La troisième famille eut pour seul représentant **Gaston** (1608 – 1660), frère de Louis XIII, dit *Monsieur,* fait duc d'Orléans en 1626. Il complota contre Richelieu et Mazarin. **4.** La quatrième fut fondée par **Philippe Ier** (1640 – 1701), frère de Louis XIV, dit *Monsieur,* duc d'Orléans en 1660. Célèbre pour ses amitiés masculines, il épousa Henriette d'Angleterre (1661), puis Charlotte Élisabeth, princesse palatine (1671). — **Philippe II** (1674 – 1723), fils du préc., duc d'Orléans en 1701; régent de France de 1715 à 1723. Il libéralisa le régime. — **Louis Philippe Joseph** (1747 – 1793), dit *Philippe Égalité,* arrière-petit-fils du préc., duc d'Orléans en 1785. Député de la noblesse aux états généraux, conventionnel, il vota la mort de Louis XVI mais fut néanmoins décapité. — **Louis-Philippe,** fils du préc., duc d'Orléans en 1793; il accéda au trône (V. Louis-Philippe Ier). — **Ferdinand-Philippe** (1810 – 1842), fils du préc., duc d'Orléans en 1830; il participa au siège d'Anvers (1832) et à la conquête de l'Algérie (1835). — **Henri d'Orléans** (né en 1908), comte de Paris, arrière-petit-fils du précédent.

Orléans (île d'), île du fleuve Saint-Laurent, au N.-E. de la ville de Québec; 190 km^2; 6 800 hab.

Orléansville. V. Cheliff (Ech-).

Orlov (Grigori Grigorievitch, comte) (1734 – 1783), officier russe. Favori de Catherine II (dont il eut un fils), il contribua à l'arrestation puis à l'élimination de Pierre III.

Orly, v. de France (Val-de-Marne); 21 824 hab. Jouets; emballage. L'aéroport d'Orly forme, avec les aéroports Charles-de-Gaulle (Roissy) et du Bourget, l'Aéroport de Paris.

Ormandy (Jenö Blau, dit Eugene) (1899 – 1985), chef d'orchestre et violoniste américain d'origine hongroise.

Ormazd. V. Ahura Mazdâ.

orme [ɔʀm] n. m. Arbre des régions tempérées (fam. ulmacées), dont le fruit est un akène ailé.

ormeau [ɔʀmo] ou **ormier** [ɔʀmje] n. m. Mollusque marin comestible (genre *Haliotis*) aussi appelé *haliotide* et *oreille-de-mer.*

Ormuz, détroit qui relie le golfe Persique à la mer d'Oman. *L'île d'Ormuz,* au N. du détroit, appartient auj. à l'Iran.

Ormuzd. V. Ahura Mazdâ.

Orne, fl. côtier de France, en Normandie (152 km). – Dép. : 6 100 km^2; 293 204 hab.; ch.-l. *Alençon* (31 139 hab.). V. Normandie (Basse-) [Région].

ornemaniste [ɔʀnəmanist] n. Bx-A Artiste, ouvrier qui ne conçoit ou ne réalise que des ornements.

ornement [ɔʀnəmɑ̃] n. m. **1.** *D'ornement : qui sert à orner. Plantes d'ornement.* **2.** Élément ajouté qui sert à orner, à embellir. *Robe unie et sans ornements.* ▷ Fig., litt. *Être l'ornement de :* faire honneur, donner du lustre à. **3.** LITURG CATHOL (Surtout au plur.) Habits sacerdotaux des cérémonies du culte.

ornemental, ale, aux [ɔʀnəmɑ̃tal, o] adj. **1.** Qui use d'ornements. *Style ornemental.* **2.** Qui sert à orner. *Plante ornementale.* Syn. décoratif.

ornementation [ɔʀnəmɑ̃tasjɔ̃] n. f. **1.** Art d'ornementer. *Un spécialiste de l'ornementation.* **2.** Disposition des ornements. *L'ornementation d'un chapiteau.*

ornementer [ɔʀnəmɑ̃te] v. tr. [**1**] Embellir par des ornements.

orner [ɔʀne] v. tr. [**1**] **1.** Embellir, décorer (qqch). – Pp. adj. Absol. *Lettres ornées,* enluminées. *Style orné,* très travaillé, qui use abondamment des figures de rhétorique. – Servir d'ornement à. *Des guirlandes ornaient les façades des maisons.* **2.** Fig., litt. Rendre plus agréable, donner plus d'éclat à.

ornière [ɔʀnjɛʀ] n. f. **1.** Trace profonde creusée par des roues de voitures dans un chemin. *S'enfoncer dans une ornière.* Syn. (Acadie) rouin. ▷ Loc. fig. *Sortir de l'ornière :* se sortir d'une situation difficile. **2.** Fig. Voie toute tracée que l'on suit par routine. *L'ornière des préjugés.*

ornith(o)-. Élément, du gr. *ornis, ornithos,* «oiseau».

ornithologie [ɔʀnitɔlɔʒi] n. f. Partie de la zoologie qui étudie les oiseaux.

ornithologique [ɔʀnitɔlɔʒik] adj. Didac. Qui a rapport à l'ornithologie. *Recherches ornithologiques.*

ornithologiste [ɔʀnitɔlɔʒist] ou **ornithologue** [ɔʀnitɔlɔg] n. Spécialiste de l'étude des oiseaux.

ornithopodes [ɔʀnitɔpɔd] n. m. pl. PALEONT Sous-ordre de dinosaures bipèdes herbivores, aux pieds courts munis de trois doigts, à allure de kangourou. – Sing. *Un ornithopode.*

ornithoptère [ɔʀnitɔptɛʀ] n. m. Grand papillon (genre *Ornithoptera*) du Sud-Est asiatique et de l'Australie, dont l'envergure peut dépasser 20 cm.

ornithorynque [ɔʀnitɔʀɛ̃k] n. m. Mammifère ovipare d'Australie (ordre des monotrèmes), au bec corné aplati, aux pattes palmées.

ornithose [ɔʀnitoz] n. f. MED, VET Infection pulmonaire aiguë d'origine bactérienne, transmise par certains oiseaux (perroquets, notam.). V. psittacose.

oro-. Élément, du gr. *oros,* «montagne».

orogenèse [ɔʀɔʒənɛz] ou **orogénèse** [ɔʀɔʒenɛz] n. f. GEOL Ensemble des phénomènes géologiques qui entraînent la formation des montagnes.

orographie [ɔʀɔgʀafi] n. f. Didac. Étude descriptive du relief terrestre. ▷ *Par ext.* Système montagneux d'un pays, d'une région du monde.

Oromo ou **Galla,** peuple d'Éthiopie, largement islamisé (18 500 000 personnes). Ils parlent des langues couchitiques, notam. le *galla,* ou *oromo.* En effet, ils se donnent le nom d'Oromo mais l'histoire leur a donné celui de Galla. Venant du S., ils envahirent progressivement l'Éthiopie dès la fin du Moyen Âge.

oronge [ɔʀɔ̃ʒ] n. f. Champignon comestible du groupe des amanites. *La fausse oronge* ou *amanite tue-mouches est toxique.*

Oronte (en ar. *Nahr al-'Āṣī*), fl. du Proche-Orient (570 km, dont 325 km en Syrie); né au Liban, dans la Beqaa, il draine la Syrie occidentale et se jette dans la mer Méditerranée après avoir arrosé Antioche (Turquie).

Orozco (José Clemente) (1883 – 1949), peintre mexicain : peintures murales à caractère sociopolitique.

orpailleur [ɔʀpajœʀ] n. m. TECH Ouvrier qui extrait, par lavage, les paillettes d'or des sables aurifères. ▷ *Par ext.* Chercheur d'or.

Orphée, dans la myth. gr., aède légendaire de Thrace, fils d'Œagre et de la muse Calliope. Il descend aux Enfers pour en ramener son épouse Eurydice. Hadès consent à la lui rendre à condition qu'il ne la regarde qu'au sortir du royaume des Morts. Orphée ne respecte pas cette injonction et provoque ainsi la seconde mort de sa femme. Virgile a consacré au mythe d'Orphée quelques vers des *Géorgiques* (29 av. J.-C.), qui ont inspiré la quasi-totalité des œuvres ultérieures, littéraires ou musicales, notam. *Orfeo* (1607), drame musical de Monteverdi.

orphelin, ine [ɔʀfəlɛ̃, in] n. et adj. Enfant qui a perdu son père et sa mère, ou l'un des deux. *Un orphelin de père.* ▷ adj. *Une jeune fille orpheline.*

orphelinat [ɔʀfəlina] n. m. Établissement qui recueille des orphelins.

orphéon [ɔʀfeɔ̃] n. m. Fanfare.

orphie [ɔʀfi] n. f. ICHTYOL Poisson marin au corps très allongé (genres *Belone* et *Tylosurus*), au long bec fin et denté, au squelette vert (long. jusqu'à 1 m), appelé également *aiguille de mer.*

orphisme [ɔʀfism] n. m. ANTIQ GR Courant théologique et philosophique qui se développa en Grèce du VIIe au IVe s. av. J.-C.

orque [ɔʀk] n. f. Cétacé odontocète (*Orcinus orca,* fam. delphinidés), long de 6 à 9 m, à aileron dorsal élevé, très vorace. Syn. épaulard.

Orsay (musée d'), musée des Bx-A. du XIXe s. français, aménagé dans l'anc. gare d'Orsay, à Paris, ouvert en 1986.

orseille [ɔʀsɛj] n. f. Nom cour. de divers lichens.

Orsini (Felice) (1819 – 1858), patriote italien qui tenta d'assassiner Napoléon III (14 janv. 1858), auquel il reprochait de trahir la cause de l'unité italienne. Il fut condamné à mort et exécuté.

Ørsted. V. Œrsted.

ORSTOM, acronyme pour *Office de la recherche scientifique et technique outre-mer,* établissement public, créé en 1943, devenu dep. 1984 l'*Institut français de recherche scientifique pour le développement en coopération.*

Ortega (Daniel) (né en 1945), homme politique nicaraguayen. Un des dirigeants du Front sandiniste; chef de l'État de 1984 à 1990.

Ortega y Gasset (José) (1883 – 1955), philosophe et essayiste espagnol.

orteil [ɔʀtɛj] n. m. Doigt de pied. *Le gros orteil :* le pouce du pied.

orth(o)-. Élément, du gr. *orthos,* «droit», et, au fig., «correct».

orthèse [ɔʀtɛz] n. f. MED Appareil qui pallie une déficience corporelle de nature mécanique. *Les chaussures orthopédiques sont des orthèses.*

orthocentre [ɔʀtosɑ̃tʀ] n. m. GEOM Point de rencontre des hauteurs d'un triangle.

orthodontiste [ɔʀtodɔ̃tist] n. Spécialiste du traitement des anomalies de la position des dents.

orthodoxe [ɔʀtɔdɔks] adj. et n. **1.** Conforme au dogme, à la doctrine d'une religion. *Doctrine orthodoxe.* Ant. hérétique. ▷ Se dit des Églises chrétiennes d'Orient qui n'admettent pas l'autorité de Rome (dont elles se sont séparées en 1054). ▷ Subst. *Les orthodoxes russes.* **2.** Conforme à une tradition, à une doctrine établies. ▷ Cour. (En phrase négative.) *Des conceptions qui ne sont pas orthodoxes,* qui rompent avec le conformisme. – Péjor. *Des pratiques peu orthodoxes.*

orthodoxie [ɔʀtɔdɔksi] n. f. **1.** Doctrine officiellement enseignée par une Église. **2.** *Par ext.* Ensemble des dogmes, principes établis. **3.** Caractère de ce qui est orthodoxe. – *L'orthodoxie d'une théorie scientifique.* **4.** Ensemble des Églises orthodoxes.

orthodromie [ɔʀtodʀɔmi] n. f. MAR, AVIAT Trajet le plus court reliant deux points de la surface de la Terre, arc de grand cercle passant par ces points.

orthogénie [ɔʀtɔʒeni] n. f. MED Contrôle des naissances.

orthogonal, ale, aux [ɔʀtogɔnal, o] adj. GEOM Qui forme un angle droit; qui se fait à angle droit. *Plans orthogonaux,* qui se coupent à angle droit. *Projection orthogonale,* obtenue au moyen des perpendiculaires abaissées des différents points d'une figure au plan de projection.

orthographe [ɔʀtɔgʀaf] n. f. **1.** Ensemble des règles régissant l'écriture des mots d'une langue. *Réforme de l'orthographe.* ▷ Application effective de ces règles. *Avoir une bonne orthographe.* **2.** Manière correcte d'écrire un mot. *L'orthographe de «rhododendron».*

orthographier [ɔʀtɔgʀafje] v. tr. [**2**] Écrire (un mot, une phrase) selon les règles de l'orthographe. ▷ v. pron. *Ballottage s'orthographie avec deux l et deux t.*

orthographique [ɔʀtɔgʀafik] adj. Relatif à l'orthographe.

orthonormé, ée [ɔʀtonɔʀme] adj. MATH *Base orthonormée :* base d'un espace vectoriel constituée de vecteurs unitaires orthogonaux deux à deux.

orthopédie [ɔʀtɔpedi] n. f. **1.** Branche de la médecine qui étudie et traite les lésions congénitales ou acquises des os, des articulations, des muscles et des tendons. **2.** Cour. Orthopédie des membres inférieurs.

orthopédique [ɔʀtopedik] adj. Relatif à l'orthopédie. *Appareil orthopédique.*

orthopédiste [ɔʀtopedist] n. et adj. **1.** Praticien qui exerce l'orthopédie. – adj. *Chirurgien orthopédiste.* **2.** Personne qui fabrique ou qui vend des appareils orthopédiques.

orthophonie [ɔʀtofɔni] n. f. MED Correction des troubles du langage parlé et écrit. Syn. (Suisse) logopédie.

orthophoniste [ɔʀtofɔnist] n. MED Spécialiste de l'orthophonie. Syn. (Belgique, Luxembourg) logopède, (Suisse) logopédiste.

orthoptères [ɔʀtɔptɛʀ] n. m. pl. ENTOM Ordre d'insectes (sauterelles, criquets, etc.) dont les ailes postérieures, à plis droits, se replient, comme un éventail, sous les élytres. – Sing. *Un orthoptère.*

orthoptiste [ɔʀtɔptist] n. Spécialiste de la rééducation de l'œil.

orthorhombique [ɔʀtɔʀɔ̃bik] adj. MINER Se dit d'un cristal en forme de prisme droit à base en losange (ou en rectangle).

orthostatique [ɔʀtostatik] adj. MED Relatif à la station debout. – Qui se produit en station debout. *Hypotension orthostatique.*

orthosympathique [ɔʀtosɛ̃patik] adj. ANAT, PHYSIOL Syn. de *sympathique.*

ortie [ɔʀti] n. f. Plante herbacée des régions tempérées, dont les feuilles dentées et les tiges sont couvertes de poils qui libèrent un liquide irritant.

ortolan [ɔʀtɔlɑ̃] n. m. **1.** Bruant européen (*Emberiza hortulana*) à gorge jaune, dont la chair est très estimée. **2.** (Antilles fr.) Nom cour. d'une petite tourterelle (*Columbia passerina*).

Orval (abbaye d'), célèbre abbaye de Belgique (prov. du Luxembourg), fondée v. 1070, cistercienne à partir de 1132. Depuis le XVIIe s., cette abbaye abrite des trappistes. Ruines de l'église. – Bière.

orvet [ɔʀvɛ] n. m. Reptile saurien d'Europe (*Anguis fragilis*), dépourvu de pattes, ovovivipare (long 35 à 50 cm). *L'orvet est aussi appelé serpent de verre à cause de la fragilité de sa queue.*

Orwell (Eric Arthur Blair, dit George) (1903 – 1950), écrivain anglais. Il a peint un monde ravagé par le totalitarisme : *la Ferme des animaux* (1945), *1984* (1949).

oryctérope [ɔʀikteʀɔp] n. m. ZOOL Mammifère des savanes africaines (seul représentant de l'ordre des tubulidentés), long d'un mètre, muni d'un museau en forme de groin et de griffes puissantes, qui vit dans des terriers et se nourrit de termites et de fourmis. Syn. cochon de terre.

Oryema (Geoffrey) (né en 1953), chanteur ougandais.

oryx [ɔʀiks] n. m. Antilope (genre *Oryx*), d'Afrique et d'Arabie, aux cornes fines très longues et à peine incurvées, qui vit dans les régions désertiques.

os [ɔs, plur. o] n. m. **1.** Élément dur et calcifié du corps de l'homme et des vertébrés servant à soutenir les parties du corps entre elles, et dont l'ensemble constitue le squelette. ▷ Loc. fig., fam. *En chair et en os :* en personne. – *Jusqu'aux os, jusqu'à la moelle des os :* entièrement, complètement. – *N'avoir que les os et la peau, n'avoir que la peau sur les os :* être très maigre. **2.** (Plur.) Ossements, restes d'un être vivant après sa mort. **3.** *Os de seiche :* coquille interne de la seiche.

Ōsaka, deuxième v. du Japon (dans le S. de Honshū), grand port sur le Pacifique; ch.-l. du ken du m. nom; 2 642 270 hab. Centre d'une puissante conurbation industr. – Chât. féodal.

Osborne (John) (1929 – 1994), auteur dramatique et comédien anglais. Chef de file du groupe des « Jeunes Hommes en colère ».

Oscar, statuette attribuée annuellement (en mars), depuis 1928, pour récompenser un film, un metteur en scène, des acteurs, etc. (en tout 22 Oscars), qui se sont illustrés dans la production amér. (et parfois brit.) de l'année écoulée; dep. 1947, un film étranger est également couronné.

O.S.C.E. Sigle de *l'Organisation pour la sécurité et la coopération en Europe.* V. Europe.

oscillant, ante [ɔsilɑ̃, ɑ̃t] adj. **1.** Qui oscille. *Pendule oscillant.* ▷ PHYS Qui change périodiquement de sens. ▷ ELECTR *Circuit oscillant,* qui comprend une inductance et un condensateur associés en série ou en parallèle. **2.** Fig. Qui varie. *Actions et obligations oscillantes.*

oscillateur [ɔsilatœʀ] n. m. **1.** PHYS Dispositif générant des oscillations électriques, lumineuses, mécaniques ou sonores. **2.** TELECOM Appareil servant à produire des signaux sinusoïdaux de fréquence déterminée.

oscillation [ɔsilasjɔ̃] n. f. **1.** Mouvement d'un corps qui oscille. ▷ Mouvement de va-et-vient ne s'effectuant pas toujours entre les mêmes limites. **2.** PHYS Mouvement d'un point ou d'un système de part et d'autre d'une position d'équilibre; variation périodique d'une grandeur. **3.** Fig. Fluctuation.

oscillatoire [ɔsilatwaʀ] adj. PHYS Caractérisé par des oscillations.

osciller [ɔsile] v. intr. [1] **1.** Se mouvoir alternativement en deux sens contraires autour d'un point fixe. *Le pendule oscille.* **2.** Fig. Hésiter.

oscillographe [ɔsilɔgʀaf] n. m. PHYS Appareil permettant de tracer sur un écran ou d'enregistrer la courbe qui représente les variations d'une tension électrique en fonction du temps.

oscillomètre [ɔsilɔmɛtʀ] n. m. MED Appareil permettant de mesurer la pression artérielle.

1. -ose. Suffixe, tiré de *(gluc)ose,* servant à former les noms des glucides.

2. -ose. Suffixe, du gr. *-ôsis,* désignant des maladies non inflammatoires.

ose [oz] n. m. BIOCHIM Sucre simple non hydrolysable contenant plusieurs fonctions alcool et une fonction réductrice. (V. encycl. glucide.)

osé, ée [oze] adj. **1.** Audacieux. *Entreprise osée.* Syn. hardi, téméraire. **2.** Scabreux, licencieux. *Plaisanterie osée.*

Osée (VIIIe s. av. J.-C.), l'un des douze petits prophètes juifs (*Livre d'Osée,* Bible, 14 chapitres).

Oseï Bonsou (m. en 1824), souverain ashanti (1801-1824). Voulant s'assurer un débouché maritime, Oseï Bonsou, dit « La Baleine », entreprit une série de conquêtes sur le territ. actuel du Ghana, notam. contre les Fanti, et n'hésita pas à s'attaquer aux Britanniques.

Oseï Kodjo (m. en 1777), souverain ashanti (1765-1777). Il renforça la centralisation et soumit au tribut les royaumes dagomba et gondja.

oseille [ozɛj] n. f. **1.** Plante potagère (fam. polygonacées) cultivée pour ses feuilles à la saveur acide. ▷ BOT *Oseille de Guinée* ou (Afr. subsah.) *oseille :* variété d'hibiscus, aussi appelée bissap* et dah. **2.** Arg. Argent (sens 2).

oser [oze] v. tr. [1] **1.** Entreprendre hardiment. *Homme à tout oser.* Syn. risquer, tenter. **2.** (Suivi d'un inf.) Avoir l'audace, le courage de. *Oseriez-vous l'affirmer?* – (Sens atténué.) *Personne n'ose lui apprendre la nouvelle.* ▷ Se permettre de. *Si j'ose dire.* ▷ (Suisse) Fam. Avoir la permission, le droit de. *Est-ce que j'ose entrer? :* me permettez-vous d'entrer? *On n'ose pas entrer :* on n'a pas le droit d'entrer.

Oshawa, v. du Canada (Ontario), sur le lac Ontario; 129 300 hab. Constructions automobiles.

Oshima (Nagisa) (né en 1932), cinéaste japonais. Il traite de la sexualité et de la mort : *Contes cruels de la jeunesse* (1960), *l'Empire des sens* (1975).

Oshogbo, v. du S.-O. du Nigeria, cap. de l'État de l'Osun depuis 1991; 441 000 hab. Industr. alim. (cacao). Tourisme. Liaison ferroviaire avec Lagos et Kano.

oside [ɔzid] n. m. BIOCHIM Composé donnant par hydrolyse un ou plusieurs oses.

osier [ozje] n. m. **1.** Nom cour. de divers saules dont certains sont utilisés en vannerie. **2.** Rameau flexible de ces arbres, employé en vannerie et pour la fabrication de liens. *Panier d'osier.*

Osiris, une des princ. divinités de l'anc. Égypte; frère et époux d'Isis et père d'Horus. C'est le dieu du Bien, de la Végétation et de la Vie éternelle.

Ösling ou **Œsling,** région du Luxembourg septent., dans l'Ardenne.

Oslo (anc. *Christiania*), cap. de la Norvège, au fond d'un fjord s'ouvrant sur le Skagerrak; 458 360 hab. Port actif et princ. centre industriel du pays. Tourisme. – Évêché catholique. Université. Forteresse d'Akershus (XIIIe s.). Musée national (peinture). Musée de la Navigation. – Fondée au XIe s., la ville fut détruite par un incendie en 1624. Reconstruite, elle se nomma *Christiania* jusqu'en 1924.

Osman Ier Gazi (« le Victorieux ») (1258 – 1326), le premier sultan ottoman (1281-1326). Chef de clan, il se libéra de la tutelle des Seldjoukides v. 1290, fondant la dynastie des *Osmanlis,* nommés *Ottomans* par les Occidentaux.

osmium [ɔsmjɔm] n. m. CHIM Élément métallique (symbole Os) de numéro atomique Z=76. – Métal (Os) de couleur gris-bleu.

osmonde [ɔsmɔ̃d] n. f. BOT Grande fougère des lieux humides, appelée aussi *osmonde royale.*

osmose [ɔsmoz] n. f. **1.** CHIM, PHYS, BIOL Diffusion entre deux fluides séparés par des parois semi-perméables. **2.** Fig. Interpénétration profonde, intime.

Osorkon, nom de quatre pharaons des XXIIe et XXIIIe dynasties. — **Osorkon Ier** (règne : 929-v. 893 av. J.-C.). — **Osorkon II** (règne : 870-847 av. J.-C.) fit installer la « salle des fêtes » dans le temple de Bubastis. — **Osorkon III** (règne : 757-748 av. J.-C.). — **Osorkon IV** (déposé v. 729 av. J.-C.), dernier souverain de la XXIIIe dynastie.

O.S.P.A.A. Sigle de *Organisation* de solidarité des peuples d'Afrique et d'Asie.*

Osques, anc. peuple italique qui habitait le Latium et dont le parler contribua à la formation du latin.

ossature [ɔsatyʀ] n. f. **1.** Ensemble des os constitutifs du corps humain. *Ossature puissante.* Syn. squelette. **2.** Assemblage régulier d'éléments, qui soutient un ouvrage et en assure la rigidité. *Ossature métallique, en béton d'un bâtiment.* Syn. charpente, armature, structure.

osséine [ɔsein] n. f. BIOCHIM Protéine constitutive de la substance osseuse.

osselet [ɔslɛ] n. m. **1.** Petit os. *Osselets de l'oreille.* **2.** Chacun des petits os de mouton ou des petits objets de la même forme, que les enfants jouent à lancer et à rattraper sur le dos de la main. – (Plur.) Ce jeu.

ossements [ɔsmɑ̃] n. m. pl. Os décharnés et desséchés d'hommes ou d'animaux morts.

Ossètes, peuple du Caucase central de langue iranienne; descendant des Scythes et des Alains. V. Ossétie.

Ossétie, nom d'une rép. de la Fédération de Russie et d'une région de Géorgie. ▷ L'**Ossétie du Nord** (8000 km², 642500 hab.), rattachée à la Russie, est peuplée majoritairement de musulmans. La minorité ingouche, elle aussi musulmane, voudrait le rattachement de son territoire à l'Ingouchie. ▷ L'**Ossétie du Sud** (3900 km², 100000 hab.), rattachée à la Géorgie, est peuplée majoritairement de chrétiens. En 1990, quand la Géorgie a revendiqué son indépendance, les Ossètes ont voulu la leur et le conflit a fait plus. centaines de victimes. En 1992, un accord de paix fut signé et une force d'intervention de la C.E.I. a été déployée, mais, en 1996, le statut de l'Ossétie du Sud au sein de la Géorgie n'était toujours pas réglé et la situation demeure explosive.

osseux, euse [ɔsø, øz] adj. **1.** Relatif aux os. *Système osseux.* – De la nature des os. *Substance osseuse* – Qui a des os. *Poissons osseux.* **2.** Dont les os sont gros ou saillants. *Main osseuse.*

Ossian, barde écossais légendaire du IIIᵉ s. Les poèmes épiques qui lui sont attribués étaient inconnus quand, en 1760, J. Macpherson* en publia une paraphrase qui excita l'admiration des romantiques. Les poèmes originaux furent publiés en 1807.

ossification [ɔsifikasjɔ̃] n. f. PHYSIOL Formation du tissu osseux par élaboration et minéralisation de la substance fondamentale de l'os.

ossifier [ɔsifje] v. tr. [2] Changer en os, en tissu osseux (les parties membraneuses et cartilagineuses). ▷ v. pron. Devenir osseux.

ossuaire [ɔsɥɛʀ] n. m. Lieu où l'on dépose des ossements humains.

osté(o)-. Préfixe, du gr. *osteon,* «os».

ostéichthyens [ɔsteiktjɛ̃] n. m. pl. ICHTYOL Classe de poissons à squelette ossifié, dits aussi *poissons osseux.* – Sing. *Un ostéichthyen.*

ostéite [ɔsteit] n. f. MED Affection inflammatoire du tissu osseux.

Ostende (en néerl. *Oostende*), v. et port de Belgique (Flandre-Occid.), sur la mer du Nord et le canal de Bruges à Ostende; 69000 hab. Pêche. Industries. Stat. balnéaire. – Musée.

ostensible [ɔstɑ̃sibl] adj. Qu'on laisse voir à dessein. *Mépris ostensible.*

ostensiblement [ɔstɑ̃sibləmɑ̃] adv. De façon ostensible. *Agir ostensiblement.*

ostensoir [ɔstɑ̃swaʀ] n. m. LITURG CATHOL Support d'or ou d'argent servant à exposer l'hostie consacrée à l'adoration des fidèles.

ostentation [ɔstɑ̃tasjɔ̃] n. f. Étalage indiscret, insistance excessive pour montrer une qualité, un avantage. *Être généreux avec ostentation.*

ostentatoire [ɔstɑ̃tatwaʀ] adj. Qui témoigne de l'ostentation.

ostéo-. V. osté(o)-.

ostéoblaste [ɔsteoblast] n. m. BIOL Cellule indispensable au processus d'ossification, qui élabore les fibres collagènes et l'osséine, en se transformant en ostéocyte.

ostéocyte [ɔsteosit] n. m. ANAT Cellule osseuse définitive. (V. ostéoblaste.)

ostéomyélite [ɔsteomjelit] n. f. MED Inflammation simultanée de l'os et de la moelle osseuse, aiguë ou chronique, due à un staphylocoque et observée le plus souvent chez l'adolescent.

ostéopathe [ɔsteɔpat] n. Personne qui pratique l'ostéopathie (sens 2).

ostéopathie [ɔsteɔpati] n. f. **1.** Nom générique des maladies des os. **2.** Méthode thérapeutique qui accorde une place prépondérante aux manipulations vertébrales et articulaires.

ostéoplastie [ɔsteoplasti] n. f. CHIR Restauration chirurgicale d'un os.

ostéoporose [ɔsteopɔʀoz] n. f. MED Raréfaction pathologique du tissu osseux.

ostéosarcome [ɔsteosaʀkom] n. m. MED Tumeur maligne primitive des os.

ostéosynthèse [ɔsteosɛ̃tɛz] n. f. CHIR Réunion de deux segments d'os fracturés à l'aide de matériaux étrangers (clou, plaque, vis, fixateur externe, etc.).

ostéotomie [ɔsteotɔmi] n. f. CHIR Résection partielle ou complète d'un os dans un but thérapeutique.

Ostie, bourg d'Italie (com. de Rome), non loin de l'embouchure du Tibre. Port maritime de l'anc. Rome, auj. ensablé. Importantes ruines antiques. Tourisme (plage de Rome).

ostiole [ɔstjɔl] n. m. BIOL Petit orifice. ▷ BOT Petit orifice par lequel s'effectuent les échanges gazeux de la feuille.

ostracisme [ɔstʀasism] n. m. Exclusion d'une personne décidée par un groupe. ▷ Attitude de réserve et d'hostilité qu'un groupe manifeste à l'égard de qqn.

ostracodes [ɔstʀakɔd] n. m. pl. ZOOL Sous-classe de crustacés entomostracés marins ou d'eau douce, à carapace bivalve. – Sing. *Un ostracode.*

Ostrava, ville de la Rép. tchèque, proche de la Pologne; capitale de la Moravie-Septentrionale; 326810 hab. Centre industriel.

ostréiculteur, trice [ɔstʀeikyltœʀ, tʀis] n. Personne qui élève des huîtres.

ostréiculture [ɔstʀeikyltyʀ] n. f. Élevage des huîtres.

Ostrogoths, nom donné aux Goths orientaux. Asservis par les Huns en 370, ils combattirent à leurs côtés dans l'expédition qu'Attila conduisit en Gaule et en Italie. Après la désintégration de l'empire des Huns, leur roi Théodoric se rendit maître de l'Italie. À la fin du règne de Théodoric (526), l'empereur romain d'Orient, Justinien, détruisit le royaume des Ostrogoths (535-555).

Osun, État du S.-O. du Nigeria; 35705 km² avec l'État d'Oyo, dont il s'est détaché en 1991; 2203000. hab.; cap. *Oshogbo.*

otage [ɔtaʒ] n. m. **1.** Personne remise en garantie de l'exécution d'une convention. ▷ Personne que l'on retient pour se garantir contre d'éventuelles représailles, ou pour obtenir ce que l'on exige. *Prise d'otages.* **2.** *École des Otages :* établissement scolaire créé à Saint-Louis (Sénégal) par le gouverneur Faidherbe pour recevoir les fils de chefs, supprimé en 1872, puis rétabli en 1892 sous le nom d'*École des Fils de Chefs.*

otalgie [ɔtalʒi] n. f. MED Douleur localisée à l'oreille.

OTAN, acronyme pour *Organisation* du traité de l'Atlantique Nord.*

otarie [ɔtaʀi] n. f. Mammifère marin du Pacifique et des mers australes, voisin du phoque mais qui s'en distingue par des oreilles externes pourvues d'un pavillon, et par des membres postérieurs dirigés vers l'avant.

OTASE, acronyme pour *Organisation* du traité de l'Asie du Sud-Est.*

ôter [ote] v. [1] **I.** v. tr. **1.** Enlever (d'un endroit). *Ôtez cette table de là.* – (En parlant de vêtements.) Enlever, quitter. *Ôter son manteau.* **2.** Enlever, ravir (à qqn). *Ôter la vie, l'honneur.* **3.** Retrancher, soustraire. – Pp. *Deux ôté de trois, reste un.* **4.** Faire disparaître. *Frottez fort pour ôter la saleté.* **II.** v. pron. Se retirer, s'éloigner. – Fam. *Ôte-toi de là !*

Othman ibn Affan. V. Uthman ibn Affan.

oti-, oto-. Éléments, du gr. *oûs, ôtos,* «*oreille*».

otique [ɔtik] adj. ANAT De l'oreille.

otite [ɔtit] n. f. Inflammation de l'oreille.

otocyon [ɔtosjɔ̃] n. m. Canidé d'Afrique orientale et australe (*Otocyon megalotis*), à pelage gris-brun et à grandes oreilles.

otolithe [otolit] n. m. ICHTYOL Poisson perciforme (genre *Pseudotolithus*) côtier de l'Atlantique tropical, pouvant dépasser 1 m de long, cour. appelé *capitaine.*

otologie [ɔtolɔʒi] n. f. Didac. Branche de la médecine qui étudie l'oreille et ses maladies.

oto-rhino-laryngologie [ɔtoʀinolaʀɛ̃gɔlɔʒi] n. f. Branche de la médecine qui traite des maladies des oreilles, de la gorge et du nez. (Abrév. : O.R.L.)

oto-rhino-laryngologiste [ɔtoʀinolaʀɛ̃gɔlɔʒist] n. Médecin spécialiste d'oto-rhino-laryngologie. (Abrév. : O.R.L.; cour. otorhino).

otoscope [ɔtoskɔp] n. m. MED Instrument optique permettant l'examen du conduit auditif externe et du tympan.

Otrante (canal d'), détroit qui joint l'Adriatique à la mer Ionienne, entre l'Italie du S.-E. (Pouilles) et l'Albanie. Il borde la *Terre d'Otrante,* la partie la plus orientale de l'Italie, entre Brindisi et *Otrante* (5000 hab., cath. du XIᵉ s.).

Ott (Carlos) (né en 1946), architecte et urbaniste canadien d'orig. uruguayenne : Opéra-Bastille, à Paris (1989).

Ottawa, cap. fédérale du Canada (Ontario), port fluv. sur la rivière des *Outaouais*; 313980 hab. (aggl. urb. 777700 hab.). Centre politique et administratif. Industr. Tourisme. – Archevêché catholique. Universités. Musées. – Cap. depuis 1858. – En août 1932, la *conférence d'Ottawa* réunit autour de la G.-B. ses dominions et l'Inde, pour resserrer leurs relations commerciales.

Otto (Nikolaus) (1832 – 1891), ingénieur allemand. Il mit au point le moteur à quatre temps.

ottoman, ane [ɔtɔmɑ̃, an] adj. et n. m. **I.** adj. HIST Qui concerne la Turquie, la dynastie fondée par Osman Ier Gazi. *L'Empire ottoman :* V. Turquie. **II. 1.** n. HIST Habitant de la Turquie des sultans. **2.** n. m. Étoffe à grosses côtes, de soie et coton.

Otton Ier le Grand (912 – 973), roi de Germanie (936-973) et d'Italie (951-973), premier empereur du Saint Empire romain germanique (962-973), fils d'Henri Ier l'Oiseleur. Après avoir assuré sa domination sur la Germanie et l'Italie en s'appuyant sur l'Église, il repoussa les Hongrois et les Slaves (955). Il tenta de mettre la papauté sous tutelle.

ou [u] conj. de coord. **1.** (Marquant l'alternative.) *L'un ou l'autre. Oui ou non. – Ou..., ou... Ou il part, ou il reste. Choisissez : ou lui, ou moi.* (N.B. Dans une proposition négative, on emploie *ni.*) **2.** (Marquant l'équivalence.) Autrement dit, en d'autres termes. *Le lycaon ou cynhyène.* **3.** (Marquant l'évaluation.) *Il pouvait être trois ou quatre heures.* (N.B. Quand *ou* exprime une exclusion, le verbe, l'adj. ou le participe qui suit est sing., sinon il est plur.) *La paix ou la guerre s'ensuivra.*

où [u] pron., adv. relat. et adv. interrog. **I.** pron., adv. relat. **1.** pron., adv. relat., loc. adv. relat. (Sens spatial.) Dans lequel, dans laquelle. *La maison où il habite. Voilà où il vit.* – Vers lequel, vers laquelle. *La ville où je vais.* – Duquel, de laquelle. *La maison d'où il sort.* – Par lequel, par laquelle. *Le chemin par où je suis passé.* **2.** pron., adv. relat. (Sens temporel.) Pendant lequel. *Le moment où je parle.* **II.** adv. **1.** adv., loc. adv. (Sens spatial.) À l'endroit où. *Je vais où il fera beau. On ne voit rien d'où je suis placé.* – Fig. *Où il se trompe, c'est quand il prétend que...* **2.** Loc. adv. *Où que :* en quelque lieu que. *Où qu'il aille.* **3.** Loc. adv. *D'où.* (Marquant la conséquence.) *D'où je conclus que...* **III.** adv. et loc. adv. interrog. En, vers quel lieu? *Où es-tu? Par où passer?*

Ou-. V. U-.

O.U.A. Sigle de *Organisation* de l'unité africaine.*

Ouadaï. V. Ouaddaï.

Ouaddaï, Ouadaï ou **Wadday** *(Wadā'ī),* rég. steppique du Tchad, aux confins du Sahara, vouée à l'élevage nomade, mais les vallées sont cultivées. Ces plateaux gréseux culminent à 1360 m. La *préf. du Ouaddaï* a pour ch.-l. *Abéché* (95800 hab.). – Le *royaume du Ouaddaï,* fondé au XIVe s., fut islamisé au XVIIe s. La France s'en empara en 1912.

Ouadji. V. Djet.

Ouad-Medani *(Wād Madanī),* v. du Soudan, sur le Nil Bleu; 1100000 hab.; ch.-l. de la rég. du Centre. Centre comm. de la province de Gezireh.

Ouagadougou, cap. du Burkina Faso, reliée par voie ferrée à Abidjan; 600000 hab. (72000 hab. en 1965). Centre commercial. Industries alimentaires. Artisanat (tapis). Égrenage du coton. – Archevêché.– Ouagadougou est le siège de la plus importante manifestation culturelle du continent noir, le Festival panafricain du cinéma *(Fespaco :* V. dossier Burkina Faso, p. 1392 *).*– Capitale de plusieurs royaumes mossi à partir du XIIe s., Ouagadougou résista aux colonisateurs franç. et brit. La ville ne fut prise, par la France, qu'en 1896.

ouagalais, aise [wagalɛ, ɛz] adj. et n. De Ouagadougou. ▷ Subst. *Un(e) Ouagalais(e).*

Ouahigouya, v. du N.-O. du Burkina Faso; 105000 hab.; ch.-l. de la prov. de *Yatenga;* marché rural. – Cap. du royaume mossi du Yatenga, fondé au milieu du XVIIIe s.

ouaille [waj] n. f. (Surtout au plur.) Chrétien, par rapport à son pasteur. *Le curé et ses ouailles.*

oualou [ualu] interj. Rien. *Ils exigent d'être payés en devises. Sinon oualou!*

Oual-Oual, localité d'Éthiopie. Un incident de frontière s'y produisit en nov. 1934 entre Éthiopiens et Italiens, qui l'exploitèrent pour attaquer l'Éthiopie.

ouanamiche ['wanamiʃ] n. f. Sous-espèce du saumon atlantique (*Salmo salar ouanamiche*) vivant dans les eaux douces de l'est du Canada, notam. dans celles du lac Saint-Jean et de la Côte-Nord (Québec).

ouaouaron ['wawaʀɔ̃] n. m. Grenouille géante d'Amérique du Nord (*Rana cattesbiana,* de 10 à 20 cm adulte), appelée également *grenouille-bœuf,* dont le coassement ressemble à un meuglement.

Ouargla ou **Wargla,** v. d'Algérie; 75270 hab.; ch.-l. de la wilaya du m. nom. Palmeraie.

Ouarsenis, massif d'Algérie (1985 m au Kef Sidi-Amar), dans l'Atlas tellien, au S. du Chélif. Forêts de chênes verts. Élevage transhumant.

Ouarzazate, v. du Maroc, au S.-O. du Haut Atlas; 60000 hab. ; ch.-l. de la prov. du m. nom. – Centre artisanal, palmeraie. Tourisme. Aéroport.

Ouatchi. V. Waci.

ouate [wat] n. f. **1.** Textile spécialement préparé et cardé pour garnir des doublures, servir de bourre, etc. **2.** Coton soyeux cardé fin et destiné aux soins d'hygiène, de chirurgie, etc. *De l'ouate* ou *de la ouate.*

ouaté, ée [wate] adj. Garni d'ouate. ▷ Fig. Feutré, étouffé. *Un son ouaté.*

ouatine [watin] n. f. Étoffe ayant l'apparence de l'ouate, utilisée pour faire des doublures.

Oubangui (l'), riv. d'Afrique équat. (1160 km), affl. du Congo (r. dr.), qu'elle rejoint par un delta intérieur. Elle est formée par la réunion du Uélé, qui traverse le N. de la rép. dém. du Congo, et du Mbomou, qui sépare cet État et la Rép. centrafricaine. L'Oubangui sépare la rép. dém. du Congo de la Rép. centrafricaine et de la rép. du Congo. Bien que son régime soit très irrégulier (1300 m^3/s en mars, 16000 m^3/s en octobre), il est navigable toute l'année après Bangui.

Oubangui-Chari. V. centrafricaine (République).

oubanguien, enne [ubɑ̃gjɛ̃, ɛn] adj. De l'Oubangui. ▷ LING *Langues oubanguiennes :* sous-groupe de langues nigéro-congolaises du groupe adamawa-oubanguien (ex. : le gbaya, le sango).

oubli [ubli] n. m. **1.** Défaillance momentanée ou permanente de la mémoire; fait d'oublier. *Avoir un (des) oubli(s),* un (des) moment(s) de distraction. *Tirer un artiste de l'oubli,* lui rendre la notoriété. **2.** Manquement à ses obligations, à ses devoirs. *Oubli du respect dû à soi-même.* **3.** Désintéressement. – *Oubli de soi-même :* abnégation.

oublier [ublije] v. [2] **I.** v. tr. **1.** Perdre le souvenir de (qqch, qqn). *Oublier sa leçon.* **2.** Ne plus vouloir se souvenir de (qqch). *Oublier une injure.* **3.** Négliger. *Oublier ses devoirs.* **4.** Laisser par inadvertance. *Oublier ses clefs.* **5.** Omettre par inattention. *Oublier un nom sur une liste.* ▷ *Oublier l'heure :* laisser passer le moment où l'on avait qqch à faire. **6.** Refuser de prendre en considération. *Vous oubliez qui je suis.* **II.** v. pron. **1.** (Passif) Sortir de la mémoire. *Les détails s'oublient.* **2.** Manquer à ce qu'on doit aux autres, à soi-même. *Il s'est oublié jusqu'à l'injurier.* **3.** Par euph. *Le chien s'est oublié sur le tapis,* il y a fait ses besoins.

oubliette [ublijɛt] n. f. (Surtout au plur.) Cachot souterrain. – Fig., fam. *Jeter aux oubliettes :* laisser complètement de côté.

oublieux, euse [ublijø, øz] adj. Sujet à oublier. – *Oublieux des bienfaits :* ingrat.

oud [ud], plur. **aouad** [awad] n. m. (Maghreb) Sorte de luth, instrument traditionnel de la musique arabe.

Oudenaarde. V. Audenarde.

oued [wɛd] n. m. **1.** GEOGR Cours d'eau saisonnier des régions désertiques et subdésertiques. **2.** (Maghreb) Tout cours d'eau. *Des oueds.* (On écrivait autref. des ouadi.)

Oued (El-) *(al-Wādī),* oasis du Sahara algérien, dans le Souf, près de la Tunisie; 70910 hab.; ch.-l. de la wilaya du m. nom.

Ouedraogo (Idrissa) (né en 1954), cinéaste burkinabé : *Yam daabo* (1987), *Yaaba* (1989), *Tilaï* (1990), *Samba Traoré* (1992), *le Cri du cœur* (1994). La plupart de ses films ont une version en langue mooré.

Oued-Zem *(Wād Zamm),* v. du Maroc (prov. de Casablanca); 58740 hab. – Phosphates de Khouribga et de Sidi Daoui. Fer, antimoine.

Ouellé. V. Uélé.

Ouémé, fl. du Bénin, tributaire du golfe de Guinée; 510 km. Il se jette dans le lac Nokoué et la lagune Porto-Novo.

Ouenza (djebel), massif d'Algérie (1272 m), près de la Tunisie. – Fer à haute teneur, traité à *Ouenza* (7000 hab.).

ouest [wɛst] n. m. et adj. inv. **I.** n. m. **1.** Point cardinal qui est au soleil couchant, à l'opposé de l'est. *Le vent souffle de l'ouest.* **2.** (Avec majuscule.) Partie d'une région, d'un pays, d'un continent située à l'ouest. *L'Afrique de l'Ouest.* ▷ Absol. *L'Ouest :* l'Europe occidentale et l'Amérique du Nord (par oppos. aux pays de *l'Europe de l'Est* et aux pays de *l'ex-U.R.S.S.*). **II.** adj. inv. Situé à l'ouest. *La côte ouest.*

ouest-africain, aine [wɛstafʀikɛ̃, ɛn] adj. De l'Afrique de l'Ouest. *Les économies ouest-africaines.*

ouest-atlantique [wɛstatlɑ̃tik] adj. inv. LING *Langues ouest-atlantique :* groupe de langues nigéro-congolaises parlées en Afrique de l'Ouest (ex. : le peul, le wolof, le balante). Syn. atlantique-occidental.

ouf ! [uf] interj. Onomatopée exprimant le soulagement.

Oufa, v. de Russie, cap. de la Bachkirie, au pied de l'Oural, au confluent de l'*Oufa* et de la *Bielaïa;* 1 109 000 hab. Raff. de pétrole; industries.

Ouganda (république de l') *(Republic of Uganda),* État continental d'Afrique orientale, coupé par l'équateur, limité à l'O. par la rép. dém. du Congo, au N. par le Soudan, à l'E. par le Kenya, au S. par la Tanzanie et le Rwanda; 236 860 km² (dont env. 39 000 km² de lacs); env. 18 millions d'hab., croissance démographique : 3,5 % par an; cap. : *Kampala.* Nature de l'État : rép. membre du Commonwealth (Constitution suspendue depuis 1971). Langue off. : anglais; langue véhiculaire : swahili. Monnaie : shilling ougandais. Ethnies : se rattachent, dans le S., au groupe bantou; dans le N., au groupe nilotique. Relig. : catholiques (50 %), protestants (29 %), musulmans (7 %).
Géogr. phys. et écon. – L'Ouganda est constitué de la vallée du Nil et d'un haut plateau central, parsemé de collines, encerclé aux frontières par des reliefs très élevés : hauts plateaux marécageux du Buganda au S., volcans Muhabura et Sabinyo au S.-O., massif du Ruwenzori (5 119 m) à l'O., massif volcanique de l'Elgon à l'E. Environ 15 % du pays est occupé par des lacs : le lac Victoria (le plus grand lac d'Afrique : 68 100 km², partagé avec le Kenya et la Tanzanie), le lac Kyoga, au centre du pays, les lacs Édouard et Mobutu, à la frontière de la rép. dém. du Congo. Le pays connaît un climat équatorial d'altitude, auquel correspond la savane arborée. La population, rurale à plus de 80 %, vit surtout de cultures vivrières et d'élevage; le café constitue l'essentiel des exportations, avec un peu de coton et de thé. Les ressources minières (cuivre, cobalt, tungstène, phosphates) et l'hydroélectricité (Owen* Falls) ont permis un début d'industrialisation. Ruinée par vingt ans de troubles (1966-1986), l'économie se reconstruit lentement avec l'aide internationale et sous la tutelle du F.M.I. Depuis 1992, la croissance est notable.
Hist. – On sait qu'au XVe s., des chefferies étaient regroupées dans des ensembles plus vastes. Le plus puissant était le royaume du Bunyoro*, dont le Buganda* se libéra. En 1868, le *kabaka* (souverain) du Buganda se convertit à l'islam. En 1886, il s'opposa aux missionnaires blancs et fit périr les vingt-deux «martyrs de l'Ouganda». Cette même année, All. et Brit. conclurent un accord de partage sur les pays plus au sud. En 1892, le Brit. Lugard chassa le kabaka et établit sur le Buganda le protectorat brit., qui en 1894 s'étendit sur le Bunyoro. Les colons développèrent les plantations de café et de coton sur les hauteurs. À partir de 1920, la monoculture du coton désorganisa l'économie. En 1945, des troubles éclatèrent. En 1952-1954, le kabaka Mutesa II s'opposa à l'administration coloniale. Des partis se constituèrent. Les trois princ. participèrent en 1961 à une conférence qui rédigea la Constitution. Le 9 oct. 1962, l'Ouganda accéda à l'indépendance. En 1963, la rép. fut proclamée, présidée par Mutesa II. En 1966, Milton Obote s'attribua les pleins pouvoirs. En 1971, il fut évincé par Idi Amin Dada, dictateur sanguinaire renversé par l'armée tanzanienne en avril 1979. Après de nombr. changements, Obote revint au pouvoir (mai 1980), mais son régime se révéla aussi tyrannique que le précédent (exactions de l'armée), paralysant l'activité économique du pays. Obote fut chassé en juillet 1985 par les hommes du général Basilio Ikello. En janv. 1986, les troupes de Yoweri Museveni, chef de l'Armée nationale de résistance (N.R.A., mouvement révolutionnaire de tendance populiste, représentant les Bantous du Sud et de l'Ouest) prirent le contrôle de Kampala. Y. Museveni devint chef de l'État. La guerre civile avait fait 800 000 morts. En 1992, Museveni dut rétablir le multipartisme et remporta de justesse les élections législatives de 1994. En 1996, il fut élu président.

Ouganda (martyrs de l'), vingt-deux jeunes Africains convertis au catholicisme et martyrisés sur la rive N. du lac Victoria entre 1885 et 1887; canonisés par Paul VI en 1964.

ougandais, aise [ugɑ̃dɛ, ɛz] adj. et n. D'Ouganda. ▷ Subst. *Un(e) Ougandais(e).*

Ougarit ou **Ugarit,** anc. cité cananéenne dont les ruines, découvertes à *Ras Shamra* (Syrie), furent mises au jour à partir de 1929. Elle fut détruite par les Peuples de la Mer v. 1200 av. J.-C.

ouguiya [ugwija] n. f. Unité monétaire de la Mauritanie.

oui [wi] adv. et n. m. inv. **I.** adv. Particule affirmative inv. **1.** *«Oui, je viens dans Son temple adorer l'Éternel»* (Racine). – *Vient-il avec nous? – Oui!* **2.** (En association avec un adv. ou une interj. marquant l'insistance.) *Oui vraiment! Mais oui!* **3.** (Avec une valeur interrogative.) *C'est bien ici, oui?* **II.** n. m. inv. *Le oui et le non.* – Loc. *Pour un oui pour un non :* sans motifs sérieux.

Ouidah, v. et port du Bénin, à l'O. de Cotonou; 30 000 hab. – Les Français y établirent en 1623 un comptoir qui se livra à la traite des esclaves au XVIIIe s. Les Portugais y possédaient une enclave.

ouï-dire [widiʀ] n. m. inv. Ce que l'on ne sait que par le rapport d'autrui, par la rumeur publique. *Apprendre une nouvelle par ouï-dire.*

ouïe [wi] n. f. **1.** Sens qui permet d'entendre. *Avoir l'ouïe fine.* **2.** (Plur.) Ouvertures situées sur les côtés de la tête d'un poisson, qui font communiquer la cavité branchiale avec le milieu extérieur. **3.** MUS Syn. de *esse* 2.

Ouïg(h)ours, peuple turc qui, au milieu du VIIIe s., établit un empire dans la région de l'actuelle Mongolie (entre l'Altaï et le lac Baïkal), ruiné par les Kirghiz en 840. Les Ouïgours se dispersèrent, gagnant surtout la Chine. La langue, la littérature, la civilisation des Ouïgours exercèrent une grande influence sur les Mongols, dont ils devinrent les vassaux. Auj. la moitié de la pop. du Xinjiang est formée par des Ouïgours (islamisés à partir du XIVe s.).

ouille ! ou **ouïe !** [uj] interj. Onomatopée exprimant la douleur.

ouïr [wiʀ] v. tr. [**38**] *J'ai ouï dire que... :* j'ai entendu dire que...

ouistiti [wistiti] n. m. Singe d'Amérique du S. (genre *Callithrix*), de très petite taille.

Oujda *(Wuǧda),* v. du Maroc oriental, proche de l'Algérie; 260 080 hab. (aggl. urb. 480 000 hab.); ch.-l. de la prov. du m. nom. Centre agricole. – Fondée en 994 par Ziri ibn Attia qui en fit la capitale des Zénètes.

oukala [ukala] n. f. (Maghreb) En Tunisie, maison urbaine populaire traditionnelle.

oukase [ukaz] n. m. V. ukase.

Oulan-Bator (anc. *Ourga*), cap. de la république de Mongolie, à 1 500 m d'alt.; 511 100 hab. Premier centre industriel du pays.

Oulan-Oude (anc. *Verkhne-Oudinsk*), ville de Russie, cap. de la république de Bouriatie; 335 000 hab.

Ould Daddah (Moktar) (né en 1926), homme d'État mauritanien; le premier président de la Rép. de Mauritanie (1961), renversé en 1978.

Ould Sid'Ahmed Taya (Maaouya) (né en 1941), officier et homme d'État mauritanien; président de la Rép. depuis 1984.

Ouled Naïl *(Awlād Nāyil),* (monts des), un des princ. massifs (1 491 m au djebel Al-Azrag) de l'Atlas saharien, en Algérie.

ouléma [ulema] ou **uléma** [ylema] n. m. RELIG Docteur en théologie musulmane, interprète du Coran. (S'emploie souvent au plur.)

oum(m)a [uma] n. f. (Maghreb) Ensemble des nations islamiques considéré comme une entité; communauté des musulmans.

oumana(s) [umana] n. m. pl. V. amine (2).

Oum er-R'bia *(Umm ar-Rabī'),* fl. du Maroc occidental (556 km), tributaire de l'Atlantique. Nombreux barrages.

Oum Kalsoum. V. Umm Kulthum.

Oun Kham (mort en 1895), roi de Luang* Prabang (1869-1895). Il sollicita l'aide de la France pour se débarrasser de la tutelle du Siam et résister aux attaques des Pavillons*-Noirs. En 1887, Auguste Pavie* fut nommé vice-consul de France à Luang Prabang et le Siam dut accepter, à son détriment, le protectorat français sur la rive gauche du Mékong (1902 et 1904).

ouolof, Ouolof(s) [wɔlɔf] adj. inv. et n. m. V. wolof, Wolof(s).

Ouologuem (Yambo) (né en 1940), écrivain malien. Son roman *le Devoir de violence* (prix Renaudot, 1968) et le pamphlet *Lettre à la France nègre* (1969) mènent un combat culturel et politique.

Our, riv. née en Belgique. L'Our, la Sûre, dans laquelle l'Our se jette, puis la Moselle, qui reçoit la Sûre, forment la frontière du Luxembourg et de l'Allemagne.

Our. V. Ur.

ouragan [uʀagɑ̃] n. m. **1.** Tempête très violente caractérisée par des vents tourbillonnants. ▷ METEO, MAR Tempête très violente dans laquelle les vents atteignent ou dépassent la vitesse de 118 km/h (force 12). **2.** Tourmente orageuse. – Fig. *Arriver en ouragan,* avec une violence impétueuse. **3.** Fig. Trouble violent. *Ouragan politique.*

Oural (monts ou chaîne de l'), chaîne de montagnes de Russie (1 894 m à la montagne Narodnaïa), formant une limite conventionnelle entre l'Europe et l'Asie. Elle s'allonge de la Caspienne à l'Arctique sur 2 400 km. – Chaîne hercynienne usée dont une partie a été soulevée au tertiaire, l'Oural a un sous-sol riche : fer, cuivre, manganèse, chrome, or, potasse, etc. Sur sa bordure occid., le gisement de pétrole du Second-Bakou est d'une immense richesse. Les industries sont nombreuses.

Oural, fl. de Russie (2534 km); né dans l'Oural méridional, il se jette dans la mer Caspienne.

ouralien, enne [uʀaljɛ̃, ɛn] adj. LING *Langues ouraliennes :* famille de langues qui comprend les langues finno-ougriennes (finnois, hongrois) et samoyèdes.

ouralo-altaïque [uʀaloaltaik] adj. LING *Langues ouralo-altaïques :* nom collectif donné aux familles de langues altaïques et ouraliennes.

Ouranos, dans la myth. gr., personnification du Ciel.

ourdir [uʀdiʀ] v. tr. [3] **1.** TECH Préparer (les fils de la chaîne) avant de les monter sur le métier à tisser. **2.** Fig., litt. Machiner, tramer. *Ourdir un complot.*

ourdissage [uʀdisaʒ] n. m. TECH Action d'ourdir; son résultat.

ourdisseur, euse [uʀdisœʀ, øz] n. TECH Personne qui effectue l'ourdissage.

ourdou [uʀdu] n. m. V. urdu.

ourébi [uʀebi] n. m. ZOOL Petite antilope des savanes africaines *(Ourebia ourebi).*

ourite [uʀit] n. f. (oc. Indien) Syn. de *pieuvre* (sens 1).

ourlé, ée [uʀle] adj. Garni d'un ourlet. ▷ Fig. Garni d'une bordure visible. *Vagues ourlées d'écume.*

ourler [uʀle] v. tr. [1] Faire un ourlet à.

ourlet [uʀlɛ] n. m. Bord d'une étoffe replié et cousu pour empêcher qu'il ne s'effile. – *Faux ourlet :* ourlet fait avec un morceau d'étoffe ajouté.

Ourouk ou **Uruk** (auj. *Warka*), v. de la basse Mésopotamie, sur la r. g. de l'Euphrate, au N. d'Ur, import. foyer de la civilisation sumérienne (V. Sumer).

ours, ourse [uʀs] n. **1.** Grand mammifère carnivore plantigrade de l'Arctique et des régions froides d'Eurasie et d'Amérique, au corps massif couvert d'une épaisse toison, au museau pointu. *Ours blanc, brun.* ▷ Jouet d'enfant figurant un ours. *Ours en peluche.* – Loc. fig. *Vendre la peau de l'ours avant de l'avoir tué :* spéculer sur ce qui n'est qu'une espérance. **2.** Fig. Personne peu sociable, bourrue. – *Ours mal léché :* personne mal élevée.

Ours (grand lac de l'), lac du Canada (Territoires du Nord-Ouest), relié au Mackenzie par la *rivière de l'Ours;* 29000 km^2. La région est riche en divers minerais, notam. radium et uranium.

Ourse (la Grande et la Petite), constellations boréales appelées aussi Grand Chariot et Petit Chariot. L'étoile polaire est située à une extrémité de la Petite Ourse.

oursin [uʀsɛ̃] n. m. Animal marin comestible, échinoderme au test rigide et globuleux hérissé de piquants. Syn. (Antilles fr.) châtaigne de mer.

ourson [uʀsɔ̃] n. m. Petit de l'ours.

Ourthe, riv. de Belgique (165 km), confl. avec la Meuse (r. dr.) à Liège.

Ousmane (Amadou) (né en 1948), journaliste et romancier nigérien : *Quinze ans, ça suffit* (1977), *le Nouveau Juge* (1981), *l'Honneur perdu* (1993).

Ousmane (Mahamane) (né en 1950), homme politique nigérien; élu président de la Rép. en 1993, lors d'élections pluralistes.

Ousmane Dan (ou **dan**) **Fodio** (1754 – 1817), prophète musulman et souverain. Peul originaire du Fouta-Toro (dans le Sénégal actuel), il lança la guerre sainte contre les royaumes haoussa, qu'il prit et convertit à l'islam (1804-1809). Il bâtit le royaume de Sokoto (dans le Nigeria actuel), qu'il partagea entre son frère et son fils (1812).

Ousmane Sembène. V. Sembène (Ousmane).

Oussou-Essui (Denis) (né en 1934), romancier ivoirien : *Souche calcinée* (1973), *les Saisons sèches* (1979).

Oussouri, riv. de la Chine du N.-E. (907 km), affl. de l'Amour (r. dr.), formant, sur une grande distance, frontière entre la Russie et la Chine.

oust ! ou **ouste !** [ust] interj. Fam. (Pour chasser qqn ou le faire se hâter.) *Allez, ouste, dehors !*

Oustacha, société révolutionnaire et nationaliste croate créée en 1930 par Ante Pavelić. Ses membres, les *oustachis* («insurgés»), tuèrent à Marseille, dans un attentat, Alexandre Ier de Yougoslavie (1934). Ils commirent des atrocités contre les Serbes pendant la Seconde Guerre mondiale.

out [awt] adv. (Anglicisme) TENNIS En dehors des limites du terrain.

outaouais, aise [utawɛ, ɛz] adj. et n. **1.** De l'Outaouais (rég. du Québec). **2.** D'Ottawa (Ontario). ▷ Subst. *Un(e) Outaouais(e).*

Outaouais (rivière des), la plus longue riv. du Québec (1270 km), qu'elle sépare de l'Ontario, et le princ. affl. du fl. Saint-Laurent; centrales hydroélectriques.

Outaouais, rég. admin. du Québec située au S.-E. de la région admin. Abitibi-Témiscamingue, à l'O. de la rég. admin. des Laurentides et frontalière, au S., de l'Ontario; 32890 km^2; 300000 hab. Exploitation forest.; parcs nationaux; musée des Civilisations; tourisme.

outarde [utaʀd] n. f. **1.** Oiseau gruiforme des steppes d'Eurasie, d'Afrique et d'Australie. **2.** (Québec) Syn. de *bernache du Canada.*

Outardes (rivière aux), riv. du Québec, sur la côte nord, tributaire du Saint-Laurent; 500 km. Son cours a été aménagé, en liaison avec celui de la Manicouagan, par l'*Hydro-Québec* (trois hydrocentrales totalisant près de 2 MkW).

Out el-Kouloub (en ar. *Qūt al-Qulūb*) (1892 – 1968), romancière égyptienne d'expression française. Elle allia la tradition à la modernité et milita pour l'éducation des femmes : *Harem* (1938), *la Nuit de la destinée* (1954), *Hefnaoui le Magnifique* (1961). Elle tint un salon francophone.

outil [uti] n. m. Instrument qui sert à effectuer un travail. – *Spécial.* Instrument destiné à être tenu par la main, qui sert à façonner la matière. *Outil de maçon, de plombier, de sculpteur.*

outillage [utijaʒ] n. m. Ensemble des outils et des machines utilisés par un artisan, une entreprise, une industrie.

outiller [utije] v. tr. [1] Munir d'outils. *Outiller un apprenti.* – Pp. adj. *Un atelier bien outillé.* ▷ v. pron. *Entreprise qui commence à s'outiller.*

outilleur [utijœʀ] n. m. TECH Ouvrier hautement qualifié chargé des outillages.

output [awtput] n. m. (Anglicisme) INFORM Sortie de données dans un traitement (par oppos. à *input*).

outrage [utʀaʒ] n. m. **1.** Injure grave, de fait ou de parole. ▷ Par euph. *Faire subir les derniers outrages à une femme,* la violer. ▷ Fig. *Faire outrage à la raison, à la morale,* faire, dire qqch qui y soit contraire. **2.** DR Injure grave commise envers un personnage officiel dans l'exercice de ses fonctions. *Outrage à magistrat.* ▷ *Outrage aux bonnes mœurs :* délit consistant à porter atteinte à la moralité publique par des paroles, des écrits, etc., contraires à la décence. ▷ *Outrage public à la pudeur :* délit consistant en un acte volontaire de nature à blesser la pudeur de ceux qui, même fortuitement, en ont été témoins.

outragé, ée [utʀaʒe] adj. Litt. Qui a subi un outrage. – Loc. *Prendre un air outragé,* une attitude scandalisée.

outrageant, ante [utʀaʒɑ̃, ɑ̃t] adj. Qui outrage. *Paroles outrageantes.*

outrager [utʀaʒe] v. tr. [13] **1.** Offenser gravement (qqn) par un outrage. **2.** Porter atteinte à (qqch). *Outrager la morale, le bon sens.*

outrageusement [utʀaʒøzmɑ̃] adv. De manière excessive. *Elle s'était outrageusement maquillée.*

outrageux, euse [utʀaʒø, øz] adj. Litt. Qui fait outrage.

outrance [utʀɑ̃s] n. f. **1.** Excès. *De regrettables outrances de langage.* **2.** Loc. adv. *À outrance :* exagérément.

outrancier, ère [utʀɑ̃sje, ɛʀ] adj. Exagéré, excessif; outrepassant ce qui est convenable, admis.

1. outre [utʀ] n. f. Peau de bouc cousue comme un sac et servant à contenir des liquides. *Outre de vin.*

2. outre [utʀ] adv. et prép. **I.** adv. **1.** *Passer outre à* (une opposition, une interdiction, etc.), ne pas en tenir compte. **2.** Loc. adv. (Surtout en tournure négative.) *Outre mesure :* plus qu'il ne convient. ▷ *En outre :* de plus. **3.** Loc. conj. *Outre que :* non seulement... mais encore. *Outre qu'il écrit, il illustre ses textes.* **II.** prép. **1.** En plus de. *Outre son salaire, il reçoit une prime.* **2.** En loc. (Avec un trait d'union.) Au-delà de. *Outre-Atlantique, outre-mer, outre-tombe :* V. ces mots.

outré, ée [utʀe] adj. **1.** Litt. Excessif. *Compliments outrés.* **2.** Mod. Indigné, révolté. *Je suis outré de ces mensonges.*

outre-Atlantique [utʀatlɑ̃tik] adv. Au-delà de l'Atlantique. – *Spécial.* Aux États-Unis.

outrecuidance [utʀəkɥidɑ̃s] n. f. Impertinence envers autrui. *Affirmer avec outrecuidance que...*

outrecuidant, ante [utʀəkɥidɑ̃, ɑ̃t] adj. Qui fait preuve d'outrecuidance.

outremer [utʀəmɛʀ] n. m. et adj. inv. Couleur bleue soutenue. ▷ adj. inv. *Des jupes outremer.*

outre-mer [utʀəmɛʀ] adv. (Par rapport à la France.) Situé au-delà des mers. *Territoires d'outre-mer :* V. TOM.

outrepasser [utʀəpase] v. tr. [1] Dépasser la limite de (ce qui est convenable, permis, prescrit). *Outrepasser ses droits, des ordres.*

outrer [utʀe] v. tr. [1] **1.** Exagérer. *Cet acteur outre ses effets.* **2.** (Aux temps composés.) Indigner, révolter. *Sa conduite m'avait outré.*

outre-tombe [utʀetɔ̃b] loc. adv. Au-delà de la tombe, après la mort. – Loc. adj. *D'outre-tombe. «Mémoires d'outre-tombe» (F. R. de Chateaubriand).*

outsider [awtsajdœʀ] n. m. (Anglicisme) TURF Cheval qui n'est pas parmi les favoris. ▷ Fig. *Le jury du festival a couronné cette année un outsider.*

Ouvéa (île), une des îles Loyauté (Nouvelle-Calédonie), la plus petite et la plus septent.; 160 km². – En avril-mai 1988, des événements sanglants (prise d'otages) s'y déroulèrent. En mai 1989, Tjibaou y fut assassiné par un extrémiste canaque.

ouvert, erte [uvɛʀ, ɛʀt] adj. **1.** Qui n'est pas fermé. *Bouche ouverte. Livre ouvert.* – Loc. *Traduire à livre ouvert,* directement. **2.** PHON *Voyelle ouverte,* prononcée avec ouverture du canal buccal (ex. [ɛ], [ɔ]) – *Syllabe ouverte,* terminée par une voyelle. **3.** MATH *Intervalle ouvert,* qui ne comprend pas les bornes qui le limitent. **4.** ELECTR *Circuit ouvert,* présentant une interruption et dans lequel le courant ne passe pas. **5.** Fendu, coupé, entamé. *Il a eu l'arcade sourcilière ouverte.* **6.** Libre d'accès. *Ville ouverte.* ▷ Loc. *Tenir table ouverte :* recevoir même ceux que l'on n'a pas invités. **7.** Commencé. *La séance est ouverte.* **8.** Franc, sincère. *Visage, caractère ouvert.* ▷ Éveillé. *Esprit ouvert.* **9.** Déclaré, public, manifeste. *Être en guerre ouverte avec qqn.*

ouvertement [uvɛʀtəmɑ̃] adv. Franchement; sans détour, sans dissimulation. *Parler ouvertement.*

ouverture [uvɛʀtyʀ] n. f. **1.** Espace vide, libre, faisant communiquer l'intérieur et l'extérieur. *Ouverture d'une grotte.* **2.** Action d'ouvrir ce qui était fermé; fait de s'ouvrir. *Ouverture d'un coffre, d'un parachute.* **3.** Commencement. *Ouverture de la campagne électorale.* – (Afr. subsah.) *Ouverture des classes* ou *ouverture :* rentrée des classes. *Il faut habiller les enfants pour l'ouverture des classes.* **4.** Fig. Première démarche qui précède une négociation. *Ouverture de paix* (souvent au plur.). – *Ouverture d'un compte, d'un crédit.* **5.** Fig. *Ouverture d'esprit :* facilité à comprendre et à admettre ce qui est nouveau, inhabituel. ▷ *Ouverture de cœur :* franchise, tendance à l'épanchement amical. **6.** MUS Morceau de musique instrumentale exécuté au début d'une œuvre lyrique.

ouvrable [uvʀabl] adj. *Jour ouvrable,* où l'on travaille normalement (par oppos. à *férié*).

ouvrage [uvʀaʒ] n. m. **1.** Besogne, travail. *Se mettre à l'ouvrage.* – *Ouvrages de dame :* travaux d'aiguille. **2.** Résultat du travail d'un ouvrier. *Ouvrage de maçonnerie.* **3.** *Par ext.* Construction, bâtiment. *Maître de l'ouvrage.* ▷ *Ouvrages d'art :* travaux nécessités par la construction d'une route ou d'une voie ferrée (tranchée, viaduc, tunnel, etc.). **4.** Texte relativement long, imprimé ou destiné à l'impression. *Publier un ouvrage de droit.* **5.** Fig. Œuvre. *Ce succès est l'ouvrage du hasard.*

ouvragé, ée [uvʀaʒe] adj. **1.** Ouvré. **2.** Minutieusement travaillé.

ouvrager [uvʀaʒe] v. tr. [13] Ouvrer avec délicatesse, minutie. ▷ Enrichir d'ornements.

ouvrant, ante [uvʀɑ̃, ɑ̃t] adj. Qui s'ouvre. *Toit ouvrant d'une automobile.*

ouvré, ée [uvʀe] adj. **1.** Travaillé, façonné. *Bois ouvré.* ▷ Orné, décoré. **2.** *Jour ouvré,* où l'on travaille effectivement (par oppos. à *chômé*).

ouvre-boîte(s) [uvʀəbwat] n. m. Instrument coupant utilisé pour ouvrir les boîtes de conserve. *Des ouvre-boîtes électriques.*

ouvre-bouteille(s) [uvʀəbutɛj] n. m. Petit instrument formant levier utilisé pour décapsuler les bouteilles. *Des ouvre-bouteilles.* Syn. décapsuleur.

ouvrer [uvʀe] v. tr. [1] Travailler, façonner. ▷ Mettre en œuvre (des matériaux). *Ouvrer des pièces de bois.*

ouvreuse [uvʀøz] n. f. Femme qui place le public dans une salle de spectacle.

ouvrier, ère [uvʀije, ɛʀ] n. et adj. **I.** n. **1.** Personne rémunérée pour effectuer un travail manuel. *Ouvrier menuisier. Ouvrier d'usine. Ouvrier agricole.* ▷ *Ouvrier spécialisé,* qui effectue une tâche particulière, mais ne nécessitant aucune qualification professionnelle. *Ouvrier qualifié,* qui est titulaire d'un certificat d'aptitude professionnelle. **2.** Litt. Personne qui fait tel ou tel travail. *Pièce de théâtre faite par un bon ouvrier.* ▷ *Cheville ouvrière :* V. cheville (sens I, 2). **3.** n. f. ENTOM Femelle stérile, chez les hyménoptères sociaux (abeilles, guêpes, fourmis). **4.** n. m. Adulte non sexué qui effectue les divers travaux de la société chez les termites. **II.** adj. Des ouvriers, relatif aux ouvriers. *La classe ouvrière.*

ouvriérisme [uvʀijeʀism] n. m. POLIT Théorie selon laquelle seuls les ouvriers sont qualifiés pour diriger le mouvement socialiste et révolutionnaire et pour gérer l'économie.

ouvrier socialiste luxembourgeois (Parti), parti luxembourgeois fondé en 1902. En 1921, au congrès de Differdange, le Parti communiste luxembourgeois fit sécession.

ouvrir [uvʀiʀ] v. [32] **I.** v. tr. **1.** Faire que ce qui était fermé ne le soit plus; faire communiquer l'extérieur et l'intérieur en ménageant une ouverture, en séparant ce qui était rapproché. *Ouvrir une porte.* – Absol. *Ouvrez!* – *Ouvrir une lettre,* la décacheter. – *Ouvrir la bouche.* – Loc. fig. *Ouvrir l'œil :* faire attention. **2.** Rendre libre (un accès). *Ouvrir un chemin.* – Fig. *Ouvrir la voie.* **3.** Fig. Découvrir. *Ouvrir son cœur à qqn.* – *Ouvrir l'esprit à qqn,* le rendre plus apte à penser, à comprendre. *Ouvrir les yeux à qqn :* V. œil (sens I, 2). **4.** Commencer, entamer. *Ouvrir le bal, le feu.* – *Ouvrir la marche :* marcher en tête. **5.** Fonder, créer. *Ouvrir une école, une boutique.* **II.** v. intr. **1.** Être ouvert. *La porte n'ouvre plus. Ce magasin n'ouvre pas le lundi.* **2.** Commencer. *La saison ouvre par cette fête.* **III.** v. pron. **1.** Devenir ouvert. *Les fleurs s'ouvrent au soleil.* **2.** Se faire une plaie ouverte sur. *S'ouvrir le genou.* **3.** Être ou devenir libre (en parlant d'un accès, d'une voie de communication). *La route s'ouvre à eux.* – Fig. *Des perspectives inattendues s'ouvrent désormais.* **4.** (Personnes) *S'ouvrir à qqn,* lui faire des confidences. – *Esprit qui s'ouvre,* s'éveille. **5.** (Choses) Commencer.

Ouzbékistan, État d'Asie centrale, bordé au nord-est par la mer d'Aral et frontalier du Kazakhstan au nord et à l'est, du Kirghizstan et du Tadjikistan au sud-est, du Turkménistan à l'ouest; 449 600 km²; 21 700 000 hab. (Ouzbeks, 70 %; Russes, 8 %; minorités tadjike, tatare et kazakhe); cap. *Tachkent.* Nature de l'État : république présidentielle. Langue off. : ouzbek. Monnaie : soum. Religion : islam sunnite.
Géogr. et écon. – Une plaine désertique coupée d'oasis et de bassins (Samarkand, Boukhara, Fergana, etc.) est dominée au sud par des montagnes (Pamir, Tianshan) d'où descendent le Syr-Daria et l'Amou-Daria. L'irrigation assure la prospérité de l'agriculture (38 % de la population active) : fruits, primeurs, riz, luzerne, vigne et, surtout, coton. La sériciculture et les moutons astrakans fournissent des ressources importantes. Les richesses minières (charbon, pétrole, gaz naturel, uranium, cuivre, etc.) ont permis un essor industriel récent.
Hist. – La rép. autonome du Turkestan, sous contrôle russe dep. la seconde moitié du XIXᵉ s., devint, en 1924, la rép. soviétique d'Ouzbékistan. Ses frontières furent modifiées en 1924 (le Tadjikistan devenant une rép. fédérée) et en 1936 (la rép. autonome de Karapalkie étant rattachée à l'Ouzbékistan). En 1989, l'Ouzbékistan fut le théâtre de violences contre les Meskhets*. En août 1991, l'indépendance de la République a été proclamée par le Parlement; l'Ouzbékistan est membre de la C.É.I., et en déc., l'anc. secrétaire du P.C., Islam Karimov, a été élu prés. de la Rép. En 1995, un référendum a prolongé son mandat jusqu'à l'an 2000.

ov(o)-, ovi-. Éléments, du lat. *ovum,* «œuf».

ovaire [ɔvɛʀ] n. m. **1.** BIOL Organe reproducteur femelle où se forment les ovules. *Organes pairs, situés dans la cavité péritonéale, les ovaires produisent la folliculine et la progestérone.* **2.** BOT Organe femelle où se forment les ovules, et qui donne le fruit.

ovalbumine [ɔvalbymin] n. f. BIOCHIM Protéine du blanc d'œuf.

ovale [ɔval] adj. et n. m. **1.** adj. Qui a la forme d'une courbe fermée et allongée, semblable à celle d'un œuf. *Table ovale.* **2.** n. m. GEOM Figure de cette forme, composée de quatre arcs de cercle.

Ovambo, population répartie entre l'Angola, la Namibie et la Zambie (env. 750 000 personnes). Ils parlent une langue bantoue. Traditionnellement, ces éleveurs de bovins pratiquent une agriculture complémentaire (sorgho, mil); la filiation matrilinéaire et une royauté héréditaire caractérisent leur société.

ovariectomie [ɔvaʀjɛktɔmi] n. f. CHIR Ablation chirurgicale d'un ou des deux ovaires.

ovarien, enne [ɔvaʀjɛ̃, ɛn] adj. Relatif à l'ovaire.

ovation [ɔvasjɔ̃] n. f. Acclamation, démonstration bruyante d'enthousiasme en l'honneur de (qqn).

ovationner [ɔvasjɔne] v. tr. [1] Saluer par des ovations.

ove [ɔv] n. m. Didac. Ornement décoratif en forme d'œuf.

Overbeck (Johann Friedrich) (1789 - 1869), peintre allemand; l'un des fondateurs du groupe des «nazaréens*».

overdose [ɔvəʀdoz] n. f. (Américanisme) Absorption d'une forte dose de drogue, provoquant d'importants désordres physiologiques et pouvant entraîner la mort. Syn. (off. recommandé) surdose.

Overijssel, province des Pays-Bas, à la frontière allemande; 3 801 km²;

1010000 hab.; ch.-l. *Zwolle.* Pays de collines et de vallées consacré à l'élevage. Industries dans l'est de la province.

ovi-. V. ov(o)-.

ovibos [ɔvibɔs] n. m. ZOOL Bœuf musqué, bovidé des régions arctiques américaines.

Ovide (en lat. *Publius Ovidius Naso*) (43 av. J.-C. – 17 ou 18 apr. J.-C.), poète latin. Il a séduit la société mondaine de son temps par des œuvres à caractère érotique, comme *l'Art d'aimer,* mais son chef-d'œuvre reste *les Métamorphoses,* poème épique et mythologique. Relégué à vie en 8 apr. J.-C., il mourut en exil à Tomes (auj. Constanța, en Roumanie), où il composa des élégies : *les Tristes* et *les Pontiques* (nom qui fait référence au Pont*-Euxin).

Oviedo, v. du N.-O. de l'Espagne, anc. capitale du royaume des Asturies; cap. de la communauté auton. des Asturies; 194600 hab. Centre métallurgique. – Archevêché. Université. Cath. goth. flamboyant (XVe-XVIe s.). Nombr. églises. Anc. palais royal (IXe s.), auj. église. – En 1934, l'insurrection des mineurs y fut durement réprimée.

Ovimbundu, population du sud de l'Angola (env. 4 millions de personnes). Ils parlent une langue bantoue, l'*umbundu.* V. Mbundu. Traditionnellement, ils cultivent le maïs et pratiquent accessoirement l'élevage. Dans leur société, matri- et patrilinéaire, un clan dominant est dirigé par un roi.

ovin, ine [ɔvɛ̃, in] adj. et n. m. Du mouton, qui a rapport au mouton. *Race ovine.* ▷ n. m. pl. *Les ovins :* les moutons et les mouflons. – Sing. *Un ovin.*

ovinés [ɔvine] n. m. pl. ZOOL Syn. de *caprinés.* – Sing. *Un oviné.*

ovipare [ɔvipaʀ] adj. et n. ZOOL Qui pond des œufs.

oviparité [ɔvipaʀite] n. f. ZOOL Mode de reproduction des animaux ovipares.

ovipositeur [ɔvipozitœʀ] n. m. ENTOM Organe externe utilisé pour la ponte chez les femelles des insectes.

oviscapte [oviskapt] n. m. ENTOM Ovipositeur rigide des femelles de certains insectes, qui sert à introduire les œufs dans les milieux résistants. Syn. tarière.

ovni [ɔvni] n. m. Acronyme pour *objet volant non identifié. Des ovnis.*

ovo-. V. ov(o)-.

ovocyte [ɔvɔsit] n. m. V. oocyte.

ovoga [ovoga] n. m. Arbre d'Afrique tropicale exploité pour son bois.

ovogenèse [ovoʒənɛz] n. f. BIOL Formation des ovules, chez les animaux.

ovoïde [ɔvɔid] adj. Qui a la forme d'un œuf.

ovovivipare [ɔvɔvivipaʀ] adj. ZOOL Se dit des animaux ovipares chez lesquels l'incubation des œufs se fait dans les voies génitales de la femelle. *La vipère est ovovivipare.*

ovulaire [ɔvylɛʀ] adj. BIOL Relatif à l'ovule. *Ponte ovulaire* ou *ovulation.*

ovulation [ɔvylasjɔ̃] n. f. BIOL Rupture du follicule, libérant l'ovule.

ovule [ɔvyl] n. m. **1.** BOT Petit corps arrondi contenu dans l'ovaire des végétaux et renfermant le gamète femelle, ou *oosphère.* **2.** BIOL Gamète femelle. **3.** PHARM Corpuscule contenant une substance médicamenteuse, destiné à être introduit dans le vagin.

ovuler [ɔvyle] v. intr. **[1]** Didac. Avoir une ovulation.

Owen (Robert) (1771 – 1858), théoricien socialiste anglais. Pionnier du mouvement syndicaliste et du coopératisme social anglais. Son influence fut profonde : *le Livre du nouveau monde moral* (1828-1844).

Owen (Gérald Berthot, dit Thomas) (né en 1910), écrivain belge d'expression française, l'un des maîtres du genre fantastique. Parmi ses romans et ses nombr. contes, citons : *Initiation à la peur* (1942), *Pitié pour les ombres* (1961), *le Rat Kavar* (1975), *le Livre noir des merveilles* (1980).

Owen Falls, chutes du Nil Victoria, dans le S. de l'Ouganda; barrage hydroélectrique.

Owens (James Cleveland, dit Jesse) (1914 – 1980), athlète américain qui remporta quatre médailles d'or aux J.O. de Berlin (1936) : le 100 m, le 200 m, le saut en longueur, le relais 4 × 100 m.

ox(y)-. CHIM Élément, du gr. *oxus,* «aigu, acide», qui, le plus souvent, sert à indiquer la présence d'oxygène dans une molécule.

oxacide [ɔksasid] n. m. CHIM Acide dont la molécule contient de l'oxygène.

oxalique [ɔksalik] adj. CHIM *Acide oxalique :* diacide de formule HOOC-COOH présent dans de nombreux végétaux (oseille, notam.), utilisé comme détartrant et comme décolorant.

oxford [ɔksfɔʀd] n. m. Toile de coton rayée ou quadrillée, à grain marqué.

Oxford, v. de G.-B., sur la Tamise, à l'O. de Londres; 109000 hab.; ch.-l. du comté d'Oxford (2612 km^2, 574700 hab.). Industries. – Évêché. Célèbre université fondée en 1163. Cath. romane et gothique (XIIe-XVe s.).

Oxford (mouvement d'), mouvement de réforme de l'Église anglicane appelé aussi *tractarianisme* et *puseyisme,* condamné par l'épiscopat en 1843.

oxhydrique [ɔksidʀik] adj. CHIM Qui contient de l'oxygène et de l'hydrogène.

oxy-. V. ox(y)-.

oxyacétylénique [ɔksiasetilenik] adj. TECH *Chalumeau oxyacétylénique,* dont la flamme est produite par la combustion d'un mélange d'oxygène et d'acétylène.

oxycarboné, ée [ɔksikaʀbɔne] adj. CHIM Combiné à de l'oxyde de carbone.

oxydable [ɔksidabl] adj. Qui peut s'oxyder.

oxydant, ante [ɔksidɑ̃, ɑ̃t] adj. et n. Qui oxyde, peut capter des électrons.

oxydase [ɔksidaz] n. f. BIOCHIM Enzyme qui active la fixation de l'oxygène sur d'autres corps.

oxydation [ɔksidasjɔ̃] n. f. Cour. Fixation d'oxygène sur un corps. ▷ CHIM Réaction au cours de laquelle un corps perd des électrons. *La corrosion des métaux est due à une oxydation.*

oxyde [ɔksid] n. m. CHIM et cour. Composé résultant de la combinaison de l'oxygène avec un autre élément.

oxyder [ɔkside] v. [1] **1.** v. tr. CHIM Produire l'oxydation de. **2.** v. pron. CHIM Se transformer en oxyde. ▷ Être attaqué superficiellement par l'oxydation.

oxydoréduction [ɔksidɔʀedyksjɔ̃] n. f. CHIM Réaction chimique au cours de laquelle un oxydant et un réducteur échangent des électrons.

oxygénation [ɔksiʒenasjɔ̃] n. f. **1.** CHIM Oxydation par l'oxygène. **2.** Action d'oxygéner, de s'oxygéner; son résultat. **3.** Action d'appliquer de l'eau oxygénée.

oxygène [ɔksiʒɛn] n. m. **1.** CHIM Élément (symbole O) de numéro atomique Z=8. – Gaz (O_2 : *dioxygène*) incolore, insipide et inodore. **2.** Cour. Air pur. *J'ai pris un bol d'oxygène à la montagne.* ENCYCL L'oxygène est l'élément le plus abondant de la couche terrestre (89% en masse des eaux naturelles et 47 % des roches). Il représente 21 % du volume de l'atmosphère et est indispensable à la vie. Les combinaisons de l'oxygène avec les autres éléments (sauf avec le fluor) s'appellent des oxydes. (V. ozone.)

oxygéné, ée [ɔksiʒene] adj. Qui renferme de l'oxygène. ▷ *Eau oxygénée :* peroxyde d'hydrogène, de formule H_2O_2.

oxygéner [ɔksiʒene] v. **[14]** **1.** v. tr. CHIM Combiner un corps avec l'oxygène. **2.** v. pron. Fam. Respirer de l'air pur.

oxyhémoglobine [ɔksiemɔglɔbin] n. f. BIOCHIM Composé formé par la fixation réversible de l'oxygène sur l'hémoglobine, qui assure le transport de l'oxygène des alvéoles pulmonaires aux cellules, et qui donne au sang sa couleur rouge vif.

oxymoron [ɔksimɔʀɔ̃] ou **oxymore** [ɔksimɔʀ] n. m. RHET Alliance de deux mots de sens incompatibles. «*Cette obscure clarté...*» (Corneille) *est un oxymoron.*

oxyton [ɔksitɔ̃] n. m. PHON Mot dont l'accent tonique porte sur la dernière syllabe.

oxyure [ɔksjyʀ] n. m. MED Petit ver blanc (nématode) long de quelques millimètres, parasite de la portion terminale de l'intestin de l'homme.

oxyurose [ɔksjyʀoz] n. f. MED Parasitose due aux oxyures, fréquente surtout chez l'enfant. (Les oxyures femelles pondent au niveau de l'anus causant des démangeaisons. La contamination se fait notam. par les mains sales et le linge souillé.)

Oyapoc ou **Oyapock,** fl. de Guyane (500 km); se jette dans l'Atlantique. Il sépare la Guyane française du Brésil.

Oya-shio ou **Oya-shivo,** courant froid du Pacifique; issu de la mer de Béring, il longe les îles Kouriles et les côtes orientales de Honshū.

oyat [ɔja] n. m. Plante herbacée (fam. graminées) dont les racines fixent les dunes.

Oyo, royaume yorouba (au S. du Nigeria actuel) fondé vraisemblablement à la fin du XIVe s. Il établit sa prospérité sur le commerce des esclaves, mais déclina à partir du XVIIIe s.

Oyo, État du S.-O. du Nigeria; 37705 km^2; 10722700 hab.; cap. *Ibadan* (4000000 hab.).

Oyono (Ferdinand) (né en 1929), écrivain camerounais. Ses romans (*Une vie de boy,* 1956; *le Vieux Nègre et la médaille,* 1956; *Chemin d'Europe,* 1960) flétrissent la société coloniale.

Oyono-Mbia (Guillaume) (né en 1939), dramaturge camerounais. Il a décortiqué la vie quotidienne de

Mvoutessi, village au sud-est de Yaoundé, dans de nombr. comédies et dans trois vol. de *Chroniques de Mvoutessi* (1971-1972).

Ozenfant (Amédée) (1886 – 1966), peintre français; signataire (1918), avec Le Corbusier, du manifeste du purisme, qui simplifie les formes.

Ozias. V. Azarias.

ozigo [ozigo] n. m. Arbre du Gabon, exploité pour son bois.

ozone [ɔzon] n. m. CHIM Variété allotropique de l'oxygène, de formule O_3, gaz légèrement bleuté qui se forme dans l'air ou dans l'oxygène soumis à des décharges électriques ou traversé par des rayons ultraviolets. ▷ *Couche d'ozone :* couche atmosphérique, située entre 20 et 30 km d'altitude, où la concentration d'ozone est maximale.

ozonisation [ɔzɔnizasjɔ̃] n. f. **1.** CHIM Transformation de l'oxygène en ozone. **2.** TECH Stérilisation de l'air ou des eaux au moyen de l'ozone.

ozoniseur [ɔzɔnizœʀ], **ozonateur** [ɔzɔnatœʀ] ou **ozonisateur** [ɔzɔni zatœʀ] n. m. TECH Appareil servant à produire de l'ozone.

ozonosphère [ɔzɔnɔsfɛʀ] n. f. Zone de la haute atmosphère terrestre particulièrement riche en ozone.

ozouga [ozuga] n. m. Arbre d'Afrique tropicale dont le bois est utilisé en construction.

Ozu (Yasujiro) (1903 – 1963), cinéaste japonais intimiste : *Été précoce* (1951), *Voyage à Tōkyō* (1953), *le Goût du saké* (1963).

P

p [pe] n. m. **1.** Seizième lettre (p, P) et douzième consonne de l'alphabet, notant l'occlusive labiale sourde [p] (ex. *cep* [sɛp], *nappe* [nap]) ou, dans la combinaison *ph*, la fricative labiodentale sourde [f] (ex. *photographie* [fɔtɔgʀafi]); restant parfois muette, à l'intérieur de certains mots (ex. *compte* [kɔ̃t]) ou en position finale (ex. *coup* [ku]; *drap* [dʀɑ]); ne se faisant entendre dans les adverbes *trop* et *beaucoup* que sous forme de liaison (ex. *trop occupé* [tʀopɔkype]; *beaucoup à faire* [bokupafɛʀ]). **2.** BIOCHIM *Substance P :* V. substance.

Pabst (Georg Wilhelm) (1885 – 1967), cinéaste allemand, à la fois réaliste et romantique : *la Rue sans joie* (1925), *Loulou* (1928), *l'Opéra de quat' sous* (1931), *la Tragédie de la mine* (1931).

paca [paka] n. m. Gros rongeur (*Curriculus paca*) des forêts humides de l'Amérique du S., au pelage roux taché de blanc et à la queue très courte, pouvant atteindre un poids de 10 kg.

pacage [pakaʒ] n. m. **1.** Lieu où l'on fait paître les bestiaux. **2.** Action de faire paître les bestiaux. *Droit de pacage.*

pacager [pakaʒe] v. tr. [**13**] Faire paître (des bestiaux). ▷ v. intr. Paître.

pacane [pakan] n. f. Vx (Cour. au Québec) Noix de pécan.

pacanier [pakanje] n. m. Arbre (genre *Carya*) voisin du noyer, qui croît dans le sud-est des É.-U. (notam. en Louisiane) et qui produit une amande comestible. V. pacane, pécan (1).

Pacem in terris, encyclique de Jean XXIII (11 avr. 1963) demandant aux «hommes de bonne volonté» de faire régner la paix sur la terre et la justice sociale.

Pacéré Titinga (Frédéric) (né en 1943), poète burkinabé. Il chante le pays mossi : *Refrains sous le Sahel* (1976), *Ça tire sous le Sahel* (id.), *Quand s'envolent les grues couronnées* (id.), *la Poésie des griots* (1982), *Poèmes pour l'Angola* (id.), *Poèmes pour Koryo* (1987), *Saglego* (1994). Il a écrit également des essais ethnologiques et sociologiques.

pacha [paʃa] n. m. **1.** Gouverneur de province, dans l'ancien Empire ottoman. **2.** (Maghreb) Au Maroc, représentant de l'autorité dans un district; chef d'une circonscription urbaine. **3.** Loc. fam. *Mener la vie de pacha :* vivre dans l'opulence et l'oisiveté. ▷ *Faire le pacha :* se faire servir.

pachyderme [paʃidɛʀm] n. m. **1.** Éléphant. **2.** Fig. Personne d'aspect massif.

pachyure [paʃjyʀ] n. f. ZOOL Minuscule musaraigne. *La pachyure étrusque (Suncus etruscus), qui mesure moins de 8 cm, queue comprise, est le plus petit des mammifères.*

pacificateur, trice [pasifikatœʀ, tʀis] n. Personne qui pacifie. ▷ adj. *Action pacificatrice.*

pacification [pasifikasjɔ̃] n. f. Action de pacifier.

pacifier [pasifje] v. tr. [**2**] **1.** Rétablir la paix dans (une région, un pays). ▷ *Par euph.* Écraser la rébellion dans (une province, un pays). **2.** Fig. Apaiser, calmer. *Pacifier les esprits.*

pacifique [pasifik] adj. et n. m. **I. 1.** Qui aime la paix, qui est attaché à la paix. – Par ext. *Mener une vie pacifique.* – n. m. *C'est un pacifique.* **2.** Qui se passe dans la paix; exempt de troubles, de violence. *Manifestation pacifique.* **3.** Qui amène la paix ou la favorise. *Politique pacifique.* **II.** De l'océan Pacifique.

Pacifique (océan), le plus vaste des océans : env. 180 millions de km^2, soit 30 % de la surface du globe. Il s'étend entre l'Asie, l'Amérique, l'Australie et la Nouvelle-Guinée. Au N., le détroit de Béring l'isole de l'océan Arctique. Au S., il s'ouvre largement sur l'océan Antarctique. Il présente une triple originalité : son fond est sialique (composé de roches extrêmement denses); il est bordé de fosses profondes et étroites (plus de 11 520 m dans la fosse du Challenger, à l'O. de la fosse des Mariannes); ses îles, d'origine volcanique, forment sur ses bords une «ceinture de feu» : certaines îles dépassent 4000 m d'alt.; d'autres, qui affleurent, supportent des constructions coralliennes (atolls, récifs-barrières).

Pacifique (Centre d'expérimentation du), organisme militaire français qui, siégeant à Tahiti apr. 1964, organisait les tirs destinés (apr. 1966) à tester les bombes thermonucléaires dans les atolls de Mururoa et de Fangataufa. En 1995, le président Chirac a organisé une série de tirs qu'il a présentée comme la dernière. Le centre a été fermé en 1997.

pacifiquement [pasifikmɑ̃] adv. De manière pacifique.

pacifisme [pasifism] n. m. Doctrine politique des pacifistes. Ant. bellicisme.

pacifiste [pasifist] n. et adj. Partisan de la paix entre les États. ▷ adj. *Propagande pacifiste.* Ant. belliciste.

1. pack [pak] n. m. OCEANOGR Banquise dérivante disloquée en grands plateaux séparés par des chenaux.

2. pack [pak] n. m. (Anglicisme) Emballage, le plus souv. en carton plastifié, de bouteilles, de petits pots, etc.

pacotille [pakɔtij] n. f. **1.** Anc. Assortiment de verroteries et de marchandises diverses qui étaient destinées au troc avec les pays d'Afrique et d'Orient. **2.** Mod., péjor. Marchandise de peu de valeur. ▷ *De pacotille :* sans valeur; de mauvaise qualité. *Une montre de pacotille.* – Factice. *Un exotisme de pacotille.*

pacotilleuse [pakɔtijøz] n. f. (Antilles fr.) Vendeuse d'objets de peu de valeur.

pacte [pakt] n. m. Convention solennelle entre deux ou plusieurs États, partis, individus. *Conclure, rompre un pacte. Pacte de non-agression.* ▷ HIST *Pacte colonial :* système qui réservait à la métropole le marché des colonies. ▷ (Afr. subsah.) *Pacte du sang :* alliance sacrée entre deux personnes, qu'elles scellent en mêlant leurs sangs (chacune peut aussi absorber quelques gouttes du sang de l'autre). *Celui qui rompt le pacte du sang mérite, selon la coutume, la mort.*

pactiser [paktize] v. intr. [**1**] **1.** Faire un pacte (avec qqn). **2.** Fig. Transiger (avec qqn, qqch). *Pactiser avec sa conscience.*

pactole [paktɔl] n. m. Source importante de richesses.

Pactole (le), petite rivière de Lydie (Asie Mineure), célèbre par les paillettes d'or qu'il roulait.

paddock [padɔk] n. m. **1.** Enclos, dans une prairie, réservé aux juments poulinières et à leurs poulains, ou à un pur-sang. **2.** Enceinte, dans le pesage d'un champ de courses, où les chevaux sont promenés en main.

paddy [padi] n. m. TECH Riz non décortiqué. – (En appos.) *Riz paddy :* V. riz.

Paderewski (Ignacy) (1860 – 1941), pianiste, compositeur et homme politique polonais. Il fut président du Conseil de la Rép. polonaise en 1919.

Padoue (en ital. *Padova*), v. d'Italie (Vénétie); 229950 hab.; ch.-l. de la prov. du m. nom. Centre comm. et industr. – Université. Cath. (XVIe s.). Basilique (XIIIe s.) qui renferme le tombeau de saint Antoine. Chap. des Scrovegni (fresques de Giotto).

padouk [paduk] n. m. Arbre d'Afrique tropicale (fam. papilionacées) exploité pour son bois. Syn. bois (de) corail.

paella [paelja; paela] n. f. Plat espagnol à base de riz au safran.

Pæstum, v. de l'Italie anc., au S. de Naples, fondée par les Sybarites à la fin du VIIe s. av. J.-C. Ruines célèbres (trois temples grecs d'archi. dorique).

paf ! [paf] interj. (Exprimant le bruit d'une chute, d'un coup, etc.) *Et paf! le voilà par terre.*

pagaie [pagɛ] n. f. Rame courte, à large pelle, utilisée pour la propulsion des pirogues et de certaines embarcations de sport, que l'on manie sans l'appuyer à un point fixe (à la différence de l'aviron). Syn. (Polynésie fr.) rame.

pagaille [pagaj] n. f. Fam. **1.** Grand désordre. *En voilà une pagaille!* **2.** Loc. adv. *En pagaille :* en désordre. *Il a tout jeté en pagaille dans un tiroir.* – En grande quantité. *Pêcher du poisson en pagaille.*

Pagalu (auj. *Annobón*), île volcanique de la Guinée équatoriale, située dans l'Atlantique sous l'équateur; 17 km²; ch.-l. : *San Antonio de Palea;* 2 000 hab. Pêche.

Paganini (Niccolo) (1782 – 1840), compositeur et violoniste italien d'une virtuosité éblouissante.

paganiser [paganize] v. tr. [**1**] Didac. Rendre païen.

paganisme [paganism] n. m. Nom donné, lors du triomphe du christianisme, aux religions polythéistes. *Le paganisme romain.* – *Par ext.* Ce qui rappelle les tendances, les mœurs des païens.

pagayer [pageje] v. intr. [**21**] Ramer avec une pagaie.

pagayeur, euse [pagɛjœʀ, øz] n. Personne qui pagaie.

1. page [paʒ] n. f. **1.** Côté d'un feuillet de papier, de parchemin, etc. *Une feuille comporte deux pages. Cahier de 100 pages.* – *Par ext.* Feuillet. *Déchirer, corner une page.* **2.** INFORM Unité de découpage de la mémoire centrale d'un ordinateur. **3.** Texte écrit, imprimé sur une page. *Page de trente lignes. Lire quelques pages avant de s'endormir.* – Fig. Contenu de ce texte, relativement à sa valeur littéraire, musicale. *Les plus belles pages d'un auteur.* **4.** Fig. Époque de l'histoire, période d'une vie, considérée quant aux événements qui l'ont marquée. *C'est une page sinistre de l'histoire mondiale.* ▷ *Tourner la page :* changer de mode de vie, oublier le passé. ▷ Fam. *Être à la page,* au courant des nouveautés.

2. page [paʒ] n. m. Anc. Jeune noble au service d'un seigneur.

pageot [paʒo] n. m. Poisson perciforme (genre *Pagellus*) des mers chaudes et tempérées, parfois confondu avec la daurade et vendu sous ce nom.

Paget (maladie de) MED **1.** Maladie dermatologique caractérisée par un placard ressemblant à de l'eczéma, le plus souvent sur le mamelon. **2.** Ostéopathie déformante touchant surtout les os du rachis, du bassin, des fémurs et du crâne.

pagination [paʒinasjɔ̃] n. f. Action de paginer. – Série des numéros des pages d'un livre. *Pagination défectueuse.*

paginer [paʒine] v. tr. [**1**] Numéroter les pages de (un livre, un cahier, un registre, etc.). Syn. folioter.

pagne [paɲ] n. m. **1.** Morceau d'étoffe ou de matière végétale tressée dont les habitants de certaines régions chaudes du globe (Afrique, Amérique tropicale, Océanie, etc.) se ceignent les reins ou se couvrent les épaules, ou qu'ils utilisent comme couverture, etc. – (Afr. subsah.) *Refaire son pagne,* le rajuster. **2.** (Afr. subsah.) *Pagne* ou *tissu pagne :* tissu de coton imprimé ou teint artisanalement, vendu en coupes mesurées en yards, dont on fait les pagnes (sens 1). – *Pagne à la cire :* tissu teint en faisant des réserves à la cire. – *Pagne à la cola :* tissu teint avec une teinture tirée de la noix de cola. – *Pagne wax :* V. wax. – *Robe pagne,* coupée dans ce tissu. **3.** (Afr. subsah.) Longue pièce de ce tissu. **4.** (Afr. subsah.) Coupe de cette cotonnade mesurant deux yards. **5.** (Afr. subsah.) Pièce de cotonnade formée d'étroites bandes tissées artisanalement et assemblées par des surjets.

Pagnol (Marcel) (1895 – 1974), écrivain et cinéaste français. Ses pièces *Topaze* (1928), *Marius* (1929) et *Fanny* (1932) furent portées à l'écran. Il réalisa lui-même *César* (1936), *Angèle* (1934), *la Femme du boulanger* (1938), *la Fille du puisatier* (1940), etc. Souvenirs : *la Gloire de mon père* (1957), *le Château de ma mère* (1958), *le Temps des amours* (posth., 1977). Acad. fr. (1946).

pagode [pagɔd] n. f. Temple des peuples d'Extrême-Orient. ▷ (Réunion) Lieu de culte tamoul. ▷ (Asie du S.-E.) Lieu de culte et monument funéraire ou commémoratif bouddhiste.

pagodon [pagɔdɔ̃] n. m. (Réunion, Viêt-nam) Petite pagode.

pagre [pagʀ] n. m. Poisson téléostéen marin voisin de la daurade.

pagure [pagyʀ] n. m. ZOOL Crustacé décapode dissymétrique (genres *Pagurus* et voisins), qui loge son corps mou dans une coquille de gastéropode abandonnée. Syn. cour. bernard-l'ermite.

Pahlavi ou **Pahlevi** (Rīza, chāh) (1878 – 1944), schah de Perse en 1925, élu après la déposition de la dynastie des Qādjārs. Autoritaire, il modernisa le pays et fit appel à l'Allemagne. Aussi, en 1941, les troupes anglo-soviétiques le contraignirent à abdiquer. — **Muhammad Rīza** (1919 – 1980), fils du préc.; schah d'Iran en 1941. Éliminé du pouvoir, en 1952, par Mossadegh (qu'il avait appelé au gouv. en 1951), il fut rétabli en 1953 par le général Zahedi. S'appuyant sur les É.-U., il poursuivit la modernisation du pays. Renversé en fév. 1979 par un mouvement populaire qu'encadra le clergé chiite, il s'exila.

Pahouin. V. Fang.

paiche [pɛʃ] n. m. Grand poisson (*Arapaima gigas*), de Guyane et du Brésil, pouvant atteindre 4 m de long pour 200 kg.

paidologie [pɛdɔlɔʒi] n. f. V. pédologie 2.

paie [pɛ] ou **paye** [pɛj] n. f. **1.** Action de payer (un salaire, etc.). **2.** Salaire, solde. *Toucher sa paye.*

paiement [pɛmɑ̃] ou **payement** [pɛjmɑ̃] n. m. **1.** Action de payer, d'acquitter une dette, un droit, etc. **2.** Somme payée. ▷ Fig. *Le paiement d'une dette morale.*

païen, enne [pajɛ̃, ɛn] adj. et n. **1.** Relatif à une religion autre que les grandes religions monothéistes (se dit surtout par oppos. à *chrétien*). *Dieux, temples païens.* ▷ Subst. *Les Grecs et les Romains étaient des païens.* **2.** *Par ext.* Qui n'a pas de religion; non croyant. ▷ Subst. *Jurer comme un païen.* Syn. impie.

paierie [pɛʀi] n. f. Centre administratif chargé des paiements.

paillage [pajaʒ] n. m. AGRIC Action de pailler.

paillard, arde [pajaʀ, aʀd] adj. et n. **1.** Enclin au libertinage, à la licence sexuelle. ▷ Subst. *Un vieux paillard.* Syn. libertin. **2.** Grivois. *Chanson paillarde.*

paillardise [pajaʀdiz] n. f. **1.** Libertinage, licence sexuelle. **2.** Action, parole grivoise. *Écrire des paillardises.*

paillasse [pajas] n. f. **1.** Grand sac cousu rembourré avec de la paille, etc., qui sert de matelas. **2.** TECH Dallage à hauteur d'appui sur lequel on effectue les manipulations, dans un laboratoire de chimie, de pharmacie, etc. ▷ Surface horizontale d'un évier, à côté de la cuve.

paillasson [pajasɔ̃] n. m. **1.** AGRIC Claie, faite avec de la paille longue, destinée à protéger les couches et les espaliers. **2.** Tapis-brosse. Syn. (Antilles fr.) marchepied.

paille [paj] n. f. et adj. inv. **A.** n. f. **I. 1.** Tige creuse des graminées. ▷ Chaume desséché des graminées dépouillées de leur épi. *Lit, litière de paille.* – Loc. fam. *Être sur la paille :* être ruiné; être dans la misère. – Fig. *Homme de paille :* prête-nom. ▷ Cette matière employée à des ouvrages de vannerie. *Chapeau de paille.* **2.** (Afr. subsah.) Tiges et feuilles séchées de diverses plantes. *Paille d'arachide.* ▷ (oc. Indien) Feuille séchée. *Paille de canne.* – *Paille de thé :* feuille de théier séchée et broyée, utilisée pour faire du thé (boisson). **3.** (Afr. subsah.) Hautes herbes. *Le gibier se cache dans la paille.* **4.** Brin de paille. – *Tirer à la courte paille :* tirer au sort avec des brins de paille de longueur inégale. ▷ Petit tuyau en carton ou en plastique servant à aspirer un liquide. **5.** *Paille de fer :* tampon fait de longs copeaux de métal, dont on se sert pour gratter, récurer, décaper. Syn. (Québec) laine d'acier. **II.** TECH **1.** Défaut (fissure, cavité, impureté) dans le métal forgé ou laminé. **2.** Défaut d'une pierre précieuse. Syn. crapaud. **B.** adj. inv. D'un jaune brillant. *Jaune paille.*

1. paillé [paje] n. m. AGRIC Fumier dont la paille n'est pas encore décomposée.

2. paillé, ée [paje] adj. Garni de paille. *Chaise paillée.*

paille-en-queue [pajɑ̃kø] n. m. Phaéton (oiseau). *Des pailles-en-queue.*

1. pailler [paje] n. m. AGRIC Lieu (cour, hangar, grenier, etc.) où l'on entrepose la paille.

2. pailler [paje] v. tr. [**1**] **1.** AGRIC Couvrir de paille. *Pailler des arbustes pour les protéger du froid.* **2.** Garnir de paille tressée. *Pailler des chaises.*

pailleter [pajte] v. tr. [**20**] Parsemer de paillettes.

paillette [pajɛt] n. f. **1.** MINER Mince lamelle détachée par exfoliation. *Paillette de mica.* – Parcelle d'or que l'on trouve dans le sable de certaines rivières. ▷ *Par ext.* Mince lamelle. *Savon en paillettes.* **2.** Mince lamelle brillante que l'on coud comme ornement sur un tissu. *Habit à paillettes.*

paillis [paji] n. m. AGRIC Fumier de paille à demi décomposé dont on couvre les semis.

paillote [pajɔt] n. f. Construction, hutte de paille des pays chauds. ▷ (Afr. subsah.) Construction dont seul le toit est en paille. – *Maison en paillote :* construction entièrement en paille.

pain [pɛ̃] n. m. **1.** Aliment fait de farine additionnée d'eau et de sel, pétrie, fermentée et cuite au four. *Baguette, miche de pain. Pain complet*. Pain pita*.* – *Pain azyme,* sans levain. – (Québec) *Pain blanc,* fait de farine blanche. *Pain brun,* fait de blé entier. – (Belgique) *Pain intégral :* pain complet*. ▷ Masse façonnée de cet aliment. *Un pain bien cuit.* – (Belgique) *Pain boulot :* pain de forme ovale. – (Afr. subsah., Belgique, Québec) *Pain français :* baguette. – (Proche-Orient) *Pain serviette :* pain très fin de fabrication artisanale. ▷ (Afr. subsah.) *Pain chargé* ou (oc. Indien) *pain fourré :* sandwich. ▷ Loc. fig. fam. *Avoir du pain sur la planche :* avoir beaucoup de travail en perspective. – *Pour une bouchée de pain :* pour un prix très bas. – *Manger son* *pain blanc le premier :* avoir des débuts faciles, heureux. – (Québec) *Manger son pain noir :* connaître une période difficile. – (Québec) *Quand on est né pour un petit pain :* formule traduisant une attitude de résignation. **2.** (Dans les noms de diverses pâtisseries.) *Pain au chocolat. Pain au lait. – Pain d'épice(s) :* V. épice. ▷ (Québec) *Pain aux noix, aux bananes,* etc. : gâteau aux noix, aux bananes, etc., moulé en forme de pain. ▷ (Belgique) *Pain à la grecque :* biscuit croquant recouvert de sucre. **3.** (En tant que symbole de la nourriture.) *Le pain quotidien.* ▷ *Gagner son pain à la sueur de son front :* gagner sa vie durement. ▷ *Ôter le pain de la bouche à qqn,* le priver du nécessaire. **4.** CUIS *Par ext.* Préparation moulée en forme de pain. *Pain de viande, de poisson.* **5.** TECH Matière moulée formant une masse. – *Pain de savon, de cire, de dynamite.* ▷ *Pain de sucre :* masse de sucre de canne coulée dans un moule de forme conique. – (Québec) Brique de sucre d'érable. ▷ GEOMORPH *Pain de sucre :* dôme résultant de l'altération très violente, sous le climat tropical, d'un relief de roches cristallines. *Le pain de sucre de Rio de Janeiro,* ou *Pain*-de-Sucre. – Par ext.* (Québec) Dôme que forme l'eau glacée au bas d'une chute. ▷ Loc. (Québec) (Pour un liquide.) *Prendre en pain, dans un pain :* se figer. **6.** BOT *Arbre à pain :* V. artocarpus. **7.** *Pain de singe :* fruit du baobab, dont la pulpe sert en cuisine et pour préparer une boison acidulée.

Pain-de-Sucre, montagne conique à l'entrée de la baie de Rio de Janeiro (395 m).

Paine ou **Payne** (Thomas) (1737 – 1809), journaliste et homme politique américain d'origine anglaise. Chantre des idées de la Révolution française, il fut élu à la Convention (1792).

Painlevé (Paul) (1863 – 1933), mathématicien, physicien et homme politique français. Plusieurs fois ministre (1917-1933), président du Conseil de sept. à nov. 1917 et en 1925.

1. pair [pɛʀ] n. m. **I. 1.** Personne placée sur un pied d'égalité avec une autre. *Être jugé par ses pairs. – Traiter qqn de pair à compagnon, de pair à égal,* en égal ou comme s'il était un égal. **2.** ECON, FIN Égalité de valeur. – *Pair de l'or d'une monnaie :* égalité de valeur de l'unité monétaire envisagée et du poids légal de métal fin qu'elle renferme. – *Pair du change :* égalité des rapports de deux monnaies à leurs parités-or respectives. **3.** Loc. *Au pair :* se dit d'un employé logé et nourri mais non rémunéré. ▷ *Hors (de) pair :* sans égal. *Un administrateur hors de pair. – Aller de pair,* ensemble sur le même plan. **II.** En Grande-Bretagne, membre de la Chambre des lords (en angl. *peer*).

2. pair, paire [pɛʀ] adj. **1.** *Nombre pair,* qui, divisé par deux, donne un nombre entier. ▷ MATH *Fonction paire :* fonction f(x) qui ne change pas quand on remplace x par – x. **2.** ANAT *Organes pairs :* organes doubles et symétriques (yeux, oreilles, poumons, etc.).

1. paire [pɛʀ] n. f. **1.** Groupe de deux objets allant ordinairement ensemble. *Une paire de gants, de chaussures.* – Loc. fam. *C'est une autre paire de manches :* c'est une affaire toute différente. ▷ Objet composé de deux pièces symétriques. *Une paire de lunettes.* ▷ (Québec) (Emploi critiqué.) Fam. *Une paire de culottes, de pantalons :* une culotte, un pantalon. **2.** *Par ext.* Ensemble de deux choses, de deux êtres. *Une paire de claques.* ▷ Ensemble de deux animaux de la même espèce. *Une paire de pigeons* (le mâle et la femelle). *Une paire de bœufs de trait.* ▷ Plaisant, fam. (Personnes) *Une paire d'amis. – Les deux font la paire :* ils ont les mêmes défauts. ▷ JEU Ensemble de deux cartes de même figure. *Paire d'as.*

2. paire [pɛʀ] n. m. (Québec) Pis (1). *Un paire de vache.* (V. remeuil.)

paisible [pezibl] adj. **1.** Qui aime la paix; doux et tranquille. *Un homme paisible.* Syn. pacifique. **2.** DR Qui n'est pas troublé dans la possession d'un bien. *Paisible possesseur d'une terre.* **3.** Que rien ne vient troubler. *Sommeil paisible.* ▷ Où règne la paix. *Forêts paisibles.* Syn. tranquille, calme.

paisiblement [pezibləmɑ̃] adv. D'une manière paisible, en paix.

Paisij de Hilandar (v. 1722 – 1798), moine et écrivain bulgare. Il exalta le passé glorieux de son pays et fustigea l'hellénisme propagé par le haut clergé grec : *Histoire des Slaves bulgares* (1762).

paître [pɛtʀ] v. [**74**] – (Ni au passé simple, ni aux temps composés.) **I.** v. tr. (En parlant d'animaux.) Brouter, manger. *Les troupeaux paissent le bourgou.* **II.** v. intr. **1.** Brouter l'herbe. *Mener paître des moutons.* **2.** Fig., fam. *Envoyer paître (qqn) :* renvoyer (qqn) avec humeur.

paix [pɛ] n. f. **1.** Concorde, absence de conflit entre les personnes. *Vivre en paix avec autrui.* **2.** Situation d'un pays qui n'est pas en état de guerre. *Temps de paix.* ▷ *Par ext.* Traité de paix. *Faire, signer la paix. Paix avantageuse, honteuse.* **3.** Tranquillité, quiétude que rien ne trouble. *Cet enfant ne la laisse jamais en paix.* – Fam. *Fichez-moi la paix!* (Ellipt.) *La paix!* ▷ Absence d'agitation, état de calme silencieux et reposant. *La paix des forêts.* **4.** Tranquillité sereine de l'âme. *Mettre sa conscience en paix.* ▷ *Qu'il repose en paix! :* souhait du repos éternel pour un mort.

Paix (rivière de la), riv. du Canada occidental (1 700 km), qui se jette dans la riv. de l'*Esclave* (r. dr.) près du lac Athabasca. Aménagements hydroélectriques.

Paix perpétuelle, paix conclue en 1516, à Fribourg, entre les cantons suisses et le roi de France François Ier qui en 1515, à Marignan, avait vaincu les mercenaires suisses au service du duc de Milan. François Ier garantissait à la Confédération la possession des bailliages tessinois et lui accordait d'importants privilèges commerciaux ainsi que le versement de pensions annuelles. En échange, il obtenait le droit de lever des mercenaires en Suisse.

paka [paka] n. m. (Pacifique, Polynésie fr.) Abrév. de *pakalolo.*

pakalolo [pakalolo] n. m. (Pacifique, Polynésie fr.) Chanvre indien. (Abrév. : paka.)

Pa Kin. V. Ba Jin.

Pākistān (république islamique du), État d'Asie, situé au N.-O. de l'Inde et à l'E. de l'Iran et de l'Afghānistān; 796098 km²; env. 115 millions d'hab. (croissance : 3,1 % par an); cap. *Islamabad.* Nature de l'État : rép. islamique. Langues off. : urdu et anglais. Monnaie : roupie pakistanaise. Relig. : islam (sunnites, 74 %; chiites, 26 %).

Géogr. phys. et hum. – Le nord est montagneux : haut Himalaya (plus de 8 000 m dans l'Hindou Kouch) et, à l'O., les chaînes du Béloutchistan sont moins élevées. De rares passes, essentielles depuis l'Antiquité, franchissent ces obstacles. À l'E., la vallée de l'Indus, qui concentre la pop., comprend, du N. au S. : le piémont du Pendjab, «pays des cinq rivières» (l'Indus et quatre de ses affluents); une plaine, le Sind, désertique avant d'être irriguée; un vaste delta inhospitalier. Le désert de Thar borde cette vallée. Le climat est aride, à peine touché par la mousson, mais les eaux himalayennes irriguent auj. le pays. Le Pākistān est un carrefour ethnique mais présente une forte unité religieuse depuis la partition de 1947 (départ des hindous et afflux des musulmans qui vivaient en Inde). Les deux tiers de la pop. sont des ruraux, mais la croissance démographique crée une forte poussée urbaine.

Écon. – De grands travaux d'irrigation (notam. le barrage de Tarbela sur l'Indus, achevé en 1976) ont multiplié par quatre, dep. 1947, la superficie irriguée et l'on a atteint, v. 1990, l'autosuffisance : blé, ainsi que riz. L'exportation du coton fournit 20 % des recettes. L'élevage extensif domine au N. et à l'O. ainsi que l'opium et le cannabis. Les inégalités restent fortes : 10% des propriétaires, les zamindars, contrôlent près de 50 % des terres. La faiblesse des ressources énergétiques et minérales explique que l'industrie s'est développée à partir de l'agriculture : textile, coton, tapis, agroalimentaire; Karāchi et Lahore ont des usines chim. et de raffinage. Le déficit comm., l'endettement, la baisse des transferts de devises par les émigrés, les réfugiés afghans aggravent la situation socio-politique.

Hist. – Zone de passage et terre de conquête, la vallée de l'Indus a connu de nombreuses vagues d'envahisseurs. Des Indo-Européens repoussèrent, v. le milieu du IIe millénaire av. J.-C., les peuples noirs dravidiens vers le sud de l'Inde. En 712, les Arabes pénétrèrent dans le Sind, et, notam. sous l'impulsion de Mahmūd de Ghaznī (999-1030), l'islam se propagea dans la vallée de l'Indus. Celle-ci, sous la domination de dynasties turques et afghanes, puis moghole, a une histoire peu différente de celle de l'Inde jusqu'à la fin du XIXe s. Les opposants aux colonisateurs brit. rêvèrent bientôt d'un État islamique : fondée en 1906, la Ligue musulmane lutta aux côtés du Congrès indien contre la G.-B., mais aussi contre l'hégémonie des hindous. Revendiquée par 'Alī Jinnah à partir de 1940, la partition de l'empire fut acceptée par les Brit. en 1947 : le Pākistān occid. et le Pākistān orient., tous deux musulmans, étaient séparés de l'Inde. Les États princiers d'Hyderābād et du Cachemire refusèrent la partition. Le Cachemire donna lieu à deux guerres (1947, 1965) entre l'Inde et le Pākistān, et à de nombr. affrontements (1990, notam.). En 1971, les Bengalis du Pākistān oriental, les «parents pauvres» de l'association, se révoltèrent. Aidés militairement par l'Inde, ils firent sécession et créèrent le Bangladesh. Réduit à la partie occid., le Pākistān fut gouverné par Ali Bhutto (1971-1977), que renversa le général Zia ul-Haq. Celui-ci mourut dans un accident d'avion en août 1988. En déc. 1988, Ghulam Ishaq Khan fut élu. Benazir Bhutto, fille de l'anc. président, forma le nouveau gouv. Accusée de corruption, B. Bhutto, première femme parvenue à la tête d'un État musulman, a été limogée, en août 1990, par le prés. Ishaq Khan, et vaincue aux élections d'oct. Son successeur, Nawaz Sharif, fut lui aussi limogé, en avril 1993. Remportant les élections, en oct. 1993, B. Bhutto revint au pouvoir, mais elle perdit celles de fév. 1997, remportées par Nawaz Sharif.

pakistanais, aise [pakistanɛ, ɛz] adj. et n. Du Pākistān. ▷ Subst. *Un(e) Pakistanais(e).*

Pakxe ou **Paksé,** v. du sud du Laos, sur le Mékong, ch.-l. de la prov. de Champassak; 47000 hab. Centre commercial du plateau des Boloven.

pal, pals [pal] n. m. Pieu dont une extrémité est aiguisée. ▷ Spécial. *Supplice du pal :* V. empaler.

palabre [palabʀ] n. f. (Parfois masc. en Afr. subsah.) **1.** (Surtout au plur.) Péjor. Discours interminable, conversation trop longue et oiseuse. Syn. (Madag.) kabari ou kabary. **2.** (Afr. subsah.) Assemblée des hommes d'un village où se traitent les questions intéressant la communauté. *Se réunir sous l'arbre à palabres.* ▷ Débat tenu lors d'une telle assemblée. – Discussion, tractation. *Faire la palabre :* marchander. **3.** (Afr. subsah.) Différend porté devant un tribunal coutumier. *Juger un palabre. Régler les palabres.* ▷ Querelle. *Chercher palabre.*

palabrer [palabʀe] v. intr. [1] **1.** Faire de longs discours oiseux, converser interminablement. **2.** (Afr. subsah.) Délibérer, tenir une palabre (sens 2). *Les anciens se sont réunis pour palabrer.* ▷ Avoir une discussion. – *Spécial.* Marchander. *Il faut palabrer pour faire baisser le prix.* ▷ Converser, bavarder. *Ils aiment palabrer en prenant le thé.* **3.** (Afr. subsah.) Porter un différend devant un sage, réclamer justice. ▷ Se quereller. *Quand il a bu, il palabre avec tout le monde.*

palabreur [palabʀœʀ] n. m. (Afr. subsah.) Querelleur. *Méfions-nous des palabreurs.*

palace [palas] n. m. Hôtel de luxe.

palafitte n. m. ARCHEOL Ensemble d'habitations du néolithique récent, construit sur pilotis dans les zones marécageuses du bord des lacs.

1. palais [palɛ] n. m. **1.** Vaste et somptueuse résidence d'un chef d'État, d'un haut personnage. *Le palais présidentiel.* – Par exag. *Cette maison est un palais!* **2.** Vaste édifice construit pour abriter diverses manifestations. *Palais des congrès.* **3.** *Le palais de justice* ou, absol., *le palais :* édifice où siègent les cours et les tribunaux.

2. palais [palɛ] n. m. **1.** Partie supérieure de la cavité buccale, séparant les fosses nasales de la bouche. *Voûte du palais,* ou *palais dur* (osseux; partie antérieure). *Voile du palais,* ou *palais mou* (musculeux; partie postérieure). **2.** Fig. Sens gustatif. *Avoir le palais fin.*

Palais-Bourbon. V. Bourbon (palais).

Palais-Royal, ensemble architectural de Paris (1er arr.), construit par Lemercier pour Richelieu (1633). Anne d'Autriche et Louis XIV y résidèrent.

palan [palɑ̃] n. m. Appareil de levage constitué par deux systèmes de poulies qui permettent de réduire, en la démultipliant, la force à exercer pour soulever, pour déplacer une charge. *Palan électrique.*

palanche [palɑ̃ʃ] n. f. Tige de bois légèrement incurvée, que l'on pose sur l'épaule pour porter deux charges, deux seaux à la fois, aux extrémités. Syn. (Viêt-nam) fléau.

palancre [palɑ̃kʀ] ou **palangre** [palɑ̃gʀ] n. f. PECHE Longue et grosse ligne, soutenue par des flotteurs, à laquelle sont attachées des lignes plus petites munies d'hameçons.

palanquer [palɑ̃ke] v. intr. [1] Lever avec un palan.

palanquin [palɑ̃kɛ̃] n. m. **1.** Chaise ou litière portée à bras d'homme, en Extrême-Orient. **2.** Abri, nacelle que l'on installe sur le dos des chameaux, des éléphants.

palastre [palastʀ] ou **palâtre** [palɑtʀ] n. m. TECH Boîtier d'une serrure; plaque de fond de ce boîtier.

palatal, ale, aux [palatal, o] adj. (et n. f.) PHON Se dit d'un phonème dont le point d'articulation est situé dans la région du palais dur. *Voyelles palatales* ([i], [e], par ex.). *Consonnes palatales* ([g], [j], par ex.). ▷ n. f. [ɲ] *et* [k] *sont des palatales.*

palatalisation [palatalizasjɔ̃] n. f. PHON Modification subie par un phonème dont le point d'articulation est reporté dans la région du palais dur.

palataliser [palatalize] v. tr. [1] PHON Transformer par palatalisation.

palatin, ine [palatɛ̃, in] adj. ANAT Du palais. *Voûte palatine.*

Palatin (mont), une des sept collines de Rome, située à 300 m du Tibre, culminant à 52 m.

Palatinat (en all. *Pfalz*), rég. d'Allemagne, sur la r. g. du Rhin, au N. de l'Alsace. État du Saint Empire (électorat en 1356), il était composé du *Palatinat rhénan* et du *Haut-Palatinat* (au N. de la Bavière); calviniste, il fut dévasté pendant la guerre de Trente Ans. En 1648, le Haut-Palatinat fut réuni à la Bavière. Le Palatinat rhénan (Bas-Palatinat) échut en 1742 à Charles-Théodore de Sulzbach, qui hérita en 1777 de la Bavière. À nouveau partagé entre 1801 et 1815, il fut reconstitué en 1815, mais limité aux territoires rhénans de la rive gauche que la Bavière recouvra. Dep. 1946, il fait partie du Land de Rhénanie-Palatinat.

palâtre [palɑtʀ] n. m. V. palastre.

Palau ou **Belau** (république de), État de la Micronésie, dans les Carolines occid., constitué de 326 îles ou îlots (volcaniques ou coralliens); 488 km^2; 15900 hab.; cap. *Koror.* Princ. ressources : pêche et tourisme. – L'Espagne acquiert ces îles en 1886 et les vend à l'Allemagne en 1899. Sous mandat du Japon (1919-1944), elles deviennent territoire de l'ONU sous tutelle américaine en 1947 et obtiennent leur indépendance en 1994.

Palcy (Euzlan) (née en 1953), cinéaste française d'origine martiniquaise : *Rue Case-Nègres* (1983), *Une saison blanche et sèche* (É.-U., 1989), *Siméon* (1992).

palé(o)-. Élément, du gr. *palaios,* «ancien».

pale [pal] n. f. **1.** Partie plate d'un aviron, qui entre dans l'eau. ▷ Chacun des éléments de forme vrillée, fixés au moyeu d'une hélice (de bateau, d'avion) ou d'un rotor (d'hélicoptère). **2.** TECH Petite vanne qui sert à fermer un réservoir.

pâle [pɑl] adj. **1.** Blême, d'une blancheur sans éclat, en parlant du teint d'une personne. *Une figure très pâle, marquée par la maladie.* – *Les Visages pâles :* les Blancs, pour les Indiens d'Amérique. ▷ (Personnes) Qui a le teint pâle. **2.** Qui a peu d'éclat, qui a peu de couleurs; blafard. – *Une lumière pâle,* terne. ▷ Se dit d'une couleur à laquelle on a mélangé beaucoup de blanc. *Un bleu pâle.* **3.** Fig. Médiocre, terne. *Une pâle copie des grands classiques.*

palée [pale] n. f. (Suisse) Corégone commun dans certains lacs suisses (lacs de Bienne, Morat et Neuchâtel).

palefrenier, ère [palfʀənje, ɛʀ] n. Employé(e) chargé(e) du soin des chevaux.

Palembang, v. et princ. port d'Indonésie (S.-E. de Sumatra); 788000 hab.; ch.-l. de prov. Grand centre industriel.

Palenque, vestiges d'une cité maya (600-950 apr. J.-C.) du Mexique.

paléobotanique [paleobɔtanik] n. f. Didac. Paléontologie végétale.

paléocène [paleɔsɛn] adj. et n. m. GEOL Relatif à l'étage géologique du paléogène inférieur. – n. m. *Le paléocène.*

paléoclimat [paleoklima] n. m. Didac. Climat d'une région à une période géologique ancienne.

paléoclimatologie [paleoklimatɔlɔʒi] n. f. Didac. Partie de la paléogéographie qui étudie les paléoclimats.

paléoethnologie [paleoɛtnɔlɔʒi] n. f. V. palethnologie.

paléogène [paleɔʒɛn] n. m. GEOL Première partie (paléocène, éocène et oligocène) du tertiaire. Syn. nummulitique.

paléogéographie [paleoʒeɔgʀafi] n. f. Didac. Description et étude de la Terre (relief, hydrographie, climat, etc.) aux diverses périodes géologiques.

paléographe [paleɔgʀaf] n. Didac. Spécialiste de la paléographie. – (En appos.) *Archiviste paléographe,* diplômé de l'École nationale des chartes.

paléographie [paleɔgʀafi] n. f. Didac. Science du déchiffrage des écritures anciennes (inscriptions, manuscrits, chartes, etc.).

paléolithique [paleɔlitik] adj. et n. m. Relatif à l'âge de la pierre taillée. ▷ n. m. *Le paléolithique :* la période archéologique couvrant la majeure partie du quaternaire (selon les continents, de 1,8 million d'années à 18000 ans av. notre ère), au cours de laquelle les premières industries humaines (pierre taillée) firent leur apparition.

Paléologue, famille byzantine qui donna, de 1261 à 1453, plusieurs empereurs d'Orient. Elle accéda au trône avec Michel VIII.

paléomagnétisme [paleomaɲetism] n. m. Didac. Étude des variations du géomagnétisme au cours des temps.

paléontologie [paleɔ̃tɔlɔʒi] n. f. Science des êtres vivants (animaux, végétaux) qui ont peuplé la Terre au cours des temps géologiques, fondée sur l'étude des fossiles.

paléontologiste [paleɔ̃tɔlɔʒist] ou **paléontologue** [paleɔ̃tɔlɔg] n. Spécialiste de la paléontologie.

paléosibérien, enne [paleɔsibeʀjɛ̃, ɛn] adj. et n. **1.** ANTHROP *Peuples paléosibériens :* peuples originaires de Sibérie, qui habitent encore aujourd'hui l'est de la Sibérie. ▷ Subst. *Les Paléosibériens ont sans doute été les ancêtres des Aïnous du Japon.* **2.** LING *Langues paléo-sibériennes :* langues fort diverses, mal connues, encore parlées dans la partie extrême-orientale de la Sibérie.

paléozoïque [paleozɔik] n. m. GEOL Ère primaire.

Palerme (en ital. *Palermo*), ch.-l. de la région Sicile et d'une des prov. siciliennes. Port sur la côte N.-O. (mer Tyrrhénienne); 714250 hab. Industr. diverses. – Archevêché. Université. Cathédrale (XIIe, XVe et XVIIIe s.). Nombr. églises de style byzantin. Palais royal, avec chapelle palatine du XIIe s.; église et palais baroques. Musées. – Cité phénicienne *(Panormos)*, la ville devint romaine en 254 av. J.-C. Les Arabes l'enlevèrent (831) aux Byzantins. En 1072, les Normands prirent la v. et achevèrent en 1091 la conquête de l'île.

paleron [palʀɔ̃] n. m. Partie plate et charnue de l'épaule de certains mammifères.

Palestine, contrée du Proche-Orient, entre la mer Méditerranée à l'O., le Liban au N., le désert de Syrie à l'E. et la mer Morte au S. Ses limites ont varié au cours des siècles. Berceau du judaïsme et du christianisme, c'est une terre de très anc. peuplement, soumise à de nombr. invasions. Peuplée de Cananéens, des Sémites installés sur les régions côtières, de la Syrie du Nord à l'Égypte (fin IIIe mill. av. J.-C.), la Palestine a subi la pénétration d'autres Sémites nomades pendant le IIe mill. Parmi eux les Hébreux*, qui s'installèrent progressivement dans cette *Terre promise* (par Dieu). Du XVIIIe s. (époque où l'on situe le personnage d'Abraham) au XIe s. av. J.-C., les Hébreux, s'installèrent progressivement. La fin de la conquête correspond au règne de David (v. 1000 av. J.-C.) qui vainquit définitivement les Philistins, un rameau des Peuples de la Mer, installés sur la côte vers 1000 et qui donnèrent leur nom au pays. Politiquement, la Palestine a été un enjeu permanent entre les grandes puissances (empires égyptien, babylonien, perse, assyrien, royaumes hellénistiques). Le cœur de la culture hébraïque s'est établi en Judée, autour de Jérusalem; est alors apparu le terme *Judaeus* en latin et, de là, *Juif* en français. L'occupation romaine, qui vit la naissance du christianisme, commença en 63 av. J.-C. (prise de Jérusalem par Pompée); voulant secouer la tutelle romaine, les Juifs se révoltèrent vainement (66-70 et 132-135 apr. J.-C.); interdits de séjour à Jérusalem, beaucoup d'entre eux durent quitter la Palestine, qui fut rattachée à la province de Syrie. Au cours de cette longue période d'émigration des Juifs, les Arabes du désert continuèrent leur implantation et se sédentarisèrent. Possession byzantine, devenue Terre sainte pour les chrétiens, la Palestine fut conquise par les musulmans (636) puis par les croisés qui fondèrent en 1099 le royaume latin de Jérusalem. Reprise par Saladin Ier (1187), la Palestine passa, comme la Syrie et l'Égypte, sous la domination de l'Empire ottoman (1516-1918). En 1920, elle fut placée sous mandat britannique (entériné en 1922); l'immigration juive, qui avait commencé dès la fin du XIXe s. sous l'impulsion du mouvement sioniste, fut sanctionnée par la déclaration Balfour (1917). Dès 1929, Juifs et Arabes furent en lutte ouverte («Grande Révolte» palestinienne de 1936). La proclamation de l'État d'Israël* en 1948 provoqua la première guerre israélo*-arabe qui se termina par la victoire d'Israël (1949). La Palestine fut partagée entre Israël et la Jordanie. La guerre des Six Jours (1967) a permis à Israël d'étendre son occupation jusqu'au Jourdain. En nov. 1988, la Palestine fut proclamée État indépendant par les organisations palestiniennes (V. Organisation* de libération de la Palestine); cet État a été reconnu par une soixantaine de gouvernements. Puis est venue l'époque des négociations avec Israël : en sept. 1991, s'est produite la première rencontre entre Israël et les Palestiniens (sans l'O.L.P.), depuis 1947; en sept. 1993, Israël et l'O.L.P. ont signé un accord de paix à Washington, entériné en mai 1994 au Caire. Désormais, Jéricho et la bande de Gaza bénéficient de l'autonomie partielle, ainsi que (1995-1996) Naplouse et cinq autres villes cisjordaniennes. Installé à Gaza, Arafat dirige l'Autorité palestinienne, contestée par des extrémistes. En janv. 1996, les prem. élections du Conseil de l'autonomie palestinienne ont vu la victoire de son parti, le Fatah. En mai de cette même année, le Likoud remporte les élections israéliennes. Son président, B. Netanyahou, devenu Premier ministre en juin, remet en cause les accords passés. Sous la pression des États-Unis, il accorde l'autonomie partielle à la ville d'Hébron (janv. 1997), mais la reprise des implantations juives en Cisjordanie relance la révolte de la population palestinienne dès sept. 1996.

palestinien, enne [palɛstinjɛ̃, ɛn] adj. et n. De Palestine. ▷ Subst. *Un(e) Palestinien(ne).*

Palestiniens, peuple arabe originaire de Palestine (env. 4 millions de personnes). Relig. : islam, christianisme (10 %). La majorité fut contrainte de quitter, à partir de 1948, le nouvel État d'Israël. Les Palestiniens vivent auj., souvent regroupés dans des camps, en Cisjordanie et à Gaza (en tout, 1 million), en Jordanie (1 million) et dans les autres États arabes du Proche-Orient, dans les pays du Golfe et dans des pays occidentaux. V. Palestine.

Palestrina (Giovanni Pierluigi da) (1525 – 1594), compositeur italien. Son œuvre, essentiellement religieuse, porte à sa perfection l'art polyphonique : cent quatre messes, quatre cents motets, psaumes, madrigaux.

Palestro, bourg d'Italie (Lombardie), où les Piémontais, aidés par les Français, vainquirent les Autrichiens (1859).

Palestro. V. Lakhdaria.

palet [palɛ] n. m. Pierre plate et ronde ou disque épais qu'on lance vers un but, dans certains jeux (marelle, hockey, etc.). (V. rondelle, sens 2.)

palethnologie [palɛtnɔlɔʒi] ou **paléoethnologie** [paleoɛtnɔlɔʒi] n. f. Didac. Étude des peuples disparus.

paletot [palto] n. m. **1.** Veste à manches ouverte sur le devant que l'on porte par-dessus d'autres habits. ▷ Loc. fig. *Tomber sur le paletot de qqn,* l'assaillir. **2.** (Belgique, France rég., Québec) Syn. de *pardessus.*

palette [palɛt] n. f. **I.** Objet de forme aplatie, d'une certaine largeur. *En partic. :* **1.** Petite raquette en bois servant à jouer à la paume, au volant. **2.** Plaque mince percée d'un trou pour passer le pouce, sur laquelle les peintres travaillent leurs couleurs. – Fig. Ensemble des couleurs, des nuances utilisées par un peintre. *Artiste qui a une riche palette.* **3.** TECH Aube d'une roue. ▷ Plateau servant à la manutention des marchandises. ▷ (Québec) Spatule de bois utilisée pour remuer le sirop d'érable bouillant. – Partie inférieure d'un bâton* de hockey, utilisée pour pousser la rondelle*. **4.** (Belgique) Petite pelle. **5.** (Québec) Visière. **6.** (Québec) Tablette (sens I, 3). *Palette de chocolat.* **II.** En boucherie, morceau de porc, de mouton provenant de la région de l'omoplate. – (Québec) Morceau de bœuf provenant de la partie arrière de l'épaule.

palétuvier [paletyvje] n. m. **1.** Arbre des mangroves caractérisé par des racines en partie aériennes adaptées à la vase et dont l'écorce contient du tanin. – (Afr. subsah.) *Palétuvier rouge :* arbre du genre *Rhizophora. Palétuvier blanc :* arbre du genre *Avicennia* (fam. verbénacées). Syn. manglier. **2.** Bois de ces arbres, de couleur rouge.

pâleur [pɑlœʀ] n. f. Aspect, teinte de ce qui est pâle. *Pâleur du teint.*

Palgen (Paul) (1883 – 1966), poète luxembourgeois d'expression française : *la Route royale* (1917), *Seuils noirs* (1919), *la Pourpre et le Crassier* (1920), *Réveil à minuit* (1948).

pāli [pali] n. m. (Asie du S.-E.) Ancienne langue de l'Inde, très proche du sanskrit, et langue sacrée du bouddhisme theravāda. (V. bouddhisme.)

palier [palje] n. m. **1.** Plan horizontal reliant deux volées d'escalier ou servant d'accès à des locaux situés au même niveau. *Demeurer sur le même palier. Voisins de palier.* **2.** Tronçon horizontal d'une route, situé entre deux pentes. ▷ Fig. Phase de stabilité dans le cours d'une évolution. *L'expansion économique a atteint un palier.* ▷ *Par paliers :* par étapes, degrés successifs. ▷ PHYS Partie d'une courbe parallèle à l'axe des abscisses. *Palier de liquéfaction.* **3.** MECA Pièce à l'intérieur de laquelle tourne un arbre de transmission.

palière [paljɛʀ] adj. f. *Porte palière,* qui s'ouvre sur un palier.

palika [palika] n. m. (Guyane) Nom cour. du tarpon.

palimpseste [palɛ̃psɛst] n. m. Parchemin manuscrit dont le texte primitif a été gratté et sur lequel un nouveau texte a été écrit.

palindrome [palɛ̃dʀom] adj. et n. m. Se dit d'un mot, d'un vers, d'une phrase que l'on peut lire de gauche à droite et de droite à gauche (ex. : Un roc cornu). ▷ MATH *Nombre palindrome,* dont les chiffres présentent une symétrie (ex. : 328823; 3287823).

palingénésie [palɛ̃ʒenezi] n. f. **1.** PHILO Régénération universelle cyclique du monde et de tous les êtres. **2.** Fig. Renouvellement moral.

palinodie [palinɔdi] n. f. Rétractation, changement d'opinion. *Les palinodies des politiciens.*

pâlir [pɑliʀ] v. [3] **I.** v. intr. **1.** Devenir pâle. *Ses amies en ont pâli de jalousie.* Syn. blêmir. **2.** (Choses) Prendre une teinte moins vive, moins soutenue; passer. *Cette étoffe a pâli au soleil.* **II.** v. tr. Litt. Rendre pâle. *La fièvre l'a pâli.*

palis [pali] n. m. Petit pieu pointu que l'on assemble à d'autres pour former une clôture. ▷ Clôture ainsi formée.

palissade [palisad] n. f. **1.** Barrière, clôture faite de palis. **2.** Mur de verdure, haie.

palissader [palisade] v. tr. [1] Entourer, protéger par une palissade.

palissage [palisaʒ] n. m. ARBOR Action de palisser; son résultat.

palissandre [palisɑ̃dʀ] n. m. Bois brun à reflets violacés, au beau veinage, fourni par divers arbres de la Guyane et utilisé en ébénisterie et en marqueterie.

palisser [palise] v. tr. [1] ARBOR Étendre et fixer à un support (mur, treillage, tuteur) les branches ou les pousses d'une plante pour en faire un espalier.

Palissy (Bernard) (v. 1510 – 1589 ou 1590), céramiste, savant et écrivain français. Il sacrifia tout à ses recherches sur la céramique. Auteur du *Discours admirable de l'art de terre, de son utilité, des esmaux et du feu* (1580), il étudia aussi la géologie et l'agronomie. Calviniste, il serait mort à la Bastille, où on l'avait incarcéré en 1589.

Palladio (Andrea di Pietro dalla Gondola, dit) (1508 – 1580), architecte italien. À Venise, il réalisa notam. les églises San Giorgio Maggiore (1566-1580) et du Rédempteur (1577-1580). Ses *Quatre livres d'architecture* (1570), inspirés de Vitruve, ont fondé le classicisme des XVIIe et XVIIIe s. Introduit par I. Jones en Angleterre, le *palladianisme* favorisa l'épanouissement du néo-classicisme européen et du style Empire.

palladium [paladjɔm] n. m. CHIM Élément métallique (symbole Pd) de numéro atomique Z = 46. – Métal (Pd) blanc, très dur et très ductile.

Pallas, dans la myth. gr., géant parfois présenté comme le père d'Athéna; il voulut violer sa fille, qui l'écorcha vif et fit de sa peau une cuirasse qu'elle revêtit, devenant *Pallas Athéna.*

Pallava, dynastie de l'Inde anc. qui, du IVe au XIIe s., régna sur la région de Madras, où l'architecture et la sculpture de style pallava ont produit des chefs-d'œuvre de l'art dravidien au VIe-VIIIe s. Princ. sites : Kānchīpuram, Māvalipuram.

palliatif, ive [paljatif, iv] adj. et n. m. **1.** adj. Qui pallie, dont l'efficacité n'est qu'apparente. *Remède palliatif.* – *Soins palliatifs :* traitement qui ne vise qu'à atténuer la douleur. **2.** n. m. Mesure provisoire, insuffisante; expédient. *Cette décision hâtive n'est qu'un palliatif.*

pallier [palje] v. tr. [2] **1.** Présenter sous un jour favorable en dénaturant la vérité. *Pallier les fautes d'un subordonné.* **2.** Ne résoudre qu'en apparence ou provisoirement; atténuer. *Pallier une difficulté.* (N.B. La construction *pallier à* est considérée comme fautive.)

palma-christi [palmakʀisti] n. m. inv. (Haïti) Ricin (*Ricinus communis*) utilisé comme plante ornementale.

Palma de Majorque ou **Palma,** v. et port d'Espagne, dans l'O. de l'île de Majorque; 325 100 hab.; cap. de la communauté auton. des îles Baléares. Centre comm. et touristique. – Cath. gothique de style catalan (XIIIe-XIVe s.), couvent San Francisco, nombreux palais (XVIe-XVIIIe s.), églises baroques.

palmaire [palmɛʀ] adj. ANAT Qui a rapport à la paume des mains.

Palma le Vieux (Iacopo Nigretti, dit) (v. 1480 – 1528), peintre italien, dans la manière de Titien. — **Palma le Jeune** (Iacopo Nigretti, dit) (1544 – 1628), petit-neveu du préc., peintre et graveur italien maniériste.

palmarès [palmaʀɛs] n. m. **1.** Liste des lauréats d'un concours, d'une distribution de prix, etc. *Le palmarès du festival de Cannes.* **2.** AUDIOV Classement de productions de variétés. (Mot off. recommandé pour *hit-parade.*)

Palmas (Las), v. et port de l'île de la Grande Canarie; 373 800 hab.; cap. de la communauté auton. des Canaries; ch.l. de la prov. du m. nom. Commerce des agrumes et des primeurs; pêche; constr. navales. Tourisme.

palme [palm] n. f. **1.** Feuille du palmier. ▷ (En tant que symbole de la victoire, du triomphe.) *Remporter la palme.* – *La palme du martyre :* la gloire éternelle dont jouissent les martyrs. **2.** (Dans quelques loc.) Palmier. *Vin de palme. Noix de palme.* ▷ *Huile de palme* ou *beurre de palme :* matière grasse extraite du fruit d'un palmier, utilisée notam. dans l'alimentation et en savonnerie. **3.** ARCHI Ornement en forme de palme. **4.** Insigne d'une distinction honorifique. *Palmes* académiques.* **5.** Palette de caoutchouc que l'on adapte au pied pour nager plus vite.

Palme (Olof) (1927 – 1986), homme politique suédois. Social-démocrate, Premier ministre de 1969 à 1976, puis de 1982 à son assassinat.

palmé, ée [palme] adj. **1.** BOT Qui a la forme d'une main, d'une palme. *Feuille palmée.* **2.** ZOOL Qui possède une palmure. *Patte palmée. Pied palmé.*

1. palmer [palmɛʀ] n. m. TECH Instrument à tambour micrométrique, servant à mesurer avec précision le diamètre ou l'épaisseur d'une pièce.

2. palmer [palme] v. intr. [1] SPORT Nager à l'aide de palmes.

palmeraie [palməʀɛ] n. f. Plantation de palmiers. – *Spécial.* (Afr. subsah.) Plantation de palmiers à huile d'exploitation industrielle.

Palmerston (Henry Temple, 3e vicomte) (1784 – 1865), homme politique britannique; député tory rallié aux whigs. Premier ministre de 1855 à 1858 et de 1859 à 1865.

palmette [palmɛt] n. f. **1.** ARCHI Ornement en forme de feuille de palmier. **2.** ARBOR Disposition symétrique des branches des arbres fruitiers en espalier.

palmier [palmje] n. m. **1.** Arbre monocotylédone d'origine tropicale, à feuilles très découpées, disposées en bouquet au sommet du tronc, et qui compte de nombreuses espèces (cocotier, palmier-dattier, raphia, etc.). – *Palmier à huile :* élæis. – *Palmier-rônier*. Palmier doum*.* – (Afr. subsah.) *Palmier-céleri,* dont les feuilles évoquent celles du céleri. ▷ *Cœur(-)de(-)palmier :* chou-palmiste. **2.** Petit gâteau de pâte feuilletée.

palmipède [palmipɛd] adj. et n. m. ZOOL Dont les pieds sont palmés. – n. m. *L'oie est un palmipède.*

palmiste [palmist] n. m. **1.** BOT Nom vulgaire des palmiers à bourgeons comestibles. *L'arec, le palmier à huile sont des palmistes.* ▷ Amande de la drupe du palmier à huile, qui donne l'*huile de palmiste,* utilisée en savonnerie. **2.** (En appos.) *Rat palmiste :* nom courant du xérus. – *Ver palmiste :* larve d'un charançon des palmiers, aussi appelée en Afrique *ver de palmier.* – (Afr. subsah.) *Vautour palmiste :* vautour blanc et noir qui se nourrit des fruits du palmier à huile.

palmitate [palmitat] n. m. CHIM Sel ou ester de l'acide palmitique. (V. napalm.)

palmitique [palmitik] adj. CHIM *Acide palmitique :* acide gras présent dans la plupart des graisses animales et végétales.

palmure [palmyʀ] n. f. ZOOL Membrane réunissant les doigts de divers vertébrés aquatiques (canard, loutre, grenouille, etc.).

Palmyre, anc. ville de Syrie, entre l'Oronte et l'Euphrate, au N.-E. de Damas. Antique *Tadmor* («Ville des palmiers»), fondée à la fin du IIIe millénaire, elle devint une riche cité caravanière alliée de Rome, commerçant entre l'Inde et la Méditerranée, et qui atteignit son apogée sous le règne de Zénobie (266-272 apr. J.-C.). Saccagée par Aurélien en 273, Palmyre a laissé des ruines (grand temple de Bêl, portiques, thermes, tours et caveaux funéraires, etc.) parmi les plus importantes du monde gréco-romain.

Palomar (mont), montagne des É.-U. (Californie); 1 871 m. – L'*observatoire du mont Palomar* est doté d'un télescope de 5,08 m d'ouverture.

palombe [palɔ̃b] n. f. (France rég.) Syn. de *pigeon ramier.*

palomète [palomɛt] n. f. ICHTYOL Poisson voisin des bonites, commun sur la côte occidentale de l'Afrique.

palonnier [palɔnje] n. m. **1.** Pièce du train d'une voiture à laquelle les traits des chevaux sont attachés. **2.** AVIAT Ensemble des deux pédales qui commandent la gouverne de direction. **3.** AUTO Dispositif destiné à équilibrer entre les deux roues l'effort transmis par le frein à main.

pâlot, otte [palo, ɔt] adj. Fam. Un peu pâle.

palourde [paluʀd] n. f. Mollusque lammellibranche (genre *Tapes*), comestible, qui vit enfoui dans le sable. Syn. clovisse.

palpable [palpabl] adj. **1.** Perceptible par le toucher. *Un objet palpable.* **2.** Évident, patent. *Vérité palpable.*

palpation [palpasjɔ̃] n. f. MED Partie de l'examen clinique du malade reposant sur l'exploration manuelle.

palpébral, ale, aux [palpebʀal, o] adj. ANAT De la paupière, relatif à la paupière. *Réflexe palpébral.*

palper [palpe] v. tr. [1] **1.** Examiner en tâtant, en touchant avec les mains, les doigts. *Médecin qui palpe l'abdomen d'un malade.* **2.** Fam. *Palper de l'argent* ou, absol., *palper :* recevoir de l'argent.

palpeur [palpœʀ] n. m. TECH Dispositif à ressort placé au centre d'une plaque de cuisson, agissant sur le thermostat et régulant la température du récipient se trouvant en contact avec la plaque.

palpitant, ante [palpitɑ̃, ɑ̃t] adj. **1.** Qui palpite. **2.** Qui passionne. *Écouter une histoire palpitante.*

palpitation [palpitasjɔ̃] n. f. Mouvement de ce qui palpite. *Palpitation des artères.* ▷ (Surtout au plur.) Battements accélérés du cœur.

palpiter [palpite] v. intr. [1] **1.** Avoir des mouvements convulsifs, des battements désordonnés (organe, organisme). *Elle avait peur et son cœur palpitait.* ▷ Fig. *Feu qui palpite.* **2.** Être ému au point d'avoir des palpitations cardiaques. *Palpiter d'espoir.*

Palsgrave (John) (m. en 1554), auteur anglais de l'ouvrage (en français) *l'Esclaircissement de la langue francoyse* (1530).

palu [paly] n. m. Fam. Abrév. de paludisme. – (Afr. subsah.) *Coup de palu :* accès de paludisme.

paludéen, enne [palydeẽ, ɛn] adj. et n. **1.** Des marais, propre aux marais. *Plante paludéenne.* **2.** MED Relatif au paludisme. *Fièvre paludéenne.* ▷ Atteint de paludisme. – Subst. *Un(e) paludéen(ne).*

paludier, ère [palydje, ɛʀ] n. Personne qui travaille dans les marais salants.

paludine [palydin] n. f. ZOOL Mollusque gastéropode vivipare des eaux douces (genres *Vivipara* et voisins), à coquille globuleuse pourvue d'un opercule.

paludisme [palydism] n. m. MED Maladie infectieuse fréquente dans les régions marécageuses des pays tropicaux due à un protozoaire (genre *Plasmodium*) transmis par la piqûre de l'anophèle*. (Elle se traduit essentiellement par une fièvre intermittente mais pouvant avoir des manifestations viscérales, rénales et neurologiques : *accès pernicieux* ou *neuropaludisme.*) Syn. vieilli malaria.

palustre [palystʀ] adj. **1.** De la nature du marais. *Terrain palustre.* ▷ Qui vit, qui croît dans les marais. **2.** MED Paludéen. *Fièvre palustre.*

palynologie [palinɔlɔʒi] n. f. Didac. Étude du pollen et des spores des plantes actuelles et fossiles.

pâmer (se) [pɑme] v. pron. [1] Être comme sur le point de défaillir, par l'intensité d'une émotion ou d'une sensation. *Se pâmer d'aise.* – (Passif) *Être pâmé d'effroi, d'admiration.*

Pamir, région montagneuse d'Asie centrale, s'étendant en grande partie au Tadjikistan et se prolongeant en Afghānistān. Des plateaux (alt. moyenne 4500 m) sont dominés par de hauts sommets (plus de 7 000 m d'alt.). De nombreux cours d'eau y naissent.

pâmoison [pamwazɔ̃] n. f. Plaisant État d'une personne qui se pâme. *Tomber en pâmoison.*

pampa [pɑ̃pa] n. f. Vaste plaine d'Amérique du Sud, à végétation principalement herbacée.

Pampa (la), vaste plaine herbeuse d'Argentine centrale, entre les Andes et l'Atlantique S., au sol fertile. Le N.-E., plus humide, est une région de culture (blé, maïs) et d'élevage bovin (et ovin dans l'O. et le S.). La prov. de *La Pampa* (ch.-l. *Santa Rosa*) s'étend sur une partie de cette plaine, au N. de la Patagonie.

Pampelune (en esp. *Pamplona,* en basque *Iruña*), v. d'Espagne; 183500 hab.; cap. de la communauté auton. de Navarre. Centre industriel. – Cath. (XIVe-XVe s., façade du XVIIIe s.). – Cap. du royaume de Navarre en 905, la ville fut prise par les Espagnols (1512) à Jean III d'Albret, qui tenta en vain de la reprendre (1521).

pamphlet [pɑ̃flɛ] n. m. Petite brochure satirique.

pamphlétaire [pɑ̃fletɛʀ] n. Auteur de pamphlets.

Pamphylie, anc. contrée d'Asie Mineure, entre la Cilicie, à l'E., et la Lycie, à l'O., et traversée par le Taurus.

pamplemousse [pɑ̃pləmus] n. m. ou f. **1.** Fruit du pamplemoussier, grosse baie jaune, comestible, au goût acidulé et légèrement amer. Syn. (Antilles fr., Guyane, Haïti) chadèque ou chadek. **2.** n. m. (Afr. subsah.) Pamplemoussier.

pamplemoussier [pɑ̃pləmusje] n. m. Arbre (fam. rutacées) des régions chaudes, cultivé pour ses fruits (pamplemousses). Syn. (Afr. subsah.) pamplemousse.

pan-, pant(o)-. Élément, du gr. *pân,* neutre de *pas, pantos,* «tout».

1. pan [pɑ̃] n. m. **1.** Partie tombante ou flottante d'un vêtement. *Pan de chemise.* **2.** CONSTR Partie plane d'un ouvrage de maçonnerie ou de charpente. *Pan de comble.* – *Pan de mur :* partie plus ou moins large d'un mur. – *Pan coupé :* mur oblique, de faible largeur, reliant deux murs contigus et évitant leur rencontre à angle vif. ▷ Ossature d'un mur. *Pan de bois, pan de fer.* ▷ Fig. Partie, morceau. *Un pan de ciel. Des pans entiers du passé qui remontent à la mémoire.* **3.** Face d'un polyèdre.

2. pan ! [pɑ̃] interj. Onomatopée qui exprime un bruit de heurt ou d'éclatement, un coup, une détonation.

Pan, dans la myth. gr., dieu des bergers, fils d'Hermès et d'une nymphe; cornu, barbu, le bas de son corps étant celui d'un bouc. Dieu fondamental des forces de la nature. Son apparition crée la panique. Sa main tient une flûte de roseau (syrinx).

PANA, acronyme pour *Panafrican News Agency.* V. Agence panafricaine d'information.

panacée [panase] n. f. Remède universel.

panachage [panaʃaʒ] n. m. Action de panacher, de mélanger; son résultat. ▷ Spécial. *Panachage d'une liste électorale.* (V. panacher.)

panache [panaʃ] n. m. **1.** Faisceau de plumes flottantes servant d'ornement à une coiffure, un dais, etc. **2.** (Québec) Bois caducs des cervidés de grande taille. *Panache d'orignal.* **3.** Ce qui évoque un panache. *Panache de fumée. Queue en panache.* **4.** Fig. Ce qui a fière allure; ce qui est la marque de la générosité valeureuse dans une action, une conduite. *Le goût du panache.*

panaché, ée [panaʃe] adj. Bigarré. ▷ Composé d'éléments divers. *Liste (électorale) panachée. Glace panachée.* – *Un demi panaché* ou, n. m., *un panaché :* un demi de bière mélangée de limonade.

panacher [panaʃe] v. tr. [1] Composer de couleurs diverses, bigarrer. *Panacher un bouquet.* ▷ Composer d'éléments divers. – *Panacher une liste électorale :* composer la liste que l'on veut faire élire avec les noms de candidats appartenant à des partis différents.

panade [panad] n. f. **1.** Soupe de pain, d'eau et de beurre. **2.** (Belgique) Repas d'enfant composé de gâteaux secs et de fruits ou de légumes écrasés et mélangés. Syn. pape.

panafricain, aine [panafʀikɛ̃, ɛn] adj. POLIT Relatif au panafricanisme, à l'ensemble des pays ou des peuples d'Afrique.

panafricanisme [panafʀikanism] n. m. POLIT Mouvement politique et culturel qui tend à instituer ou à resserrer l'unité et la solidarité des peuples africains. (Né, au début du XXe s., de l'action de Noirs américains : Washington, Du Bois, Garvey, le panafricanisme trouva son expression politique lors de congrès tenus entre 1919 et 1923 dans plusieurs villes d'Europe occidentale.)

panafricaniste [panafʀikanist] n. POLIT Partisan du panafricanisme.

panais [panɛ] n. m. Plante herbacée (fam. ombellifères), bisannuelle, à racine charnue, utilisée comme légume.

panama [panama] n. m. Chapeau de paille de forme ronde.

Panamá (canal de), canal reliant le Pacifique à l'Atlantique à travers l'isthme de Panamá (long d'env. 80 km; largeur minimale 91,4 m; profondeur entre 12,5 et 13,7 m; six écluses). Les É.-U. assurent plus de la moitié d'un trafic de 15 millions de t par an. – Le percement de l'isthme, entrepris en 1881 à l'instigation du Français F. de Lesseps, se heurta à de graves difficultés tech., puis fin., et fut interrompu en 1888, ce qui ruina les petits épargnants fr. (*affaire de Panamá,* 1889). En 1904, les É.-U. reprirent les travaux sur d'autres plans (canal à écluses) et purent éradiquer la fièvre jaune et le paludisme qui avaient décimé les ouvriers (1881-1888); le canal fut ouvert en 1914. Aujourd'hui, on songe à l'élargir et à l'approfondir, ou à construire un second canal.

Panamá (isthme de), langue de terre longue de 250 km et large de 70 km en moyenne, qui unit les deux grandes masses du continent américain.

Panamá (zone du canal de), territoire formant de part et d'autre du canal de Panamá une bande d'env. 8 km de largeur; 1432 km²; 29000 hab.; v. princ. *Balboa.* – Cédée (1903) à perpétuité aux É.-U. par la rép. de Panamá contre une forte indemnité annuelle, la zone est redevenue panaméenne en 1979 (traité signé en 1977), les É.-U. conservant jusqu'en 1999 le contrôle du canal et de leurs bases militaires.

Panamá, cap. de la rép. de Panamá, port sur le *golfe de Panamá* (Pacifique), près du *canal de Panamá;* 440000 hab. Import. centre commercial et industriel. – La ville fut fondée en 1519.

Panamá (république de) *(República de Panamá),* État le plus mérid. et le plus orient. d'Amérique centrale, entre le Pacifique et l'Atlantique, au S.-E. du Costa Rica et au N.-O. de la Colombie, coupé en deux par la *zone du canal de Panamá;* 75650 km²; env. 2230000 hab.; cap. *Panamá.* Nature de l'État : rép. de type présidentiel. Langue off. : espagnol. Monnaie : dollar américain (la monnaie off., le balboa, sert uniquement comme petite monnaie). Pop. : métis (57 %), Noirs (15 %), Blancs (18 %), Indiens (10 %). Relig. : catholicisme (en grande majorité).

Géogr. et écon. – Isthme montagneux (3478 m au volcan Chiriquí), au climat tropical humide, dont la population se concentre dans les plaines côtières du littoral Pacifique (55 % de citadins). Exportations : bananes, crevettes, café, sucre; des re-

cettes sont tirées du pavillon de complaisance (2e flotte mondiale), du trafic sur le canal et du transit pétrolier (par oléoduc). La zone franche de Colón est très active. L'activité bancaire est importante. Le P.I.B. par hab. est le plus élevé d'Amérique centrale.
Hist. – L'isthme fut colonisé dès le début du XVIe s. par les Espagnols, qui y ouvrirent des routes pour transporter l'or et l'argent du Pérou vers l'Atlantique (ce qui explique les raids des pirates et flibustiers). Comprise dans la vice-royauté du Pérou puis rattachée à la Nouvelle-Grenade, la région fit partie de la Grande-Colombie après l'indépendance (1819). Elle fit sécession en 1903, avec l'aide des É.-U., et forma une rép. De nombr. troubles sociaux (notam. contre les Antillais noirs) et politiques l'agitèrent. Le général Torrijos renégocia en 1977 les accords sur le canal et sa zone (V. Panamá [zone du canal de]). Il mourut accidentellement en 1981 et les chefs de la garde nationale reprirent le pouvoir. La tension avec les É.-U. s'accentua, surtout quand, en 1983, le général Noriega (naguère lié à la C.I.A.) devint chef de la garde. En juil. 1987, les É.-U. exigèrent l'extradition de Noriega, pour trafic de drogue, puis soumirent le pays à un blocus écon. En déc. 1989, ils intervinrent militairement; Noriega se livra en janv. 1990. Le prés. Endara (élu en mai 1989, mais les élections avaient été annulées) commença à gouverner. En 1994, Ernesto Perez Balladares fut élu président.

Paname, (Dans la langue populaire.) Paris.

panaméen, enne [panameɛ̃, ɛn] adj. et n. De Panamá. ▷ Subst. *Un(e) Panaméen(ne).*

panaméricain, aine [panameʀikɛ̃, ɛn] adj. Relatif au panaméricanisme, à l'ensemble des pays d'Amérique.

panaméricanisme [panameʀikanism] n. m. POLIT Mouvement tendant à regrouper les États américains.

panarabe [panaʀab] adj. POLIT Relatif au panarabisme, à l'ensemble des pays arabes.

panarabisme [panaʀabism] n. m. POLIT Mouvement politique et culturel visant à l'union des pays de langue, de civilisation arabes.

panaris [panaʀi] n. m. Inflammation aiguë d'un doigt ou d'un orteil.

Panathénées (frise ionique des), élément décoratif du Parthénon, exécuté entre 443 et 438 av. J.-C., bandeau continu rassemblant 360 personnages.

panax [panaks] n. m. BOT Arbre ou arbrisseau tropical dont la racine est utilisée pour ses propriétés toniques sous le nom de *ginseng.*

pancarte [pɑ̃kaʀt] n. f. Plaque, panneau portant une inscription. *Pancarte indiquant la sortie. Manifestants qui brandissent des pancartes.*

panchromatique [pɑ̃kʀɔmatik] adj. PHOTO Se dit des émulsions sensibles à toutes les couleurs du spectre visible.

pancréas [pɑ̃kʀeas] n. m. Glande abdominale, endocrine et exocrine, située derrière l'estomac qui sécrète d'une part le suc pancréatique (qui contient des enzymes digestives) d'autre part des hormones (le glucagon et l'insuline).

pancréatique [pɑ̃kʀeatik] adj. Didac. Du pancréas, relatif au pancréas.

pancréatite [pɑ̃kʀeatit] n. f. MED Inflammation aiguë ou chronique du pancréas.

panda [pɑ̃da] n. m. Mammifère d'Asie dont il existe deux espèces, le petit panda de l'Himalaya (fam. procyonidés) et le panda géant des montagnes de Chine (fam. ursidés), qui se nourrit exclusivement de bambou.

pandanus [pɑ̃danys] n. m. BOT Arbuste monocotylédone tropical (genre *Pandanus*) à fruits comestibles, cultivés en Europe comme plante ornementale.

pandémie [pɑ̃demi] n. f. MED Épidémie qui atteint, dans sa presque totalité, la population d'une région, d'un pays ou d'un ensemble de pays.

pandémonium [pɑ̃demɔnjɔm] n. m. Lieu où règnent tous les genres de corruption et de désordre.

pandiangon [pɑ̃djɑ̃gɔ̃] n. m. Éphémérides astrologiques indiennes, établies selon un cycle de soixante ans. *Il a préféré consulter le pandiangon avant de donner son accord.*

Pandore, dans la myth. gr., la première femme, qu'Héphaïstos façonna avec de la terre et de l'eau, pour en faire l'instrument de la vengeance divine. Lorsque Pandore ouvrit la jarre que Zeus lui avait confiée après y avoir enfermé tous les maux, ceux-ci se répandirent sur la Terre; seule l'espérance resta au fond. V. Prométhée. – *Boîte de Pandore :* ce qui, malgré sa belle apparence, peut causer des maux.

pané, ée [pane] adj. Enrobé de panure avant la cuisson. *Côtelette panée.*

panégyrique [paneʒiʀik] n. m. (et adj.) **1.** LITTER Discours à la louange d'une ville, d'un personnage, d'un saint. ▷ adj. *Sermon panégyrique.* **2.** Cour. Éloge sans réserve. *Faire le panégyrique d'un artiste, de son œuvre.* ▷ Péjor. Éloge outré.

panégyriste [paneʒiʀist] n. Personne qui fait l'éloge de qqn ou de qqch.

panel [panɛl] n. m. (Anglicisme) **1.** Groupe de personnes, constitué pour l'étude d'une question. **2.** STATIS Échantillon de personnes soumises à des interviews répétées, dans certaines enquêtes.

paner [pane] v. tr. [1] Enrober (un aliment) de panure, de chapelure.

paneton [pantɔ̃] n. m. TECH Petite corbeille doublée de toile dans laquelle les boulangers mettent le pâton.

paneuropéanisme [panøʀɔpeanism] n. m. POLIT Mouvement visant à l'unité européenne.

Pangée (la), continent qui aurait compris toutes les terres émergées et se serait fragmenté, pendant le secondaire, en deux blocs : le *Gondwana* (Amérique du Sud, Afrique du Sud, Antarctique, Inde, Australie) et la *Laurasie* (Europe, Amérique du Nord, Asie sans l'Inde).

pangermanisme [pɑ̃ʒɛʀmanism] n. m. POLIT Doctrine visant à grouper dans un même État tous les peuples réputés germaniques.

pangolin [pɑ̃gɔlɛ̃] n. m. ZOOL Mammifère insectivore d'Afrique et d'Asie du Sud-Est (genres *Manis* et voisins, dont les diverses espèces forment l'ordre des pholidotes), édenté, au corps couvert d'écailles. *L'écaille de pangolin était autrefois utilisée comme monnaie d'échange.*

Panhard, famille de constructeurs automobiles français. — **René** (1841 - 1908) fonda avec É. Levassor la société Panhard et Levassor (1886), qui commercialisa la première voiture à essence (1891).

panicule [panikyl] n. f. BOT Inflorescence en grappe d'épillets. *Panicule de sorgho.*

paniculé, ée [panikyle] adj. BOT En forme de panicule ou dont les fleurs sont disposées en panicule.

panicum [panikɔm] n. m. BOT Genre de graminées comprenant les millets communs.

panier [panje] n. m. **1.** Ustensile portatif fait à l'origine d'osier, de jonc, etc., ordinairement muni d'une anse, et qui sert à transporter des denrées et autres objets. *Panier à provisions.* – *Panier à salade :* panier ajouré dans lequel on secoue la salade pour l'égoutter; fig., fam. voiture cellulaire. ▷ Fig., fam. *Panier percé :* personne très dépensière. **2.** Contenu d'un panier. ▷ Fig. *Panier de la ménagère,* budget qu'elle consacre à ses dépenses en denrées alimentaires. ▷ Fig., fam. *Le dessus du panier :* ce qu'il y a de mieux. **3.** ARCHI *Arc en anse de panier,* surbaissé. **4.** SPORT Filet sans fond, fixé à 3,05 m du sol, par lequel un joueur de basket-ball doit faire passer le ballon pour marquer un ou des points. ▷ Point(s) ainsi marqué(s).

panière [panjɛʀ] n. f. Grande corbeille à deux anses; son contenu.

panifiable [panifjabl] adj. Dont on peut faire du pain. *Farine panifiable.*

panification [panifikasjɔ̃] n. f. Transformation de la farine en pain.

panifier [panifje] v. tr. [2] Transformer (de la farine) en pain.

panique [panik] adj. et n. f. **1.** adj. *Peur, terreur panique :* peur incontrôlable et soudaine, souvent injustifiée. **2.** n. f. Frayeur subite et irraisonnée, de caractère souvent collectif.

paniquer [panike] v. [1] **1.** v. tr. Fam. Affoler; angoisser. *Il a réussi à paniquer tout le monde.* **2.** v. intr. ou pron. *Paniquer, se paniquer :* céder à l'affolement ou à l'angoisse.

panislamique [panislamik] adj. Qui concerne le panislamisme.

panislamisme [panislamism] n. m. POLIT Doctrine, mouvement politique et culturel visant à l'union de tous les peuples musulmans.

Pankow, quartier du N. de Berlin; siège du gouv. de la R.D.A. de 1949 à 1968.

1. panne [pan] n. f. Étoffe de soie, de coton, etc., fabriquée comme le velours, mais à poils plus longs et moins serrés.

2. panne [pan] n. f. Tissu adipeux sous-cutané du cochon et de certains animaux.

3. panne [pan] n. f. CONSTR Élément horizontal d'une charpente de couverture, qui supporte les chevrons.

4. panne [pan] n. f. Cour. Arrêt accidentel de fonctionnement. *Tomber en panne. Panne d'électricité.* – AUTO *Panne sèche :* arrêt du moteur par manque de carburant. ▷ Fig. *Être en panne :* rester court, ne pas pouvoir continuer.

5. panne [pan] n. f. TECH Partie étroite de la tête d'un marteau, opposée à la face *(table)* avec laquelle on frappe habituellement. ▷ Biseau d'un fer à souder.

6. panne [pan] n. f. (Belgique) Bassin hygiénique pour les personnes alitées.

panneau [pano] n. m. **1.** Élément plan, avec ou sans bordure, d'un ouvrage de menuiserie, d'architecture, etc. *Panneau d'une porte.* ▷ CONSTR Élément préfabriqué, plaque en béton, en bois, etc. *Panneau de particules, de fibres.* **2.** Plaque de bois ou de métal servant de support à des indications, à une affiche, etc. *Panneau de signalisation.* ▷ BX-A Support de bois d'une peinture. *Panneaux d'un diptyque.* **3.** COUT Pièce de tissu fixée à un vêtement pour l'orner ou lui donner de l'ampleur. **4.** CHASSE Filet pour prendre du gibier. ▷ Fig. *Tomber, donner dans le panneau,* dans le piège.

panneton [pantɔ̃] n. m. TECH Partie de la clef qui fait mouvoir le pêne.

pannicule [panikyl] n. m. ANAT *Pannicule adipeux :* tissu graisseux souscutané.

Pannonie, anc. contrée d'Europe centrale, correspondant à la Hongrie. Les Romains la soumirent de 35 av. J.-C. à 95 apr. J.-C.

pannonien (Bassin), ensemble de plaines s'étendant entre les Carpates au N. et à l'E., les Alpes orientales et dinariques au S. et à l'O. Cette vaste dépression est partagée entre la Hongrie, le N. de la Serbie et l'O. de la Roumanie.

panonceau [panɔ̃so] n. m. **1.** Écusson placé à la porte d'un officier ministériel. **2.** Petit panneau portant une indication quelconque.

panoplie [panɔpli] n. f. **I. 1.** Décoration constituée d'une collection d'armes fixées sur un panneau. **2.** Ensemble de jouets d'enfant, constituant un déguisement présenté sur un carton. *Panoplie de cow-boy.* **II.** Fig. Assortiment d'éléments de même nature; ensemble de moyens utilisés pour une même fin. *La panoplie des antibiotiques.*

panorama [panɔʀama] n. m. **1.** Vue circulaire découverte d'un point élevé. *Le panorama s'étend jusqu'à la mer.* **2.** Fig. Étude complète d'un sujet relativement vaste. *Panorama des théories sociologiques contemporaines.*

panoramique [panɔʀamik] adj. et n. m. **1.** adj. Propre à un panorama. – *Vue panoramique :* série de photographies juxtaposées restituant une grande partie de l'horizon. ▷ Par ext. *Restaurant, car panoramique,* offrant une vue sur le panorama. **2.** n. m. AUDIOV Prise de vue effectuée en explorant l'espace environnant par une rotation de la caméra sur un axe.

panorpe [panɔʀp] n. f. ENTOM Insecte cour. nommé *mouche-scorpion* à cause de la pince qui termine l'abdomen du mâle.

panosse [panɔs] n. f. (Suisse) Fam. Serpillière.

pansage [pɑ̃saʒ] n. m. Action de panser (un animal).

panse [pɑ̃s] n. f. **1.** Première poche de l'estomac des ruminants. Syn. rumen. **2.** Fam. Ventre. *Avoir la panse pleine.* **3.** Partie la plus renflée d'un objet. *Panse d'une bouteille.* **4.** Partie arrondie d'une lettre. *La panse d'un «a».*

pansement [pɑ̃smɑ̃] n. m. **1.** Action de panser (une plaie). **2.** Ensemble des éléments (bande, gaze, coton, médicaments, etc.) qui sont appliqués sur une plaie pour la protéger des agents infectieux et la soigner. Syn. (Québec) diachylon. ▷ *Pansement gastrique :* préparation médicamenteuse absorbée par voie orale et destinée à préserver une muqueuse gastrique malade du contact direct des aliments et de l'action des sucs digestifs.

panser [pɑ̃se] v. tr. [1] **1.** Appliquer un pansement sur. *Panser une blessure.* ▷ Par ext. *Panser un blessé.* **2.** Étriller, brosser (un animal, spécial. un cheval). *Panser un cheval.*

pansu, ue [pɑ̃sy] adj. **1.** Qui a une grosse panse. **2.** Renflé. *Vase pansu.*

pant-. V. pan-.

Pantagruel, héros de Rabelais, géant plein d'appétit et de sagesse, fils de Gargantua.

pantagruélique [pɑ̃tagʀyelik] adj. Digne de l'appétit gigantesque de Pantagruel, personnage de Rabelais*. *Festin pantagruélique.*

pantalon [pɑ̃talɔ̃] n. m. Culotte couvrant les jambes jusqu'aux pieds. *Porter un pantalon large, serré.*

pantalonnade [pɑ̃talɔnad] n. f. Péjor. **1.** Petite pièce, farce de mauvais goût. **2.** Subterfuge grotesque, hypocrite.

pantelant, ante [pɑ̃tlɑ̃, ɑ̃t] adj. **1.** Haletant. **2.** *Chair pantelante,* d'un animal qui vient d'être tué, et qui palpite encore. **3.** Fig. Violemment ému.

panthéisme [pɑ̃teism] n. m. PHILO Croyance métaphysique qui identifie Dieu et le monde, doctrine selon laquelle «tout ce qui est est en Dieu» (Spinoza). ▷ Cour. Divinisation de la nature.

panthéiste [pɑ̃teist] adj. et n. PHILO Relatif au panthéisme. ▷ Subst. Partisan du panthéisme.

panthéon [pɑ̃teɔ̃] n. m. **1.** Ensemble des dieux d'une mythologie, d'une religion. *Le panthéon du brahmanisme.* **2.** Monument à la mémoire des grands hommes d'un pays.

Panthéon, temple de Rome situé au milieu du Champ de Mars; achevé par Agrippa en 27 av. J.-C., brûlé en 80 apr. J.-C., reconstruit; consacré au culte de tous les dieux. En 609, le pape Boniface IV en fit une église.

Panthéon, monument de Paris commencé en 1764 par Germain Soufflot (1713 – 1780), terminé en 1812. En 1791, la Constituante fit de cette église un temple destiné à recevoir les cendres des grands hommes.

panthère [pɑ̃tɛʀ] n. f. Grand félidé *(Panthera pardus)* d'Afrique et d'Asie, à la robe jaune mouchetée de noir. Syn. léopard. *La panthère noire doit sa couleur à une mutation.* – (Afr. subsah.) *Avoir reçu les marques de la panthère :* au Bénin, être de sang royal, par allusion aux scarifications de la face que recevait le roi d'Abomey en souvenir de son ancêtre légendaire, une panthère mâle. ▷ *Panthère des neiges :* V. once 2.

pantin [pɑ̃tɛ̃] n. m. **1.** Jouet d'enfant, figurine articulée dont on fait bouger les membres au moyen d'un fil. **2.** Fig., péjor. Fantoche.

panto-. V. pan-.

pantographe [pɑ̃tɔgʀaf] n. m. **1.** TECH Instrument constitué de quatre tiges articulées, qui permet de reproduire mécaniquement un dessin, éventuellement en le réduisant ou en l'agrandissant. **2.** CH de F Dispositif reliant une locomotive électrique à la caténaire.

pantois, oise [pɑ̃twa] adj. (Fém. peu usité.) Stupéfait. *Rester pantois.*

pantomètre [pɑ̃tɔmɛtʀ] n. m. TECH Instrument d'arpentage servant à mesurer les angles.

pantomime [pɑ̃tɔmim] n. f. **1.** Art d'exprimer des sentiments, des idées, par des attitudes, des gestes, sans paroles. **2.** Pièce mimée.

pantothénique [pɑ̃tɔtenik] adj. BIOCHIM *Acide pantothénique :* vitamine B 5, qui joue un rôle important dans le métabolisme et la résistance des muqueuses aux infections.

pantouflard, arde [pɑ̃tuflaʀ, aʀd] adj. et n. Fam. Casanier; qui aime ses aises. ▷ Subst. *Un(e) pantouflard(e).*

pantoufle [pɑ̃tufl] n. f. Chaussure d'intérieur sans talon, légère et confortable. Syn. (France rég.) bamboche. ▷ (Belgique) *Pantoufle de gymnastique :* chausson* de gymnastique.

pantoufler [pɑ̃tufle] v. intr. [1] Fig., fam. Quitter la fonction publique pour entrer dans le secteur privé, en parlant d'un fonctionnaire.

pantoum [pɑ̃tum] n. m. POET Poème à forme déterminée, emprunté par les romantiques à la poésie malaise.

pantoute [pɑ̃tut] adv. (Québec) Fam. **1.** (En réponse à une question.) Sert à nier, à rejeter avec force une proposition. *Es-tu fatigué? Pantoute!* **2.** Sert à renforcer une négation déjà exprimée. *Il ne neige pas pantoute.*

panty [pɑ̃ti] n. m. Collant muni d'une gaine (sens 2). – (Belgique) Collant (sens II) en nylon.

panure [panyʀ] n. f. Croûte de pain râpée qui sert à paner.

Panurge, héros de Rabelais, compagnon de Pantagruel*, homme d'une taille normale. Il sait tout faire (étym. gr. de son nom), notam. des farces; par ex. il fait plonger les moutons de Dindonneau dans la mer en y jetant le premier, que les autres suivent bêtement.

Paoli (Pascal) (1725 – 1807), patriote corse qui combattit les Génois puis les Français.

paon, paonne [pɑ̃, pan] n. **1.** Oiseau galliforme (genre *Pavo*) originaire d'Asie, dont le mâle possède un magnifique plumage vert et bleu aux reflets métalliques. (Le fém. est rare, on dit plus souvent *paon femelle.*) *Chez le paon, le mâle fait la roue en dressant les plumes, tachetées d'ocelles, de sa queue.* **2.** Loc. fig. *Être vaniteux comme un paon,* très vaniteux. – *Le geai paré des plumes du paon :* se dit de qqn qui se vante de ce qui ne lui appartient pas (allusion à une fable de La Fontaine). **3.** n. m. Nom cour. de divers papillons dont les ailes portent des ocelles. *Paon de jour* (vanesse), *paons de nuit.*

papa [papa] n. m. **1.** Terme affectueux utilisé par les enfants et ceux qui leur parlent, à la place de *père. Papa et maman.* ▷ *Bon-papa, grand-papa :* grand-père. **2.** (Afr. subsah.) Fam. Homme mûr ou âgé que l'on doit respecter. *Regarder les papas sous l'arbre à palabres.* **3.** Loc. fam. *À la papa :* sans se presser. – *De papa :* d'hier. *Les chansons de papa se portent bien.* – *Fils à papa :* V. fils. – *Papa gâteau :* V. gâteau.

papaïne [papain] n. f. BIOCHIM Enzyme extraite du latex du papayer, utilisée en thérapeutique comme substitut de la pepsine.

papal, ale, aux [papal, o] adj. Du pape, qui appartient au pape.

papalagi [papalaʒi] n. m. (inv. en genre) (Wallis-et-F.) Fam. Européen, Européenne. – *Spécial.* Français(e) de passage. *Un(e) papalagi.*

Papandhréou (Gheórghios) ou **Papandréou** (Georges) (1888 – 1968), homme polit. grec. Il forma un gouv. grec en exil au Caire (1944). — **Andhréas** ou **André** (1919 – 1996), fils du préc.; homme politique grec; fondateur du Mouvement socialiste panhellénique (PASOK), Premier ministre de 1981 à 1989 et de 1993 à 1996.

papangue [papɑ̃g] n. m. (oc. Indien) **1.** Busard (*Circus maillardi*) endémique vivant entre 500 et 1 500 m d'altitude, parfois appelé *pied jaune.* **2.** Cerf-volant.

papauté [papote] n. f. **1.** Pontificat. **2.** Pouvoir, gouvernement du ou des papes.

papavéracées [papaveʀase] n. f. pl. BOT Famille de plantes dicotylédones dialypétales, généralement herbacées, à fruit en forme de capsule ou de silique, dont le type est le pavot. – Sing. *Une papavéracée.*

papavérine [papaveʀin] n. f. BIOCHIM Un des alcaloïdes de l'opium, aux propriétés narcotiques et anticonvulsives.

Papa Wemba (Shungu Wembadio, dit) (né en 1949), musicien et chanteur de la rép. dém. du Congo. Il a su associer rumba, musique afro-cubaine et instrumentation traditionnelle, jouant du *lokolé,* tambour du Kasaï, et de *l'ondolé,* tambour des griots. Il est une grande star du soukouss.

papaye [papaj] n. f. Fruit comestible du papayer, semblable à un gros melon. – (Afr. subsah.) *Papaye-solo :* variété de petite papaye à la pulpe orange foncé. *Des papayes-solos.*

papayer [papaje] n. m. Arbre originaire de Malaisie, cultivé pour son fruit, la papaye, et pour son latex dont on tire la papaïne. – (Afr. subsah.) *Papayer-solo :* variété de papayer qui donne les papayes-solos. *Des papayers-solos.*

1. pape [pap] n. m. **1.** Chef suprême de l'Église catholique romaine et évêque de Rome. *Le pape est élu en conclave.* ▷ Loc. fam. *Être sérieux comme un pape,* très sérieux. ▷ Chef suprême de l'Église copte. **2.** *Par anal.* Personnalité considérée comme le chef d'un mouvement. *André Breton, le pape du surréalisme.*

2. pape [pap] n. f. (Belgique) **1.** Syn. de *panade.* **2.** Colle de pâte à base de farine.

Papeete, ch.-l. de la Polynésie française; port dans l'île de Tahiti; 23 500 hab. Anc. siège du Centre d'expérimentation du Pacifique* (qui organisait les essais nucléaires). Station sismologique. Aéroport de Faaa. Le port exporte du coprah et de la vanille. Le tourisme est en essor constant. – Archevêché.

paperasse [papʀas] n. f. Papier, écrit considéré comme sans valeur, inutile. – (Sens collectif.) *Crouler sous la paperasse.*

paperasserie [papʀasʀi] n. f. Amas de paperasses. ▷ Tendance à accumuler les paperasses. *La paperasserie administrative.*

paperassier, ère [papʀasje, ɛʀ] n. Qui se complaît dans la paperasse.

papesse [papɛs] n. f. Femme pape.

papet [papɛ] n. m. CUIS Spécialité culinaire vaudoise consistant en une purée de pommes de terre et de poireaux, généralement accompagnée de saucisses.

papeterie [papɛtʀi] n. f. **1.** Fabrication du papier; industrie du papier. **2.** Manufacture de papier. **3.** Commerce du papier. ▷ Magasin où l'on vend du papier, des fournitures scolaires et de bureau.

papetier, ère [paptje, ɛʀ] n. et adj. **1.** n. Personne qui fabrique du papier ou qui en vend. ▷ Commerçant qui tient une papeterie. **2.** adj. Du papier. *Industrie papetière.*

papier [papje] n. m. **1.** Matière faite d'une pâte de fibres végétales étalée en couche mince et séchée. *Papier à dessin, à cigarettes, d'emballage.* – *Papier peint :* papier décoré, dont on tapisse les murs d'une pièce. ▷ (Spécial., papier à usage d'écriture ou d'impression.) *Papier d'écolier. Papier à lettres. Papier réglé.* ▷ *Papier de soie* ou (oc. Indien) *papier mousseline :* papier très fin, utilisé notam. pour décalquer les patrons de couture, ou emballer les objets fragiles. ▷ *Papier (d')émeri, de verre* ou (oc. Indien) *papier sablé :* papier abrasif utilisé pour poncer. ▷ *Papier mâché :* pâte de papier encollée, plastique et se prêtant bien au modelage de menus objets. *Marionnettes en papier mâché.* ▷ (Associé à certains produits.) *Papier carbone :* V. carbone. – *Papier sensible pour la photographie.* ▷ INFORM *Papier digital :* support de données numériques permettant l'enregistrement et la lecture par laser. ▷ *Papier-monnaie :* monnaie fiduciaire, sans garantie d'encaisse métallique. V. monnaie. ▷ FIN *Papier bancable :* titre bancable. ▷ En loc. *Mettre, coucher ses idées sur le papier,* par écrit. **2.** Feuille très mince (de métal). *Papier d'argent, d'étain.* **3.** Feuille, morceau de papier, et, par ext., feuille écrite ou imprimée. *Inscrire qqch sur un papier. Vieux papiers.* – *Papier timbré,* revêtu du timbre de l'État, exigé pour dresser certains actes (par oppos. à *papier libre*). ▷ *Journaliste qui rédige un papier,* un article. ▷ Note; document. *Classer des papiers.* ▷ Loc. fig., fam. *Être dans les petits papiers de quelqu'un,* jouir de son estime, de sa faveur. – (Québec) *Je t'en passe un papier! :* je t'assure, tu peux me croire. ▷ MAR (Au plur.) *Papiers de bord :* rôles d'équipage, brevets, connaissements, etc. ▷ (Au plur.) *Papiers d'identité* et, absol., *papiers :* pièces d'identité. ▷ Effet de commerce. *Papier au porteur.*

papilionacé, ée [papiljɔnase] adj. et n. f. BOT **1.** adj. Didac. Qui ressemble à un papillon. ▷ *Fleur papilionacée :* fleur symétrique par rapport à un plan, comprenant cinq pétales libres, le plus grand enveloppant les autres et redressé en étendard, les deux latéraux, ou *ailes,* symétriques sur les côtés de la fleur, les deux inférieurs se touchant par leur bord et formant la *carène.* **2.** n. f. pl. *Les papilionacées :* la plus importante sous-famille de légumineuses (8000 espèces env.), comprenant de nombreuses espèces cultivées pour leur graine comestible (haricot, fève, dolique, pois, arachide, soja). – Sing. *Une papilionacée.*

papillaire [papillɛʀ] adj. ANAT, MED Relatif à la papille; formé ou pourvu de papilles. – *Tumeur papillaire,* qui présente à sa surface des bourgeons analogues à des papilles hypertrophiées.

papille [papij] n. f. **1.** ANAT et cour. Petite éminence charnue à la surface de la peau, des muqueuses, qui a généralement une fonction sensorielle. *Papilles gustatives.* – *Papille optique :* terminaison du nerf optique au niveau de la rétine. **2.** BOT Émergence épidermique qui donne son aspect velouté à un fruit, un pétale, etc.

papillome [papijom] n. m. MED Tumeur bénigne de la peau.

papillon [papijɔ̃] n. m. **I.** Insecte diurne ou nocturne caractérisé par quatre ailes écailleuses diversement colorées, dont il existe de très nombreuses espèces, regroupées par les zoologistes dans l'ordre des lépidoptères. (V. ce mot.) ▷ Fig. *Papillons noirs :* sujets de tristesse, idées mélancoliques. **II.** Par anal. **1.** *Nœud papillon :* cravate courte nouée en forme de papillon. **2.** *Brasse papillon,* dans laquelle les deux bras accomplissent simultanément une courbe au-dessus de l'eau. **3.** Pièce pivotant autour d'un axe, qui sert à masquer une ouverture en vue de régler un débit. *Papillon des gaz d'un carburateur.* ▷ *Papillon, écrou papillon :* écrou à ailettes. **4.** Petit feuillet de papier ou de carton mince.

papillonner [papijɔne] v. intr. [1] **1.** Battre à la manière des ailes de papillon. *Paupières qui papillonnent.* **2.** Aller d'une chose, d'une personne à une autre sans s'arrêter à aucune. ▷ *Spécial.* Se montrer inconstant, volage.

papillotant, ante [papijɔtɑ̃, ɑ̃t] adj. **1.** Qui papillote, scintillant. *Lumière papillotante.* **2.** Qui papillote (en parlant des yeux, des paupières).

papillote [papijɔt] n. f. **1.** Morceau de papier sur lequel on roule les cheveux pour les faire boucler. **2.** Papier qui enveloppe un bonbon. ▷ CUIS Papier huilé ou beurré dans lequel on met à cuire une viande, un poisson.

papillotement [papijɔtmɑ̃] n. m. **1.** Éparpillement de points lumineux vifs et instables, scintillement qui trouble et fatigue la vue. **2.** Fluctuation de brillance ou de couleur d'un objet ou d'une image.

papilloter [papijɔte] v. intr. [1] **1.** Produire un papillotement, scintiller. **2.** (En parlant des yeux ou des paupières.) Être animés d'un mouvement involontaire qui empêche de fixer les objets.

Papin (Denis) (1647 – 1714), physicien français. Il découvrit la force élastique de la vapeur. Il inventa l'autocuiseur et sa soupape de sûreté *(marmite de Papin).*

Papineau (Louis Joseph) (1786 – 1871), homme politique québécois. Président de l'Assemblée de 1815 à 1823 et de 1825 à 1837, il soutint les revendications des Québécois et fut l'un des artisans de la rébellion de 1837 au Bas-Canada (Québec actuel). Il dut s'exiler jusqu'en 1847.

papo [papo] n. m. (Afr. subsah.) En Afrique occid., panneau en feuilles de palmier servant à couvrir les cases ou à faire des cloisons.

papotage [papɔtaʒ] n. m. Action de papoter; conversation frivole.

papoter [papɔte] v. intr. [1] Bavarder sur des sujets insignifiants, frivoles.

papou, oue [papu] adj. et n. Relatif aux Papous. ▷ Subst. *Un(e) Papou(e).*

Papouasie-Nouvelle-Guinée, État d'Océanie, comprenant l'E. de la Nouvelle-Guinée, l'archipel Bismarck et d'autres archipels et îles moins import.; 461 691 km^2; env. 3 800 000 hab. (croissance : 3 % par an). Cap. *Port Moresby.* Nature de l'État : rép.

membre du Commonwealth. Pop. : en majorité Papous. Langues off. : anglais, néo-mélanésien; 700 dialectes. Relig. : religions traditionnelles; fortes minorités catholique et protestante. Monnaie : kina.
Géogr. et écon. – Mal connu et peu pénétré, le pays s'ordonne autour d'une chaîne centrale (4508 m au mont Wilhelm) qui se termine en péninsule effilée à l'E. et domine des plaines marécageuses à l'O. Le climat équatorial très humide entretient une forêt dense sur 95 % du territ. Clairsemés, les 85 % de ruraux ont une écon. de subsistance. Les cultures couvrent 1 % du sol : patates douces, taros, ignames; exportations : café, cacao, hévéa, noix de coco. Les ressources minières, abondantes, sont sous-exploitées (exportation de cuivre et d'or). L'Australie (qui se désengage) et le Japon sont les principaux partenaires économiques.
Hist. – La Papouasie proprement dite (S.-E. de l'île) fut administrée par l'Australie à partir de 1906; en 1921, la Société des Nations y ajouta la Nouvelle-Guinée du N.-E. et l'archipel Bismarck, allemands de 1884 à 1914. Le territ. obtint l'autonomie interne en 1973, et l'indépendance en 1975. Paias Wingti, Premier ministre, a succédé en 1985 à Michael Somare. La Papouasie revendique l'O. de l'île qui, sous le nom d'Irian Jaya, appartient à l'Indonésie. Celle-ci soutient les séparatistes de l'île de Bougainville*. V. Nouvelle-Guinée.

Papous ou **Papoua,** population à l'origine incertaine, divisée en de nombr. tribus, habitant la Nouvelle-Guinée et les îles avoisinantes. – Habitants de la Papouasie-Nouvelle-Guinée.

Pappus ou **Pappos** (fin du IIIe ou début du IVe s.), mathématicien d'Alexandrie. Sa *Collection mathématique* résume et complète divers ouvrages de géométrie.

paprika [paprika] n. m. Piment doux de Hongrie, que l'on utilise broyé comme condiment.

papule [papyl] n. f. MED Petite saillie cutanée, rose ou rouge, ne renfermant pas de liquide. *Papule syphilitique.*

papyrologie [papiʀɔlɔʒi] n. f. Paléographie appliquée aux papyrus.

papyrus [papiʀys] n. m. **1.** Plante des bords du Nil (fam. cypéracées) que les anciens Égyptiens transformaient en feuille pour écrire, en découpant sa tige en bandes étroites qu'ils assemblaient par collage. **2.** Feuille ainsi obtenue. ▷ Manuscrit sur papyrus.

pâque, pâques [pɑk] n. **I.** n. f. *La Pâque.* (Avec une majuscule.) Fête annuelle des juifs, qui commémore leur sortie d'Égypte. **II.** *Pâques.* (Avec une majuscule.) **1.** n. m. sing. (Sans article.) Fête annuelle des chrétiens, qui commémore la résurrection du Christ. *Lorsque Pâques sera passé. – Le lundi, la semaine de Pâques,* qui suivent Pâques. ▷ Loc. *À Pâques ou à la Trinité :* à une date incertaine; jamais. – *Œuf* de Pâques.* **2.** n. f. plur. (Avec une épithète.) *Joyeuses Pâques.* ▷ *Faire ses pâques* (ou, plus rare, *Pâques*) : recevoir à Pâques la communion prescrite par l'Église à tous les catholiques.

paquebot [pakbo] n. m. Grand navire spécialement aménagé pour le transport des passagers.

pâquerette [pɑkʀɛt] n. f. Petite plante (fam. composées) des régions tempérées, à fleur blanche ou rosée.

pâques [pak] n. f.pl. V. pâque.

Pâques (île de) (en esp. *Isla de Pascua*), île volcanique du Pacifique oriental (Polynésie), chilienne depuis 1888; 162 km²; 2700 hab. – Elle fut découverte en 1722, le jour de Pâques, par le Hollandais Roggeveen. L'île possède des statues monumentales (les *moai,* apparentées aux statues des autres îles polynésiennes, les *tikis*), taillées dans le tuf volcanique.

paquet [pakɛ] n. m. **1.** Assemblage de plusieurs choses attachées ou enveloppées ensemble. *Faire, expédier un paquet.* – Loc. fig. *Faire son* (ou *ses*) *paquet(s) :* se préparer à partir. ▷ Objet, produit dans son emballage. *Fumer un paquet de cigarettes. Cuire un paquet de riz.* – (oc. Indien) *Un paquet de bois, de brèdes.* **2.** TYPO Ensemble de lignes de composition destinées au metteur en pages. **3.** Quantité, masse importante. *Paquet de billets. – Paquet de mer :* masse d'eau de mer projetée sur le pont d'un bateau. **4.** INFORM Ensemble de données acheminées en bloc dans un réseau d'ordinateurs. **5.** Loc. fig., fam. *Mettre le paquet :* faire tout son possible.

paquetage [paktaʒ] n. m. Ensemble des effets d'habillement et de campagne d'un soldat, arrangés réglementairement.

paqueter [pakte] v. [20] (Québec) Fam. **I.** v. tr. **1.** Empaqueter. *Paqueter ses affaires.* **2.** Fig. Remplir (un véhicule, une salle) de personnes, les y entasser. *Paqueter un autobus pour aller à New York.* – Pp. adj. *Un amphithéâtre paqueté d'étudiants.* ▷ *Par ext.* Modifier le rapport de forces dans une assemblée, un débat, en y convoquant un grand nombre de personnes favorables à une même option. – Pp. adj. *Une assemblée générale paquetée.* **II.** v. pron. Se soûler. ▷ Pp. adj. *Un gars paqueté, paqueté aux as,* complètement ivre.

1. par [paʀ] prép. et adv. **A.** prép. **I.** Marquant : **1.** Le lieu. À travers, en passant au milieu de. *Passer par la porte de derrière. Passer par Bruxelles.* **2.** Le temps. Pendant. *Comme par le passé.* **II.** Marquant : **1.** La cause, l'agent, l'auteur. *Agir par intérêt. Joseph vendu par ses frères. «Britannicus», par Racine.* **2.** Le moyen, l'instrument. *Voyage par avion. Par le fer et par le feu.* **3.** La manière. *Ranger des livres par ordre de grandeur.* **4.** L'idée de distribution. *Cent francs par personne.* **B.** Loc. prép. *De par :* au nom de; par l'ordre de. *De par la loi.* **C.** adv. **1.** *Par trop :* beaucoup trop. **2.** (Belgique) *Par après :* ensuite, après.

2. par [paʀ] n. m. SPORT Au golf, nombre minimum de coups nécessaires pour effectuer un parcours.

1. para-. Élément, du gr. *para,* «à côté de». ▷ CHIM Sert à désigner les dérivés isomériques ou polymériques.

2. para-, pare-. Éléments, du lat. *parare,* «protéger».

Pará, État du N. du Brésil, sur l'Atlantique, drainé par l'Amazone et couvert d'une forêt dense; 1248042 km²; 4617000 hab.; cap. *Belém.*

1. parabole [paʀabɔl] n. f. Récit allégorique (partic. de l'Évangile) qui renferme une vérité, un enseignement. *La parabole de l'enfant prodigue.* ▷ (Antilles fr.) *Parler en parabole :* parler par allusions, à mots couverts.

2. parabole [paʀabɔl] n. f. GEOM Courbe constituant le lieu géométrique des points équidistants d'un point fixe, appelé *foyer,* et d'une droite fixe, appelée *directrice.*

parabolé, ée [paʀabɔle] adj. et n. (Maghreb) Se dit d'une personne dont le domicile est équipé d'une antenne de télévision parabolique. ▷ Subst. *Un(e) parabolé(e).*

parabolique [paʀabɔlik] adj. (et n. f.) **1.** GEOM Relatif à la parabole. **2.** En forme de parabole. *Miroir, antenne parabolique.* ▷ n. f. (Maghreb) Antenne de télévision parabolique.

paraboloïde [paʀabɔlɔid] n. m. GEOM Surface du second degré dont le centre est rejeté à l'infini et qui admet une infinité de plans diamétraux, tous parallèles à une même droite. *Paraboloïde de révolution. Paraboloïde elliptique. Paraboloïde hyperbolique.*

Paracel (îles), groupe d'îlots de la mer de Chine méridionale, au S.-E. de l'île de Hainan (5,9 km²); gisement de phosphate. Elles sont revendiquées par la Chine et le Viêt-nam.

Paracelse (Philippus Aureolus Theophrastus Bombastus von Hohenheim, dit) (v. 1493 – 1541), médecin suisse. Il jeta l'anathème, à Bâle (1526-1528), sur la médecine «nouvelle» de son époque et préconisa les méthodes expérimentales. Ses théories ésotériques reposent sur l'analogie structurelle du monde extérieur et du corps humain, mais il pressentit l'importance de la nutrition et des facteurs psychiques dans le développement des maladies.

paracentèse [paʀasɛ̃tɛz] n. f. CHIR Ponction pratiquée pour évacuer un liquide séreux ou purulent collecté dans une partie du corps (plèvre, péritoine, oreille, etc.).

paracétamol [paʀasetamɔl] n. m. PHARM Dérivé de l'aniline aux propriétés analgésiques et antipyrétiques.

parachever [paʀaʃəve] v. tr. [16] Conduire à son total achèvement, parfaire.

parachimie [paʀaʃimi] n. f. Ensemble des activités concernant les produits dérivés de l'industrie chimique.

parachutage [paʀaʃytaʒ] n. m. Action de parachuter (qqch ou qqn).

parachute [paʀaʃyt] n. m. Appareil destiné à ralentir la chute des corps tombant d'une grande hauteur, constitué essentiellement d'une voilure en toile de soie ou de nylon, reliée à un système d'attaches entourant le parachutiste ou les objets à larguer.

parachuter [paʀaʃyte] v. tr. [1] **1.** Larguer d'un aéronef avec un parachute. *Parachuter du matériel, des troupes.* **2.** Fig., fam. Désigner inopinément pour un emploi, une tâche.

parachutisme [paʀaʃytism] n. m. Pratique du saut en parachute.

parachutiste [paʀaʃytist] n. et adj. **1.** Personne qui pratique le parachutisme. – adj. *Équipement parachutiste.* **2.** Militaire entraîné spécialement au parachutisme.

Paraclet, nom donné au Saint-Esprit dans l'évangile de Jean.

1. parade [paʀad] n. f. **1.** Étalage, exhibition de qqch que l'on juge enviable. *Faire parade de sa beauté, de son savoir.* **2.** Loc. adj. *De parade :* qui ne sert qu'à l'ornement. *Des vêtements de parade.* – Fig. Qui n'est pas sincère. *Une* *amabilité de parade.* **3.** Scène burlesque donnée par les bateleurs pour engager le public à aller voir le spectacle proposé. *Parade de cirque.* **4.** ZOOL *Parade nuptiale :* ensemble des comportements qui précèdent l'accouplement, chez de nombreux animaux (oiseaux, reptiles, poissons, insectes, etc.). *La parade des coqs de bruyère.* **5.** Défilé militaire où les troupes sont passées en revue.

2. parade [parad] n. f. **1.** SPORT Action de parer un coup (escrime, boxe, etc.). **2.** Fig. Riposte.

parader [parade] v. intr. [**1**] Se pavaner.

paradigme [paradigm] n. m. **1.** GRAM Mot qui sert de modèle pour une conjugaison, une déclinaison. *Le verbe «finir» est le paradigme du deuxième groupe.* **2.** LING Ensemble des formes d'un morphème lexical combiné avec ses désinences. (Ex. : dans le cas d'un verbe, l'ensemble des formes qui constituent sa conjugaison.)

paradis [paradi] n. m. **1.** Selon plusieurs religions, lieu où séjournent les bienheureux après leur mort. **2.** *Le Paradis terrestre :* le jardin habité par Adam et Ève, selon la Genèse. **3.** Fig. Lieu enchanteur. *Un paradis tropical.* – *Paradis fiscal :* pays où le régime fiscal est particulièrement avantageux. **4.** *Les paradis artificiels :* les sensations procurées par les drogues. **5.** Balcon, galerie tout en haut d'une salle de spectacle. **6.** *Oiseau de paradis :* paradisier. **7.** *Graine de paradis :* V. maniguette.

Paradis (Grand) (en ital. *Gran Paradiso*), massif des Alpes occidentales (4061 m), en Italie, près de la frontière française. – Parc national (56000 ha) créé en 1922, auquel fait suite le parc français de la Vanoise.

paradisiaque [paradizjak] adj. Qui appartient au paradis; digne du paradis. *Un séjour paradisiaque.* Syn. édénique.

paradisier [paradizje] n. m. Oiseau passériforme de Nouvelle-Guinée et d'Australie, appelé aussi *oiseau de paradis,* dont les plumes magnifiques ont des reflets métalliques.

Paradjanov (Paradjanian Sarkis, dit Serge) (1924 – 1990), cinéaste géorgien, d'origine arménienne, emprisonné sous Staline et Brejnev : *les Chevaux de feu* (1965), *la Légende de la forteresse de Souram* (1984).

paradoxal, ale, aux [paradɔksal, o] adj. **1.** Qui tient du paradoxe. *Une affirmation paradoxale.* **2.** Qui aime le paradoxe. *Un esprit paradoxal.* **3.** MED *Sommeil paradoxal :* V. sommeil.

paradoxalement [paradɔksalmɑ̃] adv. D'une manière paradoxale.

paradoxe [paradɔks] n. m. **1.** Proposition contraire à l'opinion commune. **2.** *Par ext.* Ce qui est en contradiction avec la logique, avec le bon sens.

parafe [paraf], **parafer** [parafe], **parafeur** [parafœr] n. m., v. tr. V. paraphe, parapher, parapheur.

paraffine [parafin] n. f. **1.** CHIM Nom générique des hydrocarbures saturés de formule C_nH_{2n+2}. Syn. alcane. ▷ Cour. Solide gras, de consistance cireuse, constitué d'un mélange de ces hydrocarbures. **2.** MED *Huile de paraffine,* utilisée comme laxatif.

paraffiné, ée [parafine] adj. Enduit ou imprégné de paraffine.

parafiscal, ale, aux [parafiskal, o] adj. De la parafiscalité.

parafiscalité [parafiskalite] n. f. Ensemble de charges ou taxes qui ne sont destinées ni au budget de l'État ni à celui des collectivités publiques.

parafoudre [parafudr] n. m. TECH Appareil qui protège les installations électriques des effets de la foudre.

parage [paraʒ] n. m. En boucherie, préparation des morceaux de viande, avant la vente au détail.

parages [paraʒ] n. m. pl. **1.** MAR *Parages de... :* espace, étendue de mer proche de (tel lieu). *Les parages de Terre-Neuve.* **2.** *Par ext.,* cour. Environs.

paragraphe [paragraf] n. m. **1.** Subdivision d'un texte en prose, constituée d'une ou de plusieurs phrases présentant une certaine unité de sens, typographiquement définie par un alinéa initial et un alinéa final. **2.** Signe typographique (§) qui signifie paragraphe (ex. *Voir page 6 § 2*).

Paraguay (le), riv. d'Amérique du Sud (2206 km); né au Brésil, dans le Mato Grosso, il traverse le Paraguay et conflue avec le Paraná à Corrientes, en Argentine. Sur une partie de son cours, il forme frontière entre le Paraguay et le Brésil, et entre le Paraguay et l'Argentine. Il est navigable.

Paraguay (république du) *(República del Paraguay),* État d'Amérique du Sud, au N. de l'Argentine; 406752 km²; 4200000 hab. (croissance : près de 3 % par an); cap. *Asunción.* Nature de l'État : rép. présidentielle. Langue off. : espagnol; le guarani est la langue usuelle. Monnaie : guarani. Pop. : métis (95 %), Blancs (3 %), Guaranis (2 %). Relig. officielle : catholicisme.
Géogr. et écon. – Le pays, au relief peu accidenté (alt. max. 1000 m), est drainé du N. au S. par le Paraguay, qui divise le territoire en deux parties. À l'E. et jusqu'au Paraná (qui sert de frontière avec le Brésil et l'Argentine), un bas plateau boisé est coupé de vallées fertiles, au climat tempéré chaud et humide : plus de 95 % des hab. sur 40% de l'espace national. À l'O., le vaste Chaco, région de plaines, plus continental et plus sec, est voué à l'élevage extensif. Les exportations agric. sont importantes : soja, maïs, coton, viande. Le barrage d'Itaipú, sur le Paraná, construit avec le Brésil, permet d'exporter du courant; l'aménagement du barrage de Yacireta, plus au S., est en cours avec l'Argentine. Le trafic illicite (contrebande, drogue) est important.
Hist. – Colonisé par les Espagnols (XVIe s.), le pays fut évangélisé à partir de 1585 par les jésuites. Ceux-ci fondèrent les «réductions» (en esp. *reducciones,* de *reducir,* «adoucir», «civiliser»), communautés gérées par les Indiens et qui, à partir de 1639, assurèrent leur défense contre les Portugais du Brésil en quête d'esclaves. Après l'expulsion des jésuites (1768), les Guaranis furent exterminés ou dispersés par les Portugais et les Espagnols, mais leur culture avait survécu. Indépendant en 1811, le Paraguay, très peu hispanisé, continua à vivre, notam. sous la dictature de Francia (1814-1840), en économie fermée. Les successeurs de Francia, ses neveu et petit-neveu López, maintinrent cette originalité, ce qui provoqua la guerre de 1865-1870 contre le Brésil, l'Argentine et l'Uruguay. La pop. fut réduite au tiers; le territ., amputé. Les guerres contre la Bolivie (1928-1929 et 1932-1935) lui rendirent 120000 km² dans le Chaco (qui recèle peut-être du pétrole). De 1954 à 1989, le général Stroessner a exercé un pouvoir dictatorial, soutenu par les É.-U. Il fut renversé en févr. 1989 par le général Andrès Rodriguez, élu en mai à la prés. de la Rép. Élu en mai 1993, Juan Carlos Wasmosy lui a succédé. En 1995, le Mercosur* était inauguré.

paraguayen, enne [paragwejɛ̃, ɛn] adj. et n. Du Paraguay. ▷ Subst. *Un(e) Paraguayen(ne).*

Paraíba, État du N.-E. du Brésil, sur l'Atlantique; 56372 km²; 3146000 hab.; cap. *João Pessoa.* – Des plateaux peu élevés semi-arides dominent la plaine côtière. Tungstène et étain.

paraître [parɛtr] v. [**73**] (et n. m.) **A.** v. **I.** v. intr. **1.** Commencer à être visible, à exister; apparaître. *Elle lisait toujours lorsque le soleil parut.* «*Lorsque l'enfant paraît, adieu le ciel et la patrie et les poètes saints!*» (V. Hugo). **2.** Se montrer, être visible. *Son chagrin paraît, bien qu'elle le cache.* – *Dans une heure, il n'y paraîtra plus,* cela ne sera plus visible, sensible. **3.** Se montrer, manifester sa présence alors qu'on est attendu. *Paraître sur la scène.* **4.** Être publié, mis en vente. *Son dernier livre vient de paraître.* ▷ (Emploi impers.) *Il paraît chaque jour plusieurs journaux.* **5.** *Paraître* (+attribut du sujet ou inf.) : avoir l'apparence de, sembler. *Ton histoire me paraît bizarre. Il paraît souffrir.* **6.** *Absol.* Briller, se faire remarquer. *Il cherche trop à paraître.* **II.** v. impers. **1.** *Il paraît, il paraîtrait que :* on dit que, le bruit court que. – (En propos. incidente.) *Son frère, paraît-il, va se marier.* **2.** *Il (me, te,...) paraît :* il (me, te,...) semble. **B.** n. m. PHILO *Le paraître :* l'apparence.

Parakou, ville du Bénin; 120000 hab.; ch.-l. de la prov. de Borgou. Industrie textile.

paraky [parak] n. m. (Madag.) Tabac à chiquer. *Échanger des sachets de paraky.*

paralittérature [paraliteratyr] n. f. Didac. Ensemble des productions littéraires de caractère populaire, exclues du domaine de la «littérature» proprement dite (chansons, romans-photos, bandes dessinées, etc.).

parallaxe [paralaks] n. f. **1.** ASTRO *Parallaxe d'un astre :* angle sous lequel on verrait, depuis cet astre, un rayon terrestre. – *Parallaxe trigonométrique :* triangulation prenant pour base le diamètre de l'orbite terrestre, seule méthode qui permet de mesurer la distance des étoiles. **2.** TECH *Erreur de parallaxe,* commise lorsqu'on lit obliquement une graduation.

parallèle [paralɛl] adj. et n. **A.** adj. **I.** GEOM **1.** Se dit d'une ligne, d'une surface, également distante d'une autre ligne, d'une autre surface dans toute son étendue. *Lignes, plans parallèles.* ▷ n. f. *Par un point extérieur à une droite, il passe une seule parallèle à cette droite* (postulat d'Euclide). **2.** *Cercle parallèle* ou, n. m., *un parallèle :* cercle obtenu en coupant une surface de révolution par un plan perpendiculaire à son axe de révolution. ▷ *Spécial.* Chacun des cercles fictifs de la sphère terrestre parallèles au plan de l'équateur. *Parallèles et méridiens.* **II.** Fig. **1.** Semblable, qui se déroule dans des conditions analogues. *Deux destins parallèles.* **2.** Qui vise au même résultat. *Mener des actions parallèles.* **3.** Qui se développe en marge d'une institution, d'une organisation semblable, sans être officiellement reconnu. *Marché des changes parallèle.* ▷

Police parallèle. **B.** n. m. Comparaison suivie entre deux personnes, deux objets. *Établir un parallèle entre deux événements semblables.*

parallèlement [paʀalɛlmɑ̃] adv. De manière parallèle.

parallélépipède [paʀalelepipɛd] n. m. GEOM Prisme dont les six faces sont des parallélogrammes. ▷ *Parallélépipède rectangle,* dont les faces sont des rectangles.

parallélépipédique [paʀalelepipedik] adj. Qui a la forme d'un parallélépipède.

parallélisme [paʀalelism] n. m. **1.** État de droites, de plans, d'objets parallèles. *Parallélisme des roues d'un véhicule. Défaut de parallélisme.* **2.** Fig. Correspondance suivie, progression parallèle (entre des personnes, des choses que l'on compare).

parallélogramme [paʀalelɔgʀam] n. m. GEOM Quadrilatère dont les côtés opposés sont parallèles (et donc égaux).

paralogisme [paʀalɔʒism] n. m. LOG Raisonnement faux, mais fait sans intention d'induire en erreur (à la différence du sophisme).

paralysant, ante [paʀalizɑ̃, ɑ̃t] adj. Qui entraîne la paralysie.

paralysé, ée [paʀalize] adj. et n. Atteint de paralysie. ▷ Subst. *Un(e) paralysé(e).* ▷ Fig. *Pays paralysé par une grève générale.*

paralyser [paʀalize] v. tr. [1] **1.** Frapper (qqn) de paralysie (sens 1). **2.** *Par ext.* Rendre inerte (une partie du corps). *Le froid paralysait ses doigts.* **3.** Fig. Frapper d'inertie; empêcher d'agir, de fonctionner.

paralysie [paʀalizi] n. f. **1.** Perte ou déficience des mouvements volontaires dans une région du corps, due à une affection musculaire ou, plus souvent, à une lésion nerveuse centrale ou périphérique. **2.** Fig. Impossibilité d'agir; arrêt de l'activité. *Paralysie d'une usine privée de courant électrique.*

paralytique [paʀalitik] adj. et n. Qui est atteint de paralysie. – Subst. *Un(e) paralytique.*

Paramaribo, capitale du Surinam, port à l'embouchure du *Surinam*; 160 000 habitants.

paramécie [paʀamesi] n. f. ZOOL Gros protozoaire cilié (jusqu'à 0,2 mm de long) commun dans les eaux douces stagnantes.

paramédical, ale, aux [paʀamedikal, o] adj. Qui appartient au domaine de la santé et des soins sans toutefois relever des attributions du personnel médical.

paramètre [paʀamɛtʀ] n. m. MATH Lettre désignant dans une équation une grandeur donnée, mais à laquelle on peut envisager d'attribuer des valeurs différentes. ▷ Didac., fig. Donnée dont il faut tenir compte pour juger d'une question, régler un problème.

paramétrer [paʀametʀe] v. tr. [1] MATH Établir les paramètres de. ▷ INFORM Remplacer certaines variables par des paramètres.

paramétrique [paʀametʀik] adj. MATH Se dit d'une fonction qui comporte un ou des paramètres.

paramilitaire [paʀamilitɛʀ] adj. Qui est organisé comme une armée. *Groupes paramilitaires.*

Paraná (le), fl. d'Amérique du Sud (3 300 km); né au Brésil de la réunion du Paranaíba (957 km) et du rio Grande, il sépare le Brésil du Paraguay, puis ce pays de l'Argentine, et forme, avec le fl. Uruguay, le río de La Plata. Des chutes y entravent la navigation.

Paraná, État du S. du Brésil, montagneux et boisé, entre le Paraná et l'Atlantique; 199 554 km^2; 8 308 000 hab.; cap. *Curitiba.*

parangon [paʀɑ̃gɔ̃] n. m. Litt. *Parangon de... :* modèle de... *Parangon de vertu.*

paranoïa [paʀanɔja] n. f. PSYCHIAT Psychose caractérisée par la surestimation du moi, la méfiance, la susceptibilité, l'agressivité et qui engendre un délire de persécution.

paranoïaque [paʀanɔjak] adj. et n. PSYCHIAT **1.** Relatif à la paranoïa. *Délire paranoïaque.* **2.** Qui est atteint de paranoïa. ▷ Subst. *Un(e) paranoïaque.* **3.** Cour. Se dit d'un comportement qui évoque la paranoïa. ▷ Subst. Personne qui a ce type de comportement.

paranormal, ale, aux [paʀanɔʀmal, o] adj. Se dit d'un certain nombre de phénomènes, avérés ou non, qui ne pourraient être expliqués que par l'intervention de forces inconnues dans l'état actuel de nos connaissances.

parapente [paʀapɑ̃t] n. m. Sport qui consiste à sauter en parachute, en décollant d'un sol en pente.

parapet [paʀapɛ] n. m. Cour. Mur à hauteur d'appui servant de garde-fou.

paraphe ou **parafe** [paʀaf] n. m. Marque mise avec la signature. *Une signature au paraphe compliqué.* ▷ Signature abrégée.

parapher ou **parafer** [paʀafe] v. tr. [1] Apposer son paraphe sur (qqch). Syn. (Québec) initialer.

paraphernal, ale, aux [paʀafɛʀnal, o] adj. DR *Biens paraphernaux :* biens d'une femme mariée qui ne sont pas constitués en dot.

parapheur ou **parafeur** [paʀafœʀ] n. m. Dossier à compartiments destiné à recevoir des lettres soumises à la signature d'un responsable. Syn. (Belgique, Luxembourg) signataire.

paraphrase [paʀafʀɑz] n. f. Développement explicatif d'un terme ou d'un texte. ▷ *Spécial.* Énoncé synonyme d'un autre énoncé. «*Marie est aimée de Pierre*» *est la paraphrase de* «*Pierre aime Marie*».

paraphraser [paʀafʀɑze] v. tr. [1] Faire la paraphrase de, expliquer par une paraphrase.

paraphrastique [paʀafʀastik] adj. Didac. Qui tient de la paraphrase.

paraplégie [paʀapleʒi] n. f. MED Paralysie des deux membres supérieurs ou inférieurs.

paraplégique [paʀapleʒik] adj. et n. MED **1.** Qui présente le caractère de la paraplégie. **2.** Qui est atteint de paraplégie. ▷ Subst. *Un, une paraplégique.*

parapluie [paʀaplɥi] n. m. Objet portatif pour se protéger de la pluie. Syn. (Afr. subsah., oc. Indien) parasol.

parapsychologie [paʀapsikɔlɔʒi] n. f. Étude des phénomènes psychiques inexpliqués (prémonition, télépathie, télékinésie, etc.).

parapublic, ique [paʀapyblik] adj. Partiellement public. *Une institution parapublique.*

pararthropodes [paʀaʀtʀɔpɔd] n. m. pl. ZOOL Embranchement d'invertébrés plus primitifs que les arthropodes. – Sing. *Un pararthropode.*

parascolaire [paʀaskɔlɛʀ] adj. Qui complète l'enseignement donné à l'école. *Activités parascolaires.*

parasismique [paʀasismik] adj. Qui vise à protéger des effets des séismes.

parasitaire [paʀazitɛʀ] adj. **1.** BIOL Relatif aux parasites. ▷ MED *Maladie parasitaire,* due à la présence de parasites dans l'organisme. **2.** Fig. Qui vit en parasite.

parasite [paʀazit] n. m. et adj. **I.** n. m. Personne qui vit aux dépens d'autrui. *Vivre en parasite.* **II.** n. m. et adj. BIOL Être vivant qui puise les substances qui lui sont nécessaires dans l'organisme d'un autre *(hôte),* auquel il cause un dommage. *Le ténia est un parasite du tube digestif des vertébrés.* – adj. *Un animal parasite.* **III. 1.** n. m. Perturbation dans la réception des signaux radioélectriques. **2.** adj. Fig. Superflu, qui alourdit. *Mots parasites.*

parasiter [paʀazite] v. tr. [1] **1.** Vivre aux dépens de (qqn). **2.** BIOL Vivre aux dépens de (un organisme, un être vivant). **3.** Perturber par des parasites (la réception de signaux électriques).

parasiticide [paʀazitisid] adj. et n. m. Didac. Qui tue les parasites. ▷ n. m. Produit parasiticide.

parasitisme [paʀazitism] n. m. **1.** État du parasite, de la personne qui vit aux dépens d'autrui. **2.** BIOL Condition de vie d'un parasite.

parasitologie [paʀazitɔlɔʒi] n. f. MED Étude des maladies parasitaires.

parasitose [paʀazitoz] n. f. MED Maladie causée par un parasite.

parasol [paʀasɔl] n. m. Écran pliant, semblable à un grand parapluie, que l'on déploie pour se protéger du soleil. ▷ (Afr. subsah., oc. Indien) Syn. de *parapluie*; ombrelle.

parasolier [paʀasɔlje] n. m. Arbre d'Afrique équatoriale (fam. moracées) à racines en échasse et à larges feuilles.

parastatal, ale, aux [paʀastatal, o] adj. (et n. m.) (Belgique) ADMIN Se dit d'une entreprise ou d'un organisme semi-public. ▷ n. m. Organisme semi-public.

parasympathique [paʀasɛ̃patik] adj. et n. m. PHYSIOL *Le système nerveux parasympathique* ou, n. m., *le parasympathique :* la partie du système végétatif innervant le cœur, les poumons, le tube digestif, etc.

parasynthétique [paʀasɛ̃tetik] adj. et n. m. LING Qui est formé par l'adjonction de plusieurs affixes à une base. ▷ n. m. *Anti-constitution-nelle-ment est un parasynthétique.*

parataxe [paʀataks] n. f. LING Procédé syntaxique consistant à juxtaposer des phrases, sans expliciter par des particules de subordination ou de coordination le rapport qui les lie. (Ex. *Il pleut, je ne sortirai pas,* au lieu de : *je ne sortirai pas parce qu'il pleut.*)

parathormone [paʀatɔʀmɔn] n. f. BIOL Hormone synthétisée par les glandes parathyroïdes et qui joue un rôle dans l'équilibre phosphocalcique.

parathyroïde [paʀatiʀɔid] n. f. ANAT Chacune des quatre glandes situées sur la face postérieure de la thyroïde et qui sécrètent la parathormone.

paratonnerre [paʀatɔnɛʀ] n. m. Appareil destiné à protéger les bâtiments de la foudre.

paratyphique [paratifik] adj. et n. **1.** MED Relatif à la paratyphoïde. ▷ *Bacille paratyphique :* bacille, voisin du bacille d'Eberth, qui détermine les paratyphoïdes. **2.** Qui est atteint de paratyphoïde. ▷ Subst. *Un(e) paratyphique.*

paratyphoïde [paratifɔid] n. f. MED Maladie infectieuse due au bacille paratyphique A ou B, proche de la fièvre typhoïde, mais occasionnant généralement des troubles moins graves.

paravent [paravɑ̃] n. m. **1.** Ensemble de panneaux verticaux articulés et souvent décorés, servant à dissimuler à la vue. **2.** Fig. Ce qui sert à masquer, à dissimuler.

paravivipare [paravivipaʀ] adj. BIOL Qualifie le mode de reproduction où l'œuf est gardé par le père ou par la mère, dans une cavité du corps, jusqu'à éclosion. *L'hippocampe est paravivipare.*

parbleu ! [parblø] interj. Vieilli Juron atténué (*par Dieu!*) marquant l'affirmation d'une évidence.

parc [paʀk] n. m. **I. 1.** ELEV Clôture faite de claies, où l'on enferme les moutons. – Pâture entourée de fossés, où l'on engraisse les bœufs. ▷ (oc. Indien) *Parc à bœufs,* où les paysans parquent leurs zébus pour la nuit. **2.** PECHE Clôture de filets pour prendre le poisson. – Lieu clos où l'on élève des coquillages. *Parc à huîtres.* **3.** Petite clôture mobile à l'intérieur de laquelle on laisse jouer un très jeune enfant. **4.** TECH Emplacement de stockage à l'air libre. *Parc à ferrailles.* **5.** AUTO *Parc de stationnement :* emplacement, construction aménagés pour le stationnement des véhicules. Syn. (off. déconseillé) parking, (Québec) stationnement. **6.** TECH Ensemble des véhicules d'une entreprise, d'un pays. *Parc de camions d'une société de transports.* **II. 1.** Grande étendue boisée et close, réserve de gibier. ▷ *Parc régional, national :* zone à l'intérieur de laquelle sont protégées les richesses naturelles d'une région, d'une nation (notam. les espèces végétales et animales). ▷ *Parc zoologique :* lieu où sont maintenus captifs des animaux présentés au public. Syn. zoo. **2.** Grand jardin d'agrément dépendant d'une habitation importante. *Le parc de Versailles.* **3.** Grand jardin public.

parcage [parkaʒ] n. m. **1.** Action de parquer. **2.** Action de faire séjourner un troupeau dans un endroit clos, en partic. pour y fumer le sol. **3.** Action de garer un véhicule. Syn. (officiellement recommandé) de *parking.*

parcellaire [parsɛl(l)ɛʀ] adj. **1.** Qui est divisé en parcelles. *Cadastre parcellaire.* **2.** Qui concerne les parcelles d'une terre. – (Suisse) *Remaniement parcellaire :* remembrement.

parcelle [parsɛl] n. f. **1.** Très petit morceau, petit fragment. *Une parcelle de pain.* ▷ Fig. *Il n'a pas la moindre parcelle d'intelligence.* **2.** Portion de terrain de même culture. **3.** (Afr. subsah.) Portion de terrain bâti ou à bâtir.

parcellisation [parsɛl(l)izasjɔ̃] n. f. Didac. Action de parcelliser; fragmentation. *La parcellisation des tâches dans le travail à la chaîne.*

parcelliser [parsɛl(l)ize] v. tr. [1] Diviser en parcelles, en petits éléments. Syn. fragmenter, morceler. – Fig. *Parcelliser une tâche.*

parce que [pars(ə)kə] loc. conj. (Introduisant l'expression de la cause.) *Il le fera parce qu'on l'y oblige.* ▷ (Employé seul.) (Dans une phrase elliptique de la proposition causale, pour marquer un refus de donner des raisons.) *Pourquoi n'obéis-tu pas? – Parce que.* ▷ (Dans une phrase elliptique de la proposition principale, comme liaison entre deux membres de phrase.) *Vous y tenez? Parce que je pourrais le prendre.*

parche [parʃ] n. f. BOT Enveloppe scléreuse de la graine du caféier. *Café en parche.*

parchemin [parʃəmɛ̃] n. m. **1.** Peau finement tannée, utilisée autrefois comme support de l'écriture et employée aujourd'hui en reliure. **2.** Fam. Diplôme universitaire.

parcheminé, ée [parʃəmine] adj. Qui a la consistance ou l'aspect du parchemin. *Papier parcheminé.* ▷ Fig. *Peau parcheminée,* ridée et desséchée.

parchet [parʃɛ] n. m. (Suisse) Parcelle de vignoble.

parcimonie [parsimɔni] n. f. Épargne portant sur les petites choses. *User de qqch avec parcimonie.* ▷ Fig. *Distribuer des éloges avec parcimonie.* Ant. prodigalité, profusion.

parcimonieux, euse [parsimɔnjø, øz] adj. Qui témoigne de parcimonie. Ant. prodigue.

parclose [parkloz] n. f. CONSTR Moulure servant à fixer une vitre dans la feuillure d'un châssis.

parcmètre [parkmɛtʀ] n. m. Appareil servant à contrôler la durée du stationnement payant des voitures. Syn. (Québec, Suisse) parcomètre.

parcomètre [parkɔmɛtʀ] n. m. (Québec, Suisse) Parcmètre.

parcourir [parkuʀiʀ] v. tr. [26] **1.** Visiter dans toute son étendue, aller d'un bout à l'autre de. *Parcourir une rue, une ville.* ▷ Fig. *Un frisson la parcourut.* **2.** Effectuer (un trajet). *Parcourir une longue distance.* **3.** Fig. Lire rapidement et superficiellement.

parcours [parkuʀ] n. m. **1.** Action de parcourir. – Distance parcourue. *Effectuer le parcours en quatre heures.* **2.** Itinéraire suivi pour aller d'un point à l'autre. *Parcours d'un fleuve, d'un autobus.* ▷ SPORT Circuit déterminé sur lequel s'effectue une épreuve. ▷ MILIT *Parcours du combattant,* effectué par des soldats à l'entraînement sur un circuit comportant de nombreux obstacles. **3.** ELEV En zone tropicale, ensemble de pâturages fréquentés par les troupeaux en élevage extensif. *Les parcours des steppes et savanes tropicales.*

par-delà [pardəla] loc. prép. V. delà.

par-derrière [pardɛrjɛʀ] loc. adv. V. derrière.

par-dessous [pardəsu] loc. prép. V. dessous 1, sens II.

par-dessus [pardəsy] loc. prép. V. dessus 1.

pardessus [pardəsy] n. m. Vêtement de ville masculin porté par-dessus les autres vêtements quand il fait froid. Syn. (Belgique, France rég., Québec) paletot.

par-devant [pardəvɑ̃] loc. prép. V. devant.

pardi ! [pardi] ou **pardieu !** [pardjø] interj. Exclamations marquant l'affirmation d'une évidence.

Pardo (traité du), traité conclu au Pardo (bourg d'Espagne proche de Madrid), en 1778, entre le Portugal et l'Espagne, qui reçut le territoire nommé auj. Guinée équatoriale.

pardon [pardɔ̃] n. m. **1.** Action de pardonner. *Accorder son pardon.* **2.** *Je vous demande pardon* ou, ellipt., *pardon :* formules de politesse prononcées pour s'excuser. – *Pardon? :* avec une intonation interrogative, pour prier un interlocuteur de répéter ce que l'on n'a pas entendu ou compris.

pardonnable [pardɔnabl] adj. Qui peut être pardonné. Syn. excusable.

pardonner [pardɔne] v. [1] **I.** v. tr. **1.** Accorder la rémission de (une faute), renoncer à la punir. *Pardonner une faute à qqn.* ▷ Absol. *Pardonner à ses ennemis.* **2.** Considérer sans sévérité, excuser. *Vous voudrez bien me pardonner cette digression.* **II.** v. intr. (Toujours en tournure négative.) Épargner. *La mort ne pardonne à personne.* – *Ce poison ne pardonne pas,* il est mortel. **III.** v. pron. **1.** (Passif) Être digne de pardon, excusable. *Une telle faute ne se pardonne pas.* **2.** (Récipr.) *Se pardonner mutuellement.* **3.** (Réfl.) *Je ne me le pardonnerai jamais.*

-pare, -parité. Éléments, du lat. *-parus,* de *parere,* «engendrer».

pare-. V. para- 2.

1. paré, ée [paʀe] adj. **1.** Orné, embelli. **2.** Arrangé, préparé pour un usage déterminé. ▷ Spécial. CUIS *Volaille parée,* prête pour la cuisson.

2. paré, ée [paʀe] adj. **1.** Qui a pris les dispositions nécessaires pour se protéger. **2.** MAR Prêt, préparé. *Le mouillage est paré.*

Paré (Ambroise) (v. 1509 – 1590), chirurgien français : travaux sur la circulation du sang; technique de ligature des vaisseaux dans les amputations. Il prit part à de nombreuses campagnes militaires et servit plusieurs rois.

pare-balles [parbal] n. m. inv. Dispositif servant à protéger des balles. ▷ adj. inv. *Gilet pare-balles.*

pare-brise [parbriz] n. m. inv. Plaque de matière transparente située à l'avant d'un véhicule pour protéger les passagers du vent, des intempéries, des projections de gravillons.

pare-chocs [parʃɔk] n. m. inv. Chacune des deux pièces fixées à l'avant et à l'arrière d'un véhicule automobile pour amortir les chocs.

pare-feu [parfø] n. m. inv. Dispositif destiné à empêcher la propagation du feu. – (En appos.) *Portes pare-feu.* ▷ *Spécial.* Coupe, tranchée ménagée à cet effet dans une forêt.

parégorique [paʀegɔʀik] adj. MED *Élixir parégorique :* préparation opiacée utilisée dans le traitement de certaines diarrhées.

pareil, eille [paʀɛj] adj., adv. et n. **I.** adj. **1.** Semblable, identique, analogue. ▷ *L'an passé, à pareille époque,* à la même époque. **2.** Tel, de cette nature. *Vous n'allez pas sortir par un temps pareil!* **II.** adv. **1.** Pop. De la même manière. *Elles sont coiffées pareil.* **2.** Pop. Aussi, également. *Tu rentres? Moi pareil.* **3.** (Québec) Fam. Quand même. *Il pleut, mais elle y va pareil.* **III.** n. **1.** Personne égale, semblable à une autre; pair. ▷ *Il n'a pas son pareil au monde :* il est extraordinaire, sans égal. **2.** Chose équivalente, semblable à une autre. *J'ai un chandelier et je cherche le pareil.* ▷ Loc. adj. *Sans pareil(le) :* incomparable, inégalable. **3.** n. f. *Rendre* *la pareille à qqn,* lui faire subir le traitement qu'on a reçu de lui.

pareillement [paʀɛjmɑ̃] adv. **1.** De la même manière. **2.** Aussi. *Vous le pensez, et moi pareillement.*

par(h)élie [paʀeli] n. f. ou m. Didac. Phénomène lumineux ayant l'apparence d'une tache colorée, dû à la réflexion des rayons du soleil sur des nuages formés de cristaux de glace.

parement [paʀmɑ̃] n. m. **1.** Morceau d'étoffe riche ou de couleur tranchante ornant un vêtement. **2.** CONSTR Face visible d'un ouvrage de maçonnerie. *Parement de plâtre.*

parenchyme [paʀɑ̃ʃim] n. m. **1.** ANAT Tissu fonctionnel d'un organe (par oppos. au tissu conjonctif). *Parenchyme hépatique, rénal, pancréatique.* **2.** BOT Tissu végétal de réserve ou de remplissage.

parent, ente [paʀɑ̃, ɑ̃t] n. et adj. **A.** n. **I. 1.** *Les parents :* le père et la mère. *Association de parents d'élèves.* – DR *Le parent survivant.* ▷ *Parents adoptifs.* ▷ ZOOL Être vivant par rapport à l'être qu'il a engendré. **2.** (Plur.) Personnes dont on descend. *Nos lointains parents de l'âge de pierre.* **II.** Personne avec laquelle il existe un lien de parenté. *C'est un parent de mon mari. Parents et amis.* ▷ Fig. *Traiter en parent pauvre :* n'accorder que peu de soin et d'intérêt à (qqn, qqch); négliger. ▷ (Afr. subsah.) *Parent(e) à plaisanterie :* personne à qui on est lié par la parenté* à plaisanterie. **B.** adj. Fig. Comparable, analogue. *Ses conceptions sont parentes des miennes.*

parental, ale, aux [paʀɑ̃tal, o] adj. Didac. Qui appartient aux parents, relatif aux parents. *Autorité parentale.* ▷ BIOL Propre au parent en tant que géniteur.

1. parenté [paʀɑ̃te] n. f. **1.** Rapport entre personnes qui descendent les unes des autres ou qui ont un ascendant commun; rapport entre personnes unies par une alliance (mariage) ou par une adoption. ▷ (Afr. subsah.) *Parenté* (ou *cousinage*) *à plaisanterie :* lien mythique entre deux groupes de personnes (groupes ethniques ou patronymiques), qui autorise entre leurs membres des railleries poussées. ▷ Fig. RELIG *Parenté spirituelle :* pour les chrétiens, relation existant entre le parrain ou la marraine et le filleul ou la filleule; *par ext.,* affinité intellectuelle. ▷ SOCIOL *Système de parenté :* ensemble des relations qui, dans toute société, définissent un certain nombre de groupes et de sous-groupes, et déterminent les obligations et les interdictions auxquelles doivent se soumettre leurs membres. *Parenté matrilinéaire, patrilinéaire.* **2.** Ensemble des parents et des alliés d'une même personne. **3.** Rapport (entre deux ou plusieurs choses, classes d'objets, etc.) fondé sur une communauté d'origine. *Parenté entre les langues romanes.* ▷ Affinité, analogie, ressemblance. *La parenté de deux peintres.*

2. parenté, ée [paʀɑ̃te] adj. (Afr. subsah.) Apparenté. *Il est parenté avec un ministre.*

parentéral, ale, aux [paʀɑ̃teʀal, o] adj. MED *Voie parentérale :* voie d'introduction d'une substance autre que la voie digestive.

parenthèse [paʀɑ̃tɛz] n. f. **1.** Insertion dans une phrase, un discours, d'un développement accessoire; ce développement. **2.** Chacun des deux signes typographiques ( ) qui enferment les mots d'une parenthèse. *Mettez la phrase entre parenthèses.* – Fig. *Ouvrir, fermer une parenthèse :* entamer une digression, la terminer. ▷ MATH Ces signes, isolant une expression algébrique et notant qu'une même opération doit s'appliquer à cette expression tout entière. ▷ Loc. adv. *Entre parenthèses, par parenthèse :* incidemment. ▷ Fig. *Mettre entre parenthèses :* faire momentanément abstraction de.

paréo [paʀeo] n. m. Vêtement traditionnel des femmes tahitiennes, pièce d'étoffe drapée autour du corps. Syn. (Nouv.-Cal., Wallis-et-F.) manou.

1. parer [paʀe] v. [1] **I.** v. tr. **1.** Litt. Orner, embellir. *Parer une salle pour une cérémonie.* – *Spécial.* Vêtir (qqn) d'habits de fête. *On l'avait paré de son plus joli costume.* – Fig. *Parer qqn de tous les mérites.* ▷ (Sujet n. de chose.) *Les fleurs qui parent le jardin.* **2.** Arranger, préparer pour un usage déterminé. ▷ CUIS Arranger, préparer pour rendre propre à l'usage, à la consommation. *Parer de la viande, une volaille.* **3.** MAR Préparer pour la manœuvre. **II.** v. pron. Se vêtir avec soin de beaux vêtements, bijoux, etc. ▷ Fig., litt. *Se parer des vertus qu'on n'a pas.*

2. parer [paʀe] v. [1] **1.** v. tr. dir. *Parer un coup, une attaque,* l'écarter, l'esquiver. – Fig. *Parer le coup :* éviter par des moyens appropriés une éventualité fâcheuse. ▷ MAR *Parer un cap,* le doubler en passant au large. **2.** v. tr. ind. *Parer à :* se garantir contre. *Parer à toute éventualité.*

pare-soleil [paʀsɔlɛj] n. m. inv. Écran destiné à protéger des rayons directs du soleil.

paresse [paʀɛs] n. f. **1.** Tendance à éviter toute activité, à refuser tout effort. Syn. (France rég., Réunion) cagne. **2.** MED Manque d'activité d'un organe. *Paresse intestinale.*

paresser [paʀese] v. intr. [1] Se laisser aller à la paresse; ne rien faire.

paresseusement [paʀɛsøzmɑ̃] adv. **1.** Avec paresse. **2.** Fig. Avec lenteur.

paresseux, euse [paʀɛsø, øz] adj. et n. **1.** adj. Qui aime à éviter le travail, l'effort. *Être paresseux comme un loir, comme une couleuvre.* ▷ Subst. *Un paresseux, une paresseuse.* **2.** adj. Qui dénote une certaine paresse. *Gestes paresseux.* ▷ MED Dont l'activité est anormalement faible, lente. *Intestin paresseux.* **3.** n. m. ZOOL Mammifère xénarthre aux mouvements très lents (unaus et aïs). **4.** n. m. (Afr. subsah.) Nom parfois donné au potto.

paresthésie [paʀɛstezi] n. f. MED Trouble de la sensibilité; anesthésie légère.

Pareto (Vilfredo Frederigo Samaso) (1848 – 1923), économiste et sociologue italien. En 1893, il obtint la chaire d'économie politique à l'université de Lausanne. Il s'efforça d'établir la science écon. sur des bases mathématiques et formula une *théorie de l'équilibre dans un marché pur et parfait.* Princ. œuvres : *Cours d'économie politique* (1896-1897), *Systèmes socialistes* (1902), *Traité de sociologie générale* (1916).

parfaire [paʀfɛʀ] v. tr. [10] **1.** Compléter en ajoutant ce qui manque. *Parfaire une somme.* **2.** Achever, mener jusqu'à son terme. *Parfaire un ouvrage.*

parfait, aite [paʀfɛ, ɛt] adj. et n. m. **A.** adj. **I. 1.** Qui réunit toutes les qualités; sans nul défaut. *Nul n'est parfait.* **2.** Aussi accompli qu'il est possible; qui ne saurait être amélioré, dépassé dans son genre. *Un travail parfait.* ▷ Irréprochable. *Sa mère a été parfaite en toutes circonstances.* **II. 1.** Complet, total; qui correspond exactement à un modèle, un idéal. *Filer le parfait amour.* – Iron. *Un parfait imbécile.* ▷ MATH *Nombre parfait :* nombre égal à la somme de ses diviseurs. (Ex. : 6=1+2+3.) **2.** MUS *Accord parfait,* formé de la tonique, de la tierce et de la quinte (do, mi, sol, dans le ton de do majeur). **B.** n.m. **1.** LING Aspect* du verbe présentant l'action non pas dans son déroulement mais comme achevée, ou comme un procès pur, indépendamment de toute relation temporelle. Syn. perfectif, accompli. **2.** Crème glacée. *Parfait au café.*

parfaitement [paʀfɛtmɑ̃] adv. **1.** De manière parfaite. **2.** D'une manière absolue, complète. **3.** (Employé comme particule affirmative.) Assurément.

parfois [paʀfwa] adv. Quelquefois, de temps à autre.

parfum [paʀfœ̃] n. m. **1.** Odeur aromatique qui s'exhale d'une substance. *Le parfum du jasmin.* **2.** Substance odorante, naturelle ou synthétique; mélange de ces substances. *Un flacon de parfum.*

parfumé, ée [paʀfyme] adj. **1.** Qui exhale un parfum agréable. **2.** Qui a une saveur prononcée. *Une mangue parfumée.* **3.** Imprégné de parfum.

parfumer [paʀfyme] v. tr. [1] **1.** Remplir d'une bonne odeur. *Les fleurs parfument l'air.* **2.** Répandre du parfum sur. *Parfumer son bain.* ▷ v. pron. Imprégner ses vêtements, son corps de parfum. **3.** Aromatiser (un mets).

parfumerie [paʀfymʀi] n. f. Fabrication, commerce des parfums et des produits de beauté.

parfumeur, euse [paʀfymœʀ, øz] n. **1.** Fabricant, créateur de parfums. **2.** Personne qui vend des parfums, des produits de beauté.

parhélie [paʀeli] n. f. ou m. V. parélie.

pari [paʀi] n. m. **1.** Gageure, promesse réciproque par laquelle plusieurs personnes, qui soutiennent des avis contraires, s'engagent à payer une certaine somme à celui qui se trouvera avoir raison. **2.** Jeu d'argent dans lequel les gains reviennent aux joueurs qui ont désigné par avance le gagnant ou les concurrents les mieux placés d'une compétition (d'une course de chevaux, notam.). Syn. (oc. Indien) pariage. – *Pari mutuel urbain* (P.M.U.). **3.** PHILO *Pari de Pascal :* argument des *Pensées* destiné aux incroyants et qui montre la disproportion des enjeux selon que l'on croit ou non à l'existence de Dieu : «Si vous gagnez (Dieu existe), vous gagnez tout; si vous perdez (Dieu n'existe pas), vous ne perdez rien.»

paria [paʀja] n. m. En Inde, individu hors caste, considéré comme appartenant au dernier degré de l'échelle sociale, privé de droits, contraint de vivre exclu. V. intouchable. *La classe des parias a été officiellement abolie en 1947.* ▷ Fig., cour. Personne méprisée, exclue du groupe social.

pariade [paʀjad] n. f. **1.** ZOOL Saison où les oiseaux s'apparient pour l'accouplement; cet accouplement. **2.** *Par ext.* Couple d'oiseaux.

pariage [paʀjaʒ] n. m. (oc. Indien) Pari (sens 2).

parier [paʀje] v. tr. [1] **1.** Faire un pari, une gageure. *Veux-tu parier que j'ai raison?* **2.** Engager (telle somme) dans un jeu d'argent fondé sur une compétition. *Parier cent francs sur le favori.* **3.** *Par ext.* Soutenir avec assurance. *Il y a gros à parier que... :* il y a de fortes raisons de croire que...

pariétal, ale, aux [paʀjetal, o] adj. et n. **I.** adj. **1.** ANAT Relatif à la paroi d'une cavité. *Os pariétal,* ou, n. m., *un, le pariétal :* chacun des deux os qui forment les côtés de la voûte crânienne. **2.** PREHIST *Peintures, gravures pariétales,* faites sur les parois rocheuses des grottes. **II.** n. f. pl. Groupe de plantes dicotylédones, dont les placentas sont logés dans les parois du pistil. – Sing. *Une pariétale.*

parieur, euse [paʀjœʀ, øz] n. Personne qui parie.

Paris, cap. de la France, sur la Seine, dans le Bassin parisien; 2152423 hab.; 20499,2 hab./km². La ville de Paris forme à elle seule un dép. (75), qui couvre 105 km² et fait partie de la Région Île-de-France, dont elle est le ch.-l. – L'aggl. parisienne, s'étend sur 12001 km² et compte 10660554 hab.
Situation géogr. – Paris occupe le cœur d'une zone où convergent des riv. navigables : Seine, Marne et Oise. La ville présente un amphithéâtre de buttes (notam. Montmartre, Belleville, Ménilmontant, montagne Sainte-Geneviève) autour d'une plaine formée par la Seine, qui décrit un méandre et que sépare en deux bras un groupe d'îles, dont la plus vaste est l'île de la Cité.
Fonctions. – Paris est le centre polit., admin., comm., écon. de la France; les grandes banques et 64 % des sociétés françaises y ont leur siège; la Bourse traite 95 % des transactions. Paris a une richesse architecturale exceptionnelle (V. [hôtel des] Invalides, Louvre, Notre-Dame de Paris, Opéra, Opéra-Bastille, Pompidou [CNAC], Eiffel). Ses nombr. musées sont riches (Louvre, musée d'Orsay*, etc.). Ses universités sont réputées. La grande industrie s'est déplacée vers la banlieue. La ville s'est spécialisée dans les produits finis de haute technicité et l'industr. de luxe (articles de Paris). Les routes, les voies ferrées convergent vers Paris, premier port fluvial de France, siège d'un archevêché et d'organismes internationaux (Unesco, O.C.D.É., etc.); les jeux Olympiques s'y sont déroulés en 1900 et 1924. – Paris est devenu une ville-département en 1964. La fonction de maire de Paris, abolie en 1871, a été rétablie en 1976.
Hist. – La cité des Parisii, tribu celte installée dans l'île de la Cité, prit le nom de *Lutèce* après la conquête romaine (52 av. J.-C.). Ravagée par les invasions germaniques à partir du IIIe s., elle fut réduite à l'île de la Cité et prit alors le nom de Paris. Cap. de Clovis, Paris fut christianisé au Ve s. et préservé des Huns grâce à sainte Geneviève (451). Délaissée par les Carolingiens, la ville subit les raids des Normands, auxquels elle résista en 885-886. Cap. des Capétiens, elle déborda sur la rive dr. et connut un grand essor, surtout à partir de Philippe Auguste (1180-1223), qui la dota d'une enceinte. Acquise aux Anglais, la ville fut reprise par Charles VII (1436). À la fin du XVe s., elle est la princ. ville d'Occident (200000 hab.), et un grand foyer intellectuel et artistique. Déchirée par les guerres de Religion (XVIe s.), puis troublée par la Fronde (1648-1653), elle fut abandonnée au profit de Versailles par Louis XIV et ses successeurs. Elle joua un rôle politique considérable durant la Révolution. Paris se transforma au XIXe s. (714000 hab. en 1817; 2714000 hab. en 1900) et fut le théâtre de révolutions (1830, 1848, 1871); d'importants travaux, notam. par le préfet Haussmann (Second Empire), lui donnèrent sa physionomie actuelle.

Paris (conférences de), nom de diverses réunions internationales tenues à Paris, notam. : – celle de nov.-déc. 1945 dont l'objet était de fixer le pourcentage du total des réparations de guerre dues aux nations victorieuses devant être attribué à chaque pays; – celle de juil.-oct. 1946, dite des *21 Nations,* jetant les bases des traités de paix avec l'Italie, la Roumanie (V. dossier Roumanie p. 1486), la Hongrie, la Bulgarie (V. dossier Bulgarie p. 1389 et la Finlande, pays alliés de l'Allemagne; – celle de mai 1968-janv. 1973 entre les États-Unis, le Viêt-nam du Nord, le Viêt-nam du Sud et le gouvernement révolutionnaire provisoire du Viêt-nam du Sud en vue d'élaborer un accord (signé le 27 janv. 1973) pour mettre fin à la guerre du Viêt-nam (V. dossier Viêt-nam p. 1516).

Paris (congrès de), congrès (fév.-avr. 1856) organisé à Paris par Napoléon III après la guerre de Crimée. L'acte final, signé le 30 mars, par la France, la G.-B., le royaume de Piémont-Sardaigne, la Turquie et la Russie, consacrait la défaite de cette dernière. L'Autriche était représentée, avec rang de médiateur.

Paris (traités de), nom de nombreux traités signés à Paris, dont nous citerons les princ. – *1229 :* entre le roi de France (Louis IX sous la régence de Blanche de Castille) et Raimond VII de Toulouse, qui céda à la Couronne le duché de Toulouse et la vicomté de Carcassonne (fin de la guerre des albigeois). – *1258-1259 :* entre Louis IX et Henri III d'Angleterre, qui se reconnut le vassal du roi de France pour ses possessions françaises (fin de la «première guerre de Cent Ans»). – *1763 :* entre, d'une part, l'Angleterre et, d'autre part, l'Espagne et la France, qui durent céder à l'Angleterre la plupart de leurs colonies (fin de la guerre de Sept Ans). Ainsi, la France perdit la Nouvelle-France (mais elle conserva le droit de pêcher dans l'estuaire du Saint-Laurent et sur la côte de Terre-Neuve), l'E. de la Louisiane et plusieurs Antilles : Dominique, Saint-Vincent, Grenade. – *1814* et *1815 :* entre l'Europe coalisée et la France vaincue (fin des guerres napoléoniennes). La France revenait dans ses frontières de 1791. Elle cédait à la G.-B. les îles de Tobago et de Sainte-Lucie, l'île de France (rebaptisée île Maurice), l'île Rodrigue (qui appartient auj. à Maurice) et les Seychelles; à l'Espagne, la partie de l'île d'Haïti qui constitue auj. la Rép. dominicaine. – *Fév.-avril 1856 :* V. Paris (congrès de). – *Fév. 1947 :* entre les vainqueurs de la Seconde Guerre mondiale et les alliés européens de l'Allemagne (Italie, Finlande, Hongrie, Bulgarie et Roumanie [V. dossier Bulgarie et Roumanie, p. 1389 et 1486]).

Paris (école de), ensemble de peintres étrangers, figuratifs pour la plupart (Chagall, Modigliani, Soutine, etc.), qui travaillèrent à Paris après 1918.

Pâris (surnommé *Alexandre*), dans la myth. gr., prince troyen, fils de Priam et d'Hécube, amant d'Œnone. L'enlèvement d'Hélène, femme de Ménélas, déclencha la guerre de Troie; Pâris tua Achille, mais il fut tué par Philoctète.

parisianisme [paʀizjanism] n. m. **1.** Expression, tour propre au français parlé à Paris. **2.** Manière d'être, habitude de vie propre aux Parisiens.

parisien, enne [paʀizjɛ̃, ɛn] adj. et n. **1.** De Paris. ▷ Subst. Habitant de Paris. *Un(e) Parisien(ne).* **2.** Qui a le raffinement que l'on prête aux Parisiens. *L'esprit parisien.* **3.** PHON *R parisien,* grasseyé (par opposition au *r roulé*).

parisien (Bassin), vaste ensemble sédimentaire qui occupe le quart du territoire français entre le Massif armoricain, l'Ardenne, les Vosges et le Massif central. – Les terrains (surtout calcaires) sont disposés en auréoles, les plus anc. occupant la périphérie. Le réseau hydrographique (Seine, Loire, Meuse, Moselle et leurs affl.) est dense. On peut distinguer quatre ensembles : à l'O. et au N., la Normandie et la Picardie (plateaux fertiles); à l'E., les plateaux bourguignons, la Champagne et la Lorraine; au S., le pays de la Loire; au centre, des terrains tertiaires (plateaux souvent limoneux, Beauce notam.). La Beauce et la Picardie figurent parmi les plus riches terres du monde. Le climat subit des influences océaniques. Le peuplement et l'écon. sont soumis à l'attraction de la région parisienne, malgré la décentralisation.

paritaire [paʀitɛʀ] adj. Qui est formé d'un nombre égal de représentants de chaque partie. *Commission paritaire.*

parité [paʀite] n. f. **1.** Égalité, similitude parfaite. **2.** FIN Équivalence entre la valeur relative de l'unité monétaire d'un pays et celle de l'unité monétaire d'un autre pays. *La dévaluation réduit la parité d'une monnaie.* – *Parité des changes :* équivalence des cours du change sur deux places. **3.** MATH Caractère pair ou impair. *Parité d'une fonction.*

Parizeau (Jacques) (né en 1930), homme politique québécois. Il dirige le Parti québécois (P.Q.) à partir de 1987 et devient Premier ministre du Québec après la victoire du P.Q. aux législatives de 1994. En oct. 1995, il organise sur l'indép. du Québec un référendum dont l'échec (50,6 % de «non») le pousse à la démission.

parjure [paʀʒyʀ] n. **1.** n. m. Faux serment; violation de serment. *Commettre un parjure.* **2.** n. Personne qui fait un faux serment, qui viole son serment.

parjurer (se) [paʀʒyʀe] v. pron. [1] Violer son serment, faire un faux serment.

Park (Mungo) (1771 – 1805), explorateur écossais du fl. Niger (1795-1797). Il trouva la mort lors d'une seconde expédition.

parka [paʀka] n. m. ou f. Longue veste à capuchon, en tissu imperméable doublé.

Park Chung-hee (1917 – 1979), général et homme politique sud-coréen; président de la République de 1961 à son assassinat (par le chef des renseignements).

Parker (Charles Christopher, dit Charlie) (surnommé Bird) (1920 – 1955), saxophoniste alto de jazz américain, créateur du be-bop.

parking [parkiŋ] n. m. **1.** Action de parquer un véhicule; résultat de cette action. *Parking interdit.* Syn. (off. recommandé) parcage. **2.** Parc de stationnement pour véhicules automobiles. Syn. (off. recommandé) parc de stationnement ou parc.

Parkinson (James) (1755 – 1824), médecin anglais. ▷ MED *Maladie de Parkinson :* affection neurologique caractérisée par le tremblement, une diminution de la motricité et une hypertonie.

parlant, ante [parlɑ̃, ɑ̃t] adj. **1.** Qui parle, qui est doué de parole. **2.** *Par ext.* Expressif. *Des gestes parlants.* ▷ Fig. Très ressemblant (œuvre d'art). *Portrait parlant.* ▷ Évident. *Preuves parlantes.* **3.** Qui est accompagné de paroles. *Cinéma parlant,* par oppos. à *cinéma muet.* ▷ *Horloge parlante.*

parlé, ée [parle] adj. Qui est exprimé par la parole. *La langue parlée et la langue écrite.*

parlement [parləmɑ̃] n. m. *Le Parlement :* l'ensemble des assemblées législatives d'un pays.

Parlement, l'assemblée législative ou les deux assemblées législatives (bicamérisme). En France, le Parlement est composé de l'Assemblée* nationale (dite Chambre des députés sous la IIIe Rép.) et du Sénat; en G.-B., il comprend la Chambre des communes* et la Chambre des lords*; au Canada, la Chambre des communes et le Sénat (au Québec, l'Assemblée nationale seulement, le Conseil législatif ayant été aboli en 1968); en Allemagne, le *Bundestag* et le *Bundesrat* (peu de membres, cette chambre n'a qu'un droit de veto); aux É.-U., le *Congrès* (c.-à-d. le Parlement) comprend la Chambre des représentants et le Sénat.

parlementaire [parləmɑ̃tɛr] adj. et n. **I.** adj. **1.** Qui est relatif au Parlement. *Commissions, débats parlementaires.* ▷ *Régime parlementaire :* régime politique dans lequel la prépondérance appartient au pouvoir législatif. **2.** Qui est lié aux fonctions de membre du Parlement. *Immunité parlementaire.* **II.** n. **1.** Membre d'une assemblée législative. **2.** n.m. Délégué envoyé pour parlementer avec l'ennemi, en temps de guerre.

parlementarisme [parləmɑ̃tarism] n. m. Ensemble des institutions caractérisant les régimes parlementaires.

parlementer [parləmɑ̃te] v. intr. [1] Mener des négociations entre adversaires, entre belligérants. ▷ *Par ext.* Discuter longuement.

Parlement européen ou **Assemblée européenne,** organe de l'Union européenne (U.E.) composé des représentants des États membres. Depuis 1979 ils sont élus au suffrage universel direct à un seul tour et siègent 5 ans; en tout 626 parlementaires. L'Assemblée contrôle la Commission et le Conseil; elle vote le budget de l'U.E. (V. Europe.)

1. parler [parle] v. [1] **I.** v. intr. **1.** Articuler des sons appartenant à une langue; prononcer des mots. *Cet enfant a parlé tôt.* **2.** Manifester sa pensée, ses sentiments par la parole; s'exprimer. – *Parler en l'air,* à tort et à travers, sans réfléchir. – *Parler pour qqn,* s'exprimer en son nom, intercéder en sa faveur. ▷ *Par anal.* Communiquer par un code autre que la parole. *Les muets parlent par signes.* **3.** Faire des aveux, révéler ce qui devait être tenu secret. *Il a parlé sous la menace.* ▷ *Faire parler qqn,* l'amener à dire ce qu'il voulait tenir caché. **II.** v. tr. indir. **1.** *Parler à (avec) qqn :* s'adresser à qqn, dialoguer avec lui. – Fig. *Parler à un mur :* tenter vainement de convaincre qqn, parler à qqn qui refuse d'écouter. **2.** *Parler de qqch, de qqn :* donner son avis, révéler ses sentiments sur qqch, sur qqn. ▷ *Parler de la pluie et du beau temps :* dire des banalités. **3.** *Parler de qqch à qqn :* s'entretenir avec qqn d'un sujet précis. ▷ Fam. (Marquant l'incrédulité, le doute, l'assentiment ironique.) *Lui, généreux? Vous parlez!* **III.** v. tr. **1.** *Parler une langue,* pouvoir s'exprimer, converser dans cette langue. *Parler le chinois.* ▷ v. pron. Être parlé. *Le français se parle dans la communauté francophone.* **2.** *Parler affaires, peinture, politique,* etc. : s'entretenir d'affaires, etc.

2. parler [parle] n. m. **1.** Manière de parler. *Un parler soigné, négligé.* Syn. (Québec) parlure. **2.** LING Ensemble des moyens d'expression utilisés par un groupe, à l'intérieur d'un domaine linguistique. *Les parlers peuls en Afrique de l'Ouest.*

parleur, euse [parlœr, øz] n. m. et adj. **1.** n. m. *Un beau parleur :* une personne qui parle avec une élocution affectée, qui s'écoute. **2.** adj. *Oiseau parleur,* capable d'imiter le son de la parole.

parloir [parlwar] n. m. Salle pour recevoir les visiteurs dans les collèges, les communautés, les prisons, etc.

parlophone [parlofɔn] n. m. (Belgique, Luxembourg) Interphone.

parlure [parlyr] n. f. (Québec) Manière traditionnelle de parler. *La parlure de chez nous.*

parme [parm] adj. inv. et n. m. D'une couleur violet pâle. *Des murs parme.* ▷ n. m. Cette couleur.

Parme, v. d'Italie (Émilie-Romagne), sur la *Parma,* affl. du Pô (r. dr.); 177 100 hab. *(Parmesans)*; ch.-l. de la prov. du m. nom. Centre agricole et industr. – Université. Cath. du XIIe s. à campanile gothique. Baptistère romano-gothique des XIIe et XIIIe s. Égl. San Giovanni Evangelista (XVIe-XVIIe s.). Musées. – Fondée par les Étrusques, colonie romaine en 183 av. J.-C., la ville fut la cap. d'un duché créé en 1545 par le pape Paul III pour son fils Pier Luigi Farnèse. En 1815, il revint à l'impératrice Marie-Louise, à laquelle succéda, en 1847, une branche des Bourbons (dite, depuis, Bourbon-Parme). Le duché fut réuni au Piémont en 1860.

Parménide (VIe-Ve s. av. J.-C.), philosophe grec de l'école d'Élée, fondateur de l'ontologie.

Parmentier (baron Antoine Augustin) (1737 – 1813), pharmacien et agronome français. Il vulgarisa la consommation de la pomme de terre en France (1785).

Parmesan (Francesco Mazzola, dit le), en ital. *il Parmigianino* (1503 – 1540), peintre italien; l'un des initiateurs du maniérisme.

parmi [parmi] prép. **1.** Au milieu de, entre. *Se frayer un passage parmi les nombreux visiteurs.* **2.** Au nombre de. *Il compte parmi mes amis.*

Parnasse, mont de la Grèce, au N.-E. de Delphes (Phocide, 2 457 m), qui, dans l'Antiquité, était consacré à Apollon et aux Muses. Aussi ce lieu inspirait-il les poètes. – *Le Parnasse :* les poètes, la poésie, leur monde symbolique. ▷ École litt. qui réagit contre le romantisme dans un recueil, *le Parnasse contemporain* (1866), et prôna la beauté impassible *(l'art pour l'art).*

parnassien, enne [parnasjɛ̃, ɛn] n. et adj. Poète du groupe du Parnasse. *Les parnassiens.* – adj. *Un poète parnassien.*

Parnell (Charles Stewart) (1846 – 1891), homme politique irlandais. D'origine anglaise, protestant, grand propriétaire foncier, élu aux Communes (1875), il prit fait et cause pour les nationalistes irlandais, dont il dirigea le parti dès 1877, lui donnant une nouvelle vigueur.

Parny (Évariste Désiré de Forges, vicomte de) (1753 – 1814), poète français originaire de l'île Bourbon (la Réunion). Il pratiqua surtout le genre élégiaque, qu'il teinta d'exotisme : *Poésies érotiques* (1778-1781), *Chansons madécasses* (1787). Acad. fr. 1803.

parodie [parɔdi] n. f. **1.** Imitation burlesque d'une œuvre littéraire célèbre. Syn. pastiche. **2.** *Par ext.* Imitation grotesque, cynique. *Il a été fusillé après une parodie de procès.*

parodier [parɔdje] v. tr. [1] **1.** Faire la parodie de (une œuvre). **2.** Contrefaire (qqn), ses gestes, ses manières.

parodique [parɔdik] adj. Propre à la parodie.

parodonte [parɔdɔ̃t] n. m. ANAT Ensemble des tissus de soutien (gencives, ligaments, etc.) qui fixent la dent au maxillaire.

parodontose [parɔdɔ̃toz] n. f. MED Affection qui atteint le parodonte.

paroi [parwa] n. f. **1.** Cloison séparant deux pièces contiguës. ▷ Surface interne d'un objet creux. *Paroi d'un vase.* – ANAT Partie qui limite une cavité du corps. *Paroi nasale.* **2.** Surface latérale d'une excavation, d'une cavité naturelle. *Les parois d'une grotte.* **3.** Versant montagneux abrupt et sans aspérités.

paroisse [parwas] n. f. **1.** Territoire sur lequel un curé, un pasteur exerce son ministère; ensemble des habitants de ce territoire. **2.** Au Québec, municipalité située en milieu rural et dont les limites coïncident généralement avec celles d'une paroisse ecclésiastique. *Le maire de la paroisse.* **3.** En Louisiane, division administrative pouvant comprendre plusieurs villages et petites villes.

paroissial, ale, aux [parwasjal, o] adj. D'une paroisse, de la paroisse.

paroissien, enne [parwasjɛ̃, ɛn] n. Fidèle d'une paroisse.

parole [parɔl] n. f. **I.** Mot ou ensemble de mots servant à exprimer la pensée. **1.** Discours, propos. *Ne pas dire une parole. Paroles amicales.* **2.** Sentence, expression remarquable et forte d'une pensée originale. *Connaissez-vous cette parole de Socrate?* **3.** Assurance, promesse verbale. *Donner sa parole d'honneur.* ▷ *N'avoir qu'une parole :* respecter ses engagements premiers. ▷ *Sur parole :* sur la foi de la promesse donnée. ▷ (Plur.) Promesses vagues. *Assez de belles paroles!* **4.** (Plur.) Texte d'une chanson, d'un opéra (par oppos. à *musique*). **II. 1.** Faculté de parler, d'exprimer la pensée au moyen de la voix. – *Avoir le don de la parole :* parler, s'exprimer naturellement avec facilité. **2.** LING Utilisation, mise en acte du code qu'est la langue par les sujets parlants, dans les situations concrètes de communication. *Langue et parole, code et message.* **3.** RELIG CHRET *La parole de Dieu :* l'Écriture sainte.

parolier, ère [paʀɔlje, ɛʀ] n. Auteur de textes destinés à être mis en musique.

paronomase [paʀɔnɔmɑz] n. f. RHET Figure qui assemble des paronymes (ex. *Qui terre a guerre a*).

paronyme [paʀɔnim] n. m. Didac. Mot offrant une ressemblance de forme et de prononciation avec un autre (ex. *avènement* et *événement*).

Paros, île des Cyclades, à l'O. de Naxos; 186 km^2; 8000 hab.; célèbre dans l'Antiquité pour son marbre blanc.

parotide [paʀɔtid] n. f. ANAT Glande salivaire placée devant l'oreille, près de l'angle inférieur du maxillaire.

parousie [paʀuzi] n. f. THEOL Second avènement du Christ, lorsqu'il redescendra sur Terre à la fin des siècles.

paroxysme [paʀɔksism] n. m. **1.** MED Période pendant laquelle les symptômes d'une maladie se manifestent avec le plus d'intensité. **2.** Point le plus aigu (d'une passion, d'une sensation, etc.). *Paroxysme de la colère, du plaisir.*

paroxystique [paʀɔksistik] adj. MED ou litt. Qui présente un (des) paroxysme(s).

paroxyton [paʀɔksitɔ̃] adj. m. LING Qui porte l'accent sur l'avant-dernière syllabe.

parpaing [paʀpɛ̃] n. m. Pierre, moellon qui tient toute l'épaisseur d'un mur. ▷ *Par ext.* Élément de construction préfabriqué, parallélépipède en aggloméré, généralement creux.

parquer [paʀke] v. tr. [1] **1.** Mettre dans un parc, dans une enceinte. *Parquer des bestiaux, un véhicule.* **2.** Garer un véhicule. ▷ Stationner.

Parques (les), dans la myth. romaine, les trois divinités (Nona, Decima, Morta), assimilées aux Moires grecques, qui présidaient à la destinée. – *La Parque :* la destinée, la mort.

parquet [paʀkɛ] n. m. **I.** Revêtement de sol constitué de lames de bois assemblées. ▷ (oc. Indien) Sol d'une habitation (quel que soit le matériau dont il est constitué). **II. 1.** Local réservé dans une juridiction aux magistrats ayant auprès d'elle les fonctions du ministère public. **2.** Ensemble des magistrats composant le ministère public auprès d'une cour, d'un tribunal.

parrain [paʀɛ̃] n. m. **1.** Celui qui, s'étant engagé à veiller sur l'éducation religieuse d'un enfant, le tient sur les fonts baptismaux. **2.** Celui qui préside à la cérémonie du baptême d'un navire, d'une cloche. **3.** Celui qui introduit un nouveau membre dans un cercle, une association. **4.** Fam. Chef d'un clan de malfaiteurs important.

parrainage [paʀenaʒ] n. m. **1.** Qualité, obligations du parrain ou de la marraine. **2.** Caution morale donnée par qqn. **3.** Soutien matériel apporté à une manifestation, à une personne, à un produit ou à une organisation en vue d'en retirer un bénéfice direct (à la différence du mécénat).

parrainer [paʀene] v. tr. [1] Accorder son parrainage à (qqch, qqn).

1. parricide [paʀisid] n. m. Crime de celui qui tue son père, sa mère ou tout autre de ses ascendants.

2. parricide [paʀisid] n. Personne qui a commis un parricide. ▷ adj. *Fils parricide.*

Parrot (André) (1901 – 1980), archéologue français qui fouilla plus. sites de Mésopotamie entre 1931 et 1957.

parsec [paʀsɛk] n. m. ASTRO Unité de longueur utilisée pour exprimer les distances stellaires (symbole pc), qui représente la distance à laquelle le rayon moyen de l'orbite terrestre (valant 1 UA) est vu sous un angle de 1" (1 parsec = 3,2616 années de lumière, soit 206265 UA ou 3,0856.10^{13} km). *Le mot parsec est une contraction de parallaxe-seconde.*

parsemer [paʀsəme] v. tr. [16] **1.** Mettre, jeter çà et là. *Parsemer un tricot de paillettes.* ▷ Fig. Pp. *Une version latine parsemée d'embûches.* **2.** Être dispersé, éparpillé sur. *Des motifs très colorés parsèment ce tapis.*

1. part [paʀ] n. m. DR *Substitution de part :* action de substituer un enfant nouveau-né à un autre.

2. part [paʀ] n. f. **I. 1.** Partie, fraction d'une chose affectée à qqn, à qqch. *Une part de gâteau. Les parts d'un héritage.* – (Belgique) Partie de cartes. ▷ Loc. fig. *La part du lion,* la plus grosse. – *Faire la part du feu :* sacrifier une partie pour sauver le reste. *Faire la part des choses :* tenir compte des circonstances. ▷ *Avoir part à :* bénéficier d'une part de. ▷ *Prendre part à :* avoir un rôle actif dans. *Prendre part à une discussion.* – Participer, prendre intérêt à. *Je prends part à votre douleur.* ▷ *Faire part de qqch à qqn,* l'en informer. – *Billet, lettre de faire-part :* V. faire-part. ▷ *Prendre en bonne, en mauvaise part* ou (Belgique) *de bonne, de mauvaise part :* interpréter en bien, en mal. **2.** Unité de base du calcul de l'impôt sur le revenu. **3.** DR, COMM *Part de marché,* exprimée sous forme d'un pourcentage qui indique la position d'une entreprise sur le marché d'un produit, d'un service. ▷ *Part sociale* ou *part :* fraction déterminée du capital d'une société de personnes ou d'une S.A.R.L., donnant à son propriétaire certains droits (notam. participation à l'administration). – *Part d'intérêt :* portion du capital social appartenant à un associé en nom collectif. **II.** Loc. adv. **1.** *Quelque part :* dans un endroit quelconque. ▷ Par euph. *Donner un coup de pied quelque part à qqn,* au derrière. – *Nulle part :* en aucun endroit. – *De part et d'autre :* de deux côtés opposés. – *De toute(s) part(s) :* de tous côtés. – *De part en part :* en passant complètement à travers. – *Autre part, d'autre part :* V. autre. – *Pour ma part, pour sa part,* etc. : quant à moi, quant à lui, etc. – *Pour une part :* dans une certaine mesure. *À part entière.* ▷ Loc. prép. *De la part de (qqn)* (pour indiquer de quelle personne provient qqch). **2.** *À part :* séparément. – *À part moi, à part soi :* en moi-même, en soi-même. ▷ Loc. adj. Qui se distingue des autres. *C'est un enfant à part.* ▷ Loc. prép. Excepté. *À part cela, tout va bien.*

partage [paʀtaʒ] n. m. **I. 1.** Division en plusieurs parts. *Le partage d'un butin, d'une succession.* ▷ *Sans partage :* sans restriction, en entier. **2.** Répartition des suffrages en nombre égal d'un côté comme de l'autre, dans une assemblée délibérante. *Partage des voix.* **3.** GEOGR *Ligne de partage des eaux :* crête, ligne de plus faible pente séparant deux bassins fluviaux. **II.** Part assignée à qqn. *Recevoir une maison en partage.*

partagé, ée [paʀtaʒe] adj. **1.** Divisé, réparti. **2.** Réciproque. *Un amour partagé.* **3.** INFORM *Travail en temps partagé :* V. temps.

partager [paʀtaʒe] v. [13] **I.** v. tr. **1.** Diviser en plusieurs parts destinées à être distribuées. *Partager ses biens entre ses enfants.* **2.** Donner une partie de (ce qui est à soi). *Partager son déjeuner avec un ami.* **3.** Avoir en commun avec qqn. *Partager la même chambre.* – Fig. *Partager l'avis de qqn,* être du même avis que lui. **4.** Séparer (un tout) en parties distinctes. *La bissectrice partage un angle en deux parties égales.* **5.** Diviser (un groupe) en partis opposés. *Question qui partage l'opinion.* **6.** (Passif) Être en proie à des tendances, des sentiments contradictoires. *Être partagé entre la crainte et l'espoir.* **7.** *Être bien, mal partagé :* être avantagé, désavantagé. **II.** v. pron. **1.** Être partagé, divisé. *L'opinion s'est partagée en trois grandes tendances.* **2.** Partager entre soi. *Elles se sont partagé les avantages.*

partance [paʀtɑ̃s] n. f. *En partance :* sur le point de partir, en parlant d'un navire, d'un avion, d'un train, de voyageurs. ▷ *En partance pour... :* dont la destination est...

1. partant, ante [paʀtɑ̃, ɑ̃t] n. Celui, celle qui part. ▷ n. m. SPORT Cheval qui prend le départ d'une course.

2. partant [paʀtɑ̃] conj. Litt. Par conséquent, par suite. *Elle manquait de douceur, partant de charme.*

partenaire [paʀtənɛʀ] n. **1.** Associé(e) avec qui l'on joue contre d'autres joueurs. *Avoir un bon partenaire au bridge.* **2.** Personne avec qui l'on pratique certaines activités. *La partenaire d'un danseur.* ▷ *Spécial.* Personne qui a des relations sexuelles avec une autre. **3.** n. m. Pays ayant des liens politiques, économiques, avec un autre. **4.** *Partenaires sociaux :* agents économiques (patrons, syndicats, pouvoirs publics) impliqués dans des négociations d'ordre social.

partenariat [paʀtənaʀja] n. m. Fait d'être partenaire.

parterre [paʀtɛʀ] n. m. **1.** Partie d'un jardin où l'on cultive des fleurs, des plantes d'agrément. *Un parterre de géraniums.* **2.** Partie d'une salle de théâtre située derrière les places d'orchestre; les spectateurs qui s'y trouvent. **3.** (Maghreb) Plancher, sol. *Laver le parterre.* – *Chiffon de parterre :* serpillière.

parthénocarpie [paʀtenɔkaʀpi] n. f. BOT Développement du fruit sans fécondation de l'ovule et donc sans formation de graine.

parthénogenèse [paʀtenɔʒənɛz] n. f. BIOL Mode de reproduction animale dans lequel un ovule non fécondé se développe et donne un individu normal. Syn. gynogénèse.

Parthénon, temple d'Athènes, sur l'Acropole, dédié à *Athéna Parthénos* (c.-à-d. «vierge»). Ictinos et Callicratès le construisirent sous Périclès, de 447 à 438 av. J.-C.; Phidias assuma la surveillance des travaux et la décoration sculptée.

Parthes, peuple originaire de Scythie, établi au IIIe s. av. J.-C. en Asie occidentale, au S.-E. de la mer Caspienne. Sous Mithridate Ier (v. 170-138 av. J.-C.) leur empire s'étendit à la Médie, à l'Assyrie et à la Babylonie, à la Bactriane, à la Perse et à une partie de l'Inde. Guerriers redoutables, ils luttèrent contre les Romains. Ils furent battus par Marc Aurèle et par Septime Sévère, avant de succomber, en 224 apr. J.-C., sous les coups des Sassanides.

parti [paʀti] n. m. **I. 1.** Groupe de personnes ayant les mêmes opinions, les mêmes intérêts. **2.** Association de personnes organisée en vue d'une action politique. *Le parti socialiste.* – *Esprit de parti :* partialité en faveur de son parti. – *Parti unique :* seul parti officiellement reconnu dans un régime de type présidentiel. **II.** Résolution; solution. ▷ *Prendre un parti :* arrêter une décision. ▷ *Prendre son parti de qqch,* s'y résigner. ▷ *Prendre parti :* prendre position. ▷ *Parti pris :* opinion préconçue, préjugé. – *Être de parti pris :* montrer de la partialité. **III. 1.** *Faire un mauvais parti à qqn,* lui infliger de mauvais traitements. **2.** Vieilli Personne à marier, considérée par rapport à sa fortune, à sa situation. *Un beau parti.* **3.** *Tirer parti de qqch,* l'utiliser au mieux.

partial, ale, aux [paʀsjal, o] adj. Qui manifeste des préjugés, qui manque d'équité dans ses jugements.

partialité [paʀsjalite] n. f. Attitude d'une personne partiale. ▷ Par ext. *Partialité d'un jugement.*

participant, ante [paʀtisipɑ̃, ɑ̃t] n. et adj. Qui participe (à qqch). *Les participants à un concours.*

participatif, ive [paʀtisipatif, iv] adj. Qui fait appel, qui correspond à une participation. – *Gestion participative :* gestion d'une entreprise qui fait appel au consensus, à la participation active de tous les salariés.

participation [paʀtisipasjɔ̃] n. f. **1.** Action de prendre part à qqch; son résultat. *Participation à un débat.* **2.** Fait d'être intéressé (à un profit). *Participation des travailleurs à la gestion, aux bénéfices de l'entreprise.* – Absol. *Promouvoir la participation.* ▷ *Association en participation :* société commerciale dont le gérant agit pour le compte commun. **3.** Action de participer (à une dépense); somme versée pour participer (à une dépense). *Participation aux frais : 1 000 F.*

participe [paʀtisip] n. m. Forme adjective du verbe «participant» à la fois de la nature du verbe (il admet des compléments) et de celle de l'adjectif (il peut s'accorder en genre et en nombre et servir d'épithète ou d'attribut). *Le participe présent à valeur d'adjectif (ou adjectif verbal) s'accorde en genre et en nombre avec le nom auquel il se rapporte. – Le participe passé conjugué avec «être» s'accorde en genre et en nombre avec le sujet; conjugué avec «avoir», il s'accorde avec son complément d'objet direct quand ce complément le précède.* (Cette règle schématique ne tient pas compte de cas particuliers comme celui des verbes pronominaux.)

participer [paʀtisipe] v. tr. indir. [1] **I.** *Participer à.* **1.** Avoir droit à une part de. *Participer aux bénéfices.* **2.** Prendre part à. *Participer à une manifestation.* ▷ Fig. *Participer à la douleur de qqn.* **3.** Payer une part de. *Participer à un achat.* **II.** *Participer de.* Litt. Tenir de la nature de.

participial, ale, aux [paʀtisipjal, o] adj. Relatif au participe. *Forme participiale.* – *Proposition participiale,* dont le verbe est au participe présent ou passé.

Parti communiste de Russie puis **d'Union soviétique** (P.C.U.S.), parti fondé par Lénine en mars 1918 pour succéder au Parti ouvrier social-démocrate (bolchevik) et qui se fixait pour but lointain l'instauration du communisme dans le monde entier. V. Internationale. Quand le nom officiel du pays devint Union des républiques socialistes soviétiques, U.R.S.S. (1922), le P.C. de Russie (bolchevik) devint le P.C.U.S., qui exerça un pouvoir absolu, directement ou par l'intermédiaire de l'appareil d'État, soumis à ses secrétaires généraux successifs : Lénine, Staline, Malenkov, Krouchtchev, Brejnev, Andropov, Tchernenko et Gorbatchev, élu en mars 1985 à ce poste. Le 29 août 1991, le P.C.U.S. prononça sa propre dissolution. V. Union des républiques socialistes soviétiques (Hist.).

Parti communiste français (P.C.F.), parti né le 29 déc. 1920, au congrès de Tours, d'une scission du parti socialiste français, la S.F.I.O., quand les deux tiers des délégués votèrent l'adhésion de leur parti à la IIIe Internationale* (communiste).

particularisation [paʀtikylaʀizasjɔ̃] n. f. Didac. Fait de particulariser; son résultat.

particulariser [paʀtikylaʀize] v. [1] **1.** v. tr. Rendre particulier. Ant. généraliser. **2.** v. pron. Se singulariser.

particularisme [paʀtikylaʀism] n. m. **1.** Attitude d'un groupe social, d'une ethnie qui, appartenant à un ensemble plus vaste, cherche à préserver ses caractéristiques; ces caractéristiques elles-mêmes. **2.** DR Spécificité. *Le particularisme du droit administratif.*

particularité [paʀtikylaʀite] n. f. **1.** Caractère de ce qui est particulier. *La particularité d'une coutume.* **2.** Trait particulier. *Les particularités lexicales du français de la Réunion.*

particule [paʀtikyl] n. f. **1.** Minuscule partie d'un corps. *Particules de poussière qui voltigent.* **2.** PHYS NUCL *Particule élémentaire* ou, absol., *particule :* constituant fondamental de la matière que l'on suppose ultime, c.-à-d. dépourvu de structure interne. **3.** GRAM Petit mot invariable, élément de composition (préfixe, suffixe) ou élément de liaison (conjonction, préposition). **4.** *Particule nobiliaire* ou, absol., *particule :* préposition *de* qui précède le nom de beaucoup de familles nobles.
ENCYCL Phys. – La physique des particules, constituée vers le milieu des années 1930, professe que l'atome est constitué d'un noyau entouré de particules porteuses d'une charge électrique négative (les électrons), le noyau étant lui-même un assemblage de particules env. 1 800 fois plus massives que l'électron (le neutron, dépourvu de charge électrique, et le proton, de charge positive), et que la lumière est constituée de photons, de masse nulle. Hormis le neutron, dont la durée de vie est de 920 secondes, les particules citées ci-dessus sont toutes stables, c.-à-d. ont une durée de vie infinie. La construction, à partir de 1945, d'accélérateurs* de particules a permis de découvrir un très grand nombre de particules instables et l'on a classé les particules en fonction de la nature des interactions* qu'elles subissent ou qu'elles transmettent. Les *particules de matière* (électron, proton, neutron, etc.) subissent diverses interactions qui sont véhiculées par des *particules de champ.* Par ex., le photon est le véhicule (on dit aussi *médiateur*) de l'interaction électromagnétique. Les particules de matière qui subissent l'interaction forte sont appelées *hadrons* (et constituées de quarks*); celles qui y sont insensibles sont des *leptons.* Les particules peuvent être aussi classées, suivant leur comportement statistique, en *fermions** et *bosons**.

particulier, ère [paʀtikylje, ɛʀ] adj. et n. **I.** adj. **1.** Propre à une seule personne, une seule chose, un seul groupe. *Usage particulier à un peuple.* **2.** Qui appartient ou est réservé à une seule personne. *Cours particulier.* – *Secrétaire particulier.* **3.** Qui n'est pas courant. *Un cas très particulier.* **II.** n. **1.** n. m. Ce qui ne concerne qu'une partie d'un tout. *Conclure du particulier au général.* **2.** n. Personne considérée dans ses intérêts privés (par oppos. à l'État et aux personnes publiques ou aux gouvernants et agents publics). *Un simple particulier.* **III.** Loc. adv. *En particulier.* **1.** Séparément des autres personnes. *Voir qqn en particulier.* **2.** Notamment, spécialement.

particulièrement [paʀtikyljɛʀmɑ̃] adv. **1.** En particulier (sens III, 1). **2.** Tout spécialement. **3.** D'une manière privée, intimement.

partie [paʀti] n. f. **A. I. 1.** Élément, fraction d'un tout. *Les parties du corps. La majeure partie du temps.* – *Faire partie de :* être un élément constitutif de. ▷ MATH *Partie d'un ensemble E :* ensemble F inclus dans E. ▷ COMPTA *Comptabilité en partie double :* V. double. ▷ GRAM *Les parties du discours :* V. discours. ▷ Fam. *Les parties :* les organes génitaux masculins. **2.** MUS Ce qu'une voix, un instrument doit exécuter dans un morceau d'ensemble. *La partie de ténor.* **3.** Profession, spécialité. *Il est très compétent dans sa partie.* **II.** DR Chacune des personnes qui plaident l'une contre l'autre ou qui passent un contrat l'une avec l'autre. *La partie adverse. Les parties contractantes.* – *Partie civile,* qui demande réparation du préjudice que lui a causé l'infraction. ▷ Loc. *Prendre qqn à partie,* s'en prendre à lui. – *Avoir affaire à forte partie,* à un adversaire puissant, redoutable. **III. 1.** Temps pendant lequel les adversaires sont opposés dans un jeu, un sport. *Une longue partie d'échecs.* – (Québec) Match. *Une partie de hockey.* **2.** Compétition, lutte. *La partie est inégale.* **3.** Divertissement organisé par plusieurs personnes pour elles-mêmes. *Partie de chasse. Partie de plaisir.* – Loc. *Ce n'est que partie remise :* ce n'est que remis à plus tard. **B.** Loc. adv. *En partie :* partiellement.

partiel, elle [paʀsjɛl] adj. et n. **1.** Qui n'est qu'une partie d'un tout. *Somme partielle.* ▷ n. m. Examen universitaire qui a lieu plusieurs fois par an. **2.** Qui n'existe, ne se produit qu'en partie. *Éclipse partielle.* ▷ *Élections partielles* ou, ellipt., n. f., *partielles,* qui ne portent que sur quelques sièges.

partiellement [paʀsjɛlmɑ̃] adv. D'une façon partielle.

Parti ouvrier allemand national-socialiste ou par abrév. **nazi** (en all. *Nationalsozialistische Deutsche Arbeiter Partei*) (N.S.D.A.P.), parti allemand nommé ainsi par Hitler en août 1920. Jusqu'alors, ce parti se nommait *Deutsche Arbeiter Partei.* Anton Drexler, un serrurier, et Karl Harrer, un journaliste, avaient fondé ce groupuscule en 1919. Hitler dirigea sa propagande (janv. 1920) puis le parti (juil. 1921). En août 1921 furent créées des troupes de choc, les S*.A. Le 8-9 nov. 1923, un putsch échoue totalement à Munich. Dans sa prison (nov. 1923 – nov. 1924), Hitler ébauche *Mein* Kampf.* La crise économique de 1929 multiplia ses effectifs; 1925 : moins de

30 000 membres; 1929 : 175 000; 1931 : 800 000; 1933 : 4 millions. Par crainte du communisme, Hindenburg nomma Hitler chancelier le 30 janv. 1933. Aux élections du 5 mars, le N.S.D.A.P. obtint 43,5 %; sans majorité absolue, Hitler se fit accorder les pleins pouvoirs le 23 mars.

Parti ouvrier social-démocrate russe (P.O.S.D.R.), parti marxiste fondé lors de la conférence de Minsk, en 1898 et qui bientôt se divisa. En 1903, à la conférence de Londres, les partisans de Lénine se trouvèrent majoritaires (en russe *bolcheviks*); les minoritaires (*mencheviks*), démocrates et réformistes, se séparèrent d'eux. V. parti communiste de Russie.

Parti pris, revue littéraire québécoise (1963-1967), qui a donné naissance en 1964 aux éditions *Parti-pris*. Elle fit notam. connaître l'un de ses fondateurs, Paul Chamberland*.

1. partir [paʀtiʀ] v. tr. **[30]** (En loc.) *Avoir maille à partir avec qqn :* V. maille.

2. partir [paʀtiʀ] v. **[30]** **I.** v. intr. **1.** S'en aller, se mettre en route. *Voyageur, train qui part. Partir à, pour la capitale.* Syn. (Suisse) aller, (Afr. subsah., Liban, Québec) quitter. ▷ Fig. *Partir (pour un monde meilleur) :* mourir. **2.** (Choses) Disparaître. *L'émail de la cuvette est parti par endroits.* **3.** Être projeté au loin. *Flèche qui part.* ▷ Par ext. *Coup de feu qui part,* qui est tiré. ▷ Fig. *Ma réponse est partie trop vite.* **4.** Commencer. *Bien, mal partir :* bien, mal débuter. **5.** Avoir son origine, son point de départ (dans qqch). *Les rayons d'une roue partent du centre.* ▷ Fig. *Cela part d'un bon naturel.* **6.** Se fonder (sur qqch). *Partir d'un principe, d'une donnée.* **II.** Loc. prép. *À partir de.* **1.** À dater de. *À partir du 1er janvier.* **2.** Au-delà de. *À partir d'ici, la route est mauvaise.* **3.** Cour. (Emploi critiqué.) *Obtenir un produit à partir d'une matière première,* l'en tirer.

partisan, ane [partizɑ̃, an] n. et adj. **I.** n. (Rare au fém.) **1.** Personne qui prend parti pour qqn ou pour une doctrine. – (Québec) Supporteur. *Les partisans de l'équipe de hockey de Montréal.* **2.** Combattant de troupes irrégulières. *Partisans qui mènent une guérilla.* **II.** adj. **1.** Qui défend (une opinion). *Il est partisan du changement.* **2.** Qui manifeste du parti pris. *Esprit partisan.*

partisanerie [partizanʀi] n. f. (Québec) Esprit de parti. – Attitude, action partisane (sens II, 2). *Projet de loi discuté sans partisanerie.*

Parti socialiste (P.S.), parti ouvrier français fondé en avr. 1905 au congrès de Paris, sous le nom de Section française de l'Internationale ouvrière (S.F.I.O.). Après l'assassinat de Jaurès (1914), la S.F.I.O. participa à l'«Union sacrée» qui approuvait la guerre contre l'Allemagne. En 1920, le congrès de Tours marqua la scission entre la S.F.I.O. (dirigée par L. Blum) et la tendance prosoviétique, qui se constitua en Parti communiste (P.C.). Né en 1971, au congrès d'Épinay-sur-Seine, de la S.F.I.O. et de divers groupements, le Parti socialiste (P.S.) accéda au pouvoir en 1981, après que Fr. Mitterrand fut élu président de la République. Le P.S. remporta les législatives de 1981, 1988 et 1997, gouvernant de 1981 à 1986, de 1988 à 1993 et depuis juin 1997.

partitif, ive [paʀtitif, iv] adj. GRAM Qui désigne une partie (par oppos. au tout). *Articles partitifs :* du, de la, des (ex. *manger du pain*).

1. partition [paʀtisjɔ̃] n. f. Division, partage (d'un territoire).

2. partition [paʀtisjɔ̃] n. f. MUS Texte d'une œuvre musicale; partie jouée par un instrument. *Partition de hautbois.*

partout [paʀtu] adv. En tout lieu. *Je l'ai cherché partout.*

parturiente [paʀtyʀjɑ̃t] n. f. MED Femme qui accouche.

parturition [paʀtyʀisjɔ̃] n. f. MED Accouchement naturel. – Fait de mettre bas (animaux).

party [paʀte] n. m. (Québec) **1.** Fête. *Party de famille, de bureau. – Party d'huîtres, de hot dogs,* où l'on mange des huîtres, des hot dogs. **2.** Loc. fam. *De party :* qui aime faire la fête, qui met de l'ambiance dans un party (sens 1). *Une fille de party. – Être sur le party :* s'amuser follement dans une fête.

parulidés [paʀylide] n. m. pl. ORNITH Famille de passériformes comprenant notam. la fauvette. – Sing. *Un parulidé.*

paruline [paʀylin] n. f. ZOOL Syn. de *fauvette* américaine.*

parure [paʀyʀ] n. f. **1.** Action de parer, de se parer. **2.** Ce qui sert à parer (vêtements, bijoux, etc.). **3.** Ensemble assorti (sous-vêtements féminins, linge de table, etc.). **4.** Ensemble de bijoux (collier, bracelet, boucles d'oreilles, etc.). *Une parure de perles.*

parution [paʀysjɔ̃] n. f. Fait de paraître, d'être publié (article, livre).

parvenir [paʀvəniʀ] v. tr. indir. **[36]** **1.** Arriver (à un point déterminé) dans une progression. *Parvenir à un croisement.* **2.** (Choses) Arriver à destination. *Ce chèque lui est parvenu.* **3.** *Parvenir à* (+ inf.) : arriver à.

parvenu, ue [paʀvəny] adj. et n. Péjor. Se dit d'une personne qui, s'étant élevée au-dessus de sa condition première, en a gardé les manières.

parvis [paʀvi] n. m. Place ménagée devant la façade principale d'une église, d'un grand bâtiment public.

1. pas [pɑ] n. m. **1.** Mouvement consistant à mettre un pied devant l'autre pour marcher. *Marcher à grands pas. – Marcher à pas comptés,* lentement, solennellement. – *À pas de loup :* silencieusement. ▷ *Pas à pas :* lentement, précautionneusement. ▷ *Faire un faux pas :* trébucher; fig. commettre une faute, une erreur. ▷ Fig. *Faire les premiers pas,* des avances. **2.** Façon de se déplacer en marchant. *Presser le pas. – Cheval qui va au pas,* de son allure la plus lente (par oppos. à *trot,* à *galop*). ▷ MILIT Manière de marcher réglée pour les troupes. *Marcher au pas.* – Fig. *Mettre qqn au pas,* le contraindre à obéir. ▷ CHOREGR Série de mouvements de pieds d'un danseur. *Pas de valse.* **3.** Trace de pied. *Des pas sur le sable.* ▷ *Retourner sur ses pas,* d'où l'on vient, par le même chemin. **4.** Distance que l'on franchit d'un pas. – *Il habite à deux pas, à quelques pas,* tout près. **5.** *Le pas d'une porte,* le seuil. **6.** (Plur.) (oc. Indien) *Pas géométriques :* bande littorale autrefois préservée de toute construction pour faciliter la défense du territoire. *Actuellement, l'État loue les pas géométriques par parcelles à des particuliers.* **7.** Loc. *Sauter le pas :* trouver le courage de franchir un obstacle. – *Se tirer d'un mauvais pas,* d'une situation difficile. **8.** Loc. *Céder le pas à qqn,* le laisser passer; fig. lui laisser l'avantage. – Loc. fig. *Prendre le pas sur :* prendre le dessus, l'emporter sur. **9.** GEOM Distance entre deux spires consécutives d'une hélice, mesurée le long d'une génératrice. ▷ Distance entre deux filets d'une vis, d'un écrou. *Pas de vis.*

2. pas [pa] adv. de nég. **I.** (En corrélation avec *ne.*) **1.** (Après le verbe ou après l'auxiliaire.) *Je ne parle pas.* **2.** (Avant le verbe à l'infinitif et, le cas échéant, avant les pronoms atones.) *Ne pas fumer.* **II.** (Employé seul.) **1.** *Ellipt.* (Dans une réponse, une exclamation.) *Êtes-vous inquiet? – Pas tant que vous le pensez. Pas si vite!* **2.** (Devant un adj. ou un participe, emploi critiqué.) *Un garçon pas sérieux.*

1. pascal, ale, als ou **aux** [paskal, o] adj. Qui concerne la fête de Pâques. *Temps pascal :* V. Pâques.

2. pascal, als [paskal] n. m. PHYS Unité de mesure de contrainte et de pression du système international (symbole Pa), équivalant à la pression uniforme due à une force de 1 newton exercée perpendiculairement sur une surface de 1 m^2 (1 Pa = 1 N/m^2).

Pascal (Blaise) (1623 – 1662), savant, philosophe et écrivain français. Inventeur à dix-neuf ans d'une machine arithmétique, il étudia ensuite la pesanteur de l'air et le vide (à la suite de Galilée et de Torricelli), fonda le calcul des probabilités, développa l'analyse combinatoire. En 1654, il se tourna définitivement vers la religion. Défenseur des jansénistes, il écrivit contre les jésuites dix-huit *Lettres provinciales* (1656-1657). Vers 1656, il entreprit une *Apologie de la religion chrétienne,* à l'adresse des incrédules, mais mourut sans l'avoir terminée. Des fragments de cet ouvrage furent publiés après sa mort sous le titre de *Pensées** (1670) : Pascal, niant toute certitude, conclut que la religion seule peut lui venir en aide. Mais comment acquérir la foi? Faire appel à la raison est sans effet : l'homme devra croire parce qu'il y a intérêt (argument du *pari*); en outre, il peut s'appuyer sur les miracles accomplis par le Christ et sur l'intuition (la connaissance par le «cœur»), en attendant la grâce. — **Jacqueline** (1625 – 1661), sœur du préc.; religieuse janséniste (entrée à Port-Royal en 1652), elle eut de l'influence sur son frère.

Pascin (Julius Pinkas, dit Jules) (1885 – 1930), peintre et graveur américain d'origine bulgare, de l'école de Paris : *les Deux Dormeuses* (1925) et nombr. autres «belles de nuit» aux poses lascives.

Pas-de-Calais, département franç.; 6 639 km^2; 1 433 203 hab.; chef-lieu *Arras**. V. Nord-Pas-de-Calais (Rég.).

pas-de-porte [padpɔʀt] n. m. inv. COMM Indemnité versée par le nouveau locataire d'un local au propriétaire ou à l'ancien locataire.

pasionaria [pasjɔnaʀja] n. f. Militante politique active et passionnée.

Pasiphaé, dans la myth. gr., reine de Cnossos, fille d'Hélios, épouse du roi Minos, de qui elle eut Androgée, Ariane et Phèdre. Poséidon lui inspira un amour pour un taureau blanc; de cette union naquit le Minotaure.

paso doble [pasɔdɔbl] n. m. inv. Danse d'origine sud-américaine sur une musique à deux ou quatre temps.

Pasolini (Pier Paolo) (1922 – 1975), écrivain et cinéaste italien. Attiré par les marginaux, il a mêlé marxisme et christianisme. Films : *Accatone* (1961), *Théorème* (1968), *Médée* (1970), *Salo ou les Cent Vingt Journées de Sodome* (1975). Il fut assassiné.

passable [pasabl] adj. **1.** Qui, sans être vraiment bon, est d'une qualité suffisante. – Spécial. *Mention «passable»* (à un examen). **2.** (Québec) Praticable (sens 2). *Une route enneigée, mais passable.*

passablement [pasabləmɑ̃] adv. **1.** D'une manière passable. **2.** *Par ext.* Assez. – Iron. D'une façon notable. *Il était passablement ivre.*

passade [pasad] n. f. Liaison amoureuse de courte durée. ▷ *Par ext.* Caprice, engouement passager.

passage [pasaʒ] n. m. **1.** Action, fait de passer. *Le passage d'un col. Le passage d'une frontière.* ▷ *Attendre le passage du car,* le moment où il passe. *Ils se retournaient sur son passage.* – *Au passage :* en passant. – *Lieu de passage,* où l'on ne fait que passer, où il passe beaucoup de monde. – *De passage :* qui ne reste que très peu de temps. – (Afr. subsah.) *Case, chambre de passage,* destinée aux hôtes temporaires. ▷ (D'un lieu à un autre.) Traversée d'un voyageur sur un navire. *Payer le prix du passage.* ▷ (Changement d'état.) *Le passage de l'état solide à l'état liquide.* **2.** ASTRO *Passage d'un astre au méridien d'un lieu,* moment où il traverse le plan méridien de ce lieu. Syn. culmination. **3.** Fig. *Examen de passage,* que subit un élève pour être admis dans la classe supérieure. **4.** Loc. *Passage à vide :* V. vide (sens II, 6). **5.** Endroit par où l'on passe. *Encombrer le passage.* – *Spécial.* (Québec) Corridor. ▷ Petite voie, galerie par laquelle les piétons peuvent passer d'une rue à une autre. – *Passage protégé :* passage clouté*. – *Passage à niveau :* endroit où une route coupe, de niveau, une voie ferrée. Syn. (Québec) traverse. **6.** Morceau d'une œuvre. *Un passage difficile.*

passager, ère [pasaʒe, ɛʀ] adj. et n. **I.** adj. **1.** Qui ne fait que passer. *Hôte passager.* **2.** Qui ne dure que peu de temps. *Un engouement passager.* **II.** n. Voyageur à bord d'un moyen de transport.

passagèrement [pasaʒɛʀmɑ̃] adv. Pour très peu de temps.

passant, ante [pasɑ̃, ɑ̃t] adj. et n. **I.** adj. Où il passe beaucoup de monde. *Une rue très passante.* **II.** n. **1.** Personne qui passe à pied dans une rue, dans un lieu. **2.** n. m. Anneau aplati dans lequel passe une courroie, une ceinture.

passation [pasasjɔ̃] n. f. DR **1.** Action de passer (un acte, un contrat, une écriture comptable). **2.** *Passation des pouvoirs :* action de passer, de transmettre les pouvoirs.

passavant [pasavɑ̃] n. m. DR COMM Document douanier, autorisant le transport de marchandises qui circulent en franchise, ou pour lesquelles les droits de circulation ont été acquittés antérieurement.

1. passe [pɑs] n. f. **I.** Lieu où l'on passe. **1.** Chenal étroit. *Navire qui pénètre dans une passe.* **2.** *Être en passe de :* être en position favorable pour; être sur le point de. – *Être dans une bonne, dans une mauvaise passe :* être dans une bonne, une mauvaise période. **II.** **1.** SPORT Action d'envoyer (le ballon, le palet) à un coéquipier. *Faire une passe à l'ailier droit.* **2.** En escrime, action d'avancer sur l'adversaire. – Fig. *Passe d'armes :* vif échange d'arguments polémiques. **3.** *Passes (magnétiques) :* mouvements que fait le magnétiseur avec les mains pour agir sur un sujet. **4.** TECH Chaque passage de l'outil d'une machine-outil dans une opération cyclique. *Usinage en une, deux passes.* **5.** *Mot de passe :* mot convenu pour passer librement, par lequel on se fait reconnaître. **6.** *Maison, hôtel de passe,* de prostitution. **III.** (Québec) **1.** (Emploi critiqué.) Carte d'abonnement, laissez-passer. *Passe d'autobus.* **2.** Moustiquaire.

2. passe [pɑs] n. m. Abrév. de *passe-partout.* (sens I, 1).

1. passé [pase] n. m. **1.** Ce qui a été; partie du temps (par oppos. à *présent* et à *avenir*) qui correspond aux événements révolus. *Songer au passé.* – *Par le passé :* autrefois. **2.** *Le passé de qqn,* sa vie écoulée, les événements qui la marquèrent. **3.** GRAM Temps du verbe indiquant que l'événement ou l'état auquel on fait référence est révolu. *Les temps du passé* (imparfait, passé simple, passé composé, plus-que-parfait, passé antérieur).

2. passé [pɑse] prép. Après, au-delà. *Passé dix heures, ne faites plus de bruit. – Passé ce mur, vous serez libre.*

3. passé, ée [pɑse] adj. **1.** Qui n'est plus; révolu. *Le temps passé. – Il est six heures passées.* **2.** (Couleurs) Éteint, défraîchi. *Un bleu passé.* – Par ext. *La tapisserie est passée.*

passe-bouche [pasbuʃ] n. m. (Djibouti) Serviette de table. *Des passe-bouches.*

passe-droit [pasdʀwɑ] n. m. Faveur qu'on accorde contre le droit, contre le règlement, contre l'usage ordinaire. *Des passe-droits.*

passéisme [paseism] n. m. Péjor. Goût exagéré ou exclusif pour le passé.

passéiste [paseist] adj. et n. Péjor. Qui est enclin au passéisme.

passe-lacet [paslasɛ] n. m. Grosse aiguille à pointe mousse, servant à passer un lacet (un cordon, un élastique, etc.) dans un œillet, une coulisse.

passementerie [pasmɑ̃tʀi] n. f. Commerce, industrie de celui qui fabrique ou qui vend des bandes de tissu, des ganses, des galons, etc., destinés à l'ornement de vêtements, de meubles, etc.; l'ensemble de ces accessoires destinés à l'ornement.

passementier, ère [pasmɑ̃tje, ɛʀ] n. Personne qui fabrique ou qui vend de la passementerie.

passe-montagne [pasmɔ̃taɲ] n. m. Bonnet qui enveloppe la tête et le cou. *Des passe-montagnes.*

passe-partout [paspaʀtu] n. m. inv. et adj. inv. **I.** n. m. inv. **1.** Clef faite de façon qu'elle puisse ouvrir plusieurs serrures différentes. (Abrév. : passe). **2.** Cadre à fond mobile qui permet de remplacer facilement la gravure qu'on y a placée. **3.** TECH Scie munie d'une poignée à chaque extrémité, qui est manœuvrée par deux personnes. ▷ (Québec) Scie à guichet, servant à découper. **II.** adj. inv. Fig. Qui convient partout, à tout. *Une réponse passe-partout.*

passe-passe [paspas] n. m. inv. *Tour de passe-passe :* tour d'adresse que font les prestidigitateurs. – Fig. Tromperie adroite.

passe-pierre [paspjɛʀ] n. f. (Acadie) Saxifrage. *Des passe-pierres.*

passepoil [paspwal] n. m. Liseré qui borde certaines parties d'un habit, ou la couture de certains vêtements.

passeport [paspɔʀ] n. m. Pièce d'identité qui permet à son détenteur de circuler à l'étranger. ▷ *Spécial.* Passeport diplomatique.

passer [pase] v. **[1]** **A.** v. intr. (Avec l'auxiliaire *avoir* pour marquer l'action; avec *être* pour marquer un état résultant d'une action. Auj., l'auxiliaire *être* est le plus cour. utilisé dans tous les cas.) **I.** (Déplacement, mouvement continu.) **1.** Être à un moment à tel endroit au cours d'un déplacement. *Il est passé à Paris hier.* – (Avec inf.) *Il est passé nous rendre visite.* ▷ *En passant :* sans s'attarder. – Fig. *Soit dit en passant :* cela dit incidemment. – Ne pas s'attarder, ne pas insister (sur un sujet). *Passons sur les détails.* – (S. comp.) *Passons!* **2.** Être projeté (en parlant d'un film). *Un film qui passe en exclusivité.* – Être présenté (en parlant d'une personne). *Passer à la télévision, à la radio.* **3.** *Passer sur, passer dessus. Passer sur un pont.* – *Spécial.* Écraser. *La voiture est passée sur un piéton.* **4.** Fig. *Passer avant, après :* être plus important, moins important que. **5.** (Choses) Traverser. *L'autoroute passe à Lyon, par Lyon.* – (En parlant de personnes ou d'objets en mouvement.) *Passer par un endroit,* le traverser au cours d'un déplacement, d'un trajet. – Loc. (Québec) *Passer dans le beurre :* V. beurre. ▷ Prendre, emprunter (tel chemin). *Passer par l'escalier de service.* – Fig. *Passer par une grande école,* y faire des études. ▷ Fig. *Une idée qui m'est passée par la tête,* qui m'a traversé l'esprit. ▷ *Passer par :* utiliser, pour servir d'intermédiaire, les services de. *Louer un appartement directement, sans passer par une agence.* **6.** Spécial. *Passer par une épreuve,* la subir. – *Je suis passé par là :* moi aussi, j'ai subi ces épreuves. ▷ (Québec) *Passer au feu :* perdre (sa maison, sa grange, etc.) dans un incendie. – *Passer proche de :* faillir, manquer de. *Elle a passé proche de mourir.* **7.** (S. comp.) Continuer son chemin (avec l'idée d'une difficulté à surmonter). *La route est inondée, impossible de passer.* – *Laissez passer :* V. laissez-passer (n. m.). ▷ (Abstrait) (S. comp.) Être admis, accepté. *La loi est passée.* – (En parlant du comportement, de l'attitude d'une personne.) *Cela peut passer pour cette fois, mais ne recommencez pas.* – (Emploi impers.) *Passe* ou *passe encore :* on peut admettre, à la rigueur. **II.** (Changement de lieu ou d'état.) **1.** Aller d'un lieu à un autre. *Passer de la salle à manger au salon.* – (Québec) *Passer par (les maisons, les portes) :* faire du porte-à-porte. ▷ Fig. *Passer d'un sujet à un autre.* ▷ (Choses) Se transmettre. *Charge héréditaire, qui passe de père en fils.* ▷ SPORT Faire une passe (1, sens II, 1). **2.** Rejoindre un lieu (en fuyant qqch). *Passer à l'étranger.* – Se joindre à. *Passer à l'ennemi :* trahir. **3.** (Changement d'état.) *Passer de l'opulence à la misère.* – *Passer de vie à trépas* ou, s. comp., *passer :* mourir. – *Passer de seconde en troisième* (vitesse); – *Passer dans une classe supérieure,* à l'école. ▷ Être promu (à un grade, à un titre, etc.). *Il est passé lieutenant.* – Fig. *Passer maître en (dans) l'art de :* devenir très habile à. **III.** (Verbe d'état, auxiliaire *avoir.*) *Passer pour :* être regardé comme. *Il a passé pour un idiot.* – *Se faire passer pour... :* faire croire que l'on est... **IV.** (Temporel) **1.** S'écouler (en parlant du temps). *Les heures qui passent.* **2.** Avoir une fin, une durée limitée. *Les modes passent.* **3.** Finir, disparaître. *La douleur va passer.* – *Style passé de mode,* démodé. **4.** Perdre ses qualités, son intensité (en parlant des couleurs). *Le bleu de cette étoffe a* passé au soleil. **B.** v. tr. **I. 1.** Traverser, franchir (un lieu). *Passer un fleuve à la nage.* **2.** Fig. *Passer un examen,* en subir les épreuves; les réussir. **3.** Dépasser en laissant derrière soi (un lieu). – Fig. *Passer les bornes, les limites :* exagérer. ▷ (Temporel) *Il a passé la date limite d'inscription.* – *Il ne passera pas la nuit :* il ne vivra pas jusqu'au jour (en parlant d'un malade, d'un mourant). – (Québec) (Emploi impers.) *Il passe midi :* il est midi passé. **4.** Faire traverser. *Passer de la marchandise en fraude* (à la douane). **5.** Filtrer; faire traverser un tamis, un crible à. *Passer du bouillon.* – Fig. *Passer qqch au crible,* l'examiner dans ses moindres aspects. **6.** Employer, laisser s'écouler (un temps). *Passer une heure à faire une chose.* – *Jouer aux cartes pour passer le temps,* pour s'occuper. **7.** Satisfaire, assouvir. *Passer sa colère sur qqn.* **8.** Omettre, sauter. *Passer une ligne.* – *Passer son tour.* – (S. comp.) *Je passe!* (dans les jeux de cartes). **9.** Pardonner, tolérer. *Passer tous ses caprices à un enfant.* **II. 1.** Donner, remettre. *Passez-moi les ciseaux.* ▷ Fam. *Il m'a passé sa voiture pour quelques jours,* il me l'a prêtée. ▷ *Passer un coup de fil :* donner un coup de téléphone. ▷ SPORT Envoyer (le ballon, le palet) à un coéquipier. ▷ (Québec) Distribuer en se déplaçant. *Passer des circulaires.* – Loc. *Je t'en passe un papier*!* **2.** *Passer qqch sur :* étendre, étaler (qqch sur qqch d'autre). *Passer une seconde couche de peinture sur un mur.* **3.** Faire aller. *Passer son bras sur les épaules de qqn.* **4.** (Sur un véhicule automobile.) Enclencher (une vitesse). *Passer la troisième.* **5.** Soumettre à l'action de. *Passer la pointe d'une aiguille à la flamme.* – *Passer qqn par les armes,* le fusiller. – *Passer qqn à tabac*.* ▷ Loc. (Québec) *Passer les toasts (les beignes) à qqn,* le réprimander, le battre. **6.** *Passer un film,* le projeter. – *Passer un disque à la radio.* **7.** Mettre (un vêtement). *Passer une veste.* **III. 1.** DR COMM Inscrire (une somme, une écriture comptable). *Passer une écriture.* **2.** Dresser, établir (un acte). *Passer commande de tant de pièces à un fournisseur.* – *Passer un accord,* le conclure. **C.** v. pron. **I. 1.** S'écouler dans toute sa durée. *Il faut que jeunesse se passe.* **2.** Avoir lieu. *L'action se passe à Paris.* **II.** *Se passer de :* se priver, s'abstenir de. – *Cela se passe de commentaire :* cela parle de soi-même.

passereau [pasʀo] n. m. V. passériformes.

passerelle [pasʀɛl] n. f. **1.** Pont étroit réservé aux piétons. **2.** Plan incliné entre un navire accosté et le quai, entre un avion et le terrain d'atterrissage. ▷ MAR Plate-forme couverte d'où est dirigé un navire. **3.** Fig. Moyen de passage. *Passerelle entre deux sections scolaires.*

passériformes [paseʀifɔʀm] ou **passereaux** [pasəʀo] n. m. pl. ORNITH Ordre d'oiseaux, le plus important par le nombre d'espèces qu'il comporte (plus de 5000), dont font partie les moineaux, les mésanges, les corbeaux, les tisserins, etc. – Sing. *Un passériforme* ou *un passereau.* – (En appos.) *Oiseaux passériformes, oiseaux passereaux.*

passet [pasɛ] n. m. (Belgique) Escabeau à une marche.

passe-temps [pastɑ̃] n. m. inv. Occupation agréable pour passer le temps; divertissement.

passe-thé [paste] n. m. inv. Petite passoire suffisamment fine pour filtrer les feuilles de thé.

passeur, euse [pasœʀ, øz] n. **1.** Personne qui conduit un bac, un bateau pour traverser un cours d'eau. **2.** *Par ext.* Personne qui fait passer clandestinement les frontières, traverser les lieux interdits.

passible [pasibl] adj. *Passible de :* qui encourt (telle peine). *Être passible d'une amende.*

1. passif, ive [pasif, iv] adj. et n. m. **1.** Dont le caractère essentiel réside dans le fait de subir, de recevoir, d'éprouver. **2.** Qui se contente de subir (l'action), de recevoir (l'impression), sans agir; qui n'agit pas. ▷ *Résistance passive,* non violente, qui agit par la force de l'inertie. **3.** GRAM Se dit des formes verbales qui indiquent que le sujet de la phrase subit l'action (celle-ci étant réalisée par l'*agent*). *La forme passive,* ou, n. m., *le passif, se forme avec l'auxiliaire «être» suivi du participe passé du verbe* (ex. : *«le chat mange la souris»* donne *«la souris est mangée par le chat»*). **4.** *Défense passive :* dispositif militaire destiné à protéger les populations civiles contre les attaques aériennes.

2. passif [pasif] n. m. Ensemble des dettes et des charges qui pèsent sur un patrimoine. *Le passif et l'actif d'une succession.* – *Le passif du bilan d'une entreprise,* qui donne l'origine des fonds, par ordre d'exigibilité croissant (capitaux propres, dettes à long et moyen terme, avances reçues des clients et dettes à court terme).

passiflore [pasiflɔʀ] n. f. Liane tropicale ornementale qui tire son nom de la forme de ses pièces florales, évoquant les instruments de la Passion (couronne d'épines, clous, lance) et dont le fruit, comestible, est le fruit de la Passion ou grenadille. Syn. (Antilles fr., Guyane, Haïti) barbadine, (Haïti) grenadia et grenadine.

passim [pasim] adv. (Mot latin.) Çà et là (dans un ouvrage).

passing-shot [pasiŋʃɔt] n. m. (Anglicisme) TENNIS Coup tendu destiné à «passer», à déborder l'adversaire monté au filet. *Des passing-shots.*

passion [pasjɔ̃] n. f. **1.** (Le plus souvent au plur.) Mouvement violent de l'âme résultant d'un désir intense, d'un penchant irrésistible. *Être esclave de ses passions.* **2.** Affection très vive, presque irrésistible qu'on éprouve pour une chose. *La passion du jeu.* – Objet de cette affection. *Sa passion, c'est la musique.* **3.** Amour ardent. *Aimer qqn avec passion.* **4.** Prévention exclusive, opinion irraisonnée, où l'affectivité perturbe le jugement et la conduite. *Le déchaînement des passions politiques.* **5.** (Avec une majuscule.) *La Passion :* les souffrances du Christ sur le chemin de la Croix et son supplice. *La Passion selon saint Jean.* ▷ *Fruit de la Passion :* fruit de la passiflore. Syn. grenadille, maracuja, (Antilles fr., Guyane, Haïti) barbadine, (Madag.) grenadelle, (Haïti) grenadia et grenadine.

passionnant, ante [pasjɔnɑ̃, ɑ̃t] adj. Qui passionne.

passionné, ée [pasjɔne] adj. et n. **1.** Rempli de passion. ▷ Subst. *Un(e) passionné(e) de musique.* **2.** Qui exprime la passion; ardent, fervent.

passionnel, elle [pasjɔnɛl] adj. Relatif aux passions. – *Spécial.* Déterminé par la passion amoureuse. *Crime passionnel.*

passionnément [pasjɔnemɑ̃] adv. D'une manière passionnée.

passionner [pasjɔne] v. tr. [1] **1.** Inspirer un très vif intérêt à (qqn). *Ce problème le passionne.* ▷ v. pron. *Se passionner pour :* prendre un très vif intérêt à. **2.** *Passionner un débat, une discussion,* les rendre plus animés, plus violents.

passivation [pasivasjɔ̃] n. f. CHIM Fait de rendre insensible à la corrosion un métal ou un alliage par formation d'une couche protectrice à sa surface.

passivement [pasivmɑ̃] adv. D'une manière passive.

passivité [pasivite] n. f. État, caractère de celui ou de ce qui est passif.

passoire [paswaʀ] n. f. Ustensile creux, percé de petits trous, servant de filtre pour séparer les aliments solides d'un liquide.

1. pastel [pastɛl] n. m. Plante (*Isatis tinctoria,* fam. crucifères) à fleurs jaunes, appelée aussi *guède,* cultivée comme plante fourragère et dont on tire un colorant bleu indigo. ▷ Nom cour. donné aux autres *Isatis.*

2. pastel [pastɛl] n. m. **1.** Bâtonnet fait d'une pâte colorée solidifiée (à base d'argile blanche et de gomme arabique ou de gomme adragante). **2.** Œuvre exécutée au pastel. **3.** (En appos.) inv. *Des tons pastel,* qui ont la douceur, la délicatesse du pastel.

3. pastel [pastɛl] n. m. (Afr. subsah.) Au Sénégal, petit pâté au poisson ou à la viande.

pastenague [pastənag] n. f. ICHTYOL Raie des eaux côtières (genre *Dasyatis*), dont la queue est munie d'un aiguillon dentelé venimeux.

pastèque [pastɛk] n. f. Plante des régions chaudes (fam. cucurbitacées) cultivée pour ses gros fruits lisses, gorgés d'eau. – Ce fruit, à chair pourpre, blanchâtre ou verdâtre, selon les espèces. Syn. melon d'eau.

Pasternak (Boris Leonidovitch) (1890 – 1960), écrivain russe. Auteur de poèmes (*Ma sœur la vie,* 1922; *la Seconde Naissance,* 1931), il fit éditer en Italie, en 1957, un roman, *le Docteur Jivago.* En 1958, il fut contraint de refuser le prix Nobel.

pasteur [pastœʀ] n. m. **1.** Vx, poét. Celui qui garde les troupeaux; berger. ▷ ETHNOL Celui qui vit essentiellement d'élevage. – (En appos.) *Un peuple pasteur.* **2.** *Par métaph.* Conducteur, chef qui exerce sur une communauté humaine une autorité paternelle, spirituelle. ▷ *Le bon pasteur :* le berger symbolique de l'Évangile, qui ramène les brebis égarées. – (Avec majuscules.) Jésus-Christ. **3.** Ministre du culte protestant.

Pasteur (Louis) (1822 – 1895), biologiste français; créateur de la microbiologie. Il découvrit que la fermentation était due à des organismes vivants, les microbes, et que ceux-ci pouvaient provoquer des maladies infectieuses, notam. la maladie du charbon. Il créa l'asepsie et mit au point la vaccination contre la rage (1885). Secrétaire perpétuel de l'Académie des sciences, membre de l'Acad. fr. (1881).

Pasteur (Institut), institut privé de recherches biologiques et médicales, fondé en 1888 (directeur : Pasteur). Il assure aussi la mise au point et la diffusion de vaccins et sérums divers. Situé à Paris, ce centre a des filiales en France et à l'étranger.

pasteurien, enne [pastœʀjɛ̃, ɛn] adj. MED Relatif à Pasteur, à ses découvertes et à leurs applications.

pasteurisation [pastœʀizasjɔ̃] n. f. Opération qui consiste à chauffer, jusque vers 75 °C, certains liquides fermentescibles (vin, bière, lait, etc.), puis à les refroidir brusquement afin de détruire la plupart des germes pathogènes qu'ils contiennent et d'augmenter ainsi leur durée de conservation.

pasteuriser [pastœʀize] v. tr. [1] Soumettre à la pasteurisation. ▷ *Par ext.* Stériliser. – Pp. adj. *Lait pasteurisé.*

pastiche [pastiʃ] n. m. Imitation du style, de la manière d'un écrivain, d'un artiste; œuvre ainsi produite.

pasticher [pastiʃe] v. tr. [1] Faire un pastiche de.

pasticheur, euse [pastiʃœʀ, øz] n. Auteur de pastiches.

pastilla [pastija] n. f. (Maghreb) Galette feuilletée, fourrée d'un mélange d'amandes, de volaille, d'œufs, d'oignons, d'épices, saupoudrée de sucre et de cannelle. *La pastilla est très appréciée au Maroc.*

pastille [pastij] n. f. **1.** Petit bonbon ou pilule médicamenteuse de forme généralement ronde et aplatie. **2.** Motif décoratif en forme de disque, de rond. **3.** TECH Petite pièce ronde et mince.

pastis [pastis] n. m. Boisson apéritive alcoolisée à base d'anis, que l'on boit additionnée d'eau.

pastoral, ale, aux [pastɔʀal, o] adj. et n. f. **1.** Litt. Relatif aux bergers, aux pasteurs; qui a les caractères de la vie rustique. **2.** Qui évoque la vie des pasteurs, des bergers. *Roman pastoral. La «Symphonie pastorale»* ou, ellipt., *«la Pastorale» :* la sixième symphonie de Beethoven. ▷ n. f. Œuvre littéraire, plastique, musicale, qui met en scène des pasteurs, des bergers, qui traite un sujet champêtre. **3.** Relatif à l'activité des pasteurs spirituels. *Lettre pastorale* (d'un évêque) ou, n. f., *une pastorale.*

pastoralisme [pastɔʀalism] n. m. Mode d'élevage extensif, exploitant les pâturages naturels par le déplacement des troupeaux et des pasteurs, pratiqué surtout dans les régions semi-arides.

pastorat [pastɔʀa] n. m. RELIG Dignité, fonction d'un pasteur spirituel, spécial., d'un pasteur protestant. – Durée de cette fonction.

pastrami [pastʀami] n. m. CUIS Viande de bœuf marinée, cuite et légèrement fumée, servie en tranches minces, partic. appréciée au Québec.

patachon [pataʃɔ̃] n. m. Loc. fam. *Une vie de patachon,* dissolue.

Patagonie, partie méridionale de l'Argentine, entre les Andes, la Pampa et l'Atlantique; 786 983 km²; 1 296 000 hab. Ce plateau peu fertile (élevage ovin), au climat sec et froid, a un sous-sol riche en gaz et en pétrole.

Pātan, v. du Népal, dans la vallée de Katmandou; ch.-l. de rég.; 120 000 hab. – Nombr. temples bouddhiques.

patangue [patɑ̃g] loc. adv. (oc. Indien) *En patangue :* abîmé; blessé. *Avoir le bras en patangue.*

pataouète [patawɛt] n. m. (et adj.) Anc. Argot parlé par les Français qui vivaient en Algérie. (V. Musette.) ▷ adj. Relatif à cet argot.

pataphysique [patafizik] n. f. Didac., plaisant «Science des solutions imaginaires», d'après son créateur, A. Jarry.

patapouf [patapuf] interj. et n. m. **1.** interj. Exprime le bruit d'un corps qui tombe. **2.** n. m. Fam. *Un gros patapouf :* un enfant, un homme gros et lourd.

pataquès [patakɛs] n. m. inv. Faute de liaison. *Dire «ce n'est pas-t-à moi* [pɑtamwa]*» (au lieu de «pas à moi* [pɑ zamwa]*») est un pataquès.*

patas [patas] n. m. Singe *(Erythrocebus patas)* commun dans les savanes d'Afrique occidentale et centrale. Syn. cour. singe rouge (en raison de sa couleur dominante roussâtre).

Patassé (Félix-Ange) (né en 1937), homme politique centrafricain. Premier ministre (1976-1978), il fut élu président de la Rép. lors des élections multipartites de 1993.

1. patate [patat] n. f. (et interj.) **1.** n. f. Plante (fam. convolvulacées) cultivée dans les pays chauds pour ses tubercules au goût sucré et pour son feuillage, utilisé comme légume et comme fourrage vert. – Le tubercule lui-même, appelé aussi *patate douce* ou (Québec) *patate sucrée.* ▷ (Nouv.-Cal.) *Patate d'eau :* variété de patate croissant en milieu très humide. **2.** Fam. Pomme de terre. **3.** (Réunion) Terme générique désignant la plupart des tubercules utilisés en cuisine. **4.** (Québec) Fig., fam. *Patate chaude :* question délicate, embarrassante. *Des politiciens qui se renvoient la patate chaude.* **5.** Loc. *En avoir gros sur la patate :* éprouver du chagrin. – *Parler avec une patate chaude dans la bouche,* sans articuler. ▷ (Québec) *Être dans les patates,* dans l'erreur. **6.** (Polynésie fr.) Dans un lagon, bloc de corail totalement immergé.

2. patate [patat] interj. (Québec) Fam., rare Exprime le dépit. (V. flûte, sens II, et graine, sens II.) ▷ Loc. cour. *Faire patate :* échouer. *Faire patate à un examen.* – Revenir bredouille. *Un pêcheur qui fait patate.*

patati, patata [patatipatata] Onomat. fam. qui suggère, par moquerie, un long bavardage inutile. *Il n'arrête pas de jacasser, et patati et patata.*

patatras ! [patatʀa] interj. Exprime le bruit d'un corps qui tombe avec fracas.

pataud, aude [pato, od] adj. Lourd, lent et maladroit. *Allure pataude.*

pataugas [patogas] n. m. (Nom déposé.) Chaussure de toile montante pour les longues marches.

pataugeoire [patoʒwaʀ] n. f. Bassin peu profond destiné aux enfants (le plus souvent dans une piscine).

patauger [patoʒe] v. intr. [13] Marcher dans un endroit bourbeux, sur un sol boueux. ▷ Fig., fam. S'embrouiller, s'empêtrer.

patchouli [patʃuli] n. m. **1.** Plante dicotylédone aromatique d'Asie (*Pogostemon patchouli,* fam. labiées). **2.** Parfum extrait de cette plante.

patchwork [patʃwɔʀk] n. m. Pièce de tissu faite d'un assemblage de morceaux de tissus divers ou de carrés tricotés. ▷ Fig. *Un patchwork de peuples.*

pâte [pɑt] n. f. **I. 1.** Farine détrempée et pétrie dont on fait le pain, les gâteaux, etc. *Pâte sablée, feuilletée.* ▷ Loc. fig., fam. *Une bonne pâte :* une brave personne. – *Mettre la main à la pâte :* participer en personne à l'exécution d'une tâche. ▷ (Afr. subsah.) Préparation à base de farine, de semoule ou d'igname, que l'on forme en boule et que l'on sert avec de la viande ou du poisson en sauce. – *Manger la pâte et la sauce :* manger à la manière africaine. ▷ (Québec) *Rouleau à pâte,* à pâtisserie. **2.** Substance de consistance analogue, résultant d'une préparation. *Pâte à modeler. Pâte à papier. – Pâte dentifrice* ou (France rég., Québec) *pâte à dents :* V. dentifrice. – (Afr. subsah.) *Pâte d'arachide*.* **II.** *Pâtes alimentaires* ou *pâtes :* petits fragments séchés d'une pâte à base de semoule de blé dur, auxquels on donne diverses formes (spaghettis, nouilles, etc.).

pâté [pɑte] n. m. **1.** Préparation de viande, de poisson ou de légumes hachés, cuite dans une croûte de pâte ou dans une terrine. ▷ (Québec) *Pâté chinois :* mets à base de bœuf, de maïs et de pomme de terre en purée, qu'on dispose en couches superposées. – *Pâté à la viande :* V. tourtière (sens 2). ▷ (Acadie) *Pâté à la râpure :* syn. de *poutine* râpée.* **2.** Tache d'encre faite sur du papier en écrivant. **3.** *Pâté de maisons :* groupe de maisons accolées, limité par des rues. **4.** (Belgique) Petit gâteau. *Des pâtés à la crème.*

pâtée [pɑte] n. f. Mélange plus ou moins épais d'aliments variés, dont on nourrit certains animaux domestiques (volailles, chiens, chats, porcs).

1. patelin [patlɛ̃] n. m. Fam. Village, pays, région.

2. patelin, ine [patlɛ̃, in] adj. Doucereux, hypocrite. *Air patelin.*

Patelin ou **Pathelin (la Farce de Maître),** comédie de mœurs du XVᵉ s. due à un Français anonyme.

patelle [patɛl] n. f. Mollusque gastéropode à coquille conique, commun sur les côtes rocheuses, couramment consommé.

patène [patɛn] n. f. LITURG CHRET Vase sacré en forme de petite assiette, qui sert à couvrir le calice et à recevoir l'hostie.

Patenier. V. Patinir.

patent, ente [patɑ̃, ɑ̃t] adj. Évident, manifeste. *Une erreur patente.*

patente [patɑ̃t] n. f. Impôt direct perçu à l'occasion d'une activité industrielle ou commerciale.

patenté, ée [patɑ̃te] adj. Assujetti à la patente, qui paie patente.

patenter [patɑ̃te] v. tr. [1] (Québec) Fam. **1.** Créer, fabriquer (qqch de nouveau) de façon ingénieuse. – Disposer, arranger (qqch) d'une certaine manière, tant bien que mal. ▷ v. pron. *Se patenter un abri d'auto avec de la toile.* **2.** Fig. Organiser (une activité, une réunion, etc.) pour que ça fonctionne, sans que les participants ne connaissent trop les tenants et les aboutissants.

patenteux, euse [patɑ̃tø, øz] adj. et n. (Québec) Fam. Qui aime patenter (sens 1).

Pater [pateʀ] n. m. inv. *Le Pater :* l'oraison enseignée par le Christ à ses disciples (Matthieu VI, 9-13), qui commence, en latin, par les mots *Pater noster,* «Notre Père». *Dire un Pater.*

patère [patɛʀ] n. f. **1.** Portemanteau fixé à un mur. **2.** (Québec) Portemanteau sur pieds.

paternalisme [patɛʀnalism] n. m. Péjor. Conception selon laquelle les personnes qui détiennent l'autorité doivent jouer, vis-à-vis de ceux sur qui elle s'exerce, un rôle analogue à celui du père vis-à-vis de ses enfants; bienveillance condescendante dans l'exercice de l'autorité.

paternaliste [patɛʀnalist] adj. et n. Qui a rapport au paternalisme. – Qui indique du paternalisme. *Un ton paternaliste.* ▷ Subst. *C'est un paternaliste de l'ancien temps.*

paternel, elle [patɛʀnɛl] adj. et n. m. **I.** adj. **1.** Du père; qui appartient, qui se rapporte au père. *La maison paternelle.* **2.** Qui est du côté du père. *Oncle paternel.* **3.** Qui évoque la bienveillance du père. *Une semonce paternelle.* **II.** n. m. (Afr. subsah.) *Les paternelns :* l'ensemble des parents du côté du père.

paternellement [patɛʀnɛlmɑ̃] adv. D'une façon paternelle, bienveillante.

paternité [patɛʀnite] n. f. **1.** État, qualité de père. ▷ DR *La paternité est dite «légitime» ou «naturelle» selon que l'enfant a été conçu ou non pendant le mariage; elle est dite «adoptive» lorsque l'enfant est adopté.* **2.** Fig. Qualité d'auteur, de créateur. *Désavouer la paternité d'un livre.*

pâteux, euse [pɑtø, øz] adj. **1.** Qui a la consistance de la pâte. *Substance pâteuse.* ▷ Trop épais, en parlant d'un liquide. *Encre pâteuse.* **2.** Loc. *Avoir la bouche, la langue pâteuse,* emplie, chargée d'une salive épaisse qui en altère la sensibilité.

-pathe. V. -pathie.

Pathé (Charles) (1863 – 1957), ingénieur français, promoteur avec son frère **Émile** (1860 – 1937) de l'industrie phonographique française. Il lança, en 1909, le prem. journal d'actualités cinématographiques.

Pathelin. V. Patelin.

pathétique [patetik] adj. Qui émeut profondément. *Son désarroi était pathétique.* ▷ n. m. *Le pathétique d'une scène.*

Pathet Lao, front de libération laotien fondé en 1950 par le prince Souphanouvong* et dont la force princ. fut le parti populaire révolutionnaire lao (le P.P.R.L., communiste). Le Pathet Lao lutta contre la France puis contre le gouv. de Souvanna* Phouma qu'il supplanta en 1975. Souphanouvong devint le premier président de la république populaire du Laos (V. dossier Laos, p. 1459), et le Pathet Lao s'effaça alors devant le P.P.R.C. En 1979, il se rebaptisa Front Lao pour la reconstruction nationale.

-pathie, -pathique, -pathe. Éléments, du gr. *-patheia, -pathês,* de *pathos,* «ce que l'on éprouve, affection, maladie».

patho-. Élément, du gr. *pathos,* «affection, maladie».

pathogène [patɔʒɛn] adj. MED Qui peut engendrer une maladie.

pathogenèse [patɔʒənɛz] ou **pathogénie** [patɔʒeni] n. f. Didac. Processus d'installation et d'évolution d'une maladie.

pathologie [patɔlɔʒi] n. f. MED **1.** Étude scientifique, systématique, des maladies. **2.** Ensemble des signes pathologiques par lesquels une maladie se manifeste. *Une pathologie complexe.*

pathologique [patɔlɔʒik] adj. Qui a le caractère de la maladie. *Troubles pathologiques.*

pathologiste [patɔlɔʒist] n. et adj. Didac. Spécialiste de la pathologie.

pathos [patos] n. m. inv. Litt., péjor. Pathétique exagéré dans un discours, et, par ext., dans le ton et les gestes.

patibulaire [patibylɛʀ] adj. *Visage, mine patibulaire,* d'un individu qui semble mériter la potence; louche.

patiemment [pasjamɑ̃] adv. Avec patience.

patience [pasjɑ̃s] n. f. et interj. **I.** n. f. **1.** Vertu qui permet de supporter ce qui est irritant ou pénible. **2.** Persévérance dans une longue tâche. *Ouvrage de patience.* **3.** Calme, sang-froid dans l'attente. *S'armer de patience.* **4.** *Jeu de patience :* puzzle. **5.** Syn. de *réussite* (sens 2). **II.** interj. (Pour inciter qqn à garder son calme.) *Patience! ce sera bientôt fini.*

patient, ente [pasjɑ̃, ɑ̃t] adj. et n. **I.** adj. **1.** Qui fait preuve de patience. *Être patient avec les enfants.* **2.** Qui n'est pas découragé par la longueur d'un travail. *Un chercheur patient.* – Par ext. *Recherches patientes.* **II.** n. Personne qui subit une opération chirurgicale, un traitement médical.

patienter [pasjɑ̃te] v. intr. **[1]** Attendre patiemment.

patin [patɛ̃] n. m. **1.** *Patin (à glace) :* semelle munie d'une lame, que l'on fixe sous une chaussure spéciale pour glisser sur la glace. – *Par méton.* Chaussure à tige haute sous laquelle est fixée une lame en acier. ▷ (Québec) Loc. fig. *Être vite sur ses patins :* agir, comprendre rapidement. – *Accrocher ses patins :* mettre un terme à une activité, à une carrière. **2.** *Patin (à roulettes) :* semelle munie de roulettes, que l'on fixe à la chaussure par des courroies. – *Par méton.* Chaussure à tige haute sous laquelle sont fixées des roulettes. **3.** *Par méton.* Patinage (sens 1). *Patin artistique. Faire du patin.* **4.** Pièce de métal ou de bois servant de support. **5.** TECH Pièce mobile dont le frottement contre la jante d'une roue permet le freinage. ▷ Pièce d'une motrice électrique, qui glisse le long du rail conducteur et qui capte le courant.

patinage [patinaʒ] n. m. **1.** Pratique du patin à glace ou du patin à roulettes. ▷ SPORT *Patinage artistique, patinage de vitesse :* sports de glace. **2.** Fait de patiner 2. **3.** (Québec) Fig. Fait de chercher à éluder une question embarrassante. *Un politicien qui connaît bien l'art du patinage.*

patine [patin] n. f. Teinte unie que certaines matières prennent avec le temps, ternissure qui adoucit leur éclat et égalise leurs couleurs. *La patine des ivoires anciens.* ▷ *Patine du bronze, du cuivre :* vert-de-gris.

1. patiner [patine] v. intr. **[1]** **1.** Se déplacer avec des patins; pratiquer le patinage. **2.** Glisser par manque d'adhérence (roues de véhicule, disque d'embrayage, etc.). **3.** (Québec) Fig. Pratiquer le patinage (sens 3).

2. patiner [patine] v. tr. **[1]** Donner une patine naturelle ou artificielle à (qqch).

patinette [patinɛt] n. f. Syn. de *trottinette.*

patineur, euse [patinœʀ, øz] n. Personne qui patine.

Patinir ou **Patenier** (Joachim) (v. 1480 – 1524), peintre flamand, élève de Matsys; l'un des prem., il privilégia le paysage au détriment de la scène religieuse : *la Fuite en Égypte* (musée d'Anvers).

patinoire [patinwaʀ] n. f. **1.** Endroit aménagé pour le patinage. **2.** Fig. Surface glissante. *Cette route est une vraie patinoire.*

patio [patjo; pasjo] n. m. Cour intérieure d'une maison, le plus souv. découverte.

pâtir [pɑtiʀ] v. intr. **[3]** *Pâtir de :* éprouver un dommage, un préjudice du fait de.

pâtisserie [pɑtisʀi] n. f. **1.** Gâteau. **2.** Confection des gâteaux. **3.** Commerce, magasin du pâtissier.

pâtissier, ère [pɑtisje, ɛʀ] n. et adj. **1.** n. Personne qui fabrique ou qui vend de la pâtisserie. **2.** adj. *Crème pâtissière,* à base de lait, de farine, d'œufs et de sucre, avec laquelle on garnit divers gâteaux.

pâtisson [pɑtisɔ̃] n. m. Variété de courge.

Pátmos, île grecque (Dodécanèse), au S. de Samos; 2500 hab. Saint Jean y aurait écrit *l'Apocalypse.*

Patnā (anc. *Pātaliputra*), v. de l'Inde, sur le Gange; cap. du Bihār; 917000 hab. Import. centre commercial. Industr. textiles (coton). – Évêché cathol. Université. Vestiges de fortifications en bois et du palais d'Açoka (v. 264-226 av. J.-C.). – *Pātaliputra* fut la cap. (IIIe s. av. J.-C.-Ve s. apr. J.-C.) du royaume Magadha.

patois, oise [patwa, waz] n. m. et adj. **1.** n. m. Parler rural utilisé par un groupe restreint. *Les patois auvergnats peuvent présenter des différences d'un village à l'autre.* (V. encycl. langue.) **2.** adj. Propre au patois.

patoisant, ante [patwazɑ̃, ɑ̃t] adj. et n. Se dit d'une personne qui parle patois.

Paton (Alan Stewart) (1903 – 1988), écrivain sud-africain d'expression anglaise : *Pleure ô pays bien-aimé* (roman, 1948).

pâton [pɑtɔ̃] n. m. TECH Morceau de pâte. – *Spécial.* Morceau de pâte à pain prêt à être enfourné.

patraque [patʀak] adj. Fam. Légèrement malade, souffrant.

Patras, v. de Grèce (N.-O. du Péloponnèse), sur le *golfe de Patras* (mer Ionienne); 141600 hab.; ch.-l. du nome d'Achaïe. Port actif. – Anc. cap. de la principauté d'Achaïe.

pâtre [pɑtʀ] n. m. Litt. Celui qui garde, fait paître des troupeaux.

patriarcal, ale, aux [patʀijaʀkal, o] adj. **1.** Qui a rapport aux patriarches bibliques; qui rappelle la simplicité de leurs mœurs. *Vie patriarcale.* **2.** Qui concerne la dignité de patriarche. *Croix patriarcale.* **3.** SOCIOL Relatif au patriarcat. *Société patriarcale.*

patriarcat [patʀijaʀka] n. m. **1.** RELIG Dignité de patriarche (sens 3). – Étendue de territoire soumise à sa juridiction. *Le patriarcat d'Antioche.* **2.** SOCIOL Régime social dans lequel la filiation est patrilinéaire et l'autorité du père prépondérante dans la famille (par oppos. à *matriarcat*).

patriarche [patʀijaʀʃ] n. m. **1.** Un des chefs de famille auxquels l'Ancien Testament attribue une extraordinaire longévité et une très nombreuse descendance. *Le patriarche Mathusalem.* **2.** Titre honorifique donné, dans l'Église catholique romaine, aux évêques de certains sièges. **3.** Chef de certaines Églises chrétiennes orthodoxes ou d'une Église catholique orientale non romaine. **4.** Vieillard vénérable vivant au milieu d'une nombreuse famille.

Patriarche œcuménique, titre des patriarches de Constantinople.

patricien, enne [patʀisjɛ̃, ɛn] n. et adj. **I.** n. **1.** ANTIQ ROM À Rome, personne de la classe noble. **2.** Membre de la noblesse. **II.** adj. ANTIQ ROM Relatif aux patriciens. Ant. plébéien.

Patrick (saint) (v. 385 – v. 461), apôtre de l'Irlande. Emmené dans ce pays par des pirates, il fut libéré et se rendit à Auxerre (Bourgogne, France), où il fut ordonné. En 432, il revint en Irlande, dont il organisa l'Église selon le rite latin. Saint patron de l'Irlande.

patrie [patʀi] n. f. **1.** Pays dont on est originaire, nation dont on fait partie ou à laquelle on se sent lié. **2.** Région, localité où l'on est né. **3.** Fig. *La patrie des sciences, des arts :* le pays où les sciences, les arts sont particulièrement en honneur.

patrilignage [patʀiliɲaʒ] n. m. ANTHROP Lignage dont tous les membres descendent, par les mâles, d'un même ancêtre.

patrilinéaire [patʀilineɛʀ] adj. ANTHROP Se dit d'un type de filiation ou d'organisation sociale qui ne prend en compte que l'ascendance paternelle. Ant. matrilinéaire.

patrilocal, ale, aux [patʀilɔkal, o] adj. ETHNOL Se dit d'un mode de résidence qui impose aux couples de venir habiter, après le mariage, dans la famille du père du mari. Ant. matrilocal.

patrimoine [patʀimwan] n. m. **1.** Biens que l'on a hérités de son père et de sa mère; biens de famille. *Gérer le patrimoine familial.* – *Patrimoine mondial :* ensemble des richesses culturelles et naturelles, héritées du passé par la communauté mondiale. *La notion de patrimoine mondial a été instituée par l'Unesco en 1972.* **2.** DR Ensemble des biens, des charges et des droits d'une personne évaluables en argent. **3.** Fig. Ce qui constitue le bien, l'héritage commun. *Le patrimoine artistique d'un pays.* **4.** BIOL *Patrimoine héréditaire, génétique :* génotype.

patrimonial, ale, aux [patʀimɔnjal, o] adj. DR Relatif au patrimoine (sens 1 et 2). *Biens patrimoniaux.*

patriote [patʀijɔt] adj. et n. **1.** Qui aime sa patrie, la sert avec dévouement. **2.** HIST Défenseur des idées nouvelles, sous la Révolution française. ▷ n. m. Membre d'un parti politique opposé au régime instauré au Bas-Canada par les autorités britanniques. – *Les Patriotes de 1837-1838 :* les insurgés ayant participé à la rébellion contre les Anglais à Saint-Eustache (région de Montréal).

patriotique [patʀijɔtik] adj. Propre au patriote; inspiré par le patriotisme.

patriotisme [patʀijɔtism] n. m. Amour de la patrie, dévouement à la patrie.

patristique [patʀistik] n. f. Didac. Partie de la théologie qui étudie la doctrine des Pères de l'Église.

Patrocle, dans la myth. gr., héros ami d'Achille. Il fut tué par Hector au siège de Troie. Achille tua Hector.

patrocline [patʀɔklin] adj. GENET Se dit des caractères héréditaires transmis par le père.

1. patron, onne [patʀɔ̃, ɔn] n. **I. 1.** Chef d'une entreprise industrielle ou commerciale privée; employeur par rapport à ses employés. *Le patron d'un bar, d'une huilerie.* – *Mon patron :* mon employeur. **2.** Professeur, maître dirigeant certains travaux. *Patron de thèse.* **3.** MAR Celui qui commande un bateau de pêche. **4.** n. m. (Afr. subsah., Madag.) Pop. Titre employé pour s'adresser à un homme d'un niveau social supérieur. **II.** Saint ou sainte dont on porte le nom, ou sous le vocable duquel ou de laquelle une église est placée, ou qu'un pays, une ville, un groupe social a pour protecteur ou protectrice.

2. patron [patʀɔ̃] n. m. **1.** Modèle à partir duquel sont exécutés des travaux artisanaux. *Patron de broderie.* ▷ Modèle en papier, en toile ou en carton, utilisé pour tailler un vêtement. *Patron de robe.* **2.** Carton ajouré servant à colorier; pochoir.

patronage [patʀɔnaʒ] n. m. **1.** Soutien moral explicite accordé par un personnage influent, une organisation. *Exposition organisée sous le patronage de la municipalité.* **2.** Protection d'un saint, d'une sainte. **3.** Organisation de bienfaisance, veillant à l'éducation morale des enfants, spécial. en organisant leurs loisirs. ▷ Siège d'une telle organisation. **4.** (Québec) Fam. Favoritisme politique, népotisme.

patronal, ale, aux [patʀɔnal, o] adj. **1.** Relatif au patron, au saint du lieu. *Fête patronale.* **2.** Qui concerne le patron, le chef d'une entreprise. ▷ Du patronat. *Syndicat patronal.*

patronat [patʀɔna] n. m. Ensemble des patrons (par oppos. à *salariat*).

patronner [patʀɔne] v. tr. [1] Protéger, appuyer de son crédit. *Patronner un candidat, une entreprise.*

patronnesse [patʀɔnɛs] adj. f. (Souvent iron.) *Dame patronnesse,* qui patronne une œuvre de bienfaisance.

patronneux, euse [patʀɔnø, øz] adj. et n. (Québec) Fam., péjor. Qui fait du népotisme, du patronage (sens 4). *Un politicien patronneux.*

patronyme [patʀɔnim] n. m. Nom de famille.

patronymique [patʀɔnimik] adj. *Nom patronymique :* nom de famille.

patrouille [patʀuj] n. f. **1.** Petite troupe de soldats, d'agents de la force publique, etc., chargés d'une ronde de surveillance. – Détachement de soldats chargés d'une mission de reconnaissance. ▷ Cette mission. *Partir en patrouille.* **2.** AVIAT, MAR Formation réduite d'avions ou de bâtiments chargés d'une mission (surveillance, protection, etc.).

patrouiller [patʀuje] v. intr. [1] Aller en patrouille; faire une, des patrouilles.

patrouilleur [patʀujœʀ] n. m. **1.** Militaire qui effectue une patrouille. **2.** Avion qui effectue une patrouille. ▷ Petit bâtiment de guerre utilisé pour la surveillance du littoral, l'escorte des convois et la chasse anti-sous-marine. **3.** (Suisse) *Patrouilleur scolaire :* écolier responsable de la circulation aux abords de son établissement scolaire.

patte [pat] n. f. **I. 1.** Organe de locomotion des animaux. ▷ Fig. *Pattes de mouche*.* **2.** Loc. fig. (En parlant de personnes.) *Marcher à quatre pattes,* en prenant appui à la fois sur les pieds ou les genoux et sur les mains. – *Montrer patte blanche :* se faire reconnaître pour pouvoir entrer dans un lieu dont l'accès est contrôlé. – *Faire patte de velours*.* **3.** Fam. Main. *Bas les pattes! :* ne touchez pas à cela! Ne me touchez pas! ▷ Fig. *Graisser la patte à qqn,* le soudoyer. **4.** (Suisse) Syn. de *chiffon* (sens 1); syn. de *torchon* (sens 1). *Patte à poussière.* **II.** Pièce longue et plate servant à fixer, retenir, assembler, etc. *Patte à scellement.* ▷ Courte bande d'étoffe, de cuir, etc., dont une extrémité est fixée à une partie d'un vêtement et dont l'autre porte un bouton, une boutonnière.

patte-d'oie [patdwɑ] n. f. **1.** Endroit où une route se divise en plusieurs embranchements. **2.** Rides divergentes à l'angle externe de l'œil. *Des pattes-d'oie.*

pattemouille [patmuj] n. f. Linge que l'on humecte et que l'on interpose entre le tissu à repasser et le fer.

pattern [patɛʀn] n. m. (Anglicisme) Didac. En sciences humaines, schéma à valeur explicative, représentant la structure d'un phénomène complexe.

Patton (George Smith) (1885 – 1945), général américain. Il opéra la percée d'Avranches (août 1944), entra dans Metz (nov. 1944), reçut l'ordre de s'arrêter à 90 km de Prague (avr. 1945).

pattu, ue [paty] adj. Qui a de grosses pattes. *Chien pattu.* ▷ (En parlant des oiseaux.) Dont le haut des pattes est emplumé. *Pigeon pattu.*

pâturage [pɑtyʀaʒ] n. m. **1.** Prairie naturelle ou artificielle dont l'herbe est consommée sur place par les bestiaux. **2.** Action de faire paître les bestiaux.

pâture [pɑtyʀ] n. f. **1.** Ce qui sert à la nourriture des animaux. – *Spécial.* Plantes dont on nourrit le bétail, fourrage. ▷ Litt. Ce qui permet de satisfaire tel besoin, telle exigence. *Jeter un nom en pâture à la curiosité du public.* **2.** Action de pâturer. *Bétail en pâture.* **3.** Terrain, pré où les bêtes pâturent.

pâturer [pɑtyʀe] v. [1] **1.** v. intr. Paître, prendre sa pâture. **2.** v. tr. *Moutons qui pâturent un pré.*

Pau, v. de France, ch.-l. de dép. des Pyr.-Atl., sur le *gave de Pau*; 83 928 hab. *(Palois).* Aéroport. Industries. Stat. climatique. – Université. Chât. du XIIIe s. Musées. – Cap. du Béarn (XVe s.), puis des rois de Navarre (1512), Pau vit naître Henri IV (1553) et fut réuni à la Couronne en 1620.

Paul (saint) (entre 5 et 15 apr. J.-C. – v. 62 ou 67), apôtre du christianisme, surnommé *l'Apôtre des gentils.* Juif et citoyen romain, hostile aux disciples de Jésus, converti à la suite d'une vision foudroyante du Christ sur le chemin qui le conduisait à Damas, il prêcha l'Évangile en Asie Mineure, en Macédoine, en Grèce, et y fonda des communautés auxquelles il adressa ensuite des lettres (épîtres). Arrêté à Jérusalem (58), et selon certains, il aurait été remis en liberté en 62 et, après avoir voyagé en Orient ou en Espagne, il aurait été arrêté en 66 et exécuté aux portes de Rome (67). Selon d'autres, il aurait été mis à mort dès sa première captivité.

Paul III (Alessandro Farnèse) (1468 – 1549), pape de 1534 à 1549; rétablit l'Inquisition (1542), réunit le concile de Trente (1545) et confia à Michel-Ange les travaux de Saint-Pierre de Rome. — **Paul IV** (Gian Pietro Carafa) (1476 – 1559), pape de 1555 à 1559; fonda, avec Gaétan de Thiene, l'ordre des Théatins. — **Paul V** (Camillo Borghèse) (1552 – 1621), pape de 1605 à 1621; fit achever Saint-Pierre par le Bernin. — **Paul VI** (Giovanni Battista Montini) (1897 – 1978), pape de 1963 à 1978; continua l'œuvre de Jean XXIII et associa plus étroitement les cardinaux à la vie de l'Église. Ses voyages dans le monde entier (Terre sainte et Inde, 1964; Istanbul, 1967, etc.) furent une nouveauté.

Paul Ier (1754 - 1801), empereur de Russie (1796-1801), fils de Catherine II et de Pierre III. Il lutta contre la France (1799), puis créa la ligue des Neutres (1800) pour interdire la Baltique aux Anglais. Son fils Alexandre participa au complot qui aboutit à son assassinat.

Paulhan (Jean) (1884 - 1968), écrivain français; directeur de la *Nouvelle Revue française* de 1925 à 1940 et de 1953 à sa mort. Il s'intéressa à la littérature orale malgache, publiant en 1913 *Hain-Tenys malgaches* (réédité en 1939). Acad. fr. (1963).

Pauli (Wolfgang) (1900 - 1958), physicien suisse d'origine autrichienne. Il élabora la théorie quantique du magnétisme nucléaire et supposa l'existence du neutrino. P. Nobel 1945.

paulien, enne [poljɛ̃, ɛn] adj. DR *Action paulienne,* par laquelle un créancier peut demander la révocation d'un acte fait par son débiteur en fraude de ses droits.

Pauling (Linus) (1901 - 1994), chimiste américain. Il fit progresser considérablement la biochimie des protéines. Prix Nobel de chimie 1954, prix Nobel de la paix 1962.

Paulus (Friedrich) (1890 - 1957), maréchal allemand. Il capitula à Stalingrad (1943). Interné en U.R.S.S. jusqu'en 1953.

paume [pom] n. f. **1.** Dedans de la main, entre le poignet et les doigts. **2.** Jeu de balle, ancêtre du tennis.

paumé, ée [pome] adj. Fam. Perdu. *Je suis paumé dans cette ville.* ▷ Fig. *Elle est complètement paumée.*

paumelle [pomɛl] n. f. Pièce métallique double qui permet le pivotement d'une porte, d'une fenêtre, d'un volet, etc., et dont les deux parties peuvent être désolidarisées.

paumotu [pɔmɔtu] adj. et n. (Polynésie fr.) **1.** Des îles Tuamotu. ▷ Subst. *Un(e) Paumotu.* **2.** n. m. LING *Le paumotu :* la langue austronésienne parlée dans les îles Tuamotu.

paupérisation [popeʀizasjɔ̃] n. f. Didac. Appauvrissement continu d'une population, d'un groupe humain.

paupériser [popeʀize] v. tr. [1] Didac. Entraîner la paupérisation de. - Pp. adj. *Une population paupérisée.* ▷ v. pron. *La région s'est rapidement paupérisée.*

paupérisme [popeʀism] n. m. Didac. État permanent d'indigence d'un groupe humain, envisagé en tant que phénomène social.

paupière [popjɛʀ] n. f. Chacune des membranes mobiles qui recouvrent, en se rapprochant, la partie externe de l'œil, et qui lui servent de protection. *Paupière supérieure, inférieure.*

paupiette [popjɛt] n. f. Tranche de viande, roulée et farcie. Syn. (Belgique) oiseau sans tête.

Pausanias (IIe s. apr. J.-C.), géographe et historien grec : *Description de la Grèce* (10 livres).

pause [poz] n. f. **1.** Suspension momentanée d'une activité, d'un travail. *Orateur qui fait une pause.* ▷ SPORT Repos entre deux périodes de jeu, de combat. **2.** (Belgique) Période de huit heures durant laquelle une équipe d'ouvriers travaille de façon continue avant d'être relayée par une autre. **3.** MUS Silence de la durée d'une ronde; signe (barre horizontale sous la quatrième ligne de la portée) qui sert à le noter.

pause-café [pozkafe] n. f. Pause ménagée dans une journée de travail pour prendre une boisson. *Des pauses-café.*

pauvre [povʀ] adj. et n. **1.** Qui n'a pas le nécessaire; qui manque de biens, d'argent. *Être très pauvre, être pauvre comme Job.* - Qui dénote la gêne, le dénuement. *Une pauvre demeure.* ▷ *Pauvre de, pauvre en :* qui manque de, qui est dépourvu de. - Fam. *Pauvre d'esprit.* ▷ Subst. Personne sans ressources, indigent. *Les riches et les pauvres.* **2.** (Choses) Improductif, stérile. *Une terre pauvre.* **3.** Qui inspire la compassion. *Le pauvre homme! -* Subst. *Le (la) pauvre!* ▷ Spécial. (À propos d'une personne décédée.) *C'était avant la mort de ce pauvre Paul.* ▷ Piteux, lamentable. *Un pauvre type.*

pauvrement [povʀəmɑ̃] adv. **1.** Dans l'indigence, la pauvreté. *Vivre pauvrement. - Être vêtu pauvrement,* d'une manière qui dénote la pauvreté. **2.** Litt. D'une manière insuffisante, médiocre. *Raisonner pauvrement.*

pauvresse [povʀɛs] n. f. Vieilli Femme pauvre; *spécial.* mendiante. - Mod., péjor. *C'est une pauvresse.*

pauvret, ette [povʀɛ, ɛt] n. et adj. (Avec une nuance d'affection ou de commisération.) Pauvre petit(e). ▷ adj. *Il a l'air tout pauvret.*

pauvreté [povʀəte] n. f. **1.** Manque de biens, insuffisance des choses nécessaires à la vie. ▷ Loc. prov. *Pauvreté n'est pas vice. - Par ext.* État de celui qui ne possède rien. *Religieux qui fait vœu de pauvreté.* ▷ Apparence, aspect de ce qui dénote la gêne, le manque d'argent. *La pauvreté d'un intérieur.* **2.** Insuffisance, stérilité. *La pauvreté d'un terrain.*

pavage [pavaʒ] n. m. **1.** Action de paver. **2.** Revêtement de pavés, de dalles, etc. *Pavage en granit.*

pavaner (se) [pavane] v. pron. [1] Marcher en essayant de se faire remarquer. - Prendre des airs avantageux. Syn. (Suisse) se royaumer.

Pavarotti (Luciano) (né en 1935), ténor italien.

pavé [pave] n. m. **1.** Morceau de grès, de pierre dure, de bois, etc., qui sert au revêtement d'un sol, d'une chaussée. **2.** Revêtement de pavés. *Le pavé d'une cour. -* Par ext. *Le pavé :* la chaussée, la rue. ▷ Loc. fig. *Battre le pavé :* flâner en désœuvré. - *Être sur le pavé :* être sans domicile, sans emploi. - *Tenir le haut du pavé :* être au premier rang, par le pouvoir, la notoriété, etc. **3.** Gros morceau, de forme régulière, d'une matière quelconque. *Un pavé de bœuf.* ▷ Fam. Volume imprimé fort épais. *Un pavé de quinze cents pages.* ▷ Loc. fig., fam. *Un pavé dans la mare :* un événement inattendu qui trouble une situation jusque-là tranquille et sans surprise.

Pavelić (Ante) (1889 - 1959), homme politique croate; fondateur de l'Oustacha*. Éphémère (1941) chef de l'État croate allié aux Allemands, il s'enfuit en 1945.

pavement [pavmɑ̃] n. m. Pavage (sens 2) fait avec de beaux matériaux.

paver [pave] v. tr. [1] Couvrir (un sol, une surface) de pavés, de dalles, de mosaïque, etc. *Paver une rue, une cour, un parvis.*

Pavese (Cesare) (1908 - 1950), écrivain italien : *le Bel Été* (1945), *Avant le chant du coq* (1949). Il a écrit aussi des poèmes, des essais et un *Journal.*

Pavie, v. d'Italie (Lombardie), sur le Tessin, dans la plaine padane; 85 060 hab.; ch.-l. de la prov. du m. nom. Centre agricole et industriel. - Université. Deux égl. du XIIe s.. Chât. des Visconti (XIVe s.). Célèbre chartreuse (à l'extérieur de la ville). - Cap. des Lombards, cité gibeline opposée à Milan, qui l'assujettit au XIVe s. Les Espagnols vainquirent le roi de France, François Ier, fait prisonnier (1525).

pavillon [pavijɔ̃] n. m. **I. 1.** Maisonnette construite dans un jardin. *Pavillon de banlieue.* ▷ Petite construction isolée. *Pavillon de chasse.* ▷ (Madag.) Petit bâtiment abritant un commerce ou servant d'habitation. **2.** Partie extérieure, visible, de l'oreille. ▷ Extrémité évasée de certains instruments à vent. *Le pavillon d'un cor, d'une trompette.* **3.** Partie supérieure de la carrosserie d'une voiture. **II.** MAR Drapeau. *Pavillon de complaisance,* arboré par certains navires naviguant sous une nationalité d'emprunt. - *Amener son pavillon,* en signe de reddition. - Loc. fig. *Baisser pavillon ;* reculer, céder, capituler.

pavillonnaire [pavijɔnɛʀ] adj. Occupé par des pavillons (sens I, 1). *Banlieue pavillonnaire.*

Pavillons-Noirs, nom donné, en raison de la couleur de leurs étendards, aux soldats irréguliers chinois et vietnamiens qui opérèrent, à la fin du XIXe s., au Laos, dans le nord du Viêt-nam et dans le sud de la Chine. Ils furent, tour à tour, alliés ou adversaires des troupes françaises engagées dans la colonisation de l'Indochine, mais durent se soumettre (1891-1893).

Pavlov (Ivan Petrovitch) (1849 - 1936), médecin et physiologiste russe. En 1903, il exposa ses théories sur le réflexe conditionné, découverte capitale; ensuite, il étudia la fonction cérébrale. P. Nobel 1904.

Pavlova (Anna Matveïeva) (1882 - 1931), danseuse russe; partenaire de Nijinski, dans la compagnie des Ballets russes.

pavois [pavwa] n. m. MAR Partie de la muraille d'un navire située au-dessus du pont.

pavoiser [pavwaze] v. [1] **1.** v. tr. et intr. Décorer de drapeaux (un édifice, une rue, etc.). **2.** v. intr. Fig., fam. Manifester sa joie. - *Il n'y a pas de quoi pavoiser,* de quoi être fier.

pavot [pavo] n. m. Plante herbacée (fam. papavéracées) dont une espèce a des propriétés somnifères. *Le pavot blanc fournit l'opium.*

payable [pɛjabl] adj. Qui doit être payé (de telle façon, à telle date, etc.). *Payable à vue, au porteur.*

payant, ante [pɛjɑ̃, ɑ̃t] adj. (et n. m.) **1.** Qui paie. *Visiteurs payants.* ▷ n. m. *Les payants.* **2.** Pour quoi l'on paie. *Entrée payante.* **3.** Fam. Avantageux, bénéfique. *Opération payante.*

paye [pɛj] n. f. V. paie.

payement [pɛjmɑ̃] n. m. V. paiement.

payer [pɛje] v. [21] **I.** v. tr. **1.** Acquitter (une dette, un droit, etc.) par un versement. *Payer ses dettes, ses impôts. - Payer son loyer.* ▷ (Sujet nom de chose.) *Produit qui paie un droit de* *douane.* **2.** Remettre à (qqn) ce qui lui est dû (généralement en argent). *Payer un commerçant. – Payer qqn par chèque. Payer en nature,* sous forme d'échange non monétaire. ▷ Fig., fam. *Être payé pour savoir telle chose,* en avoir fait la fâcheuse expérience. ▷ Récompenser; dédommager. *Payer qqn de ses efforts.* **3.** Verser une somme correspondant au prix de (telle chose). *Payer des denrées.* – Fam. Offrir. *Payer la tournée.* – Absol. *Payer comptant. Payer rubis* sur l'ongle.* ▷ *Payer pour :* payer ou, fig., subir, expier, à la place de. *Payer pour les autres.* ▷ Fam. *Il me le paiera :* je me vengerai de lui. ▷ Obtenir au prix de sacrifices, de dommages. *Payer cher sa réussite.* **4.** (Afr. subsah.) Acheter. *Va payer une miche de pain!* **II.** v. intr. **1.** *Payer de :* user de, faire preuve de. *Payer d'audace. – Payer de sa personne :* s'exposer, agir personnellement. **2.** (Sujet nom de chose.) Fam. Être profitable, rapporter. *Travail qui paie.* **III.** v. pron. **1.** Retenir telle somme; être payé. *Payez-vous sur ce billet.* ▷ Loc. fig. *Se payer de mots :* se contenter de parler, sans agir. **2.** Fam. S'offrir. *Se payer un chapeau.* ▷ *Se payer la tête de qqn,* se moquer de lui.

payeur, euse [pɛjœʀ, øz] n. **1.** Personne qui paie. *Un mauvais payeur.* **2.** (Dans des syntagmes.) Fonctionnaire chargé de payer les dépenses publiques; comptable des deniers publics. *Trésorier-payeur général.*

Payne (Thomas). V. Paine.

1. pays [pei] n. m. **1.** Territoire d'un État; État. *Les pays d'Asie du Sud-Est.* – (Québec) Vieilli *Les vieux pays :* les États d'Europe. ▷ Patrie; lieu, région d'origine. *Revenir au pays.* ▷ Région géographique, administrative, etc. – (Québec) HIST *Les Pays-d'en-Haut :* V. haut (sens B, 4). ▷ Absol. *Les coutumes du pays. Vin de pays.* – (Québec) Vieilli *Du pays :* fait maison, artisanalement. *Étoffe du pays. Sucre du pays :* sucre d'érable. **2.** Population d'un pays. *Le pays est en effervescence.* **3.** Contrée, région considérée du point de vue physique, économique, etc. *Les pays chauds.* – Loc. *Voir du pays :* voyager. **4.** Localité, village. *Un pays perdu.*

2. pays, payse [pei, peiz] n. Rég. ou plaisant Compatriote.

paysage [peizaʒ] n. m. **1.** Étendue de pays qui s'offre à la vue. ▷ Nature, aspect d'un pays, d'un site, etc. *Le paysage méditerranéen. – Paysage urbain.* **2.** Représentation picturale ou graphique d'un paysage (partic. champêtre); cette représentation en tant que genre. *Les maîtres du paysage.* **3.** Fig. Configuration générale, aspect général. *Paysage audiovisuel.*

paysager, ère [peizaʒe, ɛʀ] adj. Arrangé à la manière d'un paysage naturel. *Jardin paysager.*

paysagiste [peizaʒist] n. **1.** Peintre de paysages. **2.** Créateur, architecte de jardins, de parcs. – (En appos.) *Jardinier paysagiste.*

paysan, anne [peizɑ̃, an] n. et adj. **I.** n. **1.** Personne de la campagne, qui vit du travail de la terre. (N.B. Ce terme tend à être remplacé par *agriculteur, exploitant agricole,* etc.) **2.** Péjor. Rustre, balourd. **II.** adj. Des paysans; relatif aux paysans.

paysannat [peizana] n. m. **1.** Ensemble des paysans. **2.** (Afr. subsah.) Dans les colonies belges, système d'encadrement des paysans dans lequel plusieurs familles étaient regroupées pour se livrer à l'agriculture ensemble et à leur compte. – La structure ainsi constituée et ses installations.

paysannerie [peizanʀi] n. f. Ensemble des paysans.

Paysans (guerre des), révolte des paysans d'Allemagne centrale (1524-1525), alors que les débuts de la Réforme suscitaient les espérances les plus folles; leurs troupes furent souvent menées par les chefs du mouvement anabaptiste. Luther condamna la révolte et la répression fut implacable (plus de 100000 morts).

Pays-Bas (royaume des) *(Koninkrijk der Nederlanden),* État d'Europe occidentale, sur la mer du Nord, bordé au S. par la Belgique et à l'E. par l'Allemagne; 33935 km^2 de terres émergées; 14892600 hab. *(Néerlandais)* (croissance : 0,4 % par an); cap. *Amsterdam;* siège des pouvoirs publics : La Haye *(Den Haag).* Nature de l'État : monarchie constitutionnelle. Langue off. : néerlandais. Monnaie : florin. Relig. : cathol. (36 %), protestants (27 %).
Observation. – Le terme de *Pays-Bas* désigna d'abord le groupe de provinces qui, au XIVe s., s'étendaient sur la Hollande, la Belgique (sauf la principauté de Liège) et le N. de la France. La rép. des Provinces-Unies (proclamée en 1588), provinces du N. dont la plus importante était la Hollande, fut à l'origine des Pays-Bas actuels, mais de cette date à 1795 les provinces du Sud portèrent seules le nom de Pays-Bas (espagnols puis autrichiens). Quant au nom de Hollande, il ne désigne qu'une des parties du pays.
Géogr. phys. et hum. – Pays plat (point culminant à 321 m), les Pays-Bas correspondent à la basse vallée alluviale et au delta du Rhin, de la Meuse et de l'Escaut, que bordent au S. les collines du Limbourg. 27 % du territoire, situés au-dessous du niveau de la mer, ont été gagnés sur celle-ci : digues, canaux de décharge, stations de pompage (jadis : moulins) sauvegardent ces polders. Un barrage vise à assécher l'IJsselmeer («lac d'IJssel»), créé en 1932 par la fermeture du Zuyderzee («mer du Sud»). Ces régions basses groupent 60 % des hab. du pays : 1000 hab./km^2. Le climat océanique, doux et arrosé, favorise les herbages. Près de 90 % des hab. vivent dans les villes. La natalité s'est effondrée. Le pays compte plus de 500000 étrangers.
Écon. – La filière agroalim. assure 30% du P.N.B. (l'un des plus élevés du monde par hab.) : polyculture intensive, élevage bovin et porcin, grandes cultures, horticulture; 3e rang mondial pour les produits agricoles, 1er rang pour les fromages, les légumes et les fleurs. Le gaz naturel (4e rang mondial) provient de Groningue, dans le N. et des gisements off shore de la mer du Nord; distribué chez les proches voisins européens, le gaz représente près de 10 % des exportations nat. Fondée sur une très anc. tradition du négoce (diamants, notam.) et un capitalisme dynamique (Shell, Unilever, Philips), une gamme complète de productions industr. assure 50 % des exportations. Le secteur tertiaire (70 % des actifs et 63 % du P.N.B.) est lié au comm. et à la fin. internationaux. Premier port mondial, Rotterdam est la «bourse mondiale» du pétrole. L'endettement public élevé a conduit en 1991 à l'adoption d'un plan d'austérité aux résultats rapides : en 1995 et 1996, le déficit budgétaire était inférieur à 3 %, alors que l'allègement fiscal relançait la consommation et donc la croissance. Un plan national pour l'environnement a été adopté pour la période 1990-2000.
Hist. – Les Romains soumirent les tribus celtes au S. du Rhin (formation de la Gaule Belgique, 15 av. J.-C.), les Bataves et les Frisons, peuples germaniques, au N. Au IVe s., ils reculèrent devant les Francs et les Saxons. À la fin du VIIIe s., le pays était christianisé (Willibrord, saint Boniface) et il fut intégré à l'Empire carolingien. Rattaché au duché de Basse-Lorraine au Xe s., il se morcela au XIIe s. : Hollande, Gueldre, Flandre, etc. La conquête des terres sur la mer commença au XIIe-XIIIe s., à l'aide de pompes mues par des moulins à vent. La maison de Bourgogne unifia ces territoires (XIVe-XVe s.), devenus prospères grâce au commerce et à l'industrie. Les Habsbourg en héritèrent (1477). Charles Quint les regroupa (1548), favorisa l'essor maritime. Il combattit le calvinisme. Aussi, les prov. du N. se révoltèrent, à partir de 1566, contre Philippe II d'Espagne (révolte des *gueux,* nom que se donnèrent nobles et bourgeois calvinistes); malgré la terrible répression menée par le duc d'Albe, ils proclamèrent leur indépendance en 1572. En 1579, les sept prov. du Nord (Hollande, Zelande, Frise, etc.) conclurent l'Union d'Utrecht, qui fit d'elles, en 1588, la rép. des Provinces-Unies, seulement acceptée, mais non reconnue, par l'Espagne. En 1609, le stathouder Maurice de Nassau conclut une *trêve de Douze Ans* avec elle, mais la lutte reprit (guerre de Trente* Ans aux côtés de la France) et, en 1648, l'Espagne reconnut enfin la rép. Celle-ci connut au XVIIe s. un apogée intellectuel, artistique et économique, et se forgea un empire colonial (V. notam. Indonésie). Elle dut affronter, dès 1652, l'Angleterre et la France. En 1672, lors de l'invasion française, le pouvoir passa de Jean de Witt (1653-1672) à Guillaume III d'Orange-Nassau et les Provinces-Unies s'allièrent pour longtemps à l'Angleterre. Quant aux Pays-Bas espagnols, ils devinrent autrichiens en 1713. Au XVIIIe s., l'Angleterre domina la vie maritime, mais Amsterdam demeura une place fin. mondiale. Les Français occupèrent les Pays-Bas (1795-1806), formant une république «sœur», la *République batave.* Après la mainmise de Napoléon Ier, Guillaume de Nassau obtint, en 1815, le royaume des Pays-Bas, accru de la Belgique, qui fit sécession en 1830. Les Pays-Bas perdirent une partie du Limbourg, le Luxembourg, ainsi que les colonies du Cap et de Ceylan, mais le royaume développa l'exploitation des Indes néerlandaises (V. Indonésie) et évolua vers la démocratie parlementaire. Neutre pendant la guerre de 1914-1918, le pays fut occupé par les Allemands de 1940 à 1945. À la reine Wilhelmine (1890-1948) succéda la reine Juliana, qui en 1980 abdiqua en faveur de sa fille Béatrix. L'après-guerre fut marqué par la perte définitive de l'Indonésie (1949) et par la relance de l'économie. Le Parti du travail (socialiste) a gouverné le pays en alternance avec l'Appel chrétien-démocrate. Signataires du traité de Rome (1957), les Pays-Bas ont été l'un des six prem. pays de la C.E.E. Premier ministre dep. 1982, le chrétien-démocrate Rudolphus Lubbers a édicté plus. plans

d'austérité. Après une crise ministérielle (mai-nov. 1989), il a rallié les socialistes pour imposer son plan «antipollution» (1990-2000). Depuis 1994, une autre coalition de centre gauche gouverne, dirigée par Wim Kok. En janv. 1995, des crues exceptionnelles de la Meuse et du Rhin ont inondé les régions basses, mais les digues ont tenu.

Pays-Bas autrichiens, partie de l'Europe du N.-O. (V. Pays-Bas bourguignons) que Marie* de Bourgogne, fille de Charles le Téméraire, apporta en dot, à la mort de ce dernier en 1477, à Maximilien Ier d'Autriche. En 1516, Charles Quint hérita de ces possessions et l'on parla alors de Pays*-Bas espagnols. Les provinces du Sud redevinrent autrichiennes en 1714.

Pays-Bas bourguignons, partie de l'Europe du N.-O. (qui correspond aux Pays-Bas, à la Belgique et au Luxembourg actuels, ainsi qu'à diverses parties de la France du N. telles que la Rég. Nord-Pas-de-Calais) que le duc de Bourgogne Philippe* III le Bon unifia au XVe s. Mais, à la mort de son fils Charles le Téméraire (1477), sa fille Marie de Bourgogne les apporta en dot à la maison d'Autriche. (Pays-Bas autrichiens.)

Pays-Bas espagnols, partie de l'Europe du N.-O. qui, après avoir appartenu à la maison d'Autriche (Pays*-Bas autrichiens), devinrent la propriété de Charles Quint en 1516. Les provinces du Nord, protestantes, qui forment les Pays-Bas actuels, proclamèrent en 1572 leur indépendance. En 1579, elles formèrent l'Union d'Utrecht, qui devint en 1588 la rép. des Provinces-Unies; l'Espagne ne reconnut officiellement cette rép. indépendante qu'en 1648 (traités de Westphalie). Les provinces du Sud, catholiques, qui correspondaient à la Belgique et au Luxembourg actuels (ainsi qu'à diverses parties du nord de la France actuelle), demeurèrent espagnoles. En 1714, elles revinrent à la maison d'Autriche. (V. dossiers Belgique, p. 1380, et Luxembourg, p. 1464.)

Pays de la Loire. V. Loire (Pays de la).

Pays des Cafres. V. Cafrerie.

Paz (La), v. de Bolivie, dans les Andes, à 3 658 m d'alt.; 992590 hab. Siège du gouv. (la cap. constitutionnelle étant *Sucre*) et ch.-l. du dép. du m. nom. Centre comm. et industr., relié par voie ferrée au port chilien d'Arica. – Archevêché. Université. – Ville fondée en 1548 par les Espagnols.

Paz (Octavio) (né en 1914), poète et essayiste mexicain. Son œuvre a pour fondements la culture primitive mexicaine et le surréalisme : *Pierre de soleil* (1957), *Salamandre 1958-1961* (1962), *L'arbre parle* (1990), poèmes; *le Labyrinthe de solitude* (1951), *le Singe grammairien* (1974), essais. P. Nobel 1990.

P.C. Sigle de *Parti communiste**.

P.C.F. Sigle de *Parti* communiste français.*

P.C.U.S. Sigle de *Parti communiste de l'Union soviétique.* (V. Parti communiste de Russie.)

P.C.V. [peseve] n. m. TELECOM Anc. *Communication en P.C.V.* : communication téléphonique imputée au compte du destinataire (pour des communications internationales). – Par ext. *Un P.C.V.*

péage [peaʒ] n. m. Droit d'accès ou de passage à payer par les usagers d'un port, d'une voie de communication, etc. *Autoroute à péage. – Chaîne (de télévision) à péage :* syn. de *chaîne cryptée**. ▷ Lieu de perception de ce droit. *S'arrêter au péage.*

Péan (Jules Émile) (1830 – 1898), chirurgien français. Il mit notam. au point l'ablation des ovaires.

Peano (Giuseppe) (1858 – 1932), mathématicien et logicien italien.

peanut ou **pinotte** [pinɔt] n. f. (Québec) Fam. **1.** Cacahuète. **2.** Fig. Chose, quantité peu importante. *C'est une peanut à faire!* ▷ Loc. *Ne pas valoir une peanut :* avoir peu de valeur. ▷ (Souvent au plur.) Somme d'argent dérisoire. *Travailler pour des peanuts.*

Pêâr(s), population montagnarde du Cambodge (massif du Dang Rêk et chaîne des Cardamomes). De parler môn-khmer, ils ont conservé leurs religions traditionnelles.

Pearl Harbor, base aéronavale des É.-U., dans l'île d'Oahu (une des Hawaii). Le 7 déc. 1941, sans déclaration de guerre, les Japonais y détruisirent une partie import. de la flotte américaine du Pacifique et 159 avions; cette agression provoqua l'entrée en guerre des États-Unis.

Pearson (Lester Bowles) (1897 – 1972), homme politique canadien. Chef du parti libéral (1958), Premier ministre de 1963 à 1968, il reçut le P. Nobel de la paix 1957 pour son rôle de conciliateur lors de la crise de Suez (1956).

Peary (Robert Edwin) (1856 – 1920), explorateur américain. Il atteignit le premier le pôle Nord, le 6 avril 1909.

peau [po] n. f. **I. 1.** Tissu résistant et souple, constitué de plusieurs couches cellulaires, qui recouvre le corps des vertébrés. **2.** Épiderme de l'homme. *Les pores, la pigmentation de la peau.* ▷ Loc. fam. *N'avoir que la peau sur les os :* être très maigre. – *Être bien, mal dans sa peau :* être à l'aise, mal à l'aise. **II.** (Dans des expr. fig.) **1.** Fam. *La peau de qqn,* sa vie, sa personne. **2.** Personnalité de qqn. *Se mettre dans la peau de qqn,* s'imaginer à sa place. **III.** Cuir, fourrure dont on a dépouillé un animal. *Peaux de mouton.* ▷ *Sac en peau,* en fin cuir souple. **IV.** Loc. fig. *Vendre la peau de l'ours :* V. ours. **V. 1.** Enveloppe d'un fruit. *Peau d'une pêche.* **2.** Pellicule qui se forme à la surface de certains liquides, de certaines substances. *Peau du lait bouilli.* **3.** Fausses membranes qui se forment pendant certaines maladies (notam. dans la gorge dans certaines angines). **4.** ELECTR *Effet de peau :* concentration du courant au voisinage de la surface d'un conducteur, observée pour des courants alternatifs de fréquence élevée. Syn. effet Kelvin.

peaucier [posje] adj. m. et n. m. ANAT *Muscle peaucier* ou, n. m., *peaucier :* muscle attaché à l'hypoderme, qui fait se plisser la peau.

peaufinage [pofinaʒ] n. m. **1.** Action de peaufiner (sens 1); son résultat. **2.** Fig., fam. Fignolage.

peaufiner [pofine] v. tr. **[1] 1.** Passer à la peau de chamois. **2.** Fig., fam. Fignoler. *Il peaufine son roman.*

peausserie [posʀi] n. f. Art, commerce du peaussier. ▷ Marchandise vendue par celui-ci.

peaussier [posje] n. m. Artisan qui prépare les peaux ou en fait le commerce.

Peaux-Rouges, nom autrefois donné aux Indiens de l'Amérique du Nord, parce que de nombreuses tribus se teignaient le corps en rouge.

pebble culture [pɛbəlkœltʃəʀ; pɛb œlkyltyʀ] n. f. (Anglicisme) PREHIST Civilisation du galet* aménagé, forme la plus élémentaire de l'industr. lithique.

1. pécan [pekɑ̃] n. m. Fruit du pacanier, dont l'amande est consommée crue ou séchée. *Glace aux noix de pécan.* (V. pacane.)

2. pécan [pekɑ̃] n. m. V. pékan.

pécari [pekaʀi] n. m. Mammifère suidé d'Amérique tropicale, de taille réduite (20 à 30 kg), à pelage brun avec des parties claires. ▷ Peau apprêtée de cet animal.

peccadille [pekadij] n. f. Petit péché, faute légère.

pechblende [pɛʃblɛ̃d] n. f. MINER Minerai renfermant une forte proportion d'oxyde d'uranium.

1. pêche [pɛʃ] n. f. **1.** Manière, action de pêcher. *Filet de pêche. Pêche à la ligne.* **2.** Droit de pêcher. *Avoir la pêche sur 1 km de rivière.* **3.** Portion de rivière ou d'étang où l'on peut pêcher. *Pêche réservée.* **4.** Poissons, produits que l'on a pêchés. *Faire cuire sa pêche.*

2. pêche [pɛʃ] n. f. Fruit comestible du pêcher, au noyau dur, à la peau rose et duveteuse. ▷ Loc. fig. *Peau de pêche,* veloutée et rose.

péché [peʃe] n. m. RELIG Transgression de la loi divine. *Absoudre qqn de ses péchés. – Péché originel,* commis par Adam et Ève et qui entache toute leur postérité. – *Péché mortel*. Péché véniel*. – Péchés capitaux :* les sept péchés (avarice, colère, envie, gourmandise, luxure, orgueil, paresse) considérés comme les plus graves et comme la source des autres péchés. ▷ Fig. *Péché mignon :* petit travers, penchant.

pécher [peʃe] v. intr. **[14] 1.** Commettre un, des péchés. **2.** *Pécher contre :* manquer à (une règle de morale). *Pécher contre l'honnêteté.* ▷ Commettre une erreur contre. *Pécher contre le bon sens.* **3.** Être insuffisant, en défaut. *Ce projet pèche sur un point.*

1. pêcher [pɛʃe] v. tr. **[1] 1.** Prendre, tenter de prendre (du poisson). *Pêcher la sardine.* ▷ Absol. *Pêcher à la ligne, à l'épervier. – Pêcher à la mouche.* – Fig. *Pêcher en eau* trouble.* **2.** Retirer de l'eau (des animaux autres que les poissons). *Pêcher l'oursin, la grenouille.* **3.** Fam. Trouver, découvrir (qqch de surprenant). *Où as-tu pêché ce chapeau?*

2. pêcher [pɛʃe] n. m. Petit arbre (fam. rosacées) cultivé dans les régions tempérées, dont le fruit est la pêche.

pechère [pøʃɛʀ] interj. V. peuchère.

pêcherie [pɛʃʀi] n. f. **1.** Lieu où l'on a coutume de pêcher. ▷ Port de pêche; quartier habité par des pêcheurs. **2.** (Afr. subsah.) Piège à poissons fixe. **3.** (Maghreb) Marché aux poissons.

pécheur, pécheresse [peʃœʀ, peʃʀɛs] n. et adj. Personne qui est en état de péché. ▷ adj. *Âme pécheresse.*

pêcheur, euse [pɛʃœʀ, øz] n. Personne qui fait métier de pêcher ou qui pêche par plaisir. – (En appos.) *Bateau pêcheur.* ▷ Par anal. *Pêcheur de perles.*

pécloter [peklɔte] v. intr. [1] (Suisse) Fam. **1.** (Choses) Fonctionner médiocrement. *Son entreprise péclote. La voiture péclote.* **2.** (Personnes) Être en mauvaise santé.

1. pécore [pekɔʀ] n. f. Femme stupide et prétentieuse.

2. pécore [pekɔʀ] n. Fam., péjor. Paysan(ne).

Pécs, v. de Hongrie, proche de la Croatie; 176290 hab.; ch.-l. de comté. Centre industriel, dans une région minière (houille, uranium, bauxite). – Université. Cath. St-Étienne (XIe s.)

pecten [pɛktɛn] n. m. ZOOL Mollusque lamellibranche (genre *Pecten*) dont une espèce est la coquille Saint-Jacques.

pectine [pɛktin] n. f. BIOCHIM Substance glucidique très répandue chez les êtres vivants et provenant du pectose.

pectique [pɛktik] adj. BIOCHIM Qualifie certains polyosides végétaux qui donnent par hydrolyse du galactose et des dérivés du galactose.

pectoral, ale, aux [pɛktɔʀal, o] n. m. et adj. **I.** n. m. Plaque ornementale ou de protection portée sur la poitrine. **II.** adj. **1.** ANAT Qui appartient à la poitrine. *Les muscles pectoraux* ou, n. m. pl., *les pectoraux.* ▷ *Nageoires pectorales :* nageoires antérieures, chez les poissons. **2.** Qui est utilisé dans le traitement des affections des bronches, des poumons. *Sirop pectoral.* **3.** Qui se porte sur la poitrine. *Croix pectorale.*

pectose [pɛktoz] n. m. BIOCHIM Composé pectique formé de la combinaison de pectine et de cellulose, qui se trouve surtout dans les fruits et les racines charnues avant leur maturité.

pécule [pekyl] n. m. **1.** Somme d'argent économisée petit à petit. *Il a amassé un petit pécule.* **2.** Somme qu'un militaire qui n'a pas droit à une retraite reçoit quand il quitte l'armée. ▷ Somme prélevée sur le produit du travail d'un prisonnier et dont une partie lui est remise à sa libération.

pécuniaire [pekynjɛʀ] adj. Qui consiste en argent; qui a rapport à l'argent. *Problèmes pécuniaires.*

péd(i)-, -pède, -pédie. Éléments, du lat. *pes, pedis,* «pied».

1. péd(o)-, -pédie. Éléments, du gr. *pais, paidos,* «enfant, jeune garçon», ou de *paideuein,* «élever, instruire».

2. péd(o)-. Élément, du gr. *pedon,* «sol».

pédagogie [pedagɔʒi] n. f. **1.** Théorie, science de l'éducation. **2.** Ensemble des qualités du pédagogue, de celui qui sait enseigner, expliquer.

pédagogique [pedagɔʒik] adj. **1.** Relatif à la pédagogie. **2.** Conforme aux exigences de la pédagogie.

pédagogue [pedagɔg] n. et adj. **1.** Personne chargée de l'éducation d'un enfant, d'un adolescent. **2.** Spécialiste de la pédagogie. **3.** Personne qui sait enseigner, expliquer. ▷ adj. *Il est très pédagogue.*

pédalage [pedalaʒ] n. m. Action de pédaler.

pédale [pedal] n. f. **1.** Organe mécanique mû par le pied, qui commande le fonctionnement d'un appareil, d'une machine, ou qui communique un mouvement de rotation à un appareil. *Pédale de frein, d'accélérateur. Pédale de bicyclette.* ▷ Loc. fig., fam. *Perdre les pédales :* perdre le fil de son discours, perdre ses moyens. **2.** Touche d'un instrument de musique mue par le pied.

pédaler [pedale] v. intr. [1] Faire mouvoir une, des pédales, spécial. les pédales d'une bicyclette.

pédalier [pedalje] n. m. **1.** Clavier de l'orgue actionné par des pédales. **2.** Ensemble des manivelles, des pédales et du plateau d'une bicyclette.

pédalo [pedalo] n. m. (Nom déposé.) Petite embarcation mue par des pédales.

pédant, ante [pedɑ̃, ɑ̃t] n. et adj. Personne qui affecte d'être savante, qui fait étalage de ses connaissances avec vanité. ▷ adj. *Un ton pédant.*

pédanterie [pedɑ̃tʀi] n. f. Air, manière d'un pédant; vain étalage d'érudition.

pédantisme [pedɑ̃tism] n. m. Caractère du pédant, de ce qui est pédant.

-pède. V. péd(i)-.

pédéraste [pedeʀast] n. m. Celui qui s'adonne à la pédérastie. – *Abusiv.* Homosexuel.

pédérastie [pedeʀasti] n. f. Attirance sexuelle ressentie par un homme pour les jeunes garçons; relation physique entre un homme et un jeune garçon. – *Abusiv.* Homosexualité masculine.

pédestre [pedɛstʀ] adj. Qui se fait à pied. *Rallye, sports pédestres.*

pédi. V. péd(i).

pédiatre [pedjatʀ] n. Médecin spécialiste de pédiatrie.

pédiatrie [pedjatʀi] n. f. Branche de la médecine concernant les enfants.

pédiatrique [pedjatʀik] adj. Relatif à la pédiatrie.

pédicelle [pedisɛl] n. m. **1.** BOT Dernière ramification du pédoncule, qui porte la fleur. **2.** ZOOL Pièce allongée servant de support à divers organes. Syn. pédicule.

pédicule [pedikyl] n. m. **1.** BOT Support allongé et grêle, dans certaines plantes. **2.** ZOOL Syn. de *pédicelle.* **3.** ANAT Ensemble des éléments vasculaires et nerveux qui rattachent un organe au reste du corps ou à un ensemble fonctionnel.

pédiculose [pedikyloz] n. f. MED Ensemble des lésions cutanées provoquées par les poux.

pédicure [pedikyʀ] n. Personne spécialisée dans les soins des pieds.

1. -pédie. V. péd(i)-.

2. -pédie. V. péd(o)- 1.

pedigree [pedigʀe] n. m. Généalogie d'un animal de race pure; document qui l'atteste.

pédiluve [pedilyv] n. m. Bassin peu profond, en maçonnerie, destiné aux soins de propreté des pieds. *Douches et pédiluves d'une piscine.* ▷ ELEV Bac contenant une solution antiseptique placé à l'entrée des poulaillers, des porcheries, etc. modernes, pour la désinfection des chaussures.

pédo-. V. péd(o)-.

pédogenèse [pedɔʒənɛz] n. f. PEDOL Ensemble des processus de formation et d'évolution des sols.

1. pédologie [pedɔlɔʒi] n. f. Didac. Branche des sciences de la Terre qui étudie les caractères chimiques, physiques et biologiques des sols.

2. pédologie [pedɔlɔʒi] ou **paidologie** [pedɔlɔʒi] n. f. Didac. Étude psychologique et physiologique de l'enfant.

pédologue [pedɔlɔg] n. Didac. Personne spécialisée dans l'étude des sols.

pédonculaire [pedɔ̃kylɛʀ] adj. Didac. Qui se rapporte au pédoncule.

pédoncule [pedɔ̃kyl] n. m. **1.** ANAT Pièce mince et allongée qui relie deux organes ou deux parties d'organe. *Pédoncules cérébraux.* **2.** BOT Ramification terminale de la tige portant la fleur. **3.** ZOOL Pièce allongée portant un organe (œil de l'écrevisse, par ex.) ou un organisme entier. (V. pédicelle.)

pédophile [pedɔfil] adj. et n. Didac. Qui manifeste une tendance à la pédophilie. ▷ Subst. *Des pédophiles.*

pédophilie [pedɔfili] n. f. Didac. Attirance sexuelle pour les enfants.

Pedoubast ou **Pedoubastis,** prince égyptien qui se fit proclamer roi dans le N. de l'Égypte et à Thèbes (817-763 av. J.-C.); il fonda ainsi la XXIIIe dynastie, qui régna parallèlement à la XXIIe dynastie.

Pedro Ier. V. Pierre Ier (Brésil).

Peel (sir Robert) (1788 – 1850), homme politique britannique. Député tory (1809), ministre de l'Intérieur (1822-1830), Premier ministre (1834-1835 et 1841-1846), il restructura son parti (devenu le *parti conservateur* en 1832) et fit adopter d'importantes réformes (humanitaires et libre-échangistes). L'abrogation des lois sur les céréales (1846) divisa les conservateurs et Disraeli provoqua sa chute.

peeling [piliŋ] n. m. (Anglicisme) MED Traitement de la peau qui consiste à enlever la couche superficielle de l'épiderme. Syn. exfoliation.

pégase [pegaz] n. m. ZOOL Poisson téléostéen cuirassé des mers asiatiques, aux nageoires pectorales en forme d'aile.

Pégase, dans la myth. gr., cheval ailé né du sang de Méduse lorsque Persée lui coupa la tête.

pegmatite [pɛgmatit] n. f. MINER Granit formé de très gros cristaux de quartz, de feldspath et de mica blanc.

pégoulade [pegulad] n. f. (France rég.) Défilé carnavalesque organisé dans le sud de la France.

pègre [pɛgʀ] n. f. Monde des voleurs, des escrocs, des gens douteux.

Pegu, vaste rég. et anc. royaume de basse Birmanie; 49787 km^2; 3800240 hab. Forêts de tecks, cultures tropicales; villes principales *Rangoon* et *Pegu* (250000 hab.).

Péguy (Charles) (1873 – 1914), écrivain français. Dreyfusard, acquis au socialisme, il renoua avec la tradition patriotique et religieuse. Mort au front, il laissa une œuvre de poète (*le Mystère de la charité de Jeanne d'Arc,* 1910), d'essayiste et de polémiste (*Victor-Marie, comte Hugo,* 1910; *l'Argent,* 1913).

Pei ou **Pei Ieoh Ming** (né en 1917), architecte et urbaniste américain d'origine chinoise, auteur de la pyramide du Louvre (1986-1988).

peignage [pɛɲaʒ] n. m. TECH Opération qui consiste à peigner les fibres textiles (laine, coton, lin, etc.).

peigne [pɛɲ] n. m. **I. 1.** Instrument de corne, d'écaille, de matière plastique, etc., à dents fines, longues et serrées, qui sert à démêler et à lisser les cheveux. – (Afr. subsah.) Instrument, souvent en bois, à dents longues et espacées, servant à démêler les cheveux. **2.** Loc. *Sale comme un peigne :* très sale. ▷ Loc. fig. *Passer au peigne fin :* soumettre à un contrôle minutieux. **3.** Accessoire de toilette à dents fines et serrées servant à maintenir ou à orner les cheveux des femmes. **II. 1.** TECH Appareil, outil muni de dents, servant à démêler des fibres textiles ou à maintenir un écartement régulier entre les fils de chaîne d'un métier à tisser. **2.** ZOOL Organe sensoriel en forme de peigne situé sous l'abdomen des scorpions.

peigné, ée [pɛɲe] adj. et n. m. Dont les fibres parallèles et allongées présentent un aspect lisse. *Laine peignée.* ▷ n. m. Étoffe tissée de longues fibres de laine peignée.

peigner [pɛɲe] v. tr. [1] **1.** Démêler, arranger (les cheveux) avec un peigne. *Peigner sa chevelure. – Peigner qqn.* ▷ v. pron. (Réfl.) Peigner ses cheveux. **2.** Démêler (des fibres textiles). *Peigner de la laine.*

peignoir [pɛɲwaʀ] n. m. **1.** Vêtement de protection dont on couvre le buste des clients chez un coiffeur. **2.** Vêtement ample que l'on porte au sortir du bain. ▷ Vêtement d'intérieur long et ample, en tissu léger.

peille [pɛj] n. f. TECH (Le plus souvent au plur.) Chiffon utilisé pour la fabrication du papier. ▷ (France rég.) Vieux chiffon.

peinard, arde ou **pénard, arde** [penaʀ, aʀd] adj. Pop. Qui jouit tranquillement de la vie, paisible.

peindre [pɛ̃dʀ] v. tr. [55] **I. 1.** Couvrir, recouvrir de peinture. Syn. (Québec) peinturer. **2.** Embellir, décorer avec de la couleur. *La chapelle Sixtine a été peinte par Michel-Ange.* **II. 1.** Dessiner, inscrire avec de la peinture. *Peindre une inscription.* **2.** Représenter par des traits et des couleurs, par l'art de la peinture. *Peindre un portrait.* ▷ (S. comp.) *Elle aime peindre.* **III.** Fig. Représenter par le discours. *Peindre les passions.* ▷ v. pron. Se manifester par des signes sensibles. *La terreur se peignait sur ses traits.*

peine [pɛn] n. f. **A.** Châtiment, punition. **1.** DR *Peine afflictive et infamante,* infligée par le pouvoir public à un individu reconnu judiciairement coupable d'avoir commis un crime. *Peine de mort. – Peine de police :* sanction de la contravention. – *Peine correctionnelle :* sanction du délit. – *Peine criminelle :* sanction du crime. **2.** Loc. prép. *Sous peine de :* sous risque de, sous menace de. ▷ Par ext. *Partez vite sous peine d'arriver en retard.* **3.** THEOL *Peines éternelles, peines de l'enfer :* damnation. **B. I.** Chagrin, souffrance morale, affliction. – *Faire peine à voir :* inspirer la compassion. ▷ État de qqn qui est inquiet, tourmenté. – Loc. *Être, errer comme une âme en peine :* V. sens A, 3. **II. 1.** Occupation, activité qui demande un effort. *Résultat qui a exigé beaucoup de peine.* ▷ (Formules de politesse.) *Voulez-vous prendre, vous donner la peine de* (+ inf.). ▷ *Homme de peine,* qui effectue les travaux pénibles. ▷ Loc. *À chaque jour suffit sa peine. – Ce n'est pas la peine :* ce n'est pas nécessaire. *Ça vaut la peine. – Pour votre peine, pour la peine :* en compensation. **2.** Difficulté, embarras. *Avoir de la peine à parler.* **3.** Loc. *Sans peine :* sans difficulté. ▷ *Avec peine :* difficilement. **III.** Loc. adv. *À peine.* **1.** Depuis peu de temps. *À peine arrivé, il a dû repartir.* **2.** Presque pas. *Il sait à peine écrire.* ▷ Tout juste. *Voilà à peine deux heures qu'il est parti.*

peiner [pɛne] v. [1] **1.** v. intr. Se fatiguer, éprouver des difficultés. *Peiner à monter.* **2.** v. tr. Faire de la peine à (qqn), attrister. *Vos paroles l'ont peiné.* – Pp. adj. *Un regard peiné.*

peint, peinte [pɛ̃, pɛ̃t] adj. **1.** Recouvert de peinture. **2.** Orné de motifs peints, de couleur. *Papiers peints.* **3.** Très ou trop fardé. *Un visage peint.*

peintre [pɛ̃tʀ] n. m. **1.** *Peintre en bâtiment* ou, absol., *peintre :* personne spécialisée dans la peinture des murs, des plafonds, etc., et dans la pose des papiers peints. **2.** Artiste qui exerce l'art de la peinture. ▷ (En appos.) *Des artistes peintres.* **3.** Personne, écrivain qui peint (sens III) les hommes, les mœurs. *Racine, peintre de l'amour passion.*

peinture [pɛ̃tyʀ] n. f. **I.** Action de peindre, d'appliquer des couleurs sur une surface. **II. 1.** Art, manière de peindre (sens II, 2). – *Peinture sur soie.* **2.** Ouvrage d'un artiste peintre. **3.** Fig. *Ne pas pouvoir voir qqn en peinture,* ne pas le supporter, le détester. **4.** Litt. Description particulièrement évocatrice. *Peinture de mœurs.* **III. 1.** Couche de couleur couvrant une surface, un objet. **2.** Matière servant à peindre. *Peintures à l'huile.*

peinturer [pɛ̃tyʀe] v. tr. [1] **1.** Barbouiller maladroitement de la peinture. – Peindre avec des couleurs criardes, peinturlurer. **2.** (Québec) Peindre (sens I, 1). *Faire peinturer sa maison.* – Pp. adj. *Un mur peinturé en bleu.*

peinturlurer [pɛ̃tyʀlyʀe] v. tr. [1] Fam. Barbouiller de tons voyants.

Peirce (Charles Sanders) (1839 – 1914), philosophe et logicien américain; promoteur du pragmatisme et de la sémiologie.

péjoratif, ive [peʒɔʀatif, iv] adj. et n. m. Se dit d'une expression, d'un mot, d'un suffixe, d'un préfixe, d'une intonation qui comporte un sens défavorable, implique un jugement dépréciatif. ▷ n. m. *Soudard est un péjoratif.*

péjoration [peʒɔʀasjɔ̃] n. f. LING Ajout d'une valeur péjorative à un mot, à unénoncé.

péjorativement [peʒɔʀativmɑ̃] adv. Dans un sens péjoratif.

pékan ou **pécan** [pekɑ̃] n. m. Martre du Canada (*Martes pennanti,* fam. mustélidés) à pelage foncé. ▷ Fourrure de cet animal.

péket ou **péquet** [pekɛ] n. m. (Belgique) Alcool fort. – *Spécial.* Genièvre (sens 2).

Pékin ou **Beijing,** cap. de la rép. pop. de Chine, dans le N.-E. du pays; 6 920 000 hab. (*Pékinois*); aggl. urb. 9 600 000 hab. La ville, qui forme, à l'intérieur de la prov. du Hebei, une municipalité autonome (17 800 km²) sous le contrôle direct du pouvoir central, est un grand foyer culturel, administratif, commercial et industriel. – Le vieux Pékin se compose de deux villes juxtaposées, entourées de murailles : la «Ville extérieure» et la «Ville intérieure» (cette dernière renferme la Cité interdite). – Université du Peuple (1912); palais impérial, qui abrite auj. un musée historique et des services administratifs; porte Tian Anmen («de la Paix céleste»), percée dans les remparts de la cité impériale; temple du Ciel (un des rares monuments chinois de forme circulaire); pagode Blanche du parc Beihai. Bibliothèque nationale. – Cap. intermittente, la ville se développa partic. sous la domination mongole, puis sous les Ming. Les Occidentaux y eurent leur quartier en 1860. Les communistes y entrèrent en janv. 1949 et en firent la capitale de la rép. populaire (oct. 1949).

pékiné, ée [pekine] adj. et n. m. *Tissu pékiné,* qui présente des bandes alternativement claires et foncées, ou brillantes et mates. ▷ n. m. *Du pékiné.*

pékinois, oise [pekinwa, waz] adj. et n. **1.** adj. De Pékin. ▷ Subst. *Un(e) Pékinois(e).* **2.** n. m. Dialecte du chinois, parlé à Pékin et dans le nord de la Chine, devenu langue commune du pays.

Péko (mont), sommet de la Côte d'Ivoire, dans le massif du Man; 1 002 m. Le parc national du m. nom a 34 000 ha.

pelade [pəlad] n. f. Chute des poils ou des cheveux par plaques, pouvant évoluer vers la calvitie totale.

pelage [pəlaʒ] n. m. Ensemble des poils d'un mammifère. *Le pelage fauve du lion.*

Pélage (v. 360 – v. 422), moine hérésiarque qui vécut dans le bassin méditerranéen; sa doctrine, le *pélagianisme,* qui niait le péché originel, fut dénoncée notam. par saint Augustin.

pélagie [pelaʒi] n. f. ZOOL Méduse acalèphe luminescente de l'Atlantique, formant des bancs en haute mer.

pélagique [pelaʒik] adj. BIOL, GEOL Qui est relatif à la haute mer, qui vit en haute mer. *Faune pélagique.*

pélagos [pelagɔs] n. m. OCEANOGR Ensemble des espèces animales qui vivent en haute mer, loin des fonds marins.

pélamide [pelamid] n. f. ZOOL **1.** Poisson téléostéen de l'Atlantique oriental et de la mer Méditerranée (*Sarda sarda*), voisin du thon. Syn. bonite à dos rayé. **2.** Serpent de mer venimeux (*Pelamis platurus*) des océans Indien et Pacifique.

pelant, ante [pəlɑ̃, ɑ̃t] adj. (Belgique) Fam. Ennuyeux, lassant.

pélargonium [pelaʀgɔnjɔm] n. m. BOT Plante ornementale cultivée pour ses nombreuses fleurs de couleurs variées (appelée à tort géranium).

Pélasges, nom donné, dans la tradition grecque classique, aux populations ayant précédé l'installation hellénique sur les deux rives de la mer Égée, en Asie Mineure et en Grèce péninsulaire. Elles semblent avoir occupé surtout une partie de la Thessalie.

pelé, ée [pəle] adj. (et n.) **1.** adj. Qui n'a plus de poils, de cheveux. ▷ Subst. *Quatre pelés et un tondu :* un tout petit nombre de personnes. **2.** adj. Dépourvu de végétation, sec, aride. **3.** n. m. (Belgique) Pièce de viande de bœuf (gîte) débarrassée de sa membrane.

Pelé (Edson Arantes do Nascimento, dit) (né en 1940), footballeur brésilien, surnommé *le roi Pelé.* Vainqueur de la coupe du monde avec l'équipe du Brésil en 1958, 1962 et 1970.

pélécaniformes [pelekanifɔʀm] n. m. pl. ORNITH Ordre d'oiseaux comprenant les pélicans, les cormorans, etc. – Sing. *Un pélécaniforme.*

Pelée (montagne), volcan (1 397 m) de la Martinique, sur la côte N.-O. L'éruption du 8 mai 1902 détruisit

Saint-Pierre, qui avait alors 30000 hab. De 1929 à 1932, des éruptions construisirent un dôme d'une centaine de mètres.

péléen, enne [peleɛ̃, ɛn] adj. GEOGR Qui est du même type que la montagne Pelée, en parlant d'un volcan. ▷ *Éruption péléenne :* éruption de laves formant des dômes ou des aiguilles.

pêle-mêle [pɛlmɛl] adv. et n. m. inv. **1.** adv. Confusément, en désordre. **2.** n. m. inv. Cadre qui peut recevoir plusieurs photographies.

peler [pəle] v. [**17**] **I.** v. tr. **1.** Ôter la peau de (un fruit). *Peler une pomme.* **2.** (Belgique) Fam. Ennuyer (sens 2). *Ça me pèle d'aller le voir.* ▷ v. pron. S'ennuyer. **II.** v. intr. Perdre de son épiderme par petits morceaux, en parlant de l'homme. *Avoir le nez qui pèle.* Syn. (Québec) pleumer.

pèlerin, ine [pɛlʀɛ̃, in] n. (Rare au fém.) **I.** Personne qui fait un voyage vers un lieu de dévotion. **II. 1.** (En appos.) ICHTYOL *Requin pèlerin :* V. encycl. requin. **2.** ENTOM *Criquet* pèlerin.*

pèlerinage [pɛlʀinaʒ] n. m. **1.** Voyage que fait un pèlerin. *Aller en pèlerinage.* **2.** Lieu où va un pèlerin, où viennent des pèlerins. *Le pèlerinage de Lourdes, de La Mecque.*

pèlerine [pɛlʀin] n. f. Vêtement sans manches, souvent muni d'un capuchon.

péliade [peljad] n. f. Vipère (*Vipera berus*) de l'Europe et du nord de l'Asie, à museau arrondi, qui porte une bande noire sur le dos.

Pélias, dans la myth. gr., roi d'Iolcos (Thessalie), fils de Poséidon. Médée* conseilla à ses filles (les *Péliades*) de le dépecer et de le jeter dans un chaudron d'eau bouillante pour qu'il retrouve la jeunesse : Pélias périt.

pélican [pelikɑ̃] n. m. Oiseau palmipède de grande taille (genre *Pelecanus*, ordre des pélécaniformes), au long cou, qui peut accumuler dans son bec en forme de vaste poche les poissons qu'il a capturés. Syn. (Antilles fr., Haïti) grand-gosier.

pelisse [pəlis] n. f. Vêtement doublé de fourrure.

pellagre [pelagʀ] n. f. MED Maladie, fréquente en zone tropicale et subtropicale, due à une carence en vitamine PP et qui se manifeste par des lésions cutanées, muqueuses, digestives, et des troubles nerveux.

Pellan (Alfred) (1906 – 1988), peintre québécois. Son œuvre subit les influences conjointes du cubisme et du surréalisme. Il réalisa de nombreux décors pour le théâtre.

pelle [pɛl] n. f. **1.** Outil fait d'une plaque de métal munie d'un long manche, servant notam. à creuser ou à déplacer la terre, le sable, etc. ▷ Loc. fam. *À la pelle :* en grande quantité. **2.** *Pelle mécanique :* engin servant à creuser des tranchées, à niveler le sol, à effectuer des dragages.

peller [pɛle] v. tr. [**1**] (Suisse) Déblayer (qqch) à la pelle. *Peller la neige.* (V. pelleter, sens 2.)

pellet [pɛlɛ] n. m. (Anglicisme) PHARM Petit comprimé à implanter sous la peau, ce qui permet une diffusion lente du produit.

pelletage [pɛltaʒ] n. m. Action de pelleter.

pelletée [pɛlte] n. f. **1.** Ce que peut contenir une pelle. **2.** Fig., fam. Grande quantité. *Une pelletée d'injures.* ▷ Loc. (Québec) *À la pelletée :* abondamment. *Il neige à la pelletée.*

pelleter [pɛlte] v. tr. [**20**] **1.** Remuer à la pelle. **2.** *Spécial.* (Québec) Enlever (la neige). *Pelleter la neige dans la cour.* – Déblayer (un endroit enneigé). *Pelleter l'entrée.* (V. peller.) ▷ (Sans compl.) *Être trop fatigué pour pelleter.* ▷ v. pron. *Se pelleter un chemin.* **3.** Loc. (Québec) *Pelleter des nuages :* émettre des idées irréalistes, poursuivre des chimères.

pelleterie [pɛltʀi] n. f. **1.** Art de préparer les peaux pour en faire des fourrures. **2.** Commerce des fourrures.

pelleteuse [pɛltøz] n. f. Engin qui sert à excaver un terrain et à charger les déblais sur un véhicule.

pelletier, ère [pɛltje, ɛʀ] n. Spécialiste de pelleterie.

Pelletier (Jean) (né en 1935), homme politique canadien; maire de Québec (1977-1989); prem. vice-président de l'Association* internationale des maires des capitales francophones (A.I.M.F.).

Pellico (Silvio) (1789 – 1854), écrivain italien. Patriote, libéral, il fut incarcéré neuf ans à Brünn (auj. Brno), où il écrivit *Mes prisons* (1832). Théâtre : *Francesca da Rimini* (1815), tragédie.

pelliculaire [pelikylɛʀ] adj. **1.** Qui forme une pellicule. *Couche pelliculaire.* **2.** ELECTR *Effet pelliculaire :* syn. de *effet de peau**.

pellicule [pelikyl] n. f. **1.** Membrane très mince. **2.** Petite écaille produite par la desquamation du cuir chevelu. **3.** Couche peu épaisse. *Une pellicule de peinture.* **4.** Feuille de matière plastique recouverte d'une émulsion photosensible. *De la pellicule vierge.* Syn. film.

pelliculé, ée [pelikule] adj. Recouvert par une pellicule.

pelliculeux, euse [pelikylø, øz] adj. Didac. Couvert de pellicules (sens 2).

Pelliot (Paul) (1878 – 1945), orientaliste français. Il enseigna le chinois à l'École française d'Extrême*-Orient, à Hanoi (1901), et étudia l'histoire du Viêt-nam et du Cambodge dans les archives chinoises.

pélobate [pelɔbat] n. m. ZOOL Amphibien européen voisin du crapaud, qui s'enfouit l'hiver dans le sol grâce à l'éperon corné de sa patte postérieure.

Péloponnèse («île de Pélops»), presqu'île constituant le S. de la Grèce, reliée au N. par l'isthme de Corinthe, percé du canal de Corinthe; région de la Grèce et région de la C.E., formée de l'Arcadie, l'Argolide, la Corinthie, la Laconie, la Messénie. Le Péloponnèse comprend aussi l'Élide et l'Achaïe, rattachées à la région de Grèce occidentale; 21439 km^2; 1077000 hab.; cap. *Tripolis.* Pays montagneux aux côtes découpées (notam. dans le S.). Princ. ressources : ovins, vigne, oliviers, mûriers. – La presqu'île fut appelée *Morée* du XIII au XIXe s. (V. Morée).

Péloponnèse (guerre du), guerre entre Sparte et Athènes (431-404 av. J.-C.). Après des luttes indécises (431-421), Athènes commit la faute (V. Alcibiade) d'entreprendre une désastreuse expédition en Sicile (415-413); elle fut alors attaquée par les Spartiates, qui s'étaient alliés aux Perses. En 405, Lysandre remporta la victoire navale d'Ægos-Potamos et, en 404, s'empara d'Athènes, dont la prépondérance en Grèce prit fin.

pelotage [p(ə)lɔtaʒ] n. m. TECH Confection d'une pelote de fil.

pelote [p(ə)lɔt] n. f. **1.** SPORT Jeu de balle qui se pratique contre un mur; balle servant à ce jeu. **2.** Boule formée d'un ou de plusieurs fils. *Pelote de laine.* Syn. (Belgique, Luxembourg) boule. **3.** Loc. fig., fam. *Faire sa pelote :* épargner petit à petit quelque argent. – *Avoir les nerfs en pelote :* être très énervé. **4.** *Pelote à épingles :* coussinet sur lequel on pique des épingles.

peloter [p(ə)lɔte] v. tr. [**1**] **1.** Mettre en pelote (du fil). **2.** Fam. Caresser sensuellement le corps de (qqn).

peloteur, euse [p(ə)lɔtœʀ, øz] n. TECH Personne qui fait des pelotes de fil. ▷ n. f. Machine servant à enrouler le fil.

peloton [p(ə)lɔtɔ̃] n. m. **1.** Petite pelote de fil. **2.** MILIT Petite unité de la cavalerie ou de l'armée blindée commandée par un lieutenant. ▷ Groupe de militaires du contingent qui reçoivent une formation pour devenir sous-officiers ou officiers. *Suivre le peloton.* ▷ *Peloton d'exécution :* groupe de militaires commandés pour fusiller un condamné. **3.** SPORT Groupe de coureurs qui demeurent ensemble au cours d'une épreuve. *Peloton de tête.*

pelotonnement [p(ə)lɔtɔnmɑ̃] n. m. Action de pelotonner, de se pelotonner.

pelotonner [p(ə)lɔtɔne] v. [**1**] **1.** v. tr. Mettre en peloton (du fil). **2.** v. pron. Se ramasser en boule.

pelouse [pəluz] n. f. **1.** Terrain couvert d'une herbe épaisse et courte. **2.** Partie gazonnée d'un champ de courses, d'un stade. **3.** Partie d'un champ de courses que délimite la piste (par oppos. au *pesage* et aux *tribunes*.)

peluche [p(ə)lyʃ] n. f. Étoffe de laine, de soie, de coton, analogue au velours mais de poil plus long. *Ours en peluche.* – Objet en peluche.

pelucher [pəlyʃe] ou **plucher** [plyʃe] v. intr. [**1**] Prendre l'aspect de la peluche (en parlant d'une étoffe).

pelucheux, euse [pəlyʃø, øz] ou **plucheux, euse** [plyʃø, øz] adj. Qui peluche, dont l'aspect rappelle la peluche.

pelure [p(ə)lyʀ] n. f. **1.** Peau d'un fruit ou d'un légume épluché. *Pelure de mangue.* – *Pelure d'oignon,* interposée entre les couches qui forment le bulbe de l'oignon. **2.** (En appos.) *Papier pelure :* papier fin servant, en dactylographie, à faire des doubles d'un texte.

pelvien, enne [pɛlvjɛ̃, ɛn] adj. ANAT Relatif au bassin. *Cavité pelvienne.*

pelvis [pɛlvis] n. m. ANAT Bassin.

Pemba, île corallienne de Tanzanie, dans l'océan Indien, au N. de Zanzibar; 984 km^2; 210000 hab.; chef-lieu *ChakeChake* (8500 hab.). – Girofliers. Riz, manioc, coprah.

pénal, ale, aux [penal, o] adj. Qui concerne les peines. – *Lois pénales.* ▷ *Code pénal :* recueil de textes fixant les peines à appliquer pour les infractions recensées.

pénalement [penalmɑ̃] adv. En matière pénale (par oppos. à *civilement*).

pénalisant, ante [penalizɑ̃, ɑ̃t] adj. Qui pénalise, désavantageux.

pénalisation [penalizasjɔ̃] n. f. **1.** SPORT Désavantage infligé à un concurrent qui a enfreint les règlements au cours d'une épreuve sportive, d'un concours. **2.** Sanction.

pénaliser [penalize] v. tr. [1] **1.** SPORT Frapper d'une pénalisation. **2.** Frapper d'une peine, sanctionner.

pénaliste [penalist] n. DR Spécialiste du droit pénal.

pénalité [penalite] n. f. **1.** Système des peines établies par la loi. ▷ *Par ext.* Peine. **2.** Sanction qui frappe un délit fiscal ou la non-exécution d'une ou de plusieurs clauses d'un contrat. **3.** SPORT Pénalisation.

penalty [penalti] n. m. (Anglicisme) SPORT Au football, sanction qui frappe l'équipe défendante, lorsque l'un de ses joueurs commet une faute grave à l'intérieur de sa propre surface de réparation, et qui consiste, pour l'équipe lésée, en la possibilité d'un tir à courte distance (11 m) du but adverse, défendu par son seul gardien. *Des penaltys* ou *des penalties.* Syn. (off. recommandé) coup de pied de réparation, tir de réparation.

Penang (île de), île de Malaisie, formant, avec une bande continentale de la péninsule malaise, l'*État de Penang*, à la population extrêmement dense; 1 033 km²; 1 087 000 hab.; cap. *Penang*, dit aussi George Town (248 000 hab.), port actif. Mines et fonderies d'étain.

pénard, arde [penaʀ, aʀd] adj. V. peinard.

pénates [penat] n. m. pl. **1.** ANTIQ Dieux domestiques des Romains. **2.** Fig., fam. Habitation, foyer. *Regagner ses pénates.*

penaud, aude [pəno, od] adj. Confus, honteux. *Être tout penaud.*

penchant [pɑ̃ʃɑ̃] n. m. Inclination, goût. *Se laisser aller à ses penchants.* ▷ *Spécial.* Sentiment d'attirance amoureuse envers qqn.

penché, ée [pɑ̃ʃe] adj. Qui penche; incliné. *Écriture penchée.* ▷ Loc. fig. *Prendre des airs penchés :* V. air.

pencher [pɑ̃ʃe] v. [1] **I.** v. tr. Incliner vers le bas, ou de côté. *Pencher la tête vers l'avant, à droite.* **II.** v. intr. **1.** S'écarter de la position verticale (en perdant ou en risquant de perdre son équilibre); être incliné vers le bas. *Ce mur penche dangereusement.* **2.** Fig. *Pencher vers, pour :* avoir tendance à préférer, à choisir (telle chose, tel parti, telle opinion). **III.** v. pron. **1.** S'incliner vers l'avant, en parlant d'une personne. *Se pencher à la fenêtre.* ▷ S'incliner, en parlant d'une chose. *L'arbre se penchait sous la rafale.* **2.** Fig. *Se pencher sur (qqch) :* considérer, examiner (qqch) avec intérêt.

pendable [pɑ̃dabl] adj. *Jouer un tour pendable à qqn,* un mauvais tour.

pendage [pɑ̃daʒ] n. m. GEOL Inclinaison d'une couche, des couches d'un terrain sur l'horizontale. *Le pendage du filon,* dans une mine.

pendaison [pɑ̃dɛzɔ̃] n. f. **1.** Action de pendre qqn, de se pendre. *Exécuté par pendaison.* **2.** Action de pendre qqch. – *Pendaison de crémaillère :* fête que l'on donne pour célébrer son installation dans un logement.

1. pendant, ante [pɑ̃dɑ̃, ɑ̃t] adj. et n. m. **I.** adj. **1.** Qui pend. *Marcher les bras pendants.* ▷ DR *Fruits pendants :* produits de la terre (fruits ou autres) non encore récoltés. **2.** DR Qui a été porté devant une juridiction mais n'est pas encore jugé. *Cause pendante.* – Par ext., cour. *Affaire pendante,* en suspens. **II.** n. m. **1.** *Pendant d'oreille :* boucle d'oreille à pendeloques. *Des pendants d'oreilles.* **2.** Objet ou personne qui forme une symétrie avec un(e) autre. *Vases qui sont le pendant l'un de l'autre.*

2. pendant [pɑ̃dɑ̃] prép. **1.** Durant. *Pendant l'hiver.* **2.** Loc. conj. *Pendant que :* tandis que, dans le même temps que. ▷ (Marquant l'opposition et la simultanéité.) *Ils s'amusent pendant que nous travaillons.*

pendeloque [pɑ̃dlɔk] n. f. **1.** Élément suspendu à un bijou. **2.** Ornement suspendu à un lustre.

pendentif [pɑ̃dɑ̃tif] n. m. Bijou suspendu autour du cou à une chaîne, un collier.

Penderecki (Krzysztof) (né en 1933), compositeur polonais : *Thrênos* (1961), à la mémoire des victimes d'Hiroshima; *Passion selon saint Luc* (1963-1965); *les Diables de Loudun* (opéra, 1969); *Te Deum* (1979).

penderie [pɑ̃dʀi] n. f. Placard, partie d'une armoire où l'on suspend les vêtements.

pendiller [pɑ̃dije] v. intr. [1] Être suspendu en l'air et s'agiter, se balancer. *Linge qui pendille à la fenêtre.* Syn. (France rég.) pendouiller.

Pendjab ou **Penjab** («pays des cinq rivières»), rég. du sous-continent indien, qui s'étend sur le bassin de l'Indus moyen et de ses affl. (Jhelam, Chenāb, Rāvi, Sutlej, *Biās*), divisée depuis 1947 entre le Pākistān (prov. du Pendjab : 205 345 km², 47 300 000 hab.; ch.-l. *Lahore*) et l'Inde (États du Pendjab : 50 362 km², 16 789 000 hab., et de l'Haryana : 44 222 km², 12 923 000 hab.; leur cap. commune est *Chandigarh*). Riche rég. agricole grâce à l'irrigation (blé, riz, coton, canne à sucre, etc.). C'est au Pendjab indien que se développe le séparatisme des sikhs (près de 60 % de la pop.), qui veulent créer un État indépendant, le Khalistan.

pendouiller [pɑ̃duje] v. intr. [1] (France rég.) Syn. de *pendiller.*

pendre [pɑ̃dʀ] v. [6] **I.** v. tr. **1.** Attacher (une personne, une chose) de façon qu'elle ne touche pas le sol. *Pendre qqn par les pieds. Pendre une outre au plafond.* ▷ *Spécial.* Mettre à mort en suspendant par le cou. *Pendre qqn haut et court.* **2.** Loc. fig. *Dire pis que pendre de qqn,* en dire tout le mal possible. – *Qu'il aille se faire pendre ailleurs,* se dit d'une personne qui vous a fait du tort et que l'on préfère ignorer. **II.** v. intr. **1.** Être suspendu, fixé par une extrémité (l'autre restant libre). *Lampions qui pendent.* **2.** Descendre trop bas. *Robe qui pend d'un côté.* **3.** Loc. fig. *Cela lui pend au nez :* cela risque fort de lui arriver (en parlant d'un désagrément, d'un malheur). **III.** v. pron. **1.** S'accrocher à qqch par une partie du corps, sans autre appui. *Acrobate qui se pend à un trapèze.* **2.** *Absol.* Se suicider par pendaison.

pendu, ue [pɑ̃dy] adj. et n. **1.** adj. Qui pend. *Linge pendu aux fenêtres.* ▷ Loc. fig., fam. *Avoir la langue bien pendue :* être très bavard; avoir de la repartie. **2.** n. Personne morte par pendaison.

1. pendulaire [pɑ̃dylɛʀ] adj. Du pendule. ▷ PHYS *Mouvement pendulaire,* dont l'équation est une fonction sinusoïdale du temps.

2. pendulaire [pɑ̃dylɛʀ] n. (Suisse) Personne qui fait la navette entre deux endroits. (V. navetteur.)

1. pendule [pɑ̃dyl] n. m. PHYS Système matériel oscillant autour d'un axe sous l'action d'une force qui tend à le ramener à sa position d'équilibre. *Pendule de torsion,* constitué par un barreau horizontal suspendu à un fil vertical.

2. pendule [pɑ̃dyl] n. f. HORL Horloge dont le mouvement est réglé par les oscillations d'un pendule. ▷ Cour. Petite horloge d'appartement.

pêne [pɛn] n. m. TECH Pièce mobile d'une serrure, qui bloque le battant de la porte en pénétrant dans la gâche.

Pénélope, dans la myth. gr., femme d'Ulysse et mère de Télémaque. Pendant l'absence d'Ulysse, elle déclara à ses prétendants qu'elle choisirait l'un deux lorsqu'elle aurait fini une toile ou une tapisserie qu'elle avait entreprise; chaque nuit elle défaisait son travail du jour. La *toile de Pénélope* désigne l'entreprise jamais achevée.

pénéplaine [peneplɛn] n. f. GEOGR Surface plane de faible altitude résultant de l'érosion d'une région plissée.

pénétrable [penetʀabl] adj. **1.** Où l'on peut pénétrer; qui peut être pénétré. **2.** Fig. Intelligible, compréhensible.

pénétrant, ante [penetʀɑ̃, ɑ̃t] adj. **1.** Qui pénètre. ▷ *Spécial.* Qui traverse les vêtements, en parlant du froid, du vent, etc. **2.** Fig. Qui laisse une forte impression. *Discours pénétrant.* **3.** Perspicace. *Intelligence pénétrante.*

pénétration [penetʀasjɔ̃] n. f. **1.** Action, fait de pénétrer. *Pénétration des eaux dans le sol.* **2.** Sagacité d'esprit; facilité à approfondir, à connaître.

pénétré, ée [penetʀe] adj. **1.** Imprégné. **2.** (Abstrait) Rempli (d'un sentiment); convaincu (d'une opinion). *Être pénétré de reconnaissance. Soyez bien pénétré de cette vérité. – Air, ton pénétré,* convaincu (ou, iron., sérieux plus qu'il n'est nécessaire).

pénétrer [penetʀe] v. [14] **I.** v. intr. **1.** Entrer, s'introduire (à l'intérieur de). *Pénétrer dans un appartement par effraction. Cire qui pénètre dans le bois,* qui l'imprègne, l'imbibe. **2.** *Pénétrer dans :* avoir la compréhension intime de. *Pénétrer dans la pensée de qqn.* **II.** v. tr. **1.** Percer, passer au travers de, entrer dans. *Un froid qui vous pénètre jusqu'aux os.* **2.** Toucher intimement. *Sa douleur me pénètre le cœur.* **3.** Parvenir à connaître, à comprendre (ce qui était resté caché). *Pénétrer les intentions de qqn.* **III.** v. pron. **1.** (Récipr.) Se mélanger intimement. **2.** Fig. S'imprégner (d'une pensée, d'un sentiment). *Se pénétrer du sentiment de ses devoirs.*

pénibilité [penibilite] n. f. Didac. Caractère de ce qui est pénible (partic. en parlant d'un travail).

pénible [penibl] adj. **1.** Qui se fait avec peine, avec fatigue. *Travail pénible.* **2.** Qui cause de la peine, du désagrément. *Situation pénible.* ▷ Fam. (Personnes) Irritant, insupportable. *Ce que tu peux être pénible, quand tu t'y mets!*

péniblement [peniblǝmɑ̃] adv. Avec peine, avec effort. *Marcher, écrire péniblement.* ▷ À peine. *On arrive péniblement à une production annuelle de onze millions de tonnes.*

péniche [peniʃ] n. f. **1.** Grand bateau à fond plat qui sert au transport fluvial des marchandises. **2.** *Péniche de débarquement :* bâtiment de guerre, à fond plat, permettant de débarquer des hommes et du matériel sur une plage. **3.** (oc. Indien) Barque de pêche à moteur, dont la poupe et la proue sont effilées.

pénicillaire [penisilɛʀ] n. f. BOT Espèce de pennisetum appelée cour. *petit mil* ou *mil chandelle.*

pénicille [penisil] ou **pénicillium** [penisiljɔm] n. m. BOT Champignon ascomycète qui se développe sous forme de moisissure sur les matières alimentaires en voie de décomposition.

pénicilline [penisilin] n. f. Antibiotique isolé à partir de *Penicillium notatum,* par sir A. Fleming en 1928. *Pénicilline naturelle, synthétique.* (V. antibiotique.)

pénien, enne [penjɛ̃, ɛn] adj. ANAT Du pénis, relatif au pénis. *Étui pénien.*

pénil [penil] n. m. ANAT Large saillie arrondie, au-dessus du sexe de la femme, qui se couvre de poils à la puberté. Syn. mont de Vénus.

péninsulaire [penɛ̃sylɛʀ] adj. Relatif à une péninsule, à ses habitants.

péninsule [penɛ̃syl] n. f. Grande presqu'île. ▷ *La péninsule Ibérique.*

pénis [penis] n. m. Organe mâle de la copulation dans l'espèce humaine et chez les animaux supérieurs. Syn. verge.

pénitence [penitɑ̃s] n. f. **1.** Regret d'avoir offensé Dieu qui porte à réparer la faute commise et sincèrement avouée, et qu'accompagne la ferme décision de ne plus recommencer. ▷ RELIG CATHOL *Sacrement de pénitence :* auj. appelé sacrement de réconciliation. **2.** RELIG Peine imposée par le prêtre comme sanction des péchés confessés. ▷ Austérité que l'on s'impose pour l'expiation de ses péchés. *Faire pénitence.* **3.** *Par ext.,* vieilli Punition. ▷ *Pour (votre) pénitence, en pénitence :* en punition.

pénitencier [penitɑ̃sje] n. m. **1.** RELIG CATHOL Prêtre chargé par un évêque d'absoudre certains péchés très graves. **2.** Bâtiment où sont détenus les condamnés aux travaux forcés, à la réclusion.

pénitent, ente [penitɑ̃, ɑ̃t] adj. et n. **I.** adj. Qui manifeste le regret d'avoir offensé Dieu et qui se livre à des exercices de pénitence. *Pécheur pénitent.* **II.** n. **1.** RELIG CATHOL Personne qui confesse ses péchés au prêtre. **2.** Membre de certaines confréries qui se livrent à des exercices de pénitence. *Pénitents blancs.*

pénitentiaire [penitɑ̃sjɛʀ] adj. Relatif aux prisons, aux condamnés à des peines de prison ou de réclusion. *Régime pénitentiaire.*

pénitentiel, elle [penitɑ̃sjɛl] adj. RELIG CATHOL Relatif à la pénitence. *Œuvres pénitentielles. Célébration pénitentielle.*

Penjab. V. Pendjab.

Penn (William) (1644 – 1718), quaker anglais qui fuit les persécutions et obtint du roi d'Angleterre, Charles II, en 1681, le territoire américain nommé auj. *Pennsylvanie,* dont il fit une colonie peuplée de quakers.

Penn (Arthur) (né en 1922), cinéaste américain : *le Gaucher* (1958), *Bonnie and Clyde* (1966), *Little Big Man* (1970), *Georgia* (1981).

penne [pɛn] n. f. **1.** ORNITH Grande plume des ailes *(rémige)* et de la queue *(rectrice)* des oiseaux. **2.** Chacun des ailerons en plume qui constituent l'empennage d'une flèche.

penné, ée [penne] adj. BOT *Nervation pennée, feuille composée pennée,* dont les nervures secondaires et les folioles sont disposées comme les barbes d'une plume.

Pennine (chaîne) ou **Pennines** (les), chaîne de monts hercyniens usés du N. de l'Angleterre (881 m au *Cross Fell*), qui s'étend des monts Cheviot aux Midlands. Riches bassins houillers.

pennisetum [penisetɔm] n. m. BOT Plante herbacée des régions tropicales (fam. graminées), dont certaines espèces sont céréalières *(petit mil)* et d'autres fourragères *(herbe à éléphant).*

Pennsylvanie, État du N.-E. des États-Unis, entre le lac Érié et la Delaware; 117412 km^2; 11880000 hab.; cap. *Harrisburg.* – Cet État appalachien a de nombr. ressources agricoles; le charbon et les hydrocarbures ont permis une puissante industrie, notam. dans la rég. de *Philadelphie, Pittsburgh* (sidérurgie) et *Erie.* – Reconnue au XVIIe s. par les Européens, donnée (1681) par le roi d'Angleterre, Charles II, à W. Penn*, la région se développa rapidement et joua un grand rôle dans la révolution américaine.

pénombre [penɔ̃bʀ] n. f. **1.** Demi-jour, lumière faible et douce. **2.** PHYS Partie d'un objet qui reçoit certains des rayons lumineux émis par une source non ponctuelle.

pensable [pɑ̃sabl] adj. Qui peut être conçu, imaginé. *Ce n'est pas pensable :* c'est impossible à envisager, à imaginer.

pensant, ante [pɑ̃sɑ̃, ɑ̃t] adj. (et n.) **1.** Qui pense, qui est capable de penser. **2.** *Bien-pensant, mal-pensant :* V. ces mots.

pense-bête [pɑ̃sbɛt] n. m. Moyen employé pour ne pas oublier qqch qu'on doit dire ou faire. *Faire un nœud à son mouchoir en guise de pense-bête. Des pense-bêtes.*

1. pensée [pɑ̃se] n. f. **1.** Faculté de réfléchir, intelligence. **2.** Opération de l'intelligence, idée, jugement, réflexion qui sont produits par la faculté de penser. *Avoir de profondes pensées. Être complètement perdu dans ses pensées.* **3.** Souvenir. *Avoir une pensée pour un disparu.* **4.** Intention. *Je n'ai jamais eu la pensée de vous offenser.* **5.** Esprit, en général. *Cela m'est venu à (dans) la pensée.* **6.** Opinion, façon de penser. *Dites-moi votre pensée sur ce point.* ▷ Ensemble des idées, des opinions habituellement reçues par un individu, au sein d'un groupe humain, etc. *Étudier la pensée de Montaigne. La pensée politique américaine.* ▷ *Libre pensée :* V. ce mot. **7.** Brève maxime, aphorisme. *Les «Pensées» de Marc Aurèle.*

2. pensée [pɑ̃se] n. f. Plante ornementale (fam. violacées) dont les fleurs ont de larges pétales veloutés diversement colorés.

penser [pɑ̃se] v. [1] **I.** v. intr. Concevoir (par le travail de l'esprit, la réflexion, l'intelligence) des idées, des opinions, des notions intellectuelles. *«Je pense, donc je suis» (Descartes).* – *Façon de penser :* raisonnement, jugement. *Cette façon de penser n'engage que toi.* **II.** v. tr. **1.** Avoir dans l'esprit. *Dire tout ce qu'on pense.* **2.** Imaginer, concevoir du point de vue de la commodité. *Penser un appartement en fonction de ses occupants.* **3.** Rapporter par l'esprit à ce que l'on connaît déjà, à une théorie particulière, etc. *Penser l'événement en marxiste.* **4.** Croire, juger, estimer. *Penser du bien, du mal de qqn.* – Fam. *Penses-tu! Pensez-vous! :* certainement pas! Cela ne risque pas d'arriver, d'exister! **5.** *Penser* (+ inf.) : envisager de, compter. *Je pense partir ce soir.* **6.** *Penser que :* croire que. *Je pense que tu as raison.* **III.** v. tr. indir. *Penser à.* **1.** Réfléchir à (qqch). *Pensez bien à ma proposition.* **2.** S'intéresser à, tenir compte de, faire attention à (qqn, qqch). *La chose mérite qu'on y pense.* **3.** Ne pas oublier (qqn, qqch), se souvenir de (qqn, qqch). *J'ai pensé à vous en cette occasion.* **4.** Loc. *Sans penser à mal :* en toute innocence. ▷ *Honni soit qui mal y pense :* honte à celui qui verrait du mal à cela (devise de l'ordre de chevalerie anglais de la Jarretière).

penseur [pɑ̃sœʀ] n. m. **1.** Personne qui pense, qui s'applique à penser. *«Le Penseur», statue de Rodin.* **2.** Personne qui conçoit des idées nouvelles, et les organise en système; personne dont la pensée, particulièrement originale et profonde, exerce une influence marquante. *Les penseurs du XIXe siècle.* ▷ *Libre penseur :* V. ce mot.

pensif, ive [pɑ̃sif, iv] adj. Occupé profondément par ses pensées. *Avoir l'air pensif.*

pension [pɑ̃sjɔ̃] n. f. **1.** Somme que l'on donne pour être logé et nourri. – Fait d'être logé et nourri contre rétribution. *Prendre des enfants en pension chez soi.* **2.** Établissement qui loge et nourrit qqn contre rétribution. *Pension de famille :* hôtel dont les clients mènent une vie comparable à la vie de famille. ▷ Pensionnat. *Pension pour jeunes filles.* **3.** Allocation versée régulièrement à qqn. *Pension viagère.* ▷ *Spécial.* Allocation versée régulièrement par un organisme social. *Pension de retraite* ou (Québec) *pension, pension de vieillesse.* **4.** (Belgique, Luxembourg, Québec) Fam. Retraite (sens A, II, 3). *Prendre sa pension à soixante ans.* – (Belgique, Luxembourg) *Partir à la pension.* ▷ (Québec) *Être à sa pension.*

pensionnaire [pɑ̃sjɔnɛʀ] n. **1.** Personne qui verse une pension pour être logée et nourrie (chez des particuliers, dans un hôtel, une maison de retraite, un établissement scolaire). *Les pensionnaires d'un collège.* **2.** THEAT *Pensionnaire de la Comédie-Française :* acteur, actrice qui reçoit de la Comédie-Française un salaire fixe (par oppos. à *sociétaire,* qui participe en plus aux bénéfices).

pensionnat [pɑ̃sjɔna] n. m. Établissement scolaire dont les élèves sont pensionnaires.

pensionné, ée [pɑ̃sjɔne] adj. et n. Se dit d'une personne qui jouit d'une pension, d'une retraite.

pensivement [pɑ̃sivmɑ̃] adv. D'une manière pensive, avec un air pensif.

pensum [pɛ̃sɔm] n. m. Litt. Travail fastidieux.

pent(a)-. Élément, du grec *pente,* «cinq».

pentaèdre [pɛ̃taɛdʀ] n. m. et adj. GEOM Polyèdre à cinq faces. – adj. *Un solide pentaèdre.*

pentagonal, ale, aux [pɛ̃tagɔnal, o] adj. Qui a la forme d'un pentagone.

pentagone [pɛ̃tagon] n. m. GEOM Polygone qui a cinq angles et cinq côtés.

pentamidine [pɛ̃tamidin] n. f. MED Médicament utilisé pour traiter la maladie du sommeil et les leishmanioses.

Pentateuque, nom grec donné aux cinq premiers livres de la Bible (la Genèse, l'Exode, le Lévitique, les Nombres et le Deutéronome) dont les diverses rédactions, dites yahviste, élohiste, deutéronomiste et sacerdotale, s'échelonnent du Xe au VIe s. av. J.-C.

pentathlon [pɛ̃tatlɔ̃] n. m. SPORT Discipline et épreuve olympique pour les hommes, combinant l'escrime, l'équitation, le tir, la natation et le cross-country.

pente [pɑ̃t] n. f. **1.** Inclinaison (d'un terrain, d'une surface). *La pente d'un toit. Ligne de plus grande pente.* – *Rupture de pente :* changement brusque de l'inclinaison d'une pente. ▷ Surface, chemin inclinés par rapport à l'horizontale. *Grimper une pente abrupte.* **2.** Loc. fig. *Être sur une mauvaise pente, sur une pente dangereuse :* se laisser entraîner par ses mauvais penchants. – *Remonter la pente :* se trouver en meilleure situation, en meilleur état. **3.** GEOM *Pente d'une droite,* valeur de la tangente de l'angle que forme cette droite avec sa projection orthogonale sur le plan horizontal. ▷ TECH Inclinaison d'un axe, d'une route, exprimée en centimètres par mètre de longueur horizontale. *Pente de quatre pour cent.*

Pentecôte 1. Fête juive commémorant la remise des Tables de la Loi à Moïse, au Sinaï, célébrée sept semaines après le second jour de la Pâque. **2.** Fête chrétienne commémorant la descente du Saint-Esprit sur les Apôtres, célébrée le 7e dimanche après Pâques.

pentecôtisme n. m. RELIG Mouvement religieux chrétien.

penthotal [pɛ̃tɔtal] n. m. (Nom déposé.) MED Barbiturique soufré, anesthésique général, cour. appelé *sérum* de vérité.*

pentose [pɛ̃toz] n. m. BIOCHIM Sucre à cinq atomes de carbone possédant une fonction cétone ou aldéhyde, et qui joue un rôle important dans le métabolisme des glucides et dans la formation et le stockage des réserves énergétiques.

pentu, ue [pɑ̃ty] adj. En pente.

penture [pɑ̃tyʀ] n. f. TECH Bande métallique fixée transversalement et à plat sur un vantail, un panneau mobile, pour le soutenir sur le gond.

pénultième [penyltjɛm] adj. (et n. f.) Didac. Avant-dernier. ▷ n. f. LING Avant-dernière syllabe d'un mot.

pénurie [penyʀi] n. f. Manque, défaut, carence. *Pénurie d'argent, de vivres.* Ant. abondance. – *Absol.* Pauvreté, misère. *Période de pénurie.*

pénuriste [penyʀist] n. (Maghreb) Personne qui achète d'importantes quantités de marchandises afin d'engendrer leur pénurie et de les revendre plus cher.

péon [peɔ̃] n. m. Berger, ouvrier agricole, en Amérique du Sud.

pépée [pepe] n. f. Pop. Jeune fille ou jeune femme. *Une pépée bien roulée.*

pépère [pepɛʀ] n. m. et adj. **1.** n. m. Fam. Homme ou enfant gros et d'allure tranquille. *Un gros pépère.* **2.** adj. Fam. Calme, tranquille. *Une vie pépère.*

Pepetela (né en 1941), écrivain angolais de langue portugaise. Écrit en 1971, publié en 1980, son roman *Mayombe* décrit les maquisards réfugiés dans la forêt Mayombe.

pépiement [pepimɑ̃] n. m. Action de pépier; cri des jeunes oiseaux.

pépier [pepje] v. intr. [1] Crier, en parlant des jeunes oiseaux.

pépin [pepɛ̃] n. m. **1.** Graine de certains fruits. *Pépins de raisin, de pomme,* etc. *Fruits à pépins* (par oppos. à *fruits à noyau* ou *drupes*). **2.** Fig., fam. Difficulté, anicroche. *J'ai eu un pépin.*

Pépin de Landen ou **l'Ancien** (saint) (v. 580 – 640), maire du palais d'Austrasie à partir de 615. Son «règne» marque les débuts du pouvoir des maires du palais. — **Pépin de Herstal** ou **le Jeune** (v. 640 – 714), petit-fils par sa mère (Begga) du préc.; maire du palais d'Austrasie (680). Son gouv. réunit la Neustrie, dont il triompha à Tertry (687), la Bourgogne et l'Austrasie. Père de Charles Martel. — **Pépin le Bref** (v. 715 – 768), maire du palais en 741, puis roi des Francs (751-768), le premier des Carolingiens. Fils de Charles Martel, héritier de la Neustrie, de la Bourgogne et de la Provence avec son frère Carloman, qui abdiqua en 747, il déposa le Mérovingien Childéric III (751), après s'être assuré l'appui du pape, qui le sacra roi. Celui-ci l'appela à l'aide contre les Lombards, qu'il vainquit, et il lui céda l'exarchat de Ravenne (756). Ses fils, Carloman et Charlemagne, héritèrent du royaume.

pépinière [pepinjɛʀ] n. f. **1.** Plant de jeunes arbres obtenus par semis et élevés jusqu'à un âge permettant la transplantation et le repiquage. – Terrain où sont plantés ces jeunes arbres. **2.** Fig. Lieu, établissement où sont rassemblées et formées des personnes destinées à un état, à une profession. *Le Conservatoire est une pépinière de musiciens.*

pépiniériste [pepinjeʀist] n. (et adj.) Personne qui cultive des pépinières. ▷ adj. *Jardinier pépiniériste.*

pépite [pepit] n. f. Petite masse de métal natif, et, particulièrement, d'or.

pepperoni [pepeʀɔni] n. m. inv. CUIS **1.** (Plur.) Poivrons sautés, macérés dans de l'huile d'olive et assaisonnés d'herbes aromatiques, spécialité italienne. **2.** (Québec) Saucisson épicé fait de viande de porc et de bœuf. *Une pizza au pepperoni.*

pepsine [pɛpsin] n. f. BIOCHIM Enzyme sécrétée par les cellules de la muqueuse gastrique, qui décompose les protéines et les transforme en peptones.

peptide [pɛptid] n. m. BIOCHIM Protide formé par l'union d'un petit nombre d'acides aminés. *L'insuline, l'A.C.T.H. sont des peptides.*

peptique [pɛptik] adj. BIOCHIM Relatif à la pepsine, à son action.

peptisation [pɛptizasjɔ̃] n. f. CHIM Transformation d'une substance colloïdale solide en une solution. *La peptisation est l'inverse de la floculation.*

peptone [pɛptɔn] n. f. BIOCHIM Substance protidique résultant de l'action d'enzymes sur les protéines.

Pepys (Samuel) (1633 – 1703), mémorialiste anglais. Haut fonctionnaire, il tint en code un *Journal,* qu'on retrouva en 1818, évocation audacieuse et humoristique de ses frasques et des mœurs du temps.

péquet [pekɛ] n. m. V. péket.

péquiste [pekist] n. (adj. et adv.) Au Québec, membre ou partisan du parti québécois. *Un ancien libéral devenu péquiste.* – adj. Relatif au parti québécois. *Un candidat péquiste.* – adv. *Voter péquiste.*

per-. CHIM Préfixe qui servait à désigner les composés au degré d'oxydation le plus élevé ou contenant le plus d'oxygène. (Pour les composés contenant le *pont peroxo,* il a été remplacé par le préfixe *peroxo.*)

Péralte (Charlemagne) (? – 1919), révolutionnaire haïtien, chef d'une insurrection de Cacos* qui débuta en 1911 et dont la répression par le gouv. haïtien et l'armée amér. fit des milliers de morts. En 1919, Péralte fut arrêté et fusillé.

péramèle [peʀamɛl] n. m. ZOOL Marsupial australien terrestre (genre *Perameles*), de la taille d'un lapin, au museau allongé et dont les membres rappellent ceux des kangourous.

perborate [pɛʀbɔʀat] n. m. CHIM *Perborate de sodium :* peroxohydrate entrant dans la composition de lessives.

perçage [pɛʀsaʒ] n. m. Action de percer; son résultat.

percale [pɛʀkal] n. f. Toile de coton fine et serrée.

percaline [pɛʀkalin] n. f. Toile de coton servant à faire des doublures.

perçant, ante [pɛʀsɑ̃, ɑ̃t] adj. **1.** Très vif, en parlant du froid. *Froid perçant.* **2.** Aigu et qui s'entend de loin, en parlant du son. *Voix, cris perçants.* **3.** *Vue perçante, œil perçant :* grande acuité visuelle.

perce [pɛʀs] n. f. **1.** TECH Outil pour percer. **2.** Loc. *Mettre (un tonneau) en perce,* y faire une ouverture pour en tirer le vin. **3.** MUS Trou d'un instrument à vent.

Percé, v. du Québec, en Gaspésie; 4 839 hab. Site touristique célèbre pour son *rocher,* île longue de 475 m et haute de 88 m, creusée d'une arche, et par l'île Bonaventure où nichent 50 000 fous de Bassan.

percée [pɛʀse] n. f. **1.** Ouverture pratiquée pour faire un chemin ou ménager un point de vue. *Faire une percée dans un bois.* **2.** Action de pénétrer, de rompre la ligne de défense de l'ennemi, de l'adversaire. *Troupes assiégées qui tentent une percée.* **3.** Réussite, notoriété acquise en triomphant des obstacles, de la concurrence, etc.

percement [pɛʀsəmɑ̃] n. m. Action de percer. *Le percement d'un mur.*

perce-neige [pɛʀsənɛʒ] n. m. ou f. inv. Petite plante ornementale (genre *Galanthus,* fam. amaryllidacées), dont les fleurs blanches s'épanouissent à la fin de l'hiver.

perce-oreille [pɛʀsɔʀɛj] n. m. Nom cour. de la forficule. *Des perce-oreilles.*

percept [pɛʀsɛpt] n. m. PSYCHO Objet dont la représentation nous est donnée par la perception sensorielle.

percepteur, trice [pɛʀsɛptœʀ, tʀis] adj. et n. m. **1.** adj. Qui perçoit. *Organe percepteur.* **2.** n. m. Agent du Trésor public chargé du recouvrement des contributions directes et de certaines taxes. ▷ (Belgique, Luxembourg) *Percepteur (des postes) :* fonctionnaire responsable d'un bureau de poste.

perceptible [pɛʀsɛptibl] adj. **1.** Qui peut être perçu par les sens. *Son perceptible.* ▷ Qui peut être perçu par l'esprit, compris. *Une subtilité peu perceptible.* **2.** FIN Qui peut être perçu (taxe, impôt).

perceptif, ive [pɛʀsɛptif, iv] adj. Relatif à la perception d'un objet, à son appréhension.

perception [pɛʀsɛpsjɔ̃] n. f. **1.** FIN Recouvrement (des impôts). *Perception d'une taxe.* – Emploi de percepteur. ▷ Local où le percepteur a sa caisse. **2.** PSYCHO Représentation d'un objet, construite par la conscience à partir des sensations. ▷ Cour., *abusiv.* Sensation. *Les perceptions lumineuses.*

perceptionnisme [pɛʀsɛpsjɔnism] n. m. PHILO Théorie selon laquelle le monde extérieur est immédiatement perçu comme tel, par une sorte d'intuition.

perceptuel, elle [pɛʀsɛptɥɛl] adj. Didac Qui relève de la perception en tant que faculté. *Phénomènes perceptuels.*

percer [pɛʀse] v. [12] **I.** v. tr. **1.** Faire un trou dans, forer. *Percer une planche, un mur.* ▷ Pénétrer, traverser de part en part. *La pluie perce les habits. Lumière qui perce les ténèbres.* – Loc. *Percer (qqch) à jour :* découvrir (qqch de caché, de secret). **2.** Réaliser (une ouverture, un passage). *Percer une fenêtre, une porte.* **3.** Blesser ou tuer en traversant le corps ou une partie du corps. *Percer qqn de coups de poignard.* – Fig. *Percer le cœur de qqn,* le faire souffrir moralement. **II.** v. intr. **1.** Commencer à apparaître, à se manifester. *Dents qui percent. – La vérité finira bien par percer.* **2.** Devenir célèbre. *Jeune chanteur qui perce.* **3.** *Abcès qui perce,* qui s'ouvre spontanément et se vide de son pus.

perceur, euse [pɛʀsœʀ, øz] n. **1.** Personne qui perce. *Un perceur de coffres-forts.* **2.** n. f. Machine, outil qui sert à percer.

percevable [pɛʀsəvabl] adj. FIN Qui peut être perçu. *Impôt percevable.*

Perceval, personnage du roman breton*, héros du roman de Chrétien de Troyes, *Perceval ou le Conte du Graal* (v. 1190).

percevoir [pɛʀsəvwaʀ] v. tr. [5] **1.** Recueillir (de l'argent; les revenus d'une propriété, un impôt, etc.). *Percevoir un loyer, une pension.* **2.** Prendre conscience de, connaître (qqch) par les sens. *Percevoir une couleur.* ▷ Discerner (qqch) par l'esprit, comprendre. *Percevoir le sens d'une phrase.*

perchaude [pɛʀʃod] n. f. (Québec) Nom cour. de la perche commune.

1. perche [pɛʀʃ] n. f. **1.** Poisson d'eau douce, type de l'ordre des perciformes. *Perche commune.* V. perchaude. **2.** Nom cour. de divers poissons perciformes marins ou d'eau douce. – *Perche du Nil :* grand poisson des fleuves africains *(Lates niloticus),* aussi appelé *capitaine.* – *Perche soleil* ou *perche arc-en-ciel :* poisson perciforme (*Eupomotis gibbosus*) aux couleurs vives, d'origine nord-américaine. V. crapet.

2. perche [pɛʀʃ] n. f. **1.** Pièce de bois, de métal, etc., de section circulaire, longue et mince. ▷ (Viêt-nam) *Perche rituelle :* longue perche de bambou plantée devant chaque maison pendant la fête du nouvel an. ▷ AUDIOV *Perche (à son),* à l'extrémité de laquelle un micro est fixé. ▷ SPORT *Saut à la perche :* saut en hauteur dans lequel on prend appui sur une perche (naguère en bois ou en métal, auj. en fibre de verre). ▷ TRANSP Tige permettant à un véhicule électrique (trolleybus, tramway, etc.) de capter le courant sur le câble conducteur. **2.** Loc. fig. *Tendre la perche à qqn,* lui donner la possibilité de se sortir d'une situation fâcheuse, lui venir en aide. **3.** Fam. *Une grande perche :* une personne grande et maigre.

perché, ée [pɛʀʃe] adj. Posé, placé à un endroit élevé.

percher [pɛʀʃe] v. [1] **I.** v. tr. Placer (qqch) à un endroit élevé. *Elle a perché la valise sur le dessus de l'armoire.* **II.** v. intr. **1.** Se poser sur une branche, un endroit élevé, en parlant d'un oiseau. **2.** Fam. Demeurer en un lieu élevé, en parlant d'une personne. *Percher au septième. – Par ext.* Habiter. *Où perche votre ami?* **III.** v. pron. Se poser sur un endroit élevé. *Une cigogne s'est perchée sur le toit.* – Se jucher, en parlant d'une personne.

percheron [pɛʀʃəʀɔ̃] n. m. Grand cheval de trait, lourd et puissant, élevé dans le Perche.

percheur, euse [pɛʀʃœʀ, øz] adj. Qui a l'habitude de se percher. *Oiseaux percheurs.*

perchiste [pɛʀʃist] n. **1.** SPORT Sauteur à la perche. **2.** AUDIOV Technicien qui tient la perche à son. (Syn. off. recommandé de *perchman.*)

perchlorate [pɛʀklɔʀat] n. m. CHIM Sel de l'acide perchlorique, oxydant puissant utilisé notam. dans la fabrication des explosifs.

perchlorique [pɛʀklɔʀik] adj. CHIM *Acide perchlorique :* acide fort, de formule $HClO_4$, très oxydant à chaud.

perchoir [pɛʀʃwaʀ] n. m. **1.** Lieu où les volailles se perchent. ▷ Support sur lequel un oiseau se perche. **2.** Fig., fam. Siège, lieu d'habitation élevé.

Percier (Charles) (1764 – 1838), architecte français. V. Fontaine (Pierre François Léonard).

perciformes [pɛʀsifɔʀm] n. m. pl. ICHTYOL Ordre de poissons téléostéens acanthoptérygiens dont la vessie gazeuse ne communique pas avec l'œsophage (perche, daurade, mulet, thon, etc.) – Sing. *Un perciforme.*

perclus, use [pɛʀkly, yz] adj. Paralytique, impotent partiellement ou totalement. *Perclus de rhumatismes :* rendu impotent par les rhumatismes. ▷ Fig. *Perclus de timidité.*

percnoptère [pɛʀknɔptɛʀ] n. m. ORNITH Petit vautour (genre *Neophron*). – *Percnoptère brun :* vautour moine, cour. appelé *charognard,* fréquent en Afrique noire, surtout près des lieux habités. – *Percnoptère d'Égypte,* blanchâtre avec le bord des ailes noir, présent sur le pourtour de la mer Méditerranée et jusqu'en Inde.

perçoir [pɛʀswaʀ] n. m. TECH Outil servant à percer.

percolateur [pɛʀkɔlatœʀ] n. m. Appareil à vapeur permettant de faire du café en grande quantité.

percolation [pɛʀkɔlasjɔ̃] n. f. PHYS Circulation de l'eau à travers un milieu poreux.

percussion [pɛʀkysjɔ̃] n. f. **1.** Choc, action par laquelle un corps en frappe un autre. ▷ MECA, PHYS Produit de la somme des forces, au cours d'un choc, par la durée de ce choc. – *Perceuse à percussion.* **2.** MED Mode d'examen consistant à déterminer l'état de certains organes en écoutant la transmission d'un son émis en frappant la peau au niveau d'une cavité du corps (thorax, abdomen). **3.** MUS *Instruments de percussion* (ou *à percussion*), dont on joue en les frappant (timbales, tambour, gong, cymbales, tam-tams, etc.) ou en les entrechoquant (castagnettes, grelots, cymbales, etc.).

percussionniste [pɛʀkysjɔnist] n. MUS Musicien qui joue d'un ou de plusieurs instruments à percussion.

percutané, ée [pɛʀkytane] adj. Didac. Qui se fait à travers la peau.

percutant, ante [pɛʀkytɑ̃, ɑ̃t] adj. **1.** Qui agit par percussion. **2.** Fig. Qui frappe, qui fait beaucoup d'effet. *Un argument percutant.*

percuter [pɛʀkyte] v. [1] **I.** v. tr. Frapper, heurter violemment (qqch). *Le véhicule a percuté le mur.* ▷ TECH Frapper (l'amorce), en parlant du percuteur d'une arme à feu. **II.** v. intr. **1.** Frapper en éclatant. *L'obus a percuté contre le parapet.* **2.** *Par ext.* Heurter un obstacle avec violence. *L'automobile percuta contre un arbre.*

percuteur [pɛʀkytœʀ] n. m. Pièce, outil agissant par percussion. ▷ *Spécial.* Dans une arme à feu, tige métallique munie d'une pointe dont le choc contre l'amorce du projectile fait partir le coup. ▷ PREHIST Outil servant à fracturer les roches pour les façonner en outils.

perdant, ante [pɛʀdɑ̃, ɑ̃t] adj. et n. **1.** adj. Qui perd. *Numéro perdant.* **2.** n. Personne qui perd. *Être le perdant.*

perdement [pɛʀdəmɑ̃] n. m. (Réunion) Syn. de *perte* (sens III, 3). *Perdement de temps.*

perdition [pɛʀdisjɔ̃] n. f. **1.** THEOL État d'une personne qui s'éloigne de l'Église ou du salut, qui vit dans le péché. ▷ Vieilli ou iron. *Lieu de perdition,* de débauche. **2.** *Navire en perdition,* en danger d'être perdu, de faire naufrage. – Par anal. *Avion en perdition.*

perdre [pɛʀdʀ] v. [6] **A.** v. tr. **I.** Être privé de la disposition, de la possession, de la présence de qqn, de qqch. **1.** Cesser de posséder, d'avoir à soi, près de soi ou à sa disposition : (un bien, un avantage). *Perdre son argent, ses biens, sa place.* – (une partie de soi, de son corps). *Perdre un bras, un œil.* – (un caractère essentiel, une qualité, un comportement, etc.). *Perdre sa gaieté. Perdre l'habitude de fumer. Argument qui perd de sa force.* – (qqch qui a été égaré, oublié). *Perdre une adresse, son stylo, son chien.* – (qqn que l'on ne retrouve plus). *Enfant qui a perdu ses parents dans la foule.* **2.** Être quitté par (qqn). *Perdre un ami, un adjoint.* ▷ Être privé de (qqn) par la mort. *Perdre ses parents.* **3.** Cesser de suivre; laisser échapper (qqch). *Perdre son chemin.* ▷ *Perdre qqn, qqch de vue,* ne plus le voir, ne plus en entendre parler. ▷ Absol. *Le tonneau perd,* fuit. **4.** Mal employer (qqch). *Perdre son temps.* **5.** N'avoir pas le dessus dans (une compétition, un conflit, etc.). *Perdre la partie, une bataille, un procès.* **II. 1.** Ruiner, discréditer. **2.** Vieilli Pervertir. **B.** v. pron. Être perdu, en train de se perdre. **1.** Cesser d'exister. *Usages qui se perdent.* **2.** Disparaître. *Se perdre dans la foule.* ▷ Fig. *Se perdre dans la rêverie,* s'y absorber. **3.** S'égarer. *Se perdre dans une forêt.* ▷ Fig. S'embrouiller, s'embarrasser, ne plus s'y reconnaître. *On me demande d'accomplir tant de formalités que je m'y perds.* ▷ Fig. *Se perdre en conjectures :* faire en vain toutes les suppositions possibles.

perdreau [pɛʀdʀo] n. m. **1.** Jeune perdrix de l'année. **2.** (Afr. subsah.) Jeune francolin.

perdrix [pɛʀdʀi] n. f. **1.** Oiseau galliforme d'Eurasie, sédentaire et vivant en troupes, recherché comme gibier. **2.**

Perdrix des neiges ou (Québec) *perdrix blanche :* lagopède. – *Perdrix de mer :* glaréole. – *Perdrix roulroul :* perdrix huppée du Sud-Est asiatique. – (Québec) *Perdrix des savanes :* tétras. **3.** (Québec) *Spécial.* Gélinotte huppée. **4.** (Afr. subsah.) Nom cour. du francolin.

perdu, ue [pɛʀdy] adj. (et n.) **A. I.** (Correspondant aux emplois de *perdre* A, I.) **1.** Dont on n'a plus la disposition, la possession. *Argent perdu. « À la recherche du temps perdu », œuvre de Marcel Proust.* **2.** Égaré, que l'on ne retrouve plus. *Objets perdus. Enfant perdu.* **3.** Employé inutilement, dont on ne peut ou dont on n'a pu profiter. *Peine perdue. Occasion perdue.* ▷ *À temps perdu :* dans les moments de loisir. **4.** Isolé, écarté, en parlant d'un lieu, d'une localité. *Coin, pays, village perdu.* **5.** Dans quoi l'on n'a pas eu le dessus, où l'on a été vaincu. *Cause perdue.* **II.** (Correspondant aux emplois de *perdre* A, II.) **1.** Atteint irrémédiablement, dont le cas est désespéré. *Malade perdu. Homme perdu* (dans sa fortune, sa réputation). **2.** *Femme, fille perdue :* prostituée. **III.** (Correspondant aux emplois de *perdre* B.) **1.** Qui n'existe plus. *Espèce animale perdue.* **2.** Qui disparaît, qui a disparu. *Perdu dans la foule.* ▷ Fig. *Perdu dans la rêverie,* absorbé. **3.** Qui s'est égaré. **B.** Subst. (En loc.) *Comme un perdu :* de toutes ses forces. *Crier comme un perdu.*

perdurer [pɛʀdyʀe] v. intr. [**1**] Litt. (cour. en Afr. subsah. et en Belgique) Se prolonger, durer longtemps.

père [pɛʀ] n. m. **1.** Homme qui a engendré un ou plusieurs enfants. *De père en fils :* par transmission du père aux enfants. ▷ *Père de famille,* qui élève un ou plusieurs enfants. – DR *En bon père de famille :* avec la sagesse, l'esprit d'économie qu'un père de famille est censé posséder. ▷ (Afr. subsah.) Oncle paternel (on dit aussi *petit père*). **2.** Géniteur d'un animal. **3.** RELIG CHRET *Dieu le Père, le Père éternel :* la première personne de la Trinité. **4.** *Révérend père* ou, absol., *père :* titre donné à la plupart des prêtres catholiques membres du clergé régulier. *Les pères jésuites.* – *Le Saint-Père :* le pape. – *Les Pères de l'Église :* les apologistes et les docteurs des cinq premiers siècles de l'Église chrétienne. – *Les Pères du désert :* les anciens anachorètes. – *Les Pères du concile* (ou *conciliaires*) : les évêques qui ont voix délibérante aux débats d'un concile. ▷ (Afr. subsah.) Prêtre blanc. **5.** Créateur, fondateur (d'une œuvre, d'une doctrine). *Freud, père de la psychanalyse.* **6.** Celui qui se conduit, qui est considéré comme un père. *Vous avez été un père pour moi.* **7.** (Suivi d'un nom, pour désigner un homme d'un certain âge et de milieu social modeste.) *Le père Jérôme.* ▷ *Gros père :* gros homme d'allure bonasse; enfant joufflu, replet. **8.** (Afr. subsah.) Homme que son âge rend respectable. **9.** (Plur.) Ancêtres, aïeux. *Le sang de nos pères.*

Perec (Georges) (1936 – 1982), écrivain français : *les Choses* (1965), *la Disparition* (1969), *la Vie mode d'emploi* (1978). Il fut membre de l'Oulipo*.

pérégrinations [peʀegʀinasjɔ̃] n. f. pl. Nombreuses allées et venues.

Pereira (Aristides Maria) (né en 1923), homme politique du Cap-Vert; premier président de la République (1975-1991).

Père-Lachaise (cimetière du), cimetière créé en 1803 à Paris (XXe arr.). Dans sa partie N.-E., le mur des Fédérés rappelle le souvenir des membres de la Commune fusillés en mai 1871.

péremption [peʀɑ̃psjɔ̃] n. f. **1.** DR Anéantissement, après un certain délai, de procédures non continuées, de jugements par défaut non exécutés, d'inscriptions hypothécaires non renouvelées. **2.** *Date de péremption,* au-delà de laquelle un médicament, un produit de consommation ne doit plus être utilisé.

péremptoire [peʀɑ̃ptwaʀ] adj. **1.** DR Relatif à la péremption. **2.** Décisif, contre quoi il n'y a rien à répliquer. *Argument péremptoire.* – (Personnes) *Il est très péremptoire :* il n'admet pas la contradiction.

pérenne [peʀɛn] adj. **1.** GEOGR *Rivière pérenne,* qui coule toute l'année. – AGRIC *Culture, plante pérenne,* qui reste à la même place pendant plusieurs années. **2.** (Afr. subsah.) Cour. Qui dure longtemps.

pérenniser [peʀenize] v. tr. [**1**] Didac. Rendre durable.

pérennité [peʀenite] n. f. Litt., DR Caractère, état de ce qui dure longtemps ou toujours; continuité. *Assurer la pérennité des institutions.*

péréquation [peʀekwasjɔ̃] n. f. ECON Répartition équitable des ressources ou des charges entre ceux (personnes, entreprises, régions, etc.) qui doivent les recevoir ou les supporter. ▷ Réajustement des traitements et des pensions. ▷ Disposition, mesure visant à fournir au consommateur des marchandises de provenances diverses à des prix identiques.

Peres (Shimon) (né en 1923), homme politique israélien. Travailliste, Premier ministre en 1977 et en 1984-1986, ministre des Affaires étrangères en 1986-1988 et en 1992-1995, Premier ministre après l'assassinat de Rabin (1995-1996). Prix Nobel de la paix (1994), avec I. Rabin et Y. Arafat.

Péret (Benjamin) (1899 – 1959), poète français surréaliste : *le Grand Jeu* (1928), *Mort aux vaches et au champ d'honneur* (1953), etc.

Pérez de Cuellar (Javier) (né en 1920), diplomate péruvien; secrétaire général de l'ONU de 1982 à 1991.

Pérez de Montalbán (Juan) (1602 – 1638), auteur espagnol de très nombreuses pièces religieuses, dont *les Amants de Teruel* (1638).

perfectibilité [pɛʀfɛktibilite] n. f. Litt. Qualité de ce qui est perfectible.

perfectible [pɛʀfɛktibl] adj. Susceptible d'être perfectionné.

perfectif [pɛʀfɛktif] adj. et n. m. LING *Aspect perfectif* ou, n. m., *le perfectif :* aspect du verbe présentant l'action comme achevée ou comme ponctuelle. (V. accompli.)

perfection [pɛʀfɛksjɔ̃] n. f. **1.** Qualité de ce qui est parfait, état de ce qui a une qualité au degré le plus élevé. *Atteindre la perfection. La perfection du style.* – *À la perfection :* parfaitement. ▷ THEOL, PHILO Somme de toutes les qualités à leur degré le plus élevé. *La perfection de Dieu.* **2.** Qualité excellente, remarquable. **3.** (Précédé de l'art. indéf.) Chose ou personne parfaite (dans un rôle, une fonction).

perfectionné, ée [pɛʀfɛksjɔne] adj. Qui a été doté de perfectionnements. *Machine perfectionnée.*

perfectionnement [pɛʀfɛksjɔnmɑ̃] n. m. Action de perfectionner, de rendre meilleur; son résultat.

perfectionner [pɛʀfɛksjɔne] v. [**1**] **1.** v. tr. Rendre meilleur, faire tendre davantage vers la perfection. *Perfectionner un mécanisme.* **2.** v. pron. Devenir meilleur.

perfectionnisme [pɛʀfɛksjɔnism] n. m. Souci excessif d'atteindre la perfection.

perfectionniste [pɛʀfɛksjɔnist] n. et adj. Personne qui cherche à atteindre la perfection dans tout ce qu'elle fait. ▷ adj. *Vous êtes trop perfectionniste.*

perfide [pɛʀfid] adj. (et n.) **1.** (Personnes) Qui manque à sa parole, à la confiance mise en lui; traître. ▷ Subst. *Un(e) perfide.* **2.** (Choses) Qui est peu fiable, trompeur et dangereux. *Une parole perfide.*

perfidie [pɛʀfidi] n. f. **1.** Action perfide. *Tramer une perfidie.* **2.** Caractère perfide; déloyauté.

perforant, ante [pɛʀfɔʀɑ̃, ɑ̃t] adj. Qui perfore. ▷ MED *Mal perforant :* ulcération tendant à gagner en profondeur.

perforateur, trice [pɛʀfɔʀatœʀ, tʀis] adj. Qui sert à perforer.

perforation [pɛʀfɔʀasjɔ̃] n. f. Action de perforer; son résultat. ▷ MED Ouverture accidentelle ou pathologique d'un organe. *Perforation de l'intestin.* ▷ INFORM Petit trou d'une carte, d'une bande perforée.

perforé, ée [pɛʀfɔʀe] adj. Percé. ▷ INFORM *Carte, bande perforée,* sur lesquelles l'information figure sous forme de perforations.

perforer [pɛʀfɔʀe] v. tr. [**1**] Percer en faisant un ou plusieurs trous.

perforeuse [pɛʀfɔʀøz] n. f. **1.** Machine à perforer. **2.** INFORM Personne dont le métier consiste à faire fonctionner une perforatrice.

performance [pɛʀfɔʀmɑ̃s] n. f. **1.** Résultat chiffré obtenu par un sportif ou un cheval de course lors d'une épreuve, d'une compétition, d'une exhibition, etc. *Performance homologuée.* ▷ *Spécial.* Exploit. *Cet athlète a réussi là une performance.* – Par ext. *Lire tout Balzac en un mois, quelle performance!* **2.** TECH Résultat optimal obtenu par un matériel. **3.** LING Acte de production, d'interprétation ou de compréhension d'un énoncé réalisé par un sujet parlant à partir de la compétence*. **4.** ART Mode d'expression artistique, événement, représentation comportant une part d'improvisation.

performant, ante [pɛʀfɔʀmɑ̃, ɑ̃t] adj. TECH Capable de performances élevées. *Un appareil performant.* ▷ Par ext. Cour. *Une entreprise performante.*

perfuser [pɛʀfyze] v. tr. [**1**] MED Faire une perfusion sur. *Perfuser un malade.*

perfusion [pɛʀfyzjɔ̃] n. f. MED Injection lente et continue, dans la circulation sanguine, de sérum, de sang ou de substances médicamenteuses en solution.

Pergame (auj. *Bergama,* Turquie), anc. ville de Mysie, sur les rives du *Caïcos,* cap. d'un puissant royaume hellénistique aux IIIe et IIe s. av. J.-C. Attale Ier Sôter y créa la *bibliothèque de Pergame* (200 000 vol.). Ruines de nombr. temples, d'un grand théâtre, d'un autel dédié à Zeus, etc.

Pergaud (Louis) (1882 – 1915), écrivain français : *la Guerre des boutons* (1912).

pergola [pɛʀgɔla] n. f. Construction de jardin légère, recouverte de plantes grimpantes.

Pergolèse (Jean-Baptiste), en ital. *Giovanni Battista Pergolesi* (1710 – 1736), compositeur italien de l'école napolitaine : opéras (*la Servante maîtresse,* 1733), oratorios, cantates profanes, messes, *Stabat Mater,* motets, etc.

pergulaire [pɛʀgylɛʀ] n. f. BOT Plante vivace d'Afrique tropicale (fam. asclépiadacées), utilisée en médecine traditionnelle.

péri-. Élément, du gr. *peri,* «autour».

Périandre (VIIe – VIe s. av. J.-C.), tyran de Corinthe (627 à 585 av. J.-C.), qui fut un des Sept Sages.

périanthe [peʀjɑ̃t] n. m. BOT Ensemble des enveloppes florales (sépales et pétales).

périarthrite [peʀiaʀtʀit] n. f. MED Atteinte inflammatoire des tissus avoisinant une articulation.

périastre [peʀiastʀ] n. m. ASTRO Point de l'orbite d'un objet céleste le plus proche de l'astre autour duquel il gravite.

Péribonca ou **Péribonka** (la), riv. du Québec (480 km), tributaire du lac Saint-Jean.

Peribsen, sixième pharaon de la IIe dynastie (v. 2750 av. J.-C.); il essaya sans succès durable de remplacer Horus par Seth comme dieu tutélaire.

péricarde [peʀikaʀd] n. m. ANAT Membrane qui enveloppe le cœur, formée d'un feuillet interne, séreux, et d'un feuillet externe, fibreux.

péricardite [peʀikaʀdit] n. f. MED Atteinte inflammatoire ou infectieuse, chronique ou aiguë, du péricarde.

péricarpe [peʀikaʀp] n. m. BOT Ensemble des tissus (épicarpe, mésocarpe, endocarpe) qui, dans un fruit, entourent la graine.

Périclès (v. 495 – 429 av. J.-C.), homme d'État athénien, membre de la grande famille des Alcméonides, fils de Xanthippos et d'Agaristê. Excellent orateur, il devint, en 459 av. J.-C., le chef du parti démocratique. Il demeura à la tête de l'État de 443 à 429 avec la seule fonction de stratège, renouvelée chaque année. Sa compagne Aspasie réunit autour d'eux les plus brillants esprits de l'Attique. Il réalisa des réformes démocratiques et porta à son apogée la puissance navale et coloniale d'Athènes. En 454, il fit transférer le trésor de guerre de Délos sur l'Acropole, notam. pour embellir la cité : construction du Parthénon (sous la responsabilité de Phidias), des nouveaux Propylées, du nouvel Érechthéion, etc. Son époque prit le nom de «siècle de Périclès». Il mourut de la peste.

péricliter [peʀiklite] v. intr. [1] (Sujet n. de chose.) Aller à sa ruine, décliner. Ant. prospérer.

péridiniens [peʀidinjɛ̃] n. m. pl. BOT Classe d'algues brunes planctoniques unicellulaires, généralement marines, à deux flagelles. – Sing. *Un péridinien.*

péridot [peʀido] n. m. MINER Minéral constitutif des roches éruptives, formé de silicates de fer et de magnésium en proportions variables (la variété la plus courante est l'olivine).

péridural, ale, aux [peʀidyʀal, o] adj. MED *Anesthésie péridurale :* anesthésie locale, surtout utilisée en obstétrique, réalisée en injectant un anesthésique entre le canal rachidien et la dure-mère.

périgée [peʀiʒe] n. m. ASTRO Point de l'orbite d'un astre ou d'un satellite le plus rapproché de la Terre (par opp. à l'*apogée*). – Époque où un astre se trouve en ce point.

Pérignon (dom Pierre) (1638 – 1715), bénédictin français qui perfectionna le procédé de champagnisation des vins.

Périgord, rég. et anc. pays de France, au N.-E. du Bassin aquitain, inclus dans le dép. de la Dordogne; v. princ. *Périgueux**. Adossé au Massif central, il est composé de plateaux, de collines et de riches vallées : cult. maraîchères, vigne, noyers, tabac; truffes dans les forêts de chênes. – Nombr. sites préhistoriques : Les Eyzies, Lascaux, etc. Peuplé par les Celtes, le Périgord fut sous les Mérovingiens un comté. Henri IV le réunit à la France en 1607.

Périgueux, v. de France, ch.-l. du dép. de la Dordogne, sur l'Isle, anc. cap. du Périgord; 32 848 hab. *(Périgourdins).* Centre comm. Conserveries de truffes et de foie gras. Industr. – Musée. Arènes romaines du IIIe s. Cath. romano-byzantine (XIIe s.). Égl. St-Étienne (XIIe s.). Tour Mataguerre (XVe s.).

périhélie [peʀieli] n. m. ASTRO Point de l'orbite d'une planète ou d'une comète qui est le plus proche du Soleil. Ant. aphélie.

péril [peʀil] n. m. **1.** Litt. État, situation où il y a un danger à craindre. *Être en péril de mort.* **2.** Risque, danger. *Braver mille périls.* ▷ *À ses risques et périls :* en acceptant de courir tous les risques, tous les dangers qu'implique la situation, l'entreprise.

périlleux, euse [peʀijø, øz] adj. Qui présente du danger. *Situation périlleuse.* Syn. dangereux. ▷ *Saut* périlleux.*

périmé, ée [peʀime] adj. **1.** Qui a dépassé le délai de validité. *Son abonnement est périmé.* **2.** Fig. Dépassé. *Théories périmées.* Syn. caduc, désuet.

périmer (se) [peʀime] v. pron. [1] DR Se dit d'une instance qui vient à périr faute d'avoir été poursuivie dans les délais, d'une inscription qu'on n'a pas renouvelée à temps, etc. ▷ Cour. (Avec ellipse du pronom.) Perdre sa validité. *Laisser périmer un billet d'avion.*

périmètre [peʀimɛtʀ] n. m. **1.** GEOM Contour d'une figure plane; longueur de ce contour. **2.** *Par ext.* Contour d'un espace quelconque. **3.** Espace de terrain délimité réservé à certaines opérations. *Périmètre de reboisement, d'irrigation.*

périnatal, ale, als [peʀinatal] adj. MED Relatif à la période qui précède et suit immédiatement la naissance. *Médecine périnatale.*

périnéal, ale, aux [peʀineal, o] adj. Didac. Du périnée. *Incision périnéale* (V. épisiotomie).

périnée [peʀine] n. m. ANAT Région comprise entre l'anus et les parties génitales.

période [peʀjɔd] n. f. **I. 1.** Espace de temps. *Il s'est absenté pour une période indéterminée. La période correspond à l'année civile pour l'impôt sur le revenu. La période révolutionnaire.* – Phase dans le cours d'une évolution. *Période d'invasion, d'état, de déclin d'une maladie.* ▷ *Spécial.* MILIT Temps pendant lequel un réserviste est convoqué, en temps de paix, pour recevoir un complément d'instruction. ▷ GEOL Chacune des grandes divisions des ères géologiques. ▷ (Québec) SPORT Chacune des trois manches d'un match de hockey. **2.** Espace de temps déterminé par le retour, à époques fixes, d'un phénomène donné. ▷ ASTRO Durée mise par un astre pour parcourir son orbite. ▷ PHYS Intervalle de temps qui s'écoule entre deux passages successifs par le même état d'un système vibratoire. *La période est égale à l'inverse de la fréquence.* ▷ PHYS NUCL Temps nécessaire pour que l'activité d'un corps radioactif diminue de moitié par désintégration. ▷ PHYSIOL *Périodes menstruelles :* menstrues. **II.** Ensemble d'éléments, de phénomènes formant un tout, susceptible de se reproduire. **1.** MATH Suite de chiffres qui se reproduit dans un nombre fractionnaire. (Ex. : 2, 7 et 0 dans le nombre $\frac{100}{37}$ = 2,702702...) ▷ Nombre qui ne change pas la valeur d'une fonction périodique lorsqu'on l'ajoute à la variable. **2.** CHIM Ensemble des éléments qui se trouvent sur une même ligne du tableau de la classification périodique des éléments. **III.** RHET Phrase composée de plusieurs propositions se succédant harmonieusement et dont la réunion forme un sens complet.

périodicité [peʀjɔdisite] n. f. Nature de ce qui est périodique.

périodique [peʀjɔdik] adj. et n. m. **1.** Qui se reproduit à des intervalles de temps réguliers. *Phénomènes périodiques.* ▷ *Publication (journal, etc.) périodique,* qui paraît à intervalles réguliers. – n. m. Revue, magazine périodique. ▷ *Spécial.* Qui a rapport à la menstruation, aux précautions d'hygiène qu'elle impose. *Serviette* périodique.* **2.** PHYS Se dit d'une grandeur qui reprend la même valeur, d'un phénomène qui retrouve le même état au bout d'un intervalle de temps déterminé. – MATH *Fonction périodique,* qui reprend la même valeur si on ajoute à la variable une quantité fixe (période). ▷ *Fraction périodique :* nombre fractionnaire qui possède une période. **3.** CHIM *Classification périodique :* classification des éléments* chimiques sous la forme d'un tableau dans lequel chaque ligne horizontale ou verticale est nommée une période. **4.** RHET *Style périodique,* dans lequel dominent les périodes (sens III).

périodiquement [peʀjɔdikmɑ̃] adv. De façon périodique.

périophthalme [peʀiɔftalm] n. m. ICHTYOL Petit poisson amphibie à yeux globuleux et à nageoires pectorales permettant la locomotion sur la vase, commun en Afrique et en Asie tropicale dans les estuaires et les mangroves.

périoste [peʀjɔst] n. m. ANAT Membrane fibreuse qui entoure les os et joue un rôle important dans leur croissance et leur vascularisation.

péripate [peʀipat] n. m. ZOOL Pararthropode allongé à nombreuses paires de pattes simples et courtes, vivant dans les forêts humides.

péripatéticien, enne [peʀipatetisjɛ̃, ɛn] adj. et n. PHILO Qui suit la doctrine d'Aristote. – Relatif à la doctrine d'Aristote. ▷ Subst. *Les péripatéticiens.*

péripétie [peʀipesi] n. f. **1.** LITTER Chacun des changements qui affectent la situation dans une œuvre narrative. – *Spécial.* Brusque revirement menant au dénouement d'une intrigue. **2.** *Par ext.* Incident, circonstance imprévue. *Son voyage a été riche en péripéties.*

périphérie [peʀifeʀi] n. f. **1.** GEOM Contour d'une figure curviligne. – Surface extérieure d'un corps. **2.** Par ext. *La périphérie :* les quartiers d'une ville les plus éloignés du centre.

périphérique [peʀifeʀik] adj. et n. m. **1.** adj. Qui est situé à la périphérie. *Quartiers périphériques.* ▷ ANAT *Système nerveux périphérique :* partie du système cérébrospinal comprenant les nerfs et les ganglions nerveux. **2.** n. m. INFORM Appareil relié à un ordinateur (organe d'entrée-sortie, mémoire auxiliaire, etc.). – adj. *Les organes périphériques d'un ordinateur.*

périphlébite [peʀiflebit] n. f. MED Inflammation du tissu conjonctif qui entoure les veines.

périphrase [peʀifʀɑz] n. f. **1.** Figure consistant à dire en plusieurs mots ce qu'on pourrait dire en un seul. (Ex. : *l'astre du jour,* pour *le Soleil.*) **2.** Circonlocution, détour de langage.

périphrastique [peʀifʀastik] adj. Didac. **1.** Qui est de la nature de la périphrase. **2.** Qui abonde en périphrases. *Style périphrastique.*

périple [peʀipl] n. m. **1.** Voyage maritime autour d'une mer ou d'un continent. **2.** *Par ext.* Grand voyage touristique.

périr [peʀiʀ] v. intr. [3] Litt. **1.** Mourir. **2.** MAR Disparaître (en mer), sombrer. **3.** (Choses) Tomber en ruine, disparaître. *Sa gloire ne périra pas.*

périscope [peʀiskɔp] n. m. Appareil d'optique à prismes (ou à miroirs) et à lentilles, permettant l'observation d'objets situés en dehors du champ de vision de l'observateur. *Périscope d'un sous-marin.*

périscopique [peʀiskɔpik] adj. OPT *Verres périscopiques :* verres correcteurs à grand champ.

périssable [peʀisabl] adj. Qui est appelé à périr. *Un bonheur périssable.* Syn. fragile, éphémère. Ant. durable. ▷ *Denrées périssables,* qui ne se conservent pas longtemps.

périssodactyles [peʀisɔdaktil] n. m. pl. ZOOL Ordre de mammifères ongulés dont le pied repose sur le sol par un nombre impair de doigts. – Sing. *Le cheval est un périssodactyle.*

périssoire [peʀiswaʀ] n. f. Petite embarcation plate et allongée, manœuvrée au moyen d'une pagaie double.

périssologie [peʀisɔlɔʒi] n. f. **1.** GRAM Pléonasme. (Ex. : *Descendre en bas.*) **2.** RHET Procédé de style consistant à répéter plusieurs fois sous diverses formes la même idée, sur laquelle on veut insister.

péristaltique [peʀistaltik] adj. PHYSIOL Relatif au péristaltisme. *Mouvement péristaltique.*

péristaltisme [peʀistaltism] n. m. PHYSIOL Onde de contraction automatique et conjuguée des fibres longitudinales et circulaires de l'œsophage et de l'intestin, se propageant de proche en proche et assurant le cheminement du contenu du tube digestif.

péristyle [peʀistil] n. m. ARCHI Colonnade qui entoure un édifice, une cour intérieure, etc.

péritoine [peʀitwan] n. m. ANAT Membrane séreuse constituée d'un feuillet pariétal appliqué contre les parois abdominale et pelvienne, et d'un feuillet viscéral qui recouvre ou engaine les organes de la cavité abdomino-pelvienne.

péritonéal, ale, aux [peʀitɔneal, o] adj. ANAT Relatif au péritoine.

péritonite [peʀitɔnit] n. f. MED Inflammation du péritoine.

perle [pɛʀl] n. f. **1.** Concrétion globuleuse d'un blanc irisé, formée de couches de nacre concentriques extrêmement minces, que certains mollusques lamellibranches sécrètent autour des corps étrangers. *Perle fine, de culture.* ▷ *Perle noire :* perle de culture produite par une espèce partic. d'huître (*Pinctada margaritifera*), dont les reflets irisés vont du gris clair au noir profond. **2.** *Par ext.* Petite boule percée en bois, en métal, en verre, etc. *Enfiler des perles pour faire un collier.* ▷ (Afr. subsah.) Anc. *Perle d'aigri :* hydrozoaire bleu-vert dont on faisait des colliers. **3.** (Par comparaison.) Ce qui ressemble à une perle, qui est rond et brillant comme une perle. *Perles de sang, de sueur.* **4.** Fig. Personne, chose sans défaut. *La perle des maris.* ▷ *Spécial.* Employée de maison irréprochable. **5.** (Par antiphrase.) Absurdité, ineptie. *Perle trouvée dans une copie d'examen.* **6.** ENTOM Insecte ptérygote, au mode de vie voisin de celui de l'éphémère.

perlé, ée [pɛʀle] adj. **1.** Orné de perles. **2.** En forme de perle. *Orge perlé.* ▷ Fig. À la suite (à la manière dont sont enfilées les perles). *Grève perlée :* V. grève 2. **3.** Qui a des reflets nacrés comme la perle. *Coton perlé.* **4.** Litt., fig. *Rire perlé,* frais et clair.

perlèche [pɛʀlɛʃ] ou **pourlèche** [puʀlɛʃ] n. f. MED Ulcération contagieuse de la commissure des lèvres.

perler [pɛʀle] v. intr. [1] Former des gouttes (en parlant d'un liquide). *Un front où perle la sueur.*

perliculteur, trice [pɛʀlikyltœʀ, tʀis] n. (Polynésie fr.) Personne qui possède ou exploite un élevage d'huîtres perlières.

perliculture [pɛʀlikyltyʀ] n. f. (Polynésie fr.) Élevage d'huîtres perlières, et plus partic. d'huîtres (*Pinctada margaritifera*) produisant les perles noires.

perlier, ère [pɛʀlje, ɛʀ] adj. Relatif aux perles. ▷ *Huître perlière,* qui peut produire, sécréter des perles. ▷ (Polynésie fr.) *Ferme perlière,* dédiée à l'élevage d'huîtres perlières.

perlingual, ale, aux [pɛʀlɛ̃gɥal; pɛʀlɛ̃gwal, o] adj. MED *Médicament absorbé par voie perlinguale,* qu'on laisse fondre sous la langue.

Perm (de 1940 à 1957 *Molotov*), v. de Russie, dans l'Oural, sur la Kama; ch.-l. de prov.; 1 087 000 hab. Centre industriel.

permafrost [pɛʀmafʀɔst] n. m. (Anglicisme) PEDOL Couche du sous-sol gelée en permanence, dans les régions froides.

permanence [pɛʀmanɑ̃s] n. f. **1.** Caractère de ce qui est constant, immuable. *Le transformisme nie la permanence des espèces.* **2.** Service assurant le fonctionnement d'un organisme de façon continue; local où il fonctionne. *La permanence d'un commissariat de police.* **3.** Dans un collège, un lycée, salle d'études surveillée où restent les élèves qui ne sont pas en cours. **4.** Loc. adv. *En permanence :* sans interruption.

permanent, ente [pɛʀmanɑ̃, ɑ̃t] adj. et n. m. **I.** adj. **1.** Qui dure sans s'interrompre, ni changer. *Assurer une veille permanente.* Syn. constant, continu. Ant. passager. ▷ *Cinéma, spectacle permanent,* dont les séances se succèdent sans interruption. **2.** Qui est établi à demeure; qui existe quelle que soit la situation. *Comité permanent.* Ant. provisoire, extraordinaire. **II.** n. m. Membre d'une organisation (par ex., parti, syndicat) rémunéré pour pouvoir s'occuper à plein temps des tâches administratives.

permanganate [pɛʀmɑ̃ganat] n. m. CHIM Sel d'un composé oxygéné du manganèse, de formule $HMnO_4$. – (En appos.) *Ion permanganate :* ion oxydé du manganèse (MnO_4). – *Permanganate de potassium* ($KMnO_4$) : oxydant puissant en milieu acide, utilisé comme antiseptique (épuration des eaux, teinturerie, etc.).

permanisation [pɛʀmanizasjɔ̃] n. f. (Maghreb) Fait de permaniser. *La permanisation des saisonniers.*

permaniser [pɛʀmanize] v. tr. [1] (Maghreb) Rendre permanent (un emploi saisonnier). – Titulariser (un employé).

perméabilité [pɛʀmeabilite] n. f. PHYS Propriété des corps perméables. ▷ *Perméabilité magnétique :* aptitude d'un corps à se laisser traverser par un flux d'induction. (C'est le rapport entre le champ magnétique $\vec{B}$ et l'excitation magnétique $\vec{H}$, qui s'exprime en henry par mètre.) *Perméabilité du vide :* constante universelle valant $4\ \pi\ 10^{-7}$ H/m. ▷ BIOL *Perméabilité membranaire :* perméabilité sélective de la membrane cellulaire, qui ne laisse passer que certaines substances.

perméable [pɛʀmeabl] adj. **1.** Qui peut être pénétré ou traversé par un liquide, en partic. par l'eau. *Terrain perméable.* ▷ *Perméable à :* qui se laisse pénétrer, traverser par. *Matière perméable à la lumière.* **2.** Fig. Qui se laisse toucher par une idée, une influence. *Il est perméable aux idées nouvelles.*

perméance [pɛʀmeɑ̃s] n. f. ELECTR Pénétrabilité d'un circuit par un flux magnétique.

Permeke (Constant) (1886 – 1952), peintre et sculpteur belge. Membre du second groupe de Laethem*-Saint-Martin (1910-1912), il fut blessé pendant la Seconde Guerre mondiale et soigné en Angleterre, où son art devint expressionniste. Il réalisa alors des sculptures à partir de 1936.

permettre [pɛʀmɛtʀ] v. [60] **I.** v. tr. **1.** Ne pas interdire, ne pas empêcher (qqch). *Permettre qqch à qqn.* ▷ *Permettre de* (+ inf.) : donner liberté, pouvoir de. *Permettez-moi de sortir.* – *Permettre que* (+ subj.). *Permettrez-vous qu'il vienne?* ▷ (Dans une formule de politesse.) *Permettez-moi de me retirer.* **2.** (Sujet n. de chose.) Ne pas s'opposer à; rendre possible. *Laisser-aller qui permet tous les excès.* ▷ *Permettre de* (+ inf.) : donner la possibilité de. *Dès que mes affaires me permettront d'aller vous voir...* ▷ Impers. *Il est permis,* possible. *Il est permis de penser qu'il se trompe.* – *Il vous est permis de,* loisible de. **II.** v. pron. **1.** S'accorder. *Il ne se permet que quelques instants de repos.* ▷ S'autoriser. *Elle se permet bien des familiarités.* – (Pour atténuer la formulation d'une observation, d'un reproche.) *Je me permettrai une petite critique.* **2.** Prendre la liberté de. *Il s'est permis de dire que...*

permien, enne [pɛʀmjɛ̃, ɛn] adj. et n. m. GEOL Se dit de la période terminale du primaire, qui succéda au carbonifère. – n. m. *Le permien a duré environ 40 millions d'années.*

permis [pɛʀmi] n. m. Autorisation écrite délivrée par une administration.

– *Permis de conduire :* certificat autorisant à conduire un véhicule. Syn. (Afr. subsah., Maurice, Liban) licence. ▷ (Afr. subsah.) *Permis provisoire :* certificat de réussite à l'examen du code de la route. – *Permis définitif :* permis de conduire.

permissif, ive [pɛʀmisif, iv] adj. Qui permet ou tolère des comportements que d'autres réprouveraient ou tendraient à réprimer.

permission [pɛʀmisjɔ̃] n. f. **1.** Action de permettre; son résultat. *Demander, accorder une permission.* **2.** Congé accordé à un militaire. – Temps de ce congé. – Titre qui l'atteste. ▷ (Afr. subsah., Madag.) Autorisation d'absence, congé donné à un civil. *Avoir, demander la permission.*

permissionnaire [pɛʀmisjɔnɛʀ] n. m. **1.** Soldat en permission. **2.** Porteur d'un permis, d'une permission.

permissivité [pɛʀmisivite] n. f. Fait d'être permissif.

permittivité [pɛʀmitivite] n. f. ELECTR Caractéristique électrique d'un milieu peu conducteur. – *Permittivité absolue* (exprimée en farads par mètre) : quotient de l'excitation électrique par le champ électrique. – *Permittivité relative* (nombre sans dimension) : quotient de la permittivité absolue du milieu par celle du vide, qui vaut $8,85\ 10^{-12}$ farad par mètre.

permutabilité [pɛʀmytabilite] n. f. Caractère de ce qui est permutable.

permutable [pɛʀmutabl] adj. Qui peut être permuté. ▷ MATH *Éléments permutables,* que l'on peut intervertir sans changer le résultat.

permutation [pɛʀmytasjɔ̃] n. f. **1.** Action de permuter; échange d'emploi, de poste, d'heures de service. – *Par ext.* Transposition effectuée entre deux choses. ▷ MATH *Permutation de* n *objets,* ensemble d'arrangements différents que peuvent prendre ces *n* objets. *Le nombre de permutations possibles de* n *objets est égal à* n! (factorielle *n :* 1×2×3×...×*n*). **2.** CHIM *Permutation d'atomes.*

permuter [pɛʀmyte] v. [1] **1.** v. tr. Mettre une chose à la place d'une autre et réciproquement. *Permuter les chiffres d'un nombre.* **2.** v. intr. Échanger son emploi, son poste, etc. (avec qqn).

Pernambouc, État du N.-E. du Brésil, sur l'Atlantique; 98 281 km²; 7 106 000 hab.; cap. *Recife* (anc. *Pernambouc*). – À l'O. s'étend une région de plateaux arides (élevage extensif, coton), à l'E. une région riche au climat humide (canne à sucre, café). Industries.

pernicieux, euse [pɛʀnisjø, øz] adj. **1.** Nuisible moralement, malfaisant. *Exemple pernicieux.* **2.** MED Se dit de certaines formes graves de maladies, dues à la nature même de celles-ci. *Fièvre, anémie pernicieuse.* – *Accès* pernicieux.*

Perón (Juan Domingo) (1895 – 1974), officier et homme politique argentin. Président de la République (1946-1955), il s'appuya sur les classes pauvres et relança l'économie. Sa doctrine, le *justicialisme* (nommé plus cour. auj. *péronisme*), alliait réformes sociales et dirigisme. L'armée l'ayant renversé (1955), il se réfugia en Espagne. Élu en mars 1973, le péroniste Cámpora se démit (juil.) pour lui permettre d'être élu président (sept.). — **Eva Duarte,** dite *Evita* (1919 – 1952), deuxième épouse du préc.; elle joua un grand rôle dans les affaires sociales, ce qui accrut le prestige de son mari. — **María Estela Martínez,** dite *Isabelita* (née en 1931), troisième épouse de J. Perón; vice-présidente de la République (1973), elle succéda à son mari, mort en juillet 1974. Mais une junte militaire la renversa (mars 1976).

péroné [peʀɔne] n. m. ANAT Os long, situé à la partie externe de la jambe, parallèle au tibia, et qui s'articule en bas avec le calcanéum et l'astragale.

Péronne, v. de France (Somme); 9 159 hab. – Vest. de remparts. Chât. du XIIIe s. et fortifications des XVIe-XVIIe s. – En 1468, le duc de Bourgogne Charles le Téméraire y retint prisonnier son hôte, le roi de France Louis XI, qui venait de pousser Liège* à se révolter contre lui, et l'obligea à signer un traité humiliant que celui-ci dénonça en 1470.

péroraison [peʀɔʀɛzɔ̃] n. f. Conclusion d'un discours.

pérorer [peʀɔʀe] v. intr. [1] Parler longuement et avec prétention, emphase.

Pérotin (fin XIIe s. – déb. XIIIe s.), compositeur français de l'école de Notre-Dame de Paris. Il développa plusieurs genres (motet, notam.).

Pérou (république du) *(República del Perú),* État andin d'Amérique du S., sur le Pacifique, au S. de l'Équateur et au N. du Chili; 1 285 215 km²; 20 200 000 hab. (croissance : près de 2,5 % par an). Cap. *Lima.* Nature de l'État : rép. présidentielle. Langues off. : esp. et quechua. Monnaie : sol. Pop. : Amérindiens (46 %), métis (38 %), Blancs (12 %). Relig. : cathol. (93 %), off.; cultes amérindiens.

Géogr. phys. et hum. – Le relief s'ordonne en trois bandes parallèles. À l'O., la côte pacifique est un désert frais et brumeux. Au centre, la cordillère des Andes (6 768 m au Huascarán), volcanique et affectée de séismes, connaît un climat plus sain et groupe la majorité des hab. dans les vallées et sur l'*Altiplano,* large plateau au S. Les plaines de l'E., tropicales humides et forestières, comptent moins de 5 % des hab. La population est urbanisée à 70 %.

Écon. – L'agriculture emploie encore le tiers des actifs, sans couvrir les besoins. La pêche occupe le 4e rang mondial. La farine de poisson et le café représentent 20 % des exportations. Le Pérou est une puissance minière : cuivre, zinc, plomb, argent; un peu de pétrole et d'or. La coca occupe le 1er rang mondial; son revenu équivaudrait à 70 % des exportations officielles. L'hydroélectricité est importante. En 1996, la signature avec Shell d'un accord pour exploiter le gisement de gaz de Camisea est porteuse d'espoirs. L'industrie n'emploie qu'un peu plus de 10 % des actifs. Sous-équipé, le pays souffre d'une situation écon. dramatique, aggravée par la guérilla : la misère s'étend, ainsi que la violence urbaine. Depuis 1990, la nouvelle admin. a adopté des mesures draconiennes pour rétablir l'économie, mais leur coût social est élevé. En contrepartie d'un rééchelonnement de sa dette, le Pérou libéralise son commerce.

Hist. – Terre d'anc. civilisation, le Pérou fit partie (XIIe s.) de l'Empire inca, dont la cap. était Cuzco (V. Incas). Après la destruction de cet empire par Pizarro (1533), le Pérou constitua la base des conquêtes espagnoles, avec Lima pour métropole. Les mines d'argent de Potosí (auj. en Bolivie), exploitées dès 1545, assurèrent la richesse du Trésor espagnol jusqu'au XVIIIe s., époque de crise écon. (fuite de la main-d'œuvre indienne, archaïsme des tech.); la vice-royauté du Pérou, créée en 1543, se scinda et cessa de couvrir toute l'Amérique espagnole. L'indépendance, proclamée en 1821 par San Martín, fut définitivement acquise par la victoire de Sucre à Ayacucho (1824), mais des dictateurs encouragèrent l'appropriation des terres indiennes par les latifundia. Le pays sortit épuisé de la guerre du Pacifique (1879-1883) qui l'opposa au Chili, auquel il céda ses prov. du S. En revanche, la guerre contre l'Équateur (1941-1942) lui rapporta trois prov. (170 000 km²). En 1924, Raúl Haya de la Torre fonda l'Alliance pop. révolutionnaire américaine (A.P.R.A.) pour promouvoir la réforme agraire et défendre la pop. indienne. L'A.P.R.A. devint de plus en plus conservatrice. À partir de 1961, la lutte contre les guérillas paysannes renforça le pouvoir de l'armée. En 1968, une junte entreprit des réformes et tenta une ouverture vers les pays socialistes, mais l'autoritarisme des «officiers progressistes» et l'isolement (les É.-U. cessèrent toute aide écon.) accentuèrent la crise économique. En 1980, elle remit le pouvoir aux civils, qui durent faire face, plus encore que la junte, à la guérilla maoïste du Sentier* lumineux. Élu prés. de la Rép. en 1985, le candidat de l'A.P.R.A., Alan García, rompit avec le F.M.I. et nationalisa dix grandes banques en 1987. En 1990, le libéral A. Fujimori, candidat indépendant, fut élu. En avril 1992, soutenu par l'armée, il a réalisé un coup d'État civil. Malgré l'arrestation de son dirigeant Abimaël Guzman (sept. 1992), le Sentier lumineux a étendu son implantation dans le pays. En 1995, l'Équateur a attaqué, en vain, le Pérou pour lui reprendre les provinces perdues en 1942, et Fujimori a été réélu. En 1997, il s'est montré inflexible à l'égard des guérilleros qui retenaient des otages dans l'ambassade du Japon et furent capturés ou tués.

Pérouse (en ital. *Perugia*), v. d'Italie; ch.-l. de la prov. du m. nom et de l'Ombrie; 144 510 hab. Industr.; céramiques. – Archevêché. Université, fondée en 1307. Ruines étrusques et romaines. Palais communal (XIIIe-XVe s.). Cath. gothique (XVe s.).

peroxo-. CHIM Préfixe indiquant la présence du groupement -O-O-, appelé *pont peroxo,* dans un composé.

peroxyde [peʀɔksid] n. m. CHIM Composé contenant le pont peroxo. *Peroxyde d'hydrogène* (H_2O_2) : eau* oxygénée.

perpendiculaire [pɛʀpɑ̃dikylɛʀ] adj. et n. f. **1.** Qui forme un angle droit. *Droites, plans perpendiculaires.* – *Perpendiculaire à :* qui forme un angle droit avec. *Le garage est perpendiculaire au corps de logis.* ▷ n. f. *Abaisser une perpendiculaire,* une droite perpendiculaire (dite aussi *normale*). **2.** Litt. Vertical. *Falaise perpendiculaire.*

perpendiculairement [pɛʀpɑ̃dikylɛʀmɑ̃] adv. **1.** De façon perpendiculaire. **2.** Verticalement.

perpendicularité [pɛʀpɑ̃dikylaʀite] n. f. État, caractère de ce qui est perpendiculaire.

perpétrer [pɛʀpetʀe] v. tr. [14] DR ou litt. Commettre (un acte criminel). *Perpétrer un meurtre.*

perpétuation [pɛʀpetɥasjɔ̃] n. f. Litt. Action de perpétuer; son résultat.

perpétuel, elle [pɛʀpetɥɛl] adj. **1.** Qui ne finit jamais, qui ne doit jamais finir; qui ne cesse pas. ▷ *Mouvement perpétuel :* V. mouvement. **2.** Qui dure toute la vie. *Pension perpétuelle.* ▷ (Personnes) Qui est tel à vie. *Secrétaire perpétuel.* **3.** Continuel, incessant. *Une perpétuelle hantise de la maladie.* **4.** *Par ext.* (Plur.) Fréquents, qui reviennent sans cesse. *Des reproches perpétuels.*

perpétuellement [pɛʀpetɥɛlmɑ̃] adv. **1.** Toujours; sans cesse. *Être perpétuellement inquiet.* **2.** Fréquemment.

perpétuer [pɛʀpetɥe] v. [1] **1.** v. tr. Rendre perpétuel, faire durer toujours ou longtemps. *Perpétuer le souvenir de qqn.* **2.** v. pron. Durer, se maintenir. *Coutume qui se perpétue.*

perpétuité [pɛʀpetɥite] n. f. Caractère de ce qui est perpétuel; durée perpétuelle ou très longue. ▷ Loc. adv. *À perpétuité :* pour toujours; pour toute la vie. *Détention à perpétuité.*

Perpignan, v. de France, ch.-l. du dép. des Pyrénées-Orient., sur la Têt, anc. capitale du Roussillon; 108 049 hab. Aéroport. Centre comm. et industr. – Forteresse du Castillet (XIVe-XVe s.). Cath. St-Jean (XIVe-XVe s.). Citadelle (XVIe s.) englobant l'ancien palais des rois de Majorque (XIIIe-XIVe s.). – Cap. du royaume de Majorque (1276-1344), la ville fut réunie à l'Aragon puis cédée à la France (1659).

perplexe [pɛʀplɛks] adj. Irrésolu, hésitant sur le parti à prendre. *Cette histoire me laisse perplexe.*

perplexité [pɛʀplɛksite] n. f. État d'une personne perplexe; embarras.

perquisition [pɛʀkizisjɔ̃] n. f. Recherche opérée dans un lieu (généralement au domicile d'un prévenu) pour trouver des objets, des documents, etc., utiles à une enquête, une instruction. ▷ *Mandat de perquisition :* acte par lequel un juge d'instruction charge un officier de police de procéder à une perquisition.

perquisitionner [pɛʀkizisjɔne] v. intr. [1] Faire une perquisition.

Perrault (Charles) (1628 – 1703), écrivain français, défenseur des Modernes contre les Anciens*. Il composa les *Contes de ma mère l'Oye* d'après des récits traditionnels (prem. édition, 1697). Acad. fr. (1671). — **Claude** (1613 – 1688), frère du précédent; architecte, médecin et physicien français; probablement l'auteur princ. du projet de la colonnade du Louvre. Il a construit l'Observatoire de Paris (1667-1672).

Perrault (Pierre) (né en 1927), cinéaste québécois. Ses films-documents visent à restituer la mémoire collective d'un peuple : *Pour la suite du monde* (1963), *l'Acadie, l'Acadie* (coréalisé avec M. Brault, 1971), *C'était un Québécois en Bretagne, Madame* (1977), *le Pays de la terre sans arbres* (1979), *Gens d'Abitibi* (id.), *la Bête lumineuse* (1983), *la Toundra* (1992).

Perret (Auguste) (1874 – 1954), architecte français. En association avec ses frères **Gustave** (1876 – 1952) et **Claude** (1880 – 1960), il utilisa le premier le béton : maison du 25 *bis,* rue Franklin à Paris (1902-1903); théâtre des Champs-Élysées (1911-1913), etc.

Perrin (Jean) (1870 – 1942), physicien français. Il étudia les rayons cathodiques et mesura le nombre d'Avogadro*. P. Nobel 1926. — **Francis** (1901 – 1992), fils du préc.; physicien nucléaire.

perron [pɛʀɔ̃] n. m. **1.** Escalier extérieur se terminant par un palier de plain-pied avec la porte d'entrée d'une maison, d'un édifice. – (Québec) Ce palier de plain-pied (sans l'escalier). **2.** (Belgique) Monument qui, dans certaines villes de Belgique, symbolise la liberté communale.

perroquet [pɛʀɔkɛ] n. m. **1.** Grand oiseau percheur (fam. psittacidés) au plumage généralement orné de couleurs éclatantes, au fort bec arqué, capable d'imiter la parole humaine. ▷ Fig. Personne qui répète sans comprendre ce qu'elle a entendu. **2.** (Afr. subsah., Nouv.-Cal., oc. Indien, Polynésie fr.) Nom cour. de divers poissons comestibles dont les mâles sont vivement colorés de bleu, vert et jaune.

Perrot (Nicolas) (v. 1645 – 1717), explorateur français. Il vint en Nouvelle-France pendant son adolescence et se livra au commerce des fourrures avec les Amérindiens, qu'il décrivit dans un précieux *Mémoire.*

perruche [pɛʀyʃ] n. f. **1.** Oiseau grimpeur des pays chauds, semblable à un petit perroquet. **2.** MAR Voile qui surmonte le hunier du mât d'artimon.

perruque [pɛʀyk] n. f. **1.** Coiffure postiche. **2.** PÊCHE Ligne emmêlée, entortillée.

perruquier [pɛʀykje] n. m. Fabricant de perruques, de postiches.

persan, ane [pɛʀsɑ̃, an] adj. et n. **1.** adj. De Perse (de la conquête arabe – VIIe s. – jusqu'en 1935). ▷ Subst. *Un(e) Persan(e) :* un(e) habitant(e) de la Perse. **2.** n. m. *Le persan :* la langue indo-européenne du groupe iranien, parlée en Iran et en Afghānistān.

perse [pɛʀs] adj. et n. De l'ancienne Perse (av. la conquête arabe). ▷ Subst. *Les Mèdes et les Perses.*

Perse, auj. Iran. (V. ce nom pour la géographie et l'histoire moderne.)

Hist. – À partir du Xe s. av. J.-C., la lente migration des Iraniens (Aryens venus d'Asie centrale) à travers le plateau d'Iran s'acheva dans les vallées du Zagros. Ces Aryens (les Mèdes et les Perses) sont mentionnés, pour la première fois, dans les annales assyriennes en 844 et 836 av. J.-C. Les Mèdes furent les premiers maîtres du pays, et leur royaume eut pour cap. Ecbatane (auj. Hamadhan), mais l'hégémonie mède (VIIe-VIe s. av. J.-C.), assurée par la destruction de Ninive en 612, ne dura pas. Un Perse de la famille des Achéménides, Cyrus II le Grand, renversa le roi Astyage et fonda en 550 l'Empire achéménide. Après avoir réalisé l'union des Mèdes et des Perses, il soumit Crésus, roi de Lydie (546), puis Nabonide, prince de Babylone (539). L'Empire perse s'étendait alors de l'Indus à l'Anatolie et à la Palestine. À la mort de Cyrus (528), son fils Cambyse II lui succéda; il s'empara de l'Égypte en 525. Cambyse II disparu, Darios Ier (522-486) prit le pouvoir. «Roi des rois», il devint le maître d'un État (divisé en une vingtaine de satrapies) dont les frontières allaient de l'Inde à l'Égypte et qui comptait près de 40 millions d'hab. Sous son règne, la richesse de la Perse achéménide fut à son apogée : la ville de Persépolis, fondée à cette époque, en est un vestige grandiose. En revanche, un conflit alors mineur opposa la Grèce et la Perse (V. médiques [guerres]). L'expédition de Darios échoua à Marathon (490). Son successeur, Xerxès Ier (486-465), fut vaincu à Salamine (480) et à Platées (479). Artaxerxès Ier (465-424) signa la paix de Callias (449) avec les Grecs. Artaxerxès II Mnémon fut vaincu par le corps expéditionnaire grec des Dix Mille (401), mais Cyrus le Jeune, qui avait organisé cette expédition pour prendre le trône, fut tué. Artaxerxès III et Darios III Codoman furent les derniers Achéménides; leur royaume s'effondra sous l'assaut d'Alexandre le Grand (331). Les successeurs d'Alexandre en Perse, les Séleucides (descendants de Séleucos Ier, un des lieutenants d'Alexandre), fondèrent des villes grecques. À partir de la fin du IIIe s. av. J.-C., ils reculèrent devant les Parthes Arsacides, qui, ayant occupé l'Iran et la Mésopotamie, affrontèrent les Romains. En 224 apr. J.-C., Ardachêr Ier fonda la dynastie des Sassanides et un État fort et indépendant. Son successeur, Châhpuhr Ier (241-272), prit l'Arménie et la Mésopotamie aux Romains. Sous Châhpuhr II (310-379), la Perse connut l'une des périodes les plus glorieuses de son histoire, mais, à partir du Ve s., les Huns la menacèrent à l'E. et les Byzantins à l'O. En 637, les envahisseurs arabes entrèrent à Ctésiphon. En 642, ils étaient maîtres de la Perse. Islamisé (chiisme), le pays fit partie de l'Empire omeyyade, puis de l'Empire abbasside. À partir du IXe s., le pays s'effrita; régnèrent, notam. sur l'Est, les Tāhirides (820-873), les Saffārides (863-902), les Sāmānides (874-v. 999); les Buwayhides (932-1055) unifièrent l'Ouest. En 1055, les Turcs Seldjoukides s'imposèrent, puis les Mongols déferlèrent (XIIIe s.) et se maintinrent jusqu'à la fin du XIVe s. Après l'invasion encore plus destructrice de Tamerlan (1360), la Perse fut réunifiée grâce à une dynastie locale, les Séfévides; son chef Isma'īl prit le pouvoir (1501), s'installa à Bagdad et imposa le chiisme comme religion d'État (contre les Ottomans sunnites). Le danger ottoman fut écarté par 'Abbas Ier le Grand (1587-1629) qui reprit la Mésopotamie et fonda Ispahan. Après une éphémère domination afghane, les Séfévides furent renversés en 1736 par Nādir chāh, qui se lança dans de vastes mais fragiles conquêtes. En 1786, les Qādjārs saisirent le pouvoir et firent de Téhéran leur capitale. Le XIXe s. fut marqué par les luttes d'influence entre Russes, Français et Britanniques; les Russes conquirent la Géorgie et l'Arménie dès le début du XIXe s. En 1919, les Britanniques confièrent la direction militaire des forces persanes à Rīza khān pour conjurer la menace soviétique. Rīza s'empara bientôt de tous les pouvoirs (1921), monta sur le trône en 1925 sous le nom de Rīza chāh Pahlavi. En 1935, il donna au pays le nom officiel d'empire d'Iran. V. Iran.

Perse (en lat. *Aulus Persius Flaccus*) (34 apr. J.-C. – 62), poète latin; auteur de six *Satires* d'inspiration stoïcienne.

persécuté, ée [pɛʀsekyte] adj. (et n.) **1.** Qui est en butte à des persécutions. **2.** PSYCHO Qui est atteint du délire de persécution.

persécuter [pɛʀsekyte] v. tr. [1] **1.** Faire souffrir par des traitements tyranniques et cruels. *Néron persécuta les chrétiens.* **2.** Importuner, harceler. *Ses créanciers le persécutent.*

persécuteur, trice [pɛʀsekytœʀ, tʀis] adj. et n. Qui persécute. ▷ Subst. Tourmenteur, bourreau.

persécution [pɛʀsekysjɔ̃] n. f. **1.** Action de persécuter. ▷ Tourment physique ou moral infligé avec opiniâtreté. *Les persécutions subies par les premiers chrétiens.* **2.** *Par ext.* Vexation, méchanceté que l'on fait subir à qqn. **3.** PSYCHO *Délire de persécution :* délire d'interprétation d'une personne qui croit être l'objet de malveillances systématiques.

Persée, dans la myth. gr., fils de Zeus et de Danaé. Il décapita Méduse, délivra Andromède qu'un dragon allait dévorer, l'épousa, vint débarrasser sa mère de Polydectès, qui la tyrannisait, devint roi de Tirynthe et fonda Mycènes.

Perséphone ou **Coré,** dans la myth. gr., fille de Déméter et de Zeus. C'est la Proserpine des Romains.

Persépolis (anc. *Parsa*), une des cap. de l'anc. Perse (auj. en Iran, à l'E. de Chirāz), fondée par Darios Ier (fin VIe s. av. J.-C.), embellie par Xerxès Ier. Elle fut incendiée par Alexandre le Grand (330 av. J.-C.). Ses ruines imposantes (palais de Darios et de Xerxès) montrent une synthèse des arts de la Mésopotamie, de l'Égypte et de l'Ionie.

persévérance [pɛʀseveʀɑ̃s] n. f. Constance dans l'effort, dans l'action; qualité d'une personne persévérante.

persévérant, ante [pɛʀseveʀɑ̃, ɑ̃t] adj. Qui a pour habitude de persévérer.

persévérer [pɛʀseveʀe] v. intr. [14] Poursuivre avec une longue constance; persister dans une résolution, un sentiment. *Persévérer dans un dessein, dans l'erreur.* – Litt. *Il persévère à nier.*

persienne [pɛʀsjɛn] n. f. Contrevent formé d'un châssis muni de lames disposées de manière à arrêter les rayons directs du soleil.

persiflage [pɛʀsiflaʒ] n. m. Action de persifler; propos, paroles d'une personne qui persifle.

persifler [pɛʀsifle] v. tr. [1] Tourner en ridicule sur le ton de la moquerie ou de l'ironie.

persifleur, euse [pɛʀsiflœʀ, øz] n. et adj. Personne qui persifle, qui a l'habitude de persifler. ▷ adj. *Ton persifleur.*

persil [pɛʀsi(l)] n. m. Plante odorante (fam. ombellifères) dont les feuilles, très divisées, sont utilisées comme condiment. – *Persil chinois :* coriandre.

persillade [pɛʀsijad] n. f. Assaisonnement à base de persil haché.

persillé, ée [pɛʀsije] adj. **1.** *Viande persillée,* parsemée d'infiltrations graisseuses. **2.** Assaisonné de persil haché.

Persique (golfe) (dans les pays arabes *golfe Arabique*), golfe de l'océan Indien (230 000 km²), entre l'Arabie, l'Irak (immense cône alluvial du Chatt al-Arab), le Koweït et l'Iran; relié au golfe d'Oman par le détroit d'Ormuz (env. 80 km), il a env. 100 m de profondeur; l'évaporation crée une forte salinité. Dans les États du golfe Persique, des températures oscillent entre 20 et 50°C; la végétation y est très rare; pendant des siècles, les perles ont constitué la seule richesse, avec les échanges entre l'Orient et l'Occident. Auj., leurs ressources pétrolières sont immenses (V. Golfe [guerre du]).

persistance [pɛʀsistɑ̃s] n. f. **1.** Action de persister. *Sa persistance à nier l'évidence les accable.* – Fait de persister. *Persistance d'un courant perturbé d'ouest.* **2.** Caractère de ce qui est persistant, durable. *La persistance d'un remords.*

persistant, ante [pɛʀsistɑ̃, ɑ̃t] adj. Qui dure, qui ne faiblit ou ne disparaît pas. *Bruit persistant.* ▷ *Feuillage persistant,* qui subsiste au-delà d'une saison de végétation.

persister [pɛʀsiste] v. intr. [1] **1.** *Persister dans un état d'esprit, un sentiment,* le maintenir, le conserver. *Il persiste dans son choix.* ▷ *Persister à* (+ inf.) : continuer à. *Je persiste à penser que...* **2.** (Choses) Durer, subsister. *Toux qui persiste.*

persona grata [pɛʀsɔnagʀata] loc. adj. inv. (lat.) Se dit d'un représentant diplomatique lorsqu'il est agréé par le pays où il réside ou va résider. Ant. persona non grata.

personnage [pɛʀsɔnaʒ] n. m. **1.** Personne importante ou célèbre. *Personnage influent.* **2.** Personne fictive d'une œuvre littéraire ou théâtrale; rôle joué par un acteur. *Les personnages de Racine.* ▷ *Jouer un personnage :* tenter de se faire passer pour ce qu'on n'est pas. **3.** Personne considérée dans son apparence, son comportement. *Un curieux personnage.* **4.** BX-A Représentation d'un être humain dans une œuvre d'art.

personnalisation [pɛʀsɔnalizasjɔ̃] n. f. Action de personnaliser.

personnaliser [pɛʀsɔnalize] v. tr. [1] **1.** Adapter à chacun. *Personnaliser le crédit.* **2.** Donner à (qqch) un caractère personnel, singulier, unique.

personnalisme [pɛʀsɔnalism] n. m. PHILO Tout système fondé sur la valeur spécifique, absolue ou transcendante de la personne. *Le personnalisme d'Emmanuel Mounier.*

personnalité [pɛʀsɔnalite] n. f. **1.** PSYCHO et cour. Ce qui caractérise une personne, dans son unité, sa singularité et sa permanence. – *Troubles de la personnalité :* effets psychiques ou troubles du comportement dus à la dégradation de l'unité du moi. – *Test de personnalité :* test projectif*. **2.** Singularité naturelle ou acquise; originalité de caractère, de comportement. *Avoir une forte personnalité.* **3.** Personnage important (par sa fonction, sa position sociale, etc.). *Une personnalité politique.* **4.** Caractère de ce qui est personnel ou personnalisé. *Personnalité de l'impôt.* **5.** DR *Personnalité juridique :* capacité d'être titulaire de droits et soumis à des obligations. – *Droits de la personnalité,* inhérents à la personne humaine.

1. personne [pɛʀsɔn] n. f. **1.** Individu, homme ou femme. *Un groupe de dix personnes.* ▷ *Une (les) grande(s) personne(s) :* un (les) adulte(s). **2.** Individu considéré en lui-même. *«Je chéris sa personne et je hais son erreur»* (Corneille). ▷ Individu considéré quant à son apparence, à sa réalité physique, charnelle. *Il est assez bien fait de sa personne. Attenter à la personne de qqn,* à sa vie. ▷ *En personne :* soi-même (insistant sur la présence réelle, physique de qqn). *J'y étais, en personne.* – *C'est l'avarice en personne,* personnifiée. **3.** Être humain. *Le respect de la personne.* ▷ PHILO Être humain considéré en tant qu'individu conscient (du bien et du mal), doué de raison, libre et responsable. **4.** THEOL CHRET *Les personnes divines :* les trois personnes de la Trinité, Père, Fils et Saint-Esprit. **5.** DR Individu ou être moral doté de l'existence juridique. – *Personne civile* ou *personne morale :* être moral, collectif ou impersonnel (par opposition à *personne physique, individu*), auquel la loi reconnaît une partie des droits civils exercés par les citoyens. *Une commune est une personne civile.* **6.** GRAM *«Indication du rôle que tient celui qui est en cause dans l'énoncé, suivant qu'il parle en son nom (1re personne), qu'on s'adresse à lui (2e personne) ou qu'on parle de lui (3e personne)»* (Marouzeau). *Première, deuxième, troisième personne du singulier, du pluriel.*

2. personne [pɛʀsɔn] pron. indéf. m. **1.** Quelqu'un, quiconque. *Il joue mieux que personne.* **2.** Nul, aucun, pas un. *Personne n'est dupe. «Qui a sonné? – Personne.»*

personnel, elle [pɛʀsɔnɛl] adj. et n. m. **I.** adj. **1.** Qui est propre à une personne; qui la concerne ou la vise particulièrement. *C'est son style personnel. Une attaque personnelle.* ▷ DR Qui ne peut être fait que par l'intéressé lui-même. **2.** Relatif à la personne, aux personnes en général. *Une créance est un droit personnel* (opposé à *réel*). **3.** GRAM Se dit des formes du verbe quand elles caractérisent une personne *(il chante),* par opposition à *impersonnel* (il pleut). ▷ *Pronom personnel,* qui représente l'une des trois personnes. – *Modes personnels :* modes du verbe dont les désinences indiquent les personnes grammaticales (indicatif, impératif, conditionnel, subjonctif). **II.** n. m. Ensemble des personnes employées dans un service, un établissement, etc.

personnellement [pɛʀsɔnɛlmɑ̃] adv. **1.** En personne. *Contrôler personnellement.* **2.** Quant à (moi, toi, etc.). *Personnellement, je ne le blâme pas.* **3.** À titre personnel.

personnification [pɛʀsɔnifikasjɔ̃] n. f. **1.** Action de personnifier; ce qui est personnifié. **2.** Type, incarnation. *Il est la personnification du courage.*

personnifié, ée [pɛʀsɔnifje] adj. Représenté comme une personne. – *Il est la bonté personnifiée,* incarnée.

personnifier [pɛʀsɔnifje] v. tr. [1] **1.** Attribuer à (une chose abstraite ou inanimée) la figure, le langage, etc., d'une personne. *Personnifier la mort.* **2.** Constituer en soi le modèle, l'exemple de. *Saint Louis personnifie la justice.*

perspectif, ive [pɛʀspɛktif, iv] adj. Didac. Qui représente selon les lois de la perspective. *Dessin perspectif.*

perspective [pɛʀspɛktiv] n. f. **1.** Art de représenter les objets en trois dimensions sur une surface plane, en tenant compte des effets de l'éloignement et de leur position dans l'espace par rapport à l'observateur. **2.** Aspect que présentent un paysage, des constructions, etc., vus de loin. *Une agréable perspective.* **3.** Fig. Idée que l'on se fait d'un événement à venir. *La perspective de cette rencontre m'est désagréable.* ▷ Loc. adv. *En perspective :* en vue; dans l'avenir. *Avoir une belle situation en perspective.* **4.** Point de vue. *Se placer dans une perspective historique.*

perspectivisme [pɛʀspɛktivism] n. m. PHILO Doctrine qui pose que toute connaissance est «perspective», c.-à-d. relative aux besoins vitaux de l'être connaissant.

perspicace [pɛʀspikas] adj. Qui a de la perspicacité.

perspicacité [pɛʀspikasite] n. f. Capacité d'apercevoir, de juger de manière pénétrante, sagace.

perspiration [pɛʀspiʀasjɔ̃] n. f. PHYSIOL Ensemble des échanges respiratoires qui se font à travers la peau (avec élimination de vapeur d'eau, indépendamment des phénomènes de sudation).

persuader [pɛʀsɥade] v. [1] **1.** v. tr. et v. tr. indir. Amener (qqn) à croire, à vouloir, à faire (qqch). *Je l'ai persuadé de la nécessité d'agir.* ▷ (Au passif.) *Nous en sommes persuadés,* certains. **2.** v. pron. (Réfl.) Se faire croire à soi-même. *Elle s'est persuadé(e) qu'on lui mentait.*

persuasif, ive [pɛʀsɥazif, iv] adj. Qui a le pouvoir de persuader. *Ton, orateur persuasif.*

persuasion [pɛʀsɥazjɔ̃] n. f. **1.** Action de persuader. *Obtenir par la persuasion.* **2.** Don de persuader. *Manquer de persuasion.* **3.** Fait d'être persuadé; conviction.

perte [pɛʀt] n. f. **I. 1.** Fait d'être privé de qqch que l'on avait, que l'on possédait. *Perte d'un droit, d'un membre.* **2.** Dommage pécuniaire; quantité perdue (d'argent, de produits, etc.). *Essuyer des pertes.* – *Perte sèche,* que rien ne vient compenser. – *Vendre une marchandise à perte,* à un prix inférieur au prix d'achat ou de revient. **3.** Fait d'avoir égaré, perdu. *Perte d'un document.* **4.** Loc. *À perte de vue :* jusqu'au point extrême où porte la vue. – Fig. *Discourir à perte de vue,* interminablement, vainement. **II. 1.** Fait d'être privé par la mort de la présence d'une personne. *Éprouver une perte cruelle en la personne de...* **2.** Plur. (En parlant de personnes tuées dans une guerre, une catastrophe.) *Ce régiment a subi de grosses pertes.* **III. 1.** Ruine matérielle ou morale. *Courir à sa perte.* **2.** Insuccès; issue malheureuse. *Perte d'un procès.* **3.** Mauvais emploi; gaspillage. *Perte de temps et d'argent.* Syn. (Réunion) perdement. ▷ *En pure perte* ou (Suisse) *à pure perte :* sans utilité, sans résultat. *Se dépenser en pure perte.* **IV. 1.** AERON *Avion en perte de vitesse,* dont la vitesse n'est plus suffisante pour le soutenir dans l'air. **2.** ELECTR *Perte en ligne :* perte d'énergie dans un conducteur, sous forme de chaleur. **3.** MED Plur. *Pertes de sang* ou *pertes :* hémorragie utérine. Syn. métrorragie. ▷ *Pertes blanches :* leucorrhée. **4.** PHYS *Perte de charge :* chute de pression dans un fluide en mouvement, due aux frottements (elle augmente quand le diamètre des conduites diminue).

Perth, capitale de l'Australie-Occidentale, à 20 km de l'océan Indien; 983 000 hab. Industr. portuaires à Fremantle.

Perth, v. d'Écosse (rég. de Tayside), à l'O. de Dundee, sur le Tay; 43 000 hab. Distilleries (whisky). – La ville fut la cap. de l'Écosse (XIIIe-XVe s.).

pertinemment [pɛʀtinamɑ̃] adv. De façon pertinente, judicieuse. – *Je sais pertinemment que,* de façon certaine, en toute connaissance de cause.

pertinence [pɛʀtinɑ̃s] n. f. **1.** DR et cour. Caractère de ce qui est pertinent. **2.** Didac. Caractère d'un trait pertinent.

pertinent, ente [pɛʀtinɑ̃, ɑ̃t] adj. **1.** DR Qui se rapporte exactement à la question, au fond de la cause. *Faits pertinents.* ▷ Cour. Approprié; judicieux. *Remarque pertinente.* **2.** Didac. Se dit de tout trait caractéristique ou fonctionnel (partic. d'une langue) du point de vue choisi pour l'étude ou la description.

perturbateur, trice [pɛʀtyʀbatœʀ, tʀis] adj. et n. Qui cause du trouble, du désordre. – Subst. *Des perturbateurs ont troublé la séance.*

perturbation [pɛʀtyʀbasjɔ̃] n. f. **1.** Trouble, dérèglement dans l'état ou le fonctionnement d'une chose. ▷ ASTRO *Perturbation d'une planète,* écart entre la position qu'elle occupe réellement et la position qu'elle occuperait si elle était soumise à la seule action du Soleil. ▷ METEO Ensemble de phénomènes atmosphériques (vent, nuages, précipitations) qui accompagnent la rencontre de deux masses d'air, ou qui prennent naissance au sein d'une masse d'air instable. **2.** Trouble, bouleversement. *Perturbations sociales.*

perturber [pɛʀtyʀbe] v. tr. [1] Troubler; empêcher le déroulement ou le fonctionnement normal de. *Perturber une réunion.*

Pérugin (Pietro Vannucci, dit le) [en ital. *il Perugino*] (1445 – 1523), peintre italien; le maître de Raphaël.

péruvien, enne [peʀyvjɛ̃, ɛn] adj. et n. Du Pérou. ▷ Subst. *Un(e) Péruvien(ne).*

pervenche [pɛʀvɑ̃ʃ] n. f. **1.** Plante dicotylédone des régions tempérées rampante, aux fleurs bleu-mauve. **2.** Couleur bleu-mauve. **3.** *Pervenche de Madagascar :* plante originaire de Madagascar (fam. apocynacées) dotée d'importantes propriétés médicinales, cultivée comme plante ornementale.

pervers, erse [pɛʀvɛʀ, ɛʀs] adj. et n. **1.** Litt. Porté à faire le mal. – Qui dénote la perversité. *«Une belle enfant méchante dont les yeux pervers...»* (Verlaine). ▷ Corrompu, dépravé. **2.** PSYCHO Atteint de perversion. – Subst. *Un(e) pervers(e).* ▷ *Spécial.* Atteint de perversion sexuelle. **3.** Loc. *Effet pervers :* conséquence indirecte, inattendue et fâcheuse.

perversion [pɛʀvɛʀsjɔ̃] n. f. **1.** Action de pervertir, fait de se pervertir; changement en mal. *Perversion des mœurs.* **2.** PSYCHO Déviation des tendances, des instincts, qui se traduit par un trouble du comportement. ▷ *Perversion sexuelle :* recherche de la satisfaction des pulsions sexuelles par des pratiques telles que sadisme, masochisme, fétichisme, exhibitionnisme, etc.

perversité [pɛʀvɛʀsite] n. f. **1.** Tendance à faire le mal et à en éprouver de la joie; méchanceté. **2.** Action perverse.

pervertir [pɛʀvɛʀtiʀ] v. tr. [3] **1.** Faire changer en mal. *L'oisiveté et le luxe l'ont perverti.* ▷ v. pron. *«Cet aimable enfant... n'avait pas tardé à se pervertir»* (Aymé). **2.** Dénaturer, altérer. *Interprétation qui pervertit le sens d'un texte.*

pesage [pəzaʒ] n. m. **1.** Action de peser; mesure des poids. **2.** TURF Action de peser les jockeys avant une course. ▷ Enceinte réservée où l'on procède à cette opération.

pesamment [pəzamɑ̃] adv. **1.** D'une manière pesante, en pesant d'un grand poids. *Sauter pesamment.* **2.** Fig. Avec lourdeur, sans grâce. *Écrire pesamment.*

pesant, ante [pəzɑ̃, ɑ̃t] adj. (et n. m.) **1.** Qui pèse, qui est lourd. *Fardeau pesant.* ▷ n. m. (En loc.) *Valoir son pesant d'or :* avoir une grande valeur. **2.** PHYS Qui tend vers le centre de la Terre par l'action de la pesanteur. *Tous les corps sont pesants.* **3.** Lourd, lent. *Une démarche pesante.* – Fig. Qui manque de vivacité, de légèreté. *Quelle femme pesante! Des plaisanteries pesantes.* **4.** Fig. Pénible, que l'on a du mal à supporter. *Une atmosphère pesante.*

pesanteur [pəzɑ̃tœʀ] n. f. **1.** Nature de ce qui est pesant. **2.** PHYS Force qui tend à entraîner les corps vers le centre de la Terre. – *Par ext.* Force d'attraction d'un astre quelconque. **3.** Défaut de vivacité, de légèreté, de grâce. *Pesanteur du style.* **4.** Sensation de poids due à une indisposition, à un malaise. *Pesanteur d'estomac.* Syn. lourdeur.

Pescara, v. d'Italie (Abruzzes), sur l'Adriatique, à l'embouchure de la *Pescara*; 132 000 hab.; ch.-l. de la prov. du m. nom. Stat. balnéaire. Industries.

pèse-alcool [pɛzalkɔl] n. m. Syn. de *alcoomètre. Des pèse-alcool(s).*

pèse-bébé [pɛzbebe] n. m. Balance ou bascule conçue pour peser les nourrissons. *Des pèse-bébés.*

pesée [pəze] n. f. **1.** Quantité pesée en une fois. **2.** Action de peser, de mesurer un poids. **3.** Force, pression exercée sur qqch. *Faire pesée sur un levier.*

pèse-lettre [pɛzlɛtʀ] n. m. Petite balance ou peson servant à peser les lettres. *Des pèse-lettres.*

pèse-personne [pɛzpɛʀsɔn] n. m. Petite bascule plate sur laquelle on monte pour se peser. *Des pèse-personnes.*

peser [pəze] v. [16] **I.** v. tr. **1.** Mesurer le poids de. *Peser des marchandises. Peser un bébé.* ▷ v. pron. Mesurer son propre poids. **2.** Fig. Évaluer avec soin par l'esprit, examiner attentivement. *Bien peser une décision.* – Pp. *Tout bien pesé :* tout bien considéré. **3.** (oc. Indien) Emmener (qqn) de force. *Il a fallu le peser chez le coiffeur.* – Saisir (qqch) avec vigueur. *Elle a pesé ses clés et s'est enfuie.* **II.** v. intr. **1.** Avoir un certain poids. *Ce paquet pèse trois kilos.* **2.** *Peser sur :* exercer une force, une pression sur. *Peser sur un levier.* – (oc. Indien, Québec, Suisse) Appuyer sur. *Peser sur le bouton de l'ascenseur.* ▷ Fig. *Cela a pesé sur ma décision,* cela l'a influencée. – *Aliment qui pèse sur l'estomac,* indigeste. **3.** Fig. *Peser à (qqn) :* être difficile, pénible à supporter pour (qqn). *L'oisiveté lui pèse.*

peseta [pezeta] n. f. Unité monétaire de l'Espagne et d'Andorre. V. monnaie (tableau).

peso [pesọ] n. m. Unité monétaire de plusieurs États d'Amérique du Sud. V. monnaie (tableau).

peson [pəzɔ̃] n. m. Petite balance à levier. – Dispositif à ressort destiné à mesurer les poids, dynamomètre.

pessaire [pesɛʀ] n. m. MED Préservatif féminin, diaphragme.

pessimisme [pesimism] n. m. **1.** Tournure d'esprit qui porte à penser que tout va mal, que tout finira mal. **2.** PHILO Doctrine qui soutient que le monde est mauvais, ou que la somme des maux l'emporte sur celle des biens. *Le pessimisme de Schopenhauer.*

pessimiste [pesimist] adj. et n. **1.** Qui est enclin au pessimisme. **2.** PHILO Qui a rapport au pessimisme (sens 2).

Pessoa (Fernando) (1888 – 1935), poète portugais. Son œuvre, publiée sous son nom et sous divers pseudonymes, domine la littérature contemporaine de son pays : *Poésies d'Álvaro de Campos* (posth., 1944).

Pessõa Câmara (Helder) (né en 1909), prélat brésilien, archevêque de Recife (1964-1985); connu pour son action en faveur des opprimés dans les pays du tiers monde.

Pestalozzi (Johann Heinrich) (1746 – 1827), pédagogue et écrivain suisse. Il mit en application et développa les thèses soutenues dans l'*Émile* par Rousseau : *Léonard et Gertrud* (1781-1787), *Comment Gertrud instruit ses enfants* (1801).

peste [pɛst] n. f. **1.** Maladie infectieuse et épidémique très grave, due au bacille de Yersin. *La peste est une maladie du rat transmise à l'homme par l'intermédiaire d'une puce. Peste bubonique, pulmonaire, septicémique.* ▷ Loc. *Fuir qqn, qqch comme la peste,* tout faire pour l'éviter. – Juron plaisant. *Peste! C'est une assez jolie somme!* **2.** MED VET *Pestes aviaire, bovine, porcine :* maladies virales des animaux de basse-cour, des bovins, des porcins. **3.** Fig. *Une peste, une petite peste :* une femme, une fillette méchante, sournoise, médisante, etc.

peste noire (la) ou **Grande Peste (la),** peste bubonique qui, de 1346 à 1353, tua un tiers de la pop. en Europe occid. Venue de Crimée, elle ravagea les pays méditerranéens puis, de France, elle gagna l'Angleterre et l'Europe centrale et de l'Est.

pester [pɛste] v. intr. [1] Manifester de la mauvaise humeur par des paroles de mécontentement, des imprécations. *Pester contre le mauvais temps.*

pesteux, euse [pɛstø, øz] adj. Didac. **1.** De la peste. *Bacille pesteux.* **2.** Contaminé par la peste. *Rat pesteux.*

pesticide [pɛstisid] n. m. Produit qui empêche le développement des êtres vivants nuisibles, ou qui les détruit. *Les bactéricides, les fongicides, les insecticides, les herbicides sont des pesticides.*

pestiféré, ée [pɛstifeʀe] adj. et n. Infecté de la peste, atteint de la peste. ▷ Subst. *Un(e) pestiféré(e).*

pestilence [pɛstilɑ̃s] n. f. Odeur infecte, nauséabonde.

pestilentiel, elle [pɛstilɑ̃sjɛl] adj. Qui dégage une odeur infecte, nauséabonde. *Vapeurs pestilentielles.*

pet [pɛ] n. m. Fam. Gaz intestinal qui sort de l'anus avec bruit.

peta-. PHYS Élément (symbole P) qui, placé devant le nom d'une unité, indique que celle-ci est multipliée par un million de milliards (10^{15}).

Pétain (Philippe) (1856 – 1951), maréchal de France et homme politique français. Vainqueur à Verdun (1915-1916), il fut commandant en chef (15 mai 1917). Maréchal en 1918, il combattit au Maroc contre Abd-el-Krim (1925). Ministre de la Guerre (1934), il fut vice-président du Conseil le 18 mai 1940 (après les premiers revers militaires) puis président le 16 juin; le 22, il conclut l'armistice avec les Allemands. Chef de l'État le 11 juillet (investi des pleins pouvoirs par l'Assemblée nationale), résidant à Vichy, il instaura un régime autoritaire, corporatiste et antisémite et s'engagea dans une politique de collaboration avec l'occupant allemand. En 1942, de plus en plus dépendant des Allemands, il rappela Pierre Laval au gouvernement. Enlevé par les Allemands en août 1944, il revint volontairement en France (avril 1945), où il fut jugé; sa condamnation à mort fut commuée en détention perpétuelle à l'île d'Yeu (Vendée), où il mourut. Acad. fr. (1929; radiation en 1945).

pétale [petal] n. m. Chacune des pièces qui forment la corolle d'une fleur.

Pétange, v. du S.-O. du Luxembourg; 12 100 hab. Fer, métallurgie.

pétanque [petɑ̃k] n. f. Jeu de boules originaire du midi de la France.

pétarade [petaʀad] n. f. **1.** Suite de pets accompagnant les ruades de certains animaux. **2.** *Par anal.* Série de brèves détonations. *Les pétarades d'une vieille motocyclette.*

pétarader [petaʀade] v. intr. [1] Faire entendre une pétarade.

pétard [petaʀ] n. m. **1.** TECH Charge d'explosif que l'on utilise pour faire sauter un obstacle, une roche, etc. *Pétard de dynamite.* ▷ Petit cylindre de papier bourré d'une composition détonante, que l'on s'amuse à faire exploser. **2.** Fam. *Faire du pétard :* faire du bruit, du tapage.

pétaudière [petodjɛʀ] n. f. Fam. Lieu où il n'y a ni ordre ni autorité.

pétauriste [petoʀist] n. m. ZOOL Écureuil volant (genre *Petaurista*) de l'Asie du Sud-Est.

Petchora (la), fl. de Russie (env. 1 800 km); naît dans l'Oural septentrional et se jette dans la mer de Barents.

pétéchie [peteʃi] n. f. MED Petite tache cutanée rouge violacé due à une infiltration de sang sous la peau. (V. purpura).

péter [pete] v. [14] Fam. **I.** v. intr. **1.** Lâcher un pet. **2.** Exploser, éclater. *Son fusil lui a pété au nez.* **3.** Se casser. *Le câble était trop faible, il a pété.* **II.** v. tr. *Péter le feu :* être plein de vitalité. ▷ (Québec) *Péter de la broue*.* – *Se péter les bretelles :* tirer gloire, tirer orgueil (de qqch).

Peterborough, v. du Canada (Ontario); 68 370 hab. Centre industriel (text., alim.).

péteux, euse [petø, øz] n. Fam. **1.** Couard, poltron. **2.** Personne prétentieuse. *Quelle petite péteuse!* **3.** (Québec) *Péteux de broue :* V. broue.

pétillement [petijmɑ̃] n. m. **1.** Bruit de ce qui pétille. *Le pétillement du bois vert dans le feu.* **2.** Effervescence d'une boisson qui pétille. *Le pétillement du champagne.* **3.** Fig. (Correspondant aux emplois de *pétiller,* sens 3.) *Le pétillement d'un regard.*

pétiller [petije] v. intr. [1] **1.** Faire entendre des petits bruits d'éclatement secs et répétés. *Feu, bois qui pétille.* **2.** Dégager des bulles qui éclatent à petit bruit, en parlant d'une boisson gazeuse. **3.** Fig. *Pétiller d'ardeur, de malice :* manifester une vive ardeur, etc. ▷ *Yeux qui pétillent de joie, d'impatience,* qui brillent de joie, d'impatience.

pétiole [petjɔl; pesjɔl] n. m. BOT Partie étroite de la feuille qui relie le limbe à la tige.

Pétion (Anne Alexandre Sabès, dit) (1770 – 1818), officier et homme politique haïtien. Il combattit au côté de Toussaint Louverture (1791), l'abandonna et se rendit en France (1801-1802), puis revint avec les troupes françaises de Leclerc en 1802, mais en 1803, il rejoignit Dessalines. Après la mort de ce dernier (1806), il partagea Haïti avec Christophe* et présida, dans le Sud, une république jusqu'à sa mort.

petiot, ote [pətjo, ɔt] n. Fam. (Avec une valeur affectueuse.) Petit enfant. *Son petiot, sa petiote.*

Petipa (Marius) (1822 – 1910), danseur et chorégraphe français; un des créateurs de l'école russe de ballet.

petit, ite [pəti, it] adj., n. et adv. **A.** adj. **I. 1.** Se dit d'un objet dont les dimensions (hauteur, longueur, surface, volume, etc.) sont inférieures à celles des objets de même espèce. *Une petite table. Un appartement très petit. C'est ce qui se fait de plus petit.* – (Afr. subsah.) *Petit pagne :* pagne court porté par les femmes comme sous-vêtement. **2.** Dont l'importance en nombre, en intensité, en durée, etc., est faible. *Un petit groupe de gens. Rester encore un petit moment.* – *À petit feu :* à feu doux. – *Le petit jour, le petit matin :* l'aube (quand la lumière est encore faible). ▷ (Grandeurs mesurables.) *Rouler à petite vitesse.* **3.** (Placé avant le nom, pour indiquer l'appartenance de la chose à une catégorie particulière.) *Des petits pois. Le petit mil.* – (Afr. subsah.) *Petite banane :* en rép. dém. du Congo, banane de dessert, sucrée. *Petit kola :* V. cola. – (Suisse) *Petit fruit :* nom donné à diverses baies comestibles. – *Le petit doigt :* l'auriculaire. – *Le petit déjeuner*.* ▷ (Qualifiant un objet appartenant à un ensemble au sein duquel la taille permet de distinguer deux classes, deux types.) *Le petit modèle et le grand modèle.* **II.** (Êtres vivants.) **1.** (Se place le plus souvent après le nom, en partic. pour éviter la confusion avec les sens III.) Dont la taille est inférieure à la moyenne. *Une femme petite, très petite.* Syn. (Afr. subsah.) court. – (Afr. subsah.) *Petit de taille.* ▷ Loc. fig. *Se faire tout petit :* tâcher de passer inaperçu. **2.** Qui n'a pas encore atteint la taille, et par ext., l'âge adulte; jeune. *Il est trop petit pour comprendre.* – *Son petit frère, sa petite sœur :* son frère, sa sœur plus jeunes et encore enfants. (En Afrique, se dit aussi d'adultes.) – (Afr. subsah.) *Petit talibé*.* ▷ (Afr. subsah.) *Petite mère*. Petit père*.* ▷ Loc. (France rég., Suisse) *Depuis tout(e) petit(e) :* depuis l'enfance. **III.** (Employé avant le nom avec diverses valeurs affectives.) **1.** Se dit de ce qu'on trouve attendrissant, charmant, etc. *Les petits secrets d'un enfant.* ▷ *Être aux petits soins pour qqn,* l'entourer tout particulièrement d'attentions délicates. **2.** Fam. (Associé à l'idée de plaisir.) *Préparer une bonne petite sauce. Une jolie petite robe.* **3.** (Après un possessif, marquant l'affection, la familiarité, etc.) *Ma petite femme chérie. Allons-y, mon petit Paul!* **4.** (Dépréciatif) *Petit monsieur. Petit voyou!* **5.** Par euph. *C'est son petit ami, sa petite amie,* son amant, sa maîtresse. **IV.** (Qualitatif) **1.** (Choses) Qui est de moindre importance. *Avoir quelques petites choses à régler.* – (Afr. subsah.) *Petite fête*. Petit français*.* **2.** (Personnes) Dont la situation, la condition est modeste. *Les petites gens. La petite bourgeoisie.* – (Afr. subsah.) *Les petits Blancs*.* ▷ Dont l'importance est mineure. *Un petit fonctionnaire.* – (oc. Indien) *Petit planteur :* exploitant de petites parcelles foncières consacrées à la production de canne à sucre. ▷ Subst. *Les petits et les grands de ce monde.* **3.** *Par ext.* Qui manque de grandeur; étriqué, bas, mesquin. *Ces procédés sont petits.* **B.** n. (Correspondant au sens A, II, 2.) **1.** Enfant encore petit. *Faites d'abord manger les petits.* ▷ Enfant par rapport à ses parents. *Les petits Untel.* ▷ Très jeune élève. *La classe des petits.* **2.** Animal qui vient de naître ou qui n'est pas encore adulte. *Le petit du lion.* ▷ Loc. *Faire des petits :* mettre bas; fig., fam. croître, se multiplier. *Ses économies ont fait des petits.* **C.** adv. **1.** *En petit :* en raccourci, en réduction. **2.** *Petit à* *petit* : peu à peu. – (Prov.) *Petit à petit, l'oiseau fait son nid* : c'est progressivement qu'on bâtit une fortune, une renommée, etc.

petit-beurre [pətibœʀ] n. m. Gâteau sec rectangulaire, au beurre. *Des petits-beurre(s).*

petit-bois [pətibwa] n. m. TECH Montant ou traverse en bois d'une fenêtre, qui maintient les vitres. *Des petits-bois.*

petit-bourgeois, petite-bourgeoise [pətibuʀʒwa, pətitbuʀʒwaz] n. et adj. **1.** n. (Souvent péjor.) Personne issue des couches les moins fortunées de la bourgeoisie. *Des petit(e)s-bourgeois(es).* **2.** adj. Péjor. Qui dénote l'étroitesse d'esprit, le conformisme considérés comme typiques des petits-bourgeois. *Goûts petits-bourgeois.*

petit-cochon [pətikɔʃɔ̃] n. m. (oc. Indien) **1.** Coup de poing porté par jeu. **2.** Ecchymose, résultant ou non d'un petit-cochon (sens 1). *Des petits-cochons.*

petite-fille [p(ə)titfij] n. f. V. petit-fils.

petitement [pətitmɑ̃] adv. **1.** À l'étroit. *Être logé petitement.* **2.** Fig. Chichement. *Vivre petitement.* **3.** Fig. D'une manière basse, mesquine. *Agir petitement.*

petite-nièce [p(ə)titnjɛs] n. f. V. petit-neveu.

petitesse [pətitɛs] n. f. **1.** Caractère de ce qui est petit. *La petitesse de sa taille. – La petitesse de ses revenus.* **2.** Fig. Caractère mesquin, bas; mesquinerie. *La petitesse de ce procédé.*

petit-fils [p(ə)tifis] n. m., **petite-fille** [p(ə)titfij] n. f. **1.** Fils, fille du fils ou de la fille par rapport à un grand-père, une grand-mère. *Des petits-fils. Des petites-filles.* **2.** (Afr. subsah.) Petit-neveu, petite-nièce.

petit-gris [pətigʀi] n. m. **1.** Écureuil d'Europe du N. et de Sibérie, dont la fourrure gris argenté est utilisée en pelleterie; cette fourrure. **2.** Escargot comestible, à la coquille blanc jaunâtre marbrée de brun. *Des petits-gris.*

pétition [petisjɔ̃] n. f. **1.** Demande, plainte ou vœu adressés par écrit à une autorité quelconque par une personne ou un groupe. *Déposer une pétition dans une ambassade.* **2.** *Pétition de principe* : raisonnement erroné consistant à tenir pour vrai ce qu'il s'agit précisément de démontrer.

pétitionnaire [petisjɔnɛʀ] n. Personne qui signe, qui présente une pétition.

petit-lait [p(ə)tilɛ] n. m. Liquide qui se sépare du lait caillé. *Des petits-laits.* Syn. lactosérum.

petit-neveu [p(ə)tinəvø] n. m., **petite-nièce** [p(ə)titnjɛs] n. f. Fils, fille du neveu, de la nièce, par rapport à un grand-oncle, à une grand-tante. *Des petits-neveux. Des petites-nièces.*

pétitoire [petitwaʀ] adj. et n. m. DR *Action pétitoire* ou, n. m., *un pétitoire* : action qui a pour but de vérifier le bien-fondé des titres de propriété d'un bien immobilier.

petits-enfants [pətizɑ̃fɑ̃] n. m. pl. Enfants d'un fils ou d'une fille, par rapport au grand-père et à la grand-mère. (En Afrique subsah., inclut les petits-neveux et petites-nièces.)

petit-suisse [p(ə)tisɥis] n. m. Petit cylindre de fromage frais. *Sucrer un petit-suisse. Des petits-suisses.*

petit-taxi [pətitaksi] n. m. (Maghreb) Au Maroc, taxi ne proposant que trois places, réservé aux trajets à l'intérieur d'une ville. *Des petits-taxis.* (V. grand-taxi.)

Petöfi (Sándor) (1823 - 1849), poète romantique hongrois (*Jean le Preux,* 1845), héros de la révolution de 1848 *(Debout, Magyar!),* mort au combat.

peton [pətɔ̃] n. m. Fam. Petit pied.

pétoncle [petɔ̃kl] n. m. Mollusque lamellibranche comestible (genre *Glycymeris*) commun sur les fonds rocheux de l'océan Atlantique et de la mer Méditerranée.

pétouiller [petuje] v. intr. [1] (Suisse) Fam. **1.** Traîner, tergiverser. **2.** Faire du mauvais travail.

pétouillon [petujɔ̃] n. m. (Suisse) Fam. **1.** Personne indolente. **2.** Personne qui fait du mauvais travail.

Pétra (auj. *Al-Batrā',* en Jordanie), anc. v. d'Arabie, entre la mer Morte et la mer Rouge. Cap. des Nabatéens (VIe s. av. J.-C. – IIe s. apr. J.-C.), elle devint cité romaine sous Trajan (106 apr. J.-C.). – Importantes ruines de temples funéraires taillés dans le roc.

Pétrarque (Francesco Petrarca, dit en fr.) (1304 - 1374), poète et humaniste italien. Après des études à Montpellier et à Bologne, il reçut, en 1326, les ordres mineurs à Avignon, ce qui lui permit de mener une vie de cour, mais il écrivit une œuvre abondante dont la postérité ne retint que *Rimes* et *Triomphes,* publiés en 1470 dans le recueil *Canzoniere.* Ces 367 pièces en toscan (pour la plupart des sonnets) célèbrent Laure (V. Noves).

pétrel [petʀɛl] n. m. Oiseau marin (ordre des procellariiformes) au bec crochu, aux pieds palmés, qui vit presque exclusivement au large et ne vient à terre que pour nicher.

pétrifiant, ante [petʀifjɑ̃, ɑ̃t] adj. Qui pétrifie (sens 2). *Fontaine pétrifiante.* ▷ Fig. *Une terreur pétrifiante.*

pétrification [petʀifikasjɔ̃] n. f. **1.** Phénomène par lequel les corps organiques plongés dans certaines eaux (calcaires en partic.) se couvrent d'une couche minérale; corps organique ainsi pétrifié. **2.** Fig. Immobilisation.

pétrifier [petʀifje] v. [1] **I.** v. tr. **1.** Changer en pierre. **2.** Imprégner, recouvrir de calcaire, de silice, etc. **3.** Fig. Rendre immobile en causant une émotion violente. *Cette vision l'a pétrifié.* **II.** v. pron. Être changé en pierre.

pétrin [petʀɛ̃] n. m. **1.** Coffre dans lequel on pétrit le pain. ▷ *Pétrin mécanique* : appareil pour le pétrissage de la pâte à pain. **2.** Fig., fam. Situation fâcheuse. *Être dans le pétrin.*

pétrir [petʀiʀ] v. tr. [3] **1.** Malaxer (une substance préalablement détrempée) pour en faire une pâte; brasser, malaxer, travailler (une pâte). *Pétrir de l'argile, de la pâte à pain.* ▷ Fig. Façonner, donner une forme à. – Pp. adj. *Pétri de* : composé de, fait de. *Être pétri d'orgueil, de contradictions.* **2.** Presser avec force, à plusieurs reprises, entre les mains ou dans la main. *Pour vous dire bonjour, il se croit obligé de vous pétrir les doigts.*

pétrissage [petʀisaʒ] n. m. Action de pétrir.

1. pétro-. Préfixe, du grec *petros,* «pierre».

2. pétro-. Élément, de *pétrole.*

pétrochimie [petʀɔʃimi] n. f. Branche de l'industrie chimique qui utilise les produits extraits du pétrole et des gaz naturels.

pétrodollar [petʀodɔlaʀ] n. m. FIN, ECON Dollar provenant d'un pays exportateur de pétrole, sur le marché des eurodollars.

pétrogenèse [petʀoʒənɛz] n. f. GEOL Formation des roches; étude de ce processus.

pétroglyphe [petʀɔglif] n. m. ARCHEOL Gravure sur pierre.

Petrograd. V. Saint-Pétersbourg.

pétrographie [petʀogʀafi] n. f. GEOL Science qui étudie les roches et leur formation.

pétrole [petʀɔl] n. m. Huile minérale d'origine organique, composée d'un mélange d'hydrocarbures. *Gisement de pétrole. Pétrole brut,* non encore raffiné. *Gaz* de pétrole liquéfié.* – Un des produits de distillation de cette huile. *Lampe à pétrole.* ▷ En appos. *Bleu pétrole* : bleu tirant sur le vert.
ENCYCL Le pétrole résulte de la transformation en hydrocarbures de matières organiques (plancton et substances humiques déposés sur les plateaux continentaux), sous l'action de bactéries anaérobies. Ces hydrocarbures sont contenus dans des roches poreuses et perméables situées dans des plis anticlinaux, des failles, etc.

pétroleuse [petʀɔløz] n. f. Péjor. Femme qui défend avec véhémence des idées politiques résolument progressistes. ▷ Femme au caractère entier et au comportement violent.

pétrolier, ère [petʀɔlje, ɛʀ] adj. et n. m. **1.** adj. Du pétrole, qui a rapport au pétrole. *Industrie pétrolière.* **2.** n. m. Navire aménagé pour transporter du pétrole. ▷ Technicien, industriel du pétrole.

pétrolifère [petʀɔlifɛʀ] adj. Qui contient du pétrole. *Roches pétrolifères.*

petromax [petʀomaks] (Nom déposé.) n. f. (Afr. subsah., Madag.) Lampe à manchon, à la vapeur de pétrole.

Pétrone (en lat. *Caius Petronius Arbiter*) (m. en 66 apr. J.-C.), écrivain latin; auteur présumé du *Satiricon,* roman réaliste (dont divers chapitres ont été perdus), mélange de vers et de prose, dépeignant les mœurs corrompues de l'époque. Impliqué dans le complot contre Néron, il se donna la mort.

Petrozavodsk, ville de Russie, cap. de la Carélie, sur le lac Onega; 255 000 hab. Industries.

pé-tsai [petsaj] n. m. BOT Crucifère (*Brassica chinensis*) originaire d'Asie méridionale, aux feuilles vert foncé que l'on consomme après cuisson. Syn. (Antilles fr., Madag., Nouv.-Cal.) chou de Chine.

pétulance [petylɑ̃s] n. f. Vivacité, impétuosité, fougue.

pétulant, ante [petylɑ̃, ɑ̃t] adj. Vif, impétueux, fougueux.

pétunia [petynja] n. m. Plante herbacée annuelle (fam. solanacées), à grandes fleurs blanches, roses ou violettes, originaire d'Amérique du Sud.

peu [pø] adv. **I.** (Emploi nominal.) Petite quantité, quantité insuffisante. **1.** *Un peu de* : une petite quantité de. *Mangez un peu de purée. Accordez-lui un peu de temps pour s'habituer.* ▷ *Peu de* (+compl.). *Expliquez-vous en peu de mots. – Dans peu de temps* : bientôt. – *C'est peu de chose* : c'est sans grande importance. **2.** *Le peu (de) :* la petite quantité (de). *Le peu (de temps) qu'il lui reste à passer ici.* **3.** *C'est peu (que) de :* il ne suffit pas de. *C'est peu (que) de donner, il faut le faire de bon cœur.* **II.** (Emploi adverbial.) **1.** En petite quantité, en petit nombre, modérément, faiblement (opposé à *beaucoup*). *Manger peu. Peu s'en faut.* ▷ *Un tant soit peu, un petit peu, quelque peu. Il est quelque peu prétentieux.* ▷ (Par antiphrase.) Trop. *C'est un peu fort!* ▷ (Afr. subsah.) Fam. *Ça va un peu,* pas trop mal. – *Ça va un peu un peu,* comme ci comme ça. **2.** Loc. adv. *Pour un peu :* un peu plus, et... *Pour un peu il se serait emporté.* ▷ *Peu à peu :* lentement, progressivement. *Il découvrit peu à peu la vérité.* ▷ *Sous peu :* dans peu de temps. *Il va pleuvoir sous peu.* ▷ *De peu :* d'un rien. *Vous l'avez manqué de peu.* ▷ *Si peu que ce soit :* en quelque petite quantité que ce soit. ▷ *Pour peu que* (+ subj.). *Il le fera, pour peu que vous lui demandiez,* pourvu que vous lui demandiez. ▷ *À peu près, à peu de chose près :* presque; environ. *Ils sont à peu près du même âge.*

peuchère ou **pechère** [pøʃɛʀ] interj. (France rég.) (Marquant la pitié.) *Peuchère! Quel malheur!* – (Marquant la surprise.) *Oh peuchère!* – (Pour renchérir.) *Peuchère! Que c'est bon!*

Peugeot (Eugène) (1844 – 1907) et son cousin germain **Armand** (1849 – 1915), industriels français.

peuh ! [pø] interj. (Marquant le scepticisme, le dédain, l'indifférence.) *Peuh! ça n'a aucun intérêt!*

peul ou, vieilli, **peuhl, e** [pøl] adj. et n. **1.** adj. Des Peuls. ▷ Subst. *Un(e) Peul(e).* **2.** n. m. LING Langue nigéro-congolaise du groupe ouest-atlantique parlée du Sahel au Cameroun.

Peul(s) ou **Foulbé(s),** ensemble de populations de l'Afrique de l'O., depuis la Mauritanie et le Sénégal jusqu'au Tchad, au Soudan et en Centrafrique. On en dénombre env. 1 800 000 au Sénégal (Peuls Toucouleurs), près de 3 millions en Guinée, 1 200 000 au Mali, 900 000 au Burkina Faso, près de 900 000 au Niger, plus de 10 millions au Nigeria, 1 200 000 au Cameroun. Autres pays : Mauritanie, 100 000; Gambie, 185 000; Guinée-Bissau, 250 000; Sierra Leone, 170 000; Tchad, 30 000. Leur langue, aux nombreux dialectes, est une langue nigéro-congolaise du groupe ouest-atlantique; elle est utilisée comme langue véhiculaire dans le N. du Cameroun, au Niger et au Mali, comme langue nationale (poular) au Sénégal. Suivant les régions, la langue peule est nommée fulfuldé (ou foulfouldé), fulani (dans les régions anglophones), poular (ou pular, pulaar), etc. Descendants probables des pasteurs du Sahara préhistorique, les Peul apparurent dans la vallée du Sénégal au Xe s. et connurent une grande période d'extension entre le XVe et le XVIIe s. Ils se convertirent à l'islam au XVIIIe s. et fondèrent plusieurs royaumes théocratiques (V. Fouta-Djalon, Sokoto, Macina, ainsi que Toucouleurs). Auj., la sédentarisation des Peul s'accélère.

peuplade [pøplad] n. f. Petit groupe humain dans une société primitive.

peuple [pœpl] n. m. **1.** Ensemble d'êtres humains vivant sur le même territoire ou ayant en commun une culture, des mœurs, un système de gouvernement. *Les peuples du Sud-Est asiatique. Le peuple juif.* **2.** Ensemble des citoyens d'un État. *Lancer un appel au peuple.* **3.** *Le peuple :* l'ensemble des citoyens de condition modeste, par opp. aux catégories privilégiées par la naissance, la culture ou la fortune. *Un homme, une femme, des gens du peuple.*

peuplé, ée [pœple] adj. Où il y a des habitants. *Un pays très peuplé.*

peuplement [pœpləmɑ̃] n. m. **1.** Action de peupler; fait de se peupler. *Peuplement d'une région.* – *Colonie de peuplement,* où des colons se fixent et font souche. **2.** Manière dont un territoire, un pays est peuplé. **3.** Ensemble des organismes vivants d'une région, d'un milieu déterminés. *Le peuplement d'un étang.* **4.** ECOL Ensemble des espèces (végétaux et animaux) d'un biotope*. *Le peuplement d'une forêt.*

peupler [pœple] v. [1] **I.** v. tr. **1.** Faire occuper (un endroit) par des végétaux, des animaux. *Peupler un bois, un étang.* **2.** Occuper (un endroit, un territoire), en constituer la population. *Diverses ethnies peuplent cette région.* **3.** Fig. Emplir. *Les mythes qui peuplent l'imaginaire.* **II.** v. pron. Devenir habité, peuplé. *Cette bourgade se peuple l'été.*

Peuples de la Mer, peuples indo-européens qui déferlèrent dans l'Est méditerranéen aux XIIIe et XIIe siècles av. J.-C.

peuplier [pøplije] n. m. Grand arbre (fam. salicacées), dans les régions tempérées, cultivé pour son bois blanc et léger (mobilier, pâte à papier).

peur [pœʀ] n. f. **1.** Crainte violente éprouvée en présence d'un danger réel ou imaginaire. *Une peur panique.* – *En être quitte pour la peur :* n'avoir subi d'autre dommage que d'avoir eu peur. – Fam. *Une peur bleue :* une grande peur. – *Laid à faire peur :* très laid. ▷ (Québec) Fam. *Partir en peur :* s'énerver sans raison. – *Conter des peurs,* des histoires effrayantes ou invraisemblables. **2.** (Sens atténué.) Légère crainte, légère appréhension. *J'ai peur qu'il ne vienne pas.* – *N'avoir pas peur des mots :* appeler les choses par leur nom au risque de choquer. **3.** Loc. prép. *De peur de* (+ inf.) : par crainte de. *Il n'est pas sorti de peur d'attraper froid.* ▷ Loc. conj. *De peur que* (+ *ne* + subj.) : dans la crainte que. *Couvrez bien cet enfant, de peur qu'il ne prenne froid.*

peureusement [pøʀøzmɑ̃] adv. De manière craintive, en manifestant de la peur. *Se blottir peureusement.*

peureux, euse [pøʀø, øz] adj. et n. **1.** Craintif, sujet à la peur. *Il est trop peureux pour courir ce risque.* ▷ Subst. *Un peureux, une peureuse.* **2.** Qui dénote la peur. *Un regard peureux.*

peut-être [pøtɛtʀ] adv. (et n. m.) **1.** (Marquant le doute; indiquant que l'on n'évoque un événement, un ordre de fait qu'à titre de probabilité, d'éventualité douteuse.) *Viendra-t-il? Peut-être.* – *Peut-être est-il plus riche qu'il ne le dit.* **2.** *Peut-être que :* il peut se faire que. *Peut-être qu'il a raison. Peut-être bien que...* **3.** n. m. *Un peut-être, un grand peut-être :* qqch qui paraît incertain, improbable.

Pevsner (Anton ou Antoine) (1886 – 1962), sculpteur et peintre français d'origine russe; princ. créateur du constructivisme. V. Gabo (Naum).

Peyo (Pierre Culliford, dit) (1928 – 1992), dessinateur belge de bandes dessinées, créateur des *Schtroumpfs* (1958).

peyotl [pɛjɔtl] n. m. Cactacée des montagnes mexicaines, qui renferme un hallucinogène, la mescaline.

pH [peaʃ] n. m. CHIM (Abrév. de *potentiel hydrogène.*) Coefficient caractérisant l'état acide ou basique d'une solution. (Le pH d'une solution est le cologarithme décimal de sa concentration en ions H^+ : $pH = -\log_{10}[H^+]$. Une solution est neutre si son pH est égal à 7, acide s'il est inférieur à 7, basique s'il est supérieur à 7.)

phaco [fako] n. m. (Afr. subsah.) Fam. Abrév. de phacochère. *Des phacos.*

phacochère [fakɔʃɛʀ] n. m. Mammifère suidé des savanes africaines, à la peau grise, à la tête verruqueuse avec des franges de soies, aux défenses courbes. Abrév. fam. (Afr. subsah.) phaco.

phaéton [faetɔ̃] n. m. ORNITH Oiseau pélécaniforme des mers chaudes, dont la queue porte deux longues plumes étroites. Syn. paille-en-queue.

Phaéton, dans la myth. gr., fils d'Hélios (le Soleil). Il pria son père de le laisser conduire le char du Soleil, mais faillit incendier la Terre.

phag(o)-, -phage, -phagie, -phagique. Éléments, du gr. *phagein,* « manger ».

phage [faʒ] n. m. MICROB Bactériophage, virus à A.D.N. capable de provoquer la lyse de certaines bactéries.

phagédénique [faʒedenik] adj. MED *Ulcère phagédénique :* ulcère chronique creusant, fréquent dans les régions chaudes et humides.

phagocytaire [fagɔsitɛʀ] adj. BIOL Qui concerne la phagocytose. *Cellule phagocytaire.*

phagocyte [fagɔsit] n. m. BIOL Leucocyte apte à la phagocytose.

phagocyter [fagɔsite] v. tr. [1] **1.** BIOL Détruire par phagocytose. **2.** Fig. Absorber, faire disparaître en intégrant à soi. *Grosse société qui phagocyte une petite entreprise.*

phagocytose [fagɔsitoz] n. f. **1.** BIOL Capture, ingestion et digestion, par un leucocyte polynucléaire ou un macrophage, d'une particule étrangère. *La phagocytose constitue le plus important moyen de défense de l'organisme contre l'infection bactérienne.* **2.** Fig. Disparition par absorption évoquant une phagocytose (sens 1).

Phaïstos, v. du S.-O. de la Crète dont l'apogée correspond à celui de Cnossos. La ville fut ruinée au XVe s. av. J.-C. Importants vestiges.

phalange [falɑ̃ʒ] n. f. **1.** ANTIQ GR Corps d'infanterie de l'armée grecque. **2.** Poét. Armée, troupe. ▷ HIST *La Phalange :* formation politique d'extrême droite, fondée en Espagne en 1933 et qui, fusionnant en 1937 avec d'autres formations, devint le parti unique destiné à soutenir l'action du général Franco. – *Les Phalanges libanaises :* V. Phalanges libanaises. **3.** ANAT Segment articulé des doigts, des orteils. *Les deux phalanges du pouce. Les trois phalanges de l'index.*

Phalanges libanaises ou **Katā'ib,** organisation politique et militaire chrétienne fondée en 1936 par Pierre Gemayel*. Adversaires des nationalistes arabes et des socialistes, elles luttèrent contre la présence des Palestiniens au Liban.

phalangette [falɑ̃ʒɛt] n. f. ANAT Dernière phalange du doigt et de l'orteil, sur laquelle est implanté l'ongle.

phalangine [falɑ̃ʒin] n. f. ANAT Deuxième phalange du doigt, que ne possèdent ni le pouce ni le gros orteil.

phalangiste [falɑ̃ʒist] adj. et n. (Liban) Relatif au parti des Phalanges libanaises. ▷ Subst. Membre du parti des Phalanges libanaises. *Les phalangistes.*

phalanstère [falɑ̃stɛʀ] n. m. Didac. **1.** Communauté de travailleurs, dans le système de Fourier; lieu où elle vit. **2.** *Par ext.* Groupe de personnes qui partagent les mêmes idées, et qui vivent et travaillent ensemble; communauté.

phalène [falɛn] n. f. Papillon nocturne ou crépusculaire (fam. géométridés) dont les chenilles sont arpenteuses.

phallique [falik] adj. **1.** Du phallus, qui a rapport au phallus. *Emblème phallique.* **2.** PSYCHAN *Stade phallique :* phase d'organisation de la libido de l'enfant survenant après les stades oral et anal, et précédant l'organisation génitale pubertaire.

phallocrate [falɔkʀat] n. m. et adj. Homme qui s'estime supérieur à la femme. ▷ adj. *Un mari phallocrate.*

phallocratie [falɔkʀasi] n. f. Domination exercée par les hommes sur les femmes.

phalloïde [falɔid] adj. Didac. Qui a la forme d'un phallus. *Amanite phalloïde.*

phallus [falys] n. m. **1.** PHYSIOL Organe sexuel masculin. Syn. pénis. **2.** BOT Champignon basidiomycète dont le chapeau conique, perforé d'alvéoles, contient une substance visqueuse malodorante. Syn. cour. satyre.

Pham Quynh (1892 – 1945), écrivain vietnamien. Il anima (1917-1933) la revue *Nam Phong* (« Vent du Sud »), en quôc ngu, qui favorisa l'introduction de la littérature occidentale (française surtout). Son œuvre est très variée : écrits politiques, sociologiques, historiques, essais, récits; il traduisit Descartes, Corneille, Maupassant, etc. et s'intéressa aussi à la littérature chinoise classique.

Pham Van Dông (né en 1906), homme politique vietnamien; collaborateur de Hô Chi Minh dès 1925, il représenta le Viêt-minh à la conférence de Genève (mai 1954). Premier ministre de la république démocratique du Viêt-nam du Nord (1955-1976), il dirigea également le gouvernement après la réunification du Viêt-nam (1976-1986).

Phanariotes, administrateurs et diplomates de l'Empire ottoman du XVIIe s. au milieu du XIXe s. Descendant de nobles familles ou de riches commerçants byzantins, ils tirèrent leur nom du quartier grec du Phanar à Istanbul. Ils furent hospodars de Moldavie* (1711-1821) et de Valachie* (1716-1821).

phanère [fanɛʀ] n. m. Toute production épidermique apparente (plumes, poils, ongles, cornes, etc.).

phanérogame [faneʀɔgam] adj. et n. f. pl. **1.** adj. BOT *Plante phanérogame :* plante à fleurs et à graines. **2.** n. f. pl. Embranchement du règne végétal regroupant les plantes aux structures de reproduction facilement observables (cônes, fleurs), les plus évolués des végétaux. – Sing. *Une phanérogame.*

Phan Huy Ich (1750 – 1822), lettré vietnamien. Rallié aux Tây* Son, en disgrâce sous les Nguyên*, ce poète fécond (*Voyage sur le radeau des étoiles*) serait, pour certains, l'auteur de la traduction en nôm de la *Plainte de la femme du guerrier* (poème écrit en chinois classique) de Dang* Trân Côn.

Phan Kê Binh (1875 – 1921), écrivain vietnamien. Il anima avec Nguyên* Van Vinh la *Revue indochinoise* et traduisit en quôc ngu, dans un style limpide, des œuvres des classiques chinois et vietnamiens (de langue chinoise).

phantasme [fɑ̃tasm] n. m. V. fantasme.

Phan Thiêt, v. et port du Viêt-nam, au N.-E. de Hô Chi Minh-Ville, sur la mer de Chine; 150500 hab. Marché agric.; fabrication de saumure de poisson (nuoc mâm).

pharaon [faʀaɔ̃] n. m. **1.** ANTIQ Souverain de l'Égypte, dans l'Antiquité. *Le pharaon Ramsès II.* **2.** Jeu de hasard qui se joue avec des cartes et ressemble au baccara.

pharaonique [faʀaɔnik] adj. Qui se rapporte aux pharaons, à leur époque. *L'Égypte pharaonique.*

phare [faʀ] n. m. **1.** Tour surmontée d'un foyer lumineux, établie le long des côtes, sur certains récifs, etc., pour guider la marche des navires pendant la nuit ou par temps de brume. *Phare à feu fixe, à feu tournant.* **2.** Projecteur placé à l'avant d'un véhicule pour éclairer la route. **3.** Fig. Ce qui éclaire, guide. *La liberté sera le phare de notre vie.*

pharisaïsme [faʀizaism] n. m. Hypocrisie; affectation de dévotion, de vertu.

pharisien, enne [faʀizjɛ̃, ɛn] n. **1.** HIST, RELIG Membre d'une secte juive contemporaine du Christ. **2.** Personne qui observe avec une rigueur pointilleuse les préceptes d'une morale étroite et toute formelle, et qui se pose en modèle de moralité, de vertu.

pharmaceutique [faʀmasøtik] adj. Qui a rapport à la pharmacie. *Produits pharmaceutiques.*

pharmacie [faʀmasi] n. f. **1.** Science de la préparation et de la composition des médicaments. *Faculté de pharmacie.* **2.** Magasin où l'on fait des préparations pharmaceutiques et où l'on vend des médicaments, des produits de toilette, etc. – *La pharmacie d'un hôpital,* où l'on distribue des médicaments dans les divers services. ▷ (Québec) Magasin semblable où l'on vend divers autres produits (journaux, gadgets, friandises, etc.). **3.** Assortiment de médicaments. *Pharmacie familiale.* – *Pharmacie villageoise* ou (Madag.) *pharmacie communautaire :* réserve de médicaments à la disposition des habitants d'un village. **4.** Petite armoire à médicaments.

pharmacien, enne [faʀmasjɛ̃, ɛn] n. Personne qui exerce la pharmacie.

pharmacodépendance [faʀmakodepɑ̃dɑ̃s] n. f. MED Dépendance à l'égard d'une substance ayant une action pharmacologique, plus spécialement psychotrope (drogue).

pharmacodynamie [faʀmakodinami] n. f. Étude des effets des médicaments sur les êtres vivants.

pharmacologie [faʀmakɔlɔʒi] n. f. Didac. Science qui étudie les médicaments, leur composition, leur mode d'action, leur posologie, etc.

pharmacologique [faʀmakɔlɔʒik] adj. Relatif à la pharmacologie.

pharmacopée [faʀmakɔpe] n. f. **1.** Didac. Ouvrage officiel énumérant les médicaments, leur composition et leurs effets, naguère appelé *Codex.* **2.** Ensemble des médicaments utilisés par l'art médical. *Les pharmacopées traditionnelles comprennent de nombreuses substances d'origine naturelle : végétale, minérale et animale.*

pharmacovigilance [faʀmakoviʒilɑ̃s] n. f. MED Collecte et analyse des observations sur les effets secondaires des médicaments, effectuées pour éviter d'éventuels effets nocifs.

Pharos, petite île de l'anc. Égypte en face d'Alexandrie, où, en 285 av. J.-C., Ptolémée II Philadelphe fit élever le célèbre « phare », une des Sept Merveilles du monde (détruit en 1302).

Pharsale (auj. *Farsala*), v. de Grèce (Thessalie); 7090 hab. – Victoire de César sur Pompée (48 av. J.-C.).

pharyngal, ale, aux [faʀɛ̃gal, o] adj. et n. f. PHON **1.** adj. Se dit des consonnes articulées avec la langue fortement repoussée vers le pharynx. **2.** n. f. Consonne pharyngale.

pharyngé, ée [faʀɛ̃ʒe] adj. MED Relatif au pharynx; qui appartient au pharynx.

pharyngien, enne [faʀɛ̃ʒjɛ̃, ɛn] adj. ANAT Du pharynx, qui a rapport au pharynx.

pharyngite [faʀɛ̃ʒit] n. f. MED Inflammation de la muqueuse pharyngée.

pharynx [faʀɛ̃ks] n. m. ANAT Conduit de nature à la fois musculaire et membraneuse qui s'étend verticalement de la cavité buccale à l'œsophage, et par lequel les fosses nasales et le larynx communiquent. *Le pharynx est le carrefour des voies de la déglutition et de la respiration.*

phase [fɑz] n. f. **1.** ASTRO Aspect variable que présentent la Lune et les planètes du système solaire selon leur position par rapport à la Terre et au Soleil. – *Phases de la Lune :* nouvelle lune, premier quartier, pleine lune et dernier quartier. **2.** CHIM Chacune des parties homogènes, limitées par des surfaces de séparation, d'un système chimique. *Les deux phases d'une émulsion d'eau et d'huile.* **3.** PHYS *Phase d'un mouvement sinusoïdal :* angle que forment le rayon origine et le rayon vecteur à l'instant t. – *Différence de phase :* différence entre les phases de deux mouvements sinusoïdaux de même fréquence. Syn. déphasage. – *Mouvements périodiques en phase :* mouvements périodiques de même fréquence dont les élongations sont maximales au même instant. – *Phase d'un corps :* état qu'il peut prendre en fonction de la pression et de la température. *Phases solide, liquide, gazeuse.* **4.** ELECTR *Conducteur de phase,* ou *phase :* conducteur autre que le neutre, dans un réseau électrique. **5.** Cour. Chacune des périodes marquant l'évolution d'un processus, d'un phénomène. *Les phases d'une maladie.* **6.** Loc. fig., fam. *Être en phase avec (qqn, qch),* en harmonie. **7.** (Afr. subsah.) *Faire une (sa) phase :* chercher à attirer l'attention sur soi.

phasemètre [fɑzmɛtʀ] n. m. ELECTR Appareil servant à mesurer la différence de phase entre deux courants alternatifs de même fréquence.

phasme [fasm] n. m. ENTOM Insecte végétarien voisin des orthoptères, de forme allongée, remarquable par son adaptation mimétique qui lui donne l'aspect d'une brindille ou d'une branche.

Pha That Luang. V. That Luang.

Phébus ou **Phœbus,** dans la myth. gr., nom donné à Apollon en tant que dieu de la Lumière.

Phédon d'Élis (IVe s. av. J.-C.), philosophe grec; ami et disciple de Socrate, qu'il assista dans sa prison jusqu'à sa fin.

Phèdre, dans la myth. gr., fille de Minos et de Pasiphaé, sœur d'Ariane et épouse de Thésée. V. Hippolyte.

Phèdre (en lat. *Caius Julius Phædrus* ou *Phæder*) (v. 15 av. J.-C. – v. 50 apr. J.-C.), fabuliste latin (123 fables), imitateur d'Ésope.

Phelps (Anthony) (né en 1928), poète haïtien : *Été* (1960), *Motifs pour un temps saisonnier* (1976), *la Bélière caraïbe* (1980). Son roman *Mémoire en colin-maillard* (1976) rumine l'assassinat de Duvalier.

phénanthrène [fenɑ̃tʀɛn] n. m. CHIM Hydrocarbure cyclique $C_{14}H_{10}$ employé dans l'industrie des colorants.

Phénicie, anc. nom donné à la bande côtière du littoral syro-libano-israélien, cernée au N. par l'embouchure de l'Oronte, au S. par le mont Carmel, à l'O. par la mer Méditerranée et à l'E. par le Mont Liban. Dès le IIIe millénaire, les Cananéens, un peuple d'origine sémitique, s'y installent et fondent les ports d'Ougarit (auj. *Ras Shamra*) et de Byblos (auj. *Djebail*). Au XIIIe s. avant J.-C., l'arrivée de nouveaux peuples (Araméens, Hébreux, Philistins) réduit le territoire des Cananéens à la bande côtière (appelée Phénicie par les Grecs). La côte phénicienne est alors un chapelet de cités, dont les plus importantes (Byblos, Sidon, Tyr) exercent leur prédominance sur les cités voisines. La Phénicie est à son apogée du Xe au VIIe s. av. J.-C. Ses navires atteignent les rivages de l'Afrique du Nord et de l'Espagne, jalonnant leurs routes de comptoirs (Chypre, Malte, Crète, Sicile, Sardaigne). La fondation de Carthage (814 av. J.-C.) marque le point culminant de cette expansion commerciale. Les Phéniciens sont alors les plus actifs commerçants de la Méditerranée. Ils vont chercher en Espagne l'argent et l'étain, sur les côtes d'Afrique le murex dont ils tirent la pourpre. Ils exportent des verreries, du bois de construction et même de la main-d'œuvre. Vers 850 av. J.-C., les cités phéniciennes commencent à tomber sous la dépendance politique des Assyriens. Elles sont ensuite dominées par les Babyloniens (604-539 av. J.-C.) et les Perses (539-332 av. J.-C.), aux côtés desquels les Phéniciens se battent contre les Grecs. La victoire d'Alexandre ouvrit la Phénicie à l'hellénisme (332-63 av. J.-C.), puis la région passa sous l'administration des Romains (province de Syrie, 64-63 av. J.-C.). – Dans différents domaines (économique, commercial, culturel), les Phéniciens ont apporté des innovations remarquables. Ils ont introduit l'usage d'un alphabet permettant une écriture simplifiée et considérée comme l'ancêtre des écritures alphabétiques.

phénicien, enne [fenisjɛ̃, ɛn] adj. et n. De la Phénicie. ▷ Subst. *Les Phéniciens furent parmi les plus actifs commerçants de la mer Méditerranée.*

phénicoptériformes [fenikɔpteʀifɔʀm] n. m. pl. V. phœnicoptériformes.

phénix [feniks] n. m. **1.** MYTH Oiseau fabuleux qui, après avoir vécu plusieurs siècles, se brûle lui-même sur un bûcher pour renaître de ses cendres. **2.** Fig. Personne exceptionnelle, unique en son genre. «*Vous êtes le phénix des hôtes de ces bois*» (La Fontaine). **3.** V. phœnix.

phénobarbital, als [fenobaʀbital] n. m. PHARM Barbiturique utilisé comme antispasmodique.

phénol [fenɔl] n. m. CHIM Tout composé dérivant d'un hydrocarbure benzénique par substitution d'un ou plusieurs hydroxyles sur le noyau. *Les phénols sont utilisés pour fabriquer des résines, des colorants, des matières plastiques, des médicaments (aspirine), des insecticides.* ▷ Spécial. *Phénol ordinaire :* dérivé hydroxylé du benzène (C_6H_5OH).

phénologie [fenɔlɔʒi] n. f. Didac. Étude du développement des êtres vivants en relation avec les saisons climatiques.

phénoménal, ale, aux [fenɔmenal, o] adj. **1.** Qui tient du phénomène; surprenant, extraordinaire. *Récoltes d'une abondance phénoménale.* **2.** PHILO De l'ordre du phénomène. ▷ Spécial. (chez Kant). *Le monde phénoménal* (par oppos. à *nouménal*).

phénoménalisme [fenɔmenalism] n. m. PHILO Doctrine d'après laquelle les phénomènes seuls sont connaissables.

phénoménalité [fenɔmenalite] n. f. PHILO Caractère du phénomène.

phénomène [fenɔmɛn] n. m. **1.** Tout fait extérieur qui se manifeste à la conscience par l'intermédiaire des sens; toute expérience intérieure qui se manifeste à la conscience. *Phénomène sensible, affectif. Phénomène d'hystérie collective.* ▷ PHILO Chez Kant, tout ce qui est l'objet d'une expérience sensible, appréhendé dans l'espace et dans le temps et, donc, se manifestant à la conscience (par oppos. à *noumène*). **2.** Tout ce qui apparaît comme remarquable, nouveau, extraordinaire. *Le succès de ce livre est un phénomène inattendu.* **3.** Fam. Personne excentrique.

phénoménisme [fenɔmenism] n. m. PHILO Doctrine d'après laquelle seuls existent des phénomènes, au sens kantien de ce terme.

phénoménologie [fenɔmenɔlɔʒi] n. f. PHILO **1.** «*Phénoménologie de l'esprit*» *(Hegel) :* «science de la conscience», qui prend en compte la manifestation dialectique de l'esprit au travail dans l'histoire. **2.** Chez Husserl, méthode philosophique qui cherche à revenir «aux choses mêmes» et à les décrire telles qu'elles apparaissent à la conscience, en dehors de tout savoir constitué.

phénoménologique [fenɔmenɔlɔʒik] adj. PHILO Qui concerne la phénoménologie.

phénotype [fenɔtip] n. m. BIOL Partie observable des caractères génétiques d'un individu, résultant du génotype et de l'action de l'environnement.

phénylalanine [fenilalanin] n. f. BIOCHIM Acide aminé précurseur de la tyrosine.

phénylcétonurie [fenilsetɔnyʀi] n. f. MED Maladie héréditaire caractérisée par un déficit en une enzyme, la *phénylalanine-hydroxylase,* et qui se traduit par des signes neurologiques, des altérations du comportement et un défaut de pigmentation des phanères. Syn. oligophrénie phénylpyruvique.

phényle [fenil] n. m. CHIM Radical monovalent C_6H_5 contenu dans le benzène et ses dérivés.

phéophycées [feɔfise] n. f. pl. BOT Embranchement d'algues brunes. – Sing. *Une phéophycée.*

phéromone [feʀɔmɔn] ou **phérormone** [feʀɔʀmɔn] n. f. ZOOL Hormone de la communication, qui joue (en particulier chez les insectes sociaux) un rôle très important dans la régulation de certains comportements (comportement sexuel des papillons, construction des alvéoles chez les abeilles, etc.).

phi [fi] n. m. **1.** Vingt et unième lettre de l'alphabet grec (ϕ, φ). **2.** PHYS NUCL Particule de la famille des mésons.

Phidias (v. 490 – 431 av. J.-C.), architecte et sculpteur grec. Il avait dirigé les travaux entrepris par Périclès à Athènes. Œuvres les plus célèbres : le *Zeus* d'Olympie*, les sculptures du Parthénon, en partic. les frises représentant les combats des Centaures et des Lapithes, la frise intérieure des Panathénées, la statue d'*Athéna Parthénos.*

phil(o)-, -phile, -philie. Éléments, du gr. *philos,* «ami», ou *philein,* «aimer».

Philadelphie, v. des É.-U. (Pennsylvanie), port sur la Delaware; 1 585 570 hab. (aggl. urb. 5 755 300 hab.). Grand centre industriel. – Université. Musées, dont le très riche musée d'Art. – Fondée par W. Penn (1682), la ville eut un grand rayonnement culturel au XVIIIe s.; la déclaration d'Indépendance (1776) y fut signée, et le gouvernement fédéral y siégea de 1790 à 1800.

Philae, île du Nil, à l'entrée de la 1re cataracte. Ruines d'un temple d'Isis fondé par Nectanibis II (remanié sous Ptolémée II et ses successeurs) et de monuments dus aux Antonins (pavillon de Trajan). L'Unesco prit en charge le transfert du temple dans un site voisin (île d'Agilkia) avant la construction du haut barrage d'Assouan.

philanthrope [filɑ̃tʀɔp] n. **1.** Ami(e) du genre humain; qui aime tous les hommes. **2.** Celui, celle qui contribue par son action personnelle, par des dons en argent, par la fondation d'œuvres, à l'amélioration des conditions de vie des hommes. *Un généreux philanthrope.* **3.** *Par ext.* Personne qui agit avec désintéressement.

philanthropie [filɑ̃tʀɔpi] n. f. Amour de l'humanité. ▷ Activité du philanthrope.

philanthropique [filɑ̃tʀɔpik] adj. Qui a rapport à la philanthropie; inspiré par la philanthropie. *Œuvre philanthropique.*

philatélie [filateli] n. f. **1.** Étude des timbres-poste. **2.** Action, fait de collectionner les timbres-poste.

philatélique [filatelik] adj. Qui se rapporte à la philatélie.

philatéliste [filatelist] n. Personne qui s'adonne à la philatélie.

-phile. V. phil(o)-.

Philémon et Baucis, héros d'une légende gr. contée par Ovide dans ses *Métamorphoses.* Ce couple uni de paysans phrygiens hébergea Zeus et Hermès qui fuyaient le déluge. Zeus transforma leur misérable cabane en un temple, dont ils furent les prêtres. Ils moururent le même jour; Philémon fut métamorphosé en chêne et Baucis en tilleul.

philharmonique [filaʀmɔnik] adj. *Société philharmonique :* groupe composé d'amateurs de musique; petit orchestre de musiciens amateurs. – *Orchestre philharmonique* : grand orchestre symphonique.

Philidor (François André Danican, dit) (1726 – 1795), compositeur français; l'un des créateurs de l'opéra-comique en France.

-philie. V. phil(o)-.

Philipe (Gérard) (1922 – 1959), acteur français de théâtre (Théâtre national populaire : *le Cid, le Prince de Hombourg, Lorenzaccio*) et de cinéma *(le Diable au corps, Fanfan la Tulipe)*.

Philippe (saint) (Ier s.), un des douze apôtres. Il aurait évangélisé la Scythie et la Phrygie, avant de mourir martyr à Hiérapolis.

Philippe Neri (saint) (1515 – 1595), fondateur de la congrégation de l'Oratoire à Rome (1564).

ANTIQUITÉ

Philippe II (v. 382 – 336 av. J.-C.), roi de Macédoine de 356 à sa mort. Régent à la mort de son frère Perdiccas III (359), il évinça son neveu, Amyntas IV et régna. Il réorganisa le gouvernement et les finances, perfectionna la phalange macédonienne, s'empara notam. des colonies athéniennes d'Amphipolis, Potidée et Pydna (357-356). À Athènes, Démosthène essaya vainement, pendant dix ans, de dénoncer (dans ses *Philippiques*) l'expansion macédonienne. Les forces coalisées de Thèbes et d'Athènes furent écrasées à Chéronée en 338, et la Grèce entière (sauf Sparte) revint au Macédonien. Alors qu'il préparait une grande expédition contre les Perses, il fut assassiné, peut-être par l'une de ses épouses, Olympias, mère d'Alexandre le Grand. — **Philippe V** (v. 237 – 179 av. J.-C.), avant-dernier roi de Macédoine (221-179 av. J.-C.); il fut vaincu par Flamininus à Cynoscéphales (197).

BOURGOGNE

Philippe II le Hardi (1342 – 1404), duc de Bourgogne (1363-1404), duché qu'il reçut en apanage de son père, Jean le Bon, roi de France. Son mariage avec Marguerite de Flandre (1354) lui apporta notam. la Flandre et l'Artois. Corégent de France pendant la minorité de Charles VI, puis durant la démence du roi, il défendit exclusivement les intérêts de ses États. — **Philippe III le Bon** (1396 – 1467), duc de Bourgogne (1419-1467). L'assassinat de son père Jean sans Peur par les Armagnacs le poussa à s'allier aux Anglais contre la France; en 1435 (traité d'Arras), il se réconcilia avec le roi de France Charles VII. Ce prince éclairé, protecteur des arts, accrut fortement ses possessions : Tournai, Namur, Hainaut, Zélande, Frise, Luxembourg (V. Pays-Bas bourguignons). Il fut le père de Charles le Téméraire.

ESPAGNE

Philippe Ier le Beau (1478 – 1506), fils de Maximilien d'Autriche et de Marie de Bourgogne; prince des Pays-Bas (1482-1506), et roi de Castille (1504-1506) par son mariage avec Jeanne la Folle, dont il eut six enfants, parmi lesquels les futurs empereurs Charles Quint et Ferdinand Ier. — **Philippe II** (1527 – 1598), fils de Charles Quint et d'Isabelle de Portugal; roi d'Espagne (1556-1598), de Naples, de Sicile, de Portugal (1580-1598), seigneur des Pays-Bas (V. Pays-Bas espagnols), etc. Dès le début de son règne il signa le traité du Cateau-Cambrésis (1559) avec le roi de France Henri II, qui lui abandonna l'Italie et lui donna en mariage sa fille Élisabeth. Prince autoritaire et pieux, il élimina le protestantisme (1559-1560) et écrasa la révolte des morisques de Grenade (1568-1571). Contre les Turcs, il remporta une grande victoire navale (Lépante, 1571). Dans les Pays-Bas espagnols, il adopta des mesures violentes qu'appliqua le duc d'Albe de 1567 à 1573. Dans le Nord (Pays-Bas actuels), il réprima *la révolte des gueux*, qui avait éclaté en 1566; l'Angleterre apportant son appui aux rebelles, ceux-ci proclamèrent en 1572 l'indépendance des Provinces-Unies (nom adopté en 1588). Dans le Sud (Belgique et Luxembourg actuels), le duc d'Albe fit exécuter Egmont et Hornes sur la Grand-Place de Bruxelles en 1568; la Flandre et le Hainaut se soulevèrent mais le Sud catholique eut peur du Nord protestant et le nouvel envoyé de Philippe II, Alexandre Farnèse, reconquit le Sud (1581-1588). En 1580, l'Espagne conquit le Portugal. Contre l'Angleterre, Philippe II lança en 1588 *l'Invincible Armada*, dont la déroute marqua la fin de la suprématie maritime de l'Espagne. Contre la France, il soutint la Ligue contre Henri III, puis Henri IV, mais dut signer avec ce dernier la paix de Vervins (1598). Toutes ces guerres ruinèrent l'État (banqueroute de 1596). Toutefois, le règne de Philippe II ouvre le «Siècle d'Or». — **Philippe III** (1578 – 1621), fils du préc. et de sa quatrième épouse, Anne d'Autriche; roi d'Espagne, de Portugal, etc. (1598-1621). Il laissa le pouvoir à des favoris. — **Philippe IV** (1605 – 1665), fils du préc. et de Marguerite de Styrie; roi d'Espagne, de Naples, de Sicile, etc. (1621-1665), roi de Portugal (1621-1640). Il laissa gouverner Olivares et Luis de Haro. — **Philippe V** (1683 – 1746), petit-fils de Louis XIV; roi d'Espagne (1700-1746), le premier Bourbon d'Espagne. La guerre de la Succession d'Espagne lui assura la couronne, définitivement reconnue en 1713 (paix d'Utrecht). Mais en 1718, la Quadruple-Alliance lui infligea la défaite navale de Passero. En 1739, l'Angleterre, mécontente de l'expansion maritime et coloniale de l'Espagne, lui déclara la guerre. Philippe V se rapprocha alors de la France et s'engagea dans la guerre de la Succession d'Autriche.

FRANCE

Philippe Ier (v. 1052 – 1108), roi de France (1060-1108), fils et successeur d'Henri Ier et d'Anne de Kiev. Il régna jusqu'en 1066 sous la tutelle de Baudouin V de Flandre. Il jugula les féodaux et annexa divers territ.; en Flandre, il s'opposa en vain à Robert le Frison (défaite de Cassel, 1071). Sensible à la menace anglo-normande, il soutint Robert Courteheuse, révolté contre son père Guillaume le Conquérant (1066-1087), puis contre Guillaume II le Roux (1087-1100). Affaibli par son excommunication (1095), due à la répudiation de Berthe de Hollande et à son remariage avec Bertrade de Montfort (1092), il se réconcilia avec l'Église en 1104. — **Philippe II Auguste** (1165 – 1223), roi de France (1180-1223), le premier qui se donna officiellement ce titre; fils de Louis VII et d'Adèle de Champagne. Dernier Capétien sacré du vivant de son prédécesseur, il quadrupla le domaine royal. À l'O., il mena une longue lutte contre les Plantagenêts, exploitant leurs dissensions familiales; vaincu par Richard Cœur de Lion (avec qui il avait participé à la 3e croisade) en 1194 et en 1198, il s'opposa dès 1199 à Jean sans Terre, frère de Richard Cœur de Lion et nouveau roi d'Angleterre. Ayant fait appel aux milices communales, il vainquit à Bouvines (1214) et finalement écrasa la coalition formée par Jean sans Terre, l'empereur Otton et le comte de Flandre, s'assurant ainsi la possession de la Normandie, qu'il avait annexée en 1200-1204. En outre, il acquit l'Amiénois (1185), l'Auvergne (1201) et la Champagne (1213). Il affaiblit le pouvoir des seigneurs, en multipliant les chartes communales, en protégeant les marchands, et surtout en créant des baillis et des sénéchaux. À partir de 1200, il fut en difficulté avec la papauté car il répudia Isambour (Ingeborg) de Danemark pour épouser Agnès de Méran. — **Philippe III le Hardi** (1245 – 1285), roi de France (1270-1285); fils et successeur de Louis IX et de Marguerite de Provence. Il recueillit l'héritage d'Alphonse de Poitiers, notam. le comté de Toulouse (1271) et affronta Pierre III d'Aragon qui fomenta les Vêpres* siciliennes. Il mourut au cours de la «croisade d'Aragon», qui fut un échec. — **Philippe IV le Bel** (1268 – 1314), roi de France (1285-1314); fils du préc. et d'Isabelle d'Aragon. En 1284, son mariage avec Jeanne de Navarre lui donna la Champagne et la Navarre. Réaliste, il prit pour conseillers des hommes de valeur non issus de l'aristocratie : les légistes (c.-à-d. les spécialistes de droit romain), notam. Guillaume de Nogaret et Enguerrand de Marigny. Il reprit la lutte contre l'Angleterre (1294-1297), sans résultat, et contre la Flandre, qu'il replaça sous sa suzeraineté (1304). Peut-être dans l'espoir de relever les finances du royaume, il entama un procès contre les Templiers (1307-1314), dont il confisqua les biens : l'ordre fut supprimé (1312), ses dignitaires furent brûlés (1314). Il centralisa et même planifia le royaume (établissement d'un budget annuel). Un violent conflit avec la papauté (à partir de 1296) culmina en 1303 : Nogaret gifla et arrêta Boniface VIII à Anagni. Après la mort de ce dernier, Philippe soutint l'élection d'un pape français, Clément V, qui s'installa à Avignon (1309) sous la tutelle du roi de France. — **Philippe V le Long** (v. 1293 – 1322), roi de France (1316-1322), deuxième fils du préc.; régent puis roi après les quelques jours de règne de Jean Ier, son neveu (1316), car il obtint que Jeanne, sa nièce, renonçât à ses droits à la couronne (ce qui à jamais écartait les femmes du trône de France). Il réorganisa le pouvoir royal, ébranlé après la mort de Philippe le Bel et consulta souvent les états généraux. — **Philippe VI de Valois** (1293 – 1350), roi de France (1328-1350); fils de Charles de Valois (frère de Philippe le Bel) et de Marguerite de Sicile. Son prédécesseur, Charles IV, n'ayant laissé qu'une fille, Blanche, Philippe fut choisi comme roi (fondant la dynastie des Valois) contre Édouard III d'Angleterre, petit-fils (par sa mère Isabelle) de Philippe le Bel : la guerre de Cent Ans éclata; les défaites de L'Écluse (1340) et de Crécy-en-Ponthieu (1346) et la chute de Calais (1347) affaiblirent le royaume, en proie à la peste (1347-1348). Philippe acquit le Dauphiné (1343) et Montpellier (1349). Il créa (1341) un impôt sur le sel, la gabelle.

Philippe d'Orléans. V. Orléans (maisons d').

Philippe Égalité. V. Orléans (maisons d').

Philippe de Vitry (1291 - 1361), prélat, théoricien de la musique et compositeur français. Son traité *Ars nova musicæ* expose les principes de la notation mesurée et du contrepoint.

Philippe d'Édimbourg. V. Mountbatten (Philip).

Philippes, anc. ville macédonienne (Thrace). Octave et Antoine y écrasèrent Brutus et Cassius en 42 av. J.-C.

Philippeville. V. Skikda.

philippin, ine [filipɛ̃, in] adj. et n. Des îles Philippines. ▷ Subst. *Un(e) Philippin(e).*

Philippines (rép. des), archipel et État d'Asie du Sud-Est situé entre l'archipel indonésien et Taiwan, bordé à l'ouest par la mer de Chine et à l'est par l'océan Pacifique; 300000 km^2; 60684880 hab. (croissance : plus de 2,5 % par an); cap. *Manille.* Les plus import. des 7000 îles (dont moins de 1000 sont habitées) sont Luçon et Mindanao. Nature de l'État. : rép. Langue off. : tagalog (pilipino). Monnaie : peso philippin. Religion : catholicisme (84 %), protestantisme (8 %), islam (4 %).
Géogr. phys. et hum. – Les Philippines appartiennent à la «ceinture de feu» du Pacifique et sont bordées à l'E. d'une des fosses marines les plus profondes du monde (– 10800 m). L'archipel, marqué par un volcanisme actif et d'importants séismes, compte 23000 km de côtes. Le relief montagneux subit une violente érosion par des cours d'eau nombreux et courts. Les vallées et les rares plaines, aux sols volcaniques fertiles, concentrent la pop. Le climat est tropical humide, l'E. du pays étant toujours pluvieux. La forêt dense est en recul; la savane couvre 40 % du territ. La pop., d'origine malaise, compte quelques minorités ethniques (Négritos, Igorot, moro) et des étrangers (Chinois, Indonésiens, Européens). Elle a subi les influences esp. (90 % de catholiques) et amér. (40 % des hab. parlent l'anglais). La population et les villes (plus de 40 % des hab.) sont en croissance rapide.
Écon. – L'agriculture occupe plus de 40 % des actifs. 10 % des grands propriétaires possèdent 80 % des terres. Le défrichement accroît la surface agricole : riz et maïs 85 %; noix de coco, canne à sucre. Coprah, fruits, légumes, pêche, bois sont exportés. Les investissements japonais et américain ont soutenu une croissance industrielle rapide, notam. dans les zones franches de Manille. Les troubles intérieurs, l'instabilité politique, le surendettement pèsent sur le pays.
Hist. – Les Philippines appartinrent à divers empires maritimes, et notam. aux royaumes indo-malais de Crîvijaya et de Madjapalut (VIIe-XVIe s.). En 1521, Magellan découvrit l'archipel. En 1543, Villalobos lui donna son nom actuel en l'honneur de l'infant d'Espagne, le futur Philippe II. Quatre siècles de tutelle coloniale suivirent, marqués par la christianisation profonde du pays, jusque-là gagné à l'islam. Les nationalistes philippins profitèrent de la guerre hispano-américaine (1897), et de la défaite espagnole, pour proclamer une indépendance sans lendemain : les É.-U. annexèrent les Philippines en 1898, mais durent lutter contre le héros de l'indépendance, E. Aguinaldo, jusqu'en 1901. Peu à peu ils concédèrent des réformes, puis l'autonomie, dont le principe fut obtenu en 1916 par Manuel Quezón, qui devint en 1935 président d'un pays autonome. En déc. 1941, les Japonais conquirent l'archipel, chassant en 1942 MacArthur. Des maquis philippins s'organisèrent, probablement sous la direction des communistes; en oct. 1944, MacArthur revint et livra, jusqu'en avril 1945, une des plus dures batailles de la Seconde Guerre mondiale. En 1946, les Philippines accédèrent à l'indépendance, avec le libéral Roxas pour président. En contrepartie d'une importante aide, les É.-U. conservèrent dans le pays, jusqu'en 1992, les plus importantes installations militaires hors de leurs frontières. Élu président en 1965, Ferdinand Marcos se maintint au pouvoir jusqu'en 1986. Il réalisa une réforme agraire mais gouverna de manière autoritaire; de 1972 à 1981, il proclama la loi martiale pour combattre la Nouvelle Armée du peuple (N.A.P.), maoïste, et le Front de libération nationale moro (F.L.N.M.), musulman. L'assassinat, en 1983, de l'opposant Benigno Aquino déclencha un mouvement populaire qui aboutit, malgré le soutien de R. Reagan, à l'exil de Marcos en fév. 1986 et à son remplacement par la veuve de B. Aquino, Corazon Aquino. Elle rétablit la démocratie; l'oligarchie terrienne, évincée par Marcos, a paralysé la réforme agraire. Corruption, clientélisme et népotisme fleurirent. Les guérilleros (N.A.P., F.L.N.M. et indépendantistes de Mindanao) n'ont pas rendu les armes. C. Aquino (1986-1992) s'est s'appuyée sur la fraction légaliste de l'armée pour déjouer diverses tentatives de coup d'État (dont le plus grave en déc. 1989). Des élections générales ont eu lieu en mai 1992, portant Fidel Ramos, militaire de carrière, à la présidence. En sept. 1992, il a légalisé le parti communiste. En 1995, le parti de Ramos a remporté les législatives. En 1997, le gouv. a conclu avec le F.L.N.M. un accord de paix et de développement des Philippines du Sud.

philippique [filipik] n. f. Litt. Discours violent dirigé contre qqn.

Philippopolis. V. Plovdiv.

philistin [filistɛ̃] n. m. Homme vulgaire et inculte.

Philistins, peuple de l'Antiquité qui participa à la grande migration des Peuples de la Mer. Refoulés d'Égypte par Ramsès III au début du XIIe s. av. J.-C., ils s'installèrent sur la côte S. de la Palestine (dont le nom signifie : «pays des Philistins»), créant une confédération de Gaza, Ascalon, Eqron, Gat et Asdod. Ils luttèrent contre les Hébreux, à l'époque des Juges (V. Samson.); David les vainquit (Xe s. av. J.-C.).

philo-. V. phil(o)-.

Philoctète, dans la myth. gr., héros de la guerre de Troie; héritier de l'arc et des flèches d'Héraclès. Mordu par un serpent dans l'île de Lemnos, abandonné car sa blessure exhalait une odeur fétide, il y séjourna dix ans.

philodendron [filodɛ̃dʀɔ̃] n. m. Arbuste (fam. aracées), originaire d'Amérique centrale, aux feuilles décoratives.

philologie [filɔlɔʒi] n. f. Didac. Étude d'une langue, de sa grammaire, de son histoire d'après les textes. *Philologie grecque, latine, romane,* etc.

philologique [filɔlɔʒik] adj. Didac. Qui concerne la philologie.

philologue [filɔlɔg] n. Personne spécialiste de philologie.

Philombe (Philippe Louis Ombede, dit René) (né en 1930), romancier camerounais aux thèmes populaires : *Sola ma chérie* (1966), *Un sorcier blanc à Zangali* (1969), *Histoires queue-de-chat* (nouvelles, 1972).

Philon d'Alexandrie ou **Philon le Juif** (v. 20 av. J.-C. – 45 apr. J.-C.), philosophe grec d'origine juive. Il entreprit de concilier la doctrine biblique et la pensée hellénistique (platonisme, stoïcisme). Ses idées influencèrent les néo-platoniciens.

philosophale [filɔzɔfal] adj. f. *Pierre philosophale :* pierre qui, d'après les alchimistes, pouvait transmuter en or les métaux vils.

philosophe [filɔzɔf] n. et adj. **I.** n. **1.** Personne qui étudie la philosophie, qui s'efforce de découvrir les principes des sciences, de la morale, de la vie en général, et qui tente d'organiser ses connaissances en un système cohérent. **2.** Cour. Personne qui fait preuve d'égalité d'âme, qui supporte tout avec sérénité. *Il a pris en philosophe ce revers de fortune.* **II.** adj. Sage, tolérant, serein. *Savoir être philosophe.*

philosopher [filɔzɔfe] v. intr. [1] **1.** Traiter de sujets philosophiques. **2.** Argumenter, raisonner, discuter sur un sujet quelconque. ▷ Péjor. Argumenter de façon oiseuse.

philosophie [filɔzɔfi] n. f. **1.** Branche du savoir qui se propose d'étudier les principes et les causes au niveau le plus général, d'étudier les fondements des valeurs morales, et d'organiser les connaissances en un système cohérent. **2.** Recherche, étude des principes qui fondent une science, un art. *Philosophie de l'histoire, de la peinture.* **3.** Doctrine philosophique. *La philosophie de Descartes, de Heidegger.* **4.** Cour. Égalité d'humeur, calme, courage. *Supporter une disgrâce avec philosophie.* **5.** Matière d'enseignement comprenant la psychologie, la morale, la logique et la métaphysique.
ENCYCL Jusqu'à Descartes et Leibniz (XVIIe-déb. XVIIIe s.), la philosophie englobe l'ensemble des sciences et des recherches théoriques, inséparables d'une perspective métaphysique. Constatant les divergences idéologiques des philosophes et la certitude des mathématiques, Kant, à la fin du XVIIIe s., oriente la philosophie vers une théorie de la connaissance. La philosophie devient un retour critique du savoir sur lui-même. Au début du XIXe s., Hegel est le dernier philosophe qui tente une récapitulation du savoir (à l'aide de la dialectique) : la philosophie rencontre l'histoire et le devenir. Ses successeurs, néo-kantiens ou jeunes hégéliens, se trouveront face à une triple opposition où Marx, Nietzsche et Freud se proposent de démystifier l'*illusion philosophique,* de mettre à nu ce qu'elle cache ou déforme : la justification du système social, les déter-

minations inconscientes de la conscience. Au XXe s., le développement des sciences humaines a amorcé la crise de la philosophie en tant que réflexion totalisante.

philosophique [filɔzɔfik] adj. **1.** Qui appartient à la philosophie. *Mener des recherches philosophiques.* **2.** Empreint de sagesse.

philosophiquement [filɔzɔfikmɑ̃] adv. **1.** Du point de vue de la philosophie. **2.** À la manière des philosophes, avec sérénité.

philtre [filtʀ] n. m. Breuvage magique propre à inspirer l'amour.

phimosis [fimozis] n. m. MED Étroitesse anormale du prépuce, qui empêche de découvrir le gland.

phlébite [flebit] n. f. Thrombose veineuse siégeant en général aux membres inférieurs et survenant le plus souvent chez les cardiaques, les accouchées, les opérés récents.

phlébologie [flebɔlɔʒi] n. f. MED Branche de la médecine qui étudie les veines et le traitement de leurs affections.

phlébotome [flebɔtɔm] n. m. ZOOL Petit diptère voisin des moustiques (genre *Phlebotomus*) des régions méditerranéennes et tropicales, vecteur de leishmanioses.

phlébotomie [flebɔtɔmi] n. f. CHIR Incision de la paroi d'une veine.

phlegmon [flɛgmɔ̃] n. m. Infiltration purulente aiguë du tissu sous-cutané ou du tissu conjonctif d'un organe. *Phlegmon circonscrit, diffus.*

phlox [flɔks] n. m. inv. Plante ornementale herbacée aux fleurs de couleurs variées, originaire d'Amérique.

phlyctène [fliktɛn] n. f. MED Vésicule sous-cutanée remplie de sérosité transparente. Syn. cour. ampoule.

Phnom Penh, capitale et principal port fluvial du Cambodge, au confl. du Mékong inférieur et du Mékong supérieur, du Tonlé Sap et du Bassac (Quatre-Bras); env. 920000 hab. (estimation 1994). Centre commercial; industr. alimentaires, textiles et du bois. – Fondée au XVe s., cap. du pays jusqu'au XVIe s., la ville redevint cap. en 1866. La ville moderne, bâtie pendant la période du protectorat français, possède de larges avenues aérées. Les Khmers rouges entrèrent dans Phnom Penh le 17 avril 1975 et entreprirent d'en déporter les habitants à la campagne. En 1979, les Khmers rouges en furent chassés par les troupes vietnamiennes. Depuis le retour de la paix en 1991, la ville retrouve, peu à peu, son visage d'antan. (V. dossier Cambodge, p .1397 .) – Musée national d'art khmer.

pho [fø] n. m. inv. (Viêt-nam) Soupe chinoise au bœuf. *Pho hanoien.*

-phobe, -phobie. Éléments, du gr. *phobos,* «crainte».

phobie [fɔbi] n. f. **1.** PSYCHIAT Peur irraisonnée, angoissante et obsédante, de certains objets, de certaines situations. **2.** Cour. Crainte ou aversion. *Il a la phobie du travail.*

phobique [fɔbik] adj. et n. PSYCHIAT **1.** Qui a rapport à la phobie. *Névrose phobique.* **2.** Qui est atteint de phobie. ▷ Subst. *Un, une phobique.*

Phocée, anc. v. d'Asie Mineure (Ionie), dans le golfe de Smyrne. Une colonie de Phocéens fonda *Massalia* (V. Marseille) au VIe s. av. J.-C.

phocomèle [fɔkɔmɛl] adj. et n. MED Se dit d'un handicapé congénital dont les mains (ou les pieds) sont soudés au tronc, les membres supérieurs (ou inférieurs) faisant défaut.

Phœbus. V. Phébus.

phœniciculture [fenisikyltyʀ] n. f. AGRIC Culture du dattier.

phœnicoptériformes ou **phénicoptériformes** [fenikɔpteʀifɔʀm] n. m. pl. ORNITH Ordre d'oiseaux palmipèdes comprenant les flamants. – Sing. *Un phœnicoptériforme* ou *un phénicoptériforme.*

phœnix ou **phénix** [feniks] n. m. BOT Genre de palmiers des régions tropicales comprenant le dattier et des palmiers ornementaux.

Phoenix, ville du centre de l'île Maurice; 56000 hab.

Phoenix, v. des É.-U., cap. de l'Arizona, sur la Salt River; 983400 hab. Marché d'une oasis prospère grâce à l'irrigation (barrage Roosevelt). Industries.

pholade [fɔlad] n. f. ZOOL Mollusque lamellibranche à coquille blanche rugueuse, qui vit dans des trous qu'il creuse dans le calcaire tendre au voisinage des côtes.

pholidotes [fɔlidɔt] n. m. pl. ZOOL Ordre de mammifères qui ne comprend que les pangolins. – Sing. *Un pholidote.*

pholque [fɔlk] n. m. ENTOM Aranéide commune à très longues pattes et à petit corps.

phon-, phono-, -phone, -phonie. Éléments, du gr. *phônê,* «voix, son».

phonateur, trice [fɔnatœʀ, tʀis] ou **phonatoire** [fɔnatwaʀ] adj. PHYSIOL, LING Qui a rapport à la phonation. *La fonction phonatoire du larynx.*

phonation [fɔnasjɔ̃] n. f. PHYSIOL, LING Production des sons par les organes vocaux.

-phone. V. phon-.

phone [fɔn] n. m. PHYS Unité sans dimension mesurant l'intensité subjective des sons et des bruits.

phonème [fɔnɛm] n. m. LING Unité fondamentale de la description, en phonologie, consistant en un ensemble de traits distinctifs.

phonéticien, enne [fɔnetisjɛ̃, ɛn] n. Spécialiste de phonétique.

phonétique [fɔnetik] adj. et n. f. LING **1.** adj. Relatif aux sons du langage. *Alphabet phonétique international (API). Description phonétique.* **2.** n. f. Branche de la linguistique ayant pour objet la description physique des sons de la parole. – *Phonétique articulatoire,* qui étudie l'émission des sons par les organes de la parole. – *Phonétique acoustique,* qui étudie la structure physique des sons. – *Phonétique historique,* qui étudie les changements des sons intervenus au cours de l'histoire d'une langue.

phonétisme [fɔnetism] n. m. LING Structure phonétique (d'une langue).

phoniatrie [fɔnjatʀi] n. f. Didac. Branche de la médecine qui étudie la phonation et le traitement de ses troubles.

-phonie. V. phon-.

phonie [fɔni] n. f. RADIOELECTR Transmission des messages par la voix (par oppos. à *graphie,* transmission par signaux morse).

phonique [fɔnik] adj. Relatif aux sons ou à la voix.

phono-. V. phon-.

phonogramme [fɔnɔgʀam] n. m. **1.** Didac. Tracé de l'enregistrement des vibrations sonores de la voix humaine. **2.** LING Signe qui représente un son (par oppos. à l'*idéogramme*).

phonographe [fɔnɔgʀaf] n. m. Ancien appareil mécanique servant à reproduire les sons, auj. remplacé par l'électrophone. (Abrév. : phono).

phonographique [fɔnɔgʀafik] adj. Qui a rapport à l'enregistrement sonore (notam. à l'enregistrement sur disque).

phonologie [fɔnɔlɔʒi] n. f. LING Branche de la linguistique qui s'attache à décrire les systèmes de phonèmes des langues. – *Phonologie structurale :* V. encycl. linguistique.

phonologue [fɔnɔlɔg] n. LING Spécialiste de phonologie.

phonométrie [fɔnɔmetʀi] n. f. TECH Mesure de l'intensité des sons.

phonon [fɔnɔ̃] n. m. PHYS Quantum d'énergie du champ d'agitation thermique des noyaux. (Il transporte l'énergie *hf, h* étant la constante de Planck et *f* la fréquence d'oscillation.)

phonothèque [fɔnɔtɛk] n. f. Établissement où sont conservés des documents sonores (disques, bandes magnétiques, etc.).

phoque [fɔk] n. m. Mammifère marin côtier (ordre des pinnipèdes), de grande taille (de 1,50 m à plus de 5 m), aux oreilles sans pavillon, à la fourrure rase, aux pattes postérieures inaptes à la locomotion terrestre, qui se nourrit de poissons et de mollusques. *Le phoque moine vit en mer Méditerranée et sur la côte nord-ouest de l'Afrique, notam. près du Cap Blanc; le phoque du Groenland, l'espèce la plus nordique, fréquente la banquise où sont mis au monde les jeunes à toison blanche; le phoque veau-marin habite la zone subarctique et peut vivre en eau douce; le phoque de Weddel vit dans l'Antarctique et en particulier dans les îles Kerguelen.* ▷ Fourrure de cet animal.

-phore. Élément, du gr. *pherein,* «porter».

phosphatage [fɔsfataʒ] n. m. AGRIC Action de phosphater le sol.

phosphate [fɔsfat] n. m. **1.** CHIM Anc. Sel ou ester de l'acide phosphorique. ▷ Mod. (Dans la nouvelle nomenclature.) Anion oxygéné du phosphore. **2.** Engrais contenant du phosphore et généralement aussi du calcium. (V. superphosphate.)

phosphaté, ée [fɔsfate] adj. **1.** Didac. Qui est à l'état de phosphate. ▷ Qui renferme des phosphates. *Engrais phosphaté.* **2.** Cour. Se dit de préparations qui contiennent du phosphate de calcium. *Bouillie phosphatée.*

phosphater [fɔsfate] v. tr. [1] Corriger les carences d'une terre en phosphates et calcium avant une culture.

phosphatier, ère [fɔsfatje, ɛʀ] adj. (Afr. subsah.) Relatif aux phosphates. *Port phosphatier.*

phosphato-calcique [fɔsfatokalsik] adj. AGRIC Se dit d'un engrais contenant du phosphore et du calcium.

phosphaturie [fɔsfatyʀi] n. f. MED Élimination des phosphates par l'urine.

phosphène [fɔsfɛn] n. m. PHYSIOL Sensation lumineuse provoquée par un choc sur le globe oculaire ou par une excitation électrique, la paupière étant fermée.

phospho-. CHIM Élément, de *phosphore.*

phospholipide [fɔsfolipid] n. m. BIOCHIM Lipide phosphoré présent dans toutes les cellules vivantes, dont le rôle métabolique est très important. *Les lécithines sont des phospholipides.*

phosphore [fɔsfɔʀ] n. m. Élément non métallique de numéro atomique Z=15 (symbole P). *L'élément phosphore est indispensable à l'organisme.* – Corps simple (P), solide à température ordinaire et dont il existe deux variétés allotropiques : le *phosphore blanc,* très toxique et le *phosphore rouge,* non toxique. *Le phosphore est l'un des principaux éléments fertilisants utilisés en agriculture.* – *Luminescence du phosphore blanc :* V. phosphorescence.

phosphoré, ée [fɔsfɔʀe] adj. Additionné de phosphore; qui contient du phosphore.

phosphorescence [fɔsfɔʀɛsɑ̃s] n. f. **1.** Cour. Luminescence du phosphore blanc, due à son oxydation spontanée à l'air libre. – *Par ext.* Luminescence d'un corps quelconque. ▷ Luminescence d'un être vivant. *La phosphorescence du ver luisant.* **2.** PHYS Propriété que présentent certains corps d'émettre de la lumière après avoir été soumis à un rayonnement, visible ou non (lumière, rayons ultraviolets, chaleur, etc.).

phosphorescent, ente [fɔsfɔʀɛsɑ̃, ɑ̃t] adj. **1.** Qui émet une lueur dans l'obscurité sans dégagement de chaleur. *La noctiluque est phosphorescente.* ▷ Qui semble émettre une lueur (en réfléchissant la moindre lumière captée). *Les yeux phosphorescents des chats.* **2.** PHYS Luminescent par phosphorescence (au sens 2). ▷ Cour. Qui évoque la lumière émise par les corps phosphorescents (au sens 2). *Un vert phosphorescent.*

phosphoreux, euse [fɔsfɔʀø, øz] adj. Didac. Qui contient du phosphore. *Fonte phosphoreuse.* ▷ CHIM *Anhydride phosphoreux,* de formule P_2O_3, obtenu lors de la combustion lente du phosphore. – *Acide phosphoreux,* de formule H_3PO_3.

phosphorique [fɔsfɔʀik] adj. CHIM *Anhydride phosphorique,* de formule P_2O_5, obtenu lors de la combustion vive du phosphore. ▷ *Acide phosphorique,* de formule H_3PO_4.

-phot, -phote, photo-. Éléments, du gr. *phôs, phôtos,* «lumière».

phot [fɔt] n. m. PHYS Unité d'éclairement égale à 10000 lux, soit 1 lumen par cm^2 (symbole ph).

Photius ou **Photios** (v. 820 – 895), patriarche de Constantinople. Luttant contre l'autorité du pape Nicolas Ier, il le fit déposer par le 4e concile de Constantinople (869-870), ce qui annonce le schisme d'Orient (XIe s.).

photo [fɔto] n. f. V. photographie.

photobiologie [fɔtobjɔlɔʒi] n. f. BIOL Étude de l'action de la lumière sur les organismes vivants.

photochimie [fɔtoʃimi] n. f. CHIM Étude des réactions chimiques produites ou favorisées par la lumière.

photochromisme [fɔtokʀɔmism] n. m. TECH Phénomène caractérisé par une variation réversible du spectre d'absorption d'un corps suivant l'intensité lumineuse qu'il reçoit.

photocomposition [fɔtokɔ̃pozisjɔ̃] n. f. TECH Composition photographique d'un texte destiné à l'impression.

photoconducteur, trice [fɔtokɔ̃dyktœʀ, tʀis] adj. ELECTR Qui est caractérisé par la photoconduction.

photoconduction [fɔtokɔ̃dyksjɔ̃] n. f. ELECTR Variation de la résistivité d'un corps conducteur sous l'action de la lumière.

photocopie [fɔtokɔpi] n. f. Reproduction photographique d'un document.

photocopier [fɔtokɔpje] v. tr. [1] Effectuer la photocopie de.

photocopieur [fɔtokɔpjœʀ] n. m. ou **photocopieuse** [fɔtokɔpjøz] n. f. Appareil pour la photocopie.

photodiode [fɔtodjɔd] n. f. ELECTRON Diode dans laquelle un rayon lumineux incident provoque une variation du courant électrique et peut, ainsi, déclencher un mécanisme électronique.

photoélectricité [fɔtoelɛktʀisite] n. f. ELECTR Ensemble des phénomènes électriques liés à l'action des radiations (visibles ou non) sur certains corps. ▷ *Spécial.* Photoémission.

photoélectrique [fɔtoelɛktʀik] adj. ELECTR *Effet photoélectrique :* émission d'électrons sous l'effet de la lumière (photoémission), ou, plus généralement, sous l'action d'un rayonnement électromagnétique. ▷ *Cellule photoélectrique :* dispositif fondé sur l'effet photoélectrique, destiné à mesurer l'intensité d'un flux lumineux. – *Par ext.* Tout dispositif de mesure d'un flux lumineux.

photoémission [fɔtoemisjɔ̃] n. f. ELECTRON Émission d'électrons sous l'action de la lumière.

photofission [fɔtofisjɔ̃] n. f. PHYS NUCL Fission d'un atome sous l'action de photons.

photogénique [fɔtoʒenik] adj. **1.** Qui donne des images photographiques nettes, de bonne qualité. *Texture, matière photogénique.* **2.** Cour. Qui est plus beau en photographie qu'au naturel. *Visage photogénique.*

photogrammétrie [fɔtogʀametʀi] n. f. TECH Ensemble des techniques permettant de mesurer et de situer les objets dans les trois dimensions de l'espace par l'analyse d'images perspectives (le plus souvent photographiques) en deux dimensions. *Traçage des cartes par photogrammétrie à partir de vues aériennes.*

photographe [fɔtogʀaf] n. **1.** Personne qui photographie. *Photographe amateur.* – Professionnel de la photographie. *Photographe de presse, de mode.* **2.** Commerçant, professionnel qui se charge du développement et du tirage des films qu'on lui confie, de la vente de matériel photographique.

photographie [fɔtogʀafi] ou, cour., **photo** [fɔto] n. f. **1.** Art de fixer durablement l'image des objets par utilisation de l'action de la lumière sur une surface sensible. *Les applications de la photographie dans le domaine des sciences.* – Art et technique de la prise de vue photographique (on dit presque exclusivement *photo,* en ce sens). *Faire de la photo; aimer la photo. Des appareils photo.* **2.** Image obtenue par photographie. *Prendre, développer, tirer des photos.* – *Spécial.* Image d'une personne obtenue par photographie. *Photo d'identité. Prendre une photo de qqn; prendre qqn en photo.* **3.** Fig. Image, reproduction exacte. *Son rapport était une photographie très complète de la situation.*
ENCYCL Le procédé photographique repose sur deux principes : la formation de l'image dans la chambre noire, et la sensibilité à la lumière des composés halogénés de l'argent. Un appareil photographique comprend essentiellement : une chambre noire; un objectif avec diaphragme; un dispositif de mise au point déplaçant tout ou partie de l'objectif par rapport au plan de la surface sensible; un viseur destiné au cadrage et, parfois, au contrôle de la mise au point et des différents réglages; un obturateur; éventuellement, des appareils permettant de mesurer l'éclairement du sujet et la distance; un dispositif servant à contenir ou à introduire la surface sensible. La photographie, en outre, fonctionne selon d'autres procédés que ceux utilisant les composés halogénés d'argent.

photographier [fɔtogʀafje] v. tr. [1] **1.** Enregistrer l'image de (qqn, qqch) par la photographie. *Photographier un monument.* **2.** Fig. Enregistrer avec précision dans son esprit l'image de (qqn, qqch). ▷ Faire une peinture, une description très minutieuse de. *Balzac a photographié la société de son temps.*

photographique [fɔtogʀafik] adj. Qui appartient, qui sert à la photographie. *Appareil photographique* ou, abrév., *appareil photo.* – Obtenu par photographie. *Cliché photographique.* ▷ Fig. *Une précision photographique.*

photograveur [fɔtogʀavœʀ] n. m. Spécialiste de la photogravure.

photogravure [fɔtogʀavyʀ] n. f. Ensemble des opérations conduisant à l'obtention, par voie photographique, de clichés dont les éléments imprimants sont en relief, en creux ou à plat, selon le procédé d'impression auquel on les destine; image obtenue, reproduite d'après ce cliché.

photo-interprétation [fɔtoɛ̃tɛʀpʀetasjɔ̃] n. f. TECH Analyse de photographies aériennes en vue d'établir des cartes (topographiques, pédologiques, etc.). *Des photo-interprétations.*

photolithographie [fɔtolitogʀafi] n. f. **1.** Ensemble des procédés de gravure photochimique où la forme imprimante ne comporte ni relief ni creux. **2.** ELECTRON Technique de fabrication de circuits intégrés consistant à créer des parties oxydées sur la surface d'une puce de silicium exposée aux rayons ultraviolets.

photoluminescence [fɔtolyminɛsɑ̃s] n. f. Didac. Luminescence d'un corps qui renvoie une radiation d'une longueur d'onde différente de celle qu'il absorbe.

photolyse [fɔtoliz] n. f. CHIM Décomposition chimique sous l'action de la lumière.

photomécanique [fɔtomekanik] adj. TECH Se dit de tout procédé de reproduction qui permet de créer des clichés, des matrices ou des planches d'impression par des moyens photographiques ou photochimiques.

photomètre [fɔtomɛtʀ] n. m. TECH Appareil servant à mesurer l'intensité lumineuse.

photométrie [fɔtometʀi] n. f. PHYS Mesure de l'intensité d'une source lumineuse.

photon [fɔtɔ̃] n. m. PHYS Particule de masse et de charge nulles associée à un rayonnement lumineux ou électromagnétique.

photopériodisme [fɔtopeʀjɔdism] n. m. BOT Ensemble des phénomènes liés à la succession du jour et de la nuit, qui affectent la vie des plantes.

photophore [fɔtofɔʀ] n. m. **1.** Lampe à réflecteur. *Photophore de mineur, de spéléologue,* destiné à être fixé au casque. ▷ Lampe portative à manchon incandescent. **2.** Coupe décorative en verre, destinée à recevoir une bougie ou une veilleuse.

photopile [fɔtopil] n. f. TECH Dispositif qui transforme en électricité l'énergie lumineuse qu'il reçoit, appelé aussi *batterie* (ou *pile*) *solaire. Satellite, pompe, village alimentés en électricité par des photopiles.*

photorécepteur, trice [fɔtoʀeseptœʀ, tʀis] n. m. et adj. BIOL Zone d'un organisme spécialisée dans la réception des ondes lumineuses. ▷ adj. *Cellule photoréceptrice.*

photorésistance [fɔtoʀezistɑ̃s] n. f. ELECTR Résistance constituée de semi-conducteurs, dont la résistivité diminue lorsque l'éclairement augmente.

photosensibilisation [fɔtosɑ̃sibilizasjɔ̃] n. f. MED État d'hypersensibilité de la peau aux rayons solaires, qui entraîne une réaction inflammatoire ou allergique (démangeaisons, eczéma, etc.).

photosensible [fɔtosɑ̃sibl] adj. TECH Sensible à la lumière, qui peut être impressionné par la lumière.

photosphère [fɔtosfɛʀ] n. f. ASTRO La plus profonde des couches observables du Soleil, d'où parvient à s'échapper la quasi-totalité du rayonnement solaire.

photostyle [fɔtostil] n. m. INFORM Dispositif d'entrée, en forme de crayon, que l'opérateur pointe directement sur un écran d'ordinateur.

photosynthèse [fɔtosɛ̃tɛz] n. f. BIOL, BOT Synthèse de substances organiques effectuée par les plantes vertes exposées à la lumière.
ENCYCL La photosynthèse consiste en la transformation de l'énergie lumineuse en énergie chimique : à partir du gaz carbonique atmosphérique et de l'eau, les plantes vertes réalisent la synthèse de glucides (substances organiques riches en énergie) grâce à l'énergie lumineuse emmagasinée par la chlorophylle, pigment contenu dans les feuilles de ces plantes.

phototactisme [fɔtotaktism] n. m. BIOL Tactisme commandé par la lumière.

photothèque [fɔtotɛk] n. f. Lieu où l'on conserve une collection de documents photographiques. ▷ Cette collection elle-même.

photothérapie [fɔtoteʀapi] n. f. MED Utilisation thérapeutique de la lumière.

phototropisme [fɔtotʀɔpism] n. m. BOT Tropisme commandé par la lumière. *Phototropisme positif des fleurs et des feuilles des végétaux. Phototropisme négatif des racines.*

phototype [fɔtotip] n. m. TECH Image photographique obtenue directement à partir du sujet.

phototypie [fɔtotipi] n. f. TECH Procédé de reproduction par tirage aux encres grasses, dans lequel on insole une plaque sensible placée sous un phototype.

photovoltaïque [fɔtovɔltaik] adj. TECH *Effet photovoltaïque :* apparition d'une différence de potentiel entre deux couches d'une plaquette de semi-conducteur dont les conductibilités sont opposées, ou entre un semi-conducteur et un métal, sous l'effet d'un flux lumineux. – *Cellule photovoltaïque :* générateur, appelé aussi *photopile,* qui utilise l'effet photovoltaïque.

Phou Bia. V. Bia (pic).

phragmite [fʀagmit] n. m. **1.** BOT Plante herbacée (fam. graminées) des lieux humides, dont une espèce est le roseau commun. **2.** ORNITH Fauvette des roseaux (genre *Acrocephalus*).

phrase [fʀɑz] n. f. **1.** Assemblage de mots, énoncé, qui présente un sens complet. *Phrase correcte, élégante, mal construite, boiteuse. Sujet et prédicat d'une phrase. Phrase ne comportant qu'un mot,* ou *mot-phrase.* (Ex. : *Cours!*) ▷ Au plur. *Faire des phrases :* avoir un langage affecté, tenir des discours vains et prétentieux. – *Sans phrases :* sans ambages, sans détours. **2.** MUS Suite de notes ou d'accords présentant une certaine unité et dont la fin est marquée par un repos (cadence ou silence).

phrasé [fʀɑze] n. m. MUS Art de phraser; façon de phraser.

phraséologie [fʀazeɔlɔʒi] n. f. **1.** Manière de construire les phrases, particulière à un milieu, à une époque, etc., ou propre à un écrivain. *La phraséologie de Zola.* **2.** Péjor. Usage de phrases verbeuses.

phraséologique [fʀazeɔlɔʒik] adj. **1.** Qui a rapport à la phraséologie (sens 1), à une phraséologie déterminée. **2.** Péjor. Marqué par la phraséologie (sens 2). *Style obscur et phraséologique.*

phraser [fʀɑze] v. tr. [1] MUS Jouer ou chanter (un air, un fragment de mélodie) en faisant clairement sentir le développement des phrases musicales.

phraseur, euse [fʀɑzœʀ, øz] n. et adj. Personne qui phrase, déclamateur prétentieux. ▷ adj. *Éloquence phraseuse.*

phrastique [fʀastik] adj. LING De la phrase; qui a rapport à la phrase. *Analyse phrastique du discours.*

phratrie [fʀatʀi] n. f. ETHNOL Groupe de clans au sein d'une tribu.

phréatique [fʀeatik] adj. GEOL *Nappe phréatique :* nappe d'eau souterraine, permanente ou temporaire, alimentée par les eaux d'infiltration et utilisable par le forage de puits.

phréatophyte [fʀeatofit] n. m. ECOL Plante dont les longues racines pivotantes peuvent capter l'eau d'une nappe phréatique en saison sèche, et qui contribue ainsi à la désertification des régions semi-arides.

phrénique [fʀenik] adj. (et n. m.) ANAT Du diaphragme. *Nerf phrénique* ou, n. m., *le phrénique.*

phrygane [fʀigan] n. f. ENTOM Insecte dont les larves, aquatiques, se protègent en construisant un fourreau à l'aide de divers matériaux (grains de sable, brindilles, etc.).

Phrygie, anc. contrée du N.-O. de l'Asie Mineure, entre le Pont-Euxin et la mer Égée (ses limites ont considérablement varié au cours du temps); v. princ. Gordion, Dorylée, Hiérapolis, Colosses, Laodicée. Les Phrygiens, Indo-Européens qui émigrèrent de Thrace et de Macédoine pour s'installer dans cette contrée v. le XIIe s. av. J.-C., constituèrent le puissant royaume de Midas (VIIIe s. av. J.-C.), démantelé par les Cimmériens au VIIe s. av. J.-C. La Phrygie tomba ensuite aux mains de la Lydie (VIe s. av. J.-C.), des Perses (546 av. J.-C.), des Galates (v. 275 av. J.-C.), des rois de Pergame (188 av. J.-C.) et des Romains (133 av. J.-C.).

phrygien, enne [fʀiʒjɛ̃, ɛn] adj. **1.** ANTIQ GR De Phrygie; relatif à la Phrygie, à ses habitants. ▷ Subst. *Un(e) Phrygien(ne).* **2.** Mod. *Bonnet* phrygien.*

phryne [fʀin] n. f. ZOOL Arachnide à corps large et aplati et à longs appendices, qui affectionne les recoins sombres en Afrique tropicale humide, inoffensif malgré son aspect redoutable.

Phryné (IVe s. av. J.-C.), courtisane grecque; maîtresse et modèle du sculpteur Praxitèle (statues d'Aphrodite). Elle aurait été accusée d'impiété mais les juges l'acquittèrent, éblouis par sa beauté : Hypéride, son défenseur, la leur montra nue.

phtaléine [ftalein] n. f. CHIM Matière colorante formée par l'union de l'anhydride phtalique et d'un phénol.

phtalique [ftalik] adj. CHIM *Acide phtalique :* diacide de formule $C_6H_4(CO_2H)_2$ utilisé dans la fabrication des résines glycérophtaliques et de certains textiles synthétiques. – *Anhydride phtalique,* de formule $C_6H_4(CO)_2O$, utilisé dans la fabrication de parfums, de colorants, de plastifiants, etc.

phtiriase [ftiʀjaz] n. f. MED Dermatose prurigineuse causée par les poux de pubis.

phtisie [ftizi] n. f. Vx Tuberculose pulmonaire. – *Phtisie galopante :* tuberculose pulmonaire évoluant très rapidement.

phtisiologie [ftizjɔlɔʒi] n. f. MED Partie de la médecine qui étudie et traite la tuberculose (et partic. la tuberculose pulmonaire).

Phung Quan (né en 1932), poète et romancier vietnamien. Il anima avec Trân* Dân la revue *Giai Phâm* (Belles-Œuvres), créée en 1956 lors de la campagne « Que cent fleurs s'ouvrent et rivalisent en beauté » : *l'Enfance violente* (1993).

Phya Sam Sen Thaï (« le seigneur des trois cent mille Thaïs ») (mort en 1416), roi du Laos (1373-1416). Son nom dérive du nombre des adultes masculins donné par le recensement qu'il organisa dans son royaume en 1376. Il consolida l'œuvre de son père Fa* Ngum.

phycologie [fikɔlɔʒi] n. f. BOT Partie de la botanique qui étudie les algues.

phyll-, -phylle, phyllo-. Éléments, du gr. *phullon,* « feuille ».

phylloxéra ou **phylloxera** [filɔksеʀa] n. m. Puceron dont une espèce (*Phylloxera vastatrix*) parasite la vigne. ▷ Maladie de la vigne provoquée par cet insecte.

phylogenèse [filɔʒənɛz] ou **phylogénèse** [filɔʒenɛz] ou **phylogénie** [filɔʒeni] n. f. BIOL Modèle de la formation des espèces par évolution d'espèces ancestrales. ▷ Science qui étudie cette évolution et définit les phylums.

phylum [filɔm] n. m. BIOL Série animale ou végétale constituée d'espèces, de genres, de familles, etc., voisins ou descendant les uns des autres selon les lois de l'évolution.

physalie [fizali] n. f. ZOOL Siphonophore des mers chaudes, muni d'une volumineuse poche d'air rose violacé qui lui sert de flotteur et dangereux par ses nombreux filaments urticants.

physicalisme [fizikalism] n. m. PHILO Doctrine empiriste qui fait de la physique et de sa terminologie un modèle pour les sciences humaines.

physicien, enne [fizisjɛ̃, ɛn] n. Spécialiste de physique.

physico-chimique [fizikoʃimik] adj. Qui relève à la fois de la physique et de la chimie. *Des phénomènes physico-chimiques.*

physico-mathématique [fizikomatematik] n. f. Physique mathématique (V. physique 2).

physio-. Élément, du gr. *phusis,* «nature».

physiocrate [fizjɔkʀat] n. m. HIST, ECON Partisan de la physiocratie. *Turgot, Malesherbes étaient des physiocrates.*

physiocratie [fizjɔkʀasi] n. f. HIST, ECON Doctrine économique du XVIIIe s. qui faisait de l'agriculture la principale source de richesse et qui prônait la liberté du commerce et de l'entreprise.

physiologie [fizjɔlɔʒi] n. f. **1.** Science qui étudie les phénomènes dont les êtres vivants sont le siège, les mécanismes qui règlent le fonctionnement de leurs organes, les échanges qui ont lieu dans leurs tissus. *Anatomie et physiologie. Physiologie végétale, animale, humaine.* ▷ *Par ext.* Ces phénomènes, ces mécanismes, ces échanges eux-mêmes. *Physiologie de la respiration. Physiologie du tube digestif.* **2.** HIST, LITTER Ouvrage littéraire qui s'attache à la description objective d'un fait humain, et dont le genre fut en grande vogue pendant la première moitié du XIXe s.

physiologique [fizjɔlɔʒik] adj. **1.** De la physiologie, qui a rapport à la physiologie en tant que science. **2.** Qui a rapport à la physiologie, au fonctionnement d'un organisme ou d'un organe. ▷ Qui se manifeste dans le fonctionnement normal de l'organisme (par oppos. à *pathologique*).

physiologiste [fizjɔlɔʒist] n. Spécialiste de physiologie.

physionomie [fizjɔnɔmi] n. f. **1.** Ensemble des traits, des caractères qui donnent au visage une expression particulière. *Une physionomie douce, spirituelle.* **2.** Ensemble des traits qui donnent son caractère particulier à une chose, à un lieu, etc. *La physionomie politique d'un pays.*

physionomiste [fizjɔnɔmist] adj. Se dit d'une personne qui a la mémoire des visages.

physiopathologie [fizjopatɔlɔʒi] n. f. MED Physiologie pathologique, étude des organismes malades.

physiothérapeute [fizjoteʀapøt] n. (Québec, Suisse) Kinésithérapeute.

physiothérapie [fizjɔteʀapi] n. f. **1.** MED Utilisation thérapeutique des agents physiques (eau, air, lumière, chaleur, froid, etc.). **2.** (Québec, Suisse) Kinésithérapie.

1. physique [fizik] adj. et n. m. **I.** adj. **1.** Qui se rapporte aux corps matériels, à la nature matérielle des corps. *Cause, effet physiques.* **2.** Qui concerne la nature, la matière, à l'exclusion des êtres vivants. *Géographie physique. – Sciences physiques :* la chimie et la physique. **3.** Relatif à la physique (par oppos. à *chimique*). *Les propriétés physiques des corps.* **4.** Du corps humain, qui a rapport au corps humain. *Aspect physique d'une personne. – Culture physique :* gymnastique. ▷ Instinctif, incontrôlable. *Une peur physique de l'obscurité.* ▷ Qui concerne les sens. *Plaisir, amour physique.* **II.** n. m. **1.** Constitution, état de santé du corps humain. *Le physique et le moral.* **2.** Apparence, aspect extérieur d'une personne. *Avoir un physique séduisant.*

2. physique [fizik] n. f. Science qui a pour objet l'étude des propriétés de la matière et la détermination des lois qui la régissent. *Expériences de physique. – Physique classique :* étude macroscopique de la matière et des phénomènes physiques (par oppos. à *physique quantique* et *physique relativiste*). *– Physique atomique, nucléaire :* partie de la physique qui étudie la structure de l'atome et de son noyau, les propriétés des particules élémentaires et des forces qui s'exercent entre elles (fission*, fusion*, etc.). *– Physique expérimentale*.* ▷ *Physique de... :* discipline qui s'attache à l'étude des phénomènes physiques de... *Physique du globe* ou *géophysique*. Physique de l'Univers* ou *astrophysique*.*
ENCYCL La physique moderne tend à faire dériver les lois physiques des lois d'interaction* à l'échelle des particules*, rendant ainsi intelligible l'infiniment grand par la connaissance de l'infiniment petit. Mais la voie inverse est également possible, qui fait de la physique à notre échelle un cas particulier d'une physique à l'échelle de l'Univers (astrophysique). Les différents chapitres de la physique sont les suivants : métrologie (mesure des grandeurs : V. tableau unités physiques); mécanique* (classique, relativiste et quantique); étude de la structure de la matière (solide, liquide, gaz, plasma); thermodynamique*; étude des vibrations et des rayonnements*; acoustique*; optique* (physique et géométrique); électricité* (électrostatique, électrocinétique, magnétisme, électromagnétisme*, courant alternatif); physique atomique (V. atome); électronique*; physique nucléaire et des particules (V. noyau, nucléaire, particule, quark). La distinction entre ces chapitres et entre la physique atomique et la chimie* tend auj. à s'estomper.

physiquement [fizikmɑ̃] adv. **1.** D'une manière réelle et physique; d'un point de vue physique. *C'est physiquement impossible.* **2.** Quant au physique (par oppos. à *moralement*). *Physiquement, il se porte bien.*

phyt(o)-, -phyte. Éléments, du gr. *phuton,* «plante».

phytéléphas [fitelefas] n. m. BOT Palmier d'Amérique tropicale dont une espèce produit le corozo.

phythormone [fitɔʀmɔn] ou **phytohormone** [fitoɔʀmɔn] n. f. BOT Composé chimique synthétisé dans certains organes des végétaux, qui agit sur la différenciation des tissus et sur la croissance et la division cellulaires.

phyto-. V. phyt(o)-.

phytobiologie [fitobjɔlɔʒi] n. f. BOT Biologie végétale.

phytocénose [fitosenoz] n. f. ECOL Ensemble de végétaux en équilibre biologique.

phytocide [fitɔsid] adj. et n. m. Se dit d'un produit susceptible de détruire les plantes. ▷ n. m. *Un phytocide.*

phytogéographie [fitoʒeɔgʀafi] n. f. BOT Partie de la géographie qui étudie la répartition des végétaux.

phytohormone [fitoɔʀmɔn] n. f. V. phythormone.

phytoparasite [fitopaʀazit] n. m. BOT Parasite d'un végétal.

phytopathologie [fitopatɔlɔʒi] n. f. BOT Partie de la botanique qui étudie les maladies des végétaux et les moyens de lutte contre leurs parasites.

phytophage [fitofaʒ] adj. ZOOL Qui se nourrit de substances végétales. *Insectes phytophages.*

phytopharmacie [fitofaʀmasi] n. f. Didac. Étude et fabrication des produits permettant de combattre les maladies des plantes et les animaux nuisibles aux cultures et aux denrées utilisées par l'homme.

phytoplancton [fitoplɑ̃ktɔ̃] n. m. BIOL Plancton végétal (par oppos. à *zooplancton*).

phytosanitaire [fitosanitɛʀ] adj. Qui concerne la préservation de la santé des végétaux.

phytosociologie [fitosɔsjɔlɔʒi] n. f. BOT Étude des associations végétales.

phytothérapie [fitoteʀapi] n. f. Traitement de certaines affections par les plantes. *La phytothérapie est courante en médecine traditionnelle.*

phytotron [fitɔtʀɔ̃] n. m. BOT Laboratoire spécialement aménagé et équipé pour l'étude des mécanismes de la vie végétale.

pi [pi] n. m. **1.** Seizième lettre de l'alphabet grec (Π, π). **2.** MATH Nombre transcendant, de symbole π, égal au rapport de la circonférence d'un cercle à son diamètre et dont la valeur approche 3,1416.

piac-piac [pjakpjak] n. m. inv. Oiseau noir à longue queue raide (fam. corvidés), commun en Afrique sahélo-soudanienne.

Piaf (Édith Giovanna Gassion, dite Édith) (1915 – 1963), chanteuse française; interprète pathétique de chansons dites réalistes : *Mon légionnaire, la Vie en rose, Milord.*

piaffer [pjafe] v. intr. [**1**] Frapper la terre avec les pieds de devant sans avancer, en parlant d'un cheval. ▷ Fig. (En parlant de personnes.) *Piaffer d'impatience :* être très impatient.

Piaget (Jean) (1896 – 1980), psychologue suisse; l'un des plus grands anthropologues du XXe s. Il a étudié notam. l'acquisition du langage et des fonctions logiques par l'enfant : *le Langage et la pensée chez l'enfant* (1923), *la Naissance de l'intelligence chez l'enfant* (1936), *la Psychologie de l'intelligence* (1947), *Introduction à l'épistémologie génétique* (1950), *la Perception* (1955), *Épistémologie des sciences de l'homme* (1972), *Où va l'éducation ?* (1972).

piaillement [pjajmɑ̃] n. m. **1.** Cri d'un oiseau qui piaille. **2.** Criaillerie.

piailler [pjaje] v. intr. [**1**] **1.** Pousser de petits cris aigus et répétés, en parlant d'un oiseau. **2.** Fam. Criailler continuellement.

piailleur, euse [pjajœʀ, øz] adj. (et n.) Fam. Qui a l'habitude de piailler. ▷ Subst. *Des piailleurs.*

Pialat (Maurice) (né en 1925), cinéaste français. Il filme la vie avec crudité : *Nous ne vieillirons pas ensemble* (1972), *À nos amours* (1983), *Van Gogh* (1991).

pian [pjɑ̃] n. m. MED Maladie cutanée contagieuse due à un tréponème voisin de celui de la syphilis, mais non vénérienne, qui sévit à l'état endémique dans les pays tropicaux. *L'éradication du pian est en bonne voie, grâce à l'efficacité de la pénicilline.*

pianide [pjanid] n. f. MED Lésion sèche due au pian.

pianique [pjanik] adj. et n. MED **1.** adj. Relatif au pian. *Chancre pianique.* **2.** n. Malade atteint de pian.

pianissimo [pjanisimo] adv. MUS Avec beaucoup de douceur. (Abrév. : pp.)

pianiste [pjanist] n. Musicien, musicienne qui joue du piano. *Une pianiste virtuose.*

pianistique [pjanistik] adj. Relatif au piano, à l'art de jouer du piano.

Piankhi (v. 751 – 716 av. J.-C.), roi du Koush* (dans le Soudan actuel), dont la capitale était Napata. Il fit une incursion en Égypte (730 av. J.-C.) où il se fit reconnaître roi, fondant la XXVe dynastie.

1. piano [pjano] n. m. Instrument de musique à clavier et à cordes frappées qui a remplacé le clavecin. – *Piano droit,* dont les cordes et la table d'harmonie sont placées verticalement. – *Piano à queue,* dont les cordes et la table d'harmonie sont disposées horizontalement. – *Piano demi-queue, piano quart-de-queue* ou *crapaud,* plus petits que le piano à queue. – *Piano mécanique. Piano électronique.* ▷ *Par méton.* Technique, art de jouer du piano. *Apprendre le piano.*

2. piano [pjano] adv. MUS Doucement. (Abrév. : p.)

pianome [pjanom] n. m. MED Lésion cutanée due au pian.

pianoter [pjanɔte] v. [1] **1.** v. intr. Jouer maladroitement ou distraitement du piano. ▷ v. tr. *Pianoter un air de danse.* **2.** v. intr. *Par anal.* Tapoter avec les doigts (sur un objet, souvent en signe d'énervement, d'impatience).

piastre [pjastʀ] n. f. **1.** Unité monétaire principale ou monnaie divisionnaire, actuelle ou ancienne, de plusieurs pays. *Piastre égyptienne* (1/100 de la livre). – (Haïti) Fam. Nom cour. de la gourde (3). – (oc. Indien) Unité monétaire équivalant à deux roupies, utilisée pour les ventes aux enchères. – (Québec) Fam. Nom cour. du dollar canadien; billet d'un dollar. *Signe de piastre :* symbole ($) représentant le dollar. – (Viêt-nam) Nom donné aux différentes monnaies de l'Asie du Sud-Est. **2.** *Par ext.* (Québec) *La piastre :* l'argent (sens 2). – Loc. *Faire la piastre :* gagner beaucoup d'argent.

piaulement [pjolmɑ̃] n. m. Cri d'un oiseau qui piaule.

piauler [pjole] v. intr. [1] Crier, en parlant d'un petit oiseau.

P.I.B. n. m. Sigle de *produit* intérieur brut.*

1. pic [pik] n. m. Oiseau grimpeur (ordre des piciformes) doté de pattes robustes, d'ongles puissants et d'un long bec droit et pointu avec lequel il fend l'écorce des arbres pour trouver les insectes et les larves dont il se nourrit. (Plusieurs espèces de différents genres vivent dans tous les continents, sauf à Madagascar et en Océanie.)

2. pic [pik] n. m. Instrument fait d'un fer pointu muni d'un manche, qui sert à creuser le roc, à abattre le minerai, etc. *Pic de mineur.*

3. pic [pik] n. m. Montagne élevée, au sommet très pointu. *Le pic de Ténériffe.* ▷ *Par anal.* Sommet d'une courbe (sens II, 2) de forme pointue.

pic (à) [apik] loc. adv. **1.** Verticalement. *Les falaises qui s'élèvent à pic au-dessus de la mer.* – *Couler à pic,* directement au fond de l'eau. ▷ n. m. *Un à-pic :* V. ce mot. **2.** Fig., fam. *Tomber, arriver à pic,* à point nommé, très à propos.

pica [pika] n. m. **1.** MED Perversion du goût qui porte à manger des substances non comestibles. **2.** TYPO Mesure équivalant à 4,21 mm.

Picabia (Francis) (1879 – 1953), peintre et écrivain français; précurseur de l'art abstrait (*Caoutchouc,* 1909) et l'un des princ. représentants du mouvement dada. Il a publié des poèmes (*Pensées sans langage,* 1919).

picard, arde [pikaʀ, aʀd] adj. et n. **1.** De Picardie. ▷ Subst. *Un(e) Picard(e).* **2.** n. m. LING *Le picard :* le dialecte roman d'oïl parlé en Wallonie et dans le nord de la France.

Picardie, anc. province française, située entre l'Artois au nord et l'Île-de-France au sud. – Elle devint définitivement française en 1482 (2e traité d'Arras signé avec Maximilien d'Autriche).

Picardie, Région admin. française et rég. de la C.E., formée des dép. de l'Aisne, de l'Oise et de la Somme; 19443 km^2; 1853550 hab.; cap. *Amiens*.*

Géogr. et écon. – Région de climat océanique, marqué de nuances continentales vers l'intérieur, la Picardie s'ouvre sur la Manche. Au S. s'étendent les plateaux tertiaires du bassin de Paris; ils portent d'opulentes campagnes ouvertes mais aussi de vastes forêts (Compiègne, Senlis, Villers-Cotterêts). Au N., les plaines et les collines de craie abritent de beaux openfields. La vallée de l'Oise est le grand axe de peuplement et de passage. Le solde migratoire est négatif dans l'Aisne et la Somme; très positif dans l'Oise, proche de Paris. Les grandes cultures : betterave (1er rang national), céréales, pomme de terre, fourrage, haricots, pois, favorisent l'industrie agro-alimentaire. Marquée par l'influence de la région industrielle du Nord et forte de traditions locales (verrerie de Saint-Gobain, notam.), la Région a bénéficié de la décentralisation parisienne. Elle jouit d'une position stratégique dans les échanges européens.

picaresque [pikaʀɛsk] adj. LITTER Propre aux picaros. *Aventures picaresques.* – Qui met en scène des picaros. *Le roman picaresque.*

picaro [pikaʀo] n. m. Aventurier de la tradition littéraire espagnole.

Picasso (Pablo Ruiz Blasco y Picasso, dit Pablo) (1881 – 1973), peintre, dessinateur, graveur, sculpteur et céramiste espagnol; l'artiste le plus célèbre du XXe s. Traditionnaliste dans ses périodes «bleue» (1901-1904) et «rose» (1905-1907), il subit l'influence de l'art africain et jette les bases du cubisme* avec *les Demoiselles* d'Avignon* (1907), puis invente le collage (1912). En 1925, *la Danse* annonce le style qui demeurera le sien jusqu'à sa mort. Picasso a exécuté un nombre considérable d'œuvres «expressionnistes» ou «baroques», avec fougue, violence (*Guernica,* 1937), verve et, parfois, précipitation. – Des musées Picasso existent à Antibes, Barcelone et, surtout, à Paris.

picatharte [pikataʀt] n. m. ORNITH Oiseau passériforme noir et blanc, à tête chauve et au cou allongé, vivant en groupe dans les forêts d'Afrique occidentale.

pic-bois ou **pique-bois** [pikbwɑ] n. m. (Québec, Suisse) Pivert. *Des pics-bois ou des pique-bois.*

Piccadilly, grande artère londonienne reliant Hyde Park à Piccadilly Circus, d'où part Regent Street.

Piccard (Auguste) (1884 – 1962), physicien suisse. Il effectua plusieurs ascensions en ballon dans la stratosphère (il atteignit 16000 m en 1932). Il conçut et fit réaliser le premier bathyscaphe (1948).

Piccinni (Niccolo) (1728 – 1800), compositeur italien d'opéras. Appelé à Paris en 1776 par Marie-Antoinette, il fut le rival de Gluck (querelle des *gluckistes* et des *piccinnistes*).

piccolo ou **picolo** [pikɔlo] n. m. MUS Petite flûte traversière qui sonne à l'octave de la grande flûte.

Pic de la Mirandole (Giovanni Pico della Mirandola, en fr. Jean) (1463 – 1494), humaniste et philosophe italien d'expression latine. Ses *Conclusiones philosophicae, cabalisticae et theologicae* montraient dans le christianisme l'aboutissement de tous les courants de pensée antérieurs, et il fut déclaré hérétique (1487). S'étant réfugié en France, il y fut emprisonné (1488), puis revint à Florence, où il mourut, très certainement empoisonné par son secrétaire.

Pichegru (Charles) (1761 – 1804), général français. Il conquit la Belgique et les Pays-Bas (1795), mais se rallia aux royalistes et démissionna (1796). Arrêté (1797), déporté en Guyane, il s'en évada et gagna l'Angleterre (1798). En 1804, il conspira avec Cadoudal, fut arrêté et étranglé dans sa prison.

pichenette [piʃnɛt] n. f. Syn. de *chiquenaude.*

pichet [piʃɛ] n. m. Petit broc à anse destiné à contenir une boisson. *Pichet en grès.* – Son contenu.

pichonner [piʃone] v. tr. [1] (Antilles fr.) Pincer (sens 2).

pichotte [piʃɔt] n. m. (Guad.) Tornade, trombe d'eau.

pichou [piʃu] n. m. (Québec) **1.** Anc. nom donné au lynx et à sa fourrure. **2.** (Souvent au plur.) Vieilli Mocassin (sens 1) confectionné d'une seule pièce dans la peau d'un jarret d'animal sauvage ou domestique. – *Par ext.* Fam. Chaussure souple et légère.

Pichpek (anc. *Frounzé*), cap du Kirghizistan; 646000 hab. Industr.

piciformes [pisifɔʀm] n. m. pl. ORNITH Ordre d'oiseaux (pics, indicateurs, toucans, etc.) dont les pattes sont munies de deux doigts dirigés vers l'avant et de deux doigts dirigés vers l'arrière. – Sing. *Un piciforme.*

Pickering, v. du Canada (Ontario), proche du lac Ontario; 68600 hab. Centrale nucléaire.

Pickford (Gladys Smith, dite Mary) (1893 – 1979), actrice américaine, vedette du cinéma muet (*Papa Longues Jambes,* 1919).

pickles [pikəls] n. m. pl. Condiments végétaux confits dans du vinaigre.

pickpocket [pikpɔkɛt] n. m. Voleur à la tire.

pick-up [pikœp] n. m. inv. (Anglicisme) **1.** TECH Dispositif de lecture servant à transformer en oscillations électriques les vibrations mécaniques enregistrées sur disque. **2.** TECH Dispositif qui, sur une machine agricole, sert au ramassage, au pressage du foin. **3.** Véhicule à plateau découvert.

pico-. PHYS Élément (symbole p) qui, placé devant le nom d'une unité, indique que celle-ci est divisée par 10^{12} (soit par un million de millions).

picoler [pikɔle] v. intr. [1] Fam. Boire (du vin, de l'alcool). Syn. (Suisse) pintoiller.

picolo [pikɔlo] n. m. V. piccolo.

picorer [pikɔʀe] v. [1] **1.** v. intr. Chercher sa nourriture (en parlant des oiseaux). *Poules qui picorent.* **2.** v. tr. Piquer çà et là avec le bec. *Moineaux qui picorent des miettes.* ▷ Fig. (Personnes) *Enfant qui picore des grains de raisin.*

picot [piko] n. m. **1.** TECH Marteau pointu utilisé dans les carrières. **2.** Petite dent qui orne le bord d'une dentelle, d'un galon. **3.** PECHE Filet pour la pêche aux poissons plats. **4.** Poisson téléostéen (genre *Signanus*) de Nouvelle-Calédonie, à épines venimeuses. **5.** (Québec) Fam. Point, petite pastille (sur un tissu); petite marque ou tache (sur la peau). *Robe noire à picots jaunes. Avoir des picots dans la figure.* – Petite cavité sur une surface quelconque. *Un meuble marqué de picots.*

picote [pikɔt] n. f. (Québec) Fam. **1.** *Picote,* ou (vieilli) *picote volante, petite picote :* varicelle. **2.** *Grosse picote :* variole.

picoté, ée [pikɔte] adj. Marqué de petites piqûres, de petits points. *Visage picoté de petite vérole.*

picotement [pikɔtmɑ̃] n. m. Impression de piqûres légères et répétées (sur la peau, sur les muqueuses).

picoter [pikɔte] v. tr. [1] **1.** Trouer de nombreuses petites piqûres. ▷ *Spécial.* Becqueter. *Oiseaux qui picotent des fruits.* **2.** Causer des picotements à.

picotin [pikɔtɛ̃] n. m. Mesure de capacité (env. 3 l) pour l'avoine destinée aux chevaux; son contenu. ▷ Ration d'avoine, de nourriture destinée à une bête de somme.

Picquart (Georges) (1854 – 1914), officier français. Chef des renseignements en 1895, il eut la conviction de l'innocence de Dreyfus*.

picrique [pikʀik] adj. CHIM *Acide picrique :* acide dérivé du phénol. *L'acide picrique fondu constitue la mélinite, explosif puissant.*

Pictes, anc. peuple celte des basses terres de l'Écosse. – Le *mur d'Hadrien* ou *mur des Pictes* est un monumental rempart contre leurs incursions et celles des Scots, élevé par les Romains sous Hadrien (122-127 apr. J.-C.).

Pictet (Raoul Pierre) (1846 – 1929), physicien suisse; pionnier de la liquéfaction des gaz (oxygène et azote en 1877).

pictogramme [piktɔgʀam] n. m. **1.** LING Représentation graphique figurative ou symbolique propre aux écritures pictographiques. **2.** Cour. Dessin schématique (souvent normalisé) élaboré afin de guider les usagers et figurant dans divers lieux publics, sur des cartes géographiques, etc.

pictographique [piktɔgʀafik] adj. LING Se dit d'une écriture qui représente les idées par des pictogrammes.

pictural, ale, aux [piktyʀal, o] adj. Qui a rapport à la peinture. *Art pictural. Œuvre picturale.*

pic-vert [pivɛʀ] n. m. Syn. de *pivert. Des pics-verts.*

pidgin [pidʒin] n. m. Système linguistique composite (quelles que soient les langues concernées) servant à la communication entre gens de parlers différents (plus complet que le sabir*). *Le pidgin english camerounais.*

pidginisé, ée [pidʒinize] adj. LING Qui a pris le caractère d'un pidgin. *Français pidginisé.*

1. pie [pi] n. f. et adj. inv. **1.** n. f. Oiseau noir (ou bleu) et blanc (fam. corvidés) au jacassement caractéristique, commun en Europe, en Asie et en Afrique du Nord. ▷ Loc. prov. *Bavarder, jaser comme une pie :* être très bavard, parler beaucoup. **2.** adj. inv. Dont la robe est de deux couleurs (se dit surtout des chevaux et des bêtes à cornes). *Cheval pie. Vaches pie.*

2. pie [pi] adj. f. Surtout dans la loc. *Œuvre pie :* œuvre pieuse.

Pie V (saint) (Antonio Ghislieri) (1504 – 1572), pape de 1566 à 1572; il réforma l'Église, excommunia Élisabeth d'Angleterre (1570) et coalisa les forces chrétiennes contre les Turcs. — **Pie VI** (Giannangelo Braschi) (1717 – 1799), pape de 1775 à 1799. Pendant la Révolution franç., il condamna, non sans hésitation, la Constitution civile du clergé (1791). Il reconnut la Rép. franç., mais Bonaparte envahit et annexa, en partie, ses États (1797), et le détint en France, où il mourut. — **Pie VII** (Gregorio Luigi Barnaba Chiaramonti) (1742 – 1823), pape de 1800 à 1823. Il négocia le Concordat avec Bonaparte (1801), sacra Napoléon empereur (1804), puis entra en conflit avec lui; amené à Fontainebleau (1812), il accepta un nouveau concordat (1813) qu'il désavoua aussitôt. — **Pie IX** (Giovanni Maria Mastai Ferretti) (1792 – 1878), pape de 1846 à 1878. Il encouragea d'abord le mouvement patriotique italien puis, à partir de 1848, défendit sa souveraineté temporelle. En 1870, l'Italie prit Rome et annexa les États pontificaux. Pie IX condamna le socialisme, le rationalisme et le libéralisme (encyclique *Quanta cura,* 1864). Il proclama le dogme de l'Immaculée Conception (1854) et le Ier concile du Vatican définit le dogme de l'infaillibilité pontificale (1870). — **Pie X** (saint) (Giuseppe Sarto) (1835 – 1914), pape de 1903 à 1914. Il entra en conflit avec la France, à l'occasion de la séparation de l'Église et de l'État, en 1905; il condamna le mouvement «le Sillon» de Marc Sangnier (1910) (qui prônait un christianisme social) et le modernisme. — **Pie XI** (Achille Ratti) (1857 – 1939), pape de 1922 à 1939. Il signa avec l'État italien les accords du Latran (1929), qui créèrent l'État du Vatican. Il condamna l'Action française (1926), certains aspects du fascisme, le national-socialisme et le bolchevisme. Précisant, dans *Quadragesimo anno* (1931), la doctrine sociale élaborée par Léon XIII, il encouragea l'Action catholique. — **Pie XII** (Eugenio Pacelli) (1876 – 1958), pape de 1939 à 1958. Durant la Seconde Guerre mondiale, il donna asile à de nombr. persécutés mais ne condamna pas officiellement l'extermination des Juifs par les nazis. Il créa de nombr. cardinaux non italiens. Il proclama le dogme de l'Assomption en 1950.

pièce [pjɛs] n. f. **A. I. 1.** Élément d'un assemblage; chacune des parties dont l'agencement forme un tout organisé. *Pièce de charpente* (poutre, poutrelle, etc.). – *Pièce défectueuse. Pièces de rechange. Pièces détachées*.* **2.** Élément qu'on rapporte (sur un vêtement ou sur la surface d'un objet) pour réparer une déchirure, une coupure. *Mettre des pièces à un pantalon.* Syn. (Suisse) tacon. **3.** Loc. *Tout d'une pièce :* d'un seul morceau, d'un seul tenant. Fig. *Être tout d'une pièce :* être d'un caractère entier. ▷ *Fait de pièces et de morceaux,* d'éléments hétéroclites. ▷ Fig. *Inventer, forger de toutes pièces (une histoire, un mensonge, etc.),* l'inventer entièrement. **II.** Partie déchirée, brisée, d'un tout. – *En pièces :* en morceaux, en fragments. – *Mettre en pièces :* déchirer, briser; fig., démolir, éreinter. – *Tailler une armée en pièces,* la défaire entièrement. **B. 1.** Élément d'un ensemble, d'une collection, considéré séparément des autres éléments, et formant un tout par lui-même; unité. *Service à thé de douze pièces. Les pièces d'un jeu d'échecs* (spécial., le roi, la reine, le fou, le cavalier et la tour, par oppos. aux *pions*). – *C'est une véritable pièce de musée, de collection,* un objet de valeur. – *Article vendu au cent ou à la pièce.* – *Être payé à la pièce,* au nombre d'unités qu'on a produit, fabriqué. ▷ (En parlant de vêtements.) *Costume deux-pièces* (veston, pantalon), *trois-pièces* (avec un gilet). – *Maillot de bain deux-pièces, une pièce,* ou, ellipt. *un deux-pièces, un une-pièce.* **2.** Individu (de telle espèce animale). *Pièce de bétail :* tête de bétail. – *Pièce de gibier.* **3.** Quantité déterminée d'une matière, considérée comme une unité distincte formant un tout. *Pièce de drap. Pièce de viande.* – *Pièce montée :* grand gâteau constituant un échafaudage de pâtisserie. **4.** *Pièce de terre :* espace continu de terre cultivable. *Pièce de maïs, de sorgho, etc. :* pièce de terre vouée, dans une exploitation, à la culture du maïs, du sorgho, etc. ▷ *Pièce d'eau :* petit étang, bassin, dans un jardin, un parc. **5.** Chacune des salles, des chambres que comporte un logement, à l'exclusion des cuisines et annexes, salles d'eau, entrées, couloirs. *Un appartement de trois pièces.* Ellipt. *Un deux-pièces, cuisine, salle de bains.* **6.** *Pièce d'artillerie* ou, absol., *pièce :* bouche à feu, canon, obusier, mortier. **7.** *Pièce de monnaie* ou, absol., *pièce :* morceau de métal plat et généralement circulaire, marqué d'une empreinte caractéristique de sa valeur, servant de monnaie. *Pièce de dix francs.* – Loc. *Donner, glisser la pièce à qqn,* lui donner un pourboire. – Fig. *Rendre à qqn la monnaie de sa pièce,* se venger de lui en lui rendant la pareille. **8.** (De *pièce d'écriture.*) Document écrit servant à établir une preuve, un droit. *Pièces justificatives. Pièce d'identité* ou (Afr. subsah.) *pièces.* – *Pièce à conviction :* tout objet attestant matériellement la réalité d'un délit, dans un procès. **9.** (Suisse) Petit four*. **C.** Ouvrage artistique. **1.** Ouvrage littéraire. *Une pièce de vers.* ▷ Morceau (de musique). *Une pièce de Bach.* **2.** Spécial. *Pièce de théâtre* ou, absol., *pièce :* ouvrage dramatique. *Une pièce en cinq actes.*

piécette [pjesɛt] n. f. Petite pièce de monnaie.

pied [pje] n. m. **A. I.** (Chez l'homme.) **1.** Partie du membre inférieur qui, posé sur le sol, supporte le corps en station debout et sert à la marche. *Pied droit, gauche.* – *Marcher pieds nus. Être nu-pieds.* – *Avoir les pieds plats, un pied bot*.* – Loc. adv. *À pied sec :* sans se mouiller les pieds. – Loc. fig. *Pieds et poings liés :* réduit à l'impuissance. – Loc. *De pied en cap :* V. cap. – *Coup de* *pied :* coup donné avec le pied. ▷ Loc. (avec *mettre*). *Je n'y ai jamais mis les pieds :* je n'y suis jamais allé. *Mettre le pied dehors :* sortir. *Mettre pied à terre :* descendre de cheval, de voiture, de bateau, etc. – Fig., fam. *Mettre les pieds dans le plat :* V. plat 2. – (Québec) *Se mettre les pieds dans les plats :* V. plat 2. ▷ *Aux pieds de qqn,* par terre, juste devant ses pieds. – *Se jeter aux pieds de qqn* (pour se prosterner, marquer sa soumission, etc.). – Fig. *Il est à ses pieds,* il lui est complètement soumis. ▷ *À pied :* en marchant, sans l'aide d'un véhicule. *Aimer la marche à pied,* les randonnées pédestres. – SPORT *Course* à pied.* – *Sauter à pieds joints,* les pieds étant serrés, rapprochés. ▷ *Sur pied :* debout. – *Dans deux jours ce malade sera sur pied,* il sera rétabli. – Fig. *Mettre qqch (une affaire, etc.) sur pied,* l'établir, l'organiser. ▷ *Portrait en pied,* où le sujet est représenté entièrement et debout. **2.** Loc. fam. *Être bête comme ses pieds,* très bête. *Jouer comme un pied,* très mal. – *Faire du pied à qqn,* lui toucher le pied avec le sien pour l'avertir, lui signifier un désir amoureux. ▷ Loc. fig., fam. *Casser les pieds de qqn,* l'importuner, l'embêter. – *Mettre à pied :* renvoyer. *Mise à pied.* – *Marcher sur les pieds de qqn,* empiéter sur son domaine en cherchant à le supplanter; lui manquer d'égards. – (Belgique) *Jouer avec les pieds de qqn,* abuser de sa bonne volonté. – *Retomber sur ses pieds :* se tirer avantageusement d'une situation fâcheuse. – *Ne pas savoir sur quel pied danser :* ne pas savoir quel parti prendre, quelle attitude adopter. – *Faire des pieds et des mains :* se démener, essayer tous les moyens possibles. – *Avoir un pied dans la tombe :* être tout près de la mort. – *Avoir les deux pieds dans le même sabot* ou (Québec) *dans la même bottine :* être maladroit, manquer d'initiative. – *De pied ferme :* avec l'intention de ne pas céder. *Attendre qqn de pied ferme.* ▷ *Lever le pied :* s'enfuir avec la caisse, avec l'argent confié; (dans la conduite automobile) ralentir. – *Au pied levé :* sans préparation. **3.** (Après un verbe et sans article.) *Avoir pied :* pouvoir toucher le fond en gardant la tête hors de l'eau. – *Perdre pied :* n'avoir plus pied; fig., se troubler, ou ne plus pouvoir se sortir d'une situation fâcheuse. **4.** Pas; manière de marcher. *Pied à pied :* pas à pas. ▷ Manière de se tenir. *Avoir le pied marin :* être capable de se tenir sur un bateau en mouvement; fig., savoir louvoyer. – Loc. *Avoir bon pied, bon œil :* avoir toute sa santé, toute sa vigueur, toute sa lucidité. **5.** *Le pied du lit* (par oppos. à la *tête,* au *chevet*) : la partie du lit où reposent les pieds. **6.** (oc. Indien) Membre inférieur, de la hanche aux orteils. **II.** (Chez l'animal.) **1.** Extrémité inférieure de la jambe ou de la patte de certains animaux. (V. aussi patte.) *Pied de cheval.* ▷ Loc. fig., fam. *Faire le pied de grue :* V. grue. **2.** Chez certains mollusques, organe musculeux qui sert à la locomotion. *Le pied d'un escargot.* **B. 1.** Partie d'un objet par laquelle il repose sur le sol, est en contact avec le sol. *Le pied d'une échelle.* ▷ Fig. *Mettre qqn au pied du mur,* le forcer à prendre parti immédiatement, à agir sur-le-champ. ▷ Partie basse d'un relief. *Un petit village au pied du mont Cameroun.* ▷ Loc. *À pied d'œuvre :* sur le chantier même, à la base de l'ouvrage en construction. – Fig. *Après un an d'étude du projet, les voilà maintenant à pied d'œuvre.* **2.** (Végétaux) *Le pied et le chapeau d'un champignon. Assis au pied d'un baobab.* – *Récolte sur pied,* non encore coupée, non encore cueillie. ▷ Plant (de certains végétaux). *Pied de salade.* **3.** Partie d'un objet qui sert à le supporter. *Les pieds d'un meuble. Verre à pied.* ▷ Support qu'on adapte à certains instruments (appareils photo, télescopes, etc.). **C. 1.** Anc. Unité de mesure de longueur valant 0,3248 m. – Mesure de longueur anglo-saxonne valant 0,3048 m. *Un pied égale douze pouces. Pied carré, pied cube.* **2.** Loc. fig. *Au petit pied :* en petit, en raccourci. – *Vivre sur un grand pied,* en faisant beaucoup de dépenses. – *Sur le même pied que :* sur le même plan que. *Sur un pied d'égalité :* d'égal à égal. – *Armée sur le pied de guerre,* préparée, prête à faire la guerre. – *Au pied de la lettre :* littéralement. **3.** Par ext., fam. *Prendre son pied :* éprouver du plaisir; spécial. du plaisir sexuel. ▷ *C'est le pied!,* le comble du plaisir. *Ce concert, quel pied!* **4.** *Pied à coulisse :* instrument pour mesurer les épaisseurs et les diamètres, constitué de deux becs à écartement variable et d'un vernier. **D.** Chaque syllabe d'un vers, dans la versification française.

pied-à-terre [pjetatɛʀ] n. m. inv. Logement que l'on n'occupe qu'occasionnellement.

pied-bot [pjebo] n. m. Personne qui a un pied bot*. *Des pieds-bots.*

pied-de-biche [pjedbiʃ] n. m. **1.** Outil formé d'une barre de fer recourbée et fendue à une extrémité, destiné à servir de levier et à arracher les clous. ▷ Pièce coudée plate et fendue d'une machine à coudre, qui maintient l'étoffe sur la tablette et entre les deux branches de laquelle l'aiguille monte et descend. **2.** Nom cour. du pouce-pied. *Des pieds-de-biche.*

pied-de-poule [pjedpul] n. m. (et adj. inv.) Tissu dont les motifs croisés rappellent les empreintes des pattes de poule. *Des pieds-de-poule.* ▷ adj. inv. *Étoffe pied-de-poule.*

pied-droit ou **piédroit** [pjedʀwa] n. m. CONSTR **1.** Mur ou pilier qui soutient une voûte, une arcade, le tablier d'un pont. **2.** Jambage d'une porte, d'une fenêtre. *Des pieds-droits.*

piédestal, aux [pjedestal, o] n. m. Massif de maçonnerie qui supporte une colonne. – Support élevé formant le socle d'une statue, d'un vase, etc. ▷ Loc. fig. *Mettre qqn sur un piédestal,* lui vouer de l'admiration (souvent excessive). – *Tomber de son piédestal :* perdre son prestige.

piedmont [pjemɔ̃] n. m. V. piémont.

pied-noir [pjenwaʀ] n. et adj. Fam. Français d'Algérie. *Un(e) pied-noir. Les pieds-noirs.* – adj. (inv. en genre) *Il a l'accent pied-noir.*

pied-poule [pjepul] n. m. Éleusine.

piédroit [pjedʀwa] n. m. V. pied-droit.

piège [pjɛʒ] n. m. **1.** Engin qui sert à prendre des animaux. *Piège à rats.* **2.** Fig. Artifice utilisé pour tromper qqn, ou pour le mettre dans une situation défavorable ou dangereuse. *Tomber dans le piège.* Syn. (Antilles fr.) attrape. ▷ Difficulté ou danger cachés. *Les pièges d'une traduction. Tendre un piège à un malfaiteur.* **3.** ELECTRON *Piège à ions :* dispositif magnétique utilisé dans certains tubes cathodiques et destiné à empêcher les ions négatifs formés dans le voisinage de la cathode d'aller heurter l'écran.

piégeage [pjeʒaʒ] n. m. **1.** Chasse à l'aide de pièges. **2.** MILIT Action de piéger (un engin explosif). **3.** Fig. Fait de piéger (sens 2).

piéger [pjeʒe] v. tr. [15] **1.** Prendre à l'aide de pièges. ▷ *Absol.* Tendre des pièges. **2.** Fig. *Piéger qqn,* le mettre par artifice dans une situation difficile et sans issue. **3.** MILIT *Piéger une mine, une grenade,* la munir d'un dispositif qui provoque son explosion si on la bouge ou la manipule. – Par ext. *Piéger une maison, une voiture,* etc., y installer des engins explosifs qui éclatent lorsqu'on y pénètre. – Pp. adj. *Voiture piégée.* **4.** PHYS Parvenir à fixer, à canaliser (un phénomène). *Piéger l'énergie.*

piégeur [pjeʒœʀ] n. m. Celui qui tend des pièges.

pie-grièche [pigʀijɛʃ] n. f. Oiseau passériforme (genre *Lanius*) dont la mandibule supérieure se termine par une dent cornée. *Des pies-grièches.*

pie-mère [pimɛʀ] n. f. ANAT La plus interne des méninges, en contact avec la masse cérébrospinale. *Des pies-mères.*

piémont ou **piedmont** [pjemɔ̃] n. m. GEOGR Plaine alluviale formant glacis et résultant de l'accumulation, au pied d'une chaîne de montagnes récente, des matériaux arrachés à cette chaîne par l'érosion.

Piémont (en ital. *Piemonte*), région admin. d'Italie et de la C.E., frontalière de la France et de la Suisse, au N.-O. de la péninsule, formée des prov. d'Alexandrie, d'Asti, de Cuneo, de Novare, de Turin et de Verceil; 25 399 km²; 4 389 430 hab.; cap. *Turin.* – À l'O. et au N. s'étend l'arc alpin (mont Rose, 4 633 m; mont Cervin, 4 478 m), qui domine une région de plaines et de collines drainée par le Pô et ses affl. – Irrigées, les cultures ont un haut rendement : blé, riz, maïs, vigne (Asti). Les vallées alpestres vivent de l'élevage et du tourisme d'hiver. L'hydroélectricité a permis l'essor industriel. Le grand centre écon. est Turin (automobiles). – Le Piémont appartint à la maison de Savoie à partir du XIe s. et lui fut définitivement attribué en 1418. Comme le duc de Savoie devint roi de Sardaigne en 1718, on parla de royaume de *Piémont-Sardaigne.* C'est autour de ce royaume que l'unité italienne se fit au XIXe s. et le duc de Savoie fut proclamé roi d'Italie en 1861 à Turin.

Pierce (Franklin) (1804 – 1869), homme politique américain. Président des É.-U. (1853-1857), il voulut freiner l'ardeur des abolitionnistes.

piéride [pjeʀid] n. f. Papillon (genre *Pieris*) d'Eurasie et d'Afrique du N., aux ailes blanches, tachetées ou non de noir suivant les espèces, dont les chenilles se nourrissent de feuilles de crucifères (chou, navet, etc.).

piéridés [pjeʀide] n. m. pl. ENTOM Famille de papillons de jour largement représentée dans le monde, dont les ailes sont de teinte dominante blanche ou jaune. – Sing. *Un piéridé.*

Pierlot (Hubert, comte) (1883 – 1963), homme politique belge. Membre du parti social-chrétien, il fut président du Conseil en 1939, puis dirigea le gouvernement belge en exil à Londres (1940-1944). Il forma le premier cabinet de la Belgique libérée (1944-1945).

Piero della Francesca (v. 1410 ou 1420 – 1492), peintre italien. Disciple de Masaccio, il allia le génie du trait à la pureté de la perspective et des couleurs : *la Légende de la Croix* (fresques de Saint-François d'Arezzo, 1452-1459); *la Flagellation du Christ* (Urbino, v. 1455). Son œuvre tomba dans l'oubli du XVIe s. au début du XXe s.

Piero di Cosimo (Piero di Lorenzo di Chimenti, dit) (v. 1462 – 1521), peintre italien. Son art, mis au service de sujets étranges (*la Mort de Procris*), enthousiasma les surréalistes.

pierraille [pjɛʀaj] n. f. Amas de petites pierres. *Un chemin de pierraille.*

pierre [pjɛʀ] n. f. **1.** *(La pierre.)* Matière minérale solide et dure, qu'on trouve en abondance sur la Terre sous forme de masses compactes, et dont on se sert notam. pour la construction. *Bloc de pierre. Dur comme pierre, comme la pierre,* très dur. – Fig. *Un cœur de pierre,* dur et insensible. – *Spécial.* (Matériau) *Un escalier en pierre. Pierre de taille,* qu'on peut tailler et qu'on utilise pour bâtir. – PALEONT *L'âge de (la) pierre :* la période préhistorique caractérisée par la fabrication d'outils en pierre taillée (le paléolithique) puis polie (le néolithique). ▷ (Variétés diverses de cette matière.) *Pierre ponce :* V. ponce. *Pierre à chaux* (calcaire pur), *à plâtre* (gypse), *à ciment* (marne). – (Viêt-nam) *Pierre d'abeille :* nom cour. de la latérite. **2.** *(Une pierre.)* Morceau, fragment de cette matière qui peut avoir été façonnée ou non. *Chemin plein de pierres.* Syn. caillou. – *Casser qqch à coups de pierres.* – Loc. fig. *Faire d'une pierre deux coups :* obtenir deux résultats par un même acte. – *Jeter la pierre à qqn,* le blâmer, l'accuser. ▷ *Spécial.* Bloc de pierre servant à la construction. *Une pierre de taille,* taillée. *Construction en pierres sèches,* en pierres posées directement les unes sur les autres, sans mortier. – *Pierre d'autel :* pierre consacrée, enchâssée dans l'autel et sur laquelle le prêtre officie. ▷ *Par ext.* Monument, stèle, constitués d'une pierre. *Pierre tombale.* – *Pierre levée :* menhir, mégalithe. **3.** Morceau d'une variété de cette matière, qui sert à un usage déterminé. *Pierre à feu, à fusil :* silex qui sert à produire des étincelles. *Pierre à aiguiser.* – Par anal. *Une pierre à briquet* (alliage de fer et de cérium). **4.** *Pierre précieuse,* ou *pierre :* minéral (souvent cristallin) auquel sa rareté, son éclat, sa beauté confèrent une grande valeur. *Pierre brute. Pierre travaillée,* taillée. – *Spécial.* (En joaillerie.) *Pierres précieuses* (diamant, rubis, saphir et émeraude) et *pierres fines* (les autres gemmes). **5.** Petite concrétion ligneuse se formant dans certains fruits. **6.** Composé artificiel ressemblant à de la pierre. *Pierre infernale :* nitrate d'argent. – ELEV *Pierre à lécher :* bloc de sel et de divers minéraux que l'on donne à lécher au bétail. – Spécial. *Pierre philosophale**. **7.** HIST *Pierre de Rosette**. **8.** RELIG *Pierre noire :* symbole sacré commun à de nombreuses religions. *La Pierre noire symbolise notamment l'éternité et l'anéantissement de l'ego pour Dieu.*

Pierre, v. des États-Unis, cap. de l'État du Dakota du Sud; 12 900 hab.

SAINTS

Pierre (saint) (? – v. 64 apr. J.-C.), l'un des douze apôtres; le chef du collège apostolique, premier évêque de Rome, à ce titre considéré par les catholiques comme le fondateur de la papauté. C'était un pêcheur de Capharnaüm dont Jésus changea le nom de Simon en celui de Pierre («Tu es Pierre et sur cette pierre je bâtirai mon Église», Matthieu, XVI, 18) après l'avoir invité à le suivre. Il devint le porte-parole des douze apôtres auprès du Christ, qu'il renia trois fois peu avant la Crucifixion, mais une triple protestation d'amour répara ce triple reniement (Jean, XXI, 15-18). Il œuvra à la conversion des Juifs, visitant les communautés de Galilée, de Judée et de Samarie. Pierre aurait également prêché en Asie Mineure avant d'aller à Rome, où la tradition la plus digne de foi affirme qu'il est mort martyr au temps de Néron.

CONSTANTINOPLE

Pierre II de Courtenay (v. 1167 – 1217), empereur latin de Constantinople (1217) par son mariage avec Yolande de Flandre, sœur des empereurs Baudouin Ier et Henri de Flandre et de Hainaut.

BRÉSIL

Pierre Ier ou **Pedro Ier** (1798 – 1834), empereur du Brésil (1822-1831); fils de Jean VI, roi de Portugal, qui s'était exilé avec sa famille au Brésil (1808). Régent du Brésil lors du retour de son père à Lisbonne (1821), il proclama l'indépendance du pays (1822). Il abdiqua (1831) en faveur de son fils, Pierre II. Roi de Portugal en 1826 (Pierre IV) à la mort de son père, il laissa la couronne à sa fille, Marie II. — **Pierre II** ou **Pedro II** (1825 – 1891), fils du préc.; empereur du Brésil (1831-1889). Il abolit l'esclavage (1888) et fut renversé par un coup d'État militaire. La république fut alors proclamée.

BULGARIE

Pierre Ier (m. en 969), tsar de Bulgarie (927-969), fils de Siméon Ier. Il ne put sauvegarder l'œuvre de son père; la décadence du premier royaume bulgare commença sous son règne (hérésie des bogomiles*). — **Pierre II Asen** (m. en 1197), roi de Bulgarie (1196-1197); frère et successeur de Jean Ier Asen Ier, qu'il soutint dans son entreprise de restauration de l'État. Il fut assassiné.

PORTUGAL

Pierre II (1648 – 1706), roi de Portugal (1683-1706), régent (1668-1683) de son frère Alphonse VI. Il fit reconnaître par l'Espagne l'indépendance du Portugal (1668). En 1703, il signa un accord qui plaçait le pays sous la dépendance économique de l'Angleterre. — **Pierre IV,** roi de Portugal (1826). V. Pierre Ier, empereur du Brésil.

RUSSIE

Pierre Ier, dit *Pierre le Grand* (1672 – 1725), tsar de Russie (1682-1725); fils du tsar Alexis. Il fit de la Russie une puissance européenne. Proclamé tsar en 1682 avec son demi-frère Ivan V, il fit enfermer sa demi-sœur Sophie (régente) dans un couvent en 1689. En 1696, Ivan mourut, il détint seul le pouvoir et prit aux Turcs la forteresse d'Azov (qu'il perdra en 1711); en 1698, il noya dans le sang la révolte de la garde des tsars. Il vainquit le roi de Suède Charles XII en 1709 à Poltava, et occupa le S. de la Finlande actuelle, l'Estonie et la Livonie. Possédant ainsi une «fenêtre sur l'Europe» il fit, dès 1712, de Saint-Pétersbourg, qu'il avait fondée sur la Baltique en 1703, sa cap. S'inspirant des grandes monarchies occidentales, auxquelles il rendit visite en 1697-1698 et en 1717, Pierre réforma l'administration, l'armée et l'économie. Par la création du Saint-Synode (1721), il contrôla l'Église russe. Ses réformes, appliquées avec une autorité despotique (il n'hésita pas à faire mettre à mort son fils Alexis qui s'opposait à lui), soulevèrent l'hostilité de ses contemporains, mais lui survécurent en grande partie. Catherine Ire, sa seconde épouse, lui succéda. — **Pierre III** (1728 – 1762), tsar de Russie (janv.-juil. 1762), petit-fils de Pierre le Grand par sa mère. Fantasque, puéril, il fut renversé par son épouse Catherine II, qui le fit assassiner.

SERBIE ET YOUGOSLAVIE

Pierre Ier Karadjordjević (1844 – 1921), roi de Serbie (1903-1918), puis des Serbes, des Croates et des Slovènes (1918-1921). Il combattit l'emprise autrichienne avec l'aide du parti favorable aux Russes. — **Pierre II** (1923 – 1970), roi de Yougoslavie (1934-1945); fils d'Alexandre Ier Karadjordjević et petit-fils du préc. Il renversa en mars 1941 le régent Paul, germanophile, et quitta le pays envahi (avr. 1941) par les Allemands. En 1945, Tito proclama la république.

Pierre l'Ermite (v. 1050 – 1115), religieux français; le plus célèbre des prédicateurs de la 1re croisade.

Pierre le Vénérable (v. 1092 – 1156), abbé de Cluny (1122-1156), dont il rétablit la discipline. Il fit traduire le Coran.

Pierre de Montreuil (v. 1200 – 1267), maître d'œuvre français. Il travailla à la basilique de Saint-Denis et à N.-D. de Paris (façade S. du transept); on lui attribue l'édification de la Sainte-Chapelle (Paris).

Pierre (Henri Grouès, dit l'abbé) (né en 1912), prêtre français qui fonda un mouvement d'entraide (hébergement, collectes, récupération), *Emmaüs* (1949), constitué en communautés et devenu international.

pierreries [pjɛʀʀi] n. f. pl. Pierres précieuses travaillées, utilisées comme ornement. *Diadème serti de pierreries.*

pierreux, euse [pjɛʀø, øz] adj. **1.** Plein de pierres. *Chemin pierreux.* ▷ *Une poire pierreuse :* V. pierre (sens 5). **2.** De la nature de la pierre. *Concrétion pierreuse.*

pierrot [pjɛʀo] n. m. Personnage déguisé en Pierrot*.

pietà [pjeta] n. f. inv. Statue ou tableau de la Vierge portant sur ses genoux le corps du Christ.

piétaille [pjetaj] n. f. Péjor. Ensemble des gens de petite condition, de fonction subalterne.

piété [pjete] n. f. **1.** Sentiment de dévotion et de respect pour Dieu, pour les choses de la religion. *Exercices de piété.* **2.** Litt. Sentiment d'affection et de respect. *Piété filiale.*

piètement [pjɛtmɑ̃] n. m. Ensemble des pieds d'un meuble et des traverses qui les relient.

piéter [pjete] v. intr. [**14**] CHASSE Faire quelques pas en courant, au lieu de s'envoler, en parlant d'une bête à plumes.

Pietermaritzburg, ville d'Afrique du Sud, au S. du KwaZulu-Natal; 192 420 hab. Industr. métallurgique; matériaux de construction. Commerce. Ancienne capitale du Natal.

piétin [pjetɛ̃] n. m. **1.** MED VET Maladie du pied du mouton caractérisée par une nécrose sous-ongulée. **2.** Maladie cryptogamique des céréales causée par des champignons microscopiques.

piétinage [pjetinaʒ] n. m. (Madag.) Opération de riziculture traditionnelle consistant à faire piétiner le sol de la rizière par un troupeau de bœufs jusqu'à obtenir une boue fine où les plants seront repiqués.

piétinement [pjetinmɑ̃] n. m. Action de piétiner. ▷ Bruit d'une foule qui piétine.

piétiner [pjetine] v. [1] **I.** v. intr. **1.** Remuer, frapper des pieds sur place. *Piétiner d'impatience.* **2.** Remuer des pieds sans avancer ou en avançant très peu. *File d'attente qui piétine.* ▷ Fig. Ne pas progresser. *Les tractations piétinent.* **II.** v. tr. Fouler aux pieds. – Fig. *Son honneur a été piétiné.* ▷ (Afr. subsah.) Marcher sur (qqch, les pieds de qqn). *Attention, tu me piétines!*

piéton, onne [pjetɔ̃, ɔn] n. et adj. **1.** n. Personne qui va à pied. **2.** adj. Réservé aux piétons. *Rue piétonne.* Syn. piétonnier.

piétonner [pjetɔne] v. intr. [1] (Djibouti) Aller à pied, marcher.

piétonnier, ère [pjetɔnje, ɛʀ] adj. et n. m. **1.** adj. Des piétons. – Réservé aux piétons. *Passerelle piétonnière. Quartier piétonnier.* Syn. piéton. **2.** n. m. (Belgique) Passage réservé aux piétons. *Les commerçants se réjouissent de l'ouverture d'un piétonnier.*

piètre [pjɛtʀ] adj. Vieilli ou litt. (Avant le nom.) Médiocre. *Un piètre comédien.*

Pietroasa (anc. *Petrossa),* v. de Roumanie, au S.-O. de Buzău, en Valachie, où fut découvert en 1857 un trésor de 25 objets en or, d'origine gréco-romaine et iranienne, de la seconde moitié du Ve s. et appartenant au mobilier d'un roi goth.

pieu [pjø] n. m. Pièce de bois pointue à un bout, destinée à être enfoncée en terre. *Les pieux d'une clôture.* ▷ CONSTR Élément long que l'on enfonce par battage ou forage (bois, métal) ou que l'on coule (béton) dans le sol pour servir de fondement à un ouvrage.

pieusement [pjøzmɑ̃] adv. **1.** Avec piété. *Vivre pieusement.* **2.** Avec un attachement respectueux. *Conserver pieusement des souvenirs.*

pieuvre [pjœvʀ] n. f. **1.** Mollusque céphalopode (genre *Octopus*), au corps globuleux, aux huit tentacules munis de ventouses, disposés en couronne autour de l'orifice buccal, commun sur les côtes rocheuses. Syn. poulpe, (oc. Indien) ourite. **2.** Fig. Personne avide, qui ne lâche pas ce dont elle s'est emparée. – Pouvoir, entreprise qui étend insatiablement son emprise.

pieux, pieuse [pjø, pjøz] adj. **1.** Qui a de la piété. *Homme pieux.* ▷ Qui dénote de la piété. *Acte pieux.* **2.** Animé ou inspiré par une affection respectueuse. *Fils pieux. Devoirs pieux.*

piézoélectricité [pjezoelɛktʀisite] n. f. PHYS Phénomène caractérisé par l'apparition de charges électriques à la surface de certains cristaux lorsqu'ils sont soumis à des contraintes mécaniques.

piézoélectrique [pjezoelɛktʀik] adj. PHYS Relatif à la piézoélectricité; doué de piézoélectricité.

piézométrie [pjezɔmetʀi] n. f. PHYS Étude de la compressibilité des liquides.

1. pif [pif] n. m. Pop. Nez.

2. pif ! [pif] interj. Onomatopée (souvent redoublée ou suivie de *paf!*), imitant un bruit sec (détonation, soufflet, etc.).

Pigalle (Jean-Baptiste) (1714 – 1785), sculpteur français.

pige [piʒ] n. f. **1.** Longueur arbitraire prise comme mesure. – Tige graduée servant à mesurer une hauteur, un niveau. **2.** Mode de rémunération d'un journaliste payé à la tâche. – Article ainsi payé. *Travailler à la pige.*

pigeon [piʒɔ̃] n. m. **1.** Oiseau columbiforme (genres *Columba* et voisins) au corps trapu, à la poitrine pleine, au plumage épais, au bec pourvu d'une cire (membrane où s'ouvrent les narines). – *Pigeons voyageurs,* appartenant à des espèces chez lesquelles la faculté d'orientation est particulièrement développée, et utilisés (surtout autref.) pour porter des messages. – *Pigeon ramier :* V. ramier. – *Pigeon de Guinée :* gros pigeon vivant au voisinage des rôniers en Afrique tropicale. **2.** Fig., fam. Personne qui se laisse facilement duper. *Elle a été le pigeon dans cette affaire.* **3.** TECH Poignée de plâtre gâché (pour dresser une cloison, etc.). **4.** *Pigeon d'argile :* disque d'argile cuite qui sert de cible mobile, dans le tir à la fosse ou *tir au pigeon.*

Pigeon (île), îlot du N.-O. de Sainte-Lucie, à laquelle une digue le rattache; 850 m de long sur 400 m de large. Parc national.

pigeonnant, ante [piʒɔnɑ̃, ɑ̃t] adj. Fam. Se dit d'une poitrine de femme haute et rebondie. ▷ Par méton. *Un soutien-gorge pigeonnant.*

pigeonne [piʒɔn] n. f. Femelle du pigeon.

pigeonneau [piʒɔno] n. m. Jeune pigeon.

pigeonner [piʒɔne] v. tr. [1] **1.** Fam. Traiter (qqn) en pigeon (sens 2), duper. **2.** CONSTR Plâtrer avec des pigeons (sens 3), exécuter avec du plâtre levé à la truelle ou à la main, sans le lancer ni le plaquer.

pigeonnier [piʒɔnje] n. m. **1.** Petite construction destinée à abriter des pigeons domestiques. Syn. colombier. **2.** (Belgique) Poulailler (sens 2).

piger [piʒe] v. tr. [13] **1.** Fam. Comprendre. *Tu piges la combine?* **2.** (Québec) Prendre au hasard, tirer au sort. *Piger un nom. Piger un bulletin-réponse.*

pigiste [piʒist] n. Typographe, journaliste payé à la pige.

pigment [pigmɑ̃] n. m. **1.** BIOL Substance synthétisée par les êtres vivants, qui donne leur coloration aux tissus. ▷ BOT Substance colorante des plantes. **2.** TECH Matière d'origine minérale, organique ou métallique, généralement réduite en poudre et que l'on utilise comme colorant.

pigmentaire [pigmɑ̃tɛʀ] adj. Relatif aux pigments. – Qui contient des pigments.

pigmentation [pigmɑ̃tasjɔ̃] n. f. **1.** BIOL Formation et accumulation, normale ou pathologique, de pigment dans certains tissus. **2.** TECH Coloration par un ou des pigments.

pigmenté, ée [pigmɑ̃te] adj. Qui est coloré par des pigments.

pigmenter [pigmɑ̃te] v. tr. [1] Colorer par un ou des pigments.

1. pignon [piɲɔ̃] n. m. Partie supérieure triangulaire d'un mur, sur laquelle portent les pannes d'un toit à deux pentes. ▷ *Avoir pignon sur rue :* posséder en propre une maison, un magasin, etc.; fig. être dans une situation notoirement établie, aisée.

2. pignon [piɲɔ̃] n. m. Roue dentée. ▷ *Spécial.* La plus petite des deux roues d'un engrenage.

pignoratif, ive [piɲɔʀatif, iv] adj. DR *Contrat pignoratif,* par lequel un débiteur vend, sous faculté de rachat, un bien à son créancier, qui le lui laisse en location.

pigouiller [piguje] v. tr. [1] (Acadie) **1.** Fouiller (le sol) à l'aide d'un bâton. **2.** Tisonner (un feu), le ranimer. **3.** Fig. Taquiner, harceler. *Arrête de pigouiller ta sœur!*

pilaf [pilaf] n. m. Plat épicé composé de riz mêlé de viande, de poisson, de coquillages, etc. ▷ (En appos.) *Riz pilaf.*

pilage [pilaʒ] n. m. Action de piler.

pilaire [pilɛʀ] adj. Didac. Qui a rapport aux poils.

pilastre [pilastʀ] n. m. Pilier adossé à un mur ou engagé dans celui-ci.

Pilate (Ponce) (en lat. *Pontius Pilatus*) (Ier s.), procurateur romain de Judée (26-36). Peu favorable aux Juifs qui réclamaient la mort de Jésus, mais craignant d'être disgracié par l'empereur, il le leur livra et déclara, en se lavant les mains : «Je suis innocent du sang de ce juste» (d'où l'expression *s'en laver les mains :* décliner toute responsabilité).

Pilâtre de Rozier ou **du Rosier** (Jean-François) (1756 – 1785), aéronaute français; le premier homme qui s'éleva dans les airs en ballon (1783). Il tenta de traverser le pas de Calais, mais son ballon prit feu et il périt.

pilchard [pilʃaʀ] n. m. Grosse sardine.

Pilcomayo (le), rivière d'Amérique du Sud (2 500 km), affl. du Paraguay (r. dr.), formant frontière entre l'Argentine et le Paraguay.

1. pile [pil] n. f. **I. 1.** Ensemble d'objets placés les uns sur les autres. *Une pile de livres.* ▷ (Haïti) Ensemble de denrées pris comme unité de mesure sur les marchés. *Une pile de bananes.* **2.** Massif de maçonnerie servant de support intermédiaire au tablier d'un pont. **II.** *Pile électrique* ou *pile :* générateur de courant, appareil qui transforme l'énergie dégagée au cours d'une réaction chimique en courant électrique. Syn. (Luxembourg) batterie. ▷ *Pile photovoltaïque* ou *pile solaire :* V. photopile. – *Pile thermoélectrique :* V. thermopile. ▷ PHYS NUCL *Pile nucléaire :* réacteur nucléaire utilisé pour la recherche, les essais ou la production de radioéléments.

2. pile [pil] n. f. et adv. **1.** n. f. Côté d'une pièce de monnaie opposé à la *face* portant, en général, la valeur de cette pièce. – *Jouer à pile ou face :* essayer de deviner quel côté présentera une pièce en tombant, après avoir été lancée en l'air; fig. décider au hasard. **2.** adv. Fig., fam. *Tomber pile,* juste ou à point. – *S'arrêter pile,* tout d'un coup.

1. piler [pile] v. [1] **I.** v. tr. **1.** Écraser, broyer en frappant. – *Spécial.* Broyer avec un pilon dans un mortier. *Piler du mil.* **2.** (Québec) Réduire (des légumes) en purée. *Piler des pommes de terre.* – Pp. adj. *Carottes pilées.* **3.** Loc. (Suisse) Fam. *La piler :* subir de rudes épreuves. **II.** v. intr. (Québec) Fam. **1.** *Piler sur* *(qqch) :* marcher sur, écraser avec les pieds. – *Piler dans (qqch) :* marcher dans. **2.** Loc. *Se piler sur les pieds :* être trop nombreux dans un espace restreint. – Fig. *Piler sur les pieds de qqn,* l'énerver, l'irriter. – Fig. *Piler sur son orgueil :* faire abstraction de son amour-propre.

2. piler [pile] v. tr. [**1**] (Québec) **1.** Mettre (qqch) en pile. *Piler des planches, des boîtes.* – *Piler du foin,* le tasser. **2.** Fig. *Piler des piastres, de l'argent :* amasser de l'argent.

pilet [pilɛ] n. m. *Canard pilet* ou *pilet :* canard sauvage (*Anas acuta*) des étangs d'Eurasie et d'Amérique du N., à longue queue et à tête brune.

pileuse [piløz] n. f. Femme qui pile du grain. *Pileuse de mil.*

pileux, euse [pilø, øz] adj. Qui a rapport aux poils, aux cheveux. – *Système pileux :* ensemble des poils recouvrant le corps.

pilibo [pilibo] n. m. (Guyane) Sucre* d'orge.

pilier [pilje] n. m. **1.** Massif de maçonnerie constituant un support, dans un édifice. *Les piliers d'une cathédrale.* ▷ Chacun des supports en fer, en bois, etc. soutenant une construction. *Pilier métallique.* **2.** ANAT Portion d'un muscle ou d'un organe ayant une fonction de soutien. *Les piliers du diaphragme, du voile du palais.* **3.** Fig., péjor. Personne fréquentant assidûment quelque lieu. *Pilier de bar.* **4.** Fig. Personne ou chose sur laquelle s'appuie qqch. *Les piliers d'un régime politique.*

pili-pili [pilipili] n. m. inv. **1.** Piment rouge au goût très fort. Syn. (Afr. subsah.) piment des oiseaux. **2.** (Afr. subsah.) Sauce ou condiment fait avec ce piment.

pillage [pijaʒ] n. m. Action de piller; son résultat. Syn. (Haïti) déchouquage.

pillard, arde [pijaʀ, aʀd] adj. et n. Qui pille, qui a l'habitude de piller. *Hordes pillardes.* ▷ Subst. *Un pillard.*

piller [pije] v. tr. [**1**] **1.** S'emparer de force des biens qui se trouvent dans (une ville, une maison, etc.). *L'ennemi a pillé ce village.* **2.** Voler (qqch) en saccageant, en ruinant. *Piller les œuvres d'art d'une église.* **3.** Fig. Plagier, copier de façon éhontée.

pilon [pilɔ̃] n. m. **1.** Instrument servant à écraser ou tasser. *Broyer des épices, du grain dans un mortier avec un pilon.* – *Marteau-pilon :* V. ce mot. ▷ *Mettre un livre au pilon,* en détruire l'édition. ▷ (Haïti, oc. Indien) Mortier (sens II, 1) en bois. **2.** Partie inférieure de la cuisse d'une volaille cuite. **3.** Jambe de bois.

Pilon (Germain) (v. 1535 – 1590), sculpteur français.

pilonnage [pilɔnaʒ] n. m. MILIT Action de pilonner; son résultat.

pilonner [pilɔne] v. tr. [**1**] **1.** Écraser avec un pilon. **2.** MILIT Bombarder (une position ennemie) de façon intensive avec des projectiles de gros calibre.

pilori [pilɔʀi] n. m. Poteau auquel était attachée une personne condamnée à être exposée publiquement. ▷ Fig. *Clouer qqn au pilori,* le désigner à l'indignation publique.

pilosité [pilozite] n. f. **1.** Présence de poils. **2.** Ensemble des poils.

pilotage [pilɔtaʒ] n. m. Action, art de piloter un navire, un aéronef.

pilote [pilɔt] n. m. **I. 1.** MAR Celui qui est chargé de diriger un navire dans les passages difficiles, à l'entrée des ports. **2.** AVIAT Personne qui tient les commandes d'un aéronef. *Pilote d'essai. Pilote de ligne.* ▷ *Pilote automatique :* dispositif qui corrige automatiquement, par action sur les gouvernes, les mouvements tendant à modifier la stabilité d'un avion (en cap et en altitude), le cap d'un bateau. **3.** SPORT Spécialiste de la conduite automobile. *Pilote de course.* **II.** (En apposition à un subst. et parfois uni à lui par un trait d'union.) **1.** *Bateau-pilote,* qui conduit le pilote d'un port à bord du navire qu'il doit guider. *Des bateaux-pilotes.* **2.** *Poisson pilote* ou *pilote :* poisson perciforme *(Naucrates ductor)* qui accompagne les requins, les raies, les navires, en quête de la nourriture que ceux-ci abandonnent. **3.** Fig. Qui s'engage dans une voie nouvelle, à titre expérimental. *Classe pilote.*

piloter [pilɔte] v. tr. [**1**] **1.** Conduire (un navire, un aéronef, une automobile) en tant que pilote. *Piloter un avion.* **2.** Fig. Guider (qqn) dans des lieux qu'il ne connaît pas. *Piloter un étranger.*

pilotis [pilɔti] n. m. Ensemble de pieux servant d'assise à un ouvrage construit au-dessus de l'eau ou d'un sol mouvant. – Chacun de ces pieux. *Hutte sur pilotis.*

pilou [pilu] n. m. (Nouv.-Cal.) Danse autref. nocturne et chargée de significations symboliques; auj., exécutée à l'occasion d'événements particuliers ou dans un but touristique.

Piłsudski (Józef) (1867 – 1935), maréchal (1920) et homme politique polonais. D'abord socialiste, il fut chef de l'État (1919-1922) et de l'armée contre les bolcheviks, puis de mai 1926 (coup d'État) à sa mort.

pilule [pilyl] n. f. PHARM Médicament de forme sphérique qu'on absorbe par voie orale. ▷ Fig., fam. *Dorer la pilule à qqn,* essayer de lui faire prendre pour séduisante une chose désagréable. – *Avaler la pilule :* supporter une chose déplaisante sans se rebeller. ▷ *Pilule contraceptive* ou, absol., *pilule,* à base de substance hormonale et dont la fonction est de bloquer l'ovulation.

pimbêche [pɛ̃bɛʃ] n. f. Femme affectant des airs pincés.

pimbina [pɛ̃bina] n. m. (Québec) Nom cour. donné à deux variétés indigènes de viornes à fruits rouges comestibles. – (Au sing., avec valeur collect., ou au plur.) Fruits de ces arbrisseaux. *Gelée de pimbina(s).*

piment [pimɑ̃] n. m. **1.** Nom de diverses solanacées cultivées pour leurs fruits. ▷ Fruit de ces diverses plantes utilisé comme condiment (paprika, poivre de cayenne) ou comme légume (piment doux ou poivron). ▷ *Spécial.* Piment fort. ▷ (Québec) Poivron; en partic., poivron vert. ▷ (Afr. subsah.) *Piment des oiseaux :* syn. de *pili-pili.* – *Piment-cerise :* petit piment très fort en forme de cône allongé. **2.** Fig. Ce qui donne de la saveur, du piquant. *Mettre du piment dans un récit.*

pimentade [pimɑ̃tad] n. f. (Guyane) Court-bouillon de poisson très pimenté.

pimenter [pimɑ̃te] v. tr. [**1**] **1.** Assaisonner avec du piment. **2.** Fig. Donner du piquant à. *Pimenter ses propos.*

pimpant, ante [pɛ̃pɑ̃, ɑ̃t] adj. Qui donne une impression de fraîcheur et d'élégance. *Jeune fille pimpante. Robe pimpante.*

pin [pɛ̃] n. m. Grand conifère (genre *Pinus*) répandu dans l'hémisphère N., au feuillage persistant composé d'aiguilles groupées en faisceaux; bois de cet arbre. *Pin sylvestre. Pin parasol* ou *pin pignon. Pin blanc. Pin gris* ou *cyprès.*

pinacées [pinase] n. f. pl. BOT Famille de conifères comprenant les pins, les cèdres, les sapins vrais. – Sing. *Une pinacée.*

pinacle [pinakl] n. m. **1.** Partie la plus haute d'un édifice. **2.** Fig. *Porter qqn au pinacle,* le couvrir d'éloges.

pinacothèque [pinakɔtɛk] n. f. Musée de peinture (en Italie, en Allemagne). *La pinacothèque de Munich.*

pinailler [pinaje] v. intr. [**1**] Fam. Ergoter sur des riens.

pinard [pinaʀ] n. m. Pop. Vin.

pinasse [pinas] n. f. MAR **1.** Petit bateau de pêche rapide. **2.** (Afr. subsah.) Grande embarcation transportant les voyageurs et leurs bagages sur les fleuves, les lagunes.

pince [pɛ̃s] n. f. **1.** Instrument composé de deux branches articulées, servant à saisir ou à serrer des objets. – *Pince à linge,* qui sert à fixer du linge sur une corde. Syn. (Suisse) pincette. – *Pince à épiler,* à branches très fines pour s'épiler les jambes, le visage, etc. Syn. (Suisse) brucelles. – *Pince coupante.* ▷ *Pince-monseigneur :* V. ce mot. **2.** Appendice préhenseur des crustacés, patte antérieure fourchue et articulée qui leur sert à saisir, à pincer. *Pinces de crabe.* **3.** Extrémité antérieure du sabot du cheval. **4.** Dent incisive des équidés, et partic. du cheval. **5.** COUT Pli cousu fait pour ajuster un vêtement. *Pinces de taille, de poitrine.*

pincé, ée [pɛ̃se] adj. **1.** MUS *Cordes pincées,* que l'on fait vibrer en les pinçant avec les doigts (par oppos. à *cordes frappées* et à *cordes frottées*). **2.** Serré et mince. *Lèvres pincées.* ▷ *Air pincé,* mécontent, maniéré, distant.

pinceau [pɛ̃so] n. m. **1.** Instrument formé d'un faisceau de poils attaché au bout d'un manche, et qui sert à appliquer les couleurs, la colle, etc. **2.** Fig. Manière de peindre d'un artiste. *Il a le pinceau délicat.* **3.** Étroit faisceau de rayons lumineux.

pincée [pɛ̃se] n. f. Quantité (d'une matière en poudre, en grains) que l'on peut prendre en la pinçant du bout de deux doigts. *Une pincée de sel.*

pincement [pɛ̃smɑ̃] n. m. Action de pincer. ▷ Sensation vive et quelque peu douloureuse. *Pincement au cœur.*

pince-monseigneur [pɛ̃smɔ̃sɛɲœʀ] n. f. Levier qu'utilisent en partic. les cambrioleurs pour forcer les portes. *Des pinces-monseigneur.*

pincer [pɛ̃se] v. tr. [**12**] **1.** Serrer étroitement avec les doigts, avec une pince, etc. *Pincer une barre de fer avec des tenailles.* ▷ MUS *Pincer les cordes d'un instrument,* les faire vibrer avec les doigts. **2.** Serrer la peau fortement entre les doigts ou autrement, en provoquant une sensation douloureuse. Syn. (Antilles fr.) pichonner. – Fig. Produire une sensation vive, semblable à un pincement. *Le froid pince les joues.* ▷ v. pron. *Se pincer les doigts dans une porte.* **3.** Rapprocher en serrant et en faisant paraître plus mince. *Pincer les lèvres. Corsage pinçant la taille.* ▷ *Pincer un vêtement,* le resserrer à l'aide de pinces (sens 5). **4.** ARBOR *Pincer les bourgeons :* supprimer les bourgeons axillaires pour arrêter la croissance des ramifications. **5.** Fig., fam. Prendre, surprendre (qqn). *Pincer qqn la main dans le sac.* **6.** Loc. (Belgique) *Pincer son* *français :* parler le français avec un accent pointu (signe d'affectation). (V. fransquillonner.)

pince-sans-rire [pɛ̃sɑ̃ʀiʀ] n. m. inv. Personne qui plaisante, qui raille tout en restant impassible.

pincette [pɛ̃sɛt] n. f. **1.** Petite pince. **2.** (Au plur.) Longue pince en fer servant à saisir les tisons dans le feu. ▷ Loc. fig., fam. *N'être pas à prendre avec des pincettes :* être de très mauvaise humeur. **3.** (Suisse) Syn. de *pince* à linge.*

Pincevent, site préhistorique de France (Seine-et-Marne); import. gisement magdalénien, découvert en 1964.

pinçon [pɛ̃sɔ̃] n. m. Trace d'un pincement sur la peau.

pinctadine [pɛ̃ktadin] n. f. ZOOL Mollusque bivalve de la mer Rouge, de l'océan Indien et de l'océan Pacifique, élevé industriellement au Japon pour la production de perles. *La pinctadine est couramment appelée «huître perlière».*

Pindare (518 – 438 av. J.-C.), poète lyrique grec. De son œuvre, considérable, qui illustre toutes les variétés de la poésie chorale (dithyrambes, hymnes), il ne nous reste intactes que ses 45 *Odes triomphales* (ou *Épinicies*), divisées selon les jeux qu'elles célèbrent : 14 *Olympiques*, 12 *Pythiques*, 11 *Néméennes*, 8 *Isthmiques*.

pindarique [pɛ̃daʀik] adj. LITTER Qui est dans la manière lyrique de Pindare. *Odes pindariques.*

pinéal, ale, aux [pineal, o] adj. ANAT Relatif à l'épiphyse. ▷ ZOOL *Organe pinéal :* organe céphalique pariétal postérieur, formé d'une vésicule aplatie photosensible.

pinède [pinɛd] n. f. Terrain planté de pins.

Pinedjem, nom de deux grands prêtres d'Amon à Thèbes. — **Pinedjem I**[er] fut associé au trône par Psoussennès (1054-1009 av. J.-C.). — **Pindejem II,** contemporain du roi Siamon (1000-984 av. J.-C.).

Pinel (Philippe) (1745 – 1826), médecin aliéniste français. Nommé médecin-chef à l'hôpital de Bicêtre (1793), il abolit les traitements violents jusqu'alors en usage.

Pinget (Robert) (né en 1919), écrivain français d'origine suisse. Classé dans l'école du nouveau roman, il donne le rôle principal au langage lui-même : *Graal Flibuste* (1956), *le Fiston* (1959), *l'Inquisitoire* (1962), *Quelqu'un* (1965), *l'Apocryphe* (1980). Théâtre : *Lettre morte* (1959), *la Manivelle* (1960), *Un testament bizarre* (1985), *l'Ennemi* (1987).

pingouin [pɛ̃gwɛ̃] n. m. Oiseau marin des régions arctiques (fam. alcidés) au plumage noir et blanc, aux ailes courtes et aux orteils palmés. ▷ Cour. Oiseau de la famille des alcidés (macareux, guillemots). – *Abusiv.* Manchot.

ping-pong [piŋpɔ̃ŋ] n. m. inv. (Nom déposé.) Tennis de table.

pingre [pɛ̃gʀ] n. et adj. Personne avare, mesquine. ▷ adj. *Être pingre.*

pingrerie [pɛ̃gʀəʀi] n. f. Avarice mesquine.

pinnipèdes [pinipɛd] n. m. pl. ZOOL Sous-ordre de mammifères carnivores marins dont les membres ont évolué en palettes natatoires (otaries, phoques, morses). – Sing. *Un pinnipède.*

pinnotère ou **pinnothère** [pinɔtɛʀ] n. m. ZOOL Petit crabe qui vit en symbiose avec divers bivalves, en partic. les moules.

Pinochet Ugarte (Agusto) (né en 1915), général et homme politique chilien. Il fut nommé chef des armées en août 1973 par le prés. Allende, qu'il renversa le 11 sept. à la tête d'une junte militaire qui, en déc. 1974, le nomma président de la République. Il institua une dictature. Après les élections de déc. 1989, auxquelles il ne pouvait, institutionnellement, se présenter, il garda le contrôle de l'armée.

pinocytose [pinɔsitoz] n. f. BIOL Endocytose des substances liquides.

pinotte [pinɔt] n. f. V. peanut.

Pins (île des), île franç. du Pacifique, située à 50 km au nord-ouest de la Nouvelle-Calédonie, dont elle dépend; 153 km^2; 1095 hab.; ch.-l. *Vao.* – Île pénitentiaire pour les déportés de la Commune, de 1872 à 1879.

pinson [pɛ̃sɔ̃] n. m. Petit oiseau passériforme migrateur (genre *Fringilla*, fam. fringillidés) d'Eurasie et d'Afrique du N., au plumage nuancé (bleu, verdâtre, noir, roux), bon chanteur. ▷ Loc. *Gai comme un pinson :* très gai.

pintade [pɛ̃tad] n. f. **1.** Oiseau galliforme, originaire d'Afrique, au plumage gris perlé de blanc (*Numida meleagris* et espèces voisines), dont la chair est très estimée. **2.** (Guyane) Péjor. Homme efféminé.

pintadeau [pɛ̃tado] n. m. Jeune pintade.

pinte [pɛ̃t] n. f. **1.** Anc. mesure de capacité, variable selon les lieux, valant env. un litre. ▷ (Réunion) Mesure de capacité utilisée pour le grain, le riz, les piments. **2.** Récipient contenant une pinte; son contenu. – (Réunion) *Gagner sa pinte de riz :* gagner sa vie. **3.** Au Canada, mesure de capacité valant 1,134 l. ▷ Récipient contenant 1,134 l; son contenu. – *Par ext.* (Depuis l'adoption du système métrique.) Récipient contenant un litre. *Acheter une pinte de lait.* **4.** Loc. (France rég.) *Prendre une pinte :* s'enivrer. **5.** (Suisse) Débit de boisson.

Pinter (Harold) (né en 1930), acteur et auteur dramatique anglais; l'un des représentants du «théâtre de l'absurde» : *le Gardien* (1960), *One for the road* (1984). Il a écrit de nombr. films pour Losey.

Pintilié (Lucian) (né en 1933), cinéaste roumain : *Dimanche à six heures* (1965), *la Reconstitution* (1969), *Un été inoubliable* (1994), *Trop tard* (1996).

Pinto da Costa (Manuel) (né en 1940), homme politique de São Tomé. Premier président de la Rép. (1975), réélu en 1985, il instaura le pluralisme en 1990 et s'exila en 1991.

pintoiller [pɛ̃twaje] v. intr. [1] (Suisse) Fam. Boire (de l'alcool), picoler.

Pinturicchio (Bernardino di Betto, dit il) (v. 1454 – 1513), peintre italien.

pin-up [pinœp] n. f. inv. (Anglicisme) Jolie fille peu vêtue dont on épingle la photo au mur. – *Par ext.* Jolie fille d'allure affriolante.

pinyin [pinjin] n. m. LING Système de transcription de la langue chinoise en caractères latins, rendu officiel par le gouvernement chinois en 1958.

piochage [pjɔʃaʒ] n. m. **1.** Action de piocher. **2.** Travail fait à la pioche.

pioche [pjɔʃ] n. f. **1.** Outil formé d'un fer pointu ou plat muni d'un manche, qui sert à creuser la terre. **2.** JEU Tas de cartes, de dominos non distribués dans lequel on pioche.

piocher [pjɔʃe] v. [1] **I.** v. tr. **1.** Creuser, remuer avec une pioche. *Piocher un champ.* **2.** Fig., fam. Préparer avec ardeur, travailler beaucoup sur. *J'avais bien pioché cette question.* **II.** v. intr. JEU Puiser dans le tas de cartes, de dominos non distribués jusqu'à ce que l'on rencontre la carte, le domino que l'on peut jouer. ▷ *Par ext.* Puiser dans un tas.

piolet [pjɔlɛ] n. m. Courte pioche utilisée en alpinisme.

Piombo (Sebastiano del). V. Sebastiano del Piombo.

pion [pjɔ̃] n. m. **1.** JEU Chacune des huit plus petites pièces du jeu d'échecs. ▷ Chacune des pièces du jeu de dames. – Fig. *N'être qu'un pion (sur l'échiquier) :* n'avoir aucune prise sur les événements, être manœuvré. – Loc. fig., fam. *Damer le pion à qqn*, prendre l'avantage sur lui. **2.** Arg. (des écoles) Surveillant d'études. (Fém. *pionne.*)

pionnier, ère [pjɔnje, ɛʀ] n. et adj. **1.** n. m. MILIT Militaire du génie spécialiste des travaux de terrassement. **2.** n. Colon qui défriche et cultive des contrées inhabitées. *Les pionniers de l'Amérique du Nord.* ▷ adj. *Les régions pionnières.* – Fig. Personne qui ouvre une voie nouvelle. *Les pionniers de la science.* **3.** n. (Afr. subsah.) Membre d'un mouvement de jeunesse dépendant du parti au pouvoir.

piorne [pjɔʀn] adj. et n. f. (Suisse) Fam. Syn. de *pleurnichard(e), pleurnicheur.*

pipa [pipa] n. m. Gros crapaud d'Amérique tropicale (genre *Pipa*).

pipasol [pipasɔl] n. m. (France rég.) Graine de tournesol grillée et salée, que l'on grignotte entre les repas. (V. glibette.)

pipe [pip] n. f. **1.** Ustensile servant à fumer, composé d'un tuyau aboutissant à un fourneau contenant le tabac. *Allumer, fumer sa pipe.* – *Par ext.* Tabac contenu dans le fourneau. *Fumer une pipe.* **2.** (En loc.) Pop. *Casser sa pipe :* mourir. **3.** TECH Élément de tuyauterie, conduit. *Pipe d'aération.*

pipeau [pipo] n. m. **1.** Flûte champêtre, chalumeau. *Danser au son du pipeau.* **2.** CHASSE Syn. de *appeau.* – (Plur.) Petites branches enduites de glu pour prendre les oiseaux.

pipelet, ette [piplɛ, ɛt] n. Fam. (Surtout au fém.) Personne bavarde.

pipeline [piplin; pajplajn] n. m. (Anglicisme) Canalisation servant au transport des liquides, des gaz ou des matières pulvérulentes.

piper [pipe] v. tr. [1] **1.** Prendre au pipeau. *Piper des oiseaux.* **2.** *Piper des dés, des cartes*, les truquer pour tricher au jeu. – Fig. *Les dés sont pipés :* les données du problème ont été truquées, faussées. **3.** (oc. Indien) Huer (sens 1). – Encourager (une équipe, un sportif) par des cris. *Piper pour son équipe.*

pipéracées [pipeʀase] n. f. pl. BOT Famille de dicotylédones herbacées ou arbustives des régions chaudes, possédant des propriétés aromatiques, astringentes et narcotiques, dont le poivre noir est le type. – Sing. *Une pipéracée.*

pipéronal, als [pipeʀɔnal] n. m. CHIM Syn. de *héliotropine.*

pipette [pipɛt] n. f. **1.** Tube mince, généralement gradué, utilisé en laboratoire pour prélever des liquides. **2.** (Belgique) Embout pourvu d'une valve, par lequel on remplit d'air un ballon, une chambre à air, etc. **3.** Loc. (Suisse) Fam. *Ne pas valoir pipette :* ne pas avoir une grande valeur.

pipeur [pipœʀ] n. m. (oc. Indien) Fam. Supporteur.

pipi [pipi] n. m. Fam. Urine. – *Faire pipi :* uriner.

pipistrelle [pipistʀɛl] n. f. La plus petite des chauves-souris (*Pipistrellus pipistrellus,* 4 cm de long).

pipit [pipi(t)] n. m. Petit oiseau passériforme (genre *Anthus*) au plumage terne, de la taille d'un moineau.

piquage [pikaʒ] n. m. Action de piquer; son résultat.

piquant, ante [pikɑ̃, ɑ̃t] adj. et n. m. **I.** adj. **1.** Qui pique ou peut piquer. *Les épines sont piquantes.* **2.** Qui produit une sensation vive, comparable à une, à des piqûres. *Froid piquant.* **3.** Fig. Mordant, satirique. *Critique piquante.* – Qui plaît par sa finesse, sa vivacité. *Conversation piquante.* **II.** n. m. **1.** SC NAT Appendice acéré de divers organes végétaux (syn. épine), ou d'animaux. *Les piquants d'un hérisson.* **2.** Fig. Ce qui est plaisant, piquant. *Le piquant d'une aventure.*

1. pique [pik] n. **1.** n. f. Arme d'hast*, fer aigu au bout d'une hampe. **2.** n. m. JEU Couleur noire d'un jeu de cartes, représentée par une figure évoquant un fer de pique. *Atout pique. Roi de pique.* – Carte de cette couleur.

2. pique [pik] n. f. Propos aigre, malintentionné, destiné à agacer, à vexer. *Envoyer des piques.*

piqué, ée [pike] adj. et n. **I.** adj. **1.** Cousu par un point de couture. **2.** Parsemé de trous dus à des insectes. *Bois piqué.* ▷ Fam., iron. *Ne pas être piqué des vers :* être parfait dans son genre. **3.** Taché par l'humidité, attaqué par la rouille. *Miroir piqué. Carrosserie piquée.* **4.** Qui s'est aigri sous l'influence de moisissures. *Vin piqué.* **5.** MUS *Notes piquées,* surmontées de points indiquant qu'elles doivent être jouées accentuées et détachées. **6.** Fig. Vexé, dépité. *Il a été piqué par ces remarques.* **7.** Fig., fam. Étrange, un peu fou. ▷ Subst. *N'écoute pas cette piquée!* **II.** n. m. **1.** AVIAT Vol descendant, très fortement incliné. *Bombardement en piqué.* **2.** TECH Étoffe dont le tissage forme des dessins en relief.

pique-assiette [pikasjɛt] n. m. et f. inv. Péjor. Personne qui cherche toujours à se faire inviter à la table d'autrui, sans contribuer aux dépenses.

pique-bœuf [pikbœf] n. m. Oiseau passériforme (genre *Buphagus*) d'Afrique, de la taille d'un étourneau, qui se nourrit des petits animaux parasites vivant sur la peau des grands mammifères (bœuf, éléphant, etc.). *Des pique-bœufs* [pikbø].

pique-bois [pikbwa] n. m. inv. V. pic-bois.

pique-feu [pikfø] n. m. inv. Tisonnier.

pique-fleurs [pikflœʀ] n. m. inv. Socle que l'on pose au fond d'un vase pour maintenir les tiges des fleurs.

pique-nique [piknik] n. m. Repas pris en plein air au cours d'une excursion. *Des pique-niques champêtres.*

pique-niquer [piknike] v. intr. [1] Faire un pique-nique.

piquer [pike] v. [1] **I.** v. tr. **1.** Percer, entamer légèrement avec un objet pointu. *Piquer quelqu'un avec une aiguille. Épines qui piquent les doigts.* ▷ (Afr. subsah.) Blesser avec un couteau, un poignard. **2.** Fig. Produire une sensation de piqûre, de picotement, de brûlure sur. *La fumée pique les yeux.* – Absol. *Moutarde qui pique.* **3.** Ficher (qqch de pointu) dans. *Piquer une épingle dans une pelote.* ▷ Fam. Faire une piqûre à. – *Piquer un animal,* lui faire une piqûre pour qu'il meure sans souffrance. ▷ Blesser avec son crochet, son dard, son aiguillon (en parlant d'animaux). *Une abeille l'a piqué.* – CUIS Introduire des lardons, de l'ail dans (une viande). *Piquer un gigot.* **4.** Fixer à l'aide d'une pointe, d'une aiguille. *Piquer une gravure au mur.* ▷ (S. compl.) Faire des points de couture dans (de l'étoffe). *Piquer à la machine.* **5.** Parsemer de petits trous. *Les vers ont piqué ce meuble.* **6.** Frapper, toucher (un animal) au moyen d'une pointe pour le faire avancer, l'exciter. *Piquer un cheval, des bœufs.* ▷ Fig. Produire une vive impression sur, exciter. *Piquer la curiosité de qqn.* – *Ce discours l'a piqué au vif,* l'a blessé dans son amour-propre. **7.** Fig. Séparer, détacher nettement. ▷ MUS *Piquer des notes,* les jouer accentuées et détachées. ▷ Absol. PHOTO *Objectif qui pique,* qui a un grand pouvoir séparateur. – Pp. adj. *Photo très piquée.* **8.** Fig., fam. Manifester brusquement par quelque signe physique. *Piquer une colère.* – *Piquer un fard :* rougir. ▷ *Piquer un cent mètres :* se mettre brusquement à courir sur une courte distance. ▷ (Suisse) *Piquer la mouche :* s'emporter, prendre la mouche. ▷ (Québec) *Piquer une jasette :* bavarder. **9.** Fig., pop. Prendre, voler. *On lui a piqué son portefeuille.* Syn. faucher. **II.** v. intr. **1.** AVIAT Effectuer un piqué. ▷ *Piquer sur :* aller tout droit vers. *L'avion piqua sur son objectif.* ▷ Fam. *Piquer du nez :* tomber en avant; baisser la tête en signe de confusion; s'endormir. ▷ (Québec) Se rendre (à un endroit) par le chemin le plus court. *Piquer vers la maison. Piquer à travers le bois.* **2.** EQUIT *Piquer des deux :* faire sentir les deux éperons à un cheval; fig. s'élancer rapidement. **III.** v. pron. **1.** *Se piquer en cousant.* **2.** Fig. *Se piquer au jeu :* s'obstiner à jouer malgré la perte; *par ext.* s'obstiner à venir à bout de qqch. **3.** Fig. *Se piquer de :* avoir la prétention de.

1. piquet [pikɛ] n. m. **1.** Petit pieu que l'on fiche en terre. *Piquet de tente.* **2.** Punition infligée à un élève, consistant à le faire rester debout dans un coin, tourné vers le mur. *Envoyer un chahuteur au piquet.* **3.** MILIT Groupe de soldats prêts à marcher au premier ordre. *Piquet d'incendie.* ▷ Par ext. *Piquet de grève :* groupe de grévistes veillant en partic. à interdire l'accès aux lieux de travail.

2. piquet [pikɛ] n. m. Jeu qui se joue avec trente-deux cartes.

piquetage [piktaʒ] n. m. **1.** TRAV PUBL Action de piqueter (sens 2). **2.** (Québec) Action de participer à un piquet de grève. *Ligne de piquetage.*

piqueter [pikte] v. tr. [20] **1.** Parsemer de points, de petites taches. – Pp. adj. *Ciel piqueté d'étoiles.* **2.** TRAV PUBL Tracer sur un terrain, à l'aide de piquets, les contours d'un bâtiment, l'emprise d'une route à construire, etc. **3.** (Québec) Participer à un piquetage (sens 2).

piqueteur, euse [piktœʀ, øz] n. (Québec) Gréviste participant à un piquet de grève.

Piquets, au XIXe s. en Haïti, nom donné aux révolutionnaires du Sud, armés de piques. (V. Cacos.)

piqueur, euse [pikœʀ, øz] n. et adj. **A.** n. **I.** n. m. **1.** EQUIT Celui qui surveille les écuries, dans un manège, un élevage. **2.** TECH Ouvrier qui travaille au pic ou au marteau pneumatique. **3.** TECH Celui qui surveille les ouvriers sur un chantier de travaux publics. **II.** n. Celui, celle qui pique (des étoffes, des peaux, etc.). *Atelier de piqueuses.* **B.** adj. *Insectes piqueurs,* qui sont capables de piquer.

piqûre [pikyʀ] n. f. **1.** Petite plaie faite par un instrument aigu ou par le dard de certains animaux. *Piqûre d'épingle, de guêpe.* **2.** Sensation produite par qqch de piquant. *Ressentir une piqûre.* – Fig. Petite blessure morale. *Piqûres d'amour-propre.* **3.** MED Injection sous-cutanée, intramusculaire ou intraveineuse faite avec une seringue munie d'une aiguille. **4.** Rang de points servant à assembler des pièces d'étoffe, ou à orner. *Robe garnie de piqûres.* **5.** Petit trou dû à des vers, des insectes, etc. **6.** Tache d'humidité. – TECH Attaque d'un métal par la rouille.

Pirandello (Luigi) (1867 – 1936), écrivain italien. Il traita l'opposition entre la conscience, qui se veut une, et la vie, créatrice de mille formes. Romans : *Feu Mathias Pascal* (1904); 15 vol. de *Nouvelles pour une année.* Théâtre : *Chacun sa vérité* (1917), *Six Personnages en quête d'auteur* (1921), *Henri IV* (1922). P. Nobel 1934.

Piranèse (Giambattista Piranesi, dit en fr.) (1720 – 1778), architecte et graveur italien. Sa série d'eaux-fortes *les Prisons* (1750; réédition «poussée au noir», 1760) annonce le romantisme. Autres œuvres importantes : *Vues de Rome* (1756), *Vues de Paestum* (1778).

piranha [piʀana] n. m. Poisson téléostéen carnivore, commun dans les fleuves d'Amérique du Sud. (V. piraye.)

piratage [piʀataʒ] n. m. **1.** Fait de pirater (sens 1). **2.** Fait de reproduire et de commercialiser une œuvre sans payer leur dû aux ayants droit.

pirate [piʀat] n. m. **1.** Aventurier qui court les mers pour piller les navires dont il parvient à se rendre maître. ▷ Navire monté par des pirates. *Couler un pirate.* **2.** Par ext. *Pirate de l'air :* personne qui détourne par la menace un avion de sa destination. **3.** Fig. Individu sans scrupules qui s'enrichit aux dépens des autres. **4.** (Adj. ou comme second élément de noms composés.) Qui ne respecte pas les lois, les règlements; illicite, clandestin. *Enregistrement pirate. Radio-pirate.*

pirater [piʀate] v. [1] **1.** v. intr. Se livrer à la piraterie; agir en pirate. **2.** v. tr. Se livrer au piratage de. *Pirater un logiciel.*

piraterie [piʀatʀi] n. f. **1.** Agissements de pirate. *Exercer la piraterie.* ▷ *Piraterie aérienne :* détournement d'avions commerciaux, éventuellement accompagné de prise d'otages, à des fins politiques ou crapuleuses. **2.** Fig. Exaction, escroquerie.

Pirates (Côte des). V. Côte de la Trêve et Émirats arabes unis.

piraye [piʀɛj] n. m. (Guyane) Nom cour. du piranha.

pire [piʀ] adj. et n. m. **1.** Comparatif synthétique pouvant remplacer *plus mauvais,* lorsque ce mot n'est pas pris dans le sens de «fâcheux, impropre». *Le remède est pire que le mal.* **2.** Superlatif. (Précédé de l'article défini ou de l'adjectif possessif.) *Un gredin de la pire espèce. Ce sont les pires.* ▷ n. m. Ce qu'il y a de plus mauvais. *S'engager pour le meilleur et pour le pire.* **3.** (Québec) Fam. (Sans valeur superlative.) Mauvais, difficile, détestable. *Elle est aussi pire que sa sœur. – Moins pire :* mieux. – *Pas pire, pas trop pire, pas si pire :* assez bon, assez beau, assez bien. *Le film était pas pire. – Pire que pire :* très mauvais, très mal.

Pire (Dominique Georges) (1910 – 1969), dominicain belge; fondateur d'organisations charitables. P. Nobel de la paix 1958.

Pirée (Le), v. et port de Grèce; 196390 hab. Port d'Athènes, très actif, et centre industriel. – Le Pirée devint le port d'Athènes au moment des guerres médiques (Ve s. av. J.-C.), en remplacement de Phalère. Détruite par Lysandre (404 av. J.-C.), la ville fut reconstruite par Conon (394). À nouveau détruit (86 av. J.-C.), Le Pirée n'a retrouvé son importance qu'au XIXe s.

Pirenne (Henri) (1862 – 1935), historien belge, spécialiste du Moyen Âge : *Histoire de la Belgique* (7 vol., 1899-1932); *les Villes du Moyen Âge* (1927); *Mahomet et Charlemagne* (posth., 1937), sur les relations de l'Occident et de l'Islam naissant. — **Jacques** (1891 – 1972), fils du préc.; auteur des *Grands Courants de l'histoire universelle* (1945-1956).

piriforme [piʀifɔʀm] adj. En forme de poire.

Pirin, massif cristallin du sud-ouest de la Bulgarie, dans l'ouest du Rhodope*; 2915 m au *Vihren.* – Il a donné son nom à la petite partie de la Macédoine (*Macédoine de Pirin*) conservée par la Bulgarie après le traité de Paris (1947).

Pirmez (Octave) (1832 – 1883), écrivain belge d'expression française. Sa prose poétique influença les novateurs de la Jeune-Belgique : *Heures de philosophie* (1873); *Rémo, histoire d'un frère* (1878).

pirogue [piʀɔg] n. f. Embarcation longue et étroite, faite d'un tronc d'arbre creusé ou de peaux cousues, souvent utilisée pour la pêche. ▷ (Madag.) Cette embarcation, faite d'acier.

piroguier [piʀɔgje] n. m. Personne qui se sert d'une pirogue, qui la conduit.

pirouette [piʀwɛt] n. f. **1.** CHORÉGR Tour complet sur soi-même exécuté en pivotant sur la pointe du pied d'appui. *Faire une pirouette.* – Fig. Réponse en forme de plaisanterie à une question embarrassante. *S'en tirer par une pirouette.* ▷ Loc. (Québec) Fam. *Planter une (la) pirouette :* V. planter (sens I, 8). **2.** Fig. Brusque changement d'opinion. Syn. revirement; volte-face.

pirouetter [piʀwete] v. intr. [1] Faire une (des) pirouette(s).

1. pis [pi] n. m. Mamelle d'un animal femelle. *Pis d'une vache, d'une brebis.* Syn. (Québec) paire, (Acadie) remeuil.

2. pis [pi] adv., adj. et n. m. **I.** Comparatif synthétique de *mal.* **1.** adv. Plus mal. – Loc. adv. *De mal en pis, de pis en pis :* de plus en plus mal. *Aller de mal en pis.* **2.** adj. (Neutre de *pire,* comme attribut ou complément d'un pronom neutre.) Plus mauvais, plus fâcheux. *Il n'y a rien de pis que cela.* **3.** n. m. (Sans article.) Chose plus mauvaise, plus fâcheuse. *Dire, penser pis que pendre de qqn. Elle est laide, et, qui pis est, méchante.* **II.** n. m. Superlatif de *mal.* La pire chose. *Mettre, prendre les choses au pis.* ▷ Loc. adv. *Au pis aller :* en mettant les choses au pis.

3. pis [pi] conj. et adv. (Québec) Fam. **I.** Conjonction de coordination. *Pis* (ou *et pis*). **1.** Liant des parties du discours de même nature. *Ils sont venus, lui pis elle.* **2.** Liant des parties du discours de nature différente. *Une fille gentille et pis qui a de l'entregent.* **3.** Dans le but d'insister, dans une énumération. *Il y avait des hommes, pis des femmes, pis des enfants.* **II.** adv. *Pis* (ou *pis ensuite, pis après*). **1.** Ensuite, après, puis. *Il s'est levé, pis (ensuite) il est parti.* **2.** Plus loin, puis. *Il y a un stop, pis (après) il y a une école.*

pis-aller [pizale] n. m. inv. Ce dont on doit se contenter faute de mieux.

Pisan (Christine de). V. Christine de Pisan.

Pisanello (Antonio Pisano, dit) (v. 1395 – v. 1455), peintre italien; représentant de l'art gothique courtois.

Pisano (Andrea da Pontedera, dit) (v. 1295 – v. 1349), sculpteur et architecte italien. À Florence, il réalisa la première porte du baptistère (1330-1336), puis, succédant à Giotto, il exécuta le campanile (1337-1343).

Pisano (Nicola). V. Nicola Pisano.

Piscator (Erwin) (1893 – 1966), metteur en scène et directeur de théâtre allemand. Il a monté, avec des audaces formelles, des pièces progressistes.

pisci-. Élément, du lat. *piscis,* «poisson».

piscicole [pisikɔl] adj. Relatif à la pisciculture.

pisciculteur, trice [pisikyltœʀ, tʀis] n. Personne qui pratique la pisciculture.

pisciculture [pisikyltyʀ] n. f. Élevage de poissons comestibles.

pisciforme [pisifɔʀm] adj. Didac. Qui a la forme d'un poisson.

piscine [pisin] n. f. **1.** Bassin destiné à la natation. ▷ (Québec) *Piscine creusée,* encastrée dans le sol. – *Piscine hors terre,* constituée de panneaux rigides auxquels est fixée une toile. **2.** Bâtiment abritant ce bassin.

piscivore [pisivɔʀ] adj. et n. m. ZOOL Qui se nourrit de poissons. *Animal piscivore.* ▷ n. m. *Un piscivore.*

Pise (en ital. *Pisa*), v. d'Italie (Toscane), sur l'Arno; 104050 hab. (*Pisans*); ch.-l. de la prov. du m. nom. Centre industriel. – Archevêché. Université (fondée en 1343). Nombreux monuments anciens : cath. des XIe-XIIe s. ; baptistère des XIIe et XIIIe s., campanile, dit Tour penchée (XIIe-XIVe s., 56 m de haut); églises des XIIe-XIVe s.; palais Galileo; palais Médicis (XIIIe et XIVe s.); Camposanto (cimetière), fin du XIIIe-XIVe s.; musée. – Son commerce maritime fit de Pise une grande cité au XIe s. Vaincue par Gênes (1284), elle déclina. Florence s'en empara en 1406.

pisé [pize] n. m. CONSTR Matériau fait de terre argileuse mêlée de paille, que l'on a comprimée pour la rendre dure et compacte.

Pisistrate (v. 600 – 527 av. J.-C.), tyran d'Athènes. Aristocrate, il devint le chef des Diacriens (représentants de la paysannerie pauvre) et s'empara du pouvoir (560 av. J.-C.). Renversé et exilé deux fois, il rétablit son autorité après dix années d'exil. Il favorisa l'agriculture et le commerce, prolongea l'œuvre sociale de Solon, fit élever de nombr. monuments et ouvrit une bibliothèque.

Pissarro (Camille) (1830 – 1903), peintre français impressionniste.

pissat [pisa] n. m. Urine de certains animaux. *Pissat de cheval.*

pissenlit [pisɑ̃li] n. m. Plante (fam. composées) des régions tempérées dont les feuilles dentelées sont consommées en salade.

pisser [pise] v. intr. [1] Fam. ou vulg. Uriner.

pisseux, euse [pisø, øz] adj. **1.** Fam. Imprégné d'urine; qui sent l'urine. **2.** Qui a l'aspect de l'urine; d'une couleur jaunâtre, passée. *Ton pisseux.*

pisse-vinaigre [pisvinɛgʀ] n. m. inv. Fam. Personne morose et renfrognée.

pissou [pisu] n. m. (Dans le langage enfantin.) Urine. *Faire son pissou :* uriner.

pistache [pistaʃ] n. f. et adj. inv. **1.** n. f. Graine comestible du pistachier, amande verdâtre. **2.** adj. inv. *Couleur pistache, vert pistache.* **3.** n. f. *Pistache* ou *pistache de terre :* nom anc. de l'arachide et de sa graine, encore en usage aux Antilles. **4.** n. f. (Antilles fr., Nouv.-Cal., oc. Indien) Syn. de *cacahuète* (sens 2). *Pistaches bouillies, grillées, salées.*

pistachier [pistaʃje] n. m. Térébinthacée cultivée des régions tropicales dont la graine est la pistache.

pistage [pistaʒ] n. m. Action de pister.

pistard, arde [pistaʀ, aʀd] n. **1.** Cycliste sur piste (par oppos. à *routier*). **2.** n. m. (Afr. subsah.) Fam. Chauffeur habitué à conduire sur les pistes.

piste [pist] n. f. **1.** Trace laissée par un homme ou un animal là où il a marché. *Suivre la piste d'un animal.* **2.** Fig. Voie qui conduit à une personne, à une chose que l'on recherche; élément, indice qui permet sa découverte. *Malfaiteur qui brouille les pistes. Être sur la piste d'une découverte.* **3.** Terrain aménagé pour y disputer des courses (de chevaux, de voitures, d'athlètes, etc.). *Piste d'un stade.* – Chaque bande tracée sur laquelle court un concurrent. **4.** Emplacement souvent circulaire servant de scène dans un cirque, d'espace pour danser dans une boîte de nuit, etc. **5.** Chemin réservé (aux cavaliers, aux cyclistes, aux skieurs, etc.). *Piste cyclable.* ▷ Partie d'un terrain d'aviation réservée au décollage et à l'atterrissage des avions. ▷ Voie d'accès aux pompes à essence d'une station-service. ▷ (Suisse) Voie d'autoroute. **6.** Route de terre, dans des régions arides, étendues ou peu développées. *Piste tracée à travers brousse.* ▷ (Afr. subsah.) Fam. *Faire (de) la piste :* rouler sur les pistes. ▷ (Afr. subsah.) *Piste de production :* chemin permettant le transport des récoltes. **7.** TECH Ligne continue d'un support magnétique, sur laquelle sont enregistrés des signaux. *Bande magnétique à deux pistes.* – Par ext. *Magnétophone quatre pistes,* qui utilise des bandes à quatre pistes. ▷ *Piste sonore :* partie de la bande d'un film affectée à l'enregistrement et à la reproduction du son.

pister [piste] v. tr. [1] Suivre la piste de; suivre, filer.

pisteur, euse [pistœʀ, øz] n. **1.** Chasseur qui piste le gibier, qui le suit à la trace. **2.** (Afr. subsah.) Guide de chasse. ▷ Guide dans un parc national, une réserve animalière.

pistil [pistil] n. m. BOT Organe reproducteur femelle de la fleur de diverses angiospermes. Syn. gynécée.

Pistoia, ville d'Italie (Toscane), au pied de l'Apennin; 93520 hab.; ch.-l. de la prov. du m. nom. Centre comm. et industr. – Cath. du XIIe s. Palais communal (XIIIe-XIVe s.). – Cité indépendante (XIe s.) et prospère, Pistoia, en déclin au XIIIe s., fut annexée par Florence en 1401.

pistole [pistɔl] n. f. Anc. Monnaie d'or dont la valeur variait selon les pays (France, Italie, Espagne).

pistoler [pistɔle] v. tr. [1] (Djibouti) Fam. Solliciter (qqn) pour de l'argent. *Chaque fois que je la rencontre, elle me pistole.*

pistolet [pistɔlɛ] n. m. **1.** Arme à feu individuelle à canon court, qui se tient à la main. *Tir au pistolet. Pistolets automatiques à chargeur (browning, lüger, etc.).* **2.** Instrument ou jouet similaire. *Pistolet de starter,* qui tire des cartouches à blanc pour donner le départ d'une course. – *Pistolet à eau.* ▷ Instrument servant à planter des clous, des rivets, etc. ▷ Pulvérisateur de peinture. *Peindre au pistolet.* **3.** Embout métallique d'un tuyau de distribution de carburant, que l'on peut introduire dans l'orifice d'un réservoir. **4.** (Djibouti) Personne qui emprunte de l'argent aux autres. **5.** (Belgique) Petit pain, rond ou allongé. **6.** (Plur.) (Afr. subsah.) Chez la femme, galbe marqué à l'extérieur de la cuisse, parfois considéré comme un attrait esthétique.

pistolet-mitrailleur [pistɔlemitʀajœʀ] n. m. Arme à feu individuelle automatique, à tir par rafales. *Des pistolets-mitrailleurs.* Syn. mitraillette.

piston [pistɔ̃] n. m. **1.** Pièce cylindrique qui coulisse dans le cylindre d'un moteur, dans le corps d'une pompe, et qui sert à produire un mouvement sous l'effet de la pression d'un fluide ou à comprimer un fluide sous l'effet d'un travail mécanique. **2.** MUS Dispositif qui, sur certains instruments à vent, règle le passage de l'air (et donc la hauteur des notes). *Cornet à pistons.* **3.** Fig., fam. Recommandation, protection dont bénéficie une personne pour se faire attribuer une place, un avantage, etc. *Il a eu cette place par piston.*

pistonner [pistɔne] v. tr. [1] Fam. Appuyer, recommander (qqn).

pistou [pistu] n. m. (France rég.) Pâte obtenue après pilage de diverses plantes aromatiques (basilic, notam.), utilisée pour parfumer une soupe ou une sauce.

pistrouille [pistʀuj] n. f. (Suisse) Boisson de mauvaise qualité.

pita [pita] n. m. *Pita* ou *pain pita :* pain sans levain, de type méditerranéen, ressemblant à une mince galette. *Pain pita au blé entier.*

pitance [pitɑ̃s] n. f. Péjor. ou litt. Nourriture. *Une maigre pitance.*

Pitcairn, île volcanique du Pacifique, au S.-E. de Tuamotu; 4,6 km^2; 59 hab. Peuplée par les descendants des révoltés du *Bounty* (qui y abordèrent en 1789) et de Tahitiennes, cette colonie britannique comprend aussi des atolls, inhabités.

pitchoun, oune [pitʃun] adj. et n. (France rég.) Petit (en parlant d'un enfant). *Elle est toujours aussi pitchoune.* ▷ Subst. Terme affectueux employé à l'adresse d'un enfant. *Suis-moi, (mon) pitchoun.*

pitchpin [pitʃpɛ̃] n. m. Pin américain dont le bois, jaune à veines rouges, est utilisé en menuiserie; ce bois.

Pitești, v. de Roumanie méridionale, en Munténie; 179400 hab.; ch.-l. du district de l'Argeș. Complexe pétrochimique; industries text. et alim. Vins.

piteusement [pitøzmɑ̃] adv. D'une manière piteuse.

piteux, euse [pitø, øz] adj. Qui inspire une pitié mêlée de mépris par sa médiocrité ou son aspect misérable. *Être en piteux état. Faire piteuse mine.* – *Être tout piteux,* tout honteux.

pithéc(o)-, -pithèque. Éléments, du gr. *pithêkos,* «singe».

pithécanthrope [pitekɑ̃tʀɔp] n. m. PREHIST Hominien fossile *(Homo erectus)* dont le premier fut découvert à Java en 1891.

pitié [pitje] n. f. **1.** Sentiment de sympathie qu'inspire le spectacle des souffrances d'autrui. *Inspirer la pitié, faire pitié.* ▷ *Par pitié! :* de grâce! Je vous en prie! **2.** Sentiment de dédain, de mépris. – *Par ext.* Ce qui inspire un tel sentiment. *Quelle pitié! :* quelle chose, quel spectacle dérisoire!

Pitoëff (Georges) (1884 – 1939), acteur et directeur de théâtre français d'origine russe; il monta à Paris, avec sa femme **Ludmilla** (1895 – 1951), Tchekhov, Shaw, Ibsen, Pirandello.

1. piton [pitɔ̃] n. m. **I. 1.** Clou ou vis dont la tête a la forme d'un anneau ou d'un crochet. **2.** Pointe, généralement isolée, d'une montagne élevée. *Piton rocheux.* **II.** (Québec) Fam. **1.** Jeton rond (dans certains jeux). *Mettre des pitons sur une carte de bingo.* **2.** Bouton, touche servant à actionner un mécanisme. *Tourner le piton de la radio. Pitons d'une télécommande.* – *Téléphone à pitons,* à touches. **3.** Loc. *Sur le piton :* en train, en forme. – *Être de bonne heure sur le piton :* être levé tôt, être prêt de bonne heure à faire qqch.

2. piton [pitɔ̃] n. m. (Québec) **1.** Anc. Bon émis par certaines entreprises pour payer leurs employés et échangeable chez des fournisseurs désignés. **2.** *Banque à pitons :* système sur lequel reposait ce mode de paiement. ▷ Fig., fam. *Je ne suis pas la (une) banque à pitons :* je n'ai pas des revenus inépuisables.

pitonnage [pitɔnaʒ] n. m. **1.** ALPIN Action de pitonner (sens I). **2.** (Québec) Fam. Action de pitonner (sens II).

pitonner [pitɔne] v. [1] **I.** v. intr. ALPIN Poser des pitons (1, sens I, 1). **II.** (Québec) Fam. **1.** v. tr. Composer (un numéro, un code, etc.) en appuyant sur les touches d'un appareil, d'un mécanisme, pour le faire fonctionner. *Pitonner son mot de passe pour entrer. Pitonner un numéro de téléphone.* **2.** v. intr. *Pitonner sur :* appuyer sur les touches de (un clavier). *Pitonner sur un ordinateur, sur une calculatrice, sur une caisse enregistreuse.* – (Absol.) *J'ai pitonné toute la journée.* **3.** v. intr. Spécial. Entrer des données dans un ordinateur. *Il se lève la nuit pour pitonner.* ▷ Sélectionner une chaîne de télévision en actionnant la télécommande. – *Par ext.* Zapper.

pitoyable [pitwajabl] adj. **1.** Digne de pitié. *Sa situation est pitoyable.* **2.** Piteux, lamentable.

pitoyablement [pitwajabləmɑ̃] adv. D'une manière pitoyable, lamentable.

pitre [pitʀ] n. m. Bouffon. – *Faire le pitre :* faire le clown, faire des facéties.

pitrerie [pitʀəʀi] n. f. Action de pitre; facétie. ▷ Plaisanterie d'un clown. *Je ne veux pas de pitreries en classe.*

Pitt (William), 1er comte de Chatham, dit *le Premier Pitt* (1708 – 1778), homme politique anglais. Député whig (1735-1766), il défendit la puissance maritime et coloniale de son pays. Il se distingua par son incorruptibilité. Premier ministre et ministre de la Guerre (1756-1761) durant la guerre de Sept Ans, il fut le princ. artisan de la victoire. Le nouveau roi George III l'évinça, puis le rappela face aux difficultés dans les colonies d'Amérique (1766-1768). — **William,** dit *le Second Pitt* (1759 – 1806), fils du préc.; homme politique anglais. Premier ministre de 1783 à 1801 et de 1804 à sa mort, défenseur de l'Empire britannique, il accomplit un travail considérable (notam. sur le plan financier). À partir de 1793, il organisa des coalitions contre la France révolutionnaire; le triomphe de sa politique fut la victoire de Nelson à Trafalgar (1805). Quand l'Irlande se souleva (1798), il réprima la révolte et fit voter, en 1800, l'Acte d'Union, qui intégra l'Irlande à l'Angleterre.

Pitti, famille florentine de commerçants et de banquiers. – Le *palais Pitti,* à Florence, construit v. 1445 (plans de Brunelleschi), abrite auj. un riche musée de peinture (XVe-XVIIIe s.).

pittoresque [pitɔʀɛsk] adj. et n. m. **I.** adj. **1.** Digne d'être peint; qui frappe par sa beauté originale. *Un site pittoresque.* **2.** Qui dépeint les choses de manière imagée, frappante. *Style pittoresque.* **II.** n. m. Ce qui est pittoresque, caractère pittoresque de qqch. *Le pittoresque de cette ville.*

Pittsburgh, v. des É.-U. (Pennsylvanie), au confl. de l'Alleghany et de la Monongahela, qui forment, en aval, l'Ohio; 369870 hab. (aggl. urb. 2372000 hab.). Un des centres mondiaux de l'acier. Important port fluvial.

pituitaire [pitɥitɛʀ] adj. ANAT *Muqueuse pituitaire,* qui tapisse les fosses nasales.

pituite [pitɥit] n. f. MED Humeur que certains malades (alcooliques, notam.) rendent le matin à jeun.

pive [piv] n. f. (Suisse) Pomme* de pin.

pivert [pivɛʀ] n. m. Pic d'Europe à plumage vert et jaune, à tête rouge. Syn. pic-vert, (Québec, Suisse) pic-bois et pique-bois.

pivoine [pivwan] n. f. Plante bulbeuse ou arbustive (genre *Paeonia,* fam. renonculacées) cultivée pour ses grosses fleurs rouges, roses ou blanches; sa fleur. – Loc. fig. *Être rouge comme une pivoine,* très rouge.

pivot [pivo] n. m. **1.** Extrémité inférieure d'un arbre vertical tournant. *Pivot d'un tour de potier. Support d'un pivot* (V. crapaudine). ▷ Axe fixe autour duquel peut tourner une pièce mobile.

Pivot d'une aiguille de boussole. **2.** Support d'une dent artificielle enfoncé dans la racine. **3.** BOT Racine principale d'une plante, qui s'enfonce verticalement dans le sol. **4.** MILIT Point autour duquel une troupe effectue une conversion. **5.** Fig. Ce qui sert d'appui, de base. ▷ Principe fondamental. *L'égalité devant la loi, pivot de la démocratie.* ▷ Personne sur qui repose une organisation, une institution.

pivotant, ante [pivɔtɑ̃, ɑ̃t] adj. **1.** Qui pivote, qui peut pivoter. **2.** BOT *Plante pivotante,* qui développe un pivot.

pivotement [pivɔtmɑ̃] n. m. Fait de pivoter; mouvement de ce qui pivote.

pivoter [pivɔte] v. intr. [**1**] **1.** Tourner sur un pivot ou comme sur un pivot. **2.** BOT Développer un pivot.

pixel [piksɛl] n. m. TECH Plus petit élément constitutif d'une image (photographie, image de télévision, télécopie).

Pixerécourt (René Charles Guilbert de) (1773 - 1844), maître français du mélodrame (111 pièces de 1797 à 1827) : *Victor ou l'Enfant de la forêt* (1798).

Pizarro (Francisco) [en fr. *François Pizarre*] (v. 1475 - 1541), conquistador espagnol. Il tenta deux expéditions (désastreuses) vers le Pérou, à partir de Panamá (1524, 1526). En 1528, il regagna l'Espagne et, obtenant l'appui de Charles Quint, il repartit pour le Pérou (1530), qu'il conquit et pilla avec ses frères et son associé, Almagro. Celui-ci s'opposa aux Pizarro qui le vainquirent; en 1541, Francisco fut victime d'une conspiration. — **Gonzalo** (v. 1502 - 1548), frère du préc., qu'il vengea en assassinant le vice-roi de Lima en 1546. Dictateur du Pérou, il fut renversé et exécuté par l'envoyé de Charles Quint. — **Juan** (1505 - 1535), frère des préc. Gouverneur de Cuzco (1535), il périt lors du siège de la ville. — **Hernando** (v. 1508 - 1578), frère des préc. À Cuzco, il succéda à Juan et vainquit Almagro, qui assiégeait la ville (1537). Ayant exécuté ce dernier (1538), il fut rappelé en Espagne et emprisonné de 1539 à 1560.

pizza [pidza] n. f. Mets italien fait de pâte à pain garnie de tomates, d'olives, etc. *Des pizzas.*

pizzeria [pidzeʀija] n. f. Restaurant italien où l'on mange principalement des pizzas. *Des pizzerias.*

pizzicato [pidzikato] n. m. MUS Manière de produire le son sur les instruments à archet, en pinçant les cordes. *Des pizzicatos* ou *des pizzicati.*

pK [peka] n. m. CHIM Constante caractérisant la dissociation d'un électrolyte à une température donnée.

placage [plakaʒ] n. m. **1.** Action de plaquer; opération qui consiste à recouvrir un matériau ordinaire d'une plaque, d'une couche d'un matériau de plus grande valeur. *Placage de l'argent sur le cuivre par cuisson et laminage.* **2.** Matériau avec lequel on plaque. ▷ *Spécial.* Mince feuille de bois, généralement précieux, avec laquelle on recouvre des bois de moindre valeur. *Placage de palissandre, de bois de rose. Placage déroulé, tranché.*

plaçage [plasaʒ] n. m. (Haïti) Syn. de *concubinage.*

placard [plakaʀ] n. m. **I.** Renfoncement dans un mur, fermé par une porte et servant d'espace de rangement. *Placard formant penderie.* Syn. (Québec) armoire. ▷ *Par ext.* Vaste armoire. – Fig. (Langage des entreprises et des médias.) *Mettre qqn au placard,* lui retirer tout pouvoir. **II. 1.** Écrit ou imprimé affiché pour informer le public de qqch. ▷ *Placard publicitaire :* annonce publicitaire occupant un espace relativement important, dans un journal. **2.** IMPRIM Épreuve imprimée d'un seul côté et sans pagination. ▷ (Plur.) Premières épreuves (d'un texte). **3.** MED Plaque cutanée. *Placard eczémateux.*

placardage [plakaʀdaʒ] n. m. Action de placarder.

placarder [plakaʀde] v. tr. [**1**] **1.** Afficher. *Placardez cet avis à chaque carrefour.* **2.** Couvrir de placards (sens II, 1). *Placarder un mur.*

place [plas] n. f. **A. 1.** Dans une ville, une agglomération, espace découvert, lieu public, qui est le plus souvent entouré de bâtiments et où aboutissent plusieurs rues. *La place de la Concorde, à Paris. Place publique.* **2.** *Place forte* ou, ellipt., *place :* forteresse; ville protégée par des ouvrages de défense. *Le général commandant la place.* ▷ Loc. fig. *Être dans la place :* avoir réussi à s'introduire dans un groupe, un milieu fermé. *Avoir des amis, des complicités dans la place.* **3.** COMM, FIN Ville où se font les opérations boursières, bancaires ou commerciales; corps des négociants, banquiers, etc., d'une ville. *Il est bien connu sur la place.* ▷ *Faire la place :* aller chez les commerçants leur proposer une marchandise. **B. I. 1.** Partie d'espace, endroit. *De place en place s'élevaient quelques ruines.* Syn. lieu. **2.** *Spécial.* Lieu où l'on se trouve. ▷ Loc. *Ne pas rester, ne pas tenir en place :* être très agité. ▷ *Sur place :* sur les lieux mêmes de l'événement. *En cinq minutes, les pompiers étaient sur place.* – n. m. *Faire du sur-place* ou *du surplace :* ne pas se déplacer; en cyclisme, se tenir en équilibre, immobile, prêt à démarrer dans une course de vitesse. **3.** Portion d'espace déterminée, position qu'une chose occupe, peut ou doit occuper. *Ranger chaque chose à sa place.* ▷ *En place :* à sa place, en ordre. *Tout est en place,* prêt à fonctionner. ▷ Espace où l'on peut mettre une chose. *Gagner de la place.* **4.** Portion d'espace déterminée, position (notam. siège) qu'une personne occupe, peut ou doit occuper. *S'asseoir à sa place.* – *Faire place à qqn :* s'effacer pour le laisser passer. ▷ *Spécial.* Emplacement, siège, dans un véhicule, un moyen de transport, une salle de spectacle, etc. *Places debout et places assises. Réserver, céder sa place.* ▷ *Par ext.* Droit d'occuper une telle place; le titre qui confère ce droit. *Avoir des places gratuites pour un spectacle.* **II.** (Fig. et abstrait.) **1.** Appartenance à un ensemble (conçu comme spatial). *La place de l'homme dans la nature.* ▷ Fait d'être présent dans les pensées, les sentiments, etc., de qqn (en parlant d'une personne). *Il a toujours une place dans mon cœur.* **2.** Situation, condition dans laquelle se trouve une personne. *Il ne donnerait, ne céderait sa place pour rien au monde.* – *À la place de qqn,* dans sa situation. *Se mettre* à la place de qqn.* ▷ Spécial. *La place de qqn,* la position, la condition qui lui convient ou qu'il se doit de respecter. *Remettre qqn à sa place,* le rappeler aux convenances. **3.** Rang, position dans une hiérarchie. ▷ Rang obtenu dans un classement. *Terminer une course en bonne place.* **4.** Situation, emploi. *Une place de dactylo. Perdre sa place.* ▷ *Être en place :* avoir une situation qui confère l'autorité, force la considération. *Les gens en place,* haut placés, bien placés. **5.** Loc. *À la place (de) :* au lieu de. – (Québec) Fam. (Suivi d'un inf.) *Je vais lui téléphoner à la place d'écrire.* ▷ *Faire place à :* être remplacé, suivi par.

placé, ée [plase] adj. **1.** Qui est dans telle position, dans telle situation. *Personnage haut placé.* – *Être bien, mal placé pour faire qqch,* être en situation, ou non, de le faire. *Vous êtes mal placé pour lui faire des reproches.* **2.** TURF Se dit d'un cheval qui se classe dans les deux premiers (s'il y a de quatre à sept partants) ou dans les trois premiers (s'il y a plus de sept partants). **3.** (Haïti) Se dit d'une personne qui vit en concubinage. *Elle est placée avec un ami de son frère. Ils sont placés depuis trois ans.*

placebo ou **placébo** [plasebo] n. m. MED Préparation inactive, que l'on substitue à un médicament pour évaluer la part du facteur psychique dans l'action de celui-ci, ou destinée à agir par suggestion.

placement [plasmɑ̃] n. m. **1.** Action de placer de l'argent; l'argent ainsi placé. **2.** Action de procurer une place, un emploi. *Bureau de placement.* **3.** (Belgique) Installation (d'appareils, d'équipements). *Placement du chauffage.*

placenta [plasɛ̃ta] n. m. **1.** PHYSIOL Masse charnue d'apparence spongieuse, richement vascularisée, formée par l'imbrication étroite des villosités du chorion (membrane entourant le fœtus) et de la muqueuse utérine, et qui assure chez les mammifères supérieurs (dits *mammifères placentaires*) les échanges entre l'organisme du fœtus et celui de la mère, pendant la gestation. **2.** BOT Partie de la paroi des carpelles où s'insèrent les ovules.

placentaire [plasɛ̃tɛʀ] adj. et n. m. **1.** adj. Didac. Relatif au placenta. **2.** n. m. pl. ZOOL Sous-classe de mammifères possédant un placenta (tous les mammifères à l'exclusion des monotrèmes* et des marsupiaux*). Syn. euthériens. – Sing. *Un placentaire.*

placer [plase] v. [**12**] **A.** v. tr. **I.** (Concret) Mettre (qqch ou qqn) à une certaine place. **1.** Assigner une certaine place à (qqn). *Placer les convives autour de la table.* **2.** Mettre (qqch) à une certaine place, à un certain endroit, et, spécial., d'une certaine façon. *Placer sa main sur l'épaule de qqn.* ▷ (Belgique) Installer (des appareils, des équipements). *Les radiateurs seront placés demain.* **II.** (Abstrait) **1.** Mettre (qqn) dans une certaine situation. *Placer qqn devant le fait accompli,* le mettre dans telle situation sans qu'il ait pu choisir ou décider quoi que ce soit. ▷ Procurer une place, un emploi à (qqn). *Placer qqn comme apprenti.* **2.** Assigner une place, un rang à (qqch). *Placer le courage au-dessus des autres qualités.* **3.** Situer (dans le temps ou dans l'espace). *Il a placé son roman au XVIII*e *siècle.* **4.** *Placer bien, mal son amitié, sa confiance,* la donner à des gens qui en sont dignes, indignes. – *Placer en qqn tous ses espoirs.* **5.** Introduire (dans le cours d'un récit, d'une conversation). *Placer une anecdote.* **6.** Trouver preneur pour (une marchandise); vendre, écouler pour le compte d'autrui. *Placer des billets de tombola.* **7.** Employer (un capital) pour lui conserver sa valeur ou en tirer un bénéfice. *Placer ses économies à la caisse d'épargne.* **B.** v. pron. **1.** (Personnes) Prendre une place. *Placez-vous où vous voulez.* ▷ Prendre un emploi (d'employé de maison). *Il s'est placé comme boy.* ▷ (Abstrait) Se mettre (dans un état, une position). *Se placer sur un terrain favorable pour négocier.* **2.** (Choses) Se mettre à une place. *Le couteau se place à droite de l'assiette.* ▷ COMM Se vendre. *Un produit qui se place facilement.*

placeur, euse [plasœʀ, øz] n. Personne qui s'occupe de placer les spectateurs d'une salle de spectacle (au fém., on emploie plutôt *ouvreuse*). Syn. (Québec) placier.

placide [plasid] adj. (Personnes) Tranquille, paisible. ▷ Calme et bonhomme. *Une physionomie placide.*

placidité [plasidite] n. f. Caractère placide.

placier, ère [plasje, ɛʀ] n. **I.** COMM **1.** Personne qui loue les places sur les marchés après les avoir elle-même prises à ferme. **2.** Personne qui fait la place (sens A, 3), qui vend des produits pour le compte d'une maison de commerce. *Voyageur représentant placier* (V.R.P.). **II.** (Québec) Placeur.

placodermes [plakɔdɛʀm] n. m. pl. PALEONT Sous-classe de poissons fossiles à la tête recouverte de plaques osseuses. – Sing. *Un placoderme.*

placotage [plakɔtaʒ] n. m. (Québec) Fam. Syn. de *jasage.*

placoter [plakɔte] v. intr. [1] (Québec) Fam. **1.** Vieilli Marcher, patauger dans l'eau, dans la boue. **2.** S'occuper à faire de petits travaux, perdre son temps à des riens. **3.** Syn. de *jaser* (sens 1, 2 et 3).

placoteux, euse [plakɔtø, øz] adj. et n. (Québec) Fam. **1.** Syn. de *jaseux.* V. bavasseux (sens 1). **2.** Qui tient des propos indiscrets, médisants. V. bavasseux (sens 2).

plafond [plafɔ̃] n. m. **I. 1.** Surface horizontale formant intérieurement la partie supérieure d'une pièce, d'un lieu couvert. *Plafond en plâtre, en stuc.* – *Faux plafond,* en matériau léger, ménagé sous un plafond en maçonnerie pour isoler une pièce, rendre ses proportions plus harmonieuses, etc. ▷ *Le plafond d'une galerie de mine,* sa paroi supérieure. **2.** METEO *Plafond nuageux* ou, absol., *plafond :* couche nuageuse constituant la limite de visibilité à partir du sol. **II. 1.** Limite supérieure que l'on ne peut ou que l'on ne doit pas dépasser. *Plafond de vitesse, de température.* ▷ (En appos.) *Prix plafond :* prix maximum. **2.** AVIAT Limite supérieure d'altitude que peut atteindre un aéronef. **3.** FIN Limite légale de la quantité d'émission d'un billet de banque. ▷ FIN Limite des dépenses autorisées par la loi de finances*. *Plafond des charges budgétaires.*

plafonnage [plafɔnaʒ] n. m. **1.** CONSTR Opération, travail qui consiste à plafonner, à pourvoir d'un plafond. **2.** (Belgique, Luxembourg) Action de plâtrer (un plafond, un mur); son résultat.

plafonnement [plafɔnmɑ̃] n. m. Action de plafonner, de limiter. *Le plafonnement des salaires.*

plafonner [plafɔne] v. [1] **I.** v. tr. **1.** CONSTR Pourvoir d'un plafond. **2.** Assigner une limite à. *Plafonner les prix, les bénéfices.* **3.** (Belgique, Luxembourg) Plâtrer (un plafond, un mur). **II.** v. intr. **1.** Atteindre une limite maximale. *Les exportations plafonnent.* **2.** AVIAT Atteindre son plafond, en parlant d'un aéronef.

plafonneur [plafɔnœʀ] n. m. (Belgique, Luxembourg) Plâtrier.

plafonnier [plafɔnje] n. m. Appareil d'éclairage électrique fixé au plafond.

plage [plaʒ] n. f. **1.** Partie basse d'une côte, couverte de sable ou de galets, où se brisent les vagues. ▷ *Par ext.* Station balnéaire. **2.** *Par ext.* Partie plate et sableuse de la rive d'un cours d'eau ou d'un lac, où l'on peut se baigner. **3.** MAR Partie dégagée du pont, à l'avant ou à l'arrière d'un navire. *Plage avant, arrière.* **4.** *Plage d'un disque :* ensemble de spires gravées sur une même face et correspondant à une partie ininterrompue d'enregistrement. **5.** *Plage arrière* (d'une automobile) : tablette horizontale entre la vitre et la banquette arrière. **6.** Espace de temps (dans un planning, un programme, etc.). **7.** Fig. Ensemble de valeurs comprises entre deux limites.

plagiaire [plaʒjɛʀ] n. Personne qui s'approprie les idées d'autrui, qui copie ses œuvres.

plagiat [plaʒja] n. m. Action de plagier; copie, imitation réalisée par un plagiaire.

plagier [plaʒje] v. tr. [2] S'approprier les idées de (qqn); copier (les œuvres de qqn).

plagioclase [plaʒjɔklaz] n. m. PETROG Feldspath contenant du calcium, du sodium, mais pas de potassium.

plagiste [plaʒist] n. Exploitant d'une plage payante.

plaid [plɛd] n. m. Couverture de voyage écossaise.

plaidable [plɛdabl] adj. DR Qui peut être plaidé avec quelque chance de succès. *Cette cause n'est pas plaidable.*

plaidant, ante [plɛdɑ̃, ɑ̃t] adj. DR Qui plaide. *Les parties plaidantes.*

plaider [plɛde] v. [1] **I.** v. intr. **1.** Porter une affaire devant les tribunaux. *Plaider contre qqn.* **2.** Défendre oralement une cause devant les juges. *Cet avocat plaide pour, contre un tel.* ▷ Par ext. *Plaider en faveur de qqn,* prendre sa défense, tenter de le justifier, de l'excuser. **II.** v. tr. **1.** Défendre en justice. *Plaider une cause, une affaire.* **2.** Invoquer dans un plaidoyer. *L'avocat plaidera la démence de son client.* ▷ Loc. fig. *Plaider le faux pour savoir le vrai :* soutenir ce que l'on sait être faux pour tenter d'obtenir de qqn la vérité.

plaideur, euse [plɛdœʀ, øz] n. **1.** Personne qui plaide, qui est en procès. **2.** Personne procédurière.

plaidoirie [plɛdwaʀi] n. f. DR **1.** Action de plaider; plaidoyer. *La plaidoirie des avocats a pris trois séances.* ▷ Par ext. *Il a fait paraître une vibrante plaidoirie en faveur de la protection de la nature.* **2.** Art de plaider.

plaidoyer [plɛdwaje] n. m. **1.** Discours prononcé à l'audience par un avocat pour défendre une cause. **2.** *Par ext.* Exposé oral ou écrit en faveur d'un système, d'une idée.

plaie [plɛ] n. f. **1.** Ouverture des parties molles du corps produite par un agent mécanique externe ou une cause pathologique, avec ou sans perte de substance. *Rapprocher les lèvres d'une plaie.* ▷ Loc. fig. *Ne rêver que plaies et bosses :* être très batailleur. **2.** Fig. Déchirement, blessure. *Les plaies du cœur.* ▷ Loc. fig. *Mettre le doigt sur la plaie :* indiquer avec précision la cause gênante du mal. – *Retourner le couteau, le fer dans la plaie :* faire souffrir qqn en évoquant avec insistance un souvenir, un sujet qui lui est pénible. ▷ (Prov.) *Plaie d'argent n'est pas mortelle :* une perte pécuniaire peut se réparer. **3.** Chose, personne dangereuse, nuisible ou pénible.

plaignant, ante [plɛɲɑ̃, ɑ̃t] n. et adj. DR Personne qui dépose une plainte en justice. ▷ adj. *La partie plaignante.*

plain, plaine [plɛ̃, plɛn] adj. et n. m. **1.** adj. Vx Plat, uni. ▷ (Afr. subsah., Belgique) *Tapis plain :* moquette. ▷ Mod. Loc. adv. *De plain-pied :* sur le même plan. *Pièces situées de plain-pied.* – Fig. *Se sentir de plain-pied avec qqn.* **2.** n. m. MAR Le plus haut niveau de la marée. *Aller, se mettre au plain,* s'échouer à marée haute.

plain-chant [plɛ̃ʃɑ̃] n. m. MUS Musique liturgique vocale, monodique, en langue latine, de l'Église catholique. *Des plains-chants.*

plaindre [plɛ̃dʀ] v. [54] **I.** v. tr. Témoigner de la compassion à (qqn). *Plaindre un malheureux.* **II.** v. pron. **1.** Manifester sa souffrance, sa douleur. *Se plaindre d'une douleur au côté.* **2.** Témoigner son mécontentement (au sujet de qqn, de qqch). *Se plaindre de son sort.*

plaine [plɛn] n. f. **1.** Grande étendue de terre plate et unie. *Les plaines du Far West américain.* **2.** (oc. Indien) Terrain de sport. *Plaine de football, de volley-ball.* **3.** Loc. (oc. Indien) *Laisser qqn dans la plaine,* désemparé, en mauvaise posture.

Plaine (la). V. Marais (le).

plain-pied (de) [dəplɛ̃pje] loc. adv. V. plain.

plainte [plɛ̃t] n. f. **1.** Gémissement, cri de souffrance. *Les plaintes d'un blessé.* **2.** Récrimination, expression de mécontentement. **3.** DR Dénonciation, par la victime, d'une infraction pénale. *Porter plainte contre qqn.*

plaintif, ive [plɛ̃tif, iv] adj. Qui a l'accent de la plainte. *Chant plaintif.*

plaintivement [plɛ̃tivmɑ̃] adv. D'un ton plaintif.

plaire [plɛʀ] v. [59] **A.** v. tr. indir. **I. 1.** (Personnes) *Plaire à qqn,* exercer sur lui un certain attrait, lui procurer de l'agrément. *On ne peut pas plaire à tout le monde.* – (S. comp.) *Plaire* (aux autres). *Il plaît :* tout le monde le trouve charmant, agréable, etc. *Le désir, le besoin de plaire.* ▷ *Spécial.* Inspirer l'amour. *Homme qui plaît à une femme.* **2.** (Choses) Être agréable à, convenir à. *Le film documentaire m'a beaucoup plu.* – (S. comp.) *Ça plaît :* c'est la mode. **II.** (Impersonnel) **1.** *Il... plaît. S'il me plaît, si ça me plaît d'y renoncer, j'y renoncerai :* si je veux y renoncer... **2.** *S'il vous (te) plaît :* formule de politesse employée pour une demande, un conseil, un ordre. *Quelle heure est-il, s'il te plaît? Silence! s'il vous plaît.* (Abrév. : S.V.P.) ▷ Fam. Pour attirer l'attention sur ce qu'on vient de dire. *Il y avait du monde, et du beau monde, s'il vous plaît.* ▷ (Belgique) Pour faire répéter ce qui vient d'être dit. *S'il vous (te) plaît? Je n'ai pas bien compris.* – Pour accompagner la présentation d'un objet. *S'il vous (te) plaît, voici.* **3.** (Au subj.) Litt. *Plaise, plût à Dieu, au ciel que...* (suivi du subj.) : formule marquant le souhait ou le regret de qqch. *Plût au ciel qu'il fût encore vivant.* **III.** Loc. adv. (Suisse) *À bien plaire :* à l'amiable. **B.** v. pron. **1.** (Réfl.) Être content, satisfait de soi-même. **2.** (Récipr.) *Jean et Marie se sont plu* (l'un à l'autre) *tout de suite.* **3.** Se trouver bien (dans un lieu, une situation, une compagnie, etc.). *Elles se sont plu dans ce village.* – (Belgique) *Bien se plaire, mal se plaire :* se plaire, se déplaire. ▷ (Animaux, végétaux.) *Plante qui se plaît dans les lieux humides,* qui y pousse bien. **4.** *Se plaire à :* trouver du plaisir, de l'agrément à (une chose). *Se plaire à l'effort.*

plaisamment [plɛzamɑ̃] adv. D'une manière plaisante, agréable. *Un appartement plaisamment arrangé.*

plaisance [plɛzɑ̃s] Loc. adj. *De plaisance :* destiné à l'agrément, à l'exclusion de toute fonction utilitaire. *Maison de plaisance.* – *La navigation de plaisance* ou *la plaisance :* la navigation pratiquée pour le plaisir par des amateurs.

Plaisance (en ital. *Piacenza*), v. d'Italie (Émilie-Romagne), près du Pô; 107 310 hab.; ch.-l. de la prov. du m. nom. Centre agricole; industr. – Palais communal (XIIIe s.). Palais Farnèse (XVIe s.). – Le pape Paul III ayant constitué le duché de Parme et Plaisance (1545), elle suivit le sort de Parme jusqu'en 1860 (réunion au Piémont).

plaisancier, ère [plɛzɑ̃sje, ɛʀ] n. Personne qui pratique la navigation de plaisance.

plaisant, ante [plɛzɑ̃, ɑ̃t] adj. et n. m. **I.** adj. **1.** Qui plaît, agréable. *Un endroit plaisant.* **2.** Qui plaît en faisant rire, amusant. *Une histoire assez plaisante.* **II.** n. m. **1.** Ce qui est plaisant. *Le plaisant de* (ou *dans*) *cette affaire,* le côté plaisant. **2.** *Mauvais plaisant :* personne qui fait des plaisanteries de mauvais goût.

plaisanter [plɛzɑ̃te] v. [1] **I.** v. intr. **1.** Dire (ou, quelquefois, faire) des choses destinées à faire rire, à amuser. *Il aime bien plaisanter. Plaisanter sur qqch.* **2.** Dire ou faire qqch sans vouloir se faire prendre au sérieux, par jeu. *Il a fait cela pour plaisanter.* – *Ne pas plaisanter avec... :* être intraitable, intransigeant quant à... **II.** v. tr. *Plaisanter qqn,* le railler légèrement, le taquiner.

plaisanterie [plɛzɑ̃tʀi] n. f. **1.** Propos destiné à faire rire, à amuser. *Plaisanterie fine.* **2.** Propos ou acte destinés à se moquer; raillerie. *Être en butte aux plaisanteries de ses collègues.* – (Au sing.) *Il ne comprend pas la plaisanterie :* il s'offense chaque fois qu'on le plaisante. – (Afr. subsah.) *Cousin(e), parent(e) à plaisanterie :* V. cousin. **3.** Chose, parole ridicule, risible tant elle est ou paraît peu sérieuse. *Être prêt dès demain? C'est une plaisanterie!* ▷ Chose dérisoire, très facile. *Ce problème est une aimable plaisanterie.* **4.** Action, fait de plaisanter. *Faire, dire une chose par plaisanterie.*

plaisantin [plɛzɑ̃tɛ̃] n. m. Celui dont les propos, les actes manquent de sérieux; farceur. ▷ Personne sur qui on ne peut compter.

plaise [plɛz] n. f. (Acadie) Carrelet (sens I, 1).

plaisir [plɛziʀ] n. m. **A. I. 1.** État affectif lié à la satisfaction d'un désir, d'un besoin, d'une inclination; sensation, sentiment agréable. *Le plaisir et la douleur.* – PHILO *Morales du plaisir :* V. épicurisme, hédonisme. ▷ (Lié à l'exercice d'une fonction ou d'une faculté particulière.) *Plaisir physique, sexuel; plaisir intellectuel, esthétique.* – *Le plaisir de :* le plaisir causé par (qqch). *Le plaisir des sens. Plaisir d'offrir. Prendre, avoir plaisir à une chose, à faire une chose. Faire plaisir à qqn,* lui être agréable. – *Spécial.* (Formule d'insistance polie ou menaçante.) *Faites-moi le plaisir d'accepter. Faites-moi le plaisir de vous taire.* ▷ *Le plaisir de qqn,* celui qu'il éprouve. ▷ *Un plaisir, des plaisirs :* émotion agréable; joie, satisfaction. *Accordez-lui ce petit plaisir.* **2.** Spécial. *Le plaisir :* le plaisir des sens; plus partic., le plaisir sexuel. **3.** Distraction agréable. ▷ Loc. *Partie de plaisir. Ce n'est pas une partie de plaisir :* ce n'est pas agréable. ▷ (Sens affaibli, partic., dans des formules polies.) *Se faire un plaisir de :* faire (qqch) bien volontiers. *J'ai le plaisir de vous annoncer, de vous faire part de...* ▷ *Avec plaisir. « Voulez-vous venir? – Avec plaisir, avec grand plaisir. »* – Loc. adv. *Par plaisir, pour le plaisir, pour son plaisir :* sans autre raison que l'agrément que l'on en tire. ▷ Iron. *Je vous (lui, etc.) souhaite bien du plaisir :* se dit à qqn (ou de qqn) qui va avoir à faire qqch de difficile ou de peu agréable. **4.** Interj. (Aoste) *Plaisir! :* exclamation qui exprime le plaisir que l'on souhaite à la personne en l'honneur de laquelle on boit. *Plaisir! À votre santé!* **II.** *Par ext.* (Souvent au plur.) Objet ou action qui cause du plaisir. **1.** Ce qui procure du plaisir; divertissement, distraction. **2.** *Spécial.* Plaisirs sensuels. *Vie de plaisirs.* **B. 1.** Ce qui est la volonté de qqn, ce qu'il lui plaît de faire. *Le bon plaisir de qqn,* sa volonté arbitraire. **2.** Loc. adv. *À plaisir :* sans motif, sans raison valable. *Se tourmenter à plaisir.* ▷ *Il a inventé, menti à plaisir,* autant qu'il lui a plu.

1. plan [plɑ̃] n. m. **1.** Surface plane. *Plan vertical, horizontal. Plan d'eau :* étendue d'eau calme et unie. – *Plan incliné,* en pente. *Accès en plan incliné.* ▷ *Plan de travail :* dans une cuisine, surface plane horizontale qui sert à diverses opérations. **2.** GEOM Dans la géométrie euclidienne, surface telle que toute droite qui y a deux de ses points y est entièrement contenue. *Plans sécants, tangents, perpendiculaires.* – TECH *Plan de tir :* plan vertical qui passe par la ligne de tir. **3.** Chacune des parties d'une image définie par son éloignement (réel ou figuré en perspective) de l'œil. *Premier plan, arrière-plan.* ▷ *Spécial.* Au théâtre, partie de la scène matérialisée par un plan vertical (rideau, décor, toile de fond). **4.** Fig. Importance relative (de qqn ou de qqch). *De premier, de tout premier plan :* d'une importance primordiale. – *Mettre deux choses sur le même plan,* leur accorder la même importance. ▷ Loc. *Sur le plan* (+ adj.), *sur le plan de* (+ subst.) : du point de vue (de). **5.** PHOTO, CINE Image, prise de vue définie par l'éloignement de l'objectif par rapport à la scène représentée, par le cadrage. – *Gros plan :* prise de vue rapprochée. **6.** *Par ext.* CINE Suite d'images enregistrée par la caméra en une seule fois.

2. plan [plɑ̃] n. m. **A. 1.** Représentation graphique (d'une ville, d'un bâtiment, d'une construction, etc.) en projection horizontale. *Lever, dresser, tracer un plan.* Syn. (Québec) carte. ▷ *Par ext.* Représentation graphique (d'une machine, d'un appareil), le plus souvent en projection orthogonale. **2.** Cour. Carte à grande échelle (d'une ville, d'un lieu, etc.). *Plan de Paris. Plan du métro.* **B. I.** Fig. **1.** Disposition des différentes parties d'un ouvrage littéraire, d'un devoir scolaire, etc. *Plan d'un roman, d'une dissertation, d'un article.* **2.** COMM *Plan comptable :* ensemble des règles édictées pour la présentation des bilans, des comptabilités. **II. 1.** Ensemble ordonné de dispositions arrêtées en vue de l'exécution d'un projet. *Arrêter, exécuter un plan d'action.* – ECON *Plan de redressement* (de l'économie). ▷ *Par ext.* Projet supposant une suite d'opérations. *Faire des plans pour l'avenir.* ▷ Loc. (Belgique) Fam. *Tirer son plan :* se débrouiller, se tirer d'affaire. *Tire ton plan tout seul.* **2.** *Spécial.* ECON Ensemble des directives décidées par les pouvoirs publics, concernant les orientations, les objectifs et les moyens d'une politique économique sur plusieurs années. – *Le Plan :* le plan économique d'une nation. *Les objectifs du Plan.* **III.** Loc. fam. *En plan.* **1.** *Laisser qqn en plan,* sans s'en occuper davantage. **2.** *Rester en plan,* en suspens.

3. plan, ane [plɑ̃, an] adj. **1.** (En parlant d'une surface.) Qui ne présente aucune inégalité de niveau, aucune aspérité, aucune courbure; plat et uni. *Surface parfaitement plane.* **2.** *Géométrie plane,* qui étudie les figures contenues dans le plan (par oppos. à *géométrie dans l'espace*). ▷ GEOM *Angle plan, courbe plane,* inscrits dans un plan.

planaire [planɛʀ] n. f. ZOOL Petit ver plat des eaux douces (genres *Planaria* et voisins).

1. planche [plɑ̃ʃ] n. f. **I. 1.** Pièce de bois plate, nettement plus longue que large et relativement peu épaisse. ▷ SPORT *Planche à voile :* flotteur allongé muni d'une voile sur mât articulé, d'une dérive et d'un aileron. – *Planche à roulettes :* planche dont une face est pourvue de roulettes; sport pratiqué avec une telle planche, consistant à se déplacer et à réaliser des figures acrobatiques. Syn. (off. déconseillé) skateboard, (Québec) rouli-roulant. – (Québec) *Planche à neige,* conçue pour pratiquer le surf sur la neige. ▷ *Planche à repasser,* sur laquelle on repasse le linge. ▷ *Planche à dessin :* plateau de bois parfaitement plan sur lequel on fixe les feuilles de papier à dessin. ▷ Loc. fig. *Avoir du pain sur la planche :* V. pain. – *Planche de salut :* dernière ressource, ultime recours. **2.** *Faire la planche :* en natation, se laisser flotter sur le dos. **3.** MAR Pièce de bois, passerelle jetée entre le pont d'un navire et le quai. – *Jours de planche :* temps accordé à un navire pour effectuer le chargement ou le déchargement de son fret. **4.** Plur. *Les planches :* la scène, au théâtre. – *Brûler les planches :* jouer avec un talent exceptionnel. **5.** IMPRIM Plaque de métal ou de bois préparée pour la gravure, pour la reproduction par impression. ▷ *Par ext.* Estampe tirée sur une planche gravée. – Feuille contenant les illustrations, jointe à un ouvrage. *Planches hors texte en couleur.* **II.** Petit espace de terre cultivée, de forme allongée, dans un jardin ou un champ. *Une planche de salades.*

2. planche [plɑ̃ʃ] adj. (Québec) Plat, uni. *Un terrain planche. Une route planche.*

planchéier [plɑ̃ʃeje] v. tr. [2] TECH Revêtir de planches. ▷ Pourvoir (une pièce) d'un plancher.

1. plancher [plɑ̃ʃe] n. m. **1.** TECH Séparation horizontale entre deux étages. **2.** Cour. Partie supérieure d'un plancher, constituant le sol d'un appartement; ce sol, recouvert d'un assemblage de menuiserie plus grossier qu'un parquet. ▷ *Par ext.* Paroi inférieure de la caisse d'un véhicule, d'un ascenseur, etc. **3.** Fig. Niveau, seuil minimal (par oppos. à *plafond*). *Plancher des cotisations.*

2. plancher [plɑ̃ʃe] v. intr. [1] Fam. Faire un exposé. – *Par ext.* Travailler. *Plancher sur un devoir.*

planchette [plɑ̃ʃɛt] n. f. **1.** Petite planche. *Planchette servant de support.* **2.** TECH Tablette munie d'une règle à viseur, qui sert à lever les plans.

planchiste [plɑ̃ʃist] n. Personne qui fait de la planche à voile.

Planck (Max) (1858 – 1947), physicien allemand. Il révolutionna la physique moderne en élaborant (1900) sa théorie des quanta (V. quantum). P. Nobel 1918. ▷ PHYS *Loi de Planck :* loi permettant de calculer la luminance du corps noir à une température et pour une longueur d'onde données. – *Constante de Planck :* constante universelle dont la valeur est h = 6,6252 × 10^{-34} joule-seconde.

plan-concave [plɑ̃kɔ̃kav] adj. OPT Qui a une face plane et une face concave. *Des lentilles plan-concaves.*

plan-convexe [plɑ̃kɔ̃vɛks] adj. OPT Qui a une face plane et une face convexe. *Des lentilles plan-convexes.*

plancton [plɑ̃ktɔ̃] n. m. Ensemble des êtres vivants, pour la plupart microscopiques ou de très petite taille, que les eaux marines et les eaux douces entraînent dans leurs mouvements (à la différence du *necton* et du *benthos*). *Le plancton constitue la principale nourriture de nombreux animaux marins. Plancton végétal, ou phytoplancton* (algues unicellulaires). *Plancton animal, ou zooplancton* (radiolaires, méduses, œufs de poissons, larves de crustacés, etc.).

plane [plan] n. f. TECH Outil pour le travail du bois, destiné à être manié des deux mains, constitué par une lame tranchante portant une poignée à chaque extrémité.

plané [plane] adj. m. et n. m. *Vol plané* ou, n. m., *plané :* vol d'un oiseau, d'un avion qui plane. ▷ Fam. *Faire un vol plané :* faire une chute spectaculaire.

planelle [planɛl] n. f. (Suisse) Syn. de *carreau* (sens I, 1).

1. planer [plane] v. tr. [1] TECH Rendre plan. *Planer une tôle.* ▷ Rendre plat, uni.

2. planer [plane] v. intr. [1] **1.** En parlant d'un oiseau, se soutenir en l'air sur ses ailes étendues, sans paraître les remuer. ▷ Voler avec le moteur arrêté ou au ralenti, en parlant d'un avion; voler, en parlant d'un avion sans moteur (ou *planeur*). ▷ Être en suspension dans l'air. **2.** Fig. *Planer au-dessus de :* considérer dans l'ensemble, sans s'arrêter aux détails; dominer. *Planer au-dessus des contingences.* ▷ (S. comp.) Fam. N'avoir pas le sens des réalités; être distrait. **3.** (Sujet n. de chose.) *Planer sur :* peser comme une menace sur.

planétaire [planetɛʀ] adj. et n. m. **1.** adj. Relatif aux planètes. *Système planétaire.* **2.** adj. Relatif à la Terre, mondial. *Une guerre planétaire.* **3.** n. m. TECH Pignon conique porté par chaque demi-arbre d'un différentiel.

planétarium [planetaʀjɔm] n. m. Salle à coupole où sont représentés les astres et leurs mouvements. *Des planétariums.*

planète [planɛt] n. f. **1.** Corps céleste dépourvu de lumière propre, de volume assez important (à la différence des *astéroïdes*), décrivant autour du Soleil une orbite elliptique de faible excentricité (à la différence des *comètes*) dont le plan diffère peu, en général, de celui de l'orbite terrestre. ▷ *Par ext.* Tout corps céleste analogue gravitant autour d'une étoile autre que le Soleil. **2.** ASTROL Chacune des sept planètes des Anciens, supposées exercer une influence sur la destinée humaine.

ENCYCL Les planètes du système solaire se répartissent entre *planètes telluriques* (Mercure, Vénus, la Terre et Mars), les plus proches du Soleil, et *planètes géantes* (Jupiter, Saturne, Uranus et Neptune), les plus éloignées. Entre les deux groupes circulent plusieurs milliers d'astéroïdes, parfois dénommés *petites planètes.* Au-delà du groupe des planètes géantes se situe Pluton, la plus petite planète du système solaire, qui constitue, avec son satellite Charon, un système unique, considéré par certains astronomes comme une *planète double.*

planétoïde [planetɔid] n. m. ASTRO Objet théorique grossi par accrétion de la matière primitive, dont la taille va du mètre au kilomètre.

planétologie [planetɔlɔʒi] n. f. ASTRO Branche de l'astronomie consacrée à l'étude des planètes.

1. planeur, euse [planœʀ, øz] n. TECH **1.** n. m. Ouvrier qui plane les métaux. **2.** n. f. Machine à planer.

2. planeur [planœʀ] n. m. Avion à voilure fixe, sans moteur, à bord duquel on pratique le vol à voile.

planèze [planɛz] n. f. GEOL Plateau de basalte volcanique délimité par des vallées rayonnantes.

planifiable [planifjabl] adj. Qui peut être planifié.

planificateur, trice [planifikatœʀ, tʀis] n. et adj. Personne qui planifie, s'occupe de planification. – adj. *Une action planificatrice.*

planification [planifikasjɔ̃] n. f. ECON Ensemble des techniques d'élaboration d'un plan.

planifier [planifje] v. tr. [2] Organiser, prévoir selon un plan.

planimétrie [planimetʀi] n. f. **1.** TRAV PUBL Représentation d'un terrain, d'une route par sa projection horizontale. **2.** GEOM Partie de la géométrie consacrée aux surfaces planes.

planipennes [planipɛn] n. m. pl. ENTOM Ordre d'insectes à ailes membraneuses comprenant notam. les fourmis-lions. – Sing. *Un planipenne.*

planisme [planism] n. m. *Planisme familial :* V. planning.

planisphère [planisfɛʀ] n. m. Carte sur laquelle est représentée en entier la sphère terrestre ou céleste en projection plane.

plan(-)masse [plɑ̃mas] n. m. ARCHI Syn. de *plan de masse*.*

planning [planiŋ] n. m. (Anglicisme) **1.** Programme qui décompose le travail à accomplir en tâches élémentaires et qui définit l'échelonnement de celles-ci dans le temps. ▷ Représentation graphique de ce programme. Syn. (off. recommandé) programme. **2.** *Planning familial :* organisation du contrôle volontaire des naissances. Syn. (off. recommandé) planisme familial.

planorbe [planɔʀb] n. f. ZOOL Mollusque gastéropode pulmoné d'eau douce, à coquille enroulée dans un plan. (Les planorbes du genre *Biomphalaria* sont les vecteurs de la bilharziose intestinale.)

planque [plɑ̃k] n. f. Fam. **1.** Cachette. **2.** Poste agréable, peu exposé.

planquer [plɑ̃ke] v. tr. [1] Fam. Cacher. ▷ v. pron. *Il se planque pour être tranquille.*

plant [plɑ̃] n. m. **1.** Jeune plante issue d'un semis et destinée à être transplantée. *Acheter des plants de salade* ou, collect., *du plant de salade.* **2.** Ensemble des plantes de même espèce élevées sur une même parcelle de terrain; cette parcelle.

Plantagenêt, surnom donné à Geoffroi V le Bel, comte d'Anjou; il désigna ensuite la dynastie *(Plantagenet)* qui régna sur l'Angleterre de 1154 à 1485.

1. plantain [plɑ̃tɛ̃] n. m. **1.** Plante herbacée à feuilles en forme de rosette. **2.** *Plantain d'eau :* plante monocotylédone aquatique fréquente dans les zones humides (fam. alismatacées).

2. plantain [plɑ̃tɛ] n. m. Nom de nombreuses variétés de bananier cultivées en zone forestière tropicale, dont les fruits se consomment cuits. – Fruit de ces bananiers, grosse banane verte peu sucrée, aussi appelée *banane-plantain,* qui entre dans diverses préparations culinaires (foufou, foutou, etc.).

plantaire [plɑ̃tɛʀ] adj. Qui appartient à la plante du pied.

plantation [plɑ̃tasjɔ̃] n. f. **I. 1.** Action de planter ou de repiquer des plantes. *Faire des plantations dans un parc.* **2.** Ensemble des végétaux dont un terrain est planté. **3.** Terrain planté. ▷ *Spécial.* Terrain planté de végétaux d'une même espèce. **4.** Dans les pays tropicaux, exploitation agricole de superficie variable, où est pratiquée la culture intensive, et généralement irriguée, d'une ou de plusieurs espèces végétales, pérennes ou non, à laquelle peut s'associer l'élevage. – (Afr. subsah.) Exploitation agricole. **II.** Manière dont est plantée la chevelure sur le crâne; limite de la chevelure.

1. plante [plɑ̃t] n. f. *Plante du pied :* face inférieure du pied.

2. plante [plɑ̃t] n. f. **1.** Tout végétal. *Les plantes et les animaux de la Terre.* ▷ *Spécial.* Végétal supérieur. *Plantes alimentaires, potagères, fourragères.* – *Plantes industrielles, textiles, tinctoriales, aromatiques, médicinales.* **2.** Fig. *Une belle plante :* une jeune fille, une jeune femme saine et bien faite.

planté, ée [plɑ̃te] adj. **I.** (Personnes) **1.** *Bien planté :* bien bâti, bien fait. *Un jeune homme bien planté.* **2.** Debout et immobile. *Ne reste pas planté là comme un piquet!* **II.** Posé, disposé d'une certaine manière (en parlant de certaines parties du corps). *Un cou bien planté sur les épaules.*

Planté (Gaston) (1834 – 1889), physicien français. Il inventa en 1859 le premier accumulateur électrique (au plomb).

planter [plɑ̃te] v. [1] **I.** v. tr. **1.** Mettre en terre (une plante) pour qu'elle prenne racine et croisse. *Planter un arbre.* **2.** Mettre (des graines, des tubercules, etc.) en terre. *Planter des pommes de terre, des haricots.* **3.** Ensemencer, garnir (une terre de végétaux). **4.** Enfoncer, ficher (dans le sol, dans un matériau résistant). *Planter un poteau. Planter des clous dans un mur.* **5.** Fixer, placer droit. *Planter un drapeau au sommet d'un édifice.* **6.** Appliquer avec force, brusquement. *Planter un baiser sur la joue de qqn.* **7.** Fam. *Planter là :* abandonner brusquement. **8.** Loc. (Québec) Fam. *Planter une* (ou *la*) *pirouette :* faire une culbute. **II.** v. pron. **1.** (Passif) *Ces arbres se plantent avant l'hivernage.* ▷ *Le couteau s'est planté à deux centimètres de son pied.* **2.** *Se planter quelque part,* s'y placer et y rester sans bouger. **3.** Fam. Se tromper. *Il s'est planté dans ses calculs.* – Échouer. *Je me suis planté à mon examen.* – Tomber. *Il s'est planté la tête la première.*

Plantes (Jardin des), jardin botanique de Paris, à l'origine du Muséum* national d'histoire naturelle.

planteur, euse [plɑ̃tœʀ, øz] n. **1.** n. m. Exploitant une plantation (sens I, 4). *Petit planteur.* – *Spécial.* Colon exploitant une plantation (sens I, 4). *Planteurs français en Indochine.* ▷ (Afr. subsah.) Agriculteur. **2.** n. f. AGRIC Machine servant à planter les tubercules.

plantigrade [plɑ̃tigʀad] adj. et n. m. ZOOL **1.** adj. Qui marche sur la plante des pieds. **2.** n. m. Mammifère qui pose toute la surface du pied sur le sol (par oppos. à *digitigrade*).

Plantin (Christophe) (v. 1520 – 1589), imprimeur belge d'origine française (né à Tours). Il s'établit en 1549 à Anvers, où il mourut, et dirigea la publication de plus de 1 500 ouvrages, parmi lesquels la fameuse *Biblia Regia* ou *Biblia Poliglotta* (8 vol., 1569-1572). En 1573, il fit paraître le *Thesaurus theutonicae linguae,* premier dictionnaire de la langue néerlandaise. – Musée Plantin-Moretus à Anvers (les descendants de Plantin se nommant Moretus).

plantoir [plɑ̃twaʀ] n. m. AGRIC Outil conique servant à faire des trous dans le sol pour y repiquer des plants ou y semer des graines.

1. planton [plɑ̃tɔ̃] n. m. **1.** Soldat affecté auprès d'un officier, d'un bureau, pour porter les plis, assurer les liaisons utiles. ▷ Service assuré par le planton. *Être de planton.* **2.** (Afr. subsah.) Agent subalterne chargé de diverses tâches matérielles dans un service, une entreprise.

2. planton [plɑ̃tɔ̃] n. m. (Suisse) Jeune plant (sens 1).

plantule [plɑ̃tyl] n. f. BOT Embryon végétal qui commence à se développer.

plantureux, euse [plɑ̃tyʀø, øz] adj. **1.** Copieux, abondant (en parlant de la nourriture). *Un dîner plantureux.* **2.** *Une femme plantureuse,* grande et bien en chair.

plaquage [plakaʒ] n. m. Fam. Action de plaquer (sens 6), d'abandonner (qqn, qqch).

plaque [plak] n. f. **1.** Morceau, de faible épaisseur, d'une matière rigide (métal, bois, verre, etc.). ▷ Aliment présenté sous cette forme. *Plaque de beurre.* **2.** *Spécial.* Plaque (sens 1) portant une inscription. – *Plaque minéralogique* ou *plaque d'immatriculation,* portant le numéro d'immatriculation d'un véhicule. ▷ Insigne de certaines fonctions. – Insigne porté par les dignitaires de différents ordres. **3.** *Plaque de cheminée :* plaque (sens 1) de fonte qui se fixe verticalement au fond d'une cheminée. Syn. (Belgique) taque. **4.** ELECTRON Anode d'un tube électronique. **5.** PHOTO *Plaque sensible :* plaque (à l'orig., en verre, auj. en matière souple) recouverte d'une couche sensible à la lumière. *Appareil à plaques.* **6.** CH de F *Plaque tournante :* plaque métallique circulaire de grand diamètre, mobile sur pivot et portant des rails, qui permet de diriger les locomotives ou les wagons sur l'une ou l'autre des voies qui convergent vers elle; fig. lieu par lequel passent des personnes venues de pays divers pour se rendre ailleurs, par où circulent des marchandises; fig. institution, personne par qui passent des informations, des documents, etc. **7.** GEOL Élément rigide formé de croûte et de manteau supérieur, constituant, avec d'autres éléments semblables, l'enveloppe externe de la Terre. (V. encycl. ci-après.) **8.** Tache, lésion superficielle à contour imprécis apparaissant sur la peau ou les muqueuses. – *Plaque muqueuse :* lésion syphilitique secondaire qui apparaît à la surface de la peau ou des muqueuses, au voisinage d'un orifice naturel. – *Sclérose* en plaques.* ▷ *Plaque dentaire :* dépôt à la surface des dents, constitué notam. de débris alimentaires et bactériens, qui joue un rôle dans la formation des caries. **9.** JEU Grand jeton rectangulaire. **10.** Loc. fam. *Être à côté de la plaque :* être à côté du sujet, se fourvoyer.
ENCYCL Géol. – Selon la théorie de la *tectonique des plaques,* conçue dans les années 1960, l'enveloppe externe de la Terre est constituée d'une mosaïque de plaques rigides, animées de mouvements relatifs. Celles-ci se déplacent sur une zone plastique, partiellement fondue, l'asthénosphère, ce qui explique les déplacements relatifs des continents. Les plaques se renouvellent perpétuellement, car les dorsales océaniques sont le lieu d'énormes épanchements volcaniques. Cet apport de matière (accrétion) provoque l'accroissement et la migration latérale des plaques, symétriquement par rapport à l'axe de la dorsale. À l'autre extrémité, une plaque se détruit en plongeant dans le manteau sous la plaque voisine (subduction). Les zones de subduction, matérialisées par des fosses océaniques, sont le siège d'une forte sismicité et d'une intense activité volcanique. C'est également dans ces zones, où deux plaques adjacentes s'affrontent, que se forment les chaînes de montagnes. V. dérive (Dérive des continents).

plaqué [plake] n. m. **1.** Métal commun recouvert d'une mince couche de métal précieux. *Bracelet en plaqué or. Montre en plaqué.* **2.** Bois recouvert de placage (sens 2). *C'est du massif ou du plaqué?*

plaqueminier [plakminje] n. m. BOT Arbre des régions chaudes à bois très dur (fam. ébénacées) dont les espèces d'Asie fournissent une variété d'ébène et dont le fruit est le kaki.

plaquer [plake] v. tr. [1] **1.** Appliquer (une plaque, une feuille mince) sur une surface. *Plaquer de l'acajou sur du chêne.* **2.** Recouvrir (un objet) d'une couche (de métal précieux). ▷ Pp. adj. *Plaqué or.* – Fig. Artificiel, qui semble surajouté. *Un sourire plaqué,* faux. **3.** Aplatir, maintenir contre (qqch). *Plaquer une mèche de cheveux sur son front.* **4.** MUS *Plaquer un accord :* frapper simultanément sur le clavier les notes qui le composent. **5.** *Plaquer qqn contre, sur qqch,* l'y projeter et l'y maintenir avec force. *Le souffle de l'explosion l'a plaqué au sol.* ▷ v. pron. *Se plaquer à, contre un arbre.* ▷ SPORT Au rugby, saisir dans sa course (un adversaire) aux jambes et l'envoyer à terre. **6.** Fam. Quitter, abandonner. *Il a plaqué sa femme.*

plaquette [plakɛt] n. f. **1.** Petite plaque. *Plaquette de chocolat.* **2.** Mince volume. *Une plaquette de poésie.* **3.** BIOL Élément figuré du sang, dépourvu de noyau, qui joue un rôle important dans la coagulation du sang et l'hémostase primaire. Syn. thrombocyte.

plas-, -plasie. Éléments, du gr. *plasis,* «action de modeler». V. -plaste.

plasma [plasma] n. m. **1.** BIOL Partie liquide du sang, au sein de laquelle les éléments figurés (hématies, leucocytes, plaquettes) sont en suspension. **2.** PHYS Gaz porté à haute température, formé d'un ensemble d'électrons négatifs et d'ions positifs en équilibre avec des molécules ou des atomes non ionisés dont le nombre est d'autant plus faible que la température est plus élevée.

plasmaphérèse [plasmafeʀɛz] n. f. MED Technique qui consiste à faire passer par dérivation le sang d'un malade dans un appareil où s'effectue un échange de plasma.

plasmatique [plasmatik] adj. BIOL Qui se rapporte au plasma sanguin.

-plasme, plasmo-. Éléments, du gr. *plasma,* «chose façonnée», ou du fr. *plasma* (sens 1).

plasmide [plasmid] n. f. BIOL Unité d'A.D.N. indépendante du chromosome, dans une bactérie.

plasmine [plasmin] n. f. BIOCHIM Enzyme plasmatique capable de dégrader la fibrine et le fibrinogène.

plasmique [plasmik] adj. BIOL *Membrane plasmique* ou *cytoplasmique :* membrane lipoprotéique qui limite toutes les cellules.

plasmo-. V. -plasme.

plasmocyte [plasmɔsit] n. m. BIOL Cellule conjonctive pathologique, d'un diamètre de 15 à 20 μm, à noyau excentrique.

plasmocytose [plasmɔsitoz] n. f. MED Prolifération des plasmocytes dans la moelle osseuse ou le sang.

plasmode [plasmɔd] n. m. BIOL Masse cytoplasmique renfermant, sous une seule membrane cellulaire, de nombreux noyaux.

plasmodium [plasmɔdjɔm] n. m. MED Hématozoaire agent du paludisme.

-plaste, -plastie. Éléments, du gr. *plassein,* «modeler».

plaste [plast] n. m. BOT Organite cellulaire caractéristique de tous les végétaux autres que les champignons.

plastic [plastik] n. m. Explosif ayant la consistance du mastic.

plasticage ou **plastiquage** [plastikaʒ] n. m. Action de plastiquer.

plasticien, enne [plastisjɛ̃, ɛn] n. **1.** Didac. Artiste qui se consacre aux recherches sur la plastique. **2.** TECH Ouvrier spécialisé dans le travail des matières plastiques. **3.** CHIR Médecin spécialiste de la chirurgie plastique*.

plasticité [plastisite] n. f. **1.** Aptitude d'une matière à prendre différentes formes. *Plasticité de l'argile.* ▷ BX-A *Plasticité d'un sujet,* son caractère sculptural. **2.** Fig. Souplesse morale. *Plasticité du caractère.*

plasticulture [plastikyltyʀ] n. f. AGRIC Culture sous serre en matière plastique.

-plastie. V. -plaste.

plastie [plasti] n. f. CHIR Opération destinée à rétablir un organe dans son fonctionnement ou sa morphologie.

plastifiant, ante [plastifjɑ̃, ɑ̃t] adj. et n. m. TECH Se dit d'une substance que l'on introduit dans un mélange pour augmenter sa plasticité et sa résistance à l'humidité et aux agents chimiques. ▷ n. m. *Un plastifiant.*

plastification [plastifikasjɔ̃] n. f. TECH Action de plastifier.

plastifier [plastifje] v. tr. [2] **1.** Rendre plastique par l'utilisation d'un plastifiant. **2.** Recouvrir d'une feuille ou d'un enduit en matière plastique. – Pp. adj. *Cahier à couverture plastifiée.*

plastiquage [plastikaʒ] n. m. V. plasticage.

plastique [plastik] adj. et n. **A. I.** adj. **1.** Qui a rapport aux formes matérielles et à leur harmonie. ▷ *Chirurgie plastique,* qui corrige les déformations, les malformations, qui restitue les tissus. **2.** Qui concerne l'art, les techniques de la forme. – *Arts plastiques,* qui ont pour but de reproduire, d'élaborer des formes (modelage, peinture, sculpture, etc.). **3.** De forme harmonieuse. *Pose plastique.* **II.** n. f. **1.** Ensemble des formes (d'une statue, d'un corps) considérées du point de vue de leur harmonie. *La plastique d'une danseuse.* **2.** Art de donner forme à une substance; intelligence de la forme. *La plastique grecque.* **B.** adj. et n. m. **1.** Qui peut être modelé, qui est malléable. ▷ *Argile plastique,* utilisée en céramique. **2.** *Matière plastique* ou, n. m., *le, du plastique :* produit constitué de substances organiques de grande masse molaire (macromolécules) auxquelles on a ajouté des composés (plastifiants, charges, stabilisants) destinés à améliorer leurs caractéristiques. *Lunettes, sac en plastique.*
ENCYCL On distingue : **1.** Les matières plastiques *naturelles* (ex. : la corne, l'écaille, la gélatine). **2.** Les matières plastiques *artificielles,* obtenues à partir de produits naturels (ex. : la nitrocellulose, la cellophane). **3.** Les matières plastiques *synthétiques,* fabriquées à partir des dérivés du pétrole (pétroléochimie) ou du charbon (carbochimie). Les matières plastiques ont tendance à remplacer tous les produits naturels dans les diverses applications industrielles et quotidiennes, du fait de leurs propriétés : elles résistent aux chocs, même à basse température; elles permettent de réaliser les formes les plus diverses; elles résistent aux rayonnements U.V. et ne se corrodent pas.

plastiquer [plastike] v. tr. [1] Faire sauter avec une, des charges de plastic.

plastiqueur, euse [plastikœʀ, øz] n. Auteur d'un plasticage.

plastron [plastʀɔ̃] n. m. **1.** SPORT En escrime, pièce de cuir matelassée qui protège la poitrine. **2.** Pièce d'étoffe, fixe ou non, appliquée sur le devant d'un corsage ou d'une chemise d'homme.

plastronner [plastʀɔne] v. intr. [1] Bomber la poitrine. ▷ Fig. Prendre des airs avantageux; triompher sans modestie.

plasturgie [plastyʀʒi] n. f. TECH Technologie des matières plastiques.

1. plat, plate [pla, plat] adj. et n. m. **A.** adj. **I. 1.** Se dit d'une surface plane, unie et en partic. horizontale. *Terrain plat. Bateau à fond plat.* – *Pays plat,* qui a peu de relief. **2.** À fond plat (sens 1); peu profond. *Assiette plate* (par oppos. à *creuse*). **3.** Qui n'est pas saillant. *Pommettes plates.* – *Cheveux plats,* ni frisés ni bouclés. – *Avoir la poitrine plate,* et par ext. *être plate* (en parlant d'une femme). ▷ GEOM *Angle plat,* de 180°. **4.** Qui a peu d'épaisseur. *Poissons plats* (sole, limande, etc.). – *Sa bourse est plate,* vide. – Qui a peu de hauteur. *Talons plats* (par oppos. à *hauts*), et, par ext., *souliers plats.* **5.** Loc. adv. *À plat :* horizontalement, sur la partie la plus large. *Ranger des livres, des disques, à plat.* ▷ *Pneu à plat,* entièrement dégonflé. ▷ *À plat ventre :* couché sur le ventre, la face tournée vers le sol. – Fig. *Être à plat ventre devant qqn,* lui être servilement dévoué. ▷ Loc. fig. *Mettre à plat :* considérer (un problème) dans toutes ses implications. – Fam. *Être à plat,* épuisé. **II. 1.** Sans qualités marquantes; sans caractère, sans personnalité. *Style plat.* ▷ (Québec) Fam. *Plate :* sans intérêt, qui ennuie. *Un garçon plate. Une soirée plate.* – Décevant. *C'est plate qu'elle ne vienne pas.* – *C'est plate! :* on s'ennuie. **2.** Fade, insipide. ▷ *Eau plate,* non gazeuse. **3.** Servile, obséquieux. *Être plat devant ses supérieurs.* **B.** n. m. Ce qui est plat. **1.** Partie plate de qqch. *Le plat de la main* (par oppos. au *dos*). *Le plat d'une lame* (par oppos. au *tranchant*). **2.** En reliure, chacune des deux faces de la couverture d'un livre relié ou, par ext., broché. *Les plats et le dos d'un volume.*

2. plat [pla] n. m. **1.** Pièce de vaisselle plus grande que l'assiette, dans laquelle on sert les mets. *Plat à poisson.* ▷ *Œufs au plat, sur le plat,* que l'on casse sur un récipient métallique plat et que l'on fait cuire sans les brouiller. ▷ Loc. fig. *Mettre les petits plats dans les grands :* recevoir à grands frais pour faire honneur à ses invités. – Fam. *Mettre les pieds dans le plat :* entrer dans le vif du sujet au risque de heurter les bienséances. – (Québec) Fam. *Se mettre les pieds dans les plats :* commettre une maladresse; se mettre dans une situation embarrassante. **2.** Mets contenu dans un plat. *Un plat de spaghettis.* Syn. (Afr. subsah.) assiette. **3.** Mets d'un menu. *Plat de viande.* ▷ *Plat du jour :* mets cuisiné pour le jour même et différent chaque jour, dans un restaurant. Syn. (Québec) menu du jour et spécial du jour. ▷ *Plat de résistance :* plat principal d'un repas.

Plata (Río de La), profond estuaire des fl. Paraná et Uruguay séparant l'Argentine de l'Uruguay.

Plata (La), v. d'Argentine, près du *Río de La Plata,* à 65 km au S.-E. de Buenos Aires (avec lequel elle forme une conurbation); 459 050 hab.; ch.-l. de la prov. de Buenos Aires. Grand centre industriel. – Université.

Plata (La). V. Sucre.

platane [platan] n. m. Arbre ornemental dont l'écorce se détache par larges plaques, à fleurs unisexuées groupées en capitules globuleux. *Platane du Sénégal, platane d'Orient, platane d'Occident.*

plataniste [platanist] n. m. Dauphin des fleuves de l'Inde, mesurant de 2 à 3 m, à yeux atrophiés.

plat-bord [plabɔʀ] n. m. MAR Surface horizontale qui termine le bordé d'un navire à sa partie supérieure. *Des plats-bords.*

plate [plat] n. f. **1.** (France rég., Nouv.-Cal.) Barque à fond plat, utilisée comme auxiliaire d'un plus gros bateau. **2.** (Belgique) Petite bouteille d'alcool de forme plate. – (Réunion) *Pile plate :* bouteille de rhum de 20 cl, de forme plate.

plateau [plato] n. m. **I. 1.** Plaque, tablette en matériau rigide destinée à servir de support. – *Plateaux d'une balance,* où l'on pose les poids et la marchandise à peser. *Plateau d'un pèse-bébé.* **2.** Grand plat de bois, de métal, de porcelaine, etc., pour présenter le café, le thé, l'apéritif, etc. **3.** *Plateau d'un électrophone :* plaque rotative circulaire sur laquelle on pose les disques. **4.** TECH Disque d'un frein, d'un embrayage. ▷ Roue dentée d'un pédalier de bicyclette. ▷ Élément mobile qui reçoit la pièce à usiner, sur une machine-outil. ▷ CH de F Syn. de *plate-forme* (sens I, 3). **5.** ANTHROP Labret. **6.** *Le plateau d'un théâtre :* la scène. – *Le plateau d'un studio de cinéma, de télévision :* l'espace où sont plantés les décors et où les acteurs évoluent. ▷ Ensemble du personnel, du matériel et des installations nécessaires à la prise de vues en studio ou à la représentation sur scène. *Frais de plateau.* **7.** Loc. (Guad.) *Aller au deuxième plateau :* être fou. (V. aller à colson*.) **II. 1.** Grande surface plane située en altitude. *Haut plateau des Andes.* **2.** *Plateau continental :* haut-fond qui borde un continent. **3.** (Afr. subsah.) Quartier central, administratif, d'une grande ville.

Plateau, État du centre du Nigeria; 58 030 km²; 4 144 000 hab.; cap. *Jos.* – LING *Langues Plateau :* sous-groupe de langues nigéro-congolaises du groupe Bénoué-Congo.

Plateau suisse, Moyen Pays ou **Mittelland,** zone de plaines et de collines de la Suisse, entre les Alpes et le Jura. Occupant 30 % du pays, le Plateau suisse constitue sa région vitale, drainée par l'Aar et ses affluents. Les trois villes princ. sont, alignées du S. au N. : Lausanne, Berne et Zurich.

plate-bande [platbɑ̃d] n. f. **1.** ARCHI Moulure plate et large. **2.** Bande de terre, entourant un carré de jardin, plantée de fleurs, d'arbustes, etc.

1. platée [plate] n. f. TECH Massif de fondation d'un bâtiment.

2. platée [plate] n. f. Contenu d'un plat (avec une idée d'abondance massive). *Une platée de riz.*

Platées, anc. v. de Béotie (Grèce) où Pausanias et Aristide battirent les Perses de Mardonios en 479 av. J.-C. (fin de la seconde guerre médique*).

plate-forme [platfɔʀm] n. f. **I. 1.** Surface plane horizontale, généralement surélevée et soutenue par de la maçonnerie. *Des plates-formes.* – Couverture d'un bâtiment sans combles, en forme de terrasse. ▷ TRAV PUBL Surface préparée pour établir une route, une voie ferrée. **2.** TECH Surface plate équipée de différents matériels. – *Plate-forme de forage,* servant au forage de puits de pétrole en mer. **3.** CH de F Wagon plat sans ridelles pour le transport des marchandises. **4.** Partie non close d'un véhicule public où les voyageurs se tiennent debout. *Plate-forme d'un autobus.* **II.** GEOGR Plateau. – *Plate-forme structurale :* surface d'une couche dure dégagée par l'érosion. **III.** Programme, ensemble d'analyses et de revendications qui servent de point de départ à une politique commune. *Plate-forme électorale.*

platement [platmɑ̃] adv. D'une manière plate (sens A, II). *Écrire platement. S'excuser platement.*

plathelminthes [platɛlmɛ̃t] n. m. pl. ZOOL Embranchement de vers dont le corps aplati est muni d'un tube digestif en cul-de-sac, dépourvu d'anus (douves, ténias, etc.). – Sing. *Un plathelminthe.*

platier [platje] n. m. Surface horizontale d'un récif qui affleure lors des grandes marées.

1. platine [platin] n. f. TECH Pièce plate, support plat. **1.** Plaque métallique qui donne passage à la clef, dans une serrure. **2.** Plaque qui soutient le mécanisme d'un mouvement d'horlogerie. *Platine d'une montre.* **3.** Ensemble constitué par le plateau et les organes moteurs d'un électrophone. **4.** Plateau d'un microscope, sur lequel on place la préparation à examiner.

2. platine [platin] n. m. et adj. inv. **1.** n. m. Élément métallique (symbole Pt) de numéro atomique Z=78. – Métal (Pt) précieux très ductile. **2.** adj. inv. De la couleur du platine. (V. platiné.)

platiné, ée [platine] adj. **1.** AUTO *Vis platinée :* pastille de contact d'un système d'allumage. **2.** Qui rappelle la couleur du platine, d'un blond très pâle. *Cheveux platinés.* – Par ext. *Une blonde platinée.*

platiner [platine] v. tr. [1] TECH Recouvrir de platine.

platinifère [platinifɛʀ] adj. MINER Qui contient du platine. *Roche platinifère.*

platinoïde [platinɔid] n. m. **1.** CHIM Nom générique des éléments dont les propriétés sont analogues à celles du platine (iridium, osmium, palladium, rhodium et ruthénium), et qui lui sont associés dans les gisements. – *Les platinoïdes :* ces éléments, avec le platine lui-même. **2.** TECH Alliage de maillechort et de tungstène, succédané industriel du platine.

platitude [platityd] n. f. **1.** Défaut de ce qui est plat, sans originalité; acte, propos plat. *Dire des platitudes.* **2.** Caractère d'un individu plat, obséquieux. – Acte, comportement servile.

Platon (v. 428 – 348 ou 347 av. J.-C.), philosophe grec. Issu d'une famille aristocratique, il fut d'abord élève du disciple d'Héraclite, Cratyle, puis de Socrate*. Après la mort de celui-ci (399), il voyagea. Vers 387, il fonda, à Athènes, dans les jardins d'Académos, une école dont l'enseignement «ésotérique» n'est connu que par certains textes du plus illustre de ses élèves : Aristote. En revanche, nous possédons la quasi-totalité de ses écrits, rédigés sous forme de dialogues dans une prose attique admirable. On distingue habituellement trois groupes : les dialogues socratiques *(Hippias majeur* et *mineur, Alcibiade, Ion, Criton, Charmidès, Lachès, Lysis, Euthyphron, Protagoras, Apologie de Socrate),* œuvres de jeunesse qui défendent la mémoire de Socrate ou mènent des recherches morales selon la méthode socratique; les dialogues systématiques *(Gorgias, Ménexène, Euthydème, Ménon, Cratyle, Phédon, le Banquet, la République, Phèdre),* qui développent la théorie des Idées; les dialogues critiques et métaphysiques *(Parménide, Théétète, Sophiste, Politique, Philèbe, Timée, Critias, Lois),* œuvres difficiles où cette théorie est révisée et complétée. Ayant généralisé la méthode socratique de la recherche de la vérité *(maïeutique),* Platon aborde le monde des Idées, formes intelligibles, éternelles et parfaites, archétypes des choses sensibles, lesquelles n'en sont que des reflets instables et imparfaits. Il existe donc un Beau, un Juste en soi, auxquels les choses belles ou justes empruntent leur réalité passagère. La connaissance suprême qui procure une vision *(théôria)* d'ensemble de ce monde intelligible est la *dialectique,* qui exige du philosophe l'étude préalable de quatre sciences : arithmétique, géométrie, astronomie, musique. Dans ses derniers dialogues, Platon ne considère plus les Idées comme une pluralité de réalités distinctes; ce sont des *mixtes,* constitués par un mélange (du *même* et de *l'autre,* de *l'un* et du *multiple,* du *fini* et de *l'indéfini*). De même, l'Idée et la réalité sensible sont chacune des mélanges. Les mixtes manifestent une finalité réelle : l'Univers, dans ses moindres détails, est le règne de l'harmonie et du divin; aussi l'homme doit-il «se rendre, autant qu'il se peut, semblable à l'Être absolu», c.-à-d. à l'Intelligence parfaite, au Bien universel, «commencement, milieu et fin de toutes choses». L'influence du platonisme a été considérable sur Plotin* et sur les théologiens chrétiens.

platonicien, enne [platɔnisjɛ̃, ɛn] adj. et n. Relatif à la philosophie de Platon; qui s'inspire du platonisme. ▷ Subst. Disciple de Platon; adepte du platonisme.

platonique [platɔnik] adj. Purement idéal. *Amour platonique,* exempt de toute relation charnelle. ▷ Sans résultat pratique, sans efficacité.

platoniquement [platɔnikmɑ̃] adv. De manière platonique. *Aimer une femme platoniquement.*

platonisme [platɔnism] n. m. **1.** PHILO Doctrine de Platon et de ses disciples. **2.** Caractère de l'amour platonique.

plâtrage [plɑtʀaʒ] n. m. Action, façon de plâtrer.

plâtras [plɑtʀa] n. m. Débris de plâtre ouvré.

plâtre [plɑtʀ] n. m. **1.** Gypse, sulfate de calcium. *Une carrière de plâtre.* **2.** Matériau de construction provenant de la calcination du gypse; poudre blanche qui, mélangée à de l'eau, forme une pâte plastique qui se solidifie rapidement. – *Gâcher du plâtre,* le mélanger à de l'eau. ▷ Fig. *Battre qqn comme plâtre,* très fort. **3.** *Les plâtres :* les ouvrages mettant en œuvre du plâtre (enduits intérieurs, plafonds, etc.). – *Essuyer les plâtres :* habiter le premier une maison nouvellement bâtie; fig. subir le premier les désavantages d'une situation nouvelle, d'une découverte qui n'est pas encore au point, etc. **4.** *Un plâtre :* un ouvrage moulé en plâtre. *Les plâtres d'une frise.* **5.** MED Appareil de contention, formé de bandelettes plâtrées, utilisé pour le traitement de nombreuses fractures.

plâtrer [plɑtʀe] v. tr. [1] **1.** Couvrir, enduire de plâtre. Syn. (Belgique, Luxembourg) plafonner. **2.** AGRIC *Plâtrer une prairie,* l'amender en y répandant du plâtre. **3.** Mettre (un membre fracturé) dans un plâtre. *Plâtrer un bras.*

plâtrerie [plɑtʀəʀi] n. f. **1.** Travail du plâtrier. Syn. (Suisse) gypserie. **2.** Usine où l'on prépare le plâtre. Syn. plâtrière, (Suisse) gypserie.

plâtreux, euse [plɑtʀø, øz] adj. **1.** Qui contient du plâtre (sens 1). **2.** Recouvert de plâtre. **3.** Qui a la couleur blafarde du plâtre. *Teint plâtreux.*

plâtrier, ère [plɑtʀije, ɛʀ] n. Personne qui travaille le plâtre ou qui vend du plâtre. Syn. (Suisse) gypsier. ▷ *Spécial.* Ouvrier spécialisé dans l'exécution des plâtres (sens 3). (Rare au fém.) Syn. (Belgique, Luxembourg) plafonneur.

plâtrière [plɑtʀijɛʀ] n. f. **1.** Carrière de gypse. **2.** Four où l'on cuit le plâtre. ▷ Syn. de *plâtrerie* (sens 2).

platyr(r)hiniens [platiʀinjɛ̃] n. m. pl. ZOOL Singes du Nouveau Monde vivant dans les forêts et caractérisés par leurs narines écartées et une longue queue souvent préhensile. – Sing. *Un platyr(r)hinien.*

plausible [plozibl] adj. Qui peut être considéré comme vrai, que l'on peut admettre. *Une explication plausible.*

Plaute (en lat. *Titus Maccius Plautus*) (v. 254 – 184 av. J.-C.), poète comique latin. Nous possédons 21 de ses 130 comédies : *Amphitryon, Aulularia* («la Marmite», qui inspira *l'Avare* de Molière), *Curculio* («le Charançon»), *Miles gloriosus* («le Soldat fanfaron»), etc.

play-back [plɛbak] n. m. inv. (Anglicisme) AUDIOV Technique qui consiste à faire jouer ou chanter un acteur, un chanteur, etc., en synchronisme avec un enregistrement de sa voix effectué préalablement. *Chanter en play-back.* – L'enregistrement effectué au préalable. Syn. (off. recommandé) présonorisation.

play-boy [plɛbɔj] n. m. (Anglicisme) Jeune homme au physique séduisant, connu pour sa vie facile et ses succès féminins. *Des play-boys.*

plèbe [plɛb] n. f. ANTIQ À Rome, la classe populaire (par oppos. à *patriciat*).

plébéien, enne [plebejɛ̃, ɛn] n. et adj. **1.** ANTIQ ROM Homme, femme de la plèbe (par oppos. à *patricien*). **2.** Litt. Homme, femme du peuple. ▷ adj. (Souvent péjor.) *Des mœurs plébéiennes.*

plébiscite [plebisit] n. m. Vote direct du peuple, par lequel il est appelé à un choix ou à une approbation. (La notion inclut le référendum.)

plébisciter [plebisite] v. tr. [1] Élire, approuver par un plébiscite; élire, approuver à une très forte majorité. *Se faire plébisciter.*

plectre [plɛktʀ] n. m. MUS Médiator.

pléiade [plejad] n. f. **1.** *Les Pléiades :* dans la myth. gr., les sept filles d'Atlas et de Pléioné, métamorphosées en étoiles. **2.** ASTRO *Les Pléiades :* groupe de sept étoiles dans la constellation du Taureau. **3.** LITTER *La Pléiade :* groupe de sept poètes grecs d'Alexandrie (IIIe s. av. J.-C.). – Groupe de sept poètes français de la Renaissance qui réunissait, autour de Ronsard et de J. du Bellay, J. Peletier, puis, à sa mort, Dorat, J.A. de Baïf, Pontus de Tyard, É. Jodelle, R. Belleau. **4.** Groupe de personnes illustres ou remarquables. *Une pléiade de vedettes.*

plein, pleine [plɛ̃, plɛn] adj., adv., prép. et n. m. **A.** adj. **I. 1.** Qui contient tout ce qu'il lui est possible de contenir (par oppos. à *vide*). *Un verre plein, presque plein, à moitié plein.* ▷ (Avant le nom.) *Une pleine bassine d'eau.* – (Précédé de *à*.) *Puiser à pleines mains.* **2.** Qui contient toutes les personnes qu'il lui est possible de contenir. *Le stade était plein, plein à craquer.* **3.** (Temps) *Une journée bien pleine,* bien remplie. **4.** (Sens faible.) *Plein de :* rempli de; qui contient une grande quantité de, qui a beaucoup de. *La place était pleine de gens.* – *Une chemise pleine de taches,* couverte de taches. – (Abstrait) *Une entreprise pleine de risques.* **5.** Qui porte des petits, en parlant d'une femelle animale. *Cette vache est pleine.* **6.** (Abstrait) *«Mieux vaut une tête bien faite que bien pleine»* (de connaissances) (Montaigne). ▷ *Être plein de qqch, de qqn,* en être entièrement occupé. *Être plein de son sujet.* – *Être plein de soi :* être infatué de sa personne. **II. 1.** Dont la matière occupe la masse entière (par oppos. à *creux*). *Brique pleine.* ▷ *Par ext.* (Personnes) *Formes pleines,* rondes, replètes. **2.** *Un son plein,* riche, nourri. **III. 1.** Qui est complet, entier; qui est à son maximum. – *La lune est pleine, c'est la pleine lune,* sa face visible apparaît éclairée tout entière. – *La mer est pleine :* la marée est haute. – *Un jour plein :* vingt-quatre heures. ▷ Loc. adj. *À plein temps :* dont la durée égale celle de la journée légale de travail. *Travail à plein temps.* – n. m. *Un plein temps* ou *un plein-temps. Des pleins-temps.* ▷ *Un salarié à plein temps,* dont la durée de travail est un plein temps. ▷ Loc. adv. *Travailler à plein temps.* **2.** Total, entier. *Être en pleine possession de ses moyens.* **IV.** *En plein(e)* (+ subst.). **1.** Au milieu (d'un espace, d'une durée). *Perdu en plein désert.* – *En pleine mer :* au large. – *En plein air :* dehors. – *En plein été :* au milieu de l'été, au plus fort de l'été. ▷ Au point, au moment le plus fort (d'un phénomène, d'un état). *Tué en pleine gloire.* **2.** (Renforçant une localisation.) *Façade exposée en plein sud* ou, ellipt., *plein sud,* exactement au sud. ▷ Loc. adv. Fam. *En plein sur, en plein dans :* juste, exactement. *En plein dans le mille.* **B.** prép. Autant qu'il se peut, beaucoup. *Il y avait de l'eau plein la bouteille.* ▷ Loc. prép. Fam. *Plein de :* beaucoup. *Il y a plein de gens.* **C.** n. m. **1.** Endroit, volume plein. *Les pleins et les vides.* **2.** Partie grasse d'un caractère calligraphié (par oppos. à *délié*). **3.** *Le plein (de) :* l'état de ce qui est plein. – *Le plein de la mer :* la marée haute. – *Battre son plein :* être à son plus haut degré d'intensité. *La fête bat son plein.* **4.** *Faire le plein :* emplir complètement le réservoir d'une voiture avec du carburant. – Fig. *Faire le plein de voix dans une campagne électorale.*

pleinement [plɛnmɑ̃] adv. D'une manière pleine, entière; totalement. *Être pleinement satisfait.*

plein-emploi ou **plein emploi** [plɛnɑ̃plwa] n. m. sing. ECON Situation où tous les facteurs de production (main-d'œuvre, capital) d'un pays peuvent être employés.

plein-temps [plɛ̃tɑ̃] loc. adj. V. plein (sens A, III, 1).

pléistocène [pleistɔsɛn] n. m. et adj. GEOL Étage le plus ancien du quaternaire*. ▷ adj. Relatif à cette période.

Plekhanov (Gheorghi Valentinovitch) (1856 – 1918), homme politique et écrivain russe. Il introduisit le marxisme en Russie.

plénier, ère [plenje, ɛʀ] adj. **1.** *Réunion, assemblée plénière,* à laquelle tous les membres d'un corps sont convoqués. **2.** THEOL *Indulgence plénière :* remise totale des peines attachées aux péchés.

plénipotentiaire [plenipɔtɑ̃sjɛʀ] n. m. et adj. Agent diplomatique investi des pleins pouvoirs, en vue d'une mission particulière. ▷ adj. *Ministre plénipotentiaire,* de rang immédiatement inférieur à celui d'ambassadeur.

plénitude [plenityd] n. f. Litt. État de ce qui est complet; totalité, intégrité. *Conserver la plénitude de ses moyens.* ▷ Richesse, ampleur. *Plénitude d'un son.*

plénum ou **plenum** [plenɔm] n. m. POLIT Réunion plénière (d'une assemblée, d'un comité, etc.).

pléonasme [pleɔnasm] n. m. LING Emploi de mots ou d'expressions superflus, mais destinés à renforcer l'idée (ex. *je l'ai vu de mes yeux*), ou qui ne font qu'ajouter, par une répétition fautive, à ce qui vient d'être exprimé (ex. *descendre en bas*).

pléonastique [pleɔnastik] adj. Didac. Qui constitue un pléonasme.

plésiosaure [plezjɔzɔʀ] n. m. PALEONT Grand reptile marin fossile du secondaire (genre *Plesiosaurus*), atteignant 10 m de long.

Plessis (Joseph-Octave) (1763 – 1825), prélat québécois. Évêque (1806), il fut le premier archevêque du Québec (1818).

pléthore [pletɔʀ] n. f. Abondance excessive. *Il y a pléthore de postulants.*

pléthorique [pletɔʀik] adj. Surabondant. *Un personnel pléthorique,* en nombre excessif.

pleumer [plœme] v. [1] (Québec) Fam. **I.** v. tr. **1.** Plumer (sens 1). – *Par ext.* Peler, enlever (la pelure, l'écorce, etc.) de. *Pleumer une branche, une anguille.* **2.** Plumer (sens 2). – *Par ext.* Battre à plate couture (une équipe adverse). *Notre équipe s'est fait pleumer hier.* **II.** v. intr. Peler (sens II). *Nez qui pleume après un coup de soleil.*

pleurage [plœʀaʒ] n. m. ELECTROACOUST Déformation d'un son enregistré, due à l'irrégularité de la vitesse de défilement du support.

pleural, ale, aux [plœʀal, o] adj. ANAT Relatif à la plèvre.

pleurer [plœʀe] v. [1] **I.** v. intr. **1.** Verser des larmes. *Pleurer de joie, de honte.* – *Pleurer de rire,* à force de rire. ▷ Loc. fig. *N'avoir plus que les yeux pour pleurer :* avoir tout perdu. ▷ *Pleurer sur qqn, qqch,* en déplorer l'infortune, la perte, etc. **2.** Fig. Se plaindre; demander qqch avec une insistance plaintive. *Pleurer auprès de qqn pour obtenir une faveur.* **II.** v. tr. **1.** *Pleurer qqn,* s'affliger de sa perte. ▷ Déplorer; regretter avec affliction. *Pleurer la mort d'un ami.* **2.** *Pleurer des larmes,* les laisser couler (dans des loc. telles que *pleurer des larmes amères, des larmes de sang,* etc.).

pleurésie [plœʀezi] n. f. Inflammation aiguë ou chronique de la plèvre, avec ou sans épanchement.

pleureur, euse [plœʀœʀ, øz] adj. Se dit de certains arbres dont les branches retombent.

pleureuse [plœʀøz] n. f. Femme payée pour assister à des funérailles et pleurer le défunt, dans certaines sociétés, certaines civilisations.

pleurite [plœʀit] n. f. Pleurésie sèche.

pleurnicher [plœʀniʃe] v. intr. [1] Fam. Pleurer ou feindre de pleurer sans raison; prendre un ton larmoyant.

pleurnicheur, euse [plœʀniʃœʀ, øz] ou **pleurnichard, arde** [plœʀniʃaʀ, aʀd] adj. et n. Qui pleurniche sans cesse. – Subst. *Un pleurnichard.* Syn. (Suisse) piorne. ▷ Par ext. *Ton pleurnicheur,* geignard.

pleuronectes [plœʀɔnɛkt] ou **pleuronectidés** [plœʀɔnɛktide] n. m. pl. ICHTYOL Genre *(Pleuronectes)* et famille (pleuronectidés) de poissons plats comportant notam. le carrelet, la limande, le flétan. – Sing. *Un pleuronecte* ou *un pleuronectidé.*

pleuropneumonie [plœʀɔpnømɔni] n. f. MED Pneumonie accompagnée d'une pleurésie.

pleurote [plœʀɔt] n. m. Champignon (agaric) parasite des troncs d'arbres, dont certaines espèces sont comestibles, auj. cultivé.

pleurs [plœʀ] n. m. pl. Litt. *Essuyer, sécher ses pleurs,* ses larmes. *« Vois ce visage en pleurs » (Racine).* ▷ Fig. Suintement de sève.

pleutre [pløtʀ] n. m. et adj. Litt. Homme sans courage. ▷ adj. *Attitude pleutre.* Syn. lâche, poltron.

pleutrerie [pløtʀəʀi] n. f. Litt. Poltronnerie, lâcheté.

pleuvasser [pløvase] ou **pleuvoter** [pløvɔte] v. impers. [1] Pleuvoir légèrement, à petites gouttes.

pleuviner [pløvine] ou **pluviner** [plyvine] v. impers. [1] Pleuvoir à fines gouttes, bruiner.

pleuvoir [pløvwaʀ] v. impers. [39] Tomber, en parlant de la pluie. *Il pleut à verse, à seaux,* abondamment. – Fam. *Il pleut des cordes, des hallebardes,* abondamment, à grosses gouttes. ▷ v. pers. intr. Tomber en grande quantité. *Les obus pleuvent.* – Fig. *Les punitions pleuvent.*

Pleven (anc. *Plevna*), v. de Bulgarie septentrionale; 138 000 hab. Centre agricole et industriel (alim., méca., text.). – En 1877, la ville fut enlevée aux Ottomans par les Russes après de durs combats.

plèvre [plɛvʀ] n. f. ANAT Membrane séreuse enveloppant les poumons.

plexiglas [plɛksiglas] n. m. (Nom déposé.) Matière plastique transparente et flexible.

plexus [plɛksys] n. m. ANAT Entrelacement de filets nerveux ou de vaisseaux qui s'anastomosent. *Plexus solaire :* centre neurovégétatif de l'abdomen, situé entre l'estomac et la colonne vertébrale.

Pleyel (Ignaz) (1757 – 1831), compositeur autrichien. Il fonda à Paris une fabrique de pianos (1807).

pli [pli] n. m. **1.** Rabat d'une matière souple sur elle-même, formant une double épaisseur. *Jupe à plis.* **2.** Marque qui reste à l'endroit où une chose a été pliée. *Pli d'un pantalon.* ▷ *Faux pli,* ou *pli :* pli fait à une étoffe là où il ne devrait pas y en avoir. ▷ Fig. *Prendre un pli :* contracter une habitude. *Il a pris un mauvais pli.* **3.** Chacune des ondulations que fait une étoffe, une draperie. *Les plis d'un rideau.* ▷ *Le pli d'une étoffe :* la manière dont cette étoffe forme naturellement des plis. **4.** GEOL Chacune des articulations que forment une ou plusieurs couches de terrain sous l'action d'une poussée tangentielle et dont l'ensemble constitue un plissement*. *Pli convexe* (anticlinal), *concave* (synclinal). **5.** *Mise en plis :* opération qui consiste à donner une forme aux cheveux mouillés et à les sécher à chaud pour qu'ils la conservent. **6.** Bourrelet ou ride de la peau. *Les plis du front.* ▷ Marque sur la peau à la pliure d'une articulation; creux d'une telle pliure. *Le pli du bras.* **7.** Enveloppe (faite de papier replié) d'une lettre. *Envoyer plusieurs lettres sous le même pli.* ▷ *Par ext.* Lettre. *J'ai reçu votre pli.* **8.** Levée, aux cartes. *Faire deux plis.*

pliable [plijabl] adj. Qui peut se plier; aisé à plier.

pliage [plijaʒ] n. m. Action de plier; manière dont une chose est pliée.

pliant, ante [plijɑ̃, ɑ̃t] adj. et n. m. **1.** adj. Se dit d'objets spécialement conçus pour pouvoir être pliés en cas de besoin. *Lit pliant.* **2.** n. m. Petit siège de toile pliant, sans bras ni dossier. **3.** n. m. (Afr. subsah.) Chaise de repos en bois à dossier très incliné.

plie [pli] n. f. Syn. de *carrelet* (sens I, 1).

plier [plije] v. [**2**] **A.** v. tr. **I. 1.** Mettre en double, une ou plusieurs fois, en rabattant sur lui-même (un objet fait d'une matière souple). *Plier une couverture.* ▷ Fig. *Plier bagage :* fuir, s'en aller en emportant ses affaires. **2.** Rabattre les unes sur les autres (les parties articulées d'un objet); fermer (cet objet). *Plier un éventail.* ▷ Accomplir une flexion (d'une articulation). *Plier le bras, les genoux.* **3.** Ployer, courber (une chose flexible). *Plier une branche.* **II.** Fig. Assujettir. *Plier qqn à sa volonté.* ▷ v. pron. *Se plier à :* céder, se soumettre à. *Se plier aux exigences de la situation.* **B.** v. intr. **1.** Se courber, ployer. *«L'arbre tient bon, le roseau plie» (La Fontaine).* **2.** Fig. (Personnes) Céder, se soumettre. *Il ne pliera pas devant des menaces.*

Pline l'Ancien (en lat. *Caius Plinius Secundus*) (23 – 79), écrivain latin. Son *Histoire naturelle* en 37 livres expose toutes les connaissances des Anciens. Commandant de la flotte stationnée dans le golfe de Naples, il périt asphyxié en observant de trop près l'éruption du Vésuve qui détruisit Herculanum et Pompéi. — **Pline le Jeune** (en lat. *Caius Plinius Cæcilius Secundus*) (61 ou 62 – v. 114), écrivain latin; neveu du préc. Consul en 100 ou 101, il fut légat impérial en Bithynie (111-112). Ses *Lettres,* destinées à être lues en public, nous montrent la société romaine.

plinth [plint] n. m. (Belgique) GYM Série de caisses en bois emboîtées et amovibles utilisées pour des exercices de culbute.

plinthe [plɛ̃t] n. f. **1.** CONSTR Bande (de menuiserie, de plastique, etc.) posée le long des murs ou des cloisons pour masquer le raccord avec le plancher. **2.** *Par anal.* (Québec) *Plinthe (électrique) :* radiateur électrique de forme allongée, que l'on fixe au bas d'un mur.

pliocène [plijɔsɛn] n. m. et adj. GEOL Dernier étage du tertiaire, entre le miocène et le pléistocène, qui a duré env. 10 millions d'années. ▷ adj. De cette période. *Terrain pliocène.*

Plisnier (Charles) (1896 – 1952), écrivain belge d'expression française : *Figures détruites* (1932), *Mariages* (1936), *Faux Passeports* (prix Goncourt 1937), *Meurtres* (cycle romanesque, 1939-1941), *Mères* (cycle romanesque, 1946-1950). Ces romans protestent vigoureusement contre l'hypocrisie bourgeoise, au nom du marxisme et du christianisme.

plissage [plisaʒ] n. m. Action de plisser (une matière souple).

plissé, ée [plise] adj. et n. m. Qui comporte des plis; qui a été marqué de plis. ▷ n. m. Aspect des plis de ce qu'on a plissé. *Une jupe au plissé parfait.*

plissement [plismɑ̃] n. m. **1.** Action de plisser. *Un plissement d'yeux.* **2.** GEOL Déformation de l'écorce terrestre qui donne naissance à un système de plis*; ce système lui-même.

plisser [plise] v. [**1**] **I.** v. tr. **1.** Orner de plis (une étoffe, du papier, etc.). *Plisser une jupe.* **2.** Marquer de plis en contractant certains muscles. *Plisser le front.* **II.** v. intr. Faire des faux plis.

Plissetskaïa (Maïa Mikhaïlovna) (née en 1925), danseuse russe.

pliure [plijyʀ] n. f. **1.** Action de plier des feuilles de papier (pour le brochage, la reliure, etc.). **2.** Endroit où se forme un pli; marque du pli.

Pliya (Jean) (né en 1931), écrivain béninois. Inspirées de la tradition orale, ses nouvelles critiquent la société actuelle : *l'Arbre fétiche* (1971), *le Chimpanzé amoureux* (1977), *la Fille têtue* (1982), *les Tresseurs de cordes* (roman, 1987). Théâtre : *Kondo le requin* (1966); *la Secrétaire particulière* (1973).

ploc ! [plɔk] interj. Onomatopée du bruit d'une chute dans l'eau.

plocéidés [plɔseide] n. m. pl. ORNITH Famille d'oiseaux passériformes qui bâtissent des nids en boule (moineaux, tisserins, etc.). – Sing. *Un plocéidé.*

ploiement [plwamɑ̃] n. m. Action, fait de ployer; son résultat.

Ploiești, v. de Roumanie, au N. de Bucarest; 252 073 hab.; ch.-l. du distr. de Prahova. – Centre de l'industr. du pétrole, dans une zone pétrolifère exploitée depuis le XIXe s.

plomb [plɔ̃] n. m. **1.** Élément métallique de numéro atomique Z=82 (symbole Pb). – Métal (Pb) d'un gris bleuâtre, utilisé pour la fabrication de couvertures d'édifices, conduites d'eau et de gaz, accumulateurs électriques, plombs de chasse, etc., et pour la protection contre les rayonnements X et γ qu'il absorbe. ▷ *De plomb, en plomb :* très lourd (au propre et au fig.). *Jambes de plomb. Soleil de plomb.* – Loc. *N'avoir pas de plomb dans la tête, dans la cervelle :* être léger, étourdi. ▷ *Mine de plomb :* V. mine 1, sens III. ▷ (Québec) *Crayon* de plomb.* – Loc. *Écrire au plomb,* avec un crayon (sens 2). **2.** Chacun des petits grains de plomb qui constituent le chargement d'une cartouche de chasse. – (Collectif) *Du gros plomb* (chevrotine), *du petit plomb.* – Fig. *Avoir du plomb dans l'aile :* être en mauvaise posture, en mauvais état. **3.** *Un plomb :* chacun des petits morceaux de plomb qui lestent une ligne de pêche. ▷ *Fil à plomb :* V. fil (sens I, 2). – Loc. adv. *À plomb :* verticalement, perpendiculairement. **4.** Sceau en plomb. *Les plombs d'un compteur à gaz.* **5.** TECH Chacune des baguettes de plomb qui maintiennent les pièces d'un vitrail. **6.** Coupe-circuit en alliage fusible (le plus souvent à base de plomb). *Un court-circuit a fait sauter les plombs.* **7.** IMPRIM *Le plomb :* l'ensemble des caractères qui forment une composition typographique.

plombage [plɔ̃baʒ] n. m. **1.** Action de plomber, de garnir de plomb. **2.** Action de plomber (une dent). ▷ *Par ext.* Alliage, amalgame qui plombe une dent. **3.** Action de sceller au moyen d'un plomb (sens 4).

plombé, ée [plɔ̃be] adj. **1.** Garni de plomb. **2.** Obturé par un plombage. *Dent plombée.* **3.** Scellé par un plomb (sens 4). **4.** Qui a la couleur grisâtre du plomb. *Ciel plombé.*

plomber [plɔ̃be] v. [**1**] **I.** v. tr. **1.** Garnir de plomb. *Plomber une ligne, un filet.* **2.** *Plomber une dent,* en obturer les cavités pathologiques avec un alliage, un amalgame. **3.** Sceller avec un plomb (sens 4). *Plomber un colis sous douane.* **4.** Vérifier à l'aide du fil à plomb la verticalité de. *Plomber un mur.* **II.** v. pron. Prendre la couleur du plomb. *Le ciel se plombe.*

plomberie [plɔ̃bʀi] n. f. **I. 1.** Industrie de la fabrication des objets de plomb. **2.** Atelier où l'on coule, où l'on travaille le plomb. **II. 1.** Métier du plombier (pose des canalisations domestiques d'eau et de gaz, des installations sanitaires, des couvertures de plomb ou de zinc). **2.** Ensemble de ces canalisations domestiques. **3.** Atelier d'un plombier.

plombier [plɔ̃bje] n. m. Ouvrier ou entrepreneur en plomberie. Syn. (Suisse) appareilleur. ▷ Spécial. *Plombier-couvreur,* qui pose des couvertures en plomb ou en zinc *(plombier-zingueur).*

plombifère [plɔ̃bifɛʀ] adj. Didac. Qui contient du plomb. *Minerai plombifère.*

Plombs (les), prison de Venise, sous les toits (recouverts de plomb) du palais ducal de Saint-Marc.

plonge [plɔ̃ʒ] n. f. *Faire la plonge :* laver la vaisselle, dans un restaurant, une communauté.

plongeant, ante [plɔ̃ʒɑ̃, ɑ̃t] adj. Dirigé de haut en bas. *Tir plongeant.*

plongée [plɔ̃ʒe] n. f. **1.** Action de s'enfoncer dans l'eau et d'y demeurer un certain temps. *La plongée d'un scaphandrier. Sous-marin en plongée.* **2.** CINE Prise de vues effectuée en dirigeant la caméra vers le bas (par oppos. à *contre-plongée*).

plongeoir [plɔ̃ʒwaʀ] n. m. Tremplin, ou plate-forme, utilisé pour faire des plongeons.

plongeon [plɔ̃ʒɔ̃] n. m. **1.** Saut dans l'eau la tête la première, accompli d'une certaine hauteur, souvent avec élan. **2.** Action de plonger (sens II, 3) vers la terre. **3.** ORNITH Oiseau aquatique (genre *Gavia*) des régions septentrionales, long de 60 à 80 cm, aux pattes palmées. Syn. (Québec) huard ou huart.

plonger [plɔ̃ʒe] v. [**13**] **I.** v. tr. **1.** Enfoncer dans un liquide. *Plonger du linge dans l'eau.* **2.** Faire pénétrer profondément et d'un seul coup (dans qqch). *Plonger un poignard dans la poitrine de qqn.* **3.** Jeter (dans une situation, un état). *Cette nouvelle l'a plongé dans le désespoir.* ▷ *Être plongé dans :* avoir l'esprit entièrement occupé par. *Être plongé dans ses rêveries, dans la lecture.* **II.** v. intr. **1.** S'immerger en faisant un plongeon ou une plongée. **2.** Suivre une direction de haut en bas. *D'ici, la vue plonge sur la vallée.* **3.** Fig. Se jeter à terre avec un mouvement analogue à celui du plongeur qui se jette dans l'eau. *Gardien de but qui plonge pour attraper le ballon.* **III.** v. pron. **1.** Immerger son corps en laissant dépasser la tête. *Se plonger dans l'eau.* **2.** Fig. Se livrer tout entier (à une occupation).

plongeur, euse [plɔ̃ʒœʀ, øz] n. **1.** Personne qui plonge, qui fait des plongeons. ▷ Personne qui effectue des plongées. *Plongeur sous-marin.* **2.** n. m. Oiseau qui plonge pour se nourrir. – (En appos.) *Oiseaux plongeurs.* **3.** Celui, celle qui fait la plonge, dans un restaurant.

plot [plo] n. m. **1.** ELECTR Petite pièce métallique servant à établir un contact. **2.** (Suisse) Billot (sens 1).

Plotin (v. 205 – v. 270), philosophe grec; fondateur du néo-platonisme. Né en Égypte, il s'installa à Rome en 247. Exposée dans les *Ennéades* (nommées ainsi parce que les six livres contiennent chacun neuf chapitres), sa *doctrine du salut* enseigne la démarche par laquelle notre âme peut retrouver l'unité originelle et se fondre en elle; c'est une mystique au sens chrétien du terme, bien que Plotin ait défendu le polythéisme hellénique traditionnel.

plouf ! [pluf] interj. et n. m. Onomatopée imitant le bruit d'un objet qui tombe dans l'eau. – n. m. Ce bruit.

ploutocrate [plutɔkʀat] n. m. Didac. Homme puissant du fait de ses richesses.

ploutocratie [plutɔkʀasi] n. f. Didac. Gouvernement par les riches.

Ploutos ou **Plutus,** dans la myth. gr., dieu de la Richesse agricole.

Plovdiv, v. de la Bulgarie méridionale, sur la Marica; 345200 hab.; cap. de la rég. du m. nom. Centre agricole et industriel : constr. mécaniques, industr. textiles (coton) et alimentaires. Nombreux monuments anciens dans la Vieille Ville.
Hist. – Cité des Thraces, la ville fut nommée *Philippopolis* par Philippe II de Macédoine (341 av. J.-C.). Sous le nom de *Trimontium,* elle fut une brillante cité romaine. Par la suite, elle fut souvent dévastée : Goths (251 apr. J.-C.), Huns (447). Elle passa alternativement des Byzantins aux Bulgares, puis subit, à partir de 1364, la domination ottomane pendant cinq siècles. Cap. de la Roumélie* orientale (1878), elle fut définitivement rattachée à la Bulgarie en 1885.

ployer [plwaje] v. [23] **1.** v. tr. Litt. Courber (qqch). *Ployer une branche.* – *Ployer les genoux,* les plier. ▷ Fig. *Ployer le dos, l'échine :* se soumettre, céder. **2.** v. intr. Fléchir sous un poids, une pression. *Poutre qui ploie.* ▷ Fig. *Ployer sous la tâche.*

plucher [plyʃe] v. intr. [1] V. pelucher.

plucheux, euse [plyʃø, øz] adj. V. pelucheux.

pluie [plɥi] n. f. **1.** Eau qui tombe en gouttes des nuages. *Pluie d'orage. La saison des pluies.* – *Pluie artificielle* ou *provoquée,* déclenchée par une intervention de l'homme sur les nuages. ▷ (Afr. subsah., Viêt-nam) *Pluie des mangues :* pluie de saison sèche. – *Pluie des vaches :* au Burundi et au Rwanda, pluie de la petite saison sèche. ▷ Loc. fig. *Parler de la pluie et du beau temps,* de choses insignifiantes. – *Faire la pluie et le beau temps :* être très influent. ▷ AGRIC *Culture sous pluie,* pratiquée pendant la saison des pluies. ▷ ECOL *Pluies acides,* dont le PH a diminué par suite de la dispersion dans l'atmosphère de composés acides dus à la pollution industrielle et automobile. **2.** Ce qui semble tomber du ciel comme la pluie. *Pluie de cendres.* ▷ Fig., litt. *Une pluie de maux.*

plumage [plymaʒ] n. m. **1.** Ensemble des plumes d'un oiseau. **2.** Action de plumer (un oiseau).

plumassier, ère [plymasje, ɛʀ] n. et adj. TECH Personne qui prépare les plumes, qui fabrique ou vend des garnitures de plumes. ▷ adj. *Industrie plumassière.*

plume [plym] n. f. **1.** Production caractéristique de l'épiderme des oiseaux, phanère* composé d'un tuyau transparent (le *calamus*) implanté dans la peau et prolongé par un axe effilé (le *rachis*) sur lequel s'insèrent de très fines lamelles (les *barbes*). ▷ Loc. fig., fam. *Laisser* des plumes. Voler dans les plumes (à) de qqn,* l'attaquer, le corriger. **2.** Petite pièce métallique fendue dont le bec sert à écrire et à dessiner. *Changer la plume d'un stylo. Mettre une plume dans un porte-plume.* ▷ Loc. fig. *Vivre de sa plume :* faire profession d'écrivain. **3.** SPORT *Catégorie des poids plume :* catégorie de boxeurs pesant entre 55,34 et 57,15 kg (professionnels).

plumeau [plymo] n. m. Petite balayette garnie de plumes que l'on utilise pour l'époussetage.

plumer [plyme] v. tr. [1] **1.** Dépouiller (un oiseau) de ses plumes. *Plumer un poulet.* Syn. (Afr. subsah., Antilles fr., Haïti) déplumer, (Québec) pleumer. **2.** Fig., fam. *Plumer qqn,* lui faire perdre son argent (en le trompant, au jeu). Syn. (Québec) pleumer.

plumet [plymɛ] n. m. Bouquet de plumes servant d'ornement.

plumier [plymje] n. m. Boîte allongée dans laquelle on range les plumes, les crayons, etc.

plumitif [plymitif] n. m. **1.** DR Registre sur lequel sont consignés les sommaires des arrêts et des sentences d'une audience. **2.** Fam. Commis aux écritures. ▷ Mauvais écrivain.

plupart (la) [laplypaʀ] n. f. **1.** *La plupart de* (suivi d'un nom plur.) : le plus grand nombre, la majorité de. *La plupart des gens en sont persuadés.* ▷ Absol. *La plupart étaient déçus.* **2.** Loc. adv. *Pour la plupart :* quant au plus grand nombre. *Ces fruits sont pourris pour la plupart.* – *La plupart du temps :* le plus souvent, ordinairement.

plural, ale, aux [plyʀal, o] adj. Didac. Qui renferme plusieurs unités. ▷ *Vote plural,* dans lequel certains votants disposent de plusieurs voix.

pluralisation [plyʀalizasjɔ̃] n. f. Didac. Action de pluraliser; fait de se pluraliser. *Ce pays, autrefois à parti unique, a vu une pluralisation des partis.*

pluraliser [plyʀalize] v. tr. [1] Didac. Rendre multiple. ▷ v. pron. Devenir multiple.

pluralisme [plyʀalism] n. m. **1.** PHILO Doctrine d'après laquelle les êtres qui composent le monde sont multiples, individuels, indépendants et irréductibles à une substance unique. **2.** Tout système fondé sur une pluralité d'éléments. **3.** POLIT Système où sont reconnus les divers organismes représentant les courants d'opinion. **4.** DR *Pluralisme juridique :* coexistence de plusieurs systèmes de droit dans un même ordre juridique.

pluraliste [plyʀalist] adj. **1.** Qui se rapporte au pluralisme (sens 1). **2.** Qui relève d'un pluralisme, qui a rapport à un pluralisme (sens 2).

pluralité [plyʀalite] n. f. Fait d'exister à plusieurs, de n'être pas unique. *La pluralité des tendances politiques.*

pluri-. Élément, du lat. *plures,* «plusieurs».

pluriannuel, elle [plyʀianɥɛl] adj. Qui s'étend, qui porte sur plusieurs années. *Programme pluriannuel.* ▷ BOT Qui vit plusieurs années. Syn. vivace.

pluricellulaire [plyʀiselylɛʀ] adj. et n. m. BIOL Constitué de plusieurs cellules, en parlant d'un organisme vivant. Ant. unicellulaire. ▷ n. m. *Un pluricellulaire.* (V. métazoaire.)

pluriculturel, elle [plyʀikyltyʀɛl] adj. Qui relève de plusieurs cultures; qui a subi l'influence de plusieurs cultures.

pluridimensionnel, elle [plyʀidimɑ̃sjɔnɛl] adj. Qui a plusieurs dimensions. Ant. unidimensionnel.

pluridisciplinaire [plyʀidisiplinɛʀ] adj. Didac. Qui réunit, porte sur plusieurs disciplines, plusieurs sciences. (On dit aussi *interdisciplinaire.*)

pluridisciplinarité [plyʀidisiplinaʀite] n. f. Didac. Caractère de ce qui est pluridisciplinaire.

pluriel [plyʀjɛl] n. m. Catégorie grammaticale caractérisée par des marques morphologiques déterminées, portant sur certains mots (noms et pronoms, verbes, adjectifs), en général lorsqu'ils correspondent à une pluralité nombrable. *En français, les noms et les adjectifs prennent le plus souvent un «s» au pluriel.* – *Pluriel de majesté, de modestie (nous* employé pour *je).*

pluriethnique [plyʀiɛtnik] adj. Où cohabitent plusieurs ethnies. *État pluriethnique.*

plurifonctionnel, elle [plyʀifɔ̃ksjɔnɛl] adj. Didac. Qui a plusieurs fonctions.

plurilatéral, ale, aux [plyʀilateʀal, o] adj. DR, POLIT Qui concerne, engage plusieurs parties.

plurilingue [plyʀilɛ̃g] adj. et n. Didac. Se dit d'une personne ou d'une communauté qui utilise plusieurs langues. Syn. multilingue.

plurilinguisme [plyʀilɛ̃gɥism] n. m. Didac. **1.** Fait, pour un individu, d'utiliser plusieurs langues. Syn. multilinguisme. **2.** Situation linguistique d'une région ou d'un pays dans lesquels plusieurs langues coexistent. *La gestion du plurilinguisme consiste, pour un pays, à mette en valeur l'identité culturelle et sociale de chacune de ses langues par une politique de promotion équilibrée.* ▷ *Plurilinguisme d'État :* situation d'un pays dans lequel les langues coexistantes ont toutes un statut officiel. *En Suisse, le plurilinguisme d'État impose un usage équilibré du français, de l'allemand, de l'italien et du romanche.* (V. encycl. bilinguisme, linguistique et langue.)

plurinational, ale, aux [plyʀinasjɔnal, o] adj. POLIT Qui concerne plusieurs pays. – Qui engage plusieurs pays.

plurinucléé, éée [plyʀinyklee] adj. BIOL Qui est pourvu de plusieurs noyaux.

pluripartisme [plyʀipartism] n. m. POLIT Existence simultanée de plusieurs partis.

plurivalent, ente [plyʀivalɑ̃, ɑ̃t] adj. LOG Se dit des logiques qui admettent plus de deux valeurs de vérité.

plurivoque [plyʀivɔk] adj. Didac. Qui a plusieurs valeurs. – Polysémique. Ant. univoque.

plus [ply, plys ou plyz] adv., n. m. et conj. **A.** adv. **I. 1.** Comparatif de supériorité. (En règle générale, se prononce [ply] devant consonne, [plyz] devant voyelle ou *h* muet, [plys] ou [ply] en finale.) *Il est plus vieux que moi. Aller plus loin. Pas un mot de plus.* – *Plus... plus, plus... moins* (indiquant une variation proportionnelle, dans le même sens ou en sens contraire, de deux termes que l'on compare). *Plus je le connais, plus je l'apprécie.* – *De plus en plus :* en augmentant peu à peu. – *D'autant plus que* (établissant un rapport de degré entre deux membres d'une proposition). *Il est d'autant plus à craindre qu'il est puissant.* – *Plus ou moins :* un peu plus ou un peu moins (que ce qui est énoncé); d'une manière indéfinie. *Des vêtements plus ou moins propres.* – *Ni plus ni moins :* exactement. *C'est une trahison, ni plus ni moins.* – *Sans plus* [sɑ̃ply; sɑ̃plys] : et seulement cela. *Il a été aimable sans plus.* – *Non plus* [nɔ̃ply] (remplaçant *aussi,* en tournure négative). *Vous n'en voulez pas? Moi non plus.* – Fam. *A plus* [aplys] : au revoir. **2.** Superlatif relatif de supériorité. *La plus belle de toutes.* – *Au plus* [oply; oplys] : au maximum. *Il a 30 ans au plus.* Syn. tout au plus. ▷ *Des plus :* extrêmement. *Un homme des plus loyal.* **II.** adv. de négation. *Ne... plus* ([nə... ply] devant consonne ou en finale, [nə... plyz] devant voyelle ou *h* muet) indique la cessation d'une action, d'un état, l'absence de qqch que l'on avait auparavant. *N'y pense plus. Il n'est plus malade. Je n'en ai plus.* ▷ *Sans plus :* sans... davantage. *Partons sans plus attendre* [sɑ̃plyzatɑ̃dʀ]. **B.** n. m. **1.** *Le plus* [ləply; ləplys] : le maximum. *Le plus que je puisse faire.* **2.** Signe de l'addition (+). *Un plus.* **3.** *Un plus :* un élément supplémentaire qui constitue une amélioration, un progrès. **C.** conj. Et, en additionnant. *4 plus 2* [plysdø] *égale 6. 2 plus 11* [plysɔ̃z]. – *Il a mangé sa part plus* [plys] *la mienne.*

plusieurs [plyzjœʀ] adj. indéf. pl. **1.** Plus d'un (mais en nombre limité). *Il faudra plusieurs semaines.* ▷ (En emploi nominal, avec la prép. «de» et un complément.) *Plusieurs d'entre eux.* – (Indéterminé) *Se mettre à plusieurs pour...* **2.** (Afr. subsah.) Beaucoup de. *Un grave séisme a fait plusieurs victimes.*

plus-que-parfait [plyskəpaʀfɛ] n. m. GRAM Temps de l'indicatif et du subjonctif marquant le passé par rapport à un temps déjà passé. (Ex. *J'avais prévu qu'il échouerait.*) (N.B. Le plus-que-parfait du subjonctif peut être employé avec la valeur d'un conditionnel passé. Ex. *Qui l'eût cru?*)

plus-value [plyvaly] n. f. **1.** Augmentation de la valeur d'un bien qui n'a pas subi de transformation matérielle. *Les plus-values mobilières.* **2.** Excédent de recettes par rapport aux prévisions. **3.** Majoration du prix de certains travaux par rapport au devis initial. **4.** Dans le marxisme, différence, constituant la part du capitaliste, entre la valeur produite par le travailleur et celle que sa force de travail a coûtée (salaire).

Plutarque (v. 50 – v. 125), historien et moraliste grec. Un grand nombre de ses ouvrages ne nous sont pas parvenus. Les autres ont été classés en deux groupes : les *Vies* parallèles* et les *Œuvres morales*.

Pluton, dans la myth. rom., dieu des Morts, fils de Saturne et d'Ops, frère de Jupiter et de Neptune. Il avait épousé Proserpine, fille de Cérès. V. Hadès.

Pluton, la plus petite des planètes du système solaire (diamètre 2 300 km, masse 400 fois inférieure à celle de la Terre), découverte en 1930 par l'Américain Clyde Tombaugh. Contrairement aux autres planètes, Pluton a une orbite très allongée. Au cours de sa révolution de 247 ans et 249,7 jours, sa distance au Soleil varie de 30 à 50 U.A.; elle est parfois plus proche du Soleil que Neptune (notam. entre 1979 et 1999). En outre, l'orbite de Pluton est inclinée de 17° par rapport au plan de l'écliptique, bien plus que celle de n'importe quelle autre planète. Composée d'un noyau rocheux recouvert de méthane solidifié, Pluton est entourée d'une très mince couche atmosphérique de méthane, d'argon, d'azote et de monoxyde de carbone. Cette planète serait un résidu quasi inaltéré de la nébuleuse dont est issu le système solaire. (V. aussi Charon.)

plutonique [plytɔnik] adj. GEOL Se dit de roches magmatiques* à structure grenue, qui se sont formées en profondeur, comme le granit.

plutonium [plytɔnjɔm] n. m. CHIM Élément radioactif artificiel (symbole Pu) appartenant à la famille des actinides, de nombre atomique Z=94.

plutôt [plyto] adv. **1.** De préférence. *Adressez-vous plutôt à ce guichet* (qu'à un autre). *Partons, plutôt que de perdre notre temps.* **2.** Plus exactement, plus précisément. *Il est économe plutôt qu'avare.* **3.** Assez, passablement. *Il est plutôt maigre.*

Plutus. V. Ploutos.

pluvial, ale, aux [plyvjal, o] adj. GEOGR De la pluie, qui a rapport à la pluie. *Les eaux pluviales.* – *Régime pluvial :* régime d'un cours d'eau qui est alimenté principalement par les pluies. – *Riz pluvial,* produit en culture non irriguée.

pluvian [plyvjɑ̃] n. m. Oiseau charadriiforme (genre *Pluvianus*) des grands fleuves et des lacs africains.

pluvier [plyvje] n. m. Oiseau charadriiforme (genre *Charadrius*) dont il existe plusieurs espèces dans l'Ancien Monde.

pluvieux, euse [plyvjø, øz] adj. Caractérisé par l'abondance des pluies.

pluviner [plyvine] v. impers. V. pleuviner.

pluvio-. Élément, du lat. *pluvia,* «pluie».

pluviomètre [plyvjɔmɛtʀ] n. m. TECH Instrument servant à mesurer la quantité d'eau de pluie tombée dans un lieu donné.

pluviométrie [plyvjɔmetʀi] n. f. Didac. Mesure de la quantité d'eau de pluie tombée.

pluviométrique [plyvjɔmetʀik] adj. Didac. Relatif à la pluviométrie.

pluviosité [plyvjɔzite] n. f. Quantité de pluie tombée dans une région pendant un temps déterminé.

Plymouth, v. d'Angleterre (Devon); 238 800 hab. Grand port milit. *(Devonport).* Port de com. et de pêche. Industries.

Plzeň (en all. *Pilsen*), v. de la Rép. tchèque; ch.-l. de la prov. de Bohême-Occidentale; 175 060 hab. Centre industriel; porcelaine.

P.M.A. (Sigle de *pays les moins avancés.*) Pays classés par l'ONU comme les moins favorisés sur les plans du revenu par habitant, de la contribution du secteur industriel au P.I.B. et du taux d'alphabétisation, soit auj. 44 pays dont 29 en Afrique.

P.N.B. n. m. Sigle de *produit* national brut.*

pneu [pnø] n. m. Bandage pneumatique d'une roue qui le plus souvent enveloppe et protège une chambre à air. *Changer un pneu. Des pneus.* Syn. (Afr. subsah., Maurice, Proche-Orient) caoutchouc.

pneum(o)-. Élément, du gr. *pneumôn,* «poumon».

pneumat(o)-. Élément, du gr. *pneuma, pneumatos,* «souffle».

pneumatique [pnømatik] adj. **1.** Relatif à l'air ou aux corps gazeux. ▷ *Machine pneumatique :* appareil de laboratoire servant à faire le vide. **2.** Qui fonctionne à l'air comprimé. *Marteau pneumatique.* **3.** Rempli, gonflé d'air. *Canot, matelas pneumatique.*

pneumatophore [pnømatɔfɔʀ] n. m. BOT Excroissance des racines particulière aux arbres de la mangrove, qui émerge de l'eau et assure la respiration des parties noyées.

pneumo-. V. pneum(o)-.

pneumoconiose [pnømokɔnjoz] n. f. MED Affection chronique des poumons et des bronches liée à l'inhalation répétée de poussières minérales, métalliques ou organiques.

pneumocoque [pnømokɔk] n. m. MED Bacille groupé par paires *(diplocoque)* ou en courtes chaînettes, agent de la pneumonie et de quelques autres infections (méningites et péritonites, notam.).

pneumocystose [pnømɔsistoz] n. f. MED Maladie pulmonaire due à un parasite, rare dans la population normale, fréquente chez les sujets immunodéprimés.

pneumogastrique [pnømogastʀik] adj. et n. m. ANAT *Nerf pneumogastrique* ou *nerf vague,* ou, n. m., *pneumogastrique :* chacun des deux nerfs sensitifs et moteurs, de la dixième paire crânienne, qui se ramifient vers le larynx, le pharynx, le cœur, l'estomac, les intestins et le foie, et qui constituent la voie principale du système nerveux parasympathique.

pneumologie [pnømolɔʒi] n. f. MED Étude du poumon et de ses maladies.

pneumonie [pnømɔni] n. f. Inflammation aiguë du poumon causée par le pneumocoque. ▷ Inflammation du poumon, en général.

pneumopathie [pnømɔpati] n. f. MED Nom générique des affections pulmonaires.

pneumothorax [pnømotɔʀaks] n. m. MED Épanchement d'air dans la cavité pleurale.

Pô (le), fl. de l'Italie du N. (652 km), qui draine un bassin de 70 742 km²; né au mont Viso, dans les Alpes, à 2 022 m d'alt., il débouche rapidement dans la plaine piémontaise. À partir de Turin, il s'oriente vers l'E. Endigué à partir de Crémone, il se jette dans l'Adriatique par un vaste delta; il est sujet à de redoutables crues. La *plaine du Pô,* ou *plaine padane,* qui s'étend du Piémont à la Vénétie, entre les Alpes et les Apennins, est une très riche région agricole et le principal foyer industriel de l'Italie.

poacées [poase] n. f. pl. BOT Nouveau nom des graminées. – Sing. *Une poacée.*

pochade [pɔʃad] n. f. **1.** BX-A Peinture exécutée en quelques coups de pinceau. **2.** *Par ext.* Œuvre littéraire sans grande portée, légère et rapidement écrite.

pochage [pɔʃaʒ] n. m. CUIS Action de pocher; son résultat.

poche [pɔʃ] n. f. **I. 1.** Partie d'un vêtement (petit sac cousu ou pièce rapportée), destinée à contenir ce que l'on veut porter sur soi. – Par anal. *Poches latérales d'un sac de voyage.* ▷ *Argent de poche,* réservé aux menues dépenses personnelles. ▷ Loc. adj. *De poche :* suffisamment petit pour tenir dans la poche. *Livre de poche* (fam., n. m., *un poche*). *Couteau, mouchoir de poche.* – *Par ext.* Très petit par rapport aux choses de même espèce. *Sous-marin de poche.* ▷ Loc. fig., fam. *Connaître comme sa poche,* parfaitement. – *De sa poche :* avec son argent personnel. *Payer, en être de sa poche.* – *N'avoir pas sa langue* *dans sa poche :* s'exprimer avec aisance et vivacité. – *N'avoir pas les yeux dans sa poche :* être très observateur. – *C'est dans la poche :* c'est une affaire considérée comme acquise. **2.** Petit sac. *Poche de papier, de plastique.* ▷ (Québec) Grand sac (en tissu, en plastique résistant); son contenu. *Une poche de patates.* – Loc. fam. *Au plus fort la poche :* selon la loi du plus fort. **3.** Filet en forme de poche. **4.** (Suisse) Syn. de *louche* (2). *Poche à soupe.* **II. 1.** Cavité, creux où une substance s'est accumulée. *Poche d'eau,* dans une mine. *Poche de gaz naturel. Poche de pus d'un abcès.* **2.** MED *Poche des eaux :* saillie que forment les membranes de l'œuf à l'orifice du col utérin, lors de l'accouchement, sous la poussée du liquide amniotique. – ZOOL *Poche marsupiale :* V. marsupial. **III.** Renflement que fait un vêtement, un tissu déformé, distendu. *Pantalon défraîchi qui fait des poches aux genoux.* ▷ Par anal. *Avoir des poches sous les yeux.*

poché, ée [pɔʃe] adj. **1.** Fam. *Œil poché,* meurtri, tuméfié. **2.** Qu'on a fait pocher. *Œuf poché. Sole pochée.*

pocher [pɔʃe] v. **[1] A.** v. tr. **I. 1.** CUIS *Pocher des œufs,* les faire cuire sans leur coquille dans un liquide bouillant. ▷ Faire cuire dans un liquide très chaud. *Pocher un poisson, un fruit.* **2.** Fam. *Pocher l'œil à qqn,* lui donner un coup qui occasionne une meurtrissure autour de l'œil. **II.** PEINT Dessiner en quelques coups de pinceau, comme pour exécuter une pochade. **B.** v. intr. Faire une poche, en parlant d'un vêtement. *Cette robe poche dans le dos.*

pochetée [pɔʃte] n. f. (Québec) **1.** Contenu d'une poche (sens I, 2). **2.** Loc. *À (la) pochetée :* en quantité, abondamment. *Il neige à pochetée.*

pochette [pɔʃɛt] n. f. **1.** Petite poche. *Pochette d'un gilet :* gousset. **2.** *Par ext.* Petit mouchoir fin qui orne la poche de poitrine d'un veston d'homme. **3.** Enveloppe, sachet. *Pochette de disque.* – *Pochette-surprise,* contenant des friandises et de menus objets, et que l'on achète sans en connaître le contenu. *Des pochettes-surprises.*

pochoir [pɔʃwaʀ] n. m. Plaque découpée selon les contours d'un ornement, d'un caractère, etc., et permettant de reproduire celui-ci en frottant avec une brosse, un pinceau imprégné de couleur, les parties ajourées. Syn. (Suisse) chablon.

pochon [pɔʃɔ̃] n. m. **1.** (France rég., Nouv.-Cal., Polynésie fr.) Sac en papier, en plastique. **2.** (Suisse) Grande louche.

poco [pɔko] adv. MUS Un peu. *Poco presto.*

-pode, podo-. Éléments, du gr. *pous, podos,* «pied».

podiatre [podjatʀ] n. (Québec) Podologue.

podiatrie [podjatʀi] n. f. (Québec) Podologie.

podium [pɔdjɔm] n. m. Estrade sur laquelle les sportifs vainqueurs d'une épreuve sont présentés au public et reçoivent leur prix. *Monter sur le podium. Des podiums.*

podo-. V. -pode.

Podolie, région du nord-ouest de l'Ukraine située entre le Dniestr et le Bug, au S. de la Volhynie*.

podologie [pɔdɔlɔʒi] n. f. MED Étude du pied et de ses maladies. Syn. (Québec) podiatrie.

podologue [pɔdɔlɔg] n. Spécialiste de la podologie. Syn. (Québec) podiatre.

podzol [pɔdzɔl] n. m. PEDOL Sol formé sur une roche mère siliceuse couverte d'une végétation acidifiante.

Poe (Edgar Allan) (1809 – 1849), écrivain américain. Auteur de poèmes savants et «inspirés» *(le Corbeau),* métaphysicien (*Eureka,* 1848), il est surtout célèbre par ses *Contes* (prem. recueil, 1840), récits d'épouvante que Baudelaire, leur traducteur, préféra nommer *Histoires* extraordinaires*.*

pœcilotherme [pesilɔtɛʀm] adj. et n. m. V. poïkilotherme.

1. poêle [pwal] n. m. Drap noir (blanc, pour un enfant) dont on couvre le cercueil pendant un enterrement.

2. poêle [pwal] n. m. **1.** Appareil de chauffage à foyer clos. *Poêle à bois.* ▷ (Québec) Anc. *Poêle à deux ponts, à trois ponts :* poêle formé de deux ou trois boîtes rectangulaires superposées, celle en dessous étant le foyer et celle(s) au-dessus servant de four(s). **2.** (Québec) *Par ext.* Cuisinière. *Poêle à gaz. Poêle électrique.*

3. poêle [pwal] n. f. Ustensile de cuisine en métal, peu profond, muni d'un long manche, utilisé en partic. pour les fritures. ▷ (Suisse) *Poêle à fondue :* creuset (sens 2).

poêlée [pwale] n. f. Contenu d'une poêle.

poêler [pwale] v. tr. **[1]** Cuire, passer à la poêle. – Pp. adj. *Viande poêlée.*

poêlon [pwalɔ̃] n. m. **1.** Casserole, en terre ou en métal, épaisse, à manche creux, utilisée pour une cuisson lente. **2.** (Belgique) Casserole (sens 1).

poème [pɔɛm] n. m. **1.** Ouvrage en vers, de forme fixe (quatrain, sonnet, rondeau, ballade, etc.) ou libre. *«Poèmes antiques et modernes», d'Alfred de Vigny.* ▷ *Poème en prose :* texte dont le style et l'inspiration relèvent de la poésie, mais qui n'est pas versifié. ▷ MUS *Poème symphonique :* composition orchestrale de forme libre, illustrant un sujet poétique. **2.** Litt. Ce qui présente un caractère poétique (sens I, 2); ce que l'on compare à un poème. *L'enfance, ce long poème.* **3.** Loc. fam. *C'est tout un poème,* qqn, qqch d'un pittoresque hors du commun.

poésie [pɔezi] n. f. **1.** Forme d'expression littéraire caractérisée par une utilisation harmonieuse des sons et des rythmes du langage (notam. dans le vers) et par une grande richesse d'images. *Poésie lyrique, épique.* **2.** Manière particulière dont un poète, une école pratique cet art; ensemble des œuvres où cette manière apparaît. *La poésie de L.S. Senghor. La poésie classique.* **3.** Poème. *Un choix de poésies.* **4.** Caractère poétique (sens I, 2).

poète [pɔɛt] n. m. et adj. **1.** Écrivain qui s'adonne à la poésie. *Les poètes courtois, symbolistes.* ▷ adj. *Une femme poète.* **2.** Personne qui, même si elle n'écrit pas, a une vision poétique des choses. *«Les Poètes de sept ans», poème d'A. Rimbaud.* **3.** Personne qui manque de réalisme. *C'est un poète,* un rêveur.

poétesse [pɔetɛs] n. f. Femme poète.

poétique [pɔetik] adj. et n. f. **I.** adj. **1.** Qui a rapport à la poésie, qui lui appartient. *Expression, style poétique.* **2.** Qui suscite une émotion esthétique du même ordre que celle qu'inspire la poésie. *Paysage poétique.* **II.** n. f. **1.** Ensemble de préceptes, de règles pratiques concernant la poésie. *Écrire une poétique.* **2.** Conception de la poésie. *La poétique de Mallarmé.*

poétiquement [pɔetikmɑ̃] adv. D'une manière poétique.

poétisation [pɔetizasjɔ̃] n. f. Litt. Action de poétiser; son résultat.

poétiser [pɔetize] v. tr. **[1]** Rendre poétique, idéaliser. *Poétiser la réalité.*

pognassage [pɔɲasaʒ] n. m. V. poignassage.

pognasser [pɔɲase] v. tr. V. poignasser.

pognasseux, euse [pɔɲasø, øz] adj. et n. V. poignasseux.

pogné, ée [pɔɲe] adj. (et n.) V. poigné.

pogner [pɔɲe] v. V. poigner.

pognon [pɔɲɔ̃] n. m. Pop. Argent.

pogonophores [pɔgɔnɔfɔʀ] n. m. pl. ZOOL Embranchement d'invertébrés marins vermiformes qui vivent en eau profonde dans des tubes de chitine qu'ils sécrètent. – Sing. *Un pogonophore.*

pogrom ou **pogrome** [pɔgʀɔm] n. m. Émeute antisémite souvent accompagnée de pillages et de massacres. ▷ *Par ext.* Émeute raciste.

poiane [pojan] n. f. ZOOL Mammifère carnivore des forêts denses africaines, voisin des genettes (genre *Poiana*).

poids [pwɑ] n. m. **I. 1.** Force qui s'exerce sur un corps soumis à l'attraction terrestre et qui le rend pesant; mesure de cette force. ▷ *Poids brut :* poids d'une marchandise y compris les déchets, l'emballage, etc. (par oppos. à *poids net*). – *Poids vif :* poids d'un animal de boucherie vivant. – *Poids mort :* poids propre d'une machine, qui en réduit le travail utile; fig. personne ou chose inutile qui entrave une action. – PHYS *Poids volumique* (anc. *spécifique*) : poids de l'unité de volume d'un corps homogène. **2.** SPORT Catégorie dans laquelle on classe les boxeurs, les lutteurs, les haltérophiles, etc., selon leur poids. *Poids mouche*, coq*, plume*, légers*, mi-moyens*, moyens*, mi-lourds*, lourds*.* – Par ext. *Un poids moyen :* un boxeur classé dans cette catégorie. ▷ Loc. fig. *Ne pas faire le poids :* ne pas avoir les aptitudes, les qualités requises. **3.** Masse de métal marquée servant à peser. *Assortiment de poids en laiton.* ▷ Loc. fig. *Avoir deux poids, deux mesures :* se montrer partial. **4.** Masse pesante. ▷ SPORT Masse métallique d'un poids défini, destinée à être lancée ou soulevée. *Lancer le poids. Poids et haltères.* **5.** *Poids lourd :* véhicule automobile lourd destiné au transport. **II.** (Emplois figurés.) **1.** Ce qui accable, oppresse. *Le poids des années, des soucis. Avoir un poids sur la conscience.* **2.** Importance, force (de qqch ou de qqn). *Le poids d'une déclaration. Un homme de poids.*

poignant, ante [pwaɲɑ̃, ɑ̃t] adj. Qui cause une impression vive et pénible; qui étreint le cœur. *Douleur poignante.* – Fig. *Récit poignant,* très émouvant.

poignard [pwaɲaʀ] n. m. Arme de main, couteau à lame courte et large, à l'extrémité pointue. ▷ Fig. *Coup de poignard dans le dos :* attaque lâche ou traîtresse.

poignarder [pwaɲaʀde] v. tr. **[1] 1.** Frapper, tuer avec un poignard. **2.** Fig. Causer une vive douleur morale à (qqn).

poignassage ou **pognassage** [pɔɲasaʒ] n. m. (Québec) Fam. Action de poignasser; résultat de cette action.

poignasser ou **pognasser** [pɔɲase] v. tr. [1] (Québec) Fam. **1.** Syn. de *taponner* (sens I, 2). *Arrête de poignasser le pain!* **2.** Péjor. Syn. de *taponner* (sens I, 3). ▷ v. pron. récipr. *Arrêtez de vous poignasser devant le monde!*

poignasseux, euse ou **pognasseux, euse** [pɔɲasø, øz] adj. et n. (Québec) Fam. Qui poignasse.

poigne [pwaɲ] n. f. **1.** Force du poignet, de la main. *Avoir une bonne poigne.* **2.** Fig. Autorité, énergie (pour se faire obéir). *Avoir de la poigne.*

poigné, ée ou **pogné, ée** [pɔɲe] adj. (et n.) (Québec) Fam. **1.** Pris, immobilisé. *Être poigné dans le trafic, dans la neige.* – Occupé, retenu. *Être poigné toute la journée au bureau.* – *Être poigné pour faire qqch,* y être contraint. – *Être poigné avec qqn :* être obligé de vivre, de travailler avec qqn. **2.** À l'étroit, mal à l'aise. *Elle est poignée dans sa robe.* **3.** Fig. Mal dans sa peau, inhibé. *Un gars poigné.* ▷ Subst. *Les poignés :* les complexés. **4.** Atteint (d'une maladie). *Être poigné du cœur, des poumons.* – Congestionné. *Avoir la gorge poignée.*

poignée [pwaɲe] n. f. **I. 1.** Quantité que peut contenir la main fermée. *Une poignée de mil.* ▷ *À* (ou *par*) *poignées :* en grande quantité. ▷ Loc. (Québec) *Une poignée de bêtises :* un grand nombre d'injures. **2.** Fig. Petit nombre (de personnes). *Une poignée de fidèles.* **3.** *Poignée de main :* geste de salutation ou d'accord qui consiste à serrer dans sa main la main de qqn. *Ils ont échangé une poignée de main.* **II.** Partie d'un objet destinée à être tenue dans la main fermée. *Poignée d'une valise.* ▷ Pièce de tissu ou ustensile permettant de saisir un objet chaud.

poigner ou **pogner** [pɔɲe] v. [1] (Québec) Fam. **A.** v. tr. **I.** Prendre avec soi, s'approprier. **1.** Saisir avec la main en serrant fortement. *Poigner le bras de qqn pour ne pas tomber.* **2.** Atteindre et saisir (un objet, une personne en mouvement). *Poigner la balle. Attends que je te poigne!* – Par ext. *Courir pour poigner l'autobus.* **3.** Prendre au piège, pêcher. *Poigner un lièvre au collet.* – Fig. Attraper (qqn) de manière à l'obliger à faire qqch. *Se faire poigner pour aider qqn à déménager.* **4.** Surprendre. *Se faire poigner par la police.* ▷ Loc. *Se faire poigner les culottes baissées :* se faire prendre en flagrant délit. **5.** S'approprier. *Poigner l'accent français.* **6.** Loc. *Poigner les nerfs :* s'emporter. **7.** (Sujet nom de chose.) S'emparer de (qqn). *Le mal de tête me poigne.* **II.** Recevoir, avoir. **1.** Recevoir de façon inattendue. *Poigner une contravention. Poigner le gros lot.* **2.** Attraper (une maladie). *Poigner la grippe.* – *Poigner son coup de mort :* être, se rendre malade au point d'en mourir. **3.** Capter les signaux d'une station de radio, de télévision. *Poigner Radio-Canada sur le câble.* **4.** Atteindre, entrer dans. *Poigner la trentaine.* – S'engager dans. *Poigner l'autoroute.* **5.** Frapper, heurter. *Poigner un banc de neige.* – Tomber sur, rencontrer. *Poigner un bon patron.* **B.** v. intr. **1.** Coller. *Pommes de terre qui poignent au fond de la poêle.* – Adhérer. *Peinture qui ne poigne pas sur le mur.* – Fonctionner (en parlant d'un mécanisme de frottement, notam. d'un frein, d'un embrayage.) *Les vitesses poignent mal.* **2.** Réussir, obtenir le résultat voulu. *Arrête de pleurer, ça ne poigne pas avec moi.* – Avoir du succès, être populaire. *Une chanson qui poigne.* **3.** Prendre naissance, commencer à se manifester. *Le feu a poigné dans les escaliers.* – Par ext. *La chicane a poigné.* **C.** v. pron. **1.** Se prendre. *Se poigner le doigt dans la porte.* **2.** *Se poigner (après qqn, qqch) :* s'agripper à (qqn, qqch). **3.** Se mesurer, s'affronter. – Avoir une altercation, se battre. *Se poigner avec son voisin.* **4.** Rencontrer, se trouver (qqn). *Se poigner une blonde.*

poignet [pwaɲɛ] n. m. **1.** Articulation de l'avant-bras avec la main. ▷ *À la force du poignet :* à la force des bras; fig. à force d'énergie, de travail personnel. ▷ (Québec) *Tir au poignet :* jeu de bras* de fer. – *Tirer au poignet :* jouer au bras* de fer. **2.** Extrémité de la manche d'un vêtement, qui couvre le poignet.

poïkilotherme [pɔikilɔtɛʀm] ou **pœcilotherme** [pesilɔtɛʀm] adj. et n. m. ZOOL Dont la température corporelle varie en fonction de la température du milieu ambiant, en parlant de certains vertébrés (poissons, amphibiens et reptiles), dits aussi à *sang froid.* Ant. homéotherme. ▷ n. m. *Un (les) poïkilotherme(s)* ou *pœcilotherme(s).*

poil [pwal] n. m. **1.** Production filamenteuse de la peau des mammifères. *Poil noir, laineux. Poil de chèvre.* **2.** *Le poil :* l'ensemble des poils, le pelage. *Gibier à poil.* ▷ La peau et les poils de certains animaux. *Col en poil de lapin.* **3.** (Chez l'homme.) Cette production, à l'exception des cheveux. *Poil des bras.* – *Avoir du poil au menton,* de la barbe. **4.** Loc. *De tout poil* ou *de tous poils :* de toute espèce, en parlant de personnes. *Gens de lettres, artistes et intellectuels de tout poil.* – *Reprendre du poil de la bête*.* ▷ Fam. *Avoir un poil dans la main :* être très paresseux. – *Être de bon, de mauvais poil,* de bonne, de mauvaise humeur. – *À poil :* tout nu. – *Au poil :* très bon, parfait. **5.** *Par anal.* Chacun des filaments très fins dont certaines plantes, ou certaines parties des plantes, sont couvertes. *Les poils des orties. Poils absorbants des racines.* **6.** Partie velue de certaines étoffes.

poilu, ue [pwaly] adj. Couvert de poils abondants. Syn. velu.

Poincaré (Henri) (1854 – 1912), mathématicien français. Son examen critique de la mécanique newtonienne contribua à l'élaboration (par Einstein) de la théorie de la relativité. Il a résolu des problèmes (apparemment insolubles) relatifs aux équations différentielles et fit faire un pas décisif à la théorie des fonctions d'une variable complexe.

Poincaré (Raymond) (1860 – 1934), cousin du préc.; avocat et homme politique français. Prés. du Conseil en 1912-1913, puis prés. de la République (1913-1920). Prés. du Conseil (1922-1924 et 1926-1929), il fit occuper la Ruhr (1923) et stabilisa le franc (1926). Acad. fr. (1909).

poinçon [pwɛ̃sɔ̃] n. m. **1.** Outil de métal, tige à extrémité pointue, conique ou cylindrique, qui sert à percer, découper, emboutir. **2.** Instrument dont une extrémité, gravée, sert à marquer les objets en métal précieux ou soumis à un contrôle; marque produite par cet instrument. *Poinçons de titre et de garantie.* **3.** Modèle original qui sert à fabriquer la matrice d'une monnaie, d'une médaille, ou d'un caractère d'imprimerie. **4.** CONSTR Pièce verticale d'une ferme*, sur laquelle viennent s'assembler les arbalétriers.

poinçonnage [pwɛ̃sɔnaʒ] n. m. Action de poinçonner; son résultat.

poinçonner [pwɛ̃sɔne] v. tr. [1] **1.** Marquer au poinçon. *Poinçonner un bijou.* **2.** Percer, découper avec un poinçon, une poinçonneuse. **3.** Perforer, oblitérer (un billet de train, etc.).

poinçonneur, euse [pwɛ̃sɔnœʀ, øz] n. **I. 1.** Personne qui poinçonne les tôles. **2.** n. f. Machine à poinçonner les tôles. **II. 1.** Personne qui poinçonne les billets de train, etc. **2.** n. f. Machine à poinçonner les billets.

poindre [pwɛ̃dʀ] v. [56] **1.** v. tr. Litt. Meurtrir, blesser moralement. *Un regret le poignait.* **2.** v. intr. Commencer à paraître. *Le jour point.*

poing [pwɛ̃] n. m. Main fermée. *Fermer, serrer le poing :* fermer la main, la tenir serrée. ▷ Loc. *Faire le coup de poing :* se battre à coups de poing. – Fig. *Dormir à poings fermés,* profondément. – Fig. *Être pieds et poings liés :* être dans l'impossibilité d'agir, être réduit à l'impuissance.

poinsettia [pwɛ̃setja] n. m. BOT Plante ornementale (fam. euphorbiacées) à grande bractée rouge, appelée cour. *étoile-de-Noël.*

1. point [pwɛ̃] n. m. **I. 1.** Signe de ponctuation (.) marquant la fin d'une phrase. *Point final. Points de suspension* (...). *Deux points* (:). *Point-virgule*.* ▷ Par ext. *Point d'interrogation* (?), *point d'exclamation* (!). **2.** Petite marque ronde placée au-dessus du i et du j minuscules. ▷ Loc. fig., fam. *Mettre les points sur les i :* préciser une chose. **3.** MUS Signe qui, placé après une figure de note ou un silence, les prolonge de la moitié de leur durée initiale. ▷ *Point d'orgue :* signe indiquant un repos plus ou moins prolongé sur une note ou un silence. **4.** Corps matériel, objet, dont on ne distingue pas les contours en raison de sa petitesse ou de l'éloignement. *Le bateau n'était plus qu'un point à l'horizon.* ▷ *Point noir :* comédon*. **5.** Très petite quantité, parcelle (de certaines matières). *Fixer une photo avec un point de colle.* **6.** IMPRIM *Point Didot* ou, absol., *point :* unité de mesure des caractères d'imprimerie, équivalant à 0,3759 mm. **II. 1.** Endroit fixe, déterminé. *Point de départ, d'arrivée.* ▷ *Point d'appui :* point sur lequel une chose est appuyée. – MILIT Place, base sur laquelle s'appuie une armée, une flotte; élément de base d'un dispositif de défense. – *Point chaud,* où ont lieu des combats, des événements particulièrement intenses. – *Point d'eau :* endroit où l'on trouve de l'eau (source, puits, marigot, etc.). – *Point de non-retour*.* – *Point mort*.* – *Point de repère*.* – *Point de mire*.* **2.** GEST, COMM *Point de commande :* niveau de stock indiquant la nécessité de le réapprovisionner. **3.** GEOM Lieu sans étendue, défini conventionnellement comme la plus petite portion d'espace qu'il soit possible de concevoir. **4.** Lieu sans étendue, considéré quant aux caractéristiques qui permettent de le situer. ▷ ASTRO *Points équinoxiaux*.* – *Point vernal* ou *point* γ *:* V. gamma. – *Points solsticiaux :* points où le Soleil atteint sa plus grande déclinaison boréale et australe. ▷ Cour. *Points cardinaux :* V. cardinal. ▷ PHYS *Point événement :* tout phénomène physique ponctuel caractérisé par ses coordonnées d'espace et de temps. **5.** *Mettre au point un instrument d'optique,* le régler de manière que l'image se forme au point voulu et soit ainsi parfaitement nette. ▷ Par ext. *Mettre au point une machine, une mécanique, etc.,* la régler. – Fig. *Mettre au point un plan d'action.* – Loc. adj. *Au point. Projet bien au point,* prêt à être mis en application. **6.** MAR Position d'un navire en mer. *Faire le* *point :* déterminer la position du navire; Fig. examiner la situation dans laquelle on se trouve. **III.** (En loc.) Moment précis, instant. ▷ *Sur le point de :* au moment de. – *Être sur le point de partir :* s'apprêter à partir immédiatement. ▷ *À point, à point nommé :* au bon moment, à propos. – (Belgique) *Venir à point :* se révéler utile à un moment donné. *Garde ce pot, il peut toujours venir à point.* **IV. 1.** Question, difficulté particulière. *Éclaircir un point d'histoire. Le point sensible.* **2.** Division d'un discours, d'un ouvrage. *Ce sera le dernier point de mon exposé.* ▷ *En tout point :* absolument, parfaitement. **3.** Degré, période dans le cours d'une évolution. *Nous en sommes toujours au même point.* ▷ Loc. adv. *À point :* au degré ou dans l'état qui convient. *Viande cuite à point.* **4.** Degré dans une hiérarchie, une progression. *Être au plus haut point de la célébrité.* **5.** PHYS *Point critique :* point correspondant à la température et à la pression critiques d'un fluide. – *Point fixe :* température de changement d'état d'un corps pur pour une pression donnée. – *Point triple*.* **V. 1.** Unité de notation d'un travail scolaire, d'une épreuve d'examen ou de concours. **2.** Unité qui permet de comptabiliser les avantages de chacun des adversaires ou des concurrents, dans un jeu, une compétition sportive. *Marquer un point.* – SPORT *Vainqueur aux points :* à la boxe, vainqueur d'après le décompte des points effectué par les juges (par oppos. à *par K.-O., par abandon,* etc.). ▷ *Rendre des points à qqn,* lui accorder un avantage qui compense son infériorité. **3.** Unité de calcul, dans un barème. *Points de retraite.* **VI.** Ce qui point (V. poindre), pique. **1.** Chacune des piqûres faites dans une étoffe, dans du cuir, etc., avec une aiguille enfilée. *Coudre à points serrés.* – *Points de suture*.* ▷ Façon donnée à ces piqûres, manière de coudre. *Point d'ourlet, de surjet, de croix.* – *Par ext.* Façon donnée aux mailles d'un tricot, manière de tricoter. *Point à l'endroit, à l'envers.* **2.** Douleur poignante, aiguë et bien localisée. *Point de côté.* **3.** *Point du jour :* moment où le jour point, se lève.

2. point [pwɛ̃] adv. Vx, litt. ou rég. **1.** (Avec *ne.*) Deuxième élément de la négation. *On ne l'aime point.* **2.** (Sans *ne.*) *Ici, point de luxe.* – *Point du tout :* nullement.

pointage [pwɛ̃taʒ] n. m. **1.** Action de pointer. ▷ *Spécial.* Action de pointer (une arme, une pièce). *Pointage d'un canon.* **2.** Marque en vue d'un contrôle. ▷ Ce contrôle lui-même. – *Spécial.* Contrôle des entrées et des sorties du personnel d'une entreprise à l'aide d'une horloge pointeuse.

point de vue [pwɛ̃dvy] n. m. **1.** Lieu où l'on doit se placer pour bien voir qqch. *Vous aurez un meilleur point de vue sur la vallée du haut du minaret.* ▷ Paysage vu d'un endroit déterminé. *De jolis points de vue.* **2.** Fig. Aspect sous lequel on envisage une question. *Le point de vue politique.* ▷ Loc. prép. *Au* (ou *du*) *point de vue de :* relativement à. *Du point de vue de la moralité, il est irréprochable. Au point de vue philosophique.* **3.** Manière de voir. *Exposer son point de vue.*

pointe [pwɛ̃t] n. f. **I. 1.** Bout piquant, aigu. *La pointe d'une aiguille, d'un couteau. Pointe de flèche.* **2.** Extrémité effilée d'un objet. ▷ *Pointe du pied :* partie opposée au talon. – Fig. *Marcher sur la pointe des pieds,* sans faire de bruit. **3.** CHOREGR Chausson à semelle courte et étroite dont le bout est renforcé par du plâtre. **4.** Langue de terre qui avance dans la mer; cap. *La pointe du Raz.* ▷ Fig. Ce qui est le plus en avant, le plus exposé. *Être à la pointe du combat.* – *De pointe :* d'avant-garde. *Techniques de pointe.* **5.** Fig. Très petite quantité. *Une pointe d'ail, de vinaigre.* – Touche légère. *Une pointe d'ironie.* **6.** Loc. adv. *En pointe :* en forme de pointe. *Tailler une baguette en pointe.* **7.** (Québec) Morceau en forme de pointe. *Pointe de tarte, de fromage.* **II. 1.** Objet pointu, piquant. *Grille de clôture surmontée de pointes.* ▷ SPORT *Chaussures à pointes,* utilisées par les coureurs à pied pour mieux accrocher le sol. **2.** Clou, avec ou sans tête, de grosseur égale de bout en bout. **3.** TECH Instrument acéré utilisé pour graver, pour tailler, etc. *Pointe à tracer. Pointe de diamant des vitriers.* ▷ *Pointe sèche :* stylet d'acier servant à graver sur cuivre ou sur zinc. – *Par ext.* Procédé de gravure dans lequel on utilise cet outil. – *Une pointe-sèche :* une gravure dessinée à la pointe sèche. *Des pointes-sèches.* **4.** Triangle d'étoffe. – Petit châle triangulaire. **5.** MED *Pointes de feu :* petites brûlures faites avec un cautère en pointe. **6.** Fig. Trait mordant, sarcasme. *Lancer des pointes.* Syn. flèche, pique. **III. 1.** Action d'aller en avant (dans les loc. *faire, pousser une pointe*). **2.** *Par ext.* Accélération momentanée. *Pointe de vitesse.* ▷ *Vitesse de pointe,* maximale. – *Par anal.* Moment de plus grande intensité d'un phénomène, d'une activité. *Pointe de crue. Éviter de circuler en ville pendant les heures de pointe.*

Pointe-à-Pitre, ch.-l. d'arr. de la Guadeloupe, au sud de la Grande-Terre; 26083 hab. (agglomération env. 100000 hab.). Port import. Aéroport. – Centre comm. et industr. – La ville a subi plusieurs catastrophes : séismes (1843, 1897), cyclones (1928, 1989).

pointeau [pwɛ̃to] n. m. TECH **1.** Outil en acier trempé, tige terminée par une pointe conique, sur laquelle on frappe avec un marteau. **2.** Tige munie d'une pointe qui, en appuyant sur l'épaulement d'une canalisation, permet de régler le débit d'un fluide. *Pointeau d'un carburateur.*

Pointe-Noire, princ. port de la rép. du Congo (commerce et pêche), relié par voie ferrée à Brazzaville (ligne Congo-Océan); 576000 hab.; ch.-l. de la rég. du Kouilou. Pétrole off shore, raffinerie. Huileries. Constructions méca. et navales. Pêche industrielle. Station balnéaire. – Pointe-Noire est le siège de l'U.A.I.C. (Unité d'afforestation industrielle du Congo) qui gère une forêt artificielle d'eucalyptus de 35000 ha.

1. pointer [pwɛ̃te] v. [1] **I.** v. tr. **1.** Marquer d'un point, d'un signe (les mots, les noms d'une liste) en vue de contrôler, de compter, etc. – *Par ext.* Contrôler. *Pointer les entrées et les sorties.* ▷ v. intr. *Ouvrier qui pointe à l'entrée de l'usine,* qui se soumet au pointage. **2.** MUS Faire suivre (une note, un silence) d'un point qui en augmente de moitié la valeur temporelle. – Pp. adj. *Blanche, croche pointée.* **3.** Diriger vers un point, un but; braquer. *Pointer un canon. Pointer l'index vers qqn.* **4.** Au jeu de boules, lancer la boule le plus près possible du but en la faisant rouler (par oppos. à *tirer*). **II.** v. pron. Pop. Arriver.

2. pointer [pwɛ̃te] v. [1] **I.** v. tr. **1.** TECH Former, façonner la pointe de. *Pointer des aiguilles.* **2.** Dresser en pointe. *Chien qui pointe les oreilles.* **II.** v. intr. **1.** Dresser sa pointe. *Pic qui pointe vers le ciel.* **2.** (Pour *poindre.*) Commencer à paraître, à pousser. ▷ Fig. *Son génie pointa de bonne heure.*

pointeur, euse [pwɛ̃tœʀ, øz] n. **1.** Personne qui effectue un pointage, un contrôle. ▷ adj. *Horloge pointeuse* ou, n. f., *une pointeuse.* **2.** n. m. Artilleur qui pointe le canon. **3.** n. m. Aux boules, joueur qui pointe (par oppos. à *tireur*).

pointillé [pwɛ̃tije] n. m. **1.** Ligne formée d'une suite de petits points, de petits trous. *Découper suivant le pointillé. En pointillé.* **2.** Dessin exécuté à l'aide de points. *Figures au pointillé.*

pointiller [pwɛ̃tije] v. [1] **1.** v. tr. Marquer de points. **2.** v. intr. BX-A Dessiner, peindre, graver par points.

pointilleux, euse [pwɛ̃tijø, øz] adj. Qui se montre exigeant jusque dans les moindres détails. Syn. minutieux, vétilleux.

pointillisme [pwɛ̃tijism] n. m. PEINT Technique picturale qui consiste à juxtaposer des touches très petites, des points de couleurs pures (V. aussi divisionnisme). *Le pointillisme a surtout été utilisé par les néo-impressionnistes.*

pointois, oise [pwɛ̃twa, waz] adj. et n. De Pointe-à-Pitre. ▷ Subst. *Un(e) Pointois(e).*

pointu, ue [pwɛ̃ty] adj. **1.** Qui se termine en pointe, qui présente une, des pointes aiguës. *Bâton pointu. Grille pointue.* **2.** (Son, voix.) Qui se développe surtout dans les aigus. **3.** Fig. *Esprit, caractère pointu,* pointilleux à l'excès. – Très raffiné, très subtil. *Raisonnement pointu.* ▷ Très spécialisé. *Formation pointue.*

pointure [pwɛ̃tyʀ] n. f. Nombre qui indique la taille d'une paire de chaussures ou de gants, d'un chapeau, etc. Syn. (Liban) numéro.

point-virgule [pwɛ̃viʀgyl] n. m. Signe de ponctuation (;) qui indique une pause plus marquée que la virgule et s'emploie pour séparer deux énoncés distincts. *Des points-virgules.*

poire [pwaʀ] n. f. **1.** Fruit comestible du poirier, de forme oblongue, à la chair parfumée. ▷ Loc. fig. *Entre la poire et le fromage :* à la fin du repas, lorsque l'atmosphère est détendue. – *Garder une poire pour la soif :* se réserver des ressources pour les besoins à venir. – *Couper la poire en deux :* se faire des concessions mutuelles pour régler un différend. **2.** Objet en forme de poire. *Poire en caoutchouc pour les lavements, les injections.* ▷ Interrupteur placé à l'extrémité d'un fil électrique. **3.** Fam. Personne naïve, qui se laisse abuser, exploiter.

poireau [pwaʀo] n. m. Plante potagère (fam. liliacées) à bulbe blanc et à longues feuilles vertes.

poireauter ou **poiroter** [pwaʀɔte] v. intr. [1] Fam. Attendre.

Poiret (Paul) (1879 – 1944), couturier et décorateur français.

poirier [pwaʀje] n. m. **1.** Arbre fruitier (fam. rosacées) des régions tempérées, qui produit la poire. ▷ *Faire le poirier :* se tenir en équilibre, la tête et les mains appuyées sur le sol. **2.** *Poirier du Cayor :* grand arbre des savanes d'Afrique tropicale, à propriétés médicinales.

poiroter [pwaʀɔte] v. intr. V. poireauter.

pois [pwa] n. m. **1.** Plante potagère (fam. papilionacées) dont les gousses et les graines fournissent un légume apprécié. ▷ Plur. *Pois* ou, cour., *petits pois :* graines de cette plante. ▷ Nom donné aux graines comestibles de diverses légumineuses papilionacées. *Pois cajan* ou *d'Angol. Pois carré. Pois sabre. Pois du cap.* ▷ *Pois chiche :* plante voisine du pois, cultivée dans les régions méditerranéennes; graine comestible de cette plante. **2.** *Pois de senteur :* plante ornementale (*Lathyrus odoratus*) cultivée pour ses fleurs odorantes, de couleurs variées. Syn. gesse odorante. **3.** (Afr. subsah.) *Pois de terre* ou *pois bambara :* légumineuse cultivée dans les régions semi-arides d'Afrique, qui forme sous terre ses gousses et ses graines. Syn. voandzou. **4.** Petit disque d'une couleur ou d'une texture différente de celle du fond, sur un tissu, un papier, etc. *Foulard à pois.*

poiseuille [pwazœj] n. m. PHYS Unité de viscosité du système international, de symbole Pl (1 poiseuille=1 pascal-seconde).

Poiseuille (Jean-Louis Marie) (1799 – 1869), médecin et physicien français; connu pour ses études de la viscosité.

poison [pwazɔ̃] n. m. **1.** Toute substance qui, introduite dans un organisme vivant, peut le tuer ou altérer ses fonctions vitales. Syn. (Nouv.-Cal.) boucan. – (Afr. subsah.) *Poison d'épreuve,* utilisé pour les ordalies. **2.** Fig. Substance préjudiciable à la santé. *L'alcool est un poison.* ▷ Litt. Ce qui corrompt ou exerce une influence pernicieuse. **3.** n. Fam. Personne méchante, acariâtre. *Quelle poison!* ▷ Personne très agaçante. **4.** Fig. Activité, tâche ennuyeuse. *Quel poison ces paperasses!*

poisse [pwas] n. f. Pop. Déveine.

poisser [pwase] v. tr. [1] **1.** Enduire de poix. *Poisser du fil.* **2.** Salir avec une substance gluante. *La confiture lui poissait les mains.*

poisseux, euse [pwasø, øz] adj. Collant, gluant comme la poix.

poisson [pwasɔ̃] n. m. **1.** Vertébré aquatique à branchies, possédant des nageoires. (V. encycl. ci-après.) *Poissons d'eau douce, poissons de mer.* – *Poisson séché, fumé.* – (Afr. subsah.) *Poisson sec,* séché. – (Collectif) *Du poisson. Préférer le poisson à la viande.* ▷ *Poisson-chat :* silure. – *Poisson-clown :* poisson des récifs coralliens (genre *Amphiprion*), vivant en symbiose avec les actinies. – *Poisson-coffre :* poisson marin (genres *Ostracion* et voisins) à carapace rigide. – *Poisson-épée :* espadon. – *Poisson-globe :* tétrodon. – *Poisson-lune :* môle. – *Poisson-papillon :* rascasse (genre *Pterois*) dont les nageoires ont de longs rayons épineux. – *Poisson pilote*.* – *Poisson rouge :* cyprin doré. – *Poisson scie*.* – *Poisson volant :* exocet. – (Québec) *(Petit) poisson des chenaux :* poulamon. – (Afr. subsah.) *Poisson-chien :* poisson d'eau douce aux dents apparentes et très acérées. – (Pacifique) *Poisson-caillou* ou (Nouv.-Cal., oc. Indien, Polynésie fr.) *poisson-pierre :* poisson de mer (*Synancia verrucosa*) proche de la rascasse, dont la tête est hérissée d'épines venimeuses. ▷ *Petit poisson d'argent :* lépisme (insecte). **2.** Loc. fig. *Être comme un poisson dans l'eau :* être parfaitement à l'aise dans telle ou telle situation. – *Finir en queue de poisson :* avoir une fin qui ne constitue pas un aboutissement véritable. ▷ *Poisson d'avril*.* **3.** ASTRO *Les Poissons :* constellation zodiacale de l'hémisphère boréal. ▷ ASTROL Signe du zodiaque* (19 fév.-20 mars). – Ellipt. *Il est poissons.*

ENCYCL Les poissons sont les premiers vertébrés et ils ont donné naissance aux premiers tétrapodes terrestres (V. crossoptérygiens). On distingue radicalement les *poissons cartilagineux,* ou *chondrichthyens* (requins, raies), et les *poissons osseux,* ou *ostéichthyens,* dont les téléostéens constituent la quasi-totalité. Parmi les fossiles, les *placodermes* constituent le groupe le plus important.

Poisson (Siméon Denis) (1781 – 1840), mathématicien et homme politique français : travaux de mécanique, de physique mathématique et sur le calcul des probabilités. ▷ MATH La *loi* (de probabilité) *de Poisson* régit les événements peu fréquents.

poissonnerie [pwasɔnʀi] n. f. Magasin où l'on vend du poisson. ▷ Commerce du poisson, des coquillages, des crustacés, etc.

poissonneux, euse [pwasɔnø, øz] adj. Qui abonde en poisson.

poissonnier, ère [pwasɔnje, ɛʀ] n. Commerçant qui vend du poisson.

Poitiers, v. de France, ch.-l. du dép. de la Vienne et de la Rég. Poitou-Charentes; 82 507 hab. – Université. Cath. St-Pierre (XIIe s.). Plus. égl. romanes (XIe-XIIIe s.). Baptistère St-Jean (IVe-VIIe s.). Hypogée des Dunes (VIIe-VIIIe s.). – La ville fut le siège d'un évêché dès le IVe s. Pendant la bataille de Poitiers (escarmouche livrée entre Tours et Poitiers), Charles Martel battit les Arabes (732). En 1356 le Prince Noir y écrasa le roi de France Jean II le Bon; la ville fut cédée aux Anglais (1360), mais Du Guesclin la reprit en 1372.

Poitou, anc. prov. française, correspondant aux dép. des Deux-Sèvres, de la Vendée et de la Vienne. La région, peuplée par les Pictaves (des Celtes), fut soumise par les Romains (56 av. J.-C.). Envahie par les Wisigoths (Ve s.), elle passa sous la domination franque, puis forma le noyau du duché d'Aquitaine (IXe s.), anglais au XIIe s. Confisqué par Philippe Auguste, le Poitou, rattaché à la Couronne en 1271, fut ravagé lors de la guerre de Cent Ans; il fut définitivement réuni à la Couronne en 1417.

Poitou-Charentes, Région admin. française et rég. de la C.E., formée des dép. de la Charente, de la Charente-Maritime, des Deux-Sèvres et de la Vienne; 25 822 km^2; 1 637 625 hab.; cap. *Poitiers*.*
Géogr. et écon. – Ouverte sur l'Atlantique par un littoral où alternent marais maritimes et promontoires calcaires (prolongés au large par l'île de Ré et l'île d'Oléron), la Région jouit d'un climat doux. Plaines et bas plateaux ne se redressent qu'aux abords du Massif central et du Massif armoricain. La croissance démographique est modeste. L'agric. repose sur trois spécialités : le vignoble de Cognac (100 000 ha), qui exporte les 4/5 de sa production; l'élevage laitier de la Charente-Maritime mais aussi ovin et caprin du Haut-Poitou et la production de viande bovine; les céréales. La mer fournit d'abondantes ressources : pêche, huîtres et moules des parcs de Marennes-Oléron (50 % de la prod. française de coquillages), tourisme balnéaire. Sous-industrialisée, la Région a bénéficié de la décentralisation des années 50-60.

poitrail [pwatʀaj] n. m. **1.** Partie antérieure du corps des équidés, entre les épaules et la base du cou. **2.** TECH Pièce de bois ou de fer formant linteau au-dessus d'une grande baie.

poitrine [pwatʀin] n. f. **1.** Partie du tronc qui contient les poumons et le cœur. *Gonfler la poitrine.* – *Voix de poitrine :* voix au son plein (par oppos. à *voix de tête*). **2.** Devant du thorax. **3.** Partie antérieure des côtes d'un animal de boucherie, avec la chair qui y adhère. **4.** Seins de la femme.

poitrinière [pwatʀinjɛʀ] n. f. TECH Barre transversale du métier à tisser, sur laquelle passe le tissu.

poivre [pwavʀ] n. m. **1.** Fruit du poivrier; épice de saveur piquante faite de ce fruit séché. *Poivre en grains. Moulin à poivre.* – *Poivre noir* (ou *gris*), formé des graines et de leur enveloppe. – *Poivre blanc,* dont les grains sont décortiqués. *Poivre vert,* qui n'est pas arrivé à maturité. ▷ Fig. *Cheveux poivre et sel,* grisonnants. **2.** Nom courant de diverses plantes dont les graines, utilisées comme épices, ont un goût proche de celui du poivre. *Poivre de Cayenne. Poivre de Guinée. Poivre maniguette.*

poivré, ée [pwavʀe] adj. Assaisonné avec du poivre. ▷ Par ext. *Parfum poivré.*

poivrer [pwavʀe] v. tr. [1] Assaisonner avec du poivre.

poivrier [pwavʀije] n. m. **1.** Arbrisseau grimpant (fam. pipéracées) originaire de l'Inde, cultivé dans toutes les régions tropicales, et qui donne le poivre. **2.** Petit récipient où l'on met le poivre, ou qui sert à moudre le poivre. Syn. poivrière.

poivrière [pwavʀijɛʀ] n. f. **1.** Ustensile de table pour le poivre, à bouchon perforé. Syn. poivrier. **2.** Plantation de poivriers.

poivron [pwavʀɔ̃] n. m. Fruit du piment doux, vert, jaune ou rouge, qui se consomme cru ou cuit. Syn. (Québec) piment.

poivrot, ote [pwavʀo, ɔt] n. Pop. Ivrogne.

poix [pwa] n. f. Matière résineuse ou bitumineuse provenant d'une distillation, de consistance visqueuse.

poker [pɔkɛʀ] n. m. **1.** Jeu de cartes d'origine américaine. ▷ Réunion de quatre cartes de même valeur, à ce jeu. *Poker de rois.* Syn. carré. ▷ Loc. fig. *Coup de poker :* action audacieuse où entre une large part de bluff. **2.** *Poker d'as :* jeu de dés inspiré du poker.

Pokrovsk (*Engels* de 1931 à 1991), v. de Russie, sur la Volga; 177 000 hab. Industr. textiles. – La ville fut, de 1924 à 1941, la cap. de la rép. autonome des Allemands de la Volga.

polaire [pɔlɛʀ] adj. et n. f. **1.** Relatif aux pôles, qui est près des pôles. *Régions, terres polaires.* ▷ *Cercle polaire :* dans les deux hémisphères, petit cercle de la sphère terrestre, à 66°33′ de latitude, marquant la limite théorique entre la zone tempérée et les terres polaires. ▷ *L'étoile polaire* ou, n. f., *la Polaire :* l'étoile de la Petite Ourse qui indique le pôle Nord. **2.** Qui caractérise les régions voisines des pôles. *Glaces polaires.* – Par ext. *Froid polaire,* glacial. **3.** GEOM Relatif aux pôles d'une sphère, d'un cercle. *Coordonnées polaires.* ▷ n. f. *Polaire d'un point P par rapport à un cercle :* droite qui relie les points de contact des deux tangentes menées par P au cercle. **4.** CHIM *Molécule polaire,* dans laquelle le barycentre des charges positives ne coïncide pas avec le barycentre des charges négatives. – *Solvant polaire,* dont les molécules sont polaires. (Les composés ioniques sont solubles dans les solvants polaires, comme l'eau.) **5.** ELECTR Relatif aux pôles d'un aimant, d'un circuit électrique.

Polanski (Roman) (né en 1933), cinéaste et comédien français d'origine polonaise : *Cul de sac* (1965), *le Bal des vampires* (1967), *Rosemary's Baby* (1968), *Chinatown* (1974), *le Locataire* (1976), *Tess* (1979).

polar [pɔlaʀ] n. m. Fam. Roman, film policier.

polarisant, ante [pɔlaʀizɑ̃, ɑ̃t] ou **polarisateur, trice** [pɔlaʀizatœʀ, tʀis] adj. PHYS Qui provoque la polarisation.

polarisation [pɔlaʀizasjɔ̃] n. f. **1.** PHYS *Polarisation de la lumière :* phénomène par lequel les vibrations lumineuses s'orientent dans un plan. – *Polarisation d'un diélectrique :* phénomène par lequel les moments électriques des molécules s'orientent sous l'action d'un champ extérieur. **2.** Fig. Action de polariser; fait de se polariser (sens 2).

polariser [pɔlaʀize] v. tr. [1] **1.** ELECTR Provoquer la polarisation (d'un appareil, d'un dispositif). – v. pron. *Pile qui se polarise,* qui subit la polarisation. ▷ PHYS Donner la propriété de polarisation (aux rayons lumineux). **2.** Fig. Orienter vers soi, attirer à soi. *Polariser l'intérêt de l'assistance.* ▷ v. pron. Fam. Se fixer, se concentrer. *L'attention se polarisa sur cet événement.*

polariseur [pɔlaʀizœʀ] n. m. PHYS Appareil qui polarise la lumière.

polarité [pɔlaʀite] n. f. MATH, PHYS État d'un corps, d'un système dans lequel on peut distinguer deux pôles opposés.

polaroid [pɔlaʀɔid] n. m. (Nom déposé.) Appareil photographique à développement instantané.

polatouche [pɔlatuʃ] n. m. Écureuil gris de Russie possédant entre les membres antérieurs et postérieurs une membrane qui lui permet de planer sur de courtes distances. Syn. écureuil volant.

polder [pɔldɛʀ] n. m. GEOGR Terre située au-dessous du niveau de la mer, endiguée et asséchée de manière à permettre sa mise en valeur.

-pole, -polite. Éléments, du gr. *polis,* «ville».

pôle [pol] n. m. **1.** ASTRO Chacun des points où l'axe imaginaire de rotation de la Terre rencontre la sphère céleste. *Pôle boréal, austral.* ▷ *Pôles de l'écliptique :* points où une perpendiculaire au plan de l'écliptique coupe la sphère céleste. **2.** GEOGR et cour. Chacune des extrémités de l'axe de rotation de la Terre sur elle-même. *Pôle Nord, pôle Sud.* ▷ Région de la Terre située près d'un pôle et limitée par le cercle polaire. *Calotte glaciaire du pôle boréal.* **3.** Fig. *Les deux pôles :* les deux extrêmes. **4.** Fig. Point qui attire l'attention, l'intérêt. *Pôle d'attraction.* ▷ ECON Zone, activité qui impulse et diffuse la croissance dans un ensemble de pays, de secteurs. *Pôle de développement, de compétitivité.* **5.** GEOM Point qui sert à définir des coordonnées polaires. **6.** ELECTR Chacune des bornes d'un circuit électrique. *Pôles d'une pile.* ▷ *Pôles d'une barre aimantée,* ses extrémités qui s'orientent, l'une vers le pôle Nord (magnétique), l'autre vers le pôle Sud de la Terre lorsqu'on laisse la barre pivoter librement. **7.** GEOGR *Pôles magnétiques :* points du globe où l'inclinaison magnétique est de 90^0.

polémique [pɔlemik] adj. et n. f. **1.** adj. Qui appartient à la dispute, à la polémique; qui incite à la dispute, à la discussion par son ton agressif. **2.** n. f. Querelle, débat par écrit.

polémiquer [pɔlemike] v. intr. [1] Engager une polémique; faire de la polémique.

polémiste [pɔlemist] n. Personne (spécial. journaliste) qui a l'habitude de la polémique, qui aime polémiquer.

1. poli, ie [pɔli] adj. **1.** Qui respecte les règles de la politesse. **2.** Qui exprime la politesse. *Un ton poli.*

2. poli, ie [pɔli] adj. et n. m. **1.** adj. Lisse et luisant. *Galets polis.* **2.** n. m. Lustre, éclat (d'une chose que l'on a polie). *Donner du poli à un meuble.*

Poliakoff (Serge) (1906 – 1969), peintre français abstrait d'origine russe.

1. police [pɔlis] n. f. **1.** Maintien de l'ordre public et de la sécurité des citoyens dans un groupe social. ▷ DR *Peine de police :* contravention. – *Tribunal de police,* qui juge les contraventions. ▷ *Salle de police,* où l'on consigne les soldats ayant commis des fautes légères, dans l'armée. **2.** Administration, ensemble des agents de la force publique chargés du maintien de l'ordre et de la répression des infractions. *Agent, officier de police.* – *Police judiciaire (P.J.) :* service de police chargé de constater les infractions à la loi pénale et d'enquêter à leur propos. ▷ (Québec) Fam. Agent de police. **3.** *Par ext.* Organisme privé chargé d'une mission de surveillance.

2. police [pɔlis] n. f. **1.** DR Document fixant les conditions générales d'un contrat d'assurance. **2.** IMPRIM Liste de tous les caractères d'imprimerie qui constituent un assortiment. ▷ Ensemble de ces caractères.

policer [pɔlise] v. tr. [12] Litt. Civiliser, adoucir les mœurs (d'un pays). – Pp. adj. *Un peuple policé.*

polichinelle [pɔliʃinɛl] n. m. **1.** (Avec une majuscule.) Personnage balourd des farces italiennes. **2.** (Avec une majuscule.) Personnage bossu du théâtre de marionnettes. – *Secret de Polichinelle :* chose que l'on croit secrète mais qui est connue de tous. ▷ (Avec une minuscule.) Jouet, marionnette qui représente Polichinelle. **3.** (Avec une minuscule.) Fig. Personnage grotesque; personne sans caractère.

policier, ère [pɔlisje, ɛʀ] adj. et n. m. **I.** adj. **1.** Relatif à la police (1, sens 2); qui appartient à la police. ▷ *État policier,* où la police est l'outil principal du pouvoir. **2.** *Roman, pièce, film policiers,* qui mettent en scène principalement des personnages de policiers, de détectives, en lutte contre des gangsters ou des criminels. **II.** n. m. Personne qui appartient à la police. ▷ Membre d'une police privée.

policlinique [pɔliklinik] n. f. Établissement où les malades reçoivent des soins, mais ne sont pas hospitalisés, et où l'on dispense un enseignement médical. (Ne pas confondre avec *polyclinique.*)

Polignac (Jules Auguste Armand Marie de) (1780 – 1847), homme politique français ultraroyaliste. Ministre des Affaires étrangères et président du Conseil (1829), il décida l'expédition d'Alger; il signa le 23 juillet 1930 les ordonnances qui provoquèrent la révolution.

Polignac (Pierre de) (1895 – 1964), aristocrate français naturalisé monégasque en 1920, sous le nom de Grimaldi* et créé prince *Pierre de Monaco.* Il épousa Charlotte* de Monaco (1920), dont il divorça en 1933. Il eut un fils, Rainier III.

poliment [pɔlimɑ̃] adv. D'une manière polie.

poliomyélite [pɔljomjelit] n. f. Maladie infectieuse aiguë, due à un virus neurotrope qui, lésant les cornes antérieures motrices de la moelle, provoque des paralysies locales parfois mortelles et des atrophies musculaires souvent irréversibles.

poliomyélitique [pɔljomjelitik] adj. et n. Qui a rapport à la poliomyélite; atteint de poliomyélite. ▷ Subst. *Un(e) poliomyélitique.*

polir [pɔliʀ] v. tr. [3] **1.** Rendre lisse et luisant à force de frotter. *Polir le marbre.* ▷ v. pron. *Bois qui s'est poli avec le temps, l'usage.* – Fig. S'adoucir, s'affiner. **2.** Litt. Corriger avec soin, parfaire (un discours, un écrit, etc.).

polisarien, enne [polizaʀjɛ̃, ɛn] adj. (Maghreb) Relatif au Polisario.

Polisario (Front), abréviation de *Front populaire pour la libération de Saguia el-Hamra et Río de Oro,* mouvement de libération du peuple sahraoui (créé en 1973). Il lutte pour l'indépendance du Sahara* occidental, colonie espagnole jusqu'en fév. 1976, que se partagent alors le Maroc et la Mauritanie et qui sera occupé tout entier par le Maroc à partir d'août 1979.

polissage [pɔlisaʒ] n. m. Opération qui consiste à donner un poli, un brillant poussé. *Polissage du verre. Polissage du riz, des grains de café.*

polisseur, euse [pɔlisœʀ, øz] n. Ouvrier, ouvrière qui polit les glaces, les métaux, etc.

polissoir [pɔliswaʀ] n. m. Instrument, machine servant à polir.

polisson, onne [pɔlisɔ̃, ɔn] n. et adj. **1.** Fam. Enfant dissipé, espiègle. ▷ adj. *Un écolier polisson.* **2.** Libertin. ▷ adj. Égrillard, licencieux. *Chanson polissonne.*

polissonnerie [pɔlisɔnʀi] n. f. Parole, tour d'un enfant polisson.

Politburo, bureau politique du Comité central du parti communiste de l'U.R.S.S., créé en oct. 1917.

-polite. V. -pole.

politesse [pɔlitɛs] n. f. **1.** Ensemble des règles, des usages qui déterminent le comportement dans un groupe social, et qu'il convient de respecter. ▷ Observance de ces règles. *La politesse orientale. Manquer de politesse.* **2.** Acte, comportement conforme à ces usages.

politicien, enne [pɔlitisjɛ̃, ɛn] n. et adj. Personne qui s'occupe de politique. – (Souvent péjor.) *Des spéculations de politiciens.* ▷ adj. *Arguments politiciens.* – Péjor. *La politique politicienne.*

politique [pɔlitik] adj. et n. **I.** adj. **1.** Relatif au gouvernement d'un État. *Institutions politiques.* ▷ Relatif aux relations mutuelles des divers États. *Frontières politiques.* **2.** Qui a rapport aux affaires publiques d'un État. *Homme politique. Milieu, monde politique.* **3.** Relatif à une manière de gouverner, à une théorie de l'organisation d'un État. *Parti politique. Doctrines, opinions politiques.* **4.** Qui montre une prudence calculée. *Une conduite très* *politique.* **II.** n. f. **1.** Science ou art de gouverner un État; conduite des affaires publiques. *Traité de politique. Faire de la politique.* **2.** Ensemble des affaires publiques d'un État, des événements les concernant et des luttes des partis. **3.** Manière de gouverner. *Politique sage, prévoyante. Politique de gauche, de droite. Politique de développement, de l'environnement.* – *Par ext.* Manière de mener une affaire. **4.** Fig. Conduite calculée pour atteindre un but précis. *Il s'est incliné par pure politique.* **III.** n. m. **1.** Personne qui s'applique à la connaissance des affaires publiques, du gouvernement des États. *Talleyrand fut un grand politique.* **2.** (Rare au fém.) Fig. Personne habile, avisée. *Un fin politique.*

politiquement [pɔlitikmɑ̃] adv. **1.** Du point de vue politique. **2.** Fig. D'une manière fine, adroite.

politisation [pɔlitizasjɔ̃] n. f. Action de politiser; résultat de cette action.

politiser [pɔlitize] v. tr. [1] **1.** Donner un caractère politique à. **2.** Donner une conscience politique à. – Pp. adj. *Jeunesse politisée.*

politologie [pɔlitɔlɔʒi] n. f. Didac. Observation, étude des faits politiques.

politologue [pɔlitɔlɔg] n. Didac. Spécialiste de politologie.

poljé [pɔlje] n. m. GEOL Vaste dépression karstique, dont le fond, tapissé d'argile de décalcification, est souvent bordé d'escarpements.

polka [pɔlka] n. f. Ancienne danse, d'origine polonaise.

Pollack (Sydney) (né en 1934), cinéaste américain : *On achève bien les chevaux* (1969), *Jeremiah Johnson* (1972), *Tootsie* (1983), *Out of Africa* (1985).

Pollaiolo ou **Pollaiuolo** (Antonio Benci, dit Antonio del) (v. 1432 – 1498), peintre, graveur, sculpteur et orfèvre italien.

pollen [pɔlɛn] n. m. Poussière colorée, le plus souvent jaune, élaborée dans l'anthère des végétaux phanérogames et dont les grains renferment les noyaux mâles fécondants.

pollinifère [pɔl(l)inifɛʀ] adj. BOT Qui porte du pollen.

pollinique [pɔl(l)inik] adj. BOT Relatif au pollen.

pollinisation [pɔl(l)inizasjɔ̃] n. f. BOT Transport du pollen depuis l'étamine jusqu'au stigmate de l'ovaire.

Pollock (Jackson) (1912 – 1956), peintre américain. Chef de file de l'*Action painting* (qui prônait une peinture abstraite et gestuelle), il inventa le *dripping* (projection de peinture à l'aide d'instruments divers).

polluant, ante [pɔlɥɑ̃, ɑ̃t] adj. et n. m. Qui pollue. – n. m. *Un polluant.*

polluer [pɔlɥe] v. tr. [1] Souiller, rendre malsain ou impropre à la vie. *Fumées qui polluent l'atmosphère.*

pollueur, euse [pɔlɥœʀ, øz] adj. et n. Responsable de pollution (personne, industrie, groupe).

pollution [pɔlysjɔ̃] n. f. Souillure, infection due aux activités humaines, qui contribue à la dégradation d'un milieu vivant. *Pollution atmosphérique. Pollution des eaux. Lutte contre la pollution.* ▷ *Par ext.* Nuisance de natures diverses (bruit, notam.).

Pollux. V. Castor et Pollux.

polo [pɔlo] n. m. **1.** SPORT Sport équestre d'équipe qui se joue avec une boule et des maillets. **2.** Chemise en tricot à col rabattu.

Polo (Marco) (1254 – 1324), voyageur vénitien. Accompagnant son père, Niccolo, et son oncle, Matteo, commerçants, il accomplit une longue et périlleuse traversée de l'Asie par le Turkestan et le désert de Gobi (1271-1275). Les Polo séjournèrent seize ans à la cour de Koubilaï khān, empereur mongol de Chine qu'ils servirent; Marco fut gouverneur de Yangzhou. Ils regagnèrent Venise, par Sumatra, en 1295. Emprisonné par les Génois (en guerre avec Venise), Marco dicta en 1298 ses souvenirs, *le Devisement du monde* (dit aussi *le Livre des merveilles du monde*).

Pologne (république de), État d'Europe orient., sur la Baltique, bordé par la Russie (région de Kaliningrad) et la Lituanie au N.-E., l'Ukraine et la Biélorussie à l'E., la Rép. tchèque et la Slovaquie au S. et l'Allemagne à l'O.; 312 677 km^2; 38 200 000 hab. (croissance : plus de 0,5 % par an). Cap. *Varsovie.* Langue off. : polonais. Monnaie : zloty. Relig. : cathol. (env. 95 % baptisés, 78 % pratiquants).
Géogr. phys. et hum. – La Pologne, «plaine» au sens littéral, au climat semi-continental, a été modelée par les glaciers quaternaires. La drainent la Vistule et l'Odra (Oder), qui se jettent dans la Baltique, au littoral sableux et rectiligne. Des montagnes et leur piémont occupent le Sud : Carpates au S.-E., massif de Bohême au S.-O. La pop., assez jeune, groupée au centre et au S., est urbanisée à plus de 60 %.
Écon. – Pendant plus de quarante ans, l'économie socialiste garda une agriculture familiale privée (75 % des terres). L'agriculture (céréales, seigle notam., pomme de terre, betterave à sucre, élevage bovin et porcin) et la pêche ne couvrent pas les besoins. L'industrie lourde, bénéficiant du charbon de haute Silésie, de cuivre, de plomb et de zinc, souffre d'installations souvent vétustes; les biens d'équipement et de consommation restent insuffisants, en dépit des efforts consentis depuis 1970. Appliqué avec vigueur dès 1989 et bénéficiant de l'aide du F.M.I., un plan d'assainissement a permis de réduire les déficits publics; un programme de privatisations (1990) a suivi, mais le chômage s'est développé, les prix ont grimpé. Toutefois, les bons résultats écon. de l'année 1996 ont encouragé les investisseurs étrangers. En attendant que sa demande d'adhésion à l'Union européenne soit prise en considération, la Pologne a créé en 1993 l'Accord de libre-échange d'Europe centrale avec la Hongrie, la République tchèque et la Slovaquie.
Hist. – L'existence, sur le territoire de la Pologne, de tribus slaves est attestée aux Ve et VIe s. Un premier *État polane* (entre l'Oder, le Bug, la Baltique et les Carpates) se forma au Xe s. autour de Gniezno et de Poznań avec Mieszko Ier (v. 960-992), qui se convertit en 966 au christianisme et plaça la Pologne sous la protection pontificale. Son fils, Boleslas Ier le Vaillant (992-1025), agrandit le territoire. Dès l'an 1000, la création d'un archevêché métropolitain assura l'autonomie de l'Église de Pologne. Mais, divisée entre les quatre fils de Boleslas III (m. en 1138), la Pologne souffrit des attaques et des annexions opérées par ses voisins (chevaliers Teutoniques, princes russiens) et des invasions mongoles. Ladislas Ier (1320-1333) réunifia le pays (moins la Silésie et la Poméranie, qui restèrent germaniques). La Pologne, accrue de la Galicie et de la Volhynie (le N.-O. de l'Ukraine actuelle), connut une ère florissante sous Casimir III le Grand (1333-1370). Son successeur, le roi de Hongrie Louis Ier d'Anjou, accorda des privilèges à la noblesse pour que sa fille Hedwige règne conjointement avec son époux, le grand-prince de Lituanie Ladislas Jagellon, qui vainquit les chevaliers Teutoniques (1410). Au XVe s. et surtout au XVIe s., la Pologne fut à l'apogée de sa puissance territoriale (union avec la Lituanie, 1569), politique et économique. Elle participa au renouveau culturel (Copernic), notam. sous Sigismond Auguste (1548-1572). Toutefois, l'étendue du pays accrut la puissance de la noblesse. Le XVIIe s. fut une époque de luttes. En 1648, les révoltes des Cosaques ruinèrent le pays qui, entre 1655 et 1667, dut céder la Livonie intérieure à la Suède, l'Ukraine, à l'E. du Dniepr, à la Russie et abandonner la suzeraineté sur le duché de Prusse. En revanche, appelé par l'Autriche, Jean Sobieski arrêta les Turcs devant Vienne (1683). Au XVIIIe s., Prusse et Russie s'immiscèrent dans les affaires du pays (par l'intermédiaire de nobles) pour entraver tout progrès. Sous Stanislas II Poniatowski (1764-1795), l'insurrection des patriotes (Confédération de Bar), tenta, de 1768 à 1772, de s'opposer aux diktats de la Prusse et de la Russie. Celles-ci se partagèrent en 1772 le pays avec l'Autriche. Un deuxième partage eut lieu en 1793, puis un troisième, après l'insurrection de Kościuszko, en 1795 : le royaume de Pologne disparut. À partir du duché de Varsovie, Napoléon Ier rétablit une entité polit. polonaise, mais sans en proclamer l'indépendance (1807-1814). Le congrès de Vienne (1815) réalisa un nouveau partage, dans lequel la Russie eut la plus grosse part; elle constitua la Pologne centrale en royaume autonome. Le soulèvement de 1830-1831 fut noyé dans le sang, et les libertés furent supprimées. En 1861-1863, la révolte héroïque des «Faucheurs» fut sévèrement réprimée. La germanisation continua dans les terres prussiennes, mais l'Autriche tint compte, à partir de 1861, du particularisme polonais. Envahie par l'Allemagne en 1914, la Pologne ressuscita en 1918. La guerre polono-soviétique s'acheva (1921) au bénéfice de la Pologne. En 1921, la Pologne se donna une Constitution démocratique, mais la crise écon. entraîna la dictature de Piłsudski (1926-1935), puis celle des militaires (1935-1939). Alliée avec la France et l'Angleterre, la Pologne prit des garanties auprès de l'Allemagne (traité de non-agression en 1934), et participa au dépeçage de la Tchécoslovaquie en annexant Teschen (sept. 1938). Les revendications d'Hitler (notam. sur Dantzig*) ramenèrent tardivement la Pologne vers l'alliance franco-anglaise. Attaquée le 1er sept. 1939 par l'armée all., puis par l'armée sov. le 17, la Pologne disparut, partagée entre les vainqueurs. De juillet 1941 à l'automne 1944, toute la Pologne fut soumise à l'Allemagne : 6 millions de Polonais, dont 3 millions de juifs, moururent; Varsovie fut rasée après l'insurrection de l'été 1944. En 1945, le pays (que l'ar-

mée sov. avait «libéré») fut «déplacé» de 300 km vers l'ouest, échangeant 170000 km^2, cédés à l'U.R.S.S., contre un territoire d'un peu plus de 100000 km^2, d'où les Allemands furent expulsés (frontière Oder*-Neisse). Sous la pression sov., un gouvernement procommuniste prit le pouvoir dès 1945. En 1947, la Pologne devint une démocratie populaire, dominée par le Parti ouvrier unifié (POUP; communistes et socialistes ralliés), alignant sa politique sur celle de l'U.R.S.S. Une crise politique, l'«octobre polonais» (1956), fut dénouée par l'arrivée au pouvoir de W. Gomułka. Mais en déc. 1970 des manifestations ouvrières, durement réprimées, provoquèrent sa chute. Son successeur, E. Gierek, tenta une politique d'expansion industrielle accélérée et d'ouverture à l'Occident. Mais la situation se dégrada à nouveau à partir de 1976 et aboutit à un vaste mouvement de grèves en 1980. En sept. 1980, Gierek fut remplacé à la tête du parti par S. Kania; puis les syndicats libres Solidarność, animés par Lech Wałęsa, furent autorisés. Les revendications populaires et l'influence du clergé, renforcée par l'élection du pape polonais Jean-Paul II (1978), menaçaient le régime. En oct. 1981, le général Jaruzelski devint chef du parti et chef du gouvernement. Il proclama l'«état de guerre» le 13 déc. : les syndicats Solidarność furent suspendus, leurs chefs arrêtés. Des grèves éclatèrent, durement réprimées. L. Wałęsa fut libéré en nov. 1982, l'état de guerre suspendu en juillet 1983, mais la situation écon. ne cessa de se détériorer. Acceptant de négocier avec le gouv. (1988) l'arrêt des grèves, L. Wałęsa et Solidarność obtinrent des élections (juin 1989), au terme desquelles T. Mazowiecki (Solidarność) forma un gouv. de coalition avec les communistes du POUP (scindé en deux partis sociaux-démocrates en 1990). En 1990, L. Wałęsa remporta les élections présidentielles. Les élections générales d'oct. 1991 ont porté à la Diète une trentaine de partis. Hanna Suchocka, Premier ministre dep. juil. 1992, a relancé les réformes libérales. En sept. 1993, les sociaux-démocrates ont remporté une demi-victoire à de nouvelles élections législatives et formé un gouv. de coalition. En 1995, le social-démocrate Alexandre Kwasniewski a remporté l'élection présidentielle contre Wałęsa et il a formé en 1996 un cabinet de coalition (sociaux-démocrates et «paysans»).

polonais, aise [pɔlɔnɛ, ɛz] adj. et n. **1.** adj. De Pologne. ▷ Subst. *Un(e) Polonais(e).* **2.** n. m. *Le polonais :* la langue indo-européenne du groupe slave parlée en Pologne.

polonaise [pɔlɔnɛz] n. f. Danse nationale de Pologne. – Air à trois temps sur lequel on exécute cette danse. *Les polonaises de Chopin.*

polonium [pɔlɔnjɔm] n. m. CHIM Élément radioactif (symbole Po) de numéro atomique Z=84.

Pol Pot (Saloth Sor ou Sar, dit) (né en 1928), homme politique cambodgien. Secrétaire général du parti communiste khmer en 1962, il dirigea les opérations milit. contre le régime de Lon Nol (1970-1975) et, après la chute de celui-ci, devint Premier ministre. Principal responsable des excès du gouv. des Khmers rouges, il reprit le maquis en 1979, à l'arrivée des troupes vietnamiennes dans son pays. En 1985, il fut déchargé de ses fonctions mais continua à jouer un certain rôle jusqu'en 1997.

Poltava, v. d'Ukraine, sur la *Vorskla,* affl. du Dniepr (r. g.); 302000 hab.; ch.-l. de la rég. du m. nom. Industr. – Pierre le Grand y vainquit le roi de Suède Charles XII (1709).

poltron, onne [pɔltʀɔ̃, ɔn] adj. et n. Qui manque de courage. Syn. lâche, peureux, couard. – Subst. *Un(e) poltron(ne).*

poltronnerie [pɔltʀɔnʀi] n. f. Manque de courage, lâcheté.

poly-. Élément, du gr. *polus,* «nombreux».

polyacide [pɔliasid] n. m. CHIM Corps possédant plusieurs fonctions acide.

polyacrylique [pɔliakʀilik] adj. CHIM *Résine polyacrylique :* résine thermoplastique obtenue à partir du nitrile acrylique ou de l'acide acrylique (ex. : orlon, crylor, plexiglas).

polyalcool [pɔlialkɔl] ou **polyol** [pɔljɔl] n. m. CHIM Corps possédant plusieurs fonctions alcool.

polyamide [pɔliamid] n. m. CHIM Polymère obtenu par condensation de polyacides et de polyamines ou par polycondensation d'acides aminés (ex. : nylon).

polyamine [pɔliamin] n. f. CHIM Corps possédant plusieurs fonctions amine.

polyandre [pɔliɑ̃dʀ] adj. Qui a plusieurs époux.

polyandrie [pɔliɑ̃dʀi] n. f. Situation d'une femme mariée à plusieurs hommes.

polyarthrite [pɔliaʀtʀit] n. f. MED Inflammation portant simultanément sur plusieurs articulations.

Polybe (v. 200 – v. 120 av. J.-C.), historien grec. Déporté comme otage à Rome, en 168, il se lia avec Scipion Émilien, qu'il accompagna dans ses campagnes contre Carthage (146) et Numance (133). Ses *Histoires,* dont il reste plusieurs livres, sont une source inégalée sur l'histoire romaine et hellénistique (de 264 à 146 av. J.-C.).

polycarpique [pɔlikaʀpik] adj. BOT *Plante polycarpique,* dont les fleurs possèdent de nombreux carpelles libres.

polychètes [pɔlikɛt] n. f. ou m. pl. ZOOL Classe de vers annélides au corps couvert de nombreuses soies, qui vivent dans la mer ou les eaux saumâtres. – Sing. *Un(e) polychète.*

polychrome [pɔlikʀom] adj. Peint de plusieurs couleurs. *Statue polychrome.*

polychromie [pɔlikʀomi] n. f. État d'un objet polychrome.

Polyclète (né v. 480 av. J.-C.), sculpteur grec. Ses œuvres, connues seulement par des répliques (le *Doryphore,* le *Diadumène*), avaient les proportions idéales et chiffrées qu'il exposa dans un traité (perdu), le *canon.*

polyclinique [pɔliklinik] n. f. Clinique où l'on soigne diverses sortes de maladies. (Ne pas confondre avec *policlinique.*)

polycondensation [pɔlikɔ̃dɑ̃sasjɔ̃] n. f. CHIM Succession de réactions de condensation donnant naissance à une macromolécule.

polycopie [pɔlikɔpi] n. f. **1.** Reproduction d'un document par décalque sur une pâte à la gélatine, ou au moyen d'un stencil. **2.** Chacun des exemplaires ainsi reproduits.

polycopié, ée [pɔlikɔpje] adj. et n. m. Reproduit par polycopie. *Tract polycopié.* ▷ n. m. Document polycopié. – *Spécial.* Cours polycopié. Syn. (Afr. subsah., Belgique) syllabus.

polycopier [pɔlikɔpje] v. tr. [**2**] Reproduire par polycopie.

polycristallin, ine [pɔlikʀistalɛ̃, in] adj. CHIM Formé de plusieurs cristaux.

polyculture [pɔlikyltyʀ] n. f. Pratique simultanée de plusieurs cultures dans une même exploitation agricole. *Région de polyculture.* Ant. monoculture.

polycyclique [pɔlisiklik] adj. **1.** CHIM *Composé polycyclique,* dont la formule développée contient plusieurs noyaux. **2.** ELECTR Qui concerne plusieurs phénomènes périodiques de fréquences différentes.

polydactyle [pɔlidaktil] adj. Didac. Qui a des doigts en surnombre.

polydesme [pɔlidɛsm] n. m. ZOOL Myriapode voisin des iules, dont la région dorsale est aplatie.

polyèdre [pɔljɛdʀ] n. m. et adj. GEOM Solide dont les faces sont des polygones. – *Polyèdre régulier,* dont les faces sont des polygones réguliers égaux. – *Polyèdre convexe,* dont l'une quelconque des faces, prolongée indéfiniment, laisse toute la figure du même côté. ▷ adj. *Angle polyèdre* (ou *angle solide*) : figure formée, dans un polyèdre, par les faces et les arêtes qui ont un sommet commun.

polyembryonie [pɔliɑ̃bʀiɔni] n. f. BIOL Formation de plusieurs embryons à partir d'un même œuf.

polyester [pɔliɛstɛʀ] n. m. Polymère obtenu par condensation de polyacides et de polyalcools.

polyéthylène [pɔlietilɛn] ou (nom déposé) **polythène** [pɔlitɛn] n. m. Matière plastique obtenue par polymérisation de l'éthylène, utilisée notam. pour fabriquer des récipients souples, des tuyaux et des feuilles pour l'emballage.

polygame [pɔligam] adj. et n. **1.** Qui a plusieurs conjoints. ▷ Subst. *Un(e) polygame.* – Cour. Polygyne. **2.** BOT Qui porte des fleurs hermaphrodites et des fleurs unisexuées.

polygamie [pɔligami] n. f. **1.** État d'une personne polygame. – Cour. Polygynie. **2.** BOT Qualité d'une plante polygame.

polygamique [pɔligamik] adj. Qui a rapport à la polygamie; où la polygamie est pratiquée. *Société polygamique.*

polygénisme [pɔliʒenism] n. m. ANTHROP Théorie selon laquelle les différentes races humaines actuelles dériveraient de races distinctes à l'origine.

polyglobulie [pɔliglɔbyli] n. f. MED Augmentation du nombre des globules rouges.

polyglotte [pɔliglɔt] adj. et n. **1.** Écrit en plusieurs langues. *Dictionnaire polyglotte.* **2.** Qui connaît plusieurs langues. ▷ Subst. *Un(e) polyglotte.*

polygonacées [pɔligɔnase] n. f. pl. BOT Famille de plantes monocotylédones souvent herbacées, à petites fleurs et à feuilles engainantes, comprenant le sarrasin, l'oseille, la rhubarbe, etc. – Sing. *Une polygonacée.*

polygonal, ale, aux [pɔligɔnal, o] adj. **1.** En forme de polygone. **2.** Dont la base est un polygone.

polygonation [pɔligɔnasjɔ̃] n. f. TECH Opération de topographie qui consiste à assimiler le contour d'un terrain à un polygone.

polygone [pɔligɔn] n. m. **1.** Figure plane limitée par des segments de droite. – *Polygone régulier,* dont les angles et les côtés sont égaux. – *Polygone convexe, concave,* dont l'un quelconque des côtés, prolongé indéfiniment, laisse, ou non, toute la figure du même côté. **2.** MILIT Lieu où les artilleurs s'exercent au tir.

polygraphe [pɔligʀaf] n. (Souvent péjor.) Didac. Auteur qui écrit sur des sujets et dans des genres variés sans en être un spécialiste.

polygyne [pɔliʒin] adj. et n. m. SOCIOL Qui a plusieurs épouses. – n. m. *Un polygyne.*

polygynie [pɔliʒini] n. f. SOCIOL État d'un homme polygyne.

polyholoside [pɔliɔlɔsid] n. m. BIOCHIM Syn. anc. de *polyoside.*

polymère [pɔlimɛʀ] adj. et n. m. CHIM Se dit d'un composé provenant de la polymérisation des molécules d'un même composé, appelé *monomère.*

polymérie [pɔlimeʀi] n. f. **1.** CHIM Propriété de deux corps possédant la même composition centésimale, mais dont l'un a une masse moléculaire 2, 3,... n fois plus grande que celle de l'autre corps. **2.** BIOL Intervention de plusieurs gènes dans la détermination d'un caractère héréditaire.

polymérisation [pɔlimeʀizasjɔ̃] n. f. CHIM Réaction chimique consistant en l'union de molécules d'un même composé (monomères) en une seule molécule plus grosse (macromolécule).

polymétallique [pɔlimetalik] adj. Qui comporte, contient plusieurs métaux. *Des nodules* polymétalliques.*

Polymnie, dans la myth. gr., Muse de la Poésie lyrique.

polymorphe [pɔlimɔʀf] adj. **1.** CHIM Qui se présente sous plusieurs formes cristallines dont les propriétés physiques sont différentes. **2.** Qui peut prendre plusieurs formes.

polymorphisme [pɔlimɔʀfism] n. m. **1.** Didac. Caractère de ce qui est polymorphe. **2.** CHIM Caractère des corps polymorphes. **3.** BIOL Caractéristique d'un organisme qui peut se présenter sous diverses formes sans changer de nature.

Polynésie, partie orientale de l'Océanie, comprenant les îles du Pacifique situées à l'E. de l'Australie, de la Micronésie et de la Mélanésie. Outre les possessions françaises (Polynésie française, territoire de Wallis-et-Futuna), anglaises (Pitcairn), américaines (Hawaii, Samoa orientales) et chiliennes (île de Pâques), elles comprennent des États indépendants : la Nouvelle-Zélande, les Samoa (occidentales), Tuvalu, Nauru et Tonga. – À l'exception de la Nouvelle-Zélande (dont le climat est océanique tempéré), toutes les îles polynésiennes (généralement d'origine volcanique et garnies d'anneaux de corail) ont un climat tropical océanique, plus ou moins humide selon le relief et l'exposition (côtes E. au vent, très humides, côtes O. sous le vent, plus sèches). Le peuplement (env. 1,3 million de personnes) y est homogène, sauf en Nouvelle-Zélande, mais le métissage (important dans les îles Hawaï) tend à s'accentuer. Les Polynésiens sont grands, de peau brunâtre, aux cheveux noirs et lisses. Leur origine est incertaine, leur installation récente (début de l'ère chrétienne). Leur système social, autrefois très élaboré, a été altéré par la colonisation. – Conduite par des marins anglais et français (Bougainville, La Pérouse, etc.), l'exploration des îles polynésiennes fut la grande entreprise maritime de la fin du XVIIIe s. La France établit progressivement son protectorat sur les îles de l'actuelle Polynésie française, christianisée par des missionnaires.

Polynésie française, territoire français d'outre-mer, éparpillé sur 5 millions de km² dans l'océan Pacifique.

► V. dossier France d'outre-mer, p. 1442.

polynésien, enne [pɔlinezjɛ̃, ɛn] adj. et n. **1.** De Polynésie. ▷ Subst. *Un(e) Polynésien(ne).* **2.** n. m. LING *Le polynésien :* l'ensemble des langues austronésiennes parlées en Polynésie.

polynévrite [pɔlinevʀit] n. f. MED Affection d'origine infectieuse ou toxique qui touche de façon bilatérale et symétrique plusieurs nerfs périphériques, et qui provoque des troubles moteurs et sensitifs.

Polynice, dans la myth. gr., fils d'Œdipe. Il réunit six chefs d'Argos pour reprendre le trône de Thèbes à son frère Étéocle*.

polynôme [pɔlinom] n. m. MATH Somme de monômes.

polynucléaire [pɔlinykleɛʀ] adj. BIOL *Cellule polynucléaire :* cellule qui comporte plusieurs noyaux.

polynucléotide [pɔlinykleɔtid] n. m. BIOCHIM Composé constitué d'un grand nombre de nucléotides associés par des liaisons phosphate (A.R.N., A.D.N.).

polyoside [pɔliɔzid] n. m. BIOCHIM Composé constitué par la polycondensation d'une grande quantité de molécules d'oses (amidon, cellulose, etc.). Syn. anc. polyholoside; polysaccharide.

polype [pɔlip] n. m. **1.** ZOOL Forme fixée des cnidaires (par oppos. à la forme libre ou *méduse*); individu qui présente cette forme. **2.** MED Excroissance de la muqueuse des cavités naturelles. *Généralement bénins, les polypes peuvent se transformer en cancers.*

polypeptide [pɔlipeptid] n. m. BIOCHIM Molécule résultant de la condensation de plusieurs acides aminés, identiques ou non.

polypeptidique [pɔlipeptidik] adj. BIOCHIM Relatif à un polypeptide; de la nature d'un polypeptide. *Hormones* polypeptidiques.*

polyphasé, ée [pɔlifaze] adj. ELECTR Constitué par plusieurs grandeurs sinusoïdales de même nature, de même fréquence et déphasées les unes par rapport aux autres. *Courant polyphasé.* ▷ Par ext. *Réseau polyphasé,* alimenté en courant polyphasé.

Polyphème, dans la myth. gr., le plus fameux des Cyclopes, fils de Poséidon. Dans l'*Odyssée,* il terrorise Ulysse, puis le tue.

polyphonie [pɔlifɔni] n. f. MUS Ensemble de voix, d'instruments, ordonnés suivant le principe du contrepoint. – Chant à plusieurs voix.

polyphonique [pɔlifɔnik] adj. MUS Qui crée une polyphonie.

polypier [pɔlipje] n. m. ZOOL Squelette corné ou calcaire des anthozoaires.

polyplacophores [pɔliplakɔfɔʀ] n. m. pl. ZOOL Classe de mollusques marins primitifs dont le corps est protégé par huit plaques calcaires. – Sing. *Le chiton est un polyplacophore.*

polyploïde [pɔliplɔid] adj. et n. m. GENET Qui a plus de deux génomes de base. – n. m. *Un polyploïde.*

polypnée [pɔlipne] n. f. MED Fréquence respiratoire anormalement rapide.

polypode [pɔlipɔd] n. m. BOT Genre de fougères (fam. polypodiacées) à rhizome rampant écailleux et à frondes découpées.

polypodiacées [pɔlipɔdjase] n. f. pl. BOT Importante famille de fougères terrestres ou épiphytes, comprenant les polypodes, les capillaires, etc. – Sing. *Une polypodiacée.*

polypore [pɔlipɔʀ] n. m. BOT Champignon basidiomycète coriace, parasite des arbres, dont l'hyménium est formé de petits tubes (pores).

polyprène [pɔlipʀɛn] n. m. CHIM Macromolécule constituant le caoutchouc naturel.

polyptère [pɔliptɛʀ] n. m. ICHTYOL Poisson actinoptérygien des eaux douces d'Afrique tropicale, à la nageoire dorsale très longue et divisée.

polysémie [pɔlisemi] n. f. LING Pluralité de sens d'un mot, d'une phrase.

polysémique [pɔlisemik] adj. LING Qui a trait à la polysémie. – Qui présente une pluralité de sens.

polystyrène [pɔlistiʀɛn] n. m. CHIM Matière plastique synthétique obtenue par polymérisation du styrène.

polysyllabe [pɔlisil(l)ab] adj. (et n. m.) ou **polysyllabique** [pɔlisil(l)abik] adj. GRAM Qui a plusieurs syllabes. *Mot polysyllabe* (ou *polysyllabique*). – n. m. *Un polysyllabe.*

polysynthétique [pɔlisɛ̃tetik] adj. LING *Langue polysynthétique,* où les formes liées dominent et dans laquelle on ne peut distinguer le mot de la phrase (esquimau, par ex.).

polytechnicien, enne [pɔlitɛknisjɛ̃, ɛn] n. Élève ou ancien élève de Polytechnique.

polytechnique [pɔlitɛknik] adj. (et n. f.) *École polytechnique* ou, n. f., *Polytechnique :* établissement militaire d'enseignement supérieur français, créé en 1794, qui forme des ingénieurs des corps de l'État et des officiers des armes spécialisées. (En arg. des écoles, l'*X, Pipo.*)

polythéisme [pɔliteism] n. m. Religion qui admet l'existence de plusieurs dieux. *Le polythéisme grec.*

polythéiste [pɔliteist] adj. et n. Relatif au polythéisme. *Doctrine polythéiste.* ▷ Subst. Adepte d'un polythéisme.

polythène [pɔlitɛn] n. m. V. polyéthylène.

polytraumatisé, ée [pɔlitʀomatize] adj. et n. MED Qui a subi plusieurs traumatismes, plusieurs lésions graves. ▷ Subst. *Les polytraumatisés nécessitent des soins intensifs.*

polytric [pɔlitʀik] n. m. BOT Mousse à tige dressée feuillue, d'une dizaine de centimètres de hauteur.

polyurie [pɔliyʀi] n. f. MED Émission excessive d'urine.

polyvalence [pɔlivalɑ̃s] n. f. Nature de ce qui est polyvalent.

polyvalent, ente [pɔlivalɑ̃, ɑ̃t] adj. (et n.) **1.** (Choses) Qui peut servir à plusieurs usages. ▷ *Spécial.* (Québec) *École polyvalente* ou *polyvalente :* établissement d'enseignement secondaire à la fois général et professionnel. **2.** (Personnes) Doué de capacités diverses, de talents variés. **3.** CHIM Dont la valence est supérieure à 1.

polyvinyle [pɔlivinil] n. m. CHIM Composé obtenu par polymérisation des composés vinyliques de formule générale $CH_2=CHX$, dans laquelle X peut représenter un groupe quelconque (chlore, acétyle, acide, ester, etc.).

polyvinylique [pɔlivinilik] adj. et n. m. CHIM Se dit d'une matière thermoplastique résultant de la polymérisation d'un composé vinylique. – n. m. *Un polyvinylique.*

Pomaks, nom bulgare donné aux Slaves bulgarophones convertis à l'islam par les Ottomans qui soumirent les pays de la péninsule balkanique.

Pombal (Sebastião José de Carvalho e Melo, marquis de) (1699 – 1782), homme d'État portugais. Ministre (1755) de Joseph Ier jusqu'à la mort de ce souverain (1777), il réorganisa l'armée et l'économie, lutta contre la noblesse et l'Église, reconstruisit Lisbonne*.

pombé [pɔmbe] n. m. (Afr. subsah.) En rép. dém. du Congo, boisson fabriquée artisanalement à partir de bananes, de maïs, de mil ou de sorgho fermentés.

pomélo ou **pomelo** [pɔmelo] n. m. **1.** Arbre cultivé des régions chaudes (fam. rutacées). **2.** Fruit de cet arbre, agrume à chair rose ressemblant au pamplemousse mais moins amer.

Poméranie, rég. de Pologne, sur la Baltique. Occupée par des Slaves, les Poméraniens (présence attestée au IXe s.), elle fut revendiquée par l'ordre Teutonique, puis la Prusse et la Suède se la disputèrent. Elle échut à la Prusse en 1815. En 1945, la majeure partie de la Poméranie revint à la Pologne.

pommade [pɔmad] n. f. Préparation médicamenteuse, pâte obtenue en mélangeant un excipient gras et une substance active, que l'on utilise en onctions locales. ▷ Loc. fig. *Passer de la pommade à qqn,* le flatter.

pommader [pɔmade] v. tr. [1] Enduire de pommade.

pomme [pɔm] n. f. **I. 1.** Fruit comestible du pommier, à la chair croquante et parfumée, à la peau fine et coriace, colorée, selon les variétés, de rouge, de vert, de jaune ou de gris-brun. *Tarte aux pommes.* – *Pomme douce* ou *pomme à couteau,* à pulpe sucrée, qui se mange crue. – *Pomme à cidre,* dont le jus fermenté fournit cette boisson. ▷ Loc. fig., fam. *Tomber dans les pommes :* s'évanouir. – *Haut comme trois pommes :* tout petit (généralement, en parlant d'un enfant). **2.** *Pomme d'Adam :* saillie du cartilage thyroïde, à la partie antérieure du cou de l'homme. **3.** CUIS *Ellipt.* Pomme de terre. *Pommes frites.* **4.** Nom cour. du fruit de divers végétaux. – *Pomme de Sodome :* fruit de l'arbre à soie. – *Pomme rose :* fruit du jambosier. ▷ *Pomme d'acajou, pomme de cajou* ou (Afr. subsah.) *pomme-cajou :* pédoncule hypertrophié (comestible) de l'anacarde. ▷ *Pomme de pin :* cône de pin. Syn. (Suisse) pive. ▷ (Acadie) *Pomme de pré :* airelle canneberge. V. canneberge, atoca. **5.** Loc. fam. (Québec) *Chanter la pomme à (qqn) :* essayer de séduire (qqn), courtiser (qqn); tenter de convaincre (qqn) par ruse. – *Chanteur de pomme :* séducteur. **II. 1.** Boule compacte formée par les feuilles intérieures du chou, de certaines salades. **2.** Ornement en forme de pomme, de boule. **3.** *Pomme de douche :* pièce perforée de multiples trous, qui s'adapte à la tuyauterie d'une douche et qui disperse l'eau en pluie. – *Pomme d'arrosoir :* tête perforée du tuyau d'un arrosoir.

pommé, ée [pɔme] adj. Rond et compact, en parlant d'un chou, d'une salade. *Laitue pommée.*

pommeau [pɔmo] n. m. **1.** Boule servant de poignée à une canne. **2.** Pièce arrondie à l'extrémité de la poignée d'un sabre, d'une épée. **3.** Éminence arrondie au milieu de la partie antérieure de l'arçon d'une selle.

pomme-cajou [pɔmkaʒu] n. f. (Afr. subsah.) Pomme d'acajou (V. pomme, sens I, 4). *Des pommes-cajou.*

pomme-cannelle [pɔmkanɛl] n. f. Fruit comestible d'une sorte d'anone. *Des pommes-cannelle.*

pomme-Cythère [pɔmsitɛʀ] n. f. Fruit comestible d'un arbre voisin du mombin. *Des pommes-Cythère.*

pomme de terre [pɔmdətɛʀ] n. f. **1.** Tubercule comestible de la morelle tubéreuse, très riche en amidon. *Pommes de terre cuites à l'eau, frites.* Syn. fam. patate. **2.** Plante annuelle (fam. solanacées) herbacée, à fleurs blanches, dont la tige, en sa partie souterraine, développe des tubercules (*pommes de terre,* sens 1). **3.** Nom donné à de petits tubercules comestibles d'Afrique. *Pomme de terre cafre, pomme de terre hausa.*

pommelé, ée [pɔmle] adj. **1.** *Cheval pommelé,* dont la robe, à fond blanc, est couverte de taches grises arrondies. **2.** *Ciel pommelé,* couvert de petits nuages arrondis blancs ou grisés.

pommelle [pɔmɛl] n. f. TECH Plaque perforée placée à l'ouverture d'un tuyau d'évacuation pour éviter l'obstruction de la canalisation par les détritus.

pommer [pɔme] v. intr. [1] En parlant des choux, des salades, devenir pommé, se former en boule. Syn. (Belgique) tourner.

pommette [pɔmɛt] n. f. **1.** Partie saillante de la joue, au-dessous de l'angle externe de l'œil. **2.** (Québec) Petite pomme.

pommier [pɔmje] n. m. Arbre (fam. rosacées) aux feuilles ovales dentées, aux fleurs blanches plus ou moins rosées, qui produit la pomme. – *Pommier d'acajou* ou *pommier-cajou :* anacardier. – *Pommier du Cayor :* arbre d'Afrique tropicale (fam. rosacées), dont le fruit comestible est la pomme du Cayor.

pommier-cajou [pɔmjekaʒu] n. m. (Afr. subsah.) Anacardier. *Des pommiers-cajou.*

Pomone, dans la myth. rom., déesse des Fruits et des Jardins.

Pompadour (Jeanne Antoinette Poisson, marquise de) (1721 – 1764), maîtresse de Louis XV de 1745 à 1750. Elle protégea les arts et les lettres.

pompage [pɔ̃paʒ] n. m. **1.** Action de pomper. **2.** PHYS *Pompage optique :* technique permettant de créer, par absorption d'une onde, des populations d'ions, d'atomes et de molécules différentes de celles qui correspondent à l'équilibre thermique.

1. pompe [pɔ̃p] n. f. **1.** Cérémonial somptueux. – Loc. *En grande pompe :* en grande cérémonie. **2.** Plur. *Pompes funèbres :* service chargé des cérémonies funéraires, des enterrements. **3.** Péjor. Emphase, solennité affectée. **4.** RELIG Vains plaisirs. *Renoncer à Satan, à ses pompes et à ses œuvres.*

2. pompe [pɔ̃p] n. f. **1.** Machine mettant un fluide en mouvement, soit pour l'extraire de son gisement naturel ou d'un récipient, soit pour le faire circuler dans une canalisation. *Pompe à eau, à essence. Pompe à incendie.* – *Pompe solaire,* fonctionnant à l'énergie solaire. – *Pompe à chaleur :* syn. de *thermopompe.* **2.** *Serrure à pompe :* serrure de sûreté dans laquelle la clé doit repousser des ressorts avant de faire jouer le pêne. **3.** Fam. *Coup de pompe :* sensation soudaine d'épuisement, de grande fatigue (cf. *coup de barre*). **4.** Fam. Exercice de flexion des bras, en station allongée face au sol. *Faire des pompes.*

Pompée (en lat. *Cneius Pompeius Magnus*) (106 – 48 av. J.-C.), général et homme politique romain. Fidèle au parti conservateur, il soutint Sulla contre Marius. Il pacifia l'Espagne (77-71), puis écrasa les derniers partisans de Spartacus (71); sa popularité lui assura alors le consulat (avec Crassus). Doté de pouvoirs exceptionnels, il vainquit Mithridate (66) et soumit l'Orient. Revenu à Rome (62), il forma avec César et Crassus le premier triumvirat (60). À la mort de Crassus (53), Pompée, consul unique grâce au sénat, se déclara hostile à César qui, en 49, franchit le Rubicon et le battit à Pharsale (48). Pompée se réfugia en Égypte, où, croyant plaire à César, Ptolémée le fit tuer.

Pompéi, v. antique de Campanie, à 25 km au S.-E. de Naples, fondée par les Osques au VIe s. av. J.-C. , en bordure de mer et au pied du Vésuve. En 79 apr. J.-C., lors d'une éruption du volcan, elle fut brusquement ensevelie sous une couche de roches volcaniques et de cendres. Les fouilles, commencées en 1748 (et méthodiquement entreprises après 1860), ont déblayé une grande partie de la ville, donnant de précieux renseignements sur la vie quotidienne des Anciens. Préservées par les dépôts volcaniques, plusieurs demeures patriciennes ont livré statues, orfèvrerie, mosaïques et, surtout, fresques, inspirées par la peinture grecque (villa des Mystères, maison de Cornelius Rufus, des Vettii, etc.).

pomper [pɔ̃pe] v. tr. [1] **1.** Puiser, aspirer ou refouler avec une pompe. *Pomper l'eau d'un puits.* **2.** Aspirer (un liquide) par une voie naturelle. *Mouche qui pompe une goutte de jus de viande.* **3.** Absorber (un liquide). *L'éponge pompe l'eau répandue.* ▷ Fig. Attirer à soi, s'emparer de. *Pomper les économies de qqn.* **4.** Loc. fig., fam. *Être pompé,* épuisé. **5.** (Afr. subsah.) Fam. Gonfler avec une pompe. *Pomper les pneus d'un engin.*

pompeusement [pɔ̃pøzmɑ̃] adv. Péjor. Avec emphase.

pompeux, euse [pɔ̃pø, øz] adj. Emphatique, d'une solennité quelque peu ridicule.

Pompidou (Georges) (1911 – 1974), homme politique français. Membre du cabinet de De Gaulle (1944-1946), directeur de la banque Rothschild (1954-1962), il fut Premier ministre (1962-1968), puis élu président de la

République (1969). La mort interrompit son mandat.

Pompidou (Centre national d'art et de culture Georges-) (CNAC), établissement culturel créé à Paris sur décision (1971) du président Pompidou. Inauguré en 1977, il abrite le musée national d'Art moderne.

1. pompier [pɔ̃pje] n. m. Homme faisant partie d'un corps organisé pour combattre les incendies et les sinistres.

2. pompier, ère [pɔ̃pje, ɛʀ] adj. Péjor. Conventionnel et emphatique. *Un discours pompier.* ▷ BX-A Qui traite avec recherche et réalisme des sujets conventionnels. *Un peintre pompier. Le style pompier.*

pompile [pɔ̃pil] n. m. ENTOM Hyménoptère porte-aiguillon qui paralyse les araignées pour nourrir ses larves.

pompiste [pɔ̃pist] n. Personne qui distribue l'essence aux automobilistes, dans une station-service.

pompon [pɔ̃pɔ̃] n. m. Houppe ronde de brins de laine, de soie, etc., qui sert d'ornement.

pomponner [pɔ̃pɔne] v. tr. [1] Parer avec beaucoup de soin. ▷ v. pron. *Elle se pomponne devant la glace.*

ponant [pɔnɑ̃] n. m. **1.** Vx Occident, couchant. *Le levant et le ponant.* ▷ *Le Ponant :* l'océan Atlantique. – *La flotte du Ponant,* qui croisait dans l'océan Atlantique. **2.** (France rég.) Vent d'ouest.

ponçage [pɔ̃saʒ] n. m. Action, manière de poncer.

1. ponce [pɔ̃s] n. f. **1.** Roche poreuse très légère, d'origine volcanique, appelée plus cour. *pierre ponce.* **2.** TECH Petit sachet de toile rempli d'une poudre colorante qui sert à poncer (sens 2) un dessin.

2. ponce [pɔ̃s] n. f. (Québec) Grog à base de gin que l'on prend pour lutter contre les refroidissements, pour faciliter la digestion, etc.

1. ponceau [pɔ̃so] adj. inv. De la couleur rouge vif du coquelicot.

2. ponceau [pɔ̃so] n. m. Petit pont à une seule arche.

Poncelet (Jean Victor) (1788 – 1867), général et mathématicien français.

Ponce Pilate. V. Pilate.

poncer [pɔ̃se] v. tr. [12] **1.** Décaper, polir au moyen de la pierre ponce, et, par ext., d'un abrasif quelconque. **2.** TECH Reproduire au poncif. *Poncer un dessin.*

ponceur, euse [pɔ̃sœʀ, øz] n. **1.** n. Ouvrier, ouvrière qui opère le ponçage. **2.** n. f. Machine à poncer. Syn. (Québec) sableuse.

poncho [pɔnʃo] n. m. Manteau fait d'une couverture percée au centre pour y passer la tête.

poncif [pɔ̃sif] n. m. **1.** TECH Dessin dont le contour est piqué de multiples trous et que l'on peut reproduire en l'appliquant sur une surface quelconque et en y passant une ponce (sens 2). **2.** Fig. Idée conventionnelle, rebattue; lieu commun, cliché.

ponction [pɔ̃ksjɔ̃] n. f. **1.** MED, CHIR Prélèvement d'un liquide dans une cavité du corps, opéré au moyen d'une aiguille creuse, d'un trocart. **2.** Fig. Prélèvement (d'argent, notam.).

ponctionner [pɔ̃ksjɔne] v. tr. [1] MED, CHIR Opérer la ponction de, une ponction dans.

ponctualité [pɔ̃ktɥalite] n. f. Exactitude à faire les choses en temps voulu. – (En parlant de choses.) *La ponctualité d'un paiement.* ▷ *Spécial.* Habitude, fait d'être à l'heure.

ponctuation [pɔ̃ktɥasjɔ̃] n. f. **1.** Système de signes graphiques permettant de séparer les phrases d'un texte, d'indiquer certains rapports syntaxiques à l'intérieur de celles-ci et de noter divers faits d'intonation. – *Signes de ponctuation :* point, virgule, point-virgule, guillemets, etc. **2.** Utilisation de ces signes; action, manière de ponctuer.

ponctuel, elle [pɔ̃ktɥɛl] adj. **1.** Exact, régulier, qui fait à point nommé ce qu'il doit faire. **2.** OPT Qui se présente comme un point. *Source lumineuse ponctuelle.* **3.** Fig. Qui porte sur un point, une partie seulement, et non sur l'ensemble.

ponctuellement [pɔ̃ktɥɛlmɑ̃] adv. Avec ponctualité.

ponctuer [pɔ̃ktɥe] v. tr. [1] **1.** Marquer de signes de ponctuation (un texte). ▷ (S. comp.) *Il ne sait pas ponctuer.* **2.** Accompagner, souligner (ses paroles) de gestes, de bruits.

pondérable [pɔ̃deʀabl] adj. Didac. Dont le poids peut être déterminé.

pondéral, ale, aux [pɔ̃deʀal, o] adj. Relatif au poids. *Analyse pondérale.*

pondérateur, trice [pɔ̃deʀatœʀ, tʀis] adj. **1.** Qui a une influence modératrice, qui atténue, tempère. *Élément pondérateur.* **2.** MATH, STATIS Qui pondère. *Coefficient pondérateur.*

pondération [pɔ̃deʀasjɔ̃] n. f. **1.** Action, fait de pondérer; son résultat. **2.** Fig. Calme, équilibre, modération. **3.** MATH, STATIS Opération qui consiste à pondérer (une variable).

pondéré, ée [pɔ̃deʀe] adj. **1.** Qui fait preuve de pondération. **2.** MATH, STATIS Qui a subi une pondération (en parlant d'une variable). – ECON *Indice pondéré.*

pondérer [pɔ̃deʀe] v. tr. [14] **1.** Équilibrer (des forces, des tendances). Syn. modérer, tempérer. **2.** MATH, STATIS Affecter (une variable) d'un coefficient qui modifie son incidence sur un résultat. – ECON *Pondérer un indice de prix.*

pondéreux, euse [pɔ̃deʀø, øz] adj. Se dit d'une matière très pesante. ▷ n. m. *Les pondéreux.*

pondeuse [pɔ̃døz] n. f. (et adj. f.) Femelle d'oiseau qui pond. ▷ adj. f. *Poule pondeuse.*

Pondichéry, v. de l'Inde, sur la côte de Coromandel; 162 640 hab.; cap. du *territoire de Pondichéry* (480 km²; 789 400 hab.). Port. – Siège de la Compagnie des Indes (XVIIe s.), elle fut la cap., jusqu'en 1954, des Établissements français dans l'Inde.

pondoir [pɔ̃dwaʀ] n. m. TECH Endroit où pondent les poules.

pondre [pɔ̃dʀ] v. tr. [6] **1.** Expulser, donner (un, des œufs), en parlant des femelles des animaux ovipares. ▷ Absol. *Cette poule pond tous les jours.* **2.** Fig., fam. Produire (un texte écrit). *Pondre une lettre.*

poney [pɔnɛ] n. m. Cheval de petite taille (moins de 1,47 m au garrot).

Ponge (Francis) (1899 – 1988), poète français. Attaché aux objets (*le Parti pris des choses,* 1942), il a transposé leur matérialité grâce aux ressources «cachées» du langage (étymologie, etc.) : *Pour un Malherbe* (1965), *le Savon* (1967), *la Fabrique du pré* (1971).

pongé(e) [pɔ̃ʒe] n. m. Étoffe légère, faite de laine et de bourre de soie.

pongidés [pɔ̃ʒide] n. m. pl. ZOOL Famille de grands singes dépourvus de queue, aux membres supérieurs plus longs que les membres inférieurs, aux pieds préhensiles, qui comprend le gorille, le chimpanzé et l'orang-outan. – Sing. *Un pongidé.*

pongiste [pɔ̃ʒist] n. SPORT Joueur, joueuse de ping-pong.

Poniatowski (Józef ou Joseph, prince) (1763 – 1813), général polonais. En 1807, Napoléon Ier le plaça à la tête de l'armée polonaise. Il se noya dans l'Elster en protégeant la retraite après la défaite de Leipzig.

Ponson du Terrail (Pierre Alexis, vicomte) (1829 – 1871), romancier français (feuilletons) : *les Exploits de Rocambole* (1859).

pont [pɔ̃] n. m. **1.** Ouvrage d'art, construction permettant de franchir un obstacle encaissé, un cours d'eau, un bras de mer, etc. ▷ Par anal. *Faire le pont :* se renverser en arrière jusqu'à ce que les mains touchent terre, les pieds restant à plat sur le sol. ▷ (Québec) *Pont de glace :* partie glacée d'un cours d'eau aménagée pour passer d'une rive à l'autre. ▷ *Pantalon à pont,* comportant sur le devant un large pan rectangulaire boutonné. ▷ (Québec) Prothèse dentaire qui prend appui sur des dents saines, bridge (2). ▷ (Québec) *Poêle à deux ponts, à trois ponts :* V. poêle. **2.** Fig. Ce qui sert de lien entre deux choses. ▷ Loc. fig. *Couper les ponts avec qqn,* rompre toute relation avec lui. – *Faire le pont :* ne pas travailler entre deux jours fériés. **3.** *Ponts et Chaussées :* service public qui s'occupe de la construction et de l'entretien des ponts, des routes, des voies navigables et des installations portuaires. **4.** Par anal. *Pont aérien :* va-et-vient d'avions destiné à établir une liaison d'urgence pour ravitailler un lieu isolé. **5.** MILIT *Tête de pont :* position conquise sur une rive ou une côte ennemie qui servira de point de départ à des opérations ultérieures. **6.** TECH *Pont roulant :* engin de manutention constitué par un portique roulant sur deux rails et par un chariot muni d'un treuil de levage. **7.** AUTO Ensemble des organes mécaniques servant à transmettre le mouvement du moteur aux roues d'un véhicule. ▷ *Pont de graissage* ou *pont,* utilisé pour soulever les automobiles afin de les graisser, de les réparer. **8.** CHIM Configuration de structure constituée par un atome ou une chaîne atomique non ramifiée reliant deux atomes d'une molécule liés par ailleurs. ▷ *Pont hydrogène :* liaison due aux forces électrostatiques qui s'exercent entre le dipôle électrique formé par un atome d'hydrogène lié à un atome très électronégatif (oxygène, azote), et un atome électronégatif appartenant à la même molécule *(pont hydrogène intramoléculaire* ou *chélation)* ou à une autre *(pont hydrogène intermoléculaire).* ▷ *Pont peroxo :* V. peroxo-. **9.** ELECTR Dispositif à quatre éléments de circuits, dont l'une des diagonales est occupée par une source de courant, et l'autre par un appareil de mesure. *Pont de Wheatstone.* **10.** Ensemble de bordages horizontaux qui couvrent le creux de la coque d'un navire ou la divisent en étages appelés *entreponts.*

Pont, roy. d'Asie Mineure, sur le Pont-Euxin; anc. satrapie perse (v. 520 av. J.-C.) que Mithridate Ier Ktistês proclama royaume indép. en 301 av. J.-C.

Ponta Delgada, port et ch.-l. de la rég. autonome des Açores (île de São Miguel); 21 200 hab.

pontage [pɔ̃taʒ] n. m. **1.** Action de construire un pont. **2.** CHIR Dérivation pratiquée sur une artère obstruée, par greffe d'un morceau de veine ou d'artère. **3.** Didac. Réunion d'éléments par un pont (sens 8 et 9).

1. ponte [pɔ̃t] n. f. **1.** Action de pondre. ▷ Ensemble des œufs pondus en une seule fois. **2.** PHYSIOL *Ponte ovulaire :* ovulation.

2. ponte [pɔ̃t] n. m. **1.** Personne qui joue contre le banquier, dans les jeux de hasard. **2.** Fam. Personnage influent.

Ponte (Lorenzo Da). V. Da Ponte.

ponté, ée [pɔ̃te] adj. **1.** MAR Dont le creux de la coque est recouvert par un ou plusieurs ponts, en parlant d'une embarcation. *Canot ponté.* **2.** CHIM Se dit d'une molécule qui comporte un ou plusieurs ponts (sens 8).

ponter [pɔ̃te] v. tr. [**1**] Réaliser le pontage de (sens 2 et 3).

pontet [pɔ̃tɛ] n. m. TECH Demi-cercle d'acier qui protège la détente d'un fusil, d'un pistolet, etc.

Pont-Euxin (le) (en gr. *Pontos Euxeinos,* «mer hospitalière»), nom donné par antiphrase, dans l'Antiquité, à la mer Noire, rendue souvent dangereuse par le brouillard.

Pontiac (v. 1720 – 1769), chef d'une coalition de tribus indiennes. Allié des Français, il combattit, de 1755 à 1766, les Anglais, qui le vainquirent puis l'assassinèrent.

pontier [pɔ̃tje] n. m. TECH Celui qui manœuvre, conduit un pont roulant. Syn. pontonnier.

pontife [pɔ̃tif] n. m. **1.** *Le souverain pontife :* le pape. **2.** Fig., fam. Personne gonflée de son importance.

pontifical, ale, aux [pɔ̃tifikal, o] adj. **1.** Qui appartient à la dignité de pape, d'évêque. **2.** Qui a rapport au pape. *Gardes pontificaux.*

pontificat [pɔ̃tifika] n. m. Dignité de pape. ▷ Temps pendant lequel un pape occupe le Saint-Siège.

pontifier [pɔ̃tifje] v. intr. [**2**] Discourir de manière solennelle et emphatique.

Pontine (plaine) (anc. *marais Pontins*), plaine d'Italie (Latium), sur la mer Tyrrhénienne. Cultivée à l'époque romaine, elle devint marécageuse. Des travaux accomplis entre 1926 et 1939 en ont fait une région de cultures.

pont-levis [pɔ̃ləvi] n. m. Pont mobile qu'on pouvait abaisser ou relever au-dessus du fossé entourant un château-fort. *Des ponts-levis.*

Pont-Neuf (le), pont de Paris (le plus ancien), construit de 1578 à 1606, qui traverse la pointe aval de l'île de la Cité.

ponton [pɔ̃tɔ̃] n. m. **1.** Plate-forme flottante reliée à la terre, servant notam. à l'amarrage des bateaux, dans un port. **2.** MAR Navire désaffecté transformé en dépôt de matériel, en caserne, en prison, etc., dans un port.

pontonnier [pɔ̃tɔnje] n. m. **1.** MILIT Soldat du génie chargé de la mise en œuvre et de l'entretien des ponts mobiles. **2.** TECH Pontier.

Pontormo (Iacopo Carrucci, dit le) (1494 – v. 1556), peintre maniériste italien.

Pontus de Tyard ou **Thiard** (1521 – 1605), écrivain français; poète et humaniste de la Pléiade.

Ponty (Amédée Wilham Merlaud-Ponty, dit William) (1866 – 1915), administrateur français. Gouverneur de l'Afrique-Occidentale française (1904-1915), il chercha à associer les élites africaines au développement des colonies (*écoles William-Ponty*).

1. pool [pul] n. m. **1.** Groupement provisoire entre des agents économiques ou des nations, qui a pour but de maîtriser le prix ou la quantité d'un bien sur le marché. **2.** *Pool de dactylos :* groupe de dactylos travaillant pour un même service, dans une entreprise. **3.** BIOL *Pool génétique :* ensemble des caractères génétiques propres à une population.

2. pool [pul] n. m. (Afr. subsah.) Partie du cours d'une rivière où elle s'étale largement.

Pool Malebo (anc. *Stanley Pool*), lac (450 km^2; long de 40 km, largeur max. 25 km), formé par les eaux étalées du fleuve Congo. Sur sa rive S.-E. a été bâti Kinshasa; sur sa rive N.-O., Brazzaville.

Poot (Marcel) (1901 – 1988), compositeur belge. Élève de P. Dukas, il fit partie en 1925 du groupe des Synthétistes (expressionnistes) : *l'Ouverture joyeuse* (1934), le ballet *Pygmalion* (1951), oratorios, œuvres symphoniques.

pop [pɔp] n. f. et adj. inv. Abrév. de *pop music.* – adj. inv. Relatif à la pop music. *Des disques pop.*

popa, aa [popa] adj. et n. (Polynésie fr.) Qui est européen. ▷ Subst. *Les Popaas sont arrivées.*

pop'art ou **pop art** [pɔpaʀ(t)] n. m. BX-A (Anglicisme) Mouvement artistique contemporain, mode de création plastique recourant largement aux objets les plus quotidiens ainsi qu'aux procédés graphiques de la publicité et de la mode. (Né en Angleterre entre 1954 et 1957, le pop'art s'imposa à partir de 1959 aux É.-U.; princ. représentants : Roy Lichtenstein, Andy Warhol, Tom Wesselmann, James Rosenquist, Claes Oldenburg.)

pop-corn [pɔpkɔʀn] n. m. inv. Friandise faite de grains de maïs soufflés à chaud, sucrés ou salés.

pope [pɔp] n. m. Prêtre de l'Église orthodoxe.

Pope (Alexander) (1688 – 1744), poète classique anglais.

popeline [pɔplin] n. f. **1.** Étoffe à chaîne de soie et trame de laine. **2.** Tissu léger, de soie ou de coton, dont la texture rappelle celle de la popeline proprement dite.

Popesco (Elvire) (1896 – 1993), actrice française d'origine roumaine. Elle débuta au théâtre à Bucarest puis vint à Paris, où elle connut de retentissants succès dans le théâtre de boulevard : *Tovaritch* (1933), de J. Deval; *la Mamma* (1957), d'A. Roussin. Elle a tourné de nombreux films et dirigé le Théâtre de Paris.

Popescu-Gopo (Ion) (né en 1923), cinéaste roumain. Ses dessins animés mêlent poésie, humour et fantastique : *Une courte histoire* (1957); *les Sept Arts* (1958); *Homo sapiens* (1960); *Allo, Allo!* (1962); *Sancta simplicitas* (1968).

popinée [popine] n. f. (Nouv.-Cal.) Jeune femme canaque. *Les popinées sont parties à rire quand il s'est approché avec son costume rose.*

poplité, ée [pɔplite] adj. ANAT Du jarret. – *Creux poplité :* région postérieure du genou.

pop music [pɔpmyzik] n. f. (Anglicisme) Musique d'origine anglo-américaine issue pour l'essentiel du rock and roll et enrichie par des apports très divers (jazz, folk, blues, musique savante contemporaine, musique indienne, etc.) (Abrév. : pop).

Popocatepetl, volcan du Mexique (5452 m), à 60 km de Mexico.

Popol Vuh, poème épique en langue quiché, du XVIe s., relatant les origines du monde, fondement des traditions religieuses des Mayas.

popote [pɔpɔt] n. f. et adj. inv. Fam. **I.** n. f. **1.** Cuisine. *Faire la popote.* **2.** Groupe de militaires qui prennent leur repas en commun. ▷ (Afr. subsah.) Groupe de civils qui partagent les frais d'une table commune. **3.** (Guyane) Anc. Bagnard de Cayenne. ▷ *Par ext.* Européen pauvre. **II.** adj. inv. Excessivement attaché à son foyer, à son ménage; casanier et terre à terre.

Popov (Alexandre Stepanovitch) (1859 – 1906), physicien russe. Il construisit le premier radiorécepteur (1896) et parvint à émettre et à recevoir des signaux radiophoniques en morse.

Poppée (en lat. *Poppæa Augusta*) (m. en 65 apr. J.-C.), la favorite (58) puis la femme (62) de Néron, qui la tua d'un coup de pied dans le ventre alors qu'elle était enceinte.

Popper (sir Karl Raimund) (1902 – 1994), philosophe britannique d'origine autrichienne. Épistémologue, il a défini les critères de démarcation entre science et métaphysique.

populace [pɔpylas] n. f. Péjor. Classes populaires pauvres; le peuple lui-même.

populacier, ère [pɔpylasje, ɛʀ] adj. Litt. Propre à la populace.

populaire [pɔpylɛʀ] adj. **1.** Qui fait partie du peuple. *Les classes populaires.* **2.** Constitué, organisé par le peuple. *Gouvernement populaire. – Démocratie* populaire.* **3.** Propre au peuple; destiné au peuple. **4.** Qui est connu et aimé du peuple. *Un ministre très populaire.*

populairement [pɔpylɛʀmɑ̃] adv. De manière populaire. ▷ Dans le langage populaire. *L'hôpital, appelé populairement «l'hosto».*

popularisation [pɔpylaʀizasjɔ̃] n. f. Action d'être popularisé, de se populariser.

populariser [pɔpylaʀize] v. tr. [**1**] Rendre populaire, célèbre; faire connaître du plus grand monde.

popularité [pɔpylaʀite] n. f. Fait d'être populaire, de plaire au plus grand nombre.

population [pɔpylasjɔ̃] n. f. **1.** Ensemble des habitants d'un pays, d'une ville, etc. *Recenser la population.* ▷ Par anal. *La population d'une ruche.* **2.** Ensemble des membres d'une classe, d'une catégorie sociale particulière. *Population rurale, scolaire. – Population active :* ensemble des personnes exerçant habituellement une activité professionnelle. **3.** BIOL Ensemble des individus d'une même espèce animale ou végétale, vivant dans une même région. – *Génétique des populations :* étude des lois d'évolution des populations. **4.** STATIS Ensemble d'objets, d'unités sur lesquels portent des observations, ou donnant lieu à un classement statistique.

populationniste [pɔpylasjɔnist] adj. et n. ECON Se dit d'une personne favorable à l'accroissement de la population.

populeux, euse [pɔpylø, øz] adj. Où la population est nombreuse.

populisme [pɔpylism] n. m. **1.** POLIT Idéologie de certains mouvements politiques se référant au peuple mais rejetant la notion de lutte des classes (notam. en Amérique latine depuis le début du XXe s.). **2.** LITTER École littéraire, créée en 1929, qui prônait la description de la vie du petit peuple. ▷ *Par ext.* Courant pictural ou cinématographique qui s'attache à la représentation de la vie des petites gens.

populiste [pɔpylist] adj. et n. Qui a rapport au populisme. ▷ Subst. Partisan du populisme.

poque [pɔk] n. f. (Québec) Fam. Marque, bosse résultant d'un coup. *Avoir une poque dans le front. Faire une poque sur une table.*

Poquelin (Jean-Baptiste). V. Molière.

poquer [pɔke] v. [1] **I.** v. intr. Au jeu de boules, jeter sa boule en l'air, de telle manière qu'elle retombe sans rouler. **II.** v. tr. (Québec) Fam. **1.** Faire une marque, une bosse à (qqch). – Pp. adj. *Une pomme toute poquée.* **2.** Blesser, maltraiter (qqn). Syn. maganer. – Pp. adj. *Avoir la face poquée :* avoir le visage marqué de coups. – Syn. de *magané. Être poqué, avoir l'air poqué,* fatigué.

poquet [pɔkɛ] n. m. AGRIC Trou dans lequel on dépose plusieurs semences.

Porbus. V. Pourbus.

porc [pɔʀ] n. m. **1.** Mammifère domestique omnivore (*Sus scrofa domesticus,* type de la fam. des suidés) au corps trapu couvert de soies, à la tête allongée terminée par un solide groin fouisseur, élevé pour sa chair et secondairement pour son cuir. **2.** Viande de cet animal. ▷ Cuir de porc. **3.** Fig., fam. Homme malpropre ou grossier. ▷ Homme grossièrement libidineux.

porcelaine [pɔʀsəlɛn] n. f. **I.** ZOOL Mollusque gastéropode (genre *Cypræa*), assez commun dans les mers chaudes, dont la coquille vernissée est parsemée de taches colorées. **II.** (Par anal. d'aspect.) **1.** Produit céramique non coloré, fin et translucide, à pâte non poreuse, recouvert d'un enduit vitrifié. *Vase, tasses de porcelaine.* **2.** Objet de porcelaine. *Une porcelaine de Sèvres.*

porcelainier, ère [pɔʀsəlenje, ɛʀ] n. Celui, celle qui fabrique ou qui vend de la porcelaine.

porcelet [pɔʀsəlɛ] n. m. Jeune porc.

porc-épic [pɔʀkepik] n. m. Mammifère rongeur dont le corps est couvert de longs piquants. *Des porcs-épics.*

porche [pɔʀʃ] n. m. **1.** Avant-corps d'un édifice, donnant accès à la porte d'entrée. *Le porche d'une église.* **2.** Vestibule d'un palais, d'un hôtel.

porcher, ère [pɔʀʃe, ɛʀ] n. Personne qui garde ou qui soigne les porcs.

porcherie [pɔʀʃəʀi] n. f. **1.** Bâtiment dans lequel on loge, on élève les porcs. Syn. (Suisse) boiton, (Acadie) tet à cochons. **2.** Fig. Lieu très sale.

porcin, ine [pɔʀsɛ̃, in] adj. et n. m. **I.** adj. **1.** Qui a rapport au porc. *La race porcine.* **2.** Dont l'apparence évoque celle du porc. *Visage porcin.* **II.** n. m. *Les porcins :* les porcs domestiques; *par ext.* les suidés.

pore [pɔʀ] n. m. **1.** Chacun des orifices microscopiques, à la surface de la peau, où débouchent les canaux des glandes sudoripares. ▷ Par ext. BOT *Pores d'une feuille.* **2.** Chacune des très petites cavités que présentent certaines matières minérales.

poreux, euse [pɔʀø, øz] adj. Qui a des pores, qui est perforé de très nombreux petits trous. *Roche poreuse.*

pornographe [pɔʀnɔgʀaf] n. et adj. Auteur, artiste spécialisé dans les œuvres obscènes. ▷ adj. Qui produit des œuvres, des objets pornographiques. *Éditeur pornographe.*

pornographie [pɔʀnɔgʀafi] n. f. Production de livres, de films, etc., d'une obscénité à caractère sexuel; caractère obscène de ceux-ci.

pornographique [pɔʀnɔgʀafik] adj. Qui a rapport à la pornographie.

porosité [pɔʀozite] n. f. État d'un corps poreux. *La porosité d'une poterie.*

porphyre [pɔʀfiʀ] n. m. Roche d'origine volcanique, très dure, formée d'une pâte feldspathique vitreuse présentant de grosses inclusions cristallines. *Porphyre rouge, vert, bleu, noir.*

Porphyre (en gr. *Porphurios*) (234 – v. 305), philosophe néo-platonicien de l'école d'Alexandrie. Disciple de Plotin, il écrivit de nombreux livres (brûlés en 448) contre le christianisme.

porphyrine [pɔʀfiʀin] n. f. BIOL Pigment de structure polycyclique jouant un rôle important dans les phénomènes respiratoires. *Porphyrines ferrugineuses :* hème et hématine.

Porquet (Dieudonné Niangoran) (né en 1948), écrivain ivoirien. La « griotique » (l'art des griots), conçue dans sa modernité, lui inspire des pièces de théâtre (*Soba ou la Grande Afrique,* 1979) et des poèmes (*Zahoulides,* 1985).

porridge [pɔʀidʒ] n. m. Bouillie de flocons d'avoine.

1. port [pɔʀ] n. m. **1.** Abri naturel ou artificiel aménagé pour recevoir les navires, charger ou décharger leur cargaison, assurer leur entretien, etc. *Port de guerre, de commerce, de pêche, de plaisance.* – *Port d'attache :* port où un navire est immatriculé; fig. lieu où l'on retourne régulièrement, auquel on est affectivement attaché. ▷ Loc. fig. *Arriver à bon port :* arriver à destination sans accident. **2.** Ville bâtie auprès, autour d'un port. *Casablanca est le principal port du Maroc.*

2. port [pɔʀ] n. m. **1.** Action, fait de porter sur soi. *Le port d'un uniforme. Port d'armes.* **2.** Façon de se tenir, maintien. *Un port altier.* **3.** Allure générale d'une plante, d'un arbre. *Le port majestueux du cèdre.* **4.** Prix du transport d'un colis, d'une lettre. – *Port dû,* qui sera payé par le destinataire. – *Port payé,* réglé par l'expéditeur. **5.** MAR *Port en lourd :* poids maximal total qu'un navire peut embarquer.

Port (Le), ch.-l. de cant. de la Réunion (arr. de Saint-Paul), princ. port de l'île, sur la côte N.-O.; 34 806 hab.

portable [pɔʀtabl] adj. et n. m. **1.** adj. Que l'on peut porter. **2.** adj. DR Se dit d'une rente qui doit être acquittée dans le lieu désigné par une convention ou par une décision de justice (par oppos. à *quérable*). **3.** n. m. (Anglicisme) INFORM Micro-ordinateur facile à transporter. – adj. *Un ordinateur portable.*

portage [pɔʀtaʒ] n. m. **1.** Transport d'une charge par un homme, sur le dos ou la tête. **2.** *Spécial.* (Québec) Action de transporter une embarcation par voie de terre pour éviter une chute, un rapide, ou pour rejoindre une voie navigable. ▷ *Par ext.* Endroit où l'on doit faire un tel transport. – Sentier, chemin à travers un bois dédié à ce type de transport.

portager [pɔʀtaʒe] v. [**13**] (Québec) **1.** v. intr. Faire du portage (sens 2). *Portager le long d'un rapide. Portager en raquettes.* **2.** v. tr. et intr. Transporter (des provisions, des marchandises) en forêt à l'aide d'un animal ou avec des moyens de fortune. *Portager avec des chevaux.*

portageur [pɔʀtaʒœʀ] ou **portageux** [pɔʀtaʒø] n. m. (Québec) Autref., ouvrier affecté au transport des provisions, des fardeaux en forêt. – *Collier du portageur :* lanière servant à retenir le fardeau sur le dos du portageur et qui vient s'appuyer sur son front.

portail [pɔʀtaj] n. m. Entrée principale d'un édifice, d'un parc, etc. ▷ Porte monumentale d'un édifice religieux.

portal, ale, aux [pɔʀtal, o] adj. ANAT Relatif à la veine porte (V. porte 2).

portance [pɔʀtɑ̃s] n. f. **1.** AERON Composante verticale de la poussée de l'air sur une aile d'avion. **2.** TRAV PUBL Capacité d'un terrain à supporter des charges.

portant, ante [pɔʀtɑ̃, ɑ̃t] adj. et n. m. **I.** adj. **1.** Qui porte, dont le rôle est de porter, de soutenir. *Mur portant.* **2.** *Bien, mal portant :* en bonne, en mauvaise santé. – Subst. *Les bien, les mal portants.* **3.** Loc. adv. *À bout portant :* V. bout. **4.** MAR *Allures portantes,* celles qui sont comprises entre le vent arrière et le vent de travers. **II.** n. m. THEAT Châssis vertical fixe qui soutient les décors mobiles, les appareils d'éclairage.

Port-Arthur (auj. *Lüshun,* en jap. *Ryūjun*), port de Chine (Liaoning), au sud de l'anc. Mandchourie; 150 000 hab. env. – Cédé aux Russes en 1898 (territoire à bail), il fut pris par les Japonais en 1905 après un siège célèbre.

portatif, ive [pɔʀtatif, iv] adj. Conçu pour pouvoir être transporté facilement. *Téléviseur portatif.*

Port-au-Prince, capitale et princ. port de commerce de la rép. d'Haïti, au fond d'un golfe profond et dans la *baie de Port-au-Prince;* 750 000 hab. Centre économique du pays (sucreries, rhum, manuf. de tabac). – Vers 1700, un navire franç., *le Prince,* aborda dans la baie de Gonave et donna son nom à la ville, qui en 1750 supplanta Le Cap-Français (auj. Cap-Haïtien) comme capitale de la colonie française. Au XXe s., l'agglomération s'est développée de façon accélérée : 150 000 hab. en 1950, 500 000 en 1971, 1 250 000 en 1992.

Port-Cartier, port du Québec, sur l'estuaire du Saint-Laurent, légèrement en amont de Sept-Îles; 10 000 hab.

1. porte [pɔʀt] n. f. **1.** Ouverture pratiquée dans un mur, une clôture quelconque, et qui permet d'entrer dans un lieu fermé ou d'en sortir. – Loc. fig. *Défendre, consigner sa porte :* refuser de recevoir quiconque. – *Mettre qqn à la porte,* le chasser, le renvoyer. ▷ (Belgique) *À la porte :* à l'extérieur, dehors.

Va jouer à la porte. **2.** Panneau mobile qui ferme une porte (sens 1), une baie. *Porte à deux battants.* ▷ Loc. (Belgique) *Trouver porte de bois :* trouver porte close. **3.** Battant, vantail (fermant une ouverture autre qu'une baie). *Porte de voiture, de réfrigérateur.* **4.** Ouverture pratiquée dans l'enceinte d'une ville fortifiée. **5.** HIST *La Sublime Porte* ou *la Porte :* le gouvernement des anciens sultans turcs; la Turquie elle-même.

2. porte [pɔʀt] adj. ANAT *Veine porte,* qui amène au foie le sang provenant des organes digestifs.

porté, ée [pɔʀte] adj. **1.** *Être porté à :* avoir tendance à. *Être porté à médire. Être porté au pessimisme.* ▷ *Être porté sur :* avoir un goût prononcé pour. *Il est porté sur la bonne chère.* **2.** PEINT *Ombre portée,* projetée par un corps sur une surface; représentation picturale d'une telle ombre.

porte-à-faux [pɔʀtafo] n. m. inv. et loc. adj. CONSTR Partie d'un ouvrage qui n'est pas d'aplomb, qui est mal assurée, en position instable. ▷ Loc. adj. *En porte à faux :* en position instable; fig. dans une situation mal assurée.

porte-aiguillon [pɔʀtegɥijɔ̃] n. m. ENTOM Hyménoptère dont la femelle est munie d'une tarière transformée en aiguillon. *Des porte-aiguillons.*

porte-à-porte [pɔʀtapɔʀt] n. m. inv. Méthode de vente qui consiste à proposer des produits, des services à des particuliers à leur domicile. *Faire du porte-à-porte.*

porte-avions [pɔʀtavjɔ̃] n. m. inv. MAR Bâtiment de guerre spécialement aménagé pour transporter des avions de combat ou de reconnaissance et leur permettre de décoller et d'atterrir.

porte-bagages [pɔʀt(ə)bagaʒ] n. m. inv. **1.** Filet, grillage, casier, etc., destiné à recevoir les bagages, dans un véhicule de transports en commun. **2.** Petit panneau, le plus souvent à claire-voie, sur lequel on peut assujettir des paquets, des colis, sur une bicyclette, une motocyclette, une voiture de sport, etc. Syn. (Belgique) porte-paquet.

porte-bébé [pɔʀt(ə)bebe] n. m. Couffin, panier, siège ou sac (porté sur le dos ou la poitrine) qui sert à transporter un bébé. *Des porte-bébé(s).*

porte-billets [pɔʀt(ə)bijɛ] n. m. inv. Portefeuille où l'on range exclusivement les billets de banque.

porte-bonheur [pɔʀt(ə)bɔnœʀ] n. m. inv. Objet qui est censé porter chance. – (En appos.) *Un bracelet porte-bonheur.*

porte-bouteilles [pɔʀt(ə)butɛj] n. m. inv. **1.** Casier destiné à ranger des bouteilles horizontalement. Syn. (Belgique) bac (de bière, d'eau minérale). **2.** Panier à cases pour le transport des bouteilles. Syn. (Belgique) bac (de bière, d'eau minérale).

porte-canne [pɔʀtəkan] n. m. inv. (Afr. subsah.) Représentant d'un chef coutumier, qui porte la canne de chef, marque de sa fonction.

porte-cartes [pɔʀtəkaʀt] n. m. inv. **1.** Petit étui, comportant quelquefois plusieurs pochettes, destiné à protéger les papiers que l'on a habituellement sur soi (documents d'identité, cartes de crédit, titres de transport, etc.). **2.** Étui destiné au rangement de cartes géographiques, routières, etc.

porte-cigarettes [pɔʀt(ə)sigaʀɛt] n. m. inv. Étui, boîte à cigarettes.

porte-clés ou **porte-clefs** [pɔʀtəkle] n. m. inv. Anneau ou étui pour porter des clés.

porte-conteneurs [pɔʀt(ə)kɔ̃tənœʀ] n. m. inv. MAR Navire aménagé pour le transport des conteneurs.

porte-documents [pɔʀt(ə)dɔkymɑ̃] n. m. inv. Serviette plate qui sert à porter des papiers, des documents; cartable sans soufflets.

porte-drapeau [pɔʀt(ə)dʀapo] n. m. **1.** Celui qui porte le drapeau d'un régiment. **2.** Fig. Chef de file et propagandiste actif d'un mouvement, d'une organisation. *Des porte-drapeau(x).*

portée [pɔʀte] n. f. **I. 1.** Distance à laquelle une arme, une pièce d'artillerie peut lancer un projectile. *La portée d'un canon.* **2.** Distance à laquelle on peut voir, se faire entendre, toucher qqch. *Restez à portée de voix.* ▷ *À (la) portée (de), hors de (la) portée (de) :* qui peut, qui ne peut pas être atteint (par). **3.** Distance entre les points d'appui d'une pièce qui n'est soutenue que par quelques-unes de ses parties. *Portée d'un pont, d'un arc.* **4.** (Abstrait) *À la portée, hors de portée :* accessible, inaccessible; *spécial.* accessible, inaccessible à la compréhension. – *Être, se mettre à la portée de qqn,* à son niveau d'intelligence, de culture, de compréhension. **5.** Fig. Importance des conséquences (d'une idée, d'un fait). *Invention d'une portée incalculable.* ▷ DR *Portée d'une règle, d'une décision, d'une convention,* son domaine d'application, son objet et ses effets directs, ses incidences monétaire, économique, psychologique, etc., son efficacité ou son effectivité. **II.** Ensemble des petits qu'une femelle mammifère met bas à chaque gestation. **III.** MUS Ensemble des cinq lignes horizontales, équidistantes et parallèles utilisées pour noter la musique.

porte-fenêtre [pɔʀt(ə)fənɛtʀ] n. f. Porte vitrée donnant sur une terrasse, un balcon, etc. *Des portes-fenêtres.*

portefeuille [pɔʀtəfœj] n. m. **I.** Étui, enveloppe en cuir, en matière plastique, etc., comportant généralement plusieurs poches, et destiné à contenir les papiers et l'argent que l'on porte sur soi. **II. 1.** Fonction de direction d'un département ministériel. – *Ministre sans portefeuille,* qui n'est pas à la tête d'un département. **2.** Ensemble de valeurs mobilières et d'effets de commerce appartenant à une personne morale ou physique. *Portefeuille d'actions.*

porte-fort [pɔʀtəfɔʀ] n. m. inv. DR Convention par laquelle une personne promet d'obtenir l'approbation d'un tiers à un acte juridique envisagé.

Porte-Glaive (chevaliers), ordre religieux créé en 1197 à Brême par Albert de Buxhövden, évêque de Riga, qui en fit une organisation militaire en 1202 pour christianiser, par la force, les pays baltes. En 1237, l'ordre s'unit à celui des chevaliers Teutoniques.

porte-greffe(s) [pɔʀtəgʀɛf] n. m. ARBOR Sujet sur lequel on fixe un ou des greffons. *Des porte-greffes.*

porte-hélicoptères [pɔʀtelikɔptɛʀ] n. m. inv. Navire de guerre spécialement aménagé pour le transport, le décollage et l'atterrissage des hélicoptères.

porte-jarretelles [pɔʀtʒaʀtɛl] n. m. inv. Sous-vêtement féminin, ceinture à laquelle sont fixées les jarretelles.

porte-lame [pɔʀtəlam] n. m. TECH Support de lame (d'une moissonneuse ou d'une faucheuse; d'une machine-outil). *Des porte-lame(s).*

Port Elizabeth, v. et port d'Afrique du Sud (prov. du Cap orient.), sur l'océan Indien; 650 800 hab. Import. marché de la laine. Industr. alim. et textile.

portemanteau [pɔʀt(ə)mɑ̃to] n. m. **1.** Applique murale ou support sur pied portant des crochets, des patères, pour suspendre les vêtements. *Des portemanteaux.* **2.** MAR Potence placée sur le pont supérieur d'un navire qui sert à hisser ou à mettre à l'eau les embarcations.

porte-mine ou **portemine** [pɔʀtəmin] n. m. Petit tube en forme de crayon, à l'intérieur duquel on place une mine et qui sert à écrire, à dessiner. *Des porte-mine(s)* ou *des portemines.* Syn. (Québec) crayon à mine.

porte-monnaie [pɔʀt(ə)mɔnɛ] n. m. inv. Petite pochette, petit sac en cuir, en matière plastique, etc., pour les pièces de monnaie.

porte-musc [pɔʀtəmysk] n. m. inv. ZOOL Petit cervidé (*Moschus moschiferus*) d'Asie orientale dont les canines supérieures sont transformées en défenses et dont le mâle possède une poche à musc près de l'ombilic.

porte-objet [pɔʀtɔbʒɛ] n. m. TECH Platine d'un microscope. ▷ Lame sur laquelle on place un objet à examiner au microscope. *Des porte-objet(s).* – (En appos.) *Lame porte-objet.*

porte-ordures [pɔʀtɔʀdyʀ] n. m. inv. (Québec) Pelle à manche court utilisée pour recueillir la poussière balayée. Syn. porte-poussière.

porte-paquet(s) [pɔʀpakɛ] n. m. (Belgique) Porte-bagages (sens 2). *Des porte-paquets.*

porte-parole [pɔʀt(ə)paʀɔl] n. m. inv. Personne qui parle au nom d'une autre, d'un groupe, etc. ▷ (Afr. subsah.) Personne qui traduit ou répète pour l'assistance les paroles d'un chef coutumier ou religieux. ▷ (Afr. subsah.) Intermédiaire entre un responsable et le public.

porte-plume [pɔʀtəplym] n. m. inv. Instrument au bout duquel on fixe une plume à écrire.

porte-poussière [pɔʀtpusjɛʀ] n. m. (Québec) Syn. de *porte-ordures. Des porte-poussière(s).*

porter [pɔʀte] v. [1] **I.** v. tr. **1.** Soutenir, maintenir (un poids). *Porter un fardeau.* – (Afr. subsah.) *Porter un enfant au dos,* le porter sur le dos, maintenu par un pagne. ▷ Fig. *Porter tout le poids, toute la responsabilité de qqch,* en être seul chargé. **2.** Avoir en soi, dans son utérus (un enfant, un petit), en parlant de la femme, des femelles des mammifères. *Femme qui porte un enfant dans son sein.* – (Absol.) *La chienne porte neuf semaines.* ▷ Produire (des graines, des fruits), en parlant de plantes. *Manguier qui porte beaucoup de fruits.* **3.** Prendre avec soi et mettre en un lieu déterminé. *Porter ses chaussures chez le cordonnier.* **4.** (Afr. subsah.) Transporter sur la tête. **5.** Inscrire, enregistrer. *Vous porterez sur ce registre les noms des absents.* **6.** Avoir sur soi. *Porter un manteau. Porter la barbe.* **7.** Avoir, garder (une trace, une marque). *Billet de loterie qui porte tel numéro.* ▷ *Porter un nom,* l'avoir. **8.** Tenir de telle ou telle façon (le corps, une partie du corps). *Porter la tête haute.* **9.** Faire aller (qqch) vers. *Porter des aliments à sa bouche.* ▷ *Porter la main sur qqn, porter un coup à qqn,* le frapper. – (Au sens moral.) *La mort de sa femme lui a porté un rude coup.* ▷ En loc. *Porter un sentiment à qqn,* éprouver à son égard ce sentiment. – *Porter secours à qqn,* le secourir. – *Porter bonheur, malheur :* apporter la chance, la malchance. – *Porter préjudice à qqn,* lui nuire. – *Porter témoignage :* fournir (personnes), constituer (choses) un témoignage. – *Porter un jugement,* l'exprimer. **10.** *Porter à :* entraîner à. *Ses déboires l'ont porté à se méfier.* **11.** Amener, pousser à un degré d'intensité supérieur; élever à une quantité plus grande. *Porter un métal au rouge cerise. Cette mort porte à vingt-huit le nombre des victimes.* ▷ Élever professionnellement, socialement. *Porter qqn aux plus hautes fonctions.* **II.** v. tr. indir. **1.** *Porter sur :* avoir pour point d'appui, pour support, pour fondement. *Tout l'édifice porte sur ces colonnes.* ▷ *Porter à faux :* ne pas reposer directement sur son support, ou n'avoir pas le centre de gravité à la verticale du point d'appui, en parlant d'une partie de construction, d'un objet quelconque. – *Remarque qui porte sur un point important,* qui a pour objet un point important. **2.** *Porter contre :* aller heurter. *Sa tête a porté contre le pare-brise.* **III.** v. intr. Avoir une portée, en parlant d'une arme à feu. *Les mortiers ne portent pas jusqu'ici.* – Fig. *Sa critique a porté,* elle a atteint son but. ▷ *Une voix qui porte :* une voix que l'on entend de loin. **IV.** v. pron. **1.** Aller, se diriger. *Son cheval s'est porté brusquement sur la droite.* ▷ Fig. *L'intérêt se portait tout d'un coup sur lui.* **2.** Se présenter en tant que. *Se porter candidat à une élection.* **3.** Être habituellement porté (vêtements). *Les robes se portent plus longues cet hiver.* **4.** *Se porter bien, mal :* être en bonne, en mauvaise santé.

Porter (Cole) (1893 – 1964), compositeur américain : chansons, comédies musicales, musique de films.

porte-savon [pɔʀtsavɔ̃] n. m. Petit ustensile destiné à recevoir le savon. *Des porte-savon(s).*

Portes de Fer (les), défilé du Danube entre les Carpates (Roumanie) et les Balkans (Serbie). Import. centrale hydroélectrique.

porte-serviettes [pɔʀtsɛʀvjɛt] n. m. inv. Support muni de tringles destiné à recevoir des serviettes de toilette.

Port-Étienne. V. Nouadhibou.

porteur, euse [pɔʀtœʀ, øz] n. et adj. **I.** n. **1.** Personne dont le métier est de porter des fardeaux. ▷ *Spécial.* Celui qui porte les bagages, dans une gare. **2.** n. m. Personne chargée de remettre une lettre. **3.** n. m. FIN Possesseur (d'un titre). *Porteur d'une action.* ▷ Cour. *Billet, chèque au porteur,* qui peut être encaissé par toute personne qui le détient, qui n'est pas nominatif. **4.** n. m. *Porteur de... :* personne qui détient, porte sur soi. *Porteur d'une fausse carte d'identité.* – MED *Porteur de germes* ou *porteur sain :* personne dont l'organisme contient des germes pathogènes, mais qui ne présente pas les signes cliniques de la maladie correspondante. **II.** adj. **1.** *Gros porteur :* se dit d'un avion, d'un camion de grande capacité. ▷ n. m. *Un gros porteur.* **2.** Qui porte. *Essieux porteurs et essieux moteurs d'une locomotive.* **3.** RADIOELECTR *Onde porteuse,* employée pour la transmission d'un signal. **4.** ECON Qui offre des débouchés. *Marché porteur.*

porte-voix [pɔʀtəvwa] n. m. inv. Instrument portatif ou appareil électrique destiné à faire entendre la voix à grande distance. Syn. (Acadie) borgo.

Port-Gentil, v. et princ. port pétrolier du Gabon, à l'embouchure de l'Ogooué; 164000 hab.; ch.-l. de la prov. de l'Ogooué-Maritime. Industr. du bois (contreplaqués). Proches, les gisements côtiers et sous-marins d'Ozouri alimentent une raff. de pétrole. Aéroport international.

Port Harcourt, v. et port du Nigeria, sur une branche du delta du Niger; 304000 hab.; cap. de l'État de Rivers. Raff. de pétrole. Centrale thermique alimentée par un gazoduc. Pétrochimie. Usine de liquéfaction de gaz. Aéroport international.

portier, ère [pɔʀtje, ɛʀ] n. **I.** n. m. **1.** Employé qui garde l'entrée de certains établissements publics (hôtels, notam.). **2.** (France rég., Maghreb) Syn. de *gardien de but* (au football). **II.** n. Personne qui garde la porte d'un couvent.

portière [pɔʀtjɛʀ] n. f. **1.** Tenture destinée à masquer une porte. ▷ (Afr. subsah.) Panneau de bois sculpté fermant à demi l'entrée d'une case. **2.** Porte d'automobile, de voiture de chemin de fer.

portillon [pɔʀtijɔ̃] n. m. Porte à battant généralement bas, qui ferme un passage public.

portion [pɔʀsjɔ̃] n. f. **1.** Partie d'un tout divisé. *Une portion de droite. La portion inondée de l'autoroute.* **2.** Ce qui revient à chacun dans un partage. **3.** Quantité d'un mets destinée à un convive, dans un repas. **4.** (Suisse) *Portion de thé :* contenu d'une théière pour une personne.

portique [pɔʀtik] n. m. **1.** Galerie à l'air libre dont le plafond est soutenu par des colonnes, des arcades. ▷ PHILO ANC *Le Portique :* la philosophie stoïcienne (qui était enseignée sous un portique, le pœcile, à Athènes). **2.** Support constitué de deux éléments verticaux reliés à leur sommet par un élément horizontal. – *Portique de gymnastique,* auquel sont accrochés des agrès. – *Portique de levage,* roulant sur des rails et comportant un chariot mobile auquel est accroché un palan. **3.** (Québec) Petit toit qui abrite l'entrée d'une maison. – (Emploi critiqué.) Hall d'entrée, vestibule.

portland [pɔʀtlɑ̃d] n. m. CONSTR *Portland artificiel :* ciment hydraulique fabriqué avec un mélange d'argile et de carbonate de calcium.

Port-Louis, cap. et port de l'île Maurice; 150000 hab. Princ. centre économique de l'île : raff. de pétrole; sucreries; constr. mécaniques; réparation de navires; pêche. Archevêché et grande mosquée. – La ville fut fondée par La Bourdonnais (1735).

Port-Louis (charte de), acte *(Charte culturelle africaine)* adopté en 1976 par l'O.U.A., en vue de réhabiliter et de promouvoir le patrimoine culturel africain.

Port-Lyautey. V. Kenitra.

Port Moresby, cap. et port de Papouasie-Nouvelle-Guinée, sur la côte S.-E. de l'île; 118420 hab. Exportation de cuivre, or, argent, etc.

porto [pɔʀto] n. m. Vin liquoreux, rouge ou blanc, du Portugal.

Porto, v. et port du Portugal, à l'embouchure du Douro; ch.-l. du distr. du m. nom et cap. de la région Nord; 327370 hab. (2e v. du pays). Industr. Production de porto. – Évêché. Univ. Cath. romane (XIIe-XIIIe s., remaniée). Église dos Clérigos (XVIIe-XVIIIe s.).

Pôrto Alegre, v. et port du Brésil, sur le lac dos Patos; 1275480 hab.; cap. de l'État de Rio Grande do Sul. Industr. – Archevêché.

Port of Spain, cap. et port de l'État de Trinité-et-Tobago, dans l'île de la Trinité; 59650 hab.

Porto-Novo, cap. du Bénin, sur une lagune du golfe de Guinée; 200000 hab. Industries alimentaires. Palmeraies. C'est un centre administratif et commercial relié par voie ferrée à Cotonou. À proximité, gisements de pétrole off shore.

portoricain, aine [pɔʀtɔʀikɛ̃, ɛn] adj. et n. De Porto Rico. ▷ Subst. *Un(e) Portoricain(e).*

Porto Rico ou **Puerto Rico,** la plus orientale des Grandes Antilles, formant, avec ses dépendances (Mona, Culebra, Vieques), un État libre associé aux É.-U.; 8897 km²; env. 3400000 hab. (*Portoricains*); cap. *San Juan.* Langue off. : angl.; langue usuelle : esp. Monnaie : dollar U.S. Pop. : Blancs (80 %), Noirs. Relig. : cathol. (85 %). – Une chaîne montagneuse (1341 m au Cerro de Punta) traverse l'île d'O. en E., délimitant une zone tropicale humide au N., une zone tropicale sèche au S. L'île est souvent touchée par les typhons. Le surpeuplement entraîne l'émigration (plus de 2 millions de Portoricains résident aux É.-U.); le taux de natalité demeure très élevé. Princ. ressources : tourisme, sucre, tabac, café, agrumes, cacao. Les capitaux des É.-U., pays avec lequel se font les trois quarts du commerce portoricain, ont permis le développement de l'industrie (alim., text., chim.). – Découverte par C. Colomb (1493), l'île, aussitôt colonisée par les Espagnols, leur fut disputée aux XVIe et XVIIe s. par les Anglais et les Hollandais. L'Espagne la céda aux É.-U. en 1898 (guerre hispano-américaine). La Constitution de 1952 a fait du pays un État libre associé aux É.-U. Ce statut est contesté par les partisans d'une intégration complète aux É.-U. et par les indépendantistes. En 1992 et 1993, deux référendums ont confirmé le statut actuel.

Port Radium, local. du Canada (Territoires du Nord-Ouest), sur la côte E. du Grand Lac de l'Ours. Gisements d'argent, de plomb et de zinc. En 1960, le gisement d'uranium auquel la localité doit son nom a été épuisé.

portrait [pɔʀtʀɛ] n. m. **1.** Représentation d'une personne par le dessin, la peinture, la photographie. – *Spécial.* Représentation de son visage. – *Portrait en pied,* représentant le corps et le visage. ▷ Loc. fig. *Être le portrait de qqn,* lui ressembler beaucoup. **2.** *Par anal.* Description d'une personne, d'une chose.

portraitiste [pɔʀtʀetist] n. Artiste spécialisé dans le portrait.

portrait-robot [pɔʀtʀɛʀɔbo] n. m. Portrait d'un individu recherché par la police, réalisé d'après les indications fournies par les témoins. *Des portraits-robots.*

portraiturer [pɔʀtʀɛtyʀe] v. tr. [1] Litt. Faire le portrait de (qqn).

Port-Royal, cap. de l'Acadie, sur la baie de Fundy. – En 1710, les Anglais s'en emparèrent et la rebaptisèrent Annapolis*.

Port-Royal, abbaye de femmes fondée en 1204 dans la vallée de Chevreuse (Île-de-France, dép. des Yvelines) et rattachée à l'ordre de Cîteaux en 1225. L'abbesse Angélique Arnauld* y introduisit des réformes radicales. Les religieuses de l'abbaye, dont le nombre croissait rapidement, s'établirent en 1625 à Paris. À partir de 1635, leur maître spirituel l'abbé de Saint-Cyran, augustin, ami de Jansénius, les conquit au jansénisme. Installés en 1637 dans la vallée de Chevreuse, les «solitaires» (Antoine Arnauld, Pierre Nicole, Lemaistre de Sacy, Lancelot, Arnauld d'Andilly, etc.) furent rejoints à Port-Royal des Champs par de nombr. religieuses en 1648; Racine fut leur élève. À partir de 1656, le pouvoir royal persécuta la communauté janséniste. Finalement, il dispersa les religieuses avec l'accord du pape (1709) et fit raser Port- Royal des Champs (1710). Sur le plan de l'enseignement, de la littérature (Pascal, Racine), de la linguistique, l'influence de Port-Royal fut considérable. – *L'abbaye de Port-Royal de Paris* se sépara de *Port-Royal des Champs* en 1669. Elle fut supprimée en 1790.

Port-Saïd, v. et port d'Égypte, à l'entrée N. du canal de Suez; 454000 hab.; ch.-l. du gouvernorat du m. nom (72 km^2).

Portsmouth, port du N.-O. de la Dominique, au fond d'une baie pittoresque; 2500 hab. Pêche. Bananes. Portsmouth est le princ. site touristique de l'île. – Des Caraïbes vécurent dans le bourg jusqu'en 1650.

Portsmouth, v. de G.-B. (Hampshire), dans la presqu'île de Portsea, face à l'île de Wight; 174700 hab. Premier port militaire de G.-B.

Port-Soudan, v. et princ. port de comm. du Soudan, sur la mer Rouge; 987000 hab. (l'afflux de réfugiés, en 1985, a doublé la pop.). Ch.-l. de la province d'al-Bahr al-Ahmar (mer Rouge). Raffineries de pétrole.

portuaire [pɔʀtɥɛʀ] adj. Qui a trait à un port; propre aux ports. *Installations portuaires.*

portugais, aise [pɔʀtygɛ, ɛz] adj. et n. **I. 1.** adj. Du Portugal. ▷ Subst. *Un(e) Portugais(e).* **2.** n. m. *Le portugais :* la langue indo-européenne du groupe roman parlée princ. au Portugal et au Brésil. **3.** n. (Afr. subsah.) Africain(e) qui compte des Portugais parmi ses ascendants. **4.** n. (Afr. subsah.) Nom donné, au Sénégal, aux locuteurs du créole portugais. **II.** MAR *Amarrage à la* (ou *en*) *portugaise* ou, n. f., *une portugaise :* amarrage de deux cordages constitué de nombreux tours d'un mince filin.

Portugal *(République portugaise),* État d'Europe mérid., dans l'O. de la péninsule Ibérique, sur l'Atlantique; 91985 km^2 et 10336900 hab. (avec les Açores et Madère); cap. *Lisbonne.* Nature de l'État : rép. parlementaire. Langue off. : portugais. Monnaie : escudo. Relig. : cathol. (95 %).

Géogr. phys. et hum. – Au N. du pays dominent les hautes terres (1991 m dans la Serra de Estrella), au climat méditerranéen humide, alors que le S. est constitué de plaines et de bas plateaux au climat plus chaud et plus sec. Trois grands fleuves nés en Espagne, le Douro, le Tage et le Guadiana drainent le pays. Le littoral s'étire sur 850 km; généralement bas et rectiligne, il correspond à des plaines qui groupent 70 % de la population et les principales villes. Après une forte croissance démographique (1950-1970) et l'émigration (850000 Portugais en France), la tendance s'est inversée.

Écon. – Le Portugal est, avec la Grèce, le pays le moins développé de l'Union européenne. L'agriculture, déficitaire, emploie 20 % des actifs. Liège et vin de Porto sont exportés. Depuis 1986, la croissance industrielle est soutenue par les capitaux étrangers et les aides de l'U.E. : textile-habillement, matériel de transport, agro-alimentaire, chaussure. Porto et Lisbonne sont les deux grands centres industriels, Sines étant le pôle pétrochimique. Le tourisme et les transferts des 3 millions d'émigrés sont un support fin. important. La politique de privatisation, lancée en 1989, voudrait remédier à l'inflation, à l'endettement. En 1995, le déficit budgétaire était encore de 5 %.

Hist. – Occupée dans l'Antiquité par les Lusitaniens, tribus ibères, la région fut définitivement conquise au Ier s. av. J.-C. par les Romains. Envahie par les Alains, les Suèves et les Wisigoths (Ve s.), ensuite par les Arabes (711), elle suivit le sort de l'Espagne. En 1097, Henri de Bourgogne reçut d'Alphonse VI de Castille et de Léon, son beau-père, le comté de Portugal (au N.), qui, en 1139, forma un royaume indép. Le roi Alphonse Ier Henriques repoussa les Maures jusqu'à Lisbonne (1147). La reconquête fut totale en 1249. Puis vinrent les grandes expéditions marit. : Jean Ier (1385-1433), assisté par son fils Henri le Navigateur, Jean II (1481-1495) et Manuel Ier le Fortuné (1495-1521) entreprirent l'exploration et l'exploitation des côtes africaines, indiennes et brésiliennes. La dynastie d'Aviz (1383-1580) s'étant éteinte, Philippe II d'Espagne revendiqua la couronne portugaise. Lié à l'Espagne, le Portugal déclina : son empire maritime, attaqué par les Anglais et les Hollandais, s'effrita. En 1640, les Portugais se révoltèrent contre le gouv. espagnol, se donnèrent pour roi Jean IV de Bragance et obtinrent chèrement leur indépendance. Le Portugal s'attacha à exploiter le Brésil. En 1703, pour se préserver de la puissance espagnole, il tomba sous la dépendance écon. de l'Angleterre. Napoléon Ier fit occuper le Portugal (1807), qui se libéra complètement avec l'aide des Anglais en 1811. Jean VI de Bragance, réfugié au Brésil dès 1807, n'en revint qu'en 1821. En 1910, un coup d'État militaire renversa la royauté. Un régime républicain fit place à une rép. unitaire corporative instaurée par Salazar, qui, sans porter officiellement le titre de chef de l'État, gouverna en dictateur. L'ère de la décolonisation fut fatale au régime; en 1961, Diu, Goa et Damān furent annexés par l'Inde; en Afrique, l'agitation s'étendait de l'Angola au Mozambique et à la Guinée-Bissau. Salazar malade, Caetano gouverna de 1968 à 1974. Le 25 avril 1974, une junte, composée d'officiers supérieurs hostiles à la poursuite des guerres coloniales et appuyés par l'ensemble des forces armées, renversa Caetano et le salazarisme. Lors du «printemps portugais», ou «révolution des œillets», les partis de gauche se révélèrent puissants dans le pays et au sein du Mouvement des forces armées (M.F.A.), qui gouverna et décolonisa. Les communistes furent écartés du pouvoir après une tentative de putsch (nov. 1975), et, en déc., le M.F.A. laissa le pouvoir aux civils. En juin 1976, le général Eanes fut élu président de la Rép.; les législatives donnaient la majorité (relative) aux socialistes. Les gouv. de gauche et du centre, présidés par le socialiste Mario Soares, alternèrent avec des coalitions de droite ou centre droit. En 1985 fut signée l'adhésion à la C.E.E. et le social-démocrate Anibal Cavaco Silva succéda comme Premier ministre à Soares, élu prés. de la Rép. en 1986. En 1988, une modification constitutionnelle autorisa les dénationalisations et la privatisation de l'information. En 1991, Soares et Cavaco Silva furent réélus. En 1995, le parti socialiste remporta les élections législatives et Antonio Guterres devint Premier ministre. En 1996, le socialiste Jorge Sampaio a été élu prés. de la République.

Port-Vila. V. Vila.

pose [poz] n. f. **1.** Action de poser; mise en place, montage. *Pose d'un lavabo.* **2.** Attitude que prend un modèle devant un peintre, un sculpteur, un photographe. *Prendre la pose.* ▷ Attitude, maintien du corps. *Une pose gracieuse, indolente.* **3.** Fig. Attitude affectée. **4.** PHOTO Exposition à la lumière de la surface sensible; durée de cette exposition. *Temps de pose.* – *Absol.* Exposition de quelque durée (par oppos. à *instantané*). ▷ (Afr. subsah.) Photographie. *Faire, prendre une pose.*

posé, ée [poze] adj. **1.** Sérieux, calme, pondéré. *Une jeune fille très posée.* **2.** PHOTO Exposé à la lumière. *Cliché trop posé.* **3.** MUS *Une voix posée :* V. poser, sens I, 7.

Poséidon, dans la myth. gr., dieu des Mers, des Sources et des Fleuves, dieu qui ébranle la terre, le Neptune des Romains. Fils de Cronos et de Rhéa, frère de Zeus et de Hadès, il est l'époux d'Amphitrite. Les Grecs le représentaient armé d'un trident et lui attribuaient la domestication du cheval.

posément [pozemɑ̃] adv. D'une façon posée, calmement, tranquillement.

posemètre [pozmɛtʀ] n. m. PHOTO Appareil servant à déterminer le meilleur temps de pose pour une photographie.

poser [poze] v. [1] **I.** v. tr. **1.** Placer, mettre. *Poser un vase sur un meuble.* – (S. comp. de lieu.) Cesser de porter, déposer. *Il posa ses valises.* **2.** Disposer, installer, fixer à l'endroit approprié. *Poser un câble téléphonique.* **3.** Coucher sur le papier, disposer par écrit. *Poser une multiplication.* **4.** Fig. Établir. *Poser en principe. Posons comme hypothèse que...* **5.** *Poser une question,* la formuler; demander qqch. ▷ *Poser un problème à qqn,* être pour lui une cause d'ennui, de désagrément; faire difficulté. *Votre absence risque de nous poser un problème.* **6.** (Sujet n. de chose.) Contribuer à établir la réputation de (qqn). *Le succès de son roman a posé ce jeune auteur.* **7.** MUS *Poser sa voix,* bien la contrôler, la faire sonner juste et avec un volume égal dans toutes les tonalités. **8.** Abandonner, déposer. – *Poser les armes :* capituler. **II.** v. intr. **1.** Prendre la pose devant un peintre, un sculpteur, un photographe, etc. **2.** Fig., péjor. Étudier ses attitudes, ses gestes, chercher à faire de l'effet. *Poser pour la galerie.* ▷ Fam. *Poser à :* tenter de se faire passer pour. *Poser au génie méconnu.* **III.** v. pron. **1.** Toucher terre ou se percher, en parlant d'un oiseau. *Moineau qui se pose sur une branche.* ▷ Atterrir, en parlant d'un aéronef. **2.** Requérir une réponse, une solution, en parlant d'une question, d'un problème. *Le problème ne se pose plus.* **3.** Loc. *Se poser comme :* s'affirmer en tant que. ▷ Fam. *Se poser là :* tenir sa place (presque toujours iron.). *Comme imbécile, il se pose là!*

poseur, euse [pozœʀ, øz] n. (et adj.) **1.** n. Personne qui pose, qui met en place (certains matériaux, certains objets). *Poseur de carreaux.* **2.** adj. et n. Fig. Se dit d'une personne qui adopte une attitude affectée et prétentieuse.

posidonie [pozidɔni] n. f. BOT Plante aquatique à longues feuilles, à fleurs verdâtres, qui constitue des herbiers sous-marins.

positif, ive [pozitif, iv] adj. (et n. m.) **I. 1.** Qui exprime une affirmation (par oppos. à *négatif*). *Sa réponse a été positive.* ▷ GRAM *Degré positif de l'adverbe, de l'adjectif,* exprimant une qualité, sans idée de comparaison. – n. m. *Le positif, le comparatif et le superlatif.* **2.** MATH Supérieur à zéro. *Strictement positif :* supérieur à zéro et non nul. **3.** PHYS *Électricité positive,* acquise par le verre lorsqu'on le frotte avec une étoffe. *Un corps acquiert une charge positive lorsqu'il perd des électrons.* – Par ext. *La borne positive d'un générateur.* ▷ CHIM *Ion positif* ou *cation**. **4.** Qui se traduit par des effets que l'on peut constater; sensible, manifeste. ▷ MED *Réaction positive,* qui a lieu. *Cuti-réaction positive.* – *Un examen bactériologique positif,* qui décèle la présence du microbe recherché. **5.** PHOTO *Épreuve positive* ou, cour., n. m., *un positif :* épreuve définitive tirée à partir d'un négatif et sur laquelle les valeurs apparaissent comme dans la réalité (blanc rendu par du blanc, noir rendu par du noir, à l'inverse du négatif). **II. 1.** Certain, constant, assuré. *C'est un fait positif, constaté par plusieurs témoins.* **2.** Qui comporte des éléments constructifs; qui peut amener un progrès. *Un échange de vues très positif.* ▷ n. m. *Le positif :* ce qui est avantageux, favorable. **III. 1.** Didac. Fondé sur l'expérience. *Connaissance intuitive et connaissance positive.* – *Sciences positives,* fondées sur l'observation des faits et sur l'expérimentation. ▷ PHILO *Philosophie positive :* positivisme. **2.** (Personnes) Qui ne tient pour assuré que ce qui a été dûment vérifié, prouvé; qui a pour habitude de chercher la cause des faits inexpliqués plutôt dans l'ordre du naturel que dans celui du surnaturel. *Un esprit positif.* – Par ext. *Le XX*[e] *siècle, époque positive.* **3.** (Personnes) Qui fait preuve de réalisme, de sens pratique. **IV.** *Droit positif :* ensemble des règles juridiques qui régissent une société donnée à une épo-que déterminée, par opposition à *droit naturel.*

position [pozisjɔ̃] n. f. **I. 1.** Situation en un lieu; endroit où (qqn, qqch) se trouve. *Position d'une ville au débouché d'une vallée.* ▷ Spécial. *Déterminer sa position sur la sphère terrestre en calculant la latitude et la longitude. Position d'un navire, d'un avion.* ▷ *Feux de position,* qui indiquent dans l'obscurité le gabarit d'un véhicule automobile. **2.** Zone de terrain qu'un corps de troupes a pour mission de défendre. ▷ Fig. *Prendre position :* faire connaître clairement son attitude, son opinion, dans une controverse, un conflit. – *Rester sur ses positions :* refuser toute concession. **3.** Attitude, posture; maintien du corps ou de l'une de ses parties. ▷ CHOREGR Chacune des cinq manières de poser les pieds ou de tenir les bras définies par les règles de la danse académique. ▷ MUS Façon de placer les mains, les doigts, dans le jeu sur un instrument à cordes. **4.** Ensemble des circonstances dans lesquelles on se trouve, situation. *Elle n'est pas en position de vous aider,* elle n'est pas en mesure de le faire (étant donné les circonstances). ▷ Situation administrative d'un fonctionnaire ou d'un militaire. *Officier en position d'activité, de disponibilité.* **5.** État de fortune; condition sociale. ▷ Poste que l'on occupe, fonction que l'on remplit. *Il occupe une position très en vue.* **6.** Place dans un ordre, une série, un rang. **7.** Situation débitrice ou créditrice d'un compte bancaire. **II.** Fait ou façon de poser (un problème, une question, un principe, etc.).

positionnement [pozisjɔnmɑ̃] n. m. **1.** TECH Opération qui consiste à positionner (une pièce). **2.** COMPTA Mise à jour (d'un compte bancaire). **3.** MILIT Détermination de la position (d'un objectif).

positionner [pozisjɔne] v. tr. [**1**] **1.** TECH Amener automatiquement (une pièce, un dispositif) à la position voulue. **2.** COMPTA Mettre à jour (un compte) en passant en écritures les sommes dont il doit être débité ou crédité. **3.** MILIT Déterminer exactement la position de (un objectif). **4.** COMM Définir les caractéristiques, la place sur le marché et la clientèle de (un produit).

positionneur [pozisjɔnœʀ] n. m. TECH Instrument ou dispositif permettant de positionner et de maintenir une pièce.

positivement [pozitivmɑ̃] adv. D'une manière positive. **1.** D'une manière sûre, certaine. *J'en suis positivement persuadé.* ▷ Véritablement, tout à fait. *Son insistance devenait positivement choquante.* **2.** Avec de l'électricité positive.

positivisme [pozitivism] n. m. PHILO **1.** Système philosophique d'Auguste Comte (1798-1857). **2.** *Par ext.* Toute doctrine pour laquelle la vérification des connaissances par l'expérience est l'unique critère de vérité.

ENCYCL Le positivisme d'Auguste Comte repose sur deux affirmations essentielles : nous ne pouvons pas atteindre les choses en elles-mêmes; c'est sur les phénomènes que nous pouvons porter des jugements certains ayant une valeur universelle.

positiviste [pozitivist] adj. et n. **1.** Relatif au positivisme. **2.** Partisan du positivisme. ▷ Subst. *Littré, Stuart Mill furent des positivistes.*

positivité [pozitivite] n. f. Caractère de ce qui est positif.

positon [pozitɔ̃] ou **positron** [pozitʀɔ̃] n. m. PHYS NUCL Électron positif, antiparticule de l'électron.

posologie [pozɔlɔʒi] n. f. PHARM Quantité totale d'un médicament à administrer à un malade, en une ou plusieurs fois, estimée d'après son âge, son sexe, sa constitution, son état.

possédant, ante [pɔsedɑ̃, ɑ̃t] n. et adj. Personne qui possède des biens (le plus souvent au plur.). – *Les possédants :* les nantis, ceux qui détiennent les richesses, les capitaux. ▷ adj. *La classe possédante.*

possédé, ée [pɔsede] adj. et n. Habité, subjugué par une puissance diabolique. *Possédé du démon.* – Fig. *Il est possédé par le démon du jeu.* ▷ Subst. *Un(e) possédé(e).*

posséder [pɔsede] v. tr. [**14**] **1.** Avoir en sa possession ou à sa disposition, détenir. *Posséder des terres. Posséder une charge.* – Avoir le bénéfice de, jouir de. *Posséder le secret du succès.* ▷ *Posséder une femme,* avoir avec elle des relations sexuelles. ▷ Fam. *Posséder qqn,* le tromper, le duper. Syn. avoir, rouler. **2.** (Personnes) Avoir (une qualité). *Il possède une grande habileté manuelle.* ▷ (Choses) Avoir (une propriété). *Cette plante possède des vertus sédatives.* **3.** Connaître à fond, savoir parfaitement. *Il possède bien l'anglais.* Syn. maîtriser, dominer. **4.** Dominer, subjuguer, égarer (qqn), en parlant d'une passion, d'une émotion. *La passion du jeu le possède.* **5.** S'emparer de l'être, de l'âme de (qqn), en parlant d'une puissance diabolique.

possesseur [pɔsesœʀ] n. m. Personne qui possède (qqch).

possessif, ive [pɔsesif, iv] adj. (et n. m.) **1.** GRAM Qui indique la possession, l'appartenance. *Adjectif, pronom possessif.* ▷ n. m. *Un possessif.* **2.** PSYCHO Qui a, dans le domaine affectif, des sentiments de possession, d'autorité, de propriété envers les autres.

possession [pɔsesjɔ̃] n. f. **I. 1.** Fait de détenir (qqch); faculté de disposer, de jouir (de qqch). *Possession d'un bien, d'une charge.* ▷ DR Jouissance de fait d'un bien corporel non fondée sur un titre de propriété. *La possession n'est pas la propriété. En fait de meubles, possession vaut titre.* ▷ (Sens abstrait.) *Être en possession de tous ses moyens, de toutes ses facultés,* les maîtriser. **2.** RELIG État d'une personne possédée par une puissance diabolique. **3.** PSYCHIAT *Délire de possession :* trouble hallucinatoire qui donne au sujet la sensation d'être habité par une autre personne, un animal, un démon. **II. 1.** Chose possédée. ▷ *Spécial.* Domaine, terres. **2.** Territoire colonial.

possessivité [pɔsesivite] n. f. PSYCHO Fait d'être possessif; comportement d'une personne possessive.

possibilité [pɔsibilite] n. f. **1.** Caractère de ce qui est possible. **2.** Chose possible. *Évaluer différentes possibilités.* **3.** Ressource, moyen dont on dispose. *Cela dépasse ses possibilités.*

possible [pɔsibl] adj. et n. m. **I.** adj. **1.** Qui peut être, qui peut exister; qui peut se faire. *Il est possible de le réaliser.* ▷ (Avec ellipse du verbe.) *Si possible :* si c'est possible, si cela peut se faire. – (Marquant la surprise.) *Il est là? Pas possible!* ▷ (Impliquant une idée de limite, supérieure ou inférieure.) *On lui a fait tous les compliments possibles,* imaginables. – *Le plus, le moins possible. Prenez le moins possible de risques* (*possible* reste invariable); *le moins de risques possible(s)* (*possible* reste au sing. ou prend le pluriel selon que l'on considère qu'il se rapporte à un *il* sous-entendu ou au nom). ▷ (Marquant l'éventualité.) *Les tornades, toujours possibles en cette saison...* – *Il est possible que* (+ subj.) : il se peut que. **2.** Fam. Acceptable. *Il fait un mari tout à fait possible.* **II.** n. m. Ce qui est possible. *Le possible et l'impossible.* ▷ Loc. adv. *Au possible :* extrêmement.

possiblement [pɔsibləmɑ̃] adv. (oc. Indien, Proche-Orient, Québec) Vraisemblablement. *Nous irons possiblement à Port-Louis au printemps.*

post-. Élément, du lat. *post,* «après».

postage [pɔstaʒ] n. m. Action de poster, d'expédier (le courrier).

postal, ale, aux [pɔstal, o] adj. De la Poste; qui a rapport à la Poste. *Service postal.* ▷ *Carte postale :* carte dont le recto porte une image, photographique ou autre, et dont le verso est destiné à la correspondance.

postclassique [pɔstklasik] adj. Qui succède à l'époque classique.

postcombustion [pɔstkɔ̃bystjɔ̃] n. f. TECH Deuxième combustion provoquée par l'injection de carburant dans la tuyère d'un moteur à réaction et qui permet d'accroître la poussée de celui-ci.

postcure [pɔstkyʀ] n. f. MED Séjour de convalescence sous surveillance médicale, permettant de consolider la guérison d'un malade.

postdater [pɔstdate] v. tr. [1] Dater d'une date postérieure à la date réelle.

1. **poste** [pɔst] n. f. **1.** *La Poste :* administration chargée d'acheminer le courrier. ▷ Fig., fam. *Passer comme une lettre à la poste,* très facilement. **2.** Bureau de l'administration postale ouvert au public. *Aller à la poste.* Syn. (Québec) malle. ▷ *Poste restante :* service permettant le retrait du courrier à un bureau de poste au lieu de le recevoir à domicile. *Écrire poste restante.* **3.** (Suisse) Car postal, transportant également des voyageurs. *Prendre la dernière poste.*

2. **poste** [pɔst] n. m. **I.** Fonction à laquelle on est nommé; lieu où on l'exerce. *Obtenir, occuper un poste dans l'Administration.* **II. 1.** Lieu où un soldat, une unité reçoit l'ordre de se trouver en vue d'une opération militaire. *Abandon de poste. Être à son poste.* – *Poste de commandement* (abrév. : P.C.), où se trouve un chef, un état-major, pendant le combat. – Fig., fam. *Fidèle au poste :* qui ne manque pas à ses obligations. ▷ Ensemble des soldats qui occupent un poste. ▷ *Poste de police :* corps de garde à l'entrée d'une caserne, d'un camp militaire. **2.** *Poste de police* ou, absol., *poste :* corps de garde où des agents de police assurent une permanence. **III.** Emplacement réservé à un usage déterminé. **1.** Endroit où sont rassemblés différents appareils concourant à remplir une même fonction. *Poste d'aiguillage. Poste de pilotage d'un avion.* **2.** TECH *Poste de travail :* emplacement où est effectuée une tâche entrant dans une séquence d'opérations. – Durée du travail à un tel emplacement. *Ouvriers qui se relaient par postes de huit heures.* **3.** MAR *Poste à quai d'un navire :* emplacement le long d'un quai où ce navire peut s'amarrer. ▷ *Poste d'équipage :* partie d'un navire où loge l'équipage. **4.** COMPTA Chapitre d'un budget. *Affecter de nouveaux crédits à un poste.* **IV. 1.** Appareil de radio, de télévision. *Poste émetteur. Allumer le poste.* **2.** Chacun des appareils, chacune des lignes que compte une installation téléphonique intérieure.

posté, ée [pɔste] adj. et n. *Travail posté,* organisé avec des équipes qui se succèdent sans interruption au même poste. – n. *Un(e) posté(e) :* une personne qui assure un travail posté.

Postel (Guillaume) (1510 - 1581), orientaliste français; grand voyageur au Moyen-Orient. Son *De orbis terræ concordia* (1543) prône la réconciliation des chrétiens et des musulmans. Il fut emprisonné par l'Inquisition.

1. **poster** [pɔste] v. tr. [1] Mettre à la poste. *Poster le courrier.*

2. **poster** [pɔste] v. tr. [1] **1.** Assigner un poste à (un soldat, une unité). *Poster des troupes à l'entrée d'un village.* **2.** Placer (qqn) à un endroit où il pourra accomplir une action déterminée. *Poster des espions.* ▷ v. pron. *Se poster à un endroit.*

3. **poster** [pɔstɛʀ] n. m. (Anglicisme) Affiche décorative généralement destinée à un usage non publicitaire.

postérieur, eure [pɔsteʀjœʀ] adj. et n. m. **I.** adj. **1.** Qui suit, qui vient après dans le temps. *Ce testament est postérieur à son mariage.* **2.** Qui est derrière. *Partie postérieure du corps.* **3.** PHON Se dit d'une voyelle prononcée avec la langue massée à l'arrière de la cavité buccale. [u], [o] *et* [ɔ] *sont des voyelles postérieures.* Ant. antérieur. Syn. vélaire. **II.** n. m. Fam. Derrière (d'une personne).

postérieurement [pɔsteʀjœʀmɑ̃] adv. Après, plus tard.

postériorité [pɔsteʀjɔʀite] n. f. État, caractère de ce qui est postérieur.

postérité [pɔsteʀite] n. f. **1.** Suite des descendants d'une même origine. *L'innombrable postérité d'Adam.* **2.** Ensemble des générations futures.

postface [pɔstfas] n. f. Commentaire placé à la fin d'un ouvrage.

postglaciaire [pɔstglasjɛʀ] adj. et n. m. **1.** adj. GEOL Qui suit une glaciation. *Période postglaciaire.* **2.** n. m. Période qui suit la dernière glaciation quaternaire.

postgraduat [pɔstgʀadya] n. m. (Belgique) Cycle d'études accessible après l'obtention d'un graduat*.

postgraduation [pɔstgʀadyasjɔ̃] n. f. (Maghreb) Troisième cycle universitaire.

posthume [pɔstym] adj. **1.** Né après la mort de son père. *Enfant posthume.* **2.** Publié après la mort de son auteur. *Ouvrage posthume.* – Qui se produit après la mort. *Gloire posthume.*

posthypophyse [pɔstipɔfiz] n. f. ANAT Lobe postérieur de l'hypophyse.

postiche [pɔstiʃ] adj. et n. m. **I.** adj. **1.** Fait et ajouté après coup. *Ornements postiches.* **2.** Factice. *Des cheveux postiches.* ▷ Faux, artificiel. **II.** n. m. Faux cheveux (perruque, mèche).

postier, ère [pɔstje, ɛʀ] n. Personne employée à la Poste.

postindustriel, elle [pɔstɛ̃dystʀiɛl] adj. Didac. Qui succède à l'ère industrielle. *Période postindustrielle.*

postmodernisme [pɔstmɔdɛʀnism] n. m. BX-A Mouvement de la fin du XXe s., né d'abord en architecture, caractérisé par une forme de classicisme, en réaction contre l'avant-gardisme.

post mortem [pɔstmɔʀtɛm] loc. Après la mort (en parlant de personnes).

postnatal, ale, als [pɔstnatal] adj. Didac. Qui suit immédiatement la naissance.

postopératoire [pɔstɔpeʀatwaʀ] adj. MED Qui suit une opération chirurgicale. *Surveillance postopératoire.*

post-partum [pɔstpaʀtɔm] n. m. inv. MED Période qui suit immédiatement un accouchement.

postposer [pɔstpoze] v. tr. [1] **1.** GRAM Placer (un mot) après un autre. – Pp. adj. *Adjectif qualificatif postposé,* placé après le nom auquel il se rapporte. **2.** (Suisse) Différer (2). *La réunion a été postposée à demain matin.*

postposition [pɔstpozisjɔ̃] n. f. **1.** LING Morphème venant après le syntagme nominal qu'il régit. **2.** GRAM Position d'un mot placé après un autre, contrairement à l'ordre habituel.

postrécolte [pɔstʀekɔlt] n. f. AGRIC Travaux agricoles exécutés après la récolte (conservation des graines, traitement ou travail du sol, etc.).

postromantique [pɔstʀɔmɑ̃tik] adj. De la période qui a immédiatement suivi le romantisme.

post-scriptum [pɔstskʀiptɔm] n. m. inv. Ce que l'on ajoute à une lettre après la signature. (Abrév. : P.-S.).

postsynchronisation [pɔstsɛ̃kʀɔnizasjɔ̃] n. f. Sonorisation d'un film après son tournage.

postsynchroniser [pɔstsɛ̃kʀɔnize] v. tr. [1] Effectuer une postsynchronisation.

postulant, ante [pɔstylɑ̃, ɑ̃t] n. **1.** Personne qui postule un emploi. **2.** Personne qui sollicite son admission dans une communauté religieuse.

postulat [pɔstyla] n. m. **1.** LOG, MATH Proposition que l'on demande d'admettre comme vraie sans démonstration (V. axiome). **2.** (Suisse) Requête qu'un parlementaire adresse au pouvoir exécutif.

postuler [pɔstyle] v. [1] **I.** v. tr. **1.** Se porter candidat à, solliciter (un poste, un emploi). *Postuler une charge.* **2.** MATH, LOG Poser comme postulat. ▷ *Par ext.,* cour. Poser comme point de départ d'un raisonnement; supposer au préalable. **II.** v. intr. Être chargé d'une affaire en justice, en parlant d'un avocat.

postural, ale, aux [pɔstyʀal, o] adj. Didac. Relatif à la posture, au maintien du corps. *Sensibilité posturale,* qui renseigne sur les positions du corps.

posture [pɔstyʀ] n. f. **1.** Position, attitude du corps. ▷ *Spécial.* Position inhabituelle. *Les postures du yoga.* **2.** Fig. (Surtout en loc.) Situation. *Se trouver en mauvaise posture,* dans une situation fâcheuse.

pot [po] n. m. **1.** Récipient à usage domestique, en général destiné à contenir des denrées alimentaires, des produits liquides ou peu consistants. *Pot de terre, de verre, de matière plastique, de métal.* – Fig. *La lutte du pot de terre contre le pot de fer,* du faible contre le puissant (allus. à une fable de La Fontaine). ▷ *Pot à... :* pot destiné à contenir (telle chose). *Pot à eau* [potao], muni d'une anse pour verser. *Pot à lait.* ▷ *Pot de... :* pot qui contient effectivement (telle chose). *Un pot de yaourt.* – *Pot de fleurs,* contenant (ou destiné à contenir) de la terre, et où l'on cultive des plantes (fleuries ou non). ▷ Loc. *Être sourd comme un pot,* complètement sourd. – *Payer les pots cassés :* supporter les frais des dommages qui ont été causés. – *Découvrir le pot au rose* (ou *aux roses* [potoʀoz]), le secret d'une affaire. ▷ *Pot de chambre :* récipient utilisé pour uriner et déféquer. **2.** Fam. *Recevoir à la fortune du pot,* sans se mettre en frais. – *Tourner autour du pot :* ne pas aborder franchement le sujet dont on désire parler. **3.** Contenu d'un pot. ▷ Fam. Rafraîchissement, boisson. *Le pot de fin d'année.* **4.** Fam. Chance. *J'ai vraiment eu du pot.* **5.** Totalité des enjeux misés par les joueurs, à certains jeux d'argent (poker, notam.). **6.** *Pot d'échappement :* tube à chicanes adapté au tuyau d'échappement d'un moteur à combustion interne pour détendre progressivement les gaz brûlés et réduire le bruit des explosions. ▷ *Pot catalytique :* dispositif placé avant le pot d'échappement, destiné à filtrer les gaz polluants. **7.** MAR *Pot au noir :* zone des calmes* équatoriaux.

potable [pɔtabl] adj. **1.** Que l'on peut boire sans danger pour la santé. *Eau potable.* **2.** Fam. Passable, ni très bon ni franchement mauvais. *Un film potable.*

potage [pɔtaʒ] n. m. Bouillon dans lequel ont cuit des aliments solides (légumes, viande, etc.) que l'on a hachés menu et passés (ce qui le distingue de la soupe).

potager, ère [pɔtaʒe, ɛʀ] adj. et n. m. **I.** adj. Se dit des plantes utilisées comme légumes. *Herbes, racines potagères.* **II.** n. m. **1.** Jardin (ou partie de jardin) réservé à la culture des légumes. ▷ adj. *Jardin potager.* **2.** (Antilles fr.) Paillasse d'un évier.

potamochère [pɔtamɔʃɛʀ] n. m. ZOOL Porc sauvage d'Afrique tropicale, au pelage roux vif avec une crinière dorsale blanche (genre *Potamochœrus,* fam. suidés).

potamologie [pɔtamɔlɔʒi] n. f. Didac. Branche de l'hydrologie qui étudie les cours d'eau.

potasse [pɔtas] n. f. **1.** *Potasse caustique* ou *potasse :* hydroxyde de potassium, de formule KOH, produit basique de couleur blanche, très caustique, soluble dans l'eau et utilisé dans la préparation des savons noirs. **2.** AGRIC Mélange de sels de potassium qui constitue l'un des principaux éléments fertilisants (avec l'azote et le phosphore). **3.** (Afr. subsah.) Sel de cuisine obtenu à partir de cendres de bois ou de peaux de bananes.

potasser [pɔtase] v. tr. [1] Fam. Étudier un sujet, une matière en l'approfondissant. *Potasser un examen.*

potassique [pɔtasik] adj. CHIM Qui renferme de la potasse, du potassium.

potassium [pɔtasjɔm] n. m. Élément alcalin (symbole K) de numéro atomique Z=19. – *Datation au potassium-argon :* V. datation. – Métal (K). (L'ion K^+, très répandu dans la nature sous forme de sels, est indispensable à l'organisme.)

pot-au-feu [pɔtofø] n. m. inv. et adj. inv. **1.** n. m. inv. Plat de viande de bœuf bouilli dans l'eau avec des légumes. Syn. (Québec) bouilli. **2.** adj. inv. *Être pot-au-feu :* être terre à terre et casanier.

pot-de-vin [podvɛ̃] n. m. Somme d'argent que qqn donne en sous-main à la personne qui lui permet d'enlever un marché, de conclure une affaire. *Des pots-de-vin.* Syn. (oc. Indien) gousse, (Afr. subsah.) avocat et matabiche.

pote [pɔt] n. m. Fam. Camarade, ami.

poteau [pɔto] n. m. **1.** Longue pièce en matériau solide (bois, métal, ciment, etc.), d'assez forte section, fichée verticalement en terre. *Poteau télégraphique.* – *Poteau indicateur,* qui porte un écriteau indiquant le lieu où l'on se trouve, la direction à prendre, le kilométrage, etc. ▷ Spécial. *Poteau d'exécution,* auquel est attaché le condamné que l'on fusille. – *Untel au poteau!* (cri pour conspuer qqn). ▷ *Poteau de départ, d'arrivée,* marquant le point de départ, d'arrivée d'une course. – *Coiffer au, sur le poteau :* dépasser au moment de franchir la ligne d'arrivée. **2.** CONSTR Élément porteur d'une structure. – Pièce de charpente posée verticalement. **3.** (Afr. subsah.) Au Cameroun, étal de livres et de disques d'occasion, posés sur le sol.

potée [pɔte] n. f. **1.** Plat de viande bouillie avec des légumes, à quoi on ajoute souvent des salaisons. **2.** TECH *Potée d'étain :* mélange d'oxydes de plomb et d'étain employé pour le polissage des métaux et dans la fabrication des émaux. ▷ *Potée d'émeri :* poudre d'émeri, abrasive.

potelé, ée [pɔtle] adj. Dodu, dont les formes sont rebondies. *Bras potelé.*

Potemkine (Grigori Alexandrovitch) (1739 – 1791), homme politique et maréchal russe. Il eut, jusqu'à sa mort, une grande influence sur Catherine II, dont il fut l'amant et peut-être l'époux. Il annexa la Crimée (1783) et créa une flotte de guerre en mer Noire.

Potemkine (le), cuirassé de l'escadre russe de la mer Noire, à bord duquel éclata une violente mutinerie (27-28 juin 1905); l'équipage finit par se rendre aux autorités roumaines (8 juil.). Cet événement inspira à Eisenstein *le Cuirassé Potemkine* (1925).

potence [pɔtɑ̃s] n. f. **1.** Assemblage de pièces en équerre, servant de support. *Lanterne suspendue à une potence.* **2.** Instrument servant au supplice de la pendaison. ▷ Le supplice lui-même. – *Gibier de potence ;* personne qui mériterait la potence, individu patibulaire.

potentat [pɔtɑ̃ta] n. m. **1.** Personne qui dirige un grand État avec le pouvoir absolu. **2.** Fig. Homme qui exerce un pouvoir absolu.

potentialiser [pɔtɑ̃sjalize] v. tr. [1] PHARM Accroître l'action d'un médicament grâce à une autre substance qui lui permet ainsi de développer tous ses effets.

potentialité [pɔtɑ̃sjalite] n. f. **1.** Caractère de ce qui est potentiel ou virtuel. **2.** Chacun des développements qui sont à l'état potentiel.

potentiel, elle [pɔtɑ̃sjɛl] adj. et n. m. **I.** adj. **1.** PHILO Qui existe en puissance (par oppos. à *actuel*). **2.** GRAM Qui indique, exprime la possibilité. ▷ *Le mode potentiel* ou, n. m., *le potentiel :* l'expression de l'éventualité d'un fait futur considéré comme hypothétique. **3.** PHYS *Énergie potentielle :* énergie d'un système matériel susceptible de fournir de l'énergie cinétique ou du travail. **II.** n. m. **1.** Ensemble des ressources dont dispose une collectivité; capacité de travail, de production, d'action. *Potentiel industriel d'une nation.* **2.** PHYS, ELECTR *Potentiel électrique en un point :* énergie mise en jeu pour transporter dans le vide une charge unitaire de l'infini à ce point. ▷ *Différence de potentiel entre deux points d'un circuit* (abrév. : d.d.p.) : quotient de la puissance absorbée entre ces points et de l'intensité du courant. *L'unité de d.d.p. est le volt.*

potentiellement [pɔtɑ̃sjɛlmɑ̃] adv. D'une façon potentielle, en puissance.

potentiomètre [pɔtɑ̃sjɔmɛtʀ] n. m. **1.** ELECTR Appareil servant à mesurer les différences de potentiel. **2.** Résistance réglable qui permet de faire varier la valeur d'une tension.

poterie [pɔtʀi] n. f. **1.** Fabrication d'objets en terre cuite; objet ainsi fabriqué. *Poteries égyptiennes.* ▷ *Spécial.* CONSTR Élément de canalisation en terre cuite. **2.** TECH Ensemble des récipients, d'usage ménager, faits d'une seule pièce, en métal. *Poterie d'étain.*

potiche [pɔtiʃ] n. f. **1.** Grand vase de porcelaine de Chine ou du Japon. ▷ (Guyane) Vase décoratif (quelle qu'en soit la matière). – (Guad.) Pot à eau en terre cuite. **2.** Fig. Personne qui joue un rôle de pure représentation, sans pouvoir réel.

potier, ère [pɔtje, ɛʀ] n. Personne qui fabrique ou vend des poteries (sens 1).

potin [pɔtɛ̃] n. m. **1.** Fam. (Surtout au plur.) Commérage, cancan. **2.** Pop. (Surtout au sing.) Grand bruit, tapage.

potion [posjɔ̃] n. f. Médicament liquide destiné à être bu.

potiron [pɔtiʀɔ̃] n. m. Plante potagère (fam. cucurbitacées), cultivée pour son énorme fruit à la peau et à la chair jaune orangé; ce fruit.

potlatch [pɔtlatʃ] n. m. ETHNOL Fête rituelle observée d'abord dans certaines tribus indiennes de la côte ouest des É.-U., au cours de laquelle il est procédé à des échanges de cadeaux. – Par ext. *Système du potlatch :* tout système ritualisé d'échange de biens dans lequel le fait de recevoir un don entraîne l'obligation de faire au donateur un don au moins équivalent.

Potocki (Jan) (1761 – 1815), historien, archéologue et écrivain polonais. Il écrivit, en français, un roman fantastique : *Manuscrit trouvé à Saragosse* (1804).

Potomac (le), fl. de l'E. des É.-U. (640 km), né dans les Appalaches; aménagé à partir de Washington, il se jette dans la baie de Chesapeake.

poto-poto ou **potopoto** [potopoto] n. m. inv. (Afr. subsah.) **1.** Boue, sol détrempé. *Il y a du poto-poto sur la piste.* **2.** Lieu humide ou inondé à la saison des pluies, marécage. **3.** Boue séchée dont on fait les murs des cases. **4.** Fig. Imbroglio, pagaille. *Un poto-poto indescriptible.*

Potosí, v. de Bolivie, à 3960 m d'altitude; 113380 hab.; ch.-l. du dép. du m. nom. – Ville très pittoresque. Textiles, fonderies d'étain. – D'importantes mines d'argent y furent exploitées (XVIe-XVIIIe s.).

pot-pourri [popuʀi] n. m. Morceau de musique légère composé de plusieurs airs connus. *Des pots-pourris.*

Potsdam, v. d'Allemagne, sur la Havel, à 20 km au S.-O. de Berlin; 132540 hab.; cap. du Land de Brandebourg. Centre industriel. – Chât. et parc de Sans-Souci (1745-1747). Nouveau Palais (1763-1769). – La *conférence de Potsdam* (17 juil.-2 août 1945) réunit Staline, Truman, Churchill (puis Attlee) en vue d'organiser la paix en Europe.

Pott (Percival) (1714 – 1788), chirurgien anglais. ▷ MED *Mal de Pott :* ostéite tuberculeuse des vertèbres (douleur, gros abcès, puis paralysie des membres inférieurs).

Pottier (Eugène) (1816 – 1887), chansonnier français. Ouvrier, membre de la Commune, il écrivit en 1871 les paroles de *l'Internationale.* Exilé aux É.-U., il rentra en France en 1880.

potto [poto] n. m. Mammifère lémurien des forêts d'Afrique centrale, à corps trapu, à petites oreilles et à queue courte. Syn. cour. paresseux.

pou, poux [pu] n. m. **1.** Insecte (genre *Pediculus*), parasite externe de l'homme et de divers animaux, responsable de diverses affections (pédiculose, phtiriase, notam.). *Pou de tête, de corps. Pou du pubis* ou *morpion.* **2.** *Pou de San José :* cochenille *(Aspidiotus* *perniciosus)* qui attaque les arbres fruitiers.

pouah ! [pwa] interj. Fam. (Exprime le dégoût.) *Pouah! quelle infection!*

poubelle [pubɛl] n. f. Récipient à couvercle destiné à recevoir les ordures ménagères. Syn. (Belgique) bac à ordures, (Québec) quart.

pouce [pus] n. m. **1.** Le plus court et le plus puissant des doigts de la main, opposable aux autres. **2.** *Par ext.* Gros orteil. **3.** Loc. fig. *Manger sur le pouce,* sans s'asseoir, à la hâte. – *Donner un coup de pouce :* intervenir discrètement pour faire aboutir une affaire, avantager qqn, etc. – Fam. *Se tourner les pouces :* ne rien faire. **4.** Anc. unité de mesure de longueur équivalant au douzième du pied, soit 27 mm. ▷ Mesure de longueur anglo-saxonne (25,4 mm). ▷ Loc. (Au sens de très petite quantité.) *Ne pas perdre un pouce de sa taille :* se tenir très droit. **5.** (Québec) Auto-stop. *Faire du pouce. Voyager sur le pouce.*

pouce-pied [puspje] n. m. inv. Crustacé cirripède *(Mitella pollicipes)* fixé par un pédoncule sur les rochers, dont la carapace comporte de nombreuses petites plaques calcaires. Syn. cour. pied-de-biche.

pouceux, euse [pusø, øz] n. (Québec) Fam. Auto-stoppeur. *Faire embarquer des pouceux.*

Pouchkine. V. Tsarskoïe Selo.

Pouchkine (Alexandre Sergheïevitch) (1799 – 1837), le premier grand poète russe. Malgré des démêlés avec le pouvoir en raison de ses opinions libérales (il fut exilé à Kichinev et à Odessa de 1820 à 1824), il connut vite la gloire littéraire : *le Prisonnier du Caucase* (1821), poème; *Eugène Onéguine* (1823-1830), roman en vers; *Boris Godounov* (1825), drame historique dont Moussorgski tira un opéra (1868-1872); *Poltava* (1828) et *le Cavalier de bronze* (1833), poèmes narratifs; *le Maître de poste* (1831), *la Dame de pique* (1834) et *la Fille du capitaine* (1836), récits en prose. Un Français, Georges d'Anthès, qui courtisait sa femme (Natalia Gontcharova, épousée en 1831), le tua en duel.

pouding [pudiŋ] n. m. (Québec) Pâte à gâteau cuite au four sur des fruits ou sur une préparation sucrée. *Pouding à la rhubarbe, aux bleuets. – Pouding chômeur,* cuit sur un sirop à base de cassonade. – *Pouding au pain,* composé d'une pâte à base de pain rassis, de lait et d'œufs, que l'on sert accompagné d'un sirop.

poudingue [pudɛ̃g] n. m. PETROG Conglomérat de galets et de graviers noyés dans un ciment naturel de composition variable.

Poudovkine (Vsevolod Illarionovitch) (1893 – 1953), cinéaste soviétique. Influencé par Dziga Vertov, il développa ses théories sur le montage : *la Mère* (1926), *la Fin de Saint-Pétersbourg* (1927), *Tempête sur l'Asie* (1929).

poudrage [pudʀaʒ] n. m. TECH Action de poudrer. – AGRIC Traitement phyto-sanitaire d'une culture utilisant une poudre insecticide ou fongicide.

poudre [pudʀ] n. f. **1.** Substance solide réduite en petits grains, en petits corpuscules, par pilage, broyage, etc. *Du sucre en poudre. Poudre d'or.* – (oc. Indien) *Poudre à carry :* cari (sens 1). – (Suisse) *Poudre à lever* ou (Québec) *poudre à pâte :* syn. de *levure.* **2.** Explosif pulvérulent non brisant. – Loc. *Rumeur, nouvelle qui se répand comme une traînée de poudre,* très vite. – *Il n'a pas inventé la poudre :* il n'est pas très malin. – *Mettre le feu aux poudres :* déclencher un conflit, une manifestation de violence, une catastrophe. **3.** Substance pulvérulente colorée et parfumée utilisée pour le maquillage féminin (autref. *poudre de riz*). **4.** (Cour. en Afr. subsah.) Vx Poussière, fines particules de boue séchée. ▷ Loc. *Jeter de la poudre aux yeux :* chercher à éblouir par un éclat trompeur. **5.** (Afr. subsah., oc. Indien) Terme générique désignant toutes les variétés de tubercules réduites à l'état pulvérulent et utilisées en cuisine.

poudrer [pudʀe] v. [1] **1.** v. tr. Couvrir de poudre (sens 3). *Poudrer ses joues.* ▷ v. pron. *Se poudrer avec une houppette.* **2.** v. intr. (Québec) Voler, tourbillonner dans le vent, en parlant de la neige, d'une pluie fine. *La neige commence à poudrer.* ▷ v. impers. *Il poudre, ça poudre :* il y a de la poudrerie (sens 2).

poudrerie [pudʀəʀi] n. f. **1.** Fabrique de poudre, d'explosifs. **2.** (Québec) Neige fine et sèche que le vent soulève et fait tourbillonner.

poudreuse [pudʀøz] n. f. **1.** AGRIC Appareil qui sert à répandre sur les plantes des poudres insecticides, fongicides, etc. **2.** Sucrier à couvercle perforé, pour le sucre en poudre. **3.** Neige poudreuse*.

poudreux, euse [pudʀø, øz] adj. (et n. f.) Qui a l'aspect d'une poudre. ▷ *Neige poudreuse* ou, n. f., *poudreuse,* dont la qualité rappelle celle de la poudre (sens 1). *Skier en hors piste pour apprécier la poudreuse.* Syn. (Québec) poudrerie.

poudrier [pudʀije] n. m. Petit boîtier plat qui renferme de la poudre pour le maquillage.

poudrière [pudʀijɛʀ] n. f. **1.** Magasin, entrepôt où l'on garde de la poudre ou des explosifs. **2.** Fig. Endroit, région où des troubles larvés peuvent dégénérer au moindre incident en conflagration générale.

poudroiement [pudʀwamɑ̃] n. m. Fait de poudroyer; aspect de ce qui poudroie.

poudroyer [pudʀwaje] v. intr. [23] **1.** Produire de la poussière; s'élever en poussière. *La terre sèche du chemin poudroyait sous nos pieds.* **2.** Avoir l'apparence d'une poudre brillant sous un éclairage vif. **3.** Rendre visibles les poussières en suspension dans l'atmosphère, en parlant de la lumière, des rayons solaires, etc.

1. pouf [puf] n. m. Gros coussin qui sert de siège.

2. pouf [puf] interj. (Évoquant le bruit sourd d'une chute.) *Et pouf! il est tombé.*

pouffer [pufe] v. intr. [1] *Pouffer de rire* ou (s. comp.) *pouffer :* éclater de rire involontairement et comme en étouffant son rire.

Pougatchev (Iemelian Ivanovitch) (v. 1742 – 1775), Cosaque du Don, qui, prétendant être Pierre III, souleva les cosaques (1773) et les serfs contre le pouvoir central et la noblesse. Livré par ses compagnons, il fut décapité.

Pouilles (les) ou **Pouille** (la) (en ital. *Puglia*), rég. d'Italie méridionale et de la C.E., sur l'Adriatique (anc. Apulie), formée des prov. de Bari, Brindisi, Foggia, Lecce et Tarente; 19347 km^2; 4043600 hab.; cap. *Bari.* Une plate-forme calcaire constitue l'essentiel du pays. Princ. ressources : vins et olives, pêche, bauxite (import. gisement). L'industrialisation est récente et limitée.

pouilleux, euse [pujø, øz] adj. (et n.) **1.** Qui a des poux; couvert de poux. **2.** Fam. (Personnes) Miséreux. – Subst. *Un pouilleux, une pouilleuse.* ▷ (Choses) Sordide, misérable. *Un faubourg pouilleux.*

pouillot [pujo] n. m. Petit oiseau passériforme (genre *Phylloscopus*) de l'Europe et du nord de l'Asie, insectivore, au plumage terne, clair sur le ventre.

poujadisme [puʒadism] n. m. En France, attitude revendicatrice étroitement corporatiste associée à un refus de l'évolution économique et sociale; conservatisme petit-bourgeois. (Du nom de Pierre Poujade, qui fonda, en 1953, un mouvement de défense des petits commerçants.)

poulailler [pulaje] n. m. **1.** Abri pour les poules, enclos où on les élève. Syn. (Acadie) tet à poules. **2.** Galerie la plus élevée dans un théâtre, où les places sont les moins chères. Syn. (Belgique) pigeonnier. **3.** (Afr. subsah.) Cage de vannerie servant à transporter la volaille.

poulain [pulɛ̃] n. m. **1.** Petit du cheval, mâle ou femelle, de moins de dix-huit mois (V. pouliche). **2.** (Par comparaison) Jeune talent, jeune espoir, par rapport à ceux qui l'encouragent et qui patronnent ses débuts. *Poulain d'un directeur sportif.* **3.** TECH Rampe constituée de deux longues pièces parallèles (madriers, etc.) réunies par des entretoises, servant à la manutention des grosses charges.

poulamon [pulamɔ̃] n. m. Poisson (*Microgadus tomcod*) proche de la morue, abondant dans les eaux salées ou saumâtres de l'est du Canada et des É.-U., qui vient frayer au milieu de l'hiver dans les rivières recouvertes de glace. Syn. (Québec) poisson des chenaux.

poular, pular ou **pulaar** [pulaʀ] n. m. LING Nom donné à de nombreux parlers peuls d'Afrique de l'Ouest (notam. du Sénégal et de Mauritanie).

poularde [pulaʀd] n. f. Jeune poule engraissée pour la table.

1. poule [pul] n. f. **I. 1.** Femelle du coq domestique, oiseau de basse-cour au plumage diversement coloré selon les races, aux ailes atrophiées à peu près inaptes au vol, à la tête ornée d'une crête rouge, que l'on élève pour sa chair et pour ses œufs. *La poule glousse, caquète,* chante, pousse son cri. ▷ Loc. fig. *Mère poule :* mère qui entoure ses enfants de trop d'attentions. – *Poule mouillée :* personne timorée, pusillanime. – *Tuer la poule aux œufs d'or :* tarir la source des bénéfices en voulant les réaliser trop vite (allus. à une fable de La Fontaine). – *Quand les poules auront des dents :* jamais. – *Avoir la chair* de poule.* **2.** Fam. (Terme d'affection.) *Ma poule :* ma petite, ma mignonne. **II. 1.** *Poule faisane :* femelle du faisan. **2.** *Poule d'eau :* oiseau aquatique ralliforme (genre *Gallinula*), au plumage noirâtre, commun sur les eaux douces calmes. **3.** *Poule sultane :* oiseau ralliforme plus grand que la poule d'eau, au plumage bleuté, au bec et aux pattes rouges. **4.** *Poule de pharaon :* espèce de petite outarde.

2. poule [pul] n. f. **1.** SPORT Épreuve dans laquelle chacun des concurrents rencontre successivement chacun de ses adversaires. ▷ Groupe d'équipes, de concurrents, destinés à se rencontrer au cours des éliminatoires d'un championnat. **2.** JEU Total des mises.

Poulenc (Francis) (1899 - 1963), compositeur français; membre (le plus classique) du «groupe des Six».

poulet, ette [pulɛ, ɛt] n. **1.** Jeune coq, jeune poule. ▷ n. m. *Spécial.* Cette volaille cuite, accommodée pour la table. *Poulet grillé.* **2.** Fam. (Terme d'affection.) *Mon poulet, ma poulette.*

Poulet (Georges) (1902 - 1991), critique belge d'expression française. Ses recherches portent sur le rôle du temps et de l'espace en littérature : *Études sur le temps humain* (1950-1964), *l'Espace proustien* (1982), *la Conscience critique* (1971), *la Pensée indéterminée* (1985).

pouliche [puliʃ] n. f. Jeune jument de plus de dix-huit mois et de moins de trois ans (V. aussi poulain).

poulie [puli] n. f. Roue tournant autour d'un axe et destinée à transmettre un mouvement, un effort, au moyen d'un lien flexible (cordage, bande de cuir ou de toile, chaîne, etc.) appliqué contre sa jante. *Poulie à gorge.* ▷ Ensemble constitué par un rouet ou *réa* (la poulie proprement dite), son axe et sa chape (ou *caisse*).

pouliner [puline] v. intr. [1] Mettre bas, en parlant d'une jument.

poulinière [pulinjɛʀ] adj. f. *Jument poulinière* ou, n. f., *une poulinière :* jument destinée à la reproduction.

Poulo Condor ou **Côn Dao,** archipel volcanique du S. du Viêt-nam, à l'E. du cap Ca Mau. Île et ville princ. : *Côn Sôn.* La découverte de pétrole en mer devrait amorcer le développement écon. de l'archipel. - À l'époque coloniale, les Français y implantèrent un établissement pénitentiaire, où le gouv. sud-vietnamien enferma les opposants à partir de 1954, auj. musée de la Résistance vietnamienne.

poulpe [pulp] n. m. Syn. de *pieuvre.*

pouls [pu] n. m. PHYSIOL Battement d'un vaisseau (et, partic., d'une artère), causé par le passage périodique, au rythme des contractions cardiaques, du flux sanguin. *Pouls lent, faible, rapide.* ▷ Point du corps où ce battement est perceptible; spécial., point d'affleurement de l'artère radiale, à la face interne du poignet. *Prendre le pouls,* compter ses battements. - Fig. *Tâter le pouls de qqn,* chercher à connaître son état d'esprit, ses intentions.

poumon [pumɔ̃] n. m. **1.** Chacun des deux organes thoraciques qui assurent les échanges respiratoires chez l'homme et les animaux respirant l'oxygène de l'air (mammifères, oiseaux, reptiles, amphibiens adultes, poissons dipneustes, etc.). - *Respirer, crier à pleins poumons,* très fort. **2.** *Poumon d'acier :* appareil qui permet d'entretenir artificiellement la respiration d'un sujet en cas de paralysie de la cage thoracique.

Pound (Ezra Loomis) (1885 - 1972), poète et essayiste américain. Il vint en Europe en 1907; à Londres, il se lia avec Joyce et T.S. Eliot, et publia (1917) ses premiers *Cantos.* En 1925, il s'installa en Italie. Critique (*Comment lire,* 1929; *A.B.C. de la lecture,* 1934), Pound, rallié au fascisme, invectiva les Alliés à la radio italienne. Arrêté en 1945, il fut interné aux É.-U. dans un hôpital psychiatrique jusqu'en 1958, puis il retourna en Italie. Il a laissé 109 *Cantos.*

Pound (Robert Vivian) (né en 1919), physicien américain d'origine canadienne. Il a contribué à l'invention de la résonance magnétique nucléaire (R.M.N., 1946).

Pount, nom donné par les anc. Égyptiens à la Corne de l'Afrique (au N.-E. du continent, le long de la côte des Somalis, au-delà du cap Guardafui).

poupe [pup] n. f. Partie arrière d'un navire (par oppos. à *proue,* partie avant). ▷ Fig. *Avoir le vent en poupe :* être favorisé par les circonstances, prospérer.

poupée [pupe] n. f. **I. 1.** Figurine représentant un être humain (de sexe féminin, le plus souvent) et servant de jouet, de décor. Syn. (Réunion) baba de chiffon. **2.** Fig. Jeune femme, jeune fille d'une grâce mièvre et affectée. **3.** Fam. Pansement entourant un doigt. Syn. (Québec) catin. **II.** TECH Chacun des deux organes qui, sur un tour, maintiennent la pièce à usiner. *Poupée mobile, poupée fixe.*

poupin, ine [pupɛ̃, in] adj. Dont la rondeur évoque une poupée (visage).

poupon [pupɔ̃] n. m. Bébé, très jeune enfant. (Le mot comporte une nuance affective.) ▷ Poupée figurant un bébé. *Un poupon en celluloïd.*

pouponner [pupɔne] v. [1] **1.** v. tr. Dorloter, cajoler (un petit enfant). **2.** v. intr. S'occuper d'un bébé, d'un très jeune enfant (ou de plusieurs).

pouponnière [pupɔnjɛʀ] n. f. Lieu où sont gardés, jour et nuit, les enfants de moins de trois ans dont les familles ne peuvent s'occuper.

pour-. Élément, du lat. *pro,* «devant», à valeur intensive.

pour [puʀ] prép. (et n. m.) **I.** (Devant un nom, un pronom.) **1.** En direction de, à destination de. *Partir pour Rome.* **2.** (Marquant une durée, le terme d'une durée.) *Il est là pour trois jours. Travail à faire pour le lendemain.* **3.** À l'intention de, en faveur de, dans l'intérêt de. *Travailler pour un laboratoire. Travailler pour son compte. Livre pour les enfants,* destiné aux enfants. ▷ Envers, à l'égard de. *Être bon pour les animaux.* ▷ (Marquant le but.) *Travailler pour la gloire.* ▷ *Être pour... :* être favorable à, être partisan de... - (Afr. subsah., Proche-Orient) Appartenir à... *Ce stylo est pour moi.* **4.** En remplacement de, à la place de, au nom de. *Il signe pour le directeur.* - (Devant une signature.) *Pour le secrétaire général, par ordre, X.* ▷ En échange de. *Je l'ai eu pour dix francs.* ▷ En guise de. *N'avoir pour toute arme qu'un bâton.* ▷ (Suivi d'un adj.) *Il fut laissé pour mort,* comme s'il était mort. *Il se donne pour savant,* il fait croire qu'il l'est. **5.** Quant à, en ce qui concerne (qqn). *Pour moi, je crois qu'il a tort.* ▷ Quant à, en ce qui concerne (qqch). *Pour l'argent, on s'arrangera plus tard.* **6.** Eu égard à, par rapport à. *Il est grand pour son âge.* **7.** (Marquant la conséquence.) *Il s'est trompé, pour son malheur.* **8.** À cause de. *Puni pour ses crimes.* - Loc. *Pour un oui ou pour un non :* à tout propos. **II.** *Pour* (+ inf.), *pour que* (+ subj.). **1.** (Marquant le but.) *Il lit pour s'instruire. Je vous le dis pour que vous y pensiez.* ▷ *Pour que... ne pas. Il s'enferme pour qu'on ne le dérange pas.* **2.** (Introduisant une subordonnée de conséquence.) *Il est trop tard pour que j'y aille. Tu es assez grand pour prendre cette décision tout seul.* **III.** n. m. *Le pour :* ce qui plaide en faveur de qqch, les arguments favorables (surtout dans la loc. *le pour et le contre*).

pourboire [puʀbwaʀ] n. m. Gratification qu'un client laisse au personnel, dans un café, un restaurant, une salle de spectacle, etc.; petite somme d'argent offerte en remerciement d'un service. Syn. (Belgique) dringuelle, (Afr. subsah.) matabiche.

Pourbus ou **Porbus** (Pieter) (v. 1523 - 1584), peintre flamand influencé par le maniérisme italien. Il travailla à Bourges : *la Dernière Cène* (3 tabl., 1556-1562), *Assemblée galante dans un parc.* — **Frans,** dit *l'Aîné* ou *l'Ancien* (1545 - 1581), fils de Pieter; portraitiste flamand. — **Frans,** dit *le Jeune* (1569 - 1622), fils de Frans l'Aîné; portraitiste à la cour de la reine de France Marie de Médicis à partir de 1609.

pourceau [puʀso] n. m. **1.** Vx ou litt. Porc. **2.** *Par métaph.* Homme sale et glouton.

pourcentage [puʀsɑ̃taʒ] n. m. **1.** Rapport d'une quantité à une autre divisée en cent unités. *Le quart des bénéfices, soit, en pourcentage, vingt-cinq pour cent.* **2.** Taux d'un intérêt ou d'une commission; somme perçue ou à percevoir à titre d'intérêt ou de commission. *Pourcentage sur les ventes.*

pourchasser [puʀʃase] v. tr. [1] Poursuivre sans relâche, avec opiniâtreté, ténacité.

pour-compte ou **pourcompte** [puʀkɔ̃t] n. m. inv. COMM Acte par lequel on s'engage à vendre pour le compte de l'expéditeur une marchandise qu'on a reçue de lui.

pourfendeur, euse [puʀfɑ̃dœʀ, øz] n. (Souvent iron.) Celui, celle qui pourfend. *Pourfendeur d'injustices.*

pourfendre [puʀfɑ̃dʀ] v. tr. [6] Plaisant Faire subir une défaite écrasante à. *Nos joueurs ont pourfendu l'équipe adverse.*

pourghère [puʀgɛʀ] n. m. ou f. Arbuste des régions tropicales (fam. euphorbiacées), à propriétés médicinales.

Pourim ou **Purim** (fête de), fête juive où l'on commémore le triomphe d'Esther sur Aman (Livre d'Esther, IX).

pourlèche [puʀlɛʃ] n. f. V. perlèche.

pourlécher (se) [puʀleʃe] v. pron. [14] *Se pourlécher les babines :* se délecter à la pensée d'une bonne chose à manger (*par ext.,* à la pensée d'un plaisir quelconque).

pourparler [puʀpaʀle] n. m. (Rare au sing.) Conférence, discussion visant à régler une affaire; négociation.

pourpier [puʀpje] n. m. Plante herbacée aux tiges couchées rougeâtres, aux fleurs vivement colorées, aux feuilles épaisses, dont une espèce est cultivée comme légume.

pourpre [puʀpʀ] n. et adj. **A.** n. **I.** n. f. **1.** Matière colorante d'un rouge foncé que les Anciens tiraient notam. d'un mollusque méditerranéen, du genre *Murex.* **2.** Étoffe teinte avec cette matière qui était, chez les Anciens, la marque d'une dignité, d'un rang social élevé. *Toge, manteau de pourpre.* ▷ Fig. Dignité impériale. *Revêtir la pourpre.* ▷ *La pourpre cardinalice,* ou, absol., *la pourpre :* la dignité de cardinal. **3.** Fig. et litt. Couleur rouge. *La pourpre du sang.* **II.** n. m. **1.** Rouge foncé tirant sur le violet. ▷ Litt. Rougeur. *Le pourpre de la colère.* **2.** PHYSIOL *Pourpre rétinien :* pigment photosensible des bâtonnets rétiniens, qui permet la vision nocturne. **3.** Mollusque gastéropode (genre *Thais*) vivant sur les côtes rocheuses. **B.** adj. De couleur pourpre. *Des étoffes pourpres.*

pourquoi [puʀkwa] adv., conj. et n. m. inv. **I.** adv. et conj. Pour quelle cause, quel motif. *Il part sans dire pourquoi. Voici pourquoi je ne veux pas le voir.* – Loc. conj. *C'est pourquoi. Il est malade, c'est pourquoi il n'est pas venu,* c'est pour cette raison que... – (Dans l'interrogation directe ou indirecte.) *Pourquoi acceptez-vous? Vous feriez cela? – Pourquoi pas?* ou *Pourquoi non? Je lui demanderai pourquoi il s'est fâché!* – (Suivi de l'infinitif.) *Pourquoi se fâcher?* **II.** n. m. inv. **1.** Cause, raison. *Savoir le pourquoi d'une affaire.* **2.** Question. *Je vais répondre à tous vos pourquoi.*

pourri, ie [puʀi] adj. et n. m. **I.** adj. **1.** Altéré, attaqué par la décomposition. **2.** Fig. Très humide, en parlant du temps, de la saison, etc. *Un été pourri.* **3.** Fig., fam. Gâté, corrompu. ▷ Fig., fam. *Pourri de :* plein de. *Il est pourri de bonnes idées, ce garçon.* **II.** n. m. Ce qui est pourri. *Une odeur de pourri.*

pourridié [puʀidje] n. m. Maladie des arbres et des arbustes, qui entraîne le pourrissement des racines, causée par un champignon appelé *tête de Méduse.*

pourrir [puʀiʀ] v. [3] **I.** v. intr. **1.** Tomber en décomposition, en putréfaction. *Laisser des fruits pourrir.* ▷ Fig. Se détériorer. *Laisser pourrir une situation.* **2.** Fig. et fam. Demeurer longtemps (en un lieu). *Pourrir en prison.* **II.** v. tr. **1.** Attaquer en provoquant la décomposition de. *L'eau pourrit le bois.* **2.** Fig. Corrompre, gâter. *Ils pourrissent le petit.*

pourrissement [puʀismɑ̃] n. m. Dégradation, détérioration. *Le pourrissement d'une situation.*

pourriture [puʀityʀ] n. f. **1.** État de ce qui est pourri. *Tomber en pourriture.* Syn. décomposition. **2.** Partie pourrie. *Ôter la pourriture d'une pomme.* **3.** Fig. Décadence morale, corruption. *Sombrer dans la pourriture.* **4.** BOT Maladie des végétaux due à des bactéries *(pourriture du tabac)* ou à des champignons.

pour-soi [puʀswa] n. m. inv. PHILO Être humain en tant que sujet conscient (par oppos. à *en-soi,* à *être*).

poursuite [puʀsɥit] n. f. **1.** Action de poursuivre, de courir après (qqch, qqn). *Chien ardent à la poursuite du gibier.* ▷ Fig. Fait de chercher avec opiniâtreté à obtenir (qqch). *Poursuite des honneurs.* **2.** SPORT Course cycliste sur vélodrome où deux coureurs (ou équipes) prennent le départ en deux points opposés de la piste. – (En appos.) *Course poursuite.* **3.** (Souvent plur.) DR Action en justice engagée contre qqn pour faire valoir un droit, obtenir réparation d'un préjudice ou punition d'une infraction. *Poursuites du ministère public.* **4.** TECH Contrôle et surveillance, au moyen d'instruments, d'un mobile (d'un engin spatial, en partic.) et de sa trajectoire.

poursuivant, ante [puʀsɥivɑ̃, ɑ̃t] n. (et adj.) **1.** Personne qui poursuit qqn. *Distancer ses poursuivants.* **2.** DR Personne qui exerce des poursuites. ▷ adj. *Créancier poursuivant.*

poursuivre [puʀsɥivʀ] v. tr. [62] **I. 1.** Suivre rapidement pour atteindre. *Animal qui poursuit sa proie.* **2.** Tenter d'obtenir. *Poursuivre des honneurs.* **3.** Fig. Rechercher sans cesse en importunant. *Poursuivre une femme de ses assiduités.* ▷ (Sujet n. de chose.) *Le remords le poursuit.* Syn. tourmenter, harceler. **4.** DR Intenter une action en justice contre (qqn). *Poursuivre qqn devant les tribunaux.* **II.** Continuer (ce qu'on a commencé). *Poursuivre ses études.* – (S. compl.) Continuer un récit, un exposé. *Laissez-moi poursuivre!* ▷ v. pron. (Au sens réfléchi.) Continuer.

pourtant [puʀtɑ̃] adv. (Indiquant l'opposition entre deux choses liées, ou entre deux aspects d'une même chose.) *Il avait travaillé, pourtant il a échoué.* Syn. néanmoins, cependant.

pourtour [puʀtuʀ] n. m. Ligne, partie qui fait le tour d'un objet, d'une surface. *Arbres plantés sur le pourtour d'un terrain.* Syn. tour, contour.

pourvoi [puʀvwa] n. m. DR Acte par lequel on demande à une autorité supérieure la réformation ou l'annulation d'une décision judiciaire.

pourvoir [puʀvwaʀ] v. [40] **I.** v. tr. indir. Fournir ce qui est nécessaire. *Il pourvoit à tous nos besoins.* ▷ *Pourvoir à un emploi :* faire cesser sa vacance. Syn. subvenir. **II.** v. tr. dir. **1.** Munir, équiper. ▷ v. pron. *Se pourvoir d'un coupe-coupe.* **2.** Mettre (qqn) en possession de. *Pourvoir qqn d'une charge.* ▷ Doter. *La nature l'a pourvue de mille grâces.* **3.** (Surtout au pp.) Mettre à l'abri du besoin. *Des gens pourvus.* Syn. nantir. **III.** v. pron. DR Intenter une action judiciaire devant une juridiction supérieure. *Se pourvoir en cassation.*

pourvoirie [puʀvwaʀi] n. f. (Québec) Entreprise qui offre aux chasseurs et aux pêcheurs des installations et des services, notam. la possibilité de pratiquer la chasse et la pêche sportives.

pourvoyeur, euse [puʀvwajœʀ, øz] n. **1.** *Pourvoyeur de :* personne qui fournit, procure (qqch). *Pourvoyeur de drogue.* **2.** (Québec) Détenteur d'un permis de pourvoirie. *L'Association des pourvoyeurs du Québec.*

pourvu que [puʀvykə] loc. conj. **1.** À condition que. *Tu peux rester, pourvu que tu te taises.* **2.** (Exprimant un souhait.) *Pourvu qu'il fasse beau!*

1. pousse [pus] n. f. **1.** Fait de pousser, de croître. *La pousse des cheveux.* **2.** BOT Partie jeune d'un végétal formée par un bourgeon au cours d'une période de végétation. **3.** MED VET Dyspnée du cheval, caractérisée par un soubresaut de la cage thoracique en fin d'inspiration.

2. pousse [pus] n. m. (Afr. subsah.) Pousse-pousse (sens 2).

pousse-café [puskafe] n. m. inv. Fam. Petit verre d'alcool que l'on prend après le café; cet alcool lui-même.

poussée [puse] n. f. **1.** Action de pousser; son résultat. **2.** Pression exercée par une force qui pousse. ▷ ARCHI Effort horizontal exercé par une voûte sur ses supports et tendant à écarter ceux-ci. ▷ PHYS Pression qu'un corps pesant exerce sur un autre corps. – *Poussée d'Archimède :* résultante des forces exercées par un fluide sur un objet immergé. **3.** Fig. Manifestation subite. *Une poussée d'imagination.* ▷ Accès. *Une poussée de fièvre.*

pousse-pousse [puspus] n. m. inv. **1.** Voiture légère à deux roues, à une place, tirée ou poussée par un homme. **2.** (Afr. subsah.) Petite charrette à bras. (V. calèche, sens 3.) Syn. pousse. **3.** (Québec, Suisse) Poussette.

pousse-pousseur [puspusœʀ] n. m. (Afr. subsah.) Conducteur de pousse-pousse. Syn. pousseur. *Des pousse-pousseurs.*

pousser [puse] v. [1] **I.** v. tr. **1.** Peser sur, peser contre, pour déplacer, pour faire avancer. *Pousser un meuble. Pousser une brouette.* – Fam. Écarter, mettre de côté. *Pousse tes affaires, elles me gênent.* ▷ v. pron. *Pousse-toi!* **2.** Imprimer un mouvement à (qqch, qqn) en le pressant vivement ou en le heurtant. *Il n'est pas tombé tout seul, qqn l'a poussé.* **3.** (Afr. subsah.) Fam. Raccompagner, faire un brin de conduite à (qqn). *J'ai du temps, je vais te pousser un peu.* **4.** Fig. Faire avancer, engager, soutenir (qqn) dans une entreprise, une carrière. *Son père l'a poussé dans ses études.* **5.** Étendre, porter plus loin. *Pousser ses conquêtes jusqu'à la mer.* ▷ Fig. *Pousser la plaisanterie trop loin.* **6.** Mettre, amener (qqn) dans un certain état, une certaine situation. *Pousser qqn à bout.* **7.** Inciter à, faire agir. *Qu'est-ce qui vous a poussé à écrire ce livre?* **8.** Proférer, exhaler (un cri, un soupir, etc.). *Il a poussé un grand cri.* **9.** Produire, faire sortir de soi (en parlant d'un être vivant, d'un organisme). *L'arbre a poussé des nouvelles feuilles. Bébé qui pousse ses dents.* **II.** v. intr. **1.** Peser, exercer une poussée. **2.** Faire effort pour expulser de son corps les fèces, ou lors de l'accouchement le fœtus. **3.** Croître, se développer. *Les feuilles poussent déjà.* – Fig. *Cet enfant pousse vite.* **4.** *Pousser plus loin, jusqu'à... :* continuer son chemin, aller jusqu'à... *Ils poussèrent jusqu'à la ville.*

poussette [puset] n. f. **1.** Petite voiture d'enfant. Syn. (Québec, Suisse) pousse-pousse. ▷ Petit châssis à roulettes servant à transporter de menues charges. **2.** (Belgique, Suisse) Syn. de *landau.*

pousseur [pusœʀ] n. m. (Afr. subsah.) Syn. de *pousse-pousseur.*

Pousseur (Henri) (né en 1929), compositeur belge. Dodécaphoniste (*Quintette à la mémoire d'Anton Webern,* 1955), il se tourna vers la mus. électroacoustique (*Votre Faust,* d'apr. Butor, 1960-1967) et la mus. aléatoire (*Éphémérides d'Icare II,* 1970). Citons aussi : *la Seconde Apothéose de Rameau* (1980), *Nacht der Nächte* (1985), *Leçons d'enfer* (1991).

poussier [pusje] n. m. Poussière de charbon. ▷ Débris pulvérulents d'une matière quelconque.

poussière [pusjɛʀ] n. f. **I. 1.** Terre réduite en poudre très fine; mélange de matières pulvérulentes entraîné par l'air en mouvement et qui se dépose sur les objets. – Fig. *Mordre la poussière :* être jeté à terre dans un combat; fig. subir un échec, une défaite. ▷ Grain de poussière. *Avoir une poussière dans l'œil.* – (Belgique) *Prendre, ramasser les poussières :* épousseter. ▷ Loc. fig., fam. *Et des poussières... :* et une quantité, une somme négligeable. *Trois millions et des poussières.* **2.** Matière réduite en particules fines et légères. *Poussière d'or.* **II.** Fig. Ce qui est en nombre infini, comme les grains de poussière. *La Voie lactée est une poussière d'étoiles.*

poussiéreux, euse [pusjeʀø, øz] adj. Couvert de poussière. *Des meubles poussiéreux.*

poussif, ive [pusif, iv] adj. Qui manque de souffle, qui perd facilement haleine. *L'abus du tabac rend poussif.* ▷ *Par ext.* Qui manque d'inspiration.

poussin [pusɛ̃] n. m. **1.** Poulet qui vient d'éclore. *Une poule et ses poussins.* ▷ *Par ext.* Oiseau nouvellement éclos. *Les poussins de l'aigle,* ou *aiglons.* **2.** Fam. (Terme d'affection adressé à un enfant.) *Alors, poussin?* ▷ SPORT Catégorie des enfants de moins de onze ans.

Poussin (Nicolas) (1594 – 1665), peintre français. Son œuvre obéit à l'idéal classique : *les Bergers d'Arcadie* (v. 1638), *les Funérailles de Phocion* (v. 1648).

poussine [pusin] n. f. (Suisse) Jeune poule.

poussinière [pusinjɛʀ] n. f. **1.** Cage où l'on enferme les poussins. **2.** Éleveuse artificielle.

poussoir [puswaʀ] n. m. Bouton que l'on presse pour déclencher le fonctionnement d'un mécanisme.

poutargue [putaʀg] n. f. Œufs de mulet salés et pressés.

poutine [putin] n. f CUIS **1.** Frites garnies de fromage en grains et recouvertes d'une sauce brune, spécialité québécoise. – *Poutine italienne,* avec une sauce tomate. **2.** *Poutine râpée :* mets composé de boulettes de pommes de terre râpées, farcies de viande de porc et cuites dans l'eau bouillante, spécialité acadienne. Syn. pâté à la râpure.

poutrage [putʀaʒ] n. m. ou **poutraison** [putʀɛzɔ̃] n. f. TECH Assemblage de poutres; disposition des poutres d'une charpente.

poutre [putʀ] n. f. **1.** Grosse pièce de bois équarrie destinée à la construction. *Poutre en chêne, en rônier.* ▷ *Par ext.* Élément de charpente allongé et de forte section (quelle qu'en soit la matière). *Poutre en acier.* **2.** SPORT Appareil de gymnastique constitué par une barre de bois de 10 cm de large et 5 m de long, reposant sur deux supports à une hauteur variable.

poutrelle [putʀɛl] n. f. Petite poutre. – Pièce d'acier réunissant les pièces principales d'une charpente métallique.

poutser [putse] v. tr. [1] (Suisse) Fam. Nettoyer (qqch). *Poutser les meubles du salon.*

1. pouvoir [puvwaʀ] v. auxil. de mode et v. tr. [49] **I.** v. auxil. de mode (régissant l'inf.). **1.** Avoir la faculté, la possibilité de. *La voiture est en panne, ils ne peuvent pas partir.* ▷ (Avec ellipse de l'inf. comp., ou celui-ci remplacé par le pronom *le.*) *Quand on veut, on peut. Comprenez si vous (le) pouvez.* ▷ *N'en pouvoir plus :* être à bout de forces. ▷ (Belgique) *Ne pouvoir mal de* (faire qqch) : ne pas être disposé à (faire qqch). *Je ne peux mal de monter sur cette échelle.* – Ne pas courir de danger. *Avec ces gants, tu ne peux mal de te faire piquer.* – Ne pas présenter de danger. *Ce mur ne peut mal de tomber.* – Être peu probable. *Il ne peut mal de pleuvoir.* **2.** Avoir le droit, l'autorisation de. *Puis-je m'asseoir? Vous pouvez disposer.* ▷ Être en droit de. *On peut dire qu'il a de la chance.* ▷ Avoir le front, l'audace, etc., de. *Comment pouvez-vous dire une chose pareille?* **3.** Litt. (Au subj., exprimant un souhait.) *«Puissé-je de mes yeux y voir tomber la foudre» (Corneille).* **4.** (Exprimant une éventualité, une possibilité.) *Il peut avoir eu un empêchement.* ▷ (Renforçant une interrogation.) *Où peut-il bien se cacher?* **5.** Impers. *Il peut* (+inf.) : il est possible que. *Il peut pleuvoir.* – *Il pouvait être minuit :* il était vraisemblablement, peut-être, minuit. ▷ v. pron. *Il se peut que :* il est possible que. *Il se peut que j'aie besoin de vous.* – *Il peut se faire que :* il peut arriver que. – Loc. *Autant que faire se peut :* autant qu'il est possible. **II.** v. tr. Avoir l'autorité, la puissance de faire (qqch). *Je ne peux rien pour vous.* ▷ *N'y pouvoir rien, n'en pouvoir mais* ou (Belgique) *n'en pouvoir rien :* n'être pas responsable de qqch.

2. pouvoir [puvwaʀ] n. m. **1.** Faculté de pouvoir (V. 1 pouvoir), puissance, possibilité. *Avoir du pouvoir, un grand pouvoir.* – ECON *Pouvoir d'achat :* quantité de biens ou services que l'on peut se procurer avec une somme d'argent déterminée. **2.** DR Capacité légale de faire une chose. *Pouvoir de tester.* ▷ Droit, faculté d'agir pour un autre, en vertu du mandat qu'on a reçu. *Fondé de pouvoir(s) d'une société.* – Acte par lequel on donne pouvoir d'agir, procuration. *Pouvoir par-devant notaire.* **3.** Empire, ascendant exercé sur une personne. *Exercer un pouvoir sur qqn.* **4.** (Avec un qualificatif.) Aptitude, propriété d'un corps, d'une substance. *Pouvoir blanchissant d'une lessive.* **5.** Autorité. *Pouvoir législatif, exécutif, judiciaire.* ▷ *Les pouvoirs publics :* les autorités constituées. **6.** *Absol.* Autorité souveraine, direction, gouvernement d'un État. *Être au pouvoir.*

P'ou-yi. V. Puyi.

pouzzolane [pu(d)zɔlan] n. f. PETROG Cendre volcanique claire et friable, qui forme avec la chaux grasse un bon mortier hydraulique.

Powys (John Cowper) (1872 – 1963), écrivain anglais : *Givre et Sang* (1925), *Autobiographie* (1934), *les Sables de la mer* (1934).

poxvirus [pɔksviʀys] n. m. MED, MED VET Groupe de virus comprenant notamment ceux de la variole, de la myxomatose, de la vaccine.

poya [pɔja] n. f. (Suisse) Syn. de *inalpe.*

poyo [pojo] n. f. (Afr. subsah.) En Côte d'Ivoire, banane de dessert cultivée pour l'exportation.

Poznań (en all. *Posen*), v. de Pologne, port fluv. sur la Warta; ch.-l. de la voïévodie du m. nom; 576480 hab. Import. centre industriel. – Archevêché. Université. Cath. (XVe-XVIIIe s.). Hôtel de ville (XVIe s.). – Cap. de la *Posnanie,* elle fut germanisée de 1793 à 1918.

Prado (le), musée national espagnol de peinture et de sculpture, à Madrid.

pragmatique [pʀagmatik] adj. **1.** Qui considère la valeur pratique, concrète des choses, réaliste. *Il est très pragmatique.* ▷ Susceptible de recevoir une application pratique, adapté à la réalité. *Des idées pragmatiques.* **2.** PHILO Relatif au pragmatisme. **3.** LING Discipline qui étudie les actes de parole, dans le prolongement des théories de Benveniste sur l'énonciation.

pragmatique sanction de 1713, édit rédigé le 19 avril 1713 par l'empereur germanique Charles VI, qui déclarait sa descendance (masculine ou féminine) héritière de ses États (c.-à-d. ceux des Habsbourg). V. Succession d'Autriche (guerre de la).

pragmatisme [pʀagmatism] n. m. PHILO **1.** Doctrine qui considère l'utilité pratique d'une idée comme le critère de sa vérité. **2.** Doctrine selon laquelle l'idée d'un objet est seulement la somme des idées de tous les effets imaginables, pouvant avoir un intérêt pratique, que nous attribuons à cet objet. **3.** Attitude d'une personne pragmatique.

pragmatiste [pʀagmatist] adj. et n. PHILO **1.** adj. Relatif au pragmatisme. **2.** n. Partisan du pragmatisme.

prag(u)ois, oise [pʀagwa, waz] adj. et n. De Prague. ▷ Subst. *Un(e) Pragois(e)* ou *Praguois(e).*

Prague (en tchèque *Praha*), cap. de la Rép. tchèque, sur la Vltava; 1190580 hab. Métropole intellectuelle du pays et grand centre industriel. – Archevêché catholique. Université. Le Hradčany, anc. résidence royale, comprend : la cath. St-Guy, édifiée par Mathieu d'Arras et P. Parler au XIVe s. (et achevée au XIXe s.); l'égl. romane St-Georges; le palais, construit au IXe s., rebâti aux XVIe-XVIIe s. Pont Charles (XIVe s.). Nombr. édifices baroques dans le quartier de la Malá Strana («Petite Ville»). Musées. – L'histoire du pays se joua dans cette ville, prospère dès le Xe s. Foyer du nationalisme tchèque, devenue en 1918 la cap. de la Tchécoslovaquie, occupée par les Allemands en 1939, elle fut libérée par les Soviétiques en 1945. Le *printemps de Prague* (1968) : V. Tchécoslovaquie.

Prague (cercle de), école linguistique structuraliste, fondée à Prague en 1926 par N. Troubetskoï et R. Jakobson (V. ces noms et linguistique).

Praia, cap. et port de pêche du Cap-Vert, dans l'île de São Tiago; 62000 hab.

praire [pʀɛʀ] n. f. Mollusque lamellibranche comestible *(Venus verrucosa)* des sables littoraux, à coquille bivalve striée.

prairie [pʀeʀi] n. f. **1.** Terrain couvert d'herbes propres à la pâture et à la production de fourrage. **2.** (Plur.) Grandes plaines de l'Ouest nord-américain. ▷ *Les provinces des Prairies* ou *les Prairies :* les provinces canadiennes du Manitoba, de la Saskatchewan et de l'Alberta.

Prairie (la), région centrale des É.-U. et du Canada (*les Prairies*), à l'E. des Rocheuses et à l'O. des Grands Lacs, et, en ce qui concerne les É.-U., à l'O. du Middle West (d'où son autre nom de *Far West*). Le climat continental, assez sec, s'oppose à la croissance des arbres; conjugué avec un sol très riche, il favorise celle de l'herbe haute. La culture extensive des céréales (blé de printemps et d'hiver, maïs) est hautement mécanisée. Au Canada, les Prairies n'ont été cultivées qu'au XXe s.; elles fournissent auj. l'essentiel des productions agricoles du pays.

pralin [pʀalɛ̃] n. m. **1.** CUIS Préparation à base de pralines. **2.** AGRIC Bouillie fertilisante faite de terre végétale et de matière organique, où l'on trempe les racines des plantes avant le repiquage.

pralinage [pʀalinaʒ] n. m. ARBOR Trempage des racines, de l'extrémité des boutures dans du pralin avant la plantation.

praline [pʀalin] n. f. **1.** Friandise faite d'une amande ou, en Afrique, d'une cacahuète, enrobée de sucre bouillant. **2.** (Belgique) Bonbon au chocolat, généralement fourré.

praliner [pRaline] v. tr. [1] **1.** CUIS Préparer avec du pralin. **2.** ARBOR Traiter, préparer par pralinage. *Praliner une bouture.*

prase [pRaz] n. m. **1.** MINER Quartz vert. **2.** Cristal de roche teinté, utilisé en joaillerie.

praséodyme [pRazeɔdim] n. m. CHIM Élément (symbole Pr) appartenant à la famille des lanthanides, de numéro atomique Z=59.

Praslin, île de l'archipel des Seychelles, au N. de l'île Mahé; 42 km²; 4650 hab.

praticable [pRatikabl] adj. et n. m. **1.** Que l'on peut pratiquer, mettre à exécution; qui peut être mis en usage. *Opération praticable.* **2.** Où l'on peut passer. *Gué praticable.* Syn. (Québec) allable, beau et passable. **3.** THEAT *Porte, fenêtre praticable :* porte, fenêtre réelle (et non pas peinte ou figurée) d'un décor. ▷ n. m. Élément du décor où des acteurs peuvent se tenir, évoluer. – AUDIOV Plate-forme mobile supportant des projecteurs, des caméras et le personnel qui les utilise.

praticien, enne [pRatisjɛ̃, ɛn] n. (et adj.) **1.** Personne qui connaît la pratique de son art, qui y a acquis du savoir-faire. **2.** Membre en exercice d'une profession médicale. ▷ Médecin qui donne des soins, exerce la médecine auprès des malades (et non dans un laboratoire ou dans un service de recherche). – adj. *Médecine praticienne.*

pratiquant, ante [pRatikɑ̃, ɑ̃t] adj. et n. Qui observe les pratiques (d'une religion). *Catholique, musulman pratiquant.* – Absol. *Il est très pratiquant.* ▷ Subst. *Un(e) pratiquant(e).*

1. pratique [pRatik] n. f. **1.** Activité tendant à une fin concrète (par oppos. à *théorie*). *Savoir tiré de la pratique.* – *Mettre une idée en pratique,* la mettre à exécution, la réaliser. – *En pratique :* en réalité, en fait. ▷ Application des règles et des principes d'un art, d'une science, d'une technique. *La pratique de l'architecture.* **2.** Fait de pratiquer une activité, de s'y adonner habituellement, régulièrement. *La pratique d'un sport.* ▷ Expérience, habitude que cet exercice régulier permet d'acquérir. *Avoir la pratique des affaires.* – Ensemble de procédés, de tours de main; savoir-faire. *Pratique difficile à acquérir.* **3.** Observance d'une règle de conduite, d'un ensemble de prescriptions morales ou philosophiques. *La pratique religieuse.* ▷ (Plur.) Actes extérieurs de soumission aux règles liturgiques; actes de piété. *La foi et les pratiques.* **4.** Usage, coutume. *C'est la pratique du pays.*

2. pratique [pRatik] adj. **1.** Qui a trait à l'action, à la réalisation concrète (par oppos. à *théorique,* à *spéculatif*). *Quelles sont les conséquences pratiques de cette hypothèse?* ▷ *Travaux pratiques :* exercices d'application, par oppos. aux cours théoriques. (Abrév. cour. : T.P.) **2.** Qui vise à l'utile. *Mon point de vue était essentiellement pratique.* ▷ Qui a le sens des réalités, qui sait s'y adapter, en tirer profit. *Un esprit, un homme pratique.* **3.** Bien adapté à sa fonction. *Un petit système très pratique.*

3. pratique [pRatik] n. (Haïti) Client régulier; commerçant chez lequel on a l'habitude de s'approvisionner. *Pratique, achetez donc mes bananes! — Non pratique, elles sont trop chères.*

pratiquement [pRatikmɑ̃] adv. Dans la pratique; en fait. *Pratiquement, ce projet est irréalisable.*

pratiquer [pRatike] v. tr. [1] **I. 1.** Mettre en pratique, mettre à exécution. *Pratiquer une méthode rigoureuse.* **2.** S'adonner, se livrer habituellement à (une activité, une occupation); exercer (un métier). **3.** Accomplir fidèlement les actes commandés par (une religion). *Pratiquer un culte.* ▷ Absol. *Il est encore croyant mais ne pratique plus.* **4.** Exécuter (une opération concrète, matérielle). *Pratiquer une intervention chirurgicale.* ▷ Réaliser, exécuter (qqch). *Avec une épingle, vous pratiquez un petit trou.* ▷ Ouvrir, frayer (un passage, un chemin). *Pratiquer un sentier dans un taillis.* **II.** v. pron. (Passif) Être en usage, à la mode.

praxis [pRaksis] n. f. PHILO Dans la terminologie marxiste, ensemble des activités humaines susceptibles de transformer le milieu naturel ou de modifier les rapports sociaux.

Praxitèle (v. 390 – v. 330 av. J.-C.), sculpteur grec. Son *Aphrodite de Cnide* introduisit dans l'art grec le nu féminin. V. Phryné.

pré-. Élément, du lat. *præ,* «en avant, devant».

pré [pRe] n. m. Petite prairie, terrain où l'on récolte du fourrage ou qui sert au pâturage.

préadolescent, ente [pReadɔlesɑ̃, ɑ̃t] n. Garçon ou fille qui va entrer dans l'adolescence.

préalable [pRealabl] adj. et n. m. **1.** Qui a lieu, qui se dit ou se fait d'abord. *Avertissement préalable.* **2.** Qui doit être examiné, réglé, réalisé avant autre chose. *Condition préalable à un accord.* – *Parlementaire qui pose la question préalable,* qui demande à l'assemblée de se prononcer sur l'opportunité d'une délibération. ▷ n. m. *Un préalable :* ce qui est mis comme condition à la conclusion d'un accord, à l'ouverture de négociations, etc. *Poser un préalable.* **3.** Loc. adv. *Au préalable :* auparavant.

préalablement [pRealabləmɑ̃] adv. Auparavant, avant toute chose.

Préalpes, massifs sédimentaires externes des Alpes. Les sommets dépassent rarement 3000 m.

préambule [pReɑ̃byl] n. m. **1.** Avant-propos, introduction, exorde. ▷ DR Partie préliminaire dans laquelle le législateur expose les motifs et l'objet d'un texte de loi. **2.** Fig. Ce qui précède qqch et l'annonce. *Cet incident fut le préambule du conflit.*

préamplificateur [pReɑ̃plifikatœR] n. m. ELECTRON Amplificateur de tension dont les signaux de sortie sont amplifiés par un amplificateur de puissance. (Abrév. cour. : préampli).

préau [pReo] n. m. **1.** Cour d'un cloître, d'une prison, d'un hôpital. **2.** Partie couverte d'une cour d'école.

préavis [pReavi] n. m. Avis, notification préalable. *Préavis de grève.* ▷ *Spécial.* Notification préalable que l'employeur ou le salarié, prenant l'initiative d'une dénonciation du contrat de travail, doit adresser à l'autre partie.

prébende [pRebɑ̃d] n. f. **1.** DR CANON Revenu attaché à certains titres ecclésiastiques (canonicat, notam.). **2.** Fig., litt. (Souvent péjor.) Revenu tiré d'une charge lucrative. *De grasses prébendes.*

précaire [pRekɛR] adj. **1.** DR Sujet à révocation. *Possession à titre précaire.* – Par ext. *Détenteur précaire.* **2.** Qui est incertain, sans base assurée. *Santé, situation précaire.*

précambrien, enne [pRekɑ̃bRijɛ̃, ɛn] adj. et n. m. GEOL **1.** adj. Qui précède le cambrien. **2.** n. m. Ensemble des terrains antérieurs au cambrien (on y distingue deux périodes : l'archéen et l'algonkien). Syn. antécambrien.

précancer [pRekɑ̃sɛR] n. m. MED Étape décisive de la transformation d'une tuméfaction bénigne en cancer. *Nævi et polypes évolués sont des précancers.*

précancéreux, euse [pRekɑ̃seRø, øz] adj. Susceptible de devenir cancéreux. *Une dermatose précancéreuse.*

précarisation [pRekaRizasjɔ̃] n. f. Action de précariser; son résultat.

précariser [pRekaRize] v. tr. [1] Rendre précaire.

précarité [pRekaRite] n. f. Caractère, état de ce qui est précaire.

précaution [pRekosjɔ̃] n. f. **1.** Disposition prise par prévoyance, pour éviter un inconvénient, un risque. *Prenez des provisions, par précaution.* ▷ *Précautions oratoires :* ménagements que l'on prend pour se concilier la bienveillance de l'auditoire. **2.** Circonspection, prudence. *Marcher avec précaution.*

précautionneux, euse [pRekosjɔnø, øz] adj. **1.** Qui agit avec précaution; prévoyant et circonspect. **2.** Qui dénote la précaution.

précédemment [pResedamɑ̃] adv. Auparavant, antérieurement.

précédent, ente [pResedɑ̃, ɑ̃t] adj. et n. **1.** Qui précède. *Le chapitre précédent.* – Subst. *Le (la) précédent(e).* **2.** n. m. Fait, événement, qui peut servir d'exemple ou être invoqué comme autorité dans des circonstances analogues. ▷ *Sans précédent :* qui n'a pas son pareil dans le passé; extraordinaire.

précéder [pResede] v. tr. [14] **1.** Se produire avant (dans le temps); être placé avant, devant (par le rang dans une série ou par la place dans l'espace). *Des averses ont précédé les crues. Vous le précédez au classement général.* ▷ (Personnes) Arriver avant (qqn). **2.** Aller, marcher devant. *Le tambour-major précédait le défilé.* ▷ Fig. *Son père l'a précédé à la tête de la société.*

précepte [pResɛpt] n. m. Formule énonçant une règle, un principe d'action; cette règle, ce principe. *Les préceptes de la morale.* ▷ *Spécial.* Commandement religieux.

précepteur, trice [pResɛptœR, tRis] n. Personne chargée de l'éducation et de l'instruction d'un enfant qui ne fréquente pas un établissement d'enseignement; professeur, maître particulier.

précession [pResesjɔ̃] n. f. **1.** MECA Mouvement autour d'une position moyenne, selon les génératrices d'un cône, de l'axe de rotation d'un solide. *Précession d'un gyroscope.* **2.** ASTRO Mouvement de rotation de l'axe terrestre qui décrit en un peu moins de 26000 ans un cône dont le sommet est le centre de la Terre et dont l'axe est perpendiculaire au plan de l'écliptique. – *Précession des équinoxes :* lent déplacement, dans le sens rétrograde, du point gamma (point vernal) sur le cercle écliptique, dû à la précession terrestre.

préchauffage [pReʃofaʒ] n. m. TECH Chauffage préalable, destiné à faciliter certaines opérations techniques. *Préchauffage d'une matière à mouler.*

préchauffer [pʀeʃofe] v. tr. [1] **1.** TECH Pratiquer un préchauffage. **2.** CUIS *Préchauffer un four,* le faire chauffer un certain temps avant d'y introduire le mets à cuire.

prêche [pʀɛʃ] n. m. **1.** Sermon prononcé par un ministre du culte protestant. **2.** Fam. Discours moralisateur, monotone et ennuyeux.

prêcher [pʀeʃe] v. [1] **I.** v. tr. **1.** Enseigner (la parole divine). *Prêcher l'Évangile.* ▷ Par ext. *Prêcher un converti :* chercher à convaincre celui qui est déjà convaincu. **2.** Exhorter à (une qualité, une vertu). *Prêcher la patience.* **II.** v. intr. **1.** Faire un, des sermons. **2.** Loc. fig. *Prêcher d'exemple, par l'exemple :* être le premier à pratiquer ce que l'on conseille aux autres. – *Prêcher dans le désert :* faire des recommandations qui ne sont pas suivies. **3.** Moraliser; discourir de façon ennuyeuse. *Il prêche à tout propos.*

prêcheur, euse [pʀɛʃœʀ, øz] adj. et n. **1.** adj. *Les frères prêcheurs :* les dominicains. **2.** n. Péjor. Personne qui moralise, sermonne. *Quel prêcheur!* ▷ adj. *Elle est un peu prêcheuse.*

précieusement [pʀesjøzmɑ̃] adv. Avec grand soin, comme l'on fait d'une chose de prix. *Garder précieusement un objet.*

précieux, euse [pʀesjø, øz] adj. et n. f. **I.** adj. **1.** Qui est de grand prix. *Métaux précieux.* **2.** Qui est d'une haute importance, d'une grande utilité. *Perdre un temps précieux.* **II.** **1.** n. f. HIST et LITTER *Les précieuses :* les femmes du monde qui, dans la première moitié du XVIIe s., en réaction contre les mœurs du temps qu'elles jugeaient vulgaires, cherchaient à se distinguer par la délicatesse des manières, l'élégance subtile de l'expression, le raffinement des sentiments. – Par ext. *Une précieuse :* une imitatrice ridicule des précieuses. **2.** adj. Qui a rapport à la préciosité. ▷ Recherché ou affecté.

préciosité [pʀesjɔzite] n. f. **1.** HIST et LITTER Ensemble des caractères propres au mouvement précieux du XVIIe s., à l'esprit, aux manières qu'il inspirait. **2.** Recherche ou affectation dans le langage, les manières.

précipice [pʀesipis] n. m. Anfractuosité profonde du sol, aux bords escarpés; ravin, gouffre. ▷ Fig. *Courir au précipice :* aller au-devant d'un malheur.

précipitamment [pʀesipitamɑ̃] adv. Avec précipitation.

précipitation [pʀesipitasjɔ̃] n. f. **I.** **1.** Grande hâte. *Se lever avec précipitation.* **2.** Excès de hâte. *Maladresse commise par précipitation.* **II.** **1.** CHIM Passage à l'état solide du ou de l'un des solutés d'une solution. **2.** (Surtout au plur.) METEO *Précipitations (atmosphériques) :* la pluie, la neige, la grêle.

précipité, ée [pʀesipite] adj. et n. m. **1.** adj. Rapide, accéléré. *Rythme précipité.* ▷ Qui se fait dans la précipitation. *Jugement trop précipité.* **2.** n. m. CHIM Substance solide qui se forme dans une solution par précipitation d'un, du soluté. *Précipité de chlorure d'argent.*

précipiter [pʀesipite] v. [1] **I.** v. tr. **1.** Jeter d'un lieu élevé ou dans un lieu bas, profond. *Précipiter qqn d'un balcon.* ▷ Fig., litt. *Ces sombres événements nous précipitèrent dans le malheur.* **2.** Pousser violemment. *Une bourrade m'a précipité contre le mur.* **3.** Hâter, accélérer. *Précipiter ses pas.* **4.** CHIM Provoquer la précipitation. *Réactif qui précipite un soluté.* ▷ v. intr. Se former par précipitation. **II.** v. pron. **1.** *Se précipiter (de) :* se jeter de haut en bas. *Se précipiter d'une falaise.* **2.** Se jeter, s'élancer. *Se précipiter sur son adversaire.* **3.** Prendre un cours accéléré. *Les événements se précipitent.*

préciput [pʀesipyt] n. m. DR Avantage que le testateur ou la loi accorde à l'un des héritiers, partic. au conjoint survivant; droit de prélever, avant tout partage, une partie de l'actif commun.

précis, ise [pʀesi, iz] adj. et n. m. **I.** adj. **1.** Qui ne donne lieu à aucune incertitude. *Des indications précises.* ▷ Nettement défini, déterminé. *Donner un rendez-vous en un lieu précis.* **2.** Qui procède avec exactitude, sûreté. *Un homme précis.* ▷ Par ext. *Des gestes précis.* **3.** Exact, juste. *Mesure précise.* **II.** n. m. Livre d'enseignement contenant l'essentiel d'une matière.

précisément [pʀesizemɑ̃] adv. **1.** Avec précision, exactement. **2.** Justement. *On a fait précisément ce qu'il fallait éviter.* ▷ (Pour affirmer, confirmer.) *En est-il capable? – Précisément.* ▷ *Par euph.* Pas tellement, pas du tout. *Ce n'est pas précisément gai.*

préciser [pʀesize] v. tr. [1] Déterminer, exprimer, proposer, de façon précise ou plus précise. *Préciser une date. Préciser sa pensée.* ▷ v. pron. *La menace se précise,* se confirme.

précision [pʀesizjɔ̃] n. f. **1.** Caractère de ce qui est précis, qui ne donne pas lieu à équivoque. *Précision d'un mot.* **2.** Exactitude, justesse, sûreté dans l'exécution. *Précision d'un trait, d'un geste.* **3.** Caractère de ce qui est calculé, déterminé, exécuté, etc., de façon précise, exacte. *Précision d'une mesure.* ▷ *Balance, montre,* etc., *de précision,* dont l'incertitude instrumentale est très faible. **4.** (Surtout au plur.) Donnée, explication précise.

précité, ée [pʀesite] adj. Didac. Cité précédemment.

préclassique [pʀeklasik] adj. ART, LITTER Qui précède l'époque classique. *Les civilisations préclassiques du Moyen-Orient.*

précoce [pʀekɔs] adj. **1.** Qui se développe, qui arrive à maturité avant la saison. *Fruit précoce.* ▷ (Espèces végétales.) Qui donne des produits précoces. *Haricots, fraises précoces* (ou, subst., *des précoces*). ▷ (Animaux) Dont la croissance est rapide. **2.** Fig. Qui se manifeste plus tôt qu'il n'est habituel. *Talent précoce.* ▷ *Enfant précoce,* développé avant l'âge, physiquement ou mentalement. **3.** Qui se produit de bonne heure; prématuré. *Chaleur précoce.*

précocement [pʀekɔsmɑ̃] adv. D'une manière précoce.

précocité [pʀekɔsite] n. f. **1.** Caractère de ce qui est précoce. **2.** Caractère d'une personne précoce.

précolombien, enne [pʀekɔlɔ̃bjɛ̃, ɛn] adj. Didac. Qui, en Amérique, a précédé l'arrivée de Ch. Colomb (1492).

précolonial, ale, aux [pʀekɔlɔnjal, o] adj. Qui a précédé la colonisation. *L'époque précoloniale.*

précompte [pʀekɔ̃t] n. m. **1.** COMM, COMPTA Calcul préalable de sommes à déduire. **2.** DR, COMPTA Retenue opérée sur une rémunération.

précompter [pʀekɔ̃te] v. tr. [1] **1.** COMM, COMPTA Compter par avance (les sommes à déduire dans un règlement). **2.** DR, COMPTA Prélever sur un salaire, un revenu, une somme pour la reverser à un organisme.

préconçu, ue [pʀekɔ̃sy] adj. Conçu, imaginé d'avance. *Combinaison préconçue.* ▷ Péjor. *Idée, opinion préconçue,* adoptée avant tout examen ou toute expérience; préjugé.

préconiser [pʀekɔnize] v. tr. [1] Recommander vivement, conseiller d'adopter, de prendre (qqch).

préconscient, ente [pʀekɔ̃sjɑ̃, ɑ̃t] n. m. et adj. PSYCHAN Processus mental qui pourrait devenir conscient. – adj. Qui se rapporte à un tel processus.

précontraint [pʀekɔ̃tʀɛ̃] adj. m. et n. m. TECH *Béton précontraint,* dont les armatures sont mises en tension, pour lui permettre de travailler uniquement à la compression. ▷ n. m. *Ouvrage en précontraint.*

précuit, cuite [pʀekɥi, kɥit] adj. Se dit d'aliments qui ont subi une cuisson préalable à leur conditionnement.

précurseur [pʀekyʀsœʀ] n. m. et adj. m. **1.** n. m. Celui qui vient avant un autre pour annoncer sa venue. – *Le Précurseur* (du Christ) : saint Jean-Baptiste. ▷ Personne dont l'action, l'œuvre, les idées ont ouvert la voie à une autre personne, à un mouvement, etc. **2.** n. m. BIOCHIM Composé qui précède un autre dans une suite de réactions. **3.** adj. m. Qui précède et annonce; avant-coureur. *Les signes précurseurs d'un orage, d'une catastrophe.*

prédateur, trice [pʀedatœʀ, tʀis] n. m. et adj. **1.** ZOOL Animal qui vit de proies. – *Prédateurs d'une espèce :* animaux qui font leur proie des individus de cette espèce. ▷ adj. *Fourmis prédatrices.* **2.** Didac. Homme qui se nourrit des produits de la chasse, de la pêche et de la cueillette.

prédation [pʀedasjɔ̃] n. f. Didac. Façon dont les prédateurs assurent leur subsistance.

prédécesseur [pʀedesesœʀ] n. m. Personne qui a précédé qqn dans un emploi, une dignité, etc. ▷ (Plur.) *Les prédécesseurs :* les générations antérieures.

prédélinquance [pʀedelɛ̃kɑ̃s] n. f. État d'un jeune que sa situation et son entourage social mettent en danger de devenir délinquant.

prédestination [pʀedɛstinasjɔ̃] n. f. **1.** THEOL Volonté de Dieu qui destinerait chacune de ses créatures à être sauvée ou damnée, sans considération de sa foi ni de ses œuvres. **2.** Litt. Détermination apparemment fatale des événements.

prédestiné, ée [pʀedɛstine] adj. (et n.) **1.** THEOL Que Dieu a destiné de toute éternité au salut. ▷ Subst. *Les prédestinés.* **2.** Qui semble destiné par avance (à qqch). *Un nom, un lieu prédestiné.*

prédestiner [pʀedɛstine] v. tr. [1] **1.** THEOL Destiner de toute éternité à la damnation ou au salut. **2.** *Par ext.* Destiner par avance à (qqch, à un avenir particulier).

prédétermination [pʀedetɛʀminasjɔ̃] n. f. PHILO «Détermination d'un fait ou d'un acte par des causes ou des raisons antérieures au moment même qui précède le plus immédiatement ce fait ou cet acte» (Lalande).

prédéterminer [pʀedetɛʀmine] v. tr. [1] **1.** Déterminer d'avance; produire, faire exister par une détermination antérieure. **2.** THEOL En parlant de Dieu, déterminer par avance (la volonté de l'homme) sans pour cela porter atteinte à sa liberté.

prédéterminisme [predeterminism] n. m. PHILO Système dans lequel le déroulement des événements est considéré comme résultant de la détermination antérieure de Dieu.

prédicat [predika] n. m. **I.** LOG **1.** Second terme d'une énonciation dans laquelle on peut distinguer ce dont on parle (sujet) et ce qu'on en affirme ou nie. ▷ Attribut, affirmé ou nié, d'un sujet. **2.** Fonction propositionnelle, expression qui contient une ou plusieurs variables et qui est vraie ou fausse selon la valeur qu'on attribue à celles-ci, ou selon les quantificateurs qui les lient. *Calcul des prédicats.* **II.** LING Ce qui, dans un énoncé, constitue le centre par rapport auquel s'ordonnent les fonctions grammaticales. Ex. *Jean* (sujet) *travaille* (prédicat). – *L'homme* (sujet) *est mortel* (prédicat).

prédicateur [predikatœr] n. m. Celui qui prêche. *Les prédicateurs de l'islam.*

prédicatif, ive [predikatif, iv] adj. LOG, LING Relatif au prédicat; qui est formé d'un prédicat. *Syntagme prédicatif.* – *Phrase prédicative,* réduite au prédicat. (Ex. *Terre!*)

prédication [predikasjɔ̃] n. f. Action de prêcher; ministère du prédicateur.

prédictible [prediktibl] adj. Didac. Qui peut être prédit.

prédictif, ive [prediktif, iv] adj. MED *Médecine prédictive,* qui cherche à établir le risque d'apparition d'une maladie en étudiant les facteurs d'exposition à un agent toxique, l'hérédité du sujet et les anomalies de son métabolisme. – *Test prédictif.*

prédiction [prediksjɔ̃] n. f. **1.** Déclaration de ce qui doit arriver, fondée sur la divination, sur un procédé occulte quelconque; prophétie. *Les prédictions des astrologues, des marabouts.* **2.** Déclaration de ce qui doit arriver, fondée sur le raisonnement, l'induction scientifique. *La prédiction du temps par les services météorologiques.* **3.** Ce qui a été prédit. **4.** (oc. Indien) Discours, sermon.

prédilection [predilɛksjɔ̃] n. f. Préférence d'affection, d'amitié, de goût. *Avoir une prédilection marquée pour qqch, pour qqn.* ▷ *De prédilection :* pour lequel on a une préférence.

prédire [predir] v. tr. [65] **1.** Prophétiser, annoncer (ce qui doit arriver) par divination. *Prédire l'avenir.* **2.** Annoncer (ce qui doit arriver) par conjecture, raisonnement, ou d'après des observations scientifiques. *Prédire une éclipse.*

prédisposer [predispoze] v. tr. [1] *Prédisposer à :* mettre dans une situation ou dans des dispositions favorables, propices, pour; préparer à.

prédisposition [predispozisjɔ̃] n. f. Disposition marquée, aptitude à (être, faire, devenir qqn, qqch).

prédominance [predɔminɑ̃s] n. f. Fait de prédominer; caractère prédominant de qqch.

prédominant, ante [predɔminɑ̃, ɑ̃t] adj. Qui prédomine.

prédominer [predɔmine] v. intr. [1] L'emporter, être le plus important ou le plus fréquent. *C'est l'ambition qui prédomine en lui.*

prée [pre] n. f. (Acadie) Prairie bordant un cours d'eau ou le rivage de la mer. *Une belle prée. Foin de prée.*

préélectoral ou **pré-électoral, ale, aux** [preelɛktɔral, o] adj. Qui précède des élections.

préemballé, ée [preɑ̃bale] adj. Vendu sous emballage.

prééminence [preeminɑ̃s] n. f. **1.** Supériorité de droit, de dignité, de rang. **2.** Avantage, supériorité absolue.

prééminent, ente [preeminɑ̃, ɑ̃t] adj. Qui a la prééminence.

préemption [preɑ̃psjɔ̃] n. f. DR *Droit de préemption :* droit reconnu légalement ou contractuellement à une personne physique ou morale d'acquérir, avant toute autre et à prix égal, l'objet mis en vente.

préenregistré, ée [preɑ̃rəʒistre] adj. Enregistré à l'avance. *Cassette préenregistrée.* – *Émission préenregistrée,* qui n'est pas transmise en direct.

préétablir [preetablir] v. tr. [3] Établir, fixer par avance. – Surtout au pp. adj. *Programme préétabli.* ▷ PHILO *Harmonie préétablie :* selon Leibniz, accord établi par Dieu entre les substances créées, partic. entre l'âme et le corps.

préexistant, ante [preegzistɑ̃, ɑ̃t] adj. Qui existe avant.

préexistence [preegzistɑ̃s] n. f. Fait d'exister antérieurement.

préexister [preegziste] v. tr. indir. [1] Exister avant. *Préexister à qqch.*

préfabrication [prefabrikasjɔ̃] n. f. TECH Action de préfabriquer.

préfabriqué, ée [prefabrike] adj. et n. m. **1.** Se dit d'un élément de construction fabriqué, usiné avant un montage en dehors de l'atelier ou de l'usine; formé uniquement d'éléments préfabriqués. *Maison préfabriquée.* ▷ n. m. *Du préfabriqué.* **2.** Fig. Artificiel.

préfabriquer [prefabrike] v. tr. [1] TECH Fabriquer en atelier, en usine (des éléments à assembler) en vue d'un montage plus rapide sur le chantier.

préface [prefas] n. f. **1.** Texte de présentation placé en tête d'un livre. **2.** LITURG CATHOL Partie de la messe qui précède le canon.

préfacer [prefase] v. tr. [12] Présenter par une préface; écrire la préface de (un livre).

préfectoral, ale, aux [prefɛktɔral, o] adj. Qui a rapport au préfet. *L'administration préfectorale.* ▷ Qui émane du préfet. *Arrêté préfectoral.*

préfecture [prefɛktyr] n. f. **1.** Charge, fonctions d'un préfet; durée de ces fonctions. ▷ Étendue de territoire administrée par un préfet. ▷ Ville où réside un préfet. ▷ Bâtiment, ensemble des bureaux où sont installés les services préfectoraux. **2.** *Préfecture maritime :* chef-lieu d'une région maritime; locaux où réside le préfet maritime, où se trouvent ses bureaux. **3.** (Maghreb) Au Maroc, circonscription administrative urbaine, ou à dominante urbaine, sous l'autorité d'un gouverneur.

préférable [preferabl] adj. Qui mérite d'être préféré.

préféré, ée [prefere] adj. (et n.) Que l'on préfère. *C'est mon plat préféré.* ▷ Subst. *La cadette est la préférée de son père.*

préférence [preferɑ̃s] n. f. **1.** Fait de préférer, sentiment d'une personne qui préfère une personne, une chose à une autre. ▷ Loc. adv. *De préférence :* plutôt. *Partez le matin de préférence.* **2.** Marque particulière d'affection, d'honneur; avantage accordé à qqn. *Accorder ses préférences à qqn.* ▷ DR Avantage consistant pour un créancier à être payé avant un autre. ▷ ECON Réglementation qui, dans le commerce extérieur, favorise certains pays.

préférentiel, elle [preferɑ̃sjɛl] adj. Qui crée une préférence, un avantage, au profit d'une personne, d'un pays, etc. *Tarif préférentiel.* ▷ DR *Vote préférentiel :* vote au scrutin de liste dans lequel l'électeur peut choisir l'ordre des candidats.

préférer [prefere] v. tr. [14] Aimer mieux. *Nous préférons partir.* – *Préférer (qqch, qqn) à (qqch, qqn d'autre) :* se déterminer en faveur d'une personne ou d'une chose plutôt qu'en faveur d'une autre. ▷ Litt. *Préférer mourir à trahir.* ▷ (S. comp.) *Si tu préfères, nous resterons ici.*

préfet [prefɛ] n. m. **1.** RELIG *Préfet apostolique :* prêtre responsable d'un territoire en voie d'organisation, dans un pays de mission. **2.** *Préfet de discipline, préfet des études :* personnes responsables de la discipline, de la surveillance des études, dans certaines écoles. **3.** Haut fonctionnaire qui représente le gouvernement dans un département. *Pouvoirs de police du préfet.* ▷ *Préfet maritime :* amiral placé à la tête d'une région maritime. **4.** (Québec) Personne élue à la tête d'une municipalité* régionale de comté, choisie parmi les maires des municipalités qu'elle regroupe. **5.** (Afr. subsah., Belgique) Directeur d'un athénée ou d'un lycée (sens 1).

préfète [prefɛt] n. f. **1.** Femme d'un préfet. **2.** Femme préfet.

préfiguration [prefigyrasjɔ̃] n. f. Fait de préfigurer; ce qui préfigure qqch.

préfigurer [prefigyre] v. tr. [1] Figurer, être d'avance la représentation de (qqch à venir).

préfinancement [prefinɑ̃smɑ̃] n. m. FIN Ouverture de crédits permettant à une entreprise de réaliser un projet ou de procéder à un investissement et de couvrir une partie des premières dépenses.

préfinancer [prefinɑ̃se] v. tr. [1] FIN Assurer le préfinancement de.

préfixal, ale, aux [prefiksal, o] adj. LING Relatif au préfixe.

préfixation [prefiksasjɔ̃] n. f. LING Adjonction d'un préfixe; composition de mots nouveaux à l'aide de préfixes.

préfixe [prefiks] n. m. **1.** Morphème de la catégorie des affixes qui précède le radical et en modifie le sens. – *Préfixe inséparable (in* dans *incompréhensible).* – *Préfixe séparable,* qui constitue par ailleurs des mots autonomes (ex. *avant,* dans *avant-garde, entre* dans *entremets*). **2.** (Belgique) *Préfixe (téléphonique) :* indicatif* téléphonique.

préfixer [prefikse] v. tr. [1] **I.** LING **1.** Joindre (un morphème) comme préfixe. – Pp. adj. *Élément préfixé.* **2.** Adjoindre un préfixe à (un radical). **II.** DR Fixer par avance (un terme, un délai).

préfixion [prefiksjɔ̃] n. f. DR Action de préfixer (un délai); délai préfixé.

préformer [prefɔrme] v. tr. [1] Former au préalable.

prégermination [preʒerminasjɔ̃] n. f. AGRIC Syn. de *trempage.*

préglaciaire [preglasjer] adj. GEOL Qui est antérieur à une période glaciaire (et, spécial., à la période glaciaire quaternaire).

prégnance [prɛgnɑ̃s; preɲɑ̃s] n. f. **1.** Litt. Qualité de ce qui est prégnant. **2.**

PSYCHO *Loi de prégnance :* dans la théorie de la forme, «prédominance d'une forme privilégiée, plus stable et plus fréquente parmi toutes les autres possibles» (Cuvillier).

prégnant, ante [pʀɛgnɑ̃; pʀeɲɑ̃, ɑ̃t] adj. **1.** Expressif, riche de sens. **2.** PSYCHO *Structure prégnante,* qui prédomine, s'impose avec force à l'esprit.

préhenseur [pʀeɑ̃sœʀ] adj. m. Didac. Qui sert à la préhension. *Organe préhenseur.*

préhensile [pʀeɑ̃sil] adj. Didac. Qui a la faculté de saisir. *Les pieds préhensiles des singes.*

préhension [pʀeɑ̃sjɔ̃] n. f. **1.** Action de prendre, de saisir. *Les mains, organes de préhension.* **2.** DR *Droit de préhension,* de réquisition.

préhistoire [pʀeistwaʀ] n. f. Période de la vie de l'humanité depuis l'apparition d'*Homo sapiens sapiens* (quaternaire) jusqu'à l'apparition du travail des métaux (caractérisant la *protohistoire*). ▷ Branche du savoir, science qui étudie cette période.
ENCYCL La préhistoire se fonde sur l'étude des vestiges mis au jour par la fouille archéologique. Elle se propose d'établir une chronologie et une classification des types humains et une typologie des industries. Au paléolithique inférieur, la notion d'habitat doit être prise dans le sens de «sol d'occupation», composé d'un lit de galets apprêtés, mêlés de galets aménagés (Éthiopie). Ensuite, l'intensité du froid de la période würmienne a poussé l'homme à rechercher l'accueil des grottes ou des abris sous roche; toutefois, les hommes du paléolithique moyen, les Néandertaliens, ont utilisé des campements temporaires de plein air. Au paléolithique supérieur, *Homo sapiens sapiens* occupe souvent les mêmes sites que les Néandertaliens. Les structures d'habitat sont bien individualisées : cabane, tente, hutte, construites au niveau du sol ou demi-souterraines, pavées de galets ou non. Les plus anc. industries lithiques se rencontrent en Afrique. Le gisement d'Olduvai (Tanzanie) a livré, notam., une industrie à galets aménagés. L'usage du feu est bien antérieur : les premiers hominiens qui «connurent» le feu appartenaient à l'espèce *Homo erectus* (sinanthropes, pithécanthropes, etc.). L'acheuléen, stade terminal du paléolithique inférieur, possède une industrie variée à bifaces, mais une industrie à éclats est toujours présente. L'homme du paléolithique supérieur a conçu et réalisé des œuvres d'art. Les gravures, pariétales ou mobilières, et les sculptures (au solutréen) ont été réalisées au burin de silex. La matière colorante des peintures est toujours à base de terres naturelles. L'apogée se situe au magdalénien ancien et moyen avec les grandes fresques polychromes, notamment à Lascaux (Dordogne) et à Altamira (Espagne). Au néolithique, l'agriculture et l'élevage font leur apparition. Vient ensuite la protohistoire.

préhistorien, enne [pʀeistɔʀjɛ̃, ɛn] n. Spécialiste de la préhistoire.

préhistorique [pʀeistɔʀik] adj. **1.** Antérieur aux temps historiques, c.-à-d à l'apparition de l'écriture ou du travail des métaux. *Hommes préhistoriques.* **2.** Qui a rapport à la préhistoire, à son étude. *Revue des études préhistoriques.*

préhivernal, ale, aux [pʀeivɛʀnal, o] adj. (Afr. subsah.) Qui précède la saison des pluies.

préhominiens [pʀeɔminjɛ̃] n. m. pl. PALEONT Sous-famille d'hominiens fossiles dont on ignore s'ils étaient capables de fabriquer des outils. – Sing. *Un préhominien.*

préindustriel, elle [pʀeɛ̃dystʀijɛl] adj. Antérieur à la révolution industrielle, à l'industrialisation.

préinscription [pʀeɛ̃skʀipsjɔ̃] n. f. Inscription à titre provisoire, en attendant de remplir les conditions nécessaires à une inscription définitive.

préjudice [pʀeʒydis] n. m. Tort, dommage. *Causer un préjudice, porter préjudice à qqn,* lui faire subir un dommage. ▷ *Au préjudice de qqn,* contre son intérêt, à son détriment. ▷ *Sans préjudice de :* sans renoncer à.

préjudiciable [pʀeʒydisjabl] adj. Nuisible, qui peut causer un préjudice.

préjudiciel, elle, els [pʀeʒydisjɛl] adj. DR *Question préjudicielle :* question soulevée devant une juridiction incompétente pour en connaître, et relevant de la compétence exclusive d'une autre instance qui doit la trancher préalablement.

préjugé [pʀeʒyʒe] n. m. **1.** Élément qui permet de porter, provisoirement, un jugement. *Préjugé en faveur, en défaveur de qqn.* **2.** Opinion, idée préconçue, adoptée sans examen.

préjuger [pʀeʒyʒe] v. tr. indir. [13] *Préjuger de.* **1.** Donner prématurément une opinion sur qqch. *Préjuger d'une question.* **2.** Conjecturer.

prélart [pʀelaʀ] ou (Saint-Pierre-et-M.) **prélat** [pʀela] n. m. **1.** MAR, TECH Grosse bâche goudronnée dont on recouvre les objets que l'on veut mettre à l'abri sur un navire, dans un camion, etc. – *Spécial.* (Saint-Pierre-et-M.) Anc. Grande toile qui servait à couvrir les tas de morues. **2.** (Québec) Linoléum. *Rouleau de prélart.*

prélasser (se) [pʀelase] v. pron. [1] Se délasser en adoptant une pose alanguie, nonchalante; profiter avec délectation d'un moment d'oisiveté.

1. prélat [pʀela] n. m. Dignitaire ecclésiastique qui a reçu la prélature.

2. prélat [pʀela] n. m. V. prélart.

prélature [pʀelatyʀ] n. f. RELIG CATHOL Dignité conférée par le pape à titre honorifique, ou attachée à certaines fonctions ecclésiastiques.

prélavage [pʀelavaʒ] n. m. Lavage préliminaire (du linge ou de la vaisselle), à la machine.

prèle ou **prêle** [pʀɛl] n. f. Plante des lieux humides, à rhizome traçant, à longues tiges creuses partant des verticilles de feuilles filiformes.

prélegs [pʀelɛg] n. m. DR Legs particulier qui doit être pris sur la masse de l'héritage avant tout partage.

prélèvement [pʀelɛvmɑ̃] n. m. **1.** Action de prélever. ▷ CHIR Opération par laquelle on prélève (un morceau d'un tissu, un organe, un liquide organique). *Prélèvement sanguin.* **2.** Ce qui est prélevé. – *Prélèvement automatique sur un compte bancaire :* règlement d'une facture, d'une échéance directement sur le compte du débiteur. – *Prélèvements obligatoires :* ensemble des impôts et des cotisations sociales obligatoires.

prélever [pʀelve] v. tr. [16] Soustraire d'un ensemble, ôter d'une masse formant un tout. *Prélever des échantillons de minerai.* – Prendre (une certaine portion sur un total). *Prélever un pourcentage sur les bénéfices.* ▷ *Spécial.* Ôter (un morceau d'un tissu, un organe, etc.), ponctionner (un liquide organique) en vue d'une analyse ou d'un traitement.

préliminaire [pʀeliminɛʀ] n. m. et adj. **1.** n. m. *Les préliminaires :* l'ensemble des actes, des discussions qui précèdent un traité de paix. ▷ Ce qui précède et prépare qqch d'important; débuts, prélude. **2.** adj. Qui précède, prépare la chose principale.

prélogique [pʀelɔʒik] adj. PSYCHO *Stade prélogique,* pendant lequel l'esprit de l'enfant n'observe pas encore les règles logiques de causalité.

prélude [pʀelyd] n. m. **1.** MUS Introduction musicale précédant un morceau. *Un prélude de Bach.* ▷ Composition libre, constituant un morceau autonome. *Les préludes pour piano de Chopin.* **2.** Fig. Ce qui précède, annonce ou prépare un fait, un événement.

préluder [pʀelyde] v. [1] **I.** v. intr. MUS Exécuter quelques accords préalables dans le ton de ce que l'on va jouer ou chanter. **II.** v. tr. indir. *Préluder à.* **1.** (Personnes) Se préparer à (une chose) en en faisant une autre plus facile. *Athlète qui prélude à une course par un échauffement.* **2.** (Choses) Annoncer en précédant. *Des escarmouches préludèrent à la bataille.*

prématuré, ée [pʀematyʀe] adj. et n. **1.** Qui arrive plus tôt que normalement. *Accouchement prématuré.* ▷ *Enfant prématuré :* enfant né vivant avant la 37e semaine de gestation. – Subst. *Un(e) prématuré(e).* **2.** Qu'il n'est pas encore temps de commencer, d'engager; qui a été commencé, engagé trop tôt. *Une entreprise prématurée.*

prématurément [pʀematyʀemɑ̃] adv. Avant le temps convenable ou normal.

prématurité [pʀematyʀite] n. f. MED État d'un enfant prématuré. *La prématurité favorise la malnutrition protéinocalorique.*

préméditation [pʀemeditasjɔ̃] n. f. Dessein réfléchi qui a précédé l'exécution d'une action.

préméditer [pʀemedite] v. tr. [1] Mûrir (un projet) avant de le mettre à exécution; calculer, combiner à l'avance.

prémices [pʀemis] n. f. pl. Litt. Début, commencement.

premier, ère [pʀəmje, ɛʀ] adj. et n. **I.** adj. Qui précède tous les autres. **1.** (Dans le temps.) *Enfant qui fait ses premiers pas.* **2.** (Dans l'espace.) *Le premier plan d'une photo. La première porte à droite.* **3.** (Dans un ordre numérique.) *La première page d'un livre.* **4.** (Par ordre de mérite, de valeur, d'importance, de qualité, etc.) *Morceau de premier choix. Le premier orateur de son temps.* – (Joint à un titre, pour indiquer la supériorité du rang.) *Premier ministre.* ▷ *Premier rôle :* rôle principal d'une pièce de théâtre, d'un film. **5.** Qui forme la base, le rudiment de qqch. *Des objets de première nécessité. Il n'a pas la première notion de cette science.* ▷ Qui est nécessaire avant tout, qui doit être fait, accompli, etc., avant toute autre chose; primordial, principal. *La solidarité, premier des devoirs.* **6.** (Souvent après le nom.) Qui est dans son état original, primitif. *Recouvrer sa santé première.* **7.** PHILO Qui est la cause finale des autres réalités. *Principe premier. Cause première.* ▷

Qui s'impose à l'esprit comme évident, et qui sert de point de départ au raisonnement. *Notion première. Vérité première.* ▷ LOG Se dit d'un terme qui n'est pas défini au moyen d'autres termes, d'une proposition qui n'est pas déduite d'autres propositions. ▷ *Nombre premier :* V. nombre. **II.** n. **1.** Personne qui précède toutes les autres. *Il est le premier de sa classe.* ▷ *Le premier venu :* la première personne qui se présente. – *Par ext.* N'importe qui. **2.** (Avec une valeur adverbiale.) D'abord, en avant. *Passer le premier. Plonger la tête la première.* **3.** *Jeune premier* (et, moins cour., n. f., *jeune première*) : comédien(ne) qui joue un premier rôle d'amoureux (d'amoureuse). **III.** n. m. **1.** Premier étage. *Habiter au premier.* **2.** Premier jour (du mois). *Nous sommes aujourd'hui le premier.* ▷ *Le premier de l'an.* **3.** Loc. adv. *En premier :* d'abord. – Dans la première catégorie d'un grade, d'une charge. *Le commandant en premier d'un navire.* **IV.** n. f. **1.** Première classe, dans un moyen de transport. *Voyager en première.* **2.** Classe du second cycle de l'enseignement secondaire qui précède la terminale. **3.** Première représentation d'une pièce, d'un spectacle. *Être invité à une première.* **4.** Première vitesse d'un véhicule. *Enclencher la première.*

premièrement [pʀəmjɛʀmɑ̃] adv. En premier lieu, d'abord.

premier-né [pʀəmjene], **première-née** [pʀəmjɛʀne] adj. et n. Se dit du premier enfant d'une famille. – Subst. *Des premiers-nés. Des premières-nées.*

Preminger (Otto) (1906 – 1986), cinéaste américain d'origine autrichienne : *Laura* (1944), *Carmen Jones* (1954), *Porgy and Bess* (1959), *Exodus* (1960).

prémisse [pʀemis] n. f. **1.** LOG Chacune des deux premières propositions (majeure et mineure) d'un syllogisme, dont on tire la conclusion. **2.** *Par ext.* Argument, proposition dont découle une conclusion; fondement d'un raisonnement. – Fait considéré dans les conséquences qu'il entraîne.

prémolaire [pʀemɔlɛʀ] n. f. Chacune des huit dents implantées par paires entre les canines et les molaires.

prémonition [pʀemɔnisjɔ̃] n. f. Sentiment confus de l'imminence d'un événement. Syn. pressentiment.

prémonitoire [pʀemɔnitwaʀ] adj. Qui est de la nature de la prémonition. *Rêve prémonitoire.*

prémontré, ée [pʀemɔ̃tʀe] n. Membre d'un ordre religieux fondé en 1120 à Prémontré (France, dép. de l'Aisne).

prémunir [pʀemyniʀ] v. tr. [**3**] Prendre des précautions pour garantir de. *Prémunir des arbres fruitiers contre la gelée en les paillant.* ▷ v. pron. *Se prémunir contre la disette.*

prenable [pʀənabl] adj. Qui peut être pris (ville, place forte, etc.).

prenant, ante [pʀənɑ̃, ɑ̃t] adj. **1.** Qui prend. ▷ DR *Partie prenante,* qui reçoit de l'argent. **2.** Préhensile. **3.** Fig. Qui saisit l'esprit, qui captive.

prénatal, ale, als ou **aux** [pʀenatal, o] adj. Qui précède la naissance. *Diagnostic prénatal.*

prendre [pʀɑ̃dʀ] v. [**52**] **A.** v. tr. **I.** Saisir, s'emparer de. **1.** Saisir avec la main. *Il prit l'objet qu'on lui tendait.* – Par ext. *Il la prit dans ses bras.* **2.** S'emparer de. *On a pris son portefeuille.* ▷ Se rendre maître de. *Prendre une ville.* ▷ Posséder sexuellement. **3.** Emporter avec soi, sur soi. *Je n'ai pas pris assez d'argent.* **4.** Tirer, enlever, soustraire (qqch). *Prendre de l'eau à la rivière.* **5.** Attraper. *Prendre des poissons à la ligne.* – Fig. *Se laisser prendre au piège.* Prov. *Tel est pris qui croyait prendre.* ▷ Arrêter (qqn). *Prendre un cambrioleur.* **6.** Surprendre. *Prendre qqn la main dans le sac. Ah! Je vous y prends! Prendre qqn au dépourvu.* **7.** Aller chercher et emmener avec soi. *Je passerai vous prendre vers sept heures.* ▷ Emmener; s'occuper de (qqn). *Prendre des passagers, des élèves.* – Fig. *Prendre qqn sous sa protection.* **8.** Se charger de (qqch). *Prendre une affaire en main.* ▷ *Prendre sur soi de :* prendre l'initiative de. **9.** Demander, exiger. *On m'a pris très cher pour cette réparation.* **10.** Manger, boire, ingérer. *Je n'ai rien pris de la journée. Prendre un repas.* – (Québec) *Prendre une brosse*. Prendre un coup*.* ▷ (Choses) Se pénétrer de. *Ses souliers prennent l'eau.* **11.** (Sujet n. de chose.) Saisir, s'emparer de (qqn). *Une forte envie de rire l'a pris.* **II.** Fig. Saisir par l'esprit. **1.** Aborder (qqn), avoir telle ou telle attitude à son égard. *Cette mère ne sait pas prendre son enfant.* **2.** Accepter, recevoir. *Prendre mal la plaisanterie.* **3.** *Prendre pour :* considérer comme. *Prendre qqn pour un imbécile.* – *Prendre une personne, une chose pour une autre,* se tromper sur son identité, sa nature. **III.** Obtenir, se procurer. **1.** Se procurer (en achetant, en louant, en réservant, etc.). *Prendre un billet d'avion.* ▷ Engager (qqn). *Prendre un domestique.* ▷ *Prendre femme :* se marier. **2.** Se faire donner. *Prendre des leçons.* **3.** Recueillir. *Prendre des notes, des mesures. Prendre des nouvelles de qqn.* ▷ Mesurer. *Prendre la température d'un malade.* **4.** Contracter, attraper. *Prendre un rhume. Prendre froid.* **IV.** Adopter. **1.** Adopter (certains moyens). *Prendre des mesures efficaces. Prendre des précautions.* **2.** Utiliser (un moyen de transport). *Prendre le train, l'avion.* **3.** Emprunter (un chemin). *Prenez la première rue à droite.* – Absol. *Prenez à droite.* **4.** Acquérir (un certain aspect). *Ouvrage qui prend tournure. Projet qui prend forme.* ▷ (Personnes) *Prendre du poids, de l'âge.* **5.** Éprouver (tel sentiment, telle impression). *Prendre intérêt, plaisir à faire qqch.* **V.** Loc. (Québec) Fam. *Prendre le bord :* V. bord (sens I, 3). – Fam. *Prendre une marche :* faire une promenade. **B.** v. intr. **1.** Devenir consistant; faire sa prise. *Ciment qui prend en quelques heures.* **2.** S'allumer, s'embraser. *Le feu a pris tout seul.* **3.** Prendre racine, en parlant de végétaux. *Cette bouture a bien pris.* **4.** Produire un effet, une réaction. *Vaccin qui ne prend pas.* **C.** v. pron. **1.** (Passif) Être absorbé. *Ce remède se prend à jeun.* **2.** (Récipr.) S'attraper, se saisir. **3.** *S'en prendre à (qqn),* l'attaquer, le provoquer, lui attribuer quelque faute. **4.** *Se prendre à* (+ inf.) : se mettre à. *Se prendre à rire.* **5.** *S'y prendre bien, mal :* faire preuve d'adresse, de maladresse dans ce que l'on fait.

preneur, euse [pʀənœʀ, øz] n. et adj. **I.** n. **1.** TECH *Preneur de son :* opérateur de prise de son. **2.** Personne qui prend, qui achète; acquéreur. *Trouver preneur.* ▷ DR Personne qui prend une maison à loyer, une terre à ferme, etc. *Le bailleur et le preneur.* **II.** adj. Qui sert à prendre. *Benne preneuse.*

prénom [pʀenɔ̃] n. m. Nom particulier par lequel on distingue les membres d'une même famille.

prénommé, ée [pʀenɔme] n. et adj. Personne qui a tel prénom. *Le prénommé Jean.* – adj. *Une fille prénommée Pauline.*

prénommer [pʀenɔme] v. [**1**] **1.** v. tr. Donner (tel prénom) à (un enfant). **2.** v. pron. Avoir tel prénom.

prénuptial, ale, aux [pʀenypsjal, o] adj. Antérieur au mariage.

préoccupant, ante [pʀeɔkypɑ̃, ɑ̃t] adj. Qui cause de la préoccupation.

préoccupation [pʀeɔkypasjɔ̃] n. f. **1.** Souci, inquiétude. *C'est pour lui un sujet de préoccupation.* **2.** Disposition d'un esprit occupé par un projet à réaliser, une question à résoudre.

préoccuper [pʀeɔkype] v. [**1**] **I.** v. tr. **1.** Inquiéter. *Sa santé me préoccupe.* **2.** Occuper fortement l'esprit de (qqn). *Cette affaire le préoccupe.* **II.** v. pron. *Se préoccuper de :* se soucier de.

préopératoire [pʀeɔpeʀatwaʀ] adj. CHIR Qui précède une intervention chirurgicale. *Traitement préopératoire.*

prépalatal, ale, aux [pʀepalatal, o] adj. PHON Phonème qui s'articule en avant du palais. *Le* (ʃ) *«ch» et le [ʒ] «j» sont des consonnes prépalatales.*

préparateur, trice [pʀepaʀatœʀ, tʀis] n. **1.** Personne qui assiste matériellement un chercheur scientifique, un professeur de sciences. **2.** *Préparateur, préparatrice en pharmacie :* employé(e) qui, dans une pharmacie, est chargé(e) de faire des préparations, des analyses, etc.

préparatif [pʀepaʀatif] n. m. (Presque toujours au plur.) Dispositions qu'on prend pour préparer une action.

préparation [pʀepaʀasjɔ̃] n. f. **1.** Action de préparer (qqch). *Préparation d'un congrès. Ouvrage en cours de préparation.* – *Spécial.* (Afr. subsah.) Préparation des repas. **2.** Manière de préparer certaines choses pour les garder, les conserver. *La préparation des viandes fumées.* **3.** Opération consistant à préparer les objets qui doivent servir à une observation, à une expérience. – Objet ainsi préparé. *Préparation pharmaceutique.* **4.** Action de préparer qqn, de se préparer. *Préparation à un examen.*

préparatoire [pʀepaʀatwaʀ] adj. (et n. f.) Qui prépare. – *Cours préparatoire :* première année de l'enseignement primaire. – *Classes préparatoires aux grandes écoles* ou, n. f. pl., *préparatoires.* ▷ DR *Jugement préparatoire :* décision qui, sans préjuger le fond du procès, ordonne certaines mesures (enquêtes, nomination d'un expert).

préparer [pʀepaʀe] v. [**1**] **I.** v. tr. **1.** Apprêter, disposer; mettre (une chose) dans l'état qui convient à l'usage envisagé. *Préparer une chambre pour ses invités.* ▷ Constituer, former en rassemblant divers éléments. *Préparer un repas.* ▷ (Afr. subsah.) (Sans compl.) Faire la cuisine. *Je dois rentrer tôt pour préparer.* **2.** Combiner par avance. *Il avait soigneusement préparé son coup.* **3.** Ménager, réserver pour l'avenir. *Cela nous prépare de grands malheurs.* **4.** Mettre (qqn) en mesure de supporter ou de faire qqch. *Préparer un élève à un examen.* ▷ Mettre (qqn) dans un certain état d'esprit. *Nous dûmes la préparer à la sinistre nouvelle.* **II.** v. pron. **1.** Se mettre en état de faire. *Se préparer pour sortir.* – *Se préparer à la guerre.* ▷ Être sur le point de. *Je me préparais à vous le dire.* **2.** Être imminent. *Un orage se prépare.*

prépension [pʀepɑ̃sjɔ̃] n. f. (Belgique, Luxembourg) Préretraite.

prépondérance [prepɔ̃derɑ̃s] n. f. Supériorité de ce qui est prépondérant.

prépondérant, ante [prepɔ̃derɑ̃, ɑ̃t] adj. Qui domine par le poids, l'autorité, le prestige. *Influence prépondérante.* ▷ *Voix prépondérante,* qui l'emporte en cas de désaccord ou de partage des voix.

préposé, ée [prepoze] n. Personne (fonctionnaire, employé, etc.) chargée d'un service particulier. – Spécial. *Préposé(e) à la distribution du courrier* ou, absol., *un(e) préposé(e).*

préposer [prepoze] v. tr. [1] *Préposer qqn à un poste, une fonction,* les lui confier. ▷ (Plus cour. au passif.) *Il est préposé à la distribution des billets.*

prépositif, ive [prepozitif, iv] adj. GRAM Relatif à la préposition; de la nature de la préposition. ▷ *Locution prépositive,* qui équivaut à une préposition (ex. *à l'égard de, aux environs de*).

préposition [prepozisjɔ̃] n. f. GRAM Mot invariable reliant un élément de la phrase à un autre élément ou à la phrase elle-même, et marquant la nature du rapport qui les unit. *Les mots «à, de, avec, dans, contre» sont des prépositions.*

prépositionnel, elle [prepozisjɔnel] adj. Relatif à une préposition; introduit par une préposition.

prépuce [prepys] n. m. Repli cutané qui recouvre le gland de la verge.

prérentrée [prerɑ̃tre] n. f. Rentrée des enseignants dans les établissements scolaires, précédant la rentrée des élèves.

préretraite [prerətrɛt] n. f. Retraite anticipée. Syn. (Belgique, Luxembourg) prépension. – Allocation perçue par une personne partie en retraite avant l'âge légal.

prérogative [prerɔgativ] n. f. Avantage, privilège attaché à une fonction. – *Par ext.* Faculté, avantage dont certaines personnes jouissent exclusivement.

préromantisme [prerɔmɑ̃tism] n. m. LITTER Période pendant laquelle les grandes tendances du romantisme commencèrent à se faire jour dans la littérature.

près [prɛ] adv., prép. et n. m. **A.** adv. **1.** Non loin, à une courte distance. *La ville est tout près.* **2.** Loc. adv. *De près :* d'une courte distance. *Mettez-vous là pour voir de plus près. Serrer qqn de près.* – Fig. *Surveiller qqn de près,* attentivement. *Il n'y regardera pas de si près.* – *Cette affaire le touche de près,* elle est pour lui d'une grande importance. ▷ (Dans le temps.) *Les détonations se suivaient de très près,* à des intervalles très courts. **B.** prép. **I.** ADMIN Auprès de. *Expert près les tribunaux.* **II.** Loc. prép. **1.** *Près de.* (Marquant la proximité dans l'espace.) *Venez près de moi.* – Fig. *Rien n'est plus proche de l'amour que la haine.* ▷ (Marquant la proximité dans le temps.) *Il est près de midi.* – *Être près de* (+ inf.) : être sur le point de. ▷ (Marquant l'approximation dans une évaluation.) Presque, environ. *Ils sont près d'un millier.* **2.** *À... près* (Indiquant le degré de précision d'une évaluation.) *À un millimètre près.* ▷ *À cela près, à (qqch) près :* excepté cela. ▷ *À beaucoup près :* avec un écart, une différence considérable. ▷ *À peu près :* environ. – Presque. *Il est à peu près guéri.* – n. m. V. à-peu-près. ▷ *À peu de chose près :* avec une petite différence; presque. *Cela coûte trois mille francs, à peu de chose près.* ▷ MAR *Naviguer au plus près du vent,* aussi près que possible du vent debout, tout en continuant à faire route. – Ellipt. *Naviguer au plus près,* en gardant les voiles bien gonflées.

présage [prezaʒ] n. m. **1.** Signe heureux ou malheureux par lequel on pense pouvoir juger de l'avenir. *Heureux, mauvais présage.* **2.** Conjecture que l'on tire de ce signe. – *Par ext.* Conjecture que l'on tire d'un fait quelconque.

présager [prezaʒe] v. tr. [13] **1.** Indiquer, annoncer une chose à venir. *Ceci ne présage rien de bon.* Syn. augurer. **2.** Conjecturer ce qui doit arriver dans l'avenir. Syn. prévoir.

Presbourg, anc. nom de Bratislava*. ▷ HIST *Traité de Presbourg* (26 déc. 1805), conclu après Austerlitz, par lequel Napoléon Ier imposait à l'empereur d'Autriche François II la cession de divers territoires, notam. Venise.

presbyte [prɛsbit] adj. et n. Qui est atteint de presbytie.

presbytéral, ale, aux [prɛsbiteral, o] adj. RELIG Relatif aux prêtres, à la prêtrise.

presbytère [prɛsbitɛr] n. m. Maison, habitation du curé, du pasteur, dans une paroisse.

presbytérien, enne [prɛsbiterjɛ̃, ɛn] adj. et n. RELIG Qui concerne une Église protestante directement issue du calvinisme, dans laquelle les laïcs participent à la direction des affaires religieuses. ▷ Subst. *Les presbytériens.*

presbytie [prɛsbisi] n. f. MED Trouble de la vision, difficulté à voir de près due à une diminution, avec l'âge, du pouvoir d'accommodation de l'œil.

prescience [presjɑ̃s] n. f. Connaissance d'événements à venir, du futur.

préscolaire [preskɔlɛr] adj. Qui précède la scolarité obligatoire.

prescripteur, trice [prɛskriptœr, tris] n. Personne qui prescrit. ▷ COMM Personne qui conseille ou prescrit l'achat d'un produit.

prescription [prɛskripsjɔ̃] n. f. **1.** Ce qui est prescrit, commandé; ordre; précepte. *Suivre les prescriptions d'un supérieur hiérarchique. Les prescriptions de la morale.* ▷ *Spécial.* Recommandation relative à la santé; ordonnance. *Se conformer aux prescriptions du médecin.* **2.** DR Délai au terme duquel on ne peut plus, soit contester la propriété d'un possesseur, soit poursuivre l'exécution d'une obligation ou la répression d'une infraction *(prescription extinctive).*

prescrire [prɛskrir] v. tr. **[67]** **1.** Commander, ordonner (qqch); enjoindre expressément de (faire qqch). *Prescrire le silence. Prescrire de se taire.* ▷ *Spécial.* Préconiser (un traitement, un régime, etc.). **2.** (Sujet n. de chose.) Ordonner, exiger. *La charité prescrit qu'on aide ses semblables.* **3.** DR Acquérir (qqch), se libérer de (une obligation) par prescription. ▷ v. pron. (Passif) S'éteindre par prescription.

préséance [preseɑ̃s] n. f. Supériorité, priorité selon l'usage, l'étiquette.

présélection [preselɛksjɔ̃] n. f. **1.** Première sélection. **2.** TECH Sélection d'un mode de fonctionnement, d'un circuit, etc., opérée au préalable. **3.** (Suisse) Voie de dégagement à l'approche d'un carrefour.

présélectionner [preselɛksjɔne] v. tr. [1] Faire une présélection.

présence [prezɑ̃s] n. f. **1.** Fait d'être dans un lieu déterminé. *La présence d'un inconnu intimide cet enfant.* **2.** THEOL *Présence réelle,* celle du Christ dans l'Eucharistie. **3.** (En parlant d'un acteur de théâtre partic.) Personnalité, tempérament. *Avoir de la présence.* **4.** *Présence d'esprit :* vivacité, à-propos. **5.** Influence exercée par un pays dans une partie du monde; rôle politique, culturel, etc., qu'il y joue. ▷ Autorité, influence exercée par un penseur. *Présence de Pascal.* **6.** Loc. adv. *En présence :* face à face, en vue. *Deux armées en présence.* ▷ Loc. prép. *En présence de :* devant, en face de.

Présence africaine, revue fondée en 1947 par des intellectuels africains, antillais et européens, et dirigée jusqu'à sa mort par le Sénégalais Alioune Diop (1910-1980). Elle continue de publier quatre numéros annuels. Elle a donné son nom à une maison d'édition.

1. présent, ente [prezɑ̃, ɑ̃t] adj. et n. **I.** adj. **1.** Qui est dans le lieu dont on parle (par oppos. à *absent*). *Étiez-vous présent à la réunion d'hier?* **2.** Dont l'esprit est en éveil; vigilant, attentif. *Il est présent à tout.* **3.** Dont il est question en ce moment. *La présente lettre* ou, n. f., *la présente.* **4.** Qui existe actuellement (par oppos. à *passé* et *futur*). *Dans la minute présente.* **II.** n. m. **1.** Partie du temps qui est en train de passer actuellement (par oppos. à *passé* et *futur*). *Vivre dans le présent.* **2.** GRAM Temps situant ce qui est énoncé au moment de l'énonciation. – Ensemble des formes verbales exprimant ce temps. *Conjuguer un verbe au présent de l'indicatif, du subjonctif, du conditionnel.* **III.** Loc. adv. *À présent :* maintenant, actuellement.

2. présent [prezɑ̃] n. m. Don, cadeau. ▷ Loc. *Faire présent de (qqch).*

présentable [prezɑ̃tabl] adj. (Choses) Qui a bon aspect. ▷ (Personnes) Qui peut se montrer en public; qui a de bonnes manières.

présentateur, trice [prezɑ̃tatœr, tris] n. **1.** Personne qui propose une marchandise à la vente en en détaillant les caractéristiques; démonstrateur. **2.** Personne qui présente un spectacle, une émission de radio, etc.

présentation [prezɑ̃tasjɔ̃] n. f. **1.** Action de présenter, de se présenter; fait d'être présenté. **2.** Manière d'exposer à la vue. *Une bonne présentation de la marchandise attire les clients.* **3.** Action de faire voir, de donner en spectacle. *Présentation de modèles de haute couture, de prêt-à-porter.* **4.** Maintien, manières; aspect physique. *On exige pour cet emploi une excellente présentation.* **5.** Action de présenter une personne à une autre. *Faire les présentations.* **6.** MED Manière dont le fœtus s'engage au niveau du détroit supérieur du bassin, lors de l'accouchement. *Présentation par le siège.*

présentement [prezɑ̃tmɑ̃] adv. (Afr. subsah., France rég., Québec) En ce moment.

présenter [prezɑ̃te] v. [1] **I.** v. tr. **1.** Disposer (qqch) à l'intention de qqn et l'inviter à en user; mettre (qqch) sous les yeux de qqn. *Présenter une chaise à une personne âgée. Le maître d'hôtel va vous présenter le menu.* – *Présenter des lettres de créance,* les remettre au chef d'État près duquel on est accrédité. ▷ *Présenter les armes :* exécuter un mouvement spécial de maniement d'armes pour rendre les honneurs. **2.** *Présenter une personne à une autre,* l'introduire auprès d'elle; la lui faire connaître par son nom. **3.** Montrer. *Présenter un choix de bijoux. Présenter un film.* ▷ Offrir au regard (tel aspect); avoir (tel caractère, telle particularité). *La vallée présente un aspect riant.* **4.** Formuler, exprimer, adresser. *Présenter ses excuses, sa défense, une demande.* **5.** (Dans quelques emplois.) Proposer. *Présenter qqn pour un travail, une place.* **6.** Exposer, faire connaître ou faire paraître sous tel ou tel jour. *Hier, vous avez présenté les faits différemment.* **II.** v. pron. **1.** Paraître devant qqn, se montrer. *Il ne s'est pas présenté à son bureau ce matin.* **2.** Dire qui l'on est à une personne que l'on voit pour la première fois. **3.** (Dans quelques emplois.) Se proposer. *Se présenter pour un poste.* – *Se présenter à un examen,* en subir les épreuves. – *Se présenter aux élections,* faire acte de candidature. **4.** (Sujet n. de chose.) Apparaître, survenir. *Quand l'occasion s'en présentera.* – *Affaire qui se présente bien,* dont le succès s'annonce probable.

présentoir [prezɑ̃twar] n. m. Support destiné à mettre en valeur les produits exposés dans un magasin.

préservateur, trice [prezɛrvatœr, tris] adj. et n. m. **1.** adj. Qui préserve. **2.** n. m. Agent chimique qui préserve une denrée périssable de la décomposition.

préservatif, ive [prezɛrvatif, iv] adj. et n. m. **1.** adj. Qui préserve. **2.** n. m. Capuchon en caoutchouc très fin, destiné à être adapté au pénis avant un rapport sexuel, pour servir de contraceptif ou garantir des maladies sexuellement transmissibles.

préservation [prezɛrvasjɔ̃] n. f. Action de préserver; son résultat.

préserver [prezɛrve] v. tr. [1] Garantir (de qqch de nuisible). *Préserver une espèce animale de la disparition.* ▷ v. pron. *Se préserver du froid.*

présidence [prezidɑ̃s] n. f. **1.** Fonction, dignité de président. *La présidence de la république.* **2.** Temps pendant lequel qqn exerce la fonction de président. **3.** Résidence d'un président. ▷ Ensemble des services placés sous l'autorité directe d'un président.

président [prezidɑ̃] n. m. **1.** Personne qui préside une assemblée, qui dirige ses débats. *Nommer un président de séance.* ▷ *Premier président :* magistrat qui dirige une cour. **2.** Personne, généralement élue, qui dirige, administre. *Président-directeur général d'une société.* ▷ POLIT Chef de l'État, dans une république. **3.** (Suisse) Maire dans les cantons de Neuchâtel et du Valais.

présidente [prezidɑ̃t] n. f. **1.** Femme qui préside (une assemblée, une réunion, etc.). **2.** Femme chef d'État dans une république.

présidentiable [prezidɑ̃sjabl] adj. et n. Qui est susceptible d'accéder à la fonction de président.

présidentialisation [prezidɑ̃sjalizasjɔ̃] n. f. POLIT Tendance à accroître les pouvoirs du président de la République; son résultat.

présidentialisme [prezidɑ̃sjalism] n. m. POLIT Système, régime présidentiel.

présidentiel, elle [prezidɑ̃sjɛl] adj. (et n. f.) D'un (du) président; d'une (de la) présidence. *Allocution présidentielle.* – POLIT *Régime présidentiel,* dans lequel le président de la République et, d'une manière générale, l'exécutif disposent de pouvoirs prépondérants (par opp. à *régime parlementaire*). ▷ n. f. pl. *Ellipt.* Les élections présidentielles.

présider [prezide] v. [1] **1.** v. tr. Diriger (une assemblée, ses débats). **2.** v. tr. indir. *Présider à :* veiller sur, diriger. *Présider aux destinées du pays.* ▷ Fig. *La plus franche cordialité présidait à ce banquet.*

présignalisation [presiɲalizasjɔ̃] n. f. AUTO Signalisation préalable permettant aux véhicules de réduire progressivement leur vitesse.

Preslav, v. de Bulgarie au S. de Šumen; env. 10 000 hab. – Cap. (du IXe au Xe s.) du premier royaume bulgare (681-1018). Sous le règne de Siméon Ier (893-927), ce fut une cité prestigieuse par ses monuments et son école littéraire. – Vestiges (IXe-Xe s.) du palais royal, des enceintes et d'une église ronde.

Presley (Elvis) (1935 – 1977), chanteur et acteur de cinéma américain, le roi (« The King ») du rock and roll.

présocratique [presɔkratik] adj. et n. m. Se dit des philosophes grecs qui ont précédé Socrate (Empédocle, Héraclite, Parménide, etc.). ▷ n. m. *Fragments originaux des présocratiques.*

présomptif, ive [prezɔ̃ptif, iv] adj. DR *Héritier présomptif, héritière présomptive :* personne appelée à hériter un jour de qqn, ou à lui succéder.

présomption [prezɔ̃psjɔ̃] n. f. **1.** Conjecture, opinion fondée sur des indices et non sur des preuves. *Il y a seulement présomption de culpabilité.* **2.** Prétention, suffisance.

présomptueux, euse [prezɔ̃ptɥø, øz] adj. et n. Qui a de lui-même une opinion trop avantageuse, qui se surestime; prétentieux, suffisant. ▷ Subst. *C'est un petit présomptueux.*

présonorisation [presɔnɔrizasjɔ̃] n. f. Syn. (off. recommandé) de *play-back.*

présonoriser [presɔnɔrize] v. tr. [1] TECH Faire la présonorisation de.

presque [prɛsk] adv. Pas tout à fait. *Il a veillé presque toute la nuit.* (N.B. En principe l'*e* ne s'élide que dans le nom composé *presqu'île. Ils sont arrivés presque ensemble.*)

presqu'île [prɛskil] n. f. Promontoire relié au continent par une étroite bande de terre. *La presqu'île du Cap Vert.*

pressage [prɛsaʒ] n. m. Action de presser. ▷ TECH Fabrication à l'aide d'une presse. *Pressage de disques.*

pressant, ante [prɛsɑ̃, ɑ̃t] adj. **1.** Insistant. *Recommandation pressante.* **2.** Urgent. *Un besoin pressant.*

presse [prɛs] n. f. **1.** Dispositif, machine destinée à comprimer ou à déformer des objets, des pièces ou à y laisser une empreinte. *Presse hydraulique. Presse à cintrer, à estamper, à emboutir.* **2.** Machine à imprimer. – *Mettre un ouvrage sous presse,* commencer à l'imprimer. **3.** Ensemble des journaux. *La presse d'information. Liberté de la presse.* – *Agence de presse,* qui transmet les nouvelles aux journaux. ▷ Loc. *Avoir bonne, mauvaise presse :* recevoir dans la presse un écho favorable, défavorable; fig. jouir d'une bonne, d'une mauvaise réputation. **4.** Nécessité de hâter le travail par suite de l'abondance de la besogne. *Engager du personnel temporaire dans un moment de presse.*

pressé, ée [prɛse] adj. et n. m. **1.** Que l'on a comprimé, pressé. *Citron pressé.* **2.** Contraint de se hâter. *Faites vite, je suis pressé.* **3.** Urgent. *Affaire pressée.* ▷ n. m. *Aller au plus pressé :* s'occuper d'abord de ce qui est le plus urgent.

presse-citron [prɛssitrɔ̃] n. m. inv. Ustensile servant à extraire par pression le jus des agrumes.

pressée [prɛse] n. f. AGRIC Masse de fruits dont on extrait le jus en une fois.

presse-fruits [prɛsfrɥi] n. m. inv. Ustensile pour presser les fruits.

pressentiment [prɛsɑ̃timɑ̃] n. m. Sentiment instinctif d'un événement à venir. Syn. prémonition.

pressentir [prɛsɑ̃tir] v. tr. [30] **1.** Prévoir confusément. *Pressentir sa fin.* **2.** Sonder les dispositions, les sentiments de. *Pressentir qqn. On l'a pressenti pour ce poste,* on l'a sondé pour savoir s'il serait prêt à l'occuper.

presse-papiers [prɛspapje] n. m. inv. Objet de poids qu'on pose sur des papiers pour qu'ils ne se dispersent pas.

presse-purée [prɛspyre] n. m. inv. Ustensile servant à faire des purées de légumes.

presser [prɛse] v. [1] **I.** v. tr. **1.** Serrer avec plus ou moins de force, comprimer (qqch) pour en faire sortir du liquide. *Presser une éponge, un citron.* **2.** Soumettre à l'action d'une presse, d'un pressoir, etc.; fabriquer au moyen d'une presse. *Presser des raisins. Presser un disque.* **3.** Appuyer sur. *Presser le bouton de la sonnette.* **4.** Hâter, précipiter. *Presser son départ.* ▷ Faire se hâter (qqn). *Qu'est-ce qui vous presse tant?* **5.** Tourmenter. *La faim le presse.* **6.** *Presser qqn de,* l'engager vivement à. *On me presse de conclure.* **II.** v. intr. Être urgent. *Dépêchez-vous, ça presse.* ▷ *Le temps presse :* il y a urgence. **III.** v. pron. **1.** Se serrer. *La foule se presse devant la porte.* **2.** Se hâter.

presseur, euse [prɛsœr, øz] adj. et n. **1.** adj. Qui sert à exercer une pression. *Plateau, rouleau presseur.* **2.** n. Ouvrier, ouvrière qui fait marcher une presse.

pressing [prɛsiŋ] n. m. (Anglicisme) **1.** Repassage des vêtements au moyen de presses chauffantes à vapeur. – Teinturerie. *Porter un complet au pressing.* **2.** SPORT Pression exercée sans relâche sur l'adversaire, dans les sports collectifs.

pression [prɛsjɔ̃] n. f. **1.** Action de presser; force exercée par ce qui presse. *Subir la pression de la foule.* ▷ PHYS Action exercée par une force qui presse sur une surface donnée; mesure de cette force. *L'unité de mesure de la pression est le pascal.* – *Pression atmosphérique,* exercée par l'air atmosphérique. – *Sous pression :* à une pression supérieure à la pression atmosphérique. *Gaz sous pression.* – *Machine à vapeur sous pression,* qui est prête à fonctionner, la pression de la vapeur étant suffisante. – Fig. (En parlant d'une personne.) *Être sous pression :* être prêt à agir, à partir, etc.; être tendu nerveusement. ▷ *Pression artérielle :* pression du sang sur les parois des artères. ▷ (Québec) Hypertension. *Faire de la pression.* **2.** Influence plus ou moins contraignante qui s'exerce sur qqn. *On a fait pression sur lui.*

pressoir [prɛswar] n. m. **1.** Presse utilisée pour exprimer le jus ou l'huile de certains fruits. **2.** Bâtiment, lieu où se trouve le pressoir.

pressurage [pʀesyʀaʒ] n. m. TECH Opération qui consiste à pressurer (une substance, des fruits).

pressurer [pʀesyʀe] v. tr. [1] **1.** TECH Écraser au moyen du pressoir. *Pressurer des olives.* **2.** Fig. Accabler par de continuelles extorsions d'argent.

pressurisation [pʀesyʀizasjɔ̃] n. f. TECH Action de pressuriser; son résultat.

pressuriser [pʀesyʀize] v. tr. [1] TECH Maintenir (une enceinte, une installation, etc.) à la pression atmosphérique normale. – Pp. adj. *Cabine d'avion pressurisée.*

prestance [pʀestɑ̃s] n. f. Maintien imposant, plein d'élégance.

prestataire [pʀestatɛʀ] n. m. Personne qui fournit ou qui est soumise à une prestation. ▷ ECON *Prestataire de services :* entreprise ou personne qui fournit une prestation dans le secteur des services (sens III, 3).

prestation [pʀestasjɔ̃] n. f. **1.** Action de prêter (serment). *Prestation de serment d'un magistrat.* **2.** Allocation versée par un organisme officiel. *Prestations de la Sécurité sociale.* **3.** Fig. (Emploi critiqué.) Spectacle que donne un artiste, un sportif lorsqu'il se produit en public. **4.** ECON *Prestation de services :* activité de fourniture de services. **5.** (Belgique) ADMIN Accomplissement d'un travail donné, généralement rémunéré.

preste [pʀest] adj. Prompt et agile; vif dans ses déplacements, ses mouvements.

prestement [pʀestəmɑ̃] adv. Vivement, promptement.

prester [pʀeste] v. tr. [1] (Afr. subsah., Belgique) *Prester des services :* fournir un travail. – Pp. adj. *Heures prestées :* heures travaillées et rémunérées.

prestidigitateur, trice [pʀestidiʒitatœʀ, tʀis] n. Artiste qui fait des tours de prestidigitation; illusionniste.

prestidigitation [pʀestidiʒitasjɔ̃] n. f. Art de produire des illusions au moyen de trucages, de manipulations d'objets que l'on fait apparaître ou disparaître; ces tours eux-mêmes.

prestige [pʀestiʒ] n. m. Séduction, attrait qui frappe l'imagination et qui inspire la considération, l'admiration.

prestigieux, euse [pʀestiʒjø, øz] adj. Qui a du prestige. *Un artiste prestigieux.*

prestissimo [pʀestisimo] adv. MUS Très rapidement.

presto [pʀesto] adv. MUS Rapidement.

présumé, ée [pʀezyme] adj. Cru par supposition, censé, réputé. *Rendement présumé d'une machine.*

présumer [pʀezyme] v. [1] **I.** v. tr. dir. **1.** Regarder comme. *La loi présume innocent l'accusé tant qu'il n'est pas déclaré coupable.* **2.** Juger par conjecture, croire, supposer. *Je présume qu'il a raison.* **II.** v. tr. indir. *Présumer de :* avoir une opinion trop avantageuse de. *Présumer de ses forces.*

présupposé, ée [pʀesypoze] adj. Supposé préalablement. ▷ n. m. *Votre raisonnement est fondé sur des présupposés inexacts.*

présupposer [pʀesypoze] v. tr. [1] **1.** Supposer préalablement. *Vous présupposez l'innocence de l'accusé.* **2.** Nécessiter préalablement ou logiquement. *L'étude de la physiologie présuppose celle de l'anatomie.*

présupposition [pʀesypozisjɔ̃] n. f. Supposition préalable.

présure [pʀezyʀ] n. f. Matière sécrétée par la caillette des jeunes ruminants, contenant une enzyme qui fait cailler le lait; cette enzyme.

1. prêt [pʀɛ] n. m. **1.** Action de prêter. ▷ DR et cour. Contrat par lequel une chose est prêtée. *Un prêt à long terme.* – *Prêt-relais :* prêt à court terme accordé dans l'attente d'un crédit à plus long terme. **2.** Chose prêtée. *Rembourser un prêt.*

2. prêt, prête [pʀɛ, pʀɛt] adj. Disposé, préparé. *Prêt au départ. Le dîner est prêt.*

prêt-à-porter [pʀɛtapɔʀte] n. m. Les vêtements de confection (par oppos. aux vêtements *sur mesure*). *Des prêts-à-porter.*

prêté, ée [pʀete] adj. et n. m. **1.** adj. Qui a fait l'objet d'un prêt. *Un objet prêté.* **2.** n. m. (En loc.) *C'est un prêté (pour un) rendu,* se dit de justes représailles.

prétendant, ante [pʀetɑ̃dɑ̃, ɑ̃t] n. **1.** Personne qui prétend, qui aspire à (qqch). **2.** Personne qui prétend avoir des droits à un trône. **3.** n. m. Homme qui espère épouser une femme. *Les prétendants de Pénélope.*

prétendre [pʀetɑ̃dʀ] v. [6] **I.** v. tr. **1.** Revendiquer de. *Il prétend commander ici.* **2.** Affirmer, soutenir (qqch de contestable). *Il prétend que j'ai menti.* **II.** v. tr. indir. *Prétendre à :* aspirer à (ce à quoi l'on estime avoir droit). *Il prétend aux honneurs.* **III.** v. pron. Se faire passer pour. *Il se prétend malade.*

prétendu, ue [pʀetɑ̃dy] adj. Que l'on prétend tel; douteux, faux.

prétendument [pʀetɑ̃dymɑ̃] adv. Faussement, à tort.

prête-nom [pʀɛtnɔ̃] n. m. Celui dont le nom apparaît dans un acte où le véritable contractant ne veut pas faire figurer le sien. *Des prête-noms.*

prétentieux, euse [pʀetɑ̃sjø, øz] adj. et n. Qui a une trop haute opinion de soi-même; présomptueux, vaniteux. *Un parvenu prétentieux.* – Subst. *Quel prétentieux celui-là!* ▷ Qui dénote la prétention. *Allure, ton prétentieux.*

prétention [pʀetɑ̃sjɔ̃] n. f. **1.** Droit que l'on a, ou que l'on croit avoir, d'aspirer à une chose; exigence. *Rabattre de ses prétentions.* ▷ Visée, espérance. *Sa prétention à l'élégance est vraiment ridicule.* **2.** Fait d'être prétentieux; présomption, suffisance.

prêter [pʀete] v. [1] **I.** v. tr. dir. **1.** Remettre (une chose) à (qqn) à condition qu'il la rende. *Il lui a prêté sa bicyclette.* ▷ Loc. *Prêter secours à qqn,* lui porter assistance. – *Prêter main-forte à qqn,* l'aider. – *Prêter l'oreille :* écouter. – *Prêter attention :* être attentif. – *Prêter sa voix, sa plume à qqn,* parler, écrire pour lui. – *Prêter serment :* faire serment (devant un tribunal, en partic.). **2.** Attribuer (qqch d'abstrait). *Il lui prête des qualités qu'il n'a pas.* **II.** v. tr. indir. Donner prise, donner matière à. *Prêter à la critique, à la censure. Son attitude prête à rire.* **III.** v. intr. S'étendre aisément. *Cuir qui prête.* **IV.** v. pron. *Se prêter à.* **1.** Accepter, consentir à. *Prêtez-vous à cet accord.* **2.** Convenir à.

prétérit [pʀeteʀit] n. m. GRAM Forme verbale qui exprime le passé. *Le prétérit en anglais correspond au passé simple et à l'imparfait en français.*

prétériter [pʀeteʀite] v. tr. [1] (Suisse) Léser, désavantager (qqn).

prétérition [pʀeteʀisjɔ̃] n. f. RHET Figure qui consiste à dire qqch en déclarant que l'on se gardera de le dire (ex. *inutile de vous dire que...*).

prêteur, euse [pʀɛtœʀ, øz] n. et adj. Personne qui prête de l'argent à intérêt. *Un prêteur sur gages.* ▷ adj. *« La fourmi n'est pas prêteuse » (La Fontaine).*

prétexte [pʀetɛkst] n. m. Raison alléguée pour cacher le véritable motif d'un dessein, d'une action. ▷ Loc. prép. *Sous prétexte de :* en donnant comme prétexte, comme motif.

prétexter [pʀetɛkste] v. tr. [1] Donner comme prétexte.

pretium doloris [pʀesjɔmdɔlɔʀis] n. m. (loc. lat.) DR Dommages et intérêts accordés par les tribunaux à titre de réparation de la douleur physique ou morale.

prétoire [pʀetwaʀ] n. m. Salle d'audience d'un tribunal.

Pretoria, cap. administrative de l'Afrique du Sud, dans la prov. du Gauteng, au N. de Johannesburg, à 1 370 m d'altitude; 1 025 790 hab. Import. centre industriel, à proximité de mines de fer : sidérurgie, métallurgie lourde, etc. C'est un nœud ferroviaire relié au port de Maputo (Mozambique). Université. – La ville fut fondée en 1855. Elle doit son nom à Pretorius*. – Pretoria est le siège de l'Union* douanière de l'Afrique australe (U.D.A.A.).

prétorien, enne [pʀetɔʀjɛ̃, ɛn] adj. DR *Droit prétorien,* que le juge élabore lui-même en l'absence d'une loi.

Pretorius (Andries Wilhelmus Jacobus) (1798 – 1853), homme politique sud-africain. Victorieux des Zoulous à la bataille de Blood River (1838), il fonda la Rép. du Natal (annexée par la G.-B.), puis la Rép. du Transvaal. Il donna son nom à la ville de Pretoria.

prétraité, ée [pʀetʀete] adj. Qui a subi un premier traitement. *Bois prétraité. Riz prétraité.*

prêtre [pʀɛtʀ] n. m. **1.** Celui qui exerce un ministère sacré, qui préside aux cérémonies d'un culte. **2.** Celui qui a reçu le deuxième ordre majeur catholique. *Être ordonné prêtre.* – *Prêtre ouvrier,* auj. *prêtre au travail :* prêtre qui partage intégralement la vie des travailleurs.

prêtresse [pʀɛtʀɛs] n. f. Femme, jeune fille célébrant le culte d'une divinité (dans les religions polythéistes).

prêtrise [pʀɛtʀiz] n. f. Dignité de prêtre. ▷ *Spécial.* Deuxième ordre majeur de la religion catholique.

preuve [pʀœv] n. f. **1.** Information, raisonnement destiné à établir la vérité (d'une proposition, d'un fait). *Donner des preuves rigoureuses de ce qu'on avance.* – *Faire la preuve d'une opération,* en vérifier le résultat par une autre opération. – *Preuve par neuf :* V. neuf. ▷ DR Démonstration dans les formes requises de l'existence d'un fait ou d'un acte juridique. *Être acquitté faute de preuves.* – *Jusqu'à preuve du contraire :* en attendant qu'on démontre le contraire. **2.** Marque, signe. *Chez lui, la colère est une preuve de fatigue.* **3.** *Faire preuve de :* montrer. *Faire preuve d'indifférence.* – *Faire ses preuves :* montrer ses capacités.

preux [pʀø] n. m. HIST Chevalier. – adj. m. Brave et vaillant. *Un preux chevalier.*

Préval (René) (né en 1943), homme politique haïtien; élu président de la Rép. en déc. 1995.

prévalence [prevalɑ̃s] n. f. MED Nombre de cas d'une maladie ou d'un événement (accident, suicide, etc.) pour une population, à un moment ou pour une période donnés.

prévaloir [prevalwaʀ] v. [45] **1.** v. intr. Litt. (Choses) Être supérieur, meilleur; l'emporter. *Sa solution a prévalu sur les autres.* **2.** v. pron. (Personnes) *Se prévaloir de.* Faire valoir (qqch). – Tirer vanité de. *Se prévaloir de ses relations.*

prévaricateur, trice [prevaʀikatœʀ, tʀis] adj. et n. DR ou litt. Qui est coupable de prévarication. *Ministre prévaricateur.*

prévarication [prevaʀikasjɔ̃] n. f. DR ou litt. Fait de manquer, par mauvaise foi ou par intérêt, aux devoirs de sa charge. – *Accuser un fonctionnaire de prévarication,* de détournement de fonds.

prévenance [prevnɑ̃s] n. f. Fait de prévenir les désirs de qqn. *Il est plein de prévenances pour sa famille.* Syn. attention, délicatesse.

prévenant, ante [prevnɑ̃, ɑ̃t] adj. Qui prévient les désirs des autres. *Il est très prévenant avec elle.*

1. prévenir [prevniʀ] v. tr. [36] (Le comp. désigne une personne.) **1.** Informer par avance, avertir. *Préviens-nous de ton arrivée.* **2.** Informer (d'un fait), alerter. *En cas d'accident, prévenir le gardien.* **3.** (Surtout au pp.) *Prévenu en faveur de, contre (qqn, qqch) :* qui a une opinion favorable, défavorable sur (qqn, qqch).

2. prévenir [prevniʀ] v. tr. [36] (Le comp. désigne une chose.) **1.** Prendre des précautions pour empêcher. *Prévenir une attaque ennemie.* – *Prévenir une objection,* y répondre par avance. ▷ (S. comp.) Prov. *Mieux vaut prévenir que guérir.* **2.** *Prévenir les désirs, les souhaits de qqn,* les satisfaire avant qu'ils n'aient été exprimés.

préventif, ive [prevɑ̃tif, iv] adj. **1.** Qui a pour but de prévenir (1, sens 2), d'empêcher. *Médecine préventive.* **2.** DR *Détention préventive :* incarcération avant un jugement. Syn. prévention.

prévention [prevɑ̃sjɔ̃] n. f. **1.** Ensemble de mesures, organisation, destinées à prévenir certains risques. *Prévention routière. Prévention du paludisme.* **2.** Opinion favorable ou (plus souvent) défavorable avant examen. *Avoir des préventions contre qqn.* **3.** DR Temps passé en prison avant un jugement.

préventivement [prevɑ̃tivmɑ̃] adv. À titre préventif.

prévenu, ue [prevny] n. DR Personne qui comparaît devant un tribunal pour répondre d'un délit.

Prévert (Jacques) (1900 – 1977), poète français anarchisant, formé par le surréalisme : *Paroles* (1945); J. Kosma mit en musique certains poèmes *(Barbara, les Feuilles mortes).* Il a écrit, surtout avant 1946, plus de 100 films (V. Carné); son frère **Pierre** (1906 – 1988) réalisa *L'affaire est dans le sac* (1932), *Voyage surprise* (1947).

prévisible [previzibl] adj. Qui peut être prévu. *Son échec était prévisible.*

prévision [previzjɔ̃] n. f. **1.** Action de prévoir. *Lancer un projet sans prévision de ses conséquences.* ▷ *En prévision de :* parce que l'on prévoit. **2.** Ce qui est prévu. *Prévisions météorologiques.*

prévisionnel, elle [previzjɔnɛl] adj. Didac. Fait par prévision.

prévoir [prevwaʀ] v. tr. [42] **1.** Se représenter à l'avance (une chose probable). *Qui pouvait prévoir ce qui se passerait après les élections?* **2.** Envisager. *Il prévoit de rentrer le 15 août.* – Prendre des dispositions pour. *Les juristes n'ont pas prévu cette éventualité.* ▷ Pp. adj. *Les conséquences prévues.* – Fam. *Tout s'est déroulé comme prévu.*

Prévost (Antoine François Prévost d'Exiles, dit l'abbé) (1697 – 1763), auteur français de nombr. romans, notam. l'*Histoire du chevalier Des Grieux et de Manon Lescaut* (1731, septième vol. des *Mémoires et aventures d'un homme de qualité*).

prévôt [prevo] n. m. Officier de gendarmerie exerçant un commandement dans une prévôté.

prévôté [prevote] n. f. Formation de gendarmerie qui joue le rôle de police militaire dans la zone des armées et en territoire étranger occupé.

prévoyance [prevwajɑ̃s] n. f. Qualité de celui qui prévoit.

prévoyant, ante [prevwajɑ̃, ɑ̃t] adj. Qui fait preuve de prévoyance.

Priam, dans la myth. gr., dernier roi de Troie, père d'Hector, de Pâris, de Cassandre, etc. Pyrrhos (le fils d'Achille) le tua après la prise de Troie.

Priape, dans la myth. gr., fils de Dionysos et d'Aphrodite, dieu des Jardins, de la Fécondité et de la Génération. Il avait le phallus pour emblème.

Price-Mars (Jean) (1876 – 1970), médecin et écrivain haïtien. Dans *Ainsi parla l'oncle* (1928), il demanda à ses compatriotes d'approfondir leur origine africaine. Citons aussi *Silhouettes de nègres et de négrophiles* (1960).

prier [prije] v. tr. [2] **1.** S'adresser à (Dieu, une divinité, un être surnaturel) par des pensées exprimées ou non, pour l'adorer, lui demander une grâce, etc. – Absol. *Je prie pour que tu réussisses.* ▷ v. intr. *Une femme priait dans la chapelle.* – *Prier pour qqn,* en faveur de qqn. **2.** Supplier vivement (qqn). ▷ *Se faire prier :* n'accepter de faire qqch qu'après de longues sollicitations. **3.** (Formules de politesse.) *Je vous prie de bien vouloir passer à mon domicile.* – *Approchez-vous, je vous prie,* s'il vous plaît. – «*Merci, vous êtes gentil.* – *Je vous en prie*», c'est tout naturel. **4.** Ordonner. *Il le pria de se taire. Cessez, je vous prie.*

prière [prijɛʀ] n. f. **1.** Fait de prier Dieu, une divinité, un saint. *Faire une prière à la Vierge.* – (Afr. subsah.) *Grande prière :* prière solennelle des musulmans, le vendredi et les jours de fête. **2.** Texte convenu que l'on récite pour prier. *Réciter ses prières.* **3.** Litt. Demande faite instamment. *Il est resté sourd à leurs prières.* ▷ *Prière de :* vous êtes prié de.

Priestley (Joseph) (1733 – 1804), théologien, physicien et chimiste anglais. Il isola l'oxygène (1774).

Priestley (John Boynton) (1894 – 1984), romancier anglais : *Là-bas* (1932).

prieur, eure [prijœʀ] n. Religieux, religieuse qui dirige certains monastères.

Prigogine (Ilya) (né en 1917), chimiste et philosophe belge d'origine russe. Prix Nobel 1977 pour ses travaux sur la thermodynamique des phénomènes réversibles. Il a étendu son étude de tels processus au domaine historique et sociologique : *la Nouvelle Alliance* (1975, en collab. avec Isabelle Stengers), *Entre le temps et l'éternité* (1988).

primaire [primɛʀ] adj. et n. m. **1.** Qui vient en premier, au commencement, à la base. – *Couleur primaire :* V. encycl. couleur. **2.** Du premier degré. – *École primaire,* entre l'école maternelle et la sixième. ▷ n. m. *Les enfants du primaire.* **3.** Simpliste, un peu borné. *Anticonformisme primaire.* ▷ n. m. *Un primaire :* un individu aux réactions immédiates et impulsives. **4.** GEOL *Ère primaire* ou, n. m., *le primaire :* la plus ancienne des ères géologiques (approximativement de –600 millions d'années à – 230 millions d'années), au cours de laquelle se sont formés les terrains sédimentaires contenant les plus anciens fossiles connus. (Six périodes : *cambrien, ordovicien, silurien, dévonien, carbonifère* et *permien.*) **5.** GEOGR *Forêt primaire,* qui n'a subi aucune action humaine. **6.** ELECTR *Circuit primaire* ou, n. m., *un primaire :* dans un transformateur, circuit, alimenté par le générateur, qui cède sa puissance au second circuit *secondaire* alimentant le récepteur. **7.** ECON *Secteur primaire* ou, n. m., *le primaire :* ensemble des activités qui produisent des matières premières (agriculture, pêche, extraction de minerais, etc.).

primarité [primaʀite] n. f. Didac. Caractère de ce qui est primaire. ▷ PSYCHO Caractéristique de certains sujets chez lesquels l'effet des représentations est immédiat et sans retentissement ultérieur.

1. primat [prima] n. m. PHILO Supériorité. Syn. primauté.

2. primat [prima] n. m. RELIG Titre honorifique donné à certains archevêques.

primate [primat] n. m. **1.** ZOOL *Les primates :* ordre de mammifères placentaires dont les extrémités des membres portent cinq doigts, terminés par des ongles. – Sing. *Un primate.* **2.** Fam. Homme grossier.

ENCYCL Les primates sont les animaux les plus évolués : leur cerveau comporte de nombreuses circonvolutions. Les primates se divisent en deux sous-ordres : les *prosimiens* (toupayes, tarsiens et lémuriens) et les *anthropoïdes* (singes et hominiens).

Primatice (Francesco Primaticcio, dit en fr.) (1504 ou 1505 – 1570), peintre, sculpteur et architecte maniériste italien. Il prit part à la décoration du château de Fontainebleau et fut nommé surintendant des Bâtiments royaux (1559).

primatologie [primatɔlɔʒi] n. f. Didac. Branche de la zoologie qui étudie les primates.

primature [primatyʀ] n. f. (Afr. subsah., Djibouti, Madag.) **1.** Fonction de Premier ministre. **2.** Services dépendant du Premier ministre. **3.** Bâtiments abritant ces services.

primauté [primote] n. f. Prééminence, premier rang. *La primauté du débat électoral sur les autres nouvelles.* – DR Caractère d'une norme qui, en cas de conflit, s'applique de préférence à une autre.

1. prime [prim] adj. **1.** Loc. *De prime abord :* à première vue. – *La prime jeunesse :* le plus jeune âge. **2.** Se dit d'une lettre affectée d'un signe en forme d'accent supérieur droit. *A'* (A prime).

2. prime [pRim] n. f. **1.** Cadeau offert à un acheteur. ▷ Fig. *En prime :* en plus. **2.** Somme accordée à titre d'encouragement ou d'indemnité. ▷ Fig. Encouragement. *Cette mesure fiscale est une prime à la spéculation.* **3.** Somme due par l'assuré à sa compagnie d'assurances. *Prime d'assurance.*

1. primer [pRime] v. tr. [1] Litt. Être plus important. *L'intérêt de ce travail prime sa rémunération.* ▷ (S. comp.) *Chez lui, la sensibilité prime.*

2. primer [pRime] v. tr. [1] Accorder une prime, une récompense à. – (Surtout au passif et au pp.) *Ce taureau a été primé au concours agricole. Un concours primé.*

primerose [pRimRoz] n. f. Syn. de *rose* trémière.*

primesautier, ère [pRimsotje, ɛR] adj. Litt. Qui agit de son premier mouvement, sans réflexion préalable. *Un esprit primesautier.* Syn. spontané.

1. primeur [pRimœR] n. f. (En loc.) *Avoir la primeur de* (qqch) : être le premier à recevoir (qqch).

2. primeur [pRimœR] n. m. (France rég., Suisse) Marchand de fruits et légumes.

primeurs [pRimœR] n. f. pl. Fruits et légumes vendus avant la saison normale.

primevère [pRimvɛR] n. f. Plante herbacée des régions tempérées de l'hémisphère Nord, aux fleurs groupées en ombelle.

primipare [pRimipaR] adj. et n. f. Qui accouche ou qui met bas pour la première fois (par oppos. à *multipare* et à *nullipare*).

primitif, ive [pRimitif, iv] adj. et n. **I.** adj. **1.** Qui est le plus ancien, le plus près de l'origine. *État primitif d'un instrument, d'un appareil. – L'homme primitif,* tel qu'il apparut à l'origine. **2.** OPT *Couleurs primitives :* les sept couleurs du spectre de la lumière. **3.** GRAM *Temps primitifs d'un verbe :* formes du verbe dont on peut dériver toutes les autres. **4.** MATH *Fonction primitive* ou, n. f., *la primitive d'une fonction f(x) :* fonction F(x) dont la fonction f(x) est la dérivée. *La primitive d'une fonction n'est définie qu'à une constante près.* **5.** ANTHROP Se dit des sociétés, des peuples qui ne connaissent pas l'écriture et ne pratiquent ni culture ni élevage. *Système économique primitif.* **6.** Peu élaboré, fruste. Syn. rudimentaire. *Outil primitif.* **II.** n. m. BX-A Artiste (peintre surtout) de la période qui a précédé immédiatement la Renaissance. *Primitifs italiens.*

primitivement [pRimitivmɑ̃] adv. À l'origine.

primitivisme [pRimitivism] n. m. ANTHROP État, caractère d'une société primitive.

primo [pRimo] adv. En premier lieu, premièrement.

Primo de Rivera (Miguel) (1870 – 1930), général et homme politique espagnol. Il fomenta un coup d'État (sept. 1923), avec le soutien du roi qui le renvoya en janv. 1930. — **José Antonio** (1903 – 1936), fils du préc.; homme politique espagnol. Fondateur de la Phalange (1933), il fut fusillé après la victoire du Front populaire.

primogéniture [pRimoʒenityR] n. f. DR Priorité de naissance ouvrant droit à certaines prérogatives. *Succession par ordre de primogéniture.*

primo-infection [pRimoɛ̃fɛksjɔ̃] n. f. MED Première infection par un microorganisme (bacille de Koch, notam.). *Des primo-infections.*

primordial, ale, aux [pRimɔRdjal, o] adj. Capital, essentiel.

primulacées [pRimylase] n. f. pl. BOT Famille de plantes herbacées dicotylédones, comprenant la primevère, le cyclamen, le mouron, etc. – Sing. *Une primulacée.*

prince [pRɛ̃s] n. m. **1.** Souverain ou membre d'une famille souveraine. *Le prince Édouard d'Angleterre.* – Loc. *Le fait du prince :* acte arbitraire du gouvernement. ▷ *Prince du sang* ou (Belgique) *de sang :* membre de la proche famille royale. – *Prince consort*.* **2.** Haut titre de noblesse. **3.** Loc. fig. *Le prince des ténèbres :* le diable. – *Vivre en prince,* richement. – *Être bon prince :* se montrer généreux. **4.** (Afr. subsah.) *Prince coutumier* ou *prince :* chef coutumier, fils de chef coutumier.

Prince (île du). V. Principe.

Prince (le). V. Machiavel.

prince-de-galles [pRɛ̃sdəgal] n. m. inv. Tissu écossais, aux teintes peu nombreuses et discrètes. ▷ (En appos.) *Un costume prince-de-galles.*

Prince-Édouard (île du), île basse et découpée, située dans le S. du golfe du Saint-Laurent, formant la plus petite des Provinces maritimes du Canada, nommée Île-du-Prince-Édouard; 5657 km²; 129760 hab.; cap. *Charlottetown.* Le détroit de Northumberland la sépare des prov. du Nouveau-Brunswick, à l'O., et de la Nouvelle-Écosse, à l'E. Agriculture, élevage, pêche. Tourisme. Parc national.

Hist. – L'île fut découverte en 1534 par Jacques Cartier. Les Acadiens la colonisèrent après 1715. En 1758, les Anglais l'occupèrent; ils en obtinrent la possession en 1763 et la détachèrent de la Nouvelle-Écosse en 1769. En 1873, elle forma une prov. qui entra alors dans la Confédération canadienne.

Prince George, ville du Canada (Colombie-Britannique); 69650 hab. Nœud ferroviaire. Scieries.

Prince Noir (le). V. Édouard, prince de Galles.

Prince Rupert, port du Canada (Colombie-Britannique); 16600 hab. Terminus du réseau ferroviaire le Canadien National.

princesse [pRɛ̃sɛs] n. f. **1.** Fille ou femme d'un prince. **2.** Rare Souveraine d'un pays. **3.** (Afr. subsah.) Litt. Épouse, fille d'un chef coutumier. **4.** Loc fig., fam. *Prendre des airs de princesse, faire la (sa) princesse :* prendre de grands airs.

Princeton, v. des É.-U. (New Jersey); 12000 hab. – Célèbre université fondée en 1746. – Théâtre d'une sanglante bataille entre Américains, commandés par Washington, et Anglais (1777).

princier, ère [pRɛ̃sje, ɛR] adj. **1.** Litt. De prince, de princesse. *Décision princière.* **2.** Digne d'un prince, somptueux.

princièrement [pRɛ̃sjɛRmɑ̃] adv. De façon princière.

1. principal, ale, aux [pRɛ̃sipal, o] adj. et n. **I.** adj. **1.** Qui est le plus important, le plus grand, le premier, etc., parmi d'autres. *Le principal témoin. La raison principale de son départ.* ▷ n. m. Ce qui est le plus important. *Le principal, c'est que vous veniez.* **2.** GRAM *Proposition principale* ou, n. f., *une principale :* proposition qui ne dépend d'aucune autre et dont dépendent des subordonnées. **II.** n. m. **1.** DR Ce qui constitue l'objet essentiel d'une action en justice. **2.** FISC Montant originaire d'un impôt, avant le calcul des décimes et des centimes additionnels. – FIN Montant initial d'un prêt, d'un capital. *Intérêts et principal.*

2. principal [pRɛ̃sipal] n. m. Chef des clercs dans une étude de notaire.

principalement [pRɛ̃sipalmɑ̃] adv. Particulièrement, surtout.

principauté [pRɛ̃sipote] n. f. Petit État gouverné par un prince.

principe [pRɛ̃sip] n. m. **I. 1.** Origine, cause première. *Vouloir remonter au principe des choses.* **2.** Loi générale, non démontrée, mais vérifiée expérimentalement. *Le principe de Carnot, en thermodynamique.* – Proposition, donnée fondamentale sur laquelle on établit un système. **3.** Fondement théorique du fonctionnement d'une chose. *Principe de la machine à vapeur. Reposer sur un principe simple.* **4.** (Plur.) Premiers rudiments (d'un art, d'une science). *Les principes de la géométrie.* **II. 1.** Règle de conduite. *Principe de morale. Il a pour principe de ne rien demander à personne. Partir du principe que... – Faire qqch pour le principe,* pour se conformer à ses principes, indépendamment du résultat. **2.** (Plur.) Convictions morales. *Être fidèle à ses principes. – Avoir des principes :* observer scrupuleusement les règles de conduite qu'on s'est fixées. ▷ Fig. *Être à cheval* sur les principes.* **III.** Loc. *En principe :* théoriquement. – *Par principe :* en vertu d'une décision a priori.

Principe ou **Prince** (île du) *(Ilha do Príncipe),* île du golfe de Guinée (142 km²), formant avec São Tomé un État indépendant depuis 1975; ch.-l. São Antonio.

▶ V. carte et dossier São Tomé et Principe, p. 1494.

printanier, ère [pRɛ̃tanje, ɛR] adj. **1.** Relatif au printemps. **2.** Qui convient au printemps, clair, gai.

printemps [pRɛ̃tɑ̃] n. m. **1.** Première des quatre saisons des zones tempérées, entre l'hiver et l'été, du 21 mars au 21 juin environ dans l'hémisphère Nord. **2.** Fig., litt. *Au printemps de la vie :* dans la jeunesse. **3.** Fig., litt., vieilli Année. *Elle entrait dans son seizième printemps.*

prion [pRijɔ̃] n. m. BIOL Particule protéique infectieuse impliquée dans plusieurs maladies du système nerveux (notam. l'encéphalopathie spongiforme et la maladie de Creutzfeldt-Jakob).

prioritaire [pRijɔRitɛR] adj. Qui a la priorité. *Message prioritaire.*

prioritairement [pRijɔRitɛRmɑ̃] adv. En priorité.

priorité [pRijɔRite] n. f. **1.** Importance qu'on donne à une chose, au point de la faire passer en premier. *La priorité sera accordée aux questions diplomatiques.* ▷ Loc. *En priorité, par priorité :* en premier lieu. **2.** Droit de passer avant les autres. *Les mutilés ont la priorité sur les autres voyageurs. – Spécial.* (dans la circulation automobile). *Respecter la priorité à droite* ou (Belgique) *de droite.*

pris, prise [pRi, pRiz] adj. **1.** Attrapé, saisi. *Pas vu, pas pris. Être pris par surprise.* – Atteint. *Pris de fièvre. – Pris de* *boisson :* ivre. **2.** Qui a épaissi, s'est figé. – *Lait pris,* caillé. ▷ Gelé. *La rivière est prise.* **3.** Qui est retenu par ses occupations. *Être pris toute la journée.* – (Choses) Occupé. *Place prise.* **4.** (Québec) Qui est embourbé, enlisé. *Automobiliste pris dans un fossé.* ▷ Loc. *Mal pris :* en mauvaise posture; dans une situation financière difficile.

Priscillien (v. 335 ou 345 – 385), hérésiarque chrétien. Sa doctrine (le *priscillianisme*), condamnée au concile de Saragosse (380), tenait du manichéisme et du panthéisme. L'empereur Maxime ordonna son exécution.

prise [pʀiz] n. f. **1.** Action de prendre, de s'emparer de (qqch). *Prise d'une forteresse.* – Fig. *Prise de bec :* dispute, querelle. – *Par ext.* Ce dont on s'est emparé. *Une bonne prise.* **2.** (Abstrait) Action de prendre, de commencer à avoir. *Prise de conscience, de possession, de contact.* **3.** Moyen de prendre. *On n'a pas prise, il n'y a pas de prise* (pour saisir, se retenir, etc.). *Prise de judo.* – Loc. fig. *Avoir prise sur qqn,* avoir un moyen d'agir sur lui. – *Donner prise à :* s'exposer à. – *Être aux prises avec :* lutter contre. **4.** TECH Durcissement. *Ciment à prise rapide.* **5.** (Dispositifs) AUTO *Prise directe :* dispositif permettant d'accoupler directement l'arbre moteur et l'arbre récepteur. – ELECTR *Prise de terre :* organe ou conducteur qui relie une installation à la terre. *Prise (de courant) :* dispositif permettant de prélever le courant sur un conducteur fixe pour alimenter une installation mobile. – TRAV PUBL *Prise d'eau :* ouvrage destiné à amener l'eau d'un cours d'eau dans un canal d'irrigation; cour. robinet, système permettant de prendre de l'eau. **6.** AUDIOV *Prise de vue(s) :* action de filmer. – *Une prise :* une séquence filmée en une fois. – *Prise de son :* action d'enregistrer le son. **7.** *Prise de sang :* prélèvement sanguin. **8.** *Prise d'armes :* parade, revue (où des soldats «prennent les armes»). **9.** *Prise en charge :* fait de prendre la responsabilité (de qqn ou de qqch). **10.** Pincée (de tabac) à priser.

prisé, ée [pʀize] adj. Estimé. *Artiste très prisé.*

priser [pʀize] v. tr. [1] Aspirer (du tabac) par le nez.

prismatique [pʀismatik] adj. **1.** GEOM En forme de prisme. **2.** TECH Muni de prismes. *Jumelle prismatique.*

prisme [pʀism] n. m. **1.** GEOM Solide engendré par la translation rectiligne d'un polygone. – *Prisme droit,* dont les arêtes latérales sont perpendiculaires aux bases. *Le volume d'un prisme est égal au produit de l'aire d'une section droite par la longueur des arêtes latérales.* **2.** PHYS Corps transparent présentant deux faces planes ayant une arête commune.

prison [pʀizɔ̃] n. f. **1.** Emprisonnement. *Être condamné à trois mois de prison avec sursis.* **2.** Lieu de détention où sont enfermés les prévenus, les condamnés. **3.** *Par métaph.* Ce qui enferme, retient. *La prison de ses rêves.*

prisonnier, ère [pʀizɔnje, ɛʀ] n. et adj. **I.** n. Personne détenue en prison. *Prisonnier de droit commun. Prisonnier politique.* – *Prisonnier sur parole,* laissé sans surveillance à condition de ne pas sortir d'un lieu. – *Prisonnier de guerre,* capturé lors d'une guerre. **II.** adj. **1.** Enfermé, privé de liberté. **2.** Fig. *Prisonnier de (qqn, qqch) :* aliéné par (qqn, qqch).

Priština, cap. du Kosovo; 108 080 hab. – Mosquée impériale (XVe s.).

privatif, ive [pʀivatif, iv] adj. **1.** GRAM Qui marque la privation, la suppression. *Dans «injuste», «in-» est un préfixe privatif.* **2.** DR Qui enlève la jouissance d'un droit. *Peine privative de liberté.* **3.** Dont on jouit sans être propriétaire. *Jardin privatif.* **4.** DR Qui est la propriété exclusive de qqn.

privation [pʀivasjɔ̃] n. f. **1.** Perte, suppression. *La privation des droits civiques.* **2.** (Plur.) Besoins non satisfaits; absence de choses souhaitées ou utiles. – *S'imposer des privations :* se priver volontairement de certaines choses.

privatisation [pʀivatizasjɔ̃] n. f. ECON Action de privatiser.

privatiser [pʀivatize] v. tr. [1] ECON Transférer une entreprise du secteur public au secteur privé.

privauté [pʀivote] n. f. (Surtout au plur.) Familiarité indiscrète, spécial. d'un homme à l'égard d'une femme.

privé, ée [pʀive] adj. et n. m. **1.** Réservé, non ouvert au public. *Propriété privée. Projection privée.* **2.** Personnel. *Vie privée.* ▷ Loc. adv. *En privé :* en dehors de la vie professionnelle, des fonctions officielles. **3.** En simple particulier, sans charge publique. *Déclaration faite à titre privé* (par oppos. à *officiellement*). **4.** Où l'État n'intervient pas. *Secteur privé* (par oppos. à *secteur public*). ▷ n. m. *Travailler dans le privé,* dans le secteur privé. **5.** *Un détective privé :* un détective chargé d'enquêtes policières privées.

priver [pʀive] v. [1] **I.** v. tr. Enlever à qqn ce qu'il a, ne pas lui donner ce qu'il espère. *Priver un enfant de dessert. Un avantage dont il a été privé.* **II.** v. pron. **1.** Se refuser un avantage, un plaisir. *Il se prive du nécessaire.* **2.** S'abstenir de. *Il ne se prive pas de critiquer son patron.* **3.** *Absol.* Faire des sacrifices. *Il se prive pour élever ses six enfants.*

privilège [pʀivilɛʒ] n. m. **1.** Droit exceptionnel ou exclusif, accordé à un individu ou à une collectivité, de faire qqch, de jouir d'un avantage. ▷ DR Droit reconnu à un créancier d'être payé avant les autres. **2.** Caractère, qualité unique. *La raison est le privilège de l'être humain.* **3.** Prérogative. *Posséder le privilège d'un grand nom.*

privilégié, ée [pʀivileʒje] adj. et n. Qui bénéficie de privilèges (au propre et au fig.). *Les classes privilégiées. Une créance privilégiée.* – Subst. *Un(e) privilégié(e).*

privilégier [pʀivileʒje] v. tr. [2] Accorder un privilège à (qqn). ▷ Donner la primauté à (qqch).

prix [pʀi] n. m. **I. 1.** Valeur de qqch exprimée en monnaie. *Prix élevé. Acheter, vendre à bas prix, au juste prix, au prix fort.* – *Dernier prix,* le plus bas dans un marchandage. – *Faire un prix d'ami :* consentir un prix de faveur. – *Hors de prix* ou (Belgique, Luxembourg) *hors prix :* très cher. – *Sans prix :* inestimable. – *Mettre à prix :* mettre en vente. *Mettre à prix la tête de qqn,* offrir une récompense pour sa capture. **2.** Valeur. *Je mets son estime au plus haut prix.* ▷ *Prix de revient :* coût de production d'un bien ou d'un service. **II.** Récompense, dans une compétition; distinction. *Prix Nobel.* ▷ Par méton. *Maurice Maeterlinck, prix nobel de littérature.* – Compétition qui donne lieu à un prix. *Grand prix automobile.* **III.** Loc. prép., fig. *Au prix de :* moyennant. *Gagner au prix d'efforts inouïs.* – *À tout prix :* coûte que coûte.

Prjevalski ou **Przewalski** (Nikolaï Mikhaïlovitch) (1839 – 1888), officier russe. Il voyagea en Asie centrale et décrivit le cheval sauvage dit auj. *de Prjevalski.*

pro-. Élément, du gr. ou du lat. *pro,* «en avant; à la place de; en faveur de», entrant dans la composition de nombreux mots (ex. *proposer; prophétie*). *Pro-,* devant un adjectif, sert à former des composés, avec le sens de «partisan de» (ex. *prochinois*).

proarthropodes [pʀoaʀtʀɔpɔd] n. m. pl. ZOOL Sous-embranchement d'arthropodes fossiles comprenant principalement les trilobites. – Sing. *Un proarthropode.*

probabilisme [pʀɔbabilism] n. m. PHILO Doctrine selon laquelle il est impossible d'arriver à la certitude et qui recommande de s'en tenir à ce qui est le plus probable.

probabiliste [pʀɔbabilist] n. et adj. **1.** PHILO Partisan du probabilisme. – adj. Qui concerne le probabilisme. **2.** MATH Spécialiste du calcul des probabilités. – adj. Relatif aux probabilités.

probabilité [pʀɔbabilite] n. f. **1.** Caractère de ce qui est probable, vraisemblable. **2.** MATH Nombre positif et inférieur à 1 qui caractérise l'apparition escomptée d'un événement. *La probabilité d'un événement impossible est égale à 0.* ▷ *Calcul des probabilités :* science dont le but est de déterminer la vraisemblance d'un événement. (V. encycl. mathématique.)

probable [pʀɔbabl] adj. et n. m. **1.** Qui a une apparence de vérité, semble plutôt vrai que faux. *Il est probable qu'il se soit suicidé.* **2.** Qui a (ou a eu) des chances d'être, de se produire. ▷ n. m. Ce qui est probable. *Le probable et le certain.*

probablement [pʀɔbabləmɑ̃] adv. Vraisemblablement.

probant, ante [pʀɔbɑ̃, ɑ̃t] adj. Concluant. *Expérience probante.*

probation [pʀɔbasjɔ̃] n. f. **1.** Période de mise à l'épreuve. **2.** DR Mise à l'épreuve (d'un délinquant).

probatoire [pʀɔbatwaʀ] adj. Destiné à constater la capacité de qqn. *Examen probatoire.* ▷ DR Destiné à éprouver l'honnêteté de qqn ou sa capacité à rester dans la légalité.

probe [pʀɔb] adj. Litt. Qui a de la probité.

probité [pʀɔbite] n. f. Droiture, intégrité, honnêteté scrupuleuse.

problématique [pʀɔblematik] adj. et n. f. **I.** adj. **1.** Douteux. *Ce résultat est problématique.* **2.** PHILO Chez Kant, qualifie un jugement exprimant une simple probabilité. **II.** n. f. Didac. Ensemble des problèmes concernant un sujet.

problème [pʀɔblɛm] n. m. **1.** Question à résoudre, d'après un ensemble de données, dans une science. *Problème de géométrie. Solution d'un problème.* – Exercice scolaire consistant à résoudre un problème. **2.** Difficulté; situation compliquée. *Problème des minorités ethniques.* – *Poser un problème; faire problème :* faire difficulté. ▷ Loc. fam. *(Il n'y a) pas de problème! :* c'est facile, évident. – *C'est votre problème :* cela vous concerne.

proboscidiens [pʀɔbɔsidjɛ̃] n. m. pl. ZOOL Ordre de mammifères ongulés à trompe, comprenant les éléphants. – Sing. *Un proboscidien.*

procaryote [pʀokaʀjɔt] adj. et n. m. BIOL, BOT Dont le noyau cellulaire est dépourvu de membrane et ne comporte qu'un chromosome. ▷ n. m. pl. *Les algues bleues et les bactéries constituent le groupe des procaryotes.* Ant. eucaryote.

procédé [pʀɔsede] n. m. **1.** Méthode d'exécution. *Procédé de fabrication.* – Péjor. Technique devenue systématique (en art, etc.). *Son habileté tourne au procédé.* **2.** Manière d'agir. *Des procédés inadmissibles.* – Loc. *Échange de bons procédés,* de services réciproques.

procéder [pʀɔsede] v. [14] **I.** v. intr. **1.** *Procéder de :* provenir de. *Procéder d'une tendance, d'une école.* **2.** Agir. *Procéder avec méthode.* **II.** v. tr. indir. *Procéder à :* exécuter en se conformant à des règles techniques, juridiques.

procédure [pʀɔsedyʀ] n. f. **1.** Ensemble de règles qu'il faut appliquer strictement, de formalités auxquelles il faut se soumettre, dans une situation déterminée. *Procédure d'atterrissage.* **2.** DR Manière de procéder en justice. – Partie du droit qui étudie les formalités judiciaires. *Code de procédure pénale.*

procédurier, ère [pʀɔsedyʀje, ɛʀ] adj. et n. Péjor. Qui aime les procès, la chicane. Syn. chicanier. ▷ Subst. Personne qui aime la chicane.

procellariiformes [pʀoselaʀiifɔʀm] n. m. pl. ORNITH Ordre d'oiseaux carinates, marins, palmipèdes (albatros, pétrel). – Sing. *Un procellariiforme.*

procès [pʀɔsɛ] n. m. **I. 1.** Instance devant un tribunal sur un différend entre deux ou plusieurs parties. *Procès civil, criminel. Intenter un procès.* – *Faire un procès d'intention à qqn,* le juger en fonction des intentions qu'on lui a prêtées ou que ses actes ont laissé apparaître. **2.** Loc. *Sans autre forme de procès :* sans préambule, sans se soucier des formes. **II.** Didac. Processus. – LING Action, état correspondant à la signification du verbe. **III.** ANAT *Procès ciliaires*.*

processeur [pʀɔsesœʀ] n. m. INFORM **1.** Organe destiné, dans un ordinateur ou une autre machine, à interpréter et exécuter des instructions. **2.** *Par anal.* Ensemble du programme permettant d'exécuter des programmes écrits dans un langage donné.

procession [pʀɔsesjɔ̃] n. f. **1.** Cortège religieux, marche solennelle accompagnée de chants et de prières. **2.** Défilé. *Une procession de manifestants.* – Fig. Longue file, succession.

processionnaire [pʀɔsesjɔnɛʀ] adj. ZOOL Se dit des chenilles de divers papillons forestiers qui se déplacent en file régulière.

processus [pʀɔsesys] n. m. **1.** Développement temporel de phénomènes marquant chacun une étape. *Le processus d'érosion des falaises. Processus de fabrication.* **2.** ANAT Prolongement.

procès-verbal, aux [pʀɔsɛvɛʀbal, o] n. m. **1.** Acte par lequel une autorité compétente constate un fait comportant des conséquences juridiques. *Des procès-verbaux.* **2.** Compte rendu écrit des travaux d'une assemblée.

prochain, aine [pʀɔʃɛ̃, ɛn] adj. et n. m. **1.** adj. Qui est près d'arriver, qui est à une courte distance (temporelle ou spatiale). *Le mois prochain. Le prochain village.* – *À la prochaine fois! :* au revoir. **2.** n. m. Être humain considéré dans ses rapports moraux avec autrui. *Aimer son prochain comme soi-même.*

prochainement [pʀɔʃɛnmɑ̃] adv. Bientôt. *Il viendra prochainement.*

proche [pʀɔʃ] adj., n. m. et adv. **I.** adj. **1.** Voisin. *La proche banlieue. Sa maison est toute proche.* **2.** Qui est près d'arriver. *Sa dernière heure est proche.* **3.** Qui a une relation étroite avec. *Proche parent.* ▷ n. m. pl. Parenté. *Très aimé de ses proches.* **II.** Loc. adv. *De proche en proche :* graduellement.

Proche-Orient, expression utilisée depuis la fin du XIXe s. pour désigner généralement un ensemble, plus restreint que le *Moyen-Orient* (bien que cette dernière expression soit parfois employée comme synonyme de Proche-Orient), comprenant les États riverains de la Méditerranée orientale : Turquie, Syrie, Liban, Israël et Égypte.

proche-oriental, ale, aux [pʀɔʃɔʀjɑ̃tal, o] adj. Qui concerne le Proche-Orient.

prochordés [pʀɔkɔʀde] n. m. pl. V. procordés.

proclamation [pʀɔklamasjɔ̃] n. f. **1.** Action de proclamer. **2.** Écrit, discours contenant ce qu'on proclame.

proclamer [pʀɔklame] v. tr. [1] **1.** Annoncer avec solennité. *Proclamer sa foi.* **2.** Reconnaître publiquement. *Être proclamé vainqueur. Proclamer la république.*

proclitique [pʀɔklitik] adj. et n. m. GRAM Dans certaines langues, mot monosyllabique inaccentué qui forme une unité sur le plan de l'accent avec le mot suivant. *En français, l'article est proclitique.* – n. m. *Un proclitique.*

procordés ou **prochordés** [pʀɔkɔʀde] n. m. pl. ZOOL Groupe systématique réunissant les *céphalocordés (amphioxus)* et les *urocordés (tuniciers),* dont la corde dorsale est primitive ou absente. – Sing. *Un procordé* ou *un prochordé.*

procréateur, trice [pʀɔkʀeatœʀ, tʀis] adj. **1.** Qui procrée. **2.** MED *Procréation médicale assistée (P.M.A.) :* ensemble des techniques permettant la procréation dans certains cas où elle n'est pas possible naturellement.

procréation [pʀɔkʀeasjɔ̃] n. f. Action de procréer.

procréer [pʀɔkʀee] v. tr. [11] Litt. Engendrer (un être humain).

Procruste. V. Procuste.

proctologie [pʀɔktɔlɔʒi] n. f. MED Partie de la médecine consacrée à la pathologie du rectum et de l'anus.

procuration [pʀɔkyʀasjɔ̃] n. f. **1.** DR Pouvoir donné à qqn d'agir au nom de son mandant. **2.** Écrit par lequel une personne donne à une autre le pouvoir d'agir en son nom.

procurer [pʀɔkyʀe] v. tr. [1] **1.** (Sujet nom de personne.) Faire avoir, fournir (qqch à qqn). *Il lui a procuré un emploi.* ▷ v. pron. *Se procurer des fonds.* **2.** (Sujet nom de chose.) Être la cause de. *Cela peut vous procurer un certain profit.*

procureur [pʀɔkyʀœʀ] n. m. **1.** *Procureur de la république :* magistrat qui dirige le parquet dans un tribunal de grande instance. – *Procureur général :* chef du parquet de la Cour de cassation, de la Cour des comptes ou d'une cour d'appel. **2.** Religieux chargé des intérêts temporels d'une maison, d'un ordre religieux.

Procuste ou **Procruste,** dans la myth. gr., brigand de l'Attique, tué par Thésée. Il étendait ses victimes sur un lit; si elles étaient trop grandes, il leur raccourcissait les jambes; trop petites, il les étirait.

procyonidés [pʀɔsjɔnide] n. m. pl. ZOOL Famille de mammifères carnivores fissipèdes, généralement plantigrades et omnivores (ratons laveurs, coatis, etc.). – Sing. *Un procyonidé.*

prodigalité [pʀɔdigalite] n. f. Litt. **1.** Caractère, attitude d'une personne prodigue. **2.** (Surtout au plur.) Dépenses exagérées.

prodige [pʀɔdiʒ] n. m. **1.** Phénomène surprenant qu'on ne peut expliquer et auquel on accorde un caractère surnaturel. – *Qui tient du prodige :* prodigieux. **2.** Action, personne qui se signale par son caractère extraordinaire. *Les prodiges de la médecine. Un petit prodige :* un enfant très doué. ▷ (En appos.) *Un enfant prodige.*

prodigieusement [pʀɔdiʒjøzmɑ̃] adv. D'une façon prodigieuse.

prodigieux, euse [pʀɔdiʒjø, øz] adj. Extraordinaire, considérable et à peine croyable.

prodigue [pʀɔdig] adj. et n. Litt. **1.** Qui fait des dépenses disproportionnées, par rapport à ses moyens. *Être prodigue de son bien.* – Subst. DR *Les prodigues.* ▷ *Enfant, fils prodigue,* dont on fête le retour à la maison paternelle après une longue absence (par allus. à une parabole de l'Évangile). **2.** Fig. *Prodigue de :* qui donne, fournit abondamment (qqch). – *Être prodigue de paroles, de promesses :* parler, promettre beaucoup.

prodiguer [pʀɔdige] v. tr. [1] **1.** Dépenser sans mesure. *Prodiguer sa fortune.* **2.** Donner à profusion.

pro domo [pʀodɔmo] loc. adv. et adj. inv. (mots lat., «pour sa maison») *Plaider pro domo,* sa propre cause. *Plaidoyer pro domo.*

prodrome [pʀɔdʀom] n. m. **1.** Litt. Signe précurseur d'un événement. **2.** MED Ensemble de symptômes qui marquent le début d'une maladie.

producteur, trice [pʀɔdyktœʀ, tʀis] n. et adj. **1.** Personne, société, pays qui produit des biens ou rend des services. ▷ adj. *Pays producteur de coton.* **2.** SPECT Personne, organisme qui finance une œuvre de l'industrie du spectacle. V. produire (sens I, 3).

productif, ive [pʀɔdyktif, iv] adj. Qui produit une richesse, un profit; qui rapporte beaucoup. *Activité productive.*

production [pʀɔdyksjɔ̃] n. f. **1.** Action de produire des biens; les biens produits. *Production agricole, industrielle.* – AGRIC *Production intégrée,* organisée en fonction des facteurs écologiques régissant les agrosystèmes. **2.** Œuvre littéraire ou artistique. **3.** Action de produire un film, une émission; le film, l'émission. *Des productions franco-italiennes.* **4.** Fait, pour un phénomène, de se produire. *Obtenir la production d'une réaction chimique.* **5.** DR, ADMIN Action de présenter une pièce. *Production d'un passeport.*

productique [pʀodyktik] n. f. Ensemble des techniques qui concourent à l'automatisation de la production dans les usines.

productivité [pʀɔdyktivite] n. f. **1.** Capacité de produire, de rapporter plus ou moins. **2.** Rapport entre la quantité de biens produits et les facteurs nécessaires pour cette production (énergie, travail, matière première, capital, etc.).

produire [pʀɔdɥiʀ] v. [69] **I.** v. tr. **1.** Donner l'existence à (un bien, une richesse) par un processus naturel ou par un travail. *Terre qui produit du maïs.* – Absol. *Ces arbres commencent à produire.* **2.** Créer (une œuvre). *Cet écrivain a produit de nombreux romans.* **3.** SPECT Assurer l'organisation matérielle et le financement (d'un film, d'une émission de télévision, de radio, d'une pièce de théâtre, d'un disque, etc.) de façon à en permettre la réalisation. **4.** Rapporter, donner (un profit). *Un capital qui produit des intérêts.* **5.** Causer. *Produire des effets, des résultats inattendus.* **6.** Présenter (un document). *Produire des pièces justificatives.* ▷ *Produire des témoins,* les faire entendre en justice. **II.** v. pron. **1.** Avoir lieu. *Cela se produit souvent.* **2.** Se présenter dans un spectacle.

produit [pʀɔdɥi] n. m. **1.** Ce que rapporte une charge, une terre, une activité, etc. *Le produit d'une opération commerciale.* – *Produit brut,* dont on n'a pas déduit les frais. – *Produit net :* bénéfice réel. – *Produit intérieur brut (P.I.B.) :* somme des valeurs ajoutées réalisées sur le sol national, additionnée de la T.V.A. et des droits de douane grevant les produits. – *Produit national brut (P.N.B.) :* agrégat formé par la somme du produit intérieur brut et du solde des transferts de revenus avec l'extérieur. **2.** Ce qui se crée par un processus naturel ou grâce au travail de l'homme. *Les produits de la terre. Produit animal, chimique, végétal, volcanique.* ▷ *Spécial.* Substance. *Un produit crémeux.* ▷ ECON Bien ou service résultant d'une production et destiné à satisfaire un besoin. *Les produits de première nécessité.* – *Produits de base,* n'ayant pas subi de transformation industrielle. – *Produits finis,* industriels, prêts à l'emploi. – *Produits intermédiaires*.* **3.** Fig. Résultat de qqch; ce que qqch a créé, engendré. *Un pur produit de son imagination.* **4.** MATH Résultat d'une multiplication. ▷ *Produit scalaire :* V. scalaire. ▷ *Produit vectoriel :* V. encycl. vecteur. ▷ *Produit cartésien de deux ensembles A et B* ou *produit de A et B :* ensemble associant à tout élément a de A un (et un seul) élément b de B; ensemble dont les éléments sont les couples (a, b).

proéminence [pʀɔeminɑ̃s] n. f. Litt. **1.** État de ce qui est proéminent. **2.** Ce qui est proéminent.

proéminent, ente [pʀɔeminɑ̃, ɑ̃t] adj. Qui fait saillie sur ce qui l'environne. *Nez, ventre proéminent.*

profanateur, trice [pʀɔfanatœʀ, tʀis] n. Litt. Personne qui profane qqch. ▷ adj. *Main profanatrice.*

profanation [pʀɔfanasjɔ̃] n. f. Action de profaner.

profane [pʀɔfan] adj. et n. **1.** Qui n'a pas un caractère religieux, sacré. ▷ n. m. *Opposition du profane et du sacré.* ▷ Subst. Personne qui n'est pas initiée à une religion à mystères. **2.** (Personnes) Qui ignore tout d'un art, d'une science. ▷ Subst. *C'est un(e) profane.*

profaner [pʀɔfane] v. tr. [1] **1.** Violer le caractère sacré de. *Profaner un autel.* **2.** Fig. Faire un mauvais usage de (qqch de respectable, de précieux). *Profaner la beauté.*

proférer [pʀɔfeʀe] v. tr. [14] Prononcer, dire à haute voix. – Spécial. *Proférer des injures, des menaces.*

profès, esse [pʀɔfɛs] adj. et n. RELIG CATHOL Qui s'est engagé dans un ordre religieux par des vœux solennels.

professer [pʀɔfese] v. tr. [1] **1.** Déclarer, manifester ouvertement (une conviction, un sentiment). *Professer une admiration exagérée pour... Professer la religion chrétienne.* **2.** (Cour. en Afr. subsah.) Vieilli Enseigner publiquement. *Professer la chimie.* – Absol. *Il professe à l'Université.*

professeur [pʀɔfesœʀ] n. m. Personne dont le métier est d'enseigner une science, un art, notam. dans l'institution pédagogique. *Professeur de physique.* – *Professeur principal,* qui a la responsabilité d'une classe et exerce à ce titre des fonctions administratives et pédagogiques. Syn. (Luxembourg) régent. ▷ *Spécial.* Dans l'Université, personne qui possède le titre le plus élevé parmi les enseignants. *De maître de conférences, il est devenu professeur.* ▷ (Québec) Titulaire d'un poste dans une université. *Professeur adjoint*, agrégé*, titulaire*, émérite*.* ▷ (Belgique) *Professeur extraordinaire :* professeur d'université exerçant sa fonction principale en dehors de l'Université. – *Professeur ordinaire :* grade le plus élevé dans la hiérarchie académique.

profession [pʀɔfesjɔ̃] n. f. **I. 1.** (Dans des expressions.) *Faire profession d'une opinion, d'une religion,* les professer. – RELIG CATHOL *Profession de foi :* déclaration publique de ses convictions religieuses; *par ext.,* déclaration de principes, notam. en matière politique, sociale. **2.** RELIG Acte par lequel une personne s'engage par les vœux de religion. **II. 1.** Activité rémunératrice exercée habituellement par qqn. *Profession : commerçant. Profession libérale.* **2.** Corps constitué par tous ceux qui pratiquent le même métier. **3.** Loc. *De profession :* de son métier. *Il est artiste de profession.*

professionnaliser [pʀɔfesjɔnalize] v. [1] **1.** v. tr. Rendre professionnelle une activité. **2.** v. pron. Devenir professionnel.

professionnalisme [pʀɔfesjɔnalism] n. m. Caractère professionnel (d'un travail, d'une réalisation). – Statut de professionnel (par oppos. à *amateurisme*).

professionnel, elle [pʀɔfesjɔnɛl] adj. et n. **1.** adj. Qui a rapport à une profession. *Obligations professionnelles.* **2.** n. Personne qui pratique une activité comme métier (par oppos. à *amateur*). – *Travail de professionnel* dont la qualité témoigne du savoir-faire de son auteur. ▷ adj. *Musicien professionnel.*

professoral, ale, aux [pʀɔfesɔʀal, o] adj. Relatif ou propre aux professeurs.

professorat [pʀɔfesɔʀa] n. m. Métier de professeur.

professoresse [pʀɔfesɔʀɛs] n. f. (Aoste) Femme professeur.

profil [pʀɔfil] n. m. **1.** Contour d'un visage vu de côté. *Un joli profil.* **2.** Forme ou représentation d'une chose vue de côté, dont le contour caractéristique est mis en valeur. *Le profil d'un monument, d'une ligne de collines.* – Loc. *De profil :* par le côté et de manière à dégager les contours. ▷ *Spécial.* ARCHI Section perpendiculaire d'un bâtiment. – TECH Coupe verticale. – *Profil en long d'une route,* coupe verticale effectuée le long de son axe. – *Profil en travers d'une route,* coupe verticale effectuée perpendiculairement à son axe. – GEOGR, GEOL Coupe selon un axe. *Profil d'un terrain.* **3.** PSYCHO *Profil psychologique :* courbe donnant la «physionomie mentale» d'un sujet, dont les éléments sont les résultats de divers tests. – Par ext., cour. Ensemble des caractéristiques psychologiques et professionnelles d'un individu. *Un profil de vendeur.*

profilage [pʀɔfilaʒ] n. m. **1.** TECH Action de donner un profil à une route, à un objet. **2.** Profil aérodynamique (ou hydrodynamique) d'un véhicule.

profilé, ée [pʀɔfile] adj. et n. m. Auquel on a donné un certain profil. ▷ n. m. TECH Pièce laminée de section uniforme.

profiler [pʀɔfile] v. [1] **I.** v. tr. **1.** TECH Représenter en profil. **2.** Faire paraître en profil. *La tour profile sa silhouette sur le ciel.* **3.** TECH Donner un contour déterminé à (un objet). **II.** v. pron. Se dessiner avec un contour net. *Un navire se profile à l'horizon, à contre-jour.*

profit [pʀɔfi] n. m. **1.** Gain, bénéfice. *Profits illicites.* ▷ FIN *Compte de pertes et profits :* document comptable sur lequel on reporte le résultat d'exploitation, les opérations déficitaires ou bénéficiaires exceptionnelles (moins-values ou plus-values, par ex.), et l'impôt sur les bénéfices. **2.** ECON Pour une entreprise, bénéfice correspondant à la différence entre le prix de vente et le prix de revient tous frais payés. **3.** Avantage matériel ou moral que l'on retire de (qqch). *Il a tiré profit de mes conseils.* – *Mettre qqch à profit,* l'utiliser au mieux. – *Faire du profit :* être d'un usage économique. – *Faire son profit de qqch,* en tirer un avantage. – *Au profit de :* pour procurer des avantages à.

profitable [pʀɔfitabl] adj. Qui offre un avantage, matériel ou moral.

profiter [pʀɔfite] v. tr. indir. [1] **1.** Tirer profit, avantage (de qqch). – *Profiter de qqch pour :* prendre prétexte pour. **2.** Donner du profit, être utile (à). *Cette expérience lui a profité.*

profiteur, euse [pʀɔfitœʀ, øz] n. Péjor. Personne qui tire profit de tout, de façon peu scrupuleuse.

profond, onde [pʀɔfɔ̃, ɔ̃d] adj., n. m. et adv. **I.** adj. **1.** Dont le fond est éloigné de la surface, de l'ouverture, du bord. *Puits, étang profond.* – (Belgique) *Assiette* profonde.* ▷ *Par anal.* Qui évoque la profondeur. *Nuit profonde,* très obscure. *Sommeil profond,* intense. **2.** Qui est situé très bas par rapport à la surface. *Les zones profondes de la mer.* **3.** Qui pénètre, s'enfonce très avant. *Racine profonde.* **4.** *Voix profonde,* grave. **5.** Fig. Caché au fond de l'être, au fond des choses. *Les intentions profondes de qqn. Le sens profond d'un symbole.* **6.** Qui ne s'arrête pas aux apparences. *Esprit profond.* ▷ Par ext. *Pensées profondes.* **7.** Très grand, très intense. *Profond chagrin.* **II.** n. m. *Le plus profond :* la partie la plus profonde. – Fig. *Le plus profond de l'être.* **III.** adv. *Il a creusé profond.*

profondément [pʀɔfɔ̃demɑ̃] adv. **1.** De façon profonde. *Profondément enterré.* **2.** Fig. A un haut degré.

profondeur [pʀɔfɔ̃dœʀ] n. f. **1.** Étendue d'une chose considérée à partir de la surface, de l'ouverture, du bord jusqu'au fond. *La profondeur d'une tranchée.* ▷ PHOTO, CINE *Profondeur de champ :* distance minimale et maximale à laquelle doit se trouver l'objet photographié pour que son image soit nette. **2.** (Plur.) Endroit profond. ▷ Fig. *Les profondeurs de l'âme.* **3.** Qualité de celui qui approfondit les choses. *Écrivain qui manque de profondeur.* – Par ext. *Profondeur des vues (de qqn).* **4.** Caractère de ce que l'on ressent profondément.

pro forma [pʀɔfɔʀma] loc. adj. inv. (Mots lat., «pour la forme».) COMPTA

Facture pro forma : facture non exigible établie à titre indicatif avant la livraison ou l'exécution d'une commande.

profusion [pRɔfyzjɔ̃] n. f. Abondance extrême (de choses). ▷ Loc. adv. *À profusion :* en grande quantité.

progéniture [pRɔʒenityR] n. f. Litt. Ensemble des enfants qu'une personne a engendrés ou ensemble des petits d'un animal.

progestatif, ive [pRɔʒɛstatif, iv] adj. et n. m. BIOCHIM Se dit de toute substance qui possède la même action que la progestérone.

progestérone [pRɔʒɛsteRɔn] n. f. BIOCHIM Hormone sexuelle femelle sécrétée par le corps jaune de l'ovaire après l'ovulation et par le placenta pendant la grossesse.

progiciel [pRɔʒisjɛl] n. m. INFORM Ensemble complet de programmes conçus pour différents utilisateurs et destinés à un même type d'applications ou de fonctions.

prognathe [pRɔgnat] adj. et n. Se dit d'un être humain dont les mâchoires sont proéminentes.

prognathisme [pRɔgnatism] n. m. Didac. Caractère prognathe.

programmable [pRɔgRamabl] adj. INFORM Que l'on peut programmer. *Un magnétoscope, un four programmable.*

programmateur, trice [pRɔgRamatœR, tRis] n. 1. Personne chargée d'établir un programme de radio, de télévision, etc. 2. n. m. TECH Dispositif commandant les opérations qui composent le programme de fonctionnement d'un appareil.

programmation [pRɔgRamasjɔ̃] n. f. 1. Action de programmer (des films, des émissions). 2. INFORM Établissement d'un programme. ▷ *Langage de programmation,* utilisé pour la programmation d'un traitement de l'information. (V. informatique.)

programme [pRɔgRam] n. m. 1. Texte indiquant ce qui est prévu pour une représentation, une fête; liste des émissions, des films, etc., à venir. – Ensemble des spectacles, des émissions ainsi prévues. *Le programme d'un concert.* – Par ext. *Quel est ton programme pour les vacances?* 2. Ensemble des matières et des sujets sur lesquels doit porter un enseignement ou un examen, un concours. 3. POLIT Exposé des vues d'un parti, d'un candidat. *Programme électoral.* 4. Ensemble des actions, des opérations que l'on prévoit de faire selon un ordre et des modalités déterminés. *Programme de production.* Syn. (off. déconseillé) planning. ▷ ECON Ensemble de mesures et d'actions de politique économique destiné à atteindre un objectif. *Programme de redressement, de stabilisation.* 5. INFORM Suite d'instructions, rédigées dans un langage particulier et utilisées par l'ordinateur pour effectuer un traitement déterminé. (L'ensemble des programmes et de leur traitement est appelé *logiciel.*)

programmé, ée [pRɔgRame] adj. 1. *Enseignement programmé :* méthode d'enseignement comportant un programme divisé en séquences brèves dont l'élève dirige lui-même le déroulement en fonction de son rythme d'assimilation. 2. Muni d'un programmateur.

programmer [pRɔgRame] v. tr. [1] 1. Mettre (un film, une émission) dans un programme. 2. INFORM Organiser (des données) selon un programme. 3. Cour. Prévoir. *Programmer l'achat d'une voiture.*

programmeur, euse [pRɔgRamœR, øz] n. INFORM Spécialiste de la programmation.

progrès [pRɔgRɛ] n. m. 1. Avance d'une troupe sur le terrain, au cours d'une opération, d'une campagne. *Arrêter les progrès de l'ennemi.* ▷ Extension dans l'espace. *Les progrès d'un feu de forêt.* Syn. progression. 2. Fait d'aller plus avant, de s'accroître, de devenir meilleur. *Le progrès social.* – *Faire des progrès :* acquérir des connaissances ou des aptitudes nouvelles. 3. *Absol.* Évolution de la société dans le sens d'une amélioration. *Douter du progrès.*

progresser [pRɔgRese] v. intr. [1] 1. Avancer, se rapprocher d'un objectif. *Les troupes ont progressé.* 2. Aller plus avant, s'étendre, s'amplifier, faire des progrès. *Industrie qui progresse. Cet enfant ne progresse pas.*

progressif, ive [pRɔgRɛsif, iv] adj. 1. Qui va en augmentant selon une progression. *Impôt progressif.* Ant. dégressif. 2. Qui se fait graduellement. *Évolution progressive.* ▷ GRAM *Forme progressive d'un verbe,* qui indique que l'action exprimée est en train de s'accomplir (ex., en anglais : he *is coming*).

progression [pRɔgRɛsjɔ̃] n. f. 1. Action d'avancer, de progresser (sens 1). *La progression de l'ennemi.* 2. Fait de se développer. *La progression de la criminalité.* 3. MATH *Progression arithmétique :* suite de nombres tels que chacun d'eux s'obtient en ajoutant au précédent un nombre constant, appelé *raison de la progression. La suite 1, 4, 7, 10,... est une progression arithmétique de raison 3.* ▷ *Progression géométrique :* suite de nombres tels que chacun d'eux s'obtient en multipliant le précédent par un nombre constant. *La suite 1, 3, 9, 27,... est une progression géométrique de raison 3.*

progressisme [pRɔgRɛsism] n. m. Doctrine, conviction progressiste.

progressiste [pRɔgRɛsist] adj. et n. Qui professe des opinions politiques avancées. Ant. conservateur. ▷ Subst. *Les progressistes.*

progressivement [pRɔgRɛsivmɑ̃] adv. D'une manière progressive.

progressivité [pRɔgRɛsivite] n. f. Caractère de ce qui est progressif.

prohibé, ée [pRɔibe] adj. Défendu, interdit légalement. – DR *Degré prohibé :* degré de parenté proche qui interdit le mariage.

prohiber [pRɔibe] v. tr. [1] DR Défendre, interdire par voie légale.

prohibitif, ive [pRɔibitif, iv] adj. DR Qui prohibe. ▷ Cour. *Prix prohibitif,* exorbitant.

prohibition [pRɔibisjɔ̃] n. f. 1. Action de prohiber (qqch). *La prohibition de l'inceste.* 2. ECON Interdiction légale d'importer ou d'exporter (un produit).

proie [pRwa] n. f. 1. Être vivant dont un animal s'empare pour en faire sa nourriture. – *Oiseau de proie,* qui se nourrit d'animaux vivants. 2. Fig. Personne, chose dont on s'empare ou dont on cause la perte, la ruine. *Ces trésors furent la proie du vainqueur.* 3. Fig., litt. *Être en proie à,* tourmenté par.

projecteur [pRɔʒɛktœR] n. m. 1. Appareil qui envoie au loin un puissant faisceau de rayons lumineux. *Projecteurs de scène.* 2. Appareil permettant de projeter des diapositives, des films.

projectif, ive [pRɔʒɛktif, iv] adj. 1. GEOM *Propriétés projectives,* qui se conservent lors de la projection d'une figure. 2. PSYCHO *Test projectif,* dans lequel le sujet est amené à extérioriser sa personnalité, son affectivité, ses tendances.

projectile [pRɔʒɛktil] n. m. 1. Corps projeté en direction d'une cible, d'un objectif avec la main ou avec une arme. 2. Toute chose lancée avec force. ▷ PHYS NUCL Particule utilisée pour produire une réaction nucléaire.

projection [pRɔʒɛksjɔ̃] n. f. 1. Action de projeter un corps, une matière. *Projection de sable.* ▷ *Projections d'un volcan,* les matières qu'il projette au cours d'une éruption. 2. Action de former une image sur une surface, un écran. *La projection d'une ombre.* – Spécial. *Projection de photos, d'un film.* 3. GEOM Transformation par laquelle on fait correspondre à tout point d'une surface donnée un point d'une autre surface. – Point obtenu par cette transformation. – Ensemble des points obtenus par projection d'une figure. ▷ GEOGR, ASTRO *Projection cartographique :* représentation sur une surface plane des figures tracées sur une sphère, selon divers modes, notam. par *projection orthogonale**. 4. PSYCHAN Processus inconscient par lequel un sujet attribue à une autre personne des qualités, des tendances, des sentiments qu'il refuse ou méconnaît en lui-même. ▷ PSYCHO Manifestation de la personnalité de qqn dans ses réactions.

projectionniste [pRɔʒɛksjɔnist] n. Personne dont le métier est de projeter des films.

projet [pRɔʒɛ] n. m. 1. Ce qu'on se propose de faire. *Concevoir, exécuter un projet.* – *Chef* de projet.* 2. Première rédaction, première étude. *Projet de loi :* texte de loi élaboré par le gouvernement et soumis à l'approbation du pouvoir législatif. – *Projet d'un édifice, d'une machine,* etc., ensemble d'indications concernant sa réalisation avec dessins et devis.

projeter [pRɔʒte] v. tr. [20] 1. Lancer avec violence. *Projeter de la boue.* – *Il fut projeté sur la chaussée par l'explosion.* 2. Émettre (une lumière); produire (une image) sur une surface. *Projeter un film.* ▷ v. pron. *L'ombre se projetait au plafond.* 3. GEOM Représenter (un corps) par sa projection sur un plan. 4. PSYCHAN Prêter, attribuer à autrui (son propre état affectif). *Projeter son angoisse sur qqn.* 5. Former le projet de. *Projeter un achat.*

projeteur [pRɔʒtœR] n. m. TECH Dessinateur, technicien qui établit des projets.

Prokofiev (Sergheï Sergueïevitch) (1891 – 1953), compositeur et pianiste soviétique : nombr. pièces pour piano, concertos, sept symphonies, musique de chambre, suites (*Pierre et le Loup,* 1936), ballets (*Roméo et Juliette,* 1940), musique de films (*Alexandre Nevski,* 1938; *Ivan le Terrible,* 1942-1945), opéras (*l'Amour des trois oranges,* 1921).

prolactine [pRɔlaktin] n. f. BIOCHIM Hormone sécrétée par le lobe antérieur de l'hypophyse et dont le rôle principal est de déclencher la lactation.

prolapsus [pRɔlapsys] n. m. MED Déplacement pathologique d'un organe vers le bas. ▷ *Prolapsus génital :* ptôse de l'utérus vers la vulve.

prolepse [pRɔlɛps] n. f. RHET Figure de rhétorique consistant à prévoir une objection et à la réfuter par avance.

prolétaire [pRɔletɛR] n. et adj. Personne qui ne vit que du produit d'une activité salariée manuelle et dont le niveau de vie est en général bas (par oppos. à *capitaliste*). ▷ adj. *Masses prolétaires.*

prolétariat [pRɔletaRja] n. m. Classe sociale que constituent les prolétaires (par oppos. à *bourgeoisie*).

prolétarien, enne [pRɔletaRjɛ̃, ɛn] adj. Qui concerne les prolétaires.

prolétarisation [pRɔletaRizasjɔ̃] n. f. Fait d'être prolétarisé, de se prolétariser.

prolétariser [pRɔletaRize] v. tr. [1] Réduire à l'état de prolétaire. ▷ v. pron. Devenir prolétaire.

prolifération [pRɔlifeRasjɔ̃] n. f. **1.** BIOL Multiplication, normale ou pathologique, d'une cellule, d'une bactérie, d'un tissu, d'un organisme. **2.** Fig., souvent péjor. Multiplication excessive et rapide.

proliférer [pRɔlifeRe] v. intr. [14] **1.** Engendrer, se reproduire, se multiplier. *Cellules qui prolifèrent. Race qui prolifère.* **2.** Fig. Se multiplier rapidement.

prolifique [pRɔlifik] adj. **1.** BIOL Qui a la possibilité d'engendrer. **2.** Qui se multiplie, se reproduit rapidement. *Espèces prolifiques.* **3.** Fig. Qui produit, crée en abondance. *Écrivain prolifique.*

prolixe [pRɔliks] adj. Litt. Qui emploie ou contient un trop grand nombre de mots. *Orateur, style prolixe.* Syn. verbeux.

prolixité [pRɔliksite] n. f. Caractère de ce qui est prolixe, d'une personne prolixe.

prologue [pRɔlɔg] n. m. **1.** Première partie d'une œuvre littéraire ou dramatique servant à situer les personnages et l'action de l'œuvre. Ant. épilogue. **2.** Préface, introduction. *Le prologue de l'Évangile selon saint Jean.* – Fig. *Ce meeting est le prologue de la campagne électorale.* Syn. prélude.

prolongateur [pRɔlɔ̃gatœR] n. m. TECH Cordon servant à relier une prise de courant et un appareil qui en est trop éloigné. Syn. rallonge.

prolongation [pRɔlɔ̃gasjɔ̃] n. f. **1.** Action de prolonger (dans le temps). **2.** Temps ajouté à une durée déjà fixée. *Une prolongation de congé.* – SPORT Temps ajouté à la fin d'un match pour permettre à deux équipes à égalité de se départager. *Jouer les prolongations.*

prolongé, ée [pRɔlɔ̃ʒe] adj. Accru en longueur. *Une rue prolongée. Un deuil prolongé.*

prolongement [pRɔlɔ̃ʒmɑ̃] n. m. **1.** Action de prolonger (dans l'espace), accroissement en longueur. *Le prolongement d'une voie ferrée.* Syn. extension. **2.** Ce qui prolonge. *Dans le prolongement de :* dans la direction qui prolonge (qqch). **3.** Fig. Suite, extension. *Cette affaire aura des prolongements.*

prolonger [pRɔlɔ̃ʒe] v. tr. [13] Étendre, continuer, faire aller plus loin. **1.** (Dans l'espace.) *Prolonger une avenue.* – Constituer un prolongement de. *L'appentis qui prolonge la maison.* ▷ v. pron. *Le jardin se prolonge jusqu'à la rue.* **2.** (Dans le temps.) Faire durer plus longtemps. ▷ v. pron. *La discussion s'est prolongée fort tard.*

promégaloblaste [pRɔmegalɔblast] n. m. BIOL Grande cellule à rayon arrondi, cellule souche de la série mégalocytaire, issue directement de l'hémocytoblaste, et qui donne naissance au mégaloblaste.

promenade [pRɔmnad] n. f. **1.** Action de se promener. **2.** Voie, allée où l'on se promène.

promener [pRɔmne] v. [16] **I.** v. tr. **1.** Conduire, faire aller, faire sortir (un être animé) pour le distraire ou lui faire prendre de l'exercice. *Promener un enfant, un animal.* **2.** Transporter, traîner avec soi (qqch). *Il a promené toute la journée cette lourde valise.* ▷ Fig. *Il promène toujours un air blasé.* **3.** Fig. Déplacer doucement çà et là. *Promener les yeux, le regard sur quelqu'un.* **II.** v. pron. **1.** Aller (à pied, en voiture, etc.) pour se distraire ou pour prendre de l'exercice. **2.** Fam. (Avec ellipse du pron. réfléchi.) *Envoyer promener qqn,* le renvoyer avec impatience. – Abandonner. *Il a tout envoyé promener.*

promeneur, euse [pRɔmnœR, øz] n. Personne qui se promène.

promenoir [pRɔm(ə)nwaR] n. m. Lieu couvert destiné à la promenade.

promesse [pRɔmɛs] n. f. **1.** Action de promettre, engagement écrit ou verbal de faire, de donner qqch. ▷ DR Engagement de contracter une obligation, d'accomplir un acte. *Promesse de vente, d'achat.* **2.** Fig. Espérance que l'on conçoit au sujet de qqch ou de qqn. *Jeune poète plein de promesses.*

Prométhée, dans la myth. gr., fils du Titan Japet, frère d'Atlas et d'Épiméthée. L'homme serait l'œuvre de ce héros, qui aurait également dérobé le feu du Ciel pour le donner aux hommes. Courroucé, Zeus affligea l'humanité des maux contenus dans la boîte de Pandore* et fit attacher Prométhée par Héphaïstos sur la plus haute cime du Caucase, où un aigle lui dévorait le foie, qui sans cesse repoussait. Jusqu'à nos jours, Prométhée inspira les poètes à la suite d'Hésiode (*les Travaux et les Jours*) et d'Eschyle (*Prométhée enchaîné*).

prométhium [pRɔmetjɔm] n. m. CHIM Élément radioactif artificiel (symbole Pm) appartenant à la famille des lanthanides, de numéro atomique Z=61.

prometteur, euse [pRɔmɛtœR, øz] adj. Plein de promesses. *Un avenir prometteur.*

promettre [pRɔmɛtR] v. [60] **I.** v. tr. **1.** S'engager à l'égard de qqn à (faire, donner qqch). *Il m'a promis de venir. Promettre un jouet à un enfant.* **2.** Assurer. *Je vous promets que vous ne le regretterez pas.* ▷ Annoncer comme sûr, prédire. *La météo avait promis du soleil.* **3.** Laisser espérer. *Ce ciel nous promet du beau temps.* ▷ *Absol.* Donner de grands espoirs pour le futur. *Un jeune homme qui promet.* **II.** v. pron. **1.** (Récipr.) S'engager dans une promesse mutuelle. *Ils se sont promis de s'épouser.* **2.** (Réfl. indir.) Prendre une résolution. *Je me suis promis de ne plus le voir.* **3.** Espérer, faire le ferme projet de. *Je m'étais promis un jour de vacances.*

promis, ise [pRɔmi, iz] adj. **1.** Dont on a fait la promesse. ▷ Prov. *Chose promise, chose due :* il faut faire ce qu'on a promis. – RELIG *Terre promise,* la terre de Canaan que Yahvé avait promise au peuple hébreu; fig. pays très fertile; *par ext.* ce qu'on cherche à atteindre. **2.** *Promis à :* destiné à.

promiscuité [pRɔmiskɥite] n. f. Voisinage fâcheux qui gêne ou empêche l'intimité.

promontoire [pRɔmɔ̃twaR] n. m. Pointe de terre élevée qui s'avance dans la mer ou au-dessus d'une plaine.

promoteur, trice [pRɔmɔtœR, tRis] n. **1.** Personne qui donne la première impulsion (à qqch). *Luther fut un des promoteurs de la Réforme.* **2.** Homme d'affaires qui fait construire des immeubles en vue de les vendre ou de les louer. **3.** n. m. CHIM Substance servant à améliorer l'activité d'un catalyseur.

promotion [pRɔmɔsjɔ̃] n. f. **1.** Action par laquelle on élève à la fois plusieurs personnes à un même grade, à une même dignité. *Faire des promotions dans l'ordre national.* – Admission simultanée de candidats à une grande école; ensemble des candidats admis. *Camarades de promotion.* ▷ (Afr. subsah.) Ensemble des élèves, des étudiants, qui sont dans une même année d'études. **2.** Nomination à un emploi supérieur. *Bénéficier d'une promotion.* Syn. avancement. **3.** Action de promouvoir, de développer, de favoriser. *Promotion de la femme.* – *Promotion immobilière :* action de faire construire des immeubles en vue de les vendre ou de les louer. – *Promotion des ventes :* ensemble des techniques utilisées pour améliorer et développer les ventes. Syn. (Suisse) action. – *Article en promotion,* en réclame. Syn. (Suisse) en action.

promotionnaire [pRɔmɔsjɔnɛR] n. (Afr. subsah.) **1.** Condisciple. **2.** Membre de la même classe d'âge.

promotionnel, elle [pRɔmɔsjɔnɛl] adj. Destiné à améliorer les ventes.

promouvoir [pRɔmuvwaR] v. tr. [43] **1.** Élever à une dignité, à un grade supérieur. *Promouvoir un colonel au grade de général.* **2.** Favoriser l'expansion, le développement de. *Promouvoir des réalisations sociales.* **3.** COMM Inciter par promotion à l'achat de (qqch).

prompt, prompte [pRɔ̃, pRɔ̃t ou pRɔ̃pt] adj. **1.** Qui s'effectue rapidement, sans tarder. *Le prompt rétablissement d'un malade.* **2.** Qui montre de la rapidité, de la vivacité dans son comportement, ses réactions. *Avoir l'esprit prompt.* – Par ext. *Avoir l'humeur, la main, la repartie prompte.* Syn. rapide.

promptement [pRɔ̃tmɑ̃; pRɔ̃ptəmɑ̃] adv. En peu de temps, sans tarder.

prompteur [pRɔ̃ptœR] n. m. Appareil sur lequel défile le texte à dire par le présentateur de télévision qui est face à la caméra.

promptitude [pRɔ̃tityd; pRɔ̃ptityd] n. f. **1.** Rapidité. *La promptitude de son retour m'a surpris.* **2.** Vivacité.

promu, ue [pRɔmy] adj. Élevé à une dignité, un grade. *Caporaux promus.*

promulgation [pRɔmylgasjɔ̃] n. f. Action de promulguer.

promulguer [pRɔmylge] v. tr. [1] Publier (une loi) dans les formes requises pour (la) rendre exécutoire.

pronation [pRɔnasjɔ̃] n. f. PHYSIOL Mouvement du poignet par lequel la main, tournée vers le haut, accomplit une rotation interne de 180°. Ant. supination.

prôner [pRone] v. tr. [1] Vanter, louer. *Prôner un remède nouveau, une théorie.* Syn. préconiser. Ant. décrier, dénigrer.

pronom [pRɔnɔ̃] n. m. GRAM Mot qui, en général, représente un nom (*«Est-ce que Pierre vient? – Oui,* il *vient»*), un adjectif (*«Est-il discret? – Oui, il l'est»*), ou une proposition (*«Vas-tu lire ce livre? – Je suis en train de le faire»*), exprimés avant ou après lui dans le contexte. – Dans l'emploi dit *absolu* du pronom, celui-ci ne représente aucun élément contextuel et il s'agit d'un élément nominal. *Tout est fait. Rien n'est dit. Qui va là?* (On distingue les pronoms *personnels, possessifs, démonstratifs, relatifs, interrogatifs* et *indéfinis.*)

pronominal, ale, aux [pʀɔnɔminal, o] adj. **1.** Relatif au pronom, de la nature du pronom. *Adjectifs pronominaux,* qui peuvent avoir fonction de pronoms (démonstratifs, interrogatifs et possessifs). *Adverbes pronominaux : en* et *y.* **2.** Qui comporte un pronom. – *Verbe pronominal,* qui se conjugue avec deux pronoms de la même personne, l'un sujet, l'autre régime et qui, aux formes composées, demande l'auxiliaire *être.* – *Verbes essentiellement pronominaux :* verbes qui ne s'emploient qu'à la forme pronominale *(s'abstenir).* ▷ *Verbes accidentellement pronominaux :* verbes transitifs qui peuvent être ou non pronominaux. *Ils peuvent être réfléchis* (il se regarde), *réciproques* (ils se battent), *neutres* (le soleil se lève), *à sens passif* (ce vin se boit frais).

pronominalement [pʀɔnɔminalmɑ̃] adv. **1.** En fonction de pronom. *Adverbe employé pronominalement.* **2.** Comme verbe pronominal.

prononçable [pʀɔnɔ̃sabl] adj. Qui peut se prononcer. Ant. imprononçable.

prononcé, ée [pʀɔnɔ̃se] adj. (et n. m.) **1.** Déclaré, rendu. *Le divorce n'est pas encore prononcé.* ▷ n. m. Énoncé d'un jugement. **2.** Marqué. *Un visage aux traits prononcés. Une aversion prononcée.*

prononcer [pʀɔnɔ̃se] v. [12] **I.** v. tr. **1.** Articuler les sons qui composent les mots, les formes signifiantes d'une langue. *Un mot, une phrase difficile à prononcer.* **2.** Dire, énoncer. *Il n'a pas prononcé un mot depuis son arrivée.* – Réciter, dire. *Prononcer un discours.* **3.** Déclarer en vertu de son autorité. *Prononcer un divorce.* **II.** v. intr. Décider, statuer. *La loi a prononcé.* **III.** v. pron. **1.** Être prononcé, articulé. *Ce mot s'écrit comme il se prononce.* **2.** Prendre une décision explicite, formuler son avis, son intention. *Il s'est prononcé pour un changement radical.*

prononciation [pʀɔnɔ̃sjasjɔ̃] n. f. **1.** DR Action de prononcer (un jugement). **2.** Manière de prononcer, d'articuler les sons d'une langue. *Bonne, mauvaise prononciation. Un défaut de prononciation.* – Manière dont un ensemble de sons transcrits doit être prononcé. *Indiquer la prononciation des mots en orthographe phonétique.*

pronostic [pʀɔnɔstik] n. m. Conjecture sur ce qui doit arriver. *Faire, établir des pronostics.* ▷ MED Prévision du cours et des effets d'une maladie.

pronostiquer [pʀɔnɔstike] v. tr. [1] Annoncer comme probable.

pronostiqueur, euse [pʀɔnɔstikœʀ, øz] n. **1.** Personne qui pronostique. **2.** Journaliste chargé d'établir des pronostics sportifs (notam. hippiques).

pronunciamiento [pʀɔnunsjamjɛnto] n. m. En Espagne et en Amérique du Sud, action insurrectionnelle organisée par l'armée. (V. putsch.)

prop-. CHIM Préfixe utilisé pour former les noms des composés dont le squelette est constitué par trois atomes de carbone.

propagande [pʀɔpagɑ̃d] n. f. Activité tendant à propager, à répandre des idées, des opinions, et surtout à rallier des partisans à une idée, à une cause. *Faire de la propagande.*

propagandiste [pʀɔpagɑ̃dist] n. Personne qui fait de la propagande.

propagateur, trice [pʀɔpagatœʀ, tʀis] n. Celui, celle qui propage.

propagation [pʀɔpagasjɔ̃] n. f. **1.** Multiplication par reproduction (en parlant d'êtres vivants). *La propagation de l'espèce.* **2.** Action de se propager, de répandre. *La propagation des flammes.* – Fig. *La propagation des idées.* **3.** Fait de se propager; extension, progression. *La propagation d'une maladie.* – PHYS Déplacement dans l'espace d'un phénomène vibratoire.

propager [pʀɔpaʒe] v. tr. [13] **1.** Multiplier, reproduire par voie de génération. *Propager une espèce.* ▷ v. pron. *Races qui se propagent rapidement.* **2.** Répandre, faire connaître. Syn. diffuser. ▷ v. pron. Se répandre, gagner. *Le feu s'est propagé à tout le quartier.* **3.** PHYS Assurer la transmission de. *L'air propage les vibrations acoustiques.* ▷ v. pron. Se déplacer. *Le son se propage dans l'air à la vitesse de 340 m/s.*

propane [pʀɔpan] n. m. CHIM Hydrocarbure saturé de formule $CH_3–CH_2–CH_3$, gaz incolore se liquéfiant à $-44\,^{0}C$, utilisé comme combustible.

propané [pʀɔpane] adj. m. TECH *Air propané :* mélange d'air et de propane utilisé comme combustible.

proparoxyton [pʀɔpaʀɔksitɔ̃] n. m. LING Mot dont l'accent tonique porte sur l'antépénultième.

propédeutique [pʀɔpedøtik] n. f. Enseignement préparatoire à un enseignement plus complet.

propension [pʀɔpɑ̃sjɔ̃] n. f. Tendance naturelle. *Propension à mentir, au mensonge.* Syn. disposition, inclination. ▷ ECON *Propension à consommer, à épargner :* part du revenu destinée à la consommation, à l'épargne.

Properce (en lat. *Sextus Aurelius Propertius*) (v. 47 – v. 15 av. J.-C.), poète latin. Ses *Élégies* décrivent les tourments de l'amour passionné.

prophase [pʀɔfaz] n. f. BIOL Première phase de la mitose et de la méiose, caractérisée par l'individualisation des chromosomes, par leur clivage longitudinal (sauf au niveau du centromère) et par la disparition de l'enveloppe nucléaire. (V. anaphase, métaphase, télophase.)

prophète, prophétesse [pʀɔfɛt, pʀɔfetɛs] n. **1.** Chez les Hébreux, personne qui, inspirée par Dieu, annonçait au peuple des croyants une vérité cachée, des récompenses ou des châtiments divins. *La Bible distingue trois grands prophètes : Isaïe, Jérémie, Ézéchiel, auxquels les chrétiens ont ajouté Daniel, et douze petits prophètes.* – *Le Prophète :* pour les musulmans, Mahomet. ▷ (Afr. subsah.) Fondateur, fondatrice, membre éminent d'une secte religieuse syncrétique. **2.** Personne qui annonce l'avenir, ce qui doit arriver. *Vous avez été bon prophète.* ▷ Loc. *Prophète de malheur :* personne qui annonce des choses désagréables. – *Faux prophète :* imposteur. ▷ Prov. *Nul n'est prophète en son pays :* on a moins de succès parmi les siens qu'ailleurs.

prophétie [pʀɔfesi] n. f. **1.** Révélation des choses cachées, par inspiration divine. **2.** *Par ext.* Toute prédiction.

prophétique [pʀɔfetik] adj. **1.** Qui appartient au prophète. *Don, inspiration prophétique.* **2.** Qui tient de la prophétie; qui annonce l'avenir; dont les prévisions se sont réalisées. *Rêve, parole prophétique.* Syn. prémonitoire.

prophétiser [pʀɔfetize] v. tr. [1] **1.** Annoncer l'avenir par inspiration surnaturelle. **2.** Prédire, dire d'avance (ce qui doit arriver). ▷ Absol. *Nul besoin de prophétiser!*

prophylactique [pʀɔfilaktik] adj. MED Relatif à la prophylaxie.

prophylaxie [pʀɔfilaksi] n. f. MED Partie de la médecine qui a pour objet de prévenir l'apparition et le développement des maladies. – Ensemble des mesures prises à cette fin.

propice [pʀɔpis] adj. **1.** (En parlant des dieux.) Favorable. – Par ext. *Un vent propice.* **2.** (Choses) Bien adapté, qui convient bien. *L'heure était propice aux confidences.* ▷ Opportun. *Arriver au moment propice.*

propitiation [pʀɔpisjasjɔ̃] n. f. RELIG *Sacrifice de propitiation,* offert à Dieu pour le rendre propice.

propitiatoire [pʀɔpisjatwaʀ] adj. Litt. Qui a la vertu de rendre propice.

proportion [pʀɔpɔʀsjɔ̃] n. f. **1.** Rapport de grandeur entre les différentes parties d'un tout. – (Plur.) Ensemble des dimensions qui caractérisent un tout, considérées les unes par rapport aux autres. *Les proportions des pyramides de Gizeh.* **2.** *Par ext.* (Souvent au plur.) Dimensions. – Fig. *Ramener les faits à leurs justes proportions.* **3.** Rapport constant entre deux ou plusieurs grandeurs. ▷ MATH Égalité de deux rapports (ex. : $\frac{a}{b} = \frac{c}{d}$). **4.** Rapport quantitatif, pourcentage. – Loc. adv. *À proportion :* proportionnellement. – Loc. adv. *En proportion :* dans un rapport constant. Syn. proportionnellement. ▷ Loc. prép. *En proportion de :* selon, suivant. ▷ *Hors de proportion (avec) :* sans rapport (avec), démesuré. – *Toutes proportions gardées :* en tenant compte de la valeur relative, de la différence entre. **5.** Quantité relative (lorsqu'il y a plusieurs éléments).

proportionnalité [pʀɔpɔʀsjɔnalite] n. f. **1.** Caractère des choses, des grandeurs proportionnelles entre elles. **2.** Juste répartition. *Proportionnalité de l'impôt.*

proportionné, ée [pʀɔpɔʀsjɔne] adj. **1.** Qui est dans un rapport convenable avec. *L'amende est proportionnée au délit.* **2.** Dont les proportions sont respectées.

proportionnel, elle [pʀɔpɔʀsjɔnɛl] adj. et n. f. Qualifie une grandeur, une quantité liée à une autre par un rapport déterminé (proportion). ▷ MATH *Grandeurs directement proportionnelles :* se dit de deux grandeurs dont le rapport reste constant. – *Grandeurs inversement proportionnelles,* dont le produit reste constant. ▷ *Représentation proportionnelle :* système électoral accordant aux divers partis une représentation proportionnelle aux suffrages obtenus. – n. f. *Voter à la proportionnelle.*

proportionnellement [pʀɔpɔʀsjɔnɛlmɑ̃] adv. En proportion. *Proportionnellement à.*

proportionner [pʀɔpɔʀsjɔne] v. tr. [1] Établir une juste proportion entre (une chose et une autre).

propos [pʀopo] n. m. **1.** Ce que l'on se propose; intention, dessein. *Mon propos n'est pas de vous condamner.* ▷ Loc. prép. *Dans le propos de :* afin de, pour, dans l'intention de. ▷ *Ferme propos :* résolution bien arrêtée. ▷ Loc. adv. *De propos délibéré :* intentionnellement. **2.** Loc. prép. *À propos de :* au sujet de. *Je veux vous voir à propos de votre fils.* – Loc. adv. *À tout propos :* à chaque occasion. – Absol. *À propos :* à ce sujet, et, par ext., tant que j'y pense. *À propos, comment va-t-il?* – Opportunément. *Arriver à propos, fort à propos.* ▷ *Mal à propos, hors de propos :* d'une façon inopportune, sans raison. – Loc. adj. Opportun, convenable. *Il n'a pas jugé à propos de nous le dire. Des liaisons mal à propos. Tout cela est hors de propos.* ▷ n. m. *À-propos :* présence d'esprit. *Avoir de l'à-propos. Manquer d'à-propos.* **3.** n. m. pl. Suite de paroles. *Tenir des propos désobligeants.*

proposer [pʀɔpoze] v. [**1**] **I.** v. tr. **1.** Mettre en avant, énoncer (qqch) pour qu'on en délibère; soumettre à l'avis d'autrui. *Proposer un plan d'action. Proposer une loi.* – Suggérer. *Je propose de partir* (ou *qu'on parte*) *avant la nuit.* **2.** Soumettre la candidature de (qqn); présenter, recommander (qqn) comme apte à. *Proposer qqn pour une décoration.* **3.** Offrir, mettre à la disposition de. *Proposer son aide, ses services.* – Présenter une offre. *Il a proposé de vous accompagner.* **4.** Donner à traiter. – Pp. *Les sujets proposés cette année au baccalauréat.* **5.** Offrir (une somme) pour acquérir (qqch). *On m'a proposé mille francs de ce tableau.* **II.** v. intr. Vx Former un dessein. ▷ Prov. *L'homme propose et Dieu dispose.* **III.** v. pron. **1.** Offrir ses services. **2.** Avoir comme but. *Se proposer de partir.*

proposition [pʀɔpozisjɔ̃] n. f. **1.** Action de proposer un projet, une offre; chose proposée. *Proposition de mariage. C'est une proposition honnête.* Syn. offre. – *Proposition de loi :* texte d'une nouvelle loi soumis à l'approbation du pouvoir législatif. **2.** Énonciation d'un jugement, affirmation. *Soutenir une proposition.* – MATH Énonciation d'une égalité, d'un théorème, etc.; ses termes. ▷ LOG Contenu d'une phrase. – Prédicat. *Calcul des propositions.* ▷ GRAM Mot ou groupe de mots, généralement ordonnés autour d'un verbe, constituant une unité syntaxique, et correspondant soit à une phrase simple *(proposition indépendante),* soit à un élément de phrase complexe *(proposition principale* ou *proposition subordonnée).*

Propp (Vladimir Iakovlevitch) (1895 – 1970), spécialiste soviétique du folklore : *Morphologie du conte* (1928) fonda l'analyse structurale du récit. V. formalisme.

1. propre [pʀɔpʀ] adj. et n. m. **A.** adj. **I.** (Après le nom.) **1.** Qui appartient exclusivement ou particulièrement à (qqn, qqch); qui caractérise (qqn, qqch). *La poésie de Verlaine a son charme propre. Facultés propres à l'homme.* Syn. particulier. ▷ *Sens propre :* sens littéral, non modifié d'un terme (par oppos. à *sens figuré*). ▷ LING *Nom propre :* nom désignant un objet unique, notamment une personne, un lieu, une entité individuelle (ex. : Yann, l'Asie). *Les noms propres s'écrivent avec une majuscule.* **2.** Qui convient, correspond parfaitement. *Employer le terme propre.* – *Une eau propre à la consommation.* Syn. approprié, adéquat. Ant. impropre. **3.** (Personnes) *Propre à rien :* incapable de quoi que ce soit. ▷ Subst. *Un propre-à-rien. Des propres-à-rien.* **II.** (Après le possessif.) Sert à marquer avec plus de force, d'emphase, le rapport de possession, ou à lever une ambiguïté. *Ce sont ses propres termes.* **B.** n. m. **I.** *Le propre de...* Caractère particulier qui appartient à un sujet et le distingue. *Penser, parler est le propre de l'homme.* **II.** (Plur.) DR Biens d'un conjoint qui ne tombent pas dans la communauté. **III.** Loc. adv. **1.** *En propre :* en propriété exclusive. *Ce qu'elle possède en propre.* **2.** *Au propre :* au sens propre. *Au propre comme au figuré.*

2. propre [pʀɔpʀ] adj. et n. m. **I.** adj. **1.** Net, immaculé, sans taches ni souillures. *Avoir les mains propres. Enfiler des vêtements propres.* **2.** Net, soigné, bien ordonné (choses, actions). *Un jardin propre. Un travail propre.* **3.** (Personnes) Qui a des habitudes de propreté. ▷ (En parlant d'un enfant.) Qui contrôle ses fonctions naturelles. *Il ira à l'école quand il sera propre.* **4.** Fig. De moralité incontestable. *Des gens propres en affaires. Une intrigue pas très propre.* Syn. honnête. Ant. douteux. **II.** n. m. **1.** Ce qui est propre. *Du linge qui sent le propre.* ▷ Par antiphrase. *C'est du propre! :* se dit d'une affaire mal conduite ou malhonnête. **2.** Copie définitive. *Recopier au propre.*

1. proprement [pʀɔpʀəmɑ̃] adv. **1.** Précisément, exactement. ▷ Loc. adv. *À proprement parler :* pour parler en termes exacts. ▷ *Proprement dit :* au sens étroit, restreint; au sens propre. *Le domaine de la philosophie proprement dite.* **2.** De la belle manière, comme il faut. *Il l'a proprement remis en place.*

2. proprement [pʀɔpʀəmɑ̃] adv. **1.** D'une manière propre. *Manger proprement.* **2.** Fig. D'une manière honnête, régulière. *Il s'est conduit très proprement.*

propret, ette [pʀɔpʀɛ, ɛt] adj. Fam, souvent iron. Coquet, simple et propre.

propreté [pʀɔpʀəte] n. f. **1.** Caractère, état de ce qui est propre, exempt de saleté. *Draps d'une propreté douteuse. Un air de propreté.* ▷ Qualité d'une personne propre. **2.** Fig. *Propreté (morale) :* qualité de ce qui est honnête, correct, régulier, conforme à la morale.

propriétaire [pʀɔpʀijetɛʀ] n. et adj. **1.** Personne à qui une chose appartient en propriété. *Le propriétaire de la voiture a pris la fuite.* ▷ adj. *Être propriétaire de sa maison.* **2.** Personne qui possède un bien-fonds. *Un riche propriétaire.* **3.** Personne à qui appartient un immeuble loué à des locataires.

propriété [pʀɔpʀijete] n. f. **I. 1.** Droit de jouir ou de disposer d'une chose que l'on possède en propre, pourvu qu'on n'en fasse pas un usage prohibé par les lois et règlements. *Titre de propriété. Propriété foncière, mobilière.* ▷ *Propriété littéraire et artistique :* ensemble des droits moraux et pécuniaires d'un écrivain ou d'un artiste sur son œuvre. ▷ *Propriété commerciale :* droit pour un commerçant locataire au renouvellement du bail. ▷ *Propriété industrielle :* ensemble des droits concernant les créations (brevets, modèles, etc.) et les signes distinctifs (marque, nom commercial, etc.). **2.** Chose qui fait l'objet du droit de propriété. **3.** Bien-fonds possédé par qqn; domaine. *Propriété de famille.* **4.** *Propriété sucrière :* entreprise dont l'activité principale est la culture de canne à sucre et la fabrication de sucre de canne. **II. 1.** Caractère, qualité propre à qqch. *Les propriétés physiques des corps.* **2.** Exactitude (d'un terme employé). Ant. impropriété.

proprioceptif, ive [pʀɔpʀijoseptif, iv] adj. PHYSIOL *Sensibilité proprioceptive :* sensibilité nerveuse à divers stimuli (pression, tension, etc.) affectant les muscles, les tendons, les os et les articulations.

propulser [pʀɔpylse] v. tr. [**1**] Faire mouvoir, faire avancer. *Le moteur qui propulse une fusée.*

propulseur [pʀɔpylsœʀ] n. m. **1.** TECH Dispositif produisant une force qui pousse un mobile vers l'avant (hélice, réacteur, etc.). ▷ adj. m. *Engin propulseur.* **2.** PREHIST Instrument destiné à aider au lancement d'une arme de jet.

propulsion [pʀɔpylsjɔ̃] n. f. **1.** Action de pousser en avant. *La propulsion du sang dans les veines.* **2.** Mouvement qui projette en avant. *Propulsion à réaction.*

prorata (au) [ɔpʀɔʀata] loc. adv. et prép. *Au prorata (de) :* proportionnellement (à).

prorogation [pʀɔʀɔgasjɔ̃] n. f. **1.** Délai, prolongation. **2.** POLIT Acte par lequel le pouvoir exécutif proroge les chambres parlementaires.

proroger [pʀɔʀɔʒe] v. tr. [**13**] **1.** Prolonger le temps, le délai qui avait été accordé, fixé pour. *Proroger un traité, une loi. Proroger une échéance.* **2.** POLIT Suspendre (les séances des chambres parlementaires) et (en) remettre la continuation à une date ultérieure.

prosaïque [pʀɔzaik] adj. **1.** Qui tient trop de la prose. *Vers prosaïque.* **2.** Fig. Exempt de poésie, terre à terre. *Des occupations très prosaïques.* Syn. commun, ordinaire.

prosaïsme [pʀɔzaism] n. m. Didac. Défaut de ce qui est prosaïque. ▷ Fig. *Le prosaïsme du quotidien.* Ant. poésie.

prosateur [pʀozatœʀ] n. m. Auteur qui écrit en prose.

proscription [pʀɔskʀipsjɔ̃] n. f. **1.** Mesure prise pour interdire à un citoyen, généralement pour des raisons politiques, de continuer à résider dans sa patrie. **2.** Fig. Action de rejeter, de condamner.

proscrire [pʀɔskʀiʀ] v. tr. [**67**] **1.** ANTIQ ROM Condamner à mort, à l'exil, sans forme judiciaire. **2.** Bannir, chasser d'un pays, d'une société, d'une communauté. ▷ Fig. Rejeter. *Les tournures les plus archaïques sont à proscrire.* **3.** Interdire, défendre formellement.

proscrit, ite [pʀɔskʀi, it] adj. et n. Qui est frappé de proscription.

prose [pʀoz] n. f. **1.** Forme du discours écrit qui n'est pas soumise aux règles de la poésie formelle; tout discours oral spontané. *Écrire en prose.* ▷ *Poème en prose, prose poétique :* écrit d'inspiration lyrique, poétique, qui n'est pas soumis aux règles de la versification. **2.** Manière d'écrire; littérature. *Bonne, mauvaise prose.* **3.** LITURG CATHOL Hymne latine rimée, chantée à certains offices.

prosélyte [pʀɔzelit] n. m. Partisan gagné depuis peu à un mouvement, à une doctrine; nouvel adepte.

prosélytisme [pʀɔzelitism] n. m. Zèle déployé pour faire des prosélytes, de nouveaux adeptes.

Proserpine, dans la myth. rom., déesse de l'Agriculture, reine des Enfers, fille de Cérès et de Jupiter, épouse de Pluton. Elle a été identifiée à la Perséphone des Grecs.

prosimiens [pʀosimjɛ̃] n. m. pl. ZOOL Ensemble des toupayes, tarsiens et lémuriens. – Sing. *Un prosimien.*

prosobranches [pʀɔzɔbʀɑ̃ʃ] n. m. pl. ZOOL Sous-classe de mollusques gastéropodes caractérisés par des branchies situées en avant du cœur (ormeau, patelle, murex, etc.). – Sing. *Un prosobranche.*

prosodie [pʀɔzɔdi] n. f. **1.** Didac. Étude des règles relatives à la métrique et, partic., étude de la durée, de la hauteur et de l'intensité des sons. **2.** LING Partie de la phonologie qui étudie les faits phoniques qui échappent à l'analyse en phonèmes, tels que le ton, l'intonation, l'accent et la durée. **3.** MUS *Prosodie musicale :* règles concernant l'application de la musique à des paroles ou inversement.

prosodique [pʀɔzɔdik] adj. Didac. Qui appartient à la prosodie.

prosopis [pʀozopis] n. m. Arbre des régions tropicales (fam. mimosacées) utilisé comme essence de reboisement et fournissant du fourrage.

prosopopée [pʀɔzɔpɔpe] n. f. RHET Figure qui consiste à faire agir et parler un mort, un animal, une chose personnifiée.

prospect [pʀɔspɛ] n. m. Distance minimale entre deux bâtiments autorisée par la voirie.

prospecter [pʀɔspɛkte] v. tr. [1] **1.** Parcourir et étudier un terrain en vue d'y découvrir des gisements, des richesses exploitables. **2.** COMM Étudier, parcourir (une ville, une région) pour rechercher une clientèle. **3.** Fig. Parcourir et examiner minutieusement.

prospecteur, trice [pʀɔspɛktœʀ, tʀis] n. Personne qui prospecte une région, un terrain. *Prospecteurs d'uranium.*

prospectif, ive [pʀɔspɛktif, iv] adj. Qui concerne le futur, tel qu'on peut l'imaginer à partir de données et de tendances actuelles.

prospection [pʀɔspɛksjɔ̃] n. f. **1.** Recherche systématique entreprise pour découvrir des richesses naturelles. *Prospection pétrolière.* ▷ Par ext. *Prospection commerciale.* **2.** Fig. Action de prospecter (sens 3).

prospective [pʀɔspɛktiv] n. f. Ensemble des recherches qui ont pour objet l'évolution des sociétés dans un avenir prévisible.

prospectus [pʀɔspɛktys] n. m. Feuillet, brochure publicitaires, distribués pour annoncer au public une vente, un spectacle, vanter un produit, etc. Syn. (Québec) circulaire.

prospère [pʀɔspɛʀ] adj. Qui est dans un état, une situation de succès, de réussite. *Une entreprise prospère.*

prospérer [pʀɔspeʀe] v. intr. [14] **1.** Avoir des succès, se développer. *Ses affaires prospèrent.* **2.** Croître en abondance. *Le caféier prospère en Côte d'Ivoire.*

prospérité [pʀɔspeʀite] n. f. État prospère, situation de succès (d'une personne, d'une entreprise). ▷ *Spécial.* État de grande abondance, de richesse.

prostaglandine [pʀɔstaglɑ̃din] n. f. BIOCHIM Substance dérivée d'un acide spécifique (dit *prostanoïque*), isolée primitivement dans la prostate, mais présente dans de nombreux tissus. *Les prostaglandines jouent un rôle dans la régulation hormonale, l'agrégation des plaquettes sanguines, les contractions musculaires de l'utérus et dans le fonctionnement du système sympathique.*

prostate [pʀɔstat] n. f. ANAT Glande de l'appareil génital masculin, endocrine et exocrine, située sous la vessie, et qui sécrète un liquide constituant l'un des éléments du sperme.

prostatique [pʀɔstatik] adj. ANAT Relatif à la prostate.

prostatite [pʀɔstatit] n. f. MED Inflammation de la prostate.

prosternation [pʀɔstɛʀnasjɔ̃] n. f. Litt. Action de se prosterner.

prosternement [pʀɔstɛʀnəmɑ̃] n. m. Posture de celui qui est prosterné; fait de se prosterner.

prosterner (se) [pʀɔstɛʀne] v. pron. [1] S'incliner, s'abaisser très bas en signe d'adoration, de respect profond. ▷ Par métaph. *Se prosterner devant qqn,* s'humilier à l'excès devant lui.

prostitué, ée [pʀɔstitɥe] n. **1.** n. f. Femme qui se prostitue. **2.** n. m. *Par ext.* Homme qui se livre à la prostitution.

prostituer [pʀɔstitɥe] v. tr. [1] **1.** Inciter, livrer (qqn) au commerce charnel pour de l'argent, par intérêt. ▷ v. pron. *Jeune femme, jeune homme qui se prostitue.* **2.** Litt. Avilir par intérêt. *Prostituer son talent.* ▷ v. pron. *Artiste qui se prostitue,* qui crée ce qui convient à ceux dont il sert les intérêts. Syn. se vendre.

prostitution [pʀɔstitysjɔ̃] n. f. **1.** Action de prostituer (qqn), de se prostituer. ▷ Fait social constitué par l'existence des prostitué(e)s. **2.** Action de prostituer (sens 2); avilissement intéressé.

prostration [pʀɔstʀasjɔ̃] n. f. MED Affaiblissement extrême des forces musculaires qui accompagne certaines maladies aiguës. ▷ Cour. Abattement profond.

prostré, ée [pʀɔstʀe] adj. MED et cour. En proie à un abattement profond.

prot(o)-. Élément, du gr. *prôtos,* «premier, qui vient en premier».

protactinium [pʀotaktinjɔm] n. m. CHIM Élément radioactif (symbole Pa) appartenant à la famille des actinides, de numéro atomique Z = 91.

protagoniste [pʀɔtagɔnist] n. m. **1.** LITTER Acteur qui tenait le premier rôle dans une tragédie grecque. **2.** Fig. et cour. Personne qui a le premier rôle, ou un des premiers rôles, dans une affaire, une entreprise, un récit.

Protagoras (v. 485 – v. 410 av. J.-C.), sophiste grec. Pour lui, «toutes nos connaissances viennent de la sensation, qui varie selon les individus. L'homme est donc la mesure de toutes choses».

protamine [pʀɔtamin] n. f. BIOCHIM Substance polypeptidique de masse molaire élevée, l'un des constituants des nucléoprotéides.

prote [pʀɔt] n. m. Contremaître d'un atelier typographique. *Le prote et les correcteurs.*

protéagineux, euse [pʀɔteaʒinø, øz] adj. et n. m. Didac. Se dit d'une plante riche en protéines (pois, lentilles, soja, etc.).

protecteur, trice [pʀɔtɛktœʀ, tʀis] n. et adj. **I.** n. Personne qui protège (qqn, qqch). *Il se pose en protecteur du faible et de l'opprimé. – Par euph.* ou plaisant Homme qui entretient une femme; homme qui vit des revenus d'une prostituée. ▷ Institution, chose qui protège. **II.** adj. **1.** Qui protège. ▷ ECON *Système protecteur :* V. protectionnisme. **2.** Qui marque de la condescendance. *Prendre un air protecteur.*

protection [pʀɔtɛksjɔ̃] n. f. **1.** Action de protéger, de se protéger; son résultat. *Bénéficier de la protection d'un haut personnage.* – (Choses) *La protection d'un appareil par un blindage.* **2.** Dispositif, institution qui protège. *Protection civile,* qui vise à protéger les populations civiles en cas de guerre ou de catastrophe nationale. – *Protection de l'environnement :* ensemble des actions visant à lutter contre les atteintes à l'environnement. **3.** Personne ou chose qui protège. *Une protection efficace.*

protectionnisme [pʀɔtɛksjɔnism] n. m. ECON Ensemble des mesures (contingentements, droits de douane, etc.) visant à limiter ou à interdire l'entrée des produits étrangers afin de protéger les intérêts économiques nationaux; doctrine économique prônant l'emploi de ces mesures. Ant. libre-échange.

protectionniste [pʀɔtɛksjɔnist] adj. et n. ECON Relatif au protectionnisme. *Un système protectionniste.* ▷ Subst. Partisan du protectionnisme.

protectorat [pʀɔtɛktɔʀa] n. m. Institution établie par un traité international créant une dépendance limitée de l'État protégé à l'égard de l'État protecteur. ▷ L'État dépendant.

protée [pʀɔte] n. m. ZOOL *Protée* ou *protée anguillard (Proteus anguinus) :* amphibien urodèle cavernicole, à peau dépourvue de pigment, aux membres minuscules et aux yeux atrophiés, qui, adulte, conserve sa forme larvaire.

Protée, dans la myth. gr., dieu de la Mer, gardien des troupeaux (phoques, monstres marins). Son père, Poséidon, lui avait donné le don de prophétie et celui de changer de forme à volonté.

protège [pʀɔtɛʒ] n. m. (Afr. subsah.) Protège-cahier.

protégé, ée [pʀɔteʒe] adj. et n. **1.** adj. Qui est à l'abri, que l'on a protégé. *Passage protégé.* **2.** n. Personne que l'on protège, à qui l'on apporte son appui.

protège-cahier [pʀɔtɛʒkaje] n. m. Couverture souple et amovible pour protéger la couverture d'un cahier d'écolier. *Des protège-cahiers.* Syn. (Afr. subsah.) protège.

protéger [pʀɔteʒe] v. tr. [15] **1.** Assister, prêter secours à (qqn) de manière à garantir sa sécurité (physique ou morale). **2.** Préserver, garantir l'existence de (qqch). *Protéger la liberté du culte.* **3.** Mettre à l'abri, préserver (d'un inconvénient). *Protéger son visage du soleil.* ▷ v. pron. *Se protéger la peau à l'aide d'une crème.* **4.** Favoriser le développement de (une activité). *Protéger les arts.* **5.** Accorder son soutien, son aide matérielle à (qqn).

protéide [pʀɔteid] n. f. BIOL Tout polymère protéique; spécial., l'holoprotéine. (V. encycl. protéine.)

protéine [pʀɔtein] n. f. BIOCHIM et cour. Polymère composé d'acides aminés, de masse moléculaire élevée.

ENCYCL Les protéines sont présentes dans tous les tissus de l'organisme sous forme de protéines de structure et d'enzymes; l'hémoglobine, la myoglobine, la fibrine sont aussi des protéines. Leur synthèse *(protéosynthèse)* s'effectue dans les cellules (notam. du foie et des muscles) au niveau des ribosomes; leur structure est déterminée par le code génétique inscrit dans l'A.D.N. et transmis par l'A.R.N. messager. Les protéines peuvent être formées uniquement d'acides aminés *(holoprotéines)* ou contenir d'autres composés, glucidiques ou lipidiques *(protéines conjuguées* ou *hétéroprotéines)*.

protéinémie [pʀɔteinemi] n. f. BIOL Taux de protéines dans le sang.

protéique [pʀɔteik] adj. BIOCHIM Qui se rapporte aux protéines, aux protéides. ▷ Relatif aux protides.

protèle [pʀɔtɛl] n. m. ZOOL Mammifère carnivore d'Afrique orientale et australe, qui se nourrit surtout de termites (fam. hyaenidés).

protéo-calorique [pʀɔteokalɔʀik] adj. *Malnutrition protéo-calorique :* carence en protéines associée à la sous-alimentation.

protéolyse [pʀɔteɔliz] n. f. BIOCHIM Hydrolyse des protéines permettant leur dégradation et libérant leurs éléments constitutifs.

protéosynthèse [pʀɔteɔsɛ̃tez] n. f. BIOCHIM Synthèse des protéines* par l'organisme.

protéroglyphe [pʀɔteʀoglif] adj. ZOOL Se dit des serpents venimeux dont les crochets sont fixés à l'avant de la mâchoire supérieure. *Le cobra est protéroglyphe.*

protestable [pʀɔtɛstabl] adj. DR Susceptible d'être protesté. *Traite protestable.*

protestant, ante [pʀɔtɛstɑ̃, ɑ̃t] n. et adj. Personne qui appartient à l'une des Églises réformées*. ▷ adj. *Culte protestant.*

protestantisme [pʀɔtɛstɑ̃tism] n. m. Doctrine et culte de la religion réformée. ▷ Ensemble des Églises protestantes, des protestants.
ENCYCL Le protestantisme réduit l'orthodoxie à quelques thèmes fondamentaux : le salut par la foi en Jésus-Christ, et non par les œuvres, ni par la médiation de la Vierge et des saints; la prépondérance de l'Écriture (lieu privilégié de la parole de Dieu) sur les prescriptions de la hiérarchie et, par conséquent, la participation de tous les fidèles, inspirés par l'Esprit-Saint, à l'interprétation des Écritures. Actuellement, les protestants et anglicans (qui, eux, constituent un cas particulier d'Égl. réformée) sont approximativement 350 millions, répartis sur l'ensemble des cinq continents. (V. Réforme, Luther et Calvin.)

protestataire [pʀɔtɛstatɛʀ] adj. et n. Qui fait entendre une protestation. ▷ Subst. *Les protestataires.*

protestation [pʀɔtɛstasjɔ̃] n. f. **1.** Action de protester; paroles, écrit par lesquels on proteste, par lesquels on s'élève contre qqch. *Paroles, gestes, cris de protestation. Signer une protestation.* **2.** DR Action de dresser un protêt.

protester [pʀɔtɛste] v. [1] **1.** v. tr. DR *Protester un effet, un billet,* faire dresser un protêt contre cet effet, ce billet. **2.** v. tr. indir. *Protester de :* affirmer avec force, publiquement. *Protester de son innocence, de sa bonne foi.* **3.** v. intr. S'élever avec force (contre qqch).

protêt [pʀɔtɛ] n. m. DR COMM Acte dressé par un huissier à la demande du porteur d'un effet de commerce, constatant le refus de payer en totalité ou en partie un effet échu ou un chèque.

proteus [pʀɔteys] n. m. MICROB Bactérie intestinale qui provoque des infections essentiellement urinaires.

prothèse [pʀɔtɛz] n. f. Remplacement ou consolidation d'un membre, d'une partie de membre ou d'un organe par un appareillage approprié; cet appareillage.

prothésiste [pʀɔtezist] n. Fabricant de prothèses. ▷ *Spécial.* Fabricant de prothèses dentaires. Syn. (Québec) denturologiste et denturologue.

prothorax [pʀɔtɔʀaks] n. m. ZOOL Premier segment thoracique des insectes.

prothrombine [pʀɔtʀɔ̃bin] n. f. BIOL Globuline, facteur de la coagulation sanguine.

protide [pʀɔtid] n. m. BIOCHIM Composé organique azoté. *Les protides englobent les peptides et les protéides.*

protidique [pʀɔtidik] adj. BIOCHIM Qui contient des protides; relatif aux protides. *Métabolisme protidique.*

protistes [pʀɔtist] n. m. pl. BIOL Ensemble des organismes unicellulaires, végétaux (algues unicellulaires chlorophylliennes) et animaux (protozoaires). – Sing. *L'amibe est un protiste.*

proto-. V. prot(o)-.

protocolaire [pʀɔtɔkɔlɛʀ] adj. Conforme aux règles du protocole. – *Par ext.* D'une politesse cérémonieuse.

protocole [pʀɔtɔkɔl] n. m. **1.** Ensemble des usages qui régissent les cérémonies et les relations officielles. Syn. étiquette. ▷ Service chargé de faire observer le cérémonial officiel. *Chef du protocole.* **2.** Procès-verbal de déclarations d'une conférence internationale. **3.** Didac. Énoncé des règles de déroulement d'une expérience scientifique.

protoctistes [pʀotoktist] n. m. pl. BIOL Ensemble des protistes et des algues pluricellulaires. – Sing. *Un protoctiste.*

protohistoire [pʀɔtoistwaʀ] n. f. Didac. Période intermédiaire entre la préhistoire et l'histoire. *En Europe occidentale, la protohistoire ou âge des métaux (âge du bronze puis âge du fer) s'étend sur les deux derniers millénaires avant Jésus-Christ.*

protolyse [pʀɔtɔliz] n. f. CHIM Réaction chimique consistant en un échange de protons entre deux corps.

proton [pʀɔtɔ̃] n. m. PHYS NUCL Particule constitutive du noyau de l'atome, dont la charge, positive, est égale à celle de l'électron (de charge négative) et dont la masse est 1840 fois supérieure à celle de l'électron (V. encycl. noyau et particule).

protonotaire [pʀotonɔtɛʀ] n. **1.** n. m. RELIG CATHOL *Protonotaire apostolique :* le premier des notaires du Vatican, autref. chargé d'écrire les Actes des martyrs, auj. titulaire d'une simple dignité honorifique. **2.** n. (Québec) DR Officier de justice duquel relève l'administration du greffe d'un tribunal et qui peut exercer certains pouvoirs judiciaires.

protoptère [pʀɔtɔptɛʀ] n. m. ZOOL Poisson dipneuste d'Afrique tropicale.

protothériens [pʀɔtɔteʀjɛ̃] n. m. pl. ZOOL Sous-classe de mammifères primitifs, ovipares, ne comprenant auj. que les monotrèmes (ex. : ornithorynque). – Sing. *Un protothérien.*

prototype [pʀɔtɔtip] n. m. **1.** Didac. Original, modèle. *Le prototype d'une statue grecque connue par les copies romaines.* **2.** Premier exemplaire d'un produit industriel, essayé et mis au point avant la fabrication en série.

protoxyde [pʀɔtɔksid] n. m. CHIM *Protoxyde d'azote :* oxyde azoteux (N_2O).

protozoaire [pʀɔtɔzɔɛʀ] n. m. ZOOL Animal unicellulaire.
ENCYCL Les protozoaires sont des cellules très différenciées, remplissant les nombreuses fonctions nécessaires à la vie et comportant des organites complexes : vacuoles pulsatiles, cils, flagelles, etc. On distingue plusieurs embranchements, parmi lesquels : les zooflagellés, les rhizopodes, les foraminifères; les actinopodes (radiolaires, notam.); les sporozoaires (coccidies, notam.); les cnidosporidies; les infusoires (ciliés, notam.).

protractile [pʀɔtʀaktil] adj. ZOOL Qui peut être étiré vers l'avant. *La langue protractile de la grenouille.*

protubérance [pʀɔtybeʀɑ̃s] n. f. **1.** Saillie. *Le vieux mur présentait des protubérances.* **2.** ANAT Éminence, saillie d'un organe. *Protubérance cérébrale* ou *annulaire :* saillie du tronc cérébral située au-dessus du bulbe. **3.** ASTRO Dans la couronne solaire, condensation de plasma maintenue à une grande distance de la photosphère par le champ magnétique du Soleil.

protubérant, ante [pʀɔtybeʀɑ̃, ɑ̃t] adj. Qui fait saillie.

protuteur, trice [pʀɔtytœʀ, tʀis] n. DR Personne qui, sans avoir été nommée tuteur, est chargée de gérer les biens, les affaires d'un mineur.

prou [pʀu] adv. (En loc.) *Peu ou prou,* plus ou moins.

Proudhon (Pierre Joseph) (1809 – 1865), théoricien socialiste français. Condamné pour délit d'opinion, il s'enfuit en Belgique (1849 et 1858); après son retour en France (1862), il abandonna le combat politique. On connaît de lui : «La propriété, c'est le vol». Sa pensée a profondément influencé le mouvement ouvrier français. Princ. œuvres : *Qu'est-ce que la propriété?* (1840), *Système des contradictions économiques ou la Philosophie de la misère* (1846, critiqué par Marx dans *Misère de la philosophie*), *Du principe fédératif et de la nécessité de reconstituer le parti de la révolution* (1863).

proudhonien, enne [pʀudɔnjɛ̃, ɛn] adj. Didac. Qui a rapport à Proudhon, à ses théories socialistes.

proue [pʀu] n. f. Avant d'un navire.

prouesse [pʀuɛs] n. f. (Souvent iron.) Exploit. *Il n'a qu'une heure de retard, quelle prouesse!*

Proust (Joseph Louis) (1754 – 1826), chimiste français. En 1806, il énonça la *loi des proportions définies :* les masses des corps simples qui constituent un composé sont entre elles dans un rapport constant.

Proust (Marcel) (1871 – 1922), écrivain français. Auteur de nouvelles (*les Plaisirs et les Jours,* 1896; *l'Indifférent,* posth., 1978), de *Chroniques* (posth., 1949), il interrompt en 1897 la rédaction d'un long roman autobiographique (*Jean Santeuil,* posth., 3 vol., 1952). Il traduit et préface *la Bible d'Amiens* (1904) et *Sésame et les lys* (1905) de Ruskin. En 1908, il rédige des *Pastiches et mélanges* (posth., 1954). Divers textes (réunis dans le recueil posth. *Contre Sainte-Beuve* en 1954) le conduisent aux esquisses de *À la recherche du temps perdu,* cycle romanesque en sept parties : *Du côté de chez Swann* (1913); *À l'ombre des jeunes filles en fleurs* (1918); *le Côté de Guermantes* (1922); *Sodome et Gomorrhe* (1922); *la Prisonnière* (posth., 1923); *Albertine disparue,* parfois nommée *la Fugitive* (posth., 1925); *le Temps retrouvé* (posth., 1927). Rigoureuse, la recherche du héros-narrateur illustre les grandes lois qui régissent société et individus « baignant dans le temps »; l'écriture proustienne affectionne les longues périodes, riches en comparaisons poétiques. La publication de la correspondance complète, commencée en 1970, aura plus de 20 volumes.

proustien, enne [pʀustjɛ̃, ɛn] adj. Propre à M. Proust, à son œuvre. – Qui rappelle l'œuvre, le style de cet auteur.

Prout ou **Prut** (le), fl. né en Ukraine, dans les Carpates du N. (989 km), affl. du Danube (r. g.); sert de frontière entre la Moldavie et la Roumanie.

prouver [pʀuve] v. **[1] I.** v. tr. **1.** Établir la vérité, la réalité de (qqch) par le raisonnement, ou par des pièces à conviction faisant preuve. **2.** (Sujet n. de chose.) Constituer une preuve de; indiquer avec certitude. *Cet exposé prouve une bonne connaissance du sujet.* **II.** v. pron. (Pass.) Être prouvé. *Les choses de la foi, du sentiment ne se prouvent pas.* – (Réfléchi) Exprimer (à soi-même). *Il a voulu se prouver, se prouver à lui-même qu'il était capable d'agir seul.* – (Réciproque) *Ils se sont prouvé l'un à l'autre qu'ils avaient tort.*

provenance [pʀɔvnɑ̃s] n. f. Origine, source. *Marchandise de provenance étrangère.*

provençal, ale, aux [pʀɔvɑ̃sal, o] adj. et n. **1.** adj. De la Provence et des régions avoisinantes. *Accent provençal.* **2.** n. Natif ou habitant de la Provence. *Un(e) Provençal(e).* ▷ n. m. LING *Le provençal :* l'ensemble des dialectes de la langue d'oc, parlés dans la région Provence-Alpes-Côte d'Azur. – *Par ext.* La langue d'oc.

Provence, anc. province du sud-est de la France qui correspond à la Région Provence-Alpes-Côte d'Azur (l'ancien comté de Nice exclu). Au VIe s. av. J.-C., les Phocéens fondèrent Massalia (Marseille) qui créa des établissements de l'Èbre jusqu'à Nice. Après une longue paix, Marseille se heurta aux populations celte et ligure (confédération des Salyens) et fit appel à Rome, qui conquit le pays jusqu'au Rhône (125-121 av. J.-C.). Fondée en 122, Aix fut la capitale de cette *Provincia,* devenue en 27 av. J.-C. la Narbonnaise, où une brillante civilisation gallo-romaine s'épanouit. Conquis par les Wisigoths, les Burgondes et les Francs, le pays fut donné à Lothaire au traité de Verdun (843); ce dernier l'érigea en royaume (855). En 1112, la Provence passa aux comtes de Barcelone; enrichies par le commerce avec l'Orient, ses villes s'émancipèrent et toute la Provence développa un art roman brillant. Après la mort de René le Bon, duc d'Anjou (1480), le roi poète dont la cour s'était installée à Aix-en-Provence, le comté échut au roi de France (1482).

Provence-Alpes-Côte d'Azur, Région admin. française et région de la C.E. formée des départements des Alpes-de-Haute-Provence, des Hautes-Alpes, des Alpes-Maritimes, des Bouches-du-Rhône, du Var et du Vaucluse; 31 395 km^2; 4 318 817 hab.; cap. *Marseille*.*

Géogr. phys. et hum. – Au N. et à l'E., s'élèvent de hauts massifs alpins. Au S.-O., les chaînes calcaires de la basse Provence encadrent la baie de Marseille et l'étang de Berre. À l'O., les plaines alluviales du Bas-Rhône se terminent dans le delta camarguais. Du Petit Rhône au golfe de Fos domine un littoral sableux; vers l'E., les côtes rocheuses l'emportent. Chaleur et sécheresse caractérisent l'été méditerranéen; en hiver, la douceur des littoraux s'oppose à la rigueur des montagnes. La population se concentre dans les vallées, les plaines et sur le littoral. Sa croissance est forte : un million d'habitants supplémentaires entre 1968 et 1990, dont 770 000 nouveaux résidants.

Écon. – L'agric. a presque disparu des montagnes; plaines et vallées concentrent une polyculture intensive irriguée (fruits, légumes, fleurs). De nombr. vignobles sont réputés. La Rég. a bénéficié de l'industrialisation de l'étang de Berre (raffinage), de la création du grand pôle sidérurgique et chimique de Fos-sur-Mer et du développement d'activités de pointe dans la région niçoise. La crise a cependant affecté ces foyers trop spécialisés. Les activités tertiaires dominent; les littoraux attirent chaque année 6 millions de vacanciers. La Région souffre de la concurrence de ses deux métropoles : Marseille (1er port français et de la Méditerranée) et Nice (l'une des villes françaises les plus dynamiques).

provende [pʀɔvɑ̃d] n. f. Préparation nutritive, pour certains animaux d'élevage.

provenir [pʀɔvniʀ] v. intr. **[36]** (Sujet n. de chose.) **1.** Venir (d'un lieu). *Ces oranges proviennent d'Espagne.* **2.** Avoir son origine, sa cause initiale dans. *D'où provient son hostilité à ce projet?*

proverbe [pʀɔvɛʀb] n. m. **1.** Formule figée, souvent métaphorique, exprimant une vérité d'expérience, un conseil, et connue de tout un groupe social. *Un proverbe chinois, arabe.* **2.** Petite comédie qui développe le contenu d'un proverbe. **3.** *Livre des Proverbes :* livre de l'Ancien Testament attribué à Salomon.

Proverbes (livre des), livre sapiential de la Bible (IVe-IIIe s. av. J.-C.); ses maximes proposent un art de vivre, mais dans la crainte de Dieu.

proverbial, ale, aux [pʀɔvɛʀbjal, o] adj. **1.** Qui tient du proverbe. *Locution, phrase proverbiale.* **2.** Célèbre; digne d'être cité en modèle. *Sa dextérité est proverbiale.*

providence [pʀɔvidɑ̃s] n. f. **1.** RELIG (Avec une majuscule.) Volonté divine, considérée comme la sagesse qui gouverne le monde. *Les voies de la Providence.* **2.** Fig. Personne qui aide, secourt comme par miracle. – Par ext. *Ce refuge est une providence pour les randonneurs.* – (En appos.) *État providence.*

Providence, v. et port des É.-U., capitale de l'État de Rhode Island; 160 700 hab. (aggl. urbaine 1 095 000 hab.). Industries.

providentiel, elle [pʀɔvidɑ̃sjɛl] adj. **1.** RELIG Dû à la Providence. **2.** Cour. Dû à un hasard remarquablement heureux.

providentiellement [pʀɔvidɑ̃sjɛlmɑ̃] adv. D'une manière providentielle.

province [pʀɔvɛ̃s] n. f. **I. 1.** ANTIQ ROM Pays conquis par Rome, hors de l'Italie, et gouverné selon les lois romaines. **2.** Division administrative ou traditionnelle d'un État. ▷ (Afr. subsah., Belgique, Maghreb) Division administrative de l'État, placée sous l'autorité d'un gouverneur. *Gouverneur* de province.* ▷ (Nouv.-Cal.) Division administrative du territoire calédonien, dont l'autonomie contribue au développement de la décentralisation. *Les trois provinces, la Province Sud, la Province Nord et la Province des Îles, remplacent les anciennes Régions depuis 1988.* ▷ Chacun des dix États fédérés, au Canada. *La province de Québec (ou la Belle Province).* – *Les provinces* Maritimes.* **3.** Région, partie d'un pays. *C'est sa province d'origine.* **4.** DR CANON *Province ecclésiastique :* ensemble de diocèses dépendant d'un même archevêque. – *Province religieuse :* dans certains ordres religieux, ensemble de maisons placées territorialement sous l'autorité d'un même supérieur. **II.** Absol. *La province :* en France, l'ensemble du pays (par oppos. à *la capitale*).

provinces Maritimes (les) ou **Maritimes (les),** nom donné aux provinces canadiennes du Nouveau-Brunswick, de la Nouvelle-Écosse et de l'Île-du-Prince-Édouard.

Provinces-Unies, nom adopté en 1588 par les provinces septentrionales des Pays*-Bas espagnols. En 1572, elles se proclamèrent indépendantes. En 1579, elles formèrent l'Union d'Utrecht, qui devint en 1588 la rép. des Provinces-Unies, à l'origine des Pays-Bas actuels.

1. provincial, ale, aux [pʀɔvɛ̃sjal, o] adj. et n. **1.** Qui concerne une province, une région. *Une coutume provinciale.* ▷ *Spécial.* (Afr. subsah., Belgique) Relatif à une province (sens 2), à son gouvernement. – (Belgique) *Conseil provincial :* ensemble des élus chargés de gérer une province (sens 2). **2.** En France, de la province (considérée par oppos. à la capitale). *Préférer la vie provinciale à l'agitation parisienne.* ▷ Subst. Personne qui habite la province. **3.** Propre ou relatif à une province canadienne. ▷ n. m. (Québec) *Le provincial :* le gouvernement (de telle province [sens 2]).

2. provincial [pʀɔvɛ̃sjal] n. m. DR CANON Supérieur d'un ordre religieux exerçant son autorité sur une province (sens I, 4).

provincialisme [pʀɔvɛ̃sjalism] n. m. Locution, mot, emploi appartenant à l'usage linguistique d'une province.

provirus [pʀɔviʀys] n. m. BIOL Virus intégré au chromosome d'une cellule hôte, qui se comporte et se transmet comme un gène.

proviseur [pʀɔvizœʀ] n. m. Fonctionnaire chargé de l'administration et de la direction d'un lycée. ▷ (Belgique) Adjoint au directeur d'un athénée. (Ce sens admet le fém. *proviseure.*)

provision [pʀɔvizjɔ̃] n. f. **1.** Réserve de choses nécessaires ou utiles pour la subsistance. – *Faire des provisions, faire provision de qqch,* en acquérir en abondance. **2.** (Plur.) Vivres. *Placard à provisions.* – Nourriture et produits nécessaires à la vie quotidienne, qu'on achète régulièrement. *Faire les provisions.* **3.** DR Ce qu'on alloue préalablement à l'une des parties, en attendant le jugement définitif. *Provision alimentaire.* ▷ *Par provision :* en attendant la sentence définitive. **4.** COMPTA Somme représentant (sur un bilan) des charges incertaines. **5.** FIN Somme réunie pour servir d'acompte ou pour assurer le paiement d'un titre bancaire. (V. approvisionner.)

provisionnel, elle [pʀɔvizjɔnɛl] adj. DR Qui se fait en attendant un règlement. *Partage provisionnel.*

provisionner [pʀɔvizjɔne] v. tr. **[1]** Créditer (un compte bancaire) d'une provision suffisante pour des opérations projetées. – Pp. adj. *Compte provisionné.*

provisoire [pʀɔvizwaʀ] adj. et n. m. **1.** DR Se dit d'une décision judiciaire prise avant un jugement définitif. – *Détention provisoire :* incarcération d'un inculpé avant son passage en justice. **2.** Cour. Qui se fait en attendant qqch d'autre; qui remplit momentanément un rôle, une fonction. *Gouvernement provisoire.* – (Afr. subsah.) *Permis* provisoire.* ▷ n. m. Ce qui est censé ne pas durer. *Il arrive que le provisoire dure.*

provisoirement [pʀɔvizwaʀmɑ̃] adv. En attendant.

provitamine [pʀɔvitamin] n. f. BIOCHIM Précurseur d'une vitamine.

provocant, ante [pʀɔvɔkɑ̃, ɑ̃t] adj. **1.** Qui peut provoquer des sentiments violents, agressifs. **2.** Excitant. *Une femme provocante.*

provocateur, trice [pʀɔvɔkatœʀ, tʀis] adj. et n. **1.** Qui incite à la violence, au conflit. **2.** *Agent provocateur* ou, n. m., *un provocateur :* instigateur de troubles, qui donneront à une autorité des raisons d'intervenir.

provocation [pʀɔvɔkasjɔ̃] n. f. **1.** Action de provoquer (sens 1 et 2) qqn; situation où une personne en provoque une ou plusieurs autres. *Provocation à la violence, à la révolte.* – Absol. *C'est de la provocation!* **2.** DR Incitation à commettre (qqch d'illégal).

provoquer [pʀɔvɔke] v. tr. [1] **1.** *Provoquer (qqn) à,* l'inciter, le pousser à qqch en le stimulant par un sentiment d'amour-propre, de défi, en développant son agressivité. *Provoquer qqn à l'action, à se battre.* **2.** *Provoquer qqn,* le défier. – *Spécial.* Chercher à susciter le désir sensuel, aguicher. ▷ v. pron. Se défier mutuellement. **3.** *Provoquer qqch,* en être la cause, l'origine. *Un court-circuit a provoqué l'incendie.* Syn. causer.

proxénète [pʀɔksenɛt] n. Personne qui vit de la prostitution d'autrui. Syn. souteneur.

proxénétisme [pʀɔksenetism] n. m. Délit qui consiste à tirer profit de la prostitution d'autrui.

Proxima Centauri, petite étoile rouge invisible à l'œil nu, l'étoile la plus proche de la Terre (plus de 40 000 milliards de km).

proximité [pʀɔksimite] n. f. **1.** Caractère de ce qui est proche. *La proximité d'une ville, d'un fait.* – *Commerce de proximité,* peu éloigné du domicile de ses clients. **2.** Loc. adv. *À proximité :* près. – Loc. prép. *À proximité de :* près de.

pruche [pʀyʃ] n. f. (Québec) Nom cour. du tsuga du Canada. (V. haricot 2, sens 5).

prude [pʀyd] adj. et n. f. Qui affecte ou pratique une vertu, une pudeur extrême, en matière de mœurs. ▷ n. f. *Une prude faussement effarouchée.*

prudemment [pʀydamɑ̃] adv. Avec prudence.

prudence [pʀydɑ̃s] n. f. Attitude qui fait apercevoir les dangers, prévoir les conséquences fâcheuses d'un acte et pousse à les éviter. – Prov. *Prudence est mère de sûreté.*

prudent, ente [pʀydɑ̃, ɑ̃t] adj. **1.** (Personnes) Qui a de la prudence. *Un chauffeur prudent.* **2.** (Choses) Déterminé par la prudence. *Reposez-vous une semaine, c'est plus prudent.*

pruderie [pʀydʀi] n. f. Affectation de vertu, de pudeur.

prud'homal, ale, aux [pʀydɔmal, o] adj. DR Du conseil des prud'hommes.

prud'homie [pʀydɔmi] n. f. DR Juridiction des prud'hommes.

prud'homme [pʀydɔm] n. m. DR *Conseil de prud'hommes :* juridiction compétente pour juger les différends entre employeurs et employés. – *Aller aux, devant les prud'hommes,* devant ce conseil.

Prud'hon (Pierre Paul) (1758 – 1823), peintre français néo-classique.

pruine [pʀɥin] n. f. BOT Couche poudreuse, blanchâtre, de nature cireuse, qui recouvre divers organes végétaux (prunes, feuilles de choux).

prune [pʀyn] n. f. et adj. inv. **1.** n. f. Fruit du prunier, sucré et juteux. Syn. (Suisse) pruneau. ▷ *Prune mombin :* fruit comestible du mombin. – *Prune de brousse* ou *de mer :* fruit comestible du ximénia. – *Prune icaque :* icaque. **2.** adj. inv. Couleur violet sombre tirant sur le rouge.

pruneau [pʀyno] n. m. **1.** Prune séchée au soleil ou à l'étuve pour être conservée. **2.** (Suisse) Prune (sens 1).

1. prunelle [pʀynɛl] n. f. **1.** Petit fruit noir, très âpre du prunellier. **2.** Eau-de-vie de ces fruits.

2. prunelle [pʀynɛl] n. f. Pupille de l'œil. *La frayeur dilatait ses prunelles.* ▷ Loc. *Tenir à qqch, à qqn comme à la prunelle de ses yeux,* les considérer comme très précieux.

prunellier [pʀynɛlje] n. m. Prunier sauvage, épineux, commun dans les haies, qui produit les prunelles.

prunier [pʀynje] n. m. **1.** Arbre ou arbuste des régions tempérées (fam. rosacées) qui produit la prune. **2.** Nom de divers arbres d'Afrique dont le fruit rappelle la prune. *Prunier de Guinée. Prunier noir.*

prurigineux, euse [pʀyʀiʒinø, øz] adj. MED Qui provoque le prurit (sens 1).

prurigo [pʀyʀigo] n. m. MED Dermatose se manifestant par des lésions papuleuses érythémateuses.

prurit [pʀyʀit] n. m. **1.** MED Sensation de démangeaison provoquée par une lésion locale, ou symptomatique d'une maladie. **2.** Fig., péjor. Désir violent, irrésistible. *Un prurit de succès, de gloire.*

prusse [pʀys] n. m. (Acadie) Nom cour. de l'épicéa. *Prusse blanc. Prusse noir.* (V. épinette.)

Prusse, anc. État de l'Allemagne du Nord. Peuplé de Baltes, le pays, que cernent la Baltique, la Vistule et le Niémen, fut conquis au milieu du XIIIe s. par les chevaliers Teutoniques. Malgré leur puissance, le Polonais Ladislas II Jagellon Ier leur imposa sa suzeraineté (Tannenberg, 1410). En 1525, Albert de Brandebourg, grand maître de l'ordre, embrassa la Réforme et conclut avec la Pologne la paix de Cracovie, qui lui octroyait le titre de duc de Prusse. En 1618, le duché de Prusse fut uni à l'électorat de Brandebourg. Ravagé pendant la guerre de Trente Ans, le nouvel État reçut d'importantes compensations aux traités de Westphalie (1648). Le Grand Électeur Frédéric-Guillaume parvint également à s'affranchir de la suzeraineté polonaise, tandis que son fils, Frédéric Ier, obtenait de l'empereur Léopold Ier le titre de roi en Prusse (1701). Dotée de nouveaux territoires (Poméranie occidentale), d'une administration centralisée et, surtout, d'une armée puissante, la Prusse de Frédéric-Guillaume Ier, le Roi-Sergent (1713-1740), contenait en germe l'État puissant que créera Frédéric II le Grand (1740-1786). Mais elle fut vaincue par la France révolutionnaire (Valmy, 1792) et Napoléon Ier (traité de Tilsit, 1807) amputa l'État de plus de la moitié de son territoire. En 1813, la Prusse vainquit Napoléon Ier à Leipzig; en 1815, le traité de Vienne lui accorda la Poméranie suédoise, le N. de la Saxe, la Westphalie et une partie de la Rhénanie. Entrée dans la Confédération germanique, la Prusse y prit une influence prépondérante au détriment de l'Autriche. Après la défaite autrichienne de Sadowa (1866), Guillaume Ier (1861-1888) et son chancelier, Bismarck, imposèrent leur domination sur l'Allemagne et l'entraînèrent dans la guerre contre la France (1870-1871), à l'issue de laquelle le souverain prussien reçut la couronne impériale. Dès lors, l'histoire de la Prusse se confond avec celle de l'Allemagne.

prussien, enne [pʀysjɛ̃, ɛn] adj. et n. De Prusse; *par ext.,* d'Allemagne (entre 1870 et 1914). – Subst. *Un(e) Prussien(ne).*

Prut. V. Prout.

prytanée [pʀitane] n. m. Établissement d'enseignement réservé aux fils de militaires.

Przewalski. V. Prjevalski.

P.S. Sigle de *Parti* socialiste.*

P.-S. Abrév. de *post*-scriptum.*

psalliote [psaljɔt] n. m. ou f. BOT Syn. de *agaric.*

psalmodie [psalmɔdi] n. f. **1.** MUS, RELIG Manière de chanter les psaumes sans inflexion. **2.** Litt. Déclamation monotone.

psalmodier [psalmɔdje] v. **[2]** **1.** v. intr. MUS, RELIG Chanter les psaumes sans inflexion. **2.** v. tr. Réciter (qqch) sans inflexion. *Psalmodier des prières, des formules magiques.* **3.** v. tr. et intr. Parler, dire, énoncer de manière monotone.

psalmodieur [psalmɔdjœʀ] n. m. MUS, RELIG Chanteur qui psalmodie (sens 1).

Psammétique, nom de trois pharaons de la XXVIe dynastie égyptienne. — **Psammétique Ier** (règne : v. 663-609 av. J.-C.), fondateur de la XXVIe dynastie, il lutta contre la féodalité militaire en s'appuyant sur des mercenaires grecs. — **Psammétique II** (règne : 594-588 av. J.-C.). — **Psammétique III** (règne : 526-525 av. J.-C.), ne régna que six mois et perdit son trône à la bataille de Péluse.

psammophis [psamɔfis] n. m. ZOOL Couleuvre opisthoglyphe de couleur sable unie ou à rayures plus sombres, très commune en Afrique sahélienne (jusqu'à 1,80 m de long.).

psammophyte [psamɔfit] adj. BOT Se dit de tout végétal poussant dans un milieu sablonneux.

psaume [psom] n. m. RELIG Chacun des chants sacrés du peuple hébreu qui constituent l'un des livres de l'Ancien Testament *(livre des Psaumes).*

Psaumes (livre des), livre biblique comprenant 150 psaumes écrits entre le Xe s. (certains sont attribués à David) et le IVe s. av. J.-C. (restauration du Temple). Le christianisme a adopté la plupart comme prières.

psautier [psotje] n. m. RELIG Ensemble des psaumes bibliques.

pschent [pskɛnt] n. m. ANTIQ Coiffure des pharaons, symbole de leur souveraineté sur la Haute-Égypte et la Basse-Égypte.

pseud(o)-. Élément, du gr. *pseudês*, «menteur», impliquant une idée de fausseté, d'approximation, d'apparence trompeuse.

pseudarthrose [psødaʀtʀoz] n. f. MED Fausse articulation qui se forme au niveau d'une fracture dont la consolidation spontanée est impossible.

pseudonyme [psødɔnim] n. m. Faux nom d'une personne qui veut dissimuler sa véritable identité. ▷ *Spécial.* Nom d'emprunt choisi par un artiste, un écrivain, pour signer ses œuvres.

pseudopode [psødɔpɔd] n. m. BIOL Prolongement rétractile du cytoplasme, qu'émettent les protozoaires (paramécies, amibes, etc.) et certaines cellules (leucocytes) pour se nourrir et se déplacer.

pseudosuchiens [psødɔsykjɛ̃] n. m. pl. PALEONT Reptiles fossiles du trias, ancêtres des oiseaux. – Sing. *Un pseudosuchien.*

psi [psi] n. m. Vingt-troisième lettre de l'alphabet grec (Ψ, ψ). ▷ PHYS NUCL Particule de la famille des mésons.

psittacidés [psitaside] n. m. pl. ORNITH Unique famille des psittaciformes (perroquets, perruches). – Sing. *Un psittacidé.*

psittaciformes [psitasifɔʀm] n. m. pl. ORNITH Ordre d'oiseaux grimpeurs à bec crochu, comprenant l'unique famille des psittacidés. – Sing. *Un psittaciforme.*

psittacisme [psitasism] n. m. PSYCHO Répétition mécanique par un sujet, de mots et de phrases qu'il ne comprend pas.

psittacose [psitakoz] n. f. MED Maladie infectieuse des psittacidés, transmissible à l'homme, chez qui elle peut provoquer notamment des troubles bronchopulmonaires. (V. ornithose.)

psoriasis [psɔʀjazis] n. m. MED Dermatose squameuse à évolution chronique, qui affecte principalement les genoux, les coudes et le cuir chevelu.

Psousennès, nom de deux rois d'Égypte. — **Psousennès Ier** (règne : v. 1054-1009 av. J.-C.), second souverain de la XXIe dynastie, il régna sur la Basse et la Moyenne Égypte. — **Psousennès II** (règne : 984-950 av. J.-C.), premier souverain de la XXIIe dynastie, dite libyenne.

psych(o)-. Élément, du gr. *psukhê*, «âme sensitive».

psychanalyse [psikanaliz] n. f. Méthode thérapeutique fondée sur l'analyse des processus psychiques profonds élaborée par Freud. – *Par ext.* Ensemble des théories de Freud et de ses continuateurs. *Les découvertes de la psychanalyse.*
ENCYCL Élaborée à partir de 1885 par S. Freud, la psychanalyse est une méthode de cure de certains troubles psychiques (névroses essentiellement), fondée sur l'investigation des processus mentaux inconscients d'un sujet qui, au fur et à mesure qu'il avancera dans l'analyse, prendra conscience de l'origine de ses troubles et de la façon dont ceux-ci s'articulent en lui. Ainsi, il pourra affronter (avec un moi fortifié) le conflit dont il a souffert, et ce après avoir revécu son drame personnel avec ou en la présence (non neutre) de l'analyste (phénomène de *transfert*). La cure psychanalytique (mieux nommée *analyse*) consiste en une série d'«entrevues» entre l'analyste et l'analysé (souvent nommé *analysant*). Elle s'étend généralement sur plusieurs années. Freud n'a pas inventé la notion d'inconscient, mais il en a entrepris l'exploration, s'attachant à cerner la façon dont celui-ci est structuré, et il a ainsi exercé une forte influence sur les sciences humaines et sur la critique littéraire. L'équilibre d'un adulte est, selon Freud, intimement lié à un drame infantile : le complexe d'Œdipe*. L'universalité de ce complexe est controversée.

psychanalyser [psikanalize] v. tr. [1] **1.** Traiter par la psychanalyse. **2.** Interpréter par la psychanalyse. *Psychanalyser les textes littéraires.*

psychanalyste [psikanalist] n. Spécialiste de la psychanalyse.

psychanalytique [psikanalitik] adj. Relatif à la psychanalyse, propre à elle.

psychasthénie [psikasteni] n. f. PSYCHOPATHOL Névrose caractérisée principalement par l'aboulie, l'obsession, le doute.

psychasthénique [psikastenik] adj. et n. PSYCHO PATHOL Qui a rapport à la psychasthénie; atteint de psychasthénie. ▷ Subst. *Un(e) psychasthénique.*

psyché [psiʃe] ou **psychè** [psiʃe] n. f. PHILO *La psyché :* l'ensemble des phénomènes psychiques qui constituent l'individualité.

Psyché, dans la myth. gr., princesse dont la beauté excita la jalousie d'Aphrodite, qui demanda à son fils Éros de la faire périr. Or Éros s'éprit de Psyché.

psychédélique [psikedelik] adj. PSYCHIAT Se dit des effets produits par les drogues hallucinogènes.

psychiatre [psikjatʀ] n. Médecin spécialiste des maladies mentales.

psychiatrie [psikjatʀi] n. f. Partie de la médecine qui concerne l'étude et le traitement des maladies mentales, des troubles psychiques.

psychiatrique [psikjatʀik] adj. Relatif à la psychiatrie.

psychide [psiʃid] n. f. ENTOM Lépidoptère dont les chenilles s'abritent dans des fourreaux faits de soie et des débris de la plante dont elles mangent les feuilles. *La psychide du flamboyant dépouille parfois entièrement l'arbre de ses feuilles.*

psychique [psiʃik] adj. Qui concerne l'âme, l'esprit, la pensée. *L'activité psychique.*

psychisme [psiʃism] n. m. Vie psychique. – *Par ext.* (ou *abusiv.*) Ensemble particulier de faits psychiques. *Le psychisme animal.*

psycho-. V. psych(o)-.

psychoanaleptique [psikoanalɛptik] adj. (et n. m.) PHARM Se dit des substances qui stimulent l'activité psychique.

psychocritique [psikokʀitik] n. f. et adj. LITTER Méthode d'étude des textes littéraires inspirée de la psychanalyse. ▷ adj. *Méthode psychocritique.*

psychodrame [psikodʀam] n. m. PSYCHO Scène théâtrale improvisée à but thérapeutique, à travers laquelle peuvent s'exprimer les conflits propres à chacun des participants. – Méthode de psychothérapie de groupe qui emploie un tel jeu théâtral. ▷ Fig. Conflit spectaculaire au sein d'un groupe.

psychodysleptique [psikodislɛptik] adj. (et n. m.) MED Se dit des substances qui perturbent l'activité mentale.

psychogène [psikɔʒɛn] adj. MED **1.** Générateur de troubles psychiques. **2.** Symptomatique de troubles névrotiques ou psychotiques.

psycholeptique [psikolɛptik] adj. (et n. m.) PHARM Se dit des substances à effet sédatif.

psycholinguistique [psikolɛ̃gɥistik] n. f. et adj. Didac. Étude des comportements linguistiques (processus de production et de compréhension des énoncés, de l'acquisition du langage, etc.) dans leurs aspects psychologiques. ▷ adj. *Études psycholinguistiques.*

psychologie [psikɔlɔʒi] n. f. **1.** Étude scientifique des faits psychiques (processus mentaux, perception, mémoire, etc.). – *Psychologie sociale,* qui étudie les rapports entre faits sociaux et faits psychiques. Syn. psychosociologie. **2.** Cour. Connaissance empirique des sentiments d'autrui; aptitude particulière à pénétrer les mobiles de la conduite d'autrui. *Manquer de psychologie.* **3.** Analyse des sentiments, des états de conscience. *La très fine psychologie de Racine dans «Phèdre».* **4.** Mentalité, état d'esprit. *Une psychologie très fruste.*
ENCYCL En découvrant, en 1897, le réflexe conditionné, le physiologiste russe Pavlov montra qu'on pouvait étudier scientifiquement sur l'animal l'équivalent d'une fonction psychologique : la formation d'une habitude. Peu après, l'Américain Watson élaborait le béhaviorisme*, faisant de la psychologie «l'étude des comportements objectivement observables des êtres humains». Dans le même temps naissait la théorie de la forme (en all. *Gestalttheorie*), qui affirme qu'il n'existe pas de sensation isolée; la forme la plus simple n'est perçue que si elle se détache sur un fond donné (point noir sur la page blanche, par ex.). Tout comportement est une réaction d'ensemble à des «formes» (ou structures), susceptibles de transposition. Auj., la psychologie élabore des modèles théoriques complexes rendant compte de tous les faits et de toutes les lois connues et possédant une valeur explicative, mais elle hésite encore entre des modèles structuralistes et des modèles génétiques. Pour Jean Piaget, les étapes de l'intelligence chez l'enfant, par ex., mettent en œuvre des structures souples, douées d'autorégulation à la manière des mécanismes biologiques et dont chacune appelle la suivante.

psychologique [psikɔlɔʒik] adj. **1.** Qui a rapport à la psychologie. *Méthodes psychologiques.* ▷ *Roman psychologique,* qui s'attache essentiellement à l'étude des sentiments, des caractères. **2.** Qui concerne les faits psychiques que la psychologie étudie.

psychologiquement [psikɔlɔʒikmɑ̃] adv. Du point de vue de la psychologie.

psychologisme [psikɔlɔʒism] n. m. Didac. Tendance à faire prévaloir le point de vue psychologique dans l'étude des faits individuels et sociaux.

psychologue [psikɔlɔg] n. (et adj.) **1.** Spécialiste en psychologie. – Personne qui exerce l'un des métiers issus de la psychologie appliquée ou thérapeutique. **2.** Personne qui fait preuve d'une certaine connaissance empirique des sentiments d'autrui. *C'est un fin psy-*

chologue. ▷ adj. *Malheureusement, il n'est pas très psychologue.*

psychométrie [psikometʀi] n. f. PSYCHO Mesure, étude quantitative (durée, fréquence, etc.) des phénomènes psychiques.

psychomoteur, trice [psikomɔtœʀ, tʀis] adj. PHYSIOL Qui a trait à la fois aux fonctions psychiques et motrices.

psychomotricité [psikomɔtʀisite] n. f. Ensemble des fonctions motrices et psychiques normalement en synergie après maturation et éducation.

psychopathe [psikɔpat] n. **1.** MED Malade mental. **2.** Personne atteinte de psychopathie (sens 2).

psychopathie [psikɔpati] n. f. **1.** MED Maladie mentale. **2.** PSYCHIAT Affection mentale caractérisée notam. par l'instabilité, l'impulsivité, la tendance au «passage à l'acte».

psychopathologie [psikopatɔlɔʒi] n. f. Didac. Étude des troubles mentaux.

psychopédagogie [psikopedagɔʒi] n. f. Didac. Psychologie appliquée à la pédagogie.

psychopharmacologie [psikofaʀmakɔlɔʒi] n. f. Didac. Science qui étudie l'effet des médicaments sur le psychisme.

psychophysiologie [psikofizjɔlɔʒi] n. f. Didac. Étude des rapports entre le psychisme et l'activité physiologique.

psychose [psikoz] n. f. **1.** PSYCHIAT, PSYCHAN Maladie mentale que le sujet est incapable de reconnaître comme telle (contrairement à la névrose) et caractérisée par la perte du contact avec le réel (paranoïa, schizophrénie, etc.). *Psychose maniaco-dépressive.* **2.** Cour. Obsession, angoisse collective.

psychosocial, ale, aux [psikosɔsjal, o] adj. Didac. Relatif à la psychologie de l'individu dans ses rapports avec la vie sociale.

psychosociologie [psikosɔsjɔlɔʒi] n. f. Psychologie* sociale.

psychosomatique [psikosɔmatik] adj. Se dit des troubles physiques (organiques et fonctionnels) d'origine psychique. ▷ Par ext. *Médecine psychosomatique.* (V. Groddeck.)

psychotechnique [psikotɛknik] n. f. et adj. Didac. Discipline régissant l'application aux problèmes humains (organisation du travail, sélection du personnel, etc.) des données de la psychologie expérimentale et de la psychophysiologie. ▷ adj. *Tests psychotechniques.*

psychothérapeute [psikoteʀapøt] n. Personne qui pratique la psychothérapie.

psychothérapie [psikoteʀapi] n. f. Toute thérapie par des moyens psychologiques. – *Psychothérapie de groupe :* psychodrame, etc.

psychotique [psikɔtik] adj. et n. PSYCHIAT Relatif aux psychoses. – Atteint de psychose. ▷ Subst. *Un(e) psychotique.*

psychotonique [psikotɔnik] adj. et n. m. PHARM Se dit de substances qui stimulent l'activité psychique. ▷ n. m. *Un psychotonique.*

psychotrope [psikotʀɔp] adj. et n. m. PHARM Se dit de toute substance qui agit sur le psychisme : stimulants, tranquillisants, hallucinogènes, etc. – n. m. *Un psychotrope.*

psylle [psil] n. f. ENTOM Insecte homoptère voisin du puceron, vivant comme lui sur des plantes dont il suce la sève.

Ptah, dieu de l'anc. Égypte, adoré plus particulièrement à Memphis comme créateur du monde.

ptér(o)-, -ptère. Éléments, du gr. *pteron,* «plume d'aile, aile», et (archi.) «aile, colonnade».

ptéranodon [pteʀanɔdɔ̃] n. m. PALEONT Reptile volant à rostre édenté, fossile du secondaire (crétacé) (jusqu'à 9 m d'envergure).

ptéridophytes [pteʀidɔfit] n. m. pl. BOT Embranchement de végétaux vasculaires comprenant les lycopodes, les sélaginelles, les prêles, les fougères, etc. Syn. cryptogames* vasculaires. – Sing. *Un ptéridophyte.*

ptéro-. V. ptér(o)-.

ptérodactyle [pteʀɔdaktil] adj. et n. m. **1.** adj. ZOOL Qui a les doigts reliés par une membrane. **2.** n. m. PALEONT Ptérosaurien du jurassique (genre *Pterodactylus*) à rostre denté et à queue courte.

ptérosauriens [pteʀɔsɔʀjɛ̃] n. m. pl. PALEONT Ordre de reptiles fossiles du jurassique et du crétacé, adaptés au vol grâce à une membrane alaire tendue entre le cinquième doigt de la main et le corps. (Les princ. furent les ptérodactyles.) – Sing. *Un ptérosaurien.*

ptérygotes [pteʀigɔt] n. m. pl. ENTOM Sous-classe d'insectes comprenant tous les insectes ailés ainsi que les insectes aptères à métamorphoses (la quasi-totalité des espèces), par oppos. aux *aptérygotes.* – Sing. *Un ptérygote.*

ptilope [ptilɔp] n. m. Gros pigeon (genre *Ptilonopus*) de Nouvelle-Guinée et de Polynésie.

ptolémaïque [ptɔlemaik] adj. Didac. Relatif à la civilisation hellénistique de l'Égypte de 305 à 30 av. J.-C.

Ptolémée, nom de quinze souverains d'origine macédonienne qui régnèrent sur l'Égypte de 305 à 30 av. J.-C. — **Ptolémée Ier Sôter** («le Sauveur») (v. 360 – 283), lieutenant d'Alexandre; satrape d'Égypte (323-305), il y fonda la dynastie dite des *Lagides* (du nom de son père, Lagos). Il gagna le surnom de Sôter en secourant les Rhodiens et régna de 305 à 283. Il établit le culte de Sérapis, fonda le musée d'Alexandrie et sa bibliothèque. — **Ptolémée II Philadelphe** («Qui aime sa sœur») (v. 308 – 246), fils et successeur du préc. (283-246). Il fit construire le phare d'Alexandrie. — **Ptolémée XIII (XIV ou XII) Dionysos II** (v. 61 – 47), frère et époux de Cléopâtre VII. Monté sur le trône en 51, il fit assassiner Pompée et périt en combattant César. — **Ptolémée XIV (XV ou XIII)** (59 – 44), frère du préc.; époux de sa sœur Cléopâtre VII. Il régna de 47 à 44. — **Ptolémée XV (XVI ou XIV) Caesar,** dit *Césarion* (47 – 30), fils de César et de Cléopâtre VII. Il régna associé à sa mère de 44 à 30; après Actium, il fut mis à mort sur l'ordre d'Octave.

Ptolémée (Claude) (v. 90 – v. 168), savant grec de l'école d'Alexandrie, auteur de nombr. ouvrages. Le plus célèbre, *l'Almageste**, contient les principes astronomiques que Copernic récusa : le géocentrisme, le mouvement circulaire uniforme et la division du monde en deux domaines : le cosmos et le monde sublunaire.

ptôse ou **ptose** [ptoz] n. f. MED Descente d'un organe, due au relâchement de ses moyens de fixation.

puant, ante [pyɑ̃, ɑ̃t] adj. et n. m. **1.** Qui sent mauvais. ▷ VEN *Les bêtes puantes* ou, n. m. pl., *les puants :* les animaux qui dégagent une odeur forte et repoussante (putois, moufettes, zorilles, renards, etc.). **2.** Fig. Odieux par son impudence, sa vanité.

puanteur [pyɑ̃tœʀ] n. f. Odeur infecte, fétide.

pubalgie [pybalʒi] n. f. MED Douleur dans la région pubienne, le plus souvent d'origine musculaire ou tendineuse.

pubère [pybɛʀ] adj. et n. Qui a atteint l'âge de la puberté.

pubertaire [pybɛʀtɛʀ] adj. Didac. De la puberté.

puberté [pybɛʀte] n. f. Ensemble des modifications morphologiques, physiologiques et psychologiques qui se produisent chez l'être humain au moment du passage de l'enfance à l'adolescence; cette période de la vie, marquée par l'apparition de certains caractères sexuels secondaires et par l'acquisition de la capacité de procréer.

pubescence [pybɛs(s)ɑ̃s] n. f. BOT État, caractère d'une plante ou d'un organe pubescent.

pubescent, ente [pybɛs(s)ɑ̃, ɑ̃t] adj. BOT Se dit d'un organe, d'une plante, couverts de petits poils ou d'un fin duvet.

pubien, enne [pybjɛ̃, ɛn] adj. ANAT Du pubis.

pubis [pybis] n. m. **1.** ANAT Pièce osseuse formant la partie antérieure de l'os iliaque. **2.** Région inférieure du bas-ventre, qui se couvre de poils à la puberté.

publiable [pyblijabl] adj. Qui peut être publié; qui est digne de l'être.

public, ique [pyblik] adj. et n. m. **I.** adj. **1.** Qui appartient au peuple, à la nation, à l'État; qui les concerne. *Édifice, monument public.* – *Le Trésor public :* les caisses de l'État. – *Les services publics :* l'Administration. **2.** Commun, à l'usage de tous. *Voie publique.* **3.** Manifeste, connu de tous. *De notoriété publique.* **4.** Où tout le monde est admis. *Audience publique.* **II.** n. m. **1.** Ensemble des gens. *L'intérêt du public.* – *Entrée interdite au public,* aux personnes non habilitées. **2.** Personnes réunies pour assister à un spectacle. *Le public applaudit l'entrée du comédien.* ▷ *Par ext.* Ensemble des gens qui s'intéressent à la vie artistique ou intellectuelle. *Le grand public. Un public de connaisseurs.* – *Ce chanteur a son public,* ses fidèles. **3.** Loc. adv. *En public :* à la vue d'un certain nombre de personnes.

publication [pyblikasjɔ̃] n. f. **1.** Action par laquelle qqch est rendu public. ▷ DR Promulgation. *Publication d'une loi.* **2.** Parution (d'un texte, d'un livre). – *Publication assistée par ordinateur (P.A.O.) :* édition réalisée en utilisant des techniques informatiques. **3.** Ouvrage publié.

publicitaire [pyblisitɛʀ] adj. et n. **1.** Qui sert à la publicité (sens2). *Message publicitaire à la radio.* **2.** Qui s'occupe de publicité. *Agence publicitaire.* ▷ Subst. *Un(e) publicitaire.*

publicité [pyblisite] n. f. **1.** Caractère de ce qui est public. *La publicité des débats parlementaires.* **2.** Art de faire connaître un produit, une entreprise, etc., afin d'inciter les consommateurs à acheter ce produit, à utiliser les services de cette entreprise, etc.; ensemble des moyens employés à cet effet. *Campagne de publicité.* ▷ *Une (des) publici-*

té(s) : annonce(s), affiche(s), film(s) publicitaire(s). – *Publicité mensongère.*

publier [pyblije] v. tr. [2] **1.** Rendre public. *Publier des bans.* **2.** Faire paraître (un écrit). *Publier un livre.*

publiphone [publifɔn] n. m. (Nom déposé.) Cabine téléphonique.

publipostage [pyblipɔstaʒ] n. m. COMM Prospection, démarchage, publicité ou vente par voie postale. (Terme off. recommandé pour *mailing.*)

publiquement [pyblikmɑ̃] adv. En public, de manière publique.

Puccini (Giacomo) (1858 – 1924), compositeur italien. Opéras : *Manon Lescaut* (1893), *la Bohème* (1896), *Tosca* (1900), *Madame Butterfly* (1904), *Turandot* (posth.).

puce [pys] n. f. (et adj. inv.) **I. 1.** Insecte constituant l'ordre des siphonaptères, dépourvu d'ailes, brun, sauteur, parasite des êtres humains et de certains mammifères et oiseaux. *Les puces sont des vecteurs de diverses maladies.* – *Puce chique :* V. chique. **2.** *Puce d'eau :* daphnie. ▷ *Puce de mer :* talitre. **3.** Loc. fig., fam. *Mettre la puce à l'oreille :* inspirer des inquiétudes, de la méfiance. **4.** *Marché aux puces* ou, ellipt., *les puces :* marché de brocante et d'objets d'occasion divers. **5.** adj. inv. Brun-rouge foncé. *Des rideaux puce.* **II.** INFORM Plaquette de silicium, dont la surface peut être inférieure au millimètre carré, et sur laquelle est gravé un microprocesseur.

pucelle [pysɛl] n. f. Vx ou plaisant Jeune fille. *La pucelle d'Orléans :* Jeanne d'Arc.

puceron [pysʀɔ̃] n. m. Insecte homoptère vivant sur les plantes, dont il suce la sève. *Les pucerons s'attaquent en partic. au pommier, au rosier, à l'arachide, au chou et au cotonnier.*

pudding [pudiŋ] n. m. Gâteau anglais à la graisse de bœuf et aux raisins secs. (On dit aussi *plum-pudding.*)

pudeur [pydœʀ] n. f. **1.** Tendance à éprouver de la gêne, de la honte devant ce qui touche à la sexualité. ▷ DR *Outrage public à la pudeur :* délit qui consiste à se livrer, volontairement ou non, à une exhibition impudique. – *Attentat à la pudeur :* acte puni de peines criminelles, qui consiste en un viol ou une tentative de viol ou en un acte impudique tenté ou exécuté sur la personne d'autrui. **2.** Retenue, réserve. *La pudeur de sentiment.* ▷ Délicatesse. *Il a eu la pudeur de taire ce triste événement.*

pudibond, onde [pydibɔ̃, ɔ̃d] adj. Exagérément pudique, ou d'une pudeur affectée.

pudibonderie [pydibɔ̃dʀi] n. f. Pudeur excessive; affectation de pudeur.

pudique [pydik] adj. **1.** Plein de pudeur (sens 1). **2.** Discret, réservé.

pudiquement [pydikmɑ̃] adv. D'une manière pudique.

Puebla de Zaragoza, ville du Mexique central; 1054900 hab.; cap. de l'État de Puebla (33919 km²; 4126100 hab.). Industr. – Archevêché. Université. Cathédrale des XVIe et XVIIe s.

Pueblos, Indiens des É.-U. (Arizona, Nouveau-Mexique et Colorado). Principaux groupes ethniques : Zuñis, Hopis. Ce sont des agriculteurs; leur activité artistique s'exprime à travers la vannerie, le tissage et surtout la poterie.

puer [pɥe] v. [1] **1.** v. tr. Exhaler une odeur désagréable de. *Puer le vin.* **2.** v. intr. Sentir mauvais.

puéricultrice [pɥeʀikyltʀis] n. f. Infirmière diplômée, spécialiste en puériculture.

puériculture [pɥeʀikyltyʀ] n. f. Ensemble des méthodes propres à assurer le développement de l'enfant, de sa naissance à sa troisième ou quatrième année.

puéril, ile [pɥeʀil] adj. Enfantin, qui ne convient pas à un adulte. *Discussion puérile.*

puérilité [pɥeʀilite] n. f. Caractère de ce qui est puéril, futile.

puerpéral, ale, aux [pɥɛʀpeʀal, o] adj. MED Relatif aux femmes en couches ou à l'accouchement et à ses suites immédiates. – *Fièvre puerpérale :* infection à point de départ utérin, consécutive à un accouchement.

Puerto Rico. V. Porto Rico.

puffin [pyfɛ̃] n. m. ORNITH Oiseau marin migrateur (genres *Puffinus* et voisins, ordre des procellariiformes) aux longues ailes, voisin du pétrel.

Puget (Pierre) (1620 – 1694), sculpteur, peintre et architecte français.

pugilat [pyʒila] n. m. Rixe à coups de poing.

pugilistique [pyʒilistik] adj. Litt. Relatif à la boxe.

pugnacité [pygnasite] n. f. Litt. Goût de la lutte, combativité.

puis [pɥi] adv. **1.** Ensuite, après. *Il dit quelques mots, puis se tut.* **2.** *Et puis :* d'ailleurs, en outre, en plus. *Il l'avait bien mérité... Et puis on ne lui a pas fait bien mal.* **3.** Plus loin. *Voici un marronnier, puis un bouleau.*

puisage [pɥizaʒ] n. m. Rare ou TECH Action de puiser.

puisard [pɥizaʀ] n. m. TECH **1.** Excavation pratiquée dans le sol pour évacuer les eaux de pluie. Syn. puits perdu. **2.** Fosse pratiquée dans une chaufferie pour recueillir les eaux de vidange avant de les rejeter à l'égout. **3.** (Afr. subsah.) Trou que l'on creuse pour atteindre une nappe souterraine à faible profondeur.

puisatier [pɥizatje] n. m. Entrepreneur, ouvrier qui creuse ou qui répare les puits.

puiser [pɥize] v. tr. [1] **1.** Prendre (une portion d'un liquide) au moyen d'un récipient que l'on plonge dans ce liquide. *Puiser de l'eau dans une mare.* ▷ Par anal. *Puiser dans sa bourse* (de l'argent). **2.** Fig. Prendre. *Il a puisé ces renseignements dans les meilleurs ouvrages.* – *Puiser aux sources :* consulter les originaux.

puisette [pɥizɛt] n. f. (Afr. subsah.) Récipient de cuir ou de caoutchouc servant à tirer l'eau d'un puits.

puisoir [pɥizwaʀ] n. m. (Afr. subsah.) Récipient rigide qui sert à tirer l'eau d'un puits.

puisque [pɥisk] conj. de subordination. Du moment que, étant donné que. *Puisqu'il pleut, je reste ici.* (La voyelle *e* de *puisque* ne s'élide que devant *il, elle, on, en, un, une.*)

puissamment [pɥisamɑ̃] adv. **1.** Avec de grands moyens. *Région puissamment défendue.* **2.** Avec une grande autorité, une grande efficacité. *Agir puissamment.*

puissance [pɥisɑ̃s] n. f. **I. 1.** Pouvoir d'exercer une autorité, d'avoir une grande influence. *La puissance royale.* – *Toute-puissance :* puissance absolue. **2.** Pouvoir, autorité (dans la société, etc.). **3.** Caractère de ce qui exerce une grande influence. *La puissance de l'habitude.* **4.** PHYS Travail fourni par unité de temps. *La puissance s'exprime en watts.* – ELECTR Produit de la tension d'un courant électrique (volts) par son intensité (ampères), qui s'exprime en watts. **5.** Pouvoir d'action (d'un appareil, d'un mécanisme). – *Puissance d'un instrument d'optique,* exprimée en dioptries. ▷ *Puissance d'un moteur,* exprimée en watts ou en chevaux. ▷ *Puissance administrative* ou *fiscale d'un véhicule automobile,* établie d'après sa cylindrée pour le calcul de la taxe sur les véhicules automobiles, et qui s'exprime en chevaux fiscaux. **6.** MATH *Puissance n d'un nombre,* ce nombre multiplié n fois par lui-même. **7.** MINES Épaisseur d'une veine de minerai. **II. 1.** PHILO Potentialité, virtualité. **2.** Loc. adj. *En puissance :* potentiel, virtuel. **III.** *Une (des) puissance(s).* **1.** État souverain. *Les grandes puissances :* les États les plus riches, les plus influents, etc. **2.** Ensemble d'individus, d'entreprises, etc., jouissant d'une grande influence sociale ou politique. *Les puissances d'argent.* – Litt. *Les puissances des ténèbres :* les démons.

puissant, ante [pɥisɑ̃, ɑ̃t] adj. et n. m. **1.** Qui est capable de produire de grands effets. *Un remède puissant.* **2.** Qui peut développer une grande énergie. *Moteur puissant.* **3.** Doté d'une grande force physique. **4.** Qui a une grande intensité. *Lumière puissante.* – *Voix puissante :* voix forte et soutenue. **5.** Qui a une grande autorité, un grand pouvoir, de grands moyens. *Un roi puissant.* ▷ n. m. *Les puissants et les faibles.*

puits [pɥi] n. m. **1.** Profonde excavation creusée dans le sol pour atteindre l'eau de la nappe phréatique. *Tirer de l'eau au puits.* ▷ *Puits artésien :* V. artésien. ▷ *Puits perdu :* puisard. ▷ Fig. *Puits de science, d'érudition :* personne très savante, très érudite. – Prov. *La vérité est au fond d'un puits,* elle est difficile à découvrir. **2.** Excavation pratiquée dans le sol pour l'exploitation d'un gisement. *Puits de pétrole.* – *Puits de mine,* qui donne accès aux galeries d'exploitation proprement dites. **3.** CONSTR *Puits de fondation :* fouille dans laquelle on coule du béton, destinée à asseoir les fondations d'un ouvrage.

puits-forage [pɥifɔʀaʒ] n. m. (Afr. subsah.) TECH Puits à buse, crépi et généralement pourvu d'une motopompe, dont le débit est très supérieur à celui d'un puits traditionnel. *Des puits-forages.*

pular, pulaar [pulaʀ] n. m. V. poular.

Pulitzer (Joseph) (1847 – 1911), journaliste américain d'origine hongroise. Il fonda, par testament, les *prix Pulitzer* que l'université Columbia décerne chaque année, depuis 1917, à huit journalistes et cinq écrivains.

pull-over [pylɔvɛʀ] n. m. Tricot qu'on met en l'enfilant par la tête; chandail. *Des pull-overs.* (Abrév. cour. : pull).

pullulement [pylylmɑ̃] n. m. Fait de pulluler.

pulluler [pylyle] v. intr. [1] **1.** Se multiplier rapidement et abondamment. **2.** Être en abondance, foisonner.

pulmonaire [pylmɔnɛʀ] adj. Qui concerne le poumon, ses vaisseaux. *Ar-*

tère pulmonaire. ▷ Qui affecte le poumon. *Embolie pulmonaire.*

pulmonés [pylmɔne] n. m. pl. ZOOL Sous-classe de mollusques gastéropodes respirant par un poumon (escargot, limace, achatine, etc.). – Sing. *Un pulmoné.*

pulpaire [pylpɛʀ] adj. Didac. Relatif à la pulpe dentaire.

pulpe [pylp] n. f. **1.** Tissu charnu du certains fruits. *La pulpe d'une orange.* **2.** *Pulpe des doigts :* extrémité charnue des doigts. – *Pulpe dentaire :* tissu conjonctif qui remplit la cavité dentaire.

pulpeux, euse [pylpø, øz] adj. Qui contient de la pulpe. – Fig. Aux formes pleines. *Des lèvres pulpeuses.*

pulsar [pylsaʀ] n. m. ASTRO Étoile à neutrons fortement magnétisée et en rotation rapide, dont l'émission se caractérise par une série d'impulsions régulièrement espacées dans le temps.

pulsatile [pylsatil] adj. Didac. Qui est animé de pulsations.

pulsation [pylsasjɔ̃] n. f. **1.** Battement du cœur, des artères. *Rythme des pulsations.* **2.** PHYS Vitesse angulaire (symbole ω) du mouvement circulaire uniforme par lequel on représente une grandeur sinusoïdale ($\omega = \frac{2\pi}{T}$ où T représente la période de ce mouvement).

pulsé [pylse] adj. m. TECH Se dit de l'air que l'on envoie, que l'on fait circuler au moyen d'un dispositif spécial.

pulsion [pylsjɔ̃] n. f. PSYCHAN Manifestation de l'inconscient qui pousse un individu à agir pour réduire un état de tension. *Pulsions sexuelles.* – *Pulsion de vie :* V. éros. – *Pulsion de mort :* V. thanatos.

pulsionnel, elle [pylsjɔnɛl] adj. PSYCHAN Relatif aux pulsions.

pulvérisateur [pylveʀizatœʀ] n. m. Instrument utilisé pour projeter une poudre ou de fines gouttes de liquide.

pulvérisation [pylveʀizasjɔ̃] n. f. **1.** TECH Action de pulvériser un solide. **2.** Cour. Action de projeter une poudre, de pulvériser un liquide.

pulvériser [pylveʀize] v. tr. [1] **1.** Réduire en poudre, en très petits fragments. *Pulvériser du sucre.* **2.** Projeter (un liquide) en fines gouttelettes. *Pulvériser un parfum.* **3.** Fig. Détruire, anéantir.

pulvériseur [pylveʀizœʀ] n. m. AGRIC Machine agricole destinée à ameublir superficiellement la terre en brisant les mottes.

pulvérulence [pylveʀylɑ̃s] n. f. État de ce qui est pulvérulent.

pulvérulent, ente [pylveʀylɑ̃, ɑ̃t] adj. Qui se présente sous forme de poudre, ou qui peut se réduire facilement en poudre.

puma [pyma] n. m. Félin américain *(Felis concolor)* au pelage beige uni, qui chasse la nuit. Syn. couguar.

punaise [pynɛz] n. f. **1.** Petit insecte hétéroptère *(Cimex lectularius)* au corps roux et aplati, parasite de l'homme qu'il pique pour se nourrir de son sang. *La punaise transmet le typhus.* ▷ Pop. *Punaise! :* exclamation de surprise, de dépit. **2.** ENTOM Nom cour. de tous les insectes hétéroptères. **3.** Petit clou à large tête plate et à pointe fine et courte qui se fixe sans marteau, par simple pression.

1. punch [pɔ̃ʃ] n. m. Boisson alcoolisée faite de rhum mêlé de divers ingrédients. *Des punchs.*

2. punch [pœnʃ] n. m. Grande puissance de frappe, pour un boxeur. Fig., *Avoir du punch,* de la vitalité..

puncheur [pœnʃœʀ] n. m. SPORT Boxeur qui a du punch, qui frappe fort.

punching-ball [pœnʃiŋbol] n. m. Ballon fixé par des liens élastiques, dans lequel les boxeurs frappent pour s'entraîner. *Des punching-balls.*

punique [pynik] adj. HIST Relatif aux Carthaginois.

ENCYCL Hist. – Au nombre de trois, les *guerres puniques* opposèrent les Romains aux Carthaginois. **1.** La *première guerre punique* (264-241 av. J.-C.) est déclenchée par les Mamertins, mercenaires installés en Sicile; ceux-ci demandent le secours de Rome pour chasser les Carthaginois, qui contrôlaient le détroit de Messine. Les Romains prennent Messine (264) par surprise, et Hiéron, roi de Syracuse, se rallie à eux. Ils sont vainqueurs à Agrigente (262), à Myles (260), à Ecnome (256), puis l'expédition du consul Regulus en Afrique tourne au désastre. Les Carthaginois ont, pour un temps, l'avantage mais, après leur défaite aux îles Ægates (241), ils cèdent la Sicile et ne peuvent s'opposer à la conquête romaine de la Corse et de la Sardaigne (238-237 av. J.-C.). **2.** Hannibal déclenche la *deuxième guerre punique* (218-201 av. J.-C.) en prenant la v. ibérique de Sagonte, alliée de Rome. En un an, il passe le Rhône et les Alpes, entraîne dans son sillage les Celtes de la plaine du Pô et écrase l'armée romaine sur les bords de la Trébie (218) et du lac Trasimène (217), puis à Cannes, en Apulie (216), où près de 45000 Romains sont tués. Mais Rome mate les rébellions de la confédération italique et constitue en Italie centr. un noyau de résistance, alors qu'Hannibal laisse ses troupes se perdre dans les «délices de Capoue», ville qu'il avait annexée en 215. Bientôt, le jeune Scipion attaque les arrières carthaginois en Espagne. Il débarque en Afrique (204), s'allie au roi numide Masinissa et écrase à Zama (202) l'armée d'Hannibal. Carthage vaincue doit payer une indemnité considérable et cède l'Espagne aux Romains. **3.** Rome déclenche la *troisième guerre punique* (149-146 av. J.-C.), car Caton l'Ancien affirmait sans cesse que Carthage devait être détruite *(Carthago delenda est),* prétextant que les Carthaginois avaient attaqué Masinissa, l'allié de Rome. Carthage résistera, deux ans aux légions de Scipion Émilien, avant que ses murs soient rasés et ses habitants massacrés (146 av. J.-C.). Rome constitue une province en Afrique. (V. Maghreb.) Cette m. année, elle transforme la Grèce vaincue en une province, dominant donc les deux rives de la Méditerranée. Dès lors, elle bâtit un Empire puissant.

punir [pyniʀ] v. tr. [3] **1.** Infliger un châtiment à (qqn). – *Punir qqn d'une peine,* la lui infliger. *Punir qqn de prison.* ▷ v. pron. *Il agit comme s'il voulait se punir de quelque chose.* **2.** (Passif) *Être puni de :* éprouver un désagrément qui résulte de. *Il a été puni de ses mensonges, de sa lâcheté.* – *Être puni par où l'on a péché :* voir la faute que l'on a commise se retourner contre soi-même. **3.** Sanctionner (une faute) par une peine. *Punir un crime.*

punissable [pynisabl] adj. Qui mérite punition.

punitif, ive [pynitif, iv] adj. Dont le but est de punir. *Expédition punitive.*

punition [pynisjɔ̃] n. f. **1.** Action de punir. *La punition des péchés.* **2.** Châtiment infligé pour une faute relativement légère. *Donner une punition à un élève.* **3.** Effet fâcheux d'une faute, d'un défaut, etc. *Cette indigestion est la punition de sa gourmandise.*

punk [pœk] adj. et n. Se dit d'un mouvement social, culturel et musical né en Grande-Bretagne, vers 1975, en réaction contre la société, mais aussi contre la pop-music, jugée mièvre. *Des chanteurs punk(s).* ▷ Subst. *Un(e) punk.*

punu [punu] n. m. LING Langue bantoue parlée au Gabon.

Punu, ethnie vivant dans le centre et au S. du Gabon (env. 120000 personnes) et en rép. du Congo (85000). Ils parlent une langue bantoue.

pupe [pyp] n. f. ZOOL Nymphe des mouches, en forme de tonnelet.

1. pupillaire [pypil(l)ɛʀ] adj. DR Qui a rapport ou appartient au pupille.

2. pupillaire [pypil(l)ɛʀ] adj. PHYSIOL Relatif à la pupille. *Réflexe pupillaire.*

1. pupille [pypil] n. Personne mineure qui est sous l'autorité d'un tuteur.

2. pupille [pypij] n. f. Orifice circulaire au centre de l'iris de l'œil.

pupitre [pypitʀ] n. m. **1.** Petit meuble dont la partie supérieure est en plan incliné et qui sert à écrire, à poser des livres, des partitions de musique. *Pupitre d'écolier, de musicien.* **2.** TECH Tableau sur lequel sont regroupés les organes de commande, de contrôle, etc., d'une machine électronique, notam. d'un système informatique.

pupitreur, euse [pypitʀœʀ, øz] n. INFORM Personne chargée de la commande et de la surveillance du fonctionnement d'un ordinateur.

pur, pure [pyʀ] adj. et n. **I.** adj. **1.** Qui n'est pas mélangé à autre chose, qui n'est pas altéré par un élément étranger. *Vin pur. Pur jus de fruits. Or pur.* – *Ciel pur,* sans aucun nuage. ▷ CHIM *Corps pur,* constitué de molécules identiques et caractérisé par la constance de ses caractères physiques. **2.** Fig. Exempt de toute souillure morale. *Une jeune fille pure. Une conscience pure.* **3.** *Par ext.* Qui ne comporte pas d'imperfections, de fioritures. *Style, langage pur. Meuble d'une ligne très pure.* **4.** Envisagé sous un angle théorique, abstrait. *Mathématiques pures* (par oppos. à *mathématiques appliquées*). **5.** Qui est bien tel (et non autre). *Faire souffrir qqn par pure cruauté.* ▷ *Pur et simple :* sans restriction, sans réserve. *Une interdiction pure et simple.* ▷ *Pur et dur :* qui suit une ligne de pensée avec une grande rigueur. **II.** n. Personne qui, ayant embrassé une doctrine politique, religieuse, n'accepte aucune compromission.

Purāna, textes sanscrits anonymes, de caractère épique, qui célèbrent les dieux de l'hindouisme, princ. Vishnu et ses incarnations. (IVe-XIVe s.).

Purcell (Henry) (1659 – 1695), compositeur anglais : *Didon et Énée* (opéra, 1689), mus. relig., chansons, fantaisies pour violes, sonates pour deux violons et basse, pièces pour clavecin.

purée [pyʀe] n. f. Préparation de légumes cuits dans l'eau et écrasés. *Purée* *d'igname.* – Absol. *De la purée* (de pommes de terre).

purement [pyʀmɑ̃] adv. Uniquement, exclusivement. *À des fins purement humanitaires.* – *Purement et simplement :* sans réserve et sans condition.

pureté [pyʀte] n. f. **1.** Qualité de ce qui est pur, sans mélange. *Pureté de l'eau.* ▷ CHIM État d'un corps ne contenant pas de substances étrangères. ▷ *Pureté d'un diamant :* état d'un diamant sans défaut, sans altération. **2.** Fig. Qualité de qqn, de qqch qui est pur sur un plan moral. *Pureté des intentions.* ▷ *Par ext.* État de ce qui est sobre, dépourvu de fioritures ou d'imperfections. *Pureté des formes.*

purgatif, ive [pyʀgatif, iv] adj. et n. m. Se dit d'une substance, d'un médicament qui purge.

purgatoire [pyʀgatwaʀ] n. m. RELIG CATHOL Lieu dans lequel les âmes des justes achèvent l'expiation de leurs fautes avant d'être admises au Paradis. ▷ Fig. *Un purgatoire :* un temps d'épreuve, une période difficile.

purge [pyʀʒ] n. f. **1.** Action de purger; son résultat. ▷ Médicament pour purger. **2.** Action d'évacuer d'une canalisation ou d'un récipient un fluide différent de celui qui doit normalement s'y trouver. *Robinet de purge.* **3.** Épuration politique.

purger [pyʀʒe] v. tr. [13] **1.** Provoquer l'évacuation des selles de (qqn) au moyen d'un purgatif. **2.** TECH Purifier (une substance). *Purger un métal.* **3.** Effectuer la purge de (une canalisation, un appareil). **4.** Débarrasser (une société) d'individus indésirables. *Purger la ville d'une bande de malfaiteurs.* **5.** *Purger une peine :* subir la peine à laquelle on est condamné. **6.** DR *Purger les hypothèques :* libérer un bien des hypothèques qui le grèvent.

purgeur [pyʀʒœʀ] n. m. Dispositif servant à la purge d'un récipient, d'une canalisation.

purificateur, trice [pyʀifikatœʀ, tʀis] adj. et n. m. **1.** adj. Qui purifie, qui a la vertu de purifier. **2.** n. m. Appareil servant à purifier (un milieu).

purification [pyʀifikasjɔ̃] n. f. Action de purifier; son résultat. *La purification de l'air.* ▷ Fig. *La purification du corps imposée par certaines religions est le symbole de la purification de l'âme.* ▷ LITURG CATHOL Moment de la messe où le célébrant essuie le calice.

purifier [pyʀifje] v. tr. [2] **1.** Débarrasser des éléments étrangers, de ce qui altère. *Purifier l'eau. Purifier l'haleine.* **2.** Laver d'une souillure par des cérémonies religieuses. *Purifier un temple.* **3.** Rendre pur moralement.

Purim. V. Pourim.

purin [pyʀɛ̃] n. m. Liquide s'égouttant du fumier, composé d'urine, d'eau et des produits de décomposition de la litière et des matières fécales animales.

purine [pyʀin] n. f. BIOCHIM Base azotée dont certains dérivés entrent dans la composition des acides nucléiques.

puriner [pyʀine] v. tr. [1] (Suisse) Répandre du purin sur un champ. *Puriner la moitié d'un champ.*

purique [pyʀik] adj. BIOCHIM *Bases puriques :* dérivés de la purine, importants constituants des acides nucléiques et des nucléotides.

purisme [pyʀism] n. m. **1.** Respect scrupuleux, excessif, de la correction du langage. **2.** BX-A Mouvement plastique néo-cubiste fondé par A. Ozenfant et Le Corbusier en 1918. **3.** Respect scrupuleux d'un idéal, d'une doctrine.

puriste [pyʀist] n. et adj. Personne qui s'attache avec excès à la correction, à la pureté du langage; qui respecte scrupuleusement les principes propres à un idéal, une doctrine. ▷ adj. *Théoricien, propos puristes.*

puritain, aine [pyʀitɛ̃, ɛn] n. et adj. **I.** n. **1.** HIST, RELIG Membre d'une secte de presbytériens rigoristes. **2.** Personne qui affecte une grande austérité, un respect sévère et intransigeant des principes moraux. **II.** adj. **1.** Propre aux puritains (sens I, 1). **2.** Austère, imprégné de puritanisme.

puritanisme [pyʀitanism] n. m. **1.** RELIG Doctrine des puritains. **2.** Rigorisme dans la morale, dans les mœurs.

purpura [pyʀpyʀa] n. m. MED Épanchement de sang au niveau de la peau ou des muqueuses réalisant un piqueté hémorragique (pétéchies) ou une ecchymose.

pur-sang [pyʀsɑ̃] n. m. inv. Cheval de course issu d'une race créée au XVIIIe s. par le croisement d'étalons arabes avec des juments anglaises.

purulence [pyʀylɑ̃s] n. f. MED État caractérisé par la présence de pus.

purulent, ente [pyʀylɑ̃, ɑ̃t] adj. Qui a la nature ou l'aspect du pus; qui produit du pus.

Purus (río), riv. du Pérou et du Brésil (3 380 km), affl. de l'Amazone (r. dr.).

pus [py] n. m. Exsudat pathologique, liquide, opaque, généralement jaunâtre, tenant en suspension des leucocytes altérés, des débris cellulaires et de nécrose, et contenant ou non des germes.

Pusan (en jap. *Fusan*), princ. port de la Corée du Sud, sur le détroit de Corée, qui constitue une prov. de 433 km^2 et de 3 516 810 hab. Industries.

Pusey (Edward Bouverie) (1800 – 1882), théologien anglais; promoteur, avec Newman, du mouvement d'Oxford* ou *puseyisme.*

pusillanime [pyzillanim] adj. Litt. Qui manque de courage, de caractère.

pustule [pystyl] n. f. **1.** Lésion cutanée, soulèvement circonscrit de l'épiderme contenant du pus. **2.** Petite protubérance de la peau de certains animaux.

pustuleux, euse [pystylø, øz] adj. Caractérisé par la présence de pustules; qui a la forme d'une pustule.

putain [pytɛ̃] n. f. et adj. **1.** n. f. Vulg. Prostituée. ▷ Inj. Femme de mœurs faciles. **2.** adj. (inv. en genre) Fig., fam. Prêt à n'importe quelle concession. *Elle est un peu putain.*

putatif, ive [pytatif, iv] adj. DR Qui juridiquement est réputé être ce qu'il n'est pas en réalité. – *Mariage putatif :* mariage nul, mais contracté de bonne foi et dont les effets antérieurement produits subsistent jusqu'à son annulation.

Putiphar, personnage biblique, chef des gardes du pharaon et maître de Joseph*. Sa femme voulut séduire Joseph qui la repoussa; elle l'accusa alors d'avoir voulu la prendre de force, et Joseph fut jeté en prison.

putois [pytwa] n. m. Mammifère carnivore d'Europe et d'Asie (fam. mustélidés), à l'odeur désagréable. ▷ Fourrure du putois. *Col en putois.*

putréfaction [pytʀefaksjɔ̃] n. f. Décomposition des organismes privés de vie sous l'influence d'agents microbiens.

putréfié, ée [pytʀefje] adj. Qui est en état de putréfaction.

putréfier [pytʀefje] v. tr. [2] Corrompre, faire pourrir. ▷ v. pron. Tomber en putréfaction, pourrir.

putrescible [pytʀesibl] adj. Qui peut se putréfier.

putride [pytʀid] adj. **1.** En putréfaction. **2.** Produit par la putréfaction. ▷ Litt., fig. Qui pourrit l'esprit, les mœurs. *Écrits putrides.*

putsch [putʃ] n. m. POLIT Coup de force effectué par un groupe armé, en vue de prendre le pouvoir. *Des putsch* ou *des putschs.*

putschiste [putʃist] n. et adj. POLIT Personne qui prend part à un putsch; personne qui prend parti en faveur d'un putsch. ▷ adj. *Menées putschistes.*

Puvis de Chavannes (Pierre) (1824 – 1898), peintre français académique.

Puy-de-Dôme, dép. franç.; 7965 km^2; 598213 hab.; ch.-l. *Clermont*-Ferrand.* V. Auvergne (Rég.).

Puyi ou **P'ou-yi** (1906 – 1967), dernier empereur de Chine (1908-1912). Les Japonais le firent régner sur le Mandchoukouo (1934-1945). En 1945, les Soviétiques l'emprisonnèrent, puis le remirent à la Chine populaire (1950). Amnistié en 1959, il occupa de modestes emplois.

puzzle [pœzl] n. m. Jeu de patience formé de petites pièces à contours irréguliers que l'on doit assembler pour former une image. Syn. (Québec) casse-tête. ▷ Fig. Juxtaposition d'éléments très différents, difficiles à unir.

pycnogonides [piknɔgɔnid] n. m. pl. ZOOL Classe d'arthropodes chélicérates marins au corps très réduit supporté par de longues pattes grêles. – Sing. *Un pycnogonide.*

pygargue [pigaʀg] n. m. ORNITH Grand aigle des régions tempérées qui se nourrit d'oiseaux et de poissons. Syn. cour. orfraie, aigle de mer.

-pyge, -pygie. Éléments, du gr. *pugê,* «fesse».

Pygmalion, roi légendaire de l'île de Chypre; auteur d'une statue de Galatée dont il devint amoureux. Aphrodite l'anima et la lui donna pour épouse.

pygmée [pigme] adj. Des Pygmées.

Pygmées, population africaine vivant principalement dans la forêt équatoriale, caractérisée par leur petite taille (moins de 1,50 m). Ils parlent une grande variété de langues, appartenant à la famille nigéro-congolaise (langues bantoues et oubanguiennes) et à la famille nilo-saharienne (langues du groupe soudanais central). Traditionnellement, les Pygmées sont des chasseurs-cueilleurs nomades.

pyjama [piʒama] n. m. Vêtement de nuit ou d'intérieur composé d'une veste et d'un pantalon amples.

pylône [pilon] n. m. **1.** ANTIQ Portail colossal d'un temple égyptien, flanqué de deux piliers massifs en forme de pyramides tronquées. **2.** ARCHI Chacun des piliers quadrangulaires de grande dimension qui ornent l'entrée d'un pont, d'une avenue, etc. **3.** Construction, le plus souvent en charpente métallique ou en béton armé, qui sert de support à des câbles aériens, à une antenne de radio, etc.

pylore [pilɔʀ] n. m. ANAT Orifice intérieur de l'estomac faisant communiquer celui-ci avec le duodénum.

pyocyanique [pjɔsjanik] adj. BIOL *Bacille pyocyanique :* bacille Gram négatif, dont la culture a une odeur particulière, germe redoutable du fait de sa résistance à de nombreux antibiotiques.

pyodermite [pjodɛʀmit] n. f. MED Dermatose infectieuse favorisée notam. par la chaleur, l'humidité et la malnutrition.

Pyongyang, cap. de la Corée du Nord, sur le Taedong; 1500000 hab. Industries.

pyorrhée [pjɔʀe] n. f. MED Écoulement de pus. *Pyorrhée dentaire.*

pyr(o)-. Élément, du gr. *pûr, puros,* «feu». ▷ CHIM Préfixe indiquant une décomposition sous l'action de la chaleur.

pyrale [piʀal] n. f. ENTOM Petit papillon nocturne à l'aspect soyeux dont les chenilles se nourrissent de produits variés et peuvent être nuisibles. *Certaines pyrales sont appelées cour. mites.*

pyralène [piʀalɛn] n. m. (Nom déposé.) TECH Huile synthétique ininflammable utilisée comme isolant dans les industries électriques et électroniques, et qui, sous l'effet de la chaleur, dégage de la dioxine.

pyramidal, ale, aux [piʀamidal, o] adj. **1.** En forme de pyramide. **2.** ANAT *Cellules pyramidales :* cellules nerveuses de l'écorce cérébrale. – *Faisceaux pyramidaux :* groupements de fibres motrices contenues dans la substance blanche de la moelle épinière. – *Os pyramidal :* os de la première rangée du carpe.

pyramide [piʀamid] n. f. **1.** ANTIQ Monument à quatre faces triangulaires et à base quadrangulaire qui servait de tombeau aux pharaons d'Égypte. *La pyramide de Chéops.* – *Par ext.* Tout monument ayant cette forme. *Les pyramides des Aztèques.* **2.** GEOM Solide qui a pour base un polygone et pour faces latérales des triangles dont les sommets se réunissent en un même point. **3.** Entassement en forme de pyramide. *Pyramide de fruits.* ▷ *Pyramide des âges :* représentation graphique de la répartition par classes d'âge d'une population donnée. **4.** ANAT *Pyramide de Malpighi :* petit faisceau conique de tubes urinifères situé dans le rein.
ENCYCL Archi. – Lieu de sépulture abritant les sarcophages de la famille royale, la pyramide égyptienne était érigée à l'intérieur d'un ensemble architectural composé d'une enceinte, de plusieurs monuments et de temples funéraires annexes. Elle est surtout caractéristique de l'Ancien Empire (IIIe-VIe dynastie, 2780-2380 av. J.-C.). C'est à Gizeh, à 8 km du Caire, que se dressent les trois pyramides les plus célèbres : celle du roi Chéops (ou Grande Pyramide, une des Sept Merveilles du monde; elle a auj. 138 m de haut, 227 m de côté), puis celles de Chéphren et de Mykérinos. C'est à Saqqarah que l'on trouve la plus anc., la pyramide à degrés du roi Djoser (IIIe dynastie). De nombreux peuples précolombiens ont également édifié des pyramides, notamment les Mayas.

Pyramides (bataille des), victoire remportée en Égypte par Bonaparte sur les Mameluks, le 21 juil. 1798, près des pyramides de Gizeh.

Pyrénées, chaîne de montagnes de France et d'Espagne, située entre l'océan Atlantique à l'ouest et la Méditerranée à l'est. Chaîne apparue au primaire, soulevée à nouveau au tertiaire, les Pyrénées présentent trois zones longitudinales : une *zone axiale,* cristalline, où se trouvent les princ. sommets (pic d'Aneto, 3404 m, en Espagne; pic Vignemale, 3298 m, en France); une *zone nord-pyrénéenne,* dont les terrains sédimentaires forment deux séries de rides plissées; une *zone sud-pyrénéenne,* divisée en deux vastes anticlinaux. Montagnes massives, les Pyrénées ne sont franchissables qu'à l'ouest,, région moins élevée, et en bordure de la Méditerranée (col du Perthus, 290 m). Le climat, doux et humide à l'O. et sur le versant français, devient rigoureux au centre et prend des nuances continentales sur le versant espagnol. Les rivières («gaves» dans les Pyrénées centrales) sont presque toutes perpendiculaires à l'axe de la montagne. Auj., la pop. a émigré vers les villes du piémont (Pau, Pampelune, Tarbes). L'aménagement hydroélectrique n'a pas fixé de grande industrie. Le tourisme (Lourdes) et le thermalisme sont vivaces. (V. aussi basque [Pays].)

Pyrénées (paix des), paix conclue (7 nov. 1659) par Mazarin (France) et don Luis de Haro (Espagne) dans l'île des Faisans, au milieu de la Bidassoa (fleuve des Pyr.-Atlant.). L'Espagne cédait à la France le Roussillon et de nombreux territoires et villes des Pays*-Bas espagnols (de l'Artois, de Flandre, de Hainaut, du Luxembourg).

Pyrénées françaises, partagées entre trois dép. – *Pyrénées-Atlantiques,* 7629 km^2; 578516 hab.; ch.-l. *Pau*. V. Aquitaine (Rég.). – *Hautes-Pyrénées,* 4507 km^2; 224759 hab.; ch.-l. *Tarbes* (50228 hab.). V. Midi-Pyrénées (Rég.). – *Pyrénées-Orientales,* 4087 km^2; 363796 hab.; ch.-l. *Perpignan*.* V. Languedoc-Roussillon (Rég.).

pyrèthre [piʀɛtʀ] n. m. BOT Plante cultivée (fam. composées), dont diverses espèces donnent une poudre insecticide obtenue par broyage des capitules.

pyréthrine [piʀetʀin] n. f. PHARM Substance insecticide et parasiticide contenue dans les pyrèthres.

pyrétique [piʀetik] adj. MED Qui a rapport à la fièvre ou qui la détermine.

pyrex [piʀɛks] n. m. (Nom déposé.) Verre résistant aux chocs thermiques et aux agents chimiques.

pyridoxine [piʀidɔksin] n. f. MED Vitamine B6.

pyrimidine [piʀimidin] n. f. BIOCHIM Noyau azoté de formule brute $C_4H_4N_2$, dont dérivent les bases pyrimidiques.

pyrimidique [piʀimidik] adj. BIOCHIM *Bases pyrimidiques :* bases azotées, importants constituants des acides nucléiques et des nucléotides.

pyrite [piʀit] n. f. MINER Sulfure de fer (FeS_2) naturel. ▷ *Pyrite cuivreuse :* sulfure naturel double de cuivre et de fer, minerai de cuivre.

pyro-. V. pyr(o)-.

pyrogène [piʀoʒɛn] adj. MED Qui provoque de la fièvre.

pyrograver [piʀogʀave] v. tr. [1] TECH Exécuter (un motif, un dessin) en pyrogravure; décorer par le procédé de la pyrogravure.

pyrograveur, euse [piʀogʀavœʀ, øz] n. Personne qui fait de la pyrogravure.

pyrogravure [piʀogʀavyʀ] n. f. Procédé de décoration qui consiste à dessiner, au moyen d'une pointe métallique chauffée, sur un objet de bois, de cuir, etc.; gravure ainsi obtenue.

pyrolyse [piʀoliz] n. f. CHIM Décomposition chimique provoquée par la chaleur. *Pyrolyse des toxines animales.*

pyromane [piʀoman] n. Personne atteinte de pyromanie.

pyromanie [piʀomani] n. f. Didac. Impulsion pathologique qui pousse à allumer des incendies.

pyrotechnie [piʀotɛkni] n. f. TECH Technique de la fabrication et de la mise en œuvre des pièces d'artifice et des mélanges fusants.

pyroxène [piʀɔksɛn] n. m. MINER Minéral constitutif des roches basaltiques et métamorphiques. *Les pyroxènes forment une importante famille de silicates.*

pyrrhocoris [piʀokɔʀis] ou **pyrrhocore** [piʀokɔʀ] n. m. ENTOM Punaise européenne rouge tachetée de noir qui vit au pied des arbres ou des vieux murs, appelée cour. *gendarme.*

Pyrrhon (v. 365 – 275 av. J.-C.), philosophe grec, le premier maître de l'école sceptique.

pyrrhonien, enne [piʀɔnjɛ̃, ɛn] adj. et n. PHILO Qui appartient à l'école de Pyrrhon. ▷ Subst. Adepte de la doctrine de Pyrrhon.

pyrrhonisme [piʀɔnism] n. m. PHILO Doctrine de Pyrrhon. ▷ *Par ext.* Scepticisme radical.

Pyrrhus (lat.) ou **Pyrrhos** (gr.) ou **Néoptolème** (chez Homère et chez Euripide), dans la myth. gr., héros, fils d'Achille et de Déidamie. Lors de la prise de Troie, il tua Priam, puis alla fonder un royaume en Épire, où il emmena la veuve d'Hector, Andromaque. Il eut d'elle un enfant, Molosse, et épousa Hermione. Celle-ci n'eut pas d'enfant, ce qui déchaîna sa haine contre Andromaque; elle s'enfuit avec Oreste. Racine, dans *Andromaque* (1667), a modifié ces faits.

Pyrrhus II (lat.) ou **Pyrrhos II** (gr.) (v. 318 – 272 av. J.-C.), roi d'Épire (295-272). Il secourut la colonie grecque de Tarente, vainquant les Romains à Héraclée (280) et à Ausculum (279); battu à Bénévent (275), il rentra en Épire. Il repartit conquérir la Macédoine, mais fut tué à Argos. – *Victoire à la Pyrrhus :* se dit, en souvenir de la bataille d'Héraclée, d'un succès qui coûte aussi cher qu'une défaite.

pyrrol(e) [piʀɔl] n. m. BIOCHIM Composé hétérocyclique azoté, dont dérivent un certain nombre de pigments (hémoglobine, notam.), dits *pigments pyrroliques.*

Pythagore (VIe s. av. J.-C.), philosophe et mathématicien grec. Sa vie est mal connue. Créateur des sciences mathématiques, il enseignait que «les nombres sont les éléments de toutes choses» et que «le monde entier n'est qu'harmonie et arithmétique». Il entrevit que la Terre était sphérique et tournait sur elle-même. Sa doctrine, le *pythagorisme,* fut développée par ses disciples, les *pythagoriciens,* qui l'appliquèrent à la cosmologie, à l'ontologie, à la psychologie et à la morale. ▷ MATH *Table de Pythagore :* table à double entrée qui donne le produit de deux nombres entiers compris entre 1 et 9. ▷ GEOM *Théorème de Pythagore* (qu'on lui attribue) *:* le carré de la longueur de l'hypoténuse d'un triangle rectangle est égal à la somme des carrés des longueurs des deux autres côtés.

pythagoricien, enne [pitagɔʀisjɛ̃ ɛn] adj. et n. PHILO Relatif à la doctrine et à l'école de Pythagore. ▷ Subst. Disciple de Pythagore.

pythagorisme [pitagɔʀism] n. m. PHILO Doctrine de Pythagore.

Pythéas (IVe s. av. J.-C.), navigateur, géographe et astronome grec, né dans l'antique Marseille. Parcourant l'Atlantique Nord, il découvrit l'île de «Thulé», peut-être l'une des Shetland ou des Féroé.

pythie [piti] n. f. **1.** ANTIQ GR *La Pythie :* prêtresse d'Apollon, qui rendait les oracles à Delphes. **2.** Litt. Devineresse.

python [pitɔ̃] n. m. Serpent non venimeux (genres *Python* et voisins) des régions chaudes d'Afrique, d'Asie et d'Australie, qui tue ses proies en les étouffant grâce à ses puissants anneaux. (En Afrique tropicale vivent le *python de Seba,* qui peut atteindre 7 m, et le *python royal,* qui a environ 2 m. En Asie tropicale vivent le *python molure,* qui peut mesurer jusqu'à 6 m, et le *python réticulé,* mesurant jusqu'à 9 m.)

Python, dans la myth. gr., serpent monstrueux qu'Héra lança à la poursuite de Léto, enceinte de Zeus. Léto ayant mis au monde Artémis et Apollon, celui-ci, encore enfant, tua le monstre dans son repaire, à Delphes, où il rendait des prophéties, et lui substitua un oracle. V. pythie.

pyurie [pjyʀi] n. f. MED Présence de pus dans les urines.

q [ky] n. m. Dix-septième lettre (q, Q) et treizième consonne de l'alphabet, employée seule en fin de mot (ex. *coq* [kɔk]) ou, dans le groupe *qu,* notant les sons [k] (ex. *quatre*), [kw] (ex. *équateur*) ou [kɥ] (ex. *équidistant*).

Qadesh ou **Kadesh,** ville cananéenne, sur l'Oronte (Syrie), disputée à la fin du IIe millénaire av. J.-C. entre les Hittites et les pharaons égyptiens.

Qādjārs ou **Kadjars,** dynastie d'origine turkmène qui régna en Perse de 1786 à 1925.

qadriya [kadʀija] n. f. V. khadria.

Qa'itbay (al-Malik al-Achraf Abu al-Nasr) (m. en 1496), sultan d'Égypte (1468-1496). Figure éminente de la dynastie des Mamelouks tcherkesses, il repoussa les attaques des Ottomans (qui s'imposèrent en 1517).

Qala ou **Qal'a des Banu Hammad** (la), anc. ville fortifiée et site archéologique de l'est algérien, à 135 km au S.-O. de Sétif; vestige du palais des émirs (800 x 450 m).

Qandahār. V. Kandahar.

Qassantîna. V. Constantine.

qat [kat] n. m. V. khat.

Qatar *(Dawlat Qatar),* État de la péninsule d'Arabie, sur une presqu'île s'avançant dans le golfe Persique; 11 440 km^2; 390 000 hab. (dont env. 70% d'étrangers, surtout des Iraniens et des Pakistanais); cap. *Al-Dawhah* (90% de la pop.). Nature de l'État : monarchie (émirat). Langue off. : arabe. Monnaie : riyal. Relig. : islam sunnite (wahhābite). – Le pays occupe un plateau calcaire désertique. Le pétrole (dep. 1949) et le gaz (dep. 1988) assurent un revenu très élevé et ont permis un développement agricole et industriel rapide. – Depuis 1868, la famille Al-Thani règne sur l'émirat. En 1896, elle a accepté le protectorat brit. En 1971, le cheik Khalifah ben Hamad al-Thani, devenu Premier ministre, rejeta ce traité et proclama l'indép. Refusant d'entrer dans la fédération des Émirats arabes unis, il signa un nouveau traité avec la G.-B. et, en 1972, déposa son cousin, l'émir régnant. En 1974, il a nationalisé les sociétés pétrolières. En 1995, son fils, le cheik Hamad ben Khalifah Al-Thani a accompli une révolution de palais non violente et pris le pouvoir.

qatari, ie [kataʀi] adj. et n. Du Qatar. ▷ Subst. *Un(e) Qatari(e).*

Qena, v. du centre de l'Égypte, sur le Nil, au N. de Thèbes; 142 000 hab.; cap. du gouvernorat du m. nom. Centre agricole : canne à sucre.

qibla [kibla] n. f. RELIG Direction de la Mecque vers laquelle les musulmans se tournent pour prier.

Qin ou **Ts'in,** dynastie chinoise (221-206 av. J.-C.).

Qing ou **Ts'ing,** dernière dynastie impériale chinoise (1644-1912). Son règne assura la domination des Mandchous sur la Chine et s'acheva avec la proclamation de la république.

Qin Shi Huangdi ou **Ts'in Che Houang-ti** (259-210 av. J.-C.), membre le plus important de la dynastie Qin qui instaura une administration centralisée, acheva de conquérir les Royaumes combattants et fit construire la Grande Muraille*.

Qom. V. Qum.

quadr-, quadri-, quadru-. Élément d'orig. lat., même rac. que *quattuor,* «quatre».

quadragénaire [kwadʀaʒenɛʀ] adj. et n. Se dit d'une personne qui a entre quarante et cinquante ans.

quadrangle [kwadʀɑ̃gl] n. m. GEOM Figure formée par quatre points.

quadrangulaire [kwadʀɑ̃gylɛʀ] adj. Qui a quatre angles (et quatre côtés). ▷ Dont la section est un quadrilatère. *Pylône quadrangulaire.*

quadrant [kadʀɑ̃] n. m. GEOM Quart de la circonférence, correspondant à un arc de 90 degrés.

quadratique [kwadʀatik] adj. **1.** MATH Qui est du second degré. ▷ *Moyenne quadratique de deux nombres :* V. moyenne. **2.** MINER *Système quadratique* ou *tétragonal :* système de la cristallographie auquel appartiennent les cristaux caractérisés par les éléments de symétrie du prisme droit à base carrée.

quadrature [kwadʀatyʀ] n. f. **1.** GEOM Réduction d'une figure quelconque à un carré de surface égale. (La *quadrature du cercle,* qui consiste à construire au moyen de la règle et du compas le côté d'un carré dont la surface serait égale à celle d'un cercle donné, est impossible à cause de la transcendance du nombre π.) ▷ Fig., cour. *C'est la quadrature du cercle :* c'est un problème insoluble. **2.** MATH Calcul d'une intégrale définie quelconque. **3.** ASTRO Position de deux astres dont les directions à partir de la Terre forment un angle de 90 degrés. *La Lune est en quadrature au premier et au dernier quartier.* **4.** PHYS Caractère de deux phénomènes périodiques présentant un déphasage de 90 degrés (soit π/2).

quadri-. V. quadr-.

quadriceps [kwadʀisɛps] n. m. ANAT Muscle de la face antérieure de la cuisse.

quadrichromie [kwadʀikʀomi] n. f. TECH Procédé de reproduction des couleurs utilisant la superposition des trois couleurs primaires (jaune, magenta [rouge], cyan [bleu]) et du noir ou d'une teinte foncée neutre.

quadriennal, ale, aux [kwadʀijɛnal, o] adj. Qui dure quatre ans. ▷ Qui se renouvelle tous les quatre ans.

quadrijumeaux [kwadʀiʒymo] adj. m. pl. ANAT *Tubercules quadrijumeaux :* petites masses nerveuses situées un peu en avant du bulbe, relais pour les voies optiques et auditives.

quadrilatère [kwadʀilatɛʀ] n. m. Polygone à quatre côtés.

quadrillage [kadʀijaʒ] n. m. **1.** Réseau de droites perpendiculaires qui s'entrecroisent en formant des carrés ou des rectangles (sur du papier, une étoffe, etc.). **2.** Subdivision topologique d'une zone, d'une région, en petits secteurs indépendants d'un point de vue statistique, stratégique, politique, etc. **3.** Opération de contrôle ou de surveillance d'un territoire par le déploiement d'unités militaires ou policières.

quadrille [kadʀij] n. **1.** n. f. Troupe de cavaliers dans un carrousel, de toréros dans une corrida. **2.** n. m. Ancienne danse française.

quadriller [kadʀije] v. tr. [1] **1.** Tracer un quadrillage sur (sens 1). *Quadriller une feuille blanche.* – Pp. adj. *Du papier quadrillé.* **2.** Opérer le quadrillage de (sens 2 et 3).

quadrillion [kadʀiljɔ̃] n. m. V. quatrillion.

quadrimoteur [k(w)adʀimɔtœʀ] n. m. Avion à quatre moteurs.

quadripartite [k(w)adʀipaʀtit] adj. Didac. Où sont impliquées quatre parties. *Accord quadripartite.*

quadriphonie [kwadʀifɔni] n. f. Procédé d'enregistrement et de restitution des sons utilisant quatre canaux. Syn. tétraphonie.

quadripolaire [k(w)adʀipɔlɛʀ] adj. Didac. Qui possède quatre pôles.

quadripôle [k(w)adʀipol] n. m. ELECTR Dispositif comportant quatre pôles, deux pour l'entrée et deux pour la sortie (amplificateur, transformateur).

quadrique [kwadʀik] adj. et n. f. GEOM Se dit d'une surface définie par une équation du second degré. ▷ n. f. Cette surface. *La sphère, l'ellipsoïde, le paraboloïde sont des quadriques.*

quadriréacteur [kwadʀiʀeaktœʀ] n. m. Avion à quatre réacteurs.

quadrisyllabe [k(w)adʀisillab] n. m. Didac. Mot ou vers qui comporte quatre syllabes.

quadru-. V. quadr-.

quadrumane [k(w)adʀyman] adj. et n. m. ZOOL Dont chacun des quatre membres se termine par une main. ▷ n. m. *Le singe est un quadrumane.*

quadrupède [k(w)adʀypɛd] adj. et n. m. Se dit d'un mammifère qui a quatre pattes. *Animal quadrupède.* ▷ n. m. *Un quadrupède.*

quadruple [k(w)adʀypl] adj. et n. m. Qui vaut quatre fois (la quantité dont on parle). ▷ n. m. *Ses revenus représentent le quadruple des miens.*

quadrupler [k(w)adʀyple] v. [1] **1.** v. tr. Multiplier par quatre. *Quadrupler* *une allocation.* **2.** v. intr. Se multiplier par quatre. *Ses revenus ont quadruplé.*

quadruplés, ées [k(w)adʀyple] n. pl. Les quatre enfants nés au cours d'un même accouchement.

quai [kɛ] n. m. **1.** Ouvrage de maçonnerie élevé le long d'un cours d'eau pour l'empêcher de déborder, pour retenir ses berges. ▷ Voie publique sur les berges d'un cours d'eau. **2.** Ouvrage construit dans un port ou sur la rive d'un fleuve, qui sert à l'amarrage des navires, à l'embarquement et au débarquement des passagers et des cargaisons. *Bateau à quai,* rangé le long d'un quai. **3.** Plate-forme le long de la voie ferrée, qui, dans une gare, sert à l'embarquement et au débarquement des passagers, des marchandises. *Quai n° 5. Ticket de quai,* qui donne accès au quai mais non aux voitures.

quaker, quakeresse [kwɛkœʀ, kwɛkəʀɛs] n. RELIG Membre d'un mouvement religieux protestant.

qualifiable [kalifjabl] adj. **1.** (Surtout en phrases nég.) Qui peut être qualifié. *Sa conduite n'est pas qualifiable.* **2.** Qui peut recevoir une qualification (pour participer à une compétition).

qualifiant, ante [kalifjɑ̃, ɑ̃t] adj. Qui donne une qualification (sens 2).

qualificatif, ive [kalifikatif, iv] adj. et n. m. **1.** adj. GRAM Qui sert à exprimer une qualité. *Adjectif qualificatif.* **2.** n. m. Mot qui sert à qualifier (qqn, qqch). *Des qualificatifs injurieux.*

qualification [kalifikasjɔ̃] n. f. **1.** Attribution d'une qualité, d'un titre, d'une appellation, d'un nom. ▷ DR Détermination de la nature du fait incriminé, des textes et des tribunaux qui le répriment. **2.** Ensemble de ce qui constitue le niveau de capacité, de formation, reconnu à un ouvrier, à un employé. *Qualifications requises pour occuper tel emploi.* **3.** SPORT Fait d'être qualifié ou de se qualifier pour une épreuve sportive.

qualifié, ée [kalifje] adj. **1.** Qui a les qualités requises (pour). *Vous n'êtes pas qualifié pour juger de cela.* ▷ SPORT Qui a obtenu sa qualification pour une épreuve sportive. **2.** *Ouvrier qualifié* (par oppos. à *ouvrier spécialisé*) : dénomination usuelle de l'*ouvrier professionnel,* ouvrier qui a fait l'apprentissage complet d'un métier, généralement sanctionné par un C.A.P. **3.** DR Se dit d'un acte qui constitue normalement un délit, mais qui, en raison de circonstances aggravantes définies par la loi (effraction, abus de confiance, etc.), est passible d'une peine criminelle. *Vol qualifié.*

qualifier [kalifje] v. tr. [2] **1.** Caractériser (une chose, une personne) en la désignant de telle manière. *Une conduite qu'on ne saurait qualifier.* – (Avec un attribut.) *Qualifier qqn d'imposteur.* ▷ Exprimer la qualité de. *L'adjectif qualifie le nom.* **2.** Conférer un titre, une qualité, une qualification à (qqn). *Son expérience le qualifie plus que tout autre pour mener à bien cette mission.* **3.** SPORT Donner une qualification. ▷ v. pron. SPORT Être admis à participer à une compétition après avoir subi avec succès les épreuves éliminatoires.

qualitatif, ive [kalitatif, iv] adj. (et n. m.) Qui a rapport à la qualité, à la nature des choses (par oppos. à *quantitatif*). ▷ n. m. *Le qualitatif et le quantitatif.* ▷ CHIM *Analyse qualitative,* qui s'attache à déterminer la nature des éléments d'un composé ou d'un mélange.

qualitativement [kalitativmɑ̃] adv. Du point de vue qualitatif.

qualité [kalite] n. f. **1.** Manière d'être, bonne ou mauvaise, état caractéristique d'une chose. *Produit de bonne, de mauvaise qualité.* – *Qualité de la vie. Qualité de l'environnement.* ▷ *Absol.* Bonne qualité. *Les qualités de son style. Voyez la qualité de ce tissu.* **2.** Ce qui fait la valeur de qqn; aptitude, disposition heureuse. *Un garçon plein de qualités.* **3.** PHILO Propriété sensible et non mesurable qui détermine la nature d'un objet (par oppos. à *quantité*). *Les qualités constitutives d'un objet.* **4.** (Personnes) Vx *Personne de qualité,* noble. ▷ Condition sociale, civile, juridique. *Décliner ses nom, prénom et qualité.* – (Donnant certains droits, certains devoirs.) *Qualité de citoyen, de tuteur.* – DR *Avoir qualité pour agir.* – Loc. prép. *En qualité de :* à titre de. ▷ DR *Les qualités :* l'acte d'avoué qui précise les données d'un procès (nom et qualité des parties, énoncé des faits, etc.), reproduit en tête d'un jugement.

quand [kɑ̃] ([kɑ̃t] devant une voyelle.) conj. et adv. **I.** conj. **1.** (Exprime une relation de correspondance temporelle.) Lorsque, au moment où, toutes les fois que. *Je partirai quand il viendra. Quand il criait, nous avions peur.* ▷ Fam. (Précédé d'une préposition.) *Voici une banane pour quand tu auras faim.* **2.** (Suivi du conditionnel.) Indique une relation d'opposition entre deux propositions. *Quand vous l'auriez voulu, vous ne l'auriez pas pu.* – Loc. *Quand bien même :* même si. *Quand bien même il le voudrait.* **3.** Loc. *Quand même :* malgré tout. *Il l'a fait quand même.* ▷ (Interj. pour marquer l'indignation, l'admiration.) Fam. Tout de même. *Quand même il exagère!* **II.** adv. interrog. (Concernant le temps.) *Quand viendra-t-il?* – Fam. *Quand est-ce qu'il vient?* ▷ (En interrogation indirecte.) *Je ne me souviens plus quand c'était.*

Quang Trung (Nguyên Van Huê) (mort en 1792), empereur du Viêt-nam (1789-1792). De la famille des Tây* Son, il vainquit les Chinois, renversa la dynastie des Lê (1789), se proclama empereur et pacifia le centre et le nord du Viêt-nam, dévastés par les guerres civiles. Sa mort prématurée empêcha le développement des réformes (agraires et administratives) qu'il avait impulsées.

quanta [k(w)ɑ̃ta] n. m. V. quantum.

quant à [kɑ̃ta] loc. prép. Pour ce qui est de, en ce qui concerne. *Quant à lui, il pourra choisir ce qu'il voudra.*

quant-à-soi [kɑ̃taswa] n. m. inv. *Rester sur son quant-à-soi :* garder ses distances.

quantifiable [kɑ̃tifjabl] adj. Que l'on peut quantifier.

quantificateur [kɑ̃tifikatœʀ] n. m. LOG, MATH Opérateur qui lie une ou plusieurs variables à une quantité; symbole désignant un tel opérateur. *Quantificateur universel* (∀ = «quel que soit…» ou «pour tout…»). *Quantificateur existentiel* (∃ = «il existe au moins un»).

quantification [kɑ̃tifikasjɔ̃] n. f. **1.** LOG Action d'attribuer une certaine quantité à un terme. – *Quantification du prédicat* (Hamilton), qui consiste à attribuer au prédicat une extension indépendante de la qualité de la proposition. **2.** PHYS Fragmentation d'une grandeur physique en quantités discontinues ou quanta.

quantifié, ée [kɑ̃tifje] adj PHYS Se dit d'une grandeur qui ne peut varier que par multiple d'un quantum.

quantifier [kɑ̃tifje] v. tr. [2] **1.** Cour. Déterminer la quantité de, chiffrer. **2.** LOG Faire la quantification de.

quantique [k(w)ɑ̃tik] adj. PHYS Relatif aux quanta; qui repose sur la théorie des quanta. *Mécanique quantique :* V. mécanique, quantum. ▷ *Nombres quantiques :* ensemble de quatre nombres définissant complètement l'état de chaque électron d'un atome.

quantitatif, ive [kɑ̃titatif, iv] adj. (et n. m.) Qui a rapport à la quantité (par oppos. à *qualitatif*). *Changement quantitatif mais non qualitatif.* ▷ n. m. *Le quantitatif et le qualitatif.* ▷ CHIM *Analyse quantitative,* qui permet de déterminer les masses et volumes respectifs de corps mélangés ou combinés. ▷ ECON *Théorie quantitative,* qui limite l'influence de la quantité de monnaie au niveau général des prix.

quantitativement [kɑ̃titativmɑ̃] adv. Du point de vue quantitatif.

quantité [kɑ̃tite] n. f. **1.** Collection de choses, portion de matière, considérées du point de vue de la mesure, du nombre d'unités qu'elles représentent. *Une grande, une petite quantité de bols, de riz, d'argent.* ▷ *En quantité :* en grande quantité. – *Une (des) quantité(s) de :* un grand nombre, une abondance de. *Il y avait une quantité de réponses possibles.* ▷ CHIM *Quantité de matière :* quantité d'atomes, de molécules, d'ions, etc. (L'unité SI de mesure est la mole*.) **2.** Propriété de la grandeur mesurable; ce qui est susceptible d'être mesuré. – PHYS *Quantité de mouvement :* grandeur vectorielle caractéristique de l'état de mouvement d'un corps. *Quantité de mouvement d'une particule :* en mécanique newtonienne (non relativiste), produit de sa masse par sa vitesse. **3.** VERSIF Durée relative d'une syllabe. ▷ PHON Durée relative d'énonciation d'un son. (Elle permet le classement des voyelles en longues et brèves.) **4.** LOG Extension des termes d'une proposition, de la proposition elle-même.

quantum [k(w)ɑ̃tɔm], plur. **quanta** [k(w)ɑ̃ta] n. m. **1.** Quantité déterminée. *Le quantum des dommages, de l'amende, etc., sera fixé par jugement.* **2.** PHYS Plus petite quantité d'une grandeur physique susceptible d'être échangée. *Théorie des quanta.*

ENCYCL Phys. – La théorie des quanta fut établie en 1900 par Max Planck*. Elle a permis d'expliquer l'effet photoélectrique : lorsqu'un photon (alors nommé «quantum de lumière») frappe l'atome d'un métal, il chasse un électron si son quantum d'énergie, et donc sa fréquence, est supérieure à une certaine valeur. La théorie des quanta a conduit Bohr* à proposer un modèle de l'atome dans lequel les électrons périphériques occupent des niveaux d'énergie correspondant à des valeurs déterminées; lorsqu'un électron passe d'une orbite à une autre, c'est-à-dire d'un niveau d'énergie à un autre, il émet un rayonnement. À la suite de Louis de Broglie*, qui effectua la synthèse entre la théorie corpusculaire et la théorie vibratoire de la lumière (mécanique ondulatoire), Heisenberg* jeta les bases de la mécanique quantique, qui rejeta l'image de particules se déplaçant sur des trajectoires bien déterminées. La mécanique quantique a permis l'essor de la physique nucléaire.

Quantz (Johann Joachim) (1697 – 1773), compositeur et flûtiste allemand.

quarantaine [kaʀɑ̃tɛn] n. f. **1.** Nombre d'environ quarante. *Une quaran-*

taine de jours. **2.** Âge de quarante ans, de quarante ans environ. *Le cap de la quarantaine. Il a la quarantaine.* **3.** Isolement de durée variable (jadis quarante jours), imposé à un navire (ou aux personnes, aux animaux, aux marchandises qu'il transporte) provenant d'un pays où sévissent certaines maladies contagieuses. ▷ *Par ext.* Mise à l'écart pour observation d'un animal, d'un troupeau malade. *Bovins en quarantaine.* ▷ Par ext. Fig. *Mettre qqn en quarantaine,* le mettre à l'écart d'un groupe en refusant de lui parler, d'avoir des rapports avec lui.

quarante [kaʀɑ̃t] adj. inv. numéral et n. m. inv. **I.** adj. numéral inv. **1.** (Cardinal) Quatre fois dix (40). *Texte de quarante pages.* **2.** (Ordinal) Quarantième. *Page quarante.* **II.** n. m. inv. **1.** Le nombre quarante. ▷ Chiffres représentant le nombre quarante (40). ▷ Numéro quarante. *Habiter au quarante de la rue.* **2.** *Les Quarante :* les quarante membres de l'Académie française.

quarantenaire [kaʀɑ̃tnɛʀ] adj. **1.** Qui dure quarante ans. **2.** Relatif à la quarantaine sanitaire.

quarantième [kaʀɑ̃tjɛm] adj. et n. **I.** adj. numéral ord. Dont le rang est marqué par le nombre 40. *C'est sa quarantième traversée.* – (Afr. subsah.) *Quarantième jour :* cérémonie religieuse qui a lieu quarante jours après un décès et marque la fin du grand deuil. **II.** n. **1.** Personne, chose qui occupe la quarantième place. **2.** n. m. Chaque partie d'un tout divisé en quarante parties égales. *Trois quarantièmes.*

quark [kwaʀk] n. m. PHYS NUCL Constituant des hadrons.
ENCYCL Dès 1961, Gell-Mann a supposé que tous les hadrons (particules* qui subissent l'interaction* forte) sont des assemblages d'entités plus élémentaires nommées quarks : les mésons sont constitués de deux quarks (un quark et un antiquark); les baryons (protons, neutrons, etc.) sont constitués de trois quarks. La théorie fait intervenir six quarks différents dont les charges électriques peuvent prendre les valeurs 2e/3 ou -e/3, e désignant la charge élémentaire. Très fortement liés entre eux, les quarks restent confinés à l'intérieur des hadrons. V. couleur (sens IV).

quart [kaʀ] n. m. **1.** Chaque partie d'un tout divisé en quatre parties égales. ▷ MUS *Quart de ton.* – *Quart de soupir :* figure marquant un silence dont la durée est celle d'une double croche. ▷ *Un quart d'heure :* quinze minutes. *Midi et quart, midi un quart* (12h15), *midi moins le quart, midi moins un quart* ou (Québec) *midi moins quart* (11 h 45). – (En appos.) (Belgique, Luxembourg) *Une heure quart :* une heure et quart, une heure un quart. ▷ *Par ext.* Moment. *Passer un mauvais quart d'heure,* un moment très désagréable. **2.** Quatrième partie d'une mesure, d'un poids, d'une quantité. – *Les trois quarts du temps :* le plus souvent, presque toujours. *Les trois quarts du temps, il reste sans rien faire.* – *Aux trois quarts :* en grande partie. – *De trois quarts :* le sujet présentant les trois quarts de son visage (intermédiaire entre *de face** et *de profil**). ▷ Gobelet à anse d'environ un quart de litre. ▷ (Québec) Grand récipient cylindrique; baril. – *Par ext.* Poubelle. **3.** SPORT *Quart de finale :* épreuve éliminatoire dont les vainqueurs disputeront les demi-finales. **4.** MAR et cour. Période pendant laquelle une partie de l'équipage, à son tour, est de service. *Prendre son quart. Être de quart. Officier de quart.* ▷ Intervalle entre deux aires de vent, valant 11^0 15'. – Distance angulaire de 11^0 15'.

quarte [kaʀt] n. f. MUS Quatrième degré de la gamme diatonique (ex. : fa dans la gamme d'ut). ▷ *Intervalle de quarte* ou, absol., *quarte :* intervalle de quatre degrés conjoints.

quarté [kaʀte] n. m. Pari mutuel portant sur quatre chevaux.

1. quarteron [kaʀtəʀɔ̃] n. m. **1.** TECH Réunion de vingt-cinq feuilles d'or ou d'argent battu. **2.** Fig. (Souvent péjor.) Petit nombre, poignée (de personnes). *Un quarteron d'officiers révoltés.*

2. quarteron, onne [kaʀtəʀɔ̃, ɔn] n. Personne dont l'un des grands-parents est noir et les trois autres sont blancs.

quartette [kwaʀtɛt] n. m. Formation de jazz rassemblant quatre musiciens.

quartier [kaʀtje] n. m. **I.** Quart. **1.** Portion constituant le quart environ d'une chose, d'un ensemble. *Un quartier d'orange.* – En boucherie, *les quatre quartiers :* les parties antérieure et postérieure d'un animal divisées chacune en deux parties symétriques. *Le cinquième quartier :* les abats et les issues. ▷ Portion; morceau. *Quartier de fromage. Un quartier de viande :* un gros morceau. **2.** Pièce de cuir qui, dans un soulier, emboîte le talon. **3.** *Les quartiers de la Lune :* chacune de ses quatre phases. **4.** Degré d'ascendance noble. *Avoir quatre quartiers de noblesse.* **II. 1.** Division administrative d'une ville. *Commissariat de quartier.* – (Afr. subsah.) *Chef de quartier.* **2.** Cour. Partie d'une ville qui présente certains caractères distinctifs. *Un quartier très commerçant.* – *Spécial.* (Afr. subsah.) Quartier populaire. – *Par ext.* Ensemble des habitants d'un quartier. *Tout le quartier est au courant.* Syn. (Maghreb) houma. **3.** MILIT (Plur.) Cantonnement d'un corps de troupe. ▷ *Quartier général (Q.G.) :* lieu où est établi l'état-major de commandement d'une unité. ▷ Caserne. – Loc. *Avoir quartier libre :* avoir la liberté de sortir de la caserne; ne plus être en service. **4.** Dans une prison, partie réservée à une catégorie de détenus. **5.** Loc. *Faire quartier :* accorder la vie sauve. *À l'assaut! Et pas de quartier!*

Quartier latin (le), vieux quartier de Paris situé sur la r. g. de la Seine, au S. de la Cité. On y trouve de très nombr. facultés et grandes écoles.

quartier-maître [kaʀtjemɛtʀ] n. m. MAR Grade compris entre celui de matelot et celui de second maître. *Des quartiers-maîtres.*

quartique [k(w)aʀtik] n. f. GEOM Courbe dont l'équation est du quatrième degré.

quart-monde [kaʀmɔ̃d] n. m. Ensemble des classes les plus défavorisées de la population, dans un pays donné. ▷ Ensemble des pays les plus pauvres.

quarto [kwaʀto] adv. Quatrièmement. (Après *primo, secundo, tertio.*)

Quarton, Charonton, Charreton ou **Charton** (Enguerrand) (v. 1410 – apr. 1462), peintre français de l'école d'Avignon : *Pieta d'Avignon* (v. 1455, Louvre).

quartz [kwaʀts] n. m. Variété très répandue de silice cristallisée.
ENCYCL Le quartz est un constituant de nombr. roches (granite, sable, grès). Il se caractérise par sa dureté (l'acier ne le raie pas) et, lorsqu'il est pur, par sa limpidité (cristal de roche). Lorsqu'il contient des impuretés, il est violet (améthyste), jaune (citrine), noir (quartz fumé), orangé ou rose et on l'utilise en bijouterie. Cristallisé, il donne des prismes à six faces terminés par des pyramides. Les propriétés piézoélectriques du cristal de quartz sont utilisées pour produire des ultrasons, pour stabiliser des émetteurs radio et également en horlogerie.

quartzifère [kwaʀtsifɛʀ] adj. MINER Qui contient du quartz. *Roches quartzifères.*

quartzite [kwaʀtsit] n. m. MINER Grès à ciment siliceux dans lequel les grains de quartz, indissociables, ne sont plus discernables.

quasar [kwazaʀ; kazaʀ] n. m. ASTRO Astre extragalactique parmi les plus lumineux de l'Univers.
ENCYCL Découverts au début des années 1960 en raison de leurs émissions d'ondes radioélectriques, les quasars sont des objets célestes tellement lumineux qu'il est possible de les observer très loin dans l'espace, donc très loin dans le temps. Les plus éloignés observés (plus de 12 milliards d'années de lumière) sont les témoins d'un passé très reculé de l'Univers.

quasi [kazi] adv. Presque, en quelque sorte; pour ainsi dire. **1.** Devant un adj. *Elle est quasi folle.* **2.** Devant un nom, formant un mot composé, avec un trait d'union. *C'est un quasi-fou. Un quasi-délit. Des quasi-certitudes.*

quasi-contrat [kazikɔ̃tʀa] n. m. DR **1.** Acte licite et volontaire qui, sans qu'il y ait eu convention, oblige son auteur envers une autre personne et quelquefois réciproquement (gestion d'affaires, paiement de l'indu, enrichissement sans cause). **2.** Convention entre l'Admin. et un entrepreneur en vue d'encourager une production présentant un intérêt pour l'économie nationale. *Des quasi-contrats.*

quasi-délit [kazideli] n. m. DR Acte illicite commis sans intention de nuire, donnant lieu à une action en réparation. *Des quasi-délits.*

quasiment [kazimɑ̃] adv. Fam. Presque, à peu près. *Résultats quasiment nuls.*

Quasimodo (Salvatore) (1901 – 1968), poète italien. P. Nobel 1959.

quasi-monnaie [kazimɔnɛ] n. f. FIN Ensemble des actifs financiers gérés par les banques et le Trésor rapidement transformables en moyens de paiement. *Des quasi-monnaies.*

quasi-particule [kazipaʀtikyl] n. f. PHYS NUCL Élément se comportant comme une particule. *Des quasi-particules.*

quater [kwatɛʀ] adv. Se dit d'un numéro qu'on répète pour la quatrième fois. *10, 10 bis, 10 ter, 10 quater.*

quaternaire [kwatɛʀnɛʀ] adj. et n. m. **1.** Composé de quatre éléments. – CHIM *Composé quaternaire,* contenant quatre éléments différents. **2.** GEOL *L'ère quaternaire* ou, n. m., *le quaternaire :* l'ère géologique la plus récente et la plus brève, marquée par l'apparition de l'homme. ▷ De l'ère quaternaire. *Faune quaternaire.* **3.** ECON *Le secteur quaternaire* ou, n. m., *le quaternaire :* l'ensemble des activités de services modernes (informatique, recherche scientifique et technique, etc.).
ENCYCL Géol. – On situe le début

de l'ère quaternaire à env. moins 4 millions d'années. Deux grands phénomènes caractérisent le quaternaire européen : les glaciations et les transgressions marines. Quatre glaciations (Günz, Mindel, Riss, Würm) ont déterminé la faune et la flore quaternaires. En Europe, la plupart des espèces vivantes du tertiaire disparurent lors de la première glaciation et seules subsistèrent les espèces adaptées aux climats froids (rhinocéros laineux, par ex.); les espèces tropicales furent repoussées vers le sud; d'Afrique, elles remontèrent vers le N. à chaque période interglaciaire, mais furent arrêtées par la Méditerranée. Le quaternaire est divisé en deux parties inégales : 1. le pléistocène, qui s'achève (arbitrairement) à la fin du paléolithique et occupe donc la quasi-totalité du quaternaire; 2. l'holocène, qui se prolonge jusqu'à nos jours et ne compte que quelques milliers d'années.

quaterne [kwatɛʀn] n. m. Au loto, ensemble de quatre numéros d'une même ligne horizontale.

quaternion [kwatɛʀnjɔ̃] n. m. MATH Quantité complexe (imaginée par Hamilton*), constituée par quatre unités (dont l'une forme la partie scalaire et les trois autres la partie vectorielle) et généralisant la notion traditionnelle de nombre complexe.

quatorze [katɔʀz] adj. inv. et n. m. inv. **I.** adj. numéral inv. **1.** (Cardinal) Dix plus quatre (14). *Quatorze cents* (ou mille quatre cents). **2.** (Ordinal) Quatorzième. *Louis XIV.* – Ellipt. *Le quatorze août.* **II.** n. m. inv. Le nombre quatorze. *Treize et un font quatorze.* ▷ Chiffres représentant le nombre quatorze (14). ▷ Numéro quatorze. *Habiter au quatorze de telle rue.* ▷ *Le quatorze :* le quatorzième jour du mois.

quatorzième [katɔʀzjɛm] adj. et n. **I.** adj. numéral ord. Dont le rang est marqué par le nombre 14. *Dans sa quatorzième année. Le quatorzième siècle.* **II.** n. **1.** Personne, chose qui occupe la quatorzième place. *Être la quatorzième à un concours.* **2.** n. m. Chaque partie d'un tout divisé en quatorze parties égales. *Un quatorzième de la somme.*

quatrain [katʀɛ̃] n. m. Poème ou strophe de quatre vers.

quatre [katʀ] adj. numéral inv. et n. m. inv. **I.** adj. numéral inv. **1.** (Cardinal) Trois plus un (4). *Les quatre éléments.* ▷ Loc. *Monter un escalier quatre à quatre,* en enjambant plusieurs marches à la fois, précipitamment. – Par exag. *Comme quatre :* comme quatre personnes, beaucoup. *Manger comme quatre.* ▷ Fig. *Ne pas y aller par quatre chemins :* aller droit au but. – *Dire à qqn ses quatre vérités,* lui dire, avec une franchise brutale, les choses désobligeantes que l'on pense de lui. ▷ Loc. fig., fam. *Couper les cheveux en quatre :* faire des raisonnements exagérément subtils. – *Se mettre en quatre :* s'employer de tout son pouvoir à rendre service. **2.** (Ordinal) Quatrième. *Henri IV.* – Ellipt. *Le quatre juin.* **II.** n. m. inv. **1.** Le nombre quatre. ▷ Chiffre représentant le nombre quatre (4). ▷ Numéro quatre. *Habiter au quatre.* ▷ *Le quatre :* le quatrième jour du mois. **2.** Carte, face de dé ou côté de domino portant quatre marques. *Le quatre de trèfle.*

Quatre-Bornes, v. de l'O. de l'île Maurice; 71 000 hab. Canne à sucre, industrie florale.

Quatre-Bras (les), lieu-dit du Cambodge, à la hauteur de Phnom Penh, où le Mékong se divise en : Mékong supérieur, bras du Tonlé Sap, Mékong inférieur et Bassac, ces deux derniers formant la tête du delta du Mékong.

Quatre-Bras (les), lieu-dit du Brabant wallon (com. de Baisy-Thy) que le maréchal français Ney ne put enlever aux troupes anglaises de Wellington, l'avant-veille de Waterloo (16 juin 1815).

Quatre-Cantons (lac des) (en all. *Vierwaldstättersee,* «lac des Quatre-Communes forestières»), lac de Suisse centr. (114 km²), entre les cant. d'Uri, Unterwald, Schwyz et Lucerne, à 434 m d'alt. Il est souvent exposé aux coups de fœhn, vent chaud et violent qui peut rendre la navigation délicate. Sinueux, dominé par de hauts sommets, il est alimenté par la Reuss. La beauté de cette région attire de nombreux touristes.

quatre-épices [katʀepis] n. m. inv. CUIS Mélange de poivre, de girofle, de gingembre et de muscade, utilisé comme assaisonnement.

Quatre Fils Aymon (les). V. Aymon.

quatre-heures [katʀœʀ] n. m. inv. (S'emploie au plur. en Suisse.) Syn. de *goûter.* (V. dix-heures).

quatre-huit [katʀɥit] n. m. inv. MUS Mesure à quatre temps qui a la croche pour unité.

Quatre Mousquetaires (les), nom donné aux quatre joueurs de tennis français (Borotra, Brugnon, Cochet, Lacoste) qui remportèrent la coupe Davis de 1927 à 1932.

1. quatre-quatre [katʀkatʀ] n. m. inv. MUS Mesure dont la valeur est égale à quatre noires.

2. quatre-quatre [katʀkatʀ] n. m. inv. et adj. inv. Véhicule tout-terrain à quatre roues motrices. (On écrit le plus souvent 4 × 4.) ▷ adj. inv. *Un véhicule quatre-quatre.*

quatre-vingt(s) [katʀəvɛ̃] adj. numéral et n. m. **I.** adj. numéral. **1.** (Cardinal – Prend un s quand il n'est suivi d'aucun autre adj. numéral.) Huit fois dix (80). *Quatre-vingts millions. Quatre-vingt mille. Quatre-vingt-quatre.* **2.** (Ordinal inv.) Quatre-vingtième. *Page quatre-vingt.* **II.** n. m. Le nombre quatre-vingts. ▷ Chiffres représentant le nombre quatre-vingts (80). ▷ Numéro quatre-vingt. *Habiter au quatre-vingt de telle rue.*

quatre-vingt-dix [katʀəvɛ̃dis] adj. inv. et n. m. inv. **I.** adj. numéral inv. **1.** (Cardinal) Neuf fois dix (90). Syn. (Afr. subsah., Aoste, Belgique, France rég., Suisse) nonante. **2.** (Ordinal) Quatre-vingt-dixième. *Page quatre-vingt-dix.* **II.** n. m. inv. Le nombre quatre-vingt-dix. ▷ Chiffres représentant le nombre quatre-vingt-dix (90). ▷ Numéro quatre-vingt-dix. *Aller jusqu'au quatre-vingt-dix de la rue.* Syn. (Afr. subsah., Aoste, Belgique, France rég., Suisse) nonante.

quatre-vingt-dixième [katʀəvɛ̃dizjɛm] adj. et n. **I.** adj. numéral ord. Dont le rang est marqué par le nombre 90. *Être dans sa quatre-vingt-dixième année.* Syn. (Aoste, Belgique, France rég., Suisse) nonantième. **II.** n. **1.** Personne, chose qui occupe la quatre-vingt-dixième place. Syn. (Aoste, Belgique, France rég., Suisse) nonantième. **2.** n. m. Chaque partie d'un tout divisé en quatre-vingt-dix parties égales. *Trois quatre-vingt-dixièmes.* Syn. (Aoste, Belgique, France rég., Suisse) nonantième.

quatre-vingtième [katʀəvɛ̃tjɛm] adj. et n. **I.** adj. numéral ord. Dont le rang est marqué par le nombre 80. *Être quatre-vingtième.* **II.** n. **1.** Personne, chose qui occupe la quatre-vingtième place. **2.** n. m. Chaque partie d'un tout divisé en quatre-vingts parties égales. *Deux quatre-vingtièmes.*

quatre-yeux [katʀjø] n. m. inv. (Guyane) Nom cour. de l'anableps.

quatrième [katʀijɛm] adj. et n. **I.** adj. numéral ord. Dont le rang est marqué par le nombre 4. *La quatrième dimension. Habiter au quatrième étage* ou, *ellipt., au quatrième.* ▷ *Passer la quatrième vitesse* ou, *ellipt., la quatrième.* **II.** n. **1.** Personne, chose qui occupe la quatrième place. **2.** n. f. Troisième classe du cycle de l'enseignement secondaire. *Il passe en quatrième.* **3.** n. f. JEU Série de quatre cartes qui se suivent dans une même couleur.

quatrièmement [katʀijɛmmɑ̃] adv. En quatrième lieu.

quatrillion [katʀiljɔ̃] ou **quadrillion** [kadʀiljɔ̃] n. m. Un million de trillions (10^{24}).

quatuor [kwatɥɔʀ] n. m. MUS Morceau de musique vocale ou instrumentale à quatre parties. ▷ Formation composée de quatre musiciens.

1. que [kə], **qu'** [k] (Devant une voyelle ou un *h* muet.) pron. **I.** pron. relatif désignant une personne ou une chose, et pouvant avoir les fonctions de : **1.** Complément d'objet direct. *L'homme que vous avez vu. Le livre qu'elle vous donne.* ▷ (Reprenant le pron. démonstratif *ce.*) *Je retire ce que j'ai dit.* **2.** Complément circonstanciel de temps. *Le jour que je l'ai vu.* – Complément circonstanciel de manière. *De la façon que j'ai vécu.* **3.** Attribut. *L'homme qu'il est devenu. Insensé que je suis!* **4.** Sujet (dans certaines locutions figées). *Advienne que pourra!* **II.** pron. interrog. désignant une chose et pouvant avoir les fonctions de : **1.** Complément d'objet direct. *Que mangeons-nous? Qu'allez-vous faire?* ▷ (Dans l'interrog. indirecte.) *Je ne sais que te dire.* **2.** Attribut. *Que devenez-vous?* **3.** Sujet (devant quelques verbes impersonnels). *Que se passe-t-il?* **4.** Dans les loc. *qu'est-ce que...?, qu'est-ce qui...? Qu'est-ce que vous voulez? Qu'est-ce qui se passe?*

2. que [kə], **qu'** [k] (Devant une voyelle ou un *h* muet.) conj. **1.** (Introduisant une subordonnée complétive.) *Je dis qu'il fait beau. Nous voulons que vous veniez.* **2.** (Introduisant une proposition circonstancielle.) *Il était à peine sorti que le chahut recommençait.* **3.** (Après le verbe être, introduisant une proposition attribut.) *L'ennui est que nous ne savons pas ce qu'il faut faire.* **4.** (Formant avec un autre élément une locution conjonctive.) *Afin que, après que, de manière que,* etc. **5.** (Coordonné à une première conjonction, pour éviter la répétition de celle-ci.) *Avant que tu partes et qu'il ne soit trop tard.* ▷ (Répété, avec la valeur de *soit que.*) *Qu'on me loue ou qu'on me blâme, je le ferai quand même.* **6.** (Employé comme corrélatif de *tel, quel, même, autre.*) *Un orage tel qu'il fallut s'abriter. Quelle que soit ton impatience.* ▷ (Employé comme corrélatif d'un comparatif, d'un adv. de comparaison.)

Ses cheveux sont plus blonds que les miens. **7.** (En tournure négative, avec le sens restrictif de *si ce n'est, seulement.*) *Je n'ai plus que quelques francs.* – (Avec une valeur d'insistance.) *On ne les connaît que trop!* **8.** (Introduisant une proposition indépendante dans laquelle le subjonctif exprime un ordre, un souhait, un désir, etc.) *Qu'il se taise!* **9.** (Renforçant l'affirmation ou la négation.) *Oh! Que oui! Oh! Que non!*

3. que [kə], **qu'** [k] (Devant une voyelle ou un *h* muet.) adv. **1.** Interrogatif. *Que lui sert maintenant sa fortune? :* à quoi...? ▷ Loc. adv. *Que ne le disiez-vous? :* pourquoi...? **2.** Exclamatif. *Qu'il est laid!*

Québec, cap. et région admin. de Québec, édifiée sur le Cap-aux-Diamants (106 m d'alt.), au confluent du Saint-Laurent et de la rivière Saint-Charles; 167500 hab. (aggl. urb. 645550 hab., francophones à 96 %). Port de mer actif et centre industriel. – C'est une des rares villes fortifiées d'Amérique du N. L'île d'Orléans et le vieux Québec (basilique, citadelle, plaines d'Abraham, promenade Dufferin, musée de la Civilisation) sont pittoresques. Université Laval. – Princ. monuments : couvent des Ursulines (1686), le séminaire (1663), égl. Notre-Dame-des-Victoires (1680), basilique Notre-Dame-de-Québec, la forteresse (1832), le Parlement (1878), le chât. Frontenac (1892). Le Musée provincial et le musée de l'université Laval* abritent des collections de peintures européennes. – La région admin. de Québec s'étend sur la rive gauche du Saint-Laurent entre les régions admin. de Mauricie-Bois-Francs, à l'ouest, Côte-Nord à l'est et Saguenay-Lac-Saint-Jean au N.; 19285 km²; 600000 hab.
ENCYCL Hist. – La ville fut fondée en 1608 par Champlain au pied du cap Diamant, non loin de l'anc. village amérindien de Stadaconé, près duquel Jacques Cartier avait hiverné en 1535-1536. Devenue la cap. de la Nouvelle-France (1663) et le siège d'un évêché (1674), dont Mgr de Laval (V. Laval [Université]) fut le premier titulaire, elle se développa grâce à l'arrivée de colons. À la suite de la bataille des plaines d'Abraham* (1759), elle tomba aux mains des Anglais auxquels le traité de Paris (1763) céda la Nouvelle-France. Après avoir été la capitale de la province de Québec (1763-1791), puis celle du Bas-Canada (1791-1841), Québec fut celle du Canada-Uni de 1851 à 1855 et de 1859 à 1867, et redevint ensuite la cap. du Québec. Durant la Seconde Guerre mondiale, Roosevelt et Churchill y tinrent deux conférences (11-24 août 1943 et 13-17 septembre 1944).

Québec (le), la plus vaste des provinces (c.-à-d. États fédérés) canadiennes, située, dans l'E. du Canada.
▶ V. carte et dossier, p. 1409.

Québec (Acte de), acte, édicté le 22 juin 1774 par les autorités anglaises, qui définissait les institutions de l'ancienne Nouvelle-France (devenue anglaise en 1763). La juridiction civile demeurait inchangée. Le gouverneur anglais était assisté d'un conseil dont la reine d'Angleterre nommait les 22 membres.

québécisme [kebesism] n. m. LING Fait de langue (prononciation, mot, tournure, etc.) caractéristique du français du Québec. (V. acadianisme, canadianisme.)

québécois, oise [kebekwa, waz] adj. et n. **1.** adj. De la province de Québec. ▷ Subst. *Un(e) Québécois(e) :* habitant ou natif de la ville ou de la prov. de Québec. **2.** n. m. Variété de français en usage au Québec. Syn. français québécois, franco-québécois.
ENCYCL Le français québécois est la langue maternelle d'environ 82% de la population du Québec et il est à l'origine des variétés de français parlées en Ontario, dans l'Ouest canadien et en Nouvelle-Angleterre (É.-U.). Depuis la création de la Confédération (1867), le français a, comme l'anglais, statut de langue officielle au Canada dans les institutions fédérales, mais le gouv. québécois a dû légiférer pour en assurer la primauté dans tous les secteurs de la vie quotidienne au Québec et faire en sorte que les immigrants adoptent le français plutôt que l'anglais (*Charte de la langue française,* ou loi 101, en 1977). En vertu de la *Charte,* le français est la langue de l'Administration publique, du travail, de l'affichage, etc., mais le bilinguisme est autorisé dans certains cas et les anglophones peuvent recevoir des services dans leur langue (éducation, santé, rapports avec l'Administration). Dans le prolongement de la Révolution* tranquille, période (1960-1966) de changements politiques, économiques et sociaux, le français québécois a connu une évolution rapide; des usages traditionnels ont disparu ou sont en recul. Les Québécois francophones, même instruits, demeurent néanmoins attachés à bon nombre de ces usages qui remontent souvent à l'époque de la Nouvelle-France et qui apparaissent spontanément dans la conversation familière : traits du français parisien du XVIIe s. (par ex. la prononciation [we] ou [wɛ] au lieu de [wa] dans *toi, moi, soir,* etc.; *abrier* au sens de «couvrir»), traits hérités des régions de France (princ. du Nord-Ouest et de l'Ouest) d'où venaient la majorité des premiers colons (par ex. maintien du [t] final dans *lit, fouet,* etc.; *fardoches* au sens de «broussailles»). Comme le français de France, le français du Québec a fait de nombreux emprunts à l'anglais, mais pour des raisons différentes (influence de l'anglais dans le monde du travail, le commerce, la vie politique, l'Administration, les communications). V. joual, acadien et louisianais.

québécois (Parti) (P.Q.), parti indépendantiste du Québec fondé en 1968 par la fusion de plus. organisations. Le Parti québécois exerça le pouvoir au Québec de 1976 à 1985. Il l'exerce depuis 1994.

Quechuas ou **Quichuas,** le plus important des peuples indiens de l'Amérique du Sud (6 millions de personnes), établi princ. en Bolivie et au Pérou, mais aussi en Équateur et dans le nord des Andes chiliennes. Les Incas étaient issus d'une tribu quechua.

Queensland, État du N.-E. de l'Australie; 1727200 km²; 2675000 hab.; cap. *Brisbane.* – La région côtière, où vit la majorité de la population, a un climat tropical et concentre l'industrie. L'intérieur est le domaine de l'élevage bovin et ovin extensif et de l'extraction (bauxite, charbon, pétrole, cuivre, etc.).

quel, quelle [kɛl] adj. **I.** adj. interrog. (S'emploie pour interroger sur la nature, l'identité, la qualité, la quantité ou le quantième.) **1.** Dans l'interrog. directe. ▷ (Épithète) *Quel temps fait-il?* ▷ (Attribut) *Quel est ce livre dont vous parlez?* **2.** Dans l'interrog. indirecte. ▷ (Épithète) *Je ne sais quelle mouche le pique.* ▷ (Attribut) *Je me demande quelle sera sa réaction.* **3.** Avec une valeur exclamative. ▷ (Épithète) *Quel malheur!* – Iron. *Quelle idée!* ▷ (Attribut) *Quelle fut notre déception...!* **II.** adj. indéf. composé. *Quel que, quelle que.* (Toujours en fonction d'attribut et construit avec le subj., marquant une supposition ou une concession.) *Quelles que soient vos intentions, je veux les ignorer.*

quelconque [kɛlkɔ̃k] adj. **1.** adj. indéf. Quel qu'il soit, n'importe lequel. *Prendre un prétexte quelconque.* **2.** adj. qualificatif. Ordinaire, commun, de qualité médiocre. *C'est quelconque. Des personnes très quelconques.*

Quelimane ou **Kélimane,** ville et port du Mozambique à l'embouchure du Zambèze; 184000 hab.; ch.-l. de la province de Zambezia. Centre de pêche industrielle. Aéroport.

quelque [kɛlk] adj. et adv. **I.** adj. indéf. **1.** Exprime le nombre ou la quantité d'une manière indéterminée. ▷ (Sing.) Un certain. *Cette affaire présente quelque difficulté.* – *Quelque temps.* ▷ (Plur.) Un certain nombre de. *Quelques écrivains ont traité ce sujet.* – Un petit nombre de. *Quelques arpents de terre.* **2.** *Quelque... que :* quel (quelle) que soit le (la)... que (marquant une concession, une supposition). *Quelques efforts que vous fassiez, vous ne réussirez pas.* **II.** adv. **1.** (Exprimant une quantité ou un degré de qualité indéterminé.) Un peu, un peu de. *Il possède quelque argent.* **2.** (Devant un adj. numéral.) Environ. *Ils étaient quelque deux cents hommes.* **3.** (Modifiant un adj. ou un adv.) Si, pour. *Quelque grands qu'ils soient.* **4.** Loc. adv. *Quelque... que :* à quelque point que, à quelque degré que. *Quelque riche qu'il soit.*

quelque chose [kɛlkəʃoz] loc. pron. indéf. masc. V. chose (sens III, 1).

quelquefois [kɛlkəfwa] adv. Un certain nombre de fois, de temps en temps. *Il m'est arrivé quelquefois d'y aller.* Syn. parfois.

quelque part [kɛlkəpaʀ] loc. adv. V. part 2 (sens II, 1).

quelqu'un, une [kɛlkœ̃, yn], plur. **quelques-uns, -unes** [kɛlkəzœ̃, yn] pron. indéf. **I.** Sing. **1.** Une personne quelconque, indéterminée. *Quelqu'un est venu.* Syn. on. – (Avec un adj. ou suivi d'une relative.) Une personne. *C'est quelqu'un de très aimable. Quelqu'un qui vous connaît.* **2.** *Absol.* Un personnage important. *Cet homme, c'est quelqu'un. Se prendre pour quelqu'un.* **II.** Plur. **1.** Plusieurs personnes ou plusieurs choses (parmi d'autres). *On lui a fait de nombreuses critiques, dont quelques-unes étaient fondées.* **2.** Litt. Un petit nombre de personnes. *Quelques-uns ont soutenu qu'Homère n'avait pas existé.*

quémander [kemɑ̃de] v. tr. [1] Demander, solliciter humblement et avec insistance. *Quémander de l'aide.*

quémandeur, euse [kemɑ̃dœʀ, øz] adj. et n. Qui quémande. ▷ Subst. *Un quémandeur, une quémandeuse.*

qu'en-dira-t-on [kɑ̃diʀatɔ̃] n. m. inv. Bruits qui courent sur qqn, sur sa conduite; opinion des gens. *Se moquer du qu'en-dira-t-on.*

Queneau (Raymond) (1903 – 1976), écrivain français. D'abord surréaliste, jouant sur le langage (*Exerci-*

ces de style, 1947), il publia des romans (*le Chiendent,* 1933; *Zazie dans le métro,* 1959) et des livres de poèmes. V. Oulipo.

quenouille [kənuj] n. f. **1.** Petit bâton que l'on garnit de la matière textile destinée à être filée. **2.** ARBOR Arbre (généralement, arbre fruitier) auquel des tailles successives ont donné la forme effilée d'une quenouille garnie.

Quénum (Maximilien) (1905 – 1988) écrivain béninois : *Au pays des Fons* (essai, 1938); *Trois légendes africaines* (transcription en franç. de traditions orales, 1946).

quérable [keʀabl] adj. DR Que le créancier doit aller chercher au domicile du débiteur (par oppos. à *portable*). *Rente, créance quérable.*

querelle [kəʀɛl] n. f. Contestation, différend amenant un échange de mots violents. *Chercher querelle à qqn,* le provoquer. Syn. (Afr. subsah.) palabre. ▷ Controverse, différend intellectuel. *La querelle des Anciens* et des Modernes.*

quereller [kəʀele] v. [1] **I.** v. tr. **1.** Attaquer verbalement (qqn). **2.** Faire des reproches à (qqn). **II.** v. pron. Avoir une querelle, une dispute. *Les deux frères se sont encore querellés.* Syn. se disputer, (fam.) se chamailler, (Afr. subsah.) palabrer.

querelleur, euse [kəʀɛlœʀ, øz] adj. et n. Qui a tendance à se quereller, à chercher querelle. Ant. conciliant. Syn. (Afr. subsah.) palabreur.

Quesnel (Joseph) (1749 – 1809), poète québécois d'origine française. Il chanta la vie champêtre et écrivit des comédies en vers.

questeur [kɛstœʀ] n. m. Membre d'une assemblée parlementaire responsable de son administration, de sa police intérieure et de son budget.

question [kɛstjɔ̃] n. f. **1.** Interrogation adressée à qqn pour obtenir un renseignement. *Poser des questions. Question indiscrète.* ▷ *Question de confiance* : V. confiance. ▷ Interrogation adressée à un candidat par un examinateur. *Question difficile.* ▷ *Question fermée, ouverte :* dans un questionnaire, question à laquelle la réponse est suggérée (question fermée) ou non (question ouverte). **2.** Sujet, point, problème qui donne lieu à réflexion, à discussion. *Nous avons longuement parlé de cette question.* – *Il est, il n'est pas question de :* il est, il n'est pas envisagé, envisageable de. ▷ *Chose, personne en question,* celle dont on parle, celle qui est en cause. – *Être en question :* faire l'objet d'une discussion, être en cause. *Mettre, remettre en question.* **3.** *Question de :* affaire, matière où (telle chose) est en jeu. *C'est une question de temps, d'argent. Question de goût.* **4.** HIST Torture appliquée autrefois pour arracher des aveux.

questionnaire [kɛstjɔnɛʀ] n. m. Série de questions servant de base à une enquête, à un test; formulaire où elles sont écrites. *Remplir un questionnaire.* ▷ *Questionnaire à choix multiple (Q.C.M.) :* test de contrôle des connaissances, dans lequel le choix entre plusieurs réponses est proposé pour chaque question.

questionnement [kɛstjɔnmɑ̃] n. m. Didac. **1.** Fait de susciter la réflexion. *Le questionnement de la recherche en génétique.* **2.** Action de poser un ensemble de questions; l'ensemble de ces questions.

questionner [kɛstjɔne] v. tr. [1] Interroger (qqn); poser une (des) question(s).

questionneur, euse [kɛstjɔnœʀ, øz] n. et adj. Personne qui pose sans cesse des questions. ▷ adj. *Cet homme est bien questionneur.*

questure [kɛstyʀ] n. f. Bureau des questeurs d'une assemblée parlementaire.

quétaine [ketɛn] adj. et n. (Québec) Fam. Trop simple, sans originalité, sans goût. *Une robe quétaine.* ▷ Subst. Personne sans personnalité. *Un(e) quétaine.*

quétainerie [ketɛnʀi] n. f. (Québec) Fam. Objet, façon d'être peu originaux.

quête [kɛt] n. f. **1.** Vx ou litt. Action d'aller chercher. *La quête du Saint-Graal.* ▷ Loc. cour. *En quête de :* à la recherche de. *Se mettre en quête de qqch, de qqn.* **2.** Action de recueillir des aumônes pour des œuvres, collecte. – *Par méton.* Produit, argent ainsi recueilli.

Quételet (Adolphe) (1796 – 1874), astronome et mathématicien belge. Il fit construire (1828) et dirigea l'observatoire de Bruxelles. Ses recherches statistiques appliquées à la taille des humains sont à l'origine de l'anthropométrie.

quêter [kete; kɛte] v. [1] **I.** v. tr. **1.** CHASSE Chercher (le gibier). – Absol. *Ce chien quête bien.* **2.** Demander à titre d'aumône. *Quêter de l'argent pour les pauvres.* – (Québec) Demander (à qqn) la permission de lui prendre qqch. *Quêter une cigarette à un collègue.* **3.** Fig. Rechercher, solliciter, souvent avec insistance. *Quêter des louanges.* **II.** v. intr. Faire la quête. *Quêter à l'église.* – *Par ext.* Mendier.

quêteur, euse [kɛtœʀ, øz] n. Personne qui fait la quête.

quêteux, euse [kɛtø, øz] n. (Québec) **1.** Autref., personne qui parcourait la campagne pour mendier de porte en porte. – Fam. Mendiant. **2.** Fam. Personne pauvre, misérable. *Être habillé en quêteux.*

quetzal [kɛtzal] n. m. **1.** ORNITH Oiseau trogoniforme d'Amérique centrale à la longue queue verte, emblème du Guatemala. **2.** Unité monétaire du Guatemala.

Quetzalcóatl (« Serpent-Oiseau »), divinité du Mexique précolombien, maître de l'air et des phénomènes atmosphériques, représentée sous la forme d'un serpent à plumes.

queue [kø] n. f. **I. 1.** Organe postérieur, plus ou moins long et flexible, prolongement de la colonne vertébrale de nombreux mammifères. *Queue d'un chien, d'un chat. Queue préhensile d'un singe.* ▷ (Québec) Fig., fam. *Queue de veau :* personne très affairée, agitée. **2.** Ensemble des plumes du croupion, chez les oiseaux. **3.** Extrémité postérieure du corps de certains animaux, de forme allongée ou effilée. *Queue d'un lézard, d'un poisson.* ▷ Fig. *Finir en queue de poisson,* d'une manière décevante. ▷ Loc. adv. *À la queue leu leu :* V. leu. **II.** *Par anal.* Prolongement ou partie postérieure de certains objets. **1.** Traîne (d'un manteau, d'une robe); longs pans (d'un vêtement). ▷ Loc. (Québec) Fam. *En queue de chemise :* sans pantalon; à demi habillé. **2.** Tige par laquelle certains organes végétaux tiennent à la plante; pétiole ou pédoncule. *La queue d'une rose, d'une pomme.* ▷ (Québec) *Queue de violon :* V. violon. **3.** Partie allongée qui sert à saisir certains objets. *La queue d'une casserole.* **4.** Grosse mèche de cheveux noués derrière la tête (V. queue-de-cheval). **5.** Partie d'une lettre que l'on trace sous la ligne d'écriture. *La queue d'un g, d'un p.* ▷ MUS *La queue d'une note :* le trait qui tient au corps de la note, perpendiculaire aux lignes de la portée. **6.** Empennage (d'un avion). *Les ailerons de queue.* **7.** Traînée lumineuse (d'une comète). **8.** *Piano à queue :* V. piano. **III.** Fig. **1.** Bout, extrémité, fin (de qqch). *La queue d'une longue phrase. La queue de l'hivernage.* – PHYS *Queue d'une onde de choc :* partie de l'onde où l'amplitude décroît. ▷ *Spécial.* Dernière partie, derniers rangs d'un groupe. *Être à la queue, en queue.* – *La queue d'une classe :* les élèves les plus médiocres. ▷ *De queue :* qui est situé en bout, à la fin. *Wagon de queue.* – Loc. *Sans queue ni tête :* incohérent. – (Belgique; France, rare) Fam. *Queues de cerises :* broutilles, futilités. *Se chamailler pour des queues de cerises.* **2.** File d'attente. *Faire la queue. Prendre la queue.* **IV. 1.** Au billard, bâton dont on se sert pour propulser les billes. **2.** (Afr. subsah.) *Queue de rat :* plante ornementale *(Acalypha sanderiana)* à longue fleur rouge duveteuse (fam. euphorbiacées).

queue-d'aronde [kødaʀɔ̃d] n. f. TECH Tenon en forme de trapèze isocèle, s'encastrant dans une entaille de même profil. *Assemblage à queues-d'aronde.*

queue-de-cheval [kødʃəval] n. f. **1.** Coiffure dans laquelle les cheveux, tirés vers l'arrière et noués haut sur la tête, retombent sur la nuque. **2.** ANAT Faisceau de cordons nerveux formé autour de l'extrémité inférieure de la moelle par les racines des trois derniers nerfs lombaires et celles des nerfs sacrés et des nerfs du coccyx. *Des queues-de-cheval.*

queue-de-cochon [kødkɔʃɔ̃] n. f. TECH Tarière se terminant en vrille. *Des queues-de-cochon.*

queue-de-morue [kødmɔʀy] n. f. TECH Large pinceau plat. *Des queues-de-morue.*

queue-de-poêlon [kødpwalɔ̃] n. f. (Québec) Têtard. *Des queues-de-poêlon.*

queue-de-poisson [kødpwasɔ̃] n. f. Manœuvre dangereuse d'un automobiliste qui se rabat trop vite devant le véhicule qu'il vient de doubler. *Des queues-de-poisson.*

queue-de-rat [kødʀɑ] n. f. TECH Lime de section circulaire, longue et fine. *Des queues-de-rat.*

queue-de-renard [kødʀənaʀ] n. f. **1.** Nom cour. des amarantes. **2.** TECH Ciseau à deux biseaux servant à percer. *Des queues-de-renard.*

Quezón City, v. des Philippines, à 16 km au N.-E. de Manille; 1 666 760 hab. – Créée en 1948, elle porte le nom du premier président du pays, Manuel Quezón (1878 – 1944). – Cap. des Philippines jusqu'en 1976.

qui [ki] pron. **I.** pron. relatif. **1.** (En fonction de sujet, désignant une personne ou une chose.) ▷ (Précédé de son antécédent.) *L'homme qui travaille. Les enfants qui jouent. Tout ce qui me plaît. C'est moi qui ai parlé.* ▷ (Séparé de son antécédent.) *La pluie tombait, qui inondait les champs.* ▷ (Sans antécédent exprimé.) Celui qui, celle qui, ceux qui, celles qui, ce qui. *Qui m'aime me suive. Qui plus est :* en outre. **2.** (En fonction de complément, précédé d'une préposition, lorsque l'antécédent est un nom de personne ou d'être personnifié.) *L'homme à qui je parle, pour qui je plaide.* ▷ (Sans antécédent exprimé.) «*À qui venge son père, il n'est rien impossible*» *(Corneille)*. – *Comme qui...* (suivi de l'indic. ou du conditionnel). *Comme qui dirait :* pour ainsi dire. – *À qui...* (exprime la rivalité). *C'est à qui tirera le plus fort.* – Loc. *À qui mieux mieux* *. **II.** pron. relat. indéf. **1.** *Qui que :* quelque personne que. *Qui que vous soyez. Je le soutiendrai contre qui que ce soit.* **2.** (Répété, en apposition à un pluriel.) Ceux-ci..., ceux-là; les uns..., les autres. *Ils cherchèrent, qui d'un côté, qui d'un autre.* **III.** pron. interrog. Désigne généralement une personne, dans l'interrogation directe et indirecte, rarement une chose. Il peut être : Sujet. *Qui est là?* – Attribut. *Qui êtes-vous?* – Complément. *Dites-moi qui vous voyez. Chez qui irez-vous?* ▷ Il est, dans la langue parlée, souvent remplacé par les périphrases : *Qui est-ce qui* (sujet). *Qui est-ce qui vient?* – *Qui est-ce que* (objet direct et attribut). *Qui est-ce que je vois?* – *À, pour, de,* etc. *qui est-ce que* (compléments). *À qui est-ce que je m'adresse?*

quiche [kiʃ] n. f. Tarte garnie de crème, d'œufs et de lardons, spécialité de Lorraine.

Quichés, Indiens du Guatemala d'origine maya. Ils furent soumis en 1524 par Pedro de Alvarado (l'un des lieutenants de Cortés), qui brûla la cap. de leur royaume, Utatlán.

Quichuas. V. Quechuas.

quiconque [kikɔ̃k] pron. **1.** pron. relatif. Qui que ce soit, toute personne qui. *Quiconque l'a vu peut le raconter.* **2.** pron. indéf. Personne, n'importe qui. *Il est aussi capable que quiconque.*

quidam [kidam] n. m. Fam. ou plaisant Un certain individu, quelqu'un. *Un quidam l'aborde et lui demande l'heure.*

quiddité [kɥidite] n. f. PHILO Ce qui fait qu'une chose est ce qu'elle est; essence de cette chose, en tant qu'elle est exprimée dans sa définition.

quiescence [kɥiɛsɑ̃s] n. f. BIOL Arrêt momentané du développement d'un être vivant, dû aux conditions du milieu extérieur (sécheresse, froid).

quiet, quiète [kjɛ, kjɛt] adj. Litt. Tranquille, calme, paisible. *Une vie quiète.*

quiétisme [kjetism] n. m. RELIG Doctrine mystique du théologien espagnol Miguel de Molinos (1628 – 1696), selon laquelle la perfection chrétienne consiste dans un état de contemplation passive *(quiétude)*.

quiétude [kjetyd] n. f. **1.** Tranquillité d'âme, calme, repos. Ant. inquiétude. – Par ext. Litt. *La quiétude d'un lieu.* **2.** THEOL État de contemplation passive.

Quiévrain, com. de Belgique (Hainaut), sur la Honelle, à la frontière française; 6950 hab. Industries alimentaires; meubles. – Les Français nomment parfois la Belgique *le pays d'outre-Quiévrain.*

quignon [kiɲɔ̃] n. m. Fam. Gros morceau, bout (de pain).

quillard [kijaʀ] n. m. MAR Voilier muni d'une quille (par oppos. à *dériveur*).

1. quille [kij] n. f. Chacun des neuf éléments du *jeu de quilles*; pièce oblongue en bois tourné ou en matière moulée, que l'on doit abattre avec une boule lancée d'une certaine distance. *Jouer aux quilles.* ▷ Loc. fig. *Arriver comme un chien dans un jeu de quilles,* mal à propos.

2. quille [kij] n. f. MAR Pièce longitudinale, allant de l'étrave à l'étambot et formant la partie inférieure de la charpente de la coque d'un navire.

quiller [kije] v. tr. [1] Percher, déposer en hauteur. ▷ v. pron. *Le chat s'est quillé dans l'arbre pour épier les oiseaux.*

quimbois [kɛ̃bwa] n. m. (Antilles fr.) Sortilège (bénéfique ou maléfique).

quimboiseur [kɛ̃bwazœʀ] n. m. (Antilles fr.) Syn. de *sorcier* (sens 1).

Quinault (Philippe) (1635 – 1688), poète français : tragédies; livrets d'opéra pour Lully. Acad. fr. (1670).

quincaillerie [kɛ̃kɑjʀi] n. f. **1.** Industrie et commerce des articles en métal (ustensiles de ménage, clous, serrurerie pour les bâtiments, etc.); ces articles eux-mêmes. **2.** Magasin où l'on vend de la quincaillerie. **3.** Ramassis d'objets de peu de valeur. Syn. (France rég.) cacaille.

quincaillier, ère [kɛ̃kɑje, ɛʀ] n. Personne qui vend ou qui fabrique de la quincaillerie.

Quincey (De). V. De Quincey.

quinconce [kɛ̃kɔ̃s] n. m. **1.** Loc. adv. *En quinconce :* se dit d'un groupe de cinq objets dont quatre sont disposés à chaque angle d'un quadrilatère et le cinquième au milieu. *Disposition en quinconce.* **2.** n. m. Plantation d'arbres disposés en quinconce.

quine [kin] n. m. Au loto, série de cinq numéros cochés sur la même ligne horizontale.

Qui Nhon, port du centre du Viêt-nam (Trung Bô), cap. de la prov. de Binh* Dinh; 213760 hab. Pêche. Industries liées à la mer.

quinine [kinin] n. f. **1.** Alcaloïde extrait de l'écorce du quinquina, utilisé dans le traitement du paludisme. **2.** (Afr. subsah.) Médicament contre le paludisme, utilisé le plus souvent sous la forme de petits comprimés blancs. – *Par ext.* Tout comprimé médicamenteux.

quinoléine [kinɔlein] n. f. CHIM Composé extrait du goudron de houille ou produit par synthèse, qui entre dans la composition de nombreux médicaments synthétiques.

quinone [kinɔn] n. f. CHIM Composé benzénique dans lequel deux atomes d'hydrogène du noyau sont remplacés par deux atomes d'oxygène.

quinqu(a)-. Élément, du lat. *quinque,* «cinq».

quinquagénaire [kɛ̃kaʒenɛʀ] adj. et n. Qui a entre cinquante et soixante ans. ▷ Subst. *Un(e) quinquagénaire.*

quinquéliba ou **kinkéliba** [kɛ̃keliba] n. m. (Afr. subsah.) **1.** Arbuste d'Afrique occid. (fam. combrétacées), dont les feuilles ont des propriétés diurétiques et cholagogues. **2.** Décoction de ces feuilles. *Je vais prendre une tasse de quinquéliba.*

quinquennal, ale, aux [kɛ̃kenal, o] adj. Qui dure cinq ans, qui s'étend sur cinq ans. *Plan quinquennal.* – Qui se reproduit tous les cinq ans.

quinquennat [kɛ̃kena] n. m. Durée d'une fonction, d'un mandat, d'un plan de cinq ans.

quinquina [kɛ̃kina] n. m. **1.** Écorce fébrifuge, tonique et astringente, au goût amer, fournie par de nombreux arbres du genre *Cinchona.* **2.** Arbre originaire d'Amérique du S. qui fournit la quinine. **3.** Vin apéritif au quinquina.

quint-. Élément, du lat. *quintus,* «cinquième».

quintal, aux [kɛ̃tal, o] n. m. **1.** METROL Anc. Unité de masse qui valait cent kilogrammes. **2.** Au Canada, unité de masse valant 100 livres* (112 livres en Angleterre).

1. quinte [kɛ̃t] n. f. **1.** MUS Cinquième degré de la gamme diatonique (ex. : sol dans la gamme d'ut). ▷ *Intervalle de quinte* ou, absol., *quinte :* intervalle de cinq degrés. **2.** JEU Série de cinq cartes qui se suivent dans la même couleur.

2. quinte [kɛ̃t] n. f. Accès (de toux).

quinté [kɛ̃te] n. m. Pari mutuel portant sur cinq chevaux.

Quinte-Curce (en lat. *Quintius Curtius Rufus*) (Ier s. apr. J.-C.), auteur latin d'une *Histoire d'Alexandre le Grand.*

quintessence [kɛ̃tesɑ̃s] n. f. Ce qui constitue l'essentiel d'une chose; ce qu'il y a en elle de plus raffiné, de plus précieux. *La quintessence d'un art.*

quintette [k(ɥ)ɛ̃tɛt] n. m. **1.** Morceau de musique pour cinq instruments ou cinq parties concertantes. **2.** Petite formation comprenant cinq musiciens ou cinq chanteurs. *Quintette vocal.*

Quintilien (en lat. *Marcus Fabius Quintilianus*) (v. 30 – v. 100 apr. J.-C.), rhéteur latin, auteur d'un traité sur la formation des orateurs.

quintillion [k(ɥ)ɛ̃tiljɔ̃] n. m. Un million de quadrillions (10^{30}).

quinto [kwinto; kwɛ̃to] adv. Cinquièmement. (Après *quarto.*)

quintuple [kɛ̃typl] adj. et n. m. Cinq fois plus grand. *Nombre quintuple d'un autre.* ▷ n. m. *20 est le quintuple de 4.*

quintupler [kɛ̃typle] v. [1] **1.** v. tr. Multiplier par cinq. *Quintupler une somme.* **2.** v. intr. Être multiplié par cinq. *Le prix de cette matière première a quintuplé en vingt ans.*

quintuplés, ées [kɛ̃typle] n. pl. Les cinq enfants nés au cours d'un même accouchement.

quinzaine [kɛ̃zɛn] n. f. **1.** Ensemble de quinze éléments. *Deux quinzaines de clous.* ▷ Quinze environ. *Une quinzaine de spectateurs.* **2.** Absol. *Une quinzaine :* deux semaines. *Je vous donne une quinzaine pour vous décider.*

quinze [kɛ̃z] adj. numéral inv. et n. m. inv. **I.** adj. numéral inv. **1.** (Cardinal) Dix plus cinq (15). *Quinze francs. Quinze ans.* – *Quinze jours :* deux semaines. **2.** (Ordinal) Quinzième. *Chapitre quinze.* – Ellipt. *Le quinze août.* **II.** n. m. inv. **1.** Le nombre quinze. ▷ Chiffres représentant le nombre quinze (15). *Un quinze mal écrit.* ▷ Numéro quinze. *Jouer le quinze.* ▷ *Le quinze :* le quinzième jour du mois. **2.** SPORT Équipe de rugby (composée de quinze joueurs).

quinzième [kɛ̃zjɛm] adj. et n. **I.** adj. numéral ord. Dont le rang est marqué par le nombre 15. *La quinzième page.* **II.** n. **1.** Personne, chose qui occupe la quinzième place. **2.** n. m. Chaque partie d'un tout divisé en quinze parties égales. *Le quinzième du salaire.*

quiproquo [kipʀɔko] n. m. Méprise qui fait prendre une chose pour une autre, malentendu. *Des quiproquos.*

Quirinal (mont), une des sept collines de Rome. – Le *palais du Quirinal* (fin du XVIe s.) fut la résidence d'été des papes, puis celle du roi d'Italie (1870-1946), enfin celle du président de la République.

quiscale [kyiskal] n. m. ORNITH **1.** Nom scientifique du mainate (sens 2). **2.**

Oiseau passériforme d'Amérique centr. (genre *Quiscalus*) au plumage noir à reflets rouges, proche du corbeau.

Quito, cap. de l'Équateur, à 2850 m d'alt., au pied du volcan Pichincha; 1003880 hab. Centre commercial et industriel. – Archevêché. Université. Nombreuses églises et couvents de style baroque espagnol. – Capitale d'un royaume (Xe s.) réuni à l'Empire inca (XVe s.), la ville fut prise en 1533 par les Espagnols, qui y créèrent en 1563 une *audiencia* (organisme administratif des colonies d'Amérique).

quittance [kitɑ̃s] n. f. Document par lequel un créancier atteste qu'un débiteur s'est acquitté de sa dette. *Quittance de loyer.*

quittancer [kitɑ̃se] v. tr. [**12**] DR, COMPTA Donner quittance de (une dette, une obligation).

quitte [kit] adj. **1.** Libéré (d'une obligation juridique, pécuniaire ou d'une dette morale). *Être quitte d'une dette. Estimez-vous quitte.* ▷ *En être quitte pour :* n'avoir eu à supporter comme inconvénient que. *En être quitte pour la peur.* ▷ Loc. adv. *Quitte à* (+ inf.) : au risque de. *Restons ici, quitte* (ou *quittes*) *à le regretter demain.* ▷ Loc. (Belgique) Fam. *Être quitte de* (+ inf.) : ne plus avoir à faire (telle action). *J'ai peint mes murs, ainsi je suis quitte de les tapisser.* **2.** *Jouer (à) quitte ou double :* jouer une dernière partie où la perte d'un des joueurs sera acquittée s'il gagne et doublée s'il perd; fig., risquer tout.

quitter [kite] v. [**1**] **I.** v. tr. **1.** Se retirer de, abandonner (un lieu). *Il a quitté son domicile.* **2.** Sortir, s'éloigner de (un lieu). *Il vient de quitter l'hôpital.* **3.** Cesser (une activité, un métier), y renoncer. *Il a quitté l'enseignement secondaire.* **4.** Ôter (un vêtement). *Quitter son manteau.* **II.** v. tr. S'éloigner, se séparer de (qqn). *Son mari l'a quittée.* – Loc. *Ne pas quitter des yeux (qqn* ou *qqch) :* surveiller attentivement, avoir les yeux fixés sur (qqn ou qqch). – v. pron. (Récipr.) *Ils se sont quittés fâchés.* ▷ (Sujet n. de chose.) *Ton portrait ne me quitte jamais.* **III.** v. intr. **1.** (Afr. subsah., Liban, Québec) Syn. de *partir* (sens I, 1). *Voilà deux jours qu'il a quitté. Il quitte tous les matins à sept heures.* **2.** (Afr. subsah.) Abandonner (une activité). *Il était professeur, mais il a quitté pour aller dans le privé.*

quitus [kitys] n. m. DR Acte en vertu duquel la gestion d'un responsable d'une affaire est reconnue exacte et régulière. *Donner quitus à quelqu'un. Des quitus.*

qui-vive [kiviv] n. m. inv. *Être sur le qui-vive,* sur ses gardes.

Qum ou **Qom**, v. d'Iran, au S. de Téhéran; 424000 hab. Textiles; artisanat (tapis). – Lieu de pèlerinage pour les chiites (au mausolée de Fatima).

Qumran *(Hirbat Qumrān),* site archéologique palestinien (Cisjordanie). V. Morte (manuscrits de la mer).

quôc ngu [kwɔcŋu] n. m. Système d'écriture romanisé, créé au XVIIe s. par les missionnaires européens pour transcrire le vietnamien. (La diffusion du quôc ngu, dont l'enseignement devint obligatoire dans les écoles en 1906, contribua pour une large part à l'essor de la littérature moderne du Viêt-nam.)

quoi [kwa] pron. **A.** pron. relatif. **I. 1.** (Avec antécédent.) *Ce à quoi je pense.* «*Le bonheur après quoi* [après lequel] *je soupire*» (Molière). **2.** (Sans antécédent.) *De quoi* (+ inf.) : ce qui est nécessaire ou suffisant pour. *Il a de quoi vivre.* ▷ *Il n'y a pas de quoi :* il n'y a pas de raison pour. *Il n'y a pas de quoi en faire un drame.* – Ellipt. *Merci beaucoup! – Il n'y a pas de quoi.* ▷ (Québec) Fam. *De quoi :* quelque chose. *J'ai de quoi de drôle à te raconter.* **3.** (Reprenant ce qui vient d'être dit.) *Venez très vite, sans quoi il sera trop tard,* sans cela... **II.** pron. indéfini. ▷ Loc. concessive. *Quoi que :* quelque chose que. *Quoi qu'il arrive. Quoi qu'il en soit.* ▷ *Quoi que ce soit :* une chose quelconque. *Si vous avez besoin de quoi que ce soit, dites-le-moi.* **B.** pron. interrog. **I.** (Dans l'interrog. dir.) Quelle chose? *Quoi donc? À quoi penses-tu?* **II.** Emplois elliptiques. (Servant à demander un complément d'information.) *Qu'est-ce que tu veux dire? – Rien. – Quoi, rien?* ▷ *Ou quoi? :* ou est-ce autre chose? *Il est stupide ou quoi?* **III.** (Dans l'interrog. indir.) *Je sais de quoi il s'agit. Je ne comprends pas à quoi vous faites allusion.* **IV.** (Employé comme interj., marquant la surprise, l'impatience ou l'indignation.) «*Quoi! vous la soutenez?*» *(Molière).* ▷ Fam. (Marquant la fin d'une phrase, soulignant une conclusion, etc.) *Décide-toi, quoi, choisis!* **V.** Enfin.

quoique [kwakə] conj. (Le *e* s'élide devant *il, elle, on, un* et *une.*) (Suivi du subj., exprimant l'opposition, la concession.) *Quoiqu'il soit malade, il travaille durement.* ▷ (Avec ellipse du v. être.) *Quoique pauvre, il est généreux.* (Cf. aussi bien que, encore que, malgré que.)

quolibet [kɔlibɛ] n. m. Plaisanterie malveillante, propos railleur, ironique adressé à qqn.

quorum [k(w)ɔʀɔm] n. m. Nombre minimum de membres qui doivent être représentés dans une assemblée pour que celle-ci puisse valablement délibérer et prendre une décision. *Des quorums.*

quota [k(w)ɔta] n. m. Pourcentage, contingent fixé. *Quota d'importation. Des quotas.*

quote-part [kɔtpaʀ] n. f. Part que chacun doit payer ou recevoir dans la répartition d'une somme. *Des quotes-parts.*

quotidien, enne [kɔtidjɛ̃, ɛn] adj. et n. m. **1.** Qui a lieu chaque jour; de chaque jour. *Trajet quotidien.* ▷ n. m. *Le quotidien :* les menus événements de la vie courante. **2.** Qui paraît chaque jour. *Journal quotidien.* ▷ n. m. *Un quotidien.*

quotidienneté [kɔtidjɛnte] n. f. Litt. ou didac. Caractère de ce qui est quotidien, de ce qui se fait chaque jour.

quotient [kɔsjɑ̃] n. m. **1.** MATH Résultat de la division d'un nombre par un autre. **2.** FIN *Quotient familial,* obtenu en divisant le revenu imposable en un certain nombre de parts fixées d'après la situation et les charges de famille du contribuable. ▷ POLIT *Quotient électoral,* obtenu en divisant le nombre des suffrages exprimés par celui des sièges à pourvoir dans une circonscription et permettant ainsi une répartition des sièges dans le cadre d'un système électoral proportionnel. **3.** PSYCHO *Quotient intellectuel (Q.I.) :* indice, déterminé par des tests de niveau intellectuel, servant à évaluer l'âge mental d'un sujet (en fonction de la tranche d'âge à laquelle il appartient) ou ses capacités intellectuelles. **4.** PHYSIOL *Quotient respiratoire :* V. respiratoire.

quotité [kɔtite] n. f. DR Montant d'une quote-part. *Quotité disponible :* partie du patrimoine dont on peut disposer librement par donation ou testament malgré la présence d'héritiers réservataires. ▷ FIN *Impôt de quotité,* dans lequel la somme à payer par chaque contribuable est déterminée d'avance suivant son avoir.

Qurayshites ou **Koraïchites,** membres de la tribu arabe *(Quraysh)* qui, dès le Ve s., imposa sa suprématie politique et économique sur La Mecque; ils y développèrent un commerce très actif. Le prophète Mahomet et les quatre premiers califes de l'islam, Abu Bakr, Umar, Uthman et Ali, sont issus de cette tribu.

Qurnat al-Sawdā ou **Kornet el-Saouda,** point culminant du Liban (3083 m), dans le Mont Liban.

Qu Yuan (343 – v. 290 av. J.-C.), poète chinois, le plus grand, peut-être, de l'Antiquité : *Lisao* («Douleur de l'éloignement»). Il se suicida.

R

r [ɛʀ] n. m. Dix-huitième lettre (r, R) et quatorzième consonne de l'alphabet, appelée parfois liquide, notant la constrictive uvulaire [ʀ], dit *r* grasseyé ou parisien (ex. *rare* [ʀɑʀ]), et, dans certains usages, la vibrante sonore apicale, dite *r* roulé.

r-, re-, ré-. Élément, du lat. *re*, indiquant un mouvement en arrière, exprimant la répétition *(redire)*, le renforcement *(revivifier, renfoncement)*, le retour en arrière ou à un état antérieur *(revenir, revisser)*.

Râ. V. Rê.

rabâchage [ʀabaʃaʒ] n. m. Fait de rabâcher; redites fastidieuses.

rabâcher [ʀabaʃe] v. tr. [1] Répéter sans cesse, d'une manière inutile ou fastidieuse. *Il rabâche toujours les mêmes histoires.* ▷ Absol. *Passer son temps à rabâcher.*

rabâcheur, euse [ʀabaʃœʀ, øz] n. et adj. Personne qui rabâche. ▷ adj. *En vieillissant, il devient rabâcheur.*

Rabah (1845 – 1900), aventurier soudanais. Trafiquant d'esclaves et d'ivoire sur le territ. du Tchad actuel, à partir de 1876, il conquit un véritable empire autour du lac Tchad et se proclama sultan du Bornou en 1893. Il affronta l'armée française et fut vaincu et tué à Kousseri*.

rabais [ʀabɛ] n. m. Diminution du prix, de la valeur primitive d'une chose. *Vendre au rabais,* à moindre prix.

rabaisser [ʀabese] v. [1] **I.** v. tr. **1.** Mettre plus bas, placer au-dessous (surtout au fig.). *Rabaisser l'orgueil de qqn.* **2.** Diminuer, déprécier. *Rabaisser le taux de l'escompte.* **II.** v. pron. S'humilier, s'avilir.

raban [ʀabɑ̃] n. m. MAR Cordage, tresse servant à amarrer, à saisir.

rabane [ʀaban] n. f. **1.** Tissu en fibres de raphia. ▷ (Réunion) Natte confectionnée avec ce tissu. **2.** (Madag.) Vêtement traditionnel; sorte de chemise confectionnée en fibres de raphia.

rabat [ʀaba] n. m. **1.** Sorte de cravate portée par les magistrats, les avocats et les professeurs d'université en robe. **2.** Partie (d'un vêtement, d'un objet en matière souple) qui peut se rabattre sur une autre. *Sac à rabat.*

Rabat, cap. du Maroc et port sur l'Atlantique, à l'embouchure du Bou Regreg (r.g.), face à Salé; 591 000 hab. (aggl. urb. env. 1 500 000 hab.). Centre politique, la ville possède quelques industries text. (tapis) et alim. – Archevêché. Université. Mur des Andalous (remparts autour de la ville musulmane, habitée par de nombreux expatriés d'Andalousie au XVIIe s.). Tour Hassan (XIIe s.). Casbah des Oudaïa. Mausolée du roi Mohammed V. Au XIIe s., à proximité de Salé, un camp, *Ribat,* favorisa les expéditions militaires vers l'Espagne. Au XVIIe s., Rabat connut un grand essor grâce à l'arrivée des morisques exilés d'Espagne. En 1912, Lyautey en fit la cap. du protectorat français qu'il venait d'établir.

rabat-joie [ʀabajwa] n. inv. et adj. inv. Personne qui par son humeur chagrine, maussade, trouble la joie d'autrui. – adj. *Qu'ils sont rabat-joie!*

rabattage [ʀabataʒ] n. m. **1.** CHASSE Action de rabattre (le gibier). **2.** ARBOR Action de rabattre (un arbre).

rabattement [ʀabatmɑ̃] n. m. **1.** Action de rabattre. **2.** DR *Rabattement de défaut :* annulation d'un jugement rendu par défaut. **3.** GEOM Rotation par laquelle on applique un plan sur l'un des plans de projection, en géométrie descriptive.

rabatteur, euse [ʀabatœʀ, øz] n. **1.** Personne qui rabat le gibier. ▷ Fig. Personne chargée de trouver des clients à un vendeur, d'amener des adhérents à un groupement, etc. **2.** n. f. Partie d'une moissonneuse servant à rabattre les tiges des céréales vers la lame.

rabattre [ʀabatʀ] v. tr. [61] **I. 1.** Rabaisser, faire descendre (ce qui s'élève). *Le vent rabattait la fumée sur les maisons.* ▷ Fig. Abaisser, rabaisser. *Rabattre l'orgueil de qqn.* **2.** Rabaisser, appliquer (une chose) sur une autre par un mouvement de haut en bas. *Rabattez la tablette.* ▷ v. pron. *Col qui se rabat.* **3.** Aplatir. *Rabattre ses cheveux en arrière.* **4.** Replier, refermer. *Rabattre les volets. Rabattre un couvercle.* **II. 1.** Obliger à prendre une certaine direction. *Un cordon de policiers rabattait la foule vers la sortie. – Rabattre le gibier,* le débusquer pour le faire venir là où les chasseurs l'attendent. ▷ v. pron. Changer de direction par un brusque mouvement latéral. *La voiture s'est rabattue vers le trottoir.* **2.** v. pron. Fig. *Se rabattre sur :* en venir, faute de mieux, à choisir, à accepter (qqch, qqn). *Quand le riz manque, on se rabat sur le mil.* **III. 1.** Diminuer, retrancher (une partie du prix demandé). *Je n'en rabattrai pas un centime.* **2.** ARBOR *Rabattre un arbre :* tailler un arbre jusqu'à la naissance de ses branches, pour favoriser de nouvelles pousses.

Rabbath (Edmond) (1902 – 1991), essayiste syrien d'expression française : *l'Évolution politique de la Syrie sous mandat* (1928), *les Chrétiens dans l'islam des premiers temps* (1980-1985).

rabbin [ʀabɛ̃] n. m. RELIG **1.** *Rabbin :* chef spirituel d'une communauté juive; ministre du culte israélite. ▷ *Grand rabbin :* chef d'un consistoire israélite. **2.** *Rabbin* ou *rabbi :* docteur de la Loi juive dans l'ancienne Palestine.

Rabearivelo (Jean-Joseph) (1901 ou 1903 – 1937), poète malgache, en français et en malgache : *la Coupe des cendres* (1924), *Sylves* (1927), *Presque-Songes* (1934), son chef-d'œuvre, *Traduit de la nuit* (1937).

Rabelais (François) (v. 1494 – 1553), écrivain français. Élève des cordeliers (franciscains) près d'Angers, puis dans un couvent de Vendée, il y reçut la prêtrise (1511) et étudia latin, grec, hébreu. Il se défroqua en 1527, fut étudiant en médecine à Montpellier (1530), médecin à Lyon (1532), chanoine près de Paris (1537), enfin curé de Saint-Martin de Meudon, près de Paris (1551). En 1532, il publia, sous le nom d'Alcofribas Nasier (anagramme de François Rabelais), *les Horribles et Épouvantables Faits et Prouesses du très renommé Pantagruel,* satire burlesque de l'éducation scolastique qui fut censurée par la faculté de théologie, de même que *la Vie inestimable du grand Gargantua, père de Pantagruel,* publiée en 1534 mais qui constitue le premier livre de la chronique romanesque; suivirent le *Tiers Livre* (1546), le *Quart Livre* (1548-1552) et le *Cinquième Livre* (posth., 1564), sans doute en partie apocryphe. Sous des bouffonneries énormes, Rabelais attaquait l'Église, la guerre, etc.

rabelaisien, enne [ʀablɛzjɛ̃, ɛn] adj. Qui rappelle la verve truculente de Rabelais. *Plaisanterie rabelaisienne.*

Rabemananjara (Jacques) (né en 1913), écrivain malgache. Député français (1946), il fut emprisonné (1947-1956). Romantisme et militantisme animent son œuvre poétique (*Sur les marches du soir,* 1940; *Rites millénaires,* 1955; *Lamba,* 1956; *Antsa,* 1956; *Thrènes d'avant l'aurore,* 1985; *Rien qu'encens en filigrane,* 1987) et théâtrale (*les Boutriers de l'aurore,* 1957).

Rabin (Yitzhak) (1922 – 1995), général et homme politique israélien. Commandant l'armée pendant la guerre des Six Jours (1967), Premier ministre de 1974 à 1977 et de 1992 à sa mort; en 1993-1994, il signa avec l'O.L.P. un accord reconnaissant l'autonomie partielle de Gaza et de Jéricho, puis un accord de paix avec la Jordanie (1994). Il fut assassiné par un Israélien opposé à la paix. P. Nobel de la paix 1994 avec Y. Arafat et S. Peres.

rabiot [ʀabjo] n. m. Fam. Supplément.

rabique [ʀabik] adj. MED Relatif à la rage; qui est causé par la rage ou la provoque.

1. râble [ʀɑbl] n. m. TECH Râteau à long manche servant à remuer la braise dans un four, à agiter des bains de teinture, etc.

2. râble [ʀɑbl] n. m. Partie du lièvre, du lapin allant du bas des côtes à la naissance de la queue.

râblé, ée [ʀɑble] adj. Qui a une forte carrure; trapu et musclé. *Garçon râblé.*

rabot [ʀabo] n. m. Outil de menuisier formé d'un fût à l'intérieur duquel se trouvent un fer (sur lequel est appliquée une pièce métallique) et un coin de blocage, pour parfaire le dressage des pièces de bois. ▷ TECH Nom de divers outils servant à aplanir, polir, égaliser.

rabotage [ʀabɔtaʒ] n. m. Action de raboter; son résultat.

raboter [ʀabɔte] v. tr. [1] **1.** Rendre uni, aplanir au rabot. **2.** TECH Usiner au moyen d'une raboteuse.

raboteuse [ʀabɔtøz] n. f. TECH Machine-outil servant à raboter le bois, le métal.

raboteux, euse [ʀabɔtø, øz] adj. **1.** Noueux, inégal (en parlant d'une surface). *Planche raboteuse.* **2.** Fig., litt. Rude, sans élégance ni fluidité.

rabougri, ie [ʀabugʀi] adj. **1.** Mal venu, malingre (en parlant d'une plante). *Arbres rabougris.* **2.** Chétif, malingre (en parlant d'une personne).

rabougrir (se) [ʀabugʀiʀ] v. pron. [3] Cesser de pousser, s'étioler. *Sous le soleil, les plantes se rabougrissaient peu à peu.* – Fig. *L'âge venant, il se rabougrit.*

rabougrissement [ʀabugʀismɑ̃] n. m. Fait de se rabougrir; état d'un végétal rabougri, d'une personne rabougrie.

rabouter [ʀabute] v. tr. [1] Assembler bout à bout. *Rabouter deux cordages.*

rabrier ou **rabriller** [ʀabʀije] v. tr. [1] (Québec) **1.** Syn. de *abrier* (sens I, 1). *Semer, puis rabrier les pommes de terre.* **2.** Couvrir (qqch) à nouveau; couvrir (qqn) à nouveau avec une couverture, un drap. *Rabrier un enfant pendant la nuit.* ▷ v. pron. *Se rabrier avec une couverture de laine.* **3.** Fig. Effacer, faire oublier (une faute, une mauvaise action). ▷ v. pron. Se disculper; s'excuser. *Se rabrier gentiment.*

rabrouer [ʀabʀue] v. tr. [1] Traiter avec brusquerie; accueillir ou repousser durement.

racaille [ʀakaj] n. f. Foule méprisable. ▷ Rebut de la population.

Racan (Honorat de Bueil, seigneur de) (1589 – 1670), poète français : élégies, pastorale dramatique (*les Bergeries,* 1625), psaumes, etc. Acad. fr. (1634).

raccard [ʀakaʀ] n. m. (Suisse) Grange à blé.

raccommodage [ʀakɔmɔdaʒ] n. m. Action de raccommoder; son résultat.

raccommoder [ʀakɔmɔde] v. tr. [1] **1.** Réparer en cousant, ravauder (un vêtement, du linge). *Raccommoder une chemise.* Syn. repriser. **2.** Fam. Réconcilier. ▷ v. pron. *Ils se sont finalement raccommodés.*

raccompagner [ʀakɔ̃paɲe] v. tr. [1] Accompagner, reconduire (qqn qui rentre chez lui).

raccord [ʀakɔʀ] n. m. **1.** Liaison que l'on établit entre deux parties contiguës d'un ouvrage qui offrent quelque inégalité, quelque différence. *Faire un raccord de peinture.* **2.** TECH Pièce ou ensemble de pièces qui servent à assembler deux tuyauteries, deux canalisations. **3.** CINE Liaison entre deux plans, entre deux séquences.

raccordement [ʀakɔʀdəmɑ̃] n. m. **1.** Action de raccorder. **2.** Jonction (de deux conduits de fumée, de deux voies ferrées, etc.).

raccorder [ʀakɔʀde] v. tr. [1] **1.** Relier (deux choses séparées). *Raccorder deux galeries par une rotonde.* ▷ Constituer un raccord entre (deux choses séparées). *Cette rotonde raccorde les deux galeries.* **2.** Mettre en communication avec un réseau, un point de distribution. *Raccorder une installation électrique, un poste téléphonique.* ▷ v. pron. Être raccordé, rattaché. *Ce fil se raccorde au circuit électrique.*

raccourci [ʀakuʀsi] n. m. **1.** Loc. adv. *En raccourci :* en abrégé. **2.** Traverse, chemin plus court que le chemin principal. *Prendre un raccourci à travers champs.*

raccourcir [ʀakuʀsiʀ] v. [3] **1.** v. tr. Rendre plus court. *Raccourcir une jupe.* **2.** v. intr. Devenir plus court. *Les jours raccourcissent.*

raccourcissement [ʀakuʀsismɑ̃] n. m. Action, fait de raccourcir; son résultat. *Raccourcissement d'un nerf.*

raccrochage [ʀakʀɔʃaʒ] n. m. Action de raccrocher. ▷ *Spécial.* Racolage.

raccrocher [ʀakʀɔʃe] v. [1] **I.** v. tr. **1.** Accrocher de nouveau (ce qui était décroché). *Raccrocher un tableau.* ▷ Spécial. *Raccrocher le combiné d'un appareil téléphonique.* – S. comp. *Raccrochez!* **2.** Arrêter au passage. *Bonimenteur qui raccroche les badauds.* – *Spécial.* Racoler. **II.** v. pron. Se retenir, se cramponner à (qqch pouvant servir d'appui). ▷ Fig. *Se raccrocher à des prétextes futiles.*

raccrocheur, euse [ʀakʀɔʃœʀ, øz] adj. Qui cherche à attirer l'attention. *Une affiche raccrocheuse.*

race [ʀas] n. f. **1.** Vx ou litt. Ensemble des membres d'une grande lignée. ▷ Loc. adj. *Fin de race :* décadent. **2.** Fam. (souvent péjor.) Catégorie de personnes qui ont un même comportement. *La race des pédants.* **3.** Division de l'espèce humaine, fondée sur certains caractères héréditaires, physiques (couleur de la peau, forme du crâne, etc.) et physiologiques (groupes sanguins, notam.). *Les races* (ou *grand-races*) *blanche, jaune, noire.* ▷ *Par ext.* Groupe naturel d'hommes qui présentent des caractères physiques et culturels semblables provenant de traditions et d'un passé communs. (V. encycl. ci-après.) **4.** BIOL Subdivision de l'espèce zoologique, constituée par des individus ayant des caractères héréditaires communs. *Les différentes races bovines* (charolaise, zébu, etc.). ▷ Loc. adj. *De race :* de race pure, non métissée. *Un cheval de race.*

ENCYCL Le concept de race entraîna l'apparition du *racisme.* La conviction de leur supériorité biologique a déterminé ou conforté l'attitude des Blancs au cours de leur expansion dans le monde (massacre des populations autochtones en Amérique et en Australie, traite négrière, ségrégation raciale aux États-Unis). Dans l'*Essai sur l'inégalité des races humaines* (1853), Gobineau* prétendit prouver que les Aryens, anciens habitants de la Perse, constituaient l'élite de la race humaine. Cette théorie fut reprise par les nazis qui considérèrent les Allemands, et plus largement les Européens, comme les descendants des Aryens et exterminèrent six millions de Juifs et de nombreux Tsiganes. Ce même racisme, renforcé par des motifs pseudo-religieux, inspira le régime d'*apartheid* (développement séparé) qui permit à la minorité blanche d'Afrique du Sud d'opprimer, jusqu'en 1991, la majorité noire. Aujourd'hui, les progrès de la génétique conduisent au rejet des classifications raciales de l'espèce humaine. Ainsi, selon le généticien des populations Albert Jacquard (*Éloge de la différence,* 1978, et *Cinq milliards d'hommes dans un vaisseau,* 1987), la notion de race n'a aucun fondement biologique : «Les individus de l'espèce humaine sont fort différents les uns des autres..., mais il est impossible de tracer des frontières permettant de regrouper ces populations en races distinctes».

racé, ée [ʀase] adj. **1.** Qui est de race, a les qualités propres à un animal de race. *Un chien racé.* **2.** (Personnes) Qui a une distinction, une élégance, une finesse naturelles. *Un homme racé.*

racémeux, euse [ʀasemø, øz] adj. BOT Se dit de végétaux dont les fruits ou les fleurs sont disposés en grappes.

racémique [ʀasemik] adj. CHIM *Mélange racémique :* mélange équimolaire de deux énantiomères, qui ne peut donc faire tourner le plan de polarisation de la lumière.

rachat [ʀaʃa] n. m. **1.** Action de racheter. – DR *Vendre avec faculté de rachat.* **2.** Action de se libérer (d'une obligation) par le versement d'une somme. *Rachat de servitude.* **3.** Action de faire libérer (un prisonnier, un esclave) en payant une rançon. **4.** Fait de se racheter. ▷ RELIG Rédemption.

Rachel, personnage biblique, seconde fille de Laban. Afin de pouvoir l'épouser, Jacob resta sept ans au service de Laban, puis dut épouser la fille aînée de celui-ci, Lia, avec laquelle il passa encore sept ans avant d'obtenir la main de Rachel.

Rachel (Élisabeth Rachel Félix, dite Mlle) (1821 – 1858), tragédienne française.

racheter [ʀaʃte] v. tr. [18] **1.** Acheter de nouveau. *Il n'y a plus de pain, il faudra en racheter.* **2.** Rentrer, par achat, en possession de (ce qu'on avait vendu). **3.** Acheter d'occasion à un particulier. *Racheter sa voiture à qqn.* **4.** Se libérer de (une obligation) moyennant le versement d'une somme. *Racheter une rente.* **5.** Faire libérer (qqn) en payant une rançon. *Racheter un esclave, un prisonnier.* **6.** RELIG Sauver par la rédemption. *Le Christ racheta les hommes.* **7.** Obtenir le pardon de (ses fautes, ses péchés). *Racheter ses fautes par la pénitence.* ▷ v. pron. Se réhabiliter; faire oublier ses fautes. *Se racheter aux yeux de qqn.* **8.** Compenser, faire oublier. *Son courage d'aujourd'hui rachète ses lâchetés passées.*

Rach Gia, ville et port du sud du Viêt-nam, sur le golfe de Thaïlande; 151 300 hab.; ch.-l. de la prov. de Kien Giang. La ville, où résident en grand nombre des Khmers et des Chinois, vit princ. de la pêche et de l'agriculture.

rachianesthésie [ʀaʃianɛstezi] n. f. MED Méthode d'anesthésie partielle, par injection d'un anesthésique dans le canal rachidien.

rachidien, enne [ʀaʃidjɛ̃, ɛn] adj. ANAT Qui a rapport ou qui appartient à la colonne vertébrale. *Canal rachidien :* canal formé par les trous vertébraux et qui contient la moelle épinière. *Nerfs rachidiens,* qui naissent de la moelle épinière (31 paires chez l'homme).

rachis [ʀaʃi] n. m. **1.** ANAT Colonne vertébrale, épine dorsale. **2.** SC NAT Axe central de divers organes (de la fronde des fougères, de l'épi des graminées, de la plume des oiseaux).

rachitique [ʀaʃitik] adj. et n. Qui est atteint de rachitisme. – Subst. *Un(e) rachitique.* ▷ *Par ext.* Maigre, malingre. *Quelques buissons rachitiques.*

rachitisme [ʀaʃitism] n. m. MED Maladie de la croissance affectant le squelette, due à un défaut de minéralisation osseuse par carence en vitamine D.

Rachmaninov (Sergheï Vassilievitch) (1873 – 1943), compositeur et pianiste russe : préludes et concertos pour piano au lyrisme romantique.

racial, ale, aux [ʀasjal, o] adj. Relatif à la race (sens 3). *Abolir la ségrégation raciale.*

racinaire [ʀasinɛʀ] adj. BOT Qui concerne les racines.

racine [ʀasin] n. f. **1.** Partie des végétaux (à l'exception des thallophytes et des mousses) qui les fixe au sol et par où ils puisent les matières (eau et sels minéraux) nécessaires à leur nutrition. ▷ Loc. fig. *Prendre racine :* rester trop longtemps en un endroit. ▷ *Racines-échasses :* racines maintenant les arbres au-dessus du sol dans les zones marécageuses ou humides (palétuviers). **2.** Fig. Lien, attache solide qui fonde la stabilité de qqch. *Tradition qui a de profondes racines.* ▷ Cause profonde, principe. *Prendre le mal à la racine :* s'attaquer résolument aux causes du mal. **3.** *Par anal.* Partie par laquelle est implanté un organe. *Racine des ongles, des cheveux, des poils.* – *Racine d'une dent :* partie de la dent implantée dans un alvéole. – ANAT *Racine nerveuse :* chacune des deux branches d'un nerf rachidien à l'émergence de la moelle. **4.** Fig. MATH *Racine carrée d'un nombre A :* nombre, noté $\sqrt{A}$, dont le carré est égal au nombre A. *Racine cubique d'un nombre A :* nombre, noté $\sqrt[3]{A}$ dont le cube est égal au nombre A. *Racine $n^{ième}$ d'un nombre A,* nombre noté $\sqrt[n]{A}$: nombre B tel que $B^n = A$. ▷ *Racine d'une équation :* valeur de l'inconnue qui satisfait à l'équation. **5.** LING Élément irréductible, commun à tous les mots d'une même famille et qui constitue un support de signification.

Racine (Jean) (1639 – 1699), poète dramatique français. Il tenta en vain d'entrer dans la carrière ecclésiastique en 1661 et s'établit en 1663 à Paris, où il se lia avec Boileau et La Fontaine. Il fit représenter *la Thébaïde* (1664) par la troupe de Molière puis confia *Alexandre* (1665) aux comédiens de l'Hôtel de Bourgogne. Il donna ensuite ses chefs-d'œuvre : *Andromaque* (1667), qui fut un triomphe, *les Plaideurs* (1668), son unique comédie, *Britannicus* (1669), *Bérénice* (1670), *Bajazet* (1672), *Mithridate* (1673), *Iphigénie* (1674) et *Phèdre* (1677), qu'une cabale fit échouer. Malgré les succès remportés auprès du public et de la Cour, Racine renonça au théâtre pour occuper la charge d'historiographe du roi et épousa Catherine de Romanet. Réconcilié avec ses anciens maîtres de Port*-Royal (avec lesquels il s'était brouillé en 1666), il mena une vie dévote et veilla à l'éducation de ses sept enfants. Toutefois, sur la demande de Mme de Maintenon, il écrivit deux pièces à thèmes bibliques pour les jeunes filles de Saint*-Cyr : *Esther* (1689) puis *Athalie* (1691). Il se tourna de plus en plus vers Port-Royal (rédigeant dans le secret *Abrégé de l'histoire de Port-Royal*), ce qui lui valut une certaine disgrâce auprès du roi. Racine, poète de la passion, plus lyrique qu'héroïque, maîtrise un style approprié au caractère et à la situation de ses personnages. Sa langue, élégante et sobre, vaut par sa précision et par des alliances inattendues de mots. Acad. fr. (1673). — **Louis** (1692 – 1763), le plus jeune fils du préc., poète, auteur de *Mémoires sur la vie de Jean Racine* (1747 et 1752).

racinien, enne [ʀasinjɛ̃, ɛn] adj. Propre à l'œuvre de Jean Racine. – Digne de cet auteur.

racisme [ʀasism] n. m. **1.** Théorie fondée sur l'idée de la supériorité de certaines «races» sur les autres; doctrine qui en résulte, prônant notam. la ségrégation entre «races inférieures» et «races supérieures». ▷ Cour. Ensemble des comportements fondés, consciemment ou non, sur cette théorie, sur cette doctrine. *La lutte contre le racisme.* (V. encycl. race.) **2.** *Par ext.* Hostilité contre un groupe, une catégorie de personnes. *Le racisme anti-jeunes.*

raciste [ʀasist] adj. et n. Inspiré par le racisme, propre au racisme. *Propos racistes.* ▷ Subst. *Un(e) raciste.*

racket [ʀakɛt] n. m. (Américanisme) Extorsion de fonds par intimidation, terreur ou chantage.

racketter [ʀakete] v. tr. [1] Soumettre à un racket.

racketteur [ʀakɛtœʀ] n. m. Malfaiteur pratiquant le racket.

raclage [ʀaklaʒ] n. m. Action de racler. *Le raclage des peaux.*

raclée [ʀakle] n. f. Fam. Volée de coups. ▷ Fig. Écrasante défaite.

raclement [ʀa(ɑ)kləmɑ̃] n. m. Action de racler; bruit qui en résulte. *Un raclement de gorge.*

racler [ʀakle] v. tr. [1] **1.** Frotter en grattant pour nettoyer, pour égaliser (une surface). *Racler le fond d'une casserole.* ▷ v. pron. *Se racler le fond de la gorge,* la débarrasser de ses mucosités par une expiration appropriée. **2.** Frotter rudement et bruyamment. *Roue de vélo décentrée qui racle le garde-boue.*

raclette [ʀaklɛt] n. f. **1.** Petit outil servant à racler, pourvu de lamelles de caoutchouc. ▷ Cet outil, pourvu d'un manche à balai. **2.** CUIS Spécialité culinaire des Alpes françaises et suisses consistant en un quart de fromage que l'on expose à une flamme et dont on racle la surface au fur et à mesure qu'elle fond; fromage que l'on fait fondre pour ce plat. **3.** Loc adv., fam. (Suisse) *À la raclette :* de justesse. *Réussir un examen à la raclette.*

racloir [ʀaklwaʀ] n. m. Instrument pour racler.

raclure [ʀaklyʀ] n. f. **1.** Petite parcelle qu'on enlève d'un corps en le raclant. *Raclures d'ivoire.* **2.** (Plur.) Déchets.

racolage [ʀakɔlaʒ] n. m. **1.** Action de racoler. ▷ Mod., péjor. *Le racolage publicitaire.* **2.** (En parlant d'une personne qui se livre à la prostitution.) *Racolage sur la voie publique.*

racoler [ʀakɔle] v. tr. [1] **1.** Recruter par des moyens plus ou moins honnêtes. *Politicien véreux qui racole ses partisans n'importe où.* **2.** (Avec ou sans comp.) Solliciter un client, en parlant d'un(e) prostitué(e).

racoleur, euse [ʀakɔlœʀ, øz] n. et adj. Péjor. Personne qui racole pour un parti, qui fait de la publicité pour un produit, etc. – adj. *Affiche racoleuse.*

racontable [ʀakɔ̃tabl] adj. Qui peut être raconté. – *Par ext.* Qui ne choque pas. *C'est une histoire à peine racontable.*

racontar [ʀakɔ̃taʀ] n. m. (Souvent au plur.) Nouvelle peu sérieuse; médisance. Syn. ragot.

raconter [ʀakɔ̃te] v. tr. [1] **1.** Faire le récit de (choses vraies ou imaginaires). *Raconter une histoire.* Syn. rapporter. **2.** Litt. Dépeindre. *Ces monuments qui racontent la gloire de l'Empire.* ▷ v. pron. Raconter sa propre vie, sa propre histoire. **3.** Dire à la légère ou avec mauvaise foi. *Qu'est-ce que tu racontes?* **4.** v. pron. (Djibouti) Garder un souvenir cuisant de qqch. *Si tu continues de m'embêter, tu vas recevoir une fessée dont tu vas te raconter.*

racoon [ʀakun] n. m. (Antilles fr.) Syn. de *raton laveur.*

racornir [ʀakɔʀniʀ] v. tr. [3] **1.** Rendre dur et coriace, donner la consistance de la corne à. ▷ v. pron. Devenir dur et coriace en se ratatinant. **2.** Fig. Endurcir, faire perdre son ouverture d'esprit à. *L'âge et les épreuves ont achevé de la racornir.* ▷ v. pron. *Son cœur s'est racorni.*

racornissement [ʀakɔʀnismɑ̃] n. m. Fait de se racornir; état de ce qui est racorni.

Radama Ier (1791 – 1828), roi de Madagascar (1810-1828). Il pratiqua une politique de conquête de l'île. — **Radama II** (v. 1830 – 1863), roi de Madagascar (1861-1863). Fils de Ranavalona Ire, il gouverna dès 1852, adoptant une politique nouvelle. Il rouvrit, notam., son pays aux Européens et à leurs missionnaires.

radar [ʀadaʀ] n. m. Dispositif émetteur-récepteur d'ondes électromagnétiques qui permet de déterminer la direction et la distance d'un objet faisant obstacle à la propagation de celles-ci (phénomène d'écho). *Utilisation du radar pour le repérage et le guidage des navires, des avions, des missiles, etc.* ▷ (En appos.) *Écran radar. Écho radar.*

radariste [ʀadaʀist] n. Spécialiste assurant le fonctionnement et la maintenance des radars.

Radcliffe (Ann Ward, Mrs.) (1764 – 1823), romancière anglaise. Ses récits de terreur (*les Mystères d'Udolphe,* 1794) fondèrent le roman noir.

Radcliffe-Brown (Alfred Reginald) (1881 – 1955), anthropologue britannique; chef de file de l'école fonctionnaliste : *Structure et fonction dans la société primitive* (1952).

rade [ʀad] n. f. Vaste bassin naturel comportant une libre issue vers la mer, où les navires peuvent trouver de bons mouillages. *La rade de Dakar.*

radeau [ʀado] n. m. **1.** Assemblage de pièces de bois liées ensemble de manière à former une plate-forme flottante. ▷ Par anal. (de fonction). *Radeau de sauvetage :* petite embarcation pneumatique insubmersible que l'on utilise en cas de naufrage. **2.** Train de bois sur une rivière.

radiairé [ʀadjɛʀ] adj. Didac. Qui forme des rayons autour d'un axe.

1. radial, ale, aux [ʀadjal, o] adj. ANAT Qui a rapport au radius. *Nerf radial :* nerf sensitif et moteur de l'avant-bras et de la main.

2. radial, ale, aux [ʀadjal, o] adj. TECH Relatif au rayon. – Disposé suivant un rayon.

radian [ʀadjɑ̃] n. m. GEOM Unité de mesure d'angle (symbole rad) du système SI, correspondant à l'angle au centre qui intercepte un arc de cercle de longueur égale à celle du rayon

(1 rad = 57,296° = 63,662 grades; 180° = 200 grades = π rad; un tour complet correspond à 2 π rad).

radiant, ante [ʀadjɑ̃, ɑ̃t] adj. (et n. m.) **1.** Didac. Qui émet un rayonnement; qui se propage par radiation. *Chaleur radiante.* **2.** ASTRO *Point radiant* ou, n. m., *un, le radiant :* point du ciel d'où semblent issus les groupes d'étoiles filantes.

radiateur [ʀadjatœʀ] n. m. **1.** Appareil de chauffage alimenté par le gaz ou l'électricité. **2.** *Par anal. de forme.* TECH Organe de refroidissement de certains moteurs à explosion.

radiatif, ive [ʀadjatif, iv] adj. PHYS Qui concerne les radiations.

1. radiation [ʀadjasjɔ̃] n. f. **1.** PHYS Ébranlement oscillatoire électromagnétique (flux de photons). – Plus généralement, flux de particules. (V. rayonnement, sens 2.) **2.** PALEONT Fait, pour une espèce vivante, de prendre possession d'un milieu. Syn. rayonnement.

2. radiation [ʀadjasjɔ̃] n. f. Action de radier d'une liste, d'un compte, d'un corps, etc.

radical, ale, aux [ʀadikal, o] adj. et n. m. **I.** adj. **1.** BOT Relatif aux racines, qui naît des racines. *Pédoncules radicaux.* **2.** Qui tient au principe fondamental, à la nature d'une chose, d'un être. *C'est le vice radical de cette théorie.* ▷ Résolu, intransigeant, entier. *Un attachement radical.* – *Parti radical* (en France) : parti républicain militant pour la démocratie et la laïcité. **3.** Cour. Qui touche, concerne les fondements mêmes de ce que l'on veut modifier. *Réforme radicale.* **4.** Qui est d'une efficacité certaine. *Traitement radical. Moyens radicaux.* **5.** GEOM *Axe radical de deux cercles,* droite perpendiculaire à la droite reliant les centres de ces cercles, lieu géométrique des points ayant la même puissance par rapport à ces deux cercles. **II.** n. m. **1.** LING Forme d'un mot dépouillé des désinences qui constituent sa flexion. **2.** CHIM Groupement d'atomes susceptibles d'être séparés en bloc d'une molécule et d'entrer dans la composition d'une autre molécule de structure différente. *Le radical hydroxyle –OH.* – *Radical libre :* radical de durée de vie très brève, qui peut s'observer à l'état non combiné. **3.** MATH Symbole $\sqrt{\ }$ qui sert à noter l'extraction de la racine*. **4.** POLIT Membre d'un groupe qui montre une attitude résolue, au sein d'une assemblée, d'un parti, d'un courant.

radicalement [ʀadikalmɑ̃] adv. Dans son principe même, d'une manière radicale. *C'est radicalement différent.*

radicalisation [ʀadikalizasjɔ̃] n. f. Fait de (se) radicaliser; son résultat.

radicaliser [ʀadikalize] v. tr. [1] Rendre plus radical; durcir (une position). ▷ v. pron. *La grève se radicalise.*

radicalisme [ʀadikalism] n. m. **1.** POLIT Doctrine, engagement politique des radicaux (sens II, 4) et des radicaux-socialistes. **2.** Attitude intellectuelle qui consiste à reprendre les questions à partir du commencement, sans tenir compte de l'acquis.

radical-socialisme [ʀadikalsɔsjalism] n. m. POLIT Radicalisme, dans sa tendance de gauche.

radicant, ante [ʀadikɑ̃, ɑ̃t] adj. BOT Se dit de plantes dont les tiges émettent des racines adventives.

radicelle [ʀadisɛl] n. f. BOT Racine secondaire, filament produit par la ramification de la racine principale.

Radičkov (Jordan) (né en 1929), romancier et dramaturge bulgare. Son œuvre, d'inspiration très variée, mêle le fantastique, le réalisme, le lyrisme, l'humour et l'absurde : *Le cœur bat pour les hommes* (1959), *Abécédaire de la poudre* (1969), *le Bon Grain et l'Ivraie* (1972).

radiculaire [ʀadikylɛʀ] adj. **1.** BOT Qui appartient ou qui se rapporte à la racine ou à la radicule. **2.** MED Qui concerne la racine des nerfs rachidiens ou crâniens, ou la racine des dents.

radicule [ʀadikyl] n. f. BOT Partie inférieure de l'axe de l'embryon qui, en se développant, deviendra la racine.

radié, ée [ʀadje] adj. et n. f. **1.** adj. Didac. Disposé en rayons. *Capitule radié des pâquerettes.* **2.** n. f. pl. BOT Ensemble de composées au capitule radié (marguerites, pyrèthres, etc.). – Sing. *Une radiée.*

1. radier [ʀadje] v. tr. [2] Rayer d'une liste, d'un compte, d'un registre. *Être radié des listes électorales.* – *Spécial.* Exclure (qqn) d'un corps, le plus souvent par mesure disciplinaire. *Radier un avocat du barreau.*

2. radier [ʀadje] n. m. (Madag.) Ouvrage de maçonnerie permettant le franchissement à gué d'un cours d'eau durant les crues.

radiesthésie [ʀadjɛstezi] n. f. Sensibilité aux radiations qu'émettraient différents corps; méthode de détection des objets cachés, fondée sur cette faculté.

radiesthésiste [ʀadjɛstezist] n. Personne qui pratique la radiesthésie.

radieux, euse [ʀadjø, øz] adj. **1.** Qui émet des rayons lumineux d'un vif éclat. *Soleil radieux.* ▷ Fig. Éclatant. *Une beauté radieuse.* **2.** Particulièrement lumineux, ensoleillé. *Une journée radieuse.* **3.** (Personnes) Rayonnant de joie, de bonheur. *Elle arriva radieuse.* – Par ext. *Avoir un air, un visage radieux.*

radifère [ʀadifɛʀ] adj. Didac. Qui contient du radium.

Radiguet (Raymond) (1903 – 1923), romancier français : *le Diable au corps* (1923) et *le Bal du comte d'Orgel* (posth., 1924).

radin, ine [ʀadɛ̃, in] n. et adj. Fam. Avare. ▷ adj. *Être radin. Elle est radine* ou, cour., *radin.*

1. radio-. Élément, tiré du rad. lat. *radius,* «rayon», ou de *radiation.*

2. radio-. Élément, tiré de *radiodiffusion.*

1. radio [ʀadjo] n. Abrév. de certains composés de *radio : radiodiffusion, radiographie, radionavigateur.* (V. ces mots.)

2. radio [ʀadjo] n. f. ou m. **1.** Station émettrice d'émissions radiophoniques. *Radio libre :* radio locale privée. *Radio pirate,* qui diffuse illégalement ses émissions. – (Afr. subsah.) Fam. *Radio-cancan, radio-trottoir :* la rumeur publique. *Je l'ai appris par radio-trottoir.* – (Nouv.-Cal.) Fam. *Radio-cocotier :* transmission rapide, de bouche à oreille, des nouvelles, des ragots. (V. téléphone* arabe, télédiol.) **2.** Récepteur de radiodiffusion.

radioactif, ive [ʀadjoaktif, iv] adj. Doué de radioactivité.

radioactivité [ʀadjoaktivite] n. f. Émission, par certains éléments, de rayonnements divers, résultant de réactions nucléaires.
ENCYCL Phys. – Un élément radioactif est caractérisé par sa *période* (temps pendant lequel la moitié de ses noyaux s'est désintégrée) et par son *activité* (nombre de désintégrations par unité de temps), laquelle s'exprime en *curies* (symbole Ci); $1\,Ci = 3,7.10^{10}$ désintégrations par seconde; c'est l'activité d'un gramme de radium. La mesure de l'activité d'un corps radioactif permet de déduire le temps depuis lequel ce corps se désintègre et, en partic., de procéder à la *datation* d'échantillons, à condition que la période du radioélément retenu ne soit pas trop courte par rapport à l'âge à déterminer. Ainsi, le *carbone 14,* dont la période est de 5 600 ans, permet de mesurer des âges allant jusqu'à 50 000 ans et le *potassium 40* jusqu'à 80 millions d'années. Les corps radioactifs agissent sur l'organisme par irradiation (action des rayonnements) ou par contamination (inhalation, ingestion ou contamination externe). Ils provoquent des ionisations entraînant des modifications biochimiques plus ou moins graves. La dose de rayonnements reçus est exprimée en *röntgens* ou en *rems* (des lésions apparaissent en général au-delà de 50 rems). L'effet destructeur des irradiations sur les organismes vivants est utilisé pour traiter certaines tumeurs (radiothérapie), pour stériliser les denrées alimentaires (lait, viande, etc.) et pour créer, par mutation, de nouvelles espèces (horticulture, agronomie). ► **tabl. éléments.**

radioalignement [ʀadjoaliɲmɑ̃] n. m. AVIAT, MAR Dispositif radiophonique de guidage d'un avion ou d'un navire.

radioamateur [ʀadjoamatœʀ] n. m. Particulier autorisé à émettre et à recevoir, sur certaines fréquences, des émissions radiophoniques.

radioastronomie [ʀadjoastʀɔnɔmi] n. f. ASTRO Branche de l'astronomie consacrée à l'étude des ondes radioélectriques émises par les astres.

radiobalise [ʀadjobaliz] n. f. MAR, AVIAT Radioémetteur guidant les avions et les navires.

radiobiologie [ʀadjobjɔlɔʒi] n. f. BIOL Science qui étudie l'action des radiations (X, α, β, γ, ultraviolettes, etc.) sur les êtres vivants.

radiocarbone [ʀadjokaʀbɔn] n. m. CHIM Carbone 14, isotope radioactif utilisé pour les datations*.

radiocassette [ʀadjokasɛt] n. f. ou m. Appareil combinant un récepteur de radio et un lecteur (ou un lecteur-enregistreur) de cassettes.

radiocommande [ʀadjokɔmɑ̃d] n. f. TECH Commande à distance au moyen d'ondes radioélectriques.

radiocommunication [ʀadjokɔmynikasjɔ̃] n. f. TECH Communication par ondes radioélectriques.

radiocompas [ʀadjokɔ̃pa] n. m. AVIAT, MAR Radiogoniomètre permettant de guider l'avion, ou le navire, par rapport aux directions de faisceaux radioélectriques émis par les radiophares.

radiodiffuser [ʀadjodifyze] v. tr. [1] Diffuser au moyen d'ondes électromagnétiques. – Pp. adj. *Discours radiodiffusé.*

radiodiffusion [ʀadjodifyzjɔ̃] n. f. Transmission de programmes sonores au moyen d'ondes électromagnétiques. – Ensemble des procédés utilisés à cet effet. (V. encycl. radioélectricité.) ▷ *Poste de radiodiffusion* ou *poste (de) radio* ou, n. f., *radio :* récepteur.

radiodiffusion (Union européenne de) (U.E.R.), organisation internationale siégeant à Genève depuis sa création (1950). Elle s'occupe des relations (techniques et juridiques), en ce qui concerne la radiodiffusion et la télévision, entre les pays d'Europe de l'Ouest et d'Afrique du Nord, et entre ceux-ci et le reste du monde.

radioélectricité [Radjoelɛktrisite] n. f. ELECTR Partie de l'électricité consacrée à la transmission de signaux par des ondes électromagnétiques.
ENCYCL La transmission d'informations par les ondes radioélectriques s'effectue au moyen d'une *onde porteuse* de haute fréquence dont on module l'amplitude, la fréquence ou la phase en fonction des signaux de basse fréquence représentant les informations à transmettre. Les applications de la radioélectricité sont très nombreuses : radiodiffusion, télévision, radionavigation, radioguidage, radar, télécommunications, etc.

radioélectrique [Radjoelɛktrik] adj. ELECTR Relatif à la radioélectricité.

radioélément [Radjoelemɑ̃] n. m. PHYS NUCL Élément radioactif. Syn. radio-isotope.

radiofréquence [Radjofrekɑ̃s] n. f. TELECOM Fréquence d'une onde radioélectrique.

radiogoniomètre [Radjogɔnjomɛtr] n. m. TECH Appareil récepteur d'ondes hertziennes permettant de déterminer avec précision le gisement (sens 2) d'un émetteur.

radiogoniométrie [Radjogɔnjometri] n. f. TECH Ensemble des procédés utilisés pour déterminer la position d'émetteurs d'ondes radioélectriques.

radiogramme [Radjogram] n. m. TECH Syn. de *radiotélégramme*.

radiographie [Radjografi] n. f. Ensemble des procédés qui permettent d'obtenir sur une surface sensible l'image d'un objet exposé aux rayons X. (Abrév. fam. : radio). ▷ Cliché radiographique. *Une radiographie de l'estomac.*
ENCYCL Méd. – On distingue : les radiographies simples, consistant à prendre des clichés sous des incidences variables (face, profil, etc.); les radiographies utilisant des moyens de contraste (air, produits iodés, baryte) pour visualiser le tube digestif, les voies urinaires et biliaires, les vaisseaux, diverses cavités de l'organisme. Quant à la tomographie, elle permet d'isoler un plan de l'organisme, rendu net, alors que les autres restent flous. Depuis 1975, le *scanographe* ou *tomodensitomètre* permet de mesurer au moyen de cellules photoélectriques l'absorption des rayons X par l'organe observé, les informations recueillies étant traitées par ordinateur et restituées sur un écran de visualisation.

radiographier [Radjografje] v. tr. [2] Photographier au moyen de rayons X.

radiographique [Radjografik] adj. Relatif à la radiographie; obtenu par radiographie.

radioguidage [Radjogidaʒ] n. m. Guidage à distance d'un avion, d'un navire, d'un engin, etc., au moyen d'ondes radioélectriques.

radioguider [Radjogide] v. tr. [1] Diriger par radioguidage.

radio-isotope [Radjoizotɔp] n. m. PHYS NUCL Isotope radioactif d'un élément. *Des radio-isotopes.* Syn. radioélément.

radiolaires [Radjɔlɛr] n. m. pl. ZOOL Classe de protozoaires actinopodes marins à squelette siliceux.

radiologie [Radjolɔʒi] n. f. Partie de la médecine qui utilise les rayonnements à des fins diagnostiques (radiographie, radiodiagnostic) ou thérapeutiques (radiothérapie).

radiologique [Radiolɔʒik] adj. Relatif à la radiologie.

radiologue [Radjolɔg] ou **radiologiste** [Radjolɔʒist] n. Médecin spécialiste de radiologie.

radiométrie [Radjometri] n. f. PHYS Mesure de l'intensité des rayonnements, en partic. des rayons X et γ.

radionavigant [Radjonavigɑ̃] ou **radionavigateur** [Radjonavigatœr] n. m. MAR, AVIAT Membre de l'équipage d'un navire, d'un aéronef, chargé de la radiocommunication. (Abrév. fam. : radio).

radionavigation [Radjonavigasjɔ̃] n. f. MAR, AVIAT Mode de navigation dans lequel la position est déterminée au moyen d'appareils radioélectriques.

radiophare [Radjofar] n. m. TELECOM Émetteur d'ondes radioélectriques permettant aux navires et aux aéronefs de déterminer leur position par radiogoniométrie.

radiophonie [Radjofɔni] n. f. TELECOM Transmission des sons au moyen d'ondes radioélectriques (radiodiffusion, radiotéléphonie).

radiophonique [Radjofɔnik] adj. Relatif à la radiophonie et à la radiodiffusion. *Émissions radiophoniques.*

radioprotection [Radjoprɔtɛksjɔ̃] n. f. TECH Ensemble des procédés et des appareils servant à protéger l'homme contre la radioactivité.

radiorécepteur [Radjoreseptœr] n. m. TECH Récepteur de radiodiffusion.

radioreportage [Radjorəpɔrtaʒ] n. m. Reportage radiodiffusé.

radioreporter [Radjorəpɔrtɛr] n. m. Journaliste spécialisé dans les radioreportages.

radio-réveil ou **radioréveil** [Radjorevɛj] n. m. Appareil combinant un récepteur radio et un réveil. *Des radio-réveils ou des radioréveils.*

radioroman [Radjorɔmɑ̃] n. m. (Québec) Anc. Autref., feuilleton radiophonique qui s'inspirait de situations de la vie courante. (V. téléroman.)

radioscopie [Radjoskɔpi] n. f. TECH, MED Observation de l'image formée sur un écran fluorescent par un corps traversé par les rayons X.

radiosonde [Radjosɔ̃d] n. f. METEO Appareil attaché à un ballon-sonde, qui transmet au sol, au moyen d'ondes radioélectriques, les résultats des mesures qu'il effectue en altitude.

radio-taxi [Radjotaksi] n. m. Taxi équipé d'un émetteur-récepteur radioélectrique. *Des radio-taxis.*

radiotechnique [Radjotɛknik] n. f. Ensemble des techniques relatives à la radioélectricité et à ses applications. ▷ adj. Relatif à ces techniques.

radiotélégramme [Radjotelegram] n. m. TELECOM Télégramme transmis par radiotélégraphie. Syn. radiogramme.

radiotélégraphie [Radjotelegrafi] n. f. TELECOM Procédé de transmission par ondes radioélectriques de messages traduits en signaux conventionnels (morse, par ex.); télégraphie sans fil.

radiotéléphone [Radjotelefɔn] n. m. Téléphone sans fil utilisant des ondes radio.

radiotélescope [Radjoteleskɔp] n. m. ASTRO Appareil servant à capter les ondes radioélectriques émises par les astres.

radiotélévisé, ée [Radjotelevize] adj. AUDIOV Diffusé par radio et télévision. *Émission radiotélévisée.*

radiotélévision [Radjotelevizjɔ̃] n. f. AUDIOV Ensemble des procédés de diffusion des sons (radiodiffusion) et des images (télévision) au moyen d'ondes radioélectriques.

radiothérapeute [Radjoterapøt] n. MED Spécialiste de radiothérapie.

radiothérapie [Radjoterapi] n. f. MED Traitement par des radiations ionisantes. *On distingue la radiothérapie externe, la radiothérapie de contact et la radiothérapie par injection d'un isotope.*

radis [Radi] n. m. Plante potagère (fam. crucifères) cultivée pour sa racine comestible. ▷ Cette racine, de saveur piquante, que l'on consomme crue. *Les radis roses.*

radium [Radjɔm] n. m. Élément alcalino-terreux radioactif (symbole Ra) de numéro atomique Z=88. – Métal (Ra). (Très rare dans la nature, le radium est extrait des minerais d'uranium et de thorium; c'est aussi un sous-produit du traitement de l'uranium.)

radius [Radjys] n. m. ANAT Le plus court des deux os de l'avant-bras, situé à la partie externe de celui-ci, qui s'articule avec l'humérus en haut et avec le carpe en bas, et qui est relié au cubitus par ses extrémités supérieure et inférieure.

radjah [Radʒa] n. m. inv. V. rajah.

radon [Radɔ̃] n. m. CHIM Élément radioactif (symbole Rn) de numéro atomique Z=86. – Gaz rare (Rn).

radotage [Radɔtaʒ] n. m. Action de radoter. – Propos tenus par une personne qui radote.

radoter [Radɔte] v. [1] **1.** v. intr. Tenir des propos qui dénotent un affaiblissement de l'esprit. *Ce vieillard radote.* **2.** v. tr. Rabâcher.

radoteur, euse [Radɔtœr, øz] adj. et n. Se dit d'une personne qui radote.

radoub [Radu; Radub] n. m. MAR Réparation, entretien de la coque d'un navire. *Bassin de radoub,* destiné aux réparations des coques de navire.

radouber [Radube] v. tr. [1] MAR Réparer ou nettoyer (la coque d'un navire). ▷ PECHE *Radouber un filet,* le raccommoder.

radoucir [Radusir] v. tr. [3] **1.** Rendre plus doux. *La pluie a radouci le temps.* ▷ v. pron. *Le temps s'est radouci.* **2.** Fig. Rendre moins rude, apaiser. *Ce petit présent a radouci son humeur.* ▷ v. pron. *Son ton s'est radouci.*

radoucissement [Radusismɑ̃] n. m. Fait de se radoucir.

radula [Radyla] n. f. ZOOL Lame cornée râpeuse située sur le plancher buccal des mollusques gastéropodes et céphalopodes.

raerae [Rere] n. m. (Polynésie fr.) Travesti (sens 3); homosexuel.

R.A.F. V. Royal Air Force.

rafale [Rafal] n. f. **1.** Coup de vent soudain et violent mais qui dure peu. *Vent qui souffle par rafales.* Syn. bourrasque. **2.** Suite de coups de feu tirés à brefs intervalles. *Tir par rafales.*

raffermir [Rafɛrmir] v. tr. [3] **1.** Rendre plus ferme, plus dur. *Le soleil a raf-*

fermi les chemins. Le sport raffermit la musculature. **2.** Fig. Remettre dans un état plus stable, plus assuré. *Raffermir son autorité.* ▷ v. pron. *Le crédit public se raffermira.* Syn. consolider, fortifier.

raffermissement [ʀafɛʀmismɑ̃] n. m. Action de se raffermir; son résultat.

raffinage [ʀafinaʒ] n. m. Opération qui consiste à raffiner (un produit). *Raffinage du pétrole.*

raffiné, ée [ʀafine] adj. **1.** Qui a été soumis à un raffinage. *Sucre raffiné.* **2.** Fig. D'une grande délicatesse; fin, subtil. *Personne raffinée. Goûts raffinés.* Ant. fruste, grossier.

raffinement [ʀafinmɑ̃] n. m. État, qualité de ce qui est raffiné; extrême délicatesse, subtilité. *S'exprimer avec raffinement.* ▷ *Par exag.* Recherche excessive. *Raffinement dans la cruauté.*

raffiner [ʀafine] v. tr. [1] Soumettre (une matière brute) à une suite d'opérations ayant pour but de l'épurer ou de la transformer en un produit utilisable. *Raffiner du sucre, du pétrole.*

raffinerie [ʀafinʀi] n. f. Lieu où l'on raffine (certains produits). *Raffinerie de sucre, de pétrole.*

raffineur, euse [ʀafinœʀ, øz] n. Personne qui dirige une raffinerie ou qui y travaille.

raffle [ʀafl] n. f. V. rafle 2.

raffoler [ʀafɔle] v. tr. indir. [1] *Raffoler de :* aimer à la folie, avoir une prédilection très marquée pour (qqch, qqn). *Il raffole de la peinture haïtienne.*

raffut [ʀafy] n. m. Fam. Tapage, vacarme. *Faire du raffut.*

rafistolage [ʀafistɔlaʒ] n. m. Fam. Action de rafistoler; son résultat.

rafistoler [ʀafistɔle] v. tr. [1] Fam. Remettre grossièrement en état.

1. rafle [ʀafl] n. f. **1.** Action de rafler, de tout emporter. *Les enfants ont fait une rafle dans le réfrigérateur.* **2.** Arrestation en masse faite à l'improviste par la police. *Il a été pris dans une rafle.*

2. rafle ou **raffle** [ʀafl] n. f. BOT, VITIC Ensemble formé par l'axe central et les pédoncules des fruits d'une grappe de raisin, etc.; partie centrale d'un épi de maïs, d'un régime de noix de palme.

rafler [ʀafle] v. [1] **1.** v. tr. Fam. Prendre, enlever promptement (tout ce que l'on trouve). *Les voleurs ont tout raflé.* **2.** v. intr. (Afr. subsah.) Procéder à une rafle (1, sens 2). *La police rafle souvent dans les maquis.* ▷ v. tr. Prendre lors d'une rafle.

rafraîchir [ʀafʀɛʃiʀ] v. [3] **I.** v. tr. **1.** Rendre frais, donner de la fraîcheur à. *Rafraîchir du vin.* **2.** Diminuer la température (du corps); calmer la soif de (qqn). *Buvez, cela vous rafraîchira.* – Absol. *Les boissons acidulées rafraîchissent.* ▷ v. pron. *Se rafraîchir avec un verre d'eau glacée.* Ant. échauffer, réchauffer. **3.** Remettre en état (ce qui était défraîchi). *Rafraîchir un mur.* ▷ Fig., fam. *Rafraîchir la mémoire à qqn,* lui rappeler ce qu'il a ou ce qu'il prétend avoir oublié. ▷ INFORM Régénérer l'image affichée sur un écran. **II.** v. intr. **1.** Devenir plus frais. *Mettez les fruits à rafraîchir.* ▷ Pp. adj. *Eau rafraîchie.* ▷ v. pron. *Le temps s'est rafraîchi.* **2.** (Antilles fr., Guyane) Provoquer la diurèse. *Tisane qui rafraîchit.*

rafraîchissant, ante [ʀafʀɛʃisɑ̃, ɑ̃t] adj. **1.** Qui diminue la chaleur de (l'atmosphère, du corps, etc.). *Brise rafraîchissante.* ▷ Qui désaltère. *Boisson rafraîchissante.* **2.** Fig. Qui donne une impression de fraîcheur, de jeunesse. *Des rires clairs, rafraîchissants.*

rafraîchissement [ʀafʀɛʃismɑ̃] n. m. **1.** Fait de rafraîchir, de se rafraîchir. *Rafraîchissement de la température.* – Fig. *Ce mur a besoin d'un rafraîchissement,* d'une remise en état. **2.** Boisson fraîche. *Prendre un rafraîchissement.* **3.** INFORM Réaffichage total de l'écran.

Rafsandjani (Ali Akbar Hachemi) (né en 1934), homme politique iranien. Proche de Khomeyni, il lui succéda comme prés. de la République islamique (1989-1997).

raft [ʀaft] n. m. (Anglicisme) SPORT Bateau léger, en caoutchouc armé, conçu pour la descente des torrents.

rafting [ʀaftiŋ] n. m. (Anglicisme) SPORT Sport consistant à descendre les torrents en raft.

ragaillardir [ʀagajaʀdiʀ] v. tr. [3] Redonner des forces, de la gaieté, de l'entrain à (qqn). Syn. revigorer.

rage [ʀaʒ] n. f. **I.** Maladie virale épidémique qui affecte certains mammifères (chien, chat, renard, etc.), lesquels la transmettent à l'homme (par morsure, en général). **II. 1.** Colère, dépit portés au plus haut degré. *Être en rage contre qqn.* Syn. fureur. **2.** Passion portée à l'excès. *La rage d'écrire.* Syn. fureur, manie. ▷ Volonté farouche et passionnée. *La rage de vaincre, de survivre.* **3.** Loc. *Faire rage :* se manifester avec une grande intensité; être à son paroxysme. *L'incendie faisait rage.* **4.** *Rage de dents :* très violent mal de dents.

rager [ʀaʒe] v. intr. [13] Fam. Éprouver un violent dépit. Syn. enrager.

rageur, euse [ʀaʒœʀ, øz] adj. **1.** Porté à des colères violentes. *Enfant rageur.* **2.** Qui traduit la colère, la rage. *Geste rageur.*

rageusement [ʀaʒøzmɑ̃] adv. Avec rage, fureur.

raglan [ʀaglɑ̃] n. m. et adj. inv. **1.** n. m. Pardessus ample à manches raglan. **2.** adj. inv. *Manches raglan,* dont l'épaulement remonte jusqu'au col par des coutures en biais.

ragondin [ʀagɔ̃dɛ̃] n. m. **1.** Gros rongeur amphibie d'Amérique du S., élevé pour sa fourrure. **2.** Fourrure de cet animal.

ragot [ʀago] n. m. Fam. (Souvent au plur.) Commérage malveillant.

ragoût [ʀagu] n. m. **1.** CUIS Plat de viande (ou de poisson) et de légumes, coupés en morceaux et cuits dans une sauce abondante. *Ragoût de mouton.* **2.** (Québec) Mets composé de morceaux de porc cuits dans une sauce épaissie à la farine grillée au four. – *Ragoût de pattes, de pattes de cochon,* à base de pieds de porc. – *Ragoût de boulettes,* contenant des boulettes de porc.

ragoûtant, ante [ʀagutɑ̃, ɑ̃t] adj. (Le plus souvent en tournure négative.) **1.** Qui excite l'appétit. *Mets peu ragoûtant.* **2.** Fig. Engageant, qui plaît.

ragtime [ʀagtajm] n. m. MUS Style de musique pour piano qui naquit aux États-Unis à la fin du XIXe s. et qui fut l'une des sources du jazz.

Raguse. V. Dubrovnik.

Rahad, riv. du Soudan, affl. du Nil Bleu, qui prend sa source dans les Hauts Plateaux de l'Est éthiopien; 500 km.

Rahman (cheikh Mujibur) (1920 – 1975), homme politique bangladais. Dirigeant de la ligue Awami, il proclama l'indépendance du Pākistān oriental en mars 1971 et fut le premier chef du nouvel État, le Bangladesh. Il fut tué lors d'un coup d'État.

Rahmaniyya, ordre musulman algérien fondé au milieu du XVIIIe s.; il fut dissous par les Français en 1871 après l'échec d'une insurrection pop.

rai ou (rare) **rais** [ʀɛ] n. m. Vx ou litt. Rayon (de lumière).

raï [ʀaj] n. m. MUS Musique populaire maghrébine qui associe des thèmes musicaux traditionnels à une orchestration occidentale moderne.

raid [ʀɛd] n. m. **1.** Rapide opération de reconnaissance ou d'attaque menée en territoire inconnu ou ennemi. *Raid de blindés.* ▷ Mission de bombardement aérien visant un objectif lointain. **2.** AVIAT Vol d'endurance. *Raid Paris-Tōkyō.* **3.** SPORT Épreuve de vitesse et d'endurance sur une longue distance.

raide [ʀɛd] ou, vx ou litt, **roide** [ʀwad] adj. et adv. **I.** adj. **1.** Tendu; dépourvu d'élasticité, de souplesse. *Cette amarre n'est pas assez raide.* ▷ *Corde raide :* corde très tendue sur laquelle évoluent les funambules. – Fig. *Être, danser sur la corde raide :* être dans une situation dangereuse, difficile. **2.** Qui ne se plie pas, qui reste droit ou plat. *Des cheveux raides.* ▷ (Personnes; corps ou parties du corps.) *Se tenir raide comme un piquet. Des membres raides.* **3.** Qui manque de grâce, de souplesse. *Démarche, gestes raides.* – Fig. *Style raide.* **4.** Qui manque de souplesse (de caractère). *Attitude, caractère raide.* Syn. dur, rigide. **5.** Abrupt. *Pente raide.* Ant. doux. **II.** adv. **1.** En pente raide. *Escalier qui monte raide.* **2.** Subitement. *Tomber raide mort. Tomber raide.*

raider [ʀɛdɛʀ] n. m. (Anglicisme) ECON Personne physique ou morale qui, par le biais de transactions financières, prend le contrôle d'une entreprise, parfois dans le seul but d'en tirer profit lors d'une revente. Syn. (off. recommandé) attaquant.

raideur [ʀɛdœʀ] n. f. **1.** Caractère, état de ce qui est raide, rigide. **2.** Manque de souplesse, de grâce. *Marcher avec raideur.* **3.** Fig. Sévérité, rigidité. *Raideur d'un caractère.* ▷ Froideur. *Répondre avec raideur.*

raidillon [ʀɛdijɔ̃] n. m. Court sentier escaladant une pente raide.

raidir [ʀɛdiʀ] v. [3] **I.** v. tr. Rendre raide; tendre. *Raidir le bras. Raidir un cordage.* **II.** v. intr. Devenir raide. **III.** v. pron. **1.** Devenir raide. *Ses membres se raidissaient.* **2.** Fig. Tenir ferme. *Se raidir contre la douleur.*

raidissement [ʀɛdismɑ̃] n. m. Fait de raidir, de se raidir; état de ce qui est raidi.

1. raie [ʀɛ] n. f. **1.** Trait, ligne. *Faire, tracer une raie sur une feuille.* ▷ Bande ou ligne formant un motif décoratif. *Étoffe à raies noires.* ▷ PHYS *Raie spectrale :* fine bande claire ou sombre que l'on observe sur un spectre et qui correspond à une augmentation de luminosité *(raie d'émission)* ou à une diminution de luminosité *(raie d'absorption)* à une fréquence donnée. **2.** Ligne séparant deux masses de cheveux. **3.** AGRIC Entre-deux des sillons ou des billons; sillon. – *Irrigation à la raie,* par gravité grâce à un petit canal en terre

2. raie [ʀɛ] n. f. Poisson cartilagineux (sous-classe des sélaciens), au corps aplati, aux fentes branchiales ventrales, et dont les fortes nageoires antérieures sont développées en ailerons et soudées à la tête. *Raie bouclée. Raie électrique :* torpille. *Raie-guitare :* guitare (sens 2). *Raie-miroir :* raie au dos marqué de deux taches circulaires, appelée en Côte d'Ivoire *raie-zéro.*

rail [ʀaj] n. m. **1.** Chacune des bandes d'acier profilé fixées en deux lignes parallèles, sur des traverses, et qui constituent une voie ferrée. ▷ (Afr. subsah.) Syn. de *voie* ferrée. La route longe le rail.* **2.** *Par anal.* Profilé métallique le long duquel une pièce mobile peut glisser. *Rail d'une tringle à rideau.* ▷ *Rail de sécurité :* bordure métallique le long d'une route, d'une autoroute. Syn. glissière. **3.** *Le rail :* le transport ferroviaire.

railler [ʀɑje] v. tr. [1] Tourner en dérision. Syn. moquer. ▷ v. pron. Se moquer. *Se railler de tout.*

raillerie [ʀɑjʀi] n. f. Action de railler; habitude de railler.

railleur, euse [ʀɑjœʀ, øz] adj. et n. **1.** Qui raille, qui aime à railler. ▷ Subst. *Les railleurs et les sceptiques.* **2.** Qui exprime la raillerie. *Ton railleur.* Syn. ironique, narquois.

Raimond ou **Raymond VI,** (1156 – 1222), comte de Toulouse en 1194. Il soutint ses sujets, devenus albigeois, sans avoir embrassé cette hérésie; en 1208, le pape l'excommunia. Après la chute de Toulouse, Raimond perdit ses États et s'enfuit en Angleterre (1215). En 1217, il entreprit de les reprendre à Simon puis à Amaury de Monftort, et y parvint en grande partie.

Raimu (Jules Muraire, dit) (1883 – 1946), acteur français de théâtre et de cinéma : *Marius* (1931), *Fanny* (1932), *César* (1936), *la Femme du boulanger* (1938), *l'Homme au chapeau rond* (1946).

rainer [ʀɛne] v. tr. [1] TECH Creuser d'une ou de plusieurs rainures. Syn. rainurer.

rainette [ʀɛnɛt] n. f. Petite grenouille arboricole dont l'extrémité des doigts porte des pelotes adhésives.

Rainier III (né en 1923), duc de Valentinois, prince de Monaco depuis mai 1949. Fils de Charlotte* de Monaco et de son époux Pierre de Polignac*, il succéda à son grand-père maternel, Louis II. En 1956, il épousa l'actrice américaine Grace Kelly.

Rainilaiarivony (1828 – 1896), homme politique malgache. Époux et Premier ministre des reines successives à partir de 1863, il tenta de faire de son pays un État moderne et indépendant, en opposant la France à l'Angleterre. Après la conquête française (1895), il fut déporté à Alger.

rainure [ʀenyʀ] n. f. Fente ou entaille longue et étroite de section régulière. *Un couvercle qui coulisse dans deux rainures.*

rainurer [ʀenyʀe] v. tr. [1] TECH Syn. de *rainer.*

rais [ʀɛ] n. m. V. rai.

raïs [ʀais] n. m. **1.** *Le raïs :* le président égyptien. **2.** (Maghreb) Toute personne assurant le commandement, la direction de qqch (État, navire, club).

Rais, Rays ou **Retz** (Gilles de Laval, baron de) (1404 – 1440), maréchal de France (1429), compagnon de Jeanne d'Arc. Convaincu de sorcellerie, assassin d'enfants, il fut pendu et brûlé.

raisin [ʀɛzɛ̃] n. m. **I. 1.** Fruit de la vigne. *Raisin blanc, noir. Raisin de table. Raisins secs.* – *Raisin de Corinthe :* raisin sec originaire des îles de la mer Ionienne. ▷ *Raisin des mers :* arbuste des littoraux tropicaux, aux petits fruits noirs comestibles. **2.** *Raisin de mer :* paquet d'œufs de céphalopodes (seiche, notam.). **II.** Format de papier (50×65 cm).

raisinet [ʀezinɛ] n. m. (Suisse) Groseille rouge à grappe.

raisinier [ʀezinje] n. m. Arbre d'Afrique tropicale (fam. anacardiacées), aux fruits comestibles ressemblant à des raisins.

raison [ʀɛzɔ̃] n. f. **I. 1.** Faculté propre à l'homme de connaître et de juger. *Cultiver sa raison.* ▷ Ensemble des facultés intellectuelles. *Perdre la raison.* Syn. esprit, intelligence. **2.** Faculté de distinguer le vrai du faux, le bien du mal, et de régler ainsi sa conduite. *«La parfaite raison fuit toute extrémité» (Molière). Âge de raison.* ▷ Ce qui est sage, raisonnable. *Se rendre à la raison. Entendre, parler raison.* – *Plus que de raison :* plus qu'il n'est raisonnable. – *Se faire une raison :* accepter, se résigner. ▷ Ce qui est le fait d'un raisonnement (par oppos. à *sentiment,* à *instinct,* etc.). *Mariage de raison.* ▷ Ce qui est juste et vrai (par oppos. à *tort*). *Avoir raison. À tort ou à raison.* ▷ *Avoir raison de qqn,* triompher, avoir l'avantage sur lui. **II. 1.** Sujet, cause, motif. *«Le cœur a ses raisons que la raison ne connaît point» (Pascal).* ▷ *Raison de plus, à plus forte raison :* par un motif d'autant plus fort. ▷ *La raison d'État :* l'ensemble des considérations qui font primer l'intérêt supérieur de l'État sur l'équité à l'égard des individus. **2.** Argument. *Il s'est enfin rendu à nos raisons.* **3.** MATH Rapport de deux quantités. *Raison directe :* rapport de deux quantités dont l'une varie proportionnellement à l'autre. *Raison inverse :* rapport de deux quantités dont l'une varie de manière inversement proportionnelle à l'autre. ▷ *Raison d'une progression arithmétique* (ou *géométrique*) : nombre constant auquel on ajoute (ou par lequel on multiplie) un terme de la progression pour obtenir le terme suivant. **4.** Loc. prép. *À raison de :* à proportion de. ▷ *En raison de :* à cause de, en considération de. **III.** DR et cour. *Raison sociale :* désignation d'une société, formée par la liste des noms de tous les associés ou par le nom d'un ou de plusieurs d'entre eux suivi de *et compagnie.*

raisonnable [ʀɛzɔnabl] adj. **1.** Doué de raison. *L'homme est un être raisonnable.* Syn. intelligent, pensant. **2.** Qui pense selon la raison, le bon sens; qui agit d'une manière réfléchie. *Vous êtes trop raisonnable pour prendre un tel risque.* ▷ (Choses) Conforme à la raison, à la sagesse. Syn. sensé, sage. Ant. déraisonnable. **3.** Qui n'est pas excessif. *Prix raisonnable.*

raisonnablement [ʀɛzɔnabləmɑ̃] adv. **1.** Avec bon sens, raison. *Se conduire, parler raisonnablement.* **2.** D'une manière modérée; suffisamment. Ant. exagérément.

raisonné, ée [ʀɛzɔne] adj. **1.** Qui s'appuie sur le raisonnement; fondé sur des preuves, des raisons. *Projet raisonné, analyse raisonnée.* **2.** Didac. Qui explique et illustre les règles d'un art, d'une science. *Une grammaire raisonnée. Un catalogue raisonné.*

raisonnement [ʀɛzɔnmɑ̃] n. m. **1.** Opération de la pensée qui consiste à enchaîner des idées ou des jugements selon des principes déterminés et à en tirer une conclusion. *Force, justesse de raisonnement.* **2.** Suite des arguments employés quand on raisonne.

raisonner [ʀɛzɔne] v. [1] **I.** v. intr. **1.** Se servir de sa raison pour juger, démontrer; conduire un raisonnement. *Raisonner juste, faux.* **2.** Répliquer, alléguer des raisons, des excuses. *Cessez de raisonner.* **II.** v. tr. **1.** Soumettre au raisonnement. *Raisonner ses actions.* ▷ Contrôler par le raisonnement, la raison. *Raisonner sa peur.* ▷ v. pron. (passif). *Les sentiments ne se raisonnent pas.* **2.** Chercher à amener (qqn) à la raison. *J'ai tenté de le raisonner et de le calmer.* ▷ v. pron. (réfléchi). *Se raisonner en face du danger.*

raisonneur, euse [ʀɛzɔnœʀ, øz] n. et adj. **1.** Personne qui raisonne. *Un bon raisonneur.* ▷ adj. *Esprit raisonneur.* **2.** Péjor. Personne qui réplique, allègue des excuses, discute les ordres. ▷ adj. *Enfant raisonneur.*

rajah, raja [ʀaʒa] ou **radjah** [ʀadʒa] n. m. inv. Souverain d'une principauté, en Inde. (Fém. *rani.*) V. aussi maharadjah.

Rājasthān, État du N.-O. de l'Inde; 342 214 km²; 43 880 600 hab; cap. *Jaipur.* Désertique à l'O., l'État est plus fertile à l'E. (millet). – Depuis 1949, il rassemble la plupart des anc. territoires des Rājputs (V. Rājputāna et Rājputs).

rajeunir [ʀaʒœniʀ] v. [3] **I.** v. tr. **1.** Faire redevenir plus jeune. ▷ Fig. Donner un air de fraîcheur, de nouveauté à. *Rajeunir une maison en la ravalant.* **2.** Faire paraître plus jeune. *Cette coiffure la rajeunit.* **3.** Attribuer à (qqn) un âge moindre que son âge véritable. *Vous me rajeunissez!* ▷ v. pron. Se dire, se faire paraître plus jeune qu'on n'est. **II.** v. intr. Reprendre un air de jeunesse. *Il a rajeuni depuis son mariage.*

rajeunissement [ʀaʒœnismɑ̃] n. m. **1.** Action de rajeunir, de donner une vigueur nouvelle. ▷ AGRIC *Taille de rajeunissement :* V. recépage. **2.** État de ce qui est, de ce qui paraît rajeuni.

rajout [ʀaʒu] n. m. Ce qui est rajouté. Syn. (Luxembourg) rajoute.

rajoute [ʀaʒut] n. f. (Luxembourg) Rajout.

rajouter [ʀaʒute] v. tr. [1] Ajouter de nouveau; ajouter encore, par surcroît. *Rajoutez un peu d'eau à ce thé, il est trop fort.* ▷ Fam. *En rajouter :* exagérer.

Rājput(s), peuple de l'Inde du N.-O., qui subit des invasions musulmanes, se soumit aux Grands Moghols* et, à partir de 1818, passa sous protectorat britannique. (V. Rājasthān et Rājputāna.)

Rājputāna, rég. du N.-O. de l'Inde, faisant partie du Rājasthān. – Habité au VIIᵉ s. par les Rājputs, envahi par les musulmans (XIᵉ-XVIᵉ s.) puis par les Mahrattes (XVIIIᵉ s.), le Rājputāna se signale notam. par son école de peinture du XVIIIᵉ s. (albums enluminés).

rajustement [ʀaʒystəmɑ̃] ou **réajustement** [ʀeaʒystəmɑ̃] n. m. Fait de rajuster (sens 2).

rajuster [ʀaʒyste] ou **réajuster** [ʀeaʒyste] v. tr. [1] **1.** Ajuster de nouveau; remettre en bon ordre. *Rajuster son pagne.* ▷ v. pron. Remettre ses vêtements en ordre. **2.** Remettre à son juste niveau. *Rajuster les salaires. Rajuster les prix.*

Rákosi (Mátyás) (1892 – 1971), homme politique hongrois. Il domina la vie politique hongroise de 1949 à 1953 en suivant strictement la ligne stalinienne. Il se réfugia en U.R.S.S. après la révolution de 1956.

Rakotoson (Michèle) (née en 1948), écrivain malgache : *Dadabé* (nouvelles autobiographiques, 1984), *le Bain des reliques* (roman, 1988).

Rakovski (Georgi) (1821 – 1867), écrivain et patriote bulgare. Il défendit la cause bulgare dans divers journaux, dont *le Cygne du Danube*, et dans son poème *le Voyageur dans la forêt* (1857) qui exalte le patriotisme des haïdouks*, défenseurs de l'indépendance de la Bulgarie contre les Ottomans.

1. râle [ʀɑl] n. m. ORNITH Oiseau ralliforme (fam. rallidés) au plumage terne, au corps comprimé latéralement, aux fortes pattes et dont les diverses espèces, peu douées pour le vol, sont adaptées aux conditions de vie des lieux humides et marécageux.

2. râle [ʀɑl] n. m. **1.** MED Bruit anormal perçu à l'auscultation, indiquant une lésion bronchopulmonaire. *Râle bronchique.* **2.** Respiration bruyante de certains moribonds. ▷ Plainte rauque et inarticulée.

Raleigh (sir Walter) (v. 1552 – 1618), courtisan et navigateur anglais. Favori d'Élisabeth Ire, il explora la Virginie (1584-1585), d'où il rapporta le tabac et la pomme de terre, puis la Guyane (1595). Disgracié par Jacques Ier (1603), emprisonné jusqu'en 1616, il fut décapité après l'échec de son expédition dans l'Orénoque.

ralenti [ʀalɑ̃ti] n. m. **1.** Bas régime d'un moteur à combustion interne. *Ralenti bien réglé.* – Fig. *Travailler au ralenti.* **2.** CINE Procédé de prise de vues consistant à tourner à une vitesse supérieure à 24 images par seconde, de sorte que les mouvements apparaissent plus lents qu'ils ne le sont dans la réalité.

ralentir [ʀalɑ̃tiʀ] v. [3] **1.** v. tr. Rendre plus lent. *Ralentir sa course.* ▷ Modérer, diminuer. *Ralentir son ardeur.* **2.** v. intr. Réduire sa vitesse. *Le train ralentit avant d'entrer en gare.* ▷ (Personnes) Ralentir la vitesse de son véhicule. *Chauffeur, ralentissez!* **3.** v. pron. Devenir plus lent. *Mouvement qui se ralentit.*

ralentissement [ʀalɑ̃tismɑ̃] n. m. **1.** Fait de ralentir, diminution de la vitesse. **2.** Diminution d'activité. *Le ralentissement des exportations.*

ralentisseur [ʀalɑ̃tisœʀ] n. m. **1.** AUTO Dispositif auxiliaire de freinage. *Ralentisseur électrique d'un poids lourd.* **2.** PHYS NUCL Substance qui, dans un réacteur nucléaire, ralentit les neutrons émis lors d'une réaction de fission.

râler [ʀɑle] v. intr. [1] **1.** Faire entendre un râle (2, sens 2). *Blessé qui râle.* **2.** Fam. Récriminer.

ralingue [ʀalɛ̃g] n. f. MAR Cordage cousu le long des bords d'une voile pour la renforcer. ▷ *Voile en ralingue,* qui faseye, qui bat dans le vent.

ralinguer [ʀalɛ̃ge] v. intr. [1] MAR Être en ralingue, faseyer.

rallidés [ʀalide] n. m. pl. ORNITH Famille d'oiseaux dont le râle est le type et qui comprend notam. les poules d'eau et les foulques. – Sing. *Un rallidé.*

ralliement [ʀalimɑ̃] n. m. **1.** Action de rallier; fait de se rallier, rassemblement. *Un signe de ralliement.* ▷ *Point de ralliement :* endroit indiqué par avance aux troupes pour se rallier. – *Par ext.* Lieu de rassemblement. **2.** Fait de se rallier (à un parti, une opinion).

rallier [ʀalje] v. [2] **I.** v. tr. **1.** Rassembler (des personnes dispersées, des fuyards). **2.** Gagner à un parti, à une opinion, une cause. *Rallier des dissidents.* **3.** Rejoindre. *Le navire dut rallier le port de toute urgence.* **II.** v. pron. **1.** Se rassembler. *Les soldats se sont ralliés.* **2.** Rejoindre (un parti); adhérer (à une opinion). *Se rallier à une cause.*

ralliformes [ʀalifɔʀm] n. m. pl. ORNITH Ordre très diversifié d'oiseaux carinates. – Sing. *Un ralliforme.*

rallonge [ʀalɔ̃ʒ] n. f. **1.** Ce qui sert à rallonger. *Ajouter une rallonge à un fil électrique.* Syn. prolongateur, (Afr. subsah., Belgique) allonge. ▷ *Spécial.* Abattant ou planche à coulisse qui permet d'augmenter la longueur d'une table. **2.** TECH Pièce métallique horizontale qui sert au soutènement du toit, dans une mine. **3.** Fam. Supplément de temps, d'argent, etc. **4.** (Québec) Construction annexe d'une habitation.

rallongement [ʀalɔ̃ʒmɑ̃] n. m. Action de rallonger.

rallonger [ʀalɔ̃ʒe] v. tr. [13] Rendre plus long. *Rallonger un pantalon. Rallonger un délai.*

rallumer [ʀalyme] v. tr. [1] **1.** Allumer de nouveau. ▷ v. pron. *L'incendie risque de se rallumer.* **2.** Donner une nouvelle activité à. *Rallumer la sédition.* ▷ v. pron. *Les passions se rallument.*

rallye [ʀali] n. m. Compétition dans laquelle les concurrents doivent rallier un point déterminé après certaines épreuves. *Rallye pédestre. Rallye automobile.*

-rama. V. -orama.

Rāma, divinité de l'Inde, septième incarnation de Vishnu, dont la vie est racontée dans le Rāmāyana.

ramadan ou (Maghreb) **ramadhan** [ʀamadɑ̃] n. m. Neuvième mois de l'année lunaire musulmane, pendant lequel le jeûne est prescrit du lever au coucher du soleil. ▷ Ensemble des prescriptions religieuses qui concernent ce mois. *Faire le ramadan.* Syn. (Afr. subsah., Maghreb) carême.

ramadanesque ou (Maghreb) **ramadhanesque** [ʀamadanɛsk] adj. Qui se rapporte au ramadan. Syn. ramadanien.

ramadanien, enne ou (Maghreb) **ramadhanien, enne** [ʀamadanjɛ̃, ɛn] adj. Syn. de *ramadanesque.*

ramages [ʀamaʒ] n. m. pl. Dessins de branchages, de rameaux. *Étoffe, papier à ramages.*

Rāmakrishna (Gadādhara Chattopādhyāya, dit) (1836 – 1886), mystique hindou. Sa doctrine, qui repose sur les principes universels du Vedānta de Çankara, a été vulgarisée après sa mort par ses disciples.

Raman (sir Chandrasekhara Venkata) (1888 – 1970), physicien indien : travaux sur les cristaux et la diffusion de la lumière par les milieux transparents. P. Nobel 1930.

Ramanantsoa (Gabriel) (1906 – 1979), général malgache, chef de l'État de 1972 à 1975.

ramancher [ʀamɑ̃ʃe] v. tr. [1] (Québec) Fam. **1.** Réparer, remettre en état. *Ramancher une chaise.* **2.** Réduire (une fracture), remettre en place (un membre démis). *Ramancher un bras cassé.*

ramancheur, euse [ʀamɑ̃ʃœʀ, øz] ou **ramancheux, euse** [ʀamɑ̃ʃø, øz] n. (Québec) Fam. Personne qui réduit les fractures, remet en place les membres démis; rebouteux.

ramassage [ʀamasaʒ] n. m. Action de ramasser; son résultat.

ramassé, ée [ʀamase] adj. **1.** Épais, trapu. *Une stature ramassée.* **2.** Blotti, pelotonné, recroquevillé. **3.** Qui dit beaucoup en peu de mots, concis.

ramasse-poussière [ʀamaspusjɛʀ] n. f. (Belgique, France rég.) Syn. de *ramassette. Des ramasse-poussière(s).* (V. ramassoire.)

ramasser [ʀamase] v. tr. [1] **I.** Prendre à terre. *Ramasser du bois mort.* ▷ (Objet n. de personne.) *Ramasser un blessé.* **II. 1.** Réunir en un amas, en une masse. *Ramasser ses cheveux en chignon.* ▷ v. pron. Ramasser son propre corps, se mettre en boule. *Se ramasser avant de sauter.* **2.** Rassembler (ce qui est épars); réunir (des personnes dispersées). *Ramasser des soldats en déroute.* **3.** Collecter, réunir. *Ramasser des dons.* **4.** (Madag.) Recueillir, récupérer (qqch). *J'ai mis une barrique sous le toit pour ramasser l'eau de pluie.*

ramassette [ʀamasɛt] n. f. (Belgique) Petite pelle à balayures. Syn. ramasse-poussière. (V. ramassoire.)

ramasseur, euse [ʀamasœʀ, øz] n. **1.** Personne qui ramasse. *Les ramasseurs de champignons.* **2.** Personne qui assure un ramassage. *Ramasseur de lait d'une coopérative agricole.*

ramasseuse-presse [ʀamasøzpʀɛs] n. f. AGRIC Machine destinée à mettre en bottes la paille ou le foin sur le champ même. *Des ramasseuses-presses.*

ramassis [ʀamasi] n. m. Ensemble de choses disparates et sans valeur, de personnes peu estimables. *Un ramassis de vieux bibelots. Un ramassis d'escrocs.*

ramassoire [ʀamaswaʀ] n. f. (Suisse) Petite pelle à balayures. (V. ramasse-poussière, ramassette.)

1. ramatou [ʀamatu] n. f. (Madag.) Syn. de *bonne* (sens 2). Syn. de *femme* de ménage.*

2. ramatou [ʀamatu] n. m. (Afr. subsah.) Au Sénégal, sénégali.

Rāmāyana, poème épique sanskrit (24000 strophes) écrit du Ve s. av. J.-C. au IIIe s. apr. J.-C. (?). V. Rāma.

rambarde [ʀɑ̃baʀd] n. f. Garde-fou, balustrade, parapet.

1. rame [ʀam] n. f. HORTIC Branche plantée en terre pour soutenir une plante grimpante (pois, haricots, etc.).

2. rame [ʀam] n. f. **1.** IMPRIM Ensemble de vingt mains de papier, soit cinq cents feuilles. **2.** TRANSP File de wagons attelés. *Rame de métro.*

3. rame [ʀam] n. f. **1.** Longue pièce de bois élargie en pelle à l'une de ses extrémités, qui sert à propulser une embarcation. Syn. aviron. **2.** (Polynésie fr.) Pagaie.

rameau [ʀamo] n. m. **1.** Petite branche d'arbre, d'arbuste. ▷ LITURG *Dimanche des Rameaux* ou *(les) Rameaux :* dernier dimanche avant Pâques, qui commémore l'entrée du Christ à Jérusalem. **2.** ANAT Subdivision (d'un nerf, d'un vaisseau). **3.** Subdivision, dans la représentation en arbre d'un système.

Rameau d'un arbre généalogique. ▷ *Par ext.* Chose que représente cette subdivision. *Un rameau éloigné de la maison impériale.*

Rameau (Jean-Philippe) (1683 – 1764), compositeur français. En 1733, il débute à l'Opéra avec *Hippolyte et Aricie,* puis compose l'opéra-ballet *les Indes galantes* (1735), les opéras *Castor et Pollux* (1737) et *Dardanus* (1739), etc. Dans la querelle des Bouffons (1752-1754), il défendit la musique française (*Observations sur notre instinct pour la musique et sur son principe,* 1754) : l'harmonie doit primer sur la mélodie.

ramender [ʀamɑ̃de] v. tr. [1] TECH **1.** Redorer. **2.** Réparer (un filet de pêche).

ramener [ʀamne] v. [16] **I.** v. tr. **1.** Amener de nouveau. *Il était déjà venu avec elle et il l'a ramenée.* **2.** Faire revenir (une personne, un animal) en un lieu d'où il était parti. *Ramener qqn chez lui. Ramener les bœufs à l'étable.* – (Sujet n. de chose.) *La nécessité l'a ramené ici.* ▷ Fig. *Ramener le débat à son point de départ. Ramener qqn à la raison.* **3.** Réduire. *Ramener l'inflation à un taux inférieur.* **4.** Faire régner de nouveau, rétablir. *Mesures destinées à ramener l'ordre.* **5.** Amener ou apporter au retour d'un déplacement. *Les bateaux des colons ramenaient des épices et des esclaves.* **6.** Replacer dans sa position initiale. *Ramener une couverture sur ses jambes.* **II.** v. pron. **1.** *Se ramener à :* se réduire à. *La difficulté se ramène à un manque de temps.* **2.** Fam. Arriver, venir.

ramequin [ʀamkɛ̃] n. m. **1.** Petit gâteau au fromage. **2.** Petit récipient allant au four. **3.** (Guyane) Sucrerie mentholée, de couleur rose.

1. ramer [ʀame] v. tr. [1] AGRIC Soutenir par une ou plusieurs rames (des plantes grimpantes). Syn. tuteurer. – Pp. adj. *Pois ramés.*

2. ramer [ʀame] v. intr. [1] Manœuvrer les rames pour faire avancer une embarcation.

ramette [ʀamɛt] n. f. TECH Rame de papier de petit format.

rameur, euse [ʀamœʀ, øz] n. Personne qui rame. *Canot à huit rameurs.*

rameuter [ʀamøte] v. tr. [1] Regrouper en causant une émotion. *Rameuter la population.*

rameux, euse [ʀamø, øz] adj. BOT ou litt. Qui a de nombreux rameaux. *Tige rameuse.*

Ramgoolam, sir Seewoosagur (1900 – 1985), médecin et homme politique mauricien. Chef du parti travailliste, il dirigea l'île Maurice de 1968 à 1982.

rami [ʀami] n. m. Jeu de cartes qui consiste à rassembler dans sa main des figures telles que séquences, carrés, etc. *Jouer au rami.*

ramier [ʀamje] n. m. et adj. Gros pigeon européen au plumage gris bleuté, tacheté, qui niche dans les champs et parfois dans certaines villes. ▷ adj. m. *Pigeon ramier.* Syn. (France rég.) palombe.

ramification [ʀamifikasjɔ̃] n. f. **1.** Division d'un végétal en rameaux; chacune de ces subdivisions, chacun de ces rameaux. ▷ Par anal. *Ramifications d'un nerf, d'un vaisseau.* **2.** Subdivision (d'une science, etc.). *Les ramifications de la zoologie.* **3.** Subdivision (dans une organisation). *Ramification d'une secte.*

ramifié, ée [ʀamifje] adj. Qui comporte des ramifications. ▷ CHIM *Chaîne ramifiée :* structure d'une molécule organique dans laquelle un des atomes de carbone est lié à 3 ou 4 atomes de carbone voisins.

ramifier (se) [ʀamifje] v. pron [2] Se subdiviser en plusieurs rameaux.

ramille [ʀamij] n. f. **1.** (Collectif) Menue ramée, petites branches coupées avec leurs feuilles. **2.** (Surtout plur.) *Les ramilles :* les plus petites et dernières divisions des rameaux.

ramollir [ʀamɔliʀ] v. tr. [3] **1.** Amollir, rendre plus mou. *Ramollir de la cire.* ▷ v. pron. Devenir plus mou. *Matière qui se ramollit à la chaleur.* **2.** Fig. Affaiblir, rendre moins énergique. *L'oisiveté ramollit la volonté.*

ramollissement [ʀamɔlismɑ̃] n. m. Fait de se ramollir; état de ce qui est ramolli. ▷ MED *Ramollissement cérébral :* lésion du parenchyme cérébral due à un défaut d'apport sanguin.

ramonage [ʀamɔnaʒ] n. m. Action de ramoner; son résultat.

ramoner [ʀamɔne] v. tr. [1] Nettoyer (une cheminée), en ôter la suie.

ramoneur [ʀamɔnœʀ] n. m. Celui dont le métier est de ramoner les cheminées.

rampant, ante [ʀɑ̃pɑ̃, ɑ̃t] adj. (et n. m.) **1.** Qui rampe. *Animal rampant. Tige rampante.* **2.** Obséquieux, servile. *Courtisan rampant.* **3.** ARCHI Incliné, en pente. ▷ n. m. Partie disposée en pente. *Les rampants d'un pignon.*

rampe [ʀɑ̃p] n. f. **1.** Plan incliné destiné à permettre le passage entre deux niveaux, deux plans horizontaux. *Rampe d'accès à une autoroute.* ▷ Portion de route, de voie ferrée, etc., fortement inclinée. *Les poids lourds peinaient dans la rampe.* ▷ *Rampe de lancement :* dispositif assurant le support, le maintien et le guidage d'un engin à réaction, d'une fusée, au moment de son lancement. **2.** Balustrade ou barre, à hauteur d'appui, suivant un escalier. Syn. (Québec) bras d'escalier. **3.** Rangée de lumières au bord d'une scène de théâtre. *Les feux de la rampe.* **4.** *Rampe d'arrosage :* dispositif d'arrosage consistant en un long tuyau percé de trous ou garni d'asperseurs.

ramper [ʀɑ̃pe] v. intr. [1] **1.** Progresser par ondulations ou par contractions et décontractions successives du corps ou de certaines de ses parties, en parlant des animaux dépourvus de membres. *Limace, couleuvre qui rampe.* **2.** (Personnes) Progresser en s'aplatissant à terre, ventre contre le sol. **3.** Croître en s'étalant, sur un support ou à terre, en parlant d'une plante. *Les lianes rampent.* **4.** Fig. (Choses) Se déplacer lentement au ras du sol. *Un épais brouillard rampait près de la rivière.* ▷ (Personnes) S'abaisser, s'humilier. *Ramper devant les puissants.*

rampon [ʀɑ̃pɔ̃] n. m. (Suisse) Syn. de *mâche. Salade de rampon.*

Ramsay (sir William) (1852 – 1916), chimiste anglais. Il découvrit les gaz rares. P. Nobel 1904.

Ramsès, nom de onze pharaons, des XIXe et XXe dynasties dont : — **Ramsès Ier** , le fondateur de la XIXe dynastie; successeur du roi Horemheb et roi d'Égypte de 1314 à 1312 av. J.-C. — **Ramsès II Méiamoun,** dit *Ramsès le Grand,* petit-fils du préc.; successeur de son père, Séthi Ier, et roi d'Égypte de 1301 à 1235 env. av. J.-C. Il mena contre l'Empire hittite des combats incessants entrecoupés de traités de paix, et édifia, le long de la vallée du Nil, cités et monuments : à Tanis, Abydos, Louxor, Thèbes (Ramesseum), Abu-Simbel (temples). — **Ramsès III,** roi d'Égypte de 1198 env. à 1166 av. J.-C.; il stoppa l'invasion des Peuples de la mer.

ramure [ʀamyʀ] n. f. Ensemble des branches, des ramifications. *La ramure d'un arbre.* ▷ Bois (d'un cervidé).

Ramuz (Charles Ferdinand) (1878 – 1947), écrivain suisse d'expression française. Séjournant à Paris de 1902 à 1914, il publia des récits réalistes : *Aline* (1905), *Jean-Luc persécuté* (1908), *Aimé Pache, peintre vaudois* (1911), *la Vie de Samuel Belet* (1913). Après l'*Histoire du soldat* (1918, mis en musique par Stravinski, créé à Lausanne par E. Ansermet), il peignit avec une grande invention verbale des héros paysans et le destin de l'homme : *les Signes parmi nous* (1919), *la Grande Peur dans la montagne* (1926), *Farinet ou la Fausse Monnaie* (1932), *Derborence* (1934), *Si le soleil ne revenait pas* (1937). Les essais de ses dernières années (*Besoin de grandeur,* 1937) et son *Journal* (1940-1947) poursuivirent sa réflexion cosmique.

Ranaivo (Flavien) (né en 1914), poète malgache. Il transposa en français le génie de la tradition malgache en jouant sur la polysémie : *l'Ombre et le Vent* (1947), *Mes chansons de toujours* (1955), *le Retour au bercail* (1962), *Hain-teny* (1975).

Ranavalona Ire (v. 1790 – 1861), reine de Madagascar (1828-1861), épouse de Radama Ier, auquel elle succéda. Son nouvel époux et Premier ministre s'opposa à la pénétration européenne. Mais en 1852, son fils, le futur Radama II, mit fin à cette orientation politique. — **Ranavalona II** (m. en 1883), reine (1868-1883). Veuve de Radama II, elle épousa Rainilaiarivony*. — **Ranavalona III** (1862 – 1917), cousine de la préc., dont elle épousa le veuf; dernière reine de Madagascar (1883-1897). Elle signa le traité franco-malgache de Tamatave (1885), mais la France mena une expédition (1895-1896) et imposa son protectorat. En 1897, elle fut déportée à la Réunion, puis à Alger, où elle mourut.

rance [ʀɑ̃s] adj. et n. m. Qui a pris en vieillissant une saveur âcre et une odeur forte, en parlant des denrées grasses. *Beurre, lard rance.* ▷ n. m. *Un goût de rance.*

Rancé (Armand Jean Le Bouthillier de) (1626 – 1700), religieux français. Retiré (1664) chez les cisterciens de Notre-Dame-de-la-Trappe à Soligny (Orne), il imposa l'austérité dans son monastère.

ranch, plur. **ranchs** ou **ranches** [ʀɑ̃tʃ] n. m. Aux É.-U., exploitation agricole, dans la Prairie. ▷ Exploitation agricole moderne consacrée à l'élevage sur pâturages naturels.

ranching [ʀɑ̃tʃiŋ] n. m. (Anglicisme) ELEV Méthode d'élevage que l'on pratique dans les ranchs.

ranci, ie [ʀɑ̃si] adj. Devenu rance. ▷ n. m. *Beurre qui a un goût de ranci.*

rancir [ʀɑ̃siʀ] v. intr. [3] Devenir rance. *L'huile a ranci.*

rancissement [ʀɑ̃sismɑ̃] n. m. Fait de devenir rance.

rancœur [ʀɑ̃kœʀ] n. f. Amertume tenace due à une injustice, une déception, etc.

rançon [ʀɑ̃sɔ̃] n. f. **1.** Somme d'argent que l'on donne en échange de la liberté d'une personne captive. **2.** Fig. *La rançon de :* la contrepartie pénible (d'une chose agréable).

rançonner [ʀɑ̃sɔne] v. tr. [**1**] Extorquer de l'argent à (qqn) sous la menace. *Rançonner des voyageurs.*

rancune [ʀɑ̃kyn] n. f. Ressentiment profond, accompagné du désir de se venger, que l'on garde d'une offense. *Garder rancune à qqn.* ▷ Loc. *Sans rancune! :* oublions nos querelles!

rancunier, ère [ʀɑ̃kynje, ɛʀ] adj. et n. Qui éprouve facilement de la rancune. ▷ Subst. *Un rancunier.*

rand [ʀɑ̃d] n. m. Unité monétaire de la République sud-africaine.

randomiser [ʀɑ̃domize] v. tr. [**1**] STATIS Valider un résultat par l'étude comparative du résultat obtenu sur un échantillon d'éléments tirés au hasard.

randonnée [ʀɑ̃dɔne] n. f. Longue marche ininterrompue, grande promenade. *Randonnée pédestre, équestre.*

randonneur, euse [ʀɑ̃dɔnœʀ, øz] n. Personne qui fait une randonnée.

rang [ʀɑ̃] n. m. **I. 1.** Série (de personnes, de choses identiques) disposée en ligne. *Élèves qui se mettent en rangs.* – (Afr. subsah.) *Faire le rang :* faire la queue. ▷ Série de sièges placés côte à côte. *Les premiers rangs d'une salle de spectacle.* ▷ Ligne de mailles dans un tricot. *Diminuer tous les deux rangs.* **2.** Suite de soldats placés côte à côte. *Rompre les rangs ennemis.* ▷ *Le rang :* les hommes de troupe d'une armée. *Officier sorti du rang,* qui n'est pas passé par une grande école militaire. **3.** Loc. *Les rangs des :* le groupe, l'ensemble des. *Venir grossir les rangs des chômeurs.* ▷ *Être sur les rangs,* en compétition avec d'autres. **II. 1.** Place occupée dans une série. *Être classé par rang d'ancienneté, de taille.* **2.** Position dans une hiérarchie, une échelle de valeurs. *Être reçu à un concours dans un bon rang.* **3.** Loc. *Être au rang de :* compter parmi les. **III.** (Québec) Partie du territoire d'une municipalité rurale composée d'une suite de lots agricoles rectangulaires aboutissant à un chemin qui les dessert. – *Par méton.* Ce chemin de desserte. – *Rang double,* formé de deux suites de lots disposés de chaque côté d'un chemin, les habitations se faisant face. ▷ *Les rangs :* la campagne. *Avoir été élevé dans les rangs.*

rangé, ée [ʀɑ̃ʒe] adj. **1.** Mis en rang. – Loc. *Bataille rangée,* livrée par des troupes rangées. **2.** *Une personne rangée,* dont la conduite est sage et exempte de tout excès. – Par ext. *Avoir une vie rangée.*

rangée [ʀɑ̃ʒe] n. f. Suite de choses ou de personnes placées côte à côte sur une même ligne. *Une rangée de sièges.*

rangement [ʀɑ̃ʒmɑ̃] n. m. **1.** Action de ranger. **2.** Disposition de ce qui est rangé. *Des rangements bien conçus.*

ranger [ʀɑ̃ʒe] v. [**13**] **I.** v. tr. **1.** Mettre en rangs ou en files. *Ranger des soldats en ordre de bataille.* **2.** Disposer en bon ordre. *Ranger ses papiers, la vaisselle.* **3.** Mettre de l'ordre dans. *Ranger sa chambre, un tiroir.* **4.** Classer. *Ranger un poète parmi les classiques.* **5.** Mettre de côté; garer. *Ranger un camion le long du trottoir.* **II.** v. pron. **1.** Se mettre en rangs. *Les soldats se rangent par quatre.* **2.** S'écarter pour laisser le passage. *Les voitures se rangeaient devant l'ambulance.* **3.** Se rassembler, se rallier. *Cette organisation s'est rangée sous notre autorité.* **4.** (Personnes) Devenir rangé (sens 2).

Rangoon ou **Rangoun** (*Yangoun* dep. 1989), capitale de la Birmanie; 2459000 hab. Port situé près de l'embouchure de l'Irrawaddy. Nombr. industries. – Université. Important lieu saint bouddhique (pagode de Shwedagon).

rani [ʀani] n. f. V. rajah.

ranidés [ʀanide] n. m. pl. ZOOL Famille d'amphibiens anoures dont le type est la grenouille (genre *Rana*). – Sing. *Un ranidé.*

ranimer [ʀanime] v. tr. [**1**] **1.** Faire revenir à la conscience. *Ranimer un électrocuté.* Syn. réanimer. ▷ v. pron. Reprendre conscience. **2.** Redonner de la vivacité à. *Ranimer un feu. Ranimer l'ardeur de ses troupes.* ▷ v. pron. *La conversation s'est ranimée à son arrivée.*

Rank (Otto Rosenfeld, dit Otto) (1884 – 1939), psychanalyste autrichien : *le Traumatisme de la naissance* (1924).

rantanplan [ʀɑ̃tɑ̃plɑ̃] onomat. V. rataplan.

Raoul ou **Rodolphe** (m. en 936), duc de Bourgogne (921-923), et roi de France (923-936) à la mort de son beau-père, Robert Ier. Il combattit les Normands, vaincus en 930.

Raoul de Cambrai, chanson de geste du XIIe s.; elle illustre avec force, voire avec fureur, les luttes féodales.

Raoult (François Marie) (1830 – 1901), chimiste et physicien français : travaux sur les solutions.

rap [ʀap] n. m. (Anglicisme) Style de musique syncopée, de style funky, dont les textes, parlés, sont scandés.

rapace [ʀapas] adj. et n. m. **I.** adj. **1.** Ardent à poursuivre sa proie (en parlant d'un oiseau). *L'aigle rapace.* **2.** Fig. Avide de gain, cupide. *Usurier rapace.* **II.** n. m. pl. Ancien ordre d'oiseaux carnivores divisé auj. en falconiformes (diurnes) et strigiformes (nocturnes). ▷ Sing. *Un rapace.*

rapacité [ʀapasite] n. f. **1.** Avidité d'un animal qui se jette sur sa proie. **2.** Fig. Avidité, cupidité.

rapadou [ʀapadu] n. m. (Haïti) Sucre de canne non raffiné et cristallisé en gros blocs; sucre candi.

râpage [ʀɑpaʒ] n. m. Action de râper.

rapaillage [ʀapɑjaʒ] n. m. (Québec) **1.** Action de rassembler; son résultat. **2.** (Plur.) Restes de foin. *Faucher les rapaillages.* ▷ Menus objets que l'on rassemble. *«Les Rapaillages», recueil de Lionel Groulx.*

rapailler [ʀapɑje] v. tr. [**1**] (Québec) **1.** Rassembler ce qui est épars. *Rapailler ses affaires.* ▷ Fig. *Rapailler ses souvenirs. «L'Homme rapaillé», recueil de Gaston Miron* (1970). **2.** Ramasser de menus objets au hasard.

rapatrié, ée [ʀapatʀije] adj. et n. Qui est ramené dans sa patrie.

rapatriement [ʀapatʀimɑ̃] n. m. Action de rapatrier; son résultat. ▷ POLIT *Rapatriement de la Constitution canadienne :* processus politique au terme duquel le gouvernement du Canada, dirigé par Trudeau, obtint du Parlement britannique que celui-ci reconnaisse la nouvelle Constitution canadienne et, par voie de conséquence, la souveraineté complète du Canada (loi proclamée par la reine Élisabeth II le 17 avril 1982).

rapatrier [ʀapatʀije] v. tr. [**2**] Faire revenir (qqn) dans son pays, dans sa patrie. *Rapatrier des exilés.* ▷ Par ext. *Rapatrier des œuvres d'art.*

râpe [ʀɑp] n. f. (et adj. inv.) **1.** Lime à grosses aspérités utilisée dans le travail des matières tendres. *Râpe à bois.* **2.** Ustensile de cuisine servant à réduire certaines substances en poudre ou en fragments. *Râpe à fromage.* Syn. (Antilles fr., Haïti) grage. **3.** (Suisse) Fam. Avare. *Être une drôle de râpe.* ▷ adj. inv. *Ils sont râpe.* Syn. râteau.

râpé, ée [ʀɑpe] adj. et n. m. **1.** adj. Usé jusqu'à la corde, en parlant d'une étoffe, d'un vêtement. **2.** n. m. Fromage passé à la râpe. *Du râpé.*

râper [ʀɑpe] v. tr. [**1**] **1.** Réduire en poudre, en fragments avec une râpe. *Râper du fromage.* Syn. (Antilles fr., Haïti) grager. **2.** User la surface d'un corps avec une râpe. *Râper du bois.* ▷ Fig. *Alcool qui râpe le gosier.* **3.** User jusqu'à la corde (un tissu).

rapercher ou **rappercher** [ʀapɛʀʃe] v. tr. [**1**] (Suisse) Fam. **1.** Réunir, rassembler. *Rapercher des fruits dans l'herbe.* **2.** Trouver, attraper. *Rapercher le chat sur le toit.*

rapetissement [ʀap(ə)tismɑ̃] n. m. Action de rapetisser, fait de se rapetisser; son résultat.

rapetisser [ʀap(ə)tise] v. [**1**] **I.** v. tr. **1.** Rendre plus petit; faire paraître plus petit. ▷ v. pron. Devenir plus petit. *Se rapetisser par usure.* **2.** Fig. Diminuer la valeur, le mérite de (qqn, qqch). *Cette mesquinerie le rapetisse.* **II.** v. intr. Devenir plus petit, plus court. *Dès le mois de juillet, les jours rapetissent.*

rapeur, euse [ʀapœʀ, øz] n. Chanteur, danseur de rap.

râpeux, euse [ʀɑpø, øz] adj. **1.** Rugueux comme une râpe. *La langue des chats est râpeuse.* **2.** Fig. Âpre au goût, à l'oreille. *Vin râpeux. Voix râpeuse.*

Raphaël, personnage biblique, ange (archange pour les catholiques), protecteur de Tobie.

Raphaël (Raffaello Santi ou Sanzio, dit en fr.) (1483 – 1520), peintre et architecte italien. Disciple du Pérugin, il se rendit à Florence (1504-1508) : *la Belle Jardinière* (1507, Louvre). En 1508, il fut introduit par Bramante au Vatican, où Jules II puis Léon X lui confièrent la décoration de trois *stanze* (ou *chambres*) : *chambre de la Signature* (1509-1511), qui renferme *l'École d'Athènes, chambre d'Héliodore* (1511-1514) et *chambre de l'Incendie du bourg* (1514-1517). Les fresques de cette dernière (dont il conçut les cartons), de la *chambre de Constantin* (1517-1525) et des célèbres Loges vaticanes sont dues, en majeure partie, à ses élèves, car le jeune maître travailla aussi à des retables d'autel, à des madones (*la Vierge à la chaise,* 1514), à des cartons de tapisserie, à des portraits. Architecte, Raphaël, à la mort de Bramante (1514), dirigea les travaux de Saint-Pierre de Rome, transformant la croix grecque du plan en croix latine.

raphia [ʀafja] n. m. Palmier d'Afrique et de Madagascar, dont on tire un vin de palme et une fibre souple et résistante. Syn. palmier-raphia. – Cette fibre, qu'on emploie comme lien ou pour faire des tissus (rabane), des objets de vannerie, etc. *Natte en raphia.*

raphiale [rafjal] n. f. Forêt marécageuse où dominent les raphias.

rapicoler [rapikɔle] v. tr. [1] (Suisse) Fam. Redonner de la force à qqn; syn. de *ravigoter. Rien à faire pour le rapicoler!*

rapide [rapid] adj. et n. **I.** adj. **1.** Qui va très vite; qui peut aller très vite. *Voiture puissante et rapide.* **2.** Qui se fait, se produit à une vitesse ou avec une fréquence élevée. *Course rapide. Pouls rapide.* **3.** D'une grande promptitude dans le mouvement, l'action, l'intelligence, etc. *Être rapide en affaires.* ▷ Subst. Personne qui comprend, qui agit vite. **4.** Qui permet d'aller, d'agir, etc., rapidement. *Itinéraire rapide.* ▷ *Descente rapide,* à forte déclivité. **5.** TECH *Acier rapide :* acier spécial, très dur, utilisé pour l'usinage des métaux. ▷ PHOTO *Pellicule rapide,* dont la sensibilité élevée permet un temps de pose bref. **II.** n. m. **1.** Portion du cours d'une rivière, d'un fleuve, où le courant devient rapide et tourbillonnant. Syn. (Afr. subsah.) falls. **2.** Train rapide, qui ne s'arrête que dans les villes importantes. **3.** (Afr. subsah.) Abrév. de *car rapide.*

rapidement [rapidmɑ̃] adv. D'une manière rapide.

rapidité [rapidite] n. f. Grande vitesse, célérité, promptitude.

rapiéçage [rapjesaʒ] n. m. Action de rapiécer; son résultat.

rapiécer [rapjese] v. tr. [14] Raccommoder en posant une, des pièces.

rapine [rapin] n. f. Litt. Larcin, pillage; concussion. *Les rapines d'un maraudeur, d'un intendant. Vivre de rapines.*

raplatir [raplatir] v. tr. [3] Aplatir de nouveau ou davantage.

Raponda-Walker (André) (1871 – 1969), écrivain gabonais. Ce prélat catholique a notam. recueilli et traduit des *Contes gabonais* (1953; rééd. 1967).

rapparier [raparje] v. tr. [2] Joindre une chose à une autre pareille, pour reformer une paire. *Rapparier des bas.* ▷ Spécial. *Rapparier des bœufs de labour :* reformer un couple de bœufs .

rappel [rapɛl] n. m. **1.** Action de rappeler, de faire revenir. *Rappel d'un ambassadeur.* ▷ MILIT Batterie de tambour ou sonnerie de clairon pour avertir les troupes de se rassembler. – Fig. *Battre le rappel :* réunir les personnes, toutes les ressources nécessaires. ▷ Applaudissements prolongés invitant un artiste à revenir saluer le public. **2.** Fig. *Rappel à... :* action de ramener qqn à... *Rappel au bon sens. – Rappel à l'ordre :* avertissement à un membre d'une assemblée qui s'est écarté du règlement, des convenances. **3.** Évocation, remise en mémoire; répétition. *Rappel d'un souvenir, d'une date.* ▷ *Vaccination de rappel* ou, ellipt., *rappel :* nouvelle administration de vaccin destinée à prolonger l'immunité due à une vaccination antérieure. **4.** Paiement rétroactif d'une portion d'appointements restée en suspens. *Toucher un rappel.* **5.** MAR Mouvement d'un navire qui revient à sa position d'équilibre après un coup de roulis. **6.** Manœuvre de descente à l'aide d'une corde double, utilisée en alpinisme et en spéléologie. **7.** TECH *De rappel :* qui ramène à la position de départ ou d'équilibre. *Ressort, vis de rappel.*

rappelé, ée [raple] adj. et n. m. Appelé de nouveau sous les drapeaux. ▷ n. m. *Un rappelé.*

rappeler [raple] v. [19] **I.** v. tr. **1.** Appeler de nouveau (partic., par téléphone). *Je vous rappellerai ce soir.* **2.** Appeler pour faire revenir. *Rappeler qqn qui sort. Rappeler sous les drapeaux.* **3.** Fig. *Rappeler à :* ramener à. *Rappeler qqn à la vie,* le ranimer. – *Rappeler à l'ordre, à la décence* (V. rappel, sens 2). **4.** Remettre en mémoire. *Rappeler une promesse à qqn.* – (Formule de politesse.) *Rappelez-moi au bon souvenir de...* ▷ Faire penser, par ressemblance ou par analogie, à. *Ce récit m'en rappelle un autre.* **II.** v. pron. Conserver ou retrouver le souvenir de. *Se rappeler un fait. Il se rappelle être venu; il se le rappelle.* ▷ (Réfl.) *Se rappeler à qqn :* se rappeler à son souvenir.

rappercher [rapɛrʃe] v. tr. V. rapercher.

rappondre [rapɔ̃dr] v. tr. [6] (Suisse) Rattacher, réunir. *Rappondre deux bouts d'une corde.*

rapponse [rapɔ̃s] n. f. (Suisse) Syn. de *jointure* (sens 2).

rapport [rapɔr] n. m. **I. 1.** Action de rapporter, d'ajouter; son résultat. **2.** DR Action par laquelle une somme, un bien reçus par avance sont restitués à la succession, pour être comptés au partage. **3.** Revenu, produit. *Commerce d'un bon rapport. Maison de rapport,* dont le propriétaire tire des revenus locatifs. **II.** Compte rendu ou exposé; témoignage, récit. *Rapport financier. Faire un faux rapport.* ▷ MILIT Réunion d'une unité militaire pour la communication de l'ordre du jour, des décisions disciplinaires, etc. *Rassemblement au rapport.* **III. 1.** Relation constatée ou établie entre deux ou plusieurs choses. *Faire le rapport entre deux incidents. Rapport qualité prix* (ou *qualité-prix*). **2.** Conformité, convenance; accord. *Il y a un rapport parfait entre les parties de cet édifice.* **3.** MATH Comparaison de deux grandeurs. *Rapport de deux nombres,* leur quotient. **4.** Loc. prép. *Par rapport à :* relativement à, en fonction de. *Juger par rapport à son intérêt.* – Par comparaison avec. *Une taille petite par rapport à la moyenne.* – Loc. adv. *Jeune homme bien sous tous (les) rapports,* à tous égards. **IV.** Relation entre des personnes, des groupes, des États. *Mettre, se mettre en rapport avec qqn.* – (Surtout plur.) *Rapports sociaux.* ▷ (Plur.) *Rapports sexuels.* – Absol. *Avoir des rapports.*

rapportable [rapɔrtabl] adj. DR *Créance rapportable,* annulable.

rapporté, ée [rapɔrte] adj. Se dit d'un élément façonné qu'on ajoute à un ensemble par assemblage. *Poche rapportée.*

rapporter [rapɔrte] v. [1] **A.** v. tr. **I. 1.** Apporter de nouveau. *Rapporter un texte après correction.* – Apporter (une chose) au lieu où elle était, la rendre à son propriétaire. *Je vous rapporte vos livres.* **2.** Apporter en revenant d'un lieu. *Rapporter un masque du Mali.* ▷ Spécial. *Chien qui rapporte le gibier abattu.* **3.** Ajouter, surajouter (pour compléter, améliorer, orner, etc.). *Rapporter un rabat.* **4.** DR Restituer à la masse d'une succession (ce qu'on a reçu d'avance). **5.** GEOM Tracer sur le papier (une figure semblable à une autre). *Rapporter un angle :* V. rapporteur. **6.** Donner un revenu, un profit; produire. *Commerce qui rapporte beaucoup d'argent.* – Absol. *Ces plantations ne rapportent pas.* **7.** DR Abroger, annuler. *Rapporter un arrêté.* **II. 1.** Faire le compte rendu de. *Rapporter un fait. Rapporter des paroles,* les redire, les citer. **2.** Répéter par indiscrétion, légèreté ou malice. *Méfiez-vous de lui, il rapporte tout.* **III.** *Rapporter... à.* **1.** Rattacher (un fait, une chose) à (un, une) autre par un lien logique. *Rapporter l'effet à la cause.* **2.** Comparer. *Rapporter l'effort fourni au résultat obtenu.* **B.** v. pron. **1.** Avoir rapport, se rattacher à. *Cette question se rapporte au débat.* – GRAM *L'attribut se rapporte à un nom ou à un pronom.* **2.** *S'en rapporter à qqn,* lui faire confiance pour décider, agir. *Je m'en rapporte à votre goût.*

rapporteur, euse [rapɔrtœr, øz] n. et adj. **1.** Personne qui rapporte (sens II, 2). ▷ adj. *Il est rapporteur.* **2.** n. m. Personne chargée du compte rendu ou de l'exposé d'un procès, d'une affaire, d'un projet de loi, etc. *Le rapporteur du budget à l'Assemblée nationale.* **3.** n. m. GEOM Demi-cercle gradué, qui sert à mesurer ou à rapporter les angles.

rapprendre [raprɑ̃dr] ou **réapprendre** [reaprɑ̃dr] v. tr. [52] Apprendre de nouveau.

rapproché, ée [raprɔʃe] adj. **1.** Voisin, proche. *Leurs maisons sont assez rapprochées.* **2.** Qui n'est pas éloigné dans le temps. *Réunions rapprochées.*

rapprochement [raprɔʃmɑ̃] n. m. **1.** Action de rapprocher, fait de se rapprocher; son résultat. **2.** Établissement de relations plus étroites. *Rapprochement de deux États.* **3.** Action de comparer, confronter; son résultat.

rapprocher [raprɔʃe] v. [1] **I.** v. tr. **1.** Mettre plus près. *Rapprocher sa chaise de la table.* ▷ Fig. *Les jumelles rapprochent les objets,* les font paraître plus proches. **2.** Rendre plus proche dans le temps. *Chaque heure nous rapproche du terme.* **3.** Disposer à l'entente, à l'union, etc.; réconcilier. *Les épreuves subies ensemble les ont rapprochés.* **4.** Mettre en parallèle, confronter pour mettre en évidence les similitudes ou les différences. *Rapprocher des faits, des récits.* **II.** v. pron. **1.** Venir plus près, arriver à proximité. *Se rapprocher de la ville.* **2.** Devenir plus proche. *L'échéance se rapproche.* ▷ Fig. *Se rapprocher de qqn,* entretenir avec lui des rapports plus étroits. **3.** *Se rapprocher de :* être plus ou moins comparable, conforme à. *Ce portrait se rapproche du modèle.*

rapsode [rapsɔd] n. m., **rapsodie** [rapsɔdi] n. f. V. rhapsode, rhapsodie.

rapt [rapt] n. m. **1.** Enlèvement (d'une personne). *Rapt en vue d'obtenir une rançon.* **2.** PHYS NUCL Réaction nucléaire dans laquelle le projectile enlève un des nucléons du noyau cible.

râpure [rapyr] n. f. **1.** TECH Ce qu'on enlève avec une râpe (sens 1). **2.** Mets traditionnel de l'Acadie, fait à partir de pommes de terre râpées. (V. pâté* à la râpure.)

raquette [rakɛt] n. f. **1.** Instrument qui sert à renvoyer la balle ou le volant, au tennis, au badminton, au ping-pong, etc. *Raquettes de tennis, de ping-pong, de squash.* ▷ *Par méton.* Joueur de tennis, de ping-pong. *Une bonne raquette.* **2.** Large semelle dont la forme rappelle celle d'une raquette (sens 1), que l'on adapte aux chaussures pour marcher sur la neige. ▷ *Par méton.* Action de qqn qui marche sur la neige équipé de ces semelles. – Cette marche pratiquée comme activité sportive. *Aimer faire de la raquette.* ▷ (Plur.) *Par métaph.* (Québec) Fig., iron. Grands pieds; chaussures de grande pointure. **3.** BOT Chacune des parties qui forment la tige aplatie du nopal. – *Par ext.* Cette plante.

raquetteur, euse [RaketœR, øz] n. Marcheur en raquette (sens 2). *Club de raquetteurs.*

rara [RaRa] n. m. En Haïti, groupe musical traditionnel qui utilise comme instruments le tambour, la vaccine, le clairon, etc.

rare [RɑR] adj. **1.** Qui n'est pas commun. *Perles rares.* ▷ Peu nombreux. *Des visiteurs rares.* ▷ CHIM *Gaz* rares, terres* rares.* **2.** Qui n'est pas fréquent. *Incident rare.* **3.** (Surtout avant le nom.) Exceptionnel, remarquable. *Une rare intelligence.* **4.** Peu dense, clairsemé. *Végétation, barbe rare.*

raréfaction [RaRefaksjɔ̃] n. f. Action de raréfier, fait de se raréfier; son résultat. ▷ *Spécial.* Diminution dans l'offre d'une denrée.

raréfier [RɑRefje] v. tr. [2] **1.** PHYS Diminuer la densité, la pression de. ▷ v. pron. Perdre en densité, en pression. *Gaz qui se raréfie.* **2.** Rendre rare. *Une chasse trop intensive a raréfié l'espèce.* ▷ v. pron. Devenir rare ou plus rare. *Les baleines se raréfient.*

rarement [RɑRmɑ̃] adv. Peu souvent.

rareté [RɑRte] n. f. **I.** Caractère de ce qui est rare. **1.** Caractère de ce qui est peu commun, peu abondant. *La rareté des choses fait leur valeur.* **2.** Caractère de ce qui est peu fréquent. *Rareté d'un événement.* **II.** Chose rare, précieuse ou curieuse. *Les raretés d'une collection.*

rarissime [RɑRisim] adj. Très rare.

1. ras [Rɑs] n. m. Dans l'ancienne Éthiopie, titre le plus élevé après celui de négus*.

2. ras, rase [Rɑ, Rɑz] adj. (et adv.) **1.** Dont les poils, les brins, etc., sont coupés au plus court. *Une barbe rase. Un tissu ras.* ▷ adv. *Couper ras.* **2.** Qui est naturellement court, peu élevé. *Végétation rase.* **3.** (En loc.) *En rase campagne :* en terrain découvert. ▷ *Table rase :* V. table. ▷ *À ras bord :* jusqu'au bord. ▷ Loc. prép. *À ras de, au ras de :* presque au niveau de. *Au ras de l'eau.* ▷ (Québec) Fam. *À ras, au ras (de) :* près de. *Il reste à ras (de) la banque.* – adv. *Être à ras, au ras :* tout près. **4.** (Emploi adverbial.) Loc. fam. *En avoir ras le bol :* V. bol.

rasade [Rɑzad] n. f. Contenu d'un verre plein à ras bord. *Rasade de vin.*

rasage [Rɑzaʒ] n. m. **1.** Action de raser (surtout la barbe). **2.** TECH Opération consistant à égaliser tous les poils des peaux, des étoffes, etc.

Ras al-Abyad (cap). V. Blanc (cap).

rasant, ante [Rɑzɑ̃, ɑ̃t] adj. Qui rase, qui effleure. *Tir rasant.* ▷ Au ras du sol. *Fortifications rasantes.*

rascasse [Raskas] n. f. Poisson perciforme marin à la tête globuleuse hérissée de piquants, commun sur les fonds rocheux. Syn. scorpène.

Ras Dachan, point culminant de l'Éthiopie, dans le massif volcanique du Semien, au nord du lac Tana; 4620 m.

ras-du-cou [Radyku] n. m. inv. Vêtement, pull-over dont l'encolure s'arrête à la base du cou.

rase-mottes [Rɑzmɔt] n. m. inv. Vol au ras du sol. *Avion qui fait du rase-mottes.*

raser [Rɑze] v. tr. [1] **1.** Couper au plus près de la peau. *Raser la laine des moutons. Raser les cheveux de qqn.* ▷ Couper très court les poils, les cheveux de. *Raser la tête de qqn.* ▷ Faire la barbe à (qqn). – v. pron. *Se raser avant de sortir.* **2.** Abattre (un édifice) à ras de terre. *Raser des fortifications.* **3.** Passer très près de, effleurer. *La balle lui a rasé l'oreille.* – (Québec) Fam. *Raser (de)* (+ inf) : manquer de, faillir. *J'ai rasé (de) mourir.* **4.** Fam. Ennuyer, fatiguer. *Conférencier qui rase ses auditeurs.* ▷ v. pron. *Je me suis rasé toute la soirée.*

rasette [Rɑzɛt] n. f. AGRIC Petit soc d'une charrue, fixé en avant du coutre pour couper les mauvaises herbes.

raseur, euse [RɑzœR, øz] n. **1.** n. m. TECH Ouvrier qui rase les étoffes. – Ouvrier chargé du rasage des peaux. **2.** n. m. (Afr. subsah.) Coiffeur, barbier, installé sur la voie publique. **3.** n. Fam. Personne ennuyeuse. *Quel raseur!*

rash [Raʃ] n. m. MED Éruption fugace observée parfois pendant la période d'invasion de certaines maladies.

ras-le-bol [Ralbɔl] n. m. inv. Fig., fam. Lassitude, saturation.

Rasmussen (Knud) (1879 – 1933), explorateur danois. À partir de 1912, il dirigea plusieurs expéditions dans l'Arctique.

Ras Nouadhibou. V. Blanc (cap).

rasoir [RɑzwaR] n. m. (et adj. inv.) **1.** Instrument qui sert à raser le visage, à faire la barbe. **2.** Fig., fam. Personne ennuyeuse. ▷ adj. inv. *Ce qu'elle peut être rasoir! Un bouquin rasoir.*

Raspail (François Vincent) (1794 – 1878), chimiste et homme politique français; ardent républicain devenu populaire par ses ouvrages de vulgarisation scientifique.

Raspoutine (Grigori Iefimovitch Novykh, dit) (1872 – 1916), aventurier russe. Moine illettré, il sut gagner, par ses dons de guérisseur, la confiance de la tsarine Alexandra; ses débauches discréditèrent le régime. Des parents du tsar l'assassinèrent.

rassasier [Rasazje] v. tr. [2] **1.** Apaiser complètement la faim de. *Rassasier qqn.* – v. pron. *Il s'est rassasié.* **2.** Fig. *Être rassasié de qqch,* en avoir à satiété, en être repu. ▷ v. pron. *Elle ne se rassasie pas de le voir et de l'entendre.*

rassemblement [Rasɑ̃bləmɑ̃] n. m. **1.** Action de rassembler (des choses éparses, des personnes dispersées); fait de se rassembler. ▷ *Spécial.* Action de rassembler des soldats; fait, pour ceux-ci, de se rassembler. **2.** Groupe de personnes assemblées, attroupement. **3.** Union de personnes rassemblées par un dessein commun. ▷ Groupement politique rassemblant des tendances diverses.

Rassemblement démocratique africain (R.D.A.), mouvement politique africain fondé en 1946 à Bamako (Mali). Présidé par F. Houphouët-Boigny, il eut des sections dans tous les pays d'Afrique francophone et des représentants (en faible nombre) à l'Assemblée nationale française. En 1960, quand la plupart des États accédèrent à l'indépendance, le R.D.A. cessa d'exister.

Rassemblement du peuple français (R.P.F.), mouvement politique français fondé en avril 1947 par le général de Gaulle, dissous en 1953.

Rassemblement pour la République (R.P.R.), formation politique fondée en 1976 par Jacques Chirac en vue de rénover le mouvement gaulliste.

rassembler [Rasɑ̃ble] v. tr. [1] **1.** Réunir, regrouper. *Rassembler ses troupes.* ▷ v. pron. *Nous nous rassemblerons à tel endroit.* **2.** Mettre ensemble (des choses). *Rassemblez vos affaires!* ▷ (Abstrait) *Rassembler tout son courage.* **3.** TECH Assembler de nouveau. *Rassembler une charpente démontée.*

rassembleur, euse [Rasɑ̃blœR, øz] n. Personne qui rassemble, réunit. *Il s'est posé en rassembleur de son parti.*

rasseoir [RaswaR] v. tr. [41] Asseoir de nouveau. *Rasseoir un enfant sur sa chaise.* ▷ v. pron. *Ils se sont rassis.*

rasséréner [RaseRene] v. tr. [14] Litt. Faire redevenir serein, calme. *Cette nouvelle l'a rasséréné.* ▷ v. pron. *Elle s'est rassérénée après ta visite.*

rassir [RasiR] v. intr. [3] Devenir rassis. *Du pain qui rassit.*

rassis, ise [Rasi, iz] adj. **1.** *Pain rassis,* qui n'est plus frais, sans être encore dur. *Une miche rassise.* **2.** Fig. Calme, posé, réfléchi. *Un esprit rassis.*

rassurant, ante [RasyRɑ̃, ɑ̃t] adj. Propre à rassurer; qui rassure.

rassurer [RasyRe] v. tr. [1] Redonner l'assurance, la tranquillité, la confiance à. *Vos raisons me rassurent.* ▷ v. pron. Reprendre confiance. *Rassurez-vous, c'est sans danger.*

rasta [Rasta] ou **rastafari** [RastafaRi] n. et adj. inv. en genre. Adepte d'un mouvement mystique et culturel d'origine jamaïcaine. *Les rastas croient que l'ancien empereur d'Éthiopie est le rédempteur divin du peuple noir, dispersé par la traite des esclaves.* ▷ adj. inv. en genre. *Le reggae est une manifestation culturelle rasta.* – *Coiffure rasta :* cheveux longs tressés, chez les hommes.

Rastatt, ville d'Allemagne (Bade-Wurtemberg), sur la Murg; 37600 hab. – Le *traité de Rastatt* (1714) mit fin à la guerre de la Succession* d'Espagne. Philippe V d'Espagne, qu'avait soutenu la France, cédait notam. à l'empereur d'Autriche les Pays*-Bas espagnols. – Le *congrès de Rastatt* (1797-1799), prévu pour réorganiser l'Allemagne après que la France eut vaincu l'Autriche, n'aboutit pas. La France rappela ses délégués; deux d'entre eux furent assassinés par des hussards impériaux en sortant de la ville.

Rastrelli (Bartolomeo Carlo, comte) (v. 1675 – 1744), sculpteur italien; appelé à la cour de Russie en 1716 : statue en bronze de l'impératrice Anna Ivanovna. — **Bartolomeo Francesco** (v. 1700 – 1771), fils du préc.; architecte baroque de la cour de Russie : palais d'Hiver et institut Smolnyï (V. Saint-Pétersbourg), palais Catherine (V. Tsarskoïe Selo).

rat [Ra] n. m. **1.** Rongeur (fam. muridés) au pelage souvent sombre, à la queue écailleuse, très prolifique, qui vit le plus souvent en commensal de l'homme. *Le rat d'égout ou surmulot joue un rôle dans la transmission de certaines maladies.* – Loc. *Être fait comme un rat :* être dans une situation fâcheuse et sans issue. **2.** *Rat des bois :* mulot. *Rat des champs :* campagnol. *Rat musqué :* ondatra. *Rat de Gambie (Cricetomys gambianus) :* gros rat à queue en partie blanche, très commun en Afrique tropicale. ▷ *Rat palmiste :* xérus. **3.** (Personnes comparées à des rats.) *Rat de bibliothèque :* personne qui fréquente assidûment les bibliothèques. – *Rat d'hôtel :* voleur qui opère dans les chambres d'hôtel. – *Queue*-de-rat.* **4.** Fig. Personne avare. *Un vieux rat.*

ratage [Rataʒ] n. m. Fait de rater; échec. Syn. fam. fiasco.

rataplan ! [Rataplɑ̃] ou **rantanplan !** [Rɑ̃tɑ̃plɑ̃] Onomatopée exprimant le bruit du tambour.

ratatiné, ée [Ratatine] adj. Rapetissé, déformé par le vieillissement; ridé, flétri. *Vieillard ratatiné. Patate ratatinée.*

ratatiner [Ratatine] v. tr. [1] Raccourcir, resserrer en déformant, en plissant. ▷ v. pron. *Cuir moulé qui se ratatine en séchant.*

1. rate ou **ratte** [Rat] n. f. Femelle du rat.

2. rate [Rat] n. f. ANAT Organe lymphoïde fortement vascularisé, de consistance molle et spongieuse, situé dans la partie gauche de la cavité péritonéale, sous le diaphragme. *La rate a un rôle hématopoïétique et immunitaire.*

raté, ée [Rate] n. **I.** n. m. **1.** Fait de rater, pour une arme à feu; coup qui ne part pas. *Raté d'un fusil.* **2.** (Souvent plur.) Bruit produit par un moteur à explosion dont l'allumage est défectueux. ▷ Fig. Petite difficulté, incident. *Les ratés du plan de redressement économique.* **II.** n. Personne qui n'a pas réussi dans sa carrière, qui a échoué dans ses entreprises. *C'est un raté.*

râteau [Rɑto] n. m. (et adj. inv.) **1.** Instrument constitué de dents de fer ou de bois fixées à une traverse munie d'un long manche, qui sert à ramasser les feuilles, les brindilles, à égaliser la terre fraîchement sarclée, etc. **2.** (Suisse) Syn. de *râpe* (sens 3). *C'est un râteau.* ▷ adj. inv. *Elle est trop râteau.*

ratel [Ratɛl] n. m. ZOOL Mammifère carnivore mustélidé d'Afrique et d'Asie du Sud *(Mellivora),* long d'une soixantaine de centimètres, à dos blanc grisâtre et à ventre brun-noir, très friand de miel.

râteler [Rɑtle] v. tr. [19] AGRIC Rassembler au moyen d'un râteau.

râtelier [Rɑtəlje] n. m. **1.** Claie fixée au mur d'une écurie, d'une étable, à la hauteur de la tête des bêtes, et destinée à recevoir le fourrage. **2.** Support destiné au rangement vertical d'objets oblongs. *Râtelier d'armes, de pipes, d'outils.* **3.** Fam. Dentier.

rater [Rate] v. [1] **I.** v. intr. **1.** Ne pas partir, en parlant d'une arme à feu. **2.** Échouer. *L'affaire a raté.* – *Ça n'a pas raté :* cela n'a pas manqué de se produire. **II.** v. tr. **1.** Ne pas atteindre, ne pas toucher (le but, la cible). *La balle l'a raté de peu.* **2.** Manquer. *Rater un train, un rendez-vous.* **3.** Ne pas réussir, ne pas mener à terme. *Rater un plat.*

raticide [Ratisid] n. m. Produit destiné à la destruction des rats.

ratier [Ratje] n. m. Chien dressé à chasser les rats. ▷ adj. m. *Chien ratier.*

ratière [RatjɛR] n. f. **1.** Piège à rat. **2.** TECH Mécanisme de commande des lames d'un métier à tisser.

ratification [Ratifikasjɔ̃] n. f. **1.** Action de ratifier. – Confirmation dans la forme requise. *Donner sa ratification.* **2.** Document qui atteste une telle confirmation.

ratifier [Ratifje] v. tr. [2] Approuver, confirmer dans la forme requise (ce qui a été fait ou promis). *Ratifier un contrat, un traité.*

ratine [Ratin] n. f. **1.** Drap de laine au poil tiré au dehors et frisé. **2.** (Québec) Tissu-éponge. *Ratine de coton.*

ratio [Rasjo] n. m. STATIS, FIN Rapport entre deux grandeurs.

ratiocination [Rasjɔsinasjɔ̃] n. f. Litt. Long raisonnement oiseux.

ratiociner [Rasjɔsine] v. intr. [1] Litt. Faire des raisonnements oiseux et interminables.

ration [Rasjɔ̃] n. f. **1.** Quantité journalière (de vivres, de boissons) distribuée aux soldats, aux marins. *Ration de pain, de vin.* **2.** Quantité journalière (d'aliments) nécessaire à une personne ou à un animal. *Ration de foin.* ▷ *Ration alimentaire :* quantité et nature des aliments nécessaires à une personne pendant 24 heures. *La ration alimentaire varie suivant l'âge et le mode de vie du sujet.* ▷ (Afr. subsah.) Somme d'argent nécessaire à l'achat de la nourriture du jour. Syn. dépense. **3.** (Afr. subsah.) Ensemble des provisions de base nécessaires à une maisonnée pour une période donnée (jour, mois). **4.** Fig. Part, quantité, dose considérée comme normale ou comme suffisante. *J'ai eu ma ration d'ennuis, aujourd'hui!*

rationalisation [Rasjɔnalizasjɔ̃] n. f. **1.** Action de rationaliser; son résultat. **2.** ECON Organisation selon des principes rationnels d'une entreprise, d'une activité économique, etc.

rationaliser [Rasjɔnalize] v. tr. [1] **1.** Rendre rationnel, conforme à la raison. ▷ *Spécial.* Tenter de comprendre, d'expliquer ou de justifier d'une manière rationnelle, logique. *Rationaliser le rêve, la poésie.* **2.** ECON Soumettre à la rationalisation (sens 2). *Rationaliser la production.*

rationalisme [Rasjɔnalism] n. m. **1.** PHILO Doctrine selon laquelle tout ce qui existe ayant sa raison d'être, il n'est rien qui, en théorie, ne soit intelligible. **2.** PHILO Doctrine selon laquelle toute connaissance certaine est issue de principes a priori, universels et nécessaires (par oppos. à *empirisme*). *Le rationalisme cartésien.* **3.** Toute doctrine tendant à attribuer à la raison une valeur éminente. ▷ *Spécial.* (Par oppos. à *mysticisme,* à *spiritualisme,* etc.) Attitude, conviction de ceux qui rejettent toute explication métaphysique du monde. **4.** THEOL Doctrine selon laquelle les dogmes de la foi ne doivent être reçus qu'après avoir été examinés à la lumière de la raison (par oppos. à *fidéisme*).

rationaliste [Rasjɔnalist] adj. et n. PHILO **1.** Qui se rapporte au rationalisme. **2.** Partisan du rationalisme. ▷ Subst. *Un(e) rationaliste.*

rationalité [Rasjɔnalite] n. f. Caractère de ce qui est rationnel.

rationnel, elle [Rasjɔnɛl] adj. **I. 1.** Fondé sur la raison. *Connaissance rationnelle.* **2.** Conforme à la raison, au sens commun. *Un choix rationnel.* ▷ Mod. Bien conçu et pratique. *Des rangements rationnels.* **3.** ECON *Comportement rationnel,* fondé sur un calcul ou un modèle économique. **II.** MATH *Nombre rationnel* ou *fractionnaire,* qui peut s'exprimer sous la forme d'un rapport de deux entiers. *Le corps Q des nombres rationnels :* V. nombre.

rationnellement [Rasjɔnɛlmɑ̃] adv. De façon rationnelle.

rationnement [Rasjɔnmɑ̃] n. m. Action de rationner; son résultat. *Cartes de rationnement.*

rationner [Rasjɔne] v. tr. [1] **1.** Distribuer par rations limitées, contingenter (une denrée, un produit). *Rationner le sucre, l'essence.* **2.** Restreindre la quantité d'aliments de (qqn). ▷ v. pron. *Il se rationne autant que possible.*

Ratisbonne (en all. *Regensburg*), v. d'Allemagne (Bavière), sur la r. dr. du Danube; 123 820 hab. Centre comm. et industr. – Cath. St-Pierre (XIIIe-XVIe s.), abbatiale romane d'un monastère. Hôtel de ville du XIVe s. Pont de pierre sur le Danube (XIIe s.). – En 1630, la paix y fut conclue entre la France et Ferdinand II. La ville devint le siège de la Diète impériale de 1663 à 1806.

ratissage [Ratisaʒ] n. m. **1.** Action de ratisser (avec un râteau). **2.** Action de ratisser (au cours d'une opération militaire ou de police).

ratisser [Ratise] v. tr. [1] **1.** Nettoyer, égaliser avec un râteau. *Ratisser une allée.* ▷ Rassembler, enlever à l'aide d'un râteau. *Ratisser les feuilles mortes.* **2.** Explorer minutieusement (une zone) au cours d'une opération militaire ou de police. *Les gendarmes ont ratissé la région.*

ratites [Ratit] n. m. pl. ORNITH Sous-classe d'oiseaux coureurs aux ailes réduites et au sternum dépourvu de bréchet (autruche, émeu, nandou, kiwi). – Sing. *Un ratite.*

raton [Ratɔ̃] n. m. **1.** Petit du rat. **2.** Mammifère carnivore d'Amérique, bon grimpeur et excellent nageur. – *Raton laveur* (*Procyon lotor*), à la fourrure grise, qui trempe ses aliments dans l'eau avant de les manger. Syn. (Louisiane) chaoui, (Antilles fr.) racoon.

raton(n)ade [Ratɔnad] n. f. Agression, violences racistes exercées par des Européens contre des Nord-Africains. – *Par ext.* Agression raciste.

Ratsimandrava (Richard) (1931 – 1975), homme d'État malgache. Ministre de l'Intérieur du général Ramanantsoa en 1972, il obtint les pleins pouvoirs du Conseil supérieur le 5 févr. 1975, mais fut assassiné le 11 févr. 1975.

Ratsiraka (Didier) (né en 1936), officier de marine et homme politique malgache. Placé à la tête de l'État par un comité militaire en 1975, il décréta la révolution socialiste, fut élu président de la Rép., réélu en 1982 et en 1989. En 1993, il perdit l'élection pluraliste. En 1996, l'Assemblée démit son successeur, A. Zafy, et D. Ratsiraka fut élu président à nouveau.

rattachement [Rataʃmɑ̃] n. m. Action de rattacher, fait de se rattacher; état de ce qui est rattaché. *Le rattachement du comté de Nice à la France. Rattachement d'un enfant au foyer fiscal.*

rattacher [Rataʃe] v. tr. [1] **1.** Attacher de nouveau. **2.** *Rattacher... à :* relier, établir un lien entre (des choses, des personnes). *Rattacher un territoire à un État.* ▷ (Avec une idée de dépendance, de hiérarchie.) *Rattacher une question secondaire à un problème général.* – v. pron. (Passif) *Espèce animale qui se rattache à un genre.*

rattachisme [Rataʃism] n. m. (Belgique) Mouvement qui prône le rattachement de la Wallonie à la France.

rattachiste [Rataʃist] adj. et n. (Belgique) Qui est adepte du rattachisme.

ratte [Rat] n. f. V. rate 1.

rattrapage [RatRapaʒ] n. m. Action de rattraper; action de se rattraper.

Cours de rattrapage, destinés aux élèves qui ont pris du retard par rapport à la scolarité normale.

rattraper [ʀatʀape] v. [1] **I.** v. tr. **1.** Reprendre, attraper de nouveau. *Rattraper un prisonnier.* **2.** Fig. Regagner, recouvrer (le temps ou l'argent perdu). ▷ Pallier, compenser (les inconvénients d'un retard, d'une erreur). *Rattraper une situation désespérée.* **II.** v. pron. **1.** Se retenir. *Se rattraper à une branche.* **2.** Regagner le temps perdu; profiter de ce dont on a longtemps été privé. *Elle n'avait jamais beaucoup voyagé, mais maintenant elle se rattrape.*

rature [ʀatyʀ] n. f. Trait dont on barre un ou plusieurs mots pour les annuler, effectuer une correction.

raturer [ʀatyʀe] v. tr. [1] Corriger ou annuler par des ratures. *Raturer une phrase.*

R.A.U. Sigle de *République* arabe unie.*

rauque [ʀok] adj. **1.** Rude, âpre et comme enroué (en parlant d'un son, d'une voix). *Cris rauques.* **2.** (Belgique) Dont la voix est enrouée (en parlant d'une personne). *Je suis rauque à force d'avoir crié pendant le match.*

Rauschenberg (Robert) (né en 1925), peintre américain, pionnier du pop'art.

rauwolfia [ʀovɔlfja] n. m. BOT Plante tropicale (fam. apocynacées) dont on extrait la réserpine.

ravage [ʀavaʒ] n. m. (Le plus souvent au plur.) **1.** Dégâts du fait de l'homme causés avec violence et rapidité sur une grande étendue de pays. *L'ennemi a fait de grands ravages dans cette région.* **2.** Dommages causés par les fléaux de la nature. *Les ravages causés par un séisme.* ▷ Sing. *Nuée de sauterelles qui fait du ravage dans les récoltes.* **3.** Désordres physiques, grave altération de la santé. *Les ravages de la drogue.* ▷ Fig., fam. *Faire des ravages :* susciter de nombreuses passions amoureuses. **4.** (Québec) Territoire forestier servant de refuge aux animaux durant l'hiver (orignaux, chevreuils). *Un ravage de chevreuils.* – (Plur.) Chemins battus par ces animaux lors de leurs déplacements.

ravagé, ée [ʀavaʒe] adj. **1.** Qui a subi des ravages. *Région ravagée par un séisme.* **2.** Marqué, flétri (par l'âge, la maladie, les excès, etc.). *Visage ravagé.*

ravager [ʀavaʒe] v. tr. [13] Dévaster. *Les sangliers ont ravagé le champ.* ▷ Fig. *La douleur l'a ravagé.*

ravageur, euse [ʀavaʒœʀ, øz] adj. (et n.) Qui ravage.

Ravaillac (François) (1578 – 1610), assassin du roi de France Henri IV. Il fut écartelé.

ravalement [ʀavalmɑ̃] n. m. TECH Nettoyage, restauration des parements extérieurs d'un immeuble. ▷ Finition du parement d'une façade.

ravaler [ʀavale] v. tr. [1] **I. 1.** Avaler de nouveau. *Ravaler sa salive.* **2.** *Par ext.*, fig. Retenir, taire (ce qu'on est sur le point de laisser paraître, d'exprimer). *Ravaler son indignation.* **II. 1.** Fig. Déprécier, rabaisser. *Ravaler qqn, ses mérites.* ▷ v. pron. *Se ravaler au niveau de la bête.* **2.** Faire le ravalement de (un bâtiment, une façade).

ravane [ʀavan] n. f. (Maurice, Réunion) Instrument à percussion utilisé pour le séga, sorte de grand tambour.

ravaudage [ʀavodaʒ] n. m. **1.** Action de ravauder; son résultat. **2.** Fig. Réparation, travail grossièrement fait.

ravauder [ʀavode] v. tr. [1] Raccommoder à l'aiguille (des vêtements usagés). *Ravauder une chemise.*

rave [ʀav] n. f. **1.** Plante potagère à racine comestible. *Le navet, le rutabaga sont des raves.* – (En appos.) *Céleri-rave.* **2.** Crucifère dont on consomme les racines. – (En appos.) *Chou-rave.*

Ravel (Maurice) (1875 – 1937), compositeur français; élève de Fauré. Par sa rythmique et la richesse de son orchestration, il se distingue de Debussy et conserve un caractère classique : *Pavane pour une infante défunte* (pièce pour piano, 1899), *Quatuor en fa* (pour cordes, 1902-1903), *Daphnis et Chloé* (ballet, 1909-1912), *Trio en la* (pour piano, violon et violoncelle, 1914), *la Valse* (1919-1920), *l'Enfant et les sortilèges* (fantaisie lyrique, 1920-1925), *Boléro* (1928), *Concerto pour la main gauche* (1929-1930).

ravenala [ʀavenala] ou (Madag.) **ravenale** [ʀavənal] n. m. BOT Plante tropicale (fam. musacées) voisine du bananier, dont une espèce est appelée *arbre* du voyageur* car l'eau de pluie s'accumule à la base de ses feuilles. ▷ Cour. (Madag.) Cet arbre, dont les palmes se déploient en un bel éventail, pris comme emblème du pays. *Des routes bordées de raphias et de ravenalas.* (V. arbre à éventail.)

Ravenne, ville d'Italie (Émilie-Romagne), reliée par un canal à la mer Adriatique; ch.-l. de la prov. du m. nom; 137 010 hab. Port pétrolier et centre industriel. – Archevêché. Monuments romains (amphithéâtre, aqueduc de Trajan) et byzantins : mausolée de Galla Placidia (milieu du Vᵉ s.), tombeau de Théodoric (520), basilique San Vitale (VIᵉ s., mosaïques), égl. Sant'Apollinare Nuovo (Vᵉ s., mosaïques) et Sant'Apollinare in Classe (VIᵉ s., mosaïques). Cath. (XVIIIᵉ s.). Tombeau de Dante (1483). – Ravenne fut la capitale de l'Empire romain d'Occident sous Honorius, puis celle d'Odoacre et de Théodoric (Vᵉ s.). Conquise en 540 par les Byzantins (Bélisaire), elle devint la capitale d'un exarchat.

Ravenne (exarchat de), province byzantine d'Italie constituée en 584. Byzantine depuis 540, la région dut faire face à l'invasion lombarde. En 584, l'empereur Maurice y établit un exarque, chef de toutes les forces et possessions impériales en Italie. En 751, les Lombards prirent Ravenne; le pape Étienne II, se sentant lui aussi menacé, demanda (754) le secours du roi franc (V. France) Pépin le Bref, qui contraignit les Lombards à céder l'exarchat à la papauté (756). L'Empire byzantin disparaissait d'Italie.

Ravensbrück, localité d'Allemagne à 80 km au N. de Berlin, camp nazi (1939-1945) réservé aux femmes (il y eut aussi quelques centaines d'enfants). Un petit camp d'hommes jouxtait celui des femmes.

ravet [ʀavɛ] n. m. (Antilles fr.) Syn. de *blatte*.

ravi, ie [ʀavi] adj. Qui éprouve, qui manifeste un grand contentement.

ravigoter [ʀavigɔte] v. tr. [1] Fam. Redonner de la vigueur, de la force à (une personne, une bête affaiblie). Syn. (Suisse) rapicoler.

ravin [ʀavɛ̃] n. m. **1.** Lit creusé par les eaux de ruissellement. **2.** Vallée encaissée aux versants abrupts. ▷ Chemin au fond d'un ravin.

ravine [ʀavin] n. f. Lit creusé par un ruisseau, un torrent; petit ravin.

ravinement [ʀavinmɑ̃] n. m. Action de raviner; son résultat.

raviner [ʀavine] v. tr. [1] **1.** Creuser (le sol) de ravines. **2.** Fig. Creuser (le visage) de rides, de marques. **3.** Pp. adj. *Une région ravinée.* – Fig. *La figure ravinée d'une vieille femme.*

ravioli [ʀavjɔli] n. m. Petit carré de pâte farci d'un hachis de viande.

ravir [ʀaviʀ] v. tr. [3] **I.** Litt. Enlever de force; emporter avec violence ou par ruse. *Ravir une femme. Ravir le bien d'autrui.* ▷ Par ext. *La mort lui a ravi ses proches.* **II. 1.** THEOL Transporter au ciel. ▷ Fig. (Surtout à la forme passive.) Transporter hors de soi dans la contemplation. *Être ravi en extase.* **2.** Charmer le cœur, l'esprit de (qqn); transporter d'admiration. *Cette musique m'a ravie.* ▷ Loc. adv. *À ravir :* très bien, admirablement. *Elle chante à ravir.*

raviser (se) [ʀavize] v. pron. [1] Changer d'avis.

ravissant, ante [ʀavisɑ̃, ɑ̃t] adj. Qui charme, qui est plein d'agréments. *La campagne alentour est ravissante.* – *Une femme ravissante,* très jolie.

ravissement [ʀavismɑ̃] n. m. **1.** THEOL Fait d'être transporté au ciel. ▷ État d'une âme ravie en extase. **2.** Mouvement de l'esprit, du cœur d'une personne qui est ravie, transportée de joie, d'admiration, etc.

ravisseur, euse [ʀavisœʀ, øz] n. Personne qui commet un rapt.

ravitaillement [ʀavitajmɑ̃] n. m. **1.** Action de ravitailler; fait de se ravitailler. **2.** Fam. Action de se procurer les aliments nécessaires à la consommation d'un ménage, d'une famille. ▷ Denrées ainsi obtenues.

ravitailler [ʀavitaje] v. tr. [1] **1.** Faire parvenir des vivres, des munitions à. *Ravitailler une armée.* ▷ *Par ext.* Fournir en vivres (le plus souvent, une communauté). **2.** Alimenter en carburant. *Ravitailler un avion en vol.* **3.** v. pron. *Se ravitailler à intervalles réguliers.*

ravitailleur [ʀavitajœʀ] n. m. et adj. m. **1.** Celui qui a la charge du ravitaillement. **2.** MAR, AVIAT Navire, avion spécialement équipé pour ravitailler (sens 2) les bâtiments en mer, les avions en vol. ▷ adj. m. *Bâtiment ravitailleur.*

ravivage [ʀavivaʒ] n. m. **1.** Action de redonner à une couleur un éclat plus vif. **2.** TECH Décapage (d'un objet à dorer ou à souder).

raviver [ʀavive] v. tr. [1] **1.** Rendre plus vif. *Raviver le feu.* ▷ *Raviver les couleurs,* leur rendre leur premier éclat. **2.** TECH Décaper (un objet à dorer ou à souder). **3.** CHIR *Raviver une plaie,* l'exciser pour accélérer la cicatrisation. **4.** Fig. Ranimer, faire revivre. *Raviver une douleur. Raviver un souvenir.*

ravoir [ʀavwaʀ] v. tr. **1.** (Ne s'emploie qu'à l'inf.) Avoir de nouveau, recouvrer. *Ravoir son bien.* **2.** (Belgique) Fam. (Ne s'emploie qu'à l'inf., au futur simple et au conditionnel présent. Se conjugue comme *avoir.*) Avoir sa revanche sur (qqn). *Je te raurai.* ▷ v. pron. Se ressaisir (après un effort violent, une émotion intense). *Elle n'arrivait pas à se ravoir.*

Rawalpindi, ville du Pākistān, sur le piémont himalayen (Pendjab); 928 000 hab. Centre industriel.

Rawiri (Angèle Ntyugwetondo) (née en 1954), romancière gabonaise. *Elonga* (1980) traite de la sorcellerie. Dans *G'amàrakano* (1983), une jeune femme arrivant en ville est broyée par la société.

Rawlings (Jerry John) (né en 1947), capitaine et homme politique ghanéen; chef de l'État depuis 1981.

ray [ʀɛ] n. m. (Asie du S.-E.) Brûlis (sens 2).

Ray (Raymond Jean Marie De Kremer, dit Jean)(1887 - 1964), écrivain belge d'expression française; auteur de récits fantastiques : *les Contes du whisky* (1925), *Malpertuis* (1943), *le Carrousel des maléfices* (1964), et des aventures de Harry Dickson, «le Sherlock Holmes américain» (1930-1940). Il a écrit aussi en néerlandais sous le pseudonyme de *John Flanders.*

Ray (Emmanuel Redensky, dit Man) (1890 - 1976), photographe, peintre et cinéaste américain. Il fonda, avec M. Duchamp, le mouvement dada de New York (1916), puis collabora avec les surréalistes. Il publia *Autoportrait* (1967).

Ray (Raymond Nicholas Kienzle, dit Nicholas) (1911 - 1979), cinéaste américain : *les Amants de la nuit* (1949), *Johnny Guitar* (1954), *la Fureur de vivre* (1955).

Ray (Satyājit) (1921 - 1992), cinéaste indien, auteur complet (y compris de la musique) : *Pather Panchali* (1955), *le Salon de musique* (1959), *Charulata* (1964), *les Joueurs d'échecs* (1977).

rayage [ʀɛjaʒ] ou **rayement** [ʀɛjmɑ̃] n. m. Action de rayer; son résultat.

rayé, ée [ʀeje] adj. **1.** Couvert, décoré de rayures. *Étoffe rayée.* **2.** Raturé. **3.** Qui porte des cannelures, en parlant d'une arme, de son canon. *Fusil rayé.* **4.** Qui porte des raies, des éraflures. *Miroir rayé.*

rayer [ʀeje] v. tr. [21] **1.** Faire des raies sur. *Rayer une feuille de papier.* ▷ Faire une, des éraflures sur (une surface). *Rayer un disque.* ▷ TECH Creuser (l'intérieur d'une arme à feu) de rayures*. **2.** Barrer d'un trait (un mot, une phrase, etc.). ▷ Fig. Supprimer, exclure (qqch, qqn d'un ensemble). *Il a été rayé de la liste des bénéficiaires.*

Rayleigh (John William Strutt, 3e baron) (1842 - 1919), physicien anglais, connu surtout pour ses travaux d'optique. P. Nobel 1904.

Raymond VI. V. Raimond VI.

1. rayon [ʀɛjɔ̃] n. m. **I. 1.** Émanation de lumière; ligne droite selon laquelle celle-ci se propage. *Un rayon de soleil. Rayons lumineux. Rayon vert :* bref éclat de couleur verte observable parfois au lever ou au coucher du soleil. ▷ Fig. Ce qui répand la lumière, la joie, etc. *Un rayon d'espérance.* **2.** PHYS Trajectoire que parcourent les particules ou un flux lumineux émis par une source. *Dans un milieu homogène, les rayons sont des lignes droites.* ▷ Cour. *Rayons :* rayonnement. *Rayons* α, β, γ. *Rayons X :* V. rayonnement (encycl.). *Rayons cosmiques :* V. cosmique. ▷ ELECTR *Rayon électronique* ou *cathodique :* faisceau d'électrons. **II. 1.** Chacune des pièces oblongues qui unissent le moyeu d'une roue à sa jante. ▷ Chacun des éléments qui divergent à partir d'un centre commun. – BOT *Rayons médullaires :* lames de tissu reliant l'écorce à la moelle, dans la tige des dicotylédones. **2.** GEOM Segment de droite reliant le centre d'un cercle ou d'une sphère à un point quelconque de sa circonférence, de sa surface. ▷ Loc. cour. *Dans un rayon de dix kilomètres :* à dix kilomètres à la ronde. **3.** AVIAT, MAR *Rayon d'action :* éloignement maximal d'un aéronef ou d'un navire de son point de ravitaillement. ▷ Fig. Zone d'action, d'influence.

2. rayon [ʀɛjɔ̃] n. m. AGRIC Petit sillon. *Semer en rayons.*

3. rayon [ʀɛjɔ̃] n. m. **1.** Gâteau de cire fait par les abeilles pour emmagasiner le miel, le pollen, ou pour loger le couvain. **2.** Planche, tablette horizontale servant au rangement; étagère. *Les rayons d'une bibliothèque.* **3.** Secteur d'un grand magasin où l'on vend des marchandises de même nature. *Le rayon de l'outillage, de la parfumerie.*

1. rayonnage [ʀɛjɔnaʒ] n. m. AGRIC Opération qui consiste à tracer les lignes des semis.

2. rayonnage [ʀɛjɔnaʒ] n. m. Ensemble de rayons, d'étagères. *Le rayonnage d'une bibliothèque.*

rayonnant, ante [ʀɛjɔnɑ̃, ɑ̃t] adj. **1.** Disposé selon des rayons. *Motifs décoratifs rayonnants.* **2.** Qui émet des rayons. *Soleil rayonnant.* ▷ Fig. Éclatant, resplendissant. *Un visage rayonnant de bonheur.*

rayonne [ʀɛjɔn] n. f. (Nom déposé.) Fibre textile artificielle à base de cellulose. ▷ *Par ext.* Étoffe de rayonne.

rayonné, ée [ʀɛjɔne] adj. Disposé en rayons; orné de rayons. ▷ BIOL *Symétrie rayonnée,* dans laquelle les organes sont placés comme les rayons d'une roue, symétriquement par rapport à un axe. *Symétrie rayonnée de l'oursin.*

rayonnement [ʀɛjɔnmɑ̃] n. m. **1.** Fait de rayonner; éclat de ce qui rayonne. *Le rayonnement du soleil.* **2.** PHYS et cour. Propagation d'énergie sous forme de particules *(rayonnement corpusculaire)* ou de vibrations *(rayonnement thermique, acoustique, électromagnétique). Rayonnement cosmique :* V. cosmique. *Rayonnement cosmologique :* V. Univers. **3.** PALEONT Syn. de *radiation.* **4.** Fig. Éclat; influence bienfaisante. *Rayonnement d'une idée, d'une culture.*

ENCYCL Phys. – Les propriétés d'un rayonnement électromagnétique dépendent grandement de la longueur d'onde de celui-ci; aussi donne-t-on traditionnellement un nom particulier à chaque domaine du spectre électromagnétique. Au-delà d'une longueur d'onde de 0,3 mm (énergie inférieure à 0,04 eV), ce sont les ondes hertziennes; de 0,3 mm à 0,8 µm (1,5 eV), les rayons infrarouges (V. ce mot). Le rayonnement lumineux visible occupe un domaine très étroit, de 0,8 µm à 0,4 µm (3 eV). En deçà de 0,4 µm et jusqu'à 10^{-8} m (100 eV), ce sont les rayons ultraviolets (V. ce mot). De 10^{-8} m à 2.10^{-11} m, on a les rayons X, absorbés par les éléments de numéro atomique élevé; aussi les utilise-t-on pour examiner des organes internes (radiographie) ou pour détecter les défauts de pièces métalliques (radiométallographie). La forte énergie des rayons X leur permet de détruire des tumeurs (radiothérapie); leur faible longueur d'onde entraîne leur diffraction par les cristaux. Les rayons gamma (γ) sont des ondes électromagnétiques de longueurs d'onde inférieures à 2.10^{-11} m; plus pénétrants que les rayons X, ils ne sont arrêtés que par de fortes épaisseurs de béton ou de plomb. Le rayonnement thermique, forme particulière de rayonnement électromagnétique, résulte de l'agitation thermique des particules qui constituent la matière.

rayonner [ʀɛjɔne] v. intr. [1] **1.** Émettre des rayons lumineux, de l'énergie. *Astre qui rayonne.* **2.** Fig. Faire sentir au loin son action. *Un esprit qui rayonne.* **3.** Laisser paraître un bonheur intense. **4.** Partir d'un même point dans des directions diverses. *Rayonner autour de Bruxelles.*

rayonneur [ʀɛjɔnœʀ] n. m. AGRIC Instrument servant à faire le rayonnage.

rayure [ʀɛjyʀ] n. f. **1.** Chacune des lignes, des bandes étroites qui contrastent avec un fond de couleur différente. *Les rayures du zèbre.* **2.** Trace, éraflure laissée sur une surface par un corps pointu ou coupant. **3.** Chacune des cannelures pratiquées à l'intérieur du canon d'une arme à feu ou d'une pièce d'artillerie.

raz de marée [ʀadəmaʀe] n. m. Très haute vague d'origine sismique ou volcanique qui pénètre dans les terres. ▷ Fig. Bouleversement important. *Le raz de marée révolutionnaire balaya l'Ancien Régime.*

Razelm (lac), lagune de Roumanie dans le sud du delta du Danube; 395 km^2.

Razilly (Isaac de) (1587 - 1635), administrateur français. Fondateur, en Nouvelle-France, de la compagnie des Cent*-Associés (1627), lieutenant général de la Nouvelle-France (1632), il reconquit l'Acadie que les Anglais occupaient depuis 1613 et il y mourut.

Razine (Stepan Timofeïevitch Razine, dit Stenka) (v. 1630 - 1671), chef cosaque. En 1667, il prit la tête des serfs insoumis et conquit de nombr. villes. Vaincu par l'armée tsariste, il fut écartelé.

razzia [ʀazja] n. f. **1.** Attaque lancée par des pillards pour enlever les troupeaux, les récoltes, etc. **2.** Fam. Fait de tout rafler, de tout emporter.

razzier [ʀazje] v. tr. [2] **1.** Exécuter une razzia contre. **2.** Piller, voler lors d'une razzia.

R.D.A. Sigle de *Rassemblement* démocratique africain.*

R.D.A. Sigle de *République démocratique allemande.* V. Allemagne.

re-, ré-. V. r-.

ré [ʀe] n. m. Deuxième note de la gamme d'ut. ▷ Signe figurant cette note.

Rê ou **Râ,** dieu du Soleil chez les anc. Égyptiens, représenté en général par un homme à tête d'épervier que surmonte le disque solaire, ou sous la forme d'un scarabée. Au Nouvel Empire, il fut nommé *Amon-Rê* (Amon étant le dieu de Thèbes) et put être représenté avec la tête d'un bélier.

réa [ʀea] n. m. MAR, TECH Roue à gorge d'une poulie.

réabonnement [ʀeabɔnmɑ̃] n. m. Action de réabonner, de se réabonner.

réabonner [ʀeabɔne] v. tr. [1] Abonner de nouveau. ▷ v. pron. Renouveler son abonnement.

réabsorber [ʀeapsɔʀbe] v. tr. [1] Absorber de nouveau.

réaccoutumer [ʀeakutyme] v. tr. [1] Accoutumer de nouveau (à ce dont on avait perdu l'habitude). ▷ v. pron. *Se* *réaccoutumer à la vie urbaine après un long séjour en brousse.*

réactance [reaktɑ̃s] n. f. ELECTR Impédance d'un dipôle ne contenant que des inductances et des condensateurs. *La réactance d'un condensateur est négative; celle d'une inductance, positive.*

réacteur [reaktœr] n. m. **1.** Moteur à réaction. *Réacteur d'avion.* **2.** TECH Appareil dans lequel s'effectue une réaction. *Réacteur catalytique.* ▷ *Réacteur nucléaire :* appareil qui produit de l'énergie à partir des réactions de fission nucléaire. Syn. pile atomique.
ENCYCL Un réacteur nucléaire se compose d'un cœur, dans lequel sont placés des éléments combustibles (uranium naturel ou enrichi, plutonium), et de dispositifs de réglage et de sécurité (servant à contrôler la réaction en chaîne et à arrêter la réaction en cas d'incident). Le tout est entouré d'une épaisse enceinte étanche qui arrête les rayonnements émis. Il existe deux types de réacteurs : à neutrons rapides, à neutrons thermiques. L'ensemble constitué par un réacteur nucléaire et ses installations de production de vapeur et d'électricité est appelé centrale nucléaire. Les réacteurs nucléaires sont également utilisés pour la propulsion des navires. Leurs sous-produits (isotopes radioactifs artificiels) servent en radiochimie et en radiobiologie.

réactif, ive [reaktif, iv] adj. et n. m. **1.** adj. Qui réagit, qui fait réagir. **2.** n. m. CHIM Substance que l'on utilise pour déterminer la nature d'un corps en observant la réaction qu'elle produit avec celui-ci.

réaction [reaksjɔ̃] n. f. **I. 1.** Action contraire à une action précédente et provoquée par celle-ci. ▷ Comportement, acte d'une personne en réponse à un événement, à une action. **2.** POLIT Attitude, courant de pensée opposé aux innovations, aux changements sociaux et favorable au maintien ou au rétablissement des institutions héritées du passé. ▷ Ensemble des forces politiques réactionnaires. **II. 1.** PHYS Force qui résulte de l'action mécanique exercée par un corps sur un autre corps qui agit en retour. *Principe d'action et de réaction. Propulsion par réaction :* V. encycl. ci-après. – Cour. *Avion à réaction.* **2.** CHIM Réorganisation à l'échelle moléculaire d'un ensemble de corps réagissant («système initial»), qui conduit à un nouvel ensemble de corps, ou *produits de la réaction* («système final»). *Réaction en chaîne :* V. chaîne. *Réaction nucléaire,* mettant en jeu les constituants du noyau de l'atome (cf. noyau). **III.** Processus qui se déclenche dans un organisme vivant en réponse à un stimulus, à une modification du milieu, à une perturbation de l'équilibre physiologique, à une agression, etc. *Le frisson est une réaction au froid.* ▷ PHYSIOL *Réaction auditive.* ▷ PSYCHO et cour. *Réaction affective.*
ENCYCL Phys. – La propulsion par réaction obéit au principe physique d'action et de réaction, c.-à-d. d'égalité de l'action et de la réaction, donc au principe de la conservation de la quantité de mouvement : lorsque deux corps A et B exercent l'un sur l'autre une action mécanique, la force qui représente l'action de A sur B est égale et de sens opposé à celle (réaction) de B sur A. La propulsion par réaction est utilisée dans les transports aériens, dans le lancement et le pilotage des engins spatiaux et dans le domaine militaire. V. engin, moteur-fusée.

réactionnaire [reaksjɔnɛr] adj. et n. Péjor. Propre à la réaction, favorable à la réaction; ultra conservateur. ▷ Subst. *Les réactionnaires.* (Abrév. fam. : réac.)

réactionnel, elle [reaksjɔnɛl] adj. **1.** CHIM Qui a rapport à une réaction. **2.** MED Relatif à une réaction organique. **3.** PSYCHO, PSYCHAN Qui se produit en réaction à une situation mal assumée. – Se dit d'un trouble apparaissant à la suite d'un choc affectif traumatisant.

réactivation [reaktivasjɔ̃] n. f. Action de réactiver. ▷ MED Réapparition provoquée, en vue d'un diagnostic, d'un symptôme disparu.

réactiver [reaktive] v. tr. [1] Activer de nouveau.

réactivité [reaktivite] n. f. **1.** CHIM Aptitude d'un corps à réagir. **2.** MED Manière dont un sujet réagit à une injection immunisante. ▷ PSYCHO et PHYSIOL Capacité d'un sujet à réagir aux stimulations externes.

réactualisation [reaktɥalizasjɔ̃] n. f. Action de réactualiser; son résultat.

réactualiser [reaktɥalize] v. tr. [1] Remettre à jour. *Réactualiser un dictionnaire.*

réadaptation [readaptasjɔ̃] n. f. Adaptation nouvelle (à des conditions disparues qui redeviennent actuelles, à de nouvelles conditions). *Réadaptation sociale, professionnelle.*

réadapter [readapte] v. tr. [1] Adapter de nouveau. – Spécial. *Réadapter qqn à la vie active après un accident.* ▷ v. pron. *Se réadapter à un nouveau milieu social.*

Reading, v. d'Angleterre (Berkshire), sur la Tamise et la Kennet; 122 600 hab. Université. Industries. – O. Wilde, emprisonné, y écrivit *Ballade de la geôle de Reading* (1898).

réadmettre [readmɛtr] v. tr. [60] Admettre de nouveau.

réadmission [readmisjɔ̃] n. f. Nouvelle admission.

réaffirmer [reafirme] v. tr. [1] Affirmer de nouveau, avec plus de fermeté.

Reagan (Ronald Wilson) (né en 1911), acteur de cinéma puis homme politique américain; gouverneur (républicain) de la Californie de 1967 à 1975, puis président des États-Unis de 1981 à 1988. Il a remis en cause le *Welfare State* («État providence»), et, à l'extérieur, il a pratiqué l'interventionnisme. En 1987, il a signé avec Gorbatchev un accord de dénucléarisation.

réagir [reaʒir] v. intr. [3] **I. 1.** PHYS Exercer une action en sens contraire (en parlant d'un corps qui agit sur un autre dont il a éprouvé l'action). *Un corps élastique réagit sur le corps qui le choque.* **2.** MED Avoir une (des) réaction(s) (en parlant du corps, des organes). **3.** PHYSIOL Répondre à un stimulus. **4.** Fig. *Réagir sur :* exercer une action en retour sur. *L'homme agit sur son environnement, qui réagit sur lui.* **5.** Fig. *Réagir à :* manifester une réaction face à, agir en réponse à (un événement, une stimulation, etc.). *Réagir à des insultes, à une provocation.* ▷ (S. comp.) *Il a très bien réagi.* **6.** Fig. *Réagir contre :* s'opposer, résister par une action contraire à. *Réagir contre une influence.* ▷ (S. comp.) Faire un effort pour résister, pour lutter. **II.** CHIM Entrer en réaction, en parlant d'espèces chimiques.

réajustement [reaʒystəmɑ̃] n. m., **réajuster** [reaʒyste] v. tr. V. rajustement, rajuster.

real [real] n. m. Unité monétaire du Brésil. ▷ V. tableau monnaies.

réalgar [realgar] n. m. MINER Sulfure naturel d'arsenic, de couleur rouge, le principal minerai d'arsenic.

réalignement [realiɲəmɑ̃] n. m. ECON Modification de la parité (d'une monnaie) en fonction des variations de la (des) monnaie(s) de référence.

réaligner [realiɲe] v. tr. [1] Procéder au réalignement de (une monnaie).

réalisable [realizabl] adj. **1.** Qui peut se réaliser, être réalisé. **2.** Que l'on peut convertir en espèces. *Posséder des valeurs réalisables.*

réalisateur, trice [realizatœr, tris] adj. et n. **1.** adj. Qui réalise, qui a des aptitudes pour réaliser. *Une intelligence plus réalisatrice que théoricienne.* ▷ Subst. *Un réalisateur, une réalisatrice.* **2.** n. Personne qui dirige la préparation et le tournage, ou l'enregistrement, d'un film, d'une émission de radio ou de télévision.

réalisation [realizasjɔ̃] n. f. **1.** Action de réaliser; son résultat. **2.** Chose réalisée; ce qui s'est réalisé. **3.** DR Conversion d'un bien en espèces. **4.** Mise en scène d'un film ou d'une émission télévisée; mise en ondes d'une émission radiodiffusée.

réaliser [realize] v. [1] **I.** v. tr. **1.** Rendre réel et effectif, faire exister (qqch). *Réaliser un projet.* **2.** Effectuer, accomplir. *Réaliser des prouesses.* ▷ *Réaliser un film,* en assurer la réalisation. **3.** Convertir en espèces. *Réaliser une propriété, des actions.* ▷ *Réaliser des bénéfices,* en faire. **4.** (Calque de l'angl. *to realize*; emploi critiqué.) Comprendre, saisir, se représenter clairement. *As-tu réalisé ce que tu viens de dire?* **5.** PHILO Donner un caractère de réalité à (une abstraction). **II.** v. pron. **1.** Devenir effectif, réel. *Espérances qui se réalisent.* **2.** (Personnes) Rendre réel ce qui en soi-même n'était que virtuel. *Il a un métier où il se réalise pleinement.*

réalisme [realism] n. m. **1.** PHILO Doctrine platonicienne selon laquelle les apparences sensibles et les êtres individuels ne sont que le reflet des véritables réalités, les Idées. (V. idéalisme.) ▷ Doctrine médiévale d'après laquelle les universaux (notions générales) sont réels, ont une existence propre (par oppos. à *conceptualisme,* à *nominalisme*). *Le réalisme de saint Thomas.* ▷ Doctrine selon laquelle le monde extérieur a une existence indépendante du sujet qui le perçoit (par oppos. à *idéalisme*). **2.** LITTER, BX-A Volonté de représenter le monde, les hommes tels qu'ils sont, et non tels que peuvent les concevoir ou les styliser l'imagination et l'intelligence de l'auteur ou de l'artiste. **3.** Cour. Aptitude à tenir compte de la réalité, à apprécier les données d'une situation avant de prendre une décision, d'agir. *Faire preuve de réalisme.*
ENCYCL Le terme de *réaliste* s'applique aux écrivains qui, à partir de 1850, réagirent contre le sentimentalisme romantique en s'inspirant des méthodes de la science pour s'en tenir à l'étude et à la description des faits. Dans *le Réalisme* (1857), le Français Jules Husson, dit Champfleury (1821 – 1889), théorisa cette tendance. Il y eut autant de réalismes que de réalistes : Flaubert, A. Daudet, Maupassant, les frères Goncourt, Zola (cf. naturalisme). Parmi les peintres que l'on a qualifiés de réalistes, il faut citer Courbet, Daumier et Millet. – Le *réalisme socialiste,* qui, de façon autoritaire, plaçait la littérature et l'art au

service du socialisme soviétique, eut pour principal théoricien Jdanov.

réaliste [realist] adj. et n. **1.** Didac. Qui a rapport au réalisme; partisan du réalisme en art, en littérature, en philosophie. ▷ Subst. *Les réalistes.* **2.** Qui fait preuve de réalisme (sens 3).

réalité [realite] n. f. **1.** PHILO et cour. Caractère de ce qui a une existence réelle, de ce qui existe comme chose (et non seulement comme idée, illusion, apparence). *La réalité du monde physique.* **2.** Chose réelle. *Rêve qui devient réalité.* **3.** Chacun des faits, des événements qui constituent la trame de notre existence. *Les dures réalités de la vie.* **4.** Loc. adv. *En réalité :* effectivement, réellement.

realpolitik [realpɔlitik] n. f. POLIT Politique qui tient compte avant tout des possibilités concrètes.

réaménagement [reamenaʒmɑ̃] n. m. Action de réaménager; son résultat.

réaménager [reamenaʒe] v. tr. [**13**] Aménager de nouveau, sur de nouvelles bases.

réanimateur, trice [reanimatœr, tris] n. Médecin spécialiste de la réanimation.

réanimation [reanimasjɔ̃] n. f. Ensemble des techniques médicales employées pour remédier à la défaillance d'une ou de plusieurs fonctions vitales (respiration et circulation, notam.). – *Techniques de réanimation :* respiration assistée, entraînement cardiaque, épuration extrarénale, etc.

réanimer [reanime] v. tr. [**1**] Procéder à la réanimation de, faire revenir à la vie par la réanimation.

réapparaître [reaparɛtr] v. intr. [**73**] Apparaître de nouveau.

réapparition [reaparisjɔ̃] n. f. Nouvelle apparition.

réapprendre [reaprɑ̃dr] v. tr. V. rapprendre.

réapprovisionnement [reaprɔvizjɔnmɑ̃] n. m. Nouvel approvisionnement.

réapprovisionner [reaprɔvizjɔne] v. tr. [**1**] Approvisionner de nouveau. – v. pron. *Il faut se réapprovisionner.*

réarmement [rearməmɑ̃] n. m. Action de réarmer. ▷ Rénovation et accroissement de la puissance militaire d'un pays.

réarmer [rearme] v. [**1**] **1.** v. tr. Armer de nouveau. **2.** v. intr. S'armer de nouveau. *Ce pays réarme.*

réarrangement [rearɑ̃ʒmɑ̃] n. m. Action d'arranger à nouveau, d'une autre manière. ▷ CHIM Migration de radicaux ou d'atomes à l'intérieur d'une molécule, lors d'une réaction.

réarranger [rearɑ̃ʒe] v. tr. [**13**] Procéder au réarrangement de.

réassortiment [reasɔrtimɑ̃] n. m. Action de réassortir; son résultat.

réassortir [reasɔrtir] v. tr. [**3**] Assortir de nouveau; compléter (un assortiment). *Réassortir un service de table.*

réassurance [reasyrɑ̃s] n. f. DR Assurance par laquelle un assureur se fait garantir par une autre compagnie pour se couvrir d'une partie des risques.

réassurer [reasyre] v. tr. [**1**] DR Garantir par une réassurance. ▷ v. pron. *Compagnie qui se réassure.*

Réaumur (René Antoine Ferchault de) (1683 – 1757), chimiste et physicien français; inventeur du thermomètre à alcool (v. 1730) et d'une échelle thermométrique : fusion de la glace à 0 °R(éaumur) et vaporisation de l'eau à 80 °R.

rebaptiser [rəbatize] v. tr. [**1**] **1.** Conférer une seconde fois le baptême à (qqn). **2.** Donner un nouveau nom à (qqch). *Rebaptiser un navire.*

rébarbatif, ive [rebarbatif, iv] adj. Qui rebute par son aspect peu avenant. *Visage rébarbatif.* ▷ Fig. *Texte rébarbatif,* d'une lecture difficile et ennuyeuse.

rebarrer [rəbare] v. tr. [**1**] (Québec) Fermer à clé de nouveau. *Rebarrer l'auto.* – Absol. *Pensez à rebarrer chaque fois que vous sortez.* ▷ v. pron. *Porte qui se rebarre en fermant.*

rebâtir [rəbɑtir] v. tr. [**3**] Bâtir de nouveau (ce qui a été détruit).

rebattre [rəbatr] v. tr. [**61**] **1.** TECH Battre de nouveau. *Rebattre l'acier après un recuit.* **2.** Loc. *Rebattre les oreilles à qqn d'une chose,* le lasser en lui répétant cette chose à toute occasion.

rebattu, ue [rəbaty] adj. Qui a perdu tout intérêt à force d'être répété. *Idée, phrase rebattue.*

Rébecca, personnage biblique, femme d'Isaac, mère d'Ésaü et de Jacob (Genèse, XXIV-XXVII).

rebelle [rəbɛl] adj. et n. **1.** Qui refuse de se soumettre à une autorité, se révolte contre elle. *Factions rebelles.* ▷ Subst. *Un(e) rebelle.* **2.** *Rebelle à :* qui résiste, refuse de se plier à. *Esprit rebelle à la logique.* ▷ (Choses) *Maladie rebelle,* qui résiste aux traitements. – *Mèches rebelles,* difficiles à coiffer.

rebeller (se) [rəbɛle] v. pron. [**1**] Devenir rebelle, se soulever (contre une autorité). ▷ Fig. Se plaindre, protester.

rébellion [rebɛljɔ̃] n. f. Révolte, résistance ouverte aux ordres de l'autorité. ▷ Ensemble des rebelles.

rebibes [rəbib] n. f. pl. (Suisse) Fines lamelles de fromage enroulées sur elles-mêmes.

reboisement [rəbwazmɑ̃] n. m. Action de reboiser; son résultat. Syn. didac. reforestation.

reboiser [rəbwaze] v. tr. [**1**] Planter d'arbres (un terrain déboisé).

rebond [rəbɔ̃] n. m. Fait de rebondir; mouvement d'un corps qui rebondit.

rebondi, ie [rəbɔ̃di] adj. Rond et charnu. *Des joues bien rebondies.*

rebondir [rəbɔ̃dir] v. intr. [**3**] **1.** Faire un ou plusieurs bonds après avoir heurté un autre corps. *La balle rebondit.* **2.** Fig. Connaître un, des rebondissements. *L'affaire Untel rebondit.*

rebondissement [rəbɔ̃dismɑ̃] n. m. Reprise d'une évolution, après un temps d'arrêt; épisode inattendu. *Les rebondissements de la conversation.*

rebord [rəbɔr] n. m. Bord en saillie. *Le rebord d'une fenêtre.*

reboucher [rəbuʃe] v. tr. [**1**] **1.** Boucher de nouveau. *Reboucher une bouteille.* **2.** Boucher, obturer, combler. *Reboucher des fentes avec de l'enduit.*

rebours [r(ə)bur] n. m. **1.** Litt. Contrepied, contraire. **2.** Loc. adv. *À rebours :* en sens contraire, au contraire de ce qu'il faut. *Comprendre à rebours. Caresser un chat à rebours,* à rebrousse-poil. – *Compte à rebours :* V. compte (sens I, 7). **3.** Loc. prép. *À* ou *au rebours de :* contrairement à.

rebouter [rəbute] v. tr. [**1**] Fam., vieilli Remettre en place par des procédés empiriques (un membre foulé, luxé, démis, etc.). Syn. (Québec) ramancher.

rebouteur, euse [rəbutœr, øz] ou **rebouteux, euse** [rəbutø, øz] n. Personne qui remet les membres démis par des procédés empiriques. Syn. (Québec) ramancheur, ramancheux.

reboutonner [rəbutɔne] v. tr. [**1**] Boutonner de nouveau. ▷ v. pron. Reboutonner ses vêtements.

Rebreanu (Liviu) (1885 – 1944), écrivain roumain. Il s'attacha à la tragédie de l'homme déchiré entre sa volonté et le destin, peignant les ravages produits par l'obsession de la terre chez les paysans (*Ion,* 1920), la désertion d'un officier de l'armée austro-hongroise qui refuse de se battre contre ses compatriotes roumains (*la Forêt des pendus,* 1922), les jacqueries de 1907 en Moldavie et en Valachie (*la Révolte,* 1932). Autres romans : *Ciuleandra* (1927) ; *Braise* (1934) ; *le Gorille* (1938).

rebroder [rəbrɔde] v. tr. [**1**] TECH Broder sur une première broderie.

rebroussement [rəbrusmɑ̃] n. m. Action de rebrousser; état de ce qui est rebroussé. ▷ GEOM *Point de rebroussement :* point d'une courbe où s'arrêtent brusquement deux branches de cette courbe tangentes entre elles.

rebrousse-poil (à) [arəbruspwal] loc. adv. **1.** À l'opposé du sens naturel des poils. **2.** Fig., Avec maladresse. *Prendre qqn à rebrousse-poil.*

rebrousser [rəbruse] v. tr. [**1**] **1.** Relever (les poils, les cheveux) dans un sens contraire à la direction naturelle. *Le vent rebroussait la crinière du cheval.* **2.** *Rebrousser chemin :* faire demi-tour.

rebuffade [rəbyfad] n. f. Mauvais accueil, refus accompagné de paroles dures. *Essuyer, recevoir une rebuffade.*

rébus [rebys] n. m. **1.** Suite de lettres, de mots, de dessins, représentant par homophonie le mot ou la phrase que l'on veut faire deviner. *Déchiffrer un rébus.* **2.** Fig. Écriture difficile à lire; chose malaisée à comprendre, énigme.

rebut [r(ə)by] n. m. **1.** Ce qu'on a rejeté, ce dont on n'a pas voulu. *On entassait là les rebuts.* ▷ *Mettre au rebut :* mettre à l'écart comme sans valeur, rejeter. ▷ Loc. adj. *De rebut :* qui a été mis au rebut, sans valeur, inutile. *Marchandises de rebut.* **2.** Fig. Ce qu'il y a de plus mauvais, de plus vil. *Le rebut d'une société.*

rebutant, ante [rəbytɑ̃, ɑ̃t] adj. Qui rebute, déplaît. *Travail rebutant.* Ant. attrayant, séduisant.

rebuter [r(ə)byte] v. tr. [**1**] **1.** Décourager, dégoûter par des obstacles. *L'effort le rebute.* **2.** Décourager toute sympathie, choquer. *Sa mine renfrognée a rebuté tout le monde.*

récade [rekad] n. f. (Afr. subsah.) Bâton d'argent, de cuivre ou de bois sculpté, qu'un roi, un chef, confie à son représentant ou à son messager pour qu'il soit reconnu comme tel.

recalcification [rəkalsifikasjɔ̃] n. f. MED Augmentation de la fixation du calcium dans les tissus qui en ont perdu.

recalcifier [rəkalsifje] v. tr. [**2**] MED Produire une recalcification.

récalcitrant, ante [rekalsitrɑ̃, ɑ̃t] adj. et n. **1.** Qui résiste avec opiniâtreté à toute espèce de contrainte. *Esprit récalcitrant.* ▷ Subst. *Mater les récalcitrants.* **2.** (Choses) Qui semble s'entêter à ne pas fonctionner. *S'efforcer de faire démarrer un moteur récalcitrant.*

recalé, ée [ʀəkale] adj. et n. Qui a été refusé (à un examen). – Subst. *Les recalés au bac.*

recaler [ʀəkale] v. tr. [1] **1.** Caler de nouveau. **2.** Refuser (à un examen). *Se faire recaler au permis de conduire.* Syn. (Afr. subsah., Belgique) buser, (Belgique) mofler.

Récamier (Julie Adélaïde Bernard, Mme) (1777 – 1849), femme de lettres française qui tint un salon sous la Restauration.

récapitulatif, ive [ʀekapitylatif, iv] adj. Qui sert à récapituler. *Tableau récapitulatif.* ▷ n. m. Texte, état qui récapitule.

récapitulation [ʀekapitylasjɔ̃] n. f. Répétition sommaire, résumé.

récapituler [ʀekapityle] v. tr. [1] Résumer, reprendre sommairement. *Récapituler les points d'un discours.*

recasement [ʀəkazmɑ̃] n. m. (Maghreb) Syn. de *relogement.*

recaser [ʀəkaze] v. tr. [1] **1.** Fam. Caser, établir de nouveau. ▷ v. pron. *Il a perdu son emploi et cherche à se recaser.* **2.** (Maghreb) Syn. de *reloger.*

recater [ʀ(ə)kate] v. tr. [1] (France rég.) Prendre, obtenir (qqch) en petite quantité, de manière licite ou non. *J'ai recaté quelques fleurs chez le voisin.*

recel [ʀəsel] n. m. Action de receler. *Recel de malfaiteur.*

receler [ʀəsle] [17] ou **recéler** [ʀəsele] [14] v. tr. **1.** Détenir et cacher (qqch, ou, en droit, qqn) illégalement. *Receler des bijoux volés.* **2.** Contenir, renfermer. *L'épave recèle un trésor.*

receleur, euse [ʀəs(e)lœʀ, øz] n. Personne coupable de recel.

récemment [ʀesamɑ̃] adv. Depuis peu, à une époque récente. *Je l'ai rencontré récemment.* Syn. dernièrement.

recensement [ʀəsɑ̃smɑ̃] n. m. Opération consistant à dénombrer des individus (habitants d'une ville, d'un État).

recenser [ʀ(ə)sɑ̃se] v. tr. [1] Effectuer le recensement de. *Recenser régulièrement une population.*

recenseur [ʀəsɑ̃sœʀ] n. m. Personne qui recense; agent employé au recensement.

recension [ʀ(ə)sɑ̃sjɔ̃] n. f. Présentation critique et détaillée d'un ouvrage dans un journal, une revue.

récent, ente [ʀesɑ̃, ɑ̃t] adj. Qui s'est produit, qui existe depuis peu de temps. Ant. ancien.

recentrage [ʀəsɑ̃tʀaʒ] n. m. Action de recentrer.

recentrer [ʀəsɑ̃tʀe] v. tr. [1] Opérer un nouveau centrage. ▷ Fig. *Recentrer une action,* l'adapter à de nouveaux objectifs.

recépage [ʀəsepaʒ] n. m. AGRIC Opération de taille sévère des plants vieillissants, permettant une deuxième production. Syn. taille de rajeunissement.

recéper [ʀəsepe] v. tr. [14] AGRIC Soumettre une plante au recépage.

récépissé [ʀesepise] n. m. Écrit attestant qu'on a reçu des documents, de l'argent, des objets, etc. Syn. reçu.

réceptacle [ʀeseptakl] n. m. **1.** Ce qui reçoit, ce qui est destiné à recevoir des choses de provenances diverses. *Ce terrain est le réceptacle des immondices de la ville.* **2.** BOT Extrémité plus ou moins renflée du pédoncule de la fleur, sur laquelle sont insérées les pièces florales.

récepteur, trice [ʀeseptœʀ, tʀis] adj. et n. m. **1.** adj. Qui reçoit, dont la fonction est de recevoir. **2.** n. m. LING Destinataire du message linguistique (par oppos. à *émetteur*). **3.** n. m. TECH Appareil qui reçoit de l'énergie électrique et la transforme en énergie calorifique, chimique, mécanique, etc. (par oppos. à *générateur*). ▷ TECH et cour. Appareil utilisé pour la réception des ondes radioélectriques (par oppos. à *émetteur*). *Récepteur de radio, de télévision,* etc. – adj. *Poste récepteur.* **4.** n. m. PHYSIOL Toute structure, tout organe susceptible de recevoir des stimuli et de les transmettre sous forme d'influx nerveux ou de message chimiquement codé. *Récepteurs sensoriels.* ▷ BIOL Glycoprotéine, présente sur la surface des membranes cellulaires, réagissant spécifiquement aux médiateurs* (hormones*, cytokines*, etc.) qui circulent dans le milieu extérieur. – adj. *Un site récepteur d'une enzyme.*

réceptif, ive [ʀeseptif, iv] adj. **1.** Susceptible de recevoir des impressions. ▷ *Réceptif à :* sensible à. *Être réceptif au charme d'un paysage.* **2.** BIOL, MED Susceptible de contracter une infection, une maladie.

réception [ʀesepsjɔ̃] n. f. **1.** Action, fait de recevoir (qqch). *Accuser réception d'une lettre.* – Loc. nom. *Accusé de réception :* billet attestant qu'une chose a été reçue. ▷ Action, fait, manière de recevoir (un signal, des ondes, etc.). *L'émetteur est trop loin pour une bonne réception.* **2.** Action, manière de recevoir (qqn). *Faire une réception chaleureuse à qqn.* Syn. accueil. **3.** Service d'accueil dans un hôtel, une entreprise, un service public, etc. *Adressez-vous à la réception.* **4.** Action de recevoir des invités, des visites. *Jour de réception.* ▷ Réunion mondaine. *Organiser, donner une réception.* **5.** Action de recevoir, fait d'être reçu, admis dans une compagnie, dans une charge. *Discours de réception d'un académicien.* **6.** COMM *Réception de travaux :* acte par lequel le client accepte la livraison d'un ouvrage, d'une installation, etc., après avoir contrôlé sa conformité aux spécifications de la commande. *Prononcer la réception :* V. recette I, 4. **7.** DR Opération juridique par laquelle une personne donne son agrément (parfois accompagné de réserves) à une opération matérielle accomplie à son intention. **8.** SPORT Action de recevoir le ballon. ▷ En athlétisme, en gymnastique, action, manière de se recevoir au sol (après un saut).

réceptionner [ʀesɛpsjɔne] v. tr. [1] **1.** COMM, TECH Accepter (une livraison) après vérification de la conformité à la commande passée et au cahier des charges. **2.** (Maghreb) Capter (sens 3), recevoir (une chaîne de télévision). *Réceptionner parfaitement les chaînes espagnoles.*

réceptionniste [ʀesɛpsjɔnist] n. Employé chargé de la réception des clients (en partic. dans un hôtel).

réceptivité [ʀesɛptivite] n. f. **1.** Fait d'être réceptif; caractère de ce qui est réceptif. ▷ Aptitude à recevoir et à assimiler les idées d'autrui, et à s'en imprégner. **2.** MED Disposition à contracter (certaines maladies).

récessif, ive [ʀesesif, iv] adj. BIOL *Gène récessif,* ne faisant apparaître le caractère qui lui est lié que si celui-ci existe sur les deux chromosomes appariés hérités des parents. *Un caractère récessif :* caractère héréditaire lié à un gène récessif.

récession [ʀesesjɔ̃] n. f. **1.** ASTRO *Récession* (ou *fuite*) *des galaxies :* éloignement progressif des galaxies les unes par rapport aux autres, à une vitesse proportionnelle à leur distance. **2.** Fig. Ralentissement de l'activité économique d'un pays. *Période de récession.*

recette [ʀəsɛt] n. f. **I. 1.** Ce qui est reçu, perçu en argent, en effets de commerce. *Commerçant qui compte sa recette.* ▷ *Faire recette :* rapporter de l'argent; *par ext.,* avoir du succès. *Un film qui fait recette.* **2.** Action de recevoir, de recouvrer ce qui est dû. *Garçon de recette d'une banque.* **3.** Bureau où l'on perçoit les taxes. *Recette générale, particulière.* **4.** Vérification de la conformité d'un matériel livré aux spécifications de la commande. **II. 1.** Mode de préparation d'un mets; ensemble des indications qui permettent de le confectionner (liste des ingrédients, temps de cuisson, etc.). **2.** Fig. Moyen, procédé pour réussir qqch. *Une recette pour faire rapidement fortune.*

recevabilité [ʀəsəvabilite] n. f. DR Qualité de ce qui est recevable. *La recevabilité d'un pourvoi.*

recevable [ʀəsəvabl] adj. **1.** Qui peut être reçu. Syn. acceptable, admissible. **2.** DR Se dit d'une demande qui réunit les conditions légales permettant à la justice, à l'Administration de l'accueillir.

recevant, ante [ʀəsəvɑ̃, ɑ̃t] adj. (Québec) Accueillant, qui sait recevoir. *Une femme recevante.*

receveur, euse [ʀəsəvœʀ, øz] n. **1.** Personne chargée de recouvrer ou de gérer une recette (sens I, 3). ▷ *Spécial.* Fonctionnaire recevant les deniers publics. *Receveur des postes, receveur municipal.* – (Belgique, Luxembourg) *Receveur des contributions :* percepteur. **2.** Employé chargé, dans les transports en commun, de percevoir le montant des places. *Receveur d'autobus.* **3.** MED Personne qui reçoit du sang, un fragment de tissu ou un organe, dans une transfusion, une greffe, une transplantation (par oppos. à *donneur*). ▷ *Receveur universel :* personne du groupe sanguin AB, susceptible de recevoir du sang de tous les groupes sanguins. **4.** SPORT Au baseball, à la balle-molle, joueur qui se tient accroupi derrière le marbre pour rattraper les balles que le frappeur n'a pas renvoyées.

recevoir [ʀəsəvwaʀ] v. [5] **I.** v. tr. **1.** Se voir donner, envoyer, adresser (qqch). ▷ (Concret) *Recevoir un legs, un cadeau. Recevoir du courrier.* ▷ (Abstrait) *Recevoir des ordres, des conseils, des compliments.* – (Sujet n. de chose.) *Ce passage peut recevoir plusieurs interprétations.* **2.** Prendre sur soi, subir. ▷ (Concret) *Recevoir des coups, une averse.* ▷ (Abstrait) *Recevoir un affront.* **3.** Laisser entrer; recueillir. *Cette pièce reçoit le soleil du matin. La mer reçoit l'eau des fleuves.* **4.** Accueillir; faire un certain accueil à. *Il nous a bien reçus.* ▷ (Objet n. de chose.) *Comment a-t-il reçu votre proposition?* **5.** Accueillir chez soi. *Recevoir des amis.* – Absol. *Ils ne reçoivent jamais.* ▷ Accueillir pour une entrevue. *Le directeur vous recevra dans un instant.* **6.** Admettre à un examen. *Recevoir un candidat.* **7.** Admettre, accepter comme vrai, reconnaître. *Idées toutes faites que l'on reçoit sans examen,* ou *idées reçues.* **8.** RADIOELECTR Capter (des ondes). *Ce poste ne reçoit pas les ondes courtes. Je vous reçois mal.* **II.** v. pron. SPORT Retomber d'une certaine manière (après un saut). *Se recevoir sur les mains.*

réchampir [Reʃɑ̃piR] ou **rechampir** [Rəʃɑ̃piR] v. tr. [3] TECH Détacher (un ornement) d'un fond, en soulignant les contours.

1. rechange [Rəʃɑ̃ʒ] n. m. DR COMM Opération par laquelle le porteur d'une lettre de change protestée émet une nouvelle lettre pour se faire rembourser.

2. rechange [Rəʃɑ̃ʒ] n. m. **1.** Remplacement d'objets par des objets semblables que l'on tient en réserve (surtout dans la loc. adj. *de rechange*). *Linge de rechange.* – Fig. *Trouver une solution de rechange.* **2.** *Par ext.* Objet (et partic. vêtement) de rechange. *Elle n'a pas pris beaucoup de rechange en linge.*

rechapage [Rəʃapaʒ] n. m. TECH Action de rechaper; son résultat.

rechaper [Rəʃape] v. tr. [1] TECH Appliquer une nouvelle couche de gomme sur (un pneumatique usé). Syn. (Suisse) regommer.

réchapper [Reʃape] v. [1] **1.** v. intr. Se tirer d'un grand péril. *Il a réchappé de l'accident. Il en a* (ou *il en est*) *réchappé.* **2.** v. tr. (Québec) Tirer (qqn) d'un danger, guérir (qqn) d'une maladie. *Réchapper un enfant malade.*

recharge [RəʃaRʒ] n. f. **1.** Action de recharger. *Mettre une batterie en recharge.* **2.** Ce qui sert à recharger. *Recharge de briquet à gaz.*

rechargeable [RəʃaRʒabl] adj. Qui peut être rechargé. *Stylo rechargeable.*

rechargement [RəʃaRʒəmɑ̃] n. m. Action de recharger.

recharger [RəʃaRʒe] v. tr. [13] **1.** Charger de nouveau. *Recharger des wagonnets.* **2.** Garnir d'une nouvelle charge. *Recharger une arme après avoir tiré.* – *Recharger une batterie d'accumulateurs.* **3.** TECH Ajouter de la matière à (une pièce usée), notam. par soudage. ▷ Ajouter des pierres sur (une route, le ballast d'une voie ferrée).

réchaud [Reʃo] n. m. Petit fourneau, généralement portatif, destiné à chauffer ou à réchauffer diverses choses, partic. les aliments. *Réchaud à gaz, électrique.* ▷ *Spécial.* (Afr. subsah.) Petit fourneau portatif à charbon de bois. Syn. fourneau malgache.

réchauffé, ée [Reʃofe] adj. et n. m. **1.** Qui a été réchauffé. *Un dîner réchauffé.* **2.** Fig., péjor. Vieux et trop connu. ▷ n. m. *C'est du réchauffé.*

réchauffement [Reʃofmɑ̃] n. m. Fait de se réchauffer.

réchauffer [Reʃofe] v. tr. [1] **1.** Chauffer (ce qui était froid ou refroidi). *Réchauffer le dîner.* **2.** Fig. Ranimer, rendre plus chaleureux. *Plaisanteries qui réchauffent l'atmosphère.* **3.** Redonner de la chaleur au corps de (qqn). *Une tasse de thé vous réchauffera.* ▷ v. pron. *Il court pour se réchauffer.* ▷ Fig. Réconforter. *Des paroles qui réchauffent le cœur.* **4.** Loc. (Québec) *Réchauffer le café de qqn,* emplir de nouveau sa tasse de café (au restaurant).

rechausser [Rəʃose] v. tr. [1] **1.** Chausser de nouveau. ▷ v. pron. Remettre ses chaussures. *Rechaussez-vous.* **2.** AGRIC Remettre de la terre au pied de (un végétal). *Rechausser un arbre.* ▷ CONSTR Reprendre en sous-œuvre, consolider le pied de (un ouvrage). *Rechausser un mur.*

rêche [Rɛʃ] adj. Rude au toucher. *Peau rêche.*

recherche [RəʃɛRʃ] n. f. **1.** Action de rechercher pour trouver, découvrir. *Partir, se mettre, se lancer à la recherche de qqn, de qqch.* **2.** (Au plur.) Travaux scientifiques, d'érudition. *Recherches sur le cancer.* – (Au sing.) Ensemble de ces travaux, visant à faire progresser la connaissance. *Recherche scientifique* – Absol. *Faire de la recherche.* **3.** Action de faire effort pour obtenir qqch, atteindre un but. *Recherche de la vérité.* **4.** Soin, raffinement. *Recherche dans le style, dans la toilette.*

recherché, ée [RəʃɛRʃe] adj. **1.** Que l'on recherche, peu commun. *Des meubles très recherchés.* ▷ (Personnes) Que l'on cherche à fréquenter. *Des gens très recherchés.* Syn. prisé. **2.** Qui témoigne d'un souci de raffinement. *Élégance recherchée.*

rechercher [RəʃɛRʃe] v. tr. [1] **1.** Chercher de nouveau. *J'ai dû aller rechercher des informations.* **2.** Chercher avec soin pour trouver, découvrir. *Rechercher la cause d'un phénomène.* ▷ (Objet n. de personne.) *La police recherche le coupable.* **3.** Tâcher d'obtenir, d'atteindre. *Rechercher les honneurs. Rechercher la perfection.*

recherchiste [RəʃɛRʃist] n. (Québec) Documentaliste chargé de faire des recherches préalables à la réalisation d'une émission de radio ou de télévision, d'un ouvrage imprimé.

rechigner [Rəʃiɲe] v. [1] **1.** v. intr. Manifester sa mauvaise humeur, sa répugnance par un air maussade et de sourdes protestations. Syn. grogner, (fam.) râler. **2.** v. tr. indir. Témoigner de la répugnance pour. *Rechigner au travail.* Syn. renâcler.

rechristianiser [RəkRistjanize] v. tr. [1] Ramener à la foi chrétienne (une population).

rechute [Rəʃyt] n. f. Nouvelle évolution d'une maladie qui semblait en voie de guérison.

rechuter [Rəʃyte] v. intr. [1] Tomber malade de nouveau, faire une rechute.

récidive [Residiv] n. f. **1.** MED Réapparition d'une maladie après sa guérison complète, réelle ou apparente. **2.** DR Fait de commettre une nouvelle infraction après une condamnation définitive pour une infraction précédente; cette nouvelle infraction elle-même. **3.** Action de refaire la même faute.

récidiver [Residive] v. intr. [1] **1.** MED Réapparaître, en parlant d'une maladie qui semblait guérie. **2.** DR Commettre une récidive. **3.** Refaire la même faute.

récidiviste [Residivist] n. Personne qui commet un crime, un délit avec récidive.

récif [Resif] n. m. Rocher ou ensemble de rochers à fleur d'eau dans la mer. ▷ GEOGR *Récif frangeant, récif-barrière :* V. encycl. ci-après.

ENCYCL Les récifs coralliens résultent de l'accumulation d'algues calcaires, d'huîtres, de coraux, etc. On distingue trois formes : le *récif-barrière,* situé à une certaine distance du rivage; le *récif frangeant,* fixé au littoral; l'*atoll.*

récifal, ale, aux [Resifal, o] adj. Qui se rapporte aux récifs. *Flore récifale.*

Recife (anc. *Pernambouc*), v. et port du N.-E. du Brésil, cap. de l'État de Pernambouc; 1 289 630 hab. Port actif et ville industr. – Églises baroques (XVIIe-XVIIIe s.); maisons coloniales. – Fondée par les Portugais (1548), la ville se développa sous l'impulsion des Hollandais puis des Portugais, qui l'occupèrent au XVIIe s.

récipiendaire [Resipjɑ̃dɛR] n. **1.** Personne reçue dans un corps, une compagnie, avec une cérémonie. **2.** Personne qui reçoit un diplôme universitaire.

récipient [Resipjɑ̃] n. m. Tout ustensile destiné à contenir une substance quelconque. Syn. (Guyane) canari, (Haïti) gallon.

réciprocité [ResipRɔsite] n. f. État, caractère de ce qui est réciproque. ▷ DR INTERN En matière publique, situation dans laquelle deux États s'assurent (ainsi qu'à leurs ressortissants) un traitement équivalent.

réciproque [ResipRɔk] adj. et n. f. **I.** adj. **1.** Que deux personnes, deux choses ont l'une envers l'autre, exercent l'une sur l'autre. *Amour réciproque. Influence réciproque. Obligations réciproques.* Syn. mutuel. **2.** GRAM *Verbes réciproques :* verbes pronominaux indiquant que l'action est réalisée simultanément par deux sujets au moins, chacun d'eux étant à la fois agent et objet de cette action. (Ex. : Ils se battent.) **3.** LOG *Propositions réciproques,* où le sujet de l'une peut devenir l'attribut de l'autre, et vice versa. (Ex. : L'homme est un animal raisonnable et Un animal raisonnable est un homme.) **4.** MATH *Application réciproque* (ou *inverse*) *d'une application f d'un ensemble A dans un ensemble B :* application, notée f^{-1}, de l'ensemble B dans l'ensemble A. ▷ *Propositions* ou *théorèmes réciproques,* tels que l'hypothèse de l'un est la conclusion de l'autre. **5.** DR Respectif. *Apports réciproques des associés.* **II.** n. f. **1.** LOG Proposition réciproque. **2.** *Rendre la réciproque,* la pareille.

réciproquement [ResipRɔkmɑ̃] adv. **1.** Mutuellement. *Se respecter réciproquement.* **2.** Loc. adv. *Et réciproquement* (annonçant ou sous-entendant la réciproque d'une proposition). *J'ai mis l'armoire à la place du lit et réciproquement (le lit à la place de l'armoire).*

réciproquer [ResipRɔke] v. tr. [1] (Afr. subsah., Belgique) Adresser en retour (des vœux, etc.).

récit [Resi] n. m. **1.** Narration orale ou écrite de faits réels ou imaginaires. *Récit d'aventures. Récit historique.* **2.** LITTER Relation d'événements qui ne sont pas représentés sur la scène, dans le théâtre classique.

récital, als [Resital] n. m. Concert donné par un seul artiste. *Récital de violon.* – Par ext. *Récital de danse. Récital poétique.*

récitant, ante [Resitɑ̃, ɑ̃t] adj. et n. **1.** adj. MUS Se dit de la voix ou de l'instrument qui exécute seul la partie narrative d'une œuvre. ▷ Subst. Celui, celle qui chante un récitatif. **2.** n. Dans une pièce de théâtre, un film, etc., personne qui dit un texte permettant de comprendre l'action.

récitatif [Resitatif] n. m. MUS Dans la musique dramatique, déclamation notée, «manière de chant qui approche beaucoup de la parole» (J.-J. Rousseau).

récitation [Resitasjɔ̃] n. f. **1.** Action de réciter. **2.** Texte littéraire, poème qu'un écolier doit apprendre par cœur.

réciter [Resite] v. tr. [1] Prononcer à haute voix (ce qu'on connaît par cœur). *Réciter une leçon, un discours.*

réclamant, ante [Reklamɑ̃, ɑ̃t] n. DR Celui, celle qui réclame qqch.

réclamation [reklamasjɔ̃] n. f. Action de réclamer pour faire respecter un droit. *Bureau des réclamations.*

réclame [reklam] n. f. Publicité commerciale. *Faire de la réclame.* ▷ *Marchandises en réclame,* vendues à prix réduit pour attirer les clients. – (En appos.) *Vente réclame.*

réclamer [reklame] v. [1] **I.** v. tr. **1.** Demander de façon pressante (qqn, qqch dont on a besoin). *Malade qui réclame de l'eau.* **2.** Fig. (Sujet n. de chose.) Nécessiter. *Son état réclame des précautions.* **3.** Demander avec force (ce à quoi l'on a droit). *Réclamer la récompense promise.* **II.** v. pron. *Se réclamer de qqn, de qqch,* s'appuyer sur sa notoriété, son prestige, s'en prévaloir, s'y référer. *Se réclamer d'une tradition séculaire.*

reclaper [rəklape] v. tr. [1] (Belgique) **1.** Refermer en claquant. *Elle m'a reclapé la porte au nez.* – v. pron. *La fenêtre s'est reclapée.* **2.** Raccrocher violemment (le combiné du téléphone). *Quand il a commencé à crier, j'ai reclapé le téléphone.*

reclassement [rəklasmɑ̃] n. m. Action de reclasser (qqch, qqn).

reclasser [rəklase] v. tr. [1] **1.** Classer de nouveau ou d'une manière différente. **2.** Affecter (qqn qui ne peut plus exercer son emploi) à un poste ou dans un secteur différent. **3.** Réajuster le traitement de (une catégorie de fonctionnaires).

reclus, use [rəkly, yz] adj. et n. Qui vit enfermé, isolé du monde. *Moine reclus.* ▷ Subst. *Un(e) reclus(e).*

Reclus (Élisée) (1830 – 1905), géographe français : *Géographie universelle* (1875-1894); proche de Bakounine, il fut banni pour sa participation à la Commune.

réclusion [reklyzjɔ̃] n. f. **1.** Litt. État d'un reclus. **2.** DR Peine afflictive et infamante, privative de liberté, comportant l'obligation de travailler.

recognition [rəkɔgnisjɔ̃] n. f. PHILO Action de reconnaître qqn, qqch par la mémoire.

recoiffer [rəkwafe] v. [1] **I.** v. tr. **1.** Coiffer de nouveau. **2.** Remettre un chapeau à (qqn). **II.** v. pron. **1.** Arranger de nouveau ses cheveux. **2.** Remettre son chapeau.

recoin [rəkwɛ̃] n. m. Coin bien caché. *Dissimuler qqch dans un recoin.* ▷ Fig. *Les recoins du cœur, de l'esprit.*

récolement [rekɔlmɑ̃] n. m. Didac. Action de récoler. ▷ DR *Récolement d'un inventaire,* vérification des effets qu'il contient.

récoler [rekɔle] v. tr. [1] Didac. Vérifier d'après un inventaire. *Récoler les manuscrits d'une bibliothèque.*

récollection [rekɔlɛksjɔ̃] n. f. RELIG Retraite spirituelle.

recoller [rəkɔle] v. tr. [1] Coller de nouveau; réparer (un objet cassé) avec de la colle.

récoltant, ante [rekɔltɑ̃, ɑ̃t] adj. et n. Qui fait lui-même sa récolte. *Propriétaire récoltant.*

récolte [rekɔlt] n. f. **1.** Action de recueillir des produits végétaux; les produits recueillis. *Récolte des arachides, du coton.* **2.** Fig. Ce qu'on rassemble au prix d'un certain effort. *Récolte de renseignements.*

récolter [rekɔlte] v. tr. [1] **1.** Faire une récolte de. *Récolter des céréales.* ▷ Prov. *Qui sème le vent récolte la tempête.* **2.** Fig. Recueillir, obtenir. *Récolter des mauvaises notes.*

récolteur, euse [rekɔltœr, øz] n. Personne qui fait une récolte (sens 1).

recombinaison [rəkɔ̃binɛzɔ̃] n. f. **1.** CHIM Formation d'une entité chimique à partir de fragments qui résultent de la dissociation antérieure de cette entité. **2.** GENET Processus par lequel, à une génération donnée, les gènes se combinent entre eux d'une façon différente de celle de la génération précédente.

recombiner [rəkɔ̃bine] v. [1] **1.** v. tr. GENET Pratiquer une recombinaison. **2.** v. pron. CHIM *Molécule dont les éléments se recombinent.*

recommandable [rəkɔmɑ̃dabl] adj. Digne d'être recommandé, estimé. *Individu peu recommandable.*

recommandation [rəkɔmɑ̃dasjɔ̃] n. f. **1.** Conseil sur lequel on insiste. *Faire des recommandations à un enfant.* **2.** Action de recommander qqn. *Lettre de recommandation.* **3.** Formalité par laquelle on recommande (sens I, 4) une lettre, un colis.

recommandé, ée [rəkɔmɑ̃de] adj. et n. *Lettres, colis recommandés,* auxquels s'applique la recommandation postale. ▷ Subst. *Envoi en recommandé :* V. recommander (sens I, 4).

recommander [rəkɔmɑ̃de] v. [1] **I.** v. tr. **1.** Conseiller (qqch) à qqn, dans son intérêt. *Recommander un film. Recommander la prudence à un automobiliste.* **2.** *Recommander de* (+ inf.) : faire savoir à qqn (ce qu'on attend de lui) en insistant. *Elle lui a recommandé de veiller sur son frère.* **3.** Demander à une personne d'être favorable à (qqn). *Un candidat que M. Untel me recommande.* ▷ *Recommander son âme à Dieu,* implorer sa pitié au moment de mourir. **4.** *Recommander une lettre, un colis,* s'assurer, en payant une taxe, qu'ils seront remis en main propre au destinataire. **II.** v. pron. **1.** (Suisse) Insister poliment pour obtenir qqch. **2.** *Se recommander à :* demander aide, protection à. *Se recommander à Dieu.* **3.** *Se recommander de qqn,* invoquer son appui. *Se recommander de son patron.*

recommencement [rəkɔmɑ̃smɑ̃] n. m. Fait de recommencer.

recommencer [rəkɔmɑ̃se] v. tr. [12] Commencer de nouveau après une interruption; refaire (ce qu'on a déjà fait). *Recommencer un devoir.* ▷ v. tr. indir. (suivi d'un infinitif). *Recommencer à travailler.* ▷ v. intr. *Les cours vont bientôt recommencer.*

récompense [rekɔ̃pɑ̃s] n. f. **1.** Ce qu'on donne à qqn pour un service rendu, un mérite particulier. *Mériter, distribuer des récompenses.* **2.** DR Indemnité due, en cas de liquidation de communauté légale, par un des époux à la communauté (s'il a enrichi son propre patrimoine aux dépens de celle-ci), ou par la communauté à l'un des époux (si ses biens propres ont servi à augmenter la masse commune).

récompenser [rekɔ̃pɑ̃se] v. tr. [1] Donner une récompense à (qqn). *Récompenser qqn d'une bonne action.* – Par ext. *Récompenser le mérite.*

recomposer [rəkɔ̃poze] v. tr. [1] Reconstituer (ce qui a été décomposé, séparé en divers éléments).

recomposition [rəkɔ̃pozisjɔ̃] n. f. Action de recomposer; son résultat.

recompter [r(ə)kɔ̃te] v. tr. [1] Compter de nouveau. *Recompter une somme.*

réconciliateur, trice [rekɔ̃siljatœr, tris] n. et adj. Qui réconcilie.

réconciliation [rekɔ̃siljasjɔ̃] n. f. **1.** Action de réconcilier, de se réconcilier. **2.** LITURG CATHOL *Sacrement de la réconciliation,* par lequel le prêtre, au nom de Dieu, absout les péchés confessés par le pénitent. (Appelé auparavant *sacrement de pénitence.*)

réconcilier [rekɔ̃silje] v. tr. [2] **1.** Remettre d'accord (des personnes brouillées). *Réconcilier des ennemis.* – Fig. *Son professeur l'a réconcilié avec les mathématiques.* ▷ v. pron. (Réfl.) *Il s'est réconcilié avec lui.* – (Récipr.) *Ils se sont réconciliés.* **2.** Fig. Faire s'accorder entre elles (des choses apparemment opposées). *Réconcilier la politique et la morale.*

reconductible [rəkɔ̃dyktibl] adj. Qui peut être renouvelé ou prorogé.

reconduction [rəkɔ̃dyksjɔ̃] n. f. Action de reconduire (sens 2), de renouveler. ▷ DR Renouvellement d'un contrat. – *Tacite reconduction :* fait, pour un contrat, d'être reconduit si le bailleur ne s'y oppose pas.

reconduire [rəkɔ̃dɥir] v. tr. [69] **1.** Accompagner (qqn qui s'en va). **2.** Renouveler, proroger. *Reconduire un contrat.* – Par ext. *Reconduire qqn dans ses fonctions.* **3.** Conduire (sens I, 4) de nouveau.

réconfort [rekɔ̃fɔr] n. m. Ce qui réconforte moralement. *Trouver du réconfort dans une lecture.*

réconfortant, ante [rekɔ̃fɔrtɑ̃, ɑ̃t] adj. Qui réconforte physiquement ou moralement.

réconforter [rekɔ̃fɔrte] v. [1] **I.** v. tr. **1.** Rendre des forces physiques à (qqn). *Ce bain chaud m'a réconforté.* **2.** Redonner de la force morale, du courage à (une personne éprouvée). **II.** v. pron. Reprendre des forces, du courage.

reconnaissable [rəkɔnɛsabl] adj. Que l'on peut reconnaître.

reconnaissance [rəkɔnɛsɑ̃s] n. f. **I.** **1.** Action de reconnaître qqn, qqch; fait de se reconnaître mutuellement. **2.** Aveu, confession. *La reconnaissance de ses erreurs.* **3.** Fait d'admettre pour tel ou de reconnaître la légitimité de. *La reconnaissance d'un gouvernement.* ▷ DR *Reconnaissance d'un enfant,* fait de le reconnaître officiellement pour sien. ▷ Acte écrit par lequel on reconnaît une obligation. *Signer une reconnaissance de dette.* **4.** Action de reconnaître (sens I, 5) un lieu. ▷ MILIT Opération par laquelle on cherche à déterminer la nature d'un terrain, la position, le nombre des ennemis, etc. *Envoyer des avions en reconnaissance.* **II.** Sentiment qui porte à témoigner qu'on se souvient d'un bienfait reçu. Syn. gratitude.

reconnaissant, ante [rəkɔnɛsɑ̃, ɑ̃t] adj. Qui éprouve, qui manifeste de la reconnaissance (sens II).

reconnaître [rəkɔnɛtr] v. [73] **I.** v. tr. **1.** Percevoir (qqn, qqch) comme déjà connu, identifier. *Elle ne l'a pas reconnu tellement il a changé. Je reconnais cette odeur.* ▷ *Reconnaître (qqch, qqn) à :* identifier (qqch, qqn) grâce à (un détail, un trait). *Je l'ai reconnu à sa démarche.* **2.** Admettre comme vrai, comme certain. *Je reconnais ses mérites.* **3.** Avouer, confesser (qqch). *Reconnaître ses fautes.* **4.** Admettre, tenir (qqn) pour tel. *Reconnaître qqn pour roi.* ▷ *Reconnaître un enfant :* déclarer officiellement qu'on est le père ou la mère d'un enfant naturel. ▷ *Reconnaître un gouvernement,* admettre sa légitimité. **5.** Examiner (un lieu) pour le connaître; essayer de déterminer l'emplacement de (qqch). *Reconnaître les lieux.* **II.** v. pron. **1.** Retrouver son image dans qqch. *Se reconnaître sur une photographie.* – Fig. *Ce père se reconnaît dans son fils.* **2.** S'orienter. *Ne pas se reconnaître dans une ville nouvelle.* **3.** S'avouer comme tel. *Se reconnaître coupable.*

reconnu, ue [ʀəkɔny] adj. **1.** Qui a été reconnu (V. reconnaître, sens I). **2.** Dont la valeur n'est pas mise en doute. *Un musicien reconnu.*

reconquérir [ʀəkɔ̃keʀiʀ] v. tr. [**35**] Conquérir de nouveau. ▷ Fig. *Reconquérir l'estime de qqn.*

reconquête [ʀəkɔ̃kɛt] n. f. Action de reconquérir.

Reconquista («Reconquête»), la reconquête (du VIIIe s. au XVe s., mais surtout du XIe s. au XIIIe s.), par les chrétiens, des territoires que les Arabes occupaient en Espagne. La Reconquista s'acheva en 1492 (prise de Grenade).

reconsidérer [ʀəkɔ̃sideʀe] v. tr. [**14**] Réexaminer pour réviser la décision précédemment adoptée. *Reconsidérer une question.*

reconstituant, ante [ʀəkɔ̃stitɥɑ̃, ɑ̃t] adj. et n. m. Se dit d'un aliment, d'un médicament qui redonne des forces.

reconstituer [ʀəkɔ̃stitɥe] v. tr. [**1**] **1.** Constituer, créer de nouveau. *Reconstituer une association dissoute.* **2.** Redonner à (une chose dont il ne reste que des éléments épars, fragmentaires) sa forme primitive. *Reconstituer un vase grec.* **3.** Représenter (un fait, un événement) tel qu'il s'est produit. *Reconstituer un crime,* sur les lieux où il a été commis, au cours d'une enquête.

reconstitution [ʀəkɔ̃stitysjɔ̃] n. f. Action de reconstituer; son résultat.

reconstruction [ʀəkɔ̃stʀyksjɔ̃] n. f. Action de reconstruire; son résultat.

reconstruire [ʀəkɔ̃stʀɥiʀ] v. tr. [**69**] Construire de nouveau (ce qui a été détruit). *Reconstruire un édifice.*

reconvention [ʀəkɔ̃vɑ̃sjɔ̃] n. f. DR Demande que formule le défendeur contre le demandeur, devant le même juge.

reconventionnel, elle [ʀəkɔ̃vɑ̃sjɔnɛl] adj. DR Qui constitue une reconvention. *Demande reconventionnelle.*

reconversion [ʀəkɔ̃vɛʀsjɔ̃] n. f. ECON Adaptation de l'économie d'un pays, d'une région, à de nouvelles conditions financières, politiques, économiques. – *Par ext.* Changement de la nature des activités d'une entreprise par suite de l'évolution du marché. – Changement de métier d'un travailleur (souvent en raison de la suppression du type d'emploi pour lequel il était qualifié).

reconvertir [ʀəkɔ̃vɛʀtiʀ] v. [**3**] **1.** v. tr. ECON Pratiquer, assurer la reconversion de (qqch, qqn). **2.** v. pron. Changer de métier.

recopier [ʀəkɔpje] v. tr. [**2**] Copier (un texte). *Recopier des citations dans un cahier. Recopier un brouillon,* le mettre au propre.

record [ʀəkɔʀ] n. m. **1.** SPORT Exploit sportif surpassant tout ce qui a été fait jusqu'alors. *Record de vitesse, de hauteur.* **2.** *Par ext.* Fait surpassant tout ce qu'on avait vu dans le genre. *Record d'affluence.* – Fig. *Il bat tous les records d'avarice.* ▷ (En appos.) Jamais atteint auparavant. *Température record.*

recorder [ʀəkɔʀde] v. tr. [**1**] Munir de nouvelles cordes. *Recorder une raquette.*

recordman, men [ʀəkɔʀdman, mɛn] n. m. et **recordwoman, women** [ʀəkɔʀdwuman, wumɛn] n. f. SPORT Personne qui détient un record.

recoucher [ʀəkuʃe] v. tr. [**1**] Coucher de nouveau. ▷ v. pron. Se remettre au lit.

recoudre [ʀəkudʀ] v. tr. [**76**] Coudre (une étoffe décousue ou déchirée). – CHIR Coudre (une plaie).

recoupe [ʀəkup] n. f. **1.** AGRIC Seconde coupe de foin dans la même année. **2.** Morceau qui tombe quand on taille, quand on coupe qqch. Syn. chute.

recoupement [ʀəkupmɑ̃] n. m. **1.** CONSTR Retraite donnée à chaque assise de pierre pour consolider un bâtiment. **2.** TECH Levé d'un point par l'intersection de lignes qui se coupent en ce point. **3.** Fig. Coïncidence de renseignements venus de sources différentes. – Vérification d'un fait, d'une information par confrontation de données provenant d'autres sources.

recouper [ʀəkupe] v. [**1**] **I.** v. tr. **1.** Couper de nouveau. **2.** Fig. Vérifier par recoupement. *Recouper des témoignages.* ▷ v. pron. *Tous les faits se recoupent.* Syn. coïncider. **II.** v. intr. JEU Couper une seconde fois.

recourber [ʀəkuʀbe] v. tr. [**1**] Courber à son extrémité. *Recourber un fer.* ▷ v. pron. *Cils qui se recourbent.*

recourir [ʀəkuʀiʀ] v. [**26**] **I.** v. intr. Courir de nouveau. **II.** v. tr. indir. *Recourir à.* **1.** Demander aide, assistance à (qqn). *Recourir au médecin de famille.* **2.** User de (un moyen, un procédé). *Recourir à certains expédients.*

recours [ʀəkuʀ] n. m. **1.** Action de recourir, de faire appel (à qqn, à qqch). *Avoir recours à la ruse.* **2.** Ce à quoi l'on recourt. *C'est notre unique recours.* Syn. ressource. **3.** DR Action qu'on a contre qqn pour être indemnisé ou garanti. *Voies de recours.* – Requête faite auprès d'une juridiction, par laquelle on demande la rétractation, la réformation ou la cassation d'une décision de justice. *Recours en cassation.* ▷ *Recours en grâce :* demande adressée au chef de l'État pour obtenir la remise ou la commutation d'une peine. (V. pourvoi.)

recouvrable [ʀəkuvʀabl] adj. FIN Qu'on peut recouvrer. *Un impôt recouvrable.*

1. recouvrement [ʀəkuvʀəmɑ̃] n. m. FIN Perception de sommes dues. *Le recouvrement des impôts.*

2. recouvrement [ʀəkuvʀəmɑ̃] n. m. **1.** Fait de recouvrir. *Recouvrement d'un toit.* ▷ MATH *Recouvrement des parties P d'un ensemble E :* famille de parties de E dont la réunion contient P. ▷ GEOL Couche géologique venue recouvrir une autre plus récente. **2.** Toute partie qui en recouvre une autre. *Recouvrement partiel d'une tuile par une autre.*

recouvrer [ʀəkuvʀe] v. tr. [**1**] **1.** Litt. Rentrer en possession de. *Recouvrer la vue.* Syn. récupérer, retrouver. **2.** Recevoir en paiement (une somme due). *Recouvrer des créances.*

recouvrir [ʀəkuvʀiʀ] v. tr. [**32**] **1.** Couvrir de nouveau. *Recouvrir un toit.* – (Objet n. de personne.) *Recouvrir un malade qui s'est découvert en dormant.* **2.** Couvrir complètement. *La mer recouvre une grande partie du globe.* ▷ Couvrir en partie. – v. pron. *Tuiles qui se recouvrent correctement.* ▷ Couvrir en enveloppant. *Recouvrir un meuble avec une housse.* **3.** Fig. Masquer, cacher. *Ses allures nonchalantes recouvrent une volonté inflexible.* **4.** Inclure, comprendre; s'appliquer à; coïncider avec. *Votre exposé recouvre en partie ce que j'allais dire.*

recracher [ʀəkʀaʃe] v. tr. [**1**] Rejeter par la bouche ce qu'on ne veut ou ne peut pas avaler.

récréatif, ive [ʀekʀeatif, iv] adj. Qui récrée, divertit. *Lectures récréatives.*

recréation [ʀəkʀeasjɔ̃] n. f. Action de recréer; son résultat.

récréation [ʀekʀeasjɔ̃] n. f. **1.** Diversion au travail, détente. **2.** Temps donné aux élèves pour se délasser entre les heures de classe. *Cour de récréation.*

recréer [ʀəkʀee] v. tr. [**11**] Reconstituer; reconstruire mentalement.

recrépir [ʀəkʀepiʀ] v. tr. [**3**] Crépir de nouveau. *Recrépir un vieux mur.*

récrier (se) [ʀekʀije] v. pron. [**2**] Litt. Pousser une vive exclamation sous l'effet de l'étonnement, de la surprise, de l'indignation, etc. *Se récrier d'admiration, de joie.*

récrimination [ʀekʀiminasjɔ̃] n. f. (Le plus souvent au plur.) Plaintes, protestations acerbes, revendication.

récriminer [ʀekʀimine] v. intr. [**1**] Se plaindre, protester.

ré(é)crire [ʀe(e)kʀiʀ] v. tr. [**67**] **1.** Écrire de nouveau. *Récrire une ligne.* **2.** Rédiger à nouveau, en modifiant. *Récrire un chapitre.*

ré(é)criture [ʀe(e)kʀityʀ] n. f. Action de récrire un texte pour en améliorer le style ou le condenser. Syn. rewriting (anglicisme).

recroqueviller [ʀəkʀɔkvije] v. tr. [**1**] Replier, tordre en desséchant. *La sécheresse a recroquevillé les feuilles.* Syn. ratatiner, racornir. ▷ v. pron. (Choses) *Des feuilles qui se recroquevillent au soleil.* – (Personnes) Se ramasser sur soi-même. *Se recroqueviller pour avoir moins froid.* Syn. se pelotonner.

recru, ue [ʀəkʀy] adj. Litt. Épuisé, harassé. *Être recru de fatigue.*

recrû [ʀəkʀy] n. m. SYLVIC **1.** Ce qui a poussé après une coupe. **2.** Pousse annuelle d'un taillis, d'un bois.

recrudescence [ʀ(ə)kʀydesɑ̃s] n. f. **1.** MED Exacerbation des signes d'une maladie après une rémission passagère. **2.** *Par anal.* Retour avec accroissement. *Recrudescence du froid.* ▷ Augmentation, développement, intensification. *Recrudescence du banditisme.*

recrue [ʀəkʀy] n. f. **1.** Soldat nouvellement incorporé. **2.** Nouveau membre d'une société, d'un groupement. *Faire de nombreuses recrues.*

recrutement [ʀəkʀytmɑ̃] n. m. Action de recruter. *Service du recrutement de l'armée.*

recruter [ʀəkʀyte] v. [**1**] **I.** v. tr. **1.** Appeler, engager (des recrues). *Recruter une troupe.* **2.** Chercher à engager, engager (du personnel). *Recruter des fonctionnaires.* ▷ Absol. *L'Administration recrute par concours.* ▷ Par ext. *Association qui recrute des adeptes, des adhérents.* **II.** v. pron. *Se recruter dans, parmi :* provenir de. *Les membres de ce parti se recrutent parmi les mécontents.*

recruteur [ʀəkʀytœʀ] n. m. Personne qui recrute (des soldats, des partisans, du personnel, etc.).

rect(i)-. Élément, du lat. *rectus*, «droit».

rectal, ale, aux [ʀɛktal, o] adj. ANAT, MED Relatif au rectum.

rectangle [ʀɛktɑ̃gl] adj. et n. m. **1.** adj. GEOM Qui possède au moins un angle droit. *Triangle rectangle. Quadrilatère rectangle.* ▷ *Parallélépipède rectangle :* parallélépipède droit dont les bases sont des rectangles. **2.** n. m. Quadrilatère rectangle. – Figure possédant quatre angles droits et quatre côtés égaux deux à deux.

rectangulaire [ʀɛktɑ̃gylɛʀ] adj. **1.** En forme de rectangle. **2.** GEOM Qui forme un angle droit. *Droites rectangulaires.* Syn. perpendiculaire.

recteur [ʀɛktœʀ] n. m. **1.** Fonctionnaire responsable d'une académie (sens 3). **2.** (Afr. subsah., Belgique, Québec) Responsable d'une université choisi parmi les membres du personnel enseignant de l'institution. (Le fém. *rectrice* est usuel en Belgique et au Québec.)

rectificateur, trice [ʀɛktifikatœʀ, tʀis] n. et adj. **1.** n. Litt. Personne qui rectifie. ▷ adj. *Manœuvre rectificatrice.* **2.** n. m. CHIM Appareil servant à rectifier les liquides.

rectificatif, ive [ʀɛktifikatif, iv] adj. et n. m. Qui sert à rectifier (une erreur). *Lettre rectificative.* ▷ n. m. Mention, note rectificative. *Rectificatif à la loi de finances.*

rectification [ʀɛktifikasjɔ̃] n. f. **1.** Action de rectifier, de corriger ce qui est inexact. *Rectification d'une erreur.* ▷ TECH Opération qui consiste à rectifier une pièce, en partic. une pièce métallique. **2.** Action de rendre droit. ▷ GEOM *Rectification d'un arc de courbe :* opération qui consiste à déterminer la longueur de cet arc. **3.** CHIM Opération qui consiste à rectifier un liquide; nouvelle distillation.

rectifier [ʀɛktifje] v. tr. [2] **1.** Rendre droit. ▷ GEOM *Rectifier une courbe,* opérer sa rectification. **2.** Rendre correct, exact. *Rectifier une procédure. Rectifier une erreur,* la faire disparaître. ▷ TECH Mettre (une pièce) à ses dimensions exactes; corriger ses imperfections, lui donner le dernier fini. **3.** *Par ext.* Modifier en améliorant. *Rectifier sa conduite.* **4.** CHIM Distiller de nouveau pour rendre plus pur. *Rectifier de l'alcool.*

rectifieur, euse [ʀɛktifjœʀ, øz] n. TECH **1.** n. f. Machine-outil servant à rectifier des pièces. **2.** Ouvrier qui rectifie les pièces mécaniques ou qui conduit une rectifieuse.

rectiligne [ʀɛktiliɲ] adj. **1.** En ligne droite. *Mouvement rectiligne.* **2.** GEOM Composé de lignes droites, limité par des lignes droites. *Figure rectiligne.*

rection [ʀɛksjɔ̃] n. f. LING Fait de régir ou d'entraîner la présence d'une catégorie grammaticale déterminée. *Rection d'un complément d'objet direct par un verbe transitif. Rection du subjonctif par* quel que *dans «quel que soit le cas».*

rectitude [ʀɛktityd] n. f. **1.** Qualité de ce qui est droit. *Rectitude d'une ligne.* **2.** Qualité de ce qui est juste, conforme à la raison. *Rectitude du jugement.* Syn. exactitude, rigueur. ▷ *Absol.* Honnêteté, rigueur morale.

recto [ʀɛkto] n. m. Première page d'un feuillet (par oppos. à *verso,* l'envers). ▷ Loc. adv. *Recto verso :* au recto et au verso. *Écrire recto verso.*

rectoral, ale, aux [ʀɛktɔʀal, o] adj. Du recteur ou de ses services.

rectorat [ʀɛktɔʀa] n. m. **1.** Charge, dignité de recteur. **2.** Lieu où le recteur exerce ses fonctions.

rectoscopie [ʀɛktoskɔpi] n. f. MED Examen du rectum à l'endoscope.

1. rectrice [ʀɛktʀis] adj. et n. f. ORNITH *Plume* ou *penne rectrice :* chacune des grandes plumes de la queue des oiseaux, servant à diriger le vol. ▷ n.f. *Une rectrice.*

2. rectrice [ʀɛktʀis] n. f. (Belgique, Québec) V. recteur (sens 2).

rectum [ʀɛktɔm] n. m. ANAT Segment terminal du gros intestin, qui aboutit à l'orifice anal.

reçu [ʀəsy] n. m. Écrit par lequel on reconnaît avoir reçu une somme d'argent, un objet. Syn. acquit, quittance, récépissé.

recueil [ʀəkœj] n. m. Volume réunissant des écrits de provenances diverses. *Recueil de morceaux choisis.*

recueillement [ʀəkœjmɑ̃] n. m. Fait de se recueillir; état d'esprit d'une personne recueillie.

recueilli, ie [ʀəkœji] adj. Qui se recueille. *La foule recueillie des fidèles.* – *Par ext.* Qui marque le recueillement. *Air recueilli.*

recueillir [ʀəkœjiʀ] v. [27] **I.** v. tr. **1.** Rassembler (des choses dispersées, éparses). *Recueillir des poèmes dans une anthologie.* **2.** Amasser, collecter en vue d'une utilisation future. *Recueillir des dons en nature pour une œuvre.* **3.** Recevoir, collecter (un fluide). *Recueillir la sève d'un palmier.* **4.** Remporter, obtenir. *Cette proposition a recueilli un tiers des suffrages.* **5.** DR Recevoir par héritage. *Recueillir une succession.* **6.** Héberger (une personne dans le besoin, dans le malheur). *Recueillir un orphelin.* **7.** (Afr. subsah.) Cueillir de nouveau. **II.** v. pron. **1.** RELIG Détacher son esprit de toute pensée profane, se livrer à de pieuses méditations. **2.** Faire retour sur soi-même, méditer.

recuire [ʀəkɥiʀ] v. [69] **1.** v. tr. Cuire une deuxième fois. *Recuire un poulet.* ▷ METALL Soumettre au recuit. **2.** v. intr. Subir une deuxième cuisson.

recuit [ʀ(ə)kɥi] n. m. METALL Traitement thermique destiné à rendre son homogénéité à un métal dont les caractéristiques ont été modifiées par une action mécanique ou thermique.

recul [ʀəkyl] n. m. **1.** Mouvement de ce qui recule. ▷ Spécial. *Recul d'une arme à feu, d'une pièce d'artillerie,* au départ du coup. **2.** Fig. Régression, diminution. *Le recul de la tuberculose.* **3.** Éloignement dans l'espace ou dans le temps. *Prendre du recul pour regarder une toile. Vous manquez de recul pour juger ces événements.*

reculade [ʀəkylad] n. f. Péjor. Dérobade de qqn qui s'était trop avancé.

reculé, ée [ʀəkyle] adj. **1.** Lointain, difficile d'accès. *Un quartier reculé.* **2.** Éloigné dans le temps. *À des époques reculées.*

reculer [ʀəkyle] v. [1] **I.** v. intr. **1.** Aller en arrière. *La police recule sous la poussée de la foule.* ▷ Fig. (Choses) Perdre en importance, régresser. *Maladie, idée qui recule.* **2.** (Personnes) Hésiter ou renoncer à agir. – *Ne reculer devant rien :* ne se laisser arrêter par aucune difficulté; n'avoir aucun scrupule. ▷ Loc. prov. *Reculer pour mieux sauter :* remettre à plus tard une décision inévitable. **II.** v. tr. **1.** Tirer ou pousser en arrière. *Reculer un peu sa chaise.* – (Québec) *Reculer son auto,* la déplacer en arrière, faire marche arrière. ▷ v. pron. Se déplacer en arrière. *Reculez-vous un peu.* **2.** Repousser, déplacer en éloignant. *Reculer les frontières d'un État.* **3.** Retarder, différer. *On ne peut plus reculer la date du départ.*

reculons (à) [aʀ(ə)kylɔ̃] loc. adv. En reculant. *Aller, marcher à reculons.*

reculotter [ʀəkylɔte] v. tr. [1] Remettre la culotte, le pantalon de. ▷ v. pron. *Se reculotter derrière un buisson.*

récupérable [ʀekypeʀabl] adj. Qui peut être récupéré.

récupérateur [ʀekypeʀatœʀ] n. m. TECH Tout appareil permettant de récupérer des matières ou de l'énergie.

récupération [ʀekypeʀasjɔ̃] n. f. Action de récupérer; son résultat.

récupérer [ʀekypeʀe] v. [14] **I.** v. tr. **1.** Recouvrer, rentrer en possession de (ce dont on avait perdu la jouissance, ce qu'on avait perdu, etc.). *Récupérer des objets volés.* **2.** Recueillir (ce qui pourrait être mis au rebut, perdu ou détruit) pour l'utiliser. *Récupérer de la ferraille, des vieux papiers.* ▷ Réinsérer (une personne) dans la vie professionnelle, sociale. *Récupérer des délinquants.* **3.** *Récupérer des heures :* compenser par des heures de travail des arrêts (dus à des périodes chômées, des intempéries, etc.). **4.** POLIT Détourner à son profit (un mouvement de remise en cause des valeurs établies) en lui ôtant tout caractère subversif. *Le pouvoir a récupéré la contestation.* **II.** v. intr. Recouvrer ses forces, la santé. *Il n'a pas vraiment récupéré depuis sa grave maladie.*

récurage [ʀekyʀaʒ] n. m. Action de récurer.

récurer [ʀekyʀe] v. tr. [1] Nettoyer en frottant. *Récurer la poêle.*

récurrence [ʀekyʀɑ̃s] n. f. **1.** Litt. Répétition, retour périodique; caractère de ce qui se répète. *Récurrence des sons dans le rythme.* **2.** MATH, LOG *Raisonnement par récurrence,* qui consiste à étendre à tous les termes d'une série une relation vérifiée pour les deux premiers termes.

récurrent, ente [ʀekyʀɑ̃, ɑ̃t] adj. **1.** ANAT Qui revient en arrière vers son point de départ. *Nerf récurrent.* **2.** MED *Fièvre récurrente,* dont les accès reviennent par intermittence. **3.** MATH *Suite récurrente,* dont chaque terme est une fonction d'un nombre déterminé de termes précédents. – *Par ext.* Qui a trait à la répétition. *Caractère récurrent de certains rêves.* **4.** ECON *Coûts récurrents :* coûts de maintenance.

récursif, ive [ʀekyʀsif, iv] adj. LOG *Fonction récursive,* qu'on peut définir à l'aide d'une classe de fonctions élémentaires.

récusation [ʀekyzasjɔ̃] n. f. DR Action de récuser (sens I, 1); son résultat.

récuser [ʀekyze] v. [1] **I.** v. tr. **1.** DR Refuser d'accepter en tant que juré, expert, témoin. *L'avocat de la défense a récusé deux des jurés.* ▷ Pour un plaideur, refuser d'être jugé par un magistrat (ou en sa présence), par un arbitre dont il conteste l'impartialité. **2.** Contester. *Récuser l'autorité d'un historien.* **II.** v. pron. Refuser de prendre une responsabilité, d'émettre un avis.

recyclable [ʀəsiklabl] adj. Qui peut être recyclé.

recyclage [ʀəsiklaʒ] n. m. **1.** TECH Réintroduction dans un cycle d'opérations complexes. *Recyclage de l'air dans* *des locaux climatisés. Recyclage des déchets.* **2.** Enseignement dispensé à des personnes engagées dans la vie active pour mettre à jour leurs connaissances professionnelles.

recycler [ʀəsikle] v. tr. [**1**] Soumettre à un recyclage (qqch, qqn). – Pp. adj. *Personnel recyclé,* ayant suivi un recyclage (sens 2). ▷ v. pron. (Personnes) Suivre un recyclage (sens 2).

rédacteur, trice [ʀedaktœʀ, tʀis] n. **1.** Personne dont la profession est de rédiger des textes. *Rédacteur d'une revue.* ▷ *Rédacteur en chef :* journaliste responsable de la coordination de tout ou partie d'une rédaction (sens 3). **2.** Personne qui a écrit un texte. *Le rédacteur de ce chapitre est un savant renommé.* **3.** Fonctionnaire chargé de rédiger des pièces d'administration. *Rédacteur d'un ministère.*

rédaction [ʀedaksjɔ̃] n. f. **1.** Action, manière de rédiger. *Rédaction d'un traité.* **2.** Devoir scolaire composé sur un sujet donné; narration, composition française. **3.** Ensemble des rédacteurs d'un journal, d'un périodique. – Lieu où ils travaillent.

rédactionnel, elle [ʀedaksjɔnɛl] adj. Qui a rapport à la rédaction.

redan [ʀədɑ̃] ou **redent** [ʀ(ə)dɑ̃] n. m. ARCHI **1.** Ressaut que présente un mur construit sur un terrain en pente. **2.** Ouvrage de fortification constitué de deux murs formant un angle saillant.

Redding (Otis) (1941 – 1967), chanteur américain, dit «le dieu de la soul» : *Respect* (1965).

reddition [ʀɛdisjɔ̃] n. f. Fait de se rendre; capitulation. *La reddition d'une forteresse.*

redécoupage [ʀədekupaʒ] n. m. POLIT *Redécoupage électoral :* division d'une rég. administrative en nouvelles circonscriptions électorales.

redécouvrir [ʀədekuvʀiʀ] v. tr. [**32**] Découvrir de nouveau.

redéfinir [ʀədefiniʀ] v. tr. [**3**] Définir à nouveau. *Redéfinir les grandes lignes d'un plan.*

redéfinition [ʀədefinisjɔ̃] n. f. Action de définir à nouveau.

redemander [ʀəd(ə)mɑ̃de] v. tr. [**1**] **1.** Demander de nouveau. **2.** Réclamer (ce que l'on a donné ou prêté).

redémarrage [ʀədemaʀaʒ] n. m. Action de redémarrer; son résultat.

redémarrer [ʀədemaʀe] v. intr. [**1**] Démarrer de nouveau. *Faire redémarrer une moto.* ▷ Fig. *Faire redémarrer une entreprise.*

rédempteur, trice [ʀedɑ̃ptœʀ, tʀis] adj. et n. m. RELIG **1.** adj. Qui rachète les péchés. **2.** n. m. *Le Rédempteur :* Jésus-Christ, dont la mort a, pour les chrétiens, racheté le genre humain.

rédemption [ʀedɑ̃psjɔ̃] n. f. RELIG *La Rédemption :* le rachat du genre humain par la mort du Christ.

redent [ʀ(ə)dɑ̃] n. m. V. redan.

redéploiement [ʀ(ə)deplwamɑ̃] n. m. **1.** MILIT Action de faire prendre (aux troupes) un nouveau dispositif de combat. **2.** ECON *Redéploiement industriel :* ensemble de mesures destinées à favoriser les industries les plus performantes.

redéployer [ʀədeplwaje] v. tr. [**23**] Didac. Opérer le redéploiement de.

redescendre [ʀədɛsɑ̃dʀ] v. [**6**] **1.** v. intr. Descendre une nouvelle fois. *Redescendre au rez-de-chaussée. Redescendre à un rang inférieur.* **2.** v. tr. Descendre de nouveau.

redevable [ʀədəvabl] adj. **1.** Qui doit de l'argent (à qqn). *Il m'est redevable de trois mille francs.* – Subst. Personne assujettie à une redevance. *Les redevables de l'impôt foncier.* **2.** Qui a une obligation envers qqn. *Je vous suis redevable de ce service.*

redevance [ʀədəvɑ̃s] n. f. Somme versée à échéances déterminées en contrepartie d'un avantage, d'un service, d'une concession. *La redevance télévisuelle.*

redevenir [ʀədəvniʀ] v. intr. [**36**] Devenir de nouveau.

Redford (Robert) (né en 1937), acteur et cinéaste américain : *la Poursuite impitoyable* (1966), *les Hommes du Président* (1976); *Milagro* (1987), *Quiz Show* (1994), comme réalisateur.

rédhibitoire [ʀedibitwaʀ] adj. **1.** DR *Vice rédhibitoire :* défaut caché de la chose vendue, qui peut constituer un motif d'annulation de la vente. **2.** Cour. Qui constitue un empêchement absolu. *Il est d'une bêtise rédhibitoire.*

rediffuser [ʀədifyze] v. tr. [**1**] Diffuser une nouvelle fois (sur les ondes radiophoniques, à la télévision, etc.).

rediffusion [ʀədifyzjɔ̃] n. f. Action de rediffuser. ▷ Information, émission, enregistrement rediffusé.

rédiger [ʀediʒe] v. tr. [**13**] Coucher sur le papier dans la forme prescrite; exprimer par écrit. *Rédiger un procès-verbal, un mémoire, un devoir de français. Rédiger avec facilité.*

redimensionner [ʀədimɑ̃sjɔne] v. tr. [**1**] (Suisse) Réduire (sens A, I, 1). *Redimensionner un projet de travaux publics.*

rédimer [ʀedime] v. tr. [**1**] RELIG Racheter, sauver. *Rédimer les pécheurs.* ▷ Pp. adj. *Spécial.* (Belgique) *Cantons rédimés, pays rédimés :* territoires situés à la frontière belgo-allemande, rattachés à la Belgique après la Première Guerre mondiale, annexés par l'Allemagne durant la Seconde Guerre mondiale, puis de nouveau intégrés dans l'État belge.

redire [ʀədiʀ] v. tr. [**65**] **1.** Répéter; dire plusieurs fois. *Il m'a encore redit de venir le voir.* **2.** Répéter (ce qu'on a appris de qqn). *Redire un secret.* **3.** Loc. *Trouver, avoir à redire :* critiquer, avoir des objections à faire.

redistribuer [ʀədistʀibɥe] v. tr. [**1**] Distribuer une seconde fois ou selon une répartition différente. *Redistribuer des terres.*

redistribution [ʀədistʀibysjɔ̃] n. f. Action de redistribuer; son résultat. Fait d'être redistribué. *Redistribution des revenus.*

redite [ʀədit] n. f. Répétition inutile dans un texte, un discours.

Redon (Odilon) (1840 – 1916), peintre, graveur et pastelliste français. Symboliste, il chercha souvent son inspiration dans la littérature fantastique et illustra E. Poe, Baudelaire et Flaubert.

redondance [ʀədɔ̃dɑ̃s] n. f. **1.** Caractère superflu de certains développements, de certaines répétitions dans le discours. *Redondance de l'expression.* ▷ Répétition, redite. *Texte plein de redondances.* **2.** INFORM Augmentation du nombre des symboles d'un message sans accroissement de la quantité d'information. *La redondance est un moyen de contrôle de la transmission d'informations.*

redondant, ante [ʀədɔ̃dɑ̃, ɑ̃t] adj. **1.** Superflu. *Épithète redondante.* – Qui comporte des redondances. *Style redondant.* **2.** INFORM Qui emploie plus de symboles que nécessaire pour la transmission d'une information.

redonner [ʀədɔne] v. tr. [**1**] **1.** Donner de nouveau. *Redonnez-moi le livre que vous m'aviez prêté.* **2.** Rendre ce qui a été perdu, restituer. *Redonner de l'éclat à un tableau. Redonner du courage.* ▷ (Sujet nom de chose.) *Médicament qui redonne de l'appétit.*

redorer [ʀədɔʀe] v. tr. [**1**] Dorer de nouveau. *Redorer une grille ancienne.* ▷ Loc. fig. *Redorer son blason :* se refaire une fortune, une réputation.

redoublant, ante [ʀədublɑ̃, ɑ̃t] n. Élève qui redouble une classe. Syn. (Afr. subsah.; Belgique; France, off. recommandé) doublant, (Afr. subsah., Belgique) doubleur, (Belgique) bisseur.

redoublé, ée [ʀəduble] adj. **1.** Répété. *Rime redoublée.* **2.** Répété de plus en plus vite ou de plus en plus fort. *Frapper à coups redoublés.*

redoublement [ʀədubləmɑ̃] n. m. **1.** Action de redoubler; son résultat. **2.** Répétition dans un mot. *«Dada», «lolo», «bébête» présentent un redoublement de syllabe.* **3.** Action d'augmenter, d'accroître. *Redoublement de prudence.* **4.** Fait de redoubler une classe.

redoubler [ʀəduble] v. [**1**] **I.** v. tr. **1.** Doubler, répéter. *Redoubler une consonne pour produire une allitération.* **2.** Renouveler avec insistance. *Redoubler ses prières.* ▷ Raviver en augmentant. *La nuit redoublait ses terreurs.* **3.** *Redoubler une classe,* la recommencer, y passer une nouvelle année scolaire. Syn. (Afr. subsah.; Belgique; France, off. recommandé) doubler, (Belgique) bisser. **II.** v. tr. indir. *Redoubler de :* agir avec encore plus de. *Redoubler de vigilance.* **III.** v. intr. **1.** Devenir encore plus fort. *Ma crainte redouble.* **2.** Passer dans la même classe une nouvelle année scolaire. *Élève qui redouble.*

redoutable [ʀədutabl] adj. Qui est à redouter, qui inspire la crainte. *Un mal redoutable.*

redouter [ʀədute] v. tr. [**1**] Avoir peur de, craindre. *Redouter qqch, qqn. Il redoute qu'elle parle.* ▷ v. tr. ind. *Il redoute d'arriver en retard.*

redoux [ʀədu] n. m. Adoucissement de la température après une période de froid.

redox [ʀedɔks] adj. inv. CHIM *Couple redox,* formé par un réducteur et un oxydant. (V. oxydoréduction.)

redressement [ʀədʀɛsmɑ̃] n. m. **1.** Action de redresser ou de se redresser; son résultat. *Redressement d'un châssis faussé.* **2.** Restauration de l'économie et des finances d'un pays. *Plan de redressement.* **3.** ELECTR Transformation d'un courant alternatif en courant continu. **4.** *Redressement judiciaire :* décision judiciaire instituant une période probatoire pendant laquelle est mise en observation une société (ou un commerçant, ou un artisan) en cessation de paiement. **5.** Rectification d'un compte erroné. *Redressement fiscal.*

redresser [ʀədʀese] v. [**1**] **I.** v. tr. **1.** Remettre dans une position verticale. *Redresser un arbre, une statue.* Syn. (Québec) décrochir. **2.** Rendre une forme droite à. *Redresser un axe tordu.*

▷ (S. comp.) Remettre les roues d'un véhicule parallèles à la route. *Il a redressé à temps à la sortie du virage.* **3.** Fig. Remettre en bon ordre. *Redresser l'économie d'un pays.* **4.** ELECTR *Redresser un courant :* transformer un courant alternatif (dont le sens s'inverse périodiquement) en courant continu (de sens constant). **II.** v. pron. **1.** Se remettre debout. *Il s'est redressé tout seul après sa chute.* ▷ Se remettre droit. *Penchez-vous! Redressez-vous!* **2.** Fig. Retrouver sa puissance, sa prospérité. *Le pays a eu du mal à se redresser après la crise.*

redresseur [rədresœr] n. m. et adj. m. **1.** *Redresseur de torts :* personne qui prétend faire régner la justice autour d'elle. **2.** ELECTR Appareil (diode) servant à redresser un courant alternatif. ▷ adj. m. *Appareil redresseur.*

Red River. V. Rouge (rivière).

réducteur, trice [redyktœr, tris] adj. et n. m. **I.** adj. **1.** Qui réduit; qui simplifie abusivement. *Un point de vue réducteur.* **2.** CHIM Susceptible de céder des électrons. *L'hydrogène et le carbone sont réducteurs.* Ant. oxydant. ▷ n. m. *Un réducteur :* un corps réducteur. **II.** n. m. TECH Dispositif servant à réduire la vitesse de rotation d'un axe.

réductibilité [redyktibilite] n. f. Didac. Caractère de ce qui est réductible.

réductible [redyktibl] adj. Qui peut être réduit. **1.** Qui peut être ramené à une forme plus simple. *Fraction réductible.* **2.** CHIM Qui peut subir une réduction. **3.** Qui peut être traité par une réduction (sens 3). *Fracture réductible.*

réduction [redyksjɔ̃] n. f. Action de réduire; son résultat. **1.** Action de rendre plus petit. *Réduction d'une photographie.* ▷ Diminution de tarif. *Avoir une réduction sur les chemins de fer.* **2.** Fait de ramener une chose complexe à une autre plus simple. *Réduction de fractions au même dénominateur.* **3.** MED Opération par laquelle on remet en place les os luxés ou fracturés, les organes déplacés. *Réduction d'une hernie.* **4.** CHIM Réaction inverse de l'oxydation, au cours de laquelle un *corps réducteur* cède des électrons à un *corps oxydant.* V. oxydoréduction. **5.** BIOL *Réduction chromatique :* phase de la méiose, où le génome diploïde se divise en deux cellules haploïdes, ou gamètes, aptes à la fécondation.

réductionnisme [redyksjɔnism] n. m. Didac. Tendance à réduire ce qui est complexe à ses composants, considérés comme des éléments plus simples et fondamentaux.

réductionniste [redyksjɔnist] adj. et n. Didac. Qui a rapport au réductionnisme. ▷ Subst. Partisan du réductionnisme.

réduire [redɥir] v. [69] **A.** v. tr. **I. 1.** Restreindre, diminuer, rendre plus petit. *Réduire ses dépenses.* Syn. (Suisse) redimensionner. ▷ Reproduire en plus petit. *Réduire un dessin, un document photographique.* **2.** *Réduire... en :* transformer (une substance) par broyage, trituration, pulvérisation, etc. *Réduire le blé en farine. Réduire en poudre, en bouillie.* **3.** *Réduire... à :* amener... à (une forme plus simple). *Réduire une fraction à sa plus simple expression.* ▷ Identifier (qqch d'apparemment complexe) à (qqch de plus simple). *Vous avez tort de réduire ce conflit à une simple question de personnes.* ▷ *Réduire à rien, à néant :* anéantir. **4.** MED *Réduire une luxation, une hernie,* etc. : remettre à leur place des os luxés, des organes qui font hernie, etc. **5.** CHIM Effectuer la réduction de (un composé). **6.** CUIS Rendre plus concentré par une longue cuisson. *Réduire une sauce.* ▷ v. intr. *Coulis qui réduit à petit feu.* **7.** (Suisse) Cour. Ranger, remettre à sa place. *Réduire des jouets.* **II. 1.** *Réduire en, à :* amener par la contrainte à (tel état); obliger à. *Réduire un peuple en esclavage. Réduire au silence, à la mendicité.* **2.** Soumettre, mater. *Réduire la résistance, l'opposition.* **B.** v. pron. *Se réduire à :* se limiter à. *Nos divergences se réduisent à peu de chose.*

1. réduit, ite [redɥi, it] adj. **1.** Qui a subi une réduction, en dimension, en nombre, etc. *Modèle réduit. Tarif réduit. Rouler à vitesse réduite.* **2.** MATH Qualifie une courbe ou une loi dont l'expression a été simplifiée par un changement de variable. **3.** PHYS *Pression réduite d'un gaz :* rapport de la pression de ce gaz et de sa pression critique. (On définit de même la *température réduite,* le *volume réduit.*)

2. réduit [redɥi] n. m. Petit local ne recevant en général pas la lumière du jour.

redunca [redœ̃ka] n. m. ZOOL Antilope des savanes africaines, aussi appelée *cob des roseaux,* dont le mâle a des cornes incurvées en avant.

réduplication [redyplikasjɔ̃] n. f. LING Répétition d'un mot, d'un radical.

redynamisation [rədinamizasjɔ̃] n. f. Action de redynamiser. *Politique de redynamisation de l'agriculture.*

redynamiser [rədinamize] v. tr. [1] Redonner du dynamisme, de la vigueur à.

rééchelonnement [reeʃlɔnmɑ̃] n. m. ECON *Rééchelonnement de la dette :* recul des échéances de la dette contractée par un pays vis-à-vis de créanciers étrangers, avec ou sans majoration du taux d'intérêt.

rééchelonner [reeʃlɔne] v. tr. [1] ECON Établir un nouveau calendrier de paiement en allongeant la durée d'un remboursement.

réécouter [reekute] v. tr. [1] Écouter de nouveau.

réécrire [reekrir] v. tr., **réécriture** [reekrityr] n. f. V. récrire, récriture.

Reed (John) (1887 – 1920), journaliste américain. Socialiste, il assista à la révolution d'Octobre 1917, qu'il décrivit : *Dix Jours qui ébranlèrent le monde* (1919).

rééditer [reedite] v. tr. [1] **1.** Éditer de nouveau. *Rééditer un ouvrage.* **2.** Fig. Répéter, refaire. *Rééditer un exploit.*

réédition [reedisjɔ̃] n. f. Action de rééditer. – Édition nouvelle.

rééducation [reedykasjɔ̃] n. f. **1.** Traitement visant à faire recouvrer l'usage d'une fonction lésée à la suite d'un accident, ou d'une maladie. *Rééducation motrice.* **2.** Nouvelle éducation (sociale, morale, idéologique). ▷ Ensemble des mesures judiciaires prises à l'égard de l'enfance délinquante ou en danger, sur le plan social.

rééduquer [reedyke] v. tr. [1] Procéder à la rééducation de.

réel, elle [reɛl] adj. et n. m. **I.** adj. **1.** DR Qui concerne les choses (par oppos. à *personnel*). *Un droit réel.* **2.** PHILO Qui existe effectivement, et pas seulement à l'état d'idée ou de mot. – THEOL *Dogme de la Présence réelle :* dogme de l'Église catholique qui affirme la présence substantielle et effective du Christ dans l'Eucharistie. ▷ MATH *Nombre réel* (par oppos. à *imaginaire*). V. nombre. **3.** Qui existe, ou a existé en réalité (par oppos. à *fictif, imaginaire, mythique*). *Personnage réel. – Faits réels,* authentiques. ▷ PHYS *Gaz réel,* dont les molécules exercent les unes sur les autres des actions non négligeables (par oppos. à *gaz parfait*). **4.** Véritable, sensible. *Des améliorations réelles,* notables. **II.** n. m. *Le réel :* ce qui est réel, le monde des réalités; les choses, les faits qui existent effectivement. *L'imaginaire et le réel.*

réélection [reelɛksjɔ̃] n. f. Action de réélire; fait d'être réélu.

rééligible [reeliʒibl] adj. DR Qui est légalement apte à être réélu.

réélire [reelir] v. tr. [66] Élire de nouveau, reconduire dans une fonction par élection. *Réélire un député.*

réellement [reɛlmɑ̃] adv. **1.** En réalité, effectivement. *Cela a eu lieu réellement.* **2.** Vraiment. *C'est réellement incroyable!*

réémetteur [reemetœr] n. m. TECH Émetteur de faible puissance servant à retransmettre des signaux provenant d'un émetteur principal.

réemploi [reɑ̃plwa] n. m., **réemployer** [reɑ̃plwaje] v. tr. V. remploi, remployer.

réemprunter [reɑ̃prœ̃te] v. tr. V. remprunter.

réengagement [reɑ̃gaʒmɑ̃] n. m., **réengager** [reɑ̃gaʒe] v. tr. V. rengagement, rengager.

réensemencer [reɑ̃smɑ̃se] v. tr. [12] AGRIC Ensemencer de nouveau (lorsqu'un premier ensemencement n'a rien produit).

rééquilibrage [reekilibraʒ] n. m. Fait de retrouver ou de redonner un équilibre.

rééquilibrer [reekilibre] v. tr. [1] Redonner un équilibre à (ce qui est déséquilibré); donner un nouvel équilibre à. *Rééquilibrer les forces politiques.*

réescompte [reɛskɔ̃t] n. m. FIN Escompte consenti généralement par la Banque centrale, sur des effets de commerce ou des titres du Trésor déjà escomptés par un autre établissement bancaire.

réescompter [reɛskɔ̃te] v. tr. [1] FIN Opérer le réescompte de.

réessayer [reeseje] v. tr. [21] Essayer de nouveau.

réétudier [reetydje] v. tr. [2] Étudier de nouveau; reconsidérer.

réévaluation [reevalɥasjɔ̃] n. f. FIN **1.** Évaluation sur de nouvelles bases. *Réévaluation des bilans.* **2.** *Par ext.* ECON Augmentation du taux de change officiel d'une monnaie par rapport aux devises étrangères (par oppos. à *dévaluation*).

réévaluer [reevalɥe] v. tr. [1] Procéder à la réévaluation de.

Reeves (Hubert) (né en 1932), astrophysicien et écrivain québécois : *Patience dans l'azur* (1981), *Poussières d'étoiles* (1984), *Compagnons de voyage* (1992).

réexamen [reegzamɛ̃] n. m. Fait de réexaminer.

réexaminer [reegzamine] v. tr. [1] Examiner de nouveau. *Réexaminer un malade.* – *Spécial.* Reconsidérer. *Ils vont réexaminer la situation, le problème,* etc.

réexpédier [ʀeɛkspedje] v. tr. [2] Expédier vers une nouvelle destination. *Réexpédier du courrier.* – *Spécial.* Retourner (un envoi) à l'expéditeur.

réexpédition [ʀeɛkspedisjɔ̃] n. f. Action de réexpédier.

réexportation [ʀeɛkspɔʀtasjɔ̃] n. f. Action de réexporter.

réexporter [ʀeɛkspɔʀte] v. tr. [1] Exporter vers un pays des marchandises qu'on avait précédemment importées d'un autre.

réfaction [ʀefaksjɔ̃] n. f. **1.** DR COMM Réduction sur les prix des marchandises, à la livraison, quand toutes les conditions convenues ne sont pas réunies. **2.** FISC Diminution d'une base imposable.

refaire [ʀəfɛʀ] v. [10] **I.** v. tr. **1.** Faire de nouveau (ce qu'on a déjà fait, ou ce qui a déjà été fait). *Refaire un voyage.* ▷ (En apportant de profondes modifications.) *Refaire sa vie.* **2.** Remettre en état, réparer. *Après cette tempête, on a dû refaire le toit.* ▷ Fig. *Refaire ses forces.* **II.** v. pron. **1.** Rétablir sa fortune après des pertes au jeu. **2.** Se rétablir du point de vue de la santé.

réfection [ʀefɛksjɔ̃] n. f. Action de refaire, de remettre en état. *Travaux de réfection.*

réfectoire [ʀefɛktwaʀ] n. m. Lieu où les membres d'une communauté (couvent, hospice, école, etc.) prennent ensemble leurs repas.

refend (de) [dəʀəfɑ̃] loc. adj. *Bois de refend,* scié en long. – *Mur de refend :* mur de soutien formant séparation intérieure dans un bâtiment.

refendre [ʀəfɑ̃dʀ] v. tr. [6] TECH Fendre ou scier en long. *Scie à refendre.*

REFER, acronyme pour *Réseau électronique francophone pour l'éducation et la recherche,* réseau fédérateur des initiatives francophones sur Internet. (V. AUPELF-UREF, SYFED et francophonie.)

référé [ʀefeʀe] n. m. DR Procédure rapide ayant pour but de faire juger provisoirement et avec célérité une affaire urgente. *Ordonnance de référé :* décision rendue selon une telle procédure.

référence [ʀefeʀɑ̃s] n. f. **I. 1.** Action de se référer à qqch; ce à quoi l'on se réfère pour situer une chose par rapport à une autre, pour fonder un argument. *Indemnité fixée par référence à tel indice.* **2.** Action de se référer à qqch ou à qqn (dans un texte, dans son discours), ou d'y renvoyer le lecteur, l'auditeur, etc. *Références aux grands classiques.* – *Ouvrage de référence,* auquel on se reporte habituellement (dictionnaire, encyclopédie, etc.). ▷ Indication précise des ouvrages, des passages, etc., auxquels on renvoie le lecteur, dans un texte. *Références en bas de page.* **3.** ADMIN, COMM Indication, portée en tête d'une lettre, qui désigne l'affaire, le dossier, etc., concernés. – Chiffre, numéro d'un code, qui correspond à un article précis, sur un bon de commande, un catalogue, etc. **4.** (Plur.) Témoignages de personnes pouvant renseigner sur qqn (qui fait une demande d'emploi, une proposition commerciale, etc.). *Sérieuses références exigées. Références morales, bancaires.* **II.** LING Fonction par laquelle un signe linguistique renvoie au référent.

référencer [ʀefeʀɑ̃se] v. tr. [12] Indiquer la référence de.

référendaire [ʀefeʀɑ̃dɛʀ] adj. Relatif à un référendum.

référendum ou **referendum** [ʀefeʀɛ̃dɔm] n. m. **1.** Vote direct par lequel les citoyens se prononcent sur une proposition de mesure législative ou constitutionnelle émanant du pouvoir exécutif. *Des référendums.* **2.** *Par ext.* Consultation qui s'adresse à tous les membres d'un groupe.

référent [ʀefeʀɑ̃] n. m. LING Objet réel ou imaginaire que désigne un signe linguistique. *Référent imaginaire* (par ex., celui de *licorne).*

référentiel, elle [ʀefeʀɑ̃sjɛl] adj. et n. m. **1.** adj. LING Qui se rapporte à la référence. *Fonction référentielle du langage.* **2.** n. m. PHYS Système de repérage qui permet de situer un événement dans l'espace et le temps.

référer [ʀefeʀe] v. [14] **I.** v. tr. indir. **1.** DR *En référer à :* faire rapport à. *Recueillir un témoignage et en référer au juge d'instruction.* **2.** Cour. *En référer à :* en appeler à. *En référer à un juge, un supérieur.* **3.** LING (En parlant d'un signe linguistique.) *Référer à :* renvoyer à (l'objet qui constitue son référent). **II.** v. pron. **1.** S'en rapporter à (qqn ou qqch) pour fonder ou appuyer ce que l'on avance. *Je me réfère à vos propres arguments. Se référer à un ouvrage.* **2.** Se rapporter, renvoyer à. *Article qui se réfère à une controverse récente.*

refermer [ʀəfɛʀme] v. tr. [1] Fermer (ce qu'on avait ouvert, ou ce qui s'était ouvert). *Refermer la fenêtre.* ▷ v. pron. Se fermer après s'être ouvert. *Plaie qui se referme.*

refinancement [ʀəfinɑ̃smɑ̃] n. m. FIN Opération par laquelle une banque obtient, auprès d'une autre, les avances nécessaires pour financer ses crédits.

refinancer [ʀəfinɑ̃se] v. tr. [12] FIN Procéder au refinancement de.

réfléchi, ie [ʀefleʃi] adj. **I. 1.** PHYS Renvoyé. *Rayon réfléchi.* **2.** GRAM *Verbe pronominal réfléchi* (par oppos. à *réciproque*), exprimant une action réalisée par le sujet sur lui-même (ex. : je me regarde). – *Pronom réfléchi :* pronom personnel qui représente, en tant que complément, la personne qui est le sujet du verbe et sert à la formation des verbes pronominaux réfléchis (ex. : il *se* lave; je *me* suis fâché avec eux). **II. 1.** Fait ou dit avec réflexion. *Des propositions réfléchies.* **2.** Qui agit avec réflexion. *Un homme réfléchi.* **3.** PSYCHO (Par oppos. à *spontané.*) Dont l'activité comporte une maîtrise volontaire de ses processus. *La pensée réfléchie.*

réfléchir [ʀefleʃiʀ] v. [3] **1.** v. tr. Renvoyer par réflexion dans une nouvelle direction. *Miroir qui réfléchit une image.* ▷ v. pron. Être renvoyé. *Son image se réfléchissait sur l'eau.* **2.** v. intr. User de réflexion, penser mûrement. *Réfléchir avant de parler.* ▷ v. tr. indir. *Réfléchir à un problème.* – *Réfléchir que :* s'aviser, à la réflexion, que.

réfléchissant, ante [ʀefleʃisɑ̃, ɑ̃t] adj. Qui réfléchit (une onde, partic. la lumière). *Surface réfléchissante. Pouvoir réfléchissant d'une surface.*

réflecteur [ʀeflɛktœʀ] n. m. et adj. m. Appareil (miroir, prisme, etc.) destiné à réfléchir des rayonnements. ▷ adj. m. *Miroir réflecteur.*

réflectivité [ʀeflɛktivite] n. f. PHYSIOL Aptitude d'une partie du corps à réagir par réflexe à un stimulus.

reflet [ʀəflɛ] n. m. **1.** Lumière renvoyée par la surface d'un corps. *Le reflet d'un rayon de soleil sur le marigot.* **2.** Image réfléchie. *Le reflet des palétuviers dans l'eau.* ▷ Fig. Reproduction affaiblie. *Elle ne conserve qu'un pâle reflet de sa beauté passée.*

refléter [ʀəflete] v. tr. [14] **1.** Renvoyer de manière affaiblie la lumière, l'image de. *La vitre reflétait son visage.* ▷ v. pron. *Le bleu du ciel se reflète dans la mer.* **2.** Fig. Indiquer, traduire. *Ses lectures reflètent ses préoccupations.* ▷ v. pron. *La joie se reflétait sur son visage.*

refleurir [ʀəflœʀiʀ] v. intr. [3] **1.** Fleurir de nouveau. *Les flamboyants refleurissent.* – Fig. *L'espoir refleurit.* **2.** Redevenir florissant. *Le commerce des épices refleurit.*

reflex [ʀeflɛks] adj. inv. et n. m. PHOTO *Appareil reflex :* appareil photographique dont le viseur présente à l'opérateur, grâce à un dispositif à miroir, une image cadrée exactement comme celle qui va se former sur la surface sensible. – n. m. *Un reflex.*

réflexe [ʀeflɛks] adj. et n. m. **I.** adj. OPT Produit par réflexion (sens I). *Image réflexe.* **II.** adj. et n. m. PHYSIOL **1.** adj. *Arc réflexe :* trajet suivi par l'influx nerveux, du lieu d'excitation d'un organe récepteur (terminaison nerveuse) à celui de la réaction d'un organe effecteur, en passant par un centre nerveux. *Réflexe inné ou naturel. Réflexe conditionné,* résultant de l'acquisition de nouvelles liaisons nerveuses. (L'apprentissage conduit à l'acquisition de réflexes conditionnés complexes qui jouent un grand rôle dans notre vie quotidienne, par ex. les réactions automatiques dans la conduite automobile.) ▷ Cour. *Mouvement, acte réflexe,* automatique. **2.** n. m. Réaction (motrice, sécrétoire, etc.) immédiate, involontaire et prévisible d'un organe effecteur à un stimulus donné. ▷ Cour. Réaction immédiate et prompte pour répondre à une situation imprévue. *Il a eu le réflexe de se baisser pour éviter la balle.* – Fig. *Avoir le réflexe patriotique.*

réflexible [ʀeflɛksibl] adj. PHYS Qui peut être réfléchi.

réflexif, ive [ʀeflɛksif, iv] adj. **1.** PHILO Dont le fondement consiste en une réflexion, en un retour de la conscience sur soi. *Psychologie, analyse réflexive.* **2.** MATH *Relation réflexive,* dans laquelle tout élément est en relation avec lui-même.

réflexion [ʀeflɛksjɔ̃] n. f. **I.** Changement de direction d'une onde (lumineuse, acoustique, radioélectrique) causé par un obstacle. ▷ PHYS *Lois de la réflexion, énoncées par Descartes.* («Le rayon réfléchi est dans le plan du rayon incident et de la normale à la surface de réflexion au point d'incidence. – L'angle de réflexion est égal à l'angle d'incidence.») **II. 1.** Didac. Retour opéré par la pensée sur elle-même en vue d'une conscience plus nette et d'une maîtrise plus grande de ses processus. *L'homme est capable de réflexion.* **2.** Cour. Action de la pensée qui considère attentivement une idée, un sujet, un problème. ▷ Pensée exprimée, résultant de cette action. *Des réflexions d'une grande profondeur.* **3.** *Par ext.* Remarque, critique désobligeante. *Il lui a fait une (des) réflexion(s).*

réflexivité [ʀeflɛksivite] n. f. MATH Caractère d'une relation réflexive.

refluer [ʀəflɥe] v. intr. [1] **1.** Se mettre à couler en sens inverse. *Les eaux refluent.* **2.** Fig. (En parlant d'une foule.) Être refoulé, reculer. *Les gendarmes firent refluer la foule.*

reflux [ʀ(ə)fly] n. m. **1.** Mouvement de la mer se retirant du rivage, à marée descendante, après le flux; jusant.

▷ Fig. *Flux et reflux :* va-et-vient. *Un flux et reflux de sentiments divers.* **2.** Mouvement de ce qui reflue.

refondre [ʀəfɔ̃dʀ] v. tr. [6] **1.** Fondre de nouveau (un métal). ▷ *Spécial.* Fondre (une pièce de métal) une nouvelle fois pour la reformer. *Refondre une médaille.* **2.** Fig. Refaire complètement (un ouvrage) en conservant la même matière. *Nouvelle édition entièrement refondue.*

refonte [ʀəfɔ̃t] n. f. Action de refondre. *Refonte des monnaies.* – Fig. *La refonte d'un ouvrage,* sa réfection.

reforestation [ʀəfɔʀɛstasjɔ̃] n. f. TECH Syn. de *reboisement.*

réformable [ʀefɔʀmabl] adj. Qui peut ou doit être réformé.

réformateur, trice [ʀefɔʀmatœʀ, tʀis] n. et adj. **1.** n. Personne qui réforme, ou qui veut réformer. – RELIG *Les réformateurs :* Luther, Calvin et autres fondateurs d'Églises réformées. **2.** adj. Qui réforme. *Proposer une initiative réformatrice.*

réforme [ʀefɔʀm] n. f. **I.** Correction apportée en vue d'une amélioration. **1.** HIST *La Réforme :* le mouvement religieux dont naquit le protestantisme (V. Réforme [la].). **2.** Changement apporté à une institution en vue de l'améliorer. *Réforme fiscale, agraire.* **II.** MILIT **1.** Mise hors de service du matériel périmé. **2.** Libération d'un soldat des obligations militaires pour inaptitude physique au service.

Réforme (la), le mouvement religieux dont naquit le protestantisme. La Réforme, qu'avaient plus ou moins lointainement annoncée les vaudois Wyclif ou Jan Hus, a déterminé, au XVIe s., une partie de la chrétienté à se détacher de l'Église romaine et à rejeter à la fois ses dogmes et l'autorité du pape. Le premier réformateur, Luther, ne voulait pas créer une Église indépendante : il espérait que l'Église rétablirait le christianisme des origines, débarrassé des adjonctions qui l'avaient altéré. La rupture fut consommée avec l'excommunication de Luther (1520) et sa mise au ban de l'Empire (1521). Le luthéranisme se répandit en Allemagne, malgré l'opposition de Charles Quint. Les luthériens présentèrent leur Confession de foi (rédigée par Melanchthon et Camerarius) à la diète d'Augsbourg en 1530 (*Confession d'Augsbourg*); ensuite, on admit que chaque prince pouvait imposer sa religion à ses sujets (paix d'Augsbourg, 1555). Du vivant de Luther, sa doctrine s'était également répandue dans les États scandinaves et dans les pays Baltes. Un mouvement analogue naquit sous l'impulsion de Zwingli, en Suisse, où le Français Jean Calvin imposa une doctrine distincte du luthéranisme : le calvinisme, qui se répandit en France malgré l'opposition du roi; un synode clandestin adopta à Paris, en 1559, une Confession de foi dite de *La Rochelle* (où elle fut confirmée en 1570) et rédigée en grande partie par Calvin. La fin du XVIe s. a été marquée en France par des guerres dites de Religion*, marquées notam. par le massacre de la Saint-Barthélemy (24 août 1572). Promulgué en 1598, par Henri IV, l'édit de Nantes autorisa le protestantisme, mais Louis XIV le révoqua en 1685. L'édit de tolérance (1787) et les Articles organiques de 1801 officialisèrent les Églises réformées. La Réforme calviniste se répandit en Europe, partic. en Hongrie, aux Pays-Bas, au Palatinat et en Écosse, souvent malgré l'opposition du pouvoir. Une troisième famille protestante vit le jour, quand Henri VIII détacha de Rome l'Église d'Angleterre et la soumit au roi (*Acte de suprématie,* 1534). L'anglicanisme s'imposa sous Élisabeth Ire à la fin du XVIe s. Depuis l'Angleterre, la Réforme (partic. sous son aspect puritain) se répandit dans les colonies anglaises d'Amérique du Nord et, à partir du XIXe s., en Afrique. V. Réforme catholique.

réformé, ée [ʀefɔʀme] adj. et n. m. **1.** RELIG Né de la Réforme. *Religion réformée :* le protestantisme. – *Églises réformées.* **2.** MILIT Reconnu inapte, ou impropre au service. *Matériel réformé.* – *Soldat réformé.* ▷ n. m. *Un réformé.*

Réforme catholique ou **Contre-Réforme,** réforme catholique qui suivit, au XVIe s., la réforme protestante. Le concile de Trente (1545-1563) précisa le dogme, combattit les abus, créa les séminaires. Cet effort de reconquête, accompagné de mesures répressives (reconstitution du tribunal de l'Inquisition, 1542; création de la congrégation de l'Index, 1543), s'appuya notamment sur l'ordre des Jésuites. En art, la Contre-Réforme a inspiré le style dit « jésuite » (église du Gesù à Rome) et le baroque.

reformer [ʀəfɔʀme] v. tr. [1] Former de nouveau, refaire (ce qui était défait). *Reformez les rangs!* ▷ v. pron. Se former de nouveau. *Abcès qui se reforme.*

réformer [ʀefɔʀme] v. tr. [1] **1.** Vieilli ou litt. Corriger pour ramener à la vertu. *Il faudra réformer votre conduite.* **2.** Établir dans une forme différente et meilleure (ce qui est institué). *Réformer les lois, la Constitution.* **3.** MILIT Retirer du service (ce qui est impropre ou l'est devenu). *Réformer du matériel périmé.* – (Objet n. de personne.) *Réformer un appelé reconnu inapte.*

réformisme [ʀefɔʀmism] n. m. Tendance favorable aux réformes. ▷ *Spécial.* Doctrine politique de ceux qui sont partisans d'une transformation progressive de la société par la voie légale.

réformiste [ʀefɔʀmist] n. et adj. Partisan des réformes. ▷ *Spécial.* (Par oppos. à *révolutionnaire.*) Partisan du réformisme.

refoulé, ée [ʀəfule] adj. et n. **1.** adj. Fam. et cour. Se dit d'une personne qui réprime l'expression de sa sexualité. *Il est complètement refoulé.* ▷ Subst. *Un(e) refoulé(e).* **2.** n. m. PSYCHAN *Le refoulé :* ce qui a été rejeté, maintenu dans l'inconscient. *Le « retour du refoulé » s'exprime dans les actes manqués (oublis, lapsus, etc.).* – adj. *Pulsions, conflits refoulés.*

refoulement [ʀəfulmɑ̃] n. m. **1.** Action de refouler, de faire reculer, refluer. **2.** PSYCHO Action de s'interdire d'exprimer un désir, un sentiment qu'on porte en soi profondément, ou de leur refuser l'accès à la conscience. ▷ PSYCHAN Processus inconscient par lequel le moi s'efforce de repousser et de maintenir dans l'inconscient des représentations (pensées, images, souvenirs) dont l'émergence au niveau du conscient est incompatible avec les exigences (morales, sociales, etc.) qui constituent l'*idéal du moi.*

refouler [ʀəfule] v. tr. [1] **1.** TECH *Refouler une pièce de métal,* en élargir à chaud la section, en la comprimant. **2.** Faire reculer. *Refouler un train.* – Repousser (un fluide). *Pompe refoulante.* **3.** Faire reculer, refluer (des personnes). *Refouler les envahisseurs.* **4.** Fig. Faire rentrer en soi (l'expression d'un sentiment, d'un désir). *Refouler ses larmes, sa colère.* **5.** PSYCHAN Rejeter dans son inconscient.

réfractaire [ʀefʀaktɛʀ] adj. **1.** Qui refuse de se soumettre, d'obéir. *Être réfractaire à toute hiérarchie.* **2.** *Par ext.* Qui est inaccessible, insensible (à qqch). *Il est réfractaire aux conseils qu'on lui prodigue.* **3.** Qui résiste à de très hautes températures. *Une brique réfractaire.*

réfracter [ʀefʀakte] v. tr. [1] PHYS Produire la réfraction de. *Les prismes réfractent la lumière.* – Pp. adj. *Un rayon réfracté.*

réfraction [ʀefʀaksjɔ̃] n. f. PHYS Déviation d'un rayon lumineux, d'une onde électromagnétique qui passe d'un milieu à un autre. *Indice* de réfraction.* ENCYCL **Phys.** – La réfraction est régie par les lois de Descartes : le rayon réfracté se trouve dans le plan d'incidence défini par le rayon incident et la droite perpendiculaire à la surface de réfraction au point d'incidence.

refrain [ʀəfʀɛ̃] n. m. **1.** Reprise de quelques mots ou de quelques vers à la fin de chaque couplet d'une chanson. *Refrain d'une ballade.* **2.** Fig. Paroles qui reviennent sans cesse.

réfrangible [ʀefʀɑ̃ʒibl] adj. PHYS Susceptible d'être réfracté.

réfréner [ʀefʀene] v. tr. [14] Réprimer, mettre un frein à. *Réfréner son ardeur, ses passions, son impatience.*

réfrigérant, ante [ʀefʀiʒeʀɑ̃, ɑ̃t] adj. **1.** Qui sert à réfrigérer, à produire du froid. *Produit, mélange réfrigérant.* **2.** Fig., fam. Qui glace. *Un accueil réfrigérant.*

réfrigérateur [ʀefʀiʒeʀatœʀ] n. m. Appareil muni d'un organe producteur de froid et destiné à conserver (sans les congeler) des denrées périssables.

réfrigération [ʀefʀiʒeʀasjɔ̃] n. f. Abaissement de la température par des moyens artificiels.

réfrigérer [ʀefʀiʒeʀe] v. tr. [14] Refroidir par réfrigération.

réfringence [ʀefʀɛ̃ʒɑ̃s] n. f. PHYS Propriété de réfracter la lumière.

réfringent, ente [ʀefʀɛ̃ʒɑ̃, ɑ̃t] adj. PHYS Qui a la propriété de réfracter les rayons lumineux, les ondes électromagnétiques. *Milieu, corps réfringent.*

refroidir [ʀəfʀwadiʀ] v. [3] **I.** v. tr. **1.** Rendre froid, plus froid; abaisser la température de (qqch). **2.** Fig. *Refroidir qqn,* diminuer son ardeur, le décourager. – Par ext. *Refroidir l'enthousiasme de qqn.* **II.** v. intr. Devenir froid ou moins chaud. *Laisser refroidir sa soupe.* **III.** v. pron. **1.** Devenir plus frais, plus froid. *Le temps s'est refroidi.* **2.** (Personnes) Attraper froid. **3.** Fig. *Leurs relations se sont refroidies.*

refroidissement [ʀəfʀwadismɑ̃] n. m. **1.** Abaissement de la température. **2.** Indisposition causée par une baisse subite de la température ambiante. *Prendre un refroidissement.* **3.** Fig. Diminution de l'enthousiasme, de la chaleur (dans les relations, les sentiments).

refroidisseur [ʀəfʀwadisœʀ] n. m. et adj. m. Appareil servant à refroidir, à empêcher un échauffement excessif. ▷ adj. m. *Système refroidisseur.*

refuge [ʀəfyʒ] n. m. **1.** Asile, lieu où l'on se retire pour être en sûreté. *Chercher refuge chez qqn.* ▷ Fig. *Chercher un* *refuge dans le travail.* – (En appos.) *Valeurs refuges :* valeurs sûres. **2.** Abri destiné aux alpinistes, en montagne. Syn. (Suisse) cabane. **3.** Emplacement au milieu d'une voie très large qui permet aux passants de traverser en deux temps.

réfugié, ée [refyʒje] adj. et n. Se dit d'une personne qui a dû quitter son pays d'origine pour fuir un danger. ▷ Subst. *Un(e) réfugié(e) politique,* à qui l'on a accordé l'asile politique.

réfugier (se) [refyʒje] v. pron. [2] Se retirer (en un lieu) pour se mettre à l'abri, pour assurer sa sécurité. ▷ Fig. *Se réfugier dans la rêverie.*

refus [ʀəfy] n. m. **1.** Action, fait de refuser. *Opposer un refus à qqn.* **2.** Ce qui reste, ce qui ne passe pas dans un tamis. ▷ *Spécial.* Dans une pâture, les herbes que les animaux refusent de manger.

refuser [ʀəfyze] v. [1] **I.** v. tr. **1.** Ne pas accepter (ce qui est offert). *Refuser un cadeau, une invitation.* **2.** Ne pas accepter (ce qui est présenté). *Éditeur qui refuse un manuscrit.* ▷ *Refuser le combat,* ne pas accepter de l'engager. **3.** Ne pas accorder (ce qui est demandé). *Refuser une autorisation à qqn.* ▷ *Refuser de* (+ inf.) : ne pas consentir à. *Refuser d'obéir.* **4.** Ne pas consentir à reconnaître (une qualité). *On lui refuse toute compétence en la matière.* **5.** Ne pas recevoir (qqn) à un examen. *Refuser un candidat.* ▷ Ne pas laisser entrer (des personnes). *On refuse du monde chaque soir.* **II.** v. pron. **1.** (Passif) Être refusé, devoir être refusé. *Une telle offre ne se refuse pas.* **2.** (Réfléchi) Se priver de (le plus souvent en emploi négatif). *Il ne se refuse rien!* **3.** *Se refuser à :* ne pas accepter de. *Se refuser à travailler dans ces conditions.* **4.** *Femme qui se refuse à un homme,* qui n'accepte pas de se donner à lui.

réfutation [refytasjɔ̃] n. f. Action de réfuter; discours, raisonnement par lequel on réfute. ▷ Fig. Démenti qui s'impose comme une évidence. *Sa conduite est la réfutation sans appel des calomnies portées contre lui.*

réfuter [refyte] v. tr. [1] Rejeter (ce qui est affirmé par qqn) en en démontrant la fausseté. *Réfuter un argument, un raisonnement, une thèse.* ▷ Par ext. *Réfuter un auteur.*

reg [ʀɛg] n. m. GEOGR Désert rocheux formé par la déflation.

regagner [ʀəgaɲe] v. tr. [1] **1.** Gagner de nouveau (ce qu'on avait perdu). *Regagner le temps perdu.* **2.** Revenir, retourner à (un endroit). *Regagner son domicile.*

regain [ʀəgɛ̃] n. m. **1.** Herbe qui repousse dans une prairie après la première fauchaison. **2.** Fig. *Regain de... :* retour de (ce qui paraissait perdu, fini). *Un regain de jeunesse, d'activité.*

régal, als [regal] n. m. **1.** Mets délicieux. *Ce dessert est un régal, un vrai régal.* **2.** Fig. Grand plaisir causé par qqch. *C'était un régal de les voir.*

régaler [regale] v. [1] **1.** v. tr. Offrir un bon repas à (qqn). **2.** v. pron. Prendre un grand plaisir à déguster un mets, un repas, etc., délicieux. ▷ Fig. *Le spectacle était d'une grande drôlerie; nous nous sommes régalés.*

régalien, enne [regaljɛ̃, ɛn] adj. Qui est du ressort de l'État, du chef de l'État.

regard [ʀəgaʀ] n. m. **1.** Action de regarder, de porter sa vue, son attention sur. *Porter son regard sur qqch.* ▷ Coup d'œil. *Jeter un regard sur qqch.* **2.** Expression des yeux de qqn. *Un regard franc, intelligent.* **3.** Fig. Action, manière d'observer, d'examiner. *Cet auteur porte un regard critique sur les mœurs de son temps.* **4.** *Droits de regard :* possibilité d'exercer une surveillance, un contrôle. **5.** Loc. prép. *Au regard de :* par rapport à. *Au regard de la justice.* **6.** Loc. adv. *En regard :* vis-à-vis. *Texte original avec la traduction en regard.* **7.** Ouverture pratiquée pour permettre la visite et le nettoyage d'un conduit.

regardant, ante [ʀ(ə)gaʀdɑ̃, ɑ̃t] adj. Qui regarde trop à la dépense; parcimonieux. – *Par ext.* (Surtout en tournure nég.) Attentif, rigoureux. *Il n'était pas très regardant sur leurs agissements.*

regarder [ʀəgaʀde] v. [1] **I.** v. tr. **1.** Porter les yeux, la vue sur (qqch ou qqn) en s'appliquant à voir. *Regarder l'horizon.* – (Suivi d'un inf.) *Nous l'avons regardé partir.* ▷ Loc. *Regarder qqn de travers,* avec mépris ou hostilité. – *Regarder les choses en face,* objectivement, sans chercher à s'abuser. **2.** Fig. Considérer. *Regarder les choses d'un bon œil,* favorablement. **3.** (Sujet n. de chose.) Concerner, avoir rapport à. *Cela ne les regarde pas.* **4.** (Choses) Fig. Être tourné vers. *Maison qui regarde la mer.* **II.** v. tr. indir. **1.** *Regarder à :* considérer en faisant attention. *Regarder à la dépense :* hésiter à dépenser. – *Y regarder à deux fois :* se méfier. *Y regarder de près :* examiner les choses soigneusement (avant de juger, de se décider). **2.** (Belgique) Fam. *Regarder après :* surveiller (qqn). *Veux-tu bien regarder après ta petite sœur?* – (S'emploie surtout en tournure négative.) *Ne pas regarder à, ne pas regarder après :* ne pas se soucier de (qqn), ne pas en tenir compte. *Ne regarde pas à moi, fais comme tu l'entends.* **III.** v. pron. **1.** (Réfléchi) Regarder sa propre image. **2.** (Réciproque) *Se regarder dans les yeux.* ▷ (Choses) Être vis-à-vis. *Maisons qui se regardent.* **3.** (Passif) Être regardé; devoir être regardé (de telle manière). *Retournez-le, ce tableau se regarde dans l'autre sens.*

regarnir [ʀəgaʀniʀ] v. tr. [3] Garnir de nouveau.

régate [regat] n. f. Course de bateaux, à la voile ou à l'aviron.

régater [regate] v. intr. [1] (Suisse) Syn. de *rivaliser. Régater avec les meilleurs.*

régence [reʒɑ̃s] n. f. **1.** Direction d'un État par un régent. *Conseil de régence.* ▷ Dignité, fonction de régent; durée de cette fonction. **2.** (En appos.) Qui appartient à l'époque de la Régence. *Style Régence.* **3.** (Luxembourg) Fonction exercée par un professeur principal. (V. régent, sens 3.) *Il a été chargé d'une régence.*

Régence (la), la période de l'histoire de France pendant laquelle, après la mort de Louis XIV (1715), son neveu Philippe d'Orléans fut régent du royaume jusqu'à la majorité de Louis XV, à 13 ans, en 1723. La réaction contre le siècle précédent fut complète : libération des mœurs, alliance avec l'Angleterre et les Provinces-Unies contre l'Espagne, etc.

Regency (style), style anglais (architecture, mobilier), de l'époque de la Régence et du règne de George IV (1811-1830).

régénérateur, trice [reʒeneʀatœʀ, tʀis] adj. et n. m. **1.** adj. Qui régénère. *Principe régénérateur de l'épiderme.* **2.** n. m. TECH Appareil servant à régénérer un catalyseur.

régénératif, ive [reʒeneʀatif, iv] adj. BIOL Qui régénère.

régénération [reʒeneʀasjɔ̃] n. f. **1.** BIOL Reconstitution naturelle d'un tissu ou d'un organe qui avait été détruit. **2.** SYLVIC Renouvellement d'un peuplement forestier par rejets de souche, semis ou plantation. **3.** AGRIC *Régénération d'un sol :* rétablissement de sa fertilité par la mise en jachère ou l'apport d'éléments fertilisants. **4.** Fig., litt. Renouvellement moral, renaissance de ce qui était dégénéré. **5.** CHIM Opération qui consiste à régénérer un catalyseur.

régénérer [reʒeneʀe] v. tr. [14] **1.** RELIG Faire renaître spirituellement. *Le baptême régénère.* **2.** BIOL Reconstituer (ce qui est détruit). ▷ v. pron. *Tissus détruits qui se régénèrent.* **3.** Renouveler moralement (ce qui est dégénéré). *Régénérer les mœurs.* **4.** CHIM Réactiver (un catalyseur).

régent, ente [reʒɑ̃, ɑ̃t] n. **I. 1.** Celui, celle qui gouverne l'État pendant la minorité ou l'absence du roi, du souverain. **2.** (Belgique) Personne habilitée à donner des cours dans les trois plus petites classes de l'enseignement secondaire. **3.** (Luxembourg) Professeur principal. (V. régence, sens 3.) **II.** n. m. (Afr. subsah.) Celui qui assure l'intérim d'un chef coutumier, dans certaines ethnies.

régenter [reʒɑ̃te] v. tr. [1] Diriger, ordonner en exerçant une autorité excessive ou abusive.

reggae [ʀege] n. m. et adj. inv. MUS Style de musique à structure binaire avec décalage du temps fort, spécifique aux Noirs jamaïquains. ▷ adj. inv. *Des morceaux reggae.*

Reggan ou **Reggane,** local. du Sahara algérien (wilaya d'Adrar), anc. centre français d'essais d'engins téléguidés et d'armes nucléaires (évacué en 1967). La première bombe atomique française y explosa le 13 fév. 1960.

Reggio di Calabria, v. et port d'Italie (Calabre), sur le détroit de Messine; 176440 hab.; ch.-l. de la prov. du m. nom. – Archevêché. Musées. – La ville fut plusieurs fois détruite par des séismes (1783, 1841, 1908).

régicide [reʒisid] n. et adj. **1.** n. Assassin d'un roi. ▷ adj. *Des menées régicides.* **2.** n. m. Assassinat (ou condamnation à mort) d'un roi.

régie [reʒi] n. f. **1.** DR Gestion d'une entreprise d'intérêt public par des fonctionnaires de l'État ou d'une collectivité publique. *Régie simple* ou *directe,* dont le service est assuré par des fonctionnaires. *Régie intéressée,* dont le service est assuré par une entreprise privée sous le contrôle de l'Administration. **2.** Direction du personnel et du matériel d'un théâtre, d'une production de cinéma, de télévision. ▷ AUDIOV Local à partir duquel le réalisateur dirige les prises de vues et de son effectuées en studio.

regimber [ʀəʒɛ̃be] v. intr. [1] **1.** Refuser d'avancer, en ruant. *Cheval qui regimbe.* **2.** Fig. Résister en refusant d'obéir. *Regimber contre un ordre.*

1. régime [reʒim] n. m. **I. 1.** Ordre, constitution, forme d'un État; manière de le gouverner. *Régime monarchique, féodal,* etc. ▷ HIST *L'Ancien Régime :* le régime monarchique qui, en France, précède la Révolution. – *Le Régime* *français,* instauré à l'arrivée des Français en Nouvelle-France et en vigueur jusqu'à la conquête du Canada par les Anglais en 1760. – *Le Régime anglais,* qui, au Canada, a succédé au Régime français et a été en vigueur jusqu'à la création de la Confédération (1867). ▷ *Régime libéral, dictatorial, fasciste.* **2.** Ensemble de dispositions réglementaires ou légales qui régissent certaines institutions; organisation de ces institutions. *Régime des hôpitaux. Régimes matrimoniaux.* – *Régime d'imposition :* mode de calcul de l'impôt. **3.** Règle à suivre dans la manière de vivre (du point de vue de la santé). *Régime d'entraînement sportif.* ▷ (Plus cour.) *Régime alimentaire* ou, absol., *régime :* usage raisonné de la nourriture pour corriger certains troubles ou éviter qu'ils ne se produisent. *Être au régime. Régime sans sel.* – *Régime sec,* dans lequel les boissons alcoolisées sont proscrites. **II.** Manière dont se produisent certains phénomènes. **1.** PHYS Manière dont se produit l'écoulement d'un fluide. *Régime laminaire, turbulent.* **2.** Vitesse de rotation d'un moteur. *Marche d'un moteur à bas régime* (au ralenti), *à plein régime* (au maximum de sa puissance). **3.** GEOGR Mode d'évolution de certains processus hydrologiques et météorologiques cycliques, au cours d'une année. *Régime des vents, des pluies.* **III.** LING Mot régi par un autre, dans la phrase. *Régime direct, indirect.*

2. régime [ʀeʒim] n. m. Grosse grappe que forment les fruits des bananiers, des palmiers-dattiers, des palmiers à huile. *Régime de bananes.*

régiment [ʀeʒimɑ̃] n. m. **1.** Corps militaire composé de plusieurs bataillons, escadrons ou groupes et que commande un colonel. *Régiment d'artillerie (R.A.), d'infanterie (R.I.),* etc. ▷ Ensemble des soldats d'un régiment. **2.** Fig. Multitude. *Un régiment de créanciers.*

Regiomontanus (Johann Müller, connu sous le nom lat. de) (1436 – 1476), astronome allemand. Il détermina le parcours des comètes.

Regina, v. du Canada; 179 170 hab. Cap. de la Saskatchewan. Centre agricole et commercial. Raff. de pétrole. – Université. Archevêché catholique. Évêché anglican.

région [ʀeʒjɔ̃] n. f. **1.** Grande étendue de pays, possédant des caractéristiques (notam. géographiques et humaines) qui en font l'unité. *Les régions polaires. La région ouest-africaine.* **2.** Étendue de pays autour d'une ville, d'un point géographique remarquable. *La région de Nice. Le mont Cameroun et sa région.* **3.** (Avec une majuscule) Division territoriale administrative de divers pays dont la France, le Congo, le Mali, le Québec (*Région administrative*), le Sénégal. **4.** (Belgique) (Avec une majuscule) Entité politique et administrative de la Belgique fédérale. *Les Régions sont au nombre de trois : la Région wallonne, la Région flamande et la Région de Bruxelles-Capitale.* (V. dossier Belgique, p. 1380). **5.** Partie déterminée du corps. *Région pectorale, lombaire.* **6.** Fig., litt. Degré, point où l'on s'élève (en parlant de la philosophie, des sciences, etc.). *Les régions supérieures du savoir.*

régional, ale, aux [ʀeʒjɔnal, o] adj. **1.** Relatif à une région. *Cuisine, coutumes régionales. Les français régionaux.* – *Concertation régionale,* entre plusieurs États d'une même région. **2.** Relatif à une Région (région, sens 3 et 4). *Les compétences régionales. L'administration régionale.*

régionalisation [ʀeʒjɔnalizasjɔ̃] n. f. Décentralisation (du pouvoir politique, économique, administratif) au profit des Régions.

régionaliser [ʀeʒjɔnalize] v. tr. [1] **1.** Décentraliser au profit des Régions. **2.** Fixer par Région. *Régionaliser un programme d'investissement.*

régionalisme [ʀeʒjɔnalism] n. m. **1.** Système politique ou administratif, tendant à assurer une certaine autonomie aux Régions. *Régionalisme et séparatisme.* **2.** Didac. Attention particulière portée à la description des mœurs, des paysages, d'une région déterminée, dans une œuvre littéraire. *Le régionalisme de George Sand.* **3.** Locution, mot, tour propre à une région.

régionaliste [ʀeʒjɔnalist] adj. et n. **1.** Favorable au régionalisme (sens 1). *Politique régionaliste.* ▷ Subst. *Les régionalistes, les autonomistes et les séparatistes.* **2.** *Écrivain régionaliste,* dont l'œuvre est empreinte de régionalisme (sens 2).

régir [ʀeʒiʀ] v. tr. [3] Déterminer, régler (en parlant d'une loi, d'une règle, etc.). *La loi régit les rapports entre les hommes.* – *La loi qui régit tel phénomène physique.* ▷ GRAM Imposer (une catégorie grammaticale à un autre mot). *La locution conjonctive «bien que» régit le subjonctif.*

régisseur, euse [ʀeʒisœʀ, øz] n. **1.** Personne qui régit, qui gère. **2.** n. m. *Régisseur d'un théâtre,* qui a la charge de l'organisation matérielle des spectacles.

registraire [ʀəʒistʀɛʀ] n. (Québec) Personne qui, dans un établissement d'enseignement, est chargée de l'inscription et de l'admission des élèves ou des étudiants, et de la tenue des dossiers.

registre [ʀəʒistʀ] n. m. **I. 1.** Livre public ou privé sur lequel on consigne les actes, les affaires de chaque jour. *Les registres de l'état civil.* ▷ *Registre du commerce :* répertoire officiel des commerçants, des sociétés civiles et commerciales et des G.I.E. **2.** INFORM Mémoire qui sert à stocker une information élémentaire. **II. 1.** MUS Chacune des parties (grave, médiane, aiguë) de l'échelle totale des sons qu'un instrument peut émettre sans changer son timbre. – Étendue totale de l'échelle vocale d'un chanteur. **2.** Fig. Tonalité propre, caractéristique d'une œuvre, d'un discours. *D'un livre à l'autre, il a changé de registre.* **3.** TECH Pièce coulissante ou pivotante qui masque une ouverture pour régler un débit.

réglable [ʀeglabl] adj. Qu'on peut régler. *Briquet à flamme réglable.*

réglage [ʀeglaʒ] n. m. Opération par laquelle on règle un appareil, un mécanisme; manière dont un mécanisme est réglé.

règle [ʀɛgl] n. f. **I.** Instrument allongé qui sert à tracer des lignes droites. *Règle graduée.* ▷ Par anal. *Règle à calcul :* instrument servant à effectuer certains calculs (multiplication, division, extraction de racines, etc.), constitué de deux réglettes à graduation logarithmique, coulissant l'une sur l'autre. **II.** Fig. **1.** Principe qui doit servir de ligne directrice à la conduite; prescription ou ensemble de prescriptions qui portent sur la conduite à tenir dans un cas déterminé. *Les règles de la morale, de la politesse.* ▷ *La règle, les règles du jeu :* l'ensemble des conventions propres à un jeu, à un sport. **2.** Loc. *Selon les règles, dans les règles, dans les règles de l'art :* comme il se doit. – *En règle générale :* d'une manière générale, habituellement. ▷ *En règle :* conforme aux prescriptions légales. *Papiers en règle.* **3.** Ensemble des préceptes disciplinaires qui régissent la vie des membres d'un ordre religieux. *La règle de saint Benoît.* **4.** ARITH Formule, opération qui permet d'effectuer certains calculs. *Règle de trois :* V. trois. **III.** Plur. Cour. Écoulement menstruel. *Avoir ses règles. Règles douloureuses* (dysménorrhée). Syn. menstruation, menstrues.

réglé, ée [ʀegle] adj. **1.** GEOM Engendré par le déplacement d'une droite. *Surface réglée d'un cylindre, d'un cône.* **2.** (Au fém.) Se dit d'une jeune fille pubère, qui a ses règles (sens III).

règlement [ʀɛgləmɑ̃] n. m. **I. 1.** DR Acte législatif, posant une règle générale, qui émane d'une autre autorité que le Parlement (du pouvoir exécutif, notam.). *Règlement de police.* **2.** Ensemble de prescriptions que doivent observer les membres d'une société, d'un groupe, d'une assemblée, etc. *Règlement intérieur d'une entreprise.* ▷ Texte écrit qui contient le règlement. *Afficher le règlement.* **II. 1.** Action de régler une affaire. *Le règlement d'un litige.* **2.** Action de régler un compte. *Règlement d'une dette.* ▷ Fig. *Règlement de comptes :* action de vider une querelle avec violence. **3.** DR *Règlement judiciaire :* procédure judiciaire concernant un débiteur (commerçant, société, association) en état de cessation de paiement, quand sa situation permet d'envisager le rétablissement de son entreprise.

réglementaire [ʀɛgləmɑ̃tɛʀ] adj. **1.** Relatif à un règlement. *Dispositions réglementaires.* **2.** Fixé par règlement; conforme au règlement. *Tenue réglementaire.*

réglementairement [ʀɛgləmɑ̃tɛʀmɑ̃] adv. Selon le règlement.

réglementation [ʀɛgləmɑ̃tasjɔ̃] n. f. **1.** Action de réglementer. *La réglementation du stationnement.* **2.** Ensemble de mesures légales, de règlements. *Réglementation de la vente à crédit.*

réglementer [ʀɛgləmɑ̃te] v. tr. [1] Soumettre à des règlements.

régler [ʀegle] v. tr. [14] **I.** Couvrir de lignes droites parallèles. – Pp. adj. Se dit d'un papier où sont tracées des lignes parallèles pour faciliter l'écriture. **II. 1.** Litt. Diriger ou modérer suivant des règles. *Régler sa conduite.* ▷ *Régler sa conduite sur qqn,* le prendre pour modèle. – v. pron. *Se régler sur qqn.* **2.** Fixer, déterminer, arrêter d'une manière précise ou définitive. *Régler l'ordre d'une cérémonie.* **3.** *Régler une chose,* la terminer, la résoudre définitivement. *Régler ses affaires.* ▷ v. pron. *Leur différend s'est réglé à l'amiable.* **4.** *Régler un compte,* l'arrêter, payer ce que l'on doit. **5.** *Par ext.* Payer (une dette, un fournisseur). *Régler sa note de restaurant. Régler le boutiquier.* ▷ Absol. *Régler en espèces, par chèque.* **6.** Mettre au point (un mécanisme, un appareil), amener (un phénomène) à se produire convenablement. *Régler sa montre,* la mettre à l'heure. *Régler le ralenti d'un moteur. Régler un téléviseur.*

régleur, euse [ʀeglœʀ, øz] n. Ouvrier, ouvrière spécialisés dans le réglage de machines.

réglisse [ʀeglis] n. **1.** n. f. Plante dicotylédone (fam. papilionacées) dont on utilise la racine (rhizome) pour ses propriétés médicinales. *Réglisse officinale.* **2.** n. m. Racine de cette plante *(bois de réglisse)*; suc qu'on en extrait.

régnant, ante [ʀeɲɑ̃, ɑ̃t] adj. **1.** Qui règne. *Prince régnant.* **2.** Fig., litt. Dominant, qui a cours. *L'opinion régnante.*

Regnard (Jean-François) (1655 – 1709), auteur français de comédies : *le Joueur* (1696), *le Distrait* (1697), *le Légataire universel* (1708).

règne [ʀɛɲ] n. m. **I. 1.** Gouvernement d'un prince souverain; durée de ce gouvernement. *Sous le règne de Louis XIV.* ▷ Par ext. *Le règne de tel ministre, de tel chef d'État.* **2.** Domination, influence prédominante (d'une personne, d'un groupe, d'une chose). *Le règne de la justice.* **II.** Chacune des grandes divisions que l'on distingue dans la nature. *Règne végétal, animal.*

régner [ʀeɲe] v. intr. [**14**] **1.** Exercer le pouvoir souverain, monarchique. *Louis XIV régna sur la France pendant soixante-douze ans.* ▷ *Par ext.* Exercer un pouvoir. – Fig. *Régner sur un cœur.* **2.** (Choses) Avoir cours, prédominer. *Le mauvais temps règne sur le pays.*

Régnier (Mathurin) (1573 – 1613), poète français; partisan, contre Malherbe, d'une «libre inspiration».

Régnier (Henri de) (1864 – 1936), poète symboliste et romancier français. Acad. fr. (1911).

régolite [ʀegɔlit] n. f. GEOL Manteau de débris provenant de l'altération de la roche sous-jacente.

regommer [ʀəgɔme] v. tr. [**1**] (Suisse) Rechaper (un pneumatique usé).

regonflage [ʀəgɔ̃flaʒ] n. m. Action de regonfler.

regonfler [ʀəgɔ̃fle] v. tr. [**1**] Gonfler de nouveau (ce qui est dégonflé). *Regonfler un ballon.*

regorger [ʀəgɔʀʒe] v. [**13**] **1.** v. intr. Déborder, s'épancher hors de ses limites normales. *Liquide qui regorge par un trop-plein.* **2.** v. tr. indir. *Regorger de... :* avoir en grande abondance. *Ville qui regorge de trésors architecturaux.*

régresser [ʀegʀese] v. intr. [**1**] Subir une régression. – PSYCHO *Sujet qui régresse.* ▷ Diminuer, reculer. *Le nombre des meurtres régresse.*

régressif, ive [ʀegʀesif, iv] adj. **1.** Qui revient en arrière. ▷ PHILO *Raisonnement, analyse régressive,* qui remonte des faits aux causes, des conséquences aux principes. **2.** BIOL, PSYCHO Qui constitue une régression, qui procède d'une régression. *Forme régressive. Évolution régressive.* **3.** GEOGR *Érosion régressive* (du lit d'un fleuve), qui érode de l'aval vers l'amont.

régression [ʀegʀesjɔ̃] n. f. **1.** Retour à un état antérieur. ▷ BIOL Évolution d'un tissu, d'un organe, d'une espèce, etc., qui aboutit à des formes assimilables à un état de développement antérieur (formes moins différenciées, notam.). ▷ PSYCHO, PSYCHAN Retour du sujet à un stade antérieur de son développement (affectif, libidinal, linguistique, etc.), caractéristique des difficultés qu'il éprouve à résoudre certains conflits psychiques. *Fixation et régression.* **2.** *Par ext.* Recul, diminution en force, en intensité ou en nombre. *Les symptômes sont en régression.* **3.** GEOL *Régression marine :* recul de la mer qui abandonne les terres qu'elle avait occupées.

regret [ʀəgʀɛ] n. m. **1.** Peine, chagrin causé par la perte de qqch ou de qqn. *Avoir le regret du pays natal.* **2.** Mécontentement, chagrin d'avoir ou de ne pas avoir fait une chose. *Être rongé de regrets. Le regret d'avoir échoué.* ▷ Loc. adv. *À regret :* malgré soi.

regrettable [ʀəgʀetabl] adj. Qu'on regrette; déplorable, fâcheux. *Un incident regrettable.*

regretter [ʀəgʀete] v. tr. [**1**] **1.** Éprouver de la peine, du chagrin, au souvenir de (ce qui n'est plus, ce que l'on n'a plus). *Regretter sa jeunesse.* ▷ *Regretter qqn* (une personne défunte ou durablement absente). – Pp. adj. *Notre regretté ami :* notre ami défunt. **2.** Éprouver du mécontentement, de la contrariété (d'avoir ou de ne pas avoir fait qqch). *Il regrette amèrement de ne pas l'avoir dit plus tôt.* ▷ *Regretter ses erreurs, ses péchés,* les désavouer, s'en repentir. **3.** Être mécontent de (ce qui s'oppose à la réalisation d'un désir, d'un souhait, d'un projet). *Regretter la présence de qqn. Regretter que qqn soit présent.* **4.** Déplorer (une action dont on est responsable). *Je regrette de vous avoir retardé.* ▷ (Formule de politesse.) *Je regrette, mais... :* excusez-moi, mais...

regroupement [ʀəgʀupmɑ̃] n. m. Action de regrouper, de se regrouper; son résultat.

regrouper [ʀəgʀupe] v. tr. [**1**] Rassembler en un même lieu ou à une même fin (ce qui était dispersé). ▷ v. pron. *La foule s'est regroupée rapidement.*

reguibat [ʀegibat] adj. et n. inv. (Maghreb) Relatif à une tribu saharienne. ▷ Subst. Membre d'une tribu saharienne. *Des Reguibat.*

régularisation [ʀegylaʀizasjɔ̃] n. f. Action de régulariser; son résultat.

régulariser [ʀegylaʀize] v. tr. [**1**] **1.** Rendre régulier, conforme aux lois; donner une forme légale à. *Régulariser sa situation.* – FIN *Régulariser un compte.* **2.** Rendre régulier (ce qui était inégal, inconstant). *Régulariser un mouvement. Régulariser une rivière.*

régularité [ʀegylaʀite] n. f. **1.** Caractère de ce qui est régulier, uniforme, constant. *La régularité d'un pas.* **2.** État d'une chose présentant une certaine symétrie, des proportions justes et harmonieuses. *La régularité d'une écriture.* **3.** Conformité aux règles. *La régularité d'une procédure, d'une élection.*

régulateur, trice [ʀegylatœʀ, tʀis] adj. et n. m. **I.** adj. Qui règle, qui régularise. *Action régulatrice d'un thermostat.* ▷ BIOL *Gène régulateur,* qui régularise l'activité d'un autre gène par une action inhibitrice. ▷ ECON *Prix régulateur,* qui permet un approvisionnement régulier du marché. **II.** n. m. **1.** TECH Dispositif qui maintient constante la température, la pression, la vitesse, l'intensité électrique, etc. **2.** AGRIC Dispositif qui, sur une charrue, sert à régler la position des socs.

régulation [ʀegylasjɔ̃] n. f. **1.** Action de régler, de régulariser un mouvement, un débit. *La régulation du trafic sur le réseau routier.* **2.** Action de régler un mécanisme complexe. *Régulation des compas d'un navire.* **3.** Maintien de l'équilibre d'un système complexe et structuré, assurant son fonctionnement correct. *Régulation et autorégulation d'un système, en cybernétique.* – ECON *Théorie de la régulation.* ▷ BIOL *Régulation thermique.* **4.** *Régulation des naissances :* V. contraception.

réguler [ʀegyle] v. tr. [**1**] Didac. Assurer la régulation de (un mouvement, un système).

régulier, ère [ʀegylje, ɛʀ] adj. (et n. m.) **I. 1.** Qui ne s'écarte pas des règles, de la norme. *Procédure régulière. Verbes réguliers,* dont la conjugaison ne présente pas d'exception aux règles générales. ▷ Légal, réglementaire. *«Légalement le coup est régulier»* (M. Pagnol). **2.** (Par oppos. à *séculier.*) Qui concerne les ordres religieux (soumis à la *règle*). *Clergé régulier.* **3.** *Troupes régulières,* qui constituent la force armée officielle d'un État (par oppos. à *partisans, francs-tireurs, supplétifs,* etc.). ▷ n. m. *Un régulier :* un soldat de l'armée régulière. **4.** Conforme aux préceptes de la morale sociale (en parlant de la vie, des mœurs d'une personne). *Vous pouvez lui faire confiance, il est régulier.* **II. 1.** Dont la vitesse, le rythme ou l'intensité ne varie pas. *Mouvement régulier. Respiration régulière.* **2.** Qui se reproduit à des intervalles égaux; périodique. *Examens médicaux réguliers.* ▷ Qui se produit de manière habituelle, constante; qui est assuré à jour ou à heure fixe. *Service régulier d'autobus.* ▷ n. m. (Afr. subsah.) Au Cameroun, train omnibus. **3.** (Personnes) Exact, ponctuel. *Être régulier dans ses habitudes.* **4.** (Afr. subsah.) Assidu, qui vient régulièrement. *Un élève régulier en classe.* **III. 1.** Qui présente une certaine symétrie; harmonieux dans ses formes, bien proportionné. *Ville bâtie sur un plan régulier. Visage, traits réguliers.* **2.** MATH *Polygone régulier,* dont tous les côtés, tous les angles sont égaux. *Polyèdre régulier,* dont toutes les faces sont des polygones réguliers égaux. **3.** BOT *Fleur régulière,* pourvue d'un axe de symétrie (par oppos. à *fleur irrégulière,* pourvue d'un plan de symétrie). Syn. actinomorphe. Ant. zygomorphe.

régulièrement [ʀegyljɛʀmɑ̃] adv. De manière régulière; uniformément; normalement.

régurgitation [ʀegyʀʒitasjɔ̃] n. f. Remontée dans la bouche, sans effort de vomissement, d'aliments non digérés.

régurgiter [ʀegyʀʒite] v. tr. [**1**] Rendre par régurgitation.

réhabilitation [ʀeabilitasjɔ̃] n. f. Action de réhabiliter; son résultat.

réhabiliter [ʀeabilite] v. tr. [**1**] **1.** Rétablir dans ses droits (une personne déchue par suite d'une condamnation). **2.** Faire recouvrer l'estime d'autrui à. *Cette action l'a réhabilité aux yeux de tous.* ▷ v. pron. *Je désire me réhabiliter à vos yeux.* **3.** Remettre en état (un immeuble, un quartier).

réhabituer [ʀeabitɥe] v. tr. [**1**] Habituer de nouveau. ▷ v. pron. *Se réhabituer au froid.*

rehaussement [ʀəosmɑ̃] n. m. **1.** Action de rehausser. *Le rehaussement d'une maison.* **2.** FISC Syn. de *redressement.*

rehausser [ʀəose] v. tr. [**1**] **1.** Hausser davantage. *Rehausser une muraille.* **2.** Faire valoir, mettre en relief. *Les ombres rehaussent l'éclat des couleurs.*

rehaut [ʀəo] n. m. PEINT Touche de couleur ou hachure claire ou brillante qui sert à faire ressortir des figures, des ornements, etc.

réhydratation [ʀeidʀatasjɔ̃] n. f. MED Administration thérapeutique d'eau dans un organisme qui en manque.
ENCYCL L'O.M.S. a mis au point une méthode de réhydratation par voie orale (RVO) des nourrissons atteints de diarrhée aiguë en leur faisant ingérer des *sels pour solution de réhydratation orale (SRO),* poudre blanche composée, pour un litre d'eau, de 3,5g de chlorure de sodium, 2,5 g de bicarbonate de soude, 1,5 g

de chlorure de potassium et 20 g de glucose. On peut aussi ajouter 3,5 g de sel de cuisine et 40 g de sucre ordinaire à un litre d'eau. Si l'on ne dispose pas de chlorure de potassium, on donne au malade du jus d'orange ou de la banane écrasée.

réhydrater [reidʀate] v. tr. [1] MED Pratiquer une réhydratation.

Reich («empire», en all.), nom donné au Saint Empire romain germanique (962-1806) ou Ier Reich, puis à l'Empire fondé par Bismarck (1871-1918) ou IIe Reich, enfin au régime nazi (1933-1945) ou IIIe Reich.

Reich (Wilhelm) (1897 – 1957), psychanalyste américain d'origine autrichienne. Communiste, il tenta de concilier marxisme et freudisme (*Matérialisme dialectique et psychanalyse,* 1929), il prôna la libération sexuelle : *la Fonction de l'orgasme* (1927), *la Lutte sexuelle des jeunes* (1932). Sous le nazisme, il se réfugia aux États-Unis (1939), où, accusé d'escroquerie, il mourut en prison.

Reichenbach (Hans) (1891 – 1953), philosophe et logicien allemand; un des fondateurs du cercle de Vienne*.

Reichstag, chambre législative, élue au suffrage universel, de la Confédération de l'Allemagne du Nord (1867-1871), de l'Empire allemand (1871-1918) et de la république de Weimar (1919-1933). Le palais du Reichstag, à Berlin, fut incendié le 27 fév. 1933 à l'instigation des nazis, qui accusèrent un militant communiste (Van der Lubbe) et mirent hors la loi les communistes (procès de Leipzig).

Reichstein (Tadeusz) (1897 – 1996), biochimiste suisse d'origine polonaise; spécialiste des biocatalyseurs, et notam. de la cortisone. P. Nobel de médecine 1950 avec P. S. Hench et E. C. Kendall.

réifier [reifje] v. tr. [2] PHILO Transformer en chose; constituer en une chose extérieure et autonome (ce qui provient de sa subjectivité). Syn. chosifier.

réimplantation [reɛ̃plɑ̃tasjɔ̃] n. f. CHIR **1.** Remise en place d'un organe sectionné. *La réimplantation d'un doigt.* – Implantation chez le receveur d'un organe prélevé sur un donneur. *Réimplantation cardiaque.* **2.** Remise en place d'une dent dans son alvéole.

réimplanter [reɛ̃plɑ̃te] v. tr. [1] CHIR Pratiquer la réimplantation de.

réimportation [reɛ̃pɔʀtasjɔ̃] n. f. ECON Action de réimporter.

réimporter [reɛ̃pɔʀte] v. tr. [1] ECON Importer dans son pays d'origine (une marchandise exportée).

réimpression [reɛ̃pʀesjɔ̃] n. f. Nouvelle impression (d'un livre).

réimprimer [reɛ̃pʀime] v. tr. [1] Imprimer de nouveau.

Reims, v. de France, ch.-l. d'arr. de la Marne; 185 164 hab. Vinification et comm. du champagne. Industr. – Université. Archevêché. Musées. Cath. goth. (XIIIe s.); les portails de la façade O. sont ornés de sculptures, dont l'ange nommé *Sourire de Reims.* Basilique St-Remi, romane (XIe s.-XIIe s.). Porte de Mars (arc de triomphe gallo-romain du IIe s.). – Cap. de la Gaule Belgique, Reims, qui eut un évêché dès 290, a vu le baptême de Clovis (496). Aussi, à partir de Louis VII, les rois de France furent sacrés dans la cathédrale de Reims.

rein [ʀɛ̃] n. m. **1.** Plur. *Les reins :* les lombes, la partie inférieure du dos. *Avoir mal aux reins.* – Loc. fig. *Avoir les reins solides :* être assez puissant, assez prospère pour pouvoir surmonter d'éventuelles difficultés. *Casser les reins à qqn,* briser sa carrière. ▷ Litt. Ceinture, taille. *Se ceindre les reins d'un pagne.* **2.** (Sing.) Chacun des deux organes qui élaborent l'urine. ▷ *Rein artificiel :* appareil qui assure l'épuration du sang en cas d'insuffisance rénale (V. dialyse).

ENCYCL Physiol. – La totalité de la masse sanguine traversant le rein en quatre ou cinq minutes, 1 700 litres de sang passent chaque jour par l'appareil rénal. Les reins maintiennent l'équilibre du milieu intérieur en épurant le sang des substances toxiques et en compensant les «entrées» dans le milieu intérieur par des «sorties» (sécrétion d'urine), et ils participent au contrôle de la pression artérielle en sécrétant de la rénine.

réincarnation [reɛ̃kaʀnasjɔ̃] n. f. Nouvelle incarnation (d'une âme) dans un corps différent. V. métempsycose.

réincarner (se) [reɛ̃kaʀne] v. pron. [1] S'incarner de nouveau.

reine [ʀɛn] n. f. **1.** Épouse d'un roi. ▷ *Reine mère :* mère du souverain régnant. **2.** Souveraine d'un royaume. *La reine d'Angleterre. – Un port de reine,* majestueux. **3.** Femme qui l'emporte sur toutes les autres dans une circonstance particulière. *Elle était la reine de la fête. – Reine de beauté* (cf. miss). ▷ (Choses) Ce qui occupe la première place, qui prévaut sur tout le reste. *La valse, reine des danses. La reine des nuits :* la Lune. **4.** Dame du jeu d'échecs. *Perdre sa reine.* **5.** Femelle pondeuse, chez les insectes sociaux (abeilles, guêpes, termites, fourmis). **6.** (Aoste, Suisse) Vache qui mène un troupeau. – *Combat de reines :* combat aux cornes entre reines.

Reine-Charlotte (archipel de la), groupe d'env. 150 îles canadiennes (Colombie-Britannique), dans le Pacifique. – *Le détroit de la Reine-Charlotte* sépare l'île Vancouver de la Colombie-Britannique.

Reine-Élisabeth (îles de la), archipel arctique du Canada (Territoires du Nord-Ouest) comprenant les îles Melville, Bathurst, Devon, Axel Heiberg et Ellesmere; 390 000 km².

reine-marguerite [ʀɛnmaʀgəʀit] n. f. Plante proche de la marguerite, originaire de Chine (fam. composées), cultivée pour ses fleurs. *Des reines-marguerites.*

reinette [ʀɛnɛt] n. f. Pomme à couteau d'automne ou d'hiver, très parfumée, à peau grisâtre ou tachetée.

Reinhardt (Max Goldmann, dit Max) (1873 – 1943), directeur de théâtre et metteur en scène autrichien; spécialiste de spectacles aux nombr. figurants (*Œdipe roi* de Sophocle, *Jules César* de Shakespeare, etc.).

Reinhardt (Jean-Baptiste, dit Django) (1910 – 1953), compositeur et guitariste de jazz français d'origine tsigane, né en Belgique.

réinscription [reɛ̃skʀipsjɔ̃] n. f. Nouvelle inscription.

réinscrire [reɛ̃skʀiʀ] v. tr. [67] Inscrire de nouveau. ▷ v. pron. *Se réinscrire à la faculté.*

réinsérer [reɛ̃seʀe] v. tr. [14] Insérer de nouveau. ▷ Assurer une nouvelle insertion sociale à. *Réinsérer un accidenté du travail.*

réinsertion [reɛ̃sɛʀsjɔ̃] n. f. Action de réinsérer (partic., socialement); son résultat. *La réinsertion des handicapés.*

réinstallation [reɛ̃stalasjɔ̃] n. f. Action de réinstaller; son résultat.

réinstaller [reɛ̃stale] v. tr. [1] Installer de nouveau. ▷ v. pron. *Se réinstaller au Gabon après un séjour en France.*

réintégration [reɛ̃tegʀasjɔ̃] n. f. Action de réintégrer; son résultat.

réintégrer [reɛ̃tegʀe] v. tr. [14] **1.** DR Rétablir (qqn) dans la possession de ce dont il avait été dépouillé. *Réintégrer qqn dans une fonction.* **2.** Rentrer dans. *Réintégrer son domicile.*

réintroduire [reɛ̃tʀɔdɥiʀ] v. tr. [69] Introduire de nouveau.

réinventer [reɛ̃vɑ̃te] v. tr. [1] Inventer de nouveau (une chose oubliée, disparue). – Inventer à nouveau (en donnant un caractère de nouveauté).

réinvestir [reɛ̃vɛstiʀ] v. tr. [3] Investir de nouveau.

réitération [reiteʀasjɔ̃] n. f. Action de réitérer; fait d'être réitéré.

réitérer [reiteʀe] v. tr. [14] Répéter, recommencer. *Réitérer une démarche.* – Pp. adj. *Une demande réitérée.*

rejaillir [ʀəʒajiʀ] v. intr. [3] **1.** (Liquides) Jaillir avec force; jaillir de tous les côtés. *L'eau rejaillit.* **2.** Fig. Retomber. *Le scandale a rejailli sur ses proches.*

rejaillissement [ʀəʒajismɑ̃] n. m. Fait de rejaillir, mouvement de ce qui rejaillit. ▷ Fig. *Le rejaillissement du succès.*

Réjane (Gabrielle Réju, dite) (1856 – 1920), actrice française.

rejet [ʀəʒɛ] n. m. **I. 1.** Action de rejeter; fait d'être rejeté. *Rejet des eaux usées. Rejet d'un pourvoi en cassation.* **2.** Membre de phrase étroitement lié, pour le sens, à un vers, mais placé au début du vers suivant. (Ex. : *«Et lorsque je la vis au seuil de sa maison / S'enfuir...»* Musset.) **3.** MED Ensemble des réactions immunitaires qui aboutissent à l'élimination d'un greffon par l'organisme du sujet receveur. **II.** Nouvelle pousse d'une plante. ▷ *Spécial.* Pousse émise par une souche.

rejeter [ʀəʒte] v. tr. [20] **I. 1.** Jeter en retour; jeter dans le sens opposé. *Rejeter une balle.* **2.** Jeter (qqch) là où on l'a pris, à l'endroit d'où on l'a tiré. *Rejeter un poisson à la mer.* **3.** Fig. Faire supporter par qqn d'autre (la responsabilité d'une faute, les torts, etc.). *Il rejette la faute sur son associé.* **4.** Restituer en jetant hors de soi. *La mer a rejeté les débris du naufrage.* ▷ (Personnes) Vomir. *Il a rejeté tout son repas.* **II. 1.** Mettre dans un autre endroit; repousser. *Rejeter un paragraphe à la fin d'un chapitre.* ▷ v. pron. *Se rejeter en arrière :* reculer brusquement. **2.** Refuser; ne pas agréer; ne pas admettre. *Rejeter des offres, une candidature, un dogme.* ▷ Éliminer. *Rejeter des pièces défectueuses.* **3.** Écarter, chasser, exclure (qqn). *On l'avait rejeté de partout.*

rejeton [ʀəʒtɔ̃] n. m. **1.** Nouveau jet que pousse une plante, un arbre, par le pied ou par la souche. **2.** Plaisant Enfant, fils. *Comment va ton rejeton ?*

rejoindre [ʀəʒwɛ̃dʀ] v. [56] **I.** v. tr. **1.** Aller retrouver (des gens dont on était séparé). *Rejoindre un groupe d'amis à la plage.* ▷ v. pron. Se retrouver. *Ils se sont rejoints à l'entrée du village.* **2.** Rattraper (qqn). *Ses concurrents l'ont re-*

joint dans la ligne droite. **3.** (Choses) Se réunir à. *La piste rejoint le goudron un peu plus loin.* ▷ v. pron. *Rues qui se rejoignent.* **4.** *Rejoindre son poste,* aller en prendre possession. **5.** Avoir des points communs avec. *Vos affirmations rejoignent les siennes.* **6.** (Québec) Syn. de *joindre* (sens I, 4). **II.** v. intr. (Afr. subsah.) **1.** Rejoindre son poste. *Il doit rejoindre ces jours-ci.* **2.** (D'une femme mariée.) Aller, venir s'installer au domicile conjugal.

rejouer [ʀəʒwe] v. [1] **1.** v. intr. Jouer de nouveau, se remettre à jouer. **2.** v. tr. Jouer une nouvelle fois. *Rejouer un air.*

réjoui, ie [ʀeʒwi] adj. Qui exprime la joie. *Une mine réjouie.*

réjouir [ʀeʒwiʀ] v. [3] **1.** v. tr. Apporter de la joie, faire plaisir à. *Vos succès nous réjouissent.* ▷ Amuser. *Réjouir une assemblée par ses plaisanteries.* **2.** v. pron. Être content. *Je me réjouis à la pensée de te revoir bientôt.* ▷ (Belgique) *Se réjouir de :* se faire d'avance une joie de; être impatient de. *Je me réjouis d'être dimanche prochain.*

réjouissance [ʀeʒwisɑ̃s] n. f. Joie collective. ▷ (Plur.) Fête publique.

réjouissant, ante [ʀeʒwisɑ̃, ɑ̃t] adj. Qui réjouit, qui amuse. *Une anecdote bien réjouissante.*

relâche [ʀəlaʃ] n. **1.** n. m. ou f. Interruption d'un travail; pause, détente. ▷ Loc. adv. *Sans relâche :* sans interruption. **2.** n. f. MAR Port d'escale. ▷ Escale. *Faire relâche.* **3.** n. m. ou f. Suspension momentanée des représentations, dans un théâtre, une salle de spectacle.

relâché, ée [ʀəlaʃe] adj. Qui manque de rigueur. *Morale relâchée.*

relâchement [ʀəlaʃmɑ̃] n. m. **1.** État de ce qui est relâché, moins tendu. **2.** Fig. Diminution d'ardeur, d'activité, de zèle. *Le relâchement dans le travail.*

relâcher [ʀəlaʃe] v. [1] **I.** v. tr. **1.** Diminuer la tension de; desserrer, détendre. *Relâcher un ressort, des entraves, une courroie.* – Spécial. *Relâcher les intestins, le ventre :* stimuler l'évacuation intestinale. ▷ Fig. *Relâcher son esprit, son attention.* – *Relâcher la discipline,* la rendre moins rigoureuse. **2.** Libérer, élargir. *Relâcher un prisonnier.* **II.** v. pron, **1.** Devenir moins tendu, moins serré. *Étreinte qui se relâche.* **2.** Perdre de sa rigueur, de sa fermeté. *Son zèle s'est un peu relâché.* **III.** v. intr. MAR Faire escale, en parlant d'un navire.

relais [ʀəlɛ] n. m. **1.** TECH Dispositif destiné à recevoir des signaux radioélectriques et à les émettre à nouveau. *Relais hertzien.* ▷ Dispositif permettant la commutation à distance d'un circuit électrique. **2.** SPORT *Course de relais* ou, absol., *relais,* opposant plusieurs équipes de coureurs ou de nageurs qui se succèdent. ▷ Fig. *Prendre le relais de qqn,* lui succéder, le remplacer dans son activité. ▷ Fig. *Servir de relais,* d'intermédiaire.

relance [ʀəlɑ̃s] n. f. **1.** Nouvel élan donné à qqch. *Relance de l'économie.* ▷ JEU Action de relancer. **2.** Action de relancer (sens 3). ▷ Note de rappel. – Mise en recouvrement.

relancer [ʀəlɑ̃se] v. [12] **I.** v. tr. **1.** Lancer de nouveau ou en sens inverse. *Relancer le ballon.* **2.** Solliciter avec insistance (qqn). *Relancer un débiteur.* **3.** Donner un nouvel élan à. *Relancer l'économie d'un pays.* **II.** v. intr. JEU Risquer un enjeu supérieur à celui de l'adversaire.

relater [ʀəlate] v. tr. [1] Raconter de façon détaillée, rapporter.

relatif, ive [ʀəlatif, iv] adj. **1.** Qui implique une relation, un rapport; qui est de la nature de la relation. *Positions relatives de deux armées,* position de chacune d'elles par rapport à l'autre. ▷ MATH *Nombre relatif :* tout nombre entier (positif ou négatif). V. nombre. **2.** Qui n'a pas de valeur en soi, mais seulement par rapport à autre chose. *La notion de vérité est toute relative.* ▷ DR *Effet relatif du contrat,* qui ne concerne que les relations entre des personnes déterminées. *Nullité relative,* qui ne concerne qu'une personne déterminée. **3.** Moyen, insuffisant. *Jouir d'une tranquillité très relative.* **4.** *Relatif à :* qui a rapport à. *Les lois relatives au divorce.* **5.** GRAM Se dit des mots qui mettent en relation le nom ou le pronom qu'ils représentent et une proposition (dite *proposition relative*). *Pronoms, adjectifs relatifs.*

relation [ʀəlasjɔ̃] n. f. **I.** Fait de relater; narration, récit. *Témoin qui fait une relation fidèle des événements.* **II.** **1.** Rapport (entre des choses). *Relation de cause à effet.* **2.** Rapport (entre des personnes). *Relations amicales, amoureuses, mondaines.* **3.** Personne avec qui on est en relation. *Une simple relation de travail.* ▷ Absol. *Avoir des relations :* connaître des gens influents, haut placés. ▷ Loc. *Être, se mettre en relation(s) avec qqn.* **4.** Rapport (entre groupes organisés, pays, etc.). *Relations internationales.* ▷ *Relations publiques :* ensemble des moyens mis en œuvre par des organismes publics ou privés pour établir un climat favorable au sein de leur personnel et avec l'extérieur, afin d'informer le public de leurs activités et de favoriser leur rayonnement. **5.** BIOL *Fonctions de relation :* fonctions par lesquelles est assuré le contact entre un être vivant et son milieu. **6.** MATH Liaison déterminée entre des ensembles ou des éléments de ces ensembles. *Relation d'appartenance,* par laquelle un élément appartient à un ensemble. *Relation binaire,* qui porte sur des couples d'éléments d'un même ensemble. *Relation d'équivalence*.*

relationnel, elle [ʀəlasjɔnɛl] adj. Didac. Qui concerne la relation. *Calcul relationnel.*

relativement [ʀəlativmɑ̃] adv. **1.** De manière relative, non absolue. **2.** Par comparaison. ▷ *Relativement à :* à l'égard de, en ce qui concerne.

relativisation [ʀəlativizasjɔ̃] n. f. Didac. Action, fait de relativiser.

relativiser [ʀəlativize] v. tr. [1] Rendre relatif; considérer par rapport à d'autres choses comparables.

relativisme [ʀəlativism] n. m. PHILO **1.** Doctrine selon laquelle la connaissance humaine ne peut être que relative. *Le système de Kant est un relativisme subjectif.* **2.** Doctrine selon laquelle les notions de bien et de mal sont fonction des circonstances et n'ont donc rien d'absolu.

relativiste [ʀəlativist] adj. et n. **1.** PHILO Qui adhère au relativisme, le professe. ▷ Subst. *Les relativistes.* **2.** PHYS Qui a rapport à la théorie de la relativité.

relativité [ʀəlativite] n. f. **1.** Caractère de ce qui est relatif. *Relativité de la connaissance.* **2.** PHYS *Théorie de la relativité :* V. encycl. ci-après. **3.** DR *Principe de la relativité des conventions,* en vertu duquel un contrat n'a de force obligatoire que dans les relations des contractants entre eux et non à l'égard des tiers.

ENCYCL **Phys.** – La *théorie de la relativité* repose sur une analyse critique des notions d'espace et de temps. Einstein remit en question les notions de temps absolu et d'espace universel, et partic. la notion de simultanéité de deux événements se produisant en des lieux différents : deux signaux pourront être simultanés pour un observateur placé dans un repère R sans l'être pour un observateur placé dans un repère R' en mouvement par rapport à R. Einstein proposa en 1905 les postulats de la *relativité restreinte.* **1.** Des repères animés les uns par rapport aux autres de mouvements rectilignes uniformes sont équivalents; il n'est pas possible de distinguer parmi eux un repère privilégié qui serait *absolu.* De tels repères sont dits *galiléens.* Les lois physiques ont même formulation mathématique dans tous ces repères. **2.** La lumière se propage dans le vide de façon isotrope, et sa vitesse c est la même quel que soit le repère dans lequel on la mesure. La formule d'Einstein $E_0 = mc^2$ montre qu'une particule au repos possède une énergie considérable du fait même de sa masse; c'est cette énergie qui peut être libérée au cours des réactions nucléaires. La *relativité générale* postule que les forces d'inertie sont assimilables aux forces gravitationnelles. La masse gravitationnelle (masse pesante) est égale à la masse inerte.

relaver [ʀ(ə)lave] v. tr. [1] (Belgique, vieilli; Suisse, fam.) Laver (de la vaisselle). *Relaver une écuelle.*

relax, axe ou **relaxe** [ʀəlaks] adj. (Anglicisme) Fam. Détendu. *Ils étaient très relaxes. C'était relax.*

relaxant, ante [ʀəlaksɑ̃, ɑ̃t] adj. et n. m. Qui procure de la détente. – n. m. *Un relaxant musculaire.*

relaxation [ʀəlaksasjɔ̃] n. f. **1.** MED Relâchement d'une tension musculaire destiné à provoquer une détente psychique. ▷ Cour. Détente, délassement. **2.** PHYS Retour d'un système vers son état d'équilibre. *Temps de relaxation,* durée caractéristique de cette évolution.

relaxe [ʀəlaks] n. f. DR Décision judiciaire par laquelle l'action contre un prévenu est abandonnée.

1. relaxer [ʀəlakse] v. tr. [1] DR Remettre en liberté (un prévenu reconnu non coupable).

2. relaxer [ʀəlakse] v. tr. [1] MED Mettre en état de relaxation. ▷ v. pron. Se reposer, se détendre.

relayer [ʀəlɛje] v. tr. [21] **1.** Remplacer dans un travail, une tâche. *L'équipe de nuit relaye l'équipe de jour.* ▷ v. pron. *Deux équipes se relaient.* **2.** TELECOM Retransmettre (l'émission d'un émetteur principal) en utilisant un relais hertzien, un satellite de télécommunications.

relayeur, euse [ʀəlɛjœʀ, øz] n. SPORT Participant à une course de relais. – Spécialiste de la course de relais.

relecture [ʀəlɛktyʀ] n. f. Action de relire; nouvelle lecture.

relégation [ʀəlegasjɔ̃] n. f. SPORT Rétrogradation.

reléguer [ʀəlege] v. tr. [14] Mettre (qqch dont on ne fait plus cas) à l'écart. *On a relégué ce tableau dans l'antichambre.* ▷ Fig. Envoyer dans un lieu retiré; confiner dans une situation, un emploi subalterne. *Reléguer qqn au second plan.*

relent [ʀəlɑ̃] n. m. Mauvaise odeur. *Relents de friture.* ▷ Fig. Trace. *Il y a dans ce récit un relent de mauvaise foi.*

relève [ʀəlɛv] n. f. Remplacement d'une personne, d'un groupe, dans une occupation, une tâche. *Prendre la relève.* ▷ Personne(s) de relève. *La relève est au complet.*

relevé, ée [ʀəlve; ʀlәve] adj. et n. m. **I.** adj. **1.** Disposé, ramené vers le haut. *Sourcils relevés.* **2.** Fig. Élevé, au-dessus du commun. *Propos relevés. Une société relevée,* choisie. **II.** n. m. État, liste. *Relevé des sommes dues.* – *Relevé de compte :* document faisant apparaître les mouvements et la situation d'un compte bancaire. ▷ *Relevé d'un plan :* ensemble des cotes nécessaires à l'établissement d'un plan.

relèvement [ʀəlɛvmɑ̃] n. m. **1.** Action de relever, de remettre debout ou vertical. *Relèvement d'un mât.* ▷ Fig. *Relèvement d'un pays.* **2.** Action de relever, d'augmenter; hausse, majoration. – *Relèvement des loyers.* **3.** MAR Détermination de la position d'un point; azimut dans lequel se trouve un objet. *Compas de relèvement.* **4.** GEOM Mouvement inverse du rabattement*.

relever [ʀəlve; ʀlәve] v. **[16] I.** v. tr. **1.** Remettre debout (qqn); remettre dans sa position naturelle, remettre à la verticale (qqch). *Elle était tombée, je l'ai relevée. Relever un siège.* ▷ *Relever un mur en ruine,* le reconstruire. – Fig. *Relever l'économie d'un pays.* **2.** Ramasser. *Relever des copies d'examen.* – Fig. *Relever le gant :* accepter un défi. **3.** Noter, constater. *Relever une erreur.* ▷ Inscrire, copier. *Relever les noms des absents. Relever un plan.* – Par ext. *Relever un compteur,* les chiffres qu'il indique. ▷ MAR Déterminer l'azimut de. *Relever un amer :* V. amer 2. **4.** Mettre ou remettre en position haute; hausser. *Relever une manette. Relever la tête,* la redresser; fig. retrouver son courage ou sa fierté. ▷ Fig. *Relever les salaires,* les augmenter. **5.** Donner plus de relief, plus d'éclat à. ▷ CUIS Donner un goût plus prononcé, plus piquant à, en ajoutant un assaisonnement. *Relever une sauce avec du piment.* **6.** Relayer. *Relever une sentinelle.* ▷ *Spécial.* (Québec) Prendre soin d'une femme venant d'accoucher, la relayer dans ses activités jusqu'à ce qu'elle soit capable de les reprendre. *Sa mère est venue la relever.* **7.** Libérer (d'une obligation). *Relever un religieux de ses vœux.* ▷ *Relever qqn de ses fonctions,* le révoquer. **II.** v. intr. **1.** *Relever de :* se rétablir de. *Relever de maladie, de couches.* **2.** Dépendre de; être du domaine de. *Cette affaire relève de la justice.* **III.** v. pron. **1.** Se remettre debout. *Aider qqn à se relever.* – Fig. *Se relever de ses ruines.* ▷ Sortir de nouveau du lit. **2.** (Choses) Se redresser, remonter. *Chapeau dont les bords se relèvent.*

releveur, euse [ʀəlvœʀ; ʀlәvœʀ, øz] adj. et n. **I.** adj. Qui relève. ▷ ANAT *Muscle releveur* ou, n. m., *le releveur,* qui relève (une partie du corps). **II.** n. **1.** n. m. TECH Tout instrument qui sert à relever. **2.** Personne qui relève, collecte ou fait des relevés. *Releveur de compteurs.*

relief [ʀəljɛf] n. m. **1.** Saillie que présente une surface. *Reliefs d'une paroi rocheuse. Caractères en relief de l'écriture Braille.* **2.** BX-A Sculpture en saillie sur un fond plan. (V. bas-relief, haut-relief.) **3.** Ensemble des inégalités de la surface du sol. *Relief terrestre. Un relief tourmenté.* **4.** Aspect d'une image restituant l'impression de la profondeur, de la perspective; cette impression elle-même. *Peinture qui a du relief.* ▷ Par anal. *Relief acoustique, sonore :* perception auditive de l'espace. **5.** Fig. Caractère accentué que prend une chose par opposition ou par contraste avec une autre. *La modestie donne du relief au mérite.* – *Mettre en relief :* mettre en évidence, accentuer.

relier [ʀəlje] v. tr. **[2] 1.** Assembler (notam. par couture) les feuillets d'un livre, et les munir d'une couverture. – Pp. adj. *Volume relié* (par oppos. à *volume broché*). **2.** Rattacher, joindre. *Corde qui relie deux alpinistes.* ▷ Fig. Établir un lien, un rapport entre. *Relier des faits, des idées.* **3.** Faire communiquer. *Pont qui relie deux berges.*

relieur, euse [ʀəljœʀ, øz] n. Personne qui fait métier de relier les livres.

religieusement [ʀəliʒjøzmɑ̃] adv. **1.** Conformément à sa religion; selon les rites religieux. *Se marier religieusement.* **2.** Scrupuleusement. *Préserver religieusement un secret.* **3.** Avec recueillement. *Écouter religieusement.*

religieux, euse [ʀəliʒjø, øz] adj. et n. **I.** adj. **1.** Relatif à la religion, propre à une religion. *La pensée religieuse. Une cérémonie religieuse.* ▷ Conforme aux règles d'une religion. *Mener une vie religieuse.* **2.** Pieux, croyant. **3.** Qui a rapport aux ordres réguliers. *Congrégation religieuse.* **4.** Fig. *Un silence religieux,* respectueux et recueilli. **II.** n. Personne qui s'est engagée par des vœux à suivre une certaine règle approuvée par l'Église. *Un religieux dominicain.* ▷ Par ext. *Religieux bouddhistes.* **III.** n. f. (Suisse) Croûte de fromage qui reste d'une fondue au fond du caquelon.

religion [ʀəliʒjɔ̃] n. f. **1.** Ensemble de croyances ou de dogmes et de pratiques cultuelles qui constituent les rapports de l'homme avec la puissance divine (monothéisme) ou les puissances surnaturelles (polythéisme, panthéisme). *Religion chrétienne, musulmane, animiste.* **2.** Foi, piété, croyance. *Avoir de la religion.* **3.** État des personnes engagées par des vœux au service de Dieu, de leur Église. *Entrer en religion.* **4.** *Par anal.* Sentiment de vénération profonde pour qqch. *Avoir la religion du progrès.* **5.** Loc. fig. *Ma religion est faite :* je sais à quoi m'en tenir.

Religion (guerres de), ensemble des troubles et des guerres civiles (1562-1598) provoqués en France par la Réforme*. Princ. épisodes : le massacre des protestants à Wassy (Haute-Marne) le 1er mars 1562, l'édit de pacification d'Amboise (1563), le massacre de la Saint*-Barthélemy (24 août 1572), la paix de Monsieur (1576), l'assassinat du duc de Guise (1588), celui du roi Henri III (1589). Le nouveau roi de France, Henri IV, qui avait abjuré le protestantisme en 1572, puis dirigea le parti protestant, renouvela son abjuration en 1593; il reconquit le royaume et accorda aux protestants l'édit de Nantes* (1598).

religiosité [ʀəliʒjozite] n. f. Disposition d'esprit religieuse.

reliquaire [ʀəlikɛʀ] n. m. Coffret où l'on conserve des reliques (sens 1).

reliquat [ʀəlika] n. m. Ce qui reste dû après l'arrêté d'un compte.

relique [ʀəlik] n. f. **1.** RELIG Ce qui reste du corps d'un saint; objet qui lui a appartenu ou qui a servi à son martyre. – *Garder comme une relique,* avec vénération, très soigneusement. **2.** Fig. Objet auquel on est particulièrement attaché par le souvenir. **3.** BIOL Espèce vivante appartenant à un groupe ancien, animal ou végétal, dont les autres représentants ont disparu. *La limule est une relique.* Syn. fossile vivant.

relire [ʀəliʀ] v. tr. **[66] 1.** Lire de nouveau. **2.** Lire (ce qu'on a écrit) pour le corriger au besoin. ▷ v. pron. *Se relire sur épreuves.*

reliure [ʀəljyʀ] n. f. **1.** Art, métier du relieur. **2.** Manière dont un livre est relié; couverture rigide d'un livre.

Relizane. V. Ghilizane.

relogement [ʀəlɔʒmɑ̃] n. m. Action de reloger; fait d'être relogé. Syn. (Maghreb) recasement.

reloger [ʀəlɔʒe] v. tr. **[13]** Procurer un nouveau logement à (qqn). Syn. (Maghreb) recaser.

réluctance [ʀelyktɑ̃s] n. f. ELECTR Aptitude d'un circuit à s'opposer à la pénétration d'un flux magnétique. Ant. perméance. *La réluctance s'exprime en henrys à la puissance moins un* (H^{-1}) *et la perméance en henrys.*

reluire [ʀəlɥiʀ] v. intr. **[69]** Luire en réfléchissant la lumière, briller. *Carrelage qui reluit.*

reluisant, ante [ʀəlɥizɑ̃, ɑ̃t] adj. **1.** Qui reluit. *Chrome reluisant.* – *Visage reluisant de sueur,* que la sueur fait reluire. **2.** Fig. (En tournure négative.) *Ce n'est pas très reluisant :* c'est médiocre.

reluquer [ʀəlyke] v. tr. **[1]** Fam. Lorgner avec curiosité ou convoitise. *Reluquer une femme.* Syn. (Maurice, Réunion) louquer. ▷ Fig. Avoir des vues sur. *Reluquer un héritage.*

remâcher [ʀəmɑʃe] v. tr. **[1] 1.** Mâcher de nouveau. **2.** Fig. Ressasser. *Remâcher son dépit.*

remaillage [ʀəmajaʒ] n. m., **remailler** [ʀəmaje] v. tr. V. remmaillage, remmailler.

remake [ʀimɛk] n. m. (Anglicisme) Version nouvelle d'un film ancien. ▷ *Par ext.* Reprise d'un sujet, d'un thème déjà traité.

rémanence [ʀemanɑ̃s] n. f. PHYS Persistance d'un phénomène (lumineux, magnétique, etc.) après la disparition de la cause qui l'a provoqué. ▷ PHYSIOL, PSYCHO Propriété de certaines sensations de subsister après que l'excitation a disparu. *La rémanence des images visuelles.*

rémanent, ente [ʀemanɑ̃, ɑ̃t] adj. Qui présente le phénomène de rémanence.

remaniement [ʀ(ə)manimɑ̃] n. m. Action de remanier; son résultat. ▷ (Suisse) *Remaniement parcellaire :* remembrement.

remanier [ʀəmanje] v. tr. **[2]** Retoucher, modifier par un nouveau travail. *Remanier un roman.* – *Remanier un ministère,* en changer la composition.

remariage [ʀəmaʀjaʒ] n. m. Nouveau mariage.

remarier [ʀəmaʀje] v. tr. **[2]** Marier de nouveau. ▷ v. pron. *Elle pense à se remarier.*

remarquable [ʀəmaʀkabl] adj. Digne d'être remarqué, par sa singularité ou sa qualité. *Un événement, un homme remarquable.* ▷ MATH *Identités remarquables :* égalité vérifiée quelles que soient les valeurs qu'on attribue aux lettres qui y figurent (ex. : $(a + b)^2 = a^2 + 2ab + b^2$).

remarquablement [ʀəmaʀkabləmɑ̃] adv. De manière remarquable.

remarque [ʀəmaʀk] n. f. Observation orale ou écrite. *Remarque pertinente.*

Remarque (Erich Maria Kramer, dit Erich Maria) (1898 – 1970), romancier américain d'origine allemande : *À l'ouest, rien de nouveau* (témoignage pacifiste sur la Première Guerre mondiale, 1929).

remarqué, ée [ʀəmaʀke] adj. Qui attire l'attention, qui fait l'objet de commentaires. *Une intervention très remarquée.*

remarquer [ʀəmaʀke] v. tr. [1] **1.** Faire attention à, constater, noter. *Remarquer le moindre défaut.* ▷ v. pron. (Passif) *Ces taches se remarquent.* **2.** *Remarquer que :* dire, sous forme de remarque, que; constater que. *L'un des convives remarqua qu'on était treize à table.* **3.** Distinguer parmi des personnes ou des choses. *Remarquer un visage dans la foule.* ▷ *Se faire remarquer :* attirer l'attention; péjor. manquer de tenue.

rembailler [ʀɑ̃baje] v. tr. [1] (France rég.) Fam. Remballer (sens 2).

remballer [ʀɑ̃bale] v. tr. [1] **1.** Emballer de nouveau (ce qu'on a déballé). **2.** Fig., fam. Répondre vivement à qqn en lui exprimant son désaccord. Syn. fam. (France rég.) rembailler.

rembarquement [ʀɑ̃baʀkəmɑ̃] n. m. Action de rembarquer, de se rembarquer.

rembarquer [ʀɑ̃baʀke] v. [1] **1.** v. tr. Embarquer de nouveau. **2.** v. intr. S'embarquer de nouveau. *Il a rembarqué.* ▷ v. pron. *Il s'est rembarqué.*

remblai [ʀɑ̃blɛ] n. m. **1.** Action de remblayer. **2.** Masse de matériaux rapportés pour élever un terrain, combler un creux; ouvrage fait de matériaux rapportés. *Remblai de voie ferrée.*

remblaiement [ʀɑ̃blɛmɑ̃] n. m. GEOL Colmatage alluvial.

remblaver [ʀɑ̃blave] v. tr. [1] AGRIC Emblaver de nouveau.

remblayage [ʀɑ̃blɛjaʒ] n. m. Action de remblayer; son résultat. ▷ Matériaux servant à remblayer.

remblayer [ʀɑ̃bleje] v. tr. [21] Apporter des matériaux pour hausser ou combler. *Remblayer une chaussée.*

rembobiner [ʀɑ̃bɔbine] v. tr. [1] Embobiner de nouveau; bobiner de nouveau.

remboîter [ʀɑ̃bwate] v. tr. [1] Remettre en place (ce qui est déboîté).

rembourrage [ʀɑ̃buʀaʒ] n. m. **1.** Action de rembourrer. **2.** Matière servant à rembourrer.

rembourrer [ʀɑ̃buʀe] v. tr. [1] Garnir de bourre, de crin, etc.

remboursable [ʀɑ̃buʀsabl] adj. Qui peut ou doit être remboursé.

remboursement [ʀɑ̃buʀsəmɑ̃] n. m. Action de rembourser; son résultat. – *Envoi contre remboursement,* contre paiement à la livraison.

rembourser [ʀɑ̃buʀse] v. tr. [1] Rendre à (qqn) (l'argent qu'il a déboursé ou avancé). *Rembourser un emprunt. Rembourser qqn de ses frais.* ▷ v. pron. Rentrer dans ses débours.

Rembrandt (Rembrandt Harmenszoon Van Rijn, dit) (1606 – 1669), peintre et graveur hollandais. Apprenti à Leyde, il s'installa en 1631 à Amsterdam, où il fit les portraits de riches négociants. Dès cette époque (*le Philosophe en méditation,* v. 1631, Louvre; *la Leçon d'anatomie du professeur Tulp,* 1632, Mauritshuis, La Haye), Rembrandt, qui emprunta d'abord au Caravage ses effets de lumière, utilisa d'une manière personnelle le clair-obscur : *la Prise d'armes de la compagnie du capitaine Banning Cock,* cour. nommée *Ronde de nuit* (1642, Rijksmuseum, Amsterdam), *les Pèlerins d'Emmaüs* (1648, Louvre), *le Bœuf écorché* (1655, Louvre), *Autoportrait* (1660, Louvre), *la Fiancée juive* (v. 1668, Rijksmuseum, Amsterdam). En 1642, sa femme Saskia mourut. Hendrickje Stoffels entra dans sa vie; elle fut son modèle (*Bethsabée,* 1654, Louvre), éduqua son fils Titus et donna au peintre une fille, Cornelia. La période 1643-1650 fut surtout consacrée au dessin (plume, pointe de bois) et à l'estampe. Protestant, lecteur de la Bible, il ne cessa de s'interroger sur la condition humaine et sa peinture religieuse, dépouillée du décor et du symbolisme catholiques, exprime l'incarnation quotidienne du divin. À partir de 1655, les coups du sort s'accumulèrent : dettes, faillite, mort de Hendrickje (1662) puis de Titus (1668). Dans le dénuement, il affirma sans relâche sa liberté de style (*Syndics des drapiers,* 1662, Rijksmuseum, Amsterdam). Il laissa une œuvre immense : 400 tableaux, 300 gravures, des milliers de dessins.

rembrunir (se) [ʀɑ̃bʀyniʀ] v. pron. [3] Prendre un air sombre, soucieux. *Il s'est rembruni.*

remède [ʀəmɛd] n. m. **1.** Substance, moyen employés pour combattre une maladie. *Remède préventif.* Syn. cour. médicament. **2.** Fig. Tout ce qui sert à prévenir, apaiser, faire cesser un mal quelconque. *Le travail, remède à* (ou *contre*) *l'ennui.*

remédier [ʀəmedje] v. tr. indir. [2] *Remédier à :* porter remède à. *Remédier à des malaises.* ▷ Fig. *Remédier à une défaillance.*

remembrement [ʀəmɑ̃bʀəmɑ̃] n. m. Opération consistant à regrouper, par échanges ou redistribution, des propriétés rurales morcelées, pour en faire des domaines facilement exploitables. Syn. (Suisse) remaniement parcellaire.

remembrer [ʀəmɑ̃bʀe] v. tr. [1] Opérer le remembrement de.

remémorer (se) [ʀəmemɔʀe] v. pron. [1] Litt. Se rappeler. *Se remémorer une date.*

remerciement [ʀ(ə)mɛʀsimɑ̃] n. m. Action de remercier; témoignage de gratitude. *Avec mes remerciements.* ▷ (Toujours au sing.) *Par euph.* Fait de congédier. *Lettre de remerciement.*

remercier [ʀəmɛʀsje] v. tr. [2] **1.** Exprimer sa gratitude à (qqn), lui dire merci. *Remercier qqn de* (ou *pour*) *son hospitalité.* ▷ (Pour exprimer un refus poli.) *Servez-vous. – Je vous remercie, je n'en veux plus.* **2.** *Par euph.* Congédier. *Remercier un de ses employés.*

remettre [ʀəmɛtʀ] v. [60] **A.** v. tr. **I. 1.** Mettre (une chose) à l'endroit où elle était auparavant. *Remettre un livre à sa place.* ▷ Fig. *Remettre qqn à sa place,* le rappeler aux convenances; le rabrouer. **2.** Rétablir dans sa position ou dans son état antérieur. *Remettre en ordre. Remettre en état :* réparer, restaurer. ▷ *Remettre en marche :* rétablir dans son fonctionnement. ▷ Rétablir la santé, les forces de (qqn). *Cette cure l'a remis.* **3.** Mettre de nouveau (un vêtement). *Remettre son manteau.* **4.** Mettre de nouveau, en plus. *Remettre de l'eau dans un vase.* **5.** Fig. *Remettre une chose en mémoire à qqn,* la lui rappeler. ▷ *Remettre qqn,* le reconnaître. *Je vous remets bien.* **II. 1.** *Remettre à :* mettre en la possession de, livrer; confier. *Remettre une lettre à son destinataire.* **2.** Faire grâce de (une obligation). *Remettre une dette à qqn.* ▷ Pardonner, absoudre. *Remettre les péchés.* **3.** Ajourner, différer. *Remettre une tâche au lendemain.* **4.** (Belgique) Céder, vendre (en parlant du siège d'une activité commerciale). *Café à remettre.* **5.** (Belgique) Rendre (sens A, I, 7), vomir. **B.** v. pron. **1.** Se mettre de nouveau. *Se remettre en route.* **2.** *Se remettre à :* recommencer à. *Se remettre à boire.* **3.** Recouvrer la santé; rétablir sa situation. *Se remettre d'une maladie.* ▷ Retrouver son calme, ses esprits. *Se remettre d'une émotion, d'une grande frayeur.* – Absol. *Remettez-vous.* **4.** *S'en remettre à qqn, à son avis, etc.,* lui faire confiance, se reposer sur lui. **C.** v. intr. (Belgique) *Remettre (à qqn) sur :* rendre (à qqn) la monnaie de. *Je n'ai pas pour vous remettre sur un aussi gros billet.*

remeuil [ʀəmœj] n. m. (Acadie) Pis (1) (notam. d'une vache). V. paire (2).

remeuiller [ʀəmœje] v. intr. [1] (Acadie) (En parlant d'une vache.) Avoir le pis enflé; être sur le point de vêler.

Remi ou **Remy** (saint) (437 – 533), évêque de Reims (v. 459). Il convertit Clovis et le baptisa (496).

rémige [ʀemiʒ] n. f. ORNITH Chacune des grandes plumes rigides des ailes des oiseaux.

Remington (Philo) (1816 – 1889), industriel américain. Il fabriqua un fusil chargé par la culasse et la première machine à écrire.

réminiscence [ʀeminisɑ̃s] n. f. **1.** PSYCHO Rappel à la mémoire d'un souvenir qui n'est pas reconnu comme tel. **2.** Didac. Emprunt plus ou moins conscient fait par l'auteur d'une œuvre artistique ou littéraire à d'autres créateurs. *Poésie pleine de réminiscences mallarméennes.* **3.** Souvenir vague et confus. *Réminiscences lointaines.*

remisage [ʀəmizaʒ] n. m. Action de remiser, de mettre à l'abri.

remise [ʀəmiz] n. f. **I. 1.** Action de remettre dans le lieu ou dans l'état d'origine. *Remise en place d'un tableau. Remise à neuf d'un vêtement.* **2.** Action de donner, de livrer qqch à qqn. *Remise d'un mandat.* **3.** Réduction, diminution. *Consentir une remise à ses clients. – Condamné qui obtient une remise de peine.* ▷ Commission, ristourne. **II.** Local destiné à abriter des voitures; garage. ▷ *Par ext.* Local où l'on range des instruments, des outils, etc.

remiser [ʀəmize] v. tr. [1] **1.** Placer sous une remise. *Remiser une voiture.* **2.** Ranger pour quelque temps. *Remiser ses valises.*

rémission [ʀemisjɔ̃] n. f. **1.** Pardon (des péchés). ▷ Grâce, remise de peine. **2.** Atténuation temporaire (d'une maladie, de ses symptômes).

rémiz [ʀemiz] n. m. ORNITH Oiseau passériforme d'Eurasie voisin de la mésange, qui construit des nids suspendus.

remmaillage [ʀɑ̃majaʒ] ou **remaillage** [ʀəmajaʒ] n. m. Action de remmailler; son résultat.

remmailler [ʀɑ̃maje] ou **remailler** [ʀəmaje] v. tr. [1] Relever, réparer les mailles usées ou rompues (d'un tricot, d'un filet). *Remmailler un pull.*

remmener [Rɑ̃m(ə)ne] v. tr. [16] Emmener (qqn ou qqch qui a été amené).

remodelage [Rəmɔdlaʒ] n. m. Action de remodeler; son résultat.

remodeler [Rəmɔdle] v. tr. [17] **1.** Donner une nouvelle forme à (qqch) en le refaçonnant. **2.** Modifier plus ou moins profondément. *Remodeler un secteur de l'économie par des réformes de structure.*

remontage [Rəmɔ̃taʒ] n. m. **1.** Action de remonter un ressort, un mécanisme. *Remontage des pendules.* **2.** Action de remonter ce qui a été démonté. *Démontage et remontage de l'appareil.*

remontant, ante [R(ə)mɔ̃tɑ̃, ɑ̃t] adj. et n. m. **1.** HORTIC Se dit de plantes qui redonnent des fleurs ou des fruits à l'arrière-saison. *Rosier remontant.* **2.** Qui remonte, qui redonne des forces. ▷ n. m. Boisson, médicament qui remonte. *Prendre un remontant.*

remonte [Rəmɔ̃t] n. f. Action de remonter une rivière au moment du frai, en parlant des poissons.

remontée [Rəmɔ̃te] n. f. **1.** Action, fait de remonter. *Remontée d'une rivière à la nage.* **2.** *Remontée mécanique :* dispositif qui permet de remonter des skieurs en haut d'une pente.

remonte-pente [Rəmɔ̃tpɑ̃t] n. m. Dispositif qui permet à des skieurs de gravir une pente sans quitter leurs skis. *Des remonte-pentes.* Syn. téléski.

remonter [Rəmɔ̃te] v. [1] **I.** v. intr. **1.** (Personnes) Monter de nouveau. *Remonter à son appartement. Remonter à (sur sa) bicyclette.* **2.** (Choses) S'élever de nouveau. *Le soleil remonte sur l'horizon. La rue descend un peu, puis remonte jusqu'au carrefour.* ▷ (Abstrait) *Remonter dans l'estime de qqn.* **3.** (Choses) S'accroître de nouveau. *La valeur de nos actions remonte.* **4.** Aller vers la source d'un cours d'eau. – Fig. Aller vers l'origine. *Remonter jusqu'au début d'une affaire.* ▷ MAR Aller contre le vent; louvoyer. *Bateau qui remonte bien.* **5.** (Choses) Avoir son origine. ▷ *Remonter au déluge :* être très ancien. **II.** v. tr. **1.** Monter de nouveau. *Remonter l'escalier.* **2.** Aller contre le cours de. *Remonter une rivière en canoë.* **3.** Porter de nouveau à un niveau supérieur. *Remonter du vin de la cave.* **4.** Mettre plus haut. *Remonter une étagère dans un placard.* **5.** Retendre le ressort de. *Remonter une montre.* **6.** Remettre ensemble les pièces de (ce qui était démonté). *Démonter puis remonter un poste de radio.* **7.** Redonner de la vigueur, de la vivacité, de l'énergie à. *Un cordial l'a remonté.* ▷ v. pron. *Se remonter rapidement.* **8.** Pourvoir à nouveau des choses nécessaires. *Remonter sa garde-robe.*

remontoir [Rəmɔ̃twaR] n. m. Organe qui permet de remonter (sens II, 5) un ressort, un mécanisme.

remontrance [Rəmɔ̃tRɑ̃s] n. f. (Surtout au plur.) Observations, reproches.

remontrer [Rəmɔ̃tRe] v. tr. [1] **1.** Montrer de nouveau. **2.** *En remontrer à qqn,* se montrer supérieur à lui; lui faire la leçon. *Il en remontrerait à un professionnel.*

rémora [RemɔRa] n. m. ICHTYOL Poisson *(Echeneis naucrates)* des mers chaudes, long d'une soixantaine de centimètres, possédant sur la tête une ventouse qui lui permet de se faire transporter par d'autres poissons, par des cétacés, des tortues, etc. (V. pilote, sens II, 2).

remords [R(ə)mɔR] n. m. Malaise moral dû au sentiment d'avoir mal agi. *Avoir des remords, du remords.*

remorquage [RəmɔRkaʒ] n. m. Action de remorquer.

remorque [RəmɔRk] n. f. **1.** Câble qui sert au remorquage. **2.** Véhicule sans moteur tiré par un autre. *Remorque d'un camion.* **3.** Loc. *Prendre en remorque :* remorquer. ▷ Fig. *Être à la remorque de qqn,* se laisser diriger, mener par lui.

remorquer [RəmɔRke] v. tr. [1] **1.** Traîner derrière soi au moyen d'une remorque. *Remorquer un navire.* **2.** (Afr. subsah.) Fam. Transporter (qqn) sur le porte-bagages d'un deux-roues.

remorqueur [RəmɔRkœR] n. m. Navire qui en remorque un autre. *Remorqueur de haute mer.*

rémouleur [RemulœR] n. m. Ouvrier, artisan qui aiguise les couteaux, les outils tranchants. Syn. repasseur.

remous [Rəmu] n. m. **1.** Tourbillon dû à un obstacle qui s'oppose à l'écoulement d'un fluide. *Remous du sillage d'un bateau.* **2.** Fig. Agitation confuse. *Remous de la foule.* ▷ Trouble. *Remous des passions.*

rempailler [Rɑ̃paje] v. tr. [1] Garnir (un siège) d'une nouvelle paille.

rempart [Rɑ̃paR] n. m. **1.** Muraille entourant et protégeant une place fortifiée. **2.** Fig. Ce qui sert de défense. *Faire (un) rempart de son corps à qqn.*

rempiéter [Rɑ̃pjete] v. tr. [14] CONSTR Reprendre en sous-œuvre (un mur, un édifice; leurs fondations).

rempiler [Rɑ̃pile] v. tr. [1] Empiler de nouveau. *Rempiler des assiettes.*

rempirer [Rɑ̃piRe] v. tr. et intr. [1] (Québec) Fam. Empirer.

remplaçant, ante [Rɑ̃plasɑ̃, ɑ̃t] n. Personne qui en remplace une autre dans ses fonctions.

remplacement [Rɑ̃plasmɑ̃] n. m. Action, fait de remplacer qqch ou qqn; son résultat. *Vous assurerez le remplacement de M. Untel.*

remplacer [Rɑ̃plase] v. [12] **I.** v. tr. **1.** Mettre (qqn, qqch) à la place de (qqn, qqch d'autre). *Remplacer le toit d'une case.* **2.** Prendre la place de, succéder à. *Il a remplacé son père à la tête de la firme.* **3.** Prendre momentanément la place de; tenir lieu de. *Je le remplace pendant son congé.* **II.** v. pron. (Récipr.) *Ils se remplacent pendant les vacances.* – (Passif) *Une mère ne se remplace pas.*

rempli [Rɑ̃pli] n. m. COUT Pli que l'on fait à une étoffe pour la rétrécir ou la raccourcir sans la couper.

remplir [Rɑ̃pliR] v. tr. [3] **I. 1.** Emplir de nouveau. **2.** Rendre plein (un récipient, un espace, un temps vide). *Remplir un verre à ras bord. Il a rempli quinze pages sur ce sujet. Bien remplir ses journées.* ▷ v. pron. (Passif) *Le fossé s'est rempli d'eau.* **3.** Occuper entièrement. *Ses projets d'avenir remplissent son esprit.* ▷ *Remplir de (un sentiment) :* rendre qqn pénétré de. *Cette nouvelle l'a rempli de joie, de terreur.* **4.** Compléter. *Remplir une fiche d'inscription.* **II. 1.** Accomplir, exécuter. *Remplir une tâche, son devoir.* **2.** Occuper, exercer. *Remplir un emploi, une charge.* **3.** Satisfaire à. *Vous ne remplissez pas les conditions.*

remplissage [Rɑ̃plisaʒ] n. m. **1.** Action de remplir; son résultat. *Remplissage d'un bassin.* **2.** Péjor. Développement inutile dans un texte.

r(é)emploi [R(e)ɑ̃plwa] n. m. **1.** (La forme *réemploi* tend à devenir plus fréquente.) Fait d'employer ou d'être employé de nouveau. *Réemploi du personnel d'une entreprise en liquidation.* **2.** FIN Nouvel emploi des fonds provenant de la vente d'un bien propre.

r(é)employer [R(e)ɑ̃plwaje] v. tr. [23] Employer de nouveau.

remplumer (se) [Rɑ̃plyme] v. pron. [1] **1.** Se couvrir de plumes nouvelles, en parlant des oiseaux. **2.** Fam. Reprendre du poids.

rempocher [Rɑ̃pɔʃe] v. tr. [1] Remettre dans sa poche.

remporter [Rɑ̃pɔRte] v. tr. [1] **1.** Repartir avec ce qu'on avait apporté. **2.** Gagner; obtenir. *Remporter la victoire.*

rempoter [Rɑ̃pɔte] v. tr. [1] Changer (une plante) de pot.

r(é)emprunter [R(e)ɑ̃pRœ̃te] v. tr. [1] Emprunter de nouveau.

remuant, ante [Rəmɥɑ̃, ɑ̃t] adj. Qui s'agite sans cesse. *Un enfant très remuant.*

remue-ménage [Rəmymenaʒ] n. m. inv. Bruit accompagnant une agitation désordonnée. *Faire du remue-ménage.* Syn. (Québec) barda, (Louisiane) sassaquoi. ▷ Trouble, agitation due à des changements subits.

remue-méninges [Rəmymenɛ̃ʒ] n. m. Syn. (off. recommandé) de *brainstorming.*

remuer [Rəmɥe] v. [1] **I.** v. tr. **1.** Faire changer de place. *Remuer des meubles.* **2.** Faire bouger (une partie du corps). *Remuer la main, la tête.* **3.** Mouvoir, mélanger les parties constitutives, les éléments de. *Remuer un mélange.* ▷ *Remuer ciel et terre :* employer toutes sortes de moyens. **4.** Fig. Émouvoir. *L'orateur a remué l'auditoire.* **II.** v. intr. Bouger. *Reste tranquille, cesse de remuer.* **III.** v. pron. Bouger, se mouvoir. *Il ne peut plus se remuer.*

rémunérateur, trice [RemyneRatœR, tRis] adj. Qui procure de l'argent. *Travail rémunérateur.*

rémunération [RemyneRasjɔ̃] n. f. Paiement, rétribution. *Rémunération d'un service.*

rémunérer [RemyneRe] v. tr. [14] Payer, rétribuer. *Rémunérer un travail.*

Remus, frère jumeau de Romulus*.

Remy (saint). V. Remi (saint).

renâcler [Rənɑkle] v. intr. [1] **1.** Renifler de colère, avec bruit, en parlant d'un animal. **2.** Rechigner. *Renâcler à une démarche.*

renaissance [Rənɛsɑ̃s] n. f. **I. 1.** Nouvelle naissance. *La réincarnation, ou renaissance sur terre d'individus défunts.* **2.** Nouvel essor, renouveau. *La renaissance de la pensée philosophique.* **II.** HIST *La Renaissance :* V. ce nom.

Renaissance (la), période de transformation des États de l'Europe occidentale, de la fin du XIVe s. au début du XVIIe s. Ce renouveau eut son point de départ dans les cités-États d'Italie dès le XIIIe s. (V. Italie.) On ne peut parler de rupture brutale avec le Moyen Âge; cependant, les changements écon. ont engendré des mutations sociales qui ont accéléré les mutations politiques, signant la fin de la féodalité. L'apparition de la notion d'État caractérise la Renaissance, avec l'accroissement démographique, l'essor des techniques (développement de l'imprimerie) et des échanges, l'urbanisation, la naissance d'une bourgeoisie d'affaires, l'éclat culturel (fastes de la vie de cour, goût de la fête et des œuvres d'art). Les penseurs de la Renaissance, néo-platoniciens, intègrent le culte du beau à la pensée chrétienne, tandis que les artistes abandonnent l'esthétique byzantine et instaurent le modelé et le réalisme. À Rome, Bramante (fin XVe s.-déb. XVIe s.) élabore l'architecture nouvelle; ses conceptions (inspirées de l'Antiquité) gagnent Florence (Vasari), Venise (il Sansovino), Mantoue (Jules Romain), Gênes (Galeazzo Alessi). Avec Palladio et ses disciples, l'architecture italienne, v. 1550, atteint à une perfection classique qui, au cours des XVIIe et XVIIIe s., servira de modèle à l'Europe. Dans les arts plastiques, les noms de Léonard de Vinci, de Raphaël et de Michel-Ange évoquent l'apogée. Au XVIe s., la peinture italienne s'épanouit à Milan et à Rome, ainsi qu'à Parme (le Corrège) et surtout à Venise (Carpaccio, Giorgione, Titien, le Tintoret, Véronèse). La litt. italienne, née au XIVe s. (Dante, Pétrarque, Boccace), exerce une influence décisive sur l'Europe occid. : l'Angleterre connaîtra son âge d'or à la fin du XVIe s. (théâtre élizabéthain, avec Shakespeare); l'Espagne, à partir de 1530. En France, la Renaissance, un peu plus tardive, a résulté des guerres d'Italie et brilla sous François Ier; poètes et prosateurs assirent l'autorité de la langue française : Rabelais, C. Marot, Ronsard, Montaigne.

renaissant, ante [rənɛsɑ̃, ɑ̃t] adj. Qui renaît, qui se renouvelle. *Besoins toujours renaissants.*

renaître [rənɛtʀ] v. intr. [74] **1.** Naître de nouveau; revivre. *Le phénix renaît de ses cendres. – Renaître à :* retrouver (tel état). *Renaître à la vie :* recouvrer la santé, la joie de vivre, après avoir été durement éprouvé. ▷ THEOL Recouvrer l'état de grâce perdu. **2.** Croître de nouveau, repousser. *Herbe qui renaît à la saison des pluies.* **3.** Reparaître. *Le jour renaît.*

rénal, ale, aux [ʀenal, o] adj. ANAT, MED Qui a rapport, qui appartient aux reins. *Insuffisance rénale. Artère rénale.*

Renan (Ernest) (1823 – 1892), écrivain français. Séminariste, il embrassa le rationalisme (*l'Avenir de la science,* 1848, publié en 1890). Sa *Vie de Jésus,* premier volume d'*Histoire des origines du christianisme* (7 volumes, 1863-1881), fit scandale. Citons aussi *Histoire du peuple d'Israël* (1887-1893). Acad. fr. (1878).

renard [ʀənaʀ] n. m. **1.** Mammifère carnivore (fam. canidés) à la fourrure épaisse, au museau pointu, à la queue longue et touffue. **2.** Fourrure de cet animal. *Veste de renard.* **3.** Fig. Homme rusé. *Un vieux renard.*
ENCYCL Les vrais renards appartiennent tous au genre *Vulpes*; les autres canidés qui portent le nom cour. de *renard* (genres *Alopex, Urocyon, Cerdocyon,* etc.) ont seulement l'aspect extérieur des *Vulpes.* Le renard roux (*Vulpes vulpes*) est le renard commun d'Eurasie et d'Amérique du Nord; le renard argenté, de la même espèce, est recherché (et élevé au Canada) pour sa fourrure. Le renard polaire ou isatis (*Alopese lagopus*) a également une fourrure appréciée. En Afrique, l'espèce la plus commune est le renard pâle *(Vulpes pallida).*

Renard (Jules) (1864 – 1910), écrivain français; moraliste amer : *Poil de Carotte* (roman, 1894, puis pièce en un acte, 1900), *Histoires naturelles* (roman, 1896). Son volumineux *Journal* (1887-1910) fut publié à partir de 1925. Théâtre (naturaliste) : *le Plaisir de rompre* (1897), *le Pain de ménage* (1898).

Renard (André) (1911 – 1962), syndicaliste belge qui défendit les intérêts de la Wallonie face au mouvement flamingant.

renarde [ʀənaʀd] n. f. Femelle du renard.

renardeau [ʀənaʀdo] n. m. Jeune renard.

Renaud (Madeleine) (1900 – 1994), actrice française de théâtre et de cinéma. Elle fonda en 1947, avec son mari, J.-L. Barrault, la compagnie Renaud-Barrault.

Renaud (Jacques) (né en 1943), écrivain québécois. Son roman *le Cassé* (1964) utilise le langage parlé (joual, notam.) de façon novatrice, puis le mysticisme oriental marque sa poésie (*D'ailes et d'îles,* 1980) et ses récits (*Clandestines,* 1980; *la Nuit des temps,* 1981).

Renaud (ou **Renaut**) **de Montauban,** l'une des chansons de geste qui composent le cycle de Doon de Mayence (XIIe s.).

Renaudot (Théophraste) (1586 – 1653), médecin et journaliste français. Il fonda *la Gazette* (1631), le premier journal hebdomadaire français. Il dirigea aussi *le Mercure français* (1635). ▷ LITTER *Le prix Théophraste-Renaudot* est décerné chaque automne depuis 1926.

Renault (Louis) (1877 – 1944), mécanicien et industriel français qui, à partir de 1898, fabriqua des véhicules automobiles. Ses usines furent nationalisées en 1945.

Renaut de Montauban. V. Renaud de Montauban.

rencaisser [ʀɑ̃kese] v. tr. [1] **1.** FIN Remettre (une somme) dans une caisse. **2.** HORTIC Mettre (une plante) dans une nouvelle caisse. *Rencaisser des palmiers.*

renchérir [ʀɑ̃ʃeʀiʀ] v. [3] **I.** v. tr. Rendre plus cher. *Renchérir des denrées.* **II.** v. intr. **1.** Augmenter de prix. *L'essence a renchéri.* **2.** Fig. *Renchérir sur qqn,* en dire ou en faire encore plus que lui. *Renchérir sur qqch,* aller au-delà. *Il a renchéri sur les louanges déjà prodiguées.*

renchérissement [ʀɑ̃ʃeʀismɑ̃] n. m. Hausse de prix.

renchérisseur, euse [ʀɑ̃ʃeʀisœʀ, øz] n. Personne qui renchérit, qui poursuit l'enchère.

rencontre [ʀɑ̃kɔ̃tʀ] n. f. **1.** Fait de se rencontrer, pour des personnes. *Ma rencontre avec lui.* ▷ *Aller à la rencontre de qqn,* au-devant de lui. **2.** Combat entre deux corps de troupes peu importants. – Duel. ▷ Compétition sportive. **3.** (Choses) Fait de se toucher ou de se heurter. *La rencontre de deux routes. La rencontre des deux trains fut tragique.*

rencontrer [ʀɑ̃kɔ̃tʀe] v. [1] **I.** v. tr. **1.** Se trouver en présence de (qqn avec qui on fait connaissance ou qu'on connaît déjà), de façon fortuite ou non. *Rencontrer un ami par hasard.* – Par ext. *Rencontrer les yeux de qqn.* ▷ SPORT *Rencontrer un adversaire dans une compétition.* **2.** Trouver (qqch) ou se heurter à (qqch), par hasard. *Une plante qu'on rencontre rarement. Le navire a rencontré un écueil.* ▷ Fig. *Rencontrer de la méfiance.* **II.** v. pron. **1.** (Personnes) Se trouver en présence l'une de l'autre. *Nous nous sommes déjà rencontrés.* **2.** Fig. Avoir les mêmes pensées sur le même sujet. – Loc. *Les grands esprits se rencontrent.* **3.** (Choses) Se toucher, se heurter. *Les deux véhicules se sont rencontrés dans un virage.* **4.** (Passif) Exister, se trouver. *Cela peut se rencontrer.*

rendement [ʀɑ̃dmɑ̃] n. m. **1.** Produit proportionnel que donne qqch. *Rendement d'une affaire,* rapport entre les capitaux qui y sont engagés et ce qu'elle rapporte. ▷ AGRIC Quantité de matière végétale produite sur une certaine surface de terrain. *Rendement du coton à l'hectare.* ▷ ECON *Rendement d'échelle :* production supplémentaire due à l'augmentation de la taille d'une activité. ▷ PHYS Rapport entre l'énergie utile restituée par un appareil ou une machine et l'énergie absorbée. *Un rendement est toujours inférieur à 1 par suite de la dégradation de l'énergie en chaleur.* ▷ CHIM *Rendement d'une réaction :* rapport entre le nombre de moles réellement obtenues et le nombre de moles correspondant à la réaction totale. **2.** Rapport entre le temps que qqn passe à faire un travail, l'effort qu'il fournit et le résultat obtenu. *Cet ouvrier a un bon rendement.*

rendez-vous [ʀɑ̃devu] n. m. inv. **1.** Rencontre ménagée à l'avance entre plusieurs personnes et par elles-mêmes. *Recevoir sur rendez-vous.* **2.** Lieu où l'on est convenu de se rencontrer. *Arriver en retard au rendez-vous.*

rendormir [ʀɑ̃dɔʀmiʀ] v. tr. [30] Faire dormir de nouveau. *Rendormir un bébé.* ▷ v. pron. S'endormir à nouveau.

rendre [ʀɑ̃dʀ] v. [6] **A.** v. tr. **I. 1.** Remettre, restituer à son possesseur. *Rendre ce qu'on a emprunté. – Rendre la monnaie.* **2.** Remettre à la disposition de qqn (ce qu'il a offert, cédé). *Rendre un présent. Rendre un article qui ne convient pas.* – Loc. fig. *Rendre sa parole à qqn,* le dégager d'une promesse. **3.** Redonner à qqn (ce qu'il avait perdu). *Rendre l'espoir à qqn.* **4.** Donner en contrepartie. *Rendre une invitation.* **5.** S'acquitter de (certains devoirs). *Rendre les honneurs funèbres. Rendre justice à qqn,* reconnaître son droit, sa valeur. **6.** *Rendre les armes :* capituler. **7.** Rejeter. *Rendre tout ce qu'on a mangé.* – Absol. Vomir. Syn. (Belgique) remettre. ▷ Fig. *Rendre l'âme,* le *dernier soupir :* mourir. **8.** Produire, donner. *Instrument qui rend un son harmonieux.* ▷ *Absol.* Avoir un certain rendement. *Ce champ rend bien.* **II.** Faire devenir. *Le chagrin l'a rendu fou.* **III. 1.** Exprimer, représenter par le moyen du langage, de l'art. *Chercher les mots exacts pour rendre sa pensée.* **2.** Traduire. *Expression idiomatique impossible à rendre en français.* **B.** v. pron. **1.** Aller, se diriger vers. *Se rendre à son travail.* **2.** Céder. *Se rendre à la raison, à l'évidence.* **3.** S'avouer vaincu. *La garnison assiégée s'est rendue.* **4.** Devenir de son propre fait. *Se rendre odieux, ridicule.*

rendu, ue [ʀɑ̃dy] adj. et n. m. **I.** adj. **1.** Arrivé à destination. *Vous voilà rendus.* – (France rég., Québec) Parvenu à une étape. *Rendu à Trois-Rivières, j'ai pris le pont pour aller à Sherbrooke.* **2.** (Québec) Devenu. *Elle est rendue pas mal vieille.* **II.** n. m. **1.** Loc. *Un prêté pour un rendu :* un mauvais tour que l'on joue à qqn pour lui rendre la pareille. **2.** Représentation exacte de la réalité dans une œuvre d'art. *Le rendu d'une chevelure.*

rêne [ʀɛn] n. f. Courroie fixée au mors d'un cheval et par laquelle on le conduit. ▷ (Plur.) Fig. *Tenir les rênes de l'État, d'une affaire,* en avoir la direction.

René (France-Albert) (né en 1935), homme d'État seychellois; président de la Rép. depuis 1977.

René Ier d'Anjou, dit *le bon roi René* (1409 – 1480), duc d'Anjou, duc effectif de Bar (1430-1480), duc de Lorraine (1431-1453), comte de Provence (1434-1480), roi effectif de Naples (1438-1442), roi titulaire de Sicile (1434-1480), roi nominal de Jérusalem. Fils de Louis II, roi de Sicile et duc d'Anjou, il épousa Isabelle de Lorraine (1420). Il perdit le royaume de Naples en 1442, la Lorraine en 1453 et le roi de France Louis XI lui prit l'Anjou en 1473. Dès 1456, il avait renoncé aux affaires, préférant écrire et s'entourer d'artistes et de savants, notam. en Provence, où il se retira en 1471.

renégat, ate [ʀənega, at] n. **1.** Celui, celle qui a renié sa religion. **2.** Personne qui a abjuré ses opinions, trahi son parti ou sa patrie, etc.

renégocier [ʀənegɔsje] v. tr. [2] POLIT Négocier à nouveau à partir des résultats d'une négociation antérieure.

Renel (Charles) (1870 – 1925), écrivain malgache, l'un des premiers qui transcrivirent en français des *Contes de Madagascar* (2 vol., 1910 et posth. 1930).

renfermé, ée [ʀɑ̃fɛʀme] adj. et n. m. **1.** adj. Qui n'est pas ouvert, qui n'est pas communicatif. *Enfant renfermé.* **2.** n. m. Mauvaise odeur d'un local non aéré. *Pièce qui sent le renfermé.*

renfermer [ʀɑ̃fɛʀme] v. [1] **I.** v. tr. **1.** Enfermer de nouveau. **2.** Contenir, comprendre en soi. *Sa bibliothèque renferme des livres rares.* ▷ Fig. *Ce texte renferme des idées intéressantes.* **II.** v. pron. *Se renfermer en soi-même :* ne pas extérioriser ses sentiments.

renflé, ée [ʀɑ̃fle] adj. Dont le diamètre est plus grand à certains endroits.

renflement [ʀɑ̃fləmɑ̃] n. m. **1.** État de ce qui est renflé. **2.** Partie renflée.

renflouage [ʀɑ̃fluaʒ] ou **renflouement** [ʀɑ̃flumɑ̃] n. m. **1.** Action de renflouer (un navire). **2.** Fait de rétablir une situation financière.

renflouer [ʀɑ̃flue] v. tr. [1] **1.** Remettre à flot (un navire échoué, coulé). **2.** Fig. Procurer des fonds à (qqn, une entreprise), pour rétablir sa situation financière.

renfoncement [ʀɑ̃fɔ̃smɑ̃] n. m. Partie d'une construction qui est en retrait.

renforcement [ʀɑ̃fɔʀsəmɑ̃] n. m. Action de renforcer; son résultat.

renforcer [ʀɑ̃fɔʀse] v. tr. [12] **1.** Accroître la force, le nombre de (un groupe). *Renforcer une troupe.* **2.** Rendre plus solide, plus résistant. *Renforcer un mur.* **3.** Donner plus d'intensité, plus de force à (qqch). *Renforcer un éclairage.* ▷ Fig. *Cela renforce mes convictions.* **4.** v. pron. Devenir plus fort.

renfort [ʀɑ̃fɔʀ] n. m. **1.** Effectifs, matériel qui viennent renforcer un groupe et, spécial., une armée. *Réclamer du (des) renfort(s).* ▷ *De renfort :* qui renforce. *Des armes de renfort.* **2.** TECH Pièce servant à augmenter la solidité d'une autre. **3.** Loc. prép. *À grand renfort de :* en se servant d'une grande quantité de.

renfrogné, ée [ʀɑ̃fʀɔɲe] adj. Qui laisse voir de la mauvaise humeur. *Visage renfrogné.*

renfrogner (se) [ʀɑ̃fʀɔɲe] v. pron. [1] Prendre une expression de mécontentement.

r(é)engagement [ʀ(e)ɑ̃gaʒmɑ̃] n. m. Action de rengager, de se rengager.

r(é)engager [ʀ(e)ɑ̃gaʒe] v. [13] **1.** v. tr. Engager de nouveau. **2.** v. pron. *Se rengager* ou, v. intr., *rengager :* renouveler son engagement dans l'armée.

rengaine [ʀɑ̃gɛn] n. f. **1.** Banalité répétée de façon lassante. **2.** Chanson qu'on entend sans cesse.

rengainer [ʀɑ̃gɛne] v. tr. [1] Remettre dans la gaine, dans le fourreau. *Rengainer une épée, un revolver.*

rengorger (se) [ʀɑ̃gɔʀʒe] v. pron. [13] **1.** (Oiseaux) Faire ressortir sa gorge en rejetant la tête en arrière. *Paon qui se rengorge.* **2.** Fig. Prendre des airs importants, avantageux.

Reni (Guido). V. Guide (le).

reniement [ʀ(ə)nimɑ̃] n. m. Action de renier.

renier [ʀənje] v. [2] **I.** v. tr. **1.** Nier, en dépit de la vérité, qu'on connaît qqn. *Saint Pierre a renié Jésus.* **2.** Refuser de reconnaître (qqn, qqch) comme sien. *Renier ses amis. Renier ses origines.* **3.** Abandonner, abjurer (qqch). *Renier ses opinions.* **II.** v. pron. Désavouer ses opinions, ses choix antérieurs.

reniflement [ʀənifləmɑ̃] n. m. Action de renifler.

renifler [ʀənifle] v. [1] **1.** v. intr. Aspirer par le nez avec bruit. *Enfant enrhumé qui renifle.* **2.** v. tr. Aspirer par le nez. *Renifler une prise de tabac.*

rénine [ʀenin] n. f. BIOCHIM Substance protéique sécrétée par le rein et qui provoque indirectement l'hypertension artérielle.

renne [ʀɛn] n. m. Cervidé (genre *Rangifer*) des régions arctiques, aux andouillers aplatis, à la robe grisâtre. **ENCYCL** Le renne fut très abondant en Europe occidentale au pléistocène supérieur; par la suite, il a gagné les régions polaires en des migrations successives.

Rennequin (René Sualem, dit) (1645 – 1708), technicien liégeois qui conçut et construisit la machine de Marly (1676-1682), ensemble de pompes aspirantes et foulantes qui alimentaient en eau de la Seine le château de Versailles.

Rennes, v. de France, ch.-l. du dép. d'Ille-et-Vilaine et de la Rég. Bretagne, au confl. de l'Ille et de la Vilaine; 203 533 hab. Marché agricole; nombr. industr. – Archevêché, univ., grandes écoles. Égl. Notre-Dame (XIVe s.). Palais de justice (XVIIe s.). Hôtel de ville (XVIIIe s.). Musée des Beaux-Arts.

Reno, v. des É.-U. (Nevada); 133 850 hab. (aggl. urb. 211 500 hab.). Naguère célèbre par ses divorces immédiats. Nombreux établissements de jeu.

Renoir (Auguste) (1841 – 1919), peintre français. Après des œuvres telles que *le Bal du Moulin de la Galette* (1876), il s'éloigna de l'impressionnisme v. 1883. Auteur de figures féminines plantureuses et nues, il modela la couleur vaporeuse. — **Jean** (1894 – 1979), fils du préc.; cinéaste français, maître du réalisme poétique : *Nana* (1926), *Boudu sauvé des eaux* (1932), *Toni* (1934), *le Crime de M. Lange* (1936), *les Bas-Fonds* (1936), *Une partie de campagne* (1936, puis 1946), *la Grande Illusion* (1937), *la Bête humaine* (1938), *la Règle du jeu* (1939), *le Carrosse d'or* (1952).

renom [ʀənɔ̃] n. m. Opinion (généralement favorable) répandue sur qqn, qqch. *Un écrivain de grand renom.*

renommé, ée [ʀənɔme] adj. Qui a un renom étendu. *Une marque renommée.*

renommée [ʀənɔme] n. f. Renom. *La renommée d'un écrivain.* ▷ DR *Preuve par commune renommée,* qui consiste à recueillir les déclarations de témoins qui déposent, non sur des faits, mais sur une opinion commune.

renon [ʀənɔ̃] n. m. (Belgique) Résiliation d'un bail. *Signifier son renon à un locataire.*

renoncement [ʀənɔ̃smɑ̃] n. m. Action de renoncer. *Renoncement à un droit.* – *Absol.* Détachement. *Mener une vie de renoncement.*

renoncer [ʀənɔ̃se] v. tr. indir. [12] *Renoncer à :* abandonner (un bien, un pouvoir, une prétention, un droit). *Renoncer à une succession.* – Abandonner (une action entreprise, une habitude, une pratique). *Il ne renonce pas à ce projet.* ▷ Absol. *Trop difficile! Je renonce!* ▷ *Renoncer aux biens de ce monde,* s'en détacher volontairement.

renonciataire [ʀənɔ̃sjatɛʀ] n. DR Celui, celle en faveur de qui on renonce à qqch (par oppos. à *renonciateur*).

renonciateur, trice [ʀənɔ̃sjatœʀ, tʀis] n. DR Celui, celle qui renonce à qqch en faveur de qqn.

renonciation [ʀənɔ̃sjasjɔ̃] n. f. DR Action de renoncer à un droit. – Acte par lequel on renonce à un droit. *Signer une renonciation.*

renonculacées [ʀənɔ̃kylase] n. f. pl. BOT Famille importante de plantes dicotylédones des régions tempérées et froides, dont beaucoup sont ornementales. – Sing. *Une renonculacée.*

renoncule [ʀənɔ̃kyl] n. f. Plante herbacée à fleurs jaunes (fam. renonculacées) des régions tempérées et froides.

renouer [ʀənwe] v. [1] **I.** v. tr. **1.** Nouer (une chose dénouée). *Renouer une ficelle.* – Fig. *Renouer une amitié.* **2.** Reprendre (ce qui a été interrompu). *Renouer la conversation.* **II.** v. tr. indir. *Renouer avec :* entrer de nouveau en relation avec (qqn).

renouveau [ʀənuvo] n. m. **1.** Litt. Printemps, saison nouvelle. **2.** Caractère nouveau (de qqch); renaissance. *Le renouveau du romantisme.*

renouvelable [ʀənuvlabl] adj. Qui peut être renouvelé. – *Énergies* renouvelables.*

renouveler [ʀənuvle] v. [19] **I.** v. tr. **1.** Rendre nouveau en remplaçant qqch par qqch de semblable, ou des personnes par d'autres. *Renouveler l'armement. Renouveler une équipe.* **2.** Donner un caractère nouveau à (qqch). *Renouveler son style.* **3.** Faire de nouveau. *Renouveler une erreur, une proposition.* **4.** Reconduire pour une nouvelle période. *Renouveler un bail, un abonnement.* **II.** v. pron. **1.** Être renouvelé, remplacé. *Les techniques se renou-*

vellent. **2.** Changer de style, d'inspiration, en matière artistique ou littéraire. *Cinéaste qui se renouvelle souvent.* **3.** Se répéter. *Fait qui se renouvelle.*

renouvellement [ʀənuvɛlmɑ̃] n. m. **1.** Remplacement (de choses, de personnes). *Le renouvellement du stock. Le renouvellement du corps enseignant.* **2.** Action de donner un caractère nouveau à qqch. *Le renouvellement d'un genre littéraire.* **3.** Action de reconduire. *Renouvellement d'un contrat.*

rénovateur, trice [ʀenɔvatœʀ, tʀis] n. et adj. Qui rénove.

rénovation [ʀenɔvasjɔ̃] n. f. **1.** Action de rénover, de transformer en mettant à jour. *Rénovation des méthodes pédagogiques.* **2.** Action de remettre à neuf. *Rénovation d'un quartier.*

rénover [ʀenɔve] v. tr. [1] **1.** Donner une forme nouvelle à (qqch). *Rénover les structures administratives.* **2.** Remettre à neuf (qqch). *Rénover un immeuble.*

renseignement [ʀɑ̃sɛɲmɑ̃] n. m. **1.** Ce qu'on fait connaître à qqn en le renseignant. *Donner des renseignements.* **2.** *Spécial.* Information d'intérêt national, dans les domaines militaire, économique, politique.

renseigner [ʀɑ̃seɲe] v. [1] **1.** v. tr. Fournir à (qqn) des indications, des précisions (sur qqn, qqch). ▷ Pp. adj. *Des personnes bien renseignées.* **2.** v. pron. Prendre des renseignements. *Se renseigner sur qqn.*

rentabilisation [ʀɑ̃tabilizasjɔ̃] n. f. Fait de rentabiliser ou de devenir rentable.

rentabiliser [ʀɑ̃tabilize] v. tr. [1] Assurer la bonne rentabilité de (une opération, une entreprise).

rentabilité [ʀɑ̃tabilite] n. f. Caractère de ce qui est rentable. *Rentabilité d'un placement. Rentabilité économique.*

rentable [ʀɑ̃tabl] adj. Qui produit une rente, un bénéfice. – *Par ext.* Qui rapporte. *Une affaire rentable.*

rente [ʀɑ̃t] n. f. **1.** Revenu régulier que l'on tire d'un bien, d'un capital. *Vivre de ses rentes.* – AGRIC *Culture de rente,* destinée à la vente. ▷ Fig. *Rente de situation :* avantage dû au seul fait d'occuper une situation stratégique ou privilégiée. **2.** Paiement annuel résultant soit d'un titre de créance, soit d'un contrat, soit d'un jugement. – *Rente d'une terre,* son revenu naturel, considéré indépendamment du revenu provenant du travail. – *Rente viagère :* pension payable à qqn sa vie durant. **3.** Emprunt de l'État qui donne droit à un intérêt contre remise de coupons.

rentier, ère [ʀɑ̃tje, ɛʀ] n. Celui, celle qui a des rentes, qui vit de ses rentes.

rentrant, ante [ʀɑ̃tʀɑ̃, ɑ̃t] adj. GEOM *Angle rentrant,* dont le sommet est tourné vers l'intérieur d'une figure. Ant. saillant.

rentré, ée [ʀɑ̃tʀe] adj. et n. m. **1.** adj. Que l'on ne peut ou que l'on ne veut extérioriser (sentiments). *Colère rentrée.* **2.** n. m. COUT Repli du tissu maintenu vers l'intérieur par une couture.

rentrée [ʀɑ̃tʀe] n. f. **1.** Action de rentrer dans un lieu. *La rentrée des travailleurs dans l'usine.* **2.** Reprise des activités après les vacances; époque où elle a lieu. *La rentrée des tribunaux. La rentrée des classes* ou, absol., *la rentrée.* **3.** Action de mettre dans un lieu fermé ou couvert ce qui était dehors (produits agricoles, notam.). *Rentrée de la récolte.* **4.** Somme que l'on recouvre. *Compter sur des rentrées régulières.*

rentrer [ʀɑ̃tʀe] v. [1] **I.** v. intr. **1.** Entrer, revenir dans un lieu après en être sorti. *Rentrer dans sa cachette. Rentrer du travail.* – Absol. Revenir chez soi. *Quand rentre-t-il?* **2.** Reprendre ses fonctions. *Les écoles rentrent aujourd'hui.* **3.** (En loc.) Fig. Entrer de nouveau en possession de. *Rentrer dans ses droits. Rentrer en grâce :* être pardonné. *Rentrer dans ses frais,* en être remboursé, en avoir la compensation. – *Les choses sont rentrées dans l'ordre,* elles ont retrouvé leur cours normal. ▷ *Rentrer en soi-même :* réfléchir, méditer sur soi-même. **4.** Être compris (dans qqch). *Cela rentre dans vos attributions.* **5.** Être reçu, perçu (argent). *Les loyers rentrent mal.* **6.** Pénétrer, s'emboîter. *La valise ne rentre pas dans le coffre.* **7.** *Abusiv.* et cour. Entrer. *Rentrer dans une boutique.* **8.** (Djibouti) Commencer (sens I). *Le film est rentré.* **II.** v. tr. **1.** Amener, transporter à l'intérieur, mettre à l'abri. *Rentrer ses moutons, du bois.* **2.** Ne pas extérioriser (un sentiment). *Rentrer sa haine.*

renversant, ante [ʀɑ̃vɛʀsɑ̃, ɑ̃t] adj. Qui stupéfie. *Une nouvelle renversante.*

renverse [ʀɑ̃vɛʀs] n. f. **1.** MAR Changement de direction de 180^0 du courant ou (plus rare) du vent. **2.** Loc. adv. *Tomber à la renverse,* sur le dos.

renversé, ée [ʀɑ̃vɛʀse] adj. (et n. m.) **1.** Inversé par rapport à la position habituelle. *Cette lentille donne une image renversée.* ▷ Loc. fig. *C'est le monde renversé :* cela va contre l'ordre habituel, contre le bon sens. **2.** Qui est tombé. *Une statue renversée.* **3.** n. m. (Suisse) Café au lait. *Boire un renversé.*

renversement [ʀɑ̃vɛʀsəmɑ̃] n. m. **1.** Action de renverser de haut en bas. ▷ TECH *Appareil à renversement,* qui fonctionne quand on le renverse (bombe, extincteur). **2.** Fig. Chute, destruction. *Le renversement de la royauté.* **3.** Changement de direction de 180^0. *Renversement de la marée, du courant.* **4.** Inversion d'un ordre. *Renversement des termes d'une proposition.* **5.** Fig. Changement total dans le sens inverse. *Renversement des alliances, des opinions.*

renverser [ʀɑ̃vɛʀse] v. tr. [1] **1.** Retourner (qqch) de façon que ce qui était en haut soit en bas. *Renverser un moule pour démouler un gâteau.* – *Renverser la tête,* la rejeter en arrière. **2.** Faire tomber (qqn, qqch). *Il s'est fait renverser par une voiture.* – (Liquides) Répandre. *Renverser de l'eau.* **3.** Fig. Provoquer la chute, la destruction de (qqch). *Renverser un régime.* **4.** Mettre ou faire aller en sens inverse. *Renverser les termes d'un rapport.* – *Renverser la vapeur,* la faire agir sur l'autre face du piston pour changer le sens de la marche d'une machine à vapeur; fig. changer totalement sa façon d'agir.

renvoi [ʀɑ̃vwa] n. m. **1.** Action de renvoyer; son résultat. *Renvoi de la balle. Renvoi de l'ascenseur.* ▷ Retour à l'envoyeur. *Renvoi d'un colis.* **2.** Licenciement, exclusion. *Je lui ai signifié son renvoi.* **3.** Transmission d'une demande, d'une proposition à une autorité compétente. ▷ DR Fait de renvoyer une partie, un procès, devant un juge déterminé. **4.** Marque renvoyant le lecteur à des notes, à d'autres passages d'un texte. **5.** Éructation. **6.** TECH *Renvoi d'angle :* organe qui transmet un mouvement en en changeant la direction.

renvoyer [ʀɑ̃vwaje] v. tr. [24] **1.** Faire retourner (qqn) au lieu d'où il est parti. *Renvoyer un malade à l'hôpital.* **2.** Mettre (qqn) dans l'obligation de quitter un lieu, une situation. *Renvoyer un employé.* Syn. (Haïti) déchouquer. ▷ DR *Renvoyer un accusé,* le décharger de l'accusation portée contre lui. **3.** Faire reporter à qqn (ce qu'il avait envoyé, prêté, perdu). *Renvoyer un objet oublié.* **4.** Lancer (qqch) en retour. *Renvoyer une balle.* **5.** Réfléchir (des ondes lumineuses, sonores). *L'écho renvoie les sons.* **6.** Adresser (qqn, qqch) à la personne, à l'endroit qui convient. *Être renvoyé au service compétent.* **7.** Remettre à plus tard. **8.** (Québec) Fam. Vomir. – Absol. *Elle a renvoyé dans l'autobus.* Syn. restituer.

réoccupation [ʀeɔkypasjɔ̃] n. f. Action d'occuper de nouveau; résultat de cette action.

réoccuper [ʀeɔkype] v. tr. [1] Occuper de nouveau.

Réo ma'ohi [ʀeomaɔj] n. m. Nom générique donné aux langues parlées en Polynésie. *Obtenir une licence de Réo ma'ohi.*

réopérer [ʀeɔpeʀe] v. tr. [14] Opérer de nouveau.

réorganisation [ʀeɔʀganizasjɔ̃] n. f. Action d'organiser de nouveau; son résultat.

réorganiser [ʀeɔʀganize] v. tr. [1] Organiser de nouveau ou autrement.

réorientation [ʀeɔʀjɑ̃tasjɔ̃] n. f. Action de réorienter.

réorienter [ʀeɔʀjɑ̃te] v. tr. [1] Donner une nouvelle orientation à.

réouverture [ʀeuvɛʀtyʀ] n. f. **1.** Action de rouvrir un établissement qui a été fermé. *Réouverture d'un parc national.* **2.** DR Mesure par laquelle on rouvre des débats qui avaient été clos.

repaire [ʀəpɛʀ] n. m. Lieu où se réfugient des animaux sauvages. ▷ Fig. *Repaire de brigands.*

repaître [ʀəpɛtʀ] v. [74] **1.** v. tr. Litt. Rassasier. *Repaître ses yeux d'un spectacle,* le regarder avec avidité jusqu'à s'en rassasier. **2.** v. pron. Litt. Se nourrir. *Tigre qui se repaît de la chair d'une proie.* ▷ Fig. *Se repaître de commérages.*

répandre [ʀepɑ̃dʀ] v. [6] **I.** v. tr. **1.** Verser, laisser tomber (qqch qui s'étale, se disperse). *Répandre un liquide, des graviers.* – *Répandre des larmes :* pleurer. *Répandre son sang :* être blessé. **2.** Envoyer au loin (qqch qui émane de soi). *Répandre de la chaleur, une odeur.* **3.** Distribuer généreusement. *Répandre ses bienfaits.* **4.** Faire naître (un sentiment) chez de nombreuses personnes. *Répandre la gaieté.* **5.** Faire connaître à un vaste public. *Répandre une nouvelle, une doctrine.* **II.** v. pron. **1.** S'écouler en s'étalant. *Café qui se répand sur la nappe.* **2.** Être émis et s'étendre (lumière, odeur, chaleur, etc.). **3.** (Personnes) Se disperser en occupant un lieu. *Les invités se répandent dans le jardin.* **4.** Se propager. *Idée, mode qui se répand.* **5.** *Se répandre en paroles, en invectives, en compliments,* etc. : parler, invectiver, complimenter longuement.

répandu, ue [ʀepɑ̃dy] adj. **1.** Communément admis, pratiqué. *Opinion, coutume répandue.* **2.** Abondant. *Cette graminée est très répandue au Sahel.*

réparable [ʀepaʀabl] adj. Qu'on peut réparer.

reparaître [ʀəpaʀɛtʀ] v. intr. [73] Paraître de nouveau.

réparateur, trice [ʀepaʀatœʀ, tʀis] n. (et adj.) Personne qui répare ce qui est endommagé. ▷ adj. Qui répare, compense. *Geste réparateur.* Qui redonne des forces. *Sommeil réparateur.*

réparation [reparasjɔ̃] n. f. **1.** Action de réparer une chose matérielle; travail qu'il faut faire pour la réparer. *Route en réparation.* **2.** Action de réparer un tort, une erreur, etc. ▷ DR *Réparations civiles :* dommages-intérêts que peut obtenir une personne qui a subi un préjudice du fait de qqn. ▷ SPORT *Surface de réparation :* au football, surface rectangulaire autour des buts, à l'intérieur de laquelle toute faute d'un défenseur est sanctionnée par un *coup de pied de réparation* (V. penalty).

réparer [repare] v. tr. [1] **1.** Remettre (qqch) en bon état, en état de fonctionnement. *Réparer un toit, une machine.* ▷ Fig. *Réparer ses forces,* les rétablir. **2.** Faire disparaître (qqch) par une réparation. *Réparer un accroc.* **3.** Compenser les effets de (une faute, un dommage). *Réparer une maladresse.*

reparler [rəparle] v. tr. indir. [1] **1.** Parler de nouveau (de qqch, de qqn). *Nous en reparlerons.* ▷ v. intr. *Il reparle enfin.* **2.** Adresser de nouveau la parole (à qqn) après une brouille.

repartie [rəparti; reparti] n. f. Vive réplique. *Avoir l'esprit de repartie.*

repartir [r(ə)partir] v. intr. [30] **1.** Partir de nouveau. **2.** Retourner à l'endroit d'où l'on vient. *Il repart pour Hanoi.*

répartir [repartir] v. [3] **I.** v. tr. **1.** Distribuer les parts de (qqch qu'on a partagé suivant certaines règles). *Répartir des biens.* **2.** Mettre dans divers endroits. *Répartir des objets dans une vitrine.* **3.** *Par ext.* Échelonner. *Répartir un plan sur deux ans.* **4.** Classer. *Répartir les races dans une espèce.* **II.** v. pron. (Passif) Être réparti. – (Récipr.) *Se répartir les tâches.*

répartiteur [repartitœr] n. m. TELECOM Dispositif où aboutissent des lignes téléphoniques principales qu'il répartit entre les utilisateurs.

répartition [repartisjɔ̃] n. f. **1.** Partage, division, distribution. *Répartition du travail.* ▷ Manière dont une chose est répartie. *La répartition inégale des fortunes.* **2.** Action de répartir, de se répartir dans l'espace; son résultat. *Répartition géographique d'une espèce animale.* **3.** Classement. **4.** MATH *Fonction de répartition,* qui donne la probabilité pour qu'une variable aléatoire soit inférieure à une valeur donnée.

repas [rəpɑ] n. m. Nourriture que l'on prend chaque jour à des heures régulières. *Faire trois repas par jour.* Syn. (Antilles fr.) manger. – Loc. (Luxembourg) *Service repas sur roues :* service de repas à domicile.

repassage [rəpasaʒ] n. m. **1.** Action d'aiguiser un couteau, des ciseaux. **2.** Action de repasser du linge.

repasser [rəpase] v. [1] **I.** v. intr. Passer de nouveau. *Je repasserai chez vous.* **II.** v. tr. **1.** Traverser de nouveau. *Repasser le fleuve.* **2.** Faire passer de nouveau (qqch). *Repasser un disque.* **3.** Revenir sur (qqch qu'on a étudié, appris). *Repasser sa leçon.* **4.** Aiguiser (des couteaux, des ciseaux) sur une meule. **5.** Défroisser (du linge, un vêtement) en passant dessus un fer chaud.

repasseur [rəpasœr] n. m. Ouvrier qui aiguise les lames. Syn. rémouleur.

repasseuse [rəpasøz] n. f. **1.** Celle dont le métier est de repasser du linge. **2.** Machine à repasser le linge, composée de cylindres chauffés.

repayer [rəpeje] v. tr. [21] Payer une seconde fois.

repêchage [rəpɛʃaʒ] n. m. **1.** Action de sortir de l'eau. **2.** Fig., fam. *Épreuve de repêchage :* épreuve supplémentaire qui peut permettre à un candidat éliminé d'être reçu à un examen.

repêcher [rəpɛʃe] v. tr. [1] **1.** Retirer de l'eau (ce qui y est tombé). **2.** Fig., fam. *Repêcher un candidat à un examen,* l'admettre bien qu'il n'ait pas obtenu la moyenne requise.

repeindre [rəpɛ̃dr] v. tr. [55] Peindre de nouveau.

repenser [rəpɑ̃se] v. [1] **1.** v. intr. Penser, réfléchir de nouveau (à qqch). **2.** v. tr. Revenir sur le fond, la conception même de (qqch). *Repenser un article, un projet.*

repentant, ante [rəpɑ̃tɑ̃, ɑ̃t] adj. Qui se repent (d'une, de ses fautes).

repenti, ie [rəpɑ̃ti] adj. et n. Qui s'est repenti (d'une, de ses fautes). ▷ Subst. *Un(e) repenti(e).*

1. repentir (se) [rəpɑ̃tir] v. pron. [30] **1.** Éprouver un regret sincère (du mal qu'on a fait). *Se repentir de ses fautes.* **2.** Regretter (ce qu'on a fait) à cause de ses conséquences fâcheuses. *Je me repens de lui avoir prêté de l'argent.*

2. repentir [rəpɑ̃tir] n. m. **1.** Sentiment de celui qui se repent d'une faute. *Le repentir du pécheur.* **2.** PEINT Correction effectuée par l'artiste sur le tableau qu'il est en train de peindre.

repérable [rəperabl] adj. Qu'il est possible de repérer. ▷ PHYS *Grandeur repérable et non mesurable,* dont on peut définir l'égalité ou l'inégalité, mais sur laquelle on ne peut effectuer d'opération mathématique (la température, par ex.).

repérage [rəperaʒ] n. m. **1.** Action de repérer. **2.** CINE Reconnaissance des lieux précédant un tournage en décors naturels.

répercussion [reperkysjɔ̃] n. f. **1.** Fait, pour un son, de se répercuter. **2.** Fig. Suite, contrecoup. *Les répercussions d'un échec.*

répercuter [reperkyte] v. [1] **I.** v. tr. **1.** Renvoyer (un son). *Cri qui est répercuté par l'écho.* **2.** Fig. Faire payer (une charge) à d'autres. *Répercuter l'augmentation de l'impôt sur une catégorie de contribuables.* – Transférer (une charge) sur (qqch). *Répercuter l'augmentation des salaires sur les prix.* **II.** v. pron. **1.** (En parlant d'un son) Être répercuté. **2.** Fig. Agir par contrecoup (sur qqch). *Le renchérissement des intrants s'est répercuté sur les prix des produits finis.*

repère [rəpɛr] n. m. **1.** Marque faite sur une pièce, qui permet de l'ajuster avec précision ou de la remettre exactement à la même place. ▷ Signe indiquant un alignement, une distance, un niveau. **2.** *Point de repère :* ce qui sert à se retrouver, à situer qqch dans l'espace, dans le temps, dans un ordre. **3.** MATH, PHYS Ensemble d'axes par rapport auxquels on définit la position d'un point par ses coordonnées.

repérer [rəpere] v. tr. [14] **1.** Marquer, indiquer au moyen d'un repère. *Repérer une hauteur.* **2.** Déterminer avec précision la position de (qqch). *Repérer un avion à l'aide de radars.*

répertoire [repertwar] n. m. **1.** Inventaire, recueil où les matières sont rangées dans un ordre qui permet de les retrouver facilement. *Consigner des adresses sur un répertoire.* **2.** Recueil. *Répertoire de droit.* **3.** Liste des pièces qui sont jouées habituellement dans un théâtre déterminé. ▷ *Par ext.* Ensemble des pièces qui forment une catégorie. *Le répertoire classique.* **4.** Ensemble des œuvres qu'un comédien, un chanteur, etc., interprète.

répertorier [repertɔrje] v. tr. [2] Porter sur un répertoire.

répéter [repete] v. [14] **I.** v. tr. **1.** Dire (ce qu'on a déjà dit ou ce qu'un autre a dit). *Répéter inlassablement la même chose.* **2.** Refaire, recommencer (qqch). *Répéter une expérience.* **3.** Dire ou faire plusieurs fois (qqch) pour mieux le savoir. *Répéter une leçon.* ▷ *Absol.* Participer à, faire une répétition (sens 3). **4.** Reproduire (qqch) à certains intervalles dans l'espace ou dans le temps. *Répéter un motif sculpté. Répéter des signaux.* **II.** v. pron. **1.** Redire les mêmes choses inutilement. *Romancier qui se répète.* **2.** Être répété, reproduit. *Le même vers se répète à chaque strophe.* **3.** Se produire à plusieurs reprises. *Un bruit se répète.*

répéteur [repetœr] n. m. TELECOM Dispositif amplificateur servant à retransmettre les signaux qu'il reçoit.

répétiteur [repetitœr] n. m. TECH Appareil qui reproduit les indications d'un autre appareil.

répétitif, ive [repetitif, iv] adj. Qui se répète. *Travail répétitif.*

répétition [repetisjɔ̃] n. f. **1.** Retour du même mot, de la même idée. *Texte plein de répétitions.* **2.** Action de faire plusieurs fois la même chose. *La répétition des mêmes actes.* ▷ *Armes à répétition,* qui permettent de tirer plusieurs coups en ne les chargeant qu'une seule fois. **3.** Action de jouer, sans public, une pièce, une partition, etc., pour mettre au point son interprétation. *Répétition d'un ballet.* ▷ *Répétition générale :* V. général (1, sens 3). **4.** Reproduction de qqch. *Répétition d'un motif.* **5.** (Suisse) MILIT *Cours de répétition :* chacune des périodes annuelles d'exercice militaire que les conscrits accomplissent après leur service militaire.

répétitivité [repetitivite] n. f. Didac. Caractère de ce qui est répétitif.

repeuplement [rəpœpləmɑ̃] n. m. Action de repeupler; fait de se repeupler.

repeupler [rəpœple] v. tr. [1] Peupler de nouveaux habitants. *Repeupler une région.* ▷ v. pron. *Le village s'est repeuplé.* ▷ Regarnir d'animaux. *Repeupler un parc.* ▷ ARBOR Regarnir de végétation. *Repeupler une forêt.*

repiquage [rəpikaʒ] n. m. Action de repiquer; son résultat.

repiquer [rəpike] v. tr. [1] **1.** Transplanter (un jeune plant issu d'un semis). *Repiquer du riz, des salades.* **2.** PHOTO Retoucher. **3.** Enregistrer sur un nouveau support. *Repiquer un disque sur une bande magnétique.*

répit [repi] n. m. Arrêt de qqch de pénible; détente, repos. *S'accorder un moment de répit.* – *Sans répit :* sans arrêt, sans relâche. *Travailler sans répit.*

replacement [rəplasmɑ̃] n. m. Action de replacer; son résultat.

replacer [rəplase] v. tr. [12] **1.** Remettre en place ou placer ailleurs (qqch). **2.** Fournir un nouvel emploi à (qqn).

replanter [rəplɑ̃te] v. tr. [1] Planter de nouveau.

replat [rəpla] n. m. GEOGR Terrasse en épaulement au flanc d'un versant.

replâtrage [ʀəplɑtʀaʒ] n. m. **1.** Réparation faite avec du plâtre. **2.** Fig., fam. Réparation sommaire.

replâtrer [ʀəplɑtʀe] v. tr. [1] **1.** Plâtrer de nouveau. **2.** Fig., fam. Arranger sommairement, grossièrement.

replet, ète [ʀəplɛ, ɛt] adj. Gras, dodu.

réplétion [ʀeplesjɔ̃] n. f. Didac. État d'un organe (*spécial.*, de l'estomac) rempli.

repli [ʀəpli] n. m. **I. 1.** Rebord plié. **2.** Ondulation. *Un repli de terrain.* **3.** Fig. Ce qui est caché, secret. *Les plis et les replis de l'âme humaine.* **4.** MILIT Recul sur des positions moins avancées effectué sur ordre. *Repli stratégique.* **II.** Fait de se replier sur soi-même.

repliable [ʀəplijabl] adj. Qui peut être replié. *Un manche repliable.*

réplication [ʀeplikasjɔ̃] n. f. BIOCHIM Copie d'une molécule d'A.D.N. ou d'A.R.N. pour former une molécule complémentaire. V. nucléique.

repliement [ʀəplimɑ̃] n. m. **1.** Action de replier. **2.** Fait de se replier sur soi-même.

replier [ʀəplije] v. [2] **I.** v. tr. **1.** Plier (ce qui avait été déplié, déployé). *Replier ses ailes.* **2.** Faire opérer un mouvement de repli à. *Replier des troupes.* ▷ v. pron. *Armée qui se replie.* **II.** v. pron. *Se replier sur soi-même :* rentrer en soi-même.

réplique [ʀeplik] n. f. **I. 1.** Réponse, repartie. *Avoir la réplique facile.* **2.** Ce qu'un acteur répond à un autre. *Lancer sa réplique.* **II.** Copie, double. *Réplique en bronze d'une statue en pierre.*

répliquer [ʀeplike] v. tr. [1] **1.** Répondre. **2.** Répondre vivement, dans une conversation, une discussion. ▷ *Absol.* Répondre vivement à une observation. *Enfant qui réplique.*

replonger [ʀəplɔ̃ʒe] v. tr. [13] Plonger de nouveau. – Fig. Mettre de nouveau dans telle situation, tel état. *Cette nouvelle les a replongés dans l'inquiétude.* ▷ v. intr. *Il a replongé du haut d'un rocher.* ▷ v. pron. Fig. Se laisser accaparer de nouveau (par une activité). *Se replonger dans la lecture du journal.*

répondant, ante [ʀepɔ̃dɑ̃, ɑ̃t] n. Caution, garant. *Il a accepté d'être mon répondant.*

répondeur [ʀepɔ̃dœʀ] n. m. *Répondeur téléphonique :* appareil automatique qui, en réponse à un appel téléphonique, fait entendre un message préalablement enregistré sur bande magnétique. *Répondeur-enregistreur,* qui peut enregistrer le message du correspondant. *Des répondeurs-enregistreurs.*

répondre [ʀepɔ̃dʀ] v. tr. dir. et indir. [6] **1.** Faire réponse à ce qui a été dit, demandé. *On vous appelle, répondez vite. Répondre par écrit. Répondre une sottise.* **2.** *Répondre à :* correspondre à. *La seconde partie du livre ne répond pas à la première.* **3.** Donner en retour. *Répondre à l'affection des siens.* **4.** *Répondre de, pour qqn,* lui servir de garant, de caution. **5.** Réagir à l'action des commandes (véhicules, machines, etc.). *Les freins ne répondaient plus.*

répons [ʀepɔ̃] n. m. LITURG CATHOL Chant liturgique exécuté tour à tour par une voix et par le chœur.

réponse [ʀepɔ̃s] n. f. **1.** Ce qui est dit en retour à la personne qui a posé une question, qui s'est adressée à vous. *Donner une réponse. Je n'ai pas obtenu de réponse. Avoir réponse à tout :* ne jamais être à bout d'arguments, savoir affronter toutes sortes de difficultés. **2.** Lettre écrite pour répondre. **3.** Solution, explication. *Réponse à un problème.* **4.** PHYSIOL Réaction à un stimulus. – BIOL *Réponse immunitaire :* ensemble des manifestations de défense de l'organisme envers toute agression (microbienne, notam.). **5.** *Droit de réponse :* droit appartenant à toute personne mise en cause dans un périodique d'obtenir l'insertion dans celui-ci d'une réponse rectificative.

repopulation [ʀəpɔpylasjɔ̃] n. f. Retour à l'accroissement de la population après une période de déficit.

report [ʀəpɔʀ] n. m. **1.** FIN Opération qui consiste à reporter à la liquidation suivante l'exécution d'une opération à terme. **2.** Renvoi à plus tard. **3.** Action de reporter (qqch) d'un document sur un autre, de transcrire ailleurs. ▷ POLIT *Le report des voix :* le transfert des voix électorales d'un candidat sur un autre (notam. au second tour d'une élection).

reportage [ʀəpɔʀtaʒ] n. m. Article ou suite d'articles écrits par un journaliste à partir d'informations recueillies sur place. – Par ext. *Reportage radiodiffusé, filmé, télévisé.*

1. reporter [ʀ(ə)pɔʀte] v. [1] **A.** v. tr. **I. 1.** Porter (une chose) là où elle se trouvait auparavant. **2.** Transporter par la pensée à une époque antérieure. *Ce récit nous reporte à la fin du Moyen Âge.* ▷ v. pron. *Se reporter à son enfance.* **II.** Placer dans un autre lieu. **1.** Transcrire ailleurs. *Reportez le total en haut de la colonne suivante.* **2.** FIN Procéder au report de. *Reporter des titres.* **3.** Renvoyer à une date ultérieure, différer. *Reporter une nomination.* **4.** *Reporter (sur qqch, qqn) :* transférer sur (qqch, qqn). *Elle a reporté toute son affection sur cet enfant.* **B.** v. pron. Se référer.

2. reporter [ʀ(ə)pɔʀtɛʀ] n. m. (Anglicisme) Journaliste qui fait des reportages. *Reporter-cameraman :* V. reporteur.

reporteur [ʀəpɔʀtœʀ] n. m. **1.** FIN Celui qui procède à un report. **2.** *Reporteur d'images :* journaliste qui effectue des reportages filmés ou télévisés (terme off. recommandé pour remplacer *reporter-cameraman*).

repos [ʀəpo] n. m. **1.** Immobilité. *Ne pas demeurer en repos un instant.* **2.** Fait de se reposer, de se délasser. *Prendre du repos.* ▷ *Par euph.* Mort. *Le champ du repos :* le cimetière. *Le repos éternel :* la béatitude des bienheureux. **3.** Congé; interruption du travail. *C'est mon jour de repos.* **4.** MILIT Position du soldat qui abandonne le garde-à-vous. *Garde à vous!.. Repos!* **5.** VERSIF Césure dans un vers.

reposant, ante [ʀəpozɑ̃, ɑ̃t] adj. Qui repose, délasse.

repose [ʀəpoz] n. f. TECH Action de remettre en place (ce qui avait été enlevé auparavant).

reposé, ée [ʀəpoze] adj. Qui a pris du repos; qui n'est plus fatigué. ▷ Fig. *A tête reposée :* en prenant le temps de réfléchir au calme.

repose-pied(s) [ʀəpozpje] n. m. Support, sur une motocyclette, pour le pied. *Des repose-pieds.*

1. reposer [ʀəpoze] v. [1] **I.** v. tr. **1.** Appuyer. *Reposer sa tête sur un oreiller.* **2.** Dissiper la fatigue, la tension de; délasser. *Activité qui repose l'esprit.* **II.** v. intr. **1.** Litt. Dormir. *Chut! il repose.* **2.** Être étendu ou enterré (en parlant d'un mort). *Ici repose...* **3.** Se décanter, en parlant des liquides. *Cette eau est trouble, il faut la laisser reposer un moment.* **4.** *Reposer sur :* être fondé sur. *Cet édifice repose sur le roc.* – Fig. *Un raisonnement qui ne repose sur rien.* **III.** v. pron. **1.** Se délasser en cessant toute activité fatigante ou pénible. **2.** *Se reposer sur qqn,* lui faire confiance. *Se reposer sur qqn du soin d'une affaire,* s'en remettre à lui pour la conduite de cette affaire, lui en laisser la responsabilité.

2. reposer [ʀəpoze] v. tr. [1] **1.** Poser de nouveau (ce qu'on avait enlevé). *Reposer une vitre.* **2.** Poser de nouveau (ce qu'on avait soulevé). *Reposer un verre sur la table.* **3.** Poser de nouveau (une question).

reposoir [ʀəpozwaʀ] n. m. **1.** LITURG CATHOL Autel élevé sur le parcours d'une procession, destiné à recevoir le saint sacrement. **2.** Dans un hôpital, local où est exposé le corps d'un défunt.

repoussage [ʀəpusaʒ] n. m. TECH Façonnage à froid, à l'aide d'un marteau et d'un outil d'emboutissage, de pièces métalliques minces ou de cuir pour obtenir un relief ou des ornements.

repoussant, ante [ʀəpusɑ̃, ɑ̃t] adj. Qui inspire de l'aversion, du dégoût. *Odeur repoussante.*

repousse [ʀəpus] n. f. Nouvelle pousse.

repoussé, ée [ʀəpuse] adj. Façonné par repoussage. *Cuir repoussé.*

1. repousser [ʀəpuse] v. tr. [1] **1.** Faire reculer, pousser en arrière (qqn). *Repousser l'ennemi.* **2.** Pousser (qqch) en arrière ou loin de soi. *Repousser des objets gênants du revers de la main.* **3.** TECH Travailler (le métal, le cuir) par repoussage. **4.** Ne pas agréer. *Repousser une demande. Repousser les tentations,* ne pas y céder. **5.** Remettre à plus tard. *Repousser un délai de livraison.*

2. repousser [ʀəpuse] v. intr. [1] Pousser de nouveau. *Herbe qui repousse après la fenaison.*

répréhensible [ʀepʀeɑ̃sibl] adj. Digne de blâme.

reprendre [ʀəpʀɑ̃dʀ] v. [52] **I.** v. intr. **1.** Se remettre à pousser. *Cet arbre reprend bien.* **2.** Recommencer. *Le froid a repris.* **II.** v. tr. **1.** Prendre de nouveau. *Reprendre une ville. Reprendre un fugitif.* ▷ Fam. *On ne m'y reprendra plus :* je ne me laisserai plus tromper. ▷ Retrouver. *Reprendre haleine. Reprendre courage.* **2.** Prendre (ce qu'on avait donné), retirer. *Reprendre sa parole :* se délier d'une promesse. **3.** Continuer (qqch), après une interruption. *Reprendre son travail.* **4.** Redire, répéter. *Reprendre un refrain en chœur.* **5.** Améliorer par un nouveau travail; réparer. *Reprendre les détails d'un projet.* **6.** *Reprendre qqn,* attirer son attention sur une erreur qu'il a faite, le corriger. **III.** v. pron. **1.** Se corriger, rectifier ce que l'on a dit. **2.** Retrouver ses esprits.

repreneur, euse [ʀəpʀənœʀ, øz] n. ECON Personne qui prend le contrôle (d'une entreprise en difficulté).

représailles [ʀəpʀezaj] n. f. pl. **1.** Mesure qu'un État prend à l'égard d'un autre État pour riposter à ce que celui-ci lui aurait infligé en premier. **2.** Vengeance. *Les témoins se taisent par peur des représailles.*

représentant, ante [ʀəpʀezɑ̃tɑ̃, ɑ̃t] n. **1.** Personne qui représente qqn, qui peut agir en son nom. ▷ Personne désignée par un groupe pour agir en son nom. *Le représentant du syndicat.* ▷ Personne qui représente des électeurs dans une assemblée parlementaire. **2.** Personne qui représente un État auprès d'un autre. **3.** Type, modèle. *Elle est la parfaite représentante de l'élégance africaine.* **4.** Personne qui voyage et fait des affaires pour une maison de commerce. *Représentant de commerce.*

représentatif, ive [ʀəpʀezɑ̃tatif, iv] adj. **1.** Qui représente (qqch). **2.** Qui a rapport à la représentation des électeurs par des personnes élues. *Gouvernement représentatif.* **3.** PSYCHO Qui a rapport à la représentation mentale. **4.** Caractéristique. *Il est très représentatif de son époque, de sa classe sociale.*

représentation [ʀəpʀezɑ̃tasjɔ̃] n. f. **1.** Fait de représenter (qqch) par une image, un signe, un symbole. ▷ Fig. *Une représentation idéaliste de l'histoire.* **2.** Image, signe, symbole qui représente. *Cette peinture est la représentation d'une tempête.* **3.** Image fournie à la conscience par les sens, la mémoire. **4.** Action de représenter une pièce de théâtre. *Assister à une représentation d'« Une saison au Congo » d'Aimé Césaire.* **5.** Train de vie imposé par une position sociale élevée. *Frais de représentation.* **6.** DR Fait de tenir la place de qqn, de parler en son nom. **7.** Pouvoir législatif exercé par les représentants élus. *La représentation nationale.* **8.** Métier de représentant de commerce. **9.** Fait de représenter un État à l'étranger.

représentativité [ʀəpʀezɑ̃tativite] n. f. Caractère représentatif. *Représentativité d'une organisation syndicale.*

représenter [ʀəpʀezɑ̃te] v. [1] **I.** v. tr. **1.** Présenter de nouveau. **2.** Faire venir à l'esprit, évoquer le souvenir de (qqch, qqn). *Son imagination lui représente ce triste événement.* **3.** Rendre présent à la vue par des images. *La scène représente une forêt.* **4.** Jouer (une pièce) en public. *La troupe représentera une tragédie de Racine.* **5.** Exprimer par la parole. **6.** Personnifier, symboliser. *Cet auteur représente bien l'esprit de son époque.* **7.** Équivaloir à. *Cette dépense représente pour eux des sacrifices importants.* **8.** Tenir la place de (une ou plusieurs personnes) pour exercer ou défendre un droit. *Ce député représente telle circonscription. Le ministre s'est fait représenter par son directeur de cabinet.* **9.** Être représentant de commerce de (une ou plusieurs marques). *Représenter une gamme de produits.* **II.** v. pron. **1.** Se présenter de nouveau. *Le député sortant se représentera devant les électeurs.* **2.** *Se représenter qqch,* se l'imaginer.

répresseur [ʀepʀesœʀ] n. m. BIOCHIM Substance qui régule l'activité génétique en empêchant soit la transcription de l'A.D.N. en A.R.N., soit la synthèse des protéines au niveau des ribosomes.

répressif, ive [ʀepʀesif, iv] adj. Qui réprime. *Loi répressive.*

répression [ʀepʀesjɔ̃] n. f. **1.** Action de réprimer. *Répression des crimes.* **2.** PSYCHO Inhibition volontaire d'une motivation ou d'une conduite consciente.

réprimande [ʀepʀimɑ̃d] n. f. Blâme, admonestation.

réprimander [ʀepʀimɑ̃de] v. tr. [1] Blâmer, admonester.

réprimer [ʀepʀime] v. tr. [1] **1.** Arrêter l'action, l'effet de (qqch). *Réprimer une sédition.* **2.** Dominer. *Réprimer ses passions.* **3.** Empêcher (qqch de nuisible) de se développer. *Réprimer les injustices.*

reprint [ʀəpʀint] n. m. (Anglicisme) EDITION Reproduction, en fac-similé, d'un ouvrage épuisé.

reprisage [ʀəpʀizaʒ] n. m. Raccommodage au moyen de reprises.

repris de justice [ʀəpʀidʒystis] n. m. inv. Personne qui a subi une ou plusieurs condamnations pénales.

reprise [ʀəpʀiz] n. f. **1.** Action de prendre de nouveau. *Reprise d'une place forte.* **2.** Continuation (de ce qui a été interrompu). *Reprise des combats. À deux, à plusieurs, à maintes reprises :* à deux, à plusieurs, de nombreuses fois. ▷ Regain d'activité dans les affaires financières, économiques. *La reprise économique s'amorce.* **3.** MUS Fragment d'un morceau que l'on doit rejouer. **4.** Réfection d'une construction ou de l'une de ses parties. *Reprise d'un mur en sous-œuvre.* **5.** Réparation à l'aiguille d'une étoffe trouée, avec reconstitution des fils de trame et de chaîne. **6.** EQUIT Leçon. **7.** Chacune des parties d'un combat de boxe (syn. round), d'un assaut d'escrime. **8.** Accélération rapide dans la rotation d'un moteur, permettant d'obtenir un accroissement de puissance important dans un temps relativement bref. *Voiture qui a de bonnes reprises.* **9.** Ensemble des objets mobiliers, des aménagements rétrocédés par le locataire sortant au locataire entrant. ▷ Somme payée pour une telle rétrocession. **10.** Fait de reprendre (sens I, 1). *La reprise d'une bouture.*

repriser [ʀəpʀize] v. tr. [1] Faire une, des reprises (sens 5) à.

réprobateur, trice [ʀepʀɔbatœʀ, tʀis] adj. Qui exprime la réprobation.

réprobation [ʀepʀɔbasjɔ̃] n. f. Blâme sévère. *Encourir la réprobation d'un supérieur.* ▷ Vive désapprobation.

reproche [ʀəpʀɔʃ] n. m. **1.** Blâme, remontrance adressés à qqn sur sa conduite. *Il m'a fait des reproches amers.* – *Sans reproche(s) :* à qui l'on ne peut rien reprocher, parfait. **2.** DR *Reproche d'un témoin,* sa récusation.

reprocher [ʀəpʀɔʃe] v. tr. [1] **1.** *Reprocher à quelqu'un une attitude, une parole, une action,* lui en faire grief, l'en blâmer. ▷ v. pron. (Réfl.) *Je me reproche mon ingratitude.* – (Récipr.) *Ils se reprochent mutuellement leurs mensonges.* **2.** DR *Reprocher des témoins,* les récuser.

reproducteur, trice [ʀəpʀɔdyktœʀ, tʀis] adj. et n. **I. 1.** adj. Qui reproduit. **2.** n. m. Animal destiné à la reproduction. **II.** n. f. TECH Machine électromécanique qui effectue la duplication de cartes perforées.

reproductible [ʀəpʀɔdyktibl] adj. Didac. Qui peut être reproduit.

reproductif, ive [ʀəpʀɔdyktif, iv] adj. Didac. Qui a rapport à la reproduction (sens 1).

reproduction [ʀəpʀɔdyksjɔ̃] n. f. **1.** Processus par lequel un être vivant produit d'autres êtres semblables à lui-même par la génération. **2.** Action de reproduire, d'imiter. *Reproduction photographique.* ▷ Résultat de cette action; imitation, copie, réplique. *Une reproduction de « la Joconde ».* ▷ ECON *Reproduction simple* (ou *élargie*) *:* reconstitution des conditions de production à l'identique (ou sur des bases accrues).
ENCYCL Biol. – La *reproduction asexuée* chez les végétaux s'effectue à partir d'un seul individu, soit par fragmentation naturelle ou accidentelle, soit par bourgeonnement, essaimage. Elle aboutit à la production d'individus rigoureusement semblables à l'individu initial. Ce mode de reproduction est répandu chez les bactéries, les végétaux, les invertébrés inférieurs, et n'existe chez les animaux supérieurs que dans quelques rares cas. Dans la *reproduction sexuée,* répandue chez de nombreux végétaux et chez la plupart des animaux, il y a fusion (fécondation) des équipements génétiques de deux cellules et association des gènes portés par des individus différents. V. méiose.

reproduire [ʀəpʀɔdɥiʀ] v. [69] **I.** v. tr. **1.** Répéter, copier, représenter exactement. *Reproduire un paysage dans un tableau.* ▷ Imiter (qqn, son comportement). *Reproduire les tics d'une célébrité.* **2.** Créer une réplique de (un ouvrage). *Gravure qui reproduit un tableau de maître.* **3.** Être la réplique de. *Maquette qui reproduit une ville en petit.* **II.** v. pron. **1.** Se perpétuer par la génération. *Cette espèce se reproduit rapidement.* **2.** Arriver, survenir une nouvelle fois. *Les mêmes événements se sont reproduits.*

reprographie [ʀəpʀɔgʀafi] n. f. TECH Ensemble des techniques de reproduction des documents écrits.

reprographier [ʀəpʀɔgʀafje] v. tr. [2] Reproduire par reprographie.

réprouvé, ée [ʀepʀuve] n. **1.** Personne rejetée par la société. *Les exclus, les réprouvés.* **2.** THEOL Pécheur exclu par Dieu du nombre des élus.

réprouver [ʀepʀuve] v. tr. [1] Rejeter, blâmer, condamner (qqch). *Réprouver une action vile.*

reptation [ʀɛptasjɔ̃] n. f. Action de ramper. ▷ Mode de locomotion des animaux rampants.

reptile [ʀɛptil] n. m. **1.** ZOOL n. m. pl. Classe de vertébrés tétrapodes, issue des amphibiens et à l'origine des oiseaux et des mammifères. ▷ Sing. *Un reptile.* **2.** *Spécial.,* cour. Serpent.
ENCYCL Le corps des reptiles est couvert d'écailles épidermiques. Les reptiles sont pour la plupart terrestres, mais on compte bon nombre d'espèces aquatiques; ils abondent surtout dans les régions chaudes. Le membre, de type tétrapode, s'est transformé en aile ou en nageoire chez diverses lignées fossiles; les serpents et les lézards apodes ont « perdu » leurs membres. Les glandes salivaires des serpents sont souvent devenues des glandes à venin. La plupart des reptiles sont carnivores; quelques tortues et lézards sont herbivores. Les reptiles sont, dans leur immense majorité, ovipares : quelques-uns sont ovovivipares (vipères) ou vivipares (certains lézards). Ils vivent en général longtemps (cent ans pour les tortues). Leur mue constitue un phénomène caractéristique. L'origine des reptiles est mal connue. Certains dérivent probablement des amphibiens stégocéphales (les premiers tétrapodes terrestres). Le groupe des reptiles est hétérogène. La classification traditionnelle en fait une classe, divisée en plusieurs sous-classes, dont certaines ont disparu (notam. celle des reptiles mammaliens et celle qui renfermait les ichtyosaures). Trois sous-classes subsistent actuellement; la plus primitive est limitée à l'ordre des chéloniens (tortues); la mieux représentée comprend les rhynchocéphales (sphénodon) et les squamates (sauriens, amphisbéniens, ophidiens); la plus

évoluée renferme les crocodiliens et renfermait les dinosauriens, les ptérosauriens et les ancêtres des oiseaux).

reptilien, enne [ʀɛptiljɛ̃, ɛn] adj. ZOOL Qui se rapporte aux reptiles.

repu, ue [ʀəpy] adj. Rassasié.

républicain, aine [ʀepyblikɛ̃, ɛn] adj. et n. **I.** adj. **1.** De la république. **2.** Favorable à la république. *Esprit républicain.* ▷ Subst. *Un(e) républicain(e).* **II.** n. m. Oiseau passériforme (genre *Philetairus*) d'Afrique tropicale qui construit de grands nids communautaires.

républicain (Parti), l'un des deux grands partis qui gouvernent en alternance les É.-U. Un premier Parti républicain, réuni autour de Jefferson (président de 1801 à 1809), avait donné naissance au Parti démocrate* dans les années 1830. L'antiesclavagisme suscita, à partir de 1854, la constitution d'un deuxième Parti républicain qui fit élire Lincoln président (1861 et 1865). Depuis, les républicains ont plus souvent accédé au pouvoir que les démocrates, et mené une politique plus conservatrice.

république [ʀepyblik] n. f. **1.** ANTIQ Cité; État. *«La République» de Platon. La République romaine.* **2.** État gouverné par des représentants élus pour un temps et responsables devant la nation (par oppos. à *monarchie*). ▷ Forme de gouvernement, régime d'un tel pays. *Être en république.* **3.** Fig. *La république des lettres :* les gens de lettres.

République arabe unie (R.A.U.), fédération fondée le 1er fév. 1958 par l'union de l'Égypte (V. dossier et carte de l'Égypte, p. 1430) et de la Syrie*, approuvée par un référendum organisé dans les deux pays. Le Yémen rejoignit la R.A.U. pour former l'État arabe uni (1958-1961). La Syrie se retira en sept. 1961, mais l'Égypte conserva officiellement ce nom jusqu'en 1971.

République centrafricaine, État d'Afrique équatoriale.
► V. carte et dossier, p. 1413.

république Dominicaine. V. Dominicaine (république).

République française, régime politique proclamé cinq fois en France. La *Ire République,* établie le 21 sept. 1792 après l'abolition de la royauté, s'acheva le 18 mai 1804 : proclamation du Premier Empire. La *IIe République,* issue de la révolution de 1848, dura du 25 fév. 1848 au 2 déc. 1852 : proclamation du Second Empire. La *IIIe République,* proclamée par un gouvernement de la Défense nationale le 4 sept. 1870 et définitivement instituée en 1875, s'acheva le 10 juil. 1940, quand le maréchal Pétain créa l'État français. La *IVe République,* constituée le 3 juin 1944, prit d'abord la forme d'un Gouvernement provisoire, puis la nouvelle Constitution fut approuvée par le référendum du 13 oct. 1946. Les événements d'Algérie (notam. ceux de mai 1958) précipitèrent la chute de la IVe Rép., qui prit fin le 8 janv. 1959. La *Ve République* commença alors. Voulue par de Gaulle, sa Constitution avait été approuvée par référendum le 28 sept. 1958. Les présidents de la Ve République furent : le général de Gaulle (élu le 21 déc. 1958, entré en fonction le 8 janv. 1959, réélu, cette fois au suffrage universel, le 19 déc. 1965, démissionnaire le 28 avr. 1969); Georges Pompidou (élu le 15 juin 1969, mort le 2 avr. 1974), Valéry Giscard d'Estaing (élu le 19 mai 1974, il acheva son mandat en mai 1981) et François Mitterrand (élu le 10 mai 1981 et réélu le 8 mai 1988, il acheva son deuxième mandat en mai 1995), Jacques Chirac (élu le 7 mai 1995).
► V. dossier France, p. 1435.

République tchèque. V. tchèque (République).

répudiation [ʀepydjasjɔ̃] n. f. **1.** Action de répudier (son épouse). **2.** DR Renonciation (à un droit). **3.** Rejet (d'un sentiment, d'une idée, etc.).

répudier [ʀepydje] v. tr. [2] **1.** Dans certains pays (notam., musulmans) ou à certaines époques, renvoyer (son épouse) selon les formes légales, mais sans son accord et sans contrôle de justice. **2.** DR Renoncer à. *Répudier une succession.* **3.** Rejeter, abandonner (une opinion, un sentiment, etc.). *Répudier une croyance.*

répugnance [ʀepyɲɑ̃s] n. f. **1.** Aversion, dégoût. *Avoir de la répugnance pour (qqch). Avoir de la répugnance à se montrer servile.* **2.** Hésitation, embarras. *Travailler sans répugnance.*

répugnant, ante [ʀepyɲɑ̃, ɑ̃t] adj. Qui inspire le dégoût, la répugnance. *Une saleté répugnante.* ▷ (Sens moral.) *Il s'est conduit de manière répugnante.*

répugner [ʀepyɲe] v. tr. [1] Dégoûter. *Son aspect me répugnait fort.* ▷ *Répugner à :* éprouver de la répugnance pour. *Répugner à la violence.* ▷ (Suivi d'un inf.) *Répugner à mentir.*

répulsif, ive [ʀepylsif, iv] adj. PHYS Qui provoque une répulsion (sens 2).

répulsion [ʀepylsjɔ̃] n. f. **1.** Aversion, dégoût, répugnance instinctive. **2.** PHYS Action réciproque de deux systèmes qui tendent à s'éloigner l'un de l'autre. *Répulsion des pôles de même signe de deux aimants. Répulsion de deux charges électriques de même signe.*

réputation [ʀepytasjɔ̃] n. f. **1.** Opinion commune sur qqch, sur qqn. *Bonne, mauvaise réputation.* **2.** *Absol.* Considération dont jouit qqn. **3.** Estime, renom. *Œuvre de grande réputation.*

réputé, ée [ʀepyte] adj. Qui jouit d'un grand renom. *Médecin réputé.*

réputer [ʀepyte] v. tr. [1] *Être réputé* (+ adj.) : passer pour. *Elle est réputée fort compétente.*

requérable [ʀəkeʀabl] adj. DR Qu'il faut requérir en personne. *Créance requérable.*

requérant, ante [ʀəkeʀɑ̃, ɑ̃t] adj. et n. DR Qui requiert.

requérir [ʀəkeʀiʀ] v. tr. [35] **1.** Mander, demander, réclamer. *Requérir la force armée,* en faire la réquisition légale. **2.** DR Demander (qqch) en justice. *Requérir des dommages-intérêts.* ▷ *Absol.* Prononcer un réquisitoire. **3.** Exiger. *Cela requiert tous vos soins.*

requête [ʀəkɛt] n. f. **1.** Demande, prière. **2.** DR Demande écrite adressée à un magistrat pour obtenir rapidement une décision provisoire, dans les cas d'urgence et où il n'y a pas de contradicteur. ▷ *Requête civile :* voie de recours extraordinaire par laquelle une partie qui se prétend lésée demande aux juges de réformer leur décision. **3.** Loc. prép. *A, sur la requête de :* à la demande de.

requiem [ʀekwijɛm; ʀekɥijɛm] n. m. inv. **1.** LITURG CATHOL Prière, chant pour le repos des morts. *Messe de requiem.* **2.** Morceau de musique composé pour la messe des morts. *Le «Requiem» de Mozart.*

requin [ʀəkɛ̃] n. m. **1.** Poisson cartilagineux sélacien, au corps fuselé, dont certaines espèces sont dangereuses pour l'homme. **2.** Fig. Personne cupide, dure en affaires. *Les requins de la finance.*
ENCYCL Les requins ou squales constituent avec les raies la sous-classe des sélaciens. Leur tête présente généralement cinq fentes branchiales de chaque côté. Certaines espèces ne dépassent pas un mètre. Le *requin-marteau,* à tête élargie, peut atteindre 4 m. Des espèces de grande taille peuvent s'attaquer à l'homme, notam. le requin blanc *(Carcharodon carcharias),* long de 9 m, qui vit dans toutes les mers tropicales, subtropicales et tempérées, ainsi que *Carcharhinus glaucus,* le requin bleu. Les requins géants sont inoffensifs pour l'homme : le *requin-baleine (Rhincodon typus)* des mers tropicales, long de 18 m, se nourrit de plancton, de petits poissons, de céphalopodes; le *requin pèlerin (Cetorhinus maximus),* (14 m, 6 tonnes), ne se nourrit que de petits crustacés, d'œufs et larves de poissons.

requis, ise [ʀəki, iz] adj. et n. m. **1.** adj. Demandé, exigé. *Posséder les diplômes requis.* **2.** n. m. *Requis civil* ou *requis :* personne requise par l'autorité civile pour effectuer un travail.

réquisition [ʀekizisjɔ̃] n. f. **1.** DR Action de requérir. ▷ Demande incidente présentée en cours d'audience pour obtenir la convocation d'un individu ou la présentation d'une pièce. **2.** Fait, pour une autorité civile ou militaire, d'imposer à une personne, ou à une collectivité, une prestation de services ou la remise de certains biens. – *Réquisition de la force armée,* faite par une autorité civile en vue de maintenir l'ordre ou de rétablir le fonctionnement d'un service public.

réquisitionner [ʀekizisjɔne] v. tr. [1] Se faire remettre (qqch), requérir les services de (qqn) par voie de réquisition légale. *Réquisitionner des véhicules, des ouvriers.*

réquisitoire [ʀekizitwaʀ] n. m. **1.** DR Acte de réquisition écrit établi par le magistrat qui remplit auprès d'un tribunal les fonctions de ministère public. ▷ Discours prononcé à l'audience par le ministère public. **2.** Fig. Thèse développée contre qqn, qqch. *Ce livre est un réquisitoire contre la guerre.* **3.** (Belgique) ADMIN Pièce délivrée par une administration et donnant droit à un titre de transport gratuit.

Rerum novarum, encyclique promulguée par Léon XIII, en 1891, sur le monde ouvrier *(catholicisme social).*

resaler [ʀəsale] v. tr. [1] Saler de nouveau, ajouter du sel.

rescapé, ée [ʀɛskape] adj. et n. Qui est sorti vivant d'une situation dangereuse, d'un accident. – Subst. *Les rescapés d'un tremblement de terre.*

rescinder [ʀəsɛ̃de] v. tr. [1] DR Annuler. *Rescinder un contrat.*

rescousse (à la) [alaʀɛskus] loc. adv. *Aller, appeler à la rescousse,* au secours.

réseau [ʀezo] n. m. **1.** Entrelacement de fils, de lignes, etc. *Un réseau de fils de fer barbelés, de vaisseaux sanguins.* – Fig. *Un réseau d'intrigues.* **2.** Ensemble de voies, de canalisations, de conducteurs reliés les uns aux autres. *Réseau* *routier. Réseau de voies ferrées. Réseau électrique, téléphonique. Réseau aérien. Réseau d'irrigation.* ▷ INFORM Ensemble d'ordinateurs connectés entre eux, permettant l'échange de données. (V. encycl. ci-après.) **3.** PHYS *Réseau cristallin :* arrangement dans l'espace des entités élé-mentaires (ions, molécules, atomes) qui constituent les corps cristallisés. (14 formes de réseaux cristallins permettent de décrire les composés à l'état solide ordonné.) ▷ *Réseau optique :* ensemble de fentes parallèles équidistantes et très voisines servant à diffracter un faisceau lumineux en produisant des interférences, utilisé en analyse spectrale. **4.** Ensemble de personnes, d'organismes, d'instituts, etc., qui concourent au même but, qui sont en relation pour agir ensemble. *Réseau de distribution. Réseau de stations météorologiques.*

ENCYCL Il existe différents types de réseaux : les réseaux téléphoniques, télématiques (minitel), informatiques, etc. Un réseau informatique consiste à connecter des ordinateurs entre eux, au sein d'un même bâtiment (*réseau local*) ou à des milliers de kilomètres, afin de partager des ressources matérielles (imprimantes, disques de stockage, etc.) et logicielles (applications, fichiers, banques de données, messageries, etc.), tout en conservant la possibilité de fermer l'accès à certaines données. La liaison de réseaux géographiquement éloignés a recours au réseau téléphonique; la connexion des ordinateurs sur le câble* accélérera la vitesse de transmission des données. Le premier réseau local commercialisable, *Ethernet*, est apparu en 1979. Outre les nombreux réseaux créés depuis, Internet*, le «réseau des réseaux», est devenu mondial en 1988. Sa «toile» est organisée de manière à unir des réseaux qui sont d'abord reliés à un niveau régional, puis national, international, et enfin intercontinental. Les réseaux sont subventionnés par les grandes institutions et les organismes responsables de la recherche. Ils ont un impact sociologique important, abolissant les barrières du temps et de l'espace dans la communication, la recherche, le travail. (V. encycl. information, REFER et SYFED.)

résection [ʀesɛksjɔ̃] n. f. CHIR Opération qui consiste à enlever un fragment ou la totalité d'un organe ou d'un tissu.

réséda [ʀeseda] n. m. Plante dicotylédone des régions méditerranéennes dont les petites fleurs, blanches ou jaunes, groupées en inflorescences, dégagent un parfum puissant.

resemer [ʀəsəme] v. tr. V. ressemer.

resemis [ʀəsəmi] n. m. AGRIC Action de réensemencer; son résultat.

réséquer [ʀeseke] v. tr. [**14**] CHIR Opérer la résection de.

réserpine [ʀezɛʀpin] n. f. PHARM Alcaloïde extrait du rauwolfia, utilisé dans le traitement de l'hypertension artérielle et de certains troubles nerveux pour ses propriétés sédatives.

réservataire [ʀezɛʀvatɛʀ] adj. et n. m. **1.** adj. DR *Héritier réservataire,* qui a droit à la réserve légale (V. réserve, sens I, 4). ▷ n. m. *Un réservataire.* **2.** n. m. En droit musulman, celui qui a droit à une part fixe, déterminée par la loi. (On dit aussi légitimaire ou héritier *farath.*)

réservation [ʀezɛʀvasjɔ̃] n. f. Action de réserver (une place dans le train, l'avion, une chambre à l'hôtel, etc.).

réserve [ʀezɛʀv] n. f. **I. 1.** Quantité de choses accumulées pour être utilisées en cas de besoin. *Réserves de nourriture, de médicaments.* ▷ Loc. adv. *En réserve :* à part, de côté. ▷ FIN *Réserves monétaires :* ensemble des avoirs d'un pays, en or et en devises. ▷ PHYSIOL Ensemble des substances nutritives stockées dans les tissus animaux et végétaux. *Réserves lipidiques (graisses), glucidiques (sucre, amidon), protéiques (gluten, etc.).* ▷ (Afr. subsah.) Au Rwanda, roue de secours. **2.** Quantité de richesses minérales que l'on peut tirer de la terre. *Réserves pétrolières.* **3.** Ensemble des citoyens mobilisables en cas de besoin pour renforcer l'armée active. **4.** DR Part d'un patrimoine réservée par la loi à certains héritiers, dits réservataires. (On dit aussi *réserve héréditaire, réserve légale.*) ▷ *Réserve légale :* fonds que toute société doit constituer au moyen de prélèvements sur les bénéfices. **II. 1.** Endroit, local où sont stockées des marchandises. *La réserve d'une boutique.* **2.** ARBOR Étendue de forêt où on laisse les arbres croître en futaie. **3.** *Réserve de pêche, de chasse :* portion d'un cours d'eau, d'un terrain, réservée au repeuplement. **4.** *Réserve naturelle :* territoire où les plantes et les animaux sont protégés par des mesures spéciales. **5.** En Amérique du Nord, territoire réservé aux Amérindiens. **III. 1.** DR Clause que l'on ajoute pour éviter qu'un texte soit interprété dans un sens que l'on ne souhaite pas. *Les réserves d'un contrat.* **2.** Restriction nuançant un jugement, ou réfutant par avance une appréciation hâtive de la situation. ▷ Loc. adj. et adv. *Sans réserve :* sans restriction. ▷ Loc. adv. *Sous toutes réserves :* sans garantie. **IV.** Discrétion, circonspection. *Garder toujours une prudente réserve.*

réservé, ée [ʀezɛʀve] adj. **I. 1.** Destiné exclusivement (à qqn, qqch). *Emplacement réservé aux voitures officielles.* **2.** Retenu à l'avance. *Place réservée.* **II.** Qui montre de la réserve (sens IV). *Un jeune homme très réservé.*

réserver [ʀezɛʀve] v. [**1**] **I.** v. tr. **1.** Mettre (qqch) de côté dans l'attente d'une meilleure occasion pour l'utiliser, ou à l'intention de qqn. *Nous vous avons réservé votre part. Réserver son jugement,* le suspendre jusqu'à plus ample informé. **2.** Retenir à l'avance (une place, une chambre, etc.). **3.** Destiner (qqch) à une personne en particulier, à l'exclusion de toute autre. *Je vous ai réservé cette tâche.* **4.** Destiner. *Ce voyage me réservait bien des déceptions.* **II.** v. pron. **1.** Mettre de côté pour soi. *Se réserver les meilleurs morceaux.* **2.** *Se réserver* (+ inf.) : attendre le moment opportun pour (faire qqch). *Je me réserve d'intervenir ultérieurement.*

réserviste [ʀezɛʀvist] n. m. Celui qui fait partie de la réserve (sens I, 3) de l'armée.

réservoir [ʀezɛʀvwaʀ] n. m. Cavité, bassin, récipient dans lequel un liquide ou un gaz est accumulé ou gardé en réserve. *Réservoir d'un barrage. Réservoir d'essence d'un véhicule.*

résidant, ante [ʀezidɑ̃, ɑ̃t] adj. et n. Qui réside, demeure. – Subst. *Les résidants.*

résidence [ʀezidɑ̃s] n. f. **1.** Fait de résider dans un lieu; ce lieu. *Avoir sa résidence à la campagne.* ▷ DR Lieu où l'on réside de fait (par oppos. à *domicile,* lieu où l'on réside de droit). ▷ *Résidence forcée :* lieu de séjour imposé à qqn par mesure administrative. **2.** Séjour obligé d'un fonctionnaire, d'un ecclésiastique, dans le lieu où il exerce ses fonctions. **3.** Fonction ou lieu d'habitation d'un résident (sens 2). ▷ HIST Dans les colonies belges, siège des services d'un résident. **4.** Bâtiment d'habitation confortable, plus ou moins luxueux. ▷ (Afr. subsah.) *La résidence :* l'habitation officielle d'une haute autorité administrative.

résident, ente [ʀezidɑ̃, ɑ̃t] n. **1.** Titre de certains agents diplomatiques. ▷ (Afr. subsah.) HIST Au Congo belge, au Rwanda, en Urundi, haut fonctionnaire belge responsable de l'administration de la colonie. **2.** Anc. *Résident général :* haut fonctionnaire placé par une nation auprès du chef d'un État soumis au protectorat de cette nation; haut fonctionnaire belge chargé d'administrer le Rwanda-Urundi. **3.** Personne qui réside ailleurs que dans son pays d'origine.

résidentiel, elle [ʀezidɑ̃sjɛl] adj. Se dit des zones urbaines où dominent les immeubles et maisons d'habitation et, en partic., les habitations cossues. *Quartiers résidentiels. Banlieue résidentielle.*

résider [ʀezide] v. intr. [**1**] **1.** ADMIN Demeurer, habiter (dans tel endroit). *Résider en province.* **2.** Fig. Se trouver (dans qqn, qqch). *Là réside la difficulté.*

résidu [ʀezidy] n. m. Ce qui reste. ▷ Déchet, détritus. *Résidus industriels.* ▷ CHIM Ce qui reste d'une substance soumise à une opération physique ou chimique. *Résidus de combustion.* ▷ LOG *Méthode des résidus,* qui consiste à retrancher d'un phénomène les effets auxquels on peut assigner des causes connues et à examiner le reste pour tenter d'en découvrir l'explication.

résiduel, elle [ʀezidɥɛl] adj. Qui constitue un résidu. ▷ GEOGR *Relief résiduel,* qui n'a pas subi d'érosion.

résignation [ʀeziɲasjɔ̃] n. f. **1.** DR Abandon (d'une charge, d'un bénéfice), partic. en faveur d'une personne désignée. **2.** État d'esprit d'une personne qui se résigne. *Supporter ses souffrances avec résignation.*

résigné, ée [ʀeziɲe] adj. (et n.) Se dit d'une personne qui accepte (qqch) sans révolte.

résigner [ʀeziɲe] v. [**1**] **1.** v. tr. DR Abandonner volontairement (une charge, un bénéfice). **2.** v. pron. *Se résigner à :* accepter, se soumettre sans révolte à. *Se résigner à son sort.*

résiliation [ʀeziljasjɔ̃] n. f. DR Action de résilier; son résultat.

résilience [ʀeziljɑ̃s] n. f. METALL Résistance d'un métal aux chocs.

résilier [ʀezilje] v. tr. [**2**] DR Mettre fin à (un acte, un contrat) par la volonté des parties ou à la suite d'un événement fortuit (décès, par ex.). *Résilier un bail.*

résille [ʀezij] n. f. Filet qui sert à envelopper les cheveux.

résine [ʀezin] n. f. **1.** Substance complexe, visqueuse et odorante, sécrétée par divers végétaux (conifères, térébinthacées). **2.** GEOL, PALEONT Substance végétale fossile riche en carbone, provenant probablement d'une oxygénation d'hydrocarbures. *L'ambre est une résine.* **3.** CHIM Toute substance organique de masse molaire élevée servant de point de départ à la fabrication d'une matière plastique. **4.** TECH *Résine échangeuse d'ions :* V. échangeur (sens 3).

résineux, euse [ʀezinø, øz] adj. et n. m. Qui contient, qui produit de la résine. ▷ n. m. pl. Cour. *Les résineux :* les conifères, riches en résine. – Sing. *Le pin est un résineux.*

résipiscence [ʀesipisɑ̃s] n. f. RELIG ou litt. Reconnaissance de sa faute suivie d'amendement. *Venir à résipiscence.*

résistance [ʀezistɑ̃s] n. f. **1.** Action ou propriété d'un corps qui résiste à une action. *Résistance d'un métal à la déformation. Résistance d'un tiroir qu'on veut ouvrir.* ▷ PHYS Force qui s'oppose à un mouvement. *Résistance de frottement. Résistance de l'air.* **2.** ELECTR Grandeur (exprimée en ohms) qui traduit la plus ou moins grande aptitude d'un corps à s'opposer au passage d'un courant électrique. ▷ Conducteur qui résiste au passage du courant, utilisé notam. pour produire de la chaleur. (V. résistor.) **3.** TECH *Résistance des matériaux :* discipline technologique qui a pour objet l'étude des dimensions optimales des éléments de construction pour que ceux-ci résistent aux diverses contraintes sans déformation permanente (c.-à-d. sans dépasser le domaine des déformations élastiques), aux efforts auxquels ils seront soumis (traction, compression, flexion, cisaillement). **4.** *Plat de résistance :* plat principal d'un repas. **5.** Aptitude à supporter la fatigue, les privations, etc. **6.** Action de résister à une attaque. *Opposer une résistance farouche à l'ennemi.* **7.** Fait de ne pas céder à la volonté de qqn. *Résistance à un ordre.*

Résistance, action clandestine menée en France et en Europe par divers réseaux et organisations pour lutter contre l'occupation allemande durant la Seconde Guerre mondiale.

résistant, ante [ʀezistɑ̃, ɑ̃t] adj. et n. **I.** adj. **1.** (Choses) Qui résiste, qui présente une certaine résistance. *Matière résistante.* **2.** (Personnes) Qui résiste à la fatigue, à la maladie, etc. *Il est très résistant.* **II.** n. Personne ayant pris part à la Résistance. (V. ce mot.)

résister [ʀeziste] v. tr. indir. [**1**] *Résister à.* **1.** (Sujet n. de chose.) Ne pas céder, ne pas se détériorer sous l'action de. *Matériaux qui résistent aux chocs, aux acides.* ▷ (Abstrait) *Leur amitié a résisté aux années.* **2.** (Sujet n. de personne.) Avoir les forces nécessaires pour supporter (ce qui affaiblit). *Résister à la maladie.* **3.** Se défendre contre, s'opposer par la force à. **4.** Ne pas se plier à la volonté de (qqn). *Personne n'ose lui résister.* **5.** Tenir ferme contre (ce qui porte vers qqn, qqch). *Résister à une impulsion.*

résistivité [ʀezistivite] n. f. ELECTR Résistance spécifique d'un conducteur.

résistor [ʀezistɔʀ] n. m. ELECTR Dipôle qui obéit à la loi d'Ohm*. Syn. résistance. (Ce terme permet de distinguer le conducteur et sa propriété, seule nommée *résistance.*)

Resnais (Alain) (né en 1922), cinéaste français : courts métrages (*Guernica,* 1950; *Nuit et Brouillard,* 1955) puis *Hiroshima mon amour* (1959), *l'Année dernière à Marienbad* (1961), *Providence* (1976), *Smoking/No smoking* (1993).

résolu, ue [ʀezɔly] adj. **1.** Déterminé, hardi. **2.** À quoi on a donné une solution. *Problème résolu.*

résolument [ʀezɔlymɑ̃] adv. Avec détermination; hardiment.

résolutif, ive [ʀezɔlytif, iv] adj. MED Se dit des médicaments qui font disparaître les inflammations et déterminent la résolution des engorgements.

résolution [ʀezɔlysjɔ̃] n. f. **1.** MED Disparition sans suppuration d'une inflammation ou d'un engorgement. **2.** DR Annulation d'un contrat pour inexécution des conditions. **3.** PHYS *Pouvoir de résolution d'un instrument d'optique,* distance minimale (réelle ou angulaire) entre deux points qui apparaissent distincts lorsqu'on les observe à l'aide de cet instrument. **4.** Action, fait de résoudre un problème. ▷ MATH *Résolution d'une équation,* détermination de la valeur de ses inconnues. **5.** Décision fermement arrêtée. *Sa résolution est inébranlable.* ▷ POLIT Proposition retenue par une assemblée. **6.** Litt. Qualité d'une personne résolue. *Manquer de résolution.*

résolutoire [ʀezɔlytwaʀ] adj. DR Qui a pour effet de résoudre (sens I, 3) un acte. *Convention, clause résolutoire.*

résonance [ʀezɔnɑ̃s] n. f. **1.** Propriété qu'ont certains objets, certains lieux, de résonner; modification du son qu'ils provoquent. *Résonance d'une église. Résonances produites par la vibration des cordes d'un instrument.* ▷ *Caisse de résonance :* enceinte close où se produisent des phénomènes de résonance. **2.** PHYS Accroissement de l'amplitude d'une vibration lorsque la période des vibrations imposées devient égale à la période propre du système. ▷ PHYS NUCL *Résonance nucléaire :* phénomène de résonance à l'intérieur du noyau, dû aux transitions entre niveaux d'énergie. ▷ PHYS, MED et CHIM *Résonance magnétique nucléaire (R.M.N.) :* technique, utilisée notam. en imagerie médicale *(imagerie par résonance magnétique : I.R.M.),* qui repose sur l'étude de la résonance nucléaire observée lorsqu'on applique une fréquence de radiation électromagnétique et une intensité de champ magnétique données. ▷ CHIM Phénomène présenté par des composés qui réagissent comme s'ils possédaient plusieurs structures atomiques, dû à une variation de la répartition des électrons de liaison.

résonateur [ʀezɔnatœʀ] n. m. et adj. m. PHYS Appareil qui entre en vibration sous l'influence d'oscillations dont la période correspond à celle de sa résonance. – adj. m. *Tube résonateur.*

resonner [ʀəsɔne] v. intr. [**1**] (Belgique) Rappeler (qqn) au téléphone. *Vous pouvez resonner d'ici dix minutes.* (Parfois employé transitivement.)

résonner [ʀezɔne] v. intr. [**1**] **1.** Réfléchir le son en le renforçant ou en le prolongeant. *Local qui résonne.* **2.** Rendre un son vibrant. *Faire résonner un tambour.* **3.** Être renforcé ou prolongé (son). *La voix résonne dans le vide.*

résorber [ʀezɔʀbe] v. [**1**] **I.** v. tr. **1.** MED Opérer la résorption de (une tumeur, un épanchement, etc.). **2.** Fig. Faire disparaître peu à peu (ce qui gêne, ce qui est en excès). *Résorber l'excédent de la production.* **II.** v. pron. Disparaître progressivement. ▷ Fig. *Sa colère a fini par se résorber.*

résorcine [ʀezɔʀsin] n. f. ou **résorcinol** [ʀezɔʀsinɔl] n. m. CHIM Dérivé du benzène utilisé dans l'industrie chimique (colles, colorants) et pharmaceutique (antiseptiques).

résorption [ʀezɔʀpsjɔ̃] n. f. **1.** MED Disparition plus ou moins totale d'un tissu dégénéré, d'un produit pathologique ou d'un corps étranger, qui est détruit et assimilé par les tissus voisins. **2.** Fig. Action de faire disparaître peu à peu; son résultat. *S'engager à la résorption d'un déficit.*

résoudre [ʀezudʀ] v. [**75**] **I.** v. tr. **1.** Donner une solution à. *Résoudre un problème, un conflit.* ▷ MATH *Résoudre une équation,* en déterminer les inconnues. – Pp. adj. *Une équation résolue.* **2.** MED Faire disparaître peu à peu (une tumeur, une inflammation). **3.** DR Annuler (un contrat, un bail, etc.). **4.** Décider (un acte). *On résolut la destruction du quartier insalubre.* – *Résoudre de* (+ inf.) *Il résolut d'attendre.* **II.** v. pron. **1.** Être décomposé, transformé (en). **2.** *Se résoudre à* (+ inf.) : se déterminer, se décider à. *Se résoudre à partir.*

respect [ʀɛspɛ] n. m. (et interj.) **1.** Considération que l'on a pour qqn et que l'on manifeste par une attitude déférente envers lui. *Manquer de respect à qqn.* ▷ Loc. *Sauf votre respect,* se dit quand on veut exprimer qqch qui pourrait choquer. **2.** Souci de ne pas porter atteinte à qqch. *Le respect des lois, de la vie.* **3.** *Respect humain :* crainte du jugement d'autrui. **4.** *Tenir qqn en respect,* le tenir à distance en lui inspirant de la crainte. **5.** Plur. (Formule de politesse.) *Je vous présente mes respects.* **6.** interj. (Haïti) Formule de salutation pour inviter un visiteur à entrer. (V. honneur.)

respectabilité [ʀɛspɛktabilite] n. f. Caractère respectable de qqn, de qqch.

respectable [ʀɛspɛktabl] adj. **1.** Qui mérite du respect. *Famille respectable.* **2.** Assez important pour être pris en considération (quantité, grandeur). *Avoir un salaire respectable.*

respecter [ʀɛspɛkte] v. [**1**] **I.** v. tr. **1.** Éprouver du respect pour (qqn). **2.** Observer (une prescription, une interdiction, un ensemble d'usages ou de règles). *Respecter la loi, les règlements.* ▷ Ne pas porter atteinte à (qqch). *Respecter la propriété.* **II.** v. pron. Avoir une conduite en rapport avec sa condition; se conduire de manière à garder l'estime de soi. *Agir en homme du monde qui se respecte.* – (Récipr.) *Ils se respectent l'un l'autre, gage d'entente.*

respectif, ive [ʀɛspɛktif, iv] adj. Qui concerne chaque chose, chaque personne en particulier. *Les chances respectives de deux adversaires.*

respectivement [ʀɛspɛktivmɑ̃] adv. Chacun en ce qui le concerne. *Leurs deux fils ont respectivement quinze et vingt ans.*

respectueusement [ʀɛspɛktɥøzmɑ̃] adv. Avec respect.

respectueux, euse [ʀɛspɛktɥø, øz] adj. Qui témoigne, qui marque du respect. ▷ *Se tenir à distance respectueuse,* assez loin de qqn ou de qqch que l'on respecte ou que l'on craint.

Respighi (Ottorino) (1879 – 1936), compositeur néo-classique italien : *les Fontaines de Rome* (1916).

respir [ʀɛspiʀ] n. m. (Québec) Fam. Respiration, souffle. *Reprendre son respir.* – Soupir.

respirable [ʀɛspiʀabl] adj. Que l'on peut respirer.

respirateur [ʀɛspiʀatœʀ] n. m. MED Appareil destiné à assurer la ventilation pulmonaire d'un sujet.

respiration [ʀɛspiʀasjɔ̃] n. f. **1.** Action de respirer. ▷ MED *Respiration artificielle :* ensemble des méthodes permettant d'assurer la ventilation pulmonaire en cas de défaillance de celle-ci (insufflations, bouche-à-bouche*, procédés manuels produisant le mouvement thoracique, etc.). Syn. ventilation artificielle. – *Respiration assistée :* aide respiratoire apportée par l'anesthésiste à une personne sous anesthésie générale et qui consiste à presser sur le sac respiratoire en suivant le rythme du sujet. – *Respiration contrôlée :* substitution à la respiration naturelle, chez un sujet sous anesthésie, d'un rythme artificiel commandé par l'anesthésiste. **2.** Fonction qui préside aux échanges gazeux entre un être vivant et le milieu extérieur, et qui assure l'oxydation des substances organiques.

ENCYCL Toute cellule aérobie, végétale ou animale, respire. Alors que la respiration s'effectue chez les organismes rudimentaires par simple diffusion à travers la membrane cellulaire et, s'il y a lieu, les tissus de l'oxygène de l'air ou de l'eau, chez les organismes doués d'une taille et d'une activité métabolique importantes, les appareils respiratoires sont de trois types : branchies (poissons, têtards, etc.); poumons (poissons dipneustes, amphibiens adultes, reptiles, oiseaux, mammifères); trachées (insectes, myriapodes). Chez les plantes, le carbone est fixé et l'oxygène est rejeté (V. photosynthèse). Chez les animaux munis de poumons, donc chez l'homme, la respiration est caractérisée par deux temps : l'*inspiration*, active (où l'air pénètre dans les voies respiratoires), est produite par une contraction du diaphragme et des muscles intercostaux qui dilate la cage thoracique et par suite les poumons; l'*expiration*, passive (où l'air est expulsé), est due à l'élasticité de la cage thoracique et des poumons. Les échanges gazeux se font au niveau des alvéoles pulmonaires entre l'air inspiré et le sang veineux; c'est le phénomène de l'*hématose :* l'oxygène, qui a diffusé à travers la paroi des alvéoles, parvient au sang, où la plus grande partie se combine à l'hémoglobine pour former l'oxyhémoglobine; le sang oxygéné, rouge vif, parvenu aux tissus, leur abandonne son oxygène et se charge à nouveau de gaz carbonique.

respiratoire [ʀɛspiʀatwaʀ] adj. De la respiration; qui sert à la respiration. *Voies respiratoires. Mouvements respiratoires.* ▷ *Quotient respiratoire :* rapport entre la quantité de gaz carbonique produite et la quantité d'oxygène absorbée pendant la respiration.

respirer [ʀɛspiʀe] v. [1] **I.** v. intr. **1.** Absorber de l'oxygène et rejeter du gaz carbonique (êtres vivants). ▷ Spécial. *Ce blessé respire encore,* est encore en vie. **2.** Fig. Avoir un peu de répit. *Laissez-moi respirer.* **II.** v. tr. **1.** Aspirer par les organes respiratoires. *Respirer un parfum.* **2.** Fig. Donner tous les signes extérieurs de. *Respirer l'honnêteté.*

resplendir [ʀɛsplɑ̃diʀ] v. intr. [3] Briller avec beaucoup d'éclat. *Astres qui resplendissent.* ▷ Fig. *Il resplendit de bonheur.*

resplendissant, ante [ʀɛsplɑ̃disɑ̃, ɑ̃t] adj. Qui resplendit. *Soleil resplendissant. – Beauté resplendissante.*

responsabilisation [ʀɛspɔ̃sabilizasjɔ̃] n. f. Fait de responsabiliser; fait d'être responsabilisé.

responsabiliser [ʀɛspɔ̃sabilize] v. tr. [1] Rendre responsable, habituer à assumer des responsabilités. *Responsabiliser tous les participants.*

responsabilité [ʀɛspɔ̃sabilite] n. f. Fait d'être responsable. *La responsabilité suppose la possibilité d'agir en connaissance de cause. – Fuir les responsabilités.* ▷ Par ext. *Avoir un poste de responsabilité,* où l'on est amené à prendre des décisions importantes. ▷ DR *Responsabilité civile :* obligation de réparer les dommages que l'on a causés à autrui de son propre fait ou de celui de personnes, d'animaux, de choses dont on est responsable. – *Responsabilité pénale :* obligation de subir la peine prévue pour l'infraction dont on est l'auteur ou le complice. ▷ *Responsabilité ministérielle :* dans un régime parlementaire, obligation faite à l'ensemble des ministres, au gouvernement, de démissionner quand le Parlement lui retire sa confiance.

responsable [ʀɛspɔ̃sabl] adj. et n. **1.** Qui est tenu de répondre de ses actes ou, dans certains cas, de ceux d'autrui. *Être responsable devant la loi, devant sa conscience.* **2.** Qui est la cause de. *La conduite en état d'ivresse est responsable de nombreux accidents.* **3.** Qui a le pouvoir de prendre des décisions dans un groupe organisé. ▷ Subst. *Demander à voir un responsable.* **4.** Qui est sérieux, qui réfléchit aux conséquences de ses actes. *Faites-lui confiance, c'est un homme responsable.*

resquille [ʀɛskij] n. f. ou **resquillage** [ʀɛskijaʒ] n. m. Action de resquiller.

resquiller [ʀɛskije] v. tr. et intr. [1] Profiter, par son adresse, de qqch, sans y avoir droit, sans le payer.

resquilleur, euse [ʀɛskijœʀ, øz] n. et adj. Qui resquille.

ressac [ʀəsak] n. m. Retour des vagues sur elles-mêmes après avoir frappé un obstacle ou le rivage.

ressaisir [ʀəseziʀ] v. [3] **1.** v. tr. Saisir de nouveau, reprendre. *La passion du jeu l'a ressaisi.* **2.** v. pron. Reprendre possession de soi-même. *L'émotion passée, il s'est ressaisi.*

ressasser [ʀəsase] v. tr. [1] **1.** Revenir sans cesse en esprit sur. *Ressasser de vieilles rancunes.* **2.** Répéter à satiété. *Ressasser les mêmes histoires.*

ressaut [ʀəso] n. m. ARCHI Saillie que fait une partie horizontale d'une construction par rapport à un plan vertical. *Le ressaut d'une corniche.*

ressemblance [ʀ(ə)sɑ̃blɑ̃s] n. f. Fait de ressembler (à qqn, qqch), ou de se ressembler. *Association d'idées par ressemblance.*

ressemblant, ante [ʀəsɑ̃blɑ̃, ɑ̃t] adj. Qui ressemble à un modèle.

ressembler [ʀəsɑ̃ble] v. [1] **1.** v. tr. indir. Avoir avec (qqn, qqch) des traits communs (nature, aspect). *Votre fils vous ressemble. Portrait qui ressemble au modèle.* – Loc. *Cela ne vous ressemble pas :* cela n'est pas conforme à votre caractère. **2.** v. pron. Présenter une ressemblance mutuelle. *Elles se ressemblent.* ▷ Prov. *Les jours se suivent et ne se ressemblent pas :* à une situation en succède une autre. – *Qui se ressemble s'assemble.*

ressemelage [ʀəsəmlaʒ] n. m. Action de ressemeler; son résultat.

ressemeler [ʀəsəmle] v. tr. [19] Mettre de nouvelles semelles à (des chaussures).

ressemer ou **resemer** [ʀəsəme] v. [16] **1.** v. tr. Semer de nouveau. **2.** v. pron. Donner naissance à de nouveaux plants par ses graines, sans intervention de l'homme (végétaux).

ressentiment [ʀ(ə)sɑ̃timɑ̃] n. m. Souvenir que l'on garde d'offenses que l'on n'a pas pardonnées. Syn. rancœur.

ressentir [ʀəsɑ̃tiʀ] v. [30] **1.** v. tr. Éprouver (une sensation, un sentiment). *Ressentir une vive douleur. Ressentir de l'affection pour qqn.* **2.** v. pron. *Se ressentir de :* subir les conséquences de. *Il se ressent encore de sa maladie.*

resserrement [ʀəsɛʀmɑ̃] n. m. Action de resserrer, fait de se resserrer; son résultat.

resserrer [ʀ(ə)sɛʀe] v. [1] **I.** v. tr. **1.** Serrer davantage (ce qui est desserré). *Resserrer un nœud, des écrous.* ▷ Fig. *Resserrer les liens de l'amitié.* **2.** Réduire les dimensions de (qqch). *Le froid resserre les pores.* ▷ Fig. *Resserrer l'action d'une tragédie.* **II.** v. pron. Devenir plus serré, plus étroit.

resservir [ʀəsɛʀviʀ] v. [30] **1.** v. intr. Servir de nouveau. *Cette robe pourra resservir.* **2.** v. tr. Servir (qqch) une nouvelle fois. *Resservir un plat.* ▷ v. pron. *Il s'est resservi abondamment.*

1. ressort [ʀ(ə)sɔʀ] n. m. **1.** Pièce élastique qui tend à reprendre sa forme initiale dès que cesse l'effort qui s'exerce sur elle. *Ressort à boudin**. ▷ *Faire ressort :* manifester des propriétés semblables à celles d'un ressort. **2.** (Belgique) Vieilli Sommier (à ressorts). **3.** Fig. Activité, force, énergie; cause motrice. *L'intérêt est un puissant ressort.* ▷ (Personnes) *Manquer de ressort :* manquer d'énergie.

2. ressort [ʀ(ə)sɔʀ] n. m. DR **1.** Étendue d'une juridiction. *Le ressort d'une cour d'appel.* **2.** Limite de compétence d'un corps judiciaire. *Affaire du ressort de tel tribunal.* ▷ Cour. *Cela n'est pas de mon ressort,* n'est pas de ma compétence. **3.** *Juger en dernier ressort,* sans appel possible. ▷ Cour. *En dernier ressort :* en définitive, en fin de compte.

1. ressortir [ʀəsɔʀtiʀ] v. [30] **I.** v. intr. **1.** Sortir peu de temps après être entré. **2.** (Choses) Se distinguer nettement par contraste. *Faire ressortir un tableau sur un fond clair.* **3.** v. impers. *Il ressort de tout cela que :* si l'on examine tout cela, il apparaît que. **II.** v. tr. Sortir de nouveau.

2. ressortir [ʀəsɔʀtiʀ] v. tr. indir. [3] *Ressortir à.* **1.** DR Être du ressort de (une juridiction). *Cette affaire ressortit au juge de paix.* **2.** Fig. Relever de. *Cette question ressortit à la philosophie.*

ressortissant, ante [ʀəsɔʀtisɑ̃, ɑ̃t] adj. et n. **1.** adj. DR Qui ressortit à une juridiction. **2.** n. Personne qui ressortit à la législation d'un pays, du fait de sa nationalité. **3.** n. (Afr. subsah.) Personne native d'une localité, d'une région, mais vivant ailleurs. *Les ressortissants camerounais établis à Dakar.*

ressouder [ʀ(ə)sude] v. tr. [1] Souder de nouveau.

ressoudre [ʀ(ə)sudʀ] v. intr. [6] (Pp. *ressoud* ou *ressoudu.*) (Québec) Fam. **1.** Sourdre, jaillir de terre (en parlant de l'eau). **2.** Arriver à l'improviste. *Il a ressoud en plein milieu du repas.* – Arriver. *Dès qu'elle ressoud, on part.* **3.** Rebondir (en parlant d'une balle, d'un ballon). **4.** Reparaître, se relever. *Canard qui ressoud après avoir plongé.*

ressource [ʀəsuʀs] n. f. **1.** Moyen employé pour se tirer d'embarras. *N'avoir d'autre ressource que la fuite.* **2.** (Plur.) Moyens pécuniaires. *Être sans ressources,* dans la misère. ▷ Richesses, produits naturels, biens, moyens matériels dont dispose un pays. *Ressources minières.* – Fig. *Ressources humaines.* ▷ GENET *Ressources génétiques :* ensemble des génotypes d'êtres vivants utiles ou utilisables et pouvant faire l'objet d'une gestion par l'homme en vue de préserver la diversité biologique. **3.** Plur. Fig. Moyens d'action, réserves de forces, d'habileté, etc. *Les ressources du courage.*

ENCYCL La notion de ressources est liée à celle de *réserves,* c.-à-d. à ce qu'il est économiquement possible de prélever. Certaines ressources (produits agricoles, forêts) se renouvellent au bout d'un certain temps. D'autres (minerais, pétrole) ne se renouvellent pas ou le font sur une durée très longue (plusieurs millions d'années pour le charbon ou le pétrole). *Les ressources agricoles* dépendent de la surface des terres cultivables (le quart des surfaces émergées dont la moitié seulement est actuellement cultivée) et du rendement de ces terres. *Les ressources en eau douce* sont renouvelables; 4 % du stock disponible étant actuellement consommés chaque année, on envisage qu'aucun problème grave ne se posera avant l'an 2015 pour l'ensemble de la planète, mais la consommation d'eau douce sur le globe est très inégalement répartie. *Les ressources en énergie et en minerais* sont partic. limitées : on prévoit quelques dizaines d'années pour le pétrole, le gaz naturel, l'uranium, le cuivre; et moins encore pour le mercure, le plomb, le zinc, l'étain. *Les ressources de la mer* sont très variées et difficiles à dénombrer (sels, iode, minerais, pétrole). Elles sont actuellement difficilement exploitables audelà d'une profondeur de quelques centaines de mètres. L'épuisement progressif des ressources naturelles appelle diverses mesures à l'échelle planétaire : lutte contre la pollution (en partic. celle des océans), réduction du gaspillage (important dans les pays industriels), recyclage de l'eau et des matières premières et développement de sources d'énergie nouvelles : énergie solaire, géothermie, fusion* nucléaire contrôlée, etc.

ressourcer (se) [ʀəsuʀse] v. pron. [**12**] Revenir à ses racines; faire un retour aux sources (sens 2).

ressurgir [ʀəsyʀʒiʀ] v. intr. V. resurgir.

ressusciter [ʀesysite] v. [**1**] **I.** v. intr. **1.** Revenir de la mort à la vie. **2.** Fig. Renaître, se ranimer. **II.** v. tr. **1.** Ramener de la mort à la vie. **2.** Fig. Faire revivre. *Ressusciter une coutume.*

ressuyage [ʀesɥijaʒ] n. m. AGRIC Élimination de l'eau reçue en excès par un sol.

ressuyé, ée [ʀesɥije] adj. AGRIC *Sol ressuyé,* dont l'eau reçue en excès a été éliminée soit par infiltration en profondeur soit par évaporation.

restant, ante [ʀɛstɑ̃, ɑ̃t] adj. et n. m. **1.** adj. Qui reste. *L'argent restant.* **2.** n. m. Reste. *Prenez le restant.*

restaurant [ʀɛstɔʀɑ̃] n. m. Établissement public où l'on sert des repas moyennant paiement.

1. restaurateur, trice [ʀɛstɔʀatœʀ, tʀis] n. et adj. **1.** n. Spécialiste en restauration d'objets anciens. **2.** adj. *Chirurgie restauratrice :* chirurgie plastique pratiquée en cas de lésion ou de malformation.

2. restaurateur, trice [ʀɛstɔʀatœʀ, tʀis] n. Personne qui tient un restaurant.

1. restauration [ʀɛstɔʀasjɔ̃] n. f. **1.** Action de réparer, de restaurer; son résultat. *Restauration d'un édifice.* – PEDOL *Restauration d'un sol :* ensemble d'opérations visant à rendre sa fertilité à un sol dégradé. ▷ Fig. *La restauration des finances publiques.* **2.** Rétablissement d'une ancienne dynastie sur le trône.

2. restauration [ʀɛstɔʀasjɔ̃] n. f. Métier de restaurateur (2); ce secteur d'activités. ▷ *Restauration rapide :* syn. officiellement recommandé de *fast food.*

Restauration (la), le régime qui, en France, succéda au Premier Empire et fut renversé en 1830. Marqué par le rétablissement des Bourbons (Louis XVIII, 1814-1824; Charles X, 1824-1830), il comporta : la *première Restauration* (avril 1814-mars 1815), interrompue par les Cent-Jours (Napoléon Ier reprit le pouvoir); la *seconde Restauration* (juillet 1815-juillet 1830).

1. restaurer [ʀɛstɔʀe] v. tr. [**1**] Réparer, remettre en son état premier. *Restaurer un monument.* ▷ Fig. Rétablir. *Restaurer une coutume.*

2. restaurer (se) [ʀɛstɔʀe] v. pron. [**1**] Rétablir ses forces en mangeant.

reste [ʀɛst] n. m. **I. 1.** Ce qui demeure d'un tout (relativement à la partie retranchée, considérée, etc.). *Payer le reste d'une dette.* – Fig. *Ne pas demander son reste :* s'en tenir là, ne pas insister. ▷ *Le reste du temps :* tous les autres moments. *Il travaille beaucoup; le reste du temps, il dort.* **2.** *Absol.* Ce qu'il y a encore à faire, à dire. *Nous lirons le reste demain.* ▷ Ce qu'il y a en outre. *Inutile de préciser, vous imaginez le reste.* – (Après une énumération.) *Et (tout) le reste :* et cætera. **3.** *Être en reste :* demeurer débiteur (le plus souvent au fig.). *Pour ne pas être en reste, les autres se sont joints au chœur.* **4.** Loc. adv. *De reste :* plus qu'il n'est nécessaire. ▷ *Au reste, du reste :* d'ailleurs. **II. 1.** (Surtout plur.) Ce qui subsiste d'un tout détruit, perdu, consommé, etc. *Les restes d'un repas.* ▷ *Les restes de qqn,* son cadavre, ses ossements. ▷ Ce qui a été dédaigné. *N'avoir que les restes.* **2.** MATH Différence de deux nombres, dans une soustraction. ▷ Ce qui demeure du dividende, et qui est inférieur au diviseur.

rester [ʀɛste] v. intr. [**1**] **I. 1.** Continuer d'être (à tel endroit; dans tel état). *Rester chez soi. Rester calme. – Restez (à) dîner.* ▷ (Afr. subsah., Belgique, France rég., Liban, Québec) Syn. de *habiter* (sens II), vivre (en un endroit). *Cela fait dix ans que je reste dans ce quartier. – Rester avec qqn :* vivre chez lui. **2.** Persister, durer. *Cette œuvre restera.* **3.** *En rester à :* s'arrêter à, s'en tenir à. *Restons-en là.* **4.** *Rester sur une impression,* ne pas vouloir ou ne pas pouvoir l'oublier. ▷ *Rester, être resté sur sa faim :* n'avoir pas mangé à sa faim; fig. ne pas voir ses aspirations, ses désirs pleinement satisfaits. **5.** (Choses) *Rester à qqn,* lui demeurer attaché. *Ce surnom lui est resté.* **II. 1.** Subsister (par rapport à d'autres éléments qui ne sont plus). *Ruines qui restent d'un édifice. Voyons ce qui reste à faire.* – Ellipt. *Reste à savoir si...* **2.** *Il reste que* (+ indic.) : il est néanmoins vrai que.

Restif ou **Rétif de La Bretonne** (Nicolas Restif, dit) (1734 – 1806), écrivain français. Réaliste, souvent licencieux, il a peint le petit peuple : *le Paysan perverti* (1775), *la Vie de mon père* (1779), *les Nuits de Paris* (1788-1794).

restituable [ʀɛstitɥabl] adj. Que l'on doit restituer.

restituer [ʀɛstitɥe] v. tr. [**1**] **1.** Rendre (ce qui est possédé indûment). *Restituer des terres.* **2.** Didac. Rétablir dans son état premier. *Restituer un texte.* **3.** Rendre (ce qui a été accumulé, absorbé). *Les accumulateurs restituent l'énergie électrique qu'ils ont emmagasinée.* **4.** (Québec) Fam. Vomir. – Absol. *Avoir envie de restituer.* Syn. renvoyer.

restitution [ʀɛstitysjɔ̃] n. f. Action de restituer. **1.** Action de rendre ce que l'on détient indûment. *Restitution d'une somme.* **2.** Didac. Action par laquelle on remet une chose dans son état primitif; son résultat. *Restitution d'une fresque.*

restreindre [ʀɛstʀɛ̃dʀ] v. [**55**] **1.** v. tr. Réduire, limiter. *Restreindre un droit.* **2.** v. pron. Devenir moins étendu. *Le nombre des choix s'est restreint.* ▷ *Absol.* Réduire ses dépenses.

restrictif, ive [ʀɛstʀiktif, iv] adj. Qui restreint. *Clause restrictive.*

restriction [ʀɛstʀiksjɔ̃] n. f. **1.** Action de restreindre. **2.** Condition qui restreint. ▷ *Faire des restrictions :* émettre des réserves, des critiques. ▷ Loc. adv. *Sans restriction :* entièrement, sans condition. ▷ Loc. *Restriction mentale :* réserve faite à part soi d'une partie de ce qu'on pense, pour tromper l'interlocuteur. **3.** (Plur.) Limitation de la consommation; rationnement.

restructuration [ʀəstʀyktyʀasjɔ̃] n. f. Action de restructurer; son résultat.

restructurer [ʀəstʀyktyʀe] v. tr. [**1**] Donner une nouvelle structure à. ▷ v. pron. *Association qui se restructure.*

résultante [ʀezyltɑ̃t] n. f. **1.** PHYS *Résultante des forces :* somme (représentée par un vecteur unique) des forces appliquées sur un objet, sur un point. – *Résultante cinétique :* somme des quantités de mouvement. **2.** Cour. Effet découlant de plusieurs causes convergentes; résultat.

résultat [ʀezylta] n. m. **1.** Ce qui résulte (d'une action, d'un fait). *Le résultat d'une enquête.* ▷ MATH *Résultat d'une opération :* produit, quotient, reste, somme. **2.** Succès ou échec à un examen, un concours, une compétition, etc. *Proclamation des résultats.* **3.** Plur. COMPTA Bénéfices ou pertes, dans l'exploitation d'une entreprise.

résulter [ʀezylte] v. intr. [**1**] S'ensuivre; être l'effet, la conséquence de; découler de. ▷ *Cette conclusion résulte de vos propres déclarations.* ▷ v. impers. *Il résulte de ce débat que...*

résumé [ʀezyme] n. m. **1.** Présentation succincte. *Le résumé d'une conférence.* **2.** Précis, abrégé. *Un résumé de chimie.* **3.** Loc. adv. *En résumé :* pour récapituler brièvement, en bref.

résumer [ʀezyme] v. [**1**] **I.** v. tr. Exprimer en moins de mots. *Résumer un exposé trop long.* ▷ Fig. Présenter en raccourci. *Cette anecdote résume le personnage.* **II.** v. pron. **1.** (Réfl.) Reprendre brièvement ce que l'on a dit, écrit. **2.** (Passif) Être résumé. *Cela se résume en une phrase.*

résurgence [ʀezyʀʒɑ̃s] n. f. GEOL Eaux résurgentes. ▷ Fig. Réapparition. *Résurgence d'une mode.*

résurgent, ente [ʀezyʀʒɑ̃, ɑ̃t] adj. GEOL Se dit des eaux d'infiltration qui, après un trajet souterrain, resurgissent en surface.

res(s)urgir [ʀəsyʀʒiʀ] v. intr [**3**] Surgir de nouveau.

résurrection [ʀezyʀɛksjɔ̃] n. f. **1.** Retour de la mort à la vie. *La résurrection de Lazare.* ▷ *Absol.* (Avec une majuscule.) *La Résurrection,* celle du Christ; la fête qui la célèbre. **2.** Fig. Réapparition. *Résurrection d'un art ancien.*

retable [ʀətabl] n. m. Panneau vertical (placé derrière un autel), le plus souvent peint et richement orné.

rétablir [ʀetabliʀ] v. [**3**] **I.** v. tr. **1.** Établir de nouveau. *Rétablir la paix. Réta-*

blir qqn dans ses fonctions. ▷ Remettre en fonctionnement. *Rétablir le téléphone.* **2.** Remettre (qqch) en bon état. *Rétablir ses finances.* ▷ *Rétablir les faits,* en rectifier une version inexacte. **3.** Redonner la santé à (qqn). *Le repos l'a rétabli.* **II.** v. pron. **1.** Revenir à son état premier. *Le pouls se rétablit.* **2.** Recouvrer la santé. **3.** Faire un rétablissement (sens 3).

rétablissement [retablismɑ̃] n. m. **1.** Action de rétablir; son résultat. **2.** Retour à la santé. **3.** Mouvement qui consiste, lorsqu'on est suspendu par les mains, à se hisser après traction sur les bras tendus.

rétamage [retamaʒ] n. m. Action de rétamer; son résultat.

rétamer [retame] v. tr. [**1**] Étamer de nouveau.

rétameur [retamœʀ] n. m. Ouvrier qui rétame.

retaper [ʀətape] v. tr. [**1**] **1.** Redonner sa forme (notam. en tapant) à. *Retaper un lit.* **2.** Fam. Remettre sommairement en état.

retard [ʀətaʀ] n. m. **1.** Fait d'arriver, de se produire, après le moment fixé; temps écoulé entre le moment où qqch ou qqn aurait dû arriver et le moment où il arrive réellement. *Être en retard. Un retard d'une heure. Le train a du retard.* **2.** Différence de temps (et, par ext., de distance) qui résulte d'une lenteur relative. *Être en retard sur qqn* (dans une action). *Combler son retard.* Syn. (Québec) arrière. ▷ TECH *Le retard d'une pendule,* le mécanisme qui sert à régler son mouvement. **3.** Action de retarder, de différer. ▷ Loc. adv. *Sans retard :* sans délai. ▷ MED Prolongation de l'action d'un médicament par adjonction de produits qui en diffèrent l'élimination. – (En appos.) *Insuline retard.* ▷ TECH Fait de fonctionner avec un certain décalage dans le temps. *Retard à l'admission, à l'échappement* (dans un moteur). **4.** Fig. État de celui qui est moins avancé, par rapport aux autres ou par rapport à la normale, dans son savoir, son développement, etc. *Ce pays a un siècle de retard.*

retardataire [ʀətaʀdatɛʀ] adj. et n. **1.** Qui arrive en retard. *Des élèves retardataires.* ▷ Subst. *Les retardataires.* **2.** Qui a du retard (sens 4). *Mœurs retardataires.*

retardateur, trice [ʀətaʀdatœʀ, tʀis] adj. et n. m. Qui retarde, qui provoque un ralentissement. *Forces de frottement retardatrices.* ▷ n. m. CHIM Corps qui ralentit une réaction.

retardé, ée [ʀətaʀde] adj. (et n.) *Enfant retardé,* qui est en retard dans ses études, dont le développement physique ou intellectuel est en retard. – Subst. *Un(e) retardé(e).*

retardement [ʀətaʀdəmɑ̃] n. m. **1.** Action de retarder (sens I). **2.** Loc. adj. *À retardement :* se dit d'un mécanisme dont l'action est différée au moyen d'un compteur ou d'une horloge intégrés. *Obus à retardement.* ▷ Loc. adv. Après coup. *Réagir à retardement.*

retarder [ʀətaʀde] v. [**1**] **I.** v. tr. **1.** Mettre en retard. ▷ v. pron. *Ne t'attends pas, tu vas te retarder.* ▷ *Retarder une montre,* lui faire indiquer une heure moins avancée que celle qu'elle indique. **2.** Différer. *Retarder son départ.* **II.** v. intr. **1.** Aller trop lentement, indiquer une heure déjà passée, en parlant d'une montre, d'une pendule, etc. *Ce réveil retarde.* **2.** *Retarder sur son temps, son époque,* etc. : manifester des idées, des attitudes rétrogrades.

reteindre [ʀətɛ̃dʀ] v. tr. [**55**] Teindre de nouveau ou d'une couleur différente. *Reteindre un vêtement.*

retendre [ʀətɑ̃dʀ] v. tr. [**6**] Tendre de nouveau, tendre (ce qui s'est détendu).

retenir [ʀətəniʀ] v. [**36**] **I.** v. tr. **1.** Garder (ce qui est à autrui). *Retenir des marchandises en gage.* ▷ Prélever, déduire d'une somme. *Retenir une cotisation.* **2.** Garder dans sa mémoire. *Retenir sa leçon.* ▷ ARITH *Retenir un chiffre (dans une opération),* le réserver pour l'ajouter aux chiffres de la colonne suivante, vers la gauche. **3.** Réserver. *Retenir une place d'avion.* **4.** DR Garder (un chef d'accusation, etc.). *Le délit de vol a été retenu contre lui.* ▷ Cour. Considérer favorablement; agréer. *Retenir une candidature.* **II.** v. tr. **1.** Faire demeurer en un lieu. *La fièvre le retient alité.* **2.** Maintenir en place, contenir. *Barrage qui retient l'eau.* – Fig. *Retenir l'attention.* **3.** Empêcher d'agir ou de se manifester. *Retenir ses larmes.* **4.** Saisir, maintenir pour empêcher d'aller, de tomber, etc. *Retenir qqn au bord d'une pente.* **III.** v. pron. **1.** Saisir qqch pour ne pas tomber, se rattraper. *Se retenir à une branche.* **2.** S'empêcher de (faire qqch). *Se retenir de rire.* ▷ *Absol.* Différer de satisfaire un besoin naturel.

rétention [ʀetɑ̃sjɔ̃] n. f. **1.** Action de retenir, de conserver. ▷ DR *Droit de rétention,* qui autorise un créancier à retenir un bien reçu en gage jusqu'au paiement complet la dette. **2.** MED Accumulation (d'une substance destinée à être évacuée). *Rétention d'urine, d'eau.* **3.** GEOGR Immobilisation (glaciaire, nivale, etc.) de l'eau des précipitations.

retentir [ʀətɑ̃tiʀ] v. intr. [**3**] **I. 1.** Faire entendre un son puissant, éclatant. *Les trompettes retentirent.* ▷ (En parlant du son lui-même.) *Le coup de tonnerre a retenti dans toute la vallée.* **2.** *Retentir de :* être rempli par (un son, un bruit). *La maison retentissait de coups de marteaux.* **II.** *Retentir sur :* avoir un retentissement, des répercussions sur. *La fatigue retentit sur le caractère.*

retentissant, ante [ʀətɑ̃tisɑ̃, ɑ̃t] adj. **1.** Qui retentit; sonore, éclatant. *Voix retentissante.* **2.** Qui a un grand retentissement. *Échec retentissant.*

retentissement [ʀətɑ̃tismɑ̃] n. m. **1.** Litt. Fait de retentir; bruit, son renvoyé avec éclat. **2.** Fig. Contrecoup, répercussion. *Cet échec eut un profond retentissement sur sa vie.* **3.** Fig. Fait de susciter des réactions auprès d'un public nombreux. *Retentissement d'une nouvelle.*

retenue [ʀət(ə)ny] n. f. **I.** Fait de retenir, de garder. *Retenue de marchandises par la douane.* – Prélèvement qu'un employeur fait sur la rémunération d'un employé pour répondre à certaines obligations légales ou conventionnelles. – FISC *Retenue à la source :* prélèvement fiscal sur un revenu, avant paiement de celui-ci. ▷ ARITH Chiffre qu'on retient (sens I, 2), dans une opération. **II. 1.** Fait de retenir (de l'eau); masse d'eau que l'on retient. *Lac de retenue d'un barrage.* **2.** MAR Cordage servant à retenir. **3.** Punition scolaire consistant à garder en classe un élève après les heures de cours ou un jour de congé. **III.** Attitude, qualité d'une personne discrète, réservée.

Rethondes, com. de France (Oise); 593 hab. – Près de Rethondes, la France et l'Allemagne ont signé les armistices du 11 novembre 1918 et du 22 juin 1940.

réticence [ʀetisɑ̃s] n. f. **1.** Omission volontaire d'une chose qu'on devrait dire; cette chose même. ▷ RHET Figure consistant à interrompre sa phrase, en laissant entendre ce qui n'est pas dit. **2.** Attitude de réserve, de désapprobation.

réticent, ente [ʀetisɑ̃, ɑ̃t] adj. **1.** Qui use de réticences (sens 1). *Témoignage réticent.* **2.** Qui manifeste de la réticence (sens 2). *Être réticent à l'égard d'un projet.*

réticulaire [ʀetikylɛʀ] adj. Didac. En forme de réseau. *Tissu réticulaire.*

réticule [ʀetikyl] n. m. OPT Système de fils croisés servant à définir l'axe de visée d'un instrument d'optique.

réticulé, ée [ʀetikyle] adj. **1.** Didac. Qui figure un réseau; qui comporte un réseau (notam. de nervures). *Feuille réticulée.* **2.** ANAT *Substance réticulée :* réseau dense de fibres nerveuses situé dans la partie centrale du tronc cérébral, sur toute sa hauteur, et jouant un rôle important dans la coordination et la synthèse de nombreuses fonctions.

réticulo-endothélial, ale, aux [ʀetikyloɑ̃doteljal, o] adj. BIOL *Système réticulo-endothélial :* ensemble de cellules disséminées dans l'organisme, aptes à la phagocytose et jouant un rôle de défense prépondérant. ▷ *Tissu réticulo-endothélial :* tissu qui constitue la trame de nombreux organes (foie, rate, ganglions lymphatiques, glandes endocrines, etc.).

réticulum [ʀetikylɔm] n. m. ANAT Réseau fibreux ou vasculaire. ▷ BIOL *Réticulum endoplasmique :* prolongement réticulé de la membrane nucléaire dans le cytoplasme, qui enserre les ribosomes.

Rétie. V. Rhétie.

rétif, ive [ʀetif, iv] adj. **1.** Se dit d'une monture qui refuse d'obéir. *Cheval, mulet rétif.* **2.** Fig. Difficile à conduire, à persuader. *Caractère, enfant rétif.*

Rétif de La Bretonne. V. Restif de La Bretonne.

rétine [ʀetin] n. f. Membrane du fond de l'œil, tapissant la choroïde et sensible à la lumière. (La rétine est composée d'une couche épithéliale interne et d'une couche cellulaire externe qui enserre les cellules nerveuses sensorielles : cônes et bâtonnets, dont les prolongements constituent le nerf optique.)

rétinien, enne [ʀetinjɛ̃, ɛn] adj. De la rétine; qui a rapport à la rétine. *Pourpre* rétinien.*

rétinite [ʀetinit] n. f. MED Inflammation de la rétine.

rétinoblastome [ʀetinoblastom] n. m. MED Tumeur maligne de la rétine, fréquente en Afrique chez les enfants.

rétinol [ʀetinɔl] n. m. CHIM Vitamine A1.

retiré, ée [ʀətiʀe] adj. **1.** Situé à l'écart, peu fréquenté (lieux). *Petit village retiré.* **2.** (Personnes) Qui vit loin du monde. *Vivre retiré de la société.* – Par ext. *Mener une vie retirée.* ▷ Qui a abandonné ses occupations professionnelles. *Être retiré des affaires.*

retirer [ʀətiʀe] v. tr. [**1**] **I. 1.** Tirer en arrière (ce qu'on avait poussé, porté en avant). *Retirer sa main.* **2.** Ne pas maintenir (ce qu'on avait dit, formulé). *Retirer une plainte.* **3.** *Retirer qqch à qqn,* reprendre (ce qu'on lui avait donné, accordé; l'en priver). *On lui a retiré son permis de conduire. Retirer sa confiance.* **4.** Faire sortir, tirer (une chose, une personne) du lieu où elle se trouvait. *Il a retiré son fils de cet internat.* ▷ Se faire remettre, prendre. *Retirer de l'argent à la banque.* **5.** Enlever, ôter (un vêtement). *Retirer son boubou, ses chaussures.* **6.** Extraire. *L'huile que l'on retire de certaines graines.* ▷ Recueillir, obtenir. *Qu'avez-vous retiré de cette expérience? – Spécial.* Recueillir (un profit). *Il a retiré un gros bénéfice de l'opération.* **II.** Tirer de nouveau. **1.** (Avec une arme.) *L'archer retira une flèche.* **2.** Faire un nouveau tirage de. *Faire retirer des photos.* **III.** v. pron. **1.** Partir, prendre congé. *Il est temps que je me retire.* – (Avec un comp. de lieu.) *Se retirer dans sa chambre.* **2.** S'éloigner. *Se retirer loin du monde.* **3.** *Se retirer de :* quitter (une activité, une profession). *Se retirer d'un jeu.* ▷ *Absol.* Prendre sa retraite. *Il s'est retiré fortune faite.* **4.** Rentrer dans son lit, en parlant d'un cours d'eau. *La rivière se retire.* ▷ Refluer. *Aux grandes marées, la mer se retire à un kilomètre.*

retombée [Rətɔ̃be] n. f. **1.** ARCHI Naissance d'une voûte, d'une arcade. **2.** (Plur.) Ce qui retombe. ▷ PHYS NUCL *Retombées radioactives :* retour dans les basses couches de l'atmosphère et à la surface du globe des substances radioactives libérées à haute altitude lors d'une explosion nucléaire. **3.** Fig. (Le plus souvent au plur.) Effets à plus ou moins long terme. *Les retombées médicales de la recherche spatiale.*

retomber [Rətɔ̃be] v. intr. [1] **I.** Tomber de nouveau. **1.** Faire une nouvelle chute. **2.** Fig. *Retomber dans :* retourner dans (une certaine position), revenir à (la situation antérieure). *Tout était rentré dans l'ordre, sa vie retomba dans la monotonie.* – (Personnes) *Retomber dans les mêmes défauts.* ▷ (Avec un attribut.) *Retomber malade.* **II.** Tomber d'une certaine hauteur. **1.** Atteindre le sol après avoir accompli une certaine trajectoire ou après un saut, un rebond. *La balle est retombée dans le jardin voisin.* – (Êtres animés.) Se recevoir lors d'une chute, d'un saut. *Chat qui retombe sur ses pattes.* **2.** Tomber après s'être élevé. *La fusée est retombée par suite d'une panne de réacteurs.* – Fig. *Après une légère hausse, le cours de l'or est retombé.* ▷ Fig. Mollir, devenir moins intense. *L'enthousiasme est retombé.* **3.** S'abaisser, s'abattre en restant maintenu par le haut; se déployer verticalement. *Le store retomba avec fracas.* ▷ (Sans idée de mouvement.) Pendre. *La tenture retombe en plis gracieux.* **4.** Fig. *Retomber sur :* peser sur, incomber à (qqn). *Toute la responsabilité retombera sur vous.* ▷ Loc. (Belgique) *Ne pas retomber sur (qqch) :* ne pas se rappeler de (qqch). *Je ne retombe pas sur son nom.*

retordage [Rətɔrdaʒ] ou **retordement** [Rətɔrdəmɑ̃] n. m. TECH Opération qui consiste à retordre des fils; son résultat.

retordre [Rətɔrdr] v. tr. [6] **1.** Tordre de nouveau. **2.** TECH Tordre ensemble (des fils). ▷ Fig. *Donner du fil à retordre à qqn,* lui causer des difficultés, des soucis, lui résister.

retors, orse [R(ə)tɔr, ɔrs] adj. et n. m. **1.** TECH Qui a été retordu. *Fil retors,* ou, n. m., *du retors.* **2.** Fig. Rusé, artificieux. *Personnage retors.*

rétorsion [retɔrsjɔ̃] n. f. DR INTERN Acte de représailles* d'un État à l'égard d'un autre. ▷ Cour. *Mesures de rétorsion,* de représailles.

retouche [Rətuʃ] n. f. **1.** Reprise d'un détail d'une œuvre pour corriger un défaut. **2.** Rectification apportée à un vêtement.

retoucher [Rətuʃe] v. tr. [1] Corriger, modifier par des retouches. *Retoucher une photo, un vêtement.*

retoucheur, euse [Rətuʃœr, øz] n. Personne qui effectue des retouches.

retour [Rətur] n. m. **1.** Action de retourner, de revenir à son point de départ. *Billet d'aller et retour.* ▷ Loc. *Être sur le retour :* commencer à vieillir. – *Retour d'âge :* ménopause. **2.** Arrivée au lieu d'où l'on était parti. *Je vous écrirai à mon retour, dès mon retour.* ▷ *Être de retour :* être revenu. **3.** Fait de revenir à un état, un stade antérieur. *Retour au calme, à la normale.* **4.** Réapparition d'une chose qui revient périodiquement. *Retour de l'hivernage.* ▷ PHILO *Doctrine du retour éternel :* doctrine stoïcienne (reprise par Nietzsche) selon laquelle l'histoire du monde est l'histoire du retour cyclique des mêmes êtres, des mêmes événements (V. palingénésie). **5.** Action de repartir en arrière. *Retour en arrière.* – AUDIOV *Retour en arrière* (off. recommandé pour *flash-back*). ▷ *Retour sur soi-même :* réflexion sur soi-même, sur sa propre conduite, sa propre vie. ▷ TECH Mouvement brutal en sens inverse du sens normal. *Retour de manivelle :* mouvement brutal d'une manivelle en sens inverse du sens normal. *Retour de flamme :* épanchement subit et fortuit de la flamme à l'extérieur d'un foyer ou, dans un moteur à explosion, remontée brutale de la flamme vers le carburant; fig. brusque retournement d'une action contre son auteur, ou regain d'activité, de vigueur. **6.** Fig. Changement brusque, revirement. *Un retour de fortune.* **7.** Action de retourner, de renvoyer (qqch à qqn). *Retour d'un colis à l'envoyeur.* ▷ COMM *Retour d'un effet :* renvoi au tireur d'un effet impayé à l'échéance. **8.** *En retour (de) :* en contrepartie (de). *Combien donnerez-vous en retour?*

retournement [Rəturnəmɑ̃] n. m. **1.** Action de retourner (qqch, qqn); son résultat. **2.** Fig. Revirement, volte-face. *Retournement de l'opinion.* ▷ Changement radical, dans une situation.

retourner [Rəturne] v. [1] **I.** v. tr. **1.** Faire tourner (une chose) sur elle-même de manière à mettre en avant la partie qui était en arrière, ou à mettre au-dessus la partie qui était au-dessous; mettre à l'envers. *Retourner un matelas. Retourner une carte à jouer,* en faire voir la figure. ▷ *Retourner qqn,* le faire changer d'avis. ▷ *Retourner le sol, la terre,* les travailler de manière à exposer à l'air une couche profonde. **2.** Tourner plusieurs fois, dans divers sens. *Il tournait et retournait l'objet entre ses mains sans en comprendre l'utilité.* – Loc. fig. *Retourner le fer, le couteau dans la plaie :* raviver une souffrance morale en évoquant sa cause, les circonstances qui l'ont fait naître. ▷ Fig. Examiner sous tous les angles. *Retourner un problème dans sa tête.* **3.** Diriger dans le sens opposé. *Son forfait accompli, l'assassin a retourné l'arme contre lui-même.* ▷ Renvoyer. *Retourner une lettre à son expéditeur. Retourner un compliment.* **II.** v. intr. **1.** Aller de nouveau (dans un lieu où l'on a déjà été). *Retourner dans son village natal.* **2.** Revenir, rentrer (du lieu où l'on est allé). *Retourner chez soi.* **3.** *Retourner à :* être rendu à (qqn). *Ces biens retourneront à leur légitime possesseur.* – Reprendre, retrouver (un état antérieur, initial); revenir vers. *Animal domestique qui retourne à l'état sauvage. Retourner à ses premières amours.* **III.** v. pron. **1.** Se tourner d'un autre côté. *Il s'est retourné pour ne pas avoir à nous saluer.* ▷ Tourner la tête en regardant derrière soi. *Partir sans se retourner.* **2.** Changer de position. *Se retourner dans son lit.* **3.** Fig. Adopter une autre manière d'agir, changer les dispositions qu'on avait prises. *Laisse-lui le temps de se retourner.* **4.** *S'en retourner :* repartir (vers le lieu d'où l'on vient). *S'en retourner chez soi.* **5.** *Se retourner contre :* s'attaquer à, devenir défavorable à (après avoir été favorable). *Se retourner contre ses alliés. Ses arguments se sont retournés contre lui.* **IV.** v. impers. *De quoi il retourne :* de quoi il s'agit.

retracer [Rətrase] v. tr. [12] **1.** Tracer de nouveau (ce qui s'est effacé). *Retracer la ligne médiane d'une route.* **2.** Fig. Raconter, décrire des événements passés. *Retracer les exploits d'un héros.*

rétractable [retraktabl] adj. Que l'on peut rétracter.

rétractation [retraktasjɔ̃] n. f. Action de rétracter (1), de se rétracter; propos, écrit par lequel qqn se rétracte. Syn. désaveu, reniement.

1. rétracter [retrakte] v. tr. [1] Nier, désavouer (une chose qu'on avait dite ou écrite). *Rétracter des aveux.* ▷ v. pron. Déclarer faux ce qu'on avait affirmé précédemment. *Témoin qui se rétracte.*

2. rétracter [retrakte] v. tr. [1] Retirer, faire rentrer en dedans, raccourcir par traction. *Le chat rétracte ses griffes pour faire patte de velours.* ▷ v. pron. Se contracter. *Muscle qui se rétracte.*

rétractile [retraktil] adj. Qui peut se rétracter. *Griffes rétractiles des félins.*

rétraction [retraksjɔ̃] n. f. Raccourcissement par contraction. *Rétraction d'un tendon, d'un tissu.*

1. retrait, aite [Rətrɛ, ɛt] adj. TECH *Bois retrait :* bois coupé dont les fibres ont raccourci en séchant.

2. retrait [Rətrɛ] n. m. **1.** Action de se retirer, de s'éloigner. *Le retrait des troupes.* **2.** Action de retirer. *Retrait d'un dépôt. Retrait d'un projet de loi.* **3.** DR Action de reprendre un bien aliéné. *Exercer un retrait successoral.* **4.** (Afr. subsah.) *Retrait de deuil :* fête célébrée pour marquer la fin d'un deuil. **5.** Loc. adv. *En retrait :* en arrière d'un alignement. *Construction en retrait.* – Fig. *Rester en retrait :* ne pas se mettre en avant, rester discret. **6.** TECH Contraction d'un matériau qui fait sa prise, qui sèche ou qui se refroidit. *Retrait du béton, du bois, du métal moulé.* ▷ PEDOL Contraction du sol produite par la dessication, et qui se manifeste par l'apparition de fissures. *Fente de retrait.*

retraite [Rətrɛt] n. f. **A.** Fait de se retirer. **I.** Mouvement de repli en bon ordre effectué par des troupes. *Battre en retraite,* en parlant des troupes qui se replient; fig. abandonner, céder à un adversaire. **II. 1.** Isolement, repos. *Son talent a mûri dans la retraite.* **2.** Période d'éloignement de la vie active, consacrée à la méditation religieuse, à la prière. **3.** Situation d'une personne qui n'exerce plus de profession et qui touche une pension. *Être à la retraite. Prendre sa retraite.* ▷ Cette pension elle-même. (V. pension, sens 4.) **B.** Lieu où l'on se retire. *Une paisible retraite.*

retraité, ée [Rətrɛte] adj. et n. Qui est à la retraite (sens II, 3). *Militaire retraité.* ▷ Subst. *Un(e) retraité(e).*

1. retraiter [Rətrete] v. tr. [1] TECH Effectuer un nouveau traitement (de).

2. retraiter [rətʀete] v. tr. [1] (Afr. subsah.) Mettre à la retraite. *On ne l'a pas licencié, on l'a retraité.*

retranchement [ʀətʀɑ̃ʃmɑ̃] n. m. **1.** Action de retrancher, de supprimer. *Faire des retranchements dans un texte.* **2.** Obstacle naturel ou artificiel utilisé pour se protéger des attaques ennemies. ▷ Fig. *Forcer, pousser qqn dans ses derniers retranchements,* réfuter ses ultimes arguments.

retrancher [ʀətʀɑ̃ʃe] v. tr. [1] **I. 1.** Enlever, supprimer (une partie) d'un tout. **2.** Soustraire (une partie) d'une quantité. *Retrancher du salaire brut le montant des cotisations.* Syn. déduire, défalquer. **3.** Fig. Exclure. *Retrancher qqn du nombre des participants.* ▷ v. pron. *Se retrancher volontairement de la société.* **II. 1.** Pp. adj. *Camp retranché,* fortifié. **2.** v. pron. Se mettre à l'abri. *Se retrancher derrière un mur.* – Fig. *Se retrancher dans un mutisme absolu.*

retranscrire [ʀətʀɑ̃skʀiʀ] v. tr. [67] Transcrire de nouveau.

retransmettre [ʀətʀɑ̃smɛtʀ] v. tr. [60] **1.** Transmettre de nouveau. **2.** Transmettre par relais (une émission de radio, de télévision); diffuser avec ou sans enregistrement préalable.

retransmission [ʀətʀɑ̃smisjɔ̃] n. f. Action de retransmettre (une émission de radio, de télévision); l'émission retransmise.

retravailler [ʀətʀavaje] v. [1] **1.** v. intr. Travailler de nouveau. *Maintenant qu'elle a élevé ses enfants, elle désire retravailler.* **2.** v. tr. Travailler de nouveau, reprendre pour améliorer. *Retravailler un discours.*

retraverser [ʀətʀavɛʀse] v. tr. [1] Traverser de nouveau; traverser en sens inverse.

rétréci, ie [ʀetʀesi] adj. **1.** Devenu rendu plus étroit. *Chaussée rétrécie.* **2.** Fig. Étroit, borné. *Vues rétrécies.*

rétrécir [ʀetʀesiʀ] v. [3] **1.** v. tr. Rendre plus étroit. *Rétrécir un vêtement.* ▷ Fig. *Rétrécir un champ d'action.* **2.** v. intr. Devenir plus étroit, plus petit, plus court. *Cette toile rétrécit au lavage.* **3.** v. pron. Devenir plus étroit, de plus en plus étroit. *La galerie se rétrécit en un boyau étroit.* – Fig. *En vieillissant son univers se rétrécit.*

rétrécissement [ʀetʀesismɑ̃] n. m. **1.** Action de rétrécir; fait de se rétrécir. *Rétrécissement de la chaussée.* **2.** MED Diminution permanente du calibre d'un canal, d'un vaisseau, d'un orifice. *Rétrécissement mitral, aortique, urétéral.*

retremper [ʀətʀɑ̃pe] v. [1] **I.** v. tr. Tremper de nouveau. **1.** Plonger de nouveau dans un liquide. **2.** TECH Faire subir de nouveau le traitement de la trempe. **II.** v. pron. Se tremper de nouveau. ▷ Fig. *Se retremper dans une ambiance de travail.*

rétribuer [ʀetʀibɥe] v. tr. [1] **1.** Payer (un travail, un service). **2.** *Rétribuer qqn :* le payer, lui verser un salaire. Syn. rémunérer.

rétribution [ʀetʀibysjɔ̃] n. f. Paiement (d'un travail, d'un service rendu).

rétro-. Élément, du lat. *retro,* «en arrière».

rétro [ʀetʀo] adj. inv. (et n. m.) Qui fait référence au sens esthétique, aux modes d'un passé récent. *Style rétro.* ▷ n. m. *La vogue du rétro.*

rétroactes [ʀetʀɔakt] n. m. pl. (Belgique) ADMIN Antécédents (d'une affaire).

rétroactif, ive [ʀetʀoaktif, iv] adj. **1.** Qui est considéré par convention comme étant entré en vigueur avant la date de sa publication, de sa promulgation. *Une loi avec effet rétroactif.* **2.** Qui exerce une action sur ce qui est situé antérieurement dans l'enchaînement des causes et des effets.

rétroaction [ʀetʀoaksjɔ̃] n. f. **1.** Didac. Effet rétroactif. **2.** Syn. (officiellement recommandé) de *feed-back.* TECH Action exercée, après une perturbation, sur les valeurs d'entrée d'un système cybernétique par les valeurs de sortie, et qui rétablit les valeurs initiales. ▷ BIOCHIM Action en retour exercée par un mécanisme biochimique sur lui-même et qui assure son autorégulation.

rétroactivité [ʀetʀoaktivite] n. f. Didac. Caractère rétroactif.

rétroagir [ʀetʀoaʒiʀ] v. intr. [3] Didac. Produire un effet rétroactif.

rétrocéder [ʀetʀɔsede] v. tr. [14] **1.** DR Rendre (à qqn ce qu'il avait précédemment cédé). *Rétrocéder un droit.* **2.** Céder, vendre (à qqn une chose que l'on a achetée pour soi-même). ▷ Céder (à qqn tout ou partie d'une recette).

rétrocession [ʀetʀɔsɛsjɔ̃] n. f. DR Acte par lequel on rétrocède qqch à qqn.

rétroflexion [ʀetʀoflɛksjɔ̃] n. f. MED Flexion en arrière de la partie supérieure d'un organe. *Rétroflexion de l'utérus.*

rétrofusée [ʀetʀofyze] n. f. ESP Moteur-fusée dont la poussée s'exerce dans le sens inverse du déplacement d'un engin et qui sert à ralentir celui-ci.

rétrogradation [ʀetʀogʀadasjɔ̃] n. f. **1.** ASTRO Phase du mouvement apparent d'une planète qui, après avoir décrit un mouvement d'ouest en est, se déplace dans le sens inverse. **2.** Mesure disciplinaire consistant à faire redescendre qqn à un échelon inférieur de la hiérarchie. *Rétrogradation d'un militaire.*

rétrograde [ʀetʀogʀad] adj. **1.** Qui s'effectue vers l'arrière. *Marche rétrograde.* ▷ ASTRO *Sens rétrograde :* sens de rotation inverse du sens trigonométrique. **2.** Fig. Qui fait preuve d'un attachement excessif au passé, qui s'oppose à toute innovation. *Idées rétrogrades.* Syn. conservateur. Ant. novateur.

rétrograder [ʀetʀogʀade] v. [1] **I.** v. intr. **1.** ASTRO Avoir un mouvement de rétrogradation. **2.** Fig. Retourner à un stade antérieur. *Il a fait des progrès, puis il a rétrogradé.* Syn. régresser. **3.** AUTO Passer à une vitesse inférieure. *Rétrograder de troisième en deuxième pour ralentir.* **II.** v. tr. Frapper de rétrogradation. *Rétrograder un militaire.*

rétroprojecteur [ʀetʀopʀɔʒɛktœʀ] n. m. AUDIOV Projecteur permettant la reproduction, sur un écran situé derrière l'opérateur, d'un texte ou d'une image.

rétropropulsion [ʀetʀopʀɔpylsjɔ̃] n. f. ESP Freinage par une, des rétrofusées.

rétrospectif, ive [ʀetʀɔspɛktif, iv] adj. et n. f. **1.** Qui est tourné vers le passé, qui concerne le passé. *Documentaire rétrospectif.* **2.** *Exposition rétrospective,* qui réunit les œuvres d'un artiste, d'une école, d'une époque. ▷ n. f. *Rétrospective cinématographique.* – Par ext. *Rétrospective des événements de l'année.* **3.** Se dit d'un sentiment éprouvé dans le présent à l'égard d'un fait passé. *Peur rétrospective.*

rétrospectivement [ʀetʀɔspɛktivmɑ̃] adv. Après coup. *Ce souvenir le met rétrospectivement en fureur.*

retroussé, ée [ʀətʀuse] adj. Replié vers le haut. *Manches retroussées.* ▷ *Nez retroussé,* au bout relevé.

retrousser [ʀətʀuse] v. tr. [1] Replier, ramener vers le haut. *Retrousser sa jupe.* – *Retrousser ses manches,* les replier sur ses bras; fig. se mettre au travail. ▷ v. pron. Se relever vers l'extérieur. *Le bas de son pagne s'est retroussé.*

retrouvailles [ʀətʀuvaj] n. f. pl. Fam. Fait de se retrouver après une séparation. *Fêter des retrouvailles.*

retrouver [ʀətʀuve] v. [1] **I.** v. tr. **1.** Trouver, découvrir de nouveau. *Retrouver une formule, un théorème.* **2.** Rencontrer de nouveau. *C'est une idée qu'on retrouve dans son deuxième livre.* **3.** Trouver (ce qui était perdu, ce que l'on cherchait). *Retrouver son portefeuille.* – (Abstrait) *Retrouver du travail.* ▷ Fig. Avoir de nouveau. *Retrouver son sourire, ses forces.* **4.** Rejoindre. *Venez nous retrouver quand vous aurez terminé.* **5.** Découvrir, trouver (dans un certain état, une certaine situation). *Il a retrouvé son appartement dévasté.* ▷ Revoir sous un certain aspect. *Il avait laissé un enfant, il retrouva un homme.* – Reconnaître. *Avec ce sourire, je te retrouve.* **II.** v. pron. **1.** Être à nouveau réunis, se revoir. *Nous nous retrouverons un jour.* **2.** Retrouver son chemin, s'orienter. *Après bien des détours, j'ai fini par me retrouver.* – Fig. *Ses comptes sont dans un tel désordre qu'il ne peut s'y retrouver.* **3.** Être, se trouver de nouveau (dans un endroit, une situation). *Se retrouver au même point qu'avant.* ▷ Être, se trouver malgré soi ou subitement (dans un endroit, une situation). *Il se retrouva dehors avant d'avoir pu dire un mot.*

rétroversion [ʀetʀovɛʀsjɔ̃] n. f. MED Renversement pathologique vers l'arrière. *Rétroversion de l'utérus.*

rétrovirus [ʀetʀoviʀys] n. m. BIOL Nom générique des virus dont le matériel génétique est constitué d'A.R.N., lequel peut se transcrire en A.D.N., et qui sont capables de s'intégrer dans le génome d'une cellule. *Les virus oncogènes, le virus du sida sont des rétrovirus.*

rétroviseur [ʀetʀovizœʀ] n. m. Miroir qui permet au conducteur d'un véhicule de voir la route derrière lui sans avoir à se retourner.

Retz. V. Rais (Gilles de Laval, baron de).

Retz (Jean-François Paul de Gondi, 2e cardinal de) (1613 – 1679), prélat, homme politique et écrivain français. Il participa à la Fronde et brava Mazarin. Cardinal en 1652, enfermé à Vincennes puis à Nantes, il s'évada en 1654. Il revint en France en 1661, fut absous et reçut l'abbaye de Saint-Denis. À partir de 1665, il rédigea de spirituels *Mémoires* (inachevés, posth., 1717), chef-d'œuvre de la prose classique.

réunification [ʀeynifikasjɔ̃] n. f. Action de réunifier; résultat de cette action.

réunifier [ʀeynifje] v. tr. [2] Restaurer l'unité de. *Réunifier un pays.*

réunion [ʀeynjɔ̃] n. f. **1.** Action de réunir des parties qui avaient été séparées. ▷ Fig. Réconciliation. **2.** Action de joindre une chose à une autre. Syn. adjonction, rattachement. **3.** Action de rassembler divers éléments. ▷ MATH *Réunion de deux ensembles A et B :* ensemble E, noté A ∪ B («A union B»), dont chaque élément appartient à l'un au moins des deux ensembles A et B. **4.** Groupement, assemblée de personnes. *Organiser une réunion.* ▷ Temps pendant lequel se tient une assemblée. *La réunion se prolongea fort tard.*

Réunion (la) (anc. île *Bourbon*), île de l'océan Indien, dans l'archipel des Mascareignes, département français d'outre-mer.
► V. dossier France d'outre-mer, p. 1442.

réunionnais, aise [ʀeynjɔnɛ, ɛz] adj. et n. De la Réunion. ▷ Subst. *Un(e) Réunionnais(e).*

réunir [ʀeyniʀ] v. [3] **I.** v. tr. **1.** Unir de nouveau, rapprocher (ce qui était séparé). *Réunir par un nœud les deux extrémités d'un fil rompu.* ▷ Fig. Réconcilier. *Travailler à réunir les esprits.* **2.** Unir, former un lien entre (des choses). *La galerie réunit les deux ailes du palais.* – (Objet n. de personne.) *La passion pour leur métier les a réunis.* **3.** Rassembler, grouper (plusieurs choses) pour former un tout. *Réunir plusieurs corps d'armée en un seul.* **4.** Rassembler, regrouper (ce qui était dispersé, épars). *Réunir des preuves.* **5.** Rassembler (plusieurs personnes) en un même lieu. *Réunir sa famille, ses amis.* ▷ *Spécial.* Convoquer (un corps, un groupe) à une assemblée. *Réunir le conseil d'administration.* **6.** Comporter, avoir (plusieurs choses) en soi. *Il réunit toutes les qualités requises pour ce poste.* **II.** v. pron. Se rassembler, tenir une assemblée.

Reuss (la), riv. de Suisse (160 km), affl. de l'Aar (r. dr.). Née dans le massif du Saint-Gothard, elle traverse le lac des Quatre-Cantons. Plusieurs barrages hydroélectriques équipent son cours supérieur.

réussi, ie [ʀeysi] adj. **1.** Exécuté (de telle manière). *Ce n'est qu'à demi réussi.* **2.** Bien exécuté; qui a du succès. *La sauce est réussie. Soirée réussie.*

réussir [ʀeysiʀ] v. [3] **I.** v. intr. **1.** *Réussir bien, mal :* avoir une issue favorable, défavorable (choses); obtenir ou non le résultat recherché, avoir du succès ou non dans ce qu'on entreprend (personnes). **2.** (Sans adv.) Avoir une issue satisfaisante (choses). *Expérience qui réussit.* ▷ Obtenir le résultat recherché; avoir du succès dans ce que l'on entreprend (personnes). *Réussir à un examen.* – (S. comp.) Avoir du succès dans sa carrière, dans ses affaires. *C'est un homme qui a réussi.* ▷ *Réussir à* (+ inf.) : parvenir à. *Vous ne réussirez pas à me convaincre.* **3.** *Réussir à qqn,* lui valoir des succès. *Son aplomb lui a toujours réussi.* **II.** v. tr. Mener à bien, faire avec succès. *Réussir un plat.*

réussite [ʀeysit] n. f. **1.** Heureuse issue; résultat favorable. *Réussite d'un projet.* ▷ Fait de réussir, d'avoir réussi dans la vie. *Réussite sociale.* **2.** Jeu de cartes solitaire, utilisé parfois comme procédé de divination.

Reuter (agence), agence de presse anglaise. Fondée en 1851, à Londres, par un homme d'affaires, Julius Reuter (1816-1899), elle utilisa, dès 1858, le télégraphe pour transmettre les nouvelles.

réutilisable [ʀeytilizabl] adj. Que l'on peut réutiliser.

réutiliser [ʀeytilize] v. tr. [1] Utiliser de nouveau.

revaccination [ʀəvaksinasjɔ̃] n. f. Action de revacciner.

revacciner [ʀəvaksine] v. tr. [1] Vacciner de nouveau contre la même ou les mêmes affections.

revaloir [ʀəvalwaʀ] v. tr. [45] *Revaloir qqch à qqn,* lui rendre la pareille, en bien ou en mal. *Je vous revaudrai cela.*

revalorisation [ʀəvalɔʀizasjɔ̃] n. f. Action de revaloriser; son résultat.

revaloriser [ʀəvalɔʀize] v. tr. [1] Rendre sa valeur, donner une valeur plus grande à.

revanchard, arde [ʀəvɑ̃ʃaʀ, aʀd] adj. et n. Péjor. Qui nourrit un désir de revanche (partic., de revanche militaire). ▷ Subst. *Les revanchards.*

revanche [ʀəvɑ̃ʃ] n. f. **1.** Fait de rendre le mal qu'on a reçu, de reprendre un avantage perdu. *Prendre sa revanche.* **2.** Nouvelle partie, nouveau match, etc., permettant au perdant de tenter de nouveau sa chance. ▷ Loc. *À charge de revanche :* sous condition de rendre la pareille. **3.** Loc. adv. *En revanche :* en compensation; *par ext.,* à l'inverse.

rêvasser [ʀɛvase] v. intr. [1] S'abandonner à de vagues rêveries.

rêve [ʀɛv] n. m. **1.** Combinaison d'images, de représentations résultant de l'activité psychique pendant le sommeil. *Faire un rêve.* ▷ *Le rêve :* cette activité psychique elle-même. **2.** Production idéale ou chimérique de l'imagination. *Poursuivre, caresser un rêve.* ▷ *De rêve :* qui est aussi beau, aussi parfait qu'on peut le rêver. *Une créature de rêve. – C'est la maison de ses rêves.*

ENCYCL **Psycho. et psychan.** – L'Antiquité (biblique, classique, extrême-orientale) voyait, dans les images des rêves, des symboles de la volonté des dieux ou l'annonce d'événements à venir. Abandonnant toute spéculation de cet ordre, la psychologie classique (XIXe-déb. XXe s.) étudia les rapports du rêve avec l'activité de veille et avec les autres fonctions mentales ou physiologiques. La parution en 1900 de *l'Interprétation des rêves* de Freud marque un tournant : sous les images plus ou moins cohérentes du rêve tel que le dormeur le rapporte *(le contenu manifeste),* se dissimule un autre contenu, dans lequel s'exprime le psychisme profond du sujet (*le contenu latent*).

rêvé, ée [ʀeve] adj. **1.** Imaginé, souhaité. **2.** Idéal, parfait. *C'est le coin rêvé pour se reposer.*

revêche [ʀəvɛʃ] adj. Rébarbatif, rude. *Personne, ton revêche.*

réveil [ʀevɛj] n. m. **I. 1.** Passage du sommeil à l'état de veille. **2.** Fig. Retour à l'activité. *Le réveil de l'économie.* **3.** Fig. Fin d'une illusion; retour à la réalité. *Tous ses rêves se sont écroulés : le réveil a été rude.* **II.** Petite pendule de chevet dont la sonnerie se déclenche à une heure réglée à l'avance.

réveiller [ʀevɛ(e)je] v. tr. [1] **1.** Tirer (qqn) du sommeil. ▷ v. pron. Sortir du sommeil. **2.** Fig. Tirer de sa torpeur; ranimer. *Réveiller des souvenirs.* ▷ v. pron. *L'économie du pays se réveille.*

réveillon [ʀevɛjɔ̃] n. m. Repas de fête des nuits de Noël et du nouvel an; la fête elle-même.

réveillonner [ʀevɛjɔne] v. intr. [1] Faire un réveillon.

révélateur, trice [ʀevelatœʀ, tʀis] adj. et n. m. **1.** adj. Qui révèle. *Signe, lapsus révélateur.* **2.** n. m. PHOTO Composition chimique qui rend visible l'image latente.

révélation [ʀevelasjɔ̃] n. f. **1.** Action de révéler (sens 1); ce qui est révélé. *Faire des révélations.* **2.** Manifestation de Dieu, d'une volonté surnaturelle, faisant connaître aux hommes des vérités inaccessibles à leur simple raison; ces vérités. ▷ THEOL *La révélation divine* ou, absol., *la Révélation.* **3.** Expérience intérieure au cours de laquelle on éprouve des sensations, des sentiments jusqu'alors ignorés ou qui permet de prendre subitement conscience de qqch. *Cette rencontre a été pour moi une révélation.* ▷ Découverte soudaine de qqch qu'on avait jusque-là méconnu ou ignoré. *Avoir la révélation de l'opéra.* **4.** Personne que l'on découvre, dont le talent, les dons se révèlent subitement. *Ce joueur a été la révélation du match.*

révéler [ʀevele] v. [14] **I.** v. tr. **1.** Faire connaître (ce qui était inconnu ou secret). *Révéler ses intentions, un complot.* **2.** Faire connaître par une inspiration surnaturelle. *Les mystères que le Christ a révélés.* **3.** (Choses) Laisser apparaître, montrer, témoigner de. *Ce tableau révèle toute la maîtrise du peintre.* **4.** PHOTO Faire apparaître (l'image latente) sur une plaque, un film, etc. **II.** v. pron. Apparaître, devenir connu, manifeste. *La vérité se révèle petit à petit.* ▷ *Cet homme s'est peu à peu révélé,* a montré ses qualités. – (Avec un attribut.) *Cela s'est révélé exact.*

revenant [ʀəv(ə)nɑ̃] n. m. Esprit d'un mort qu'on suppose revenir de l'autre monde.

revendeur, euse [ʀəvɑ̃dœʀ, øz] n. Personne qui achète pour revendre. ▷ n. f. (Afr. subsah.) Commerçante en gros qui achète (des tissus, des cigarettes, etc.) aux grandes compagnies de commerce et les revend aux détaillants.

revendicatif, ive [ʀəvɑ̃dikatif, iv] adj. Qui exprime une, des revendications. *Exposé revendicatif.*

revendication [ʀəvɑ̃dikasjɔ̃] n. f. Action de revendiquer; ce qu'on revendique. *Revendications syndicales.*

revendiquer [ʀəvɑ̃dike] v. tr. [1] **1.** Réclamer (ce que l'on considère comme son droit, son bien, son dû). *Revendiquer une succession.* **2.** Fig. S'attribuer pleinement, assumer. *Revendiquer une responsabilité.*

revendre [ʀəvɑ̃dʀ] v. tr. [6] **1.** Vendre ce qu'on a acheté; vendre de nouveau. **2.** *Avoir de qqch à revendre,* en avoir en abondance.

revenir [ʀəv(ə)niʀ] v. intr. [36] **I. 1.** Venir de nouveau. *Il est revenu trois jours plus tard.* **2.** Retourner (au lieu d'où l'on est parti). *Revenir au pays.* ▷ v. pron. (Québec) Cour. *S'en revenir :* retourner (d'où l'on vient). *Je les vois qui s'en reviennent.* **3.** *Revenir sur ses pas :* rebrousser chemin. ▷ Fig. *Revenir sur une chose,* y prêter de nouveau attention; en reparler. *Il n'y a pas à revenir là-dessus, à y revenir. – Revenir sur une décision,* la reconsidérer, l'annuler. *Revenir sur sa promesse,* s'en dédire. **4.** (Choses) Retourner au point de départ. *Le questionnaire est revenu sans avoir été rempli.* **II.** *Revenir à.* **1.** Reprendre (ce qu'on a quitté). *Revenir à ses habitudes. – N'y revenez pas :* ne recommencez pas; n'insistez pas. **2.** Être rapporté à. ▷ v. impers. *Il m'est revenu certains propos.* **3.** *Revenir à soi :* sortir d'un évanouissement. **4.** (D'un état, d'une faculté, etc.) Être recouvré par (qqn). *L'appétit lui est revenu.* **5.** Se présenter de nouveau à l'esprit de (qqn). *Cela me revient :* je m'en souviens. **6.** Échoir à. *Cette part lui revient.* ▷ v. impers. *C'est à vous qu'il revient de trancher.* **7.** Équivaloir à. *Cela revient* *au même :* le résultat est le même. **8.** Coûter. *Cela me revient cher.* **III.** *Revenir de.* **1.** Rentrer. *Revenir de voyage.* **2.** Quitter (tel état). *Revenir de loin :* avoir échappé à un grand péril. ▷ *Je n'en reviens pas :* je suis stupéfait. ▷ *Revenir d'une erreur, d'une illusion,* s'en affranchir. – *Il est revenu de tout :* il est blasé. **IV.** CUIS *Faire revenir un aliment,* le faire cuire superficiellement, dans une matière grasse.

revente [ʀəvɑ̃t] n. f. Action de revendre; son résultat.

revenu [ʀəv(ə)ny] n. m. Ce que perçoit une personne physique ou morale au titre de son activité (salaire, etc.) ou de ses biens (rentes, loyers, etc.). – *Impôt sur le revenu,* qui frappe les revenus annuels des contribuables. – *Revenu national :* somme des salaires et des profits nets générés par l'activité des agents nationaux. ▷ *Revenus publics, de l'État :* ce que l'État retire des contributions ou de ses biens.

revenue [ʀəv(ə)ny] n. f. SYLVIC Jeune bois qui repousse sur une coupe de taillis.

rêver [ʀɛve] v. [1] **I.** v. intr. **1.** Faire un, des rêves. *J'ai rêvé toute la nuit.* **2.** Laisser aller son imagination; s'abandonner à des idées vagues et chimériques. *Il reste là des heures, à rêver.* – *On croit rêver :* on n'arrive pas à le croire, à le réaliser. – Loc. fig. (Québec) *Rêver en couleurs :* se faire des illusions. **II.** v. tr. indir. **1.** *Rêver de (qqn, qqch)* ou (Québec) *rêver à (qqn, qqch) :* voir en rêve (qqn, qqch). *J'ai rêvé de vous. J'ai rêvé à mon frère.* ▷ *Rêver de qqch :* penser souvent à (qqch que l'on désire faire, posséder). *Il rêve de voyages.* – *Je rêve d'y parvenir.* **2.** *Rêver à (qqch) :* songer à (qqch). *À quoi rêvez-vous?* **III.** v. tr. (Avec un comp. indéterminé.) Concevoir au cours du rêve; voir en rêve. *J'ai rêvé cela il y a longtemps.* ▷ *Rêver que. Rêver qu'on vole.*

réverbération [ʀevɛʀbeʀasjɔ̃] n. f. **1.** Réflexion de la lumière, de la chaleur, du son. *La réverbération du soleil sur la neige.* **2.** PHYS Persistance du son dans une salle par réflexion sur les parois.

réverbère [ʀevɛʀbɛʀ] n. m. **1.** TECH Miroir réflecteur. *Four à réverbère,* dont la voûte réfléchit le rayonnement thermique sur les matières à traiter. **2.** Appareil d'éclairage de la voie publique.

réverbérer [ʀevɛʀbeʀe] v. tr. [14] Renvoyer (la lumière, la chaleur). ▷ v. pron. *Le soleil se réverbère sur les vitres.*

reverdir [ʀəvɛʀdiʀ] v. tr. [3] Rendre sa couleur verte, sa verdure à. *La pluie reverdit les arbres.* ▷ v. intr. Redevenir vert. *La savane reverdit.*

Reverdy (Pierre) (1889 – 1960), poète français. Ayant foi en la «puissance émotive» de l'image, il eut le goût de l'absolu (il s'installa dans une abbaye dès 1926) : *Plupart du temps* (1945, poèmes de 1915 à 1922), *Main-d'Œuvre* (1949, poèmes de 1913 à 1949), *En vrac* (1956).

révérence [ʀeveʀɑ̃s] n. f. **1.** Litt. Respect profond. **2.** Salut respectueux qu'on fait en fléchissant plus ou moins les genoux. ▷ Loc. *Tirer sa révérence à qqn,* le saluer en le quittant.

révérenciel, elle [ʀeveʀɑ̃sjɛl] adj. Litt. et DR *Crainte révérencielle :* tendance, chez les adolescents, à l'obéissance peureuse à l'égard de leurs parents, notam., empêchant le libre choix.

révérend, ende [ʀeveʀɑ̃, ɑ̃d] adj. *Le (mon) Révérend Père, la (ma) Révérende Mère :* titres d'honneur donnés par les catholiques à un religieux ou à une religieuse.

révérer [ʀeveʀe] v. tr. [14] Honorer, traiter avec révérence (sens 1).

rêverie [ʀɛvʀi] n. f. **1.** État de l'esprit qui s'abandonne à des évocations, des pensées vagues; ces évocations, ces pensées. **2.** Idée vaine, chimérique.

revers [ʀəvɛʀ] n. m. **1.** Côté opposé au côté principal ou au côté le plus apparent; envers. *Le revers de la main :* le côté opposé à la paume, le dos. ▷ *Prendre à revers,* par le flanc ou par-derrière. **2.** Côté d'une monnaie, d'une médaille opposé à celui qui porte la figure principale. *L'avers et le revers.* ▷ Loc. fig. *Le revers de la médaille :* le mauvais côté d'une chose. **3.** Partie d'un vêtement repliée en dehors. *Les revers d'un pantalon.* **4.** Coup porté avec le revers de la main. ▷ Au tennis, renvoi de la balle avec la raquette tenue dos de la main en avant. **5.** Fig. *Revers de fortune* ou *revers :* vicissitude fâcheuse survenant après une période faste.

reversement [ʀəvɛʀsəmɑ̃] n. m. FIN Action de reverser (sens 3).

reverser [ʀəvɛʀse] v. tr. [1] **1.** Verser de nouveau. **2.** Remettre dans un récipient (un liquide). **3.** FIN Reporter. *Reverser une somme sur un compte.*

réversibilité [ʀevɛʀsibilite] n. f. Didac. Caractère de ce qui est réversible.

réversible [ʀevɛʀsibl] adj. **1.** Qui peut s'effectuer en sens inverse. ▷ CHIM *Réaction réversible,* dans laquelle les corps formés réagissent les uns sur les autres pour redonner en partie les substances initiales. ▷ PHYS *Transformation réversible :* transformation idéale, infiniment lente, constituée par une succession d'états d'équilibre, et qui peut se produire en sens inverse. **2.** Se dit d'un tissu, d'un vêtement utilisable à l'envers comme à l'endroit.

réversion [ʀevɛʀsjɔ̃] n. f. **1.** DR *Droit de réversion,* selon lequel les biens qu'une personne a donnés à une autre reviennent au donateur si le bénéficiaire meurt sans enfants. ▷ *Pension de réversion,* versée, après la mort d'un pensionné, à son conjoint survivant ou à un tiers nommément désigné. **2.** BIOL Retour au phénotype primitif après deux mutations.

revêtement [ʀəvɛtmɑ̃] n. m. TECH Ce dont on recouvre une chose pour l'orner, la protéger, la consolider, etc.

revêtir [ʀəvetiʀ] v. tr. [33] **I. 1.** Mettre à (qqn) un vêtement particulier. *On l'avait revêtu d'un manteau de cérémonie.* ▷ v. pron. *Se revêtir d'un habit.* **2.** Fig. Investir. *Revêtir qqn d'un pouvoir.* **3.** Garnir d'un revêtement. *Revêtir une piste de bitume.* **4.** Pourvoir (un acte, etc.) d'une marque de validité. *Revêtir d'un visa, d'une signature.* **II. 1.** Mettre sur soi (un vêtement). *Revêtir l'uniforme.* **2.** Fig. Prendre tel aspect, telle forme. *Revêtir un caractère politique.*

rêveur, euse [ʀɛvœʀ, øz] adj. et n. **1.** Qui est porté à la rêverie; qui dénote un esprit porté à la rêverie. *Des yeux rêveurs.* ▷ Subst. *C'est un rêveur,* une personne qui n'a pas le sens des réalités. **2.** *Cela me laisse rêveur,* perplexe.

rêveusement [ʀɛvøzmɑ̃] adv. D'une manière rêveuse.

revient [ʀəvjɛ̃] n. m. *Prix (coût) de revient :* coût de la fabrication et de la mise en vente d'un produit, de la mise en œuvre d'un service.

revigorer [ʀəvigɔʀe] v. tr. [1] Redonner de la vigueur à.

revirement [ʀəviʀmɑ̃] n. m. Changement brusque et complet.

revirer [ʀviʀe] v. [1] (Québec) Fam. **I.** v. tr. **1.** *Revirer* ou *revirer de bord :* retourner. *Revirer un matelas de bord. Revirer la tête.* ▷ v. pron. Se retourner. – Fig. *Se revirer de bord :* se ressaisir, réagir. **2.** *Revirer de bord* ou *revirer à l'envers :* renverser, mettre à l'envers. *Manifestants qui revirent à l'envers une voiture de police.* **3.** *Revirer à l'envers :* mettre en désordre. – Fig. Bouleverser. *Cet accident l'a revirée à l'envers.* **4.** Fig. *Revirer (qqn) :* mal recevoir (qqn), le repousser. **5.** v. pron. Fig. *Se revirer contre qqn,* se retourner contre lui. **6.** Loc. *Revirer son capot de bord :* V. capot (1, sens 2). – *Revirer une brosse :* V. brosse (sens 4). **II.** v. intr. **1.** *Revirer* ou *revirer de bord :* revenir sur ses pas. – *Revirer de bord* ou *revirer à l'envers :* chavirer; se renverser. **2.** Changer à nouveau de direction.

réviser [ʀevize] v. tr. [1] **1.** Examiner de nouveau pour corriger, mettre au point. *Réviser une loi. Réviser son jugement.* **2.** Vérifier le bon fonctionnement de, remettre en état de marche. *Réviser une machine.* **3.** Relire pour se remettre en mémoire. – Absol. *Mon examen a lieu dans un mois, je dois réviser.*

réviseur [ʀevisœʀ] n. m. Loc. ADMIN (Belgique) *Réviseur aux comptes* ou (Luxembourg) *réviseur de caisse :* commissaire* aux comptes.

révision [ʀevizjɔ̃] n. f. Action de réviser; son résultat. *Révision de la Constitution. Révision d'un moteur. Faire ses révisions en vue d'un concours.* ▷ DR Nouvel examen et éventuellement annulation, par une juridiction supérieure, de la décision d'une autre juridiction. *Révision d'un procès.*

révisionnisme [ʀevizjɔnism] n. m. **1.** POLIT Position de ceux qui remettent en cause les bases fondamentales d'une doctrine (partic. du marxisme). **2.** Position de ceux qui remettent en cause une loi, un jugement. **3.** Position de ceux qui nient les atrocités commises dans les camps nazis.

révisionniste [ʀevizjɔnist] n. et adj. Partisan du révisionnisme; qui a trait au révisionnisme.

revisiter [ʀəvizite] v. tr. [1] Visiter de nouveau. ▷ Fig. Donner d'une œuvre une interprétation radicalement nouvelle. *Revisiter un opéra de Mozart.*

revisser [ʀəvise] v. tr. [1] Visser ce qui est dévissé.

revitaliser [ʀəvitalize] v. tr. [1] Redonner de la vitalité à. *Revitaliser la peau.* ▷ Fig. *Revitaliser une région.*

reviviscence [ʀ(ə)vivisɑ̃s] n. f. BIOL Faculté, chez certains animaux inférieurs et certains végétaux, de reprendre vie après avoir été desséchés, lorsqu'ils sont réhydratés.

revivre [ʀəvivʀ] v. [63] **I.** v. intr. **1.** Revenir à la vie; ressusciter. ▷ *Revivre dans qqn,* se continuer en lui. **2.** Recouvrer sa santé, sa vigueur; retrouver l'espérance, la joie. *Se sentir revivre.* **3.** (Choses) Renaître, se renouveler. *Croyances qui revivent.* **4.** *Faire revivre une chose,* la remettre en usage. ▷ *Faire revivre un personnage,* lui redonner vie par l'art. **II.** v. tr. Vivre, éprouver de nouveau. *Revivre une angoisse.*

révocable [ʀevɔkabl] adj. DR et cour. Qui peut être révoqué.

révocation [ʀevɔkasjɔ̃] n. f. Action de révoquer; son résultat. ▷ Destitution. *Révocation d'un magistrat.*

revoici [ʀəvwasi], **revoilà** [ʀəvwala] prép. Fam. Voici, voilà de nouveau.

revoir [ʀəvwaʀ] v. tr. [**46**] **I. 1.** Voir de nouveau. *Revoir un parent.* ▷ v. pron. *Nous nous sommes revus hier.* ▷ Loc. *Au revoir :* formule de politesse pour prendre congé de qqn que l'on pense revoir. Syn. (Nouv.-Cal., Polynésie fr.) nana, (Nouv.-Cal.) tata. – n. m. *Ce n'est pas un adieu, c'est un au revoir.* **2.** Revenir, retourner dans (un lieu). *Revoir son pays, son village.* **3.** Se représenter par la mémoire. *Je le revois enfant.* **II.** Examiner de nouveau, réviser. *Ce texte est à revoir. Revoir un programme d'examen.*

revoler [ʀ(ə)vɔle] v. intr. [1] **1.** Voler de nouveau. *Le petit oiseau revole.* **2.** (Québec) Être projeté. *J'ai revolé par terre.* – Gicler. *Ferme le robinet, l'eau revole partout!*

révoltant, ante [ʀevɔltɑ̃, ɑ̃t] adj. Qui révolte, indigne.

révolte [ʀevɔlt] n. f. **1.** Soulèvement contre l'autorité établie. **2.** Opposition violente à une contrainte; refus indigné de ce qui est éprouvé comme intolérable. *Un sentiment de révolte.*

révolté, ée [ʀevɔlte] adj. et n. Qui est en révolte; qui est rempli d'indignation.

révolter [ʀevɔlte] v. [**1**] **I.** v. tr. Indigner, choquer vivement. *Propos qui révoltent.* **II.** v. pron. **1.** Se soulever (contre une autorité); refuser de plier (devant qqn, qqch). *Se révolter contre ses chefs.* **2.** S'indigner. *Je me suis révolté devant cette injustice.*

révolu, ue [ʀevɔly] adj. **1.** Achevé, accompli. *Avoir trente ans révolus.* **2.** Qui est vraiment passé. *Un passé révolu. Des mœurs révolues.*

révolution [ʀevɔlysjɔ̃] n. f. **I. 1.** Didac. Mouvement d'un mobile (partic. d'un astre) accomplissant une courbe fermée; durée de ce mouvement. *La révolution de la Terre autour du Soleil.* **2.** GEOM Mouvement d'un corps autour de son axe. *Axe de révolution d'une surface :* axe autour duquel une ligne (dite *génératrice*) de forme invariable engendre, par rotation, une surface (dite *de révolution*). *Axe de révolution d'un solide :* axe autour duquel une surface de forme invariable engendre, par rotation, un solide (dit *de révolution*). *Cône, cylindre de révolution.* ▷ Cour. Tour complet (d'une chose autour d'un axe). **II.** Évolution, changement importants (dans l'ordre moral, social, etc.). *Révolution scientifique.* – *Révolution agraire :* en Algérie, politique visant la transformation de l'agriculture par l'attribution des terres nationalisées aux paysans. – *Révolution verte :* généralisation dans un pays de nouvelles techniques visant à l'amélioration de la production agricole et des conditions de vie des paysans. – *Révolution industrielle :* transformation économique profonde, intervenue dans les pays capitalistes à partir du XVIIIe s., liée à l'industrialisation. – *Révolution tranquille :* au Québec, période (1960-1966) de changements politiques, économiques et sociaux qui ont eu une grande influence sur la société québécoise. ▷ *Spécial.* Bouleversement d'un régime politique et social, le plus souvent consécutif à une action violente. *La Révolution* française* ou, absol., *la Révolution.* ▷ *Par ext.* Ensemble des événements, des actions qui aboutissent à ce bouleversement. *Révolution qui éclate.*

révolution brabançonne, soulèvement des Belges contre la domination autrichienne en 1789-1790. Débutant dans les États de Brabant, elle protestait contre les réformes religieuses brutales et la politique centralisatrice de Joseph II. L'armée autrichienne, battue à Turnhout (24 octobre 1789), dut évacuer le pays et les *États belgiques unis* furent proclamés en janvier 1790. Mais, profitant des dissensions entre les conservateurs et les «patriotes», l'empereur Léopold II, qui avait succédé à Joseph II, réussit à rétablir l'autorité de l'Autriche en octobre 1790.

révolution culturelle, mouvement idéologique et armé (*grande révolution culturelle prolétarienne*) que Mao Zedong (président du P.C. dep. 1959) déclencha en Chine, en 1966, pour lutter contre le «danger révisionniste» que représentait la politique de l'U.R.S.S., dont Liu Shaoqi (président de la Rép. dep. 1959) aurait été complice. Mao Zedong, aidé de Lin Biao, mobilisa l'armée et les Gardes rouges (issus des masses et, le plus souvent, jeunes), qui, en 1967, harcelèrent le pouvoir. En 1969-1970, la lutte s'apaisa après avoir fait plusieurs millions de victimes.

Révolution d'Angleterre (première) (1642-1649), révolution née du mécontentement des classes moyennes devant l'absolutisme royal. Marquée par deux guerres civiles (1642-1646 et 1648), elle aboutit au procès puis à l'exécution de Charles Ier et à l'instauration du Commonwealth, que domina Cromwell (1649).

Révolution d'Angleterre (seconde) (1688-1689), révolution pacifique qui provoqua le départ de Jacques II, converti au catholicisme, l'avènement de Guillaume d'Orange-Nassau et l'instauration d'une monarchie constitutionnelle.

Révolution française (la), ensemble des mouvements révolutionnaires qui se succédèrent en France de 1789 à 1799. Lors des états* généraux (réunis le 5 mai 1789), le tiers état affirma la souveraineté de la nation, révolution politique que la prise de la Bastille (14 juil. 1789) couronna symboliquement. L'*Assemblée* nationale constituante* (9 juil. 1789-30 sept. 1791) décida l'abolition des privilèges (nuit du 4 août 1789), proclama la Déclaration* des droits de l'homme (26 août), nationalisa les biens de l'Église (2 nov.), élabora la Constitution civile du clergé (12 juil. 1790), travailla à la Constitution de 1791. La France fut restructurée dans les domaines juridique, financier, administratif. Louis XVI tenta de fuir à l'étranger (20-21 juin 1791), où la contre-révolution s'était organisée. L'*Assemblée* législative* (1er oct. 1791-20 sept. 1792) essaya de faire fonctionner la monarchie constitutionnelle, mais elle dut déclarer la guerre à l'Autriche (20 avril 1792); après les premiers échecs, le peuple parisien (insurgé le 10 août 1792) la contraignit à déposer le roi. La *Convention** (21 sept. 1792-26 oct. 1795) proclama la république (21 sept. 1792) et vota la mort du roi, décapité le 21 janv. 1793. Tandis que la situation extérieure et intérieure s'aggravait, le parti des Montagnards triompha à l'Assemblée (arrestations des modérés, les Girondins, en juin 1793) et instaura la Terreur*. Robespierre domina le Comité de salut public, gouvernement «révolutionnaire jusqu'à la paix»; il fut renversé le 9 thermidor an II (27 juil. 1794). Le *Directoire** (26 oct. 1795-9 nov. 1799), menacé par les révolutionnaires (les Jacobins) et par les royalistes, voulut instaurer une république bourgeoise, mais il fut renversé par un coup d'État, dû au général Bonaparte (18 et 19 brumaire* an VIII : 9 et 10 nov. 1799), auquel la Constitution de l'an VIII donna le pouvoir. (V. Consulat et France [Histoire].)

révolution française de 1830. V. Juillet 1830 (révolution de).

révolution française de 1848, mouvement révolutionnaire qui débuta à Paris par les *journées de Février 1848.* À Paris, le 24 fév., une insurrection renversa le roi Louis-Philippe et un Gouvernement provisoire républicain instaura la IIe République le 25 fév., adopta le suffrage universel et proclama les libertés de presse et de réunion. Les modérés remportèrent les élections du 23 avril à l'Assemblée constituante. Le 10 mai, une Commission exécutive (Arago, Garnier-Pagès, Marie, Lamartine, Ledru-Rollin) succéda au Gouv. provisoire. La suppression des Ateliers* nationaux, créés le 27 fév. pour les chômeurs, provoqua l'émeute ouvrière dite «journées de Juin» (23-26 juin), que Cavaignac réprima (1 500 morts, 12 000 condamnations). Cavaignac devint président du Conseil, succédant à la Commission exécutive. La nouvelle Constitution fut promulguée en nov. Le 10 déc., Louis Napoléon Bonaparte (V. Napoléon III) fut élu président de la Rép. au suffrage universel. Le 2 déc. 1851, il fit un coup d'État et proclama le IIe Empire le 2 déc. 1852. – En 1848, des mouvements révolutionnaires éclatèrent à Vienne, à Prague, à Budapest, ainsi qu'en Italie, en Allemagne et dans l'Europe occidentale, où le congrès de Vienne (1815) avait muselé les aspirations pop. Mais le «printemps des peuples» ne devait pas durer : à partir de juin, la répression fut impitoyable; elle se poursuivit jusqu'à l'été 1849 (écrasement des Hongrois, à Vilagos notam., le 13 août 1849).

révolution russe de 1905, série de manifestations qui suivirent la fin de la guerre russo-japonaise et les défaites de Mandchourie : Dimanche rouge à Saint-Pétersbourg (janv. 1905), mutinerie du *Potemkine**, etc. Quand les modérés obtinrent l'élection d'une assemblée législative (la *douma*), les bolcheviks tentèrent de diriger les soviets (conseils populaires) qui s'étaient spontanément formés, mais le tsar brisa le mouvement.

révolution russe de 1917. V. Octobre (révolution d') et Union des républiques socialistes soviétiques.

révolutionnaire [ʀevɔlysjɔnɛʀ] adj. et n. **I.** adj. **1.** Relatif à une révolution (sens II); qui en est issu. *Assemblée révolutionnaire.* **2.** Qui favorise ou apporte des changements radicaux dans un domaine. *Méthode éducative révolutionnaire.* **II.** n. Partisan, instigateur, acteur d'une révolution.

révolutionner [ʀevɔlysjɔne] v. tr. [**1**] **1.** Agiter, troubler vivement. *Révolutionner les esprits.* **2.** Transformer profondément. *Révolutionner une science.*

revolver [ʀevɔlvɛʀ] n. m. **1.** Arme de poing à répétition, dont le magasin est un barillet tournant. **2.** TECH Mécanisme tournant porteur de divers outils ou accessoires, dans certains appareils. *Mi-*

croscope à revolver. – (En appos.) *Tour revolver.*

revolving [ʀevɔlviŋ] adj. inv. (En loc.) *Crédit revolving :* V. crédit.

révoquer [ʀevɔke] v. tr. [1] **1.** Destituer d'une fonction. *Révoquer un préfet.* **2.** DR Annuler. *Révoquer un arrêt.*

revue [ʀəvy] n. f. **I. 1.** Examen détaillé, élément par élément. *Faire la revue de ses livres.* ▷ *Revue de presse :* compte rendu, composé en général d'extraits d'articles, proposant la synthèse d'une telle lecture. **2.** Inspection des troupes ou du matériel, dans l'armée. *Revue de détail :* examen des détails de tenue, d'équipement, etc. ▷ *Spécial.* Inspection en grande cérémonie, par un officier général ou par une personnalité, de troupes formant la haie ou défilant. *Passer des troupes en revue.* – Loc. fig. *Passer en revue :* examiner dans le détail, point par point. *Passer en revue les clauses d'un contrat.* **II.** Publication périodique consacrée le plus souvent à un domaine particulier. *Revue scientifique. Revue d'art et de littérature.* **III. 1.** Spectacle (pièce, suite de sketches, etc.) comique ou satirique sur des sujets d'actualité. **2.** Spectacle de variétés. *Revue de music-hall.*

Revue blanche (la), revue franco-belge (Paris et Liège) fondée en 1889. De 1891 à sa disparition (1903), elle parut uniquement à Paris. Elle révéla au public un nombre considérable d'écrivains alors peu connus : Mallarmé, Verlaine, Barrès, Gide, Jarry, Claudel, Tchekhov.

Revue indigène, revue littéraire haïtienne, fondée en 1927, qui appliqua les thèses de J. Price*-Mars. Elle avait pour devise : « Être soi-même, le plus possible ». V. indigénisme.

Revue indochinoise (« Dông Duong Tap Chi »), première revue vietnamienne en quôc ngu, parue en 1913. Ses animateurs, Nguyên* Van Vinh et Phan* Kê Binh, propagèrent la culture française, qui dès lors influença la littérature vietnamienne moderne.

révulsé, ée [ʀevylse] adj. Retourné, bouleversé.

révulser [ʀevylse] v. tr. [1] **1.** MED Produire une révulsion. **2.** Retourner, bouleverser (le visage, les yeux). ▷ v. pron. *Traits qui se révulsent.*

révulsif, ive [ʀevylsif, iv] adj. et n. m. MED Qui produit une révulsion. ▷ n. m. Produit révulsif. *Un révulsif puissant.*

révulsion [ʀevylsjɔ̃] n. f. MED Afflux sanguin que l'on provoque (par cautère, ventouse, etc.) dans une partie de l'organisme pour faire cesser une congestion voisine.

rewriting [ʀəʀajtiŋ] n. m. (Anglicisme) Action de récrire (un texte destiné à la publication).

rexisme [ʀɛksism] n. m. HIST Mouvement de caractère fasciste fondé en Belgique en 1935 par l'avocat L. Degrelle.

Reykjavík, cap. de l'Islande, port sur la côte S.-O. de l'île; 87310 hab. Escale maritime et aérienne. Industries dérivées de la pêche et du trafic portuaire.

Reynaud (Émile) (1844 – 1918), inventeur français. Il créa à partir du *praxinoscope* (appareil à tambour donnant aux images l'illusion du mouvement) le *théâtre optique* (1888), précurseur du dessin animé.

Reynaud (Paul) (1878 – 1966), homme politique français. Président du Conseil (mars 1940), hostile à l'armistice, il céda la place (16 juin) à Pétain, qui le fit interner puis déporter (1940-1945).

Reynolds (sir Joshua) (1723 – 1792), peintre anglais. Portraitiste de l'aristocratie, il peignit aussi de nombreux paysages.

rez-de-chaussée [ʀedʃose] n. m. inv. Partie d'une habitation dont le plancher est au niveau du sol.

rezzou [ʀe(d)zu] n. m. **1.** Groupe armé de pillards nomades. **2.** (Afr. subsah.) Vieilli Attaque de pillards nomades.

R.F. Sigle de *République* française.*

R.F.A. Sigle de *République fédérale allemande.* V. Allemagne.

R.F.I. Sigle de *Radio France Internationale,* filiale de Radio France qui diffuse des programmes destinés aux cinq continents.

rH [ɛʀaʃ] n. m. BIOCHIM Indice représentant quantitativement la valeur du pouvoir réducteur ou oxydant d'un milieu.

rhabillage [ʀabijaʒ] n. m. **1.** TECH Réparation, remise en état. ▷ *Spécial.* Réparation d'horlogerie. **2.** Action de rhabiller, de se rhabiller.

rhabiller [ʀabije] v. tr. [1] **1.** TECH Réparer, remettre en état. *Rhabiller une montre, une meule.* **2.** Habiller de nouveau. *Rhabiller un enfant.* ▷ v. pron. *Il se dépêche de se rhabiller.*

rhacophore [ʀakofɔʀ] n. m. Grande rainette d'Indonésie à palmures démesurées, appelée cour. *grenouille volante.*

Rhadamès. V. Ghadamès.

Rhadé(s), population montagnarde du centre du Viêt-nam (plateau du Dac Lac), de langue austronésienne (env. 195000 personnes). Ils sont riziculteurs (culture sur brûlis), pratiquent une religion traditionnelle et possèdent une riche culture populaire (littérature orale et musique).

rhamnacées [ʀamnase] n. f. pl. BOT Famille de dicotylédones dialypétales, arbres ou arbustes souvent épineux, à petites fleurs peu visibles (jujubier, etc.). – Sing. *Une rhamnacée.*

rhapsode ou **rapsode** [ʀapsɔd] n. m. ANTIQ GR Chanteur qui allait de ville en ville en récitant des extraits de poèmes épiques.

rhapsodie ou **rapsodie** [ʀapsɔdi] n. f. Composition musicale de forme libre, d'inspiration souvent populaire.

Rharb. V. Gharb.

Rhaznévides. V. Ghaznévides.

Rhéa, dans la myth. gr., une des Titanides (filles d'Ouranos et de Gaia), épouse de Cronos, mère de Zeus.

Rhea Silvia, dans la myth. lat., fille de Numitor, roi d'Albe; mère de Romulus et de Remus.

Rhee (Ree Syn Man, dit Syngman) (1875 – 1965), homme politique coréen. Chef du gouv. en exil (1919-1945); président de la rép. de Corée du Sud (1948-1960), il instaura un régime autoritaire et fut renversé.

rhème [ʀɛm] n. m. LING Syn. de *commentaire.*

rhénan (Massif schisteux), rég. de plissements hercyniens d'Allemagne, drainée par le Rhin et ses affl. (notam. la Moselle) et formée de plateaux peu élevés (400-800 m), pauvres (élevage bovin, surtout), au climat rude. La vie se concentre dans les vallées; v. princ. *Coblence.*

Rhénanie (en all. *Rheinland*), rég. d'Allemagne traversée par le Rhin (qui en fit l'importance hist., écon., comm., culturelle depuis l'Antiquité). Aujourd'hui, le N. est rattaché à la Westphalie (Land de *Rhénanie-du-Nord-Westphalie*) et le S. au Palatinat (Land de *Rhénanie-Palatinat*). – Conquise par César (57 av. J.-C.), la région constitua les prov. romaines de Germanie inf. et sup. Au Ve s., les Francs ripuaires s'y établirent. Au Xe s., le N. fut intégré au duché de Basse-Lorraine et le S. à la Haute-Lorraine (v. 960). Ensuite, ces régions éclatèrent en de nombr. principautés, laïques et ecclés. De 1793 à 1801, elles furent intégrées à la Rép. française, jusqu'en 1814. En 1824, la Rhénanie revint à la Prusse, qui en fit une province (Prusse-Rhénane). Le traité de Versailles (1919) la livra à l'occupation militaire des Alliés. En 1923, l'armée française occupa entièrement la Ruhr, mais dut se retirer. En mars 1936, Hitler réoccupa militairement la Rhénanie.

Rhénanie-du-Nord-Westphalie (en all. *Nordrhein-Westfalen*), Land d'Allemagne et région de la C.E.; 34067 km^2; 16711800 hab.; cap. *Düsseldorf;* v. princ. : *Essen, Cologne, Dortmund, Münster, Aix-la-Chapelle.* La densité du réseau urbain témoigne de l'intense activité économique de ce Land, région la plus puissante de l'U.E.

Rhénanie-Palatinat (en allemand *Rheinland-Pfalz*), Land d'Allemagne et région de la C.E.; 19846 km^2; 3630800 hab.; cap. *Mayence;* v. princ. : *Coblence, Trèves.* Ce Land est relié aux régions industrielles du Rhin inférieur et au N.-E. de la France.

rhénium [ʀenjɔm] n. m. CHIM Élément métallique (symbole Re) de numéro atomique Z = 75. – Métal (Re) rare.

rhéobase [ʀeɔbaz] n. f. PHYSIOL Intensité minimale de courant électrique continu nécessaire pour obtenir une réponse d'une structure organique excitable. (V. chronaxie.)

rhéologie [ʀeɔlɔʒi] n. f. PHYS Branche de la mécanique qui étudie les comportements de la matière sous l'influence des pressions (phénomènes d'écoulement, réactions aux contraintes, etc.).

rhéomètre [ʀeɔmɛtʀ] n. m. TECH Appareil qui mesure la vitesse d'écoulement des fluides.

rhéostat [ʀeɔsta] n. m. Appareil dont on peut faire varier la résistance et qui, intercalé dans un circuit électrique, permet de régler l'intensité du courant.

rhésus [ʀezys] n. m. **1.** ZOOL Macaque de l'Inde et de la Chine du S., au pelage gris-roux, qui vit en troupes nombreuses. (Ce singe, qui servit de sujet d'expériences dans des recherches sur le sang humain, a donné son nom au *facteur rhésus.*) **2.** MED *Facteur rhésus* ou, absol., *rhésus :* agglutinogène existant dans les hématies de 85 % des sangs humains *(rhésus positif)* et créant une incompatibilité sanguine envers ceux qui en sont dépourvus *(rhésus négatif).*

rhéteur [ʀetœʀ] n. m. **1.** ANTIQ Maître de rhétorique. **2.** Orateur ou écrivain qui use d'une vaine rhétorique; phraseur.

Rhétie ou **Rétie,** anc. contrée du N. de la Gaule cisalpine (E. de la Suisse, Tyrol, nord de la Lombardie) dont la conquête, entreprise sous Auguste, s'acheva sous Drusus (15 av. J.-C.). Elle devint province impériale. Au Bas-Empire, celle-ci fut scindée : au S., la Rhétie Première avait pour cap. *Curia* (auj. Coire, ch.-l. du cant. des Grisons); au N., la Rhétie Seconde avait pour capitale la ville actuelle d'Augsbourg.

rhéto [Reto] n. (Belgique) **1.** Abrév. fam. de *rhétoricien* (sens 2). *Aller au bal des rhétos.* **2.** Abrév. fam. de *rhétorique* (sens 3). *Doubler sa rhéto.*

rhétoricien, enne [RetɔRisjɛ̃, ɛn] n. **1.** Didac. Spécialiste de rhétorique. **2.** (Belgique) Élève de la classe de rhétorique (sens 3). (Abrév. fam. rhéto).

rhétorique [RetɔRik] n. f. **1.** Art de bien parler; ensemble des procédés qu'un orateur emploie pour persuader, convaincre. *Figures* de rhétorique.* **2.** Péjor. Pompe, emphase. **3.** (Belgique) Classe terminale de l'enseignement secondaire. *Il est en rhétorique.* (Abrév. fam. rhéto.)

rhétoriqueur [RetɔRikœR] n. m. LITTER *Grands rhétoriqueurs :* nom que se donnaient, à la fin du XVe et au déb. du XVIe s., les poètes des cours de France, de Bourgogne, de Bretagne et de Flandre, qui attachaient une grande importance aux artifices de style et aux raffinements de la versification.

rhéto-roman, ane [RetoRɔmɑ̃, an] adj. et n. m. LING Se dit des parlers romans du canton suisse des Grisons (V. romanche), du Tyrol et du Frioul. ▷ n. m. *Le rhéto-roman.*

rhexistasie [Rɛksistazi] n. f. GEOL Période au cours de laquelle, la végétation étant détruite, une érosion intense décape les sols et enrichit les mers en dépôts détritiques.

rhin(o)-. Élément, du gr. *rhis, rhinos,* «nez».

Rhin (le) (en all. *Rhein,* en néerl. *Rijn*), fleuve de l'Europe du N.-O. (1298 km), qui naît en Suisse et se jette dans la mer du Nord. Le *Rhin supérieur* se forme, dans les Alpes suisses (Grisons), par la réunion du *Rhin antérieur,* né dans le Saint-Gothard, et du *Rhin postérieur.* Coulant vers le N., il traverse le lac de Constance, puis, coulant vers l'O., sert de frontière entre la Suisse et l'Allemagne; il reçoit alors l'Aar, ce qui régularise son débit. Après Bâle, le *Rhin moyen* quitte la Suisse et le système alpin : il coule dans la plaine d'Alsace entre les Vosges à l'O. (France) et la Forêt-Noire à l'E. (Allemagne). Il reçoit le Main à Mayence (r. dr.), puis traverse le Massif schisteux rhénan, où le rejoint la Moselle (r. g.). Le *Rhin inférieur* est un fleuve de plaine qui s'achève aux Pays-Bas par un vaste delta. Première voie de circulation de l'Europe occid., le Rhin a bénéficié de nombreux aménagements. Des canaux l'unissent aux autres cours d'eau (Danube, Moselle canalisée, Marne, Elbe) ou aux ports de la mer du Nord (Rotterdam, Anvers, Amsterdam). Le Rhin est jalonné de ports fluviaux (Duisburg, Strasbourg, Bâle). Il est depuis longtemps pollué par des usines chimiques.

Rhin (Bas-), dép. franç.; 4787 km^2; 953053 hab.; ch.-l. *Strasbourg**. V. Alsace (Rég.).

Rhin (Haut-), dép. franç.; 3523 km^2; 671319 hab.; ch.-l. *Colmar* (64889 hab.). V. Alsace (Rég.).

rhinencéphale [Rinɑ̃sefal] n. m. ANAT Partie la plus ancienne, d'un point de vue phylogénétique, du cortex cérébral, dont le rôle est important dans la régulation des comportements émotionnels et instinctifs, et dans la mémorisation.

rhinite [Rinit] n. f. MED Inflammation de la muqueuse nasale.

rhino-. V. rhin(o)-.

rhinocéros [RinɔseRɔs] n. m. **1.** Grand mammifère périssodactyle herbivore d'Asie et d'Afrique, aux formes massives et trapues, à la peau très épaisse et peu poilue, qui porte une ou deux cornes à l'extrémité du museau. (Deux espèces, toutes deux à deux cornes, vivent en Afrique : le *rhinocéros blanc,* à museau large, peut peser près de 4 t; le *rhinocéros noir,* à museau étroit, ne dépasse guère 1,5 t. Le rhinocéros de Sumatra a également deux cornes, tandis que le rhinocéros indien et le rhinocéros de Java n'en ont qu'une.) **2.** (Afr. subsah.) Gros coléoptère unicorne.

rhinolophe [Rinolɔf] n. m. ZOOL Chauve-souris, appelée cour. *fer-à-cheval* à cause de la membrane semi-circulaire qu'elle porte à la base du nez.

rhinopharyngite [RinofaRɛ̃ʒit] n. f. MED Inflammation de la muqueuse du rhinopharynx.

rhinopharynx [RinofaRɛ̃ks] n. m. ANAT Partie haute du pharynx, en arrière des fosses nasales.

rhinoscopie [Rinoskɔpi] n. f. MED Examen des fosses nasales, par les narines avec un spéculum (*rhinoscopie antérieure*), ou à l'aide d'un miroir placé derrière le voile du palais (*rhinoscopie postérieure*).

rhipidistiens [Ripidistjɛ̃] n. m. pl. PALEONT Ordre de poissons crossoptérygiens dont les nageoires ressemblaient à des pattes et qui vécurent en eau douce du dévonien au permien. (Ils donnèrent naissance aux stégocéphales.) – Sing. *Un rhipidistien.*

rhizo-, -rhize. Éléments, du gr. *rhiza,* «racine».

rhizobium [Rizobjɔm] n. m. BIOL Bactérie symbiotique qui se développe dans les racines de certains végétaux supérieurs, notam. des légumineuses.

rhizoflagellés [Rizoflaʒelle] n. m. pl. ZOOL Ensemble des protozoaires rhizopodes et flagellés, souvent considéré comme embranchement. – Sing. *Un rhizoflagellé.*

rhizome [Rizom] n. m. Tige souterraine de certaines plantes (fougères, souchet, etc.), dont la face inférieure donne naissance à des racines adventives, et dont la face supérieure émet des bourgeons qui se transforment en tiges aériennes.

rhizophage [Rizɔfaʒ] adj. ZOOL Qui se nourrit de racines.

rhizophoracées [RizɔfɔRase] n. f. pl. BOT Famille comprenant des arbres et des arbustes qui forment les mangroves des côtes intertropicales. *Les rhizophoracées sont adaptées à la vase grâce à des racines-échasses, des racines aériennes et des pneumatophores.* – Sing. *Une rhizophoracée.*

rhizopodes [Rizɔpɔd] n. m. pl. ZOOL Groupe de protozoaires caractérisés par leur aptitude à émettre des pseudopodes locomoteurs et préhensiles. – Sing. *L'amibe est un rhizopode.*

rhizostome [Rizɔstom] n. m. ZOOL Méduse géante (genre *Rhizostoma*) dépourvue de tentacules périphériques.

rhô [Ro] n. m. **1.** Lettre grecque (Ρ, ρ), correspondant au *r* de l'alphabet latin. **2.** PHYS NUCL Particule de la famille des mésons.

Rhode Island, État du N.-E. des É.-U., sur l'Atlantique; très urbanisé; 3144 km^2; 1003000 hab.; cap. *Providence.* – Cette anc. (1636) et riche colonie agric. de la Nouvelle-Angleterre, la première qui proclama son indép. (1776), s'associa à l'Union en 1790.

Rhodes (île de), île grecque de la mer Égée; 1404 km^2; 67000 hab.; ch.-l. de l'île et du nome du Dodécanèse : *Rhodes* (42000 hab.). Montagneuse (1215 m au mont Atáviros), l'île a de faibles ressources (tabac, vigne, oliviers) et vit du tourisme. – La vieille ville de Rhodes, fondée en 408 av. J.-C., conserve de nombr. vestiges : ruines antiques, églises byzantines et tous les monuments bâtis par l'ordre de Malte* *(chevaliers de Rhodes).* – Puissante cité maritime de l'Antiquité, l'île fut, à partir de 1309, gouvernée par les *chevaliers de Rhodes* puis devint turque (1523-1912). L'Italie la prit et céda à la Grèce tout le Dodécanèse en 1947.

Rhodes (colosse de), statue d'Hélios, en bronze, haute de 32 m, œuvre de Charès, l'une des Sept Merveilles du monde. Érigée sur le port de Rhodes v. 292 av. J.-C., elle fut renversée en 227 av. J.-C. par un séisme.

Rhodes (Alexandre de) (1591 – 1660), missionnaire catholique français. Envoyé au Viêt-nam (le Dai Viêt d'alors) en 1624, expulsé une première fois en 1630, puis définitivement en 1646, il s'installa en Perse en 1655. Il contribua largement à la diffusion de l'écriture romanisée du vietnamien (ou quôc ngu). On lui doit : *Catechismus* (en latin et en vietnamien, 1641), qui contient le premier texte imprimé en quôc ngu; *Dictionarium Annamiticum; Sommaire des divers voyages et missions apostoliques* (1653).

Rhodes (Cecil) (1853 – 1902), homme d'affaires et administrateur colonial anglais. Agent de l'expansion brit. en Afrique de l'Est et du Sud dès 1870, il fonda la *British South Africa Company,* acquit une immense fortune grâce aux diamants et conquit les territoires situés entre le Transvaal et le lac Tanganyika, appelés *Rhodésie* à partir de 1895. Premier ministre de la colonie du Cap (1890-1895), il intrigua en vain pour conquérir les rép. des Boers et dut démissionner.

Rhodes-Extérieures (en allemand *Ausserrhoden*), demi-cant. du N.-E. de la Suisse; 243 km^2; 51500 hab. (cathol.); ch.-l. *Herisau.* Elles forment la partie N.-E. du cant. d'Appenzell*, scindé ainsi en 1597.

Rhodésie, anc. région de l'Afrique australe couvrant une partie du bassin du Zambèze. Elle est auj. divisée en trois États : la Zambie (anc. Rhodésie du Nord), le Malawi et le Zimbabwe (anc. rép. de Rhodésie).

Rhodésie (république de). V. Zimbabwe (république du).

rhodésien, enne [Rɔdeʒjɛ̃, ɛn] adj. et n. Anc. De la Rhodésie (auj. le Zimbabwe).

Rhodes-Intérieures (en allemand *Innerrhoden*), demi-cant. du nord-est de la Suisse; 172 km^2; 13600 hab. (protestants); ch.-l. *Appenzell.* Elles forment la partie sud-ouest du canton d'Appenzell*, scindé ainsi en 1597.

rhodium [ʀɔdjɔm] n. m. Élément métallique (symbole Rh) de numéro atomique Z=45.– Métal (Rh) rare, résistant à l'action des acides. *Le rhodium est surtout utilisé sous forme d'alliages avec d'autres métaux.*

rhododendron [ʀɔdɔdɛ̃dʀɔ̃] n. m. Plante arbustive des montagnes (fam. éricacées) à feuillage persistant, souvent cultivée pour l'ornement.

rhodoïd [ʀɔdɔid] n. m. (Nom déposé.) Matière plastique à base d'acétate de cellulose.

Rhodope (le) ou **Rhodopes** (les), massif montagneux de Bulgarie et de Grèce. Il se divise en plusieurs massifs : le Rila* (2925 m au pic Musala), au N.-O., et le Pirin* (2915 m au Vihren), au S.-O., sont les plus élevés; le Rhodope proprement dit, au centre et à l'E., a des altitudes moins élevées (2000 m à la frontière bulgaro-grecque).

rhodophycées [ʀɔdɔfise] n. f. pl. BOT Important groupe d'algues, marines pour la plupart, couramment appelées «algues rouges» à cause des plastes violacés qui les colorent. – Sing. *Une rhodophycée.*

Rhômanos. V. Romanos.

rhomb(o)-. Élément, du gr. *rhombos,* «toupie, losange».

rhombique [ʀɔ̃bik] adj. Didac. Qui a la forme d'un losange.

rhomboèdre [ʀɔ̃bɔɛdʀ] n. m. GEOM Parallélépipède dont les faces sont des losanges. ▷ MINER Cristal à six faces en forme de losanges égaux.

rhomboédrique [ʀɔ̃bɔedʀik] adj. Didac. Qui a rapport au rhomboèdre, qui en a la forme. ▷ MINER *Système rhomboédrique,* l'un des sept systèmes cristallins, dans lequel la maille primitive est un rhomboèdre.

rhomboïdal, ale, aux [ʀɔ̃bɔidal, o] adj. Didac. Qui a la forme d'un losange ou d'un rhomboèdre.

rhomboïde [ʀɔ̃bɔid] n. m. et adj. ANAT Muscle dorsal, élévateur de l'omoplate, en forme de losange. ▷ adj. *Muscle rhomboïde.*

Rhône (le), fl. de Suisse et de France (812 km, dont 522 en France), tributaire de la mer Méditerranée. Né v. 1750 m d'altitude dans le massif du Saint-Gothard, ce torrent descend jusqu'au Valais, qu'il draine, franchit le lac Léman (où il entre à l'E., au S. de Montreux, et dont il sort au S.-O., à Genève) et se régularise. Entré en France, il traverse le Jura puis reçoit l'Ain (r. dr.); à Lyon (où il reçoit la Saône), il se heurte au Massif central et coule vers le S., recevant à gauche des fleuves alpestres (Isère, Drôme, Durance). Au N. d'Arles, il se divise et forme un delta, enserrant, entre le *Grand Rhône* et le *Petit Rhône,* la Camargue. Le Rhône est difficilement navigable, mais sa vallée constitue auj. un axe majeur de la circulation européenne et on l'a aménagé : navigation, hydroélectricité, irrigation; plusieurs ensembles électronucléaires utilisent son eau. Le Rhône est très pollué.

Rhône (Côtes du), coteaux de la vallée du Rhône, au S. de Lyon, couverts de vignobles *(côtes du Rhône).*

Rhône, département franç.; 3215 km^2; 1508966 hab.; ch.-l. *Lyon*.* V. Rhône-Alpes (Rég.).

Rhône-Alpes, Région administrative française et rég. de la C.E. comprenant les dép. de l'Ain, de l'Ardèche, de la Drôme, de l'Isère, de la Loire, du Rhône, de la Savoie et de la Haute-Savoie; 43738 km^2; 5446004 hab.; ch.-l. *Lyon*.*
Géogr. phys. et hum. – Le N. appartient au Jura méridional (1723 m au Crêt de la Neige) et aux pays de la Saône (Bresse et Dombes). L'E. est alpin : Préalpes calcaires, large sillon alpin, massifs centraux cristallins (4808 m au mont Blanc), Alpes internes (Vanoise). L'O. comprend les contreforts orientaux du Massif central. Au S. s'élèvent des Préalpes calcaires. Traversée par le Rhône et ses affluents (Saône, Isère, Drôme, Ardèche), la Rég. a un climat varié : N. continental, S. méditerranéen, montagnard en altitude. Plus jeune que la moyenne nationale, la pop. (importante surtout dans le couloir rhodanien) enregistre aussi un fort excédent migratoire. L'armature urbaine est solide : Lyon, Grenoble et Saint-Étienne forment une métropole d'équilibre de 2 millions d'habitants.
Écon. – Deuxième ensemble écon. derrière l'Île-de-France, la Région Rhône-Alpes occupe le 1er rang pour la production d'énergie (centrales nucléaires sur le Rhône, barrages alpins et du Rhône), le 2e pour la chimie. La diversité industr. est grande, mais la crise a touché des centres anciens (Saint-Étienne). Le tourisme est important : les Alpes du Nord sont le domaine skiable le mieux équipé au monde. Malgré l'absence d'une liaison Rhin-Rhône à grand gabarit, la Région est un grand carrefour européen.

rhubarbe [ʀybaʀb] n. f. Plante potagère des régions tempérées aux épais pétioles charnus comestibles.

rhum [ʀɔm] n. m. Eau-de-vie obtenue par fermentation alcoolique et distillation des produits extraits de la canne à sucre (jus, sirops ou mélasses).

rhumatisant, ante [ʀymatizɑ̃, ɑ̃t] adj. et n. Qui est atteint de rhumatisme. – Subst. *Un(e) rhumatisant(e).*

rhumatismal, ale, aux [ʀymatismal, o] adj. De la nature du rhumatisme; causé par les rhumatismes.

rhumatisme [ʀymatism] n. m. Affection douloureuse, aiguë ou chronique, se manifestant essentiellement au niveau des articulations. ▷ *Rhumatisme articulaire aigu :* polyarthrite aiguë fébrile déclenchée, souvent dès l'enfance, par une infection par des streptocoques, et dont la gravité tient au risque de complications cardiaques.

rhumatologie [ʀymatɔlɔʒi] n. f. Partie de la médecine qui traite des rhumatismes et, en général, des affections articulaires.

r(h)umb [ʀɔ̃b] n. m. MAR Intervalle angulaire entre chacune des trente-deux aires de vent de la rose (V. rose 1, sens II, 4).

rhume [ʀym] n. m. Inflammation aiguë des muqueuses des voies respiratoires. ▷ *Rhume de cerveau* ou, absol., *rhume :* inflammation aiguë de la muqueuse des fosses nasales. Syn. coryza. ▷ *Rhume des foins*.*

Rhumel (oued). V. Rummel.

rhumerie [ʀɔmʀi] n. f. **1.** Distillerie de rhum. **2.** Établissement où l'on consomme des boissons au rhum.

rhynchocéphales [ʀɛ̃kɔsefal] n. m. pl. PALEONT, ZOOL Ordre de reptiles apparu au trias et qui n'est plus représenté auj. que par le sphénodon. – Sing. *Un rhynchocéphale.*

rhyolite [ʀijɔlit] n. f. PETROG Lave granitique à inclusions de quartz.

rhythm and blues [ʀitmɛ̃ndbluʒ] n. m. MUS Musique de danse des Noirs américains, sorte de blues* orchestré et recourant à l'amplification électrique.

ria [ʀja] n. f. GEOGR Vallée fluviale envahie par la mer.

Riad. V. Riyad.

rial [ʀjal] n. m. Unité monétaire de l'Iran, d'Oman et du Yémen. *Des rials.*

Rialto (pont du), pont à une seule arche, le plus important de Venise, construit sur le Grand Canal par Antonio da Ponte, de 1588 à 1591.

riant, riante [ʀijɑ̃, ʀijɑ̃t] adj. **1.** Qui montre de la joie, de la gaieté. *Air, visage riant.* **2.** Qui invite à la gaieté. *Paysage riant.* ▷ Plaisant, engageant. *Perspective riante.*

Riazan, v. de Russie, ch.-l. de la région du m. nom; 515000 hab. Industries. – Monastères du kremlin (XVIe-XVIIIe s.).

ribambelle [ʀibɑ̃bɛl] n. f. Longue suite de personnes (et, spécial., d'enfants) ou de choses.

ribat [ʀibat] n. m. (Maghreb) **1.** Ermitage fortifié; lieu de prière. **2.** Fortin. *Des ribat(s).*

Ribbentrop (Joachim von) (1893 – 1946), homme politique allemand. Nazi (1932), ministre des Affaires étrangères (1938-1945), il fut condamné à mort par le tribunal de Nuremberg.

Ribeira Grande, comté du Cap-Vert, sur l'île de Santo Antão; 166 km^2; 22300 hab.; ch.-l. *Ponta Sol.*

Ribera (José de), dit *l'Espagnolet* (v. 1588 – 1652), peintre espagnol baroque. Marqué à ses débuts par le Caravage, il traita ensuite des thèmes relig., myth. ou pop. (*le Pied-Bot,* 1642, Louvre) au réalisme brutal.

Ribera (Pedro de) (1683 – 1742), architecte espagnol; princ. représentant de l'art baroque madrilène.

riboflavine [ʀiboflavin] n. f. BIOCHIM Vitamine B2, composé hydrosoluble de couleur jaune appartenant à la classe des flavines et agissant comme coenzyme dans de nombreuses réactions.

ribonucléique [ʀibonykleik] adj. BIOCHIM *Acide ribonucléique* (sigle : A.R.N.) *:* acide nucléique assurant la synthèse des protéines à l'intérieur des cellules vivantes, conformément à un programme porté par l'A.D.N.*. ▷ MICROB *Virus à A.R.N.,* qui contient une molécule porteuse des gènes du virus.
ENCYCL On décrit quatre familles principales d'A.R.N. : les A.R.N. pré-messagers, les A.R.N. messagers, les A.R.N. de transfert et les A.R.N. ribosomiques. Dans la cellule, l'A.R.N. est localisé dans le noyau, dans les mitochondries, dans le cytoplasme et dans les ribosomes.

ribose [ʀiboz] n. f. BIOCHIM Sucre (pentose) qui, combiné avec des bases azotées (puriques ou pyrimidiques) forme les acides ribonucléiques.

ribosome [ʀibɔzom] n. m. BIOL Organite cellulaire, particule approximativement sphérique, de très petite taille, qui décode les séquences d'A.R.N. messager et assemble les acides aminés en chaînes protéiques.

Ribot (Théodule) (1839 – 1916), philosophe et psychologue français;

pionnier de la psychologie expérimentale (*Psychologie de l'invention*, 1888).

ricanement [rikanmɑ̃] n. m. Action de ricaner.

ricaner [rikane] v. intr. [1] Rire à demi, avec une intention moqueuse ou méprisante. ▷ Rire sottement.

ricaneur, euse [rikanœr, øz] n. Personne qui ricane. ▷ adj. *Avoir un air ricaneur.*

Ricardo (David) (1772 – 1823), économiste anglais; favorable au capitalisme libéral. Ses théories de la rente foncière et de la valeur-travail ont influencé Marx.

richard, arde [riʃar, ard] n. Fam., péjor. Personne riche. (Peut ne pas être péjor. en Afrique subsaharienne.)

Richard Ier, dit *Cœur de Lion* (1157 – 1199), roi d'Angleterre (1189-1199). Duc d'Aquitaine en 1168, dressé avec ses frères contre son père Henri II, il le vainquit (1188), s'étant allié au roi de France Philippe II Auguste. Roi, il participa à la 3e croisade en 1190. Sa bravoure lui valut de nombr. victoires (prise de Chypre, de Saint-Jean-d'Acre, etc.); inquiet des intrigues que le roi de France menait contre lui avec Jean sans Terre, son frère, il quitta la Palestine en 1192, fut capturé en Autriche (1192) et dut verser une énorme rançon à l'empereur Henri VI. Revenu en Angleterre (1194), il laissa le gouv. à son chancelier Hubert Gautier pour aller défendre ses possessions françaises. Il mourut en assiégeant Châlus (Limousin). — **Richard II** (1367 – 1400), roi d'Angleterre (1377-1399). Fils d'Édouard, le Prince Noir, il fut détrôné par son cousin Henri de Lancastre.— **Richard III** (1452 – 1485), roi d'Angleterre (1483-1485). Fils cadet de Richard d'York, régent à la mort de son frère Édouard IV, il séquestra ses deux neveux, dont l'aîné, âgé de 13 ans, venait d'être sacré roi (Édouard V), les fit déclarer illégitimes (1483), monta sur le trône et commandita leur assassinat. Despote rusé et cynique, il fut tué pendant la bataille de Bosworth, qu'il livrait contre Henri Tudor. Ainsi s'éteignait la dynastie angevine.

Richards Bay, v. et port d'Afrique du Sud, sur l'océan Indien, dans le KwaZulu-Natal. Premier port minéralier du pays.

Richardson (Samuel) (1689 – 1761), écrivain anglais; pionnier du roman psychologique : *Paméla ou la Vertu récompensée* (1740), *Clarisse Harlowe* (1747-1748), *l'Histoire de sir Charles Grandison* (1753).

riche [riʃ] adj. et n. **I.** adj. **1.** Qui a de l'argent, des biens en abondance. *Il est très riche.* ▷ Par ext. *Faire un riche mariage :* épouser une personne riche. **2.** Somptueux, de grand prix. *Un riche ameublement.* **3.** *Riche en, riche de :* qui possède, renferme en abondance (telle chose). *Un récit riche d'anecdotes.* **4.** Abondant, plantureux. *De riches moissons. Un sol riche,* fécond, fertile. – Fam. *Une riche idée :* une excellente idée. **II.** n. **1.** *Un riche :* un homme riche (fém., rare, *une riche*). *Les riches et les pauvres.* **2.** *Un nouveau riche :* un homme récemment enrichi, qui montre sa fortune avec ostentation et manque de goût.

Richelieu (le), riv. du Québec, né dans le lac Champlain, affluent du Saint-Laurent (rive droite) à Sorel; 130 km.

Richelieu (Armand Jean du Plessis, cardinal de) (1585 – 1642), homme d'État français. Évêque de Luçon (Vendée), il devint cardinal (1622) après avoir réconcilié Marie de Médicis avec son fils Louis XIII, qui l'appela au Conseil en 1624. Il renforça l'absolutisme royal, imposa aux protestants, après le siège de La Rochelle, l'édit de grâce d'Alès (1629), lutta contre la noblesse (interdiction des duels, 1626); le parti catholique ne put l'abattre (journée des Dupes, 10 nov. 1630). Il affronta les Habsbourg (guerre de Trente* Ans) et obtint le Roussillon (1642). Il réforma les finances, favorisa l'industrie, le commerce maritime et la colonisation, fonda l'Académie française (1635) et créa *la Gazette* de Renaudot.

richement [riʃmɑ̃] adv. **1.** Avec richesse, luxueusement. *Maison richement meublée.* **2.** Avec libéralité.

richesse [riʃɛs] n. f. **I. 1.** Possession en abondance d'argent ou de biens, opulence; situation, état d'une personne riche. **2.** Caractère de ce qui est riche (sens I, 4). *Richesse d'un gisement. Richesse de l'imagination.* ▷ *Richesse en :* abondance en. *Richesse en métal d'un minerai.* **3.** Magnificence, somptuosité. *La richesse d'une parure.* **II. 1.** Plur. *Les richesses :* les biens matériels, l'argent. *Aimer les richesses.* ▷ Choses précieuses (avec une idée de grand nombre). *Les richesses d'un musée.* **2.** (Souvent au plur.) Ressources. *Richesses minières. Le tourisme est la seule richesse du pays.*

Richier (Ligier) (v. 1500 – 1567), sculpteur français; l'ultime représentant de la sculpture gothique.

Richier (Germaine) (1904 – 1959), sculpteur français. Elle réalise une symbiose des formes vivantes : série des *Hommes-Oiseaux* (1953-1955).

richissime [riʃisim] adj. Extrêmement riche.

Richmond, v. des É.-U., cap. de la Virginie, sur la riv. James; 203 050 hab. (aggl. urb. 796 100 hab.). Port fluvial. Métallurgie lourde; manuf. de cigarettes. – Cap. des sudistes (1861-1865), elle subit le dur siège du général Grant.

Richter (Jeremias Benjamin) (1762 – 1807), chimiste allemand. Il découvrit la loi des nombres proportionnels qui régit les combinaisons, en masse, des éléments chimiques.

Richter (Johann Paul). V. Jean-Paul.

Richter (Charles Francis) (1900 – 1985), géophysicien américain. – *Échelle de Richter,* mise au point en 1935 pour mesurer la magnitude des séismes.

Richter (Sviatoslav) (1915 – 1997), pianiste russe.

ricin [risɛ̃] n. m. BOT Plante herbacée de très grande taille (fam. euphorbiacées) à feuilles palmées, à fleurs en grappes, des régions chaudes. ▷ *Huile de ricin,* tirée des graines (toxiques avant traitement) de cette plante, utilisée comme purgatif et, parfois, dans l'industrie, comme lubrifiant.

rickettsie [rikɛtsi] n. f. MICROB Microorganisme intermédiaire entre les bactéries et les virus, de très petite taille (1 µm), parasite des animaux et de l'homme.

rickettsiose [riketsjoz] n. f. MED, MED VET Maladie de l'homme et des ruminants due à une rickettsie et transmise par un arthropode (pou, tique).

ricocher [rikɔʃe] v. intr. [1] Faire ricochet, rebondir.

ricochet [rikɔʃɛ] n. m. Rebond d'un objet plat lancé obliquement sur la surface de l'eau, ou d'un projectile rebondissant sur une surface dure. ▷ Loc. fig. *Par ricochet :* par contrecoup.

Ricœur (Paul) (né en 1913), philosophe français. Il entreprit une *Philosophie de la volonté* (1950) et fonda l'herméneutique moderne.

rictus [riktys] n. m. **1.** MED Contraction spasmodique des muscles du visage. *Rictus du tétanos.* **2.** Cour. Contraction des lèvres produisant un sourire forcé et grimaçant. *Rictus sarcastique.*

ride [rid] n. f. **1.** Sillon, pli qui se forme sur la peau, et partic. sur la peau du visage et du cou, généralement par l'effet de l'âge. **2.** Ondulation, strie. *Le vent forme des rides sur le sable des déserts.*

rideau [rido] n. m. **1.** Pièce d'étoffe destinée à intercepter la lumière, à masquer qqch ou à décorer. *Poser des rideaux aux fenêtres. Tringle, anneaux de rideau. – Double rideau :* pièce d'étoffe épaisse utilisée pour doubler un voilage. Syn. (Belgique) tentures. **2.** Toile peinte, draperie que l'on tire ou que l'on abaisse pour dissimuler la scène ou l'écran aux spectateurs, dans une salle de spectacle. **3.** *Rideau de fer :* fermeture métallique d'une devanture de magasin. ▷ Rideau métallique permettant de séparer la scène d'un théâtre de la salle, en cas d'incendie. ▷ Fig. HIST Frontière qui séparait les États socialistes d'Europe de l'Est et les États d'Europe occidentale. (L'expression est due à W. Churchill.) **4.** Ce qui forme écran; ce qui masque. *Un rideau d'arbres, de verdure.*

Rideau (canal), canal du Canada (Ontario), reliant Ottawa à Kingston; 200 km.

ridelle [ridɛl] n. f. Chacun des deux côtés d'une charrette, d'un camion, etc., servant à maintenir le chargement.

rider [ride] v. tr. [1] **1.** Faire, causer des rides à. *L'âge a ridé ses joues.* ▷ v. pron. Devenir ridé. *Son visage s'est ridé.* **2.** Creuser de rides (sens 2), dessiner des ondulations sur. *Le vent ride la surface de l'eau.*

ridicule [ridikyl] adj. et n. m. **I.** adj. **1.** Digne de risée, de moquerie. *Vous êtes ridicule.* **2.** Très petit, insignifiant. *Je l'ai eu pour une somme ridicule.* **II.** n. m. **1.** Ce qui est ridicule, ce qui excite le rire, la moquerie. *Se couvrir de ridicule. Tourner en ridicule,* en dérision. ▷ Caractère de ce qui est ridicule, aspect ridicule. *Elle ne mesure pas le ridicule de sa situation.* **2.** Comportement, défaut ridicule. *Humoriste qui moque les ridicules de ses contemporains.*

ridiculement [ridikylmɑ̃] adv. **1.** D'une manière ridicule. *Elle se conduit ridiculement.* **2.** Dans des proportions ridicules. *Un prix ridiculement bas.*

ridiculiser [ridikylize] v. tr. [1] Rendre ridicule, tourner en ridicule. ▷ v. pron. (Réfl.) *Tais-toi, tu te ridiculises.*

ridule [ridyl] n. f. Petite ride.

Riefenstahl (Helene, dite Leni) (née en 1902), actrice et cinéaste allemande, réalisatrice officielle du nazisme : congrès de Nuremberg (*le*

Triomphe de la volonté, 1935), jeux Olympiques de Berlin (*les Dieux du stade,* 1938).

riel [ʀjɛl] n. m. Unité monétaire du Cambodge.

Riel (Louis) (1844 – 1885), métis canadien de la colonie Rivière-Rouge (devenue la prov. du Manitoba en 1870) qui dirigea contre les autorités anglaises les deux rébellions des métis issus de mariages entre commerçants français et Amérindiennes (1869 et 1884-1885). Il fut pendu.

Riemann (Georg Friedrich Bernhard) (1826 – 1866), mathématicien allemand. Il fit considérablement progresser de nombr. branches des mathématiques. Dans sa géométrie, non euclidienne, les perpendiculaires à une droite Δ concourent en un point S, et la distance de S à un point quelconque de Δ est constante.

rien [ʀjɛ̃] pron. indéf. et n. **A.** pron. indéf. nominal. **I.** (Sens positif.) Quelque chose, quoi que ce soit. **1.** (Dans une phrase interrogative.) *Y a-t-il rien de si beau qu'un coucher de soleil?* **2.** (Après une principale à sens négatif.) *Il est impossible de rien faire.* ▷ (Après *avant, avant que, sans, sans que, trop,* etc.) *Il est parti sans rien dire.* **II.** (Sens négatif, quelquefois renforcé par *du tout.*) **1.** (En corrélation avec l'adv. de négation *ne.*) Nulle chose, néant. *Il ne fait rien du tout. Cela ne fait rien, ne sert à rien. Il ne me gêne en rien.* ▷ Loc. adv. *Comme si de rien n'était :* comme s'il ne s'était rien passé. ▷ *Rien que... :* seulement. *Je demande mon dû, et rien que mon dû.* ▷ Loc. *Rien de moins que :* bel et bien. *Il n'est rien de moins qu'un escroc.* **2.** Employé sans négation. ▷ (En tournure elliptique.) Nulle chose. *Je veux tout ou rien.* – En réponse à une question. *Que fait-il? – Rien. À quoi pensez-vous? – À rien.* ▷ Chose, quantité, valeur, utilité nulle ou négligeable. *Travailler pour rien. Se contenter de rien. C'est trois fois rien.* ▷ *De rien, de rien du tout :* insignifiant, sans valeur. *Une petite erreur de rien du tout.* – Péjor. (Personnes) *De rien :* de peu d'importance; méprisable. *Un homme de rien. Une fille de rien,* dépravée. **B.** n. m. **1.** Peu de chose. *Un rien le fâche.* ▷ *Un rien de :* très peu de, un soupçon de. *Ajoutez un rien de sel. En un rien de temps.* ▷ Loc. adv. *Un rien :* légèrement. *C'est un rien trop cuit.* **2.** Chose sans importance, sans valeur. *S'amuser à des riens.* **C.** n. *Un, une moins que rien; un, une rien du tout :* une personne sans importance, sans valeur, sans vertu.

Ries (Nicolas) (1876 – 1941), écrivain luxembourgeois d'expression française. Peintre de la vie luxembourgeoise (*le Diable aux champs,* 1935; *Sens unique,* 1940), il fut aussi critique littéraire.

rieur, rieuse [ʀijœʀ, ʀijøz] n. et adj. **I.** n. Personne qui rit. ▷ Loc. *Mettre les rieurs de son côté :* faire rire aux dépens de son contradicteur, dans une discussion. **II.** adj. **1.** Qui aime à rire, à s'amuser. *Une fille très rieuse.* **2.** Qui dénote la gaieté. *Une voix, une expression rieuse.* **3.** *Mouette rieuse :* mouette blanche *(Larus ridibundus),* au bec et aux pattes rouges, nichant en Europe et passant l'hiver en Afrique, et dont le cri évoque un éclat de rire.

rif [ʀif] n. m. (Maghreb) Campagne (sens I).

Rif *(ar-Rīf),* chaîne côtière du Maroc septent. (2452 m au djebel Tidighine), difficilement pénétrable, peuplée à l'O. de cultivateurs sédentaires (céréales, oliviers) et à l'E., plus aride, d'éleveurs semi-nomades. – *Campagne* ou *guerre du Rif :* opérations militaires menées de 1921 à 1926 par les troupes franco-espagnoles contre les tribus rifaines conduites par Abd el-Krim.

rifampicine [ʀifɑ̃pisin] n. f. MED Antibiotique fortement bactéricide utilisé pour traiter la lèpre.

riffain, aine [ʀifɛ̃, ɛn] adj. Qui se rapporte au Rif.

riflard [ʀiflaʀ] n. m. TECH Grand rabot servant à dégrossir, à fer légèrement convexe. ▷ Couteau de plâtrier à lame triangulaire. ▷ Grosse lime à métaux, employée pour dégrossir.

rifle [ʀifl] n. m. *Carabine 22 long rifle :* carabine d'un calibre 22/100 de pouce, employée pour le sport et la chasse.

rifler [ʀifle] v. tr. [1] TECH Aplanir avec un riflard ou un rifloir.

rifloir [ʀiflwaʀ] n. m. TECH Râpe, lime aux extrémités recourbées, que l'on tient par le milieu.

rift [ʀift] n. m. GEOGR Grand fossé d'effondrement le long d'une fracture de l'écorce terrestre.

Rift Valley (la) ou **Rift** (le), suite de dépressions de l'Afrique de l'Est, jalonnant une faille qui s'allonge de la vallée du Jourdain au Malawi; la Rift Valley est occupée par des plaines étroites et de nombreux lacs (V. Grands Lacs). De nombreuses découvertes de paléontologie humaine y ont été faites, notam. à Olduvai* (Tanzanie) et dans la vallée de l'Omo* (Éthiopie).

Riga, cap. de la Lettonie, sur l'estuaire de la Dvina; 913000 hab. Port actif de la Baltique, au fond du *golfe de Riga,* et centre industriel. – Fondée en 1201, Riga entra dans la ligue hanséatique et adopta la Réforme. Elle appartint à la Pologne (1561), à la Suède (1621), à la Russie (1709), et devint la cap. de la Lettonie en 1917. Le *traité de Riga* (1921) conclut la guerre polono-sov. Les Soviétiques l'occupèrent de juin 1940 à juil. 1941 et la reprirent aux Allemands en oct. 1944.

Rigaud (Hyacinthe Rigau y Ros, dit Hyacinthe) (1659 – 1743), peintre français; portraitiste : *Bossuet, Louis XIV en armure.*

rigide [ʀiʒid] adj. **1.** D'une sévérité, d'une austérité inflexible. *Moraliste rigide.* **2.** Raide, peu flexible. *Une barre rigide. Papier rigide.* – Fig. Qui manque de souplesse. *Système trop rigide.*

rigidifier [ʀiʒidifje] v. tr. [2] TECH Rendre rigide.

rigidité [ʀiʒidite] n. f. **1.** Caractère de ce qui est rigide; grande sévérité, grande austérité. *Rigidité d'une morale, d'une religion.* **2.** Caractère de ce qui est raide. *La rigidité d'un barreau métallique.*

rigolade [ʀigɔlad] n. f. Fam. **1.** Moment d'amusement, de joie. **2.** Plaisanterie. *Prendre qqch à la rigolade.*

rigole [ʀigɔl] n. f. **1.** Petit fossé étroit pratiqué dans la terre, rainure creusée dans la pierre pour l'écoulement des eaux. **2.** Filet d'eau de ruissellement. **3.** CONSTR Tranchée étroite servant aux fondations d'un ouvrage.

rigoler [ʀigɔle] v. intr. [1] Fam. **1.** Rire, se divertir. **2.** Plaisanter.

rigolo, ote [ʀigɔlo, ɔt] adj. Fam. **1.** Amusant. **2.** Surprenant. *C'est rigolo de vous retrouver ici.* Syn. drôle.

rigorisme [ʀigɔʀism] n. m. Litt. Sévérité, austérité extrême en matière de religion ou de morale.

rigoriste [ʀigɔʀist] n. et adj. Litt. Personne qui fait preuve de rigorisme. ▷ adj. *Morale rigoriste.*

rigoureusement [ʀiguʀøzmɑ̃] adv. **1.** Avec rigueur, sévérité. *Punir rigoureusement.* Syn. durement. **2.** De façon stricte, formelle. *C'est rigoureusement défendu.* ▷ De façon incontestable. *Rigoureusement vrai.* Syn. absolument. **3.** Avec une grande précision. *Une longueur rigoureusement mesurée.*

rigoureux, euse [ʀiguʀø, øz] adj. **1.** Rude, âpre, dur à supporter. *Hiver rigoureux.* **2.** Sévère, draconien. *Un arrêt rigoureux.* ▷ (Personnes) Qu'on ne saurait fléchir. *Juges rigoureux.* **3.** D'une grande précision, d'une grande rigueur (sens 3). *Soyez plus rigoureux dans vos raisonnements.* ▷ Strict. *Application rigoureuse des règles.*

rigueur [ʀigœʀ] n. f. **1.** Sévérité, austérité. *Traiter ses enfants avec trop de rigueur.* – (Choses) Dureté, âpreté. *La rigueur d'un climat.* ▷ Loc. *Tenir rigueur à qqn de qqch,* lui en garder rancune. **2.** Litt. (Souvent au plur.) Acte de sévérité. *Les rigueurs d'un tyran. – Les rigueurs de la vie carcérale.* **3.** Grande exactitude, grande fermeté dans la démarche logique. *Rigueur d'un raisonnement.* ▷ Sûreté, précision. *Son style manque de rigueur.* **4.** Loc. *À la rigueur :* à tout prendre. ▷ *De rigueur :* exigé; imposé par les usages, les règlements. *Précautions de rigueur.*

Rig-Veda, le plus ancien des livres védiques, composé entre le XVIe et le IXe s. av. J.-C. : 1028 hymnes à caractère lyrique posent les bases mythologiques, philosophiques et liturgiques du brahmanisme.

Rijeka, v. de Croatie, sur l'Adriatique; 159430 hab. Port actif et centre industriel. – Ville hongroise, elle appartint, de 1919 à 1947, à l'Italie, sous le nom de *Fiume* (après le coup de force de D'Annunzio), puis à la Yougoslavie.

Rijswijk. V. Ryswick.

rikio [ʀikjo] n. m. Arbre des régions équatoriales d'Afrique (fam. euphorbiacées) exploité pour son bois imputrescible.

Rila, montagne de Bulgarie, dans le N.-O. du Rhodope*; 2925 m au pic Musala, point culminant du pays. – *Monastère de Rila* construit au XIIIe s. par Jean* III Asen II et dédié à Ivan Rilski (*saint Jean de Rila*), né v. 876, mort en 946. Ce premier monastère, en bois, fut reconstruit au XIVe et au XIXe s. Fresques, sculptures (XIXe s.), musée (icônes du XVIe au XIXe s.).

Rilke (Rainer Maria) (1875 – 1926), écrivain autrichien. Il médita sur la mort, sur l'invisible. Poésies : *le Livre d'heures* (1905), *Élégies de Duino* (1923), *Sonnets à Orphée* (1923). Roman autobiographique : *les Cahiers de Malte Laurids Brigge* (1910). Il eut une liaison avec Lou Andreas*-Salomé (1897-1900). Il mourut de leucémie.

rimailleur, euse [ʀimajœʀ, øz] n. Vieilli Mauvais poète.

rimbaldien, enne [ʀɛ̃baldjɛ̃, ɛn] adj. et n. **1.** adj. D'Arthur Rimbaud. – Qui évoque Rimbaud. *Ce texte a un côté rimbaldien.* **2.** n. Admirateur ou spécialiste de l'œuvre de Rimbaud.

Rimbaud (Arthur) (1854 – 1891), poète français. Brillant élève au collège de Charleville, mais étouffé par l'autorité de sa mère, il fait plusieurs fugues (en 1870 et en 1871). Ses poèmes de forme régulière (1870) montrent un adolescent « vagabond », tendre mais révolté. *Le Bateau ivre* (poème, sept. 1871) et le sonnet des *Voyelles* créent des « formes nouvelles ». Invité par Verlaine à Paris (sept. 1871), il l'accompagne en Belgique (juil. 1872), puis à Londres. À Bruxelles, Verlaine blesse son amant d'un coup de revolver (1873). Dans *Une saison en enfer* (prose et vers, 1873), Rimbaud ironise sur lui-même. Les *Illuminations* (1886, écrites probablement de 1872 à 1875), suite de visions (en prose) nées des interférences de la mémoire et du réel, annoncent la poésie moderne. Rimbaud renonce à la litt. et, en 1876, s'engage dans l'armée hollandaise; à Batavia (Djakarta), il déserte (1877). Après Chypre (1879-1880), l'Éthiopie et la Somalie (1882-1883), il fait du trafic d'armes au Harar (1884-1891). Atteint d'un cancer osseux à la jambe, il est amputé à Marseille (1891) et meurt.

rime [ʀim] n. f. **1.** Retour des mêmes sons à la fin de deux périodes rythmiques ou de deux vers. *Rimes pauvres,* où l'identité porte seulement sur la voyelle accentuée *(passé/chanté). Rimes riches,* où l'identité porte à la fois sur la voyelle accentuée, sur la consonne qui la suit et sur celle qui la précède *(cheval/rival). Rimes féminines, rimes masculines,* terminées ou non par un *e* muet. ▷ *Rime pour l'œil :* identité graphique, sans homophonie *(aimer/amer).* **2.** Loc. *Sans rime ni raison :* d'une manière absurde, dénuée de sens.

rimer [ʀime] v. [**1**] **I.** v. intr. **1.** Constituer une rime. *Ces deux mots ne riment pas.* ▷ Fig. *Cela ne rime à rien :* cela est dépourvu de sens, de raison. **2.** Employer des rimes; faire des vers. **II.** v. tr. Mettre en vers. *Rimer un conte.*

rimeur, euse [ʀimœʀ, øz] n. Péjor. Poète médiocre.

Rimini, v. d'Italie (Émilie), sur l'Adriatique; 129 860 hab. Stat. balnéaire. – Ruines romaines (notam. arc d'Auguste). Égl. San Francesco (XIIIe, remaniée au XVe s.), dite temple de Malatesta.

Rimini (Francesca da). V. Francesca da Rimini.

Rim Kin (1911 – 1952), écrivain cambodgien. Son roman, *Suphat,* est considéré comme le premier texte de la littérature moderne khmère : dû à un écrivain professionnel individualisé et qui, rédigé en prose, n'est pas destiné à être récité à haute voix comme la littérature khmère classique (écrite en vers).

rimmel [ʀimɛl] n. m. (Nom déposé.) Fard à cils.

Rimouski, v. du Québec, sur la rive sud de l'estuaire du Saint-Laurent; v. princ. de la région administrative du Bas-Saint-Laurent; 30 870 hab. Industries. – Archevêché. Université.

Rimski-Korsakov (Nikolaï Andreïevitch) (1844 – 1908), compositeur russe. L'inspiration folklorique se teinte de romantisme oriental : *Shéhérazade* (poème symphonique, 1888), *le Coq d'or* (opéra, 1907-1909).

rinçage [ʀɛ̃saʒ] n. m. Action de rincer; son résultat. ▷ *Spécial.* Fait de rincer les cheveux avec un produit laissant des reflets; *par ext.,* ce produit.

rince [ʀɛ̃s] n. f. (Québec) Fam. Volée de coups. *Donner une rince à qqn.* – *Manger une rince,* la subir. (V. rinçure, sens 2).

rinceau [ʀɛ̃so] n. m. ARCHI Ornement peint ou sculpté, figurant des branchages disposés en enroulement.

rincer [ʀɛ̃se] v. tr. [**12**] **1.** Nettoyer, laver à l'eau. **2.** Passer à l'eau claire pour éliminer un produit de lavage. *Rincer du linge.*

rinçure [ʀɛ̃syʀ] n. f. **1.** Eau qui a servi à rincer. **2.** (Louisiane) Volée de coups. (V. rince.)

1. ring [ʀiŋ] n. m. Estrade entourée de trois rangs de cordes, sur laquelle se disputent les combats de boxe et de catch. Syn. (Québec) arène.

2. ring [ʀiŋ] n. m. (Belgique) Rocade (sens 2), voie périphérique autour d'une ville.

Ringuet (Philippe Panneton, dit Louis) (1895 – 1960), écrivain québécois. Ses romans (*Trente Arpents,* 1938; *Fausse Monnaie,* 1947; *le Poids du jour,* 1948), ses nouvelles, ses essais s'opposèrent à la littérature du terroir.

Rio de Janeiro, v. du Brésil, cap. de l'État du m. n. (44 268 km²; 13 541 000 hab.); 5 615 150 hab. (aggl. urb. 10 217 270 hab.) (*Cariocas*). – Premier port du Brésil, exutoire des États miniers brésiliens, la ville est un centre industriel important. Un arrière-pays difficile (marécages à palétuviers), pitons (Corcovado, Pain de Sucre) caractérisent le site de Rio. La ville, qui s'étend le long de la baie de Guanabara, juxtapose quartiers résidentiels du bord de mer et bidonvilles *(favelas).* – Archevêché. Univ. Métropole cult. et artistique. Célèbre carnaval. – Fondé en 1565, Rio de Janeiro fut la cap. du Brésil de 1763 à 1960. (V. Brasilia).

Río de La Plata. V. Plata (Río de La).

Río de Oro, anc. protectorat espagnol du Sahara* occidental.

Rioja (La), région historique du N. de l'Espagne, drainée par l'Èbre. Communauté autonome espagnole et région de la C.E.; 5 034 km²; 266 280 hab.; ch.-l. *Logroño.* Vins renommés.

Río Muni, partie continentale de la Guinée équatoriale. V. Muni (rio).

Riopelle (Jean-Paul) (né en 1923), peintre québécois. Lié aux Automatistes*, il est l'un des princ. représentants de l'abstraction lyrique tout en restant attaché aux formes naturelles. Il a produit aussi des sculptures.

ripage [ʀipaʒ] n. m. TECH **1.** Polissage, grattage à la ripe. **2.** Action de riper, de déplacer (qqch) par glissement. ▷ Fait de riper. *Le ripage d'une caisse mal amarrée.*

ripe [ʀip] n. f. **1.** TECH Outil de sculpteur et de tailleur de pierre constitué d'une tige recourbée en S dont les deux extrémités, aplaties et affûtées, servent à gratter et à polir. **2.** (Québec) Copeau de bois. *Allumer le poêle avec des ripes, de la ripe.*

riper [ʀipe] v. [**1**] **I.** v. tr. **1.** TECH Polir, gratter avec une ripe. **2.** Déplacer (un fardeau) en le faisant glisser. *Riper une charge à la main.* **II.** v. intr. Cour. Déraper. *L'échelle a ripé.*

ripolin [ʀipɔlɛ̃] n. m. (Nom déposé.) Peinture laquée, très brillante.

ripoliner [ʀipɔline] v. tr. [**1**] Peindre au ripolin.

riposte [ʀipɔst] n. f. **1.** Réponse vive, prompte repartie à une attaque verbale, à une raillerie. **2.** SPORT En escrime, attaque portée immédiatement après une parade. **3.** Contre-attaque.

riposter [ʀipɔste] v. intr. [**1**] **1.** Répondre avec vivacité à un contradicteur, un railleur. **2.** SPORT Porter une riposte, en escrime. **3.** Contre-attaquer.

ripuaire [ʀipɥɛʀ] adj. HIST Propre ou relatif aux tribus franques qui stationnaient au Ve s. autour de Cologne et jusqu'à la haute Moselle.

1. rire [ʀiʀ] v. [**68**] **I.** v. intr. **1.** Marquer la gaieté qu'on éprouve par un mouvement de la bouche et des muscles du visage, accompagné d'expirations saccadées plus ou moins sonores. *Rire aux éclats. Rire jaune*. Rire sous cape*.* **2.** Se divertir, se réjouir. *Aimer à rire.* – Prov. *Plus on est de fous, plus on rit.* **3.** Badiner, railler; ne pas parler, ne pas agir sérieusement. *Vous voulez rire?* **4.** *Rire de :* se moquer de. *Les gens rient de lui.* **II.** v. pron. *Se rire de.* Surmonter aisément (ce qui s'oppose à l'action). *Se rire des difficultés.*

2. rire [ʀiʀ] n. m. Action de rire. *Éclater, pouffer de rire. Rire énorme, homérique*.* – Loc. *Fou rire :* rire incoercible, incontrôlable.

1. ris [ʀi] n. m. MAR Chacune des bandes horizontales d'une voile, que l'on peut serrer sur la bôme pour les soustraire à l'action du vent. *Prendre un, deux ris. Larguer les ris.*

2. ris [ʀi] n. m. (Souvent au plur.) *Ris de veau, d'agneau,* thymus (comestible) de ces animaux.

1. risée [ʀize] n. f. Loc. *Être la risée de :* être un objet de moquerie pour.

2. risée [ʀize] n. f. MAR Augmentation passagère de la force du vent.

risible [ʀizibl] adj. Péjor. Digne de moquerie. *Des prétentions risibles.*

Risorgimento (mot ital. signifiant *résurrection*), le mouvement nationaliste, idéologique et polit. qui aboutit à la formation de l'unité italienne (1859-1870).

risquant [ʀiskɑ̃, ɑ̃t] adj. impers. (Belgique) Fam. Risqué. *C'est risquant de partir avec une voiture aussi vieille.*

risque [ʀisk] n. m. **1.** Danger que l'on peut plus ou moins prévoir. *Courir, prendre un risque,* s'y exposer. ▷ Loc. *À ses risques et périls :* en prenant sur soi tous les risques. – *Au risque de :* en s'exposant au danger de. **2.** Perte, préjudice éventuels garantis par une compagnie d'assurances moyennant le paiement d'une prime. *Assurance tous risques.*

risqué, ée [ʀiske] adj. Qui comporte des risques. *Entreprise risquée.* ▷ Osé, trop libre. *Plaisanteries risquées.*

risquer [ʀiske] v. [**1**] **I.** v. tr. **1.** Mettre en danger. *Risquer sa vie, son honneur, sa fortune.* – Prov. *Qui ne risque rien n'a rien.* – Loc. *Risquer le tout pour le tout :* jouer son va-tout. ▷ Exposer (au risque d'être vu, blessé, etc.). *Il risqua une main dans l'étroite ouverture.* **2.** Essayer, sans être assuré du résultat. *On peut risquer l'aventure. Risquer le coup.* ▷ Émettre (une parole, une opinion) en courant le risque d'être désapprouvé, mal compris, etc. *Risquer une plaisanterie, un avis.* **3.** S'exposer à (un danger, une peine). *Il risque la mort,* *une forte amende.* ▷ *Risquer de* (+ inf.) : courir le risque de. *Risquer de perdre son emploi.* – *Par ext.* Avoir une chance de. *Cette opération risque de réussir.* **II.** v. pron. Se hasarder. *Se risquer dans une affaire.*

risque-tout [riskətu] n. inv. et adj. inv. Personne audacieuse, qu'aucun danger n'arrête.

riss [ris] n. m. GEOL Importante glaciation du quaternaire, intermédiaire entre le mindel et le würm.

Riss (le), riv. d'Allemagne (plateau bavarois). (V. quaternaire.)

rissole [risɔl] n. f. Petit morceau de pâte feuilletée, fourré d'un hachis de viande ou de poisson, et frit.

rissoler [risɔle] v. [1] **1.** v. tr. Cuire, rôtir (un aliment) de façon à lui donner une couleur dorée. **2.** v. intr. *Mettre des oignons à rissoler.*

ristourne [risturn] n. f. **1.** Remise faite par un courtier, un commerçant, à un client. ▷ Bonification ou commission plus ou moins licite. **2.** Part de bénéfice qui, dans une coopérative de consommation ou dans une société d'assurance mutuelle, revient aux acheteurs ou aux associés en fin d'exercice. **3.** (Afr. subsah.) Dans la rép. du Congo, tontine 1 (sens 2).

ristourner [risturne] v. tr. [1] Accorder une ristourne (à qqn).

ristrette [ristrɛt] n. m. (Suisse) Petite tasse de café très fort. *Commander un ristrette.*

rite [rit] n. m. **1.** Ensemble des cérémonies en usage dans une religion. *Rites islamiques.* ▷ Ensemble des règles qui régissent la pratique d'un culte particulier. *Rites des Églises chrétiennes d'Orient unies à Rome.* **2.** Détail des prescriptions en vigueur pour le déroulement d'un acte cultuel; l'acte cultuel lui-même. *Le rite du baptême.* ▷ Pratique à caractère sacré (symbolique ou magique). *Rites initiatiques, de passage. Rites de fécondité.* ▷ ISLAM V. école. **3.** SOCIOL Pratique sociale habituelle, coutume. *Le rite des vœux du Nouvel An.* ▷ Usage auquel la force de l'habitude a fait prendre la valeur d'un rite (sens 2). *Le rite du thé à la menthe.*

ritournelle [riturnɛl] n. f. **1.** Courte phrase instrumentale jouée à la fin de chacun des couplets d'une chanson. ▷ Chanson à refrain; refrain. **2.** Fig. Propos rabâché, rebattu.

ritualisation [ritɥalizasjɔ̃] n. f. Didac. Action de ritualiser.

ritualiser [ritɥalize] v. tr. [1] Didac. Organiser (qqch) à la manière d'un rite. ▷ v. pron. Devenir rituel.

ritualisme [ritɥalism] n. m. Attachement étroit aux rites, formalisme religieux.

ritualiste [ritɥalist] adj. Attaché au respect des rites.

rituel, elle [ritɥɛl] adj. et n. m. **I.** adj. **1.** Qui a valeur de rite, qui constitue un rite. *Prières rituelles.* ▷ Fig. *Les jurés apprécièrent «en leur âme et conscience», selon la formule rituelle.* **2.** Habituel, coutumier et aussi précis qu'un rite. *C'était l'heure de sa promenade rituelle.* **II.** n. m. **1.** Livre liturgique de l'Église catholique qui contient le détail des rites, des cérémonies et des prières qui les accompagnent. **2.** Ensemble des rites. *Observer le rituel.*

rituellement [ritɥɛlmɑ̃] adv. D'une manière rituelle; selon un rite.

rivage [rivaʒ] n. m. **1.** Bande de terre qui limite une étendue d'eau, et plus partic. d'eau marine. (N.B. On emploie plutôt le mot *rive* à propos d'une étendue d'eau douce.) **2.** DR Partie du littoral soumise à l'action des marées.

rival, ale, aux [rival, o] n. et adj. **I.** n. **1.** Personne qui prétend au même but, au même succès qu'un ou plusieurs autres concurrents. *Supplanter ses rivaux. Un rival dangereux.* ▷ *Spécial.* Personne qui dispute à qqn l'amour de qqn d'autre. **2.** (Avec une négation.) Personne susceptible de faire aussi bien qu'une autre. *Il n'a pas de rival.* **II.** adj. Concurrent. *Des entreprises rivales.*

rivaliser [rivalize] v. intr. [1] *Rivaliser avec qqn,* s'efforcer de l'égaler, de le surpasser. *Rivaliser d'adresse, d'esprit.* Syn. (Suisse) régater.

rivalité [rivalite] n. f. Fait de rivaliser avec qqn; situation de deux ou de plusieurs personnes rivales. – Par anal. *Rivalité entre deux villages.*

Rivarol (Antoine Rivaroli, dit le comte de) (1753 – 1801), écrivain français : *Discours sur l'universalité de la langue française* (1784). Il attaqua avec violence la Révolution et s'exila (1792).

rive [riv] n. f. **1.** Bord d'un cours d'eau, d'un lac, de la mer. *La rive droite, gauche d'un fleuve* (en regardant vers l'aval). – (Québec) *La rive nord, la rive sud du fleuve Saint-Laurent,* la rive gauche, la rive droite de ce fleuve. **2.** TECH Bord rectiligne d'une pièce de bois, de métal.

river [rive] v. tr. [1] **1.** Assujettir (un rivet, une pièce métallique oblongue) par matage*. ▷ *River un clou,* en rabattre la pointe sur l'objet traversé. – Loc. fig. *River son clou à qqn,* le faire taire par un argument irréfutable. **2.** Riveter. *River des tôles.* ▷ Fig. Immobiliser. *La maladie l'a rivé au lit.*

Rivera (Diego) (1886 – 1957), peintre mexicain. Ses fresques monumentales sont un hommage à la révolution de 1910.

riverain, aine [rivrɛ̃, ɛn] n. et adj. Personne qui possède ou qui habite une propriété située le long d'un cours d'eau, d'un lac, etc. – Par ext. *Les riverains d'une rue.* Syn. (Suisse) bordier. ▷ adj. *Propriétés riveraines.*

Rivers ou en franç. **Rivières,** État du sud du Nigeria; 21 850 km^2; 3 984 000 hab.; cap. *Port Harcourt.*

rivet [rivɛ] n. m. Courte tige cylindrique en métal dont une extrémité est renflée en une tête tronconique ou hémisphérique et dont on mate l'extrémité opposée sur la pièce à assembler. ▷ *Rivet tubulaire,* en deux parties, l'une mâle, l'autre femelle.

Rivet (Paul) (1876 – 1958), anthropologue français. Fondateur du musée de l'Homme (1937).

rivetage [rivtaʒ] n. m. TECH **1.** Action de riveter; son résultat. **2.** Ensemble des rivets qui maintiennent des pièces assemblées. *Rivetage en cuivre.*

riveter [rivte] v. tr. [20] TECH Fixer au moyen de rivets. Syn. river.

riveteuse [rivtøz] n. f. TECH Machine à riveter, à river. Syn. riveuse.

Rivette (Jacques) (né en 1928), cinéaste français de la Nouvelle Vague : *la Religieuse* (d'après Diderot, 1966), *Jeanne la Pucelle* (1993).

Riviera (la), nom donné au littoral du golfe de Gênes (Italie), de la frontière française à La Spezia.

rivière [rivjɛr] n. f. **I. 1.** Cours d'eau de moyenne importance. – (Afr. subsah.) *Cécité des rivières :* V. onchocercose (encycl.). ▷ *Spécial.* Cours d'eau qui se jette dans un autre cours d'eau (à la différence du *fleuve*). **2.** SPORT Pièce d'eau constituant un obstacle sur le parcours d'un steeple. **3.** Par anal. *Rivière de... :* grande quantité de (matière qui coule, s'épanche). *Rivière de lave.* **II.** *Rivière de diamants :* collier de diamants montés en chatons.

Rivière du Sud, nom donné à l'embouchure de tous les fleuves africains qui se jettent dans l'Atlantique, depuis le Saloum, au Sénégal, jusqu'aux fleuves libériens.

Rivière-Rouge. V. Rouge (rivière).

Rivières. V. Rivers.

rivoir [rivwar] n. m. TECH **1.** Marteau utilisé pour river. **2.** Machine à river.

rivure [rivyr] n. f. TECH **1.** Assemblage réalisé au moyen de rivets. **2.** Partie du rivet aplatie après rivetage.

rixe [riks] n. f. Querelle violente accompagnée de coups.

Riyad, Ryad ou **Riad** *(ar-Riyād),* cap. de l'Arabie Saoudite et ch.-l. du Nadjd; env. 1 million d'hab. Située dans une région clémente (palmeraies, vergers), cap. depuis 1932, cette ville historique est auj. un import. centre politique, commercial et financier.

riyal [rjal] n. m. Unité monétaire de l'Arabie Saoudite et du Qatar.

riz [ri] n. m. **1.** Graminée céréalière des régions chaudes. – *Riz pluvial, riz rouge* ou *de montagne,* cultivé sans irrigation. – *Riz sauvage,* non cultivé. (V. aussi zizanie.) – *Riz flottant :* riz cultivé dans le delta du Mékong, qui s'allonge avec la crue d'inondation. **2.** Grain comestible de cette plante. *Riz blanchi* (décortiqué), *complet* (avec son enveloppe). *Riz paddy* ou *paddy,* dans ses enveloppes, avant battage. – *Poudre de riz :* V. poudre. ▷ (Afr. subsah.) *Riz brisé* ou *petit riz :* grains de riz cassés. – *Riz blanc,* cuit à l'eau salée. – *Riz au poisson :* ragoût de poisson et de légumes, servi avec du riz au concentré de tomates, qui est le plat national du Sénégal. Syn. thiéboudiène. ▷ (Viêt-nam) *Riz gluant :* variété de riz à forte teneur en gluten, que l'on cuit à la vapeur pour la consommation courante, ou à l'eau pour la confection de certains desserts.
ENCYCL *Oryza sativa,* d'origine asiatique, et *Oryza glaberrima,* d'origine africaine sont les deux espèces de riz cultivées. Il existe dans le monde, notam. en Afrique, plusieurs espèces sauvages de riz, dont certaines sont récoltées.

Rīza chāh. V. Pahlavi.

rizerie [rizri] n. f. Usine de transformation du riz paddy (par nettoyage, ébarbage, décorticage, calibrage, tri, blanchiment et polissage).

rizicole [rizikɔl] adj. Où l'on cultive le riz. *Région rizicole.*

riziculteur, trice [rizikyltœr, tris] n. Cultivateur de riz.

riziculture [rizikyltyr] n. f. Culture du riz. *On distingue une riziculture inondée demandant certains aménagements (digues, planage, maîtrise de l'eau) et une riziculture pluviale de plein champ à cycle plus court.*

rizière [rizjɛr] n. f. Terrain inondable où l'on cultive le riz; plantation de riz.

roast-beef [rɔzbif] n. m. V. rosbif.

Robbe-Grillet (Alain) (né en 1922), écrivain et cinéaste français, théoricien du nouveau roman : *les Gommes* (1953), *le Voyeur* (1955), *la Jalousie* (1957), *Dans le labyrinthe* (1959), *la Maison de rendez-vous* (1965). Films : *l'Immortelle* (1963), *la Belle Captive* (1983).

Robbia. V. Della Robbia.

robe [ʀɔb] n. f. **I.** Vêtement féminin avec ou sans manches, comportant un corsage et une jupe d'un seul tenant. ▷ (Afr. subsah.) *Robe-boubou :* robe ceinturée devant et à dos flottant. – *Robe-pagne :* robe en cotonnade pour pagne, de coupe européenne. ▷ (Nouv.-Cal.) *Robe mission* ou *robe popinée :* robe ample de coton très léger, imprimé de fleurs aux couleurs vives et bordé de dentelle, que les femmes canaques portent étoffée de jupons. **II. 1.** Long vêtement porté par les juges et les avocats dans l'exercice de leurs fonctions, par les professeurs d'université dans les cérémonies officielles, et par certains ecclésiastiques. **2.** *Robe de chambre :* vêtement d'intérieur à manches, long et ample. **III. 1.** Pelage de certains animaux (cheval et bœuf, notam.). **2.** Enveloppe de certains légumes, de certains fruits. *La robe d'un oignon.* **3.** Feuille de tabac enveloppant un cigare. **4.** Couleur (d'un vin, d'un cheval).

Robert de Molesmes (saint) (v. 1028 – 1111), bénédictin français; fondateur de l'abbaye de Cîteaux (1098), berceau de la réforme cistercienne.

ARTOIS

Robert Ier le Vaillant (1216 – 1250), comte d'Artois (1237-1250); frère de Saint Louis; il périt lors de la 7e croisade. — **Robert II le Noble** (1250 – 1302), comte d'Artois (1250-1302), fils posth. de Robert Ier le Vaillant; il prit part à la 8e croisade, soutint Charles Ier d'Anjou contre les Aragonais et périt devant les Flamands à Courtrai. — **Robert III** (1287 – 1342), comte d'Artois (1302-1309); petit-fils de Robert II le Noble. Dépouillé du comté par sa tante Mahaut, il se réfugia à Bruxelles puis en Angleterre, où il soutint Édouard III contre Philippe VI de France.

FRANCE

Robert Ier (v. 865 – 923), roi de France (922-923). Il chassa les Normands d'Île-de-France. Élevé au trône par les seigneurs révoltés contre Charles le Simple, il mourut en luttant contre celui-ci. — **Robert II le Pieux** (v. 970 – 1031), roi de France (996-1031); fils et successeur d'Hugues Capet, qui l'associa au trône dès 987. Il fut excommunié par le pape Grégoire V en 997 pour avoir répudié sa femme. Il donna une base territoriale au domaine capétien.

NORMANDIE

Robert II Courteheuse (v. 1054 – 1134), duc de Normandie (1087-1106); fils aîné de Guillaume le Conquérant. En 1096, il partit pour la 1re croisade, puis disputa le trône d'Angleterre à son jeune frère, le futur Henri Ier, qui le battit à Tinchebray (France, Orne) en 1106; il mourut après une longue captivité.

Robert (Hubert) (1733 – 1808), peintre et graveur français. Célèbre pour ses représentations de ruines antiques.

Robert (Léopold) (1794 – 1835), peintre suisse d'inspiration à la fois classique (il fut l'élève de David) et romantique. Amoureux de la princesse Charlotte Bonaparte, il se suicida à Venise.

Robert (Paul) (1910 – 1980), lexicographe et éditeur français : *Dictionnaire alphabétique et analogique de la langue française* (1950-1954), *le Petit Robert* (1967).

Robert (Yves) (né en 1920), cinéaste français : *la Guerre des boutons* (1962, d'apr. Pergaud); *la Gloire de mon père* et *le Château de ma mère* (1990, d'après Pagnol).

Robert Guiscard (v. 1015 – 1085), comte (1057-1059), puis duc de Pouille, de Calabre et de Sicile (1059-1085). Aventurier normand, il conquit l'Italie du Sud, fondant le futur royaume de Sicile.

Robert-Houdin (Jean Eugène) (1805 – 1871), prestidigitateur français qui renouvela cet art; auteur de traités.

Roberval (Jean-François de la Roque, seigneur de) (v. 1500 – v. 1560), administrateur français. Nommé lieutenant-général de la Nouvelle-France, en 1542 il fonda à Charlesbourg (auj. banlieue de Québec) une colonie, mais le scorbut le contraignit à revenir en France en 1543. Protestant, il périt assassiné.

Roberval (Gilles Personne de) (1602 – 1675), mathématicien et physicien français. Sa balance (1670) comprend deux fléaux constituant un parallélogramme articulé et deux plateaux supportés par le fléau supérieur.

Robeson (Paul) (1898 – 1976), chanteur américain de negro-spirituals.

Robespierre (Maximilien de), dit *l'Incorruptible* (1758 – 1794), homme politique français. Avocat en 1781, député de l'Artois aux états généraux (1789) puis conventionnel, il provoqua, à la tête des Montagnards, la chute des Girondins (2 juin 1793). Entré au Comité de salut public (juil. 1793), qu'il dirigea, il instaura la Terreur. Déiste, il créa le culte de l'Être suprême. Le 27 juil. 1794 (9 thermidor an II), il fut renversé par une coalition de Montagnards et de modérés de la Plaine, et guillotiné (28 juil. 1794). — **Augustin,** dit *Robespierre le Jeune* (1763 – 1794), frère du préc. Conventionnel, il fut exécuté avec son frère.

Robin des Bois (en angl. *Robin Hood*), héros légendaire anglais du Moyen Âge. Saxon, adversaire des Normands, défenseur des pauvres contre les riches seigneurs, excellent archer. W. Scott en a fait *Ivanhoé.*

robine [ʀɔbin] n. f. (Québec) Fam. Mauvais alcool de fabrication clandestine. – Liquide alcoolisé impropre à la consommation.

robinet [ʀɔbinɛ] n. m. Dispositif qui permet de régler ou de suspendre l'écoulement d'un fluide dans une canalisation, hors d'un réservoir, etc. – Ellipt. *Tourner le robinet :* tourner la clé du robinet.

robinetterie [ʀɔbinɛtʀi] n. f. **1.** Industrie, commerce des robinets. ▷ Fabrique de robinets. **2.** Ensemble des robinets d'un appareillage, d'une installation.

robineux, euse [ʀɔbinø, øz] n. (Québec) Fam. Personne qui a l'habitude de boire du mauvais alcool. Syn. soûlon. – Ivrogne; clochard.

robinier [ʀɔbinje] n. m. Nom donné par les botanistes à l'acacia (sens 1).

Robinson (Emmanuel Goldenberg, dit Edward G.) (1893 – 1973), acteur de cinéma américain d'origine roumaine. Petit, trapu, il incarna souvent des gangsters durs, intelligents et amers, ou des policiers : *Little Caesar* (1930), *la Femme au portrait* (1944), *Key Largo* (1948), *le Kid de Cincinnati* (1965).

Robinson (Walker Smith, dit Ray Sugar) (1920 – 1989), boxeur américain poids moyen.

Robinson Crusoé (la Vie et les étranges aventures de), roman de Defoe* (1719), l'un des livres les plus célèbres de tous les temps : Robinson, unique survivant d'un naufrage, est rejeté sur une île déserte où il parvient à survivre. Au bout de vingt-huit ans, il peut regagner sa patrie. Robinson avait brisé sa solitude en vivant quelque temps avec Vendredi, un jeune Noir que des anthropophages venaient sacrifier sur son île et qu'il sauva. V. Wyss.

Roboam (v. 930 – v. 913 av. J.-C.), fils et successeur de Salomon. Il refusa d'alléger la fiscalité et la Judée se divisa en deux royaumes : Juda (dont il fut le premier roi) et Israël (dont Jéroboam fut le roi).

robot [ʀɔbo] n. m. **1.** Machine à l'aspect humain, capable de se mouvoir, de parler et d'agir. **2.** Machine automatique dotée d'une mémoire et d'un programme, capable de se substituer à l'homme pour effectuer certains travaux. *Robot ménager.* **3.** *Par métaph.* Personne agissant comme un automate. **4.** *Portrait-robot :* V. ce mot.

robotique [ʀɔbɔtik] n. f. TECH Étude et mise au point des machines automatiques qui peuvent remplacer ou prolonger les fonctions de l'homme.

robotisation [ʀɔbɔtizasjɔ̃] n. f. TECH Action de robotiser; son résultat.

robotiser [ʀɔbɔtize] v. tr. [1] **1.** TECH Équiper de robots, automatiser. *Robotiser une chaîne de montage.* **2.** *Par métaph.* Transformer (un être humain) en robot.

Rob Roy (Robert MacGregor Campbell, dit) (1671 – 1734), héros écossais; brigand gracié en 1727.

Robson (mont), sommet des montagnes Rocheuses, au Canada (Colombie-Britannique); 3 954 m.

robusta [ʀɔbysta] n. m. **1.** Variété de caféier originaire des forêts équatoriales africaines de basse altitude, cultivé en Afrique et en Asie. **2.** Graine de ce caféier. *Le robusta contient plus de caféine que l'arabica.*

robuste [ʀɔbyst] adj. Fort, solide, résistant. *Un homme robuste. Un mécanisme robuste.* ▷ Fig. *Une robuste confiance en soi.*

robustesse [ʀɔbystɛs] n. f. Qualité de ce qui est robuste.

roc [ʀɔk] n. m. Masse de pierre très dure qui fait corps avec le sol; matière rocheuse. ▷ *Par métaph.* Symbole de solidité. *Cet homme est un roc. Bâtir sur le roc :* faire œuvre solide, durable.

rocade [ʀɔkad] n. f. **1.** MILIT Voie de communication parallèle à la ligne de feu. **2.** Voie routière de dérivation, qui évite le centre d'une ville. Syn. (Belgique) ring. **3.** (Suisse) Permutation de personnes dans une entreprise, une équipe.

rocaille [ʀɔkaj] n. f. **1.** Étendue jonchée de pierres, de cailloux; pierraille. **2.** *Par ext.* Ouvrage fait de pierres cimentées ou brutes, incrustées de coquillages, de cailloux.

rocailleux, euse [ʀɔkajø, øz] adj. **1.** Pierreux, caillouteux. **2.** Fig. Dur, heurté. *Style rocailleux. Une voix rocailleuse,* rauque.

Rocambole, personnage de nombreux romans-feuilletons (plus de 20) de Ponson du Terrail, mystérieux redresseur de torts aux aventures *rocambolesques* dans le Paris du Second Empire.

rocambolesque [ʀɔkɑ̃bɔlɛsk] adj. Extravagant, plein de péripéties qui paraissent invraisemblables.

Rocard (Michel) (né en 1930), homme politique français. Premier ministre (socialiste) de 1988 à 1991.

Rocha (Glaúber) (1938 - 1981), cinéaste brésilien. Son film *le Dieu noir et le Diable blond* (1964) fut le manifeste du «cinéma novô».

Rochambeau (Jean-Baptiste de Vimeur, comte de) (1725 - 1807), maréchal de France (1791). Durant la guerre de l'Indépendance américaine, il commanda le corps expéditionnaire français (1781). — **Donatien de Vimeur,** vicomte de Rochambeau (1755 - 1813), fils du préc., général français. En 1803, il remplaça à Saint-Domingue (auj. rép. d'Haïti) le général Leclerc, mort, et se livra à une répression cruelle des insurgés haïtiens, mais Dessalines le vainquit. Peu après, les Anglais le capturèrent. Libéré en 1811, il périt au combat à Leipzig.

roche [ʀɔʃə] n. f. **1.** Bloc ou masse de pierre dure. *Eau de roche,* qui sourd d'une roche, très limpide. – Fig. *Clair comme de l'eau de roche :* facile à comprendre, évident. ▷ *La roche :* la pierre, le roc. **2.** GEOL Toute matière minérale d'origine terrestre. – *Roche(-) mère :* partie inférieure du sol minéral; site de formation d'hydrocarbures. **3.** (Québec) Cour. Caillou. *Lancer des roches. Avoir une petite roche dans son soulier.*

ENCYCL Les roches peuvent être classées selon des critères extérieurs : roches liquides (pétrole, etc.), meubles (sable, etc.), tendres (craie, etc.), dures (granite, grès, etc.); d'après leur composition : roches calcaires, siliceuses, carbonées, etc.; ou d'après leur origine : roches sédimentaires, magmatiques (ou éruptives), métamorphiques, etc. L'étude des roches constitue la *pétrographie,* ou *pétrologie,* distincte de la minéralogie* qui étudie les minéraux constituant les roches.

Rochelle (La), v. de France, ch.-l. de la Charente-Maritime, sur l'Atlantique; 73 744 hab. Port de pêche et de commerce; industries. – Porte de la Grosse-Horloge (XIIIe s.). Tours des XIVe et XVe s.. Hôtel de ville (fin XVIe s.). Cath. St-Louis, due aux Gabriel (XVIIIe s.). Musées. – Protestante, la ville fut assiégée par le duc d'Anjou (1573) puis par Richelieu (1627-1628). La perte de la Nouvelle-France (1763) entraîna son déclin.

rocher [ʀɔʃe] n. m. **1.** Masse de pierre, ordinairement élevée, escarpée. ▷ *Le rocher :* la pierre, le roc. **2.** ANAT Pièce osseuse qui forme la partie interne de l'os temporal.

Rochereau Tabu Ley (Pascal Ley, dit) (né en 1940), musicien de la rép. dém. du Congo.

rochet [ʀɔʃɛ] n. m. MECA *Roue à rochet :* roue dentée munie d'un cliquet, qui ne peut tourner que dans un sens.

Rocheuses (montagnes), système montagneux de l'O. de l'Amérique du Nord, qui s'étend de l'Alaska au Mexique; de nombreux sommets excèdent 4 000 m. On nomme à tort Rocheuses l'ensemble des chaînes montagneuses de l'O. de l'Amérique du Nord.

rocheux, euse [ʀɔʃø, øz] adj. Couvert, formé de roches, de rochers.

rock [ʀɔk] n. m. et adj. inv. Abrév. cour. de *rock and roll.* ▷ adj. *Le style rock.*

rock and roll [ʀɔkɛnʀɔl] n. m. (Mot anglais.) Musique populaire née aux États-Unis v. 1955, participant à la fois du rhythm and blues et de la musique folklorique anglo-américaine, et caractérisée par un large recours à l'amplification électrique, une accentuation vigoureuse, soulignée par la batterie, des deuxième et quatrième temps de la mesure, et la recherche de timbres inhabituels et violemment expressifs. ▷ Danse à quatre temps sur cette musique. (Abrév. cour. : rock).

Rockefeller (John Davison) (1839 - 1937), industriel américain. Ce *Roi du pétrole* fonda en 1870 la Standard Oil Company et soutint de nombreuses institutions philanthropiques.

rocker ou **rockeur, euse** [ʀɔkœʀ, øz] n. **1.** Chanteur, musicien de rock and roll. **2.** Amateur de rock and roll.

rocking-chair [ʀɔkiŋ(t)ʃɛʀ] n. m. (Mot anglais.) Fauteuil à bascule. *Des rocking-chairs.*

rococo [ʀɔkoko] adj. inv. Passé de mode et un peu ridicule. *Chapeaux rococo.*

rocou [rɔku] n. m. Colorant d'un rouge orangé tiré de la gelée enveloppant les graines du rocouyer.

rocouyer [ʀɔkuje] n. m. BOT Arbuste d'Amérique du Sud dont les graines fournissent le rocou.

Rocroi, v. de France (Ardennes); 2 565 hab. - Fortifications achevées par Vauban. – En 1643, l'armée française, commandée par Condé, écrasa l'armée espagnole, commandée par Francisco de Melo, gouverneur des Pays*-Bas espagnols. Cette défaite eut des conséquences importantes : l'Espagne perdit la guerre de Trente* Ans et dut reconnaître officiellement l'indép. des Provinces-Unies (traités de Westphalie*, 1648).

rodage [ʀɔdaʒ] n. m. **1.** TECH Action de roder (une pièce). *Rodage de soupape.* **2.** Fait de faire fonctionner (une machine, un moteur neufs, etc.), à vitesse réduite, pour permettre un ajustage progressif, par polissage mutuel, des pièces mobiles en contact; temps nécessaire pour que cet ajustage se fasse. *Voiture en rodage.* **3.** Fig. Adaptation progressive. *Un service en rodage.*

Rodange (Michel) (1827 - 1876), poète luxembourgeois d'expression luxembourgeoise. Son épopée nationale *Renert oder de Fuus am Frack an a Maansgre'sst* (1872) exerça une influence extrême sur la littérature luxembourgeoise.

Rodenbach (Georges) (1855 - 1898), écrivain belge d'expression française. Poète symboliste : *la Jeunesse blanche* (1886), *le Règne du silence* (1891), il écrivit des romans d'atmosphère : *Bruges-la-Morte* (1892), *le Carillonneur* (1897), *le Rouet des brumes* (1901). Théâtre : *le Voile* (1894).

rodenticide [ʀɔdɑ̃tisid] n. m. ECOL Poison qui détruit les rongeurs.

rodéo [ʀodeo] n. m. Fête donnée à l'occasion du marquage du bétail, aux États-Unis.

roder [ʀɔde] v. tr. [1] **1.** TECH User par frottement (une pièce) pour qu'elle s'adapte parfaitement à une autre. **2.** Procéder au rodage de (un moteur, une automobile, une machine). **3.** Fig. Adapter progressivement à sa fonction; mettre au point. *Roder une organisation.* ▷ v. pron. (Personnes) *Il doit se roder.*

rôder [ʀode] v. intr. [1] **1.** Aller et venir çà et là, avec des intentions suspectes. **2.** Errer, marcher sans but.

rôdeur, euse [ʀodœʀ, øz] n. et adj. **1.** n. Péjor. Individu suspect qui rôde à la recherche d'un mauvais coup. **2.** adj. (Animaux) *Bêtes rôdeuses,* qui rôdent en quête de nourriture.

Rodin (Auguste) (1840 - 1917), sculpteur français, élève de Carpeaux et de Barye. Son œuvre représente l'aboutissement du romantisme et la naissance de l'art moderne : *le Baiser* (1886), *les Bourgeois de Calais* (1889), *Balzac* (1897), *le Penseur* (1904, plâtre exécuté en 1880). Sa *Porte de l'Enfer* (1880-1917, inachevée), haute de 6,35 m, longue de 4 m, profonde de 0,85 m, contient l'agrandissement de nombreuses statues; elle est exposée dans le jardin du musée Rodin (Paris).

Rodolphe (lac). V. Turkana.

Rodolphe, roi de France. V. Raoul.

Rodolphe Ier de Habsbourg (1218 - 1291), roi des Romains (1273-1291). Il donna en apanage à son fils Albert l'Autriche, la Styrie et la Carniole, fondant ainsi la puissance des Habsbourg.

Rodolphe de Habsbourg (1858 - 1889), archiduc d'Autriche; fils unique de François-Joseph Ier. Il fut retrouvé mort avec sa maîtresse, la baronne Marie Vetsera, dans un pavillon de chasse, à Mayerling; l'enquête conclut à un double suicide.

Rodrigue. V. Cid (le).

Rodrigues (île), îlot volcanique de l'océan Indien culminant au mont Limon à 396 m. Il appartient au groupe des Mascareignes et dépend de l'île Maurice; 104 km²; 36 700 hab. V. princ. *Port-Mathurin.*

Rodtchenko (Alexandre Mikhaïlovitch) (1891 - 1956), peintre et sculpteur soviétique, d'abord influencé par le suprématisme puis par le constructivisme.

roentgen [ʀœntgɛn] n. m., **roentgenthérapie** [ʀœntgɛnteʀapi] n. f. V. röntgen, röntgenthérapie.

Roentgen (Wilhelm Conrad). V. Röntgen.

rœsti(s) ou **rösti(s)** [ʀøsti] n. m. pl. (Suisse) Plat de pommes de terre bouillies, coupées en fines tranches et rissolées à la poêle.

rogatoire [ʀɔgatwaʀ] adj. DR Relatif à une demande. *Commission rogatoire :* délégation judiciaire donnée par un juge d'instruction ou un tribunal pour l'accomplissement d'un acte d'instruction ou de procédure qu'il ne peut accomplir lui-même.

rogaton [ʀɔgatɔ̃] n. m. (Surtout au plur.) **1.** Restes d'un repas. **2.** (Réunion) Repas du lendemain d'une noce.

Rogers (Virginia Katherine McMath, dite Ginger) (1911 – 1995), actrice américaine, danseuse, partenaire de Fred Astaire*.

Rogier (Charles) (1800 – 1885), homme politique belge. Il participa activement à la révolution belge de 1830. Membre du parti libéral (qui prônait notam. la laïcité de l'enseignement), il dirigea le gouv. de 1847 à 1852 et de 1857 à 1868. Il favorisa le développement économique de la Belgique, et ses réformes la préservèrent des troubles révolutionnaires français de 1848. En 1860, il récrivit le quatrième et dernier couplet de *la Brabançonne**.

rognage [ʀɔɲaʒ] n. m. TECH Action de rogner; son résultat.

rogne [ʀɔɲ] n. f. Fam. Mauvaise humeur, colère. *Être en rogne.*

rogner [ʀɔɲe] v. tr. [1] **1.** Couper sur les bords. *Rogner les pages d'un livre au massicot.* **2.** Fig. Retrancher une petite partie de (qqch). *Ces dépenses ont rogné mes économies.* ▷ Fig. *Rogner les ailes à qqn,* diminuer son pouvoir, sa liberté.

rognon [ʀɔɲɔ̃] n. m. **1.** Rein comestible de certains animaux. *Rognon de veau, de porc.* **2.** MINER Concrétion rocheuse incluse dans une roche de nature différente. *Rognons de silex.*

rognure [ʀɔɲyʀ] n. f. Ce que l'on retranche en rognant. *Rognures d'ongles.*

1. rogue [ʀɔg] adj. Rude et hautain, arrogant, plein de morgue. – Par méton. *Une voix rogue.*

2. rogue [ʀɔg] n. f. Œufs de poisson en général.

Rohls (Gerhard) (1831 – 1896), explorateur allemand. Il traversa le Sahara d'ouest en est (1862-1865) et explora le fleuve Niger.

Röhm (Ernst) (1887 – 1934), homme politique allemand. Chef des Sections d'assaut (S.A.) nazies, il fut tué dans la «Nuit des longs couteaux» (30 juin 1934).

Rohmer (Maurice Scherer, dit Éric) (né en 1920), cinéaste français : *Ma nuit chez Maud* (1969), *le Rayon vert* (1986).

roi [ʀwa] n. m. **1.** Chef d'État qui exerce, généralement à vie, le pouvoir souverain, en vertu d'un droit héréditaire ou, plus rarement, électif. *Roi absolu. Roi constitutionnel. Le roi des Belges. Le roi du Maroc.* – HIST *Le Roi des rois :* le roi des Perses; le souverain d'Éthiopie. – (Québec) HIST *Chemin du roi :* V. chemin (sens I, 1). ▷ Loc. *Être heureux comme un roi,* très heureux. – *Un morceau de roi :* un mets délicieux. – *Travailler pour le roi de Prusse,* sans profit. – *Le roi n'est pas son cousin :* il (elle) se prend pour un personnage extraordinaire. ▷ *Les Rois mages :* V. mage. *La fête des Rois :* l'Épiphanie. ▷ (En appos.) *Bleu roi,* très vif, outremer. **2.** Celui qui est le premier de son espèce; celui qui règne, domine. *Le roi des animaux :* le lion. ▷ Celui qui s'est assuré la prépondérance dans un secteur industriel. *Le roi de l'étain, du pétrole.* **3.** Principale pièce du jeu d'échecs, qui peut se mouvoir d'une case à la fois dans tous les sens. *Échec* au roi.* ▷ Chacune des quatre cartes figurant un roi, dans un jeu.

roide [ʀwad] adj. V. raide.

Roi-Guillaume (île ou terre du), île du Canada (Territoires du Nord-Ouest), dans l'archipel arctique.

roiller [ʀɔje] v. intr. [1] (Suisse) Fam. Pleuvoir à verse.

Rois (livres des), livres de la Bible (I : 22 chapitres; II : 25 chapitres). La version des Septante et la Vulgate leur adjoignent les deux livres de Samuel. Les quatre livres relatent l'histoire des Hébreux depuis la naissance de Samuel jusqu'à la destruction du Temple.

Rois (Vallée des), site archéologique d'Égypte, au N. de Deir el-Bahari. C'est la nécropole des pharaons du Nouvel Empire (de Thoutmès Ier à Ramsès XI).

Roissy-en-France, com. de France (Val-d'Oise); 2149 hab. – Aéroport Roissy-Charles-de-Gaulle.

roitelet [ʀwatlɛ] n. m. **1.** Péjor. ou plaisant Petit roi, roi d'un très petit État. **2.** Oiseau passériforme insectivore, de très petite taille (10 cm env.), des régions tempérées d'Europe et d'Asie.

Rojas (Fernando de) (v. 1465 – v. 1541), écrivain espagnol; auteur présumé de *la Célestine,* dite aussi *Tragi-Comédie de Calixte et Mélibée,* qui influença le théâtre du siècle d'or espagnol.

Roland, héros des chansons de geste françaises (notam. *la Chanson de Roland,* fin du XIe s.) dans lesquelles s'insère la bataille de Roncevaux, entre les Vascons (Basques) et l'arrière-garde de l'armée de Charlemagne, oncle de Roland. Boiardo et l'Arioste ont repris ce personnage.

Roland de La Platière (Jean-Marie) (1734 – 1793), homme politique français. Girondin, hostile à la condamnation à mort du roi (janv. 1793), il s'enfuit à Rouen; apprenant l'exécution de sa femme, il se suicida. — **Jeanne-Marie,** née *Manon Phlipon* (1754 – 1793), épouse du préc. Elle tint à Paris, pendant la Révolution, un salon que fréquentaient les Girondins. Elle fut guillotinée avec ses amis.

Roland-Garros (stade), stade de tennis parisien (bois de Boulogne) où se déroulent chaque année les Internationaux de France (sur terre battue).

rôle [ʀol] n. m. **I. 1.** DR Feuillet sur lequel sont transcrits recto verso certains actes juridiques (actes notariés, expéditions de jugements, cahiers des charges, etc.). **2.** DR ADMIN Registre officiel portant la liste des contribuables d'une commune et le montant de leurs impôts respectifs. ▷ DR MARIT *Rôle d'équipage :* liste officielle des membres de l'équipage d'un navire. ▷ DR Liste, établie selon l'ordre chronologique, des causes qui doivent être plaidées devant un tribunal. ▷ Loc. fig. *À tour de rôle :* l'un après l'autre, chacun à son tour. **II. 1.** Ensemble des répliques qui doivent être prononcées par le même acteur, dans une œuvre dramatique. *Bien savoir son rôle.* ▷ Personnage joué par l'acteur. *Jouer le rôle d'Harpagon dans «l'Avare» de Molière.* **2.** Ensemble des conduites qui constituent l'apparence sociale de qqn, image qu'une personne veut donner d'elle-même et qui ne correspond pas à sa véritable personnalité. *Il est comique, dans son rôle de grand séducteur.* ▷ Loc. *Avoir le beau rôle,* la tâche facile (où l'on peut se montrer à son avantage). **3.** Fonction, emploi. *Le rôle social du médecin.* ▷ (Choses) *Le rôle du cœur dans la circulation sanguine.* ▷ PSYCHO *Jeu de rôles :* technique de groupe, dérivée du psychodrame, visant à l'analyse du comportement interindividuel en fonction des rôles sociaux. ▷ Action, influence exercée. *Les femmes ont joué un grand rôle dans sa vie.*

Rolin (Dominique) (née en 1913), écrivain belge d'expression française : *les Marais* (1942), *le Corps* (1969), *l'Infini chez soi* (1980), *Deux femmes un soir* (1992).

Rolland (Romain) (1866 – 1944), écrivain français. Il associa l'idéal patriotique et l'internationalisme : pièces de théâtre, biographies (*Beethoven,* 1903, etc.), manifeste pacifiste (*Au-dessus de la mêlée,* 1915), récits (*Colas Breugnon,* 1919), cycles romanesques : *Jean-Christophe* (10 vol., 1904-1912), consacré à un musicien imaginaire, et *l'Âme enchantée* (7 vol., 1922-1934). En 1923, il fonda la revue *Europe.* P. Nobel 1915.

roller [ʀɔlœʀ] n. m. (Anglicisme) Chaussure de sport montante munie de roulettes.

rollier [ʀɔlje] n. m. ORNITH Oiseau carinate de l'Ancien Monde (genre *Coracias*) à corps massif, bec fort et plumage coloré, dont plusieurs espèces sont communes en Afrique. *Le rollier du Bengale est largement répandu dans l'Asie du Sud-Est.*

Rolling Stones (Les), groupe britannique de musique rock, formé en 1962.

Rollins (Theodore Walter, dit Sonny) (né en 1929), saxophoniste de jazz américain.

Rolls-Royce, société britannique, fondée à Manchester en 1904, qui fabriqua des voitures de grand luxe, des moteurs et des avions.

Romagne, anc. province d'Italie. V. Émilie-Romagne.

romain, aine [ʀɔmɛ̃, ɛn] adj. et n. **I.** adj. **1.** Relatif à l'ancienne Rome. *L'Empire romain.* ▷ *Chiffres romains* (I, V, X, L, C, D, M). (V. ces lettres.) **2.** Relatif à la Rome moderne. **3.** Relatif à Rome, en tant que siège de la papauté et capitale spirituelle de l'Église catholique. *Église catholique, apostolique et romaine.* **4.** *Caractère romain :* caractère d'imprimerie dont les jambages, parallèles entre eux, sont perpendiculaires à la ligne (par oppos. à *italique*). **II.** n. **1.** Citoyen, sujet de la Rome antique, de l'Empire romain. ▷ Fig. *Travail de Romain :* travail gigantesque et de longue haleine. **2.** Habitant de la Rome moderne. *Un(e) Romain(e).*

Romain (Giulio Pippi, dit Giulio Romano, en fr. Jules) (1492 ou 1499 – 1546), architecte et peintre italien. Il collabora avec Raphaël (Loges du Vatican).

1. romaine [ʀɔmɛn] n. f. (et adj. f.) Balance composée d'un fléau aux bras inégaux, dont le plus court comporte un crochet auquel on suspend l'objet à peser, et dont le plus long, gradué, est muni d'un poids mobile. – adj. f. *Balance romaine.*

2. romaine [ʀɔmɛn] n. f. Laitue à feuilles allongées et croquantes.

Romains (Louis Farigoule, dit Jules), (1885 – 1972), auteur français de romans, notam. *les Copains* (1913) et *les Hommes de bonne volonté* (27 vol.,

1932-1947), de comédies (*Knock,* 1923), d'essais. Acad. fr. (1946).

1. roman, ane [ʀɔmɑ̃, an] n. m. et adj. **I.** n. m. LING *Le roman :* la langue populaire issue du latin, parlée en France avant l'ancien français (c.-à-d. av. le IXe s.). **II.** adj. **1.** *Langues romanes :* langues issues du latin populaire parlé dans la *Romania* (ensemble des pays romanisés). (V. encycl. ci-après.) ▷ Qui a rapport aux langues romanes. *Linguistique romane.* **2.** BX-A Se dit de la forme d'art et, partic., d'art architectural, répandue dans les pays d'Europe occidentale aux XIe et XIIe s., avant l'apparition du gothique. (L'architecture, surtout religieuse, se caractérise par l'apparition de la voûte de pierre; l'art expressif et décoratif des sculpteurs est une sorte d'enseignement en images.) *Architecture romane.* ▷ n. m. *Le roman :* l'art, le style roman. **3.** LITTER *École romane :* école littéraire néoclassique fondée vers 1891 et comprenant notam. J. Moréas et Ch. Maurras.
ENCYCL Les linguistes nomment *dialectes romans* l'ensemble des parlers issus du latin populaire. Géographiquement, on distingue les dialectes ibéro-romans (Espagne et Portugal), gallo-romans, rhéto-romans (Rhétie, les Grisons actuels), italo-romans (Italie), et balkano-romans (Roumanie). Certaines variétés de ces dialectes ont été standardisées au cours des siècles et sont devenues des langues romanes : portugais, espagnol (mieux nommé castillan), catalan, occitan, français, romanche (ou rhéto-roman), italien et roumain. Le domaine dialectal gallo-roman se subdivise en trois parties : domaines d'oïl, francoprovençal* et d'oc. Les domaines d'oïl et d'oc ont produit chacun une variété standardisée : le français* et l'occitan*. Le français est devenu la langue officielle dans l'ensemble du domaine gallo-roman : France, Wallonie, Luxembourg, Suisse romande actuels. La situation est toujours complexe; ainsi, on parle en Wallonie plusieurs dialectes, le wallon* (d'oïl), et le picard* (d'oïl) parlé également dans le nord de la France. En France, on parle de nombreuses langues qui n'appartiennent pas au domaine gallo-roman : catalan (dans le Roussillon), corse, ligure (à Nice et à Monaco), ainsi que des langues non romanes (breton, basque, allemand).

2. roman [ʀɔmɑ̃] n. m. **1.** LITTER Récit médiéval en vers ou en prose, écrit en langue populaire (en *roman,* et non en latin). *Le Roman de Renart.* **2.** Récit de fiction en prose, relativement long (à la différence de la nouvelle), qui présente comme réels des personnages dont il décrit les aventures, le milieu social, la psychologie. *Les romans de Balzac. Roman policier. Roman de cape* et d'épée. Roman à l'eau de rose,* d'une sentimentalité un peu fade. – *Roman-fleuve :* V. fleuve. – *Roman-feuilleton :* V. feuilleton. ▷ *Nouveau* roman.* ▷ (En tant que genre littéraire.) *Réussir également dans l'essai et dans le roman.* **3.** Fig. Suite d'aventures extraordinaires. *Sa vie est un vrai roman.* **4.** Histoire inventée, mensonge. *Tout ce qu'il vous raconte n'est que du roman.* Syn. fable, fiction.

romance [ʀɔmɑ̃s] n. f. **1.** LITTER Poème de forme très simple sur un sujet sentimental, destiné à être chanté, en vogue en France à la fin du XVIIIe s. et au début du XIXe s. ▷ Air sur lequel on le chantait. **2.** Mod. Chanson sentimentale.

romancer [ʀɔmɑ̃se] v. tr. [12] Traiter, présenter comme un roman, en ajoutant des détails imaginés.– Pp. adj. *Biographie romancée.*

romanche [ʀɔmɑ̃ʃ] n. m. LING Parler d'origine romane en usage dans les Grisons, devenu, en 1938, la quatrième langue officielle de la Suisse. (V. rhéto-roman.)

romancier, ère [ʀɔmɑ̃sje, ɛʀ] n. Auteur de romans.

romand, ande [ʀɔmɑ̃, ɑ̃d] adj. et n. Se dit de la partie francophone de la Suisse, et de ses habitants. – n. m. *Le romand :* le dialecte franco-provençal parlé en Suisse.
ENCYCL Ling. – Partie du territoire de la Confédération suisse où le français a statut de langue officielle, la *Suisse romande* (qui compte près de 20 % de la population) n'a pas de structure politique propre. Elle englobe 7 cantons, dont 4 (Genève, Jura, Neuchâtel et Vaud) sont entièrement francophones, et 3 autres partiellement (Fribourg et Valais pour 2/3 et Berne pour 1/15). Éloignée des autres communautés latines que sont la Suisse italienne et la Suisse romanche, la Suisse romande avoisine à l'est la Suisse alémanique qui, avec près de 2/3 de la population totale, est nettement majoritaire. La frontière des langues qui sépare les deux communautés est assez stable et ne connaît sur son parcours que quelques communes officiellement bilingues. Au niveau fédéral, le français est langue officielle au même titre que l'allemand et l'italien (le romanche, proclamé langue nationale en 1938, a également été promu langue officielle depuis peu, mais seulement dans les rapports que la Confédération entretient avec les citoyens romanches). La proximité géographique et la position prédominante de la Suisse alémanique contribuent à placer le français dans un face à face constant avec l'allemand. Les rapports sont rendus complexes par l'existence d'une diglossie marquée en Suisse alémanique, dont la pop. parle un dialecte mais écrit l'allemand standard. Comme les écoles romandes enseignent uniquement l'allemand standard, écrit et oral, il arrive que des Suisses romands soient incapables de communiquer avec leurs compatriotes alémaniques. Par tradition, les Romands ont toujours accepté tacitement que le pilotage de la langue soit assuré par la France. Cela explique l'inexistence d'organes de légitimation linguistique (académie, office de la langue, etc.). Mais après les controverses qu'ont suscitées les propositions de réforme de l'orthographe au début des années 90, un groupe de coordination a été mis en place pour servir de partenaire suisse aux institutions françaises responsables de la langue. Les bons dictionnaires continuent à constituer une référence aussi bien pour les enseignants que pour les médias. Du fait de son autonomie politique, la Suisse romande utilise un nombre non négligeable de termes se référant aux spécificités suisses (administratives, par ex.), auxquels s'ajoutent des régionalismes généralement non contraignants constitués surtout de dialectalismes (issus du francoprovençal*), d'archaïsmes et, dans une moindre mesure, de germanismes.

Roman d'Alexandre, ensemble de romans et de chansons de geste français du XIIe s. qui embellissent les campagnes d'Alexandre le Grand. Le roman de Lambert le Tort, en vers de 12 syllabes, fit naître le mot *alexandrin.*

Roman de Brut. V. Wace et breton (roman).

Roman de la rose, poème allégorique (XIIIe s.), formé de deux parties mises bout à bout : *l'Art d'aimer,* écrit v. 1230 par Guillaume de Lorris (4028 vers octosyllabiques), narre la quête amoureuse dans un univers merveilleux; *le Miroir aux amoureux,* écrit v. 1275 par Jean de Meung (21750 octosyllabes), est satirique.

Roman de Renart, recueil de 27 narrations en vers octosyllabiques dues à des inconnus (fin XIIe-déb. XIIIe s.); les héros sont des animaux : *Renart,* le goupil; *Isengrin,* le loup; *Chantecler,* le coq; *Noble,* le lion, etc.

romanesque [ʀɔmanɛsk] adj. et n. m. **1.** Qui tient du roman; merveilleux comme les aventures racontées dans un roman. ▷ n. m. *Cela a mis un peu de romanesque dans sa vie.* **2.** (Personnes) Qui a tendance à concevoir la vie comme un roman; imaginatif, rêveur. *Une jeune fille romanesque.* **3.** LITTER Qui a rapport au roman; qui est propre au roman. *Technique romanesque.*

romani [ʀomani] n. m. V. tsigane.

romanisation [ʀɔmanizasjɔ̃] n. f. **1.** HIST Action de romaniser (sens 1). **2.** Action de romaniser (sens 2). *La romanisation de l'écriture vietnamienne fut réalisée par les missionnaires européens et Alexandre de Rhodes* en répandit l'usage.*

romaniser [ʀɔmanize] v. tr. [1] **1.** HIST Faire adopter la civilisation, la langue romaines à. **2.** Transcrire en caractères latins.

romaniste [ʀɔmanist] n. LING Philologue, linguiste spécialisé dans l'étude des langues romanes.

Romanos ou **Rhômanos le Mélode** (fin du Ve s. – apr. 555), poète byzantin; auteur d'hymnes religieuses, rythmées et chantées.

Romanov, dynastie russe (issue de boyards russes) fondée par Michel III Fiodorovitch en 1613; son dernier représentant fut Nicolas II (1894-1917).

roman-photo [ʀɔmɑ̃foto] n. m. Histoire romanesque racontée sous la forme d'une suite de photographies. *Des romans-photos.*

romantique [ʀɔmɑ̃tik] adj. et n. **1.** ART Qui a rapport au romantisme, qui lui est propre. *Période romantique. Littérature romantique. Les poètes, les peintres romantiques.* ▷ n. m. *Les romantiques du XIXe s.* **2.** Qui évoque les thèmes du romantisme. *Site romantique.* **3.** Cour. (Personnes) Qui est sentimental et passionné. *Une jeune fille romantique.*

romantisme [ʀɔmɑ̃tism] n. m. **1.** Ensemble de mouvements artistiques et littéraires qui s'épanouirent en Europe au XIXe s. sur la base d'un rejet du rationalisme et du classicisme. ▷ Forme de sensibilité esthétique particulièrement cultivée par les romantiques, telle qu'elle peut s'exprimer chez les auteurs d'autres époques. *Le romantisme de Mme de Sévigné.* **2.** Sensibilité, esprit, caractère romantique.
ENCYCL Les précurseurs, ou «préromantiques», apparaissent en Angleterre avec Young (*les Nuits,* poème) et Samuel Richardson (*Clarisse Harlowe,* roman) et en Écosse avec Macpherson (traduction prétendue d'Ossian) et Robert Burns (poésies en dialecte).

En Allemagne, le mouvement du *Sturm* und Drang* (Schiller, et surtout Goethe, dont le *Werther* sera lu dans l'Europe entière) est largement suivi. En France, au siècle des Lumières, Diderot et surtout Rousseau (*la Nouvelle Héloïse,* 1761) participent déjà de la sensibilité romantique, qui s'affirmera après la Révolution avec Nodier, Senancour, Chateaubriand, Mme de Staël *(De l'Allemagne).* Où qu'il soit apparu, le romantisme se caractérise ainsi : libre cours donné à l'imagination et à la sensibilité individuelles, réveil de la poésie lyrique, rupture avec les règles et les modèles, retour à la nature, recherche de la beauté dans ses aspects originaux. Le romantisme anglais s'incarne essentiellement dans les romans historiques de Walter Scott et dans l'œuvre poétique de Wordsworth et Coleridge, puis de Keats, Byron et Shelley. Marquée par la philosophie (Schelling, Fichte), la poésie romantique allemande (les frères Schlegel, Novalis, Tieck, Hölderlin, Heine) ne doit pas faire oublier le théâtre (Kleist, Werner) ni les contes et récits en prose (les frères Grimm, Jean-Paul Richter, Hoffmann). En France, le romantisme, préfiguré par Chateaubriand, n'apparaît qu'en 1820, avec les *Méditations* de Lamartine, que suivront Vigny et Hugo, puis Musset et Gautier. Dans la patrie du classicisme, il constitue une révolution. Groupés en cénacles, les écrivains romantiques lutteront pendant dix ans pour faire prévaloir leur conception de la littérature (bataille d'*Hernani,* 1830). Dès lors, le mouvement romantique prend un caractère plus social, et une «littérature d'opposition» voit le jour; en Italie, les romantiques (A. Manzoni, S. Pellico) sont des patriotes libéraux, acteurs du *Risorgimento.* En France, le romantisme s'épanouit dans le théâtre (A. Dumas), le roman (George Sand, Stendhal, Mérimée, Balzac), l'histoire (Michelet, A. Thierry). Victor Hugo, poète, dramaturge, romancier, sera le seul à prolonger le romantisme jusqu'à la fin du siècle. Plus. peintres français sont considérés comme les maîtres de l'art romantique : Gros, Géricault, Delacroix. Constable et Turner introduisent dans l'école anglaise un certain romantisme visionnaire. Les romantiques de l'école allemande sont dominés par C. Friedrich. Si l'on excepte Berlioz, Liszt et Chopin, le romantisme musical est illustré par des Allemands et des Autrichiens : Beethoven (en partie), Weber, Schubert, Schumann et Brahms.

romarin [ʀɔmaʀɛ̃] n. m. Arbrisseau odorant des garrigues (fam. labiées), dont les fleurs sont employées comme condiment et en infusion.

romazava [ʀɔmazav] n. m. Plat national malgache à base de bouillon de viande et de brèdes.

Rome, cité-État, sur le site de la Rome actuelle, puis cap. du plus vaste État qu'ait connu l'Antiquité européenne. La ville de Rome aurait été fondée en 753 av. J.-C. Au prem. roi légendaire de la cité, Romulus, la tradition fait succéder le Sabin Numa Pompilius, le Romain Tullus Hostilius, vainqueur d'Albe (combat des Horaces et des Curiaces), le Sabin Ancus Martius, créateur du port d'Ostie, puis les rois étrusques Tarquin l'Ancien, Servius Tullius et Tarquin le Superbe. Ce roi est renversé par les nobles romains (v. 509 av. J.-C.), qui instaurent la république, dirigée par deux consuls, élus pour un an et qui peuvent, sur l'invitation du sénat, désigner un *dictateur,* aux pouvoirs quasi illimités mais temporaires (six mois). Alors débutent de longues luttes entre les *patriciens,* chefs des plus anc. *gentes* (la *gens* groupait tous ceux qui avaient un ancêtre commun, ainsi que leurs *clients* ou serviteurs), et les *plébéiens* (étrangers, descendants de peuples vaincus par Rome ou anc. *clients*), privés de droits politiques et religieux. Vers 300 av. J.-C., les plébéiens sont admis à la totalité des magistratures et obtiennent l'égalité devant la loi. Cette unanimité sociale conforte la domination des plébéiens riches (la *nobilitas*) sur la plèbe urbaine et rurale, y compris les publicains et les financiers (les *chevaliers*). Les campagnes militaires mobilisent sans cesse les citoyens, riches et pauvres : guerres contre les Étrusques (prise de Véies, 395 av. J.-C.), les Latins (soumis en 335 av. J.-C.), les Volsques, les Èques, et surtout contre les Samnites (343-290 av. J.-C.). Rome acquiert ainsi la maîtrise de presque toute l'Italie; elle s'ouvre plus largement sur la Méditerranée après la prise de Tarente (272 av. J.-C.) et affronte Carthage (guerres puniques, 264-146 av. J.-C.). En 146 av. J.-C., la destruction de Carthage permet la création de la prov. romaine d'Afrique et la Grèce est réduite à l'état de province. Rome étend ses conquêtes à la péninsule Ibérique (prise de Numance par Scipion Émilien en 133 av. J.-C.), à la Gaule méridionale et, vers l'est, aux royaumes hellénistiques; Pergame est donnée à Rome en 133; après Sylla, Pompée achève en 63 la conquête de l'Orient en vainquant Mithridate. En Numidie, Marius capture le roi Jugurtha (105 av. J.-C.). Porté au pouvoir par les *populares,* Marius affronte Sylla, le représentant de l'aristocratie. Sylla l'emporte en 82 av. J.-C. et abdique brusquement en 79 av. J.-C. Pompée, renonçant à un coup d'État, forme avec César et Crassus (vainqueur de la révolte des esclaves menée par Spartacus) le premier triumvirat (60 av. J.-C.). Pompée, soutenu par le sénat, et César, le conquérant des Gaules, vainqueur de Vercingétorix (52 av. J.-C.), se livrent une guerre civile, remportée par César (bataille de Pharsale en 48 av. J.-C.) qui institue un pouvoir personnel. Mais son assassinat (44 av. J.-C.) montre que les sénateurs ne sont pas prêts à abdiquer leurs droits. La guerre civile entre Antoine, lieutenant de César, et Octave, héritier de ce dernier, voit le succès d'Octave (victoire d'Actium, en 31), qui, en 27 av. J.-C., se fait décerner par le sénat le titre d'*auguste.* Auguste organise, avec génie, un empire qui s'étend de la Manche à la mer Rouge, du Danube au Sahara, et crée notam. une administration permanente entièrement aux mains de l'empereur. Son beau-fils Tibère lui succède (14-37 apr. J.-C.); il est le deuxième empereur de la dynastie dite julio-claudienne (*julio* par référence à Caius Julius César) qui amène successivement au pouvoir Caligula (37-41), Claude (41-54), Néron (54-68), Galba (68-69), Othon (69) et Vitellius (69). Leur règne est suivi par celui des Flaviens : Vespasien (69-79), Titus (79-81), Domitien (81-96). Viennent ensuite les Antonins : Nerva (96-98), Trajan (98-117), Hadrien (117-138), Antonin le Pieux (138-161), Marc Aurèle (161-180, associé à Vérus de 161 à 169), Commode (180-192). À la mort de Commode, les généraux des diverses prov. se disputent l'Empire. Septime Sévère (193-211) l'emporte et fonde la dynastie des Sévères : Caracalla (211-217), Élagabal (218-222) et Sévère Alexandre (222-235) lui succèdent. L'anarchie militaire (235-268) marque le début du Bas-Empire : on se défend localement contre les Barbares et contre les paysans révoltés. Les cités qui s'étaient multipliées pendant la paix romaine (*pax romana*), tendent à s'étioler, mais, peu à peu, la prééminence des grands propriétaires terriens s'affirme dans toutes les provinces et les populations paysannes forment une masse inférieure (colons*). Les empereurs illyriens (268-284) parviennent à sauver l'unité de l'Empire (V. Aurélien), mais, dès 286, il avait éclaté économiquement, politiquement et culturellement. En 293, Dioclétien* instaure un régime qui scinde l'Empire en un Occident (jusqu'à l'Adriatique) et un Orient (des Balkans à l'Euphrate), tous deux dirigés par deux empereurs. Peu à peu, le christianisme prend une place prépondérante, notam. sous Constantin Ier, fondateur de Constantinople (324-330), dont l'édit de Milan (313) permet le libre exercice des religions. Le christianisme s'affirme définitivement avec Théodose Ier (379-395). À sa mort, l'Empire, débordé par les Barbares, est partagé entre ses deux fils, Arcadius, empereur d'Orient, et Honorius, empereur d'Occident. En 410, Rome tombe aux mains des Wisigoths d'Alaric; en 476, Odoacre détrône Romulus Augustule, le dernier empereur romain d'Occident. Seul l'Empire romain d'Orient subsistera jusqu'en 1453, date de la prise de Constantinople par les Turcs (V. byzantin [Empire]).

Rome (en ital. *Roma*), cap. de l'Italie, sur le Tibre; 2 828 690 hab.; ch.-l. de la prov. du m. nom et du Latium. Ses fonctions politiques, administratives, religieuses (V. Vatican) et artistiques contrastent avec la faiblesse de l'industrie. Le tourisme et les pèlerinages apportent des revenus importants. Université.

Bx-A. 1. Le Forum romain, centre polit., commercial, juridique et écon. de la Rome antique, contient des vestiges : a) de l'époque républicaine : plus. temples, des basiliques, la Curie (salle de réunion du sénat), etc.; b) de l'époque impériale : plus. temples, une basilique, des arcs de triomphe, etc. De nombr. édifices furent convertis en églises. Le Forum romain est prolongé par les vestiges des forums de César, d'Auguste, de Trajan, le plus import. (IIe s. apr. J.-C.). Citons, en outre, le Panthéon, le Colisée, les thermes de Caracalla et ceux de Dioclétien, l'arc de triomphe de Constantin, le théâtre de Marcellus, le mausolée d'Auguste, celui d'Hadrien (château Saint-Ange), etc.

2. Rome est la ville du monde qui compte le plus d'églises. – Égl. paléochrétiennes : basilique Ste-Marie-Majeure (IVe-Ve s.), basilique St-Paul-hors-les-Murs, St-Étienne-le-Rond (v. le Ve s.), etc. – Égl. médiévales : St-Laurent-hors-les-Murs (IVe s., remaniée au XIIIe s.), St-Clément (XIIe s.), etc. – Égl. Renaissance : basilique St-Pierre (V. Vatican), Ste-Marie-des-Anges, St-Pierre-aux-Liens, etc. – Égl. baroques : Chiesa Nuova, égl. du Gesù (qui fonda le style jésuite), basilique St-Jean-de-Latran (cathédrale de

Rome, ville dont le pape est l'évêque), etc. Parmi les nombreux sites chrétiens : les catacombes qui longent la *via Appia*; le château Saint*-Ange.
3. Les palais romains abondent. De l'époque Renaissance : palais de Venise (XVe s.), palais Farnèse (XVIe s.), etc. De l'époque baroque : palais de Montecitorio (auj. Chambre des députés), palais Borghèse, etc. Parmi les villas : le Quirinal (fin XVIe s., résidence du président de la Rép.) et la villa Médicis (XVIe s.).
4. Les musées : musée du Vatican*, galeries Borghèse et Barberini, galerie nationale d'Art moderne; pour l'Antiquité : villa Giulia (art étrusque), musées du Capitole, des Thermes, etc.
Hist. – La cité fut d'abord un groupe de villages bâtis au sommet des collines (sept, selon la tradition) par les Sabins et les Albins (VIIIe s. av. J.-C.). Elle fut soumise ensuite aux Étrusques (VIIe-VIe s. av. J.-C.) et devint rapidement une véritable ville, entourée de murailles (mur de Servius, du IVe s.) et dotée du temple de Jupiter, Junon et Minerve. La ville s'agrandit : la muraille d'Aurélien (v. 270 apr. J.-C.) enveloppa une agglomération de près de 1 million d'hab. La fondation de Constantinople (324) annonça le déclin de Rome. Capitale de l'Empire romain d'Occident (395), elle fut prise et pillée par les Barbares au Ve s. et changea de mains quinze fois après 536, durant les guerres entre Byzance et les Ostrogoths. En 756, le roi des Francs Pépin le Bref donna au pape Étienne II l'exarchat byzantin de Ravenne et la région autour de Rome, qui fut à l'origine des *États pontificaux* (dits aussi *États de la papauté* ou *de l'Église*). À partir du XIe s., l'autorité sur Rome fut revendiquée par les empereurs germaniques; la longue querelle des Investitures* opposa les papes aux empereurs : en 1084, Henri IV prit Rome que le Normand Robert Guiscard reprit, pour libérer le pape, mais il la ravagea. Les cités italiennes se divisèrent en partisans du pape (guelfes) et de l'empereur (gibelins). L'affaiblissement de la papauté entraîna la création d'une commune romaine, en 1143, dont les grandes familles (Colonna, Orsini) se disputèrent le gouv.; les papes s'exilèrent à Avignon (1309-1376). À la fin du grand schisme, Rome devint, définitivement, la cap. de l'Église (1427) : la ville s'enrichit, le domaine pontifical s'étendit (Marches, Ombrie). Les papes de la Renaissance, à partir de Nicolas V (1447-1455), encouragèrent les arts (reconstruction de la basilique Saint-Pierre, 1506-1607). Le sac de Rome par les troupes de l'empereur germanique Charles Quint (1527) ôta à la ville son rôle de capitale artistique; à la fin du XVIe s., la Réforme* catholique (ou Contre-Réforme) développa un art nouveau, le baroque. En 1798, Rome s'érigea en «république sœur» de la France, puis Napoléon Ier l'annexa (1809) et la déclara seconde cap. de l'Empire, donnant à son fils le titre de «roi de Rome». Le congrès de Vienne (1814) y restaura la papauté, mais, lors du *Risorgimento*, les États pontificaux s'émancipèrent du pape. La *Question romaine* (1861-1870) opposa le roi d'Italie, Victor-Emmanuel II, à Pie IX, qui voulait garder la ville; en 1870, quand la guerre avec la Prusse eut forcé le corps d'armée français à rembarquer, Victor-Emmanuel II pénétra de force dans Rome; le pape se réfugia au Vatican (V. Vatican [État de la cité du]). En 1929, les accords du Latran, entre le gouvernement italien et le pape, mirent un terme au conflit.

Rome (roi de). V. Napoléon II.

Rome (traité de), accords signés à Rome le 25 mars 1957, instituant la Communauté économique européenne et la Communauté européenne de l'énergie atomique (dite Euratom). (V. Europe.)

Roméo et Juliette, tragédie en cinq actes, en vers et en prose (1594-1595), de Shakespeare*, inspirée d'une nouvelle de Luigi Bandello (v. 1485-1561); l'histoire de cet amour tragique, née dans l'Antiquité, avait déjà été traitée par de nombreux écrivains.

Rommel (Erwin) (1891 – 1944), maréchal allemand. Nazi, membre des S.A., il commanda l'Afrikakorps (1941-1943) en Libye et en Égypte, fut vaincu par Montgomery, puis battit en retraite par la Tunisie. Compromis dans le complot des généraux contre Hitler (20 juillet 1944), il se suicida sur ordre du Führer.

rompre [Rɔ̃pR] v. **[53] I.** v. tr. **1.** Briser, casser, faire céder. *Rompre le pain. Le fleuve a rompu les digues.* – Fig. *Applaudir à tout rompre,* avec transport. ▷ v. pron. *Les amarres se sont rompues.* **2.** Faire cesser. *Rompre un enchantement.* ▷ Annuler. *Rompre un marché. Rompre des fiançailles.* ▷ Cesser de respecter (un engagement). *Rompre ses vœux, un contrat.* **3.** Défaire, déranger, troubler dans son ordre ou sa régularité. *Rompre la monotonie. Rompre le rythme.* ▷ *Rompre les rangs :* se disperser, en parlant d'une troupe rangée en ordre serré. **4.** *Rompre qqn à,* lui donner par la répétition, l'habitude, une aisance parfaite en matière de. *Rompre qqn au maniement des armes.* **II.** v. pron. *La digue s'est rompue.* **III.** v. intr. Renoncer aux relations qu'on avait (avec qqn). – Absol. *Ils ont rompu.* ▷ *Rompre avec une habitude, une pratique,* y renoncer.

rompu, ue [Rɔ̃py] adj. **1.** Cassé, brisé. *Des liens rompus.* ▷ Loc. fig. *Parler à bâtons rompus :* V. bâton. – *Être rompu de fatigue* ou, absol., *être rompu,* extrêmement fatigué. **2.** *Rompu à :* parfaitement exercé à.

romsteck ou **rumsteck** [Rɔmstɛk] n. m. Morceau du bœuf pris dans le haut de la culotte.

Romulus, personnage légendaire, fils de Rhea Silvia (une vestale) et de Mars; fondateur éponyme et premier roi de Rome (dates traditionnelles : 753-715 av. J.-C.). Abandonné avec son frère jumeau Remus, il fut, comme lui, allaité par une louve, puis recueilli par le berger Faustulus. Les jumeaux voulant fonder une ville, Romulus traça sur le mont Palatin le sillon qui en marquait l'enceinte. Remus, par dérision, franchit ce sillon : Romulus le tua.

ronce [Rɔ̃s] n. f. **1.** Plante ligneuse (fam. rosacées), épineuse, des régions tempérées, dont le fruit est la mûre. ▷ TECH *Ronce artificielle :* fil de fer barbelé. **2.** Irrégularité dans le veinage de certains bois. ▷ Bois qui présente une telle irrégularité, recherché en ébénisterie.

Roncevaux (en esp. *Roncesvalles*), bourg d'Espagne (Navarre) à l'entrée d'un passage des Pyrénées vers Pampelune, près du *col de Roncevaux* ou d'*Ibañeta* (1057 m), où Roland* fut massacré par les Vascons.

ronchon, onne [Rɔ̃ʃɔ̃, ɔn] ou **ronchonneur, euse** [Rɔ̃ʃɔnœR, øz] adj. et n. Fam. Qui ronchonne sans cesse. – Subst. *C'est une vieille ronchon, une ronchonneuse.*

ronchonner [Rɔ̃ʃɔne] v. intr. **[1]** Fam. Manifester de la mauvaise humeur en maugréant, en grognant.

rond, ronde [Rɔ̃, Rɔ̃d] adj. et n. m. **I.** adj. **1.** De forme circulaire, sphérique ou cylindrique. *Table ronde.* **2.** De forme courbe, arrondie. *Sommet rond.* ▷ *Il est bien rond,* petit et gros. **3.** *Chiffre rond,* qui ne comporte pas de décimales; qui se termine par un ou plusieurs zéros. *Compte rond.* **4.** Fig. Sans détours, franc. *Être rond en affaires.* **5.** Fig., fam. Ivre. **6.** adv. *Tourner rond :* fonctionner régulièrement, sans à-coups, normalement. **II.** n. m. **1.** Figure circulaire. *Tracer un rond.* ▷ Loc. adv. *En rond :* en cercle. *Danser en rond.* **2.** Objet de forme circulaire, cylindrique. ▷ CONSTR *Rond à béton :* fer rond torsadé servant d'armature aux ouvrages en béton armé. ▷ *Spécial.* Tranche ronde. *Rond de saucisson.* Syn. rondelle. **3.** ANAT Nom de certains muscles. *Grand rond de l'épaule.* **4.** CHOREGR *Rond de jambe :* mouvement en demi-cercle d'une jambe. ▷ Fig. *Faire des ronds de jambe,* des amabilités affectées.

ronda [Rɔnda] ou **rounda** [Runda] n. f. Jeu de cartes d'origine espagnole, très pratiqué au Maghreb.

rond-de-cuir [Rɔ̃dkɥiR] n. m. Fam., péjor. Employé de bureau. *Des ronds-de-cuir.*

ronde [Rɔ̃d] n. f. **1.** Danse dans laquelle plusieurs personnes forment un cercle et tournent en se tenant par la main; chanson que l'on chante en dansant une ronde. **2.** MILIT Inspection effectuée autour d'une place, et, par ext., dans un camp, une ville, etc., pour s'assurer que tout est en ordre et que les consignes sont respectées. *Officier qui fait sa ronde.* – *Chemin de ronde :* chemin ménagé au sommet des remparts d'une forteresse, d'une place, pour les rondes. ▷ Visite de sécurité, de surveillance, effectuée selon un circuit. ▷ Personne, groupe qui fait une ronde. *La ronde passe.* **3.** MUS Figure de note ronde, sans queue, qui vaut deux blanches. **4.** Famille de caractères manuscrits à jambages arrondis. **5.** Loc. adv. *À la ronde :* alentour. ▷ Tour à tour, pour des personnes placées en cercle. *Boire à la ronde.*

rondeau [Rɔ̃do] n. m. **I. 1.** TECH Disque de bois, de métal, etc., servant de support dans divers métiers. **2.** Rouleau de bois pour aplanir la terre ensemencée. **II.** LITTER Poème de forme fixe en vogue au Moyen Âge, généralement sur deux rimes et composé de sept à quinze vers dont certains sont répétés.

ronde-bosse [Rɔ̃dbɔs] n. f. Sculpture en plein relief, qui représente le sujet sous ses trois dimensions. *Des rondes-bosses.* ▷ Loc. (Sans trait d'union.) *En ronde bosse.*

rondelet, ette [Rɔ̃dlɛ, ɛt] adj. Qui a un peu d'embonpoint; grassouillet. *Homme rondelet.* ▷ *Une somme rondelette,* assez importante.

rondelle [Rɔ̃dɛl] n. f. **1.** Petite pièce circulaire peu épaisse, petit disque. *Rondelle de feutre, de caoutchouc.* ▷ *Spécial.* Petit disque percé que l'on intercale, sur un boulon, entre l'écrou et la pièce à serrer pour répartir régulièrement la pression. **2.** (Québec) Palet, au hockey. **3.** TECH Ciseau arrondi de sculpteur. **4.** Petite tranche ronde. *Concombre coupé en rondelles.*

rondement [Rɔ̃dmɑ̃] adv. **1.** Avec vivacité, décision. **2.** Franchement, sans façon. *Répondre rondement.*

rondeur [Rɔ̃dœR] n. f. **1.** Caractère de ce qui est rond, forme ronde (de qqch). *Rondeur d'un fruit.* **2.** Chose, forme ronde; partie ronde (*spécial.*, partie du corps). *Rondeurs féminines.* **3.** Fig. Bonhomie. *Parler avec rondeur.*

rondin [Rɔ̃dɛ̃] n. m. **1.** Bûche cylindrique, non refendue. **2.** Tronc utilisé en construction, dans les travaux de soutènement, etc. *Abri en rondins.*

rondo [Rɔ̃do] n. m. Pièce musicale caractérisée par l'alternance d'un refrain et de plusieurs couplets.

rond-point [Rɔ̃pwɛ̃] n. m. Place circulaire où aboutissent plusieurs avenues, plusieurs voies. *Des ronds-points.* Syn. (Suisse) giratoire.

rone [Ron] n. m. (Afr. subsah.) Fruit mûr du rônier.

ronéo [Rɔneo] n. f. (Nom déposé.) Machine à reproduire les textes ou les dessins au moyen de stencils. *Des ronéo(s).*

ronéoter [Rɔneɔte] ou **ronéotyper** [Rɔneɔtipe] v. tr. [**1**] Reproduire à la ronéo. *Ronéoter des pages.*

rôneraie [RonRɛ] n. f. (Afr. subsah.) Lieu planté de rôniers. ▷ Savane où abonde le rônier.

ronflant, ante [Rɔ̃flɑ̃, ɑ̃t] adj. **1.** Qui produit un bruit sourd et continu. *Poêle ronflant.* **2.** Fig. Emphatique; enflé et grandiloquent. *Phrases ronflantes.*

ronflement [Rɔ̃fləmɑ̃] n. m. **1.** Bruit produit par une personne qui ronfle. **2.** Bruit d'une chose qui ronfle.

ronfler [Rɔ̃fle] v. intr. [**1**] **1.** Faire un bruit particulier de la gorge et du nez en respirant pendant le sommeil. **2.** Faire un bruit sourd et continu. *Feu qui ronfle.*

ronfleur, euse [Rɔ̃flœR, øz] n. **1.** Personne qui ronfle. **2.** n. m. ELECTR Dispositif avertisseur électromagnétique, à lame vibrante, qui produit un ronflement, une sonnerie sourde.

ronger [Rɔ̃ʒe] v. tr. [**13**] **1.** Entamer, user peu à peu à petits coups de dents. *Chien qui ronge un os.* – v. pron. *Se ronger les ongles.* ▷ *Par anal.* Entamer, attaquer, percer, en parlant des vers, des insectes. *Larves qui rongent le bois.* **2.** Détruire par une action lente, progressive; corroder, miner. *La rouille ronge le fer.* ▷ Fig. *Le chagrin le ronge.*

rongeur, euse [Rɔ̃ʒœR, øz] adj. et n. m. **1.** adj. Qui ronge. *Animal rongeur.* – Fig. *Un tourment rongeur.* **2.** n. m. pl. ZOOL Ordre de mammifères qui se caractérisent par une paire d'incisives à croissance continue et par un espace libre (barre) à chaque maxillaire entre les incisives et les molaires. *Les rats, le castor, l'écureuil sont des rongeurs; les lapins sont des lagomorphes. Les rongeurs peuvent être la cause de nuisances (ravages de récoltes) et sont vecteurs de maladies.* – Sing. *Un rongeur.*

rônier [Ronje] n. m. Grand palmier des régions tropicales aux feuilles en éventail, qui fournit un vin de palme, des fruits comestibles et un bois de construction imputrescible, aussi appelé *palmier-rônier. Les feuilles de rônier servent à couvrir les cases.*

ronron [Rɔ̃Rɔ̃] n. m. Petit grondement régulier par lequel le chat manifeste son contentement.

ronronnement [Rɔ̃Rɔnmɑ̃] n. m. Bruit, bourdonnement continu, sourd et régulier. *Le ronronnement d'une machine.*

ronronner [Rɔ̃Rɔne] v. intr. [**1**] **1.** Produire un ronronnement. *Moteur qui ronronne.* **2.** Faire des ronrons, en parlant du chat.

Ronsard (Pierre de) (1524 – 1585), poète français. Atteint de surdité (1540), il renonça aux armes et étudia le latin et le grec sous la conduite de Dorat; il fonda ensuite la Pléiade*. Ses *Odes* (1550-1552), imitées de Pindare et d'Horace, le rendirent célèbre. Lyrique dans *Amours* (1552), *Continuation des Amours* (1555-1556) et *Amours d'Hélène* (1578), il est épique dans *Hymnes* (1555-1556). Poète officiel de la cour de Charles IX, il prit parti pour les catholiques dans les guerres de Religion (*Discours sur les misères de ce temps,* 1562-1563). Après l'échec de son épopée en décasyllabes, *la Franciade* (1572, inachevée), il se retira dans un prieuré proche de Tours, où il mourut.

röntgen ou **roentgen** [Rœntgɛn] n. m. PHYS NUCL Unité de mesure d'exposition à des rayonnements ionisants. (Symbole R : 1 R = 2,58 . 10^{-4} C/kg.)

Röntgen ou **Roentgen** (Wilhelm Conrad) (1845 – 1923), physicien allemand. Il découvrit les rayons X en 1895. P. Nobel 1901.

röntgenthérapie ou **roentgenthérapie** [RœntgenteRapi] n. f. MED Traitement par les rayons X.

roof [Ruf] n. m. V. rouf.

Roosevelt (Theodore) (1858 – 1919), homme politique américain. Républicain, vice-président des É.-U. (1900), président en 1901, après l'assassinat de McKinley, il fut élu en 1904. Il abandonna l'isolationnisme. P. Nobel de la paix 1906.

Roosevelt (Franklin Delano) (1882 – 1945), homme politique américain; cousin du préc., dont il épousa (1905) la nièce, Eleanor Roosevelt (1884 – 1962). Démocrate, il fut élu président des É.-U. en 1933 alors que sévissait la crise économique. Il organisa le *New Deal :* dévaluation du dollar, résorption du chômage, aide à l'agriculture, réorganisation de l'industrie, réformes sociales. Réélu en 1936 et en 1940, il entra dans la Seconde Guerre mondiale après l'attaque de Pearl* Harbor par les Japonais (déc. 1941). Réélu en 1944, il mourut le 12 avril 1945.

Rops (Félicien) (1833 – 1898), peintre, dessinateur et graveur belge. D'inspiration symboliste, il réalisa aussi de nombreuses eaux-fortes à caractère érotique et macabre (*la Buveuse d'absinthe, les Sataniques*). Namur, sa ville natale, possède un musée Félicien-Rops.

Roquebrune-Cap-Martin, com. de France (Alpes-Maritimes), sur la Méditerranée; 12 564 hab. Stat. balnéaire. – Chât. du XIIIe s. – Voisine de Monaco, cette commune appartint à la principauté, qui la céda à la France en 1861.

roquefort [Rɔkfɔr] n. m. Fromage de lait de brebis, fabriqué à Roquefort-sur-Soulzon, dans l'Aveyron (France).

roquet [Rɔkɛ] n. m. Petit chien hargneux. ▷ Fig. Personne hargneuse, mais peu redoutable.

roquette [Rɔkɛt] n. f. Projectile autopropulsé, utilisé notam. comme arme antichar.

rorqual, als [RɔRkal] n. m. Syn. de *baleinoptère.*

Rorschach (Hermann) (1884 – 1922), neuropsychiatre suisse. Le *test de Rorschach* repose sur l'interprétation de taches d'encre.

rosace [Rozas] n. f. **1.** Figure circulaire composée d'éléments radiaux équidistants. *Rosace à sept branches.* ▷ ARCHI Ornement, moulure ainsi composés. *Rosaces de plafond.* **2.** Rose (1 sens II, 1). *Les rosaces gothiques.* **3.** TECH Ornement circulaire qui sert à masquer la tête d'un clou, d'une vis.

rosacé, ée [Rozase] adj. et n. f. **1.** adj. Semblable à la rose. **2.** n. f. pl. BOT Famille de plantes dicotylédones comprenant de nombreux arbres fruitiers des régions tempérées et chaudes (prunier de Guinée). – Sing. *Une rosacée.* **3.** adj. MED *Acné rosacée* ou, n. f., *la rosacée :* couperose.

rosaire [RozɛR] n. m. RELIG CATHOL Chapelet comportant quinze dizaines de grains (correspondant aux Ave) dont chacune est précédée d'un grain plus gros (correspondant à un Pater). ▷ Récitation de ce chapelet. *Dire, réciter son rosaire.*

Rosario, ville d'Argentine (prov. de Santa Fe), sur le Paraná; 1 078 374 hab. Son port fluvial est proche de riches régions agricoles. Industries.

rosat [Roza] adj. inv. PHARM Se dit d'une préparation où il entre des roses. *Miel rosat.*

rosâtre [RozɑtR] adj. D'un rose indécis ou sale.

rosbif ou **roast-beef** [Rɔzbif] n. m. Morceau de bœuf à rôtir (ou rôti), bardé et ficelé.

1. rose [Roz] n. f. **I. 1.** Fleur du rosier. *Rose thé,* d'un ocre pâle. ▷ *Eau de rose :* essence de rose étendue d'eau. – Fig. *À l'eau de rose :* d'une sentimentalité mièvre et convenue. ▷ Loc. *Être frais comme une rose :* avoir le teint frais et vermeil. **2.** Nom de diverses fleurs. – *Rose d'Inde :* tagète. – *Rose trémière :* plante ornementale (*Althaea rosea,* fam. malvacées), à haute tige et aux grandes fleurs colorées souvent panachées. Syn. primerose. ▷ (Afr. subsah.) *Rose de porcelaine :* fleur cultivée des régions tropicales aux pétales rouges ou roses très épais. – *Rose de bois :* fruit d'une liane tropicale ressemblant à une rose en bois. **II.** *Par anal.* **1.** Grande baie circulaire, ornée de vitraux, des églises et des cathédrales gothiques. Syn. rosace. **2.** Diamant taillé en facettes, à culasse plane. **3.** *Rose des sables :* concrétion siliceuse évoquant les pétales d'une rose, que l'on trouve dans les déserts sableux. **4.** *Rose des vents :* étoile représentée sur les compas, les cartes marines, etc., dont les trente-deux branches (dites *aires de vent*) donnent les points cardinaux et intermédiaires, divisant la circonférence en trente-deux rhumbs de 11^{0} 15' chacun. **5.** *Bois de rose :* bois précieux de plusieurs arbres d'Amérique du Sud utilisé en ébénisterie et en marqueterie.

2. rose [Roz] adj. et n. m. **I.** adj. **1.** De la couleur, entre rouge et blanc, de la rose commune. *Des robes roses.* **2.** Loc. fig. *Ce n'est pas rose :* ce n'est pas réjouissant. **II.** n. m. **1.** *Le rose :* la couleur rose. **2.** Fig. *Voir la vie en rose, voir tout en rose :* être très optimiste.

Rose (mont), massif des Alpes, à la frontière de la Suisse (Valais) et de l'Italie (Piémont); il culmine au pic

Dufour (4634 m), le deuxième sommet des Alpes.

rosé, ée [ROZE] adj. et n. m. Teinté de rose ou de rouge clair. *Vin rosé.* ▷ n. m. *Du rosé :* du vin rosé.

roseau [ROZO] n. m. Plante à long chaume (fam. graminées) croissant au bord des eaux. Syn. phragmite.

Roseau, cap. de la Dominique, au S.-O. de l'île; 20000 hab. Petit port. Au N., aéroport de Canefield. – La *King George Street* est bordée de nombreuses maisons coloniales. Cath. du XIXe s. Jardin botanique.

rose-croix [ROZKRWA] n. inv. **1.** n. f. *La Rose-Croix :* nom d'une confrérie mystique apparue en Allemagne au XVe s. et de diverses sociétés qui s'en sont inspirées à partir du XVIIe s. **2.** n. m. *Un rose-croix :* un membre de cette confrérie, de l'une de ces sociétés.

rosé-des-prés [ROZEDEPRE] n. m. Nom cour. de la psalliote à lames roses, appelée aussi *agaric champêtre,* champignon comestible. *Des rosés-des-prés.*

rosée [ROZE] n. f. Condensation de la vapeur d'eau des couches inférieures de l'atmosphère en gouttelettes, au contact des corps froids exposés à l'air; ces gouttelettes. *La rosée matinale.*

roselière [ROZəljɛR] n. f. Lieu où croissent des roseaux.

Rosenberg (affaire), affaire judiciaire américaine. L'ingénieur **Julius Rosenberg** (1918 – 1953) et sa femme **Ethel** (1915 – 1953) furent accusés d'avoir livré à l'U.R.S.S. des «secrets atomiques» et électrocutés malgré une protestation internationale.

roséole [ROZeɔl] n. f. MED Éruption cutanée de petites macules rose pâle chez les Blancs, grisâtres chez les Noirs, que l'on observe dans certaines maladies infectieuses et lors de certaines intoxications.

roseraie [ROZRE] n. f. Terrain, jardin planté de rosiers.

Roses (Vallée des), vallée du centre de la Bulgarie, située autour de Kazanlăk. On y cultive des roses destinées à la distillation.

rosette [ROZɛt] n. f. **1.** Ornement en forme de petite rose. **2.** Nœud à deux boucles qui se défait lorsqu'on tire sur l'un des deux bouts libres. **3.** Insigne d'officier dignitaire de divers ordres civils ou militaires français. **4.** BOT Ensemble des feuilles, étalées au ras du sol, chez certaines plantes. *La rosette de la laitue d'eau.* **5.** Maladie virale de certaines plantes (arachide, blé notam.), qui provoque le raccourcissement des entre-nœuds des tiges ou des branches.

Rosette (en ar. *Rachīd*), v. et port d'Égypte, sur une branche du delta du Nil, à l'E. d'Alexandrie; 40000 hab. – La *pierre de Rosette* (British Museum, Londres), datée de 196 av. J.-C., est le fragment d'une stèle (en basalte noir) découverte à Rosette en 1799; elle porte des inscriptions en grec, en démotique et en hiéroglyphes (ce sont les trois versions d'un même décret pharaonique), qui permirent à Champollion de déchiffrer, en 1822, les hiéroglyphes égyptiens.

Rosi (Francesco) (né en 1922), cinéaste italien : *Salvatore Giuliano* (1961), *l'Affaire Mattei* (1971), *Le Christ s'est arrêté à Eboli* (1979).

rosier [ROZje] n. m. Arbrisseau épineux (fam. rosacées), sauvage ou ornemental, dont il existe de très nombreuses variétés, aux fleurs *(roses)* odoriférantes.

rosir [ROZIR] v. [3] **1.** v. intr. Prendre une teinte rose. *Son visage a rosi de plaisir.* **2.** v. tr. Rendre rose. *Le soleil couchant rosissait les nuages.*

Roskilde, ville du Danemark, dans l'île de Sjælland, ch.-l. du comté du m. nom; 49590 hab. – Musée (Vikings). Cath. gothique (tombeaux de souverains danois). – Cap. du royaume jusqu'au XVe s.

Rosny, pseudonyme de deux écrivains français, les frères Boex. — **Joseph Henri** (1856 – 1940), dit *Rosny aîné,* et **Séraphin Justin** (1859 – 1948), dit *Rosny jeune,* publièrent en collab. des romans de 1886 à 1908. Rosny aîné écrivit seul des romans préhistoriques, dont le plus célèbre est *la Guerre du feu* (1911), et des romans de science-fiction : *les Navigateurs de l'infini* (1927).

Ross (barrière de), falaises de glace de l'Antarctique, situées entre les terres Marie-Byrd et Victoria, en bordure de la *mer de Ross.* La barrière prend appui à l'O. sur *l'île de Ross* que surmonte le volcan Erebus (4023 m).

Ross (sir John) (1777 – 1856), navigateur britannique. Il explora les mers arctiques pour trouver le passage du Nord*-Ouest. Il localisa le pôle magnétique de l'hémisphère Nord (1831). — **Sir James Clarke** (1800 – 1862), neveu du préc.; navigateur, l'un des premiers explorateurs de l'Antarctique (1841-1842). Il donna son nom à la barrière de Ross*.

rosse [RɔS] n. f. et adj. Fam. Personne sévère, dure, jusqu'à la méchanceté. ▷ adj. Mordant, caustique. *Vous êtes rosse! Une plaisanterie rosse.*

rossée [Rɔse] n. f. Fam. Volée de coups.

Rossel (Virgile) (1858 – 1933), écrivain suisse d'expression française : *Histoire de la littérature française hors de France* (1895), traitant de la Suisse, de la Belgique, du Canada, des pays scandinaves, de l'Allemagne, de l'Angleterre et de l'Orient; *Histoire du Jura bernois* (1914).

Rossellini (Roberto) (1906 – 1977), cinéaste italien; l'un des promoteurs du néo-réalisme : *Rome ville ouverte* (1945), *Païsa* (1946), *Allemagne année zéro* (1947), *Stromboli* (1949), *la Prise du pouvoir par Louis XIV* (1966).

rosser [Rɔse] v. tr. [1] Fam. Battre (qqn) violemment. *Il a rossé son frère.*

rosserie [RɔsRi] n. f. **1.** Méchanceté voulue. **2.** Propos, acte rosse. *Dire, faire des rosseries.*

Rossetti (Dante Gabriel) (1828 – 1882), peintre et poète anglais; l'un des fondateurs du préraphaélisme*.

Rossi (Constantin, dit Tino) (1907 – 1983), chanteur français très populaire, à la voix de ténor léger.

rossignol [Rɔsiɲɔl] n. m. **1.** Oiseau passériforme (genre *Luscinia,* fam. turdidés), au plumage brun clair, au chant particulièrement mélodieux et puissant. *Le rossignol, répandu dans toute l'Europe, hiverne en Afrique.* ▷ Fig. *Voix de rossignol,* très pure. **2.** Instrument coudé pour forcer les serrures, passe-partout.

Rossini (Gioacchino) (1792 – 1868), compositeur italien. Ses inventions mélodiques et rythmiques marquèrent l'opéra italien : *Tancredi* (1813), *l'Italienne à Alger* (1813), *le Barbier de Séville* (1816), *Cendrillon* (1817), *Moïse en Égypte* (1818 et 1827), *la Pie voleuse* (1817). Il cessa de composer pour la scène après le triomphe de *Guillaume Tell* (1829).

Rosso (Giovanni Battista di Iacopo de Rossi, dit *Rosso Fiorentino* ou en fr. Maître) (1494 – 1540), peintre et décorateur italien maniériste. Il dirigea la décoration du chât. de Fontainebleau à partir de 1531.

Rostand (Edmond) (1868 – 1918), poète et auteur dramatique français : *Cyrano de Bergerac* (1897), *l'Aiglon* (1900), *Chantecler* (1910). Acad. fr. (1901). — **Jean** (1894 – 1977), fils du préc.; biologiste : travaux sur la parthénogenèse, la tératologie, l'hérédité. Essais : *l'Homme* (1941), *la Génétique des batraciens* (1951). Acad. fr. (1959).

rösti(s) [Røsti] n. m. pl. V. rœsti(s).

Rostock, ville et port d'Allemagne (Mecklembourg-Poméranie occidentale), sur la Warnow; 236010 hab. (avec Warnemünde, son avant-port sur la Baltique). Centre industriel. – Égl. du XIIIe s. Remparts.

Rostopchine (Fedor Vassilievitch, comte) (1763 – 1826), général et homme politique russe. On a longtemps cru qu'il avait fait incendier Moscou, dont il était gouverneur, quand les Français arrivèrent (1812). Sa fille *Sophie* devint la comtesse de Ségur*.

Rostov-sur-le-Don, v. et port de Russie, sur le Don, près de la mer d'Azov; ch.-l. de rég.; 1015000 hab. Centre comm. et industr. – Théâtre de violents combats en 1941-1943.

rostre [RɔstR] n. m. ZOOL Prolongement céphalique plus ou moins rigide et effilé de divers animaux. *Le rostre en forme d'épée de l'espadon.* ▷ Partie de la carapace de certains crustacés qui fait saillie entre les yeux. ▷ Ensemble des pièces buccales piqueuses de certains insectes et acariens.

Rostropovitch (Mstislav Leopoldovitch) (né en 1927), violoncelliste et chef d'orchestre russe.

Rosweyde (Heribert) (1569 – 1629), jésuite hollandais. Auteur de *Vitae Patrum* (1617), consacré aux Pères de l'Église, et, en néerlandais, d'une *Histoire générale de l'Église* (1619), il commença les *Acta sanctorum,* qu'achevèrent Bolland* et les bollandistes.

rot [RO] n. m. Fam. Émission plus ou moins bruyante, par la bouche, de gaz stomacaux.

Rota (Nino) (1911 – 1979), compositeur italien; ses mélodies accompagnent les films de Fellini.

rotacé, ée [Rɔtase] adj. BOT En forme de roue. *Corolle rotacée.*

rotang [Rɔtɑ̃g] n. m. BOT Palmier des régions tropicales qui fournit le rotin.

rotary [RɔtaRi] n. m. TECH **1.** Appareil de forage par rotation. **2.** Système téléphonique de commutation automatique.

rotateur, trice [RɔtatœR, tRis] adj. Qui fait tourner. *Muscles rotateurs.*

rotatif, ive [Rɔtatif, iv] adj. **1.** Qui agit en tournant. – TECH *Moteur à piston rotatif :* moteur à explosion, constitué principalement d'un rotor triangulaire tournant à l'intérieur d'une chambre, et entraînant l'arbre moteur sans embiellage. **2.** Qui correspond à une rotation. *Mouvement rotatif.*

rotation [ʀɔtasjɔ̃] n. f. **1.** Mouvement d'un corps qui tourne autour d'un axe. *Rotation d'un astre sur lui-même.* ▷ Cour. Mouvement de ce qui pivote. *Rotation du buste.* **2.** GEOM Transformation ponctuelle qui, à un point M, associe un point M' situé sur un cercle de centre O et de rayon OM, l'angle orienté MOM' restant constant. **3.** Série de permutations dans laquelle chacun des éléments d'un ensemble prend successivement toutes les places occupées précédemment par les autres éléments. ▷ Renouvellement; roulement. *Rotation du stock, du capital. – Rotation de la main-d'œuvre* ou *du personnel* ou *des effectifs :* renouvellement du personnel (d'une entreprise) dû aux départs volontaires. **4.** Succession, alternance cyclique d'opérations. ▷ AGRIC Alternance ou succession méthodique des cultures sur un même sol.

rotative [ʀɔtativ] n. f. TECH Presse à formes cylindriques utilisée en partic. pour l'impression des journaux.

rotativiste [ʀɔtativist] n. m. TECH Spécialiste de la conduite d'une rotative.

rotatoire [ʀɔtatwaʀ] adj. Didac. Qui tourne, qui décrit un cercle. *Mouvement rotatoire.* ▷ PHYS *Pouvoir rotatoire :* pouvoir d'un corps de faire tourner le plan de polarisation de la lumière.

rotavirus [ʀɔtaviʀys] n. m. BIOL Virus responsable de gastro-entérites chez les nourrissons et les voyageurs en pays tropicaux.

rote [ʀɔt] n. f. RELIG CATHOL Tribunal ecclésiastique établi à Rome, qui s'occupe notam. d'instruire les demandes d'annulation de mariage.

roter [ʀɔte] v. intr. [1] Fam. Faire un, des rots.

Roth (Joseph) (1894 – 1939), écrivain autrichien. Influencé par Stendhal, il décrivit la fin de l'Autriche-Hongrie, ainsi que la déchéance alcoolique, dans *la Marche de Radetzky* (roman, 1932).

Rothko (Mark) (1903 – 1970), peintre américain d'origine russe. Surréaliste (1942-1947), il évolua vers l'«abstraction chromatique».

Rothschild, famille de financiers originaires de Francfort-sur-le-Main (Allemagne) d'une richesse proverbiale dont l'ancêtre fut **Meyer Amschel** (1743 – 1812), banquier de Guillaume Ier de Hesse-Cassel. — **Amschel Meyer,** dit *Anselme* (1773 – 1855), fils aîné du préc., lui succéda à Francfort. Ses frères s'établirent dans les princ. villes d'Europe : — **Salomon** (1774 – 1855), à Vienne; — **Nathan** (1777 – 1836), à Londres; il finança l'effort de guerre anglais contre Napoléon Ier. — **Karl** (1788 – 1855), à Naples; — **James** (1792 – 1868), à Paris, d'où il aida Nathan contre Napoléon Ier.

rôti, ie [ʀoti] adj. et n. m. **I.** adj. Cuit à feu vif ou au four. *Poulet rôti.* **II.** n. **1.** n. m. Pièce de viande rôtie. *Rôti de bœuf.* **2.** n. f. (Québec) Syn. de *toast* (sens 1).

rotifères [ʀɔtifɛʀ] n. m. pl. ZOOL Embranchement de métazoaires acœlomates microscopiques, en général d'eau douce, pourvus à leur extrémité antérieure d'un organe cilié. – Sing. *Un rotifère.*

rotin [ʀɔtɛ̃] n. m. Tige du rotang, utilisée dans la fabrication de meubles légers, et dont l'écorce, découpée en lanières, sert au cannage des sièges.

rotiner [ʀɔtine] v. [1] (Guyane) **1.** v. intr. Travailler le rotin. **2.** v. tr. Couvrir (qqch) de rotin. *Rotiner une chaise.*

rôtir [ʀotiʀ] v. [3] **1.** v. tr. Faire cuire (une viande) sans sauce, à feu vif ou au four. *Rôtir un poulet à la broche.* **2.** v. intr. Cuire à feu vif ou au four.

rôtissage [ʀotisaʒ] n. m. Action de rôtir (une viande); son résultat.

rôtisserie [ʀotisʀi] n. f. **1.** Boutique où l'on vend des viandes rôties. **2.** Restaurant où les viandes sont rôties à la broche ou au gril devant le client.

rôtisseur, euse [ʀotisœʀ, øz] n. Personne qui tient une rôtisserie.

rôtissoire [ʀotiswaʀ] n. f. Ustensile servant à rôtir la viande à la broche. ▷ Appareil électrique permettant la cuisson à la broche ou au gril.

rotonde [ʀɔtɔ̃d] n. f. Édifice de forme circulaire.

rotondité [ʀɔtɔ̃dite] n. f. Caractère de ce qui est rond. *Rotondité de la Terre.*

rotor [ʀɔtɔʀ] n. m. **1.** ELECTR Partie tournante des machines électriques (par oppos. à *stator,* partie fixe). **2.** TECH Partie mobile d'une turbine.

Rotrou (Jean de) (1609 – 1650), poète dramatique français; préclassique, maître de l'illusion théâtrale : *Bélisaire* (1643).

Rotterdam, ville et port des Pays-Bas (Hollande-Méridionale), sur la Nieuwe Maas («nouvelle Meuse», branche N. du delta commun au Rhin et à la Meuse), à 30 km de la mer; 574 300 hab. (aggl. urbaine 1 025 500 hab.). Premier port européen marin et fluvial, surtout port pétrolier. L'activité industr. est import. Rotterdam abrite le «marché libre» du pétrole. – Jardin zoologique. Musée Boymans. – Créée au XIVe s., Rotterdam fut au XVIIe s. la 2e ville comm. de Hollande; elle devint un port mondial à la fin du XIXe s.

rotule [ʀɔtyl] n. f. **1.** Petit os plat et mobile situé à la partie antérieure du genou. **2.** TECH Articulation formée d'une pièce sphérique tournant dans un logement, permettant la rotation dans toutes les directions.

rotulien, enne [ʀɔtyljɛ̃, ɛn] adj. ANAT, PHYSIOL Qui a rapport à la rotule. *Réflexe rotulien :* réflexe provoqué par la percussion du tendon rotulien.

roture [ʀɔtyʀ] n. f. *La roture :* les roturiers.

roturier, ère [ʀɔtyʀje, ɛʀ] adj. et n. Qui ne fait pas partie de la noblesse. – Subst. *Des roturiers.*

rouage [ʀwaʒ] n. m. **1.** Chacune des pièces circulaires tournantes (roues dentées, pignons, etc.) d'un mécanisme. *Les rouages d'une pendule.* **2.** Fig. Chacun des éléments nécessaires au fonctionnement d'un ensemble organisé. *Les rouages d'une administration.*

rouan, ane [ʀwɑ̃, ʀwan] adj. Se dit d'un cheval, d'une vache, dont la robe comporte du blanc, du roux et du noir. – *Antilope rouanne :* hippotrague.

Rouault (Georges) (1871 – 1958), peintre et graveur français. Peintre tragique du cirque, de la prostitution, du prétoire (*les Juges,* 1908), il traita ensuite des thèmes religieux.

Roubaud (Jacques) (né en 1932), écrivain français; membre de l'Oulipo*. Poésie : ∈ (1967), *Quelque chose noir* (1986). Prose : *la Vieillesse d'Alexandre* (1978), *le Grand Incendie de Londres* (1989), *Mathématique* (1997).

roublard, arde [ʀublaʀ, aʀd] adj. et n. Fam. Rusé et peu scrupuleux dans la défense de ses intérêts. – Subst. *Un roublard.*

roublardise [ʀublaʀdiz] n. f. Fam. Caractère, action d'un roublard.

rouble [ʀubl] n. m. Unité monétaire de la Russie, puis de l'Union soviétique et auj. de certains pays de la C.É.I.

Roublev ou **Roubliov** (Andreï) (v. 1360 – v. 1430), moine russe. Peintre d'icônes : *la Trinité* (icône d'autel, v. 1410).

Rouch (Jean) (né en 1917), ethnographe et cinéaste français. Adepte du «cinéma-vérité», il a beaucoup tourné en Afrique : *les Maîtres-fous* (1955), *Moi un Noir* (1958), *Chronique d'un été* (1961), *la Chasse au lion à l'arc* (1965), *Babatou* (1976), *Cocorico Monsieur Poulet* (1977), *Bac ou mariage* (1988).

roucoulement [ʀukulmɑ̃] n. m. **1.** Cri plaintif et caressant du pigeon et de la tourterelle. **2.** Fig. Paroles tendres et langoureuses.

roucouler [ʀukule] v. intr. [1] **1.** Faire entendre son cri, en parlant du pigeon, de la tourterelle. **2.** Fig. Tenir des propos tendres. *Jeunes mariés qui roucoulent.* ▷ v. tr. *Roucouler des mots doux.*

roue [ʀu] n. f. **1.** Pièce rigide, de forme circulaire, qui tourne autour d'un axe perpendiculaire à son plan de symétrie et qui permet la sustentation d'un véhicule ou l'entraînement d'un organe mécanique. *Les roues d'une automobile. Roue de gouvernail d'un navire,* qui commande le gouvernail. ▷ *Roue libre :* dispositif permettant de suspendre l'action de l'organe moteur sur la roue menée, qui peut ainsi tourner librement. *Roue libre d'une bicyclette. Descendre une côte en roue libre,* sans pédaler. ▷ ADMIN et cour. *Deux*-roues.* ▷ Loc. fig. *Être la cinquième roue du carrosse :* être inutile. – *Pousser à la roue :* aider qqn à réussir ce qu'il entreprend. – *Mettre des bâtons* dans les roues.* **2.** Tambour en forme de roue contenant des numéros de loterie, ou grand disque monté sur pivot, comportant des cases numérotées. – Loc. fig. *La roue de la Fortune,* allégorie des vicissitudes humaines. **3.** *Faire la roue :* en parlant du paon, du dindon, déployer sa queue en éventail; fig. en parlant d'une personne, se pavaner; en gymnastique, effectuer un tour complet sur soi-même latéralement, en prenant appui sur les mains puis sur les pieds.

roué, ée [ʀwe] n. (et adj.) Litt. Personne rusée qui ne s'embarrasse pas de scrupules. ▷ adj. *Méfiez-vous, elle est rouée.*

Rouen, v. de France, ch.-l. du dép. de la Seine-Mar. et de la Région Haute-Normandie, import. port fluvial sur la Seine (avant-port de Paris); 105 470 hab. (aggl. urb. 380 200 hab.). Centre industriel. – Archevêché. Université. Cathédrale Notre-Dame (XIIe-XVIe s.), nombr. églises du XIIe s. au XVIe s. Palais de justice (déb. XVIe s.). Musée des Beaux-Arts. – En 841, les Normands mirent à sac Rouen qui, en 911, devint la ville princ. du duché de Normandie. En 1204, les rois de France l'annexèrent et la dotèrent d'un port militaire. Les Anglais la prirent (1419-1449) et y brûlèrent Jeanne d'Arc (1431). Catholique, la ville résista à Henri IV, qui la soumit en 1594.

rouer [RWe] v. tr. [1] *Rouer qqn de coups,* lui donner des coups nombreux et violents.

rouerie [RURi] n. f. Attitude, acte d'une personne rouée.

rouet [RWɛ] n. m. Machine à filer comportant une roue actionnée par une pédale.

rouf ou **roof** [Ruf] n. m. MAR Superstructure élevée sur le pont supérieur d'un navire et n'occupant pas toute la largeur de celui-ci.

rougaille [Rugaj] n. m. (Madag., oc. Indien) Manière d'accommoder de la viande, du poisson, des œufs avec de la sauce tomate épicée pour les manger avec du riz. *Et avec le riz, du rougaille ou du carry?*

rouge [Ruʒ] adj., adv. et n. **I.** adj. **1.** De la couleur du sang, du coquelicot. *Foulard rouge. Drapeau rouge,* des partis révolutionnaires. **2.** Qui professe des opinions politiques d'extrême gauche. ▷ *L'armée Rouge :* l'armée soviétique. – Subst. *Les rouges :* les révolutionnaires, les communistes. – *Gardes* rouges.* **3.** (Québec) Fam. Qui est membre ou partisan du parti libéral fédéral ou provincial (par oppos. à *bleu*). *Ils sont tous rouges dans la famille.* – Subst. *Les rouges :* le parti libéral. ▷ Relatif à ce parti. *La propagande rouge.* – adv. *Voter rouge.* **4.** Qui a le visage coloré par un afflux de sang. *Être rouge de colère.* **5.** Qui a pris la couleur du feu par élévation de température. *Fer rouge.* **6.** D'un roux très vif, en parlant des cheveux ou du pelage d'un animal. **7.** (Afrique) Dont la peau est de couleur brun clair, en parlant d'une personne. **II.** adv. *Se fâcher tout rouge :* devenir rouge de colère. – *Voir rouge :* entrer dans une violente colère. **III.** n. m. **1.** Couleur rouge. *Le rouge correspond aux plus grandes longueurs d'onde du spectre visible.* **2.** Substance colorante rouge. *Rouges organiques.* **3.** Fard rouge pour le maquillage. *Rouge à lèvres, à joues.* **4.** Chez les Blancs, coloration rouge du visage, due à la honte, à la colère, etc. *Le rouge lui est monté au front.* **5.** Couleur du métal porté à incandescence. *Fer chauffé au rouge.*

Rouge (fleuve) (en vietnamien *Sông Hông*), fl. du Viêt-nam septentrional (1 200 km); né en Chine, dans le Yunnan, il se jette, au golfe du Tonkin (ou Bac Bô), dans la mer de Chine méridionale par un immense delta aménagé à partir du XIe s. (riziculture).

Rouge (mer) (anc. *golfe Arabique*), mer étroite qui sépare l'Afrique (du N.-E.) et l'Asie (péninsule Arabique). Communiquant avec l'océan Indien (golfe d'Aden) par le détroit très resserré de Bab-al-Mandab, la mer Rouge est un golfe long et étroit (320 km de largeur max., plus de 2 000 km de long), caractérisé par la chaleur et la forte salinité de ses eaux. Ancien axe comm., la mer Rouge est reliée à la Méditerranée depuis 1869 par le canal de Suez. ▷ RELIG D'après l'Exode*, ses eaux se séparèrent pour permettre aux Hébreux, conduits par Moïse*, de passer à pied sec. Elles se refermèrent sur leurs poursuivants égyptiens.

Rouge (place) (en russe *Krasnaïa Plochtchad, krasnaïa* signifiant «rouge» et «belle»), grande place de Moscou bordant le côté est du Kremlin. Datant de la création de la cité, elle porte ce nom depuis le XVIIe s. Sur cette vaste esplanade s'élèvent l'église Basile-le-Bienheureux (XVIe s.) et le mausolée de Lénine.

Rouge (rivière), riv. des États-Unis et du Canada (900 km); née au Minnesota, elle se jette dans le lac Winnipeg. – La colonie de la *Rivière-Rouge* (*Red River*), fondée par l'Écossais lord Selkirk en 1811, était peuplée de métis francophones qui descendaient de commerçants français et d'Amérindiennes. Elle appartenait à la Compagnie (anglaise) de la baie d'Hudson*, qui lésa leurs intérêts, et ils se révoltèrent en 1869, sous la conduite de Louis Riel*. La compagnie vendit alors la colonie à l'Angleterre, qui en fit la prov. canadienne du Manitoba* (1870) et écrasa une nouvelle révolte des métis (1885).

rougeâtre [Ruʒatʀ] adj. Qui tire sur le rouge.

rouge-gorge [Ruʒgɔʀʒ] n. m. **1.** Petit oiseau passériforme d'Europe, d'Afrique du Nord et d'Asie occidentale (fam. turdidés), à la gorge et à la poitrine rouges. (En Amérique du Nord vit le *rouge-gorge bleu,* un peu plus grand et à dos bleu.) **2.** (Québec) Nom courant du merle d'Amérique. *Des rouges-gorges.*

Rougemont (Denis de) (1906 – 1985), essayiste suisse d'expression française. *L'Amour et l'Occident* (1939) le rendit célèbre. Il fonda en 1950, à Genève, le Centre européen de la culture et prôna l'union des nations européennes : *Vingt-Huit Siècles d'Europe* (1961), *Lettre ouverte aux Européens* (1970).

rougeoiement [Ruʒwamɑ̃] n. m. Fait de rougeoyer.

rougeole [Ruʒɔl] n. f. **1.** Maladie virale aiguë, endémique et épidémique, très contagieuse, immunisante. *Généralement bénigne dans les pays industrialisés, la rougeole demeure la principale cause de mortalité infantile en Afrique subsaharienne.* **2.** BOT Plante hémiparasite. *Rougeole du seigle.*

rougeoleux, euse [Ruʒɔlø, øz] adj. et n. MED Qui est atteint de la rougeole.

rougeoyant, ante [Ruʒwajɑ̃, ɑ̃t] adj. Qui rougeoie.

rougeoyer [Ruʒwaje] v. intr. [23] Se colorer de diverses nuances de rouge, avoir des reflets rouges et changeants.

rouge-queue [Ruʒkø] n. m. Petit oiseau passériforme d'Eurasie et d'Afrique du Nord (fam. turdidés) à la queue roussâtre. *Des rouges-queues.*

rouget [Ruʒɛ] n. m. **1.** Nom courant de divers poissons comestibles de couleur rose à rouge vif, notamment du *rouget grondin* (genre *Trigla*), du *rouget barbet* (*Mullus barbatus,* 25 cm de long) et du *rouget de roche,* ou surmulet (*Mullus surmuletus,* 40 cm de long). **2.** MED VET Maladie infectieuse du porc, très contagieuse et transmissible à l'homme.

Rouget de Lisle (Claude Joseph) (1760 – 1836), officier français du génie. Il composa en 1792, à Strasbourg, les paroles et la musique de *la Marseillaise** (mais fut emprisonné en 1793-1794), ainsi que des chants, des romances, etc.

rougeur [Ruʒœʀ] n. f. **1.** Teinte rouge, rougeâtre. **2.** Coloration rouge du visage, provoquée par une émotion. *La rougeur de la honte.*

rougi, ie [Ruʒi] adj. Qui a pris une teinte rouge. ▷ *Eau rougie,* additionnée de vin.

rougir [RuʒiR] v. [3] **I.** v. tr. Donner une couleur rouge à. *Les veilles ont rougi ses yeux.* **II.** v. intr. **1.** Devenir rouge. ▷ (Personnes) *Rougir de confusion.* ▷ (Afr. subsah.) Changer de couleur sous l'effet d'une vive émotion. **2.** Avoir honte, être confus. *Vous devriez rougir de vos mensonges.*

rougissement [Ruʒismɑ̃] n. m. Fait de rougir.

rougo ou **rugo** [Rugo] n. m. (Afr. subsah.) Habitation traditionnelle, au Rwanda. – *Par ext.* Cellule familiale, foyer.

rouille [Ruj] n. f. et adj. inv. **I.** n. f. **1.** Substance pulvérulente brun orangé, constituée principalement d'hydroxyde ferrique, dont se couvrent le fer et l'acier corrodés par l'humidité. **2.** Nom cour. de nombreuses maladies cryptogamiques de végétaux supérieurs. **II.** adj. inv. De la couleur de la rouille. *Des vêtements rouille.*

rouillé, ée [Ruje] adj. **1.** Attaqué, rongé par la rouille. *Clé rouillée.* **2.** (Végétaux) Atteint de la maladie de la rouille. **3.** Fig. Qui a perdu une partie de ses capacités par manque d'exercice. *Jambes rouillées. Mémoire rouillée.*

rouiller [Ruje] v. [1] **1.** v. tr. Rendre rouillé. *L'eau rouille le fer.* ▷ Fig. *L'inactivité rouille le corps et l'esprit.* **2.** v. intr. Devenir rouillé. ▷ v. pron. *Le fer se rouille facilement.*

rouillure [RujyR] n. f. **1.** Effet de la rouille sur un métal. **2.** Effet de la rouille (sens 2) sur une plante.

rouin [RWɛ̃] n. m. (Acadie) Ornière (sens 1). *Sa voiture a fait des rouins sur le gazon.*

rouir [RWiR] v. [3] **1.** v. tr. TECH Faire tremper dans l'eau (du lin, du chanvre) afin que les fibres textiles se séparent de la partie ligneuse. – *Par ext.* Faire tremper dans l'eau (le manioc amer) pour en éliminer la manihotoxine. **2.** v. intr. Être soumis à ces opérations.

rouissage [Rwisaʒ] n. m. Action de rouir. *Le rouissage du manioc.*

roulade [Rulad] n. f. **1.** MUS Ornementation mélodique, suite de notes légères et rapides chantées sur une seule syllabe. *Faire des roulades.* **2.** Mouvement de qqn qui roule sur lui-même. ▷ SPORT En gymnastique, culbute.

roulage [Rulaʒ] n. m. **1.** DR Fait de rouler, pour un véhicule. – *Police de roulage :* réglementation de la circulation des véhicules. ▷ Cour. (Belgique) Circulation (sens 2). *Accident de roulage. Bande de roulage.* **2.** Transport des marchandises par véhicules automobiles. *Société de roulage. Manutention par roulage,* dans laquelle les véhicules qui ont transporté par route une marchandise embarquent à bord du navire qui en assurera le transport par mer. **3.** MINES Transport du minerai par berlines. **4.** AGRIC Opération qui consiste à passer le rouleau sur un champ labouré pour briser les mottes ou pour tasser la couche superficielle après l'ensemencement.

roulaison [Rulɛzɔ̃] n. f. (Louisiane) Récolte (de la canne à sucre). *La roulaison des cannes.*

roulant, ante [Rulɑ̃, ɑ̃t] adj. et n. **1.** Qui peut rouler; monté sur roues, sur roulettes. *Table roulante.* ▷ CH de F *Le matériel roulant :* les locomotives, les voitures et les wagons. – Par ext. *Personnel roulant,* qui effectue son service à bord d'un train ou d'un véhicule de transports en commun. – Subst. *Les roulants.* ▷ MILIT *Cuisine roulante* ou, n.

f., *la roulante :* cuisine ambulante employée par les armées en campagne. **2.** Se dit d'un engin de manutention ou de transport des personnes sur de courtes distances dont le mouvement se fait par roulement sur des galets ou des rouleaux. *Pont, tapis roulant. Trottoir, escalier roulant.* **3.** *Feu roulant :* tir continu d'armes à feu. ▷ Fig. *Un feu roulant de questions.*

roulé, ée [rule] adj. **1.** Dont on a fait un rouleau. *Couverture roulée.* **2.** PHON *R roulé* ou *apical,* prononcé avec la pointe (apex) de la langue, par oppos. au *r grasseyé* ou *vélaire,* prononcé du fond de la gorge (*r* dit *parisien*).

rouleau [rulo] n. m. **1.** Morceau d'une matière souple enroulé sur lui-même et formant un cylindre. *Rouleau de papier.* ▷ Loc. fig. *Être au bout du rouleau :* ne plus avoir de ressources (physiques, financières, etc.). ▷ (Par anal. de forme.) *Rouleau de pâte à modeler.* **2.** Cylindre en matière dure (bois, métal, etc.) destiné à presser, à aplatir. *Rouleau à pâtisserie* ou (Québec) *rouleau à pâte.* – AGRIC Instrument utilisé pour aplanir un terrain, écraser les mottes de terre. ▷ *Rouleau compresseur :* engin de travaux publics utilisé pour aplanir les revêtements des voies. **3.** *Rouleau de peintre :* ustensile constitué d'un cylindre de matière absorbante pivotant librement sur un axe emmanché, utilisé dans la peinture en bâtiment pour la mise en couleur des grandes surfaces. **4.** Bigoudi constitué par un cylindre. **5.** Lame qui brise près d'une plage, et qui a la forme d'un rouleau (sens 1). **6.** SPORT Technique de saut en hauteur consistant à faire tourner le corps au-dessus de la barre. *Rouleau ventral, dorsal.*

roulé-boulé [rulebule] n. m. SPORT Technique de réception au sol employée notam. par les parachutistes, consistant à se ramasser sur soi-même et à se laisser rouler à terre comme une boule. *Des roulés-boulés.*

roulement [rulmɑ̃] n. m. **1.** Mouvement de ce qui roule. **2.** TECH Organe servant à réduire les frottements entre des pièces dont l'une est en rotation, constitué de deux bagues entre lesquelles tournent des billes, des rouleaux ou des aiguilles. *Roulement à billes.* **3.** Bruit sourd et continu produit par qqch qui roule. *Le roulement du train couvrait sa voix.* ▷ Par anal. *Roulement du tonnerre, de tambour.* **4.** *Roulement d'yeux :* mouvement des yeux qui tournent dans leurs orbites. **5.** FIN *Fonds* de roulement.* **6.** Succession, alternance de personnes qui se remplacent pour effectuer certains travaux. Syn. (Suisse) tournus.

rouler [rule] v. **[1] I.** v. tr. **1.** Pousser (une chose) en la faisant tourner sur elle-même. *Rouler un fût.* ▷ Loc. fig., fam. *Rouler sa bosse :* mener une existence vagabonde. **2.** Déplacer (un objet comportant une, des roues). *Rouler une brouette.* – Par ext. *Rouler un invalide dans son fauteuil.* **3.** Enrouler (qqch), en faire un rouleau ou une boule. *Rouler une couverture.* – *Rouler une cigarette,* la fabriquer en roulant du tabac dans une fine feuille de papier. **4.** *Rouler les épaules, les hanches,* les balancer en marchant. (N.B. On emploie aussi la construction intr. : *rouler des épaules, des hanches.*) – *Rouler les yeux,* les diriger d'un côté à un autre en un mouvement circulaire. – (Louisiane) *Rouler un bec :* donner un baiser. **5.** Aplanir au rouleau. *Rouler la pâte.* **6.** Fig. Envisager sous tous les angles, examiner en tournant et en retournant dans son esprit. *Rouler des projets, des pensées dans sa tête.* **7.** Fam. Duper (qqn). *Se faire rouler.* **8.** *Rouler les r,* les prononcer en faisant vibrer la pointe de la langue contre le palais. **9.** AGRIC Pratiquer le roulage*. ▷ (Louisiane) Récolter (la canne à sucre). *Rouler les cannes.* – *Par ext.* Faire du sucre. **10.** BOT Provoquer la roulure*. **II.** v. intr. **1.** Avancer, se déplacer en tournant sur soi-même, en parlant d'un objet de forme ronde. – Prov. *Pierre qui roule n'amasse pas mousse :* V. mousse. **2.** Avancer sur des roues. *Train qui roule à grande vitesse.* – Par ext. *Nous avons roulé toute la nuit.* ▷ Loc. fig. *Rouler sur l'or :* être très riche. **3.** MAR Être balancé par le roulis. *Navire qui tangue et qui roule.* **4.** Circuler rapidement (argent). *Fonds qui roulent.* **5.** Errer sans se fixer. *Passer sa vie à rouler.* **6.** Faire entendre un son sourd et prolongé. «*Comme un bruit de foule qui tonne et qui roule*» (V. Hugo). **7.** Porter sur tel ou tel sujet, en parlant de la conversation. *La discussion roulait sur un problème important.* **8.** (Québec) Venir frayer en bancs près du rivage (en parlant du capelan). *Le capelan roule.* **9.** Loc. (Louisiane) cour. *Laisser le(s) bon(s) temps rouler :* prendre du bon temps, prendre la vie du bon côté. **III.** v. pron. **1.** Se tourner de côté et d'autre, étant couché. *Se rouler dans l'herbe.* – Par exag. *Se rouler par terre (de rire).* **2.** *Se rouler dans* (qqch qui couvre le corps), s'en envelopper. *Se rouler dans un pagne pour dormir.* **3.** Se mettre en boule. *Le hérisson se roule sur lui-même lorsqu'il est effrayé.*

Roulers (en néerl. *Roeselare*), v. de Belgique (Flandre-Occid.); 51980 hab. Centre industriel (chimie, alimentation, électron.). – Égl. des XVe-XVIe s.

roulette [rulɛt] n. f. **1.** Chacune des petites roues qui permettent de faire rouler l'objet auquel elles sont fixées. *Fauteuil à roulettes.* ▷ Fig., fam. *Cela marche comme sur des roulettes,* sans aucune difficulté. **2.** Instrument de relieur, de cordonnier, de pâtissier, etc., muni d'une petite roue dentée et qui sert à faire des marques, des empreintes, à découper, etc. **3.** Jeu de hasard dans lequel une petite boule, lancée dans un plateau tournant comportant des cases numérotées détermine, en retombant, les pertes et les gains des joueurs.

rouleur, euse [rulœʀ, øz] n. **1.** Ouvrier, ouvrière qui va travailler d'atelier en atelier. **2.** n. m. SPORT Cycliste endurant et rapide dont les qualités se révèlent surtout dans les courses sur terrain plat (par oppos. à *grimpeur*). **3.** n. f. (Québec) Fam. Cigarette roulée à la main.

rouli-roulant [rulirulɑ̃] n. m. (Québec) Syn. de *planche* à roulettes. Des rouli-roulants.*

roulis [ruli] n. m. Oscillation d'un navire d'un bord sur l'autre sous l'effet de la houle. *Roulis et tangage.* ▷ Oscillation comparable d'un avion ou d'un véhicule routier.

roulotte [rulɔt] n. f. **1.** Voiture servant de logement aux forains, aux nomades. ▷ *Par ext.* (Québec) Caravane (2). – *Roulotte motorisée :* autocaravane. **2.** Fam. *Vol à la roulotte :* vol d'objets dans des véhicules. **3.** (Polynésie fr.) Fourgon automobile aménagé pour la préparation et la vente foraine de spécialités culinaires.

roulotté [rulɔte] n. m. COUT Ourlet constitué d'un rouleau très fin.

roulotter [rulɔte] v. tr. [1] COUT Faire un roulotté.

roulure [rulyʀ] n. f. **1.** BOT Maladie des arbres qui provoque la séparation et l'enroulement des couches ligneuses. **2.** Grossier, inj. Femme de mauvaise vie.

roumain, aine [rumɛ̃, ɛn] adj. et n. **1.** adj. De la Roumanie. ▷ Subst. *Un(e) Roumain(e).* **2.** n. m. *Le roumain :* la langue romane parlée en Roumanie.

Roumain (Jacques) (1907 – 1944), ethnologue et écrivain haïtien. Créateur de la *Revue indigène* (1927), il fonda le parti communiste haïtien en 1934. Emprisonné deux fois (1929, 1934-1937), il rêva d'une «négritude socialiste». Romans : *la Montagne ensorcelée* (1931), *Gouverneurs de la rosée* (1944). Poésie : *Bois d'ébène* (posth., 1945).

Roumanie (république de), État du S.-E. de l'Europe.

► V. carte et dossier, p. 1486.

Roumélie, nom donné par les Ottomans à la partie européenne de leur empire, qui correspondait à la Thrace* et à la Macédoine* antiques. – Le congrès de Berlin* (juil. 1878) divisa la « Grande Bulgarie » (V. dossier Bulgarie, p. 1389) que la Russie avait tenté de créer par le traité de San* Stefano (mars 1878) et en détacha une province, la Roumélie orientale. Celle-ci, limitée par le Balkan au N., le Rhodope au S., et qui avait Plovdiv* pour cap., devint une principauté autonome, vassale des Ottomans. La Roumélie orientale s'unit à la Bulgarie en 1885. Quand, en 1908, Ferdinand* de Saxe-Cobourg-Gotha rompit tout lien de vassalité avec la Porte et se proclama tsar des Bulgares, elle fut définitivement rattachée à la Bulgarie. La Roumélie bulgare est auj. une importante région agricole (maïs, betterave à sucre, fruits).

roumi [rumi] n. Chrétien, Européen, pour les musulmans. *Une roumi(e).*

round [rund; rawnd] n. m. (Anglicisme) SPORT À la boxe, reprise lors d'un combat.

rounda [runda] n. f. V. ronda.

roupie [rupi] n. f. Unité monétaire de l'Inde, du Sri Lanka, de l'île Maurice, du Népal, des îles Maldives, des Seychelles et du Pākistān.

roupiller [rupije] v. intr. [1] Fam. Dormir.

Rouquette (Dominique) (1810 – 1890), poète louisianais : *Fleurs d'Amérique* (1857). — **Adrien** (1813 – 1887), frère du préc., devint prêtre et chanta la vie d'ermite : *la Thébaïde en Amérique* (1852), *la Nouvelle Atala* (roman, 1879).

rouquin, ine [rukɛ̃, in] adj. et n. Fam. Qui a les cheveux roux. ▷ Subst. *Un(e) rouquin(e).*

rouspéter [ruspete] v. intr. **[14]** Fam. Protester avec vigueur, réclamer.

rouspéteur, euse [ruspetœʀ, øz] n. (et adj.) Fam. Personne qui rouspète fréquemment, grincheux.

roussâtre [rusɑtʀ] adj. Qui tire sur le roux.

Rousseau (Jean-Jacques) (1712 – 1778), écrivain et philosophe genevois de langue française. Fils d'un horloger qui descendait de calvinistes émigrés, il perdit sa mère en naissant. Après divers apprentissages, il émigra en Savoie, où il fut recueilli en 1728 par une jeune femme d'Annecy, Mme de Warens (1700-1762). Converti au catholicisme, il voyagea à pied et exerça divers métiers, avant de retrouver sa protectrice à Chambéry (1732). Son séjour avec elle aux Charmettes (1737-1740) fut idyllique, mais elle se détacha de lui. Il se rendit alors à Paris (1741), connut Voltaire, Grimm et Diderot, qui lui commanda des articles sur la musique pour l'*Encyclopédie**. En 1745 débuta sa liaison avec Thérèse Levasseur, une anc. servante, qu'il épousa en 1768 après avoir eu d'elle cinq enfants, tous abandonnés. En 1750, son *Discours sur les sciences et les arts* le rendit célèbre. Il fit jouer avec succès un opéra, *le Devin du village* (1752). En 1755, son *Discours sur l'origine de l'inégalité parmi les hommes* condamne la société, fondée sur la propriété, source d'inégalité, et lui oppose un «état de nature» originel et idéal. En 1756, accueilli par Mme d'Épinay (amie de Diderot) dans son chalet de l'Ermitage, près de Paris, Rousseau s'éprit de Mme d'Houdetot. Son caractère susceptible, aggravé par une maladie de la vessie, l'amena à rompre avec Mme d'Épinay et avec les encyclopédistes (1757). En 1758, sa violente critique du théâtre *(Lettre à d'Alembert sur les spectacles)* lui attira l'animosité de Voltaire. Hôte à Montmorency (Val-d'Oise) du maréchal de Luxembourg (1758-1762), il acheva *Julie ou la Nouvelle Héloïse* (1761), roman épistolaire préromantique, écrivit *Du contrat social* (1762), traité politique en faveur de la démocratie, et donna *l'Émile* (1762), roman sur l'éducation aux principes modernes. Poursuivi par le parlement pour le passage de l'*Émile* nommé *Profession de foi du vicaire savoyard,* il s'enfuit en Suisse (1762) puis gagna l'Angleterre (1766). De retour en France, il publia un *Dictionnaire de la musique* (1767). Il continua ses *Confessions* (récit de sa vie commencé en 1765, publié en 1782-1789), œuvre qui, à l'observation intime, joint l'énergie du combat, et que complètent les *Dialogues* (*Rousseau juge de Jean-Jacques* [écrits en 1772-1776, publiés en 1789]) et sa *Correspondance*. En 1778, le marquis de Girardin l'accueillit à Ermenonville (Oise), où il acheva *les Rêveries du promeneur solitaire* (commencées en 1776, publiées en 1782) et mourut brusquement. On l'enterra dans l'île des Peupliers à Ermenonville. La Convention fit transporter ses restes au Panthéon en 1794. Son œuvre a inspiré la Déclaration des droits de l'homme (1789); elle annonce le romantisme. Son influence demeure actuelle.

Rousseau (Théodore) (1812 – 1867), peintre français; chef de file de l'école de Barbizon*.

Rousseau (Henri, dit *le Douanier*) (1844 – 1910), peintre français, maître de l'art naïf. Employé à l'octroi de Paris («douanier») de 1871 à 1893, il connut Gauguin, Redon, Picasso : *la Guerre* (1894), *la Charmeuse de serpents* (1907).

Roussel (Albert) (1869 – 1937), musicien français : *le Festin de l'araignée* (ballet, 1913), *Bacchus et Ariane* (ballet, 1931).

Roussel (Raymond) (1877 – 1933), écrivain français. Ses machineries poétiques et romanesques annoncent le surréalisme : *Impressions d'Afrique* (1910), *Locus Solus* (1914), *l'Étoile au front* (théâtre, 1924), *Nouvelles Impressions d'Afrique* (1932).

rousserolle [RusRɔl] n. f. Petit oiseau passériforme d'Europe, d'Afrique du Nord et d'Asie occidentale (genre *Acrocephalus*), proche parent des fauvettes, au plumage beige, qui vit généralement dans les roseaux.

roussette [Rusɛt] n. f. **1.** Grande chauve-souris frugivore des régions tropicales (genres *Pteropus, Eidolon* et voisins). **2.** Petit requin à peau tachetée, appelé aussi *chien de mer*.

rousseur [RusœR] n. f. Couleur rousse. *La rousseur des arbres à l'automne.*

roussi, ie [Rusi] adj. et n. m. **1.** adj. Devenu roux. *Linge roussi par un fer trop chaud.* **2.** n. m. Odeur de ce qui a commencé à brûler. *Ça sent le roussi!*

Roussillon, ancienne province française qui forme auj. le département des Pyrénées-Orientales; cap. *Perpignan**. (V. Languedoc-Roussillon [Région]).
Hist. – Partie de la Narbonnaise* sous l'Empire romain, le Roussillon fut disputé entre le France et l'Espagne, qui le posséda presque sans interruption de 1172 au XVIIe s. : les Français l'occupèrent en 1640 et l'acquirent par la paix des Pyrénées (1659).

roussir [RusiR] v. [3] **I.** v. tr. **1.** Rendre roux (spécial. en brûlant superficiellement). *Roussir un mouchoir en le repassant.* **2.** (Guyane) Rissoler, rôtir à point. *Roussir la viande.* **II.** v. intr. Devenir roux.

roussissement [Rusismɑ̃] n. m. Action, fait de roussir.

Roussy (Gustave) (1874 – 1948), cancérologue français qui fonda en 1913, à Villejuif (Val-de-Marne), l'Institut du cancer, auj. *Institut Gustave-Roussy.*

routage [Rutaʒ] n. m. Groupage en liasses, et par destination, d'imprimés, de journaux, etc., en vue de leur acheminement.

route [Rut] n. f. **1.** Voie terrestre carrossable d'une certaine importance. *Route nationale.* ▷ Absol. *La route :* l'ensemble des routes; l'ensemble des moyens de transport qui utilisent les routes. *Code de la route. Le rail et la route.* **2.** Direction à prendre pour aller quelque part, itinéraire. *Perdre sa route. Les grandes routes maritimes.* – *Faire fausse route :* aller dans la mauvaise direction; fig. faire erreur. ▷ Direction suivie par un navire ou un aéronef. **3.** Parcours, chemin, voyage. *Fleuve qui reçoit six affluents sur sa route. Bonne route! Faire la route à pied.* – *Faire route :* marcher; voyager. ▷ (Afr. subsah.) Fam. *Demander, accorder, donner la route,* la permission de partir. ▷ *Par métaph.* Voie. *La route est toute tracée :* on ne peut douter de la conduite à suivre. **4.** *Mettre en route :* faire démarrer (un moteur, une machine, etc.). ▷ Par ext. *Mettre une affaire en route.*

router [Rute] v. tr. [1] **1.** TECH Faire le routage de. *Router des prospectus.* **2.** MAR, AVIAT Établir la route de (un navire, un avion).

routeur [RutœR] n. m. **1.** TECH Professionnel du routage. **2.** MAR, AVIAT Personne qui route (un navire, un avion).

1. routier [Rutje] n. m. *Un vieux routier :* un homme qui a beaucoup d'expérience (souvent avec une idée de finesse retorse).

2. routier, ère [Rutje, ɛR] adj. et n. **I.** adj. Qui a rapport aux routes, à la route. *Trafic routier. Carte routière.* **II.** n. **1.** n. m. Chauffeur de poids lourds qui effectue de longs trajets. **2.** n. SPORT Cycliste spécialisé dans les épreuves sur route (par oppos. à *pistard*). **3.** n. m. Scout âgé de plus de seize ans. **4.** n. f. Automobile conçue principalement pour faire de longs parcours sur route (et non pour circuler en ville).

routine [Rutin] n. f. **1.** Habitude d'agir et de penser toujours de la même manière. *Être esclave de la routine.* **2.** *Par ext.* Action(s) quotidienne(s), accomplie(s) machinalement et avec une certaine monotonie. **3.** Loc. adj. *De routine :* ordinaire, habituel. *Enquête de routine.*

routinier, ère [Rutinje, ɛR] adj. (et n.) **1.** Qui agit par routine; qui marque de la répugnance à tout changement. ▷ Subst. *Quel routinier!* **2.** Qui se fait par routine. *Travail routinier.*

rouvre [RuvR] n. m. *Rouvre* ou, en appos., *chêne rouvre :* chêne forestier au bois particulièrement dur.

rouvrir [RuvRiR] v. tr. [32] Ouvrir de nouveau. *Rouvrir une valise.* – Fig. *Rouvrir une discussion.*

roux, rousse [Ru, Rus] adj. et n. **1.** D'une couleur entre le jaune orangé et le rouge. *Vache rousse.* – (En parlant de la chevelure, des poils de qqn.) *Tignasse rousse.* ▷ n. m. *Le roux :* la couleur rousse. **2.** Qui a les cheveux roux. *Une fille rousse.* ▷ Subst. Personne rousse. **3.** *Beurre roux,* fondu et cuit jusqu'à devenir roux. ▷ n. m. CUIS Préparation faite avec de la farine et du beurre roussis sur le feu, que l'on utilise pour lier une sauce.

Roux (Émile) (1853 – 1933), médecin français; élève et collaborateur de Pasteur, directeur de l'Institut Pasteur (1904-1933).

Rouyn-Noranda, ville du Québec (rég. admin. de l'Abitibi-Témiscamingue); 27 800 hab. Centre minier (or, cuivre) et métallurgique.

Roy (Gabrielle) (1909 – 1983), romancière québécoise, née au Manitoba : *Bonheur d'occasion* (prix Goncourt 1945), *Alexandre Chênevert, caissier* (1954), *Rue Deschambault* (1955), *la Montagne secrète* (1961), *la Route d'Altramont* (1966), *Ces enfants de ma vie* (1977).

royal, ale, aux [Rwajal, o] adj. **1.** Qui appartient, qui a rapport à un roi. *Palais royal. Autorité, famille royale.* **2.** Qui est digne d'un roi. *Magnificence royale. Un accueil royal.* **3.** Qualifie certaines races ou variétés d'animaux, de végétaux, remarquables par leur beauté, leur taille. *Tigre royal.*

Royal Air Force (R.A.F.), nom donné à l'armée de l'air britannique.

royalement [Rwajalmɑ̃] adv. **1.** De façon royale. *On l'a reçu royalement.* **2.** Fam. *Je m'en moque royalement :* je m'en moque complètement.

royalisme [Rwajalism] n. m. Attachement à la royauté, à la monarchie.

royaliste [Rwajalist] adj. et n. Partisan du roi, de la royauté. ▷ Loc. fig. *Être plus royaliste que le roi :* prendre à cœur les intérêts de qqn plus qu'il ne le fait pour lui-même. ▷ Subst. *Un(e) royaliste.*

royalties [Rwajalti] n. f. pl. (Anglicisme) Redevance payée à un inventeur, un auteur, un éditeur, un propriétaire de gisement de pétrole, etc. Syn. (off. recommandé) redevance.

royaume [Rwajom] n. m. État gouverné par un roi. ▷ *Le royaume de Dieu :* le paradis.

royaumer (se) [ʀwajome] v. pron. [1] (Suisse) **1.** Syn. de *se pavaner.* **2.** Prendre du bon temps.

Royaumes combattants (les), seigneuries indép. en lesquelles la Chine se divisa pendant les deux derniers siècles de la dynastie Zhou. Sept États princiers s'affrontèrent jusqu'à ce que le souverain Qin unifie la Chine en 221 av. J.-C. Pendant cette période de troubles (481-221 av. J.-C.), la pensée chinoise fut paradoxalement très florissante : le confucianisme, le taoïsme, l'école des légistes se développèrent.

Royaume-Uni de Grande-Bretagne et d'Irlande du Nord *(United Kingdom of Great Britain and Northern Ireland),* État insulaire d'Europe occid. au N.-O. de la France (dont la sépare la Manche) et au S.-O. de la Norvège (dont la sépare plus largement la mer du Nord); 244023 km^2; 57500000 hab. (Britanniques); cap. *Londres.* Nature de l'État : monarchie constitutionnelle. Langue : anglais. Monnaie : livre sterling. Relig. : anglicanisme et protestantisme (80 %). Le Royaume-Uni est constitué d'une grande île, la Grande-Bretagne (229903 km^2), divisée en trois pays : l'Angleterre, le pays de Galles et l'Écosse, à laquelle s'ajoute l'Irlande du Nord (14120 km^2) (V. Irlande).
Géogr. phys. et hum. – Le pays s'étire sur env. 1000 km du N. au S. : aucun point n'est à plus de 120 km de la mer; le climat océanique humide, doux en hiver, frais en été, est propice aux herbages. Les hautes terres, rudes, ventées, humides et couvertes de landes, occupent le N. et l'O. Ces vieux massifs peu élevés ont été modelés par les glaciers quaternaires : lacs allongés d'Écosse (les lochs), littoral rocheux et découpé. Ils groupent moins de 10 % des hab., sur près de 50% de l'île. Les bas pays, moins humides et plus fertiles, concentrent pop. et villes : Lowlands d'Écosse, bassins houillers centraux (Yorkshire, Lancashire, Midlands) et, surtout, bassin de Londres. Le littoral rectiligne, bas ou à falaises, est ouvert sur de grands estuaires (Tamise). Le pays a connu une urbanisation précoce et intense (92 % de citadins). À une émigration massive (12 millions de départs depuis 1840) a succédé une immigration importante à partir de 1930; les ressortissants du Commonwealth ont afflué de 1950 à 1975. La pop. vieillissante (16 % de plus de 65 ans) compte 2 millions d'étrangers et la croissance est faible.
Écon. – Aujourd'hui 7e puissance écon. mondiale, après avoir dominé le monde au siècle dernier, le Royaume-Uni garde les caractères d'une économie avancée, l'activité tertiaire jouant un rôle clé : 71 % des actifs, 64 % du P.N.B. (finance internationale, courtage, assurances, ainsi que recherche, communication, culture). L'agriculture est modeste (un peu plus de 2 % des actifs), mais compétitive. Berceau de la révolution industrielle, le pays a connu, dès les années 60, une grave désindustrialisation, touchant le charbonnage, la sidérurgie, le textile et les chantiers navals, puis, dans les années 70, la pétrochimie des estuaires et l'automobile. L'exploitation du pétrole et du gaz de la mer du Nord, à partir de 1974 (9e et 5e rang mondial), a dynamisé les régions côtières du Nord-Est (Aberdeen). Auj., l'industrie (22 % des actifs) s'est reconvertie dans la haute technologie et bénéficie des implantations japonaises destinées à pénétrer le marché européen. Le retour au pouvoir des conservateurs (Thatcher) en 1979 fut autoritaire : coupes budgétaires, lutte contre les syndicats, privatisations. Les succès ont été notables mais le niveau de vie des classes pop. a baissé. Le Royaume-Uni a marqué longtemps son indépendance vis-à-vis de la C.É.E., dont il est membre depuis 1973; son économie s'arrime à celle de l'Union européenne (50 % des échanges) et le tunnel sous la Manche, ouvert en 1994, renforce l'intégration.
Hist. – La population brit. est issue d'invasions successives qui se poursuivirent jusqu'au XIe s. En 55 av. J.-C., J. César fit un raid sur l'île de Bretagne, peuplée de Celtes (Pictes, Scots, Bretons). La conquête jusqu'à la Clyde (Écosse) fut assurée au Ier s. apr. J.-C. L'évangélisation commença au IVe s. La prov. de Bretagne, abandonnée par les Romains (407), fut envahie par les Angles et les Saxons, qui repoussèrent les Celtes vers l'ouest et s'installèrent dans le sud et le centre de l'île (Angleterre). Une partie des Celtes passèrent alors en Armorique et lui donnèrent le nom de Bretagne. Ravagée par les Vikings, l'île fut soumise par les Danois de Knud le Grand (1017-1035), puis par les Normands de Guillaume le Conquérant qui, vainqueur à Hastings (1066), fonda le puissant royaume anglo-normand. Dès le XIIe s., les Plantagenêts s'opposèrent aux rois de France, dont ils étaient les vassaux à cause de leurs vastes domaines continentaux. Après sa défaite à Bouvines, Jean sans Terre octroya aux barons révoltés la Grande Charte (1215), suivie, sous Henri III, des provisions d'Oxford (1258). L'Angleterre, ayant conquis l'Irlande en 1175, assura sa domination sur le pays de Galles en 1284. Édouard III, revendiquant la couronne française, déclencha la guerre de Cent Ans (1337-1453), au terme de laquelle l'Angleterre perdit ses biens continentaux. De 1450 à 1485, elle fut déchirée par la guerre des Deux-Roses jusqu'à l'accession au pouvoir des Tudors (1485). Henri VIII (1509-1547) se déclara unique «chef de l'Église d'Angleterre» (Acte de suprématie, 1534), et il fonda l'Église dite «anglicane». Sa fille Élisabeth Ire (1558-1603) affermit la puissance maritime anglaise, notam. contre l'Espagne. Elle mourut célibataire et sans enfants, et Jacques Ier Stuart, roi d'Écosse, devint roi d'Angleterre (1603-1625). Au XVIIe s., l'absolutisme des Stuarts fut violemment combattu par le Parlement, conflit aggravé par l'opposition des calvinistes (les puritains) au roi Charles Ier, catholique convaincu. La guerre civile, après 1642, fut dominée par Cromwell, qui fit exécuter Charles Ier pour établir une république (1649-1653), se faisant nommer «lord-protecteur» (1653-1658). Restaurés en 1660, les Stuarts renoncèrent à l'absolutisme mais le catholicisme de Jacques II (1585-1588) provoqua une révolution sans violences. Débarqué en 1688, Guillaume d'Orange devint régent du royaume. C'était le début de la monarchie constitutionnelle et du régime parlementaire (Déclaration de droits de 1689). En 1701, l'Acte de succession promit la couronne à la famille de Hanovre : George Ier monta sur le trône en 1714. En 1707, l'Acte d'Union unit l'Écosse à l'Angleterre. À partir de 1750, une puissante révolution agric. et industr. plaça le pays à la tête du progrès technique et la G.-B. développa sa puissance coloniale. Par les traités d'Utrecht (1713) et de Paris (1763), la France lui avait abandonné la majorité de ses possessions en Amérique et aux Indes. Toutefois, les colonies angl. d'Amérique, avec l'aide armée de la France, obtinrent leur indép. en 1783. En 1800, la G.-B. scella son union avec l'Irlande et devint le Royaume-Uni de Grande-Bretagne et d'Irlande. La G.-B. fut l'âme des coalitions contre la France jusqu'à la chute de Napoléon Ier; par les traités de 1814 et 1815, elle acquit Malte, Le Cap, etc. Au XIXe s., elle fut la plus grande puissance écon. du monde, maîtresse des mers et championne du libre-échange. Le long règne de Victoria (1837-1901) est celui de l'apogée de l'Empire britannique qui accorda l'autonomie à des dominions (Canada, Australie, Afrique du Sud). Alliée de la France, elle remporta la Première Guerre* mondiale (1914-1918) contre l'Allemagne et l'Autriche, mais la crise économique et sociale commença dès 1920 et engendra le protectionnisme. La plus grande partie de l'Irlande forma un État libre, en 1922. L'Empire acheva de se transformer en Commonwealth (1931). Après des hésitations à l'égard de l'Allemagne nazie (Munich, sept. 1938), la G.-B. s'allia, avec la France, à la Pologne et déclara la guerre à l'Allemagne en septembre 1939. W. Churchill fut Premier ministre de 1940 à 1945. Le pays, affaibli par le conflit et marqué par le vieillissement de son infrastructure industr., fut bouleversé par les réformes sociales et économiques du gouvernement travailliste de C. Attlee (1945-1951). La décolonisation commença : la G.-B. perdit son vaste empire. Élisabeth II succéda à son père, George VI, en 1952. Les conservateurs (1951-1964, 1970-1974 et dep. 1979) alternèrent avec les travaillistes; ils votèrent en 1971 l'entrée de la G.-B. dans la C.É.E. Tous ces gouvernements doivent faire face à la crise écon. et au conflit meurtrier qui oppose cathol. et protestants en Irlande du Nord depuis 1969. M. Thatcher (Premier ministre de 1979 à 1990) a appliqué brutalement une politique libérale et la «Dame de fer» a agi de même contre l'Argentine dans l'affaire des Falkland* (1982). Le conservateur John Major lui a succédé en nov. 1990. Moins intransigeant que M. Thatcher, il devint toutefois impopulaire. En 1993, il parvint à faire ratifier le traité de Maastricht. En 1994-1995, la paix en Irlande* du N. semblait proche, mais l'I.R.A. a commis en fév. 1996 un attentat à Londres. En mai 1997, les travaillistes remportèrent les élections; Tony Blair, qui avait vigoureusement rénové le parti, devint Premier ministre.

royauté [ʀwajote] n. f. **1.** Dignité de roi. *Renoncer à la royauté.* **2.** Régime monarchique. *Le déclin de la royauté.*

Rozebeke, commune de Belgique (Flandre-Orient.) à l'E. d'Oudenarde. – Victoire de l'armée du roi de France Charles VI sur les habitants de Gand révoltés contre le comte de Flandre. Philippe Van Artevelde*, qui les commandait, y fut tué (27 nov. 1382).

R.P.R. Sigle de *Rassemblement* pour la République.*

-rragie ou, VX, **-rrhagie.** Élément, du gr. *-rragia,* «briser», au pass. «jaillir».

-rr(h)ée. Élément, du gr. *-rroia,* de *rhein,* «couler».

R.-U. Abrév. de *Royaume-Uni.*

ruade [ʀyad] n. f. Action de ruer, mouvement d'une bête qui rue.

Ruanda. V. carte et dossier Rwanda, p. 1490.

ruandais, aise [ʀwɑ̃dɛ, ɛz] adj. et n. V. rwandais, aise.

Ruanda-Urundi, anc. territoire de l'Afrique-Orientale allemande, placé en 1919 sous mandat de la Belgique, décision confirmée par la S.D.N. en 1922. En 1961, il a été partagé en deux États, le Rwanda et le Burundi, indépendants depuis 1962.

ruban [ʀybɑ̃] n. m. **1.** Bandelette de tissu, mince et étroite. *Abat-jour orné d'un ruban de soie.* **2.** Petit morceau de tissu que l'on porte à la boutonnière comme insigne de décoration. **3.** Bande étroite (de métal, de tissu, etc.). *Ruban d'une machine à écrire. Scie à ruban. Ruban d'arpenteur.*

rubéfaction [ʀybefaksjɔ̃] n. f. **1.** MED Congestion de la peau provoquée dans un but thérapeutique (par frictions, révulsifs, etc.). **2.** PEDOL Coloration du sol en rouge, dans les pays tropicaux, due à la déshydratation des oxydes de fer.

rubellite [ʀybɛl(l)it] n. f. MINER Variété de tourmaline souvent rouge.

Ruben, dans la Bible, fils aîné de Jacob, chef de l'une des douze tribus d'Israël.

Rubens (Pierre Paul) (1577 - 1640), peintre flamand. Fils d'un échevin calviniste d'Anvers réfugié à Cologne, il fut apprenti dans plus. ateliers de 1591 à 1600. Il partit alors pour l'Italie. Revenu à Anvers (1609), il se dégagea des influences italiennes. Peintre officiel (1609) de l'archiduc Albert, gouverneur espagnol des Pays-Bas, il reçut des commandes de l'Europe entière. Vers 1619-1620, il installa un vaste atelier, où il eut de nombr. collaborateurs. De 1621 à 1625, il peignit à Paris les 21 grandes toiles de l'*Histoire de Marie de Médicis.* En 1626, sa femme Isabelle Brant mourut. Chargé par l'infante Isabelle d'Espagne de missions diplomatiques, il voyagea (1627-1630). À son retour, il épousa la jeune Hélène Fourment et reprit la peinture : *Mariage de sainte Catherine,* portraits (*Hélène Fourment et ses enfants,* Louvre), nus mythologiques *(les Trois Grâces),* paysages, bacchanales, noces villageoises, fêtes galantes.

rubéole [ʀybeɔl] n. f. Maladie infectieuse, épidémique et contagieuse, due à un virus, fréquente chez l'enfant. *La rubéole de la femme enceinte peut provoquer des malformations fœtales.*

rubiacées [ʀybjase] n. f. pl. BOT Famille de plantes dicotylédones gamopétales aux feuilles opposées et munies de stipules. (Les rubiacées, nombreuses dans les régions tropicales, sont très utilisées pour leurs propriétés médicinales.) *Le caféier, le quinquina sont des rubiacées.* – Sing. *Une rubiacée.*

Rubicon (le), rivière tributaire de l'Adriatique, qui séparait la Gaule cisalpine de l'Italie. Après la conquête des Gaules, César franchit le Rubicon pour marcher contre Pompée (50 av. J.-C.). Il transgressa cet interdit en s'écriant : *Alea jacta est!* («Les dés ont été jetés», ou «Le sort en est jeté»). – Loc. *Franchir le Rubicon :* prendre une décision irrévocable et périlleuse.

rubicond, onde [ʀybikɔ̃, ɔ̃d] adj. Très rouge de teint. *Visage rubicond.*

rubidium [ʀybidjɔm] n. m. CHIM Élément métallique (symbole Rb) de numéro atomique Z = 37. – Métal (Rb) blanc brillant. *Très réducteur, le rubidium se rapproche du potassium.*

rubigineux, euse [ʀybiʒinø, øz] adj. Didac. **1.** Couvert de rouille. **2.** Qui a la couleur de la rouille.

Rubinstein (Anton Grigorievitch) (1829 - 1894), compositeur et pianiste russe.

Rubinstein (Arthur) (1887 - 1982), pianiste amér. d'origine polonaise.

rubis [ʀybi] n. m. **1.** Pierre précieuse rouge, variété de corindon coloré par l'oxyde de chrome. – Bijou fait avec cette pierre. **2.** Pierre rouge semi-précieuse. *Le rubis de Bohême est un grenat.* **3.** HORL Monture de pivot en pierre dure, dans un rouage de montre, d'horlogerie. **4.** Loc. fig. *Payer rubis sur l'ongle :* payer comptant ce qu'on doit.

rubrique [ʀybʀik] n. f. Ensemble d'articles publiés régulièrement par un périodique, traitant d'un même domaine. *La rubrique des faits divers, la rubrique diplomatique.* ▷ *Sous telle rubrique :* sous tel titre, dans telle catégorie. *Vous trouverez les bottes à la rubrique «vêtements» du catalogue.*

ruche [ʀyʃ] n. f. **1.** Habitation des abeilles, naturelle ou construite par l'homme. *Ruche en paille, en bois.* ▷ Ensemble formé par une habitation et une colonie d'abeilles. *Ruche orpheline,* qui n'a plus de reine. *Ruche bourdonneuse,* dont le couvain ne comporte que des œufs de mâles. **2.** Fig. Lieu où règne une activité intense. *Les jours de marché, la ville est une ruche.* **3.** Bande plissée de tulle, de dentelle, etc., qui sert de garniture.

ruché [ʀyʃe] n. m. COUT Étoffe plissée en ruche (sens 3).

ruchée [ʀyʃe] n. f. Population d'une ruche.

1. rucher [ʀyʃe] v. tr. [**1**] COUT Plisser en ruche (sens 3).

2. rucher [ʀyʃe] n. m. Ensemble des ruches d'une même exploitation.

Rūdakī (fin du IXe s. - 940), poète persan.

rude [ʀyd] adj. **I.** (Choses) **1.** Dont le contact est dur, désagréable. *Barbe, étoffe rude.* **2.** Difficile à supporter, pénible. *Hiver rude. Une rude épreuve. Métier rude.* **3.** Dur, sévère. *Une règle bien rude.* **II.** (Personnes) **1.** Fruste, mal dégrossi. *Un homme rude.* **2.** Endurci par des conditions d'existence difficiles. *Un rude montagnard.* **3.** Sévère et brutal. *Il est très rude avec ses enfants.* **4.** (Toujours avant le nom.) Redoutable. *Un rude jouteur.*

Rude (François) (1784 - 1855), sculpteur français romantique : *le Départ des volontaires de 1792,* dit cour. *la Marseillaise* (1833-1835, haut-relief sur le pied-droit de l'Arc de triomphe, à Paris).

rudement [ʀydmɑ̃] adv. **1.** De façon rude. *Être rudement traité.* **2.** Fam. Beaucoup, très. *J'ai rudement faim.*

rudesse [ʀydɛs] n. f. **1.** Caractère de ce qui est rude. *Rudesse d'une matière.* **2.** Caractère d'une personne rude; brutalité, dureté. *Il gêne ses proches par la rudesse de ses manières.*

rudiment [ʀydimɑ̃] n. m. **1.** (Plur.) Premières notions d'une science, d'un art. *Les rudiments de la chimie.* **2.** BIOL Forme ébauchée ou atrophiée d'un organe. *Rudiment d'aile.*

rudimentaire [ʀydimɑ̃tɛʀ] adj. **1.** Peu développé. *Savoir rudimentaire.* ▷ Sommaire. *Confort rudimentaire.* **2.** BIOL À l'état de rudiment (sens 2). *Organe rudimentaire.*

rudistes [ʀydist] n. m. pl. PALEONT Sous-ordre de mollusques lamellibranches fossiles à coquille épaisse (jurassique et crétacé). – Sing. *Un rudiste.*

rudoiement [ʀydwamɑ̃] n. m. Litt. Action de rudoyer.

rudoyer [ʀydwaje] v. tr. [**23**] Traiter rudement.

rue [ʀy] n. f. **1.** Voie bordée de maisons, dans une agglomération. ▷ *Être à la rue :* être sans domicile; être dans la misère. – *L'homme de la rue :* le citoyen ordinaire. **2.** Par méton. *La rue :* les habitants d'une rue. *Toute la rue était aux balcons.* **3.** *La rue :* lieu de manifestations, d'émeutes; *par ext.,* ces mouvements eux-mêmes. *La rue alors imposait sa loi.* **4.** Espace, passage en couloir. ▷ THEAT Espace entre deux coulisses.

ruée [ʀɥe] n. f. Action de se ruer; fait de se précipiter en nombre vers un même lieu. *La ruée vers l'or.*

ruelle [ʀɥɛl] n. f. **1.** Petite rue étroite. *La ruelle derrière l'église.* **2.** Espace laissé entre un lit et un mur ou entre deux lits. ▷ LITTER Aux XVIe et XVIIe s., chambre à coucher, alcôve où l'on tenait salon. *Les précieuses recevaient leurs visiteurs dans leurs ruelles.*

Ruelle (David) (né en 1935), physicien français d'origine belge. Ses travaux portent sur la thermodynamique, sur le hasard et sur le chaos déterministe : *la Mécanique statistique* (1969), *Hasard et Chaos* (1991).

ruer [ʀɥe] v. [**1**] **1.** v. intr. Lancer en l'air avec force les pieds de derrière (en parlant d'un cheval, d'un âne, etc.). ▷ Loc. fig. (Personnes) *Ruer dans les brancards :* se rebeller. **2.** v. pron. Se lancer vivement, impétueusement. *Se ruer sur qqn, à l'attaque, vers la sortie.*

Rufiji (le), fleuve qui traverse le centre de la Tanzanie et se jette dans l'océan Indien; 880 km.

Rufisque, v. et port du Sénégal, sur l'Atlantique, près de Dakar; env. 150 000 hab. Centrale thermique. Cimenterie, huilerie, textile.

Rugambwa (Laurean) (né en 1912), prélat tanzanien, le premier cardinal noir (1960).

rugby [ʀygbi] n. m. Sport qui oppose deux équipes de quinze joueurs (ou de treize joueurs : *jeu à XIII* ou, abusiv., *rugby à XIII*) et qui se joue avec un ballon ovale, à la main ou au pied.

Rugby, ville d'Angleterre (Warwickshire); 83 400 hab. Collège où l'on joua pour la première fois au *rugby* (1823).

rugbyman [ʀygbiman], plur. **rugbymen** [ʀygbimɛn] n. m. (Faux anglicisme.) Joueur de rugby.

rugir [ʀyʒiʀ] v. [**3**] **I.** v. intr. **1.** Pousser un rugissement (sens 1). ▷ Fig. *La tempête rugit.* **2.** Hurler, vociférer. *Rugir de colère.* **II.** v. tr. Dire en criant, en menaçant. *Rugir des insultes.*

rugissement [ʀyʒismɑ̃] n. m. **1.** Cri du lion et, par ext., de bêtes féroces. ▷ Fig. *Le rugissement des flots.* **2.** Cri, hurlement d'une personne. *Des rugissements de fureur.*

rugo [Rugo] n. m. V. rougo.

rugosité [Rygɔzite] n. f. **1.** Petite aspérité sur une surface. **2.** Caractère d'une surface rugueuse.

rugueux, euse [Rygø, øz] adj. Qui est rude au toucher; qui présente des rugosités.

Ruguru. V. Luguru.

Rugwero ou **Rweru,** lac frontalier entre le Burundi et le Rwanda, bordé par une région riche en minerai d'étain (cassitérite).

Ruhr (la), rivière d'Allemagne (235 km), affl. du Rhin (r. dr.). – Elle a donné son nom au riche foyer industriel qu'elle traverse, entièrement inclus dans le Land de Rhénanie*-du-Nord-Westphalie et communément appelé *bassin de la Ruhr* ou *Ruhr.* Fondée sur l'extraction du charbon, l'industrie s'y est développée puissamment à partir de 1850. Auj., la Ruhr a réduit sa prod. de charbon et perdu 200 000 emplois entre 1961 et 1981; le taux de chômage y est le double de la moyenne nationale. Au confl. Rhin-Ruhr, Duisburg-Ruhrort est le premier port fluvial d'Europe; au S., Düsseldorf constitue la cap. admin. et fin. de la région. Celle-ci, bien que la densité dépasse 1 200 hab./km^2 (5 400 000 hab. sur 4 500 km^2), possède de vastes espaces verts. Depuis 1960, cinq universités y ont été fondées et la vie culturelle est l'une des plus brillantes de l'Europe occidentale.
Hist. – Comme l'Allemagne tardait à exécuter les réparations prévues par le traité de Versailles, la France occupa le 8 mars 1921 Düsseldorf et Duisburg puis, avec l'accord de la Belgique et de l'Italie (mais non de la G.-B.), toute la Ruhr (11 janvier 1923). En 1924, l'adoption du plan Dawes* organisa le départ des troupes étrangères. L'impopularité de cette occupation contribua au succès ultérieur du nazisme.

ruine [Rɥin] n. f. **1.** (Surtout au plur.) Débris d'une ville, d'un édifice détruits. *Les ruines de Carthage.* **2.** Dégradation, écroulement d'un édifice. *Bâtiment qui menace ruine, qui tombe en ruine.* **3.** Fig. Effondrement, destruction. *La ruine d'un État.* – *Être la ruine de :* être la cause même de la destruction, de la perte de. *Cette faute sera la ruine de son crédit.* **4.** Perte des biens, de la fortune. *Ruine d'un banquier, d'une entreprise.* **5.** Personne dans un état de grande dégradation physique ou morale. *Cet homme n'est plus qu'une ruine.*

ruiner [Rɥine] v. tr. [**1**] **1.** Litt. Ravager, détruire. *L'averse a ruiné la moisson.* **2.** Fig. Causer la ruine (sens 3) de. *Ruiner une carrière.* – v. pron. *Il se ruine la santé.* ▷ Infirmer, réduire à rien. *Ruiner une hypothèse.* **3.** Faire perdre sa fortune à (qqn). *Le krach l'a ruiné.* ▷ v. pron. *Il s'est ruiné par amour du jeu.* – Dépenser trop. *Il se ruine en voyages.*

ruineux, euse [Rɥinø, øz] adj. Qui cause la ruine, qui entraîne à des dépenses excessives. *Plaisirs ruineux.*

ruiniforme [Rɥinifɔrm] adj. GEOL Se dit des roches ou des reliefs auxquels l'érosion a donné un aspect de ruine.

Ruisdael (Jacob Van). V. Ruysdael.

ruisseau [Rɥiso] n. m. **1.** Petit cours d'eau. **2.** *Ruisseau de :* flot de liquide qui coule. *Des ruisseaux de larmes.* **3.** Eau qui coule au milieu d'une rue ou le long des trottoirs; caniveau où elle coule. ▷ Fig. Origine misérable, situation avilissante. *Tirer qqn du ruisseau.*

ruisselant, ante [Rɥislɑ̃, ɑ̃t] adj. Qui ruisselle. *Manteau ruisselant de pluie.*

ruisseler [Rɥisle] v. intr. [**19**] **1.** Couler en filets d'eau. *Larmes qui ruissellent.* **2.** *Ruisseler de :* avoir sur soi (un liquide qui coule en filets). *Ruisseler de sueur.* ▷ Fig. *Ruisseler de lumières.*

ruisselet [Rɥislɛ] n. m. Litt. Petit ruisseau.

ruissellement [Rɥisɛlmɑ̃] n. m. **1.** Fait de ruisseler. ▷ Fig. *Un ruissellement de lumière.* **2.** GEOL Écoulement des eaux pluviales sur une pente. *Ruissellement en nappe. Eaux de ruissellement.*

rumb [Rɔ̃b] n. m. V. rhumb.

rumba [Rumba] n. f. Danse afro-cubaine; air sur lequel on la danse.

rumen [Rymɛn] n. m. ZOOL Premier estomac des ruminants. Syn. panse.

rumeur [Rymœr] n. f. **1.** Bruit confus de voix. *Rumeur d'un auditoire.* ▷ *Par anal.* Bruit sourd, lointain. *La rumeur de la mer.* **2.** Bruit, nouvelle qui court dans le public. *Ce n'est encore qu'une rumeur. Nouvelle répandue par la rumeur publique.* **3.** Murmure de mécontentement. *Rumeurs diverses dans la salle.*

Rumford (Benjamin Thompson, comte) (1753 – 1814), physicien américain. Installé en France, il étudia les phénomènes liés à la chaleur.

ruminant, ante [Ryminɑ̃, ɑ̃t] adj. et n. m. **1.** adj. Qui rumine. *Mammifère ruminant.* **2.** n. m. pl. ZOOL Sous-ordre de mammifères artiodactyles (bovidés, camélidés, cervidés, etc.) pourvus d'un appareil digestif propre à la rumination. – Sing. *Un ruminant.*

rumination [Ryminasjɔ̃] n. f. **1.** Chez les ruminants, action de ramener les aliments, après une première déglutition, de la panse dans la bouche pour les mâcher de nouveau. **2.** Fig. Fait de ressasser.

ruminer [Rymine] v. tr. [**1**] **1.** Opérer la rumination. **2.** Fig. Penser et repenser à (qqch), ressasser. *Ruminer un dessein.*

Rummel ou **Rhumel** (oued), fl. de l'Algérie occid. (250 km); tributaire de la Méditerranée. Né en Petite Kabylie, il coule au fond de la gorge de Constantine et devient ensuite l'*oued el-Kebir.*

rumsteck [Rɔmstɛk] n. m. V. romsteck.

Rundi, population établie dans l'est de la rép. dém. du Congo (env. 1 600 000 personnes). Ils parlent une langue bantoue, le kirundi, parlée par les habitants du Burundi.

Rungwe (mont), sommet du S. de la Tanzanie, dans les monts Livingstone; 3 175 m.

ruolz [Ryɔlts; Rɥɔls] n. m. TECH Alliage blanc, composé de cuivre, de nickel et d'argent.

Rupel (le), riv. de Belgique (Flandre-Occid.), affl. de l'Escaut (r. dr.), formée par la Dyle, la Nèthe et la Demer; 12 km. Importante voie d'eau navigable reliée au canal Albert.

rupestre [Rypɛstr] adj. **1.** BOT Qui croît sur les rochers. *Plante rupestre.* **2.** Exécuté sur ou dans des rochers. *Tombe rupestre.* ▷ *Peintures rupestres :* peintures sur les parois des cavernes.

Rupert (le), fl. du Québec (600 km); issu du lac Mistassini, il se jette dans la baie de James.

rupiah [Rypja] n. f. Unité monétaire de l'Indonésie.

rupteur [Ryptœr] n. m. ELECTR Appareil d'ouverture et de fermeture du circuit primaire dans une bobine d'induction (utilisé notam. pour produire l'étincelle aux bougies d'un moteur).

rupture [Ryptyr] n. f. **1.** Action de rompre, fait de se rompre; son résultat. *Rupture d'une branche, d'un câble.* ▷ MED Déchirure subite d'un vaisseau, d'un organe. *Rupture d'anévrisme.* **2.** Cessation, changement brusque. *Rupture d'équilibre, de rythme.* – *En rupture de stock :* les marchandises d'un stock étant devenues insuffisantes pour satisfaire les commandes. – *Rupture de charge :* transbordement de marchandises d'un véhicule à un autre. ▷ Fait d'annuler (un engagement, un projet, etc.). *Rupture de contrat.* **3.** Séparation de personnes qui étaient liées.

rural, ale, aux [Ryral, o] adj. et n. **1.** adj. Relatif à la campagne, aux personnes qui l'habitent. *Vie rurale. Monde rural. Exode rural.* ▷ Subst. (Surtout au plur.) Habitant de la campagne. *Les ruraux.* **2.** n. m. (Suisse) Bâtiment d'une exploitation agricole.

ruralisme [Ryralism] n. m. Idéalisation de la vie à la campagne.

rurbain, aine [Ryrbɛ̃, ɛn] adj. SOCIOL Influencé à la fois par la vie rurale et par la vie urbaine.

rurbanisation [Ryrbanizasjɔ̃] n. f. SOCIOL Phénomène de peuplement des villages proches des villes par des personnes travaillant dans celles-ci.

ruse [Ryz] n. f. **1.** Artifice, moyen habile dont on se sert pour tromper. *Ruse de guerre :* stratagème pour tromper l'ennemi. **2.** Habileté à tromper, à feindre, à agir de façon artificieuse. *Vaincre par la ruse.*

Ruse, v. du N.-E. de la Bulgarie, sur la rive dr. du Danube, reliée à la ville roumaine de Girgiu par le pont de l'Amitié (routier et ferroviaire); 170 200 hab. Port fluvial. Centre industriel.

rusé, ée [Ryze] adj. et n. **1.** Qui a de la ruse. ▷ Subst. *C'est une rusée.* **2.** Qui dénote la ruse. *Air rusé.*

ruser [Ryze] v. intr. [**1**] Agir avec ruse; employer des ruses.

rush, plur. **rushes** [Rœʃ] n. m. (Anglicisme) **I. 1.** SPORT Ruée d'un groupe de joueurs; effort final d'un concurrent. **2.** Afflux. *Le rush des vacanciers.* **II.** CINE, AUDIOV (Surtout au plur.) Prises de vue avant montage. Syn. (off. recommandé) épreuve de tournage.

Rushmore (mont), site des États-Unis (Dakota du Sud) où sont sculptées, dans le granite, les têtes (d'environ 20 m de haut) des prés. G. Washington, Th. Jefferson, A. Lincoln et Th. Roosevelt.

Rusizi. V. Ruzizi.

Ruskin (John) (1819 – 1900), écrivain, critique d'art, sociologue et aquarelliste anglais. Son esthétique exerça une influence considérable (*les Pierres de Venise,* 1851-1853; *Sésame et les lys,* 1865; *la Bible d'Amiens,* 1880-1885).

russe [Rys] adj. et n. **1.** De l'ancien Empire russe ou de la Russie. ▷ Subst. Sujet de l'ancien Empire russe ou citoyen de la Russie. ▷ *Les Russes blancs :* les Russes hostiles à la révolution de 1917. ▷ n. m. *Le russe* : la langue slave parlée en Russie. **2.** *Montagnes* russes. – Salade* russe.*

Russell (Bertrand, 3e comte) (1872 – 1970), mathématicien et philosophe britannique. Il approfondit les principes du raisonnement mathématique. Il dénonça les crimes et injustices commis notam. contre le tiers monde. P. Nobel de littérature 1950.

Russell (Henry Norris) (1877 – 1957), mathématicien et astronome américain, auteur, avec Hertzsprung*, du *diagramme de Hertzsprung-Russell.*

Russie (Fédération de), État d'Europe et d'Asie, limité à l'O. par la Finlande, l'Estonie, la Lettonie, la Biélorussie et l'Ukraine, au S. par la Géorgie, l'Azerbaïdjan, le Kazakhstan, la Mongolie et la Chine, et baigné par la mer Baltique à l'O., la mer Blanche et l'océan Arctique au N., la mer Noire et la mer Caspienne au S., et l'océan Pacifique à l'E.; premier État du monde par la superficie (17075 400 km^2); 149 millions d'hab.; cap. *Moscou.* Nature de l'État : rép. présidentielle. Langue off. : russe. Monnaie : rouble. Rel. : orthodoxie (dominante) et islam.

Observations. – Après s'être longtemps confondue avec l'empire tsariste, puis soviétique, la Russie a entamé une importante mutation qui a profondément modifié ses structures et son fonctionnement. L'ancienne République socialiste fédérative soviétique de Russie, libérée du système soviétique (déc. 1991), se veut néanmoins l'héritière légitime de l'U.R.S.S. Depuis 1993, la Fédération comprend 89 entités : 21 républiques, 49 régions (*oblast*), 10 arrondissements autonomes (*okroug*), 6 territoires de la frontière (*kraï*), 1 région autonome et 2 villes fédérales (Moscou et Saint-Pétersbourg).

Géogr. phys. et hum. – La Russie, qui s'étend sur près de 10000 km d'O. en E. et plus de 4000 km du N. au S., est formée essentiellement de plaines et de plateaux. Les montagnes regroupent la chaîne de l'Oural (culminant à 1894 m) qui s'étend sur 2400 km du N. au S. et marque la limite traditionnelle entre la Russie d'Europe et la Russie d'Asie; la chaîne du Caucase (culminant à 5642 m); la chaîne de l'Altaï (culminant à 4506 m) située aux confins de la Mongolie et de la Chine; les chaînes et les arcs montagneux de la Sibérie orientale (monts Verkhoïansk, Kamtchatka, etc.). La plaine à l'O. de l'Oural est arrosée par le Don et la Volga. La steppe au sol noir fertile (tchernoziom) occupe une grande partie de la Russie méridionale et se prolonge de manière discontinue au-delà de l'Ob. On distingue du N. au S. : la toundra (moins étendue dans la partie européenne), la taïga, la forêt mixte et les steppes herbacées. La Sibérie, aux hivers extrêmes, dispose d'abondantes réserves d'eau (Ob-Irtych, Ienisseï, Lena, Amour, lac Baïkal, etc.). Les écarts de température peuvent atteindre 70 °C entre la partie méridionale et le N.-E. de la Sibérie. La dureté de ce climat explique la faible densité moyenne de la population (8,6 hab./km^2) et le fort peuplement à l'O. de l'Oural (326 hab./km^2 dans le région de Moscou). La population de la Russie, majoritairement russe (85 %), comporte de nombreuses minorités : Ukrainiens, Tatars, Tchouvaches, Biélorusses, etc. qui représentent environ 30 millions de personnes. Plus de 70 % de la population est urbanisée.

Écon. – La Russie a hérité des problèmes économiques de l'U.R.S.S. liés à une planification rigide de l'industrie et de l'agriculture et à un important appareil bureaucratique de plus en plus corrompu au fil des années. Son industrie lourde, aux équipements obsolètes, le développement très insuffisant des industries de transformation (électronique, automobile), la fin des échanges avec les pays de l'Est (qui étaient des clients et des fournisseurs obligatoires) laissent la Russie en position de faiblesse face à la concurrence internationale. Elle doit également affronter des difficultés objectives, notam. le climat et la grande distance qui sépare ses principales sources d'énergie (en Sibérie) de son noyau industriel situé princ. en Russie d'Europe. Depuis 1990, la production industrielle ne cesse de diminuer; les réformes économiques piétinent, elles subissent le contrecoup des luttes pour le pouvoir entre le président Eltsine et ses opposants, majoritaires au Parlement. La réforme de l'agriculture est bloquée; si la Russie figure parmi les premiers pays producteurs d'orge et de blé, les rendements agricoles sont faibles et le déficit de la balance agricole représentait 1,6 % du P.N.B. en 1996. Néanmoins, sa richesse minière constitue un atout considérable : la Russie est au 1er rang mondial pour les réserves de gaz, au 8e rang pour les réserves de pétrole, et parmi les cinq premiers pays pour la production d'or, de diamants, d'uranium et de fer.

Hist. – Les steppes de la Russie du S. ont été le théâtre de nombr. invasions à partir du VIIIe s. av. J.-C. : Cimmériens, Scythes, Sarmates, Avares, Khazars et Slaves installés entre la Vistule et le Dniepr; vers 600 apr. J.-C., les Slaves orientaux atteignent la haute Volga. Au IXe s., des tribus de Slaves orientaux et des Varègues venus de Scandinavie créent autour de Kiev un État féodal, la *Rous*, appelée aussi *Russie kiévienne*, qui est le berceau commun des Russes, des Biélorusses et des Ukrainiens actuels. Au XIe s., la langue de la Rous est encore proche du vieux slavon, commun à tous les Slaves. Les premiers princes élargissent leur territoire autour de Kiev. L'influence de la civilisation byzantine grandit quand Vladimir Ier (v. 980-1015) décide de convertir son État au christianisme. L'agriculture se développe et le commerce favorise l'essor des villes. Mais, au XIIe s., les querelles dynastiques ont fini par diviser l'État kiévien en une douzaine de principautés rivales et une partie de la population fuit vers les forêts du N.-E. Morcelé, l'État de Kiev ne peut résister aux envahisseurs mongols qui conquièrent le pays (1238-1240). La Russie centrale passe sous domination mongole pendant plus de deux siècles. Au N., Alexandre Nevski réussit toutefois à sauver Novgorod des chevaliers Porte-Glaive (1242). Au S.-O., Kiev et Smolensk sont intégrées à la Lituanie et la Galicie est conquise par la Pologne. Aux XIVe-XVe s., la différenciation entre la langue et la culture des Russes, des Biélorusses et des Ukrainiens s'affirme. La tutelle mongole, en échange d'un lourd tribut, assure la paix en Russie et permet son développement. En 1325, le chef de l'Église orthodoxe s'installe à Moscou. En 1380, grâce à sa victoire sans lendemain, contre les Mongols, le grand-prince de Moscou, Dimitri Donskoï, assure la domination de la Moscovie sur les autres principautés russes. Ivan III (1462-1505) rejette définitivement la tutelle mongole (1480) et organise un puissant État centralisé. Ivan IV, dit le Terrible (1533-1584), prend, le premier, le titre de tsar (1547). Il soumet la noblesse (les boyards) et impose le servage à la pop. paysanne. La prise de Kazan (1552) permet l'expansion russe vers l'E. et le S. Une période de troubles dure jusqu'à l'arrivée au pouvoir, en 1613, des Romanov, qui placent progressivement l'Église sous la tutelle de l'État et généralisent le servage par le Code de 1649. À l'O., l'Ukraine orientale est annexée en 1654; à l'E, les Russes, qui ont fondé Iakoutsk (1632) en Sibérie orientale, atteignent le Kamtchatka en 1697. Pierre Ier le Grand (1682-1725) modernise en profondeur les institutions militaires et politiques et tente d'occidentaliser les mœurs. L'annexion de l'Estonie, de la Lettonie et de la Carélie, au terme de la guerre du Nord (1700-1721), consacre la suprématie russe aux dépens de la Suède. Pierre le Grand, qui veut une «fenêtre sur l'Europe» fait construire Saint-Pétersbourg, sa nouvelle capitale. Il se proclame empereur et crée l'Empire russe en 1721. Anna Ivanovna (1730-1740), Élisabeth Petrovna (1741-1762) et Catherine la Grande (1762-1796) étendent leurs possessions vers le S. (mer Noire), et vers l'O. (Lituanie, Biélorussie, Ukraine occidentale) à l'issue des partages de la Pologne en 1772, 1793 et 1795; l'aggravation du servage suscite de nombreuses révoltes (Pougatchev). L'invasion napoléonienne provoque un formidable sursaut patriotique. Alexandre Ier (1801-1825) annexe la Finlande (1809), participe au congrès de Vienne et adhère à la Sainte*-Alliance des souverains européens, mais Nicolas Ier (1825-1855) maintient le régime autocratique; en 1825, une tentative de coup d'État, œuvre de jeunes officiers (les *décabristes*) qui prônent la libéralisation du régime, échoue. La Russie poursuit son expansion au Caucase. En 1856, la Russie est battue en Crimée par les armées franco-britanniques, alliées de la Turquie. Entre 1860 et 1897, la Russie annexe toute la Sibérie, le Caucase et conquiert l'Asie centrale. Alexandre II (1855-1881) entreprend des réformes (abolition du servage en 1861); incomplètes et mal appliquées, elles ne satisfont pas l'intelligentsia et l'agitation populaire grandit. Le tsar est assassiné en 1881. Sous Alexandre III (1881-1894) et Nicolas II (1894-1917), le pays s'industrialise rapidement; en 1899, la Russie compte près de trois millions d'ouvriers, concentrés principalement à Moscou, à Saint-Pétersbourg, en Ukraine et à Bakou. La bourgeoisie (Parti constitutionnel-démocrate, K.D. d'où «Cadet») réclame une monarchie constitutionnelle, tandis que les idées socialistes progressent dans le monde ouvrier (Parti ouvrier social-démocrate, P.S.O.D.) et dans le monde paysan (Parti social-révolutionnaire, S.-R., d'inspiration populiste). En 1903, le P.S.O.D. se scinde entre mencheviks («minoritaires») et bolcheviks («majoritaires») menés par Lénine. La guerre avec le Japon (1904-1905) est un désastre pour la Russie. L'agitation populaire, qui s'amplifie, est durement réprimée, ce qui provoque la révolution* de 1905 : le tsar accorde la création d'une assemblée consultative élue, la Douma. Des conseils ouvriers, ou soviets, apparaissent. Sans aucune préparation, le pays s'engage en 1914 dans la guerre contre l'Allemagne. Très vite, c'est la débâcle : 2,5 millions de morts et tout l'O. du pays occupé. En mars 1917 (fév. dans l'anc. calendrier russe), Petrograd (nom de Saint-Pétersbourg de 1914 à 1924) connaît des émeutes (*révolution de février*) et le régime tsariste est remplacé par un gouvernement républicain libéral, soutenu par la bourgeoisie. Les classes populaires s'organisent en soviets d'ouvriers et de soldats. Sous la pression des Occidentaux, le gouvernement, dirigé par Kerenski à partir de juillet, diffère les réformes et poursuit la guerre, soutenu par les mencheviks et les sociaux-révolutionnaires. Le mécontentement des soviets profite aux bolcheviks. Les 6 et 7 novembre (24 et 25 octobre de l'anc. calendrier), c'est la *révolution d'Octobre**. Des bolcheviks prennent le palais d'Hiver à Petrograd, siège du gouvernement; tout le pouvoir revient alors aux soviets, en fait à Lénine*. Dès le 8 nov. 1917, Lénine décide réforme agraire, contrôle ouvrier des usines, reconnaissance des droits des nationalités. Après avoir dissous l'Assemblée constituante où les bolcheviks n'avaient obtenu qu'un tiers des sièges (janvier 1918), le IIIe congrès des soviets proclame la République socialiste fédérative soviétique de Russie (R.S.F.S.R.), qui va intégrer des rép. et des rég. autonomes en Crimée, en Asie centrale, dans le N. du Caucase. Le 3 mars 1918, par le traité de Brest-Litovsk, la Russie renonce à de vastes territoires occidentaux en échange de la paix avec l'Allemagne. Les «Blancs», fidèles au tsarisme (après l'assassinat en juil. 1918 de Nicolas II et de sa famille), lancent des offensives contre le jeune État, avec l'appui des Occidentaux (Français et Anglais) et des Japonais. Le pays devient un camp retranché; l'armée Rouge est organisée par Trotski*. En 1921, le pays sort épuisé de la guerre civile, le «communisme de guerre» est de plus en plus mal supporté.

La Russie de 1921 à 1991. V. Union des républiques socialistes soviétiques.

La Russie à partir de 1991. En déc. 1991, l'U.R.S.S. est dissoute et la Communauté* des États indépendants (C.É.I.) est créée. La Russie adhère à la C.É.I et succède à l'U.R.S.S. comme membre permanent du Conseil de sécurité de l'ONU. Boris Eltsine, président de la R.S.F.S.R., devient celui de la nouvelle république. Il engage son pays dans la voie de l'économie de marché, mais le marasme écon. s'accroît : pauvreté et corruption s'aggravent. D'autre part, l'agitation séparatiste au sein de la Fédération de Russie (V. Caucase), le désir d'autonomie des pouvoirs régionaux et le problème des Russes vivant dans les rép. de l'ex-U.R.S.S. renforcent le camp des nationalistes. Le Parlement, élu au temps de l'U.R.S.S., conteste le processus de libéralisation. B. Eltsine dissout le Parlement (sept. 1993). Il envoie l'armée contre les parlementaires rebelles (oct.) et décrète la tenue de nouvelles élections législatives pour décembre et d'un référendum sur un projet de Constitution qui renforce le pouvoir présidentiel (déc.). Le référendum est adopté mais les élections législatives confortent l'extrême-droite nationaliste et le parti communiste, qui remporte le tiers des sièges. Dès 1994, la Russie est agitée par des soubresauts séparatistes qui touchent des territoires périphériques, peuplés de non-Slaves, rejetant le pouvoir central (guerre de Tchétchénie, 1994-1996). Le poids de la guerre et les vicissitudes écon. provoquent la victoire, aux élections législatives de 1995, des communistes conservateurs et des nationalistes, hostiles aux réformes entreprises. En juillet 1996, la réélection de B. Eltsine (qui souffre de graves problèmes cardiaques) n'a pas mis un terme à la lutte pour le pouvoir. En 1997, la Russie signe un accord avec l'Ukraine (qui devrait mettre un terme à cinq ans de frictions) sur le partage de la flotte de la mer Noire et des bases navales du port de Sébastopol (la Russie payera un loyer à l'Ukraine). La même année, elle signe un traité avec l'OTAN qui établit un Conseil conjoint permanent OTAN-Russie au sein duquel la Russie sera associée à toutes les décisions sur la sécurité en Europe. Par ailleurs, la Russie obtient une accession presque plénière au G7.

Russie (campagne de), expédition menée en 1812 par Napoléon Ier, qui pénétra en Russie le 24 juin et arriva jusqu'à Moscou (bataille de la *Moskova* ou de *Borodino*, 7 sept.). Napoléon rentre dans la ville ravagée par des incendies. Le tsar refusant de négocier, l'armée française fit retraite (19 oct.); elle fut décimée, notam., lors du passage de la Berezina* (26-29 nov.). L'Empereur rentra en France et laissa le commandement à Murat le 5 déc. Les 10000 survivants repassèrent le Niémen le 30 déc. Napoléon Ier avait perdu 500000 hommes.

Russie Blanche. V. Biélorussie.

russo-japonaise (guerre), conflit qui opposa de fév. 1904 à sept. 1905 le Japon et la Russie, qui voulaient conquérir la Chine du N.-E. Après avoir détruit par surprise l'escadre russe à Port-Arthur (8 fév. 1904) qu'ils prirent après un an de siège, les Japonais débarquèrent en Corée et en Mandchourie, et vainquirent les Russes sur terre et sur mer (fév.-mai 1905). Le traité de Portsmouth (É.-U.) donna au Japon divers avantages (sept. 1905). Pour la première fois, une puissance asiatique vainquait une puissance européenne.

russophone [ʀysɔfɔn] adj. et n. Dont le russe est la langue; qui parle russe.

russo-turques (guerres), guerres qui opposèrent la Russie et la Turquie (V. aussi Orient [question d']) en 1736-1739, en 1768-1774 (la Russie occupe la Crimée), en 1787-1791 (la Russie étend ses possessions sur la mer Noire), en 1828-1829 (la Russie intervient en faveur des Grecs), en 1854-1855 (guerre de Crimée*) et en 1877-1878 (dans les Balkans).

russule [ʀysyl] n. f. BOT Champignon au chapeau jaune-vert, rouge ou brun violacé, dont plusieurs espèces sont comestibles et d'autres toxiques.

rusticité [ʀystisite] n. f. **1.** Simplicité ou grossièreté rustique (sens 1). **2.** Caractère d'une plante, d'un animal rustique (sens 3).

rustine [ʀystin] n. f. (Nom déposé.) Rondelle adhésive de caoutchouc qui sert à réparer les chambres à air.

rustique [ʀystik] adj. et n. m. **1.** Litt. De la campagne; des gens de la campagne. *Vie rustique.* ▷ D'une simplicité rude. *Manières rustiques.* **2.** ARCHI Qui est fait de pierres brutes, naturelles ou imitées, et ornées de saillies. *L'ordre rustique* ou, n. m., *le rustique.* **3.** Qui s'adapte à toutes les conditions climatiques. *Plante, animal rustique.*

rustre [ʀystʀ] n. m. et adj. Homme grossier, qui manque d'éducation. – adj. Discourtois, marqué de rudesse. *Des manières rustres.*

rut [ʀyt] n. m. État physiologique des animaux, partic. des mammifères, qui les pousse à l'accouplement.

rutacées [ʀytase] n. f. pl. BOT Famille de plantes dicotylédones dialypétales des régions chaudes et tempérées, qui comprend notam. les agrumes. – Sing. *Une rutacée.*

Rutana, v. du sud-est du Burundi; ch.-l. de la province du m. nom (1898 km^2; 199239 hab.).

Rutebeuf, poète parisien du XIIIe s. : fabliaux, complaintes *(la Pauvreté Rutebeuf),* roman *(Renart le Bestourné),* poèmes satiriques *(Dit des ribauds de Grève)* et dramatiques *(le Miracle de Théophile).*

Ruth, personnage biblique; épouse moabite de Booz, dont elle eut un fils, Obed, lui-même père de Jessé, l'ancêtre de David et de la lignée d'où naîtra Marie, mère de Jésus.

Ruthénie ou **Ruthénie subcarpatique,** anc. nom de la partie occid. de l'Ukraine actuelle. – Polonaise depuis le XIVe s., la Ruthénie fut annexée par l'Autriche au XVIIIe s. Rattachée à la Tchécoslovaquie en 1919, elle revint à la Hongrie (nov. 1938-mars 1939) puis à l'Ukraine (1945).

ruthénium [ʀytenjɔm] n. m. CHIM Élément métallique (symbole Ru) de numéro atomique Z=44. – Métal (Ru) blanc.

Rutherford of Nelson (Ernest, lord) (1871 – 1937), physicien anglais; connu pour ses travaux sur la radioactivité, les isotopes et la structure de la matière. P. Nobel de chimie 1908.

rutilant, ante [ʀytilɑ̃, ɑ̃t] adj. Qui brille d'un vif éclat.

rutile [ʀytil] n. m. MINER Oxyde naturel de titane (TiO_2).

rutiler [ʀytile] v. intr. [**1**] Être rutilant; briller d'un vif éclat.

Rütli. V. Grütli.

Ruvuma, fleuve qui naît dans le N.-O. du Mozambique, sert de frontière entre ce pays et la Tanzanie, et se jette dans l'océan Indien; env. 1000 km.

Ruwenzori, massif montagneux d'Afrique centrale, situé à la frontière de la rép. dém. du Congo et de l'Ouganda (5119 m au pic Marguerite). Gisement de cuivre près de la ville ougandaise de Kasese.

Ruysdael ou **Ruisdael** (Jacob Van) (v. 1628 – 1682), peintre et graveur hollandais; paysagiste à la matière colorée et aux tons sourds.

Ružička (Leopold) (1887 – 1976), chimiste suisse d'origine croate. Ses travaux sur les hydrocarbures végétaux ont permis la synthèse de nombreux parfums. P. Nobel de chimie 1939.

Ruzizi ou **Rusizi** (la), riv. d'Afrique centrale, reliant le lac Kivu au lac

Tanganyika. Elle trace la frontière de la république dém. du Congo avec le Rwanda et le Burundi; env. 200 km. Complexe hydroélectrique.

Rwanda, population établie dans l'est de la rép. dém. du Congo (env. 4 500 000 personnes) et en Ouganda (env. 1 000 000 personnes). Ils parlent une langue bantoue, le rwanda ou kinyarwanda, langue nationale du Rwanda, parlée aussi en Ouganda.

Rwanda ou **Ruanda** (*Republika y'u Rwanda,* République rwandaise), État d'Afrique centrale.
► V. carte et dossier, p. 1490.

rwandais ou **ruandais, aise** [ʀwɑ̃dɛ, ɛz] adj. et n. Du Rwanda. ▷ Subst. *Un(e) Rwandais(e).*

rwandisation [ʀwɑ̃dizasjɔ̃] n. f. (Afr. subsah.) Action de rwandiser.

rwandiser [ʀwɑ̃dize] v. tr. [1] (Afr. subsah.) Donner un caractère rwandais à. *Rwandiser l'école.* – Attribuer à des Rwandais. *Rwandiser les postes de direction.*

Rweru. V. Rugwero.

Ryad. V. Riyad.

Ryckmans (Pierre) (1891 - 1959), haut fonctionnaire belge; résident général au Burundi (1925-1928), gouverneur général du Congo belge (1934-1946).

rydberg [ʀidbɛʀg] n. m. PHYS NUCL Unité d'énergie (symbole Ry) égale à l'énergie d'ionisation de l'atome d'hydrogène calculée dans le cadre du modèle de Bohr (soit 13,6 électronvolts).

rye [ʀaj] n. m. Whisky canadien à base de grains de seigle.

Ryswick (auj. *Rijswijk*), ville des Pays-Bas (Hollande-Mérid.); 48 660 hab. Pétrole off shore. – Les *traités de Ryswick* (1697) mirent fin à la guerre qui opposait la France à la ligue d'Augsbourg. Bien que vainqueur, le roi de France Louis XIV restitua toutes les places qu'il avait occupées après les traités de Nimègue (1678-1679); ainsi, ses troupes évacuèrent la ville de Luxembourg (occupée depuis 1684); mais il gardait Strasbourg.

rythme [ʀitm] n. m. **1.** Retour périodique des temps forts et des temps faibles (sons, syllabes, césures, etc.) dans une phrase musicale, un vers, une période oratoire, etc. **2.** *Par anal.* Distribution des éléments constitutifs d'une œuvre picturale, architecturale, etc. *Le rythme des volumes.* **3.** Alternance régulière. *Le rythme des saisons.* ▷ Mouvement périodique ou cadencé. *Rythme cardiaque.* ▷ Allure d'un mouvement, d'une action, d'un processus quelconque. *Vivre au rythme de son temps.*

rythmé, ée [ʀitme] adj. Qui a un rythme.

rythmer [ʀitme] v. tr. [1] **1.** Donner un rythme à. *Rythmer un air.* **2.** Marquer le rythme de. *Rythmer du pied une chanson.*

rythmique [ʀitmik] adj. et n. f. **I.** adj. **1.** Relatif au rythme. **2.** Qui est soumis à un rythme. *Mouvements rythmiques. Danse rythmique* ou, n. f., *la rythmique.* ▷ *Versification rythmique,* fondée sur la distribution des accents toniques. **3.** Qui donne le rythme. *Section rythmique.* **II.** n. f. Didac. Science des rythmes en prose ou en poésie (partic. dans les vers grecs ou latins).

Ryūkyū (auj. *Nansei*), archipel volcanique japonais du Pacifique occidental, entre Kyūshū et Taiwan (2 250 km^2; 1 179 000 hab.); sa plus grande île est Okinawa. – Bases américaines.

S

s [ɛs] n. m. **1.** Dix-neuvième lettre (s, S) et quinzième consonne de l'alphabet, appelée sifflante, notant la fricative alvéolaire sourde [s] (ex. *sel, resaler, dessaler*) ou sonore [z] entre voyelles (ex. *muse*); marquant la liaison devant une voyelle (ex. *des idées* [dezide]); restant muette comme marque du plur., en finale de certains mots (ex. *ras* [ʀɑ] et des formes verbales. *Un s euphonique.* **2.** Par anal. *Route en S,* en lacet.

sa [sa] adj. poss. V. son 1.

S.A. Sigle pour l'expr. all. *Sturm Abteilung,* «section d'assaut». Formation paramilitaire nazie, créée en 1921 par Hitler en Bavière et étendue à tout le Reich en 1931. Inquiet de la puissance des S.A. (3 millions d'hommes en 1933), Hitler élimina leurs chefs («Nuit des longs couteaux», 30 juin 1934).

Saadi ou **Sa'di** (Mucharrif al-Din) (v. 1213 – v. 1290), poète persan : le *Gulistān* («la Roseraie»), le *Bustān* («le Verger»). Saadi fut traduit et admiré en Occident dès le XVIIe s.

Saadiens ou **Sa'diens,** dynastie marocaine (1554-1659) qui maintint le pays dans l'isolement. En 1523, elle prit le sud du Maroc aux Mérinides et les supplanta définitivement en 1554.

Saarinen (Eero) (1910 – 1961), architecte et designer américain d'origine finlandaise.

Sab, nom que se donnent diverses populations de langue somali installées dans le S. de la Somalie, par référence à un ancêtre légendaire nommé Sab.

Saba, anc. royaume de l'Arabie du S.-O. (dans l'actuel Yémen). Au VIIIe s. av. J.-C., les textes assyriens mentionnent le tribut que ses chefs versent à l'Assyrie. Ce royaume se maintint jusqu'à la conquête persane du VIe s. apr. J.-C., puis s'intégra à l'Islam. – La *reine de Saba,* dont parle la Bible (I Rois, 10) et que le Coran nomme *Balkis,* aurait vécu au Xe s. av. J.-C.

Saba (Umberto Poli, dit Umberto) (1883 – 1957), poète italien qu'inspirèrent la Trieste populaire, son épouse, les adolescents.

Ṣabah (anc. *Bornéo-Septentrional*), État fédéré de Malaisie, dans l'île de Bornéo (Kalimantan); 73 711 km^2; 1 323 000 hab.; cap. *Kota Kinabalu.* – Ce territoire montagneux (4 175 m au Kinabalu), couvert à 85 % par la forêt équatoriale, a pour ressources : riz, pétrole, pêche, bois et caoutchouc.

Sábato (Ernesto) (né en 1911), physicien et écrivain argentin, auteur d'essais et de romans existentialistes (*l'Ange des ténèbres,* 1974).

sabbat [saba; ʃabat] n. m. **1.** RELIG *Sabbat :* repos que la loi de Moïse prescrit aux juifs d'observer le samedi, septième jour de la semaine, consacré au culte divin. **2.** Assemblée nocturne de sorciers et de sorcières, dans les croyances médiévales européennes. **3.** Fig. Désordre bruyant.

sabbatique [sabatik] adj. **1.** Relatif au sabbat. **2.** *Année sabbatique :* année de congé d'études ou de recherche, accordée dans certains pays aux universitaires ou à des cadres d'entreprise.

Sabena (désert de), désert du Kenya oriental, à proximité de la frontière somalienne.

Sabi (le), fl. de l'Afrique australe; nom de la partie zimbabwéenne du Save, qui coule en Mozambique.

Sabins, anc. peuple de l'Italie centrale installé en Sabine, non loin de Rome. ▷ *Enlèvement des Sabines* (légende de la Rome antique) : les compagnons de Romulus, manquant de femmes, auraient invité leurs voisins, les Sabins, à une fête, pour s'emparer de leurs épouses et de leurs filles.

Sabinyo, volcan en activité du S.-O. de l'Ouganda, dans la chaîne des Virunga; 3 645 m.

sabir [sabiʀ] n. m. **1.** Mélange d'arabe, d'espagnol, de français, d'italien, parlé autref. en Afrique du Nord et dans le Levant par des groupes de langues maternelles différentes. **2.** LING Langue mixte, généralement à usage commercial, parlée par des communautés voisines de langues différentes. **3.** *Par ext.,* péjor. Langue formée d'éléments hétéroclites; charabia.

sablage [sablaʒ] n. m. Action de sabler (sens 1 et 3); son résultat.

sable [sɑbl] n. m. et adj. inv. **I.** n. m. **1.** Roche détritique meuble composée de petits grains de nature et d'origine variables. *Sables siliceux, calcaires.* – *Sables mouvants :* sables humides, sans consistance, où le pied enfonce avec risque d'enlisement. **2.** Loc. fig. *Bâtir sur le sable :* entreprendre qqch sur des bases très fragiles. ▷ *Être bâti à chaux* et à sable.* **II.** adj. inv. Couleur de sable, beige clair.

sablé, ée [sable] adj. et n. m. **1.** adj. *Pâte sablée :* pâte sucrée et friable. **2.** n. m. Petit gâteau sec à pâte sablée.

sabler [sable] v. tr. [1] **1.** Couvrir de sable. *Sabler une allée.* **2.** *Sabler le champagne :* boire du champagne pour fêter un événement. **3.** TECH Décaper, dépolir, etc., à l'aide d'un jet de sable, d'une sableuse. ▷ (Québec) Cour. Polir, poncer, etc., à l'aide d'une ponceuse, d'un papier de verre.

sableur, euse [sablœʀ, øz] n. **1.** n. m. Ouvrier qui prépare les moules en sable dans une fonderie. **2.** n. f. Machine qui projette un jet de sable fin sur des corps durs pour les décaper, les dépolir, etc. ▷ (Québec) Ponceuse.

sableux, euse [sablø, øz] adj. De la nature du sable; qui contient du sable. *Terrain sableux.*

sablier [sablije] n. m. **1.** Appareil composé de deux ampoules dont l'une contient du sable qui s'écoule dans l'autre par un étroit conduit, utilisé pour la mesure du temps. **2.** BOT Grand arbre des régions tropicales (fam. euphorbiacées) dont le fruit, sec, éclate bruyamment en libérant ses graines.

sablière [sablijɛʀ] n. f. **1.** TECH Longue poutre horizontale, sur laquelle s'appuient les autres pièces d'une charpente. **2.** Carrière de sable.

sablon [sablɔ̃] n. m. Sable très fin.

sablonneux, euse [sablɔnø, øz] adj. Où le sable abonde.

sabord [sabɔʀ] n. m. MAR Ouverture quadrangulaire dans la muraille d'un navire pour donner passage à la volée d'un canon. – *Sabord de charge,* pour embarquer des marchandises, etc. – *Sabord de décharge,* pour l'évacuation de l'eau embarquée sur le pont.

sabordage [sabɔʀdaʒ] n. m. Action de (se) saborder.

saborder [sabɔʀde] v. tr. [1] **1.** *Saborder un navire,* percer des voies d'eau sous la flottaison pour le couler. ▷ v. pron. Couler son propre navire (pour qu'il ne tombe pas aux mains de l'ennemi). **2.** Fig. Mettre volontairement fin à l'existence (économique, politique, etc.) de. *Saborder son entreprise.* ▷ v. pron. *Régime qui se saborde.*

sabot [sabo] n. m. **1.** Chaussure de bois (faite en une seule pièce de bois ou constituée d'une semelle de bois et d'un dessus en une autre matière). – Loc. fig. *Je le vois venir avec ses gros sabots :* je devine facilement ses intentions qu'il dissimule très mal. **2.** Enveloppe cornée de la dernière phalange des doigts, chez les ongulés. **3.** TECH Garniture d'ornement ou de protection, en bois ou en métal, à l'extrémité d'un pied de meuble, d'un pieu, etc. ▷ *Sabot de frein :* pièce mobile qui vient s'appliquer contre le bandage d'une roue pour la freiner. **4.** (En appos.) *Baignoire sabot :* petite baignoire courte dans laquelle l'on se tient assis. **5.** Fam. *Travailler comme un sabot :* travailler très mal.

sabotage [sabɔtaʒ] n. m. **1.** TECH Action de saboter (un pieu, une traverse, etc.). **2.** Action de saboter (un travail). **3.** Acte visant à détériorer ou détruire une machine, une installation, à désorganiser un service, etc. ▷ Par anal. *Sabotage d'un plan de paix.* **4.** (Afr. subsah.) Fam. Syn. de *chahut. Faire du sabotage.* **5.** (Afr. subsah.) Fam. Action de saboter (sens 5).

saboter [sabɔte] v. tr. [1] **1.** TECH Garnir d'un sabot. *Saboter un pilotis.* **2.** Faire vite et mal. *Saboter un travail.* **3.** Procéder au sabotage (sens 3) de. *Saboter une machine.* ▷ Fig. *Saboter une négociation.* **4.** (Afr. subsah.) Fam. Syn. de *chahuter. Saboter un professeur.* – (Sans compl.) Faire du chahut. *Dans cette classe, les élèves sabotent trop.* **5.** (Afr. subsah.) Fam. Traiter (qqn, qqch) avec mépris.

saboteur, euse [sabɔtœʀ, øz] n. **1.** Personne qui sabote un travail. ▷

Auteur d'un sabotage (sens 3). **2.** (Afr. subsah.) Fam. Chahuteur, chahuteuse.

sabra [sabʀa] n. Citoyen israélien né en Israël. *Un(e) sabra.*

Sabratha, site archéologique punique et romain, à 60 km à l'O. de Tripoli. Théâtre romain, l'un des mieux conservés de l'Antiquité.

sabre [sɑbʀ] n. m. **1.** Arme blanche à lame droite ou recourbée, tranchante d'un seul côté. **2.** (Guad., Nouv.-Cal., oc. Indien) Coutelas (sens 1), machette. – (oc. Indien) *Sabre à cannes,* pour la récolte de la canne à sucre. – (Nouv.-Cal., Wallis-et-F.) *Sabre d'abattis*.* **3.** TECH Tringle qui sert à nettoyer la toison des ovins.

sabrer [sɑbʀe] v. tr. [1] **1.** Frapper à coups de sabre. **2.** Fig. Marquer, rayer vigoureusement. *Sabrer une page.* ▷ Biffer, amputer largement (un texte). *Sabrer un article.* ▷ Fam. *Sabrer qqn,* le refuser à un examen, à un poste. *Il s'est fait sabrer.* **3.** (Guyane, Réunion) Couper de l'herbe à l'aide d'un coutelas. – (Réunion) Récolter la canne à sucre à l'aide d'un coutelas.

sabreur [sɑbʀœʀ] n. m. Militaire ou escrimeur qui se sert du sabre.

Sabunde, Sebond ou **Sebonde** (Raimundo) (fin XIVᵉ s. – 1436), médecin, philosophe et théologien catalan d'expression latine. Montaigne traduisit sa *Theologia naturalis* et lui consacra un chapitre des *Essais.*

1. sac [sak] n. m. **I. 1.** Poche en toile, en papier, en cuir, etc., ouverte seulement par le haut. – *Sac à blé :* sac destiné à contenir du blé. *Sac de blé,* contenant du blé. **2.** Loc. fig. *Homme de sac et de corde :* canaille, scélérat. ▷ *Sac à malice(s) :* sac d'où les escamoteurs tirent les objets de leurs tours. – *Avoir plus d'un tour dans son sac :* être fertile en expédients. ▷ *Mettre dans le même sac :* confondre dans la même appréciation, dans la même réprobation. ▷ *Prendre qqn la main dans le sac,* en flagrant délit. **II. 1.** Nom de divers objets en matière souple, servant de contenant. *Sac de voyage, à provisions.* – *Sac à main :* sac de femme, servant à contenir les papiers, le maquillage, etc. Syn. (Belgique, Québec) sacoche. ▷ *Sac à dos :* sac que l'on porte sur le dos, maintenu par deux bretelles. – (Polynésie fr.) Fam. Touriste peu fortuné, voyageant à pied ou en autostop. ▷ (Québec) *Sac d'école :* cartable, sacoche d'écolier. ▷ *Sac de couchage :* sac en toile ou en matériau isolant, dans lequel on se glisse pour dormir, utilisé par les campeurs, les alpinistes, etc. **2.** Loc. fig., fam. *L'affaire est dans le sac,* le succès en est assuré. – *Vider son sac :* dire tout ce qu'on a sur le cœur. **III.** Contenu d'un sac. *Gâcher un sac de plâtre.* **IV.** ANAT Cavité, enveloppe organique. *Sac lacrymal, herniaire.* ▷ BOT *Sac embryonnaire :* partie de l'ovule des angiospermes qui contient le gamète femelle. ▷ ZOOL *Sacs aériens :* réservoirs d'air qui prolongent les bronches d'un oiseau ou qui sont en relation avec les trachées d'un insecte.

2. sac [sak] n. m. Pillage. *Le sac d'une ville.* ▷ *Mettre à sac (un lieu),* le piller.

sacafe [sakaf] n. m. (Madag.) Repas du midi ou du soir.

saccade [sakad] n. f. Mouvement brusque et irrégulier. *Avancer, parler par saccades.*

saccadé, ée [sakade] adj. Qui va, qui est fait par saccades. *Marche saccadée.* ▷ Fig. *Débit saccadé.*

saccage [sakaʒ] n. m. Pillage, dévastation; bouleversement.

saccager [sakaʒe] v. tr. [13] **1.** Mettre à sac; dévaster. *Saccager un pays.* **2.** Bouleverser. *Saccager un appartement.*

sacchar(i)-, sacchar(o)-. Élément, du lat. *saccharum,* du gr. *sakkharos,* «sucre».

saccharifère [sakaʀifɛʀ] adj. Didac. Qui produit, renferme du sucre.

saccharifier [sakaʀifje] v. tr. [2] BIOCHIM Transformer en sucre.

saccharimétrie [sakaʀimetʀi] n. f. CHIM Ensemble des procédés qui permettent de déterminer la quantité et la nature des sucres contenus dans une solution. ▷ MED Dosage du sucre contenu dans un liquide organique (partic. l'urine).

saccharine [sakaʀin] n. f. CHIM et cour. Substance blanche synthétique, utilisée comme succédané du sucre.

saccharo-. V. sacchar(i)-.

saccharomyces [sakaʀɔmisɛs] n. m. pl. BOT Nom scientifique des levures qui décomposent les sucres. – Sing. *Un saccharomyces.*

saccharose [sakaʀoz] n. m. BIOCHIM Sucre alimentaire, constitué de glucose et de fructose.

Sacco et Vanzetti (affaire), affaire judiciaire américaine. Deux anarchistes, immigrés italiens, *Nicola Sacco* (né en 1891) et *Bartolomeo Vanzetti* (né en 1888), furent condamnés à mort pour meurtre (1921) et exécutés en 1927, alors que leur culpabilité dans un hold-up n'avait pas été prouvée. Le soutien à leur cause enflamma l'Europe.

saccule [sakyl] n. m. ANAT Vésicule de l'oreille interne, à la partie inférieure du vestibule.

sacculine [sakylin] n. f. ZOOL Crustacé cirripède (*Sacculina carcini*), parasite du crabe vert.

sacerdoce [sasɛʀdɔs] n. m. **1.** Dignité et fonction du ministre d'un culte. **2.** Fig. Toute fonction qui requiert haute conscience et abnégation.

sacerdotal, ale, aux [sasɛʀdɔtal, o] adj. Propre au sacerdoce, au prêtre.

sacherie [saʃʀi] n. f. (Maghreb) Fabrique de sacs en plastique.

Sacher-Masoch (Leopold, chevalier von) (1836 – 1895), écrivain autrichien. Ses récits, souvent autobiographiques (*la Vénus à la fourrure,* 1870; *les Messalines de Vienne,* 1874), traitent une forme d'érotisme appelée depuis *masochisme*.*

sachet [saʃɛ] n. m. Petit sac. *Sachet de thé.* Syn. (France rég.) sachetti et saquet. – (Belgique) *Sachet de frites.*

sachetti [saʃɛti] n. m. (France rég.) Syn. de *sachet.* Syn. saquet.

Sachs (Hans) (1494 – 1576), poète-musicien *(Meistersinger)* allemand : *le Rossignol de Wittenberg* (1523). Wagner l'a évoqué dans *les Maîtres chanteurs de Nuremberg.*

Sachs (Leonie, dite Nelly) (1891 – 1970), écrivain suédois d'origine et d'expression allemandes; chantre du judaïsme et du martyre juif. P. Nobel 1966 (avec J. Agnon).

sacoche [sakɔʃ] n. f. **1.** Sac de cuir, de toile, etc., muni d'une poignée, d'une bandoulière, d'attaches, etc. **2.** (Belgique, Québec) Syn. de *sac à main.*

sac-poubelle [sakpubɛl] n. m. Sac en matière plastique destiné aux ordures ménagères. *Des sacs-poubelle.*

sacquer ou **saquer** [sake] v. tr. [1] **1.** Fam. Refuser (à un examen). *Sacquer un candidat.* **2.** (Sans compl.) Se montrer très sévère. *Professeur qui sacque.*

sacral, ale, aux [sakʀal, o] adj. Didac. Que l'on a revêtu d'un caractère sacré.

sacralisation [sakʀalizasjɔ̃] n. f. Fait de sacraliser; son résultat.

sacraliser [sakʀalize] v. tr. [1] Rendre sacré.

sacramental, aux [sakʀamɑ̃tal, o] n. m. LITURG CATHOL Rite sacré auquel sont attachés des effets particuliers d'ordre spirituel.

sacramentel, elle [sakʀamɑ̃tɛl] adj. **1.** THEOL Qui appartient à un sacrement. **2.** Fig. Qui a un caractère solennel, rituel. *Des paroles sacramentelles.*

Sacramento, v. des É.-U., cap. de la Californie, sur l'American River; 369 360 hab. (aggl. urbaine 1 219 600 hab.). Centre agricole et industriel.

1. sacre [sakʀ] n. m. **1.** Cérémonie religieuse par laquelle un souverain reçoit le caractère sacré lié à sa fonction. *Le sacre de Napoléon.* **2.** Cérémonie religieuse par laquelle un prêtre reçoit la plénitude du sacerdoce et devient évêque. **3.** Fig. Consécration solennelle. *Cet écrivain reçut le sacre du prix Nobel.*

2. sacre [sakʀ] n. m. (Québec) Syn. de *blasphème* (sens 1). – Fam. *Lâcher un sacre :* blasphémer. ▷ Loc. fam. *Être en sacre,* en colère.

1. sacré, ée [sakʀe] adj. et n. m. **I.** adj. **1.** Qui concerne la religion, le culte d'un dieu ou de Dieu (par opp. à *profane*). *Musique sacrée. Livres sacrés.* ▷ *Le Sacré Collège :* l'ensemble des cardinaux de l'Église romaine. ▷ Consacré par une cérémonie religieuse. *Vases sacrés.* ▷ Loc. fig. *Avoir le feu sacré :* V. feu 2 (sens I, 1). **2.** Qui appelle un respect absolu; digne de vénération. *Devoir sacré.* **3.** Fam. (Devant le nom.) Maudit, exécré. *Je ne peux pas ouvrir cette sacrée porte.* – (Renforçant le subst. qualifié.) *Il a eu une sacrée chance,* une chance peu commune. **II.** n. m. Ce qui est sacré. *Le sacré et le profane.*

2. sacré, ée [sakʀe] adj. ANAT Relatif au sacrum. *Vertèbres sacrées.*

Sacré-Cœur, cœur de Jésus-Christ, symbole de son amour pour l'humanité, auquel l'Église catholique rend un culte.

Sacré-Cœur (basilique du), église édifiée à Paris (1876-1912), sur la butte Montmartre, par Paul Abadie (1812 – 1884), dans le style dit romano-byzantin, consacrée en 1919.

sacrement [sakʀəmɑ̃] n. m. Dans les religions catholique romaine et orthodoxe, signe concret et efficace de la grâce, institué par le Christ pour sanctifier les hommes. *Administrer les sacrements.* – *Le saint sacrement :* l'eucharistie. – *Mourir muni des sacrements de l'Église,* après avoir reçu le sacrement des malades.

ENCYCL Dans l'Église catholique, il existe sept sacrements : le baptême, la confirmation, l'eucharistie, la réconciliation, le sacrement des malades, l'ordre et le mariage. Les Églises réformées, dans leur majorité, n'ont retenu que le baptême et l'eucharistie, auxquels elles n'attribuent pas les mêmes effets que les catholiques et les orthodoxes.

1. sacrer [sakʀe] v. tr. [1] **1.** Conférer, par une cérémonie religieuse, un caractère sacré à (un souverain). *Sacrer un roi.* **2.** Fig. (Avec un attribut.) Déclarer solennellement tel. *Elle fut sacrée meilleure actrice de sa génération.*

2. sacrer [sakʀe] v. intr. [1] Fam., vieilli (Cour. au Québec) Prononcer des jurons.

3. sacrer [sakʀe] ou **saprer** [sapʀe] v. [1] (Québec) Fam. **I.** v. tr. **1.** Donner (un coup). *Sacrer une claque à qqn.* **2.** Pousser, jeter, mettre (avec idée de rapidité ou de violence). *Sacrer qqn dehors, à la porte.* ▷ Loc. *Sacrer (qqn) dedans,* le mettre en prison. **3.** Abandonner (une activité, qqch qu'on avait commencé). *Il a sacré son travail là, puis il est rentré chez lui.* ▷ Loc. *Sacrer la paix à qqn,* ne pas l'importuner. – *Sacrer le (son) camp :* partir brusquement. **II.** v. pron. **1.** Se jeter. *Se sacrer à l'eau.* **2.** *Se sacrer de (qqn, qqch) :* être indifférent envers (qqn, qqch).

sacreur, euse [sakʀœʀ, øz] n. (Québec) Fam. Personne qui prononce des jurons, qui sacre (2).

sacrificateur, trice [sakʀifikatœʀ, tʀis] n. Celui, celle qui offre un sacrifice.

sacrifice [sakʀifis] n. m. **1.** Oblation, faite à une divinité, d'une victime ou d'autres présents. *Immoler un taureau en sacrifice à Zeus. Sacrifice humain.* ▷ RELIG CATHOL *Le Saint Sacrifice :* la messe (qui renouvelle, sur l'autel, le sacrifice de Jésus sur la croix). **2.** Fig. Renoncement, privation que l'on s'impose ou que l'on accepte par nécessité. *Faire le sacrifice de sa vie.* ▷ Privation matérielle. *Les études de leurs enfants leur ont imposé de grands sacrifices.*

sacrificiel, elle [sakʀifisjɛl] adj. Didac. Qui relève d'un sacrifice religieux.

sacrifier [sakʀifje] v. [2] **I.** v. tr. **1.** Offrir, immoler en sacrifice à une divinité. *Sacrifier un mouton pour la Tabaski.* **2.** Fig. Renoncer à, abandonner, négliger (au profit d'une personne, d'une chose). *Il sacrifie sa famille à son travail.* **3.** (Sans comp. d'attribution.) Abandonner, détruire par nécessité et à regret. *On a dû sacrifier quelques répliques pour raccourcir la pièce.* ▷ *Sacrifier des marchandises,* les céder à bas prix. **II.** v. tr. indir. *Sacrifier à (qqch),* s'y conformer. **III.** v. pron. **1.** S'offrir en sacrifice. *Selon les chrétiens, le Christ s'est sacrifié pour sauver les hommes.* **2.** Fig. Consentir à des privations; se dévouer sans réserve. *Se sacrifier pour ses enfants.*

sacrilège [sakʀilɛʒ] n. m. et adj. **I.** n. m. **1.** Profanation impie de ce qui est sacré. **2.** Outrage à une personne, à une chose particulièrement digne de respect. *Abattre cet arbre centenaire serait un sacrilège.* Syn. outrage, profanation. **II.** adj. **1.** Qui a le caractère du sacrilège. **2.** Qui commet, a commis un sacrilège. ▷ n. m. Personne coupable de sacrilège. Syn. profanateur.

sacristain [sakʀistɛ̃] n. m. Homme qui a la charge de la sacristie d'une église.

sacristie [sakʀisti] n. f. Salle, attenante à une église, où l'on range les vases sacrés et les ornements sacerdotaux.

sacro-iliaque [sakʀɔiljak] adj. ANAT Qui concerne le sacrum et l'os iliaque.

sacro-saint, sacro-sainte [sakʀɔsɛ̃, sɛ̃t] adj. Iron. Qui fait l'objet d'un respect absolu. *On ne pouvait échapper à la sacro-sainte promenade dominicale.* Syn. inviolable, intouchable.

sacrum [sakʀɔm] n. m. ANAT Os symétrique et triangulaire constitué par cinq vertèbres soudées (dites *sacrées*) situées au bas de la colonne vertébrale.

sadaka [sadaka] n. f. ou m. (Afr. subsah.) Chez les musulmans, aumône faite par piété; don à un marabout. *Faire la (le) sadaka.*

Sadate (Anouar el-) *(Anwar as-Sādāt)* (1918 – 1981), officier et homme politique égyptien. Il prit part au coup d'État de 1952. Président de l'Assemblée nationale (1960-1969), vice-président de la Rép. (1969), il succéda à Nasser (1970). Sa politique modérée le rapprocha des É.-U. et l'incita à des négociations avec Israël, conclues par un traité de paix en mars 1979. Il fut assassiné lors d'un défilé militaire. P. Nobel de la paix 1978 (avec M. Begin).

Sadd al-Ali *(As-Sadd al-'Ālī)* («Haut Barrage»). V. Assouan.

Sade (Donatien Alphonse François, marquis de) (1740 – 1814), écrivain français. Il passa trente années de sa vie en prison et mourut captif à l'hospice de Charenton. Dans *Justine ou les Malheurs de la vertu* (1791), *la Philosophie dans le boudoir* (1795), *les Cent Vingt Journées de Sodome* (publiées en 1931-1935), il alterne scènes d'orgie et «dissertations morales». (V. sadisme.)

Sa'di, Sa'diens. V. Saadi, Saadiens.

sadique [sadik] adj. et n. Qui témoigne, qui fait preuve de sadisme. *Joie sadique.* – (Personnes) *Bourreau sadique.* ▷ Subst. *Un, une sadique.*

sadique-anal, ale, aux [sadikanal, o] adj. PSYCHAN *Stade sadique-anal* ou *stade anal :* deuxième phase de l'évolution libidinale (entre 2 et 5 ans), où l'enfant fait l'apprentissage et tire satisfaction de la maîtrise anale.

sadisme [sadism] n. m. **1.** PSYCHIAT Perversion sexuelle dans laquelle la satisfaction dépend de la souffrance physique ou morale infligée à autrui. **2.** Cour. Goût, complaisance à faire ou à voir souffrir autrui. Syn. cruauté.

Sadji (Abdoulaye) (1910 – 1961), écrivain sénégalais : *Tounkavest* (1952), «légende de la mer» (vers laquelle fuit le «peuple des sables»), *Nini* (1947-1948), *Maïmouna* (1953).

sadomasochisme [sadomazɔʃism] n. m. PSYCHIAT Association de sadisme et de masochisme chez le même individu.

sadomasochiste [sadomazɔʃist] adj. et n. PSYCHIAT Qui est à la fois sadique et masochiste.

Sadoveanu (Mihail) (1880 – 1961), écrivain roumain. Auteur fécond, il se distingue par un style où se mêlent des éléments du XVIIe s., le parler des paysans moldaves et la langue littéraire moderne. Le passé historique de la Moldavie, la vie paysanne, l'amour de la nature sont ses thèmes de prédilection : *le Hachereau* (1930), *les Frères Jderi* (1935-1942), *l'Îlot des loups* (1941).

Sadowa ou **Sadová,** bourg de Bohême orientale, Rép. tchèque. – Le 3 juil. 1866, victoire décisive de l'armée prussienne de Moltke sur les troupes autrichiennes de Benedek.

Saéfé, souverain tubu qui aurait fondé l'empire du Kanem (IXe s.), au N.-E et au S.-O. du lac Tchad, avec Ndjimi pour capitale.

safari [safaʀi] n. m. Expédition de chasse aux grands fauves en Afrique. ▷ *Safari-photo :* excursion au cours de laquelle on photographie les bêtes sauvages. *Des safaris-photos.*

Safi (en ar. *Asfī*), v. et port du Maroc, sur l'Atlantique; 270000 hab.; ch.-l. de la prov. du m. nom. Import. port de pêche et de commerce. Conserveries; phosphates; industrie chim. Artisanat (poteries). – Fortifications des XIVe et XVe s.

safou [safu] n. m. Fruit du safoutier qui est consommé comme légume.

safoutier [safutje] n. m. Grand arbre tropical (genre *Pachylobus*), dont le fruit est le safou.

1. safran [safʀɑ̃] n. m. (et adj. inv.) **1.** Nom cour. du crocus (fam. iridacées). **2.** Condiment et colorant constitués de stigmates floraux du crocus séchés, réduits ou non en poudre. *Poulet au safran.* ▷ adj. inv. De la couleur jaune orangé du safran. *Étoffe safran.*

2. safran [safʀɑ̃] n. m. MAR Pièce plate qui constitue la partie essentielle du gouvernail.

safrané, ée [safʀane] adj. **1.** De couleur safran, jaune orangé. *Teint safrané.* **2.** Assaisonné ou coloré avec du safran.

saga [saga] n. f. **1.** LITTER Conte ou légende du Moyen Âge scandinave. ▷ Longue histoire évoquant les sagas scandinaves. **2.** *Par ext.* Cycle romanesque. *Lire une saga.*

sagace [sagas] adj. Doué de sagacité. Syn. perspicace.

sagacité [sagasite] n. f. Pénétration, finesse, vivacité d'esprit.

sagaie [sagɛ] ou (Nouv.-Cal.) **sagaïe, sagaille** [sagaj] n. f. Javelot dont une extrémité est munie d'un fer de lance ou d'une arête de poisson.

sagamité [sagamite] n. f. HIST, CUIS Mets amérindien consistant en un potage ou une bouillie à base de farine de maïs.

Sagan (Françoise Quoirez, dite Françoise) (née en 1935), écrivain français : *Bonjour tristesse* (1954).

sage [saʒ] adj. et n. m. **I.** adj. **1.** Modéré, prudent, raisonnable. **2.** Rangé dans sa conduite, dans ses mœurs. *Un jeune homme sage.* **3.** Tranquille, obéissant, qui ne fait pas de sottises, en parlant d'un enfant. *Il est sage comme une image.* **4.** (Choses) Qui est sans excès. *Une mode sage.* **II.** n. m. **1.** Celui qui évite de se tourmenter pour ce qui n'en vaut pas la peine, celui que son art de vivre met à l'abri des passions, des inquiétudes, de l'agitation. *Un vieux sage.* **2.** *Les sages :* nom donné à certains experts chargés d'étudier une question politique, économique ou déontologique et de proposer des solutions. *Comité des sages.*

sage-femme [saʒfam] n. f. Celle dont la profession est d'accoucher les femmes. *Des sages-femmes.*

sagement [saʒmɑ̃] adv. D'une manière sage, prudente. *Parler sagement.*

Sages (les Sept), nom donné à des philosophes et à des hommes politiques grecs du VIe s. av. J.-C. : Thalès de Milet, Pittacos de Mytilène, Bias de Priène, Solon d'Athènes, Périandre de Corinthe, Cléobule de Lindos et Chilon de Lacédémone.

sagesse [saʒɛs] n. f. **1.** Modération, prudence, circonspection. *Il a eu assez de sagesse pour pardonner.* ▷ *La sagesse des nations :* les proverbes, les dictons populaires. **2.** Conduite de l'homme qui allie modération et connaissance. **3.** Réserve dans la conduite, dans les mœurs. *Une jeune fille d'une sagesse exemplaire.* **4.** Tranquillité, docilité. *La sagesse de cet enfant est absolument remarquable.*

Sagesse (livre de la), livre de la Bible, traité de philosophie morale, écrit en grec au Ier s. av. J.-C.

sagittaire [saʒitɛʀ] n. m. ASTRO *Le Sagittaire :* la constellation zodiacale de l'hémisphère austral. ▷ ASTROL Signe du zodiaque* (23 nov.-21 déc.). – Ellipt. *Il est sagittaire.*

sagittal, ale, aux [saʒital, o] adj. Didac. **1.** En forme de flèche; orienté comme une flèche. **2.** ANAT Médian et orienté dans le sens antéro-postérieur. *Coupe sagittale.*

sagou [sagu] n. m. Fécule alimentaire extraite de la moelle de certains palmiers.

sagouin, ouine [sagwɛ̃, win] n. **1.** n. m. Vx Petit singe d'Amérique du Sud. **2.** n. Fam. Personne, enfant malpropre ou sans soin. *Travailler comme un sagouin. La Sagouine,* roman d'Antonine Maillet (1971).

Saguenay (le), riv. du Québec (200 km env.), affl. du Saint-Laurent (r. g.). Déversoir du lac Saint-Jean, il fait l'objet de nombreux aménagements hydrauliques.

Saguenay-Lac-Saint-Jean, rég. admin. du Québec située au nord de la région admin. de Québec et au nord-est de la région administrative Mauricie-Bois-Francs; 103 913 km^2; 295 000 hab.; v. princ. : *Chicoutimi, Jonquière.*

saguenéen, enne [sageneɛ̃, ɛn] adj. et n. De la région où coule le Saguenay. ▷ Subst. *Un(e) Saguenéen(ne).*

Saguia el-Hamra, partie nord du Sahara occidental, annexée par le Maroc en 1976; 201 240 km^2; 169 000 hab.; ch.-l. *El-Aaiún.* Le territoire est divisé en trois provinces : *Bundjour, Laâyoune* et *Es-Semara.* – Élevage. Phosphates.

Sahandja, population berbère nomade du Sahara occidental, qui occupait le territoire de la Mauritanie actuelle. Au début du XIe siècle, elle fut islamisée et unifiée au sein de l'Empire almoravide.

Sahara, désert d'Afrique septentrionale, le plus grand du monde (plus de 8 000 000 km^2); il s'étend de l'Atlantique à la mer Rouge et de l'Atlas au Soudan. Le Sahara est partagé entre dix États : la Libye, la Tunisie, l'Algérie, le Maroc, la Mauritanie, le Mali, le Niger, le Tchad, l'Égypte et le Soudan. Le Sahara est formé de zones tabulaires sableuses *(ergs)* et de plates-formes pierreuses *(regs* et *hamadas)* d'où émergent des massifs montagneux (au centre et à l'E., notam.), souvent volcaniques : Hoggar, Tibesti (3415 m à l'Emi Koussi), Aïr.
Géol. – La plate-forme saharienne est constituée de roches (granitiques, notam.) datant de la période précambrienne. La mer a recouvert le territoire actuel à l'ère primaire, ce qui explique la présence de formations gréseuses (comme le tassili des Ajjer, dans le prolongement du Hoggar) et calcaires. Le volcanisme se manifeste au tertiaire puis au quaternaire dans certaines parties du Hoggar, du Tibesti et de l'Aïr. Le Sahara a connu des périodes successives d'humidité et de sécheresse. Entre 10000 et 8000 av. J.-C., le Sahara accueillait une importante faune aquatique (poissons, crocodiles, hippopotames...) et terrestre (éléphants, girafes, lions, rhinocéros, bovins, autruches...). Les limites actuelles du désert prennent forme entre 3000 et 2000 av. J.-C., à la suite d'une période marquée par l'aridité. V. Afrique. Le Sahara possède des richesses minérales. La Libye et l'Algérie sont, après le Nigeria, les plus gros producteurs de pétrole d'Afrique. Autres ressources : manganèse (Algérie), cuivre (Mauritanie), fer (Algérie, Mauritanie, Libye), uranium (Niger), phosphates (Maroc).
Climat. – Une région centrale extrêmement aride s'oppose aux deux zones semi-désertiques du Sud et du Nord. La frange nord-est jouxte un littoral baigné par le climat méditerranéen : en Libye et en Égypte, le Sahara touche la Méditerranée. Au sud, le Sahel délimite une large bande de terre où la saison sèche dure pendant huit mois. D'une façon générale, on considère que le désert serait limité, sur le plan climatique, par l'isohyète 150 mm et, sur le plan biogéographique, par l'apparition d'une graminée spécifique au Sahel, le cramcram *(Cenchrus biflorus).* Dans la partie centrale du Sahara, il ne tombe pas plus de 25 mm d'eau (dans le Tanezrouft, à l'O. du Hoggar). La moyenne annuelle des températures s'établit autour de 27 °C; été : entre 40 et 45 °C, avec des maximums de 55 °C; hiver : entre 8 et 11 °C, avec parfois des gelées nocturnes (jusqu'à –18 °C dans le Tibesti). Les amplitudes diurnes (15 à 30 °C) sont plus prononcées que les amplitudes annuelles (10 à 20 °C). Le taux d'humidité est très faible (5%). Le vent est une donnée fondamentale. En hiver, les hautes pressions font souffler l'harmattan, vent de nord-est s'asséchant au fur et à mesure qu'il progresse vers l'ouest. Le sirocco est un vent très chaud soufflant vers la Méditerranée. Le khamsin, vent sec atteignant des vitesses supérieures à 100 km/h, souffle sur la Libye entre mars et juin. Dans l'ensemble du désert, la force éolienne déplacerait chaque année entre 60 et 200 millions de tonnes de poussières en suspension, arrachées aux sols et aux roches, et 10 à 20 millions de tonnes de sable.
Géogr. hum. – Vallée du Nil exclue, on estime entre 2 et 3 millions la population disséminée du Sahara, sur sa périphérie et dans les oasis. La densité moyenne (purement abstraite) est donc d'env. 0,3 hab. au km^2. La souche arabe l'emporte dans la frange septentrionale, alors que la population berbère subsiste au centre. À l'est sont implantés les Tubu du Tibesti et les Nuba de l'ouest du Soudan. La tendance à la désertification, accentuée par les sévères sécheresses de 1973 et de 1984, a accéléré la sédentarisation. Nombre de troupeaux ont été décimés; les Touareg se sont entassés dans des camps de réfugiés. Si la Libye et la Mauritanie sont presque entièrement sahariennes, c'est le Sahara algérien qui est le plus vaste. Alors que la Tunisie effleure le désert, celui-ci recouvre la majeure partie du Mali, du Niger et du Tchad, et la moitié du Soudan, de l'Égypte et du Maroc (Sahara* occidental).
Si le Sahara fut une frontière naturelle entre les populations africaines et celles des rives de la Méditerranée, des contacts s'établirent très tôt entre les deux communautés. Deux grandes voies de communication ont ainsi vu le jour : la voie N.-E.-S.-O., de la Tripolitaine à l'Adrar des Ifoghas en passant par le tassili des Ajjer et le Hoggar; la voie N.-O.-S.-E., de l'Atlas saharien au Soudan central par le tassili des Ajjer et le Tibesti. Le réseau routier est limité à deux routes reliant l'Algérie au Niger et au sud du Mali. Le réseau ferroviaire est inexistant, sauf autour des centres miniers.
Hist. – Une multitude de vestiges archéologiques : silex taillés, peintures rupestres (Fezzan, tassili des Ajjer, Tibesti, Hoggar), attestent la présence de groupements humains relativement denses de 5 000 à 2000 av. J.-C. (V. Berbères.)
Les Romains, le long de la côte méditerranéenne, ont établi en Libye et en Tunisie des colonies dont l'apogée se situe au IIe s. apr. J.-C. En l'an 750, des Berbères répandent l'islam depuis le nord du Sahara. En effet, la traversée du Sahara est rendue possible par un animal dont l'élevage a connu un essor exceptionnel depuis la fin du Ier millénaire av. J.-C. : le dromadaire. Des royaumes berbères ont étendu leur influence sur la ceinture occidentale, du Sénégal au Maroc; ils vont dans un premier temps organiser le commerce de l'or, de l'ivoire, du sel et des esclaves. Au XIe s., les Touareg fondent Tombouctou tandis que les Maures (très précisément les Almoravides*) s'emparent de l'empire du Ghana et du Sahara occidental. À la fin du XIe s., l'islam est implanté sur la majorité du territoire saharien et le long des axes commerciaux desservant le Sahel. Toujours au Moyen Âge, le royaume songhay* et ceux de Kanem, de Bornou et du Mali prennent le contrôle du sud et du centre du Sahara. L'or extrait dans les régions plus au sud (haute vallée du Sénégal, notam.) pénètre en Europe et entretient une active économie d'échanges. Les grands événements politiques sont alors étroitement liés à la maîtrise du commerce. Ainsi, les Sanhadja du Sahara occidental, maîtres de la route de l'or à l'ouest, interviennent au Maroc puis en Espagne, avant de prendre le Ghana. L'empire du Mali, dont l'apogée se situe au XIVe s., s'effondre au XVIIe s. sous les coups des Toucouleurs et des Bambara. L'Empire songhay est anéanti par le sultan du Maroc en 1591. D'autres royaumes importants (Djenné, Kaarta) se forment.
Les explorateurs européens se risquent dans le Sahara aux XVIIIe et XIXe s. Certains ont effectué de fabuleux périples : Mungo Park, Heinrich Barth, René Caillié, Alexander Gordon Laing, Henri Duveyrier, Paul Flatters, Parfait Louis Monteil, Henri Lhote. Dès le milieu du XIXe s., la France, qui a achevé la conquête de l'Algérie en 1857, occupe en partie le Sahara. Celui-ci lui appartient en quasi-totalité après la prise de Tombouctou (1894) et la victoire de Kousseri, au sud du lac Tchad (1900). Les Espagnols possèdent le Río de Oro depuis 1884. Les Italiens occuperont en 1912 la Libye. V. Maghreb et Afrique.

Sahara occidental, nom donné à l'anc. *Sahara espagnol* (rég. du Sahara bordée par l'Atlantique), dont les Marocains annexèrent en 1976 la partie N., la Saguia el-Hamra, puis le S., le Río de Oro (1979); 266 000 km^2; entre 250 000 et 400 000 hab. selon les estim. (Sahraouis). Anc. cap. *El-Aaiún;* la cap. de Río de Oro était *Dakhla.* Princ. ressources : pêche côtière, élevage de chameaux, salines, phosphates (riches gisements de Bu Kra, encore peu exploités). – Ce territoire, occupé par l'Espagne à la fin du XIXe s., province en 1958, fut convoité par les pays limitrophes (Maroc, Mauritanie, Algérie) après leur indépendance. Après la décision espagnole de décoloniser le territoire (1974), le Maroc manifesta ses intentions en provoquant la «Marche verte» : 350000 Marocains pénétrèrent pacifiquement dans le N. du territoire (nov. 1975). En février 1976 (accords de Madrid), l'Espagne remit l'administration du territoire au Maroc (Saguia el-Hamra) et à la Mauritanie (Río de Oro). Créé en 1973, un mouvement pour l'indépendance (Front Polisario*), soutenu par l'Algérie et la Libye, se lança, à partir de 1976, dans la guérilla contre le Maroc et la Mauritanie, puis, après la signature du traité de paix entre la Mauritanie et les Sahraouis (Alger, 1979), contre le Maroc seul. Les Marocains ont construit six murs fortifiés sur près de 3000 km, qui leur permettent de contrôler la côte atlantique du Sahara, l'une des plus poissonneuses du monde. Soixante et un pays ont reconnu l'existence de la République arabe sahraouie démocratique, proclamée en 1976, dont 30 pays africains. Depuis 1982, cette république est admise au sein de l'O.U.A. Le 6 septembre 1991, après seize ans de guerre, le Maroc et le Front Polisario ont signé un accord de cessez-le-feu; le plan de paix de l'ONU prévoit la tenue d'un référendum d'autodétermination.

saharien, enne [saaʀjɛ̃, ɛn] adj. et n. **1.** Du Sahara. *Tribus sahariennes.* ▷ LING *Langues sahariennes :* sous-famille de langues nilo-sahariennes parlées notam. au Niger, au Tchad et en Libye (ex. : le kanvri). ▷ Subst. Habitant du Sahara. *Les Sahariens.* **2.** Digne du Sahara. *Chaleur saharienne,* torride. **3.** n. f. Veste de toile légère, à manches courtes et à grandes poches plaquées.

Sahel (le), terme désignant une région côtière formée de collines sableuses, en Afrique du Nord.

Sahel (le), ensemble de steppes bordant le sud du Sahara. Cette région (de la Mauritanie au Soudan), caractérisée par une brève saison des pluies, a connu en 1972-1973 une sécheresse désastreuse dont les effets ont perduré.

Géogr. – Le Sahel est un domaine écologique tropical que caractérisent une longue saison sèche (7 à 10 mois), la concentration estivale de pluies peu abondantes et surtout très irrégulières, l'importance de formations végétales steppiques à plantes herbacées annuelles, le triomphe des acacias et des épineux. Commençant au sud du Sahara avec l'apparition d'une graminée nommée cram-cram *(Cenchrus biflorus),* le Sahel prendrait fin aux lisières des forêts claires et des savanes arborées soudaniennes. Ses limites demeurent floues et mouvantes. Les précipitations annuelles oscillent entre 100 et 150 mm au nord, contre 500 et 700 mm au sud. La saison des pluies (hivernage) diminue du sud au nord : 5 mois à Bamako (juin-oct.), 2 mois à Tombouctou (juil.-août). La définition politique du Sahel n'est guère plus satisfaisante : neuf pays (en tout 5,3 millions de km^2, env. 50 millions d'hab.) sont réunis, depuis 1971, au sein du Comité inter-États de lutte contre la sécheresse du Sahel (CILSS). Les plus typiquement sahéliens sont le Burkina Faso, le Mali, la Mauritanie, le Niger, le Sénégal et le Tchad. Le Soudan n'en est pas membre, contrairement à la Guinée-Bissau, à la Gambie et aux îles du Cap-Vert, dont les climats, à latitude comparable, sont plus humides.
Les pluviomètres installés à partir de 1920 montrent que la quantité totale des pluies joue moins que leur répartition sur la croissance végétale. Lorsque la pluie est inférieure à 10 mm par semaine sur un sol gravillonnaire et 3 mm sur un sol sableux, la sécheresse survient.
Le doublement de la population en moins de cinquante ans, l'augmentation des cultures industrielles (arachide, coton), l'accroissement des besoins en viande lié à l'urbanisation ont transformé les anciens systèmes agraires et pastoraux : abandons des jachères, extension spectaculaire des superficies cultivées ou utilisées par les troupeaux. À la faveur des décennies plus humides, l'occupation agricole a progressé en latitude, le domaine cultivé a empiété sur les aires de parcours des éleveurs. Là où les densités de population étaient déjà fortes (pays sérère au Sénégal, pays mossi au Burkina Faso), la saturation des terroirs et leur dégradation sont manifestes : disparition des jachères, épuisement des sols, recul du couvert arboré, qui permettait de maintenir la fertilité des sols et de nourrir les bovins en saison sèche. Sur les fronts pionniers, moins peuplés, la couverture végétale des sols sablonneux a été mise à mal par les défrichements expéditifs et le surpâturage. Pour survivre, éleveurs et agriculteurs se dirigent vers les marges mieux arrosées : il y aurait plus de 2 millions de Burkinabés en Côte d'Ivoire; plus de 1,5 million de Maliens vivraient hors de chez eux.
En 1920, la zone sahélienne comptait moins de 1 % de citadins; en l'an 2000, il y en aura probablement plus de 40 %; en 1993, le taux d'urbanisation atteignait 47 % en Mauritanie et 40 % au Sénégal. Dakar compte plus de 1 500 000 hab.; Nouakchott, Bamako, Ouagadougou, Niamey et N'Djamena ont plus de 500 000, voire 700 000 hab. Cette urbanisation accélérée, à laquelle participent aussi les petites villes, n'a pas de contrepartie productive.

sahélien, enne [saeljɛ̃, ɛn] adj. et n. Du Sahel (au sud du Sahara). ▷ Subst. Habitant du Sahel. *Les Sahéliens.*

sahraoui, ie [saʀawi] adj. et n. Du Sahara occidental. *Le peuple sahraoui.* ▷ Subst. Habitant, le plus souvent nomade, du Sahara occidental. *Les Sahraouis.*

Saïda, v. d'Algérie, au S.-E. d'Oran, au pied des *monts Saïda* (qui culminent à 1180 m); 84370 hab.; ch.-l. de la wilaya du m. nom. Industries.

Saïda ou **Saydā** (anc. *Sidon*),* v. et port du Liban, au S. de Beyrouth; 70000 hab.; port de commerce. – Château de la Mer (XIIIe s.), caravansérail des Français (XVIIe s.).
Hist. – L'anc. Sidon, nommée Saïda par les Arabes, qui la prirent en 637, fut conquise en 1111 par les croisés. Elle se rendit à Saladin Ier en 1187 et fut reprise en 1197 par les croisés. Elle fut ensuite occupée par les Arabes (1249), dévastée par les Mongols et vendue par les croisés aux Templiers en 1260. Saïda redevint prospère sous le règne de Fakhr ad-Din II (1585-1633), mais il combla le port, provoquant ainsi sa décadence. Partiellement détruite pendant la guerre du Liban (V. dossier Liban, p. 1461), la ville a été restaurée au milieu des années 1990.

Saïd Pacha (Muhammad) (1822 – 1863), vice-roi d'Égypte (1854-1863), fils de Méhémet-Ali, dont il continua l'œuvre réformatrice, supprimant l'esclavage (1856) et soutenant la création du canal de Suez.

saignant, ante [sɛɲɑ̃, ɑ̃t] adj. **1.** Qui saigne. **2.** *Viande saignante,* très peu cuite.

saignée [sɛɲe] n. f. **1.** Opération ayant pour objet d'extraire des vaisseaux une certaine quantité de sang. **2.** Pli formé par le bras et l'avant-bras, où se pratique la saignée. **3.** Fig. Prélèvement abondant. *Saignée fiscale.* ▷ Grande perte d'hommes. *L'effroyable saignée de la guerre de 1914-1918.* **4.** TECH Rigole, tranchée pratiquée pour établir un drainage, une irrigation. ▷ Longue entaille. *Faire une saignée dans un mur pour le passage de canalisations.*

saignement [sɛɲmɑ̃] n. m. Épanchement de sang.

saigner [sɛɲe] v. **[1] I.** v. intr. **1.** Perdre du sang. *Saigner du nez. Blessure qui saigne.* **2.** Fig., litt. *Son cœur saigne :* il éprouve une grande douleur morale. **II.** v. tr. **1.** Tirer du sang à (qqn) en ouvrant une veine. *Saigner un malade.* **2.** Tuer (un animal) en le vidant de son sang. **3.** Pratiquer une saignée dans (un arbre) pour en recueillir la résine ou le latex. **4.** Fig. Épuiser en soutirant toutes les ressources. *La guerre a saigné ce pays. Saigner à blanc :* V. blanc (2, sens 8). ▷ v. pron. *Se saigner aux quatre veines :* faire tous les sacrifices possibles.

Saigon. V. Hô Chi Minh-Ville.

Saigō Takamori (v. 1826 – 1877), homme de guerre japonais. Il contribua à la restauration (1868) du pouvoir impérial, dont sa caste combattit (1873) le modernisme. Il dirigea la lutte armée contre l'empereur, fut défait et se fit hara-kiri. — **Saigō Yorimichi** (1843 – 1902), frère du préc., dont il fut l'allié en 1868 puis l'adversaire. Ministre de la Marine, il fit du Japon une puissance navale.

Saikaku (Ihara) (1641 – 1693), écrivain japonais; créateur de l'étude de mœurs à caractère réaliste et souvent licencieux : *la Vie d'une femme* (1668), *le Grand Miroir de la pédérastie* (1687).

saillant, ante [sajɑ̃, ɑ̃t] adj. et n. m. **1.** Qui avance, qui fait saillie. *Corniche saillante.* – GEOM *Angle saillant,* dont le sommet est tourné vers l'extérieur de la figure. Ant. rentrant. ▷ n. m. Partie qui fait saillie. **2.** Fig. Qui appelle l'attention, marquant. *Des faits saillants.*

saillie [saji] n. f. **1.** Partie (d'un édifice) qui avance par rapport à une autre dans le plan vertical. – *Faire saillie :* saillir. **2.** Action de saillir une femelle.

saillir [sajiʀ] v. **[28] 1.** v. intr. Litt. Être en saillie, former un relief. *Les veines de son front saillaient à chaque effort.* **2.** v. tr. Couvrir (la femelle) en parlant de certains animaux.

saïmiri [sajmiʀi] n. m. Petit singe des forêts équatoriales sud-américaines, également appelé *singe-écureuil.*

sain, saine [sɛ̃, sɛn] adj. **1.** (Êtres animés.) En bonne santé physique, d'une constitution robuste. *Un enfant sain.* – *Revenir sain et sauf,* sans avoir subi de dommage physique. ▷ (Choses) Qui n'est pas abîmé, gâté. *Fruit sain.* – Solide. *Roche saine.* **2.** Qui a une bonne santé mentale. ▷ Juste, sensé, conforme à la raison. *Jugement sain.* **3.** Favorable à la santé. *Une alimentation saine.* **4.** Qui ne comporte pas de faiblesse, de vices cachés. *Une affaire saine.*

saindoux [sɛ̃du] n. m. Graisse de porc fondue.

sainement [sɛnmɑ̃] adv. D'une manière saine (sur le plan physique, intellectuel, moral). *Se nourrir sainement. Apprécier sainement un problème.*

sainfoin [sɛ̃fwɛ̃] n. m. Plante herbacée (fam. papilionacées) dont une espèce est cultivée comme fourrage.

saint, sainte [sɛ̃, sɛ̃t] adj. et n. **I. 1.** adj. THEOL En parlant de Dieu, parfait, pur. *La sainte Trinité.* **2.** n. Personne qui, ayant porté à un degré exemplaire la pratique héroïque de toutes les vertus chrétiennes, a été reconnue par l'Église, après sa mort, comme digne d'un culte (culte de dulie*) et donc canonisée*. ▷ Prov. *Il vaut mieux s'adresser à Dieu qu'à ses saints,* au supérieur qu'à ses subalternes. – Loc. *Ne pas savoir à quel saint se vouer :* ne pas savoir à quel moyen recourir (pour résoudre un problème). ▷ adj. Devant le nom d'un(e) saint(e). *Les saints Innocents. La Sainte Vierge.* – Loc. *La Saint-..., la Sainte-... :* [mention suivie du nom d'un(e) saint(e)] le jour où l'on fête ce(tte) saint(e). **3.** n. Personne qui mène une vie exemplaire. *Votre mère était une sainte.* **4.** n. m. *Le saint des saints :* la partie la plus sacrée du Temple de Salomon, où se trouvait l'Arche d'alliance; fig. lieu secret, impénétrable. **II.** adj. **1.** Qui mène une vie conforme aux lois de la religion. *Un saint homme.* **2.** Qui appartient à la religion, consacré. *La sainte table, les saintes huiles.* – *Être enterré en terre sainte,* dans un lieu bénit. – *Le Saint-Père :* le pape. – *La Terre sainte :* la Palestine. – *Les Lieux saints,* où vécut le Christ. – *Les lieux saints de l'islam :* Jérusalem, Médine et La Mecque. – *Le lundi (mardi, etc.) saint :* chacun des jours de la semaine sainte, qui précède Pâques. **3.** Inspiré par la piété, le sentiment religieux. *Il a fait là œuvre sainte.* **4.** Qui a un caractère vénérable, qui ne peut être transgressé. *Au nom de la sainte liberté.*

Saint-Acheul, faubourg de la ville franç. d'Amiens (Somme). – Site préhistorique (V. acheuléen).

Saint-Amant (Marc Antoine Girard, sieur de) (1594 – 1661), poète français baroque. Acad. fr. (1634).

Saint-Ange (château), citadelle de Rome, sur la r. dr. du Tibre; anc. mausolée d'Hadrien (terminé en 139) transformé en citadelle au Xe s.; auj., musée.

Saint-Barthélemy, île française des Antilles, située au N.-O. de la Guadeloupe, dont elle dépend; 21 km^2; 5043 hab.; ch.-l. *Gustavia.* Zone franche. Tourisme. – En 1876, la France l'acheta à la Suède, qui la possédait depuis 1784.

Saint-Barthélemy (la), nom donné au massacre des protestants à Paris, dans la nuit de la Saint-Barthélemy (24 août 1572) sur l'ordre de Charles IX. Catherine de Médicis, sa mère, l'avait persuadé d'un complot huguenot. Les Guises exécutèrent la décision royale : 3000 protestants et la quasi-totalité de leurs chefs (dont Coligny) furent tués. En province, les massacres durèrent plusieurs mois. La guerre de Religion* reprit.

saint-bernard [sɛ̃bɛʀnaʀ] n. m. inv. Chien alpestre de grande taille, dressé pour le sauvetage des personnes perdues en montagne.

Saint-Bernard (Petit-), col des Alpes reliant la France (Savoie) et l'Italie (Val d'Aoste); 2188 m. Au Xe s., saint Bernard* de Menthon y fonda un hospice. – Certains historiens jugent probable qu'Hannibal utilisât cette voie quand il envahit l'Italie en 218 av. J.-C.

Saint-Bernard (Grand-), col des Alpes reliant la Suisse (Valais) et l'Italie (Val d'Aoste); 2469 m. Au Xe s, saint Bernard* de Menthon y fonda un monastère et un hospice. – Depuis 1964, le tunnel routier du Grand-Saint-Bernard (5826 m) relie Martigny (Valais) et le Val d'Aoste.

Saint-Brandon, île de l'océan Indien de l'archipel des Mascaraignes située à 400 km au N.-E. de l'île Maurice, dont elle dépend; 71 km^2; 500 hab. Séchage du poisson; cocoteraies.

Saint Catharines, v. du Canada (Ontario), port sur le canal Welland, au S. de Toronto, près des É.-U.; 129300 hab.

Saint-Christophe et Niévès (en angl. *Saint Kitts and Nevis*), État des Petites Antilles, formé princ. par ces deux îles, membre du Commonwealth; 261 km^2; 45000 hab. (*San Cristobaliens*); cap. *Basseterre* (dans l'île de Saint Kitts). Langue off. : angl. Monnaie : dollar des Caraïbes-Orientales. Relig. : protestants et cathol. Pop. : Noirs en majorité. – Ressources princ. : tourisme, sucre, industries de montage des É.-U. – Ces îles, occupées par les Anglais au XVIIe s., partagées avec les Français, devinrent définitivement anglaises en 1783 (traité de Versailles). Réunies à Anguilla jusqu'en 1976, les deux îles devinrent indépendantes en 1983.

Saint-Clair (lac), lac (1060 km^2) séparant le Canada (Ontario) des É.-U. (Michigan), relié au lac Huron par la *rivière Saint-Clair* (65 km) et au lac Érié par la rivière Detroit.

saint-cyrien, enne [sɛ̃siʀjɛ̃, ɛn] n. Élève ou ancien élève de l'École spéciale militaire de Saint-Cyr à Coëtquidan (Morbihan). *Des saint-cyrien(ne)s.*

Saint-Cyr-l'École, ville de France (Yvelines); 15838 hab. – Mme de Maintenon y fonda pour les jeunes filles nobles et sans fortune une maison d'éducation (1686), qui devint une école militaire (1808-1946).

Saint-Denis, v. de France (Seine-St-Denis); 90806 hab. Centre industriel. – Université. Musée d'art et d'histoire. Église abbatiale (XIIe-XIIIe s.), devenue basilique puis cathédrale (1967), l'un des premiers grands édifices goth., lieu de sépulture des rois de France à partir de Saint Louis (XIIIe s.); leurs restes furent dispersés pendant la Révolution.

Saint-Denis, ch.-l. de la Région et du dép. français de la Réunion, port sur la côte N. de l'île; 122900 hab. Aéroport. Matériel de constr., prod. pharm., imprimerie.

Saint-Denys Garneau. V. Garneau.

Saint-Domingue. V. Haïti (île).

Saint-Domingue (en esp. *Santo Domingo; Ciudad Trujillo* de 1936 à 1961), cap. de la république Dominicaine, port sur la côte S.; 1318200 hab. Exportation de produits tropicaux; industr. alimentaires; fonderie.

Sainte-. V. les noms qui commencent ainsi après l'article Saint-Vincent et les Grenadines.

Saint-Élie (en angl. *Saint Elias*), massif montagneux à la frontière de l'Alaska et du Canada (6050 m au mont Logan, point culminant du Canada).

saintement [sɛ̃tmɑ̃] adv. D'une manière sainte.

Saint Empire romain germanique, nom donné à l'empire fondé en 962 par Otton Ier. La dislocation de l'empire de Charlemagne permit à Otton Ier, roi de Germanie, puis d'Italie, protecteur de l'Église, de prétendre à la couronne impériale. Au faîte de sa puissance (XIe s.), le Saint Empire englobait l'Allemagne*, l'Italie du N. et du Centre, la Lorraine, la Bourgogne et les marches de l'Est. Le pape Grégoire* VII, qui voulait renforcer le pouvoir de l'Église, déclencha la querelle des Investitures* (1059-1122), que suivit la lutte du Sacerdoce (c'est-à-dire la papauté) et de l'Empire (1154-1250). Ce dernier, dépouillé de ses territ. italiens et bourguignons, se réduisit, à partir du XVe s., au royaume germanique, un agrégat de 350 territoires. En 1356, Charles IV, par la Bulle d'or, organisa l'élection impériale, confiée à sept princes dits «Électeurs». En 1440, avec Frédéric III, les Habsbourg accédèrent au trône impérial, qui disparut quand François II prit le titre d'empereur d'Autriche (1806) sous le nom de François Ier.

sainte nitouche [sɛ̃tnituʃ] n. f. Fam. Personne qui affecte des airs d'innocence ou de pruderie. *Des saintes nitouches.*

Saint-Esprit ou **Esprit-Saint,** troisième personne de la sainte Trinité.

sainteté [sɛ̃tte] n. f. **1.** Qualité d'une personne ou d'une chose sainte. *Sainteté d'un lieu.* ▷ *En odeur de sainteté :* V. odeur. **2.** *Sa Sainteté :* titre donné au pape et à quelques hauts dignitaires dans certaines Églises d'Orient.

Saint-Étienne, v. de France, ch.-l. du dép. de la Loire; 201569 hab. (*Stéphanois*). Pôle industriel précoce, fondé sur la houille, puis la métallurgie, le bassin stéphanois se spécialisa, au XXe s., dans la mécanique de précision. – Univ. Musée d'art moderne.

Saint-Évremond (Charles de Marguetel de Saint-Denis de) (v. 1614 – 1703), écrivain français. Un écrit hostile à Mazarin l'obligea à s'exiler en 1661. Il fut le précurseur des philosophes du XVIIIe siècle.

Saint-Exupéry (Antoine de) (1900 – disparu en 1944 au cours d'une mission aérienne), aviateur et écrivain français : *Vol de nuit* (1931), *Terre des hommes* (1939), *le Petit Prince* (1943), *Citadelle* (posth., 1948).

Saint-Floris (parc national de), parc du N. de la Rép. centrafricaine; réserve cynégétique.

Saint-François (lac), lac du Québec et de l'Ontario, formé par le Saint-Laurent en amont de Montréal; 215 km^2.

Saint-François (le), riv. du Québec qui se jette dans le Saint-Laurent (r. dr.) élargi en le lac Saint*-Pierre; 260 km. Hydroélectricité.

Saint-Gall (en all. *Sankt Gallen*), v. de Suisse; 75850 hab.; ch.-l. du cant. du m. nom (2014 km²; 401200 hab.), limitrophe de l'Autriche et du Liechtenstein. Centre industriel. – L'abbaye rayonna du VIIIe au XIIe s. Au XVIIe s., elle fut un centre de la Contre-Réforme.

Saint George (canal), détroit entre la Grande-Bretagne (pays de Galles) et l'Irlande.

Saint George's, cap. et port de l'État de Grenade (Petites Antilles); 31000 hab.

Saint-Germain-en-Laye, ch.-l. d'arr. des Yvelines; 41710 hab. (*Saint-Germanois*). Ville résidentielle et touristique. Forêt (3500 ha). – Château reconstruit sous François Ier et restauré sous Napoléon III, conserve une très belle sainte chapelle du XIIIe s. et un donjon du XIVe s.; il abrite auj. le musée des Antiquités nationales. La terrasse a été tracée par Le Nôtre en 1672. – Divers édits et traités y furent signés. 1570 : Catherine de Médicis reconnaît aux protestants la liberté de conscience. 1632 : l'Angleterre restitue à la France Québec et la rég. du Saint-Laurent (pris en 1629). 1919 : traité entre les Alliés et l'Autriche (consacrant la fin de la monarchie austro-hongroise).

Saint-Germain-des-Prés (abbaye de), abb. parisienne fondée par Childebert Ier v. 558 et ruinée par les Normands. Du monastère (centre intellectuel aux XVIIe-XVIIIe s.), il ne reste auj. que le palais abbatial (1586) et l'église (tour déb. du XIe s.). – Le quartier *Saint-Germain-des-Prés* (Paris, 6e arr.) est celui des intellectuels parisiens au XXe s., notam. dans les années 1940-50.

Saint-Gilles (en néerl. *Sint-Gillis*), com. de Belgique, fbg industriel au sud de Bruxelles; 52000 hab.

Saint-Gothard (en all. *Sankt Gotthard*), massif des Alpes suisses (3197 m au Pizzo Rotondo), où le Rhône, le Rhin, la Reuss et le Tessin prennent leur source. Les cant. d'Uri, du Tessin et du Valais se partagent le massif. Le *col du Saint-Gothard* (2108 m) favorise la communication entre la Suisse centrale et l'Italie. Les tunnels routier (1980) et ferroviaire (1982), à 1155 m, assurent la liaison Zurich-Milan.

Saint-Graal (le). V. Graal.

Saint-Hélier (Betty Briod-Eymann, dite Monique) (1895 – 1955) , écrivain suisse d'expression française, auteur du «cycle des Alérac» : *Bois-Mort* (1934), *le Cavalier de paille* (1936), *le Martin-pêcheur* (1953), *l'Arrosoir rouge* (1955).

Saint-Hyacinthe, v. du Québec, sur la Yamaska, à l'est de Montréal; 37500 hab. *(Maskoutains)*. Fabrication d'orgues; filatures; meubles.

Saint-Jacques-de-Compostelle (en esp. *Santiago de Compostela*), ville d'Espagne; 82400 hab.; cap. de la communauté auton. de Galice. Université. Tourisme. – Cath. romane (XIIe s.), palais archiépiscopal. – Depuis le XIe s., un célèbre pèlerinage attire des catholiques de l'Europe entière.

Saint-Jean (lac), lac du Québec, que le Saguenay unit au Saint-Laurent; 1060 km². Peu profond (max. 70 m), il est gelé cinq à six mois par an. Tourisme. (V. Saguenay-Lac-Saint-Jean.)

Saint-Jean ou **Saint John** (le), fl. des É.-U. (Maine) et du Canada (Nouveau-Brunswick), long de 720 km. Chutes près de son embouchure (découverte par Champlain en 1604).

Saint-Jean ou **Saint John,** ville et port du Canada (Nouveau-Brunswick), sur l'embouchure du fl. du m. nom; 74960 hab. Raff. de pétrole, alimentée par le port (le plus important de la baie de Fundy), qui se livre également à la pêche. Centre industriel.

Saint-Jean-d'Acre. V. Acre.

Saint-John Perse (Alexis Léger, dit Saint-Léger Léger puis) (1887 – 1975), poète français, né à Pointe-à-Pitre. Son œuvre célèbre la beauté du monde : *Anabase* (1924), *Exil* (1942), *Vents* (1946), *Amers* (1957). P. Nobel 1960.

Saint John's, cap. de l'État d'Antigua et Barbuda, port dans l'île d'Antigua; env. 30000 hab. Sucreries.

Saint John's ou **Saint-Jean,** v. et port du Canada; ch.-l. de la prov. de Terre-Neuve; 95770 hab. Industr. de la pêche.

Saint-Joseph, ch.-l. de cant. de la Réunion (arr. de Saint-Pierre), sur la côte sud de l'île; 25852 hab.

Saint-Just (Louis Antoine Léon) (1767 – 1794), homme politique français. Partisan fidèle de Robespierre, membre du Comité de salut public, il contribua à éliminer les Girondins, les partisans de Danton et les hébertistes. En mission aux armées, il facilita notam. la victoire de Fleurus. Il fit prendre les décrets de ventôse (mars 1794), qui favorisaient les patriotes démunis au détriment des riches suspects. Il fut exécuté avec Robespierre.

Saint-Laurent (le), grand fleuve d'Amérique du Nord (3700 km depuis le lac Supérieur; 1200 km depuis le lac Ontario, dont il est l'émissaire direct). Son bassin est de 1030 000 km² (266000 km², sans les Grands Lacs). Frontalier du Canada et des États-Unis sur 180 km (Mille-Îles et rapides), il s'élargit au Québec dans le lac Saint-François, est barré de nouveaux rapides (Soulanges, Cèdres, Lachine) et est rejoint, à son entrée à Montréal (lac Saint-Louis), par l'Outaouais. Le fleuve traverse alors le lac Saint-Pierre, où il reçoit le Richelieu et le Saint-François, arrose Trois-Rivières, où conflue le Saint-Maurice, s'étrangle au pied des Laurentides, en baignant Québec et l'île d'Orléans, où commence son estuaire. Large de 25 km au confluent du Saguenay, celui-ci sépare de 110 km la Gaspésie de la côte nord, où il est grossi de la Bersimis, de la rivière aux Outardes et de la Manicouagan, et débouche dans le golfe du Saint*-Laurent au niveau de l'île d'Anticosti. De régime pluvio-nival (pluies d'été et d'automne surtout), le fleuve a un débit moyen de 8800 m³/s (8500 m³/s à Montréal, 10200 m³/s à Québec), et se trouve pris par les glaces quatre mois par an (mi-décembre à mi-avril). De 1954 à 1959, la *voie maritime du Saint-Laurent* a été aménagée par les É.-U. et le Canada (qui a financé les deux tiers du projet). Grâce au canal Welland (entre les lacs Érié et Ontario) et un chenal, long de 300 km et profond de 8,30 à 10 m, jusqu'à Montréal, les centres industriels de la région des Grands Lacs sont accessibles aux péniches et aux cargos. Aux canaux de dérivation, écluses géantes (sept) et ponts mobiles s'ajoutent des ouvrages hydroélectriques, dont Massena-Cornwall et Beauharnois.

Saint-Laurent (golfe du), mer intérieure formée par l'océan Atlantique entre les îles canadiennes du Cap-Breton et de Terre-Neuve; 150000 km²; le fleuve Saint-Laurent y a son embouchure. Le détroit de Cabot relie le golfe à l'océan; le détroit de Belle-Isle le relie à la mer du Labrador. Le golfe baigne cinq provinces canadiennes : Terre-Neuve, Île-du-Prince-Édouard, Nouvelle-Écosse, Nouveau-Brunswick et Québec.

Saint-Laurent, ville du Québec, dans la banlieue O. de Montréal; 72400 hab. Industries aéronautiques.

Saint-Laurent (Louis Stephen) (1882 – 1973), homme politique canadien, né et mort au Québec. Leader du parti libéral (1948-1958) et Premier ministre (1948-1957), il assura à son pays une plus grande autonomie vis-à-vis de la Grande-Bretagne.

Saint-Laurent (Bas-). V. Bas-Saint-Laurent.

Saint-Léonard, ville du Québec, dans l'aggl. de Montréal; 73100 hab.

Saint-Louis (lac), lac du Québec, formé par le Saint-Laurent, au S.-O. de l'île de Montréal.

Saint Louis, v. des É.-U. (Missouri), fondée en 1764 au S. du confl. du Mississippi et du Missouri; 396680 hab. (aggl. urb. 2398400 hab.). Import. centre comm. et indust. – Universités. City Art Museum (antiquités grecques).

Saint-Louis, ch.-l. de cant. de la Réunion (arr. de Saint-Pierre), sur la côte S.-O. de l'île; 37800 hab. Industr. text., quincaillerie.

Saint-Louis, v. et port du Sénégal, dans une île située à l'embouchure du fl. Sénégal; 118000 hab.; ch.-l. de la rég. du m. nom. Le trafic du port est gêné par une barre dangereuse. – Fondé vers 1638 par les Français, Saint-Louis fut la capitale du Sénégal de 1895 à 1958, la cap. de l'A.-O.F. de 1895 à 1902, la cap. de la Mauritanie de 1919 à 1958. La ville fut supplantée par Dakar comme cap. de l'A.-O.F. en 1902 et du Sénégal en 1958. Cette même année, Nouakchott fut créée et devint la capitale de la Mauritanie.

Saint Louis. V. Louis IX.

Saint-Marin (République de) *(Repubblica di San Marino)*, petit État enclavé en territ. italien, au S.-S.-O. de Rimini; 61,2 km²; 24300 hab.; cap. *San Marino* (4600 hab.). Nature de l'État : rép. (dep. le XIIIe s.) gouvernée par un Grand Conseil général (pouvoir législatif), qui élit deux capitaines-régents pour six mois, et par un Congrès d'État (pouvoir exécutif). Langue off. : ital. Monnaie : lire ital. Relig. : cathol. – Adossé à l'Apennin, le pays est formé de collines. La cap. a été bâtie sur l'éperon du mont Titano (726 m). – Ressources traditionnelles (vigne, pierre à bâtir); émission de timbres; surtout, tourisme.

Saint-Martin (en néerl. *Sint Maarten*), île des Petites Antilles, partagée depuis 1648. La partie française, au nord (52 km²; 28524 hab.; ch.-l. *Le Marigot*), est rattachée à la Guadeloupe (V. dossier France d'outre-mer, p. 1442). La partie néerlandaise (34 km²; 17000 hab.; ch.-l. *Philipsburg*) est rattachée à Curaçao. Canne à sucre, salines. Tourisme.

Saint-Maurice (le), riv. du Québec (520 km), affl. du Saint-Laurent (r. g.). Né dans les Laurentides, il débouche à Trois-Rivières. Hydroélectricité (barrage Gouin).

Saint-Maurice, com. de Suisse (Valais), sur le Rhône; 3800 hab. – Abb. bénédictine d'Agaune, fondée au IVe s. Grotte des Fées (env. 700 m de profondeur).

Saint-Moritz (en all. *Sankt Moritz*, en romanche *San Murezzan*), com. de Suisse (Grisons), sur le *lac de Saint-Moritz*, en Engadine; 5900 hab. Station de sports d'hiver renommée, station thermale.

Saint-Office (congrégation du), congrégation pontificale fondée par Paul III en 1542 afin de combattre la Réforme, l'hérésie, etc. Devenue en 1965 la *congrégation pour la Doctrine de la foi*, elle juge tout ce qui relève de la foi et de la morale.

Saint Paul, v. des É.-U., cap. du Minnesota, sur le Mississippi (r. dr.); 272200 hab. (conurbation avec Minneapolis, 2113500 hab.). Centre industriel et commercial.

Saint-Paul, ch.-l. d'arr. de la Réunion, sur la côte N.-O. de l'île; 72000 hab. Commerce; industrie sucrière.

saintpaulia [sɛ̃polja] n. m. Petite plante herbacée d'Afrique orientale aux feuilles charnues disposées en rosette et aux fleurs colorées réunies en cyme. Syn. violette du Cap.

Saint-Père [sɛ̃pɛʀ], nom donné au pape.

Saint-Pétersbourg (*Petrograd* de 1914 à 1924, *Leningrad* de 1924 à 1991), v. et port de Russie, à l'embouchure de la Neva; 4995000 hab.; Import. centre industr. et culturel. – Fondée en 1703 par Pierre le Grand, qui voulait une «fenêtre» sur l'Europe et un port sur la mer Baltique, la ville s'élève sur la Neva. Conçue par des architectes italiens et français, elle renferme : la forteresse Pierre-et-Paul et la cathédrale St-Pierre-et-St-Paul, construites sous Pierre le Grand par le Suisse D. Trezzini; le palais d'Hiver (1754-1762, œuvre de Rastrelli); le palais de Marbre (bâti par Rinaldi de 1768 à 1785); la statue équestre de Pierre le Grand, par Falconet. La Bourse maritime fut édifiée (1805-1810) par le Français Thomas de Thomon, et la cath. St-Isaac (1819-1858) par Auguste Montferrand. Des palais et des églises bordent la perspective Nevski. Le musée de l'Ermitage, fondé par Catherine II, occupe plusieurs palais (dont le palais d'Hiver) et abrite une riche collection de tableaux. – De sept. 1941 à janv. 1944, la ville, encerclée par les troupes all., subit un siège tragique.

saint-pierre [sɛ̃pjɛʀ] n. m. inv. Poisson de l'océan Atlantique de forme aplatie, à la chair estimée, qui porte sur chaque flanc une tache noire.

Saint-Pierre (île), île de l'archipel français de Saint-Pierre-et-Miquelon, petite île (26 km²) qui concentre la plus grande partie de la pop. de l'archipel, notam. dans son ch.-l. nommé également *Saint-Pierre* . (V. dossier France d'outre-mer, p. 1442.)

Saint-Pierre (lac), lac du Québec, entre Sorel et Trois-Rivières, formé par un élargissement du Saint-Laurent, qui y reçoit les rivières Saint-François et Richelieu; 340 km².

Saint-Pierre, v. et port de la Martinique dans le N.-O. de l'île; 5100 hab. – Ville la plus peuplée de l'île avant l'éruption de la montagne Pelée, qui la détruisit (8 mai 1902).

Saint-Pierre, ch.-l. d'arr. de la Réunion, sur la côte S. de l'île; 60000 hab. Industrie chimique.

Saint-Pierre de Rome, basilique de Rome, sur la r. dr. du Tibre, à côté du palais du Vatican, commencée vers 1450 et reprise en 1506; l'église la plus vaste et la plus riche de la chrétienté. Sa construction fut successivement dirigée par Bramante, Raphaël, Michel-Ange, Carlo Maderno et le Bernin. La coupole (plans de Michel-Ange) s'élève à 132 m. Devant la basilique, la place Saint-Pierre fut décorée par le Bernin d'un portique semi-circulaire (1656-1665).

Saint-Pierre-et-Miquelon, archipel français de l'Atlantique Nord, à 20 km au sud de Terre-Neuve, collectivité territoriale de la Rép. française. V. dossier France d'outre-mer, p. 1442.

Saint-Pol Roux (Paul Roux, dit) (1861 – 1940), écrivain français symboliste, précurseur du surréalisme.

Saint-Saëns (Camille) (1835 – 1921), compositeur et organiste français : *la Danse macabre* (1874), *Samson et Dalila* (1877), drame lyrique; *le Carnaval des animaux* (1886).

Saint-Sépulcre (le), nom donné à l'ensemble de constructions érigées à Jérusalem sur la tombe du Christ et sur le lieu (proche) de sa crucifixion. Cet ensemble, partiellement détruit au VIIe s. et au XIe s., fut l'objet de nombreuses restaurations. Les croisés groupèrent les différents sanctuaires dans une basilique, en partie incendiée et transformée au début du XIXe s., actuellement partagée entre catholiques latins, Grecs orthodoxes, Arméniens et Coptes.

Saint-Siège, la papauté, et, par ext. le Vatican*.

Saint-Simon (Louis de Rouvroy, duc de) (1675 – 1755), écrivain et mémorialiste français. Fils d'un écuyer de Louis XIII devenu duc et pair, il servit aux armées jusqu'en 1702; il vint alors habiter Versailles et tenta de jouer un rôle politique, notam. sous la Régence. Il se retira sur ses terres de La Ferté-Vidame à la mort du Régent (1723) pour poursuivre ses *Mémoires*, au style pittoresque et imagé, qui présente un tableau monumental de la vie à la cour. — **Claude Henri de Rouvroy,** comte de Saint-Simon (1760 – 1825), philosophe et économiste français, parent du mémorialiste. Sa doctrine ouvrit la voie au positivisme et au socialisme humanitaire. Hostile aux «oisifs» (nobles, prêtres, fonctionnaires, etc.), il voulait confier aux «producteurs» (savants, industriels, commerçants, ouvriers, agriculteurs) le soin d'assurer la paix et le bonheur des peuples. Ses disciples (V. Enfantin) constituèrent une secte qui prêchait la religion de l'amour. Elle fut dispersée en 1832.

saint-simonien, enne [sɛ̃simɔnjɛ̃, ɛn] n. et adj. Partisan des idées de Claude de Saint-Simon. *Les saint-simoniens.* ▷ adj. Qui a rapport à Saint-Simon ou à sa doctrine.

saint-simonisme [sɛ̃simɔnism] n. m. Doctrine de Claude de Saint-Simon et de ses disciples.

Saint-Thomas (île). V. São Tomé.

Saint-Trond (en néerlandais *Sint-Truiden)*, v. de Belgique (Limbourg), au sud-ouest d'Hasselt, en Campine; 40000 hab. Métallurgie; agroalimentaire; tabac. – Église Saint-Pierre, romane; église du Béguinage et collégiale Notre-Dame, gothiques; porte de Bruxelles (XVIe s.); beffroi (XVIIe s.); hôtel de ville (XVIIIe s.).

Saint-Vincent et les Grenadines, État des Petites Antilles, formé de l'île *Saint-Vincent* et des *Grenadines* du N.; 389 km²; 123000 hab.; cap. *Kingstown*. Langue off. : angl. Monnaie : dollar des Caraïbes de l'Est. Pop. : Noirs en majorité. Relig. : protestantisme, cathol. Ressources princ. : tourisme, bananes. – Colonie britannique jusqu'en 1969, État indép. depuis 1979.

Sainte-Adresse, com. de France (Seine-Maritime), voisine du Havre; 8193 hab. Stat. balnéaire. – Siège du gouvernement belge de 1914 à 1918.

Sainte-Anne-de-Beaupré, v. du Québec située sur la rive N. du Saint-Laurent. 3270 hab. Pèlerinage.

Sainte-Beuve (Charles Augustin) (1804 – 1869), écrivain français. Romantique (*Vie, poésies et pensées de Joseph Delorme*, 1829), il écrivit un roman inspiré par sa liaison tourmentée avec l'épouse de Victor Hugo, Adèle Hugo (*Volupté*, 1834). Critique, il décrit la relation entre l'œuvre et la vie des écrivains : *Port-Royal* (1840-1859), *Causeries du lundi* (1851-1862), *Nouveaux Lundis* (1863-1870). Acad. fr. (1843).

Sainte-Catherine (djebel), point culminant de l'Égypte, dans le Sinaï méridional; 2637 m.

Sainte-Chapelle, chapelle de style gothique (1242-1248) située dans le Palais de Justice de Paris.

Sainte-Foy, v. du Québec, dans la banlieue de Québec; 75000 hab. (*Fidéens*). – Université Laval*. Maisons anc. – En 1760, les Français, commandés par Lévis, infligèrent une défaite aux Anglais, commandés par Murray.

Sainte-Hélène, île britannique de l'Atlantique Sud, à env. 1800 km des côtes de l'Angola; 122 km²; 6528 hab.; ch.-l. *Jamestown*. Ressource princ. : pêche. – Napoléon, déporté par les Anglais en 1815, y mourut en 1821.

Sainte Ligue. V. Ligue.

Sainte-Lucie, État des Petites Antilles, au S. de la Martinique.

► V. carte et dossier, p. 1493.

sainte-lucien, enne [sɛ̃tlysjɛ̃, ɛn] adj. et n. De Sainte-Lucie. ▷ Subst. *Un(e) Sainte-Lucien(ne), des Sainte-Luciens.*

Saintes (îles des), archipel des Antilles, dépendant de la Guadeloupe; 13 km²; 3400 hab. env. (dont la plupart sont des descendants de Bretons); ch.-l. *Terre-de-Haut.* Pêche.

Sainte-Sophie (église), anc. basilique de Constantinople, construite de

532 à 537. En 1453, les Turcs en firent une mosquée, enrichie de minarets. En 1934, elle devint un musée.

Saïs (auj. *Sá al-Hagar*), v. de l'Égypte anc. (delta du Nil, près de l'actuelle Damanhour), qui possédait un très célèbre sanctuaire réservé au culte de la déesse Neith. Cap. des pharaons *saïtes* (XXIVe, XXVIe, XXVIIIe et XXXe dynasties).

saisi, ie [sezi] adj. et n. m. DR Qui fait l'objet d'une saisie. ▷ n. m. *Le saisi :* la personne qui fait l'objet d'une saisie (sens 1).

saisie [sezi] n. f. **1.** DR Acte par lequel un créancier, pour sûreté de sa créance, frappe d'indisponibilité, dans les formes légales, les biens de son débiteur. *Saisie mobilière* ou *saisie-exécution.* – *Saisie-arrêt,* pratiquée par un créancier sur les sommes, meubles ou effets dus par un tiers à son débiteur, le créancier devant être payé sur ces sommes ou sur le prix de vente des meubles. *Des saisies-arrêts.* **2.** INFORM *Saisie de données :* enregistrement de données par un ordinateur en vue de leur traitement.

saisine [sezin] n. f. DR **1.** Formalité par laquelle une juridiction se trouve saisie, est amenée à connaître d'une affaire. **2.** Prise de possession des biens d'un défunt dévolus à son héritier.

saisir [seziʀ] v. [3] **I.** v. tr. **1.** Prendre, attraper vivement. *Saisir qqn à bras le corps, aux épaules.* **2.** Mettre immédiatement à profit. *Saisir l'occasion, le moment.* ▷ *Saisir un prétexte,* s'en servir. **3.** Prendre, attraper (un objet). **4.** Comprendre, sentir. *Il saisit tout de suite le ridicule de sa situation.* **5.** Litt. (Choses) S'emparer de (qqn). *La fièvre l'a saisi hier soir.* ▷ (En parlant d'un sentiment, d'une émotion.) *L'effroi le saisit. Être saisi d'admiration.* **6.** Exposer peu de temps (un aliment) à un feu vif. *Saisir une viande.* **7.** DR Opérer la saisie de. *Saisir des meubles.* **8.** DR *Saisir un tribunal d'une affaire,* la porter devant ce tribunal. **9.** INFORM Effectuer une saisie (sens 2). **II.** v. pron. *Se saisir de :* s'emparer de.

saisissable [sezisabl] adj. **1.** Qui peut être saisi, perçu, compris. **2.** DR Qui peut faire l'objet d'une saisie.

saisissant, ante [sezisɑ̃, ɑ̃t] adj. et n. m. **1.** Qui fait une vive impression. *Un tableau saisissant.* **2.** DR Qui pratique une saisie. ▷ n. m. *Le saisissant.*

saisissement [sezismɑ̃] n. m. Émotion soudaine causée par une impression vive. *Il s'évanouit de saisissement.*

saison [sezɔ̃] n. f. **1.** Période de l'année caractérisée par la constance de certaines conditions climatiques et par l'état de la végétation. – *Saison sèche, saison des pluies* ou *hivernage :* V. encycl. ci-après. – *La belle (la mauvaise) saison :* en zone tempérée, l'époque de l'année où le temps est chaud, ensoleillé (froid, pluvieux). – *Morte*-saison.* ▷ *La saison de :* la saison pendant laquelle on trouve en abondance (tel produit naturel, telle denrée), ou pendant laquelle on peut se livrer à (telle activité liée au rythme de la nature). – *Fruits de saison,* propres à la saison où l'on se trouve. **2.** En zone tempérée, chacune des quatre grandes divisions de l'année, dont deux commencent aux solstices* et deux aux équinoxes*. – *Les quatre saisons :* hiver, printemps, été, automne. **3.** Période de l'année où une activité bat son plein. *La saison sportive.* – *Absol.* Période d'affluence des vacanciers, saison touristique. *L'hôtel ouvre pendant la saison.* – *Haute (basse) saison :* période pendant laquelle l'affluence est la plus grande (faible). **4.** Loc. *Être de saison :* être approprié aux circonstances, venir à propos. ▷ *Hors de saison :* mal à propos, déplacé.
ENCYCL **Météo.** – Dans les pays tropicaux, il n'y a que deux saisons : la saison sèche et la saison des pluies. En se rapprochant de l'équateur, on voit apparaître deux périodes de sécheresse inégales *(grande saison sèche, petite saison sèche),* séparées par deux périodes pluvieuses *(grande saison des pluies, petite saison des pluies),* plus ou moins rapprochées. Les régions polaires ne connaissent pas de saisons intermédiaires : l'été et l'hiver se succèdent brutalement.

saisonnier, ère [sezɔnje, ɛʀ] adj. et n. **1.** Qui est lié à l'alternance des saisons; qui caractérise une saison. **2.** Qui ne dure que l'espace d'une saison. ▷ n. m. Ouvrier qui fait du travail saisonnier. ▷ Subst. (Afr. subsah.) En zone sahélienne, rural(e) qui vient travailler en ville pendant la saison sèche.

sajou [saʒu] n. m. Petit singe des forêts vierges d'Amérique du S., à grande queue préhensible, au pelage brun avec une calotte sombre *(capuce). Des sajous.* Syn. capucin, sapajou.

Sakalava ou **Sakalave(s)**, ensemble de peuples de Madagascar établis sur la côte O. de l'île (env. 800000 personnes). Ils parlent la langue malgache.

sakasaka ou **saka-saka** [sakasaka] n. m. inv. (Afr. subsah.) En rép. et en rép. dém. du Congo, préparation culinaire à base de feuilles de manioc pilées et cuites.

saké [sake] n. m. Boisson alcoolisée japonaise, obtenue par fermentation du riz.

Sakha. V. Iakoutie.

Sakhaline (île), île de Russie, dans le Pacifique N., au N. de Hokkaidō; 87100 km²; 700000 hab. – Cette île montagneuse (alt. max. 1550 m) et couverte de forêts s'allonge sur 950 km du N. au S.; le climat, froid, est tempéré par les influences océaniques. Sous-sol riche : pétrole, gaz naturel, charbon. Pêcheries. – Les Russes occupèrent l'île à partir de 1857; après la guerre russo-japonaise (1904-1905), les Japonais obtinrent la partie sud, qu'ils durent céder à l'U.R.S.S. en 1945.

Sakharov (Andreï Dimitrievitch) (1921 – 1989), physicien soviétique, «père» de la bombe H. Défenseur des droits de l'homme en U.R.S.S., assigné à résidence à Gorki de 1980 à 1986. P. Nobel de la paix 1975.

saki [saki] n. m. ZOOL Petit singe (genre *Pithecia,* fam. cébidés) d'Amérique du S., à grande queue et à longs poils gris.

Sakkarah. V. Saqqarah.

Salaberry-de-Valleyfield (anc. *Valleyfield*), ville du Québec, sur le Saint-Laurent; 36360 hab. Métallurgie du zinc.

salace [salas] adj. Litt. Lubrique. ▷ Par ext. *Plaisanteries salaces,* grivoises.

salade [salad] n. f. **1.** Mets composé de feuilles d'herbes potagères crues, assaisonnées de vinaigrette. *Remuer, tourner la salade.* **2.** Plante potagère entrant dans la composition de ce mets (laitue, endive, mâche, etc.). – (Belgique) *Salade de blé :* mâche. ▷ (Avec un compl. de n. ou un adj.) Mets froid composé de légumes crus ou cuits, de viande, de crustacés, de poissons, assaisonnés d'une vinaigrette. *Salade de tomates.* ▷ *Salade de fruits :* dessert composé de fruits coupés en morceaux.

saladier [saladje] n. m. Récipient dans lequel on sert la salade. ▷ Son contenu. *Un saladier de laitue.*

Saladin Ier (en ar. *Salāh ad-Dīn Yūsuf*) (1138 – 1193), premier sultan ayyoubide d'Égypte (1171-1193) et de Syrie (1174-1193). D'origine kurde, vizir d'Égypte (1169), il déposa la dynastie Fatimide (1171). Il soumit la Mésopotamie, prenant ainsi en tenaille les États francs. Sa victoire décisive à Hittin (près du lac de Tibériade) sur les chrétiens (1187) et son entrée à Jérusalem suscitèrent la IIIe croisade. La paix de 1192 laissa aux Francs les zones côtières. Saladin, à l'esprit chevaleresque, fut à l'origine de légendes en Occident.

salafisme [salafism] n. m. (Maghreb) Doctrine musulmane réformiste prônant le retour aux valeurs fondamentales de l'Islam mais adaptées au monde moderne.

salafiste [salafist] ou **salafite** [salafit] adj. et n. m. (Maghreb) Relatif au salafisme. ▷ n. m. Partisan du salafisme.

salage [salaʒ] n. m. Action de saler; son résultat. *Le salage du jambon.*

salaire [salɛʀ] n. m. **1.** Rémunération d'un travail payée par l'employeur à l'employé selon une certaine périodicité. *Bulletin de salaire.* Syn. (Afr. subsah.) solde. – *Salaire de base :* salaire théorique sur lequel sont calculées les prestations familiales. **2.** Fig. Récompense ou punition méritée pour une action. *Recevoir le salaire de ses crimes.* – Prov. *Toute peine mérite salaire.*
ENCYCL **Écon.** – Le *salaire brut* est le salaire calculé avant déduction des retenues à la source et des cotisations sociales du salarié; le *salaire net* est le salaire perçu par le salarié après ces déductions. Le *salaire nominal* est le salaire exprimé en termes monétaires; le *salaire réel* exprime le pouvoir d'achat du salarié en fonction de la quantité de biens et des services qu'il peut acheter avec son salaire nominal. (V. SMIC, SMIG.)

salaison [salɛzɔ̃] n. f. **1.** Action de saler (des aliments) pour les conserver. **2.** Aliment conservé par le sel. *Se nourrir de salaisons.*

salam [salam] n. m. (Afr. subsah.) Vieilli Prière que les musulmans font cinq fois par jour.

Salam (Abdus) (1926 – 1996), physicien pakistanais. Auteur, avec Weinberg, de la théorie électrofaible qui unifie dans une même description les interactions* électromagnétique et faible. P. Nobel 1979.

salamalecs [salamalɛk] n. m. pl. Fam. Politesses exagérées. – (Maghreb) *Par ext.* Discussion oiseuse, stérile.

salamandre [salamɑ̃dʀ] n. f. **1.** Petit amphibien urodèle d'Europe terrestre, vivipare, dont la peau noire marbrée de jaune sécrète une humeur corrosive. **2.** (Afr. subsah.) Nom donné improprement à divers sauriens.

Salamanque (en esp. *Salamanca*), v. d'Espagne (Castille et Léon), sur le Tormes; 162000 hab.; ch.-l. de la prov. du m. nom. Céramique; industr. du cuir. Tourisme. – Université célèbre. Nombr. monuments du Moyen

Âge, de la Renaissance et de l'époque baroque.

salami [salami] n. m. Gros saucisson sec d'Italie, fait de porc haché fin.

Salamine, île de Grèce, à l'O. du Pirée; 95 km^2; 28600 hab.; v. princ. *Salamina.* – La *bataille navale de Salamine* (480 av. J.-C.), remportée par les Grecs sur la Perse, instaura la suprématie maritime d'Athènes.

Salan (Raoul) (1899 – 1984), général français. Commandant en chef en Indochine (1952-1953) et en Algérie (1956-1958), il appela de Gaulle en mai 1958, puis s'associa au putsch d'Alger (1961) et fonda l'O.A.S. Il fut emprisonné de 1962 à 1968.

salangane [salɑ̃gan] n. f. Martinet des côtes de l'Extrême-Orient, à longues ailes et à courte queue, dont les nids, faits de salive et d'algues, sont consommés dans la cuisine chinoise sous le nom de «nids d'hirondelles».

salange [salɑ̃ʒ] n. m. (Acadie) Syn. de *saumure* (sens 1).

salant [salɑ̃] adj. m. et n. m. **1.** adj. m. Qui produit, qui contient du sel. – *Marais salant :* suite de bassins peu profonds, situés en bord de mer, où l'on recueille le sel, après évaporation de l'eau. (V. saline.) **2.** n. m. Terrain proche de la mer où apparaissent des efflorescences salines.

salarial, ale, aux [salaʀjal, o] adj. Relatif au salaire. ▷ *Masse salariale :* montant des salaires versés dans une entreprise, dans un pays, etc.

salariat [salaʀja] n. m. **1.** Condition du salarié. **2.** Mode de rémunération du travail par le salaire. **3.** Ensemble des salariés. *Le salariat et le patronat.*

salarié, ée [salaʀje] adj. et n. Qui est rémunéré par un salaire. ▷ Subst. Personne qui reçoit un salaire.

salarier [salaʀje] v. tr. [2] **1.** Rétribuer par un salaire. **2.** Donner le statut de salarié à (qqn).

salaud [salo] n. m. Fam., inj. Homme moralement méprisable.

Salazar (Antonio de Oliveira) (1889 – 1970), homme politique portugais. Professeur de sciences écon., il fut nommé en 1928 ministre des Finances par Carmona, puis président du Conseil (1932). Jusqu'à sa retraite (1968), il gouverna de façon autoritaire l'«État nouveau» (1933), anticommuniste, corporatiste, nationaliste et chrétien *(salazarisme).*

Saldjūqides. V. Seldjoukides.

sale [sal] adj. **1.** Qui est malpropre, dont la pureté est visiblement altérée par une substance étrangère. *De l'eau sale.* ▷ *Une couleur sale,* peu franche, ternie. ▷ (Personnes) Mal lavé, crasseux. **2.** Qui peut avoir des conséquences fâcheuses; mauvais, désagréable ou dangereux. *Une sale affaire. Faire un sale travail.* – *Sale temps :* mauvais temps. ▷ Fam. *Faire une sale tête :* avoir l'air contrarié. **3.** Fam. (Avant le nom.) (Personnes) Méprisable, détestable. *Un sale type.*

1. salé [sale] n. m. Viande de porc salée. ▷ *Petit salé :* morceau de porc légèrement salé destiné à être bouilli.

2. salé, ée [sale] adj. **1.** Qui contient du sel; qui est assaisonné avec du sel. **2.** Fig. Licencieux. *Plaisanterie salée.*

Salé (lac). V. Grand Lac Salé.

Salé, v. du Maroc, fbg de Rabat, sur le Bou Regreg; 483000 hab. – Place commerciale importante au Moyen Âge. Fortifications (XIIe s.).

salement [salmɑ̃] adv. D'une manière sale. *Manger salement.*

saler [sale] v. tr. [1] **1.** Assaisonner avec du sel. **2.** Pratiquer la salaison de. *Saler du poisson.*

Sales. V. François de Sales (saint).

salésien, enne [salezjɛ̃, ɛn] n. RELIG CATHOL Prêtre de la congrégation de Saint-François-de-Sales, religieuse de la congrégation des Filles de Marie-Auxiliatrice (congrégations fondées par saint Jean Bosco en 1859 et 1872).

saleté [salte] n. f. **I. 1.** État de ce qui est sale. **2.** Chose sale. *Balayer les saletés.* Syn. crasse, ordure. **II.** Fig. **1.** Obscénité. *Raconter des saletés.* **2.** Action basse, méprisable, malhonnête. *Il m'a fait une saleté.* **3.** Fam. Objet sans valeur, laid ou déplaisant. *Il collectionne des saletés.*

saleur, euse [salœʀ, øz] n. Personne dont le métier consiste à faire des salaisons. ▷ n. m. Marin-pêcheur qui sale le poisson, à bord d'un bateau de pêche.

salicacées [salikase] n. f. pl. BOT Famille de plantes à fleurs en chatons, comprenant notam. les saules. – Sing. *Une salicacée.*

salicorne [salikɔʀn] n. f. Plante (fam. chénopodiacées) des zones littorales, aux feuilles réduites à des écailles, aux fleurs en épis, qui pousse sur les vases salées.

saliculture [salikyltyʀ] n. f. Exploitation des marais salants.

salicylate [salisilat] n. m. CHIM, PHARM Sel ou ester de l'acide salicylique.

salicylique [salisilik] adj. CHIM *Acide salicylique :* acide phénol utilisé comme antithermique, antiseptique et antirhumatismal. (L'un de ses esters, l'*acide acétyl-salicylique,* est l'aspirine.)

salière [saljɛʀ] n. f. Petit récipient destiné à contenir du sel pour la table.

Salieri (Antonio) (1750 – 1825), compositeur italien; rival de Mozart.

salifère [salifɛʀ] adj. GEOL, BOT Qui contient du sel. *Argile salifère.*

Salifou (André) (né en 1942), historien et auteur dramatique nigérien : *Tanimoune* (1973), *Ousmane Dan Fodio* (1988).

salignon [saliɲɔ̃] n. m. Fromage blanc épicé, spécialité du Val d'Aoste.

Salim. V. Selim.

salin, ine [salɛ̃, in] adj. et n. m. **1.** adj. Qui contient du sel; qui est formé de sel. *Solution saline.* – *Roches salines,* qui contiennent du sel gemme, du gypse, des sels de potassium. **2.** n. m. Marais salant.

saline [salin] n. f. Entreprise industrielle de production de sel (gemme ou marin). ▷ Cour. Marais salant.

salinier, ère [salinje, ɛʀ] adj. et n. **1.** adj. Qui concerne la production de sel. – *L'extraction salinière,* de sel. **2.** n. Personne qui pratique l'extraction du sel. Syn. saunier, paludier.

salinisation [salinizasjɔ̃] n. f. PEDOL Accroissement de la teneur en sel d'un sol.

salinité [salinite] n. f. Didac. Proportion de matières salines en solution. *Salinité de l'eau de mer.*

salir [saliʀ] v. tr. [3] **1.** Rendre sale; souiller, maculer. Syn. (Québec) beurrer. **2.** Fig. *Salir la réputation, la mémoire de qqn,* y porter atteinte en la diffamant. ▷ Avilir. – v. pron. *Il s'est sali dans ce scandale.*

Salisbury (Robert Gascoyne-Cecil, marquis de) (1830 – 1903), homme politique britannique. Premier ministre (conservateur) de 1885 à 1892 et de 1895 à 1902, il prôna le «splendide isolement» et l'expansionnisme de la Grande-Bretagne

salissant, ante [salisɑ̃, ɑ̃t] adj. **1.** Qui salit. *Travail salissant.* **2.** Qui se salit facilement. *Le blanc est une couleur salissante.* **3.** AGRIC *Plantes salissantes,* dont la culture favorise la pousse des mauvaises herbes.

salissure [salisyʀ] n. f. Ordure, souillure qui rend sale.

salivaire [salivɛʀ] adj. ANAT Qui a rapport à la salive. *Sécrétion salivaire.*

salivation [salivasjɔ̃] n. f. Production de salive.

salive [saliv] n. f. Liquide sécrété par les glandes salivaires et contenant plusieurs enzymes actives dans la digestion, qui humecte toute la bouche.

saliver [salive] v. intr. [1] Sécréter de la salive.

Sall (Amadou Lamine) (né en 1951), poète sénégalais : la *Mante des aurores* (1979), *Locataire du néant* (1988), *Kamandalu* (1990).

salle [sal] n. f. **1.** Pièce d'un appartement, d'une maison, destinée à un usage particulier. *Salle à manger* ou (Québec) *salle à dîner. Salle de bains.* – *Salle de séjour :* pièce principale d'un appartement, d'une maison. **2.** Local affecté à un usage particulier, dans un établissement ouvert au public. *Salle de lecture. Salle d'attente.* ▷ (Dans un hôpital.) *Salle commune. Salle d'opération, de pansements.* **3.** *Spécial.* Salle de spectacle. – *Les salles obscures :* les cinémas. ▷ Par méton. *La salle d'un théâtre,* le public. **4.** (oc. Indien) *Salle verte :* abri temporaire fait de branchages, construit à l'occasion d'une fête, et plus partic. lors d'un mariage.

Salluste (en lat. *Caius Sallustius Crispus*) (86 – v. 35 av. J.-C.), historien latin. Gouverneur de la Numidie (46 av. J.-C.), il amassa une immense fortune. Après l'assassinat de César (44 av. J.-C.), il écrivit : *Conjuration de Catilina, Guerre de Jugurtha* et *Histoires.*

salmigondis [salmigɔ̃di] n. m. Mélange de choses disparates; propos incohérents.

salmonelle [salmɔnɛl] ou **salmonella** [salmɔnɛlla] n. f. inv. MED Bacille agent des salmonelloses.

salmonellose [salmɔnelloz] n. f. MED Infection due à une salmonella (fièvre typhoïde, intoxication, etc.).

salmonidés [salmɔnide] n. m. pl. ICHTYOL Famille de poissons téléostéens marins et fluviaux au corps oblong, caractérisés par une nageoire dorsale à rayons squelettiques mous, suivie d'une seconde plus petite (saumons, truites, ombles, etc.). – Sing. *Un salmonidé.*

Salo, com. d'Italie, sur la rive O. du lac de Garde; 10140 hab. Tourisme. – Siège de la *République sociale italienne* (sept. 1943-avr. 1945), dite cour. *République de Salo,* que Mussolini fonda après sa libération par les Allemands.

saloir [salwaʀ] n. m. Récipient dans lequel on met à saler les denrées.

salol [salɔl] n. m. CHIM Tout dérivé de l'acide salicylique dont la fonction acide est estérifiée par un phénol.

Salomé (m. v. 72 apr. J.-C.), princesse juive. Sa mère, Hérodiade (ou Hérodias), lui demanda de danser devant son beau-père Hérode Antipas pour obtenir la tête de saint Jean-Baptiste.

Salomon (îles), État du Pacifique, à l'E. de la Papouasie-Nouvelle-Guinée; 28 446 km^2; 305 500 hab.; cap. *Honiara.* Nature de l'État : monarchie parlementaire, membre du Commonwealth. Langue off. : anglais. Relig. : protestants (en majorité). Monnaie : dollar des îles Salomon. Pop : en majorité Mélanésiens. – Ces îles volcaniques, à l'écon. de subsistance (igname, porc, poisson), exportent des produits de la pêche, du bois et du coprah. – Découvert par l'Espagnol Álvaro de Mendaña de Neira (1568), redécouvert par Bougainville, l'archipel fut partagé en 1898 entre la G.-B. et l'Allemagne; cette dernière reçut les îles Bougainville et Buka, qui furent administrées par l'Australie en 1921 puis incluses dans la Papouasie-Nouvelle-Guinée (1975). Les îles Salomon sont indépendantes depuis juil. 1978. – Combats entre Américains et Japonais en 1942-1943, notam. sur l'île de Guadalcanal.

Salomon, roi d'Israël de 970 à 931 av. J.-C., fils de David et de Bethsabée. Il consolida le royaume de son père. Allié au roi Hiram Ier de Tyr, il fit venir de Phénicie bois et métaux pour bâtir le Temple et le palais royal de Jérusalem, construire et équiper une flotte sur la mer Rouge; il fit exploiter les mines du Néguev et créa les fonderies de cuivre d'Ézion Géber. Son autoritarisme et la fiscalité suscitèrent de vives oppositions : après sa mort, les tribus du N. se séparèrent de Juda et de Benjamin pour fonder le roy. d'Israël (cap. Samarie). Dès l'Antiquité, Salomon eut une réputation de sagesse, illustrée par son célèbre jugement (I Rois, III, 16) : deux femmes affirmant être la mère d'un même enfant, Salomon ordonna qu'on le coupât en deux, pour en donner une moitié à chacune; celle qui refusa ce partage était la vraie mère. De sa liaison avec la reine de Saba serait né un fils, Ménélik Ier, ancêtre légendaire de la dynastie éthiopienne dite *salomonide.* La tradition attribue à Salomon des psaumes et des textes de sagesse.

salon [salɔ̃] n. m. **1.** Pièce de réception d'un appartement, d'une maison privée. **2.** *Par ext.* Maison où l'on reçoit régulièrement des gens en vue, des personnes de la société cultivée, des artistes, etc.; les gens qui s'y réunissent, la société mondaine. *Les salons littéraires du XVIIe et du XVIIIe s.* **3.** Local où l'on reçoit la clientèle, dans certains commerces. *Salon de coiffure. – Salon de thé* ou (Belgique) *salon de consommation :* pâtisserie où l'on sert des consommations. ▷ (Québec) *Salon de bronzage :* établissement équipé de matériel à ultraviolets, permettant des séances de bronzage. – *Salon de billard, de quilles :* salle de billard, de quilles. – *Salon funéraire, mortuaire :* établissement spécialisé où les défunts sont embaumés et exposés avant les obsèques. Syn. foyer, funérarium. **4.** (Avec une majuscule.) Exposition périodique d'œuvres d'art et, par ext., de produits de l'industrie. *Le Salon d'automne. Le Salon de l'automobile.* **5.** Au Maroc, ameublement traditionnel composé de banquettes, de matelas et de gros coussins.

Salonique. V. Thessalonique.

salon-lavoir [salɔ̃lavwaʀ] n. m. (Belgique) Syn. de *laverie* (sens 2). *Des salons-lavoirs.*

salope [salɔp] n. f. Grossier et inj. **1.** Femme que sa conduite dévergondée fait tenir pour méprisable. **2.** (Sans coloration sexuelle; correspond aux emplois de *salaud.*) Femme malfaisante, méprisable.

saloperie [salɔpʀi] n. f. Fam. **1.** Grande malpropreté. **2.** Discours, propos orduriers. *Dire une, des saloperies.* **3.** Mauvais procédé, vilenie (à l'égard de qqn). *Il m'a fait une belle saloperie.* **4.** Objet, marchandise de mauvaise qualité.

salopette [salɔpɛt] n. f. Vêtement de travail qui se porte par-dessus les autres vêtements pour les protéger. ▷ Vêtement composé d'un pantalon prolongé d'un plastron à bretelles.

Saloum (le), fl. côtier du Sénégal (250 km). Il draine la région du Sine* Saloum, puis forme avec le Sine un delta qui rejoint l'Atlantique.

salpêtre [salpɛtʀ] n. m. **1.** Nom cour. de certains nitrates, spécial. du nitrate de potassium (KNO_3). **2.** Efflorescences de nitrates (princ. de nitrate de potassium), qui se forment sur les murs humides.

salpêtrer [salpɛtʀe] v. tr. [1] **1.** Couvrir d'efflorescences de salpêtre. – Pp. adj. *Murs salpêtrés.* **2.** Répandre du salpêtre sur (un terrain).

salpingite [salpɛ̃ʒit] n. f. MED Inflammation aiguë ou chronique de l'une ou des deux trompes utérines. ▷ Inflammation de la trompe d'Eustache.

salsa [salsa] n. f. Musique cubaine et dominicaine, née dans les années 1970, qui fait appel aux rythmes africains.

salsifis [salsifi] n. m. Plante potagère (fam. composées) cultivée pour ses racines comestibles; ces racines.

saltation [saltasjɔ̃] n. f. Didac. Déplacement par sauts successifs des particules charriées par un fluide en mouvement.

saltimbanque [saltɛ̃bɑ̃k] n. m. Jongleur, bateleur qui fait des tours d'adresse, des acrobaties en public. ▷ *Par ext.* Péjor. Artiste.

saltique [saltik] n. f. ENTOM Araignée (genre *Myrmarachne*), de très petite taille (6 mm), qui se déplace par bonds.

Salt Lake City, v. des É.-U., près du Grand Lac Salé; 159 900 hab. (agglomération urb. 1 025 300 hab.); cap. de l'Utah. Centre industriel. – Université. Temple des mormons.

salto [saltɔ] n. m. SPORT Saut périlleux, en gymnastique, en patinage.

Saltykov-Chtchedrine (Mikhaïl Ievgrafovitch Saltykov, dit) (1826 - 1889), romancier russe satirique : *Histoire d'une ville* (1869-1870), *les Golovlev* (1880).

salubre [salybʀ] adj. Qui est favorable à la santé. *Air, climat salubre.*

salubrité [salybʀite] n. f. Qualité de ce qui est salubre. ▷ Spécial. *Mesures de salubrité publique,* prises dans l'intérêt de l'hygiène publique.

saluer [salɥe] v. tr. [1] **1.** Donner une marque extérieure de civilité, de respect, à (qqn que l'on rencontre, que l'on aborde ou que l'on quitte). ▷ *Ne manquez pas de saluer votre mère pour moi,* de lui présenter mes hommages. – Absol. *Comédien qui salue à la fin d'une représentation.* **2.** Rendre hommage à (qqch) par des marques extérieures réglées par l'usage. *Saluer le drapeau.* **3.** Accueillir par des manifestations (de joie, de mépris, etc.). *Saluer l'arrivée d'une personne par des applaudissements.* **4.** Fig. *Saluer qqn comme...,* lui rendre hommage en reconnaissant en lui (une personne estimable, glorieuse, etc.). *Saluer qqn comme un bienfaiteur.*

salure [salyʀ] n. f. Didac. Caractère de ce qui est salé. – Taux de chlorure de sodium contenu dans un corps.

1. salut [saly] n. m. **1.** Action de saluer; geste ou parole de civilité, de respect, qu'on adresse à une personne que l'on salue. *Faire, rendre un salut.* **2.** Cérémonie par laquelle on salue (qqch). *Le salut au drapeau.* ▷ RELIG CATHOL Office en l'honneur du saint sacrement.

2. salut [saly] n. m. **1.** Fait d'échapper à un danger, de se sauver ou d'être sauvé. *Ne devoir son salut qu'à la fuite.* – Loc. *Planche de salut :* ultime moyen qui permet de se sauver. **2.** Félicité éternelle, fait d'échapper à la damnation. *Prier pour le salut de l'âme d'un défunt.*

Salut (îles du), îles côtières (Royale, Saint-Joseph et du Diable) de la Guyane française, au nord-ouest de Cayenne. – Autrefois, établissement pénitentiaire.

salutaire [salytɛʀ] adj. Qui exerce une action bénéfique; profitable.

salutation [salytasjɔ̃] n. f. **1.** RELIG CATHOL *Salutation angélique :* prière à la Vierge, dont le texte est constitué par les paroles de l'ange Gabriel : *Ave, Maria...,* «Je vous salue, Marie...». V. Annonciation. **2.** Action de saluer avec des marques ostentatoires de respect, d'empressement, etc. **3.** Plur. (Formule de politesse pour terminer une lettre.) *Je vous prie d'agréer, [...], mes salutations distinguées.*

salutiste [salytist] n. et adj. Celui, celle qui fait partie de l'Armée* du Salut. – adj. De l'Armée du Salut.

Salvador (anc. *Bahia*), v. et port du Brésil, capitale de l'État de Bahia; 1 811 370 hab. Grand centre commercial (café, notam.). Tourisme. – Archevêché. Nombreux monuments. – Capitale du Brésil colonial (1549-1763).

Salvador (République du) *(República de El Salvador),* État d'Amérique centrale baigné au S. et au S.-O. par le Pacifique, bordé au N. par le Guatemala et à l'E. par le Honduras; 21 041 km^2; env. 5 millions d'hab. (croissance : près de 2,5 % par an); cap. *San Salvador.* Nature de l'État : rép. présidentielle. Langue off. : esp. Monnaie : colón. Pop. : métis (70 %), Amérindiens (20 %), Blancs (10 %). Relig. : catholicisme.
Géogr. et écon. – Une plaine côtière, chaude et humide, est dominée par deux chaînes volcaniques (2 386 m au Santa Ana), encadrant un haut plateau au climat plus sain, qui groupe l'essentiel des hab. Les 60 % de ruraux vivent de maïs, millet, haricots, riz. Le pays exporte du café, de la canne à sucre, du coton et du bois. L'hydroélectricité a favorisé l'industrie, mais quinze ans de guerre civile (1977-1992) ont désorganisé le pays. Aujourd'hui la croissance annuelle est de 5 à 6 %.

Hist. – Le territoire subit l'influence des Mayas, puis celle des Pipil, qui fondèrent Cuscatlán (Xe s.). Conquis par l'Espagnol Pedro de Alvarado (1524), le pays s'affranchit de la tutelle esp. en 1821. Il subit de nombr. dictatures militaires, soutenues par «quatorze familles». Sous la dictature du général Maximiliano Martínez (1931-1944), une révolte paysanne (1932) entraîna une terrible répression. Depuis, les gouvernements militaires se succédèrent, provoquant une opposition croissante. Une brève guerre avec le Honduras (1969) accentua la crise. En 1977 commença une violente guerre civile. En 1979, une junte militaire et civile prit le pouvoir, soutenue par les É.-U.; en 1980, le démocrate-chrétien Napoleón Duarte devint prés. et décida aussitôt une réforme agraire pour affaiblir la guérilla du Front Farabundo Marti de libération nationale (F.M.L.N., créé en 1980). Les propriétaires soutenaient l'Alliance rép. nationaliste (Arena), qui remporta la présidentielle de 1989 (puis de 1994). En 1992, un cessez-le-feu intervint. Aux élections législatives de 1997, le F.M.L.N. remporte un tiers des sièges au Parlement, soit autant que l'Arena.

salvadorien, enne [salvadɔʀjɛ̃, ɛn] adj. et n. Du Salvador. ▷ Subst. *Un(e) Salvadorien(ne).*

salvagnin [salvaɲɛ̃] n. m. (Suisse) Vin rouge du canton de Vaud.

salvateur, trice [salvatœʀ, tʀis] adj. Litt. Qui sauve.

salve [salv] n. f. Décharge simultanée de plusieurs armes à feu. *Salve d'artillerie. Feu de salve.* ▷ Par anal. *Une salve d'applaudissements.*

Salzbourg (en all. *Salzburg*), v. d'Autriche, sur la Salzach, dominée par les *Préalpes de Salzbourg*; 143970 hab.; cap. du Land de Salzbourg (7154 km^2; 442000 hab.). Centre industriel et touristique. – Archevêché. Universités. Cathédrale baroque (1614-1628). Palais de la Résidence (fin XVIe s.-fin XVIIIe s.). Château de Hohensalzburg, anc. forteresse des princes-archevêques. Festival annuel de musique (août) en l'honneur de Mozart, né à Salzbourg.

Sam (Oncle) (en angl. *Uncle Sam,* d'après U.S.Am[erica]), personnification du peuple des États-Unis : grand homme maigre, à barbiche, à pantalon rayé et à chapeau haut de forme étoilé.

samara [samaʀa] n. f. (Afr. subsah.) Syn. de *sandale.*

samare [samaʀ] n. f. BOT Akène ailé (semence du filao, de l'érable, etc.).

Samarie, rég. du centre de la Palestine, entre la Galilée au N., la Judée au S. et le Jourdain à l'E. C'est une partie de la Cisjordanie*.

Samarie, anc. v. de Palestine, cap. du royaume d'Israël à partir du règne d'Omri (885-874 av. J.-C.), conquise par le roi d'Assyrie Sargon II (721 av. J.-C.), qui déporta de nombr. hab. et introduisit des colons babyloniens et araméens. Cette pop. jugée impure fut rejetée par les Juifs rentrés d'exil (538 av. J.-C.). Détruite par Hyrcan Ier (108 av. J.-C.), la ville fut reconstruite par Hérode le Grand sous le nom de Sébaste (en lat. *Augusta*).

samaritain, aine [samaʀitɛ̃, ɛn] adj. et n. m. HIST, RELIG De Samarie. ▷ n. m. *Le bon Samaritain :* V. Samaritains. – Loc. fig. (Souvent iron.) *Faire le bon Samaritain :* secourir autrui. ▷ n. m. (Suisse) *Par métaph.* Syn. de *secouriste.*

Samaritains, habitants de la ville de Samarie; nom donné après 721 av. J.-C. (fin du royaume d'Israël) à la pop. du district de Samarie*, jugée impure par les Juifs. ▷ *Le bon Samaritain,* personnage généreux d'une parabole de Luc (X, 29-37), montrant qu'il existe de braves gens parmi tous les peuples.

samarium [samaʀjɔm] n. m. CHIM Élément (symbole Sm) appartenant à la famille des lanthanides, de numéro atomique Z = 62. – Métal (Sm).

Samarkand, ville d'Ouzbékistan, en Asie centrale; 371000 hab.; ch.-l. de rég. Industr. alimentaires et textiles. – Monuments (XIVe-XVe s.). – Prise par Alexandre (329 av. J.-C.), par les Arabes (712), import. foyer culturel sous les Sāmānides (Xe s.), ravagée par Gengis khān (1220), la ville fut la capitale de Tamerlan et eut un vif rayonnement au XVe s.

1. samba [sɑ̃mba] n. f. Danse populaire brésilienne sur un rythme à deux temps.

2. samba [sɑ̃mba] n. m. BOT Autre nom de l'obéché.

3. samba [sɑ̃mba] n. (Haïti) Compositeur de musiques populaires; auteur de chansons populaires. *Le concours de sambas a découvert de nouveaux talents.*

Sambor Prei Kuk, local. du centre du Cambodge, près de Kompong Thom, sur le site de l'ancienne cap. du royaume du Tchen*-la. – Éponyme d'un style architectural; vestiges de temples (VIe-VIIe s.).

sambosse [sɑ̃bɔs] n. m. (Madag.) Feuilleté à la viande.

Sambre (la), riv. de France et de Belgique (190 km), affl. de la Meuse (r. g., conflue à Namur); née en France (dép. de l'Aisne), elle arrose Maubeuge et Charleroi. – Le *canal de la Sambre à l'Oise,* qui relie les deux rivières, permet un trafic fluvial entre la Belgique et la région parisienne.

Sambre-et-Meuse, anc. département français (1795-1814), qui avait pour chef-lieu Namur.

samedi [samdi] n. m. Sixième jour de la semaine, qui suit le vendredi. – *Samedi saint,* veille du jour de Pâques.

Sam-Long (Jean-François) (né en 1949), poète réunionnais : *Crucifixion* (1977), *le Cri du lagon* (1981).

Sammy (Pierre) (né en 1935), écrivain centrafricain. Son roman *l'Odyssée de Mongou* (1977) voit une ouverture dans la colonisation (qu'il critique vigoureusement).

Samnites, anc. peuple d'Italie, établi en Campanie au Ve s. av. J.-C. Résistant à Rome, ils ne furent réduits qu'après trois farouches *guerres samnites* (343-295 av. J.-C.).

Samo, ethnie peuplant le N.-O. du Burkina Faso (env. 150000 personnes). Ils parlent une langue nigéro-congolaise du groupe mandé.

Samoa, archipel du Pacifique, en Polynésie, formé des *Samoa orientales* ou *Samoa américaines* et de l'*État indépendant des Samoa occidentales.* Princ. ressources : cacao, coprah, noix de coco. – Découvertes en 1722, les îles furent partagées en 1899 entre les É.-U. et l'Allemagne, qui reçut les Samoa occidentales.

Samoa américaines, ensemble de sept îles appartenant aux États-Unis, dites aussi *Samoa orientales*; 197 km^2; 52000 hab. (presque tous polynésiens); v. princ. et base navale *Pago Pago,* dans l'île Tutuila (135 km^2; 38000 hab.), où le gouv. siège à *Fagatogo.* Ce territoire «non incorporé» (les hab. ne sont pas citoyens des É.-U.) est dirigé par un gouverneur et un parlement à deux Chambres, dont l'une émane du conseil des chefs locaux. Relig. : protestantisme. Ressources : bananes, coprah, pêche et tourisme. L'aide américaine est considérable.

Samoa occidentales (État indépendant des), État d'Océanie, formé de deux îles princ., *Savaii* et *Upolu;* 2842 km^2; 163000 hab.; cap. *Apia* (île Upolu). Nature de l'État : monarchie parlementaire (la royauté doit être abolie quand le souverain actuel mourra), État membre du Commonwealth. Langues off. : samoan et anglais. Monnaie : tala. Pop. : Polynésiens en majorité. Relig. : protestantisme (70 %) et catholicisme (20 %). – Volcaniques et forestières, les îles produisent surtout du coprah, des noix de coco et du cacao. – Allemandes, elles furent occupées en 1914 par l'Australie et la Nouvelle-Zélande, auxquelles la S.D.N. confia leur administration en 1920. Elles devinrent indépendantes en 1962.

Samora Machel (Moises) (1933 - 1986), homme politique mozambicain; chef de l'État de l'indépendance (1975) à sa mort (dans un accident d'avion).

Samory Touré (v. 1837 - 1900), souverain d'origine mandingue. À partir de 1870, il se forgea dans les régions du haut Niger (dans le Mali actuel) un empire, peu à peu conquis par les Français. En 1892, il se réfugia en Côte d'Ivoire, d'où il repartit au combat et conquit un nouvel empire. Fait prisonnier (1898), il mourut en déportation au Gabon.

Samos, île grecque de la mer Égée (Sporades), proche de la Turquie; 478 km^2; 41850 hab.; ch.-l. *Samos.* – Ruines d'un temple d'Héra, d'où provient la célèbre statue dite *Héra de Samos* (VIe s. av. J.-C.).

Samothrace, île grecque du N. de la mer Égée; 180 km^2; 3000 hab. – On y trouva, en 1863, la statue dite *Victoire de Samothrace* (v. 190 av. J.-C., 3,28 m, marbre, Louvre) : une femme acéphale, ailée et drapée, se dresse sur la proue d'un navire.

samouraï [samuʀaj] n. m. HIST Membre de la classe des guerriers au service d'un seigneur (appelé daïmyo), dans le Japon féodal (jusqu'en 1868). *Des samouraï(s).*

samoyède [samɔjɛd] adj. Des Samoyèdes. ▷ LING *Les langues samoyèdes :* les langues réunies avec les langues finno-ougriennes dans la famille ouralienne.

Samoyèdes, tribus mongoles qui habitent la toundra sibérienne à l'est de l'Ob.

sampan [sɑ̃pɑ̃] n. m. (Viêt-nam) Embarcation à voile unique que l'on manœuvre à la godille, pourvue d'un abri de bambou tressé.

Samson, personnage biblique; juge d'Israël (XIIe s. av. J.-C.) qui devait une force surhumaine à sa chevelure. Il fut trahi par Dalila, qui lui coupa les cheveux pendant son sommeil et le livra aux Philistins. Ses cheveux repoussés, il retrouva sa force et put renverser les colonnes du temple dédié au dieu Dagon, s'ensevelissant avec une foule de Philistins.

Samuel, personnage biblique; prophète et juge d'Israël (XIe s. av. J.-C.). Il lutta contre les Philistins et instaura la monarchie en proclamant Saül roi; plus tard, il sacra David en secret.

Samuel (v. 980 — 1014), tsar de Bulgarie (997-1014). Il lutta contre les Byzantins pour reconstituer le royaume bulgare, qui, sous son règne, s'étendit de la Bosnie à la Thessalie. Toutefois, il fut vaincu par Basile II le Bulgaroctone (1014), ce qui marqua la fin du premier roy. bulgare.

Samuel (livres de), livres historiques de la Bible (I Samuel, 31 chapitres; II Samuel, 24 chapitres) rédigés v. la fin du VIIe s. av. J.-C., chronique des règnes de Saül et de David. Dans la Vulgate et les Septante, ils forment les deux premiers livres des Rois.

San. V. Boschiman(s).

Sanaa ou **San'a** *(San'ā')*, cap. de la république du Yémen, à 2380 m d'alt., au centre du pays; env. 500000 hab. Comm. et artisanat. Industr. du coton.

Sanaga (la), princ. fl. du Cameroun (520 km). Elle se jette dans le golfe de Guinée. Née au pied de l'Adamaoua, coupée de rapides, elle est équipée de l'important barrage d'Édéa, en amont de l'estuaire.

San Andreas (faille de), faille tectonique d'env. 500 km de long, qui fissure la Californie du golfe de Californie au cap Mendocino (à env. 300 km au N.-O. de San Francisco).

sanatorium [sanatɔʀjɔm] n. m. Établissement de cure destiné au traitement de la tuberculose. *Des sanatoriums.* (Abrév. fam. : sana).

San Bernardino (col de), col des Alpes suisses (Grisons), à 2063 m d'alt., reliant Coire à Bellinzona, doublé par un tunnel routier de 6,6 km (alt. 1644 m).

Sānchī, site archéologique de l'Inde centrale; centre bouddhique.

sanctifiant, ante [sɑ̃ktifjɑ̃, ɑ̃t] adj. RELIG Qui sanctifie. *Grâce sanctifiante.*

sanctificateur, trice [sɑ̃ktifikatœʀ, tʀis] n. et adj. RELIG Personne qui sanctifie. *Le Sanctificateur :* l'Esprit-Saint. ▷ adj. *Action sanctificatrice,* qui sanctifie.

sanctification [sɑ̃ktifikasjɔ̃] n. f. RELIG ou litt. Action de sanctifier; son résultat.

sanctifier [sɑ̃ktifje] v. tr. [2] **1.** RELIG Rendre saint. *La grâce qui sanctifie les âmes.* **2.** RELIG Honorer comme il se doit pour ce qui est saint. *«Que ton nom soit sanctifié.»* (Phrase d'une prière, le *Notre Père.*) ▷ Célébrer comme le veut l'Église. *Sanctifier le jour du Seigneur.* **3.** Litt. Révérer comme saint.

sanction [sɑ̃ksjɔ̃] n. f. **1.** DR Acte par lequel le chef de l'exécutif donne à une loi l'approbation qui la rend exécutoire. **2.** Fig. Approbation, ratification. *Sanction de l'emploi d'un mot par l'usage.* **3.** Conséquence naturelle. *Ses difficultés actuelles sont la sanction de son imprévoyance.* **4.** DR Peine ou récompense qu'une loi porte pour assurer son exécution. *Sanction pénale.* **5.** Mesure répressive prise par une autorité.

sanctionner [sɑ̃ksjɔne] v. tr. [1] **1.** Confirmer par une sanction. *Sanctionner un décret.* – Pp. adj. *Emploi d'une expression sanctionné par l'usage.* **2.** (Emploi critiqué.) Réprimer, punir par des sanctions.

sanctuaire [sɑ̃ktɥɛʀ] n. m. **1.** Endroit le plus saint d'un temple, d'une église. – Dans le temple juif, le saint des saints. **2.** *Par ext.* Édifice sacré; endroit où l'on célèbre un culte. *Sanctuaires bouddhiques.* **3.** Fig. et litt. Lieu secret, intime. **4.** MILIT Territoire rendu inaccessible aux coups de l'ennemi (par dissuasion nucléaire, protection d'un État ami).

sanctus [sɑ̃ktus] n. m. LITURG CATHOL Chant latin qui commence par les mots *Sanctus, sanctus, sanctus Dominus* («Saint, saint, saint est le Seigneur»). – Musique composée sur les paroles de cet hymne.

Sand (Aurore Dupin, baronne Dudevant, dite George) (1804 – 1876), écrivain français. *Rose et Blanche* (1831) fut écrit en collab. avec Jules Sandeau (1811 – 1883), qui lui fournit son pseudonyme. Après ses liaisons avec Musset (1833-1834), Liszt, Chopin (1838-1847), elle se retira en 1848 à Nohant (Indre). Ses romans sont : sentimentaux (*Indiana,* 1832), socialisants (*Consuelo,* 1842-1843), champêtres (*la Mare au diable,* 1846; *François le Champi,* 1847-1848; *la Petite Fadette,* 1849).

sandale [sɑ̃dal] n. f. Chaussure légère formée d'une simple semelle qui s'attache au pied par des lanières. Syn. (Afr. subsah.) samara, (Afr. subsah., rare; Belgique) slache.

sandalette [sɑ̃dalɛt] n. f. Sandale légère à empeigne basse.

San Diego, v. et port des É.-U. (Californie), sur la *baie de San Diego,* près de la frontière mexicaine; 1110500 hab. Import. base navale.

Sandino (César) (1895 – 1934), patriote nicaraguayen. Il dirigea la guérilla contre les troupes américaines d'occupation, qui organisèrent son assassinat.

sandjak [sɑ̃dʒak] n. m. (Proche-Orient) Syn. de *moutassarrifiyat.*

sandow [sɑ̃do] n. m. (Nom déposé.) Cordon élastique qui sert notam. à fixer des colis sur un support (galerie de toit, porte-bagages).

sandre [sɑ̃dʀ] n. m. ou f. Poisson d'eau douce (genre *Sander*), voisin de la perche, que l'on rencontre dans l'E. de la France jusqu'en Russie.

sandwich, plur. **sandwichs** ou **sandwiches** [sɑ̃dwi(t)ʃ] n. m. **1.** Mets constitué par deux tranches de pain entre lesquelles on a placé des aliments froids. *Sandwich au saucisson.* Syn. (oc. Indien) pain fourré, (Afr. subsah.) pain chargé. ▷ (Belgique) Petit pain, qu'il soit fourré ou non. – Demi-baguette fourrée. **2.** TECH Matériau composite constitué d'une âme épaisse et légère prise entre deux plaques minces et résistantes.

Sandwich (îles). V. Hawaii.

sandwicherie [sɑ̃dwi(t)ʃʀi] n. f. (Surtout en Belgique) Boutique où l'on vend des sandwiches (sens 1).

San Francisco, v. des É.-U. (Californie), sur la *baie de San Francisco,* qui s'ouvre sur le Pacifique par le détroit de la *Golden Gate;* 723950 hab. (aggl. urb. 4264000 hab.). Princ. port de commerce de l'ouest des É.-U., import. centre industriel et touristique. – La ville, fondée au XVIIIe s., se développa après 1850 (ruée vers l'or). Le séisme de 1906 a fait 3000 victimes, celui de 1989 une centaine. – En avril-juin 1945, la *première conférence de San Francisco* établit la charte des Nations unies. En 1951, la *seconde conférence* établit le traité de paix entre le Japon et les Alliés.

sang [sɑ̃] n. m. **1.** PHYSIOL et cour. Liquide rouge, visqueux, qui circule dans tout l'organisme par un système de vaisseaux et y remplit de multiples fonctions essentielles (nutritive, respiratoire, excrétoire, immunisante, etc.). *Sang artériel, veineux. Transfusion de sang.* **2.** Loc. cour. et fam. *Mordre, fouetter, pincer jusqu'au sang,* au point de faire saigner. – Fig. *Suer sang et eau :* se donner beaucoup de peine. **3.** Loc. fig. *Avoir le sang chaud :* être fougueux, ardent, prompt à la colère. – *Fouetter le sang :* stimuler, exciter. – *Spectacle qui glace le sang,* qui laisse interdit d'épouvante. – *Se faire du mauvais sang, un sang d'encre :* être dans l'inquiétude, dans l'angoisse. – *Mon (ton, son) sang n'a fait qu'un tour :* j'ai (tu as, il a) été saisi. – *Il a ça dans le sang :* c'est, pour lui, un instinct, une qualité innée. ▷ Spécial. *Verser, répandre, faire couler le sang :* commettre une (des) action(s) meurtrière(s). – *Laver un outrage dans le sang :* se venger en tuant ou en blessant grièvement. – *Mettre un pays à feu et à sang,* y perpétrer toutes sortes de crimes. – (Afr. subsah.) *Boire le sang :* sceller le pacte du sang. **4.** (Le sang, porteur des caractères héréditaires.) Race, famille. *Être du même sang. Liens du sang.* ▷ *Droit du sang :* fait, pour une personne, d'avoir la nationalité de ses parents. Ant. droit du sol* (sens 1).

ENCYCL Le sang, rouge chez l'homme et les vertébrés, diversement coloré chez les autres animaux, circule dans un système de vaisseaux et se distribue à tous les organes. (V. circulation.) L'homme en possède 4 à 5 l, soit 7 à 9 % du poids du corps. Le sang est composé de *plasma* et d'*éléments figurés* (en suspension dans le plasma). **I.** Le plasma est la partie liquide du sang (env. 55 % du volume total). Il contient : **1.** des éléments nutritifs : sels minéraux, protéines (albumine et globulines), lipides, glucose; **2.** des substances issues du catabolisme : urée, acide urique; **3.** la prothrombine et le fibrinogène; **4.** des enzymes et des hormones. **II.** Les éléments figurés se divisent en 3 grands groupes : les hématies, dites aussi érythrocytes ou globules rouges (4,5 à 5 millions par mm^3 de sang); les leucocytes, ou globules blancs; les thrombocytes, ou plaquettes. Les leucocytes (5000 à 8000 par mm^3 de sang) se répartissent en 2 grands groupes, suivant la forme de leur noyau : les mononucléaires et les polynucléaires. Les mononucléaires comprennent notam. les lymphocytes qui ont une importante fonction immunologique. Les thrombocytes, ou plaquettes (150000 à 400000 par mm^3 de sang) sont des facteurs d'hémostase. La moelle osseuse produit la plupart des éléments sanguins. Les hématies de tout individu sont porteuses d'antigènes héréditaires : chaque individu a soit des antigènes A, soit des antigènes B, soit à la fois des antigènes A et B, soit aucun antigène. En outre, son plasma possède un anticorps (dit agglutinine) qui détruit les antigènes qu'il ne possède pas. Toutes ces données définissent le système ABO. Les hématies contiennent de nombr. antigènes autres que les antigènes A ou B, de sorte que des systèmes autres que le système ABO existent (V. rhésus). Les leucocytes et les plaquettes sont porteurs de mêmes facteurs de groupe que les hématies et, en outre, des antigènes tissulaires, déterminants pour le choix des donneurs de greffons dans le cas de greffes.

Sanga. V. Sangha.

Sangallo (Giuliano Giamberti, dit Giuliano da) (v. 1445 – 1516), architecte et sculpteur italien, à Florence. — **Antonio Cordini,** dit *Antonio da Sangallo le Jeune* (1483 – 1546), neveu du préc.; architecte à Rome : il participa aux plans de la basilique Saint-Pierre (1520).

sang-froid [sɑ̃fʀwa] n. m. inv. Maîtrise de soi, calme, présence d'esprit dans les moments critiques. *Perdre son sang-froid. Faire preuve de sang-froid.* ▷ Loc. adv. *De sang(-)froid :* froidement, en pleine conscience de ce que l'on fait.

sangha [sanga] n. m. Disciple de Bouddha. – *Par ext.* Communauté de moines bouddhistes.

Sangha ou **Sanga** (la), riv. d'Afrique équatoriale (1700 km), affl. du Congo (r. dr.). Elle naît dans le massif du Yadé en Rép. centrafricaine où elle porte le nom de *Mambéré;* elle sert de frontière avec le Cameroun et traverse la rép. du Congo pour rejoindre le fleuve Congo.

sanglant, ante [sɑ̃glɑ̃, ɑ̃t] adj. **1.** Couvert, souillé de sang. **2.** Qui fait couler beaucoup de sang. *Combat sanglant.* – *Une mort sanglante,* violente, avec effusion de sang. **3.** Fig. Outrageux, très offensant. *Reproches sanglants.*

sangle [sɑ̃gl] n. f. **1.** Bande plate et large (de cuir, de tissu, etc.) qui sert à ceindre, à serrer. ▷ *Spécial.* Bande de toile forte qui forme le fond d'un siège, d'un lit. **2.** Par anal. *Sangle abdominale :* ensemble des muscles de la paroi abdominale.

sangler [sɑ̃gle] v. tr. [1] **1.** *Sangler un cheval, un animal de monte :* serrer la sangle passant sous son ventre, et destinée à maintenir la selle. **2.** Serrer comme avec une sangle. ▷ Pp. adj. *Officier sanglé dans son uniforme.*

sanglier [sɑ̃glije] n. m. **1.** Porc sauvage d'Europe, d'Asie tempérée et d'Afrique du N. (genre *Sus,* fam. suidés), au corps massif couvert de soies épaisses, aux canines très développées et dont la tête (hure), terminée par un groin, est armée, surtout chez les vieux mâles, de défenses recourbées. **2.** (Afr. subsah.) Désigne improprement tout suidé sauvage : hylochère, phacochère, potamochère.

Sanglier des Ardennes (le). V. La Marck (Guillaume de).

sanglot [sɑ̃glo] n. m. Spasme respiratoire bruyant d'une personne qui pleure. *Être en sanglots.*

sangloter [sɑ̃glɔte] v. intr. [1] Pleurer avec des sanglots.

sango [sɑ̃go] n. m. LING Langue nigéro-congolaise du sous-groupe oubanguien (V. Sango-Yakoma) parlée en République centrafricaine (langue officielle) et au Tchad (langue véhiculaire).

Sango-Yakoma, ethnie de République centrafricaine, du Tchad et de la rép. dém. du Congo (env. 30000 personnes). Ils parlent le sango*, dont la forme véhiculaire constitue la langue nationale de la République centrafricaine. Le *sango-yakoma* est la forme originelle (pure de tout pidgin).

sangria [sɑ̃gʀija] n. f. Boisson d'origine espagnole faite de vin rouge sucré dans lequel ont macéré des morceaux d'oranges et d'autres fruits.

sangsue [sɑ̃sy] n. f. **1.** Ver annelé (classe des hirudinées) des eaux stagnantes et des forêts marécageuses, qui se fixe par sa ventouse buccale à la peau des animaux dont il suce le sang. **2.** Fig. Personne qui soutire abusivement de l'argent à autrui; parasite.

sanguin, ine [sɑ̃gɛ̃, in] adj. et n. m. **1.** Qui a rapport au sang. *Vaisseau sanguin. Circulation* sanguine.* **2.** Qui a la couleur du sang. ▷ *Orange sanguine*.* **3.** *Tempérament sanguin :* caractérisé notam. par la tendance à l'emportement, à la colère. ▷ n. m. *Un sanguin.*

sanguinaire [sɑ̃ginɛʀ] adj. Litt. Qui se plaît à répandre le sang; cruel. – Par ext. *Exploits sanguinaires.*

sanguine [sɑ̃gin] n. f. **1.** Variété d'hématite rouge. **2.** Crayon rouge foncé fait avec ce minéral. ▷ Dessin exécuté avec ce crayon. **3.** Orange d'une variété à pulpe rouge.

sanguinolent, ente [sɑ̃ginɔlɑ̃, ɑ̃t] adj. Mêlé de sang, coloré par le sang.

Sanhadja, population berbère implantée dans l'Adrar de Mauritanie qui fut à l'origine de la dynastie des Zirides, fondée au Xe s. en Tunisie, et de la dynastie des Almoravides, au XIe s. au Maroc.

sanhédrin [sanedʀɛ̃] n. m. HIST Tribunal civil et religieux des Juifs de la Palestine antique.

sanie [sani] n. f. MED Matière purulente, sanguinolente et fétide qui s'écoule des plaies infectées, des ulcères.

sanio [saɲɔ] n. m. (Afr. subsah.) Variété tardive de petit mil. – En appos. *Mil sanio.*

sanitaire [sanitɛʀ] adj. et n. m. pl. **1.** Qui a rapport à la santé et, partic., à la santé publique et à l'hygiène. *Mesures sanitaires. Cordon* sanitaire.* **2.** *Installation sanitaire,* qui alimente un bâtiment en eau et évacue les eaux usées. – *Appareil sanitaire,* relié à une telle installation. ▷ n. m. pl. Local équipé d'appareils sanitaires.

San Jose, v. des É.-U. (Californie), au S. de la baie de San Francisco; 782200 hab. Centre agric. et industriel.

San José, cap. du Costa Rica, au centre du pays, à 1135 m d'alt.; 274830 hab. Princ. centre commercial du pays (café, coton). – Archevêché.

San Juan, cap. et port de Porto Rico; 1 million d'hab. avec les fbg. Industries.

San Martín (José de) (1778 – 1850), général argentin. Il participa à la libération de son pays (1813-1816), du Chili (victoire de Maipú, 1818), du Pérou (1821), dont il fut élu protecteur. N'ayant pu s'entendre avec Bolívar, il s'exila en France (1822).

San Pedro, v. et port de la Côte d'Ivoire, à l'ouest d'Abidjan; le deuxième port du pays; 55000 hab. Ch.-l. du dép. du m. nom. Exportation (bois, notam.). Centre de pêche artisanale.

San Remo ou **Sanremo,** v. d'Italie (Ligurie), sur le golfe de Gênes, à la frontière française; 60790 hab. Stat. balnéaire. – La *conférence de San Remo* (avr. 1920) réunit les Alliés (France, G.-B., Italie), qui y préparèrent le traité de Sèvres*.

sans [sɑ̃] prép. et loc. conj. **I.** prép. **1.** (Marquant l'absence, la privation, l'exclusion.) *Il est parti sans argent. Du pain sans sel. Une audace sans égale.* **2.** (Marquant une supposition.) *Sans lui, j'étais mort.* (Marquant une supposition négative.) *Sans lui, je n'aurais pu réussir.* **3.** (En loc. adv. ou adj. de forme négative.) *Sans cesse :* toujours. – *Sans doute :* probablement. – *Non sans :* avec. *Non sans difficultés.* **4.** (Avec un inf. et servant à écarter une circonstance.) *Souffrir sans se plaindre. Vous n'êtes pas sans savoir que :* vous savez que. **II.** Loc. conj. *Sans que* (+ subj.). *Partez sans qu'on vous voie,* de telle manière qu'on ne vous voie pas. *Il ne viendra pas sans qu'on l'en prie,* si on ne l'en prie pas.

sans-abri [sɑ̃zabʀi] n. inv. Personne qui n'a plus de maison, plus d'endroit pour se loger.

San Salvador, cap. du Salvador, au pied du *volcan San Salvador* (1950 m); 1057000 hab.; ch.-l. du dép. du m. nom. Centre commercial et industriel du pays.

Sansanding, local. du Mali, sur le Niger, à 40 km au N.E. de Ségou; un puissant pont-barrage assure l'irrigation de la Macina*.

sans-cœur [sɑ̃kœʀ] adj. inv. et n. inv. Fam. Dur, insensible, sans pitié. ▷ Subst. inv. *Un(e) sans-cœur.*

sanscrit [sɑ̃skʀi] n. m. et adj. V. sanskrit.

sans-culotte [sɑ̃kylɔt] n. m. HIST *Les sans-culottes :* les partisans de la Révolution française de 1789.

sans-dessein [sɑ̃dɛsɛ̃] adj. et n. (Québec) Fam. Syn. de *sans-génie.* ▷ Subst. *Un(e) sans-dessein. Des sans-dessein(s).*

sans-emploi [sɑ̃zɑ̃plwa] n. inv. Syn. de *chômeur.*

sansevieria [sɑ̃səvjeʀja] ou **sansevière** [sɑ̃səvjɛʀ] n. f. BOT Plante monocotylédone (fam. amaryllidacées) des régions tropicales, aux longues feuilles rigides bordées de blanc, dont une espèce fournit des fibres textiles.

sans-filiste [sɑ̃filist] n. m. Opérateur de radiotélégraphie. *Des sans-filistes.*

sans-gêne [sɑ̃ʒɛn] n. inv. et adj. inv. **1.** n. m. inv. Habitude d'agir sans s'imposer aucune gêne; désinvolture inconvenante. **2.** n. inv. Personne qui agit sans s'imposer de gêne. *Un(e) sans-gêne.* ▷ adj. inv. *Être sans-gêne.* – Par ext. *Des façons sans-gêne.*

sans-génie [sɑ̃ʒeni] adj. et n. (Québec) Fam. Qui manque d'intelligence, de jugement; syn. de *imbécile. Être sans-génie.* ▷ Subst. *Un(e) sans-génie. Des sans-génie.* Syn. sans-dessein.

sanskrit ou **sanscrit, ite** [sɑ̃skʀi, it] n. m. et adj. **1.** n. m. Ancienne langue de l'Inde, de la famille indo-européenne, encore utilisée en tant que langue littéraire et langue sacrée de la religion brahmanique. **2.** adj. Qui a rapport à cette langue. *Alphabet sanskrit.*

sans-le-sou [sɑ̃lsu] n. inv. Fam. Personne qui n'a pas d'argent.

sans-logis [sɑ̃lɔʒi] n. inv. (Surtout au plur.) Personne sans domicile fixe; personne logée dans un lieu qui n'est pas destiné à cet usage.

sansonnet [sɑ̃sɔnɛ] n. m. Étourneau commun.

sans-parti [sɑ̃paʀti] n. inv. Personne qui n'est inscrite à aucun parti politique.

San Stefano (auj. *Yeşilköy*), local. de Turquie, proche d'Istanbul, où fut signé (mars 1878) entre la Turquie et la Russie le traité qui plaçait les Balkans sous l'influence russe au détriment des Turcs : création d'une Grande Bulgarie (V. dossier Bulgarie, p. 1389), indépendance de la Roumanie (V. dossier Roumanie, p. 1486, du Monténégro, de la Serbie; autonomie de la Bosnie-Herzégovine. La réaction des puissances occidentales aux prétentions russes se concrétisa lors du congrès de Berlin (juil. 1878). V. Orient (question d').

Santa Anna (Antonio López de) (1794 – 1876), général et homme politique mexicain. Élu président (1833), il réprima (notam. à Alamo) le soulèvement du Texas, qu'il perdit après la défaite de San Jacinto (1836). Banni en 1845, il revint pour combattre les É.-U.; battu en 1847, il céda (1848) le Texas, la Californie et le Nouveau-Mexique. Exilé puis rappelé (1853), il se proclama dictateur à vie et fut renversé en 1855.

Santa Fe, v. des É.-U., cap. du Nouveau-Mexique, dans la vallée du río Grande, à 2100 m d'alt.; 55850 hab. Mines (plomb, zinc, or).

Santa Isabel, piton d'origine volcanique, dans l'île de Bioco, point culminant de la Guinée équatoriale (3007 m).

santal, als [sɑ̃tal] n. m. **1.** Petit arbre d'Asie tropicale, parasite des racines d'autres végétaux. ▷ Bois de cet arbre, à l'odeur douce et pénétrante, utilisé en ébénisterie, en marqueterie et pour fabriquer des parfums. ▷ Essence qui en est extraite. **2.** *Santal rouge :* papilionacée qui fournit une matière colorante rouge.

santan [sɑ̃tɑ̃] n. m. BOT Arbre des savanes arborées africaines (fam. césalpiniacées), à régénération rapide, qui possède des propriétés médicinales.

Santander, v. d'Espagne sur le golfe de Gascogne; 194200 hab.; cap. de la communauté auton. de Cantabrie. Industr. Stat. balnéaire. Université.

santé [sɑ̃te] n. f. (et interj.) **1.** État de l'être vivant, et, partic., de l'être humain, chez lequel le fonctionnement de tous les organes est harmonieux et régulier; bon état physiologique. *Visage qui respire la santé. Être plein de santé et de vigueur.* – Loc. *Boire à la santé de qqn,* boire en formant des vœux pour sa santé; boire en son honneur. *À votre santé!* ▷ Équilibre mental, fonctionnement harmonieux du psychisme. – Loc. *Maison de santé :* établissement médical privé où l'on soigne les maladies nerveuses et mentales. **2.** État de l'organisme, fonctionnement habituel du corps. *Avoir une bonne, une mauvaise santé.* – Fam. *Avoir une petite santé :* être de constitution délicate, fragile. **3.** (En loc.) *Service de santé :* service des armées chargé de l'hygiène et de la santé des troupes, des soins aux malades et aux blessés. ▷ *Service de santé maritime,* chargé de s'assurer de l'état sanitaire des navires entrant au port. – Ellipt. *La santé.* **4.** (Luxembourg) *Santé! :* interjection utilisée à l'adresse de qqn qui vient d'éternuer. (V. à tes souhaits*.)

Santer (Jacques) (né en 1937), homme politique luxembourgeois, président de la Commission des Communautés européennes depuis 1995.

Santiago. V. São Tiago.

Santiago, cap. du Chili, au centre du pays; 4913060 hab. (plus du tiers de la pop. du pays). Princ. centre industr., comm. et culturel du Chili.

Santiago de Cuba, v. et port de Cuba, sur la côte S.-E.; 402050 hab.; ch.-l. de la prov. du m. nom. Industr. alimentaires. – Victoire navale des É.-U. sur l'Espagne (3 juil. 1898).

Santo. V. Espíritu Santo.

Santo Antão, île du Cap-Vert appartenant au groupe des îles du Vent; 779 km^2; 45000 hab.

santoméen, enne [sɑ̃tɔmeɛ̃, ɛn] n. Habitant de São Tomé.

1. santon [sɑ̃tɔ̃] n. m. Chacune des figurines de terre cuite qui ornent la crèche de Noël, en Provence.

2. santon, onne [sɑ̃tɔ̃, ɔn] n. Vx Religieux, religieuse musulman(e).

Santos-Dumont (Alberto) (1873 – 1932), aéronaute brésilien qui vécut surtout en France. Il construisit des dirigeables et un des premiers avions, la *Demoiselle,* qu'il fit décoller le 23 oct. 1906 à Bagatelle (bois de Boulogne, à Paris).

Sanusi. V. Senoussi.

sanza [sɑ̃za] n. f. (Afr. subsah.) Instrument de musique dont la caisse de résonance, en bois ou en métal, porte des lamelles de bambou ou de métal, que l'on pince.

Sao, ethnie ancienne qui vivait sur les bords du lac Tchad, où cette population très mal connue s'implanta avant le Ve s. Ils enterraient leurs morts dans de grandes urnes en terre cuite; les sites archéol. de cette civilisation ont livré des récipients, des jouets, des bijoux, etc., souvent zoomorphes. Les statuettes en terre cuite des Sao, très schématiques, figurent des humains et, plus rarement, des animaux.

São Francisco (le), fl. du Brésil (3161 km); naît dans le S. du Minas Gerais et se jette dans l'Atlantique, au S. de Recife. Nombreuses chutes.

saola [saɔla] n. m. Antilope à cornes longues et fines, «en aiguille», découverte en 1992 dans les montagnes du Viêt-nam.

São Miguel, la plus grande (747 km^2) et la plus peuplée (150000 hab.) des îles des Açores; ch.-l. *Ponta Delgada.*

Saône (la), riv. de France (480 km); née en Lorraine, se jette dans le Rhône (r. dr.) à Lyon. – *Haute-Saône,* dép. : 5343 km^2; 229650 hab.; ch.-l. *Vesoul* (19 404 hab.). V. Franche-Comté (Rég.). – *Saône-et-Loire,* dép. : 8565 km^2; 559413 hab.; ch.-l. *Mâcon* (39 866 hab.). V. Bourgogne (Rég.).

São Nicolau, île et comté du Cap-Vert; 338 km^2; 12600 hab.; ch.-l. *Ribeira Brava.*

São Paulo, ville du Brésil, la plus import. du pays, cap. de l'État du m. nom; 10099090 hab. Princ. centre économique et industriel du Brésil. – Archevêché. Université. Musée des beaux-arts. – L'essor de la ville (fondée en 1554) a commencé à la fin du XIXe s., avec la culture du café.

São Paulo, État du Brésil méridional (le plus peuplé), sur l'Atlantique; 247898 km^2; 32091000 hab.; cap. *São Paulo.* – Le climat, tropical, est tempéré en altitude. La région centrale a un sol propice aux cultures; élevage bovin. Le sous-sol contient de la bauxite.

São Tiago ou **Santiago,** île principale du Cap-Vert; 991 km^2; 199000 hab.

São Tomé ou **Saint-Thomas,** cap. de la république démocratique de São Tomé et Principe (43000 hab.), au N.-E. de l'île du m. nom (859 km^2; 126000 hab.). Port de commerce, petit centre industriel. Cacao, cocotiers. Aéroport international.

São Tomé et Principe ou **Saint-Thomas et Prince** (République démocratique de), État du golfe de Guinée, formé des îles de São Tomé et de Principe.

► V. carte et dossier, p. 1494.

Saoud. V. Séoud.

saoudien, enne [saudjɛ̃, ɛn] ou **séoudien, enne** [seudjɛ̃, ɛn] adj. et n. D'Arabie Saoudite; qui a rapport à ce pays. ▷ Subst. *Un(e) Saoudien(ne), un(e) Séoudien(ne).*

Saoudite (Arabie). V. Arabie Saoudite.

saoul [su], adj. **saouler** [sule] v. tr. V. soûl, soûler.

Saoura, oued quasiment desséché du S. de l'Algérie, au N.-O. du Sahara, formé d'oueds nés dans l'Atlas.

sapajou [sapaʒu] n. m. **1.** Syn. de *sajou.* **2.** Homme très laid.

1. sape [sap] n. f. **1.** Tranchée creusée pour se rapprocher d'un ennemi. ▷ Boyau, galerie creusée sous une construction, une fortification, pour la faire écrouler. **2.** Action de saper. *Faire un travail de sape.*

2. sape [sap] n. f. **1.** Fam. *Les sapes :* les vêtements. – *La sape :* les vêtements pris dans leur ensemble. **2.** (Afr. subsah.) Fam. Art de s'habiller à la dernière mode.

sapelli [sapeli] n. m. BOT Grand arbre à feuilles caduques de la forêt équatoriale africaine (fam. méliacées), dont le bois est utilisé en menuiserie.

sapèque [sapɛk] n. f. (Viêt-nam) Monnaie ancienne, qui n'a plus cours. *Jeu de la sapèque au trou.*

1. saper [sape] v. tr. [1] **1.** Détruire les fondements de (une construction) pour la faire tomber. – Par ext. *La mer sape les falaises.* **2.** Fig. Travailler à détruire (une chose) en l'attaquant dans ses principes, miner. *Saper les fondements de la civilisation. Saper le moral.* **3.** (Guad.) Syn. de *faucher* (sens 1).

2. saper [sape] v. [1] **1.** v. pron. Pop. *Se saper :* s'habiller. – Pp. adj. *Type bien sapé.* **2.** v. intr. (Afr. subsah.) Fam. Mettre de beaux vêtements. *Pour le concert, il faudra saper.*

1. sapeur [sapœʀ] n. m. Soldat du génie employé à la sape.

2. sapeur [sapœʀ] n. m. (Afr. subsah.) Homme qui se soucie de son élégance, qui s'habille à la dernière mode.

sapeur-pompier [sapœʀpɔ̃pje] n. m. Pompier. *Des sapeurs-pompiers.*

saphène [safɛn] n. f. et adj. ANAT Chacune des deux veines qui collectent le sang des veines superficielles du membre inférieur. ▷ adj. *Veine saphène.*

saphique [safik] adj. Didac. **1.** Qui appartient à Sappho, à sa poésie. **2.** Relatif au saphisme.

saphir [safiʀ] n. m. **1.** Pierre précieuse, variété de corindon, de couleur bleu transparent. **2.** Petite pointe de saphir ou d'une autre matière dure, qui constitue l'élément principal d'une tête de lecture d'électrophone.

saphisme [safism] n. m. Litt. Homosexualité féminine.

Sapho. V. Sappho.

sapidité [sapidite] n. f. Didac. Qualité de ce qui a de la saveur.

sapiential, ale, aux [sapjɛ̃sjal, o] adj. THEOL *Les livres sapientiaux :* les livres de la Bible (Ancien Testament) qui renferment surtout des maximes morales, soit les Proverbes, le Livre de Job, l'Ecclésiaste, l'Ecclésiastique, la Sagesse. (On y joint les Psaumes et le Cantique des cantiques.)

sapin [sapɛ̃] n. m. **1.** Résineux des régions tempérées à feuilles persistantes en aiguilles. ▷ Cour. et *abusiv.* Tout conifère à aiguilles (épicéa, mélèze, etc.). **2.** Bois de cet arbre. **3.** Loc. fam. *Sentir le sapin :* être très malade, être proche de la mort. ▷ (Québec) *Passer un sapin à qqn,* le duper. – *Se faire passer un sapin :* se faire duper.

sapindacées [sapɛ̃dase] n. f. pl. BOT Importante famille d'arbres, d'arbustes et de lianes des régions tropicales comprenant des espèces à fruit comestible (cerisier du Cayor, litchi). – Sing. *Une sapindacée.*

sapinière [sapinjɛʀ] n. f. Lieu planté de sapins, bois de sapins.

saponacé, ée [sapɔnase] adj. Didac. Qui a les caractères du savon.

saponification [sapɔnifikasjɔ̃] n. f. CHIM, TECH **1.** Conversion d'un ester en alcool et en sel de l'acide correspondant sous l'action d'une base (la soude, le plus souvent), réaction utilisée dans la fabrication des savons. **2.** Réaction qui donne un sel minéral à partir d'une base et d'un autre corps.

saponifier [sapɔnifje] v. tr. [**2**] CHIM, TECH Transformer (un ester) en sel de l'acide correspondant. ▷ *Spécial.* Transformer (un corps gras) en savon.

saponine [sapɔnin] n. f. CHIM Nom générique de diverses substances qui ont la propriété de faire mousser l'eau. (Elles entrent dans la composition des lessives, des shampooings, etc.)

sapotacées [sapɔtase] n. f. pl. BOT Famille d'arbres et d'arbustes tropicaux dont le fruit est une baie (karité, sapotillier, etc.). – Sing. *Une sapotacée.*

sapotille [sapɔtij] n. f. Fruit comestible du sapotillier.

sapotillier [sapɔtilje] ou **sapotier** [sapɔtje] n. m. BOT Arbre des régions tropicales (fam. sapotacées), au fruit comestible (sapotille), dont on tire un latex qui sert à la fabrication du chewing-gum.

Sappho ou **Sapho** (v. 620 – v. 580 av. J.-C.), poétesse lyrique grecque. Elle tint une école féminine de poésie et de musique à Lesbos. La légende veut qu'elle se soit adonnée à l'homosexualité *(saphisme),* mais aussi que, désespérée par l'indifférence du jeune Phaon, elle se soit jetée dans la mer.

Sapporo, v. du Japon, ch.-l. du ken d'Hokkaidō; 1 562 370 hab. Centre industriel.

saprer [sapʀe] v. tr. V. sacrer (3).

saprophage [sapʀɔfaʒ] adj. et n. m. ZOOL Qui se nourrit de matières organiques en décomposition. ▷ n. m. *Un saprophage.*

saprophyte [sapʀɔfit] adj. et n. m. **1.** BIOL Se dit d'un être vivant qui tire des matières organiques en décomposition les substances qui lui sont nécessaires. ▷ n. m. *Un saprophyte.* **2.** MED Se dit de tout microbe qui vit dans l'organisme sans être pathogène.

Saqqarah ou **Sakkarah** *(Saqqâra),* village et site archéologique d'Égypte, au S.-O. du Caire, gigantesque nécropole comprenant la grande pyramide à degrés du roi Djoser (IIIe dynastie).

saquer [sake] v. tr. V. sacquer.

saquet [sakɛ] n. m. (France rég.) Syn. de *sachetti.*

sara [saʀa] n. m. LING Langue nilo-saharienne du groupe Chari-Nil (sous-groupe soudanais central) parlée au Tchad (langue véhiculaire) et en République centrafricaine.

Sara ou **Sarah,** personnage biblique, épouse d'Abraham. Longtemps stérile, elle adopta Ismaël, fils d'Abraham et de sa servante Agar; devenue mère d'Isaac à un âge très avancé, elle fit renvoyer Agar et son fils (Genèse, XXI, 1-14).

Sara, terme désignant plusieurs populations du Tchad méridional et de la République centrafricaine (env. 1 200 000 personnes). Ils parlent diverses langues nilo-sahariennes du groupe soudanais central, formant le sous-groupe *sara-bongo-baguirmien.*

sarabande [saʀabɑ̃d] n. f. Agitation vive, bruyante. *Faire la sarabande.*

Saragosse (en esp. *Zaragoza*), v. d'Espagne, sur l'Èbre; 592 670 hab.; cap. de la communauté auton. d'Aragon; ch.-l. de la prov. de Saragosse. Centre commercial, culturel, agricole et industriel. – Archevêché. Université. Cath. San Salvador (XIIe-XVIe s.). Belles égl. de style mudéjar. – Soumise au califat de Cordoue (VIIIe s.), royaume arabe indépendant au XIe s., la ville, reconquise en 1118 par Alphonse Ier, devint la cap. de l'Aragon.

Sarah. V. Sara.

Sarajevo, capitale de la Bosnie-Herzégovine, sur la Miljacka; 319020 hab. Centre artisanal (cuir, tapis) et industriel (alimentation, cimenteries). – Nombr. monuments de l'époque ottomane. – Le 28 juin 1914, l'archiduc héritier d'Autriche François-Ferdinand y fut assassiné; ce meurtre déclencha la Première Guerre mondiale. – Les milices serbes hostiles à l'indépendance de la Bosnie-Herzégovine assiégèrent la ville de mai 1992 à déc. 1995, martyrisant la population.

Sarakolé, Sarakholé, Sarakollé ou **Soninké,** peuple de l'Afrique occidentale (Gambie, Sénégal, Mauritanie, Mali, Burkina Faso); env. 1 million de personnes. Ils parlent une langue nigéro-congolaise du groupe mandé, le *soninké.* Ils sont musulmans.

Sarapis. V. Sérapis.

Saratoga Springs, ville des É.-U. (État de New York); 25 000 hab. – Le 17 oct. 1777, l'Anglais Burgoyne y capitula devant les Américains.

Sarawak, État de Malaisie, dans le N.-O. de Bornéo; 124 449 km²; env. 1 550 000 hab.; cap. *Kuching.* Sa forêt dense couvre les deux tiers du territoire. Princ. ressources : hévéas, pétrole, bauxite, or. – Ce protectorat britannique (1888), devenu dominion (1946), est entré en 1963 dans la Fédération de Malaisie.

sarbacane [saʀbakan] n. f. Tuyau à l'aide duquel on lance, par la force du souffle, des projectiles légers.

sarcasme [saʀkasm] n. m. Raillerie insultante; trait mordant d'ironie.

sarcastique [saʀkastik] adj. Qui tient du sarcasme. *Ton sarcastique.* ▷ Qui use volontiers du sarcasme.

sarcelle [saʀsɛl] n. f. Petit canard sauvage, au vol très rapide.

sarclage [saʀklaʒ] n. m. Opération qui consiste à sarcler; son résultat.

sarcler [saʀkle] v. tr. [**1**] Arracher (les mauvaises herbes) au moyen d'un outil. *Sarcler le chiendent.* ▷ Débarrasser (un terrain, une culture) des mauvaises herbes. *Sarcler un champ d'ignames.*

sarclette [saʀklɛt] n. f. Petit sarcloir.

sarcloir [saʀklwaʀ] n. m. Outil servant à sarcler, houe à deux dents.

sarcome [saʀkom] n. m. MED Tumeur maligne qui se développe aux dépens du tissu conjonctif.

sarcophage [saʀkɔfaʒ] n. **1.** n. m. Cercueil de pierre. ▷ *Par ext.* Cercueil de bois, à forme humaine, des momies égyptiennes. **2.** n. f. ENTOM Mouche grise de la viande.

sarcophile [saʀkɔfil] n. m. ZOOL Marsupial carnivore de Tasmanie, dit cour. *diable de Tasmanie,* qui ressemble à un ourson.

sarcopte [saʀkɔpt] n. m. ZOOL Acarien (genre *Sarcoptes*) parasite de l'homme et de divers mammifères, dont la femelle creuse des galeries sous la peau, occasionnant la gale.

Sardaigne (en ital. *Sardegna*), grande île de la Méditerranée occid., au S. de la Corse. Région d'Italie et de la C.E., formée des prov. de Cagliari, Nuoro, Oristano, Sassari; 24 090 km²; 1 651 220 hab.; cap. *Cagliari.*

Géogr. et écon. – Ce socle cristallin soulevé (1 884 m dans les monts du Gennargentu), au littoral très découpé, comporte au S. une grande plaine. Le climat, très chaud et sec en été, est humide en hiver. Élevage ovin dominant; céréales dans les plaines. Quelques industries (pétrochimie, textile, papeterie), le tourisme et l'aide de la C.É.E. ont freiné l'émigration.

Hist. – Dès l'âge du bronze, la Sardaigne connut une civilisation originale (tombes, dolmens). L'île fut envahie par les Phéniciens (VIIe s. av. J.-C.), les Carthaginois (VIIe s. av. J.-C.), les Phocéens (VIe s. av. J.-C.), les Romains, les Byzantins. Appelés contre les Sarrasins (qui dévastaient ses côtes dep. 711), Gênes et Pise se disputèrent l'île (XIe-XIIIe s.). Le pape l'attribua à l'Aragon, qui l'occupa par la force au XIVe s. Vice-royauté (1478), elle ne bénéficia guère de la présence espagnole. Elle fut cédée (1718), en échange de la Sicile, au duc de Savoie*, proclamé roi de Sardaigne. En 1861, le *royaume de Sardaigne,* dit aussi de *Piémont*-Sardaigne,* fut intégré au royaume d'Italie.

Sardanapale, dernier souverain d'Assyrie, selon les Grecs. Pour échapper aux Mèdes qui l'assiégeaient dans Ninive, il se donna la mort sur un bûcher, où il avait fait égorger ses femmes et rassembler ses trésors.

Sardes (auj. *Sart,* en Turquie), anc. v. de l'Asie Mineure, sur la riv. Pactole; capitale du royaume de Lydie.

sardine [saʀdin] n. f. **1.** Poisson clupéiforme pélagique des eaux tempérées, long d'une vingtaine de centimètres, au ventre argenté, au dos bleu-vert, qui se déplace par bancs et qui fait l'objet d'une pêche intensive. *Sardines fraîches. Sardines à l'huile, en boîte.* **2.** (Québec) *Sardine (canadienne) :* nom donné au hareng de petite taille (*Clupea harengus*) des côtes de l'Atlantique. **3.** (Afr. subsah.) Sardinelle de grande taille.

sardinelle [saʀdinɛl] n. f. **1.** Poisson voisin de la sardine, plus grand (jusqu'à 30 cm) et vivant dans des eaux plus chaudes. **2.** (Afr. subsah.) Petite sardinelle. (Les grosses sardinelles sont appelées *sardines.*)

sardinerie [saʀdinʀi] n. f. Usine où l'on met les sardines en boîtes.

sardinier, ère [saʀdinje, ɛʀ] adj. et n. **I.** adj. Qui a rapport à la pêche à la sardine, à l'industrie alimentaire qui s'y rattache. **II.** n. **1.** n. m. Pêcheur de sardines. ▷ Bateau armé pour la pêche à la sardine. **2.** Personne employée dans une sardinerie.

sardoine [saʀdwan] n. f. Variété de calcédoine rouge-brun.

sardonique [saʀdɔnik] adj. *Rire, ricanement sardonique,* méchant, sarcastique.

sargasse [saʀgas] n. f. Algue brune, fixée ou libre, à thalle coriace.

Sargasses (mer des), vaste zone de l'Atlantique Nord, à l'E. des Bahamas, où s'accumulent des végétaux (des sargasses, notam.) charriés par les courants marins. Les anguilles viennent s'y reproduire.

Sargon II ou **Sharroukīn** (m. en 705 av. J.-C.), roi d'Assyrie (722-705). Il détruisit le royaume d'Israël (prise de Samarie, 721) puis vainquit les Égyptiens (720) au S. de Gaza.

Sarh (anc. *Fort-Archambault*), v. du S. du Tchad, sur le Chari; 120000 hab.; ch.-l. de la préfecture du Moyen-Chari. Industr. textiles. Centrale thermique.

sari [saʀi] n. m. Costume féminin de l'Inde et des îles de l'océan Indien, fait d'une longue pièce d'étoffe drapée.

sarigue [saʀig] n. f. Mammifère de l'ordre des marsupiaux, dont l'opossum est l'espèce la plus connue.

Sarine (la) (en all. *Saane*), riv. de Suisse (120 km), affl. de l'Aar (r. g.); draine le canton de Fribourg.

Sarmates, peuple nomade qui, venant d'Asie centrale, envahit au IIIe s. av. J.-C. les territoires occupés par les Scythes entre le Don et la mer Caspienne. Ils parvinrent jusqu'au Danube au Ier s. apr. J.-C., puis s'intégrèrent aux Germains (IVe s.).

sarment [saʀmɑ̃] n. m. Branche de vigne de l'année.

sarmenteux, euse [saʀmɑ̃tø, øz] adj. BOT *Plante sarmenteuse,* à tige longue, flexible et grimpante comme un sarment.

Sarmiento (Domingo Faustino) (1811 – 1888), homme politique et écrivain argentin; président de la République (1868-1874). Roman politique : *Facundo* (1845).

Sarmizegetusa (auj. *Grădiştea Muncelului*), village de Roumanie, dans les Carpates méridionales, à l'E. de Hunedoara. Elle fut la cap. de la Dacie* après la conquête romaine (106 apr. J.-C.).

Sarnen, com. de Suisse, ch.-l. du demi-canton d'Obwald (cant. d'Unterwald); 7400 hab. Textiles.

Sărnena Gora («Montagne des Cerfs»), massif cristallin de Bulgarie (800-1200 m) qui s'étend à l'E. de la Sredna* Gora, au S. du mont Balkan.

sarnes [saʀn] n. f. pl. (Afr. subsah.) Maladie tropicale, rencontrée en Afrique centrale, qui se manifeste par des éruptions cutanées et un œdème lymphatique touchant les membres inférieurs. (On dit aussi *sarne,* au sing.)

Sarnia, v. du Canada (Ontario), à l'extrémité S. du lac Huron; 49040 hab. Métall., raff. de pétrole, pétrochimie.

sarong [saʀɔ̃g] n. m. Pagne long et étroit porté par les Malais.

saroual, als [saʀwal] ou **séroual, als** [seʀwal] n. m. Pantalon de toile, très large et à entrejambe bas, porté dans certaines régions du Maghreb.

1. sarrasin, ine [saʀazɛ̃, in] n. et adj. *Les Sarrasins :* nom donné par les écrivains du Moyen Âge aux musulmans d'Afrique, d'Espagne et d'Orient. ▷ adj. Des Sarrasins, qui a rapport aux Sarrasins. ▷ *Architecture sarrasine :* architecture caractérisée par l'arc brisé en fer à cheval.

2. sarrasin [saʀazɛ̃] n. m. Céréale (fam. polygonacées) dite aussi *blé noir,* qui peut pousser sur des sols pauvres.

sarrau [saʀo] n. m. Blouse courte et ample portée par-dessus les vêtements. *Des sarraus.*

Sarraute (Nathalia Tcherniak, ép. Sarraute, dite Nathalie) (née en 1900), écrivain français, précurseur du nouveau roman : *Tropismes* (1939), *Martereau* (1953), *l'Ère du soupçon* (1956), *le Planétarium* (1959), *Enfance* (1983), *Ici* (1995).

Sarre (la) (en all. *Saar*), riv. de France et d'Allemagne (240 km), née dans les Vosges, affluent de la Moselle (rive droite).

Sarre (en all. *Saarland*), Land d'All. et région de la C.E., à la frontière française; 2569 km^2; 1045700 hab.; cap. *Sarrebruck.*

Géogr. et écon. – Ce pays de collines et de plateaux est une importante région industrielle dep. le XVIIIe s. grâce à son bassin houiller. Auj., la haute technologie a supplanté la métallurgie traditionnelle.

Hist. – Relevant de diverses seigneuries, la région fut en grande partie réunie à la France au XVIIe s., puis devint un dép. franç. en 1790, cédé à la Prusse en 1814. Revendiquée en 1919 par la France, placée sous l'autorité de la S.D.N., elle choisit par plébiscite le rattachement à l'Allemagne (1935). Après 1947, elle fut rattachée économiquement à la France. En 1955, elle choisit par référendum l'intégration complète à la R.F.A., effective en 1957.

Sarrebruck (en all. *Saarbrücken*), v. d'All., cap. de la Sarre, sur la Sarre; 184350 hab. Centre houiller et industr. – Univ. Monuments baroques.

sarriette [saʀjɛt] n. f. Plante herbacée des régions méditerranéennes (fam. labiées), aux feuilles très odorantes, utilisées comme condiment.

Sarthe (la), riv. de France (285 km), qui, unie à la Mayenne (en amont d'Angers) et au Loir, forme la Maine. – Département : 6210 km^2; 513654 hab.; chef-lieu *Le Mans**. V. Loire (Pays de la) [Région].

Sarto (Andrea del). V. Andrea del Sarto.

Sartre (Jean-Paul) (1905 – 1980), philosophe et écrivain français. Après deux essais inspirés par la phénoménologie de Husserl, *l'Imagination* (1936) et *l'Imaginaire* (1940), *l'Être et le Néant* (1943) fonde un existentialisme athée qui engendre une morale de l'engagement : il créa la revue *les Temps modernes* (1945), publia *L'existentialisme est un humanisme* (1946), se rapprocha du marxisme (*Critique de la raison dialectique,* 1960), visa une audience populaire : romans (*la Nausée,* 1938; *les Chemins de la liberté,* 1945-1949), nouvelles (*le Mur,* 1939), pièces de théâtre (*les Mouches,* 1943; *Huis clos,* 1944; *la Putain respectueuse,* 1946; *les Mains sales,* 1948, etc.), récit autobiographique (*les Mots,* 1964). Il réunit ses essais dans *Situations* (1947-1976), étudia *Baudelaire* (1947), Jean Genet (*Saint Genet, comédien et martyr,* 1952), Flaubert (*l'Idiot de la famille,* 1971-1972). En 1964, il refusa le prix Nobel de littérature.

sartrien, enne [saʀtʀijɛ̃, ɛn] adj. Relatif à la pensée de J.-P. Sartre.

sas [sas] n. m. **1.** Tamis formé d'un tissu tendu sur un cadre de bois. **2.** Bassin compris entre les deux portes d'une écluse. **3.** Compartiment étanche qui permet de passer d'une enceinte close au milieu extérieur, et inversement. *Sas d'un engin spatial.*

Saskatchewan (la), riv. du Canada, tributaire du lac Winnipeg, formée par la réunion de la *Saskatchewan du Nord* (1200 km) et de la *Saskatchewan du Sud* (880 km), nées dans les Rocheuses.

Saskatchewan (la), prov. du centre du Canada; 652330 km^2; 988900 hab. (2,5 % de francophones); cap. *Regina.* – Cette prov. des Prairies est une riche région agricole (sauf dans le N., forestier et lacustre) au climat continental. Le sous-sol est riche; les industries, diversifiées. – La colonisation débuta au XVIIIe s., prit son essor après 1885 (achèvement de la voie ferrée transcontinentale).

Saskatoon, v. du Canada (Saskatchewan), sur la Saskatchewan du Sud; 186050 hab. Centre comm. Industr. méca. et alim. Travail du bois.

sassa [sasa] n. m. (Guyane) Nom cour. de l'hoazin.

sassafras [sasafʀa] n. m. BOT Arbre d'Amérique du N. (genre *Sassafras,* fam lauracées) dont les feuilles et les racines, riches en substances aromatiques, sont utilisées respectivement comme condiment et en parfumerie.

Sassandra (la), fl. de la Côte d'Ivoire (560 km). Née dans la dorsale guinéenne, où elle s'appelle *Férédougouba,* elle se jette dans le golfe de Guinée à Sassandra. Le barrage de Buyo a créé un vaste lac artificiel. Affluents : Boa, Tiemba, Bajing, Lobo et Davo.

Sassandra, v. côtière du S.-E. de la Côte d'Ivoire; 8400 hab.; ch.-l. du dép. du m. nom. Industries.

Sassanides, dynastie perse fondée par Ardachêr Ier (petit-fils d'un prêtre de Persépolis nommé Sâssân), vainqueur d'Artaban IV, dernier roi des Parthes Arsacides, en 224. Cette dynastie, qui régna de 226 à 651, créa un puissant empire qui s'étendit du Khorāsān à la Mésopotamie. Souveraineté de droit divin, centralisme, influence de la relig. officielle (mazdéisme*) et art de cour caractérisent la civilisation sassanide, qui refusa, à la différence des Parthes, les apports de l'hellénisme. Ennemie de Rome puis de Byzance, la Perse sassanide succomba à la conquête arabe (637).

sassaquoi [sasakwɑ] n. m. (Louisiane) Vacarme; remue-ménage. V. barda (2, sens 2).

Sassine (William) (né en 1944), romancier guinéen : *Saint Monsieur Baly* (1973), *le Jeune Homme de sable* (1979), *Le zéhéros n'est pas n'importe qui* (1985) montrent l'homme face à une société oppressante.

Sassou-Nguesso (Denis) (né en 1943), colonel et homme politique de la rép. du Congo; président de la Rép. de 1979 à 1992.

Satan (en hébreu *haschatân*, «l'ennemi»), chef des anges rebelles devenu l'esprit du mal; cité dans l'Ancien et le Nouveau Testament.

satanique [satanik] adj. **1.** Qui a rapport à Satan, inspiré par Satan. **2.** Digne de Satan, diabolique.

satanisme [satanism] n. m. Didac. **1.** Culte rendu à Satan. **2.** Esprit, caractère satanique.

satellisation [satɛllizasjɔ̃] n. f. **1.** ESP Mise sur orbite d'un engin. **2.** POLIT Fait de satelliser; sujétion.

satelliser [satɛllize] v. tr. [**1**] **1.** ESP Mettre sur orbite autour d'un corps céleste, transformer en satellite. **2.** Transformer en satellite (sens II), rendre dépendant, assujettir. *Métropole régionale qui satellise les villes voisines.*

satellitaire [satɛllitɛʀ] adj. ESP Relatif aux satellites. – Effectué, obtenu par satellite. *Des mesures satellitaires.*

satellite [satɛllit] n. m. **I. 1.** Astre qui gravite autour d'une planète. *La Lune est le satellite de la Terre.* ▷ *Satellite artificiel* ou *satellite :* engin mis en orbite par l'homme autour de la Terre, d'une autre planète ou d'un satellite naturel, généralement porteur de matériel scientifique, militaire ou de télécommunication. *Transmission d'images par satellite.* **2.** MECA Chacun des pignons coniques fixés sur la couronne d'un différentiel d'automobile et sur lesquels s'engrènent les planétaires*. **3.** ANAT (En appos.) *Veine satellite d'une artère,* qui suit le même trajet qu'elle. **II.** Personne, ville, nation placée sous la dépendance d'une autre, plus puissante qu'elle. – (En appos.) *État satellite.*

Satie (Alfred Erik Leslie-Satie, dit Erik) (1866 – 1925), compositeur français. La mélodie s'allie à l'humour : *Trois Gymnopédies* (pièces pour piano, 1888); *Parade* (ballet, 1917).

satiété [sasjete] n. f. État d'une personne complètement rassasiée. *Manger, boire à satiété.* ▷ Litt. Dégoût qui suit l'usage immodéré de qqch. *La satiété des plaisirs.* ▷ *Répéter une chose à satiété,* jusqu'à fatiguer son interlocuteur.

satin [satɛ̃] n. m. Étoffe de soie fine, douce et lustrée. – Par comparaison *Peau de satin,* très douce. ▷ Étoffe offrant l'aspect du satin. *Satin de laine.*

satiné, ée [satine] adj. Qui a le poli, le brillant du satin; lustré, glacé. *Papier satiné.* – Fig. *Peau satinée,* très douce.

satiner [satine] v. tr. [**1**] Donner l'aspect lustré du satin à (une étoffe, du papier, etc.).

satire [satiʀ] n. f. **1.** LITTER Ouvrage généralement en vers, dans lequel l'auteur moque les ridicules de ses contemporains ou censure leurs vices. *Satires d'Horace.* **2.** Mod. Pamphlet, écrit ou discours piquant qui raille qqn, qqch. ▷ Critique railleuse.

satirique [satiʀik] adj. **1.** Qui appartient à la satire, qui constitue une satire. *Poète satirique. Écrits satiriques.* **2.** Porté à la satire, à la raillerie caustique. *Esprit satirique.*

satis [satis] n. f. (Belgique) Abrév. cour. de *satisfaction* (sens 4).

satisfaction [satisfaksjɔ̃] n. f. **1.** État d'esprit de qqn dont les besoins, les désirs, les souhaits sont satisfaits; contentement, plaisir. *Ce succès lui a procuré une profonde satisfaction. À la satisfaction générale,* de tous. – *Une satisfaction :* une occasion d'être satisfait, un plaisir. ▷ Loc. *Donner satisfaction à :* être un sujet de contentement pour. **2.** Action par laquelle qqn obtient réparation d'une offense qui lui a été faite. **3.** Fait d'accorder à qqn ce qu'il demande. *Je n'ai pu lui donner satisfaction.* **4.** (Belgique) Mention obtenue à un examen de l'enseignement supérieur, pour une note de douze ou treize sur vingt. *J'ai fait une satisfaction en comptabilité.* (Abrév. cour. : satis).

satisfaire [satisfɛʀ] v. tr. [**10**] **I.** v. tr. dir. **1.** Contenter, donner un sujet de contentement à. *Satisfaire des créanciers,* leur payer leur dû. ▷ (Sujet n. de chose.) *Cette solution nous satisfait,* nous convient. **2.** Contenter (un besoin); assouvir (un désir). *Satisfaire un besoin naturel.* ▷ v. pron. Contenter ses désirs, le désir qu'on a de qqch. – *Spécial.* Assouvir un désir sexuel. **II.** v. tr. indir. *Satisfaire à :* faire ce qui est exigé par (qqch). ▷ (Sujet n. de chose.) *La livraison ne satisfait pas aux clauses du contrat.*

satisfaisant, ante [satisfəzɑ̃, ɑ̃t] adj. Qui satisfait; qui est correct, acceptable. *Réponse satisfaisante.*

satisfait, aite [satisfɛ, ɛt] adj. Dont les désirs sont comblés; content. *Être satisfait de son sort.* ▷ Assouvi. *Passion satisfaite.*

satisfecit [satisfesit] n. m. inv. (Mot lat.) Litt. Témoignage de satisfaction. *Décerner un satisfecit.*

saturant, ante [satyʀɑ̃, ɑ̃t] adj. Propre à saturer. ▷ PHYS *Tension de vapeur saturante d'un corps :* valeur maximale de la pression de la vapeur de ce corps, en équilibre avec sa phase liquide, à une température donnée.

saturation [satyʀasjɔ̃] n. f. **1.** CHIM Action de saturer; état d'un corps saturé. ▷ AGRIC *Saturation d'un sol :* état d'un sol dont les pores sont remplis d'eau. **2.** Fig. État de celui qui (ou de ce qui) ne peut recevoir davantage de qqch. *La saturation du marché.* **3.** ELECTR État correspondant à la valeur maximale que peut atteindre une grandeur (tension, intensité, etc.).

saturé, ée [satyʀe] adj. **1.** CHIM Se dit d'une substance arrivée à saturation. *Solution saturée.* ▷ *Hydrocarbure saturé,* dont les atomes de carbone ne peuvent plus fixer d'autres atomes d'hydrogène (ex. : le méthane). **2.** *Saturé de :* qui ne saurait recevoir davantage de. – Fig. *Le public est saturé de publicité.*

saturer [satyʀe] v. tr. [**1**] **1.** CHIM *Saturer un liquide :* dissoudre un corps dans un liquide jusqu'au degré de concentration maximale. ▷ *Saturer un corps* (dont les atomes sont liés par une liaison multiple), fixer des éléments sur ce corps de telle sorte que ses atomes se trouvent liés par une liaison simple. **2.** Fig. Rassasier jusqu'au dégoût. *Saturer qqn de rock.*

Saturne, dans la myth. italique et romaine, divinité identifiée au Cronos des Grecs. Il fut considéré à Rome comme le protecteur des semailles.

Saturne, la plus lointaine des planètes visibles à l'œil nu, entourée d'un spectaculaire système d'anneaux. Sa distance au Soleil varie de 1 350 à 1 509 millions de km; l'orbite qu'elle décrit, en 29 ans et 167 jours, est inclinée de 2° 30′ par rapport au plan de l'écliptique. Avec un diamètre de 120 660 km, Saturne est la plus grosse des planètes du système solaire après Jupiter. C'est elle qui a la plus faible densité (0,69), inférieure à celle de l'eau. L'essentiel des connaissances sur Saturne provient de son survol par les sondes américaines *Voyager* en 1980 et 1981. La planète présente de nombr. similitudes avec Jupiter, notam. sa structure interne. Les anneaux de Saturne, identifiés dès 1656 par Huygens, comprennent des myriades de petits corps qui résultent soit de la désagrégation de satellites trop proches de la planète, soit de résidus du nuage primitif. On connaît auj. avec certitude l'existence de 18 satellites (seulement 9 avant *Voyager*). Mis à part *Titan,* Saturne possède 4 satellites moyens (1 000 à 1 500 km de diamètre), constitués d'un agrégat de roches et de glace d'eau, et 13 plus petits (20 à 500 km de diamètre), de forme irrégulière.

saturnien, enne [satyʀnjɛ̃, ɛn] adj. **1.** Relatif à la planète Saturne. **2.** Fig., litt. Sombre et mélancolique.

saturnisme [satyʀnism] n. m. MED Intoxication aiguë ou chronique par le plomb ou par ses dérivés.

satyre [satiʀ] n. m. **1.** MYTH GR Demi-dieu champêtre de la suite de Dionysos, figuré avec des cornes, des oreilles pointues et des jambes de bouc. **2.** Fig., fam. Homme lubrique. **3.** ENTOM Papillon diurne aux grandes ailes brun-noir. **4.** BOT Syn. cour. de *phallus.*

satyrique [satiʀik] adj. *Drame satyrique :* pièce tragi-comique du théâtre grec antique.

sauce [sos] n. f. **1.** Assaisonnement liquide ou semi-liquide de certains mets. – *Sauce béchamel,* faite avec du beurre, de la farine et du lait. – *Sauce tomate,* à base de purée de tomates. ▷ Fig., fam. *À quelle sauce serai-je mangé? :* quel sera mon sort (de toute manière fâcheux)? **2.** (Afr. subsah.) Ragoût de poisson, de viande, de légumes, que l'on sert avec un féculent qui constitue la base du repas. – *Sauce (d')arachide*.* – *Sauce gombo :* ragoût aux gombos. – *Sauce-graine :* ragoût à la pulpe de fruit du palmier à huile, à l'odeur forte.

saucer [sose] v. tr. [**12**] Rendre net de sauce en se servant de pain que l'on mange. *Saucer son assiette.*

saucette [sosɛt] n. f. (Québec) Fam. Trempette (sens 2).

saucière [sosjɛʀ] n. f. Récipient à bec utilisé pour servir les sauces.

sauciflar [sosiflaʀ] n. m. (France rég.) Fam. Saucisson.

saucisse [sosis] n. f. **1.** Charcuterie faite d'un boyau rempli de viande hachée et assaisonnée, qui se mange généralement chaude. **2.** *Par anal.* Ballon captif de forme allongée, servant à l'observation pour la défense contre les avions.

saucisson [sosisɔ̃] n. m. Grosse saucisse, crue (séchée ou fumée) ou cuite, fortement assaisonnée, qui se mange froide. *Des rondelles de saucisson.*

saucissonner [sosisɔne] v. intr. [1] Fam. **1.** Se restaurer sommairement avec du saucisson, des plats froids, des sandwichs. **2.** Découper en tranches. *Le film était saucissonné par de la publicité.*

saucissonnier [sosisɔnje] n. m. BOT Arbre d'Afrique tropicale (fam. bignoniacées) au fruit en forme de saucisson. *Le fruit du saucissonnier est un symbole de fécondité.*

Sa'ud. V. Séoud.

sauf, sauve [sof, sov] adj. et prép. **I.** adj. Hors de péril. *Sain et sauf. Avoir la vie sauve.* ▷ Fig. *L'honneur est sauf,* est demeuré intact. **II.** prép. **1.** Sans aller à l'encontre de. *Sauf le respect que je vous dois.* **2.** Hormis, excepté. *J'ai lu tous ces livres, sauf un.* **3.** (Introduisant une restriction.) *Attendez-le, sauf contrordre. Sauf erreur ou omission.* ▷ Loc. conj. *Sauf que* (+ indicatif) : en écartant le fait que.

sauf-conduit [sofkɔ̃dɥi] n. m. Pièce délivrée par l'autorité compétente, permettant d'aller ou de séjourner quelque part sans être inquiété. *Des sauf-conduits.*

sauge [soʒ] n. f. Plante (genre *Salvia,* fam. labiées) des régions chaudes ou tempérées, aux propriétés médicinales et aromatiques.

saugrenu, ue [sogʀəny] adj. D'une bizarrerie, d'une absurdité déroutante et un peu ridicule. *Une idée saugrenue.*

Saül, premier roi des Hébreux (XIe s. av. J.-C.), qui, vaincu par les Philistins, se donna la mort. Le chef de ses gardes, David, lui succéda.

saule [sol] n. m. Arbre ou arbuste (fam. salicacées) aux feuilles généralement allongées et aux fleurs en chatons, qui croît dans les lieux humides.

Sault-Sainte-Marie, v. du Canada (Ontario), sur la *rivière Sainte-Marie* (100 km) face à la ville homonyme (É.-U., État du Michigan, 14 680 hab.); 81 470 hab. Centre industriel (métall., chim.). Tourisme. – Le *canal de Sault-Sainte-Marie* relie les lacs Supérieur et Huron.

saumâtre [somatʀ] adj. Qui a le goût salé de l'eau de mer. – *Eau saumâtre des estuaires :* mélange d'eau douce et d'eau de mer.

saumon [somɔ̃] n. m. et adj. inv. Poisson (genre *Salmo,* fam. salmonidés) à la chair rose orangé très estimée, qui commence sa croissance en rivière, et la poursuit en mer, avant de revenir frayer sur son lieu de naissance. ▷ adj. inv. De la couleur de la chair du saumon. *Étoffe saumon.*

saumoné, ée [somɔne] adj. Se dit de poissons dont la chair est rose comme celle du saumon. *Truite saumonée.*

saumurage [somyʀaʒ] n. m. Action de saumurer des aliments.

saumure [somyʀ] n. f. **1.** Solution salée utilisée pour conserver des aliments. *Poisson en saumure.* Syn. (Acadie) salange. **2.** Toute solution saline concentrée.

saumurer [somyʀe] v. tr. [1] TECH Mettre (une denrée) dans la saumure.

sauna [sona] n. m. **1.** Établissement où l'on prend des bains de vapeur sèche à la manière finlandaise. **2.** Pièce où l'on prend ces bains. **3.** Ce bain lui-même. Syn. (Québec) bain-sauna.

saunier, ère [sonje, ɛʀ] n. Personne travaillant à l'extraction du sel. Syn. salinier, paludier.

saupoudrage [sopudʀaʒ] n. m. Action de saupoudrer.

saupoudrer [sopudʀe] v. tr. [1] **1.** Recouvrir (qqch) d'une matière réduite en poudre. *Saupoudrer de sucre.* **2.** Fig. Parsemer. *Saupoudrer un discours de citations.*

saupoudreur, euse [sopudʀœʀ, øz] adj. et n. f. **1.** adj. Servant à saupoudrer. *Bouchon saupoudreur.* **2.** n. f. Flacon muni d'un couvercle percé de trous, qui sert à saupoudrer.

saur [sɔʀ] adj. m. Salé et fumé (en parlant d'un poisson). *Hareng saur.*

Saura (Carlos) (né en 1932), cinéaste espagnol; critique de la société sous Franco : *Ana et les loups* (1972), *Cría Cuervos* (1976), *Maman a 100 ans* (1979), *Carmen* (1983).

-saure, -saurien. Éléments, du gr. *sauros* ou *saura,* «lézard».

saurien, enne [sɔʀjɛ̃, ɛn] adj. et n. m. ZOOL **1.** adj. Qui a rapport au lézard. **2.** n. m. pl. Sous-ordre de reptiles squamates comprenant les lézards. – Sing. *Un saurien.*

sauripelviens [sɔʀipɛlvjɛ̃] n. m. pl. PALEONT Ordre de reptiles dinosauriens fossiles caractérisés par un bassin de type reptilien. – Sing. *Un sauripelvien.*

sauropsidés [sɔʀɔpside] n. m. pl. ZOOL Vaste groupe de vertébrés tétrapodes, comprenant les reptiles et les oiseaux. – Sing. *Un sauropsidé.*

Saussure (Horace Bénédict de) (1740 – 1799), physicien suisse. Inventeur de divers appareils de mesure (l'hygromètre à cheveu, notam.), fondateur de la météorologie moderne. Il organisa la première ascension du mont Blanc (1786). — **Ferdinand** (1857 – 1913), arrière-petit-fils du préc.; linguiste. Il étudia le sanskrit à Leipzig (1876-1880), où il s'initia à la grammaire comparée, et enseigna à Paris jusqu'en 1891, puis à Genève (1906-1911). Il publia peu, mais son *Cours de linguistique générale,* édité par ses élèves en 1916, fonda la linguistique moderne en ceci qu'il formulait une série de distinctions essentielles : entre synchronie et diachronie, langue et parole, syntagme et paradigme. Pour Saussure, le signe est arbitraire mais la langue est un système; du reste, la langue n'est pas le seul système de communication et la linguistique appartient au vaste domaine de la sémiologie, discipline que Saussure créa. (V. les encycl. linguistique et sémiologie.)

saut [so] n. m. **1.** Mouvement brusque d'extension par lequel le corps se projette en haut, en avant, etc., en quittant le sol. *Saut en longueur, saut à la perche.* – *Saut périlleux,* au cours duquel le corps fait un tour complet sur lui-même, en l'air. ▷ Loc. *Au saut du lit :* au sortir du lit. – Fig. *Faire un saut quelque part,* y passer rapidement. – (Québec) *Faire un saut* ou *faire le saut :* sursauter. **2.** Fait de se laisser tomber d'un endroit élevé. *Saut d'un parachutiste.* ▷ Loc. fig. *Faire le saut :* se déterminer à une action risquée. **3.** Fig. Mouvement brusque et discontinu. *Sa pensée procède par sauts.* **4.** Chute d'eau sur le cours d'une rivière. *Les sauts du Niagara.* **5.** INFORM Syn. de *branchement.*

saute [sot] n. f. Changement subit. *Saute de vent. Saute d'humeur.*

sauté, ée [sote] adj. et n. m. CUIS **1.** adj. Cuit à feu vif dans une petite quantité de matière grasse. **2.** n. m. Viande sautée. *Un sauté de lapin.*

saute-mouton [sotmutɔ̃] n. m. inv. Jeu dans lequel on saute successivement par-dessus tous ses partenaires penchés en avant. *Faire une partie de saute-mouton.*

sauter [sote] v. [1] **I.** v. intr. **1.** Faire un saut, des sauts. *Sauter par-dessus un mur. Sauter à pieds joints.* **2.** Se jeter dans le vide. **3.** S'élancer (sur qqn, qqch). *Le chien lui a sauté à la gorge.* – *Sauter au cou de qqn :* V. cou. ▷ Loc. fig. *Sauter aux yeux :* être manifeste, évident. **4.** Passer sans transition (d'une chose à une autre). *Sauter à la page 3.* – Fig. *Sauter d'une idée à une autre.* – Loc. fig. *Sauter du coq à l'âne,* d'un sujet à un autre. **5.** Être envoyé brusquement en l'air. *Faire sauter un bouchon.* ▷ Fig. *Faire sauter qqn,* lui faire perdre son poste. **6.** Exploser, voler en éclats. – *Faire sauter la cervelle à qqn,* lui briser la tête d'un coup de feu. ▷ *Faire sauter les plombs,* les faire fondre, causer un court-circuit. **7.** CUIS *Faire sauter de la viande, des légumes,* les faire revenir à feu vif, avec un corps gras. **II.** v. tr. **1.** Franchir en s'élevant au-dessus du sol. *Sauter une barrière.* ▷ Loc. fig. *Sauter le pas :* prendre une décision, après avoir longtemps hésité. **2.** Omettre, passer. *Sauter une ligne en recopiant.* – *Sauter une classe :* être admis dans une classe supérieure (d'une école, etc.) sans passer par la classe intermédiaire.

sauterelle [sotʀɛl] n. f. **1.** Insecte orthoptère, aux longues antennes, qui se déplace en sautant à l'aide de ses longues pattes postérieures. **2.** TECH Fausse équerre (mobile). ▷ Transporteur muni d'une courroie inclinée qui sert au chargement ou au déchargement des marchandises.

sauteriaux [sotəʀjo] n. m. pl. Nom cour. donné aux acridiens ravageurs autres que les grandes espèces migratrices. – Sing. *Un sauteriau.*

sauteur, euse [sotœʀ, øz] n. et adj. **I.** n. **1.** Athlète qui pratique le saut. **2.** n. m. Cheval dressé à sauter. **II.** adj. **1.** Se dit des animaux qui se déplacent par sauts. **2.** TECH *Scie sauteuse* ou, n. f., *sauteuse :* scie à moteur, à lame étroite, spécial. utilisée pour le découpage des planches ou des panneaux de bois.

sauteuse [sotøz] n. f. CUIS Casserole large et plate utilisée pour faire sauter (sens I, 7).

sautier [sotje] n. m. (Suisse) Secrétaire administratif du parlement genevois.

sautillant, ante [sotijɑ̃, ɑ̃t] adj. Qui sautille. ▷ Fig. *Style sautillant,* formé de phrases courtes et décousues.

sautillement [sotijmɑ̃] n. m. Action de sautiller.

sautiller [sotije] v. intr. [1] Effectuer des petits sauts, sur place ou en progressant.

sautoir [sotwaʀ] n. m. **1.** Long collier ou longue chaîne. *Porter un ordre en sautoir,* en porter le cordon à la manière d'un collier. **2.** Endroit où les athlètes s'exercent au saut.

sauvage [sovaʒ] adj. et n. **I.** adj. **1.** (Animaux) Qui vit dans la nature, loin des hommes; qui n'est pas domestiqué. **2.** (Plantes) Qui croît naturellement, sans intervention humaine. **3.** GENET Se dit de la souche, du caractère, du gène pris conventionnellement comme référence pour une étude. Ant. mutant. **4.** Inculte, inhabité et peu accueillant. *Des montagnes sauvages.* **5.** (Emploi critiqué.) Qui se fait indépendamment de toute organisation officielle, sans plan, spontanément. *Grève sauvage.* **II.** adj. **1.** Vieilli ou péjor. Qui vit en dehors de la civilisation. *Des tribus sauvages.* – Subst. *Les sauvages.* (V. sens III.) **2.** Qui évite les contacts humains, recherche la solitude. Ant. sociable. ▷ Subst. *Vivre en sauvage.* **3.** Très rude, brutal, féroce. *Une cruauté sauvage.* ▷ Subst. *Agir en sauvage.* **III.** n. HIST ou vieilli Nom donné aux autochtones d'Amérique, considérés comme non civilisés (v. indien, amérindien). – adj. (Québec) *Traîne sauvage :* syn. de *tabagane.* ▷ Loc. (Québec) Vieilli *Été des sauvages :* V. été. – *Attendre les sauvages :* être sur le point d'accoucher. – *S'asseoir en sauvage,* sur ses jambes repliées.

sauvagement [sovaʒmɑ̃] adv. D'une manière sauvage, cruelle.

sauvageon, onne [sovaʒɔ̃, ɔn] n. **1.** n. m. ARBOR Jeune arbre provenant d'une graine et non greffé. **2.** n. Enfant au caractère sauvage ou qui vit à l'état sauvage.

sauvagerie [sovaʒʀi] n. f. Caractère sauvage (sens II, 2 et 3) (de qqn, de qqch). *La sauvagerie d'un misanthrope. La sauvagerie d'un crime.*

sauvagine [sovaʒin] n. f. (Sing. collectif.) CHASSE Gibier d'eau, migrateur et non migrateur.

sauvegarde [sovgaʀd] n. f. **I. 1.** Protection accordée par une autorité. *Se placer sous la sauvegarde des autorités consulaires.* **2.** Ce qui assure une protection; ce qui sert de garantie, de défense contre un danger. ▷ DR *Sauvegarde de justice :* régime permettant de protéger des personnes temporairement atteintes dans leurs capacités mentales ou physiques des conséquences d'actes qu'elles ont passés ou d'engagements qu'elles ont contractés. **II.** MAR Chaîne ou cordage frappé (fixé) sur un objet qui risque de se détacher ou d'être enlevé par la mer.

sauvegarder [sovgaʀde] v. tr. [1] **1.** Assurer la sauvegarde de, défendre, protéger. *Sauvegarder les institutions.* **2.** INFORM Syn. de *sauver.*

sauve-qui-peut [sovkipø] n. m. inv. Panique générale où chacun essaie de se sauver comme il le peut.

sauver [sove] v. [1] **I.** v. tr. **1.** Tirer (qqn) du péril, mettre (qqn) hors de danger. **2.** Préserver (qqch) de la destruction. *La ville a été sauvée.* – Fig. *Sauver les apparences :* faire en sorte que personne ne puisse soupçonner que qqch de fâcheux s'est produit. ▷ INFORM Enregistrer. **3.** RELIG Procurer le salut à (qqn). *Dieu a envoyé son fils pour sauver tous les hommes.* **II.** v. pron. **1.** S'enfuir devant un danger. **2.** Fam. S'en aller rapidement. *Il est tard, il faut que je me sauve.*

sauvetage [sovtaʒ] n. m. **1.** Action de secourir (qqn, qqch) sur l'eau. *Canot de sauvetage. Gilet, bouée de sauvetage.* **2.** Action de sauver (qqn) d'un danger.

sauveteur [sovtœʀ] n. m. Personne qui participe à un sauvetage.

sauvette (à la) [alasovɛt] loc. adv. **1.** *Vente à la sauvette :* vente sur la voie publique, sans autorisation. **2.** Fig., fam. Avec précipitation, en cachette.

sauveur [sovœʀ] n. m. et adj. m. **1.** Personne qui sauve, libérateur. ▷ adj. *Le geste sauveur* (au fém. : *salvatrice*). **2.** *Le Sauveur :* Jésus-Christ.

sauvignon [soviɲɔ̃] n. m. Cépage blanc du centre et du sud-ouest de la France.

savamment [savamɑ̃] adv. **1.** En faisant montre d'une grande érudition. **2.** Habilement, dans les règles de l'art.

savane [savan] n. f. **1.** Plaine herbeuse, aux arbres rares, des régions tropicales. Syn. (Afr. subsah.) brousse. ▷ *Savane herbeuse* (ou *herbacée*), *arbustive, arborée (savane-parc), boisée :* V encycl. ci-après. **2.** (Québec) Terrain marécageux, humide. **3.** (Louisiane) Terrain vague; jachère.

ENCYCL La savane est un écosystème ouvert, typique des régions tropicales à longue saison sèche. Elle consiste en un tapis herbacé fait de touffes de hautes graminées vivaces (2 à 3 m) ainsi que de plantes à rhizome, et parsemé d'arbres (baobab, notam.) et d'arbustes. On distingue la *savane boisée,* relativement riche en arbres, la *savane arborée* ou *savane-parc,* semée d'arbustes et de bouquets d'arbres, la *savane arbustive,* avec des arbres isolés, et la *savane herbeuse* ou *herbacée.*

Savang Vatthana (1907 – 1989 [?]), roi du Laos (1959-1975). Dernier souverain du pays, il succéda à son père Sisavang* Vong et dut abdiquer le 2 déc. 1975 lorsque la rép. démocratique populaire du Laos fut proclamée (V. dossier Laos, p. 1459).

savanicole [savanikɔl] adj. ZOOL Qui vit dans la savane.

savanisation [savanizasjɔ̃] n. f. GEOGR Transformation (d'une forêt) en savane.

Savannakhet, v. du Laos, sur le Mékong (rive gauche); ch.-l. de la prov. du m. nom; 97000 hab. Important centre d'échanges comm. entre la Thaïlande et le Viêt-nam, port fluvial. Bois; industrie agro-alimentaire.

savant, ante [savɑ̃, ɑ̃t] adj. et n. m. **I.** adj. **1.** (Personnes) Qui sait beaucoup de choses, qui possède une grande érudition. **2.** (En fonction d'épithète.) Dressé à faire des tours (animaux). *Chien savant.* **3.** (Choses) Qui suppose des connaissances que tout le monde n'a pas, difficile. *Un raisonnement savant.* ▷ Habile, bien calculé. *Une manœuvre savante.* **4.** *Société savante,* qui regroupe des savants. **II.** n. m. Personne qui a une notoriété scientifique.

Savard (Félix-Antoine) (1895 – 1982), prêtre et écrivain québécois. Ses romans chantent les valeurs du terroir* : *Menaud, maître draveur* (1937), *la Minuit* (1948).

savate [savat] n. f. **1.** Vieille pantoufle, vieille chaussure très usée. ▷ Loc. fam. *Traîner la savate :* vivre misérablement. **2.** (oc. Indien, Polynésie fr.) Tong.

Save (le), fl. de l'Afrique australe, qui naît dans le N. du Zimbabwe, sous le nom de Sabi, et rejoint la côte du Mozambique au sud de Beira; 650 km.

Save (la) (en serbe *Sava*), riv. du N. de la Serbie (940 km); naît dans les Alpes slovènes; conflue avec le Danube (r. dr.) à Belgrade.

saveur [savœʀ] n. f. **1.** Impression que produit un corps sur l'organe du goût. *Saveur salée.* **2.** Fig. Qualité de ce qui est agréable, plaisant à l'esprit. *Ironie pleine de saveur.*

Savoie, rég. de France, limitrophe de la Suisse et de l'Italie. – *Savoie,* dép. : 6036 km^2; 348261 hab.; ch.-l. *Chambéry*.* V. Rhône-Alpes (Rég.). – *Haute-Savoie,* département : 4391 km^2; 568286 hab.; ch.-l. *Annecy*.* V. Rhône-Alpes (Rég.).

Hist. – Peuplée par les Celtes Allobroges, soumise par les Romains de 122 à 118 av. J.-C., annexée par les fils de Clovis (534), attribuée à Lothaire (843), la région fit partie du royaume de Bourgogne (888), puis du Saint Empire (1032-1038). Du XIe au XIVe s., elle s'agrandit : pays de Vaud, Piémont, Nice, etc.; comté, elle fut érigée en duché en 1416. À la fin du XVe s., la cap. se déplaça de Chambéry à Turin. En 1536, le cant. de Berne annexa le pays de Vaud, auquel la Savoie renonça officiellement en 1617. Le duc de Savoie, Victor-Amédée II (1675-1730), reçut la couronne de Sicile au traité d'Utrecht (1713), mais dut l'échanger contre celle de Sardaigne en 1718-1729, devenant roi de *Piémont-Sardaigne.* C'est autour de ce royaume que se fit l'unité italienne au XIXe s., mais la Savoie fut définitivement cédée à la France, avec Nice, en 1860. V. Savoie (maison de).

Savoie (maison de), famille qui a régné sur la Savoie à partir du XIe s. (les comtes de Savoie). Au XVe s., on lui reconnut sa possession du Piémont. En 1718, on lui octroya le royaume de Sardaigne, de sorte qu'on parla de royaume de Piémont-Sardaigne. Cette maison unifia l'Italie et régna sur le royaume d'Italie de 1861 à 1946.

1. savoir [savwaʀ] v. tr. **[47] I. 1.** Connaître, être informé de. *Tu sais la nouvelle?* ▷ (Avec une subordonnée.) *On ne savait pas qui était son père. Reste à savoir s'il en a vraiment envie.* ▷ v. pron. (Passif) *Tout finit par se savoir,* par être su, connu. **2.** Avoir présent dans la mémoire. *Il sait sa leçon par cœur.* **3.** Avoir une bonne connaissance de. *Elle croit tout savoir.* ▷ (S. comp.) *Si jeunesse savait.* **4.** (Avec un inf.) Être capable de. *Un ami qui sait écouter.* ▷ (Au conditionnel, et avec une nég.) Pouvoir. *On ne saurait tout prévoir.* **5.** Avoir conscience de. *Il ne savait plus ce qu'il faisait.* **II.** Loc. *À savoir* ou *savoir :* c'est-à-dire. ▷ *Que je sache :* pour autant que je puisse en juger. ▷ *Savoir si :* on peut se demander si. *Il est parti, savoir s'il arrivera!* ▷ (Renforçant une affirmation.) *Je crois qu'il est sincère, tu sais.* ▷ *Ne rien vouloir savoir :* se refuser à faire qqch. ▷ *Il est sorti avec je ne sais qui, pour je ne sais combien de temps.* – *Un je ne sais quoi :* qqch d'indéfinissable.

2. savoir [savwaʀ] n. m. Ensemble des connaissances acquises par l'apprentissage ou l'expérience.

savoir-faire [savwaʀfɛʀ] n. m. inv. Habileté à mettre en œuvre son expérience et ses connaissances; compétence, adresse.

savoir-vivre [savwaʀvivʀ] n. m. inv. Connaissance des usages à respecter en société; bonne éducation.

savon [savɔ̃] n. m. **1.** Produit obtenu par action d'un agent alcalin sur des corps gras naturels, employé pour le blanchissage et le nettoyage. – *Savon de ménage* (*ou de Marseille*), fabriqué par action d'un corps gras sur de la lessive de soude, en présence de chlorure de sodium. – *Savon de toilette,* auquel on incorpore des parfums, de la lanoline, etc. – *Savon liquide.* ▷ *Un savon :* un morceau, un pain de ce produit. ▷ (Afr. subsah.) *Savon noir* ou *indigène,* fabriqué artisanalement avec des cendres (notam. de tiges de mil) et des graisses végétales (beurre de karité, huile de palme) ou animales. ⊳ (Belgique, Québec) *Savon à vaisselle :* détergent liquide servant à laver la vaisselle. – *Savon à linge, en poudre :* lessive (sens I, 1). ⊳ CHIM Nom générique des sels d'acides gras. **2.** Fig., fam. Semonce. *Passer un savon à qqn.*

Savonarole (Girolamo Savonarola, en fr. Jérôme) (1452 – 1498), prédicateur italien. Ses prêches, énoncés au couvent Saint-Marc de Florence, dénonçaient la perversion des mœurs et la tyrannie des Médicis. Leur fuite devant l'invasion française (1494) lui livra Florence, dont il fit une démocratie théocratique et policière. Il fut excommunié (1497), emprisonné (1498), torturé, condamné à mort, pendu puis brûlé.

savonnage [savɔnaʒ] n. m. Action de savonner.

savonnée [savɔne] n. f. **1.** (Belgique) Petite lessive faite à la main. ⊳ Eau savonneuse. **2.** Loc. fam. (Aoste) *Donner une savonnée :* réprimander.

savonner [savɔne] v. tr. [1] Laver au savon. ⊳ v. pron. *Se savonner le dos.*

savonnerie [savɔnʀi] n. f. Usine où l'on fabrique du savon.

savonnette [savɔnɛt] n. f. Petit savon pour la toilette.

savonneux, euse [savɔnø, øz] adj. **1.** Qui contient du savon dissous. *Eau savonneuse.* **2.** Qui tient du savon. ⊳ Fig. *Pente savonneuse :* pente glissante, mauvaise pente.

savonnier [savɔnje] n. m. Arbre des régions tropicales (fam. sapindacées), dont les graines riches en saponine étaient utilisées pour laver les tissus.

Savorgnan de Brazza. V. Brazza.

savourer [savuʀe] v. tr. [1] **1.** Déguster, absorber lentement pour mieux goûter. *Savourer un vin, un mets.* **2.** Fig. Jouir de (qqch) avec lenteur, s'en délecter. *Savourer une vengeance.*

savoureux, euse [savuʀø, øz] adj. **1.** Qui a une saveur, un goût agréable. **2.** Fig. Qui stimule agréablement l'intérêt. *Un récit savoureux.*

Sawadogo (Étienne) (né en 1944), écrivain burkinabé : *la Défaite du Yargha* (roman, 1977); *Contes de jadis, récits de naguère* (1982), d'apr. la tradition orale.

Sax (Antoine Joseph, dit Adolphe) (1814 – 1894), facteur d'instruments et flûtiste belge naturalisé français. Il inventa le saxophone (1845) et le saxhorn.

saxatile [saksatil] adj. BOT Syn. de *saxicole.*

Saxe (en all. *Sachsen*), anc. État d'Allemagne au N. de la Bohême.
Hist. – Peuplée par les Saxons, la Saxe forma un duché au IXe s. En 1260, il fut scindé en Basse-Saxe* et Haute-Saxe, scindée encore en 1485. Au XVIIe s., les ravages de la guerre de Trente* ans amoindrirent la Saxe, ce qui laissa la prééminence au Brandebourg et à la Prusse. En 1806, Napoléon en fit un royaume. Intégrée en 1871 à l'Empire allemand, la Saxe demeura un royaume jusqu'en 1918; en 1920, elle adopta une Constitution républicaine. Son destin fut celui de l'Allemagne. Occupée en 1945 par les Soviétiques, la Saxe fit partie de la R.D.A. Dans l'Allemagne réunifiée (1990), elle constitue deux Länder : la Saxe proprement dite (cap. Dresde) et la Saxe*-Anhalt (cap. Magdeburg). L'anc. Basse-Saxe était un Land de la R.F.A. et le demeure (cap. Hanovre).

Saxe, Land d'Allemagne et région de la C.E., au S.-E. entre la Basse-Saxe, à l'O., et le Bandebourg, à l'E.; 18 300 km^2; 5 000 130 hab. ; cap. *Dresde.* – Les montagnes du S. se consacrent à l'élevage; les riches plaines du N., aux cultures intensives (blé, betterave, pomme de terre). Grâce au sous-sol (lignite, potasse, charbon), et aux traditions industr., la Saxe était la première région écon. de l'anc. R.D.A. V. Saxe (Hist.).

Saxe (Basse-) (en all. *Niedersachsen*), Land d'All. et région de la C.E., sur la mer du Nord; 47 423 km^2; 7 196 130 hab.; cap. *Hanovre.* – Le N. est peu fertile, contrairement au S. La région s'industrialisa grâce à ses gisements de potasse, de fer, de pétrole et de gaz; après 1945, 2 millions de réfugiés de R.D.A. ont grossi la main-d'œuvre : métallurgie, constr. mécaniques (auto. notam.), prod. chimiques. V. Saxe (Hist.).

Saxe (Maurice, comte de), dit le *Maréchal de Saxe* (1696 – 1750), fils naturel d'Auguste II (Électeur de Saxe et roi de Pologne) et d'Aurore von Königsmarck. Passé au service de la France (1720), maréchal en 1744, il fut victorieux à Fontenoy (1745).

Saxe-Anhalt, Land d'Allemagne et région de la C.E., au S.-O. de Berlin; 20 445 km^2; 2 965 000 hab. ; cap. *Magdeburg.* Land agricole et minier, l'une des régions les plus industrialisées de l'anc. R.D.A. V. Saxe (Hist.).

Saxe-Cobourg-Gotha, anc. duché allemand créé en 1806 par un échange de territoires; cap. *Gotha.* – Descendant des Électeurs de Saxe, le premier duc, Ernest Ier, eut pour frère cadet Léopold Ier de Belgique et pour fils aîné Albert, époux de la reine d'Angleterre Victoria, dont les descendants ont adopté en 1917 le nom de Windsor.

saxhorn [saksɔʀn] n. m. MUS Instrument à vent de la famille des cuivres, à embouchure et à pistons.

saxicole [saksikɔl] adj. BOT Se dit d'une plante qui croît sur les rochers. Syn. saxatile.

saxifragacées [saksifʀagase] n. f. pl. BOT Famille de dicotylédones dialypétales des climats tempérés ou froids, comprenant des plantes arbustives ou herbacées, aux fleurs régulières, dont le fruit est une capsule ou une baie. – Sing. *Une saxifragacée.*

saxifrage [saksifʀaʒ] n. f. BOT Plante herbacée (fam. saxifragacées) dont certaines espèces (comme le *désespoir des peintres*) sont ornementales. Syn. (Acadie) passe-pierre.

Saxo Grammaticus (XIIe s.), premier écrivain danois. Il recueillit les traditions dans *Gesta danorum,* qui inspira toute la littérature nordique.

saxon, onne [saksɔ̃, ɔn] adj. HIST Des Saxons.

Saxons, peuple germanique établi v. le IIe s. à l'embouchure de l'Elbe. Ils essaimèrent vers le S. et vers l'O., la branche frisonne s'implantant au Ve s. dans le S. de l'Angleterre. Charlemagne les soumit (797) et les christianisa.

saxophone [saksɔfɔn] n. m. Instrument de musique à vent en cuivre, à clefs et à anche simple, pourvu d'un bec identique à celui d'une clarinette.

saxophoniste [saksɔfɔnist] n. Personne qui joue du saxophone.

Saydā. V. Saïda.

saynète [sɛnɛt] n. f. Petite pièce comique à peu de personnages.

Sbeïtla, local. de Tunisie, au S. de la Dorsale tunisienne; 4 000 hab. À proximité, site archéologique de Sufetula : temples de Jupiter, de Junon et de Minerve.

sbire [sbiʀ] n. m. Péjor., litt. Policier. ⊳ Homme de main.

scabinal, ale, aux [skabinal, o] adj. (Belgique) Syn. de *échevinal.*

scabreux, euse [skabʀø, øz] adj. **1.** Qui comporte des risques, des difficultés. *Entreprise scabreuse.* **2.** Qui choque la décence. *Plaisanterie scabreuse.*

Scala (théâtre de la), théâtre lyrique construit à Milan en 1778; prestigieuse scène d'opéra.

1. scalaire [skalɛʀ] n. m. ICHTYOL Poisson de l'ordre des perciformes, dont le corps très aplati, souvent rayé de noir, affecte la forme d'un disque flottant verticalement.

2. scalaire [skalɛʀ] adj. MATH *Grandeur scalaire,* dont la mesure s'exprime par un nombre seul (par oppos. aux *grandeurs vectorielles* qui comportent en plus une direction et un sens). ⊳ *Produit scalaire de deux vecteurs* $\vec{V_1}$ (de composantes x_1, y_1, z_1) et $\vec{V_2}$ (de composantes x_2, y_2, z_2) : nombre noté $\vec{V_1}$, $\vec{V_2}$, égal à $x_1x_2 + y_1y_2 + z_1z_2$. (Dans le plan, le produit scalaire de deux vecteurs est égal au produit de leur module par le cosinus de l'angle qu'ils forment : $\vec{V_1} \cdot \vec{V_2} = V_1 V_2 \cdot \cos \alpha$.)

scaldien, enne [skaldjɛ̃, ɛn] adj. De l'Escaut et de sa région.

scalène [skalɛn] adj. et n. m. **1.** adj. GEOM *Triangle scalène,* dont les trois côtés sont inégaux. **2.** n. m. ANAT Chacun des trois muscles de la région située sous la clavicule, qui servent à l'inspiration.

scalp [skalp] n. m. **1.** Action de scalper. ⊳ Chevelure d'un ennemi conservée comme trophée. **2.** MED Arrachement traumatique d'une surface plus ou moins grande du cuir chevelu.

scalpel [skalpɛl] n. m. Bistouri à lame fixe utilisé pour la dissection.

scalper [skalpe] v. tr. [1] **1.** Découper circulairement la peau du crâne de (qqn) et l'arracher ensuite avec sa chevelure. **2.** Arracher accidentellement la peau du crâne.

scandale [skɑ̃dal] n. m. **1.** RELIG Occasion de tomber dans le péché, donnée par de mauvais exemples, des discours corrupteurs. *Malheur à celui par qui le scandale arrive.* **2.** Effet que suscite un acte, un événement qui choque les habitudes, la morale. *Ses paroles ont fait scandale.* ⊳ Indignation causée par un tel acte. *Au grand scandale de ses auditeurs.* **3.** Événement, fait révoltant. **4.** Affaire malhonnête qui arrive à la connaissance du public. *Le scandale des pots-de-vin.* **5.** Bruit, désordre. *Scandale sur la voie publique.*

scandaleusement [skɑ̃daløzmɑ̃] adv. D'une manière scandaleuse.

scandaleux, euse [skɑ̃dalø, øz] adj. **1.** Qui crée du scandale. **2.** Très choquant. *Une désinvolture scandaleuse.*

scandaliser [skɑ̃dalize] v. tr. [1] Sembler scandaleux à. *Sa conduite nous a scandalisés.* ⊳ v. pron. S'indigner.

scander [skɑ̃de] v. tr. [1] **1.** *Scander un vers,* en marquer les mètres. **2.** Prononcer en appuyant sur les mots, les syllabes. *Scander des slogans.*

Scanderbeg, Skanderbeg ou **Skander-Beg** (Georges Castriota, dit) (v. 1403 – 1468), prince albanais. Il maintint l'indépendance de l'Albanie contre les Ottomans.

scandinave [skɑ̃dinav] adj. et n. **1.** De la Scandinavie. ▷ Subst. *Les Scandinaves.* **2.** *Langues scandinaves :* langues germaniques parlées en Scandinavie.

Scandinavie, rég. de l'Europe du N. comprenant la Norvège et la Suède, ainsi que le Danemark; on lui associe la Finlande.

scandium [skɑ̃djɔm] n. m. CHIM Élément métallique (symbole Sc) de numéro atomique Z = 21. – Métal (Sc) gris.

Scanie (la) (en suédois *Skåne*), presqu'île méridionale de la Suède, entre le Sund et la mer Baltique; v. princ. *Malmö*;* plaine favorable à l'agriculture. – Prov. danoise jusqu'en 1658.

1. scanner [skanɛʀ] n. m. (Anglicisme) **1.** TECH Appareil de sélection utilisé en photogravure et en informatique, qui analyse par rayon lumineux, point par point, le document à reproduire. **2.** MED Syn. (off. déconseillé) de *scanographe* et de *tomodensitomètre.*

2. scanner [skane] v. tr. [1] INFORM Numériser (une image, un texte).

scanographe [skanɔgʀaf] n. m. MED Appareil de radiographie par rayons X permettant d'obtenir des séries de tomographies* traitées par ordinateur. Syn. tomodensitomètre.

scanographie [skanɔgʀafi] n. f. MED Technique, application du scanographe. Syn. tomodensitométrie.

scansion [skɑ̃sjɔ̃] n. f. Didac. Action ou manière de scander un vers.

scaphandre [skafɑ̃dʀ] n. m. Équipement isolant individuel des plongeurs subaquatiques, des astronautes, etc.

scaphandrier [skafɑ̃dʀije] n. m. Plongeur équipé d'un scaphandre.

scaphoïde [skafɔid] adj. et n. m. ANAT *Os scaphoïde* ou, n. m., *le scaphoïde :* petit os de la rangée supérieure des os du carpe et de la rangée antérieure des os du tarse.

scapulaire [skapylɛʀ] n. m. et adj. **I.** n. m. **1.** Vêtement de certains religieux, fait d'une pièce d'étoffe qui tombe, depuis les épaules, devant et derrière. **2.** RELIG CATHOL Objet de dévotion composé de deux petits morceaux d'étoffe bénis, réunis par des rubans. **II.** adj. ANAT De l'épaule. *Artère scapulaire.*

scarabée [skaʀabe] n. m. **1.** Insecte coléoptère aux élytres noirs ou à reflets métalliques. **2.** Dans l'ancienne Égypte, pierre égyptienne sacrée, gravée en forme de scarabée.

scarabéidés [skaʀabeide] n. m. pl. ENTOM Famille de coléoptères lamellicornes comprenant plus de vingt mille espèces (scarabées, hannetons, etc.). – Sing. *Un scarabéidé.*

scarificateur [skaʀifikatœʀ] n. m. **1.** MED Appareil permettant de faire une scarification. **2.** AGRIC Cadre muni de dents servant à ameublir superficiellement le sol ou à casser les mottes.

scarification [skaʀifikasjɔ̃] n. f. **1.** MED Incision non sanglante de l'épiderme, pratiquée notam. pour une vaccination. ▷ Dans certains groupes ethniques, marquage rituel symbolisant l'appartenance au groupe, obtenu en introduisant un pigment ou une substance irritante dans une ou plusieurs incisions. Syn. (Afr. subsah.) cicatrice. **2.** ARBOR Incision sur l'écorce d'un arbre, destinée à arrêter la circulation de la sève au voisinage des fruits.

scarifier [skaʀifje] v. tr. [2] **1.** MED Pratiquer une scarification sur. **2.** AGRIC Ameublir superficiellement le sol avec un scarificateur. **3.** ARBOR Faire une incision sur (l'écorce d'un arbre).

scarlatine [skaʀlatin] n. f. et adj. f. Maladie infectieuse avec fièvre et éruption (rougeurs). – adj. f. *La fièvre scarlatine.*

Scarlatti (Alessandro) (1660 – 1725), compositeur italien. Il fixa la forme de l'opéra napolitain, au grand air *da capo* («de tête»). Il aborda tous les genres. — **Domenico** (1685 – 1757), fils du préc.; très fécond, il vaut par 550 *Exercices* pour clavecin, éblouissants.

scarole [skaʀɔl] n. f. Chicorée des régions tempérées aux longues feuilles peu dentées. Syn. (Belgique, Luxembourg) endive.

Scarron (Paul) (1610 – 1660), écrivain français. Paralysé des jambes à 28 ans, il créa la poésie burlesque (*Virgile travesti,* 1648-1652) et laissa un roman picaresque, le *Roman comique* (1651-1657). Il avait épousé en 1652 Françoise d'Aubigné (future Mme de Maintenon).

scat [skat] n. m. MUS Style de jazz vocal mêlant aux paroles des onomatopées.

scatologie [skatɔlɔʒi] n. f. Propos, écrits portant sur les excréments. – Caractère de tels propos, de tels écrits.

scatologique [skatɔlɔʒik] adj. De la nature de la scatologie.

scatophile [skatɔfil] adj. SC NAT Qui vit, qui pousse sur les excréments.

sceau [so] n. m. **1.** Cachet gravé en creux dont on fait des empreintes avec de la cire sur des actes pour les rendre authentiques ou les clore de façon inviolable. ▷ *Le garde des Sceaux :* le ministre de la Justice, dans certains pays. **2.** Empreinte faite avec un sceau. *Apposer son sceau.* **3.** Fig. Caractère inviolable. *Confier sous le sceau du secret.* **4.** Fig. Marque, signe. *Le sceau du génie.*

scélérat, ate [seleʀa, at] adj. et n. Vieilli ou litt. Coupable ou capable de crimes, d'actions malhonnêtes. ▷ Subst. *Un scélérat.*

scellage [sɛlaʒ] n. m. TECH Action de sceller.

scellé [sele] n. m. (Cour. au plur.) DR Bande d'étoffe ou de papier, ou ficelle fixée à ses extrémités par de la cire empreinte d'un sceau officiel, apposée par autorité de justice sur les ouvertures d'un meuble ou d'un local pour assurer la conservation de ce qu'il renferme. *Mettre, apposer les scellés.*

scellement [sɛlmɑ̃] n. m. CONSTR **1.** Action de sceller; résultat de cette action. **2.** Extrémité scellée dans la maçonnerie d'une pièce.

sceller [sele] v. tr. [1] **1.** Appliquer un sceau sur (qqch). **2.** Apposer les scellés sur. **3.** Fermer hermétiquement. *Sceller une bouteille.* **4.** CONSTR Fixer l'extrémité d'une pièce dans un mur avec du plâtre, du ciment. **5.** Fig. Ratifier comme avec un sceau. *Sceller une alliance.*

scénario [senaʀjo] n. m. **1.** Canevas d'une pièce de théâtre. *Des scénarios.* ▷ Par ext. *Scénario d'un roman.* **2.** Description détaillée des différentes scènes d'un film; sujet, intrigue d'un film. ▷ Histoire d'une bande dessinée, d'un logiciel de jeu. **3.** Fig. Plan d'action. *L'enlèvement a été perpétré selon un scénario soigneusement mis au point.*

scénariste [senaʀist] n. Auteur de scénarios (sens 2).

scène [sɛn] n. f. **1.** Partie du théâtre où jouent les acteurs. *Entrer en scène.* – *Mettre en scène une pièce,* en régler la représentation (jeu des acteurs, décor, etc.). **2.** *La scène :* le théâtre. *Cet acteur est passé de la scène à l'écran.* **3.** Lieu où se passe l'action. *La scène est à Paris.* ▷ Décor. *La scène représente le palais d'Auguste.* **4.** Chacune des parties d'un acte dans une pièce de théâtre. **5.** Action, événement offrant qqch de remarquable, d'émouvant, de drôle, etc. **6.** Querelle. *Scène de ménage. Faire une scène à qqn.*

scénique [senik] adj. **1.** Adapté aux exigences du théâtre. *Lieu scénique.* **2.** Qui a rapport à la scène, au théâtre.

scénographie [senɔgʀafi] n. f. Didac. **1.** Technique des aménagements intérieurs des théâtres, et partic. de la scène. **2.** Art de représenter en perspective (les sites, les édifices).

scepticisme [sɛptisism] n. m. **1.** PHILO Doctrine philosophique qui conteste à l'esprit la possibilité d'atteindre avec certitude à la connaissance et érige le doute en système. **2.** Incrédulité, doute.

sceptique [sɛptik] adj. et n. **1.** PHILO Qui professe le scepticisme; qui se rapporte à cette doctrine. *Le premier maître de l'école sceptique est Pyrrhon.* **2.** Non croyant. **3.** Non convaincu. *Je reste sceptique quant à son honnêteté.*

sceptre [sɛptʀ] n. m. **1.** Bâton de commandement, symbole de l'autorité monarchique. **2.** Fig. Pouvoir souverain.

Scève (Maurice) (v. 1501 – v. 1560), poète français; le plus célèbre des lettrés de l'école de Lyon avec Louise Labé : *Délie, objet de plus haute vertu* (1544), chant d'amour platonique.

Schaeffer (Pierre) (1910 – 1995), ingénieur et musicien français; pionnier de la musique concrète : *Symphonie pour un homme seul* (1950).

Schaerbeek, com. de Belgique, fbg N.-E. de Bruxelles; 106 760 hab. Industr. alim. et chim.; métallurgie.

Schaffhouse (en all. *Schaffhausen),* v. de Suisse, au confluent du Rhin et de la Durach; ch.-l. du canton du m. nom; 34 100 hab. Hydroélectricité *(chutes du Rhin,* hautes de 21 m). – Vestiges de remparts, cath. romane et Renaissance, maisons anciennes. – La ville doit son origine à une abbaye bénédictine fondée au XIe siècle.

Schaffhouse (canton de), le plus septentrional des cantons suisses; 298 km^2; 70 100 hab.; ch.-l. *Schaffhouse.* Situé sur la rive droite du Rhin, enclavé dans l'Allemagne, il s'étend sur les plateaux calcaires du Jura souabe *(mont Randen,* 912 m). Des côtes boisées alternent avec des vallées fertiles. Polyculture et élevage bovin. Centrale hydroélectrique, industries à Schaffhouse. Tourisme (chutes du Rhin, Stein am Rhein). – Possession des Habsbourg (1330-1415), le canton entra dans la Confédération suisse en 1501.

schah, shah ou **chah** [ʃa] n. m. Titre des souverains d'Iran.

Schefferville, v. minière du N.-E. du Québec; 3300 hab. Gisements de fer de Knob Lake.

Schéhadé (Georges) (1907 – 1989), poète et dramaturge libanais d'expression française. Ses poèmes de jeunesse (*Poésie zéro ou l'écolier du Sultan*) ne furent édités qu'en 1950; l'œuvre de la maturité : *Poésie I* (1938), *Poésie II* (1948), *Poésie III* (1949) et *le Nageur d'un seul amour* (1985) chantent l'Orient du cœur et de l'imaginaire dans un style limpide, où les mots les plus simples résonnent magiquement. Son œuvre théâtrale, qui prolonge sa création poétique, mêle l'humour, l'étrange et le pathétique : *Monsieur Bob'le* (1951); *Histoire de Vasco* (1956); *l'Émigré de Brisbane* (1965). Il obtint en 1986 le grand prix de la Francophonie pour l'ensemble de son œuvre.

Schéhérazade ou **Shéhérazade,** personnage des *Mille* et Une Nuits*, épouse du sultan Chāhriyār. Associant la culture et le rêve, cette jeune femme belle et pudique incarne en Occident la magie de l'Orient.

scheikh [ʃɛk; ʃɛjx] n. m. V. cheik.

schelem [ʃlɛm] n. m. V. chelem.

Schelling (Friedrich Wilhelm Joseph von) (1775 – 1854), philosophe allemand. Parti de Kant et de Fichte, il professa une «philosophie de la nature» puis une «philosophie de l'identité» et, finalement, remplaça l'absolu par un Dieu plus personnel.

schéma [ʃema] n. m. **1.** Représentation simplifiée d'un objet, destinée à expliquer sa structure, à faire comprendre son fonctionnement. ▷ Dessin, diagramme représentant un ensemble de relations. *Schéma de l'organisation d'une entreprise.* – *Schéma directeur*, fixant le développement de l'urbanisation d'une région. **2.** Plan sommaire (d'un ouvrage de l'esprit).

schématique [ʃematik] adj. **1.** Qui constitue un schéma. **2.** Sommaire, rudimentaire, sans nuance.

schématiquement [ʃematikmɑ̃] adv. D'une manière schématique.

schématisation [ʃematizasjɔ̃] n. f. Didac. Action, fait de schématiser; son résultat.

schématiser [ʃematize] v. tr. [1] **1.** PHILO Considérer (les objets) comme des schèmes. **2.** Représenter d'une manière schématique.

schématisme [ʃematism] n. m. **1.** PHILO Usage des schèmes, chez Kant. **2.** Caractère schématique. – Péjor. Simplification excessive.

schème [ʃɛm] n. m. **1.** PHILO Chez Kant, représentation qui assure un rôle d'intermédiaire entre les catégories de l'entendement et les phénomènes sensibles. *Le schème pur de la quantité est le nombre.* **2.** Didac. Disposition, forme, structure.

Schengen, village du Luxembourg où cinq États de la Communauté européenne (Allemagne, Belgique, France, Luxembourg, Pays-Bas) signèrent en 1985 des accords relatifs à la libre circulation des personnes dans ces États et aux dispositions prises à l'égard des personnes étrangères à ces pays (délivrance des visas, fichier informatique commun). Aujourd'hui, la plus grande partie des États membres de l'Union européenne ont ratifié ces accords, complétés en 1990 et entrés en vigueur en 1995.

Scherchen (Hermann) (1891 – 1966), chef d'orchestre allemand.

scherzo [skɛʀdzo] n. m. MUS Morceau de caractère vif, léger. *Des scherzos.*

Schiele (Egon) (1890 – 1918), peintre et graveur autrichien expressionniste. L'érotisme de certaines œuvres lui valut la prison.

Schiller (Friedrich von) (1759 – 1805), poète et dramaturge allemand. Ses prem. drames (*les Brigands*, 1782; *la Conjuration de Fiesque*, 1783) exaltent le droit des peuples et la tolérance. En 1785, il écrivit *l'Ode à la joie* (V. Hymne à la joie). En 1787, sa pièce *Don Carlos* marqua la naissance du classicisme «schillérien». Professeur d'histoire à l'université d'Iéna en 1789, il publia traités et essais (notam. esthétiques), *Ballades* (1797) et *le Chant de la cloche* (1799). *Wallenstein* (1798-1799) marque son retour au théâtre : *Marie Stuart* (1800), *la Pucelle d'Orléans* (1801), *Guillaume Tell* (1804).

schilling [ʃiliŋ] n. m. Unité monétaire de l'Autriche.

schismatique [ʃismatik] adj. et n. Didac. Qui fait schisme; qui se rallie à un schisme. *Secte schismatique.* – Subst. *Les schismatiques.*

schisme [ʃism] n. m. **1.** Séparation amenant la rupture de l'unité des fidèles, dans une religion. **2.** Division, scission dans un mouvement, un groupe, un parti.
ENCYCL **Relig. cathol.** – Le schisme d'Orient, au XIe s., fut provoqué par les désaccords entre le clergé byzantin et le clergé romain. Le grand schisme d'Occident, qui divisa l'Église de 1378 à 1417, donna lieu à l'élection de papes siégeant l'un à Rome et l'autre à Avignon. Le concile de Constance y mit fin en reconnaissant Martin V comme seul pape (1417).

schiste [ʃist] n. m. Roche sédimentaire de structure feuilletée, provenant de la transformation des argiles par déshydratation et action de pressions orientées.

schisteux, euse [ʃistø, øz] adj. MINER De la nature du schiste.

schistosome [ʃistozom] n. m. Bilharzie.

schistosomiase [ʃistozomjaz] n. f. MED Bilharziose.

schizogamie [skizogami] n. f. BIOL Mode de reproduction asexuée par division de l'organisme.

schizophrène [skizɔfʀɛn] n. et adj. PSYCHIAT Malade atteint de schizophrénie. – adj. *Comportement schizophrène.*

schizophrénie [skizɔfʀeni] n. f. PSYCHIAT Psychose caractérisée par une dissociation des différentes fonctions psychiques et mentales, accompagnée d'une perte de contact avec la réalité et d'un repli sur soi (autisme).

Schlegel (August Wilhelm von) (1767 – 1845), écrivain allemand, théoricien du romantisme (*Cours de littérature dramatique*, 1808-1809). Il traduisit Shakespeare, Calderón, Pétrarque, etc. — **Friedrich** (1772 – 1829), frère du préc.; écrivain, critique et orientaliste. En 1798, il publia avec son frère la revue romantique *l'Athenäum.*

Schleswig-Holstein, Land d'All. et région de la C.E., à la frontière danoise; 15720 km²; 2614100 hab.; cap. *Kiel.* – Bordé par la mer du Nord et par la Baltique, l'État est agricole. Les industries se sont développées après 1945, notamment à Kiel et à Lübeck.
Hist. – En 1460, le duché danois de Slesvig (Schleswig) et le comté (duché en 1474) de Holstein devinrent la propriété personnelle du roi de Danemark. À partir du XVIe s., ils eurent divers propriétaires et revinrent au roi du Danemark en 1815. À l'issue de la guerre des Duchés*, la Prusse les annexa (1867). En 1920, par plébiscite, le nord du Schleswig fut rendu aux Danois, et le Sud forma avec le Holstein un Land allemand.

Schliemann (Heinrich) (1822 – 1890), archéologue allemand. Il fit des fouilles à Hissarlik (1870), emplacement présumé de l'anc. Troie, puis à Mycènes (1874), Tirynthe (1884), etc.

Schlöndorff (Volker) (né en 1939), cinéaste allemand. Il adapta Proust, Musil, Böll, G. Grass : *le Tambour* (1978).

Schmidt (Arno) (1914 – 1979), écrivain allemand : *Léviathan* (1949), *Berechnungen I* (1955), *II* (1956) et *III* (1980).

Schmidt (Helmut) (né en 1918), homme politique allemand; chancelier social-démocrate de R.F.A. (1974-1982).

Schneider (Hortense) (1838 – 1920), actrice et chanteuse française; interprète d'Offenbach.

Schneider (Rosemarie Albach-Retty, dite Romy) (1938 – 1982), actrice de cinéma autrichienne : série des *Sissi* (1954-1957), *les Choses de la vie* (1969).

Schnitzler (Arthur) (1862 – 1931), écrivain autrichien; peintre de la société viennoise en 1900.

Schœlcher (Victor) (1804 – 1893), homme politique français. Sous-secrétaire d'État à la Marine pendant la révolution de 1848, il obtint l'abolition de l'esclavage (27 avril 1848). Princ. œuvres : *Abolition de l'esclavage* (1840), *Polémique coloniale, 1871-1881* (1882).

Schola cantorum, école de musique fondée à Paris en 1894. V. Indy (Vincent d').

Schönberg (Arnold) (1874 – 1951), compositeur autrichien. D'abord influencé par Wagner et Mahler, il élimine les relations tonales et élabore le *Sprechgesang* («mélodie parlée») dans *Pierrot lunaire* (1912). En 1923, sa technique de composition repose sur la notion de série : *Suite pour piano* op. 25 (1923), *Moïse et Aron* (opéra inachevé, 1930-1932). Fuyant le nazisme, il développe aux É.-U. (1933) un dodécaphonisme «classique» : *Concerto pour violon* (1936), *Un survivant de Varsovie* (oratorio dramatique, 1947).

Schönbrunn, château construit au XVIIIe s. pour les empereurs d'Autriche (résidence d'été), dans la banlieue de Vienne.

Schongauer (Martin) (v. 1450 – 1491), peintre et graveur alsacien.

Schopenhauer (Arthur) (1788 – 1860), philosophe allemand. *Le Monde comme volonté et comme représentation* (1818) prône la volonté : renoncement au plaisir (simple répit négatif), culte de l'art, ascétisme et enfin pitié, fondement de la morale. Citons aussi *De la quadruple racine du principe de raison suffisante* (1813).

schorre [ʃɔʀ] n. m. GEOMORPH Partie haute de la zone vaseuse d'un estuaire et du littoral proche, où croissent des plantes halophiles (s'oppose à la *slikke*).

Schrödinger (Erwin) (1887 – 1961), physicien autrichien; célèbre pour ses travaux de physique nucléaire et de mécanique ondulatoire. P. Nobel (avec P. Dirac) 1933.

Schubert (Franz) (1797 – 1828), compositeur autrichien. Son sens de la ligne mélodique anime ses 600 lieder (cycles de *la Belle Meunière*, 1823; du *Chant du cygne*, 1828), ses nombr. pièces pour piano, sa musique de chambre (*la Truite**, 1819; *la Jeune Fille et la Mort*, 1824-1826). Schubert a également laissé des ouvrages vocaux à grands effectifs (22 opéras ou musiques de scène, messes, motets) et neuf symphonies; la quatrième (*Tragique*, 1816) et la huitième (*Inachevée*, 1822) restent les plus jouées. Il mourut du typhus.

schublig ['ybliɡ] n. m. (Suisse) Variété de saucisse à griller.

Schuman (Robert) (1886 – 1963), homme politique français. Président du Conseil (1947-1948), l'un des fondateurs de la C.E.C.A. (1951), il présida l'Assemblée parlementaire européenne (1958-1960).

Schumann (Robert) (1810 – 1856), compositeur allemand. En 1840, il épousa Clara Wieck (1819 – 1896), pianiste qui fut son inspiratrice et son interprète. Dès 1833, il avait ressenti les signes d'une affection cérébrale qui le mènera à l'asile d'Endenich (1854). Romantique, il écrivit pour le piano, *Carnaval* (1834-1835), *Fantaisie en «ut»* (1837), *Kreisleriana* (1838), un *Concerto* (1845); des lieder (cycles *l'Amour et la vie d'une femme*, 1840; *les Amours du poète*, 1840); de la mus. de chambre, quatre symphonies, des *Concertos pour violoncelle* (1850) et *pour violon* (1853).

Schuschnigg (Kurt von) (1897 – 1977), homme politique autrichien. Chancelier chrétien-social (1934), il tenta d'éviter l'Anschluss. Hitler obtint sa démission (11 mars 1938) et le fit déporter à Dachau (1938-1945).

Schütz (Heinrich) (1585 – 1672), compositeur allemand. Il unifia la tradition italienne et la polyphonie allemande. Il créa un style de cantate qui sera porté à sa perfection par J.-S. Bach.

Schwann (Theodor) (1810 – 1882), physiologiste allemand. Il définit la cellule comme l'unité structurale de tous les organismes vivants (1839).

Schwartz (Laurent) (né en 1915), mathématicien français. Médaille Fields en 1950.

Schwarz-Bart (Simone) (née en 1938), romancière française d'origine guadeloupéenne. Elle écrivit avec son mari André Schwarz-Bart (né en 1928) *Un plat de porc aux bananes vertes* (1967) puis, seule, *Pluie et vent sur Télumée* (1972), *Ti-Jean l'Horizon* (1979).

Schwarzkopf (Elisabeth) (née en 1915), cantatrice allemande naturalisée anglaise; soprano lyrique.

Schweitzer (Albert) (1875 – 1965), pasteur, théologien, médecin, organiste et musicologue français. Missionnaire en Afrique, il fonda (1913) un hôpital à Lambaréné, où il mourut. Auteur de *J.-S. Bach, le musicien-poète* (1905), *les Grands Penseurs de l'Inde* (1936), *Ma vie et mes pensées* (1960). P. Nobel de la paix 1952.

Schwitters (Kurt) (1887 – 1948), peintre, sculpteur et écrivain allemand; représentant du mouvement Dada à Hanovre. Il utilisa le «déchet» pour réaliser des collages.

Schwyz, v. de Suisse, ch.-l. du cant. du m. nom; 12 000 hab. – Le *canton de Schwyz* (908 km^2; 111 680 hab.) est situé dans les Préalpes helvétiques. En 1291, son représentant, Werner Stauffacher, prêta le serment du Grütli*. Dès lors, le canton joua un rôle déterminant dans les guerres contre les Habsbourg et dans la formation de la Confédération suisse. Il donna son nom à la *Suisse*.

sciage [sjaʒ] n. m. Opération, travail consistant à scier.

Sciascia (Leonardo) (1921 – 1989), écrivain italien : *Todo Modo* (1975); *l'Affaire Moro* (1978).

sciatique [sjatik] adj. et n. **1.** adj. ANAT De la hanche, qui a rapport à la hanche. ▷ *Nerf grand sciatique* ou, n. m., *le sciatique :* nerf sensitivo-moteur, branche terminale du plexus sacré, qui innerve le bassin, la fesse et la face postérieure de la cuisse, où il se divise en *sciatiques poplités*, externe et interne, qui innervent la jambe et le pied. **2.** n. f. MED Affection douloureuse due à l'irritation du nerf sciatique ou de ses racines.

scie [si] n. f. **I. 1.** Instrument qui comporte une lame d'acier munie de dents et dont on se sert pour diviser, couper les matières dures. *Scie égoïne*. Scie circulaire. Scie à métaux.* ▷ MUS *Scie musicale :* instrument de musique burlesque en forme de scie égoïne. **2.** Fig., fam. Chose dont la monotonie fatigue. ▷ Rengaine. **II.** ZOOL Poisson sélacien (raie ou requin) au museau prolongé par un long rostre aplati hérissé de chaque côté de dents pointues et tranchantes. ▷ (En appos.) *Poisson scie :* raie au corps allongé (genre *Pristis*).

sciemment [sjamɑ̃] adv. En sachant ce que l'on fait; délibérément.

science [sjɑ̃s] n. f. **I. 1.** Vx ou litt. (ou loc. figées) Connaissance que l'on a d'une chose. *La science du bien et du mal.* ▷ Plaisant *Avoir la science infuse :* prétendre tout connaître sans avoir étu-dié. **2.** Savoir, ensemble de connaissances que l'on acquiert par l'étude, l'expérience, l'observation, etc. *Cet homme est un puits* de science.* **3.** Litt. Savoir-faire. *La science d'un peintre.* **II. 1.** Ensemble, système de connaissances sur une matière précise, constituées et articulées par déduction logique et susceptibles d'être vérifiées par l'expérience. ▷ *Les sciences exactes*, fondées essentiellement sur le calcul et l'observation (mathématiques, physique, chimie, etc.). ▷ *Les sciences naturelles :* les sciences de la vie (biologie) et les sciences de la Terre (géophysique, géologie, minéralogie, etc.). ▷ *Les sciences humaines :* V. humain (encycl.). ▷ *Les sciences occultes** (appelées abusivement *sciences*). **2.** *La science :* l'activité humaine tendant à la découverte des lois qui régissent les phénomènes; l'ensemble des sciences (sens II, 1).

Science chrétienne. V. Christian Science.

Science des rêves (la). V. rêves (l'Interprétation ou la Science des).

science-fiction [sjɑ̃sfiksjɔ̃] n. f. (Anglicisme) Genre romanesque qui cherche à décrire une réalité à venir, en extrapolant à partir des données scientifiques du présent.

sciène [sjɛn] n. f. ICHTYOL Maigre 2.

scientificité [sjɑ̃tifisite] n. f. Didac. Caractère de ce qui est scientifique.

scientifique [sjɑ̃tifik] adj. et n. **I.** adj. **1.** Qui concerne la science ou les sciences. *La recherche scientifique.* **2.** Conforme aux procédés rigoureux, aux méthodes précises des sciences. *Observation scientifique.* **II.** n. Personne qui étudie les sciences; spécialiste d'une science. *Les scientifiques.*

scientifiquement [sjɑ̃tifikmɑ̃] adv. D'une manière scientifique.

scientisme [sjɑ̃tism] n. m. Didac. Attitude intellectuelle, tendance de ceux qui pensent trouver dans la science la solution des problèmes philosophiques.

scientiste [sjɑ̃tist] adj. et n. Didac. Qui relève du scientisme; qui adhère au scientisme. *Idéologie scientiste.* ▷ Subst. *Un scientiste convaincu.*

scier [sje] v. tr. [**2**] Couper avec une scie.

scierie [siʀi] n. f. Usine où l'on scie le bois à la machine. Syn. (Québec) moulin à scie.

scieur [sjœʀ] n. m. Ouvrier dont le métier est de scier. *Un scieur de bois.*

scille [sil] n. f. Plante bulbeuse des régions tempérées et chaudes, à usage médicinal.

scinder [sɛ̃de] v. tr. [**1**] Couper, diviser, fractionner (une chose abstraite, un groupe). ▷ v. pron. *Ce parti s'est scindé en deux.*

scinque [sɛ̃k] n. m. ZOOL Reptile saurien (genres *Scincus* et voisins) des régions sableuses désertiques de l'Ancien Monde.

scintigraphie [sɛ̃tigʀafi] n. f. MED Procédé de diagnostic consistant à suivre le cheminement dans l'organisme d'un isotope radioactif émetteur de rayons gamma. Syn. gammagraphie.

scintillant, ante [sɛ̃tijɑ̃, ɑ̃t] adj. **1.** Qui scintille. **2.** Fig., litt. Pétillant, brillant. *Conversation scintillante.*

scintillation [sɛ̃tijasjɔ̃] n. f. **1.** Variation de l'éclat apparent des étoiles, due à la réfraction de la lumière à travers des couches d'air inégalement réfringentes. ▷ *Par anal.* ASTRO *Scintillation interplanétaire :* fluctuations rapides du flux d'ondes radio reçu de sources quasi ponctuelles (pulsars, en partic.), dues au caractère non homogène du vent* solaire. **2.** PHYS Luminescence de faible durée. **3.** Variation rapide d'éclat. Syn. scintillement.

scintillement [sɛ̃tijmɑ̃] n. m. **1.** Fait de scintiller; éclat de ce qui scintille. **2.** ELECTR Variation de la vitesse de défilement d'une bande magnétique. – Vibration de l'image d'un écran de télévision.

scintiller [sɛ̃tije] v. intr. [**1**] **1.** Briller d'un éclat irrégulier et tremblotant. *Les étoiles scintillent.* **2.** Briller en jetant des éclats comparables à des étincelles. *Ce gros diamant scintille.* Syn. étinceler.

scion [sjɔ̃] n. m. **1.** Jeune rameau mince et flexible. ▷ ARBOR Très jeune arbre greffé dont le greffon n'est pas encore ramifié. **2.** PECHE Brin très fin qui termine une canne à pêche.

Scipion l'Africain (lat. *Publius Cornelius Scipio Africanus*) (235 – 183 av. J.-C.), homme politique et général romain. Proconsul en 211, il chassa les Carthaginois d'Espagne (206); consul (205), il passa en Afrique et remporta contre Hannibal la bataille de Zama (202) qui mit un terme à la deuxième guerre punique. — **Scipion Émilien** (*Publius Cornelius Scipio Aemilianus* (v. 185 – 129 av. J.-C.), fils de Paul Émile le Macédonique et petit-fils adoptif de Scipion l'Africain, homme politique, général et orateur romain. Consul en 147 et en 134, il s'empara de Carthage (146) et de Numance (133).

scirpe [siʀp] n. m. BOT Plante herbacée (fam. cypéracées) des terrains marécageux, dont certaines espèces sont utilisées en vannerie.

scission [sisjɔ̃] n. f. **1.** Action, fait de se scinder (en parlant de groupes). Syn. division, schisme. **2.** BIOL, PHYS Séparation, division, fission.

scissionniste [sisjɔnist] adj. et n. Didac. Qui provoque une scission. ▷ Subst. *Des scissionnistes.* Syn. dissident.

scissipare [sisipaʀ] adj. BIOL Qui se reproduit par scissiparité.

scissiparité [sisipaʀite] n. f. BIOL Mode de reproduction asexuée par division en deux.

scissure [sisyʀ] n. f. ANAT Sillon à la surface de certains organes (poumons, hémisphères cérébraux).

sciure [sjyʀ] n. f. Poussière résultant du travail de la scie. *Sciure de bois, de marbre. – Absol.* Sciure de bois.

sciuridés [sjyʀide] n. m. pl. ZOOL Famille de mammifères rongeurs dont le type est l'écureuil (genre *Sciurus*). – Sing. *Un sciuridé.*

sclér(o)-. Élément, du gr. *sklêros*, «dur».

scléreux, euse [skleʀø, øz] adj. MED Atteint de sclérose.

sclérification [skleʀifikasjɔ̃] n. f. Didac. Durcissement des parois cellulaires, d'un organe, etc., par dépôt de sels minéraux, de lignine, etc.

sclérophile ou **sclérophylle** [skleʀofil] adj. BOT Se dit des plantes à petites feuilles persistantes, adaptées à la sécheresse.

sclérosant, ante [skleʀozɑ̃, ɑ̃t] adj. Qui sclérose. ▷ Fig. *Une activité sclérosante.*

sclérose [skleʀoz] n. f. **1.** MED Durcissement pathologique d'un organe, d'un tissu. *Sclérose des artères*, ou *artériosclérose. – Sclérose en plaques :* maladie caractérisée par des lésions du système nerveux central et intéressant surtout la substance blanche, dont la myéline se dégrade progressivement. **2.** Fig. État de ce qui est sclérosé (sens 2).

sclérosé, ée [skleʀose] adj. **1.** MED Atteint de sclérose. **2.** Fig. Qui a perdu ses facultés d'adaptation, d'évolution. *Esprit sclérosé par la routine.*

scléroser [skleʀose] v. tr. [1] **1.** MED Durcir artificiellement. *Scléroser une varice.* ▷ v. pron. Être progressivement atteint de sclérose (sens 1). *Artères qui se sclérosent.* **2.** Fig. Faire cesser l'évolution de. ▷ v. pron. Cesser d'évoluer, se figer. *Une société qui se sclérose.*

sclérotique [skleʀotik] n. f. ANAT Membrane fibreuse blanche qui forme l'enveloppe externe du globe oculaire.

Scola (Ettore) (né en 1931), cinéaste italien : *Nous nous sommes tant aimés* (1974), *le Bal* (1983).

scolaire [skɔlɛʀ] adj. **1.** Relatif à l'école, aux écoles. *Livres scolaires. – Âge scolaire :* âge légal à partir duquel un enfant doit fréquenter l'école. – *Année scolaire :* période qui s'étend de la rentrée à la fin des classes. **2.** Péjor. Qui évoque un devoir d'écolier; laborieux et conventionnel. *Un discours scolaire.*

scolarisable [skɔlaʀizabl] adj. Qui peut être scolarisé.

scolarisation [skɔlaʀizasjɔ̃] n. f. Action, fait de scolariser.

scolariser [skɔlaʀize] v. tr. [1] **1.** Pourvoir d'établissements scolaires. *Scolariser un pays.* **2.** Mettre, envoyer à l'école. – Pp. adj. *Les enfants scolarisés.*

scolarité [skɔlaʀite] n. f. **1.** Fait de fréquenter l'école. *Certificat de scolarité.* **2.** Études suivies dans une école; durée de ces études.

scolastique [skɔlastik] n. et adj. Didac. **I.** n. **1.** n. f. Enseignement de la philosophie et de la théologie donné dans les universités médiévales. **2.** n. m. Théologien, philosophe scolastique. **II.** adj. **1.** Qui a rapport à la scolastique. **2.** Fig., péjor. D'un formalisme étroit.

scoliose [skɔljoz] n. f. MED Déviation latérale de la colonne vertébrale.

scolopendre [skɔlɔpɑ̃dʀ] n. f. ENTOM Mille-pattes carnassier à la morsure venimeuse, courant sur le pourtour de la Méditerranée et dans les régions tropicales. Syn. (Polynésie fr.) cent-pieds.

scolyte [skolit] n. m. Petit coléoptère dont les larves creusent des galeries sous l'écorce de certains arbres ou arbustes (caféier, notam.).

sconce, scons(e), skons ou **skun(k)s** [skɔ̃s] n. m. Fourrure de la moufette.

scoop [skup] n. m. (Anglicisme) Information donnée en exclusivité par un média. Syn. (officiellement recommandé) exclusivité.

scooter [skutœʀ] n. m. Motocycle léger à moteur arrière, à roues de petit diamètre, qu'on conduit assis.

-scope, -scopie, -scopique. Éléments, du gr. *-skopos* et *-skopia*, de *skopein*, «regarder, observer».

scorbut [skɔʀbyt] n. m. MED Maladie provoquée par une carence en vitamine C (anémie, hémorragies, troubles gastro-intestinaux, déchaussement des dents, cachexie).

scorbutique [skɔʀbytik] adj. (et n.) MED Qui a rapport au scorbut; qui est atteint du scorbut.

score [skɔʀ] n. m. **1.** (Anglicisme) Décompte des points au cours d'une partie, d'un match. Syn. marque. ▷ Par anal. *Score électoral.* **2.** PSYCHO Résultat chiffré d'un test.

scorer [skɔʀe] v. intr. [1] (Afr. subsah., Maghreb) Marquer un point au cours d'un match.

scorie [skɔʀi] n. f. (Surtout au plur.) **1.** Résidu solide résultant de la combustion de certaines matières, de la fusion des minerais, de l'affinage de métaux, etc. **2.** GEOL *Scories volcaniques :* projections ou produits de surface des coulées de lave. **3.** Fig. Partie à éliminer, déchet.

scorpène [skɔʀpɛn] n. f. ICHTYOL Rascasse.

scorpion [skɔʀpjɔ̃] n. m. **1.** Arachnide pourvu de grandes pinces dont l'abdomen est terminé par un aiguillon venimeux recourbé et dont (pour certaines espèces) la piqûre peut être mortelle. **2.** *Scorpion d'eau :* V. nèpe. **3.** ASTRO *Le Scorpion :* constellation zodiacale de l'hémisphère austral. ▷ ASTROL Signe du zodiaque* (24 oct. – 22 nov.).

scorpionides [skɔʀpjɔnid] n. m. pl. ZOOL Ordre d'arthropodes arachnides dont le scorpion est le type. – Sing. *Un scorpionide.*

Scorsese (Martin) (né en 1942), cinéaste américain : *Taxi Driver* (1976), *Casino* (1995).

Scot (John Duns). V. Duns Scot (John).

1. scotch, scotches [skɔtʃ] n. m. Whisky écossais.

2. scotch [skɔtʃ] n. m. (Nom déposé.) Ruban adhésif.

scotcher [skɔtʃe] v. tr. [1] Fixer avec du ruban adhésif.

Scotland Yard, petite rue de Londres, près du pont de Westminster, où siégeaient les services centraux de la police londonienne, nommés cour. *Scotland Yard.* En 1967, ce siège a été déplacé sur le quai (nommé *New Scotland Yard*).

scotome [skɔtom] n. m. MED Lacune dans le champ visuel, due à l'absence de perception dans une zone de la rétine.

Scots, pirates irlandais qui, au VIe s., envahirent la côte occidentale du pays des Pictes, s'y implantèrent et lui donnèrent leur nom (*Scotland :* Écosse).

Scott (sir Walter) (1771 – 1832), écrivain écossais. Auteur de romans historiques : *Waverley* (1814), *l'Antiquaire* (1816), *Rob Roy* (1818), *la Fiancée de Lammermoor* (1819), *Ivanhoé* (1820), *Quentin Durward* (1823), *la Jolie Fille de Perth* (1828).

Scott (Robert Falcon) (1868 – 1912), explorateur anglais. Il atteignit le pôle Sud en 1912 mais périt au retour.

Scotto (Vincent) (1876 – 1952), compositeur français de chansons *(Sous les ponts de Paris, J'ai deux amours)* et d'opérettes *(Violettes impériales).*

scout, e [skut] n. et adj. **I.** n. Garçon ou fille, adolescent(e) qui adhère à un mouvement de scoutisme. (Pour une fille on emploie le plus souvent les termes *guide* ou *jeannette.*) **II.** adj. **1.** Qui a rapport aux scouts, au scoutisme. **2.** Péjor. Naïvement idéaliste.

scoutisme [skutism] n. m. Mouvement éducatif, fondé en 1909 par lord Baden-Powell, qui se propose de développer «le caractère, la santé, le savoir-faire, l'idée de service et la moralité» chez les jeunes, notam. par la vie en commun et les activités de plein air.

scrabble [skʀab(ə)l] n. m. (Nom déposé.) Jeu de société consistant à former des mots sur une grille, à l'aide de jetons portant une lettre.

scraper [skʀapœʀ] n. m. (Anglicisme) TRAV PUBL Syn. (off. déconseillé) de *décapeuse.*

scratch [skʀatʃ] adj. inv. (Anglicisme) SPORT *Classement scratch :* classement au meilleur temps, toutes catégories confondues.

Scriabine ou **Skriabine** (Alexandre Nikolaïevitch) (1872 – 1915), compositeur et pianiste russe. Influencée par Chopin, son expression contemplative tendit ensuite vers l'atonalité.

scribe [skʀib] n. m. **1.** ANTIQ Lettré qui avait la charge de rédiger ou de copier les actes publics, les textes liturgiques, etc. **2.** ANTIQ Docteur qui enseignait et interprétait la loi de Moïse.

Scribe (Eugène) (1791 – 1861), auteur français de comédies (*Bertrand et Raton*, 1833; *Adrienne Lecouvreur*, 1849) et de livrets d'opéras. Acad. fr. (1834).

1. script [skʀipt] n. m. FIN Écrit à l'usage d'un créancier, d'un obligataire, mentionnant la fraction d'une dette qu'une collectivité emprunteuse ne peut honorer à échéance.

2. script [skʀipt] n. m. Type d'écriture manuscrite proche des caractères d'imprimerie. – (En appos.) *Écriture script.*

3. script [skʀipt] n. m. (Anglicisme) AUDIOV Scénario écrit comportant le plan de découpage et les dialogues. Syn. (off. recommandé) texte.

scripte [skʀipt] n. f. AUDIOV Assistante du réalisateur chargée de noter tous les détails des prises de vues afin d'assurer la continuité des plans.

scripteur [skʀiptœʀ] n. m. Didac. Personne qui écrit, qui a écrit un texte (par oppos. à *lecteur* et à *locuteur*).

scripturaire [skʀiptyʀɛʀ] adj. Didac. Relatif aux Écritures sacrées.

scriptural, ale, aux [skʀiptyʀal, o] adj. FIN *Monnaie scripturale :* tout moyen de paiement fondé sur des écritures comptables (comptes en banque, effets de commerce, etc.).

scrofulariacées [skʀɔfylaʀjase] n. f. pl. BOT Famille de dicotylédones gamopétales superovariées, à fleur zygomorphe et à fruit capsulaire (ex. : muflier). – Sing. *Une scrofulariacée.*

scrotum [skʀɔtɔm] n. m. ANAT Enveloppe cutanée des testicules.

scrupule [skʀypyl] n. m. **1.** Trouble de conscience, doute, hésitation d'ordre moral. *Se faire (un) scrupule de qqch. Avoir des scrupules.* **2.** Souci extrême du devoir, grande délicatesse morale.

scrupuleusement [skʀypyløzmɑ̃] adv. D'une manière scrupuleuse.

scrupuleux, euse [skʀypylø, øz] adj. **1.** Sujet à avoir des scrupules. **2.** D'une grande minutie, d'une grande exactitude. *Une recherche scrupuleuse.*

scrutateur, trice [skʀytatœʀ, tʀis] adj. et n. **1.** adj. Qui scrute. *Regard scrutateur.* **2.** n. Personne chargée du dépouillement, de la vérification d'un scrutin.

scruter [skʀyte] v. tr. [1] Examiner très attentivement, en cherchant à découvrir ce qui se discerne mal, ce qui est caché. *Scruter l'horizon.* – Fig. *Scruter les tréfonds de sa conscience.*

scrutin [skʀytɛ̃] n. m. **1.** Vote émis au moyen de bulletins (de boules, etc.) que l'on dépose dans une urne. **2.** Opération par laquelle sont désignés des représentants élus. *Ouverture du scrutin.* ▷ (Qualifié) Mode de scrutin. *Scrutin uninominal,* dans lequel on désigne un seul candidat (par oppos. à *scrutin de liste*). – *Scrutin majoritaire,* dans lequel le candidat qui recueille le plus grand nombre de suffrages est élu (V. majorité, sens 3). – *Scrutin proportionnel :* V. représentation proportionnelle.

Scudéry (Madeleine de) (1607 – 1701), écrivain français; auteur, avec son frère **Georges** (1601 – 1667), de très longs romans psychologiques (*Artamène ou le Grand Cyrus,* 10 vol., 1649-1653; *Clélie, histoire romaine,* 1654-1660). Son salon littéraire accueillait les précieux.

sculpter [skylte] v. tr. [1] **1.** Tailler dans une matière dure ou modeler (une figure, un ornement). *Sculpter un buste.* **2.** Travailler, façonner (une matière dure) pour obtenir une figure, un ornement. *Sculpter le bois.* ▷ (S. comp.) Pratiquer la sculpture.

sculpteur [skyltœʀ] n. m. Artiste qui pratique la sculpture. ▷ (En appos.) *Femme sculpteur.*

sculptural, ale, aux [skyltyʀal, o] adj. **1.** BX-A Qui a rapport à la sculpture; qui constitue une sculpture. **2.** Qui évoque une sculpture par sa beauté plastique. *Corps aux formes sculpturales.*

sculpture [skyltyʀ] n. f. **1.** Art de sculpter. *Les chefs-d'œuvre de la sculpture.* **2.** Ouvrage d'un sculpteur; pièce sculptée. *Une sculpture de Rodin.*

Scutenaire (Louis) (1905 – 1987), écrivain belge d'expression française. Surréaliste, il est célèbre pour *Mes inscriptions* (1945-1981) et *Textes automatiques* (1977), aphorismes et brefs textes humoristiques. Il a écrit plus. essais sur son ami Magritte et narré son enfance dans *les Vacances d'un enfant* (1947).

Scylla, écueil du détroit de Messine. V. Charybde.

scyllare [silaʀ] n. m. ZOOL Crustacé décapode macroure (genre *Scyllarus*), aux antennes en forme de plaques, nommé cour. *cigale de mer.*

scythe [sit] ou **scythique** [sitik] adj. Relatif aux Scythes, à la Scythie.

Scythes, peuple indo-européen, probablement apparenté aux branches iranienne et slave, de langue iranienne, qui s'est fixé tardivement (Xe s. av. J.-C.) par rapport aux autres Indo-Européens. Leur domaine, la steppe eurasiatique, s'étendait à l'E. jusqu'à la Mongolie et au S. jusqu'au Caucase et au Danube. Archers et cavaliers redoutables, les Scythes s'avancèrent (VIIe s. av. J.-C.) jusqu'en Égypte, d'où Psammétik Ier les détourna en leur payant un tribut. Ils ont développé une civilisation originale, au contact de la steppe (art animalier), de l'hellénisme et de l'Orient. Ils disparurent au début des grandes invasions des Huns et des peuples germaniques.

S.D.N. Sigle de *Société* des Nations.*

se [sə] pron. pers. de la 3e pers. des deux genres et des deux nombres (toujours employé comme comp. d'un v. tr. dir. ou indir., et toujours placé avant le verbe; s'élide en *s'* devant une voyelle ou un *h* muet). **1.** (Comp. d'objet d'un v. pron. réfl.) *Il se couche tôt.* ▷ (Comp. indir.) *Il se fait du mal.* ▷ (Employé avec une valeur possessive devant un nom désignant une partie du corps, une fonction, etc.) *Il se gratte le dos :* il gratte son dos. **2.** (Comp. dir. d'un v. pron. récipr.) *Ils se battent.* ▷ (Comp. indir.) *Ils se sont dit des injures.* **3.** (Avec un v. pron. de sens passif.) *Ce produit se vend bien.* **4.** (Avec un v. essentiellement pronominal.) *Il s'abstient.* ▷ (Avec un v. pron. impers.) *Il s'en est fallu de peu.*

sea-line [silajn] n. m. (Anglicisme) TECH Canalisation sous-marine servant à charger ou à décharger des pétroliers. *Des sea-lines.*

séance [seɑ̃s] n. f. **1.** Réunion des membres d'un conseil, d'une assemblée qui siège pour mener à bien ses travaux; durée d'une telle réunion. *Salle des séances. Ouvrir, lever la séance. Tenir séance.* ▷ Loc. adv. *Séance tenante :* au cours de la séance; fig. sans délai. *Qu'il vienne séance tenante!* **2.** Temps que l'on passe à une activité déterminée avec une ou plusieurs personnes. *Séance de pose chez un peintre. Séance de kinésithérapie.* **3.** Représentation d'un spectacle (à un horaire et d'une durée déterminés). *Séance de cinéma.* **4.** (Maghreb) *Double séance :* en Tunisie, organisation du travail quotidien consistant en une période de travail interrompue par une pause à l'heure du déjeuner. – *Séance unique :* en Tunisie, période de travail quotidien ininterrompue.

séant [seɑ̃] n. m. Litt. *Se mettre sur son séant :* passer de la position allongée à la position assise.

Seattle, v. et port des États-Unis (État de Washington), sur le Puget Sound; 516 250 hab. (agglomération. urb. 1 677 000 hab.).

seau [so] n. m. Récipient tronconique ou cylindrique muni d'une anse, qui sert à puiser, à recueillir ou à transporter les liquides et certaines matières concassées ou pulvérulentes; son contenu. Syn. (Québec) chaudière. ▷ Loc. *Il pleut, il mouille à seaux :* il pleut à verse.

sébacé, ée [sebase] adj. PHYSIOL Qui a rapport au sébum; de la nature du sébum. *Matière sébacée.* – *Glandes sébacées,* annexées à la base des poils et qui sécrètent le sébum.

Sebastiano del Piombo (Sebastiano Luciani, dit) (v. 1485 – 1547), peintre italien proche de Giorgione et disciple de Raphaël.

Sébastien (saint), officier romain (IIIe s.) qui aida les chrétiens, fut dénoncé comme tel et transpercé de flèches. Patron des archers.

Sébastien (1554 – 1578), roi de Portugal (1557-1578). Nostalgique des croisades, il lutta contre les Maures du Maroc (1574, 1578) et mourut au cours de sa terrible défaite d'Alcaçar-Quivir.

Sébastopol, v. d'Ukraine, port sur la mer Noire (Crimée); 341 000 hab. Constr. navales, industr. mécaniques. – La ville fut assiégée en 1854-1855 par les armées franco-anglo-turques, en 1941-1942 par les Allemands.

Sébennytos, v. de l'Égypte ancienne, au centre du delta du Nil. Un de ses princes, Nectanibis, y fonda au IVe s. av. J.-C. la XXXe et dernière dynastie égyptienne. Temple de granit.

Sebha, v. de Libye, dans une oasis du Fezzan; 36 000 hab.; ch.-l. de la prov. du m. nom.

sébile [sebil] n. f. Petit récipient rond et creux.

sebka ou (Maghreb) **sebkha** [sɛbka] n. f. GEOGR Lac salé temporaire, en Afrique du Nord. Syn. chott.

Sebond ou **Sebonde** (Raymond de). V. Sabunde.

séborrhée [sebɔʀe] n. f. MED Augmentation pathologique de la sécrétion des glandes sébacées.

séborrhéique [sebɔʀeik] adj. MED Relatif à la séborrhée; de la nature de la séborrhée.

Sebou (oued), fl. du Maroc (458 km); naît dans le Moyen Atlas, traverse la plaine du Gharb et se jette dans l'Atlantique à Kénitra.

sebsi [sebsi] n. m. (Maghreb) Pipe à long tuyau utilisée pour fumer du kif.

sébum [sebɔm] n. m. PHYSIOL Substance grasse sécrétée par les glandes sébacées, qui protège et lubrifie la peau.

sec, sèche [sɛk, sɛʃ] adj., n. m. et adv. **A.** adj. **I. 1.** Qui est peu ou qui n'est pas humide; aride. *Terrain sec. La saison sèche.* **2.** Dont on a laissé l'eau s'évaporer, qui a séché. *Fossé sec.* ▷ *Légumes, fruits secs* (par oppos. à *verts, frais*). ▷ MAR *Cale sèche :* bassin pour le carénage des bateaux. **3.** Qui n'est plus imprégné de liquide, qui n'a pas son humidité naturelle. *Toux sèche,* sans mucosité. *Des yeux secs,* sans larmes. – *Avoir la gorge sèche :* avoir soif. ▷ *Mur de pierres sèches,* assemblées sans mortier. ▷ PHYS *Vapeur sèche,* dont la température est supérieure à la température nécessaire à la condensation. ▷ *Nourrice sèche,* qui n'allaite pas le nourrisson qu'elle soigne. **II. 1.** (Personnes) Maigre, nerveux, peu charnu. *Un homme sec.* **2.** Fig. Peu sensible; dépourvu de chaleur humaine, de bienveillance. *Un cœur sec.* **3.** Sans moelleux, sans douceur. *Des contours secs.* ▷ *Un coup sec,* bref et percutant. ▷ *Ton sec,* sans aménité. ▷ *Un vin sec,* très peu sucré. **4.** Dénué de charme, de grâce. *Style sec.* **5.** Que rien n'accompagne. *Pain sec.* – *Régime sec,* sans boisson alcoolique. – *Perte sèche,* sans aucune compensation. ▷ Loc. adv. Fig. *En cinq sec :* brièvement, rapidement. **B.** n. m. **1.** Ce qui est sec, sans humidité. *À conserver au sec,* à l'abri de l'humidité. ▷ (oc. Indien) Partie d'une plage que les vagues n'atteignent pas. – Haut-fond émergeant à marée basse. ▷ Loc. adv. *À sec :* sans eau. *Mettre un étang à sec.* ▷ Fig., fam. Sans ressources. *Être à sec.* **2.** MAR *Naviguer à sec de toile,* sans aucune voile. **3.** (Antilles fr., Haïti) Petit verre de rhum bu d'une traite. **C.** adv. **1.** *Boire sec,* beaucoup. **2.** Avec rudesse, brièvement. *Parler sec à qqn.*

sécable [sekabl] adj. Didac. Qui peut être coupé, divisé.

sécant, ante [sekɑ̃, ɑ̃t] adj. et n. f. **1.** adj. GEOM Qui coupe une courbe ou une surface. *Plan sécant.* ▷ n. f. *Une sécante :* une droite sécante. **2.** n. f. MATH *La sécante :* l'inverse du cosinus d'un angle ($\sec\theta = \frac{1}{\cos\theta}$).

sécateur [sekatœʀ] n. m. Outil de jardinier, gros ciseaux à ressort, dont une seule branche est tranchante.

secco [seko] n. m. (Afr. subsah.) **1.** Claie faite de tiges de graminées entrelacées. **2.** Enclos fait de ces claies. ▷ Endroit où l'on stocke à ciel ouvert certaines récoltes (arachides, coton, etc.).

sécession [sesesjɔ̃] n. f. Fait pour une population, une région, de se séparer de la collectivité nationale pour former une entité politique autonome.

Sécession (guerre de), guerre civile (1861-1865, plus de 600 000 morts) au cours de laquelle s'affrontèrent les États du N. des États-Unis, partisans de l'abolition de l'esclavage, et ceux du S., qui employaient des esclaves noirs. Quand Lincoln, antiesclavagiste, fut élu (1860) à la présidence, onze États du S. quittèrent l'Union pour former une confédération autonome. Malgré des effectifs moindres, les sudistes (ou confédérés), dirigés par Lee, Bragg, Johnston, vainquirent à Richmond et à Fredericksburg (1862), mais les nordistes (ou fédéraux), sous la conduite de Grant et de Sherman, les battirent à Gettysburg, Vicksburg (1863) et Atlanta (1864), tandis que leur flotte s'emparait de La Nouvelle-Orléans. Plus nombreux et soutenus par une industrie puissante, les nordistes l'emportèrent : capitulation de Lee à Appomattox et de Johnston à Durham (avril 1865).

sécessionnisme [sesesjɔnism] n. m. Didac. Volonté de faire sécession; attitude du sécessionniste.

sécessionniste [sesesjɔnist] adj. et n. Qui a fait sécession; qui est partisan de la sécession. ▷ Subst. *Les sécessionnistes.*

séchage [seʃaʒ] n. m. Action de sécher, fait de sécher. *Séchage d'une peinture.*

sèche [sɛʃ] n. f. MAR Écueil à fleur d'eau à marée basse.

sèche-cheveux [sɛʃʃəvø] n. m. inv. Appareil électrique ou à infrarouge, qui sert à sécher les cheveux après un shampooing. Syn. séchoir.

sèche-linge [sɛʃlɛ̃ʒ] n. m. inv. Appareil électrique pour sécher le linge. Syn. (Québec) sécheuse.

sèchement [sɛʃmɑ̃] adv. **1.** D'une manière sèche; avec force et brièveté. *Taper sèchement.* **2.** Avec dureté, froideur. *Répondre sèchement.* **3.** Sans charme, sans grâce. *Écrire sèchement.*

sécher [seʃe] v. [14] **I.** v. tr. **1.** Rendre sec. *Le soleil séchera vos vêtements.* **2.** Éliminer (un liquide) par absorption ou évaporation. *Sécher l'encre avec un buvard.* **3.** Arg. (des écoles) *Sécher un cours,* ne pas y assister volontairement. Syn. (Afr. subsah., Belgique) brosser. **II.** v. intr. **1.** Devenir sec. *Les arbres sèchent sur pied.* **2.** Arg. (des écoles) Ne pas savoir répondre. *Il a séché en géométrie.*

sécheresse [seʃʀɛs] n. f. **1.** État, caractère de ce qui est sec. ▷ *Spécial.* Temps très sec; absence ou insuffisance des précipitations, qui entraîne à plus ou moins long terme des changements de végétation aboutissant au dernier stade à la désertification. *Année de sécheresse.* (V. Sahel.) **2.** Fig. Défaut de sensibilité, froideur, dureté. *Sécheresse de cœur.* **3.** Caractère de ce qui manque de grâce, de charme. *Sécheresse d'exécution d'une œuvre musicale.*

sécherie [seʃʀi] n. f. Lieu où l'on fait sécher des matières humides. ▷ *Spécial.* Lieu où l'on fait sécher le poisson.

sécheur, euse [seʃœʀ, øz] n. **1.** n. m. Appareil, machine, dispositif pour le séchage. **2.** n. f. (Québec) Sèche-linge.

séchoir [seʃwaʀ] n. m. **1.** Lieu où s'opère le séchage des matières humides. *Séchoir à bois.* **2.** Dispositif à tringles ou à fils sur lequel on dispose ce que l'on veut faire sécher. *Séchoir à linge.* **3.** Appareil pour le séchage. ▷ *Spécial.* Sèche-cheveux.

second, onde [səgɔ̃, ɔ̃d] adj. et n. **A.** adj. **1.** Qui vient après le premier (dans une succession ou une hiérarchie de deux éléments). *La seconde partie d'un spectacle.* – *Langue seconde,* apprise, au sein de la famille, de la communauté, après la langue maternelle. ▷ Loc. adv. *En second :* après ce qui est le plus important. **2.** Autre, nouveau. *C'est un second César.* ▷ *Don de seconde vue :* V. vue. **3.** *État second :* état anormal et passager de qqn qui agit sans avoir conscience de ce qu'il fait. **B.** n. **I.** Personne, chose qui vient après la première. *Elle est la seconde de la liste.* **II.** n. m. **1.** Second étage d'une maison. **2.** Adjoint, collaborateur immédiat. *C'est son fidèle second.* ▷ Officier de marine qui vient immédiatement après le commandant, et qui peut le suppléer. **III.** n. f. **1.** Classe d'un lycée, d'un collège, qui précède la première. **2.** Seconde classe, dans un train, un bateau. *Billet de seconde.* **3.** Seconde vitesse d'une automobile. *Passer en seconde.* **4.** MUS Intervalle de deux degrés. *Seconde mineure* (par ex. de *ut* à *ré* bémol).

Second (Jean Everaerts, dit Jean) (1511 – 1536), humaniste flamand, auteur de poésies érotiques en latin, *les Baisers* (posth., 1539).

secondaire [səgɔ̃dɛʀ] adj. et n. m. **1.** Qui passe en second, qui n'est pas de première importance. *Question secondaire.* **2.** Qui vient après un autre (dans le temps ou dans un enchaînement logique). *L'enseignement secondaire* ou, n. m., *le secondaire :* l'enseignement du second degré (de la classe de 6e à la terminale). – (Afr. subsah., Belgique) *Secondaire inférieur, supérieur :* premier, deuxième cycle de l'enseignement du second degré. ▷ GEOL, PALEONT *L'ère secondaire* ou, n. m., *le secondaire :* l'ère qui succède au primaire et s'étend approximativement de moins 230 millions à moins 75 millions d'années, caractérisée par l'apparition des reptiles, qui acquièrent des formes géantes (tyrannosaure, diplodocus, etc.), et des premiers mammifères; chez les végétaux, par l'apogée des gymnospermes et l'apparition des angiospermes; par la formation de l'océan Atlantique et de l'océan Indien. *Le secondaire est divisé en trois périodes : le trias, le jurassique et le crétacé.* ▷ GEOGR *Forêt secondaire :* forêt tropicale qui pousse sur l'emplacement d'une forêt primaire exploitée ou sur des champs abandonnés. ▷ BOT *Tissus ou formations secondaires :* bois, liber, liège des dicotylédones et des gymnospermes. ▷ ELECTR *Un circuit secondaire* ou, n. m., *un secondaire :* V. primaire. ▷ ECON *Le secteur secondaire :* le secteur des activités de transformation des matières premières; l'industrie et les activités qui s'y rattachent.

secondairement [səgɔ̃dɛʀmɑ̃] adv. D'une manière secondaire.

seconde [səgɔ̃d] n. f. **1.** Soixantième partie de la minute; unité fondamentale de temps (de symbole s), égale à la 86400[e] partie du jour solaire moyen et définie légalement comme «la durée de 9 192 631 770 périodes de la radiation correspondant à la transition entre les deux niveaux hyperfins de l'état fondamental de l'atome de césium 133». ▷ *Par ext.* Laps de temps très court. *Je reviens dans une seconde,* à l'instant. **2.** GEOM Soixantième partie de la minute d'angle, 3600[e] partie du degré (symbole : ″).

seconder [səgɔ̃de] v. tr. [1] **1.** Aider (qqn) dans ses activités, son travail; être son second. **2.** Favoriser, servir. *Leur négligence a secondé nos desseins.*

secouer [s(ə)kwe] v. [1] **I.** v. tr. **1.** Remuer, agiter fortement. *Secouer un arbre, un vêtement.* – *Secouer la tête :* faire un mouvement de tête pour exprimer le refus, le doute. ▷ Fig., fam. *Secouer qqn,* le réprimander ou le presser de sortir de son inertie. **2.** Éliminer par des mouvements vifs. *Secouer la poussière.* ▷ Loc. fig. *Secouer le joug :* s'affranchir d'une domination. **3.** Fig. Ébranler physiquement ou moralement. *Cet accident l'a secoué.* **II.** v. pron. Fam. Réagir (contre la fatigue, l'abattement, la paresse). *Secoue-toi donc un peu !*

secourable [s(ə)kuʀabl] adj. Qui porte volontiers secours à autrui.

secourir [s(ə)kuʀiʀ] v. tr. [26] Aider, assister (une personne dans une situation critique ou dans le besoin).

secourisme [s(ə)kuʀism] n. m. Assistance de premier secours aux blessés, aux accidentés, aux malades, etc. – Ensemble de connaissances qu'une telle assistance exige.

secouriste [s(ə)kuʀist] n. **1.** Membre d'une société de secours aux blessés. Syn. (Suisse) samaritain. **2.** Personne qui pratique le secourisme.

secours [s(ə)kuʀ] n. m. **1.** Aide, assistance (à qqn dans le besoin, en danger). *Porter secours à qqn. Au secours! :* cri pour appeler à l'aide. **2.** Ce qui sert à secourir. *Secours d'urgence.* – *Spécial.* Somme d'argent allouée en cas de besoin urgent. ▷ *Sociétés de secours mutuel :* associations de prévoyance. **3.** (Le plus souvent au plur.) Soins qui doivent être donnés rapidement à un blessé, à un malade. *Porter les premiers secours aux victimes d'un accident. Poste de secours,* équipé de tout ce qui est nécessaire pour donner les premiers soins. **4.** MILIT Renfort. *Colonne de secours.* **5.** Loc. adj. *De secours :* qui sert en cas d'insuffisance ou de défaillance de la chose en service. *Roue, frein de secours.* – *Porte de secours* ou *sortie de secours,* qui permet d'évacuer rapidement une salle en cas d'incendie.

secousse [s(ə)kus] n. f. **1.** Mouvement qui secoue. – *Secousse tellurique :* tremblement de terre. Syn. séisme. **2.** Fig. Émotion très vive, choc émotif. *Il n'est pas remis de cette secousse.* **3.** (Québec) Fam. Espace de temps, moment. *Elle l'a attendu pendant une bonne secousse.*

1. secret, ète [səkʀɛ, ɛt] adj. **1.** Qui n'est pas ou qui ne doit pas être connu d'autrui, du grand nombre. *Dossiers secrets.* ▷ *Services secrets. Agent secret.* **2.** Dissimulé au regard, en parlant d'un lieu, de certains objets. *Escalier, tiroir secret.* **3.** Qui n'est pas perceptible. *Les sentiments secrets de qqn.* **4.** (Personnes) Qui ne parle pas de soi, qui ne se livre pas facilement. *C'est un garçon très secret.*

2. secret [səkʀɛ] n. m. **1.** Ce que l'on ne doit dire à personne, ce qui doit rester secret, caché. *Confier, garder, révéler un secret.* ▷ Loc. *Secret de Polichinelle :* V. polichinelle. – *Secret d'État :* chose qui doit être tenue secrète dans l'intérêt de l'État. – *Être dans le secret :* être au courant d'une chose confidentielle. **2.** Discrétion absolue, silence sur une chose dont on a été informé. *Je vous demande le secret.* – *Secret professionnel :* obligation pour un avocat, un médecin notam., de ne pas révéler les secrets (sens 1) dont ils se trouvent dépositaires par suite de l'exercice de leur profession. **3.** Moyen, procédé connu seulement d'une personne ou de quelques-unes. *Secret de fabrication.* ▷ Fig. Moyen particulier en vue d'un résultat. *Le secret de la réussite.* **4.** Ce qu'il y a de caché, de mystérieux dans qqch. *Dans le secret de son cœur.* – *Avoir, trouver le secret de qqch,* l'explication. **5.** *Au secret :* en un lieu où il est impossible de communiquer avec quiconque. *Mise au secret d'un prisonnier.* **6.** (Dans la loc. adj. *à secret.*) Mécanisme dont le fonctionnement n'est connu que de quelques personnes. *Serrure à secret.* **7.** Loc. adv. *En secret :* sans témoin, secrètement.

secrétaire [s(ə)kʀetɛʀ] n. **I. 1.** Personne dont l'emploi consiste à écrire ou à rédiger pour qqn. ▷ *Spécial.* Employé(e) dont le travail consiste à rédiger et à classer le courrier de qqn, à prendre ses communications téléphoniques, à noter ses rendez-vous, etc. *Secrétaire de direction. Secrétaire bilingue.* **2.** Personne chargée de certains travaux de rédaction ou de certaines tâches administratives. ▷ *Secrétaire de séance :* membre du bureau d'une assemblée chargé de rédiger les comptes rendus des séances. ▷ *Secrétaire d'ambassade :* agent du corps diplomatique. ▷ *Secrétaire général :* personne chargée de l'organisation générale du travail dans un organisme ou une grande entreprise. ▷ *Premier secrétaire, secrétaire général d'un parti politique, d'un syndicat,* personne qui est à la tête des instances supérieures de ces organisations. ▷ *Secrétaire de rédaction :* personne qui seconde le rédacteur en chef d'un journal, d'une revue, en ce qui concerne la technique, la mise en page, la fabrication. **3.** *Secrétaire d'État :* membre d'un gouvernement placé sous l'autorité d'un ministre. – Aux É.-U. et au Vatican, ministre des Affaires étrangères. **II.** n. m. Meuble à tiroirs pour le rangement des papiers, comportant un panneau abattant qui sert de table à écrire. **III.** n. m. ORNITH Serpentaire.

secrétariat [s(ə)kʀetaʀja] n. m. **1.** Poste, fonction de secrétaire. *Secrétariat général d'une société.* ▷ Temps durant lequel qqn exerce cette fonction. **2.** Bureau, service où travaillent des secrétaires, dans une entreprise; ensemble des secrétaires. *Le chef du secrétariat.* **3.** Travail, métier de secrétaire.

secrètement [səkʀɛtmɑ̃] adv. D'une manière secrète.

sécréter [sekʀete] v. tr. [14] Produire par sécrétion. ▷ Fig. *Son discours sécrète l'ennui.*

sécréteur, trice [sekʀetœʀ, tʀis] adj. PHYSIOL Qui produit une sécrétion.

sécrétine [sekʀetin] n. f. BIOCHIM Hormone sécrétée par le duodénum et le jéjunum, et qui stimule la sécrétion exocrine du pancréas.

sécrétion [sekʀesjɔ̃] n. f. **1.** PHYSIOL Phénomène par lequel certains tissus peuvent produire une substance qui est déversée dans le sang *(sécrétion endocrine)* ou évacuée par un canal excréteur *(sécrétion exocrine).* ▷ BOT *Sécrétion du latex, de la résine.* **2.** Substance ainsi produite (hormone, suc, sébum, sérosité, etc.). ▷ BOT *Les sécrétions végétales.*

sécrétoire [sekʀetwaʀ] adj. PHYSIOL Qui a rapport à la sécrétion.

sectaire [sɛktɛʀ] n. et adj. Personne qui fait preuve d'intolérance en matière de philosophie, de politique, de religion. ▷ adj. *Esprit sectaire.*

sectarisme [sɛktaʀism] n. m. Attitude, comportement sectaire.

secte [sɛkt] n. f. Groupe de personnes, notam. d'hérétiques, qui, à l'intérieur d'une religion, professent les mêmes opinions particulières. ▷ Mod. Groupe idéologique et mystique dont les membres vivent en communauté, sous l'influence d'un guide spirituel.

secteur [sɛktœʀ] n. m. **1.** GEOM Portion de plan comprise entre un arc de cercle et les deux rayons qui le délimitent. ▷ *Secteur sphérique :* solide engendré par la rotation d'un secteur de cercle autour de l'un de ses rayons. **2.** MILIT Partie du front de bataille ou d'un territoire, occupée par une unité. **3.** Fam. Endroit, lieu quelconque. *Il n'y a personne dans le secteur,* dans les environs. **4.** Subdivision d'une zone urbaine, d'une région. ▷ *Spécial.* Subdivision du réseau de distribution de l'électricité. *Panne de secteur.* – Par ext. *Le secteur :* ce réseau. **5.** Ensemble d'activités économiques de même nature. *Secteur primaire*, secondaire*, tertiaire*. Secteur public :* ensemble des entreprises qui dépendent de l'État (par oppos. à *secteur privé*).

section [sɛksjɔ̃] n. f. **I. 1.** Surface que présente une chose à l'endroit où elle est coupée transversalement. *Section ronde d'une balle.* ▷ Cette surface considérée d'un point de vue théorique (sans qu'il y ait effectivement coupure). *Câble de deux centimètres carrés de section.* **2.** Représentation théorique, selon un plan transversal, d'un objet, d'une machine, d'un édifice; coupe. **3.** GEOM Lieu de l'espace où deux lignes, deux surfaces se coupent. *La section de deux lignes est un point. La section de deux plans est une droite. Section droite d'un prisme, d'un cylindre,* section perpendiculaire aux arêtes de ce prisme, aux génératrices de ce cylindre. **II. 1.** Division, dans une administration, une organisation. *Section syndicale d'entreprise.* ▷ *Section communale* ou, anc., *section rurale :* la plus petite division territoriale d'Haïti. **2.** MILIT Subdivision d'une compagnie, d'une batterie, comprenant de trente à quarante hommes. **3.** Portion d'une voie de communication; division du parcours de certains véhicules de transport en commun. *Section d'autoroute.* **4.** Subdivision d'un ouvrage. *Livre en trois sections.* **5.** MUS *Section rythmique d'un orchestre de jazz :* ensemble des instruments qui assurent le soutien rythmique de l'orchestre.

sectionnement [sɛksjɔnmɑ̃] n. m. Action de sectionner; résultat de cette action.

sectionner [sɛksjɔne] v. tr. [1] **1.** Couper net, trancher. **2.** Diviser en sections.

sectionneur [sɛksjɔnœʀ] n. m. ELECTR Appareil servant à isoler une ou plusieurs sections d'une ligne électrique.

sectoriel, elle [sɛktɔʀjɛl] adj. Didac. Qui concerne plus particulièrement un ou plusieurs secteurs. *Le chômage sectoriel.*

sectorisation [sɛktɔʀizasjɔ̃] n. f. ADMIN, ECON Division, organisation en secteurs.

sectoriser [sɛktɔʀize] v. tr. [1] ADMIN, ECON Répartir, diviser en secteurs.

séculaire [sekylɛʀ] adj. **1.** Didac. Qui a lieu une fois par siècle. ▷ *Année séculaire,* qui termine un siècle. **2.** Qui existe depuis un siècle. *Un arbre deux fois séculaire.* ▷ Très ancien. *Tradition séculaire.*

sécularisation [sekylaʀizasjɔ̃] n. f. Didac. Action, fait de séculariser; son résultat.

séculariser [sekylaʀize] v. tr. [1] Faire passer du domaine ecclésiastique au domaine laïc.

séculier, ère [sekylje, ɛʀ] adj. et n. m. **1.** HIST Qui appartenait au monde laïque, et non à l'Église. – Loc. *Le bras séculier :* l'autorité temporelle. **2.** Se dit des ecclésiastiques qui ne sont pas soumis (comme les *réguliers*) à la règle d'un ordre religieux. *Le clergé séculier.* ▷ n. m. *Un séculier.*

secundo [səgɔ̃do] adv. Secondement, en second lieu (abrév. : 2°).

sécurisant, ante [sekyʀizɑ̃, ɑ̃t] adj. Qui sécurise. *Un milieu sécurisant.*

sécurisation [sekyʀizasjɔ̃] n. f. Action de sécuriser.

sécuriser [sekyʀize] v. tr. [**1**] Donner un sentiment de sécurité à (qqn), apaiser, rassurer. ▷ Pp. adj. *Un blessé sécurisé par une présence amicale.*

sécuritaire [sekyʀitɛʀ] adj. (Maghreb, Québec) Qui offre des garanties de sécurité. *Des pneus sécuritaires.*

sécurité [sekyʀite] n. f. **1.** Tranquillité d'esprit de celui qui pense qu'aucun danger n'est à craindre. *Avoir un sentiment de sécurité.* **2.** Situation dans laquelle aucun danger n'est à redouter. *Assurer la sécurité publique.* – *Sécurité routière :* ensemble des mesures visant à assurer la sécurité des usagers de la route. – *Conseil de sécurité de l'ONU*.* **3.** *Sécurité sociale :* dans certains pays, organisation officielle visant à assurer la sécurité matérielle des travailleurs et de leur famille en cas de maladie, d'accident du travail, de maternité, etc., et à leur garantir une retraite. **4.** TECH Organe qui empêche de manœuvrer la détente d'une arme à feu. **5.** Loc. adj. *De sécurité,* qui assure la sécurité. *Dispositif de sécurité.*

Sécurité sociale, organisation officielle visant à assurer la sécurité matérielle des travailleurs et de leur famille en cas de maladie, d'accident du travail, de maternité, etc., et à leur garantir une retraite. En Allemagne, Bismarck institua trois assurances obligatoires : contre la maladie (1883), les accidents (1884), l'invalidité (1889). En France, la loi du 9 avril 1898 porta notam. sur la réparation des accidents; en 1930 fut conçu un régime d'assurances sociales pour les travailleurs aux salaires modestes. En G.-B., le *National Insurance Act* de 1911 créa une prem. législation, mais c'est en 1942 que Lord Beveridge* posa les principes d'une Sécurité sociale révolutionnaire qui visait à une redistribution des richesses. Dans les pays industrialisés, de nombreux gouvernements s'en inspirèrent (notam. la France, en 1945).

Sedaine (Michel Jean) (1719 – 1797), dramaturge français; *le Philosophe sans le savoir* (1765) est une «comédie sérieuse», genre défini par Diderot. Acad. fr. (1786).

Sedan, v. de France (Ardennes), sur la Meuse; 22 407 hab. Textiles (import. centre drapier aux XVIe et XVIIe s.), industr. alim. – Napoléon III, encerclé par les Prussiens, y capitula le 2 sept. 1870.

sédatif, ive [sedatif, iv] adj. et n. m. MED Qui modère l'activité fonctionnelle d'un organe ou d'un système. ▷ n. m. Remède sédatif, calmant.

sédentaire [sedɑ̃tɛʀ] adj. (et n.) **1.** Qui sort peu de chez soi. ▷ Subst. *Un(e) sédentaire.* **2.** Fixe, attaché à un lieu. *Peuples sédentaires.* ▷ Subst. *Villages de sédentaires.* Ant. nomade. **3.** Qui n'exige pas de déplacements. *Emploi sédentaire.*

sédentarisation [sedɑ̃taʀizasjɔ̃] n. f. Fait de rendre sédentaire; fait de devenir sédentaire.

sédentariser [sedɑ̃taʀize] v. tr. [**1**] Rendre sédentaire, fixer. ▷ v. pron. *Population nomade qui se sédentarise.*

sédentarité [sedɑ̃taʀite] n. f. **1.** Didac. État d'une population sédentaire (par oppos. à *nomadisme*). **2.** État de celui, de ce qui est sédentaire.

Sédhiou, ville agricole du Sénégal, sur la rive dr. du fleuve Casamance; 50 000 hab. Ch.-l. de département. Arachides.

sédiment [sedimɑ̃] n. m. **1.** Didac. Dépôt formé par la précipitation de substances en suspension dans un liquide. **2.** GEOL Dépôt abandonné par les eaux, les glaces ou le vent.

sédimentaire [sedimɑ̃tɛʀ] adj. GEOL Qui a le caractère d'un sédiment; qui est produit par un sédiment. ▷ *Roche sédimentaire,* qui provient d'un sédiment et n'a subi que des transformations peu importantes (à la différence des roches métamorphiques).

sédimentation [sedimɑ̃tasjɔ̃] n. f. GEOL Formation d'un sédiment, des sédiments. ▷ MED *La sédimentation globulaire :* le dépôt des cellules du sang rendu incoagulable et laissé au repos dans un tube à essais. *La vitesse de sédimentation des hématies est accrue en cas d'infection ou d'inflammation.*

séditieux, euse [sedisjø, øz] adj. et n. **1.** Qui participe ou qui est prêt à participer à une sédition. *Des groupes séditieux.* ▷ Subst. *Un, des séditieux.* **2.** Qui incite à la sédition. *Écrit séditieux.*

sédition [sedisjɔ̃] n. f. Révolte, soulèvement prémédités contre l'autorité établie. *Les meneurs d'une sédition.*

séducteur, trice [sedyktœʀ, tʀis] n. et adj. **1.** Personne qui a de nombreux succès galants. **2.** Personne qui sait plaire, charmer. ▷ adj. Qui plaît, séduisant. *Un discours séducteur.*

séduction [sedyksjɔ̃] n. f. **1.** Action de séduire. **2.** Attrait puissant qui se dégage de qqn, de qqch.

séduire [sedɥiʀ] v. tr. [**69**] **1.** Litt. ou plaisant (Souvent avec connotation d'abus.) En parlant d'un homme, amener (une femme) à lui accorder ses faveurs hors mariage. ▷ Mod. (Sans connotation défavorable.) Plaire à (qqn) et obtenir amour ou faveurs. **2.** Conquérir l'admiration, l'estime, la confiance de (qqn). *Ce chanteur de raï a séduit le public parisien.* ▷ Convaincre par le charme, la persuasion, le savoir-faire, fût-ce en créant l'illusion. *Cet escroc a séduit des épargnants.* **3.** Captiver, charmer. *Ce petit village nous a séduits.*

séduisant, ante [sedɥizɑ̃, ɑ̃t] adj. Qui séduit, qui attire, qui plaît.

sédunois, oise [sedynwa, waz] adj. et n. (Suisse) De Sion, ch.-l. du canton du Valais. ▷ Subst. *Un(e) Sédunois(e).*

Seebeck (Thomas) (1770 – 1831), physicien allemand. Il découvrit la thermoélectricité.

séfarade, ades [sefaʀad] ou **sefardi, dim** [sefaʀdi, dim] n. et adj. Juif descendant des Juifs d'Espagne expulsés de ce pays en 1492 par les Rois Catholiques. ▷ adj. Des séfarades.

Séféris (Gheórghios Seferiádhis, dit Georges) (1900 – 1971), poète grec, chantre des valeurs de la Grèce ancienne. P. Nobel 1963.

Séfévides, dynastie persane (1502-1736). Elle tire son nom de Safī al-Dīn (1253 – 1334). Après que Ismā'il Ier fut couronné schah à Tabriz en 1502, les Séfévides répandirent le chiisme et créèrent un renouveau artistique. Ils eurent à lutter contre les Turcs et les Ouzbeks, notamment sous Abbās Ier le Grand (1587-1629), qui mena l'empire à son apogée. Au déb. du XVIIIe s., l'empire s'effrita et, en 1736, Nādir shāh prit le pouvoir.

séga [sega] n. m. (oc. Indien) Musique et danse très rythmées, sur lesquelles on chante en créole. – Loc. *Piquer un séga :* entamer un morceau de séga avec entrain.

Segalen (Victor) (1878 – 1919), écrivain français. Médecin de la marine, il voyagea en Extrême-Orient : *Les Immémoriaux* (roman, 1907), *Stèles* (poèmes, 1912), *Peintures* (poèmes en prose, 1916).

ségater [segate] v. intr. [**1**] (oc. Indien) Danser le séga.

ségatier [segatje] n. m. (oc. Indien) Compositeur, chanteur ou danseur de séga.

Ségeste, anc. v. du N.-O. de la Sicile où subsistent des vestiges de l'Antiquité grecque.

segment [sɛgmɑ̃] n. m. **1.** GEOM Portion, partie. – *Segment de droite :* portion de droite comprise entre deux points. – *Segment de cercle :* surface comprise entre un arc de cercle et sa corde. – *Segment sphérique :* volume compris entre la surface d'une sphère et un plan sécant ou deux plans parallèles coupant cette sphère. ▷ MATH Ensemble des éléments d'un ensemble ordonné qui sont compris dans un intervalle. ▷ ECON Maillon d'une chaîne d'activités productives. **2.** ZOOL Chacun des articles* du corps des annélides et des arthropodes. **3.** TECH Bague d'étanchéité, sur un piston. – *Segment de frein :* pièce en forme de croissant comportant une garniture rivée qui s'applique contre le tambour du frein.

segmentaire [sɛgmɑ̃tɛʀ] adj. Didac. Formé de segments.

segmentation [sɛgmɑ̃tasjɔ̃] n. f. **1.** Action de segmenter, fait de se segmenter; son résultat. **2.** BIOL Ensemble des premières divisions cellulaires que subit l'œuf fécondé. **3.** ECON Action de subdiviser une filière de production.

segmenter [sɛgmɑ̃te] v. tr. [**1**] **1.** Diviser en segments. Syn. fractionner. ▷ v. pron. *Une cellule qui se segmente.* **2.** COMM Établir une segmentation (sens 3).

Ségou, v. du Mali, sur le Niger, à l'E. de Bamako; 99000 hab.; ch.-l. de la rég. du m. nom. Coton. Industr. du cuir. Barrage hydroélectrique de Markala. – Elle fut le centre du *royaume de Ségou* (XVIIe-XIXe s.), formé par les Bambara.

Segovia (Andrés) (1893 – 1987), guitariste espagnol.

Ségovie, v. d'Espagne (Castille et Léon), à 1 000 m d'alt.; 55 180 hab.; ch.-l. de la prov. du m. nom. Industries. – Évêché. Aqueduc romain. Nombr. égl. romanes. Alcazar (XIVe-XVe s.) restauré. Cath. du XVIe s.

ségrégatif, ive [segʀegatif, iv] adj. Qui tend à établir une ségrégation.

ségrégation [segʀegasjɔ̃] n. f. **1.** Action de mettre à part, de séparer d'un tout, d'une masse. **2.** *Ségrégation raciale :* discrimination organisée, réglementée, entre les groupes raciaux (notam. entre Noirs et Blancs), dans certains pays (V. apartheid). ▷ *Par ext.* Discrimination de droit ou de fait entre les individus ou entre les collectivités qui composent un groupe humain, fondée sur des critères autres que raciaux (âge, sexe, richesse, mœurs, religion, etc.).

ségrégationnisme [segʀegasjɔnism] n. m. Système politique de ceux qui sont favorables à la ségrégation raciale.

ségrégationniste [segʀegasjɔnist] n. et adj. **1.** n. Partisan du ségrégationnisme. **2.** adj. Qui a rapport à la ségrégation raciale.

seguia [segja] n. f. (Maghreb) Canal, rigole d'irrigation; petite rivière.

Seguin (Marc) (1786 – 1875), ingénieur français. Il inventa la chaudière tubulaire pour les locomotives (1827).

Ségur (Sophie Rostopchine, comtesse de) (1799 – 1874), écrivain français d'origine russe. Auteur de romans pour la jeunesse : *les Petites Filles modèles* (1858), *les Malheurs de Sophie* (1864), *Un bon petit diable* (1865).

1. seiche [sɛʃ] n. f. Mollusque céphalopode marin (genre *Sepia*) comestible, au corps bordé d'une nageoire continue, qui, lorsqu'il est menacé, rejette une encre noire qui camoufle sa fuite (V. sépia).

2. seiche [sɛʃ] n. f. GEOGR Variation subite du niveau de certains lacs.

Seid (Joseph Brahim) (1927 – 1980), écrivain tchadien : *Au Tchad sous les étoiles* (contes traditionnels, 1962); *Un enfant du Tchad* (récit autobiographique, 1967).

séide [seid] n. m. Fanatique qui obéit aveuglément à un chef.

Seifert (Jaroslav) (1901 – 1986), poète tchèque; il chante Prague, les humbles, la femme. P. Nobel de littérature 1984.

seigle [sɛgl] n. m. Céréale (fam. graminées) panifiable, très résistante au froid, poussant sur les terrains pauvres.

seigneur [sɛɲœʀ] n. m. **1.** FEOD Possesseur d'un fief, d'une terre. **2.** (Avec une majuscule.) *Le Seigneur :* Dieu. – *Notre Seigneur :* Jésus-Christ. *Le jour du Seigneur :* le dimanche. **3.** Celui qui détient la puissance, l'autorité (surtout dans l'expr., souvent iron., *seigneur et maître*).

seigneurial, ale, aux [sɛɲœʀjal, o] adj. FEOD D'un seigneur; qui relevait d'un seigneur. *Domaine seigneurial.*

1. seigneurie [sɛɲœʀi] n. f. **1.** FEOD Autorité du seigneur sur sa terre et sur les personnes qui relevaient de lui. **2.** Terre seigneuriale. ▷ (Québec) HIST Terre octroyée par le roi de France ou l'État à un individu (seigneur) à charge d'y installer des colons et d'y concéder à son tour des terres moyennant des redevances annuelles.

2. seigneurie [sɛɲœʀi], **seniorie** [sɛɲɔʀi] ou **seniorerie** [sɛɲɔʀʀi] n. f. (Belgique) Maison* de retraite.

sein [sɛ̃] n. m. **1.** Chacune des deux mamelles de la femme, qui renferment les glandes mammaires. – *Nourrir un enfant au sein.* **2.** Litt. Partie antérieure de la poitrine humaine, où sont les mamelles. *Presser sur, contre son sein.* **3.** Litt. Ventre de la femme, en tant que siège de la gestation. *Porter un enfant dans son sein.* **4.** Fig., litt. Partie intérieure, centrale (d'une chose). *Le sein de la terre.* ▷ Loc. prép. *Au sein de :* à l'intérieur de, au milieu de, dans.

seine [sɛn] n. f. V. senne.

Seine (la), fl. de France (776 km) qui draine le Bassin parisien; née à 471 m d'alt. au N.-O. de Dijon, elle pénètre en Champagne, reçoit l'Aube, puis longe la côte d'Île-de-France. En Seine-et-Marne, elle reçoit l'Yonne et traverse la Brie. Aux environs de Paris, elle reçoit ses princ. affl., la Marne et l'Oise. Son cours forme des méandres accusés à partir de Paris. Elle passe à Rouen et se jette dans la Manche par un vaste estuaire. Calme et régulière, la Seine est une magnifique voie. – *Hauts-de-Seine,* département : V. Hauts-de-Seine et Île-de-France (Région).– *Seine-et-Marne,* département : 5917 km^2; 1078166 hab.; chef-lieu *Melun* (36489 hab.). V. Île-de-France (Rég.). – *Seine-Maritime,* dép. : 6254 km^2; 1223429 hab.; chef-lieu *Rouen**. V. Normandie (Haute-) [Région]. – *Seine-Saint-Denis,* département : 236 km^2; 1381197 hab.; chef-lieu *Bobigny* (44881 hab.). V. Île-de-France (Rég.).

seing [sɛ̃] n. m. DR Signature qui rend un acte valable. – *Seing privé :* signature d'un acte qui n'a pas été reçu par un officier public. *Acte sous seing privé* (par oppos. à *acte authentique*). – *Blanc-seing :* V. ce mot.

Sei Shōnagon (fin Xe s.-début XIe s.), écrivain japonais. Elle est l'auteur du *Makura-no-sōshi (Notes de chevet)*, l'un des chefs-d'œuvre de la littérature japonaise.

séisme [seism] n. m. Didac. Secousse ou série de secousses qui ébranlent le sol; tremblement de terre. V. épicentre, hypocentre et plaque (encycl.).

seize [sɛz] adj. inv. et n. m. inv. **I.** adj. num. inv. **1.** (Cardinal) Dix plus six (16). **2.** (Ordinal) Seizième. *Chapitre seize. Louis XVI.* – Ellipt. *Le seize mai.* **II.** n. m. inv. Le nombre seize. ▷ Chiffres qui le représentent (16). ▷ Numéro seize. *Composer le seize.* ▷ *Le seize :* le seizième jour du mois.

seizième [sɛzjɛm] adj. et n. **I.** adj. num. ord. Dont le rang est marqué par le nombre 16. *La seizième fois. Le seizième siècle* ou, ellipt., *le seizième.* **II.** n. **1.** Personne, chose qui occupe la seizième place. *La seizième de la liste.* **2.** n. m. Chaque partie d'un tout divisé en seize parties égales. *Un seizième du total.*

séjour [seʒuʀ] n. m. **1.** Fait de séjourner, de résider plus ou moins longtemps dans un lieu. – *Permis de séjour :* autorisation écrite officielle donnée à un étranger de séjourner dans un pays pour une période déterminée. ▷ Temps pendant lequel on séjourne dans un lieu. *Un long séjour en brousse.* **2.** *Salle de séjour :* V. salle. **3.** Lieu où l'on séjourne. *Séjour champêtre.*

séjourner [seʒuʀne] v. intr. [1] Demeurer quelque temps dans un lieu. *Séjourner à l'hôtel.* ▷ (Choses) *Ornières où l'eau séjourne.*

Sekondi-Takoradi, v. et port du Ghana, à l'O. d'Accra sur le golfe de Guinée; 260000 hab.; ch.-l. de la rég. Ouest. Centre comm. Cimenterie.

sel [sɛl] n. m. **I.** Cour. **1.** Substance cristallisée, blanche, d'origine marine, ou terrestre *(sel gemme)*, constituée de chlorure de sodium, de saveur piquante, utilisée pour assaisonner ou conserver les aliments. *Gros sel. Sel fin* ou *sel de table.* ▷ (Afr. subsah.) *Sel végétal :* potasse (sens 3). **2.** Fig. Ce qu'il y a de piquant ou de spirituel dans une situation, un propos, un récit, etc. *Le sel d'une anecdote.* **II. 1.** Vx Tout corps cristallin soluble dans l'eau. ▷ Loc. mod. *Sel ammoniac :* chlorure d'ammonium. – *Sel d'Angleterre* ou *de magnésie :* sulfate de magnésium. – *Sel de Glauber :* sulfate de sodium. – *Sel de Vichy :* bicarbonate de sodium. – *Sels pour solution de réhydratation* orale.* – *Sels de bain :* cristaux parfumés qu'on dissout dans l'eau du bain. **2.** CHIM Composé provenant du remplacement d'un ou de plusieurs atomes d'hydrogène d'un acide par un ou plusieurs atomes d'un métal.

sélaciens [selasjɛ̃] n. m. pl. ICHTYOL Sous-classe de poissons cartilagineux, comprenant les requins (squales) et les raies. – Sing. *Un sélacien.*

sélaginelle [selaʒinɛl] n. f. BOT Plante cryptogame vasculaire, à l'aspect de mousse, proche des lycopodes.

Seldjoukides ou **Saldjūqides,** dynastie turkmène descendant de Saldjūq, qui se fixa au Xe s. à l'embouchure du Syr-Daria. Toghrul-Beg (1038-1063) accomplit de grandes conquêtes (Khorāsān, Iran, califat de Bagdad). L'empire fut à son apogée sous Malik chāh (1072-1092), qui régna en outre sur l'Asie Mineure. Mais les divisions territoriales en faveur de cadets créèrent plusieurs États : Kermān (1041-1186), en Perse mérid.; Irak (1118-1194); Syrie (1078-1117); Rūm (1081-1302), en Asie Mineure. Au XIIIe s., ce dernier dut concéder à une autre tribu turkmène un fief, à partir duquel Osman fonda la dynastie ottomane (v. 1290). Grands bâtisseurs, les Seldjoukides se firent les défenseurs de la sunna.

Selebi-Pikwe, ville du Botswana; 55000 hab. Industr. textiles, fonderies. Mines de nickel et de cuivre.

sélecteur, trice [selɛktœʀ, tʀis] adj. et n. m. **1.** adj. Qui sélectionne. **2.** n. m. TECH Dispositif de sélection. ▷ Commutateur à plusieurs directions. ▷ MECA Pédale de changement de vitesse d'une motocyclette. – Levier de changement de vitesse, sur une voiture à embrayage automatique.

sélectif, ive [selɛktif, iv] adj. **1.** Qui opère une sélection, un choix. *Examen, classement sélectif.* **2.** TELECOM Se dit d'un récepteur qui opère une séparation satisfaisante des ondes de fréquences voisines.

sélection [selɛksjɔ̃] n. f. **I.** Choix entre des personnes ou des choses, en fonction de critères déterminés. *Faire une sélection entre des projets.* ▷ Ensemble des personnes ou des choses ainsi retenues. **II. 1.** Choix des types reproducteurs pour la perpétuation d'une espèce animale ou végétale. *Sélection des étalons.* **2.** BIOL *Sélection naturelle :* selon le darwinisme, survivance d'une espèce animale ou végétale par ses individus les plus aptes à subsister et à se reproduire.

sélectionné, ée [selɛksjɔne] adj. et n. **1.** adj. Qui a subi une sélection. *Semences sélectionnées.* ▷ *Par ext.* De bonne qualité. *Fruits sélectionnés.* **2.** n. Sportif, ou sportive, choisi pour représenter son club, son pays dans une compétition.

sélectionner [selɛksjɔne] v. tr. [1] Choisir par sélection. *Sélectionner des plantes. Sélectionner des athlètes.*

sélectionneur, euse [selɛksjɔnœʀ, øz] n. Personne qui sélectionne.

sélectivement [selɛktivmɑ̃] adv. De façon sélective.

sélectivité [selɛktivite] n. f. Didac. Fait d'être sélectif; propriété de ce qui est sélectif. ▷ TELECOM Propriété de n'amplifier que le signal correspondant à une onde de fréquence donnée.

sélénien, enne [selenjɛ̃, ɛn] ou **sélénite** [selenit] adj. Didac. Relatif à la Lune.

sélénium [selenjɔm] n. m. CHIM Élément (symbole Se) de numéro atomique Z = 34. – Corps simple (Se) dont la variété métallique possède deux propriétés intéressantes : sa photoconductivité et son pouvoir photoélectrique.

sélénodonte [selenɔdɔ̃t] adj. ZOOL Se dit des molaires des ruminants dont les surfaces arrondies sont en forme de croissant. ▷ Par ext. *Les artiodactyles sélénodontes :* les ruminants.

sélénologie [selenɔlɔʒi] n. f. ASTRO Étude de la Lune.

Séleucides, dynastie hellénistique, fondée par Séleucos Ier Nikatôr v. 305 av. J.-C., qui régna sur la Syrie, la Mésopotamie, l'Asie Mineure, l'Iran, la Bactriane, la Sogdiane et la Parthie. Le fils de Séleucos Ier, Antiochos Ier, ne put conserver l'intégralité du territoire, que rétablit Antiochos III Mégas (roi de 223 à 187 av. J.-C.). Progressivement réduit au territoire de la Syrie actuelle, le royaume des Séleucides fut conquis par les Romains en 64 av. J.-C.

Séleucos Ier Nikatôr («le Vainqueur») (v. 355 – 280 av. J.-C.), général d'Alexandre le Grand, satrape de Babylonie (321-316 et 312-305 av. J.-C.); il prit le titre de roi v. 305 (V. Séleucides). Ptolémée Ier Sôter l'assassina.

self-. Élément, de l'angl. *self,* «soi-même».

self-control [sɛlfkɔ̃tʀol] n. m. (Anglicisme) Maîtrise de soi. *Garder son self-control. Des self-controls.*

self-government [sɛlfgɔvɛʀnmənt] n. m. (Mot anglais.) Système britannique de gouvernement qui consiste à laisser à un territoire une grande autonomie en matière de politique intérieure et locale.

self-induction [sɛlfɛ̃dyksjɔ̃] n. f. ELECTR Syn. (off. déconseillé) de *auto-induction. Des self-inductions.*

self-made man [sɛlfmɛdman], plur. **self-made men** [sɛlfmɛdmɛn] n. m. (Anglicisme) Homme qui ne doit qu'à lui-même sa situation sociale.

self-service [sɛlfsɛʀvis] n. m. (Américanisme) Libre-service. *Des self-services.* – (En appos.) *Un magasin self-service.*

Selim ou **Salim,** nom de trois sultans ottomans. — **Selim Ier le Cruel** ou **le Terrible** (1467 - 1520), sultan de 1512 à 1520; il fit de grandes conquêtes : Kurdistān, Syrie, Égypte; ce fut un sunnite fanatique (massacre des chiites). — **Selim II** (1524 - 1574), sultan de 1566 à 1574; il accéda au trône grâce aux intrigues de sa mère Roxelane. Il fut vaincu à Lépante (1571). — **Selim III** (1761 - 1808), sultan de 1789 à 1807; vaincu par la Russie et l'Autriche, notam., il fut renversé par les janissaires pour avoir tenté des réformes (fiscalité, armée).

Sélinonte, anc. v. grecque de Sicile, fondée v. 629 av. J.-C. par les Mégariens. – Ruines de temples du VIe s. av. J.-C.

Selkirk (monts), chaîne montagneuse du Canada, en Colombie-Britannique (3533 m au mont Sir Sanford).

Selkirk (Alexander) (1676 – 1721), marin écossais abandonné dans une île inhabitée de l'archipel Juan Fernández, où il resta six ans (1703-1709). Il mourut en mer. Daniel Defoe a tiré de cette aventure *Robinson Crusoé* (1719).

selle [sɛl] n. f. **I. 1.** Petit siège que l'on sangle sur le dos d'une bête de somme (en partic. d'un cheval) pour la monter commodément. *Cheval de selle,* dressé pour être monté. ▷ Fig. *Se remettre en selle :* rétablir ses affaires. **2.** Siège d'un deux-roues. **3.** *Selle d'agneau :* morceau de viande pris entre le gigot et la première côte. **II.** Trépied à plateau pivotant des sculpteurs, sur lequel on place le matériau à travailler. **III. 1.** *Aller à la selle* ou (Belgique) *aller à selle,* aux cabinets. **2.** Plur. *Les selles :* les matières fécales.

Selle (massif de la), chaîne de montagnes d'Haïti, au sud-est du pays; culmine à 2674 m.

seller [sele] v. tr. [1] Munir (une monture) d'une selle.

sellerie [sɛlʀi] n. f. **1.** Art, industrie, commerce du sellier; ensemble des ouvrages du sellier. **2.** Ensemble des selles et des harnais; lieu où on les range.

sellette [selɛt] n. f. **1.** *Être sur la sellette :* être interrogé; être la personne en cause (en bien ou en mal). – *Mettre qqn sur la sellette,* le harceler de questions. **2.** Petite selle de sculpteur. ▷ Table étroite et haute sur laquelle on pose une plante, une statue, etc. **3.** Pièce de harnais supportant les courroies qui portent les brancards. **4.** TECH Petit siège, suspendu à une corde à nœuds, des ouvriers du bâtiment.

sellier [selje] n. m. Celui qui fabrique ou qui vend des selles, des harnais, des coussins et des garnitures pour voitures, etc. ▷ Loc. *Façon sellier :* en maroquinerie, façonnage qui comporte des piqûres à la main.

selon [səlɔ̃] prép. **1.** Suivant, conformément à. *Agir selon l'usage. – Déplacement selon une courbe.* ▷ En proportion de. *Vivre selon ses moyens.* **2.** D'après; au jugement, au dire de. *Selon la formule. Selon cet auteur. – Selon moi :* à mon avis. ▷ À en croire, en se fondant sur. *Selon toute vraisemblance.* ▷ *Évangile selon saint Marc,* de saint Marc. **3.** Relativement à. *Selon les cas.* ▷ Loc. conj. *Selon que* (+ ind.) : eu égard au fait que.

Selous (réserve de), la plus grande réserve animalière d'Afrique, en Tanzanie, au S.-O. de Dar es-Salaam; 50000 km^2.

Seltz (eau de) n. f. Boisson constituée d'eau gazéifiée au gaz carbonique.

selve [sɛlv] n. f. GEOGR Forêt vierge équatoriale (en partic., forêt amazonienne).

Selye (Hans) (1907 – 1982), médecin canadien d'origine autrichienne; spécialiste des états de choc et du *stress,* terme qu'il adopta en 1950.

Selznick (David Oliver) (1902 – 1965), producteur américain : *Autant en emporte le vent* (1939), *Rebecca* (1940), *Duel au soleil* (1947).

Sem, personnage biblique; fils aîné de Noé, frère de Cham et Japhet (Genèse, V-X). Il est considéré comme l'ancêtre des peuples dits *sémitiques.*

semailles [səmɑj] n. f. pl. **1.** Action de semer. *Hâter les semailles.* **2.** Graines semées. **3.** Époque où l'on sème.

semaine [s(ə)mɛn] n. f. **1.** Période de sept jours décomptée du dimanche (ou du lundi) au samedi (ou au dimanche). – *La semaine sainte,* celle qui précède Pâques. **2.** Cette période, envisagée relativement aux jours ouvrables. *Semaine de quarante heures. – Semaine anglaise :* semaine de travail qui s'arrête le samedi à midi ou le vendredi soir. – *En semaine :* un jour ouvrable. **3.** Période de sept jours consécutifs. *Le transport prendra une semaine.* ▷ Loc. *Vivre à la petite semaine,* en improvisant; au moyen d'expédients. ▷ *Être de semaine :* assurer des fonctions exercées à tour de rôle, pendant une semaine. **4.** Rémunération d'un travail payé à la semaine. **5.** Semainier (sens 2).

semainier [səmɛnje] n. m. **1.** Agenda de bureau. **2.** Bracelet à sept anneaux.

sémantème [semɑ̃tɛm] n. m. LING Élément de mot porteur du contenu sémantique, par oppos. à *morphème* et à *phonème.* (Ex. : *bord,* dans *border.)*

sémanticien, enne [semɑ̃tisjɛ̃, ɛn] n. Didac. Spécialiste de la sémantique.

sémantique [semɑ̃tik] n. f. et adj. LING **1.** n. f. Étude du langage du point de vue du sens (polysémie, synonymie, changements de sens, relations unissant les unités signifiantes, etc.). *Sémantique structurale, générative.* **2.** adj. Relatif à la sémantique ou au sens.

sémantisme [semɑ̃tism] n. m. LING Contenu sémantique.

sémaphore [semafɔʀ] n. m. **1.** Poste d'observation du trafic maritime établi sur la côte et à partir duquel il est possible de communiquer par signaux optiques avec les navires. **2.** CH de F Mât équipé d'un bras mobile, qui indique si une voie est libre ou non.

Semarang, v. et port d'Indonésie, au centre de Java, sur la côte N.; 1026000 hab.; ch.-l. de prov. Centre industriel.

Sembène (Ousmane) (né en 1923), écrivain et cinéaste sénégalais. Autodidacte, marxiste, il fut ouvrier à Paris, docker à Marseille et apprit le cinéma à Moscou (1961-1963). Princ. romans : *le Docker noir* (1956), *Ô pays mon beau peuple* (1958), *les Bouts de bois de Dieu* (1960), *Vehi-Ciosana* (1965, film *Niaye* en 1965), *le Mandat* (1965, film en 1968), *Xala* (1973, film en 1974), *le Dernier de l'Empire* (1981). Principaux autres films : *Ceddo* (1976), *Guelwaar* (1992).

semblable [sɑ̃blabl] adj. et n. **I.** adj. **1.** De même apparence, de même nature. *Cas semblables. Être semblable à son frère.* **2.** (Avant le nom.) Tel, pareil. *Pourquoi tenir de semblables propos ?* **3.** GEOM *Figures semblables,* dont l'une peut être obtenue à partir de l'autre par une similitude. **II.** n. Personne, chose comparable. *Il n'a pas son semblable.* ▷ Être humain, considéré par rapport aux autres. *Secourir ses semblables.*

semblant [sɑ̃blɑ̃] n. m. **1.** Apparence. *Un semblant de vérité. – Un faux-semblant :* une apparence trompeuse. **2.** Loc. *Faire semblant de :* feindre de. – Ellipt. *Il fait semblant. – Ne faire semblant de rien :* feindre l'indifférence.

sembler [sɑ̃ble] v. [1] **I.** v. intr. Avoir l'air, paraître; donner l'impression de. *Ce fruit semble mûr.* **II.** v. impers. **1.** (Avec un attribut.) *Il me semble vain d'espérer.* ▷ *Si bon lui semble, comme bon vous semblera :* s'il lui plaît, comme il vous plaira. **2.** *Il semble que :* il apparaît que, on dirait que. – (Avec le subj., s'il y a doute, ou dans les phrases nég. ou interrog.) *Il semble que le pari soit perdu.* – Ellipt. *Il peine, semble-t-il.* **3.** *Il me (te, etc.) semble que :* je (tu, etc.) crois que. – (Avec l'inf.) *Il me semble le voir.* **4.** Loc. Litt. *Que vous en semble ? :* qu'en pensez-vous ?

sème [sɛm] n. m. LING Trait sémantique constituant l'unité minimale de signification. (Par ex. : «humain», «jeune» et «mâle», dans le mot *garçon.)*

semelle [s(ə)mɛl] n. f. **1.** Pièce constituant le dessous de la chaussure. ▷ Pièce découpée à la forme du pied que l'on met à l'intérieur de la chaussure.

▷ Dessous du pied d'un bas, d'une chaussette. **2.** Loc. *Ne pas reculer d'une semelle :* tenir ferme en place; *fig.* être ferme sur sa décision. – *Ne pas quitter qqn d'une semelle,* le suivre partout. – *Battre* la semelle.* **3.** TECH Pièce plate qui répartit sur le sol les efforts transmis par une pièce pesante, une machine, une construction. **4.** Partie chauffante d'un fer à repasser.

semellier [səmɛlje] n. m. BOT Bauhinia.

semence [s(ə)mɑ̃s] n. f. **1.** Organe ou partie d'organe végétal qui se sème (graines, noyaux, pépins, etc.). **2.** *Par anal.* Liquide séminal, sperme. **3.** (En joaillerie.) *Semence de diamants, de perles :* ensemble de très petits diamants, de très petites perles. **4.** TECH Clou à tête large et à tige courte. *Semence de tapissier,* à pointe pyramidale.

semencier, ère [səmɑ̃sje, ɛʀ] n. m. et adj. **1.** n. m. Entreprise qui produit et commercialise des semences. **2.** adj. (Afr. subsah.) Relatif aux semences. *Capital semencier. Ferme semencière.*

semen-contra [semɛnkɔ̃tʀa] n. m. inv. Plante dicotylédone (*Chenopodium ambrosioides,* fam. chénopodiacées) aux fleurs en épi, cultivée en Amérique tropicale pour ses feuilles que l'on utilise en infusion contre les affections nerveuses.

Semenkharê, pharaon de la XVIIIe dynastie égyptienne (v. 1337-v. 1335 av. J.-C.), successeur d'Aménophis IV. Sa momie serait conservée dans la Vallée des Rois.

semer [s(ə)me] v. tr. [16] **1.** Épandre (des semences) sur une terre préparée; mettre en terre (des semences). *Semer du mil.* **2.** Litt. Jeter, répandre çà et là. *Semer les rues de fleurs.* ▷ Fig. Répandre, propager. *Semer la discorde.* **3.** Fam. *Semer qqn,* s'en débarrasser en lui faussant compagnie.

semestre [s(ə)mɛstʀ] n. m. **1.** Période de six mois consécutifs. – *Premier semestre :* de janvier à juin. **2.** Rente, traitement qui se paie tous les six mois. *Recevoir son semestre.*

semestriel, elle [səmɛstʀijɛl] adj. Qui se fait, qui a lieu, qui paraît chaque semestre. *Réunion, revue semestrielle.*

semestriellement [səmɛstʀijɛlmɑ̃] adv. Tous les six mois.

semeur, euse [s(ə)mœʀ, øz] n. **1.** Personne qui sème. ▷ Fig. *Semeur, semeuse de zizanie.* **2.** n. f. Machine agricole servant à semer.

semi-. Préfixe, du lat. *semi,* «à demi», employé surtout au sens de «en partie, presque».

semi-aride [s(ə)miaʀid] adj. GEOGR Qui n'est pas complètement aride. (Se dit des zones situées en bordure des déserts où des cultures non irriguées sont possibles.) *Des régions semi-arides.*

semi-automatique [səmiɔtɔmatik] adj. Qui n'est pas entièrement automatique. *Des systèmes semi-automatiques.*

semi-auxiliaire [səmiɔksiljɛʀ] adj. et n. m. GRAM Se dit d'un verbe qui joue un rôle d'auxiliaire devant un infinitif (ex. : aller dans «je vais partir»). – n. m. *Des semi-auxiliaires.*

semi-circulaire [səmisiʀkylɛʀ] adj. Qui a la forme d'un demi-cercle. ▷ ANAT *Canaux semi-circulaires :* V. canal.

semiconducteur ou **semi-conducteur, trice** [səmikɔ̃dyktœʀ, tʀis] adj. et n. m. ELECTR Se dit d'un matériau solide dont la résistivité, intermédiaire entre celle des métaux et celle des isolants, varie sous l'influence de facteurs tels que la température, l'éclairement, le champ électrique, etc. – n. m. *Des semi-conducteurs.*
ENCYCL Les principaux semiconducteurs sont le germanium, le silicium et le sélénium. Les semiconducteurs sans défauts sont appelés semiconducteurs *intrinsèques.* En introduisant des corps étrangers (impuretés) dans le semiconducteur intrinsèque, on réalise des semiconducteurs *dopés* de type N (négatif) ou P (positif). Ils entrent dans des composants ayant une structure complexe et de multiples fonctions : amplification, commutation, automatismes, calcul, etc., conversion de l'énergie solaire en énergie électrique (effet photovoltaïque), etc. (V. transistor.)

semi-conserve [səmikɔ̃sɛʀv] n. f. TECH Conserve alimentaire partiellement stérilisée qui doit être gardée au frais. *Des semi-conserves.*

semi-consonne [səmikɔ̃sɔn] n. f. PHON Syn. de *semi-voyelle. Des semi-consonnes.*

semi-dur, -dure [səmidyʀ] adj. et n. m. (Afr. subsah.) Syn. de *demi-dur.* – n. m. *Des semi-durs.*

Semien, massif volcanique du N. de l'Éthiopie portant le Ras* Dachan, point culminant du pays (4620 m).

semi-fini, ie [səmifini] adj. TECH Se dit d'un produit qui a subi une transformation mais doit en subir d'autres avant d'être livré sur le marché. *Des produits semi-finis.* Syn. semi-ouvré.

semi-grossiste [səmigʀosist] n. Commerçant qui vend en demi-gros. *Des semi-grossistes.*

semi-liberté [səmilibɛʀte] n. f. DR Régime pénitentiaire permettant à un condamné d'exercer une activité professionnelle hors de la prison.

sémillant, ante [semijɑ̃, ɑ̃t] adj. Litt. Plein d'une vivacité charmante.

semi-logarithmique [səmilɔgaʀitmik] adj. MATH Se dit d'un diagramme dont l'un des axes a une échelle arithmétique et l'autre une échelle logarithmique.

semi-lunaire [səmilynɛʀ] n. m. ANAT *Le semi-lunaire :* l'un des os de la première rangée du carpe. *Les semi-lunaires.*

semi-métal, aux [səmimetal, o] n. m. CHIM Métalloïde. *Des semi-métaux.*

séminaire [seminɛʀ] n. m. **1.** *Grand séminaire :* établissement religieux préparant des jeunes gens à l'état ecclésiastique. – *Petit séminaire :* école religieuse d'enseignement secondaire fréquentée par des garçons qui ne deviendront pas nécessairement prêtres. **2.** Groupe d'études animé et dirigé par un professeur ou un assistant, et au sein duquel chaque étudiant mène un travail de recherche personnel. ▷ Groupe de spécialistes réunis pour étudier des questions touchant leur spécialité. *Séminaire d'ingénieurs.*

séminal, ale, aux [seminal, o] adj. BIOL Qui a rapport au sperme. – *Vésicules séminales :* vésicules (au nombre de deux) placées au-dessus de la prostate et où le sperme est emmagasiné.

séminariste [seminaʀist] n. **1.** n. m. Élève d'un séminaire (sens 1). **2.** n. (Afr. subsah., Maghreb) Personne qui prend part à un séminaire (sens 2).

séminifère [seminifɛʀ] adj. BIOL *Tubes séminifères :* fins canaux constitutifs du tissu testiculaire, où se forment les spermatozoïdes.

Séminoles, Indiens des États-Unis qui, après des guerres (1817, puis 1836-1846), abandonnèrent la Floride.

semi-nomade [səminɔmad] adj. et n. ANTHROP Qui pratique le semi-nomadisme. ▷ Subst. *Des semi-nomades.*

semi-nomadisme [səminɔmadism] n. m. ANTHROP Genre de vie qui combine élevage nomade et agriculture, pratiqué notam. en bordure des déserts.

sémio-. Élément, du gr. *sêmeion,* «signe».

semi-occlusif, ive [səmiɔklysif, iv] adj. et n. f. PHON Se dit d'un son qui résulte d'une articulation complexe, combinant une occlusive* et une fricative*. (Ex. : le [tʃ] de l'esp. *mucho.*) ▷ n. f. *Des semi-occlusives.*

semi-officiel, elle [səmiɔfisjɛl] adj. Qui est inspiré par les autorités sans être officiel. *Des directives semi-officielles.*

sémiologie [semjɔlɔʒi] n. f. **1.** MED Partie de la médecine consacrée à l'étude des signes des maladies. **2.** LING Science qui étudie les signes et les systèmes de signes au sein de la vie sociale (langues naturelles, codes, systèmes de signaux ou de symboles, etc.). Syn. sémiotique.
ENCYCL Ferdinand de Saussure, qui introduisit le terme de «sémiologie» dans la linguistique moderne, donne comme exemples de tels systèmes de signes les rites symboliques, l'alphabet des sourds-muets, les formules de politesse, les signaux militaires et la langue elle-même. En ce sens, la linguistique est la branche privilégiée de la sémiologie, car la langue est le plus important de ces systèmes. Des linguistes tels que Jakobson, Hjelmslev, Benveniste ont tenté de déterminer la place que le langage occupe au sein des autres systèmes de signes. Des sémiologues comme R. Barthes ou des ethnologues comme Cl. Lévi-Strauss ont étudié des manifestations et des structures sociales (mythes, systèmes de parenté, modes, coutumes culinaires) fonctionnant comme un langage.

sémiologue [semjɔlɔg] n. Didac. Spécialiste de sémiologie.

Semionov. V. Semenov.

sémiotique [semjɔtik] n. f. et adj. Didac. **1.** n. f. Sémiologie (sens 2). *Sémiotique picturale.* **2.** n. f. Système signifiant. *La sémiotique d'un texte.* **3.** adj. Qui a rapport à la sémiotique.

semi-ouvré, ée [səmiuvʀe] adj. TECH Syn. de *semi-fini. Des produits semi-ouvrés.*

semi-perméable [səmipɛʀmeabl] adj. PHYS, BIOL *Membrane, cloison semi-perméable,* qui, séparant deux solutions d'un même solvant, laisse diffuser le solvant mais arrête le soluté. (V. osmose.) *La membrane des cellules vivantes est semi-perméable.*

semi-précieuse [səmipʀesjøz] adj. f. *Pierre semi-précieuse :* pierre fine. *Des gemmes semi-précieuses.*

semi-produit [səmipʀɔdɥi] n. m. TECH Matière première ayant subi une première transformation. *Des semi-produits.*

semi-public, ique [səmipyblik] adj. Qui est en partie privé, en partie public. *Des établissements semi-publics.*

sémique [semik] adj. LING Relatif aux sèmes. *Analyse sémique.*

Sémiramis, personnage de la légende grecque, reine d'Assyrie et de Babylonie, à qui l'on attribue les jardins suspendus de Babylone.

semi-remorque [s(ə)miʀ(ə)mɔʀk] n. **1.** n. f. Remorque pour le transport routier, dont l'avant repose sur la sellette d'attelage d'un tracteur. **2.** n. m. Ensemble constitué par la semi-remorque et son tracteur. *Des semi-remorques.*

semis [s(ə)mi] n. m. **I. 1.** Action de semer. **2.** Plant venant de graines qui ont été semées. *Repiquer des semis.* **3.** Terrain où poussent ces plants. **II.** Ornement fait d'un petit motif répété de façon régulière.

sémite [semit] adj. et n. Qui appartient à un des peuples originaires d'Asie occidentale, que la tradition fait descendre de Sem, fils de Noé, et qui parlent les langues dites *sémitiques.*

sémitique [semitik] adj. *Langues sémitiques :* rameau de la famille afro-asiatique comprenant des langues d'Asie occidentale et d'Afrique du Nord (akkadien, hébreu, amharique, arabe).

semi-voyelle [səmivwajɛl] n. f. PHON Son intermédiaire entre la consonne et la voyelle. *Le* [j] *de* [pje] *(pied), le* [ɥ] *de* [tɥe] *(tuer), le* [w] *de* [fwɛ] *(fouet) sont des semi-voyelles.* Syn. semi-consonne.

semnopithèque [sɛmnɔpitɛk] n. m. ZOOL Singe cercopithèque asiatique, à la face et aux extrémités des membres noirs, qui vit en bande dans les arbres et qui se nourrit de fruits et de pousses.

semoir [səmwaʀ] n. m. Machine agricole destinée à semer les graines. ▷ Par anal. *Semoir à engrais.*

Semois ou **Semoy** (la), riv. de Belgique et de France (198 km), affl. de la Meuse (r. dr.); née dans le Luxembourg, elle draine l'Ardenne.

semonce [s(ə)mɔ̃s] n. f. **1.** Avertissement mêlé de reproches, réprimande. *Une verte semonce.* **2.** MAR *Coup de semonce :* coup tiré pour ordonner à un navire d'arborer ses couleurs, et éventuellement de stopper.

semoule [s(ə)mul] n. f. Farine granulée obtenue par broyage grossier du blé dur. – Par ext. *Semoule de riz, de maïs.* ▷ (En appos.) *Sucre semoule :* sucre en poudre à gros grains.

Sempach, bourg de Suisse (cant. de Lucerne), sur le *lac de Sempach* (14,5 km^2). – Grâce à l'abnégation d'Arnold Winkelried*, les Suisses y vainquirent en 1386 le duc Léopold d'Autriche qui fut tué.

sempervirent, ente [sɛ̃pɛʀviʀɑ̃, ɑ̃t] adj. BOT Se dit des plantes à feuillage persistant ou des forêts composées de telles plantes.

Semprun (Jorge) (né en 1921), écrivain espagnol d'expression castillane et française : *la Deuxième Mort de Ramón Mercader* (1969).

sen [sɛn] n. m. inv. Unité monétaire divisionnaire de plus. pays d'Extrême-Orient, notam. du Japon.

Senancour (Étienne Pivert de) (1770 – 1846), écrivain français; disciple de Rousseau : *Rêveries sur la nature primitive de l'homme* (1799); *Oberman* (1804).

sénat [sena] n. m. **1.** HIST Nom donné aux assemblées politiques les plus importantes, chez divers peuples, à diverses époques. *Le sénat romain.* **2.** (Avec une majuscule.) Une des deux assemblées délibérantes de certaines nations (France, É.-U., Italie, etc.). **3.** Édifice où siège cette assemblée.

sénateur [senatœʀ] n. m. Membre d'un sénat.

sénatorial, ale, aux [senatɔʀjal, o] adj. De sénateur; relatif aux sénateurs.

sénatus-consulte [senatyskɔ̃sylt] n. m. HIST Décision du sénat, dans la Rome antique. ▷ En France, acte voté par le Sénat et ayant la valeur d'une loi sous le Consulat, le Premier et le Second Empire. *Des sénatus-consultes.*

séné [sene] n. m. **1.** Nom cour. de divers arbrisseaux d'Afrique tropicale (fam. césalpiniacées) aux feuilles pennées et dont le fruit est en forme de gousse. **2.** Pulpe des gousses de ces arbrisseaux, aux propriétés laxatives.

sénéchal, aux [seneʃal, o] n. m. HIST **1.** En France, officier chargé de gouverner la maison d'un prince. **2.** À l'époque franque et sous les premiers Capétiens, le premier des officiers royaux (fonction supprimée en 1191). **3.** En France, titre donné à des officiers royaux possédant des attributions judiciaires et financières, partic. au S. de la Loire et correspondant au bailli pour les régions du Nord.

séneçon [sɛnsɔ̃] n. m. BOT Plante adventive (fam. composées). (Plusieurs espèces africaines de montagne sont arborescentes; d'autres, telle la cinéraire, sont ornementales.)

Sénégal (le), fleuve d'Afrique occid. (1700 km) tributaire de l'Atlantique, issu de la réunion, à Bafoulabé (Mali), du Bafing («fleuve noir») et de la Bakoy ou Bakoye («fleuve blanc»). Le Bafing (750 km) naît, à 800 m d'alt., dans le Fouta-Djalon, en Guinée; la Bakoy (560 km) naît, à 500 m d'alt., sur les contreforts du plateau mandingue guinéen. Le plus import. des affluents du Sénégal est, sur sa rive g., la Falémé (650 km), qui naît dans le Fouta-Djalon et qui sert de frontière entre le Mali et le Sénégal. Le Sénégal se jette dans l'Atlantique, en aval de Saint-Louis, par une embouchure marécageuse, où se forme une barre dangereuse. *L'Organisation pour la mise en valeur du fleuve Sénégal* (O.M.V.S.) a achevé en 1986 un barrage à Diama, à 23 km en amont de Saint-Louis, pour arrêter la montée de l'eau salée et alimenter le lac de Guiers*. Depuis le Ve s., au moins, les gisements d'or de la haute vallée (Bambouk, Bouré) sont exploités.

Sénégal (république du), État d'Afrique occidentale.
▶ V. carte et dossier, p. 1495.

sénégalais, aise [senegalɛ, ɛz] adj. et n. Du Sénégal. ▷ Subst. *Un(e) Sénégalais(e).*

sénégali [senegali] n. m. ORNITH Nom cour. de diverses espèces d'estrildidés utilisées comme oiseaux de cage. Syn. (Afr. subsah.) ramatou.

sénégalisation [senegalizasjɔ̃] n. f. (Afr. subsah.) Action de sénégaliser. *La sénégalisation des programmes scolaires.*

sénégaliser [senegalize] v. tr. [1] (Afr. subsah.) Rendre sénégalais; attribuer à des Sénégalais. *Il faut sénégaliser le petit commerce.*

Sénégambie, confédération qui réunissait les États du Sénégal et de la Gambie (1982-1989).

Sénèque (en lat. *Lucius Annæus Seneca*), dit *Sénèque le Père* (v. 55 av. J.-C. – v. 39 apr. J.-C.), écrivain latin; auteur de *Controverses,* destinées à la formation des orateurs. — **Lucius Annæus Seneca,** dit *Sénèque le Philosophe* (v. 4 av. J.-C. – 65 apr. J.-C.), fils du préc.; philosophe, homme d'État et auteur tragique latin. Son éloquence favorisait sa carrière polit., mais Messaline le fit exiler en Corse (41-49). En 49, Agrippine le rappela et le chargea de l'éducation du jeune Néron. Nommé consul (57), il tomba en disgrâce (62); en 65, Néron l'accusa de conspiration et Sénèque dut s'ouvrir les veines. Stoïcien, il écrivit des traités de morale *(De la clémence, Des bienfaits),* des dialogues philosophiques (*Consolations à Helvia, Sur la brièveté de la vie, Sur la providence*), des *Lettres à Lucilius,* philosophiques, un ouvrage scientifique *(Questions naturelles),* des tragédies (*Médée, les Troyennes, Phèdre*).

sénescence [senɛsɑ̃s] n. f. Didac. Vieillissement. ▷ *Par ext.* Affaiblissement des capacités d'un individu, provoqué par le vieillissement.

sénescent, ente [senɛsɑ̃, ɑ̃t] adj. Qui présente les caractères de la sénescence.

senestre [sənɛstʀ] adj. ZOOL Se dit d'une coquille de mollusque qui présente un enroulement vers la gauche.

sénevé [senve] n. m. Moutarde des champs (fam. crucifères).

Sengat-Kuo (François) (né en 1931), homme politique et poète camerounais : *Fleur de latérite* (1954), *Heures rouges* (1954), *Collier de cauris* (1970).

Senghor (Léopold Sédar) (né en 1906), homme politique et poète sénégalais. Dans ses poèmes (*Chants d'ombre,* 1945; *Hosties noires,* 1948; *Éthiopiques*,* 1956; *Nocturnes,* 1961; *Élégies majeures,* 1979) et ses essais (*Liberté,* 5 vol., 1964-1992), il s'est attaché à réhabiliter les valeurs culturelles africaines et à célébrer la grandeur de la «négritude». Agrégé de lettres, élu premier président de la république du Sénégal (1960), il fut réélu à la quasi-unanimité des suffrages en 1963, 1968 et 1973; en 1978, il l'emporta avec 82 % des voix. Il se retira le 1er janvier 1981 et fut remplacé par Abdou Diouf, qu'il avait choisi. Acad. fr. (1983).

sénile [senil] adj. Qui est dû à la vieillesse ou qui s'y rapporte.

sénilité [senilite] n. f. État d'une personne âgée ou prématurément vieillie, dont les capacités sont diminuées.

senior [senjɔʀ] n. et adj. inv. en genre SPORT Sportif adulte de la catégorie intermédiaire entre celle des juniors et celle des vétérans. – adj. *Catégorie senior.*

seniorie [seɲɔʀi] ou **seniorerie** [seɲɔʀʀi] n. f. V. seigneurie (2).

séniorité [senjɔʀite] n. f. ETHNOL Priorité donnée aux plus âgés.

senne ou **seine** [sɛn] n. f. PECHE Long filet que l'on traîne sur les fonds sableux en eau peu profonde. Syn. traîne.

Senne (la), riv. de Belgique (103 km), affl. de la Dyle (r. g.); naît dans le Hainaut; passe à Bruxelles, où elle est partiellement couverte.

Sennett (Michael Sinnott, dit Mack) (1880 – 1960), cinéaste américain. Formé par Griffith, il créa le style burlesque, découvrant Chaplin, Keaton, H. Lloyd, etc.

sénoufo ou **senufo** [senufo] adj. inv. et n. m. **1.** adj. Des Sénoufo. *Villages* *sénoufo*. **2.** n. m. Langue nigéro-congolaise du groupe gur, parlée au Burkina Faso, en Côte d'Ivoire et au Mali.

Sénoufo ou **Senufo,** peuple occupant de vastes territoires en Côte d'Ivoire septent., au Mali et au Burkina Faso (env. 3,5 millions de personnes). Ils parlent une langue nigéro-congolaise du groupe gur. Cultivateurs sédentaires, ils ont créé un art original : statues d'ancêtres, masques et costumes de danseurs, bijoux, objets d'orfèvrerie et poteries.

Senoussia [senusja] n. f. Confrérie musulmane fondée en Arabie vers 1837 par Mohammed Ben Ali Es Senoussi.

Senoussi, Senoussis, Senousi, Senousis ou **Sanusi** *(Sanūsī)*, membre d'une confrérie musulmane *(Sanūsiyyah)* fondée vers 1835 par *Muhammad ibn 'Ali S-Sanūsī* (v. 1787 – 1859) et implantée notam. en Libye, pays dont, en 1951, le chef de la confrérie devint roi (Idris Ier).

senoussisme [senusism] n. m. (Afr. subsah.) Doctrine de la Senoussia.

1. sens [sɑ̃s] n. m. **I. 1.** Faculté d'éprouver des sensations d'un certain ordre (visuelles, auditives, tactiles, olfactives, gustatives) et, en conséquence, de percevoir les réalités matérielles. *Les organes des sens. – Le sixième sens :* l'intuition. – Fig. *Cela tombe sous le sens :* c'est évident. **2.** Plur. *Les plaisirs des sens :* les plaisirs liés aux sensations physiques, spécial. le plaisir sexuel. ▷ *L'éveil des sens,* de la sexualité. **3.** *Le sens de.* Connaissance spontanée, intuitive. *Avoir le sens des nuances, du commerce. – Sens pratique :* habileté à résoudre les problèmes de la vie quotidienne. **4.** *Bon sens :* capacité de bien juger. *Un homme de bon sens.* **5.** Manière de juger, de voir les choses. *Abonder dans le sens de qqn. – À mon sens :* à mon avis. ▷ *Sens commun :* ensemble des jugements communs à tous les hommes. *Cela choque le sens commun.* **II. 1.** Idée, concept représenté par un signe ou un ensemble de signes. *Sens d'un geste. Sens propre, sens figuré d'un mot. – Faux sens :* interprétation erronée d'un mot. **2.** Caractère intelligible de qqch, permettant de justifier son existence. *Le sens de la vie.*

2. sens [sɑ̃s] n. m. **1.** Orientation donnée à une chose. *Disposer une couverture dans le sens de la longueur.* ▷ Loc. *Sens* [sɑ̃] *dessus dessous :* de manière que ce qui devrait être dessus se trouve dessous; *par ext.,* dans un grand désordre. *– Sens* [sɑ̃] *devant derrière :* de façon que ce qui devrait être devant se trouve derrière. **2.** Axe suivant lequel on exerce une action sur une chose, et qui est défini par rapport à un ou à plusieurs éléments de cette chose. *Couper du tissu dans le sens des fils.* **3.** Orientation d'un déplacement. *Nager dans le sens du courant. Le sens de la marche d'un train. – (Voie à) sens unique :* voie sur laquelle la circulation n'est autorisée que dans un seul sens. – *Sens interdit.* ▷ MATH Orientation d'un vecteur le long de son support. – *Sens direct* ou *sens trigonométrique,* inverse de celui des aiguilles d'une montre. ▷ Fig. *Toutes ces recherches vont dans le même sens. Le sens de l'histoire.*

sensation [sɑ̃sasjɔ̃] n. f. **1.** Phénomène psychique élémentaire provoqué par une excitation physiologique. *Les sensations peuvent être externes (tactiles, thermiques, visuelles, etc.) ou internes (faim, fatigue, vertige, etc.).* **2.** Émotion. *Ce concert nous a procuré des sensations inoubliables.* ▷ *Faire sensation :* produire une vive impression sur le public, dans une assemblée, etc. ▷ *Événement à sensation :* événement sensationnel (sens 1).

sensationnalisme [sɑ̃sasjɔnalism] n. m. Recherche systématique du sensationnel.

sensationnel, elle [sɑ̃sasjɔnɛl] adj. **1.** Qui produit une forte impression. *Un article sensationnel.* **2.** Fam. Extraordinaire. *Un type sensationnel.*

sensé, ée [sɑ̃se] adj. Qui a du bon sens ou qui dénote le bon sens.

senseur [sɑ̃sœʀ] n. m. (Anglicisme) ESP Système d'optoélectronique permettant de déterminer l'orientation d'un satellite par rapport à la Terre, à un astre, à un autre satellite.

sensibilisateur, trice [sɑ̃sibilizatœʀ, tʀis] adj. et n. m. **1.** BIOL Se dit d'une substance qui peut provoquer une sensibilisation de l'organisme, qui se manifeste par une allergie ou une réaction d'hypersensibilité lors d'une nouvelle administration. **2.** PHOTO Qui sensibilise, peut sensibiliser (une émulsion, une plaque). ▷ n. m. *Sensibilisateur chromatique :* substance utilisée pour rendre une émulsion sensible à certaines couleurs. **3.** Qui sensibilise (qqn). *Un slogan sensibilisateur.*

sensibilisation [sɑ̃sibilizasjɔ̃] n. f. **1.** BIOL Mécanisme immunologique de réponse de l'organisme mis en présence d'un antigène ou d'une substance sensibilisatrice. **2.** PHOTO Opération qui consiste à sensibiliser (une émulsion, une plaque). **3.** Fig. Action de sensibiliser qqn.

sensibiliser [sɑ̃sibilize] v. tr. [1] **1.** BIOL Produire la sensibilisation de l'organisme. **2.** PHOTO Rendre sensible (une plaque, une émulsion). **3.** Fig. *Sensibiliser qqn à une chose,* la lui faire percevoir, comprendre.

sensibilité [sɑ̃sibilite] n. f. **1.** Caractère d'un être sensible physiquement. *Sensibilité à la douleur.* ▷ *Spécial.* PHYSIOL Ensemble des fonctions sensorielles. **2.** Propriété d'un élément anatomique qui peut être excité par des stimuli. **3.** Caractère d'une personne sensible, au point de vue affectif, esthétique, moral. **4.** Propriété d'un instrument, d'une chose sensible. *Sensibilité d'une balance.* ▷ PHOTO *Sensibilité d'une émulsion photographique :* la plus ou moins grande rapidité avec laquelle une image peut être enregistrée par cette émulsion. ▷ PHYS Rapport entre la variation de la grandeur de sortie d'un appareil et la variation correspondante de la grandeur d'entrée. *Sensibilité d'une cellule photoélectrique.*

sensible [sɑ̃sibl] adj. (et n.) **1.** Qui éprouve des sensations. *L'homme et les animaux sont des êtres sensibles.* ▷ *Sensible à :* qui est susceptible d'éprouver (telle sensation). **2.** Qui a la propriété de réagir à certains stimuli (tissus, organes vivants). *L'œil est sensible à la lumière.* ▷ Absol. *Avoir l'oreille sensible.* **3.** Qui devient facilement douloureux. *Point sensible.* **4.** Qui ressent vivement certaines émotions, certaines impressions morales, esthétiques. *Être sensible à la misère, à la beauté, aux compliments.* ▷ Absol. *Une personne sensible* (à toutes les impressions). – Subst. *Un(e) sensible. – Un cœur sensible,* compatissant. **5.** Qui réagit à de faibles variations (instruments, appareils). *– Balance sensible au milligramme,* qui peut mesurer des variations de masse de 1 mg. ▷ PHOTO *Plaque, papier, émulsion sensible,* qui peut enregistrer une image photographique. **6.** MUS *Note sensible* ou, n. f., *la sensible :* 7e degré de la gamme, note placée à un demi-ton au-dessous de la tonique. **7.** PHILO Qui peut être perçu par les sens (par oppos. à *intelligible*). *Le monde sensible.* **8.** Perceptible, appréciable. *Faire des progrès sensibles.*

sensiblement [sɑ̃sibləmɑ̃] adv. **1.** De façon perceptible, appréciable. **2.** À peu de chose près. *Ils sont sensiblement du même âge.*

sensiblerie [sɑ̃sibləʀi] n. f. Sensibilité puérile, outrée.

sensitif, ive [sɑ̃sitif, iv] adj. PHYSIOL Qui a rapport aux sensations, qui les transmet. *Nerfs sensitifs.*

sensitive [sɑ̃sitiv] n. f. Arbre (fam. mimosacées) des régions chaudes, dont les feuilles composées se replient au moindre contact.

sensitivo-moteur, trice [sɑ̃sitivomɔtœʀ, tʀis] adj. PHYSIOL Qui concerne à la fois la sensibilité et la motricité. *Les nerfs sensitivo-moteurs.*

sensoriel, elle [sɑ̃sɔʀjɛl] adj. PSYCHO, PHYSIOL Relatif aux sens, aux organes des sens.

sensori-moteur, trice [sɑ̃sɔʀimɔtœʀ, tʀis] adj. PSYCHO, PHYSIOL Qui concerne à la fois la sensibilité, la sensation et la motricité. *Des troubles sensori-moteurs.*

sensualisme [sɑ̃sɥalism] n. m. PHILO Doctrine selon laquelle toute connaissance dérive de la sensation. *Le sensualisme de Condillac.*

sensualité [sɑ̃sɥalite] n. f. Caractère, inclination d'une personne sensuelle.

sensuel, elle [sɑ̃sɥɛl] adj. (et n.) **1.** Qui a rapport aux sens (1, sens I, 2). *Une jouissance toute sensuelle.* **2.** Se dit de personnes attachées aux plaisirs des sens (et notam. aux plaisirs sexuels). ▷ Subst. *C'est un(e) sensuel(le).* **3.** Qui donne ou exprime une émotion de caractère charnel. *Une voix sensuelle.*

sentence [sɑ̃tɑ̃s] n. f. **1.** Décision de justice, jugement rendu par une autorité compétente. *Prononcer une sentence de mort.* **2.** Vieilli Formule énonçant solennellement une règle de morale. *Parler par sentences.*

sentencieux, euse [sɑ̃tɑ̃sjø, øz] adj. Péjor. Qui s'exprime fréquemment par sentences (sens 2). – Par ext. *Un ton sentencieux,* d'une gravité affectée.

senteur [sɑ̃tœʀ] n. f. Litt. (Cour. au Québec) Odeur, parfum. *Des senteurs de fleurs. – Une senteur désagréable.*

senteux, euse [sɑ̃tø, øz] adj. et n. (Québec) Fam. Syn. de *écornifleux.*

senti, ie [sɑ̃ti] adj. **1.** Qui dénote sensibilité et authenticité. *Une œuvre bien sentie.* **2.** Qui est exprimé avec force et conviction. *Des remarques bien senties.*

sentier [sɑ̃tje] n. m. Chemin étroit. ▷ Fig., litt. *Les sentiers de la vertu.*

Sentier lumineux (en esp. *Sendero Luminoso*), mouvement de guérilla péruvien, fondé en 1970. Il lutte militairement contre l'État péruvien dep. 1980. Après l'arrestation de son chef, A. Guzman, en 1992, le Sentier lumineux s'est affaibli.

sentiment [sɑ̃timɑ̃] n. m. **1.** Tendance affective relativement durable, liée à des émotions, des représentations, des sensations; état qui en résulte. ▷ *Absol.* Ensemble des phénomènes affectifs. – Fam. *Faire du sentiment :* manifester une sentimentalité hors de propos. – *Tu ne m'auras pas au sentiment,* par des démonstrations sentimentales. **2.** État affectif d'origine morale. *Avoir le sentiment de l'honneur.* ▷ Plur. (Dans des formules de politesse.) *Veuillez agréer l'expression de mes sentiments distingués.* **3.** Dispositions altruistes. **4.** Connaissance intuitive. *Avoir le sentiment de son infériorité. J'ai le sentiment d'être observé, que je suis observé.* **5.** Litt. Faculté d'apprécier (qqch). *Avoir le sentiment de la nature.* **6.** Litt. Opinion. *Quel est votre sentiment sur sa conduite?*

sentimental, ale, aux [sɑ̃timɑ̃tal, o] adj. et n. **1.** Relatif à la vie affective, et spécial. à l'amour. *La vie sentimentale de qqn.* **2.** Qui est empreint d'une tendance à l'émotion facile, un peu mièvre. *Une chanson sentimentale.* **3.** Se dit d'une personne dont la sensibilité est romanesque, vive et souvent un peu naïve. – Subst. *Un(e) sentimental(e).*

sentimentalement [sɑ̃timɑ̃talmɑ̃] adv. D'une manière sentimentale.

sentimentalisme [sɑ̃timɑ̃talism] n. m. Tendance à manifester une sentimentalité excessive dans sa conduite.

sentimentalité [sɑ̃timɑ̃talite] n. f. Fait d'être sentimental (personnes); caractère de ce qui est sentimental.

sentinelle [sɑ̃tinɛl] n. f. **1.** Soldat armé qui fait le guet, qui assure la garde d'un camp, d'une caserne, etc. **2.** (Afr. subsah.) Garde, gardien.

sentir [sɑ̃tiʀ] v. [30] **A.** v. tr. **I. 1.** Percevoir par le moyen des sens (ne se dit pas pour la vue, ni pour l'ouïe; s'emploie spécial. pour le toucher et l'odorat). *Sentir une douleur. En tâtant ici, vous sentirez une bosse. On sentait l'odeur des foins.* ▷ Fig., fam. *Ne pas pouvoir sentir qqn,* ressentir de l'aversion à son égard. **2.** Respirer volontairement l'odeur de. *Sentez cette rose!* **3.** Exhaler, répandre une odeur de. *Cela sent le brûlé.* ▷ v. intr. *Cela sent bon.* – *Absol.* Sentir mauvais. *Qu'est-ce qui sent comme ça?* – Fig., fam. *Cela sent mauvais :* se dit d'une affaire qui prend mauvaise tournure. **4.** Fig. Révéler, trahir. *Ces pages sentent l'effort.* **II.** Fig. **1.** Être conscient de, se rendre compte de. *Sentir le ridicule d'une situation.* ▷ *Faire sentir qqch à qqn,* lui en faire prendre conscience. – (Choses) *Se faire sentir :* se manifester. **2.** Être sensible (du point de vue esthétique) à (qqch). *Sentir les beautés d'un poème.* **3.** Percevoir intuitivement. *Je sens que tu te trompes à son égard.* **4.** Être affecté par (qqch ou qqn); éprouver, ressentir. *Elle a senti son absence ce soir-là.* **B.** v. pron. **1.** (Suivi d'un attribut.) Avoir conscience d'être. *Se sentir soulagé. Je ne me sens pas bien.* – (Suivi d'un inf.) *Elle se sentit défaillir.* – *Ne pas se sentir de joie :* être envahi par une joie extrême. **2.** Se rendre compte qu'on a (telle disposition intérieure). *Vous sentez-vous le courage de continuer?* **3.** (Choses) Être senti, perçu. *Sa bonté se sent.* **C.** v. intr. (Québec) Fam. Syn. de *écornifler* (sens 2).

Senufo. V. Sénoufo.

Séoud ou **Ibn Séoud, Saoud** ou **Sa'ud** *(Sa'ūd),* nom sous lequel sont connus en Occident deux rois d'Arabie* Saoudite. — **Abd al-Aziz III ibn Saoud** *('Abd al-'Azīz ibn Sa'ūd)* (1881 - 1953), roi de 1932 à 1953. Émir du Nadjd (1902), il se fit proclamer roi du Hedjaz en 1926 et réunit les deux territoires en un royaume d'Arabie Saoudite (1932). Après 1945, les richesses pétrolières lui permirent de moderniser le pays. — **Saoud Abd al-Aziz** *(Al-Su'ūd 'Abd al-' Azīz)* (1902 - 1969), fils du précédent; roi de 1953 à 1964. Il fut déposé par son frère Faysal.

séoudien, enne [seudjɛ̃, ɛn] adj. et n. V. saoudien.

Séoudite (Arabie). V. Arabie Saoudite.

Séoul ou **Kyöngsong,** cap. de la Corée du Sud, sur le Han, à 60 km du port d'Inchon, sur la mer Jaune; plus de 10 millions d'hab. Grand centre commercial et industriel. – La ville fut le siège des jeux Olympiques de 1988.

sep ou **cep** [sɛp] n. m. TECH Partie de la charrue qui porte le soc.

sépale [sepal] n. m. BOT Chacune des pièces du calice d'une fleur.

séparable [sepaʀabl] adj. Qui peut être séparé.

séparateur, trice [sepaʀatœʀ, tʀis] adj. et n. m. **1.** adj. Qui a la propriété de séparer. ▷ PHYS *Pouvoir séparateur d'un instrument d'optique,* sa capacité à donner des images séparées de points ou d'objets rapprochés. **2.** n. m. TECH Appareil servant à séparer des éléments d'un mélange hétérogène. *Séparateur magnétique.* ▷ Cloison isolante placée entre les plaques d'un accumulateur.

séparation [sepaʀasjɔ̃] n. f. **1.** Action de séparer, de se séparer; son résultat. – *Séparation des pouvoirs :* principe constitutionnel en vertu duquel les pouvoirs législatif, exécutif et judiciaire sont séparés. ▷ DR *Séparation de biens :* régime matrimonial dans lequel chacun des époux gère ses propres biens. – *Séparation de corps :* état résultant d'une décision de justice, dans lequel se trouvent deux époux qui, tout en restant mariés et soumis aux autres obligations du mariage, vivent séparément. ▷ PHYS NUCL *Séparation isotopique :* V. encycl. isotope. **2.** Chose qui sépare un espace, un objet d'un autre. ▷ Fig. Délimitation.

séparatisme [sepaʀatism] n. m. Tendance, mouvement au sein d'une population (ou d'une partie de celle-ci) en faveur de la sécession politique entre la région où elle vit et l'État dont elle fait partie. *Le séparatisme basque, québécois.*

séparatiste [sepaʀatist] n. et adj. Partisan du séparatisme. – adj. *Un parti séparatiste.*

séparé, ée [sepaʀe] adj. **1.** Différent, distinct. *Chambres séparées.* **2.** Se dit de personnes qui ne vivent plus ensemble. *Époux séparés.*

séparément [sepaʀemɑ̃] adv. À part l'un de l'autre, isolément. *On les a interrogés séparément.*

séparer [sepaʀe] v. [1] **I.** v. tr. **1.** Faire en sorte que cesse de former un tout (ce qui est joint ou mêlé). ▷ Fig. *Séparer les propositions à retenir de celles qui sont à rejeter.* **2.** Faire en sorte que cessent d'être ensemble (des personnes, des êtres vivants). – *Séparer deux adversaires,* les empêcher de se battre en les éloignant l'un de l'autre. ▷ Fig. *Un malentendu a séparé les deux amis.* **3.** Diviser (un espace) en plusieurs parties. *Cet appartement a été séparé en deux.* **4.** (Sujet n. de chose.) Former une séparation entre (deux choses, deux êtres vivants). *Un mur sépare ces deux maisons.* ▷ Fig. *Tout sépare ces personnes,* elles sont totalement différentes. **II.** v. pron. **1.** Devenir séparé. *Nos chemins se séparent ici.* **2.** Se quitter. *Nous devons nous séparer.* **3.** S'éloigner de; ne plus vivre avec. *Se séparer de ses amis.*

sépia [sepja] n. f. **1.** ZOOL Matière colorante brunâtre sécrétée par la seiche pour se dérober à la vue de ses prédateurs. **2.** Liquide colorant brun foncé. **3.** Dessin, lavis exécuté avec la sépia.

sépiole [sepjɔl] n. f. ZOOL Mollusque céphalopode des mers d'Europe, voisin de la seiche, de petite taille et portant deux nageoires arrondies.

sépiolite [sepjɔlit] n. f. MINER Écume de mer.

seps [sɛps] n. m. ZOOL Reptile saurien méditerranéen (genre *Chalcides*), ovovivipare, au corps fusiforme (une vingtaine de centimètres) et aux pattes réduites.

sept [sɛt] adj. inv. et n. m. inv. **I.** adj. num. inv. **1.** (Cardinal) Six plus un (7). *Les sept péchés capitaux.* **2.** (Ordinal) Septième. *Page sept.* – Ellipt. *Le sept décembre.* **II.** n. m. inv. **1.** Le nombre sept. ▷ Chiffre représentant le nombre sept (7). *Tracer un sept.* ▷ Numéro sept. *Habiter au sept.* ▷ *Le sept :* le septième jour du mois. *Nous sommes le sept.* **2.** JEU Carte portant sept marques. *Le sept de cœur.* **3.** POLIT *Groupe des Sept :* groupe des sept pays les plus industrialisés du monde (Allemagne, Canada, État-Unis, France, Grande-Bretagne, Italie, Japon) qui se réunissent régulièrement pour traiter des problèmes économiques mondiaux. (Abrév. cour. : G7).

Sept (groupe des), groupe de sept peintres canadiens qui à Toronto, en 1920, réagirent contre l'influence européenne. Ils préconisaient notam. la peinture des paysages canadiens.

Sept Ans (guerre de), guerre qui opposa, de 1756 à 1763, la France et l'Autriche à l'Angleterre et à la Prusse. Elle eut pour causes princ. la rivalité coloniale et économique franco-anglaise, et le désir de l'Autriche de reprendre la Silésie à la Prusse. L'Angleterre mena la guerre sur mer et dans les colonies, acculant à la défaite les Franç. Montcalm en Nouvelle-France (1759) et Lally-Tollendal aux Indes (1761). Sur terre, la France et l'Autriche, aidées par la Russie, la Suède et les princes allemands, furent vaincues par Frédéric II de Prusse (notam. à Rossbach en 1757). Par le traité de Paris (10 fév. 1763), Louis XV cédait l'E. de la Louisiane, quelques îles des Antilles et une grande partie des possessions françaises dans l'Inde. Par le traité d'Hubertsbourg (15 fév. 1763), Marie-Thérèse d'Autriche cédait définitivement la Silésie à la Prusse.

septantaine [sɛptɑ̃tɛn] n. f. (Belgique) Ensemble d'environ soixante-dix unités.

septante [sɛptɑ̃t] adj. num. cardinal (et n.) (Acadie, vieilli; Afr. subsah.; Aoste; Belgique; France rég.; Suisse) Syn. de *soixante-dix.*

Septante (les), les 72 ou 70 docteurs juifs d'Alexandrie auxquels on attribue légendairement la prem. traduction de la Bible en grec, au IIIe s. av. J.-C. En réalité, cette *version* dite *des Septante* ou *alexandrine* fut réalisée du IIIe s. à la fin du IIe s. av. J.-C.

septantième [sɛptɑ̃tjɛm] adj. num. ord. (Belgique) Soixante-dixième.

Sept Chefs ou, absol., **Sept** (guerre des), guerre légendaire qui opposa Étéocle, fils d'Œdipe et roi de Thèbes, à son frère Polynice et à six autres chefs.

septembre [sɛptɑ̃bʀ] n. m. Neuvième mois de l'année, comprenant trente jours.

Septembre (massacres de), sous la Révolution française, massacres perpétrés du 2 au 6 septembre 1792 par les membres des sections révolutionnaires dans les princ. prisons parisiennes. La peur de l'invasion prussienne, attisée par Marat et Danton, suscita ces tueries, à Paris et, parfois, en province.

Septembre (révolution du **4**), révolution française qui suivit la capitulation de Sedan (2 sept. 1870) : à Paris, sans effusion de sang, fut proclamé l'avènement de la république.

Septembre noir, nom donné par la résistance palestinienne au massacre de plusieurs milliers de militants palestiniens par les forces jordaniennes, en septembre 1970.

septennal, ale, aux [sɛptenal, o] adj. Didac. Qui dure sept ans; qui se produit tous les sept ans.

septennat [sɛptena] n. m. Durée de sept ans d'une fonction.

septentrional, ale, aux [sɛptɑ̃tʀijɔnal, o] adj. Didac. Du nord; qui est situé au nord. *Les peuples septentrionaux.*

septicémie [sɛptisemi] n. f. MED Infection générale grave causée par la dissémination dans le sang de germes pathogènes à partir d'un foyer primitif (abcès, anthrax, etc.).

septicité [sɛptisite] n. f. Didac. Caractère de ce qui est septique, infectieux.

septième [sɛtjɛm] adj. et n. **I.** adj. num. ord. Dont le rang est marqué par le nombre 7. *Le septième étage* ou, ellipt., *le septième.* ▷ *Le septième art :* le cinéma. ▷ Fig. *Être au septième ciel :* être dans le ravissement. ▷ (Afr. subsah.) *Septième jour :* cérémonie célébrée à la mémoire d'un défunt sept jours après son décès. **II.** n. **1.** Personne, chose qui occupe la septième place. **2.** n. f. Classe qui précède la sixième, deuxième année du cours moyen de l'enseignement primaire. **3.** n. m. Chaque partie d'un tout divisé en sept parties égales. **4.** n. f. MUS Intervalle de sept degrés. – Septième degré de la gamme diatonique.

Sept-Îles, port du Québec, sur l'estuaire du Saint-Laurent (r. g.), au débouché de la voie ferrée qui dessert le Nouveau-Québec; 24800 hab. Exportation de fer.

Septime Sévère (en lat. *Lucius Septimius Severus*) (146 – 211), empereur romain (193-211), issu d'une famille de Tripolitaine. Bon administrateur, il fut autoritaire. Vainqueur des Parthes (197-202), il constitua la prov. de Mésopotamie. Favorable aux cultes orientaux, il s'opposa au christianisme.

septique [sɛptik] adj. **1.** MED Qui provoque ou peut provoquer l'infection. ▷ Contaminé ou provoqué par des germes pathogènes. **2.** *Fosse septique :* fosse d'aisances dans laquelle les matières organiques se décomposent par fermentation.

Sept Sages (les). V. Sages (les Sept).

septuagénaire [sɛptɥaʒenɛʀ] adj. et n. Qui a entre soixante-dix et quatre-vingts ans. – Subst. *Un(e) septuagénaire.*

septum [sɛptɔm] n. m. ANAT, SC NAT Cloison qui sépare deux cavités, deux parties d'un organe. *Septum nasal.*

septuple [sɛptypl] adj. et n. m. Qui vaut sept fois autant. *Valeur septuple.* ▷ n. m. *Mise qui rapporte le septuple.*

sépulcral, ale, aux [sepylkʀal, o] adj. Fig. Qui fait penser au tombeau, à la mort. *Voix sépulcrale,* caverneuse.

sépulcre [sepylkʀ] n. m. Litt. Tombeau. ▷ *Le Saint*-Sépulcre.*

sépulture [sepyltyʀ] n. f. **1.** Vx ou litt. *Être privé de sépulture :* ne pas être enterré. **2.** Lieu où l'on enterre un mort; monument funéraire.

séquelle [sekɛl] n. f. (Surtout au plur.) MED Manifestation pathologique qui persiste après une maladie, un accident, etc. ▷ Fig. Suite fâcheuse d'un état, d'un événement, etc.

séquençage [sekɑ̃saʒ] n. m. BIOL Décryptage des diverses séquences moléculaires constituant un gène.

séquence [sekɑ̃s] n. f. **1.** JEU Suite d'au moins trois cartes de même couleur. – Au poker, suite de cinq cartes de couleur quelconque. **2.** CINE, AUDIOV Suite de plans constituant une des divisions du récit cinématographique. **3.** INFORM Suite de phases d'un automatisme séquentiel. **4.** Didac. Suite d'opérations, d'éléments ordonnés ou enchaînés.

séquentiel, elle [sekɑ̃sjɛl] adj. Relatif à une séquence (sens 4). ▷ INFORM Qui commande une suite ordonnée d'opérations.

séquestration [sekɛstʀasjɔ̃] n. f. Action de séquestrer; son résultat. ▷ *Spécial.* DR Délit ou crime consistant, pour un particulier, à tenir une personne séquestrée arbitrairement.

séquestre [sekɛstʀ] n. m. DR **1.** Remise en main tierce soit d'une chose litigieuse jusqu'au règlement du litige, soit d'une chose offerte en garantie par un débiteur, soit du prix de cession de certains biens jusqu'à l'expiration d'un délai de réclamation ou d'opposition. *Mettre, placer un bien sous séquestre.* ▷ Acte par lequel un État en guerre s'empare des biens ennemis situés sur son territoire. **2.** Gardien d'un séquestre.

séquestrer [sekɛstʀe] v. tr. [1] **1.** DR Mettre sous séquestre. **2.** Cour. Tenir (qqn) enfermé. ▷ *Spécial.* Tenir (qqn) enfermé arbitrairement et illégalement.

séquoia [sekɔja] n. m. Conifère de Californie d'une taille élevée (jusqu'à 140 m) et d'une longue durée de vie (jusqu'à 30-40 siècles).

sérac [seʀak] n. m. GEOL Bloc ou amas de blocs de glace dû à la fragmentation d'un glacier.

sérail [seʀaj] n. m. Palais du sultan à Istanbul *(le Sérail),* d'un gouverneur de province, dans la Turquie ottomane. – Ensemble des services administratifs, politiques, militaires, du sultan, d'un gouverneur. ▷ Fig. *Avoir été nourri dans le sérail :* avoir une longue expérience (d'un milieu, d'une organisation, etc.).

Seraing, com. de Belgique (prov. de Liège), sur la Meuse; 64540 hab. Centre sidérurgique et métallurgique.

serapeum, plur. **serapea** [seʀapeɔm, serapea] n. m. ARCHEOL En Égypte, nécropole des taureaux Apis, devenus Osiris à leur mort. – Temple de Sérapis.

1. séraphin [seʀafɛ̃] n. m. Ange décrit par Isaïe avec trois paires d'ailes.

2. séraphin, ine [seʀafɛ̃, in] adj. et n. (Québec) Fam. Avare (sens 1).

Sérapis ou **Sarapis,** divinité égyptienne créée (probl. en réunissant Osiris et Apis) par les Ptolémées, dieu des Morts et dieu guérisseur.

serbe [sɛʀb] adj. et n. **1.** adj. De Serbie. ▷ Subst. *Un(e) Serbe.* **2.** n. m. *Le serbe :* la variante du serbo-croate parlée en Serbie.

Serbie (en serbe *Srbija*), rép. fédérée de Yougoslavie (constituée en 1992 par la Serbie et le Monténégro); 88361 km^2 (avec les territ. de Vojvodine et du Kosovo); 9656000 hab.; cap. *Belgrade.*

Géogr. et écon. – La région s'étend sur les massifs des Balkans et du Rhodope, coupés de bassins et arrosés par la Morava (hormis dans le N., où se trouve la Vojvodine*). L'agriculture est dominante : céréales (maïs, surtout), élevage. Import. ressources minières et énergétiques : lignite, cuivre, antimoine, hydroélectricité; industries de transformation (dans la vallée de la Morava et à Belgrade).

Hist. – Rattachée à la prov. romaine de Mésie, envahie vers le VIIe s. par les Serbes, la région, christianisée au IXe s., fut disputée par les Byzantins et les Bulgares. Elle forma un royaume indép. en 1180 et eut une Église autonome v. 1220. Elle s'agrandit notablement sous la dynastie des Nemanjič (XIIe-XIVe s.) mais, après le règne glorieux d'Étienne Douchan (1331-1355), elle fut conquise par les Turcs après la défaite de Kosovo (1389). Malgré l'aide des Habsbourg au XVIIIe s. et plus. soulèvements violents, l'occupation, très dure, s'exerça jusqu'en 1815. Dirigée par Karageorges, une insurrection échoua (1804-1813). Miloš Obrenović, qui reprit la lutte, obtint en 1830 que la Turquie reconnaisse la Serbie comme principauté auton. sous la suzeraineté turque. Le pouvoir fut disputé durant le XIXe s. entre deux familles : les Obrenović* et les Karadjordjević. (V. Karageorges.) Placée sous la protection des puissances européennes par le traité de Paris (1856), la Serbie, totalement indép. en 1878, forma un royaume héréditaire en 1882 au profit des Obrenović. Un mouvement nationaliste se développa, qui prétendait libérer et unir tous les Slaves du Sud en s'appuyant sur la Russie. Après les guerres balkaniques (1912-1913), il provoqua l'hostilité de l'Autriche, qui lui déclara la guerre le 28 juillet 1914 à la suite de l'attentat de Sarajevo (28 juin 1914). Durement éprouvée par l'occupation germano-bulgare (1915-1918), délivrée par les Alliés, la Serbie domina le royaume des Serbes, Croates et Slovènes, créé en 1918 et dénommé Yougoslavie en 1931. En 1945, elle devint république fédérée au sein de la Yougoslavie. Alors que le communisme s'effondrait dans l'orbite sov. (1989), Slobodan Milosevic, président de la Ligue communiste de Serbie dep. 1986, fut élu prés. de la Rép. féd. de Serbie et adopta une politique nationaliste. En 1990, il nomma Parti socialiste la Ligue. Les Serbes, qui dominaient la Yougoslavie, réprimèrent les soulèvement des Albanais au Kosovo* et des Hongrois en Vojvodine*, prov. dont ils abolirent l'autonomie. En 1991, ils tentèrent de maintenir par la force une fédération de Yougoslavie* où la Serbie dominerait les autres rép., qui désiraient leur indép. Dès mai 1991, les conflits éclatèrent dans ces rép. entre les minorités serbes et les majorités autochtones. En juin-juillet, la Croatie* et la Slovénie* proclamèrent leur indép. et l'armée fédérale, essentiellement serbe, intervint. La Macédoine* fut indép. en sept. En janv. 1992, la C.É.E. reconnut (peu apr. l'Allemagne) l'indép. de la Croatie et celle de la Slovénie. Puis ce fut le tour de la Bosnie*-Herzégovine (fin fév. - déb. mars), dont la C.É.E. reconnut l'indép. le 6 avril. Le 27 avril, la Serbie constitua une nouv. Rép. fédérale de Yougoslavie avec le Monténégro. De même qu'elle avait soutenu les Serbes en Croatie, elle soutint ceux de Bosnie (30 %, orthodoxes) contre les Slaves musulmans (près de 50%) et les Croates (20 %, cathol.), menant une guerre atroce. Le Parti socialiste de Milosevic (réélu prés.) domine dès lors la vie politique. Comme en Bosnie et en Croatie, la Serbie a pratiqué la «purification ethnique» (visant à chasser les non-Serbes) au Kosovo, au Sandjak et en Vojvodine. En 1994, pour mettre fin à son isolement international, Milosevic s'est désolidarisé des Serbes de Bosnie et en nov. 1995 il a signé les accords de Dayton. (V. Bosnie-Herzégovine.) En nov. 1996, l'opposition gagne les élections municipales dans quatorze villes de Serbie, dont Belgrade, mais doit manifester quotidiennement pendant trois mois pour que Slobodan Milosevic accepte officiellement cette victoire (fév. 1997).

serbo-croate [sɛʀbokʀɔat] adj. et n. **1.** adj. Relatif à la Serbie et à la Croatie. **2.** n. m. Langue indo-européenne du groupe slave parlée en Serbie, en Croatie, en Bosnie-Herzégovine et dans le Monténégro.

séré [seʀe] n. m. (France rég., Suisse) Fromage blanc compact.

1. serein, eine [səʀɛ̃, ɛn] adj. **1.** (Conditions atmosphériques.) Pur et calme. *Ciel serein.* **2.** Fig. Exempt de trouble, d'inquiétude. *Des jours sereins. Un esprit serein. – Un jugement serein,* non entaché de passion, de partialité.

2. serein [səʀɛ̃] n. m. (Antilles fr.) Fraîcheur, humidité du soir. *Mettre son chapeau pour le serein.*

sereinement [səʀɛnmɑ̃] adv. D'une manière sereine (sens 2).

Serekunda, princ. v. de Gambie, au S.-O. de Banjul; 102 000 hab. Centre de l'arachide, huileries.

sérénade [seʀenad] n. f. **1.** Anc. Concert donné la nuit sous les fenêtres de qqn. **2.** MUS Composition musicale en plusieurs mouvements.

sérénité [seʀenite] n. f. État serein (d'une personne, de son apparence, etc.). ▷ Caractère d'un jugement serein.

sérère [seʀɛʀ] adj. et n. m. **1.** adj. Des Sérères. *Coutumes sérères.* **2.** n. m. Langue nigéro-congolaise du groupe ouest-atlantique parlée par les Sérères.

Sérère(s), population de l'ouest du Sénégal (env. 1 100 000 personnes). Ils parlent une langue nigéro-congolaise du groupe ouest-atlantique, une des six langues nationales du Sénégal.

séreux, euse [seʀø, øz] adj. et n. f. MED Qui a les caractères de la sérosité, du sérum. ▷ *Membrane séreuse* ou, n. f., *séreuse :* membrane qui tapisse les cavités closes de l'organisme.

serf, serve [sɛʀ(f), sɛʀv] n. FEOD Personne attachée à une terre et vivant dans la dépendance d'un seigneur.

serge [sɛʀʒ] n. f. Tissu de laine sec et serré à armure de sergé.

sergé [sɛʀʒe] n. m. TEXT Une des armures fondamentales utilisées dans le tissage, qui forme des côtes obliques. – *Armure* (en appos.) *sergé* ou (adj.) *sergée.*

Serge de Radonège (saint) (v. 1321 – 1391), rénovateur de la vie monastique en Russie.

sergent [sɛʀʒɑ̃] n. m. **1.** Sous-officier du grade le plus bas dans certaines armes (infanterie, génie, aviation, etc.). – *Sergent-chef, sergent-major :* sous-officiers des deux grades intermédiaires entre ceux de sergent et d'adjudant. *Des sergents-chefs, des sergents-majors.* **2.** TECH Serre-joint de menuisier.

sériciculture [seʀisikyltyʀ] n. f. TECH Élevage des vers à soie; production de la soie.

série [seʀi] n. f. **1.** MATH Suite de termes se succédant ou se déduisant les uns des autres suivant une loi. ▷ CHIM Ensemble de composés ayant des propriétés communes et une même formule générale. ▷ PHYS *Série spectrale :* ensemble de raies correspondant aux transitions entre deux niveaux d'énergie d'un atome. **2.** Cour. Suite, succession (de choses analogues et constituant un ensemble). ▷ Loc. *Série noire :* suite de malheurs, de revers, etc. ▷ COMM *Série de prix :* document administratif ou intraprofessionnel fixant les tarifs unitaires des services et utilisé, notamment, dans l'établissement des devis. ▷ MUS Base de la musique atonale dodécaphonique, qui se compose d'une suite des douze demitons de la gamme chromatique. **3.** Catégorie; groupe correspondant à une division ou à une sélection, dans un classement. *Élèves de la série A.* ▷ SPORT Chaque groupe de concurrents, dans une épreuve qualificative; l'épreuve ellemême. *Séries éliminatoires.* **4.** ELECTR *En série :* se dit d'un montage de conducteurs ou d'appareils qui, placés bout à bout, sont traversés par le même courant (par oppos. à *en parallèle*). **5.** *Fabrication en série :* fabrication normalisée et en grand nombre d'un produit. ▷ *Hors série :* en dehors de la fabrication normalisée; fig. hors du commun.

sériel, elle [seʀjɛl] adj. Didac. Relatif à une série; constitué en série(s). ▷ MUS *Musique sérielle,* fondée sur l'utilisation de séries. (V. dodécaphonisme.)

sérier [seʀje] v. tr. [2] Classer par séries; classer pour examiner tour à tour. *Sérier les difficultés.*

sérieusement [seʀjøzmɑ̃] adv. **1.** De manière sérieuse, appliquée. *Travailler sérieusement.* **2.** Sans plaisanter. *Parler sérieusement.* **3.** Gravement. *Être sérieusement blessé.* **4.** Réellement, vraiment, très. *Il en a sérieusement besoin.*

sérieux, euse [seʀjø, øz] adj. et n. m. **I.** adj. **1.** Se dit d'une personne (ou d'une attitude, d'un travail, etc.) réfléchie, conséquente, appliquée. *Un employé, un auditoire sérieux.* **2.** À qui (ou à quoi) l'on peut se fier. *Un associé sérieux. Une proposition sérieuse.* **3.** Qui ne manifeste pas de gaieté; grave. **4.** Rangé dans sa conduite, dans ses mœurs. *Jeune fille sérieuse.* **5.** (Choses) Important, digne de considération. *C'est une affaire sérieuse.* ▷ Considérable (en valeur ou en quantité). *Il a fait de sérieux progrès. – Des raisons sérieuses,* valables, fondées. ▷ Qui peut avoir des suites fâcheuses. *Un incident sérieux.* ▷ Qui n'est pas destiné à amuser, à distraire. *Musique sérieuse.* **II.** n. m. **1.** État, attitude d'une personne qui ne rit ni ne plaisante. *Conserver, tenir son sérieux.* **2.** Qualité d'une personne réfléchie, appliquée. *Faire preuve de sérieux.* **3.** Caractère d'une chose digne de considération, de crédit, ou faite avec soin. **4.** Loc. adv. *Au sérieux. Prendre qqch au sérieux,* y attacher de l'importance, y croire. – *Prendre qqn au sérieux,* attacher de l'importance à ce qu'il dit ou à ce qu'il fait, avoir pour lui de la considération. – *Se prendre au sérieux :* attacher une importance excessive à sa propre personne, à ses actions, etc.

sérigraphie [seʀigʀafi] n. f. TECH Procédé d'impression fondé sur le principe du pochoir et utilisant des écrans de soie. ▷ Image, épreuve obtenue par ce procédé.

serin [s(ə)ʀɛ̃] n. m. Petit oiseau passériforme (genre *Serinus* ou *Carduelis,* fam. fringillidés) dont une espèce, le serin des Canaries (V. canari), possède un plumage jaune vif. ▷ (En appos.) *Jaune serin :* jaune vif.

seriner [s(ə)ʀine] v. tr. [1] Fig. Faire apprendre (une chose) en la répétant. *Seriner une leçon à un enfant.*

seringue [s(ə)ʀɛ̃g] n. f. **1.** Petite pompe à main servant à injecter des liquides dans l'organisme, ou à en extraire. **2.** Instrument de jardinier, petite pompe destinée aux arrosages légers et aux projections d'insecticide.

sérique [seʀik] adj. MED Qui a rapport à un sérum, au sérum.

serkin [sɛʀkin] n. m. (Afr. subsah.) HIST Souverain, chef de tribu, au Niger.

serment [sɛʀmɑ̃] n. m. **1.** Attestation, en prenant comme témoin Dieu ou ce que l'on considère comme sacré, de la vérité d'une affirmation, de la sincérité d'une promesse. *Prêter serment. Témoigner sous la foi du serment. – Serment professionnel,* celui par lequel on jure de remplir strictement les fonctions dont on est investi. – *Serment d'Hippocrate :* serment énonçant les principes de la déontologie médicale prononcé par tout médecin avant de pouvoir exercer. **2.** Promesse formelle. *Serment d'amour.*

serments de Strasbourg. V. Strasbourg (serments de).

sermon [sɛʀmɔ̃] n. m. **1.** Discours prononcé en chaire pour instruire et exhorter les fidèles. *Les sermons de Bossuet.* **2.** Péjor. Discours ennuyeux et moralisateur; remontrance.

sermonner [sɛʀmɔne] v. tr. [1] Adresser un sermon (sens 2), des remontrances à. *Sermonner un enfant.*

sermonneur, euse [sɛʀmɔnœʀ, øz] n. et adj. Personne qui a tendance à sermonner. ▷ adj. *Il est très sermonneur.*

séro-. Élément, de *sérum.*

sérodiagnostic [seʀodjagnɔstik] n. m. MED Méthode de diagnostic fondée sur la mise en évidence d'anticorps spécifiques dans le sérum du sujet.

sérologie [seʀɔlɔʒi] n. f. BIOL Étude des sérums, de leurs propriétés.

sérologique [seʀɔlɔʒik] adj. BIOL Relatif à la sérologie.

séronégatif, ive [seʀonegatif, iv] adj. Chez qui le sérodiagnostic donne un résultat négatif. – *Spécial.* Qui présente un test sérologique négatif concernant le sida.

séropositif, ive [seʀopozitif, iv] adj. et n. Chez qui le sérodiagnostic donne un résultat positif. – *Spécial.* Qui présente un test sérologique positif concernant le virus du sida.

séropositivité [seʀopozitivite] n. f. Didac. Caractère séropositif. – *Spécial.* Caractère séropositif en ce qui concerne le diagnostic du sida.

séroprévalence [seʀopʀevalɑ̃s] n. f. Didac. Nombre d'individus séropositifs à un moment donné pour un microbe et une population donnés.

sérosité [seʀozite] n. f. PHYSIOL Liquide analogue au sérum sanguin, qui se forme dans les séreuses; liquide des hydropisies, des œdèmes, etc.

sérothérapie [seʀoteʀapi] n. f. MED Emploi thérapeutique d'un sérum provenant d'un sujet (humain ou animal) immunisé. *Sérothérapie antivenimeuse.*

sérotonine [seʀotɔnin] n. f. BIOCHIM Neurotransmetteur de la douleur à l'action vaso-constrictrice intense, sécrété par les fibres nerveuses et, lors de la formation du caillot sanguin, par les plaquettes.

séroual [seʀwal] n. m. V. saroual.

sérovaccination [seʀovaksinasjɔ̃] n. f. MED Immunisation par l'action associée d'un sérum et d'un vaccin.

sérow [seʀow] n. m. Chèvre sauvage (*Capricornis sumatrensis,* fam. caprinés) de l'Asie du Sud-Est.

Serowe, v. du Botswana, au S.-O. de Francistown; 95000 hab.; ch.-l. du district du Centre. Industries du charbon. – Lieu de sépulture de la famille royale Bamangwato.

Serpa Pinto (Alexandre Alberto da Rocha) (1846 – 1900), explorateur portugais de l'Afrique du S.-E.; gouverneur général du Mozambique (1889).

serpe [sɛʀp] n. f. Outil tranchant à large lame recourbée, utilisé pour tailler les arbres, fendre du bois, etc.

serpent [sɛʀpɑ̃] n. m. **1.** Reptile ophidien au corps allongé, dépourvu de membres, et qui se déplace par reptation. – *Serpents aglyphes, opisthoglyphes, protéroglyphes, solénoglyphes :* V. ces mots. – *Serpent à lunettes :* naja. – *Serpent à sonnette(s) :* crotale. – *Serpent d'eau :* couleuvre aquatique. – (Afr. subsah.) *Serpent des bananiers :* mamba vert. *Serpent-minute* ou *serpent à deux têtes :* typhlops. *Serpent-cracheur :* V. cracheur. *Serpent-boa :* python. ▷ Fig. *Réchauffer un serpent dans son sein :* favoriser les débuts dans la vie d'une personne qui plus tard nuira à son bienfaiteur. ▷ *Le Serpent :* le démon tentateur, dans les Écritures. **2.** Fig. Personne perfide, mauvaise. ▷ *Une langue de serpent :* une personne médisante. **3.** ECON, FIN *Serpent monétaire :* système qui organise et limite les marges de la fluctuation entre les monnaies de plusieurs pays. *Serpent monétaire européen.*
ENCYCL Les serpents les plus dangereux sont les serpents protéroglyphes et solénoglyphes. Les premiers gestes à accomplir en cas de morsure sont de mettre la victime au repos, de la rassurer, de calmer ses douleurs par un antalgique, de désinfecter la plaie. L'injection d'un sérum antivenimeux est essentielle.

serpentaire [sɛʀpɑ̃tɛʀ] n. m. ORNITH Oiseau falconiforme huppé d'Afrique tropicale (genre *Sagittarius*), haut sur pattes, qui se nourrit de serpents. Syn. secrétaire.

serpenteau [sɛʀpɑ̃to] n. m. Jeune serpent.

serpenter [sɛʀpɑ̃te] v. intr. [1] Former des ondulations, des sinuosités.

serpentin, ine [sɛʀpɑ̃tɛ̃, in] adj. et n. m. **I.** adj. Qui tient du serpent par sa forme, son mouvement. *Ligne, danse serpentine.* **II.** n. m. **1.** Tuyauterie sinueuse ou en hélice. **2.** Petit rouleau étroit de papier de couleur vive, qui se déroule quand on le lance.

serpentine [sɛʀpɑ̃tin] n. f. MINER Silicate de magnésium hydraté, de couleur verte.

serpette [sɛʀpɛt] n. f. Petite serpe.

serpillière [sɛʀpijɛʀ] n. f. Torchon en grosse toile, utilisé pour laver les sols. Syn. (Maghreb) chiffon de parterre, (Afr. subsah., Belgique, France rég., Luxembourg) loque et torchon, (Suisse, fam.) panosse, (Belgique, France rég.) wassingue.

serrage [seʀaʒ] n. m. Action de serrer; son résultat. *Le serrage des freins.*

serran [seʀɑ̃] n. m. ICHTYOL Poisson marin (genre *Serranus*) carnivore, très vorace, appelé aussi *perche de mer.*

serre [sɛʀ] n. f. **1.** Abri clos à parois translucides destiné à protéger les végétaux du froid. ▷ METEO *Effet de serre :* phénomène de réchauffement dû à l'action de l'atmosphère (comparée à celle de la vitre d'une serre) qui laisse passer certaines radiations solaires jusqu'à la Terre, tandis qu'elle en absorbe d'autres venues de cette dernière et qu'elle les lui renvoie. **2.** (Plur.) Griffes puissantes des rapaces.

serré, ée [seʀe] adj. et adv. **I.** adj. **1.** Dont les éléments sont étroitement rapprochés. *Un gazon dru et serré.* ▷ CINE, AUDIOV *Montage serré,* comportant des plans très courts. **2.** Fig. Qui dénote la rigueur, la vigilance. *Raisonnement serré. Jeu serré,* qui laisse peu de prise à l'adversaire. **3.** Fig. Gêné par des difficultés financières. ▷ (Belgique) Qui est dans une situation angoissante, critique. *J'ai été serré quand j'ai senti la voiture déraper.* **4.** *Café serré,* fait avec beaucoup de poudre de café et peu d'eau. **5.** (Afr. subsah.) *Avoir la mine serrée :* V. mine. **II.** adv. En serrant les éléments. *Tricoter serré.* ▷ Fig. Avec vigilance. *Jouer serré.*

serre-câble [sɛʀkabl] n. m. Dispositif servant à relier deux câbles bout à bout par serrage. *Des serre-câbles.*

serre-joint(s) [sɛʀʒwɛ̃] n. m. inv. TECH Instrument utilisé pour assurer le serrage d'un joint pendant le temps de prise de la colle.

serrement [sɛʀmɑ̃] n. m. Action de serrer. *Serrement de main :* poignée de main. ▷ Fig. *Serrement de cœur :* sensation pénible provoquée par l'angoisse, la tristesse.

serrer [seʀe] v. [1] **I.** v. tr. **1.** Tenir, entourer en exerçant une pression. *Serrer qqn, qqch contre soi. Serrer la main de qqn,* pour le saluer, pour prendre congé. ▷ Fig. *Cela serre le cœur,* excite la compassion, le chagrin. *L'émotion lui serrait la gorge,* l'oppressait, l'empêchait de parler. **2.** (Sujet nom de chose.) Gainer très, trop étroitement. *Col qui serre le cou.* **3.** Rendre très étroit (un lien, un nœud). *Serrer une ficelle autour d'un paquet.* **4.** Appliquer fortement (une chose) contre une autre en tournant, en pressant. *Serrer un écrou, un frein.* – Loc. fig., fam. *Serrer la vis* à qqn.* **5.** Rapprocher (des personnes, des choses espacées). *Serrer les rangs.* – *Serrer les dents :* crisper les mâchoires; fig. rassembler son énergie pour résister à qqch de pénible. ▷ (Afr. subsah.) *Serrer la mine :* se renfrogner, bouder. **6.** (En parlant d'un véhicule.) Longer de très près. *Serrer le trottoir.* – Absol. *Serrer à droite.* – MAR *Serrer le vent :* naviguer au plus près du vent. ▷ *Serrer qqn de près,* le suivre à faible distance. **7.** Vieilli Mettre à couvert, en sûreté. *Serrer son argent dans une cachette.* ▷ (Québec) Ranger, remiser. *Serrer la vaisselle.* **II.** v. pron. **1.** Entourer une partie de son corps en la comprimant. *Se serrer la taille.* – Loc. fig., fam. *Se serrer la ceinture :* réduire sa consommation de nourriture; *par ext.* restreindre ses dépenses. **2.** Se rapprocher les uns des autres. *Serrez-vous pour nous faire un peu de place.* ▷ *Se serrer contre qqn.*

Serres (Olivier de) (1539 – 1619), agronome français : *Théâtre d'agriculture et mesnage des champs* (1600).

Serres (Michel) (né en 1930), philosophe français : *le Système de Leibniz et ses modèles mathématiques* (1968), *Hermès* (5 vol., 1969-1980), *Détachement* (1983). Acad. française (1990).

serre-tête [sɛʀtɛt] n. m. inv. Bandeau rigide qui retient la chevelure.

serrure [seʀyʀ] n. f. Dispositif mécanique fixe qui permet de bloquer une porte, un panneau pivotant ou coulissant, un tiroir, etc., en position fermée au moyen d'une clé. *Faire jouer le pêne* d'une serrure dans la gâche*.*

serrurerie [seʀyʀʀi] n. f. **1.** Art, métier du serrurier. **2.** TECH Confection d'ouvrages en fer pour le bâtiment (grilles, balcons, rampes d'escaliers, ferrures d'huisseries, etc.).

serrurier [seʀyʀje] n. m. Celui qui fabrique, pose, vend des serrures et des ouvrages en fer.

sertir [sɛʀtiʀ] v. tr. [3] **1.** Enchâsser (une pierre) dans un chaton. **2.** TECH Fixer, assujettir (une pièce métallique) par pliage à froid. – *Sertir une cartouche :* refouler son extrémité en formant un bourrelet sur la rondelle de carton afin de maintenir les plombs.

sertissage [sɛʀtisaʒ] n. m. Action de sertir; son résultat.

sertisseur, euse [sɛʀtisœʀ, øz] n. TECH **1.** Personne dont le métier est de sertir. **2.** n. m. Appareil à sertir les cartouches.

sertissure [sɛʀtisyʀ] n. f. TECH **1.** Manière dont une pierre précieuse est sertie. **2.** Partie du chaton dans laquelle la pierre précieuse est sertie.

Sertorius (Quintus) (v. 123 – 72 av. J.-C.), général romain. Compagnon de Marius, il tenta, après le triomphe de Sulla, de constituer un État indépendant en Espagne (83 av. J.-C.), où il résista victorieusement à Metellus et à Pompée, avant de périr assassiné.

sérum [seʀɔm] n. m. **1.** *Sérum sanguin* ou, absol., *sérum :* partie liquide du sang, plasma débarrassé de la fibrine et de certains agents de la coagulation. ▷ *Sérum thérapeutique :* sérum prélevé sur un animal immunisé ou sur un sujet convalescent ou récemment vacciné et que l'on injecte, à titre préventif ou curatif, contre une maladie infectieuse ou contre les effets d'une substance toxique ou d'un venin. *Sérum antivenimeux, antitétanique.* **2.** *Sérum physiologique :* soluté de chlorure de sodium, isotonique au plasma sanguin, administré notam. en cas de déperdition saline avec déshydratation.

sérum-albumine [seʀɔmalbymin] n. f. BIOL Protéine du sérum, qui joue un rôle important dans le transport de certaines substances (bilirubine, hématine, etc.). *Des sérums-albumines.*

Sérusier (Paul) (1864 – 1927), peintre français symboliste. Il fonda le groupe des nabis* (1888).

servage [sɛʀvaʒ] n. m. **1.** HIST État de serf. **2.** Fig. Servitude morale.

serval, als [sɛʀval] n. m. ZOOL Petit mammifère félidé africain *(Felis serval),* à pelage tacheté.

servant [sɛʀvɑ̃] adj. m. et n. m. **I.** adj. m. **1.** *Chevalier servant :* compagnon empressé et galant d'une femme. **2.** DR *Fonds servant :* fonds supportant une servitude (par oppos. à *fonds dominant*). **II.** n. m. **1.** MILIT Artilleur chargé d'approvisionner une pièce pendant le tir. **2.** SPORT Celui qui sert la balle. Syn. serveur.

servante [sɛʀvɑ̃t] n. f. **1.** Vieilli Employée de maison, domestique. **2.** TECH Support réglable utilisé pour soutenir les pièces longues dont on travaille une extrémité sur l'établi.

serve [sɛʀv] n. f. V. serf.

Servet (Michel) (1511 – 1553), médecin et théologien espagnol. Grand voyageur, il vécut surtout en France. Professant une doctrine proche du panthéisme, il fut dénoncé par Calvin qui le fit condamner à mort et brûler vif.

serveur, euse [sɛʀvœʀ, øz] n. **1.** Personne qui sert les repas, les consommations, dans un restaurant, un café, etc. – n. f. *Demander l'addition à la serveuse.* Syn. (Suisse) sommelière. **2.** SPORT Personne qui sert la balle. Syn. servant. **3.** n. m. INFORM Organisme exploitant un système informatique qui permet la consultation et l'utilisation directes de banques de données.

serviabilité [sɛʀvjabilite] n. f. Qualité d'une personne serviable.

serviable [sɛʀvjabl] adj. Qui rend volontiers service; obligeant.

service [sɛʀvis] n. m. **I. 1.** Fonction, travail des gens de maison, du personnel hôtelier. *Entrer au service de qqn.* ▷ Manière dont ce travail est effectué. *Restaurant où le service est irréprochable.* – Gratification laissée par le client pour ce travail. *Service compris.* ▷ *Escalier de service,* affecté aux employés de maison, aux fournisseurs, etc. ▷ (Formule de civilité.) *Je suis à votre service* ou (Luxembourg) *service! :* je suis à votre disposition. **2.** (Dans *en service, hors service.*) Marche, fonctionnement, activité. *Mettre une machine en service. Ascenseur hors service.* **II.** Fait de servir en vertu d'une obligation morale. *Être au service de son pays.* ▷ *Service religieux :* célébration de l'office divin. ▷ *Service militaire* ou *service national :* temps pendant lequel un citoyen doit remplir ses obligations militaires. ▷ *Service d'ordre :* ensemble des personnes préposées au maintien de l'ordre au cours d'une manifestation. ▷ (Suisse) *Service du feu :* corps organisé pour combattre les incendies; ensemble des pompiers (1). **III. 1.** Fait de s'acquitter de ses obligations envers un employeur. *Avoir vingt ans de service dans une entreprise. Prendre son service à 8 heures.* – *Être de service :* être tenu d'exercer ses fonctions à un moment précis; être en train de les exercer. – *Être en service commandé :* accomplir une tâche qui découle de ses fonctions. ▷ (Plur.) Travail rémunéré. *Être satisfait des services de qqn.* – *États de services :* relevé des postes occupés par un fonctionnaire, un militaire. **2.** Division administrative de l'État, d'une organisation publique ou privée. *Le service de la Sûreté.* – *Le service de cardiologie d'un hôpital. Service commercial d'une entreprise.* ▷ *Service public :* organisme ayant une fonction d'intérêt public (postes, transports, etc.); cette fonction. ▷ (Afr. subsah.) Bureau (sens I, 3). – *Par ext.* Lieu de travail. *Partir au service,* à son travail. **3.** Plur. ECON Avantages ou satisfactions fournis, à titre onéreux ou gratuit, par les entreprises ou par l'État; activités économiques qui ne produisent pas directement des biens concrets. *Société de services. Prestataire* de services.* ▷ *Service de la dette :* ensemble des charges liées à l'exécution des obligations contractées (remboursement et amortissement des emprunts, paiement des intérêts, etc.). **IV.** Ce qu'on fait bénévolement pour être utile à qqn. *Rendre (un) service.* **V. 1.** Envoi, fourniture. *Faire le service gratuit d'un journal à qqn.* **2.** *Service après-vente :* ensemble des opérations nécessitées par la pose, l'entretien, la réparation d'une machine, d'un appareil, qui sont assurées par le vendeur. **3.** (Proche-Orient) *Service* ou *taxi-service :* taxi collectif qui adapte son itinéraire en fonction de la destination de chaque passager. **4.** SPORT Action de servir* la balle. **VI. 1.** Chacune des séries de repas servies dans un wagon-restaurant, une cantine, etc. *Premier, deuxième service.* **2.** Assortiment de vaisselle, de linge de table. *Service à thé.*

Service du travail obligatoire (S.T.O.), service institué, en France, en 1943, pour procurer de la main-d'œuvre aux usines allemandes.

serviette [sɛʀvjɛt] n. f. **1.** Linge qu'on utilise pour s'essuyer, spécial. à table ou lors de la toilette. ▷ *Serviette hygiénique* ou *protection périodique :* bande de matière absorbante jetable utilisée pendant la période des règles. **2.** Sac rectangulaire à rabat pour transporter des livres, des documents, etc.

serviette-éponge [sɛʀvjɛtepɔ̃ʒ] n. f. Serviette de toilette en tissu-éponge. *Des serviettes-éponges.*

servile [sɛʀvil] adj. **1.** Qui appartient à l'état d'esclave, de serf. *Tâches serviles.* **2.** Fig. Qui s'abaisse de façon dégradante devant ceux dont il dépend. *Il est servile.* – Par ext. *Complaisance servile.* **3.** Qui ne prend pas assez de liberté à l'égard d'un modèle. *Traducteur servile.*

servilement [sɛʀvilmɑ̃] adv. D'une manière servile (sens 2 et 3).

servilité [sɛʀvilite] n. f. Fait d'être servile (personnes); caractère de ce qui est servile (sens 2 et 3).

servir [sɛʀviʀ] v. [30] **I.** v. tr. dir. **1.** Remplir les fonctions d'employé de maison auprès de (qqn). **2.** S'acquitter de devoirs, d'obligations envers. *Servir l'État.* ▷ *Absol.* Combattre, être militaire. *Il avait servi sous Turenne.* ▷ (Afr. subsah.) Exercer des fonctions, occuper un poste. *Les jeunes instituteurs doivent d'abord servir en brousse.* **3.** Apporter son aide, son appui à (qqn, qqch). *Servir la cause de la paix.* – Fig. *Les circonstances l'ont bien servi,* aidé. **4.** *Servir la messe :* assister le prêtre durant la messe. **5.** Fournir (un client). *Ce boucher nous sert bien.* **6.** Présenter ou donner (un mets, une boisson). *Servir un plat. Servir à boire.* **7.** Mettre (certaines choses) à la disposition de qqn. – SPORT *Servir la balle* ou, absol., *servir,* la mettre en jeu. – *Servir une rente,* la payer régulièrement. **8.** Mettre (une pièce d'artillerie, une arme à tir rapide) en état de fonctionner. – *Servir une pièce d'artillerie,* l'alimenter en munitions. **9.** (Suisse) Fam. Utiliser (qqch). *Servir un aspirateur.* **II.** v. tr. indir. **1.** (Sujet n. de chose.) *Servir à :* être destiné à (un usage); être utile, bon à (qqch, pour qqn). ▷ Impers. (suivi de la prép. *de* et de l'inf.) *À quoi sert(-il) de continuer?* **2.** *Servir à qqn de :* faire office de. *Cela lui sert de prétexte.* **III.** v. pron. **1.** (Personnes) Prendre soi-même ce dont on a besoin ou envie, à table, chez un hôte, un commerçant. *Servez-vous.* ▷ Se fournir. *Elle se sert chez vous.* **2.** Faire usage de, utiliser. *Se servir d'un outil. Se servir de qqn pour arriver à ses fins.* **3.** (Choses) Être servi habituellement. *Ce plat se sert en sauce.*

serviteur [sɛʀvitœʀ] n. m. **1.** Vieilli Domestique. ▷ Litt. *Serviteur de... :* celui qui sert (qqn, qqch en vertu d'obligations). *Serviteur de l'État.* **2.** Plaisant *Votre serviteur :* moi qui vous parle.

servitude [sɛʀvityd] n. f. **1.** HIST État du serf; esclavage. ▷ Mod. État d'une personne ou d'un peuple privés de leur indépendance. *Réduire un pays en servitude.* **2.** Entrave à la liberté d'action; contrainte. *Tout métier comporte ses servitudes.* **3.** DR Charge imposée sur une propriété, pour l'usage et l'utilité d'une autre propriété. **4.** MAR *Bâtiment de servitude,* qui assure les services d'un port, d'une rade, d'un arsenal. **5.** (Polynésie fr.) Impasse desservant, depuis une voie publique, des parcelles de terrain enclavées. *Il habite servitude Hart, à Papeete.*

servocommande [sɛʀvokɔmɑ̃d] n. f. TECH Dispositif qui amplifie un effort et le transmet à un organe pour en commander le fonctionnement.

servofrein [sɛʀvofʀɛ̃] n. m. AUTO Servocommande agissant sur les organes de freinage.

servomécanisme [sɛʀvomekanism] n. m. TECH Dispositif qui réalise automatiquement un asservissement.

servomoteur [sɛʀvomɔtœʀ] n. m. TECH Moteur servant au réglage d'un organe dans un servomécanisme.

ses [se] adj. poss. V. son (1).

sésame [sezam] n. m. **1.** Plante dicotylédone gamopétale originaire de l'Inde et cultivée également en Afrique pour ses graines. *Huile de sésame.* **2.** Fig., litt. Ce qui permet d'atteindre un but, comme par enchantement. *Votre lettre a servi de sésame.*

sesbania [sɛsbanja] n. f. BOT Plante herbacée (fam. papilionacées) capable de fixer l'azote du sol, cultivée pour amender les terres.

sessile [sesil] adj. BOT Qui s'insère sur un organe sans être porté par un pédoncule. *Fleur, feuille sessile.*

session [sɛsjɔ̃] n. f. **1.** Temps pendant lequel siège un corps délibérant, un tribunal, etc. *Session parlementaire.* **2.** Temps pendant lequel siège un jury d'examen. *Session d'octobre.* **3.** (Québec) Trimestre (au cégep, à l'université).

set [sɛt] n. m. (Anglicisme) **1.** Manche d'une partie de tennis, de tennis de table, de badminton, de volley-ball. **2.** *Set de table :* assortiment de napperons que l'on place sous les assiettes. ▷ *Abusiv.* Chacun de ces napperons. **3.** (Québec) Fam. Ensemble de meubles. *Set de chambre à coucher, de cuisine.* – Service (sens VI, 2). *Un set de vaisselle.* **4.** (Québec) Danse traditionnelle proche du quadrille. *Danser un set.*

Setchouan. V. Sichuan.

Seth, dieu égyptien du Mal et des Ténèbres, frère d'Osiris, qu'il assassina.

Seth, personnage biblique, troisième fils d'Adam et d'Ève (Genèse, IV, 25).

Séthi ou **Séti I**er, grand prêtre de Seth, puis pharaon de 1312 à 1298 av.

J.-C.; il lutta contre les Hittites. Son tombeau se trouve dans la Vallée des Rois. — **Séthi** ou **Séti II,** pharaon de 1210 à 1205 av. J.-C.; avant-dernier souverain de la XIXe dynastie.

Sétif *(Saṭīf),* v. de l'Algérie orientale, à 1100 m d'alt.; 186640 hab. (*Sitifiens*); ch.-l. de la wilaya du m. nom. Centre agric. (céréales); industr. alimentaires. – Du 8 au 10 mai 1945, à la suite d'émeutes sanglantes, la ville fut bombardée sur ordre du gouvernement français.

Settat *(Saṭṭāt),* v. du Maroc, au S. de Casablanca; 145000 hab.; ch.-l. de la prov. du m. nom. Cap. économique de la Chaouia, à proximité de gisements de phosphates. Marché agric. – Casbah du XVIIe s.

setter [setɛʀ] n. m. Grand chien d'arrêt à longs poils doux et ondulés.

seuil [sœj] n. m. **1.** Partie inférieure de l'ouverture d'une porte. **2.** Entrée d'une maison; emplacement devant la porte, à proximité immédiate de celle-ci. ▷ Fig., litt. *Le seuil de :* le début de. **3.** GEOGR Élévation d'un fond marin ou fluvial; exhaussement de terrain séparant deux régions d'altitudes comparables. **4.** Valeur à partir de laquelle un phénomène produit (ou, plus rarement, cesse de produire) un effet. ▷ PHYS NUCL *Seuil d'énergie d'une particule :* énergie minimale nécessaire pour que cette particule déclenche la réaction nucléaire. ▷ PHYSIOL Valeur minimale en deçà de laquelle un stimulus ne produit pas d'effet. **5.** Niveau au-delà duquel la situation est critique. – ECON *Seuil de rentabilité :* niveau de vente à partir duquel les frais sont couverts. – ECOL *Seuil de nocivité,* au-delà duquel un phénomène devient une nuisance.

seul, seule [sœl] adj. et n. **A.** adj. **I.** (Attribut ou épithète placée après le nom; souvent renforcé par *tout.*) **1.** Qui est momentanément sans compagnie. *Se promener seul, tout seul.* ▷ *Seul(e) à seul(e) :* en tête à tête. *Il parle seul à seule avec sa femme.* ▷ Loc. (Guyane) *Ne pas être seul :* voir double sous l'effet de l'alcool. **2.** Qui est généralement isolé, qui vit sans amis. *Il est seul au monde :* il n'a pas de famille. **II.** (Épithète placée avant le nom.) Un, unique. *Le seul bien qui lui reste.* **III.** (Avec une valeur d'adverbe.) **1.** Seulement. – (En appos.) *Spectacle que seuls les enfants apprécient.* **2.** Loc. *Tout seul :* facilement. *Cela va tout seul.* **B.** n. *Un seul, une seule :* une personne unique. *Le pouvoir d'un seul. – Le seul, la seule :* la seule personne.

seulement [sœlmɑ̃] adv. **1.** Sans rien de plus; et pas davantage. *Ils sont seulement trois dans le secret. Je vous demande seulement de partir.* ▷ (Avec un complément de temps.) *Il arrive seulement dans huit jours,* pas avant huit jours. – *Il vient seulement de partir :* il vient tout juste de partir. **2.** *Pas seulement :* pas même. – *Sans seulement :* sans même. *Il est parti sans seulement dire au revoir. – Si seulement... :* si au moins... **3.** (Introduisant une proposition.) À la seule condition que. *Venez quand vous voudrez, seulement prévenez-moi.* **4.** (Suisse) (Atténue un impératif.) *Faites seulement,* sans vous gêner. **5.** (Belgique) (Pour renforcer une injonction.) Donc. *Dites-lui seulement, il n'attend que cela.*

Seuphor (Fernand Louis Berckelaers, dit Michel) (né en 1901), peintre et écrivain français d'origine belge. Cofondateur du mouvement *Cercle et Carré* (1929), il a réalisé des œuvres qui privilégient la ligne. Poète (*la Vocation des mots,* 1966), romancier (*les Évasions d'Olivier Trickmansholm,* 1939), il a publié également des essais : *l'Art abstrait* (1949), *Piet Mondrian* (1956).

Seurat (Georges) (1859 – 1891), peintre et dessinateur français, impressionniste, puis pointilliste (ou divisionniste) : *Un dimanche d'été à la Grande Jatte* (1884-1886).

sève [sɛv] n. f. **1.** Liquide nourricier des végétaux. **2.** Fig. Force, vigueur, énergie. *La sève de la jeunesse.*
ENCYCL La *sève brute* est une solution aqueuse, diluée, de sels minéraux absorbés par les racines. La *sève élaborée* est une solution concentrée et visqueuse riche en sucres, en acides aminés et en diverses substances plus ou moins complexes, synthétisés dans les feuilles, à partir de la sève brute.

sévère [sevɛʀ] adj. **1.** Qui ne tolère pas les fautes, les erreurs; dépourvu d'indulgence. *Un maître, un juge sévère.* **2.** Qui exprime la dureté, la rigueur. *Ton, air sévère.* **3.** (Choses) Dur, rigoureux. *Punition sévère.* ▷ Strict. *Des mesures sévères.* **4.** Litt. Sans ornements; régulier et sobre. *Un style sévère.* **5.** (Emploi critiqué.) Important, grave. *L'armée a subi des pertes sévères.* **6.** ARBOR *Taille sévère,* importante.

sévèrement [sevɛʀmɑ̃] adv. **1.** D'une manière sévère, rigoureuse. *Punir sévèrement un enfant.* **2.** Gravement. *Les malheurs l'ont sévèrement éprouvé.*

Sévères (les), nom d'une dynastie d'empereurs romains (193-235) : Septime Sévère, Geta, Caracalla, Élagabal et Sévère Alexandre.

Severin (Fernand) (1867 – 1931), poète belge d'expression française : *la Solitude heureuse* (1904).

Severini (Gino) (1883 – 1966), peintre italien, surtout connu comme futuriste (1910-1915).

sévérité [seveʀite] n. f. **1.** (Personnes) Fait d'être sévère; caractère de ce qui est sévère. *La sévérité d'un juge, d'une sentence.* **2.** Litt. Austérité de l'aspect, des formes. *Sévérité d'une architecture.*

Seveso, ville d'Italie (Lombardie); 18000 hab. – En 1976, l'explosion d'un réacteur chimique pollua l'environnement (dioxine).

sévices [sevis] n. m. pl. Violences corporelles, mauvais traitements, exercés contre une personne sur laquelle on a autorité ou qu'on a sous sa garde.

Sévigné (Marie de Rabutin-Chantal, marquise de) (1626 – 1696), épistolière française. Quand sa fille eut épousé le comte de Grignan (1669), elle entretint avec celle-ci (notam.) une abondante correspondance; ces *Lettres* (posth., 1726), qui fournissent des documents sur la vie aristocratique au XVIIe s., valent par leur génie littéraire.

Séville, v. d'Espagne, sur le Guadalquivir; 678200 hab.; cap. de la communauté auton. d'Andalousie; ch.-l. de la prov. du m. nom. Import. port fluvial. Industries. Tourisme. – Archevêché. Université. Tour-minaret de la Giralda (fin XIIe s.). Cath. gothique et Renaissance (XVe-XVIe s.). Alcazar (XIIe-XVIe s.). Hôtel de ville (XVIe s.). Nombr. égl. baroques. – La ville, anc. *Hispalis,* conquise par César, cap. de la prov. romaine de Bétique, fut un import. foyer culturel aux VIe et VIIe s.; conquise par les Arabes (712), incluse dans le califat de Cordoue, elle devint la cap. des Abbadides (XIe s.). Conquise en 1248 par Ferdinand III de Castille, qui expulsa les musulmans, Séville fut un grand centre comm., que Cadix supplanta au XVIIIe s. Exposition universelle de 1992.

sévir [seviʀ] v. intr. [**3**] **1.** Se comporter durement. Punir, réprimer avec rigueur. *Sévir contre un abus.* **2.** (Choses) Causer de gros dégâts. *La tempête sévit depuis trois jours.* ▷ *Par ext.* Exercer (de façon durable) une action néfaste, pénible. *L'obscurantisme sévit toujours.*

sevrage [səvʀaʒ] n. m. **1.** Remplacement progressif de l'allaitement par une alimentation plus variée. *Un sevrage trop brutal conduit souvent à la malnutrition.* **2.** *Par ext.* Action de priver de drogue un toxicomane en cure de désintoxication.

sevrer [səvʀe] v. tr. [**16**] **1.** Procéder au sevrage de (un enfant, un petit animal, un toxicomane). **2.** Litt. Priver de (un plaisir).

Sèvres, ville de France (Hauts-de-Seine), sur la Seine; 22057 hab. Manufacture nationale de porcelaine (dep. 1756). – Le *traité de Sèvres* (1920) entre la Turquie et les Alliés démembra l'Empire ottoman.

Sèvres (Deux-). V. Deux-Sèvres.

Sewa (le), fleuve diamantifère du centre de la Sierra Leone, qui prend sa source dans les monts Loma; 320 km.

sexagénaire [sɛksaʒenɛʀ] adj. et n. Qui a entre soixante et soixante-dix ans. – Subst. *Un(e) sexagénaire.*

sexagésimal, ale, aux [segzaʒezimal, o] adj. Didac. Relatif au nombre soixante. – De base soixante. – GEOM *Division sexagésimale :* division en minutes, en secondes.

sex-appeal [sɛksapil] n. m. (Anglicisme) Attrait sexuel qu'exerce, en partic., une femme.

sexe [sɛks] n. m. **1.** Ensemble des caractéristiques physiques qui différencient le mâle de la femelle, l'homme de la femme. *Enfant du sexe féminin.* ▷ BIOL *Sexe gonadique :* caractère sexuel primaire déterminé par la nature des gonades dont le sujet est porteur (testicules chez l'homme, ovaires chez la femme). – *Sexe chromosomique :* caractère sexuel primaire déterminé par les chromosomes sexuels de l'individu. **2.** Ensemble des individus (êtres humains ou animaux) du même sexe. *Le sexe mâle.* ▷ Plaisant *Le sexe fort :* les hommes. *Le sexe faible, le beau sexe :* les femmes. **3.** Sexualité. *Les problèmes du sexe.* **4.** Organes génitaux externes de l'homme et de la femme.

sexisme [sɛksism] n. m. Attitude de discrimination fondée sur le sexe, s'exerçant à l'encontre des femmes.

sexiste [sɛksist] adj. m. et n. m. Qui fait preuve de sexisme. ▷ n. m. *Un sexiste.*

sexologie [sɛksɔlɔʒi] n. f. Étude scientifique des problèmes physiologiques et psychologiques relatifs à la sexualité humaine.

sexologue [sɛksɔlɔg] n. Spécialiste de la sexologie.

sex-ratio [sɛksʀasjo] n. m. (Anglicisme) STATIS Rapport entre le nombre des naissances de garçons et de filles. *Des sex-ratios.*

sex-shop [sɛksʃɔp] n. m. Magasin vendant des publications et des objets pornographiques. *Des sex-shops.*

sextant [sɛkstɑ̃] n. m. ASTRO, MAR Instrument utilisé pour mesurer des distances angulaires et des hauteurs d'astres au-dessus de l'horizon, et qui comporte un limbe de soixante degrés (un sixième de circonférence).

sextuple [sɛkstypl] adj. et n. m. Qui vaut six fois autant. ▷ n. m. *Le sextuple.*

sextupler [sɛkstyple] v. [1] **1.** v. tr. Multiplier par six. **2.** v. intr. Être multiplié par six.

Sextus Empiricus (IIe-IIIe s.), philosophe, médecin et astronome grec; adepte du scepticisme.

sexualité [sɛksɥalite] n. f. **1.** Ensemble des caractères physiques, physiologiques et psychologiques qui différencient l'individu mâle de l'individu femelle. **2.** Ensemble des comportements caractérisant l'instinct sexuel et sa satisfaction.

sexué, ée [sɛksɥe] adj. BIOL **1.** Pourvu d'organes sexuels. **2.** *Reproduction sexuée,* dans laquelle il y a conjonction des deux sexes. (V. reproduction.)

sexuel, elle [sɛksɥɛl] adj. **1.** BIOL Qui se rapporte au sexe ou qui est déterminé par lui. ▷ *Caractères sexuels :* ensemble des caractères (morphologie, couleur, comportement, etc.) qui différencient les animaux mâles des femelles. (V. dimorphisme.) **2.** (Pour les êtres humains.) Qui se rapporte au sexe, à l'accouplement. *Rapports sexuels. – Acte sexuel :* accouplement.

sexuellement [sɛksyɛlmɑ̃] adv. D'un point de vue sexuel. – *Maladie sexuellement transmissible* (*M.S.T.*) : maladie contagieuse contractée au cours de rapports ou contacts sexuels. Syn. maladie à transmission sexuelle.
ENCYCL Répandues dans le monde entier, les maladies sexuellement transmissibles (M.S.T.) sont nombreuses et variées : syphilis; blennorragie ou gonorrhée, populairement appelée chaude-pisse ou échauffement (V. gonococcie); chancre mou; granulome inguinal. De nombreuses maladies uro-génitales sont dues à des bactéries, à des virus ou à des parasites qui se développent sur les muqueuses superficielles (*Chlamydia, Candida, Trichomonas,* virus de l'herpès, virus de l'hépatite, etc.). Le sida* est la plus redoutable des M.S.T. Les pays du Sud sont ceux qui payent le plus lourd tribut aux M.S.T. parce que les conditions d'hygiène et d'alimentation provoquent une immunodéficience que viennent aggraver les nombreuses maladies infectieuses tropicales, en général, et le sida, en particulier.

sexy [sɛksi] adj. inv. Fam. Qui a du sex-appeal. – Par ext. *Un chemisier très sexy.*

seyant, ante [sɛjɑ̃, ɑ̃t] adj. Qui va bien à qqn, qui flatte son apparence.

Seybouse (oued), fleuve de l'Algérie orientale (225 km); draine la plaine d'Annaba et se jette dans la Méditerranée.

Seychelles (république des), État de l'océan Indien.
► V. carte et dossier, p. 1499.

seychellois, oise [seʃɛlwa, waz] adj. et n. Des Seychelles. ▷ Subst. *Un(e) Seychellois(e).*

Seyyid Saïd (1804 – 1856), imam et sultan d'Oman et de Mascate, il transféra le siège de sa dynastie à Zanzibar en 1840.

Sfax, ville et grand port de commerce de Tunisie, sur le golfe de Gabès; 231 910 hab.; ch.-l. du gouvernorat du m. nom. Pêche, exportation de phosphates. Aéroport international.

S.F.I.O. Sigle de *Section française de l'Internationale ouvrière.* (V. Parti socialiste.)

Sforza, famille italienne qui régna sur le duché de Milan (1450-1535). Elle fut fondée par le condottiere *Muzio* ou *Giacomo Attendolo* (1369 – 1424), surnommé *Sforza.* — **François Ier** (1401 – 1466), fils du préc.; gendre de Philippe-Marie Visconti (m. en 1447), duc de Milan, il se fit reconnaître duc en 1450.

Shaba. V. Katanga.

Shafi'i ou **Chafi'i** *(Abū 'Abd Allāh Muhammad ibn Idrīs aš-Šāfi'ī)* (767 – 820), théologien et juriste musulman; fondateur de l'école juridique shafi'ite.

shafi'isme ou **chafi'isme** [ʃafism] n. m. Un des quatre rites orthodoxes de l'islam.

shafi'ite ou **chafi'ite** [ʃafiit] adj. RELIG *École shafi'ite :* école d'interprétation de l'islam sunnite, fondée sur les enseignements du théologien Shafi'i*, qui tenta de faire la synthèse entre la volonté divine et les raisonnements humains. *L'école shafi'ite tient une grande place en Afrique orientale, en Indonésie et dans certaines régions d'Arabie.*

shah [ʃa] n. m. V. schah.

Shahhat, nom actuel de l'ancienne Cyrène.

shaker [ʃekœʀ] n. m. Récipient dans lequel on agite pour les mélanger les ingrédients d'un cocktail.

Shakespeare (William) (1564 – 1616), poète dramatique anglais. Dès 1588, il acquit à Londres une grande réputation d'acteur; il acheta une maison à Stratford* on Avon où il naquit et vécut de 1611 env. à sa mort, et écrivit ses premiers drames historiques (*Henri VI,* 1590-1592; *Richard III,* 1592-1593; *Richard II,* 1595; *Henri IV,* 1597-1598), des comédies (*la Mégère apprivoisée,* 1593-1594; *le Songe* d'une nuit d'été,* 1595; *le Marchand de Venise,* 1596) et des drames (*Roméo* et Juliette,* 1594-1595; *le Roi Jean,* 1596-1597). Deux autres drames (*Henri V,* 1598-1599; *Jules César,* 1599) et quatre comédies (*Beaucoup de bruit pour rien,* 1598; *Comme il vous plaira,* 1599; *les Joyeuses Commères de Windsor,* 1600-1601; *la Nuit des rois,* 1600-1601) terminent la période de «jeunesse». Vers 1600, une révolution se produit : les héros shakespeariens, complexes, sont en proie à de terribles hantises, à la vengeance et à la double énigme de la volonté et de la destinée (*Hamlet*,* 1600-1601), à la jalousie (*Othello,* 1604), à l'ambition et au remords (*Macbeth,* 1605), au désespoir et à la folie (*le Roi Lear,* 1606). Après cette période, qu'illustrent aussi *Troïlus et Cressida* (1601), *Mesure pour mesure* (1604), *Antoine et Cléopâtre* (1606) et *Timon d'Athènes* (1607), Shakespeare adopte une vision plus sereine : *Périclès* (1608), *Cymbeline* (1609), *le Conte d'hiver* (1610), *la Tempête* (1611), *Henri VIII* (1612). À l'exception de ses prem. poèmes (*Vénus et Adonis,* 1593; *le Viol de Lucrèce,* 1594; *Sonnets,* 1609), Shakespeare n'a rien publié sous son nom, et l'on ne possède aucun manuscrit de ses œuvres, ce qui a fait naître des légendes sur son identité.

shakespearien, enne [ʃekspiʀjɛ̃, ɛn] adj. De Shakespeare; qui rappelle les passions tumultueuses et tragiques peintes par Shakespeare.

Shamir (Yitzhak) (né en 1915), homme politique israélien. Chef du Likoud (1983-1992), il fut Premier ministre en 1983-1984 et 1986-1992.

shampooing ou **shampoing** [ʃɑ̃pwɛ̃] n. m. **1.** Lavage des cheveux. **2.** *Par méton.* Produit utilisé pour ce lavage. *Shampooing colorant.*

Shan(s) ou **Chan(s),** groupe ethnique de l'E. de la Birmanie, appartenant au groupe thaï, localisé sur le *plateau Shan,* vaste enclave entre la Chine et la Thaïlande.

Shandong ou **Chantoung,** prov. de la Chine du N.-E., sur la mer Jaune; 153300 km²; 76950000 hab.; ch.-l. *Jinan.* – Cette rég. surpeuplée, que fertilisent les alluvions du bas Huanghe (céréales, riz, coton), a un sous-sol riche : houille, fer, métaux non ferreux.

Shang ou **Chang,** deuxième dynastie chinoise (v. 1800 – v. 1100 av. J.-C.). Connue également sous le nom de Yin, elle succéda à celle des Xia.

Shannon (le), fleuve d'Irlande (370 km); né dans le N. de l'île, il se dirige vers le S. puis vers l'O. et se jette dans l'Atlantique par un estuaire long de 100 km.

Shannon (Claude Elwood) (né en 1916), mathématicien américain; l'un des fondateurs de la théorie de l'information.

shantung ou **chantoung** [ʃɑ̃tuŋ] n. m. Tissu de soie d'aspect irrégulier.

Shanxi, prov. montagneuse de la Chine du N., limitée à l'O. par le Huanghe; 157100 km²; 26270000 hab.; cap. *Taiyuan.* Ses plateaux limoneux, fertiles, recèlent de vastes bassins houillers. Centres sidérurgiques.

Shānxi ou **Shenxi,** prov. de la Chine du N.-E., dans la boucle du Huanghe; 190000 km²; 30020000 hab.; cap. *Xi'an.* – Ses plateaux souvent fertiles recèlent en abondance houille et fer. Les villes s'industrialisent. – En 1934, les rescapés de la Longue Marche aboutirent dans cette province.

SHAPE, acronyme pour *Supreme Headquarters Allied Powers Europe,* quartier général des forces de l'OTAN en Europe qui siège à Casteau, près de Mons (Belgique), depuis 1966.

shari'ah [ʃaʀija] n. f. V. chari'a.

Sharroukīn. V. Sargon II.

Shawinigan, v. du Québec, sur le Saint-Maurice; 21470 hab. Chimie; métall. de l'aluminium; papeterie.

Shayib el-Banat, point culminant du Désert arabique, en Égypte; 2186 m.

Sheffield, ville de G.-B. (South Yorkshire); 499770 hab. Noyau d'une conurbation d'env. 800000 hab. Grand centre sidérurgique et métallurgique (coutellerie, notam.) depuis le XVIe s.

Shéhérazade. V. Schéhérazade.

shekel [ʃekɛl] n. m. Unité monétaire de l'État d'Israël.

Shelley (Percy Bysshe) (1792 – 1822), poète romantique anglais. Il mena une vie agitée avant de se fixer en Italie avec Mary Godwin (1820). Après deux poèmes : *la Reine Mab* (1813) et *Alastor ou l'Esprit de la solitude* (1816), il publia : en 1819, *Prométhée délivré,* drame lyrique en vers qui célèbre la liberté et l'amour idéal, *les Cenci,* tragédie, *l'Ode au vent d'ouest, la Sensitive, l'Ode à l'alouette* en 1821, *l'Epipsychidion,* chant d'amour platonique, et *Adonaïs,* élégie sur la mort de Keats. Il périt en traversant sur son bateau, *l'Ariel,* le golfe de Gênes. — **Mary** (1797 - 1851), seconde épouse du préc., fille du romancier William Godwin (1756 - 1836); auteur du roman fantastique *Frankenstein* (1818).

Shenxi. V. Shānxi.

Shenyang (anc. *Moukden*), v. de Chine (Mandchourie); 4500000 hab. Centre industriel. – Anc. cap. de la dynastie mandchoue des Qing. – Victoire des Japonais sur les Russes (1905).

Shepp (Archie) (né en 1937), compositeur et saxophoniste de jazz américain (free-jazz).

Sherbrooke, v. du Québec; ch.-l. de l'Estrie; 80000 hab. Centre commercial et industriel (text., métall. du cuivre, chim.). – Archevêché. Université.

sherbrookois, oise [ʃɛʀbʀukwa, waz] adj. et n. De Sherbrooke. ▷ Subst. *Un(e) Sherbrookois(e).*

Sheridan (Richard Brinsley Butler) (1751 - 1816), écrivain anglais. Ses comédies flétrissent les aristocrates (*l'École de la médisance,* 1777) et les gens de lettres (*le Critique,* 1779).

Sherman (William Tecumseh) (1820 - 1891), général américain (nordiste) de la guerre de Sécession. Il dirigea la « Grande Marche vers la mer » (déc. 1864) à travers la Géorgie, qui décida de la victoire finale des fédéraux.

Sherpa, peuple d'orig. tibétaine qui habite les montagnes du Népal.

Sherrington (sir Charles Scott) (1857 - 1952), physiologiste anglais; pionnier de la neurologie moderne. P. Nobel 1932.

Sheshonq ou **Chéchanq,** nom de cinq pharaons des XXIIe et XXIIIe dynasties égyptiennes (v. 950-730 av. J.-C.), d'origine libyenne, fixées à Bubastis. Leur règne fut marqué par un renouveau de l'activité monumentale (Karnak, Tanis, El-Hiba).

Shetland ou **Zetland** (îles), archipel brit. au N. de l'Écosse; 1429 km²; 23200 hab.; ch.-l. *Lerwick.* Élevage (ovins et poneys); pêche.

Shetland du Sud, archipel brit., au S. de la Terre de Feu, dépendant des Falkland et revendiqué par l'Argentine et le Chili; 4662 km². – Station scientifique.

shigellose [ʃigeloz] n. f. MED Infection intestinale d'origine bactérienne, endémique en zone tropicale.

Shiji ou **Cheki,** vaste compilation (130 vol.) de la fin du IIe s. av. J.-C. due à Sima Qian (v. 145 – v. 86 av. J.-C.), historien officiel de l'empereur de Chine. Ces *Mémoires historiques* remontent aux débuts de la dynastie Qin (221 av. J.-C.).

Shijing ou **Che-king,** la prem. anthologie de la poésie chinoise. Composée au IIe s. av. J.-C., elle regroupe plus de 300 poèmes, dont les plus anc. remontent au VIe s. av. J.-C.

Shikoku ou, vieilli, **Sikok,** la plus petite des quatre îles princ. du Japon, au S. de Honshū; 18792 km²; 4227000 hab.; v. princ. *Matsuyama.* – L'île étant montagneuse (alt. max. 1980 m) et forestière, la pop. se concentre dans les plaines côtières : agriculture diversifiée; pêche; industries.

shikra [ʃikra] n. m. *Autour shikra :* V. autour.

shilling [ʃiliŋ] n. m. Unité monétaire de divers pays (Ouganda, Kenya, Somalie, Tanzanie).

Shimazaki Tōson (Shimazaki Haruki, dit) (1872 - 1943), écrivain japonais; influencé par le naturalisme français : *Forfaiture* (1906), *Avant l'aube* (1929-1935).

Shimonoseki ou **Simonoseki,** port du Japon (S.-O. de Honshū), sur le *détroit de Shimonoseki,* relié par tunnel à l'île de Kyūshū; 269170 hab. Centre industriel. – Traité de paix entre la Chine et le Japon (victorieux) en 1895.

shintō [ʃinto] ou **shintoïsme** [ʃintɔism] n. m. Didac. Religion officielle du Japon jusqu'en 1945, fondée essentiellement sur le culte des ancêtres et sur la vénération des forces de la nature.

shintoïste [ʃintɔist] adj. et n. Didac. Du shintō. ▷ Subst. *Un(e) shintoïste.*

shipchandler [ʃipʃɑ̃dlœʀ] n. m. (Anglicisme) MAR Commerçant qui tient un magasin de fournitures pour la marine.

Shitao ou **Che-t'ao** (1641 - v. 1720), peintre chinois.

Shiva. V. Çiva.

Shkodra ou **Shkodër,** v. du N. de l'Albanie, sur le lac du m. nom; 71000 hab. Industries. – La ville *(Scutari)* appartint à Venise au XVe s.

Shoah (la), mot hébreu qui signifie « catastrophe » et s'applique particulièrement à l'entreprise d'extermination des Juifs par les nazis.

Shockley (William Bradford) (1910 – 1989), physicien américain. Sa participation à l'invention du transistor lui valut le P. Nobel 1956.

shogun ou **shogoun** [ʃɔgun] n. m. HIST Nom donné aux chefs militaires qui, sous l'autorité nominale de l'empereur, détinrent au Japon le pouvoir effectif de 1192 à 1868. *Des shoguns* ou *des shogouns.*

Shona ou **Chona,** ethnie du Zimbabwe, du Mozambique et du Botswana (plus de 9 millions de personnes). Ils parlent une langue bantoue, le shona. Traditionnellement, ils pratiquent surtout l'agriculture (maïs, sorgho).

shoot [ʃut] ou (Belgique) [ʃɔt] n. m. (Anglicisme) Au football, coup de pied sec et puissant donné dans le ballon. Syn. tir.

shooter [ʃute] ou (Belgique) [ʃɔte] v. intr. [1] Faire un shoot, au football. Syn. tirer.

shopping [ʃɔpiŋ] n. m. (Anglicisme) *Faire du shopping :* courir les magasins.

shor ou **shour** [ʃɔʀ] n. m. (Maghreb) Dernier repas pris avant l'aube, heure de la première prière du jour durant le mois de jeûne du ramadan.

short [ʃɔʀt] n. m. Culotte courte portée pour faire du sport, en vacances, etc. Syn. (Suisse) cuissettes.

shour [ʃɔʀ] n. m. V. shor.

show [ʃo] n. m. (Anglicisme) Spectacle de variétés.

show-business [ʃobiznɛs] n. m. inv. (Anglicisme) Industrie* du spectacle.

Shujing ou **Chou-king** (« le Classique des documents »), l'un des cinq « classiques » chinois, recueil de discours, édits, exhortations, etc., établi entre le XIe s. et 625 av. J.-C.

shunt [ʃœt] n. m. (Anglicisme) **1.** ELECTR Résistance placée en dérivation entre les bornes d'une portion de circuit afin de réduire le courant. **2.** MED Communication pathologique entre deux cavités cardiaques ou deux vaisseaux dont l'un contient du sang veineux et l'autre du sang artériel.

shunter [ʃœte] v. tr. [1] ELECTR Munir d'un shunt.

1. si [si] conj. et n. m. inv. (*Si* s'élide en *s'* devant *il, ils.*) **I.** conj. (Introduisant une proposition subordonnée conditionnelle.) **1.** (Suivi de l'indicatif présent ou passé, avec une principale à l'indicatif ou à l'impératif, pour indiquer le caractère réalisable de la condition.) *Si tu veux la paix, prépare la guerre.* **2.** (Suivi de l'imparfait de l'indicatif, avec une principale au conditionnel présent, pour indiquer le caractère non réalisé dans le présent ou irréalisable dans l'avenir de la condition.) *Si j'étais en vacances, j'irais me baigner.* **3.** (Suivi du plus-que-parfait de l'indicatif, avec une principale au conditionnel passé, pour indiquer l'irréalité de la condition dans le passé.) *Si la nuit avait été plus claire, on l'aurait vu s'enfuir.* **4.** (Dans une phrase exclamative.) *Et s'il t'arrive un accident!* (sous-entendu : *que se passera-t-il?*). – Fam. Combien, comme. *Vous pensez s'ils étaient contents!* **II.** conj. (Introduisant une proposition non conditionnelle.) **1.** Chaque fois que. *Si le matin je reçois une lettre, je suis de bonne humeur pour la journée.* **2.** Bien que. *Si mes dépenses ne changent pas, mes ressources, elles, diminuent.* **3.** (En corrélation avec *c'est que.*) *S'il n'est pas chez lui, c'est qu'il est au cinéma.* **4.** (Introduisant une proposition complétive ou une interrogative indirecte.) *Excusez-moi si je vous dérange. Je verrai si ce que tu dis est vrai.* **III.** (En loc.) **1.** *Si tant est que* (+ subj.) : en admettant que. **2.** Loc. conj. *Si ce n'est que :* sauf que. **3.** *Si ce n'est :* excepté. **IV.** n. m. inv. Supposition. *Assez de si et de mais.*

2. si [si] adv. **I.** adv. d'affirmation (en réponse à une phrase négative). *Il n'était pas là hier. – Si, je l'ai vu. Ça ne t'intéresse pas? – Si!* **II.** adv. d'intensité. **1.** Tellement. *C'est si triste!* **2.** (Avec une proposition consécutive.) *Elle était si impatiente qu'elle ne tenait plus en place.* ▷ Loc. conj. *Si bien que :* de sorte que. **III.** adv. de comparaison. Aussi. *Je n'avais jamais rien vu de si beau.* **IV.** Loc. conj. *Si... que* (pour introduire une proposition concessive). *Si petit qu'il soit.*

3. si [si] n. m. inv. Septième note de la gamme d'*ut*; signe qui la représente.

sialorrhée [sjalɔʀe] n. f. MED Exagération de la sécrétion salivaire.

Siam (golfe du). V. Thaïlande (golfe de).

Siam. V. Thaïlande.

siamang [sjamɑ̃ŋ] n. m. Singe anthropomorphe (*Symphalangus syndactylus*) au pelage noir, voisin du gibbon, qui vit en Malaisie et à Sumatra.

siamois, oise [sjamwa, waz] adj. et n. **1.** Du Siam. ▷ Subst. *Un(e) Siamois(e).* **2.** *Frères siamois, sœurs sia-*

moises : jumeaux, jumelles qui naissent attachés l'un à l'autre par une partie du corps.

Siamon, pharaon de la XXIe dynastie égyptienne (1000-984 av. J.-C.). Il établit des relations avec la Palestine du roi Salomon.

Sian. V. Xi'an.

Sibelius (Jean) (1865 – 1957), compositeur finlandais néo-classique : *Kuolema* (mus. de scène comprenant la *Valse triste*), *Finlandia* (légende symphonique), sept symphonies.

Sibérie, vaste rég. située en Russie, entre l'Oural, l'Arctique, le Pacifique et, au sud, le Kazakhstan, la Mongolie et la Chine; 12 765 000 km^2 et env. 30 millions d'hab. Les rég. bordières du Pacifique et du fleuve Amour sont parfois exclues de la Sibérie.
Géogr. et écon. – La *Sibérie occidentale* (entre l'Oural et l'Ienisseï) est une vaste plaine, souvent marécageuse, drainée par l'Ob et ses affl. La *Sibérie centrale* (entre l'Ienisseï et la Lena) est un immense plateau faillé. En *Sibérie orientale,* des chaînes récentes (alt. max. 4 850 m au Kamtchatka) se développent jusqu'au Pacifique. Des hivers très froids et longs (janv. : –15 à –40 °C) sont coupés de brefs étés (juil. : 10 à 20 °C); dans diverses zones, le sol est gelé en permanence (merzlota*). À la toundra, au N., succèdent la taïga (énorme réserve de bois) puis la steppe. L'agriculture (céréales, élevage) n'est pratiquée que dans le S.-O. La pop., d'origine russe, qui a submergé les chasseurs itinérants et les semi-nomades turco-mongols, se concentre au S. Le sous-sol recèle d'immenses richesses : houille (exploitée surtout dans le Kouzbass), fer, métaux non ferreux, or, diamants, gaz naturel exporté par gazoduc jusqu'en Europe de l'O., pétrole (énorme gisement sur l'Ob moyen). Le potentiel hydroél. est colossal. Quelques centres industr. ont été installés (à Novossibirsk, notam.). Le climat rude et les mauvaises communications freinant l'exploitation des richesses, le gouvernement attend beaucoup de l'aide extérieure (É.-U. et Japon, notam.).
Hist. – Occupée dès le paléolithique (Sibérie méridionale), habitée vers l'ère chrétienne par des peuples nomades turco-mongols, la Sibérie s'ouvrit à la colonisation russe au XVIe s.; le Kamtchatka fut atteint v. 1650. À partir du XVIIIe s., les déportés de toutes catégories formèrent une importante main-d'œuvre. Le Transsibérien, édifié de 1891 à 1916, favorisa la colonisation. L'ère stalinienne a multiplié les goulags*, dont les prisonniers ont été employés sur tous les grands chantiers.

sibérien, enne [sibeʀjɛ̃, ɛn] adj. et n. De Sibérie. ▷ Subst. *Un(e) Sibérien(ne).*

sibylle [sibil] n. f. ANTIQ Femme qui passait pour avoir reçu d'Apollon le don de prédire l'avenir.

sibyllin, ine [sibilɛ̃, in] adj. **1.** Didac. D'une sibylle. **2.** Litt. ou plaisant Obscur comme les prophéties des sibylles. *Il s'est exprimé en termes sibyllins.*

sic [sik] adv. (lat., «ainsi») Se met entre parenthèses à la suite d'un passage ou d'un mot pour indiquer qu'il a été cité textuellement malgré sa bizarrerie.

siccatif, ive [sikatif, iv] adj. **1.** TECH Se dit d'une substance qui facilite le séchage d'une peinture. ▷ n. m. *Un siccatif.* **2.** CHIM *Huile siccative,* qui se polymérise rapidement à l'air et, par suite, durcit très vite.

siccité [siksite] n. f. Didac. État de ce qui est sec.

Sichem. V. Naplouse.

Sichuan ou **Setchouan,** prov. de la Chine centrale; 569 000 km^2; 101 880 000 hab. (la prov. la plus peuplée de Chine); cap. *Chengdu.* – À l'O., un ensemble montagneux culmine à 7 590 m. La pop. se concentre dans la plaine orientale (le *Bassin rouge*), fertile (cult. du riz, surtout) et riche en houille, en pétrole et en minerais qui ont favorisé l'industrialisation.

Sicile, la plus vaste et la plus peuplée des îles de la Méditerranée, séparée de la péninsule italienne par le détroit de Messine. Région d'Italie et de la C.E.; neuf prov. : Agrigente, Caltanissetta, Catane, Enna, Messine, Palerme, Raguse, Syracuse et Trapani; 25 708 km^2; 5 141 340 hab.; cap. *Palerme.*
Géogr. et écon. – Montagneuse et volcanique au N. et au N.-E. (Etna, point culminant de l'île à 3 295 m), comprenant des collines au centre et au S.-O., la Sicile n'a qu'une grande plaine à l'E., à Catane. Le climat méditerranéen, aux étés longs et secs, est plus aride au S. La pop. se concentre sur les littoraux, très urbanisés, où elle pratique polyculture irriguée, viticulture (Marsala) et pêche. À l'intérieur, elle reste très rurale (céréales, moutons, olives, amandes). La potasse (Agrigente), le pétrole (Gela et Raguse), quelques complexes industriels (pétrochimie, cimenteries), l'essor du tourisme et les aides de la C.É.E. ont freiné l'émigration séculaire.
Hist. – Lieu d'escale pour les Phéniciens (IXe s. av. J.-C.) puis colonisée par les Carthaginois (partie O.), la Sicile («grenier à blé») reçut des colons grecs dès la fin du VIIIe s. av. J.-C. (à Naxos, sur la côte E.). Syracuse devint la cité la plus importante (dès le VIIe s. av. J.-C.). Les diverses cités (qui, avec celles d'Italie du Sud, formaient la Grande*-Grèce) se firent une guerre continuelle et la plupart eurent à leur tête des tyrans. L'apogée de la Sicile grecque se situe au Ve s. av. J.-C.; en 414-413, l'île fut le théâtre d'une désastreuse expédition des Athéniens contre Syracuse, dont la victoire établit pour longtemps son hégémonie sur l'île. Enjeu de la première guerre punique, la Sicile devint une prov. romaine (241 av. J.-C.). Révoltée, elle fut définitivement soumise après la prise de Syracuse (212 av. J.-C.) et son blé nourrit Rome. Après la chute de l'Empire romain, la Sicile fut envahie par les Vandales (439 apr. J.-C.), puis par les Ostrogoths (491). Conquise par Bélisaire (535), rattachée à l'empire d'Orient, l'île subit dès le VIIe s. les incursions des Arabes, qui la conquirent au IXe s. (à l'exception du N.-E.). Les Normands la leur prirent (1061-1091). Le royaume de Sicile ainsi formé, siège d'une brillante civilisation cosmopolite, passa aux Hohenstaufen (1194-1266), puis à la maison d'Anjou, enfin, après la révolte des Vêpres* siciliennes, à la maison d'Aragon (1282), qui fonda en 1442 le royaume des Deux*-Siciles. (V. aussi Naples.) Après avoir été successivement espagnole, savoyarde, autrichienne, la Sicile échut aux Bourbons de Naples en 1734. Conquise par Garibaldi en 1860, elle vota son rattachement au Piémont. Elle reçut en 1948 un statut d'autonomie régionale. La Sicile pose le problème permanent de sa pauvreté et des agissements de la Mafia.

sicilien, enne [sisiljɛ̃, ɛn] adj. et n. De Sicile. ▷ Subst. *Un(e) Sicilien(ne).*

sicklanémie [siklanemi] n. f. MED Drépanocytose homozygote.

sicklanémique [siklanemik] adj. (et n.) MED **1.** De la sicklanémie. **2.** Qui est atteint de sicklanémie. ▷ Subst. *Un(e) sicklanémique.*

sicklémie [siklemi] n. f. MED Drépanocytose hétérozygote.

sicklémique [siklemik] adj. MED De la sicklémie. *Ceinture sicklémique :* zone africaine de plus grande fréquence de la drépanocytose, située entre 15° de latitude Nord et 20° de latitude Sud.

siclée [sikle] n. f. V. ciclée.

sicler [sikle] v. intr. V. cicler.

sida [sida] n. m. MED (Acronyme pour *syndrome d'immunodéficience acquise.*) Syndrome constitué par une ou plusieurs maladies révélant un déficit immunitaire de l'organisme, qui est dû à un agent viral transmissible.
ENCYCL S'attaquant à certains leucocytes dont il utilise des fragments d'A.D.N. pour se reproduire, le virus du sida (V.I.H.*) provoque un effondrement des défenses immunitaires qui rend l'organisme incapable de se défendre contre les infections. Il est transmissible soit au cours de rapports sexuels par les personnes qui en sont porteuses (d'où l'intérêt de l'emploi des préservatifs), soit par voie sanguine : lors d'une transfusion si le sang transfusé en contient, ou du fait de l'usage d'une seringue infectée (toxicomanes, notam.). On connaît deux types de virus du sida : le V.I.H.$_1$, découvert en 1983, responsable d'une pandémie, et le V.I.H.$_2$, prédominant en Afrique de l'Ouest et également décrit en Inde. Il existe de nombreux autres mutants du V.I.H., encore mal connus, mais tous sont activement étudiés. On distingue deux groupes de sujets porteurs de V.I.H. : les séropositifs, portant le virus et des anti-corps anti-V.I.H., qui ne sont pas malades mais qui sont contagieux; les sidéens, porteurs du V.I.H., qui sont malades et contagieux. L'efficacité du V.I.H. dépend de la résistance du système immunitaire du sujet qu'il rencontre. Cette résistance provient des conditions d'hygiène et d'alimentation ayant encadré ou encadrant la vie humaine depuis la période intra-utérine. (V. tuberculose.)

Sidamo, population éthiopienne occupant les régions de la Rift Valley et du fleuve Omo (env. 1 500 000 personnes). Ils parlent une langue afro-asiatique du groupe couchitique oriental.

side-car [sajdkaʀ; sidkaʀ] n. m. (Anglicisme) Petite nacelle munie d'une roue, qui se fixe sur le côté d'une motocyclette; ensemble formé par la motocyclette et la nacelle. *Des side-cars.*

sidéen, enne [sideɛ̃, ɛn] adj. et n. Qui est atteint du sida. ▷ Subst. *Un(e) sidéen(ne).*

1. sidér(o)-. Élément, du lat. *sidus, sideris,* «astre».

2. sidér(o)-. Élément, du gr. *sidêros,* «fer».

sidéral, ale, aux [sideʀal, o] adj. Didac. ou litt. Qui a rapport aux astres; des astres. ▷ ASTRO *Révolution sidérale d'une planète :* mouvement de cette planète entre ses deux passages consécutifs au point vernal; durée de ce mouvement. ▷ *Année* sidérale. Jour* sidéral.*

sidération [sideʀasjɔ̃] n. f. MED Anéantissement subit des fonctions vitales, avec arrêt respiratoire et état de mort apparente, produit par certains chocs.

sidérer [sideʀe] v. tr. [14] Fam. Stupéfier, étonner fortement.

sidérite [sideʀit] n. f. MINER Carbonate naturel de fer ($FeCO_3$). Syn. sidérose.

sidérose [sideʀoz] n. f. **1.** MED Pneumoconiose due à l'inhalation prolongée de poussières de fer. **2.** MINER Syn. de *sidérite.*

sidérurgie [sideʀyʀʒi] n. f. Métallurgie du fer et de ses alliages (production de la fonte en haut fourneau, affinage et transformation de l'acier).

sidérurgique [sideʀyʀʒik] adj. Relatif à la sidérurgie.

sidérurgiste [sideʀyʀʒist] n. Métallurgiste spécialisé dans la sidérurgie.

Sidi-bel-Abbès *(Sīdi ibn al-'Abbās),* v. d'Algérie, au S. d'Oran, dans une plaine fertile; 156140 hab.; ch.-l. de la wilaya du m. nom. Centre agricole. – Une des bases de la Légion étrangère française de 1843 à 1962.

Sidi-Bou-Saïd, v. de la Tunisie centrale; 19300 hab.; ch.-l. du gouvernorat du m. nom.

Sidi-Brahim, localité d'Algérie, près du Maroc, où des chasseurs et hussards français furent massacrés (23-25 sept. 1845) par les cavaliers d'Abd el-Kader mais ne se rendirent pas. – Vin.

Sidi-Ferruch (auj. *Sīdi-Fredj*), local. d'Algérie, à l'O. d'Alger, où l'armée française débarqua le 14 juin 1830.

Sidi-Kacem *(Sīdi Qāsim)* (anc. *Petitjean*), v. du Maroc septentrional, en bordure de la plaine du Gharb; 55830 hab.; ch.-l. de la prov. du m. nom. Centre agricole. Raff. de pétrole.

Sidon (auj. *Saydā* au Liban), anc. cité de Phénicie, cap. d'un royaume cananéen (XVe s. av. J.-C.). Elle fut attaquée par les Peuples* de la Mer (v. 1200 av. J.-C.). Rivale de Tyr*, elle atteignit son apogée du XIIe au IXe s. av. J.-C. Détruite par les Assyriens (677), par les Perses (343), soumise par Alexandre le Grand, elle dépendit ensuite des Romains (64 av. J.-C.) et devint le siège d'un évêché à l'époque byzantine. Conquise par les Arabes en 637, Sidon prit alors le nom de Saïda*. – Vestiges de nécropoles royales remontant au IIe millénaire av. J.-C. Au nord, ruines du temple du dieu phénicien Eshmoun (V^e^-IIIe s. av. J.-C.).

siècle [sjɛkl] n. m. **1.** Durée de cent ans. **2.** Durée de cent ans comptée à partir d'un moment arbitrairement choisi. *Le IIIe siècle après Jésus-Christ.* **3.** Période historique de plusieurs dizaines d'années marquée par tel événement, tel personnage. *Le siècle des Lumières*.* **4.** Très longue période. *Pendant des siècles, la civilisation a progressé très lentement.* **5.** RELIG Vie dans le monde (séculière), par oppos. à vie religieuse (régulière). *Vivre dans le siècle.*

siège [sjɛʒ] n. m. **I. 1.** Meuble fait pour s'asseoir. *Offrir un siège. – Prenez un siège :* asseyez-vous. ▷ Partie de ce meuble sur laquelle on s'assied. **2.** Place occupée dans une assemblée d'élus. – Fonction de celui qui occupe cette place. *Notre parti a gagné trois sièges.* **II.** Partie du corps de l'homme sur laquelle il s'assied. *Prendre un bain de siège.* ▷ OBSTETR *Présentation du fœtus par le siège,* les fesses se présentant d'abord lors de l'accouchement. **III. 1.** Lieu où réside une autorité. *Siège d'un tribunal. – Siège social d'une société,* son domicile légal. – Place où s'assoit le juge pour rendre la justice. *Magistrat du siège* (par oppos. à *magistrat du parquet*) : V. magistrat. ▷ RELIG Dignité de pontife, d'évêque. *Siège épiscopal.* **2.** Fig. Endroit d'où part, où se fait sentir (un phénomène). *Le siège d'une douleur.* **IV.** Opération militaire qui consiste à installer des troupes devant ou autour d'une place forte pour la prendre. *Lever le siège. Faire le siège d'une ville.* – Fig. *Faire le siège de qqn,* s'imposer à lui avec insistance pour obtenir qqch. ▷ *État de siège :* régime exceptionnel sous lequel la responsabilité du maintien de l'ordre passe à l'autorité militaire.

siéger [sjeʒe] v. intr. [15] **1.** (Assemblées) Tenir séance. *Le Parlement siège jusqu'au 14.* **2.** (Personnes) Avoir un siège (dans une assemblée). *Quelques femmes siègent à l'Assemblée.* **3.** *Siéger à, dans :* avoir pour lieu de réunion, de séance. **4.** Se produire, se situer, se localiser. *La douleur siège à cet endroit.*

Siegfried (ligne), fortification all. édifiée de 1937 à 1940 entre la frontière suisse et Clèves (Rhénanie du Nord).

Siegfried, héros de la myth. germanique. Il terrasse un dragon et se trempe dans le sang du monstre, ce qui le rend invulnérable, mais une zone de son corps échappe à cette protection. (V. Nibelungen.)

siemens [simɛns; sjemɛns] n. m. PHYS Unité SI de conductance électrique, inverse de l'ohm (symbole S).

Siemens (Werner von) (1816 – 1892), ingénieur allemand. En 1847, il fonda la *société Siemens* (électrotechnique).

Siem Réap, v. du Cambodge, ch.-l. de la prov. du m. n., au N. du Tonlé Sap; env. 10000 hab. Marché agricole. – Aux environs, ruines d'Angkor*.

sien, sienne [sjɛ̃, sjɛn] adj. poss., pron. poss. de la 3e pers. du sing. et n. **1.** adj. Litt. Qui est à lui, à elle. *Un sien cousin. Il faisait siennes les opinions de son père.* **2.** pron. Celui, celle qui lui appartient. *Tu vois cette maison? C'est la sienne.* **3.** n. *Y mettre du sien :* faire des efforts. ▷ Fam. *Il fait des siennes,* des erreurs, des sottises. ▷ Plur. *Les siens :* les membres de sa famille, ses amis.

Sienkiewicz (Henryk) (1846 – 1916), auteur polonais de romans historiques : *Quo vadis?* (1895), *les Chevaliers Teutoniques* (1897-1900). P. Nobel 1905.

Sienne (en ital. *Siena*), v. d'Italie (Toscane); 61890 hab.; ch.-l. de la prov. du m. nom. Centre comm. (chianti). Tourisme. – Archevêché. Cath. (XIIe-XIVe s.). Palais public (XI-Ve s.). Baptistère St-Jean (XIVe s.). Égl. San Domenico (XIIIe-XIVe s.). Piazza del Campo où se déroule une course de chevaux annuelle, dite *Palio,* qui oppose les quartiers de la cité. Pinacothèque. – Sienne fut une cité importante à partir du XIIe s. et un grand centre bancaire au XIIIe s. En déclin après 1348 (peste noire), elle fut annexée par Florence en 1555. – L'école siennoise de peinture brilla au XIVe s. (Duccio, S. Martini, A. et P. Lorenzetti).

sierra-léonais, aise [sjɛʀaleɔnɛ, ɛz] adj. et n. De Sierra Leone. ▷ Subst. *Un(e) Sierra-Léonais(e).*

Sierra Leone (république de), État de l'Afrique occidentale limité au N. et au N.-E. par la Guinée, au S.-E. par le Liberia et à l'O. par l'océan Atlantique; 71740 km²; 4500000 hab. (*Sierra-Léonais*), croissance démographique : 2,7 % par an; cap. *Freetown.* Nature de l'État : rép. membre du Commonwealth. Langue off. : anglais. Monnaie : leone. Princ. ethnies : Mendé (35 %), Temné (32 %). Relig. : relig. traditionnelles (plus de 50 %), islam (40 %), christianisme (moins de 10 %).

Géogr. phys. et écon. – Un vieux massif intérieur, constitué de plateaux et de hauteurs aux formes lourdes (1948 m aux monts Loma), domine une plaine littorale échancrée de profonds estuaires et bordée de mangrove. La forêt dense, qui correspond à un climat tropical exceptionnellement humide, a reculé partout devant les cultures vivrières (riz, manioc) et d'exportation (café, cacao) qui font vivre une population encore rurale à 70 %. Le pays exporte surtout des produits miniers : rutile, diamants, bauxite, or. L'économie est ruinée par la corruption, la contrebande, la croissance démographique et la crise politique.

Hist. – Reconnue au XVe s. par les Portugais, la région côtière est un centre de la traite des esclaves; achetée en 1787 par une société britannique antiesclavagiste, elle accueille d'anciens esclaves (rapatriés depuis l'Amérique et dont les descendants représentent auj. 2 % de la pop.). En 1808, elle devient une colonie britannique. L'intérieur, soumis progressivement par les Britanniques, forme un protectorat en 1896. Réunis, la colonie et le protectorat accèdent à l'indépendance (1961) dans le cadre du Commonwealth. La Sierra Leone forme depuis 1971 une république, dominée par l'armée. Le général Joseph S. Momoh, prés. depuis 1985, est renversé par un coup d'État en 1992 et remplacé par le capitaine Valentine Strasser, que le général Julius Maada Bio renverse en janv. 1996. En avril de la m. année, un civil, Ahmad Tejan Kabbah, est élu président de la Rép., mais il est renversé à son tour en mai 1997, ce qui crée une situation plus alarmante encore.

sieste [sjɛst] n. f. Repos que l'on prend après le repas de midi.

siester [sjeste] v. intr. [1] (Afr. subsah.) Fam. Faire la sieste.

sieur [sjœʀ] n. m. Vx ou DR Monsieur. *Le sieur X contre la dame Y.*

Sieyès (Emmanuel Joseph) (1748 – 1836), homme politique français. Prêtre, il résuma dans *Qu'est-ce que le tiers état?* (1789) les aspirations du tiers, dont il fut député aux états généraux. Membre du Directoire en 1799, il soutint Bonaparte dans le coup d'État du 18 Brumaire et devint consul provisoire. Il dut s'exiler de 1816 à 1830. Acad. fr. (1803).

sifflant, ante [siflɑ̃, ɑ̃t] adj. (et n. f.) Qui produit un sifflement ou qui est accompagné d'un sifflement. – PHON *Consonne sifflante* ou, n. f., *une sifflante :* consonne fricative caractérisée par un sifflement ([s, z]).

sifflement [sifləmɑ̃] n. m. **1.** Son produit par qqn ou par qqch qui siffle. **2.** Son aigu analogue à un sifflement (sens 1). *Le sifflement d'une balle.*

siffler [sifle] v. [1] **I.** v. intr. Produire un son aigu, en chassant l'air par une ouverture étroite (dents, lèvres, ou à l'aide d'un sifflet, d'un appeau, etc.). Syn. (Acadie) subler. ▷ Par anal. *Le vent siffle.* **II.** v. tr. **1.** Moduler (un air) en sifflant. *Siffler une rengaine.* **2.** *Siffler qqn, un animal,* l'appeler en sifflant. ▷ Huer (qqn) par des sifflets. *Siffler un acteur.* **3.** Indiquer par un coup de sifflet. *Siffler la fin du match.* **4.** Fam. Avaler d'un trait. *Siffler un verre.*

sifflet [siflɛ] n. m. **1.** Petit instrument formé d'un étroit canal terminé par une embouchure taillée en biseau, avec lequel on siffle. Syn. (Acadie) sublet. – *Coup de sifflet :* son bref produit avec un sifflet. **2.** Par anal. *Taillé en sifflet,* en biseau. **3.** Marque de désapprobation faite en sifflant. *Acteur accueilli par des sifflets.*

siffleur, euse [siflœʀ, øz] adj. et n. **1.** adj. Qui siffle. *Les oiseaux siffleurs.* **2.** n. Personne qui siffle (un spectacle, etc.).

siffleux [siflø] n. m. (Québec) Nom cour. de la marmotte (qui émet un sifflement strident lorsqu'elle se sent en danger).

sifflotement [siflɔtmɑ̃] n. m. Action de siffloter; le son qui en résulte.

siffloter [siflɔte] v. intr. [1] Siffler doucement ou distraitement. ▷ v. tr. *Siffloter un air.*

Sig (oued), cours d'eau de l'O. de l'Algérie (220 km), qui se perd dans la *plaine du Sig* (céréales, vigne, olivier) et dont le centre princ. est *Sig,* nommé autref. *Saint-Denis-du-Sig* (66 000 hab.).

Sigefroi (Xᵉ s.), comte d'Ardenne. En 963, il fit construire un château fort, le *Lucilinburhuc,* à l'origine de la ville actuelle de Luxembourg.

sigillaire [siʒil(l)ɛʀ] adj. Didac. Relatif aux sceaux, à leur étude. ▷ Muni, marqué d'un sceau.

Sigismond de Luxembourg (1368 – 1437), roi de Hongrie (1387-1437) par son mariage avec la reine Marie, roi des Romains (1411-1433), empereur germanique (1433-1437) et roi de Bohême (1419-1437); fils de l'empereur Charles IV. À la tête d'une croisade contre les Turcs, il fut battu à Nicopolis (1396). En Bohême, il se heurta aux hussites et accepta un compromis en 1436.

Sigismond Iᵉʳ (1467 – 1548), grand-duc de Lituanie et roi de Pologne (1506-1548). Il lutta contre les Turcs et les chevaliers Teutoniques. — **Sigismond II Auguste Jagellon** (1520 – 1572), fils du préc.; roi de Pologne et grand-duc de Lituanie (1548-1572). Il annexa la Livonie (1561) et réunit la Pologne et la Lituanie (1569). — **Sigismond III Vasa** (1566 – 1632), roi de Pologne (1587-1632) et de Suède (1592-1599). Catholique, il fit triompher la Contre-Réforme en Pologne (1596). Les Suédois le déposèrent et lui enlevèrent Riga et la Livonie maritime (1621-1626).

siglaison [siglɛzɔ̃] n. f. Didac. Formation d'un sigle.

sigle [sigl] n. m. Ensemble de lettres initiales servant d'abréviation (par ex. *O.M.S.,* pour *Organisation mondiale de la santé*).

sigma [sigma] n. m. **1.** Dix-huitième lettre de l'alphab. grec (Σ, σ,), correspondant à notre *s.* **2.** PHYS NUCL Particule de la famille des hypérons.

sigmoïde [sigmɔid] adj. (et n. m.) ANAT Qui à la forme d'un sigma majuscule (Σ). – *Côlon sigmoïde* ou, n. m., *le sigmoïde :* portion ilio-pelvienne du côlon, en amont du rectum.

Signac (Paul) (1863 – 1935), peintre français; théoricien du divisionnisme.

signal, aux [siɲal, o] n. m. **1.** Signe convenu utilisé pour servir d'avertissement, pour provoquer un certain comportement. *Au signal, tout le monde se leva.* – *Donner le signal de :* déclencher. ▷ *Par ext.* Fait qui annonce une chose ou la détermine, qui marque le début d'un processus. *La prise de la Bastille fut le signal de la Révolution.* **2.** PSYCHO Signe qui sert d'avertissement et déclenche une conduite. *L'enfant qui accourt quand il entend la voix de sa mère réagit à un signal.* **3.** Signe conventionnel qui sert à transmettre une information. *Signal optique, sonore. Apprendre les signaux du code de la route.* ▷ Construction utilisée en géodésie, marquant l'emplacement d'un point trigonométrique et visible de loin. ▷ TECH Forme physique d'une information véhiculée dans un système; cette information. **4.** (Afr. subsah., Madag.) Syn. de *symbole* (sens 2).

signalé, ée [siɲale] adj. Litt. *Un signalé service :* un service remarquable.

signalement [siɲalmɑ̃] n. m. Description des caractères physiques d'une personne, établie pour la faire reconnaître.

signaler [siɲale] v. [1] **I.** v. tr. **1.** Annoncer par un signal, par des signaux. *Sonnerie qui signale l'arrivée du train.* **2.** Appeler l'attention sur, faire remarquer. *On m'a signalé cette particularité.* **3.** Mentionner, désigner. *Les références de cette citation sont signalées en bas de page.* **II.** v. pron. Se faire remarquer (en bien ou en mal) par sa conduite, ses actions.

signalétique [siɲaletik] adj. Didac. Qui donne un signalement. ▷ *Bulletin signalétique,* qui indique des références bibliographiques, documentaires.

signalisation [siɲalizasjɔ̃] n. f. **1.** Action d'utiliser un, des signaux. **2.** Ensemble des signaux par lesquels la circulation des véhicules est réglée; leur disposition. *Signalisation ferroviaire, routière.*

signaliser [siɲalize] v. tr. [1] Pourvoir (une voie de communication) d'une signalisation.

signare [siɲaʀ] n. f. (Afr. subsah.) HIST Au Sénégal, mulâtresse vivant officiellement en concubinage avec un Blanc. ▷ Mod. Dame métisse.

signataire [siɲatɛʀ] n. **1.** Personne qui a signé (un acte, un écrit, etc.). *Les signataires d'une pétition.* **2.** (Belgique, Luxembourg) Parapheur.

signature [siɲatyʀ] n. f. **1.** Nom d'une personne, écrit de sa main sous une forme qui lui est particulière et constante, servant à affirmer la sincérité d'un écrit, l'authenticité d'un acte, d'une œuvre, etc., à en assumer la responsabilité. *Apposer sa signature en bas de page.* **2.** Action de signer. *La signature d'un traité. La signature du courrier.*

signe [siɲ] n. m. **1.** Chose qui est l'indice d'une autre, qui la rappelle ou qui l'annonce. *La fièvre est souvent le signe d'une infection.* – *C'est bon signe, c'est mauvais signe :* c'est de bon, de mauvais augure. – *Ne pas donner signe de vie :* sembler mort; *par ext.,* ne donner aucune nouvelle. ▷ *Signes extérieurs de richesse de qqn,* ses biens visibles tels que propriétés, automobiles, yachts, etc. **2.** Ce qui permet de reconnaître une chose ou une personne, de la distinguer d'une autre. *Signes caractéristiques, particuliers.* **3.** Geste, démonstration qui permet de faire connaître qqch à qqn. *Signes de dénégation.* – Par ext. *Faire signe à qqn,* prendre contact avec lui. **4.** Tout objet ou phénomène qui symbolise autre chose que lui-même. *Signes verbaux et non verbaux.* ▷ *Spécial.* Ce qui est utilisé conventionnellement pour représenter, noter, indiquer. *Signes de ponctuation* (virgule, point, tiret, etc.). ▷ MATH Symbole servant à indiquer : une égalité (=); une addition (+); une soustraction ou un nombre négatif (–); une multiplication (×); une division (:); une inégalité (< ou >); etc. **5.** LING Entité linguistique formée par l'association du signifié* et du signifiant*. *La langue est un système de signes.* **6.** ASTROL *Les signes du zodiaque :* les douze divisions du zodiaque. ▷ Fig. *Sous le signe de :* sous les auspices, avec la marque de. *Une réunion placée sous le signe de la bonne humeur.*

signer [siɲe] v. [1] **I.** v. tr. **1.** Revêtir de sa signature. *Signer une lettre, un contrat.* ▷ (Sans comp.) *Veuillez signer ici.* **2.** TECH Marquer (une pièce d'orfèvrerie) au poinçon, pour indiquer le titre légal. **3.** Attester la paternité de (une œuvre) en y apposant sa signature, son nom. *Signer un tableau. Signer un roman.* – Fig. *Signer une action.* **II.** v. pron. Faire le signe de la croix.

signet [siɲɛ] n. m. Petit ruban fixé à la tranchefile d'un livre, qui sert à marquer une page.

signifiant, ante [siɲifjɑ̃, ɑ̃t] adj. et n. m. **1.** adj. Qui est chargé de sens. *Système signifiant.* **2.** n. m. LING Face du signe qui est le support du signifié et est rendue perceptible aux sens par des sons ou des lettres.

significatif, ive [siɲifikatif, iv] adj. **1.** Qui exprime nettement; révélateur. *Il a fait un choix très significatif de son caractère.* **2.** MATH *Chiffres significatifs,* qui ont une valeur absolue, indépendante de leur position dans le nombre (à la différence du zéro).

signification [siɲifikasjɔ̃] n. f. **1.** Ce que signifie une chose, spécial. un signe, un mot. *Je ne saisis pas la signification de son geste. Chercher la signification d'un mot dans le dictionnaire.* **2.** LING Relation entre le signifiant et le signifié. ▷ GRAM *Degrés de signification des adjectifs et des adverbes :* le positif, le comparatif et le superlatif. **3.** DR Notification (d'un acte, d'un jugement) à qqn, par les voies légales.

signifié [siɲifje] n. m. LING Face du signe constituée par son contenu.

signifier [siɲifje] v. tr. [2] **1.** Être le signe de (qqch). *Il fit un geste qui signifiait son mépris.* **2.** *Par ext.* Équivaloir à. *La liberté ne signifie pas l'anarchie.* **3.** (Mots, signes.) Avoir pour sens, vouloir dire. *Le mot latin «puer» signifie «garçon» en français.* **4.** Notifier (qqch à qqn) de manière expresse ou par voie de droit. *Signifier son congé à qqn.* – DR *Signifier son inculpation à qqn.*

signofil(e) [siɲɔfil] n. m. (Suisse) Syn. de *clignotant* (sens 2).

Signorelli (Luca), dit *Luca da Cortona* (v. 1445 – 1523), peintre italien; élève de Piero Della Francesca. Son intérêt pour les postures annonce Michel-Ange. Il renouvela le thème de *l'Apocalypse* dans les fresques de la cath. d'Orvieto (1499-1504).

Signoret (Simone Kaminker, dite Simone) (1921 - 1985), actrice de cinéma française : *Dédée d'Anvers* (1948), *Casque d'or* (1952), *la Vie devant soi* (1977).

Siguiri, v. du N.-O. de la Guinée, sur le Niger, dans la prov. de Kankan; 13500 hab.; gisements aurifères, riz, cimenterie; chef-lieu de la préfecture du même. nom.

Sigurd, dans la myth. scandinave, héros assimilé à Siegfried*.

Sihanouk. V. Norodom (Sihanouk).

Sihanoukville (ancienne *Kompong Som*), v. du Cambodge, sur le golfe de Thaïlande; env. 40000 hab. Son activité portuaire renaît lentement.

Sikasso, v. du Sud-Est du Mali; 73000 hab.; ch.-l. de la Région du m. nom. Industr. textile. - Cap. du royaume du Kénédougou (situé dans la partie S.-O. du Burkina Faso actuel), elle avait neuf enceintes; en 1898, elle résista quinze jours au siège des Français.

sikh, sikhe [sik] n. (et adj.) Adepte du sikhisme. - adj. Relatif au sikhisme.

sikhisme [sikism] n. m. Secte religieuse indienne fondée par Nānak et florissante surtout au Pendjab, où se trouve Amritsar, sa cité sainte. *La doctrine du sikhisme s'inspire à la fois du brahmanisme et de l'islam.*

Sikkim, État himalayen de l'Inde, à l'E. du Népal; 7298 km²; 403600 hab.; cap. *Gangtok*. - Le haut bassin de la Tista est encadré de fortes chaînes de montagnes. Le climat de mousson (mai-nov.) et la végétation varient avec l'altitude. Seul le S., moins élevé et forestier, est cultivé. - En 1641, le royaume du Sikkim fut fondé par des Tibétains. De 1861 à 1890, la Grande-Bretagne imposa son protectorat; l'Inde lui succéda en 1950; en 1975, elle abolit la monarchie et fit du Sikkim son 22ᵉ État.

Sikok. V. Shikoku.

Sikorski (Władysław) (1881 - 1943), général et homme politique polonais. Chef du gouv. (1922-1923), il se retira en France en 1926. De 1939 à sa mort (dans un accident d'avion), il dirigea le gouvernement polonais en exil.

silane [silan] n. m. CHIM Nom générique des composés formés de silicium et d'hydrogène.

silence [silɑ̃s] n. m. **1.** Fait de se taire, de s'abstenir de parler. *Silence!* - Loc. *Garder le silence.* **2.** Fait de ne pas parler d'une chose, de ne rien dire, de ne rien divulguer. ▷ Loc. *La conspiration du silence.* - *Passer qqch sous silence,* ne pas en parler. **3.** Absence de bruit. *Le silence de la nuit.* **4.** MUS Interruption du son d'une durée déterminée; signe qui indique, dans la notation musicale, cette interruption et sa durée (pause, demi-pause, soupir, demi-soupir, etc.).

silencieusement [silɑ̃sjøzmɑ̃] adv. D'une manière silencieuse.

silencieux, euse [silɑ̃sjø, øz] adj. et n. m. **I.** adj. **1.** Où l'on n'entend aucun bruit. *Un endroit très silencieux.* **2.** Qui a lieu, qui se fait sans bruit; qui fonctionne sans bruit. *Moteur silencieux.* **3.** Qui s'abstient de parler. *Rester silencieux.* ▷ Qui ne parle guère. *Un garçon calme et silencieux.* Syn. (litt.) taciturne. **II.** n. m. TECH Dispositif adapté à l'échappement d'un moteur à explosion, pour le rendre moins bruyant. ▷ Dispositif que l'on adapte à une arme à feu pour étouffer le bruit de la détonation.

silène [silɛn] n. m. BOT Plante herbacée (fam. caryophyllacées) dont une espèce, le *silène à bouquet* (*Silena armeria*), est cultivée pour ses fleurs pourpres ou roses.

Silène, dans la myth. gr., père nourricier de Dionysos; vieillard chauve et replet, au nez camus et toujours ivre.

Silésie (en polonais *Śląsk*, en all. *Schlesien*), région de l'Europe centrale, drainée par l'Odra (Oder). On distingue en Pologne la *haute Silésie* (v. princ. *Katowice*) à l'E., grande région minière (houille) et industrielle, et la *basse Silésie* (v. princ. *Wrocław*) à l'O., import. région agricole et minière. La Silésie déborde légèrement en Slovaquie (v. princ. *Ostrava*). - Disputée dès le XIᵉ s. entre la Pologne et la Bohême, la Silésie revint aux Habsbourg, rois de Bohême à partir de 1526. Annexée par la Prusse en 1742, elle connut au XIXᵉ s. un grand essor écon. En 1945, elle fut incluse dans la Pologne; la population allemande fut expulsée.

silex [silɛks] n. m. Roche siliceuse très dure constituée de calcédoine presque pure, qui se casse en formant des arêtes tranchantes et qui, frappée contre une roche riche en fer ou contre un morceau d'acier, produit des étincelles.

silhouette [silwɛt] n. f. **1.** Dessin représentant un profil tracé d'après l'ombre que projette un objet, un visage. ▷ *Par ext.* Toute forme sombre se profilant sur un fond clair. *La silhouette des montagnes à l'horizon.* **2.** Aspect général que la corpulence et le maintien donnent au corps. *Elle a une silhouette élancée.*

Silhouette (Étienne de) (1709 - 1767), homme politique français. Contrôleur des Finances (1759), il voulut réduire la fortune des privilégiés, et des caricatures «à la Silhouette» le réduisirent, lui, à quelques traits.

silicate [silikat] n. m. MINER, CHIM Minéral dont la structure élémentaire est un tétraèdre occupé, au centre, par un atome de silicium et, à chaque sommet, par un atome d'oxygène. *Les silicates sont les minéraux les plus nombreux sur la Terre.*

silice [silis] n. f. MINER, CHIM Dioxyde de silicium (SiO_2). *Sous sa forme impure de sables, la silice entre dans la composition des verres à vitre.*

siliceux, euse [silisø, øz] adj. MINER, CHIM Qui est formé de silice ou qui en contient. *Roche siliceuse.*

silicium [silisjɔm] n. m. CHIM Élément non métallique (symbole Si) de numéro atomique Z = 14. - Corps simple (Si).
ENCYCL Le silicium est, après l'oxygène, l'élément le plus abondant de la lithosphère. En dehors de ses applications en métallurgie, le silicium est surtout employé dans l'industrie des composants électroniques. (V. silice, silicate, silicone.)

siliciure [silisjyʀ] n. m. CHIM Combinaison de silicium avec un métal.

silicone [silikon] n. f. CHIM Matière plastique dont les molécules contiennent des atomes de silicium et d'oxygène.

Silicon Valley, zone californienne, au S. de San Francisco, où abondent des entreprises d'électronique et d'informatique (utilisant le silicium).

silicose [silikoz] n. f. MED Maladie professionnelle due à l'inhalation prolongée de poussières de silice, qui cause des lésions pulmonaires irréversibles.

silicosé, ée [silikoze] adj. MED Qui est atteint de silicose. *Poumons silicosés.*

sillage [sijaʒ] n. m. Trace qu'un navire en marche laisse derrière lui à la surface de l'eau. - Loc. fig. *Marcher dans le sillage de qqn,* suivre sa trace, son exemple.

sillet [sijɛ] n. m. MUS Petit morceau de bois ou d'ivoire fixé sur le manche de certains instruments pour maintenir les cordes éloignées de la touche.

sillon [sijɔ̃] n. m. **1.** Longue tranchée que le soc de la charrue fait dans la terre qu'on laboure. **2.** Rainure. - ANAT Rainure que présente la surface de certains organes. *Sillon labial.* ▷ TECH Rainure en forme de spirale, gravée à la surface d'un disque, et dont les irrégularités sont constituées par les informations enregistrées.

sillonner [sijɔne] v. tr. [1] **1.** (Surtout au pp.) Marquer d'un (de plusieurs) sillon(s). - Litt. *Visage sillonné de rides.* **2.** *Par ext.* Traverser en tous sens. *Un réseau d'autoroutes sillonne le pays.* ▷ Parcourir en tous sens.

silo [silo] n. m. **1.** Réservoir servant à conserver des produits agricoles. **2.** MILIT Construction souterraine servant au stockage et au lancement des missiles stratégiques.

Silo ou **Silōh** (auj. *Seilūn*, en Israël), v. de Palestine, centre religieux des Hébreux au temps des Juges.

silotage [silɔtaʒ] n. m. TECH Ensilage.

silure [silyʀ] n. m. **1.** ICHTYOL Le plus grand des poissons d'eau douce européens (*Silurus glanis*), type de l'ordre des siluriformes, pouvant dépasser une longueur de 3 m et un poids de 200 kg. **2.** Nom donné à tout siluriforme.

silurien, enne [silyʀjɛ̃, ɛn] adj. et n. m. GEOL *Période silurienne* ou, n. m., *le silurien :* troisième période de l'ère primaire (après l'ordovicien), caractérisée par l'apogée des trilobites. ▷ De cette période.

siluriformes [silyʀifɔʀm] n. m. pl. ICHTYOL Ordre de poissons téléostéens à peau nue, dont la tête porte de longs barbillons, appelés cour. silures, mâchoirons ou poissons-chats. - Sing. *Un siluriforme.*

silvain [silvɛ̃] n. m. ENTOM Petit coléoptère brun (genre *Oryzaephilus*), qui s'attaque aux denrées entreposées.

Silverstone (circuit de), circuit automobile brit. situé près de Northampton.

Silvestre de Sacy (Antoine Isaac) (1758 - 1838), orientaliste français; promoteur des études arabes en France : *Mémoire sur l'histoire des Arabes avant Mahomet* (1785), *Grammaire arabe* (1810).

Sima (Joseph) (1891 - 1971), peintre français d'origine tchèque. Membre du Grand* Jeu.

simagrée [simagʀe] n. f. (Surtout au plur.) Manières affectées, minauderies. Syn. chichis, manières.

Simenon (Georges) (1903 - 1989), écrivain belge d'expression française. Ses très nombreux romans (le plus souvent policiers) valent par leur «atmosphère», que rend une écriture incisive : *le Chien jaune* (1931), *les Fiançailles de M. Hire* (1933), *la Marie* *du port* (1938), *les Inconnus dans la maison* (1940) , *la Mort de Belle* (1952). Il écrivit plus de cent enquêtes de l'inspecteur, puis commissaire «Maigret», dont la première (1928) a pour titre *Pietr le Letton,* ainsi qu'un roman autobiographique, *Pédigrée* (1948).

Siméon Ier le Grand (m. en 927), tsar des Bulgares (893-927). Fils de Boris* Ier, il conquit, au détriment de Byzance, une grande partie de la péninsule des Balkans. Lettré, très religieux, il donna un grand éclat à sa cap., Preslav. Rome lui aurait accordé le titre de tsar et l'autorisation de créer une Église bulgare indépendante de Byzance. Son règne marque l'apogée du premier royaume bulgare. — **Siméon II** (né en 1937), tsar de Bulgarie (1943-1946). Il succéda à son père Boris* III, alors que le conseil de régence, présidé par B. Filov*, était favorable à Hitler. En 1944, les alliances s'inversèrent; K. Georgiev* signa l'armistice avec l'U.R.S.S. qui soutint les communistes bulgares. En sept. 1946, un référendum abolit la monarchie, et le jeune tsar dut s'exiler.

simien, enne [simjɛ̃, ɛn] adj. et n. m. pl. Qui concerne le singe, qui appartient au singe. ▷ ZOOL n. m. pl. *Les simiens :* sous-ordre de mammifères primates comprenant les singes. – Sing. *Un simien.*

simiesque [simjɛsk] adj. Qui rappelle le singe. *Une agilité simiesque.*

simil(i)-. Élément, du lat. *similis,* «semblable», exprimant l'idée d'imitation.

similaire [similɛʀ] adj. À peu près de même nature; analogue.

similarité [similaʀite] n. f. Caractère des choses similaires; ressemblance.

simili [simili] n. **1.** n. m. Imitation (d'une matière). *Ce n'est pas du cuir, c'est du simili.* **2.** n. f. Abrév. de *similigravure.*

similigravure [similigʀavyʀ] n. f. TECH Procédé de photogravure qui permet de reproduire une image à modelé continu en la transformant en un réseau d'éléments géométriques (points ou lignes). – Cliché ainsi obtenu. (Abrév. : simili).

similitude [similityd] n. f. **1.** Rapport qui unit des choses semblables; analogie. **2.** GEOM Transformation du plan qui multiplie les longueurs par une constante et conserve les angles. *Le résultat de l'action d'une homothétie suivie d'une translation est une similitude.*

Simon. V. Pierre (saint).

Simon (saint) (Ier s.), dit *le Cananéen* ou *le Zélote,* l'un des douze apôtres; il évangélisa probablement l'Égypte puis la Perse, où il serait mort crucifié.

Simon le Magicien (Ier s.), magicien originaire de Samarie. Il voulut acheter à l'apôtre Pierre le pouvoir de conférer les dons du Saint-Esprit.

Simon (Michel) (1895 – 1975), comédien français d'origine suisse : *Boudu sauvé des eaux* (1932), *l'Atalante* (1934), *Drôle de drame* (1937), *Quai des brumes* (1938).

Simon (Claude) (né en 1913), écrivain français. Brisant le cadre traditionnel du récit, il mêle aventure individuelle et histoire : *l'Herbe* (1958), *la Route des Flandres* (1960), *le Palace* (1962), *Histoire* (1967), *les Géorgiques* (1981), *l'Acacia* (1989). P. Nobel 1985.

simonie [simɔni] n. f. RELIG Trafic de biens spirituels, de dignités ecclésiastiques, etc.

Simonoseki. V. Shimonoseki.

simoun [simun] n. m. Vent violent, brûlant et sec, qui souffle sur les régions désertiques du Moyen-Orient et du Sahara.

simple [sɛ̃pl] adj. et n. **A.** (Choses) **I. 1.** PHILO Qui n'est pas composé et qui ne peut donc pas être analysé. **2.** Qui n'est pas composé de parties et qui est donc indivisible. ▷ CHIM *Corps simple,* dont la molécule est composée d'atomes identiques. **3.** Qui n'est pas composé d'éléments divers. *Temps simple d'un verbe,* qui se conjugue sans auxiliaire (par oppos. à *composé*). *Passé simple.* ▷ Qui n'est pas double ou multiple. *Nœud simple.* – BOT *Fleur simple,* dont la corolle n'a qu'un seul rang de pétales. – (Québec) (Emploi critiqué.) *Lit simple,* pour une personne (par oppos. à *lit double*). ▷ n. m., dans la loc. *du simple au double.* ▷ SPORT *Match simple* ou, n. m., *un simple :* partie de tennis qui n'oppose que deux adversaires (par oppos. à *double*). **4.** (Avant le nom.) Qui est seulement cela, sans rien de plus. *Une simple lettre vous suffira pour l'obtenir. Un simple employé de bureau.* **II.** Qui comporte un nombre restreint d'éléments. *Une opération simple.* **III.** Qui n'est pas compliqué. **1.** Qui est facile à comprendre, à employer, à exécuter. *C'est un appareil très simple.* – Fam. *Simple comme bonjour :* extrêmement simple. **2.** Qui est dénué d'ornements, qui est sans luxe. *Une maison toute simple.* **B.** (Personnes) **1.** Qui agit sans vanité, sans ostentation. *Il est resté très simple.* **2.** Litt. Qui est d'une droiture et d'une honnêteté naturelles. ▷ Qui est naïf, crédule. – *Simple d'esprit,* dont l'intelligence n'est pas normalement développée. ▷ Subst. *Un(e) simple d'esprit.* **C.** n. m. *Les simples :* les plantes médicinales. *Soigner par les simples.*

simplement [sɛ̃pləmɑ̃] adv. **1.** D'une manière simple, sans ostentation, sans affectation. **2.** Seulement. *C'est simplement un problème d'argent.* ▷ Loc. *Purement* et simplement.*

simplet, ette [sɛ̃plɛ, ɛt] adj. Qui est d'une simplicité niaise.

simplexe [sɛ̃plɛks] n. m. MATH Ensemble formé par les parties d'un ensemble. – *Méthode du simplexe,* utilisée en recherche opérationnelle.

simplicité [sɛ̃plisite] n. f. **1.** Caractère d'une chose simple, facile à comprendre, à exécuter. ▷ Caractère d'une chose dépourvue d'éléments superflus. *La simplicité de sa tenue.* **2.** Qualité d'une personne simple, sans affectation.

simplificateur, trice [sɛ̃plifikatœʀ, tʀis] adj. Qui simplifie.

simplification [sɛ̃plifikasjɔ̃] n. f. Action de simplifier; son résultat.

simplifier [sɛ̃plifje] v. tr. [2] Rendre plus simple; faciliter. *Appareil qui simplifie les tâches ménagères.* ▷ Absol. *Il simplifie à tort.* – MATH *Simplifier une fraction :* diviser ses deux termes par le même nombre entier. ▷ v. pron. *Avec le temps, nos rapports se sont simplifiés.*

simplisme [sɛ̃plism] n. m. Caractère d'une personne, d'un raisonnement, d'un argument simplistes.

simpliste [sɛ̃plist] adj. et n. Qui simplifie à l'excès les choses, qui ne voit pas ou ne représente pas le réel dans sa complexité. *Pensées simplistes.* – Subst. *Un(e) simpliste.*

Simplon (le), col des Alpes suisses (2 009 m), entre le Valais et le Piémont. Napoléon Ier y fit édifier une route (1807). À proximité, deux tunnels ferroviaires, ouverts en 1906 et en 1922, relient Brigue (Suisse) à Isella (Italie).

Simpson (Thomas) (1710 – 1761), mathématicien anglais connu pour ses travaux sur les probabilités.

simulacre [simylakʀ] n. m. **1.** Apparence qui se donne pour une réalité. – *Spécial.* Illusion, apparence dérisoire. *Un simulacre de justice.* **2.** Objet qui imite un autre objet. **3.** Action simulée. *Un simulacre de combat.*

simulateur, trice [simylatœʀ, tʀis] n. **1.** Personne qui simule. ▷ *Spécial.* Personne qui simule la maladie ou la folie. **2.** n. m. TECH Appareil, installation qui permet de reproduire très exactement les conditions de fonctionnement d'un système (dispositif, machine, etc.). *Simulateur de vol, de tir.*

simulation [simylasjɔ̃] n. f. **1.** Action de simuler. *Simulation d'une maladie.* ▷ DR Dissimulation d'un acte juridique, caché par la création d'un acte apparent. **2.** TECH Reproduction expérimentale des conditions réelles dans lesquelles devra se produire une opération complexe. ▷ Représentation d'un objet par un modèle analogue plus facile à étudier. *Les modèles réduits de machines sont des simulations.* **3.** Didac. *Modèle de simulation* ou, par abrév., *simulation :* représentation mathématique d'un certain nombre d'éléments pouvant intervenir sur un système, afin d'étudier les conséquences de la variation de certains de ces éléments. *L'informatique a largement accru l'utilisation des modèles de simulation en physique, astrophysique, gestion, etc.*

simulé, ée [simyle] adj. DR Se dit d'un acte créé par simulation.

simuler [simyle] v. tr. [1] **1.** Feindre. *Simuler la folie.* **2.** TECH Procéder à la simulation de. *Simuler un vol spatial.*

simulie [simyli] n. f. ENTOM Petit insecte diptère piqueur *(Simulium damnosum),* dont la larve vit dans les cours d'eau à courant rapide et qui est le vecteur de l'onchocercose.

simultané, ée [simyltane] adj. Qui se produit en même temps, dans le même temps. – *Traduction simultanée :* traduction orale faite au fur et à mesure de l'énoncé du texte à traduire.

simultanéisme [simyltaneism] n. m. LITTER Procédé narratif qui consiste à présenter sans transition les événements vécus simultanément en des lieux différents par les personnages du récit. *Le simultanéisme de Dos Passos.*

simultanéité [simyltaneite] n. f. Caractère de ce qui est simultané; existence simultanée de plusieurs choses.

simultanément [simyltanemɑ̃] adv. En même temps.

Sinaï, presqu'île montagneuse, au N. de la mer Rouge, culminant au djebel Sainte-Catherine à 2 637 m. Désertique, peuplé de rares nomades, le Sinaï recèle des gisements de pétrole. – L'un des sommets du Sinaï (Djebel Mousa) est considéré comme la montagne où Moïse eut la vision du buisson ardent et reçut les tables de la Loi (les dix commandements). Après que le monastère de Sainte-Catherine fut fondé (527), le Sinaï est devenu un foyer de monachisme chrétien. – Ce territoire égyptien (56 000 km^2) fut conquis par les Israéliens en 1967 (guerre des Six Jours). En oct. 1973, de durs combats opposèrent Israéliens et Égyptiens, qui avaient franchi le canal de Suez; le traité israélo-égyptien de 1979 prévoyait l'évacuation des troupes israéliennes, qui s'acheva en 1982.

Sinan (Mi'mar) (1489 – 1578 ou 1588), architecte turc : mosquées Süleymaniye d'Istanbul (1550-1557) et Selimiye d'Edirne (1569-1575).

sinanthrope [sinɑ̃tʀɔp] n. m. PREHIST Fossile hominien de l'espèce *Homo erectus,* appelé aussi *homme de Pékin.* (Le sinanthrope possédait un outillage lithique et connaissait l'usage du feu. Il aurait vécu il y a env. 500 000 ans.)

sinapisme [sinapism] n. m. MED Médication externe à base de farine de moutarde, appliquée sous forme de cataplasme et destinée à produire une révulsion. – *Par ext.* Ce cataplasme.

Sinatra (Francis Albert, dit Frank) (né en 1915), chanteur et acteur de cinéma américain : *Tant qu'il y aura des hommes* (1953), *Haute Société* (1956).

sincère [sɛ̃sɛʀ] adj. **1.** Qui exprime ses véritables pensées, ses véritables sentiments (sans les déguiser). ▷ Qui est réellement pensé ou senti. *Sentiments, paroles sincères.* **2.** Non altéré, non truqué. *Document sincère.*

sincèrement [sɛ̃sɛʀmɑ̃] adv. D'une manière sincère.

sincérité [sɛ̃seʀite] n. f. **1.** Qualité d'une personne ou d'une chose sincère. **2.** Caractère de ce qui n'est pas altéré, truqué. *La sincérité d'une élection.*

sinciput [sɛ̃sipyt] n. m. ANAT Partie supérieure de la voûte crânienne.

Sinclair (Upton) (1878 – 1968), romancier américain : *la Fin d'un monde* (1940).

Sind (le), prov. au S.-E. du Pākistān, drainée par l'Indus; 140 913 km^2; 19 028 670 hab.; ch.-l. *Karāchi.* L'irrigation compense son aridité. – Théâtre d'affrontements ethniques entre les *Mohajins,* immigrants indiens de 1947 (date de la partition) ou leurs descendants, et les *Sindhis.*

Sindbād le Marin ou **Sindibad,** personnage d'un conte des *Mille* et Une Nuits,* affabulateur qui aurait accompli sept voyages analogues au périple d'Ulysse.

sindian [sindjɑ̃] n. m. BOT Petit arbre des savanes (fam. césalpiniacées), à longues grappes de fleurs jaunes, connaissant des usages médicinaux.

sinécure [sinekyʀ] n. f. Place qui procure des ressources, une rémunération sans exiger beaucoup de travail.

sine die [sinedje] loc. adv. (lat., «sans jour [fixé]») DR, ADMIN Sans fixer de date pour la reprise d'une discussion, pour une prochaine réunion. *Renvoyer un débat sine die.*

sine qua non [sinekwanɔn] loc. adv. (lat., «[condition] sans laquelle non») *Condition sine qua non,* obligatoire, indispensable.

Sine Saloum, rég. de bas plateaux du Sénégal, drainée par le Saloum* et le Sine; v. princ. *Kaolack.* Principale zone de production d'arachides du Sénégal.

Singapour, État de l'Asie du S.-E. formé d'une île principale et d'îlots, séparé de la pointe de la péninsule malaise par le détroit de Johore; 641 km^2; 2 700 000 hab. (croissance, contrôlée : 1 % par an); cap. *Singapour.* Nature de l'État : rép. membre du Commonwealth. Langues off. : malais, chinois, angl., tamoul. Monnaie : dollar de Singapour. Relig. : bouddhisme, taoïsme, hindouisme, islam.
Géogr. phys. et hum. – Le centre de l'île, urbanisée à plus de 80 %, est occupé par une colline granitique, entourée de terrasses alluviales et de plaines marécageuses. La forêt dense, due à un climat équatorial très humide, a été remplacée par une végétation artificielle : cocotiers, hévéas, arbres fruitiers; un aqueduc venant de Malaisie (Johore) couvre 50 % des besoins en eau de Singapour. La pop. est composée de Chinois (75 %), de Malais et d'Indiens.
Écon. – Premier port mondial pour le transit, princ. place financière de l'Asie du Sud-Est, Singapour reçoit du monde entier des marchandises qu'il redistribue dans toute l'Asie du S. L'industrialisation, due à des investissements étrangers (amér., jap., brit.), attirés par la fiscalité, a été très rapide (industries de pointe et à haute productivité). Le pays connaît une pénurie de main-d'œuvre et exporte son savoir-faire en Malaisie. Le tourisme est actif.
Hist. – En 1819, sir Stamford Raffles acheta l'île au rajah de Johore pour la Compagnie anglaise des Indes orientales et fonda la ville moderne de Singapour, qui put contrôler le détroit de Malacca. En 1828, Singapour fut rattachée aux comptoirs anglais de Malaisie et devint, après 1921, une puissante base écon. et stratégique. Les Japonais s'en emparèrent en fév. 1942. Redevenue brit. en sept. 1945, Singapour accéda à l'indép. en 1959, adhéra à la Féd. de Malaisie en 1963 puis fit sécession en 1965. Lee Kuan Yew, président de la Rép. de 1959 à 1990, musela toute opposition de gauche. Son successeur, Goh Chok Tong, appartient au même parti (Parti d'action du peuple, P.A.P.), lié aux É.-U. et au Japon. En 1997, le P.A.P. remporta à nouveau les élections législatives.

singapourien, enne [sɛ̃gapuʀjɛ̃, ɛn] adj. et n. De Singapour. – Subst. *Un(e) Singapourien(ne).*

singe [sɛ̃ʒ] n. m. **1.** Mammifère primate anthropoïde à la face glabre, aux pieds et aux mains préhensiles, au cerveau développé. (V. encycl. ci-après.) ▷ (Afr. subsah.) Cour. *Singe noir :* colobe magistrat. – *Singe rouge :* patas; colobe bai. – *Singe vert :* cercopithèque au poil verdâtre. ▷ *Spécial.* Mâle de l'espèce (par oppos. à *guenon*). **2.** Loc. *Laid, malin, adroit comme un singe. Faire le singe :* faire des singeries. – Loc. fig. *Payer en monnaie de singe,* en paroles creuses, en contrepartie sans valeur. **3.** Celui qui imite ce que fait un autre.
ENCYCL Les singes, ou simiens, se divisent en deux groupes : les *platyrhiniens* ou *singes du Nouveau Monde* (tamarins, etc.) et les *catarhiniens* ou *singes de l'Ancien Monde* (cercopithèques, pongidés, etc.). Les premiers singes apparurent à l'oligocène. Les singes actuels de l'Ancien Monde, de même que les hommes, résultent de l'évolution de rameaux parallèles issus de singes primitifs de l'Ancien Monde.

singer [sɛ̃ʒe] v. tr. [**13**] **1.** Imiter, contrefaire maladroitement. *Enfant qui veut singer les grandes personnes.* ▷ Contrefaire (qqn) avec malice, pour se moquer de lui. **2.** Affecter, feindre (une attitude, un sentiment). *Singer la vertu.*

Singer (Isaac Merrit) (1811 – 1875), inventeur américain. Il perfectionna la machine à coudre (1851).

Singer (Isaac Bashevis) (1904 – 1991), écrivain américain d'origine polonaise, d'expression yiddish. P. Nobel 1978.

singerie [sɛ̃ʒʀi] n. f. Grimace, tour de malice. *Faire des singeries.* Syn. (Haïti, Louisiane) macaquerie. ▷ *Par ext.* (Plur.) Simagrées.

singlet [sɛ̃glɛ] n. m. (Afr. subsah., Belgique) Maillot de corps. (V. camisole, sens 2, et chemisette, sens 3.)

singleton [sɛ̃glətɔ̃] n. m. **1.** JEU Au whist, au bridge, carte seule de sa couleur dans la main d'un joueur. **2.** MATH Ensemble comprenant un seul élément.

singulariser [sɛ̃gylaʀize] v. tr. [**1**] Rendre singulier, extraordinaire. ▷ v. pron. Se faire remarquer par quelque chose d'extraordinaire.

singularité [sɛ̃gylaʀite] n. f. **1.** Fait d'être singulier, unique, irremplaçable. *La singularité de chaque être humain.* **2.** Ce qui rend une chose singulière; chose, manière singulière.

singulet [sɛ̃gylɛ] n. m. ELECTRON Électron unique pouvant réaliser une liaison chimique entre deux atomes.

singulier, ère [sɛ̃gylje, ɛʀ] adj. et n. m. **I. 1.** Qui est individuel. – *Combat singulier,* qui oppose un seul adversaire à un seul autre. **2.** Qui se rapporte à une seule chose ou à une seule personne. ▷ n. m. *Le singulier :* catégorie grammaticale qui exprime l'unité. *Le singulier et le pluriel.* **II.** Qui se distingue des autres; étonnant, extraordinaire. *Un personnage singulier.*

singulièrement [sɛ̃gyljɛʀmɑ̃] adv. **1.** Particulièrement. *Ils se sont tous révoltés, lui singulièrement.* **2.** Beaucoup, extrêmement. *Il est singulièrement déçu.* **3.** Litt. D'une manière singulière, bizarre.

sinisation [sinizasjɔ̃] n. f. Didac. Action de siniser, fait de siniser; son résultat. *Politique de sinisation.*

siniser [sinize] v. tr. [**1**] **I.** Didac. Rendre chinois. **II. 1.** Faire adopter la langue, la civilisation, les mœurs chinoises à (une population). ▷ v. pron. *Population qui se sinise.* ▷ Pp. adj. *Communauté sinisée.* **2.** Adapter à la culture, aux modes de pensée chinois.

1. sinistre [sinistʀ] adj. **1.** Qui fait craindre quelque malheur. *Un sinistre présage.* **2.** Qui par son aspect fait peser un sentiment d'effroi ou d'accablement. *Une ombre sinistre.* – (Sens affaibli.) Triste; qui fait naître l'ennui. *Cette soirée était sinistre.* **3.** Méchant, pernicieux. *Un sinistre individu.*

2. sinistre [sinistʀ] n. m. **1.** Catastrophe qui cause des pertes considérables. **2.** DR Tout fait qui entraîne une indemnisation. *Règlement d'un sinistre.*

sinistré, ée [sinistʀe] adj. et n. Qui a subi un sinistre. *Région sinistrée.* ▷ Subst. Personne qui a eu à souffrir d'un sinistre.

Sin-kiang. V. Xinjiang.

Sinn Fein (terme gaélique signif. «nous, nous-mêmes»), mouvement nationaliste irlandais fondé v. 1902 par Arthur Griffith. À la suite de l'insurrection de 1916, organisée par son aile militaire, il remporta les élections de 1918. Contre la Grande-Bretagne, il se dota (1919) d'une organisation militaire, l'IRA.

sino-japonaises (guerres), guerres d'invasion menées par le Japon sur le territ. chinois. **1.** En 1894-1895, le Japon intervint en Corée (sous domination chinoise) et s'empara de Taiwan, qui fut restitué à la Chine en 1945. **2.** En août 1937, les Japonais débarquent à Shangai, s'emparent de Nankin (déc.), de Canton (avr. 1938), de Hainan (janv. 1939), mais nationalistes et communistes organisent la résistance. Le 14 août 1945, le Japon (1 300 000 soldats) capitulera.

sinologie [sinɔlɔʒi] n. f. Didac. Étude de la langue, de la culture et de l'histoire de la Chine.

sinon [sinɔ̃] conj. **1.** Autrement, sans quoi. *Ce document doit être certifié, sinon il n'est pas valable.* **2.** (Exprimant une exception, une restriction.) Si ce n'est. *Il ne s'intéresse à rien sinon à la musique.* ▷ Loc. conj. *Sinon que :* si ce n'est que. **3.** (Marquant une concession ou une restriction.) *Faites-le, sinon aujourd'hui, du moins demain.* **4.** (Pour surenchérir sur une affirmation.) Et même. *Cela m'est indifférent, sinon désagréable.*

sino-tibétain, aine [sinotibetɛ̃, ɛn] adj. LING *Langues sino-tibétaines :* famille de langues comprenant notam. les groupes chinois et tibéto-birman, ainsi qu'un ensemble de langues isolées.

sinueux, euse [sinɥø, øz] adj. **1.** Qui forme des courbes nombreuses. *Piste sinueuse.* **2.** Fig. Qui procède par détours; tortueux. *Une approche sinueuse.*

sinuosité [sinɥozite] n. f. **1.** Chacune des courbes d'une ligne sinueuse. *Les sinuosités d'un fleuve.* **2.** Caractère de ce qui est sinueux.

1. sinus [sinys] n. m. ANAT **1.** Cavité irrégulière à l'intérieur de certains os (os du crâne et de la face, partic.). *Sinus maxillaire.* **2.** Partie dilatée de certains vaisseaux. *Sinus carotidien.*

2. sinus [sinys] n. m. TRIGO Ordonnée de l'extrémité d'un arc porté sur le cercle trigonométrique. – *Sinus d'un angle aigu d'un triangle rectangle,* rapport entre le côté opposé à cet angle et l'hypoténuse. (Abrév. : sin).

sinusite [sinyzit] n. f. Atteinte inflammatoire ou infectieuse des muqueuses des sinus de la face.

sinusoïdal, ale, aux [sinyzɔidal, o] adj. GEOM Relatif à la sinusoïde. ▷ PHYS *Mouvement sinusoïdal :* mouvement d'un point matériel dont l'élongation est une fonction sinusoïdale du temps.

sinusoïde [sinyzɔid] n. f. GEOM Courbe qui représente les variations de la fonction $y = \sin x$ et, d'une manière générale, celles des fonctions $y = a \sin (\omega t + \varphi)$ et $y = a \cos (\omega t + \varphi)$.

Sion, une des collines de Jérusalem (sur laquelle étaient bâtis l'anc. citadelle et le Temple). – Synonyme, dans le langage biblique, de Jérusalem.

Sion, v. de Suisse, ch.-l. du Valais, sur le Rhône; 23 400 hab. Vins *(fendant de Sion).* Tourisme. – Évêché catholique. Égl. fortifiée N.-D.-de-Valère (XIIe-XVe s.). Chât. féodal de Tourbillon (XIIIe s.).

sionisme [sjɔnism] n. m. HIST Mouvement, doctrine qui visait à la restauration d'un État juif indépendant en Palestine, et qui fut à l'origine de la fondation de l'État d'Israël (mai 1948). ▷ *Par ext.* Idéologie des partisans de l'État d'Israël.

sioniste [sjɔnist] adj. et n. **1.** adj. Relatif au sionisme. **2.** n. Partisan du sionisme.

sioux [sju] adj. inv. (et n. m.) Des Sioux. ▷ n. m. LING *Le sioux :* la famille de langues des grandes plaines du nord des États-Unis.

Sioux, ethnie indienne d'Amérique du N. Après l'arrivée des colons, les Sioux furent contraints d'émigrer vers l'Ouest; ils vivent auj. dans des réserves (Dakota, Nebraska, Montana). ▷ Loc. fam. *Des ruses de Sioux :* des ruses complexes et astucieuses.

siphon [sifɔ̃] n. m. **1.** Tube recourbé permettant de faire passer par gravité un liquide d'un niveau donné à un niveau inférieur en l'élevant d'abord au-dessus du niveau le plus haut. *Amorçage d'un siphon.* **2.** Dispositif intercalé entre un appareil sanitaire et son tuyau de vidange pour empêcher la remontée des mauvaises odeurs. **3.** TECH Conduite, ou ensemble de conduites, permettant de faire passer des eaux d'alimentation ou d'évacuation sous un cours d'eau. **4.** En spéléologie, galerie ou boyau inondé. **5.** Bouteille munie d'un bouchon à levier et contenant de l'eau gazéifiée sous pression.

siphonaptères [sifɔnaptɛʀ] n. m. pl. ENTOM Ordre d'insectes dépourvus d'ailes, dont les nombr. espèces sont appelées cour. puces. – Sing. *Un siphonaptère.* Syn. aphaniptères.

siphonner [sifɔne] v. tr. [1] Transvaser (un liquide) au moyen d'un siphon.

siphonophores [sifɔnɔfɔʀ] n. m. pl. ZOOL Classe de cnidaires hydrozoaires qui forment, en haute mer, des colonies où les individus restent attachés les uns aux autres. – Sing. *Un siphonophore.*

sipo [sipo] n. m. BOT Grand arbre (fam. méliacées) des forêts équatoriales d'Afrique, exploité pour son bois.

Siqueiros (David Alfaro) (1896 – 1974), peintre mexicain; un des dirigeants du parti communiste. Ses peintures murales, expressionnistes, renouent avec l'art précolombien.

sirandane [siʀɑ̃dan] n. f. (oc. Indien) Syn. de *devinette.*

sire [siʀ] n. m. **1.** *Un triste sire :* un individu peu digne de confiance ou de considération. **2.** Titre que l'on donne à un souverain lorsqu'on s'adresse à lui.

sirène [siʀɛn] n. f. **I. 1.** MYTH Être mythique ayant un buste de femme et un corps de poisson ou d'oiseau, dont le chant mélodieux attirait les navigateurs sur les écueils. **2.** Fig., litt. Femme très séduisante, au charme dangereux. **II.** Appareil de signalisation sonore.

Sirène (la Petite). V. Petite Sirène (la).

siréniens [siʀenjɛ̃] n. m. pl. ZOOL Ordre de mammifères placentaires aquatiques proches des ongulés, comprenant les dugongs et les lamantins. – Sing. *Un sirénien.*

Siret (le), riv. de Roumanie (726 km), affl. du Danube (r. g.); naît en Ukraine, draine la Moldavie roumaine, reçoit la Bistriţa (r. dr.) et rejoint le Danube au S. de Galaţi. Aménagements hydroélectriques.

sirex [siʀɛks] n. m. ENTOM Insecte hyménoptère au dimorphisme sexuel très marqué, dont la femelle perfore l'écorce des conifères pour y pondre.

Sirius, système double d'étoiles du Grand Chien proche de la Terre (8,8 années de lumière) dont la princ., une étoile bleue, est la plus brillante du ciel. L'autre, une naine blanche invisible à l'œil nu, gravite autour de la princ. en 50 ans. – Loc. *Point de vue de Sirius :* point de vue de celui qui voit les choses de très haut, de trop haut.

Sirk (Claus Detlev Sierck, dit Douglas), (1900 – 1987), cinéaste américain d'origine danoise; il débute en Allemagne puis tourne des mélodrames à Hollywood : *Écrit sur du vent* (1957); *le Temps d'aimer et le Temps de mourir* (1958).

sirocco [siʀoko] n. m. Vent du sud-est, chaud et sec, chargé de poussière, qui vient des déserts africains et souffle en Algérie, au Maroc, en Tunisie, en Sicile. Syn. (Maghreb) chergui.

sirop [siʀo] n. m. **1.** Solution concentrée de sucre additionnée ou non de substances aromatiques ou médicamenteuses. *Sirop de citron. Sirop de bissap. Sirop pectoral.* **2.** (Québec) *Sirop d'érable,* obtenu par évaporation de la sève de l'érable à sucre. **3.** (Belgique) Mélasse obtenue à partir de jus de pommes, de poires ou de betteraves. *Sirop de pomme. Tartine au sirop.* ▷ (Antilles fr., oc. Indien) *Gros sirop,* obtenu par réduction du jus de canne à sucre.

siroperie [siʀɔpʀi] n. f. (Belgique) Fabrique de sirop.

siroter [siʀɔte] v. tr. [1] Fam. Boire à petites gorgées, en prenant son temps.

Siroua (djebel), massif volcanique du Maroc méridional culminant à 3 304 m.

sirupeux, euse [siʀypø, øz] adj. Qui a le caractère, la consistance du sirop. ▷ Fig., péjor. D'une douceur mièvre.

sis, sise [si, siz] adj. DR ou litt. Situé. *Un domaine sis dans telle commune.*

sisal, als [sizal] n. m. Agave (fam. amaryllidacées) cultivé notam. au Yucatán (Mexique) et en Afrique, dont les feuilles donnent une fibre textile très résistante. ▷ Cette fibre elle-même.

sisalerie [sizalʀi] n. f. (Afr. subsah.) Usine où l'on traite le sisal.

Sisavang Vong (1885 – 1959), roi de Luang* Prabang (1904), puis du Laos unifié au sein de l'Union indochinoise (1946-1954) et du Laos indépendant (1954-1959).

Sisley (Alfred) (1839 – 1899), peintre anglais de l'école impressionniste française.

sismicité [sismisite] n. f. GEOL Fréquence et intensité des séismes dans une région donnée.

sismique [sismik] adj. Qui a rapport aux séismes.

sismographe [sismɔgʀaf] n. m. GEOL Appareil enregistrant la fréquence et l'amplitude des mouvements sismiques en un point donné du globe.

sismologie [sismɔlɔʒi] n. f. Didac. Partie de la géologie qui étudie les séismes.

Sismondi (Jean Charles Léonard Simonde de) (1773 – 1842), historien et économiste suisse. Récusant les théories d'Adam Smith*, il montra que la richesse économique peut créer la misère, que la faible consommation populaire entraîne des crises et que l'État doit intervenir. Il eut une certaine influence sur Marx. Princ. ouvrages : *De la richesse commerciale* (1803), *Nouveaux Principes d'économie politique* (1819), *Études sur l'économie politique* (1837).

Sisovath (1840 – 1927), roi du Cambodge (1904-1927). Fils de Ang* Duong, il succéda à son frère Norodom* Ier, dont il poursuivit l'œuvre de modernisation de l'économie (ce qui provoqua l'arrivée de nombr. Vietnamiens et Chinois). En 1907, il reprit le contrôle des prov. de Battambang et de Siem Réap cédées au Siam (V. Thaïlande) en 1867. — **Sisovath Monivong** (1875 - 1941), fils du préc., roi du Cambodge (1927-1941). En 1941, profitant de la défaite française en Europe (1940), la Thaïlande (anc. Siam), appuyée par les Japonais, le contraignit à lui céder les prov. de Battambang et de Siem Réap.

sisérou [siseʀu] n. m. (Antilles fr., Haïti) Perroquet (*Amazona imperialis*, fam. psittacidés) de la Dominique, mesurant 30 à 40 cm, à la huppe érectile.

Sissoko (Fily Dabo) (1897 - 1964), homme politique et écrivain malien. Fondateur du Parti soudanais progressiste, député à l'Assemblée française (1945-1946), il fut arrêté en 1962 et mourut en prison. Il a laissé des essais, un roman (*la Passion de Djimé*, 1957) et des poèmes (*Harmakhis*, 1953; *la Savane rouge*, 1962; *Poèmes de l'Afrique noire*, 1963).

sistre [sistʀ] n. m. Instrument de musique fait d'un cadre garni de coquillages, de rondelles de métal, etc., que l'on secoue.

Sisyphe, dans la myth. gr., roi de Corinthe, fils d'Éole. Il fut condamné dans les Enfers à rouler éternellement jusqu'au sommet d'une montagne un rocher qui en retombait aussitôt.

sitatunga [sitatuŋga] n. m. ZOOL Antilope des forêts marécageuses d'Afrique (*Tragelaphus spekei*), aussi appelée *guib d'eau*.

site [sit] n. m. **1.** Lieu, tel qu'il s'offre aux yeux de l'observateur; paysage, envisagé quant à sa beauté. *Site classé, officiellement protégé.* **2.** Configuration, envisagée du point de vue pratique, économique, du lieu où est édifiée une ville. ▷ ARCHEOL Lieu où se trouvent des vestiges. **3.** BIOL Partie d'un gène séparable des éléments voisins et susceptible, en cas de modification, de produire une mutation de l'organisme.

sit-in [sitin] n. m. inv. (Anglicisme) Manifestation non violente dans laquelle les participants occupent un endroit public en s'asseyant par terre.

sitôt [sito] adv. **I. 1.** Litt. Aussitôt. *Sitôt..., sitôt. Sitôt dit, sitôt fait.* **2.** Loc. adv. *Pas de sitôt :* pas avant longtemps. **II.** Loc. conj. *Sitôt que* (+ indic.) : dès que.

sittelle [sitɛl] n. f. Oiseau passériforme grimpeur (genre *Sitta*), qui niche dans des trous d'arbre.

Sitting Bull («Taureau assis»), nom angl. de Tatanka Iyotake (v. 1834 - 1890), chef des Sioux du Dakota, qu'il refusait de laisser parquer dans une réserve.

situ [sity] loc. adv. V. in situ.

situation [sitɥasjɔ̃] n. f. **1.** Position, emplacement (se dit surtout en parlant d'une ville, d'une maison, d'un terrain). **2.** Ensemble des conditions dans lesquelles se trouve qqn à un moment donné. *Être dans une situation difficile. Situation pécuniaire, familiale.* ▷ Loc. adv. *En situation :* dans des circonstances réelles et concrètes, et non dans l'abstrait. ▷ *Être en situation de* (+ inf.) : pouvoir. **3.** Emploi qui confère, le plus souvent, une position sociale assez élevée. *Avoir une belle situation.* **4.** État des affaires; conjoncture. *La situation économique, politique.* **5.** FIN Tableau indiquant l'actif et le passif d'une entreprise à une date donnée. **6.** Moment important de l'action, dans une œuvre littéraire.

situationnisme [sitɥasjɔnism] n. m. Mouvement de contestation philosophique, esthétique et politique, créé en 1957, se voulant l'héritier du marxisme et du surréalisme.

situer [sitɥe] v. tr. [**1**] **1.** (Surtout au pp.) Placer dans un certain endroit ou d'une certaine manière. *Village situé près de la frontière.* ▷ v. pron. *Ce magasin se situe dans le centre de la ville.* **2.** Déterminer la place de (qqch, qqn). *Où situez-vous cette ville?* ▷ v. pron. *Ce roman se situe à Paris. Se situer politiquement.*

Siva. V. Çiva.

six [sis] devant un mot commençant par une consonne; [siz] devant une voyelle ou un *h* muet. adj. inv. et n. m. inv. **I.** adj. num. inv. **1.** (Cardinal) Cinq plus un (6). *Un vers de six pieds.* **2.** (Ordinal) Sixième. *Charles VI.* – Ellipt. *Le six mai.* **II.** n. m. inv. **1.** Le nombre six. ▷ Chiffre représentant le nombre six (6). *Tracer un six.* ▷ Numéro six. *Il s'est garé devant le six (de la rue).* ▷ *Le six :* le sixième jour du mois. **2.** Carte, face de dé ou côté de domino portant six marques. *Le six de cœur.*

Six (groupe des), groupe formé en 1918 par six compositeurs français néo-classiques : Georges Auric (1899 - 1983), Louis Durey (1888 - 1979), A. Honegger, D. Milhaud, F. Poulenc et G. Tailleferre.

six-huit [sisɥit] n. m. inv. MUS *Mesure à six-huit* (6/8) : mesure ternaire à deux temps ayant la noire pointée (ou trois croches) pour unité de temps.

sixième [sizjɛm] adj. et n. **I.** adj. num. ord. Dont le rang est marqué par le nombre 6. *Le sixième jour. Habiter au sixième étage* ou, ellipt., *au sixième.* **II.** n. **1.** Personne, chose qui occupe la sixième place. *La sixième du palmarès.* **2.** n. f. Première classe du premier cycle de l'enseignement secondaire. *Entrer en sixième.* **3.** n. m. Chaque partie d'un tout divisé en six parties égales. *Le sixième d'une somme.*

Six Jours (guerre des), troisième des guerres israélo-arabes, remportée par Israël (5-10 juin 1967).

sixte [sikst] n. f. MUS Intervalle de six degrés. – Sixième degré d'une gamme diatonique.

Sixte IV (Francesco Della Rovere) (1414 - 1484), pape de 1471 à 1484; il fut l'allié des Pazzi contre les Médicis. Il fit construire au Vatican la chapelle Sixtine*. — **Sixte V,** dit *Sixte Quint* (Felice Peretti) (1520 - 1590), pape de 1585 à 1590; il réorganisa l'administration pontificale et travailla à l'édition, dite *sixtine*, de la Vulgate (1590).

Sixtine (chapelle), chapelle du palais du Vatican construite en 1473, sous Sixte IV, par Giovanni de Dolci et décorée de fresques de Signorelli, Botticelli, Ghirlandaio, le Pérugin, il Pinturicchio et Michel-Ange.

sixtus [sikstys] n. m. (Suisse) Pince à cheveux.

sizain [sizɛ̃] n. m. LITTER Strophe de six vers construite sur deux ou trois rimes.

sizerin [sizʀɛ̃] n. m. Petit oiseau passériforme (fam. fringillidés) voisin du chardonneret, vivant dans les régions nordiques de l'hémisphère nord, notam. au Canada.

Sjælland (en all. *Seeland*), la plus grande (7439 km^2) et la plus peuplée (2139000 hab.) des îles danoises; v. princ. *Copenhague.*

Sjöström (Victor David) (1879 - 1960), cinéaste suédois; ses films muets opposent l'être solitaire aux éléments : en Suède, *la Voix des ancêtres* (1918), *la Charrette fantôme* (1920); aux É.-U. (sous le nom de Seastrom), *la Lettre écarlate* (1926), *le Vent* (1926).

skaï [skaj] n. m. (Nom déposé.) Matière synthétique imitant le cuir.

Skanderbeg ou **Skander-Beg.** V. Scanderbeg.

skate-board [skɛtbɔʀd] n. m. (Anglicisme) Syn. (off. déconseillé) de *planche* à roulettes. Des skate-boards.*

sketch [skɛtʃ] n. m. Petite scène, généralement gaie, jouée au théâtre, dans un music-hall, etc. *Des sketch(e)s.* – *Film à sketches,* composé de courtes œuvres d'auteurs différents.

Skhirra ou **Skhira (La),** port pétrolier de Tunisie, au N. de Gabès. Débouché d'import. oléoducs provenant du N.-O. et du S.

ski [ski] n. m. **1.** Long patin de bois, de fibre de verre, etc., à l'extrémité antérieure *(spatule)* relevée, utilisé pour glisser sur la neige. *Aller à skis.* **2.** Sport pratiqué sur skis. *Faire du ski.* – *Ski de fond,* pratiqué sur de longues distances et sur des terrains de faible dénivellation. – *Ski alpin,* pratiqué sur des pistes aménagées, en pente raide. – *Ski artistique :* discipline comportant des figures analogues à celles de la danse, des sauts acrobatiques et des descentes de pistes bosselées. ▷ *Ski nautique :* sport nautique qui se pratique sur un ou deux skis.

skier [skje] v. intr. [**2**] Aller à skis, pratiquer le ski.

skieur, euse [skjœʀ, øz] n. Personne qui va à skis, qui pratique le ski.

Skikda (anc. *Philippeville*), v. et port de l'Algérie orient.; 130880 hab.; ch.-l. de la wilaya du m. nom. Exportation et liquéfaction du gaz naturel transporté par gazoduc depuis Hassi R'Mel. Raffinage du pétrole. Superphosphates.

skinhead ou **skin-head** [skinɛd] n. (Anglicisme) Marginal agressif et xénophobe, se distinguant par le crâne rasé. *Des skinheads* ou *des skin-heads.*

skipper [skipœʀ] n. m. (Anglicisme) Chef de bord d'un yacht.

skons [skɔ̃s] n. m. V. sconce.

Skopje ou **Skoplje,** cap. de la Macédoine, sur le Vardar; 408140 hab. Industr. sidérurgiques et mécaniques. – Université. – Séisme grave en 1963.

Skriabine. V. Scriabine.

skun(k)s [skɔ̃s] n. m. V. sconce.

Skylab, station orbitale américaine où de nombr. expériences scientifiques ont été effectuées de 1973 à 1979.

slache [slaʃ] n. f. (Afr. subsah., rare; Belgique) Syn. de *sandale.* – *Spécial.* Syn. de *tong.*

slalom [slalɔm] n. m. **1.** SPORT Descente à skis sur un parcours sinueux jalonné de piquets. **2.** *Par anal.* Parcours sinueux entre des obstacles.

slave [slav] adj. et n. Qui appartient aux peuples de même famille linguistique habitant l'Europe centrale et orientale. ▷ *Langues slaves :* groupe de langues indo-européennes parlées dans l'est et une partie du centre de l'Europe (bulgare, croate, polonais, russe, serbe, slovaque, slovène, tchèque, etc.). ▷ Subst. *Les Slaves.* (On distingue les *Slaves orientaux* [Russes, Ukrainiens, Biélorusses], les *Slaves occidentaux* [Polonais, Slovaques, Tchèques] et les *Slaves méridionaux* [Bulgares, Croates, Serbes, Slovènes].)

Slavejkov (Petko) (1827 - 1895), écrivain et patriote bulgare. Précurseur de la littérature bulgare moderne, il introduisit la fable et la satire dans la poésie (*Œuvres choisies*, 1901); il publia aussi un recueil de proverbes et dictons populaires. Il milita pour l'indépendance de l'Église bulgare (hors de l'Église byzantine), obtenue en 1870, et traduisit la Bible. — **Penčo** (1866 - 1912), fils du préc., poète et écrivain bulgare. Influencé par la poésie et la philosophie allemandes, il mêla lyrisme, thèmes folkloriques et méditations intimes : *Chants épiques* (1907); *Rêves de bonheur* (1907); *Hymne sanglant* (1911-1913), qui immortalise l'insurrection de 1876. Critique littéraire, il anima le courant des « modernes » regroupés autour de la revue *la Pensée* (1892).

Slavici (Ioan) (1848 - 1925), écrivain roumain, originaire de Transylvanie. Sa rencontre avec Eminescu* lui fit découvrir le monde roumain. Il s'imposa comme le maître de la nouvelle villageoise : *le Pope Tanda* (1873), *le Moulin de la chance* (1896). Parmi ses romans, *Mara* (1906) est considéré comme le premier roman de valeur écrit en roumain.

slavisant, ante [slavizɑ̃, ɑ̃t] n. Didac. Linguiste spécialiste des langues slaves.

slavon [slavɔ̃] n. m. LING Langue indo-européenne du groupe slave, langue liturgique des Slaves orthodoxes.

Slavonie (en serbo-croate *Slavonija*), rég. de la Croatie, entre la Drave, la Save et le Danube.

slikke [slik] n. f. GEOMORPH Vase maritime déposée aux niveaux inférieur et moyen de la zone de balancement des marées; partie du littoral où elle se dépose (par oppos. au *schorre*).

slip [slip] n. m. Culotte très courte et ajustée servant de sous-vêtement ou utilisée lorsqu'on se baigne. *Slip de bain.* – *Slip kangourou :* sous-vêtement masculin comportant une ouverture sur le devant.

Sliven, v. de la Bulgarie orientale, située entre la Sredna Gora et le mont Balkan; 102420 hab. Centre textile. Industr. mécaniques.

sloche ou **slush** [slɔʃ] n. f. (Québec) (Emploi critiqué.) Mélange de neige et d'eau imprégné de saletés, qui s'accumule dans les rues, sur les trottoirs. *Marcher dans la sloche.*

slogan [slɔgɑ̃] n. m. Formule brève et frappante utilisée dans la publicité, la propagande politique, etc.

sloop [slup] n. m. MAR Bateau à voiles à un mât ne gréant qu'un foc à l'avant.

sloughi [slugi] n. m. Lévrier d'Afrique du Nord à poil ras.

slovaque [slɔvak] adj. et n. De Slovaquie. ▷ Subst. *Les Slovaques.*

Slovaquie, État d'Europe, frontalier de la Pologne au nord, de l'Ukraine à l'est, de la Hongrie au sud et de la République tchèque à l'ouest; 49032 km^2; 5192570 hab.; cap. *Bratislava.* Monnaie : couronne slovaque. Pop. : Slovaques (près de 90 %); Hongrois (moins de 10 %).
Géogr. et écon. – Cette région montagneuse et boisée s'étend en majeure partie sur les Carpates, avec quelques plaines. Le climat est continental. Ressources traditionnelles : forêts, céréales, élevage. Les industries (sidér., méca., chim., text.) se sont considérablement développées depuis 1945 grâce à l'hydroélectricité et à l'extraction du fer. La prédominance de l'industrie lourde a rendu plus délicate qu'en Rép. tchèque la libéralisation de l'après-communisme. Après une période de récession, la croissance annuelle est d'environ 5 % (1994-1996).
Hist. – Le pays des Slaves Slovaques fait partie de la Grande-Moravie (IXe s.), puis tombe aux mains des Magyars (XIe s.). Un nationalisme slovaque s'éveille au XVIIIe s., et se manifeste au XIXe s. contre la Hongrie (dont la Slovaquie dépend, au sein de l'Autriche-Hongrie). Réunie à la Bohême et à la Moravie pour former le nouvel État tchécoslovaque (1918), la Slovaquie s'intègre mal. L'action autonomiste du parti populiste, fondé par l'abbé Hlinka, puis dirigé par Mgr J. Tiso après 1938, fournit à Hitler l'occasion d'intervenir en Tchécoslovaquie : les autonomistes proclament un État «indépendant» sous la «protection» nazie (mars 1939). En 1945, la Slovaquie retourne à la Tchécoslovaquie. Le 1er janv. 1969, elle bénéficia du statut d'État fédéré. L'effondrement du socialisme (fin 1989) en Tchécoslovaquie fait renaître le nationalisme slovaque. La souveraineté de la république slovaque a été proclamée en juil. 1992. En fév. 1993, Michel Kovac, candidat off. du parti de Vladimir Meciar (artisan de l'indép., Premier ministre), est élu prés. de la République. Ce parti a remporté les élections législatives de sept. 1994.

slovène [slɔvɛn] adj. et n. De Slovénie. ▷ Subst. *Les Slovènes.*

Slovénie (en slovène *Slovenija*), État d'Europe, frontalier de l'Autriche au N., de la Hongrie au N.-E., de la Croatie à l'E. et au S., de l'Italie à l'O.; 20251 km^2; 1937000 hab.; cap. *Ljubljana.* Monnaie : tolar.
Géogr. et écon. – Dans cette région de montagnes et de plateaux, l'agric. est forte (import. production de pomme de terre, élevage bovin et ovin) et l'industrie a bénéficié des infrastructures implantées par l'Autriche, et de richesses hydroélectr. et minières : houille, lignite, mercure, plomb, etc.
Hist. – Les Slaves Slovènes (venus de l'Est) s'installèrent dans le pays au VIe s. Du XIIIe au XVe s., les Habsbourg l'annexèrent, le divisèrent et tentèrent de le germaniser. L'admin. française (notam. de 1809 à 1813 dans les Provinces illyriennes) a fait naître le sentiment national. La Slovénie retourna à l'Autriche en 1814. Certains nationalistes approuvèrent le rattachement à l'Empire austro-hongrois; d'autres prônèrent l'union avec les Slaves du Sud. En 1918, naissait le royaume des Serbes, Croates et Slovènes, future Yougoslavie. En 1941, Hitler divisa la Slovénie entre l'Allemagne, l'Italie et la Hongrie. En 1945, la Yougoslavie fut reconstituée. En 1989, les premières élections libres donnèrent la victoire aux nationalistes modérés. La proclamation unilatérale d'indépendance, en 1991, provoqua un conflit avec l'armée fédérale yougoslave (juin-juil.). En 1992, le nouvel État fut reconnu par la C.É.E. puis admis à l'ONU. Au pouvoir depuis 1992, le Parti démocrate libéral (centre gauche) du Premier ministre, Janez Drnovsek, a remporté les élections législatives de nov. 1996.

slow [slo] n. m. Danse à pas glissés, sur une musique lente; cette musique.

slush [slɔʃ] n. f. V. sloche.

Sluter (Claus) (v. 1340-1350 – 1405 ou 1406), sculpteur hollandais. Attaché à la cour du duc de Bourgogne (1383), il créa l'école bourguignonne de sculpture.

smala(h) [smala] n. f. **1.** Ensemble des tentes abritant les personnes (famille, serviteurs, équipages) qui suivent un chef arabe dans ses déplacements. **2.** (Cour. au Maghreb) Fam. Famille, suite nombreuse.

smart [smaʀt] ou (Québec) **smatte** [smat] adj. et n. (Anglicisme) Fam. **I.** adj. inv. Élégant, chic. **II.** adj. et n. (Québec) **1.** Intelligent, habile. ▷ Subst. Péjor. Personne qui se croit intelligente. **2.** Gentil, aimable. *Avoir l'air smatte.* ▷ Subst. *Faire le smatte.*

smash [smaʃ] n. m. (Anglicisme) Au tennis, au ping-pong, au volley-ball, coup violent qui rabat au sol une balle haute. *Des smashes.*

smasher [smaʃe] v. intr. [**1**] Faire un smash.

smatte [smat] adj. et n. V. smart.

smen [smɛn] n. m. (Maghreb) Beurre rance. – Beurre fondu et salé.

Smendès, pharaon fondateur de la XXIe dynastie égyptienne (règne : v. 1069-v. 1043 av. J.-C.), originaire de Tanis, en Basse-Égypte. Successeur de Ramsès XI, il rétablit la paix intérieure et commerça avec l'Asie.

Smetana (Bedřich) (1824 - 1884), compositeur et pianiste tchèque; promoteur de la musique moderne dans son pays.

Smet de Naleyer (Paul de) (1843 – 1913), homme politique belge. Député catholique modéré (1886), il fut président du Conseil de 1896 à 1907.

SMIC [smik] n. m. (Acronyme pour *salaire minimum interprofessionnel de croissance.)* Salaire* minimum légal calculé en fonction de l'indice des prix et du taux de croissance de l'économie.

SMIG [smig] n. m. (Acronyme pour *salaire minimum interprofessionnel garanti.)* Salaire minimum légal calculé sur la base de l'indice des prix.

Smith (Adam) (1723 - 1790), économiste écossais. Son œuvre princ., *Recherches sur la nature et les causes de la richesse des nations* (1776), est le premier grand traité du capitalisme libéral.

Smith (Joseph) (1805 - 1844), fondateur de la secte des mormons*. Il fut lynché.

Smith (Elizabeth, dite Bessie) (1894 – 1937), chanteuse américaine, surnommée l'«impératrice du blues» : *Saint Louis Blues* (1925).

Smith (Ian Douglas) (né en 1919), homme politique rhodésien. Premier ministre en 1964, il rompit avec la G.-B. en proclamant l'indépendance du pays (1965), où il maintint une ségrégation raciale. Dans le Zimbabwe* indép., il dirigea au Parlement l'opposition blanche jusqu'en 1988.

smithsonite [smitsɔnit] n. f. MINER Carbonate naturel de zinc.

smocks [smɔk] n. m. pl. COUT Ornements constitués de fronces à plusieurs rangs rebrodées sur l'endroit.

smoking [smɔkiŋ] n. m. (Faux anglicisme.) Costume d'homme habillé comportant une veste à revers de soie.

Smolensk, v. de Russie, sur le Dniepr; 341 000 hab.; ch.-l. de la rég. du m. nom. Industr. – La Russie, la Pologne et la Lituanie se disputèrent la ville, définitivement russe en 1654.

Smuts (Jan Christiaan) (1870 – 1950), général et homme politique sud-africain. Il combattit dans les rangs boers, participa à la formation de l'État sud-africain (1910), fut Premier ministre, au Cap, de 1919 à 1924, puis de 1939 à 1948.

Smyrne. V. Izmir.

snack [snak] n. m. (Anglicisme) (Afr. subsah.) En rép. dém. du Congo, entrave à la navigation fluviale (chicot, écueil).

snack-bar [snakbaʀ] ou **snack** [snak] n. m. (Anglicisme) (Emploi critiqué au Québec.) Café-restaurant où l'on sert rapidement des repas à toute heure. Syn. (Québec) casse-croûte. *Des snack-bars* ou *des snacks.*

Snéfrou, pharaon fondateur de la IVe dynastie égyptienne (règne : v. 2561-v. 2538 av. J.-C.). Quatre pyramides sont attachées à son nom (à Meidoun, à Dahchour et à Seila).

Snegur (Mircea) (né en 1940), homme politique moldave. Il fut le premier président (1990-1996) de la Moldavie souveraine, puis indépendante après l'éclatement de l'U.R.S.S. en 1991.

Snell Van Royen (Willebrord), dit *Willebrordus Snellius* (apr. 1580 – 1626), savant hollandais. Il établit la loi de la réfraction (que Descartes formula ensuite avec plus de clarté).

sniffer [snife] v. tr. et intr. [1] Arg. Priser (une drogue).

sniffeur [snifœʀ] n. m. (Maghreb) Personne qui prise (sniffe) une drogue.

Snijders (Frans). V. Snyders.

snob [snɔb] n. et adj. Personne qui affecte les manières, le mode de vie et le parler d'un milieu qui lui semble plus distingué, plus original ou plus à la mode que le sien. ▷ adj. *Elle est un peu snob. Ils sont snobs.*

snober [snɔbe] v. tr. [1] Traiter de haut, avec mépris. *Snober qqn.*

snobisme [snɔbism] n. m. Fait d'être snob; attitude d'une personne snob.

Snorri Sturluson ou **Snorre Sturlasson** (v. 1179 – 1241), poète islandais : *Heimskringla (la Saga des rois de Norvège)*, l'*Edda*.

Snyders ou **Snijders** (Frans) (1579 – 1657), peintre flamand, influencé par Rubens : natures mortes, scènes de chasse.

Soares (Mario) (né en 1924), homme politique portugais; secrétaire général du parti socialiste (1973), Premier ministre (1976-1978 et 1983-1985), président de la République (1986-1996).

Soba, capitale du royaume des Alodes* (IVe-XVIe s.), près de l'actuelle Khartoum.

Sobat (le), riv. du Soudan, affluent du Nil Blanc (r. dr.) prenant sa source en Éthiopie; env. 350 km.

Sobhuza Ier, roi du Swaziland (1815 – 1836). — **Sobhuza II** (1899 – 1982), roi du Swaziland en 1921; il proclama l'indépendance de son pays en 1968.

Sobieski (Jean). V. Jean III (Pologne).

sobre [sɔbʀ] adj. **1.** Tempérant dans le boire et le manger. – Par ext. *Une vie sobre.* ▷ *Spécial.* Qui consomme peu d'alcool, ou qui n'en consomme pas. **2.** Litt. Qui fait preuve de retenue. *Être sobre en paroles.* **3.** Qui ne comporte pas de fioritures; dépouillé. *Style sobre.*

sobrement [sɔbʀəmɑ̃] adv. **1.** Avec sobriété. **2.** Avec retenue, discrétion.

sobriété [sɔbʀijete] n. f. **1.** Fait d'être sobre; frugalité, tempérance. **2.** Retenue, réserve, modération. **3.** Dépouillement, absence d'ornementation.

sobriquet [sɔbʀikɛ] n. m. Surnom familier, donné souvent par dérision.

soc [sɔk] n. m. Fer triangulaire d'une charrue, qui creuse le sillon.

soccer [sɔkɛʀ; sɔkœʀ] n. m. (Québec) Football. (Le mot *football* est réservé au football américain.)

Socé (Ousmane) (1911 – 1978), écrivain sénégalais. *Karim* (1935) et *les Mirages de Paris* (1937) firent partie des premiers romans africains. En 1948, il publia *Contes et légendes d'Afrique noire*; en 1962, *Rythmes du khalam*, poèmes.

sociabilité [sɔsjabilite] n. f. Fait d'être sociable, caractère d'une personne sociable.

sociable [sɔsjabl] adj. **1.** Didac. Qui est fait pour vivre avec ses semblables. *L'homme est naturellement sociable.* **2.** Qui aime à fréquenter autrui, à vivre en société; ouvert et accommodant. *Être sociable. Avoir un caractère sociable.*

social, ale, aux [sɔsjal, o] adj. (et n. m.) **I.** Qui a rapport à la société. **1.** Qui concerne la vie en société, qui la caractérise. *Vie sociale. Morale sociale.* ▷ n. m. *Le naturel et le social.* ▷ *Sciences sociales*, qui étudient les structures et le fonctionnement des groupes humains, leurs relations, leurs activités (sociologie, psychologie sociale, droit, économie, histoire, géographie humaine, etc.). **2.** Qui vit en société. *L'homme, animal social. Insectes sociaux (fourmis, abeilles, termites, etc.) et insectes solitaires.* **3.** Qui concerne l'organisation de la société. *Changement social.* ▷ *Spécial.* Qui concerne l'organisation de la société en ensembles plus ou moins hiérarchisés. *Couches, classes sociales.* **4.** Relatif au monde du travail, aux conditions de vie des travailleurs, des citoyens. *Conflits sociaux. – Sécurité* sociale.* ▷ n. m. *Le social :* les questions sociales. **II.** Qui a rapport à une société commerciale. *– Raison* sociale. – Capital* social.*

social-chrétien belge (Parti) (P.S.C.), parti belge nommé *Parti catholique* avant 1945. Depuis cette date, le P.S.C. exerce le pouvoir en alternance ou en association avec les socialistes. En 1968, il s'est scindé en deux branches : wallonne et flamande (Christelijke Volkspartij : C.V.P.).

social-chrétien luxembourgeois (Parti), parti luxembourgeois fondé en 1914. Il exerce le pouvoir dep. 1945 (si l'on excepte la période 1974-1979).

social-démocrate allemand (parti) (S.P.D.), parti socialiste fondé en 1875 et qui se réclama de Marx au sein de la Ire puis de la IIe Internationale*, mais s'orienta vers le réformisme. En 1914, il vota les crédits de guerre. En 1933, Hitler l'interdit. En 1945, le S.P.D. se reconstitua et abandonna toute référence à Marx; princ. adversaire de la C.D.U. (V. démocrate-chrétien), il gouverna de 1969 à 1982 (W. Brandt puis H. Schmidt). En R.D.A., il fut intégré en 1946 par le parti communiste au sein du parti socialiste unifié (S.E.D.), redevint autonome en 1989 et fusionna avec le S.P.D. de l'Ouest en 1990.

social-démocrate de Russie ou **russe** (parti ouvrier) (P.O.S.D.R.), parti politique révolutionnaire russe fondé en 1898 à Minsk. Il se scinda en 1903 en une fraction majoritaire, les bolcheviks*, et une fraction minoritaire, les mencheviks*. (V. Union des républiques socialistes soviétiques [hist.].)

social-démocratie [sɔsjaldemɔkʀasi] n. f. POLIT Dans certains pays (Allemagne et pays scandinaves, notamment), doctrine des socialistes appartenant à l'Internationale socialiste. *Les social-démocraties.*

sociale (guerre), soulèvement des peuples d'Italie contre Rome de 91 à 88 av. J.-C. Marius et Sylla déployèrent leur génie milit. contre les rebelles; la citoyenneté romaine fut conférée à tous les Italiens qui reconnaissaient la domination romaine en 90-89 av. J.-C.

socialement [sɔsjalmɑ̃] adv. Relativement à la société; du point de vue de l'organisation de la société.

socialisant, ante [sɔsjalizɑ̃, ɑ̃t] adj. Qui a des tendances socialistes.

socialisation [sɔsjalizasjɔ̃] n. f. **1.** Didac. Ensemble des processus par lesquels l'individu s'intègre pendant l'enfance à la société; apprentissage de la vie de groupe par l'enfant. **2.** Appropriation des moyens de production et d'échange par la collectivité.

socialiser [sɔsjalize] v. tr. [1] **1.** Didac. Faire naître, développer les relations sociales entre (des individus). ▷ Opérer la socialisation (sens 1) de (un individu). **2.** Réaliser la socialisation (sens 2) de (un bien, un moyen de production).

socialisme [sɔsjalism] n. m. **1.** Doctrine économique et politique qui préconise la disparition de la propriété privée des moyens de production et l'appropriation de ceux-ci par la collectivité. ▷ Système, organisation sociale et politique qui tend à l'application de cette doctrine. **2.** Dans la théorie marxiste, période qui succède à la destruction du capitalisme et qui précède l'instauration du communisme et la disparition de l'État. **3.** Nom générique des doctrines, des partis de la gauche non marxiste. *Socialisme réformiste.*

ENCYCL Engels, théoricien, avec Marx, du communisme, stade suprême du socialisme, distingue deux formes : le socialisme utopique et le socialisme scientifique. Au premier se rattachent toutes les tentatives philosophiques, sociales ou économiques d'organisation de la société sur des bases égalitaires. Les prédécesseurs sont nombreux : Platon, More, Morelly, Fichte, Owen, Saint-Simon, Fourier, Babeuf, Cabet, Blanqui. Le socialisme scientifique ou révolutionnaire, élaboré par Marx et Engels, poursuivi par Lénine, Rosa Luxemburg, Gramsci, Trotski, Mao Zedong, découle d'une analyse du capitalisme international. Le mouvement socialiste s'est diversifié en modèles distincts, les uns qualifiés de communistes (U.R.S.S., Chine, par ex.), les autres de socialistes (modèle suédois, nombreux pays du tiers monde). V. marxisme, communisme et Internationale.

socialiste [sɔsjalist] adj. et n. **1.** Qui concerne le socialisme. **2.** Qui est favorable au socialisme, qui cherche à instaurer le socialisme. *Le modèle socialiste.* ▷ Subst. Membre d'un parti socialiste; partisan du socialisme.

socialiste (Parti). V. Parti socialiste.

socialiste belge (Parti) (P.S.B.), parti belge fondé en 1885 sous le nom de *parti ouvrier belge* (P.O.B.) par César de Paepe. Il organisa des grèves (1886, 1891, 1893, 1913), notam. pour obtenir le suffrage universel, qui ne fut décrété qu'en 1919. Le P.O.B. devint alors le premier parti belge à côté des catholiques, avec lesquels il collabora dans divers gouv. (1925-1927, 1935-1937,1938-1939). Quand l'Allemagne occupa la Belgique, le P.O.B. fut dissous en 1940. En 1945 fut fondé le P.S.B., dont le leader P.H. Spaak joua un grand rôle dans la construction de l'Europe. Le P.S.B. participa à plusieurs gouvernements soit avec les libéraux, soit avec les chrétiens-sociaux. Auj., le P.S.B. comporte deux branches, dont chacune a un président : l'une, francophone; l'autre, flamande.

social-révolutionnaire (parti) (S.R.), parti russe fondé en 1900 qui prônait la collectivisation des terres et pratiquait des attentats; son audience était surtout paysanne. En 1917, majoritaires dans le soviet de Petrograd et dans toute la Russie, les S.R. portèrent Kerenski au pouvoir (juil.) et, après la révolution d'Octobre*, s'opposèrent aux léninistes, à l'exception des S.R. de gauche. En 1918 Lénine les élimina tous.

sociétaire [sɔsjetɛʀ] adj. et n. Se dit d'une personne qui fait partie de certaines sociétés ou associations, *spécial.* d'une société d'acteurs.

société [sɔsjete] n. f. **A. 1.** Vieilli ou litt. Relations habituelles que l'on a avec qqn. *Trouver plaisir à la société de qqn.* **2.** DR *Contrat de société :* «contrat par lequel deux ou plusieurs personnes conviennent de mettre quelque chose en commun dans la vue de partager le bénéfice qui pourra en résulter» (Code civil français). **B. I.** État des êtres qui vivent en groupe organisé. *La vie en société.* ▷ Ensemble d'individus unis au sein d'un même groupe par des institutions, une culture, etc. *La société industrielle. – Société de consommation,* dont le système économique crée sans cesse de nouveaux besoins et pousse à consommer. **II.** Ensemble d'individus unis par des goûts, une activité, des intérêts communs. **1.** Réunion de personnes qui s'assemblent pour le plaisir, la conversation, le jeu. *Une brillante société.* **2.** Ensemble des classes sociales favorisées. *La haute société.* **III. 1.** Groupe organisé de personnes unies dans un dessein déterminé. *La Société des gens de lettres. Société protectrice des animaux.* **2.** DR Personne morale issue d'un *contrat de société* groupant des personnes qui sont convenues de mettre certains éléments en commun dans l'intention de partager des bénéfices ou d'atteindre un but commun. *Société civile. Société commerciale. – Société mère,* qui détient au moins 50 % du capital d'autres sociétés dites filiales. ▷ (Afr. subsah.) Groupe informel de personnes qui s'associent temporairement dans un but lucratif. *– Faire société :* se mettre à plusieurs (pour un achat, un projet).

Société (îles de la), princ. archipel de la Polynésie française, 1 647 km^2; 142000 hab.; ch.-l. *Papeete.* Il est formé des îles du Vent (1 173 km^2; 123000 hab.), qui comprennent notam. Tahiti, et des îles Sous-le-Vent (472 km^2; 22230 hab.), dont Bora Bora.

Société d'art contemporain, groupe artistique (1939-1948) fondé à Montréal par le peintre John Goodwin Lyman (1886-1967) en réaction contre les tendances régionalistes.

Société des Nations (S.D.N.), organisation internationale créée en 1919 par le traité de Versailles (à l'instigation de Wilson, président des É.-U.) et fixée à Genève. Elle n'intervint dans aucun conflit. En 1946, l'ONU la remplaça.

socioculturel, elle [sɔsjokyltyʀɛl] adj. Didac. Qui concerne à la fois une société ou un groupe social et la culture qui lui est propre. ▷ SOCIOL *Action socioculturelle :* utilisation de moyens culturels pour transformer une situation sociale.

sociodrame [sɔsjodʀam] n. m. PSYCHO Psychodrame concernant un groupe.

socio-économique [sɔsjoekɔnɔmik] adj. Didac. Qui concerne à la fois le domaine social et le domaine économique, ou leurs relations. *Des statistiques socio-économiques.*

socio-éducatif, ive [sɔsjoedykatif, iv] adj. Qui concerne les phénomènes sociaux en relation avec l'enseignement. *Des mesures socio-éducatives.*

sociolinguiste [sɔsjolɛ̃gɥist] n. Didac. Spécialiste de sociolinguistique.

sociolinguistique [sɔsjolɛ̃gɥistik] n. f. (et adj.) Didac. Partie de la linguistique ayant pour objet l'étude du langage et de la langue dans leurs relations avec la culture et la société.

ENCYCL D'une façon générale, la sociolinguistique étudie l'influence des facteurs sociaux sur le comportement linguistique. D'une part, un même individu parle différemment dans des contextes sociaux différents; d'autre part, sa façon de parler et son répertoire linguistique révèlent son origine sociale, nationale, régionale, religieuse, etc. Pour W. Labov (*Sociolinguistique,* 1973), la sociolinguistique n'est pas une des branches de la linguistique, mais l'étude de la langue de la façon la plus globale qui soit. Selon lui, les langues sont des systèmes marqués par la variabilité. C'est de l'étude de l'hétérogénéité, qui est la donnée première quand on observe le fonctionnement d'une langue dans une société donnée, que surgissent des régularités systématiques. Le champ de la sociolinguistique est donc immense. Cette discipline étudie notam. les sociétés multilingues et la variation linguistique. **1.** L'étude des sociétés multilingues s'intéresse aux «mélanges linguistiques», au bilinguisme*, au changement linguistique (émergence, évolution et disparition des langues), à la présence de langues vernaculaires, de langues véhiculaires*, de pidgins, de créoles*; une autre distinction porte sur : les langues nationales, les langues officielles, les langues écrites «standardisées», les langues principalement orales; la francophonie constitue un sujet de choix pour les sociolinguistes. **2.** Les variations linguistiques appartiennent à diverses catégories : variation régionale au sein d'une même langue («dialectalisation»); variation sociale; variations selon le sexe, l'âge, les types de discours; niveaux de langue.

sociologie [sɔsjɔlɔʒi] n. f. Science humaine qui a pour objet l'étude des phénomènes sociaux. *Sociologie générale. Sociologie du langage.* ▷ Par ext. *Sociologie animale :* étude de la vie sociale chez les animaux.

sociologique [sɔsjolɔʒik] adj. Relatif à la sociologie; qui concerne les phénomènes étudiés par la sociologie.

sociologisme [sɔsjolɔʒism] n. m. PHILO Doctrine selon laquelle la sociologie suffit à rendre compte de la totalité des faits sociaux indépendamment de toute autre science (biologie, psychologie, etc.).

sociologue [sɔsjolɔg] n. Spécialiste de sociologie.

sociométrie [sɔsjometʀi] n. f. Didac. Ensemble des méthodes d'évaluation quantitative des relations entre individus au sein des groupes.

socioprofessionnel, elle [sɔsjo pʀɔfɛsjɔnɛl] adj. Se dit de catégories sociales définies par l'appartenance à une profession, à un secteur économique. *Organisations socioprofessionnelles* (syndicats, chambres des métiers, etc.).

socket ou **soquet** [sɔkɛ] n. m. (Afr. subsah., Belgique) Douille dans laquelle on fixe le culot d'une ampoule. – Culot d'une ampoule.

socle [sɔkl] n. m. **1.** Base (soubassement, massif, pierre taillée) sur laquelle repose un édifice, une colonne, une statue, etc. **2.** GEOL, GEOGR Ensemble de terrains granitiques ou schisteux anciens, souvent recouverts de sédiments, qui forment le soubassement des continents. *Socle hercynien.*

Socotra ou **Socotora** (en ar. *Suqutrā*), île de l'océan Indien, dépendance de la république du Yémen, à 250 km à l'E. du cap Guardafui; 3626 km^2; env. 15000 hab.; ch.-l. *Tamridah.*

socquette [sɔkɛt] n. f. Chaussette très courte.

Socrate (v. 470 – 399 av. J.-C.), philosophe grec. Fils de Sôphroniskos, un tailleur de pierre, et de Phainaretê, une sage-femme, il vécut modestement, dispensant son enseignement dans les gymnases et les lieux publics. Accusé d'impiété et de corrompre la jeunesse, il fut condamné à mort par l'héliée (tribunal pop. d'Athènes) et but calmement une décoction de ciguë, s'entretenant de l'immortalité de l'âme avec ses disciples, comme le rapporte le *Phédon,* de Platon, qui consacre à sa mort deux autres dialogues : *l'Apologie de Socrate* et *Criton.* Socrate n'a publié aucun ouvrage, mais Xénophon (*les Mémorables*), Aristophane (qui l'attaque dans *les Nuées*) et surtout Platon* nous l'ont fait connaître. Sa *maïeutique* (art d'accoucher les esprits) amène l'interlocuteur à découvrir la vérité qu'il porte en lui; elle s'accompagne d'*ironie,* c.-à-d. de fausse naïveté : le philosophe fait semblant d'ignorer les contradictions de cet interlocuteur, qui comprend alors ses erreurs. Chacun peut ainsi atteindre à une meilleure *connaissance de soi* («Connais-toi toi-même» est la devise de Socrate) et son savoir se confondra avec la vertu («La vertu est la science du bien»).

socratique [sɔkʀatik] adj. Didac. Qui appartient à Socrate; qui évoque Socrate. *Pensée socratique.*

1. soda [sɔda] n. m. Boisson gazeuse. *Soda à l'orange.* Syn. (Québec) liqueur (douce).

2. soda [sɔda] n. m. (Québec) *Soda à pâte* ou, absol., *soda :* bicarbonate de soude utilisé en général comme levure en pâtisserie. – *Biscuit (au) soda :* v. biscuit (sens 3).

sodé, ée [sɔde] adj. CHIM Qui contient de la soude ou du sodium.

sodique [sɔdik] adj. CHIM Qui a rapport à la soude ou au sodium. ▷ Qui contient du sodium.

sodium [sɔdjɔm] n. m. CHIM Métal à l'éclat blanc, malléable et mou, très abondant dans la nature sous forme de chlorure. Élément alcalin (symbole Na) de numéro atomique Z = 11. – Métal (Na). (L'ion Na^+ est très employé : soude, eau de Javel, chlorure de sodium, etc. Il joue un rôle biochimique important.) *Hydroxyde de sodium* (soude caustique). *Bicarbonate de sodium* (sel de Vichy). *Borate de sodium* (borax). *On trouve le sodium dissous dans la mer, sous forme de chlorure de sodium, ou à l'état solide dans le sel gemme.*

Sodoma (Giovanni Antonio Bazzi, dit le) (1477 – 1549), peintre italien; influencé par Léonard de Vinci et Raphaël.

Sodome, v. de l'anc. Palestine, sur la mer Morte, célèbre, comme Gomorrhe, par les mœurs dissolues de ses habitants. En butte à la colère divine, elle fut détruite par une pluie de soufre et de feu (Genèse, XIX, 24). V. aussi Loth.

sodomie [sɔdɔmi] n. f. Pratique du coït anal.

sodomiser [sɔdɔmize] v. tr. [1] Se livrer à la sodomie sur.

Soekarno. V. Sukarno.

sœur [sœʀ] n. f. **1.** Celle qui est née de même père et de même mère qu'une autre personne. – *Sœur germaine* ou (Afr. subsah.) *sœur même père même mère,* née du même père et de la même mère. – *Sœur consanguine* ou (Afr. subsah.) *sœur même père :* demi-sœur née du même père. – *Sœur utérine* ou (Afr. subsah.) *sœur même mère :* demi-sœur née de la même mère. – (Afr. subsah.) *Grande sœur :* sœur aînée. *Petite sœur :* sœur cadette. **2.** (Afr. subsah.) Demi-sœur. **3.** (Afr. subsah.) Cousine, parente de même génération. **4.** *Sœur de lait :* celle qui a eu la même nourrice qu'une autre personne. **5.** Titre donné aux religieuses dans certains ordres. – *Sœur* ou, fam., *bonne sœur :* religieuse. **6.** (Désignant des personnes de sexe féminin se trouvant dans la même situation, les mêmes conditions que la personne considérée.) *Ses sœurs d'infortune.* ▷ Terme d'affection. *Mon amie, ma sœur.* ▷ (Afr. subsah.) Terme usité pour s'adresser à une femme africaine. *Ma sœur, où est le dispensaire?* **7.** (Désignant des choses qui ont beaucoup de points communs.) *La poésie et la musique sont sœurs.* ▷ *Âme sœur :* se dit d'une personne qui semble prédestinée à une entente profonde avec une autre personne.

sœurette [sœʀɛt] n. f. (Terme d'affection.) Petite sœur.

1. sofa [sɔfa] n. m. Lit de repos à trois appuis pouvant être utilisé comme siège. ▷ (Québec) Syn. de *canapé* (sens 1). Syn. divan. – *Sofa-lit :* syn. de *canapé-lit.* Syn. divan-lit.

2. sofa [sɔfa] n. m. (Afr. subsah.) HIST À l'époque précoloniale, soldat africain au service d'un chef, d'un souverain.

Sofia, cap. de la Bulgarie située entre le mont Balkan et les premiers contreforts du Rhodope, sur la grande diagonale qui relie Belgrade à Istanbul; 1113700 hab. Centre universitaire, admin. et industriel (méca., métall., text., chim.). – Rotonde Saint-Georges (IVe s.), thermes romains transformés en égl. puis en mosquée; basilique Sainte-Sophie (VIe s., reconstruite du Xe au XIIe s.) en croix latine; mosquée des bains (XVIe s.); cath. Alexandre-Nevski (début du XXe s., où la galerie des icônes recèle les plus belles œuvres religieuses du pays, exécutées du XIIe au XIXe s.).
Hist. – L'antique *Serdica* devint la cap. de la prov. romaine de Dacie au IIIe s., fut ravagée par les Huns (447), puis conquise par des tribus bulgares en 809. Lieu de passage des croisés à partir de 1096, elle fut pillée en 1382 par les Ottomans, qui s'y installèrent en 1396. En 1878, les Russes la prirent aux Ottomans et en firent la cap. de la Bulgarie (1879). Sofia, qui n'avait alors que 20000 hab., s'est surtout développée après 1945.

Soga ou **Basoga,** population vivant dans le N. de l'Ouganda (env. 1500000 personnes). Ils parlent une langue bantoue.

Sogdiane (la), anc. région d'Asie centrale, correspondant à l'Ouzbékistan; v. princ. *Maracanda* (auj. Samarkand).

Soglo (Nicéphore) (né en 1934), homme d'État béninois; président de la Rép. (1991-1996).

Sohag (en ar. *Suhādj*), ville de Haute-Égypte, sur le Nil; 141000 hab.; cap. du gouvernorat du m. nom.

Soho, quartier du centre de Londres, pittoresque et cosmopolite.

soi [swa] pron. pers. et n. m. **A.** pron. pers. réfl. des deux genres et des deux nombres, pouvant se rapporter à des personnes ou à des choses. **I.** (Personnes) **1.** Litt. (Employé à la place de *lui, elle, eux, elles,* pour renvoyer à un sujet déterminé.) *Il n'était plus maître de soi.* ▷ Cour. (Pour éviter une ambiguïté.) *Elle laissa sa fille s'occuper de soi.* **2.** Cour. (Renvoyant à un sujet indéterminé.) ▷ (En fonction d'attribut.) *Rester soi, soi-même :* avoir une attitude, un comportement en accord avec sa personnalité. ▷ (En fonction de complément d'objet direct, avec *ne... que.*) *Au fond, chacun n'aime que soi.* ▷ (En fonction de complément prépositionnel.) *Chacun travaille pour soi.* – *À part soi :* dans son for intérieur. – *Chez soi :* dans sa propre demeure. – *Sur soi :* sur sa personne. *Avoir ses papiers sur soi.* ▷ Loc. *Prendre qqch sur soi,* en assumer la responsabilité. – *Prendre sur soi :* vaincre sa répugnance, sa crainte, ses hésitations, etc. **II.** (Choses) **1.** (Complément prépositionnel.) *Le bateau laissait après soi un sillage blanc.* ▷ Loc. *Cela va de soi :* c'est tout naturel. **2.** *En soi :* de par sa nature; à s'en tenir à la chose elle-même. *Ce n'est pas tant la faute en soi qui est blâmable que l'inconscience de son auteur.* – PHILO *La chose en soi :* la chose telle qu'elle est dans sa réalité dernière, le noumène (par oppos. au *phénomène*). ▷ n. m. *L'en*-soi et le pour*-soi.* **III.** *Soi-même* (forme renforcée de *soi*). **1.** (Renforçant *se,* dans la forme pron.) *Se louer soi-même.* **2.** En personne. *Prendre une décision soi-même.* **B.** n. m. **1.** *Le soi :* la personnalité de chacun, le moi de tout être humain. *Analyser le soi par l'introspection.* **2.** PSYCHAN (Utilisé par certains traducteurs de Freud pour rendre l'all. *[das] Es.*) Syn. de *ça**.

soi-disant [swadizɑ̃] adj. inv. **1.** Qui se dit tel ou telle. *Des soi-disant savants.* – *Par ext.* (Emploi critiqué.) Prétendu. *Un soi-disant empêchement de dernière heure.* **2.** Loc. adv. Prétendument. *Il venait soi-disant pour la distraire.*

soie [swa] n. f. **I. 1.** ZOOL Substance protéique fibreuse sécrétée et filée par divers arthropodes, notam. par les araignées, et par les chenilles de certains papillons. **2.** Cour. Fibre textile souple et brillante obtenue à partir du cocon du bombyx du mûrier ou *ver à soie. Fil, étoffe de soie.* – Tissu de soie. *Robe de soie.* ▷ *Soie sauvage,* produite par les chenilles de bombyx autres que le bombyx du mûrier. *Soie végétale,* fabriquée avec les soies (sens II, 2) d'une plante du Proche-Orient. **3.** Par anal. *Papier de soie :* papier mince, translucide et brillant. ▷ HIST *Route de la soie :* voie commerciale qui réunissait la Chine (productrice de soie) et l'Occident. (Elle joua un rôle important dans la diffusion des croyances, des idées, de la culture.) **II. 1.** Poil long et rude de certains mammifères (porc, sanglier); poil de certains invertébrés (annélides polychètes et oligochètes, arthropodes). **2.** BOT Poil raide et isolé, au sommet des feuilles ou des enveloppes florales de certaines graminées.

soie (route de la), voie commerciale qui réunissait la Chine (productrice de soie) à la Méditerranée, passant notam. par le Turkestan chinois et le nord de la Perse. Suivie par les caravaniers du IIe s. av. J.-C. au IXe s., elle fit parvenir marchandises, techniques, idées en Occident.

soierie [swaʀi] n. f. **1.** Étoffe de soie. **2.** Industrie, commerce de la soie.

soif [swaf] n. f. **1.** Désir de boire, sensation de sécheresse de la bouche et des muqueuses liée à un besoin de l'organisme en eau. *Étancher sa soif.* ▷ Loc. fig., fam. *Garder une poire pour la soif :* avoir qqch en réserve, en cas de besoin. **2.** Fig. Désir avide. *La soif des honneurs.*

soignant, ante [swaɲɑ̃, ɑ̃t] adj. et n. m. Se dit d'une personne qui fait profession de soigner, de donner des soins. *Personnel soignant.* – n. m. *Les soignants d'un hôpital.*

soigner [swaɲe] v. [1] **I.** v. tr. **1.** Exécuter (qqch) avec soin, application; accorder un soin particulier à. *Soigner son style.* **2.** Prendre soin de, s'occuper de (qqn, qqch). *Soigner un enfant. Soigner des cultures.* **3.** Administrer des soins médicaux à, traiter. *Soigner un malade, une maladie.* **II.** v. pron. **1.** Prendre soin de sa propre personne, de son apparence physique ou de son bien-être. **2.** Suivre un traitement médical. **3.** (Passif) *Une maladie qui se soigne,* qui peut être soignée et guérie.

soigneur [swaɲœʀ] n. m. SPORT Personne qui soigne, masse un athlète, un sportif (boxeur, cycliste, partic.)

soigneusement [swaɲøzmɑ̃] adv. Avec soin.

soigneux, euse [swaɲø, øz] adj. **1.** Qui apporte soin et attention à ce qu'il fait; qui est propre et ordonné. *Ouvrier, écolier soigneux.* – *Soigneux de :* qui prend soin de. *Soigneux de sa personne, de sa santé.* **2.** Fait avec soin, précision. *Recherches soigneuses.*

Soignies, commune de Belgique (Hainaut); 23 350 hab. – Collégiale romane St-Vincent (XIe-XIIe s.).

soin [swɛ̃] n. m. **1.** Attention, application que l'on met à faire qqch. *Travailler avec soin.* ▷ *Prendre, avoir soin de* (+ inf.) : être attentif à, bien veiller à. *Prenez soin de fermer la porte à clé.* ▷ *Prendre, avoir soin de (qqch, qqn) :* veiller à la conservation, à la réussite de (qqch), au bien-être de (qqn). **2.** (Dans des expr. telles que *laisser, confier le soin de...*) Charge, devoir de s'occuper (de qqch, de qqn), ou d'accomplir une action. *Il lui a laissé le soin de ses affaires. Je vous confie le soin de leur parler.* **3.** *Être aux petits soins pour qqn,* avoir pour lui des attentions délicates. – *Aux bons soins de,* formule qu'on inscrit sur l'enveloppe d'une lettre pour que la personne mentionnée la fasse parvenir au destinataire. **4.** (Plur.) Actions, moyens hygiéniques ou thérapeutiques visant à l'entretien du corps et de la santé, ou au rétablissement de celle-ci. *Soins corporels. Prodiguer des soins à un malade.* ▷ *Soins intensifs :* à l'hôpital, service qui assure une assistance continuelle à un blessé grave, à un patient en danger de mort.

soir [swaʀ] n. m. **1.** Dernières heures du jour; tombée de la nuit. *Les fleurs s'ouvrent le matin pour se fermer le soir.* ▷ Par métaph., litt. *Le soir de la vie :* la vieillesse. **2.** Moment de la journée qui va de midi à minuit (par oppos. à *matin*). ▷ Cour. Moment de la journée entre la fin de l'après-midi (vers cinq ou six heures) et minuit. *Six, onze heures du soir. Cours du soir. Hier soir.* – (Québec) Fam. *À soir :* ce soir, le soir du jour où l'on est. **3.** (Afr. subsah., Aoste, Maghreb) Après-midi. *Rendez-vous ce soir à 15 heures.* Syn. (Afr. subsah.) soirée.

soirée [swaʀe] n. f. **1.** Espace de temps compris entre le déclin du jour et le moment où l'on se couche. *Il passe ses soirées à lire.* **2.** (Afr. subsah.) Syn. de *après-midi.* Syn. soir. **3.** Assemblée, réunion qui a lieu le soir. *Donner une soirée.* – *Soirée dansante,* où l'on danse. Syn. (Afr. subsah.) ambiance. ▷ *Tenue de soirée :* tenue habillée, de cérémonie. **4.** Séance de spectacle donnée le soir. *La pièce sera jouée en matinée et en soirée.*

Soissons, v. de France (Aisne), sur l'Aisne; 32 144 hab. Marché agric. – Cath. gothique (XIIe-XIIIe s.). Vestiges des abb. St-Médard (crypte, IXe s.) et St-Jean-des-Vignes (XIIIe-XIVe s.). – Victoire de Clovis sur le général gallo-romain Syagrius (486); un de ses soldats, plutôt que de donner à Clovis un vase sacré revendiqué par l'évêque de la ville, l'aurait cassé; un an après, Clovis tua ce soldat (« Souviens-toi du vase de Soissons »).

soit [swa] conj. et adv. **I.** conj. **1.** À savoir, c'est-à-dire. *Trois objets à dix francs, soit trente francs.* **2.** (Marquant une supposition, une hypothèse.) *Soit un triangle rectangle. Soit* (parfois *soient*) deux droites parallèles. **3.** *Soit... soit* (Marquant l'alternative.) *Soit l'un, soit l'autre.* ▷ Loc. conj. *Soit que... soit que* (+ subj.) *Il s'abstint de venir, soit qu'il eût peur, soit qu'il se désintéressât de l'affaire.* **II.** *Soit* [swat] adv. d'affirmation (Pour marquer que l'on fait une concession.) Bien, admettons. *Vous partez? Soit, mais soyez prudents.*

soixantaine [swasɑ̃tɛn] n. f. **1.** Nombre de soixante ou environ. *Une soixantaine de kilomètres.* **2.** *Absol.* Âge de soixante ans. *Atteindre la soixantaine.*

soixante [swasɑ̃t] adj. inv. et n. m. inv. **I.** adj. num. inv. **1.** (Cardinal) Six fois dix (60). **2.** (Ordinal) Soixantième. *Page soixante.* **II.** n. m. inv. Le nombre soixante. ▷ Chiffres représentant le nombre soixante (60). ▷ Numéro soixante.

soixante-dix [swasɑ̃tdis] adj. inv. et n. m. inv. **I.** adj. num. inv. **1.** (Cardinal) Sept fois dix (70). Syn. (Acadie, vieilli; Afr. subsah.; Aoste; Belgique; France rég.; Suisse) septante. **2.** (Ordinal) Soixante-dixième. *Page soixante-dix.* **II.** n. m. inv. Le nombre soixante-dix. ▷ Chiffres représentant le nombre soixante-dix (70). ▷ Numéro soixante-dix.

soixante-dixième [swasɑ̃tdizjɛm] adj. et n. **I.** adj. num. ord. Dont le rang est marqué par le nombre 70. *Le soixante-dixième anniversaire.* Syn. (Belgique) septantième. **II.** n. **1.** Personne, chose qui occupe la soixante-dixième place. **2.** n. m. Chaque partie d'un tout divisé en soixante-dix parties égales. *Un soixante-dixième de la récolte.*

soixantième [swasɑ̃tjɛm] adj. et n. **I.** adj. num. ord. Dont le rang est marqué par le nombre 60. *La soixantième page.* **II.** n. **1.** Personne, chose qui occupe la soixantième place. **2.** n. m. Chaque partie d'un tout divisé en soixante parties égales. *Un soixantième de part.*

soja [sɔʒa] n. m. Plante grimpante cultivée (fam. papilionacées) originaire des régions chaudes d'Extrême-Orient, dont la graine est une fève oléagineuse. *Huile de soja. Germes de soja.* ▷ (Viêt-nam) *Fromage de soja* ou *gâteau de soja :* pâte de soja bouillie, égouttée et moulée. – *Saumure de soja :* sauce au soja.

Sokodé, v. du Togo, à 340 km au N. de Lomé; 51 000 hab. Ch.-l. de la région du Centre. Centrale thermique. Marché agricole; centre cynégétique.

Sokomanu (Georges Ati) (né en 1937), homme politique anglophone de Vanuatu. Élu prem. président de la Rép. (1980), il affronta le Premier ministre Lini à plus. reprises : en 1984, il démissionna et fut réélu; en 1989, il voulut dissoudre l'Assemblée mais fut déchu.

Sokoto, ville du N.-O. du Nigeria; 167 800 hab.; cap. de l'État du m. nom. Marché agricole (arachides, coton, tabac). Cuirs. Cimenterie. – Import. cap. de l'ancien *royaume* (ou *califat*) *de Sokoto,* formé au déb. du XIXe s. par Ousmane* Dan Fodio.

1. sol [sɔl] n. m. inv. MUS Cinquième degré de la gamme d'*ut.* – Signe par lequel on représente cette note.

2. sol [sɔl] n. m. **1.** Surface sur laquelle on se tient, on marche, on bâtit, etc. *Coucher à même le sol. Revêtements de sol. Gymnastique au sol.* ▷ (Considéré en tant qu'étendue d'un territoire, d'un pays déterminé.) *Le sol natal.* ▷ *Droit du sol :* fait, pour une personne, d'avoir la nationalité du pays où elle est née. Ant. droit du sang* (sens 4). – (En tant qu'objet susceptible d'appropriation.) *Posséder le sol et les murs.* **2.** Terrain considéré quant à sa nature ou à ses qualités productives. *Sol argileux. Sol fertile.* **3.** GEOL Couche superficielle, meuble, d'épaisseur variable, résultant de l'altération des roches superficielles (roches mères) par divers processus et de l'accumulation des produits d'altération. *Étude des sols :* V. pédologie.

solage [sɔlaʒ] n. m. (Québec) Syn. de *fondation* (sens 1).

solaire [sɔlɛʀ] adj. **1.** Relatif au Soleil. – *Système solaire :* V. encycl. ci-après. – *Jour, heure solaire :* V. jour, heure. **2.** Qui est dû au Soleil, à ses rayonnements. *Chaleur, lumière solaire.* – *Énergie solaire,* transportée par le rayonnement solaire et que certains dispositifs transforment en énergie électrique ou calorifique. ▷ Qui utilise la lumière, la chaleur du soleil. *Cadran solaire. Four, batterie solaire.* **3.** Qui protège du soleil. *Crème solaire.* **4.** ANAT *Plexus solaire :* plexus nerveux situé au creux de l'estomac.

ENCYCL Astro. – Le système solaire est constitué par le Soleil, l'ensemble des planètes (avec leurs satellites), les astéroïdes, les comètes, ainsi que par les météorites, poussières et gaz interplanétaires. Il est parcouru par des courants de particules formant le *vent solaire.* On pense que le système solaire s'étend jusqu'au nuage de Oort, vaste réservoir hypothétique de noyaux de comètes, situé à env. 1,5 année de lumière du Soleil et d'où se détacheraient les comètes, sous l'effet des perturbations induites par les étoiles les plus proches. Le système solaire, dont l'origine remonte à 4,7 milliards d'années, s'est sans doute formé par condensation d'une nébuleuse discoïdale. À partir de 1977, les sondes Voyager* ont effectué une exploration du système solaire. (V. Pluton, Neptune, Uranus, Saturne, Mars, Jupiter, Terre, Vénus, Mercure.)

solanacées [sɔlanase] n. f. pl. BOT Grande famille de plantes dicotylédones gamopétales des régions tempérées et tropicales. (Certaines solanacées produisent des légumes : tomate, aubergine, pomme de terre, piment; d'autres contiennent des alcaloïdes toxiques : tabac, datura.) – Sing. *Une solanacée.*

Solanas (Fernando Ezequiel) (né en 1936), cinéaste argentin : *l'Heure des brasiers* (1966-1968); *Tangos, l'exil de Gardel* (1985); *Voyage* (1992).

solarium [sɔlaʀjɔm] n. m. **1.** Établissement d'héliothérapie. **2.** Lieu où l'on prend des bains de soleil. **3.** Mollusque gastéropode des mers chaudes, à large coquille enroulée. *Des solariums.*

soldat [sɔlda] n. m. **1.** Tout homme qui sert dans une armée; militaire. *Soldat de métier. Soldat appelé, engagé.* **2.** *Spécial.* Militaire non gradé des armées de terre et de l'air; homme de troupe. *Soldats et officiers. Soldat Untel.* **3.** Fig. ou litt. *Soldat de :* celui qui se bat pour (une cause, un idéal). *Soldats de la foi.*

soldatesque [sɔldatɛsk] n. f. (Sens collectif.) Péjor. Soldats brutaux et indisciplinés.

Soldat inconnu (le), soldat français non identifié, mort au front pendant la Première Guerre mondiale, dont la tombe, sous l'arc de triomphe de Paris (dep. janv. 1921), symbolise le sacrifice à la patrie.

1. solde [sɔld] n. f. **1.** Rémunération versée aux militaires et à certains fonctionnaires civils assimilés. *Toucher, dépenser sa solde.* ▷ (Afr. subsah.) Syn. de *salaire* (sens 1). *Les professeurs sont en grève parce qu'ils n'ont pas encore touché leur solde.* **2.** Loc. fig. Péjor. *Être à la solde de :* être payé et dirigé par. *Des provocateurs à la solde de l'étranger.*

2. solde [sɔld] n. m. **1.** COMPTA Différence entre le débit et le crédit d'un compte. *Solde débiteur, créditeur.* ▷ COMM Somme restant à payer pour s'acquitter d'un compte; paiement de cette somme. *Pour solde de tout compte.* ▷ FISC *Solde de l'impôt.* **2.** COMM *Solde de marchandises :* marchandises invendues ou défraîchies que l'on écoule au rabais. *Vendre en solde.* – (Plur.) Articles vendus au rabais. Syn. (Québec) spéciaux.

1. solder [sɔlde] v. tr. [1] **1.** COMPTA Arrêter, clore (un compte) en en établissant le bilan. ▷ v. pron. Fig. (Au passif.) Avoir pour conclusion, résultat final. *La campagne se solda par un échec.* **2.** Acquitter entièrement (un compte) en payant ce qui reste dû. **3.** Vendre en solde. *Solder des fins de série.* Syn. brader.

2. solder [sɔlde] v. tr. [1] (Afr. subsah.) Pop. Payer un (son) salaire à. *Solder ses ouvriers.* ▷ *Être soldé :* recevoir son salaire. *Les fonctionnaires n'ont pas été soldés depuis deux mois.*

soldeur, euse [sɔldœʀ, øz] n. Personne qui fait commerce d'articles en solde.

1. sole [sɔl] n. f. **I.** Partie cornée concave formant le dessous du sabot des ongulés. **II. 1.** CONSTR Pièce de bois d'une charpente, posée à plat et servant d'appui. **2.** Partie horizontale d'un four, qui reçoit les produits à cuire.

2. sole [sɔl] n. f. Poisson téléostéen (genre *Solea*), de forme aplatie et oblongue, à la chair très estimée. – *Sole-langue :* poisson (genre *Cynoglossus*) voisin de la sole, à queue pointue, dont la chair est moins appréciée.

3. sole [sɔl] n. f. AGRIC Dans une exploitation agricole, partie des terres entrant dans l'assolement qui porte la même culture.

soléaire [sɔleɛʀ] adj. ANAT *Muscle soléaire :* muscle de la partie postérieure de la jambe, extenseur du pied. ▷ n. m. *Le soléaire.*

solécisme [sɔlesism] n. m. GRAM Faute de syntaxe (ex. : *l'affaire que je m'occupe* pour *dont je m'occupe*).

soleil [sɔlɛj] n. m. **1.** *Le Soleil :* l'astre qui produit la lumière du jour. *La distance de la Terre au Soleil.* (V. Soleil.) ▷ Par ext. *Un soleil :* un astre rayonnant d'une lumière propre, au centre d'un système. **2.** Le disque lumineux du Soleil, l'aspect de cet astre pour un observateur terrestre. *Le soleil se lève à l'est et se couche à l'ouest.* – *Le soleil de minuit :* le Soleil, visible à l'horizon vers minuit, l'été, dans les régions polaires. **3.** Rayonnement, chaleur, lumière du Soleil. *Il fait soleil, du soleil,* (Québec) *beau soleil. Se protéger du soleil. S'exposer au soleil.* Syn. (France rég.) cagnard et souléou. – *Coup de soleil :* brûlure causée par les rayons du soleil. ▷ Loc. *Une place au soleil :* une place en vue, une bonne situation. – *Il n'y a rien de nouveau sous le soleil :* tout est un perpétuel recommencement. – *Le soleil luit, brille pour tout le monde :* il est des avantages dont tout le monde peut jouir. **4.** Cercle entouré de rayons divergents, représentant le soleil. **5.** Grande fleur à pétales jaune d'or, appelée aussi *hélianthe.* Syn. tournesol. **6.** SPORT Grand tour exécuté le corps droit et les bras tendus, à la barre fixe.

Soleil, l'étoile de la Galaxie* autour de laquelle la Terre gravite, ainsi que d'autres planètes, l'ensemble formant le système solaire. Le Soleil, situé dans le plan galactique, à environ 28 000 années de lumière du centre galactique, participe au mouvement de rotation de la Galaxie (au niveau du Soleil, une révolution complète dure environ 250 millions d'années). Par rapport à l'ensemble des étoiles proches, le Soleil est animé d'un mouvement propre de 20 km/s qui l'entraîne vers un point (*l'apex*) situé dans la constellation d'Hercule. Le Soleil est une boule de gaz (masse $1{,}989.10^{30}$ kg) dont la période de rotation est plus petite à l'équateur (25 jours) qu'aux pôles (37 jours). La plus profonde couche visible est la *photosphère* (épaisseur 300 km, rayon 696 000 km, température moyenne 5 770 K). Au-delà, on rencontre la *chromosphère* (épaisseur 8 000 km) puis la *couronne,* chauffée à environ un million de K, qui s'étend à plus de 10 rayons solaires de la photosphère. Les taches solaires sont les manifestations les plus connues de l'activité du Soleil; leur nombre et leur situation à la surface du Soleil varient suivant un cycle d'une durée moyenne de 11 ans. La puissance rayonnée par le Soleil ($3{,}83.10^{26}$ W) provient de la réaction thermonucléaire de fusion de 4 atomes d'hydrogène (donc de 4 protons) qui forment un atome d'hélium (élément dont le noyau comporte 4 protons); ce cycle proton-proton se déroule au cœur du Soleil, où la température atteint 15 millions de K.

solen [sɔlɛn] n. m. ZOOL Mollusque lamellibranche comestible (genre *Solen*), à coquille très allongée, vivant enfoui verticalement dans le sable des plages. Syn. cour. couteau.

solennel, elle [sɔlanɛl] adj. **1.** Célébré par des cérémonies publiques. *Fête solennelle.* – *Par ext.* Qui se fait avec beaucoup d'apparat, de cérémonie. *Faire une entrée solennelle.* **2.** Accompagné de formalités ou de cérémonies publiques qui lui confèrent une grande importance. *Contrat solennel.* **3.** Empreint de gravité. *Paroles solennelles.* – Péjor. D'une gravité outrée.

solennellement [sɔlanɛlmɑ̃] adv. De manière solennelle.

solennité [sɔlanite] n. f. **1.** Fête solennelle. **2.** (Surtout au plur.) Formalités qui rendent un acte solennel (sens 2). **3.** Caractère solennel, gravité. *Il fut reçu avec solennité.* – Péjor. Emphase, gravité outrée. *Parler avec solennité.*

solénoglyphe [sɔlenɔglif] adj. ZOOL Se dit des serpents venimeux dont les crochets, longs et repliés à l'avant de la mâchoire, sont creusés d'un canal par où s'écoule le venin. *La vipère est solénoglyphe.*

solénoïde [sɔlenɔid] n. m. ELECTR Bobine formée par un conducteur enroulé autour d'un cylindre, et qui produit un champ magnétique lorsqu'elle est parcourue par un courant. *Les solénoïdes ont les mêmes propriétés que les aimants.*

Soleure (en all. *Solothurn*), v. de Suisse, ch.-l. du cant. du m. nom, sur l'Aar; 15 700 hab. Horlogerie, textiles, papeteries. – Remparts anc. Tour de l'Horloge (XIIIe s.). Cath. St-Ours (XVIIIe s.), bel édifice de style baroque. Hôtel de ville (XVe et XVIIe s.). – **Hist.** V. Soleure (canton de).

Soleure (canton de), canton de Suisse, au N.-O. du pays; 790 km^2; 220 200 hab.; ch.-l. *Soleure.* À la limite du Plateau suisse et du Jura, le canton s'insinue dans les cant. de Berne, de Bâle et d'Argovie. Accidenté et traversé par l'Aar, il vit de l'élevage bovin et surtout de l'industrie : fonderies; constructions mécaniques et électriques; mécanique de précision et horlogerie; textiles; papeteries; chaussures (notamment, usine *Bally* à Schönenwerd). Important carrefour ferroviaire à Olten. – La ville, anc. colonie romaine *(Castrum Salodurense),* devint ville libre impériale en 1218. Le canton entra en 1481 dans la Confédération suisse. La ville fut la résidence des ambassadeurs de France du XVIe au XVIIIe s. et servit ainsi de capitale aux Confédérés.

solfatare [sɔlfataʀ] n. f. GEOL Terrain volcanique d'où sortent des fumerolles sulfureuses chaudes.

solfège [sɔlfɛʒ] n. m. **1.** Discipline concernant la notation de la musique. **2.** Étude des premiers éléments de la théorie musicale. ▷ Manuel servant à cette étude; recueil de morceaux de musique vocale à solfier.

Solferino, bourg d'Italie (Lombardie, prov. de Mantoue) où les Franco-Piémontais, commandés par Napoléon III, vainquirent les Autrichiens (24 juin 1859). Cette bataille meurtrière incita le Suisse H. Dunant à fonder la Croix-Rouge (1863).

solfier [sɔlfje] v. tr. [2] Chanter (un morceau de musique) en nommant les notes.

solidaire [sɔlidɛʀ] adj. **1.** DR Qui implique pour chacun la responsabilité totale d'un engagement commun. *Obligation, acte solidaires.* – (Personnes) Qui est lié par un acte solidaire. **2.** Se dit de personnes liées entre elles par une dépendance mutuelle d'intérêts. **3.** Se dit de choses qui dépendent les unes des autres, qui vont ensemble. ▷ TECH Qui est fixé à un autre organe. *Le guidon est solidaire de la fourche, dans une bicyclette.* Ant. indépendant.

solidariser [sɔlidaʀize] v. [1] **1.** v. tr. Rendre solidaire. **2.** v. pron. *Se solidariser avec qqn :* se déclarer solidaire de qqn. – Se déclarer mutuellement solidaires. *Devant l'adversité, ils se sont solidarisés.*

solidarité [sɔlidaʀite] n. f. **1.** DR Nature de ce qui est solidaire; engagement solidaire. – Situation de débiteurs, de créanciers solidaires. **2.** Sentiment de responsabilité mutuelle entre plusieurs personnes, plusieurs groupes; lien fraternel qui oblige tous les êtres humains les uns envers les autres.

Solidarność (en fr. *Solidarité*), union de syndicats polonais indépendants et autogérés, constituée à Gdańsk le 22 sept. 1980, devenue légale le 10 nov. (président : Lech Wałęsa*), interdite en nov. 1981 et à nouveau légale en 1988. De 1989 à 1993, Solidarność participa au gouvernement de la Pologne, puis rejoignit l'opposition de droite.

solide [sɔlid] adj. et n. m. **I. 1.** adj. Qui présente une consistance ferme, qui n'est pas fluide. *Aliments solides.* ▷ PHYS Se dit d'un corps dont les atomes ou les molécules occupent des positions moyennes invariantes. *Corps solide. États solide, liquide et gazeux de la matière.* **2.** n. m. *Un solide :* un corps solide. *Physique des solides.* – GEOM Figure indéformable à trois dimensions, limitée par une surface fermée. *Le cône, la pyramide sont des solides.* **II.** adj. **1.** Qui résiste à l'effort, aux chocs, à l'usure. *Un matériau très solide.* **2.** (Personnes) Vigoureux, robuste. *Un solide gaillard.* ▷ Stable, ferme. *Être solide sur ses jambes.* **3.** Positif, durable; sur quoi l'on peut compter. *Une solide amitié.* **4.** Stable, sérieux, rationnel. *Un esprit plus solide que brillant.*

solidement [sɔlidmɑ̃] adv. De façon solide.

solidification [sɔlidifikasjɔ̃] n. f. Action de solidifier, fait de se solidifier. ▷ PHYS Passage d'un corps de l'état liquide à l'état solide. Ant. fusion.

solidifier [sɔlidifje] v. tr. [**2**] Rendre solide (ce qui était gazeux, liquide). ▷ v. pron. Passer de l'état liquide à l'état solide.

solidité [sɔlidite] n. f. **1.** Qualité de ce qui est solide, résistant. *Éprouver la solidité d'un cordage.* – Fig. *La solidité d'une amitié.* **2.** Fig. Qualité de ce qui repose sur des bases sérieuses et bien assises. *La solidité d'un raisonnement.*

soliloque [sɔlilɔk] n. m. Discours qu'une personne se tient à elle-même. Syn. monologue.

soliloquer [sɔlilɔke] v. intr. [**1**] Parler tout seul, se parler à soi-même.

Soliman II le Magnifique ou **le Législateur** (1494 – 1566), le dernier des grands sultans ottomans (1520-1566). Il prit Belgrade (1521) et soumit la Hongrie (1526). Il tenta, sans succès, de prendre Vienne (1529) puis s'attaqua aux Perses (1534-1555), étendant son empire au S. du Caucase et en Mésopotamie (prise de Bagdad, 1534). Il domina la quasi-totalité du monde arabe. En 1536, il signa avec la France une alliance militaire. Il protégea les arts, les lettres et fut un grand bâtisseur.

Soliman pacha (Octave Joseph de Seves, dit) (1788 – 1860), officier français au service de l'Égypte. Il quitta la France en 1816 et organisa l'armée de Méhémet-Ali (1830-1833).

solin [sɔlɛ̃] n. m. CONSTR Garnissage en plâtre ou en mortier destiné à combler un espace vide, à raccorder deux surfaces, à assurer l'étanchéité d'un joint.

solipède [sɔlipɛd] adj. ZOOL Dont les membres se terminent par un seul doigt muni d'un sabot (par oppos. à *fissipède*).

solipsisme [sɔlipsism] n. m. PHILO Doctrine qui soutient que le monde extérieur n'a pas d'existence réelle, le sujet pensant ne reconnaissant d'autre réalité que lui-même.

soliste [sɔlist] n. et adj. Instrumentiste, chanteur (chanteuse) qui exécute un solo, ou chante habituellement des solos. ▷ adj. *Violoniste soliste.*

solitaire [sɔlitɛʀ] adj. et n. **A.** adj. **1.** Qui est seul; qui aime vivre seul. – Par ext. *Humeur solitaire.* ▷ ZOOL Qui vit seul (par oppos. à *social*). *Guêpes solitaires et guêpes sociales.* – Cour. *Ver solitaire :* ténia*. **2.** Que l'on fait seul, qui a lieu dans la solitude. *Une randonnée solitaire.* **3.** Isolé et peu fréquenté. *Un lieu solitaire.* **B.** n. **I. 1.** Personne qui reste volontairement à l'écart du monde. **2.** Religieux qui vit dans la solitude. **II.** n. m. **1.** Diamant monté seul. **2.** Jeu de combinaisons auquel on joue seul. **3.** Nom donné à deux gros oiseaux ayant vécu aux Mascareignes, éteints depuis le XVIIIe s. : le solitaire de la Réunion (ibis) et le solitaire de Rodrigues (dronte).

solitude [sɔlityd] n. f. **1.** Fait d'être solitaire; état d'une personne solitaire. *Rechercher, supporter la solitude.* **2.** Sentiment d'être seul moralement. *Éprouver douloureusement sa solitude dans la foule.* **3.** Litt. Lieu désert. *Les solitudes infinies de ces pays.* ▷ Caractère d'un lieu solitaire. *La solitude de la haute mer.*

solive [sɔliv] n. f. Pièce de charpente horizontale sur laquelle sont posées les lambourdes d'un plancher.

soliveau [sɔlivo] n. m. Petite solive.

Soljenitsyne (Alexandre Issaïevitch) (né en 1918), écrivain russe. Il fut emprisonné de 1945 à 1953. Ses romans et chroniques dénoncent le communisme : *Une journée d'Ivan Denissovitch* (1962), *le Pavillon des cancéreux* (1968), *Août 14* (1971), *l'Archipel du Goulag* (3 vol., 1973-1976). Expulsé d'U.R.S.S. (1974), il s'établit aux États-Unis. En 1994, il regagna la Russie. P. Nobel 1970.

sollicitation [sɔlisitasjɔ̃] n. f. Action de solliciter qqn. *Céder aux sollicitations pressantes de ses amis.*

solliciter [sɔlisite] v. tr. [**1**] **1.** Prier instamment (qqn) en vue d'obtenir qqch. *Démarcheur qui sollicite des clients à domicile.* – Pp. *Un homme très sollicité.* ▷ Prier d'accorder (qqch) dans les formes établies par l'usage. *Solliciter une audience auprès du ministre.* **2.** Attirer (l'attention, l'intérêt, etc.). *Des tentations multiples le sollicitaient.*

solliciteur, euse [sɔlisitœʀ, øz] n. **1.** Personne qui sollicite un emploi, une faveur. **2.** n. m. POLIT *Solliciteur général :* au Canada, ministre d'État qui remplit le rôle de conseiller juridique du gouvernement et qui s'occupe de l'administration de la justice. *Le solliciteur général du Canada* (au niveau fédéral), *du Québec* (au niveau provincial).

sollicitude [sɔlisityd] n. f. Prévenance que l'on a pour qqn, ensemble des égards, des soins attentifs dont on l'entoure. *La sollicitude maternelle.*

1. solo [solo] n. m. **1.** MUS Morceau ou passage exécuté par un seul musicien (chanteur ou instrumentiste), avec ou sans accompagnement. *Des solos.* – *Jouer en solo,* seul. – (En appos.) Qui joue sans accompagnement. *Violon solo. Spectacle* solo.* **2.** *Par anal.* Partie de ballet dansée par un seul artiste.

2. solo [solo] n. m. (Afr. subsah.) Papaye-solo. (V. papaye.)

Sologne, région de France, entre la Loire et le Cher au sol argileux (forêts, landes, étangs); réserve de chasse.

Solon (v. 640 – v. 558 av. J.-C.), législateur athénien, l'un des Sept Sages de la Grèce. Archonte v. 590, il démocratisa la Constitution.

solstice [sɔlstis] n. m. Époque de l'année où la hauteur du Soleil au-dessus du plan équatorial (déclinaison), dans son mouvement apparent sur l'écliptique, est maximale (solstice d'été, vers le 21 juin dans l'hémisphère Nord) ou minimale (solstice d'hiver, vers le 21 décembre dans l'hémisphère Nord).

solubiliser [sɔlybilize] v. tr. [**1**] TECH Rendre soluble (une substance).

solubilité [sɔlybilite] n. f. Didac. Propriété de ce qui est soluble.

soluble [sɔlybl] adj. **1.** Qui peut se dissoudre (dans un liquide, un solvant). **2.** Qui peut être résolu. *Ce problème n'est pas soluble.* Ant. insoluble.

soluté [sɔlyte] n. m. **1.** PHARM Liquide contenant un médicament dissous. **2.** CHIM Corps dissous dans un solvant.

solution [sɔlysjɔ̃] n. f. **I. 1.** Résultat d'une réflexion, permettant de résoudre un problème, de venir à bout d'une difficulté. *Apporter une solution à un problème technique.* ▷ MATH *Solution d'une équation,* être mathématique (nombre, par ex.) pour lequel cette équation est vérifiée. **2.** Dénouement, conclusion, issue. *S'acheminer vers la solution d'un conflit.* **II.** CHIM **1.** Processus par lequel un corps se dissout dans un liquide. **2.** Mélange homogène de deux ou plusieurs corps. *Solution liquide* ou, absol. (plus cour.), *solution.* – *Solution solide :* mélange homogène en phase solide. – Cour. Liquide contenant un corps dissous. **III.** *Solution de continuité :* séparation, rupture de la continuité entre des choses qui sont habituellement jointes; scission, division dans ce qui forme habituellement un tout continu.

solutionner [sɔlysjɔne] v. tr. [**1**] (Mot critiqué.) Résoudre (une difficulté).

solutréen, enne [sɔlytʀeɛ̃, ɛn] adj. et n. m. PREHIST De la période du paléolithique supérieur au cours de laquelle les techniques de taille de la pierre atteignirent leur plus grande perfection. ▷ n. m. *Le solutréen.*

solvabilité [sɔlvabilite] n. f. État d'une personne solvable.

solvable [sɔlvabl] adj. Qui a de quoi payer ce qu'il doit. *Débiteur solvable.*

solvant [sɔlvɑ̃] n. m. Substance, en général liquide, dans laquelle d'autres substances peuvent être dissoutes. Syn. dissolvant.

Solvay (Ernest) (1838 – 1922), industriel et philanthrope belge. Il inventa la fabrication industrielle du carbonate de sodium, créa une importante société chimique, fonda des établissements d'enseignement scientifique et des associations philanthropiques.

Solwezi, v. du N.-O. de la Zambie, près de la frontière de la rép. dém. du Congo et des gisements de cuivre de Kansanshi; cap. de la prov. du Nord-Ouest.

soma [sɔma] n. m. BIOL Ensemble des cellules non reproductrices d'un organisme (par oppos. à *germen*).

somali, ie [sɔmali] ou **somalien, enne** [sɔmaljɛ̃, ɛn] adj. et n. **1.** adj. De Somalie. ▷ Subst. *Un(e) Somali(e)* ou *un(e) Somalien(ne).* **2.** n. m. *Le somali :* la langue afro-asiatique du groupe couchitique parlée par les Somalis*, en Somalie.

Somali(s), population islamisée, nomade et sédentaire, établie en Somalie (env. 8 millions de personnes), en Éthiopie (env. 900 000 personnes), au Kenya et à Djibouti. Ils parlent le somali*. Traditionnellement, ce sont des pasteurs, le plus souvent nomades.

Somalie (république démocratique de), État de l'Afrique orientale, sur le golfe d'Aden et l'océan Indien; 637 657 km^2; 8 000 000 hab., croissance démographique : 3,2 % par an; cap : *Muqdisho.* Nature de l'État : rép. présidentielle. Langues : somali (langue off.), arabe. Monnaie : shiling somalien. Pop. : Somalis en majorité. Relig. : islam sunnite (99 %).
Géogr. phys. et écon. – Un bourrelet montagneux, dépassant 2 000 m, longe

le littoral nord. Le reste du pays est un plateau aride, bordé au S. d'une plaine côtière qui correspond aux basses vallées du Chébéli et du Djouba. Les régions méridionales, les plus arrosées (mousson d'été), concentrent 60 % des hab. et les zones cultivées et irriguées (maïs, canne à sucre, sorgho, bananes). Partout ailleurs domine l'élevage extensif, surtout nomade, première activité du pays, complété par la pêche et l'exploitation du sel. La désagrégation du pays, en proie à la lutte des clans, rend plus tragique encore le marasme économique.

Hist. – La région était connue des Égyptiens dès l'Ancien Empire sous le nom de «Pays de Pount», où ils allaient chercher de l'or, de l'ébène et de l'encens. La côte fut un relais pour les commerçants arabes et persans, notam., qui islamisèrent le pays. La pop. somalie, venue du S. de l'Arabie, s'établit vers le Xe s., et l'islam y fut définitivement implanté au XIIIe s. Au début du XIXe s., les côtes furent placées sous la domination du sultan de Zanzibar. La G.-B. s'installa dans le N. à partir de 1884; l'Italie, à partir de 1889, s'adjugea la majeure partie du pays. En 1941, la G.-B. occupa la Somalie italienne, qu'elle rendit à la tutelle de l'Italie en 1950. En 1960, les deux Somalies accédèrent à l'indépendance et s'unirent en une république mais sans retrouver les terres de l'Ogaden* qui manquaient, ainsi que Djibouti, pour réaliser le rêve d'une «Grande Somalie». En 1969, le général Muhammad Siyaad Barre s'empara du pouvoir et déclara la Somalie «État socialiste». Alliée aux Soviétiques, la Somalie a rompu ce lien en 1977, à la suite du conflit de l'Ogaden*, où l'U.R.S.S. soutint l'Éthiopie qui sortit vainqueur de l'affrontement (1978). La paix entre les deux pays ne fut rétablie qu'en 1988, alors que la guérilla des Issa, ethnie commune aux deux pays, s'était étendue au nord de la Somalie et que le Sud basculait lui aussi dans la guerre civile. Les privilèges accordés aux proches du président, les exactions des milices entraînèrent la chute de Siyaad Barre en 1991. La Somalie sombra alors dans l'anarchie provoquée par la lutte des différents clans pour le pouvoir. Devant l'ampleur de la famine qui sévissait, les États-Unis, la France, l'Italie réalisèrent en 1992, sous l'égide de l'ONU, une intervention militaire baptisée *Restore Hope* («Rendre l'espoir») qui voulait assurer l'aide humanitaire et restaurer l'État somalien par le désarmement des milices rivales. Une deuxième opération conduite par l'ONU, «Onusom» (1993), a poursuivi cette double action, mais l'hostilité des clans, et notamment celui du général Aïdid, provoqua un affrontement militaire avec les forces de l'ONU, qui, redoutant un enlisement du conflit, se retirèrent définitivement le 2 mars 1995. En 1996, la mort du général Aïdid (remplacé par son fils Hussein) n'a pas débouché sur des pourparlers de paix.

Somalis (Côte française des), puis *Territoire des Afars et des Issas.* V. Djibouti (république de).

somation [sɔmasjɔ̃] n. f. BIOL Variation du soma d'un organisme, mise en évidence ou provoquée par les modifications de l'environnement et non héréditaire.

somatique [sɔmatik] adj. **1.** MED, PSYCHO Qui concerne le corps, n'appartient qu'au corps (par oppos. à *psychique*). **2.** BIOL Relatif au soma (par oppos. à *germinal, germinatif*).

somatiser [sɔmatize] v. tr. [1] MED, PSYCHO et cour. Convertir (ses troubles psychiques) en symptômes somatiques. ▷ (Absol.) *Il somatise depuis son enfance.*

somato-, -some. Éléments, du gr. *sôma, sômatos,* «corps».

somatostatine [sɔmatostatin] n. f. BIOCHIM Hormone, constituée d'un polypeptide, présente dans l'hypothalamus et dans de nombreux tissus, qui, notam., inhibe la sécrétion de somatotrophine.

somatotrophine [sɔmatotʀɔfin] n. f. BIOCHIM Hormone sécrétée par le lobe antérieur de l'hypophyse, qui joue un rôle important dans le mécanisme de la croissance *(hormone de croissance).*

sombe [sɔ̃mbe] n. m. (Afr. subsah.) Mets d'Afrique centrale à base de feuilles de manioc pilées.

sombre [sɔ̃bʀ] adj. **I. 1.** Où il y a peu de lumière. *Une pièce sombre.* Syn. obscur. – *Il fait sombre.* ▷ *Coupe sombre :* V. coupe. **2.** Foncé, tirant sur le noir. *Un tissu sombre. Un vert sombre.* **II.** Fig. **1.** Qui manifeste de la tristesse, de l'inquiétude. *Humeur sombre.* **2.** (Choses) Marqué par le malheur, l'inquiétude, le désespoir. *Une sombre journée.* **3.** Fam. Qui n'a pas été tiré au clair, en parlant d'une affaire louche, criminelle. *Un sombre drame.*

sombrer [sɔ̃bʀe] v. intr. [1] **1.** S'engloutir, couler, en parlant d'un navire. *Sombrer corps et biens.* **2.** Fig. Disparaître, se perdre. *Sombrer dans le désespoir.*

-some. V. somato-.

Someș (le), en Roumanie, ou **Szamos** (le), en Hongrie, riv. de Roumanie et de Hongrie (411 km), affl. de la Tisza (r. g.); passe à Cluj-Napoca et à Satu Mare (Roumanie).

sommaire [sɔmmɛʀ] adj. et n. m. **I.** adj. **1.** Abrégé, peu développé. *Exposé sommaire.* **2.** Réduit à l'essentiel. *Toilette sommaire.* ▷ Trop simplifié; simpliste. *Vues sommaires.* **3.** Expéditif, rapide; sans formalités, sans jugement. *Exécution sommaire.* ▷ DR *Procédure sommaire,* plus simple qu'à l'ordinaire. **II.** n. m. Résumé d'un livre, d'un chapitre.

sommairement [sɔmmɛʀmɑ̃] adv. D'une façon sommaire.

1. sommation [sɔmmasjɔ̃] n. f. MATH Opération consistant à calculer la somme de plusieurs quantités. ▷ Calcul de la valeur d'une intégrale définie.

2. sommation [sɔmmasjɔ̃] n. f. **1.** Action de sommer (2). ▷ MILIT Appel réglementaire d'une sentinelle enjoignant de s'arrêter et de se faire connaître («Halte!»; «Halte ou je tire!»). – *Spécial.* Chacune des trois injonctions réglementaires précédant une charge de policiers contre des manifestants. **2.** DR Acte écrit contenant une sommation faite par voie de justice. *La sommation peut être faite sans titre exécutoire* (à la différence du *commandement*).

1. somme [sɔm] n. f. **1.** MATH Résultat d'une addition. ▷ *Somme d'une famille d'ensembles,* réunion de ces ensembles. ▷ *Signe somme :* signe utilisé pour représenter une somme de termes (Σ) ou l'intégrale d'une fonction (∫). **2.** *Somme d'argent* ou, absol., *somme :* quantité d'argent. *Dépenser de grosses sommes.* **3.** Ensemble de choses considérées globalement. *La somme de nos efforts.* ▷ Loc. adv. *En somme, somme toute :* en conclusion, en résumé, tout compte fait. **4.** Ouvrage rassemblant et résumant tout ce qu'on connaît sur un sujet. *La «Somme* théologique» de saint Thomas d'Aquin.*

2. somme [sɔm] n. f. Loc. *Bête de somme :* animal (cheval, âne, bœuf, etc.) employé à porter des fardeaux (par oppos. à *bête de trait*).

3. somme [sɔm] n. m. Loc. *Faire un somme, un petit somme :* dormir un moment.

Somme (la), fl. de France (245 km); naît dans le dép. de l'Aisne; arrose Amiens et se jette dans la *baie de Somme.* – Département : 6176 km^2; 547825 hab.; ch.-l. *Amiens*.* V. Picardie (Rég.).

sommeil [sɔmɛj] n. m. **1.** Suspension périodique et naturelle de la vie consciente, correspondant à un besoin de l'organisme. ▷ *Avoir le sommeil léger :* se réveiller au moindre bruit. – *Un sommeil de plomb,* très profond. ▷ Fig., litt. *Le dernier sommeil, le sommeil éternel :* la mort. ▷ PSYCHO, PHYSIOL *Sommeil paradoxal :* phase du sommeil pendant laquelle le dormeur rêve. – MED *Maladie du sommeil :* trypanosomiase*. – *Cure de sommeil :* méthode de traitement de certaines affections psychiques qui consiste à procurer au patient un sommeil artificiel de 15 à 18 heures par jour. **2.** Besoin de dormir. *Avoir sommeil.* **3.** Fig. État provisoire d'inactivité, d'inertie. ▷ Loc. adj. et adv. *En sommeil :* en état d'inactivité ou d'activité réduite.

sommeiller [sɔmeje] v. intr. [1] **1.** Dormir d'un sommeil léger. **2.** Fig. Exister de manière potentielle, latente. *Les désirs qui sommeillent en nous.*

sommeilleux, euse [sɔmɛjø, øz] adj. et n. MED Atteint de la maladie du sommeil. ▷ Subst. *Un sommeilleux.*

sommelier, ère [sɔməlje, ɛʀ] n. **1.** Personne chargée du service des vins et des liqueurs, et de l'approvisionnement de la cave, dans un restaurant. **2.** n. f. (Suisse) Syn. de *serveuse* (sens 1).

1. sommer [sɔmme] v. tr. [1] MATH Calculer la somme de (plusieurs quantités).

2. sommer [sɔmme] v. tr. [1] Intimer à (qqn), dans les formes établies, l'ordre de faire qqch. *Sommer qqn de quitter les lieux.*

Sommerfeld (Arnold) (1868 – 1951), mathématicien et physicien allemand; spécialiste de mécanique quantique. Il perfectionna en 1915 le modèle d'atome dû à Niels Bohr.

sommet [sɔmmɛ] n. m. **I. 1.** Partie la plus élevée de certaines choses. *Le sommet d'une montagne, d'un mur.* Syn. (Antilles fr.) tête. ▷ Fig. Plus haut degré. *Le sommet de la gloire, de la perfection.* **2.** *Une conférence au sommet* ou, ellipt., *un sommet :* une conférence à laquelle ne participent que des chefs d'État ou de gouvernement. **II.** GEOM *Sommet d'un angle,* point où se coupent ses deux côtés. ▷ *Sommet d'un triangle, d'un polyèdre,* sommet d'un des angles de cette figure.

Sommet francophone, conférence biennale des chefs d'État et de gouvernement des pays ayant le français en partage, instituée en 1986 et constituant l'instance politique et décisionnaire de la francophonie*.

sommier [sɔmje] n. m. **I.** Partie d'un lit sur laquelle repose le matelas. **II. 1.** ARCHI Pierre qui reçoit la retombée d'une voûte ou d'un arc. **2.** CONSTR Pièce de charpente servant de linteau. **III.** Gros registre.

sommital, ale, aux [sɔmital, o] adj. Didac. Relatif au sommet; qui est au sommet.

sommité [sɔmmite] n. f. **1.** Didac. ou litt. Extrémité d'une tige, d'une branche, d'une plante dressée. **2.** Fig. Personne qui se distingue particulièrement par sa position, son talent, son savoir. *Les sommités de la science.*

somnambule [sɔmnɑ̃byl] n. (et adj.) Personne qui effectue de manière automatique, pendant son sommeil, certains mouvements accomplis ordinairement à l'état de veille (marche notam.). – adj. *Il est somnambule.*

somnambulisme [sɔmnɑ̃bylism] n. m. Fait d'être somnambule; état d'une personne somnambule.

somnifère [sɔmnifɛʀ] adj. et n. m. Didac. Qui provoque le sommeil. *Le pavot est somnifère.* ▷ n. m. Cour. Produit destiné à provoquer le sommeil.

somnolence [sɔmnɔlɑ̃s] n. f. **1.** État intermédiaire entre le sommeil et la veille. ▷ Disposition à l'assoupissement. **2.** Fig. Mollesse, engourdissement.

somnolent, ente [sɔmnɔlɑ̃, ɑ̃t] adj. **1.** Engourdi de sommeil, qui dort à moitié. **2.** Fig. Engourdi, sans énergie, peu actif. *Vie somnolente.*

somnoler [sɔmnɔle] v. intr. **[1] 1.** Dormir peu profondément, être assoupi. **2.** Fig. Être somnolent (sens 2).

Somoza (Anastasio), dit *Tacho* (1896 - 1956), homme politique nicaraguayen. Chef de la garde nationale, il fit assassiner Sandino* (1934); président de la Rép. de 1937 à 1947 et de 1951 à son assassinat. — **Anastasio,** dit *Tachito* (1925 - 1980), fils du préc. Président de la Rép. en 1967, contraint à l'exil par les sandinistes (1979), il fut assassiné.

somptuaire [sɔ̃ptɥɛʀ] adj. *Loi, impôt somptuaire,* qui réglemente, restreint les dépenses; qui taxe le luxe. ▷ Mod. *Des dépenses somptuaires,* excessives.

somptueusement [sɔ̃ptɥøzmɑ̃] adv. D'une manière somptueuse.

somptueux, euse [sɔ̃ptɥø, øz] adj. Dont le luxe, la magnificence ont nécessité de grandes dépenses. *Des présents somptueux.* ▷ *Par ext.* Superbe.

somptuosité [sɔ̃ptɥɔzite] n. f. Litt. Caractère de ce qui est somptueux; magnificence, luxe coûteux.

1. son [sɔ̃], **sa** [sa], **ses** [se] adj. poss. de la 3e pers. du sing. (Rem. *Son* remplace *sa* devant un n. ou un adj. fém. commençant par une voyelle ou un *h* muet : *son avarice, son habileté.*) De lui, d'elle, de soi. **I. 1.** (Personnes) *Son livre. Sa barbe. Son turban. Son bon caractère.* ▷ (Devant certains titres.) *Sa Majesté.* **2.** (Choses) *La maison et son jardin. Le soleil darde ses rayons.* **3.** (Se rapportant à un pron. indéf.) *À chacun sa vérité. Comme on fait son lit, on se couche.* ▷ (Se rapportant à un sujet sous-entendu.) *Aimer son prochain comme soi-même.* **II. 1.** (Marquant l'appartenance à un groupe, à un ensemble.) *Il a rejoint son régiment.* ▷ (Marquant un rapport de parenté.) *Son père. Sa fille.* **2.** (Marquant l'habitude, la répétition.) *Prendre son dessert. Enfant qui fait sa colère.*

2. son [sɔ̃] n. m. Sensation auditive engendrée par une vibration acoustique; cette vibration elle-même. *Son grave, aigu, rauque, flûté.* ▷ *Son pur,* produit par une vibration acoustique sinusoïdale (par oppos. à *son complexe**). – *Ingénieur du son,* qui s'occupe de l'enregistrement du son et de sa reproduction. ▷ *Spécial.* Émission de voix utilisée pour communiquer, son du langage. *Classement des sons par la phonétique.* ▷ *Son musical,* d'une hauteur déterminée dans l'échelle tonale. ENCYCL Un son, en tant que phénomène physiologique, est caractérisé par son *intensité* (exprimée en décibels), par sa *hauteur* (directement liée à sa fréquence) et par son *timbre,* qui dépend du nombre, de la hauteur et de l'intensité de ses harmoniques*. (V. acoustique.)

3. son [sɔ̃] n. m. Déchet de la mouture des céréales, formé par les enveloppes des graines.

sonar [sɔnaʀ] n. m. MAR Appareil émetteur et récepteur d'ondes ultrasonores, utilisé pour la détection des objets immergés.

sonate [sɔnat] n. f. MUS Pièce de musique pour un à trois instruments comportant trois ou quatre mouvements.

sondage [sɔ̃daʒ] n. m. **1.** Action de sonder; son résultat. ▷ TECH Opération qui consiste à forer le sol pour déterminer la nature, l'épaisseur et la pente des couches qui le constituent, ou pour rechercher des nappes d'eau, de pétrole, etc. **2.** Fig. Enquête, investigation discrète pour obtenir des renseignements. *Pratiquer un sondage dans les milieux politiques.* ▷ *Enquête par sondage,* ou *sondage d'opinion :* enquête menée auprès de personnes considérées comme représentatives d'un ensemble social (consommateurs, usagers, électeurs, etc.) en vue de déterminer leur opinion ou d'obtenir des renseignements statistiques sur une question.

sonde [sɔ̃d] n. f. **1.** Instrument constitué d'une masse pesante attachée au bout d'une ligne, servant à mesurer la profondeur de l'eau et à déterminer la nature du fond. ▷ Mesure de la profondeur obtenue par sondage. **2.** CHIR Instrument tubulaire, creux ou non, destiné à pénétrer dans un conduit naturel ou pathologique, à des fins diagnostiques ou thérapeutiques (introduction ou évacuation de liquide ou de gaz). *Sonde vésicale.* **3.** TECH Appareil servant à forer le sol. **4.** ESP *Sonde spatiale :* véhicule spatial non habité, utilisé pour pratiquer de brèves incursions au-delà de l'atmosphère *(fuséesonde)* ou des missions d'exploration du système solaire (*sonde-planétaire*). ▷ MÉTEO *Sonde aérienne :* ballon*-sonde. **5.** GENET *Sonde génétique :* petit fragment d'A.D.N. ou d'A.R.N. de séquence spécifique, identifiable car marqué par radioactivité, utilisé pour détecter la présence de séquences homologues dans une grande molécule d'A.D.N. ou d'A.R.N.

Sonde (archipel de la), longue chaîne d'îles, appelée aussi *Insulinde,* correspondant à l'Indonésie, État qui possède la plus grande partie de ces territoires (Java, Sumatra, une partie de Bornéo).

sonder [sɔ̃de] v. tr. **[1] 1.** TECH et cour. Explorer, reconnaître au moyen d'une sonde; pratiquer le sondage de. *Sonder une mer, une rivière. – Sonder un terrain.* ▷ Par métaph. *Sonder le terrain :* examiner avec soin (une affaire) avant de s'engager. **2.** Explorer avec une sonde l'intérieur, la masse de. *Sonder un mur.* ▷ CHIR Introduire une sonde dans. *Sonder une plaie.* – Par ext. *Sonder un malade.* **3.** Fig. Chercher à pénétrer, à reconnaître. *Sonder du regard la profondeur d'un ravin. – Sonder les intentions de qqn, sonder qqn,* chercher à pénétrer ses intentions, son état d'esprit. ▷ Faire un sondage d'opinion.

Sonderbund («ligue séparée»), alliance séparatiste conclue en 1845 par les sept cantons suisses conservateurs et catholiques (Fribourg, Lucerne, Schwyz, Unterwald, Uri, Valais, Zoug), qui protestaient notam. contre les mesures décidées par le gouvernement fédéral à l'encontre des jésuites. En 1847, la Diète exigea la dissolution du Sonderbund, effectuée militairement par le général Dufour en nov., puis décréta l'expulsion des jésuites.

sondeur, euse [sɔ̃dœʀ, øz] n. **I.** Personne qui effectue des sondages. **II.** TECH **1.** n. m. Appareil servant à déterminer la profondeur de l'eau et la nature du fond. *Sondeur à ultrasons.* **2.** n. f. Appareil utilisé pour les forages à faible profondeur.

Song, dynastie qui régna en Chine de 960 à 1279. Elle unifia le pays, morcelé en plus. royaumes, et promut une civilisation brillante avant d'être renversée par les Mongols.

songe [sɔ̃ʒ] n. m. (et f.) **1.** n. m. Litt. Rêve, association d'idées et d'images qui se forment pendant le sommeil. – *En songe :* en rêve. **2.** n. m. Litt. Chimère, illusion; produit de l'imagination pendant l'état de veille. *«La vie est un songe», pièce de Calderón.* **3.** n. f. (Madag., Réunion) V. sonje.

songer [sɔ̃ʒe] v. tr. indir. **[13] I.** Vx ou litt. Rêver. ▷ (S. comp.) Se livrer à la rêverie. **II. 1.** *Songer à :* penser à; envisager de. *Il faut songer au départ, à partir.* ▷ Avoir l'intention de. *Il songe à se marier.* **2.** (Suivi d'une interrog. indir. ou d'une complétive.) Faire attention au fait que. *Songez qu'il y va de votre vie.* **3.** *Songer à :* se préoccuper de, faire attention à. *Songez à lui, ne l'abandonnez pas. – Songer à l'avenir.* **4.** *Songer à :* évoquer par la pensée. *Songer au passé.*

songerie [sɔ̃ʒʀi] n. f. Vieilli ou litt. Rêverie; état d'une personne qui songe.

songeur, euse [sɔ̃ʒœʀ, øz] adj. Absorbé dans une rêverie, pensif. *Vous semblez songeuse.*

songhay ou **songhaï** [sɔ̃ʀaj] adj. inv. et n. m. **1.** adj. Des Songhay. *L'empire songhay.* **2.** n. m. Langue nilo-saharienne du groupe songhay-zarma, langue nationale au Niger et au Mali.

songhay ou **songhaï** (Empire) ou **Songhay** (le), royaume fondé au VIIe s. dans la région de Gao. À partir des XIe-XIIIe s., le passage des caravanes l'enrichit. Dominé par l'empire du Mali au début du XIVe s., le royaume recouvrit son indépendance à partir de 1375. La dynastie des Sonni (dont le célèbre Sonni* Ali Ber) et, à partir de 1492, celle des Askia (fondée par l'Askia* Mohammed) portèrent l'empire à son apogée aux XVe et XVIe s. Il s'étendait alors sur les pays de la savane, depuis le Sénégal jusqu'au Tchad, et l'Askia les avait islamisés. En 1591, l'armée marocaine vainquit à Tondibi (au N. de Gao) Issihak II, empereur du Songhay, lequel entra en décadence.

Songhay, Songhaï ou **Sonrhaï,** ethnie de l'Afrique occidentale installée dans l'E. du Mali et dans l'O. du Niger (env. 1300000 personnes). Ils parlent une langue nilo-saharienne du groupe songhay-zarma. Les Songhay formèrent au VIIe s. un royaume qui disparut au XVIe s. V. songhay (Empire).

songhay-zarma [sɔ̃RajzaRma] n. m. LING Groupe de langues nilo-sahariennes parlées dans la boucle du Niger (le songhay à l'O., le zarma à l'E.).

Sông Hông. V. Rouge (fleuve).

soninké [soniŋke] adj. inv. et n. m. **1.** adj. Des Soninké. **2.** n. m. Langue nigéro-congolaise du groupe mandé parlée notam. au Sénégal (langue nationale) et en Mauritanie.

Soninké. V. Sarakolé.

sonique [sɔnik] adj. PHYS Relatif au son. ▷ Relatif aux phénomènes qui se produisent aux vitesses voisines de celle du son.

sonje ou **songe** [sɔ̃ʒ] n. f. (Madag., Réunion) Plante (fam. aracées) cultivée pour son tubercule, dont on consomme aussi les feuilles et la tige en légumes. ▷ (Réunion) Tubercule de cette plante.

sonnant, ante [sɔnɑ̃, ɑ̃t] adj. Qui sonne. **1.** Qui rend un son clair et distinct. *Métal sonnant.* ▷ *Espèces sonnantes :* argent liquide. – Loc. *Espèces* sonnantes et trébuchantes.* **2.** Qui annonce les heures en sonnant. *Horloge sonnante.* ▷ *À midi sonnant :* à midi exactement.

sonné, ée [sɔne] adj. Annoncé par le son d'une cloche, d'une sonnerie. – Spécial. *Il est minuit sonné,* minuit passé. ▷ Fig., fam. *Il a la cinquantaine bien sonnée :* il a largement dépassé cinquante ans.

sonner [sɔne] v. [1] **A.** v. intr. **I. 1.** Rendre un son, retentir sous l'effet d'un choc. *Cristal qui sonne.* ▷ *Spécial.* (En parlant d'une cloche ou d'un instrument à percussion apparenté, d'un appareil muni d'un timbre.) *Les cloches sonnaient à toute volée. Le réveil a sonné.* **2.** Émettre un son, en parlant de certains instruments de cuivre à embouchure. *Clairon qui sonne.* **3.** Être annoncé par une sonnerie. *Huit heures ont sonné.* ▷ Fig. *Sa dernière heure a sonné,* est arrivée. **II.** Être articulé, prononcé clairement. *Faire sonner la consonne finale dans un mot.* ▷ *Mot qui sonne bien, mal,* qui est harmonieux, agréable à l'oreille, ou non. ▷ Fig. *Sonner faux :* donner une impression de fausseté. **III.** Actionner une sonnette, une sonnerie (spécial. pour se faire ouvrir, appeler ou prévenir). *Entrez sans sonner.* **B.** v. tr. **1.** Faire rendre un, des sons à un instrument, une cloche. *Sonner le cor. – Sonner les cloches*.* ▷ v. tr. indir. *Sonner de la trompette.* **2.** Annoncer, indiquer par le son d'un instrument, d'une sonnerie. *Sonner la charge. L'horloge sonne minuit.* **3.** Appeler (qqn) avec une sonnette. *Sonner le steward.* ▷ (Afr. subsah., Belgique, Liban, Réunion) Appeler au téléphone. *Elle vient de me sonner pour m'annoncer son mariage.* – (Sans compl.) *J'ai sonné chez lui, il était sorti.*

sonnerie [sɔnRi] n. f. **1.** Son produit par des cloches ou par un timbre. **2.** Air joué par un instrument de cuivre à embouchure. *Une sonnerie de clairon.* **3.** *Par méton.* Ensemble des pièces qui permettent à une horloge, à un réveil, etc., de sonner. *Réparer la sonnerie d'un téléphone.* **4.** Dispositif électrique d'appel ou d'alarme.

sonnet [sɔnɛ] n. m. LITTER Pièce de quatorze vers, en deux quatrains à rimes embrassées et deux tercets. *Les sonnets de Du Bellay.*

sonnette [sɔnɛt] n. f. **1.** Clochette dont on se sert pour avertir, pour appeler. *Tirer sur le cordon de la sonnette.* ▷ Sonnerie (sens 4) que l'on peut déclencher à distance; son émis par cette sonnerie. **2.** *Serpent* à sonnette(s).* **3.** TECH Engin constitué d'un mouton (sens 5) qui descend entre des glissières. *Sonnette à enfoncer les pieux.*

sonneur [sɔnœR] n. m. Celui qui sonne les cloches. ▷ Celui qui sonne de la trompe, du cor.

Sonni Ali Ber (XVe s.), dernier empereur de la dynastie des Sonni qui régna sur le Songhay (1464-1492) et dont il fut le plus grand souverain. Il prit Tombouctou en 1469 mais fut vaincu en 1492 par l'Askia* Mohammed.

sono [sɔno] n. f. Fam. Abrév. de *sonorisation* (sens 2). *Une bonne sono.*

sonomètre [sɔnɔmɛtR] n. m. TECH Appareil utilisé pour la mesure des niveaux d'intensité acoustique des bruits (machines, avions, etc.).

sonore [sɔnɔR] adj. **1.** Qui est susceptible de produire un, des sons; qui produit un son. *Les corps sonores.* **2.** Dont le son est puissant, éclatant. *Une voix sonore.* ▷ PHON *Phonème sonore,* dont l'émission s'accompagne d'une vibration des cordes vocales. – *Les consonnes sonores* ou, n. f., *les sonores* (par oppos. aux *sourdes*) : [b, v, d, z, g, ʒ], en français. **3.** Qui résonne, où le son retentit. *Couloir sonore.* **4.** Didac. Qui a rapport au son. *Ondes sonores.* ▷ CINE et cour. *Film sonore,* dont les images sont accompagnées de sons (dialogues, bruits, musique) (par oppos. à *film muet*).

sonorisation [sɔnɔRizasjɔ̃] n. f. **1.** Action de sonoriser (un lieu); son résultat. **2.** Ensemble des appareils utilisés pour sonoriser un lieu (salle de spectacle, etc.). **3.** *Sonorisation d'un film :* opération consistant à reporter l'enregistrement du son sur la bande portant les images. **4.** PHON Acquisition du trait de sonorité par un phonème.

sonoriser [sɔnɔRize] v. tr. [1] **1.** Équiper (une salle de spectacle, un lieu quelconque) de tous les appareils nécessaires à l'amplification et à la diffusion du son (micros, amplificateurs, haut-parleurs, etc.). *Sonoriser une salle de concert, un champ de foire.* **2.** Effectuer la sonorisation de (un film). **3.** PHON Rendre sonore (une consonne sourde).

sonorité [sɔnɔRite] n. f. **1.** Caractère de ce qui est sonore (sens 1). **2.** Propriété qu'ont certains lieux de répercuter les sons. *La sonorité d'une nef de cathédrale.* **3.** Qualité du son (d'un instrument de musique, d'un appareil électroacoustique). *Sonorité d'un violon, d'un synthétiseur.* ▷ (Plur.) Sons d'une voix. *Un timbre aux sonorités rauques.* **4.** PHON Trait phonétique dû à la vibration des cordes vocales lors de l'émission des phonèmes sonores.

sonothèque [sɔnɔtɛk] n. f. Didac. Lieu où sont conservés des enregistrements de bruits, de fonds sonores divers.

Sonrhaï. V. Songhay.

Sony Labou Tansi (Marcel Sony, dit) (1947 – 1995), homme politique et écrivain de la rép. du Congo. Traitant la «barbarie de l'homme à l'endroit de l'homme», il aborde tous les genres, notam. le théâtre (*Conscience de tracteur,* 1973; *la Parenthèse de sang,* 1978) et le roman (*la Vie et demie,* 1979; *l'État honteux,* 1981; *l'Antépeuple,* 1983).

sophisme [sɔfism] n. m. LOG Paralogisme. ▷ Raisonnement valide en apparence, mais dont un des éléments est fautif et, généralement, fait avec l'intention de tromper.

sophiste [sɔfist] n. **1.** n. m. ANTIQ GR Maître de philosophie rétribué, qui enseignait l'art de l'éloquence et les moyens de défendre n'importe quelle thèse par le raisonnement ou des artifices rhétoriques. **2.** n. Personne qui use de sophismes.

sophistication [sɔfistikasjɔ̃] n. f. Caractère de ce qui est sophistiqué.

sophistique [sɔfistik] adj. et n. f. **1.** adj. Didac. Qui est de la nature du sophisme; captieux, spécieux. *Des arguments sophistiques.* **2.** n. f. PHILO Mouvement de pensée représenté par les sophistes grecs; art des sophistes.

sophistiqué, ée [sɔfistike] adj. **1.** Extrêmement recherché, qui laisse peu de place au naturel (notam. en parlant de l'apparence physique et du comportement). *Public sophistiqué.* **2.** Extrêmement perfectionné; qui fait appel à des techniques de pointe. *Matériel sophistiqué.* – Fig. *Raisonnement sophistiqué,* très élaboré, complexe ou compliqué.

sophistiquer [sɔfistike] v. tr. [1] Perfectionner par des techniques de pointe, rendre sophistiqué (sens 2).

Sophocle (v. 496 – 406 av. J.-C.), poète tragique grec. Il aurait écrit plus de cent pièces; il ne reste que sept tragédies complètes *(Ajax, Électre, Œdipe roi, Œdipe à Colone, Antigone, les Trachiniennes, Philoctète).* Elles exaltent le héros qui se révolte ou préfère la mort à la soumission.

Sophonie (VIIe s. av. J.-C.), un des douze petits prophètes juifs.

Sophonisbe (v. 235 – 203 av. J.-C.), fille d'Hasdrubal; épouse, successivement, de deux rois numides. Capturée par les Romains, elle s'empoisonna pour ne pas être livrée à Scipion l'Africain.

sophrologie [sɔfRɔlɔʒi] n. f. MED Pratique visant à dominer la douleur et équilibrer la personnalité par des moyens psychologiques.

soporifique [sɔpɔRifik] adj. et n. m. Qui fait naître le sommeil. – Fig., fam. *Discours soporifique,* ennuyeux. ▷ n. m. Substance dont l'absorption entraîne le sommeil.

soprano [sɔpRano] ou **soprane** [sɔpRan] n. **1.** n. m. La plus haute des voix (voix de femme ou de jeune garçon). ▷ n. m. et f. Chanteur, chanteuse qui a cette voix. *Un(e) soprano. Des sopranos.* **2.** n. m. (En appos., pour caractériser celui des instruments d'une famille qui a la tessiture la plus élevée.) *Saxophone soprano.*

soquet [sɔkɛ] n. m. V. socket.

sorbet [sɔRbɛ] n. m. Glace aux fruits, confectionnée sans crème.

sorbetière [sɔRbətjɛR] n. f. Appareil pour préparer les glaces, les sorbets.

sorbitol [sɔRbitɔl] n. m. PHARM Polyalcool préparé industriellement à partir de glucose, employé comme édulcorant et également comme stimulant de l'excrétion biliaire.

Sorbon (Robert de) (1201 – 1274), théologien français. Chapelain de Saint Louis, il fonda en 1257, à Paris, un collège de théologie, qui devint la Sorbonne.

Sorbonne (la), établissement public d'enseignement supérieur, situé à Paris (Quartier latin). V. Sorbon.

sorcellerie [sɔʀsɛlʀi] n. f. Pratiques occultes des sorciers; résultat de ces pratiques. ▷ Par exag. *C'est de la sorcellerie :* c'est prodigieux, inexplicable.

sorcier, ère [sɔʀsje, ɛʀ] n. (et adj. masc.) **1.** n. Personne qui est réputée avoir pactisé avec des puissances occultes afin d'agir sur les êtres et les choses au moyen de charmes et de maléfices. Syn. (Guad.) quimboiseur, (Réunion) tisaneur. ▷ Fig. *Apprenti* sorcier.* ▷ Loc. fig. *Chasse aux sorcières :* poursuite systématique, par un régime politique, de ses opposants. **2.** adj. m. Fam. *Ce n'est pas sorcier :* ce n'est pas compliqué.

sordide [sɔʀdid] adj. **1.** Dont la saleté dénote une grande pauvreté. *Quartier sordide.* **2.** Fig. Méprisable, ignoble. *Des calculs sordides. Un crime sordide.*

Sorel, v. du Québec, port au confl. du Saint-Laurent et de la riv. Richelieu; 18780 hab. Constr. navales.

Sorel (Agnès). V. Agnès Sorel.

Sørensen (Søren Peter Lauritz) (1868 – 1939), chimiste danois. En 1909, il conçut la notion de pH.

sorgho ou **sorgo** [sɔʀgo] n. m. Graminée originaire de l'Inde, dite aussi *gros mil,* cultivée pour ses grains et comme fourrage.

soricidés [sɔʀiside] n. m. pl. ZOOL Famille de petits mammifères insectivores, comprenant notam. les musaraignes. – Sing. *Un soricidé.*

sornette [sɔʀnɛt] n. f. Fam. (Surtout au plur.) Propos frivole, bagatelle, bêtise.

sororal, ale, aux [sɔʀɔʀal, o] adj. Didac. De la sœur, des sœurs.

sororat [sɔʀɔʀa] n. m. ETHNOL Système social qui oblige un veuf à prendre pour épouse la sœur de sa femme.

sort [sɔʀ] n. m. **1.** Hasard, destin. *Les caprices du sort.* **2.** Effet du hasard, de la rencontre fortuite des événements bons ou mauvais; destinée. *Il est satisfait de son sort.* ▷ Loc. *Faire un sort à une chose,* lui assigner une destination; *par ext.,* la mettre en valeur ou en faire usage. **3.** Décision soumise au hasard. – *Tirer au sort :* faire désigner par le hasard. – *Le sort en est jeté :* la décision est prise irrévocablement. **4.** Maléfice. *Jeter un sort à qqn.*

sortable [sɔʀtabl] adj. Fam. Avec qui l'on peut sortir, qui est bien élevé. *Vous n'êtes vraiment pas sortable.*

sortant, ante [sɔʀtɑ̃, ɑ̃t] adj. (et n.) **1.** Qui sort d'un lieu. ▷ Subst. *Les entrants et les sortants.* **2.** Tiré par hasard. *Numéro sortant.* **3.** Dont le mandat vient d'expirer, en parlant d'un membre d'une assemblée. *Député sortant.* **4.** n. (Afr. subsah.) Élève qui termine ses études (dans une certaine école), qui y a fait ses études. *Un sortant de l'école William Ponty.*

sorte [sɔʀt] n. f. **1.** Espèce, genre. *Diverses sortes d'animaux.* **2.** Ensemble des traits caractéristiques qui distinguent une chose; manière d'être. *Cette sorte d'affaires.* ▷ Loc. adv. *De la sorte :* de cette manière. **3.** *Une sorte de...,* se dit d'une chose qu'on ne peut caractériser qu'en la rapprochant d'une autre. *L'anango est une sorte de chemise.* **4.** Loc. *Toutes sortes de :* beaucoup de. – *En quelque sorte :* presque, pour ainsi dire. – *Faire en sorte que* (+ subj.), *faire en sorte de* (+ inf.) : agir de manière à. ▷ *De sorte que :* de telle façon que. *De (telle) sorte que :* si bien que.

sortie [sɔʀti] n. f. **1.** Action de sortir. *C'est sa première sortie depuis sa maladie.* ▷ *Spécial.* Action de quitter la scène. – *Fausse sortie,* suivie d'un retour immédiat. ▷ Action de quitter son domicile pour se distraire. **2.** Moment où l'on sort. *La sortie des spectacles.* **3.** (Afr. subsah.) *Sortie de deuil :* cérémonie marquant la fin du deuil, au premier anniversaire d'un décès. **4.** Porte, issue. *Cette maison a plusieurs sorties.* **5.** Transport de marchandises hors d'un pays. **6.** INFORM Donnée qui sort de l'ordinateur après traitement. *États de sortie fournis par une imprimante.* **7.** Somme dépensée. *Les entrées et les sorties.* **8.** Attaque faite pour sortir d'une place investie. *Les assiégés tentèrent une sortie.* ▷ AVIAT Envol d'un appareil, d'une escadrille, etc., pour une mission de guerre. *Cette unité a effectué cent sorties.* **9.** Fig. Brusque emportement contre qqn. *Faire une sortie.* ▷ Incongruité, parole déplacée que qqn laisse échapper en public. **10.** Fait d'être rendu public, publié, mis en vente. *Sortie d'un film.*

sortilège [sɔʀtilɛʒ] n. m. Maléfice; action magique. Syn. (Guad.) quimbois.

1. sortir [sɔʀtiʀ] v. [30] **I.** v. intr. **1.** Passer du dedans au dehors. *Sortir de chez soi.* **2.** Commencer à paraître, pousser. *Il lui est sorti une dent. Les bourgeons sortent.* **3.** Dépasser à l'extérieur. *Le rocher sort de l'eau.* **4.** S'échapper, s'exhaler. *La fumée sort de la cheminée.* **5.** Aller hors de chez soi pour se distraire, se promener. *Il sort tous les soirs.* **6.** Paraître, être publié, mis en vente, présenté au public. *Ce film sort le mois prochain.* **7.** Être désigné par le hasard, dans un tirage au sort, dans un jeu. *C'est le neuf qui sort.* **8.** Cesser d'être dans (tel état, telle situation). *Sortir de la misère. Sortir de maladie.* – loc. (Maghreb) *Sortir des études :* terminer ses études; avoir terminé ses études depuis peu de temps. **9.** Être issu de. *Sortir d'une famille aisée. Sortir du rang.* **10.** Avoir pour provenance. *Complet qui sort de chez le bon faiseur.* **11.** (Maghreb) Partir à l'étranger. **II.** v. tr. **1.** Conduire dehors (qqn). *Sortir des enfants.* ▷ Fam. Emmener (qqn) quelque part pour le distraire. **2.** Mettre dehors. *Sortir un cheval de l'écurie.* **3.** Tirer. *Sortir qqn d'un mauvais pas.* **4.** Publier, mettre en vente, faire paraître, rendre public. *Sortir un roman, un film.* **5.** Fam. Dire. *Il en sort de bonnes.* ▷ loc. (Réunion) *Sortir son français :* parler français avec difficulté; parler français pour se mettre en valeur. **III.** v. pron. *Se sortir de :* se tirer de. *Comment se sortir de ce mauvais pas?*

2. sortir [sɔʀtiʀ] n. m. Fig. Surtout employé dans la loc. *au sortir de :* au moment où l'on sort de, à l'issue de.

S.O.S. [ɛsoɛs] n. m. Signal de détresse radiotélégraphique consistant en l'émission continue de trois points (lettre S, en morse) suivis de trois traits (lettre O). *Capter un S.O.S.* ▷ *Par ext.* Tout signal de détresse, tout appel à l'aide.

Soseki (Natsume Soseki, dit) (1867 – 1916), écrivain japonais. Il fonda la littérature japonaise moderne : *Je suis un chat* (1905); *Pauvre cœur des hommes* (1914); *Clair obscur* (1916).

sosie [sɔzi] n. m. Personne qui ressemble parfaitement à une autre. *Avoir un sosie.*

soso [soso] adj. inv. et n. m. V. soussou.

Soso. V. Susu.

S.O.S. Racisme, association fondée en 1984 pour lutter, en France, contre toutes les formes d'exclusion.

sot, sotte [so, sɔt] adj. et n. **1.** (Personnes) Qui est sans intelligence ni jugement. ▷ Subst. «*Un sot savant est sot plus qu'un sot ignorant*» (*Molière*). **2.** (Choses) Qui dénote la sottise. *Une sotte idée.*

Sōtatsu (Nonomura, dit Tawaraya) (déb. XVIIe s.), peintre japonais, notam. sur paravent.

Sotho, Bassoutho ou **Basuto,** ethnie établie en Afrique du Sud et au Lesotho (près de 10 millions de personnes). Ils parlent une langue bantoue, le sotho ou sesotho, qui, avec le tswana, forme le groupe sotho-tswana.

sotie ou **sottie** [sɔti] n. f. LITTER Farce satirique, aux XIVe et XVe s.

sottement [sɔtmɑ̃] adv. D'une manière sotte.

sottie [sɔti] n. f. V. sotie.

sottise [sɔtiz] n. f. **1.** Manque d'intelligence et de jugement. ▷ Action, parole qui dénote la sottise. *Dire des sottises.* **2.** Action déraisonnable d'un enfant, bêtise. *Faire des sottises.*

sottisier [sɔtizje] n. m. Recueil de bévues d'auteurs célèbres, de sottises relevées dans la presse, les devoirs d'élèves, etc.

sou [su] n. m. **1.** Anc. Pièce de cinq centimes. ▷ (Québec) Cour. Syn. de *cenne* (sens 1). – *Un cinq sous :* une pièce de cinq cents. – *Un trente sous :* une pièce de vingt-cinq cents. **2.** Loc. *Appareil, machine à sous :* jeu de hasard où l'on gagne des pièces de monnaie. – *N'avoir pas le sou, n'avoir pas un sou vaillant; être sans le sou :* ne pas avoir d'argent; être dans le besoin. – *D'un sou, de quat(re) sous :* sans valeur. «*Ce bijou d'un sou*» (*Verlaine*). – *Sou à sou, sou par sou :* par très petites sommes. ▷ Plur. Fam. *Des sous :* de l'argent. – *C'est une affaire de gros sous,* dans laquelle ce sont les questions d'argent, d'intérêts qui sont en jeu.

Souabe (en all. *Schwaben*), rég. et anc. duché d'Allemagne, dans le S.-O. de la Bavière (ch.-l. *Augsbourg*). – Occupée par les Suèves (Ier s. av. J.-C.), la Souabe forma la prov. romaine de Rhétie, où s'implantèrent les Alamans (IIIe s.). Partie de l'Empire carolingien (746), elle vit ses comtés se rendre indépendants au IXe s. Duché (Xe-XIIIe s.), elle fut convoitée et plusieurs ligues se formèrent pour maintenir l'ordre, notam. la Grande Ligue souabe (fin du XVe-déb. du XVIe s.). La Souabe fut démembrée au traité de Westphalie (1648).

Souahéli, ancienne orthographe de Swahili.

soubassement [subasmɑ̃] n. m. **1.** Partie inférieure d'un édifice, reposant sur les fondations. ▷ (Québec) Étage inférieur d'un édifice, aménagé pour pouvoir y organiser certaines activités. *Soirée de bingo dans le soubassement d'une église.* **2.** GEOL Socle sur lequel reposent des couches de terrain.

soubique [subik] n. f. (Madag., Réunion) **1.** (Madag.) Grand panier sans anses dont se servent les marchands pour transporter les fruits, les légumes, etc. **2.** (Madag., Réunion) Panier à provisions en paille tressée, muni d'anses. ▷ (Réunion) Sac en plastique fourni par un supermarché.

Soubirous (Bernadette). V. Bernadette Soubirous (sainte).

Soubré, v. de la Côte d'Ivoire, sur le cours inférieur de la Sassandra;

7100 hab.; ch.-l. du dép. du m. nom. Important barrage hydroélectrique.

soubresaut [subʀəso] n. m. **1.** Mouvement brusque et inopiné. *Les soubresauts d'une charrette.* **2.** Mouvement spasmodique, tressaillement. *Ses jambes étaient agitées de soubresauts.*

soubrette [subʀɛt] n. f. LITTER Servante de comédie.

souche [suʃ] n. f. **1.** Partie d'un arbre (bas du tronc et racines) qui reste en terre après l'abattage. **2.** Personne dont descend une famille. – *Faire souche :* être le premier d'une suite de descendants. ▷ Par ext. *Les crossoptérygiens constituent la souche commune des vertébrés tétrapodes.* – *Cellule souche,* d'où sont issues par multiplication d'autres cellules. **3.** CONSTR Massif de maçonnerie ou de béton qui traverse une toiture et qui contient les conduits de fumée. **4.** Partie d'un carnet, d'un registre, qui reste quand on en a détaché les feuilles, et qui permet d'éventuels contrôles.

Sou Che. V. Su Shi.

1. souchet [suʃɛ] n. m. Plante rhizomateuse (fam. cypéracées), dont une espèce, le *souchet comestible,* cultivée en Afrique, est appelée cour. *amande de terre.*

2. souchet [suʃe] n. m. Canard (*Anas clypeata*) d'Eurasie et d'Amérique du N., à la tête verte et au large bec.

1. souci [susi] n. m. **1.** Préoccupation, contrariété. *Vivre sans souci au jour le jour.* **2.** Ce qui contrarie, préoccupe. ▷ Loc. *C'est le cadet, le dernier, le moindre de mes soucis :* cela me laisse indifférent, je ne m'en occupe pas.

2. souci [susi] n. m. Plante herbacée ornementale (fam. composées) aux fleurs jaunes ou orange.

soucier (se) [susje] v. pron. [2] *Se soucier de :* se préoccuper de. *Ne vous souciez de rien.*

soucieux, euse [susjø, øz] adj. **1.** Inquiet, préoccupé. **2.** *Soucieux de :* qui prend intérêt, qui fait attention à. *Il est soucieux de bien faire.*

soucougnan [sukuɲɑ̃] n. m. (Mart.) Être maléfique représenté sous la forme d'une boule de feu. (V. souklian.) ▷ (Haïti) Être maléfique représenté sous la forme d'un sorcier volant, diffusant de la lumière la nuit.

soucoupe [sukup] n. f. **1.** Petite assiette qui se place sous une tasse. Syn. (Belgique, France rég., Luxembourg, Maghreb) sous-tasse. – *Par ext.* Très petite assiette. **2.** *Soucoupe volante :* objet volant non identifié (ovni*) en forme de disque.

soudage [sudaʒ] n. m. TECH Action de souder; son résultat. – *Soudage oxyacétylénique,* qui s'effectue au moyen d'un chalumeau alimenté en oxygène et en acétylène (température de 3100 °C), ou avec de l'éthylène ou divers autres gaz. – *Soudage à l'arc,* dans lequel la chaleur est obtenue par un arc électrique (température pouvant dépasser 6000 °C). – *Soudage par résistance,* très utilisé dans l'industrie, qui consiste à faire passer un courant de grande intensité entre les pièces à souder. – *Soudage par friction,* qui utilise la chaleur produite par le frottement des deux pièces à souder. – *Soudage par bombardement électronique, par jet de plasma, par laser.*

soudain, aine [sudɛ̃, ɛn] adj. et adv. **1.** adj. Subit, brusque. *Départ soudain.* **2.** adv. Tout à coup. *Soudain il s'écria...*

soudaineté [sudɛnte] n. f. Caractère de ce qui est soudain, brusque.

soudan [sudɑ̃] n. m. HIST Lieutenant général d'un calife. ▷ Sultan (s'appliquait surtout au souverain égyptien).

Soudan, nom donné autref. à la région naturelle située au S. de l'Égypte et du Sahara. Cette région semi-désertique s'étend de la mer Rouge (désert de Nubie), à l'E., jusqu'à la Guinée, à l'O. Auj., la seule partie orientale porte le nom de Soudan (république du Soudan). À l'autre extrémité de cette «bande» se trouvait le Soudan français (la république du Mali actuelle).

Soudan (république démocratique du) *(Al-Jumhūrīya ad-Dīmūqrātīya as-Sūdānīya),* État de l'Afrique orientale ayant une ouverture sur la mer Rouge, situé entre le Tchad, la Libye, l'Égypte, l'Érythrée, l'Éthiopie, le Kenya, l'Ouganda, la république démocratique du Congo et la République centrafricaine; 2505813 km² (le plus vaste État d'Afrique); env. 25 millions d'hab., croissance démographique : 12,8 % par an; cap. *Khartoum.* Nature de l'État : rép. Langue officielle : arabe. Monnaie : dinar soudanais. Pop. : Arabes (49 %); plus de 500 ethnies composent la population noire. Relig. : islam sunnite (73 %); dans le sud, religions traditionnelles (17 %) et christianisme (10 %).
Géogr. phys. et hum. – Un ensemble de plateaux (300 à 1200 m), drainé par le haut Nil et ses affluents, est encadré de quelques massifs périphériques : à l'ouest, dans le Darfour (3088 m), au N.-E., en bordure de la mer Rouge, et au S., aux confins de l'Ouganda (3187 m). Le climat tropical fait se succéder le désert au N., la steppe sahélienne au centre et la savane au S. La population, rurale à 70 %, se concentre surtout dans la zone de confluence du Nil Blanc et du Nil Bleu. Les nombreuses ethnies du Sud, fidèles au christianisme ou aux religions traditionnelles, résistent à la politique d'assimilation des populations arabo-musulmanes du Nord.
Écon. – L'économie du pays repose essentiellement sur l'agriculture, qui occupe 70 % des actifs. Pourtant, 5 % des terres seulement sont cultivées, mais elles sont menacées par une exploitation trop intensive qui fait progresser la désertification; fertilisées par l'irrigation, elles portent les traditionnelles cultures vivrières (mil, sorgho, patates douces, manioc) et celles, en essor, du coton (princ. produit d'exportation), de l'arachide et de la canne à sucre. L'élevage (chameaux, chèvres, moutons dans le N., bœufs dans le S., au total plus de 50 millions de têtes) est extensif et ses produits mal utilisés. Mais, globalement, la balance agricole est largement excédentaire. Les ressources minières (cuivre, fer, manganèse) sont faibles et peu exploitées; le Sud possède d'importants gisements de pétrole. Les rares industries, implantées à Khartoum et à Port-Soudan, qui sont les princ. centres urbains, traitent les produits agric. Le pays souffre de l'insuffisance des communications; en outre, un conflit armé ravage le Sud et provoque la famine. On compte par centaines de milliers les réfugiés, soudanais en Éthiopie et éthiopiens au Soudan. La dette extérieure est énorme (deux fois le P.N.B.).
Hist. – La partie nord du pays (anc. Nubie), conquise par les Égyptiens (XXe s. av. J.-C.) qui la nommèrent *pays de Koush*,* devint, dès le Ier millénaire av. J.-C., un royaume indépendant (cap. Napata, puis Méroé*) qui domina un moment l'Égypte (XXVe dynastie, dite «éthiopienne», de 750 à 663 av. J.-C.). Christianisée au VIe s., la Nubie fut lentement occupée par les Arabes. Partiellement islamisée au XVIe s. et divisée en plusieurs États (royaume du Darfour* et royaume du Kordofan*, notam.) qui vivaient essentiellement du trafic des esclaves, elle fut conquise par les Égyptiens (1820 et 1821), qui maîtrisèrent avec l'aide des Britanniques la révolte (1881-1898) du Mahdi (V. Muhammad* Ahmad ibn Abdallah), dont les forces furent écrasées (1898) par l'armée de Kitchener près de Khartoum. Cette armée poursuivit sa marche vers le S. jusqu'à Fachoda*, où se trouvait la mission française de Marchand; les Français durent évacuer la place. Le condominium anglo-égyptien établi en 1899 sur le Soudan fut rompu en 1951 par l'Égypte, dont le roi, Farouk Ier, fut également proclamé roi du Soudan. Avec l'accord de Néguib et de Nasser, le pays choisit l'indépendance (1956). À la dictature militaire du maréchal Abbud (1958-1964) succéda celle du général Nemeyri*. En 1973, ce dernier promulgua une Constitution qui instaurait le régime du parti unique et accordait l'autonomie aux prov. révoltées du Sud (cap. *Juba*). Mais, en 1983, la décision de diviser le Sud en trois régions et la proclamation de la loi islamique déclenchèrent une nouvelle insurrection, tandis que le marasme écon. faisait perdre au régime ses principaux appuis. Renversé en 1985, Nemeyri fut remplacé par un comité militaire. La guerre civile dans le Sud n'en continue pas moins. En juin 1989, après l'échec, face à la guérilla, du gouvernement civil de Sadik al-Mahdi, l'armée a repris le pouvoir, en la personne du général Omar Hassan el-Bechir. La mise en application de la loi islamique en 1991 a confirmé que les militaires putschistes cherchent une légitimité dans l'islam (alliance avec le Front national islamique soutenu par moins de 25 % des électeurs aux élections de 1986). Privé de son tuteur irakien depuis la guerre du Golfe, le pouvoir soudanais s'est appuyé sur la Libye et sur l'Iran pour lancer, en 1992, une puissante offensive contre la guérilla sudiste. En 1996, les élections ont vu le succès du président el-Bechir (candidat unique). En 1997, un accord de paix entre le gouvernement et une partie des rebelles du Sud n'a pas réglé le conflit, et la guerre civile se prolonge.

soudanais, aise [sudanɛ, ɛz] adj. et n. **1.** De l'État africain du Soudan. ▷ Subst. *Un(e) Soudanais(e).* **2.** LING *Langues soudanaises* ou, n. m., *le soudanais :* le groupe de langues nilo-sahariennes parlées de l'Éthiopie au Tchad et du sud de l'Égypte à l'Ouganda et à la Tanzanie. (On distingue deux sous-groupes : le soudanais central [ex. : la langue sara] et le soudanais oriental [ex. : les langues nilotiques].) Syn. soudanien.

soudanien, enne [sudanjɛ̃, ɛn] adj. et n. m. **1.** adj. De la zone climatique qui va du Sénégal au Soudan. *Les savanes soudaniennes.* **2.** adj. et n. m. LING Syn. de *soudanais* (sens 2).

soudard [sudaʀ] n. m. Péjor. Soldat grossier et brutal.

soude [sud] n. f. **1.** CHIM Hydroxyde de sodium, de formule NaOH, base très forte et caustique, utilisée notam. dans la fabrication de la pâte à papier et en savonnerie. **2.** PHARM Sodium. *Bicarbonate de soude.* **3.** *Cristaux de soude :* carbonate de sodium cristallisé utilisé notam. pour le nettoyage et la désinfection des sanitaires.

souder [sude] v. tr. [1] **1.** Joindre à chaud (des pièces de métal, de matière fusible) de manière à former un tout solidaire. – *Fer à souder :* outil constitué d'une masse métallique fixée à une tige emmanchée, que l'on chauffe pour faire fondre l'alliage utilisé pour la soudure. – *Lampe* à souder.* **2.** Unir étroitement, joindre, agréger. ▷ v. pron. Fig. *Groupe qui se soude,* dont les membres deviennent solidaires.

soudeur, euse [sudœʀ, øz] n. **1.** n. Personne qui soude; ouvrier qualifié spécialiste du soudage. **2.** n. f. TECH Machine à souder.

soudoyer [sudwaje] v. tr. [23] S'assurer le secours, la complaisance de (qqn) à prix d'argent (le plus souvent avec une intention malhonnête). *Soudoyer des témoins.*

soudure [sudyʀ] n. f. **1.** Composition métallique utilisée pour souder. *Soudure à l'étain, à l'argent.* **2.** Soudage. ▷ Manière dont des pièces sont soudées; partie soudée. **3.** Union, adhérence étroite de deux éléments voisins. *Soudure des os du crâne.* **4.** Fig. *Faire la soudure :* assurer l'approvisionnement entre deux récoltes, deux livraisons, etc.; *par ext.* faire la transition entre (deux périodes, deux personnes, etc.). ▷ (Afr. subsah.) Période de pénurie alimentaire qui précède la nouvelle récolte. (V. charnière, sens 4.)

soue [su] n. f. Bâtiment où l'on abrite les porcs. ▷ (Québec) Fig., péjor. *Soue* ou *soue à cochons :* lieu (maison, local, etc.) très sale. *Chez lui, c'est une vraie soue à cochons.*

Souf (le), ensemble d'oasis du Sahara algérien. Palmiers dattiers; tissage de tapis; v. princ. *El-Oued.*

soufflage [suflaʒ] n. m. Opération par laquelle on souffle le verre.

soufflant, ante [suflɑ̃, ɑ̃t] adj. Qui sert à souffler. *Machine soufflante.*

souffle [sufl] n. m. **1.** Mouvement de l'air que l'on expulse par la bouche ou par le nez. ▷ Loc. *Avoir le souffle coupé,* la respiration interrompue. – *Manquer de souffle :* s'essouffler facilement. – *Être à bout de souffle :* être très essoufflé, hors d'haleine. – *Second souffle :* regain d'activité. **2.** Fig. Inspiration. *Le souffle du génie.* **3.** Agitation de l'air causée par le vent. *Quel calme! Pas un souffle!* **4.** MED Bruit anormal, évoquant le souffle, perçu à l'auscultation de l'appareil respiratoire ou circulatoire. **5.** Ensemble des effets de surpression dus à l'onde de choc que produit une explosion.

1. soufflé, ée [sufle] adj. Gonflé par la cuisson. *Pommes soufflées.*

2. soufflé [sufle] n. m. Mets à base de blancs d'œufs battus, dont la pâte gonfle. *Soufflé au fromage, au chocolat.*

souffler [sufle] v. [1] **I.** v. intr. **1.** Expulser de l'air par la bouche ou le nez, volontairement. *Souffler dans une trompette.* **2.** Respirer avec effort. *Souffler comme un bœuf.* **3.** Reprendre haleine, se reposer. *Souffler un moment.* **4.** Agiter l'air. *L'harmattan souffle.* **II.** v. tr. **1.** Envoyer un courant d'air sur (qqch). *Souffler une bougie,* l'éteindre en soufflant dessus. **2.** Fig., fam. *Souffler qqch à qqn,* le lui subtiliser. ▷ JEU *Souffler un pion, une dame,* l'ôter à son adversaire, aux dames, parce qu'il a négligé de s'en servir pour prendre. **3.** TECH Envoyer de l'air, du gaz dans (qqch). – *Souffler le verre :* insuffler de l'air dans une masse de verre pour la façonner. **4.** Dire tout bas. *Souffler son texte à un comédien.* – *Ne pas souffler mot :* ne rien dire. ▷ Fig. Suggérer. *Quelqu'un lui en a soufflé l'idée.* **5.** Détruire par effet de souffle. *L'explosion a soufflé les vitres.* **6.** (Québec) Enlever, déplacer de la neige au moyen d'une souffleuse (sens 4). *Souffler la neige dans un camion.*

soufflerie [sufləʀi] n. f. Appareillage destiné à souffler de l'air, un gaz.

soufflet [suflɛ] n. m. **I. 1.** Instrument destiné à souffler de l'air sur un foyer, constitué en général d'une poche de matière souple (cuir, notam.) fixée entre deux plaques rigides que l'on éloigne et que l'on rapproche alternativement pour expulser de l'air à travers un conduit. **2.** *Par anal.* Ce qui se replie comme le cuir d'un soufflet. *Une serviette à soufflets.* **II.** Vx ou litt. Gifle. ▷ Fig. Affront.

souffleur, euse [suflœʀ, øz] n. **1.** n. m. TECH Ouvrier qui souffle le verre. **2.** n. Au théâtre, personne qui souffle leur texte aux comédiens si besoin est. – *Le trou du souffleur,* trou à l'avant de la scène où il se tient. **3.** n. m. ZOOL Grand dauphin à grand nez *(Tursiops truncatus).* **4.** n. f. (Québec) *Souffleuse* ou *souffeuse à neige :* gros engin automobile muni à l'avant d'un dispositif hélicoïdal pour projeter la neige hors des voies de circulation. – *Par ext.* Appareil automoteur muni d'un dispositif de déneigement similaire, conduit à l'aide de manches (1, sens 1). *Passer la souffleuse dans la cour.*

souffrance [sufʀɑ̃s] n. f. **1.** Fait de souffrir, physiquement ou moralement. *Supporter courageusement ses souffrances.* **2.** Loc. *En souffrance :* en attente, en suspens.

souffrant, ante [sufʀɑ̃, ɑ̃t] adj. **1.** Litt. Qui souffre. – Spécial. *L'Église souffrante :* les âmes du purgatoire. **2.** Cour. Légèrement malade.

souffre-douleur [sufʀədulœʀ] n. m. inv. Personne en butte au mépris et aux mauvais traitements des autres.

souffreteux, euse [sufʀətø, øz] adj. De constitution débile, maladive.

souffrir [sufʀiʀ] v. [4] **I.** v. intr. **1.** Éprouver une sensation douloureuse ou pénible. *Souffrir du froid.* – (Sens moral.) *Il a beaucoup souffert de cette séparation.* **2.** Éprouver un dommage. *Les semis ont souffert de la sécheresse.* **II.** v. tr. **1.** Endurer, éprouver, supporter. *Cette maladie lui fait souffrir le martyre.* – Cour. (Avec comp. de personne.) *Ne pas souffrir qqn :* ne pas pouvoir le supporter; l'exécrer. ▷ v. pron. *Ils ne peuvent se souffrir,* se supporter. **2.** Litt. Tolérer, admettre. *Ne souffrez pas de tels caprices.* – (Sujet n. de chose.) *Affaire qui ne peut souffrir aucun retard.*

soufi, ie [sufi] n. et adj. RELIG Adepte du soufisme. – adj. *Pratique soufie.*

soufisme [sufism] n. m. RELIG Doctrine ésotérique de l'islam, mystique et ascétique.

soufrage [sufʀaʒ] n. m. TECH Action de soufrer.

soufre [sufʀ] n. m. et adj. inv. **1.** Élément non métallique (symbole S) de numéro atomique Z = 16. – Solide (S_8) jaune et cassant. ▷ *Fleur de soufre :* soufre pulvérulent. ▷ adj. inv. De la couleur jaune clair du soufre. **2.** Loc. fig. *Sentir le soufre :* avoir qqch de diabolique.
ENCYCL Le soufre est employé pour la vulcanisation du caoutchouc. Sous forme combinée (acide sulfurique, sulfates, sulfures, etc.), ses utilisations sont nombreuses. C'est aussi un constituant de certaines protéines.

soufré, ée [sufʀe] adj. **1.** Enduit de soufre. *Allumettes soufrées.* **2.** De la couleur jaune clair du soufre.

soufrer [sufʀe] v. tr. [1] **1.** TECH Enduire de soufre. **2.** AGRIC Saupoudrer (des végétaux) de produits à base de soufre pour les protéger de certains champignons parasites (blanc des cucurbitacées, par ex.).

soufreuse [sufʀøz] n. f. TECH Appareil utilisé pour soufrer les végétaux.

soufrière [sufʀijɛʀ] n. f. Lieu d'où l'on retire du soufre.

Soufrière (la), volcan actif de la Guadeloupe (Basse-Terre); 1467 m.

Soufrière (La), volcan du S.-O. de Sainte-Lucie, qui surplombe le village *La Soufrière*.* À proximité, les *Sulphur Springs,* sources sulfureuses, attestent l'activité du volcan.

Soufrière (La), village de Sainte-Lucie, la deuxième localité de l'île, fondé en 1746 par des Français. Sa destruction par une éruption de La Soufrière permit à Castries de se développer. On y a reconstruit les maisons traditionnelles en bois. Tourisme.

souhait [swɛ] n. m. **1.** Désir d'obtenir qqch qu'on n'a pas. *Quels sont vos souhaits pour l'avenir?* **2.** Vœu que l'on formule à l'adresse de qqn. *Souhaits de bonne année.* **3.** Loc. adv. *À souhait :* parfaitement. – *À tes, à vos souhaits! :* formule adressée à qqn qui vient d'éternuer. (V. santé, sens 4.)

souhaitable [swɛtabl] adj. Qui est à souhaiter.

souhaiter [swete] v. tr. [1] Désirer, former un, des souhaits pour. *Je souhaite votre succès.* – *Souhaiter l'anniversaire de qqn.*

souillard [sujaʀ] n. m. TECH Trou percé dans une pierre, dans un mur, et qui assure l'écoulement des eaux.

souiller [suje] v. tr. [1] **1.** Litt. Salir. *Souiller ses habits.* – *Spécial.* et cour. Salir d'excréments. *Souiller son lit.* ▷ v. pron. *Se souiller les mains.* **2.** Fig., litt. *Souiller le nom, la réputation de qqn.*

souillon [sujɔ̃] n. f. Femme peu soigneuse.

souillure [sujyʀ] n. f. Flétrissure morale.

soui(-)manga [suimɑ̃ga] n. m. ORNITH Oiseau passériforme des régions tropicales de l'Ancien Monde, qui se nourrit de nectar. *Des soui-mangas* ou *souimangas.* Syn. cour. (Afr. subsah.) colibri.

souk [suk] n. m. (Maghreb) **1.** Marché urbain couvert réunissant boutiques et ateliers dans un dédale de ruelles. **2.** Marché rural hebdomadaire de plein air.

Souk-Ahras *(Sūq Ahras)* (anc. *Tagaste*), v. d'Algérie, au S.-E. d'Annaba, proche de la Tunisie; 87280 hab.; ch.-l. de la wilaya du m. nom. Vigne. – Église St-Augustin; dans la crypte, musée.

soukala [sukala] n. m. ou f. (Afr. subsah.) Dans certaines régions d'Afrique occid., habitation d'une famille, formée d'un groupe de cases circulaires à toit conique.

Soukhoumi, v. et port de Géorgie, sur la mer Noire; cap. de la république auton. d'Abkhazie; 126000 hab. Industries.

soukier [sukje] n. m. (Maghreb) Commerçant installé dans un souk.

souklian [suklijɑ̃] n. m. (Guad.) Être maléfique représenté sous la forme d'une boule de feu. (V. soucougnan.)

Soukou. V. Suku.

soukouss [sukus] n. m. Musique de la rép. du Congo et de la rép. dém. du Congo créée au début du XXe s. par des hommes soumis au travail forcé.

soul [sul] n. f. Musique américaine dans laquelle on peut voir la face profane du gospel. *Certains considèrent Ray Charles comme le premier chanteur de soul.*

soûl, soûle ou, vieilli, **saoul, saoule** [su, sul] adj. **1.** Ivre. ▷ Fig. *Soûl de :* grisé par. *Soûl de paroles.* **2.** Loc. adv. *Tout son (mon, ton, notre, votre, leur) soûl :* autant qu'on veut.

soulagement [sulaʒmɑ̃] n. m. **1.** Fait de soulager; chose, fait qui soulage. *Son départ a été pour moi un soulagement.* **2.** État d'une personne soulagée. *Soupir de soulagement.*

soulager [sulaʒe] v. [**13**] **I.** v. tr. **1.** Débarrasser (qqn) d'une partie d'un fardeau, d'une charge. *Soulager une bête de somme.* – Plaisant *Soulager qqn de son argent,* le lui voler. ▷ (Objet n. de chose.) *Soulager une poutre.* **2.** Débarrasser (qqn) d'une partie de ce qui lui est pénible (souffrance, angoisse, misère, etc.). *Soulager un malade.* **3.** Rendre (qqch) moins pénible à supporter. *Cette piqûre soulagera ses douleurs.* **II.** v. pron. Fam. Uriner, déféquer.

Soulages (Pierre) (né en 1919), peintre français abstrait.

soûlard, arde [sulaʀ, aʀd], **soûlaud, aude** [sulo, od] ou **soûlot, ote** [sulo, ɔt] n. Fam. Ivrogne, ivrognesse.

souléou [sulew; suleu] n. m. (France rég.) Syn. de *soleil* (sens 3).

soûler ou, vieilli, **saouler** [sule] v. tr. [**1**] **1.** Fam. Enivrer. ▷ v. pron. *Il se soûle pour oublier sa peine.* **2.** Fig. Griser. ▷ v. pron. *Se soûler de mots.* **3.** Fam. Ennuyer, fatiguer. *Tu nous soûles!*

soûlerie [sulʀi] n. f. Fam. Beuverie.

soulèvement [sulɛvmɑ̃] n. m. **1.** (Choses) Fait de se soulever, d'être soulevé. – *Soulèvement de terrain,* qui produit un plissement. **2.** Fig. Vaste mouvement de révolte.

soulever [sulve] v. tr. [**16**] **I.** (Concret) **1.** Lever à une faible hauteur. *Soulever un meuble pour le déplacer.* **2.** Relever (une chose qui en couvre une autre). *Soulever un voile.* **3.** Mettre en mouvement, faire s'élever. ▷ v. pron. *La poussière se soulevait sous l'effet du vent.* ▷ Loc. fig. *Soulever le cœur de, à qqn,* susciter son dégoût. **II.** (Abstrait) **1.** Exciter, provoquer (un sentiment, une réaction). *Ces propos soulèvent l'indignation. Soulever un tonnerre d'applaudissements.* **2.** *Spécial.* Provoquer la colère, l'indignation de (qqn). *Ces mesures avaient soulevé l'opinion contre lui.* ▷ Pousser à la révolte. *Soulever les travailleurs.* ▷ v. pron. Se dresser dans un mouvement de révolte. **3.** *Soulever une question, un problème,* les évoquer afin qu'ils soient débattus, discutés.

souleveuse [sulvøz] n. f. AGRIC Machine servant à déterrer les arachides, les pommes de terre, etc.

soulier [sulje] n. m. Chaussure solide, à semelle rigide, couvrant le pied et, éventuellement, la cheville. *De gros souliers de marche.* ▷ (Avec un qualificatif ou un comp.) Chaussure légère. *Des souliers vernis. Des souliers de daim.* – (Québec) Cour. Chaussure (sens 1). *Souliers de tennis. Souliers à talons.*

soulignage [suliɲaʒ] ou **soulignement** [suliɲmɑ̃] n. m. Action de souligner; trait dont on souligne.

Souligna Vongsa (? – 1694), roi du Lang* Xan (1637-1694), premier État laotien. Il rétablit la paix dans son royaume et sut maintenir de bonnes relations avec le Dai Viêt (anc. Viêt-nam).

souligner [suliɲe] v. tr. [**1**] **1.** Tirer une ligne, un trait, sous (un ou plusieurs mots sur lesquels on veut attirer l'attention). *Vous soulignerez tous les verbes en rouge.* – Pp. adj. *Une phrase soulignée.* **2.** Faire ressortir, mettre en valeur. *Modèle de robe qui souligne la taille.* ▷ Faire remarquer en insistant. *Souligner l'importance d'une démarche.*

soûlon, onne [sulɔ̃, ɔn] n. (Québec, Suisse) Fam. Ivrogne. (V. robineux.)

soûlot, ote [sulo, ɔt] n. V. soûlard, arde.

Soulou. V. Sulu.

Soulouque (Faustin) (1782 – 1867), homme politique haïtien. Esclave noir révolté contre le gouv. des métis, il devint général des insurgés et fut élu président de la Rép. en 1847. En 1849, il institua l'empire et devint Faustin Ier. Il persécuta les métis, fit du vaudou la religion d'État, tenta en vain de conquérir la rép. Dominicaine et ne parvint en rien à résoudre le marasme écon. En 1859, N.F. Geffrard le contraignit à l'exil. Soulouque revint mourir dans sa patrie.

Soult (Nicolas Jean de Dieu) (1769 – 1851), maréchal de France (1804). Général (1794), il s'illustra à Austerlitz (1802). Ministre de la Guerre (1814-1815), il se rallia à Napoléon Ier durant les Cent-Jours. Il fut prés. du Conseil sous Louis-Philippe (1832-1834, 1839-1840, 1840-1847).

soulte [sult] n. f. DR Somme versée pour compenser les inégalités de valeur entre des biens qui sont l'objet d'un échange ou d'un partage.

soumbala [sumbala] n. m. Pâte noire à odeur forte, tirée des fruits du néré, qui sert de condiment.

soumettre [sumɛtʀ] v. [**60**] **I.** v. tr. **1.** Mettre dans un état de dépendance, ramener à l'obéissance. *Soumettre des rebelles.* **2.** Assujettir à une loi, un règlement, astreindre à une obligation. *Soumettre les revenus à l'impôt. Soumettre un fonctionnaire à l'obligation de réserve.* **3.** Exposer (qqn, qqch) à une action, à un effet; faire subir (qqch à qqn). *Le médecin l'a soumis à un régime sévère.* **4.** Proposer (qqch) à l'examen, au jugement de. *Le problème a été soumis à la commission.* **II.** v. pron. **1.** Revenir à l'obéissance; se rendre. **2.** Accepter un fait, une décision; consentir. *Il s'est finalement soumis.*

Soumgaït, ville d'Azerbaïdjan; 228000 hab. – En mars 1988, des incidents y ont opposé des Arméniens chrétiens et des Azerbaïdjanais musulmans.

soumis, ise [sumi, iz] adj. Qui fait preuve de soumission; docile, obéissant. *Un enfant soumis.* – Par ext. *Attitude soumise.*

soumission [sumisjɔ̃] n. f. **I. 1.** Disposition à obéir, à se soumettre. **2.** Fait de se soumettre, d'être soumis. *La soumission d'une décision à l'approbation d'une assemblée.* **3.** Action de se rendre, de se soumettre après avoir combattu. **II.** DR Acte écrit par lequel un entrepreneur se propose, aux conditions qu'il indique, pour conclure un marché par adjudication.

soumissionnaire [sumisjɔnɛʀ] n. DR Personne qui fait une soumission.

soumissionner [sumisjɔne] v. tr. [**1**] DR Briguer par soumission.

Soummam (la), fl. côtier d'Algérie, qui se jette dans la Méditerranée à Bejaia, à l'E. d'Alger. – Dans la *vallée de la Soummam,* un congrès (1956) organisa le F.L.N.

Soundiata ou **Soundjata Keita** (m. v. 1255), empereur du Mali. À la tête de guerriers mandingues, il vainquit en 1235 le roi susu, Soumangourou Kanté, qui venait de s'emparer de l'empire du Ghana, et conquit celui-ci (1235-1240). Il fonda ainsi l'empire du Mali. Il mourut assassiné. Son épopée a donné lieu à une importante tradition orale, recueillie notam. par Camara Laye et D.T. Niane.

sounna [suna] n. f. V. sunna.

sounnite [sunit] adj. et n. V. sunnite.

soupape [supap] n. f. **1.** Obturateur mobile destiné à empêcher ou à régler la circulation d'un fluide, qui s'ouvre sous l'effet d'une pression déterminée et reste fermé quand cette pression est insuffisante. *Soupape d'admission, soupape d'échappement* (dans un moteur à explosion). ▷ *Soupape de sûreté d'une machine à vapeur,* disposée sur la chaudière pour empêcher l'explosion. – Fig. Exutoire. **2.** ELECTR Dispositif qui, dans un circuit, ne laisse passer le courant que dans un sens.

Soupault (Philippe) (1897 – 1990), écrivain français; dada, puis surréaliste (*les Champs magnétiques,* en collab. avec A. Breton, 1920).

soupçon [supsɔ̃] n. m. **1.** Opinion fondée sur certaines apparences et par laquelle on attribue à qqn des actes ou des intentions blâmables. *Éveiller, dissiper les soupçons. Être au-dessus de tout soupçon.* **2.** Litt. Conjecture; pressentiment. *J'ai le soupçon qu'il arrivera le premier.* **3.** Très petite quantité. *Ajoutez un soupçon de cannelle.*

soupçonner [supsɔne] v. tr. [**1**] **1.** Avoir des soupçons sur (qqn). *On l'a soupçonné de meurtre.* **2.** Pressentir (qqch) d'après certaines apparences. *Cela fait soupçonner l'escroquerie.*

soupçonneux, euse [supsɔnø, øz] adj. Enclin aux soupçons. – Par ext. *Un air soupçonneux.*

soupe [sup] n. f. **1.** Potage fait de bouillon, de légumes, etc. ▷ Loc. fig. *Être soupe au lait :* se mettre facilement en colère. – (Québec) *Sentir la soupe chaude :* pressentir des ennuis. **2.** Repas du soldat. *Corvée de soupe.* ▷ *Soupe populaire :* repas gratuit servi aux indigents. **3.** (Afr. subsah.) Sauce liquide et grasse d'un plat de poisson ou de viande. **4.** (Madag.) *Soupe chinoise :* soupe servie, à l'heure du petit déjeuner, dans certains restaurants chinois. – *Par ext.* Restaurant chinois bon marché. **5.** Didac. *Soupe primitive :* milieu liquide qui aurait permis l'apparition de la vie sur la Terre.

soupente [supɑ̃t] n. f. Réduit pratiqué dans la hauteur d'une pièce ou sous un escalier.

1. souper [supe] n. m. **1.** (Afr. subsah, Belgique, France rég., Québec, Suisse) Repas du soir. **2.** Repas qu'on prend à une heure avancée de la nuit, après le spectacle.

2. souper [supe] v. intr. [1] **1.** (Afr. subsah., Belgique, France rég., Québec, Suisse) Prendre le repas du soir, dîner. **2.** Prendre un souper (1, sens 2).

soupeser [supəze] v. tr. [16] **1.** Soulever et tenir dans la main pour juger approximativement du poids. **2.** Fig. Peser, évaluer. *Soupeser un argument.*

Souphanouvong (prince) (1909 – 1995), homme politique laotien; demi-frère de Souvanna* Phouma. Après avoir milité dès 1945 pour l'indépendance, il fonda le Pathet* Lao (1950), mouvement procommuniste en lutte armée contre le gouvernement et ses alliés. Il fit partie de deux éphémères gouvernements d'unité nationale (1958, 1962). La victoire du Pathet Lao fit de lui, en 1975, le président de la République démocratique populaire du Laos. (V. dossier Laos, p. 1459) Il se retira en 1986.

soupière [supjɛʀ] n. f. Récipient large et profond dans lequel on sert la soupe, le potage; son contenu.

soupir [supiʀ] n. m. **1.** Expiration plus ou moins forte qui accompagne certains états émotionnels. *Pousser un soupir de soulagement.* ▷ Litt., vieilli Soupir amoureux. **2.** Loc. *Rendre le dernier soupir :* mourir. **3.** MUS Silence d'une durée égale à celle d'une noire; signe qui l'indique.

soupirail, aux [supiʀaj, o] n. m. Ouverture donnant de l'air ou du jour à une cave, à une pièce en sous-sol.

soupirant [supiʀɑ̃] n. m. Plaisant ou vieilli Amoureux.

soupirer [supiʀe] v. intr. [1] Pousser des soupirs. – *Soupirer d'aise.*

souple [supl] adj. **I.** (Choses) **1.** Qui se courbe ou se plie aisément, sans se rompre ni se détériorer. *Un plastique souple.* Ant. rigide. **2.** (Membres, articulations, corps.) Qui peut se mouvoir, jouer facilement. *Avoir le poignet très souple.* **II.** (Personnes) **1.** Dont le corps est souple. **2.** (Abstrait) Qui est capable de s'adapter à des situations très diverses. *Un esprit souple.*

souplement [supl(ə)mɑ̃] adv. Avec souplesse.

souplesse [suplɛs] n. f. **1.** Caractère de ce qui est souple. **2.** Qualité d'une personne dont le corps est souple. **3.** Capacité d'adaptation. *Souplesse intellectuelle.* **4.** Docilité, complaisance. *Il s'est montré d'une souplesse coupable.* **5.** Loc. adv. *En souplesse :* avec aisance. *Tomber en souplesse.*

souquer [suke] v. [1] **I.** v. tr. **1.** MAR Serrer fort (un nœud, un amarrage). **2.** (oc. Indien) Prendre, saisir (qqn, qqch) avec force, vigoureusement. *Il l'a souqué par le bras et l'a emmené voir son père.* **II.** v. intr. MAR Tirer fort sur les avirons.

Sour (en ar. *Sūr*), port du Liban sur la mer Méditerranée, au S. de Saïda, sur le site de l'ancienne Tyr*; env. 100 000 hab.

sourate ou **surate** [suʀat] n. f. ISLAM Chapitre du Coran.

source [suʀs] n. f. **1.** Eau qui jaillit du sol. – Point d'émergence d'une eau souterraine à la surface du sol. *Source thermale.* – Spécial. *Source d'un fleuve,* qui donne naissance à un fleuve. ▷ Loc. fig. *Cela coule de source :* cela se déduit aisément de ce qui précède. **2.** Fig. Point de départ (d'une chose). *La source d'un malentendu.* **3.** Origine (d'une information). – *On apprend de source sûre,* par des personnes bien informées. – *Puiser aux sources :* consulter les documents originaux. ▷ Œuvre antérieure qui a fourni à un écrivain un thème, une idée, etc. **4.** PHYS et cour. Système, objet, etc., générateur d'ondes lumineuses électriques, sonores, etc.; lieu de provenance de ces ondes. **5.** LING *Langue source :* langue que l'on soumet à une opération de traduction (par oppos. à *langue cible*).

sourcier, ère [suʀsje, ɛʀ] n. Personne à qui l'on attribue le talent de découvrir des sources. (V. radiesthésiste.)

sourcil [suʀsi] n. m. Éminence arquée, garnie de poils, au-dessus de l'orbite de l'œil. – *Froncer les sourcils,* en signe de mécontentement.

sourcilier, ère [suʀsilje, ɛʀ] adj. ANAT Relatif aux sourcils. *Arcade sourcilière.*

sourciller [suʀsije] v. intr. [1] (Seulement en tournure négative.) *Ne pas sourciller :* ne pas laisser paraître son trouble, son mécontentement.

sourcilleux, euse [suʀsijø, øz] adj. Litt. Sévère, pointilleux.

sourd, sourde [suʀ, suʀd] adj. et n. **I.** **1.** Qui n'entend pas les sons ou les perçoit mal. *Un vieillard un peu sourd.* Syn. malentendant. – Loc. *Sourd comme un pot :* complètement sourd. – *Faire la sourde oreille :* feindre de ne pas entendre. ▷ Subst. *Un(e) sourd(e).* – Fig. *Dialogue de sourds,* dans lequel les interlocuteurs ne se comprennent absolument pas. **2.** Fig. *Sourd à... :* indifférent, insensible à. *Rester sourd aux supplications de qqn.* **II.** (Choses) **1.** Qui manque de sonorité. *Un bruit sourd. Une voix sourde.* ▷ PHON *Consonnes sourdes* ou, n. f., *les sourdes* (par oppos. à *sonores*), émises sans vibration des cordes vocales (en français : [p, k, t, f, s, ʃ]). **2.** Sans éclat, peu lumineux. *Des teintes sourdes.* ▷ *Lanterne* sourde.* **3.** Diffus, qui ne se manifeste pas nettement. *Douleur sourde.* – Fig. *Une lutte sourde,* cachée.

sourdement [suʀdəmɑ̃] adv. **1.** Avec un bruit sourd. **2.** Fig. D'une manière sourde, cachée.

sourdine [suʀdin] n. f. Appareil que l'on adapte à certains instruments de musique pour assourdir leur son. – Par ext. *Jouer en sourdine,* très doucement. ▷ Loc. fig. *Mettre une sourdine à :* manifester (un sentiment, une attitude, etc.) avec moins de véhémence.

sourd-muet, sourde-muette [suʀmɥɛ, suʀdəmɥɛt] n. et adj. Personne atteinte à la fois de surdité et de mutité (surdi-mutité). *Des sourds-muets. Des sourdes-muettes.* ▷ adj. *Un enfant sourd-muet.*

sourdre [suʀdʀ] v. intr. [6] **1.** Litt. (Ne s'emploie plus qu'à l'inf. et à la troisième pers. de l'indic. prés. et imparf.) Jaillir, sortir de terre, en parlant de l'eau. ▷ Fig. Naître. *Le désespoir qui sourdait en lui.* **2.** (Acadie) Arriver à l'improviste. *Il a sourdu tout à coup.*

sourge [suʀʒ] adj. (Acadie) CUIS *Pâte sourge,* légère, bien levée. – Par ext. *Pain sourge.*

souriant, ante [suʀjɑ̃, ɑ̃t] adj. Qui sourit, dont les traits sont gais. *Une personne souriante. Un visage souriant.*

souriceau [suʀiso] n. m. Petit de la souris.

souricière [suʀisjɛʀ] n. f. **1.** Piège à souris. **2.** Fig. Piège tendu par la police.

1. sourire [suʀiʀ] v. intr. [68] **1.** Prendre une expression rieuse par un léger mouvement de la bouche et des yeux. – *Sourire à qqn,* lui adresser un sourire. ▷ Fig. *Sourire de qqch,* s'en amuser (avec mépris, avec dédain, etc.). – *Cela fait sourire :* cela ne peut pas être pris au sérieux. **2.** (Choses) Être agréable (à qqn). *Cette idée ne lui sourit guère. – La chance ne me sourit pas,* ne m'est pas favorable.

2. sourire [suʀiʀ] n. m. Action de sourire; expression d'un visage qui sourit. *Faire un sourire à qqn.*

souris [suʀi] n. f. **1.** Petit mammifère rongeur, formant avec le rat la famille des muridés, et dont l'espèce la plus courante est *Mus musculus,* la souris domestique, au pelage gris plus ou moins sombre. ▷ *Souris blanche :* variété albinos de souris, élevée pour servir de sujet à des expériences médicales et biologiques. ▷ Loc. fig. *La montagne a accouché d'une souris :* un projet ambitieux annoncé à grand bruit a abouti à un résultat insignifiant. **2.** *Gris souris :* variété de gris. **3.** INFORM Petit dispositif électronique de commande, manuel et mobile, permettant de repérer et de pointer un point d'image sur l'écran.

sournois, oise [suʀnwa, waz] adj. (et n.) Qui dissimule ses véritables sentiments ou intentions, le plus souvent par malveillance. – Par ext. *Manœuvre sournoise.* ▷ Subst. *C'est un sournois.*

sournoisement [suʀnwazmɑ̃] adv. De façon sournoise. *Agir sournoisement.*

sournoiserie [suʀnwazʀi] n. f. **1.** Caractère d'une personne sournoise. **2.** Action faite sournoisement.

sous-. Préfixe à valeur de préposition *(sous-main)* ou d'adverbe *(sous-jacent),* marquant la position *(sous-sol),* la subordination *(sous-préfet),* la subdivision *(sous-classe),* la médiocre qualité *(sous-littérature),* l'insuffisance *(sous-alimenté).* V. aussi hypo-, infra-, sub-.

sous [su] prép. **I.** Marque une position inférieure, par rapport à ce qui est au-dessus ou à ce qui enveloppe, avec ou sans contact. **1.** (Le complément désignant la chose qui est en contact avec celle qui est au-dessous d'elle.) *Sous une couche de peinture.* ▷ *Sous l'eau* ou (Belgique) *sous eau, sous la mer, sous la terre :* sous la surface de l'eau, de la mer, du sol. *À plusieurs mètres sous terre.* **2.** (Le complément désignant ce qui enveloppe.) *Mettre une lettre sous pli.* ▷ Fig. Derrière (telle apparence); en adoptant (un autre nom, un autre visage, une autre identité). *Il écrit ce livre sous tel nom. – Sous prétexte* de, sous couleur* de.* **3.** (Le complément désignant ce qui est en haut, ce qui surplombe, sans contact avec ce qui est en dessous.) *Passer sous les fenêtres de qqn. Se réunir sous l'arbre à palabres.* **4.** Devant; exposé à. *Cela s'est passé sous mes yeux. Sous les quolibets.* **II.** Fig. **1.** (Marquant un rapport de dépendance, de subordination.) *Travailler sous la direction de qqn. Être sous le coup d'une inculpation. – Sous contrôle judiciaire.* ▷ Sous l'action, sous l'influence de. *Malade sous antibiotiques.* **2.** (Valeur temporelle.) Pendant le règne de, à l'époque de. *Sous Louis XIII.* ▷ Avant tel délai. *Sous huitaine. Sous peu.* **3.** (Valeur causale.) Par l'effet, du fait de. *Branche qui ploie sous le poids des fruits. S'effondrer sous le choc.* **4.** (Introduisant un compl. de manière.)

Voir les choses sous tel angle, sous tel aspect.

Sous (oued), fl. du Maroc méridional (180 km), qui irrigue la *plaine du Sous* et se jette dans l'Atlantique au S. d'Agadir.

sous-administration [suadministʀasjɔ̃] n. f. Administration insuffisante.

sous-alimentation [suzalimɑ̃tasjɔ̃] n. f. Insuffisance de l'alimentation en quantité, susceptible de nuire gravement à la santé de l'homme; état qui en résulte. *Des sous-alimentations.*

sous-alimenté, ée [suzalimɑ̃te] adj. Insuffisamment nourri; victime de la sous-alimentation. *Des enfants sous-alimentés.*

sous-arbrisseau [suzaʀbʀiso] n. m. BOT Plante de petite taille (moins de 1 m de haut) dont la base est ligneuse et dont les rameaux sont herbacés. *Des sous-arbrisseaux.*

sous-bock [subɔk] n. m. (Belgique) Dessous de verre, généralement en carton, destiné aux verres de bière. *Des sous-bocks.* (V. sous-verre, sens 2.)

sous-bois [subwa] n. m. inv. Végétation qui pousse sous les arbres d'un bois; partie du bois où elle pousse.

sous-caste [sukast] n. f. ANTHROP Subdivision d'une caste. *Des sous-castes.*

sous-chef [suʃɛf] n. m. Personne qui vient immédiatement après celle qui a le titre de chef. ▷ (Afr. subsah.) HIST Dans le Rwanda et le Burundi anciens, responsable d'une sous-chefferie. *Des sous-chefs.*

sous-chefferie [suʃɛfʀi] n. f. (Afr. subsah.) HIST Dans le Rwanda et le Burundi anciens, subdivision d'une chefferie. *Des sous-chefferies.*

sous-classe [suklas] n. f. BIOL Division de la classe. *Des sous-classes.*

sous-clavier, ère [suklavje, ɛʀ] adj. et n. f. ANAT Situé sous la clavicule. *L'artère sous-clavière* ou, n. f., *la sous-clavière.*

sous-comité [sukɔmite] n. m. Subdivision d'un comité. *Des sous-comités.*

sous-commission [sukɔmisjɔ̃] n. f. Commission secondaire formée parmi les membres d'une commission. *Des sous-commissions.*

sous-consommation [sukɔ̃sɔmasjɔ̃] n. f. ECON Consommation inférieure à la normale, à la moyenne. ▷ *Spécial.* Consommation insuffisante par rapport à la production. *D'importantes sous-consommations.*

sous-continent [sukɔ̃tinɑ̃] n. m. GEOGR Vaste partie, délimitée, d'un continent. *Le sous-continent indien. Des sous-continents.*

souscripteur, trice [suskʀiptœʀ, tʀis] n. **1.** DR Personne qui souscrit (un effet de commerce). **2.** Personne qui prend part à une souscription.

souscription [suskʀipsjɔ̃] n. f. Action de souscrire (sens II); la somme versée par le souscripteur. *Ouvrir, clore une souscription. Souscription de tel montant.*

souscrire [suskʀiʀ] v. **[67]** **I.** v. tr. DR Signer (un acte) pour l'approuver. *Souscrire un contrat.* ▷ Signer (un engagement à payer). *Souscrire des traites.* **II.** v. tr. indir. *Souscrire à.* **1.** Donner, ou s'engager à donner, une somme pour une dépense commune. *Souscrire à l'édification d'une stèle.* ▷ *Souscrire à un emprunt,* en acquérir des titres au moment de son émission. **2.** Fig. Adhérer, consentir à. *Souscrire à une décision.* – (Luxembourg) *Souscrivons que, sur ce point, il avait raison.*

sous-cutané, ée [sukytane] adj. ANAT, MED Situé ou pratiqué sous la peau. *Des injections sous-cutanées.*

sous-développé, ée [sudevlɔpe] adj. Se dit d'un pays dont l'économie est insuffisamment développée relativement aux besoins de sa population. (On tend auj. à préférer l'expression *en voie de développement.*) – Par ext. *Les économies sous-développées.*

sous-développement [sudevlɔpmɑ̃] n. m. État d'un pays sous-développé. *Des sous-développements.*

sous-directeur, trice [sudiʀɛktœʀ, tʀis] n. Directeur, directrice en second. *Des sous-directeurs, des sous-directrices.*

sous-dominante [sudɔminɑ̃t] n. f. MUS Quatrième degré de la gamme diatonique. *Des sous-dominantes.*

sous-embranchement [suzɑ̃bʀɑ̃ʃmɑ̃] n. m. BIOL Division de l'embranchement. *Des sous-embranchements.*

sous-emploi [suzɑ̃plwa] n. m. ECON Emploi d'une partie seulement des capacités de production (en main-d'œuvre, en matériel, etc.). *Des sous-emplois.* Ant. plein-emploi.

sous-employer [suzɑ̃plwaje] v. tr. **[23]** ECON Employer en partie seulement (un personnel, un matériel, etc.). – Pp. adj. *Des travailleurs sous-employés.*

sous-ensemble [suzɑ̃sɑ̃bl] n. m. MATH Ensemble contenu dans un autre ensemble. *Des sous-ensembles.*

sous-entendre [suzɑ̃tɑ̃dʀ] v. tr. **[6]** Ne pas exprimer dans le discours (une chose qu'on a dans l'esprit); faire comprendre (une chose) sans la dire expressément. *Que sous-entendez-vous par là ?* – Pp. adj. *Un mot sous-entendu.*

sous-entendu [suzɑ̃tɑ̃dy] n. m. Action de sous-entendre; ce qui est sous-entendu. *Des sous-entendus.*

sous-équipé, ée [suzekipe] adj. ECON Dont l'équipement industriel est insuffisant. *Des pays sous-équipés.*

sous-équipement [suzekipmɑ̃] n. m. ECON Fait d'être sous-équipé. *Des sous-équipements.*

sous-espèce [suzɛspɛs] n. f. BIOL Division de l'espèce, nommée aussi *race* ou *variété. Des sous-espèces.*

sous-estimation [suzestimasjɔ̃] n. f. Action de sous-estimer. *Des sous-estimations.*

sous-estimer [suzestime] v. tr. **[1]** Estimer au-dessous de sa valeur, de son importance. *Sous-estimer ses adversaires.*

sous-évaluer [suzevalɥe] v. tr. **[1]** Évaluer au-dessous de sa valeur marchande.

sous-exploiter [suzɛksplwate] v. tr. **[1]** Exploiter insuffisamment. – Pp. adj. *Une source d'énergie sous-exploitée.*

sous-exposer [suzɛkspoze] v. tr. **[1]** PHOTO Soumettre (une pellicule, un film) à un temps de pose insuffisant.

sous-exposition [suzɛkspozisjɔ̃] n. f. PHOTO Action de sous-exposer; son résultat. *Des sous-expositions.*

sous-famille [sufamij] n. f. BIOL Division de la famille. *Des sous-familles.*

sous-groupe [sugʀup] n. m. MATH Partie stable d'un groupe, qui est elle-même un groupe pour la loi induite. ▷ Cour. Division d'un groupe quelconque. *Des sous-groupes.*

sous-homme [suzɔm] n. m. Péjor. Homme que l'on considère comme inférieur. ▷ Homme diminué dans sa condition, dans sa dignité d'être humain. *Des sous-hommes.*

sous-jacent, ente [suʒasɑ̃, ɑ̃t] adj. Situé au-dessous. *Couche sous-jacente.* ▷ Fig. Qui n'est pas clairement manifesté; caché, latent. *Motivations sous-jacentes.*

Sous-le-Vent (îles), les îles des Petites Antilles situées au N. du Venezuela. Certaines appartiennent aux Pays-Bas (Aruba, Curaçao, Bonaire), les autres au Venezuela (Nueva Esparta).

Sous-le-Vent (îles). V. Société (îles de la).

sous-lieutenant [suljøtnɑ̃] n. m. Officier du grade le moins élevé dans les armées de terre et de l'air. *Des sous-lieutenants.*

sous-locataire [sulɔkatɛʀ] n. Personne occupant un local sous-loué. *Des sous-locataires.*

sous-location [sulɔkasjɔ̃] n. f. Action de sous-louer. ▷ Contrat de sous-location. *Des sous-locations.*

sous-louer [sulwe] v. tr. **[1]** **1.** Donner à loyer (tout ou partie d'une maison, d'une terre, etc., dont on est soi-même locataire). **2.** Prendre à loyer, occuper en sous-locataire.

sous-main [sumɛ̃] n. m. inv. Support plan (en cuir, en carton, etc.) posé sur un bureau et sur lequel on place le papier où l'on écrit. ▷ Loc. adv. *En sous-main :* en secret, clandestinement.

sous-marin, ine [sumaʀɛ̃, in] adj. et n. m. **I.** adj. **1.** Qui est dans ou sous la mer. *Relief sous-marin.* **2.** Qui a lieu, qui est utilisé sous la surface de la mer. *Navigation sous-marine. Fusil sous-marin.* **II.** n. m. **1.** Navire capable de naviguer en plongée. **2.** (Québec) Petit pain de forme allongée, que l'on garnit de charcuterie, de fromage, etc. *Des sous-marins.*

sous-marinier [sumaʀinje] n. m. Membre de l'équipage d'un sous-marin. *Des sous-mariniers.*

sous-marque [sumaʀk] n. f. Produit fabriqué par une entreprise qui dépend d'une autre plus importante ou plus connue. *Des sous-marques.*

sous-maxillaire [sumaksil(l)ɛʀ] adj. ANAT Qui est situé sous la mâchoire. *Glande sous-maxillaire :* une des glandes salivaires.

sous-médicalisé, ée [sumedikalize] adj. Qui a un nombre insuffisant de médecins, d'hôpitaux.

sous-ministre [suministʀ] n. (Québec) Haut fonctionnaire auquel un ministre confie l'administration de son ministère. *La sous-ministre de l'éducation.* (V. secrétaire* d'État.)

sous-multiple [sumyltipl] n. m. MATH Quantité qui est contenue un nombre entier de fois dans une autre. *7 et 2 sont des sous-multiples de 14.* ▷ adj. *Nombres, grandeurs sous-multiples.*

sous-œuvre (en) [ɑ̃suzœvʀ] loc. adv. Se dit d'un travail qu'on fait sous un bâtiment. ▷ Fig. *Reprendre un travail en sous-œuvre,* le reprendre à la base.

sous-officier [suzɔfisje] n. m. Militaire ayant un grade qui en fait un auxiliaire de l'officier. *Des sous-officiers.*

sous-ordre [suzɔʀdʀ] n. m. **1.** DR Procédure par laquelle une somme adjugée à un créancier est distribuée à ses créanciers, opposants sur lui. –

Créancier en sous-ordre : créancier d'un créancier. **2.** Employé subalterne. *Ses sous-ordres ne l'apprécient guère.* **3.** BIOL Division de l'ordre. *Des sous-ordres.*

sous-payer [supeje] v. tr. [**21**] Payer au-dessous de la normale, payer trop peu. *Sous-payer des ouvriers.* – Pp. adj. *Travailleurs sous-payés.*

sous-peuplé, ée [supœple] adj. Trop peu peuplé. *Des régions sous-peuplées.*

sous-peuplement [supœpləmɑ̃] n. m. Fait d'être trop peu peuplé. *Des sous-peuplements.*

sous-pied [supje] n. m. Bande passant sous le pied pour garder tendus une guêtre, un pantalon. *Des sous-pieds.*

sous-plat [supla] n. m. (Belgique, Luxembourg) Dessous-de-plat. *Des sous-plats.*

sous-préfecture [supʀefɛktyʀ] n. f. **1.** Fonction de sous-préfet. **2.** Ville où réside un sous-préfet. **3.** Bâtiment où sont les bureaux du sous-préfet. *Des sous-préfectures.*

sous-préfet [supʀefɛ] n. m. Grade du fonctionnaire subordonné au préfet. *Des sous-préfets.*

sous-préfète [supʀefɛt] n. f. **1.** Femme d'un sous-préfet. **2.** Femme sous-préfet. *Des sous-préfètes.*

sous-production [supʀɔdyksjɔ̃] n. f. Production insuffisante. *Des sous-productions.*

sous-produit [supʀɔdɥi] n. m. **1.** Produit secondaire obtenu lors de la fabrication d'un autre produit. *Les sous-produits de la distillation du pétrole.* ▷ Produit qui n'est pas l'objet principal d'une activité industrielle ou commerciale. *Les abats sont des sous-produits par rapport à la viande de boucherie.* **2.** Fig., péjor. Mauvaise imitation. ▷ Produit de qualité médiocre. *Des sous-produits.*

sous-prolétariat [supʀɔletaʀja] n. m. Partie la plus défavorisée du prolétariat. *Des sous-prolétariats.*

sous-région [suʀeʒjɔ̃] n. f. (Afr. subsah.) **1.** POLIT Groupe de pays voisins présentant certaines affinités à l'intérieur d'un ensemble géographique plus vaste. **2.** ADMIN En rép. dém. du Congo, subdivision d'une région (sens 3). *Des sous-régions.*

sous-régional, ale, aux [suʀeʒjɔnal, o] adj. (Afr. subsah.) ADMIN, POLIT Relatif à une sous-région.

Sousse (en ar. *Sūsah*), v. et port de Tunisie, sur le golfe de Hammamet; 104 000 hab.; ch.-l. du gouvernorat du m. nom. Exportation de phosphates; constr. mécaniques (auto.). – Casbah, Grande Mosquée (IXe s.), ribat (forteresse) du VIIIe s. Important musée archéologique (mosaïques).

sous-secrétaire [sus(ə)kʀetɛʀ] n. m. *Sous-secrétaire d'État :* membre d'un gouvernement adjoint à un secrétaire d'État ou à un ministre. *Des sous-secrétaires d'État.*

sous-secrétariat [sus(ə)kʀetaʀja] n. m. Fonction, administration d'un sous-secrétaire d'État. *Des sous-secrétariats d'État.*

sous-seing [susɛ̃] n. m. DR Acte sous seing privé. *Des sous-seings.* (V. seing.)

soussigné, ée [susiɲe] adj. et n. Dont la signature est ci-dessous. *Je soussigné, Untel, déclare... Les personnes soussignées.* ▷ Subst. *Les soussignés.*

sous-sol [susɔl] n. m. **1.** Ensemble des couches du sol situées au-dessous de la couche arable. *Les richesses du sous-sol.* **2.** Étage inférieur au niveau du sol. *Garage en sous-sol.* – (Québec) Cet étage, aménagé pour y vivre. *Décorer le sous-sol. Des sous-sols.*

soussou [susu] adj. et n. m., **susu** [susu] ou **soso** [soso] adj. inv. et n. m. **1.** adj. Des Soussou. (V. Susu.) **2.** n. m. LING Langue nigéro-congolaise du groupe mandé parlée en Guinée, en Sierra Leone et en Guinée-Bissau.

Soussou(s). V. Susu.

sous-tasse [sutas] n. f. (Belgique, France rég., Luxembourg, Maghreb) Syn. de *soucoupe* (sens 1). *Des sous-tasses.*

Soustelle (Jacques) (1912 – 1990), ethnologue (travaux sur les Aztèques) et homme politique français. Gaulliste, il combattit la polit. algérienne de De Gaulle. Acad. fr. (1983).

sous-tendre [sutɑ̃dʀ] v. tr. [**6**] **1.** GEOM Constituer la corde de (un arc). **2.** Fig. Constituer les fondements, les bases de (un raisonnement).

sous-tension [sutɑ̃sjɔ̃] n. f. ELECTR Tension inférieure à la normale. *Des sous-tensions.*

sous-titrage [sutitʀaʒ] n. m. **1.** Action de sous-titrer. **2.** Ensemble des sous-titres (sens 2). *Des sous-titrages.*

sous-titre [sutitʀ] n. m. **1.** Second titre d'un livre ou d'une pièce de théâtre. (Par ex. : *Julie ou la Nouvelle Héloïse,* de J.J. Rousseau.) **2.** Dans un film en version originale, traduction du dialogue, qui apparaît en surimpression au bas de l'image. *Des sous-titres.*

sous-titrer [sutitʀe] v. tr. [**1**] Mettre des sous-titres à (un film). – Pp. adj. *Version originale sous-titrée.*

soustractif, ive [sustʀaktif, iv] adj. MATH Relatif à la soustraction.

soustraction [sustʀaksjɔ̃] n. f. **1.** Action de dérober qqch. *La soustraction d'un document.* **2.** MATH Opération inverse de l'addition, notée –, dans laquelle, deux quantités A et B étant données, on en cherche une troisième, C, telle que A soit la somme de B et de C.

soustraire [sustʀɛʀ] v. tr. [**58**] **1.** Dérober (qqch). *Soustraire des documents compromettants.* **2.** Faire échapper (qqn) à. *Soustraire qqn à l'influence d'un mauvais milieu.* ▷ v. pron. *Se soustraire à une obligation.* **3.** Retirer par soustraction.

sous-traitance [sutʀetɑ̃s] n. f. **1.** Travail, marché confié par l'entrepreneur principal à un sous-traitant. **2.** Concession d'un marché à des sous-traitants. *Des sous-traitances.*

sous-traitant, ante [sutʀetɑ̃, ɑ̃t] n. m. et adj. Celui qui exécute, pour le compte de l'entrepreneur principal et sous sa responsabilité, certaines tâches concédées à ce dernier. *Des sous-traitants.* ▷ adj. *Travailler avec des sociétés sous-traitantes.*

sous-traiter [sutʀete] v. [**1**] **1.** v. intr. Prendre en charge des marchés conclus en sous-traitance. ▷ v. tr. Exécuter (un travail, un marché) à titre de sous-traitant. **2.** v. tr. Concéder en partie ou en totalité (un marché, une affaire) à un sous-traitant.

sous-utiliser [suzytilize] v. tr. [**1**] Utiliser de façon insuffisante. – Pp. adj. *Équipement informatique sous-utilisé.*

sous-ventrière [suvɑ̃tʀijɛʀ] n. f. Courroie attachée aux deux limons d'une voiture et qui passe sous le ventre du cheval. *Des sous-ventrières.*

sous-verre [suvɛʀ] n. m. **1.** (Inv.) Gravure, photographie placée entre une plaque de verre et un carton rigide; cet encadrement. ▷ (Afr. subsah.) Fixé sous verre. **2.** (Belgique) Dessous de verre. *Des sous-verres.* (V. sous-bock.)

sous-vêtement [suvɛtmɑ̃] n. m. Vêtement de dessous. *Des sous-vêtements.*

soutache [sutaʃ] n. f. Tresse, galon qui orne certains vêtements.

soutacher [sutaʃe] v. tr. [**1**] Orner de soutaches.

soutane [sutan] n. f. Longue robe noire ou blanche boutonnée pardevant que portaient autref. la plupart des prêtres catholiques séculiers.

soute [sut] n. f. Magasin situé dans le fond d'un navire. *Soute à charbon.* ▷ Par anal. *Les soutes d'un avion,* où l'on place la cargaison. *Soute à bagages.*

soutenable [sutnabl] adj. (Surtout en emploi négatif.) Qui peut être soutenu par des raisons valables. *Son idée n'est guère soutenable.*

soutenance [sutnɑ̃s] n. f. Action de soutenir un mémoire, une thèse de doctorat. *Être prêt pour la soutenance.* Syn. (Belgique) défense de thèse.

soutènement [sutɛnmɑ̃] n. m. Dispositif destiné à soutenir; contrefort, appui. *Mur de soutènement.*

souteneur [sutnœʀ] n. m. Proxénète.

soutenir [sutniʀ] v. tr. [**36**] **1.** Tenir (qqch) par-dessous, pour supporter, pour servir d'appui. *Les colonnes qui soutiennent la voûte.* **2.** Empêcher (qqn) de tomber. *Soutenir un malade.* **3.** Empêcher (qqn) de défaillir; réconforter. *Cette bonne nourriture le soutient.* **4.** Encourager, aider. *Je l'ai soutenu dans son épreuve.* ▷ Aider financièrement. – (Afr. subsah.) Subvenir aux besoins de, prendre en charge. *Il doit soutenir ses beaux-parents.* Syn. supporter. ▷ *Spécial.* Appuyer, prendre parti pour. *Soutenir un candidat aux élections.* ▷ v. pron. (Récipr.) Se prêter mutuellement assistance. **5.** Faire valoir, défendre (un point de vue) en s'appuyant sur des arguments fondés. *Soutenir une opinion.* – Spécial. *Soutenir une thèse (de doctorat),* la défendre devant le jury compétent. ▷ *Soutenir que :* affirmer, prétendre que. *Je soutiens qu'il a tort.* **6.** Maintenir, faire durer, empêcher la défaillance, le relâchement de (une chose abstraite). *Soutenir son effort. Soutenir le moral de qqn.* **7.** Subir sans fléchir. *Soutenir le regard de qqn,* le regarder en face sans se troubler.

soutenu, ue [sutny] adj. **1.** Qui ne se relâche pas. *Effort, rythme soutenu.* **2.** Accentué, prononcé. *Couleur soutenue.* **3.** Élevé, noble, en parlant d'un discours. – *Langue soutenue,* très soignée, évitant toute familiarité.

souterrain, aine [sutɛʀɛ̃, ɛn] adj. et n. m. **1.** adj. Qui est sous terre. *Conduit souterrain.* ▷ Fig. Caché, secret. *Menées souterraines.* **2.** n. m. Galerie ou ensemble de galeries souterraines.

Southampton, v. et port de G.-B. (Hampshire), sur la Manche, au fond de la *rade de Southampton Water;* 194 400 hab. Grand port de voyageurs et de commerce. Centre industriel.

soutien [sutjɛ̃] n. m. **1.** Ce qui soutient, supporte. *Ce pilier est le soutien du toit de la maison.* **2.** Action de soutenir (financièrement, politiquement, moralement, etc.); aide, appui. *Vous pouvez compter sur notre soutien.* ▷ Loc. *Soutien de famille :* jeune homme, jeune fille qui se trouvent seuls à faire vivre leur famille. **3.** (Afr. subsah.) Syn. de *soutien-gorge.*

soutien-gorge [sutjɛ̃gɔʀʒ] n. m. Sous-vêtement féminin qui soutient les seins. *Des soutiens-gorge.* Syn. (Afr. subsah.) soutien.

soutier [sutje] n. m. Matelot qui travaille dans les soutes.

Soutine (Chaïm) (1893 – 1943), peintre français d'origine lituanienne. Ses œuvres expressionnistes sont travaillées en pleine pâte : série des *Bœuf écorché* (1925).

soutirage [sutiʀaʒ] n. m. Action de soutirer (sens 1).

soutirer [sutiʀe] v. tr. [1] **1.** Transvaser un liquide, un fluide d'un récipient dans un autre de manière à éliminer les dépôts. **2.** Fig. *Soutirer qqch à qqn,* l'obtenir par tromperie, en usant d'artifices. Syn. extorquer.

soutra [sutʀa] n. m. V. sutra.

Soutter (Louis) (1871 – 1942), peintre et dessinateur suisse. De 1923 à sa mort, il vécut dans un hospice de vieillards du cant. de Vaud, où il accomplit une œuvre expressionniste.

Soutter (Michel) (1932 – 1991), cinéaste suisse. Ses personnages, solitaires, étouffent doucement dans le silence de paysages hivernaux : *la Lune avec les dents* (1966), *Haschish* (1968), *la Pomme* (1969), *James ou pas* (1970), *les Arpenteurs* (1971), *l'Escapade* (1974), *Repérages* (1977), *Adam et Ève* (1983), *Signé Renart* (1985).

Souvanna Phouma (prince Tiao) (1901 – 1984), homme politique laotien. Premier ministre de 1951 à 1954, de 1956 à 1958, en 1960 et chef d'un gouv. de coalition à partir de 1962. Il défendit le neutralisme, face au Pathet* Lao procommuniste de Souphanouvong*, son demi-frère, et face à Boun Oum, proaméricain et royaliste. En 1964, un coup d'État de la droite renversa le gouv., mais Souvanna Phouma resta au pouvoir et laissa la droite combattre le Pathet Lao. Ce fut la fin du neutralisme laotien. Il dut signer avec le Pathet Lao un cessez-le-feu (1973) qui précéda l'entrée des communistes dans un gouvernement d'union nationale qu'il présida (1974). Après le renversement de la monarchie, en déc. 1975, il devint conseiller du gouvernement.

1. souvenir (se) [suvniʀ] v. pron. [36] **1.** Avoir de nouveau à l'esprit (qqch appartenant au passé). *Se souvenir de son enfance. Se souvenir qu'on a un rendez-vous.* **2.** Garder à la mémoire (avec rancune ou avec reconnaissance). *Je m'en souviendrai!* **3.** (Employé avec l'impératif.) Ne pas perdre de vue. *Souvenez-vous de mon affaire.*

2. souvenir [suvniʀ] n. m. **1.** Mémoire. *Cela s'était effacé de son souvenir.* **2.** Fait de se souvenir. *Conserver, perdre le souvenir de qqch.* **3.** Image, idée, représentation que la mémoire conserve. *Évoquer de vieux souvenirs communs.* ▷ (Plur.) Livre de souvenirs. *Écrire ses souvenirs.* **4.** (Dans les formules de politesse.) *Mon meilleur, mon affectueux souvenir à vos parents.* **5.** *En souvenir de :* pour conserver le souvenir de. *J'ai gardé cela en souvenir de lui.* – Absol. *Il me l'a donné en souvenir.* **6.** (Objets concrets.) Ce qui rappelle la mémoire (de qqn, de qqch). *Cette photo est un souvenir de lui.* ▷ *Spécial.* Bibelot vendu aux touristes comme souvenir. *Marchand de souvenirs.*

souvent [suvɑ̃] adv. **1.** Fréquemment, plusieurs fois. *Je vais souvent le voir.* **2.** D'ordinaire, en général. – *Le plus souvent :* dans la plupart des cas.

souverain, aine [suvʀɛ̃, ɛn] adj. et n. **I.** adj. **1.** Suprême. *Le souverain bien.* **2.** De la plus grande efficacité. *Un remède souverain.* **3.** Qui possède l'autorité suprême. *Puissance souveraine.* – *Le souverain pontife :* le pape. ▷ *État souverain,* dont le gouvernement est autonome, n'est pas soumis à la tutelle d'un autre gouvernement. ▷ DR *Cour souveraine,* qui juge en dernier ressort. **4.** Supérieur. *Beauté souveraine.* **II.** n. **1.** Monarque. **2.** Celui, celle qui possède l'autorité suprême. *En démocratie, le souverain, c'est le peuple.*

souverainement [suvʀɛnmɑ̃] adv. **1.** Suprêmement. *Elle est souverainement belle.* ▷ Extrêmement. *Il est souverainement ennuyeux.* **2.** DR Sans appel. *Juger souverainement.*

souveraineté [suvʀɛnte] n. f. **1.** Autorité suprême. ▷ Fig. *La souveraineté de la raison.* **2.** Principe d'autorité suprême. ▷ Caractère d'un État souverain. *Souveraineté nationale.*

souveraineté-association (projet de), projet que le Premier ministre québécois, René Lévesque, soumit, en vain, à référendum en mai 1980. Il désirait que le Québec acquière sa souveraineté et que son association écon. avec le Canada demeure étroite.

souverainiste [suvʀɛnist] adj. et n. (Québec) **1.** Qui est partisan de la souveraineté nationale. ▷ Subst. *Les souverainistes.* **2.** Relatif aux souverainistes, à leur mouvement politique.

Souvorov (Alexandre Vassilievitch, comte, puis prince) (1729 – 1800), maréchal russe. Il combattit la Pologne (1768-1772) et les Turcs (1773-1774, 1787-1789). En 1794, il réprima la révolte polonaise. Envoyé en Italie (1795), il fut vaincu par la France à Zurich.

soviet [sɔvjɛt] n. m. HIST **1.** Conseil d'ouvriers ou de militaires, pendant les révolutions russes de 1905 et de 1917. **2.** Nom d'assemblées élues en U.R.S.S. jusqu'en 1989 : le *Soviet suprême,* formé du *Soviet de l'Union,* représentant les citoyens, et du *Soviet des nationalités,* représentant les entités fédérées.

soviétique [sɔvjetik] adj. et n. Anc. **I.** adj. **1.** Relatif aux soviets de 1917. **2.** Relatif à l'anc. Union des républiques socialistes soviétiques. **II.** n. Habitant de l'ex-U.R.S.S. *Un(e) Soviétique.*

sovkhoze [sɔvkoz] n. m. HIST Grande ferme d'État, en U.R.S.S., dont les ouvriers étaient payés par l'État.

Soweto (acronyme de *South West Township,* «ville du Sud-Ouest»), v. d'Afrique du Sud, dans la banlieue de Johannesburg (prov. du Gauteng); 2 millions d'hab. env. – Le 16 juin 1976, une manifestation de lycéens donna lieu à un massacre par la police.

Sow Fall (Aminata) (née en 1941), écrivain sénégalais. Elle s'illustre dans le roman de mœurs et de critique sociale : *le Revenant* (1976), *la Grève des Battu* (1979), *l'Appel des arènes* (1982), *le Jujubier du patriarche* (1993).

soyeux, euse [swajø, øz] adj. Doux et fin comme de la soie. *Cheveux soyeux.*

Soyinka (Wole) (né en 1934), écrivain nigérian d'expression anglaise. Auteur dramatique (*le Lion et la Perle,* 1959; *la Danse de la forêt,* 1960; *la Récolte de Kongi,* 1966; *la Mort et l'écuyer du roi,* 1975), romancier (*les Interprètes,* 1965; *Une saison d'anomie,* 1973), mémorialiste (*Aké, les années d'enfance,* 1981) et poète (*Idanre,* 1967; *Poèmes de prison,* 1969), il a été le premier Africain à recevoir le prix Nobel de littérature, en 1986.

Soyouz (russe «Union»), famille de vaisseaux spatiaux habités qui desservaient les stations spatiales soviétiques (*Saliout* puis *Mir**).

Spa, com. de Belgique (prov. de Liège), dans l'Ardenne; 9620 hab. Stat. thermale (eaux ferrugineuses et bicarbonatées soignant les troubles circulatoires et les rhumatismes). – Circuit automobile de Spa-Francorchamps.

Spaak (Paul Henri) (1899 – 1972), homme politique belge. Il fut le premier président du Conseil socialiste dans l'histoire de la Belgique (mai 1938-fév. 1939). Ministre des Affaires étrangères dans le gouv. de Pierlot (1939-1940, en exil à Londres d'oct. 1940 à sept. 1944), il lutta contre le retour du roi Léopold III en 1945. Président du Conseil en 1946 et en 1947-1949, ministre des Affaires étrangères (1946-1949), il fut secrétaire général de l'OTAN (1957-1961) et participa activement à la construction de l'Europe. — **Charles** (1903 – 1975), frère du préc.; scénariste de nombreux films : *la Kermesse héroïque* (1935), *la Bandera* (id.), *la Grande Illusion* (1937), *Nous sommes tous des assassins* (1952), *Thérèse Raquin* (1953).

Spacelab (abrév. de *Space laboratory,* «laboratoire de l'espace»), laboratoire spatial réalisé par l'Agence spatiale européenne pour accomplir (dep. 1983) des missions dans la soute d'une navette américaine.

spacieux, euse [spasjø, øz] adj. Où il y a de l'espace; vaste. *Pièce spacieuse.*

spadice [spadis] n. m. BOT Sorte d'épi à axe charnu, enveloppé d'une grande bractée, la spathe.

spaghetti [spageti] n. m. (Souvent au plur.) Pâte alimentaire fine et longue. *Manger des spaghettis* ou (Québec) *du spaghetti.*

spahi [spai] n. m. Anc. Cavalier des corps auxiliaires d'indigènes de l'armée française en Afrique du Nord.

sparadrap [spaʀadʀa] n. m. Bande adhésive servant à fixer un pansement.

Spartacus (m. en 71 av. J.-C.), esclave révolté. Berger thrace, soldat déserteur repris et vendu comme esclave, il s'évada d'une école de gladiateurs de Capoue (73 av. J.-C.), entraînant avec lui un petit groupe de compagnons. Ils formèrent bientôt le noyau d'une armée de 30000 puis de 100000 esclaves révoltés qui vainquit plus. fois les troupes romaines. Crassus l'écrasa en Lucanie du N., où Spartacus fut tué. 6000 prisonniers furent crucifiés sur la route de Capoue à Rome.

spartakisme [spaʀtakism] n. m. HIST Mouvement des socialistes révolutionnaires allemands qui fondèrent le groupe Spartakus*.

Spartakus ou fr. **Spartacus** (groupe), fraction du parti social-démocrate allemand (S.P.D.), dirigée par Karl Liebknecht* et Rosa Luxemburg*, qui reprochait au S.P.D.

d'avoir opté pour la guerre de 1914. En déc. 1918, elle se transforma en un parti communiste de type soviétique, qui, malgré la faiblesse de ses troupes et contre l'avis de ses deux dirigeants, déclencha une insurrection, aussitôt écrasée (janv. 1919).

Sparte, v. de Grèce, ch.-l. du nome de Laconie (S.-E. du Péloponnèse); 14000 hab. – La ville de Sparte, dite aussi *Lacédémone* dans l'Antiquité, fut fondée par les Doriens au IXe s. av. J.-C., mais l'État spartiate, constitué après les conquêtes en Laconie et en Messénie (VIIe s. av. J.-C.), ne prit sa forme définitive que v. 550 av. J.-C., quand les réformes du magistrat Chilon consacrèrent la domination des privilégiés, les *citoyens,* sur les cultivateurs des terres les moins fertiles et sur les *ilotes,* serfs de l'État. Dès le VIIe s. av. J.-C., les deux rois (l'un représentant la dynastie des Agides, l'autre celle des Eurypontides, et tous deux membres d'un Conseil des Anciens) avaient peu à peu cédé la place à cinq magistrats nommés pour un an. Les citoyens, peu nombreux face à la masse des ilotes, formèrent une caste militaire rigide : sévère éducation guerrière du Spartiate, prise en charge par l'État dès l'âge de sept ans, absence d'art et de littérature. Au Ve s. av. J.-C., Sparte dominait presque tout le Péloponnèse, mais son engagement militaire contre la Perse fut modeste (à l'opposé d'Athènes, qui s'assura l'hégémonie grâce à son empire maritime). Remportant contre Athènes la guerre du Péloponnèse (431-404), Sparte parvint à son tour à l'hégémonie, mais sa politique despotique suscita la coalition de plusieurs cités, dont Athènes. Après avoir infligé à Sparte la défaite de Leuctres (371 av. J.-C.), Thèbes, avec Épaminondas, rendit à la Messénie son indépendance. Peu après, Philippe II de Macédoine réduisit le territoire de Sparte à la Laconie. En 146 av. J.-C., Sparte fut définitivement soumise par Rome. Les Wisigoths la dévastèrent au IVe s. apr. J.-C. La ville actuelle a été construite sur le site au XIXe s.

sparterie [spaʀt(ə)ʀi] n. f. **1.** Confection d'objets en fibres végétales. **2.** Objet ainsi confectionné.

spartiate [spaʀsjat] adj. et n. **I.** adj. **1.** ANTIQ GR De Sparte. Syn. lacédémonien. ▷ Subst. *Un(e) Spartiate.* **2.** Qui évoque l'austérité et le courage stoïque des anciens Spartiates. **II.** n. f. pl. Sandales à lanières de cuir.

spasme [spasm] n. m. Contraction musculaire involontaire, intense et passagère.

spasmodique [spasmɔdik] adj. Accompagné de spasmes.

spasmophilie [spasmɔfili] n. f. Didac. Excitabilité neuromusculaire excessive, liée à des troubles du métabolisme phosphocalcique et à une insuffisance de l'activité des parathyroïdes.

spath [spat] n. m. **1.** *Spath d'Islande :* calcite biréfringente très pure en gros cristaux. **2.** *Spath fluor :* syn. de *fluorine.*

spathe [spat] n. f. BOT Grande bractée enveloppant le spadice, inflorescence de certaines plantes.

spatial, ale, aux [spasjal, o] adj. **1.** De l'espace, dans l'espace; relatif à notre perception, notre représentation de l'espace. *Configuration spatiale.* **2.** De l'espace interplanétaire ou interstellaire. *Vaisseau* spatial.*

spatialiser [spasjalize] v. tr. [**1**] PSYCHO Percevoir dans l'espace les rapports de positions, de distances, de grandeurs, de formes, etc.

spatialité [spasjalite] n. f. Didac. Caractère de ce qui est spatial (sens 1).

spationaute [spasjɔnot] n. ESP Voyageur de l'espace, astronaute.

spatio-temporel, elle [spasjotɑ̃pɔʀɛl] adj. Didac. Relatif à la fois à l'espace et au temps.

spatule [spatyl] n. f. **I. 1.** Instrument ayant une extrémité arrondie et l'autre aplatie ou comportant une lame plate et souple, qui sert à remuer, étendre, modeler une matière pâteuse. *Spatule de mouleur.* **2.** Extrémité antérieure d'un ski. **II.** ORNITH Oiseau ciconiiforme (genre *Platalea*) au bec aplati et élargi à son extrémité, qui niche dans les roseaux des marais littoraux.

S.P.D. Sigle de *Sozialdemokratische Partei Deutschlands,* parti social*-démocrate allemand.

speaker [spikœʀ], **speakerine** [spikʀin] n. (Mot angl.) Personne qui fait les annonces, donne certaines informations à la radio et à la télévision. Syn. (off. recommandé) annonceur.

spécial, ale, aux [spesjal, o] adj. et n. m. **I.** adj. **1.** Qui correspond, qui s'applique exclusivement à une chose, à une personne, à une espèce, à une activité. *Aliment spécial pour la volaille. Diction spéciale aux acteurs. Emploi qui exige une formation spéciale.* – (Langage de la publicité, de la mode.) *Shampooing spécial cheveux gras.* ▷ METALL *Aciers spéciaux :* aciers alliés possédant des qualités particulières de dureté, de résistance, etc. ▷ (Belgique) *Enseignement spécial :* enseignement adapté à des élèves en échec scolaire ou ayant des problèmes psychologiques. (V. éducation différenciée*.) **2.** Exceptionnel. *Édition spéciale. Pouvoirs spéciaux. Rien de spécial à voir.* **3.** Qui est particulier dans son genre et quelque peu déconcertant. *Sa façon de travailler est spéciale! Une musique très spéciale.* – Par euph. *Mœurs spéciales :* homosexualité. **II.** n. m. (Québec) **1.** (Emploi critiqué.) Article offert à prix réduit. – (Au plur.) Syn. de *soldes* (2, sens 2). ▷ Loc. *En spécial :* en réclame. **2.** *Spécial du jour :* syn. de *plat* du jour.*

spécialement [spesjalmɑ̃] adv. D'une manière spéciale; particulièrement. *Tous les savants, et plus spécialement les chimistes...*

spécialisation [spesjalizasjɔ̃] n. f. Action, fait de spécialiser, de se spécialiser. *La spécialisation industrielle.*

spécialisé, ée [spesjalize] adj. Qui se consacre ou qui est consacré à un domaine déterminé d'activité, de connaissance. *Archéologue spécialisé en égyptologie. Enseignement spécialisé.* ▷ *Ouvrier spécialisé (O.S.),* sans qualification professionnelle (par oppos. à *ouvrier professionnel, ouvrier qualifié*).

spécialiser [spesjalize] v. tr. [**1**] Rendre spécialisé. ▷ v. pron. *Libraire qui se spécialise dans les ouvrages anciens.*

spécialiste [spesjalist] n. Personne qui s'est spécialisée dans un domaine, qui y a acquis une compétence, des connaissances particulières. *Un spécialiste des laques vietnamiens.* ▷ MED Médecin exerçant une spécialité* médicale (par oppos. à *généraliste*).

spécialité [spesjalite] n. f. **1.** Domaine d'activité, de connaissance dans lequel qqn est spécialisé. ▷ *Spécialité médicale :* branche de la médecine dans laquelle un médecin possède des connaissances approfondies, acquises au cours d'études spéciales qu'il a accomplies après avoir soutenu sa thèse de doctorat (cardiologie, urologie, radiologie, réanimation, etc.). ▷ Fam., iron. *Il est arrivé avec une heure de retard, c'est sa spécialité.* **2.** Produit résultant d'une activité spécialisée. ▷ CUIS Mets originaire d'un pays, d'une région ou que qqn a le secret d'accommoder. *La fondue est une spécialité des régions alpestres. Les crêpes, c'est sa spécialité.* ▷ *Spécialités pharmaceutiques :* préparations pharmaceutiques industrielles. **3.** DR *Principe de la spécialité administrative,* qui délimite les attributions de chaque autorité. – *Principe de la spécialité budgétaire,* selon lequel les crédits votés pour tel chapitre ne doivent pas être employés pour un autre.

spéciation [spesjasjɔ̃] n. f. BIOL Formation d'une espèce nouvelle après apparition d'une barrière reproductive au sein d'une espèce.

spécieux, euse [spesjø, øz] adj. Litt. Qui, sous une apparence de vérité, est faux ou est destiné à tromper. *Raisonnement spécieux.* (Cf. sophisme.)

spécification [spesifikasjɔ̃] n. f. **1.** Fait de spécifier, d'indiquer avec précision. **2.** Désignation précise des éléments devant obligatoirement entrer dans la fabrication d'une chose. *Les spécifications de l'adjudicateur sont consignées au cahier des charges.* **3.** DR Action de créer une chose nouvelle avec une matière, une chose appartenant à autrui.

spécificité [spesifisite] n. f. Qualité de ce qui est spécifique. *Spécificité culturelle.*

spécifier [spesifje] v. tr. [**2**] Exprimer, indiquer de façon précise. *Spécifier par télégramme l'heure de son retour.*

spécifique [spesifik] adj. Propre à une espèce, à une chose donnée. *Les caractères spécifiques distinguent entre elles les espèces d'un même genre.* ▷ MED *Remède spécifique,* qui agit uniquement sur une affection ou un organe donné.

spécifiquement [spesifikmɑ̃] adv. D'une manière spécifique.

spécimen [spesimɛn] n. m. **1.** Être vivant, objet considéré en tant qu'il possède les caractéristiques de l'espèce à laquelle il appartient. *De beaux spécimens de roses des sables.* **2.** Exemplaire d'un livre, d'une revue ou partie d'un tel exemplaire donné gratuitement, à titre publicitaire.

spectacle [spɛktakl] n. m. **1.** Ce qui attire le regard, l'attention. *Jouir du spectacle de la nature.* – Loc. péjor. *Se donner en spectacle :* se faire remarquer. **2.** Représentation donnée au public (pièce de théâtre, film, ballet, etc.). *Un spectacle de variétés.* ▷ *Spectacle solo :* syn. (off. recommandé) de *one man show.* ▷ Ensemble des activités théâtrales, cinématographiques, etc. *Le monde du spectacle.* **3.** *Pièce, film à grand spectacle,* à la mise en scène fastueuse.

spectaculaire [spɛktakylɛʀ] adj. Qui surprend, étonne, frappe l'imagination de ceux qui en sont témoins. *Faire une chute spectaculaire. Obtenir des progrès spectaculaires.*

spectateur, trice [spɛktatœʀ, tʀis] n. **1.** Personne qui est témoin oculaire d'un événement, d'une action. **2.** Personne qui assiste à un spectacle théâtral, cinématographique, etc.

spectral, ale, aux [spɛktʀal, o] adj. **1.** Qui tient du spectre, du fantôme. **2.** PHYS Relatif à un spectre (lumineux, solaire, magnétique, etc.).

spectre [spɛktʀ] n. m. **1.** Fantôme, apparition surnaturelle d'un défunt, d'un esprit. ▷ Fig. *Le spectre de :* la perspective effrayante de. *Le spectre de la famine, de la guerre.* ▷ *Par métaph.* Personne très maigre et très pâle. *Ce n'est plus qu'un spectre.* **2.** PHYS Bande composée d'une succession de raies ou de plages lumineuses, traduisant la répartition des fréquences qui constituent un rayonnement électromagnétique. – *Spectre solaire, stellaire,* émis par le Soleil, par une étoile (V. encycl. ci-après). ▷ Matérialisation des lignes de force d'un champ, des trajectoires des éléments d'un fluide en mouvement. *Spectre magnétique, aérodynamique.* ▷ Représentation des composantes d'une grandeur électrique ou acoustique.

ENCYCL **Phys.** – L'étude du spectre des rayonnements émis par les astres permet de déterminer leur composition chimique, leur température, leur vitesse par rapport à la Terre, etc. Lorsqu'un astre s'éloigne de la Terre, la fréquence de son rayonnement diminue par effet Doppler*-Fizeau et son spectre est décalé vers le rouge; inversement, si l'astre se rapproche de la Terre, son spectre se décale vers le violet (le rouge correspond à une fréquence inférieure de moitié à celle du violet).

spectrogramme [spɛktʀogʀam] n. m. PHYS Image spectrographique.

spectrographe [spɛktʀogʀaf] n. m. PHYS Appareil servant à former et à enregistrer le spectre d'un rayonnement.

spectrographie [spɛktʀogʀafi] n. f. PHYS Enregistrement des spectres des rayonnements.

spectromètre [spɛktʀomɛtʀ] n. m. PHYS Appareil permettant de mesurer les longueurs d'onde des raies d'un spectre.

spectroscopie [spɛktʀɔskɔpi] n. f. PHYS Étude du spectre d'un rayonnement, de l'absorption ou de l'émission énergétique qui caractérise un rayonnement en fonction de sa fréquence.

spéculaire [spekylɛʀ] adj. **1.** Didac. D'un, du miroir, qui a rapport au miroir. *Image spéculaire.* **2.** MINER *Minéral spéculaire,* composé de lames brillantes (ex. : le mica).

spéculateur, trice [spekylatœʀ, tʀis] n. Personne qui fait des spéculations (sens 2).

spéculatif, ive [spekylatif, iv] adj. **1.** PHILO Qui se livre ou a rapport à la spéculation (sens 1). *Esprit spéculatif. Sciences spéculatives.* **2.** Qui concerne la spéculation (sens 2). *Valeurs spéculatives.*

spéculation [spekylasjɔ̃] n. f. **1.** PHILO Étude, recherche purement théorique. *Spéculations métaphysiques.* **2.** Opération financière ou commerciale par laquelle on joue sur les fluctuations des cours du marché. *Spéculations hasardeuses.*

spéculaus [spekylos] n. m. V. spéculoos.

spéculer [spekyle] v. intr. [1] **1.** PHILO Faire des spéculations. *Spéculer sur l'origine de la vie.* **2.** Faire des spéculations (sens 2). *Spéculer sur l'or.* **3.** Fig. Tabler (sur qqch) pour parvenir à ses fins. *Spéculer sur la crédulité de qqn.*

spéculoos ou **spéculaus** [spekylos] n. m. Biscuit croquant à la cassonade, de couleur brune, spécialité belge.

spéculum [spekylɔm] n. m. MED Instrument destiné à écarter l'orifice externe d'une cavité naturelle pour en faciliter l'exploration. *Spéculum vaginal, nasal. Des spéculums.*

Speke (John Hanning) (1827 – 1864), explorateur anglais. Au cours d'une expédition en Afrique centrale, il découvrit le lac qu'il appela *Victoria* (1858).

spéléo-. Élément, du gr. *spêlaion,* «caverne».

spéléologie [speleɔlɔʒi] n. f. Science qui a pour but l'étude des cavités naturelles (grottes, gouffres) et des cours d'eau souterrains. ▷ Exploration scientifique ou sportive de ces cavités, de ces cours d'eau.

spéléologue [speleɔlɔg] n. Personne spécialisée en spéléologie. – Personne qui explore les gouffres.

Spencer (Herbert) (1820 – 1903), philosophe anglais. Évolutionniste, il appliqua le principe de la complexité croissante au psychisme et à la société : *Principes de psychologie* (1855), *de biologie* (1864), *de sociologie* (1877-1896).

Spenser (Edmund) (1552 – 1599), poète lyrique anglais : épopée allégorique (*la Reine des fées,* 1590-1596); sonnets (les *Amoretti,* 1595); ode à sa femme (*Epithalamion,* 1595).

spéos [speɔs] n. m. ARCHEOL Temple souterrain de l'Égypte ancienne.

spermaceti ou **spermacéti** [spɛʀmaseti] n. m. Didac. Blanc de baleine*.

spermat(o)-, -sperme, spermo-. Éléments, du gr. *sperma, spermatos,* «semence, graine».

spermatique [spɛʀmatik] adj. BIOL Du sperme, qui a rapport au sperme. ▷ ANAT *Cordon spermatique :* cordon auquel est relié le testicule et qui renferme le canal déférent des vaisseaux (*veines* et *artères spermatiques*) et des nerfs.

spermatogenèse [spɛʀmatɔʒənɛz] n. f. BIOL Formation des gamètes mâles.

spermatophytes [spɛʀmatɔfit] n. f. pl. BOT Ensemble des plantes (gymnospermes supérieures et angiospermes) possédant une vraie graine. – Sing. *Une spermatophyte.*

spermatozoïde [spɛʀmatɔzɔid] n. m. BIOL Cellule reproductrice mâle comportant un renflement («tête») constitué par le noyau, un segment intermédiaire à la base de ce renflement et un filament grêle, effilé et flexible («flagelle»).

-sperme. V. spermat(o)-.

sperme [spɛʀm] n. m. Liquide visqueux, blanchâtre, émis par le mâle lors de l'accouplement, et qui est composé de spermatozoïdes et d'une substance nutritive sécrétée par les différentes glandes génitales (vésicules séminales, prostate, glandes de Cowper).

spermicide [spɛʀmisid] adj. et n. m. PHARM, MED Se dit d'un produit contraceptif qui détruit les spermatozoïdes.

spermo-. V. spermat(o)-.

spermogramme [spɛʀmɔgʀam] n. m. MED Examen quantitatif et qualitatif du sperme.

sphénisciformes [sfenisifɔʀm] n. m. pl. ORNITH Ordre d'oiseaux comprenant les seuls manchots. – Sing. *Un sphénisciforme.*

sphénodon [sfenɔdɔ̃] n. m. ZOOL Reptile de la Nouvelle-Zélande ressemblant à un grand lézard, dont la crête dorsale porte une rangée d'épines. (V. rhynchocéphales.)

sphénoïde [sfenɔid] adj et n. m. ANAT *L'os sphénoïde* ou, n. m., *le sphénoïde :* l'os de la tête qui forme le plancher central de la boîte crânienne.

sphère [sfɛʀ] n. f. **1.** MATH Ensemble des points situés à égale distance d'un point appelé *centre* (dans un espace à 3 dimensions). *La sphère des mathématiciens est une surface, qui délimite un volume appelé «boule».* (R étant le rayon de la boule, la surface est $4\pi R^2$ et le volume de la boule $4/3\pi R^3$.) ▷ ASTRO *Sphère céleste :* sphère fictive ayant pour centre l'œil de l'observateur et à la surface de laquelle semblent situés les corps célestes. **2.** Cour. Corps sphérique. *Une sphère de métal.* – *La sphère terrestre :* le globe terrestre. ▷ *Spécial.* Représentation de la sphère céleste, de la sphère terrestre. **3.** Fig. Étendue, domaine du pouvoir, de l'activité (de qqn, de qqch). *Les hautes sphères de la finance. La sphère des connaissances humaines.* – *Sphère d'influence d'un État :* ensemble des pays sur lesquels il exerce un certain contrôle politique, économique.

sphérique [sfeʀik] adj. **1.** Qui a la forme d'une sphère. **2.** GEOM Qui a rapport à la sphère, qui est de la nature de la sphère. – *Anneau sphérique :* volume engendré par un segment de cercle tournant autour d'un diamètre qui ne le traverse pas. – *Triangle sphérique :* portion de la surface d'une sphère, comprise entre trois grands cercles.

sphéroïde [sfeʀɔid] n. m. Didac. Solide dont la forme est proche de celle d'une sphère.

sphincter [sfɛ̃ktɛʀ] n. m. ANAT Ensemble de fibres musculaires lisses ou striées contrôlant l'ouverture d'un orifice naturel. *Sphincter anal.*

sphinx [sfɛ̃ks] n. m. **1.** MYTH (Avec une majuscule.) Monstre hybride originaire de l'anc. Égypte, surtout présent dans la légende d'Œdipe sous l'aspect d'un lion ailé à buste et tête de femme, qui soumet une énigme aux voyageurs se rendant à Thèbes, les dévore s'ils ne peuvent la résoudre. ▷ Fig. Personnage impénétrable. **2.** BX-A Figure monstrueuse de lion couché à tête d'homme, de bélier ou d'épervier. **3.** ENTOM Papillon nocturne ou crépusculaire au vol rapide. – *Sphinx tête-de-mort :* un des plus gros papillons, qui pille le miel des ruches.

sphygmomanomètre [sfigmomanɔmɛtʀ] n. m. MED Appareil destiné à la mesure de la pression artérielle.

spicule [spikyl] n. m. ZOOL Chacun des éléments siliceux, calcaires ou organiques, de forme variable, qui constituent le squelette de divers animaux (radiolaires, spongiaires, holothuries).

Spielberg (Steven) (né en 1947), cinéaste américain : *les Dents de la mer* (1975), *les Aventuriers de l'arche perdue* (1981), *E.T.* (1982), *Jurassic Park* (1993), *la Liste de Schindler* (1993).

Spiess (Henri) (1876 – 1940), poète suisse d'expression française : *Silence des heures* (1904), *le Visage ambigu* (1915).

spin [spin] n. m. PHYS NUCL Mouvement de rotation des particules élémentaires sur elles-mêmes.

spina-bifida [spinabifida] n. m. inv. MED Malformation liée à une absence congénitale de l'arc postérieur des vertèbres sacrées ou lombaires et qui peut se compliquer d'une hernie des méninges et de la moelle épinière.

spinal, ale, aux [spinal, o] adj. ANAT Qui appartient au rachis ou à la moelle épinière. *Les muscles spinaux. Nerf spinal.*

Spínola (António Sebastião Ribeiro de) (1910 – 1996), maréchal (1981) et homme politique portugais. Il combattit en Espagne pour Franco (1936-1939) et servit en Afrique. Son livre *le Portugal et l'avenir* proposant la décolonisation, il fut mis à la retraite (1974). Il renversa le gouv. salazariste (avr. 1974). Président de la Rép. (mai), il démissionna (sept.).

Spinoza (Baruch de) (1632 – 1677), philosophe hollandais. Issu d'une famille de commerçants d'orig. juive portugaise, il fut exclu en 1656 de la communauté israélite d'Amsterdam, car ses idées religieuses n'étaient pas conformes à l'orthodoxie. S'étant retiré près de Leyde, puis à La Haye, il vécut du polissage de lentilles pour microscope. Son ouvrage princ., *l'Éthique* (1677), en cinq livres, est un exposé à la fois rationnel et mystique. Dieu, substance unique, éternelle, infinie, incréée, existant par elle-même, n'a pas créé le monde : il s'identifie à la nature; présent en toutes choses, il s'y déploie et vit la vie de chaque être. Ce panthéisme, ou monisme, est déterministe : Dieu n'agit qu'en vertu de la nécessité de son essence; en lui, le possible et le réel se confondent; parmi ses attributs infinis, nous ne connaissons que l'étendue et la pensée. L'homme, que son corps intègre au mécanisme total de l'Univers et que sa pensée attache à la communauté humaine, est enraciné dans la nature de Dieu. Les trois derniers livres de *l'Éthique* montrent que les passions nous placent sous la dépendance des réalités extérieures et nous séparent des autres hommes. Aussi le sage doit-il vivre, « sous la conduite de la raison », en accord avec les autres; sa sagesse sera « méditation, non de la mort, mais de la vie »; il créera sa liberté en s'élevant jusqu'à l'amour intellectuel de Dieu, qui est « l'amour dont Dieu s'aime lui-même ». Dans le *Tractatus theologico-politicus* (1670) et le *Tractatus politicus* (posth. et inachevé, 1677), Spinoza, le premier, propose la séparation de l'Église et de l'État; apôtre de la tolérance, il en confie la garde au pouvoir civil. Sauf dans certains cercles libéraux des Églises réformées, cette idée fit scandale; Spinoza fut en butte à de violentes persécutions.

spinozisme [spinɔzism] n. m. Didac. Doctrine philosophique de Spinoza.

spiral, ale, aux [spiʀal, o] adj. et n. m. **1.** adj. (Surtout en loc.) En forme de spirale. *Galaxie spirale.* **2.** n. m. TECH Ressort en forme de spirale qui assure les oscillations du balancier d'une montre.

spirale [spiʀal] n. f. **1.** GEOM Courbe qui s'éloigne de plus en plus d'un point central *(pôle)* à mesure qu'elle tourne autour de lui. *Spirale d'Archimède. Spirale logarithmique.* ▷ Fig. Amplification rapide et continue (d'un phénomène). *Spirale inflationniste.* **2.** Courbe en forme d'hélice.

spiralé, ée [spiʀale] adj. BOT Enroulé en spirale.

spirante [spiʀɑ̃t] adj. f. et n. f. PHON *Consonne spirante* ou, n. f., *une spirante,* dont l'émission comporte un resserrement du canal buccal donnant lieu à des résonances plutôt qu'à un frottement (ex. le [d] espagnol entre deux voyelles).

spire [spiʀ] n. f. **1.** GEOM Partie d'une hélice correspondant à un tour complet sur le cylindre générateur. ▷ Arc d'une spirale correspondant à un tour complet autour du pôle. **2.** TECH et cour. Chacun des tours d'un enroulement, d'un bobinage. *Spires d'un solénoïde.*

Spire (en all. *Speyer*), v. d'Allemagne (Rhénanie-Palatinat), sur la rive g. du Rhin; 42 870 hab. Industries. – Cath. de style roman rhénan (1030-1061), restaurée au XIXe s. Musée du Palatinat. – Cité celte, un des bastions romains sur le Rhin, Spire fut importante au Moyen Âge, sous les Francs Saliens. Ville libre impériale (1294), siège de la Chambre impériale (1526-1689), elle abrita de nombreuses diètes.

spirille [spiʀij] n. m. MICROB Bactérie de forme spiralée, hôte des eaux souillées, dont certaines espèces sont pathogènes.

spirite [spiʀit] adj. et n. Didac. **1.** adj. Qui a rapport au spiritisme. **2.** n. Adepte du spiritisme.

spiritisme [spiʀitism] n. m. Doctrine qui affirme la survivance de l'esprit après la mort et admet la possibilité de communication entre les vivants et les esprits des défunts.

spiritualisation [spiʀitɥalizasjɔ̃] n. f. Fait de spiritualiser; résultat de cette action.

spiritualiser [spiʀitɥalize] v. tr. [1] Litt. Donner un caractère de spiritualité à. *Ce peintre spiritualise les visages.*

spiritualisme [spiʀitɥalism] n. m. PHILO Doctrine qui considère comme deux substances distinctes la matière et l'esprit et proclame la supériorité de celui-ci. Ant. matérialisme.

spiritualiste [spiʀitɥalist] adj. et n. PHILO Qui se rapporte au spiritualisme. ▷ Subst. Adepte du spiritualisme.

spiritualité [spiʀitɥalite] n. f. **1.** PHILO Qualité de ce qui est de l'ordre de l'esprit. *La spiritualité de l'âme.* **2.** THEOL Ce qui a trait à la vie spirituelle. *Spiritualité monastique.*

spirituel, elle [spiʀitɥɛl] adj. **I. 1.** PHILO Qui est de la nature de l'esprit, qui est esprit. *Nature spirituelle de Dieu.* **2.** Qui a rapport à la vie de l'âme. *Exercices spirituels.* **3.** RELIG Qui regarde la religion, l'Église. *Pouvoir temporel et pouvoir spirituel.* **II.** D'un esprit vif et fin, plein de drôlerie. *Un convive très spirituel. – Une réponse spirituelle.*

spirituellement [spiʀitɥɛlmɑ̃] adv. De façon spirituelle.

spiritueux, euse [spiʀitɥø, øz] adj. ADMIN Qui contient de l'alcool. ▷ n. m. Boisson qui contient une grande quantité d'alcool.

spirochète [spiʀɔkɛt] n. m. MICROB Bactérie non pathogène vivant dans l'eau.

spiroïdal, ale, aux [spiʀɔidal, o] adj. Didac. En spirale, proche de la forme d'une spirale.

spiromètre [spiʀɔmɛtʀ] n. m. MED Instrument servant à mesurer la capacité respiratoire des poumons.

spirou [spiʀu] n. m. (Belgique) Fam. Enfant vif et remuant. *C'est un fameux spirou votre gamin !*

spiruline [spiʀylin] n. f. Algue bleue des eaux peu profondes d'Afrique et du Mexique, comestible, à forte teneur en protéines.

spitant, ante [spitɑ̃, ɑ̃t] adj. (Belgique) Fam. Se dit d'un enfant ou d'un jeune animal vif, éveillé.

spiter [spite] v. intr. [1] (Belgique) Fam. Gicler (en parlant d'un liquide). *Boisson gazeuse qui spite hors de la bouteille.*

Spitteler (Carl) (1845 – 1924), écrivain suisse d'expression allemande; poète (*Prométhée et Épiméthée,* 1880-1881; *Printemps olympien,* 1900-1905) et romancier (*Imago,* 1906). En 1914, il loua la neutralité de la Suisse, solidaire de toutes les victimes de la guerre (*Notre point de vue suisse*). P. Nobel de littérature 1919.

Spitzberg ou **Spitsberg** (le). V. Svalbard.

spizaète [spizaɛt] n. m. Oiseau falconiforme de l'Asie du S.-E., apprécié en fauconnerie.

splanchnique [splɑ̃knik] adj. et n. m. ANAT *Nerfs splanchniques* ou, n. m., *les splanchniques :* nerfs du système végétatif qui innervent les viscères.

spleen [splin] n. m. Litt. Ennui que rien ne paraît justifier, mélancolie.

splendeur [splɑ̃dœʀ] n. f. **1.** Beauté d'un grand éclat, magnificence. *La splendeur d'un paysage.* ▷ Plein essor, gloire éclatante (d'un pays, d'une époque, etc.). *La splendeur des pharaons.* **2.** Chose splendide. *Ce palais est une splendeur.*

splendide [splɑ̃did] adj. **1.** Très beau, d'une beauté éclatante. Syn. superbe. *Un soleil splendide. Un splendide athlète.* **2.** Somptueux, luxueux. *Une réception splendide.*

splénectomie [splenɛktɔmi] n. f. CHIR Ablation de la rate.

splénique [splenik] adj. ANAT Qui se rapporte à la rate.

Split, port de Croatie, sur l'Adriatique, près des ruines de l'antique *Salone;* 169 320 hab. Constr. navales; industries. – Vieille ville que cernent les enceintes du palais où l'empereur Dioclétien se retira après son abdication (305); cath. (mausolée de Dioclétien, transformé au VIIe s.) remaniée jusqu'au XVIIe s.

Spoerri (Daniel) (né en 1930), artiste suisse d'origine roumaine. Il adhéra au Nouveau Réalisme (1960) et réalisa des œuvres d'un type nouveau (tableaux-pièges, avec collage d'objets de rebut, ou de reliefs de repas). À côté de son restaurant de Düsseldorf, il ouvrit une « Eat Art Gallery » où il expose des œuvres comestibles.

spoliateur, trice [spɔljatœʀ, tʀis] adj. et n. Didac. ou litt. Qui spolie. *Mesure spoliatrice.* ▷ Subst. *Un spoliateur.*

spoliation [spɔljasjɔ̃] n. f. Didac. Action de spolier; résultat de cette action.

spolier [spɔlje] v. tr. [2] Didac. Déposséder par force ou par fraude.

Sponde (Jean de) (1557 – 1595), humaniste et poète français; calviniste protégé par le futur Henri IV. Poète baroque : sonnets d'amour, stances et sonnets sur la mort.

spondylarthrite [spɔ̃dilaʀtʀit] n. f. MED *Spondylarthrite ankylosante :* affection rhumatismale chronique se traduisant par une ankylose douloureuse de la colonne vertébrale.

spongiaires [spɔ̃ʒjɛʀ] n. m. pl. ZOOL Embranchement d'animaux pluricellulaires primitifs comprenant les éponges. – Sing. *Un spongiaire.*

spongieux, euse [spɔ̃ʒjø, øz] adj. **1.** Qui rappelle l'éponge par sa consistance, son aspect. *Corps spongieux.* **2.** Qui s'imbibe d'eau comme une éponge. *Sol spongieux.*

spongille [spɔ̃ʒil] n. f. ZOOL Éponge d'eau douce (genre *Spongilla*).

sponsor [spɔnsɔʀ] n. m. (Anglicisme) Syn. (off. déconseillé) de *commanditaire* (sens 2).

sponsoriser [spɔ̃sɔʀize] v. tr. [1] Syn. (off. déconseillé) de *commanditer* (sens 3).

spontané, ée [spɔ̃tane] adj. **1.** Que l'on fait librement, sans y être contraint. *Aveu spontané.* **2.** Qui agit, parle sous l'impulsion de ses pensées, de ses sentiments, sans calcul ni réflexion. *Un enfant spontané.* – Par ext. *Un rire spontané.* **3.** Qui se produit, qui existe de soi-même, sans avoir été provoqué. *Théorie de la génération* spontanée.* – BOT *Végétation spontanée,* qui pousse sans avoir été mise en terre par l'homme.

spontanéité [spɔ̃taneite] n. f. Caractère de ce qui est spontané.

spontanément [spɔ̃tanemɑ̃] adv. De façon spontanée.

sporadique [spɔʀadik] adj. **1.** MED Se dit d'une maladie qui touche quelques individus isolément (par oppos. à *épidémique, endémique*). **2.** SC NAT *Espèces sporadiques,* dont les individus sont épars. **3.** *Par ext.,* cour. Qui apparaît, se produit par cas isolés, d'une manière irrégulière. *Un phénomène sporadique.*

sporadiquement [spɔʀadikmɑ̃] adv. D'une manière sporadique.

sporange [spɔʀɑ̃ʒ] n. m. BOT Organe des végétaux cryptogames, à paroi pluricellulaire, où se forment les spores. (V. sporocyste.)

spore [spɔʀ] n. f. BIOL, BOT Élément reproducteur de la plupart des végétaux cryptogames (algues, champignons, mousses, etc.), de divers protozoaires et bactéries. *Spores unicellulaires, pluricellulaires.*

sporifère [spɔʀifɛʀ] adj. BOT Qui porte des sporanges ou des sporocystes.

sporocyste [spɔʀɔsist] n. m. BOT Cellule dont l'enveloppe, contrairement au sporange, est uniquement constituée par la paroi de la cellule mère des spores et qui donne des spores par méiose.

sporogone [spɔʀɔgɔn] n. m. BOT Appareil producteur des spores, chez les mousses, qui se développe en parasitant le gamétophyte.

sporophyte [spɔʀɔfit] n. m. BOT Individu végétal diploïde, issu du développement de l'œuf fécondé et qui donne, à maturité, des spores haploïdes. Ant. gamétophyte.

sporozoaires [spɔʀɔzɔɛʀ] n. m. pl. ZOOL Embranchement de protozoaires (coccidies, notam.) dépourvus d'appareil locomoteur à l'état adulte, parasites des cellules animales. – Sing. *Un sporozoaire.*

sporozoïte [spɔʀɔzɔit] n. m. MED Cellule dérivant de la multiplication des gamètes de l'hématozoaire du paludisme, inoculée à l'homme par la piqûre de l'anophèle.

sport [spɔʀ] n. m. et adj. inv. **I.** n. m. **1.** Activité physique, qui a pour but la compétition, l'hygiène ou la simple distraction. *Pratiquer un sport. Faire du sport.* ▷ *De sport :* conçu pour le sport. *Terrain de sport. Chaussures de sport.* **2.** Ensemble des disciplines sportives. ▷ Chacune de ces disciplines. *Sports d'équipe et sports individuels. Sports de combat.* **II.** adj. inv. Se dit d'un style de vêtements confortables et pratiques. *Tenue sport et tenue habillée.*

sportif, ive [spɔʀtif, iv] adj. et n. **1.** Relatif au sport, à un sport. *Compétition sportive. Association sportive.* ▷ Qui implique un certain effort physique. *La pêche sportive.* **2.** Qui aime le sport, qui pratique le sport. *Un garçon sportif.* – Subst. *Alimentation des sportifs.* ▷ Par ext. *Allure sportive,* de qqn qui pratique ou semble pratiquer un sport. **3.** (Sens moral.) Qui respecte les règles du sport, qui est beau joueur. *Comportement sportif.* Syn. franc-jeu, (anglicisme) fair-play.

sportivement [spɔʀtivmɑ̃] adv. Avec un esprit sportif (sens 3). *Admettre sportivement sa défaite.*

sportivité [spɔʀtivite] n. f. Esprit sportif (sens 3).

sport-toto [spɔʀtoto] n. m. (Suisse) Pari hebdomadaire reposant sur les résultats de matches de football.

sporuler [spɔʀyle] v. intr. [1] BIOL Produire des spores.

spot [spɔt] n. m. (Anglicisme) **1.** PHYS Tache lumineuse en mouvement sur un écran cathodique (oscilloscope, téléviseur, etc.). **2.** TECH Appareil d'éclairage à faisceau lumineux de faible ouverture. Syn. projecteur directif. **3.** AUDIOV Court message publicitaire.

Spot, acronyme pour *Système probatoire d'observation de la Terre,* famille de satellites français qui depuis 1986 observent la Terre.

Spoutnik (russe «Compagnon de route»), série de dix satellites soviétiques lancés de 1957 à 1961. Spoutnik 1 fut le prem. satellite artificiel mis en orbite (4 oct. 1957) autour de la Terre.

sprat [spʀat] n. m. Poisson clupéiforme commun sur les côtes européennes (genre *Sprattus*), proche du hareng, mais dont la longueur ne dépasse pas 15 cm.

Spratly (îles), archipel d'une centaine d'îlots (130000 km^2) dans la mer de Chine mérid., à mi-chemin des Philippines et du Viêt-nam. Riche en hydrocarbures, cet archipel, situé sur les lignes maritimes qui vont du Moyen-Orient au Pacifique Nord, est convoité par la Chine, le Viêt-nam, Taïwan, Brunei, la Malaisie et les Philippines.

spray [spʀɛ] n. m. (Anglicisme) Nuage ou jet de liquide vaporisé en fines gouttelettes. – Vaporisateur, atomiseur.

Sprechgesang (all. «chant parlé»), récitation à mi-chemin de la déclamation et du chant, inaugurée par Schönberg dans le *Pierrot lunaire* (1912).

Sprée (la) (en all. *Spree*), riv. d'Allemagne (403 km); naît en haute Lusace, à la frontière tchèque; passe à Berlin; se jette dans la Havel (r. dr.).

springbok [spʀiŋbɔk] n. m. Antilope sauteuse d'Afrique du Sud, aux cornes en forme de lyre. – (Avec une majuscule.) *Springboks,* surnom donné à l'équipe de rugby de l'Afrique du Sud.

Springfield, v. des É.-U., cap. de l'Illinois, dans un bassin houiller; 105200 hab. Industries.

Springs, v. d'Afrique du Sud, à l'E. de Johannesburg (prov. du Gauteng); 153970 hab. Mines d'or; houille; industrie du papier.

sprinkler [spʀinklœʀ] n. m. (Anglicisme) TECH Système d'arrosage tournant.

sprint [spʀint] n. m. (Anglicisme) **1.** Accélération de l'allure à la fin d'une course à pied, d'une course cycliste; fin d'une course. **2.** Course de vitesse sur une petite distance.

1. sprinter [spʀintœʀ] n. m. **1.** Coureur de sprint. **2.** Coureur à pied, coureur cycliste qui donne le meilleur de lui-même au sprint.

2. sprinter [spʀinte] v. intr. [1] Effectuer un sprint.

sprue [spʀy] n. f. MED Maladie chronique de l'intestin, accompagnée de diarrhée. – *Sprue tropicale,* d'origine parasitaire et carentielle.

spumeux, euse [spymø, øz] adj. Didac. Qui a l'aspect de l'écume. (V. météorisation.)

squale [skwal] n. m. ZOOL Requin.

squamates [skwamat] n. m. pl. ZOOL Ordre de reptiles comprenant les lézards, les amphisbéniens et les serpents. – Sing. *Un squamate.*

squame [skwam] n. f. **1.** SC NAT Écaille. **2.** MED Lamelle qui se détache de la peau.

squameux, euse [skwamø, øz] adj. MED Caractérisé par la présence de squames.

square [skwaʀ] n. m. Jardin public de petite dimension généralement entouré d'une grille.

squash [skwaʃ] n. m. Sport pratiqué en salle avec une petite balle de caoutchouc qui rebondit contre les murs.

squatter [skwate] v. tr. [1] Occuper illégalement un logement vacant.

squatteur, euse [skwatœʀ, øz] n. Personne qui occupe illégalement un logement vacant.

squaw [skwo] n. f. Femme mariée, chez les Indiens d'Amérique du Nord.

squelette [skəlɛt] n. m. **1.** Ensemble des éléments qui constituent la charpente du corps de l'homme et des vertébrés. *Le squelette humain pèse de 3 à 6 kg et comprend 198 os.* – *Squelette externe des mollusques, des insectes :* exosquelette. ▷ Ensemble des os d'un corps mort et décharné. **2.** Fig., fam. *Par exag.* Personne très maigre. **3.** CHIM Ensemble d'atomes formant une chaîne dans une molécule. *Squelette carboné des molécules organiques.* **4.** Fig. Armature, charpente, carcasse. *Le squelette d'un navire, d'un avion.* ▷ Plan général (d'une œuvre). *Squelette d'un exposé, d'un roman.*

squelettique [skəlɛtik] adj. **1.** ANAT Relatif au squelette. **2.** À qui la maigreur donne l'aspect d'un squelette. *Un enfant squelettique.* **3.** Fig. Trop concis. *Un rapport squelettique.*

squille [skij] n. f. ZOOL Crustacé comestible caractérisé par une tête soudée au thorax et un abdomen hypertrophié, dont les diverses espèces forment un ordre de malacostracés.

S.R. Sigle de *social*-révolutionnaire.*

Sredna Gora (« Montagne moyenne » ou « Montagne centrale »), massif cristallin de Bulgarie (1604 m au mont Bogdan), parallèle au mont Balkan. Elle sépare les bassins de Karlovo et de Kazanlăk du bassin de la Marica.

Sri Lanka (république de) *(Srī Lanka Janarajaya)*, État insulaire d'Asie situé au S.-E. de l'Inde, appelé *Ceylan* jusqu'en 1972; 65 610 km^2; env. 17 millions d'hab. (croissance : 1,3 % par an); cap. *Colombo*. Nature de l'État : rép. présidentielle, membre du Commonwealth. Langue off. : cinghalais, langue usuelle avec le tamoul. Monnaie : roupie. Relig. : bouddhisme (73%), hindouisme, islam, christianisme.
Géogr. et écon. – Le centre-sud de l'île est occupé par un vieux massif cristallin fracturé (fragment de l'ancien continent du Gondwana), culminant à 2 528 m. Il est entouré d'un vaste plateau ondulé (300 m) que borde une plaine littorale. Le climat tropical de mousson oppose le S.-O. de l'île, très arrosé, sans saison sèche (versant au vent) et couvert de forêt dense, au N.-E., plus sec (sous le vent), où dominent forêts claires et savanes arborées. Les Cinghalais, bouddhistes, descendants d'Indo-Aryens venus du nord de l'Inde, sont majoritaires (74 % des hab.); une lutte les oppose aux Tamouls, hindouistes. Deux tiers des Tamouls sont installés depuis des siècles, un tiers est venu au XIXe s. Les Tamouls (18 % de la pop.) sont majoritaires au nord et à l'est de l'île. La pop. se concentre à 85 % dans la zone humide; sa fécondité a notablement diminué. Rurale à près de 80 %, elle pratique des cultures vivrières (riz, manioc, patates douces) et d'exportation dans les plantations du S.-O. (thé, hévéa, noix de coco, coprah). Autres ressources : élevage, pêche, bois, pierres précieuses. Depuis 1983, la guerre civile désorganise le pays et affaiblit les finances de l'État.
Hist. – Jusqu'au déb. du XVIe s., l'histoire de Ceylan est marquée par les migrations successives d'Indo-Aryens et de Tamouls, et par leurs luttes incessantes. La période la plus brillante fut celle du souverain Parākramabāhu (XIIe s.), qui unifia l'île autour de la cap. Polonnaruwa. En 1505 débarquèrent les Portugais, qui dominèrent les côtes et contrôlèrent le comm. des épices et des pierres précieuses. Au XVIIe s., l'île devint néerlandaise puis passa en 1796 sous la domination de la G.-B., qui la rattacha à la Couronne (1802-1815), développa considérablement les plantations, mais se heurta à des révoltes (notam. en 1817 et en 1848). L'île acquit l'autonomie interne (1931) puis le statut de dominion indép. dans le Commonwealth (4 fév. 1948) et devint, en 1972, la rép. dém. de Sri Lanka. Deux partis, représentant la grande bourgeoisie, ont alterné au pouvoir : le parti d'Union nationale (U.N.P.), conservateur, animé par la famille Senanayake, et le parti de la Liberté (S.L.F.P.), de centre-gauche, animé par la famille Bandaranaike*, attaché au non-alignement et au socialisme. Victorieux aux élections de 1977, l'U.N.P. a dirigé le pays jusqu'en 1994. Il a prôné le libéralisme économique et, à partir de 1983 surtout, il s'est heurté à la dissidence tamoule. De 1987 à 1990, l'armée indienne, appelée, est intervenue contre les Tamouls. En 1994, le S.L.F.P. est revenu au pouvoir. En 1995, l'armée a repris aux Tamouls Jaffna (leur bastion dep. 1990), mais la guérilla continue.

sri lankais, aise [srilɑ̃kɛ, ɛz] adj. et n. Du Sri Lanka. ▷ Subst. *Un(e) Sri Lankais(e).*

S.S. (Abrév. de l'all. *Schutz-Staffel*, «échelon de protection».) Organisation de police militarisée de l'Allemagne national-socialiste. ▷ *La Waffen S.S.* : ensemble des unités composées de membres de la S.S. qui combattaient sur le front.

stabilisant, ante [stabilizɑ̃, ɑ̃t] adj. et n. m. CHIM Se dit d'un additif servant à ralentir une réaction. ▷ n. m. *Un stabilisant.* Syn. stabilisateur.

stabilisateur, trice [stabilizatœʀ, tʀis] adj. et n. m. **1.** adj. Qui donne de la stabilité. ▷ n. m. TECH Appareil servant à améliorer la stabilité d'un engin, d'un véhicule, à assurer la permanence d'un fonctionnement. *Un stabilisateur de tirage.* **2.** n. m. ECON Mécanisme spontané de régulation de l'économie. *Stabilisateur automatique.* **3.** adj. et n. m. CHIM Syn. de *stabilisant.*

stabilisation [stabilizasjɔ̃] n. f. Action de stabiliser; son résultat. ▷ ECON Ensemble des mesures conjoncturelles destinées à restaurer l'équilibre économique global.

stabiliser [stabilize] v. tr. [1] Rendre stable. *Stabiliser une monnaie.* ▷ TRAV PUBL *Stabiliser un sol,* augmenter sa dureté, sa résistance par l'adjonction de liants ou par compactage. – Pp. adj. *Accotements stabilisés.* ▷ v. pron. Devenir stable.

stabilité [stabilite] n. f. **1.** Qualité de ce qui est stable, solide. *Stabilité d'un édifice.* ▷ Fig. Qualité de ce qui est durable, bien assis. *La stabilité des institutions.* **2.** Suite dans les idées, constance. *Un esprit qui manque de stabilité.* **3.** PHYS, CHIM Caractéristique d'un système en état d'équilibre stable.

stable [stabl] adj. **1.** Qui a une base ferme, solide. *Édifice stable. Cet escabeau n'est pas stable.* **2.** Qui est et demeure dans le même état, la même situation. *Valeurs stables.* ▷ ECON *Équilibre stable,* qui subsiste malgré des perturbations passagères. Syn. constant, permanent, durable. **3.** CHIM *Composé stable,* qui conserve ses caractéristiques dans un large éventail de températures et de pressions. **4.** MATH *Partie stable d'un ensemble E* (pour une loi de composition donnée) : partie de E telle que le composé de tout couple d'éléments de cette partie appartient à cette partie.

stabulation [stabylasjɔ̃] n. f. Didac. Séjour des animaux à l'étable.

staccato [stakato] adv. MUS En détachant les notes. Ant. legato.

stade [stad] n. m. **I.** Terrain spécialement aménagé pour la pratique des sports, comportant parfois un terrain de jeu entouré de gradins. **II. 1.** MED Phase dans l'évolution d'une maladie, d'un processus biologique. ▷ PSYCHAN Phase dans l'évolution de la libido de l'enfant. *Stade oral, sadique-anal* (ou *anal*), *phallique, génital.* **2.** *Par ext.* Période, phase d'une évolution. *Les stades d'une carrière.*

Staël (Germaine Necker, baronne de Staël-Holstein, dite Mme de) (1766 – 1817), écrivain français, fille du banquier Necker, épouse de l'ambassadeur de Suède à Paris, Erik Magnus, baron de Staël-Holstein. D'abord favorable à la Révolution, elle se réfugia en Suisse, à Coppet (1792), où elle se lia à Benjamin Constant (1794-1808). Elle revint à Paris en 1797, mais, en 1803, Bonaparte l'exila. Ses œuvres annoncent le romantisme : *Delphine* (1802), *Corinne* (1807), romans; *De l'Allemagne* (1810).

Staël (Nicolas de) (1914 – 1955), peintre français d'origine russe. De l'abstraction il passa à une figuration stylisée.

1. staff [staf] n. m. TECH Matériau fait de plâtre à modeler, armé d'une matière fibreuse et servant à réaliser des décors.

2. staff [staf] n. m. (Anglicisme) Ensemble des conseillers et des collaborateurs directs d'un homme d'affaires, d'un homme politique; personnel de direction d'une entreprise.

stage [staʒ] n. m. **1.** Période d'études pratiques dont les aspirants à certaines professions doivent justifier pour être admis à les exercer. *Stage pédagogique.* **2.** Période de travail salarié dans une entreprise ou un service, qui a pour but la formation ou le perfectionnement dans une spécialité.

stagflation [stagflasjɔ̃] n. f. ECON Situation économique d'un pays où coexistent la stagnation de l'activité économique et l'inflation.

stagiaire [staʒjɛʀ] adj. et n. Qui fait un stage. *Avocat stagiaire.* ▷ Subst. *Un(e) stagiaire.*

stagnant, ante [stagnɑ̃, ɑ̃t] adj. **1.** Qui ne coule pas, qui forme marécage. *Eaux stagnantes.* **2.** Fig. Qui ne marque aucune activité, aucune évolution; qui ne fait aucun progrès.

stagnation [stagnasjɔ̃] n. f. Fait de stagner; état d'un fluide stagnant. *Stagnation des eaux.* ▷ Fig. État d'inertie, d'inactivité, d'immobilité de ce qui stagne. *Stagnation des idées.*

stagner [stagne] v. intr. [1] **1.** Ne pas s'écouler, en parlant d'un fluide. *Eaux qui stagnent.* **2.** Fig. Ne marquer aucune évolution. *Les affaires stagnent.*

stakhanovisme [stakanɔvism] n. m. HIST En U.R.S.S. et dans les pays socialistes, méthode appliquée de 1930 à 1950 environ et destinée à augmenter le rendement du travail, fondée sur le principe d'émulation.

stalactite [stalaktit] n. f. Concrétion calcaire pendante. (V. stalagmite.)

stalagmite [stalagmit] n. f. GEOL Concrétion calcaire conique, dressée, qui se forme sur le sol d'une grotte, sous une stalactite.

stalagmométrie [stalagmɔmetʀi] n. f. PHYS Mesure de la tension superficielle des liquides. (V. tension.)

Staline (Joseph Vissarionovitch Djougatchvili, dit) (1879 – 1953), homme politique soviétique. Fils d'un cordonnier géorgien, acquis dès 1899 au marxisme, il fut arrêté et exilé plusieurs fois (notamment en Sibérie, 1913-1916). En 1904, il adhéra à la fraction bolchevique du P.O.S.D.R. dirigée par Lénine, qui le fit entrer au comité central du parti en 1912. On le surnomma Staline («l'homme d'acier») en 1913. Secrétaire général du parti (1922), il parvint à succéder à Lénine (1924), dont le testament jugeait sévèrement Staline. Partisan d'une révolution circonscrite à la seule U.R.S.S., d'un développement de l'industrie lourde et d'une centralisation autoritaire, il fit triompher ses thèses contre Trotski (éliminé en 1927, ainsi que Zinoviev) et contre la droite du parti (Boukharine et Rykov, notam., éliminés en 1929). De 1934 à 1938, de grandes «purges» liquidèrent les derniers opposants. Il utilisa la terreur (exécutions, procès truqués, déportations massives) et développa le culte de sa personnalité. Il signa avec Hitler un pacte de non-agression (1939), violé par l'attaque allemande de 1941, et dirigea une guerre difficile contre l'Allemagne. La victoire (1945) lui permit d'agrandir le territoire soviétique et son aire d'influence : les États proches passèrent rapidement sous le contrôle de l'U.R.S.S. Après le XXe Congrès du P.C.U.S. (1956), sa politique fut condamnée (déstalinisation*), notam. le culte de sa personnalité, mais l'étendue de ses crimes fut divulguée lentement.

Stalingrad, nom donné de 1925 à 1961 à la ville de Volgograd*. – À la fin de sept. 1942, l'armée allemande de Paulus pénétra dans la ville, mais ne put en déloger l'armée soviétique. Fin nov., les assiégeants furent encerclés et capitulèrent le 31 janv. 1943. La *bataille de Stalingrad* constitua un tournant de la Seconde Guerre mondiale.

stalinien, enne [stalinjɛ̃, ɛn] adj. et n. POLIT Relatif à Staline, au stalinisme. ▷ n. Partisan de Staline, du stalinisme.

stalinisme [stalinism] n. m. POLIT Mode de gouvernement despotique pratiqué en U.R.S.S. sous Staline. – Le marxisme, tel que Staline l'interpréta.

stalle [stal] n. f. **1.** Chacun des sièges de bois à haut dossier disposés sur les deux côtés du chœur d'une église. **2.** Compartiment assigné à un cheval dans une écurie.

stambali [stɑ̃bali] n. m. (Maghreb) Musique tunisienne d'origine africaine.

Stambolijski (Alexandre) (1879 – 1923), homme politique bulgare. Chef du parti agrarien, il s'opposa (1915) à l'entrée en guerre de la Bulgarie et à la politique germanophile de Ferdinand* de Saxe-Cobourg, et fut emprisonné. Libéré (1918), chef du gouv. (1919), il signa le traité de Neuilly*. En 1920, son pouvoir devint dictatorial. Il fut renversé par le coup d'État d'extrême-droite de Cankov* (juin 1923) et fusillé.

Stambolov ou **Stamboulov** (Stefan) (1854 – 1895), homme politique bulgare. Régent après l'abdication d'Alexandre de Battenberg* (1886), il fut prés. du Conseil (1887) sous Ferdinand de Saxe-Cobourg, dont il avait favorisé l'avènement; il exerça une autorité pesante et sans scrupules. Après son renvoi (1894), il fut assassiné.

staminé, ée [stamine] adj. BOT *Fleur staminée,* pourvue d'étamines.

staminifère [staminifɛʀ] adj. BOT Qui porte des étamines.

Stamitz (Johann Wenzel Anton) ou **Stamic** (Jan Václav Antonin) (1717 – 1757), violoniste et compositeur tchèque. Il contribua à fixer la symphonie dans sa forme classique (quatre mouvements), écrivit de nombr. concertos, des sonates pour violon, etc.

stance [stɑ̃s] n. f. **1.** LITTER Vx Groupe de vers formant un système de rimes complet. Syn. mod. strophe. **2.** (Plur.) Pièce de poésie composée de stances (sens 1), d'inspiration philosophique, religieuse ou élégiaque.

1. stand [stɑ̃d] n. m. *Stand de tir* ou *stand :* lieu aménagé pour le tir à la cible.

2. stand [stɑ̃d] n. m. **1.** Dans une exposition, espace réservé à un exposant, à une catégorie de produits. **2.** *Stand de ravitaillement :* dans un circuit de course automobile, emplacement réservé où l'on procède au ravitaillement et aux réparations.

1. standard [stɑ̃daʀ] n. m. et adj. inv. **I.** n. m. **1.** Modèle, type, norme de fabrication. **2.** MUS Grand classique du jazz. **II.** adj. inv. Qui fait partie d'une production d'éléments normalisés; de série courante. *Modèle standard.* ▷ Fig. Qui ne se distingue pas par un trait d'originalité particulier; courant. *Un visage et une silhouette standard.*

2. standard [stɑ̃daʀ] n. m. Dispositif qui dessert les différents postes d'une installation téléphonique intérieure.

standardisation [stɑ̃daʀdizasjɔ̃] n. f. Unification, uniformisation de tous les éléments d'une production. (V. normalisation.)

standardiser [stɑ̃daʀdize] v. tr. [1] **1.** Rendre conforme à un standard; normaliser. **2.** Fig. Uniformiser. – Pp. adj. *Comportements sociaux standardisés.*

standardiste [stɑ̃daʀdist] n. Téléphoniste assurant le service d'un standard.

standing [stɑ̃diŋ] n. m. (Anglicisme) Position sociale élevée; ensemble des éléments du train de vie marquant une telle position. *Avoir un bon standing.* ▷ (Choses) Confort, luxe. *Immeuble de grand standing.*

Stanev (Emiljan) (1907 - 1978), écrivain bulgare. Il écrivit des nouvelles consacrées à la nature (*Histoire d'une forêt,* 1948) et des romans où la trame historique s'accompagne d'une analyse psychologique (*Ivan Kondarev,* 1958-1964).

Stanislas (saint) (1030 – 1079), évêque de Cracovie en 1072, assassiné par le roi Boleslas II, qu'il avait excommunié. Patron de la Pologne.

Stanislas Ier Leczinsky ou **Leszczyński** (1677 – 1766), roi de Pologne (1704-1709 et 1733-1736). Élu roi de Pologne grâce à Charles XII de Suède, il s'enfuit après l'écrasement de ce dernier à Poltava (1709). Il se fit de nouveau élire roi (1733), grâce au roi de France Louis XV, qui avait épousé sa fille (1725). La Russie l'attaquant, la France lui retirant son appui, il abdiqua (1736) et reçut (1738) les duchés de Lorraine et de Bar, qui devaient, à sa mort, revenir à la France.

Stanislas II Auguste Poniatowski (1732 – 1798), dernier roi de Pologne (1764-1795). Élu grâce à l'appui de Catherine II, il fut tiraillé entre les Russes et les nationalistes polonais. Il abdiqua en 1795 (après le troisième partage de la Pologne).

Stanislavski (Constantin Sergheïevitch Alexeïev, dit) (1863 – 1938), acteur et metteur en scène de théâtre russe; l'un des fondateurs du Théâtre d'art de Moscou (1898), auquel il joignit un studio expérimental (1905).

Stanley (John Rowlands, sir Henry Morton) (1841 – 1904), journaliste et explorateur anglais. Il partit à la recherche de Livingstone*, qu'il retrouva sur la rive E. du lac Tanganyika (nov. 1871). Entré au service de l'Association africaine internationale (A.I.T.), créée en 1876 par Léopold II, il remonta le Congo (1879-1884) jusqu'au *Stanley Pool* (auj. Pool Malebo) et prit possession de la rive gauche du Congo, au nom de l'A.I.T.

Stanley (Wendell Meredith) (1904 – 1971), biochimiste américain. Il étudia la mosaïque du tabac, virus qu'il sut cristalliser et mit au point un vaccin contre la grippe. P. Nobel de chimie 1946.

Stanley Pool. V. Pool Malebo.

Stanleyville. V. Kisangani.

stannifère [stanifɛʀ] adj. MINER Qui contient de l'étain.

Stans, com. de Suisse (cant. d'Unterwald), ch.-l. du demi-canton de Nidwald; 5700 hab. Constr. aéronautiques. Tourisme. – Une célèbre diète s'y tint en 1481. Grâce à l'ermite Nicolas* de Flüe, les cant. urbains et les cant. montagnards aplanirent leurs différends.

staphylin [stafilɛ̃] n. m. ENTOM Insecte coléoptère (genres *Staphylinus* et voisins) aux élytres courts, à l'abdomen découvert et souvent relevé pendant la marche.

staphylococcie [stafilokɔksi] n. f. MED Infection à staphylocoques. *Principales staphylococcies : furoncle, anthrax, phlegmon du rein, abcès du poumon, pleurésie, septicémie à staphylocoques.*

staphylocoque [stafilokɔk] n. m. MED et cour. Bactérie de forme ronde, dont les individus sont groupés en amas évoquant des grappes de raisin; ce sont les agents de diverses infections, notam. cutanées. *Staphylocoque doré.*

star [staʀ] n. f. (Anglicisme) Vedette de cinéma.

Stara Planina. V. Balkan (mont).

Stara Zagora, ville du S. de la Bulgarie, au pied de la Sredna Gora; 150800 hab. Industrie alim. – Anc. ville macédonienne et romaine (vestiges d'enceintes). Musée.

starlette [staʀlɛt] n. f. Jeune actrice de cinéma (qui espère devenir une star).

Starobinski (Jean) (né en 1920), critique suisse d'expression française. Il privilégie l'expérience d'un «regard» analytique qui, tout en restant extérieur à l'œuvre, s'efforce de pénétrer l'intimité de l'auteur : *Jean-Jacques Rousseau, la transparence et l'obstacle* (1957), *l'Œil vivant* (1961), *la Relation critique* (1970), *les Mots sous les mots* (1971), *Trois Fureurs* (1974), *Montaigne en mouvement* (1982), *Critique et Légitimation à l'âge des Lumières* (1989), *Table d'orientation* (1990).

star-system [staʀsistɛm] n. m. (Anglicisme) Organisation de la production et de la distribution cinématographiques fondée sur le culte de la star, de la vedette. *Des star-systems.*

START, acronyme pour l'angl. *Strategic Arms Reduction Talks,* «discussions sur la réduction des armes stratégiques». Négociations internationales menées depuis 1982 et qui ont abouti à d'importants accords de désarmement nucléaire (notam. entre les É.-U. et l'U.R.S.S. en 1987-1988, puis la Russie).

starter [staʀtɛʀ] n. m. **1.** SPORT, TURF Personne qui donne le signal du départ dans une course. **2.** Dispositif qui facilite le démarrage d'un moteur à explosion en enrichissant temporairement le mélange gazeux en carburant. Syn. (Belgique, Maurice, Suisse) choke. **3.** (Québec) Syn. de *démarreur.*

starting-block [staʀtiŋblɔk] n. m. (Anglicisme) SPORT Appareil servant d'appui aux pieds d'un coureur, au départ des courses de vitesse. *Des starting-blocks.* Syn. (off. recommandé) bloc (cale) de départ, marque.

stase [stɑz] n. f. MED Ralentissement important ou arrêt de la circulation d'un liquide dans l'organisme.

-stat. Élément, du gr. *statos,* «stationnaire».

stathouder [statudɛʀ] ou **stadhouder** [stadudɛʀ] n. m. HIST Gouverneur de province, dans les Pays-Bas espagnols. ▷ Chef d'une ou de plusieurs provinces des Provinces-Unies, après la proclamation de l'indépendance.

statif, ive [statif, iv] n. m. et adj. **1.** n. m. TECH Socle lourd et stable servant de support à un appareil ou à des accessoires. **2.** adj. LING Qui indique la durée. *«Persister» est un verbe statif.*

station [stasjɔ̃] n. f. **1.** Action, fait de s'arrêter au cours d'un déplacement; pause en un lieu. *Faire une longue station devant une vitrine.* ▷ RELIG *Station du chemin de croix :* chacun des quatorze arrêts de Jésus pendant sa montée au Calvaire. **2.** Fait de se tenir (de telle façon); fait de se tenir (debout, dressé). *La station debout est pénible.* **3.** Lieu spécialement aménagé pour l'arrêt des véhicules. *Une station de taxis, d'autobus.* **4.** Lieu de villégiature, de vacances. *Station thermale, balnéaire.* **5.** Installation, fixe ou mobile, destinée à effectuer des observations. *Station météorologique.* – *Station spatiale* (ou *orbitale*) : vaste infrastructure spatiale destinée à assurer une présence permanente d'humains dans l'espace. **6.** Ensemble d'installations émettrices. *Station de radio, de télévision. Station pirate.* **7.** ASTRO *Planète en station,* qui, pour l'observateur terrestre, apparaît immobile. **8.** Didac. Lieu de vie d'une espèce animale ou végétale. – Lieu groupant les conditions requises pour l'existence d'une espèce donnée.

stationnaire [stasjɔnɛʀ] adj. **1.** Qui arrête son mouvement et reste un certain temps à la même place. ▷ PHYS *Système d'ondes stationnaires :* système vibratoire qui résulte de l'interférence d'ondes se propageant en sens contraires et caractérisé par des points d'amplitude nulle *(nœuds)* et des points d'amplitude maximale *(ventres).* **2.** Qui ne change pas, n'évolue pas. *L'état du blessé reste stationnaire.*

stationnement [stasjɔnmɑ̃] n. m. **1.** Action, fait de stationner. *Parc de stationnement. Stationnement interdit.* **2.** (Québec) AUTO Emplacement où l'on peut stationner. – *Par ext.* Syn. de *parc* de stationnement. Le stationnement couvert d'un centre commercial.*

stationner [stasjɔne] v. [1] **1.** v. intr. S'arrêter et demeurer au même endroit. *Défense de stationner.* **2.** v. tr. (Luxembourg, Québec) Syn. de *garer* (un véhicule automobile). *Stationner sa voiture dans la rue.* ▷ v. pron. Syn. de *se garer.*

station-service [stasjɔ̃sɛʀvis] n. f. Poste de distribution d'essence assurant des travaux d'entretien courant. *Des stations-service.* Syn. (Maghreb) kiosque.

statique [statik] n. f. et adj. **I.** n. f. PHYS Partie de la mécanique qui étudie les conditions auxquelles doit satisfaire un corps ou un système de corps pour rester immobile dans un repère donné (par oppos. à *dynamique*). **II.** adj. **1.** Relatif à l'équilibre des forces. ▷ *Électricité statique,* qui se développe sur un corps par influence, par frottement, etc. **2.** Qui demeure dans le même état, qui n'évolue pas. *Société statique.*

statisticien, enne [statistisjɛ̃, ɛn] n. Spécialiste de la statistique.

statistique [statistik] n. f. et adj. **I.** n. f. **1.** MATH Branche des mathématiques appliquées qui a pour objet l'étude des phénomènes mettant en jeu un grand nombre d'éléments. **2.** Ensemble de données numériques concernant l'état ou l'évolution d'un phénomène que l'on étudie au moyen de la statistique (au sens 1). *Statistiques socio-économiques.* **3.** PHYS Loi qui décrit le comportement des systèmes de particules à l'aide des mathématiques statistiques. *Statistique de Fermi*-Dirac.* **II.** adj. **1.** Qui se rapporte aux opérations et aux moyens de la statistique. *Évaluations statistiques. Modèle statistique.* **2.** PHYS *Mécanique statistique,* qui applique à l'étude des systèmes de particules les lois de la statistique.

statistiquement [statistikmɑ̃] adv. Didac. D'après les statistiques, du point de vue de la statistique.

stator [statɔʀ] n. m. TECH Partie fixe de certaines machines (moteurs électriques, turbines, etc.), par oppos. à la partie tournante, dite *rotor.*

statoréacteur [statɔʀeaktœʀ] n. m. AVIAT Moteur à réaction sans organe mobile, constitué d'une entrée d'air, d'une chambre de combustion et d'une tuyère.

statuaire [statɥɛʀ] adj. et n. **I.** adj. Relatif aux statues. **II.** n. **1.** n. f. Art de faire des statues. **2.** n. m. Sculpteur qui fait des statues.

statue [staty] n. f. Figure sculptée représentant en entier un être vivant. *Dresser, ériger une statue. La statue de la Liberté, par Bartholdi.*

statuer [statɥe] v. intr. [1] *Statuer sur (qqch) :* prendre une décision quant à (qqch). *Statuer sur un cas particulier.*

statuette [statɥɛt] n. f. Statue de petite taille.

statu quo [statykwo] n. m. inv. (Mots lat.) Situation actuelle, état actuel des choses. *Maintenir le statu quo.*

stature [statyʀ] n. f. **1.** Taille d'une personne. *Haute stature.* **2.** Fig. Importance (de qqn). *La stature de ce philosophe domine la vie intellectuelle.*

statut [staty] n. m. **1.** DR *Statuts réels :* lois qui sont relatives aux biens-fonds. – *Statuts personnels :* lois qui concernent les personnes. **2.** (Plur.) Textes qui régissent le fonctionnement d'une société civile ou commerciale, d'une association, etc. *Statuts d'un club sportif.* **3.** Situation personnelle résultant de l'appartenance à un groupe régi par des dispositions juridiques ou administratives particulières. *Bénéficier du statut de fonctionnaire.* ▷ *Par ext.* (Emploi critiqué.) Situation personnelle au sein d'un groupe, d'un ensemble social. *Avoir un statut privilégié.*

statutaire [statytɛʀ] adj. Conforme aux statuts d'une société, d'un groupe.

statutairement [statytɛʀmɑ̃] adv. DR Conformément aux statuts.

Stauffacher (Werner), personnage semi-légendaire qui représentait le cant. de Schwyz au serment du Grütli (1291).

Stauffenberg (Claus, comte Schenk von) (1907 – 1944), officier allemand. Auteur de l'attentat manqué contre Hitler le 20 juil. 1944; il fut fusillé.

Stavelot, com. de Belgique (prov. de Liège); 5920 hab. – Vestiges d'une abbaye fondée en 651.

Stavisky (Alexandre) (1886 – 1934), homme d'affaires français d'origine russe. La révélation de ses escroqueries, en déc. 1933, la compromission d'hommes polit., sa mort (meurtre ou suicide?), en janv. 1934, constituèrent *l'affaire Stavisky,* que la droite exploita : émeutes du 6 février* 1934.

Stavropol (*Vorochilovsk* de 1935 à 1943), v. de Russie, au nord du Caucase; 293000 hab. Gaz naturel aux environs.

steak [stɛk] n. m. **1.** Tranche de bœuf à griller ou grillée; bifteck. – *Steak tartare*.* **2.** *Par ext.* (Québec) (Emploi critiqué.) Grosse tranche de viande; syn. de *darne. Steak de jambon. Steak de saumon.*

stéarine [steaʀin] n. f. CHIM Ester du glycérol et de l'acide stéarique. ▷ Cour. Mélange d'acide stéarique et de paraffine, utilisé notam. dans la fabrication des bougies.

stéarique [steaʀik] adj. CHIM *Acide stéarique :* acide gras saturé, abondant dans le suif de mouton et de bœuf.

stéatite [steatit] n. f. MINER Silicate naturel de magnésium, utilisé comme craie par les tailleurs et les couturières et servant à fabriquer les pastels.

stéatopyge [steatɔpiʒ] adj. Didac. Dont les fesses sont le siège d'importantes localisations graisseuses; qui a de très grosses fesses. *Les femmes hottentotes et boschimanes sont stéatopyges.*

stéatose [steatoz] n. f. MED Accumulation de granulations graisseuses dans les cellules d'un tissu.

steel band [stilbɑ̃d] n. m. (Anglicisme) Orchestre des Caraïbes constitué d'instruments confectionnés avec des tonneaux et des récipients de récupération en métal.

steeple-chase [stipœltʃez] ou **steeple** [stipœl] n. m. (Anglicisme) **1.** TURF Course d'obstacles pour chevaux. *Des steeple-chases* ou *des steeples.* **2.** SPORT *Trois mille mètres steeple :* course à pied de 3000 m, sur piste, comportant un certain nombre d'obstacles.

Stefan (Josef) (1835 – 1893), physicien autrichien : travaux sur le rayonnement.

stégocéphales [stegosefal] n. m. pl. PALEONT Ordre d'amphibiens fossiles qui furent les premiers vertébrés à venir vivre sur la terre ferme. – Sing. *Un stégocéphale.*

stégomyie [stegomi] n. f. ENTOM Moustique dont une espèce est le vecteur de la fièvre jaune.

stégosaure [stegozɔʀ] n. m. PALEONT Dinosaure qui atteignait six mètres de long et portait deux rangées de plaques osseuses dressées le long de l'épine dorsale.

Stein (Gertrude) (1874 – 1946), écrivain américain. Elle s'installa à Paris en 1903. Après *Trois Vies* (1909), elle se livra à une recherche d'avant-garde sur le langage (*Dix Portraits,* 1930); ses livres de souvenirs sont plus traditionnels : *Américains d'Amérique* (1925), *Autobiographie d'Alice B. Toklas* (1933).

Stein am Rhein, com. de Suisse (cant. de Schaffhouse), sur le Rhin, peu après le lac de Constance; 3000 hab. – Anc. couvent bénédictin (XIVe-XVIe s.). Maisons anc., peintes (XVIe-XVIIIe s.).

Steinbeck (John) (1902 – 1968), romancier américain. Souffle épique, générosité, émotion caractérisent *Tortilla Flat* (1935), *Des souris et des hommes* (1937), *les Raisins de la co-*

lère (1939), *À l'est d'Éden* (1952). P. Nobel 1962.

Steinberg (Saul) (né en 1914), dessinateur humoristique américain d'origine roumaine : album *All in Line* (1945).

Steiner (Jakob) (1796 – 1863), mathématicien suisse. Son domaine de prédilection fut, après les inversions, la géométrie projective. Il a aussi étudié les courbes et les surfaces algébriques.

Steiner (Rudolf) (1861 – 1925), fondateur autrichien de la Société anthroposophique, mouvement qui unit les mystiques chrétienne et orientale.

Steinitz (Ernst) (1871 – 1928), mathématicien allemand; l'un des fondateurs de l'algèbre moderne.

Steinkerque (auj. *Steenkerque*), anc. com. de Belgique (Hainaut, arr. de Soignies), auj. intégrée à Braine-le-Comte. – Le maréchal de Luxembourg, à la tête de l'armée française, vainquit Guillaume III d'Orange, qui commandait les forces de la ligue d'Augsbourg* (1692).

Steinway (Henry Engelhard [originellement *Heinrich Engelhardt Steinweg*]) (1797 – 1871), facteur de pianos allemand. Il ouvrit à New York la maison *Steinway and Sons* (1853).

stèle [stɛl] n. f. Monument monolithe (obélisque, colonne tronquée, pierre plate dressée, etc.) portant, le plus souvent, une inscription ou une représentation figurée. *Stèle funéraire.*

Stella (Frank) (né en 1936), peintre américain abstrait.

1. stellaire [stelɛʀ] adj. **1.** Didac. Des étoiles, qui a rapport aux étoiles. *Astronomie stellaire.* **2.** ANAT *Ganglion stellaire* (ou *étoilé*), formé par la réunion de deux ganglions sympathiques.

2. stellaire [stelɛʀ] n. f. BOT Plante herbacée (fam. caryophyllacées) dont les fleurs blanches ont des pétales divisés en deux.

Stellenbosch, v. d'Afrique du Sud dans la prov. du Cap occidental, à l'E. du Cap; 37 700 hab.; ch.-l. du district du m. nom. Fruits, vigne. – C'est le plus ancien établissement européen (1681) d'Afrique du Sud après Le Cap.

stelléroïdes [stɛlleʀɔid] n. m. pl. ZOOL Classe d'échinodermes comprenant les astéries (étoiles de mer) et les ophiures. – Sing. *Un stelléroïde.*

stencil [stɛnsil] n. m. Papier paraffiné servant, après perforation à la machine à écrire ou à la main, à la reproduction d'un texte ou d'un dessin au moyen d'un duplicateur.

Stendhal (Henri Beyle, dit) (1783 – 1842), écrivain français. Fils d'un magistrat grenoblois, il fut sous-lieutenant de dragons (1800-1801), intendant aux armées (1806-1808). La découverte de l'Italie (1800) le bouleversa. La chute de l'Empire mit fin à sa carrière militaire; il partit en 1814 pour Milan, où il séjourna jusqu'en 1821, publiant des essais : *Lettres sur Haydn, Mozart et Métastase* (1814), *Rome, Naples et Florence* (1817, sous le nom de Stendhal, qui apparaît pour la prem. fois), *Histoire de la peinture en Italie* (1817). Suspect de carbonarisme, il dut rentrer en France; de 1821 à 1830, il se fixa à Paris. Il publia *De l'amour* (1822), défendit le romantisme (*Racine et Shakespeare,* 1823 et 1825), fit éditer un prem. roman, *Armance* (1827), des *Promenades dans Rome* (1829) et *le Rouge et le Noir* (1830). Ce roman, dont le héros est Julien Sorel, eut peu de succès. Consul de France à Trieste (1830), puis à Civitavecchia, Stendhal écrivit en 1834 *Lucien Leuwen,* roman inachevé (posth., 1927). En 1836, il obtint un congé, qu'il passa à Paris (1836-1839), publiant les *Mémoires d'un touriste* (1838), les *Chroniques italiennes* (nouvelles, 1839); son roman *la Chartreuse de Parme* (1839), dont le héros est Fabrice del Dongo, obtint un grand succès d'estime. À sa mort, il laissait un roman inachevé, *Lamiel* (publié en 1889). Méconnu de son vivant, Stendhal est auj. l'un des écrivains français les plus admirés. De même que ses personnages cultivent l'énergie, la raison, la lucidité, la haine du conformisme et de la soumission, Stendhal vise, par son écriture, à l'efficacité. Il aimait parler de lui : son *Journal,* tenu de 1802 à 1817, épisodiquement jusqu'en 1823 (publié en 1888), les brefs *Souvenirs d'égotisme* (1832, éd. posth. 1892), la *Vie de Henry Brulard* (1835-1836, éd. posth. 1890) révèlent un mode unique de percevoir et de raisonner, qu'on a nommé le *beylisme.*

stendhalien, enne [stɛ̃daljɛ̃, ɛn] adj. LITTER De Stendhal, qui a rapport à Stendhal. *La prose stendhalienne.*

sténo [steno] n. m. et f. Abrév. cour. de *sténographe* et *sténographie.*

sténodactylo [stenodaktilo] n. Personne qui pratique la sténographie et la dactylographie à titre professionnel.

sténodactylographie [stenodaktilɔgʀafi] n. f. Emploi combiné de la sténographie et de la dactylographie.

sténographe [stenɔgʀaf] n. Personne qui pratique la sténographie à titre professionnel. (Abrév. cour. : sténo).

sténographie [stenɔgʀafi] n. f. Procédé d'écriture très simplifié permettant de noter des paroles aussi vite qu'elles sont prononcées. (Abrév. cour. : sténo).

sténographier [stenɔgʀafje] v. tr. [2] Écrire en sténographie. *Sténographier un débat.*

sténographique [stenɔgʀafik] adj. Qui a rapport à la sténographie.

sténose [stenoz] n. f. MED Rétrécissement pathologique d'un conduit, d'un orifice, d'un organe.

sténotype [stenɔtip] n. f. TECH Machine à clavier qui permet de noter très rapidement la parole sous forme phonétique, avec un alphabet simplifié.

sténotypie [stenɔtipi] n. f. Technique de la notation de la parole au moyen d'une sténotype.

sténotypiste [stenɔtipist] n. Personne qui pratique la sténotypie à titre professionnel.

stentor [stɑ̃tɔʀ] n. m. **1.** *Voix de stentor :* voix forte, retentissante. **2.** ZOOL Protozoaire cilié d'eau douce en forme de trompe.

Stephenson (George) (1781 – 1848), ingénieur anglais. Il construisit, en 1813, la première locomotive à vapeur munie de roues lisses accouplées par bielles et roulant sur des rails lisses. Il remporta en 1829, avec son fils **Robert** (1803 – 1859), un concours avec une locomotive qui parvint à tirer un train de 40 t à la vitesse de 26 km/h. Il dirigea la construction de la ligne ferroviaire Liverpool-Manchester (1826-1829).

steppe [stɛp] n. f. **1.** GEOGR Formation végétale caractéristique des zones semi-arides, constituée par une couverture discontinue de graminées xérophiles dont les intervalles peuvent être occupés par des arbustes et buissons épineux (surtout mimosacées et plantes succulentes). ▷ GEOGR et cour. Vaste plaine couverte par une telle végétation. *La steppe sibérienne.* **2.** ARCHEOL *Art des steppes :* art ornemental des peuples nomades de la steppe eurasiatique (IIIe millénaire av. J.-C. – IIIe s. apr. J.-C.).

steppique [stepik] adj. Didac. De la steppe; caractéristique de la steppe. *Végétation steppique.*

stéradian [steʀadjɑ̃] n. m. PHYS Unité d'angle solide (symbole sr), égale à l'angle solide qui découpe, sur une sphère centrée au sommet de cet angle, une surface égale à celle d'un carré ayant pour côté le rayon de la sphère.

1. stercoraire [stɛʀkɔʀɛʀ] n. m. ORNITH Gros oiseau (genre *Stercorarius*) des régions polaires, au bec crochu, qui attaque les autres oiseaux pour prendre leur proie. Syn. labbe.

2. stercoraire [stɛʀkɔʀɛʀ] adj. Didac. **1.** SC NAT Qui se nourrit d'excréments, qui croît sur les excréments. (V. coprophage, scatophile.) **2.** MED Qui a rapport aux excréments. *Fistule stercoraire.*

sterculiacées [stɛʀkyljase] n. f. pl. BOT Famille de plantes arborescentes tropicales, à laquelle appartiennent notam. le cacaoyer, le colatier, le samba. – Sing. *Une sterculiacée.*

sterculie [stɛʀkyli] n. f. Nom générique d'une centaine d'espèces de plantes arborescentes tropicales de la famille des sterculiacées.

stère [stɛʀ] n. m. Unité de volume (symbole st) égale au mètre cube, utilisée pour les bois de charpente et de chauffage.

stéréo-. Élément, du gr. *stereos,* « solide, ferme », impliquant une idée de volume.

stéréo [steʀeo] n. f. ou adj. Abrév. de *stéréophonie, stéréophonique.*

stéréochimie [steʀeoʃimi] n. f. CHIM Partie de la chimie qui étudie les rapports entre les propriétés des corps et la configuration spatiale des atomes de leurs molécules.

stéréognosie [steʀeognɔzi] n. f. PHYSIOL Fonction sensorielle permettant de reconnaître la forme et le volume des objets qu'on palpe.

stéréogramme [steʀeogʀam] n. m. Didac. Image obtenue par stéréographie ou stéréoscopie.

stéréographie [steʀeogʀafi] n. f. Didac. Représentation des solides par leurs projections sur des plans.

stéréo-isomérie [steʀeoizɔmeʀi] n. f. CHIM Isomérie* de corps présentant la même formule semi-développée, mais de configurations spatiales différentes. *Des stéréo-isomméries.*

stéréométrie [steʀeometʀi] n. f. TECH Branche de la géométrie pratique qui a pour objet la mesure des solides. ▷ *Spécial.* Mesure approximative des volumes des corps usuels (troncs d'arbres, tonneaux, tas de sable, etc.).

stéréophonie [steʀeofɔni] n. f. Procédé de reproduction des sons utilisant plusieurs canaux différents branchés sur des enceintes acoustiques distinctes et restituant ainsi un relief sonore. Ant. monophonie. ▷ Abrév. cour. : stéréo. *Concert en stéréo.*

stéréophonique [stereofɔnik] adj. Qui restitue un relief sonore par la stéréophonie; en stéréophonie. – Abrév. cour. : stéréo. *Chaîne stéréo.*

stéréoscope [stereoskɔp] n. m. TECH Instrument d'optique restituant l'impression du relief par stéréoscopie.

stéréoscopie [stereoskɔpi] n. f. TECH Procédé qui permet de restituer l'impression du relief à partir du fusionnement d'un couple d'images planes; utilisation du stéréoscope.

stéréoscopique [stereoskɔpik] adj. TECH Relatif au stéréoscope ou à la stéréoscopie.

stéréotomie [stereotɔmi] n. f. TECH Art de la coupe des pierres, des matériaux de construction.

stéréotype [stereotip] n. m. Idée toute faite, poncif, banalité. Syn. cliché.

stéréotypé, ée [stereotipe] adj. Qui a le caractère convenu d'un stéréotype, qui est banal, sans originalité. *Plaisanteries stéréotypées.*

stéréotypie [stereotipi] n. f. MED Tendance à répéter les mêmes paroles ou les mêmes attitudes, observée chez certains malades mentaux.

sterfput [stɛrfpyt] ou **sterput** [stɛrpyt] n. m. (Belgique) Petite cavité pourvue d'un siphon, aménagée dans le sol d'une maison pour permettre l'évacuation des eaux.

stérile [steril] adj. **1.** Inapte à la reproduction. *Animal, fleur stérile.* **2.** Qui ne produit rien, ne rapporte rien. *Une terre stérile.* ▷ Fig. Qui n'aboutit à rien, qui ne donne pas de résultat. *Discussion stérile. Travail stérile.* **3.** Exempt de tout germe. *Pansement stérile.*

stérilet [sterilɛ] n. m. Dispositif anticonceptionnel intra-utérin.

stérilisant, ante [sterilizɑ̃, ɑ̃t] adj. Qui stérilise. *Un produit stérilisant.* – Fig. *Une activité stérilisante.*

stérilisation [sterilizasjɔ̃] n. f. **1.** Suppression de la faculté de reproduction. *Stérilisation d'une femme par ligature des trompes.* **2.** Destruction des germes présents dans un milieu. *Stérilisation par les antiseptiques.*

stériliser [sterilize] v. tr. [1] **1.** Rendre inapte à la reproduction. **2.** Rendre exempt de germes. *Stériliser du lait.* **3.** Fig. Appauvrir, rendre inefficace, improductif. *Le manque d'entretien stérilise la mémoire.*

stérilité [sterilite] n. f. **1.** Fait d'être stérile, inaptitude à se reproduire. **2.** État de ce qui ne produit rien. *Stérilité d'un sol.* ▷ Fig. *Stérilité d'un débat.* **3.** Fait d'être exempt de tout germe.

Sterkfontein, local. d'Afrique du Sud à l'O. de Krugersdorp, près de Johannesburg, où l'on découvrit en 1936 des restes d'australopithèques. Mines d'or.

sterlet [stɛrlɛ] n. m. Esturgeon (*Acipenser ruthenus*) d'Europe orientale et d'Asie occidentale, dont les œufs servent à préparer le caviar.

sterling [stɛrliŋ] adj. inv. *Livre sterling :* monnaie de compte de Grande-Bretagne. ▷ Par ext. *La zone sterling :* la zone monétaire de la livre sterling.

Stern (Isaac) (né en 1920), violoniste américain d'origine russe.

sternal, ale, aux [stɛrnal, o] adj. ANAT Qui a rapport au sternum.

Sternberg (Jonas Sternberg, dit Josef von) (1894 – 1969), cinéaste américain d'origine autrichienne, à l'art baroque : *les Nuits de Chicago* (1927). Il fit de M. Dietrich* une star : *l'Ange bleu* (film all., 1930), *Shanghai Express* (1932).

sterne [stɛrn] n. f. ORNITH Oiseau lariforme proche des mouettes, aux ailes longues et étroites, à la queue souvent fourchue, au plumage clair avec une calotte noire, communément appelé *hirondelle de mer.*

Sterne (Laurence) (1713 – 1768), écrivain anglais. Pasteur, il publia des *Sermons* (1760). *La Vie et les Opinions de Tristram Shandy* (9 vol., 1759-1767) est un roman plein d'humour dont l'écriture audacieusement désinvolte influença Diderot, notam. *Le Voyage sentimental* (1768) décrit la vie quotidienne au XVIIIe s. en Angleterre et en France.

sternum [stɛrnɔm] n. m. Os plat de la face antérieure du thorax, sur lequel s'articulent les côtes et les clavicules.

stéroïde [sterɔid] adj. et n. m. BIOCHIM Se dit de certaines substances (et, spécial., de certaines hormones) dérivées d'un stérol. ▷ n. m. *Un stéroïde.*

stéroïdien, enne [sterɔidjɛ̃, ɛn] adj. BIOCHIM Qui se rapporte aux stéroïdes; de la nature des stéroïdes.

stérol [sterɔl] n. m. BIOCHIM Nom générique des alcools dérivés du noyau du phénanthrène, auquel s'ajoute une chaîne latérale plus ou moins longue, et qui jouent un rôle fondamental dans l'organisme comme constituants essentiels des hormones génitales et surrénales.

sterput [stɛrpyt] n. m. V. sterfput.

stéthoscope [stetɔskɔp] n. m. MED Instrument permettant l'auscultation des bruits à travers les parois du corps («auscultation médiate»).

Stétié (Salah) (né en 1929), poète et essayiste libanais d'expression française. Après des études de lettres à Paris, il retourne au Liban en 1954, crée le supplément litt. du quotidien *l'Orient*, puis entame une carrière diplomatique en 1963. Ses essais sur la poésie arabe et française (*les Porteurs de feu et autres essais*, 1972; *Rimbaud, le huitième dormant*, 1993) éclairent sa démarche de poète au style pur et dépouillé : *la Mort abeille* (1972); *Inversion de l'arbre et du silence* (1980); *l'Ouvraison* (1995). Il a reçu en 1995 le grand prix de la Francophonie.

Stettin. V. Szczecin.

Stevens (Siaka Probyn) (1905 – 1988), homme politique de la Sierra Leone; Premier ministre (1967, puis 1968-1971), président de la Rép. (1971-1985).

Stevenson (Robert Louis Balfour) (1850 – 1894), écrivain écossais. Il a élevé le roman d'aventures à la plus haute qualité : *l'Île au trésor* (1883); *Docteur Jekyll et Mister Hyde* (1886), récit d'épouvante montrant un dédoublement de la personnalité; *le Maître de Ballantrae* (1889).

Stevin (Simon), dit *Simon de Bruges* (1548 – 1620), savant flamand. Il fit progresser la mécanique et l'hydrostatique, et développa l'enseignement des mathématiques aux Pays-Bas, où il répandit l'usage du système décimal.

steward [stjuward; stiwart] n. m. Maître d'hôtel ou garçon de service à bord des paquebots, des avions.

Stewart (James) (1908 – 1997), acteur américain; dirigé par Capra (*M. Smith au sénat*, 1939, Hitchcock (*Fenêtre sur cour*, 1954; *Sueurs froides*, 1958).

Stewart (Jacky) (né en 1939), coureur automobile britannique.

sthénie [steni] n. f. MED État de pleine activité physiologique. Ant. asthénie.

stibine [stibin] n. f. MINER Sulfure naturel d'antimoine (Sb_2S_3), principal minerai d'antimoine.

stick [stik] n. m. (Anglicisme) **1.** Canne mince et flexible. **2.** Produit conditionné et vendu sous forme de bâton ou de bâtonnet solide. *Stick de rouge à lèvres.*

Stieglitz (Alfred) (1864 – 1946), photographe américain; pionnier du reportage sociologique (*l'Entrepont*, 1907).

stigmate [stigmat] n. m. **I. 1.** Litt. Marque que laisse une plaie; cicatrice. *Les stigmates de la variole.* **2.** Litt., péjor. Marque, trace honteuse. *Les stigmates du vice.* **3.** Plur. RELIG CATHOL Marques des cinq plaies du Christ visibles sur le corps de certains mystiques. **II. 1.** BOT Renflement terminal du style, qui reçoit le pollen. **2.** ZOOL Orifice externe des trachées des arthropodes trachéates.

stigmatique [stigmatik] adj. PHYS Se dit d'un système optique qui donne d'un point une image ponctuelle. Ant. astigmatique.

stigmatisation [stigmatizasjɔ̃] n. f. Litt. Action, fait de stigmatiser, de blâmer publiquement.

stigmatiser [stigmatize] v. tr. [1] **1.** RELIG CATHOL Marquer des stigmates. **2.** Fig. Blâmer, flétrir publiquement. *Ce moraliste stigmatise les vices de son temps.*

Stijl (De) («le Style»), revue et mouvement artistiques néerlandais regroupant surtout des peintres et des architectes, créés à Leyde en 1917 par le peintre Theo Van Doesburg, en collab. avec P. Mondrian. La revue cessa de paraître en 1928.

stilbose [stilboz] n. f. Syn. de *mancha.*

stillation [stil(l)asjɔ̃] n. f. Didac. Écoulement goutte à goutte d'un liquide.

stillbayen [stilbɛjɛ̃] n. m. PREHIST Faciès culturel du paléolithique moyen, défini à Stillbay (Afrique du S., prov. du Cap), dont l'outillage rappelle le moustérien évolué.

Stiller (Mauritz) (1883 – 1928), cinéaste suédois. Sobriété et beauté plastique caractérisent ses œuvres; *la Légende de Gösta Berling* (1924) révéla Greta Garbo.

Stimmer (Tobias) (1539 – 1584), peintre et graveur suisse. Il travailla notamment à Schaffhouse (fresques de la maison Zum Ritter, 1570, auj. musée), à Baden-Baden et à Strasbourg. Ses gravures sur bois figurent des scènes religieuses.

stimulant, ante [stimylɑ̃, ɑ̃t] adj. et n. m. **1.** Qui stimule, incite à l'action. *Résultats stimulants.* **2.** Qui stimule l'activité physiologique ou psychique. *Remède stimulant.* ▷ n. m. *Un stimulant.*

stimulateur, trice [stimylatœr, tris] adj. et n. m. **1.** adj. Litt. Qui stimule, excite. **2.** n. m. MED *Stimulateur cardiaque :* appareil électrique qui émet des impulsions rythmées provoquant les contractions du cœur, utilisé pour pallier certaines insuffisances cardiaques.

stimulation [stimylasjɔ̃] n. f. **1.** Action de stimuler. **2.** PHYSIOL, PSYCHO Action déclenchée par un stimulant ou par un stimulus.

stimuler [stimyle] v. tr. [1] **1.** Inciter à l'action, encourager, motiver. *Stimuler qqn. Ce succès a stimulé son ardeur. Stimuler une industrie.* **2.** Exciter, réveiller une activité (physiologique). *Pilules pour stimuler la digestion.*

stimuline [stimylin] n. f. PHYSIOL Hormone hypophysaire qui stimule le fonctionnement des glandes endocrines.

stimulus [stimylys] n. m. PHYSIOL Facteur (externe ou interne) susceptible de déclencher la réaction d'un système physiologique ou psychologique. *Des stimulus* ou *des stimuli.*

stipe [stip] n. m. BOT Tige aérienne droite, sans ramification, terminée par un bouquet de feuilles, des palmiers et des fougères arborescentes.

stipulation [stipylasjɔ̃] n. f. **1.** DR Clause, condition stipulée dans un contrat. – *Stipulation pour autrui* : convention par laquelle une partie fait promettre à une autre d'accomplir une prestation au profit d'un tiers. **2.** Mention expresse.

stipule [stipyl] n. f. BOT Petit appendice foliacé ou membraneux, à la base du pétiole de certaines feuilles.

stipuler [stipyle] v. tr. [1] **1.** DR Formuler comme condition dans un contrat. **2.** Spécifier, mentionner expressément.

Stirner (Kaspar Schmidt, dit Max) (1806 – 1856), philosophe allemand, théoricien de l'individualisme et de l'anarchie, auteur de *l'Unique et sa propriété* (1845).

S.T.O. Sigle de *Service* du travail obligatoire.*

stochastique [stɔkastik] adj. et n. f. Didac. **I.** adj. **1.** Qui est dû au hasard, qui relève du hasard. Syn. aléatoire. **2.** MATH Qui relève du domaine du calcul des probabilités. **II.** n. f. Branche des mathématiques qui traite de l'exploitation des statistiques par le calcul des probabilités.

stock [stɔk] n. m. **1.** Quantité de marchandises en réserve. *Stock d'un magasin.* **2.** Grande quantité de choses que l'on possède. *Il a chez lui un véritable stock de masques dogons.* **3.** COMPTA *Les stocks* : l'ensemble des matières premières, des produits en cours de fabrication et des produits finis qu'une entreprise détient à une date donnée. **4.** BIOL *Stock chromosomique* : génome*.

stockage [stɔkaʒ] n. m. Mise en stock. ▷ INFORM *Le stockage des informations,* leur mise en mémoire.

stocker [stɔke] v. tr. et intr. [1] Mettre en stock, emmagasiner.

stockeur, euse [stɔkœʀ, øz] adj. ECON *Organisme stockeur,* qui a pour activité de collecter, de stocker et de distribuer (des semences, notam.). *Organisme privé stockeur (O.P.S.).*

stockfisch [stɔkfiʃ] n. m. **1.** Poisson salé et séché. **2.** Morue séchée à l'air et non salée.

Stockhausen (Karlheinz) (né en 1928), compositeur allemand; chef de file de la musique aléatoire (*Klavierstück XI,* 1957) et expérimentale (*Kontakte,* 1959; *Sirius,* 1977; *Licht,* 1988).

Stockholm, cap. et port de la Suède, sur la Baltique; 666 810 hab. (aggl. urb. 1 461 620 hab.). Construite sur le détroit qui relie le lac Mälar à la mer Baltique, dans un site d'îles et de chenaux, la ville est le 1er centre industriel et commercial du pays. – Université. Évêché catholique. Musées (dont le musée en plein air du Skansen). Palais royal (XVIIe s.), qui domine la cité, maison de la Noblesse (XVIIe s.), de style baroque allemand, égl. St-Nicolas (XIIIe-XVIIIe s.) et des Chevaliers (XIIIe s.), lieu de sépulture des rois de Suède. – Fondée v. 1250, Stockholm, dominée par la Hanse, ne prit de l'importance qu'après l'indépendance de la Suède (1523), dont elle devint la cap. en 1624. Les jeux Olympiques s'y déroulèrent en 1912.

stoïcien, enne [stɔisjɛ̃, ɛn] n. et adj. **I.** n. **1.** PHILO Partisan du stoïcisme. ▷ adj. *Philosophe stoïcien.* **2.** Litt. Personne stoïque. **II.** adj. Du stoïcisme, qui a rapport au stoïcisme. *Une maxime stoïcienne.*

stoïcisme [stɔisism] n. m. **1.** PHILO Doctrine du philosophe grec Zénon de Cittium (v. 335 – v. 264 av. J.-C.) et de ses disciples. **2.** Cour. Fermeté d'âme devant la douleur ou l'adversité.
ENCYCL Mouvement philosophique fondé en Grèce au IVe s. av. J.-C. par Zénon de Cittium, Cléanthe d'Asson et Chrysippe de Soli, le stoïcisme se poursuivit jusqu'à Sénèque, Épictète et l'empereur Marc Aurèle, au IIe s. apr. J.-C., et inspira, bien au-delà, les conduites morales de l'Occident. Il implique, surtout dans ses débuts, une connaissance de la nature, fondatrice d'une sagesse à la fois spéculative et pratique. Naturaliste, il repose sur une physique, c.-à-d. une science concrète de l'univers compris comme un tout organique. Immanente et corporelle, la connaissance est à l'image de ce qu'elle connaît. La morale, reflet de la physique et étrangère à un code abstrait de devoirs, préconise que l'homme suive sa nature, expression de la nature universelle, mais il réfrénera ses passions, puisque sa nature est raison. Le dernier stoïcisme, dit impérial, développa princ. la morale, guide de la vie spirituelle permettant de surmonter les difficultés de la vie politique (par ex. la tyrannie romaine) et privée, tout en s'accommodant des choses «qui ne dépendent pas de nous» (Épictète).

stoïque [stɔik] adj. et n. Qui rappelle la fermeté d'âme prônée par les stoïciens. *Attitude ferme et stoïque.* – (Personnes) *Demeurer stoïque dans la souffrance.* ▷ Subst. *Un(e) stoïque.*

stoïquement [stɔikmɑ̃] adv. D'une manière stoïque, courageusement. *Supporter stoïquement les souffrances.*

Stokes (sir George Gabriel) (1819 – 1903), physicien anglais : études sur la fluorescence et la viscosité.

stolon [stɔlɔ̃] n. m. **1.** BOT Tige adventive rampante qui développe à son extrémité des racines et des feuilles, formant ainsi un nouveau pied. *Les stolons de la patate douce.* **2.** ZOOL Long bourgeon qui, chez certains animaux marins inférieurs, donne naissance à un nouvel individu.

Stolypine (Piotr Arkadievitch) (1862 – 1911), homme politique russe. Ministre de l'Intérieur (1904), puis président du Conseil (1906), il mena une dure répression contre les révolutionnaires. Il fut assassiné.

stomachique [stɔmaʃik] adj. et n. m. MED Qui facilite la digestion gastrique.

stomat(o)-. Élément, du gr. *stoma, stomatos,* «bouche».

stomate [stɔmat] n. m. BOT Organe épidermique des parties aériennes des végétaux, qui régule l'évapotranspiration en fonction de facteurs internes et externes (génotype, température, etc.).

stomatite [stɔmatit] n. f. MED Inflammation de la muqueuse buccale.

stomatologie [stɔmatɔlɔʒi] n. f. Didac. Branche de la médecine qui traite des affections de la bouche et des dents.

stomatologiste [stɔmatɔlɔʒist] ou **stomatologue** [stɔmatɔlɔg] n. Didac. Docteur en médecine spécialiste de stomatologie.

stomocordés [stɔmɔkɔʀde] n. m. pl. ZOOL Syn. de *hémicordés.* – Sing. *Un stomocordé.*

stomoxe [stɔmɔks] n. m. ENTOM Mouche piqueuse susceptible de transmettre des maladies à l'homme et aux animaux domestiques.

Stonehenge, site préhistorique du S. de l'Angleterre, au N. de Salisbury. Son cromlech*, le plus import. monument mégalithique des îles Britanniques, est vraisemblablement un anc. sanctuaire dédié à un culte solaire. Il remonte à l'âge du bronze.

Stoney (George Johnstone) (1826 – 1911), physicien irlandais. En 1891, il supposa l'existence de particules porteuses d'une charge négative et les nomma *électrons**.

stop [stɔp] interj. et n. m. **I.** interj. **1.** Marque un ordre, un signal d'arrêt. **2.** Marque la fin des phrases dans les télégrammes. **II.** n. m. **1.** Signal lumineux à l'arrière des véhicules, commandé par le frein. **2.** Signal routier ordonnant l'arrêt absolu, à un croisement.

stoppage [stɔpaʒ] n. m. Action de stopper, raccommoder; son résultat.

1. stopper [stɔpe] v. [1] **I.** v. tr. **1.** Faire cesser d'avancer, de fonctionner (un véhicule, une machine). **2.** Fig. Arrêter le mouvement, la progression de (qqn, qqch). *Stopper la progression d'une épidémie.* **II.** v. intr. S'arrêter (véhicule, machine).

2. stopper [stɔpe] v. tr. [1] Raccommoder (une étoffe déchirée) fil par fil.

1. stoppeur [stɔpœʀ] n. m. Au football, arrière central spécialisé dans les actions défensives.

2. stoppeur, euse [stɔpœʀ, øz] n. Spécialiste du stoppage.

Storck (Henri) (né en 1907), cinéaste belge, auteur de documentaires : *Images d'Ostende* (1930), *Borinage* (en coll. avec Ivens, 1933), *Maisons de la misère* (1938), sur *Paul Delvaux* (1946 et 1971), *Permeke* (1985).

store [stɔʀ] n. m. Rideau ou panneau souple placé devant une fenêtre, une ouverture, et qui, le plus souvent, s'enroule horizontalement. *Store vénitien,* composé de lamelles orientables.

Stoss (Veit). V. Stwosz (Wit).

stoupa [stupa] n. m. V. stūpa.

strabique [stʀabik] adj. et n. Didac. Qui est affecté de strabisme.

strabisme [stʀabism] n. m. Défaut de parallélisme des yeux, déviation de l'un ou des deux yeux vers l'intérieur *(strabisme convergent)* ou vers l'extérieur *(strabisme divergent).* V. loucher.

Strabon (en gr. *Strabôn,* en lat. *Strabo*) (v. 58 av. J.-C. – entre 21 et 25 apr. J.-C.), géographe grec. Sa *Géographie* décrit tous les pays alors connus, ainsi que leurs habitants.

Stradella (Alessandro) (1644 – 1682), compositeur et chanteur italien.

Stradivarius (Antonio Stradivari, dit) (v. 1644 – 1737), luthier italien; le plus célèbre des fabricants de violons; sur plus de 1 100, 400 ont été conservés.

stramoine [stʀamwan] n. f. BOT Datura dont certains alcaloïdes sont utilisés en thérapeutique pour leur action sédative et antispasmodique.

strangulation [stʀɑ̃gylasjɔ̃] n. f. Action d'étrangler qqn; son résultat.

strapontin [stʀapɔ̃tɛ̃] n. m. **1.** Siège qu'on peut relever ou abaisser, utilisé dans certains véhicules, dans les salles de spectacle, etc. **2.** Fig. Fonction d'importance secondaire.

Strasbourg, v. de France, ch.-l. du dép. du Bas-Rhin et de la Rég. Alsace, sur l'Ill et près du Rhin; 255 937 hab. Le 2e port fluvial de France. Aéroport. Centre industriel et culturel; cap. européenne : siège du Conseil de l'Europe dep. 1949, et dep. 1979 du Parlement européen. – Archevêché. Université. Musées. Cath. Notre-Dame (XIe-XVIe s.). Château des Rohan (XVIIIe s.). – Fondée par des légionnaires romains v. 15 av. J.-C., cité commerçante ravagée par des invasions (IVe-Ve s.), la ville reparut au VIe s. (*Strateburgum :* la «ville sur la route»). Rattachée à la Lotharingie (843), puis à l'Allemagne (870), ville libre d'Empire en 1201, elle fut annexée par Louis XIV en 1681. Prise par les All. en 1870, elle redevint franç. en 1918. Réoccupée par les All. en 1940, elle fut libérée en nov. 1944.

Strasbourg (serments de), pacte conclu entre Louis le Germanique et Charles le Chauve contre leur frère Lothaire (842). Nous possédons là les premiers textes connus écrits en langues romane et allemande.

strass [stʀas] n. m. Variété de verre très réfringent, utilisé pour imiter les pierres précieuses.

Strasser (Valentine) (né en 1965), capitaine et homme politique de Sierra Leone, prés. du Conseil national de gouvernement depuis 1992.

stratagème [stʀataʒɛm] n. m. Tour d'adresse conçu dans le dessein de tromper; ruse. *Recourir à un habile stratagème.*

strate [stʀat] n. f. GEOL Chacune des couches parallèles qui constituent un terrain (partic. un terrain sédimentaire). ▷ Par ext. BIOL *Strates de cellules d'un tissu.* ▷ STATIS Échantillon qui réunit des unités homogènes.

stratège [stʀatɛʒ] n. m. Personne compétente en matière de stratégie. *Ce général est un excellent stratège.*

stratégie [stʀateʒi] n. f. **1.** Partie de l'art militaire consistant à organiser l'ensemble des opérations d'une guerre, la défense globale d'un pays. **2.** Art de combiner des opérations pour atteindre un but. *Stratégie électorale.*

stratégique [stʀateʒik] adj. **1.** Qui a rapport à la stratégie; qui offre un intérêt militaire. *Plan stratégique. Point stratégique.* **2.** Qui a rapport à la stratégie (sens 2).

Stratford upon Avon (anc. *Stratford on Avon*), ville d'Angleterre (Warwickshire), au S.-E. de Birmingham, sur l'*Avon;* 103 600 hab. – Maison natale de Shakespeare. Shakespeare Memorial Theatre. Église (XIIIe-XVe s., tombeau de Shakespeare).

stratification [stʀatifikasjɔ̃] n. f. GEOL Disposition de matériaux en strates. *La stratification des terrains sédimentaires.* ▷ Par ext. BIOL *Stratification des cellules d'un tissu.* ▷ Fig. *Les stratifications sociales.*

stratifié, ée [stʀatifje] adj. et n. m. **1.** GEOL Qui est constitué de strates. *Terrain stratifié.* ▷ Par ext. BIOL *Épithélium stratifié.* **2.** TECH Se dit d'un matériau obtenu en comprimant plusieurs couches d'une matière souple (lamelles de bois, papier, toile, etc.) imprégnées de résines artificielles. ▷ n. m. *Du stratifié.* Syn. lamifié.

stratifier [stʀatifje] v. tr. [**2**] Disposer en couches superposées.

stratigraphie [stʀatigʀafi] n. f. GEOL Partie de la géologie consacrée à l'étude des strates constitutives des terrains.

stratigraphique [stʀatigʀafik] adj. GEOL Qui a rapport aux strates, à la stratigraphie.

strato-cumulus [stʀatokymylys] n. m. inv. METEO Banc, nappe ou couche de nuages gris à ombres propres, situés en général à une altitude comprise entre 1 000 et 2 000 m et présentant la forme de balles, de galets ou de rouleaux.

stratosphère [stʀatɔsfɛʀ] n. f. Couche de l'atmosphère située entre la troposphère et la mésosphère (c.-à-d. entre 10 et 50 km d'altitude).

stratosphérique [stʀatɔsfeʀik] adj. **1.** Relatif à la stratosphère. **2.** Conçu pour se déplacer dans la stratosphère. *Ballon stratosphérique.*

stratus [stʀatys] n. m. METEO Nuage bas en couche grise assez uniforme pouvant donner de la brume ou de la neige fine. *Des stratus.*

Straus (Oscar) (1870 – 1954), compositeur autrichien : nombr. opérettes (*Rêve de valse,* 1907).

Strauss (Johann I) (1804 – 1849), compositeur autrichien; l'un des prem. maîtres de la valse viennoise et auteur de marches *(Marche de Radetzky),* polkas et quadrilles. — **Johann II** (1825 – 1899), fils aîné du préc.; auteur des valses les plus célèbres *(le Beau Danube bleu)* puis d'opérettes : *la Chauve-Souris* (1874), *le Baron tzigane* (1885). — **Joseph** (1827 – 1870) et **Eduard** (1835 – 1916), frères du préc. : valses.

Strauss (Richard) (1864 – 1949), compositeur et chef d'orchestre allemand, au romantisme baroque : *Don Juan* (1889), *Mort et Transfiguration* (1890), *Till Eulenspiegel* (1895), poèmes symphoniques; *Salomé* (1905), *Elektra* (1909), *le Chevalier à la rose* (1911), *Ariane à Naxos* (1912), opéras. Après 1920, il revint au classicisme.

Stravinski (Igor Fiodorovitch) (1882 – 1971), compositeur russe, naturalisé français puis américain. Il collabora, à Paris, avec Diaghilev : *l'Oiseau de feu* (1910), *Petrouchka* (1911), *le Sacre du printemps* (1913). Puis il s'inspira des contes populaires : *Histoire du soldat* (en collab. avec Ramuz, 1918), *Renard* (1922), *les Noces* (1923), et écrivit pour le théâtre *Pulcinella* (1920), *Œdipus Rex* (1927), *Apollon Musagète* (1928). Vers la fin de sa vie, il utilisa le dodécaphonisme : *Agon* (ballet, 1957).

Strehler (Giorgio) (né en 1921), metteur en scène et directeur de théâtre italien. Cofondateur du Piccolo Teatro de Milan (1947), il a mis en scène Brecht, Goldoni, des opéras de Mozart.

strelitzia [stʀelitsja] n. m. BOT Plante ornementale originaire d'Afrique australe (fam. musacées), aux fleurs vivement colorées s'ouvrant en éventail.

streptococcie [stʀɛptɔkɔksi] n. f. MED Infection due à un streptocoque.

streptocoque [stʀɛptɔkɔk] n. m. MED Bactérie de forme arrondie (genre *Streptococcus*), dont les individus se groupent en chaînettes.

streptomyces [stʀɛptɔmisɛs] n. m. MICROBIOL Genre de mycobactérie aérobie dont de nombreuses espèces synthétisent des antibiotiques.

streptomycine [stʀɛptɔmisin] n. f. MED Antibiotique actif sur un grand nombre de bactéries (bacille de Koch, notam.), produit par *Streptomyces griseus.*

Stresemann (Gustav) (1878 – 1929), homme politique allemand. Chef du parti populiste au Reichstag, chancelier (août-nov. 1923), ministre des Affaires étrangères (1923-1929), il fit sortir l'Allemagne de son isolement (pacte Briand*-Kellogg, 1928). P. Nobel de la paix 1926 (avec A. Briand).

stress [stʀɛs] n. m. inv. (Anglicisme) Didac. Ensemble des perturbations physiologiques et métaboliques provoquées dans l'organisme par des agents agresseurs variés (choc traumatique, chirurgical, émotion, froid, etc.). Syn. (off. recommandé) agression. ▷ Cour. Action brutale produite par l'un de ces agents sur l'organisme.

stressant, ante [stʀɛsɑ̃, ɑ̃t] adj. Qui provoque le stress.

stresser [stʀese] v. tr. [**1**] Perturber par un stress.

stretch [stʀɛtʃ] n. m. et adj. inv. (Nom déposé.) Type de tissu élastique dans le sens horizontal.

stretching [stʀɛtʃiŋ] n. m. SPORT Méthode de gymnastique qui fait une large part à l'étirement musculaire.

strict, stricte [stʀikt] adj. **1.** Qui doit être rigoureusement observé. *Morale stricte. Consignes strictes.* ▷ MATH Se dit d'une inégalité dans laquelle l'égalité est exclue. **2.** Qui est rigoureusement conforme à une règle; qui est d'une exactitude ou d'une valeur absolue. *C'est mon droit le plus strict. La stricte vérité. Mot pris dans son sens strict.* **3.** Intransigeant, sévère. *Ses parents sont très stricts.* **4.** D'une sobriété un peu sévère. *Tailleur strict.*

strictement [stʀiktəmɑ̃] adv. **1.** D'une manière stricte. *Strictement interdit.* **2.** Au sens strict, absolument. *Je n'entends strictement rien.* ▷ MATH En excluant l'égalité. *Strictement inférieur, supérieur à.*

striction [stʀiksjɔ̃] n. f. Didac. Action de serrer. ▷ MED Constriction.

stricto sensu [stʀiktosɛ̃sy] adv. (loc. lat.) Au sens étroit, restreint.

strident, ente [stʀidɑ̃, ɑ̃t] adj. Aigu et perçant (sons). *Cris stridents.*

stridulation [stʀidylasjɔ̃] n. f. Bruit aigu, lancinant que produisent certains insectes (cigales, criquets, etc.).

strie [stʀi] n. f. Ligne très fine, en creux ou en relief, parallèle, sur une surface, à d'autres lignes semblables. *Les stries d'une coquille.* Syn. rainure, sillon.

strié, ée [stʀije] adj. Qui présente des stries. ▷ GEOL *Roche striée.* ▷ ANAT *Corps strié :* double masse de substance grise située à l'union du cerveau intermédiaire et des deux hémisphères. – *Muscles striés :* V. encycl. muscle.

strier [stʀije] v. tr. [**2**] Marquer, orner de stries.

striga [stʀiga] n. m. BOT Genre de scrofulariacées tropicales dont certaines espèces parasitent les cultures (sorgho, maïs, mil, riz, etc.) de façon redoutable.

strigiformes [stʀiʒifɔʀm] n. m. pl. ORNITH Ordre d'oiseaux rapaces nocturnes (chouettes, effraies, hiboux), caractérisés par des yeux tournés vers l'avant et des serres emplumées. – Sing. *Un strigiforme.*

Strindberg (August) (1849 - 1912), écrivain suédois. Son roman *la Chambre rouge* (1879), ses nouvelles, ses drames *Père* (1887), *Mademoiselle Julie* (1888) et *les Créanciers* (1888) sont naturalistes. De 1886 à 1897, en proie à des crises de folie, notam. pendant son séjour à Paris (1894-1896), il écrivit *le Plaidoyer d'un fou* (en franç., 1887-1888), *Inferno* (en franç., 1897), des pièces historiques (*Eric XIV*, 1899; *Christine*, 1903, etc.), deux drames (*la Danse de mort*, 1900; *le Songe*, 1902) et cinq sombres «kammarspel» (pièces intimes pour théâtre de chambre). Il eut aussi une œuvre de peintre.

string [stʀiŋ] n. m. Slip ou maillot de bain qui ne couvre pas les fesses.

stripping [stʀipiŋ] n. m. (Anglicisme) CHIR Mode de traitement chirurgical des varices. Syn. (off. recommandé) éveinage.

strip-tease [stʀiptiz] n. m. (Anglicisme) Déshabillage progressif et suggestif d'une ou plusieurs femmes au cours d'un spectacle de cabaret. Syn. (off. recommandé) effeuillage. – Ce spectacle. *Des strip-teases.*

strip-teaseuse [stʀiptizøz] n. f. Femme dont la profession est d'exécuter des strip-teases. *Des strip-teaseuses.* Syn. effeuilleuse.

striure [stʀijyʀ] n. f. **1.** Strie ou ensemble de stries. **2.** Disposition en stries; façon dont qqch est strié. *Striure d'une colonne, d'une coquille.*

stroboscope [stʀɔbɔskɔp] n. m. TECH Appareil qui permet d'observer et de mesurer la fréquence des mouvements périodiques rapides.

Stroessner (Alfredo) (né en 1912), général et homme politique paraguayen. Il exerça la dictature de 1954 au soulèvement armé de 1989.

Stroheim (Erich Hans Stroheim, dit Eric von) (1885 - 1957), cinéaste et acteur américain d'orig. autrichienne : *Folies de femmes* (1921), *les Rapaces* (1923), *la Symphonie nuptiale* (1927), *Queen Kelly* (1928). Banni d'Hollywood, il fut acteur en France.

stroma [stʀɔma] n. m. BIOL Ensemble des éléments cartilagineux formant la charpente de certains organes, de certains tissus ou de certaines tumeurs.

Stromboli (île), la plus septentrionale des îles Éoliennes, au N.-E. de la Sicile; 12,6 km^2; 700 hab. Elle porte le *volcan Stromboli*, actif (926 m).

strongyloïdose [stʀɔ̃ʒilɔidoz] n. f. MED Syn. de *anguillulose.*

strongylose [stʀɔ̃ʒiloz] n. f. MED VET Maladie parasitaire du bétail, due à des nématodes.

strontium [stʀɔ̃sjɔm] n. m. CHIM Élément alcalino-terreux (symbole Sr) de numéro atomique Z = 38. – Métal (Sr) blanc.

strophantine [stʀɔfɑ̃tin] n. f. PHARM Substance tirée du strophantus, et proche, par ses propriétés, de la digitaline.

strophantus [stʀɔfɑ̃tys] n. m. BOT Liane (fam. apocynacées) d'Afrique tropicale, dont les graines contiennent diverses substances cardiotoniques. *Des strophantus.*

strophe [stʀɔf] n. f. **1.** Didac. Première partie de l'ode chorale grecque. *Strophe, antistrophe et épode.* **2.** Groupe de vers formant un système de rimes complet et qui constitue une composante du poème.

strophoïde [stʀɔfɔid] n. f. MATH Courbe du 3e degré affectant la forme d'une boucle.

Strouma. V. Struma.

Strozzi (Filippo) (1426 - 1491), banquier italien (à Naples). Il fit construire à Florence le *palais Strozzi.*

structural, ale, aux [stʀyktyʀal, o] adj. Didac. **1.** Relatif à une structure. **2.** Qui concerne les structures (sens 4); qui relève des méthodes du structuralisme. *Analyse structurale.*

structuralisme [stʀyktyʀalism] n. m. Didac. Théorie et méthode d'analyse qui conduisent à considérer un ensemble de faits comme une structure (sens 4). ENCYCL Le terme structuralisme désigne à l'origine la méthode linguistique élaborée par le cercle de Prague (1926-1939), qui considère la langue comme un ensemble structuré (V. linguistique). Les méthodes structuralistes ont été appliquées aussi à l'ethnologie (notam. par Lévi-Strauss), à la sociologie (anthropologie structurale), à la critique littéraire et artistique.

structuraliste [stʀyktyʀalist] adj. et n. Didac. **1.** Du structuralisme. *Les théories structuralistes.* **2.** Partisan du structuralisme. ⊳ Subst. *Les structuralistes.*

structurant, ante [stʀyktyʀɑ̃, ɑ̃t] adj. Didac. Qui suscite une structuration. ⊳ URBAN *Éléments structurants :* voies ou équipements constituant l'axe ou le centre d'une ville et autour desquels celle-ci est organisée.

structuration [stʀyktyʀasjɔ̃] n. f. Action, fait de structurer, de se structurer; son résultat.

structure [stʀyktyʀ] n. f. **1.** Manière dont un édifice est construit. *Cette mosquée a une belle structure.* ⊳ Cour. Ce qui soutient qqch, lui donne forme et rigidité; ossature. *La structure métallique d'un fauteuil.* **2.** Agencement, disposition, organisation des différents éléments d'un tout concret ou abstrait. *Structure d'un organisme, d'une plante. Structure du relief terrestre, de l'atome. Structure d'une phrase, d'un discours, d'une langue. Structure d'une société.* Syn. constitution, contexture, forme. **3.** Organisation complexe considérée sous l'angle de ses principaux éléments constitutifs. *Structures administratives.* **4.** PHILO et didac. Système, ensemble solidaire dont les éléments sont unis par un rapport de dépendance. **5.** MATH Propriété d'un ensemble qui satisfait à une ou plusieurs lois de composition.

structuré, ée [stʀyktyʀe] adj. Qui possède une structure. Syn. organisé.

structurel, elle [stʀyktyʀɛl] adj. Didac. **1.** Structural. **2.** Qui relève des structures économiques (par oppos. à *conjoncturel*). *Chômage structurel.*

structurer [stʀyktyʀe] v. tr. [**1**] Donner une structure à. ⊳ v. pron. Acquérir une structure.

Struma ou **Strouma** (la) (anc. *Strymon*), fl. de Bulgarie et de Grèce (430 km). Elle naît au S. de Sofia, contourne les massifs du Rila et de Pirin, et se jette dans la mer Égée.

struthioniformes [stʀytjɔnifɔʀm] n. m. pl. ORNITH Ordre d'oiseaux comprenant seulement l'autruche. – Sing. *Un struthioniforme.*

strychnine [stʀiknin] n. f. PHARM Alcaloïde très toxique extrait de la noix vomique.

strychnos [stʀiknos] n. m. BOT Arbre tropical dont une espèce *(vomiquier)* produit la noix vomique et une autre, le curare.

Stuart (*Stewart* jusqu'en 1542), famille écossaise connue depuis le XIIe s. Elle régna sur l'Écosse (1371-1714) et, conjointement, sur l'Angleterre (1603-1714). Elle s'éteignit en 1788, quand mourut, sans postérité, Charles-Édouard, dit *le Jeune Prétendant*, petit-fils de Jacques II d'Angleterre.

Stuart Mill. V. Mill (John Stuart).

stuc [styk] n. m. Composition de chaux éteinte et de poudre de marbre, d'albâtre ou de craie, servant à exécuter divers ouvrages décoratifs.

stucage [stykaʒ] n. m. TECH Application de stuc; son résultat.

stucco [styko] n. m. (Québec) Matériau de revêtement intérieur ou extérieur, fait d'un mélange de plâtre et de ciment, de couleur blanchâtre. *Un plafond en stucco.*

studieusement [stydjøzmɑ̃] adv. De façon studieuse, avec application.

studieux, euse [stydjø, øz] adj. **1.** Qui aime l'étude, qui s'y applique. *Élève studieux.* **2.** Consacré à l'étude. *Des vacances studieuses.*

studio [stydjo] n. m. **1.** Logement constitué d'une pièce unique, à laquelle s'ajoutent le plus souvent une cuisine et un cabinet de toilette ou une salle de bains. *Il habite un petit studio.* **2.** Endroit aménagé pour le tournage de films, d'émissions de télévision, pour l'enregistrement d'émissions de radio, de musique. *Film tourné en studio.* **3.** Atelier d'artiste, de photographe.

stûpa ou **stoupa** [stupa] n. m. Monument funéraire ou commémoratif bouddhique. *Des stupa* ou *stoupas.*

stupéfaction [stypefaksjɔ̃] n. f. Étonnement qui laisse sans réaction. Syn. stupeur.

stupéfait, aite [stypefɛ, ɛt] adj. Étonné au point de ne pouvoir réagir. *Elle ne put dire un mot tant elle était stupéfaite.* Syn. interdit.

stupéfiant, ante [stypefjɑ̃, ɑ̃t] adj. et n. m. **1.** adj. Qui stupéfie, qui cause la stupéfaction. Syn. (Afr. subsah.) assourdissant. **2.** n. m. Substance médicamenteuse ayant un effet analgésique ou euphorisant et dont l'usage entraîne une dépendance et des troubles graves. *L'opium, la morphine, la cocaïne sont des stupéfiants.*

stupéfier [stypefje] v. tr. [**2**] Causer un grand étonnement à (qqn), rendre stupéfait. *La nouvelle de sa mort nous a stupéfiés.*

stupeur [stypœʀ] n. f. **1.** MED Engourdissement des facultés intellectuelles avec immobilité et physionomie étonnée ou indifférente, que l'on observe dans certaines affections psychiques. **2.** Cour. Étonnement profond qui ôte toute possibilité de réaction. Syn. stupéfaction. *Être frappé de stupeur. Rester muet de stupeur.*

stupide [stypid] adj. **1.** Qui manque d'intelligence, de jugement. ▷ Par ext. *Un air stupide.* **2.** Qui dénote un manque d'intelligence, ou de réflexion. *Une réponse stupide.* Syn. absurde, idiot, (Suisse) bœuf.

stupidement [stypidmɑ̃] adv. De façon stupide. *Répondre stupidement.*

stupidité [stypidite] n. f. **1.** Caractère d'une personne, d'une chose stupide. *Stupidité d'un raisonnement.* Syn. bêtise, idiotie. **2.** Parole, action stupide. *Dire des stupidités.* Syn. sottise.

stuquer [styke] v. tr. **[1]** TECH Enduire de stuc.

Sturdza, famille de boyards moldaves dont les origines remontent au XVe s. — **Ion** (mort en 1842), prince de Moldavie (1822-1828); il fut chassé par les Russes. — **Mihail** (1795 – 1884), prince de Moldavie (1834-1849); il fut remplacé par Grigore Ghica. — **Vasile** (1810 – 1870), membre du Conseil de régence, participa activement à l'union de la Moldavie et de la Valachie. — **Dimitrie** (1833 – 1914), fut à plusieurs reprises ministre et président du Conseil (1895-1909) sous le règne de Carol Ier*. En 1907, il réprima brutalement une insurrection paysanne en Moldavie. Historien, il fut secrétaire perpétuel de l'Académie roumaine. (V. dossier Roumanie, p. 1486.)

Sturges (John) (1911 – 1992), cinéaste américain, spécialiste du western (*Règlement de comptes à O.K. Corral,* 1956; *les Sept Mercenaires,* 1960).

Sturm und Drang («Tempête et Élan», titre d'une tragédie de Klinger, 1776), mouvement littéraire et politique à caractère préromantique, en Allemagne (v. 1770-v. 1790). Réagissant contre le rationalisme de l'*Aufklärung* (le siècle des Lumières), il se référait à J.-J. Rousseau et à Shakespeare. Les jeunes Goethe et Schiller, Klinger, Lenz, Heinrich Leopold Wagner, Friedrich Müller, Herder furent ses principaux représentants.

Stuttgart, ville d'Allemagne, cap. du Bade-Wurtemberg, sur le Neckar; 565 490 hab. Important port fluvial. Grand centre industr. et comm. - Nombr. monuments restaurés : Vieux (XVIe s.) Château et Nouveau Château (XVIIIe s.). Musées.

Stwosz (Wit) ou **Stoss** (Veit) (v. 1440 – 1533), sculpteur d'origine incertaine (polonaise ou all.); représentant de l'art gothique finissant.

1. style [stil] n. m. **I. 1.** Manière d'utiliser les moyens d'expression du langage, propre à un auteur, à un genre littéraire, etc. *Style clair, précis, élégant; style obscur, ampoulé. Style burlesque, oratoire, lyrique. Style administratif, juridique.* **2.** Manière de s'exprimer agréable et originale. *Orateur qui tourne ses phrases avec style.* **3.** GRAM *Style direct*, indirect*.* **II. 1.** Ensemble des traits caractéristiques des œuvres (d'un artiste, d'une époque, d'une civilisation). *Une décoration de style moderne.* ▷ *De style :* d'un style particulier, propre à une époque ancienne. *Une salle à manger de style.* **2.** Caractère d'une œuvre originale. *Tableau qui a du style.* **III. 1.** Ensemble des comportements habituels de qqn. *Adopter un certain style de vie.* Syn. genre. **2.** Façon particulière de pratiquer un sport alliant les impératifs de l'esthétique à ceux de l'efficacité. *Ce boxeur doit améliorer son style.* **3.** Loc. adj. *De grand style :* qui se fait sur une vaste échelle ou qui est fait avec brio. *Offensive de grand style.*

2. style [stil] n. m. BOT Partie, souvent filiforme, du pistil qui surmonte l'ovaire.

stylé, ée [stile] adj. *Domestique stylé,* qui accomplit son service dans les règles.

stylet [stilɛ] n. m. **1.** Poignard à petite lame aiguë. **2.** ZOOL Partie saillante et effilée de certains organes.

stylisation [stilizasjɔ̃] n. f. Action de styliser, fait d'être stylisé.

styliser [stilize] v. tr. **[1]** Représenter en simplifiant les formes, dans un but décoratif. *Styliser une fleur.* – Pp. *Animal stylisé.*

stylisme [stilism] n. m. **1.** LITTER Excès de recherche dans le style. **2.** Activité, art, profession du styliste.

styliste [stilist] n. **1.** Écrivain qui apporte un très grand soin à son style. **2.** Personne dont le métier est de définir le style d'un produit industriel, de créer des modèles dans le domaine de la mode, de l'ameublement.

stylistique [stilistik] adj. et n. f. Didac. **1.** adj. Qui a rapport au style. *Une analyse stylistique.* **2.** n. f. Étude du style (sens I, 1).

stylo [stilo] n. m. Porte-plume à réservoir d'encre. (On dit aussi *stylo à encre, stylo à plume.*) ▷ *Stylo à bille* ou *stylobille :* stylo à encre épaisse, dans lequel la plume est remplacée par une bille métallique. Syn. (Afr. subsah.) mine.

stylo-feutre [stiloføtʀ] n. m. Stylo ayant une pointe en feutre ou en nylon en guise de plume. *Des stylos-feutres.*

stylommatophores [stilɔmatɔfɔʀ] n. m. pl. ZOOL Ordre de mollusques gastéropodes pulmonés terrestres, possédant sur la tête deux paires de tentacules rétractiles dont l'une porte les yeux. *Les escargots, les achatines, les limaces sont des stylommatophores.* – Sing. *Un stylommatophore.*

stylosanthes [stilosɑ̃tes] n. f. BOT Plante fourragère (fam. papilionacées) des régions tropicales, aussi appelée *luzerne tropicale.*

styrax [stiʀaks] n. m. **1.** BOT Arbre tropical dicotylédone gamopétale, qui fournit une résine solide et odorante. **2.** Résine grise sirupeuse extraite des arbres du genre *Liquidambar* et utilisée dans la confection de sirops, de pommades et de parfums.

styrène [stiʀɛn], **styrol** [stiʀol] ou **styrolène** [stiʀɔlɛn] n. m. CHIM Carbure éthylénique et benzénique utilisé comme matière première dans l'industrie des plastiques. (V. polystyrène.)

Styrie (en all. *Steiermark*), Land du sud-est de l'Autriche; 16 387 km^2; 1 183 000 hab.; cap. *Graz.* Ce Land montagneux est très industrialisé grâce à ses ressources minérales : lignite, magnésite, graphite, salines, fer (mines de l'Erzberg, exploitées dès le XIIe s.).

styrol [stiʀɔl], **styrolène** [stiʀɔlɛn] n. m. V. styrène.

Styron (William) (né en 1925), écrivain américain : *la Proie des flammes* (1960), *le Choix de Sophie* (1979).

Styx (le), dans la myth. gr., l'un des fleuves des Enfers, que ses méandres entourent. Pour y avoir été plongé par sa mère, Thétis, qui le tenait par le talon, Achille devint invulnérable (sauf au talon).

su, sue [sy] adj. et n. m. **1.** adj. Que l'on sait, que l'on a appris. *Une leçon bien sue.* **2.** n. m. Connaissance que qqn a de qqch (seulement dans la loc. *au su de qqn*). – *Au vu et au su de tout le monde :* sans rien cacher.

suaire [sɥɛʀ] n. m. Litt. Linceul. ▷ *Le saint suaire :* le linge ayant servi à ensevelir le Christ et portant une empreinte dans laquelle la piété populaire catholique a reconnu l'empreinte de son corps. (Des mesures au carbone 14 ont permis d'établir que le saint suaire conservé à Turin date en fait du XIVe s.)

suave [sɥav] adj. Litt. D'une douceur agréable aux sens. *Une odeur, une musique suave.* ▷ Par ext. *Un plaisir suave.* Syn. délicieux, exquis.

suavement [sɥavmɑ̃] adv. Litt. Avec suavité.

suavité [sɥavite] n. f. Litt. Caractère de ce qui est suave.

sub-. Élément, du lat. *sub,* «sous».

subaigu, uë [sybɛgy] adj. MED Qui a les caractères de l'état aigu sans en avoir la gravité. *Maladie subaiguë.*

subalterne [sybaltɛʀn] adj. et n. Dont la position est inférieure, subordonnée. *Officier subalterne.* – *Une fonction subalterne,* secondaire. ▷ Subst. *Un(e) subalterne.*

subaquatique [sybakwatik] adj. Didac. Qui se produit sous l'eau. *La vie subaquatique.*

subatomique [sybatɔmik] adj. PHYS D'une taille inférieure à celle de l'atome.

subcellulaire [sybselylɛʀ] adj. BIOL Se dit de ce qui est situé en deçà de l'unité cellulaire; à l'intérieur de la cellule.

subconscient, ente [sybkɔ̃sjɑ̃, ɑ̃t] adj. PSYCHO Dont on n'est pas clairement conscient.

subdéléguer [sybdelege] v. tr. **[14]** ADMIN Commettre (qqn) pour accomplir une fonction dont on a été chargé par une autorité supérieure.

subdésertique [sybdezɛʀtik] adj. Didac. Dont le climat est proche de celui des déserts.

subdiviser [sybdivize] v. tr. **[1]** Diviser (les parties d'un tout déjà divisé). *Un bataillon est divisé en compagnies, elles-mêmes subdivisées en sections.*

subdivision [sybdivizjɔ̃] n. f. **1.** Action de subdiviser; fait d'être subdivisé. *La subdivision d'une région en départements.* **2.** Partie d'un tout divisé. *Les subdivisions d'un exposé.* **3.** ADMIN Anc. Dans les colonies françaises d'Afrique, partie d'un cercle placée sous l'autorité d'un chef de subdivision.

subduction [sybdyksjɔ̃] n. f. GEOL Enfoncement d'une plaque sous la plaque voisine.

subéquatorial, ale, aux [sybekwatɔʀjal, o] adj. GEOGR Qui est proche de l'équateur. – Propre aux régions proches de l'équateur. *Flore subéquatoriale.*

subéreux, euse [sybeʀø, øz] adj. BOT Qui est de la nature du liège; qui rappelle le liège par son aspect, sa consistance. *Tissu subéreux.*

subhumide [sybymid] adj. GEOGR Caractérisé par des précipitations dont le total est inférieur à l'évapotranspiration mais supérieur à la moitié de celle-ci. *Période, zone subhumide.*

subincision [sybɛ̃sizjɔ̃] n. f. MED Incision de la partie inférieure d'un organe. *Subincision du prépuce.*

subir [sybiʀ] v. tr. [3] **1.** Supporter involontairement (ce qui est imposé par qqn ou par qqch). *Subir la loi du vainqueur. Pays qui subit le contrecoup de la crise économique mondiale.* – Devoir supporter (qqn de pénible). ▷ (Choses) *Métal qui subit une déformation.* **2.** Se soumettre volontairement à. *Il a dû subir une opération assez grave.*

subit, ite [sybi, it] adj. Qui arrive tout à coup, de façon rapide et imprévue. *Une attaque subite.* Syn. soudain.

subitement [sybitmɑ̃] adv. De façon subite. *Il est mort subitement.*

subjectif, ive [sybʒɛktif, iv] adj. **1.** Qui a rapport au sujet pensant. *Expérience subjective.* ▷ MED *Trouble subjectif,* qui n'est perçu que par le malade. **2.** Qui exprime une certitude tout individuelle, qui ne peut être étendue à tous. *Approche subjective d'un problème.* ▷ Influencé par la personnalité, l'affectivité du sujet; partial. *Jugement subjectif.* Ant. objectif.

subjectivement [sybʒɛktivmɑ̃] adv. D'une façon subjective (sens 2). Ant. objectivement.

subjectivisme [sybʒɛktivism] n. m. **1.** PHILO Système qui n'admet d'autre réalité que celle du sujet pensant. **2.** Propension à la subjectivité (sens 2).

subjectiviste [sybʒɛktivist] adj. et n. PHILO Qui se rapporte au subjectivisme. *Théories subjectivistes.* ▷ Subst. Partisan du subjectivisme.

subjectivité [sybʒɛktivite] n. f. **1.** PHILO Caractère de ce qui est subjectif, de ce qui n'appartient qu'au sujet (par opps. à *objectivité*). *Subjectivité d'un raisonnement.* **2.** État de celui qui, dans ses jugements de valeur, privilégie les états de conscience que les phénomènes suscitent en lui. **3.** Domaine des réalités subjectives (la conscience, le moi).

subjonctif [sybʒɔ̃ktif] n. m. Mode personnel du verbe, exprimant notam. l'indécision, le doute, l'éventualité. *Temps du subjonctif :* présent *(Il faut que nous partions),* imparfait *(J'aurais aimé qu'il vînt),* passé *(Il craint que nous n'ayons fini à temps),* plus-que-parfait *(Il craignait que nous n'eussions fini).*

subjuguer [sybʒyge] v. tr. [1] Exercer un ascendant absolu sur (qqn); conquérir, charmer. *Il subjugue tous ceux qui l'approchent.*

subler [syble] v. intr. [1] (Acadie) Syn. de *siffler* (sens I). *Partir en sublant.*

sublet [syblɛ] n. m. (Acadie) Syn. de *sifflet* (sens 1).

sublimation [syblimasjɔ̃] n. f. **1.** PHYS, CHIM Passage direct de l'état solide à l'état gazeux. **2.** Fig. Action d'élever, de purifier (un sentiment, un acte). ▷ PSYCHAN Mécanisme, généralement inconscient, par lequel des pulsions socialement réprouvées (pulsions sexuelles, agressives, etc.) sont détournées vers des buts socialement plus valorisés (culturels).

sublime [syblim] adj. et n. m. **I.** adj. **1.** Très beau, très grand, très haut placé dans l'échelle des valeurs esthétiques ou morales. Syn. admirable, parfait. *Un spectacle sublime. Une vertu, un acte sublime.* **2.** (Personnes) Qui s'élève aux sommets de l'esprit, de la vertu. *Un génie sublime. Un héros sublime.* **3.** HIST *La Sublime Porte :* V. porte 1 (sens 5). **II.** n. m. **1.** Ce qu'il y a de plus grand dans l'échelle des valeurs morales, esthétiques. *Il y a du sublime dans cette action.* **2.** LITTER Un des styles distingués par la rhétorique classique destiné à élever l'esprit du lecteur.

sublimé [syblime] n. m. CHIM Produit obtenu par sublimation. ▷ *Sublimé corrosif :* chlorure mercurique, antiseptique puissant et toxique.

sublimer [syblime] v. [1] **I.** v. tr. **1.** PHYS, CHIM Faire passer directement (un corps) de l'état solide à l'état gazeux. **2.** Fig. Élever, purifier. **II.** v. intr. PSYCHAN Transformer les pulsions par la sublimation.

subliminal, ale, aux [sybliminal, o] adj. PSYCHO Qui ne dépasse pas le seuil de la conscience. – *Publicité subliminale,* perçue par le seul inconscient.

sublingual, ale, aux [syblɛ̃gwal, o] adj. **1.** ANAT Situé sous la langue. *Glandes sublinguales.* **2.** Qui s'effectue sous la langue. *Médicament d'absorption sublinguale.*

submerger [sybmɛʀʒe] v. tr. [13] **1.** Couvrir complètement d'eau, de liquide; inonder. *Le fleuve en crue a submergé ses rives.* **2.** Fig. Envahir, déborder. *La foule a submergé le service d'ordre.* – Pp. *Être submergé de travail.*

submersible [sybmɛʀsibl] adj. et n. m. **1.** adj. Qui peut être submergé. **2.** n. m. Sous-marin.

submersion [sybmɛʀsjɔ̃] n. f. Action de submerger; son résultat.

subodorer [sybɔdɔʀe] v. tr. [1] Pressentir, deviner. *Je subodore de la malhonnêteté dans cette proposition.*

subordination [sybɔʀdinasjɔ̃] n. f. **1.** Dépendance (d'une personne à l'égard d'une autre). **2.** Fait, pour une chose, de dépendre d'une autre. *Subordination de l'effet à la cause.* **3.** GRAM (Opposé à *coordination,* à *juxtaposition.*) Rapport syntaxique entre une proposition et une autre à laquelle elle est subordonnée. ▷ *Conjonction de subordination :* conjonction réunissant la proposition subordonnée à la proposition principale. *«Si, quand, comme, puisque» sont des conjonctions de subordination.*

subordonnant, ante [sybɔʀdɔnɑ̃, ɑ̃t] adj. et n. m. GRAM Se dit d'un élément qui établit un lien de subordination (conjonction, relatif).

subordonné, ée [sybɔʀdɔne] adj. et n. **1.** *Subordonné à :* qui dépend de. *Les prix sont subordonnés à la quantité des récoltes.* – Qui est hiérarchiquement inférieur à. ▷ Subst. *Il est courtois avec ses subordonnés.* **2.** GRAM *Proposition subordonnée* ou, n. f., *une subordonnée :* proposition qui se trouve dans une relation syntaxique de dépendance par rapport à une autre proposition (dite *principale*) et ne peut à elle seule former une unité syntaxique complète.

subordonner [sybɔʀdɔne] v. tr. [1] **1.** Mettre (une personne) dans une situation hiérarchiquement inférieure à une autre. (S'emploie surtout au passif.) **2.** Considérer (une chose) comme secondaire par rapport à une autre. *Il subordonne tout à des questions d'intérêt.* ▷ Faire dépendre (une chose d'une autre). *Il subordonne son départ à la réussite de cette négociation.*

suborner [sybɔʀne] v. tr. [1] DR *Suborner un témoin,* le corrompre, l'acheter.

subpœna [sybpena] n. m. (Québec) DR Citation à comparaître devant un tribunal; acte par lequel cette citation est signifiée. *Recevoir un subpœna.*

subpolaire [sybpɔlɛʀ] adj. GEOGR Proche du pôle. *Climat subpolaire.*

subrepticement [sybʀɛptismɑ̃] adv. Furtivement, en se cachant.

subrogation [sybʀɔgasjɔ̃] n. f. DR Acte par lequel on subroge. *Subrogation de personnes, de choses.*

subrogé, ée [sybʀɔʒe] adj. et n. DR *Subrogé tuteur :* personne chargée par le conseil de famille de défendre les droits du mineur quand les intérêts de celui-ci et ceux du tuteur sont opposés. ▷ Subst. *Le (la) subrogé(e) :* celui, celle qui devient titulaire de la créance en lieu et place du créancier.

subroger [sybʀɔʒe] v. tr. [13] DR Mettre à la place de (qqn). *Je vous ai subrogé en mes droits.* ▷ *Subroger un rapporteur :* nommer un juge rapporteur aux lieu et place d'un autre.

subsaharien, enne [sybsaaʀjɛ̃, ɛn] adj. GEOGR **1.** Qui est situé au sud du Sahara. – *L'Afrique subsaharienne :* l'Afrique noire. Syn. sud-saharien. **2.** Qui a les caractéristiques climatiques du Sahara.

subséquent, ente [sybsekɑ̃, ɑ̃t] adj. **1.** Litt. ou DR Qui suit, qui vient après. *Un testament subséquent annule le précédent.* **2.** GEOGR *Cours d'eau subséquent,* qui suit le pied d'un relief.

subside [sybzid] n. m. Aide financière accordée par un État à un autre, par une organisation ou une personne à une autre.

subsidiaire [sybzidjɛʀ] adj. **1.** Qui s'ajoute au principal pour le renforcer, le compléter. *Moyens subsidiaires.* – *Question subsidiaire :* question supplémentaire qui départage des concurrents ex æquo. **2.** DR *Hypothèque, caution subsidiaire,* prise en plus d'une autre pour la remplacer en cas de défaut.

subsidiarité [sybzidjaʀite] n. f. POLIT Caractère de ce qui est subsidiaire. – *Principe de subsidiarité dans le traité de Maastricht,* principe selon lequel la Communauté européenne n'intervient qu'à titre subsidiaire par rapport aux États membres.

subsidier [sybzidje] v. tr. [2] (Afr. subsah., Belgique) Subventionner. *Subsidier l'éducation populaire. Un ministère qui subsidie une association.*

subsistance [sybzistɑ̃s] n. f. Fait de subvenir à ses besoins, aux besoins de qqn; nourriture et entretien d'une personne. *Pourvoir à la subsistance de qqn.*

subsistant, ante [sybzistɑ̃, ɑ̃t] adj. Qui subsiste (sens 1).

subsister [sybziste] v. intr. [1] **1.** Exister encore. *Cette coutume subsiste.* ▷ v. impers. *Ville dont il ne subsiste rien.* **2.** Subvenir à ses besoins essentiels.

subsonique [sypsɔnik] adj. TECH Inférieur à la vitesse du son (opposé à *supersonique,* à *transsonique*).

substance [sypstɑ̃s] n. f. **1.** PHILO Ce qui est en soi; réalité permanente qui sert de support aux attributs changeants. **2.** Matière, corps. *Substance minérale, liquide. Substance fondamentale des os* (l'osséine). ▷ BIOCHIM *Substance P :* neuropeptide contribuant à la transmission nerveuse de la douleur. ▷ ANAT *Substance fondamentale :* sorte de gel qui soutient les cellules et les fibres du tissu conjonctif. **3.** Ce qu'il y a d'essentiel dans un discours, un écrit. *La substance d'un livre.* ▷ Loc. adv. *En substance :* en se bornant à l'essentiel.

substantialisme [sypstɑ̃sjalism] n. m. PHILO Doctrine qui admet l'existence d'une substance, soit matérielle, soit spirituelle (par opposition à *phénoménisme*).

substantialiste [sypstɑ̃sjalist] adj. et n. PHILO Relatif au substantialisme. ▷ Subst. Partisan du substantialisme.

substantialité [sypstɑ̃sjalite] n. f. PHILO Caractère de ce qui est une substance, fait de consister en une substance.

substantiel, elle [sypstɑ̃sjɛl] adj. **1.** PHILO Qui appartient à la substance. *L'âme est la forme substantielle du corps.* **2.** Nourrissant. *Un plat substantiel.* ▷ Fig. Qui constitue une nourriture abondante pour l'esprit. *Les passages les plus substantiels d'un ouvrage.* **3.** Important, non négligeable. *Il a obtenu des avantages substantiels.*

substantiellement [sypstɑ̃sjɛlmɑ̃] adv. **1.** PHILO Quant à la substance. **2.** D'une manière substantielle.

substantif, ive [sypstɑ̃tif, iv] n. m. et adj. GRAM **1.** n. m. Unité lexicale pouvant se combiner avec certains morphèmes (articles, adjectifs démonstratifs et possessifs, marques du genre et du nombre) et se référant à un objet (matériel ou non). Syn. nom. **2.** adj. Relatif au substantif. *Proposition substantive,* qui a valeur de nom.

substantivation [sypstɑ̃tivasjɔ̃] n. f. LING Transformation en substantif (d'un adjectif, d'un verbe).

substantivement [sypstɑ̃tivmɑ̃] adv. LING En qualité de substantif.

substantiver [sypstɑ̃tive] v. tr. [1] LING Transformer en substantif (un verbe, un adjectif).

substituable [sypstitɥabl] adj. Qui peut être substitué.

substituer [sypstitɥe] v. [1] **I.** v. tr. **1.** Mettre (une personne, une chose) à la place d'une autre. *Substituer une copie à l'original.* **2.** DR Appeler (qqn) à une succession après un autre héritier ou à son défaut. **II.** v. pron. Se mettre à la place de. *Son oncle s'est substitué à son père.*

substitut [sypstity] n. m. **1.** DR Magistrat du parquet qui supplée le procureur de la République, le procureur général ou les avocats généraux. **2.** Personne, chose qui remplit une fonction à la place d'une autre.

substitutif, ive [sypstitytif, iv] adj. Didac. Qui peut se substituer à qqch.

substitution [sypstitysjɔ̃] n. f. **1.** Action de substituer. *Substitution d'enfant.* ▷ CHIM Remplacement, dans une molécule, d'un atome ou d'un groupe d'atomes par un atome ou un groupe différent. *Réactions de substitution et réactions d'addition.* ▷ MATH Remplacement d'un des éléments d'une suite par un autre. Syn. permutation. **2.** DR Disposition par laquelle un tiers est appelé à recueillir un don ou un legs au cas où le premier bénéficiaire institué n'en profiterait pas. ▷ *Peine de substitution,* substituée à une autre.

substrat [sypstra] n. m. **1.** PHILO Ce qui, présent derrière les phénomènes, leur sert de support. **2.** LING Langue qui, dans une communauté linguistique, a été éliminée au profit d'une autre, mais qui a néanmoins exercé une influence sur cette dernière. *Influence du substrat celtique sur le roman de Gaule.* **3.** BIOCHIM Molécule sur laquelle agit une enzyme. **4.** GEOL Couche inférieure ou antérieure existant sous une couche plus récente. **5.** AGRIC Substance remplaçant la terre arable utilisée comme support de culture (culture hors sol ou *in vitro*).

subsumer [sypsyme] v. tr. [1] PHILO Penser (un élément particulier) comme compris dans un ensemble plus vaste (l'individu dans l'espèce, par ex.).

subterfuge [syptɛrfyʒ] n. m. Moyen détourné et artificieux pour se tirer d'embarras. *User de subterfuges.* Syn. stratagème.

subtil, ile [syptil] adj. **1.** Qui a une finesse, une ingéniosité remarquables; qui dénote ces qualités. *Personne subtile. Argument subtil.* **2.** Difficile à saisir pour l'esprit, les sens. *Nuance subtile.*

subtilement [syptilmɑ̃] adv. D'une manière subtile.

subtilisation [syptilizasjɔ̃] n. f. Action de subtiliser.

subtiliser [syptilize] v. tr. [1] Voler habilement (qqch). *On lui a subtilisé son porte-monnaie.*

subtilité [syptilite] n. f. **1.** Caractère d'une personne, d'une chose subtile. *Subtilité d'un tacticien. Subtilité d'une manœuvre.* **2.** Raffinement dans le raisonnement, dans la pensée. *Les subtilités de ce développement m'échappent.*

subtropical, ale, aux [sybtrɔpikal, o] adj. GEOGR Situé sous les tropiques. *Région subtropicale.* ▷ *Climat subtropical,* proche du climat tropical. ▷ METEO *Zones subtropicales :* zones de hautes pressions dont la latitude est comprise entre 25 et 35 degrés et où se forment les anticyclones.

suburbain, aine [sybyrbɛ̃, ɛn] adj. Qui se trouve dans les environs d'une ville. *Quartiers suburbains.*

subvenir [sybvənir] v. tr. indir. [36] *Subvenir à :* pourvoir à (des besoins matériels, financiers). *Il ne peut subvenir à cette dépense.*

subvention [sybvɑ̃sjɔ̃] n. f. Somme versée à fonds perdus par l'État, une collectivité locale, un organisme, un mécène à une collectivité publique, une entreprise, un groupement, une association, un individu, pour lui permettre d'entreprendre ou de poursuivre une activité d'intérêt général. *Demander une subvention pour un équipement scolaire.*

subventionné, ée [sybvɑ̃sjɔne] adj. Qui reçoit des subventions.

subventionner [sybvɑ̃sjɔne] v. tr. [1] Aider par une, des subventions. Syn. (Afr. subsah., Belgique) subsidier.

subversif, ive [sybvɛrsif, iv] adj. Qui tend à provoquer la subversion. *Menées subversives.*

subversion [sybvɛrsjɔ̃] n. f. Action, activité visant au renversement de l'ordre existant, des valeurs établies (surtout dans le domaine politique).

suc [syk] n. m. **1.** Liquide organique susceptible d'être extrait d'un tissu animal ou végétal. *Le suc de la viande.* ▷ PHYSIOL Produit de la sécrétion de certaines glandes digestives. *Suc gastrique, pancréatique.* **2.** *Par métaph.* Ce qu'il y a de plus profitable, de plus substantiel. *Le suc d'un ouvrage.*

succédané [syksedane] n. m. **1.** Produit qu'on peut substituer à un autre dans certaines de ses utilisations. *Les succédanés du café.* Syn. ersatz. ▷ MED Médicament qui, possédant des propriétés proches d'un autre, peut être utilisé à sa place. **2.** Fig. Ce qui remplace qqch, avec une valeur moindre.

succéder [syksede] v. [14] **I.** v. tr. indir. *Succéder à.* **1.** Venir après (qqn) et le remplacer dans une charge, dans un emploi, etc. *Sadate a succédé à Nasser.* **2.** Venir après (qqch) dans le temps, dans l'espace. *À la route goudronnée succédait une piste.* **3.** DR Recueillir l'héritage de (qqn). **II.** v. pron. Venir l'un après l'autre. *Les générations qui se sont succédé jusqu'à ce jour.*

succès [syksɛ] n. m. **1.** Heureuse issue d'une opération, d'une entreprise. *Succès d'une expédition militaire.* **2.** Bon résultat obtenu par qqn. *Succès scolaires.* **3.** Fait de gagner la faveur du public. *Acteur, film qui a du succès.* – *À succès :* qui obtient du succès, le plus souvent par des moyens faciles. *Chanteur, chanson à succès.* ▷ Fam. *Un succès :* une chose qui a du succès, qui est à la mode. **4.** Fait de susciter l'intérêt amoureux. *Elle a eu beaucoup de succès à cette soirée.* ▷ (Plur.) Aventures amoureuses.

successeur [syksesœr] n. m. **1.** Personne qui succède ou qui est appelée à succéder à une autre dans ses fonctions, ses biens. **2.** MATH Élément d'un ensemble ordonné qui en suit un autre (par oppos. à *antécédent*). *Dans un treillis, 2 est le successeur de 1 et l'antécédent de 3.*

successibilité [syksesibilite] n. f. DR Droit de succéder. – Ordre dans lequel se fait la succession.

successible [syksesibl] adj. DR **1.** Qui a capacité légale pour recueillir une succession. **2.** Qui rend apte à succéder. *Il est parent du défunt au degré successible.*

successif, ive [syksesif, iv] adj. (Plur.) Qui se succèdent, qui viennent à la suite les uns des autres. *Des découvertes successives.*

succession [syksesjɔ̃] n. f. **1.** Fait de succéder à qqn en ce qui concerne ses fonctions, sa charge. *Succession du fils au père à la tête d'une entreprise.* **2.** Ensemble de personnes ou de choses qui se succèdent. *Une succession de catastrophes.* **3.** DR Transmission par voie légale des biens et des droits d'une personne décédée à une personne qui lui survit. *Succession directe, collatérale.* **4.** DR Biens dévolus aux successeurs. *Le partage d'une succession.*

Succession d'Autriche (guerre de la) (1740-1748), conflit qui opposa la Prusse, la France, la Bavière, la Saxe, l'Espagne et (temporairement) la Sardaigne à l'Autriche, à laquelle l'Angleterre s'allia en 1742, de sorte qu'une guerre maritime et coloniale opposa la France et l'Angleterre. La France victorieuse, notam. à Fontenoy (1745), à Lawfeld (1747) et dans les colonies, put imposer la paix (traité d'Aix-la-Chapelle, 1748) mais n'en retira pas d'avantages (maintien du statu quo dans les colonies); la Prusse garda la Silésie, que l'Autriche ne revendiqua plus.

Succession d'Espagne (guerre de la) (1701-1714), conflit qui opposa la France et l'Espagne à l'Angleterre, aux Provinces-Unies, à l'Autriche et à la plupart des princes allemands. Quand le trône d'Espagne revint au petit-fils du roi de France Louis XIV, Philippe d'Anjou (Philippe V), que le roi d'Angleterre Charles II avait choisi, par testament, pour lui succéder, une coalition européenne se forma contre la France. Les forces franco-espagnoles remportèrent des succès (1701-1703), puis de cuisantes défaites : Höchstädt (1704), Ramillies (1706). Celle d'Audenarde (1708) ouvrit la France du N. à l'invasion, mais Villars arrêta les Alliés à Malplaquet (sept. 1709). Envoyé en Espagne, le duc de Vendôme les vainquit à Villaviciosa (déc. 1710), dans les Asturies, et Philippe V put reconquérir son royaume. Dès janv. 1711, les Anglais négocièrent avec la France et signèrent la paix d'Utrecht (avril 1713), qui laissait à Philippe V le trône d'Espagne mais amoindrissait ses possessions européennes.

Succession de Pologne (guerre de la) (1733-1738), conflit qui opposa la France, l'Espagne, la Sardaigne et la Bavière à la Russie et à l'Autriche. Le trône de Pologne étant libre, la France et ses alliés firent élire Stanislas* Leczinsky (beau-père de Louis XV) par la diète (1733). Mais les Austro-Russes l'emportèrent en Pologne (1734) et chassèrent Stanislas; la France prit la Lorraine (1733) et fut victorieuse en Italie (1735). Stanislas renonça au trône et reçut la Lorraine, qu'il laissa à la France à sa mort.

successivement [syksesivmɑ̃] adv. L'un après l'autre; par degrés.

successoral, ale, aux [syksesɔʀal, o] adj. DR Qui a rapport aux successions.

succinct, incte [syksɛ̃, ɛ̃t] adj. Bref, court (discours, écrit). *Description succincte.* – Par ext. *Je serai succinct.*

succion [sy(k)sjɔ̃] n. f. Action de sucer, d'aspirer avec la bouche ou avec certains appareils.

succomber [sykɔ̃be] v. [1] **I.** v. intr. **1.** Fléchir (sous un fardeau). *Succomber sous la charge.* – Fig. *Succomber sous le poids des soucis.* **2.** Litt. Avoir le dessous dans une lutte. *Face à cet adversaire trop puissant, il succomba.* **3.** Mourir. *Succomber à la suite d'un accident.* **II.** v. tr. indir. *Succomber à :* céder à (qqch). *Succomber à la fatigue, à la tentation.*

succube [sykyb] n. m. Didac. Démon d'apparence féminine. (Cf. incube.)

succulence [sykylɑ̃s] n. f. Litt. Caractère de ce qui est succulent.

succulent, ente [sykylɑ̃, ɑ̃t] adj. **1.** Très savoureux. *Mets succulent.* **2.** BOT *Plantes succulentes,* aux feuilles et à la tige gorgées d'eau (dites plus cour. *plantes grasses*).

succursale [sykyʀsal] n. f. Établissement subordonné à un autre et qui concourt au même objet. – *Magasin à succursales multiples :* société qui exploite un grand nombre de magasins.

succursalisme [sykyʀsalism] n. m. COMM Forme de commerce dans laquelle une seule grande entreprise possède un réseau de petits magasins.

suce [sys] n. f. (Québec) Tétine (sens 2).

Suceava, v. du N.-E. de la Roumanie (Bucovine); 114355 hab.; ch.-l. du district du m. nom. Papeteries; industries mécaniques. – Égl. du couvent St-Georges, église St-Demetrius (XVIe s.); vestiges de la citadelle (XIVe-XVe s.). – Elle fut la cap. de la principauté de Moldavie (v. 1380 à 1564). Étienne III* le Grand (1457-1504) y résida et l'embellit.

sucer [syse] v. tr. [12] **1.** Attirer (un liquide) dans sa bouche en aspirant. *Sucer le jus d'un citron.* **2.** Presser avec les lèvres et la langue en aspirant. *Sucer un bonbon, ses doigts.* ▷ Loc. fig., fam. *Sucer qqn jusqu'à la moelle,* obtenir peu à peu de lui tout ce qu'il a.

sucette [sysɛt] n. f. **1.** Bonbon fixé au bout d'un bâtonnet. Syn. (Québec) suçon. **2.** (Dans le langage enfantin.) Tétine (sens 2). **3.** (Québec) Suçon. *Sucette d'amour dans le cou.*

suceur, euse [sysœʀ, øz] adj. et n. **I.** adj. Qui suce, qui exerce une succion. *Drague suceuse.* ▷ ENTOM *Les insectes suceurs* (papillons, puces, poux). ▷ n. m. *La puce est un suceur.* **II.** n. **1.** Personne qui suce, absorbe (un liquide). **2.** n. f. TECH Tuyau aspirant servant à la manutention pneumatique des produits en vrac. ▷ Drague aspirante.

suçoir [syswaʀ] n. m. BOT Organe que certains végétaux parasites implantent dans les cellules de leur hôte pour en digérer le contenu.

suçon [sysɔ̃] n. m. **1.** Marque laissée sur la peau par une succion longue et forte. Syn. (Québec) sucette. **2.** (Québec) Sucette (sens 1). *Acheter des suçons au dépanneur.*

suçoter [sysɔte] v. tr. [1] Sucer longuement à petits coups.

sucrage [sykʀaʒ] n. m. **1.** Action de sucrer. **2.** (Québec) Fam. Friandises ou mets très sucrés. *Manger trop de sucrage.*

sucrant, ante [sykʀɑ̃, ɑ̃t] adj. Qui sucre. *Produit sucrant.*

sucre [sykʀ] n. m. **I. 1.** Substance alimentaire de saveur douce que l'on tire principalement de la betterave et de la canne à sucre; saccharose. Syn. (Madag.) canne. – *Sucre raffiné.* – *Sucre en morceaux, cristallisé.* – *Sucre semoule,* en poudre grossière. – *Sucre en poudre* ou (Belgique) *sucre impalpable, sucre farine :* sucre en poudre fine. – *Sucre glace* ou (Québec) *sucre en poudre,* en poudre très fine. – (Guyane) *Sucre carreau,* en morceaux. ▷ Loc. fig. *Casser du sucre sur le dos de qqn,* dire du mal de lui. – *Être tout sucre et tout miel,* très doucereux. – *Être en sucre,* délicat, fragile. **2.** Fam. Morceau de sucre. *Tremper un sucre dans de l'eau-de-vie.* **3.** CHIM Glucide*. *Les sucres forment une vaste famille de molécules organiques.* **II. 1.** *Sucre d'orge :* sucre parfumé roulé en bâton. Syn. (Guyane) pilibo. **2.** (Québec) *Sucre (d'érable) :* sucre doré obtenu par évaporation de la sève de l'érable. ▷ *Sucre à la crème :* confiserie fondante traditionnelle à base de sucre et de crème, que l'on sert découpée en carrés. **III.** (Québec) **1.** *Cabane à sucre :* V. cabane (sens 4). **2.** Loc. *Le temps, la saison des sucres* ou (ellipt.) *les sucres :* la période printanière où la sève de l'érable peut être recueillie. – *Partie de sucre :* fête organisée dans une érablière à l'occasion de la récolte de la sève de l'érable.

Sucre (anc. *La Plata*), cap. constitutionnelle de la Bolivie, à 2800 m d'alt., dans les Andes; 86610 hab.; ch.-l. de dép. Quelques industries. – Archevêché. Université. Cathédrale (XVIIe s.).

Sucre (Antonio José de) (1795 – 1830), général sud-américain. Lieutenant de Bolívar, il vainquit les Espagnols à Ayacucho* (1824). Élu président à vie de Bolivie (1826), il abdiqua en 1828. Élu prés. de Colombie (1830), il fut assassiné.

sucré, ée [sykʀe] adj. et n. **1.** Qui contient du sucre, qui a le goût du sucre. *Boisson sucrée. Ce raisin est très sucré.* ▷ n. m. (Afr. subsah.) Syn. de *sucrerie* (sens 3). **2.** Fig. Doucereux, mielleux. *Prendre un ton sucré.* ▷ Subst. *Faire le (la) sucré(e).*

sucrer [sykʀe] v. [1] **1.** v. tr. Mettre du sucre, une substance sucrante dans. *Sucrer son café.* ▷ v. pron. Loc. fam. *Se sucrer le bec :* V. bec (sens 2). **2.** v. pron. Fig., fam. S'octroyer une bonne part de bénéfices, d'avantages matériels, etc.

sucrerie [sykʀəʀi] n. f. **1.** Établissement où l'on fabrique le sucre, où on le raffine. ▷ (Québec) Syn. de *érablière.* (V. cabane* à sucre.) **2.** Produit de confiserie. *Aimer les sucreries.* **3.** (Afr. subsah.) Boisson sucrée sans alcool. Syn. sucré.

sucrier, ère [sykʀije, ɛʀ] adj. et n. m. **I.** adj. Qui fournit du sucre, qui en fabrique. *Betterave, industrie sucrière.* **II.** n. m. **1.** Pièce de vaisselle dans laquelle on sert le sucre. **2.** Propriétaire, ouvrier d'une sucrerie.

sud [syd] n. m. et adj. inv. **1.** Un des quatre points cardinaux (opposé au nord). **2.** (Avec une majuscule.) Partie du globe terrestre, d'un continent, d'un pays, etc., qui s'étend vers le sud. *L'Afrique du Sud.* ▷ adj. inv. *Le pôle Sud.*

sud-africain, aine [sydafʀikɛ̃, ɛn] adj. et n. De la république d'Afrique du Sud. ▷ Subst. *Les Sud-Africains.*

sud-africaine (République). V. Afrique du Sud (république d').

sud-américain, aine [sydameʀikɛ̃, ɛn] adj. et n. D'Amérique du Sud. ▷ Subst. *Un(e) Sud-Américain(e).*

sudation [sydasjɔ̃] n. f. MED Forte transpiration due à un effort physique, à la chaleur, à la fièvre. ▷ Transpiration.

Sudbury, v. du Canada (Ontario); 92880 hab. Grand centre minier (nickel et cuivre, surtout).

sud-coréen, enne [sydkɔʀeɛ̃, ɛn] adj. et n. De la république de Corée (Corée du Sud). ▷ Subst. *Un(e) Sud-Coréen(ne).*

sud-est [sydɛst] n. m. et adj. inv. **1.** Point de l'horizon situé à égale distance entre le sud et l'est. **2.** (Avec majuscules.) Partie d'un pays, d'une région, qui s'étend vers le sud-est. ▷ adj. inv. *La région sud-est du pays.*

Sud-Est asiatique. V. Asie du Sud-Est.

Sudètes (mont des), rebord N.-E. du quadrilatère de Bohême, à la frontière de la Rép. tchèque et de la Pologne (1603 m) dans les monts des Géants.

Sudètes ou **Allemands des Sudètes,** nom donné à la pop. de langue allemande installée sur le pourtour de la Bohême (un quart env. de la pop. tchécoslovaque). En 1919, elle demanda en vain le rattachement du pays à l'Allemagne. En 1933, un parti pronazi fut créé, avec le soutien de Hitler, auquel la «protection des Sudètes» servit de prétexte (sept. 1938) pour envahir ce territ. et l'annexer. En 1945, le pays fut restitué à la Tchécoslovaquie, qui expulsa vers l'Allemagne la quasi-totalité des Allemands.

sudiste [sydist] n. (et adj.) **1.** HIST Partisan des États esclavagistes du sud des États-Unis, pendant la guerre de Sécession*. ▷ adj. *L'armée sudiste.* **2.** (Maghreb) Habitant des régions du sud du Maghreb. (V. nordiste.)

Su Dongpo. V. Su Shi.

sudoral, ale, aux [sydɔʀal, o] adj. MED Relatif à la sueur.

sudorifique [sydɔʀifik] adj. et n. m. MED Qui augmente la transpiration. *Médicaments sudorifiques.*

sudoripare [sydɔʀipaʀ] adj. ANAT Qui sécrète la sueur. *Glandes sudoripares.*

sud-ouest [sydwɛst] n. m. et adj. inv. **1.** Point de l'horizon situé à égale distance entre le sud et l'ouest. (V. suroît.) **2.** (Avec majuscules.) Partie d'un pays, d'une région, qui s'étend vers le sud-ouest. ▷ adj. inv. *La région sud-ouest du pays.*

Sud-Ouest africain. V. Namibie.

sud-saharien [sydsaaʀjɛ̃, ɛn] adj. GEOGR Syn. de *subsaharien.*

Sue (Marie-Joseph, dit Eugène) (1804 – 1857), romancier français. Chirurgien de la marine, il écrivit divers romans, puis des romans-feuilletons à caractère social : *les Mystères de Paris* (1842-1843), *le Juif errant* (1844-1845), *les Mystères du peuple* (1849-1857).

suède [sɥɛd] n. m. Peau dont le côté chair est à l'extérieur.

Suède (royaume de) *(Konungariket Sverige)*, État de la péninsule scandinave (V. Scandinavie), sur la Baltique et le Kattégat; 449964 km²; 8410000 hab. (croissance : moins de 0,2 % par an.); cap. *Stockholm.* Nature de l'État : monarchie constitutionnelle. Langue off. : suédois. Monnaie : couronne suédoise. Relig. : protestantisme (Église luthérienne d'État).
Géogr. phys. et hum. – Adossé à l'O. à la chaîne scandinave, qui culmine à 2123 m, le pays est constitué pour l'essentiel d'un socle ancien qui s'incline vers la Baltique; les plaines côtières sont surtout étendues dans le S. Les glaciers quaternaires ont modelé ce relief : profondes vallées, multitude de lacs, littoral découpé et frangé de nombr. îles, dépôts morainiques. Le climat, continental froid, est plus clément dans le S. : couvertes de forêts mixtes, elles groupent les meilleurs terroirs et l'essentiel de la pop. Ailleurs domine la forêt boréale de conifères, qui cède la place aux landes à tourbières et à la toundra en altitude et sur les franges N. La pop., urbanisée à 85 %, compte 23 % de plus de 60 ans, 17 % de moins de 15 ans; son niveau de vie est parmi les plus élevés du monde.
Écon. – Le domaine agricole, aux rendements élevés malgré la médiocrité du sol et du climat, emploie 4 % de la pop. active : céréales, pomme de terre, betterave sucrière, élevage bovin intensif. Haute technicité et coopératives permettent de couvrir presque les besoins, avec la pêche, importante. L'exploitation forestière (50 % du pays), très active, a favorisé dès le XIXᵉ s. une forte industrialisation, qu'ont accentué les ressources hydroélectriques (et nucléaires) et minières : fer à haute teneur (65 %), cuivre, plomb. Moins de 25 % des actifs sont employés dans l'industrie, très diversifiée, dont les secteurs traditionnels (sidérurgie, chantiers navals) ont reculé, tandis que les industries du bois (pâte à papier, allumettes, bois d'œuvre), constr. automobiles et aéronautiques, roulements à billes, industr. chimiques (explosifs, notam.) s'imposaient sur le marché mondial. Le «socialisme à la suédoise» s'est teinté de libéralisme; on a adopté en 1990 une fiscalité indirecte pesant sur la consommation et le capital plutôt que sur les revenus, et, en 1992, un programme d'austérité qui a porté ses fruits dès 1994 : 2,3 % de croissance (3,5 % en 1995), chômage au-dessous des 8 %.
Hist. – Peuplé dès le néolithique, le pays se donna une certaine unité au IVᵉ s. apr. J.-C. : les Svears du N., dominant les Goths du S., formèrent le royaume de Svearike; centres princ. : Uppsala et Birka. Aux Xᵉ et XIᵉ s., les Suédois participèrent au mouvement d'expansion des Vikings. Ils se dirigèrent surtout vers le S.-E. de l'Europe, commerçant avec Byzance. Connus sous le nom de Varègues*, ils se mêlèrent aux Slaves orientaux et fondèrent les principautés de Novgorod et de Kiev (V. Russie). De 1060 à 1250, des luttes dynastiques opposèrent la famille des Erik à celle des Sverker; Erik IX le Saint (1156-1160) devint patron de la Suède. La christianisation du pays, commençée en 830 env., s'achevait alors. La conversion des païens finnois servit de prétexte à la conquête de la Finlande (1157), effective au début du XIIIᵉ s. Malgré les luttes dynastiques, l'économie, fondée sur le commerce et l'exploitation du fer, prit son essor. Par le jeu des liens dynastiques, la Suède entra en 1397 dans l'Union de Kalmar* des pays scandinaves. Les maladresses des souverains danois provoquèrent plusieurs révoltes; en 1523, sous la conduite de Gustave Iᵉʳ Vasa, la Suède reprit définitivement son indépendance. Le XVIᵉ s. fut marqué par l'adoption du protestantisme (1527), le rejet de la tutelle comm. de la Hanse et le début de la lutte contre le Danemark, la Russie et la Pologne pour dominer la Baltique. Riche de ses forêts et de ses mines de fer et de cuivre, la Suède fut, au XVIIᵉ s., une grande puissance européenne; Gustave II Adolphe (1611-1632) forgea une armée remarquable, victorieuse dans la guerre de Trente Ans. Après deux traités avec le Danemark (1645 et 1658), et les traités de Westphalie (1648), elle fut maîtresse de la Baltique, recevant notam. la majeure partie de la Poméranie et de nombr. îles danoises. Ces acquisitions furent perdues sous Charles XII (1697-1718), qui ne put, malgré de grands succès, triompher des coalitions fomentées par les puissances rivales de la Baltique (guerre du Nord, 1700-1721). Une Constitution (1719) laissa l'essentiel du pouvoir au Riksdag, assemblée dirigée par la noblesse. Il s'ensuivit une lutte entre le parti pacifiste des Bonnets et le parti belliqueux des Chapeaux, lequel engagea deux guerres malheureuses, contre la Russie (1741) et contre la Prusse (guerre de Sept Ans, 1756-1763), mais le pays s'ouvrit aux idées nouvelles, françaises surtout. En 1789, par un coup d'État, Gustave III, jusque-là despote éclairé (1771-1792), restaura l'absolutisme. Ayant pris parti contre Napoléon, puis contre la Russie, la Suède perdit la Finlande (1808) au profit de la Russie, mais acquit en 1815 la Norvège enlevée au Danemark. La Constitution promulguée en 1809, sous Charles XIII (1809-1818), fut respectée par son successeur, le général français Bernadotte, devenu le roi Charles XIV (1818-1844). Le régime se libéralisa progressivement sous Oscar Iᵉʳ (1844-1859), Charles XV (1859-1872) et Oscar II (1872-1907), l'économie se modernisait et un syndicalisme très actif apparut. L'union avec la Norvège fut pacifiquement dissoute en 1905. Neutre pendant les deux guerres mondiales, sous la règne de Gustave V (1907-1950), la Suède poursuivit son évolution (suffrage universel, 1907 et 1909; vote des femmes, 1921); prospère, elle se donna dès le début du siècle une législation sociale avancée : le «socialisme à la suédoise», qui, à partir de 1990 s'est teinté de libéralisme. Charles XVI Gustave est monté sur le trône en 1973, à la mort de son grand-père Gustave VI Adolphe. En 1976, le parti social-démocrate, au pouvoir depuis 1932, laissa la place à une coalition plus à droite, qui gouverna jusqu'en 1982, puis de 1991 à 1994. Elle n'a pas remis en cause les acquis sociaux, pas plus que le gouv. social-démocrate (1982-1991 et dep. 1994) n'a renoncé aux mesures libérales et d'austérité prises par la droite. La Suède ne fait pas partie de l'OTAN, mais le 1ᵉʳ janv. 1995, elle est entrée dans l'Union européenne. En 1997, elle a manifesté son intention de ne pas entrer dans l'Union monétaire en 1999, mais ultérieurement.

suédé, ée [sɥede] adj. Se dit d'un tissu, d'un papier qui imite le suède.

suédine [sɥedin] n. f. Tissu qui imite le suède.

suédois, oise [sɥedwa, waz] adj. et n. **1.** adj. De Suède. ▷ Subst. *Un(e) Suédois(e).* ▷ Loc. *Gymnastique suédoise,* fondée sur la répétition de mouvements simples faisant travailler tous les muscles. **2.** n. m. *Le suédois :* la langue indo-européenne du groupe germanique parlée en Suède.

suer [sɥe] v. [1] **I.** v. intr. **1.** Rejeter de la sueur par les pores. *Suer à grosses gouttes.* Syn. transpirer. **2.** Loc. fam. *Faire suer qqn,* l'ennuyer, l'impatienter. ▷ *Se faire suer :* s'ennuyer. **3.** (Sujet n. de chose.) Rendre de l'humidité. *Murs qui suent.* **II.** v. tr. **1.** Rejeter par les pores. *Suer du sang.* – Loc. fig. *Suer sang et eau :* se donner beaucoup de mal. **2.** Fig. Dégager une impression de, exhaler. *Suer l'ennui, la peur.*

Suétone (en lat. *Caius Suetonius Tranquillus*) (v. 69 – v. 126), historien latin. Dans ses *Vies des douze Césars* (de Jules César à Domitien), sans faire d'analyse critique, il accumule les renseignements précis.

sueur [sɥœʀ] n. f. **1.** Liquide salé, d'odeur caractéristique, de la transpiration cutanée. *Visage ruisselant de sueur.* ▷ Loc. *Sueur froide,* accompagnée de frissons et d'une sensation de froid, causée par la fièvre, la peur, etc. – *Gagner son pain à la sueur de son front,* à force de travail et de peine. **2.** Fig. Travail, peine. *S'enrichir de la sueur des autres.*

Suez (isthme de), isthme reliant l'Afrique à l'Asie, entre la Méditerranée et la mer Rouge.

Suez (canal de), canal percé à travers l'isthme de Suez. Long, à l'origine, de 161 km (195 km auj.), entre Port-Saïd au N. et Suez au S., large de 190 m en surface, profond de 20 m (depuis les travaux achevés en 1980), il est doublé sur une longueur de 67 km. Son intérêt économique est considérable, puisqu'il permet aux navires de ne pas contourner l'Afrique. – En 1854, le pacha d'Égypte ayant donné son accord, une Compagnie du canal fut créée par Ferdinand de Lesseps. Les travaux durèrent de 1859 à 1863 et de 1866 à 1869. En 1875, la G.-B. acheta les titres du pacha, et devint la princ. actionnaire de la Compagnie. Doté d'un statut international en 1888, le canal fut nationalisé en 1956 par Nasser; cet acte motiva une intervention franco-britannique (nov. 1956) qui fut arrêtée sous la pression des É.-U. et de l'U.R.S.S. À la suite de la guerre des Six Jours, la navigation fut interrompue de 1967 à 1975. Les travaux d'aménagement, achevés en déc. 1987, ont ouvert le canal aux plus grands pétroliers.

Suez *(as-Suways)*, v. et port d'Égypte, sur le *golfe de Suez* (au N. de la mer Rouge), au débouché sud du canal; 392 000 hab.; ch.-l. du gouv. du m. nom (17 840 km²; 382 000 hab.). Raff. de pétrole.

Sufetula. V. Sbeïtla.

suffire [syfiʀ] v. [**64**] **I.** v. tr. indir. **1.** (Sujet n. de chose.) *Suffire à :* être en quantité satisfaisante, avoir les qualités requises pour. *Cette somme suffit à nos besoins. Votre parole me suffit.* ▷ Absol. *Cela suffit :* c'est assez. **2.** (Sujet n. de personne.) Pouvoir satisfaire à soi seul aux exigences de (qqch, qqn). *Il ne suffit pas à la tâche.* **II.** v. impers. *Il suffit de :* il faut seulement. *Il suffit d'y aller.* – (Suivi de *que* et du subj.) *Il suffit que vous le désiriez.* **III.** v. pron. *Se suffire à soi-même :* n'avoir pas besoin de l'assistance des autres.

suffisamment [syfizamɑ̃] adv. Assez.

suffisance [syfizɑ̃s] n. f. Caractère d'une personne suffisante. *Un air plein de suffisance.*

suffisant, ante [syfizɑ̃, ɑ̃t] adj. **1.** (Choses) Qui suffit. *Ration suffisante.* **2.** (Personnes) Trop satisfait et trop sûr de soi. *Je le trouve très suffisant.*

suffixal, ale, aux [syfiksal, o] adj. LING Qui a rapport au suffixe.

suffixation [syfiksasjɔ̃] n. f. LING Dérivation à l'aide d'un, de plusieurs suffixes.

suffixe [syfiks] n. m. LING Affixe placé après le radical d'un mot ou de la base de celui-ci et lui conférant une signification particulière (ex. : fort*ement*, agri*cole*, télé*graphie*).

suffixé, ée [syfikse] adj. LING Formé avec un suffixe.

suffocant, ante [syfɔkɑ̃, ɑ̃t] adj. Qui suffoque. ▷ Qui fait suffoquer. *Gaz suffocants.* – Fig. *Il a une audace suffocante.*

suffocation [syfɔkasjɔ̃] n. f. Fait de suffoquer. ▷ MED Asphyxie par étouffement.

suffoquer [syfɔke] v. [**1**] **I.** v. tr. **1.** (Sujet n. de chose.) Gêner la respiration de (qqn) au point de produire une sensation d'étouffement. *Être suffoqué par des gaz.* ▷ Absol. *Air brûlant qui suffoque.* **2.** Fig., fam. Stupéfier (qqn). *Son aplomb m'a suffoqué.* **II.** v. intr. Avoir du mal à respirer sous l'effet d'une cause physique ou d'une émotion. *Suffoquer après avoir avalé de travers.* – Fig. *Suffoquer d'indignation.*

suffragant, ante [syfʀagɑ̃, ɑ̃t] adj. m. et n. **1.** adj. m. DR CANON Se dit d'un évêque placé sous l'autorité de l'archevêque métropolitain. ▷ Se dit d'un ministre du culte protestant qui assiste le pasteur. **2.** n. Personne ayant droit de suffrage dans une assemblée.

suffrage [syfʀaʒ] n. m. **1.** Avis, et spécial. avis favorable, que l'on donne dans une élection, une délibération. *Recueillir de nombreux suffrages.* **2.** *Suffrage restreint,* dans lequel seuls les citoyens répondant à certaines conditions sont électeurs. – *Suffrage universel,* dans lequel sont électeurs et éligibles tous les citoyens parvenus à un certain âge et jouissant de leurs droits civiques. – *Suffrage direct,* dans lequel un candidat est élu par les électeurs eux-mêmes. – *Suffrage indirect,* dans lequel l'élu est désigné par certains électeurs qui ont eux-mêmes été élus. **3.** Opinion, jugement favorable. *Cette pièce a mérité tous les suffrages.*

suffragette [syfʀaʒɛt] n. f. Citoyenne britannique qui militait pour que le droit de vote fût accordé aux femmes.

Suffren (Pierre André de Suffren de Saint-Tropez, dit le bailli de) (1729 – 1788), vice-amiral français. Bailli de l'ordre de Malte, il remporta des victoires sur les Anglais au large des Indes (1782-1783) pendant la guerre d'Indépendance américaine.

Suger (v. 1081 – 1151), moine français; abbé de Saint-Denis en 1122. Conseiller de Louis VI, princ. ministre de Louis VII, il fit construire une nouvelle égl. abbatiale à Saint-Denis et écrivit en latin des livres historiques.

suggérer [sygʒeʀe] v. tr. [**14**] Faire venir à l'esprit. *Suggérer une idée à qqn.* – Par ext. *Image qui suggère la tristesse.*

suggestif, ive [sygʒɛstif, iv] adj. Qui a le pouvoir de suggérer des idées, des images, des sentiments (d'ordre érotique, en partic.). *Un déshabillé suggestif.*

suggestion [sygʒɛstjɔ̃] n. f. **1.** Action de suggérer; chose suggérée. *Faire qqch sur la suggestion de qqn.* **2.** PSYCHO Fait, pour un sujet, d'accepter certaines croyances, d'accomplir certains actes sous l'effet d'une influence extérieure, en dehors de sa volonté ou de sa conscience. *Suggestion hypnotique.*

suggestionner [sygʒɛstjɔne] v. tr. [**1**] Inspirer des idées, des actes à (qqn) par suggestion.

Suharto (né en 1921), général et homme d'État indonésien. Ministre de la Guerre en 1965, il combattit les communistes, élimina Sukarno (1966-1967) et devint en 1968 président de la Rép., réélu depuis lors.

suicidaire [sɥisidɛʀ] adj. et n. **1.** Qui tend, mène au suicide. *Conduite suicidaire.* **2.** Que ses dispositions psychiques semblent pousser au suicide. ▷ Subst. *Un(e) suicidaire.*

suicidant, ante [sɥisidɑ̃, ɑ̃t] adj. et n. Qui a fait une tentative de suicide.

suicide [sɥisid] n. m. **1.** Action de se donner volontairement la mort. ▷ Fig. Fait d'exposer dangereusement sa vie (par imprudence, inconscience, etc.). *C'est un suicide de conduire à cette vitesse.* **2.** Fig. Fait de se détruire soi-même, autodestruction. *Certains actes constituent un suicide moral.*

suicidé, ée [sɥiside] adj. et n. Qui s'est donné volontairement la mort.

suicider (se) [sɥiside] v. pron. [**1**] Se tuer volontairement.

suidés [sɥide] n. m. pl. ZOOL Famille de mammifères artiodactyles non ruminants (porc, sanglier, phacochère, etc.) à l'aspect trapu, dont la tête, plus ou moins allongée en cône, se termine par un nez cartilagineux (le groin) et dont les canines sont souvent allongées en forme de défenses. – Sing. *Un suidé.*

suie [sɥi] n. f. Matière noirâtre provenant de la décomposition des combustibles et que la fumée dépose sur les objets.

suif [sɥif] n. m. Graisse des ruminants. *Suif de mouton, de bœuf.* ▷ TECH *Vis à tête goutte de suif,* dont la tête est fraisée et légèrement bombée.

sui generis [sɥiʒeneʀis] (Mots lat.) loc. adj. Caractéristique de l'espèce, qui n'appartient qu'à elle. *Une couleur sui generis.*

suint [sɥɛ̃] n. m. Matière grasse sécrétée par les animaux à laine et qui imprègne leurs poils.

suintement [sɥɛ̃tmɑ̃] n. m. Fait de suinter; écoulement d'un liquide qui suinte.

suinter [sɥɛ̃te] v. intr. [**1**] **1.** S'écouler presque imperceptiblement (liquide). *Sang qui suinte d'une plaie.* **2.** Laisser échapper un liquide très lentement (récipient, paroi).

suisse [sɥis] adj. et n. **I.** adj. De la Suisse. ▷ Subst. *Un Suisse, une Suisse.* ▷ n. m. pl. *Gardes suisses* ou *gardes-suisses :* V. suisses (gardes). **II.** n. m. **1.** *Petit suisse* ou *suisse :* petit fromage blanc enrichi en matière grasse, de forme cylindrique. **2.** (Québec) Tamia rayé.

Suisse (en all. *Schweiz*, en ital. *Svizzera*) ou **Confédération suisse,** État de l'Europe centrale, entre la France, l'Allemagne, le Liechtenstein, l'Autriche et l'Italie.

▶ V. dossier et carte, p. 1500.

Suisse alémanique, l'ensemble des cant. suisses dont la langue est l'allemand (V. alémanique).

Suisse romande, l'ensemble des cant. suisses dont la langue est le français (V. romand).

suisses (régiment des gardes), régiment recruté par le roi de France (à la suite d'un accord entre Charles VII et la Suisse). Il appartenait à la maison du roi, mais de nombreux soldats suisses (près de 100 000 sous Louis XV et sous Napoléon) servaient également la France. Pendant la Révolution, les Cent-Suisses* furent intégrés à ce régiment.

suisses (gardes) ou **gardes-suisses,** soldats de la garde pontificale, instituée en 1505. Michel-Ange dessina leur tenue de cérémonie.

Suisses (les Cent-), compagnie de soldats suisses qui, à partir de 1496, veilla à la sécurité personnelle des rois de France. V. suisses (régiment des gardes).

suite [sɥit] n. f. **1.** (Dans quelques emplois.) Fait, façon de suivre, de venir après qqch ou qqn. *Banquet qui fait suite à une cérémonie. – Prendre la suite de qqn,* lui succéder. ▷ Loc. prép. *À la suite de :* derrière (dans l'espace); après (dans le temps). ▷ Loc. adv. *De suite :* l'un après l'autre, sans interruption. *Marcher deux jours de suite. – Ainsi de suite :* en continuant de la même manière. – *Tout de suite :* immédiatement. **2.** Ensemble de ceux qui suivent un haut personnage dans ses déplacements. *La suite d'un prince.* **3.** Ce qui vient après, ce qui continue qqch. *La suite d'un roman publié par épisodes.* – COMM *Sans suite :* se dit d'un article dont le réapprovisionnement n'est pas assuré. ▷ Loc. adv. *Dans la suite, par la suite :* plus tard. **4.** Ensemble de personnes ou de choses qui se suivent dans l'espace, dans le temps, dans une série. *Une suite de villas. Une suite d'ancêtres illustres.* ▷ MATH Fonction numérique définie sur l'ensemble des entiers naturels. – *Suite arithmétique,* telle que la différence entre deux termes consécutifs est constante. – *Suite géométrique,* telle que le rapport de deux termes consécutifs est constant. **5.** Dans certains hôtels de luxe, série de pièces communicantes louée à un même client. **6.** MUS Composition instrumentale se développant en plusieurs morceaux de même tonalité mais de caractères différents. **7.** Conséquence d'un événement. *Mourir des suites d'un accident.* ▷ Loc. prép. *Par suite de :* en conséquence de. **8.** Enchaînement logique, cohérent, d'éléments qui se succèdent. *Marmonner des phrases sans suite.* ▷ Loc. *Avoir de la suite dans les idées, avoir l'esprit de suite :* être persévérant. **9.** DR *Droit de suite :* droit qu'a le propriétaire d'un bien de le revendiquer entre les mains d'un détenteur quelconque. – *Par anal.* Droit du créancier hypothécaire sur l'immeuble hypothéqué même après aliénation par son débiteur.

suivant, ante [sɥivɑ̃, ɑ̃t] adj., n. et prép. **I.** adj. **1.** Qui vient tout de suite après un autre élément, dans une série, une succession. *Le client, le mois suivant.* ▷ Subst. *Au suivant :* au tour de celui qui suit. **2.** Qui va être cité, énoncé immédiatement. *Il raconta l'histoire suivante.* **II.** prép. *Suivant.* **1.** Conformément à, selon. *Suivant vos directives. Suivant les circonstances.* – *Suivant qqn :* selon son opinion. **2.** À proportion de. *Travailler suivant ses forces.* **3.** Loc. conj. *Suivant que :* selon que.

suiveur, euse [sɥivœʀ, øz] n. **1.** n. m. Chacun de ceux qui font partie de l'escorte officielle d'une course cycliste. **2.** Personne qui se borne à suivre, à faire comme tout le monde, notam. en politique.

suivi, ie [sɥivi] adj. et n. m. **I.** adj. **1.** Qui intéresse de nombreuses personnes. *Une émission très suivie.* **2.** Continu, sans interruption. *Un travail suivi.* **3.** COMM *Article suivi,* dont le réapprovisionnement est assuré. **4.** Dont les parties sont liées de façon cohérente. *Raisonnement suivi.* **II.** n. m. Fait de suivre, de contrôler sans interruption pendant un temps donné. *Le suivi d'une procédure.*

suivisme [sɥivism] n. m. Attitude de ceux qui suivent aveuglément une autorité, un parti, etc.

suivre [sɥivʀ] v. tr. **[62] I. 1.** Marcher, aller derrière (qqn). *Il la suivait pas à pas.* ▷ Loc. *Suivre qqn, qqch des yeux,* le regarder se mouvoir. ▷ *Faire suivre :* formule inscrite sur une lettre afin qu'elle soit expédiée à la nouvelle adresse du destinataire. **2.** Accompagner (qqn) dans ses déplacements. *Je l'ai suivi dans tous ses voyages.* ▷ Fig. *Sa réputation l'a suivi jusqu'ici.* **II. 1.** Être, venir après, dans l'espace, dans le temps, dans une série. *Le nom qui suit le mien sur la liste.* ▷ v. pron. *Ces numéros se suivent.* – Prov. *Les jours se suivent et ne se ressemblent pas.* **2.** Avoir lieu après (qqch), comme conséquence. *La répression qui suivit l'insurrection.* **III. 1.** Aller dans une direction tracée. *Suivre un chemin.* ▷ Fig. *Suivre la filière.* **2.** Longer. *La route qui suit la voie ferrée.* **3.** Se laisser conduire par (ce qui pousse intérieurement). *Suivre son idée, sa fantaisie.* **4.** Se conformer à. *Suivre la mode, la règle.* ▷ Fig. *Suivre qqn :* adopter sa façon de voir, sa ligne de conduite. **5.** Pratiquer régulièrement; se soumettre à. *Suivre un régime, un traitement.* – Assister à. *Suivre des cours de commerce.* ▷ COMM *Suivre un article,* en continuer la fabrication et la vente. ▷ *À suivre :* mention indiquant au lecteur qu'il trouvera la suite d'un récit dans le numéro suivant d'un périodique. **6.** Porter un intérêt soutenu à (qqch, qqn). *Maître qui suit son élève.* **7.** Comprendre (qqch) dans son enchaînement logique. *Suivre un raisonnement.* ▷ *Suivre (qqn),* suivre son raisonnement.

1. sujet, ette [syʒɛ, ɛt] adj. et n. **I.** adj. (Suivi de la prép. *à* et d'un nom ou d'un inf.) **1.** Qui, par sa nature, est exposé à, susceptible de. *Être sujet aux rhumes, à s'emporter.* **2.** Loc. *Sujet à caution,* dont il vaut mieux se méfier. **II.** n. **1.** Personne dominée par une autorité souveraine. *Roi qui tyrannise ses sujets.* **2.** Ressortissant de certains États (monarchiques, notam.). *Elle est sujette britannique.* **3.** HIST Dans les colonies françaises d'Afrique, autochtone qui ne jouissait pas du statut de citoyen français (réservé aux natifs des Quatre Communes) et était soumis au régime de l'indigénat*.

2. sujet [syʒɛ] n. m. **1.** Ce qui donne lieu à la réflexion, à la discussion; ce qui constitue le thème principal d'une œuvre intellectuelle, artistique. *Sujet de conversation. Le sujet d'une thèse, d'un tableau.* – *Il est plein de son sujet,* entièrement occupé par lui. ▷ Loc. prép. *Au sujet de :* à propos de, sur. **2.** Motif, raison (d'un sentiment, d'une action). *Un sujet de querelle. Avoir sujet de se plaindre.* – *Sans sujet :* sans raison. **3.** LOG Ce dont on parle, par oppos. à ce que l'on en affirme. *Le sujet et le prédicat.* **4.** LING *Sujet grammatical :* terme d'une proposition qui confère ses marques (personne, nombre) au verbe. ▷ *Sujet logique* ou *réel :* agent réel de l'action. *Dans la proposition «Abel a été tué par Caïn», le sujet grammatical (Abel) ne correspond pas au sujet réel (Caïn).* **5.** PHILO Être connaissant (par oppos. à *objet,* être connu). **6.** Être vivant sur lequel portent des observations, des expériences. *Sujet guéri.* **7.** *Un brillant sujet :* un élève très doué.

sujétion [syʒesjɔ̃] n. f. **1.** Situation d'une personne, d'une nation qui dépend d'une autorité souveraine. *Tenir un peuple dans la sujétion.* **2.** Fig. Contrainte imposée par qqch. *C'est une sujétion d'entretenir une maison aussi grande.*

Sukarno ou **Soekarno** (Achmed) (1901 – 1970), homme politique indonésien. Fondateur du parti nationaliste (1927), il fut emprisonné en 1929 et exilé en 1933. En 1942, les Japonais le libérèrent; après leur départ (1945), il proclama l'indépendance du pays, devint président de la Rép. et lutta contre les Néerlandais jusqu'en 1949. L'un des princ. leaders du tiers monde neutraliste, il organisa la conférence de Bandung* (1955). En 1963, il se fit élire président à vie. L'armée le contraignit à remettre le pouvoir à Suharto* (1966-1967).

Sukhotai, v. du N. de la Thaïlande; 15000 hab. – Anc. cap. du royaume thaï du m. nom (v. 1220-1349), qui s'établit, aux dépens des Khmers, dans la rég. occupée par la Thaïlande et le Laos actuels. De ce roy. thaï sont issus, par alliance ou à l'issue de luttes avec d'autres royaumes thaïs, le Siam (future Thaïlande) et le Lan* Xang, premier État laotien. (V. dossier Laos, p. 1459)

Suku ou **Soukou,** ethnie occupant le S.-O. de la rép. dém. du Congo près de la frontière de l'Angola (plus de 4 millions de personnes). Ils parlent une langue bantoue du groupe yaka.

Sukuma, ethnie vivant en Tanzanie (env. 2000000 personnes). Ils parlent une langue bantoue.

Sulawesi. V. Célèbes.

sulf(o)-. CHIM Élément, du lat. *sulfur, sulfuris,* «soufre».

sulfamide [sylfamid] n. m. MED Substance caractérisée par la présence d'un groupement $R–SO_2–NH_2$ et utilisée pour ses propriétés antibiotiques. *Sulfamide hypoglycémiant :* produit de synthèse utilisé par voix orale contre le diabète.

sulfate [sylfat] n. m. CHIM Sel ou ester de l'acide sulfurique.

sulfaté, ée [sylfate] adj. **1.** CHIM Qui contient un sulfate. **2.** PEDOL *Sol sulfaté acide :* sol inondable et salé de mangrove, au pH très bas, impropre à toute culture.

sulfater [sylfate] v. tr. **[1]** Répandre du sulfate sur (un terrain), notam. du sulfate ferreux, pour compenser une carence en fer, ou du sulfate d'ammonium, comme engrais.

sulfhydrique [sylfidʀik] adj. CHIM Vx *Gaz sulfhydrique :* gaz (H_2S) très toxique, à l'odeur d'œuf pourri, qui se dégage de toute matière organique sulfurée en fermentation. Syn. mod. sulfure d'hydrogène.

sulfite [sylfit] n. m. CHIM Sel de l'acide sulfureux.

sulfo-. V. sulf(o)-.

sulfone [sylfɔn] n. m. CHIM Composé dont la molécule comporte deux radicaux carbonés reliés au groupement $–SO_2–$. *Certains sulfones sont employés dans le traitement de la lèpre.*

sulfure [sylfyʀ] n. m. CHIM Sel de l'acide sulfhydrique. ▷ Combinaison de soufre avec un autre élément. *Sulfure de zinc :* blende.

sulfuré, ée [sylfyʀe] adj. CHIM À l'état de sulfure; combiné avec le soufre.

sulfureux, euse [sylfyʀø, øz] adj. **1.** Relatif au soufre. ▷ Qui contient des dérivés du soufre. *Eau sulfureuse.* **2.** CHIM *Anhydride sulfureux :* dioxyde de soufre, de formule SO_2. ▷ *Acide sulfureux :* acide de formule H_2SO_3, non isolé, mais dont on connaît des sels. **3.** Fig. Démoniaque. *Un charme sulfureux.*

sulfurique [sylfyʀik] adj. CHIM *Anhydride sulfurique :* trioxyde de soufre, de formule SO_3. ▷ *Acide sulfurique :* acide, extrêmement caustique, de formule H_2SO_4. *L'acide sulfurique est très utilisé dans l'industrie chimique.*

sulfurisé, ée [sylfyʀize] adj. *Papier sulfurisé,* rendu imperméable par trempage dans l'acide sulfurique dilué et utilisé notam. pour l'emballage des produits alimentaires.

Sulla. V. Sylla.

Sullivan (Louis Henry) (1856 – 1924), architecte américain; l'un des princ. représentants de l'école de Chicago*.

Sully (Maximilien de Béthune, baron de Rosny, duc de) (1560 – 1641), homme d'État français. Protestant, ami et conseiller du futur Henri IV, qui, roi, lui confia d'importantes charges (1596), il redressa les finances, développa l'agric. et le commerce. À la mort d'Henri IV, il se retira et écrivit ses Mémoires (publiés en 1638).

Sully Prudhomme (René François Armand Prudhomme, dit) (1839 – 1907), poète français, parnassien et intimiste. Acad. fr. (1881). P. Nobel 1901.

sultan [syltɑ̃] n. m. **1.** HIST Souverain de l'Empire ottoman. **2.** Mod. Titre de certains princes musulmans. *Le sultan d'Oman.*

sultanat [syltana] n. m. **1.** Dignité de sultan. **2.** État gouverné par un sultan.

sultane [syltan] n. f. Chacune des épouses d'un sultan turc.

Sulu ou **Soulou** (îles), archipel qui s'étire entre Bornéo au S.-O. et Mindanao au N.-E.; 1600 km²; 361000 hab.; ch.-l. *Jolo,* dans l'île du m. nom. – Riches terres volcaniques. Pêche des huîtres perlières.

sumac [symak] n. m. BOT Petit arbre (fam. térébinthacées) qui sécrète diverses gommes toxiques dont on tire des vernis, des colorants, des laques. *Une variété de sumac, appelée cour. laquier au Viêt-nam, fournit une résine brillante et transparente utilisée dans la fabrication de la laque.* Syn. vernis du Japon, vinaigrier.

Sumatra, la plus occidentale des grandes îles d'Indonésie; 473606 km²; 32604020 hab.; v. princ. *Medan, Palembang* et *Padang.* La côte S.-O. est bordée par des montagnes (alt. max. 3801 m, au Kerintji) au volcanisme actif, coupées de plateaux. Le reste est une vaste plaine (riz, thé, café). Le climat est équatorial (forêt dense). Sous-sol riche en pétrole.

Sumbava ou **Sumbawa,** île d'Indonésie, entre Java et Timor; 14500 km²; 550000 hab.; v. princ. *Raba.*

Šumen, v. du N.-E. de la Bulgarie; 100120 hab. Industr. méca.; brasseries, distilleries; manuf. de tabac. – Centre de la communauté turque du pays.

Sumer, anc. région de basse Mésopotamie, en bordure du golfe Persique. Au IVᵉ millénaire av. J.-C., une vague d'immigrants, venue probablement du plateau iranien, occupa le S. de la basse Mésopotamie. La brillante civilisation de Sumer, élaborée entre 3500 et 2000 av. J.-C., servit d'assise aux civilisations antiques de Mésopotamie; les Sémites d'Akkad et d'Assyro-Babylonie transmirent à l'humanité les créations sumériennes : pouvoirs politiques de la cité-État (Eridu, Ur, Ourouk, Lagash, etc.), administration et justice fondées sur des codes de lois, écriture cunéiforme, littérature, pensée religieuse. Les fouilles des anciennes cités (Māri, notam.) ont révélé un art prodigieux : grandes réalisations architecturales en briques crues (temples, palais royaux, ziggourats), poterie, art du métal, statuaire (*Dame d'Ourouk*).

sumérien, enne [symeʀjɛ̃, ɛn] adj. et n. **1.** adj. HIST De Sumer. *La brillante civilisation sumérienne, élaborée entre 3500 et 2000 av. J.-C., servit de point de départ à celle de l'empire babylonien.* ▷ Subst. *Les Sumériens.* **2.** n. m. *Le sumérien :* la plus ancienne langue connue, parlée à Sumer.

sumo [sumo; symo] n. m. inv. Lutte japonaise traditionnelle, qui oppose deux lutteurs de poids très élevé (200 kg et plus).

sunlight [sœnlajt] n. m. (Anglicisme) Puissant projecteur utilisé pour les prises de vues cinématographiques.

sunna [syn(n)a] ou (Maghreb) **sounna** [suna] n. f. RELIG Tradition de l'islam rapportant les faits, gestes et paroles *(hadith*)* de Mahomet, considérée comme complétant le Coran et constituant immédiatement après lui la source de la Loi; orthodoxie musulmane.

sunnisme [syn(n)ism] n. m. RELIG Courant majoritaire de l'islam qui se conforme à la sunna.

sunnite [syn(n)it] ou (Maghreb) **sounnite** [sunit] adj. et n. RELIG Qui se rapporte au sunnisme. – Qui est adepte du sunnisme. *Musulman sunnite.* ▷ Subst. *Les sunnites et les chiites. Les sunnites affirment la légitimité des califes qui succédèrent à Mahomet.*

Sun Yat-sen ou **Sun Zhongshan** (1866 – 1925), homme politique chinois. Il fit des études de médecine et se convertit au protestantisme. En 1894, il fonda un mouvement nationaliste (qui devint en 1911 le Guomindang). Après plusieurs échecs, suivis d'exils, il fit proclamer la république à Nankin, à la faveur du mouvement révolutionnaire de 1911, et exerça la présidence, mais il dut s'effacer (1912) devant Yuan Shikai. Quand celui-ci mourut (1916), la rupture entre le Nord et le Sud était complète. Sun Yat-sen organisa à Canton un gouvernement en sécession (1918). Il réorganisa le Guomindang, dans lequel il fit entrer les communistes, car l'U.R.S.S. le soutenait, et fut élu président de la Rép. (1921). À sa mort, Tchang Kaï-chek lui succéda.

Suomi, nom finnois de la Finlande.

super-. 1. Élément, du lat. *super,* «au-dessus, sur» (V. aussi *supra-, sus-*). **2.** Préfixe intensif servant à former des noms *(supercarburant)* et des adjectifs *(supercarré).*

1. superbe [sypɛʀb] n. f. Litt. Allure, maintien orgueilleux et plein d'assurance. *Un homme plein de morgue et de superbe.* Syn. fierté.

2. superbe [sypɛʀb] adj. **1.** D'une grande beauté, magnifique. *Une femme superbe. Un temps superbe.* Syn. splendide. **2.** Excellent, éminent, remarquable. *C'est une affaire superbe.*

superbement [supɛʀbəmɑ̃] adv. De manière superbe. *Être superbement vêtu.*

supercaïd [sypɛʀkaid] n. m. (Maghreb) Au Maroc, haut fonctionnaire dépendant du ministère de l'Intérieur et administrant plusieurs provinces.

supercarburant [sypɛʀkaʀbyʀɑ̃] n. m. Essence dont l'indice d'octane est supérieur à celui de l'essence ordinaire et qui permet des taux de compression plus élevés. (Abrév. fam. : super).

supercherie [sypɛʀʃəʀi] n. f. Tromperie, fraude.

supère [sypɛʀ] adj. BOT *Ovaire supère,* situé au-dessus du point d'insertion du périanthe (hibiscus, nim, etc.). Ant. infère.

supérette [sypeʀɛt] n. f. COMM Magasin d'alimentation en libre-service, à la surface de vente comprise entre 120 et 400 m².

superfétation [sypɛʀfetasjɔ̃] n. f. BIOL Fécondation de deux ovules opérée en deux coïts, dans des périodes d'ovulation différentes, que l'on observe chez quelques espèces animales.

superfétatoire [sypɛʀfetatwaʀ] adj. Litt. Superflu.

superficialité [sypɛʀfisjalite] n. f. Fait d'être superficiel; état de ce qui est superficiel.

superficie [sypɛʀfisi] n. f. Étendue d'une surface. – Nombre qui exprime l'aire d'une surface. *Une superficie de 10 hectares.*

superficiel, elle [sypɛʀfisjɛl] adj. **1.** Qui ne concerne que la surface, qui est à la surface. *Plaie superficielle. Les veines superficielles.* ▷ PHYS *Tension superficielle :* V. tension (sens I, 4). **2.** Fig. Qui ne concerne que l'apparence; qui n'est pas sincère, qui n'est pas authentique. *Sentiments superficiels.* ▷ (Personnes) Futile, qui manque de profondeur.

superficiellement [sypɛʀfisjɛlmɑ̃] adv. De manière superficielle; en surface. *Il est superficiellement cultivé.*

superflu, ue [sypɛʀfly] adj. et n. m. **1.** Qui vient en plus du nécessaire, dont on pourrait se passer. *Richesses superflues.* ▷ n. m. *S'offrir le superflu après le nécessaire.* **2.** Qui est en trop. *Ornements superflus.*

superfluidité [sypɛʀflɥidite] n. m. PHYS Disparition presque totale de la viscosité (de certains liquides refroidis à des températures voisines du zéro absolu).

supergéante [sypɛʀʒeɑ̃t] adj. f. et n. f. ASTRO Se dit des étoiles dont le volume est le plus considérable et la densité la plus faible. ▷ n. f. *Antarès est une supergéante.*

superhétérodyne [sypɛʀeteʀɔdin] n. m. et adj. RADIOÉLECTR Récepteur de signaux modulés en amplitude dans lequel des signaux fournis par un amplificateur haute fréquence sont mélangés à ceux que fournit un oscillateur local pour obtenir des signaux de moyenne fréquence, qu'on amplifie. ▷ adj. *Récepteur superhétérodyne.*

super-huit [sypɛʀɥit] adj. et n. m. inv. CINE *Film super-huit,* de huit millimètres de largeur, perforations comprises. – Par ext. *Caméra super-huit.* ▷ n. m. inv. *Tourner en super-huit. Le super-huit.*

supérieur, eure [sypeʀjœʀ; sypɛʀjœʀ] adj. et n. **I.** adj. **1.** Situé au-dessus, en haut. *Extrémité, face supérieure.* **2.** Qui est situé plus haut, plus vers l'amont. *Cours supérieur d'un fleuve.* **3.** ASTRO *Planètes supérieures,* plus éloignées du Soleil que la Terre. **4.** *Supérieur à :* plus élevé que (dans l'ordre numérique, mesurable). *Un camion d'un poids supérieur à 3 tonnes.* ▷ MATH *Limite supérieure d'une fonction :* borne supérieure de l'ensemble des valeurs de cette fonction. – *Borne supérieure d'une partie d'un ensemble ordonné :* plus petit élé-ment de l'ensemble des majorants de cette partie. **5.** GEOL, PREHIST Se dit, en parlant de certaines périodes, de la partie la plus proche de notre époque. *Le pléistocène supérieur.* **6.** Placé au-dessus, du point de vue qualitatif, hiérarchique, etc. *Officiers supérieurs. Un concurrent très supérieur aux autres.* ▷ *Enseignement supérieur,* dispensé dans les grandes écoles et les facultés. – (Afr. subsah., Belgique) *Cycle supérieur* ou *secondaire supérieur :* deuxième cycle de l'enseignement secondaire. ▷ *Plantes, animaux supérieurs,* les plus évolués. **7.** Qui dénote une haute opinion de soi-même. *Air, ton supérieur.* **II.** n. **1.** Personne qui exerce son autorité sur des subordonnés. *Je dois en référer à mes supérieurs.* **2.** Celui, celle qui dirige un monastère, un couvent, une communauté religieuse. – (En appos.) *La Mère supérieure.*

Supérieur (lac), le plus vaste (84131 km²) et le plus occidental des Grands Lacs d'Amérique du Nord, entre le Canada (Ontario) et les É.-U., à 183 m d'altitude; le plus grand lac du monde; long de 600 km, large de 260 km, il a une profondeur max. de 400 m car au début du quaternaire il a été creusé par des glaciers à 200 m au-dessous du niveau de la mer. Il est relié au lac Huron par la rivière Sainte-Marie, que longent deux canaux. Bien qu'il soit gelé en hiver, il connaît une grande activité avec les ports de Thunder Bay (Canada), de Duluth et de Superior (États-Unis).

supérieurement [sypeʀjœʀmɑ̃] adv. D'une manière supérieure. *Être supérieurement intelligent.*

supériorité [sypeʀjɔʀite; sypɛʀjɔʀite] n. f. Fait d'être supérieur; caractère d'une chose, d'une personne supérieure. *Supériorité numérique, intellectuelle. Complexe de supériorité.*

superlatif, ive [sypɛʀlatif, iv] n. m. et adj. **I.** n. m. **1.** Degré de signification, expression d'une qualité à un très haut degré, à son plus haut degré. – *Superlatif absolu,* qui n'implique pas de comparaison. (Ex. *un très bon élève.*) – *Superlatif relatif,* qui implique une comparaison avec les autres éléments du même ensemble. (Ex. *le meilleur élève de la classe.*) **2.** Mot qui exprime le superlatif. *«Ultime», «suprême», «richissime» sont des superlatifs.* ▷ Terme emphatique, hyperbolique. **II.** adj. Qui exprime le superlatif (sens I, 1). *Adjectif, adverbe superlatif.*

superléger [sypɛʀleʒe] adj. m. et n. m. SPORT Se dit d'un boxeur professionnel pesant entre 61,23 et 63,5 kg. ▷ n. m. *La catégorie des superlégers.*

superman [sypɛʀman], plur. **supermen** [sypɛʀmɛn] n. m. Héros qui met sa force colossale et ses pouvoirs surhumains au service du bien (d'abord, nom propre d'un personnage de bandes dessinées).

supermarché [sypɛʀmaʀʃe] n. m. Magasin en libre-service, dont la surface de vente est comprise entre 400 et 2 500 m^2.

supermolécule [sypɛʀmɔlekyl] n. f. CHIM Assemblage tridimensionnel d'atomes pouvant former une cavité susceptible d'accepter un ion ou une molécule.

supernova [sypɛʀnɔva], plur. **supernovæ** [sypɛʀnɔve] n. f. ASTRO Étoile de grande masse en phase finale d'évolution, au cours de laquelle le noyau subit un brutal effondrement gravitationnel qui s'accompagne d'un considérable dégagement d'énergie.

super-ordre [sypɛʀɔʀdʀ] n. m. BIOL Unité systématique regroupant plusieurs ordres au sein d'une classe, d'une sous-classe. *Des super-ordres.*

superovarié, ée [sypɛʀɔvaʀje] adj. BOT Se dit des plantes dont les fleurs ont un ovaire situé au-dessus du point d'insertion du périanthe.

superpétrolier [sypɛʀpetʀɔlje] n. m. MAR Navire pétrolier de très grande capacité (100 000 t et plus).

superphosphate [sypɛʀfɔsfat] n. m. CHIM Engrais constitué essentiellement de phosphate calcique additionné de sulfate de calcium.

superposable [sypɛʀpozabl] adj. Que l'on peut superposer.

superposer [sypɛʀpoze] v. tr. [1] Poser (des choses) les unes sur les autres. *Superposer des caisses.* – *Superposer à :* mettre par-dessus, au-dessus de. ▷ v. pron. *Couches stratifiées qui se superposent.* ▷ Pp. adj. *Lits superposés.*

superposition [sypɛʀpozisjɔ̃] n. f. Action de superposer, fait de se superposer; son résultat.

superproduction [sypɛʀpʀɔdyksjɔ̃] n. f. Film à grand spectacle, tourné avec de gros moyens matériels et financiers.

superprofit [sypɛʀpʀɔfi] n. m. ECON Profit anormalement élevé (notam. du fait d'une situation de monopole).

superpuissance [sypɛʀpɥisɑ̃s] n. f. État dont l'importance politique, militaire, économique est prépondérante, spécial. les États-Unis.

supersonique [sypɛʀsɔnik] adj. et n. m. **1.** *Vitesse supersonique,* supérieure à celle du son. ▷ *Par ext.* Qui se produit, qui survient aux vitesses supersoniques. *Bang supersonique.* **2.** *Avion supersonique,* qui peut voler à une vitesse supersonique. ▷ n. m. *Le supersonique «Concorde».*

superstar [sypɛʀstaʀ] n. f. Vedette particulièrement célèbre.

superstitieusement [sypɛʀstisjøzmɑ̃] adv. D'une manière superstitieuse.

superstitieux, euse [sypɛʀstisjø, øz] adj. et n. **1.** Où il entre de la superstition. *Un culte superstitieux.* **2.** Qui montre de la superstition, qui est attaché à des superstitions. *Il est très superstitieux.* ▷ Subst. *Un superstitieux, une superstitieuse.*

superstition [sypɛʀstisjɔ̃] n. f. **1.** Attachement étroit et formaliste à certains aspects du sacré; croyance religieuse considérée comme non fondée. **2.** Fait de croire que certains actes, certains objets annoncent ou attirent la chance ou la malchance; cette croyance elle-même.

superstrat [sypɛʀstʀa] n. m. LING Langue qui est introduite sur le territoire d'une autre, puis disparaît en laissant des traces dans cette dernière. (V. substrat.)

superstructure [sypɛʀstʀyktyʀ] n. f. **1.** Partie (d'une construction) située au-dessus du terrain naturel. ▷ (Plur.) Constructions édifiées au-dessus du pont supérieur d'un navire. **2.** SOCIOL Ensemble formé par les idées (politiques, juridiques, philosophiques, religieuses, morales, artistiques, etc.) et les institutions, dans la terminologie marxiste (opposé à *infrastructure**).

Supervielle (Jules) (1884 - 1960), écrivain français : poèmes, contes (*l'Enfant de la haute mer,* 1931), pièces de théâtre (*la Belle au bois,* 1932).

superviser [sypɛʀvize] v. tr. [1] Contrôler, vérifier (un travail) dans ses grandes lignes.

superviseur [sypɛʀvizœʀ] n. m. **1.** Personne qui supervise. **2.** INFORM Programme particulier qui contrôle les traitements successifs de plusieurs autres programmes.

supervision [sypɛʀvizjɔ̃] n. f. Action de superviser.

superwax [sypɛʀwaks] n. m. (Afr. subsah.) Wax de très bonne qualité.

superwelter [sypɛʀwɛltɛʀ] adj. m. et n. m. SPORT Se dit d'un boxeur professionnel pesant entre 66,7 et 69,85 kg. ▷ n. m. *Un superwelter.*

supin [sypɛ̃] n. m. GRAM Forme nominale du verbe latin, dont le radical sert à former le participe passé.

supination [sypinasjɔ̃] n. f. PHYSIOL Mouvement de rotation de la main amenant la paume vers le haut; position de la main, paume vers le haut. Ant. pronation.

supplanter [syplɑ̃te] v. tr. [1] Prendre la place de (qqn qu'on a réussi à surpasser en crédit, en prestige). *Supplanter un rival.* ▷ (Sujet n. de chose.) *La culture du mil a supplanté celle de l'arachide.*

suppléance [sypleɑ̃s] n. f. Didac. Fait de suppléer qqn ou qqch; fonction de suppléant.

suppléant, ante [sypleɑ̃, ɑ̃t] n. et adj. Personne qui en remplace une autre dans ses fonctions. ▷ adj. *Juge suppléant.*

suppléer [syplee] v. [11] **I.** v. tr. **1.** Litt. Parer à l'insuffisance de; compléter. *Suppléer le nombre des volontaires par des désignations d'office.* **2.** Faire cesser (une insuffisance, un manque) en complétant, en remplaçant. *Suppléer une lacune.* **3.** Remplacer (qqn); être utilisé à la place de (qqch). *L'offset supplée aujourd'hui de plus en plus la typographie.* **II.** v. tr. indir. *Suppléer à.* **1.** Porter remède à (une insuffisance, un manque); compenser. *Le courage supplée à la faiblesse numérique.* **2.** Avoir la même fonction ou le même usage que; remplacer. *La mémoire supplée chez lui au raisonnement.*

supplément [syplemɑ̃] n. m. **1.** Ce qui vient en plus, ce qui est ajouté. *Un supplément d'argent de poche.* **2.** Dans les transports, au théâtre, au restaurant, etc., somme payée en plus pour obtenir un avantage spécial. *Payer un supplément pour la réservation d'une place.* **3.** Ce qui est ajouté à une publication pour la compléter, la mettre à jour ou pour toute autre raison. *Supplément à la première édition d'un ouvrage.* **4.** GEOM *Supplément d'un angle, d'un dièdre,* angle, dièdre qu'il faut lui ajouter pour obtenir 180 degrés.

supplémentaire [syplemɑ̃tɛʀ] adj. **1.** Qui vient en supplément, en plus. *Train supplémentaire.* – *Heures supplémentaires* ou (Québec) *temps supplémentaire :* heures de travail accomplies en plus de l'horaire légal. **2.** GEOM *Angles supplémentaires,* dont la somme égale 180 degrés. ▷ MATH Se dit de deux sous-espaces vectoriels E' et E" dont la somme directe constitue l'espace vectoriel E.

supplétif, ive [sypletif, iv] adj. et n. m. **1.** DR ADMIN *Jugement supplétif :* acte de notoriété tenant lieu, par ex., d'acte d'état civil. **2.** MILIT *Troupes supplétives,* qui renforcent l'armée régulière. ▷ n. m. Soldat d'une troupe supplétive.

suppliant, ante [syplijɑ̃, ɑ̃t] adj. et n. Qui supplie. *Paroles suppliantes.* ▷ Subst. *Une foule de suppliants.*

supplication [syplikasjɔ̃] n. f. **1.** Action de supplier; prière instante et soumise. *Rester insensible aux supplications.* **2.** RELIG CATHOL Prière solennelle.

supplice [syplis] n. m. **1.** Peine corporelle grave, entraînant souvent la mort, ordonnée par la justice. *Le supplice de la croix.* – *Condamner qqn au dernier supplice,* à la peine de mort. **2.** Ce qui cause une vive souffrance physique ou morale. *Le supplice de la soif. Le supplice de l'attente.*

supplicié, ée [syplisje] n. Personne qui subit ou qui a subi un supplice, le dernier supplice.

supplicier [syplisje] v. tr. [2] Faire subir un supplice, le dernier supplice à. ▷ Fig., litt. *Cette pensée le suppliciait.*

supplier [syplije] v. tr. [2] Prier (qqn) avec instance et soumission.

supplique [syplik] n. f. Didac. Requête par laquelle on demande une grâce à une autorité officielle. *Présenter une supplique à un magistrat.*

support [sypɔʀ] n. m. **1.** Ce sur quoi porte le poids de qqch; objet conçu pour en supporter un autre. *Ce pilier est le support de la voûte. Le support de tubes à essai.* **2.** Objet matériel qui sert de base à une œuvre graphique. – Objet matériel qui sert à l'enregistrement d'informations (carte perforée, disque ou bande magnétique, etc.). **3.** Ce qui sert à porter, à transmettre une chose immatérielle par nature. *Les mots servent de support à la pensée.* ▷ *Support publicitaire :* ce qui sert à diffuser un message (affiche, par ex.).

supportable [sypɔʀtabl] adj. **1.** Que l'on peut supporter. *Le froid est encore supportable.* **2.** Que l'on peut tolérer. *Votre attitude n'est pas supportable.*

supporter [sypɔʀte] v. tr. [1] **I. 1.** Servir de support à, soutenir. *Les poutres qui supportent le toit.* **2.** Subir, endurer les effets de. *Il supporte mal la douleur.* ▷ Subir, endurer sans faiblir. *Supporter les privations.* **3.** Tolérer (un comportement désagréable, pénible) sans manifester d'impatience, d'irritation, de colère, etc. *Supporter l'impertinence de qqn.* – Par ext. *Je ne peux supporter cet individu.* ▷ v. pron. (Récipr.) *Ils se supportent mal.* **4.** Opposer la résistance voulue à (une action destructrice); être à l'épreuve de. *Poterie qui supporte le feu.* ▷ Fig. *Cette théorie ne supporte pas l'examen.* **5.** Avoir toute la charge, tous les inconvénients résultant de. *J'ai eu à supporter de gros frais.* **6.** (Afr. subsah.) Subvenir aux besoins de (qqn), avoir (qqn) à sa charge. *Supporter ses vieux parents.* Syn. soutenir. **II.** (Emploi critiqué.) Être le supporter de (un sportif, une équipe sportive).

supporteur [sypɔʀtœʀ] ou (Anglicisme) **supporter** [sypɔʀtɛʀ] n. m. Celui, celle qui encourage un concurrent, une équipe sportive, qui lui apporte son appui. Syn. (Québec) partisan, (oc. Indien) pipeur. ▷ *Par ext.* Personne qui apporte son appui (à qqn, à une idée). *Le supporteur fidèle d'un homme politique.*

supposé, ée [sypoze] adj. **1.** Admis par supposition. *Cette condition supposée.* **2.** DR Qui n'est pas authentique, qui est faux. *Nom supposé.*

supposer [sypoze] v. tr. [1] **I. 1.** Poser, imaginer comme établi, pour servir de base à un raisonnement. *Supposons deux droites parallèles...* **2.** Tenir pour probable. *On suppose qu'il est mort.* **3.** (Sujet n. de chose.) Impliquer comme condition nécessaire ou préalable. *La bonne entente suppose le respect mutuel.* **II.** DR Présenter comme authentique (qqch de faux).

supposition [sypozisjɔ̃] n. f. **1.** Opinion reposant sur de simples probabilités. *Supposition gratuite,* non fondée. **2.** DR *Supposition d'enfant :* attribution d'un enfant à une femme qui ne l'a pas mis au monde.

suppositoire [sypozitwaʀ] n. m. Préparation médicamenteuse solide que l'on administre par voie rectale.

suppôt [sypo] n. m. Litt., péjor. *Suppôt de :* partisan acharné de (qqn, qqch de nuisible, néfaste). *Un dangereux suppôt de la subversion.* – Loc. *Suppôt de Satan, du diable :* démon.

suppression [sypʀesjɔ̃] n. f. **1.** Action de supprimer. *La suppression d'une clôture, d'une clause.* **2.** DR *Suppression d'enfant :* crime qui consiste à faire disparaître un enfant nouveau-né pour soustraire à l'état civil les preuves de son existence, de son identité.

supprimer [sypʀime] v. tr. [1] **1.** Faire disparaître (qqch). *Supprimer une ligne d'autobus. En supprimant la cause, on supprime les effets.* **2.** Retrancher (un élément d'un ensemble). *Supprimer un paragraphe.* **3.** Abolir (ce qui est institué). *Supprimer une cérémonie.* **4.** Assassiner (qqn). *Supprimer des témoins gênants.*

suppuration [sypyʀasjɔ̃] n. f. Formation et écoulement de pus.

suppurer [sypyʀe] v. intr. [1] Produire du pus (organes, plaies); laisser écouler du pus.

supputation [sypytasjɔ̃] n. f. Action de supputer, estimation.

supputer [sypyte] v. tr. [1] Évaluer à partir de certains éléments, de certains indices. *Supputer à combien s'élèvera une dépense. Supputer ses chances de réussite.*

supra-. Préfixe, du lat. *supra,* «au-dessus».

supraconducteur, trice [sypʀakɔ̃dyktœʀ, tʀis] adj. et n. m. PHYS Qui présente la supraconductivité. ▷ n. m. *Un supraconducteur.*

supraconductivité [sypʀakɔ̃dyktivite], **supraconductibilité** [sypʀakɔ̃dyktibilite] ou **supraconduction** [sypʀakɔ̃dyksjɔ̃] n. f. PHYS Conductivité très élevée que présentent certains corps aux températures voisines du zéro absolu (zéro kelvin).

supranational, ale, aux [sypʀanasjɔnal, o] adj. Qui se place au-dessus des souverainetés nationales. *Instances supranationales.*

supranationalité [sypʀanasjɔnalite] n. f. ADMIN Caractère de ce qui est supranational.

suprasensible [sypʀasɑ̃sibl] adj. Que les sens ne peuvent percevoir.

supraterrestre [sypʀateʀɛstʀ] adj. Qui n'appartient pas à notre monde.

suprématie [sypʀemasi] n. f. **1.** Supériorité de puissance, de rang. *Suprématie économique d'un pays.* Syn. hégémonie, prééminence. **2.** Excellence, maîtrise. *Il prétend à la suprématie dans son art.*

Suprématie (acte de), loi votée en 1534, sur le désir d'Henri VIII d'Angleterre que le roi (ou la reine) soit le chef suprême de l'Église d'Angleterre. L'anglicanisme en résulta.

suprématisme [sypʀematism] n. m. Théorie et pratique (art abstrait géométrique) du peintre russe K. Malevitch (à partir de 1913) et de ses disciples.

suprême [sypʀɛm] adj. **1.** Qui est au-dessus de tous dans son genre, dans son espèce. *Le pouvoir suprême.* – RELIG *L'Être* suprême.* **2.** Le plus grand, le plus haut, dans la hiérarchie des valeurs. *Le plaisir suprême de revoir un être cher.* ▷ *Au suprême degré :* au plus haut point. **3.** Dernier, ultime. *Faire une suprême tentative.* – *L'instant, l'heure suprême,* celui, celle de la mort.

suprêmement [sypʀɛmmɑ̃] adv. Au suprême degré, à l'extrême.

sur-. Élément du lat. *super,* «au-dessus de» (ex. *surélever, surtout*), «en plus de, outre» (ex. *surabondance, surhomme*).

1. sur [syʀ] prép. **I.** Marque la situation de ce qui est plus haut par rapport à ce qui est en dessous, avec ou sans contact. **1.** (Avec contact, sans mouvement.) *La cuillère est sur l'assiette.* – (Suisse) *Sur France, sur Suisse :* sur le territoire français, suisse. ▷ Contre (une surface verticale). *Coller du papier sur les murs. La clé est sur la porte.* ▷ *Sur soi :* sur le corps; avec soi. *Il avait sur lui un boubou de bazin. Je n'ai pas mes papiers sur moi.* ▷ (Avec une idée d'accumulation, de répétition.) *Entasser pierre sur pierre. Coup* sur coup.* ▷ (Dans certaines loc. indiquant l'état, la manière.) *Se tenir sur ses gardes. Si tu le prends sur ce ton.* **2.** (Avec contact, avec mouvement.) *Passer la main sur une étoffe. Tomber sur le trottoir.* ▷ (Belgique, Maghreb) *Sur le (la, les) :* dans le (la, les). *Habiter sur la rue des Palmiers. Monter sur le train.* ▷ (Le complément désignant une surface modifiée par l'action.) *Graver sur la pierre. Tirage sur papier mat.* ▷ Fig. (Marquant un rapport de supériorité.) *L'emporter sur qqn.* **3.** (Sans contact, sans mouvement.) Au-dessus de. *Les nuages s'amoncellent sur la plaine. Le pont sur le fleuve.* **4.** (Sans contact, avec mouvement.) *Une voiture déboucha sur notre gauche. Cap sur Dakar.* **II.** Marque différents rapports abstraits. **1.** D'après, en fonction de, en prenant pour fondement. *Juger sur les apparences. Attestation sur l'honneur.* ▷ (Le complément désignant l'objet d'un travail, le sujet d'une étude, etc.) *Voilà deux heures que je m'échine sur ce moteur. Un essai sur Césaire.* **2.** (Indiquant un rapport de proportionnalité.) *Sur dix, il n'en revint pas un seul. Il a quinze sur vingt à sa dissertation.* **3.** (Avec une valeur temporelle.) Au moment même de; immédiatement après. *Sur le coup, il est resté interloqué! Il s'éveilla; sur ce, la porte s'ouvrit.* ▷ (Marquant l'approximation.) Vers. *Il est arrivé sur les dix heures.* ▷ (Belgique) *Il fait du sport deux fois sur la semaine,* deux fois par semaine. – *Faire qqch sur deux heures,* en deux heures.

2. sur, sure [syʀ] adj. Qui a un goût légèrement acide, aigre. *Pommes sures.*

sûr, sûre [syʀ] adj. **I. 1.** Qui ne présente aucun risque; où aucun danger n'est à redouter. *Mettre qqn, qqch en lieu sûr.* **2.** Digne de confiance; sur qui ou sur quoi l'on peut s'appuyer, tabler; qui ne risque pas de faillir. *Un ami sûr. Je le sais de source sûre. Un matériel très sûr.* ▷ Ferme, assuré. *Avoir une main sûre,* une main aux gestes précis. – D'une grande justesse, d'une grande rigueur. *Avoir le jugement sûr.* **II. 1.** (Choses) Dont la vérité ne saurait être contestée. *Je pars demain, c'est sûr.* Syn. certain. ▷ Loc. adv. *Bien sûr! :* évidemment. **2.** (Personnes) *Sûr de :* qui ne doute pas de (un événement à venir). *Il est sûr de sa réussite.* Syn. certain, convaincu. – *Sûr de soi :* qui a confiance en soi, en ses capacités. ▷ Qui sait de façon certaine. *Être sûr de son fait.*

surabondance [syʀabɔ̃dɑ̃s] n. f. Profusion. *Surabondance de coton.*

surabondant, ante [syʀabɔ̃dɑ̃, ɑ̃t] adj. Qui surabonde.

surabonder [syʀabɔ̃de] v. intr. [1] Être plus abondant qu'il n'est nécessaire.

suractivé, ée [syʀaktive] adj. Dont l'activité est accrue par un traitement spécial. *Décapant suractivé.*

suraigu, uë [syʀegy] adj. **1.** Très aigu. *Cri suraigu. Voix suraiguë.* **2.** MED Très aigu et qui évolue brutalement, et rapidement. *Inflammation suraiguë.*

surajouter [syʀaʒute] v. tr. [1] Ajouter en plus, à ce qui est déjà fini. – Pp. *Pages surajoutées à un livre.*

suralimentation [syʀalimɑ̃tasjɔ̃] n. f. **1.** Alimentation plus abondante, plus riche que la normale. **2.** TECH Alimentation d'un moteur à combustion interne avec de l'air porté à une pression supérieure à la pression atmosphérique.

suralimenter [syʀalimɑ̃te] v. tr. [1] **1.** *Suralimenter qqn,* lui fournir une alimentation plus abondante ou plus riche que la normale. **2.** TECH *Suralimenter un moteur :* V. suralimentation (sens 2).

suramine [syʀamin] n. f. MED Uréide utilisé dans le traitement de l'onchocercose et de la maladie du sommeil.

suranné, ée [syʀane] adj. Litt. Démodé, désuet, vieillot. ▷ Archaïque, retardataire. *Conceptions surannées.*

surarmement [syʀaʀməmɑ̃] n. m. Armement qui dépasse l'équipement nécessaire à la défense (d'un pays).

surarmer [syʀaʀme] v. tr. [1] Armer (un pays) au-delà du nécessaire.

surate [suʀat] n. f. V. sourate.

surbaissé, ée [syʀbese] adj. **1.** ARCHI *Arc, voûte surbaissés* (ou *en anse de panier*), dont la flèche est inférieure à la moitié de la largeur. **2.** AUTO *Carrosserie surbaissée,* très basse.

surbooking [syʀbukiŋ] n. m. TRANS Syn. (off. déconseillé) de *surréservation.*

surcapitalisation [syʀkapitalizasjɔ̃] n. f. FIN Surestimation du capital d'une entreprise (en Bourse, notam.).

surcharge [syʀʃaʀʒ] n. f. **1.** Charge ajoutée à la charge habituelle. *Une surcharge de responsabilités.* **2.** Excédent de charge, de poids par rapport à ce qui est autorisé. *Rouler en surcharge.* ▷ CONSTR Effort supplémentaire que peut avoir à supporter une construction. *Calcul des surcharges.* **3.** Fait d'être trop chargé de matière, trop abondant. *La surcharge des programmes scolaires.* **4.** Mot écrit au-dessus d'un autre pour le remplacer.

surcharger [syʀʃaʀʒe] v. tr. [13] **1.** Charger de façon excessive. *Surcharger un camion.* – Pp. *Étagère surchargée de bibelots.* – Fig. *Être surchargé d'impôts, de travail.* **2.** Faire une surcharge à (un texte). *Surcharger une ligne.*

surchauffe [syʀʃof] n. f. **1.** PHYS, TECH Action de surchauffer (un liquide, de la vapeur). **2.** ECON Déséquilibre économique provenant d'une expansion mal maîtrisée entraînant une inflation importante.

surchauffé, ée [syʀʃofe] adj. **1.** Trop chaud. *Air surchauffé.* ▷ Trop chauffé (locaux). *Salle surchauffée.* **2.** Fig. Ardent, exalté. *Un auditoire surchauffé.*

surchauffer [syʀʃofe] v. tr. [1] **1.** Chauffer excessivement. **2.** PHYS Porter (un liquide) au-dessus de son point d'ébullition sans qu'il se vaporise.

surchoix [syʀʃwa] adj. inv. et n. m. De première qualité.

surclassé, ée [syʀklase] adj. SPORT Qui se mesure à des concurrents d'une classe, d'une catégorie supérieure.

surclasser [syʀklase] v. tr. [1] **1.** SPORT Dominer très nettement (un adversaire). **2.** Être d'une qualité bien supérieure à. – (Choses) *Ce produit surclasse tous les autres.* – (Personnes) *Ce peintre surclasse nettement ses contemporains.*

surcomposé, ée [syʀkɔ̃poze] adj. GRAM *Temps surcomposé,* formé d'un auxiliaire à un temps composé et du participe passé. (Ex. *quand j'ai eu terminé...*)

surcompression [syʀkɔ̃pʀesjɔ̃] n. f. TECH Action de surcomprimer; son résultat.

surcomprimé, ée [syʀkɔ̃pʀime] adj. TECH Qui subit une surcompression. ▷ *Moteur surcomprimé,* dans lequel le mélange détonant est soumis à la compression maximale.

surcomprimer [syʀkɔ̃pʀime] v. tr. [1] TECH Comprimer davantage (un gaz déjà comprimé).

surconsommation [syʀkɔ̃sɔmɑsjɔ̃] n. f. Consommation au-delà des besoins et des possibilités dans une situation économique déterminée.

surcontre [syʀkɔ̃tʀ] n. m. JEU Au bridge, maintien d'une annonce contrée.

Surcouf (Robert, baron) (1773 – 1827), corsaire français. Il pourchassa les Anglais sous la Révolution et l'Empire, notam. au large des Indes.

surcouper [syʀkupe] v. tr. [1] JEU Aux cartes, couper avec un atout plus fort que celui qui vient d'être mis.

surcoût [syʀku] n. m. ECON Coût supplémentaire.

surcroît [syʀkʀwa] n. m. Ce qui vient s'ajouter à qqch, ce qui vient en plus. *Sa promotion lui a valu un surcroît de travail.* Syn. supplément. ▷ Loc. adv. *De surcroît, par surcroît :* de plus, en outre.

surdétermination [syʀdetɛʀminasjɔ̃] n. f. **1.** PSYCHO Caractère de ce qui, dans l'ordre psychologique, est déterminé par plusieurs causes à la fois. **2.** PSYCHAN Caractère des productions de l'inconscient (images des rêves, notam.), dont le contenu manifeste renvoie en même temps à plusieurs contenus latents. **3.** LING Restriction du sens d'un terme par un contexte.

surdéterminer [syʀdetɛʀmine] v. tr. [1] Didac. Produire la surdétermination de (qqch).

surdimensionner [syʀdimɑ̃sjɔne] v. tr. [1] Donner des dimensions supérieures à ce qui est nécessaire à. – Pp. adj. *Un moteur surdimensionné.*

surdi-mutité [syʀdimytite] n. f. Didac. État du sourd-muet. *Des surdi-mutités.*

surdité [syʀdite] n. f. Affaiblissement ou disparition du sens de l'ouïe, fait d'être sourd. ▷ Par ext. *Surdité psychique,* ou *mentale,* ou *verbale,* ou *agnosie auditive :* impossibilité, due à une lésion cérébrale, d'interpréter correctement les messages sensoriels perçus par l'oreille (et, notam., de comprendre les mots).

surdosage [syʀdozaʒ] n. m. MED Dosage abusif.

surdose [syʀdoz] n. f. MED Syn. (off. recommandé) de *overdose.*

surdoué, ée [syʀdwe] adj. et n. *Enfant surdoué* ou, subst., *un(e) surdoué(e),* qui présente un développement intellectuel exceptionnel.

Sûre (la) (en all. *Sauer*), riv. de l'Europe occidentale (173 km), affl. de la Moselle (r. g.); naît dans l'Ardenne belge; passe au Luxembourg, où elle forme frontière avec l'Allemagne.

sureau [syʀo] n. m. Arbuste (fam. caprifoliacées) dont les fleurs hermaphrodites en corymbe donnent un fruit noir ou rouge et dont le bois renferme un large canal médullaire.

sureffectif [syʀefɛktif] n. m. Effectif trop important.

surélévation [syʀelevasjɔ̃] n. f. Action de surélever, fait d'être surélevé; son résultat.

surélever [syʀelve] v. tr. [16] **1.** Donner plus de hauteur à... *Surélever un bâtiment de deux étages.* **2.** Placer plus haut. *Surélever une lampe.*

surelle [syʀɛl] n. f. BOT Plante des régions tropicales (fam. euphorbiacées), aux fruits jaune clair, très acides, comestibles.

sûrement [syʀmɑ̃] adv. **1.** Sans risque. *De l'argent sûrement placé.* **2.** Avec régularité et constance, sans faillir. *Progresser lentement mais sûrement.* **3.** Certainement, selon toute probabilité. *Il arrivera sûrement en retard.*

suremploi [syʀɑ̃plwɑ] n. m. ECON Utilisation d'une main-d'œuvre dépassant la production et le temps de travail normaux. – *Par ext.* Pénurie de main-d'œuvre.

surenchère [syʀɑ̃ʃɛʀ] n. f. **1.** Enchère supérieure à la précédente. **2.** Proposition, promesse faite pour renchérir sur celle d'un autre.

surenchérir [syʀɑ̃ʃeʀiʀ] v. intr. [3] **1.** Faire une surenchère. **2.** Aller plus loin que les autres (dans une affirmation, etc.).

surenchérissement [syʀɑ̃ʃeʀismɑ̃] n. m. Fait de surenchérir; augmentation d'un, des prix.

surendettement [syʀɑ̃dɛtmɑ̃] n. m. ECON Endettement excédant les possibilités de remboursement.

surendetté, ée [syʀɑ̃dete] adj. ECON Qui souffre de surendettement.

surendetter (se) [syʀɑ̃dete] v. pron. [1] ECON Avoir recours au surendettement.

surentraîner [syʀɑ̃tʀene] v. tr. [1] SPORT Soumettre (un sportif) à un entraînement trop poussé.

suréquipement [syʀekipmɑ̃] n. m. Équipement supérieur aux besoins.

suréquiper [syʀekipe] v. tr. [1] Équiper plus qu'il n'est nécessaire.

surestimation [syʀɛstimasjɔ̃] n. f. Fait de surestimer; son résultat.

surestimer [syʀɛstime] v. tr. [1] Estimer au-dessus de sa valeur réelle. *Surestimer un vase ancien.* – Fig. *Surestimer ses forces.* ▷ v. pron. *Il a tendance à se surestimer.*

sûreté [syʀte] n. f. **1.** Fait d'être sûr (sens I, 1). *Sûreté d'une région.* **2.** Fermeté, précision (des gestes, des perceptions sensorielles, etc.). *Sûreté de l'oreille d'un musicien.* ▷ Justesse dans l'exercice des facultés intellectuelles, dans les jugements esthétiques, etc. *Je me fie à la sûreté de votre goût. Avoir une grande sûreté de jugement.* **3.** Assurance, garantie donnée à qqn. *Je lui ai donné toutes les sûretés qu'il me demandait.* ▷ DR *Sûreté personnelle :* garantie résultant pour le créancier de l'adjonction à son débiteur d'autres débiteurs, répondant sur leur patrimoine de l'exécution de l'obligation. – *Sûreté réelle :* garantie résultant pour le créancier de l'affectation spéciale d'un bien de son débiteur au paiement de la dette. – *Sûreté du Trésor :* sûreté personnelle et réelle dont dispose le Trésor public. **4.** Rare (Sauf dans certains emplois quasi figés et en loc.) Sécurité. *Garantir la sûreté des personnes et des biens.* – *Attentat, crime contre la sûreté de l'État :* infractions menées contre l'autorité de l'État ou l'intégrité du territoire. ▷ *En sûreté :* en sécurité; à l'abri du vol. ▷ *De sûreté :* spécialement conçu pour assurer la sûreté. *Épingles de sûreté. Serrure de sûreté. Soupape de sûreté.* ▷ *Une sûreté :* un dispositif de sûreté. *Mettre une sûreté à sa porte.* – *Mettre une arme à la sûreté,* en position de sûreté. **5.** Fait d'être sûr de soi; caractère, état d'une personne sûre d'elle. **6.** Anc. (Cour. au Québec) Nom donné à divers corps policiers. *La Sûreté du Québec.*

surévaluation [syrevalɥasjɔ̃] n. f. Fait de surévaluer; son résultat.

surévaluer [syrevalɥe] v. tr. [1] Évaluer (qqch) au-delà de sa valeur.

surexcitation [syrɛksitasjɔ̃] n. f. État d'une personne surexcitée.

surexciter [syrɛksite] v. tr. [1] Exciter au plus haut point. *Procès qui surexcite l'opinion.* Syn. enfiévrer, enflammer. – Pp. adj. *Enfant surexcité,* très agité.

surexploitation [syrɛksplwatasjɔ̃] n. f. Action de surexploiter. *Les dangers de la surexploitation des eaux souterraines.*

surexploiter [syrɛksplwate] v. tr. [1] Exploiter exagérément (qqch, qqn).

surexposer [syrɛkspoze] v. tr. [1] PHOTO Exposer trop longtemps (une surface sensible). – Pp. adj. *Photographie surexposée.*

surexposition [syrɛkspozisjɔ̃] n. f. PHOTO Fait de surexposer; son résultat.

surf [sœrf] n. m. **1.** Sport nautique, d'origine polynésienne, qui consiste à se laisser pousser vers une plage par les rouleaux, en se maintenant en équilibre sur une planche spéciale. **2.** Sport de montagne consistant à descendre des pentes enneigées debout sur une planche conçue à cet effet. – Cette planche.

surface [syrfas] n. f. **1.** Partie extérieure, visible, d'un corps, qui constitue la limite de l'espace qu'il occupe. *La surface de la Terre.* ▷ *Spécial.* (En loc.) Étendue horizontale qui sépare l'atmosphère d'un volume de liquide. *À la surface de l'eau. – Sous-marin qui fait surface,* qui émerge. – Fig. *Il a refait surface au bout de trois ans,* on l'a revu après... ▷ CHIM *Agent de surface :* composé chimique (détergent, mouillant, émulsionnant) dont les solutions, même très diluées, modifient, à leur contact, les propriétés des surfaces. **2.** Étendue d'une surface; aire, superficie. *Cet appartement a une surface de 100 m².* – *Surface corrigée :* V. corrigé. ▷ *Grande surface :* magasin en libre-service dont la surface de vente est supérieure à 400 m². Syn. supermarché, hypermarché, (Maghreb) galerie. **3.** GEOM Ensemble de points de l'espace dont les coordonnées x, y, z sont reliées par une équation de la forme $f(x,y,z) = 0$. *Une surface n'a que deux dimensions. – Surface réglée,* engendrée par le déplacement d'une droite suivant une loi déterminée (cône, par ex.).

surfacer [syrfase] v. tr. et intr. [12] **1.** TECH Donner un aspect régulier à une surface, la polir. **2.** AGRIC Remplacer la couche superficielle de terre usée par du terreau.

surfaceuse [syrfasøz] n. f. TECH Machine à surfacer.

surfactant, ante [syrfaktɑ̃, ɑ̃t] n. m. et adj. **1.** CHIM Substance qui augmente les propriétés mouillantes d'un liquide en abaissant la tension superficielle de celui-ci. ▷ adj. *Produit surfactant.* **2.** PHYSIOL *Surfactant pulmonaire :* matière qui forme un film mince à la surface des alvéoles pulmonaires et dont le rôle est essentiel dans la respiration.

surfait, aite [syrfɛ, ɛt] adj. Trop vanté, qui n'est pas à la hauteur de sa réputation. *Une beauté surfaite.*

surfer [sœrfe] v. intr. [1] Pratiquer le surf.

surfeur, euse [sœrfœr, øz] n. SPORT Celui, celle qui pratique le surf.

surfil [syrfil] n. m. COUT Action de surfiler; résultat de cette action.

surfilage [syrfilaʒ] n. m. COUT, TECH Action de surfiler.

surfiler [syrfile] v. tr. [1] COUT Passer un fil sur les bords de (un tissu) pour éviter qu'il ne s'effiloche. *Surfiler une couture.*

surfin, ine [syrfɛ̃, in] adj. D'une très grande qualité. *Beurre surfin.*

surfusion [syrfyzjɔ̃] n. f. PHYS État d'un corps qui reste liquide au-delà de sa température de solidification.

surgélation [syrʒelasjɔ̃] n. f. Opération qui consiste à surgeler.

surgelé, ée [syrʒəle] adj. et n. m. Qui a subi la surgélation. *Légumes surgelés.* ▷ n. m. Produit alimentaire surgelé.

surgeler [syrʒəle] v. tr. [17] Congeler à très basse température et en un temps réduit (une denrée périssable).

surgénérateur [syrʒeneratœr] ou **surrégénérateur** [syreʒeneratœr] n. m. PHYS NUCL Réacteur nucléaire qui produit plus de matière fissile qu'il n'en consomme.

surgeon [syrʒɔ̃] n. m. ARBOR Rejeton qui naît du collet ou de la souche d'un arbre.

surgir [syrʒir] v. intr. [3] Apparaître brusquement. ▷ Fig. Se manifester brusquement. *Faire surgir une difficulté, un conflit.*

surgissement [syrʒismɑ̃] n. m. Action de surgir.

surgreffage [syrgrɛfaʒ] n. m. ARBOR Opération de taille très sévère d'un vieil arbre fruitier et de greffage avec une variété sélectionnée.

surhausser [syrose] v. tr. [1] ARCHI *Surhausser un arc, une voûte,* leur donner une flèche supérieure à la moitié de l'ouverture.

surhomme [syrɔm] n. m. **1.** PHILO Selon Nietzsche, type d'homme supérieur auquel l'humanité donnera naissance quand elle se développera selon la «volonté de puissance» et que rend possible la «mort de Dieu». **2.** Homme qui dépasse, intellectuellement ou physiquement, la mesure normale de la nature humaine.

surhumain, aine [syrymɛ̃, ɛn] adj. Qui est au-dessus des forces, des qualités et des aptitudes normales de l'homme.

surimposer [syrɛ̃poze] v. tr. [1] Frapper d'une majoration d'impôt ou d'un impôt excessif.

surimposition [syrɛ̃pozisjɔ̃] n. f. Action de surimposer, surcroît d'imposition.

surimpression [syrɛ̃presjɔ̃] n. f. PHOTO, CINE, AUDIOV Opération qui consiste à superposer sur un même support deux ou plusieurs images, pour produire certains effets spéciaux. ▷ Loc. fig. *En surimpression :* perçu en même temps.

Surinam ou **Suriname** (république du) *(Republiek van Suriname)* (anc. *Guyane néerlandaise*), État septentrional de l'Amérique du Sud, sur l'Atlantique; 163265 km²; env. 400000 hab. (croissance : 2 % par an); cap. *Paramaribo.* Nature de l'État : rép. parlementaire. Langue off. : néerlandais. Monnaie : florin du Surinam. Pop. : Indiens originaires de l'Inde (35 %), créoles (30 %), Indonésiens, Noirs, Amérindiens, Chinois, Européens. Relig. princ. : hindouisme, cathol., islam.

Géogr. et écon. – Le pays s'étend sur le massif cristallin des Guyanes (1280 m) que borde une plaine côtière marécageuse. La pop. occupe le littoral (4 % du territ.), le reste étant couvert de forêt dense équatoriale. Le pays vit d'une agriculture variée (riz, canne à sucre, bananes, oranges), de pêche et d'exploitation du bois. Il exporte bauxite et alumine (produite grâce à l'hydroélectricité). Très dépendante, l'économie a été désorganisée par les luttes entre les groupes ethniques.

Hist. – Colonisée au XVIIe s. par les Anglais et les Hollandais (cult. de la canne à sucre), la région revint aux Hollandais (1667). Elle fut occupée par les Brit. de 1799 à 1816. L'abolition de l'esclavage (1863) entraîna une immigration asiatique. L'exploitation de la bauxite (par des sociétés néerlandaises et américaines) s'intensifia après 1945. Partie intégrante des Pays-Bas en 1948, autonome en 1954, le Surinam acquit son indép. en 1975 et se donna un régime parlementaire, aboli en 1980 par un coup d'État mené par le colonel Desi Bouterse, qui en 1982 massacra les opposants et la guérilla se développa dans le pays. Le désastre écon. l'obligea à se séparer de ses alliés cubains et soviétiques. Le pouvoir revint aux civils en 1988. R. Shankar fut élu président de la Rép.; Bouterse contrôlait l'armée, qui revint au pouvoir en 1990. Après des législatives (mai 1991), le démocrate R. Venetiaan fut élu président de la République (sept.). En 1992, il signa des accords de paix avec la guérilla.

surinamien, enne [syrinamjɛ̃, ɛn] adj. et n. Du Surinam. ▷ Subst. *Un(e) Surinamien(ne).*

surinfection [syrɛ̃fɛksjɔ̃] n. f. MED Infection survenant chez un sujet présentant déjà une maladie infectieuse.

surintensité [syrɛ̃tɑ̃site] n. f. ELECTR Intensité supérieure à l'intensité maximale que peut supporter un appareillage sans être détérioré.

surjectif, ive [syrʒɛktif, iv] adj. MATH *Application surjective :* application telle que tout élément de l'ensemble d'arrivée est l'image d'au moins un élément de l'ensemble de départ.

surjection [syrʒɛksjɔ̃] n. f. MATH Application surjective.

surjet [syrʒɛ] n. m. COUT Couture qui réunit deux pièces d'étoffe bord à bord, par un point qui les chevauche. *Point de surjet.*

sur-le-champ [syrləʃɑ̃] loc. adv. V. champ (sens II, 2).

surlendemain [syrlɑ̃d(ə)mɛ̃] n. m. Jour qui suit le lendemain.

surligner [syrliɲe] v. tr. [1] Marquer avec un surligneur (un texte).

surligneur [syrliɲœr] n. m. Feutre à encre transparente et lumineuse, servant à mettre en valeur certains mots ou phrases d'un texte.

surloyer [syrlwaje] n. m. COMM Indemnité payée par un locataire en sus du loyer.

surmenage [syrmənaʒ] n. m. Fait d'être surmené, de se surmener. ▷ MED Ensemble des troubles résultant d'un travail excessif de l'organisme.

surmener [syrməne] v. tr. [16] Fatiguer à l'excès. *Surmener une bête. Il surmène ses collaborateurs.* – Pp. adj.

Homme d'affaires surmené. ▷ v. pron. *Il se surmène avant ses examens.*

surmoi ou **sur-moi** [syʀmwa] n. m. inv. PSYCHAN Élément du psychisme qui se constitue dans l'enfance par identification au modèle parental, et qui exerce un rôle de contrôle et de censure.

surmonter [syʀmɔ̃te] v. tr. [1] **1.** Être placé au-dessus de. *Une statue surmonte la colonne.* **2.** (Abstrait) Venir à bout de, triompher de (ce qui fait obstacle). *Surmonter une difficulté.* ▷ Dominer, maîtriser (une sensation, un sentiment, une émotion qui empêche d'agir). *Surmonter sa douleur, son dégoût.*

surmortalité [syʀmɔʀtalite] n. f. STATIS Mortalité plus importante dans un groupe donné (par rapport à un autre, à d'autres pris comme référence).

surmulet [syʀmylɛ] n. m. Rouget de roche (*Mullus surmuletus*).

surmulot [syʀmylo] n. m. Gros rat *(Rattus norvegicus),* originaire d'Asie, commun dans toute l'Europe, en Amérique et dans les ports africains, appelé aussi *rat d'égout, rat gris.*

surmultiplié, ée [syʀmyltiplije] adj. (et n. f.) AUTO *Vitesse surmultipliée* ou, n. f., *la surmultipliée :* dispositif qui donne à l'arbre de transmission une vitesse supérieure à celle du moteur.

surnager [syʀnaʒe] v. intr. [13] **1.** Se maintenir à la surface d'un liquide. **2.** Fig. Subsister, persister. *De vagues souvenirs surnageaient dans sa mémoire.*

surnatalité [syʀnatalite] n. f. Didac. Natalité trop forte par rapport aux ressources.

surnaturel, elle [syʀnatyʀɛl] adj. et n. m. **1.** Qui semble échapper aux lois de la nature, se situer au-dessus d'elles. *Une puissance surnaturelle.* – RELIG *Vérités surnaturelles,* que l'on ne peut connaître que par la foi. ▷ n. m. *Le surnaturel :* les phénomènes surnaturels. **2.** Qui tient du prodige. Syn. extraordinaire.

surnom [syʀnɔ̃] n. m. Nom que l'on donne à une personne en plus de son nom véritable et qui, généralement, rappelle un trait de son aspect physique ou de sa personnalité, ou une circonstance particulière de sa vie. *Le Sage est le surnom de Charles V.* ▷ Cour. Désignation familière, sobriquet.

surnombre [syʀnɔ̃bʀ] n. m. (Dans la loc. adv.) *En surnombre :* en excédent.

surnommer [syʀnɔme] v. tr. [1] Donner un surnom à.

surnuméraire [syʀnymeʀɛʀ] adj. et n. Qui est en surnombre. *Un employé surnuméraire.* ▷ Subst. *Un(e) surnuméraire.*

suroît [syʀwa] n. m. **1.** MAR Sud-ouest. ▷ Vent de sud-ouest. **2.** Chapeau imperméable qui descend bas sur la nuque.

surpasser [syʀpase] v. tr. [1] Être supérieur à, l'emporter sur. *Il a nettement surpassé les autres concurrents.* Syn. surclasser. ▷ v. pron. Faire mieux qu'à l'ordinaire. *Pour ce repas de fête, la cuisinière s'est surpassée.*

surpâturage [syʀpatyʀaʒ] n. m. AGRIC Dégradation des pâturages causée par une charge excessive en animaux domestiques ou sauvages. *Le surpâturage entraîne la disparition de certaines espèces végétales et contribue fortement à la désertification.*

surpayer [syʀpeje] v. tr. [21] Payer qqn au-delà de ce qui est habituel; acheter qqch trop cher.

surpeuplé, ée [syʀpœple] adj. Où la population est trop nombreuse. ▷ Où il y a trop de monde. *Amphithéâtres surpeuplés.*

surpeuplement [syʀpœpləmɑ̃] n. m. État d'une région, d'un pays, d'une ville, etc., où la population est trop nombreuse.

surpiqûre [syʀpikyʀ] n. f. COUT Piqûre apparente sur un tissu ou du cuir.

sur-place ou **surplace** [syʀplas] n. m. V. place (sens B, I, 2).

surplomb [syʀplɔ̃] n. m. **1.** CONSTR Partie d'un bâtiment qui dépasse par le sommet la ligne d'aplomb. **2.** *En surplomb :* dont le haut forme une saillie. *Paroi en surplomb.*

surplomber [syʀplɔ̃be] v. [1] **1.** v. intr. CONSTR Former un surplomb. **2.** v. tr. Dominer en formant une saillie au-dessus de. *Falaise surplombant la plage.*

surplus [syʀply] n. m. **1.** Ce qui dépasse une quantité fixée. *Vous me paierez le surplus demain.* Syn. excédent. ▷ Stock de produits invendus qui tendent à faire baisser les cours. **2.** Loc. conj. ou adv. *Au surplus :* au reste, d'ailleurs.

surpopulation [syʀpɔpylasjɔ̃] n. f. GEOGR Population excessive relativement aux possibilités économiques.

surprenant, ante [syʀpʀənɑ̃, ɑ̃t] adj. **1.** Qui surprend, qui étonne. *Il a changé de façon surprenante.* **2.** Étonnant par son importance, remarquable. *Les résultats ont été surprenants.*

surprendre [syʀpʀɑ̃dʀ] v. [52] **I.** v. tr. **1.** Prendre (qqn) sur le fait, le trouver dans un état où il ne s'attendait pas à être vu. *Surprendre un voleur en flagrant délit.* ▷ Découvrir (ce qui était tenu caché, secret). *Surprendre des menées subversives.* **2.** Arriver sur (qqn) inopinément. *L'orage les a surpris à découvert.* ▷ Attaquer à l'improviste. *Des francs-tireurs ont surpris la patrouille.* ▷ Arriver chez (qqn) sans avoir prévenu. *Il nous a surpris alors que nous partions.* **3.** Étonner. – Pp. adj. *Il resta surpris.* **4.** Loc. *Surprendre la confiance, la bonne foi de qqn :* abuser qqn. **II.** v. pron. *Se surprendre à :* s'apercevoir soudain qu'on est en train de. *Je me suis surpris à parler tout seul.*

surpression [syʀpʀesjɔ̃] n. f. TECH Pression plus élevée que la pression normale.

surprime [syʀpʀim] n. f. Prime d'assurance supplémentaire demandée en cas de risque aggravé ou de couverture d'un nouveau risque.

surprise [syʀpʀiz] n. f. **1.** État d'une personne étonnée par qqch d'inattendu. *À la surprise générale.* **2.** Chose qui surprend. *Quelle bonne surprise!* **3.** Loc. adv. *Par surprise :* en prenant au dépourvu. *Il m'a attaqué par surprise.* ▷ (En appos.) *Grève surprise :* grève sans préavis. **4.** Cadeau, plaisir inattendu. *Faire une surprise à qqn pour sa fête.* ▷ *Pochette-surprise :* V. pochette.

surproduction [syʀpʀɔdyksjɔ̃] n. f. Production trop forte par rapport aux besoins, aux possibilités d'écoulement sur le marché. *Surproduction agricole.*

surproduire [syʀpʀɔdɥiʀ] v. tr. [69] Produire en excès.

surprotéger [syʀpʀɔteʒe] v. tr. [3] Protéger de façon excessive (qqn). – Pp. adj. *Un enfant surprotégé.*

surréalisme [syʀ(ʀ)ealism] n. m. Mouvement littéraire et artistique qui se constitua v. 1922-1923 sur la base d'un rejet systématique de toutes les constructions logiques de l'esprit et visant à soustraire au contrôle de la raison les différentes forces psychiques dont l'expression peut contribuer à un renversement libérateur des valeurs sociales, intellectuelles et morales.
ENCYCL Le surréalisme, qui dérive du mouvement dada (V. ce mot), naquit en 1919 (premier numéro de la revue *Littérature,* fondée et dirigée par A. Breton, L. Aragon et Ph. Soupault), mais la rupture avec Dada ne se produisit officiellement qu'en 1922. En 1924, le *Manifeste du surréalisme* de Breton affirma l'existence du mouvement, défini par référence à l'écriture automatique et à la «toute-puissance du désir». Le surréalisme réunira de nombreux poètes (P. Éluard, B. Péret, R. Crevel, R. Desnos, A. Artaud, R. Vitrac), prosateurs (R. Queneau, M. Leiris), peintres (M. Ernst, S. Dali, Y. Tanguy), photographes (Man Ray), cinéastes (L. Buñuel), etc., mais brouilles et scissions se multiplieront; la revue *la Révolution surréaliste* cessa de paraître en 1929. En 1930, dans un deuxième *Manifeste,* Breton flétrit les transfuges et décrivit l'échec du rapprochement avec le parti communiste. De nombreux groupes surréalistes naquirent hors de France, notam. en Belgique, où le groupe bruxellois se constitua dès 1925 (V. Nougé, Magritte, Scutenaire) et le groupe du Hainaut en 1934, et en Égypte (V. Hénein). En 1938, à Paris, une exposition internationale rassembla des œuvres venues de quatorze pays. La guerre, en 1939, dispersa les surréalistes français mais, cette année 1939, Césaire publia à Fort-de-France *Cahier d'un retour au pays natal* et, dans les années 40, au Québec, le peintre Borduas et les Automatistes* adoptèrent des positions proches de celles de Breton. En 1946, en Haïti, une conférence de ce dernier suscita la création d'une revue, *la Ruche,* dont le premier numéro entraîna des troubles politiques. (V. dossier Haïti, p. 1455). En France, après 1945, le surréalisme apparut comme une survivance.

surréaliste [syʀ(ʀ)ealist] adj. et n. Relatif au surréalisme. *Poème surréaliste. Peinture surréaliste.* ▷ Subst. Écrivain, poète, artiste appartenant au mouvement surréaliste.

surrection [syʀ(ʀ)ɛksjɔ̃] n. f. GEOL Fait de surgir, de se soulever (pour un sol, un socle, un rocher, etc.).

surréel, elle [syʀʀeɛl] adj. Litt. Qui se situe au-delà du réel (dans le vocabulaire des surréalistes). ▷ n. m. *Le surréel.*

surrégénérateur [syʀeʒeneʀatœʀ] n. m. V. surgénérateur.

surrénal, ale, aux [syʀ(ʀ)enal, o] adj. et n. f. ANAT Qui est situé au-dessus des reins. – *Glandes, capsules surrénales* ou, n. f., *les surrénales :* glandes à sécrétions internes qui coiffent les reins et dont la partie centrale, la médullosurrénale*, sécrète l'adrénaline et le cortex, la corticosurrénale*, des hormones dont certaines jouent un rôle dans le métabolisme des glucides et des protides.

surréservation [syʀ(ʀ)ezɛʀvasjɔ̃] n. f. TRANSP Fait d'enregistrer plus de réservations que de places offertes. Syn. (off. déconseillé) surbooking.

sursalaire [syʀsalɛʀ] n. m. ECON Supplément au salaire.

sursaturation [syʀsatyʀasjɔ̃] n. f. PHYS État d'équilibre d'une solution dans laquelle la substance dissoute, bien qu'en proportion plus élevée que celle qui correspond à la saturation, ne se dépose pas. ▷ État d'une phase gazeuse dans laquelle il ne se produit pas encore de condensation, bien que la quantité de vapeur soit supérieure à celle qui devrait produire la saturation.

sursaturé, ée [syʀsatyʀe] adj. PHYS En état de sursaturation. *Solution sursaturée.* ▷ Fig. *Sursaturé de :* excédé de.

sursaturer [syʀsatyʀe] v. tr. [1] PHYS Provoquer la sursaturation de.

sursaut [syʀso] n. m. **1.** Mouvement brusque du corps occasionné par une sensation subite et violente. ▷ *Se réveiller en sursaut :* avec une soudaineté brutale. **2.** Fig. Nouvel élan qui survient brusquement. *Un sursaut d'énergie.*

sursauter [syʀsote] v. intr. [1] Avoir un sursaut, tressaillir violemment. *La détonation l'a fait sursauter.*

surseoir [syʀswaʀ] v. tr. indir. [41] (N.B. *Surseoir* n'a pas de formes en *-ie*- et *-ey-*, et garde le *e* de l'infinitif au futur et au conditionnel.) DR ou litt. *Surseoir à :* remettre à plus tard, différer. *Surseoir à une exécution.*

sursis [syʀsi] n. m. **1.** DR Délai d'épreuve pendant lequel l'exécution d'une peine prononcée est suspendue. *Huit mois de prison ferme et quatre avec sursis.* **2.** *Par ext.* Délai que l'on obtient avant d'accomplir une chose pénible. *Il se donne un sursis de deux jours avant son départ.*

sursitaire [syʀsitɛʀ] adj. et n. **1.** adj. DR Qui a obtenu un sursis. **2.** n. Personne sursitaire. *Un(e) sursitaire.*

Surt. V. Syrte.

surtaxe [syʀtaks] n. f. Taxe qui s'ajoute à une autre; nouvelle taxe plus forte que la précédente. ▷ *Spécial.* Taxe dont est frappé un envoi postal insuffisamment affranchi.

surtaxer [syʀtakse] v. tr. [1] Frapper d'une surtaxe.

surtension [syʀtɑ̃sjɔ̃] n. f. ELECTR Tension anormalement élevée.

surtout [syʀtu] adv. **1.** Principalement, plus que toute autre chose. *Il est intelligent, mais surtout très retors.* **2.** (Pour insister sur un ordre, un souhait.) *Il ne faut surtout pas qu'il vienne.*

survaleur [syʀvalœʀ] n. f. COMPTA Syn. de *plus-value.*

surveillance [syʀvɛjɑ̃s] n. f. **1.** Action de surveiller; son résultat. *Exercer une surveillance discrète.* **2.** Fait d'être surveillé, situation d'une personne surveillée. *Être sous surveillance médicale.*

surveillant, ante [syʀvɛjɑ̃, ɑ̃t] n. Personne dont la fonction est de surveiller. *Surveillant des travaux. Surveillant de prison.* ▷ *Spécial.* Personne chargée de surveiller les élèves, de veiller au respect de la discipline, dans un établissement scolaire. *Surveillant d'internat.*

surveiller [syʀvɛje] v. tr. [1] **1.** Observer attentivement pour contrôler, vérifier; observer les faits et gestes de (qqn), pour s'assurer qu'il ne fait rien d'interdit, de dangereux, etc. *Surveiller de jeunes enfants.* **2.** Contrôler, suivre le déroulement de. *Surveiller un travail.* **3.** Veiller à (ce que l'on fait, ce que l'on dit). *Surveiller ses paroles, sa conduite.* ▷ v. pron. *Il n'est jamais naturel, il se surveille trop.*

survenir [syʀvəniʀ] v. intr. [36] Arriver de façon imprévue, brusquement. *Un orage survint. Un changement est survenu.* ▷ v. impers. *Et s'il survenait qqn, que ferions-nous?*

survêtement [syʀvɛtmɑ̃] n. m. Vêtement composé d'un blouson et d'un pantalon, que l'on met par-dessus une tenue de sport légère.

survie [syʀvi] n. f. **1.** Fait de survivre. *Chances de survie d'un blessé.* **2.** Vie dans l'au-delà.

survivance [syʀvivɑ̃s] n. f. Persistance de ce que l'évolution sociale, historique, etc., aurait pu faire disparaître. *La survivance d'une vieille coutume.*

survivant, ante [syʀvivɑ̃, ɑ̃t] n. (et adj.) Personne qui survit. *Les survivants d'un naufrage.* – adj. *Les héritiers survivants.*

survivre [syʀvivʀ] v. [63] **I.** v. tr. indir. *Survivre à.* **1.** (Personnes) Demeurer en vie après la mort de (qqn), après la disparition, la fin de (qqch). *Survivre à ses enfants.* **2.** (Choses) Rester après la disparition de. *Ses œuvres lui survivront longtemps.* **3.** (Personnes) Rester en vie après (un événement qui a entraîné de nombreuses morts). *Il a seul survécu à cet accident.* **4.** (Personnes) Continuer à vivre (après un événement très éprouvant moralement). *Il n'a pu survivre à son chagrin.* **5.** (Choses) Résister à ce qui pourrait entraîner une disparition. *La religion a survécu au communisme.* **II.** v. intr. **1.** Continuer à vivre après un événement qui aurait pu entraîner la mort. *Seuls trois passagers ont survécu.* **2.** Vivre dans des conditions difficiles. *Un salaire qui lui permet à peine de survivre.* **III.** v. pron. *Se survivre dans ses enfants, dans ses œuvres :* laisser après sa mort des enfants, des œuvres qui perpétuent son souvenir.

survol [syʀvɔl] n. m. Fait de survoler.

survoler [syʀvɔle] v. tr. [1] **1.** Voler au-dessus de. *L'appareil survole le lac Léman.* **2.** Fig. Voir rapidement, superficiellement. *Survoler un livre. Survoler un problème.*

survoltage [syʀvɔltaʒ] n. m. ELECTR Dépassement de la tension sous laquelle un appareil doit normalement être alimenté.

survolté, ée [syʀvɔlte] adj. **1.** ELECTR Dont la tension est plus élevée que la normale. **2.** Fig. Très nerveux; tendu.

survolter [syʀvɔlte] v. tr. [1] ELECTR Soumettre à une tension supérieure à la normale. – Fig. Surexciter.

survolteur [syʀvɔltœʀ] n. m. ELECTR **1.** Appareil servant à augmenter une tension. **2.** *Survolteur-dévolteur :* régulateur de tension. *Des survolteurs-dévolteurs.*

Sūryavarman, nom de règne de souverains du Cambodge ancien. — **Sūryavarman I**[er] (1002-1050) protégea le bouddhisme mahāyāna et étendit son royaume vers l'ouest. — **Sūryavarman II** (1113-1150) fit bâtir Angkor Vat, dédié à Vishnu. Il lutta contre le royaume môn, à l'O., le Dai Viêt et le Champa, à l'E. Sous son règne, l'Empire khmer connut son apogée.

sus-. Élément, de l'adv. *sus,* avec le sens de «au-dessus, plus haut» (ex. *susnommé, suspendre*).

sus [sy(s)] loc. prép. et loc. adv. **1.** Loc. prép. *En sus de :* en plus de. **2.** Loc. adv. *En sus :* en plus. *Son salaire et une prime en sus.*

susceptibilité [sysɛptibilite] n. f. **1.** Caractère d'une personne qui s'offense facilement. *Vous risquez de froisser sa susceptibilité.* **2.** PHYS *Susceptibilité magnétique :* rapport de l'intensité d'aimantation d'une substance à l'intensité du champ magnétisant.

susceptible [sysɛptibl] adj. **I.** (Personnes) Qui se froisse, s'offense facilement. *Elle est très susceptible.* **II.** *Susceptible de.* **1.** Qui peut présenter (certaines qualités), subir (certaines modifications). *Une affirmation susceptible de plusieurs interprétations.* **2.** (Suivi d'un inf.) Éventuellement capable de. *Est-il susceptible de vous remplacer?*

susciter [sysite] v. tr. [1] **1.** Litt. Faire naître (qqn ou qqch de favorable ou de défavorable); déterminer l'existence de. *Susciter des ennemis.* **2.** Faire se produire (qqch de fâcheux). *Susciter un scandale.* **3.** Faire naître dans le cœur, dans l'esprit. *Susciter l'enthousiasme.*

susdit, ite [sy(s)di, it] adj. et n. DR ou didac. Qui est indiqué, cité ci-dessus.

Suse, anc. v. d'Élam, fondée en bordure de la plaine mésopotamienne au Ve millénaire av. J.-C. Elle fut détruite v. 640 av. J.-C. par Assurbanipal, puis devint l'une des princ. cités de l'Empire perse achéménide (VIe-IVe s. av. J.-C.). Le site (auj. en Iran), fouillé dep. 1884 par des missions franç., a fait apparaître de riches vestiges, notam. ceux du palais de Darius Ier (*frise des Archers,* VIe-Ve s. av. J.-C., brique émaillée, Louvre); poteries fines à décor stylisé (IVe millénaire av. J.-C.); stèle du code d'Hammourabi (Louvre).

Su Shi, Sou Che ou **Su Dongpo** (1036 – 1101), lettré chinois; poète de la dynastie des Song (*la Falaise rouge*).

susmentionné, ée [sy(s)mɑ̃sjɔne] adj. et n. DR, ADMIN Qui est mentionné plus haut (dans un texte).

susnommé, ée [sy(s)nɔme] adj. et n. DR, ADMIN Qui est nommé plus haut.

suspect, ecte [syspɛ, ɛkt] adj. et n. **1.** Qui inspire la méfiance, éveille les soupçons. *Cet homme m'est suspect. Une conduite suspecte. – Suspect de :* que l'on soupçonne de. *Cet homme est suspect de trahison.* ▷ Subst. *Interroger un suspect.* **2.** D'une qualité douteuse. *Une viande suspecte.*

suspecter [syspɛkte] v. tr. [1] Soupçonner, tenir pour suspect.

Suspects (loi des), sous la Révolution française, loi votée le 17 sept. 1793 et qui déclarait suspects les citoyens dont le zèle révolutionnaire était trop tiède. Elle fut abrogée le 4 oct. 1795.

suspendre [syspɑ̃dʀ] v. [6] **I.** v. tr. **1.** Attacher, fixer par un point de manière à laisser pendre. *Suspendre un vêtement dans une penderie.* **2.** Interrompre momentanément le cours de. *Suspendre sa marche. Suspendre des travaux.* ▷ Différer, remettre à plus tard. *Suspendre une séance, un jugement.* ▷ COMM *Suspendre ses paiements :* se déclarer hors d'état de payer ce qu'on doit aux échéances prévues. **3.** Supprimer, interdire momentanément l'usage, l'exercice, l'action de. *Suspendre une loi. Suspendre un permis de conduire.* **4.** Démettre momentanément d'une fonction, d'une charge. *Suspendre un fonctionnaire.* **II.** v. pron. Se pendre, être suspendu.

suspendu, ue [syspɑ̃dy] adj. **1.** Attaché en l'air de manière à pendre. *Ampoule suspendue au plafond.* ▷ *Pont suspendu,* dont le tablier ne repose pas sur des piles. – Fig. *Enfants suspendus aux jupes de leur mère.* ▷ Loc. fig. *Être suspendu aux lèvres de qqn,* être attentif à ses paroles. **2.** Situé en hauteur. *Jardin suspendu.* ▷ TECH *Voiture bien, mal suspendue,* dont la suspension est bonne, mauvaise. **3.** Interrompu. *Travaux suspendus.* – (Personnes) Privé pour un temps de ses fonctions. *Fonctionnaire suspendu.*

suspens (en) [ɑ̃syspɑ̃] loc. adv. Qui n'a pas encore été débattu ou réglé. *Laisser une affaire en suspens.* – Dans l'incertitude, l'indécision. *Tenir son auditoire en suspens.*

suspense [syspɛns] n. m. (Anglicisme) Dans un film, un roman, etc., passage agencé en vue de tenir l'esprit dans une attente anxieuse. *Ménager un suspense.* – *Par ext.* Attente anxieuse.

suspenseur [syspɑ̃sœʀ] adj. m. ANAT Qui soutient. *Ligament suspenseur du foie, de l'ovaire.*

suspensif, ive [syspɑ̃sif, iv] adj. DR Qui suspend, qui interrompt le cours de l'exécution d'une décision de justice. *Appel suspensif.*

suspension [syspɑ̃sjɔ̃] n. f. **1.** Action de suspendre; état d'une chose suspendue. **2.** Appareil d'éclairage suspendu au plafond. **3.** CHIM Dispersion de fines particules dans un liquide. *Particules en suspension.* – Ces particules. *Suspension colloïdale.* **4.** TECH Dispositif situé entre le châssis et les roues d'un véhicule pour atténuer les trépidations, et pour améliorer la stabilité et la tenue de route de ce véhicule. *Suspension hydraulique.* **5.** Action d'interrompre. *Suspension de séance.* – Cessation temporaire d'opération. *Suspension de paiements.* **6.** Fait de retirer ses fonctions (à un agent de la fonction publique). **7.** RHET Figure consistant à tenir l'auditeur en suspens. – GRAM *Points de suspension :* signe de ponctuation (...) marquant une interruption de l'énoncé, ou remplaçant l'une de ses parties, notam. la suite d'une énumération.

suspente [syspɑ̃t] n. f. **1.** AERON Chacun des cordages réunissant la voilure d'un parachute au harnais. **2.** TECH Tout élément (câble, barre, poutre, etc.) travaillant en traction verticale.

suspicion [syspisjɔ̃] n. f. Action, fait de tenir pour suspect. *Il nous tient en suspicion.* Syn. défiance. ▷ DR *Suspicion légitime :* motif invoqué pour obtenir le renvoi d'une affaire pénale d'un tribunal devant un autre quand on craint de ne pas être jugé impartialement.

Susten (col du), col des Alpes suisses (2262 m), reliant la vallée de l'Aar à celle de la Reuss.

sustentation [systɑ̃tasjɔ̃] n. f. Fait de maintenir en équilibre, de soutenir. ▷ AVIAT Fait, pour un appareil, de se soutenir en l'air (grâce à la portance de la voilure, à la poussée verticale de réacteurs) ou au-dessus du sol (véhicules à coussin d'air). ▷ PHYS *Polygone* (ou *base*) *de sustentation :* polygone circonscrit à la surface d'appui d'un corps, à l'intérieur duquel doit se trouver la projection verticale du centre de gravité pour qu'il y ait équilibre.

sustenter (se) [systɑ̃te] v. pron. [1] Plaisant Se nourrir.

susu [susu] adj. inv. et n. m. V. soussou.

susu (royaume ou Empire), royaume fondé par les Susu au VIIIe s. dans la Guinée actuelle. Il tomba sous la tutelle du Ghana, dont il se libéra en 1077. Son plus célèbre souverain, Soumangourou Kanté* (1203-1235), s'empara de l'empire du Ghana (alors disloqué). En 1235, il fut vaincu et tué à Kirina (dans le Mali actuel, sur la r. g. du Niger) par le Manding Soundiata* Keita.

Susu, Soso ou **Soussou(s),** population établie en Guinée (plus de 800000 personnes). Ils parlent une langue nigéro-congolaise du groupe mandé, le soussou ou susu. Leur activité principale est la riziculture.

susurrement [sysyʀmɑ̃] n. m. Litt. Action de susurrer; bruit ainsi produit.

susurrer [sysyʀe] v. intr. [1] Parler doucement, à voix basse. ▷ v. tr. *Susurrer un secret à l'oreille de qqn.* Syn. murmurer, chuchoter.

susvisé, ée [sy(s)vize] adj. ADMIN Visé ci-dessus.

sutra ou **soutra** [sutʀa] n. m. Didac (Dans le brahmanisme et le bouddhisme.) Recueil de préceptes, concernant la morale, le rituel, etc.

suture [sytyʀ] n. f. **1.** CHIR Réunion à l'aide de fils des lèvres d'une plaie ou des bords d'un organe sectionné. *Points de suture.* **2.** ANAT Articulation immobile dont les pièces osseuses sont réunies par un tissu fibreux (par ex., les os du crâne). **3.** BOT Ligne de soudure de différentes parties d'un organe ou d'un organisme. *Ligne de suture des carpelles.* ▷ ZOOL *Ligne de suture d'une coquille :* ligne d'insertion des cloisons transversales.

suturer [sytyʀe] v. tr. [1] CHIR Réunir par une suture. Syn. coudre, recoudre.

Suva, cap. et port princ. des Fidji, dans l'île de Viti Levu; 96900 hab.

Suzanne, personnage biblique (livre de Daniel), femme juive d'une grande beauté, faussement accusée d'adultère par deux vieillards dont elle avait repoussé les avances après qu'ils l'eurent surprise au bain. Daniel confondit ses accusateurs.

suzerain, aine [syzʀɛ̃, ɛn] n. et adj. **1.** n. FEOD Seigneur dont dépendaient des vassaux. **2.** adj. Se dit d'un État qui exerce sur un autre une autorité protectrice. *Puissance suzeraine.*

suzeraineté [syzʀɛnte] n. f. **1.** FEOD Qualité de suzerain; pouvoir de suzerain. **2.** Fig. Pouvoir d'une puissance protectrice sur un État.

Svalbard, archipel norvégien de l'Arctique, au N. de la Norvège, dont l'île la plus importante est le Spitzberg (mines de houille); 62050 km^2; 3700 hab. – Il fut attribué à la Norvège en 1920.

svastika ou **swastika** [svastika] n. m. Croix aux branches égales, coudées à angle droit dans le même sens, vers la droite ou vers la gauche, symbole sacré de l'Inde et emblème des nazis.

svelte [svɛlt] adj. Qui a un aspect mince, élancé, délié. *Taille svelte.*

sveltesse [svɛltɛs] n. f. Litt. Caractère de ce qui est svelte.

Sverdlovsk. V. Ekaterinbourg.

Svevo (Ettore Schmitz, dit Italo) (1861 – 1928), romancier italien : *Sénilité* (1898), *la Conscience de Zeno* (1923), *le Bon Vieux et la Belle Enfant* (posth., 1929).

Svoboda (Ludvík) (1895 – 1979), général et homme politique tchécoslovaque; président de la République (1968-1975).

swahili, ie [swaili] adj. et n. m. **1.** adj. Des Swahili. **2.** n. m. Langue nigéro-congolaise du groupe bantou parlée en Afrique orientale, langue officielle du Kenya et de la Tanzanie. *Le swahili connaît une forme écrite, standardisée.*

Swahili ou, vieilli, **Souahéli,** peuple établi en Tanzanie (près de 2,5 millions de personnes), ainsi qu'au Kenya, en Ouganda et au nord du Mozambique. Ils parlent une langue bantoue, le swahili, langue véhiculaire de plusieurs dizaines de millions de personnes. Ils sont musulmans.

Swansea (en gallois *Abertawe*), v. et port du pays de Galles; 182100 hab. Université. Centre industriel.

Swanson (Gloria Josephine Mae Swanson, dite Gloria) (1897 – 1983), actrice américaine; vedette du muet : *Queen Kelly* (1928). En 1934, elle abandonna le cinéma, puis incarna son propre mythe dans *Boulevard du Crépuscule* (1950).

swap [swap] n. m. (Anglicisme) FIN Crédit croisé. Syn. (off. recommandé) échange financier.

swastika [svastika] n. m. V. svastika.

Swazi, population vivant en Afrique du Sud (1600000 personnes) et au Swaziland (700000 personnes). Ils parlent une langue bantoue.

Swaziland (royaume du), État de l'Afrique australe, entre l'Afrique du Sud et le Mozambique; 17363 km^2; 915000 hab., croissance démographique : 2,7 % par an; cap. *Mbabane.* Nature de l'État : monarchie constitutionnelle, État membre du Commonwealth. Langues off. : angl. et swazi. Monnaie : lilangeni. Pop. : Swazi (85 %), Zoulous (10 %). Relig. : christianisme (77 %), relig. traditionnelles (21 %).

Géogr. et écon. – Ce pays de hautes terres tropicales est bien pourvu en eau, la balance agricole est largement excédentaire et la pop. demeure rurale à 80 %. Les ressources sont variées : agricoles (sucre, fruits, maïs, coton), forestières, minières (amiante, charbon, diamants) et manufacturières (industries du bois, agroalimentaire, textile, chimie); exportation de pulpe à papier. Jusqu'en 1994, le pays a bénéficié du boycottage international de l'Afrique du Sud. On notera que de nombreux Swazi travaillent dans ce pays.

Hist. – Au début du XIXe s., les Swazi, peuple de langue bantoue, édifièrent le royaume de Ngwan, qui prospéra puis redouta l'hégémonie des Zoulous. Le royaume se rapprocha du Transvaal (1894) puis accepta le protectorat britannique en 1902. En 1921, le roi Sobhuza II entama son long règne, au cours duquel le pays obtint son indép. (1968). En 1973, le roi suspendit la Constitution et prit les pleins pouvoirs. À sa mort (1982), la reine fut régente. En 1986, un prince imposa son autorité : Mswati III, qui s'associa à l'Afrique du Sud contre l'A.N.C. Le régime demeure autoritaire. Les intérêts des anc. colons brit. demeurent puissants.

sweat-shirt ou **sweatshirt** [swɛtʃœʀt] n. m. (Anglicisme) Pull-over en jersey de coton molletonné. *Des sweat-shirts.*

Swedenborg (Emanuel) (1688 – 1772), théosophe suédois. Chercheur scientifique, il eut en 1743-1744 des visions : il devait communiquer avec le monde des esprits qui commandent le monde visible. Il écrivit : *Arcanes célestes* (1749-1756), *la Nouvelle Jéru-*

salem (1758), etc. Ses disciples (princ. en Angleterre) s'organisèrent en «Églises de la Nouvelle Jérusalem».

Sweelinck (Jan Pieterszoon) (1562 – 1621), organiste et compositeur néerlandais, précurseur de Bach.

sweepstake [swipstɛk] n. m. (Anglicisme) Loterie combinée à une course de chevaux.

Swift (Jonathan) (1667 – 1745), écrivain irlandais. Membre du clergé anglican (1695), il participa aux querelles litt. (*la Bataille des livres,* 1704) et relig. (*le Conte du tonneau,* 1704), et défendit le peuple irlandais opprimé (*Lettres du drapier,* 1724). Son chef-d'œuvre, *les Voyages de Gulliver* (1726), violente satire de l'Angleterre et du monde civilisé, mêle le fantastique à un récit d'aventures. Son ironie glacée annonce l'humour noir moderne : *Instructions aux domestiques* (1745).

Swinburne (Algernon Charles) (1837 – 1909), poète lyrique et critique anglais. L'érotisme de ses *Poèmes et ballades* (1866) fit scandale. Il chanta l'idéal républicain (*Ode sur la proclamation de la République française,* 1870) et l'indép. de l'Italie (*Chants d'avant l'aube,* 1871).

swing [swiŋ] n. m. (Anglicisme) **I.** SPORT **1.** À la boxe, coup de poing porté latéralement par un mouvement de bras très ample allant de l'extérieur vers l'intérieur. **2.** Au golf, balancement du tronc qui accompagne la frappe de la balle. **II.** MUS **1.** Traitement du tempo et de l'accentuation propre au jazz, qui confère à cette musique un balancement rythmique caractéristique. **2.** Style de jazz pratiqué dans les années 1930 (par oppos. à *Nouvelle-Orléans, be-bop, cool*). *Le clarinettiste et chef d'orchestre Benny Goodman fut l'un des plus éminents représentants du swing.* ▷ Musique de danse plus ou moins inspirée de ce style de jazz.

swinguer [swiŋge] v. intr. [1] MUS Jouer avec du swing (musiciens); avoir du swing (exécutions, morceaux).

swollen-shoot [swɔlənʃut] n. m. AGRIC Maladie du cacaoyer, due à un virus.

Sybaris, anc. ville de la Grande-Grèce* (Italie du S.), sur le golfe de Tarente; célèbre pour la vie voluptueuse de ses habitants *(Sybarites).* – Fondée v. 720 av. J.-C. par les Achéens, elle fut détruite en 510 av. J.-C. par Crotone.

sybarite [sibaʀit] adj. et n. Litt. Se dit d'une personne qui mène une vie voluptueuse. Ant. ascète.

sycomore [sikɔmɔʀ] n. m. Érable à grappes de fleurs jaune verdâtre.

Sydenham (Thomas) (1624 – 1689), médecin et chimiste anglais; «l'Hippocrate anglais». Il étudia la danse de Saint-Guy, ou *chorée* de Sydenham.*

Sydney, princ. v. et port d'Australie, cap. de la Nouvelle-Galles du Sud, sur la *baie de Port Jackson* (Pacifique); aggl. 3 391 600 hab. Centre admin., fin., comm. et industr. – Archevêché cathol. Université. Nouvel Opéra. – Simple campement de bagnards (1788), la ville fut la cap. de l'Australie de 1901 à 1927.

Syène. V. Assouan.

SYFED, acronyme pour *Système francophone d'édition et de diffusion,* réseau informatique reliant les universités et les centres de recherche des pays francophones. (V. REFER.)

Sykes-Picot (accord), négociation secrète (1915-1916) entre la Grande-Bretagne (M. Sykes), la France (Ch. F. Picot) et la Russie sur le futur partage entre les Alliés des possessions ottomanes hors de la Turquie.

syl-. V. syn-.

Sylla ou **Sulla** (Lucius Cornelius) (138 – 78 av. J.-C.), général et homme politique romain. Patricien sans fortune, Sylla vint tardivement à la politique. Élu questeur en 107 av. J.-C., il combattit en Afrique aux côtés de Marius et il fit livrer Jugurtha (105). Légat de Marius (104-103), il lutta avec succès contre les Germains. Devenu consul (88), il réprima la guerre sociale*. Marius l'ayant écarté, il marcha sur Rome, qu'il occupa; Marius dut s'enfuir. Sylla partit en guerre contre Mithridate, le vainquit (86), et, rentré à Rome (83), écrasa les partisans de Marius (m. en 86). Dictateur à vie (82), il gouverna par la terreur. Il abdiqua brusquement en 79.

syllabaire [sillabɛʀ] n. m. Didac. **1.** Livre destiné à l'apprentissage de la lecture, présentant les mots décomposés en syllabes. **2.** Système d'écriture dans lequel chaque signe représente une syllabe.

syllabation [sillabasjɔ̃] n. f. LING Lecture des mots en les divisant par syllabes.

syllabe [sillab] n. f. **1.** Unité phonétique qui se prononce d'une seule émission de voix. *Prononcer en détachant toutes les syllabes.* ▷ *Syllabe ouverte,* terminée par une voyelle : [ba]. ▷ *Syllabe fermée,* terminée par une consonne : [baʀ]. **2.** Fig. Mot, parole. *On ne put lui arracher une seule syllabe.*

syllabique [sillabik] adj. Relatif aux syllabes. ▷ *Écriture syllabique :* syllabaire (sens 2). ▷ *Versification syllabique,* dans laquelle le vers (dit *vers syllabique*) se définit uniquement par le nombre de syllabes. *La versification française est syllabique.*

syllabus [sillabys] n. m. **1.** RELIG CATHOL Liste de propositions émanant de l'autorité ecclésiastique. **2.** (Afr. subsah., Belgique) Résumé de cours écrit, fait par le professeur lui-même, à l'université, polycopié.

syllepse [silɛps] n. f. GRAM Accord d'un mot selon le sens plutôt que selon les règles grammaticales.

syllogisme [sillɔʒism] n. m. **1.** LOG Type de déduction formelle telle que, deux propositions étant posées *(majeure, mineure),* on en tire une troisième *(conclusion),* qui est logiquement impliquée par les deux précédentes (ex. *Tous les hommes sont mortels; or, Socrate est un homme; donc Socrate est mortel*). **2.** Péjor. Raisonnement formel sans rapport avec le réel.

syllogistique [sillɔʒistik] adj. et n. f. LOG **1.** adj. Relatif au syllogisme. *Méthode syllogistique.* **2.** n. f. Partie de la logique traitant du syllogisme.

Sylphide (la), ballet-féerie en deux actes (Paris, 1832), musique de J. Schneitzhöffer, d'après une nouvelle de Nodier. La chorégraphie de Filippo Taglioni (1777 – 1871) consacra la naissance du style romantique, avec l'emploi du tutu en mousseline blanche.

sylv(i)-. Élément, du lat. *silva,* «forêt».

Sylvain (Georges) (1866 – 1925), poète haïtien, précurseur de l'indigénisme : *Confidences et mélancolies* (1901); dans *Cric-Crac* (1901), il transposa La Fontaine en créole.

sylvestre [silvɛstʀ] adj. BOT Qui croît en forêt. *Pin sylvestre.*

Sylvestre Ier (saint) (? – 335), pape de 314 à 335. Sous son pontificat se tint le concile œcuménique de Nicée (325). — **Sylvestre II,** pape de 999 à 1003 (V. Gerbert d'Aurillac).

sylvi-. V. sylv(i)-.

sylvicole [silvikɔl] adj. Didac. Relatif à la sylviculture.

sylviculteur, trice [silvikyltœʀ, tʀis] n. Didac. Personne qui pratique la sylviculture.

sylviculture [silvikyltyʀ] n. f. Didac. Culture des arbres et arbrisseaux forestiers.

sylviidés [silviide] n. m. pl. ORNITH Famille de petits passereaux insectivores à plumage terne, tels que les fauvettes. – Sing. *Un sylviidé.*

sylvinite [silvinit] n. f. MINER, AGRIC Mélange de chlorure de potassium et de chlorure de sodium qui sert d'engrais naturel.

sym-. V. syn-.

symbiose [sɛ̃bjoz] n. f. **1.** BIOL Association de deux êtres vivants d'espèces différentes, qui est profitable à chacun d'eux. *Symbiose des champignons et des algues dans les lichens.* **2.** Fig. Union étroite.

symbole [sɛ̃bɔl] n. m. **1.** RELIG CATHOL Formulaire contenant les principaux articles de la foi catholique. *Symbole des apôtres, de Nicée.* **2.** Représentation figurée, imagée, concrète d'une notion abstraite. *Le blanc, symbole de pureté.* ▷ Emblème. *Le sceptre, symbole de l'autorité suprême.* – (Afr. subsah., Madag.) Vieilli Objet symbole d'infamie qu'un élève surpris à parler à l'école dans une langue africaine devait conserver tant qu'il n'avait pas lui-même pris en faute un autre élève. Syn. signal. **3.** Personne qui incarne, personnifie (qqch). *Salomon est le symbole d'une certaine justice.* **4.** Signe conventionnel. ▷ CHIM Lettre ou ensemble de deux lettres désignant un élément chimique (ex. : O, l'*oxygène*; Au, l'*or*). ▷ PHYS, MATH Signe ou ensemble de signes utilisés par convention pour représenter une unité, une grandeur, un opérateur, pour comparer des grandeurs, etc. (ex. : V, le *volt*; Pa, le *pascal*; ×, signe de la multiplication, etc.). ▷ TECH *Symboles graphiques :* signes utilisés pour faciliter la représentation de machines, d'organes, etc.

symbolique [sɛ̃bɔlik] adj. et n. **I.** adj. **1.** Qui constitue un symbole, qui en présente les caractères. *Représentation symbolique.* **2.** Qui n'a de valeur que par ce qu'il exprime, ce à quoi il renvoie. *Geste symbolique.* **II.** n. f. Didac. **1.** Ensemble des symboles propres à une religion, une culture, une époque, un système, etc. *La symbolique bouddhique.* **2.** Science des symboles. **III.** n. m. PSYCHAN *Le symbolique :* «L'ordre des phénomènes auxquels la psychanalyse a à faire autant qu'ils sont structurés comme un langage» (J. Lacan).

symboliquement [sɛ̃bɔlikmɑ̃] adv. D'une manière symbolique.

symbolisation [sɛ̃bɔlizasjɔ̃] n. f. Action de symboliser.

symboliser [sɛ̃bɔlize] v. tr. [1] **1.** Représenter par des symboles. **2.** Être le symbole de.

symbolisme [sɛ̃bɔlism] n. m. **1.** Système de symboles destinés à rappeler

des faits ou à exprimer des croyances. **2.** LITTER, BX-A Mouvement littéraire et artistique de la fin du XIXe s.
ENCYCL Littér. – Le symbolisme se constitua princ. en réaction contre le naturalisme et la poésie parnassienne. Le *Manifeste du symbolisme,* que Jean Moréas publia dans *le Figaro* en 1886, demande au poète de ne pas nommer la chose, mais de noter l'impression qu'elle a faite sur son esprit : «Point de reportage!» (Mallarmé). Les princ. symbolistes sont G. Kahn, Henri de Régnier, É. Verhaeren, G. Rodenbach, M. Maeterlinck, É. Dujardin. Le symbolisme a également marqué certaines œuvres d'Oscar Wilde, de Claudel, de Valéry.
Bx-A. – Le symbolisme en art, suite de réactions individuelles dirigées notam. contre l'impressionnisme, est illustré, en France, par G. Moreau, Puvis de Chavannes, O. Redon, E. Carrière, M. Denis, P. Gauguin, É. Bernard, P. Sérusier.

symboliste [sɛ̃bɔlist] adj. et n. **1.** Relatif au symbolisme. *Poème symboliste.* **2.** Partisan du symbolisme. ▷ Subst. (Rare au fém.) *Les symbolistes.*

symétrie [simetʀi] n. f. **1.** Litt. Régularité et harmonie dans l'ordonnance des parties d'un tout, ou dans la disposition d'éléments concourant à donner une impression d'ensemble. *Tableaux disposés avec symétrie.* **2.** Similitude plus ou moins complète des deux moitiés d'un espace (surface ou volume), de part et d'autre d'un axe ou d'un plan; répétition régulière de la même disposition d'éléments autour d'un centre. *Symétrie du corps humain.* – SC NAT *Symétrie rayonnée des astéries.* ▷ MATH Correspondance point à point de deux figures, telle que les points correspondants de l'une et de l'autre soient à égale distance de part et d'autre d'un point, d'un axe ou d'un plan (dits *point, axe, plan de symétrie*).

symétrique [simetʀik] adj. (et n. m.) **1.** Qui présente une certaine symétrie (sens 1 et 2). **2.** Qui est disposé de manière à former une symétrie; qui possède un axe ou un plan de symétrie. ▷ *Symétrique de :* qui forme une symétrie avec (un élément homologue). *Ce bâtiment est symétrique* (ou, n. m., *le symétrique*) *de l'autre.* **3.** MATH *Relation symétrique R,* telle que, pour tout couple (x, y), xRy = yRx.

symétriquement [simetʀikmɑ̃] adv. Avec symétrie.

sympathectomie [sɛ̃patɛktɔmi] n. f. CHIR Section de nerfs ou de ganglions sympathiques.

sympathie [sɛ̃pati] n. f. **1.** Part que l'on prend aux peines et aux plaisirs d'autrui. *Croyez à toute ma sympathie* (formule de politesse). ▷ Plur. (Québec) (Emploi critiqué.) Condoléances. *Présenter ses sympathies à qqn.* **2.** Sentiment spontané d'attraction à l'égard de qqn. *Éprouver une vive sympathie pour qqn.* Syn. attirance, inclination, penchant. Ant. antipathie. **3.** Approbation, bienveillance à l'égard de qqn, de qqch. *Cette doctrine a toutes mes sympathies.*

sympathique [sɛ̃patik] adj. (et n. m.) **I. 1.** Qui inspire la sympathie; qui plaît. *Personne sympathique.* **2.** (Québec) Syn. de *favorable* (à qqch). *Être sympathique à un projet.* **II. 1.** *Encre sympathique :* encre incolore qui ne noircit que sous l'action de la chaleur ou de certains réactifs. **2.** MED Se dit d'affections dues au retentissement des troubles morbides d'un organe sur un ou plusieurs autres. *Ophtalmie sympathique.* **3.** ANAT, PHYSIOL *Système nerveux sympathique* ou *végétatif* ou, n. m., *le sympathique :* partie du système nerveux dont dépendent les fonctions végétatives. Syn. orthosympathique. (V. aussi parasympathique et encycl. nerf.) ▷ *Nerf sympathique,* du système nerveux sympathique.

sympathisant, ante [sɛ̃patizɑ̃, ɑ̃t] adj. et n. Qui, sans adhérer à un parti, en partage les idées.

sympathiser [sɛ̃patize] v. intr. [1] Éprouver une sympathie réciproque; s'entendre. *Ces personnes ne sympathisent pas. Sympathiser avec qqn.*

symphonia [sɛ̃fonja] n. m. BOT Arbre à fleurs roses ou rouges, caractéristique des forêts marécageuses d'Afrique équatoriale.

symphonie [sɛ̃fɔni] n. f. MUS **1.** Composition pour un grand orchestre. **2.** Fig., cour. Ensemble harmonieux. *Symphonie de couleurs.*

symphonique [sɛ̃fɔnik] adj. Qui se rapporte à la symphonie. *Concert symphonique.*

symphyse [sɛ̃fiz] n. f. ANAT Articulation fibreuse peu mobile réunissant deux os. *Symphyse pubienne.*

symposium [sɛ̃pozjɔm] n. m. Réunion d'étude, congrès, où différents spécialistes traitent un même sujet. *Des symposiums.*

symptomatique [sɛ̃ptɔmatik] adj. **1.** MED Relatif aux symptômes; qui évoque ou accompagne une maladie. ▷ *Médecine symptomatique,* qui vise les symptômes d'une maladie et non les causes. **2.** Fig. Qui est l'indice de qqch.

symptomatologie [sɛ̃ptɔmatɔlɔʒi] n. f. MED Étude des symptômes des maladies. Syn. sémiologie.

symptôme [sɛ̃ptom] n. m. **1.** Manifestation pathologique décrite par le malade ou observée par le médecin. *Présenter des symptômes de pleurésie.* **2.** Fig. Indice, présage, signe. *Les symptômes d'une révolution.*

syn-, syl-, sym-. Éléments, du gr. *sun,* «avec».

synagogue [sinagɔg] n. f. Lieu de prière et de réunion des juifs.

synalèphe [sinalɛf] n. f. GRAM Réunion de deux syllabes en une seule dans la prononciation. (Ex. : *quelqu'un,* pour *quelque un.*)

synallagmatique [sinalagmatik] adj. DR Se dit d'un contrat qui contient une obligation réciproque entre les parties. Ant. unilatéral.

synapse [sinaps] n. f. BIOL Zone de contact entre deux cellules nerveuses (neurones). *C'est au niveau des synapses que se propage l'influx nerveux.* (V. encycl. nerf.)

synaptique [sinaptik] adj. BIOL Qui se rapporte à une synapse.

synarchie [sinaʀʃi] n. f. Didac. Gouvernement simultané de plusieurs chefs qui administrent chacun une partie d'un État. – Autorité détenue par plusieurs personnes à la fois. (V. oligarchie.)

synarthrose [sinaʀtʀoz] n. f. ANAT Articulation fixe entre deux os.

synchrone [sɛ̃kʀon] adj. Qui se fait dans le même temps, ou à des intervalles de temps égaux. *Oscillations synchrones de deux pendules.* ▷ ELECTR *Moteur synchrone,* dont la vitesse de rotation est telle qu'il tourne en synchronisme avec la fréquence du courant.

synchronie [sɛ̃kʀɔni] n. f. **1.** LING Ensemble des faits qui concernent un système linguistique donné à une époque précise (opposé à *diachronie*). **2.** Didac. Syn. de *simultanéité.*

synchronique [sɛ̃kʀɔnik] adj. **1.** LING *Linguistique synchronique,* qui étudie un système linguistique à un moment donné (par oppos. à *diachronique*). **2.** Didac. Qui étudie des événements, des faits qui se sont produits au même moment dans des lieux différents.

synchronisation [sɛ̃kʀɔnizasjɔ̃] n. f. Fait de synchroniser, ou d'être synchronisé. ▷ AUDIOV *Synchronisation d'un film :* synchronisation du son avec les images.

synchronisé, ée [sɛ̃kʀɔnize] adj. Qui a lieu au même moment. *Mouvements synchronisés de deux personnes.* ▷ AUTO *Vitesses synchronisées,* munies d'un dispositif qui rend progressif le couplage des engrenages.

synchroniser [sɛ̃kʀɔnize] v. tr. [1] **1.** Rendre synchrones (des phénomènes physiques). *Synchroniser des oscillations périodiques.* ▷ AUDIOV Rendre synchrones la bande des images et la piste sonore d'un film. **2.** Faire accomplir en même temps par plusieurs personnes ou groupes de personnes (la même action, ou des actions successives). *Synchroniser un défilé.*

synchroniseur, euse [sɛ̃kʀɔnizœʀ, øz] n. **I.** n. m. **1.** ELECTR Dispositif permettant de coupler automatiquement deux alternateurs au moment du synchronisme. **2.** AUTO Dispositif de vitesses synchronisées. **II.** n. f. AUDIOV Appareil qui sert à synchroniser l'image et le son.

synchronisme [sɛ̃kʀɔnism] n. m. **1.** TECH Qualité de ce qui est synchrone. *Le synchronisme de deux pendules.* ▷ ELECTR Égalité de fréquence de deux grandeurs sinusoïdales. *Vitesse de synchronisme.* **2.** Caractère d'événements qui se produisent en même temps.

synchrotron [sɛ̃kʀɔtʀɔ̃] n. m. PHYS NUCL **1.** Accélérateur de particules circulaire dans lequel les particules sont accélérées par un champ électrique de fréquence variable et sont maintenues dans une trajectoire circulaire par un champ magnétique. *Le synchrotron communique aux protons une vitesse proche de celle de la lumière.* **2.** (En appos.) *Rayonnement synchrotron :* rayonnement électromagnétique produit par des électrons qui se déplacent à grande vitesse dans un champ magnétique.

synclinal, ale, aux [sɛ̃klinal, o] n. m. et adj. GEOL **1.** n. m. Partie concave d'un pli simple (par oppos. à *anticlinal*). **2.** adj. Relatif à un synclinal.

syncope [sɛ̃kɔp] n. f. **1.** Suspension subite ou ralentissement des battements du cœur, avec perte de connaissance et interruption plus ou moins complète de la respiration. **2.** MUS Élément sonore accentué sur un temps faible de la mesure, et prolongé sur un temps fort.

syncopé, ée [sɛ̃kɔpe] adj. MUS Caractérisé par l'usage fréquent de la syncope. *Musique, rythme, notes syncopés.*

syncoper [sɛ̃kɔpe] v. [1] MUS **1.** v. tr. Unir en formant une syncope (une note à la suivante). *Syncoper un rythme.* **2.** v. intr. Former une syncope.

syncrétique [sɛ̃kʀetik] adj. Didac. Relatif au syncrétisme (sens 1 et 2).

syncrétisme [sɛ̃kʀetism] n. m. **1.** Didac. Combinaison de plusieurs systèmes de pensée. *Syncrétisme religieux.* ▷ ETHNOL Fusion de plusieurs éléments culturels hétérogènes. **2.** PSYCHO Perception globale et confuse, dont les éléments hétérogènes ne sont pas distingués en tant que tels.

1. syndic [sɛ̃dik] n. m. **1.** DR Mandataire chargé par un tribunal de représenter la masse des créanciers et de procéder à la liquidation des biens du débiteur en état de cessation de paiement. **2.** *Syndic de copropriété :* mandataire choisi par l'assemblée des copropriétaires pour faire assurer le respect du règlement de copropriété et pour faire exécuter ses décisions.

2. syndic, ique [sɛ̃dik] n. (Suisse) Maire dans les cantons de Vaud et de Fribourg.

syndical, ale, aux [sɛ̃dikal, o] adj. Relatif à un syndicat.

syndicaliser [sɛ̃dikalize] v. tr. [1] Organiser les syndicats de. *Syndicaliser une profession.* – Pp. adj. *Une branche très syndicalisée.*

syndicalisme [sɛ̃dikalism] n. m. **1.** Activité des syndicats de salariés. – Doctrine sociale, politique de ces syndicats. **2.** Fait de militer dans un syndicat de salariés. *Faire du syndicalisme.*

syndicaliste [sɛ̃dikalist] n. et adj. Personne qui milite dans un syndicat de salariés. ▷ adj. Relatif au syndicalisme. *Mouvement syndicaliste italien.*

syndicat [sɛ̃dika] n. m. **1.** Association de personnes ayant pour but la protection d'intérêts communs, spécialement dans le domaine professionnel. *Syndicat ouvrier, patronal.* ▷ Spécial. *Les syndicats :* les syndicats de salariés. **2.** Association ayant pour but de gérer, de défendre des intérêts communs à plusieurs personnes ou plusieurs groupes. – *Syndicat financier :* groupement de personnes physiques ou morales qui étudient ou réalisent une opération financière (création d'une société, placement de titres, etc.). – *Syndicat de propriétaires,* organisé en vue de travaux d'utilité commune.

syndicataire [sɛ̃dikatɛʀ] adj. et n. DR Qui concerne un syndicat de propriétaires ou un syndicat financier. ▷ Subst. Membre d'un tel syndicat.

syndiqué, ée [sɛ̃dike] adj. et n. Qui appartient à un syndicat de salariés.

syndiquer [sɛ̃dike] v. [1] **1.** v. tr. Organiser (une profession, des personnes) en syndicat. **2.** v. pron. Se réunir en syndicat. ▷ S'inscrire à un syndicat.

syndrome [sɛ̃dʀom] n. m. MED Ensemble de signes, de symptômes qui appartiennent à une entité clinique, mais dont les causes peuvent être diverses.

synecdoque [sinɛkdɔk] n. f. RHET Figure consistant à prendre la partie pour le tout (ex. *un toit* pour *une maison*), la matière pour l'objet (ex. *une fourrure* pour *un manteau de fourrure*), le contenant pour le contenu (ex. *boire un verre*), etc., et inversement.

synérèse [sineʀɛz] n. f. PHON Réunion en une seule syllabe de deux voyelles qui se suivent dans un mot. (Ex. : miel [mjɛl]). Ant. diérèse.

synergie [sinɛʀʒi] n. f. Didac. Action conjointe d'éléments, matériels ou non, qui forment un tout organisé concourant au même résultat et dont l'interaction augmente le potentiel.

synesthésie [sinɛstezi] n. f. MED Trouble sensoriel caractérisé par le fait qu'un seul stimulus entraîne deux perceptions, dont une à distance du point du corps sur lequel le stimulus agit.

Synge (John Millington) (1871 – 1909), auteur dramatique irlandais. Ses pièces, réalistes et poétiques, mettent en scène le peuple irlandais (*le Baladin du monde occidental,* 1907), marqué par la fatalité, le deuil (*la Chevauchée vers la mer,* 1904) et les légendes étranges.

syngnathe [sɛ̃gnat] n. m. ICHTYOL Poisson marin au corps long et grêle, au museau allongé.

synodal, ale, aux [sinɔdal, o] adj. RELIG Qui a rapport à un synode.

synode [sinɔd] n. m. Didac. Assemblée religieuse. ▷ RELIG CATHOL *Synode diocésain :* assemblée d'ecclésiastiques réunie par un évêque. ▷ *Synode des évêques :* assemblée consultative créée par Paul VI en 1967. ▷ Réunion de pasteurs et de laïcs protestants. ▷ *Synode israélite :* conseil composé de rabbins et de laïcs. ▷ *Saint-synode :* conseil suprême de l'Église russe orthodoxe.

synodique [sinɔdik] adj. ASTRO *Révolution synodique :* durée comprise entre deux passages consécutifs d'une planète ou d'un satellite à un même point (fixe par rapport au Soleil).

synonyme [sinɔnim] adj. et n. m. **1.** adj. Qui a un sens identique, ou très voisin, au moins dans certains emplois. *Mots, expressions synonymes. «Captif» est synonyme de «prisonnier».* ▷ Fig. *Être synonyme de :* signifier, impliquer. *Pour lui, Paris est synonyme de liberté.* **2.** n. m. Mot qui a approximativement le même sens qu'un autre dans un même système linguistique.

synonymie [sinɔnimi] n. f. Relation qui existe entre deux synonymes.

synopsis [sinɔpsis] n. **1.** n. f. Didac. Vue d'ensemble d'une science ou de l'un de ses chapitres. **2.** n. m. AUDIOV Récit bref constituant le schéma d'un scénario.

synoptique [sinɔptik] adj. **1.** Qui permet de saisir d'un seul coup d'œil les diverses parties d'un ensemble. *Tableau synoptique.* **2.** RELIG *Évangiles synoptiques :* les trois Évangiles (de Luc, Marc et Matthieu) qui présentent les plus grandes concordances dans la relation de la vie de Jésus.

synovial, ale, aux [sinɔvjal, o] adj. et n. f. ANAT Relatif à la synovie. ▷ *Membrane synoviale* ou, n. f., *synoviale :* membrane séreuse tapissant l'intérieur des capsules articulaires.

synovie [sinɔvi] n. f. PHYSIOL Liquide sécrété par la membrane synoviale, qui a un rôle de lubrifiant. – *Épanchement de synovie :* hydarthrose*.

synovite [sinɔvit] n. f. MED Inflammation d'une membrane synoviale.

syntactique [sɛ̃taktik] adj. V. syntaxique.

syntagmatique [sɛ̃tagmatik] adj. et n. f. LING Relatif au syntagme, à la succession des mots dans le discours. ▷ n. f. *La syntagmatique :* l'étude des syntagmes.

syntagme [sɛ̃tagm] n. m. LING Groupe de mots qui se suivent et forment une unité fonctionnelle (et sémantique) dans une phrase. *Syntagme verbal, nominal.*

syntaxe [sɛ̃taks] n. f. **1.** Partie de la grammaire qui étudie les règles régissant les relations entre les mots ou les syntagmes à l'intérieur d'une phrase. **2.** Étude descriptive des relations qui existent entre les mots, les syntagmes, et de leurs fonctions dans la phrase. **3.** Ouvrage qui traite des relations entre les mots dans le discours.

syntaxique [sɛ̃taksik] ou **syntactique** [sɛ̃taktik] adj. Qui a rapport à la syntaxe, à la construction des phrases.

syntaxiquement [sɛ̃taksikmɑ̃] adv. Didac. Sur le plan syntaxique.

synthèse [sɛ̃tɛz] n. f. **1.** Opération mentale qui consiste à regrouper des faits épars et à les structurer en un tout. ▷ Exposé méthodique de l'ensemble (d'une question). *Faire une rapide synthèse de la situation.* **2.** PHILO Accord de la thèse et de l'antithèse, en tant que totalité supérieure. Ant. analyse. **3.** CHIM Opération physique qui consiste à combiner des corps, simples ou composés, pour obtenir des corps plus complexes. **4.** *Synthèse de la parole :* technique de production, grâce à divers moyens, d'une parole artificielle qui permet à l'homme de communiquer vocalement avec un ordinateur. *La synthèse de la parole a des applications dans l'enseignement assisté par ordinateur.*

synthétique [sɛ̃tetik] adj. **1.** Qui réalise une synthèse intellectuelle, ou qui en est tiré. *Méthode synthétique.* Ant. analytique. ▷ *Esprit synthétique,* capable de synthèse. **2.** Obtenu par synthèse de corps chimiques (par oppos. à *artificiel,* obtenu à partir de produits naturels). *Le nylon, fibre textile synthétique.* **3.** *Musique synthétique,* obtenue par synthèse des sons.

synthétiser [sɛ̃tetize] v. tr. [1] **1.** Réunir par synthèse. *Synthétiser des faits.* **2.** CHIM Faire la synthèse de. *Synthétiser une molécule.*

synthétiseur [sɛ̃tetizœʀ] n. m. ELECTROACOUST Appareil électronique permettant de faire la synthèse des sons.

syntonie [sɛ̃tɔni] n. f. ELECTR État de systèmes qui oscillent à la même fréquence.

syntonisation [sɛ̃tɔnizasjɔ̃] n. f. ELECTR Réglage d'un récepteur permettant de n'amplifier que les ondes d'une fréquence donnée.

syntoniseur [sɛ̃tɔnizœʀ] n. m. AUDIOV Appareil électronique capable de convertir un signal de radiofréquence reçu par une antenne en un signal de fréquence acoustique de faible puissance. Syn. (off. déconseillé) tuner.

syphilis [sifilis] n. f. **1.** Maladie vénérienne contagieuse, dont l'agent est un tréponème *(Treponema pallidum).* Syn. fam. vérole. **2.** *Syphilis endémique :* V. béjel.

syphilitique [sifilitik] adj. et n. **1.** Qui se rapporte à la syphilis. *Chancre syphilitique.* **2.** Qui est atteint de syphilis. ▷ Subst. *Un(e) syphilitique.*

Syracuse, v. et port d'Italie, sur la côte E. de la Sicile; 163 860 hab.; ch.-l. de la prov. du m. nom. Grand centre comm. Pêche. Industries. – Archevêché. Vestiges antiques (théâtre grec du Ve s. av. J.-C., amphithéâtre romain). Chât. du XIIIe s., palais Bellomo (XIIIe-XVe s.). – Colonie de Corinthe, fondée par Archias v. 734 av. J.-C., Syracuse fut, du VIe s. av. J.-C. à sa prise par les Romains (213-212 av. J.-C.), la plus puissante ville de la Grande-Grèce.

Syr-Daria (le) (anc. *Iaxarte*), fl. d'Asie (2 860 km); né dans le Tianshan sous le nom de *Naryn,* il draine le

Kazakhstan (dont il favorise l'irrigation) et se jette dans la mer d'Aral.

syriaque [siʀjak] n. et adj. **I.** n. m. Langue sémitique du groupe araméen, parlée notam. par les premiers chrétiens d'Édesse et de Perse, devenue, avec le grec, la langue courante de l'Empire d'Orient puis de l'Empire byzantin, et qui demeure la langue liturgique de certaines Églises d'Orient. ▷ adj. *L'alphabet syriaque est dérivé de l'alphabet cursif araméen.* **II. 1.** n. f. *La syriaque-catholique, la syriaque-orthodoxe :* les deux communautés chrétiennes d'Orient utilisant le syriaque dans leur liturgie. ▷ adj. Relatif à ces deux communautés. **2.** n. Membre d'une de ces deux communautés.

Syrie (république de), État du Proche-Orient, entre la Méditerranée et la vallée moyenne de l'Euphrate; 185 180 km²; 13 500 000 hab. (croissance : plus de 3,5 % par an); cap. *Damas.* Nature de l'État : rép. Langue off. : arabe. Monnaie : livre syrienne. Relig. : islam sunnite (70 %) et chiite (secte alaouite : 10 %); secte druze (env. 1 million de personnes établies au N.); nombr. Églises chrétiennes orientales (8 %).
Géogr. phys. et hum. – La plaine côtière méditerranéenne est isolée par le djebel Ansariyyah (1 562 m), qui domine, à l'E., la dépression de l'Oronte. Plus au S., la chaîne de l'Anti-Liban, le mont Hermon (2 814 m) et le plateau du Golan dominent l'oasis de Damas, au S.-E. de laquelle s'élève le djebel Druze. Ces régions riches en eau groupent la pop. du pays. Le reste est un vaste plateau, steppique ou désertique, mais la vallée de l'Euphrate, qui coule du N.-O. au S.-E., est peuplée.
Écon. – L'agriculture (céréales, arbres fruitiers, coton) occupe env. 30 % des actifs. Une réforme agraire modérée a favorisé les coopératives et la sédentarisation des nomades; le troupeau ovin reste import. Jusqu'à une date récente, l'industrie appartenait presque entièrement à l'État : industries alimentaires et de construction, raffinage du pétrole, dont l'extraction, s'ajoutant aux redevances perçues sur les oléoducs venant d'Irak et d'Arabie Saoudite, et à l'aide sov. et arabe ont financé voies ferrées et irrigation. Après la guerre de 1973 avec Israël et l'intervention syrienne au Liban (1976), le gonflement des dépenses militaires et l'arrivée de réfugiés (env. 300 000 Palestiniens et Libanais) ont pesé sur l'économie. Dans les années 90, la Syrie a libéralisé son système économique et favorisé le tourisme.
Hist. – L'histoire de la Syrie a été marquée par sa situation entre la Méditerranée, la Mésopotamie, l'Asie Mineure et l'Égypte. La Syrie antique, beaucoup plus vaste que l'État actuel, fut un champ de bataille permanent. Terre de civilisation cananéenne, elle subit les dominations égyptienne (XVIᵉ s. av. J.-C.), hittite (XIVᵉ s. av. J.-C.), araméenne (Xᵉ-VIIIᵉ s. av. J.-C.), assyrienne (VIIIᵉ-VIIᵉ s. av. J.-C.), perse (à partir de 539 av. J.-C.), grecque (conquête d'Alexandre, 334 av. J.-C.), romaine (conquête de Pompée, 64 av. J.-C.). Tôt christianisée, elle voulut (par des hérésies) son autonomie vis-à-vis de Byzance et accueillit favorablement l'occupation arabe (636). Capitale de l'Empire omeyyade, Damas connut une grande prospérité. Les Abbassides lui préférant Bagdad (762), Damas et la Syrie déclinèrent. Conquis par les croisés au XIᵉ s., ruiné par les invasions mongoles au XIIIᵉ s., le pays fut annexé au déb. du XVIᵉ s. à l'Empire ottoman, dont Méhémet-Ali tenta de secouer le joug (1832-1840). Dès 1860, l'ouverture vers l'Occident entraîna un renouveau et un nationalisme arabe. La Première Guerre mondiale délivra le pays de la Turquie, mais il subit le protectorat français (1920), qui suscita de nombreuses révoltes (1925-1927, 1945). En outre, la Syrie voyait lui échapper le Liban, et des régions autonomes (État des Alaouites, gouv. de la montagne druze) se constituaient. Indép. en 1946, la Syrie prit part à la guerre contre Israël en 1948, et la défaite fut suivie de plus. coups d'État militaires. L'union (République arabe unie) avec l'Égypte de Nasser dura de 1958 à 1961. Les conservateurs exercèrent le pouvoir jusqu'au coup d'État de 1963. Depuis, le Baas gouverne le pays, avec une orientation nationaliste (et non plus panarabe) et socialisante. L'équipe «modérée» fut renversée en 1966 par une faction de gauche prosoviétique, qui, discréditée par la défaite de 1967 face à Israël (qui occupa le plateau du Golan), laissa la place au général Assad en 1970. La nouvelle défaite syrienne au cours de la quatrième guerre israélo-arabe de 1973 (V. israélo-arabes [guerres]) créa de nouvelles difficultés. L'intervention de la Syrie au Liban à partir de juin 1976 ne les a pas résolues. La révolte des Frères musulmans à Hama fut écrasée (milliers de morts). Dans la guerre du Golfe (1980-1988), la Syrie a soutenu l'Iran. Elle s'est rapprochée des États arabes modérés (accords de Taef au Liban, reprise des relations avec l'Égypte), car l'U.R.S.S. réduisait son aide. En 1991, elle a participé à la coalition anti-irakienne (V. Golfe, guerre du), ce qui a renforcé son influence dans la région, notam. au Liban. Depuis 1994, la Syrie poursuit de difficiles négociations avec Israël pour normaliser les relations entre les deux pays et pour qu'Israël restitue le Golan (occupé depuis 1967) à la Syrie.

syrien, enne [siʀjɛ̃, ɛn] adj. et n. De Syrie. ▷ Subst. *Un(e) Syrien(ne).*

syrinx [siʀɛ̃ks] n. f. ORNITH Organe du chant chez les oiseaux.

Syrte ou **Surt,** v. de Libye (Tripolitaine); 100 000 hab.; ch.-l. de la prov. du m. nom. En 1988, il a été décidé qu'elle remplacerait un jour Tripoli comme capitale. – La «Grande Rivière artificielle» irriguera la plaine littorale de la province.

Syrtes, nom de deux golfes méditerranéens. La *Grande Syrte* borde la Libye et la Cyrénaïque, la *Petite Syrte,* qui lui fait suite à l'O. (bordant la Tunisie), est nommée auj. *golfe de Gabès.* (En gr. *Surtis* signifie «banc de sable».)

systématique [sistematik] adj. et n. f. **I.** adj. **1.** Qui obéit à un système; qui témoigne de rigueur, de méthode. *Recherche systématique.* **2.** Péjor. Qui a ou qui dénote l'esprit de système, le parti pris. *Opposition systématique.* **II.** n. f. SC NAT Science de la classification des êtres vivants (en embranchements, classes, ordres, etc.). – *Par ext.* Cette classification.

systématiquement [sistematikmɑ̃] adv. De manière systématique. *Fouiller systématiquement une maison. Il refuse systématiquement de m'aider.*

systématisation [sistematizasjɔ̃] n. f. Didac. Action de systématiser; son résultat.

systématiser [sistematize] v. tr. [**1**] Organiser (des éléments) en système.

système [sistɛm] n. m. **1.** Ensemble cohérent de notions, de principes liés logiquement et considérés dans leur enchaînement. *Le système d'Aristote. Un système philosophique.* ▷ Péjor. *Esprit de système :* tendance à tout ramener à un système préconçu au détriment d'une juste appréciation de la réalité. **2.** Classification méthodique. *Le système de Linné.* **3.** Ensemble organisé de règles, de moyens tendant à une même fin. *Système économique. Système pénitentiaire. – Système monétaire :* relation établie entre la monnaie en circulation et la monnaie de compte. ▷ INFORM *Système expert :* logiciel simulant le raisonnement d'un expert humain dans un domaine donné. – *Système d'exploitation :* programme assurant la gestion d'un ordinateur et de ses périphériques. ▷ LING *Système linguistique :* ensemble des règles de grammaire, de formation du vocabulaire, de phonétique, etc. constituant une langue. (V. encycl. linguistique.) ▷ *Absol.* Organisation sociale, dans la mesure où elle est considérée comme aliénante pour l'individu. *Être prisonnier du système.* **4.** Fam. Moyen ingénieux. *Trouver un système pour se tirer d'embarras. – Système D* (par abrév. de *débrouillard*), de celui qui sait se débrouiller. **5.** Ensemble d'éléments formant un tout structuré, ou remplissant une même fonction. *Système de transmission.* ▷ ANAT Ensemble de structures organiques analogues. *Système cardio-vasculaire. – Système nerveux :* V. encycl. nerf. – (Québec) Corps humain, organisme. – METEO *Système nuageux :* ensemble des nuages qui accompagnent une perturbation. ▷ PHYS Ensemble de grandeurs de même nature. *Système de forces. – Système matériel :* ensemble de points matériels. – *Système international d'unités (SI) :* système qui a remplacé le système métrique* en 1962 et qui comprend sept unités de base (le mètre, le kilogramme, la seconde, l'ampère, le kelvin, la mole et la candela). (V. tabl. unités physiques.)

systémique [sistemik] adj. et n. f. Didac. **I.** adj. **1.** Relatif à un système dans son ensemble. **2.** MED Relatif à la grande circulation. *Cavités, ventricule systémiques :* cavités et ventricule gauches du cœur qui reçoivent le sang des veines pulmonaires et l'envoient dans l'aorte. **3.** AGRIC Se dit d'un produit phytosanitaire qui, en passant dans la sève des plantes, empoisonne les parasites qui s'en nourrissent. **II.** n. f. Technique, procédure scientifique utilisant un système.

systole [sistɔl] n. f. PHYSIOL Phase de contraction du cœur. *Systole auriculaire,* des oreillettes. *Systole ventriculaire,* des ventricules. Ant. diastole.

syzygie [siziʒi] n. f. ASTRO Conjonction ou opposition d'une planète, ou de la Lune, avec le Soleil. *Les marées de vives eaux ont lieu quand le Soleil et la Lune sont en syzygie.*

Szczecin (en all. *Stettin*), ville et princ. port polonais, à l'embouchure de l'Oder; 391 410 hab.; chef-lieu de la voïévodie du m. nom. Centre industriel.

T

t [te] n. m. **1.** Vingtième lettre (t, T) et seizième consonne de l'alphabet, notant l'occlusive dentale sourde [t] (ex. *dette, thé*), parfois la sifflante [s] dans le groupe *ti* (ex. *patience*), ne se prononçant pas en finale de la plupart des mots (ex. *lot* [lo]) ni en finale des formes verbales (ex. *il vit* [ilvi]). *Un t euphonique.* **2.** Par anal. *En T :* en forme de T majuscule. ▷ Règle en forme de T : V. té.

ta [ta] adj. poss. V. ton 1.

taarab [taʀab] n. m. V. tarab.

1. tabac [taba] n. m. **1.** Plante herbacée (fam. solanacées) originaire d'Amérique du S., de grande taille, dont les larges feuilles sont riches en nicotine et en composés aromatiques. *Tabac rustique,* cultivé en Afrique. **2.** Préparation obtenue avec les feuilles de cette plante, séchées et partiellement fermentées. *Tabac à fumer, à chiquer,* coupé en fines lamelles. *Tabac à priser,* réduit en poudre pour priser. *Tabac brun, blond.* **3.** (En appos.) inv. *Couleur tabac* ou *tabac ;* brun tirant sur le roux ou sur le jaune. *Du velours tabac.*

2. tabac [taba] n. m. **1.** Loc. fig., fam. *Passer qqn à tabac,* le rouer de coups. **2.** MAR *Coup de tabac :* tempête. **3.** Loc. fam. *Faire un tabac :* remporter un grand succès au théâtre, au cinéma, etc.

tabagane [tabagan] ou **tobagane** [tɔbagan] n. f. (Québec) Traîneau sans patins, long et étroit, fait de planches minces, dont l'avant est recourbé. *Glisser en tabagane.* Syn. traîne sauvage.

tabagie [tabaʒi] n. f. **1.** Lieu rempli de fumée de tabac; atmosphère de ce lieu. **2.** (Maurice, Québec) Petit commerce où l'on vend du tabac, des journaux, etc.

tabagisme [tabaʒism] n. m. MED Intoxication aiguë ou chronique due à l'abus du tabac.

tabala [tabala] n. m. (Afr. subsah.) Tam-tam maure, de forme hémisphérique.

Tabarin (Antoine Girard, dit) (1584 – 1633), bateleur français sur le Pont-Neuf, à Paris; ses farces influencèrent Molière.

Tabarka *(Tabarqa),* v. et port de Tunisie (Kroumirie); 37 270 hab. Pêche. Station balnéaire. Festival d'été.

Tabarly (Éric) (né en 1931), navigateur français, vainqueur de la Course transatlantique en solitaire (1964 et 1976).

Tabaski [tabaski] n. f. (Afr. subsah.) En Afrique occidentale, fête de l'Aïd-el-Kebir, aussi appelée *fête du mouton, grande fête.*

tabasser [tabase] v. tr. [1] Fam. Frapper (qqn) à coups violents et répétés.

tabatière [tabatjɛʀ] n. f. **1.** Petite boîte pour le tabac à priser. **2.** CONSTR *Châssis, fenêtre à tabatière,* qui pivote autour de son montant supérieur et a, en position fermée, la même inclinaison que le toit.

tabboulé [tabule] n. m. V. taboulé.

tabelle [tabɛl] n. f. (Suisse) Liste, tableau.

tabernacle [tabɛʀnakl] n. m. **1.** RELIG CATHOL Petit coffre fermant à clef, placé sur (ou près de) l'autel et abritant les hosties consacrées. **2.** TECH Espace ménagé autour d'un robinet enterré afin qu'on puisse le manœuvrer.

tabla [tabla] n. m. (Maghreb) Instrument à percussion.

tablar(d) [tablaʀ] n. m. (Suisse) Étagère, rayon.

tablature [tablatyʀ] n. f. MUS Figuration graphique de la musique, propre à certains instruments. *La tablature pour la guitare.*

table [tabl] n. f. **A. I.** Meuble formé d'une surface plane posée sur un ou plusieurs pieds et servant à divers usages. **1.** Meuble à usage domestique ou professionnel, formé d'une surface plane et d'un ou plusieurs pieds et comportant quelquefois des compartiments de rangement. *Table de nuit, de chevet. Table de toilette. Table à repasser. Table de cuisson :* plaque chauffante servant à cuire les aliments. *Une table à dessin.* – INFORM *Table traçante :* syn. de *traceur* de courbes.* ▷ Loc. fig. *Jouer cartes sur table :* annoncer clairement ses conditions, être franc. – *Dessous de table :* somme que l'acheteur verse clandestinement au vendeur. ▷ (Afr. subsah.) Étal de vendeur installé sur la voie publique. **2.** Meuble formé d'une surface plane et d'un ou plusieurs pieds, destiné à prendre les repas. *Table de salle à manger.* ▷ *Mettre la table :* disposer sur la table tout ce qui est nécessaire pour prendre les repas. ▷ *De table :* qui sert pour les repas. *Service de table.* ▷ Loc. *Se mettre à table :* commencer le repas; fig., fam. finir par avouer. ▷ *Table d'hôte*.* **3.** *La table :* les mets servis à table. *Les plaisirs de la table.* **4.** Ensemble des convives réunis autour d'une table; tablée. ▷ Loc. fig. *Table ronde :* assemblée de personnes réunies en vue de discuter d'une question, en l'absence de toute préséance. ▷ Loc. fig. *Faire un tour de table :* demander son avis à chacune des personnes présentes. **II.** Partie plate de certains objets; surface plane. **1.** RELIG *Table d'autel :* partie horizontale de l'autel. ▷ *S'approcher de la sainte table :* recevoir la communion. **2.** (Seulement dans certains emplois.) Surface plane de marbre, de métal, etc., sur laquelle on peut écrire, graver. ▷ Loc. fig. *Faire table rase du passé, des idées reçues,* les rejeter après un examen critique, pour repartir sur des bases totalement neuves. ▷ RELIG *Les Tables de la Loi :* les deux tables de pierre sur lesquelles étaient gravés les préceptes de la Loi, et que Dieu, selon la Bible, donna à Moïse sur le Sinaï. **3.** *Table d'orientation :* plan circulaire sur lequel est représenté un point de vue, avec les noms de lieux, de monuments, etc. **4.** TECH Partie plate et horizontale d'un instrument, d'une machine. *Table d'une enclume.* **5.** MUS *Table d'harmonie :* partie de la caisse d'un instrument sur laquelle les cordes sont tendues. **6.** Surface plane naturelle. *Table glaciaire.* **B.** Tableau, panneau où sont regroupées diverses données. **1.** Tableau qui indique les matières traitées dans un livre. *Table des matières. Table analytique.* **2.** Recueil de données disposées de manière à en faciliter la lecture, l'usage. *Table de multiplication. Table de logarithmes.* ▷ INFORM *Table de vérité :* tableau à entrées multiples donnant toutes les configurations d'entrée et de sortie d'un circuit logique.

tableau [tablo] n. m. **A. 1.** Ouvrage de peinture exécuté sur un panneau de bois, sur un morceau de toile tendu sur un châssis, etc. *Un tableau de Manet.* **2.** Scène, spectacle qui attire le regard, qui fait impression. *Un charmant tableau.* **3.** *Tableau de chasse :* ensemble des pièces abattues au cours d'une partie de chasse, disposées avec symétrie. **4.** *Tableau vivant :* scène historique ou mythologique figurée par des personnes d'après un tableau ou une mise en scène réglée. **5.** Représentation, évocation par un récit oral ou écrit. *Faire, brosser le tableau de la vie des paysans.* **6.** THEAT Subdivision d'un acte, correspondant à un changement de décor. *Une pièce en trois actes et dix tableaux.* **B. I. 1.** *Tableau noir* ou, absol., *tableau :* panneau sur lequel on écrit à la craie, dans une classe, un amphithéâtre, etc. **2.** Panneau, cadre qu'on fixe au mur pour y afficher des actes publics, des renseignements, des avis. *Tableau d'affichage.* **3.** TECH Panneau sur lequel sont regroupés des dispositifs, des appareils de mesure, de contrôle et de signalisation. *Tableau de bord d'un véhicule.* **II.** Liste, ensemble de données réunies sur un tableau (sens B, I, 2). **1.** Liste des personnes composant une compagnie, un ordre, un corps. *Tableau de l'ordre des avocats.* – *Tableau d'avancement,* indiquant l'ordre selon lequel se fera l'avancement du personnel. **2.** Ensemble de renseignements regroupés et ordonnés de manière qu'on puisse les lire. *Tableau synoptique, chronologique. Tableau des verbes irréguliers.* ▷ FIN *Tableau de bord :* ensemble d'informations réunies périodiquement, qui facilitent la gestion d'un service, d'une entreprise. ▷ ECON Ensemble ordonné de données comptables ou statistiques considérées comme caractéristiques de relations économiques. *Tableau entrées-sorties.* ▷ MED, PHARM *Tableaux A, B, C,* dans lesquels sont classés les médicaments dont la prescription est réglementée. ▷ CHIM *Tableau de* *la classification périodique des éléments :* V. élément (encycl.).

table-banc [tablәbɑ̃] n. f. (Afr. subsah.) Pupitre d'écolier auquel est fixé un banc à dossier. *Des tables-bancs.*

tablée [table] n. f. Réunion de personnes assises autour d'une table (le plus souvent pour un repas).

tabler [table] v. intr. [**1**] *Tabler sur qqch, sur qqn :* compter, faire fond sur qqch, sur qqn.

Table ronde, table circulaire autour de laquelle, pour noter leur égalité, le roi Arthur* réunissait ses chevaliers (Lancelot, Perceval, etc.). Le roman breton* narre leurs exploits.

Table ronde (conférence de la), réunion politique et économique tenue à Bruxelles en janv-fév. 1960 à la suite d'émeutes à Léopoldville, qui déboucha sur l'indépendance du Congo-Léopoldville (auj. rép. dém. du Congo).

tablette [tablɛt] n. f. **I. 1.** Petite table; planche disposée pour recevoir des objets. **2.** Pièce de marbre, de bois, de pierre, etc., de faible épaisseur posée à plat sur l'appui d'une fenêtre, par ex. **3.** Aliment présenté sous la forme d'une plaquette. *Une tablette de chocolat.* Syn. (Québec) palette. ▷ (Haïti) Friandise cuite, à base de sucre de canne, additionné de cacahuètes, de noix de coco, de sésame, etc. (V. nougat, praline). ▷ PHARM Médicament solide en forme de plaquette. **II.** ARCHEOL Planchette de bois enduite de cire sur laquelle écrivaient les Anciens. ▷ Plaquette d'argile sur laquelle étaient gravés des pictogrammes ou des caractères d'écritures anciennes. **III.** (Afr. subsah.) *Tablette (coranique) :* planchette sur laquelle sont inscrits des versets du Coran ou des prières, utilisée dans les écoles coraniques. **IV.** Loc. (Québec) *Mettre sur une (la) tablette* ou *les tablettes :* syn. de *tabletter* (sens 1 et 2). *Le rapport du comité a été mis sur les tablettes. Cadre supérieur que l'on a mis sur une tablette.*

tabletté, ée [tablete] adj. et n. (Québec) Se dit d'un salarié, d'un fonctionnaire, dont on a supprimé ou diminué les responsabilités. ▷ Subst. *Être classé parmi les tablettés.*

tabletter [tablɛte] v. tr. [**1**] (Québec) **1.** ADMIN Classer (un rapport, une étude) sans suite, notam. pour des raisons politiques. (V. tablette, sens IV.) **2.** Enlever à un salarié, un fonctionnaire ses responsabilités habituelles pour l'affecter à des tâches mineures, notam. pour des raisons politiques. (V. tablette, sens IV.)

tableur [tablœʀ] n. m. INFORM Progiciel permettant des calculs interactifs sur plusieurs nombres affichés simultanément sur un écran de visualisation.

tablier [tablije] n. m. **I. 1.** Vêtement fait d'une pièce de toile, de cuir, etc., que l'on met devant soi pour préserver ses vêtements en travaillant. ▷ Loc. fig. *Rendre son tablier :* quitter son emploi. **2.** TRAV PUBL Partie horizontale d'un pont, qui reçoit la chaussée ou la voie ferrée. **3.** AUTO Cloison qui sépare le moteur et l'intérieur de la carrosserie. **4.** (Afr. subsah.) Étal de vendeur sur la voie publique. Syn. table. **II.** (Afr. subsah.) *Marchand tablier* ou *tablier :* vendeur des rues utilisant un étal.

tabloïd(e) [tablɔid] adj. et n. m. (Nom déposé.) Se dit d'un format de journal égalant la moitié du grand format traditionnel.

Tabor (mont). V. Thabor.

tabou, e [tabu] n. m. et adj. **1.** n. m. Interdit d'ordre religieux ou rituel qui frappe une personne, un animal ou une chose, considérés comme sacrés ou impurs, et dont la transgression est censée entraîner un châtiment surnaturel. *Tabou alimentaire.* ▷ Fig. Ce dont on n'a pas le droit de parler sans encourir la réprobation sociale. **2.** adj. (inv. ou accordé). Qui est marqué d'un tabou, frappé d'un interdit. *Forêt tabou(e).* ▷ Fig. Dont on ne doit pas parler; qu'on n'a pas le droit de critiquer. *Un sujet tabou.*

taboulé ou (Liban) **tabboulé** [tabule] n. m. CUIS Hors-d'œuvre d'origine syro-libanaise, à base de blé concassé, de persil, de tomates hachées et de feuilles de menthe.

tabouret [tabuʀɛ] n. m. Petit siège à pied(s) sans bras ni dossier. – (Afr. subsah.) *Tabouret sacré :* siège utilisé pour le culte des ancêtres*. ▷ *Par ext.* Petit support sur lequel on pose les pieds lorsqu'on est assis.

Tabrīz (ancienne *Tauris*), v. d'Iran; 852 000 hab.; ch.-l. de la prov. de l'Azerbaïdjan iranien. Industries. – Cap. de la Perse sous les Séfévides.

tabulaire [tabylɛʀ] adj. Didac. **1.** En forme de table. *Relief tabulaire.* **2.** Qui est disposé en tables, en tableaux. *Logarithmes tabulaires.*

tabulateur [tabylatœʀ] n. m. TECH Dispositif équipant une machine de bureau (machine à écrire, à calculer, traitement de texte, etc.) et qui permet d'aligner des caractères sur une même colonne.

tabulation [tabylasjɔ̃] n. f. TECH Utilisation d'un tabulateur.

tabulatrice [tabylatʀis] n. f. INFORM Machine mécanographique capable de lire des informations enregistrées sur des cartes perforées, de les trier et d'en imprimer la liste ou les totaux.

tac [tak] n. m. **1.** Bruit sec. *Produire plusieurs tacs successifs.* **2.** Loc. fig., fam. *Répondre du tac au tac,* aussitôt, par un mot vif à un mot vif.

tacaud [tako] n. m. Petit poisson comestible (genre *Trisopterus,* fam. gadidés), commun dans l'océan Atlantique.

tache [taʃ] n. f. **I. 1.** Salissure, marque qui salit. *Tache d'encre, d'huile sur un vêtement.* ▷ *Faire tache :* faire un contraste choquant dans un ensemble. ▷ Loc. fig. *Faire tache d'huile :* se répandre de proche en proche et rapidement. **2.** Fig. Ce qui souille l'honneur, la réputation de qqn. *Une vie, une réputation sans tache.* **II.** Espace de couleur différente sur une surface unie. **1.** Marque sur la peau, le poil ou le plumage d'un être vivant, sur certaines parties des végétaux. *Les taches blanches du guib harnaché.* ▷ ANAT *Tache jaune :* point le plus sensible de la rétine qui ne comporte que des cônes. **2.** ASTRO *Tache solaire :* région sombre de la photosphère, à la température plus basse.

tâche [tɑʃ] n. f. **1.** Ouvrage déterminé qui doit être exécuté dans un temps donné. *Donner une tâche à un artisan.* ▷ Loc. adj. et adv. *À la tâche :* en fonction du travail accompli et sans tenir compte du temps employé. *Payer à la tâche.* **2.** Obligation que l'on doit remplir, par devoir ou par nécessité. **3.** (Luxembourg) *Tâche complète :* emploi à temps plein.

taché, ée [taʃe] adj. **1.** Souillé d'une ou de plusieurs taches. *Vêtement taché.* **2.** Marqué d'une (de) tache(s) (sens II). *Un chat à robe grise tachée de blanc.*

tachelhite [taʃelhit] n. m. LING Dialecte berbère en usage au Maroc, dans le Haut Atlas, l'Anti-Atlas et la plaine du Sous.

tachéomètre [takeɔmɛtʀ] n. m. TECH Appareil de topographie servant à effectuer le levé des terrains en altimétrie et en planimétrie.

tacher [taʃe] v. [**1**] **I.** v. tr. **1.** Faire une tache sur, salir de taches. *Tacher son pagne.* ▷ Fig. *Une faute qui tache sa réputation.* ▷ (S. comp.) (Choses) *Les pommes-cajou tachent.* **2.** Colorer, marquer de taches (sens II). **II.** v. pron. **1.** Salir ses vêtements de taches. *Cet enfant se tache sans cesse.* **2.** (Passif) Se salir en se couvrant de taches. *Un tissu clair qui se tache facilement.*

tâcher [tɑʃe] v. [**1**] **1.** v. tr. indir. *Tâcher de* (+ inf.) : faire des efforts pour. *Tâcher de donner satisfaction.* **2.** v. tr. dir. *Tâcher que* (+ subj.) : faire en sorte que. *Tâchez qu'il réussisse.*

tâcheron [tɑʃʀɔ̃] n. m. **1.** Petit entrepreneur à qui un entrepreneur principal concède sa tâche. **2.** Ouvrier agricole qui travaille à la tâche. **3.** Péjor. Personne qui exécute sur commande des tâches ingrates, sans intérêt.

tacheté, ée [taʃte] adj. Marqué de nombreuses petites taches (sens II).

tacheter [taʃte] v. tr. [**20**] Marquer de multiples petites taches (sens II).

tachisme [taʃism] n. m. PEINT Forme d'art abstrait qui combine les effets de couleur et d'écrasement de la matière.

Tachkent, cap. de l'Ouzbékistan; 2 210 000 hab. Grand centre universitaire, comm. et indust., à proximité de barrages sur le Syr-Daria.

tachy-. Élément, du gr. *takhus,* «rapide».

tachycardie [takikaʀdi] n. f. MED Accélération permanente ou paroxystique du rythme cardiaque.

tachygraphe [takigʀaf] n. m. TECH Appareil qui mesure et enregistre une vitesse.

tachymètre [takimɛtʀ] n. m. TECH Appareil servant à mesurer la vitesse de rotation d'une machine, d'un moteur.

tachyon [takjɔ̃] n. m. PHYS NUCL Particule hypothétique dont la vitesse serait supérieure à celle de la lumière et dont la masse s'exprimerait par un nombre complexe.

tacite [tasit] adj. Qui n'est pas formellement exprimé; sous-entendu. *Consentement tacite.* ▷ DR *Tacite reconduction :* V. reconduction. Syn. implicite.

Tacite (en lat. *Publius Cornelius Tacitus*) (v. 55 – v. 120), historien latin. Préteur (88), consul (97), proconsul d'Asie (v. 110-113), il s'adonna tardivement à l'histoire. Après *Dialogue des orateurs,* sur le déclin de l'éloquence, *Vie d'Agricola* (éloge de son beau-père, 98) et *la Germanie* (sur la culture germanique, v. 98), il écrivit les *Histoires* (v. 106), dont il ne reste que quatre livres, qui décrivent l'Empire de la mort de Néron (68) à celle de Domitien (96). Les *Annales* (écrites v. 115-117) vont de la mort d'Auguste (14) à celle de Néron; il ne reste que les livres I à IV et XI à XVI, ainsi que des fragments. À la fois historien et moraliste, Tacite dépeint avec pessimisme et concision les mœurs des hommes de son temps.

tacitement [tasitmɑ̃] adv. De façon tacite.

taciturne [tasityʀn] adj. et n. Litt. Qui est de nature ou d'humeur à parler peu. *Un homme taciturne. Un caractère taciturne.* ▷ Subst. *Les expansifs et les taciturnes.* Syn. (Belgique) taiseux.

tacle [takl] n. m. SPORT Au football, action de récupérer du pied le ballon qui est dans les pieds de l'adversaire.

1. tacon, taquon [takɔ̃] ou **tocan** [tɔkɑ̃] n. m. Jeune saumon avant sa descente vers la mer.

2. tacon [takɔ̃] n. m. (Suisse) Pièce rapportée servant à raccommoder un vêtement.

tacot [tako] n. m. Fam. Vieille voiture en mauvais état. Syn. guimbarde.

tact [takt] n. m. **1.** PHYSIOL Sens du toucher; celui des cinq sens qui correspond à la perception des stimuli mécaniques (grâce à la déformation de la peau par la pression qu'exerce l'objet). **2.** Cour., fig. Discernement, délicatesse dans les jugements, les rapports avec autrui. *Manquer de tact.* Syn. doigté.

tacticien, enne [taktisjɛ̃, ɛn] n. Personne qui manœuvre habilement. ▷ n. m. MILIT Expert en tactique.

tactile [taktil] adj. **1.** PHYSIOL Du toucher, propre au toucher, au tact. *Sensibilité tactile.* **2.** Qui réagit au toucher.

tactique [taktik] n. f. et adj. **I.** n. f. **1.** MILIT Art de conduire une opération militaire limitée dans le cadre d'une stratégie. **2.** Ensemble des moyens que l'on emploie pour atteindre un objectif; conduite que l'on adopte pour obtenir qqch. *Changez de tactique : il est sourd à vos arguments.* **II.** adj. Relatif à la tactique. *Mission, opération tactique.*

tactisme [taktism] n. m. BIOL Réaction d'orientation d'un être vivant provoquée par un facteur externe (lumière, chaleur). V. tropisme.

tadjik [tadʒik] adj. et n. Relatif à une population originaire d'Iran, vivant notam. au Tadjikistan. ▷ Subst. *Les Tadjik(s) sont environ sept millions.*

Tadjikistan, État d'Asie centrale, situé aux frontières du Kirghizstan au Nord, de l'Ouzbékistan à l'O., de l'Afghānistān au S. et de la Chine à l'E.; 143100 km²; 5112000 hab. (Tadjiks 63 %, Ouzbeks 24 %, Russes 16 %); cap. *Douchanbe.* Nature de l'État : rép. présidentielle. Langues : tadjik. Monnaie : rouble tadjik. Relig. : islam (sunniste).

Géogr. et écon. – Occupé en partie par le Pamir (culminant à 7495 m), ce pays montagneux a la plus grande partie de son territoire située à plus de 2000 m. La pop. a un fort taux d'accroissement. L'essor écon. récent de cette république repose sur l'irrigation des régions basses : coton (haute qualité), riz, fruits, céréales, etc.; élevage ovin dans les montagnes. Grâce à l'hydroélectricité, les princ. industries traitent les produits agricoles et alimente une usine d'aluminium, mais le pays demeure sous-développé et très pauvre.

Hist. – La région forma une rép. autonome au sein de l'Ouzbékistan en 1924, puis une rép. sov. féd. en 1929. Les pop. musulmanes ont développé des revendications liées à la montée de l'islamisme; des Tadjiks ont aidé la résistance afghane. En fév. 1990, de graves émeutes ont réclamé l'indép., effective en 1991, et le pays a adhéré à la C.É.I.; Rakhmon Nabiev, dirigeant du parti communiste de 1982 à 1985, fut élu président. De mars à mai 1992, des manifestations de l'opposition (islamique et démocrate) ont abouti à la chute et à la fuite de Nabiev (août), puis les communistes ont repris Douchanbe (déc.). En 1992, le Tadjikistan plongea ainsi dans une sanglante guerre civile. En 1997, après avoir soutenu les communistes au pouvoir, la Russie changea de politique et fit pression sur le président Emomali Rakhmonov (communiste, élu en 1994) et celui-ci signa un traité de paix avec l'opposition. Dans ce pays ruiné par la guerre, la réconciliation nationale s'annonce difficile.

Tādj Mahall ou **Tāj Mahal,** mausolée de marbre blanc élevé aux portes d'Āgra, de 1630 à 1652, sur l'ordre de l'empereur moghol Chāh Jahān, désireux d'honorer la mémoire de son épouse Mumtāz-i-Mahall.

Tadjo (Véronique) (née en 1955), écrivain ivoirien. Son poème *Latérite* (1984) explore la mémoire ancestrale et la boue des bidonvilles. Romans : *À vol d'oiseau* (1986), *le Royaume aveugle* (1990).

Tadjoura (golfe de) *(Tāğūrā),* golfe de la rép. de Djibouti, portant la ville de Djibouti sur sa rive sud et le petit port de *Tadjoura* sur sa rive nord.

Tadla (le), plaine irriguée du Maroc occidental, au pied du Moyen Atlas.

tadorne [tadɔʀn] n. m. ORNITH Oiseau (genre *Tadorna,* fam. anatidés), proche du canard et de l'oie. *Le tadorne de Belon, blanc et roux, niche sur les côtes de la mer du Nord et de la mer Baltique.*

Taef ou **Taïf** (en ar. *Ta'if*), v. d'Arabie Saoudite, à l'E. de La Mecque; 205 000 hab. – *Les accords de Taef* (oct. 1989) rééquilibrèrent la représentation légale des communautés religieuses au Liban, au profit des musulmans (majoritaires).

Taegu, v. de la Corée du Sud, au N.-O. de Pusan; 2030670 hab.; ch.-l. de prov. Centre commercial et industriel.

tænia [tenja] n. m. V. ténia.

taffetas [tafta] n. m. Étoffe de soie mince tissée comme la toile.

tafia [tafja] n. m. (Haïti) Rhum blanc de fabrication artisanale. Syn. clairin.

Tafilalet ou **Tafilelt,** région du Sahara marocain, au S. du Haut Atlas; nombr. oasis (princ. : *Erfoud*). – La région eut, au Moyen Âge, une grande activité comm. (route des caravanes).

Tafna (la), fl. côtier de l'Algérie occidentale. – *Traité de Tafna* (1837), entre Bugeaud et Abd el-Kader : la France reconnaissait l'autorité de l'émir sur les deux tiers de l'Algérie, mais il reprit la lutte en 1839.

Taft (William Howard) (1857 – 1930), homme politique américain. Président en 1908, il fut battu par Wilson en 1912.

tagalog [tagalɔg] ou **tagal** [tagal] n. m. LING Langue (malayo-polynésienne) officielle de la rép. des Philippines.

Tagalog(s) ou **Tagal(s),** populations, d'origine malaise, qui constituent un tiers de la population des Philippines.

Tage (le) (en esp. *Tajo,* en portug. *Tejo*), princ. fl. de la péninsule Ibérique (1006 km); naît en Espagne (prov. de Teruel); arrose Tolède et Alcántara, puis passe au Portugal, où il se jette dans la baie de Lisbonne. Aménagements hydroélectriques.

tagète ou **tagette** [taʒɛt] n. m. BOT Plante ornementale (fam. composées), dont la rose d'Inde et l'œillet d'Inde sont des espèces.

tagine [taʒin] ou **tajine** [tain] n. m. **1.** Au Maroc et en Tunisie, plat en argile cuite vernissé dont le couvercle est de forme conique. **2.** Ragoût typique de la cuisine marocaine préparé dans ce plat. **3.** En Tunise, quiche à base d'œufs, de viande et de légumes.

Tagore (Rabindranāth Thakur, dit Rabindranāth) (1861 – 1941), écrivain indien (d'expression bengali et anglaise), peintre et musicien. Romancier (*Gōra,* 1910), poète mystique et patriotique (*Gitānjali,* 1910), dramaturge (*Amal et la lettre du roi,* 1913), il prôna la tolérance. P. Nobel 1913.

Taharqa, quatrième pharaon de la XXVᵉ dynastie égyptienne, dite éthiopienne (règne : v. 690-664 av. J.-C.), fondée par les rois de Koush*. Il a laissé une œuvre monumentale (pyramides et temples de Sanam, Kourou, Nouri, Sedeinga).

Tahat (le), mont de l'Algérie, au N. de Tamanrasset; point culminant du Hoggar (2918 m).

Tahiti, île de la Polynésie française (V. France d'outre-mer, p. 1442), dans le Pacifique Sud, la plus import. des îles de la Société; 1042 km²; 116000 hab.; v. princ. *Papeete* (ch.-l. de la Polynésie française). Aéroport. – L'île de Tahiti comprend deux massifs volcaniques : Tahiti-Nui, dominé par l'Orohena (2235 m), au N.-O., et Taiarapu, au pied du Roniu (1323 m), au S.-E. Réunies par l'isthme de Taravao, les deux terres comprennent une étroite plaine littorale que bordent lagon et récif corallien (sauf au N.-E.). Le climat tropical (25 °C), salubre et tempéré par l'altitude, connaît de fortes pluies « au vent » de la mi-novembre à la fin mars. Brousse et forêts occupent l'intérieur du pays. La pop., très métissée de Chinois et d'Européens, se concentre sur la côte et vit de l'agriculture (cocoteraies, tubercules, arbres à pain, bananes, vanille) et de la pêche. Papeete possède quelques industries, surtout agro-alimentaires. Le tourisme (100000 visiteurs par an) et l'installation (1964-1997) du Centre d'expérimentation (nucléaire) du Pacifique (CEP) ont bouleversé le mode de vie tahitien.

Hist. – L'île, peuplée par les Polynésiens depuis le XIVᵉ s. au moins, fut découverte par le navigateur anglais Samuel Wallis le 23 juin 1767, puis visitée par Bougainville (1768) et par Cook (1769, 1773 et 1777). Les missionnaires anglais, qui commencèrent à l'évangéliser en 1797, soutinrent le roi Pomaré Iᵉʳ et ses successeurs. En 1836, ils obtinrent de la reine Pomaré IV l'expulsion de deux prêtres catholiques français. Cet incident provoqua l'intervention militaire de l'amiral Dupetit-Thouars et l'établissement du protectorat de la France (1842). L'île fut annexée en 1880, à la suite de l'abdication du roi Pomaré V. Elle forma, avec ses dépendances, le principal des *Établissements français d'Océanie* (cap. Papeete), devenus en 1957 la *Polynésie française.*

tahitien, enne [taisjɛ̃, ɛn] adj. et n. De Tahiti. ▷ Subst. *Un(e) Tahitien(ne).*

Tahoua, v. de l'ouest du Niger; 52000 hab.; ch.-l. du dép. du même nom. Gisements de phosphate. Sur la route de l'uranium. Aérodrome.

Tahtawi (Rif'â al-) (1801 – 1873), écrivain et imam égyptien. Il séjourna à Paris de 1826 à 1831. Il développa l'enseignement universitaire en Égypte. Œuvres : *la Beauté de la grammaire; les Voies des cœurs égyptiens vers les joies des mœurs contemporaines.*

Taibei ou **T'ai-pei,** capitale de Taiwan, dans le N. de l'île; 2637000 hab. Industries.

taie [tɛ] n. f. **1.** Enveloppe de tissu dont on recouvre un oreiller ou un traversin. **2.** MED Opacité cicatricielle de la cornée.

Taïf. V. Taef.

taïga [tajga] n. f. Forêt de conifères du nord du Canada et de l'Eurasie.

taillable [tajabl] adj. Loc. fig. *Taillable et corvéable à merci :* bon pour toutes les corvées.

taillader [tajade] v. tr. [**1**] Faire des entailles à, sur.

1. taille [taj] n. f. **I. 1.** Action de couper, de tailler; manière dont certaines choses sont taillées. *Taille d'une pierre.* ▷ ARCHI, CONSTR Loc. *Pierre de taille :* pierre taillée pour être employée dans une construction. ▷ ARBOR Coupe de branches d'arbres ou d'arbustes effectuée pour leur donner une certaine forme, pour améliorer la production des fruits, pour favoriser leur croissance, etc. *Taille des arbres fruitiers, de la vigne.* **2.** Coupure, incision. ▷ BX-A Incision faite au burin sur une planche de cuivre, de bois. **3.** BOT Bois qui commence à repousser après avoir été coupé. *Une taille de deux ans.* **4.** (Acadie) Syn. de *tranche* (sens 1). *Une taille de pain.* **II. 1.** Dimensions du corps de l'homme ou des animaux, et partic. sa hauteur; stature. *À vingt-cinq ans, l'homme a atteint sa taille adulte. Personne de grande taille.* ▷ Loc. fig. *Être de taille à :* être capable de. *Être de taille à se défendre.* – Absol. *Abandonnez, vous n'êtes pas de taille.* **2.** Dimensions d'un objet; format. *Des grêlons de la taille d'un œuf de pigeon.* **3.** Dimensions normalisées d'un vêtement, correspondant à un type de stature. *Cet article n'existe pas en grandes tailles.* **4.** Partie où le corps s'amincit sous les dernières côtes avant de s'élargir aux hanches. *Tour de taille.* – Fig. *Taille de guêpe,* très fine. ▷ Partie d'un vêtement qui marque cette partie du corps.

2. taille [taj] n. m. ou f. (Afr. subsah., Wallis-et-F.) Syn. de *taille-crayon.*

taillé, ée [taje] adj. **1.** Coupé d'une certaine façon. *Haies taillées. Diamant taillé en rose.* **2.** Qui a une certaine taille, une certaine stature. *Être taillé en hercule.* **3.** Fig. *Taillé pour :* fait pour; capable de. *Il est taillé pour réussir.*

taille-basse [tajbas] n. f. (Afr. subsah.) Corsage ajusté à basque froncée, que les femmes portent avec un pagne. *Des tailles-basses.*

taille-crayon(s) [tajkʀɛjɔ̃] n. m. Petit instrument à lame(s), servant à tailler les crayons. *Des taille-crayon(s).* Syn. (Québec) aiguise-crayon et aiguisoir, (Maurice) fitoire, (Afr. subsah., Wallis-et-F.) taille.

taille-douce [tajdus] n. f. BX-A Gravure faite au burin sur une plaque généralement en cuivre (par oppos. à *eau-forte*). – Estampe tirée sur une plaque ainsi travaillée. *Des tailles-douces.*

Tailleferre (Germaine) (1892 – 1983), compositeur français; membre du groupe des Six.

tailler [taje] v. [**1**] **I.** v. tr. **1.** Vx Couper, trancher. ▷ Loc. fig. Mod. *Tailler en pièces :* anéantir. **2.** Couper, retrancher les parties superflues de (une chose) pour lui donner une certaine forme, pour la rendre propre à un usage. *Tailler une pierre. Tailler en biseau.* **3.** Prélever à l'aide d'un instrument tranchant (une partie d'un tout) selon la forme, les dimensions voulues. *Le boucher taillait d'épaisses tranches dans le filet.* ▷ Cour. *Tailler un vêtement,* couper dans l'étoffe les morceaux qui le formeront. **II.** v. intr. Faire une (des) entaille(s). *Tailler dans le vif.* **III.** v. pron. (En loc.) Prendre, obtenir pour soi. – Fig. *Il s'est taillé un vif succès. Se tailler la part du lion.*

taillerie [tajʀi] n. f. TECH Art de tailler les cristaux et les pierres précieuses. ▷ Atelier où on les taille.

tailleur [tajœʀ] n. m. **1.** *Tailleur de :* ouvrier, artisan qui taille (un objet, un matériau). *Tailleur de pierre.* **2.** *Absol.* Ouvrier, artisan qui confectionne des costumes masculins sur mesure. ▷ (En loc.) *Assis en tailleur :* assis les jambes repliées et croisées à plat, avec les genoux écartés. **3.** (Afr. subsah.) Artisan exécutant tous les travaux de couture. – *Tailleur brodeur,* qui fait aussi des broderies. **4.** Costume féminin, composé d'une jupe et d'une veste du même tissu.

taillis [taji] n. m. Dans un bois, une forêt, etc., ensemble de très jeunes arbres provenant des drageons ou des rejets des souches d'arbres abattus quelques années auparavant. ▷ *Pratiquer un taillis :* effectuer des coupes rapprochées dans le temps.

tailloir [tajwaʀ] n. m. ARCHI Partie supérieure du chapiteau d'une colonne.

tain [tɛ̃] n. m. TECH Amalgame d'étain dont on revêt l'envers d'une glace pour qu'elle réfléchisse la lumière.

Taine (Hippolyte) (1828 – 1893), critique, philosophe et historien français. Pour Taine, l'œuvre littéraire ou artistique est produite par la race, le milieu (géographique, social) et le moment (hist.) : *Histoire de la littérature anglaise* (1864-1872); *De l'intelligence* (1870); *Origines de la France contemporaine* (6 vol., 1875-1893); *Philosophie de l'art* (1882). Acad. fr. (1878).

T'ai-pei. V. Taibei.

Taiping (révolte des), révolte populaire chinoise (1851-1864) contre la dynastie mandchoue qui eut aussi un aspect religieux (fondation de la secte des «Adorateurs de Dieu»). Elle se répandit en Chine du S. (prise de Nankin, 1853) et fut combattue efficacement à partir de 1862 par l'armée régulière, qu'aidèrent des aventuriers européens. Taiping signifie «Grande Paix».

taire [tɛʀ] v. [**59**] **I.** v. tr. **1.** Ne pas dire. *Taire un secret.* **2.** Fig. Ne pas manifester, ne pas exprimer. *Taire sa douleur.* **II.** v. pron. **1.** Garder le silence, s'abstenir de parler. *Taisez-vous, votre bavardage me fatigue.* – Ne pas révéler, passer sous silence. *Se taire sur un point.* **2.** (Sujet n. de chose.) Cesser de se faire entendre. *Les canons se sont tus.* **3.** (Avec ellipse du pronom.) *Faire taire :* imposer le silence à; fig. empêcher de s'exprimer, de se manifester. *Une indemnisation a fait taire le mécontentement.*

taiseux, euse [tɛzø, øz] adj. et n. (Belgique) Taciturne. *Depuis la mort de sa femme, il est devenu taiseux.*

Taishō tennō (Yoshihito, dit apr. sa mort) (1879 – 1926), empereur du Japon (1912-1926).

Tai Tsin. V. Dai Jin.

Taïtu (Oeïzero) (v. 1854 – 1914), impératrice d'Éthiopie; épouse de Ménélik II et régente (1908-1910).

Taiwan ou **Formose,** île située à 150 km au S.-E. de la Chine, constituant depuis 1949, avec les îles des Pescadores et les îlots Quemoy et Mazu, l'État de Chine nationaliste (dont le gouv. se dit celui de toute la Chine), dénommé off. rép. de Chine; 36177 km^2; env. 20 millions d'hab. (croissance : 1 % par an); cap. *Taibei.* Nature de l'État : rép. parlementaire. Langue off. : chinois. Monnaie : dollar de Taiwan. Relig. : bouddhisme, taoïsme et confucianisme.
Géogr. phys. et hum. – De hautes chaînes, culminant à 3997 m, occupent l'E. de l'île, qu'affecte une forte sismicité. Elles s'abaissent par paliers vers l'O. où une large plaine alluviale côtière concentre les hab. et les grandes villes. Le climat tropical, tempéré en altitude, est rythmé par la mousson : pluies d'avril à octobre, plus fortes à l'E. qu'à l'O. La pop., urbanisée à plus de 70 %, a doublé de 1950 à 1990.
Écon. – Malgré une forte dépendance pour l'énergie et les matières premières (65 % des importations), l'économie taiwanaise est l'une des plus dynamiques du monde. Nouveau pays industriel (N.P.I.), Taiwan a d'abord développé, avec des capitaux japonais et américains, une industrie d'export. (textile, jouets, montage de biens de consommation), puis une industrie lourde (sidérurgie, chantiers navals, pétrochimie) et, dans la décennie 1980, la haute technologie. L'agric. (riz, canne à sucre) et la pêche, très productives, ne couvrent pas les besoins. Exportateur puissant, place comm. et fin. mondiale, Taiwan investit à l'étranger.
Hist. – Peuplée à l'origine par des Malais, puis tardivement par des Chinois (XVIIe s.), l'île fut visitée (1590) par les Portugais (qui la nommèrent *Formosa,* «la Belle») et par les Hollandais (1624-1662), puis intégrée à l'empire de Chine (1683). Cédée au Japon après la guerre sino-japonaise (1894-1895), Taiwan revint à la Chine en 1945. En 1949, Tchang Kaï-chek (Jiang Jieshi) vaincu se replia sur l'île, où affluèrent 1,5 à 2 millions de réfugiés. Bénéficiant de l'appui des É.-U., la rép. de Chine nationaliste fut le seul représentant de la Chine à l'ONU, dont elle sera évincée en 1971. Après la mort de Tchang Kaï-chek (1975), son fils Tchang King-kouo (Jiang Jingguo) assouplit le régime, surtout peu avant sa mort (1988). Lee Teng-hui, qui lui a succédé, a accru les libertés. En 1990, l'Assemblée nationale a reconduit Lee Teng-hui pour six ans. En 1991, le Guomindang a remporté les législatives (71 % des voix, 24 % au parti démocratique progressiste autorisé en 1989). En 1992, la Constitution a été amendée dans un sens libéral. Les élections de 1995 ont marqué les très nets progrès de l'opposition démocratique. En 1996, Lee Teng-Lui a été réélu (au suffrage universel, non plus par l'Assemblée).

taiwanais, aise [tajwanɛ, ɛz] adj. et n. De Taiwan. ▷ Subst. *Un(e) Taiwanais(e).*

tajine [tain] n. m. V. tagine.

Tāj Mahal. V. Tādj Mahall.

Takelot, nom de pharaons des XXIIe et XXIIIe dynasties égyptiennes, dites libyennes. — **Takelot I**^er (règne : vers 889-vers 874 av. J.-C.). — **Takelot II** (règne : v. 850-v. 840 av. J.-C.). — **Takelot III** (règne : v. 764-v. 757 av. J.-C.).

Takla Haymanot. V. Téklé Haïmanot.

Takoradi, faubourg de Sekondi*-Takoradi. Aérodrome.

talapoin [talapwɛ̃] n. m. ZOOL Petit singe *(Miopithecus talapoin)* vert olive à favoris jaunes des mangroves et des forêts marécageuses d'Afrique équatoriale, appelé aussi *singe des palétuviers.*

talc [talk] n. m. Silicate hydraté naturel de magnésium; poudre de ce minéral, onctueuse au toucher, utilisée notam. pour les soins de la peau.

taleb [talɛb], plur. **tolbas** [tɔlba] n. m. (Maghreb) Étudiant en théologie musulmane. – Spécialiste du Coran. ▷ (Au plur.) *Tolbas :* psalmodieurs du Coran auxquels on fait appel lors des cérémonies familiales (naissance, rétablissement, circoncision, obsèques).

talent [talɑ̃] n. m. **1.** Disposition, aptitude naturelle ou acquise. *Vous devriez exploiter vos talents de comédien.* Syn. don, capacité. **2.** *Absol.* Aptitude remarquable dans un domaine, partic. artistique ou littéraire. *Avoir du talent.* **3.** Personne qui a du talent.

talentueux, euse [talɑ̃tɥø, øz] adj. Qui a beaucoup de talent.

taler [tale] v. tr. [1] Meurtrir, presser, fouler (un fruit). ▷ v. pron. *Les fruits se talent en tombant.* – Pp. adj. *Fruits talés.*

taliban [talibɑ̃] n. m. Étudiant en religion (musulmane), membre d'un mouvement islamiste ultra-rigoureux. *Les talibans se sont emparés de Kaboul en 1997.*

talibé [talibe] n. m. (Afr. subsah.) **1.** Disciple d'un marabout. **2.** *Petit talibé* ou *talibé :* élève d'une école coranique.

talion [taljɔ̃] n. m. DR ANC *Loi du talion :* code selon lequel le coupable est châtié en subissant le traitement qu'il a infligé à sa victime. (cf. «œil pour œil, dent pour dent»). ▷ Fig. *Appliquer la loi du talion :* se venger avec une rigueur égale à celle dont on a été victime.

talisman [talismɑ̃] n. m. **1.** Objet sur lequel sont gravés des signes consacrés, auquel on attribue des vertus magiques. Syn. amulette, porte-bonheur, gri-gri. **2.** Fig. Pouvoir infaillible. *Son charme est pour elle un talisman.*

talitre [talitʀ] n. m. ZOOL Petit crustacé (genre *Talitrus*), appelé cour. *puce de mer,* qui vit sous les algues échouées.

talkie-walkie [tokiwoki] n. m. (Faux américanisme.) Poste radioélectrique émetteur et récepteur portatif, de faible portée. *Des talkies-walkies.*

tallage [talaʒ] n. m. AGRIC Fait de taller. *Tallage du riz.*

talle [tal] n. f. **1.** AGRIC Tige adventive qui se développe au pied d'une tige principale. **2.** (Québec) Groupe dense de plantes, d'arbres ou d'arbustes d'une même espèce. *Une talle de bleuets.*

Tallemant des Réaux (Gédéon) (1619 – 1690), écrivain français : *Historiettes* (écrites à partir de 1657, publiées en 1834-1835), recueil d'anecdotes et de portraits.

taller [tale] v. intr. [1] AGRIC Émettre des talles. *Le mil talle.*

Talleyrand-Périgord (Charles Maurice de) (1754 – 1838), prince de Bénévent (1806), homme politique français. Évêque d'Autun (1788), député aux états généraux, chef du clergé constitutionnel (1790), il abandonna l'Église et fut diplomate à Londres (fév. 1792). Déclaré émigré (déc. 1792), il résida aux É.-U. de 1794 à 1796. Ministre des Relations extérieures (1797-1807), il servit la France avec génie, mais, hostile aux conquêtes et menant un double jeu, il fut disgracié par Napoléon. Ministre des Affaires étrangères en 1814-1815, il sauva la France au congrès de Vienne. Président du Conseil contre les ultras (juil.-sept. 1815), il passa dans l'opposition libérale. En 1830, il contribua à l'instauration de la monarchie de Juillet.

Tallien (Jean-Lambert) (1767 – 1820), homme politique français. Conventionnel montagnard, il fut l'un des instigateurs du 9 Thermidor. — **Thérésia Cabarrus** (1773 – 1835), épouse (1794) du préc., surnommée «Notre-Dame de Thermidor».

Tallin (anc. *Reval* ou *Revel*), cap. de l'Estonie, port sur le golfe de Finlande; 484000 hab. Centre industriel. – Vieille ville fortifiée (XIVe-XVIe s.), église gothique (XIIIe-XIVe s.).

Talma (François Joseph) (1763 – 1826), tragédien français; interprète des classiques et de Shakespeare.

Talmud [talmud] n. m. Transcription de la tradition orale juive, ouvrage fondamental destiné à servir de code du droit judaïque, canonique et civil. ▷ (Avec une minuscule.) Livre contenant les textes du Talmud. *Un talmud ancien.*

ENCYCL Le Talmud comprend deux parties : la Mishna, étude des principes religieux, et son commentaire en vue des applications pratiques, la Gemara. Il comporte deux versions : l'une, produite par les académies rabbiniques de Palestine, est le Talmud de Jérusalem (déb. IIIe s.); l'autre, mise en forme par les académies de Mésopotamie, ou Talmud de Babylone (IVe-VIe s.), plus complète, distingue la Halakha (lois religieuses, civiles) et la Haggadah (tradition morale, philosophique, ésotérique, historique).

1. taloche [talɔʃ] n. f. Fam. Gifle.

2. taloche [talɔʃ] n. f. TECH Planche munie d'un manche utilisée pour l'exécution des enduits.

talon [talɔ̃] n. m. **1.** Partie postérieure du pied, dont le squelette est formé par le calcanéum. ▷ Loc. fig. *Avoir l'estomac dans les talons :* avoir grand-faim. – *Être sur les talons de qqn,* le suivre de près. – *Montrer, tourner les talons :* s'enfuir. ▷ Loc. fig. *Talon d'Achille :* point vulnérable. ▷ MED VET Point du sabot des ongulés où la paroi se replie postérieurement pour se porter en dedans. **2.** Partie d'un soulier, d'un bas dans laquelle se loge le talon. ▷ Pièce saillante en hauteur ajoutée en cet endroit sous la semelle. *Talons hauts, plats.* **3.** Dans un registre, un carnet à souche, partie inamovible (par oppos. aux feuillets détachables). *Conserver les talons de chèques.* **4.** JEU Ce qui reste de cartes après la distribution aux joueurs. **5.** TECH Extrémité inférieure ou postérieure de divers objets. ▷ MAR Extrémité postérieure de la quille d'un navire.

Talon (Jean) (1625 – 1694), administrateur français. Premier intendant de la Nouvelle-France (1665-1672), il assura le développement de la colonie de façon extrêmement méthodique.

talonnade [talɔnad] n. f. SPORT Au football, action de frapper le ballon avec le talon.

talonnage [talɔnaʒ] n. m. **1.** MAR Fait de talonner, de heurter le fond. **2.** SPORT Au rugby, action de talonner le ballon.

talonnement [talɔnmɑ̃] n. m. Action de talonner (un animal). ▷ Fig. Harcèlement.

talonner [talɔne] v. [1] **I.** v. tr. **1.** Suivre, poursuivre (qqn) de très près. *Les ennemis les talonnaient.* **2.** *Talonner un cheval,* l'éperonner. ▷ Fig. Presser sans répit, harceler. *Les créanciers le talonnent.* **3.** SPORT *Talonner le ballon* ou, absol., *talonner :* au rugby, sortir le ballon d'une mêlée à coups de talon. **II.** v. intr. MAR En parlant d'un navire, heurter le fond avec l'arrière de la quille, mais sans s'échouer.

talonnette [talɔnɛt] n. f. **1.** Petite plaque de cuir, de liège, placée sous le talon du pied, à l'intérieur d'une chaussure. **2.** Ruban de tissu très résistant que l'on coud à l'intérieur des bas de pantalons pour les renforcer.

talquer [talke] v. tr. [1] Enduire, saupoudrer de talc, frotter avec du talc.

talus [taly] n. m. **1.** Terrain en pente formant le côté d'une terrasse, le bord d'un fossé, etc. ▷ GEOGR *Talus continental :* brusque rupture de pente, qui interrompt du côté du large la partie sous-marine de la plate-forme continentale. **2.** TECH Inclinaison, pente donnée à des élévations de terre, à des constructions verticales pour qu'elles soient soutenues. *Talus d'une muraille.*

talweg ou **thalweg** [talvɛg] n. m. GEOGR Ligne imaginaire qui joint les points les plus bas d'une vallée et suivant laquelle s'écoulent les eaux.

tama [tama] ou **taman** [taman] n. m. (Afr. subsah.) En Afrique occidentale, tambour* d'aisselle.

tamaara [tamaʀa] n. m. V. tamara.

tamacheq, tamachek ou **tamashek** [tamaʃɛk] n. m. Dialecte berbère parlé par les Touareg. *Le tamacheq possède un alphabet, nommé le tifinagh.*

Tamale, v. du Ghana, au N. d'Accra et du lac Volta; 170000 hab.; ch.-l. de la rég. Septentrionale. Centre commercial.

tamandua [tamandwa] n. m. ZOOL Petit fourmilier (*Tamandua tetradactyla*) à queue préhensile, mi-terrestre, mi-arboricole.

tamanoir [tamanwaʀ] n. m. Grand fourmilier (*Myrmecophaga tetradactyla*) d'Amérique du S., à la fourrure abondante, à la queue en panache.

Tamanrasset (auj. *Tamenghest*), v. du Sahara algérien, dans le Hoggar; 38280 hab.; ch.-l. de la wilaya du m. nom. Gisements d'uranium.– Ermitage du père de Foucauld*. Musée d'art traditionnel du Hoggar.

tamara ou **tamaara** [tamaʀa] n. m. (Polynésie fr.) Repas de fête à base de mets polynésiens, cuits au four* tahitien.

1. tamarin [tamaʀɛ̃] n. m. BOT Fruit (gousse) du tamarinier, aux propriétés laxatives. – (Afr. subsah.) *Jus de tamarin :* boisson obtenue par macération de tamarins dans de l'eau. – (Réunion) *Sirop de tamarin,* fabriqué avec les fruits du tamarin de l'Inde. ▷ *Par ext.*

Tamarinier. – *Petit tamarin* (ou *tamarinier) blanc :* arbre de la famille des euphorbiacées poussant à la Réunion. – *Tamarin* (ou *tamarinier) de l'Inde :* arbre de la famille des mimosacées poussant à la Réunion.

2. tamarin [tamaʀɛ̃] n. m. ZOOL Petit singe omnivore d'Amérique du S., à la longue queue non préhensile, vivant en troupes dans les forêts tropicales.

tamarinade [tamaʀinad] n. f. (Réunion) Boisson rafraîchissante faite d'eau sucrée parfumée avec des gousses de tamarin* de l'Inde.

tamarinier [tamaʀinje] n. m. Grand arbre à fleurs en grappes (fam. césalpiniacées), haut de 20 à 25 m, cultivé dans les régions chaudes pour son magnifique ombrage et ses fruits. (V. tamarin.)

tamaris [tamaʀis] ou **tamarix** [tamaʀiks] n. m. Arbuste des régions tempérées et chaudes, à feuilles écailleuses, à fleurs roses ou blanches en épi, qui croît dans les sables littoraux.

tamashek [tamaʃɛk] n. m. V. tamacheq.

Tamatave. V. Toamasina.

Tamayo (Rufino) (1899 – 1991), peintre mexicain; auteur de fresques. Un musée d'art moderne porte son nom à Mexico.

tamazight [tamaziʀt] n. m. V. amazigh.

Tambacounda, v. du S.-E. du Sénégal; 42000 hab; ch.-l. de la rég. du m. nom. Industries.

tambour [tɑ̃buʀ] n. m. **I. 1.** MUS Instrument à percussion, constitué d'un cadre cylindrique sur lequel sont tendues deux peaux et que l'on fait résonner au moyen de deux baguettes. *Battre du tambour.* ▷ Loc. fig. *Mener une affaire tambour battant,* rondement, avec énergie. – Fig., fam. *Sans tambour ni trompette :* discrètement, sans bruit. ▷ *Tambour de basque :* petit cerceau de bois garni de grelots, dont une face est recouverte d'une peau tendue sur laquelle on frappe avec les doigts. **2.** Personne qui bat du tambour. ▷ *Tambour-major :* V. ce mot. **3.** (Afr. subsah.) Tam-tam. – *Spécial.* Tam-tam fait d'un tronc d'arbre creusé, qui symbolise le pouvoir royal. ▷ *Tambour d'aisselle :* petit tam-tam que l'on tient serré sous le bras. Syn. tama, tam-tam d'aisselle. **II.** (Par anal. de forme.) **1.** TECH Pièce de forme cylindrique. *Tambour d'un treuil, d'un enregistreur de température. Frein à tambour,* dans lequel les garnitures viennent s'appliquer contre une partie cylindrique, solidaire de la roue. ▷ Petit métier en forme d'anneau sur lequel on tend une étoffe pour la broder à l'aiguille. **2.** ARCHI Chacune des pierres cylindriques constituant le fût d'une colonne. **3.** CONSTR À l'entrée d'un édifice, portes vitrées tournant ensemble autour d'un même axe.

tambourin [tɑ̃buʀɛ̃] n. m. MUS Tambour de forme allongée que l'on bat d'une seule baguette. Syn. (Guad.) boula. ▷ Cour., *abusiv.* Tambour* de basque.

tambourinaire [tɑ̃buʀinɛʀ] n. Joueur de tambour, de tam-tam. Syn. tambourineur.

tambourinement [tɑ̃buʀinmɑ̃] n. m. Roulement de tambour. ▷ *Par ext.* Bruit semblable au roulement du tambour. *Le tambourinement de la pluie sur une verrière.*

tambouriner [tɑ̃buʀine] v. [1] **I.** v. intr. Produire (avec les doigts, par ex.) des roulements semblables à ceux du tambour. *Tambouriner sur une table avec ses doigts.* **II.** v. tr. **1.** Jouer sur le tambour ou sur le tambourin. *Tambouriner la charge.* **2.** Fig. Annoncer à grand bruit. *Il tambourina la nouvelle.*

tambourineur, euse [tɑ̃buʀinœʀ, øz] n. Personne qui joue du tambour, du tam-tam.

tambour-major [tɑ̃buʀmaʒɔʀ] n. m. Sous-officier qui commande à la clique ou aux seuls tambours d'un régiment. *Des tambours-majors.*

Tamenghest. V. Tamanrasset.

Tamerlan ou **Tīmūr Lang** («Timour le Boiteux») (1336 – 1405), émir de Transoxiane (1370-1405). Il prit le titre de roi de Transoxiane (1370), prétendit reconstituer l'empire de Gengis khān et attaqua la Perse (1380), la Crimée, la Transcaucasie, l'Inde (1398-1399, prise de Delhi), la Syrie (1400-1401) et la Turquie (il battit Bajazet Ier à Ancyre [auj. Ankara] en 1402). Les campagnes guerrières de cet homme cultivé furent dévastatrices, et son empire ne lui survécut pas.

tamia [tamja] n. m. ZOOL Petit écureuil au pelage rayé en longueur qui vit en Amérique du Nord et en Russie. Syn. (Québec) suisse.

tamil, e [tamil] adj. et n. V. tamoul.

Tamil(s). V. Tamoul(s).

Tamil Nadu ou **Tamilnād** (anc. *État de Madras,* puis *Tamizhagam*), État de l'Inde méridionale, sur la côte de Coromandel; 130357 km^2; 55638300 hab.; cap. *Madras.* – Le climat, tropical, devient aride dans le centre. Ressources : cultures irriguées, lignite, fer, chrome, bauxite, magnésite. La pop., dravidienne, parle le tamoul.

tamis [tami] n. m. Instrument formé d'un treillis de crin, de soie, de fil de fer, monté sur un cadre généralement cylindrique et destiné à trier des matières pulvérulentes ou à passer des liquides épais. – Loc. *Passer au tamis.*

tamisage [tamizaʒ] n. m. Action de tamiser.

Tamise (la) (en angl. *Thames*), fl. de Grande-Bretagne (336 km); naît dans les Cotswold Hills, draine le bassin de Londres en passant à Oxford, Richmond et Londres, et se jette dans la mer du Nord par un large estuaire. Trafic maritime intense. Vallée très industrialisée.

tamiser [tamize] v. [1] **I.** v. tr. **1.** Faire passer dans un tamis. *Tamiser du sable.* **2.** Laisser passer en adoucissant. *Tamiser les sons, la lumière.* – Pp. adj. *Lumière tamisée.* **II.** v. intr. TECH Subir le tamisage. *Sable qui tamise facilement.*

tamiseur, euse [tamizœʀ, øz] n. TECH **1.** Personne spécialisée dans le tamisage de certaines matières. **2.** n. f. Machine à tamiser (utilisée partic. dans l'industrie alimentaire).

Tamizhagam. V. Tamil Nadu.

tamoul, e [tamul] ou **tamil, e** [tamil] adj. et n. Qui se rapporte aux Tamouls. – (oc. Indien) Se dit d'une personne d'origine tamoule. ▷ Subst. *Un(e) Tamoul(e).* ▷ n. m. Langue dravidienne parlée dans le sud-est de l'Inde et au Sri Lanka.

Tamoul(s) ou **Tamil(s),** peuple mélano-indien de l'Inde du S.-E. et du Sri Lanka parlant le tamoul (langue dravidienne).

tamouré ou **tamoure** [tamuʀe] n. m. (Nouv.-Cal., Polynésie fr.) Danse polynésienne; air sur lequel on exécute cette danse.

Tampere (en suédois *Tammerfors*), v. de la Finlande du S.; 173790 hab. (2e ville de l'État). Import. centre intellectuel et industriel grâce à l'hydroélectricité fournie par les chutes de *Tammerkoski,* au centre de la ville.

tampon [tɑ̃pɔ̃] n. m. **I. 1.** Pièce découpée dans une matière dure, ou masse de matière souple comprimée, servant à boucher une ouverture, à étancher un liquide. *Tampon de bois, de liège, de tissu.* **2.** TECH Pièce de bois, de fibre, etc., dont on garnit un trou pratiqué dans un mur, ou dans un objet quelconque, pour y enfoncer un clou, une vis. **3.** TECH Cylindre servant à contrôler les dimensions d'un trou alésé ou fileté. **4.** CONSTR Dalle, plaque qui obture un regard, un orifice. **5.** CHIR Morceau d'ouate, de gaze roulé en boule, servant à étancher le sang. ▷ Cour. *Tampon périodique* ou *hygiénique,* placé dans le vagin pendant les règles. **6.** Boule de tissu, morceau d'étoffe pressée servant à frotter un corps, à étendre un liquide. *Vernir au tampon.* **7.** *Tampon encreur :* petite masse de matière spongieuse imprégnée d'encre grasse et servant à encrer un timbre gravé ou un cachet en caoutchouc; ce timbre, ce cachet. *Tampon apposé sur une carte.* **II. 1.** CH de F Disque métallique monté sur ressort, placé par paires à l'avant et à l'arrière d'une voiture, d'un wagon et destiné à amortir les chocs. ▷ Fig. Ce qui sert à amortir les chocs, à éviter les affrontements. *Servir de tampon entre deux adversaires. État tampon,* placé entre deux États en conflit, pour éviter la lutte armée. **2.** (En appos.) CHIM *Solution tampon :* mélange sensiblement équimolaire d'un acide faible et de sa base conjuguée, dont le pH ne varie quasiment pas lors d'une dilution ou lors de l'ajout d'un acide ou d'une base.

Tampon (Le), v. du S. de l'île de la Réunion, dans l'océan Indien; 48500 hab. Produits laitiers. Plantations de café et de vétiver.

tamponnage [tɑ̃pɔnaʒ] n. m. Action de tamponner (sens I, 1 à 3, 5, 6), d'appliquer un liquide au moyen d'un tampon.

tamponnement [tɑ̃pɔnmɑ̃] n. m. **1.** Action de tamponner (sens I, 2 et 4); son résultat. **2.** Heurt violent entre véhicules. **3.** CHIR Introduction de mèches dans une cavité naturelle ou dans une plaie, destinée à arrêter une hémorragie.

tamponner [tɑ̃pɔne] v. [1] **I.** v. tr. **1.** Placer un tampon (sens I, 2) dans. *Tamponner un mur.* **2.** Heurter avec les tampons (sens II, 1). ▷ *Par ext.* Heurter violemment. **3.** Étendre, appliquer un liquide sur (qqch) au moyen d'un tampon (sens I, 6). **4.** Étancher, essuyer à l'aide d'un tampon d'ouate, de gaze. ▷ CHIR Effectuer le tamponnement de (une cavité, une plaie). **5.** CHIM *Tamponner une solution,* la transformer en solution tampon (sens II, 2). **6.** Apposer un tampon, un cachet sur. *Tamponner une carte.* **II.** v. pron. Se heurter violemment (véhicules).

tamponneur, euse [tɑ̃pɔnœʀ, øz] adj. et n. **1.** adj. Qui a tamponné (un autre véhicule). *Train tamponneur.* ▷ *Autos tamponneuses :* dans une attraction foraine, petites voitures électriques garnies sur leur pourtour de pare-chocs caoutchoutés, qui se déplacent et se heurtent sur une piste. **2.** n. Personne qui tamponne (des documents).

tamponnoir [tɑ̃pɔnwaʀ] n. m. TECH Pointe d'acier très dur servant à percer les murs, pour y loger un tampon, une cheville, etc.

tam-tam [tamtam] n. m. **I.** MUS **1.** Sorte de gong. *Des tam-tams.* **2.** Tambour africain. (Il existe de nombreuses sortes de tam-tams, selon la forme et la dimension du cadre, le nombre de membranes, la manière dont on les tient ou dont on les frappe; le tam-tam est utilisé comme instrument de musique et comme moyen de communication à distance.) *Battre, taper le tam-tam.* ▷ (Afr. subsah.) *Tam-tam d'aisselle :* V. tambour (sens 3). *Tam-tam parleur :* grand tambour qui sert à transmettre des messages. **II. 1.** (Afr. subsah.) Fête animée par le tam-tam. *Organiser un tam-tam.* **2.** Fig., péjor. Bruit, tapage; réclame tapageuse. *Faire du tam-tam autour d'une affaire.*

tan [tɑ̃] n. m. Écorce de chêne séchée et pulvérisée, employée pour le tannage des cuirs. (V. tanin.)

Tana (lac). V. Tsana (lac).

tanagra [tanagʀa] n. m. ou f. Figurine, statuette de terre cuite (IVe-IIIe s. av. J.-C.), d'un travail très fin, représentant une femme ou un enfant.

Tanagra, village de Grèce (Béotie), à l'E. de Thèbes. – De fines statuettes de terre cuite furent découvertes dans ses nécropoles à la fin du XIXe s.

Tananarive. V. Antananarivo.

tancer [tɑ̃se] v. tr. [12] Litt. Réprimander, admonester.

tanche [tɑ̃ʃ] n. f. Poisson d'eau douce d'Europe (fam. cyprinidés), comestible, qui vit sur les fonds vaseux.

Tancrède de Hauteville (m. en 1112), prince de Galilée (1099 ou 1100-1112) et prince d'Antioche (1111-1112). Petit-fils de Robert Guiscard, il reçut la principauté de Galilée. Il hérita, de son oncle Bohémond, celle d'Antioche. Il est l'un des héros de *la Jérusalem délivrée* du Tasse.

Tan Da (Nguyên Khac Hiêu, dit) (1888 – 1939), poète vietnamien. Imprégné de culture classique, il fut par ses hardiesses formelles, en partic. l'emploi d'une métrique libre, le précurseur du courant dit «Poésie nouvelle» qui se développa dans les années 1930 : *Petit Cristal d'amour* (poésies, 1916) ; *le Serment des monts et des eaux* (nouvelles, 1932).

tandem [tɑ̃dɛm] n. m. **1.** Bicyclette à deux places l'une derrière l'autre. **2.** Fig. Association de deux personnes, de deux groupements; couple. *Tandem de fantaisistes de music-hall.*

tandis que [tɑ̃di(s)kə] loc. conj. **1.** (Marquant la simultanéité.) Pendant le temps que, pendant que. *Tandis que nous marchions, minuit sonna au clocher.* ▷ (Marquant l'opposition au sein d'un rapport de simultanéité.) *Tandis qu'il pleuvait à Londres, le soleil inondait Paris.* **2.** (Marquant l'opposition.) Au lieu que, alors qu'au contraire. *Il aime la société, tandis que son frère recherche la solitude.*

Tandundu (E.-A. Bisikisi) (né en 1955), écrivain de la rép. dém. du Congo; auteur d'une pièce de théâtre didactique : *Quand les Afriques s'affrontent* (1973, éditée en 1984).

tane [tane] n. m. (Polynésie fr.) Homme (sens 2 et 3). ▷ *Spécial.* Mari, fiancé, petit ami.

tanette [tanɛt] n. f. (Madag.) Colline entre deux vallées.

Tanezrouft («Pays de la soif»), rég. très aride du Sahara algérien, à l'O. du Hoggar.

Tang, dynastie chinoise qui, succédant à celle des Sui, régna de 618 à 907. Sous les empereurs de cette dynastie, fondée par Li Shimin (Taizong), se constitua le deuxième grand empire chinois après celui des Han.

Tanga, v. et port de Tanzanie, face à l'île Pemba; 187000 hab.; ch.-l. de la rég. du m. nom. Industries.

tangage [tɑ̃gaʒ] n. m. Mouvement oscillatoire d'un navire dans le plan longitudinal (par oppos. à *roulis*) sous l'action des vagues. ▷ *Par ext.* Mouvement oscillatoire autour d'un axe transversal d'un avion ou d'un véhicule terrestre.

Tanganyika (lac), grand lac de l'Afrique orientale (31900 km^2), long de 650 km (il s'étire du N. au S.) et large de 30 à 50 km. Situé à 782 m d'alt. dans un fossé d'effondrement bordé de montagnes, il a une profondeur max. de 1435 m. Son émissaire est le Lukuga, affl. du fleuve Congo. Navigable, il permet un trafic important entre les pays riverains (rép. dém. du Congo, Zambie, Tanzanie et Burundi).

Tanganyika. V. Tanzanie.

tangara [tɑ̃gaʀa] n. m. ORNITH Oiseau passériforme (genre *Tangara*) d'Amérique tropicale, au bec court et épais, au plumage éclatant.

tangence [tɑ̃ʒɑ̃s] n. f. GEOM Position de ce qui est tangent. *Point de tangence.*

tangent, ente [tɑ̃ʒɑ̃, ɑ̃t] adj. et n. f. **1.** adj. GEOM Qui n'a qu'un point de contact avec une courbe, une surface. *Plan tangent à une sphère. Droite tangente en un point M_o d'une courbe,* limite (si elle existe) d'une sécante M_oM à la courbe lorsque le point M de la courbe se rapproche de M_o. *Plan tangent en un point M_o à une surface S,* ensemble des droites tangentes aux courbes tracées sur S et passant par M_o, si ces droites sont coplanaires. ▷ n. f. Droite tangente. ▷ Loc. fig., fam. *Prendre la tangente :* s'esquiver. **2.** adj. Fig. Qui se produit de justesse. *Il a été reçu au bac, mais c'était tangent.* **3.** n. f. MATH Quotient du sinus d'un arc par son cosinus (symbole tan).

tangentiel, elle [tɑ̃ʒɑ̃sjɛl] adj. **1.** GEOM Relatif à la tangente, au plan tangent. **2.** PHYS *Accélération tangentielle,* représentée par la projection du vecteur accélération sur la tangente à la trajectoire (par oppos. à *accélération normale*). ▷ *Force tangentielle :* projection d'une force sur une tangente ou un plan tangent.

Tanger (en ar. *Tandjah*), v. et l'un des princ. ports du Maroc, sur le détroit de Gibraltar; 410000 hab.; ch.-l. de la prov. du m. nom. Centre de pêche industrielle. Aéroport international. Tourisme actif. – La ville (anc. *Tingi* carthaginoise et *Tingis* romaine) fut convoitée dès le Moyen Âge par les puissances commerciales, en raison de sa situation géographique. Elle fut notam. portugaise de 1471 à 1662. Zone internationale (1923), occupée par les Espagnols de 1940 à 1945, elle fut rendue au Maroc en 1956.

tangerine [tɑ̃ʒ(ə)ʀin] n. f. Fruit de goût acidulé, obtenu par hybridation (mandarinier et citronnier), ayant la forme du citron et la couleur de la mandarine.

tangible [tɑ̃ʒibl] adj. **1.** Qui peut être touché, perçu par le toucher. *Une réalité tangible.* **2.** Fig. Évident, manifeste. *Des preuves tangibles.*

tango [tɑ̃go] n. m. et adj. inv. **1.** Danse d'origine argentine, sur un rythme à deux temps; air sur lequel on la danse. **2.** Couleur rouge orangé très vive. ▷ adj. inv. *Des rubans tango.*

tangon [tɑ̃gɔ̃] n. m. MAR Long espar disposé à l'extérieur d'un navire, pour amarrer les embarcations.

tangor [tɑ̃gɔʀ] n. m. Fruit obtenu par hybridation (mandarinier et oranger).

tangue [tɑ̃g] n. m. (Réunion) Nom cour. du *tanrec.* – Loc. fig. *Être malin comme un tangue :* être rusé, futé, malicieux.

tanguer [tɑ̃ge] v. intr. [1] Être animé d'un mouvement de tangage (en parlant d'un bateau). ▷ Par ext. *Train qui tangue. – Avion qui tangue,* qui subit de courtes et fréquentes variations d'altitude dans une atmosphère turbulente.

Tanguy (Yves) (1900 – 1955), peintre français surréaliste, naturalisé américain.

tanière [tanjɛʀ] n. f. **1.** Caverne, lieu abrité servant d'abri à une bête carnivore. *Un loup dans sa tanière.* **2.** *Par ext.* Taudis. **3.** Habitation où l'on vit retiré. *Rester dans sa tanière.*

tan(n)in [tanɛ̃] n. m. Substance astringente très abondante dans l'écorce de certains arbres (chêne, châtaignier) et utilisée dans le traitement des peaux pour les rendre imperméables et imputrescibles.

tanindraza [tanindʀaz] n. m. (Madag.) Village ancestral, où se trouve le tombeau des ancêtres. (Employé surtout par la diaspora malgache, dans le sens de «terre natale».)

Tanis, v. de l'anc. Égypte, dans le Delta, surtout prospère sous la XIXe dynastie (Ramsès II) et sous les souverains de la XXIe dynastie, qui en firent leur capitale. Le site, près de l'actuel village de San el-Hagar, a livré les tombes de plusieurs pharaons.

Tanizaki (Junichirō) (1886 – 1965), écrivain japonais. Essayiste et romancier, il a peint le monde moderne avec un art traditionnel : *l'Amour d'un idiot* (1924-1925), *Neige fine* (1942-1948), *la Confession impudique* (1956).

Tanjore ou **Tanjur,** v. de l'Inde méridionale (Tamil Nadu); 184020 hab. – Temple de Çiva (X^e^ ou XIe s.).

tank [tɑ̃k] n. m. Grand réservoir cylindrique à usage industriel. – *Spécial.* Citerne d'un navire pétrolier. ▷ Petit réservoir à eau des campeurs.

tanker [tɑ̃kœʀ; tɑ̃kɛʀ] n. m. (Anglicisme) Pétrolier.

tankiste [tɑ̃kist] n. m. MILIT Membre de l'équipage d'un char de combat.

tann(e) [tan] n. m. (Afr. subsah.) Au Sénégal, zone inondable par les marées de vive eau, située à l'arrière de la mangrove, où la forte salinité du sol interdit toute végétation.

Tanna (île), île de Vanuatu, située dans le sud de l'archipel et à l'ouest de l'île Futuna; 1628 km^2; 25000 hab.; chef-lieu *Isangel.* Cultures traditionnelles (coprah).

tannage [tanaʒ] n. m. Ensemble des opérations ayant pour but de transformer les peaux en cuir. *Tannage végétal,* au tannin. *Tannage minéral,* au chrome, notamment.

tannant, ante [tanɑ̃, ɑ̃t] adj. **1.** TECH Qui sert à tanner les peaux. **2.** Fig., fam. Qui importune, lasse par son insistance. *Des demandes tannantes.* ▷ (Québec) Fastidieux, monotone. *C'est tannant d'attendre son tour pour payer à la caisse.*

tanne [tan] n. m. V. tann.

tanné, ée [tane] adj. **1.** Qui a été tanné. *Peaux tannées.* **2.** Qui a pris une couleur brun clair, semblable à celle du tan. **3.** Fig. Qui ressemble au cuir. *Mains à la peau tannée.* **4.** (Québec) Fam. Fatigué, à bout de patience.

Tannenberg (en polonais *Stebark*), local. polonaise, autref. en Prusse-Orientale. – En août 1914, Hindenburg y remporta sur les Russes une bataille décisive.

tanner [tane] v. tr. [1] **1.** Préparer (les peaux) avec du tan ou des substances analogues, pour les transformer en cuir. **2.** Donner à (la peau du corps, chez les Blancs) la couleur brune du tan. **3.** Fig., fam. Lasser, agacer. *Cet enfant me tanne avec ses questions!* ▷ (Québec) Ennuyer, contrarier. *Ça le tanne de prendre l'autobus tous les matins.*

Tanner (Alain) (né en 1929), cinéaste suisse : *Charles mort ou vif* (1969), qui ouvrit l'âge d'or du cinéma suisse; *Jones, qui aura 25 ans en l'an 2000* (1976); *les Années-Lumière* (1981); *Dans la ville blanche* (1983); *la Vallée fantôme* (1987).

tannerie [tanʀi] n. f. **1.** Lieu où l'on tanne les peaux. **2.** Métier, commerce du tanneur.

tanneur, euse [tanœʀ, øz] n. Personne qui tanne les peaux ou qui vend des peaux tannées.

Tannhäuser (v. 1205 - v. 1268), poète allemand; auteur de chansons à danser et de poèmes lyriques. Son personnage fut popularisé par Heine puis par Wagner.

tannin [tanɛ̃] n. m. V. tanin.

tannique [tanik] adj. CHIM, TECH Qui contient du tanin. *Acide tannique.*

Tannou-Touva. V. Touva.

tanrec ou **tenrec** [tɑ̃ʀɛk] n. m. ZOOL Petit mammifère insectivore de Madagascar au nez en forme de trompe (genre *Centetes*), qui tient du hérisson et de la musaraigne.

tan-sad ou **tansad** [tansad; tɑ̃sad] n. m. (Anglicisme) Siège supplémentaire placé à l'arrière d'une motocyclette. *Des tan-sads* ou *des tansads.*

tant [tɑ̃] adv. **I.** adv. de quantité. **1.** Tellement, en si grande quantité. *C'est le jour où il a tant plu.* ▷ *Tant de. Il a tant de peine. Un de ces hommes comme il y en a tant.* **2.** *Tant... que :* tellement... que, à un point tel que. *Il a tant couru qu'il est essoufflé.* – Loc. prov. *Tant va la cruche* à l'eau qu'à la fin elle se casse.* ▷ *Tant de... que :* tellement de... que, une si grande quantité de... que. *Il a tant de richesses qu'on ne saurait les compter.* **3.** (Emploi nominal.) Quantité non précisée, supposée connue des interlocuteurs. *Son bien se monte à tant. – Recevoir tant pour cent.* ▷ *Le tant :* tel jour du mois. *Il est parti le tant.* ▷ *Tant de. Ce costume coûte tant de francs.* ▷ *Tant et plus :* autant et plus qu'il n'en faut. **II.** *Tant que...* (Marquant la durée.) Aussi longtemps que. *Tant que tu seras là, je ne partirai pas.* **III.** (Marquant la comparaison.) **1.** *Tant que :* autant que. *Il crie tant qu'il peut. «Rien ne pèse tant qu'un secret» (La Fontaine).* ▷ Par ext. *Tant que* (+ le v. *pouvoir*) : énormément, autant qu'on peut l'imaginer. *Mangeant tant qu'il pouvait.* ▷ Fam. *Tant que ça :* tellement, à un tel point. *Tu travailles tant que ça?* **2.** *Tant... tant...* (généralement suivi du v. valoir). *Tant vaut l'homme, tant vaut la terre.* **3.** *Tant... que... :* aussi bien. .. que... *Les partis, tant de droite que de gauche, ont protesté.* **IV.** Loc. **1.** Loc. adv. *Tant mieux, tant pis* (pour marquer la satisfaction; le regret, le dépit). *Tant mieux pour vous. S'il échoue, tant pis!* ▷ *Tant bien que mal :* ni bien ni mal, médiocrement. ▷ *Tant soit peu :* si peu que ce soit. **2.** Loc. conj. *Tant s'en faut que :* il est très peu probable que (+ subj.). *Tant s'en faut qu'elle y consente.* ▷ *Si tant est que :* même en supposant que. ▷ *En tant que :* dans la mesure où; en qualité de, comme.

Tanta ou **Tantah** *(Tanṭā),* ville d'Égypte, au centre du delta du Nil; 375000 hab.; ch.-l. du gouvernorat d'al-Gharbiyah. Import. centre comm. Raff. de pétrole.

1. tantale [tɑ̃tal] n. m. CHIM Élément métallique (symbole Ta) de numéro atomique Z=73. – Métal (Ta) blanc.

2. tantale [tɑ̃tal] n. m. ORNITH Oiseau ciconiiforme *(Ibis ibis)* long d'env. 1 m, blanc rosé et noir, au bec jaune, qui fréquente les marais et les zones de décrue en Afrique.

Tantale, dans la myth. gr., roi de Lydie qui égorgea son fils Pélops et le servit aux dieux dans un festin. Il fut condamné à subir dans les Enfers une faim et une soif perpétuelles au milieu d'eaux et d'arbres fruitiers inaccessibles. ▷ Loc. fig. *Supplice de Tantale :* situation douloureuse de qqn proche de l'objet de ses désirs mais qui ne peut l'atteindre.

Tan-Tan ou **Tantane** *(Tantān),* v. du Maroc méridional, au S. de l'oued Draa; 41450 hab.; ch.-l. de la prov. du m. nom.

tante [tɑ̃t] n. f. Sœur du père ou de la mère. (En Afrique, ce terme est souvent réservé à la sœur du père.) ▷ *Tante par alliance* ou *tante :* femme de l'oncle. ▷ *Grand-tante :* sœur de l'aïeul ou de l'aïeule; femme du grand-oncle. ▷ (Afr. subsah.) Parente, amie, de même génération que les tantes. Syn. Fam. tantie, tantine, tata.

tantie [tɑ̃ti] ou **tantine** [tɑ̃tin] n. f. (Afr. subsah., Madag.) Fam. Nom affectueux pour une tante, une parente, une amie de la génération des parents. Syn. tata.

tantième [tɑ̃tjɛm] n. m. Tant sur une quantité déterminée.

tantôt [tɑ̃to] adv. **1.** Cet après-midi, dans l'après-midi. *Si je ne pars pas ce matin, je partirai tantôt.* **2.** (Afr. subsah., Belgique, France rég., Luxembourg, Québec) Dans peu de temps ou il y a peu de temps (dans une même journée). *Il est venu tantôt, vers dix heures. On se verra tantôt. Comme je te l'ai dit tantôt.* – *À tantôt :* à tout à l'heure. **3.** *Tantôt..., tantôt...* (marquant une alternance, une opposition) *:* à tel moment..., à un autre. *Il se porte tantôt bien, tantôt mal.*

tantrisme [tɑ̃tʀism] n. m. Ensemble de doctrines et de rites issus de l'hindouisme dont les textes *(tantras)* proposent d'atteindre la conciliation du monde des phénomènes et du monde de l'absolu par l'utilisation totale des forces de l'esprit et du corps.

Tanzanie (république unie de) *(Jamhuri ya Muungano wa Tanzania),* État de l'Afrique orientale, sur l'océan Indien, limité au nord par le Kenya et l'Ouganda, à l'ouest par le Rwanda, le Burundi et la rép. dém. du Congo, au sud par la Zambie, le Malawi et le Mozambique; 939828 km^2; env. 26 millions d'hab., croissance démographique : 3,5 % par an; cap. *Dodoma*; v. princ. *Dar es-Salaam* (anc. cap.). Nature de l'État : rép. confédérale (formée en 1964 par l'union du Tanganyika et de Zanzibar), membre du Commonwealth. Langues off. : swahili du Tanganyika, swahili de Zanzibar et anglais. Monnaie : shilling. Pop. : Bantous (95 %). Relig. : animistes, chrétiens, musulmans (à Zanzibar, notam.).

Géogr. phys. et hum. – L'essentiel du pays est occupé par un vaste plateau central, dont l'altitude moyenne est de 1200 m. Il est parcouru par de nombreux cours d'eau qui se jettent dans les lacs du rift occidental (Malawi, Tanganyika), le lac Victoria au N. et traversent la plaine côtière orientale que prolonge la plate «Tanzanie insulaire» (avec les îles de Zanzibar et de Pemba). Au N. se dressent de puissants volcans : Uhuru (anc. Kilimandjaro) à 5895 m, Meru, Ngorongoro. Le climat tropical d'alizés est nuancé : les îles, la côte et les montagnes du N. sont bien arrosées, alors qu'à l'intérieur sévit une saison sèche beaucoup plus longue. Forêts claires et savanes dominent, peuplées d'une abondante faune sauvage. La population, qui compte plus de 120 ethnies, est encore aux trois quarts rurale; elle a doublé en 20 ans.

Écon. – L'agriculture occupe plus de 80 % des actifs; désorganisée par l'expérience socialiste qui, entre 1967 et 1986, a regroupé 85 % des ruraux dans 9000 villages communautaires, elle a retrouvé aujourd'hui une meilleure productivité. Manioc, maïs, riz, sorgho constituent les principales productions vivrières, associées à un important élevage extensif; la pêche est en progrès. Café et coton assurent la moitié des exportations du pays, devant le sisal, la noix de cajou, les diamants. La part de l'industrie est limitée : agroalim., textile, petite métallurgie, raffinage. Dar es-Salaam, principal port et pôle d'activités, est aussi le terminal de la voie ferrée «Tanzam», construite avec l'aide chinoise, et l'un des débouchés des exportations de la Zambie. Sous l'égide du F.M.I., une politique de redressement économique de type libéral a été entreprise en 1986 mais la situation reste précaire.

Hist. – La région fut peuplée dès le paléolithique. Bien avant le Moyen Âge, les commerçants indiens, indonésiens, persans et arabes relâchèrent sur les côtes et dans les îles (V. Zanzibar), à la recherche d'or, d'ivoire et d'esclaves. Les Portugais dominèrent ce commerce aux XVIe-XVIIe s. Puis au XVIIIe s., le sultanat d'Oman affirma sa prépondérance. Au XIXe s., la G.-B. explora l'intérieur (expéditions de Livingstone et de Stanley, notam.), rivalisant avec l'Allemagne, qui avait pris pied sur le continent en 1884. Les Britanniques établirent leur protectorat sur Zanzibar tandis que se constituait l'Afrique-Orientale all., en 1891. En 1920, la G.-B. obtint de la S.D.N. le mandat sur la région, désormais nommée Tanganyika. Un mouvement nationaliste se développa après la Seconde Guerre mondiale sous l'impulsion de Julius Nyerere, leader de la Tanganyika African National Union (TANU), qui conduisit le pays vers l'indépendance, acquise en 1961. En 1964 fut réalisée l'union du Tanganyika avec Zanzibar, d'où procéda la Tanzanie. Président de la République depuis 1962, Julius Nyerere instaura en 1965-1967 un régime de parti unique à tendance socialiste fondé sur des nationalisations et sur la mise en place de coopératives agricoles. À plusieurs reprises la Tanzanie est intervenue dans la vie polit. de ses voisins (Zaïre, Comores, Ouganda). En 1985, Nyerere abandonna sa fonction de chef de l'État à Ali Hassan Mwinyi, élu prés. en 1985 et réélu en 1990. Celui-ci renonça au socialisme et instaura le pluralisme politique en 1992, mais, en 1995, les premières élections présidentielles libres ont été remportées par le candidat que soutenait Julius Nyerere : Benjamin Mkapa.

tanzanien, enne [tɑ̃zanjɛ̃, ɛn] adj. et n. De Tanzanie. ▷ Subst. *Un(e) Tanzanien(ne).*

tao [taɔ] ou **dao** [daɔ] («la voie») n. m. Didac. Principe d'ordre (englobant de nombreuses notions) unifiant toutes choses dans l'Univers. (Le tao, principe philosophique commun au confucianisme et au taoïsme, recouvre des notions plus morales et politiques dans le confucianisme que dans le taoïsme où il s'agit d'une réalité métaphysique. V. yin.)

taoïsme [taɔism] n. m. Système philosophique et religieux de la Chine, l'un des deux grands courants de la pensée chinoise, avec le confucianisme. (Fondé, selon la tradition, par Lao-Tseu, le taoïsme repose sur le Tao*-tö-king.)
ENCYCL Le taoïsme enseigne la relativité de toute chose et prône la non-intervention de l'homme dans le cours de la nature et des affaires de la société et de l'État, à la différence de l'enseignement plus utilitariste du confusianisme (V. confucianisme et jing). La méditation doit permettre d'atteindre le but ultime, la fusion de l'individu avec le tao. À côté du tao ïsme réservé aux lettrés, s'est développé un taoïsme populaire, au panthéon peuplé d'un nombre considérable de dieux et de génies, qui président à toutes les activités de la vie des hommes et que ceux-ci doivent apaiser en permanence.

taoïste [taɔist] n. et adj. Personne qui pratique le taoïsme. ▷ adj. Qui concerne le taoïsme, les taoïstes. *Culte taoïste.*

taon [tɑ̃] n. m. Insecte diptère dont la femelle pique les grands mammifères pour sucer leur sang. Syn. (cour.) mouche à bœuf.

Taos-Amrouche (Marie-Louise, dite Marguerite) (1916 – 1980), écrivain et chanteuse algérienne d'expression française. Elle constitua et enregistra un *Florilège de chants berbères de Kabylie* (1972). Poèmes : *le Grain magique* (1966); roman : *Solitude, ma mère* (1976).

Tao-tö-king (en pinyin *Daodejing*), livre attribué au philosophe chinois Lao-tseu (v. VIe-Ve s. av. J.-C.), «recueil d'aphorismes» sur le tao et sur l'idéal du sage qui pratique l'ascèse mentale. (V. taoïsme.)

tapa [tapa] n. m. **1.** Tissu végétal obtenu à partir de l'écorce battue de certains arbres d'Afrique, d'Asie et de Polynésie. **2.** (Pacifique, Polynésie fr.) Pièce de ce tissu végétal imprimé de motifs traditionnels polynésiens.

tapade [tapad] n. f. (Afr. subsah.) **1.** Clôture de tiges de graminées, de seccos. *Une tapade entoure la concession.* **2.** AGRIC, ELEV Système traditionnel de fertilisation des sols qui consiste à diviser les terres en de vastes enclos dont chacun sert successivement à parquer le bétail pendant la nuit, durant toute une saison culturale.

tapage [tapaʒ] n. m. **1.** Bruit accompagné de désordre. *Tapage nocturne.* **2.** Grand retentissement que connaît une affaire; éclat, scandale. *La nouvelle a fait du tapage.*

tapageur, euse [tapaʒœʀ, øz] adj. **1.** Qui fait du tapage (sens 1). *Noctambules tapageurs.* **2.** Qui provoque le tapage (sens 2). *Conduite tapageuse.* ▷ Trop voyant, criard. *Élégance tapageuse.*

tapant, ante [tapɑ̃, ɑ̃t] adj. *À une (deux, trois, etc.) heure(s) tapante(s) :* à cette heure exactement.

tape [tap] n. f. Coup donné avec la main ouverte. *Une tape amicale.*

tapé, ée [tape] adj. (Afr. subsah.) Fam. Frais (en parlant d'une boisson). *Boire une bière bien tapée.*

tape-à-l'œil [tapalœj] adj. inv. Fam. Trop voyant, ostentatoire. *Un luxe trop tape-à-l'œil.* Ant. sobre, discret.

tapecul ou **tape-cul** [tapky] n. m. **1.** Balançoire constituée par une poutre reposant par le milieu sur un point d'appui. **2.** EQUIT Exercice de trot sans étriers. **3.** Fam. Voiture dont la suspension est mauvaise.

tapée [tape] n. f. Fam. Grand nombre. *Une tapée d'enfants.*

taper [tape] v. [1] **I.** v. tr. **1.** Donner une, des tapes à. *Taper un animal rétif.* – *Par ext.* Frapper, cogner. *Le ballon a tapé la barre transversale du but.* ▷ (Afr. subsah.) *Taper le ballon :* jouer au ballon. **2.** Produire (un son) en frappant. *Taper des notes sur un piano.* **3.** *Taper à la machine* ou, ellipt., *taper :* dactylographier. *Taper une lettre.* **4.** (Afr. subsah.) Fam. *Taper (à pied) :* marcher, aller à pied. *Le rapide était parti, j'ai dû taper à pied.* **5.** Fig., fam. Emprunter de l'argent à (qqn). *Il m'a tapé (de) cinquante francs.* **II.** v. intr. **1.** Donner une (des) tape(s). *Taper sur l'épaule de qqn.* – Donner un (des) coup(s). *Taper avec un marteau. Taper du pied.* ▷ Loc. fig., fam. *Taper dans l'œil de qqn,* le séduire d'emblée. – *Soleil qui tape,* qui chauffe très fort. **2.** Fam. *Taper dans :* prélever sur, se servir de. *Taper dans la caisse.* **III.** v. pron. **1.** (Récipr.) Se frapper mutuellement. **2.** (Réfl.) Fam. S'offrir (qqch d'agréable). *Se taper un bon petit dîner.* **3.** Fam. Faire (qqch de pénible). *Se taper une corvée.*

tapette [tapɛt] n. f. (ou m.) **I.** Petite tape. **II. 1.** Palette d'osier tressé, à long manche, pour battre les tapis. ▷ Palette souple à manche, pour tuer les mouches. **2.** Souricière, ratière à ressort, qui tue les rongeurs en les assommant. **3.** Fam. Personne très bavarde. **4.** Vulg., injur. Homosexuel. (Peux être masc. au Québec.)

tapeur, euse [tapœʀ, øz] n. **1.** Fam. Personne qui tape (sens I, 5) souvent autrui. **2.** n. m. (Maurice) Garde du corps.

Tàpies (Antoni) (né en 1923), peintre espagnol. Usant de divers matériaux, il inscrit des signes à caractère tragique sur des surfaces dégradées.

tapinois (en) [ɑ̃tapinwa] loc. adv. À la dérobée, en cachette, sournoisement.

tapioca [tapjɔka] n. m. Fécule extraite de la racine de manioc, séchée et réduite en flocons. *Potage au tapioca.*

1. tapir [tapiʀ] n. m. Mammifère herbivore et frugivore (genre *Tapirus*) d'Amérique tropicale et de Malaisie, dont la tête se prolonge par une courte trompe mobile, appelé cour. *maïpouri* en Guyane.

2. tapir (se) [tapiʀ] v. pron. [3] Se cacher en se blottissant.

tapis [tapi] n. m. **I. 1.** Pièce d'étoffe épaisse, de forme régulière, destinée à être étendue sur le sol d'un local pour le décorer ou le rendre plus confortable. *Tapis de Fès.* ▷ Toute pièce de matière souple destinée à être posée sur le sol. *Tapis de bain. Tapis de prière :* chez les musulmans, petit tapis servant exclusivement à la prière. – *Spécial.* Natte épaisse utilisée dans certains sports pour amortir les chutes. *Tapis d'une salle de judo* (V. tatami), *d'un ring. Boxeur qui va au tapis,* qui est envoyé au sol par un coup violent. ▷ *Tapis-brosse,* placé sur un seuil, pour s'essuyer les pieds. *Des tapis-brosses.* Syn. paillasson. **2.** Pièce de tissu épais qui recouvre un meuble, une table (partic., une table de jeu ou la table d'une salle de réunion). *Mettre une grosse mise sur le tapis.* ▷ Loc. fig. *Mettre une affaire sur le tapis :* parler d'une affaire, amener une discussion à ce sujet. **3.** Par anal. TECH *Tapis roulant :* V. roulant. **II.** *Par comp.* Ce qui recouvre une surface à la manière d'un tapis. *Un tapis de fleurs.*

tapisser [tapise] v. tr. [1] **1.** Revêtir (une pièce, ses murs) de tapisserie, de papier peint, etc. *Tapisser un couloir.* **2.** (Sujet n. de chose.) Recouvrir en une couche mince et régulière (une surface, une paroi). *Membrane qui tapisse l'estomac.*

tapisserie [tapisʀi] n. f. **1.** Pièce d'étoffe utilisée comme décoration murale, tenture de tapisserie (sens 2 ou 3). – Loc. fig. *Faire tapisserie :* rester le long du mur sans bouger. (Se dit partic. d'une jeune fille, d'une jeune femme que, dans un bal, l'on n'invite pas à danser.) ▷ *Par ext.* Ce qui tapisse un mur (papier peint collé, tissu agrafé, etc.). **2.** Ouvrage tissé au métier à main, et dans lequel le dessin résulte de la façon dont les fils de trame *(duites)* sont entrecroisés avec les fils de chaîne; grande pièce d'un tel ouvrage. *Tapisseries de haute lisse*, de basse lisse. Carton de tapisserie :* V. carton (sens 3). ▷ Art de la fabrication de tels ouvrages. **3.** Ouvrage à l'aiguille, broderie effectués d'après un dessin tracé sur un canevas. *Fauteuil recouvert de tapisserie.* ▷ Art de la confection de tels ouvrages.

tapissier, ère [tapisje, ɛʀ] n. **I.** n. **1.** Personne qui fait des tapisseries (sens 2 et 3). **2.** Personne qui vend ou pose les tissus qui garnissent certains meubles ou qui sont utilisés dans la décoration intérieure des maisons. **II.** n. m. Celui qui vend, qui pose le papier peint, le tissu qui revêt les murs.

Tapline, oléoduc, long de 1750 km, qui reliait l'Arabie Saoudite au terminal de Saïda (Liban) avant sa fermeture en 1984.

tapocher [tapɔʃe] v. tr. [1] (Québec) Fam. Donner des gifles, des coups de poing. ▷ v. pron. *Arrêtez de vous tapocher!*

tapon [tapɔ̃] n. m. Morceau d'étoffe, de papier, de matière souple, roulé en bouchon. – Loc. *En tapon :* roulé en boule.

taponnage [tapɔnaʒ] n. m. (Québec) Fam. Action de taponner; son résultat.

taponner [tapɔne] v. [1] (Québec) Fam. **I.** v. tr. **1.** Mettre (qqch) en tapon. **2.** Tâter (qqch), le manipuler sans réelle nécessité. *Enfant qui taponne le pain avant le repas.* Syn. poignasser. **3.** Péjor. Faire des attouchements indiscrets à. Syn. poignasser. **II.** Fig. v. intr. **1.** Perdre son temps; s'occuper à des riens. Syn. bretter. **2.** Tergiverser. **3.** Tatônner, faire des essais avant de pouvoir résoudre un problème. *Taponner pour mettre un appareil en marche.* **4.** Mettre trop de soin à faire qqch.

taponneux, euse [tapɔnø, øz] adj. et n. (Québec) Fam. Se dit de qqn qui taponne (surtout dans un sens fig.).

tapotement [tapɔtmɑ̃] n. m. Action, fait de tapoter; son résultat.

tapoter [tapɔte] v. tr. [1] Taper à petits coups répétés sur. *Tapoter les joues d'un enfant.*

taque [tak] n. f. (Belgique) **1.** Syn. de *plaque* de cheminée.* **2.** Vieilli Dessus de cuisinière, de poêle. **3.** Couvercle d'une citerne ou d'une bouche d'égout. *Une taque d'égout.*

taquet [takɛ] n. m. **1.** TECH Petite pièce en matière dure (bois, métal) servant de cale, de butoir, de tampon, de repère, etc. **2.** MAR Pièce à deux oreilles solidement fixée en un point du navire ou de son gréement, et que l'on utilise pour amarrer des cordages. **3.** TECH Plateau horizontal qui se fixe aux barreaux d'une échelle ou qui se pose sur les marches d'un escalier, utilisé notam. par les peintres en bâtiment.

taquin, ine [takɛ̃, in] adj. et n. Qui se plaît à taquiner autrui. *Un enfant taquin.* – Subst. *Un(e) taquin(e).*

taquiner [takine] v. tr. [1] **1.** S'amuser à agacer (qqn) par de petites moqueries sans gravité. *Elle le taquine sans cesse.* – Loc. fam. *Taquiner la muse :* écrire des vers. ▷ v. pron. (Récipr.) *Cessez de vous taquiner!* **2.** (Sujet n. de chose.) Contrarier quelque peu; faire légèrement souffrir. *Il a une dent qui le taquine.*

taquinerie [takinʀi] n. f. Action, parole de celui qui taquine; fait de taquiner qqn.

taquon [takɔ̃] n. m. V. tacon.

tara [taʀa] n. m. (Afr. subsah.) En Afrique occid., lit rustique fait de tiges de graminées assemblées.

tarab ou **taarab** [taʀab] n. m. Genre de musique populaire des villes est-africaines, dont le style vocal arabe est accompagné par des instruments orientaux, indiens et africains.

Taraba, État de l'est du Nigeria; 91 390 km² avec l'État d'Adamawa; 1 480 590 hab.; cap. *Jalingo.*

tarabiscoté, ée [taʀabiskɔte] adj. Surchargé d'ornements compliqués. *Décors tarabiscotés.* ▷ (Abstrait) Compliqué à l'extrême. *Style tarabiscoté.*

tarabuster [taʀabyste] v. tr. [1] **1.** Importuner en harcelant. *Tarabuster qqn pour obtenir qqch.* **2.** (Sujet n. de chose.) Tracasser.

tarare [taʀaʀ] n. m. AGRIC Appareil servant à vanner et à cribler les grains mécaniquement.

taraud [taʀo] n. m. TECH Outil servant à fileter les alésages.

tarauder [taʀode] v. tr. [1] **1.** TECH Fileter au moyen d'un taraud. **2.** Fig. Tourmenter, torturer.

taraudeuse [taʀodøz] n. f. TECH Machine-outil servant à tarauder.

tarbouch(e) [taʀbuʃ] n. m. Coiffure orientale tronconique, en feutre rouge, ornée d'un gland de soie.

tard [taʀ] adv., adj. et n. m. **1.** Après le temps déterminé, voulu ou habituel. *Arriver trop tard.* – Prov. *Mieux vaut tard que jamais.* – *Tôt ou tard :* dans un avenir indéterminé, mais inévitablement. **2.** Vers la fin d'une période de temps déterminée. *Il a neigé tard dans l'année.* – *Spécial.* Vers la fin de la journée ou de la nuit. *Rentrer tard. Se coucher tard.* ▷ adj. *Il se fait tard.* **3.** n. m. *Sur le tard :* vers la fin de la soirée. – Fig. Vers la fin de sa vie. *Il s'est pris sur le tard d'une passion pour la peinture.*

tarder [taʀde] v. [1] **I.** v. intr. **1.** *Tarder à* (+ inf.) : différer de (faire qqch), mettre longtemps pour. *Tarder à partir.* **2.** Mettre du temps à venir, se faire attendre. *Sa réponse n'a pas tardé.* **II.** v. impers. *Il me tarde de* (+ inf.) : j'ai hâte de. *Il me tarde de finir ce travail.*

tardif, ive [taʀdif, iv] adj. **1.** Qui vient, qui se fait tard. *Coucher tardif. Repentir tardif.* **2.** Se dit des végétaux comestibles qui arrivent à maturité après les autres de même espèce. *Haricots tardifs. Fraises tardives.*

tardigrades [taʀdigʀad] n. m. pl. ZOOL Classe de pararthropodes de petite taille (moins de 1 mm), qui vivent dans l'eau ou dans les végétaux humides (mousses, lichens, etc.) et qui, en cas de sécheresse, entrent en état de vie ralentie et peuvent s'y maintenir pendant plusieurs années. – Sing. *Un tardigrade.*

tardivement [taʀdivmɑ̃] adv. D'une manière tardive.

Tardon (Raphaël) (1911 – 1966), écrivain français d'origine martiniquaise. Il dénonça toutes les formes de racisme, aux É.-U. (*Starkenfirst,* 1947), dans les Antilles (*la Caldeira,* 1948), en Polynésie (*Christ au poing,* 1950), en Afrique du Sud (*Noirs et Blancs,* 1961).

tare [taʀ] n. f. **1.** Poids de l'emballage vide d'une marchandise, que l'on doit défalquer du poids brut pour obtenir le poids net. ▷ Poids que l'on met dans l'un des plateaux d'une balance pour équilibrer la charge de l'autre plateau, dans la méthode de la double pesée. *Faire la tare.* **2.** Défaut qui entraîne une diminution de la valeur commerciale d'une marchandise, de l'objet d'une transaction. *Bois d'œuvre sans tares.* **3.** Défectuosité, physique ou psychique, diminuant les capacités fonctionnelles de l'organisme, ou affaiblissant sa résistance aux maladies. *Tares héréditaires.* **4.** Fig. Grave défaut, vice d'une personne; imperfection majeure (dans l'ordre des choses humaines). *Les tares d'une société.*

taré, ée [taʀe] adj. Qui présente une tare (sens 2, 3 et 4).

tarente [taʀɑ̃t] n. f. ZOOL Gecko (genre *Tarentola*) des régions entourant le Sahara.

Tarente (en ital. *Taranto*), v. d'Italie (Pouilles), sur le *golfe de Tarente;* 243 780 hab.; ch.-l. de la prov. du m. nom. Port militaire. Industr. – Archevêché. Musée d'archéologie. – Anc. colonie grecque *(Taras),* Tarente fut puissante du VIIIe au IIIe s. av. J.-C.

tarentule [taʀɑ̃tyl] n. f. Grosse araignée *(Lycosa tarentula),* fréquente dans les régions méditerranéennes.

tarer [taʀe] v. tr. [1] COMM Peser (un emballage, un contenant) pour pouvoir calculer le poids net d'une marchandise. *Tarer un camion.*

taret [taʀɛ] n. m. Mollusque lamellibranche (genre *Teredo*) des eaux marines, au corps vermiforme, à la coquille réduite, qui fore ses galeries dans les bois immergés.

targette [taʀʒɛt] n. f. Petit verrou constitué d'un pêne plat ou cylindrique coulissant sur une plaquette.

targuer (se) [taʀge] v. pron. [1] Litt. *Se targuer de (qqch) :* se prévaloir avec ostentation de (qqch). ▷ *Se targuer de* (+ inf.) : se faire fort de. *Il se targue de tenir la distance.*

targui [taʀgi] n. m. V. touareg.

tarière [taʀjɛʀ] n. f. **1.** TECH Grande vrille de charpentier, servant à forer des trous dans le bois. ▷ Instrument servant à forer dans le sol des trous peu profonds (pour planter des piquets, couler des pieux en ciment, etc.). **2.** ENTOM Organe térébrant au moyen duquel certaines femelles d'insectes introduisent leurs œufs dans le milieu le plus favorable à la croissance de leurs larves (bois, terre, corps d'autres insectes, etc.). Syn. oviscapte.

tarif [taʀif] n. m. Tableau indiquant le prix de certaines marchandises, le montant de certains services ou de certains droits; ces montants eux-mêmes. *Tarif douanier. Billet à tarif réduit.*

tarifaire [taʀifɛʀ] adj. Qui concerne un tarif.

tarifer [taʀife] [1] ou **tarifier** [taʀifje] v. tr. [2] Fixer à un montant déterminé le prix de. *Tarifer des marchandises.* – Pp. adj. Dont le prix est fixé par un tarif. *Services tarifés.*

tarification [taʀifikasjɔ̃] n. f. Fait de tarifer; son résultat. ▷ Ensemble de tarifs.

tarifite [taʀifit] n. m. Dialecte berbère parlé dans le nord du Maroc par les habitants de la chaîne montagneuse du Rif.

1. tarin [taʀɛ̃] n. m. Oiseau passériforme (*Carduelis spinus,* fam. fringillidés) au plumage jaune verdâtre rayé de noir sur les ailes, hôte habituel des bois de conifères européens. Syn. (Québec) chardonneret.

2. tarin [taʀɛ̃] n. m. Arg. ou fam. Nez.

Tariq ibn Ziyad *(Tāriq ibn Ziyād),* chef berbère. Esclave affranchi, il débarqua en Espagne à l'endroit qui fut nommé en mémoire de lui *djabal al-Tariq,* «mont de Tariq» (d'où vient le nom de Gibraltar), battit le roi wisigoth Rodrigue près de Cadix (711) et poursuivit la conquête jusqu'à Saragosse et Léon.

tarir [taʀiʀ] v. [3] **I.** v. tr. Mettre à sec, faire cesser de couler. *La sécheresse avait tari les sources et les puits.* **II.** v. intr. **1.** Être mis à sec; cesser de couler. *Cette source n'a jamais tari.* **2.** Fig. *Ne pas tarir sur un sujet,* en parler sans cesse. *Ne pas tarir d'éloges sur qqn :* faire des éloges continuels de qqn. **III.** v. pron. Cesser de couler. *La rivière s'est tarie.* ▷ Fig. *Inspiration qui se tarit.*

tarissement [taʀismɑ̃] n. m. Action de tarir; fait de se tarir; état de ce qui est tari.

Tarkovski (Andreï Arsenievitch) (1932 – 1986), cinéaste russe, spiritualiste : *Andreï Roublev* (1966), *le Miroir* (1974), *Stalker* (1979), *le Sacrifice* (1986).

tarlatane [taʀlatan] n. f. Étoffe de coton au tissage lâche, très apprêtée.

tarmac [taʀmak] n. m. **1.** AVIAT Partie d'un aéroport réservée à la circulation, au stationnement et à l'entretien des avions. **2.** (Belgique) Macadam goudronné.

Tarn (le), rivière de France (375 km), affl. de la Garonne (r. dr.); né au S. du mont Lozère, il coule dans des gorges profondes, puis passe à Albi. – *Tarn,* département : 5 751 km^2; 342 723 hab.; chef-lieu *Albi**. V. Midi-Pyrénées (Rég.). – *Tarn-et-Garonne,* département : 3 716 km^2; 200 220 hab.; ch.-l. *Montauban* (53 278 hab.). V. Midi-Pyrénées (Rég.).

Tărnovo. V. Veliko Tărnovo.

taro ou **tarot** [taʀo] n. m. BOT Plante des pays chauds (fam. aracées) cultivée en Afrique tropicale et en Polynésie pour son tubercule comestible riche en amidon; ce tubercule. *En Polynésie, les feuilles de taro sont cuites à l'eau ou à la vapeur et consommées comme légume.* Syn. colocase, (Afr. subsah.) oreille d'éléphant.

tarot [taʀo] n. m. **1.** Carte à jouer de grand format également utilisée en cartomancie. *Le jeu de tarots* ou, ellipt., *le tarot, comporte soixante-dix-huit cartes.* **2.** Jeu qui se joue avec ces cartes.

Taroudannt, v. du S. du Maroc, sur l'oued Sous; 35 848 hab.; ch.-l. de la prov. du m. nom. Marché agricole et artisanat. – Elle fut la première cap. de la dynastie saadienne (1520).

tarpan [taʀpɑ̃] n. m. Cheval sauvage d'Asie occidentale, dont les deux espèces, le *tarpan des forêts* et le *tarpan des steppes,* se seraient éteintes au XIXe s.

Tarpéienne (roche), rocher situé à l'extrémité S.-O. du mont Capitolin, en surplomb du Tibre, et d'où certains criminels de l'anc. Rome étaient précipités (jusqu'au Ier s. apr. J.-C.).

tarpon [taʀpɔ̃] n. m. ICHTYOL Grand poisson téléostéen marin (genre *Megalops atlantica*) à grosses écailles, pouvant dépasser 2 m de long et un poids de 120 kg, vivant au large des côtes dans l'Atlantique tropical.

Tarquin l'Ancien (en lat. *Lucius Tarquinius Priscus*) (m. v. 579 av. J.-C.), le cinquième roi de Rome selon la tradition; successeur d'Ancus (616 av. J.-C.). D'origine étrusque (ou grecque), il combattit les Latins, les Sabins, et fit entreprendre à Rome d'importants travaux (*Cloaca maxima,* «grand égout»).

Tarquin le Superbe (en lat. *Lucius Tarquinius Superbus*), le septième et dernier roi de Rome (v. 534 – v. 509 av. J.-C.). Successeur de Servius Tullius, son beau-père, il eut un règne glorieux, mais sa tyrannie dressa contre lui les nobles, qui soulevèrent le peuple en prenant pour prétexte le viol de Lucrèce*, l'exilèrent et fondèrent la république.

Tarquinia, v. d'Italie (Latium, prov. de Viterbe); 13 100 hab. – Restes de l'anc. ville étrusque (tombes peintes des Augures, des Lionnes, etc.).

Tarragone (en esp. *Tarragona*), v. d'Espagne (Catalogne), port sur la Méditerranée; 112 360 hab.; ch.-l. de la prov. du m. nom; Industr. Tourisme. – Archevêché. Vestiges de l'époque romaine : enceinte, aqueduc, palais d'Auguste. Cath. (XIIe-XIIIe s.). Important musée archéologique.

tarse [taʀs] n. m. et adj. **I.** ANAT **1.** Massif osseux formant la partie postérieure du pied de l'homme et des mammifères. **2.** Cartilage qui forme le bord libre de la paupière. – adj. *Cartilage tarse.* **II.** ZOOL **1.** Dernière partie de la patte des insectes, comportant plusieurs articles (cinq au maximum). **2.** Troisième segment de la patte des oiseaux.

tarsien, enne [taʀsjɛ̃, ɛn] adj. et n. m. **1.** adj. ANAT Du tarse. **2.** n. m. pl. ZOOL, PALEONT Groupe de primates primitifs, nombreux à l'ère tertiaire, dont l'unique représentant actuel est le tarsier. – Sing. *Un tarsien.*

tarsier [taʀsje] n. m. ZOOL Petit primate arboricole, carnivore, de Malaisie et d'Indonésie, aux yeux très développés et aux longues pattes postérieures adaptées au saut.

Tarsus (anc. *Tarse*), v. de Turquie, à l'O. d'Adana; 146 500 hab. Textile. – Vestiges hellénistiques et romains de l'anc. Tarse. – Patrie de saint Paul.

Tartaglia («le Bègue») [Niccolo Fontana, dit] (v. 1500 – 1557), mathématicien italien. Il sut résoudre les équations du 3e degré.

1. tartan [taʀtɑ̃] n. m. Tissu à dessin écossais.

2. tartan [taʀtɑ̃] n. m. (Nom déposé.) TECH Revêtement de sol très résistant, à base de résine polyuréthane, utilisé notam. pour les installations sportives.

tartare [taʀtaʀ] adj. et n. **1.** Se disait des peuples nomades de l'Asie centrale, partic. des tribus mongoles. ▷ Subst. *Un(e) Tartare.* (V. Tatars.) **2.** CUIS *Un steak tartare* ou, n. m., *un tartare :* viande hachée crue mêlée d'un jaune d'œuf et fortement assaisonnée. Syn. (Belgique) filet américain.

Tartare, dans la myth. gr., espace souterrain qui constituait le fond des Enfers et dans lequel Zeus précipitait ses ennemis.

Tartares. V. Tatars.

tarte [taʀt] n. f. et adj. **I.** n. f. **1.** Pâtisserie faite d'un fond de pâte garni de fruits, de confiture, de compote ou de crème. *Tarte aux pommes. Part* ou (Québec) *pointe de tarte.* Syn. (Suisse) gâteau. – (Belgique, Luxembourg, Québec) Pâtisserie semblable pouvant être recouverte d'une couche de pâte. ▷ Fig. *Tarte à la crème :* argument, thème, exemple qui revient à tout propos et qui a perdu tout intérêt, toute signification (par allus. à une scène de *la Critique de l'École des femmes,* de Molière). ▷ Loc. fam. *C'est pas de la tarte :* c'est difficile. **2.** Fam. Gifle. **II.** adj. Fam. Niais et ridicule. *Elle est tarte dans cette robe!*

tartelette [taʀtəlɛt] n. f. Petite tarte.

tartempion [taʀtɑ̃pjɔ̃] n. m. Fam., péjor. (Le plus souvent avec une majuscule.) Untel. ▷ Individu quelconque.

tartine [taʀtin] n. f. **1.** Tranche de pain sur laquelle on a étalé du beurre, de la confiture, etc. **2.** Fig., fam. *Une tartine, des tartines :* un discours, un texte interminable.

tartiner [taʀtine] v. tr. [1] Étaler (du beurre, de la confiture, etc.) sur une tranche de pain.

tartre [taʀtʀ] n. m. **1.** Dépôt calcaire laissé par l'eau sur les parois internes des chaudières, des bouilloires, etc. **2.** Dépôt produit par le vin dans un récipient. **3.** Sédiment constitué de phosphate de calcium, qui se forme sur les dents.

tartreux, euse [taʀtʀø, øz] adj. **1.** De la nature du tartre. **2.** Couvert de tartre; contenant du tartre.

tartrique [taʀtʀik] adj. CHIM *Acide tartrique :* composé possédant deux fonctions acide et deux fonctions alcool, contenu dans le tartre et les lies du vin.

tartuf(f)e [taʀtyf] n. m. (et adj.) Vx ou litt. Faux dévot. ▷ Mod. Hypocrite, personne qui affiche de grands principes moraux auxquels elle ne se conforme pas. – adj. *Je vous trouve assez tartufe.*

tartuf(f)erie [taʀtyfʀi] n. f. Conduite, façon d'agir d'un tartufe.

tas [tɑ] n. m. **1.** Accumulation de choses mises les unes sur les autres; amas, monceau. *Tas de sable, de fagots.* ▷ (Madag.) Mesure empirique pour la vente de fruits et de légumes. *Grand tas, petit tas. Tas de brèdes, de tomates.* **2.** Fig., fam. Grande quantité (de choses). ▷ Grand nombre (de personnes). – *Tirer dans le tas,* sur un groupe, sans viser qqn en particulier. **3.** CONSTR Masse d'un bâtiment en construction. *Tailler les pierres sur le tas,* sur les lieux mêmes où elles doivent être utilisées, et non à la carrière. ▷ *Par ext.* Loc. cour. *Sur le tas :* sur le lieu de travail. *Grève sur le tas.* – Fam. *Faire son apprentissage, apprendre sur le tas,* par la pratique, en travaillant. **4.** TECH Petite masse d'acier parallélépipédique servant d'enclume.

Tascher de La Pagerie. V. Joséphine.

Taschereau (Elzéar Alexandre) (1820 – 1898), prélat canadien. Archevêque de Québec (1874), il fut le premier cardinal canadien (1886). — **Louis Alexandre** (1867 – 1952), neveu du préc.; Premier ministre du Québec (1920-1936).

Tasman (Abel Janszoon) (1603 – 1659), navigateur hollandais. En 1642, il découvrit la terre de Van Diemen (nommée *Tasmanie* en 1853), l'île du sud de la Nouvelle-Zélande, les Tonga et les Fidji.

Tasmanie, État d'Australie, formé par une île au S. du détroit de Bass; 67 800 km^2; 450 000 hab.; cap. *Hobart.* – L'île, aux côtes découpées, correspond à un massif ancien très raviné (alt. max. 1 545 m). Le climat tempéré favorise l'élevage et l'arboriculture. L'industrie bénéficie d'un sous-sol riche (zinc, plomb, tungstène, cuivre) et de l'hydroélectr. – Découverte en 1642 par Tasman*, l'île fut colonisée au XIXe s. par les Brit. et servit notam. de terre de déportation. Les autochtones (Mélanésiens) furent massacrés. L'île, colonie séparée de la Nouvelle-Galles du Sud en 1825, obtint un gouvernement autonome à partir de 1856 et devint en 1901 un des États du Commonwealth australien.

Tass (agence), acronyme pour *Telegrafnoie Aguentstvo Sovietskogo Soïouza,* agence de presse soviétique puis russe (*Itar-Tass*), créée en 1925 à Moscou.

tassage [tɑsaʒ] n. m. Action de tasser.

tasse [tɑs] n. f. **1.** Récipient à boire muni d'une anse. *Tasse de porcelaine.* **2.** Contenu de ce récipient. *Prendre une tasse de café.* ▷ Loc. fig., fam. *Boire la tasse, une tasse :* avaler de l'eau sans le vouloir, en nageant, en tombant à l'eau. **3.** Au Canada, unité de mesure de capacité utilisée pour les liquides et les solides, équivalant à 8 onces (soit 227 ml). *Deux tasses de farine et une tasse de lait.* **4.** (Afr. subsah.) Récipient creux à usage domestique, généralement en tôle émaillée. *On apporte le repas dans une grande tasse.*

Tasse (Torquato Tasso, en fr. le) (1544 – 1595), poète italien. Gentilhomme de la cour de Ferrare, il écrivit une épopée (*le Renaud*, 1562) et de nombreux ouvrages en vers. *La Jérusalem* délivrée* fut achevée en 1575, mais, craignant la damnation plus encore que le Saint-Office, il ne la publia qu'en 1581. Deux fois examiné par l'Inquisition, il eut des crises de folie et fut interné à l'hôpital de Ferrare (1579-1586). En 1593, il publia *la Jérusalem conquise,* une version expurgée.

tasseau [taso] n. m. Pièce de bois de faible section, le plus souvent carrée ou rectangulaire, qui sert de cale ou de support.

tassement [tasmɑ̃] n. m. Action de tasser, fait de se tasser; son résultat. *Tassement des vertèbres, d'un terrain.*

tasser [tase] v. [1] **I.** v. tr. **1.** Diminuer le volume de (qqch) en serrant, en pressant; serrer (des éléments) de façon qu'ils occupent peu de place. *Tasser de la paille.* Syn. (Acadie) assaper. **2.** SPORT Contraindre irrégulièrement (un coureur concurrent) à serrer le bord de la piste. **II.** v. pron. **1.** S'affaisser sur soi-même. *Construction qui se tasse. Vieillard qui se tasse.* **2.** Se presser, se serrer les uns contre les autres. **3.** Fig., fam. S'arranger. *Ça se tassera.*

tassergal [tasɛʀgal] n. m. ICHTYOL Poisson perciforme *(Pomatomus saltator)* vivant dans les eaux tropicales des océans Atlantique, Indien et Pacifique, pouvant atteindre 1,20 m de long et un poids de 20 kg.

tassili [tasili] n. m. GEOGR Grand plateau gréseux, au Sahara (dans le Nord, partic.). *Les tassilis. – Tassili des Ajjer :* V. Ajjer.

Tassili-N'Ajjer (parc national du), parc du sud-est de l'Algérie créé en 1972; l'aire protégée la plus vaste d'Afrique (80000 km²).

1. tata [tata] n. f. Fam. (Langage enfantin.) Tante.

2. tata [tata] n. m. (Afr. subsah.) **1.** HIST Rempart de terre qui entourait les villages en Afrique occid., à l'époque précoloniale. ▷ Habitation fortifiée d'un chef. **2.** Mod. Mur entourant une grande concession, un village.

3. tata [tata] interj. (Nouv.-Cal.) Au revoir. Syn. nana.

tatami [tatami] n. m. SPORT Tapis de paille de riz de 2 m sur 1 m et 6,5 cm d'épaisseur, destiné à amortir les chutes dans les arts martiaux.

Tataouine, v. du sud de la Tunisie, dans le Dakar; 30400 hab.; ch.-l. du gouv. du même nom. Steppe à alfa. Site touristique (habitations troglodytiques).

tatar, are [tataʀ] adj. et n. m. Des Tatars. ▷ n. m. Langue altaïque du groupe turc, parlée par les Tatars.

Tatars, peuple de nomades mongols dont la présence est attestée au VIIIᵉ s. dans l'ouest de l'actuelle Mongolie. Ils firent partie de l'armée que Bātū khān lança sur l'Europe (XIIIᵉ s.), furent écrasés par Gengis khān en 1202, et les Européens nommèrent longtemps « Tartares » tous les envahisseurs mongols. Les Russes appelèrent « Tatars » les tribus turco-mongoles de Bātū, puis tous les peuples turco-mongols de Russie et de Sibérie (à l'exception des populations turques non-musulmanes, tels les Tchouvaches, les Meskhets, etc.). Aujourd'hui, les Tatars, musulmans, sont évalués à 7 millions de personnes; on distingue essentiellement les *Tatars de la Volga* (V. Tatars [république des]) et les *Tatars de Crimée.* Ceux-ci, déportés par Staline en 1945, n'ont plus de territoire national.

Tatars (république des) ou **Tatarstan,** république de la Fédération de Russie, sur la moyenne Volga; 68000 km²; 3564000 hab. (Tatars 48 %, Russes 40 %); cap. *Kazan.* Région fertile (céréales) et forestière; import. gisements de pétrole (Second-Bakou). Industries.

Tate Gallery, musée londonien (sur la rive g. de la Tamise) fondé en 1897 par le négociant en sucre Henry Tate : très riche collection de peintures angl. (250 tableaux de Turner), et d'art moderne (depuis l'impressionnisme).

tâter [tɑte] v. [1] **I.** v. tr. **1.** Toucher avec les doigts, évaluer, apprécier par le tact. *Tâter un fruit. Tâter le pouls* de qqn.* **2.** Fig. Essayer de connaître les capacités, les intentions de (qqn). *Tâter l'ennemi.* ▷ Loc. fig. *Tâter le terrain :* étudier discrètement les dispositions des personnes, la situation, avant d'entreprendre qqch. **II.** v. tr. indir. *Tâter de qqch,* l'essayer, en faire l'expérience. **III.** v. pron. (Réfl.) *Se tâter les membres après une chute.* – Fig., fam. Délibérer longuement en soi-même, hésiter avant de prendre une décision.

Tati (Jacques Tatischeff, dit Jacques) (1907 – 1982), cinéaste et acteur français. Il observe avec humour et poésie la vie quotidienne : *Jour de fête* (1949), *les Vacances de M. Hulot* (1953), *Mon oncle* (1958), *Playtime* (1964-1967), *Trafic* (1971), *Parade* (1974).

tatillon, onne [tatijɔ̃, ɔn] adj. Qui s'attache à tous les petits détails avec une minutie exagérée.

Tati-Loutard (Jean-Baptiste) (né en 1938), écrivain de la rép. du Congo; poète, auteur de *Poèmes de la mer,* 1968; *les Normes du temps,* 1974; *la Tradition du songe,* 1983, et de nouvelles (*Chroniques congolaises,* 1978-1980), qui puisent aux sources de la tradition et de la réalité congolaises.

Tatline (Vladimir Ievgrafovitch) (1885 – 1953), peintre et sculpteur soviétique. Constructiviste (« tableaux-reliefs »), il prôna un art utilitaire au service du peuple : maquette du *Monument à la IIIᵉ Internationale* (1919-1920).

tâtonnement [tɑtɔnmɑ̃] n. m. Fait de tâtonner (sens 1 et 2).

tâtonner [tɑtɔne] v. tr. [1] **1.** Chercher sans pouvoir utiliser le sens de la vue, en tâtant les objets autour de soi. *Elle tâtonnait pour retrouver ses cigarettes.* **2.** Fig. Procéder par essais et corrections des erreurs, sans être guidé par une méthode. *Les médecins ne savent pas ce qu'il a, ils tâtonnent.*

tâtons (à) [atɑtɔ̃] loc. adv. En tâtonnant. *Marcher à tâtons.* ▷ Fig. *Chercher la vérité à tâtons.*

tatou [tatu] n. m. **1.** Mammifère xénarthre d'Amérique tropicale, fouisseur et insectivore, pourvu d'une carapace osseuse et cornée, dont la taille varie d'une dizaine de centimètres à un mètre selon les espèces. **2.** (Afr. subsah.) Nom cour. donné au pangolin.

tatouage [tatwaʒ] n. m. Action de tatouer; résultat de cette action. *Tatouage rituel. Tatouage par piqûre.*

tatouer [tatwe] v. tr. [1] Tracer sur (une partie du corps) un dessin indélébile (généralement en introduisant des pigments sous la peau au moyen d'une fine aiguille). *Il s'était fait tatouer une ancre de marine sur le biceps.*

tatoueur, euse [tatwœʀ, øz] n. Celui, celle qui fait des tatouages.

Tatras ou **Tatry** (les), le plus haut massif des Carpates (2663 m), formé des Hautes Tatras, au N. (à la frontière polono-slovaque), et des Basses Tatras, au S. (en Slovaquie).

Tatum (Arthur, dit Art) (1910 – 1956), pianiste de jazz américain, l'un des plus grands virtuoses de l'histoire du jazz.

1. tau [to] n. m. V. tauon.

2. tau [to] n. m. Dix-neuvième lettre de l'alphabet grec (Τ, τ).

taudis [todi] n. m. Logement misérable, insalubre. ▷ Par ext. *C'est un vrai taudis,* une maison mal tenue.

taule ou **tôle** [tol] n. f. Arg. ou fam. Prison. *Sortir de taule.*

tauon [toɔ̃] ou **tau** [to] n. m. PHYS NUCL Particule la plus massive de la famille des leptons.

taupe [top] n. f. **I. 1.** Petit mammifère insectivore d'Europe et d'Asie tempérée au corps trapu, aux pattes antérieures fouisseuses robustes, qui vit dans des galeries qu'il creuse sous terre. *La taupe, aux yeux atrophiés, est presque aveugle.* ▷ Par compar. *Myope comme une taupe :* très myope. **2.** Fourrure faite avec la peau de cet animal. **3.** TRAV PUBL Engin de terrassement utilisé pour creuser les tunnels. **II.** Arg. (des écoles) Classe de mathématiques spéciales.

taupin [topɛ̃] n. m. ENTOM Insecte coléoptère qui, posé sur le dos, peut se projeter en l'air.

taupinière [topinjɛʀ] n. f. Petit monticule de terre constitué par les déblais qu'une taupe rejette en creusant ses galeries.

taureau [tɔʀo; toʀo] n. m. **1.** Bovin non castré, mâle de la vache. *Taureau reproducteur. Taureau de combat.* – Par comp. Loc. *Cou de taureau,* court, épais et très musclé. ▷ Loc. fig. *Prendre le taureau par les cornes :* affronter une difficulté en l'abordant par son côté dangereux ou fâcheux. **2.** ASTRO *Le Taureau :* constellation zodiacale de l'hémisphère boréal. ▷ ASTROL Signe du zodiaque* (21 avril-21 mai). – Ellipt. *Il est taureau.*

Tauride, anc. nom de la *Crimée.* Selon les Grecs anciens, ses habitants immolaient les étrangers (légende d'Iphigénie en Tauride).

taurides [tɔʀid] n. f. pl. ASTRO Essaim de météorites qui semblent provenir de la constellation du Taureau.

taurillon [tɔʀijɔ̃] n. m. Jeune taureau.

taurin, ine [tɔʀɛ̃, in] adj. **1.** Du taureau; qui a rapport au taureau. **2.** (Afr. subsah.) ELEV *Races taurines :* races de bœufs sans bosse à cornes courtes *(Baoulé, Logone)* ou à cornes longues *(Ndama),* trypanotolérantes.

tauromachie [tɔʀɔmaʃi] n. f. Art de combattre les taureaux dans l'arène, de toréer. *Les règles de la tauromachie.*

Taurus, chaîne de montagnes de la Turquie méridionale qui culmine à 3734 m, riveraine de la Méditerranée.

Au nord-est s'étend le puissant *massif de l'Anti-Taurus.*

Tautavel, com. de France (Pyrénées-Orientales); 743 hab. – En 1971, on a retrouvé près de cette local. le crâne au prognathisme marqué d'un *Homo erectus,* dit *homme de Tautavel.*

tauto-. Élément, du gr. *tauto,* contract. de *to auto,* «le même».

tautochrone [totokʀon] adj. PHYS Syn. de *isochrone.*

tautogramme [totogʀam] n. m. (et adj.) Didac. Texte dont tous les mots commencent par la même lettre.

tautologie [totolɔʒi] n. f. LOG **1.** Caractère redondant d'une proposition dont le prédicat énonce une information déjà contenue dans le sujet. – Relation d'identité établie entre des éléments formellement identiques (ex. : *A=A; un chat est un chat;* etc.). **2.** Formule de calcul propositionnel qui reste toujours vraie lorsqu'on remplace les énoncés qui la composent par d'autres.

tautologique [totolɔʒik] adj. LOG Qui concerne une tautologie, qui en a le caractère.

tautomère [totomɛʀ] adj. et n. m. **1.** ANAT *Organe tautomère,* entièrement situé du même côté du corps. **2.** CHIM *Substance tautomère* ou, n. m., *un tautomère :* substance caractérisée par sa tautomérie. *Deux tautomères ont la même formule brute, les migrations d'atomes ou de groupements non carbonés ne modifiant pas le squelette carboné.*

tautomérie [totomeʀi] n. f. CHIM Propriété qu'ont certains composés d'exister sous plusieurs formes en équilibre.

taux [to] n. m. **1.** Prix officiel de certains biens, de certains services. *Taux des salaires.* **2.** Rapport entre des sommes d'argent, exprimé en pourcentage. *Taux de l'impôt :* pourcentage déterminé servant à calculer le montant de l'impôt d'après la base imposable. *Taux d'intérêt :* pourcentage annuel auquel les intérêts sont réglés. *Taux de change d'une monnaie :* V. cours 1, sens II, 2. **3.** Rapport quantitatif, proportion, pourcentage. *Taux d'albumine dans le sang.* – *Taux d'invalidité :* importance d'une invalidité relativement à l'incapacité qu'elle entraîne. ▷ STATIS *Taux de natalité, de mortalité :* chiffre moyen (pour mille habitants) du nombre total de naissances ou de morts d'une population donnée pendant une année.

tavelé, ée [tavle] adj. **1.** Moucheté, tacheté. *Mains tavelées de taches brunes.* **2.** BOT Marqué par la tavelure.

tavelure [tavlyʀ] n. f. **1.** État de ce qui est tavelé. **2.** BOT Maladie des arbres fruitiers due à diverses moisissures et qui se manifeste par des taches brunes et des crevasses sur les fruits et les feuilles.

taverne [tavɛʀn] n. f. Anc. Établissement public où l'on servait à boire et parfois à manger. Syn. auberge.

tavillon [tavijɔ̃] n. m. (Suisse) Syn. de *bardeau* 1.

Tawfiq *(Muhammad Tawfiq)* (1852 – 1892), khédive d'Égypte (1879-1892); fils d'Isma'il Pacha. Après l'échec, en 1882, du mouvement nationaliste (qui l'avait contraint à nommer Urabi Pacha ministre de la Guerre), l'Égypte passa sous le contrôle de la Grande-Bretagne et perdit sa souveraineté sur le Soudan (1884).

taxable [taksabl] adj. Que l'on peut taxer.

taxation [taksasjɔ̃] n. f. **1.** Action de fixer, de façon impérative, le prix de certaines marchandises ou de certains services; résultat de cette action. **2.** Action de frapper d'un impôt.

taxe [taks] n. f. **1.** Prix fixé par l'autorité publique pour certaines marchandises, pour certains services. **2.** DR Détermination du montant des frais de justice, des droits dus à des officiers publics. **3.** Contribution, impôt. *Taxe à la valeur* ajoutée (T.V.A.) :* impôt indirect qui frappe les biens de consommation. *Taxe additionnelle,* ayant la même base mais un taux plus faible que la taxe principale à laquelle elle est liée. *Taxe professionnelle :* V. patente. **4.** Imposition basée sur les services rendus à l'usager. *Taxe d'enlèvement des ordures ménagères.*

taxer [takse] v. tr. [1] **I. 1.** Fixer en tant qu'autorité compétente le prix de. *Taxer les dépens d'un procès.* **2.** Faire payer un impôt, une taxe sur. *Taxer les boissons alcoolisées.* **II.** Fig. **1.** *Taxer qqn de,* l'accuser de. *On me taxe d'outrecuidance.* **2.** Désigner péjorativement sous le nom (de). *Sa bonté, que certains taxent de faiblesse.*

taxi-, taxo-, -taxie. Éléments, du gr. *taxis,* «arrangement, ordre».

taxi [taksi] n. m. **1.** Automobile munie d'un taximètre et conduite par un chauffeur professionnel, qu'on loue en général pour des trajets relativement courts. Syn. (Haïti) ligne. – (Afr. subsah.) *Taxi-compteur :* taxi. *Des taxis-compteurs.* ▷ (Afr. subsah.) *Taxi-bus :* minibus réservé surtout au transport urbain. *Des taxis-bus.* ▷ (Maghreb) *Grand taxi :* V. grand-taxi. ▷ (Proche-Orient) *Taxi-service :* V. service (sens V, 3). **2.** (Afr. subsah., Madag., Maghreb) Petit véhicule qu'on loue pour le transport interurbain de personnes. – *Taxi-bâché :* V. bâchée. – *Taxi-brousse* ou *taxi de brousse :* voiture sans taximètre. *Des taxis-brousse.* (V. car-brousse.) **3.** (Afr. subsah.) *Taxi-bagages :* camionnette qu'on loue pour transporter du mobilier, des colis. *Des taxis-bagages.* **4.** Fam. Chauffeur de taxi. *Elle est taxi.* Syn. (Afr. subsah., Madag., Maghreb) taximan, (Maghreb) taxieur et taxiste.

taxidermie [taksidɛʀmi] n. f. Didac. Art de préparer les animaux morts pour les conserver sous leur forme naturelle. (V. empaillage, naturalisation.)

taxie [taksi] n. f. BIOL Syn. de *tropisme.*

taxieur [taksjœʀ] n. m. (Maghreb) En Algérie, chauffeur de taxi. (V. taximan, taxiste.)

taximan, plur. **taximans** [taksiman] ou **taximen** [taksimɛn] n. m. (Afr. subsah., Madag., Maghreb) Chauffeur de taxi. (V. taxieur, taxiste.)

taximètre [taksimɛtʀ] n. m. **1.** Compteur indiquant la somme à payer pour un trajet en taxi, d'après la distance parcourue et le temps d'occupation de la voiture. **2.** MAR Couronne graduée qui sert à prendre des relèvements.

taxinomie [taksinɔmi] ou **taxonomie** [taksɔnɔmi] n. f. Didac. **1.** Science de la classification des êtres vivants. ▷ Cette classification elle-même. **2.** *Par ext.* Science de la classification, en général. ▷ Classification d'éléments.

taxinomique [taksinɔmik] ou **taxonomique** [taksɔnɔmik] adj. Didac. De la taxinomie, qui a rapport à la taxinomie.

taxiphone [taksifɔn] n. m. (Nom déposé.) Téléphone public fonctionnant après introduction d'un jeton ou de pièces de monnaie.

taxiste [taksist] n. m. (Maghreb) En Tunisie, chauffeur de taxi. (V. taxieur, taximan.)

taxo-. V. taxi-.

taxon [taksɔ̃] n. m. BIOL Unité de classification des êtres vivants.

Tay, population du nord-est du Viêt-nam (env. 1200000 personnes), dont une partie réside auj. près de Diên Biên Phu et sur le plateau du Dac Lac. Apparentés aux Thaïs et originaires du S. de la Chine, ils se sont installés au Viêt-nam v. le VIe s. av. J.-C. Cultivateurs (riz, anis, soja, cannelle, etc.) et éleveurs, les Tay (contrairement aux Thaïs) ont toujours développé les échanges avec les Vietnamiens dont ils ont adopté les pratiques religieuses (confucianisme, taoïsme, bouddhisme) qui se sont ajoutées au culte de leurs divinités traditionnelles. Ils possèdent une riche littérature, écrite en nôm-tay (auj. romanisée).

Taylor (Frederick Winslow) (1856 – 1915), ingénieur américain. Il créa l'«organisation scientifique du travail» (O.S.T.), ou *taylorisme :* utilisation optimale de l'outillage, parcellisation des tâches, élimination des gestes inutiles.

Taylor (Paul) (né en 1930), danseur et chorégraphe américain. En 1955, il fonda sa compagnie de danse moderne.

Taylor (Elizabeth) (née en 1932), actrice de cinéma américaine d'orig. anglaise. Dep. l'âge de dix ans, elle mène une carrière de star : *la Fidèle Lassie* (1942), *Géant* (1956), *Cléopâtre* (1963), *Cérémonie secrète* (1968).

taylorisme [tɛlɔʀism] n. m. ECON Ensemble des méthodes d'organisation scientifique du travail industriel mises au point et préconisées par F.W. Taylor.

Tây Son (mouvement des), nom donné à la révolte menée de 1771 à 1802 par trois frères vietnamiens, appelés Tây Son (du nom de leur village, proche de Qui Nhon). En 1771, les frères Nguyên Van Huê, Nguyên Van Lu et Nguyên Van Nhac prennent la tête d'une insurrection contre les seigneurs féodaux et la bureaucratie des mandarins. Soutenus par les paysans et les marchands, ils balayent le pouvoir des seigneurs Nguyên* au S. et des Trinh* au N., où ils rétablissent l'empereur Lê*. Mais celui-ci se rebelle et demande l'aide des Chinois qui sont battus par les Tây Son près de Hanoi (1789). Les trois frères se partagent le pays, Nguyên Van Huê s'étant proclamé empereur (1789) sous le nom de Quang* Trung. Les réformes qu'ils impulsent, fiscalité allégée, meilleures répartitions des terres communales, ne sont pas suffisantes pour maintenir le régime des Tây Son. À la mort de Quang Trung (1792), la réaction féodale de Nguyên Anh (seigneur du Sud et futur empereur Gia* Long), aidée par le Siam et la France, finit par vaincre les Tây Son (1802).

Taza, v. du Maroc, au débouché du *couloir de Taza,* qui, entre le Rif et le Moyen Atlas, relie le Maroc occidental et le Maroc oriental; 108000 hab. (aggl. urb. 146500 hab.); ch.-l. de la prov. du même nom. Centre admin., agricole et commercial sur la voie ferrée Oujda-Casablanca. – Mosquée almohade du XIIe siècle.

tazard [tazaʀ] n. m. V. thazard.

Tazieff (Haroun) (né en 1914), géologue et volcanologue français, auteur de livres et de films de vulgarisation.

Tazoult (anc. *Lambèse*), v. d'Algérie (wilaya de Batna); 18990 hab. Artisanat. – La *Lambæsis* romaine atteignit son apogée au IIe s.; le légat (gouverneur) de Numidie y résidait. Nombr. ruines.

Tbilissi (anc. *Tiflis*), cap. de la Géorgie; 1211000 hab. Grand centre universitaire et industriel (textiles, alimentation, constr. mécaniques, etc.). – Cath. de Sion (VIe s., remaniée).

Tchad (lac), vaste lac de l'Afrique centrale, aux confins du Nigeria, du Niger, du Cameroun et du Tchad. Sa superficie varie de 10000 à 25000 km², en fonction de son alimentation fluviale. Peu profond (marécages au nord et au sud, notam.), très poissonneux, il est surtout alimenté par le Chari. Des polders (culture du blé et du maïs) sont aménagés sur ses rives et on exploite des salines. L'évaporation et la capture du Logone (affl. du Chari) par la Bénoué pourraient un jour l'assécher.

Tchad (république du), État de l'Afrique centrale.
► V. carte et dossier, p. 1505.

tchadien, enne [tʃadjɛ̃, ɛn] adj. et n. Du Tchad. ▷ Subst. *Un(e) Tchadien(ne).*

tchadique [tʃadik] n. m. LING Groupe de langues afro-asiatiques parlées au Nigeria, au Niger, au Cameroun et au Tchad et comprenant notamment le haoussa.

tchadisation [tʃadizasjɔ̃] n. f. (Afr. subsah.) Action de tchadiser. *La tchadisation du personnel enseignant.*

tchadiser [tʃadize] v. tr. [1] (Afr. subsah.) Rendre tchadien; attribuer à des Tchadiens. *Tchadiser une industrie.*

tchador [tʃadɔʀ] n. m. Voile noir recouvrant la tête et en partie le visage, porté par les musulmanes chiites, en Iran notam.

Tchaïkovski (Piotr Ilitch) (1840 – 1893), compositeur russe. Ses très nombr. œuvres sont empreintes d'un élan lyrique : symphonies, concertos pour piano, pour violon, opéras (*Eugène Onéguine*, 1878; *la Dame de pique*, 1890), ballets (*le Lac des cygnes*, 1876; *Casse-Noisette*, 1892).

Tchaka. V. Chaka.

Tchang Kaï-chek, Chang Kaï-chek ou **Jiang Jieshi** (1887 – 1975), généralissime et homme politique chinois. Après avoir reçu une formation militaire au Japon, il prit le parti de Sun Yat-sen (1913); à la mort de celui-ci (1925), dont il épousa la belle-sœur, il dirigea l'armée du Guomindang et réprima durement le soulèvement communiste de Canton (1927). Établissant un gouv. nationaliste à Nankin, il reconquit le Nord de la Chine; élu président de la Rép. en 1928, il s'attaqua aux communistes, installés dans le Sud, qui se replièrent vers le Shānxi («Longue Marche», 1934-1935); mais, en 1937, il accepta le concours de Mao Zedong pour lutter contre le Japon. L'alliance fut rompue après la victoire (1945); affaibli par la corruption de son entourage, vaincu plus. fois par les communistes, Tchang Kaï-chek dut se replier en 1949 à Taiwan (Formose), où il présida la rép. de Chine (nationaliste). V. Taiwan. — **Tchang King-kouo** ou **Jiang Jingguo** (1910 – 1988), fils du préc., Premier ministre (1972), puis prés. de la Rép. (1978-1988).

tchapalo [tʃapalo] n. m. (Afr. subsah.) En Afrique occidentale, syn. de *dolo.*

tchapalotière [tʃapalotjɛʀ] n. f. (Afr. subsah.) En Afrique occidentale, syn. de *dolotière.*

tchatche [tʃatʃ] n. f. (Cour. au Maghreb.) Fam. Bavardage, verve, volubilité.

tchatcher [tʃatʃe] v. intr. [1] (Cour. au Maghreb.) Fam. Bavarder, discuter avec une volubilité pleine de verve.

tchatcheur, euse [tʃatʃœʀ, øz] n. (Cour. au Maghreb.) Fam. Personne bavarde; hâbleur.

Tcheboksary, v. de Russie, cap. de la république autonome des Tchouvaches, sur la Volga; 389000 hab.

Tchebychev ou **Tchebichev** (Pafnouti Lvovitch) (1821 – 1894), mathématicien russe.

tchécoslovaque [tʃekɔslɔvak] adj. et n. De la Tchécoslovaquie. ▷ Subst. *Un(e) Tchécoslovaque.*

Tchécoslovaquie, ancien État fédéral de l'Europe centrale, situé entre l'Allemagne, la Pologne, l'Ukraine, la Hongrie et l'Autriche, et constitué par les États tchèque (Bohême et Moravie) et slovaque. Elle avait une superficie de 127877 km² et comptait 15590000 hab.; cap. *Prague.* V. tchèque (République) et Slovaquie.
Écon. – Héritière de traditions industrielles anc., la Tchécoslovaquie s'était spécialisée, au sein du Comecon, dans l'industrie lourde et les biens d'équipement, utilisant ses ressources (charbon, lignite, fer, cuivre, plomb, zinc) et des matières premières sov., mais industries et infrastructures ne furent pas modernisées et, notam., la pollution empirait. L'agriculture était satisfaisante : céréales, betterave, houblon, tabac, élevage bovin et porcin. La Tchécoslovaquie avait entrepris la privatisation des biens d'État en 1991.
Hist. – Tchèques et Slovaques formèrent au Xe s. un État (Grande-Moravie), vite disloqué, la Slovaquie tombant sous la coupe des Hongrois. Le royaume de Bohême*, créé au XIe s., eut pour roi un Habsbourg à partir de 1526. Il demeura dans l'orbite de l'Autriche-Hongrie jusqu'en 1918. Le démembrement de la monarchie austro-hongroise (oct. 1918) permit la formation d'un État réunissant Tchèques et Slovaques, idée défendue dès la fin du XIXe s. et soutenue à Londres, dès 1915, par Tomáš Masaryk, qui présida jusqu'en 1935 la rép. de Tchécoslovaquie, proclamée en 1918. La question la plus délicate fut celle des minorités (3 millions d'Allemands en Bohême et en Moravie, 700000 Hongrois en Slovaquie, 500000 Ruthènes, soit un tiers de la pop. de l'époque), liée aux revendications territoriales de l'Allemagne, de la Hongrie et de la Pologne. Afin de maintenir le statu quo, Edvard Beneš (ministre des Affaires étrangères puis successeur de Masaryk) posa, dès 1921, les bases de la Petite-Entente avec la Yougoslavie et la Roumanie, et signa un pacte d'alliance avec la France (1924). L'arrivée de Hitler au pouvoir (1933) accentua l'agitation des Allemands des Sudètes*, conduits par Karl Henlein. La France et la G.-B. cédant à Hitler (Munich, sept. 1938), celui-ci occupa les Sudètes et soutint la Pologne et la Hongrie, qui s'approprièrent d'autres territ. (oct. 1938). En mars 1939, il fit de la Slovaquie un État indépendant sous la tutelle allemande et de la Bohême-Moravie un protectorat soumis à un dur régime (exécutions et déportations); la Hongrie annexa la Ruthénie. Le gouvernement formé en exil (Londres) par Beneš en 1940 revint après la libération du pays par les Soviétiques (1944-1945). Les frontières primitives furent restaurées (mais l'U.R.S.S. annexa la Ruthénie), les Allemands des Sudètes et de très nombreux Hongrois furent expulsés. Obtenant 38% des voix en 1946, le parti communiste étendit son emprise. La démission, en fév. 1948, des ministres «bourgeois» (remplacés par des communistes), suivie de gigantesques manifestations «spontanées», permit au Parti communiste de faire voter en mai 1948 («coup de Prague») une Constitution qui transformait l'État en une démocratie populaire (devenue une république socialiste en 1960); la Slovaquie perdait sa récente autonomie (qu'elle ne retrouvera qu'en 1969); toute opposition, notam. celle du clergé catholique, fut combattue, et le P.C. fut épuré par des procès staliniens (1949-1954). L'accession de Dubček à la direction du parti (janv. 1968) et de Svoboda à la présidence de la Rép. (mars 1968) permit le «printemps de Prague», libéralisation que l'U.R.S.S. anéantit : le 20 août 1968, les troupes du pacte de Varsovie envahirent le pays. La «normalisation» s'effectua rapidement; à la tête du parti, Dubček fut remplacé (avr. 1969) par G. Husák, qui en 1975 succéda à Svoboda comme président de la Rép. Une opposition démocratique s'organisa, chez les intellectuels notam. (Charte de 1977, conduite par V. Havel). En nov. 1989, de grandes manifestations populaires provoquèrent la destitution des responsables de la normalisation. Le 28 déc., A. Dubček, symbole du «printemps de Prague», devenait président du Parlement; Havel, président de la Rép. En 1990, le Forum civique, mouvement du prés. Havel (qui se divisa l'année suivante), remporta les législatives. En 1991, la Tchécoslovaquie entra au Conseil de l'Europe. En juil. 1992, les Slovaques déclarèrent la souveraineté de la Rép. slovaque, indép. le 1er janv. 1993. La Bohême et la Moravie restèrent unies dans la Rép. tchèque*, présidée par Havel.

Tcheka, abrév. de *Tcherzvytchaïnaïa Komissia,* «Commission extraordinaire». Police politique soviétique créée en 1917, remplacée en 1922 par la Guépéou.

Tchekhov (Anton Pavlovitch) (1860 – 1904), écrivain russe. Une tristesse poignante se dégage de ses très nombr. nouvelles (*la Cigale, la Salle n° 6, la Dame au petit chien*) et de ses pièces sans intrigue : *Ivanov* (1887), *la Mouette* (1896), *Oncle Vania* (1897), *les Trois Sœurs* (1901), *la Cerisaie* (1904).

Tcheliabinsk, v. de Russie, dans l'Oural; 1134000 hab.; ch.-l. de prov. Grand centre industriel.

Tchen-la ou **Zhenla,** royaume hindouisé qui supplanta celui du Funan* vers le milieu du VIe s. Il se divisa, au VIIIe s., en deux États rivaux : le *Tchen-la de Terre* (nord du

Cambodge, une partie du Laos, de la Thaïlande et du centre du Viêt-nam actuels) et le *Tchen-la d'Eau* (résurgence du Funan, vers la péninsule malaise), puis fut réunifié par le souverain khmer Jayavarman II (IXe s.).

Tcheou. V. Zhou.

tchèque [tʃɛk] adj. et n. **1.** adj. De la République tchèque. ▷ Subst. Habitant de la Rép. tchèque. **2.** n. m. *Le tchèque :* la langue slave qui est la langue officielle de la République tchèque.

tchèque (République), État d'Europe centrale frontalier de l'Allemagne, de la Pologne, de la Slovaquie et de l'Autriche, qui fut jusqu'en 1992 l'une des deux rép. fédérées de Tchécoslovaquie; 78 860 km^2; 10 360 000 hab.; cap. *Prague.* Nature de l'État : rép. de type parlementaire. Langue off. : tchèque. Monnaie : koruna. Population : Tchèques (94 %), Slovaques (4 %).
Géogr. – Pays continental, la Rép. tchèque se partage en deux ensembles. À l'O., la Bohême est un quadrilatère de vieux massifs boisés (Sumava, monts Métallifères, Sudètes, collines de Moravie), encadrant le bassin de l'Elbe et la région de Prague. À l'E., le couloir de Moravie, fertile et peuplé, relie les pays du Danube à l'Europe du N. La pop. est en majorité citadine; son taux de croissance est très faible.
Écon. – (V. Tchécoslovaquie.) Après la rupture avec la Slovaquie, la Rép. tchèque s'est résolument tournée vers l'Ouest, notam. vers l'Allemagne, princ. investisseur étranger. En 1995, on a parlé à son sujet de «miracle économique». Mais, en 1997, la situation économique s'est dégradée, le Premier ministre a dû dévaluer la koruna et procéder à de sévères coupes dans le budget.
Hist. – La montée du nationalisme slovaque en Tchécoslovaquie* (devenue Rép. fédérative tchèque et slovaque en avril 1990) entraîna en juin 1992 des négociations entre les dirigeants slovaque (Vladimir Meciar) et tchèque (Vaclav Klaus) qui ont abouti, le 1er janv. 1993, à la partition de la Tchécoslovaquie en deux États : la rép. de Slovaquie et la Rép. tchèque. V. Havel est élu président de la nouvelle République, mais le Premier ministre Vaclav Klaus détient l'essentiel des pouvoirs. Aux élections législatives de 1996, la droite, menée par Vaclav Klaus, a été privée d'une majorité au Parlement par la poussée des sociaux-démocrates.

Tchéquie, nom fam. donné à la République tchèque*.

Tcherenkov (Pavel Alexeïevitch) (1904 – 1990), physicien soviétique. P. Nobel 1958. ▷ PHYS *Effet Tcherenkov :* phénomène analogue à une onde de choc, qui se produit lorsqu'une particule chargée se déplace dans le milieu qu'elle traverse à une vitesse supérieure à celle de la lumière.

Tcherkassov (Nikolaï) (1903 – 1966), acteur soviétique : *Ivan le Terrible* (1943-1946), *Moussorgski* (1950), *Rimski-Korsakov* (1953), etc.

tcherkesse [tʃɛʀkɛs] adj. et n. Du peuple des Tcherkesses. – Subst. *Un(e) Tcherkesse.*

Tcherkesses ou **Circassiens,** peuple du N. du Caucase, islamisé au XVIe s. et qui a lutté contre l'expansion russe jusqu'en 1859.

Tchernenko (Konstantin Oustinovitch) (1911 – 1985), homme politique soviétique, éphémère secrétaire général du P.C.U.S. (février 1984-mars 1985).

Tchernobyl, v. d'Ukraine, sur le Pripiat, à 160 km au N. de Kiev. Elle fut désertée à la suite de la catastrophe qui se produisit, le 26 avr. 1986, dans une centrale nucléaire (explosion de l'un des quatre réacteurs).

tchernozem [tʃɛʀnɔzɛm] ou **tchernoziom** [tʃɛʀnɔzjɔm] n. m. Terre noire, argilo-humique fertile, présente en Ukraine, dans le S. de la Russie, ainsi que dans certaines régions du Canada.

Tchernychevski (Nikolaï Gavrilovitch) (1828 – 1889), philosophe, savant et critique russe. Socialiste utopiste, il fut arrêté (1862) et déporté en Sibérie (1864-1883). *Que faire?* (roman, 1863) eut une grande influence sur la jeunesse révolutionnaire.

Tchétchènes, peuple musulman du N. du Caucase (env. 800 000 personnes). En 1936, l'U.R.S.S. créa la république de Tchétchéno-Ingouchie. En 1944, toute la population tchétchène fut déportée (avec les Ingouches) au Kazakhstan et en Sibérie et ne put revenir dans sa république qu'en 1957. V. Tchétchéno-Ingouchie (rép. de) et Tchétchénie (rép. de).

Tchétchénie (république de), république de la Fédération de Russie dans le nord du Caucase et sur la mer Caspienne, peuplée principalement de Tchétchènes; env. 1 million d'hab.; cap. *Groznyï.* – Ressources pétrolières. – Jusqu'en 1992, ce territ. formait la partie princ. de la Tchétchéno-Ingouchie. En 1991, elle proclama unilatéralement son indépendance et élut un Parlement et un prés., Djokhar Doudaïev. Les Ingouches ne participèrent pas au scrutin, que Moscou jugea illégal. Aussitôt, les Ingouches formèrent la *république d'Ingouchie** (au sein de la Russie). La tension s'accrût et, en déc. 1994, l'armée russe fit le siège de Groznyï, qui tomba en fév. 1995, mais sans venir à bout de la résistance tchétchène. En 1997, un accord de paix fut conclu. Cette même année, Aslan Maskhadov, chef d'état-major, fut élu président de la République.

Tchétchéno-Ingouchie (république de), anc. rép. autonome au sein de la Russie (19 300 km^2; env. 1 250 000 hab.; cap. *Groznyï*). – Créée en 1936 par l'U.R.S.S. au sein de la rép. féd. de Russie, la rép. se souleva contre Staline (1941-1943). En oct. 1992, elle proclama son indépendance (non reconnue par la Russie) et se scinda : V. Tchétchénie (rép. de) et Ingouchie (rép.).

Tchicaya U Tam'Si (Gérald Félix) (1931 – 1988), écrivain de la rép. dém. du Congo. Poète (*le Mauvais Sang,* 1955; *Épitomé,* 1962; *le Ventre,* 1964; *le Pain ou la Cendre,* 1978), romancier (*les Cancrelats,* 1980; *les Phalènes,* 1984) et dramaturge (*le Zulu,* 1977; *le Bal de Ndinga,* (posth. 1989).

Tchichellé Tchivela (né en 1940), écrivain de la rép. dém. du Congo. Ses nouvelles, au style vif et concis, décrivent la société africaine : *Longue est la nuit* (1980), *l'Exil ou la tombe* (1986).

tchichouiller [tʃiʃuje] v. tr. [1] (France rég.) Manger un plat sans envie; tourner le contenu de son assiette sans avoir l'intention de le manger. *Arrête de tchichouiller tes pâtes!*

Tchissoukou (Jean-Michel) (1942 – 1987), cinéaste de la rép. dém. du Congo : *la Chapelle* (1979), *M'Pongo* (1982).

tchitola [tʃitɔla] n. m. Arbre des forêts d'Afrique équatoriale (fam. césalpiniacées), exploité pour son bois.

Tchobanian (Archag) (1872 – 1955), poète arménien d'expression française. Il vécut à Paris de 1895 à sa mort et divulgua *les Trouvères arméniens* (1904) et *le Rosaire d'Arménie* (3 vol., 1918-1929).

Tchokwé. V. Chokwé.

Tchong-k'ing. V. Chongqing.

Tchouana. V. Tswana.

Tchouktches, peuple du N.-E. de la Sibérie dont la civilisation, très ancienne, est proche de celle des Esquimaux.

Tchouvaches (république des), république de la Fédération de Russie, sur la moyenne Volga; 18 300 km^2; 1 329 000 hab.; cap. *Tcheboksary.* C'est un pays de collines, au sol fertile (céréales). – Les Tchouvaches, peuple d'origine turque, sont en majorité chrétiens. Leur langue appartient au groupe turc. Sous la domination russe à partir du XVIe s., les Tchouvaches forment une république au sein de l'U.R.S.S. en 1925, puis dans la Fédération de Russie depuis 1991.

te [tə] pron. pers. e la 2e pers. du sing. des deux genres, employé comme complément, toujours placé avant le verbe; s'élide en *t'* devant une voyelle ou un *h* muet. **1.** (Comp. d'objet direct.) *Je te quitte.* **2.** (Comp. d'objet d'un v. réfl.) *Tu te fatigues.* **3.** (Comp. indir.) À toi. *Je te donne beaucoup de souci.* – (Réfl.) *Tu te donnes beaucoup de peine.* **4.** (Employé avec la valeur d'un possessif devant un nom désignant une partie du corps, une fonction, etc.) *Tu te ronges les ongles. Tu te pervertis le goût.* **5.** (Avec un v. essentiellement pronominal.) *Tu te repens.* **6.** (Avec un terme servant à présenter qqn.) *Enfin, te voilà!*

té [te] n. m. *En té :* en forme de T. *Fer profilé en té.* ▷ *Té de dessinateur :* règle plate en forme de T.

Tébé ou **Tébélé.** V. Matébélé.

Tébessa (auj. *Tbessa*), v. de l'Algérie orientale, au pied des *monts Tébessa* (qui se prolongent en Tunisie); 112 010 hab.; ch.-l. de la wilaya du m. nom. Phosphates. – Restes d'une enceinte byzantine (VIe s.); arc de triomphe (214 apr. J.-C.); temple dit «de Minerve» (déb. IIIe s. de notre ère); ruines de la basilique Ste-Crispine (IVe s.).

technétium [tɛknesjɔm] n. m. CHIM Élément métallique (symbole Tc) de numéro atomique Z=43. (L'isotope de masse atomique 99 a une période de l'ordre de 10^6 années.) – Métal (Tc). *Le technétium est utilisé en scintigraphie.*

technicien, enne [tɛknisjɛ̃, ɛn] n. **1.** Personne qui connaît une technique déterminée. *Technicien du froid.* **2.** Spécialiste de l'application des sciences au domaine de la production. **3.** Professionnel spécialisé qui, sous les directives d'un ingénieur, dirige les ouvriers dans une entreprise.

technicité [tɛknisite] n. f. Caractère technique.

technico-commercial, ale, aux [tɛknikokɔmɛʀsjal, o] adj. Qui se rapporte à la fois au domaine technique et au domaine commercial. *Service technico-commercial d'une entreprise. Un agent technico-commercial.*

-technie [tɛkni], **techno-** [tɛkno; tɛknɔ], **-technique** [tɛknik]. Éléments, du gr. *tekhnê*, «art, métier», et de l'adj. correspondant *tekhnikos.*

technique [tɛknik] n. et adj. **I.** n. f. Moyen ou ensemble de moyens adaptés à une fin. **1.** Procédé particulier que l'on utilise pour mener à bonne fin une opération concrète, pour fabriquer un objet matériel ou l'adapter à sa fonction. *Une technique artisanale.* ▷ *Par ext.* Procédé particulier utilisé dans une opération non matérielle. *La technique stylistique qui consiste à mêler le discours direct et le discours indirect.* **2.** Ensemble des moyens, des procédés mis en œuvre dans la pratique d'un métier, d'un art, d'une activité quelconque. *La technique de la peinture sous verre.* ▷ Maîtrise plus ou moins grande, connaissance plus ou moins approfondie d'un tel ensemble de procédés. *Ce koriste a une bonne technique.* **3.** *La technique :* l'ensemble des applications des connaissances scientifiques à la production (et, partic., à la production industrielle) de biens et de produits utilitaires. *La science et la technique.* – *Les techniques,* ces applications, considérées dans leurs domaines respectifs. **II.** adj. **1.** Qui a rapport à la mise en œuvre d'une technique (sens 1), à l'utilisation d'objets ou de procédés concrets; relatif au matériel ou à son emploi (et non aux capacités des utilisateurs). *Problèmes techniques et problèmes humains.* ▷ Par ext. *La perfection technique des films d'Eisenstein.* **2.** Qui a trait à l'exercice d'un métier, à la pratique d'un art ou d'une activité quelconque; qui est propre à ce métier, à cet art, à cette activité. *Termes techniques d'agriculture.* **3.** Qui a rapport à la technique, aux techniques (sens I, 3). *L'enseignement technique* ou, n. m., *le technique.*

techniquement [tɛknikmɑ̃] adv. Du point de vue de la technique.

techno-. V. -technie.

technocrate [tɛknɔkʀat] n. (Souvent péjor.) Responsable des affaires publiques qui privilégie les aspects techniques des problèmes au détriment des aspects humains.

technocratie [tɛknɔkʀasi] n. f. Didac. Système d'organisation politique et sociale dans lequel les techniciens exercent une influence prépondérante. ▷ Péjor. Pouvoir des technocrates.

technocratique [tɛknɔkʀatik] adj. Didac. Relatif aux technocrates, propre à une technocratie.

technologie [tɛknɔlɔʒi] n. f. **1.** Étude des techniques industrielles dans leur ensemble ou dans un domaine particulier. **2.** Ensemble des techniques d'un domaine particulier. **3.** Cour. Technique ou ensemble de techniques modernes. *Transfert de technologie :* exportation de techniques et de savoirs modernes effectuée par un pays industrialisé vers un pays en voie de développement.

technologique [tɛknɔlɔʒik] adj. De la technologie; qui a rapport à la technologie.

technopole [tɛknɔpɔl] n. f. Ville importante à forte activité d'enseignement et de recherche favorisant une industrie de pointe.

technopôle [tɛknopol] n. m. Didac. Espace non urbain regroupant des entreprises et des institutions d'enseignement et de recherche internationalement reconnues.

technostructure [tɛknostʀytyʀ] n. f. Didac. Ensemble des techniciens ayant pouvoir de décision au sein d'une entreprise ou d'une administration.

teck ou **tek** [tɛk] n. m. **1.** BOT Arbre des régions tropicales (fam. verbénacées). **2.** Bois mi-dur de cet arbre apprécié en ébénisterie pour sa couleur rouge-brun, et en construction navale pour son imputrescibilité.

teckel [tekɛl] n. m. Basset allemand à pattes courtes et à poil ras ou long.

teckeraie [tɛkʀɛ] n. f. (Afr. subsah.) AGRIC Plantation de tecks.

teco [tekɔ; tɛko] n. m. (Belgique) Disjoncteur.

tectonique [tɛktɔnik] n. f. et adj. GEOL Étude de la structure acquise par les roches et les couches de terrain après leur formation, par suite des mouvements de l'écorce terrestre. ▷ *Par ext.* Ensemble de ces mouvements. *Tectonique des plaques :* V. encycl. plaque. – adj. *Mouvements tectoniques.*

tectrice [tɛktʀis] n. f. ORNITH Plume du corps et de la partie antérieure de l'aile des oiseaux. ▷ adj. f. *Plume tectrice.*

Tecumseh (v. 1768 – 1813), chef indien de la tribu des Shawnee. Il tenta d'unir tous les Indiens d'Amérique du Nord contre les Blancs et s'allia aux Anglais contre les Américains.

Teda. V. Tubu.

Te Deum [tedeɔm] n. m. inv. (lat.) RELIG CATHOL Cantique d'action de grâces; cérémonie au cours de laquelle on le chante. – Composition musicale sur les paroles latines du *Te Deum.*

tee [ti] n. m. (Anglicisme) SPORT Au golf, petite cheville sur laquelle on place la balle pour driver*.

teenager [tinɛdʒœʀ] n. (Américanisme) Adolescent(e) de 13 à 19 ans.

tee-shirt ou **T-shirt** [tiʃœʀt] n. m. (Anglicisme) Maillot de coton à manches courtes. *Des tee-shirts* ou *des T-shirts.*

téflon [teflɔ̃] n. m. (Nom déposé.) Matière plastique, polymère du tétrafluoréthylène, d'une grande résistance aux agents chimiques et à la chaleur.

tégénaire [teʒenɛʀ] n. f. ZOOL Grande araignée sédentaire à longues pattes, commune dans les caves, les greniers.

Tegucigalpa, cap. du Honduras, à 1 000 m d'alt.; 597 510 hab.; ch.-l. de dép. Princ. centre comm. et industr. du pays. – Archevêché. Université.

tégument [tegymɑ̃] n. m. ANAT Tissu (peau, plumage, écailles, etc.) qui constitue l'enveloppe du corps d'un animal. *Le derme et l'épiderme, téguments des mammifères.* ▷ BOT Enveloppe protectrice d'une graine, d'un ovule.

Téhéran (en persan *Tahrān*), cap. de l'Iran, sur le flanc sud de l'Elbourz, à 1 150 m d'altitude; 5 734 000 hab.; chef-lieu de la prov. du m. nom. Au carrefour des princ. voies de communication du pays, la ville est un grand centre commercial et industriel. – Universités. Palais. Mosquée Sépahasalar. Musée archéologique. – La ville, cap. de la Perse à partir de 1788, fut développée par Rīza Pahlavi*. En 1943, elle fut le siège de la prem. conférence des chefs alliés (Churchill, Roosevelt et Staline).

Teide, volcan de l'île de Tenerife; 3 710 m.

teigne [tɛɲ] n. f. **1.** Petit papillon aux couleurs ternes (genres *Tinea* et voisins) dont la chenille, très nuisible, se nourrit de matières organiques d'origine végétale ou animale. *Teigne du cacao, de la farine. Teigne domestique* ou *mite.* **2.** Dermatose du cuir chevelu due à des champignons, et pouvant entraîner la chute des cheveux. ▷ Fig. Personne méchante, malveillante. *Quelle teigne !*

teigneux, euse [tɛɲø, øz] adj. et n. Qui est atteint de la teigne. ▷ Subst. *Un teigneux.*

Teilhard de Chardin (Pierre) (1881 – 1955), jésuite, philosophe et paléontologue français. Il a concilié la science moderne (l'évolutionnisme, notam.) et les dogmes chrétiens. Son œuvre (longtemps suspecte à l'Église) fut publiée après sa mort : *le Phénomène humain* (1955), *l'Apparition de l'homme* (1956), *le Milieu divin* (1957).

teiller [tɛje] ou **tiller** [tije] v. tr. [**1**] TECH Séparer des parties ligneuses les fibres de (une plante textile).

teindre [tɛ̃dʀ] v. tr. [**55**] **1.** Imprégner d'une matière colorante. *Teindre la laine.* ▷ v. pron. *Se teindre les cheveux.* **2.** Litt. (Sujet n. de chose.) Colorer. *Le sang teignait l'eau en rouge.*

teint, teinte [tɛ̃, tɛ̃t] adj. et n. m. **I.** adj. Qui a subi une teinture. *Cheveux teints.* **II.** n. m. **1.** Loc. *Bon teint, grand teint,* dont la teinture est solide, résiste au lavage, à l'ébullition. *Pagne grand teint.* ▷ Fig., plaisant (Personnes) *Bon teint,* dont les opinions sont solidement établies. *Un conservateur bon teint.* **2.** Couleur, carnation du visage. *Avoir le teint pâle. Avoir le teint hâlé.* ▷ (Afr. subsah.) *Être de teint clair, noir :* avoir une peau de couleur peu foncée, très foncée.

teint clair [tɛ̃klɛʀ] n. inv. (et adj. inv.) (Afr. subsah.) Noir(e) dont la peau est de couleur peu foncée. *Il a épousé une teint clair.* ▷ adj. inv. *Il, elle est teint clair.*

teinte [tɛ̃t] n. f. **1.** Nuance qui résulte du mélange de deux ou plusieurs couleurs. *Teinte jaune verdâtre.* **2.** Degré d'intensité d'une couleur. *Teinte faible, forte.* **3.** Fig. Légère apparence, trace, ombre. *Une teinte de mélancolie.*

teinter [tɛ̃te] v. tr. [**1**] Colorer légèrement. – Pp. adj. *Une fleur blanche teintée de rose.* ▷ v. pron. *La forêt se teintait de bruns et d'ors.* – Fig. *Son refus se teinta de tristesse.*

teint noir [tɛ̃nwaʀ] n. inv. (et adj. inv.) (Afr. subsah.) Noir(e) dont la peau est de couleur très foncée. *Son mari est un teint noir.* ▷ adj. inv. *Il, elle est teint noir.*

teinture [tɛ̃tyʀ] n. f. **1.** Opération qui consiste à teindre; son résultat. *Procédés de teinture. Teinture à l'indigo.* – *Teinture à la cola,* avec une matière colorante extraite de la noix de cola. – *Teinture à la cire, à la bougie :* batik. **2.** Matière colorante utilisée pour teindre. ▷ Fig. Connaissance toute superficielle. *Il a une vague teinture de philosophie* (V. vernis). **3.** PHARM Solution d'un ou de plusieurs produits actifs dans l'alcool. *Teinture d'iode.*

teinturerie [tɛ̃tyʀʀi] n. f. **1.** Métier du teinturier. **2.** Commerce, boutique de teinturier. Syn. (Québec) nettoyeur.

teinturier, ère [tɛ̃tyʀje, ɛʀ] n. **1.** TECH Personne dont le métier est de teindre diverses matières (étoffes et cuirs, partic.). **2.** Cour. Personne, commerçant qui se charge du nettoyage des vêtements, et, éventuellement, de leur teinture. Syn. (Québec) nettoyeur. **3.** n. m. BOT Arbuste des zones sahéliennes, à fleurs jaunes remarquables en saison sèche, contenant une matière colorante jaune.

téju [teʒy] n. m. Grand lézard (1 m de long) d'Amérique tropicale.

tek [tɛk] n. m. V. teck.

téké [teke] adj. (inv. en genre) et n. m. **1.** adj. Des Téké. **2.** n. m. Langue bantoue parlée par les Téké.

Téké ou **Batéké,** populations vivant à la frontière de la rép. du Congo et de la rép. dém. du Congo (env. 1 500 000 personnes), ainsi qu'au Gabon. Ils parlent une langue bantoue.

Téklé Haïmanot ou **Takla Haymanot** (m. v. 1312), moine et saint éthiopien; il propagea le christianisme et inspira au négus la répartition des terres cultivables.

Tekrour, anc. royaume de l'Afrique occidentale correspondant à l'actuel pays toucouleur, dans la basse vallée du Sénégal. Au XIe s., les Almoravides le vainquirent et l'islamisèrent; une partie de la pop. refusa de se convertir et émigra vers le Sud.

tel, telle [tɛl] adj. et pron. **I.** adj. (Indiquant la similitude, l'identité.) **1.** De cette sorte. Syn. pareil, semblable. *Une telle conduite vous honore.* ▷ Loc. *Pour tel, comme tel :* possédant cette qualité. *Objet ancien, ou vendu comme tel. C'est peut-être le meilleur livre de l'année; moi, je le tiens pour tel.* – *En tant que tel :* dans sa nature propre. ▷ (Prov.) *Tel père, tel fils :* le fils est comme le père. **2.** *Tel quel :* dans son état initial, sans modification. *Tu l'avais laissé sur la table, je l'ai trouvé tel quel.* (*Tel que* est ici un emploi critiqué.) **3.** *Tel que... :* comme. *Bêtes féroces telles que le tigre, la panthère. Un homme tel que lui.* **4.** (Valeur intensive.) Si grand, d'une si grande importance. *Avec un tel enthousiasme, il est sûr de réussir.* ▷ *Tel... que.* (Introduisant une subordonnée de conséquence.) *Tel est le caractère des hommes qu'ils ne sont jamais satisfaits.* **II.** pron. indéf. **1.** (Pour éviter de désigner de façon précise.) Un certain. *Admettons qu'il arrive tel jour.* **2.** Litt. Une certaine personne. *Tel est pris qui croyait prendre.* **3.** *Un tel* (mis pour un nom de personne) : V. Untel. **III.** Loc. conj. *De telle manière, de telle sorte, de telle façon que.* (Servant à introduire une subordonnée de conséquence ou de but.) *Il s'y prend de telle manière qu'il échouera.*

tél(o)-. V. téléo-.

Tel-Aviv (mot hébreu signif. «colline du printemps»), ville et principal centre économique d'Israël, sur la Méditerranée; 400 000 hab. (avec Jaffa) (aggl. urb. 1 607 800 hab.); chef-lieu du district du même nom. – Universités. Musée des beaux-arts. – Fondée en 1909 (au nord-est de Jaffa) par les immigrants juifs, la ville s'est développée rapidement.

télé-. Élément, du gr. *têlé,* «au loin».

télé [tele] n. f. Fam. Abrév. de *télévision.* ▷ Abrév. de *téléviseur.*

téléaste [teleast] n. Réalisateur de films pour la télévision.

télébenne [telebɛn] ou **télécabine** [telekabin] n. f. Téléphérique à un seul câble comportant de nombreuses petites cabines.

téléboutique [telebutik] n. f. (Maghreb) Au Maroc, local regroupant un ensemble de cabines téléphoniques publiques, tenu par un gérant.

télécarte [telekaʀt] n. f. Carte à mémoire permettant de téléphoner à partir d'une cabine publique.

télécommande [telekɔmɑ̃d] n. f. Commande à distance d'un appareillage; dispositif qui permet cette commande à distance. *Télécommande mécanique* (au moyen de tringles, de câbles, etc.), *hydraulique ou pneumatique* (canalisations d'eau, d'huile, d'air comprimé), *électrique* (relais, servomécanismes), *radioélectrique* (ondes hertziennes). – *Spécial.* Boîtier de commande à distance (de télévision, etc.).

télécommander [telekɔmɑ̃de] v. tr. [1] Actionner, déclencher, guider par télécommande. *Télécommander l'autodestruction d'un satellite.* – Pp. adj. *Engin télécommandé.* ▷ Fig. Diriger de loin sans se faire connaître. – Pp. adj. *Soulèvement télécommandé de l'étranger.*

télécommunication [telekɔmynikasjɔ̃] n. f. (Surtout au plur.) *Les télécommunications :* les procédés de communication et de transmission à distance de l'information (télégraphe, téléphone, télévision, télex, etc.). *Télécommunications spatiales.*
ENCYCL Les *satellites de télécommunications* servent de relais hertziens. Les *câbles* (généralement préférés aux *fibres* optiques*) permettent de transporter des signaux lumineux avec une capacité de transmission très supérieure à celle des faisceaux hertziens. (V. télématique et information.)

téléconférence [telekɔ̃feʀɑ̃s] n. f. TELECOM Conférence dans laquelle plus de deux interlocuteurs sont reliés par des moyens de télécommunication.

télécopie [telekɔpi] n. f. TELECOM Procédé de reproduction à distance de documents utilisant le réseau téléphonique. ▷ *Par ext.* Document obtenu par ce procédé.

télécopieur [telekɔpjœʀ] n. m. TELECOM Appareil de télécopie.

télédétection [teledetɛksjɔ̃] n. f. Didac. Détection à distance. *Télédétection spatiale :* acquisition, traitement et interprétation d'images obtenues par des satellites spécialisés. *En Afrique, la télédétection spatiale est particulièrement utilisée en agroclimatologie, agronomie, cartographies thématique et halieutique, à des fins d'inventaires et de prévisions.*

télédiagnostic [teledjagnɔstik] n. m. MED Diagnostic effectué à distance par télécommunication.

télédiffuser [teledifyze] v. tr. [1] Diffuser par télévision. – Pp. adj. *Programme télédiffusé.*

télédiffusion [teledifyzjɔ̃] n. f. Diffusion par télévision.

télédiol [teledjɔl] n. m. (Haïti) Fam. Transmission rapide, de bouche à oreille, des nouvelles, des ragots. *Le télédiol annonce pour bientôt la formation d'un nouveau cabinet ministériel.* (V. téléphone* arabe, radio*-cocotier.)

télédistribution [teledistʀibysjɔ̃] n. f. TECH Diffusion par câbles d'émissions de télévision.

téléenseignement ou **télé-enseignement** [teleɑ̃sɛɲ(ə)mɑ̃] n. m. Enseignement à distance utilisant la radio et la télévision.

téléfax [telefaks] n. m. (Nom déposé.) Procédé de télécopie.

téléférique [telefeʀik] n. m. V. téléphérique.

téléfilm [telefilm] n. m. Film tourné spécialement pour la télévision.

télégénique [teleʒenik] adj. Dont le visage est agréable à regarder à la télévision.

télégramme [telegʀam] n. m. Dépêche transmise par télégraphie électrique ou radioélectrique. ▷ Teneur de cette dépêche. ▷ Feuille sur laquelle elle est transcrite.

télégraphe [telegʀaf] n. m. Dispositif, système permettant de transmettre rapidement et au loin des nouvelles, des dépêches. ▷ *Spécial.* Dispositif de transmission à distance des dépêches par liaison électrique ou radioélectrique, utilisant un code de signaux. *Télégraphe Morse.*

télégraphie [telegʀafi] n. f. Technique de la transmission par télégraphe; transmission par télégraphe. ▷ *Télégraphie sans fil :* V. T.S.F. – ADMIN Radiotélégraphie.

télégraphier [telegʀafje] v. tr. [2] Transmettre par télégraphie ou sous forme de télégramme. ▷ *Absol.* Envoyer un télégramme.

télégraphique [telegʀafik] adj. **1.** Du télégraphe; qui a rapport au télégraphe. *Poteau télégraphique.* **2.** Transmis par télégraphe. *Mandat télégraphique.* **3.** *Style télégraphique,* dans lequel ne sont conservés que les mots essentiels à la compréhension du texte, comme dans les télégrammes.

télégraphiste [telegʀafist] n. **1.** Personne qui transmet les dépêches par télégraphie. **2.** Employé(e) des Postes qui porte à domicile les dépêches télégraphiques.

téléguidage [telegidaʒ] n. m. TECH Guidage de mobiles à distance, notam. par ondes hertziennes.

téléguider [telegide] v. tr. [1] **1.** Commander par téléguidage. – Pp. adj. *Voiture téléguidée.* **2.** Fig. Manipuler; diriger de loin, parfois de façon cachée. – Pp. adj. *Une intervention téléguidée.*

téléimprimeur [teleɛ̃pʀimœʀ] n. m. TECH Appareil télégraphique qui permet l'envoi de textes au moyen d'un clavier dactylographique, et leur réception en caractères typographiques sans l'intervention d'un opérateur.

téléinformatique [teleɛ̃fɔʀmatik] n. f. INFORM Ensemble des procédés qui permettent l'utilisation à distance de l'ordinateur (par l'intermédiaire de lignes spéciales, de réseaux de télécommunication).

téléjournal, aux [teleʒuʀnal, o] n. m. (Québec) Journal télévisé.

Telemann (Georg Philipp) (1681 – 1767), compositeur allemand. Fécond, abordant tous les genres, il subit les influences française, italienne et allemande.

Télémaque, dans la myth. gr., fils d'Ulysse et de Pénélope. Athéna (sous les traits de Mentor) le guida lorsqu'il partit à la recherche de son père.

Télémaque (Hervé) (né en 1937), peintre haïtien. Ses «objets en état d'apesanteur» composent d'étranges rébus souvent teintés d'humour : série des *Par le sang* (1973), *la Forêt* (1975).

télématique [telematik] n. f. et adj. INFORM Ensemble des techniques associant les télécommunications et les matériels informatiques (connexion par le réseau téléphonique d'un ordinateur central et d'un terminal mis à la disposition d'un usager privé, consultation par le public de banques de données, etc.). ▷ adj. *Les services télématiques.*

télémètre [telemɛtʀ] n. m. TECH Appareil servant à mesurer la distance d'un point éloigné par un procédé optique ou radioélectrique.

téléo-, tél(o)-. Éléments, du gr. *teleos, telos,* «fin, but», et de *teleios,* «complet, achevé».

téléobjectif [teleɔbʒɛktif] n. m. PHOTO, AUDIOV Objectif photographique de distance focale supérieure à la focale dite «normale» et dont le champ embrassé est réduit, utilisé pour photographier des objets éloignés.

téléologie [teleɔlɔʒi] n. f. PHILO Étude de la finalité. ▷ Doctrine selon laquelle le monde obéit à une finalité.

téléologique [teleɔlɔʒik] adj. PHILO Qui a rapport à la téléologie. *Preuve téléologique de l'existence de Dieu.*

téléostéens [teleɔsteɛ̃] n. m. pl. ICHTYOL Super-ordre de poissons osseux dont le squelette est entièrement ossifié. *La plupart des poissons actuels sont des téléostéens.* – Sing. *Un téléostéen.*

télépathie [telepati] n. f. Communication à distance par la pensée, transmission de pensée.

télépathique [telepatik] adj. Propre à la télépathie.

téléphérique ou **téléférique** [teleferik] n. m. Moyen de transport de personnes par une cabine suspendue à un câble aérien. *Prendre le téléphérique.*

téléphone [telefɔn] n. m. **1.** Ensemble des dispositifs qui permettent de transmettre le son, et partic. la parole, à longue distance. *Abonné au téléphone.* – *Être au téléphone :* téléphoner. ▷ Loc. fam. *Donner un coup de téléphone à qqn,* l'appeler au téléphone. ▷ Fam. *Téléphone arabe :* transmission rapide, de bouche à oreille, des nouvelles, des ragots. (V. radio-cocotier, télédiol.) **2.** Appareil, poste téléphonique. *Téléphone sans fil.*

téléphoné, ée [telefɔne] adj. **1.** Transmis par téléphone. *Message téléphoné.* **2.** Fig. SPORT Se dit d'un coup qui ne produit pas d'effet de surprise.

téléphoner [telefɔne] v. [1] **1.** v. tr. Transmettre par téléphone. *Téléphone-lui ses résultats.* **2.** v. tr. indir. Parler au téléphone. *Téléphoner à un ami.* ▷ Absol. *Il déteste téléphoner.* ▷ v. pron. (Récipr.) *Ils n'arrêtent pas de se téléphoner.*

téléphonie [telefɔni] n. f. TECH Transmission des sons à distance. – Ensemble des techniques qui concernent le téléphone. ▷ *Téléphonie sans fil :* V. radiotéléphonie.

téléphonique [telefɔnik] adj. Du téléphone; qui concerne le téléphone; qui se fait par téléphone. *Appel téléphonique. Cabine téléphonique.*

téléphoniste [telefɔnist] n. Personne dont le métier est d'assurer le service du téléphone.

téléroman [teleʀɔmɑ̃] n. m. (Québec) Feuilleton télévisé s'inspirant de situations de la vie courante. (V. radioroman.)

télescopage [teleskɔpaʒ] n. m. Fait de télescoper, de se télescoper.

télescope [telɛskɔp] n. m. TECH, ASTRO Instrument d'optique destiné à l'observation des objets lointains (des astres, notam.), et dont l'objectif est un miroir. *Télescope électronique.* ▷ Cour. Tout instrument d'optique destiné à l'observation d'objets lointains.

télescoper [teleskɔpe] v. tr. [1] Heurter violemment, enfoncer. *Le semi-remorque a télescopé la camionnette.* ▷ v. pron. (Récipr.) *Les deux trains se sont télescopés.* – Fig. *Idées qui se télescopent,* que qui empiètent l'une sur l'autre en créant la confusion.

télescopique [teleskɔpik] adj. **1.** Qui se fait avec le télescope. *Mesures télescopiques.* ▷ *Planète télescopique,* que l'on ne peut observer qu'au moyen d'un instrument d'optique. **2.** Dont les différents éléments s'insèrent les uns dans les autres comme les tubes d'une lunette d'approche. *Antenne télescopique.*

téléscripteur [teleskʀiptœʀ] n. m. Appareil télégraphique qui assure à la réception l'impression directe des dépêches.

télésiège [telesjɛʒ] n. m. Remontée mécanique constituée d'un câble auquel sont suspendus des sièges.

téléski [teleski] n. m. Remonte-pente.

téléspectateur, trice [telespɛktatœʀ, tʀis] n. Personne qui regarde la télévision.

télésurveillance [telesyʀvɛjɑ̃s] n. f. TECH Surveillance effectuée à distance à l'aide de moyens électroniques.

télétex [teletɛks] n. m. (Nom déposé.) INFORM Procédé télématique de transmission de textes qui permet le traitement de texte à distance. *Le service international télétex doit succéder au télex.*

télétexte [teletɛkst] n. m. INFORM Syn. de *vidéographie* diffusée.*

téléthon [teletɔ̃] n. m. Émission de télévision interactive destinée à collecter des fonds pour la recherche médicale.

télétraitement [teletʀɛtmɑ̃] n. m. INFORM Traitement à distance des données, notam. au moyen de terminaux reliés à des ordinateurs. (V. télématique.)

télétransmission [teletʀɑ̃smisjɔ̃] n. f. TECH Transmission à distance de signaux (télégraphiques, vidéo, etc.).

télétravail, aux [teletʀavaj, o] n. m. (Rare au plur.) Mode de travail pratiqué à distance d'un lieu centralisateur, et dont la mise en œuvre nécessite des outils de télécommunication (fax, ordinateur connecté à un réseau, etc.). *Le télétravail, couramment pratiqué dans le secrétariat ou l'édition, tend à se généraliser dans de nombreux autres secteurs d'activité.*

télétype [teletip] n. m. (Nom déposé.) TECH Téléimprimeur.

télévidéothèque [televideotɛk] n. f. TECH Vidéothèque utilisable à distance par réseau câblé.

téléviseur [televizœʀ] n. m. Appareil récepteur de télévision. (Abrév. fam. : télé).

télévision [televizjɔ̃] n. f. **1.** Transmission des images à distance par ondes hertziennes (ou par câble); ensemble des techniques mises en œuvre dans ce type de transmission. **2.** *Par ext.* Organisme qui produit et diffuse des émissions par télévision. *Travailler à la télévision.* **3.** Fam. Téléviseur. *Ils ont acheté une télévision.* Abrév. fam. : télé, T.V., (Belgique) tévé.

télévisuel, elle [televizɥɛl] adj. Relatif à la télévision.

télex [telɛks] n. m. Service de transmission à distance de messages au moyen de téléimprimeurs.

télexer [telekse] v. tr. [1] TECH Transmettre par télex.

tell [tɛl] n. m. ARCHEOL Colline artificielle formée par l'accumulation de ruines, de déblais au cours des âges.

Tell (le), régions d'Algérie et de Tunisie proches de la Médit., où l'humidité permet de riches cultures (notam. près des côtes).

Tell (Guillaume). V. Guillaume Tell.

Tell al-Amarnah. V. Amarnah (Tell al-).

tellement [tɛlmɑ̃] adv. **1.** (Valeur intensive.) Si, aussi. *Il est tellement jeune!* ▷ (Devant une comparaison.) *Ce serait tellement mieux!* ▷ (Introduisant une proposition de cause.) *On ne pouvait respirer tellement il y avait de monde.* Syn. tant. **2.** Loc. conj. *Tellement... que.* (Introduisant une subordonnée de conséquence.) *Il est tellement fatigué qu'il ne tient plus debout.*

tellure [tɛl(l)yʀ] n. m. CHIM Élément (symbole Te) de numéro atomique Z = 52. – Corps simple (Te) situé à la frontière des métaux et des nonmétaux.

tellurique [tɛl(l)yʀik] adj. Didac. De la Terre; qui a rapport à la Terre, qui en provient. *Chaleur tellurique.*

télo-. V. téléo-.

télophase [telɔfaz] n. f. BIOL Dernière phase de la mitose*, au cours de laquelle les chromosomes des cellules filles se regroupent et se déconcentrent. (V. prophase, métaphase, anaphase.)

téloueou ou **telugu** [telugu] adj. et n. m. Relatif aux populations de l'Andhra Pradesh (Inde du S.). ▷ n. m. Langue dravidienne de ces populations.

Tem, ethnie du centre-est du Togo (env. 230000 personnes). Ils parlent une langue nigéro-congolaise du groupe gur.

Tema, port du Ghana, à l'E. d'Accra; 110000 hab. Centre industriel. Pêche industrielle.

téméraire [temeʀɛʀ] adj. et n. **1.** Hardi jusqu'à l'imprudence. *Alpiniste téméraire.* ▷ Subst. *C'est un téméraire.* **2.** Qui dénote la témérité. *Action téméraire.* ▷ *Jugement téméraire,* avancé sans preuves suffisantes.

témérité [temeʀite] n. f. Fait d'être téméraire (personnes); caractère de ce qui est téméraire (actions, paroles).

Témiscamingue (lac), lac du Canada, entre le Québec et l'Ontario, alimenté par l'Outaouais (cascades); 313 km^2. (V. Abitibi-Témiscamingue.)

témiscamien, enne [temiskamjɛ̃, ɛn] adj. et n. De la région du Témiscaminque, au Québec. ▷ Subst. *Un(e) Témiscamien(ne).*

Temné, population de l'ouest de la Sierra Leone (environ 700000 personnes). Ils parlent une langue nigéro-congolaise du groupe ouest-atlantique.

témoignage [temwaɲaʒ] n. m. **1.** Action de rapporter un fait, un événement en attestant sa réalité, sa vérité. *Témoignage historique.* ▷ *Porter témoignage :* faire une déclaration ayant valeur de témoignage. ▷ *Spécial.* Déposition d'un témoin devant la justice. *Faux témoignage :* déposition mensongère. **2.** Fig. Preuve, marque (d'un sentiment). *Témoignage d'estime.*

témoigner [temwaɲe] v. [**1**] **I.** v. intr. Être témoin, porter témoignage, spécial. devant la justice. *Témoigner en faveur de qqn ou contre qqn.* **II.** v. tr. indir. *Témoigner de :* constituer le signe ou la preuve de; marquer, dénoter. *Ce choix témoigne de son discernement.* **III.** v. tr. **1.** Marquer, manifester. *Témoigner sa joie.* **2.** *Témoigner que* ou *témoigner* (+ inf.) : certifier la réalité, la vérité de. *Elle a témoigné qu'elle l'a entendu, l'avoir entendu.*

témoin [temwɛ̃] n. m. **1.** Personne qui voit, entend qqch et peut éventuellement le rapporter. *Être témoin d'un événement. Témoin oculaire,* qui rend témoignage de ce qu'il a vu. ▷ Loc. *Prendre qqn à témoin,* invoquer son témoignage. **2.** Personne appelée à faire connaître en justice ce qu'elle sait d'une affaire. *Témoin à charge,* qui témoigne contre un accusé. *Témoin à décharge,* qui témoigne en faveur d'un accusé. *Faux témoin :* personne qui fait un faux témoignage. **3.** Personne qui en assiste une autre dans certains actes, pour servir de garant de leur authenticité, de leur sincérité. *Servir de témoin à un mariage.* **4.** Personne qui observe son milieu, la société et rend compte de ses observations. *Un chroniqueur témoin de son temps.* **5.** Personne qui, par ses actes, porte témoignage de l'existence de qqn, de qqch. *Les martyrs, témoins du Christ, de la foi.* **6.** Ce qui prouve l'existence, la réalité de qqch. *Ces vestiges, témoins d'une civilisation disparue.* **7.** (En appos.) Se dit de ce qui permet une comparaison, un contrôle avec une chose analogue. *Villa témoin. Lampe témoin d'un appareil électrique,* indiquant si celui-ci fonctionne. – GEOGR *Butte**-*témoin.* ▷ BIOL Être vivant sur lequel on n'a pas fait d'expérience et que l'on compare à celui qui a servi de cobaye. *Souris témoin.* **8.** SPORT Bâton que se passent les équipiers d'une course de relais.

tempe [tɑ̃p] n. f. Région de la tête, entre l'œil et le haut de l'oreille.

tempera (a) [atɑ̃peʀa] loc. V. a tempera.

tempérament [tɑ̃peʀamɑ̃] n. m. **I. 1.** Ensemble des caractères physiologiques propres à un individu. *Un tempérament robuste.* **2.** Ensemble des dispositions psychologiques de qqn. *Un tempérament calme.* ▷ Loc. fam. *Avoir du tempérament :* manifester une forte personnalité; *spécial.* manifester une forte inclination pour le plaisir sexuel. **II. 1.** *Acheter à tempérament,* en payant par tranches successives la somme due. – *Vente à tempérament,* à crédit. **2.** MUS Altération que, dans certains instruments, on fait subir à la proportion des intervalles pour que deux sons (par ex. : ré dièse et mi bémol) puissent être rendus par le même organe (corde, touche, etc.).

tempérance [tɑ̃peʀɑ̃s] n. f. **1.** Modération. **2.** Didac. Modération dans les désirs, dans les plaisirs des sens. *La tempérance est l'une des vertus cardinales.* **3.** Cour. Modération dans les plaisirs de la table. ▷ *Spécial.* Modération dans l'usage des boissons alcoolisées.

tempérant, ante [tɑ̃peʀɑ̃, ɑ̃t] adj. Litt. Qui fait preuve de tempérance.

température [tɑ̃peʀatyʀ] n. f. **1.** État de l'air, de l'atmosphère en un lieu, considéré du point de vue de la sensation de chaleur ou de froid que l'on y éprouve et dont la mesure objective est fournie par le thermomètre. *Température d'une chambre. Température moyenne d'un pays.* **2.** Degré de chaleur d'un corps quelconque. *Température d'ébullition d'un liquide.* **3.** Degré de chaleur d'un organisme animal ou humain. *Prendre sa température.* ▷ Absol. *Avoir, faire de la température :* être fiévreux. ▷ Par métaph. *Prendre la température :* se renseigner sur l'état d'esprit (d'une ou de plus. personnes).
ENCYCL Phys. – L'échelle de température légale, celle du Système International (SI), est l'*échelle thermodynamique,* ou *échelle absolue,* dans laquelle la température s'exprime en kelvins (symbole K). Dans la vie courante, on utilise l'échelle Celsius. Celle-ci diffère très peu de l'ancienne *échelle centésimale,* dont les points de repère 0 et 100 correspondent respectivement aux points de fusion et d'ébullition de l'eau pure à la pression normale. V. tabl. **unités** physiques.

tempéré, ée [tɑ̃peʀe] adj. **1.** Ni très chaud, ni très froid. *Climat tempéré.* **2.** MUS *Gamme tempérée :* V. tempérament (sens II, 2).

tempérer [tɑ̃peʀe] v. tr. [**14**] **1.** Adoucir. *La brise tempère l'ardeur du soleil.* **2.** Fig. et litt. Modérer. *Tempérer sa fougue.*

tempête [tɑ̃pɛt] n. f. **1.** Violente perturbation atmosphérique, très fort vent souvent accompagné de précipitations et d'orage. *Tempête de pluie, de neige.* – *Tempête de sable,* accompagnée de sable soulevé par le vent. – *Spécial.* Une telle perturbation, sur la mer ou sur les côtes. *Digue battue par la tempête.* ▷ METEO, MAR Vent qui a une vitesse comprise entre 89 et 102 km/h (force 10 Beaufort). – *Violente tempête :* vent entre 103 et 117 km/h (force 11 Beaufort). **2.** Fig. Trouble violent, agitation. «*Une tempête sous un crâne*» (V. Hugo). – Loc. *Une tempête dans un verre d'eau :* une grande agitation à propos d'une bagatelle. ▷ Suite de malheurs, de calamités qui s'abattent sur qqn. ▷ Trouble violent dans un État. *Les tempêtes de la Révolution.* **3.** Fig. Manifestation soudaine et violente; bruit qui évoque celui d'une tempête. *Une tempête d'imprécations.*

tempêter [tɑ̃pete] v. intr. [**1**] Exprimer bruyamment son mécontentement. *Crier et tempêter.*

temple [tɑ̃pl] n. m. **I. 1.** ANTIQ Édifice consacré au culte d'une divinité. *Le temple d'Apollon à Delphes.* ▷ Litt. ou plaisant (Par compar.) *Le temple de :* le lieu où l'on rend honneur à. *Un temple de la gastronomie, de la mode.* **2.** Édifice consacré au culte israélite. Syn. synagogue. **3.** Édifice consacré au culte protestant. **4.** Édifice contenant, dans la tradition bouddhiste, une statue du Bouddha et où ont lieu des rites commémoratifs ou de vénération. **II.** *Le Temple :* le temple que Salomon avait bâti à Jérusalem.

Templiers ou **chevaliers du Temple** (ordre des), ordre religieux et militaire créé en 1119 par le Français Hugues de Payns pour protéger les pèlerins en Terre sainte. Le Temple, qui reçut une règle en 1128, bénéficia de riches dons. Il se dota très vite d'une organisation internationale : le grand maître, assisté du chapitre général, dirigeait, depuis Jérusalem, les commandeurs de l'Orient latin et d'Occident. Chaque commanderie (il y en eut jusqu'à 9000) était une seigneurie. Lors de la chute de l'Orient latin, les Templiers se replièrent en Europe, où leur richesse fit d'eux les trésoriers du roi de France et du pape. En 1307, Philippe le Bel, accusant l'ordre de corruption pour prendre ses biens, ordonna l'arrestation de 138 templiers et fit pression sur le pape Clément V, qui prononça la dissolution du Temple (1312). Les Hospitaliers de Saint-Jean-de-Jérusalem (V. Malte [ordre de]) reçurent ses biens immobiliers. Le grand maître Jacques de Molay et plusieurs de ses compagnons, torturés, furent condamnés au bûcher à l'issue d'un long procès (1307-1314).

tempo [tempo] n. m. MUS Mouvement dans lequel doit être joué un morceau. *Tempo furioso.* ▷ *Spécial.* Rapidité plus ou moins grande du rythme. *Tempo lent, rapide.*

temporaire [tɑ̃pɔʀɛʀ] adj. Dont la durée est limitée. *Travail temporaire.*

temporairement [tɑ̃pɔʀɛʀmɑ̃] adv. De façon temporaire; durant un certain temps.

temporal, ale, aux [tɑ̃pɔʀal, o] adj. et n. m. ANAT Qui a rapport à la tempe, aux tempes. *Os temporal* ou, n. m., *le temporal,* formé de l'écaille, de l'os tympanal et du rocher.

temporalité [tɑ̃pɔʀalite] n. f. Didac. Caractère de ce qui se déroule dans le temps.

temporel, elle [tɑ̃pɔʀɛl] adj. et n. m. **I.** adj. **1.** Qui passe avec le temps. Ant. éternel. ▷ *Par ext.* Qui concerne les choses matérielles. *Les biens temporels et les biens spirituels.* **2.** GRAM Qui a rapport à l'expression du temps. *Proposition temporelle.* **3.** Qui se rapporte au temps, qui se déroule dans le temps. **II.** n. m. *Le temporel :* la puissance temporelle.

temporellement [tɑ̃pɔʀɛlmɑ̃] adv. Du point de vue temporel (sens I, 1 et 3).

temporisateur, trice [tɑ̃pɔʀizatœʀ, tʀis] n. et adj. **1.** Personne qui temporise. ▷ adj. *Politique temporisatrice.* **2.** n. m. TECH Dispositif qui introduit un retard dans l'exécution d'une opération.

temporiser [tɑ̃pɔʀize] v. intr. [**1**] Retarder le moment d'agir.

temps [tɑ̃] n. m. **I. 1.** Celle des dimensions de l'Univers selon laquelle semble s'ordonner la succession irréversible des phénomènes. *Le temps et l'espace.* ▷ Fig. «*L'ennemi vigilant et funeste, le temps*» (Baudelaire). **2.** Mesure du temps. *L'unité de temps est la seconde.* **3.** Espace de temps. *Temps de cuisson. Cela n'aura qu'un temps,* ne durera pas. *Demander du temps pour payer,* un délai. *Cet habit a fait son temps,* il ne peut plus servir. ▷ *Spécial.* SPORT Performance d'un sportif dans une épreuve de vitesse. ▷ INFORM *Temps réel :* mode de fonctionnement qui permet l'introduction permanente des données et l'obtention immédiate des résultats. *Temps partagé :* mode de fonctionnement dans lequel chaque utilisateur accède en permanence à l'ordinateur sans gêner les autres, et qui autorise les relations entre les usagers. **4.** Durée (considérée du point de vue de l'activité de qqn). *Avoir le temps, du temps devant soi :* ne pas être pressé. *Ne pas avoir le temps de,* le loisir de. – *Perdre son temps :* ne rien faire; faire des choses inutiles. – *Prendre son temps :* agir sans hâte. ▷ (Belgique) *Avoir le temps long :* trouver le temps long. **5.** Époque, période envisagée par rapport à ce qui l'a précédée ou suivie. *Les temps modernes. De mon temps :* à l'époque de ma jeunesse. *Au bon vieux temps :* à une époque lointaine où la vie passe pour avoir été simple et facile. **6.** Période considérée par rapport à l'état, aux mœurs d'une société. *En temps de guerre, de crise.* – *Signe des temps :* fait, circonstance qui caractérise les mœurs de l'époque dont on parle. *Être de son temps :* se conformer aux idées, aux usages de son époque. – Prov. *Autres temps, autres mœurs.* **7.** *Le temps de :* la saison, la période de l'année caractérisée par. *Le temps des semailles.* **8.** Moment, occasion de faire, d'agir. *Il y a (un) temps pour tout. Il est temps de partir. Il est grand temps de, que :* il est très urgent de, que. ▷ (Suisse) Loc. *Avoir meilleur temps (de) :* avoir avantage (à faire qqch). *Si vous êtes pressés, vous avez meilleur temps de passer tout droit.* **9.** GRAM Chacune des différentes séries des formes du verbe marquant un rapport déterminé avec la durée, le déroulement dans le temps. *Conjuguer un verbe à tous les modes et à tous les temps : présent, passé, futur. Temps, mode et aspect.* **10.** MUS Chacune des divisions de la mesure servant à régler le rythme. *Mesure à trois, à quatre temps. Temps fort, faible.* **11.** TECH Chacune des phases d'un cycle de moteur à explosion. *Moteur à deux, à quatre temps.* **12.** Loc. adv. *À temps :* dans les limites du temps fixé, convenable. *Arriver à temps.* ▷ *En même temps :* simultanément. *Partir en même temps.* ▷ *De tout temps :* depuis toujours. ▷ *En temps et lieu :* au moment et dans le lieu convenables. ▷ *De temps en temps, de temps à autre :* à des moments éloignés les uns des autres; quelquefois. ▷ *Quelque temps :* pendant un certain temps. ▷ *Tout le temps :* sans cesse. ▷ (Belgique) *Tout un temps :* assez longtemps. – *Un petit temps :* peu de temps. **II.** État de l'atmosphère. *Temps orageux. Beau temps.* – Fig. Prov. *Après la pluie, le beau temps :* après les ennuis vient un temps plus heureux. ▷ MAR *Gros temps :* mauvais temps, vent fort et mer agitée. *Petit temps :* vent faible et mer calme. ▷ Loc. fig. *Parler de la pluie et du beau temps,* de banalités. *Faire la pluie et le beau temps :* avoir beaucoup d'influence, détenir de vastes possibilités d'action, de manœuvres.

ENCYCL Astro. – L'échelle de *temps universel* (abrév. : UT) se déduit de la rotation de la Terre autour de son axe et de son mouvement autour du Soleil. Le *temps solaire vrai* est égal à l'angle horaire du Soleil : il est 0 h vraie lorsque le Soleil traverse le méridien. Le *temps solaire moyen* est calculé en supposant un Soleil fictif dont l'angle horaire varie uniformément, ce qui n'est pas le cas du Soleil réel, compte tenu de l'obliquité de l'écliptique en partic. Au temps solaire moyen on substitue le *temps civil,* par addition de 12 heures. Le jour civil commence donc à minuit. Le *temps universel* est par définition égal au temps civil de Greenwich. Les *temps légaux* dérivent du temps universel suivant le système des fuseaux horaires. En principe, chaque pays adopte l'heure du fuseau qui contient sa capitale (sauf pour les pays très étendus). Il existe un deuxième temps astronomique, le *temps des éphémérides,* dont l'échelle se déduit du mouvement de la Terre autour du Soleil. Sa période fondamentale est l'année. En 1972, a été définie une base du temps légal, le *temps universel coordonné* (UTC), établi à partir du *temps atomique international* (défini sur la base de la vibration de l'atome de césium) et du temps universel.

Temps modernes (les), revue politique, philosophique et littéraire franç. créée par Sartre en 1945.

tenable [tənabl] adj. (Souvent en tournure négative.) Que l'on peut tenir, défendre; supportable. *Ces positions ne sont plus tenables. À l'ombre, c'est à peu près tenable.*

tenace [tenas] adj. **1.** Qui adhère fortement, qui est difficile à ôter. *Une couche tenace de rouille et de cambouis.* – Par anal. *Odeur tenace,* qui persiste longtemps. ▷ *Métal tenace,* qui résiste bien aux efforts de traction. ▷ Fig. Difficile à faire disparaître. *Une migraine tenace. Superstitions tenaces.* **2.** Fig. Qui ne renonce pas facilement à ses idées, à ce qu'il entreprend. *Un chercheur tenace.*

ténacité [tenasite] n. f. **1.** Caractère de ce qui est tenace. ▷ Résistance à la rupture (d'un métal). **2.** Fig. Caractère d'une personne tenace.

tenaille [tənaj] n. f. (Surtout au plur.) Pince servant à saisir et à serrer divers objets pendant qu'on les travaille. *Tenailles de forgeron, de menuisier.* ▷ Fig. *Prendre l'ennemi en tenaille(s),* l'attaquer de deux côtés à la fois.

tenaillement [tənajmɑ̃] n. m. Souffrance, tourment.

tenailler [tənaje] v. tr. [1] Faire souffrir cruellement; tourmenter. *Le remords le tenaille.* – Pp. adj. *Il est tenaillé par la faim.*

Tenakourou ou **Tena Kourou,** point culminant du Burkina Faso, à proximité de la frontière avec le Mali (749 m).

tenancier, ère [tənɑ̃sje, ɛʀ] n. **1.** Fermier d'une petite exploitation agricole dépendant d'une ferme plus importante. **2.** Personne qui gère un établissement soumis à une réglementation des pouvoirs publics. *Tenancier d'un bar, d'un hôtel.*

tenant, ante [tənɑ̃, ɑ̃t] adj. f. et n. **A.** adj. f. Dans la loc. *séance tenante :* sur-le-champ. **B.** n. **I.** *Tenant(e) d'un titre :* personne qui détient un titre sportif. **II.** n. m. **1.** Personne qui soutient, défend une opinion (ou, moins cour., qqn). *Les tenants d'une théorie.* **2.** DR *Les tenants et les aboutissants d'un fonds de terre,* les diverses pièces de terre qui le bornent. ▷ Fig. *Connaître les tenants et les aboutissants* d'une affaire.* ▷ Loc. *D'un seul tenant :* sans solution de continuité. *Cent hectares d'un seul tenant.*

tendance [tɑ̃dɑ̃s] n. f. **1.** Ce qui prédispose ou qui pousse spontanément qqn à certains comportements. *Tendance à la rêverie, à la mégalomanie.* Syn. disposition, inclination, propension, penchant. ▷ (Personnes) *Avoir tendance à* (+inf.) : être enclin à. *Avoir tendance à mentir.* ▷ (Choses) *Avoir tendance à* (+inf.) : tendre à, en venir à, être en voie de. *Souvenirs qui ont tendance à s'estomper.* **2.** Orientation politique, intellectuelle, artistique, etc. *Les tendances littéraires actuelles.* – *Les différentes tendances d'un parti politique,* les divers courants d'opinion au sein de ce parti. **3.** Évolution probable dans un sens déterminé par l'évolution antérieure. *Tendance des cours à la hausse.* **4.** STATIS *Tendance de fond,* observable sur une longue période.

tendanciel, elle [tɑ̃dɑ̃sjɛl] adj. Didac. Qui concerne, indique une tendance.

tendancieux, euse [tɑ̃dɑ̃sjø, øz] adj. Péjor. Qui manifeste une tendance (sens 2); qui ne présente pas les faits avec objectivité. *Propos tendancieux.*

Tende, com. de France (Alpes-Maritimes); 2 123 hab. – En 1947, le *comté de Tende* (italien) devint un territoire français.

tendeur, euse [tɑ̃dœʀ, øz] n. **1.** Personne qui tend qqch. *Tendeur de pièges.* **2.** n. m. Appareil, dispositif servant à tendre, à raidir. *Tendeur pour les fils métalliques des clôtures.* **3.** n. m. Sandow.

tendineux, euse [tɑ̃dinø, øz] adj. **1.** ANAT Qui appartient à un tendon; qui est constitué d'un tissu analogue à celui des tendons. **2.** Qui contient des tendons. *Viande tendineuse.*

tendinite [tɑ̃dinit] n. f. MED Inflammation d'un tendon, d'origine traumatique ou rhumatismale.

tendon [tɑ̃dɔ̃] n. m. Extrémité fibreuse et blanche d'un muscle, de forme cylindrique ou aplatie, par laquelle il s'insère sur un os. ▷ *Tendon d'Achille :* réunion des tendons des muscles jumeaux et du soléaire, qui s'insère sur la face postérieure du calcanéum.

1. tendre [tɑ̃dʀ] adj. et n. **I.** adj. **1.** Qui peut être facilement entamé, coupé. *Du bois tendre. De la viande tendre.* ▷ Fig. *La tendre enfance :* la première enfance. *L'âge tendre :* l'enfance. **2.** Clair et délicat (couleurs). *Un bleu tendre.* **3.** Affectueux; doux et délicat. *Un père tendre. Des paroles, des gestes tendres.* – Subst. *Un(e) tendre.* **II.** n. m. LITTER *Carte du Tendre :* carte du pays de Tendre (c.-à-d. : du pays des sentiments amoureux) imaginée en 1653 par Mlle de Scudéry, et montrant les différents chemins qui mènent à l'amour.

2. tendre [tɑ̃dʀ] v. **[6]** **I.** v. tr. **1.** Tirer en écartant les extrémités d'une pièce afin qu'elle présente une certaine rigidité. *Tendre une corde, une bâche.* ▷ Fig. *Tendre son esprit :* se concentrer sur qqch. **2.** Préparer, disposer (un piège). *Tendre un filet.* ▷ Fig. *Tendre un piège à qqn,* chercher à lui faire commettre une erreur fâcheuse sans qu'il s'en doute. **3.** *Tendre un mur, une pièce,* les tapisser. *Elle a tendu sa chambre de toile imprimée.* **4.** Présenter (qqch) en l'avançant. *Tendre la main. Tendre un objet à qqn.* ▷ Loc. *Tendre la main :* mendier. – Fig. *Tendre la main à qqn,* lui offrir son aide. – *Tendre l'oreille :* écouter avec attention. **II.** v. tr. indir. **1.** *Tendre à, vers (qqch) :* avoir pour objectif, chercher à atteindre. *Propos qui tendent à l'apaisement général. Tendre à la perfection.* **2.** *Tendre à* (+ inf.) : être en voie de, en venir à, avoir tendance à. *Déficit qui tend à se résorber.* **3.** Se rapprocher d'une valeur limite. *Tendre vers zéro.* **III.** v. pron. **1.** Être tendu. *Sa main se tend vers toi.* **2.** Fig. Devenir tendu, difficile. *Leurs relations se sont tendues.*

Tendre (mont), point culminant du Jura suisse, dans le cant. de Vaud; 1 679 m.

tendrement [tɑ̃dʀəmɑ̃] adv. Avec tendresse.

tendresse [tɑ̃dʀɛs] n. f. **1.** Caractère, attitude, sentiments d'une personne tendre. *Aimer avec tendresse.* **2.** (Plur.) Actes, paroles tendres. *Dire mille tendresses à qqn.*

tendreté [tɑ̃dʀəte] n. f. Qualité d'une denrée tendre. *Tendreté d'un gigot.*

tendu, ue [tɑ̃dy] adj. **1.** Qui subit une tension. *Ressort tendu.* ▷ Fig. *Avoir l'esprit tendu. Être tendu nerveusement.* **2.** Fig. Rendu difficile par une mauvaise entente. *Rapports tendus. Situation tendue.* **3.** LING Se dit de sons articulés avec une grande tension des organes. *Consonne tendue.*

Tène (La), site protohistorique de Suisse, à l'extrémité orientale du lac de Neuchâtel; il a donné son nom au second âge du fer («civilisation de La Tène», v. 450-50 av. J.-C.), marqué par l'expansion de la civilisation celtique continentale. Les premières découvertes datent de 1858.

ténèbres [tenɛbʀ] n. f. pl. **1.** Obscurité épaisse. *Il ne pouvait se guider dans ces ténèbres.* ▷ Fig. *Le prince, l'ange des ténèbres :* Satan. *L'empire des ténèbres :* l'enfer. **2.** Fig., litt. État de ce qui est étranger à la raison, à la connaissance, aux «lumières». *Les ténèbres de l'ignorance.*

ténébreux, euse [tenebʀø, øz] adj. (et n. m.) **1.** Litt. Où règnent les ténèbres. **2.** Fig. Difficile à comprendre, à débrouiller. *Une ténébreuse affaire.* **3.** Sombre et mélancolique. ▷ n. m. (Souvent par plaisant.) *Un beau ténébreux :* un beau garçon grave et taciturne.

ténébrion [tenebʀijɔ̃] n. m. ENTOM Insecte coléoptère (genre *Tenebrio*), noir, aux élytres striés, qui vit dans les lieux sombres et dont les larves, dites *vers de farine, vers de riz,* s'attaquent à ces denrées.

Ténéré (le), région du Sahara (1 360 000 km² env.) située au Niger, au S.-E. du Hoggar.

Tenerife ou **Ténériffe,** la plus grande des îles Canaries (Espagne); 1929 km²; 770 600 hab.; ch.-l. *Santa Cruz de Tenerife.* Le point culminant est le volcan Teide (3 710 m). Sol volcanique très fertile : vigne, agrumes, tabac. Tourisme.

ténesme [tenɛsm] n. m. MED Tension douloureuse du sphincter anal ou vésical, avec sensations de brûlure et envie continuelle d'aller à la selle ou d'uriner.

1. teneur [tənœʀ] n. f. **1.** Contenu, sens général (d'un écrit, d'un discours). *Quelle est la teneur de cette lettre?* **2.** Proportion d'une substance dans un corps, dans un mélange. *La teneur de l'air en gaz carbonique.*

2. teneur, euse [tənœʀ, øz] n. COMPTA *Teneur de livres :* personne qui tient les livres de comptabilité.

Teng Siao-p'ing. V. Deng Xiaoping.

ténia ou **tænia** [tenja] n. m. Ver plat (plathelminthe) cestode (genre *Tænia*), parasite de l'homme et des vertébrés.
ENCYCL Le *ténia armé* ou *ver solitaire (Tænia solium),* transmis par la viande de porc, parasite l'homme; il mesure de 2 à 6 m de long; sa tête *(scolex)* porte 4 ventouses et une double couronne de crochets, par lesquels il s'accroche à la paroi de l'intestin grêle. Le *ténia inerme (Tænia saginata),* transmis par la viande de bœuf, est plus fréquent chez l'homme; il mesure de 3 à 8 m de long et sa tête n'a pas de crochets.

Teniers (David), dit *le Vieux* (1582 – 1649), marchand de tableaux et peintre flamand. — **David,** dit *Teniers le Jeune* (1610 – 1690), fils du préc. Il peignit avec virtuosité des scènes pittoresques (kermesses, cabarets).

ténifuge [tenifyʒ] adj. MED Qui provoque l'expulsion des ténias. ▷ n. m. Médicament ténifuge.

tenir [təniʀ] v. [36] **I.** v. tr. **1.** Avoir à la main, dans les bras, etc. *Tenir un objet. Tenir qqn par le cou.* **2.** (Sujet n. de chose.) Maintenir fixé. *La sangle qui tient la charge.* **3.** Parvenir à avoir ou à garder en son pouvoir, sous son contrôle. *Nous tenons le coupable. Tenir son cheval.* – Fig. *La fièvre le tient.* ▷ Loc. *Tenir sa langue :* savoir se taire. – (Forme passive.) *Être tenu à qqch, à faire qqch,* y être contraint, obligé. **4.** Avoir, posséder. *Je tiens la solution.* – Prov. *Mieux vaut tenir que courir :* il vaut mieux se contenter de ce qu'on a que de rechercher qqch d'incertain. **5.** *Tenir une chose d'une personne,* l'avoir eue par l'intermédiaire de cette personne. *Je tiens ces documents d'un confrère.* – Fig. *De qui tenez-vous la nouvelle?* **6.** Occuper (un espace). *Ce meuble tient trop de place.* ▷ Loc. *Tenir lieu* de.* **7.** Avoir la charge de; être occupé à. *Tenir un restaurant. Tenir la caisse.* – (Belgique) Fam. Élever (des animaux). *Tenir des lapins, des poules.* – (Belgique) *Tenir une collection :* faire une collection. – *Tenir compte* de.* – *Tenir conseil :* s'assembler pour délibérer. ▷ *Tenir tel discours, tel propos :* parler de telle manière. **8.** Maintenir dans la même position, la même situation. *Tenir les yeux baissés. Tenir une chose secrète. Tenir qqn en haleine*, en respect*.* – (Belgique) *Tenir (qqch) pour soi :* garder (qqch) pour soi, ne pas le révéler. **9.** Garder, conserver. *Tenir son sérieux.* – *Tenir rigueur* à qqn.* ▷ *Instrument qui tient l'accord,* qui reste longtemps accordé. **10.** (Sujet n. de chose.) Pouvoir contenir. *Ce réservoir tient vingt litres.* **11.** Rester dans (un lieu); conserver (une direction). *Tenir la chambre, le lit. Tenir un cap.* ▷ *Bateau qui tient bien la mer,* qui est stable et sûr. – Par anal. *Voiture qui tient la route.* **12.** Être fidèle à (un engagement). *Tenir sa parole.* **13.** *Tenir qqch, qqn pour,* le considérer comme. *Tenir une chose pour vraie.* ▷ Fam. *Se tenir qqch pour dit,* ne pas avoir besoin qu'on vous le rappelle. **II.** v. intr. **1.** Rester à la même place, dans la même position, sans se détacher, sans tomber. *Ce clou, ce pansement tient mal.* **2.** Subsister sans changement. *Ce projet tient-il toujours?* ▷ Fig. Être cohérent, valable, digne de considération, crédible. (V. aussi v. pron. ci-après : IV, 7.) *Ses arguments ne tiennent pas* ou, fam., *ne tiennent pas debout.* **3.** (Sujet n. de personne.) Résister. *Ils ne pourront pas tenir longtemps.* – *Tenir bon* (même sens). *Tenir bon contre une attaque.* ▷ (Belgique, fam.; France, vieilli) *Tenir pour* ou *tenir avec (qqn) :* soutenir (qqn), prendre parti pour (qqn). ▷ *N'y plus tenir :* ne plus pouvoir se dominer. **4.** Pouvoir être compris dans un certain espace, dans certaines limites. *Ses vêtements tiendront dans une seule valise.* – Fig. *Toute sa philosophie tient en une maxime.* **III.** v. tr. indir. **1.** Adhérer, être attaché (à). *Affiche qui tient au mur avec des punaises, de la colle.* ▷ Fig. *Tenir à qqn, à qqch,* y être attaché. – *Cela lui tient à cœur :* il y porte un grand intérêt. ▷ (Suivi de l'inf. ou du subj.) Désirer à tout prix. *Je tiens à le rencontrer, à ce que tu le voies.* **2.** Dépendre, provenir (de). *La maladresse tient parfois à l'inexpérience.* ▷ v. impers. *Il ne tient qu'à vous que cela réussisse,* cela ne dépend que de vous. – *Qu'à cela ne tienne :* que cela ne soit pas un empêchement. **3.** *Tenir de :* avoir une certaine ressemblance avec. *Il tient de son père. Cela tient de la folie.* **IV.** v. pron. **1.** (Récipr.) Se tenir mutuellement. *Ils se tenaient par la main.* **2.** Se retenir, s'accrocher à (qqch). *Se tenir d'une main au trapèze.* **3.** Se trouver, demeurer (dans un certain lieu, une certaine position, un certain état). *Elle se tenait sur le pas de la porte. Se tenir accroupi.* ▷ *Se tenir bien, mal :* avoir un bon, un mauvais maintien; faire preuve d'une bonne, d'une mauvaise éducation. **4.** Avoir lieu. *La réunion se tiendra ici.* **5.** *S'en tenir à :* rester dans les limites de (qqch d'arrêté). – *Tenons-nous-en là :* n'en disons, n'en faisons pas davantage. – *Savoir à quoi s'en tenir :* être fixé sur qqch. **6.** *Se tenir pour :* se considérer comme. *Se tenir pour satisfait.* **7.** Fig. (Sujet n. de chose.) *Absol.* Présenter une certaine cohérence; être vraisemblable, crédible. *Son récit se tient.* **V.** Loc. interj. *Tiens! Tenez! :* Prends! Prenez! ▷ (Pour attirer l'attention, marquer l'étonnement.) *Tenez, je vais vous le montrer. Tiens, il pleut!* – Rem. : *Tiens!* s'emploie aussi avec le vouvoiement. *Tiens! vous voilà!*

Tenkodogo, v. du Burkina Faso, au sud-ouest de Ouagadougou; 22 900 hab.; ch.-l. de la prov. de Boulgou. – Cette ville fut le centre d'un royaume mossi (XIIe- XIVe s.).

Tennessee, État du centre-est des É.-U., drainé par le *Tennessee* (1 600 km, affl. de l'Ohio); 109 411 km²; 4 877 000 hab.; cap. *Nashville;* v. princ. *Memphis.* – Le plateau central appalachien, au climat chaud et humide, est bordé à l'O. par le Mississippi, à l'E. par une zone de crêtes. Ressources : agriculture, zinc, fer, charbon, hydroélectricité. – Colonisée au XVIIIe s. par les Anglais, la région forma en 1796 le seizième État de l'Union. Sécessionniste, l'État fut très éprouvé par la guerre.

tennis [tenis] n. m. **1.** Sport pratiqué par deux ou quatre joueurs qui se renvoient une balle au moyen de raquettes, sur un terrain *(court)* séparé en deux camps par un filet. ▷ *Des chaussures de tennis* ou, ellipt., n. m. pl., *des tennis :* chaussures de sport basses à empeigne souple et à semelle de caoutchouc. **2.** Court de tennis. **3.** *Tennis de table* ou *ping-pong :* jeu analogue au tennis qui se joue sur une table spéciale avec des raquettes en bois revêtues de caoutchouc.

Tennyson (Alfred, lord) (1809 – 1892), poète anglais aux vers subtils : *Poèmes* (1833, comprend *les Mangeurs de lotus*), *Maud* (1855), *les Idylles du roi* (1859-1885), *Enoch Arden* (1864).

Tenochtitlán. V. Mexico.

tenon [tənɔ̃] n. m. TECH Partie en relief d'un assemblage, façonnée selon une forme régulière et destinée à être enfoncée dans une mortaise.

ténor [tenɔʀ] n. m. et adj. m. **1.** Voix d'homme la plus haute. ▷ adj. m. Se dit des instruments à vent dont la tessiture correspond à celle de la voix de ténor. *Saxophone ténor* ou, n. m., *un ténor.* **2.** Chanteur qui a cette voix. ▷ Fig. Personne connue pour son grand talent dans l'activité qu'elle exerce. *Les ténors du barreau.*

tenrec [tɑ̃ʀɛk] n. m. V. tanrec.

tenseur [tɑ̃sœʀ] adj. m. et n. m. **1.** adj. m. ANAT Qui sert à tendre. *Le muscle tenseur* ou, n. m., *le tenseur.* **2.** n. m. MATH Élément d'un espace vectoriel qui présente des propriétés particulières et généralise la notion de vecteur dans les espaces à plus de trois dimensions. Syn. produit tensoriel. (Le tenseur de deux vecteurs $\vec{x}$ et $\vec{y}$ se représente ainsi : $\vec{x} \otimes \vec{y}$; et se lit : « x tenseur y ».)

Tensif (oued), fleuve du S. du Maroc (270 km). Né dans le Haut Atlas, il arrose Marrakech et se jette dans l'Atlantique.

tensio-actif, ive [tɑ̃sjoaktif, iv] adj. CHIM Qui modifie (partic., en la diminuant) la tension superficielle. *Les détergents sont tensio-actifs.* ▷ n. m. Corps tensio-actif. (V. agent de surface*.)

tensiomètre [tɑ̃sjɔmɛtʀ] n. m. MED Appareil servant à mesurer la tension artérielle.

tension [tɑ̃sjɔ̃] n. f. **I. 1.** Action de tendre; état de ce qui est tendu. *Tension des muscles.* **2.** PHYSIOL Résistance opposée par une paroi aux liquides ou aux gaz contenus dans la cavité ou le conduit qu'elle limite. *Tension vasculaire* (artérielle ou veineuse). ▷ *Absol.* Pression du sang, équilibrée par la tension vasculaire. – Cour. *Avoir de la tension,* une pression sanguine trop élevée. **3.** ELECTR Différence de potentiel. *Une tension de trois mille volts. Haute, moyenne, basse tension.* **4.** PHYS Force expansive, pression d'une vapeur, d'un gaz. *Tension de vapeur saturante :* pression maximale à laquelle un liquide se vaporise, à une température donnée. ▷ *Tension superficielle :* résultante des forces de cohésion intermoléculaires qui s'exercent au voisinage des interfaces liquide-gaz, liquide-solide ou solide-gaz, perpendiculairement à celles-ci. **II.** (Abstrait) **1.** Forte concentration de l'esprit appliqué à un seul objet. *Tension d'esprit.* ▷ *Tension nerveuse :* nervosité. **2.** Hostilité entre des personnes, des groupes, des États. *Tension diplomatique.*

tensoriel, elle [tɑ̃sɔʀjɛl] adj. MATH Relatif aux tenseurs. *Calcul tensoriel.*

tentaculaire [tɑ̃takylɛʀ] adj. **1.** Qui a rapport aux tentacules. **2.** Fig. Qui a tendance à beaucoup s'étendre. *Ville tentaculaire. Entreprise tentaculaire.*

tentacule [tɑ̃takyl] n. m. ZOOL Appendice allongé et mobile, plus ou moins armé, dont sont munis divers invertébrés (cnidaires, cténaires, céphalopodes, etc.), et qui leur sert d'organe tactile, préhensile, locomoteur, etc.

tentant, ante [tɑ̃tɑ̃, ɑ̃t] adj. Qui tente, qui provoque l'envie, le désir.

tentateur, trice [tɑ̃tatœʀ, tʀis] adj. et n. Qui cherche à entraîner au mal. *L'esprit tentateur* ou, n. m., *le Tentateur :* le démon.

tentation [tɑ̃tasjɔ̃] n. f. **1.** RELIG Ce qui pousse au mal, à ce qui est contraire à une loi morale, religieuse; attirance pour le mal. *La tentation de la chair.* ▷ Loc. *En tentation. Induire en tentation.* **2.** Fait d'être attiré par, de désirer (une chose, une action), ressenti comme une mise à l'épreuve de soi. – Action ou chose suscitant un tel sentiment. *Céder à la tentation d'acheter qqch.*

tentative [tɑ̃tativ] n. f. **1.** Action par laquelle on cherche à atteindre un but; fait de tenter, d'essayer. *Faire une tentative de conciliation.* **2.** DR Acte accompli en vue de commettre une infraction, mais qui n'aboutit pas au résultat voulu. *Tentative d'assassinat.*

tente [tɑ̃t] n. f. **1.** Abri provisoire de forte toile, de tissu synthétique, de peaux, de nattes, que l'on peut transporter et dresser facilement. *Camper sous la tente.* **2.** ANAT *Tente du cervelet :* prolongement de la dure-mère formant une cloison entre la face supérieure du cervelet et la face inférieure des lobes occipitaux.

tenter [tɑ̃te] v. tr. [1] **I.** Entreprendre (qqch de plus ou moins hasardé) avec le désir de réussir. *Tenter l'impossible.* – *Tenter sa chance :* prendre un risque dans l'espoir de réussir. ▷ (Suivi de l'inf.) *Tenter de prouver qqch.* **II. 1.** Faire naître (chez qqn) le désir, l'envie de (qqch). *Ce gâteau, cette offre me tente.* ▷ (Au passif.) *Être tenté de* (suivi de l'inf.) : éprouver l'envie de. *J'étais tenté de tout lui dire.* **2.** Inciter à pécher, à faire le mal. ▷ Loc. fam. *Tenter le diable :* prendre des risques excessifs.

tente-roulotte [tɑ̃tʀulɔt] n. f. (Québec) Caravane pliante dont les parois, et parfois le toit, sont en toile. *Des tentes-roulottes.*

tenture [tɑ̃tyʀ] n. f. **1.** (Sing. collect.) Ensemble de pièces de tapisserie, d'étoffe, destinées à tendre les murs d'une salle. **2.** Élément de garniture murale en tissu, en papier, etc. **3.** (Plur.) (Belgique) Double rideau*. *De belles tentures de velours vert.*

tenu, ue [təny] adj. *Bien, mal tenu :* dont l'entretien, la propreté sont satisfaisants, non satisfaisants. *Maison bien tenue.*

ténu, ue [teny] adj. Très mince, très fin. *Fils ténus.* – Fig. *Son, souffle ténu.*

tenue [təny] n. f. **1.** Temps pendant lequel certaines assemblées se tiennent. *La tenue des assises.* **2.** Action de bien se tenir; manière de se conduire, de se présenter. *Manquer de tenue. Avoir une mauvaise tenue.* ▷ Manière de s'habiller; costume que l'on porte dans certaines occasions. *Tenue débraillée. Tenue de soirée. Grande tenue :* grand uniforme, habit de parade. **3.** Action de tenir en ordre. *La tenue d'une maison.* ▷ COMPTA *Tenue de livres :* action, manière de tenir des livres de comptes. **4.** *Tenue de route :* aptitude d'une voiture à suivre exactement et en toutes circonstances la direction que son conducteur veut lui donner. **5.** FIN Fermeté d'une valeur dans son prix. **6.** MUS Action de soutenir une note pendant un certain temps.

Tenzin Gyatso (né en 1935), quatorzième dalaï-lama depuis 1940. Réfugié en Inde, il lutte pour l'indépendance du Tibet. P. Nobel de la paix 1989.

Teotihuacán, v. précolombienne du Mexique, au N.-E. de Mexico, foyer d'une import. civilisation du Mexique central, dite *civilisation de Teotihuacán* (300 av. J.-C. à 1000 apr. J.-C.), qui connut son apogée entre 300 et 650 apr. J.-C. (période dite « Teotihuacán III »). Princ. monuments : pyramides de la Lune et du Soleil, temple de Quetzalcóatl.

tep [tɛp] n. f. TECH Acronyme pour *tonne équivalent pétrole,* unité de mesure qui correspond à une masse de combustible renfermant la même énergie calorifique qu'une tonne de pétrole.

ter [tɛʀ] adv. Trois fois.

téra-. Élément, du gr. *teras, teratos,* « chose monstrueuse, monstre », que l'on place devant une unité pour la multiplier par 10^{12}, soit un million de millions (symbole T).

tératogène [teʀatɔʒɛn] adj. BIOL Qui provoque le développement d'organes ou d'organismes (végétaux ou animaux) anormaux, monstrueux.

tératologie [teʀatɔlɔʒi] n. f. BIOL Partie de la biologie qui étudie les anomalies et monstruosités chez les êtres vivants.

terbium [tɛʀbjɔm] n. m. CHIM Élément (symbole Tb) appartenant à la famille des lanthanides, de numéro atomique Z=65. – Métal (Tb).

tercet [tɛʀsɛ] n. m. VERSIF Strophe de trois vers.

térébenthine [teʀebɑ̃tin] n. f. TECH Résine semi-liquide de certains végétaux (térébinthacées et conifères), dont on extrait par distillation l'*essence de térébenthine,* utilisée pour la préparation de vernis et de siccatifs. ▷ Ellipt., cour. *De la térébenthine :* de l'essence de térébenthine.

térébinthacées [teʀebɛ̃tase] n. f. pl. BOT Anc. nom des anacardiacées.

térébrant, ante [teʀebʀɑ̃, ɑ̃t] adj. **1.** ZOOL Qui perce, qui perfore. *Mollusques térébrants* (*tarets,* etc.). *La tarière, appendice térébrant des femelles de certains insectes.* **2.** MED Qui tend à gagner les tissus en profondeur. *Tumeur, ulcération térébrante.* ▷ *Douleur térébrante,* profonde et poignante.

térébratule [teʀebʀatyl] n. f. ZOOL Brachiopode répandu dans toutes les mers, présentant une coquille ovale, articulée par une charnière.

térèbre [teʀɛbʀ] n. f. Mollusque gastéropode à coquille allongée, constituée d'un grand nombre de spires, vivant dans le sable des plages tropicales.

Terechkova (Valentina Vladimirovna) (née en 1937), cosmonaute soviétique; la première femme qui effectua un vol spatial (1963).

Térence (en lat. *Publius Terentius Afer*) (v. 190 – 159 av. J.-C.), poète comique latin. Esclave du sénateur Terentius Lucanus, qui l'affranchit. Six de ses comédies (de 166 à 160 av. J.-C.) nous sont parvenues, notam. *l'Eunuque;* Molière s'inspira de *Phormion* (dans *les Fourberies de Scapin*) et des *Adelphes* (dans *l'École des maris*).

Teresa (Agnes Gonxha Bajaxhiu, en relig. Mère) (née en 1910), religieuse indienne d'origine albano-yougoslave; fondatrice des Missionnaires de la charité. P. Nobel de la paix 1979.

1. tergal, ale, aux [tɛʀgal, o] adj. ZOOL De la région dorsale.

2. tergal, als [tɛʀgal] n. m. (Nom déposé.) Fibre synthétique de ténacité élevée; tissu fait avec cette fibre.

tergiversation [tɛʀʒivɛʀsasjɔ̃] n. f. (Le plus souvent plur.) Fait de tergiverser; hésitation, faux-fuyant, détour.

tergiverser [tɛʀʒivɛʀse] v. intr. [1] User de détours, de faux-fuyants, pour éluder une décision; atermoyer.

terme [tɛʀm] n. m. **I. 1.** Limite, fin (dans le temps). *Le terme de la vie. Toucher à son terme :* être près de sa fin. *Mener à terme :* mener à bonne fin, accomplir. *Au terme de :* à la fin de. ▷ *Spécial.* Moment de l'accouchement, neuf mois après la conception, dans l'espèce humaine. *Enfant né à terme, avant terme.* **2.** DR Moment où expire un délai; espace de temps fixé pour l'exécution d'une obligation. *Vente à terme,* dans laquelle l'acheteur ne paye son créancier qu'après un certain laps de temps. ▷ Fig. *À court, à long terme :* dans un avenir proche, lointain (cf. *à brève, à lointaine échéance*). **3.** Temps fixé pour le paiement d'un loyer. *Payer à terme échu.* ▷ Laps de temps qui s'étend d'un terme à l'autre. ▷

Somme due à la fin du terme, montant du loyer. *Payer son terme.* **4.** (Plur.) *Être en bons, en mauvais termes avec qqn,* avoir de bonnes, de mauvaises relations avec lui. **II. 1.** Mot, tournure, expression. *Terme propre, figuré. Je ne connaissais pas ce terme.* ▷ (Plur.) Mots dont on use pour parler de qqch, de qqn. *Ce sont là ses propres termes,* les mots mêmes qu'il a employés. *Les termes d'un contrat,* les stipulations qu'il contient. ▷ Mot appartenant au vocabulaire particulier d'un métier, d'un art, d'une activité quelconque. *Terme technique.* ▷ Loc. (Québec) Fam. *Parler en termes,* avec trop de recherche, avec affectation. Syn. *(Acadie) parler à la grandeur*.* **2.** LOG Chacun des éléments liés par une relation. *La majeure, la mineure et la conclusion, termes du syllogisme. Moyen terme,* celui qui est au milieu; fig., cour. solution intermédiaire. *Chercher, trouver un moyen terme.* ▷ GRAM *Le sujet et l'attribut (ou prédicat), termes de la proposition.* **3.** MATH Chacun des éléments appartenant à un rapport, à une suite, à une équation. *Les termes d'une fraction :* le dénominateur et le numérateur. ▷ COMM *Termes de l'échange,* rapport de l'indice des prix à l'exportation et de l'indice des prix à l'importation.

terminaison [tɛʀminɛzɔ̃] n. f. Ce qui termine qqch; fin ou extrémité. *Les terminaisons nerveuses.* ▷ LING Fin d'un mot, manière dont il se termine. *Terminaisons masculines, féminines.* – *Spécial.* Désinence variable (par oppos. au *radical*).

terminal, ale, aux [tɛʀminal, o] adj. et n. **I.** adj. Qui termine, qui constitue la fin ou l'extrémité de qqch. *L'opération entre dans sa phase terminale. Bourgeons terminaux des troncs de conifères.* ▷ *Classes terminales* ou, n. f., *les terminales de l'enseignement secondaire,* qui préparent aux différentes sections du baccalauréat. **II.** n. m. (Anglicisme) **1.** Point où aboutit une ligne de transport ou de communication. **2.** Ensemble des installations de pompage et de stockage de l'extrémité d'un pipe-line. **3.** INFORM Organe d'entrée-sortie relié à un ou plusieurs ordinateurs par une ligne de transmission de données.

terminer [tɛʀmine] v. tr. [1] **1.** Limiter, marquer la fin de. *Citation qui termine un discours.* **2.** Achever, finir. *Terminer un travail.* ▷ v. pron. *L'affaire s'est bien terminée,* a bien fini, bien tourné. – (Sens intr.) *Verbe dont l'infinitif se termine en «er».*

terminologie [tɛʀminɔlɔʒi] n. f. Didac. **1.** Ensemble des termes techniques propres à une science, à une activité particulière, à ceux qui l'exercent. *La terminologie de l'informatique. La terminologie de Heidegger.* ▷ Vocabulaire propre à un groupe, à un courant de pensée. **2.** Étude des terminologies. **3.** Étude systématique des termes liés aux notions, par domaine.

terminus [tɛʀminys] n. m. Dernière station d'une ligne de chemin de fer, d'autobus.

termite [tɛʀmit] n. m. Insecte social (ordre des isoptères) appelé aussi *fourmi blanche,* fréquent surtout dans les pays chauds où il cause de grands dégâts aux habitations en creusant ses galeries dans le bois d'œuvre. Syn. (oc. Indien) cariat ou caria.

termité, ée [tɛʀmite] adj. (Afr. subsah.) Rongé par les termites; vermoulu. *Un bahut tout termité.*

termitière [tɛʀmitjɛʀ] n. f. Nid de termites. – *Spécial.* Grand nid en terre construit par certaines espèces de termites. – *Termitière-cathédrale,* haute, avec plusieurs pointes. *Termitière-champignon,* basse, avec plusieurs plates-formes arrondies.

ternaire [tɛʀnɛʀ] adj. Didac. Qui est fondé sur le nombre trois, sur l'existence ou la présence de trois éléments. ▷ MATH *Système de numération ternaire,* à base trois. ▷ CHIM *Composé ternaire,* formé de trois éléments.

terne [tɛʀn] adj. **1.** Qui manque de luminosité, d'éclat. *Couleurs ternes.* **2.** Qui manque d'originalité, qui est sans mouvement ni imagination. *Style terne.* ▷ (Personnes) Médiocre, insignifiant. *Un bonhomme assez terne.*

ternir [tɛʀniʀ] v. tr. [3] Rendre terne. *L'humidité avait piqué et terni le tain des miroirs.* – Fig. Porter moralement atteinte à. *Ce scandale a quelque peu terni sa réputation.* ▷ v. pron. *Le cuivre se ternit rapidement.*

ternissement [tɛʀnismɑ̃] n. m. Action de ternir, fait de se ternir; son résultat.

terpène [tɛʀpɛn] n. m. CHIM Molécule organique naturelle, composé acyclique ou cyclique, dérivée de l'isoprène. *Les terpènes entrent dans la composition de nombreuses huiles essentielles.*

terrain [tɛʀɛ̃] n. m. **1.** Espace de terre déterminé. *Terrain de sport.* – *Terrain vague :* espace vide et non construit au milieu d'habitations. Syn. (Louisiane) savane. **2.** (Toujours au sing.) Endroit où se déroulent une bataille, un affrontement. – Fig. Endroit où se déroule une activité, souvent concurrentielle. – Loc. *Un homme de terrain,* qui préfère les tâches concrètes aux spéculations intellectuelles, aux fonctions sédentaires. – Loc. fig. *Gagner, perdre du terrain :* avancer, reculer (dans une action). *Chercher un terrain d'entente,* un moyen de conciliation. *Tâter* le terrain.* **3.** Sol. *Terrain caillouteux.* **4.** GEOL Couche de l'écorce terrestre. *Terrains quaternaires.* **5.** Loc. adj. *Tout-terrain* ou *tous(-) terrains :* qui peut rouler partout (véhicules). *Vélo tout-terrain :* voir V.T.T. **6.** MED *Le terrain :* l'état de l'organisme préexistant à l'apparition d'une affection donnée.

terrasse [tɛʀas] n. f. **1.** Levée de terre, ordinairement soutenue par de la maçonnerie, formant une plate-forme destinée à la promenade et au plaisir de la vue. ▷ *Cultures en terrasses,* sur des retenues de terre s'étageant par degrés à flanc de colline, de montagne. *Rizières en terrasses.* **2.** GEOGR Dans une vallée fluviale, nappe alluviale horizontale dans laquelle le cours d'eau s'est encaissé par suite d'une modification de son profil d'équilibre. **3.** Toiture horizontale. ▷ Plate-forme en retrait de façade par rapport à l'étage inférieur, dans un immeuble. ▷ Grand balcon. **4.** Partie du trottoir devant un café, où sont disposées des tables et des chaises. *Prendre un café à la terrasse.*

terrassement [tɛʀasmɑ̃] n. m. **1.** Travail de fouille, de nivelage, de déblaiement et de remblai effectué sur un terrain. **2.** Ouvrage fait de terre amoncelée et consolidée.

terrasser [tɛʀase] v. tr. [1] **1.** Procéder au terrassement d'un terrain, d'un sol. **2.** Renverser, jeter à terre (qqn). *Terrasser un adversaire.* **3.** Fig. Abattre. *La nouvelle l'a terrassé.*

terrassier [tɛʀasje] n. m. Ouvrier travaillant à des travaux de terrassement.

terre [tɛʀ] n. f. **I.** (Avec une majuscule.) *La Terre :* la troisième planète du système solaire, habitée par l'espèce humaine. *La distance de la Terre au Soleil. La Lune, satellite de la Terre.* (V. Terre.) ▷ *Par méton.* Ceux qui habitent la Terre, les hommes. *Ce conquérant rêvait de soumettre toute la Terre.* **II.** Portion de la surface du globe qui n'est pas recouverte par les eaux marines; étendue de sol. **1.** (Par oppos. à *mer.*) *La terre ferme. Terre!* ▷ *À terre* (par oppos. à *à bord*). *L'équipage est descendu à terre.* ▷ *L'armée de terre* (par oppos. à la *marine* et à *l'armée de l'air*). **2.** Région, pays. *Les terres boréales, australes. La Terre sainte :* les lieux où vécut Jésus-Christ. **3.** Domaine, fonds rural. *Vendre, acheter une terre.* – Loc. (Québec) *Vivre sur une terre,* dans une ferme. ▷ (Afr. subsah.) *Chef* de terre.* ▷ (Considérée quant à son état.) *Une terre labourée, en friche.* ▷ (Québec) *Terre à bois,* exploitée pour la production de bois de chauffage. – *Terre en bois debout,* boisée, non défrichée. **III.** Sol. **1.** (En tant que surface sur laquelle on marche, on se déplace, on construit des édifices, etc.) *Tremblement de terre :* V. séisme. ▷ Loc. *À terre, par terre :* sur le sol. *Tomber à terre.* – *Mettre pied à terre :* descendre de cheval, de bicyclette. ▷ Loc. fig. *Avoir les pieds sur terre :* avoir le sens des réalités concrètes. – *Terre à terre :* qui manque d'élévation de pensée, d'originalité; commun, prosaïque. **2.** (En tant que surface cultivable.) *Le retour à la terre,* à la culture. – Litt. *Les biens, les fruits de la terre,* ce qu'elle produit; les récoltes. ▷ *Plante cultivée en pleine terre,* qui pousse ses racines dans le sol même (par oppos. à *en pot, en bac,* etc.). **3.** (En tant que lieu de sépulture.) *Porter un mort en terre.* **4.** ELECTR *La terre :* le sol, en tant que conducteur de potentiel électrique nul. *Prise* de terre.* ▷ *Par ext.* Conducteur ou ensemble de conducteurs qui établissent une liaison avec le sol. *Mettre à la terre le bâti d'une machine.* **IV. 1.** Matière de composition variable, de texture granuleuse ou pulvérulente, qui constitue le sol. *Terre végétale, terre arable.* – (Considérée quant à sa composition.) *Terre calcaire, argileuse.* – TECH *Terre armée :* terre amoncelée en remblais renforcés par des armatures (généralement métalliques). *Barrage en terre armée.* ▷ CHIM *Terres rares :* oxydes métalliques très peu abondants dans la nature, qui correspondent aux éléments de numéro atomique 21 *(scandium),* 39 *(yttrium),* 57 *(lanthane)* et 58 à 71 *(lanthanides); par ext.,* ces éléments. **2.** *Terre cuite :* terre argileuse façonnée et durcie au feu. **V.** (Par oppos. à *ciel,* à *au-delà,* etc.) Lieu où vivent les hommes. – *Spécial.* Lieu où ils passent leur existence corporelle. *La vie sur terre.* ▷ Loc. fig. *Remuer ciel* et terre.*

Terre, la troisième planète du système solaire, au-delà de Mercure et Vénus, plus proches du Soleil, et avant Jupiter, plus éloigné. Sa distance au Soleil varie de 147,1 à 152,1 millions de km en raison de l'excentricité de son orbite, qu'elle décrit en 365 j 6 h 9 min 9,5 s (*année sidérale*), à une vitesse moyenne d'environ 30 km/s. L'orbite terrestre, dont l'excentricité varie sur une période d'environ 100 000 ans (elle vaut actuellement 0,0167), sera quasi circulaire dans 24 000 ans. Dans un repère lié aux étoiles supposées fixes, le plan de l'orbite terrestre oscille de 2^0 37′ en 41 000 ans. La Terre a la forme d'un ellipsoïde de révolution très peu aplati (*géoïde*), dont le rayon équatorial (6 378,1 km) est à peine plus grand que le rayon polaire (6 356,8 km). La Terre tourne sur elle-même en 23 h 56 min 4,1 s (*jour sidéral*) autour d'un axe incliné sur le plan de l'orbite terrestre d'un angle, l'*obliquité* de l'écliptique, qui varie entre 24° 36' et 21° 59' en raison de l'oscillation du plan de l'orbite terrestre; le 1er janvier 2000, l'obliquité de l'écliptique sera de 23° 26' 21,4". Le phénomène des saisons résulte de l'obliquité de l'écliptique : tout au long de sa révolution orbitale, la Terre ne se présente pas toujours au Soleil sous le même aspect. L'axe de rotation de la Terre est animé d'une combinaison de mouvements dont les périodes et l'ampleur sont très diverses : un lent mouvement de rotation (période, environ 26000 ans) autour d'une perpendiculaire au plan de l'écliptique (la *précession*), auquel s'ajoute la *nutation*, petite oscillation de 18,7 ans de période. La Terre a un unique satellite, la Lune*. – L'âge de la Terre (estimé d'après celui des roches) est d'environ 4,6 milliards d'années. Sa masse est de 6.10^{24} kg; sa densité moyenne vaut 5,52, ce qui, pour un rayon moyen de 6370 km, induit une accélération de la pesanteur de g = 9,8 environ (9,83 aux pôles, 9,81 à Paris, 9,78 à l'équateur). L'étude des ondes sismiques nous renseigne sur la structure interne du globe terrestre, composée de trois grandes unités concentriques. La plus superficielle est l'*écorce* (ou *croûte*), épaisse de 5 à 7 km sous les océans et de 35 km au niveau des continents. Le *manteau*, séparé de l'écorce terrestre par la discontinuité de Mohorovičić, s'étend jusqu'à 2900 km de profondeur; sa couche supérieure, la *lithosphère*, se sépare en une mosaïque de plaques dont les dérives sont commandées par des courants très lents qui circulent à travers le manteau. Le *noyau*, séparé du manteau par la discontinuité de Gutenberg, comporte deux zones, le noyau externe supposé liquide (2200 km d'épaisseur) et le noyau interne (ou graine), considéré comme solide, d'environ 1250 km de rayon. La Terre a un champ magnétique propre, dont l'origine tient probablement à l'existence de courants électriques circulant dans le noyau métallique de la planète. Il s'assimile au champ d'un barreau aimanté (champ dipolaire), dont l'axe fait un angle de 11,6° avec l'axe de rotation de la Terre et dont les *pôles magnétiques* constituent les deux extrémités; son intensité vaut actuellement 0,5 gauss (en moyenne) à la surface du globe. Les lignes de force du champ magnétique terrestre se referment d'un pôle magnétique à l'autre jusqu'à une altitude d'environ 20000 km. Au-delà, sous l'action du *vent solaire* (V. Soleil), elles délimitent une vaste cavité, la *magnétosphère*, de forme très dissymétrique : la partie dirigée vers le Soleil est bordée par une onde de choc située à environ 10 rayons terrestres; à l'opposé se situe la queue de la magnétosphère qui s'étend sur plus de 60 rayons terrestres. L'atmosphère terrestre, qui a permis à la vie de naître et de se développer comprend : la troposphère, entre le sol et une altitude variant entre 7 km aux pôles et 16 km à l'équateur (90 % de la masse gazeuse qui constitue l'atmosphère, 100 % de la vapeur d'eau); la stratosphère (ou ozonosphère), jusqu'à 60 km; la mésosphère, jusqu'à 80 km; la thermosphère, jusqu'à 1000 km.

terreau [tɛʀo] n. m. Terre riche en matières organiques d'origine végétale ou animale.

Terre de Feu (en esp. *Tierra del Fuego*), archipel (grande île, au N., et nombr. petites îles) qui prolonge vers le S.-E. l'Amérique du Sud, dont la sépare le détroit de Magellan; la partie occid. appartient au Chili; la partie orient., à l'Argentine. Le climat est froid et humide. L'île du N. (souvent nommée *Terre de Feu*) est montagneuse (jusqu'à 2000 m d'alt.) et forestière. La prov. argentine de la Terre de Feu (50000 hab.) couvre 21263 km². – Découvert par Magellan en 1520, l'archipel ne fut colonisé qu'au XIXe s.

terre-neuve [tɛʀnœv] n. m. inv. Gros chien, à la tête forte et large, au pelage noir, dont la race est originaire de Terre-Neuve. *On dresse les terre-neuve au sauvetage.*

Terre-Neuve (en angl. *Newfoundland*), province orientale du Canada, comprenant *l'île de Terre-Neuve* (112300 km²) et le N.-E. du Labrador; 404517 km²; 568470 hab. (pour la plupart dans l'île de Terre-Neuve), moins de 0,5 % de francophones; capitale *Saint-Jean* (en anglais *Saint-John's*). – L'île de Terre-Neuve ferme le golfe Saint-Laurent; elle est séparée du Labrador, à l'E., par le détroit de Belle-Isle et de l'île du Cap-Breton (Nouvelle-Écosse), au sud, par le détroit de Cabot. Son relief est celui d'une pénéplaine marquée par les glaciations. Les côtes N. sont très découpées. La pop. se concentre sur le littoral. Le climat est rude : l'île subit le courant glacial du Labrador. La végétation, pauvre dans l'ensemble (toundra, tourbières), comprend des zones forestières, exploitées (usines de papier). La pêche est très importante. Les ressources minières (fer surtout) et hydroélectriques du Labrador, immenses, sont en voie d'exploitation. **Hist.** En 1497, Jean Cabot découvrit l'île de Terre-Neuve, dont Verrazano prit possession en 1524 au nom du roi de France. Dès lors, ses eaux poissonneuses attirèrent les pêcheurs français et anglais. Les Français occupèrent le S.-E. de l'île, notam. la baie de Plaisance (face à l'archipel de Saint-Pierre-et-Miquelon); les Anglais s'installèrent dans l'E., où à la fin du XVIe s. ils fondèrent Saint-John's, que le Français Le Moyne d'Iberville prit en 1696. En 1713, le traité d'Utrecht donna l'Acadie et Terre-Neuve à l'Angleterre, la France gardant des privilèges (monopole de la pêche sur la côte N.), abolis en 1904 lors de l'Entente cordiale franco-anglaise. Dominion en 1917, Terre-Neuve reçut le N.-E. du Labrador en 1927 et devint après référendum (1948) la dixième province du Canada en 1949.

terre-neuvien, enne [tɛʀnœvjɛ̃, ɛn] adj. et n. De Terre-Neuve. ▷ Subst. *Un(e) Terre-Neuvien(ne).*

terre-plein [tɛʀplɛ̃] n. m. **1.** Surface plane et unie d'une levée de terre. – Cette levée de terre, généralement soutenue par de la maçonnerie. **2.** *Terre-plein central (d'une voie)* : bande qui sépare les deux chaussées d'une route à grande circulation, d'une autoroute. *Des terre-pleins.*

terrer [tɛʀe] v. [1] **I.** v. tr. **1.** ARBOR *Terrer un arbre,* mettre de la nouvelle terre à son pied. **2.** TECH *Terrer une étoffe,* la dégraisser en l'enduisant de terre à foulon. **II.** v. pron. (Animaux) Se cacher dans son terrier. ▷ Fig. (Personnes) Se cacher comme dans un terrier.

terrestre [tɛʀɛstʀ] adj. **1.** De la Terre. *La surface terrestre.* **2.** Qui a rapport, qui appartient à la vie sur terre; qui n'est pas de nature spirituelle. *Les biens terrestres.* **3.** Qui vit sur la terre ferme. *Plante, animal terrestre.* **4.** Qui s'effectue, qui se déplace sur le sol (par oppos. à *aérien* ou *maritime*). *Transport, véhicule terrestre.*

terreur [tɛʀœʀ] n. f. **1.** Sentiment de peur incontrôlée qui empêche d'agir en annihilant la volonté. *Être saisi de terreur, paralysé par la terreur.* **2.** Ensemble de mesures arbitraires et violentes par lesquelles certains régimes établissent leur autorité; peur générale que ces mesures font régner dans une population. *Prendre le pouvoir, gouverner par la terreur.* **3.** (Sens atténué.) Personne qui inspire la peur. *C'est la terreur du quartier.*

Terreur (la), période de la Révolution française allant de sept. 1793 à juil. 1794. Pour combattre les ennemis extérieurs et intérieurs de la nation, le gouv. franç., représenté par le Comité de salut public, instaura un régime dictatorial (nombr. condamnations à mort prononcées par les tribunaux révolutionnaires) et prit des mesures économiques draconiennes (loi du maximum). Fondée sur la loi des Suspects*, la Terreur s'accentua (Grande Terreur) après le 10 juin 1794 et prit fin à la chute de Robespierre. On a, par analogie, donné le nom de *Terreur blanche* à deux réactions royalistes, dans le S.-E. (mai 1795) et le S. de la France (1815, début de la Restauration).

terreux, euse [tɛʀø, øz] adj. Mêlé de terre; de la nature, de la couleur de la terre.

terrible [tɛʀibl] adj. **1.** Fort, violent, intense. *Il faisait une chaleur terrible.* **2.** (Personnes) Qui occasionne de la gêne, du dérangement à autrui (en partic., en s'entêtant dans une résolution inopportune). *Il est terrible, quand il s'y met!* **3.** Très turbulent, très remuant (en parlant d'un enfant). – Fig. (En parlant d'un adulte.) *Un enfant terrible* : une personne qui perturbe, par un comportement hors du commun, les habitudes et les façons de penser du milieu où elle exerce son activité. *X est un enfant terrible du journalisme.* **4.** Fam. Propre à inspirer une admiration enthousiaste. *Une moto terrible. Un type terrible.*

terriblement [tɛʀibləmɑ̃] adv. Extrêmement. *Il est terriblement égoïste.*

terricole [tɛʀikɔl] adj. ZOOL Qui vit dans la terre ou dans la vase. *Le lombric, ver terricole.*

terrien, enne [tɛʀjɛ̃, ɛn] adj. et n. **1.** adj. Qui possède des terres. *Propriétaire terrien.* **2.** adj. et n. De la terre, de la campagne (par oppos. à *citadin*). **3.** adj. et n. De la terre (par oppos. à *marin*). **4.** n. *Les Terriens* : les habitants de la planète Terre.

terrier [tɛʀje] n. m. **1.** Trou dans la terre creusé par un animal pour s'y abriter, y hiberner. *Terrier de lapin.* **2.** Chien employé pour la chasse des animaux à terrier.

terrifiant, ante [tɛʀifjɑ̃, ɑ̃t] adj. **1.** Qui terrifie. **2.** *Par exag.* Très intense, très fort, très violent. *Ce boxeur a un crochet du gauche terrifiant.*

terrifier [tɛʀifje] v. tr. [2] Inspirer la terreur à, épouvanter.

terril [tɛʀil] n. m. Éminence, colline formée par l'amoncellement des déblais d'une mine.

terrine [tɛʀin] n. f. **1.** Récipient en terre (et, *par ext.*, en porcelaine, en métal, etc.), aux bords évasés vers le haut; son contenu. *Une terrine de crème.* **2.** Pâté cuit dans une terrine.

territoire [tɛʀitwaʀ] n. m. **1.** Étendue de terre qu'occupe un groupe humain. – *Spécial.* Étendue de terre qui dépend d'un État, d'une juridiction. *Le territoire national. Sur le territoire de la commune.* – Au Canada, vaste région qui n'a pas été constituée en province et dépend directement du pouvoir fédéral. *Les territoires du Nord-Ouest.* – *Territoire français d'outre-mer* (TOM*) : définition juridique de territoires appartenant à la République française. **2.** ZOOL Zone où vit un animal, qu'il interdit à ses congénères.

territorial, ale, aux [tɛʀitɔʀjal, o] adj. D'un territoire. *Limites territoriales.* ▷ *Eaux territoriales :* mers où s'exerce la souveraineté d'un État.

territorialité [tɛʀitɔʀjalite] n. f. DR **1.** Vocation d'un droit à s'appliquer uniformément sur l'ensemble d'un territoire. **2.** Postulat selon lequel le droit en vigueur dans un territoire y est seul applicable et n'a pas d'effet ailleurs.

terroir [tɛʀwaʀ] n. m. **1.** Région, considérée du point de vue de la production agricole (vinicole, en partic.). **2.** Par ext. *Le terroir :* la campagne, les régions rurales. *Produit qui a le goût du terroir,* qui est naturel, non frelaté. ▷ Fig. *Du terroir, de terroir :* qui est enraciné dans les mœurs, dans la civilisation rurale. *Expression du terroir.*

terroir (école du), école littéraire québécoise fondée en 1909 par Albert Ferland (1872-1943). En fait, une telle tendance est bien antérieure : du XVIIIe s. à la Révolution tranquille des années 1960, l'Église prône le triple attachement à la terre, à la langue française et à la foi chrétienne, préservant ainsi la nation québécoise et l'usage du français mais favorisant le régionalisme et la moralisation. En 1846, *la Terre paternelle* de Patrice Lacombe narre la déchéance d'un déviant. Peu après, *Jean Rivard* (2 vol., 1862-1864), montre la fidélité de Gérin*-Lajoie à cette tendance bien-pensante qu'illustreront au XXe siècle le Français Louis Hémon* et Félix-Antoine Savard*, et que battront en brèche dès les années 1930 Jean-Charles Harvey (*les Demi-Civilisés,* 1934) et Louis Ringuet* (*Trente Arpents,* 1938).

terroriser [tɛʀɔʀize] v. tr. [1] **1.** Frapper de terreur, épouvanter. *L'orage terrorise cet enfant.* **2.** Soumettre à un régime de terreur.

terrorisme [tɛʀɔʀism] n. m. **1.** Usage systématique de la violence (attentats, destructions, prises d'otages, etc.) auquel recourent certaines organisations politiques pour favoriser leurs desseins. – *Terrorisme d'État :* recours systématique à des mesures d'exception, à des actes violents, par un gouvernement agissant contre ses propres administrés et, *par ext.,* contre les populations d'un État ennemi. **2.** Fig. Attitude d'intimidation, d'intolérance dans le domaine de la culture, de la mode, etc. *Le terrorisme de l'avant-garde.*

terroriste [tɛʀɔʀist] n. et adj. **1.** n. Personne qui pratique le terrorisme (sens 2). **2.** adj. Qui relève du terrorisme (sens 2). *Pratiques terroristes.*

tertiaire [tɛʀsjɛʀ] adj. et n. **I.** adj. **1.** GEOL *L'ère tertiaire* ou, n. m., *le tertiaire :* l'ère qui succède à l'ère secondaire et s'étend de moins 75 millions d'années à moins 4 millions d'années, marquée par la multiplication des espèces de mammifères, l'abondance des nummulites et l'extension des plantes monocotylédones. *Le tertiaire est divisé en deux périodes : le paléogène et le néogène.* ▷ *Par ext.* De l'ère tertiaire. **2.** ECON et cour. *Le secteur tertiaire* ou, n. m., *le tertiaire :* le secteur économique dont l'activité consiste à produire des biens immatériels ou des services (transport, commerce, santé, etc.). **II.** n. Membre d'un tiers* ordre religieux.

tertio [tɛʀsjo] adv. Troisièmement, en troisième lieu (dans une énumération commençant par *primo* et *secundo*).

tertre [tɛʀtʀ] n. m. Monticule, petite éminence de terre. *Tertre funéraire,* élevé au-dessus d'une sépulture.

Tertullien (en lat. *Quintus Septimius Florens Tertullianus*) (Carthage, v. 155 – id., v. 220), apologiste chrétien, Père de l'Église. Premier écrivain latin de religion chrétienne : *Apologétique* (197), *Contre Marcion* (v. 210).

Teruel, v. d'Espagne (Aragon); 28 480 hab.; ch.-l. de la prov. du m. nom. – Cath. de l'Assomption (XIVe-XVIe s.). Nombr. monuments de style mudéjar, notam. l'église San Pedro (XIIIe s.). – La ville fut très disputée durant la guerre civile (1936-1939).

tes [te] adj. poss. V. ton 1.

tesla [tɛsla] n. m. PHYS Unité SI de mesure du champ magnétique (symbole T); champ magnétique uniforme qui, réparti normalement sur une surface de 1 m^2, produit à travers cette surface un flux magnétique total de 1 weber.

Tesla (Nikola) (1856 – 1943), ingénieur et physicien croate. Installé en 1884 à New York, il fit progresser les techniques électriques et radio-électriques.

Teso ou **Bateso,** population de l'Ouganda (env. 1 600 000 personnes) et du N.-O. du Kenya. Ils parlent des langues nilo-sahariennes appartenant soit au groupe nilotique, soit au groupe soudanais oriental.

Tessin (le) (en ital. *Ticino*), riv. de Suisse et d'Italie (248 km), affl. du Pô (r. g.); né dans les Alpes, il traverse le lac Majeur et arrose Pavie.

Tessin (en ital. *Ticino*), cant. de Suisse, sur le versant S. des Alpes, à la frontière italienne; 2 811 km^2; 277 200 hab.; ch.-l. *Bellinzona.* La pop., de langue italienne, est groupée dans les vallées alpines et autour des lacs de Lugano et Majeur (tourisme), au climat doux et humide. L'hydroélectricité a favorisé l'industrie.

tessiture [tesityʀ] n. f. MUS Étendue de l'échelle des sons couverte par la voix d'un chanteur ou d'une chanteuse, et, *par ext.,* par un instrument. *Tessiture d'une soprano. La tessiture de la trompette.*

tesson [tesɔ̃] n. m. Débris de bouteille, de vaisselle, de poterie.

1. test [tɛst] n. m. ZOOL Enveloppe minérale (calcaire, silice), chitineuse ou composite, qui protège l'organisme de certains animaux (ex. oursins).

2. test [tɛst] n. m. (Anglicisme) **1.** Épreuve servant à évaluer les aptitudes (intellectuelles ou physiques) des individus ou à déterminer les caractéristiques de leur personnalité. *La méthode des tests est utilisée pour la sélection et l'orientation scolaires ou professionnelles, le diagnostic psychologique ou psychiatrique. Tests projectifs*. Test de Rorschach*. Tests de développement,* destinés à révéler le degré d'aptitude d'un sujet par rapport à son âge. **2.** MED Épreuve permettant d'évaluer les capacités fonctionnelles d'un organe ou d'un système d'organes. ▷ Analyse biologique ou chimique, examen de laboratoire. **3.** Épreuve, expérience qui permet de se faire une opinion sur qqn, sur qqch. ▷ (En appos.) *Une rencontre test.*

testacé, ée [tɛstase] adj. ZOOL Dont l'organisme est protégé par un test, une coquille. *Mollusque testacé.*

testament [tɛstamɑ̃] n. m. **I. 1.** Acte, rédigé selon certaines formes, par lequel une personne fait connaître ses dernières volontés et dispose, pour après son décès, de tout ou partie de ses biens en faveur d'un ou de plusieurs tiers. **2.** Fig. Œuvre tardive d'un artiste, d'un écrivain, considérée comme l'ultime expression de ses conceptions esthétiques ou littéraires. **II.** RELIG (Pour les chrétiens.) *L'Ancien Testament :* l'ensemble des textes bibliques datant d'avant Jésus-Christ. *Le Nouveau Testament :* les autres livres de la Bible (Évangiles, Actes des Apôtres, Épîtres et Apocalypse).

testamentaire [tɛstamɑ̃tɛʀ] adj. Qui a rapport au testament. *Des dispositions testamentaires. Une exécuteur* testamentaire.*

testateur, trice [tɛstatœʀ, tʀis] n. DR Celui, celle qui fait un testament.

1. tester [tɛste] v. tr. [1] **1.** Faire subir un test à (qqn). *Tester un candidat.* **2.** Soumettre à des essais. *Tester un nouveau matériel.*

2. tester [tɛste] v. intr. [1] DR Faire son testament. *Mort sans avoir testé.* (V. ab intestat.)

testeur, euse [tɛstœʀ, øz] n. **1.** Personne qui fait passer des tests. **2.** n. m. TECH Appareil servant à tester, notam. les composants et les microprocesseurs, en électronique.

testiculaire [tɛstikylɛʀ] adj. Des testicules. *Ectopie testiculaire.*

testicule [tɛstikyl] n. m. Glande génitale mâle, produisant les spermatozoïdes et la testostérone.

ENCYCL Chez l'homme et la plupart des mammifères mâles, les testicules sont au nombre de deux et situés dans les bourses, dont l'enveloppe cutanée se nomme *scrotum.* Les spermatozoïdes sont excrétés dans les canaux séminifères, qui convergent en vaisseaux efférents puis s'anastomosent pour former l'épididyme; celui-ci se termine par un canal extérieur ou canal déférent, qui s'abouche dans l'urètre au niveau de la prostate.

testimonial, ale, aux [tɛstimɔnjal, o] adj. DR *Preuve testimoniale,* fondée sur des témoignages.

testostérone [tɛstosteʀɔn] n. f. BIOCHIM Hormone sexuelle, la principale hormone androgène, sécrétée par le testicule sous l'influence d'une gonadostimuline hypophysaire (L. H.). *Chez la femme, la testostérone est synthétisée, en faible quantité, par l'ovaire et par le placenta.*

Testut (Charles) (v. 1829 – 1892), médecin et écrivain louisianais né en France : *les Mystères de la Nouvelle-Orléans* (1852-1854), *le Vieux Salomon* (1872).

tet [tɛt] n. m. (Acadie) Bâtiment d'élevage. – *Tet à cochons :* porcherie. – *Tet à brebis :* bergerie. – *Tet à poules :* syn de *poulailler.*

Têt (fête du), fête nationale et religieuse de la nouvelle année au Viêtnam. Sa date varie selon le calendrier lunaire, d'origine chinoise (entre le 20 janv. et le 19 fév.).

tétanie [tetani] n. f. MED Syndrome lié à une hyperexcitabilité neuro-musculaire, qui se traduit par des accès de contracture des extrémités s'accompagnant parfois de pertes de connaissance.

tétanique [tetanik] adj. MED Du tétanos; qui a rapport au tétanos.

tétanisation [tetanizasjɔ̃] n. f. PHYSIOL Action de tétaniser; fait de se tétaniser.

tétaniser [tetanize] v. tr. [1] **1.** PHYSIOL Mettre (un muscle) en état de tétanos. ▷ v. pron. *Muscle qui se tétanise.* **2.** Fig. Figer, paralyser. *La peur l'a tétanisé.*

tétanos [tetanos] n. m. **1.** MED Maladie infectieuse aiguë caractérisée par des contractures musculaires intenses, extrêmement douloureuses, et dont l'agent (le *bacille de Nicolaier,* ou *Clostridium tetani*) s'introduit généralement dans l'organisme par une plaie souillée. *La vaccination contre le tétanos est efficace et indispensable.* **2.** PHYSIOL Contraction musculaire.

têtard [tetaʀ] n. m. Larve aquatique, à branchies, des amphibiens anoures (grenouilles, crapauds, etc.), dont la tête, très développée, n'est pas distincte du corps. Syn. (Québec) queue-de-poêlon.

tête [tɛt] n. f. **I. 1.** Partie supérieure du corps humain, comprenant la face et le crâne. *Incliner la tête. Un beau port de tête.* ▷ Loc. *De la tête aux pieds :* du haut du corps jusqu'en bas. *Piquer une tête :* plonger la tête la première. – Fig. *Redresser la tête :* reprendre confiance en soi; retrouver sa fierté. *Tenir tête à qqn,* s'opposer à lui, lui résister. – Fam. *En avoir par-dessus la tête :* être tout à fait excédé. ▷ (Dans certaines expr.) Vie. *L'accusé risque sa tête.* **2.** Partie supérieure de la tête; crâne. *Avoir mal à la tête.* – SPORT *Faire une tête :* taper dans le ballon avec la tête. ▷ Chevelure. *Une tête chenue.* **3.** Visage, physionomie. *Faire une drôle de tête :* avoir l'air contrarié, dépité. ▷ Loc. fam. *Faire la tête :* bouder. **4.** Partie antérieure du corps des animaux, analogue à la tête de l'homme. – CUIS (Afr. subsah., Belgique, Luxembourg) *Tête pressée* ou (Québec) *tête de fromage, tête fromagée :* syn. de *fromage* de tête.* **5.** BX-A Représentation, imitation d'une tête humaine ou animale. *Une tête en bronze.* ▷ Loc. *Servir de tête de Turc à qqn,* être constamment en butte à ses moqueries, à ses piques. **6.** Hauteur, longueur de la tête. *Il dépasse son frère d'une bonne tête.* **II.** *Tête de mort :* squelette d'une tête humaine; sa représentation de face, emblème de la mort, du danger, etc. **III.** Fig. Esprit (facultés intellectuelles, état de santé mentale ou dispositions psychologiques). ▷ Loc. *Avoir une idée en tête* ou *derrière la tête.* – *Se mettre en tête de faire qqch,* en prendre la ferme résolution. – *Avoir la tête dure, une tête de pioche :* avoir la compréhension lente et difficile, ou être très entêté. – (Québec) *Avoir une tête de pioche,* (fam.) *une tête de cochon.* être très entêté. – *Ne plus savoir où donner de la tête :* être submergé par des occupations multiples, être débordé. – Loc. adj. *De tête,* qui a du bon sens, du jugement. *Une femme de tête.* – *Une tête sans cervelle, une tête de linotte :* une personne légère, irréfléchie, étourdie. – (Québec) Fam. *Ne pas être la tête à Papineau :* ne pas avoir beaucoup de jugement, manquer d'intelligence. – *Garder la tête froide :* ne pas céder à un enthousiasme excessif, à l'affolement, etc. – *Monter à la tête :* enivrer (au propre et au fig.). – *Tourner la tête à qqn,* lui troubler l'esprit. – *Perdre la tête :* s'affoler, perdre son calme; perdre sa lucidité, devenir fou. – *Avoir toute sa tête :* être en possession de toutes ses facultés intellectuelles. – *Coup de tête :* résolution brusque, irréfléchie. – *N'en faire qu'à sa tête :* ne suivre que son caprice. – *Une forte tête :* une personne insubordonnée, qui n'en fait qu'à sa guise. ▷ Loc. adv. *De tête :* mentalement. *Calculer de tête.* **IV. 1.** Personne qui dirige, commande. *Il est la tête de cette conjuration.* ▷ Loc. prép. *À la tête de :* à la première place, au rang de chef de. – Fig. En possession de. *Il est, se trouve à la tête d'une fortune colossale.* **2.** (Dans certaines loc.) Individu, personne. *Un repas à tant par tête.* ▷ Animal d'un troupeau. *Troupeau de soixante têtes.* **V. 1.** Partie supérieure ou antérieure, ou extrémité renflée de certaines choses. *La tête d'un arbre. Tête d'épingle.* ▷ TECH et cour. *Tête de lecture :* organe servant à lire les informations enregistrées sur un support (disque microsillon, bande magnétique, etc.). ▷ MECA *Tête de bielle :* partie de la bielle articulée à la manivelle ou au vilebrequin. **2.** Partie (d'une chose, d'un groupe en mouvement) qui vient en premier. *La tête d'un train.* – *Tête chercheuse :* dispositif assurant le guidage automatique de certains engins sur leur objectif. ▷ Loc. *Prendre la tête d'un groupe, d'une organisation,* les diriger. ▷ MILIT *Tête de pont*.* **3.** Début. *Tête de liste.* ▷ *Tête de ligne :* point de départ d'une ligne de transport. ▷ AGRIC *Tête de rotation :* première culture dans une rotation. **4.** (Antilles fr.) Syn. de *sommet* (sens I, 1). *Tête d'un morne.* **5.** Loc. prép. *En tête de, à la tête de :* au premier rang de; au commencement de. *Citation en tête d'un livre. À la tête de la classe.* ▷ Loc. adv. *En tête :* à l'avant, en premier. **VI.** AGRIC *Tête de Méduse :* champignon parasite qui pousse à la base de certains arbres (cacaoyer, caféier), causant la maladie du pourridié.

Tete, v. de l'E. du Mozambique, sur le Zambèze; env. 80000 hab.; cap. de la province du m. nom.

tété [tete] n. m. (Antilles fr., France rég.) Fam. Sein.

tête-à-queue [tɛtakø] n. m. inv. Mouvement de volte-face d'un véhicule qui, par suite d'un dérapage, fait un demi-tour complet sur lui-même.

tête-à-tête ou **tête à tête** [tɛtatɛt] n. m. inv. et loc. adv. **1.** n. m. inv. Situation de deux personnes seules l'une avec l'autre. **2.** Loc. adv. (Sans trait d'union.) *Être tête à tête* ou *en tête à tête avec qqn,* seul avec lui. *Repas en tête à tête.*

têteau [tɛto] n. m. ARBOR Extrémité d'une branche maîtresse.

tête-bêche [tɛtbɛʃ] adv. Dans la position de deux personnes couchées côte à côte en sens inverse, l'une ayant la tête du côté où l'autre a les pieds. ▷ Par compar. (Objets) *Disposer des bouteilles tête-bêche dans une caisse.*

tête-de-loup [tɛtdəlu] n. f. TECH Brosse ronde à long manche pour le nettoyage des plafonds. *Des têtes-de-loup.*

tête-de-nègre [tɛtdənɛgʀ] adj. inv. et n. m. inv. Qui est d'une couleur marron très foncé (V. nègre, sens B, 2). ▷ n. m. inv. Cette couleur.

tétée [tete] n. f. **1.** Action de téter. **2.** Quantité de lait prise par un nourrisson au moment de l'allaitement.

Tétéla ou **Batétéla,** ethnie qui vit dans le centre de la rép. dém. du Congo (env. 200000 personnes). Ils parlent une langue bantoue.

téter [tete] v. tr. [**14**] **1.** Sucer en aspirant pour tirer le lait de (la mamelle ou le sein, un biberon); tirer (le lait) de la mamelle, du sein, d'un biberon, par succion. *Cabri qui tète la mamelle d'une chèvre. Enfant qui tète son lait.* – Par ext. *Veau qui tète encore sa mère.* ▷ (Absol.) *Enfant qui tète goulûment.* **2.** (Mart.) Fig., fam. Consommer (qqch) avec excès. *Voiture qui tête de l'essence.*

têter [tɛte] v. [**1**] (Afr. subsah.) **1.** v. intr. SPORT Faire une tête. **2.** v. tr. Renvoyer d'un coup de tête. *Têter une balle.* ▷ Fam. Donner un coup de tête à (qqn).

téterelle [tetʀɛl] n. f. MED Petit appareil qu'on place au bout du sein pour le protéger lors de l'allaitement ou pour tirer le lait.

Téthys, dans la myth. gr., déesse de la Mer; la plus jeune des Titanides, épouse d'Océanos, mère des Océanides.

Téthys, océan, né il y a 250 millions d'années, qui séparait les terres émergées en deux continents. La Méditerranée, la mer Caspienne et la mer d'Aral en sont les derniers vestiges. V. Pangée (la).

têtière [tɛtjɛʀ] n. f. **1.** EQUIT Partie de la bride qui passe derrière les oreilles. **2.** Pièce d'étoffe ou coussinet protégeant la partie d'un fauteuil, d'un canapé, où s'appuie la tête.

tétine [tetin] n. f. **1.** Mamelle des mammifères. ▷ Pis de la vache ou de la truie. **2.** Capuchon en caoutchouc qui s'adapte à l'ouverture du biberon et que tète le nourrisson. ▷ Objet en caoutchouc de même forme qu'on donne aux enfants pour satisfaire leur besoin de succion. Syn. (Suisse) lolette, (Québec) suce.

téton [tetɔ̃] n. m. TECH Partie saillante d'une pièce qui s'emboîte dans la partie creuse d'une autre pièce.

Tétouan (en ar. *Tetwān,* en esp. *Tetuán*), v. du N. du Maroc, au pied du djebel Dersa; 484000 hab.; ch.-l. de la prov. du m. nom et anc. cap. de la zone espagnole. – Centrale thermique. Aéroport.

tétr(a)-. Élément, du gr. *tetra,* de *tessares* (en attique *tettares*), «quatre».

tétrabranches [tetʀabʀɑ̃ʃ] ou **tétrabranchiaux** [tetʀabʀɑ̃kio] n. m. pl. ZOOL, PALEONT Sous-classe de mollusques céphalopodes qui possèdent quatre branchies et dont le nautile est le seul représentant vivant. – Sing. *Un tétrabranche* ou *un tétrabranchial.*

tétrachlorure [tetʀaklɔʀyʀ] n. m. CHIM Composé qui contient quatre atomes de chlore.

tétracycline [tetʀasiklin] n. f. MED Antibiotique à large spectre d'activité, bactériostatique et peu toxique.

tétradactyle [tetʀadaktil] adj. ZOOL Qui a quatre doigts.

tétrade [tetʀad] n. f. **1.** BOT Groupe de quatre cellules issues d'une méiose (grains de pollen, etc.). **2.** BIOL Ensemble de quatre chromatides issues du clivage, au cours de la prophase de la méiose, d'une paire de chromosomes homologues appariés.

tétraèdre [tetʀaɛdʀ] n. m. GEOM Solide à quatre faces triangulaires; pyramide triangulaire. ▷ *Tétraèdre régulier,* formé de quatre triangles équilatéraux.

tétraédrique [tetʀaedʀik] adj. GEOM Qui a rapport au tétraèdre; qui a la forme d'un tétraèdre.

tétragone [tetʀagɔn] n. f. BOT Plante herbacée annuelle, cultivée pour ses feuilles comestibles.

tétragramme [tetʀagʀam] n. m. Didac. Ensemble des quatre lettres hébraïques *yod* (Y), *hé* (H), *vaw* (V), *hé* (H) qui représentent le nom de Dieu dans la Bible.

tétralogie [tetʀalɔʒi] n. f. ART Ensemble de quatre œuvres (musicales, littéraires, picturales, etc.) présentant une certaine unité. ▷ Spécial. *La Tétralogie :* les quatre opéras de R. Wagner formant le festival scénique nommé *l'Anneau du Nibelung* (V. Nibelungen).

tétramère [tetʀamɛʀ] adj. ZOOL Constitué de quatre parties. *Tarse tétramère de la fourmi.*

tétramètre [tetʀamɛtʀ] n. m. VERSIF Vers composé de quatre mètres.

tétraphonie [tetʀafɔni] n. f. TECH Syn. de *quadriphonie.*

tétraplégie [tetʀapleʒi] n. f. MED Paralysie des quatre membres.

tétraplégique [tetʀapleʒik] adj. et n. MED Se dit d'une personne atteinte de tétraplégie.

tétrapode [tetʀapɔd] adj. et n. m. ZOOL Qui a quatre membres. ▷ n. m. pl. *Les tétrapodes :* les amphibiens, les reptiles, les oiseaux et les mammifères, dont le squelette comporte deux paires de membres, apparents ou réduits à l'état de vestiges. – Sing. *Un tétrapode.*

tétras [tetʀa] n. m. ORNITH Oiseau galliforme de grande taille qui habite les forêts des régions tempérées et froides de l'hémisphère Nord. (Le *grand tétras* est cour. appelé *coq de bruyère* ou, au Québec, *perdrix des savanes.*)

tétrasyllabe [tetʀasil(l)ab] ou **tétrasyllabique** [tetʀasil(l)abik] adj. VERSIF Formé de quatre syllabes. *Vers tétrasyllabe* ou *tétrasyllabique* ou, n. m., *un tétrasyllabe.*

tétravalent, ente [tetʀavalɑ̃, ɑ̃t] adj. CHIM Qui possède la valence 4. *Le carbone est tétravalent.*

tétrodon [tetʀɔdɔ̃] n. m. ICHTYOL Poisson des mers chaudes auquel un diverticule gastrique pouvant se remplir d'eau confère la faculté de gonfler son corps en un globe hérissé d'épines. Syn. poisson-globe.

têtu, ue [tety] adj. et n. **1.** adj. (Personnes) Qui a tendance à s'attacher à une idée précise et à n'en pas vouloir démordre; opiniâtre, obstiné. Syn. entêté. – Subst. *C'est un(e) têtu(e).* ▷ (Animaux) Qui refuse d'obéir. *Un âne têtu.* **2.** n. m. CONSTR Lourd marteau qui sert à dégrossir les pierres irrégulières.

Teutonique (ordre), ordre hospitalier et militaire, créé en 1198 en Terre sainte par des croisés allemands, recruté dans la noblesse allemande. Il assit son influence en Méditerranée, et surtout en Europe du Nord (Prusse-Orientale, notam.) sous Hermann de Salza (1211-1239), qui obtint de Frédéric II le droit de souveraineté sur les conquêtes à venir. Ayant absorbé les chevaliers Porte-Glaive, ainsi que leurs possessions (1237), il accrut sa puissance territoriale, qui atteignit son apogée au XIVe s., après la conquête de la Pomérélie (1308) sur la Pologne. Il forma alors un État puissant (cap. Marienburg) et prospère, soumis à une intense germanisation. Mais affaibli à l'intérieur par les revendications de la noblesse et de la bourgeoisie, il fut écrasé par les Polonais à Grunwald (1410). Le second traité de Toruń (1466) ne lui laissa, sous la suzeraineté polonaise, que la seule Prusse-Orientale, qui fut sécularisée (1525) à la suite de la conversion au luthéranisme du grand maître de l'ordre, Albert de Brandebourg. Désormais confiné dans son rôle hospitalier, l'ordre fut supprimé par Napoléon Ier (1809). En 1840, il parvint à se reformer en Autriche.

Teutons, anc. peuple germanique qui, installé sur les bords de la Baltique au IIe s. av. J.-C., se répandit en Bavière et en Gaule. Il fut exterminé par Marius près d'Aix-en-Provence en 102 av. J.-C. Ce nom (*Teutsch* ou *Deutsch* en all.) a ensuite désigné les Germains.

tévé [teve] n. f. Voir T.V.

tex [tɛks] n. m. TEXT Unité de mesure (exprimée en grammes) de 1000 mètres de fil.

texan, ane [tɛksɑ̃, an] adj. et n. Du Texas. ▷ Subst. Habitant ou personne originaire du Texas. *Un(e) Texan(e).*

Texas, le plus vaste État des É.-U. après l'Alaska, sur le golfe du Mexique; 692 402 km²; 16 987 000 hab.; cap. *Austin.* – Une large plaine alluviale est dominée par un plateau (terminaison des Grandes Plaines) qui, à l'extrême O., rejoint la bordure des Rocheuses. Le climat, subtropical au S. et à l'E., continental au centre, devient désertique à l'O. Ce pays de céréales et d'élevage a pour richesse fondamentale les hydrocarbures (env. 50% de la production des É.-U.), l'hélium, le brome, le lignite, etc. L'industrie (princ. à Houston et Dallas) est soutenue par une forte activité portuaire.– Reconnue (XVIe s.) et colonisée (XVIIe s.) par les Espagnols, la région forma un État du Mexique (1821), puis une rép. indép. (1836). Son annexion par les États-Unis (1845) provoqua une guerre avec le Mexique (1846-1848).

texte [tɛkst] n. m. **1.** Ensemble des mots, des phrases qui constituent un écrit. *Le texte d'un roman. Le texte de la Constitution.* ▷ (*Le texte,* par oppos. à *note,* et à *commentaire.*) *Des gloses marginales éclairent le texte.* – Loc. *Dans le texte :* dans la langue originelle, sans utiliser de traduction. ▷ Tout écrit imprimé ou manuscrit. *Texte mal composé.* **2.** *Spécial.* Ensemble de phrases, de paroles destinées à être récitées ou chantées. *Comédien qui apprend son texte.* **3.** Œuvre littéraire. *Étudier les textes classiques.* ▷ Extrait, fragment d'une œuvre littéraire. *Textes choisis. Commentaire de texte.* **4.** Sujet d'un devoir, d'un exercice scolaire. *Texte d'une dissertation.* – *Cahier de textes,* où un élève inscrit son emploi du temps et les sujets des devoirs et exercices. **5.** AUDIOV Document écrit, scénario d'un film, d'une émission radiodiffusée ou télévisée, accompagné du découpage et des dialogues. (Terme officiellement recommandé pour remplacer *script.*)

textile [tɛkstil] adj. et n. m. **1.** Qui peut être divisé en filaments propres à être tissés. *Plantes textiles.* ▷ n. m. Fibre textile; matière faite de fibres textiles. **2.** Relatif à la fabrication des tissus. ▷ n. m. Industrie textile. *La crise du textile.*

ENCYCL Tech. – On distingue les textiles *naturels* (coton, laine, lin, jute, soie, etc.) et les textiles *chimiques* (textiles *artificiels,* obtenus à partir de produits naturels comme la cellulose, et textiles *synthétiques,* constitués de macromolécules synthétisées).

textuel, elle [tɛkstɥɛl] adj. **1.** Exactement conforme au texte. *Citation textuelle.* Syn. littéral. **2.** Didac. Du texte, qui concerne le ou les textes. *Une étude textuelle.*

textuellement [tɛkstɥɛlmɑ̃] adv. D'une manière textuelle; conformément au texte. *Recopier textuellement. Il a rapporté textuellement les paroles entendues,* telles qu'elles ont été dites.

texture [tɛkstyʀ] n. f. **1.** Disposition, arrangement des parties élémentaires d'une substance. *Texture d'une roche, des sols. Texture des tendons.* Syn. structure, constitution. **2.** Fig. Disposition, agencement des différentes parties d'un tout. *Texture d'un ouvrage.*

TGV n. m. (Nom déposé.) Sigle de *train à grande vitesse.* Train qui peut atteindre 300 km/h.

Thabana Ntlenyana, point culminant de la chaîne du Drakensberg, sur la frontière N.-E. du Lesotho; 3 482 m.

Thabor ou **Tabor** (mont), montagne de Galilée (Israël), à l'O. du Jourdain; 588 m. La tradition la donne comme le lieu de la Transfiguration du Christ.

Thackeray (William Makepeace) (1811 - 1863), écrivain et dessinateur humoristique anglais d'origine anglo-indienne : *le Livre des snobs d'Angleterre par l'un d'eux* (1846-1847), *la Foire aux vanités* (1847-1848), *l'Histoire d'Henry Esmond* (1852).

Thaddée (saint), autre nom de l'apôtre saint Jude*.

thaï, thaïe [taj] adj. et n. m. **1.** adj. Des Thaïs; qui a rapport aux Thaïs. **2.** n. m. LING *Le thaï :* le groupe de langues de la famille dite austroasiatique, parlées en Asie du Sud-Est. (V. Asie, langues.)

thaïlandais, aise [tajlɑ̃dɛ, ɛz] adj. et n. De Thaïlande. ▷ Subst. *Un(e) Thaïlandais(e).*

Thaïlande (golfe de) ou **Siam** (golfe du), golfe de l'Asie du Sud-Est, dans la mer de Chine méridionale, bordant la Malaisie, la Thaïlande et la péninsule indochinoise.

Thaïlande (royaume de) *(Prathet T'hai* ou *Muang T'hai),* État du Sud-Est asiatique, entre la Birmanie, le Laos et le Cambodge; 514 000 km²; 55 600 000 hab. (croissance : 2 % par an). Cap. *Bangkok.* Nature de l'État : monarchie constitutionnelle. Langue off. : thaï. Monnaie : baht. Pop. : Thaïs (80 %), minorités (Chinois, Malais, Khmers, Karens, Méos). Relig. : bouddhisme.

Géogr. et écon. – La plaine centrale, drainée par le Ménam et ouverte au S. sur le golfe de Thaïlande, groupe la pop. (rurale à près de 80 %). Encadrée de montagnes au N. et à l'O. (max. 2 590 m), qui se prolongent dans la péninsule malaise, au S. du pays, elle est dominée à l'E., jusqu'au Mékong, par un vaste plateau. Au climat tropical de mousson correspondent la forêt dense au S. et à l'O., et la forêt claire dans le centre et l'E. Nouveau pays industriel (N.P.I.), la Thaïlande a une économie diversifiée et en forte croissance. L'agriculture fournit le tiers des export. : riz, sucre,

fruits, ainsi que caoutchouc, bois et produits de la pêche, et alimente une forte industrie agro-alimentaire. Les industries d'exportation (vêtements, chaussures, jouets, semi-conducteurs) sont dues aux investissements japonais, taiwanais et américains, puis nationaux (de plus en plus). Tourisme important, mines d'étain (gisements appauvris), pétrole gaz naturel, pétrole, pierres précieuses. Mais le formidable essor (ralenti dans les années 1996-1997) n'a pas tari la pauvreté.
Hist. – Arrivés du Yunnan vers le VIIe s. av. J.-C., les Thaïs fondèrent plusieurs principautés, qui s'affranchirent au XIIIe s. de la domination khmère, et créèrent un royaume indép., le roy. de Sukhotai*, qui formera le Siam (XIVe s.). En butte constante aux visées des Birmans, le Siam eut des relations avec les Européens (Hollandais et Français) au XVIIe s. et sauvegarda son indép. en exploitant les rivalités franco-britanniques (1855 : traité avec la G.-B.). La prospérité du pays fut fortement ébranlée par la crise de 1929 aux É.-U.; le roi Rāma VII accorda une Constitution et abdiqua en 1935. L'armée prit le pouvoir en 1938, changea le nom du royaume en celui de Thaïlande («terre des Thaïs») et s'allia au Japon pendant la Seconde Guerre mondiale. L'après-guerre vit l'influence des É.-U. se développer. Une série de coups d'État militaires (1957, 1963) renforça l'autoritarisme du régime. Les maquis communistes se développèrent à partir de 1962, notam. dans le N.-E. La militarisation du pays et la présence de bases amér. entraînèrent des révoltes étudiantes. Une Constitution libérale fut adoptée (1973); les bases américaines furent évacuées. En oct. 1976, une junte militaire, inspirée par le roi Bhumipol Adulyadet (Rāma IX), prit le pouvoir. Le général Prem Tunsilanond, Premier ministre dep. 1980, démissionna en 1988. Un coup d'État militaire renversa son successeur en fév. 1991. En 1992, des manifestations furent violemment réprimées par l'armée (mai) et les partis d'opposition remportèrent les législatives. Mais ils perdirent celles de 1995. En 1996, le général Chaovalit Yongchaiyudh, chef du Parti de la nouvelle aspiration, devint Premier ministre à la suite d'élections anticipées, alors qu'une crise monétaire se dessinait.

Thaïs, ensemble de peuples installés dans l'Asie du Sud-Est : Thaïs de Thaïlande, Laos du Laos et de Thaïlande, Shans de Birmanie, Thaïs (blancs et noirs, selon la couleur des vêtements des femmes), Tay et Nungs du Viêt-nam, etc. – Originaires du sud de la Chine, où des chroniques les mentionnent au VIIe s. av. J.-C., ils s'infiltrent dans les vallées de la péninsule indochinoise dès l'ère chrétienne et forment, à partir du XIIIe s., des royaumes qui sont à l'origine de la Thaïlande et du Laos actuels. Adeptes du bouddhisme, ils conservent des croyances traditionnelles (culte des esprits de la Terre, ou *phii*).

Thakhek (plateau du). V. Khammouane (plateau du).

thalamus [talamys] n. m. ANAT Couple de volumineux noyaux de substance grise situés de part et d'autre du troisième ventricule du cerveau antérieur et qui servent de relais pour les voies sensitives.

thalassémie [talasemi] n. f. MED Anémie due à une anomalie héréditaire de la synthèse de l'hémoglobine, rencontrée notam. dans les populations du bassin méditerranéen et, sous des formes modérées, en Afrique noire.

thalassi-, thalasso-. Élément, du gr. *thalassa,* «mer».

thalassothérapie [talasoteʀapi] n. f. MED Cure, méthode de traitement utilisant le climat marin, l'eau et les boues marines.

Thalès (fin du VIIe s. – déb. du VIe s. av. J.-C.), mathématicien et philosophe grec de l'école ionienne, l'un des Sept Sages de la Grèce. On lui attribue notam. le théorème dit *de Thalès* : «Toute parallèle à l'un des côtés d'un triangle divise les deux autres côtés en segments proportionnels.» (V. homothétie.) Il fut le premier à donner une explication rationnelle, et non mythologique, de l'Univers, en faisant de l'eau l'élément premier.

thalle [tal] n. m. BOT Appareil végétatif très simple des plantes non vasculaires (champignons, algues, lichens), où l'on ne peut distinguer ni racine, ni tige, ni feuille.

thallium [taljɔm] n. m. CHIM Élément métallique (symbole Tl) de numéro atomique Z = 81. – Métal (Tl). *Mou et gris, le thallium ressemble au plomb.*

thallophytes [talɔfit] n. f. pl. BOT Important groupe réunissant tous les végétaux dont l'appareil végétatif est un thalle. – Sing. *Une thallophyte.*

thalweg [talvɛg] n. m. V. talweg.

Thaly (Daniel) (1879 – 1950), poète français d'origine martiniquaise, né dans l'île de la Dominique : *la Clarté du Sud* (1905), *Sous le ciel des Antilles* (1928).

thanato-. Élément, du gr. *thanatos,* «mort».

thanatologie [tanatɔlɔʒi] n. f. Didac. Étude scientifique de la mort.

thanatopraxie [tanatopʀaksi] n. f. Didac. Technique de l'embaumement des cadavres.

thanatos [tanatɔs] n. m. PSYCHAN Personnification de l'instinct de mort chez Freud (par oppos. à *éros*).

Thanatos, dans la myth. gr., dieu de la Mort, fils de la Nuit et frère d'Hypnos.

Thant (Sithu U) (1909 – 1974), diplomate birman; secrétaire général des Nations unies de 1961 à 1971.

Thapsus, anc. v. au S. de Sousse (Tunisie), près de laquelle César battit les partisans de Pompée (46 av. J.-C.).

that [tat] n. m. (Laos) Stūpa ou reliquaire bouddhique.

Thatcher (Margaret) (née en 1925), femme politique britannique, Premier ministre (conservateur) de 1979 à sa démission en 1990. Sa détermination dans la guerre des Malouines (1982) lui valut d'être réélue. Elle entreprit une politique de dénationalisation.

That Luang ou **Pha That Luang** («grand reliquaire sacré ou grand stūpa»), monument bouddhique de Vientiane (Laos). Ce temple, construit par le roi Setthathirath au XVIe s., gravement endommagé par les invasions birmanes et siamoises aux XVIIIe et XIXe s., fut restauré par les Français au début du XXe s. Il symbolise auj. la souveraineté lao.

thaumaturge [tomatyʀʒ] n. m. (et adj.) **1.** Didac. Personne qui fait ou prétend faire des miracles. **2.** Litt. Faiseur de miracles; magicien.

thazard ou **tazard** [tazaʀ] n. m. Poisson perciforme des mers chaudes (*Auxis thazard*), voisin du maquereau, pouvant atteindre 50 cm de long.

thé [te] n. m. **1.** Feuilles séchées du théier, après fermentation dans le cas du *thé noir,* sans fermentation dans le cas du *thé vert. Un paquet de thé. – Arbre à thé :* syn. de *théier.* **2.** Infusion tonique et désaltérante préparée avec ces feuilles, servie le plus souvent chaude. *Une tasse de thé. Thé à la menthe,* (Afr. subsah., Belgique) *thé maure :* infusion de thé vert et de feuilles de menthe, fortement sucrée. ▷ (Belgique, Luxembourg, Suisse) Infusion, tisane. *Thé de citronnelle. Thé de menthe.* **3.** Collation, réception où l'on sert du thé. *Thé dansant.* **4.** (Afr. subsah.) *Thé de Gambie, thé des savanes :* plantes aromatiques (fam. verbénacées), utilisées en infusion.

théacées [tease] n. f. pl. BOT Famille de végétaux dicotylédones, comprenant le genre *Camelia**, dont le thé est le type. – Sing. *Une théacée.*

théâtral, ale, aux [teatʀal, o] adj. **1.** De théâtre; qui appartient au théâtre, est propre au théâtre. *Représentation théâtrale.* **2.** Fig., péjor. Exagéré, artificiel, qui vise à l'effet. *Un ton théâtral.*

théâtralement [teatʀalmɑ̃] adv. Péjor. D'une manière théâtrale, outrée.

théâtralité [teatʀalite] n. f. Didac. Qualité de ce qui est théâtral. *La théâtralité d'un jeu d'acteurs, d'un décor.*

théâtre [teatʀ] n. m. **A. I. 1.** Édifice où l'on représente des œuvres dramatiques, où l'on donne des spectacles. *Architecture, acoustique d'un théâtre.* **2.** Cet édifice, en tant que lieu où est représenté un spectacle donné; ce spectacle lui-même. *Aller au théâtre.* – (Québec) *Théâtre d'été :* salle de spectacle où l'on joue des pièces divertissantes pendant la saison estivale. **3.** Ensemble du personnel et des comédiens attachés à un établissement théâtral; troupe, compagnie. *Théâtre ambulant.* **4.** Par anal. *Théâtre de marionnettes. Théâtre d'ombres.* **II.** Fig. Lieu où se passe (tel événement). *Le théâtre des opérations militaires.* **B. I. 1.** Genre littéraire qui consiste en la production d'œuvres destinées à être jouées par des acteurs; art d'écrire pour la scène. *Aborder avec un égal bonheur le roman et le théâtre.* ▷ Loc. *Coup de théâtre :* rebondissement imprévu dans l'action d'une pièce; péripétie; fig. événement imprévu entraînant des changements importants. **2.** Ensemble des œuvres dramatiques d'un pays, d'une époque, d'un auteur. *Le théâtre grec. Le théâtre de Racine.* **II. 1.** Art de la représentation de telles œuvres; art dramatique. *Faire du théâtre. Un homme de théâtre.* ▷ *De théâtre :* destiné au théâtre, à la scène. *Costume, maquillage de théâtre.* **2.** Manière particulière de traiter cet art, propre à un pays, à une époque, à un metteur en scène, etc. *Le théâtre égyptien consistait surtout en des ballets chantés et dansés.* **3.** (Afr. subsah.) Spectacle théâtral. – *Faire un (du) théâtre :* donner une représentation.

Théâtre-Français. V. Comédie-Française.

thébaïde [tebaid] n. f. Litt. Retraite solitaire.

Thébaïde ou **Haute-Égypte,** partie mérid. de l'Égypte anc.; cap. *Thèbes.* Les premiers solitaires chrétiens y fuirent la persécution de l'empereur romain Decius et y menèrent une vie d'ascète.

Thèbes, v. de l'anc. Égypte, sur le Nil, à 700 km env. au S. du Caire. De fondation très anc., elle commença à jouer un rôle import. lorsque les princes thébains (XIe dynastie) réunifièrent l'Égypte et étendirent à tout le pays le culte d'Amon, divinité locale. La cité fut dès lors la cap. des souverains du Moyen et du Nouvel Empire (1580-1085 av. J.-C.), époque qui marque son apogée : érection des temples d'Amon à Karnak et à Louxor, construction des hypogées de la Vallée des Rois, etc. À partir de la XIXe dynastie, la prospérité de Thèbes décrut et l'invasion assyrienne (v. 663 av. J.-C.) acheva sa ruine.

Thèbes (auj. *Thíva*), v. de Grèce, l'une des princ. cités de Béotie, détruite par des tremblements de terre (1853, 1893) et reconstruite sur un plan en damier; 18710 hab. – Musée archéologique.
Hist. – Occupée depuis la fin du IIIe millénaire, Thèbes devint, entre le XVIe et le XIVe s. av. J.-C., le siège d'un royaume mycénien riche de mythes (V. Œdipe). Au IVe s. av. J.-C., le régime oligarchique que Sparte, victorieuse, lui imposa fut renversé par Pélopidas et Épaminondas (vainqueur des Spartiates à Leuctres en 371). Ils assurèrent la domination thébaine sur la Grèce centrale; mais après la mort d'Épaminondas à la bataille de Mantinée (362), que toutefois il remporta, Thèbes tomba sous le joug de la Macédoine; elle se révolta en vain contre Alexandre, qui la fit presque entièrement raser (336). Thèbes fut définitivement ruinée par les Romains en 146 av. J.-C.

théier, ère [teje, ɛʀ] adj. et n. **I.** adj. Rare Relatif au thé. *Industrie théière.* **II.** n. **1.** n. m. BOT Arbre ou arbrisseau (*Camelia sinensis,* fam. théacées) à fleurs blanches, originaire des montagnes d'Asie tropicale, cultivé pour ses feuilles qui, séchées, servent à préparer le thé (sens 2). Syn. arbre à thé. **2.** n. f. Récipient dans lequel on fait infuser le thé.

Theiler (Max) (1899 – 1972), médecin sud-africain qui travailla aux États-Unis Il isola le virus de la fièvre jaune et mit au point le vaccin. Prix Nobel 1951.

theilériose [tɛjleʀjoz] n. f. MED VET Maladie infectieuse transmise par les tiques, qui atteint surtout les bovins.

théine [tein] n. f. BIOCHIM Alcaloïde du thé, d'une constitution chimique analogue à celle de la caféine.

théisme [teism] n. m. Didac. Doctrine philosophique selon laquelle le principe d'unité de l'Univers est un Dieu personnel, cause de toute chose.

théiste [teist] n. et adj. Didac. Personne qui professe le théisme. ▷ adj. Relatif au théisme.

Thê Lu (1907 – 1989), écrivain vietnamien. Membre du groupe littéraire Tu* Luc-Van Doan, il fut un brillant représentant du mouvement Tho Moi («Poésie nouvelle»), et s'attacha à exprimer le beau, pour lui fondement et finalité de l'art : *Rimes I* (1935) et *Rimes II* (1945). On lui doit aussi des romans (*Or et Sang,* 1934) et des pièces de théâtre.

thématique [tematik] adj. et n. f. **I.** adj. **1.** Organisé, conçu à partir de thèmes. *Index thématique.* **2.** LING Relatif au thème d'un mot. ▷ GRAM *Verbe thématique,* qui intercale une voyelle de liaison (dite *thématique*) entre le radical et la désinence personnelle. **II.** n. f. Didac. Ensemble organisé de thèmes. *La thématique de la littérature romantique.*

thème [tɛm] n. m. **1.** Sujet, matière, proposition que l'on entreprend de traiter dans un ouvrage, un discours. *Quel est le thème de cet essai?* ▷ Ce à quoi s'applique la pensée de qqn; ce qui constitue l'essentiel de ses préoccupations. *Thème de réflexion.* Syn. sujet. **2.** MUS Mélodie, motif mélodique sur lequel on compose des variations. ▷ *Spécial.* En jazz, mélodie dont les accords fournissent la trame harmonique des improvisations. **3.** Exercice scolaire consistant à traduire un texte de sa langue maternelle dans une autre langue. *Le thème et la version. Thème latin.* ▷ *Un fort en thème* : un très bon élève. **4.** ASTROL *Thème céleste* ou *astral* : représentation de l'état du ciel au moment de la naissance de qqn, qui sert de base à l'établissement de son horoscope. **5.** GRAM Partie du nom ou du verbe (radical et voyelle thématique) à laquelle s'ajoutent les désinences liées aux cas ou aux personnes, dans certaines langues à flexions. **6.** LING Syn. de *topique.*

Thémis, dans la myth. gr., déesse de la Loi et de la Justice. De Zeus, elle eut les Moires (les Parques dans la myth. latine).

Thémistocle (v. 524 – v. 459 av. J.-C.), homme d'État et général athénien. Stratège en 480 av. J.-C., il décida ses compatriotes à construire une flotte de 200 vaisseaux et vainquit les Perses à Salamine (480). Puis il œuvra à la sécurité d'Athènes : construction d'une nouvelle enceinte, fortification du Pirée. Il se rendit impopulaire par son goût du luxe et, v. 472-471, Cimon obtint son bannissement. Le roi perse Artaxerxès Ier l'accueillit.

thénar [tenaʀ] n. m. ANAT Saillie formée à la partie externe de la paume de la main par un groupe de muscles du pouce. – (En appos.) *Éminence thénar.*

théo-. Élément, du gr. *theos,* «dieu».

théobromine [teɔbʀɔmin] n. f. BIOCHIM Alcaloïde extrait du cacao et existant en faible quantité dans le thé, la noix de kola et le café. *La théobromine est un diurétique et un vasodilatateur des artères coronaires.*

théocratie [teɔkʀasi] n. f. Didac. Forme de gouvernement dans laquelle l'autorité est exercée soit par les représentants d'une caste sacerdotale, soit par un souverain, au nom d'un dieu ou de Dieu.

théocratique [teɔkʀatik] adj. Didac. Relatif à la théocratie, qui en a le caractère.

Théocrite (v. 315 – v. 250 av. J.-C.), poète grec. Ses *Idylles* comptent 30 poèmes (env. 2000 vers) qui inaugurent le genre pastoral.

théodolite [teɔdɔlit] n. m. TECH Instrument de visée constitué d'une lunette mobile autour d'un axe vertical et d'un axe horizontal et de deux cercles gradués perpendiculaires à ces axes, servant en astronomie à mesurer l'azimut et la hauteur des astres, en topographie à effectuer des levés, en astronautique à repérer les satellites.

Théodora (v. 500 – 548), impératrice d'Orient (527-548) par son mariage avec Justinien, auquel elle inspira de nombr. mesures (politiques, religieuses ou législatives).

Theodorakis (Mikis) (né en 1925), compositeur et homme politique grec. Sa *Chanson du capitaine Zacharias* (1939) fut l'hymne de la Résistance grecque.

Théodore II. V. Théodoros.

Théodoric le Grand (v. 454 – 526), roi des Ostrogoths (493-526). Retenu comme otage à Constantinople de 461 à 471, le jeune Théodoric s'y imprégna de civilisation gréco-romaine. À la mort de son père, le roi Théodomir (v. 474), il devint le chef du peuple ostrogoth. Avec l'accord de Zénon, empereur d'Orient, il rassembla une puissante armée contre Odoacre (maître de Rome depuis 476), qu'il vainquit à Ravenne (493). Il fut proclamé roi par les Ostrogoths, et son royaume s'étendit bientôt à l'Italie et jusqu'à la Pannonie (la Hongrie actuelle). Il lutta contre les Francs (conquête de la Provence en 508-509) et les Burgondes. Il embellit Ravenne, sa cap., et tenta un rapprochement entre les Goths et les Romains; l'aristocratie romaine lui prêta son concours. Mais, à partir de 524, Théodoric, arien, se retourna contre elle et persécuta les catholiques. L'État ostrogoth ne lui survécut pas.

Théodoros ou **Théodore II** (v. 1820 – 1868), empereur d'Éthiopie (1855-1868). Marchand anobli (nommé Kassa Haïlu), il devint chef féodal, partit de l'Amhara et unifia le pays, qu'il occidentalisa. Défait par les Britanniques à Magdala, il se tua.

Théodose Ier le Grand (en lat. *Flavius Theodosius*) (v. 347 – 395), empereur romain (379-395). Gratien le proclama Auguste (379) et lui donna l'Orient. Il fit du catholicisme la religion off. de l'Empire (380). Maxime ayant renversé Gratien (383), Théodose reconnut l'usurpateur, puis l'affronta; il le battit et le fit tuer à Aquilée (388). Après la mort de l'empereur Valentinien II, il écrasa (394) l'usurpateur Eugène, demeuré païen, dans la Slovénie actuelle. Il partagea l'Empire entre ses deux fils, Honorius (Occident) et Arcadius (Orient).

théogonie [teɔgɔni] n. f. Didac. Chez les peuples polythéistes, généalogie des dieux, historique de leur naissance.

théologal, ale, aux [teɔlɔgal, o] adj. RELIG CATHOL Qui a Dieu lui-même pour objet. ▷ *Les trois vertus théologales :* la foi, l'espérance et la charité.

théologie [teɔlɔʒi] n. f. **1.** Étude des questions religieuses, réflexion sur Dieu et sur le salut de l'homme s'appuyant essentiellement sur les Écritures et la Tradition. **2.** Doctrine théologique.

théologien, enne [teɔlɔʒjɛ̃, ɛn] n. Spécialiste de théologie.

théologique [teɔlɔʒik] adj. Qui concerne la théologie.

théophanie [teɔfani] n. f. THEOL Manifestation de la divinité sous une forme sensible.

Théophraste (v. 372 – v. 287 av. J.-C.), philosophe grec, de son vrai nom Tyrtamos, surnommé *Theophrastos* («divin parleur») par son maître Aristote, qui lui laissa la direction du Lycée. Œuvres : *les Recherches sur les plantes, les Causes des plantes, les Caractères* (V. La Bruyère).

Théophraste-Renaudot (prix). V. Renaudot.

théophylline [teɔfilin] n. f. BIOCHIM Alcaloïde contenu dans les feuilles de thé, utilisé en thérapeutique comme diurétique et comme dilatateur des bronches (notam. dans l'asthme) et des artères coronaires.

théorème [teɔʀɛm] n. m. MATH, LOG Proposition démontrable qui découle de propositions précédemment établies.

théorétique [teɔʀetik] adj. et n. f. PHILO **1.** adj. Qui vise, qui a rapport à la connaissance conceptuelle, non à l'action. *Les sciences théorétiques :* la mathématique, la physique et la théologie (chez Aristote). **2.** n. f. Étude de la connaissance philosophique.

théoricien, enne [teɔʀisjɛ̃, ɛn] n. **1.** Personne qui connaît la théorie d'une science, d'un art (par oppos. à *praticien*). **2.** Personne qui s'attache à la connaissance abstraite, spéculative (par oppos. à *expérimentateur,* à *technicien*). **3.** Auteur d'une théorie. *Les théoriciens du socialisme.*

1. théorie [teɔʀi] n. f. **1.** Ensemble d'opinions, d'idées sur un sujet particulier. *Théorie sociale, artistique.* **2.** Connaissance abstraite, spéculative. *La théorie et la pratique.* ▷ *En théorie :* dans l'abstrait; en principe. *Chacun est libre en théorie.* **3.** Système conceptuel organisé sur lequel est fondée l'explication d'un ordre de phénomènes. *Théorie de la gravitation.* **4.** MILIT Principes de la manœuvre. *Leçons de théorie.*

2. théorie [teɔʀi] n. f. Litt. Suite de personnes s'avançant en procession; longue file. *Une théorie de voitures.*

théorique [teɔʀik] adj. **1.** Qui est du domaine de la théorie. *Physique théorique et physique expérimentale.* **2.** Cour. (Parfois péjor.) Qui n'est conçu, qui n'existe qu'abstraitement, hypothétiquement. *Pouvoir théorique.*

théoriquement [teɔʀikmɑ̃] adv. De façon théorique (sens 1 et 2).

théorisation [teɔʀizasjɔ̃] n. f. Didac. Action de théoriser (sens 2); son résultat.

théoriser [teɔʀize] v. [1] **1.** v. intr. Didac. Exprimer une, des théories. *Théoriser sur la politique.* **2.** v. tr. Mettre en théorie. *Théoriser la création poétique.*

théosophie [teɔzɔfi] n. f. Didac. Système philosophique, d'inspiration mystique et ésotérique, professé notam. par Swedenborg.

-thèque. Élément, du gr. *thêkê,* «loge, boîte, armoire».

thèque [tɛk] n. f. **1.** BIOL Coque résistante qui protège certains êtres unicellulaires. **2.** ANAT Enveloppe du follicule ovarien.

thérapeute [teʀapøt] n. Didac. Personne qui soigne les malades. ▷ *Spécial.* Psychothérapeute.

thérapeutique [teʀapøtik] adj. et n. f. **I.** adj. Relatif au traitement, à la guérison des maladies; propre à guérir. *Action, produit thérapeutique.* **II.** n. f. **1.** *La thérapeutique :* la médecine qui traite des moyens propres à guérir ou à soulager les maladies. *Thérapeutique somatique.* **2.** *Une thérapeutique :* un traitement.

thérapie [teʀapi] n. f. **1.** Syn. de *thérapeutique* (II, 2). *Thérapie génique :* traitement d'une maladie d'origine génétique par introduction d'un gène étranger dans les cellules de l'organisme malade. **2.** PSYCHO, PSYCHAN Syn. de *psychothérapie. Être en thérapie. Faire une thérapie de groupe.*

Theravāda. V. bouddhisme.

Thérèse d'Ávila (sainte) [Teresa de Cepeda y Ahumada] (1515 - 1582), religieuse et mystique espagnole. Entrée en 1536 au couvent de l'Incarnation d'Ávila, sa ville natale, elle réforma l'ordre du Carmel avec l'aide de Jean de la Croix. Œuvres : *le Livre de la vie* (1562-1565), *le Chemin de la perfection* (1565), *les Exclamations* (1566-1569), *le Livre des fondations* (1573-1582) et *le Château intérieur* (1577). Prem. femme déclarée docteur de l'Église (1970).

Thérèse de l'Enfant-Jésus (sainte) [Thérèse Martin] (1873 - 1897), religieuse française. Entrée à quinze ans au carmel de Lisieux*, elle écrivit un récit autobiographique, *Histoire d'une âme* (1897). Canonisée en 1925.

Thériault (Yves) (1915 - 1983), écrivain québécois. Après *Contes pour un homme seul* (1944), il a beaucoup écrit sur les minorités canadiennes : juive (*Aaron,* 1954), inuit (*Agaguk,* 1958), indienne (*Ashini,* 1960), scandinave (*Kesten,* 1968); citons aussi *Antoine et sa montagne* (1969).

therm(o)-, -therme, -thermie, -thermique. Éléments, du gr. *thermos,* «chaud», ou *thermainein,* «chauffer».

thermal, ale, aux [tɛʀmal, o] adj. **1.** Se dit des eaux minérales chaudes aux propriétés thérapeutiques. **2.** Où l'on fait usage d'eaux médicinales (chaudes ou non). *Cure thermale.*

thermalisme [tɛʀmalism] n. m. Usage et exploitation des eaux thermales.

thermes [tɛʀm] n. m. pl. Établissement thermal.

thermicité [tɛʀmisite] n. f. PHYS Propriété d'un système d'échanger de la chaleur avec le milieu extérieur lors d'une transformation physico-chimique.

Thermidor an II (journées des 9 et 10) (27 et 28 juillet 1794), pendant la Révolution française, journées qui virent la chute de Robespierre et de ses partisans. Les adversaires de Robespierre, les uns opposés à la Grande Terreur, les autres (Tallien, Barras, Fouché, notam.) craignant d'en être les victimes, s'unirent pour l'éliminer. Le parti révolutionnaire, soumis à des purges successives (hébertistes, dantonistes) et ayant perdu le soutien actif des sans-culottes, s'était affaibli; aussi, malgré l'insurrection de la Commune de Paris, les partisans de Robespierre ne purent-ils être sauvés. Vingt-deux d'entre eux (Robespierre, Saint-Just, Couthon, etc.) furent guillotinés au soir du 10 thermidor.

-thermie, -thermique. V. therm(o)-.

thermique [tɛʀmik] adj. et n. f. **1.** adj. Qui a rapport à la chaleur, à l'énergie calorifique. – *Machine thermique,* qui transforme l'énergie calorifique en une autre forme d'énergie. *Centrale thermique,* dans laquelle l'électricité est produite à partir de la chaleur de combustion du charbon, du gaz ou du pétrole. **2.** n. f. PHYS Étude de la chaleur et des phénomènes calorifiques (thermométrie, calorimétrie, étude des combustions, etc.).

thermo-. V. therm(o)-.

thermocautère [tɛʀmokotɛʀ] n. m. MED Instrument qui sert à faire des cautérisations ignées, des pointes de feu.

thermochimie [tɛʀmoʃimi] n. f. Didac. Science ayant pour objet la mesure des quantités de chaleur mises en jeu dans les réactions chimiques ainsi que l'étude des relations entre ces grandeurs et la constitution des corps.

thermodynamique [tɛʀmodinamik] n. f. et adj. PHYS Partie de la physique qui étudie tous les phénomènes physiques ou chimiques où intervient la chaleur. ▷ adj. Relatif à la thermodynamique.
ENCYCL La thermodynamique repose essentiellement sur les principes suivants. **Principe zéro :** deux systèmes dont chacun est en équilibre thermique avec un troisième sont en équilibre thermique entre eux. **Premier principe :** la somme du travail W et de la chaleur Q échangés par un système avec le milieu extérieur au cours de son évolution entre deux états d'équilibre thermique 1 et 2 est égale à la variation d'une fonction de l'état du système, notée U, et appelée énergie interne : $W + Q = U_2 - U_1$. **Second principe :** il énonce l'irréversibilité des phénomènes naturels; on peut en déduire : un système qui décrit un cycle monotherme ne peut pas produire de travail (énoncé de Kelvin); le passage de la chaleur d'un corps froid à un corps chaud n'a jamais lieu spontanément (énoncé de Clausius). V. température.

thermoélectricité [tɛʀmoelɛktʀisite] n. f. PHYS Électricité produite par la conversion de l'énergie thermique; ensemble des phénomènes liés à cette conversion.

thermoélectrique [tɛʀmoelɛktʀik] adj. PHYS Relatif à la thermoélectricité. *Effet thermoélectrique. Couple* thermoélectrique.*

thermogène [tɛʀmɔʒɛn] adj. Didac. Qui produit de la chaleur.

thermogenèse [tɛʀmoʒənɛz] n. f. PHYSIOL Production de chaleur par les êtres vivants (V. thermorégulation).

thermographe [tɛʀmogʀaf] n. m. TECH Thermomètre enregistreur.

thermographie [tɛʀmogʀafi] n. f. TECH Ensemble des procédés de mesure de la température fondés sur la propriété qu'ont les rayons infrarouges d'impressionner les surfaces sensibles. ▷ Spécial. *Thermographie médicale,* utilisée dans le dépistage de certaines affections (cancer du sein, notam.).

thermogravimétrie [tɛʀmogʀavimetʀi] n. f. PHYS Technique de mesure consistant à déterminer les variations de masse d'un corps simple ou composé en fonction de la température.

thermolabile [tɛʀmolabil] adj. CHIM, BIOCHIM Se dit d'une substance qui est détruite ou qui perd ses propriétés à une température déterminée.

thermoluminescence [tɛʀmolyminɛsɑ̃s] n. f. PHYS Luminescence provoquée par la chaleur.

thermolyse [tɛʀmoliz] n. f. **1.** CHIM Décomposition d'un corps par la chaleur. **2.** PHYSIOL Déperdition de chaleur par les organismes vivants.

thermomagnétisme [tɛʀmomaɲetism] n. m. PHYS Ensemble des phénomènes magnétiques liés à l'élévation de température d'un corps.

thermomécanique [tɛʀmomekanik] adj. PHYS Relatif aux effets mécaniques de la chaleur.

thermomètre [tɛʀmomɛtʀ] n. m. **1.** Instrument qui permet la mesure des températures, en général par la dilatation d'un liquide ou d'un gaz. – *Thermomètre médical,* qui permet de mesurer la température maximale interne du corps. – *Thermomètre électronique.* **2.** Fig. Ce qui permet de connaître, d'évaluer les variations de qqch. *L'épargne est le thermomètre du climat social.*

thermométrie [tɛʀmometʀi] n. f. Didac. Mesure des températures.

thermonucléaire [tɛʀmonykleɛʀ] adj. PHYS Qui a rapport à la fusion* des noyaux atomiques. *Réaction thermonucléaire,* cette fusion. – *Bombe, arme thermonucléaire,* qui, par la fusion de noyaux d'atomes légers, dégage une énergie considérable.

thermopériodisme [tɛʀmopeʀjɔdism] n. m. BOT Ensemble des phénomènes végétatifs liés aux variations de température résultant de l'alternance du jour et de la nuit et de la succession des saisons.

thermopile [tɛʀmopil] n. f. Didac. Dispositif de conversion des rayonnements calorifiques en énergie électrique. Syn. pile thermoélectrique.

Thermopyles (les) (en grec *Thermopulai :* «Portes chaudes»), défilé de la Grèce, en Phtiotide (Thessalie). Léonidas Ier, roi de Sparte, et ses 300 hoplites y opposèrent une défense héroïque à l'armée perse de Xerxès Ier (480 av. J.-C.), qui les extermina.

thermorégulateur, trice [tɛʀmoʀegylatœʀ, tʀis] adj. et n. m. **1.** adj. BIOL Relatif à la thermorégulation. **2.** n. m. TECH Dispositif servant à régler automatiquement la température, dans certains appareils. (V. thermostat.)

thermorégulation [tɛʀmoʀegylasjɔ̃] n. f. BIOL Régulation de la température interne du corps, chez les animaux homéothermes (oiseaux, mammifères).

thermorésistant, ante [tɛʀmoʀezistɑ̃, ɑ̃t] adj. Didac. Qui résiste à la chaleur. ▷ *Spécial.* BIOL Dont les mécanismes vitaux ne sont pas affectés par des températures assez élevées. *Bactéries thermorésistantes.*

thermos [tɛʀmos] n. m. ou f. (Nom déposé.) Bouteille isolante qui permet de conserver un liquide à la même température durant plusieurs heures. – (En appos.) *Bouteille thermos.*

thermosensible [tɛʀmosɑ̃sibl] adj. TECH Dont les propriétés peuvent être changées par des variations de température.

thermosphère [tɛʀmosfɛʀ] n. f. METEO Région de l'atmosphère, située au-delà de 80 km, dans laquelle la température croît régulièrement avec l'altitude.

thermostable [tɛʀmostabl] ou **thermostabile** [tɛʀmostabil] adj. BIOCHIM Se dit d'une substance qui n'est pas altérée par une élévation modérée de la température.

thermostat [tɛʀmosta] n. m. Dispositif automatique de régulation destiné à maintenir la température entre deux valeurs de consigne dans une enceinte fermée.

thermostatique [tɛʀmostatik] adj. Didac. Qui sert à maintenir constante une température.

thermotropisme [tɛʀmotʀɔpism] n. m. BIOL Tropisme lié aux variations de température.

thésaurisation [tezɔʀizasjɔ̃] n. f. Action de thésauriser; son résultat.

thésauriser [tezɔʀize] v. [1] **1.** v. intr. Amasser de l'argent sans le faire circuler ni fructifier. **2.** v. tr. *Thésauriser des pièces d'or.*

thesaurus ou **thésaurus** [tezɔʀys] n. m. inv. **1.** Didac. Lexique exhaustif de philologie, d'archéologie. **2.** INFORM, LING Recueil documentaire alphabétique de termes scientifiques, techniques, etc., servant de descripteurs pour analyser un corpus.

thèse [tɛz] n. f. **1.** Proposition ou opinion qu'on s'attache à soutenir, à défendre. – *Roman à thèse,* dans lequel l'auteur tente d'illustrer la vérité d'une thèse philosophique, politique, etc. **2.** Ouvrage présenté devant un jury universitaire pour l'obtention d'un titre de doctorat (thèse d'État, de troisième cycle). *Soutenir une thèse.* – *Par ext.* Cet ouvrage imprimé. **3.** PHILO Chez Hegel, premier terme d'un raisonnement dialectique (par oppos. à *l'antithèse** et à la *synthèse**).

Thésée, dans la myth. gr., roi d'Athènes. Fils d'Égée* ou de Poséidon, il fut élevé par sa mère, Æthra. À l'âge de seize ans, il quitta Trézène (Argolide), tua plusieurs brigands (notam. Procuste) et gagna Athènes. Il se rendit en Crète pour y tuer le Minotaure avec l'aide d'Ariane*. De retour à Athènes et devenu roi, il enleva l'Amazone Antiope (qui lui donna un fils, Hippolyte), qu'il répudia pour épouser Phèdre*. Plus tard, il se retira dans l'île de Skyros, dont le roi, Lycomédès, l'aurait fait assassiner.

Thessalie, rég. de la Grèce centrale et de la C.E., sur la mer Égée, plaine fertile entre l'Olympe (au N.) et la chaîne du Pinde (à l'O.); 14037 km²; 731200 hab.; cap. *Lárissa.*

Thessalonique ou **Salonique,** v. et port de Grèce (2e ville du pays), en Macédoine, sur le *golfe de Thessalonique* (mer Égée); 377950 hab. (aggl. urb. 706180 hab.); ch.-l. du nome du m. nom. Centre comm. et industr. – Université. Archevêché orthodoxe. – Nombr. monuments romains (arc de Galère, 303) et byzantins (égl. St-Georges, Ve s., et St-Démètre, VIIe s.; ornées de mosaïques à fond d'or; égl. St-David, Ve s.). – Fondée en 316 av. J.-C., prospère sous les Romains, la ville fut la cap. d'un royaume latin (1204-1224) puis appartint à Byzance (1246) et devint turque (1430).

thêta [tɛta] n. m. Huitième lettre de l'alphabet grec (Θ, θ), à laquelle correspond *th* dans les mots français issus du grec.

Thetford Mines, ville du Québec; 17270 hab. Import. mines d'amiante.

thétique [tetik] adj. PHILO Relatif à une thèse (sens 3). ▷ Syn. de *thématique.* – *Jugement thétique :* chez Fichte, jugement qui pose une chose en tant que telle, sans liens à d'autres. – *Conscience thétique :* chez Husserl, conscience spontanée, par oppos. à la conscience réfléchie.

Thétis, dans la myth. gr., célèbre Néréide, épouse de Pélée et mère d'Achille, qu'elle plongea dans le Styx*.

théurgie [teyʀʒi] n. f. Didac. Magie qui prétend faire appel aux esprits célestes.

thévétia [tevesja] n. m. Arbuste ornemental (fam. apocynacées) des régions tropicales dont le fruit et l'écorce sont toxiques.

thiamine [tjamin] n. f. BIOCHIM Syn. de *vitamine B1.*

thiéboudiène ou **tiéboudiène** [tjebudjɛn] n. m. (Afr. subsah.) CUIS Au Sénégal et en Mauritanie, riz* au poisson.

Thierry (Augustin) (1795 – 1856), historien français : *Récits des temps mérovingiens* (1835-1840).

Thiers (Adolphe) (1797 – 1877), homme politique, journaliste et historien français. Ministre de l'Intérieur (1832-1834), chef du gouv. (1836 et 1840), il écrivit *Histoire du Consulat et de l'Empire* (20 vol., 1845-1862). Revenu à la vie politique en fév. 1848, il ne put sauver la monarchie. Chef de l'exécutif en fév. 1871, président de la Rép. en août, il brisa la Commune («semaine sanglante», 22-28 mai). S'étant prononcé pour une république conservatrice, il s'aliéna les royalistes et dut démissionner (1873). Acad. fr. (1833).

Thiès, v. du Sénégal, à l'E. de Dakar, sur la voie ferrée Dakar-Saint-Louis; 185000 hab.; chef-lieu de la rég. du même nom. Commerce (arachides). Industries textiles. Traitement des phosphates de Taïba.

Thinis, This ou **Thini,** ville de l'Égypte ancienne, cap. du territoire *thinite* (Haute-Égypte, près d'Abydos), berceau des deux premières dynasties pharaoniques, dites *thinites.*

thiof [tjɔf] n. m. (Afr. subsah.) Nom cour. du mérou bronzé au Sénégal et en Mauritanie.

thionique [tjɔnik] adj. CHIM Se dit des acides contenant du soufre et de leurs dérivés.

Thiry (Marcel) (1897 – 1977), écrivain belge d'expression française. Sa poésie a été recueillie en un seul vol. : *Toi qui pâlis au nom de Vancouver* (1975). Ses romans et nouvelles portent un regard de poète sur la réalité moderne et ses aspects insolites : *Marchands* (1936), *Échec au temps* (1945), *Nouvelles du grand possible* (1960), *Nondum Jam non* (1966).

This. V. Thinis.

Thom (René) (né en 1923), mathématicien français; connu pour sa *théorie des catastrophes**. Lauréat de la médaille Fields (1958).

Thomas (saint), surnommé *Didyme,* l'un des douze apôtres. Il ne crut à la résurrection de Jésus qu'après avoir touché ses plaies.

Thomas Becket (saint) (1117 ou 1118 – 1170), prélat et homme politique anglais. Chancelier d'Angleterre (1155), puis archevêque de Canterbury (1162), il s'opposa à l'asservissement de l'Église par Henri II, qui le fit assassiner.

Thomas d'Aquin (saint) (1225 – 1274), théologien et philosophe italien surnommé le «Docteur angélique»; docteur de l'Église. Issu d'une famille de petite noblesse féodale, il entra dans l'ordre de Saint-Dominique en 1240 (ou 1243). Disciple d'Albert le Grand, maître en théologie (1256), il enseigna successivement à Paris, à Rome, à Viterbe et à Naples. Ses princ. œuvres sont : la *Somme théologique* (1266-1273); la *Somme contre les gentils* (1258-1264); des *Commentaires,* sur Aristote, sur les Écritures, etc.; des *Quæstiones disputatæ* et *De Ente et Essentia (De l'Être et de l'Essence).* Sa métaphysique repose sur une distinction : chez tous les êtres créés, l'essence se distingue de l'existence. Seul Dieu existe par lui-même. L'influence du *thomisme,* la plus grande synthèse théologique du Moyen Âge, qui vise à réconcilier l'essentiel de la pensée d'Aristote avec les dogmes chrétiens, a été forte et durable.

Thomas More ou **Morus** (saint) (1478 - 1535), homme d'État et humaniste anglais. Chancelier du roy. en 1529, il abandonna sa charge en 1532, car il désapprouvait le divorce d'Henri VIII et la rupture du roi avec le pape. Persistant, il fut emprisonné (1535), condamné à mort et décapité. Il publia de nombr. écrits, notam. un roman politique et social en latin, *Utopie* (1515-1516).

Thomas (Ambroise) (1811 - 1896), compositeur français. Opéras : *Mignon* (1866), *Hamlet* (1868).

Thomas (Sidney Gilchrist) (1850 - 1885), inventeur anglais : le *convertisseur Thomas,* à revêtement intérieur basique, transforme en acier une fonte riche en phosphore.

Thomas (Dylan Marlais) (1914 - 1953), poète gallois. Après *Dix-Huit Poèmes* (1934), *Vingt-Cinq Poèmes* (1936) et *Portrait de l'artiste en jeune chien* (1940), ses émissions à la B.B.C. firent connaître le «bouffon à la voix d'or».

thomise [tɔmiz] n. m. ENTOM Araignée des champs, de taille moyenne, qui ne tisse pas de toile mais tend des fils isolés et qui se déplace latéralement.

thomisme [tɔmism] n. m. PHILO Doctrine théologique et philosophique de saint Thomas d'Aquin.

Thomson (sir William), lord **Kelvin** (1824 - 1907), mathématicien et physicien anglais; connu pour ses travaux sur la chaleur, l'électricité et la géophysique. ▷ PHYS *Échelle Kelvin :* échelle de température partant du zéro absolu. V. kelvin.

Thomson (sir Joseph John) (1856 - 1940), physicien anglais. Il mesura la vitesse du rayonnement cathodique (1894), le rapport entre la charge et la masse de l'électron (1897), la valeur de cette charge (1898), et inventa le spectrographe de masse. Prix Nobel 1906.

thon [tɔ̃] n. m. Grand poisson téléostéen comestible (genres *Thynnus* et voisins) des mers chaudes et tempérées pouvant atteindre 4 m et peser 500 kg.

Thonga. V. Tsonga.

thonier, ère [tɔnje, ɛʀ] n. m. et adj. **1.** n. m. Bateau armé pour la pêche au thon. ▷ Pêcheur de thon. **2.** adj. *La production thonière.*

Thor ou **Tor,** dieu scandinave du Tonnerre et de la Pluie bienfaisante, fils d'Odin et de Jord.

Thora. V. Torah.

thoracique [tɔʀasik] adj. ANAT Du thorax, qui a rapport au thorax. *Cage thoracique :* squelette du thorax, constitué, en arrière par la partie dorsale de la colonne vertébrale, en avant par le sternum, latéralement par les côtes et les cartilages costaux.

thoracotomie [tɔʀakotɔmi] n. f. CHIR Ouverture chirurgicale de la cage thoracique.

thorax [tɔʀaks] n. m. ANAT Partie supérieure du tronc, limitée par les côtes et le diaphragme. *Le thorax contient l'œsophage, la trachée, le cœur et les poumons.* ▷ ZOOL Région intermédiaire du corps des insectes et des crustacés. (Chez les insectes, il comprend prothorax, mésothorax et métathorax; chez les crustacés décapodes, il est soudé à la tête : V. céphalothorax.)

Thoreau (Henry) (1817 - 1862), écrivain américain. Adepte du transcendantalisme, proche d'Emerson* : *la Désobéissance civile* (essai, 1849), *Walden ou la Vie dans les bois* (récit autobiographique et essai, 1854), *Journal* (posth., 14 vol., 1905), etc.

Thorez (Maurice) (1900 - 1964), homme politique français. Secrétaire général du parti communiste (1930), il fut l'un des promoteurs du Front* populaire. De 1939 à 1994, il séjourna en U.R.S.S., puis fit partie du gouvernement (1945-1947).

thorium [tɔʀjɔm] n. m. CHIM Élément radioactif (symbole Th) appartenant à la famille des actinides, de numéro atomique Z=90. – Métal (Th).

Thorn (Gaston) (né en 1928), homme politique luxembourgeois; président du Parti démocratique (1961), Premier ministre (1974-1979 et 1979-1980), président de la Commission européenne (1981-1985).

thoron [tɔʀɔ̃] n. m. CHIM Isotope du radon, de masse atomique 220, obtenu par désintégration du thorium X (isotope de masse atomique 224 du radium), corps radioactif qui se désintègre en émettant des rayons α. Syn. émanation du thorium.

Thot, dieu égyptien du Savoir, inventeur des formules magiques, de l'écriture, des langages. Représenté comme un homme à tête d'ibis souvent ornée d'un disque lunaire, ou à tête de chien, il fut assimilé par les Grecs à Hermès Trismégiste.

Thoune (en all. *Thun*), v. de Suisse (cant. de Berne), sur l'Aar, à sa sortie du *lac de Thoune* (48 km^2), formé dans sa vallée; 36 900 hab. Ville industrielle (métallurgie, constr. électriques). – École militaire. Château des Zähringen-Kyburg (XIIe s., auj. musée historique).

Thoutmès III (1504 - 1450 av. J.-C.), pharaon égyptien. Grand conquérant (ses campagnes repoussèrent les frontières de l'Égypte jusqu'à l'Euphrate), il fit construire de nombreux monuments dans tout le royaume. Sa sépulture est dans la Vallée des Rois* (Thèbes).

thrace [tʀas] adj. et n. Qui se rapporte aux Thraces. ▷ Subst. *Les Thraces :* V. Thrace.

Thrace (en gr. *Thráki,* en turc *Trakya*), région d'Europe, entre la mer Noire et la mer Égée. La partie occid. est rattachée à la Grèce (14 157 km^2; 577 000 hab.; cap. *Komotini*), alors que la Thrace orientale forme la Turquie d'Europe (23 764 km^2; 5 102 000 hab.; v. princ. *Istanbul*). La Thrace septentrionale, dans le S. de la Bulgarie, correspond à l'anc. Roumélie* orientale (v. princ. *Plovdiv*). – Au IIe millénaire av. J.-C., les *Thraces,* peuple d'origine indo-européenne, occupèrent un territoire situé entre le Danube, la mer Égée et la mer Noire. Ils vécurent longtemps à l'écart des Grecs, qui commencèrent à coloniser la Thrace maritime (côte égéenne) au déb. du VIIe s. av. J.-C. Soumise par les Perses de Darios Ier (v. 512 av. J.-C.), cette région fut ensuite contrôlée par les Athéniens de 475 à 462, puis passa sous la domination macédonienne (IVe s. av. J.-C.). Les Romains s'implantèrent en Thrace méridionale entre 168 et 133 av. J.-C.; ils annexèrent la Thrace septentrionale (v. 6 apr. J.-C.), qui forma la prov. de Mésie*, puis firent de l'ensemble du pays une province (46). Au IVe s., la Thrace fut envahie par les Barbares. Les Slaves, qui s'y installèrent au VIIe s., subirent l'influence grecque. Plus tard, la région, conquise par les Ottomans (XIVe s.), forma la province de Roumélie. La partie septentrionale (Roumélie orientale) fut annexée par la Bulgarie en 1885, et dès lors le nom de Thrace fut réservé à la partie méridionale. Conquise par les Bulgares au cours de la première guerre balkanique* (1912-1913), la Thrace méridionale revint à la Grèce et à l'Empire ottoman à l'issue de la seconde guerre balkanique (traité de Bucarest, 1913). Le traité de Neuilly (1920) laissa définitivement la Roumélie orientale à la Bulgarie. La Thrace méridionale fut ensuite attribuée à la Grèce (traité de Sèvres, 1920), puis partagée entre la Turquie (Thrace orient.) et la Grèce (Thrace occid.) par le traité de Lausanne (1923). Le traité de Paris (1947) confirma le partage territorial de la Thrace issu du traité de Lausanne et qui avait été modifié au profit de la Bulgarie au cours de la Seconde Guerre mondiale (V. dossier Bulgarie, p. 1389).

Thrasybule (v. 445 - 388 av. J.-C.), général et homme politique athénien. Il renversa les Trente* Tyrans (403) et engagea Athènes contre Sparte (395).

thriller [tʀilœʀ] n. m. (Anglicisme) Film, roman dont l'intrigue (policière, fantastique) vise à faire frémir.

thrips [tʀips] n. m. ENTOM Insecte de très petite taille (genres *Thrips* et voisins, nombreuses espèces) aux quatre ailes longues et étroites, qui vit en parasite sur les plantes et sous l'écorce des arbres.

thrombine [tʀɔ̃bin] ou **thrombase** [tʀɔ̃baz] n. f. BIOCHIM Enzyme qui provoque la coagulation du sang en transformant le fibrinogène en fibrine.

thrombocyte [tʀɔ̃bosit] n. m. BIOL Syn. de *plaquette.*

thrombocytose [tʀɔ̃bositoz] n. f. MED Augmentation anormale du nombre des plaquettes sanguines.

thromboplastine [tʀɔ̃boplastin] n. f. BIOCHIM Enzyme nécessaire à la coagulation du sang, transformant la prothrombine en thrombine.

thrombose [tʀɔ̃boz] n. f. MED Formation d'un caillot *(thrombus)* dans un vaisseau sanguin ou dans une cavité du cœur; troubles qu'elle entraîne.

Thucydide (en gr. *Thoukudidês*) (v. 465 - apr. 395 av. J.-C.), historien grec. Élu stratège en 424 av. J.-C., il commanda une flotte chargée de la surveillance des côtes de Thrace, mais, après la prise d'Amphipolis par les Spartiates, il dut s'exiler jusqu'en 404. Il entreprit l'*Histoire de la guerre du Péloponnèse.* Éliminant le recours à la mythologie, il démonta le mécanisme de la guerre. Il est considéré comme l'un des précurseurs de la science historique.

Thulé, nom donné par les Anciens à la plus septentrionale des terres alors connues, p.-ê. l'une des îles Shetland ou des Féroé.

thulium [tyljɔm] n. m. CHIM Élément (symbole Tm) appartenant à la famille des lanthanides, de numéro atomique Z=69. – Métal (Tm).

Thunder Bay, v. du Canada (Ontario), au fond de la *Thunder Bay* (baie de Thunder), sur le lac Supérieur, née de la fusion, en 1970, des villes de Port Arthur et de Fort William; 113 900 hab. Port céréalier.

Thur (la), riv. de Suisse (125 km), affluent du Rhin (r. g.), en aval de Schaffhouse.

Thurgovie (en all. *Thurgau*), cant. de Suisse, sur le lac de Constance; 1013 km²; 208 900 hab.; ch.-l. *Frauenfeld.* Les larges vallées entaillant les collines concentrent les cultures (arboriculture, notam.) et les industries (méca., chim., etc.). – En 1460, la Confédération suisse prit la Thurgovie aux Habsbourg et l'administra jusqu'en 1758. À cette date, elle fit partie de la Rép. helvétique formée par la France. Quand Napoléon Iᵉʳ rétablit le fédéralisme (1803), elle entra dans la Confédération.

thuriféraire [tyʀifeʀɛʀ] n. m. Litt. Flatteur, adulateur.

Thuringe (en all. *Thüringen*), Land d'Allemagne et région de la C.E.; 16 251 km²; 2 684 000 hab.; cap. *Erfurt.* Il est formé du *bassin de Thuringe,* zone de plateaux disloqués riches en sel et en potasse, et d'un massif, le *Thüringerwald,* la «forêt de Thuringe». Industrialisée, la région compte des villes fort anciennes (Weimar, Iéna, Erfurt, etc.).

Thurmann (Jules) (1804 - 1855), géologue et écrivain suisse d'expression française; il étudia le Jura.

thuya [tyja] n. m. Conifère ornemental des régions tempérées.

Thyes (Félix) (1830 - 1855), écrivain luxembourgeois d'expression française. Son roman *Marc Bruno, profil d'artiste* (1855) est une œuvre majeure qui exerça une grande influence. Il a aussi étudié l'histoire de la littérature en langue luxembourgeoise.

thym [tɛ̃] n. m. Petite plante aromatique des garrigues méditerranéennes, utilisée comme condiment.

thymidine [timidin] n. f. BIOCHIM Nucléoside constitué par l'association de la thymine et d'un pentose, le ribose. (Son dérivé, la thymidine-phosphate, est un constituant spécifique de l'acide désoxyribonucléique.)

-thymie, -thymique. Éléments, du gr. *-thumia,* de *thumos,* «âme, affectivité».

thymine [timin] n. f. BIOCHIM Base pyrimidique, constituant normal de l'acide désoxyribonucléique.

thymique [timik] adj. Du thymus; relatif au thymus.

thymus [timys] n. m. ANAT Glande ovoïde située à la base du cou, en arrière du sternum, qui joue un rôle endocrinien et immunitaire (production de lymphocytes, notam.). *Le thymus, très développé chez l'enfant, régresse après la puberté.* ▷ *Thymus de veau :* V. ris.

thyréostimuline [tiʀeostimylin] ou **thyrostimuline** [tiʀostimylin] n. f. BIOCHIM Syn. de *hormone thyréotrope.*

thyréotrope [tiʀeotʀɔp] adj. BIOCHIM *Hormone thyréotrope :* hormone sécrétée par la partie antérieure de l'hypophyse, qui stimule la sécrétion des hormones thyroïdiennes.

thyristor [tiʀistɔʀ] n. m. ELECTR Composant semi-conducteur à trois électrodes, permettant d'obtenir un courant de même sens et d'intensité réglable dans un circuit alimenté par une source alternative.

thyrocalcitonine [tiʀokalsitɔnin] n. f. BIOCHIM Hormone sécrétée par la thyroïde, inhibitrice du catabolisme osseux, qui joue un rôle important dans la régulation de la calcémie. Syn. calcitonine.

thyroglobuline [tiʀoglɔbylin] n. f. BIOCHIM Protéine qui assure le transport des hormones thyroïdiennes de la glande sécrétrice jusqu'aux organes où elles sont utilisées.

thyroïde [tiʀɔid] adj. et n. f. ANAT **1.** *Cartilage thyroïde :* principal cartilage du larynx, qui forme chez l'homme la saillie appelée pomme d'Adam. **2.** *Glande* ou *corps thyroïde* ou, n. f., *thyroïde :* glande endocrine située en avant du larynx, composée de deux lobes allongés réunis par un isthme. (V. thyroxine.)

thyroïdectomie [tiʀoidɛktɔmi] n. f. CHIR Ablation totale ou partielle de la thyroïde.

thyroïdien, enne [tiʀoidjɛ̃, ɛn] adj. ANAT, MED Relatif, propre à la thyroïde.

thyronine [tiʀonin] n. f. BIOCHIM Acide aminé, précurseur des hormones thyroïdiennes.

thyrostimuline [tiʀostimylin] n. f. V. thyréostimuline.

thyroxine [tiʀoksin] n. f. BIOCHIM Principale hormone thyroïdienne. *La thyroxine augmente le métabolisme de base et favorise la croissance.*

thyrse [tiʀs] n. m. **1.** ANTIQ Long bâton entouré de lierre ou de rameaux de vigne et surmonté d'une pomme de pin, l'un des attributs de Bacchus. **2.** BOT Panicule rameuse et dressée de certaines plantes. *Thyrses du lilas.*

thysanoures [tizanuʀ] n. m. pl. ENTOM Ordre de petits insectes aptères, sans métamorphoses, vivant dans les endroits humides (*lépisme* ou *poisson d'argent,* etc.). – Sing. *Un thysanoure.*

tiama [tjama] n. m. Arbre des forêts équatoriales d'Afrique (fam. méliacées) exploité pour son bois.

Tianjin ou **T'ien-tsin,** v. de la Chine du N., municipalité autonome dans le Hebei, port import.; 5 700 000 hab. Grand centre industriel.

Tianshan, haute chaîne montagneuse de l'Asie centrale (7439 m au pic Pobiedy), s'étendant au Kirghizstan et en Chine (Xinjiang), sur près de 3000 km d'ouest en est.

tiare [tjaʀ] n. f. Haute coiffure à triple couronne que portait le pape dans les cérémonies solennelles.

tiaré ou **tiare** [tjaʀe] n. m. **1.** Arbuste de Polynésie (*Gardenia tahitensis,* fam. rubiacées). **2.** Fleur de cet arbuste. *Monoï parfumé au tiaré. Le tiaré est l'emblème de Tahiti.*

Tiaret (auj. *Tihert*), v. d'Algérie, au pied sud de l'Ouarsenis; env. 106 560 hab.; ch.-l. de la wilaya du m. nom. Import. centre comm. – À proximité, ruines de Tāhert, anc. capitale d'un royaume kharidjite (VIIᵉ-Xᵉ s.).

Tibère (en lat. *Tiberius Julius Caesar*) (v. 42 av. J.-C. – 37 apr. J.-C.), empereur romain (14-37 apr. J.-C.). Fils de Tiberius Claudius Nero et de Livie, il fut adopté par son beau-père Auguste, auquel il succéda. Il affermit les institutions d'Auguste, maintint les frontières, réorganisa les finances. Souverain misanthrope, il quitta Rome pour Capri (27), d'où il continua d'exercer le pouvoir avec dureté.

Tibériade ou **Génésareth** (lac de), lac de Galilée (Israël) traversé par le Jourdain et occupant en partie la dépression de Ghor (200 m au-dessous du niveau de la mer); 200 km².

Tibériade (en ar. *Tabariyyah*), v. d'Israël, sur la rive occidentale du *lac de Tibériade;* 28 240 hab. – Elle a été la capitale intellectuelle du monde juif après la chute de Jérusalem (70 apr. J.-C.).

Tibesti, massif cristallin et volcanique du Sahara (3415 m à l'Emi Koussi), dans le N. du Tchad, riche en uranium et peuplé par les Tubu. Des gravures rupestres attestent la présence d'une population assez dense de 5000 à 2000 ans av. J.-C.

Tibet (en chinois *Xizang*), rég. autonome du sud-ouest de la Chine; 1 221 600 km²; env. 2 millions d'hab. (Tibétains); ch.-l. *Lhassa.* – Plus de la moitié du pays dépasse 3500 m d'alt. Sillonné par des chaînes de montagnes (Kunlun au N., Transhimalaya au S., à plus de 6000 m), entrecoupé de plateaux désertiques, le Tibet a un climat très froid et sec, sauf dans le S. (bassin sup. du Zangbo ou Brahmapoutre), où se concentre la pop., qui vit de l'agriculture (céréales, légumes), de l'élevage (moutons, chèvres, yacks) et de l'artisanat (textiles, cuir). Les Chinois ont construit deux grandes routes, insuffisantes toutefois pour désenclaver la région. Les surfaces irriguées s'étendent et le bétail, mieux soigné, augmente régulièrement. – Au VIIᵉ s. s'établit au Tibet un royaume centralisé, sur le modèle chinois, qui domina toute l'Asie centrale. Les bouddhistes indiens y exercèrent une forte influence. Au IXᵉ s., le pouvoir s'émietta; les différentes sectes bouddhistes et l'aristocratie se le disputèrent, tandis que la Chine affirmait une suzeraineté nominale. Au XVᵉ s. se forma une théocratie lamaïste avec deux chefs spirituels et temporels : le *dalaï-lama* et le *panchen-lama;* au XVIIᵉ s., le dalaï-lama prédomina. Au XVIIIᵉ s., la Chine imposa son protectorat, fermant peu à peu le Tibet aux influences étrangères, jusqu'en 1904, date à laquelle la G.-B. obtint des privilèges commerciaux. S'appuyant sur le panchen-lama (décédé en janv. 1989), la Chine populaire revendiqua le territoire tibétain et y fit entrer ses troupes en 1950. Les résistances face au système chinois (abolition du servage, mais athéisme et lourde tutelle politique) conduisirent à une révolte (1959), et le dalaï-lama dut se réfugier en Inde. Des émeutes antichinoises, en 1987, 1988 et 1989, ont fait plusieurs dizaines de morts. De mars 1989 à mai 1990, la loi martiale a été décrétée. Le prix Nobel de la paix a été attribué la même année au dalaï-lama, qui, en 1994, a réclamé, sur la scène internationale, un statut d'autonomie pour le Tibet dans le cadre d'une fédération avec la Chine. – L'art du Tibet est lié aux rites du lamaïsme. L'ornementation des bannières (*tanka,* ou rouleaux à peinture) révèle des influences indiennes, népalaises et chinoises. La sculpture s'inspire généralement de la statuaire indienne (petits bronzes dorés exécutés à la cire perdue). Les objets d'art sont d'abord des objets religieux : attributs des lamas, moulins à prières, instruments de musique.

L'architecture est principalement représentée par des monastères (Potala de Lhassa, XVIIe s.) et des forteresses.

tibétain, aine [tibetɛ̃, ɛn] adj. et n. **1.** adj. Du Tibet. ▷ Subst. *Un(e) Tibétain(e).* **2.** n. m. *Le tibétain :* la langue du groupe tibéto-birman parlée au Tibet, au Népal et au Bhoutan.

tibéto-birman, ane [tibetobiʀmɑ̃, an] adj. LING *Groupe tibéto-birman* ou *langues tibéto-birmanes :* groupe de langues sino-tibétaines comprenant notam. le birman et le tibétain.

tibia [tibja] n. m. **1.** Le plus gros des deux os de la jambe, qui forme la partie interne de celle-ci. (V. péroné.) **2.** ZOOL Article de la patte faisant suite au fémur chez les arthropodes.

tibial, ale, aux [tibjal, o] adj. ANAT Du tibia; relatif au tibia.

Tibre (le) (en ital. *Tevere*), fl. d'Italie (396 km); naît à 1268 m d'alt., au mont Fumaiolo (Apennin), draine la Toscane, l'Ombrie et le Latium; il traverse Rome et se jette dans la mer Tyrrhénienne près d'Ostie.

Tibulle (en lat. *Albius Tibullus*) (v. 50 – 19 ou 18 av. J.-C.), poète latin, ami d'Horace et de Virgile. Il a laissé des *Élégies* pleines de délicatesse.

Tibur. V. Tivoli.

tic [tik] n. m. **1.** VETER Chez le cheval, aérophagie éructante accompagnée de contractions musculaires (mouvements de la tête, de l'encolure, etc.). **2.** PHYSIOL Mouvement convulsif, répété (contraction musculaire locale, geste réflexe ou automatique). **3.** Fig. Habitude, manie. *Observer chez qq un tic de langage.*

tichodrome [tikɔdʀom] n. m. ORNITH Oiseau passériforme d'Eurasie et d'Afrique du Nord *Tichodroma muraria*), gris aux ailes rouges, qui grimpe le long des rochers de haute montagne.

ticket [tikɛ] n. m. **1.** Billet d'acquittement d'un droit d'entrée, de transport, etc. *Ticket de métro, d'autobus.* **2.** (Afr. subsah.) Pop. Montant du prix d'un ticket, d'un billet. *Je n'ai pas le ticket pour aller au match.*

tic-tac ou **tic tac** [tiktak] n. m. inv. Bruit sec et cadencé d'un mécanisme, d'un mouvement d'horlogerie.

tidiane ou **tidjane** [tidjan] n. et adj. (Afr. subsah.) **1.** n. Membre de la Tidjaniyya. **2.** adj. De la Tidjaniyya. *Les talibés tidianes.*

tidianisme ou **tidjanisme** [tidjanism] n. m. (Afr. subsah.) Doctrine de la Tidjaniyya.

Tidjaniyya (la), confrérie musulmane fondée par al-Tidjani (1737 – 1815). Originaire du Sud algérien, elle s'étendit au Sahara et en Afrique de l'Ouest au début du XIXe s.

tiéboudiène [tjebudjɛn] n. m. V. thiéboudiène.

tie-break [tajbʀɛk] n. m. (Anglicisme) SPORT Au tennis, jeu en 13 points, qui intervient quand les joueurs sont à 6 jeux partout. (La victoire est au premier qui, à partir de 7 points, mène avec 2 points d'avance.) *Des tie-breaks.* Syn. (off. recommandé) jeu décisif.

Tieck (Ludwig) (1773 – 1853), écrivain allemand. Il orienta le romantisme vers le fantastique et la légende médiévale, puis vers le réalisme : *la Révolte dans les Cévennes* (1826).

tiède [tjɛd] adj., adv. (et n.) **1.** Qui est entre le chaud et le froid; légèrement chaud. *Une eau, un air tiède.* ▷ adv. *Boire tiède.* **2.** Fig. Qui manque d'ardeur, de ferveur ou de conviction. *Partisan tiède. Foi tiède.* ▷ Subst. *C'est un tiède.*

tiédeur [tjedœʀ] n. f. **1.** État de ce qui est tiède. **2.** Fig. Manque d'ardeur, de zèle. *Tiédeur d'un accueil.*

tiédir [tjediʀ] v. [3] **1.** v. intr. Devenir tiède. *Le vent tiédit.* ▷ Fig. *Sa passion a tiédi.* **2.** v. tr. Rendre tiède; chauffer légèrement. *Tiédir du lait.*

tiédissement [tjedismɑ̃] n. m. Action, fait de tiédir.

tien, tienne [tjɛ̃, tjɛn] adj., pron. poss. de la 2e pers. du sing. et n. **I.** adj. poss. À toi. *Une tienne connaissance. Ce livre est tien.* **II.** pron. poss. Ce qui est à toi; la personne qui t'est liée (par tel rapport qu'indique la phrase). *J'ai mes soucis, tu as les tiens. Mon patron et le tien.* – Fam. *À la tienne! :* à ta santé! **III.** n. **1.** n. m. *Le tien :* ton bien (par oppos. à *le mien*). ▷ (Partitif) *Mets-y du tien :* fais un effort, des concessions. **2.** n. m. pl. *Les tiens :* tes parents, tes amis, tes alliés. **3.** n. f. pl. *Tu as encore fait des tiennes! :* tu as encore fait de tes folies habituelles.

T'ien-tsin. V. Tianjin.

Tiepolo (Giambattista) (1696 – 1770), peintre et graveur italien. Fécond décorateur baroque, il fit à Venise, à Milan, à Würzburg et à l'Escorial de grandes fresques, aux tons clairs et au dessin léger.

tierce [tjɛʀs] n. f. **1.** MUS Intervalle de trois degrés. *Tierce majeure* (par ex., de *do* à *mi* naturel). *Tierce mineure* (de *do* à *mi* bémol). **2.** RELIG CATHOL Prière récitée vers 9 heures du matin. **3.** JEU Suite de trois cartes de la même couleur.

tiercé, ée [tjɛʀse] adj. et n. m. **1.** *Pari tiercé* ou, n. m., *un, le tiercé :* forme de pari mutuel dans laquelle il faut désigner les trois premiers chevaux d'une course. *Tiercé dans l'ordre, dans le désordre.* **2.** AGRIC Qui a subi un troisième labour. *Un champ tiercé.*

Tierney (Gene) (1920 – 1991), actrice américaine : *Laura* (1944).

tiers, tierce [tjɛʀ, tjɛʀs] n. m. et adj. **I.** n. m. **1.** Troisième personne. *N'en parlez pas devant un tiers!* **2.** Partie d'un tout divisé en trois parties égales. *Le tiers de neuf est trois.* **3.** DR Personne qui n'est pas partie à une convention. – Ayant cause à titre particulier. **II.** adj. **1.** Loc. *Une tierce personne :* une troisième personne. **2.** *Le tiers état** ou, ellipt., *le tiers :* en France, sous l'Ancien Régime, fraction de la population n'appartenant ni à la noblesse ni au clergé. **3.** RELIG CATHOL *Tiers ordre,* rassemblant des catholiques vivant dans le monde et soucieux de se perfectionner en s'inspirant de la spiritualité de tel ou tel ordre religieux. **4.** DR *Tiers porteur :* cessionnaire d'une lettre de change. – *Tiers détenteur :* personne qui détient un immeuble grevé d'un privilège ou d'une hypothèque sans être personnellement tenue de la dette ainsi garantie. – *Tiers arbitre :* arbitre désigné pour départager, en cas de désaccord, les arbitres précédemment nommés. – *Tierce opposition,* exercée par une personne contre un jugement rendu en dehors d'elle. **5.** MED *Fièvre tierce :* fièvre intermittente dont les accès reviennent tous les trois jours, observée dans certaines crises de paludisme.

tiers monde ou **tiers-monde** [tjɛʀmɔ̃d] n. m. Ensemble des pays en voie de développement.

tiers-mondisme [tjɛʀmɔ̃dism] n. m. Didac. Solidarité avec le tiers monde.

tiers-mondiste [tjɛʀmɔ̃dist] adj. et n. Didac. **1.** adj. Qui se rapporte au tiers-mondisme. **2.** n. Qui se sent solidaire du tiers monde, partisan du tiers-mondisme. *Des tiers-mondistes.*

tiers-point [tjɛʀpwɛ̃] n. m. TECH Lime à section triangulaire. *Des tiers-points.*

tifaifai [tifɛjfɛj] n. m. (Polynésie fr.) Ouvrage de couture consistant en une pièce de tissu sur laquelle sont rapportées d'autres pièces constituant des motifs.

tifinagh [tifinaʀ] n. m. Didac. Alphabet touareg*; alphabet de l'amazigh*.

Tiflis. V. Tbilissi.

tige [tiʒ] n. f. **1.** Partie aérienne des végétaux supérieurs, qui porte les feuilles, les bourgeons et les organes reproducteurs. **2.** Pièce longue et mince, souvent cylindrique. *Tige métallique.* ▷ Partie allongée et mince de certains objets. *Tige d'une clé. La tige d'une colonne,* son fût. **3.** Fam. *Tige de huit, tige* ou (Afr. subsah.) *tige de cigarette :* cigarette. **4.** Partie d'une chaussure, d'une botte, qui enveloppe la cheville, la jambe.

tigelle [tiʒɛl] n. f. BOT Tige de la plantule.

Tighina (anc. *Bender*), v. du S.-E. de la rép. de Moldavie, sur le Dniestr; 141 500 hab. Industries alim. et text. – Les Russes l'occupèrent à plusieurs reprises au XVIIIe s. et se la firent céder par les Ottomans (mai 1812, traité de Bucarest*). Elle fut roumaine en 1918, puis fit partie en 1944 de la rép. socialiste soviétique de Moldavie, indépendante depuis 1991. (V. dossier Moldavie, p. 1481.)

tignasse [tiɲas] n. f. Péjor. Chevelure touffue, mal peignée.

tigre, esse [tigʀ, ɛs] n. **1.** n. m. Félin (*Panthera tigris,* fam. félidés) le plus grand et le plus puissant, au pelage jaune rayé transversalement de noir. *Feulement du tigre.* ▷ n. f. *La tigresse est la femelle du tigre.* **2.** n. m. (Afr. subsah.) Nom cour. de la panthère et du serval. **3.** n. m. Fig., litt. Homme cruel, sanguinaire. ▷ n. f. Fig. Femme très jalouse, au comportement agressif.

Tigre (le), fleuve de Mésopotamie (1950 km); il naît dans le Taurus (Turquie orient.) et draine l'Irak, arrosant Mossoul et Bagdad, puis forme avec l'Euphrate le Chatt al-Arab, tributaire du golfe Persique. Son régime très irrégulier a été assagi par des barrages qui permettent l'irrigation.

tigré, ée [tigʀe] adj. Rayé comme un tigre. *Chat tigré.*

Tigré, population d'Érythrée parlant le *tigré,* langue sémitique. (V. Tigrinya.)

Tigré, province du N. de l'Éthiopie, 65900 km^{2}; 2780000 hab.; ch.-l. *Makele* (env. 62000 hab., en majorité coptes), sur la route Addis-Abeba-Asmara. Région montagneuse (3291 m à l'*Alegua*), au climat tropical tempéré par l'altitude, semi-aride à l'E., avec des dépressions steppiques aux lacs salés (Assal – 116 m, plaine des Danakil). La pop. parle en majorité le *tigrinya.* – Dans le nord de la province, la célèbre ville d'Axoum* était la cap. d'un royaume chrétien prospère du IVe au VIIe s. L'anc. capitale du Tigré, Adoua, se trouve à quelques km à l'E. d'Axoum. – Quand une dictature militaire s'empara du pouvoir, en 1974, un Front de libération du Tigré se dressa contre lui et s'empara d'Addis-Abeba en 1991. (V. Éthiopie.)

tigréen, enne [tigReɛ̃, ɛn] adj. et n. Du Tigré. ▷ Subst. *Un(e) Tigréen(ne).*

tigresse [tigRɛs] n. f. V. tigre.

Tigrinya, population du nord de l'Éthiopie (prov. du Tigré, notam.) et de l'Érythrée (en tout, plus de 4 millions de personnes), parlant le tigrinya, langue sémitique.

Tikal, site archéologique du Guatemala (Petén) où des fouilles, entreprises en 1956, ont mis au jour les vestiges de la plus importante des villes mayas : temples-pyramides, palais.

tiki [tiki] n. m. Statue ou statuette de pierre du panthéon polynésien, figurant un génie.

tilapia [tilapja] ou **tilapie** [tilapi] n. m. ICHTYOL Poisson perciforme des eaux douces tropicales d'Afrique, d'Asie et de Madagascar, cour. appelé *carpe* en Afrique.

tilde [tilde] n. m. En espagnol, signe (~) que l'on met au-dessus de la lettre *n* pour lui donner le son mouillé [ɲ].

Tilimsen (anc. *Tlemcen*), ville de l'O. de l'Algérie; 108 000 hab.; ch.-l. de la wilaya du même nom. Centre artisanal et industriel.

tilleul [tijœl] n. m. **1.** Arbre des régions tempérées et subtropicales de l'hémisphère Nord, aux fleurs jaunes odorantes. Syn. (Québec) bois blanc. **2.** Inflorescences séchées du tilleul, employées pour préparer une tisane sédative. ▷ Cette boisson. **3.** *Tilleul d'Afrique :* arbre (fam. rubiacées) des forêts équatoriales d'Afrique.

Tillier (Claude) (1801 – 1844), écrivain français : *Mon oncle Benjamin* (1841).

Till Ulenspiegel (c.-à-d. «Till Miroir aux chouettes»; en français *Till l'Espiègle*), personnage légendaire d'origine allemande. Ses multiples aventures, magnifiées par la tradition orale, ont été diffusées à partir de 1480. V. De Coster (Charles).

Tilsit (auj. *Sovietsk*), v. de Russie, sur le Niémen; 38 000 hab. – Traité signé entre Napoléon Ier et le tsar Alexandre Ier, sanctionnant leur alliance contre l'Angleterre ainsi que la défaite de la Prusse (7 juil. 1807).

Timakata (Karlomnana) (né en 1936), homme politique du Vanuatu; président de la Rép. de 1989 à 1994.

timbale [tɛ̃bal] n. f. **1.** MUS Instrument à percussion constitué d'un bassin hémisphérique en cuivre couvert d'une peau dont on règle la tension au moyen de vis. **2.** Gobelet à boire en métal. **3.** CUIS Moule cylindrique haut; mets entouré d'une croûte de pâte, cuit dans ce récipient.

timbalier [tɛ̃balje] n. m. MUS Joueur de timbales.

timbrage [tɛ̃bRaʒ] n. m. Action de timbrer.

timbre [tɛ̃bR] n. m. **I. 1.** MUS Caractère, qualité sonore spécifique d'une voix, d'un instrument. *Une voix au timbre argentin.* **2.** Petite cloche métallique sans battant, frappée par un marteau extérieur. **II.** Marque, empreinte. **1.** Marque d'une administration, d'une maison de commerce. **2.** Instrument servant à apposer une marque. *Timbre humide :* cachet enduit d'encre. *Timbre sec,* qui marque en relief par pression. **3.** Empreinte obligatoire apposée au nom de l'État sur le papier de certains actes et portant l'indication de son prix. *Timbre de quittance* ou *timbre-quittance :* timbre fiscal collé sur les quittances acquittées. – FISC *Timbre fiscal,* apposé sur un acte officiel assujetti au paiement d'une taxe au profit du Trésor public. **4.** Marque de la poste indiquant sur une lettre, un paquet, le lieu, le jour, l'heure de départ. Syn. cachet. **5.** Cour. *Timbre* ou *timbre-poste* (plur. *des timbres-poste*) : petite vignette servant à affranchir les lettres et les paquets confiés à la poste.

timbré, ée [tɛ̃bRe] adj. **1.** Qui a tel timbre. *Voix agréablement timbrée.* **2.** FISC *Papier timbré :* papier comportant un timbre fiscal. **3.** Qui porte un timbre-poste. *Enveloppe timbrée.*

timbrer [tɛ̃bRe] v. tr. [1] **1.** Imprimer une marque légale sur. *Timbrer un passeport.* **2.** Coller un timbre-poste sur. *Timbrer une lettre.* **3.** ADMIN *Timbrer un document,* écrire en tête sa nature, sa date, son sommaire.

Timgad, com. d'Algérie, dans le N. de l'Aurès (wilaya de Batna); 8 840 hab. – Import. ruines de *Thamugadi,* poste militaire romain qui devint une ville sous Trajan (100 apr. J.-C.), ravagée par les Maures au VIe s.

timide [timid] adj. et n. Qui manque de hardiesse, d'assurance. *Personne timide. Approche timide.* ▷ Subst. *Un(e) timide.*

timidement [timidmɑ̃] adv. Avec timidité.

timidité [timidite] n. f. Manque d'assurance, de hardiesse.

timing [tajmiŋ] n. m. (Anglicisme) Minutage, coordination du temps.

Timişoara (en hongrois *Temesvár*), v. de l'O. de la Roumanie, dans la plaine du Banat*; 325 400 hab.; ch.-l. du district du Timiş. Centre industriel (méca., chim., text., etc.) et culturel. – Château du XIVe s., reconstruit au XIXe s.; églises baroques (XVIIIe s.). – La ville passa de la Hongrie à la Roumanie en 1920 (traité de Trianon). En déc. 1989, l'annonce d'un massacre d'opposants (qui s'avéra faux) précipita le renversement de Ceauçescu.

Timmermans (Félix) (1886 – 1947), écrivain belge d'expression néerlandaise, surnommé le «prince des conteurs flamands» : *Pallieter* (1916), *le Petit Jésus en Flandre* (1917), *Psaume paysan* (1935).

timon [timɔ̃] n. m. Pièce de bois du train avant d'un véhicule, d'une charrue, à laquelle on attelle une bête de trait.

Timon le Misanthrope (Ve s. av. J.-C.), philosophe grec; célèbre pour sa haine du genre humain.

timonerie [timɔnRi] n. f. **1.** TECH Ensemble des organes de transmission qui commandent la direction ou le freinage dans un véhicule. **2.** MAR Partie couverte de la passerelle de navigation d'un navire.

timonier [timɔnje] n. m. **1.** Cheval mis au timon. **2.** MAR Homme de barre. ▷ Matelot spécialiste chargé de la signalisation, qui seconde sur la passerelle l'officier de quart.

Timor, île indonésienne située à l'extrémité orientale de l'archipel de la Sonde, proche de l'Australie, dont elle est séparée par la *mer de Timor*; 34 000 km^2; v. princ. *Kupang* (à l'O.) et *Dili* (à l'E.). – L'économie de cette île montagneuse au climat tropical est strictement agricole : caféiers, cocotiers, riz. – Colonisée dès le XVIe s., l'île a été partagée, dans la seconde moitié du XIXe s., entre les Pays-Bas (partie O.) et le Portugal (partie E.). Après 1945, l'Indonésie a pris possession de la partie O. et a revendiqué la colonie portugaise; en nov. 1975, le Front révolutionnaire pour l'indépendance du Timor oriental (Fretilin) a proclamé l'indépendance de ce territoire, que l'Indonésie a conquis, au terme de combats meurtriers, et annexé en 1976 (*prov. du Timor oriental;* 14 874 km^2; env. 650 000 hab.).

timoré, ée [timɔRe] adj. et n. Craintif, méfiant. *Il est trop timoré.* ▷ Subst. *Un(e) timoré(e).*

Timourides ou **Tīmūrides,** dynastie de descendants de Tamerlan (Tīmūr Lang) qui régna jusqu'en 1507 en Perse et dans la Transoxiane, où elle inspira une renaissance des arts (à Samarkand, notam.).

Tīmūr Lang. V. Tamerlan.

Tinbergen (Jan) (1903 – 1994), économiste néerlandais : travaux sur le tiers monde. P. Nobel de sciences écon. 1969 (avec R. Frisch).

tincal, als [tɛ̃kal] n. m. MINER Borax brut.

tinctorial, ale, aux [tɛ̃ktɔRjal, o] adj. Didac. **1.** Qui sert à teindre. *Plantes tinctoriales.* **2.** Relatif à la teinture.

Tindemans (Léo) (né en 1922), homme polit. belge. Député social-chrétien flamand, chef du gouvernement en 1974, il présida à la signature, en mai 1977, d'un accord sur la régionalisation (pacte d'Egmont) qui ne put être appliqué, ce qui provoqua sa démission en 1978.

Tindouf, oasis et local. du Sahara algérien, près du Maroc et de la Mauritanie; 13 645 hab.; ch.-l. de la wil. du m. nom (qui recèle un gisement de fer). Aéroport.

tine [tin] n. f. (Afr. subsah.) Grand récipient métallique qui sert au transport de céréales, de liquides ou de diverses matières agricoles.

tinette [tinɛt] n. f. Baquet mobile placé dans des lieux d'aisance ne comportant ni fosse ni tout-à-l'égout.

Tingis, anc. cap. de la prov. romaine de *Maurétanie Tingitane* (V. Maurétanie), l'actuelle Tanger.

Tinguely (Jean) (1925 – 1991), sculpteur suisse. En 1953, il s'installa à Paris et exécuta ses premières constructions abstraites, composées d'éléments métalliques mobiles. Son goût du jeu et de la dérision s'exprima, à partir de 1955, dans ses nombreuses machines; elles sont caractérisées par leur apparence étrange et leur fonctionnement imprévisible.

tintamarre [tɛ̃tamaR] n. m. Grand bruit accompagné de confusion et de désordre. Syn. tapage.

tintement [tɛ̃t(ə)mɑ̃] n. m. **1.** Son clair, musical que rendent une cloche qui tinte, des objets que l'on frappe ou qui s'entrechoquent, etc. *Le tintement des verres sur un plateau.* **2.** *Tintement d'oreilles :* bourdonnement d'oreilles évoquant le son d'une cloche qui tinte.

tinter [tɛ̃te] v. intr. [1] **1.** Sonner lentement par coups espacés (en parlant d'une cloche dont le battant ne frappe que d'un côté). **2.** Faire entendre un tintement.

tintinnabuler [tɛ̃tinabyle] v. intr. [1] Litt. Sonner, résonner comme une clochette, un grelot.

Tintoret (Iacopo Robusti, dit *il Tintoretto,* en fr. le) (1518 – 1594), peintre vénitien, fils d'un teinturier, d'où son surnom. Il ne quitta presque jamais Venise où, très vite, il eut des commandes officielles. De 1562 à 1566, il exécuta pour la confrérie de San Marco trois grandes toiles. En 1564, il entreprit un cycle à sujets religieux pour la Scuola di San Rocco (Venise), achevé en 1587 : *la Crucifixion, le Baptême du Christ,* etc. De 1575 à 1590, il exécuta avec l'aide de ses élèves la décoration du palais des Doges.

Tipasa ou **Tipaza,** ville d'Algérie; 15 800 hab.; ch.-l. de la wil. du m. nom, sur la côte. – Nombreuses ruines romaines : amphithéâtre, basilique et cimetière chrétiens. Musée.

tip(p)er [tipe] v. tr. [1] (Suisse) Taper sur le clavier d'une caisse enregistreuse.

tipi [tipi] n. m. Tente conique des Indiens d'Amérique du Nord.

tipper [tipe] v. tr. V. tiper.

Tippoo-Tip ou **Tippu-Tip** (v. 1830 – 1905), potentat africain. Sultan arabe d'Utetera, trafiquant et marchand d'esclaves, il se mit au service des explorateurs du haut Congo, dont Stanley, et de l'État du Congo qu'avait fondé en 1885 Léopold II de Belgique.

tipule [tipyl] n. f. ENTOM Grand moustique qui vit sur les fleurs et dont les larves rongent les racines des plantes.

tique [tik] n. f. Acarien (genres *Ixodes* et voisins) suceur de sang, parasite de la peau des mammifères (chien, notam.). Syn. ixode.

tiquer [tike] v. intr. [1] **1.** MED VET (À propos d'un cheval.) Avoir un tic. **2.** Fig. Avoir un bref mouvement de physionomie qui laisse paraître l'étonnement, la contrariété. *Ces propos l'ont fait tiquer.*

tir [tiʀ] n. m. **1.** Art de tirer au moyen d'une arme. *Tir à l'arbalète, au fusil.* **2.** Manière de tirer. *Tir précis, rapide.* ▷ Trajectoire suivie par le projectile. *Tir rasant, plongeant.* **3.** Action de tirer; coup, ensemble de coups tirés. *Tir d'artillerie.* ▷ (Québec) *Tir au poignet :* V. poignet (sens 1). **4.** SPORT Au football, au handball, etc., action de tirer, d'envoyer avec force le ballon vers le but. *Tirs au but.* – *Tir d'angle :* V. corner.

tirade [tiʀad] n. f. **1.** Développement assez long d'un même thème. **2.** Au théâtre, suite de phrases, de vers qu'un acteur dit sans interruption. *La tirade d'Auguste dans «Cinna».* Syn. monologue. **3.** Péjor. Longue phrase pompeuse.

tirage [tiʀaʒ] n. m. **1.** Action, fait de mouvoir en tirant. *Cordons de tirage d'un rideau.* ▷ Fig. *Il y a du tirage :* il y a des difficultés et, *par ext.,* des frictions. **2.** TECH Action d'étirer, d'allonger. *Tirage des métaux.* **3.** Action, fait de tirer, de prendre au hasard. *Tirage d'une loterie.* ▷ *Tirage au sort :* V. tirer (sens B, I, 2). ▷ STATIS Action de tirer un échantillon d'une population statistique. **4.** IMPRIM Action d'imprimer des feuilles; épreuve ainsi obtenue. *Tirage à part :* V. tiré (à part). ▷ Ensemble, quantité d'exemplaires tirés en une seule fois. *Journal à grand tirage.* – *Par anal.* Ensemble des copies d'un disque obtenues à partir du même original. ▷ PHOTO, BX-A Action d'obtenir une épreuve définitive à partir d'un cliché négatif, d'une plaque de métal gravée, etc.; épreuve ainsi obtenue. *Tirage photo en noir et blanc.* **5.** Mouvement ascensionnel des gaz chauds dans un conduit de fumée. **6.** MED Dépression des parties molles du thorax observée lors de l'inspiration en cas d'obstruction des voies respiratoires ou d'insuffisances respiratoires graves. **7.** *Tirage d'une lettre de change, d'un chèque,* leur émission. ▷ ECON *Droits de tirage spéciaux* ou *D.T.S. :* crédits accordés par le Fonds monétaire international aux États membres en cas de déficit de leur balance des paiements.

tiraillage [tiʀɑjaʒ] n. m. (Québec) **1.** Action de se chamailler, de se tirailler (sens I, 1). **2.** Fig. Syn. de *tiraillement* (sens 2).

tiraillement [tiʀajmɑ̃] n. m. **1.** Action, fait de tirailler, d'être tiraillé. – Sensation interne pénible. *Tiraillements d'estomac.* **2.** Fig. Contestation, conflit. Syn. (Québec) tiraillage.

tirailler [tiʀaje] v. [1] **I.** v. tr. **1.** Tirer (sens A, I, 1) par petits coups, à diverses reprises. ▷ v. pron. (Québec) Se bousculer, se chamailler en s'agrippant aux vêtements de l'autre, en le tirant par le bras, etc. **2.** Fig. (Surtout au passif.) Poursuivre de ses instances, solliciter dans des sens contradictoires. *Il est tiraillé entre ses obligations familiales et ses obligations professionnelles.* **II.** v. intr. MILIT Tirer des coups irréguliers et répétés.

tirailleur [tiʀajœʀ] n. m. MILIT **1.** Soldat tiraillant en avant du gros de la troupe, afin de harceler l'ennemi. **2.** Anc. Soldat de certaines formations d'infanterie recrutées hors de la métropole. *Tirailleurs algériens, sénégalais.* ▷ *(En appos.) Français tirailleur :* V. français (sens 3).

Tirana, cap. de l'Albanie, au centre du pays; 215 860 hab. Industries; verreries. – Université; musée. – *Durrës* (80 000 hab.), cap. du pays jusqu'en 1920, lui sert de port sur l'Adriatique.

tirant [tiʀɑ̃] n. m. **1.** Pièce destinée à exercer un effort de traction. *Les tirants d'une botte.* – TECH, ARCHI Pièce de charpente soumise à un effort de traction. **2.** MAR *Tirant d'eau* ou, absol., *tirant :* distance verticale entre la ligne de flottaison d'un navire et le point le plus bas de sa quille. – *Tirant d'air :* hauteur maximale des superstructures d'un navire; hauteur libre sous un pont.

Tiraspol, v. de la rép. de Moldavie, sur le Dniestr inférieur; 186 000 hab. Industr. alimentaires et textile.

1. tire [tiʀ] n. f. Loc. *Vol à la tire,* consistant à voler le contenu des poches, d'un sac. *Voleur à la tire.*

2. tire [tiʀ] n. f. (Québec) **1.** Confiserie obtenue par la cuisson d'un sirop (mélasse, sirop de cassonade, etc.) et après étirage. **2.** *Tire* ou *tire d'érable :* confiserie à la consistance voisine de celle du miel, obtenue par évaporation du sirop d'érable. – *Tire sur la neige :* sirop d'érable épaissi que l'on verse encore chaud sur la neige et que l'on déguste, à peine figé, à l'aide d'une petite spatule en bois.

tiré [tiʀe] n. m. **1.** IMPRIM *Tiré à part :* article extrait d'un ensemble (revue, thèse de recherche, etc.), dont on fait un tirage indépendant et que l'on broche. **2.** DR COMM Personne désignée dans la lettre de change ou sur le chèque comme devant effectuer un paiement.

tire-au-flanc [tiʀoflɑ̃] n. m. inv. V. flanc.

tire-bouchon [tiʀbuʃɔ̃] n. m. **1.** Instrument (souvent vis hélicoïdale munie d'un manche) servant à déboucher les bouteilles. *Des tire-bouchons.* **2.** Loc. adv. *En tire-bouchon :* en forme de spirale, d'hélice. *Cheveux en tire-bouchon.*

tire-bouchonner [tiʀbuʃɔne] v. intr. [1] Se rouler en tire-bouchon, faire des plis. *Pantalon, chaussettes qui tire-bouchonnent.* ▷ v. pron. Se tordre en forme de tire-bouchon, d'hélice.

tire-boulettes [tiʀbulɛt] n. m. inv. (Maghreb) En Algérie, en Tunisie, syn. de *lance-pierres*; fronde.

tire-clou [tiʀklu] n. m. TECH Outil à tige plate et dentée servant à arracher les clous. *Des tire-clous.*

tire-d'aile(s) (à) [atiʀdɛl] loc. adv. **1.** Avec de vigoureux battements d'ailes, en parlant d'un oiseau. **2.** Fig. Très rapidement. *S'enfuir à tire-d'aile(s).*

tire-fesses [tiʀfɛs] n. m. inv. Fam. Téléski, remonte-pente.

tire-fond [tiʀfɔ̃] n. m. inv. **1.** Anneau fixé au plafond pour y suspendre un lustre. **2.** TECH Vis à bois de grand diamètre, à tête carrée.

tire-lait [tiʀlɛ] n. m. inv. Appareil servant à aspirer le lait du sein.

tire-ligne [tiʀliɲ] n. m. TECH Petit instrument terminé par deux becs dont l'écartement est réglable, et qui sert à tracer des lignes d'épaisseur constante. *Des tire-lignes.*

tirelire [tiʀliʀ] n. f. Boîte, objet creux qui comporte une fente par laquelle on glisse les pièces de monnaie que l'on veut économiser. Syn. (Suisse) crousille. ▷ Fig. *Casser sa tirelire :* dépenser toutes ses économies.

tirenifle [tiʀnifl] n. m. (France rég.) Fam. Syn. de *mouchoir* (sens 1).

tirer [tiʀe] v. [1] **A. I.** v. tr. **1.** Faire mouvoir, amener vers soi. *Tirer un tiroir.* ▷ Traîner, tracter derrière soi. *Cheval qui tire une charrette.* ▷ v. intr. Produire, développer une certaine puissance de traction. *Ce moteur tire bien.* **2.** Mouvoir en faisant glisser, coulisser. *Tirer le verrou. Tirer des rideaux.* **3.** Faire un effort pour tendre, allonger. *Tirer une corde. Tirer ses chaussettes. Tirer ses cheveux en arrière.* – Pp. adj. Par ext. *Tiré à quatre épingles*.* ▷ TECH *Tirer l'or, l'argent,* les allonger en fils déliés. – v. intr. *Tirer sur une corde. Tirer de toutes ses forces.* **4.** Donner un aspect tendu, fatigué à. *La maladie a tiré ses traits.* ▷ Loc. (Belgique) Fig., fam. *Tirer la tête :* faire la tête. – *Tirer son plan :* V. plan 2 (sens B, II, 1). ▷ Loc. (Québec) *Tirer au poignet :* V. poignet (sens 1). **5.** v. impers. (Belgique) *Il tire, ça tire :* il y a un courant d'air. **II.** v. intr. Aspirer fortement. *Tirer sur sa cigarette.* ▷ *Absol.* Être parcouru par un courant d'air qui active la combustion. *Pipe qui tire bien, mal.* **B.** Prendre, ôter, extraire. **I.** v. tr. **1.** Faire sortir, enlever, ôter d'un endroit, d'une situation. *Tirer un mouchoir de sa poche. Tirer de l'eau d'un puits.* – (Comp. d'objet n. de personne.) *Tirer qqn de prison.* – Délivrer, dégager. *Tirer d'embarras.* ▷ v. pron. *Se tirer de (qqch)* ou *s'en tirer :* sortir heureusement d'une maladie, d'une situation difficile; en réchapper. **2.** Prendre au hasard. *Tirer une carte. Tirer les numéros d'une loterie* et, par ext., *tirer une loterie.* ▷ v. intr. Loc. *Tirer au sort :* prendre une décision, effectuer un choix, en s'en remettant au sort (en lançant une pièce en l'air, *tirer à pile ou face;* en faisant choisir des brins de paille d'inégales longueurs, *tirer à la courte-paille,* etc.). **3.** Extraire, exprimer. *Substance que l'on tire des plantes.* – Loc. (Québec) Fam. *Tirer les vaches,* les traire. ▷ Obtenir, recueillir. – Loc. *Tirer profit, avantage de qqch.* ▷ *Tirer qqch de qqn :* obtenir, soutirer qqch de qqn par un moyen quelconque. ▷ COMM *Tirer une lettre de change :* faire un effet de commerce par lequel on charge un correspondant de payer la somme énoncée au porteur de cette lettre. **4.** *Tirer de :* trouver l'origine de qqch dans, emprunter à. *D'où tire-t-il cette arrogance? Les mots que le français tire du grec.* **5.** Déduire, conclure. *Tirer des conclusions de certains faits.* **II.** v. pron. Fam. S'enfuir, se sauver. **C. I.** v. intr. **1.** Aller vers, s'acheminer. *Tirer au large. Voiture qui tire à gauche, à droite.* ▷ (Dans le temps.) Loc. *Tirer à sa fin. Tirer en longueur :* se prolonger indéfiniment. **2.** *Tirer sur :* tendre vers, avoir une certaine ressemblance avec (en parlant d'une couleur). *Vert qui tire sur le bleu.* **II.** v. tr. MAR *Tirer un bord :* franchir une certaine distance sans virer de bord. *Tirer des bords :* louvoyer. **D.** v. tr. et intr. **1.** Tracer. *Tirer un trait, une ligne.* ▷ *Tirer un plan,* le dessiner. – Par ext., fig. *Tirer des plans :* élaborer, mûrir des projets. **2.** Imprimer. *Tirer un ouvrage sur papier bible.* ▷ v. intr. Être reproduit, imprimé, gravé. *Journal qui tire à un million d'exemplaires.* ▷ PHOTO, BX-A Faire un tirage*. **E.** v. tr. et intr. **1.** v. tr. Lancer (un projectile) au moyen d'une arme. *Tirer une flèche.* – (En parlant de l'arme.) *Le fusil qui a tiré cette balle.* ▷ v. intr. Se servir d'une arme; pratiquer l'art du tir. *Tirer à blanc*. Tirer au revolver.* **2.** v. intr. Faire feu. *Tirer à bout portant, en l'air. Tirer sur qqn. – Par ext.* v. tr. *Tirer un lièvre.* **3.** v. tr. Faire partir (une arme à feu, un explosif). *Tirer le canon. Tirer un feu d'artifice.* **4.** v. tr. (Québec) Fam. Lancer (un projectile) à la main, sans arme. ▷ v. pron. *Les enfants se tirent des roches.* **5.** v. intr. SPORT (Bowling, football, etc.) Lancer la boule, le ballon. – Loc. *Tirer au but.* ▷ v. tr. (Québec) Fam. Lancer (qqch). *Tire-moi la balle!*

tire-sève [tiʀsɛv] n. m. inv. ARBOR Rameau laissé en place, lors du surgreffage, pour permettre la circulation de la sève.

Tirésias, dans la myth. gr., devin de Thèbes. Il proposa que l'homme qui vaincrait le Sphinx* épousât Jocaste et régnât sur Thèbes.

tiret [tiʀɛ] n. m. Petit trait horizontal (–) servant à séparer deux membres de phrase ou à indiquer un changement d'interlocuteur dans un dialogue.

tirette [tiʀɛt] n. f. **1.** Dispositif de commande manuelle par tirage. **2.** Tablette horizontale coulissante d'un meuble. **3.** (Afr. subsah., Belgique, Luxembourg) Syn. de *fermeture à glissière*.*

tireur, euse [tiʀœʀ, øz] n. **I.** n. **1.** *Tireuse de cartes :* femme qui prédit l'avenir d'après les combinaisons des cartes à jouer. **2.** Personne qui se sert d'une arme à feu. *Être bon, mauvais tireur. Tireur d'élite.* ▷ MILIT Soldat qui tire au fusil, au fusil-mitrailleur, etc. **3.** COMM Personne qui émet une lettre de change sur une autre personne (appelée tiré). **II.** n. f. TECH **1.** Machine servant à effectuer des tirages photographiques. **2.** Appareil servant au remplissage des bouteilles.

tire-veille [tiʀvɛj] n. m. MAR **1.** Cordage mis en pendant pour aider à monter à bord par une échelle de coupée. **2.** Cordage servant à manœuvrer la barre d'un gouvernail. *Des tire-veille(s).*

Tîrgoviște, v. de Roumanie, ch.-l. du district de Dîmbovița, en Munténie; 82 000 hab. Sidérurgie et métallurgie (matériel pétrolier). – Vestiges du palais de Mircea le Vieux (XVᵉ s.); église princière (XVIᵉ et XVIIᵉ s.) de plan byzantin avec fresques de style valaque; musée de l'imprimerie et des anciens livres roumains. – Anc. cap. de la Valachie (1385-1559).

Tîrgu Jiu, v. de Roumanie, ch.-l. du district de Gonj, en Valachie; 63 510 hab. Centre commercial. – Ensemble de sculptures monumentales de Brancusi (1938) : *Arc du baiser, Table du silence, Colonne sans fin.*

Tîrgu Mureș (en hongrois *Marosvásárhely),* v. de Roumanie, ch.-l. du district de Mureș, sur le Mureș, en Transylvanie; 163 625 hab. Centre culturel et industriel. – Édifices baroques (XVIIIᵉ s.).

tiroir [tiʀwaʀ] n. m. Casier coulissant, s'emboîtant dans un meuble, et que l'on tire au moyen d'un bouton, d'une clé, etc. *Tiroirs d'une commode.* ▷ *Fonds de tiroir :* ce qui reste d'argent disponible. ▷ Fig. (Plur.) *Pièce, roman à tiroirs :* œuvre dans laquelle des scènes, des épisodes indépendants les uns des autres viennent se greffer sur l'action principale.

tiroir-caisse [tiʀwaʀkɛs] n. m. Tiroir contenant la caisse d'un commerçant. *Des tiroirs-caisses.*

Tirolien (Guy) (1917 – 1988), écrivain français d'origine guadeloupéenne. Il participa au mouvement de la négritude et à la revue *Présence africaine.* Poésies : *Balles d'or* (1961)

Tirso de Molina (Fray Gabriel Téllez, dit) (v. 1583 – 1648), dramaturge espagnol. Moine, il composa près de 400 pièces. Comédies : *Un timide au palais;* drames historiques ou romanesques : *les Amants de Teruel;* un drame religieux : *le Damné par manque de foi;* et, surtout, *le Trompeur de Séville* (v. 1625), où Don Juan apparaît dans la litt. occidentale.

Tirynthe, anc. v. de Grèce, en Argolide (près de Nauplie). Un des princ. centres mycéniens, elle fut détruite par les Argiens en 468 av. J.-C.

tisane [tizan] n. f. Boisson obtenue en faisant macérer des plantes médicinales dans de l'eau.

tisanneur, euse [tizanœʀ, øz] n. (Réunion) **1.** Personne qui prépare des tisanes. **2.** *Par ext.* Guérisseur, sorcier.

tison [tizɔ̃] n. m. Reste encore brûlant d'une bûche, d'un morceau de bois à moitié consumés.

tisonner [tizɔne] v. [1] v. intr. Remuer les tisons pour attiser, ranimer le feu. ▷ v. tr. *Tisonner le feu.*

tisonnier [tizɔnje] n. m. Tige de fer qui sert à tisonner. Syn. pique-feu.

tissage [tisaʒ] n. m. **1.** Action, art de tisser. – *Par méton.* Assemblage obtenu par l'entrecroisement de fils. **2.** Établissement où l'on fait des tissus.

tisser [tise] v. tr. [1] **1.** Fabriquer (un tissu) en entrecroisant les fils de chaîne et les fils de trame. *Métier à tisser. Tisser de la toile.* ▷ *Tisser une matière textile,* en faire un tissu. *Tisser du coton.* **2.** Fig. Former, constituer (qqch) par un assemblage patient d'éléments. *C'est lui qui a tissé cette intrigue.* Syn. ourdir.

tisserand, ande [tisʀɑ̃, ɑ̃d] n. Artisan, ouvrier qui fabrique des tissus.

tisserin [tisʀɛ̃] n. m. ORNITH Passériforme africain (genre princ. *Ploceus,* fam. plocéidés), dont les nids sont faits de fibres de feuilles de palmier et d'herbes entrelacées.

tisseur, euse [tisœʀ, øz] n. Ouvrier, ouvrière dont le métier est de tisser.

tissu [tisy] n. m. **1.** Entrelacement régulier de fils textiles formant une surface souple. *Tissu de soie, de laine.* ▷ (Afr. subsah.) *Tissu pagne :* V. pagne. *Tissu wax :* V. wax. **2.** HISTOL Ensemble de cellules dont la structure est proche et qui concourent à une même fonction dans un organe ou une partie d'organe. *Tissu conjonctif, musculaire. L'étude des tissus, ou histologie, a beaucoup bénéficié du perfectionnement des instruments optiques. Tissus fœtaux*.* **3.** Fig. (Péjor. avec un compl. de nom abstrait.) Suite ininterrompue. *Un tissu de mensonges, de lieux communs.* **4.** Fig. Ensemble d'éléments dont la réunion constitue une structure homogène. *Le tissu urbain.*

tissu-éponge [tisyepɔ̃ʒ] n. m. Tissu épais, aux fils bouclés, qui absorbe l'eau. *Des tissus-éponges.* Syn. (Québec) ratine.

tissulaire [tisylɛʀ] adj. ANAT, BIOL Qui concerne les tissus.

Tisza (la) (en tchèque *Tisa,* en all. *Theiss*), riv. de l'Europe centrale (966 km); née dans les Carpates ukrainiennes, elle forme frontière entre la Roumanie et l'Ukraine, parcourt la Hongrie et rejoint le Danube (r. g.) en Serbie.

titan [titɑ̃] n. m. Litt. Géant. *Une œuvre de titan. Combat de titans.*

titane [titan] n. m. CHIM Élément métallique (symbole Ti) de numéro atomique Z = 22. – Métal (Ti). ▷ *Blanc de titane :* dioxyde de titane, utilisé en peinture.

titanesque [titanɛsk] adj. Digne d'un titan. Syn. gigantesque.

Titanic, transatlantique géant de la White Star Line britannique qui coula lors de son premier voyage après avoir heurté un iceberg au S. de Terre-Neuve (nuit du 14 au 15 avril 1912). Il y eut plus de 1 500 victimes.

Titans, divinités de la myth. gr., fils et filles d'Ouranos (le Ciel) et de Gaia (la Terre). Ils étaient au nombre de douze, six divinités masculines (Océanos, Cœos, Crios, Hypérion, Japet, Cronos) et six divinités féminines (Théia, Rhéa, Thémis, Mnémosyne, Phoibê, Téthys), dites aussi les *Titanides.* Une guerre (la *Titanomachie*) opposa les Titans à Zeus, qui les précipita dans le Tartare.

Tite-Live (en lat. *Titus Livius*) (64 ou 59 av. J.-C. – 17 apr. J.-C.), historien romain. À partir de 27 av. J.-C. env., il écrivit une *Histoire de Rome.* Inachevé, ce récit s'arrête à la mort de Drusus (9 av. J.-C.). Sur 142 livres, 35 nous sont parvenus. Tite-Live idéalise la nation et tire des événements des leçons morales, au détriment de la vérité historique.

titi [titi] n. m. **1.** Petit singe brun-roux à longue queue touffue des forêts sud-américaines (*Callicabus torquatris*). **2.** (France rég.) Pop. Gamin des rues de Paris, gouailleur et malicieux.

Titicaca (lac), grand lac (8 300 km²) des Andes, aux confins du Pérou et de la Bolivie, à 3 812 m d'alt.; profondeur max. 280 m. Cultures (céréales) et élevage sur ses rives fertiles.

Titien (Tiziano Vecellio ou Vecelli, dit en fr.) (v. 1490 – 1576), peintre italien. À neuf ans, il vint étudier la peinture à Venise. À partir de 1518, le duc de Ferrare lui commanda des œuvres mythologiques dont le réalisme rompt avec l'idéalisme de Giorgione, son princ. maître. Peu à peu, Titien abandonna la primauté de la ligne au profit d'une dynamique de la touche, puis s'ouvrit au maniérisme. En 1548, Charles Quint l'invita à Augsbourg. En 1551, il revint définitivement à Venise, où il exécuta de nombreuses commandes pour Philippe II d'Espagne. Riche, comblé d'honneurs, il mourut de la peste.

titiller [titije] v. tr. [1] Litt. Chatouiller légèrement et agréablement.

titisme [titism] n. m. POLIT Socialisme, neutraliste et autogestionnaire, tel que le conçut Tito.

Tito (Josip Broz, dit) (1892 – 1980), maréchal et homme politique yougoslave. Fils d'un forgeron, soldat austro-hongrois passé dans l'armée Rouge (1917-1923), cofondateur du parti communiste yougoslave, de nombreuses fois incarcéré (notam. de 1928 à 1934), secrétaire général du Parti en 1937, il organisa la lutte armée contre l'occupant nazi (1941-1945). Après la proclamation de la république, il devint chef du gouvernement (1945-1953), puis président de la République (élu à vie en 1974). En 1948, Tito refusa de suivre les directives de l'U.R.S.S. et voulut fonder le socialisme sur l'autogestion. Lors de la déstalinisation (à partir de 1956), ses rapports avec l'U.R.S.S. s'améliorèrent. Il soutint Dubček en 1968. Son prestige dans le tiers monde (il fut l'un des champions du non-alignement) a été considérable.

Titograd (auj. *Podgorica*), cap. du Monténégro; 96000 hab. Industries.

titrage [titraʒ] n. m. **1.** CHIM Action de titrer une solution. **2.** TECH Indication de grosseur (d'un fil textile).

titre [titʀ] n. m. **I. 1.** Énoncé servant à nommer un texte et qui, le plus souvent, évoque le contenu de celui-ci. *Titre d'une pièce de théâtre, d'un roman. Titre d'un chapitre. – Page de titre* ou *titre :* page comportant le titre, le nom de l'auteur, de l'éditeur, etc. *Faux titre :* titre abrégé imprimé sur le feuillet qui précède la page de titre. ▷ Une des subdivisions de certains ouvrages juridiques. *Titres et articles d'un code de lois.* **2.** Désignation analogue d'une œuvre enregistrée, filmée, d'un morceau de musique, d'un tableau, etc. **II. 1.** Dignité, qualification honorifique. *Titre nobiliaire. Le titre de duc.* **2.** Qualification obtenue en vertu d'un diplôme, des fonctions que l'on exerce. *Titres universitaires. Le titre de bachelier, d'avocat, de directeur.* ▷ *En titre :* qui exerce une fonction en tant que titulaire. *Professeur en titre.* **3.** Nom donné à qqn pour exprimer sa qualité, son état. *Le titre de père, d'ami.* **4.** État, qualité de vainqueur, de champion pour un sportif, un joueur. *Remporter, détenir, mettre en jeu un titre.* **5.** Loc. prép. *À titre de :* en tant que. *À titre d'héritier. À titre de cadeau.* ▷ *À titre* (+ adj.) : de façon... *À titre bénévole. – À juste titre :* justement, avec raison. **III. 1.** Acte écrit, document établissant un droit, une qualité. *Titres de propriété.* ▷ *Titre interbancaire de paiement* (abrév. : T.I.P.) : titre de paiement établi par l'organisme créditeur et utilisé comme chèque par le débiteur. **2.** Valeur négociable en Bourse. **3.** Fig. Ce qui permet de prétendre à qqch. *Il a plus d'un titre à votre reconnaissance.* **IV. 1.** Proportion de métal précieux pur contenu dans un alliage. **2.** CHIM *Titre d'une solution :* rapport de la masse d'une substance dissoute à la masse totale *(titre massique)* ou du nombre de moles d'un constituant au nombre total de moles *(titre molaire).* ▷ *Titre hydrotimétrique* (abrév. : TH) : nombre qui exprime la dureté* d'une eau. **3.** PHYS *Titre de vapeur :* rapport de la masse de vapeur à la masse totale du fluide. **4.** TECH *Titre d'un fil,* numéro exprimant sa grosseur.

titré, ée [titʀe] adj. **1.** Qui a un titre de noblesse. **2.** CHIM *Solution titrée,* dont la composition est connue.

titrer [titʀe] v. tr. [1] **1.** CHIM *Titrer une solution :* déterminer par dosage la quantité de corps dissous dans une solution. ▷ *Liqueur qui titre 15 (16, 17, etc.) degrés,* dont le titre est de 15 (16, 17, etc.) degrés. **2.** (En parlant d'un journal.) Avoir comme titre d'article. *« L'Équipe » titre en première page : « Ils ont gagné ».*

titrisation [titʀizasjɔ̃] n. f. FIN Technique financière qui permet de transformer les créances en titres négociables.

tituber [titybe] v. intr. [1] Marcher en chancelant. *Tituber de fatigue.* Syn. (Acadie) tricoler.

titulaire [titylɛʀ] adj. et n. **1.** Qui est possesseur d'une fonction garantie par un titre. – (Québec) *Professeur titulaire,* promu à un rang supérieur en raison de sa compétence, de sa réputation. **2.** Qui possède qqch selon le droit. *Être titulaire d'un passeport.* **3.** n. (Belgique) Enseignant(e) qui est responsable d'une classe et qui, à ce titre, exerce diverses tâches administratives et pédagogiques.

titulariat [titylaʀja] n. m. (Belgique) Fonction exercée par un(e) titulaire (sens 3).

titularisation [titylaʀizasjɔ̃] n. f. Action de titulariser.

titulariser [titylaʀize] v. tr. [1] Nommer (qqn) titulaire de sa charge. *Titulariser un fonctionnaire.* ▷ *Titulariser un professeur,* le nommer; (Québec) lui octroyer le rang de titulaire (sens 1).

Titulescu (Nicolae) (1882 – 1941), homme politique roumain. Ministre des Affaires étrangères de son pays (1927-1928), il soutint les traités de la Petite-Entente*; président de la S.D.N. (1930-1931) et à nouveau ministre des Affaires étrangères (1932-1936), il défendit l'Entente* balkanique.

Titus, parfois francisé en *Tite* (Titus Flavius Sabinus Vespasianus) (39 – 81), empereur romain (79-81), fils de Vespasien. Il s'empara de Jérusalem, qu'il ruina (70), et fut associé au gouv. de l'Empire (71). Brutal, débauché, il fut jugé sévèrement pour sa liaison avec la princesse juive Bérénice, qu'il voulait épouser. Lorsqu'il accéda au pouvoir, il manifesta tolérance et générosité.

Tiv, population établie dans le centre du Nigeria (env. 2 millions de personnes). Ils parlent une langue nigéro-congolaise du groupe Bénoué-Congo.

Tivoli (antiq. *Tibur*), ville d'Italie (Latium); 50970 hab. Industr. – Lieu de villégiature, depuis l'Antiquité, pour les Romains fortunés (vestiges de la villa Hadriana : de l'empereur Hadrien). La villa d'Este, demeure de la Renaissance italienne, est célèbre pour ses jardins ornés de fontaines.

Tizi-Ouzou, ville d'Algérie, en Grande Kabylie; 100700 hab.; chef-lieu de la wilaya du même nom. Marché agricole.

Tjibaou (Jean-Marie) (1936 – 1989), homme politique canaque. Dirigeant du F.L.N.K.S., il signa les accords de Matignon de juin 1988 prévoyant un référendum sur l'indépendance de la Nouvelle-Calédonie en 1998. Des Canaques hostiles à cet accord l'assassinèrent dans l'île d'Ouvéa*.

Tlaloc, dieu aztèque de la Pluie, protecteur des agriculteurs.

Tlemcen (auj. *Tilimsen*), v. de l'Algérie occidentale; 146000 hab.; ch.-l. de la wilaya du m. nom. Centre artisanal (tapis, cuir, etc.) et industriel. – Grande Mosquée (XIe-XIIe s.). – Anc. cité romaine, reconstruite par les Almoravides au XIe s., Tlemcen connut son apogée aux XIIIe-XVIe s. En 1553, les Turcs d'Alger la prirent.

tmèse [tmɛz] n. f. LING Séparation des éléments d'un mot par l'intercalation d'un ou de plusieurs autres mots (ex. *lors* donc *que*).

to ou **tô** [to] n. m. (Afr. subsah.) Pâte de farine de mil qui, servie en boules, est, dans certaines régions d'Afrique occidentale, la base du repas principal. – *Par ext.* Pâte faite avec de la farine d'autres céréales ou la chair de divers tubercules.

Toamasina (anc. *Tamatave*), v. et princ. port de comm. de Madagascar, sur la côte E.; 100000 hab.; ch.-l. de la prov. du m. nom. Marché agricole. Port industriel. Raff. de pétrole. Aéroport.

toast [tost] n. m. **1.** Tranche de pain de mie grillée. Syn. (Québec) rôtie. **2.** *Porter un toast :* lever son verre pour boire à la santé de qqn, à la réussite d'une entreprise, etc.

toasteur ou **toaster** [tostœʀ] n. m. (Cour. au Québec.) Rare Grille-pain.

tobagane [tɔbagan] n. f. V. tabagane.

Tobago, île des Petites Antilles, formant, avec la Trinité, l'État de Trinité*-et-Tobago; 301 km²; 42100 hab.; v. princ. *Scarborough.*

Tobie (Livre de), livre biblique (écrit v. le IIIe s. av. J.-C.) : au VIIIe s. av. J.-C., un Juif déporté en Assyrie, Tobit, perd la vue et envoie son fils Tobie chercher une somme d'argent en Perse; sur la route, Tobie rencontre l'archange Raphaël, qui aidera le fils et sauvera le père.

toboggan [tɔbɔgɑ̃] n. m. **1.** Traîneau bas muni de deux patins. **2.** Piste en forme de gouttière, le long de laquelle on se laisse glisser par jeu. ▷ *Par anal.* Dispositif de forme analogue destiné à la manutention des marchandises. **3.** Viaduc routier démontable.

Tobrouk *(Tubruq),* port de Libye, en Cyrénaïque; 75282 hab. Ch.-l. du distr. du m. nom. Port pétrolier, terminal de l'oléoduc de Sarir. – Violents combats entre les forces britanniques et celles de l'Axe en 1941-1942.

1. toc [tɔk] n. m. **1.** Péjor. Imitation d'une matière, d'une chose de prix. *C'est du toc. Des bijoux en toc.* **2.** TECH Pièce d'un tour servant à entraîner la pièce à tourner.

2. toc [tɔk] ou **toc-toc** [tɔktɔk] n. m. Onomatopée évoquant un petit bruit sec fait en frappant.

tocade [tɔkad] n. f. V. toquade.

tocan [tɔkɑ̃] n. m. V. tacon.

Tocantins (rio), fl. du Brésil (2640 km); naît dans le Goiás, qu'il draine; se jette dans l'estuaire de l'Amazone.

tocard ou **toquard** [tɔkaʀ] n. m. TURF Mauvais cheval.

toccata [tɔkata] n. f. MUS Composition instrumentale de forme libre écrite pour un instrument à clavier. *Des toccatas* ou *des toccate*.

Tocqueville (Charles Alexis Clérel de) (1805 - 1859), écrivain et homme politique français. Au retour d'un voyage aux É.-U., il publia *De la démocratie en Amérique* (1835-1840); en 1856, *l'Ancien Régime et la Révolution*. Acad. fr. (1841).

tocsin [tɔksɛ̃] n. m. Sonnerie d'une cloche qu'on fait tinter à coups redoublés pour donner l'alarme. *Sonner le tocsin.*

toc-toc [tɔktɔk] n. m. V. toc 2.

Todorov (Tzvetan) (né en 1939), essayiste français d'origine bulgare. Analyse structurale et sémiologie littéraires sont au centre de ses recherches : *Théorie de la littérature* (1965); *Poétique de la prose* (1971); *Critique de la critique* (1984).

Toepffer ou **Töpffer** (Rodolphe) (1799 - 1846), dessinateur et écrivain suisse d'expression française. Ses albums humoristiques annoncent la bande dessinée : *Histoire de M. Vieux Bois* (1827); *le Docteur Festus* (1829); *Monsieur Pencil* (1831); *Monsieur Crépin* (1837). La même verve caractérise les récits de ses randonnées pédestres (*Voyages en zigzag*, 1844 et 1854), ses deux romans (*le Presbytère*, 1839; *Rosa et Gertrude*, posth., 1847) et ses *Réflexions et menus propos d'un peintre genevois* (posth., 1848).

toéré ou **toere** [tɔeʀe] n. m. Instrument de musique polynésien traditionnel, à percussion.

toge [tɔʒ] n. f. **1.** ANTIQ ROM Grande pièce d'étoffe que les Romains drapaient par-dessus la tunique. ▷ Mod. Vêtement analogue porté par les hommes dans les régions forestières bordant le golfe de Guinée. **2.** Robe que portent les avocats, les magistrats dans l'exercice de leurs fonctions, les professeurs de l'enseignement supérieur dans certaines cérémonies, etc.

Togliatti (Palmiro) (1893 - 1964), homme politique italien; un des fondateurs du Parti communiste italien (1921), qu'il dirigea jusqu'à sa mort.

Togo (république du), État de l'Afrique occidentale.
► V. carte et dossier, p. 1508.

togolais, aise [tɔgolɛ, ɛz] adj. et n. Du Togo. ▷ Subst. *Un(e) Togolais(e).*

togolisation [tɔgɔlizasjɔ̃] n. f. (Afr. subsah.) Action de togoliser; son résultat. *La togolisation des postes de direction.*

togoliser [tɔgɔlize] v. tr. [1] (Afr. subsah.) Donner un caractère togolais à; remplacer le personnel étranger de (un service, une entreprise, etc.) par des Togolais.

tohu-bohu [tɔybɔy] n. m. Confusion, désordre bruyant. *Des tohu-bohu(s).*

Tô Huu (Nguyên Kim Than, dit) (né en 1920), poète vietnamien. Militant communiste à seize ans, chantre de la révolution, il a su préserver dans ses poèmes la mélodie des chants populaires et des berceuses de son enfance : *Poésies* (1937-1946); *Chants du Viêt Bac* (1954); *En route vers le front* (1972); *Viêt-nam, sang et fleurs* (1975).

toi [twa] pron. pers. Forme tonique de la 2e pers. du sing. des deux genres qui indique la personne à qui l'on s'adresse. **1.** Complément d'objet après un impératif (pron.). *Gare-toi à gauche. Laisse-toi aller.* **2.** (Sujet d'un v. à l'infinitif.) *Toi, ne pas lui pardonner?* – (Avec un infinitif de narration.) *Et toi de poursuivre, comme si de rien n'était.* **3.** (Sujet d'un participe.) *Toi riant, il fallait que je reste sérieux.* **4.** (Sujet coordonné avec un nom ou avec un autre pron.) *Yves et toi le ferez.* **5.** (Complément coordonné.) *Vous, je veux dire ta femme et toi.* **6.** (Sujet, renforçant *tu*.) *Toi, tu devras le faire.* – (Renforçant le pron. atone *te*.) *Je te le dis à toi. Il t'aime toi.* **7.** (Complément indirect après une préposition.) *C'est à toi. L'idée est de toi.* **8.** (Forme renforcée.) *Toi-même, tu ne sais rien. Toi seul es maître à bord.* **9.** *Toi qui... Toi qui sais tout, dis-moi... – Toi que... Toi que j'aime.* (N.B. Devant *en* et *y*, *toi* devient *t'*. *Va-t'en. Il faut t'y faire.*)

Toihiri (Mohamed A.) (né en 1955), écrivain comorien. Après *la République des imberbes* (1985), le premier roman comorien écrit en français, il a publié *le Kafir de Karthala* (1992).

toile [twal] n. f. **1.** Tissu de l'armure (sens 3) portant ce nom, fait de lin, de chanvre, de coton, etc. *Toile fine. Toile d'emballage. Vêtement de toile.* – (En appos.) *Armure toile*, obtenue par division des fils de chaîne en deux trames qu'on lève et abaisse alternativement pour insérer le fil conduit par la navette. – *Toile cirée*, recouverte d'un enduit imperméable. ▷ Par anal. *Toile d'amiante. Toile métallique.* ▷ *Toile d'araignée :* réseau tissé par les araignées au moyen de fils de soie qu'elles sécrètent et dans lequel elles capturent leurs proies. – (Québec) *La toile :* le cyberespace. Fam. *Butiner la toile :* naviguer sur Internet. **2.** Pièce de toile fixée sur un cadre de bois et destinée à être peinte. – *Par méton.* Tableau réalisé sur ce support. *Toiles de maîtres.* ▷ Loc. *Toile de fond :* grand panneau formant le fond d'une scène de théâtre et sur lequel est peint un décor. – Par ext., fig. *La toile de fond d'un récit, d'un roman*, le cadre, le contexte dans lequel il se déroule. **3.** MAR *La toile :* la voilure.

toilettage [twalɛt(t)aʒ] n. m. Ensemble des soins de propreté (donnés à un chien, à un chat, etc.). ▷ Fig. Retouche légère. *Toilettage d'un texte.*

toilette [twalɛt] n. f. **1.** Action de se laver; action de s'apprêter, de se parer. *Faire sa toilette. Cabinet de toilette.* **2.** Meuble sur lequel on range les objets qui servent à se parer. **3.** Costume féminin. *Elle porte bien la toilette. Une toilette élégante.* **4.** (Par euph.) *Les toilettes* ou (Afr. subsah., Belgique, Liban, Luxembourg, Québec) *la toilette :* les w.-c. *Aller à la toilette.* Syn. (Afr. subsah.; Belgique, vieilli) besoins, (Belgique, vieilli; Luxembourg) cour. – (Québec) *Bolle de(s) toilettes :* V. bolle. **5.** En boucherie, épiploon.

toise [twaz] n. f. Règle verticale graduée, munie d'un index coulissant, qui sert à mesurer la taille des personnes.

toiser [twaze] v. tr. [1] **1.** Mesurer (qqn) au moyen d'une toise. **2.** Fig. Regarder (qqn) avec dédain, mépris.

toison [twazɔ̃] n. f. **1.** Poil épais et laineux de certains animaux, partic. du mouton. ▷ MYTH V. Toison d'or. **2.** Chevelure abondante, poils particulièrement fournis. *Démêler sa toison.*

Toison d'or, toison d'un bélier ailé donnée au roi de Colchide Æétès qui la faisait garder par un dragon; Jason* organisa l'expédition des Argonautes* pour s'en emparer.

toit [twa] n. m. **1.** Partie supérieure d'un bâtiment, d'un véhicule, qui protège des intempéries. *Toit de tuiles. Voiture à toit ouvrant.* ▷ Loc. fig. *Crier qqch sur les toits*, le faire savoir à tous. **2.** Maison, logement. *Se retrouver sans toit.* – *Sous le toit de qqn*, dans sa maison. **3.** MINES Plafond d'une galerie.

toiture [twatyʀ] n. f. Ensemble des éléments constituant le toit d'une construction. *Réparer une toiture.*

Tōjō (Hideki) (1884 - 1948), général japonais. Partisan de la guerre, il évinça Konoye (oct. 1941), prit la tête du gouvernement et déclencha l'attaque de Pearl Harbor (déc.). Jugé comme criminel de guerre par les Américains, il fut exécuté.

Tokaj, Tokaï ou **Tokay,** com. du N.-E. de la Hongrie, sur la Tisza; 5000 hab. Vignobles réputés.

tokay [tɔkaj] n. m. ZOOL Grand gecko (25 à 30 cm) de l'Asie du Sud-Est (*Gecko gecko*).

Tokugawa, famille japonaise qui donna la dernière dynastie des shōgun (1603-1867).

Tōkyō ou **Tokyo** (*Edo* jusqu'en 1868), cap. du Japon (centre de Honshū), au fond de la *baie de Tōkyō* et dans la plaine du Kwanto; 8386030 hab.; agglomération urbaine 11904370 hab. La ville concentre toutes les fonctions. Le nom de l'ensemble portuaire, *Keihin*, s'applique également à la conurbation. – Archevêché. Universités. Musée national. Complexe sportif destiné aux J.O. de 1964. – Mentionnée au XIIe s., la ville doit sa fortune aux daïmyōs de la prov. d'Edo, qui en 1601 prirent au Japon le pouvoir, s'attribuant le titre de shōguns. Ils aménagèrent, au prix de travaux considérables, un site médiocre (plaine marécageuse), dans une zone de séismes. Kyōto demeurait la cap. impériale. Quand l'autorité des shōguns fut abolie (1868), l'empereur fit d'Edo, rebaptisé Tōkyō, la capitale du pays; son développement considérable correspondit à celui du Japon. Détruite par des tremblements de terre (le plus récent en 1923), la ville fut endommagée par les bombardements américains (1942-1945).

tola [tola] n. m. Arbre des forêts tropicales d'Afrique (fam. césalpiniacées) exploité pour son bois.

tolbas [tɔlba] n. m. pl. V. taleb.

1. tôle [tol] n. f. **1.** Métal laminé en plaques larges et minces. *De la tôle.* ▷ *Tôle ondulée*, utilisée partic. pour les toits de constructions légères. – Fig. (Afr. subsah.) Surface ondulée d'une piste. *Rouler sur la tôle ondulée.* **2.** Plaque de tôle. *Une tôle carrée.*

2. tôle [tol] n. f. V. taule.

Toleara (anc. *Tuléar*), v. et port de Madagascar, sur la côte S.-O.; 55000 hab.; ch.-l. de la prov. du m. nom. Pêche; conserves de viande.

Tolède (en esp. *Toledo*), v. d'Espagne, sur le Tage; 60670 hab.; cap. de la communauté auton. de Castille-la Manche; ch.-l. de la prov. du m. nom.

Manufacture d'armes. – Archevêché. Nombreux monuments mauresques : pont d'Alcántara (Xe s., remanié aux XIIe et XVe s.); Puerta del Sol (Porte du Soleil; XIVe s.). Églises de style mudéjar. Cathédrale gothique (XIIIe-XVe s.). Égl. et cloître de San Juan de los Reyes (goth. tardif). Égl. gothique Santo Tomé. Hôpital Santa Cruz (XVIe s., auj. musée). Alcázar (forteresse construite au XIe s. et remaniée jusqu'au XVIIIe s., détruite au cours de la guerre civile, en 1936, et auj. restaurée). Maisons anciennes, notam. celle du Greco (XIVe s.). – Soumise par les Romains (192 av. J.-C.), la ville fut la cap. des Wisigoths. Les Omeyyades en firent un centre du cuir et de l'acier. Les chrétiens la reconquirent en 1085 et elle devint la cap. de la Castille. Elle déclina après l'expulsion des Maures et des Juifs, et Madrid la supplanta en 1561.

tolérable [tɔleʀabl] adj. Qu'on peut tolérer, supporter.

tolérance [tɔleʀɑ̃s] n. f. **1.** Attitude consistant à tolérer ce qu'on pourrait rejeter, refuser ou interdire; dérogation admise à certaines lois, à certaines règles. *Ce n'est pas un droit, c'est une tolérance.* **2.** Fait d'accepter les opinions (religieuses, philosophiques, politiques, etc.) d'autrui, même si on ne les partage pas. *Prôner la tolérance.* **3.** TECH Différence tolérée entre le poids, les dimensions, etc., théoriques d'un produit marchand et ses caractéristiques réelles. **4.** MED Fait, pour l'organisme, de bien supporter un agent chimique, physique ou médicamenteux. *Tolérance immunitaire :* absence de réaction immunitaire (à un antigène donné).

tolérant, ante [tɔleʀɑ̃, ɑ̃t] adj. Qui fait preuve de tolérance.

tolérer [tɔleʀe] v. tr. [**14**] **1.** Accepter sans autoriser formellement (qqch qu'on est en droit d'interdire). *Tolérer certaines infractions au règlement.* **2.** Supporter par indulgence, en faisant un effort sur soi-même. *Tolérer qqn. Il ne tolère pas la moindre remarque.* **3.** (En parlant de l'organisme.) Supporter sans réaction pathologique (un aliment, un médicament, un traitement).

tôlerie [tolʀi] n. f. **1.** Industrie, commerce ou atelier du tôlier. **2.** Ensemble d'éléments en tôle.

tolet [tɔlɛ] n. m. MAR Cheville enfoncée dans un renfort du plat-bord *(toletière)*, qui sert de point d'appui à l'aviron.

tôlier [tolje] n. m. Celui qui fabrique, vend ou travaille la tôle.

tolite [tɔlit] n. f. TECH Syn. de *trinitrotoluène.*

tollé [tɔl(l)e] n. m. Cri, mouvement collectif d'indignation, de protestation.

Tolstoï (Lev Nikolaïevitch, en fr. Léon, comte) (1828 – 1910), écrivain russe. Issu d'une famille noble, il s'engagea dans l'armée en 1851. Après *les Cosaques* (1863), roman, les *Récits de Sébastopol* (1868) furent salués par la critique. Son roman *Guerre et Paix* (1865-1869) constitue une épopée de la lutte héroïque du peuple russe contre l'envahisseur français. Après *Anna Karénine* (1876-1877), il continua de critiquer une société corrompue dans des récits tels que *la Mort d'Ivan Ilitch* (1886), *la Sonate à Kreutzer* (1889), etc. À l'issue d'une crise de conscience (*Confession,* 1882), il prôna un christianisme ascétique et écrivit un roman : *Résurrection* (1899), sur la déchéance et le rachat. *Qu'est-ce que l'art?* (1898) attaqua «l'art pour l'art». Voulant vivre en simple paysan, il s'enfuit de chez lui et mourut dans la petite gare d'Astapovo (gouv. de Riazan).

Tolstoï (Alexeï Nikolaïevitch, en fr. Alexis) (1883 – 1945), écrivain soviétique, d'inspiration réaliste.

Toltèques, Indiens de l'Amérique précolombienne, qui occupèrent le Mexique central au IXe s. apr. J.-C. Sur les bases culturelles et artistiques que leur offrait la grande cité-État de Teotihuacán, ils développèrent une civilisation brillante jusqu'en 1168, date de la prise de Tula* par les Chichimèques. Les Toltèques pénétrèrent au Xe s. en pays maya, dans le Yucatán, où ils établirent leur cap. à Chichén Itzá. Les monuments et la statuaire de Tula n'ont pas la finesse maya, mais reflètent avec grandeur l'idéologie guerrière qui les a inspirés.

tolu [tɔly] n. m. PHARM *Baume de tolu :* baume fait de la résine d'une légumineuse d'Amérique du S., utilisé notam. en dermatologie.

toluène [tɔlɥɛn] n. m. CHIM Hydrocarbure aromatique de formule C_6H_5–CH_3, extrait du benzol lors de la distillation de la houille ou obtenu par synthèse à partir du benzène, qui sert de point de départ à la fabrication de matières colorantes, d'explosifs, de parfums et de produits pharmaceutiques.

tom(o)-, -tome, -tomie. Éléments, du gr. *-tomos,* et *-tomia,* rad. *temnein,* «couper, découper» (ex. *lobectomie*).

tom [tɔm] ou **tom-tom** [tɔmtɔm] n. m. MUS Tambour cylindrique employé dans la batterie de jazz.

TOM n. m. (Acronyme pour *territoire* [français] *d'outre-mer.*) *Les TOM :* la Nouvelle-Calédonie, la Polynésie française, Wallis-et-Futuna et les terres françaises Australes et Antarctiques. (V. France d'outre-mer, p. 1442.)

Toma. V. Loma.

tomahawk [tɔmaok; tɔmawak] n. m. Hache de guerre des Indiens d'Amérique du Nord.

tomaison [tɔmɛzɔ̃] n. f. TECH Indication du numéro du tome (sur une page, sur la reliure). ▷ Division d'un ouvrage en tomes.

Tomasi di Lampedusa (Giuseppe), (1896 – 1957), écrivain italien : *le Guépard* (roman inachevé, posth., 1958).

tomate [tɔmat] n. f. **1.** Plante herbacée annuelle (*Solanum lycopersicum,* fam. solanacées), velue, à feuilles alternes charnues, cultivée pour ses fruits. **2.** Fruit rouge de cette plante, à la saveur légèrement acidulée. *Sauce tomate. Concentré de tomates. Tomate-cerise :* variété de petite tomate. ▷ Loc. *Être rouge comme une tomate,* très rouge (de confusion). **3.** (Afr. subsah.) *Tomate amère :* aubergine amère.

tombal, ale, als [tɔ̃bal] adj. Relatif à une tombe, aux tombes. *Pierre tombale.*

Tombalbaye (François N'garta) (1918 – 1975), homme politique tchadien. Premier président de la Rép. (1960), il fut tué lors d'un coup d'État.

tombant, ante [tɔ̃bɑ̃, ɑ̃t] adj. **1.** *À la nuit tombante :* à l'heure où la nuit tombe. **2.** Qui s'abaisse, tend vers le bas. *Épaules tombantes.*

tombe [tɔ̃b] n. f. **1.** Lieu où est enterré un mort; fosse couverte d'un tertre, d'une dalle, d'un monument. *Aller prier sur la tombe de qqn.* Syn. sépulture. ▷ Loc. fig. *Avoir un pied dans la tombe :* être près de la mort. – *Être muet comme une tombe,* d'une discrétion absolue. **2.** *Par méton.* (Québec) Syn. de *cercueil. Tombe en chêne.*

tombeau [tɔ̃bo] n. m. **1.** Sépulture monumentale d'un ou de plusieurs morts. ▷ *Mise au tombeau :* sculpture, peinture représentant la mise au tombeau du Christ. **2.** Fig., litt. Lieu sombre, humide, sinistre. *Cette pièce est un tombeau.* **3.** Fig., litt. Fin, mort, destruction. *Cette loi serait le tombeau de nos libertés.* ▷ Loc. fig. *Rouler à tombeau ouvert :* conduire très vite, en prenant des risques mortels.

tombée [tɔ̃be] n. f. *La tombée de la nuit, du jour :* le crépuscule.

tomber [tɔ̃be] v. [**1**] **A.** v. intr. **I. 1.** Être entraîné subitement de haut en bas, par perte d'équilibre; faire une chute. *Le vent fait tomber les arbres. Tomber à la renverse.* **2.** Être entraîné vers un lieu plus bas, plus profond. *Tomber d'un toit. Tomber par terre.* ▷ Loc. fig. *Tomber des nues :* être très surpris. – Fam. *Laisser tomber :* abandonner. ▷ v. impers. *Il tombe une pluie fine.* **3.** (Choses) S'effacer, disparaître. *Les obstacles tombent.* **4.** Perdre le pouvoir, être renversé. *La dictature est enfin tombée.* **5.** (Choses) Perdre de sa vigueur, diminuer, décliner. *Son enthousiasme tombe.* **II.** (Indiquant un mouvement vers le bas, sans chute brutale.) **1.** Arriver d'un lieu plus élevé. *Le brouillard tombe.* **2.** (Choses) Devenir plus bas, plus faible. *Les cours tombent.* Syn. baisser. *Conversation qui tombe.* **3.** Fig. (Personnes) Déchoir, dégénérer. *Il est tombé bien bas.* **4.** (Choses) Pendre. *Ses cheveux lui tombent sur les épaules.* **III. 1.** *Tomber sur :* attaquer violemment. **2.** *Tomber en, dans :* passer dans (un état considéré comme inférieur au précédent). *Tomber dans un vice.* – Loc. *Tomber en désuétude.* – (Québec) Fam. (Sans connotation négative.) *Tomber en amour :* V. amour (sens I, 1). – *Tomber en vacances :* commencer ses vacances. **3.** (Suivi d'un qualificatif.) Devenir subitement. *Tomber malade. Tomber amoureux. Tomber enceinte.* – (Belgique, France rég., Louisiane) *Tomber faible :* s'évanouir. – (Belgique) *Tomber à court :* V. court (1, sens III, 3). **4.** (Djibouti) Finir. *L'heure est tombée :* le temps s'est écoulé, c'est fini. **IV. 1.** Arriver inopinément. *Tomber bien, mal, à pic.* ▷ Fam. (Personnes) *Tomber sur un ami. Tomber sur une difficulté.* Syn. rencontrer. **2.** Arriver, se produire. *Cette année, le 1er Mai tombe un lundi.* **B.** v. tr. SPORT Faire tomber, vaincre. *Lutteur qui tombe tous ses adversaires.*

tombereau [tɔ̃bʀo] n. m. Véhicule utilisé pour le transport des matériaux, comprenant une benne à pans inclinés qui se décharge par basculement. – Son contenu. *Un tombereau de gravier.*

tombola [tɔ̃bɔla] n. f. Loterie où les numéros sortants gagnent des lots en nature. *Le tirage de la tombola.*

Tombouctou, v. du Mali, près du fl. Niger; 19160 hab.; ch.-l. de la rég. du m. nom. Point de départ des caravanes. – Centre caravanier dont les échanges avec l'Afrique du Nord furent importants à partir du XIe s., Tombouctou devint musulman et répandit l'islam. Il connut son apogée aux XVe-XVIe s., après que l'empereur du Songhay, Sonni Ali Ber, l'eut pris en 1469. La défaite de l'Empire songhay face à l'armée marocaine (1591) et surtout le détournement du commerce transsaharien au profit des échanges côtiers avec les Européens provoquèrent la décadence de Tombouctou. La ville était sous la domination des Touareg quand l'Anglais Gordon Laing (1826) et le Français René Caillié (1928) y pénétrèrent clandestinement. En 1894, Tombouctou fut pris par les Français.

-tome. V. tom(o)-.

tome [tom] n. m. **1.** Division d'un ouvrage, contenant généralement plusieurs chapitres (et indépendante de la division en volumes). **2.** *Par ext.* Volume.

tomenteux, euse [tɔmɑ̃tø, øz] adj. BOT Couvert de poils fins et serrés.

Tomes ou **Tomis.** V. Constanța.

-tomie. V. tom(o)-.

tomo-. V. tom(o)-.

tomodensitomètre [tɔmodɑ̃sitɔmɛtʀ] n. m. MED Syn. de *scanographe.*

tomodensitométrie [tɔmodɑ̃sitɔmetʀi] n. f. MED Syn. de *scanographie.*

tomographie [tɔmɔgʀafi] n. f. MED Procédé radiologique permettant de prendre des clichés par plans d'un organe. – Cliché ainsi obtenu.

Tomsk, v. de Russie, en Sibérie occidentale, sur le *Tom* (840 km), affl. de l'Ob; 475 000 hab.; ch.-l. de la rég. du m. nom. Import. centre industriel.

1. ton, ta, tes [tɔ̃, ta, te] adj. poss. **I.** (Sens subjectif.) **1.** Qui est à toi (rapport général d'appartenance). *Montre ta main. J'admire ton courage. Tes parents, tes amis.* – (On remplace *ta* par *ton* devant un n. f. qui commence par une voyelle ou par un *h* muet.) *Ton amie. Ton habitude.* **2.** *Par ext.* (Marquant différents rapports d'intérêt.) *Tu nous le présenteras, ton jeune peintre génial? Éteins ta lumière.* **II.** (Sens objectif.) *Ton éditeur,* celui qui t'édite. *Ton hospitalisation,* celle dont tu as été l'objet.

2. ton [tɔ̃] n. m. **I. 1.** Degré de hauteur, intensité ou timbre de la voix. *Ton aigu, grave. Ton perçant, sourd.* **2.** Façon de parler, inflexion expressive de la voix qui révèle un sentiment, une intention. *Prendre un ton assuré.* Syn. accent. **3.** Manière d'exprimer sa pensée. Syn. manière, style. *Le ton épique.* **4.** (En loc.) Façon de se conduire et de parler en société. *Donner le ton. De bon ton :* qui convient socialement. **II. 1.** MUS Hauteur des sons produits par la voix ou par un instrument. *Donner le ton :* V. la 2. *Sortir du ton :* détonner. **2.** MUS Intervalle fondamental qui s'exprime par le rapport des fréquences de 8 à 9 *(ton majeur)* ou de 9 à 10 *(ton mineur)*; degré de l'échelle diatonique. ▷ Échelle musicale d'une hauteur déterminée, désignée par le nom de sa tonique. **3.** LING Hauteur du son de la voix. ▷ *Langue à tons,* où les différences de hauteur des syllabes entraînent des différences de sens. – Accent de hauteur. **III.** Couleur, considérée dans son intensité, dans son éclat, sa nuance, ou par rapport à l'impression qu'elle produit. *Ton neutre.* ▷ *Ton sur ton :* d'une même couleur avec des nuances différentes.

tonal, ale, als [tɔnal] adj. Didac. **1.** Relatif au ton. **2.** Qui utilise la tonalité. *Musique tonale.* Ant. atonal.

tonalité [tɔnalite] n. f. **I. 1.** Organisation des sons musicaux telle que les intervalles (tons et demi-tons) se succèdent dans le même ordre, chaque gamme ayant pour base une tonique. **2.** Ton (2, sens II, 2). *Tonalité d'un morceau.* **3.** Caractère des sons produits par la voix ou par un instrument. *Une tonalité agréable.* ▷ *Spécial.* Son continu qu'on entend en décrochant le téléphone et qui signifie qu'on peut composer le numéro d'appel. *Avoir la tonalité.* **II.** Couleur dominante; impression qu'elle dégage. *Tonalité triste.* – Fig. *Un roman d'une tonalité désenchantée.*

tondage [tɔ̃daʒ] n. m. **1.** TECH Action de tondre (une étoffe). **2.** Action de tondre (certains animaux).

tondeur, euse [tɔ̃dœʀ, øz] n. Celui, celle qui tond. *Tondeur de chiens.*

tondeuse [tɔ̃døz] n. f. **1.** Machine utilisée pour tondre le drap, le gazon, etc. **2.** Instrument utilisé pour tondre les cheveux, ou le poil des animaux.

tondre [tɔ̃dʀ] v. tr. **[6] 1.** Couper ras. *Tondre la laine d'un mouton.* **2.** Couper ras les cheveux, les poils de. *Tondre un enfant.* ▷ Couper ras le poil de (une étoffe). *Tondre le drap.* **3.** Fig., fam. Dépouiller. *Tondre le client.*

tondu, ue [tɔ̃dy] adj. (et n.) Coupé ras. *Cheveux tondus.* – Dont les poils, les cheveux ont été coupés ras. *Un enfant tondu.* ▷ Subst. *Trois pelés* et un tondu.*

Tôn Duc Thang (1888 - 1980), homme politique vietnamien. Militant révolutionnaire, il fut emprisonné au bagne de Poulo Condor par les autorités françaises de 1929 à 1945. Successeur de Hô Chi Minh en 1969 comme président de la Rép. dém. du Viêt-nam, il fut le président du Viêt-nam réunifié de juillet 1976 à sa mort.

tong [tɔ̃g] n. f. Chaussure constituée d'une semelle et de deux brides dont une partie passe entre les orteils. Syn. (Nouv.-Cal.) claquette, (oc. Indien, Polynésie fr.) savate, (Afr. subsah., rare; Belgique) slache.

Tonga, populations établies en Zambie, en Tanzanie, au Malawi et au Mozambique; env. 3 millions de personnes. Ils parlent des langues bantoues appartenant à des groupes différents (groupe Tsonga, notam.).

Tonga (anc. *îles des Amis*), État d'Océanie, dans le Pacifique S. (au S.-E. des Fidji), formé d'env. 170 îles et îlots; 700 km²; env. 100000 hab.; cap. *Nuku'alofa* (dans l'île princ., *Tongatapu*). Nature de l'État : monarchie constitutionnelle. Langues off. : anglais et tongan. Monnaie : paanga. Pop. : Polynésiens. Relig. : méthodisme en majorité. – Volcaniques ou coralliennes, les îles vivent de cultures vivrières, du tourisme et de l'exportation de produits tropicaux. – Découvertes au XVIIe s. par les Européens, ces îles formèrent un royaume (XIXe s.), qui passa sous protectorat britannique en 1901 et accéda à l'indépendance en 1970, dans le cadre du Commonwealth.

Tongres (en néerl. *Tongeren),* com. de Belgique (Limbourg), sur la Geer; 29555 hab. Marché agricole de la Hesbaye. Chaudronnerie; industr. liées à l'agriculture. – Ruines romaines; basilique Notre-Dame romano-gothique et cloître; béguinage (XIIIe-XVIIe s.); Grand-Place Renaissance; hôtel de ville (XVIIIe s.); musées gallo-romain et militaire.

tonicardiaque [tɔnikaʀdjak] adj. et n. m. PHARM Qui exerce sur le cœur une action tonique. ▷ n. m. *Prescrire un tonicardiaque.*

tonicité [tɔnisite] n. f. PHYSIOL Tonus musculaire.

-tonie. Élément, du gr. *tonos,* «tension».

tonifiant, ante [tɔnifjɑ̃, ɑ̃t] adj. et n. m. Qui tonifie. ▷ n. m. Remède tonique. *Prendre un tonifiant.*

tonifier [tɔnifje] v. tr. **[2] 1.** Rendre ferme et élastique (un tissu). *L'eau froide tonifie la peau.* **2.** Fortifier, stimuler. *Cette vie au grand air le tonifiait.*

-tonine. Élément, du gr. *tonos,* «tension», et suff. *-ine.*

1. tonique [tɔnik] adj. et n. m. **1.** Qui augmente la vigueur de l'organisme. *Substance tonique.* ▷ n. m. *Un tonique :* un fortifiant. Syn. reconstituant, stimulant. **2.** Qui stimule le corps ou l'esprit, rend plus alerte. *Un climat tonique.*

2. tonique [tɔnik] n. f. et adj. **1.** n. f. MUS Première note de la gamme du ton considéré, auquel elle donne son nom. *La tonique du ton de do majeur est* do. **2.** adj. LING Sur quoi porte l'accent. *Voyelle tonique. Accent tonique :* accent d'intensité ou de hauteur. ▷ *Formes toniques* (par oppos. à *atones) des pronoms personnels.*

tonitruant, ante [tɔnitʀyɑ̃, ɑ̃t] adj. Qui fait un bruit énorme, semblable au tonnerre. *Une voix tonitruante.*

Tonkin, anc. désignation européenne du nord du Viêt-nam, correspondant au Bac* Bô actuel.

Tonkin (golfe du) ou **Bac Bô** (golfe du), golfe de la mer de Chine méridionale, situé entre les côtes du Bac* Bô et du Trung* Bô (Viêt-nam) et l'île d'Hainan (Chine).

tonkinois, oise [tɔ̃kinwa, waz] adj. et n. Du Tonkin. ▷ Subst. *Un(e) Tonkinois(e).*

Tonlé Sap, lac du Cambodge, dans la cuvette située entre les monts Dang Rêk et la chaîne des Cardamomes. Sa superficie varie de 2700 à 10000 km² et il régularise le débit du Mékong : en été, saison des pluies, il reçoit les eaux du fleuve en crue; de nov. à juin, le courant s'inverse et le Tonlé Sap se déverse dans le Mékong.

tonnage [tɔnaʒ] n. m. MAR **1.** Capacité intérieure, mesurée en tonneaux, d'un navire. *Navires de tout tonnage.* Syn. jauge. **2.** Capacité totale d'un ensemble de plusieurs navires.

tonnant, ante [tɔnɑ̃, ɑ̃t] adj. Qui fait un bruit comparable à celui du tonnerre. Syn. éclatant, retentissant. *Une voix tonnante.*

1. tonne [tɔn] n. f. TECH Tonneau large et fortement renflé.

2. tonne [tɔn] n. f. **1.** Unité de masse valant 1000 kilogrammes (symbole t). ▷ Au Canada et aux États-Unis, unité de masse valant 2000 livres (soit 907 kg). – En Angleterre, unité de masse valant 2240 livres (soit 1016 kg). **2.** MAR Unité valant 1000 kg, utilisée pour mesurer le déplacement et le port en lourd des navires. *Pétrolier de 500000 tonnes.* ▷ Unité servant à mesurer la masse en charge des véhicules. *Un camion de 15 tonnes* ou, absol., *un 15 tonnes.*

1. tonneau [tɔno] n. m. **1.** Grand récipient de bois fait de douves assemblées par des cerceaux, limité à chaque extrémité par un fond plat et destiné à contenir un liquide. *Tonneau à vin, à huile. Mettre un tonneau en perce*.* Syn. baril, barrique, fût. ▷ MYTH *Tonneau des Danaïdes*. – C'est le tonneau des Danaïdes,* se dit d'une tâche dont on ne voit pas la fin. **2.** AVIAT Figure de voltige aérienne dans laquelle l'avion effectue un tour complet autour de son axe longitudinal. ▷ Par anal. *La voiture a dérapé et a fait trois tonneaux.*

2. tonneau [tɔno] n. m. MAR Unité de volume servant à mesurer la jauge d'un navire, qui vaut 2,83 mètres cubes.

tonnelier [tɔnəlje] n. m. Ouvrier qui fabrique ou répare les tonneaux.

tonnelle [tɔnɛl] n. f. Berceau de treillage couvert de verdure.

tonnellerie [tɔnɛlʀi] n. f. Profession, industrie du tonnelier. – Production du tonnelier.

tonner [tɔne] v. [1] **I.** v. impers. *Il tonne :* le tonnerre se fait entendre. **II.** v. intr. **1.** Faire un bruit comparable au tonnerre. *Le canon a tonné toute la nuit.* **2.** Parler avec emportement, avec violence. *Tonner contre les abus.*

tonnerre [tɔnɛʀ] n. m. **1.** Grondement qui accompagne la foudre. *Un roulement de tonnerre.* **2.** Fig. Bruit très violent et prolongé. *Un tonnerre d'applaudissements.* **3.** Fig. *De tonnerre :* qui produit un effet semblable au tonnerre. *Un fracas, une voix de tonnerre.*

tonsure [tɔ̃syʀ] n. f. Petite portion circulaire du cuir chevelu, au sommet de la tête, que les ecclésiastiques catholiques gardaient rasée.

tonsurer [tɔ̃syʀe] v. tr. [1] Faire une tonsure à. – Pp. adj. *Tête tonsurée.*

tonte [tɔ̃t] n. f. **1.** Action de tondre. *La tonte des moutons, du gazon.* **2.** Laine qui a été tondue. **3.** Période de l'année où l'on tond les moutons.

1. tontine [tɔ̃tin] n. f. **1.** DR Système de rentes viagères collectives, reportables sur les survivants. **2.** Association de personnes qui versent de l'argent dans un fonds commun, lequel est reversé à tour de rôle à chacune d'elles; ce fonds commun.

2. tontine [tɔ̃tin] n. f. HORTIC Revêtement de mousse ou de paille entourant les racines d'un arbuste en cours de transplantation.

tontinier, ère [tɔ̃tinje, ɛʀ] n. (Afr. subsah.) Responsable d'une tontine (1, sens 2).

tonton [tɔ̃tɔ̃] n. m. (Dans le langage enfantin.) Oncle. *Tonton Jean.* ▷ (Afr. subsah., Antilles fr.) Appellation exprimant un respect affectueux, utilisée, même à l'âge adulte, pour un homme de la génération du père.

tonton-macoute ou **Tonton-macoute** [tɔ̃tɔ̃makut] n. m. (Haïti) **1.** Sorte de père fouettard que l'on évoque pour faire peur aux enfants. **2.** Nom donné aux membres de la milice créée par le président François Duvalier. *Des tontons-macoutes.* Syn. macoute.

tonus [tɔnys] n. m. **1.** MED Tension légère à laquelle est soumis tout muscle strié à l'état de repos. ▷ Excitabilité du tissu nerveux. **2.** Cour. Énergie vitale, entrain. *Il a du tonus.* Syn. dynamisme.

Tooro. V. Toro.

top(o)-, -tope. Éléments, du gr. *topos*, «lieu».

top [tɔp] n. m. (et adv.) Bref signal sonore indiquant un moment précis. *Top de départ.* ▷ adv. (Belgique) Juste, exactement. *Il est midi top.*

topaze [tɔpaz] n. f. **1.** Pierre fine jaune composée de silicate d'aluminium contenant deux atomes de fluor d'aluminium. **2.** *Par ext.* Pierre fine de couleur jaune.

toper [tɔpe] v. intr. [1] Donner un petit coup dans la main de son partenaire pour signifier que le marché est conclu. *Tope! Topez là!*

Töpffer. V. Toepffer.

topinambour [tɔpinɑ̃buʀ] n. m. **1.** Plante vivace, herbacée de grande taille (fam. composées), cultivée pour ses tubercules, dans les pays chauds et tempérés. **2.** Ce tubercule comestible, riche en inuline (sucre).

topique [tɔpik] adj. et n. **1.** MED Se dit de tout médicament d'application externe qui agit localement. ▷ Subst. *Un topique.* **2.** Didac. Qui s'applique exactement à une question, à un sujet. *Argument topique.* Syn. caractéristique, typique. **3.** RHET Relatif aux lieux communs. ▷ n. m. Lieu commun. **4.** LING (Anglicisme) Personne ou chose dont on dit qqch (par oppos. à *commentaire,* ce qui est dit de cette personne ou chose). Syn. thème. **5.** n. f. PSYCHAN Schéma de l'appareil psychique profond, doué de caractères ou de fonctions spéciales. *La première topique proposée par Freud, en 1905, distinguait trois instances : l'inconscient, le préconscient et le conscient; la seconde, en 1920, comprenait le ça, le moi et le surmoi.*

Topkapi, palais du sultan à Istanbul, construit du XVe au XIXe s. Il recèle auj. un musée d'art islamique.

topo-. V. top(o)-.

topo [tɔpo] n. m. Fam. Exposé sommaire d'une question. *Faire un topo.*

topographe [tɔpɔgʀaf] n. Spécialiste de topographie.

topographie [tɔpɔgʀafi] n. f. **1.** Représentation graphique d'un lieu, avec indication de son relief. **2.** Technique d'établissement des plans et cartes de terrains d'une certaine étendue. **3.** Configuration d'un lieu. *Étudier la topographie d'un endroit.*

topographique [tɔpɔgʀafik] adj. Relatif à la topographie. *Faire un levé topographique.*

topologie [tɔpɔlɔʒi] n. f. MATH Branche des mathématiques qui étudie les propriétés de l'espace et des ensembles de fonctions au seul point de vue qualitatif, en utilisant notam. les notions de déformation et de continuité.

topologique [tɔpɔlɔʒik] adj. MATH Relatif à la topologie.

topométrie [tɔpometʀi] n. f. TECH Mesure des terrains ou territoires, par les techniques topographiques.

toponyme [tɔpɔnim] n. m. LING Nom de lieu.

toponymie [tɔpɔnimi] n. f. **1.** LING Science qui étudie les noms de lieux. **2.** Ensemble des noms de lieux d'une région, d'un pays, d'une langue.

toponymique [tɔpɔnimik] adj. LING Relatif à la toponymie.

toquade ou **tocade** [tɔkad] n. f. Fam. Engouement passager, caprice.

toquard [tɔkaʀ] n. m. V. tocard.

toque [tɔk] n. f. Coiffure ronde et sans bords. *Toque blanche de cuisinier.*

toqué, ée [tɔke] adj. et n. Fam. Qui est un peu fou, bizarre. ▷ Subst. *Un(e) toqué(e).*

toquer [tɔke] v. intr. [1] (Belgique, France rég.) Frapper à une porte (pour demander d'entrer).

Tor. V. Thor.

Torah ou **Thora** [tɔʀa] n. f. RELIG Nom donné par les Juifs à la loi mosaïque et, par ext., au Pentateuque, qui contient les Dix Commandements* (ou *Décalogue* ou *la Loi*) dont la tradition attribue la rédaction à Moïse inspiré par Dieu. (Le Talmud l'appellera *Torah chébiketav,* la «Loi qui est par écrit». Parallèlement, de nombreuses traditions circulaient dans l'ancien Israël; cette Loi orale, la *Torah chébealpé,* la «Loi qui est dans la bouche», est consignée dans le Talmud*. (V. aussi Kabbale.)

torche [tɔʀʃ] n. f. **1.** Poignée de paille tortillée, roulée en torsade. ▷ AVIAT *Parachute en torche,* dont la corolle reste enroulée en torsade et ne peut ralentir la chute. **2.** Flambeau grossier fait d'une matière inflammable (bâton, corde, etc.) enduite de résine, de cire ou de suif. – Par métaph. *Victimes d'un incendie transformées en torches vivantes.* – Mod. Fam. *Torche électrique* ou *torche :* lampe électrique portative de forme généralement cylindrique.

torcher [tɔʀʃe] v. tr. [1] Fam. **1.** Essuyer. *Torcher le nez d'un enfant.* Syn. nettoyer. **2.** (Afr. subsah., Vanuatu) Éclairer avec une lampe électrique portative, une lampe-torche. *Torche-moi, pour que je puisse ouvrir la porte.*

torchère [tɔʀʃɛʀ] n. f. TECH Canalisation verticale par où s'échappent et brûlent les résidus gazeux d'une raffinerie.

torchis [tɔʀʃi] n. m. CONSTR Matériau fait d'un mélange d'argile et de paille hachée.

torchon [tɔʀʃɔ̃] n. m. **1.** Pièce de toile destinée à essuyer la vaisselle. Syn. (Acadie) brayon, (Belgique) drap de vaisselle, (Afr. subsah., Belgique, Luxembourg) essuie de vaisselle, (Québec) linge à vaisselle, (Suisse) patte. ▷ Loc. fig., fam. *Le torchon brûle :* il y a une vive dispute (entre deux personnes, deux groupes, etc.). ▷ TECH *Papier-torchon :* papier de chiffons à gros grain, pour l'aquarelle. **2.** (Afr. subsah., Belgique, France rég., Luxembourg) Serpillière. *Donner un coup de torchon sur le carrelage.* Syn. loque. ▷ (Québec) Chiffon servant à essuyer la table, le plancher, etc. **3.** Fig., fam. Écrit peu soigné; écrit sans valeur.

torcol [tɔʀkɔl] n. m. ORNITH Oiseau voisin du pic (genre *Jynx*), qui peut tourner la tête de 180°.

tordage [tɔʀdaʒ] n. m. Action de tordre. ▷ TEXT Syn. de *moulinage.*

tordant, ante [tɔʀdɑ̃, ɑ̃t] adj. Fam. Très amusant, très drôle.

Tordesillas, ville d'Espagne (Castille-León), sur le Douro; 6800 hab. – En 1494, l'Espagne et le Portugal y signèrent un traité qui repoussait à 370 lieues à l'ouest des îles du Cap-Vert la ligne fixée en 1493 par le pape Alexandre VI pour séparer leurs colonies (espagnoles à l'O. de la ligne, portugaises à l'E.). De ce fait, le Brésil revint au Portugal. En 1524, par un autre traité, la France céda Monaco à l'Espagne.

tordeur, euse [tɔʀdœʀ, øz] n. **1.** TECH Personne chargée du tordage. ▷ n. f. Machine servant à tordre des fils. **2.** n. f. ENTOM Nom de diverses chenilles de papillons, qui roulent les feuilles pour s'y abriter.

tordre [tɔʀdʀ] v. [6] **I.** v. tr. **1.** Soumettre (un corps) à une torsion, notam. en tournant en sens contraire ses deux extrémités. *Tordre du fil, du linge.* **2.** Tourner violemment en forçant. *Tordre le bras à qqn.* – v. pron. *Se tordre la cheville.* ▷ *Tordre le cou à qqn,* le tuer en lui tournant le cou, d'où, fam., tuer; fig., faire un mauvais sort à qqn. **3.** Tourner de travers. – v. pron. *Elle implorait en se tordant les mains.* ▷ Déformer. *Une grimace tordit sa bouche.* **4.** Plier, gauchir. *Tordre une barre de fer.* **II.** v. pron. **1.** Se plier en deux, se tortiller sous l'effet d'une sensation ou d'une émotion vive. *Se tordre de douleur. Se tordre de rire* ou, absol. et fam., *se tordre.* **2.** (Choses) Être tordu. *Racines qui se tordent.*

tordu, ue [tɔʀdy] adj. et n. **1.** Qui était droit mais ne l'est plus; recourbé, déformé. V. aussi tors. **2.** Fig. et fam. Un peu fou. ▷ Subst. *Quel tordu! – Avoir l'esprit tordu,* compliqué ou mal tourné.

tore [tɔʀ] n. m. **1.** ARCHI Moulure épaisse de forme semi-cylindrique. Syn. boudin. **2.** GEOM Volume engendré par un cercle qui tourne autour d'un axe situé dans son plan et qui ne passe pas par son centre. **3.** INFORM *Tore magnétique :* anneau de ferrite utilisé dans les ordinateurs pour stocker les informations.

toréer [tɔʀee] v. intr. [11] Combattre le taureau dans l'arène.

torero [tɔʀeʀo] n. m. Personne qui torée.

tornade [tɔʀnad] n. f. **1.** Mouvement tourbillonnaire, très violent, de l'atmosphère. ▷ Fig. Irruption impétueuse. Syn. tourbillon. **2.** (Afr. subsah.) Grain de la saison des pluies. *Tornade sèche :* grain non accompagné de pluie. ▷ Forte averse.

Toro ou **Tooro,** population de l'Ouganda (env. 580 000 personnes). Ils parlent une langue bantoue.

toron [tɔʀɔ̃] n. m. TECH Réunion de plusieurs fils tordus ensemble.

Toronto, v. du Canada, cap. de l'Ontario, grand port sur le lac Ontario; 635 390 hab. (aggl. urb. 3 274 200 hab.). Centre financier, comm. et industr. de la plus haute importance. Carrefour routier et ferroviaire. Trois aéroports. – Archevêché. Université. Musées. Station de radio et de télévision. – À l'emplacement de l'actuel Toronto, les Français avaient bâti un fort en 1750-1751. Les Anglais s'installèrent sur le site en 1793 et élevèrent une ville qui s'appela d'abord York et qui fut la capitale du Haut-Canada. Rebaptisée en 1834 Toronto (d'un mot indien signifiant «lieu de rencontre»), la cité devint la capitale de l'Ontario en 1867 et prit alors son essor.

torontois, oise [tɔʀɔ̃twa, waz] adj. et n. De Toronto (Ontario). ▷ Subst. *Un(e) Torontois(e).*

torpeur [tɔʀpœʀ] n. f. **1.** Engourdissement, pesanteur qui affecte l'organisme. *Sombrer dans la torpeur.* **2.** Fig. Engourdissement intellectuel, abattement moral, apathie.

torpillage [tɔʀpijaʒ] n. m. MILIT Action de torpiller; résultat de cette action.

1. torpille [tɔʀpij] n. f. ICHTYOL Poisson sélacien (genre *Torpedo*), sorte de raie aux nageoires circulaires et à queue courte, qui possède un organe fonctionnant comme un appareil électrique dont la décharge (env.iron 45 volts) lui permet d'immobiliser ses proies ou de se défendre.

2. torpille [tɔʀpij] n. f. MILIT **1.** MAR Engin autopropulsé, chargé d'explosifs, destiné à la destruction de navires ennemis. **2.** Bombe aérienne munie d'ailettes.

torpiller [tɔʀpije] v. tr. [1] **1.** MILIT Attaquer, détruire à la torpille. *Torpiller un sous-marin.* **2.** Fig. Attaquer clandestinement de manière à faire échouer. *Torpiller des négociations.*

torpilleur [tɔʀpijœʀ] n. m. MAR **1.** Bâtiment de guerre de faible tonnage destiné à lancer des torpilles. **2.** Marin chargé du lancement des torpilles.

Torquemada (Tomás de) (1420 – 1498), dominicain espagnol. Inquisiteur général de la péninsule Ibérique (1483), il obtint l'expulsion des Juifs et ordonna (1492) des milliers d'exécutions.

torrailler [tɔʀaje] v. intr. [1] (Suisse) Fam. Fumer avec excès.

torrée [tɔʀe(ə)] n. f. (Suisse) Repas rustique en plein air et au feu de bois.

torréfacteur [tɔʀefaktœʀ] n. m. **1.** TECH Appareil servant à torréfier. **2.** Spécialiste de la torréfaction (notam. des cafés). – Personne qui fait commerce du café qu'il torréfie lui-même.

torréfaction [tɔʀefaksjɔ̃] n. f. Action de torréfier.

torréfier [tɔʀefje] v. tr. [2] Soumettre à sec (certaines substances) à l'action du feu. *Torréfier du café.*

torrent [tɔʀɑ̃] n. m. **1.** Cours d'eau de montagne, à débit rapide, aux crues subites. ▷ Par exag. Fig. *Il pleut à torrents. Un torrent de larmes.* Syn. déluge. **2.** *Par ext.* Flot, écoulement violent et abondant. *Des torrents de fumée.* ▷ Fig. *Un torrent d'injures.*

torrentiel, elle [tɔʀɑ̃sjel] adj. **1.** GEOGR Propre ou relatif aux torrents. **2.** Qui s'écoule avec violence. *Une pluie torrentielle.*

Torres (Luis Váez de) (XVIIe s.), navigateur espagnol. En 1605, il découvrit l'île Espírito Santo (île princ. de l'État actuel de Vanuatu). En 1606, il franchit le détroit (nommé auj. *détroit de Torres*) qui sépare la Nouvelle-Guinée de l'Australie (170 km).

Torricelli (Evangelista) (1608 – 1647), mathématicien et physicien italien, disciple de Galilée. Il démontra (1643) l'existence de la pression atmosphérique. Il établit en 1644 les lois de l'écoulement des liquides.

torride [tɔʀ(ʀ)id] adj. Excessivement chaud (en ce qui concerne l'atmosphère). *Zone torride.*

tors, torse [tɔʀ, tɔʀs] adj. et n. m. **I.** adj. **1.** Enroulé en torsade. *Fil tors.* – ARCHI *Colonne torse,* au fût contourné en hélice. **2.** Tordu, difforme. *Jambes torses.* **II.** n. m. TECH Action de tordre les brins pour former le fil, la laine.

torsade [tɔʀsad] n. f. Assemblage de fils, cordons, cheveux, etc., enroulés ou tordus en hélice. ▷ ARCHI Motif ornemental figurant cet assemblage.

torsader [tɔʀsade] v. tr. [1] Mettre en torsade. *Torsader de la soie.*

torse [tɔʀs] n. m. **1.** Thorax d'un être humain. (V. buste, poitrine.) *Se mettre torse nu. Bomber le torse.* **2.** BX-A Statue figurant un corps humain, sans tête et sans membres.

torsion [tɔʀsjɔ̃] n. f. Action de tordre; déformation qui en résulte. *Torsion d'une tige. Torsion de la bouche.* ▷ PHYS Sollicitation exercée sur un solide par deux couples opposés agissant dans des plans parallèles et ayant pour effet de déformer ce solide en le tordant.

tort [tɔʀ] n. m. **1.** Action, comportement, pensée contraire à la justice ou à la raison. *Reconnaître ses torts.* ▷ DR *Prononcer un jugement aux torts d'une partie.* Ant. au profit de. ▷ Loc. *Avoir tort :* n'avoir pas pour soi le droit, la vérité (par oppos. à *avoir raison*). Prov. *Les absents ont toujours tort :* on rejette les fautes sur ceux qui ne sont pas là. *Avoir tort de...* (+ inf.) *Vous avez tort de vous plaindre. – Donner tort à qqn,* condamner ses idées, sa conduite. – *Être, se mettre en tort, dans son tort :* être, se rendre coupable d'une action blâmable. **2.** Loc. adv. *À tort :* sans raison, injustement. *À tort ou à raison :* avec ou sans raison valable. *À tort et à travers :* sans discernement. **3.** Préjudice causé à qqn. *Cela lui a fait du tort. Un redresseur de torts.*

torticolis [tɔʀtikɔli] n. m. Position anormale de la tête et du cou s'accompagnant d'un raidissement musculaire douloureux.

tortillement [tɔʀtijmɑ̃] n. m. Action de tortiller, de se tortiller; état de ce qui est tortillé.

tortiller [tɔʀtije] v. [1] **1.** v. tr. Tordre (une chose) sur elle-même à plusieurs reprises, tourner et retourner. *Il tortillait nerveusement son mouchoir.* **2.** v. intr. *Tortiller des hanches :* marcher en balançant les hanches. **3.** v. pron. Se tordre sur soi-même, de côté et d'autre, s'agiter en tous sens. *Serpent qui se tortille. Se tortiller sur sa chaise.*

tortillon [tɔʀtijɔ̃] n. m. **1.** Chose tortillée. *Un tortillon de papier.* ▷ *Spécial.* Estompe. **2.** Vx Bourrelet de tissu que l'on met sur sa tête pour porter un fardeau.

tortionnaire [tɔʀsjɔnɛʀ] n. m. Personne qui torture qqn.

tortue [tɔʀty] n. f. Reptile tétrapode archaïque caractérisé par une carapace dorsale et ventrale, et par la lenteur de sa marche. V. chéloniens. ▷ Fig. *C'est une tortue :* il est très lent. ▷ (Afr. subsah.) Personnage des contes animaliers caractérisé par sa prudence et un certain manque d'honnêteté.

ENCYCL Les tortues terrestres ont une carapace plus ou moins bombée. Elles marchent très lentement. Certaines espèces peuvent peser jusqu'à 500 kg et vivre 160 ans. Les princ. espèces sont le caret, *tortue à écailles,* et la *tortue verte,* encore appelée *tortue franche.* La *tortue-luth,* qui peut dépasser 2 m de longueur, est la plus grande; sa carapace ne présente pas de grandes écailles comme celle des autres espèces. Les tortues d'eau douce, généralement petites, ont une carapace moins bombée. Les espèces marines, peu nombreuses, ont une carapace peu bombée et atteignent une grande taille; leurs membres se sont transformés en nageoires; elles s'échouent en grand nombre sur les plages des pays tropicaux.

Tortue (île de la), île située au N.-O. d'Haïti, dont la sépare le *canal de la Tortue*; 15 000 hab. – Dès le XVIe s., des boucaniers et flibustiers vinrent y séjourner de façon intermittente. Au XVIIe s., ils en firent une base pour s'infiltrer dans l'île Hispaniola (auj. île d'Haïti), dont ils colonisèrent la partie occid. (qui constitue la république d'Haïti actuelle).

tortueux, euse [tɔʀtɥø, øz] adj. **1.** Qui fait des tours et des détours. *Sentier tortueux.* Syn. sinueux. **2.** Fig. Dépourvu de droiture, de franchise. *Âme tortueuse.*

torturant, ante [tɔʀtyʀɑ̃, ɑ̃t] adj. Qui torture (en parlant de choses). *Des regrets torturants.*

torture [tɔʀtyʀ] n. f. **1.** Souffrance grave que l'on fait subir volontairement à qqn, partic. pour lui arracher des aveux. (V. supplice.) *Instruments de torture.* ▷ Loc. fig. *Mettre qqn à la torture,* dans un embarras, une incertitude extrêmement pénibles. *Mettre son esprit à la torture :* s'efforcer désespérément de trouver une solution, une idée. **2.** Litt. Souffrance intolérable. Syn. tourment.

torturer [tɔʀtyʀe] v. [1] **I.** v. tr. **1.** Soumettre (qqn) à la torture. *Torturer un prisonnier.* **2.** Causer une vive souffrance à (qqn). *Cette obsession le torturait.* – Fig. *Torturer un texte,* le remanier, le modifier d'une façon forcée. **II.** v. pron. Fig. *Se torturer l'esprit.*

torve [tɔʀv] adj. *Œil torve, regard torve,* en coin et menaçant.

toscan, ane [tɔskɑ̃, an] adj. et n. De la Toscane ▷ Subst. *Un(e) Toscan(e).*

Toscane, rég. d'Italie péninsulaire et de la C.E., sur la mer Tyrrhénienne, formée des prov. d'Arezzo, Florence, Grosseto, Livourne, Lucques, Massa-et-Carrare, Pise, Pistoia et Sienne; 22 992 km^2; 3 569 900 hab.; ch.-l. *Florence.* – La diversité du relief (Apennin toscan, collines, plaine côtière) a donné des paysages très variés. Le climat est chaud et assez humide. L'Arno est le princ. cours d'eau. Polyculture intensive (sauf dans le Chianti, rég. viticole); élevage. Industries traditionnelles (textiles, maroquinerie florentine) et modernes. Le tourisme est très important. – Formée sur le territoire de l'anc. Étrurie (V. Étrusques), la Toscane fut occupée par les Lombards v. 570, prise par les Francs en 774, érigée en marche au IXe s. par les Carolingiens. En 1115, la comtesse Mathilde la légua au pape, à qui les empereurs germaniques la disputèrent. Jouant de ces dissensions, les villes s'émancipèrent. À partir du XVe s., les Médicis*, seigneurs de Florence, étendirent leur autorité sur la Toscane. Le déclin s'amorça à la fin du XVIe s.

Toscanini (Arturo) (1867 – 1957), chef d'orchestre italien à Milan (Scala) et à New York (Metropolitan Opera).

tosser [tɔse] v. intr. [1] MAR Cogner de façon répétée sous l'effet du ressac.

tôt [to] adv. À un moment jugé antérieur au moment habituel ou normal. *Il a pris ses vacances tôt cette année. Tôt ou tard :* V. tard. – (Avec *plus.*) *Cela arrivera plus tôt que vous ne croyez. Ne... pas plus tôt... que... :* à peine... que... *Il n'était pas plus tôt sorti que tous le critiquèrent.* – (Avec *le plus.*) *Le plus tôt sera le mieux.* – *Au plus tôt* (accompagné d'une indication temporelle). *Il aura fini lundi au plus tôt,* pas avant lundi. – *Pas de si tôt* ou *pas de sitôt :* dans un lointain avenir, peut-être jamais. ▷ *Spécial.* (L'espace de temps considéré étant la journée.) *Je me suis levé tôt,* de bonne heure.

total, ale, aux [tɔtal, o] adj. et n. m. **I.** adj. **1.** Qui s'étend à tous les éléments (de la réalité considérée), auquel il ne manque rien. Syn. complet, entier. *Un dénuement total. Guerre totale.* ▷ CHIR *Une hystérectomie* totale.* **2.** Qui est entier. *La somme totale. La production totale.* **II.** n. m. Résultat d'une addition, ou d'un ensemble d'opérations équivalentes. *Le total des dépenses.* ▷ Loc. adv. *Au total :* tout compte fait, en définitive. *Au total, il est content.*

totalement [tɔtalmɑ̃] adv. D'une manière totale, entièrement. *Il m'est totalement dévoué.*

totalisant, ante [tɔtalizɑ̃, ɑ̃t] adj. PHILO Qui réunit par une synthèse.

totalisation [tɔtalizasjɔ̃] n. f. Action de totaliser.

totaliser [tɔtalize] v. tr. [1] **1.** Réunir en un total, additionner. *Totaliser des quantités.* **2.** Avoir au total. *Champion qui totalise dix victoires.*

totalitaire [tɔtalitɛʀ] adj. Se dit d'un régime, d'un État dans lequel la totalité des pouvoirs appartient à un parti unique qui ne tolère aucune opposition.

totalitarisme [tɔtalitaʀism] n. m. Système, doctrine d'un État totalitaire.

totalité [tɔtalite] n. f. Réunion de tous les éléments d'un ensemble. *La totalité d'un héritage.* ▷ Loc. adv. *En totalité :* totalement, sans aucune exception.

totem [tɔtɛm] n. m. ETHNOL Animal, végétal (exceptionnellement objet matériel) représentant, dans de nombreuses sociétés dites «primitives», l'ancêtre d'un clan. – *Par ext.* Cet emblème. ▷ (Afr. subsah.) Animal protecteur d'un groupe ethnique ou patronymique, qui fait l'objet d'un tabou; interdit alimentaire concernant cet animal. – *Par ext.* Nourriture, boisson qui répugne.

totémique [tɔtemik] adj. ETHNOL Qui concerne les totems, le totémisme.

totémisme [tɔtemism] n. m. ETHNOL **1.** Organisation de certaines sociétés humaines fondée sur les totems et leur culte. **2.** Théorie qui voit dans le culte du totem la forme primitive de la religion, et dans le tabou la forme primitive de la morale.

totipotence [tɔtipɔtɑ̃s] n. f. GENET Capacité que possède une cellule, ou un petit groupe de cellules, de se diviser et de se différencier en un individu complet. *La plupart des cellules végétales sont douées de totipotence.*

Totó (Antonio Furst de Curtis Gagliardi Ducas Commeno di Bisanzio, dit) (1898 – 1967), acteur italien; le plus grand comique italien d'après-guerre; une centaine de films.

Totonaques, peuple de l'Amérique précolombienne, qui s'établit vers le Ve s. apr. J.-C. sur le golfe du Mexique et fut soumis au XVe s. à la domination aztèque. On considère généralement El Tajín (près de Veracruz) comme le centre de leur civilisation : pyramide à niches, palais (édifice à colonnes), jeux de pelote.

Touamotou (îles). V. Tuamotu.

touareg [twaʀɛg] adj. inv. et n. m. pl. **1.** adj. inv. Relatif, propre aux Touareg. **2.** n. m. pl. *Les Touareg* (m. sing. *Targui,* f. sing. *Targuia*).

Touareg, populations berbères nomades du Sud saharien (Algérie, Burkina Faso, Mali, Niger, Libye); leur nombre serait de l'ordre du million de personnes. Islamisés assez superficiellement, les Touareg ont cependant conservé leur langue, le *tamacheq,* ainsi que leur alphabet, le *tifinagh.* La colonisation, puis la décolonisation (avec l'établissement de frontières entre États), l'introduction de nouveaux modes de transport (camions) et la sécheresse ont profondément déstructuré l'économie nomade des Touareg. Le Front de libération de l'Azawad, mouvement touareg apparu au Mali en 1991, a contraint le gouvernement provisoire à des débuts de négociation sur le statut des Touareg en 1992. Au Niger, une rébellion armée s'est manifestée dans la région de l'Aïr la même année.

toubab, esse [tubab, ɛs] n. et adj. (Afr. subsah.) **1.** Blanc, Blanche non sémite. *Il n'est pas allé à l'école des toubabs. Il s'est marié avec une toubab* (ou *une toubabesse*). ▷ adj. De race blanche; des Blancs, propre aux Blancs. *Ce film a été jugé trop toubab.* **2.** Péjor. Africain, Africaine qui se comporte comme les Blancs. *Il n'aide pas sa famille, c'est un toubab.* Syn. acculturé, assimilé.

toubib [tubib] n. m. Fam. Médecin.

Toubkal (djebel), point culminant de l'Afrique du Nord, dans le Haut Atlas occidental marocain; 4 165 m. – Le *parc national du Toubkal,* créé en 1942, couvre 36 000 ha.

toubou ou **tubu** [tubu] adj. et n. m. **1.** adj. (inv. en genre) Des Tubu. **2.** n. m. LING Langue nilo-saharienne de la sous-famille saharienne parlée au Niger (langue nationale) et au Tchad.

Toubou. V. Tubu.

Toubouaï. V. Tubuaï.

toucan [tukɑ̃] n. m. **1.** Oiseau d'Amérique du Sud, au bec énorme et au plumage mi-sombre mi-éclatant. **2.** (Afr. subsah.) Nom cour. du calao.

touchant, ante [tuʃɑ̃, ɑ̃t] adj. Qui touche en attendrissant. *Une manifestation très touchante.*

touchau [tuʃo] n. m. TECH Étoile de métal portant des plaques d'or ou d'argent de titres différents, utilisée pour le contrôle des métaux précieux.

touche [tuʃ] n. f. **I. 1.** Fait, pour un poisson, de mordre à l'hameçon. *Sentir une touche.* Syn. (Maurice) touque. **2.** Coup qui atteint l'adversaire, à l'escrime. **3.** Épreuve que l'on fait subir à l'or ou à l'argent au moyen de la *pierre de touche* (morceau de jaspe noir) et du *touchau.* ▷ Fig. *Pierre de touche :* moyen d'éprouver qqn, qqch. **4.** Manière dont un peintre applique la couleur sur la toile. – Coup de pinceau. *Procéder par petites touches.* ▷ Fig. Élément distinctif à l'intérieur d'un ensemble que l'on compare à un tableau. *Mettre la dernière touche à son livre.* **5.** SPORT *Ligne de touche* ou *touche :* au rugby, au football, etc., chacune des deux lignes de démarcation latérales du terrain, au-delà desquelles le ballon n'est plus en jeu. *Juge* de touche.* **II.** MUS Chacune des petites tablettes noires ou blanches qui forment le clavier d'un orgue, d'un piano, etc. – Partie du manche d'un instrument à cordes contre laquelle on presse ces dernières. ▷ TECH Petite commande manuelle. *Touche d'un magnétophone.* – INFORM *Touche de fonction,* dont l'action déclenche l'exécution d'un programme. **III.** (Afr. subsah.) En Afrique centrale, crayon d'ardoise.

touche-à-tout [tuʃatu] n. m. inv. **1.** Personne, enfant surtout, qui touche tout ce qui est à sa portée. **2.** Fig. Personne qui s'occupe de beaucoup de choses sans s'y consacrer à fond.

1. toucher [tuʃe] v. [1] **I.** v. tr. **1.** Mettre la main sur, se mettre en contact avec (qqn, qqch). *Toucher légèrement. Toucher qqch du pied, avec une baguette.* ▷ *Toucher les bœufs,* les aiguillonner (sens 1) pour les faire avancer. **2.** (Sujet n. de chose.) Entrer en contact avec. *Voiture qui touche le trottoir en reculant.* ▷ MAR *Toucher le port,* y aborder, y mouiller. – Absol. *Le navire touche,* il touche le fond, un rocher, etc. **3.** Atteindre avec une arme, un projectile. *Il a été touché au bras.* – *Absol.* En escrime, faire une touche (sens 2). **4.** Recevoir (une somme d'argent). *Toucher ses appointements.* ▷ (Absol.) (Afr. subsah.) Gagner de l'argent. *Il touche bien :* il gagne beaucoup d'argent. – *Spécial.* Toucher son salaire. *Je te rembourserai quand j'aurai touché.* **5.** Fig. Entrer en communication avec (qqn). *Toucher qqn par lettre, par téléphone.* **6.** Fig. Atteindre (qqn) dans sa sensibilité (en l'émouvant, le blessant, l'attendrissant). *La remarque l'a touché au vif.* **7.** Fam. *Toucher un mot de qqch à qqn,* lui en parler sans s'étendre. **8.** Être en contact avec. *Ma maison touche la sienne.* **9.** Avoir un rapport avec, concerner. *Ce qui touche cette affaire m'intéresse.* **10.** Fig. Avoir des liens de parenté avec. *Il a perdu qqn qui le touche de près.* **II.** v. tr. indir. *Toucher à.* **1.** Mettre la main en contact (avec). *Cet enfant touche à tout.* **2.** (Surtout nég.) Se servir (de). *Il jura de ne plus toucher à un fusil.* **3.** (Surtout nég.) Prélever une partie (de). *Ne pas toucher à un mets, à ses économies.* **4.** Apporter un changement (à). *Toucher à un texte.* **5.** Être presque arrivé (à un terme). *Toucher à sa fin.* **6.** Parvenir (à un point, une question) au cours d'un développement. *Nous touchons au sujet principal.* **III.** v. pron. (Récipr.) Être contigu. *Leurs maisons se touchent.*

2. toucher [tuʃe] n. m. **1.** Un des cinq sens, par lequel nous percevons, par contact ou palpation, certaines propriétés physiques des corps. (V. tact.) *Surface rude au toucher.* **2.** MUS Sensibilité dans le jeu de certains instruments. **3.** MED Mode d'exploration manuelle de certaines cavités naturelles. *Toucher rectal, vaginal.*

toucouleur [tukulœʀ] adj. (inv. en genre) Du peuple des Toucouleurs.

Toucouleur(s), peuple établi princ. au Sénégal et en Mauritanie méridionale. Ils ont été assimilés par les Peuls, dont ils parlent la langue. Leur religion est l'islam. – À partir de 1854, Al* Hadj Omar fonda un Empire toucouleur qui s'étendait du Sénégal à Tombouctou et qui résista à la France jusqu'en 1893.

touffe [tuf] n. f. Assemblage de choses qui poussent naturellement serrées. *Une touffe d'herbe, de poils.*

touffu, ue [tufy] adj. **1.** Qui se présente en touffes, qui est épais. *Bois touffu.* **2.** Fig. Confus par excès de densité, de complexité (discours, écrit).

Tou Fou. V. Du Fu.

Touggourt, v. d'Algérie, dans le N. du Sahara oriental, dans une oasis; 23 980 hab. Immense palmeraie. Centre admin., comm. et touristique.

touille [tuj] n. f. Nom courant de la lamie.

toujours [tuʒuʀ] adv. **1.** Pendant la totalité d'une durée considérée (limitée ou illimitée). *Elle est toujours prête à rendre service. Cela a toujours existé et existera toujours.* ▷ Loc. adv. *Pour toujours :* pour toute la durée de l'avenir, sans esprit de retour. *Depuis toujours :* depuis très longtemps. **2.** D'une façon qui se répète invariablement. *Je gagne toujours contre lui.* – Loc. adv. *Comme toujours :* comme dans tous les autres cas, les autres circonstances. **3.** (En parlant de qqch qui continue.) Encore. *Il court toujours.* **4.** En tout état de cause, quoi qu'il en soit. *Prenez toujours cet acompte. C'est toujours ça (de pris).* ▷ Loc. conj. (Exprimant une restriction, une opposition.) *Toujours est-il que... :* ce qu'il y a de sûr, en tout cas, c'est que...

Toukhatchevski (Mikhaïl Nikolaïevitch) (1893 – 1937), maréchal soviétique. Chef de la Ire Armée (1918), chef d'état-major général de 1924 à 1928, commissaire adjoint à la Défense (1931), il fut accusé de trahison en 1937 et exécuté. Réhabilité en 1961.

touladi [tuladi] n. m. ou f. ICHTYOL Poisson salmonidé d'Amérique du N. (*Salvelinus namaycush*), à nageoire caudale fourchue, dont le corps de couleur variable est marqué de taches pâles, vivant dans les lacs profonds. (On l'appelle aussi *truite grise.*)

Toulon, v. de France, ch.-l. du dép. du Var; 170 607 hab. (437 650 hab. pour l'aggl.). Aéroport. – Import. port militaire. – Constr. navales. Industr. – Université. Église Ste-Marie-Majeure (XVIIe s., partie du XIIe s.). – Henri IV y implanta un arsenal (1595); Colbert et Vauban en firent la base de la flotte française en Méditerranée. En août 1793, une révolte royaliste la livra aux Anglais; reprise par Bonaparte en déc. En 1942, lorsque l'Allemagne occupa la zone libre, la flotte française s'y saborda.

touloucouna [tulukuna] n. m. **1.** (Afr. subsah.) Autre nom du carapa. **2.** Huile médicinale tirée des graines du carapa.

Toulouse, v. de France, ch.-l. du dép. de la Haute-Garonne, et de la Région Midi-Pyrénées, sur la Garonne; 365 933 hab. Aéroport. – Les industr. se sont développées après 1920, et surtout depuis 1950 (chimie, constr. aéronautiques, aérospatiale, électronique et presse). – Archevêché. Université. Basilique romane St-Sernin (XIe XIIe s.). Église des Jacobins (fin XIIIe s.). Cathédrale St-Étienne (XIIe-XVe s.). Capitole (XVIIIe s., auj. hôtel de ville). Musée des Augustins (Bx-A.). – Cap. des Volques, cité romaine (v. 120-100 av. J.-C.), Toulouse devint un évêché au IIIe s. Capitale des Wisigoths (début du Ve s.), conquise par les Francs (507), elle fut la capitale du royaume d'Aquitaine, puis du *comté de Toulouse,* créé au IXe s. et qui s'étendait sur la plus grande partie du Languedoc. Elle s'émancipa au XIIe siècle de la tutelle comtale. Frappés par la croisade albigeoise (début du XIIIe s.), la ville et son comté furent rattachés à la France en 1271. Après une période d'éclat (création en 1323 d'un concours de poésie nommé *jeux Floraux*), la ville végéta du XVIIe au XIXe s.

Toulouse-Lautrec (Henri Marie Raymond de Toulouse-Lautrec-Monfa, dit) (1864 – 1901), peintre, lithographe et affichiste français. Atteint d'une maladie des os, il resta boiteux et anormalement petit. En 1881, à Paris, il étudia la peinture, puis s'installa à Montmartre, où il peignit les cabarets, les bals, les maisons closes : *Jane Avril dansant* (1892).

toundra [tundʀa] n. f. Vaste plaine des zones périphériques des pôles, dont la végétation est constituée de mousses, de lichens et parfois de quelques arbres rabougris.

toungouse ou **toungouze** [tunguz] adj. et n. m. LING **1.** adj. Groupe toungouse ou *langues toungouses :* groupe de langues altaïques comprenant notam. le toungouse et le mandchou. **2.** n. m. *Le toungouse :* la langue altaïque du groupe toungouse parlée par les Toungouses.

Toungouses ou **Toungouzes,** peuplades de la Sibérie orientale; ces 60 000 personnes sont auj. en voie d'assimilation, en Chine et en Russie.

toupaye [tupaj] n. m. ZOOL Petit primate primitif de l'Asie du Sud-Est (genre princ. *Tupaia*).

toupet [tupɛ] n. m. **1.** Touffe de cheveux (partic., en haut du front). **2.** Fig., fam. Hardiesse effrontée, aplomb.

toupie [tupi] n. f. **1.** Jouet de forme plus ou moins arrondie, muni d'une pointe sur laquelle on le fait tourner. **2.** TECH Machine à bois comportant un arbre tournant vertical sur lequel on peut monter divers outils.

toupiller [tupije] v. intr. [1] TECH Travailler (le bois) avec une toupie.

Toupouri. V. Tupuri.

touque [tuk] n. f. Récipient de métal. *Touque d'eau douce* (sur un navire). ▷ (Maurice) Réservoir de récupération, le plus souvent métallique, pouvant contenir jusqu'à 10 litres. – PECHE Touche (sens I, 1). *Cela va mordre, j'ai une petite touque.* ▷ (Nouv.-Cal.) Tout récipient servant de marmite.

touquer [tuke] v. [1] **1.** v. tr. (Maurice) PECHE *Touquer l'hameçon :* mordiller l'appât (sans mordre à l'hameçon). ▷ Fig. et plaisant Faire des avances discrètes à (qqn). **2.** v. intr. (France rég.) Prendre un repas frugal. *Touquer d'un bol de lait et de tartines pour le dîner.*

1. tour [tuʀ] n. m. **I. 1.** Mouvement de rotation. *Un tour de roue. Tour de vis, de clef. Fermer une porte à double tour.* ▷ Loc. *À tour de bras :* V. bras. ▷ *Tour de reins :* distension douloureuse des muscles lombaires. **2.** TECH *Tour par minute, par seconde :* unité de vitesse angulaire (symbole SI tr/mn, tr/s). **3.** Chose qui en entoure une autre. *Tour de cou :* fourrure, ruban, etc., se mettant autour du cou. **4.** Circonférence, courbe limitant un corps, un lieu. *Tour de taille. Ville qui a dix kilomètres de tour.* **5.** Parcours plus ou moins circulaire autour d'un lieu. *Tour de piste.* ▷ *Faire le tour de :* faire un circuit autour de (un lieu). *Faire le tour d'un jardin.* – S'étendre autour de. *Les fossés font le tour du château.* – Fig. Considérer rapidement dans son ensemble (une situation, une question). *Faire le tour d'un problème.* **6.** *Faire un tour,* une petite promenade. **7.** Tracé sinueux. *Les tours et les détours d'un labyrinthe.* **II. 1.** Action, mouvement dont l'accomplissement exige des aptitudes particulières, notam. de l'adresse. *Tour de prestidigitation, de passe-passe.* ▷ *Tour de force :* action difficile considérée comme un exploit. ▷ *Tour de main :* manière de faire nécessitant une habileté manuelle acquise par la pratique. – *En un tour de main :* très rapidement. **2.** Action dénotant de la ruse, de la malice. *Jouer un (mauvais) tour, un tour de cochon à qqn.* – (Belgique) Fam. *Avoir le tour, avoir bien le tour :* savoir s'y prendre, être habile. **III.** Manière dont se présente qqch. *Affaire qui prend un* *tour dramatique.* ▷ *Tour de phrase* ou, absol., *tour :* façon d'exprimer sa pensée par la construction de la phrase. *Un tour familier.* ▷ *Tour d'esprit :* disposition à considérer les choses d'une certaine manière. ▷ (Suisse) *Donner le tour :* adopter un aspect favorable (en parlant d'une maladie). **IV.** Moment auquel qqn accomplit une action, dans une suite d'actions semblables accomplies par des personnes différentes. *Chacun son tour! :* chacun doit passer à son tour. ▷ *Tour de chant :* représentation comportant plusieurs chansons, donnée par un chanteur. ▷ (Afr. subsah.) *Tour de thé :* réception où l'on boit du thé maure, organisée à tour de rôle par les membres d'un cercle d'amis. ▷ Loc. adv. *Tour à tour :* en alternance dans le temps. *Les trois chefs commandaient tour à tour.* – *À tour de rôle*.*

2. tour [tuʀ] n. m. **1.** Machine-outil utilisée pour façonner des pièces de bois, de métal, etc., en les faisant tourner sur elles-mêmes. – *Tour de potier :* plateau pivotant auquel le potier imprime un mouvement de rotation pour modeler l'argile qui s'y trouve posée. **2.** Sorte d'armoire cylindrique tournant sur un pivot, placée dans l'épaisseur d'un mur ou d'une cloison, permettant des échanges de l'extérieur à l'intérieur.

3. tour [tuʀ] n. f. **1.** Bâtiment dont la hauteur est importante par rapport à ses autres dimensions, faisant corps avec un édifice qu'il domine, ou isolé. *Les tours d'une cathédrale. Habiter au trentième étage d'une tour.* – *Tour de Babel*.* ▷ Fig. *Tour d'ivoire :* retraite hautaine, isolement volontaire. ▷ TECH *Tour de forage :* charpente servant aux manœuvres de descente et de relèvement des outils de forage. Syn. (anglicisme déconseillé) derrick. ▷ AVIAT *Tour de commande* ou *tour de contrôle :* bâtiment dominant un aérodrome, d'où est assurée la régulation du trafic aérien. **2.** Au jeu d'échecs, pièce en forme de tour crénelée se déplaçant sur la verticale ou l'horizontale.

touraco [tuʀako] n. m. ORNITH Oiseau africain (genre princ. *Turacus,* ordre des cuculiformes), au plumage le plus souvent vivement coloré, à bec court et aux ailes arrondies.

Touraine, rég. et anc. prov. de France, correspondant au dép. d'Indre-et-Loire; cap. *Tours*.* Aux plateaux crayeux, pauvres, s'opposent les riches vallées de la Loire (vignobles, arboriculture, primeurs) et de ses affl. de gauche (Cher, Indre, Vienne). – Anc. pays des Celtes Turones, la Touraine forma un comté (Xe s.) que se disputèrent la France et l'Angleterre aux XIIe et XIIIe s. En 1584, elle fut réunie à la Couronne. Sous la Renaissance, les rois la couvrirent de châteaux (V. Loire [châteaux de la]).

Tourane. V. Da Nang.

tourbe [tuʀb] n. f. **1.** Combustible noirâtre, souvent spongieux, au faible pouvoir calorifique, constitué de végétaux plus ou moins décomposés et qui se forme dans les tourbières. **2.** (Québec) Motte de gazon. ▷ *Par ext.* (Emploi critiqué.) Plaque de terre couverte de gazon, vendue en rouleaux.

tourbeux, euse [tuʀbø, øz] adj. Qui contient de la tourbe.

tourbière [tuʀbjɛʀ] n. f. Gisement de tourbe.

tourbillon [tuʀbijɔ̃] n. m. **1.** Masse d'air qui se déplace dans un mouvement tournant impétueux. *Tourbillon de vent.* – Ce mouvement, caractérisé par les matières qu'il déplace avec force. *Tourbillons de poussière.* **2.** PHYS Mouvement en spirale des particules d'un fluide. – Masse d'eau tournant avec violence autour d'une dépression. **3.** Fig. Agitation tumultueuse. *Le tourbillon des plaisirs.*

tourbillonnaire [tuʀbijɔnɛʀ] adj. En forme de tourbillon.

tourbillonnant, ante [tuʀbijɔnɑ̃, ɑ̃t] adj. Qui tourbillonne, tournoie.

tourbillonnement [tuʀbijɔnmɑ̃] n. m. Mouvement de ce qui tourbillonne. – Fig. Mouvement vif et entraînant.

tourbillonner [tuʀbijɔne] v. intr. [1] **1.** Former un tourbillon; tournoyer rapidement. *Les feuilles mortes tourbillonnent.* **2.** Fig. Être l'objet d'une agitation semblable à un tourbillon. *Toutes ces idées tourbillonnaient dans sa tête.*

Tour de France, course cycliste par étapes créée en 1903 par le Français Henri Desgrange (1865 – 1940). Elle se dispute chaque année en juillet.

Touré (Samory). V. Samory Touré.

Touré (Sékou) (1922 – 1984), homme politique guinéen. En 1958, il fit voter «non» au référendum sur la Communauté* française organisé par de Gaulle et fut le prem. président de la Rép. dès lors indépendante. Il établit un régime socialiste dictatorial.

Touré (Ali Farka) (né en 1940), guitariste malien. Il excelle dans le blues mandingue.

tourelle [tuʀɛl] n. f. **1.** ARCHI Petite tour. **2.** MILIT Abri blindé orientable renfermant les pièces d'artillerie d'un char, d'un avion, etc. **3.** TECH Dispositif mobile autour d'un axe qui peut placer en position de travail les outils d'un tour automatique, les objectifs d'une caméra.

touret [tuʀɛ] n. m. TECH **1.** Petit tour servant à polir ou à graver. **2.** Dévidoir servant à enrouler des lignes, des câbles, etc.

Tourgueniev (Ivan Sergueïevitch) (1818 – 1883), écrivain russe. Après des démêlés avec la censure, il publia *Récits* (ou *Mémoires*) *d'un chasseur* (1852), nouvelles réalistes. Autorisé à quitter la Russie en 1856, il vécut en Allemagne et en France. Romans : *Roudine* (1856), *Pères et Fils* (1862), *Fumée* (1867), *Terres vierges* (1877); nouvelles : *Premier Amour* (1860).

tourillon [tuʀijɔ̃] n. m. TECH Nom de divers axes ou pivots.

tourisme [tuʀism] n. m. **1.** Activité de loisir qui consiste à voyager pour son agrément. *Faire du tourisme.* – Ensemble des services et des activités liés à l'organisation des déplacements des touristes. *Office du tourisme. Agence de tourisme.* **2.** *De tourisme :* d'usage privé (par oppos. à *commercial, militaire,* etc.). *Aviation de tourisme.*

touriste [tuʀist] n. Personne qui voyage pour son agrément. ▷ Loc. adv. *En touriste :* sans s'investir, sans enthousiasme. *Aller à l'école en touriste.* ▷ (En appos.) *Classe touriste :* classe inférieure, sur les paquebots, les avions. Syn. classe économique (avions).

touristique [tuʀistik] adj. **1.** Relatif au tourisme. **2.** Fréquenté par les touristes. *Région touristique.*

Tourmalet (col du), col franç. des Hautes-Pyrénées (2115 m).

tourmaline [tuʀmalin] n. f. MINER Silicate complexe de bore et d'aluminium qui forme des cristaux noirs, rouges (rubellite), verts (émeraude du Brésil) ou bleus, utilisés en joaillerie.

tourment [tuʀmɑ̃] n. m. **1.** Litt. Très grande souffrance (surtout d'ordre moral). *Sa jalousie lui fait endurer mille tourments.* **2.** Grande inquiétude, grave souci. *Cette affaire me donne bien du tourment.*

tourmente [tuʀmɑ̃t] n. f. **1.** Litt. Bourrasque, tempête violente. *Être pris dans une tourmente.* **2.** Fig. Troubles graves, déchaînement de violence. *La tourmente révolutionnaire.*

tourmenté, ée [tuʀmɑ̃te] adj. (et n.) **1.** En proie à un tourment moral. *Âme tourmentée.* ▷ Subst. *Un tourmenté.* **2.** Très irrégulier. *Sol, relief tourmenté.* – Agité. *Mer tourmentée.* ▷ Fig. Troublé, agité. *Vivre une époque tourmentée.* **3.** LITTER, BX-A Qui dénote un manque de simplicité. *Style tourmenté.*

tourmenter [tuʀmɑ̃te] v. [1] **I.** v. tr. **1.** Importuner, ennuyer sans cesse. *Cessez de tourmenter ce pauvre chien!* **2.** Préoccuper vivement, obséder. *Le remords le tourmente. La jalousie ne cesse de la tourmenter.* **II.** v. pron. S'inquiéter vivement. *Vous vous tourmentez inutilement.* Syn. se tracasser.

tournage [tuʀnaʒ] n. m. **1.** TECH Action de façonner au tour. **2.** CINE, AUDIOV Action de tourner un film.

Tournai, v. de Belgique (Hainaut), sur l'Escaut; 67910 hab. Centre textile; métallurgie, sucrerie. – Cathédrale Notre-Dame (XIIe-XIIIe s., richement décorée), beffroi (XIIe-XIIIe s.), halle aux Draps (déb. XVIIe s.), maisons du Moyen Âge. Musées des Beaux-Arts; musée d'Histoire et d'Archéologie. – Cap. des Mérovingiens antérieurs à Clovis, possession du comte de Flandre, française (1187), anglaise (1513), française (1518), à partir de 1526 elle fit partie des Pays*-Bas espagnols, dont elle suivit le destin.

1. tournant [tuʀnɑ̃] n. m. **1.** Endroit où une voie change de direction en formant un coude; sinuosité de la route. *Tournant dangereux.* **2.** Fig. Moment où le cours des événements subit un changement. *Être à un tournant de sa vie.*

2. tournant, ante [tuʀnɑ̃, ɑ̃t] adj. **1.** Qui tourne, pivote. *Pont tournant.* ▷ Spécial. *Grève tournante :* V. grève. ▷ ELECTR *Champ tournant :* champ magnétique de grandeur constante dont la direction tourne de manière uniforme. **2.** Qui contourne. *Mouvement tournant.*

tourne [tuʀn] n. f. TECH Altération du vin, de la bière, du lait due à une bactérie; cette bactérie.

tourné, ée [tuʀne] adj. **1.** Façonné au tour. *Table aux pieds tournés.* **2.** Qui a une certaine tournure. *Lettre bien tournée.* – (Personnes) *Une jeune femme bien tournée.* – *Esprit mal tourné,* disposé à voir du mal partout. **3.** Orienté. *Maison tournée vers le levant.* **4.** Altéré, aigri. *Lait tourné.*

tourne-à-gauche [tuʀnagoʃ] n. m. inv. TECH Outil servant à serrer une tige pour la faire tourner sur elle-même. – Outil servant au filetage d'une tige.

tournebroche [tuʀnəbʀɔʃ] n. m. Dispositif servant à faire tourner la broche à rôtir.

tourne-disque [tuʀnədisk] n. m. Appareil à plateau tournant et tête de lecture, sur lequel on passe des disques. *Des tourne-disques.* Syn. électrophone.

tournedos [turnədo] n. m. CUIS Tranche de filet de bœuf.

tournée [turne] n. f. **1.** Voyage effectué selon un itinéraire fixé, en s'arrêtant à divers endroits. *Tournée d'un représentant de commerce, d'une compagnie théâtrale.* **2.** Fam. Consommations offertes par qqn à tous ceux qui sont avec lui. *Payer une tournée d'apéritifs.*

tournepierre ou **tourne-pierre** [turnəpjɛr] n. m. ORNITH Oiseau charadriiforme *(Arenaria interpres)*, nicheur en Europe occid. et migrateur en Afrique, qui retourne les galets pour chercher les petits animaux dont il se nourrit. *Des tourne-pierres.*

tourner [turne] v. [1] **I.** v. tr. **1.** Imprimer un mouvement de rotation à. *Tourner un loquet. Tourner la tête.* **2.** Présenter (qqch) sous une autre face; retourner. *Il tournait et retournait l'objet sans comprendre. Tourner les pages d'un livre.* ▷ Fig. *Tourner la page :* oublier le passé. ▷ *Tourner les talons :* faire demi-tour; s'enfuir. **3.** Diriger, porter (dans une direction). *Tourner les yeux vers le ciel.* – Fig. *Tourner son attention vers qqn.* **4.** Longer en contournant. – Spécial. *Tourner les positions de l'ennemi,* pour le prendre à revers. – Fig. Trouver, utiliser un biais pour éluder, éviter. *Tourner un obstacle, une difficulté. Tourner la loi.* **5.** Transformer (dans un sens exprimé par un complément introduit par *à* ou *en*). *Tourner les choses à son profit. Tourner qqch, qqn en ridicule.* **6.** Troubler, faire éprouver une sensation de vertige. *L'alcool tourne la tête.* – Fig. *Le succès lui a tourné la tête.* **7.** TECH Façonner au tour (un ouvrage de bois, de métal, etc.). – Fig. Donner un tour, une façon à; composer, arranger d'une certaine manière. *Savoir tourner un compliment.* **8.** CINE, AUDIOV *Tourner un film,* en filmer les séquences. – Absol. *Silence, on tourne!* **II.** v. intr. **1.** Se mouvoir en décrivant une courbe. *La Terre tourne autour du Soleil.* Syn. (Suisse) courber. ▷ Loc. *Avoir la tête qui tourne :* éprouver un vertige. *Tourner de l'œil*.* ▷ Pivoter autour d'un axe. *La porte tourna sur ses gonds.* – Loc. fig. *Tourner autour de :* évoluer à proximité de; être proche de. *La dépense tourne autour de mille francs.* – *Tourner autour d'une femme,* lui faire la cour. – Fam. *Tourner autour du pot :* employer des circonlocutions au lieu d'aller droit au fait. **2.** En parlant d'un mécanisme, fonctionner en décrivant une rotation. *Moteur qui tourne.* – *Par ext.* Fonctionner. *Machine qui tourne 24 heures sur 24.* ▷ *Tourner rond :* fonctionner correctement; fig. (en parlant de personnes) raisonner sainement. ▷ (Belgique) *Tourner fou* ou *tourner sot :* fonctionner sans arrêt, être déréglé (en parlant d'un objet, d'une boussole, par ex.); tourner à vide (pour une vis, par ex.). **3.** Effectuer une permutation circulaire. *Au volley-ball, les joueurs tournent à chaque service.* **4.** (Afr. subsah.) Fam. Se promener au hasard, faire un tour. **5.** Changer de direction, virer. *Tourner à gauche. Le vent a tourné.* – Fig. *La chance a tourné.* **6.** Se transformer en, tendre vers. *Affaire qui tourne à la catastrophe. Leurs rapports tournent à l'aigre.* ▷ *Tourner bien, mal :* finir bien, mal. – (Personnes) Évoluer d'une manière positive, négative. *Il a (bien) mal tourné.* ▷ *Tourner court :* finir brusquement, sans transition. ▷ (Belgique) *Tourner à rien :* dépérir (en parlant d'un être vivant); se dégrader (en parlant d'un objet). **7.** *Absol.* S'altérer, devenir aigre. *Le lait a tourné.* ▷ (Belgique) Pommer. *Les salades tournent.* **III.** v. pron. **1.** Se mettre dans une position opposée à celle que l'on avait; changer de position. *Se tournant, elle montra son beau profil.* **2.** Se diriger. *Les regards se tournèrent vers lui.* – Fig. *Se tourner vers la religion.* ▷ *Ne savoir de quel côté se tourner :* ne savoir quel parti prendre.

tournesol [turnəsɔl] n. m. **1.** Nom de diverses plantes (hélianthes, héliotropes, soleils) dont la fleur s'oriente vers le soleil, qu'elle suit dans sa course. **2.** CHIM Matière colorante bleue, qui rougit au contact des acides et que l'on utilise comme réactif.

tourneur, euse [turnœr, øz] n. m. et adj. **1.** n. m. TECH Ouvrier qui façonne des ouvrages au tour. *Tourneur sur bois.* **2.** adj. Qui tourne sur lui-même. *Derviche* tourneur.*

Tourneur (Maurice Thomas dit) (1876 – 1961), cinéaste français, célèbre à Hollywood entre 1915 et 1925. En France, il réalisa notam. *l'Équipage* (1927), *Volpone* (1940). — **Jacques** (1904 – 1977), fils du préc., cinéaste américain; il suggère l'horreur dans des films fantastiques (*la Féline,* 1942; *Vaudou,* 1943.

tournevis [turnəvis] n. m. Instrument d'acier, terminé en biseau non tranchant et servant à serrer ou desserrer les vis.

tourniquer [turnike] v. intr. [1] Fam. Tourner sur place, sans but.

tourniquet [turnikɛ] n. m. **1.** Dispositif de fermeture, généralement constitué de barres mobiles autour d'un axe, qui ne peut être franchi que dans un seul sens et par une personne à la fois. **2.** Pièce métallique articulée autour d'un axe, servant à maintenir ouvert un volet ou un châssis. ▷ Présentoir mobile autour d'un axe. *Tourniquet de cartes postales.* **3.** Appareil d'arrosage constitué d'une tige qui tourne autour d'un axe sous l'effet de l'éjection d'eau aux deux extrémités de cette tige.

tournis [turni] n. m. **1.** MED VET Maladie des bovins et des moutons, due à la présence dans l'encéphale de *Tænia cœnurus* (V. cœnure et ténia) et qui se traduit par un tournoiement de la bête. **2.** Fig., fam. Sensation de vertige.

tournoi [turnwa] n. m. **1.** Au Moyen Âge, combat de chevaliers. Syn. joute. **2.** *Par ext.* et mod. Compétition comprenant plusieurs séries de rencontres. *Tournoi de bridge, de tennis.*

tournoiement [turnwamɑ̃] n. m. Action de tournoyer; mouvement de ce qui tournoie.

tournoyer [turnwaje] v. intr. [23] Évoluer en décrivant des cercles. *Les vautours tournoyaient déjà au-dessus des corps.* ▷ Tourner sur soi-même. *La barque tournoyait dans le tourbillon.*

tournure [turnyr] n. f. Manière dont une chose est faite; forme qu'elle présente. *La tournure d'une phrase. Tournure d'esprit.* ▷ *Prendre tournure :* prendre forme, se dessiner. – Taille, forme du corps. *Une jolie tournure.*

tournus [turnys] n. m. (Suisse) Syn. de *roulement* (sens 6). *Tournus de garde.*

Tours, v. de France, ch.-l. du dép. d'Indre-et-Loire, sur la Loire; 133 403 hab. Centre agricole et industriel. – Archevêché. Université. Cath. St-Gatien (XIIIe-XVIe s.). Égl. abbat. St-Julien (XIIIe s.). Musée des Beaux-Arts. – En 1920, au *congrès de Tours,* le Parti* socialiste se scinda et le Parti* communiste français naquit.

tourte [turt] n. f. Tarte ronde, faite dans un moule à bord assez haut, recouverte d'une croûte de pâte, et renfermant diverses préparations salées ou sucrées. *Une tourte aux champignons.*

1. tourteau [turto] n. m. AGRIC, ELEV Masse pâteuse formée avec les résidus de divers oléagineux après extraction de l'huile et qui constitue un excellent aliment pour le bétail, riche en lipides et en protides. *Tourteau d'arachide, de palmiste.*

2. tourteau [turto] n. m. Gros crabe comestible (*Cancer paganus*) commun sur les côtes atlantiques européennes.

tourtereau [turtəro] n. m. Fam. *Des tourtereaux :* des jeunes gens qui s'aiment tendrement.

tourterelle [turtərɛl] n. f. Oiseau columbiforme (genres *Streptopelia* et voisins) de taille inférieure à celle du pigeon, dont plusieurs espèces sont communes en Europe, en Asie et en Afrique, ainsi qu'à Madagascar. ▷ (En appos.) *Gris tourterelle :* gris légèrement rosé.

tourtière [turtjɛr] n. f. **1.** Moule à tourte. **2.** (France rég.) Tourte, généralement salée. ▷ (Québec) Grande tourte à base de viande de porc hachée. Syn. pâté à la viande. – Tourte faite d'une préparation de pommes de terre et de diverses sortes de viandes coupées en morceaux. *Tourtière du Lac-Saint-Jean.*

tous-ménages [tumenaʒ] n. m. (Luxembourg, Suisse) Prospectus publicitaire ou électoral distribué dans toutes les boîtes aux lettres. (V. toute-boîte.)

Toussaint [tusɛ̃] n. f. Fête catholique, célébrée en l'honneur de tous les saints, le 1er novembre.

Toussaint Louverture (1743 – 1803), homme politique haïtien. Il fut l'un des chefs des esclaves noirs révoltés à partir de 1791 contre les planteurs français. Il se rallia à la République française lorsque celle-ci abolit l'esclavage (1794). Il fut nommé général (1796) et chassa les Anglais (présents dep. 1793) en 1798. Gouverneur officiel de l'île (1801), il voulut réorganiser la production de canne à sucre et rappela les colons, mais Bonaparte, poussé par son épouse créole, rétablit l'esclavage en 1802 et envoya Leclerc, qui s'empara de Toussaint, trahi. Celui-ci mourut en captivité en France.

tousser [tuse] v. intr. [1] **1.** Être pris d'un accès de toux. *Il tousse surtout la nuit. La fumée le fait tousser.* – *Par anal.* Faire un bruit comparable à celui de la toux. *Moteur qui tousse,* qui a des ratés. **2.** Se racler la gorge (pour s'éclaircir la voix, avertir, attirer l'attention de qqn).

Tousseul (Olivier Degée, dit Jean) (1890 – 1944), écrivain belge d'expression française : *Jean Clarambaux* (5 vol., 1927-1936), *François Stienon* (3 vol., 1936-1939).

toussotement [tusɔtmɑ̃] n. m. Action de toussoter; petite toux.

toussoter [tusɔte] v. intr. [1] Tousser légèrement.

tous-terrains [tutɛrɛ̃] loc. adj. V. terrain.

tout [tu], **toute** [tut], **tous** [tu; tus], **toutes** [tut] adj., pron., n. m. et adv. (Seul le pron. m. pl. se prononce [tus].) **A.** adj. **I.** (Suivi du sing.) **1.** Entier, complet, plein. *Tout l'univers. Veiller toute la nuit. Tout ce qu'il y a de bien.* ▷ Loc. pron. indéf. *Tout le monde :* tous les gens. ▷ (En loc., sans article.) *Donner toute satisfaction. À toute vitesse.* ▷ (Devant le nom d'un auteur, d'une ville.) *Il a lu tout Hugo. Tout Londres le savait.* – *Tout-Paris, le Tout-Paris :* les Parisiens les plus en vue. **2.** (Sans article.) Chaque, n'importe lequel. *Toute peine mérite salaire. À tout moment.* **3.** Unique, seul. *C'est tout l'effet que ça te fait?* ▷ (Précédé de *pour.*) *Pour toute nourriture.* **4.** (Suivi de *un, une.*) Vrai, véritable. *Il en fait tout un drame.* **II.** (Suivi du plur.) **1.** Ensemble, sans exception, des... *Tous les hommes.* ▷ (Devant un numéral, pour souligner l'association.) *Vous êtes tous deux bien imprudents. Ils nient tous les trois.* **2.** (Marquant la périodicité.) *Toutes les cinq minutes. Tous les dix mètres.* **B.** pron. indéf. **1.** *Tous, toutes,* désignant des personnes ou des choses mentionnées précédemment. *Ses enfants l'aiment bien, tous sont venus le voir.* – (Comme nominal.) *Connu et estimé de tous.* **2.** *Tout* (inv.). Toutes les parties d'une chose ou la chose prise dans sa totalité. *Tout est bon dans cet ouvrage. Bonne* à tout faire. C'est tout? Non, ce n'est pas tout.* ▷ *À tout prendre :* en somme, tout bien considéré. ▷ *C'est tout ou rien :* il n'y a pas de milieu, d'autre choix. – INFORM *Tout ou rien* (ou *tout-ou-rien*), se dit d'organes de régulation qui ne peuvent occuper que deux états (par ex. : ouvert ou fermé). ▷ *Avoir tout de qqch, de qqn,* toutes ses caractéristiques. *Il a tout du clown.* ▷ *Ce n'est pas tout de* (+ inf.) *:* cela ne suffit pas de. ▷ *Comme tout* (servant de superlatif). *Il est gentil comme tout.* ▷ Loc. adv. *En tout :* pour l'ensemble. *Cela lui revient en tout à mille francs.* – *En tout et pour tout :* au total. – *Après tout :* en définitive. ▷ (Québec) Vieilli *Pas en tout(e)* [pɑ̃ɑ̃tut] : V. pantoute. **C.** n. m. **1.** Chose considérée dans son entier, par rapport aux parties qu'elle renferme. *Former un tout. Le tout et la partie.* Syn. ensemble. **2.** Essentiel. *Ce n'est pas le tout de s'amuser.* **3.** Loc. adv. *Du tout :* en aucune façon, nullement (renforce souvent *pas, point, rien*). ▷ *Changer du tout au tout,* complètement. **D.** adv. (Est variable devant un fém. commençant par une consonne ou un h aspiré.) **1.** Entièrement, complètement. *La ville tout entière. Elle est tout heureuse, toute contente.* ▷ (Devant un nom.) *Être tout yeux, tout oreilles :* être très attentif. *Tissu tout coton.* **2.** (Renforçant le mot qui suit ou marquant un superlatif absolu.) *Tout enfant, il s'intéressait déjà à la musique. De toutes jeunes filles. Tout à côté. Parler tout haut.* ▷ *Tout au plus :* à peine. **3.** (Devant un gérondif, marque la simultanéité.) *Il lisait tout en marchant.* ▷ (Introduisant une concession.) *Tout en le souhaitant, je n'y crois guère.* **4.** Loc. adv. *Tout à coup* (ou *tout d'un coup*) : soudain. ▷ *Tout d'un coup :* d'un seul coup. ▷ *Tout à fait :* complètement. ▷ *Tout à l'heure :* dans peu de temps; il y a peu de temps. ▷ *Tout de même :* cependant. – (Renforçant un ton exclamatif.) *C'est tout de même un peu fort!* ▷ *Tout de suite :* immédiatement. ▷ (Suisse) Fam. *Tout de bon :* V. bon (sens B, 2).

tout-à-l'égout [tutalegu] n. m. inv. Système d'évacuation des eaux usées dans le réseau d'assainissement public.

Toutankhamon ou **Tout Ankh Amon,** pharaon égyptien (v. 1354 – v. 1346 av. J.-C.) de la XVIIIe dynastie, qui, à dix ans, succéda à son beau-père Aménophis IV Akhenaton. Influencé par les ministres et les prêtres de son entourage, il abolit le culte d'Aton pour rétablir celui du dieu Amon. Il mourut à dix-huit ou dix-neuf ans. Son tombeau a été retrouvé intact en 1922 (fouilles de l'Anglais Howard Carter dans la Vallée des Rois); il renfermait un trésor funéraire, auj. au musée du Caire.

toute-boîte ou **toutes-boîtes** [tutbwat] n. m. (Belgique) Prospectus publicitaire ou électoral distribué dans toutes les boîtes aux lettres. (V. tous-ménages.)

toutefois [tutfwa] adv. (Marque l'opposition.) *Je ne suis pas convaincu, toutefois, j'accepte.* Syn. néanmoins, pourtant. – (Renforce la condition.) *Nous irons, si toutefois elle nous accompagne.*

toute-puissance [tutpɥisɑ̃s] n. f. inv. Puissance absolue, omnipotence.

toutou [tutu] n. m. Fam. Chien; *spécial.* chien fidèle.

tout-petit [tup(ə)ti] n. m. Bébé, enfant en bas âge. *L'alimentation des tout-petits.*

tout-puissant, toute-puissante [tupɥisɑ̃, tutpɥisɑ̃t] adj. Dont le pouvoir est sans bornes. *Monarques tout-puissants. Des influences toutes-puissantes.* ▷ n. m. *Le Tout-Puissant :* Dieu.

tout-terrain [tutɛʀɛ̃] loc. adj. V. terrain.

tout-venant [tuv(ə)nɑ̃] n. m. sing. Ce qui se présente, sans avoir fait l'objet d'un choix; qualité ordinaire.

Touva (république de), rép. de la Fédération de Russie, située dans le bassin supérieur de l'Ienisseï en Sibérie orientale; 170500 km²; 290000 hab.; cap. *Kyzyl.* Cette région montagneuse au climat rude recèle d'importants gisements; elle est peuplée principalement de *Touvas,* population qui parle une langue turque.

toux [tu] n. f. Expiration bruyante, brusque, saccadée, habituellement réflexe, mais qui peut être volontaire, témoignant le plus souvent d'une irritation ou d'une infection des voies respiratoires et permettant de les dégager. *Quinte de toux. Toux sèche, grasse* (suivie généralement d'expectoration).

township [tawnʃip] n. m. (Anglicisme) Ville d'Afrique du Sud où la politique d'apartheid a regroupé la population noire.

toxémie [tɔksemi] n. f. MED Passage de toxines dans le sang, par insuffisance des organes chargés de les éliminer. ▷ *Toxémie gravidique :* affection qui se déclare dans les derniers mois de la grossesse, caractérisée essentiellement par l'albuminurie, l'œdème et l'hypertension artérielle.

toxicité [tɔksisite] n. f. Didac. Caractère de ce qui est toxique. *Le coefficient de toxicité d'une substance est défini par sa dose minimale mortelle.*

toxicologie [tɔksikɔlɔʒi] n. f. MED Science qui étudie les toxiques et les remèdes à leur opposer.

toxicologique [tɔksikɔlɔʒik] adj. MED Relatif à la toxicologie.

toxicomane [tɔksikɔman] adj. et n. Didac. et cour. Qui est atteint de toxicomanie.

toxicomanie [tɔksikɔmani] n. f. Intoxication chronique ou périodique engendrée par la consommation de médicaments ou de substances toxiques (V. drogue), et entraînant généralement chez le sujet un état d'accoutumance et de dépendance.

toxicose [tɔksikoz] n. f. MED Intoxication endogène. ▷ *Toxicose du nouveau-né,* altération grave de l'état général, habituellement due à une diarrhée infectieuse entraînant une déshydratation aiguë.

toxine [tɔksin] n. f. MED Substance toxique élaborée par un micro-organisme. (On distingue les *endotoxines,* contenues à l'intérieur des bactéries, et les *exotoxines,* émises dans le milieu extérieur.)

toxique [tɔksik] adj. et n. m. **1.** adj. Se dit d'une substance qui a un effet nocif sur l'organisme ou sur un organe. *Gaz toxique.* **2.** n. m. Substance toxique. Syn. poison, venin.

toxoplasmose [tɔksoplasmoz] n. f. MED Maladie parasitaire, due à un protozoaire *(Toxoplasma gondii),* qui peut être responsable de malformations fœtales lorsqu'elle est contractée au cours de la grossesse.

Toyota, v. du Japon (Honshū); 308110 hab. Industr. automobile.

Tozeur, riche oasis et v. de Tunisie, voisine du chott el-Djerid; 21600 hab.; ch.-l. du gouvernorat du m. nom. Dattes. Au S.-O., station thermale de Nefta. Aéroport.

trabendisme [tʀabendism] n. m. (Maghreb) En Algérie, syn. de *contrebande* (sens 1).

trabendiste [tʀabɛndist] n. (Maghreb) Personne qui s'adonne au trabendo, au trabendisme.

trabendo [tʀabɛndo] n. m. (Maghreb) En Algérie, au Maroc, syn. de *contrebande*; marché noir.

Trabzon. V. Trébizonde.

trac [tʀak] n. m. Angoisse, peur que l'on ressent juste avant de se produire en public ou de mettre à exécution un projet.

trac (tout à) [tutatʀak] loc. adv. Sans préparation, sans précaution. *Il déclara tout à trac qu'il ne reviendrait plus jamais.*

traçage [tʀasaʒ] n. m. **1.** Action de tracer des traits. **2.** TECH Opération qui consiste à effectuer sur la matière le tracé d'une pièce à ouvrer.

traçant, ante [tʀasɑ̃, ɑ̃t] adj. **1.** BOT *Racine traçante,* qui trace (sens II, 2). **2.** *Balle traçante,* qui laisse derrière elle une trace lumineuse (on dit aussi *traceuse*). **3.** INFORM *Table traçante :* V. traceur* de courbes.

tracas [tʀaka] n. m. Souci, ennui durable, souvent d'ordre matériel.

tracasser [tʀakase] v. tr. [1] (Sujet généralement nom de chose.) Inquiéter, tourmenter de façon persistante, mais généralement sans gravité. *Cette histoire la tracassait depuis longtemps.* ▷ v. pron. S'inquiéter, se tourmenter. *Il se tracasse pour l'avenir de sa fille.*

tracasserie [tʀakasʀi] n. f. (Surtout au plur.) Querelle ou chicane que l'on cherche à qqn, souvent à propos de choses insignifiantes. *Il était en butte à des tracasseries incessantes.*

tracassier, ère [tʀakasje, ɛʀ] adj. Qui se plaît à faire des tracasseries. *Une administration tracassière.*

trace [tʀas] n. f. **1.** Suite de marques, d'empreintes laissées par le passage d'un homme, d'un animal ou d'une chose. *Traces de pas. Suivre un gibier à la trace.* ▷ Loc. fig. *Suivre les traces, marcher sur les traces de qqn,* suivre son exemple, la voie qu'il a ouverte. **2.** Marque laissée par une action, par un événement passé. *Des traces d'effraction.* – Fig. *Cette aventure laissa en lui des traces profondes.* **3.** Quantité infime. *Traces d'albumine dans l'urine.* **4.** GEOM Lieu d'intersection (d'une droite, d'un plan) avec le plan de projection.

tracé [tʀase] n. m. **1.** Ligne ou ensemble des lignes d'un plan. *Le tracé de la future autoroute.* **2.** Ligne effectivement suivie. *Le tracé d'un fleuve.*

tracer [tʀase] v. [**12**] **I.** v. tr. **1.** Dessiner schématiquement à l'aide de traits. *Tracer le plan d'une maison.* ▷ Fig. *Tracer le tableau de ses malheurs,* les décrire. **2.** Ouvrir et marquer par une trace. *Tracer une piste.* ▷ Fig. *Tracer le chemin à qqn,* lui donner l'exemple. **3.** (Suisse) Syn. de *biffer.* **II.** v. intr. BOT (En parlant d'une racine, d'un rhizome.) Se développer horizontalement à la surface du sol.

traceret [tʀasʀe] ou **traçoir** [tʀaswaʀ] n. m. TECH **1.** Instrument, poinçon pour faire des traces sur divers matériaux (bois, métal, etc.). **2.** Instrument pour marquer les divisions sur les appareils de mesure.

traceur, euse [tʀasœʀ, øz] n. m. et adj. **I.** n. m. **1.** CHIM *Traceur radioactif :* isotope radioactif permettant de suivre l'évolution d'un phénomène, d'une réaction, en détectant le rayonnement qu'il (elle) émet, à des fins biologiques, océanographiques, géologiques, etc. **2.** INFORM *Traceur de courbes* ou *table traçante :* appareil annexe d'un ordinateur, programmé pour le tracé de graphes et de courbes. **II.** adj. Qui laisse une trace. *Balle traceuse :* V. traçant.

trachéal, ale, aux [tʀakeal, o] adj. ANAT Qui se rapporte à la trachée.

trachée [tʀaʃe] n. f. **1.** ANAT Conduit aérien musculo-cartilagineux faisant suite au pharynx et qui, se divisant, donne naissance aux bronches souches droite et gauche. **2.** ZOOL Chez les arthropodes, tube étroit qui apporte directement l'oxygène de l'air aux cellules et aux organes. (Elle débouche à l'extérieur par le stigmate.)

trachéite [tʀakeit] n. f. MED Atteinte inflammatoire de la trachée.

trachéotomie [tʀakeɔtɔmi] n. f. CHIR Intervention consistant à pratiquer une ouverture de la trachée au niveau de la partie antéro-inférieure du cou et à y introduire une canule, pour permettre une respiration assistée.

trachome [tʀakom] n. m. MED Atteinte oculaire de nature virale, endémique dans certains pays chauds où elle est une cause fréquente de cécité.

trachynote [tʀakinɔt] n. f. Poisson voisin de la carangue, commun au large des côtes de l'Afrique occidentale.

traçoir [tʀaswaʀ] n. m. V. traceret.

tract [tʀakt] n. m. Feuille, petite brochure de propagande politique, commerciale, etc.

tractation [tʀaktasjɔ̃] n. f. (Surtout au plur.) Souvent péjor. Démarche, négociation impliquant diverses opérations et manœuvres officieuses.

tracter [tʀakte] v. tr. [**1**] Remorquer à l'aide d'un véhicule ou par un procédé mécanique. *Voiture tractant un bateau.*

tracteur, trice [tʀaktœʀ, tʀis] n. m. et adj. **1.** n. m. Véhicule automobile utilisé pour tirer en remorque un ou plusieurs véhicules, utilisé notam. dans l'agriculture. **2.** adj. Qui tracte.

traction [tʀaksjɔ̃] n. f. **1.** Action de tirer sans déplacer, pour tendre, allonger; résultat de cette action. ▷ Exercice musculaire où l'on tire sur les bras pour amener ou soulever le corps. ▷ TECH *Résistance des matériaux à la traction.* **2.** Action de tirer pour déplacer. *Système de traction d'un véhicule* (à vapeur, électrique, etc.). ▷ *Traction avant :* dispositif de transmission dans lequel les roues motrices sont à l'avant du véhicule; automobile qui en est munie.

tractoriste [tʀaktɔʀist] n. AGRIC Personne qui conduit un tracteur.

tractus [tʀaktys] n. m. ANAT **1.** Ensemble de fibres ou de filaments, formant un réseau tissulaire. **2.** Ensemble d'organes formant un appareil. *Le tractus digestif. Le tractus génital.*

trader [tʀedœʀ] n. (Anglicisme) FIN Spécialiste des transactions portant sur des montants importants de titres, de devises, de matières premières.

trading [tʀediŋ] n. m. (Anglicisme) FIN Profession du trader; exercice de cette profession.

tradipraticien [tʀadipʀatisjɛ̃] n. m. (Afr. subsah.) Celui qui pratique la médecine traditionnelle.

tradition [tʀadisjɔ̃] n. f. **I.** DR Transfert de la possession d'une chose. **II. 1.** Opinion, manière de faire transmises par les générations antérieures. *Il y a dans son milieu une solide tradition d'anticléricalisme.* Syn. coutume, habitude. ▷ Loc. adj. *De tradition :* traditionnel. **2.** Mode de transmission d'une information de génération en génération; ensemble d'informations de ce type. *La tradition populaire.* – *La tradition orale :* la mémoire collective d'un peuple sans écriture, conservée et transmise oralement par des traditionalistes, une des sources de l'histoire scientifique. *En Afrique, la tradition orale constitue aujourd'hui une source inépuisable pour les auteurs de contes et de nouvelles.* (V. encycl. littérature : littérature orale.) ▷ *Spécial.* Transmission des connaissances, des doctrines relatives à une religion. *La tradition juive.* – Absol. *La Tradition :* les doctrines et pratiques qui se sont développées dans l'Église depuis le début du christianisme. *La Tradition et l'Écriture.* – *La Tradition :* dans l'islam, l'ensemble des hadiths. **3.** *La tradition :* l'ensemble des coutumes et croyances ancestrales; la manière de vivre et de penser léguée par les ancêtres.

traditionalisme [tʀadisjɔnalism] n. m. Attachement aux notions et valeurs transmises par la tradition.

traditionaliste [tʀadisjɔnalist] adj. et n. **1.** Qui appartient au traditionalisme. **2.** Qui est partisan du traditionalisme. ▷ Subst. *Un(e) traditionaliste.* **3.** n. m. (Afr. subsah.) Celui qui connaît la tradition orale et est chargé de la transmettre. *Hampâté Bâ, historien et traditionaliste.* – Chercheur dans le domaine de la tradition orale. Syn. traditionniste.

traditionnel, elle [tʀadisjɔnɛl] adj. **1.** Qui s'appuie sur une tradition. *La grammaire traditionnelle.* **2.** (Objet concret.) Qui est passé dans les usages. *Les traditionnels cadeaux de Noël.* **3.** (Afr. subsah.) Qui est conforme à la tradition (sens 3), qui en relève. *Chef traditionnel. Religion traditionnelle. Vêtement traditionnel.* ▷ Qui n'est pas moderne, qui est anciennement établi. *Village traditionnel.*

traditionnellement [tʀadisjɔnɛlmɑ̃] adv. De façon traditionnelle.

traditionniste [tʀadisjɔnist] n. m. (Afr. subsah.) Syn. de *traditionaliste* (sens 3).

traducteur, trice [tʀadyktœʀ, tʀis] n. **1.** Personne qui traduit d'une langue dans une autre, auteur d'une traduction. *C'est le traducteur de ce livre.* **2.** n. m. INFORM Programme traduisant un langage dans un autre. **3.** n. m. En cybernétique, élément qui traduit la grandeur physique d'un signal d'entrée en une autre grandeur physique à la sortie. Syn. transducteur.

traduction [tʀadyksjɔ̃] n. f. **1.** Action de traduire. – *Traduction littérale,* mot à mot. – *Traduction libre,* qui s'éloigne du texte original. ▷ *Traduction automatique :* application de l'informatique à la traduction de textes. (Elle comprend différents procédés, notam. la traduction automatique [T.A.] sans aucune intervention humaine, et la traduction assistée par ordinateur [T.A.O.] pour laquelle un traducteur peut intervenir à tout moment du traitement informatique.) **2.** Résultat de l'action de traduire, version d'un ouvrage dans une langue autre que sa langue d'origine. **3.** GENET Dans la cellule, synthèse enzymatique d'une protéine à partir d'une molécule d'A.R.N. messager, dont la séquence de nucléotides définit la structure primaire de la protéine par l'intermédiaire du code génétique.

traduire [tʀadɥiʀ] v. tr. [**69**] **I.** *Traduire qqn en justice,* le faire passer devant un tribunal. **II. 1.** Faire passer d'une langue dans une autre en visant à l'équivalence entre l'énoncé original et l'énoncé obtenu. *Cet ouvrage a été traduit en six langues.* **2.** Exprimer par des moyens divers. *Traduis ta pensée en termes plus simples.* ▷ Manifester. *Une peinture qui traduit un sens aigu des couleurs.* ▷ v. pron. *Sa nervosité se traduisait par un tremblement des mains.*

traduisible [tʀadɥizibl] adj. Qu'on peut traduire. *Poème peu traduisible.*

Trafalgar, cap du S. de l'Espagne, sur l'Atlantique, près de Gibraltar. – Nelson y anéantit la flotte franco-espagnole de Villeneuve (1805) et fut tué au cours du combat. – La loc. *un coup de Trafalgar* désigne un événement inattendu et catastrophique.

1. trafic [tʀafik] n. m. Commerce illicite. *Trafic d'armes, de drogue.* ▷ DR *Trafic d'influence :* fait d'obtenir de l'autorité publique des avantages pour qqn, en échange d'une récompense.

2. trafic [tʀafik] n. m. (Anglicisme) **1.** Fréquence des trains, des avions, des navires, des voitures sur un itinéraire, un réseau. **2.** Circulation de nombreux véhicules. *Quel trafic dans ma rue !*

trafiquant, ante [tʀafikɑ̃, ɑ̃t] n. Personne qui fait un trafic. *Trafiquant de drogue.*

trafiquer [tʀafike] v. [**1**] **1.** v. tr. indir. Faire un trafic de. *Trafiquer de son influence.* – Absol. *Trafiquer au marché noir.* **2.** v. tr. dir. Modifier, transformer dans le but de tromper. *Trafiquer du vin. Trafiquer un chèque.*

tragédie [tʀaʒedi] n. f. **1.** Œuvre dramatique en vers qui représente des personnages héroïques dans des situations de conflit exceptionnelles, propres à exciter la terreur ou la pitié. *Tragédies* *de Sophocle, de Racine.* ▷ Genre dramatique que constituent ces pièces. *La tragédie classique,* celle du XVIIe s. français. **2.** *Par métaph.* Événement funeste. *Les tragédies de la guerre, de la mine.*

tragédien, enne [tʀaʒedjɛ̃, ɛn] n. Acteur, actrice spécialisé dans les rôles de tragédie.

tragi-comédie [tʀaʒikɔmedi] n. f. **1.** LITTER Tragédie où sont introduits certains éléments comiques et dont le dénouement est heureux. **2.** Fig. Situation où alternent des événements tragiques et des incidents comiques. *Des tragi-comédies.*

tragi-comique [tʀaʒikɔmik] adj. **1.** LITTER Relatif à la tragi-comédie (sens 1). **2.** À la fois tragique et comique. *Des situations tragi-comiques.*

tragique [tʀaʒik] adj. et n. m. **I.** adj. **1.** Relatif à la tragédie (sens 1). *Le genre tragique.* ▷ Qui évoque la tragédie. *Une voix aux accents tragiques.* **2.** Funeste, terrible, effroyable. *Conséquences tragiques d'une inondation.* **II.** n. m. **1.** Auteur de tragédies. *Les grands tragiques grecs.* ▷ *Le tragique :* la tragédie comme genre dramatique. **2.** Caractère de ce qui est tragique. ▷ *Prendre une chose au tragique,* la considérer comme plus grave qu'elle ne l'est en réalité.

tragiquement [tʀaʒikmɑ̃] adv. De façon tragique (sens 2).

tragule [tʀagyl] n. m. Petit ruminant des forêts humides du S.-E. asiatique (genre *Tragulus*), dont il existe douze espèces.

tragulidés [tʀagylide] n. m. pl. ZOOL Famille de mammifères ruminants comprenant le chevrotain.

tragus [tʀagys] n. m. ANAT Saillie externe de l'oreille, plate et triangulaire, au-dessous de l'hélix.

trahir [tʀaiʀ] v. [3] **I.** v. tr. **1.** Livrer ou abandonner par perfidie. *Trahir son pays. Trahir un secret.* **2.** Se montrer infidèle, déloyal à l'égard de; tromper. *Trahir un ami.* – *Trahir la confiance de qqn.* **3.** Exprimer d'une manière peu fidèle. *Mes paroles ont trahi ma pensée.* **4.** (Sujet n. de chose.) Révéler (ce qu'on voulait dissimuler). *Son attitude trahissait son trouble.* ▷ (Comp. n. de personne.) Faire reconnaître, dénoncer. *Cette imprudence a trahi le criminel.* – Ne pas seconder, abandonner. *Ses forces l'ont trahi.* **II.** v. pron. Laisser paraître, révéler par inadvertance ce qu'on voulait dissimuler. *Il s'est trahi par un mot.*

trahison [tʀaizɔ̃] n. f. **1.** Crime de celui qui trahit. *La trahison de Judas.* ▷ Intelligence avec l'ennemi. **2.** Grave tromperie; acte déloyal.

train [tʀɛ̃] n. m. **I. 1.** MILIT *Train des équipages* ou *le train :* arme qui a pour mission de transporter le personnel et le matériel. **2.** Ensemble d'éléments attachés les uns aux autres et tirés par l'élément de tête. *Train de péniches.* – Par ext. *Train spatial.* ▷ PHYS *Train d'ondes :* ensemble, relativement restreint, d'ondes se propageant dans la même direction. **3.** *Absol.* Ensemble constitué par une rame de voitures, de wagons et la locomotive qui les tire. *Train de voyageurs.* – Moyen de transport que constituent les trains; chemin de fer. *Préférer le train à l'avion.* – (Suisse) *Train régional :* train qui fait tous les arrêts, omnibus. ▷ Loc. fig. *Monter dans le train, prendre le train en marche :* prendre part à qqch qui a commencé depuis longtemps. **4.** Ensemble d'organes qui fonctionnent conjointement. *Train de pneus. Train d'engrenages.* **5.** Spécial. *Train de :* série, ensemble de mesures, de projets, etc. *Un train de décrets-lois.* **II. 1.** Partie portante d'un véhicule. *Train avant, arrière.* ▷ AVIAT *Train d'atterrissage :* ensemble du système de roulement au sol d'un avion. **2.** Partie antérieure, postérieure d'un quadrupède. – *Absol.* Train arrière. *Chien assis sur son train.* **III. 1.** Allure, mouvement considéré dans sa vitesse et son rythme. *Aller bon train. Au train où vont les choses, je n'aurai pas fini avant demain.* ▷ SPORT Allure à laquelle se déroule une course. *Train soutenu.* ▷ Loc. adv. *À fond de train :* à toute vitesse. **2.** Manière de vivre, niveau de vie. *Mener grand train.* – *Train de vie :* manière de vivre considérée sous l'angle du rapport entre les dépenses et les ressources d'un foyer, d'un individu. **3.** Loc. adv. *En train :* en mouvement, en marche. ▷ *Mettre qqch en train :* commencer qqch. – (Personnes) *Être en train,* bien disposé et de bonne humeur. **4.** Loc. *Être en train de,* exprime le déroulement d'une action en cours. *L'eau du bain est en train de refroidir.* **IV.** (Québec) **1.** Fam. Bruit, tapage. ▷ Loc. *Faire, mener du train :* faire du bruit. ▷ Désordre, agitation. – Loc. *Aller faire, aller mener le train quelque part.* **2.** ELEV Soins quotidiens prodigués aux animaux logés dans une étable, une écurie. *Faire le train.* – *Spécial.* Traite des vaches.

traînailler [tʀɛnaje] v. intr. V. traînasser.

traînant, ante [tʀɛnɑ̃, ɑ̃t] adj. **1.** Qui traîne par terre. **2.** Se dit d'une voix, d'un accent qui s'appesantit sur les mots.

traînard, arde [tʀɛnaʀ, aʀd] n. Personne trop lente. – Personne qui reste à la traîne, en arrière d'un groupe. Syn. (Québec) traîneux.

traînasser [tʀɛnase] ou **traînailler** [tʀɛnaje] v. intr. [1] Péjor. Traîner paresseusement; lambiner.

traîne [tʀɛn] n. f. **1.** Action de traîner, fait d'être traîné. *Bateau à la traîne,* remorqué. ▷ Fam. *Être à la traîne :* avoir du retard sur les autres. **2.** Partie qui traîne, queue. *Robe à traîne.* – METEO Partie postérieure d'un système nuageux. **3.** PECHE Syn. de *senne.* **4.** (Québec) Traîneau servant à transporter du bois ou des marchandises. – *Traîne sauvage :* syn. de *tabagane.*

traîneau [tʀɛno] n. m. **1.** Véhicule muni de patins, utilisé pour se déplacer sur la neige ou la glace. – (Belgique, Québec) Luge. **2.** Grand filet de chasse ou de pêche.

traîne-bûches [tʀɛnbyʃ] n. m. inv. PECHE Larve de la phrygane, utilisée comme amorce par les pêcheurs.

traînée [tʀɛne] n. f. **I. 1.** Trace laissée sur une surface par une substance répandue sur une certaine longueur. *Traînée de poudre,* transmettant le feu jusqu'à l'amorce. – Fig. *Se propager comme une traînée de poudre,* très rapidement. **2.** Trace allongée se formant dans le sillage d'un corps en mouvement. *L'avion laissait derrière lui une traînée blanche.* **3.** PHYS En mécanique des fluides, force résistante qui s'oppose à l'avancement d'un avion en mouvement et qui doit être compensée par la force de propulsion. **4.** PECHE Ligne de fond. **II.** Injur. Prostituée.

traînement [tʀɛnmɑ̃] n. m. Action de traîner. *Un traînement de pieds.*

traîner [tʀɛne] v. [1] **I.** v. tr. **1.** Tirer derrière soi. *Cheval qui traîne une charrette.* – Déplacer, tirer en faisant glisser. *Traîner un sac.* – Loc. fig. *Traîner qqn dans la boue,* salir sa réputation. ▷ *Traîner les pieds,* marcher sans les lever; fig. exécuter qqch sans enthousiasme. **2.** Mener de force. *Traîner un homme en prison.* **3.** Emmener partout avec soi. *Il traîne sa marmaille dans tous ses déplacements.* – Fig. *Traîner son ennui.* **4.** Supporter désespérément (un état douloureux qui se prolonge). *Traîner une vilaine grippe.* **5.** Faire durer. *Traîner ou faire traîner une affaire en longueur.* **II.** v. intr. **1.** Pendre jusqu'à terre, toucher, balayer le sol. *Votre manteau traîne dans la boue.* **2.** Être laissé n'importe comment, n'importe où, en désordre. *Vêtement qui traîne sur une chaise.* ▷ *Laisser traîner :* ne pas ranger. **3.** Rester en arrière (par rapport à d'autres qui avancent). *Pressons, derrière, ne traînons pas!* – S'attarder, être trop lent. **4.** Durer trop longtemps; faire peu ou pas de progrès. *Traîner en longueur.* – (En parlant d'un malade.) Tarder à se rétablir. *Il y a longtemps qu'il traîne.* **5.** Péjor. Flâner, s'attarder oisivement. *Traîner dans les cafés.* **III.** v. pron. **1.** Marcher avec difficulté. ▷ Fig. Être languissant. *Dans ce drame, l'action se traîne.* **2.** Se déplacer en rampant. *Il se traîne par terre.* – Fig. *Se traîner aux pieds de qqn,* s'humilier devant lui, le supplier.

traînerie [tʀɛnʀi] n. f. (Québec) **1.** (Plur.) Choses qui traînent (sens II, 2). **2.** Loc. fam. *Ne pas être une traînerie :* être réalisé rapidement, sans délai. *Le repas va être prêt, ça ne sera pas une traînerie!*

traîne-savates [tʀɛnsavat] n. inv. Fam. Oisif sans ressources.

traîneux, euse [tʀɛnø, øz] adj. et n. (Québec) Fam. **1.** Syn. de *traînard.* **2.** Se dit d'une personne qui laisse traîner ses affaires. ▷ Subst. *Ce traîneux ne range jamais sa chambre.*

training [tʀɛniŋ] n. m. (Anglicisme) **1.** Entraînement sportif. ▷ Syn. de *survêtement.* **2.** MED *Training autogène :* méthode de relaxation reposant sur une décontraction mentale.

train-train ou **traintrain** [tʀɛ̃tʀɛ̃] n. m. inv. Fam. Cours routinier des occupations. *Le train-train quotidien.*

traire [tʀɛʀ] v. tr. [58] Tirer le lait des mamelles de (un animal domestique). *Traire une vache, une chèvre.*

trait [tʀɛ] n. m. **I. 1.** Vieilli Action de lancer. *Armes de trait.* – Projectile, arme de jet. *Lancer un trait.* – Par ext. *Trait de lumière :* rayon. – Fig. Idée claire et soudaine. **2.** Fig., litt. Sarcasme, plaisanterie acerbe. *Décocher un trait mordant.* **II. 1.** Action de tirer, de tracter. *Cheval, bête de trait.* **2.** Longe avec laquelle les animaux domestiques tirent un véhicule. **III.** Manière d'avaler une gorgée. *Boire à longs traits. Vider son verre d'un trait.* ▷ *D'un (seul) trait :* sans discontinuer. *Il a raconté son histoire d'un trait.* **IV. 1.** Aptitude ou manière de tracer une ligne, un dessin. *Avoir le trait juste.* ▷ Ligne tracée avec un crayon, une plume, etc. *Tracer, tirer des traits.* – Fig. *Tirer un trait sur un projet,* y renoncer. ▷ *Trait d'union :* signe de ponctuation (-) qui joint plusieurs mots pour n'en former qu'un seul par le sens. – Fig. Intermédiaire. *Il servira de trait d'union entre nous.* **2.** Fig. Manière d'exprimer, de dépeindre. *S'exprimer en traits nets et précis.* **3.** (Plur.) Lignes caractéristiques du visage. *Traits réguliers. Traits tirés par la* *fatigue.* **4.** Élément auquel on reconnaît clairement qqn ou qqch. *Trait de caractère. C'est là un trait caractéristique de l'époque.* ▷ LING *Trait distinctif, pertinent.* **5.** Fig. Manifestation remarquable. *Trait de bravoure. Trait d'esprit.* **V.** Loc. verbale. *Avoir trait à :* avoir un rapport avec. Syn. concerner.

traitant, ante [tʀɛtɑ̃, ɑ̃t] adj. et n. m. **1.** adj. Qui traite, soigne. *Lotion traitante. Médecin traitant,* qui soigne qqn habituellement. **2.** n. m. (Afr. subsah.) Anc. À l'époque coloniale, commerçant qui collectait les produits agricoles et les revendait aux grandes compagnies européennes. **3.** n. m. (Afr. subsah.) Employé qui achète des produits agricoles pour le compte d'une entreprise en les payant en argent liquide.

traite [tʀɛt] n. f. **I.** Parcours effectué sans s'arrêter. ▷ *Tout d'une traite :* sans s'interrompre. **II. 1.** Vx Action de faire venir; transport. – Anc. Campagne d'achat, par les grandes compagnies européennes, de produits coloniaux, denrées agricoles et matières premières notam., pour les exporter en Europe. *Économie de traite. La traite des fourrures en Nouvelle-France.* ▷ (Afr. subsah.) Commercialisation de diverses cultures de rente; période où elle s'effectue. *Traite arachidière. Traite du café.* – *Faire une bonne traite :* bien vendre ses récoltes. ▷ *Traite des Noirs :* déportation de Noirs africains qu'on vendait comme esclaves (en Amérique, notam.). ▷ *Traite des Blanches :* exploitation de jeunes femmes qu'on livre à la prostitution. **2.** Lettre de change, effet de commerce. *Accepter une traite.* **III.** AGRIC Action de traire. *Traite manuelle, mécanique.* – Ce qui a été trait.

traité [tʀete] n. m. **1.** Ouvrage qui traite d'une matière, d'un sujet déterminé. *Le «Traité sur la tolérance» de Voltaire (1763). Traité de droit public.* **2.** Convention faite entre des souverains, des États. *Traité de Versailles.*

traitement [tʀɛtmɑ̃] n. m. **1.** Comportement, manière d'agir envers qqn. *Traitement de faveur.* ▷ *Mauvais traitements :* violences, voies de fait. **2.** MED Ensemble des moyens mis en œuvre pour soigner une maladie, un malade. *Prescrire un traitement.* Syn. thérapeutique. **3.** Action de traiter une substance; ensemble des opérations, des procédés destinés à modifier cette substance. ▷ Par anal. INFORM *Traitement de l'information :* ensemble des techniques permettant de stocker des informations, d'y accéder, de les combiner, en vue de leur exploitation. ▷ *Traitement de texte :* ensemble des opérations qui permettent de saisir, mettre en forme, modifier, stocker et imprimer des documents; logiciel permettant d'effectuer ces opérations. **4.** Appointements attachés à une place, à un emploi, dans la fonction publique.

traiter [tʀete] v. [1] **I.** v. tr. **1.** Agir, se conduire envers (qqn) d'une certaine manière. *Il traite ses enfants comme des étrangers. Traiter qqn en ami.* **2.** *Traiter (qqn) de* (suivi d'un mot péjor.), le qualifier de. *Traiter qqn de menteur.* ▷ v. pron. (Récipr.) *Ils se sont traités d'incapables.* **3.** Prendre pour matière d'étude et d'exposé, disserter sur. *Traiter un sujet, un problème.* – Représenter, exprimer. *Ce thème a été traité par de nombreux artistes.* **4.** Travailler à la conclusion de (une affaire), négocier. *Traiter une affaire.* ▷ v. pron. (Au passif.) *Un tel sujet se traite avec discrétion.* **5.** Soumettre à un traitement thérapeutique. *Traiter un malade.* – Soumettre à un traitement pour modifier utilement. *Traiter un minerai.* ▷ INFORM *Traiter des informations :* V. traitement, sens 3. **II.** v. tr. indir. *Traiter de :* exposer des informations ou des vues sur, avoir pour propos. *Ce livre traite d'art.* **III.** v. intr. Mener une négociation en vue de conclure un accord. *Ils n'accepteront pas de traiter sur cette base.* – Entretenir des relations d'affaires. *Traiter d'égal à égal.* Syn. négocier. **IV.** (Afr. subsah.) **1.** v. intr. Acheter les récoltes destinées à l'exportation ou à un traitement industriel. *Traiter avec les planteurs.* **2.** v. tr. Vendre (sa récolte). *Traiter son riz.*

traiteur [tʀɛtœʀ] n. m. Professionnel qui fournit mets et boissons pour les réceptions à domicile.

traître, traîtresse [tʀɛtʀ, tʀɛtʀɛs] adj. et n. **1.** Qui commet une trahison. *Être traître à sa patrie.* (Rem. : le féminin *traîtresse* est litt.) ▷ n. m. *Les traîtres seront fusillés.* ▷ Loc. adv. *En traître :* par trahison. *Prendre qqn en traître.* **2.** Qui est plus dangereux, plus fort qu'il ne le paraît. *Ces vins sucrés sont traîtres.* **3.** Loc. fam. *Il ne m'en a pas dit un traître mot,* pas un seul mot.

traîtrise [tʀɛtʀiz] n. f. **1.** Caractère de celui qui est traître. **2.** (Choses) Caractère de ce qui est traître. ▷ Piège aussi dangereux qu'imprévisible. *Une piste pleine de traîtrises.*

Trajan (en lat. *Marcus Ulpius Trajanus*) (53 – 117), empereur romain (98-117). Né dans une famille installée en Bétique (Espagne du S.), il fut le prem. empereur romain à n'être pas originaire de Rome. D'abord associé au pouvoir par l'empereur Nerva (97), auquel il succéda, il centralisa le pouvoir. Pour rétablir les finances de l'État, il entreprit de nouv. colonisations avec une armée peu nombreuse mais bien entraînée : Dacie (101-107), Arabie nabatéenne (105), Arménie (114), Assyrie et Mésopotamie (116-117). Il développa l'architecture et la statuaire, à Rome (agrandissement du port d'Ostie, forum de Trajan avec sa *colonne Trajane*) et dans l'Empire.

trajectoire [tʀaʒɛktwaʀ] n. f. Courbe décrite par un point matériel en mouvement, par le centre de gravité d'un mobile. ▷ Fig. Cheminement. *Trajectoire des mots.* ▷ GEOM *Trajectoire isogone :* courbe dont l'angle d'intersection avec une famille de courbes est constant. (Elle est dite *orthogone* si l'angle est droit.)

trajet [tʀaʒɛ] n. m. **1.** Espace à parcourir pour aller d'un point à un autre. Syn. parcours. – Action de parcourir cet espace; temps nécessaire pour l'accomplir. *Il faut compter deux heures de trajet.* **2.** ANAT, MED Suite des points par où passe un conduit, un nerf, une fistule.

Trakl (George) (1887 – 1914), poète autrichien de l'errance et du chaos.

trâlée [tʀɑle] n. f. (France rég., Québec) Fam. Grand nombre (de personnes), ribambelle. *Une trâlée d'enfants.*

tramail [tʀamaj] ou **trémail, ails** [tʀemaj] n. m. PECHE Filet de pêche composé de trois réseaux superposés.

trame [tʀam] n. f. **1.** TECH Ensemble des fils passés au moyen de la navette au travers des fils de chaîne pour former un tissu. ▷ CONSTR Élément géométrique répétitif autour duquel est structurée une construction. ▷ AUDIOV Ensemble des lignes d'une image de télévision. **2.** Fig. Ce qui constitue le fond, le support continu. *Tout ce qui fait la trame de notre vie. La trame d'un roman,* sa structure.

tramer [tʀame] v. tr. [1] **1.** TECH Tisser en passant la trame entre les fils de chaîne. **2.** Fig. Élaborer par une savante préparation (une intrigue, un complot). Syn. ourdir. ▷ v. pron. (impers.) *Il se trame qqch de louche.*

trameur, euse [tʀamœʀ, øz] n. TECH **1.** Ouvrier, ouvrière du tissage qui prépare les fils de trame. **2.** n. f. Machine produisant les fils de trame.

tramping [tʀɑ̃piŋ] n. m. (Anglicisme) MAR Navigation à la demande, sans itinéraire fixe.

trampoline [tʀɑ̃pɔlin] n. m. SPORT Tremplin très souple sur lequel on exécute diverses figures de saut.

tramway [tʀamwɛ] n. m. Mode de transport urbain électrifié sur voie ferrée. – Voiture circulant sur cette voie. (Abrév. : tram).

Trân, dynastie vietnamienne (1225-1413), qui régna sur le Dai* Viêt (anc. Viêt-nam) et poursuivit l'œuvre des Ly*. Les Trân durent lutter contre les Mongols (1257, 1285, 1287) au nord et le Champa* au sud. Ils continuèrent néanmoins l'expansion vietnamienne vers le Sud (rég. de Huê). Au milieu du XIVe s., la dynastie s'affaiblit (les mandarins s'approprièrent les terres, provoquant des révoltes paysannes) et le seigneur Hô Qui Ly s'empara du trône (1400). Il procéda à d'importantes réformes mais, sous le prétexte de rétablir le pouvoir légitime des Trân, les Chinois occupèrent le Dai Viêt en 1406 et chassèrent le dernier prétendant Trân en 1413. La domination chinoise fut si tyrannique qu'elle provoqua, dès 1418, la révolte du seigneur Lê* Loi (secondé par Nguyên* Trai), qui fonda la dynastie des Lê* postérieurs.

tranchage [tʀɑ̃ʃaʒ] n. m. TECH Action de débiter en plaques minces des troncs d'arbres ébranchés.

tranchant, ante [tʀɑ̃ʃɑ̃, ɑ̃t] adj. et n. m. **I.** adj. **1.** Qui tranche, coupe bien. *Instrument tranchant.* **2.** Fig. Qui tranche (sens II, 2). *Il a été tranchant.* – Par ext. *Ton tranchant,* péremptoire. **II.** n. m. **1.** Bord tranchant, fil d'une lame, d'un instrument tranchant. *Hache à double tranchant.* ▷ Fig. *À double tranchant :* se dit d'un argument, d'un moyen qui peut se retourner contre celui qui l'utilise. – Par anal. *Le tranchant de la main,* le côté opposé au pouce. **2.** TECH Lame, couteau employé par les apiculteurs, les tanneurs.

tranche [tʀɑ̃ʃ] n. f. **1.** Morceau plus ou moins mince coupé sur toute la largeur d'une masse, d'un bloc. *Tranche d'ananas, de pain.* Syn. (Acadie) taille. **2.** (Abstrait) Fraction d'un tout. *Tranches d'un programme. Tranche de temps, de vie.* – ARITH Série de chiffres constitutive d'un nombre. – FIN Ensemble des revenus imposés au même taux. *Tranches inférieures et supérieures.* **3.** Bord, côté mince d'un objet. *Tranche d'une pièce de monnaie.* – Chacun des trois côtés rognés d'un livre. *Livre doré sur tranche(s).* – Fig. *Doré sur tranche(s) :* très riche. **4.** En boucherie, parties supérieures et moyennes de la cuisse du bœuf.

tranché, ée [tʀɑ̃ʃe] adj. **1.** Séparé par une coupure nette. **2.** Fig. Net, bien marqué. *Couleurs tranchées.* – Catégorique. *Opinion trop tranchée.*

tranchée [tʀɑ̃ʃe] n. f. **1.** TRAV PUBL Ouverture, excavation pratiquée en longueur dans le sol, en vue d'asseoir des fondations, de placer des conduites, etc. **2.** MILIT Fossé creusé et aménagé pour servir de couvert et de position de tir à l'infanterie. **3.** Plur. MED Coliques violentes. ▷ *Tranchées utérines :* contractions douloureuses de l'utérus, après l'accouchement.

trancher [tʀɑ̃ʃe] v. [1] **I.** v. tr. **1.** Couper net, séparer en coupant. *Trancher une amarre qu'on ne peut larguer.* **2.** Fig. Résoudre définitivement, en finir avec (une question difficile). *Il faut trancher cette difficulté.* **II.** v. intr. **1.** *Trancher dans le vif :* couper dans un tissu sain pour empêcher une infection de s'étendre; fig. employer des solutions radicales. **2.** Fig. Décider hardiment, d'une manière catégorique. *Il tranche sur tout.* **3.** Contraster, s'opposer vivement. *Ces couleurs tranchent sur le fond.*

tranchet [tʀɑ̃ʃɛ] n. m. TECH Couteau plat sans manche, servant à couper le cuir.

trancheur, euse [tʀɑ̃ʃœʀ, øz] n. **1.** n. m. Ouvrier chargé de trancher, de couper, de débiter (une matière). **2.** n. f. TECH Machine servant à débiter des troncs d'arbres ébranchés en tranches minces. – TRAV PUBL Engin automoteur utilisé pour creuser des tranchées.

tranchoir [tʀɑ̃ʃwaʀ] n. m. **1.** Plateau de bois sur lequel on coupe la viande. **2.** Couteau servant à trancher.

Trân Dân (né en 1926), poète vietnamien. Il anima avec Phung* Quan la revue *Giai Phâm* («Belles-Œuvres»), créée en 1956. À la fois symboliste et réaliste, il cherche à renouveler la poésie vietnamienne : *Après la pluie.*

Trân Duc Thao (1917 - 1993), philosophe vietnamien. Anc. élève de l'École normale supérieure (Paris), militant nationaliste et communiste, il est l'auteur de : *Phénoménologie et matérialisme dialectique* (1951); *Recherches sur l'origine du langage et de la conscience* (1973) et d'une dénonciation du stalinisme (*la Philosophie de Staline,* 1988).

Trang Trinh. V. Nguyên Binh Khiêm.

Trân Ninh, nom vietnamien de la province de Xieng* Khouang (Laos).

tranquille [tʀɑ̃kil] adj. **1.** Qui n'est pas agité. *Mer tranquille.* – (Êtres vivants.) Qui est peu remuant, peu bruyant. *Un enfant tranquille.* – (Abstrait) Que rien ne vient troubler, déranger. *Vie tranquille.* Syn. calme, paisible. **2.** Qui est en paix, qui n'est pas importuné. *Laisser qqn tranquille. – Laisse ça tranquille,* n'y touche pas. **3.** Qui est sans inquiétude. *Je ne suis tranquille qu'en sa présence.* – Qui est en paix, serein. *Avoir la conscience tranquille.*

tranquillement [tʀɑ̃kilmɑ̃] adv. **1.** De façon calme, paisible. **2.** Sans inquiétude, sans émotion.

tranquillisant, ante [tʀɑ̃kilizɑ̃, ɑ̃t] adj. et n. m. **1.** adj. Qui tranquillise, rassure. **2.** n. m. MED Substance médicamenteuse ayant un effet sédatif (neuroleptique) ou qui dissipe un état d'anxiété, d'angoisse.

tranquilliser [tʀɑ̃kilize] v. tr. [1] Rendre tranquille, faire cesser l'inquiétude de (qqn). Syn. rassurer. ▷ v. pron. *Tranquillisez-vous :* rassurez-vous.

tranquillité [tʀɑ̃kilite] n. f. État de ce qui est tranquille, calme. – (Sens moral.) État d'une personne sans inquiétude, sans angoisse. Syn. calme, paix.

Trân Quôc Tuân, dit aussi *Trân Hung Dao* (1213 – 1300), général vietnamien. Il commanda (1257, 1285 et 1287) les troupes du Dai* Viêt qui tinrent tête aux Mongols. Sa célèbre *Proclamation aux officiers et soldats* est un des rares textes vietnamiens en prose (à l'écriture chinoise) du XIIIe s. qui nous soient parvenus.

trans-. Préfixe, du lat. *trans,* «à travers», exprimant l'idée de *au-delà* (ex. *transocéanien*), *à travers* (ex. *transsibérien*), ou indiquant un changement (ex. *transformation*).

transactinide [tʀɑ̃zaktinid] n. m. CHIM Élément dont le numéro atomique est supérieur à ceux des actinides.

transaction [tʀɑ̃zaksjɔ̃] n. f. **1.** DR Acte par lequel on transige; contrat par lequel les parties terminent ou préviennent une contestation, moyennant des concessions réciproques. **2.** COMM, FIN Opération boursière ou commerciale.

transactionnel, elle [tʀɑ̃zaksjɔnɛl] adj. **1.** DR Qui comporte ou concerne une transaction (sens 1). *Des dispositions transactionnelles.* **2.** PSYCHO, SOCIOL *Analyse transactionnelle :* analyse des relations et des échanges interindividuels fondée sur des concepts d'inspiration psychanalytique et psychosociologique.

transafricain, aine [tʀɑ̃zafʀikɛ̃, ɛn] adj. Qui traverse le continent africain.

transalpin, ine [tʀɑ̃zalpɛ̃, in] adj. **1.** HIST *Gaule transalpine :* partie de la Gaule située au-delà des Alpes par rapport à Rome (par oppos. à *Gaule cisalpine*). **2.** Qui est au-delà des Alpes (par rapport à la France). – Subst. *Les transalpins :* les Italiens.

Transamazonienne (la), route du Brésil qui traverse l'Amazonie d'E. en O. et fut entreprise en 1973 depuis ses deux extrémités; son tracé, qui correspond à moins du tiers des 18 000 km de voies prévues, est en partie envahi par la forêt.

transaminase [tʀɑ̃zaminaz] n. f. BIOCHIM Enzyme dont le rôle est de transporter les radicaux aminés (NH_2) d'un acide aminé vers un autre acide aminé.

transatlantique [tʀɑ̃zatlɑ̃tik] adj. et n. m. Qui traverse l'Atlantique. *Ligne transatlantique.* ▷ *Un paquebot transatlantique* ou, n. m., *un transatlantique :* paquebot assurant la liaison régulière entre l'Europe et l'Amérique.

transbordement [tʀɑ̃sbɔʀdəmɑ̃] n. m. Action de transborder.

transborder [tʀɑ̃sbɔʀde] v. tr. [1] Faire passer d'un navire, d'un avion, d'un train, etc., à un autre. *Transborder des voyageurs, des marchandises.*

transbordeur [tʀɑ̃sbɔʀdœʀ] n. m. et adj. m. **1.** Navire aménagé pour le transport des automobiles et des passagers. Syn. (off. déconseillé) car-ferry. **2.** Pont à plate-forme mobile suspendue par des câbles à un tablier élevé. ▷ adj. m. *Pont transbordeur.*

transcanadien, enne [tʀɑ̃skanadjɛ̃, ɛn] adj. (et n. f.) Qui traverse le Canada. ▷ n. f. *La Transcanadienne :* V. ce nom.

Transcanadienne (la), autoroute qui traverse tout le Canada, de Victoria (Colombie-Britannique) jusqu'à Saint-Jean (Terre-Neuve), couvrant environ 7 800 km.

Transcaucasie. V. Caucase.

transcendance [tʀɑ̃sɑ̃dɑ̃s] n. f. PHILO Caractère de ce qui est transcendant. – *Transcendance de Dieu :* existence de Dieu au-delà des formes qui le rendraient présent au monde et à la conscience humaine. Ant. immanence.

transcendant, ante [tʀɑ̃sɑ̃dɑ̃, ɑ̃t] adj. **1.** Litt. Qui excelle en son genre. *Esprit transcendant.* Syn. sublime, supérieur. **2.** PHILO Qui dépasse un certain ordre de réalités ou, pour Kant, toute expérience possible (par oppos. à *immanent*). **3.** MATH Se dit d'un nombre non algébrique, c.-à-d. qui n'est la racine d'aucun polynôme. *Le nombre π est transcendant.*

transcendantal, ale, aux [tʀɑ̃sɑ̃dɑ̃tal, o] adj. PHILO Dans le système de Kant, qualifie tout élément de la pensée qui est une condition a priori de l'expérience. *Connaissance transcendantale.*

transcender [tʀɑ̃sɑ̃de] v. tr. [1] **1.** Dépasser, en étant d'un autre ordre, d'un ordre supérieur. ▷ v. pron. Se dépasser. **2.** PHILO Dépasser les possibilités de l'entendement.

transcodage [tʀɑ̃skɔdaʒ] n. m. **1.** TECH Transformation d'un codage selon un code différent. **2.** INFORM Transcription des instructions d'un programme en un autre code que celui d'origine.

transcoder [tʀɑ̃skɔde] v. tr. [1] TECH Effectuer un transcodage.

transcodeur [tʀɑ̃skɔdœʀ] n. m. TECH Appareil servant à effectuer un transcodage.

transcontinental, ale, aux [tʀɑ̃skɔ̃tinɑ̃tal, o] adj. Qui traverse un continent.

transcripteur, trice [tʀɑ̃skʀiptœʀ, tʀis] n. **1.** Personne qui transcrit. **2.** n. m. Appareil qui transcrit.

transcription [tʀɑ̃skʀipsjɔ̃] n. f. **1.** Action de transcrire; son résultat. *Transcription d'un manuscrit. Transcription phonétique.* **2.** DR Formalité consistant à reproduire un titre ou un acte juridique sur les registres publics. *Transcription à l'état civil.* **3.** GENET Étape de la synthèse des protéines qui précède la traduction et qui consiste en la synthèse d'un A.R.N. messager par copie de l'A.D.N. (V. encycl. code.)

transcrire [tʀɑ̃skʀiʀ] v. tr. [67] **1.** Copier, reporter fidèlement (un écrit) sur un autre support. *Transcrire un acte notarié.* **2.** Transposer (un énoncé) d'un code graphique dans un autre. *Transcrire un livre en braille.* ▷ *Transcrire phonétiquement :* noter, écrire (un énoncé, une suite d'énoncés) en utilisant l'alphabet phonétique. **3.** MUS Arranger (un morceau) pour un ou plusieurs instruments autres que celui ou ceux pour lesquels il a été écrit.

transculturel, elle [tʀɑ̃skyltyʀɛl] adj. Didac. Relatif aux relations entre des cultures différentes.

transcutané, ée [tʀɑ̃skytane] adj. MED Syn. de *transdermique.*

transdermique [tʀɑ̃sdɛʀmik] adj. MED Se dit de la voie d'administration d'un produit pénétrant dans l'organisme par diffusion à travers la peau. Syn. transcutané.

transducteur [tʀɑ̃sdyktœʀ] n. m. **1.** En cybernétique, syn. de *traducteur.* **2.** ELECTR Dispositif qui transforme une énergie en une autre. *Transducteurs électroacoustiques* (ex. : microphones), *électromécaniques* (ex. : têtes de lecture).

transduction [tʀɑ̃sdyksjɔ̃] n. f. ELECTR Transformation d'une énergie en une autre de nature différente.

transe [tʀɑ̃s] n. f. **1.** (Plur.) Grande appréhension, vive anxiété. *Être dans* *les transes.* **2.** (Spiritisme) État du médium en communication avec un esprit. ▷ Cour. *Entrer en transe :* perdre tout contrôle de soi sous l'effet d'une surexcitation ou d'une émotion intense.

transept [tʀɑ̃sɛpt] n. m. ARCHI Nef transversale d'une église.

transférable [tʀɑ̃sfeʀabl] adj. Que l'on peut transférer.

transfèrement [tʀɑ̃sfɛʀmɑ̃] n. m. Action de transférer (un détenu).

transférer [tʀɑ̃sfeʀe] v. tr. **[14] 1.** Faire passer (qqn, qqch) d'un lieu dans un autre d'une façon convenue, réglée. *Transférer un détenu.* **2.** Transmettre (qqch à qqn) en observant les formalités requises. *Transférer une obligation.* **3.** Fig. Reporter ailleurs (un sentiment, un désir). V. transfert (sens 3).

transfert [tʀɑ̃sfɛʀ] n. m. **1.** Action de transférer d'un lieu dans un autre. – *Transfert de populations :* déplacement massif et forcé de populations d'une région dans une autre. – *Transfert de technologie**. ▷ INFORM Transport d'une information d'une zone de mémoire dans une autre. ▷ TECH *Machine-transfert :* machine-outil qui comprend plusieurs postes de travail entre lesquels la pièce à usiner se déplace automatiquement. **2.** DR Acte par lequel on transfère à qqn (un droit, une propriété). – Substitution de nom, résultant d'un tel acte, sur un registre public. ▷ ECON Redistribution des revenus par laquelle une partie des revenus primaires des uns est affectée aux autres sous forme de revenus secondaires (par le mécanisme du budget de l'État, de la Sécurité sociale, etc.). **3.** Action de transférer un état affectif (d'un objet à un autre). ▷ PSYCHAN Processus par lequel un sujet reporte sur une personne (en partic. sur l'analyste au cours de la cure) des désirs inconscients éprouvés durant l'enfance vis-à-vis d'une figure parentale (père, mère, substitut). ▷ PSYCHO Dans la psychologie de l'apprentissage, cas où une habitude ancienne facilite l'acquisition d'une nouvelle habitude.

transfiguration [tʀɑ̃sfigyʀasjɔ̃] n. f. **1.** Action de transfigurer; son résultat. **2.** RELIG (Avec une majuscule.) Forme glorieuse sous laquelle Jésus apparut à trois apôtres sur le mont Thabor.

transfigurer [tʀɑ̃sfigyʀe] v. tr. **[1]** Transformer en rendant beau, radieux. – Pp. *Visage transfiguré par la joie.*

transfini, ie [tʀɑ̃sfini] adj. MATH *Nombres transfinis,* imaginés pour dénombrer les ensembles infinis.

transformable [tʀɑ̃sfɔʀmabl] adj. Que l'on peut transformer.

transformateur, trice [tʀɑ̃sfɔʀmatœʀ, tʀis] adj. et n. m. **1.** adj. Qui transforme. **2.** n. m. ELECTR Appareil électromagnétique servant à transférer une énergie électrique d'un circuit à un autre après en avoir modifié la tension (abrév. fam. : transfo). ▷ *Transformateur abaisseur,* qui réduit la tension (par oppos. à *élévateur*).

transformation [tʀɑ̃sfɔʀmasjɔ̃] n. f. **1.** Action de transformer, de se transformer. *Les industries de transformation (des matières premières).* **2.** PHYS *Les transformations de l'énergie :* V. encycl. énergie. *Un système subit une transformation lorsqu'il quitte son état initial pour parvenir à un état final.* ▷ ELECTR Action de modifier la tension d'un courant au moyen d'un transformateur. **3.** GEOM Opération qui fait correspondre un point à un autre suivant une loi déterminée (similitude, translation, homothétie, affinité, inversion, par ex.). **4.** GENET *Transformation génétique :* mode de transfert d'A.D.N. d'une bactérie à une autre bactérie ou à une cellule animale ou végétale, ou d'introduction directe d'A.D.N. dans une cellule, avec, dans tous les cas, intégration de l'A.D.N. introduit dans le génome de l'hôte. **5.** LING En grammaire générative, opération qui convertit une structure de phrase en une autre structure de phrase sans modification de sens (effacement, permutation, addition, réduction).

transformationnel, elle [tʀɑ̃sfɔʀmasjɔnɛl] adj. LING Qui concerne ou utilise les transformations. *Grammaire transformationnelle :* ensemble des règles de transformation (sens 5).

transformé, ée [tʀɑ̃sfɔʀme] adj. GENET *Cellule transformée,* qui a intégré un A.D.N. étranger dans son génome par transformation génétique.

transformer [tʀɑ̃sfɔʀme] v. **[1] I.** v. tr. **1.** Donner à (qqn, qqch) une autre forme, un autre aspect. *Transformer une énergie en une autre. Ce déguisement la transforme complètement.* **2.** Fig. Changer le caractère de (qqn). *Cette dure épreuve l'a transformé.* **II.** v. pron. Prendre une forme, un aspect, un caractère différent. *La société se transforme.*

transformisme [tʀɑ̃sfɔʀmism] n. m. Didac. Théorie de l'évolution des êtres vivants selon laquelle, depuis les plus rudimentaires jusqu'aux plus complexes, les organismes se succèdent dans le temps et se transforment en d'autres (par oppos. au *fixisme*).

transformiste [tʀɑ̃sfɔʀmist] n. et adj. **1.** n. Didac. Partisan du transformisme. **2.** adj. Qui appartient, se rapporte au transformisme.

transfrontalier, ère [tʀɑ̃sfʀɔ̃talje, ɛʀ] adj. et n. Qui concerne les deux côtés d'une frontière. ▷ Subst. (Luxembourg) Frontalier.

transfuge [tʀɑ̃sfyʒ] n. **1.** n. m. Soldat qui passe à l'ennemi. **2.** n. Celui (celle) qui abandonne son parti, ses opinions pour un parti, des opinions adverses. **3.** n. (Sens atténué.) Personne qui a changé de lieu, de situation.

transfusé, ée [tʀɑ̃sfyze] adj. et n. Injecté par transfusion. *Sang transfusé.* ▷ Subst. *Par méton.* Personne qui a subi une transfusion sanguine.

transfuser [tʀɑ̃sfyze] v. tr. **[1]** MED Injecter (du sang) à qqn par une transfusion.

transfusion [tʀɑ̃sfyzjɔ̃] n. f. MED Opération consistant à injecter à un sujet, par perfusion intraveineuse, du sang (ou des dérivés sanguins) prélevé(s) chez un autre sujet.

transgénique [tʀɑ̃sʒenik] adj. BIOL Se dit d'un individu qui, après transformation génétique, exprime dans son phénotype, et éventuellement dans son génotype, le nouveau caractère introduit par génie génétique (V. génie 2).

transgresser [tʀɑ̃sgʀese] v. tr. **[1]** Contrevenir à (un ordre, une loi). *Transgresser un interdit.*

transgression [tʀɑ̃sgʀesjɔ̃] n. f. **1.** Action de transgresser. **2.** GEOL Submersion, par la mer, d'une partie des continents, à la suite d'un enfoncement de ceux-ci ou de l'élévation du niveau marin. Ant. régression. **3.** GENET *Transgression génétique :* apparition, parmi les descendants d'un croisement entre individus de génotypes différents, de caractères nouveaux qui les distinguent des deux parents.

transhumance [tʀɑ̃zymɑ̃s] n. f. Action de transhumer.

transhumant, ante [tʀɑ̃zymɑ̃, ɑ̃t] adj. Se dit des ethnies pastorales (Peuls, Touareg, Maures, Massaï) et de leurs troupeaux qui transhument.

transhumer [tʀɑ̃zyme] v. **[1]** ELEV **1.** v. tr. Conduire (les troupeaux) de pâturage en pâturage selon des mouvements saisonniers déterminés par l'état des pâturages et la présence d'eau. **2.** v. intr. (Troupeaux) Changer de pâturages selon les saisons. *Les bœufs transhument des zones sahéliennes vers les confins des zones soudanienne et guinéenne.*

transi, ie [tʀɑ̃zi] adj. Pénétré, saisi de froid. ▷ Fig. *Amoureux transi,* que sa passion rend timide et tremblant.

transiger [tʀɑ̃ziʒe] v. intr. **[13] 1.** DR Régler un différend par une transaction. *Engager les parties à transiger.* ▷ Faire des concessions réciproques. **2.** (Dans l'ordre moral.) Être peu exigeant, manquer de fermeté. *Transiger avec sa conscience.*

transir [tʀɑ̃siʀ] v. intr. **[30]** (Belgique) Être pénétré d'un sentiment de forte inquiétude, de grande impatience; être dans les transes. *Chaque samedi, je transis en attendant qu'il rentre.*

transistor [tʀɑ̃zistɔʀ] n. m. **1.** ELECTRON Composant en matériau semiconducteur*, constitué de deux zones de même conductibilité (émetteur et collecteur) séparées par une zone de conductibilité contraire (base), utilisé en électronique pour amplifier des signaux. **2.** *Par méton.* Radiorécepteur portatif muni de transistors.

transistoriser [tʀɑ̃zistɔʀize] v. tr. **[1]** TECH Équiper de transistors. – Pp. adj. *Téléviseur transistorisé.*

transit [tʀɑ̃zit] n. m. **1.** Passage de marchandises, de voyageurs, à travers un lieu, un pays situé sur leur itinéraire. *Passagers en transit sur un aéroport.* ▷ COMM Possibilité de faire traverser à des marchandises un pays autre que leur pays de destination sans payer de droits de douane. **2.** PHYSIOL Progression du bol alimentaire dans le tube digestif. *Transit intestinal.*

transitaire [tʀɑ̃zitɛʀ] adj. et n. m. **1.** adj. Qui concerne ou admet le transit (sens 1). *Pays transitaire.* **2.** n. m. Commissionnaire qui fait voyager les marchandises en transit, et effectue diverses opérations concernant l'importation et l'exportation.

transiter [tʀɑ̃zite] v. **[1] 1.** v. tr. Faire passer en transit. *Transiter des denrées.* **2.** v. intr. Voyager en transit.

transitif, ive [tʀɑ̃zitif, iv] adj. **1.** GRAM *Verbe transitif (direct),* qui demande ou admet un complément d'objet direct (ex. : il mange un œuf). – *Verbe transitif employé absolument,* sans complément (ex. : il mange). ▷ *Verbe transitif indirect,* qui est suivi d'un complément d'objet indirect (ex. : plaire à). Ant. intransitif. **2.** PHILO *Cause transitive,* dont l'action s'exerce sur un objet étranger au sujet agissant (par oppos. à *cause immanente*). **3.** MATH, LOG Se dit d'une relation binaire R telle que x R y et y R z entraînent x R z. *L'égalité est une relation transitive* (si x = y et si y = z, on a : x = z).

transition [tʀɑ̃zisjɔ̃] n. f. **1.** Manière de lier entre elles les idées qu'on exprime, de passer d'une partie d'un discours, d'un écrit à une autre. *Phrase de transition.* **2.** MUS Passage d'un mode, d'un ton à un autre. **3.** CHIM *Métaux de transition :* éléments intermédiaires entre les métaux et les non-métaux, dont la couche électronique interne n'est pas saturée en électrons. V. tableau périodique des éléments*. (Les métaux de transition forment des complexes, le ferrocyanure par ex., qui ont parfois des propriétés magnétiques spéciales, et des composés organométalliques, volatils et solubles dans les composés organiques.) **4.** PHYS NUCL *Transition électronique :* passage d'un électron d'un niveau énergétique à un autre, se traduisant par l'émission ou l'absorption d'un photon. **5.** Fig. Passage graduel d'un état, d'un ordre à un autre. *Passer sans transition du rire aux larmes.* ▷ *De transition :* intermédiaire, transitoire. *Un gouvernement de transition.*

transitivement [trɑ̃zitivmɑ̃] adv. GRAM À la manière d'un verbe transitif. *Verbe intransitif employé transitivement.*

transitivité [trɑ̃zitivite] n. f. Didac. Caractère de ce qui est transitif.

transitoire [trɑ̃zitwaʀ] adj. **1.** Qui ne dure pas longtemps. Syn. passager. **2.** Qui forme une transition entre deux états.

Transjordanie. V. Jordanie.

Transkei (le), district maritime de la prov. du Cap oriental, ancien bantoustan d'Afrique du Sud (1959-1994, «indépendant» en 1976); 43798 km²; env. 3300000 hab.; cap. *Umtata.* – Situé sur l'océan Indien, à l'E. de la prov. du Cap orient. et au S. du Lesotho et du KwaZulu-Natal, ce territoire peuplé de Xhosa est formé par un plateau qui retombe sur la plaine côtière. Le climat subtropical favorise l'agriculture : maïs, thé, café, canne à sucre, coton, etc.

translation [trɑ̃slasjɔ̃] n. f. **1.** DR Action de transmettre (une propriété, un droit) d'une personne à une autre. **2.** GEOM Transformation dans laquelle à tout point M on fait correspondre un point M' tel que le vecteur $\overrightarrow{MM'}$ soit constant. **3.** PHYS *Mouvement de translation (d'un corps),* par lequel tous les points du corps se déplacent le long de courbes parallèles. – *Mouvement de translation uniforme,* qui s'effectue à vitesse constante.

Transleithanie, partie de l'anc. Empire austro-hongrois située à l'est de la Leitha et administrée par la Hongrie (par opposition à la Cisleithanie, située à l'ouest et administrée par l'Autriche). La Transleithanie comprenait la Hongrie, la Transylvanie et la Croatie.

translittération [trɑ̃sliteʀasjɔ̃] n. f. LING Transcription lettre pour lettre des mots d'une langue dans l'alphabet d'une autre langue. *Translittération du grec en caractères latins.*

translocation [trɑ̃slɔkasjɔ̃] n. f. BIOL Déplacement d'un segment de chromosome sur un chromosome non analogue.

translucide [trɑ̃slysid] adj. Se dit d'un corps qui laisse passer la lumière sans être totalement transparent. Syn. diaphane.

transmetteur, trice [trɑ̃smɛtœʀ, tʀis] adj. PHYS Qui transmet des sons, des signaux.

transmettre [trɑ̃smɛtʀ] v. [60] **I.** v. tr. **1.** Mettre par voie légale en possession d'un autre. *Transmettre un héritage, des pouvoirs (à qqn).* **2.** Faire passer (qqch) à d'autres, d'une personne à une autre. *Transmettre un ordre. Transmettre une maladie.* **3.** (Sujet n. de chose.) Faire passer d'un lieu, d'un organe à un autre. *Dispositif qui transmet le mouvement. Nerf transmettant une excitation.* **II.** v. pron. (Sens passif et sens récipr.) Passer d'une personne à une autre, d'un lieu à un autre.

transmigration [trɑ̃smigʀasjɔ̃] n. f. RELIG Métempsycose.

transmissibilité [trɑ̃smisibilite] n. f. Caractère de ce qui est transmissible.

transmissible [trɑ̃smisibl] adj. Qui peut être transmis.

transmission [trɑ̃smisjɔ̃] n. f. **1.** Action de transmettre légalement. *La transmission de la propriété aux héritiers. Transmission de pouvoirs.* **2.** Action de faire passer (qqch). *Transmission des caractères biologiques des parents aux enfants. – Transmission de pensée :* V. télépathie. **3.** PHYS Propagation. *Transmission d'une onde.* ▷ BIOL *Transmission nerveuse :* propagation de l'influx nerveux le long d'un neurone ou d'une fibre nerveuse. V. encycl. neurone. **4.** MECA Fait, pour un mouvement, d'être transmis d'un organe à un autre. – Organe qui transmet un mouvement. ▷ AUTO Ensemble des organes qui transmettent aux roues motrices le mouvement du moteur, à partir de la sortie de la boîte de vitesses (différentiel, cardans, pont). – *Par extension* Ensemble des organes qui transmettent ce mouvement (embrayage et boîte de vitesses, en partic.). **5.** Plur. MILIT Ensemble des moyens qui permettent aux forces armées de communiquer.

transmuer [trɑ̃smɥe] ou **transmuter** [trɑ̃smyte] v. tr. [1] Didac. Transformer (un corps) en un autre de nature entièrement différente. ▷ PHYS NUCL Effectuer une transmutation.

transmutation [trɑ̃smytasjɔ̃] n. f. Action de transmuer. ▷ PHYS NUCL Transformation d'un élément simple en un autre par modification du nombre de ses protons. *Transmutations naturelles (radioactivité) ou provoquées.*

Transnistrie, petite partie de la rép. de Moldavie, située à l'ouest du Dniestr. – En déc. 1991, un conflit éclata entre Moldaves et russophones de la rég., ces derniers réclamant leur autonomie. En juil. 1992, un accord fut signé et la Transnistrie obtint le statut d'«entité autonome».

transocéanien, enne [trɑ̃zɔseanjɛ̃, ɛn] ou **transocéanique** [trɑ̃zɔseanik] adj. **1.** Qui est situé au-delà de l'océan. **2.** Qui traverse l'océan. *Câble transocéanique.*

Transoxiane, anc. région d'Asie centrale, située au-delà de l'Oxus (V. Amou-Daria) et correspondant à peu près à la Sogdiane. Ville princ. *Samarkand.*

transparaître [trɑ̃spaʀɛtʀ] v. intr. [73] Paraître (à travers qqch de transparent, de translucide). *Veines qui transparaissent à travers la peau.* – Fig. *Laisser transparaître son embarras.*

transparence [trɑ̃spaʀɑ̃s] n. f. **1.** Propriété des substances qui laissent passer la lumière et au travers desquelles on voit distinctement. *La transparence du verre.* Ant. opacité. **2.** Fig. Qualité de ce qui est, psychologiquement ou intellectuellement, facilement pénétrable. *La transparence d'une âme, d'un style.* ▷ POLIT *La transparence d'une institution,* qui laisse apparaître au grand jour la totalité de ses activités.

transparent, ente [trɑ̃spaʀɑ̃, ɑ̃t] adj. et n. m. **1.** adj. Doué de transparence. *Étoffe, eau transparente.* ▷ Fig. *Allégorie, allusion transparente,* qui se comprend clairement. **2.** n. m. Nom donné à diverses surfaces de matière transparente (papier, plastique, tissu, etc.) dont la transparence permet de réaliser certaines opérations ou d'obtenir certains effets.

transpercer [trɑ̃spɛʀse] v. tr. [12] **1.** Percer de part en part. ▷ Fig. *Transpercer le cœur,* le pénétrer de douleur. **2.** Pénétrer à travers. *La pluie a transpercé son manteau.*

transpiration [trɑ̃spiʀasjɔ̃] n. f. **1.** Excrétion de la sueur par les pores de la peau. – Sueur. **2.** BOT Émission de vapeur d'eau à travers la cuticule ou les stomates des organes végétaux.

transpirer [trɑ̃spiʀe] v. intr. [1] **1.** Syn. cour. de *suer.* **2.** Fig. Commencer à être connu (en parlant d'une chose tenue secrète). *Le secret avait transpiré.*

transplant [trɑ̃splɑ̃] n. m. CHIR Organe, fragment de tissu transplanté ou à transplanter.

transplantation [trɑ̃splɑ̃tasjɔ̃] n. f. **1.** Action de transplanter un végétal. **2.** CHIR Greffe d'un organe, provenant d'un sujet donneur, sur un sujet receveur. *Transplantation rénale, cardiaque.* **3.** Fig. Action de transplanter d'un pays ou d'un milieu dans un autre; résultat de cette action.

transplanter [trɑ̃splɑ̃te] v. tr. [1] **1.** Sortir (une plante) de terre pour la replanter dans un autre endroit. *Transplanter un arbuste.* **2.** CHIR Effectuer la transplantation de (un organe, un fragment d'organe). *Transplanter un rein.* **3.** Fig. Faire passer d'un pays ou d'un milieu dans un autre, en vue d'un établissement durable. ▷ v. pron. S'établir dans un autre lieu.

transplantoir [trɑ̃splɑ̃twaʀ] n. m. AGRIC Outil ou appareil utilisé pour transplanter un végétal.

transport [trɑ̃spɔʀ] n. m. **1.** Action, manière de transporter qqn, qqch dans un autre lieu. *Moyens de transport.* – *Transport de l'énergie électrique,* conduction de cette énergie. ▷ (Plur.) Ensemble des moyens permettant de transporter des personnes ou des marchandises. *Les transports routiers, aériens.* ▷ GEOL *Terrain de transport,* constitué d'alluvions. **2.** MILIT Navire, avion de guerre destiné à transporter des troupes, du matériel. **3.** DR Action d'une personne qui, par autorité de justice, se rend sur les lieux, pour procéder à un examen, une vérification. *Transport de justice.* **4.** DR Cession d'un droit, d'une créance, etc. **5.** Litt. Émotion violente qui transporte (sens I, 3). *Transport amoureux. Accueillir qqn avec des transports de joie.* ▷ (Plur.) (Québec) Fam. (Pour inviter qqn à se calmer, à se contenir.) *Modère, calme tes transports!*

transportable [trɑ̃spɔʀtabl] adj. Qui peut être transporté. *Le malade a été jugé transportable.*

transporté, ée [trɑ̃spɔʀte] adj. **1.** Qui est déplacé par transport. **2.** Fig. Qui est mis hors de soi par un sentiment exaltant. *Transporté d'admiration, de joie.*

transporter [trɑ̃spɔʀte] v. [1] **I.** v. tr. **1.** Porter, faire parvenir d'un lieu dans un autre. *Transporter des marchandises, des passagers.* **2.** DR *Transporter un droit à qqn,* le lui céder. **3.** Mettre (qqn) hors de soi-même. *La joie le transportait.* **II.** v. pron. Se rendre (en un lieu). *Le juge d'instruction s'est transporté sur les lieux du crime.* ▷ Fig. *Se transporter dans la Rome antique.*

transporteur, euse [tʀɑ̃spɔʀtœʀ, øz] n. **1.** Personne qui fait métier de transporter des personnes ou des marchandises; personne qui dirige une entreprise de transports. **2.** n. m. TECH Engin, dispositif destiné au transport continu de pièces, de matériaux.

transposable [tʀɑ̃spozabl] adj. Que l'on peut transposer.

transposer [tʀɑ̃spoze] v. tr. [**1**] **1.** Présenter sous une autre forme (plus ou moins éloignée de l'original), dans un autre contexte (et spécial. dans un contexte moderne). *Transposer librement un mythe.* **2.** MUS Exécuter ou transcrire (un morceau) dans un autre ton que celui dans lequel il a été noté.

transposition [tʀɑ̃spozisjɔ̃] n. f. **1.** MATH Permutation de deux éléments (définie par une relation). – Transformation d'une matrice en une autre par interversion des lignes et des colonnes. **2.** Action de présenter différemment, de transposer dans une œuvre littéraire. *La transposition du vécu dans le rêve.* **3.** MUS Action de transposer un morceau. **4.** CHIM Migration de radicaux ou d'atomes à l'intérieur d'une molécule. Syn. réarrangement moléculaire.

transposon [tʀɑ̃spozɔ̃] n. m. BIOL Élément mobile du génome, capable de se transposer d'un point de celui-ci à un autre et constitué de quelques milliers de nucléotides assurant une régulation fonctionnelle des gènes.

transsaharien, enne [tʀɑ̃ssaaʀjɛ̃, ɛn] adj. (et n. f.) Qui traverse le Sahara. *Commerce transsaharien.* ▷ n. f. *La Transsaharienne :* V. ce nom.

Transsaharienne (la), route reliant le nord de l'Algérie (Alger) à l'extrême-sud du pays (Tamanrasset).

transsexuel, elle [tʀɑ̃ssɛksɥɛl] adj. et n. Qui est convaincu d'appartenir à l'autre sexe et se comporte selon cette conviction. ▷ Subst. *Un(e) transsexuel(le).*

Transsibérien (le), voie ferrée (env. 9 000 km) de Moscou à Vladivostok, qui traverse l'Oural et la Sibérie.

transsonique [tʀɑ̃ssɔnik] adj. AVIAT Qualifie des vitesses voisines de celles du son (par oppos. à *subsonique* et à *supersonique*).

transsubstantiation [tʀɑ̃ssybstɑsjasjɔ̃] n. f. RELIG CATHOL Changement intégral du pain et du vin eucharistiques en la substance du corps et du sang de Jésus-Christ.

transsuder [tʀɑ̃ssyde] v. intr. [**1**] Didac. Passer à travers les pores d'un corps pour se rassembler en gouttelettes à sa surface.

transuranien, enne [tʀɑ̃syʀanjɛ̃, ɛn] adj. et n. m. CHIM *Élément transuranien* ou, n. m., *un transuranien :* élément radioactif de numéro atomique supérieur à celui de l'uranium, produit par des réacteurs nucléaires (plutonium, neptunium, américium, lawrencium, par ex.).

Transvaal (le), anc. rég. de l'Afrique du Sud, aujourd'hui divisée en trois provinces : le Gauteng, le Transvaal septentrional (ou *Northern Province*) et le Transvaal oriental (ou *Mpumalanga*). – Cette région de hauts plateaux tire ses ressources de l'élevage (bovins et ovins) et surtout du sous-sol : or dans le Witwatersrand (80 % de la production nationale), argent, diamants, charbon, fer, chrome, etc. Elle a de puissantes industries (métall., chim., méca., alim., etc.), localisées surtout à Johannesburg et à Pretoria. – La colonisation des Boers* commença après 1835 (Grand Trek*). La G.-B. reconnut l'indépendance de la région (1852), qui forma une république (ségrégationniste) en 1856. En proie à des troubles qui permirent au Natal de l'annexer (1877), le Transvaal fut libéré par Paul Kruger (1881) et bénéficia de l'autonomie sous la suzeraineté anglaise. La découverte des mines d'or (1884) entraîna une immigration intense d'étrangers *(Uitlanders),* dont les revendications (droit de cité, notam.) furent appuyées par la G.-B. Après la guerre des Boers, le Transvaal forma une colonie britannique (1902), puis entra dans l'Union sud-africaine, créée en 1910.

Transvaal oriental (le), prov. de l'Afrique du Sud créée en 1994 et nommée *Mpumalanga* en 1995; 81 816 km^2; 2 838 500 hab. Cap. *Nelspruit.* Il est administré par un parlement provincial de 30 membres élus au suffrage universel et par un conseil exécutif.

Transvaal septentrional (le), prov. de l'Afrique du Sud créée en 1994 et nommée *Northern Province* en 1995; 119 606 km^2; 5 120 600 hab. Cap. *Pietersburg.* Il est administré par un parlement provincial de 40 membres élus au suffrage universel et par un conseil exécutif.

transvasement [tʀɑ̃svazmɑ̃] n. m. Action de transvaser; son résultat.

transvaser [tʀɑ̃svaze] v. tr. [**1**] Faire passer (le contenu liquide d'un récipient) dans un autre récipient.

transversal, ale, aux [tʀɑ̃svɛʀsal, o] adj. et n. f. **1.** adj. Qui coupe (qqch) en travers, perpendiculairement à l'axe principal. *Route transversale.* ▷ ANAT *Muscle transversal, artère transversale.* **2.** n. f. Ligne qui coupe une autre ligne ou d'autres lignes. ▷ SPORT Aux jeux de ballon, barre joignant les poteaux de but. – Passe en diagonale.

transverse [tʀɑ̃svɛʀs] adj. et n. m. ANAT Qui est en travers de l'axe du corps. *Apophyses transverses,* implantées de part et d'autre des vertèbres. – *Muscle transverse* ou, n. m., *le transverse abdominal :* muscle de l'abdomen.

Transylvanie (en roumain *Transilvania* ou *Ardeal,* en hongrois *Erdély*), rég. du centre de la Roumanie, haute dépression dominée par les Carpates; v. princ. *Cluj-Napoca, Brașov.* – Formée de collines et de plateaux, cette région fertile (céréales, vigne) a un sous-sol riche. Pop. hétérogène : Roumains, Hongrois, Allemands. – Habitée par les Daces, la rég. fut le centre de leur État, puis de la prov. romaine de Dacie (106-271). Elle subit les Grandes Invasions. Conquise par les Hongrois (XIe s.) qui favorisèrent la colonisation hongroise et saxonne, elle garda son individualité dans le royaume magyar. Principauté tributaire des Ottomans après leur victoire à Mohács* (1526), mais autonome, elle tenta d'échapper aux Habsbourg, qui, ayant vaincu les Turcs devant Vienne (1683), l'enlevèrent au sultan (1691). Quand l'empire d'Autriche se transforma en empire d'Autriche-Hongrie (1867), elle fut à nouveau rattachée à la Hongrie. En 1918, profitant de l'effondrement de l'Empire, les Transylvains d'origine roumaine (majoritaires) votèrent leur rattachement à la Roumanie (qui fut confirmé par le traité de Trianon en 1920). La partie N., cédée à la Hongrie par le diktat de Vienne (1940), sous l'égide d'Hitler, fut rendue à la Roumanie en 1947. En 1996, la Hongrie et la Roumanie ont signé un traité qui garantit l'inviolabilité des frontières et les droits de la minorité hongroise en Roumanie.

Transylvanie (Alpes de), nom donné à la partie centrale des Carpates méridionales, en Roumanie (2 543 m au *Moldoveanu*). Elles séparent le bassin transylvain au nord et la Valachie au sud.

Traoré (Issa) (né en 1930), cinéaste malien : *Nous sommes tous coupables* (1980), *Bamunan* (1990).

Traoré (Moussa) (né en 1936), général et homme politique malien. En 1968, il renversa Modibo Keita et devint président de la Rép. En 1991, l'armée l'arrêta. Condamné à mort en 1993, il ne fut pas exécuté.

Traoré (Mahama) (né en 1942), cinéaste sénégalais : *Lambaaye* (1972), *Njangaan* ou *N'Diangane* (1975).

Traoré (Ismaïla Samba) (né en 1949), écrivain malien. Son roman *les Ruchers de la capitale* (1982) décrit un bidonville.

Traoré (Abdou), dit *Diop* (né en 1955), écrivain malien : *l'Étrangère* (nouvelles, 1985).

trapèze [tʀapɛz] n. m. et adj. **I.** n. m. **1.** GEOM Quadrilatère comportant deux côtés parallèles et inégaux (les bases). *La surface d'un trapèze s'obtient en multipliant la demi-somme des bases par la hauteur.* – *Trapèze rectangle,* dont un angle est droit. **2.** Appareil de gymnastique composé d'une barre de bois horizontale suspendue à ses extrémités à deux cordes. **II.** adj. En forme de trapèze. ▷ ANAT *Os trapèze* ou, n. m., *le trapèze :* premier os de la seconde rangée du carpe. ▷ *Muscle trapèze* ou, n. m., *le trapèze :* muscle de la partie postérieure du cou et de l'épaule.

trapéziste [tʀapezist] n. Acrobate qui se livre aux exercices du trapèze.

trapézoèdre [tʀapezɔɛdʀ] n. m. GEOM, MINER Solide délimité par 24 faces qui sont des quadrilatères.

trapézoïdal, ale, aux [tʀapezɔidal, o] adj. Didac. Qui ressemble à un trapèze; en forme de trapèze.

trapézoïde [tʀapezɔid] adj. et n. m. Didac. Qui a la forme d'un trapèze. ▷ ANAT *Os trapézoïde* ou, n. m., *le trapézoïde :* second os de la deuxième rangée du carpe.

trapistou [tʀapistu] n. m. (France rég.) Petite fenêtre pratiquée dans un mur épais.

trappage [tʀapaʒ] n. m. (Québec) Syn. de *trappe* (sens I, 2). *Faire du trappage.*

trappe [tʀap] n. f. **I. 1.** CHASSE Piège formé d'un trou recouvert par une bascule ou par des branchages. ▷ *Par ext.* (Québec) Tout piège (notam. tendu par un trappeur). *Tendre, poser des trappes. Visiter ses trappes.* – (Québec, Suisse) *Trappe à souris, à rat :* tapette (sens II, 2). **2.** (Québec) Activité, métier consistant à tendre des pièges en vue d'attraper du gibier, des animaux à fourrure. *La pêche, la chasse et la trappe.* Syn.

trappage. **II. 1.** Ouverture fermante, ménagée dans un plancher ou un plafond pour donner accès à une cave, à un grenier. **2.** THEAT Ouverture pratiquée dans le plancher d'une scène, qui permet de faire apparaître ou disparaître un acteur. **3.** TECH Panneau mobile de faible section qui donne accès à l'intérieur d'un appareil, d'une construction, pour y effectuer une opération d'entretien. *Trappe de visite.*

Trappe (la), ordre religieux franç. issu d'une communauté de bénédictins établie en 1140 à Soligny (Orne), rattachée à Cîteaux (1147), puis réformée en 1664 par Rancé.

trapper [tʀape] v. [1] (Québec) **1.** v. intr. Chasser le gibier (notam. les animaux à fourrure) au moyen de pièges. *Trapper au collet.* **2.** v. tr. Chasser (le gibier, les animaux à fourrure). *Trapper le castor.*

trappeur [tʀapœʀ] n. m. Chasseur professionnel, en Amérique du N., qui pratique la chasse à la trappe, en partic. celle des animaux à fourrure. ▷ Amateur qui s'adonne à cette chasse.

trappiste [tʀapist] n. **1.** n. m. Religieux appartenant à l'ordre de la Trappe. **2.** n. f. (Belgique, Luxembourg) Variété de bière forte, de couleur brune. *L'Orval, la Chimay sont des trappistes.*

trapu, ue [tʀapy] adj. Large et court, dont les proportions ramassées donnent une impression de force et de solidité. *Un homme trapu.*

traque [tʀak] n. f. Action de traquer le gibier.

traquenard [tʀaknaʀ] n. m. **1.** Piège en forme de trébuchet pour prendre les animaux nuisibles. **2.** Fig. Piège (tendu à qqn). *Tomber dans un traquenard.*

traquer [tʀake] v. tr. [1] **1.** Pourchasser (du gibier en forêt) en resserrant progressivement un cercle formé autour de lui par les chasseurs. ▷ (Par comparaison.) *Avoir l'air d'une bête traquée.* **2.** Poursuivre avec acharnement (qqn). *Traquer l'ennemi.*

traquet [tʀakɛ] n. m. Oiseau passériforme (genres *Saxicola*, *Œnanthe*, etc., fam. turdidés), de petite taille, habitant les steppes, les savanes, les rocailles. *Traquet fourmilier, motteux*, etc. (communs en Europe et en Afrique).

traqueur, euse [tʀakœʀ, øz] n. CHASSE Personne employée pour traquer le gibier.

Trasimène (lac), lac de l'Italie centrale (Ombrie); 128 km². – Sur ses rives, Hannibal écrasa l'armée romaine en 217 av. J.-C.

trauma [tʀoma] n. m. **1.** MED, CHIR Lésion ou blessure produite par l'impact mécanique d'un agent extérieur. **2.** PSYCHO Violent choc émotif, qui marque la personnalité d'un sujet et le sensibilise aux émotions de même nature.

traumatique [tʀomatik] adj. **1.** MED Qui a rapport aux plaies ou aux blessures; qui est causé par un trauma (sens 1). **2.** PSYCHO Qui a rapport à un trauma psychologique.

traumatisant, ante [tʀomatizɑ̃, ɑ̃t] adj. MED, PSYCHO Qui traumatise, est susceptible de traumatiser.

traumatiser [tʀomatize] v. tr. [1] Infliger un traumatisme à (qqn). – Pp. *Enfant traumatisé par un événement.*

traumatisme [tʀomatism] n. m. **1.** MED, CHIR Ensemble des conséquences physiques ou psychologiques engendrées par un trauma (sens 1). **2.** PSYCHO et cour. Ensemble des troubles de la vie affective et de la personnalité déclenchés chez un sujet par un choc émotionnel.

traumatologie [tʀomatɔlɔʒi] n. f. Didac. Partie de la médecine et de la chirurgie consacrée à l'étude et au traitement des traumatismes.

travail, aux [tʀavaj, o] n. m. **I. 1.** Effort que l'on fait, peine que l'on prend pour faire une chose; effort long et pénible. *Ces lignes sentent le travail.* **2.** MED Période de l'accouchement où se produisent les contractions utérines jusqu'à l'expulsion de l'enfant. *Femme en travail.* **3.** Altération ou déformation qui se produit au sein d'une matière (sous l'action de certains agents). *Le travail du bois sous l'action de l'humidité.* **4.** Activité, fonctionnement qui aboutit à un résultat utile. *Le travail d'une machine. – Le travail de l'imagination.* – SPORT Entraînement. **5.** PHYS Énergie mécanique produite par un ensemble de forces pendant un temps donné. (On parle alors de *quantité de travail.*) **II. 1.** Ensemble des activités économiques des hommes, d'un pays, en vue de produire quelque chose d'utile pour la communauté. *La division du travail. – Bureau international du travail (B.I.T.) :* organisme directeur de l'Organisation* internationale du travail (O.I.T.). **2.** Ensemble de la population active. *Le monde du travail.* ▷ *Spécial.* Ensemble des travailleurs salariés de l'agriculture et de l'industrie. *Rapport entre le capital et le travail.* **III.** Ensemble des activités, des efforts nécessaires pour produire quelque chose, pour obtenir un résultat déterminé. **1.** Manière dont est façonné un objet, une matière, dont une tâche est accomplie. *Un travail très soigné.* ▷ Ouvrage, résultat ainsi obtenu. *Il nous a remis un travail parfait.* ▷ Iron. *C'est du joli travail!* **2.** Transformation d'une matière nécessitant l'intervention de l'homme. *Le travail du bois, de l'ivoire.* **3.** Activité rémunérée. *Chercher du travail. Perdre son travail.* ▷ DR Obligation exécutée sur les ordres et sous le contrôle d'un employeur en contrepartie d'une rémunération. *Code du travail.* **4.** Ouvrage que l'on fait ou qui est à faire; activité, ouvrage qui demande du temps et des efforts. *Avoir beaucoup de travail.* ▷ Plur. (Suivi d'un qualificatif.) *Travaux ménagers.* **5.** (Plur.) Entreprises, ouvrages remarquables nécessitant de grands efforts. *Les travaux d'Hercule.* ▷ *Travaux publics :* ouvrages d'utilité publique (ouvrages d'art, d'équipement, etc.) exécutés pour le compte d'une personne morale administrative et entrepris aux frais de l'État ou des collectivités locales. ▷ (Afr. subsah., Antilles fr., Madag.) Anc. *Travail forcé :* travail gratuit, ou faiblement rémunéré, imposé par l'autorité coloniale aux populations. **6.** (Plur.) Discussions, délibérations (d'une assemblée). *L'Académie a suspendu ses travaux.* **7.** (Plur.) Recherches, activités menées en vue d'obtenir un résultat précis dans le domaine intellectuel. *Travaux d'un chercheur et de son équipe.* ▷ (Sing. et plur.) Ouvrage, résultat de ces travaux. *Lire les travaux d'un historien.* ▷ *Travaux dirigés :* à l'université, application pratique d'un cours magistral, sous le contrôle d'un enseignant. (Abrév. : T.D.) **8.** PHYS Mode de transfert de l'énergie dont l'unité est le joule. (Lorsque, sous l'action d'une force $\vec{F}$, un corps passe d'un point A à un point B, le travail W fourni par cette force est égal au produit de la distance $\vec{AB}$ par la projection de la force $\vec{F}$ sur AB).

travaillant, ante [tʀavajɑ̃, ɑ̃t] adj. et n. (Québec) **1.** Syn. de *travailleur* (sens 3). *Une femme travaillante.* ▷ Subst. *Un bon travaillant.* **2.** n. m. Travailleur manuel; journalier (sens 2).

travaillé, ée [tʀavaje] adj. Qui a été exécuté avec soin, où l'on sent le travail. *Un bijou très travaillé. Style travaillé.*

travailler [tʀavaje] v. [1] **I.** v. intr. Faire un ouvrage; faire des efforts de manière suivie en vue d'obtenir un résultat. **1.** Avoir une activité professionnelle, une occupation rémunérée. *Il travaille tout en poursuivant ses études.* **2.** Avoir de l'occupation, se consacrer à une tâche. *Ménagère qui travaille du matin au soir.* ▷ Faire des efforts pour se perfectionner, s'exercer. **3.** (Choses) Fonctionner, produire. *Usine qui travaille pour l'exportation. – Faire travailler son imagination.* ▷ *Faire travailler son argent*, le placer de telle manière qu'il produise un revenu. **4.** *Travailler pour, contre (qqn, qqch) :* se donner de la peine pour faire réussir, faire échouer. – *Le temps travaille pour nous :* plus le temps passe et mieux cela vaut pour nous. – Fam. *Travailler pour des prunes* ou (Réunion) *pour des brèdes :* travailler pour rien, pour une bouchée de pain. **5.** (Choses) Être soumis à un travail (sens I, 3). *Bois qui a travaillé.* **6.** (Abstrait) Être agité. *Depuis sa disparition, les esprits travaillent.* **II.** v. tr. **1.** Façonner, soumettre à un travail (sens III, 2). *Travailler le bois, la pâte.* **2.** Soigner, perfectionner. *Travailler son style.* ▷ Chercher à acquérir la maîtrise de, consacrer ses efforts à. *Travailler le piano. Travailler sa thèse.* **3.** Préoccuper. *Ce problème le travaille.* **4.** Litt. Agiter, exciter à la révolte. ▷ Soumettre à des pressions de manière à influencer. *Travailler les esprits, l'opinion.* **5.** SPORT (En boxe.) *Travailler l'adversaire au corps*, l'user par des coups au corps. **III.** v. tr. indir. *Travailler à (qqch) :* se donner de la peine pour (un ouvrage, un résultat). *Travailler à un nouveau livre, à redresser la situation.*

travailleur, euse [tʀavajœʀ, øz] n. et adj. **1.** Personne qui travaille, se consacre à une tâche. *Travailleur manuel, intellectuel. – Travailleur social :* personne dont l'activité professionnelle consiste à apporter une aide aux personnes en difficulté (insertion, logement, éducation, démarches administratives, etc.). **2.** Personne qui exerce une activité rémunérée. ▷ *Les travailleurs :* l'ensemble de la population active et, spécial., les employés, les ouvriers exerçant une activité pénible. – adj. *Classes, masses travailleuses.* **3.** Personne qui aime le travail, très active. *Un gros travailleur, un travailleur acharné.* – adj. *Élève consciencieux et travailleur.* Syn. (Québec) travaillant. **4.** ORNITH *Travailleur à bec rouge :* oiseau passériforme (*Quelea quelea*, fam. plocéidés), grégaire en Afrique sahélienne, couramment appelé mange-mil.

travaillisme [tʀavajism] n. m. POLIT Doctrine, mouvement des partis de tendance socialiste de divers pays.

travailliste [tʀavajist] n. et adj. POLIT Partisan du travaillisme. ▷ adj. *Le parti travailliste.*

travailliste (Parti) (*Labour Party*), parti britannique fondé en 1893 qui fut longtemps une féd. de syndicats. Le *Labour* gouverna en 1924 et de 1929 à 1931 (cabinet Mac Donald). Il entra dans le cabinet Churchill (1940-1945) d'union nationale. Gouvernements travaillistes depuis 1945 :

Clement Attlee (1945-1951), Harold Wilson (1964-1970, puis 1974-1976), James Callaghan (1976-1979), Tony Blair (depuis 1997).

travée [tʀave] n. f. **1.** ARCHI Espace compris entre deux poutres d'un plancher et, d'une façon générale, entre deux points d'appui (d'une voûte, d'une charpente, etc.). ▷ *Par ext.* Espace délimité par deux supports successifs (colonnes, arcs) d'une voûte. *Nef à cinq travées.* **2.** Rangée de tables, de bancs alignés les uns derrière les autres. *Les travées d'un amphithéâtre.*

travelling [tʀavliŋ] n. m. (Anglicisme) AUDIOV Mouvement d'une caméra qui se déplace; scène ainsi filmée.

travers [tʀavɛʀ] n. m. **I.** n. m. **1.** MAR Direction perpendiculaire à celle suivie par le navire. *Vent de travers.* **2.** Petit défaut ou bizarrerie (de l'esprit, de l'humeur). *Les travers de son caractère.* **II.** Loc. adv. et prép. **1.** *À travers (qqch) :* au milieu de, par un mouvement qui traverse d'un bout à l'autre (une surface, un espace). *Courir à travers champs. Regarder à travers la vitre.* – (Espace de temps.) *À travers les siècles.* – Fig. *À travers son sourire perçait une colère contenue.* **2.** *Au travers (de) :* d'un bout à l'autre, en traversant de part en part. *Avancer difficilement au travers de la foule.* ▷ Fig. *Passer au travers (de) :* échapper (à). **3.** *En travers de :* dans une position transversale, par rapport à l'axe (d'un objet) ou à la direction habituelle. *Barrage de troncs d'arbres placés en travers de la chaussée.* ▷ Fig. *Se jeter, se mettre en travers de :* empêcher l'accomplissement de, s'opposer à. **4.** *De travers :* obliquement, dans une position ou une direction qui n'est pas droite, pas normale. *Marcher de travers.* ▷ Fig. Mal, autrement qu'il ne faudrait. *Il comprend tout de travers.* – *Regarder qqn de travers,* avec malveillance, animosité ou méfiance. **5.** *À tort et à travers :* inconsidérément.

traverse [tʀavɛʀs] n. f. **1.** Pièce de bois, de fer qu'on met en travers dans certains ouvrages pour assembler ou consolider des pièces. *Traverses d'une porte.* ▷ CH de F Pièce de bois, de béton ou de fer placée en travers de la voie pour supporter les rails et maintenir leur écartement. **2.** *Chemin de traverse* ou, ellipt., *une traverse :* chemin qui s'écarte de la route, qui permet de couper court (généralement à travers champs). **3.** (Québec) Endroit où l'on peut traverser une route, un chemin. *Traverse d'écoliers.* – *Traverse de chemin de fer :* syn. de *passage* à niveau.* – (Dans un cours d'eau) Passage étroit, chenal. ▷ Service de traversier (sens II). – *Par ext.* Le traversier lui-même. *Emprunter la traverse pour aller de Québec à Lévis.*

traversée [tʀavɛʀse] n. f. **1.** Trajet qui se fait par mer. *Une longue traversée.* **2.** Action de parcourir (un espace) d'une extrémité à l'autre. *Traversée du Sahara à dos de chameau.* **3.** Fig. *Traversée du désert :* éclipse dans la carrière d'un homme public.

traverser [tʀavɛʀse] v. tr. [1] **1.** Passer à travers, d'un côté à l'autre. *Traverser une rue.* – Absol. *Piéton qui traverse imprudemment.* – (Moyens de transport.) *Des pirogues traversent le fleuve.* ▷ Couper, croiser (en parlant de voies de communication, de cours d'eau). *La route traverse la voie ferrée.* **2.** Pénétrer, passer de part en part. *La pluie traverse sa veste.* **3.** Franchir d'un bout à l'autre (un laps de temps). *Son nom a traversé les siècles.* ▷ Vivre, passer par (une période). *Elle a traversé des moments difficiles.* **4.** (Sujet abstrait.) Passer par. *Un doute lui traversa l'esprit.*

traversier, ère [tʀavɛʀsje, ɛʀ] adj. et n. m. **I.** adj. **1.** Dirigé de travers, qui traverse. *Rue traversière.* ▷ MUS *Flûte traversière :* V. flûte. **2.** MAR Qui sert à traverser. *Barque traversière.* **II.** n. m. (Québec) Bâtiment qui assure le transport des passagers et des véhicules d'une rive à une autre. Syn. traverse.

traversin [tʀavɛʀsɛ̃] n. m. Coussin de chevet de forme cylindrique qui s'étend sur toute la largeur du lit.

travertin [tʀavɛʀtɛ̃] n. m. GEOL Roche parsemée de vacuoles, formée par les dépôts d'une source.

travesti, ie [tʀavɛsti] adj. et n. m. **1.** adj. Qui porte un travestissement. *Un acteur travesti* ou, n. m., *un travesti.* ▷ Où l'on est déguisé. *Bal travesti.* **2.** n. m. Costume pour se déguiser. **3.** n. m. Homosexuel qui s'habille en femme. Syn. (Polynésie fr.) raerae.

travestir [tʀavɛstiʀ] v. [3] **I.** v. tr. **1.** Déguiser (pour un bal costumé, un rôle de théâtre) en faisant prendre l'habit d'une autre condition ou de l'autre sexe. ▷ v. pron. *Se travestir pour le carnaval.* **2.** Fig. Donner une apparence mensongère ou trompeuse à. *Travestir la vérité.* – *Travestir la pensée de qqn,* la rendre d'une manière inexacte, la falsifier. **II.** v. pron. *Spécial.* Prendre le costume et l'apparence de l'autre sexe.

travestissement [tʀavɛstismɑ̃] n. m. Action, manière de (se) travestir; habits permettant de se travestir. ▷ Fig. *C'est un odieux travestissement de sa pensée.*

trax [tʀaks] n. m. (Suisse) Bouteur.

trayeur, euse [tʀɛjœʀ, øz] n. **1.** Personne chargée de la traite des vaches, des chèvres. **2.** n. f. Machine à traire.

trayon [tʀɛjɔ̃] n. m. Extrémité du pis d'une vache, d'une chèvre, etc.

Traz (Robert de) (1884 – 1951), écrivain suisse d'expression française : *l'Esprit de Genève* (1929).

Trébizonde (en turc *Trabzon*), port de Turquie, sur la mer Noire; 143950 hab.; ch.-l. de la province du même nom Textiles. – La ville fut la capitale de l'*empire grec de Trébizonde* (1204-1461), fondé par Alexis Ier (1204-1222) et David Ier (1204-1214) Comnène, petits-fils de l'empereur byzantin Andronic Ier. Revendiquant la légitimité du pouvoir après la prise de Constantinople par les croisés, Alexis s'opposa aux Latins et à l'empire de Nicée, mais dut payer tribut au sultan de Rūm. Situé sur la route comm. des Indes, centre primordial après la chute de Bagdad (1258), l'empire connut son apogée sous Alexis II (1297-1330). Les rivalités comm. entre Génois et Vénitiens contribuèrent à sa décadence. Après la chute de Constantinople (1453), Mehmet II s'en saisit (1461).

Treblinka, camp d'extermination nazi, établi en Pologne (voïévodie de Varsovie), où périrent près de 800000 déportés juifs.

trébuchant, ante [tʀebyʃɑ̃, ɑ̃t] adj. Plaisant *Espèces sonnantes et trébuchantes :* argent liquide.

trébucher [tʀebyʃe] v. intr. [1] Faire un faux pas, perdre l'équilibre. *Trébucher sur, contre une pierre.* ▷ Fig. Buter sur une difficulté, avoir des défaillances. *Avec l'âge, sa mémoire trébuche.*

trébuchet [tʀebyʃɛ] n. m. **1.** Piège pour petits oiseaux, en forme de cage à toit basculant. **2.** Petite balance très sensible pour peser des corps légers.

tréfiler [tʀefile] v. tr. [1] TECH Faire passer (un métal) à travers une filière pour l'étirer en fil.

tréfilerie [tʀefilʀi] n. f. TECH Atelier, usine où l'on tréfile.

trèfle [tʀɛfl] n. m. **1.** Plante herbacée (fam. papilionacées) des régions tempérées et subtropicales aux feuilles composées de trois folioles, qui fournit un excellent fourrage. *Trèfle blanc, rouge, incarnat.* – *Trèfle savane :* plante herbacée, à fleurs blanchâtres, des régions tropicales (fam. papilionacées). **2.** Couleur du jeu de cartes, représentée par une feuille de trèfle noire. – Carte de cette couleur.

tréfonds [tʀefɔ̃] n. m. Fig., litt. Ce qu'il y a de plus profond, de plus secret. *Au tréfonds de son âme.*

treillage [tʀɛjaʒ] n. m. **1.** Assemblage de perches, de lattes formant des carrés, des losanges, pour constituer des palissades, des espaliers, etc. **2.** Clôture en grillage; treillis.

treille [tʀɛj] n. f. Vigne grimpant le long d'un mur, d'un arbre, disposée sur un châssis, etc.

1. treillis [tʀɛji] n. m. **1.** Réseau à claire-voie plus ou moins serré. *Jardin clos par un treillis.* **2.** TECH Ouvrage formé de poutrelles d'acier entrecroisées et rivetées. **3.** MATH Ensemble E tel que deux éléments quelconques de E aient une borne inférieure et une borne supérieure qui appartiennent à E. *L'ensemble des nombres réels constitue un treillis.*

2. treillis [tʀɛji] n. m. Grosse toile de chanvre. *Pantalon de treillis.* – *Par ext.* Vêtement fait avec cette étoffe et, partic., tenue de combat des militaires.

treize [tʀɛz] adj. inv et n. m. inv. **I.** adj. num. inv. **1.** (Cardinal) Dix plus trois (13). – Ellipt. *Treize à la douzaine :* treize objets (vendus) pour le prix de douze. **2.** (Ordinal) Treizième. *Louis XIII. Chapitre treize.* – Ellipt. *Le treize février.* **II.** n. m. inv. **1.** Le nombre treize. ▷ Chiffres représentant le nombre treize (13). ▷ Numéro treize. *Habiter au treize.* ▷ *Le treize :* le treizième jour du mois. **2.** SPORT *Jeu à treize :* rugby qui se joue à treize joueurs.

treizième [tʀɛzjɛm] adj. et n. **I.** adj. num. ordinal. Dont le rang est marqué par le nombre 13. *Le treizième invité.* – *Treizième mois :* salaire supplémentaire du même montant que le salaire mensuel, versé à certains salariés en fin d'année. **II.** n. **1.** Personne, chose qui occupe la treizième place. **2.** n. m. Chaque partie d'un tout divisé en treize parties égales. *Un treizième du capital.*

Trek (le Grand) (mot néerl. signifiant «migration»), exode des Boers (1834-1839), qui, mécontents des mesures prises par les Anglais, quittèrent la colonie du Cap pour coloniser des terres «vierges» (c.-à-d. d'où les Blancs étaient absents), les futures prov. de Natal, Orange et Transvaal.

trekking [tʀɛkiŋ] ou **trek** [tʀɛk] n. m. (Anglicisme) Randonnée pédestre dans des sites souvent difficiles d'accès.

tréma [tʀema] n. m. Signe graphique (¨) que l'on met sur les voyelles *e, i, u* pour indiquer que, dans la prononciation, il faut les détacher de la voyelle qui les précède et qui doit être prononcée (ex. : ciguë, naïf, Saül). – Dans certains noms propres, le tréma sur l'*e* indique que celui-ci ne se prononce pas (Saint-Saëns, Mme de Staël).

tréma de Guinée [tʀemadəgine] n. m. Arbre d'Afrique tropicale (fam. ulmacées) à propriétés médicinales.

trémail [tʀemaj] n. m. V. tramail.

trématodes [tʀematɔd] n. m. pl. ZOOL Classe de vers plats (plathelminthes) parasites, pourvus de ventouses, comprenant notam. les douves et les bilharzies. – Sing. *Un trématode.*

tremblade [tʀɑ̃blad] n. f. (Guyane) Tremblement (sens 1). ▷ Loc. *Avoir la tremblade :* trembler de froid, de peur; *spécial.* avoir la maladie de Parkinson.

tremblant, ante [tʀɑ̃blɑ̃, ɑ̃t] adj. et n. f. **1.** adj. Qui tremble. *Mains tremblantes. Voix tremblante.* **2.** n. f. MED VET *La tremblante :* affection dégénérative du système nerveux du mouton, due à un virus.

Tremblay (Gilles) (né en 1932), compositeur canadien : *Phases et Réseaux* (1958), *Champs I, II, III* (1965-1969), *Fleuves* (1976), *Katadrone* (1988).

Tremblay (Michel) (né en 1942), écrivain québécois. Sa pièce *les Belles-Sœurs* (écrite en 1965, jouée en 1968) ouvrit une ère nouvelle : absurde, burlesque, critique des mœurs, emploi du joual lui valurent un triomphe. Suivirent : *En pièces détachées* (1972), *Hosanna* (1973). Il accomplit aussi une œuvre de romancier : *La grosse femme d'à côté est enceinte* (1978), *le Cœur découvert* (1986), et de mémorialiste : *les Vues animées* (1990), *Un ange cornu avec des ailes de tôle* (1994).

tremble [tʀɑ̃ble] n. m. Peuplier (*Populus tremula*) à écorce lisse et aux feuilles mobiles, que le moindre vent agite. – (Québec) Peuplier faux-tremble (*Populus tremuloides.*)

tremblé, ée [tʀɑ̃ble] adj. **1.** Tracé par une main tremblante. *Écriture, lignes tremblées.* **2.** Dont l'intensité varie. *Son, voix tremblés.*

tremblement [tʀɑ̃bləmɑ̃] n. m. **1.** Agitation d'une partie du corps ou du corps tout entier par oscillations rythmiques, rapides et involontaires. Syn. (Guyane) tremblade. **2.** Oscillations, secousses qui agitent ce qui tremble. – *Tremblement de terre :* ébranlement plus ou moins intense d'une portion de la croûte terrestre. (V. épicentre, hypocentre et plaque [encycl.].) ▷ Variations d'intensité. *Avoir des tremblements dans la voix.*

trembler [tʀɑ̃ble] v. intr. [1] **1.** Être pris de tremblements. *Trembler de froid, de peur, d'émotion.* Syn. frissonner. **2.** *Absol.* Éprouver une grande crainte. *Tout le monde tremble devant lui.* – Fig. Craindre, appréhender. *Je tremble pour lui. Je tremble qu'il n'apprenne la vérité.* **3.** Être ébranlé, agité de secousses répétées. *La détonation fit trembler les vitres.* **4.** Être agité d'un faible mouvement d'oscillation. *Les feuilles tremblent au moindre souffle.* – Subir des variations d'intensité. *Flamme qui tremble.* Syn. vaciller. *Avoir la voix qui tremble.*

trembleur [tʀɑ̃blœʀ] n. m. ELECTR Syn. de *vibreur.*

tremblote [tʀɑ̃blɔt] n. f. Loc. fam. *Avoir la tremblote :* trembler de froid ou de peur.

trembloter [tʀɑ̃blɔte] v. intr. [1] Trembler légèrement; vaciller.

trémie [tʀemi] n. f. **1.** Grand récipient en forme de pyramide renversée, pour le stockage de produits en vrac, équipé à sa partie inférieure d'un déversoir. *Trémie à blé.* **2.** Mangeoire pour les oiseaux, la volaille. **3.** URBAN (Cour. en Belgique) *Trémie d'accès :* section de route ou de voie ferrée qui donne accès à un passage inférieur ou à un tunnel; tunnel routier.

trémière [tʀemjɛʀ] adj. f. *Rose trémière* (c.-à-d. *d'outre-mer*) *:* V. rose.

trémolo [tʀemɔlo] n. m. **1.** MUS Effet de vibration obtenu en battant une note plusieurs fois d'un même coup d'archet et de manière continue. **2.** Tremblement de la voix sous l'effet de l'émotion ou de l'emphase.

trémoussement [tʀemusmɑ̃] n. m. Action de se trémousser; mouvement vif du corps. Syn. tortillement.

trémousser (se) [tʀemuse] v. pron. [1] Se remuer, s'agiter avec des mouvements vifs et irréguliers. *Les danseurs se trémoussaient maladroitement.*

trempage [tʀɑ̃paʒ] n. m. Action de tremper. *Trempage du linge avant le lavage.* – AGRIC Action de tremper les graines pour en accélérer la germination. Syn. prégermination.

1. trempe [tʀɑ̃p] n. f. METALL Traitement consistant à refroidir brusquement par immersion une pièce préalablement portée à haute température, en vue d'en augmenter la dureté; qualité du métal ainsi traité. ▷ Fig. Qualité, vigueur du caractère. *Une âme d'une trempe exceptionnelle.*

2. trempe [tʀɑ̃p] adj. (Québec, Suisse) Fam. Complètement mouillé, trempé.

tremper [tʀɑ̃pe] v. [1] **I.** v. tr. **1.** Imbiber d'un liquide, mouiller complètement. *Se faire tremper (par une averse).* **2.** Plonger (dans un liquide). *Tremper son pain dans son café au lait.* ▷ *Tremper les lèvres dans une tasse de thé,* commencer à boire. ▷ v. pron. Se baigner rapidement. *L'eau était froide, on s'est à peine trempés.* **3.** CHIM, METALL Faire subir la trempe. *Tremper du verre, de l'acier.* – *Par anal.,* fig. Endurcir, fortifier. *Les épreuves ont trempé son caractère.* **II.** v. intr. **1.** Demeurer dans un liquide. *Mettre du linge à tremper.* **2.** Fig., péjor. Prendre part à (une action répréhensible). *Tremper dans un crime.*

trempette [tʀɑ̃pɛt] n. f. **1.** Vieilli *Faire trempette :* tremper du pain dans du lait, du vin, etc. ▷ (Québec) Cour. Tranche de pain trempée dans de l'eau d'érable bouillante. *Faire (une) trempette.* – Sauce assaisonnée à base de mayonnaise, de fromage, etc., dans laquelle on trempe des crudités servant de hors-d'œuvre. *Trempette aux fines herbes, à l'ail.* **2.** Fam. Baignade rapide ou dans très peu d'eau. *Faire trempette.* Syn. (Québec) saucette.

tremplin [tʀɑ̃plɛ̃] n. m. **1.** Planche élastique sur laquelle court et rebondit un sauteur, un plongeur pour accroître son élan. – Plan incliné fixe pour prendre son élan, en glissant, en roulant. **2.** Fig. Ce qui lance qqn, l'aide à parvenir (à une situation sociale élevée, notam.).

Trenet (Charles) (né en 1913), chanteur français; auteur et compositeur de chansons poétiques : *Y a d'la joie, Douce France, la Mer.*

trentaine [tʀɑ̃tɛn] n. f. Nombre de trente ou d'environ trente. – *Absol.* Âge d'environ trente ans. *Avoir la trentaine.*

trente [tʀɑ̃t] adj. inv. et n. m. inv. **I.** adj. num. inv. **1.** (Cardinal) Trois fois dix (30). **2.** (Ordinal) Trentième. *Page trente.* **II.** n. m. inv. Le nombre trente. ▷ Loc. fam. *Se mettre sur son trente et un :* mettre ses vêtements les plus élégants. ▷ Chiffres représentant le nombre trente (30). ▷ Numéro trente. *Le trente sort et gagne.* ▷ *Le trente :* le trentième jour du mois. *Être payé le trente.*

Trente, v. d'Italie, ch.-l. du Trentin-Haut-Adige, sur l'Adige; 98 830 hab. Industr. – Archevêché. Ruines de l'enceinte de Théodoric. Cath. de style romano-lombard (XIIIe s.). Musée national du Trentin dans le chât. de Bon-Conseil. – Trente fut le siège d'un important concile œcuménique (de 1545 à 1563, avec des interruptions) qui institua la Contre-Réforme.

Trente (les) ou **Trente Tyrans** (les), nom donné aux trente magistrats du conseil oligarchique que les Spartiates imposèrent en 404 av. J.-C. aux Athéniens, après la guerre du Péloponnèse. Ils firent régner la terreur pendant huit mois.

Trente Ans (guerre de), guerre religieuse et politique qui ravagea le Saint Empire de 1618 à 1648. L'empereur Mathias (cathol.) ayant porté atteinte aux libertés religieuses des protestants de Bohême, les Tchèques se révoltèrent. À sa mort, ils refusèrent de reconnaître son successeur Ferdinand II et élurent Frédéric V, Électeur palatin et chef des protestants allemands, qui fut écrasé par les armées de Ferdinand II (1620) et spolié de ses États. Le protestant Christian IV de Danemark se dressa contre l'empereur (1625), mais, battu, il promit de ne pas intervenir en Allemagne (paix de Lübeck, 1629). Le religieux et ambitieux Gustave II Adolphe de Suède vint soutenir les protestants. Ses succès furent foudroyants (Breitenfeld, 1631; Lützen, 1632). Sa mort (1632) avantagea les Impériaux, aidés des Espagnols, qui battirent les Suédois à Nördlingen (1634). Bien que cathol., la France de Richelieu se lança dans le conflit (1635), affrontant surtout les Espagnols, que Condé vainquit (Rocroi, 1643; Lens, 1648). Les Impériaux s'inclinèrent. Les traités de Westphalie* (1648) ruinèrent les ambitions de l'empereur au profit des princes allemands. L'Allemagne, princ. champ de bataille (10 millions de morts sur 16 millions d'habitants), fut morcelée. L'Espagne reconnut officiellement l'indépendance des Provinces-Unies.

trentenaire [tʀɑ̃tənɛʀ] adj. DR Qui dure trente ans. *Possession trentenaire.*

trente-trois-tours [tʀɑ̃tʀwatuʀ] n. m. inv. Disque microsillon ayant une vitesse de rotation de 33 1/3 tours par minute.

trentième [tʀɑ̃tjɛm] adj. et n. **I.** adj. num. ord. Dont le rang est marqué par le nombre 30. *Le trentième jour.* **II.** n. **1.** Personne, chose qui occupe la trentième place. *La trentième de la liste.* **2.** n. m. Chaque partie d'un tout divisé en trente parties égales. *Deux trentièmes.*

Trentin-Haut-Adige, région de l'Italie septentrionale et de la C.E., formée des prov. de Bolzano et de Trente; 13 620 km^2; 882 000 hab.; ch.-l. *Trente.* – Cette région alpine, reliée à l'Autriche par le col du Brenner, est drainée par l'Adige, axe vital aux riches cultures. L'hydroélectricité a permis une récente industrialisation. – La pop. étant en partie de langue allemande, le pays a un statut de région autonome, mais des troubles l'agitent sporadiquement.

trépan [trepɑ̃] n. m. **1.** CHIR Instrument servant à percer les os, notamment ceux du crâne. **2.** TECH Tarière, vilebrequin. – Outil fixé au train d'une tige de forage pour attaquer le terrain.

trépanation [trepanasjɔ̃] n. f. CHIR Action de perforer un os. – *Spécial.* Ouverture pratiquée dans la boîte crânienne.

trépaner [trepane] v. tr. [1] CHIR Pratiquer la trépanation sur (qqn).

trépas [trepa] n. m. *Passer de vie à trépas :* mourir.

trépassé, ée [trepase] adj. et n. Vx Défunt. – Subst. *La fête des trépassés :* le 2 novembre, fête des morts.

trépasser [trepase] v. intr. [1] Vx. ou litt. Mourir, décéder.

trépidant, ante [trepidɑ̃, ɑ̃t] adj. **1.** Qui trépide. **2.** Fig. Agité, fébrile, ne laissant aucun répit. *Une vie trépidante.*

trépidation [trepidasjɔ̃] n. f. **1.** Mouvement de ce qui trépide. *Les trépidations d'une machine.* **2.** Fig. Agitation fébrile. **3.** MED Tremblement nerveux.

trépider [trepide] v. intr. [1] Être agité, trembler par petites secousses rapides. *Les marteaux-piqueurs faisaient trépider les trottoirs.*

trépied [trepje] n. m. Meuble, (table, tabouret), support à trois pieds. *Vase posé sur un trépied.*

trépignement [trepiɲmɑ̃] n. m. Action de trépigner; mouvement qui y correspond.

trépigner [trepiɲe] v. intr. [1] Frapper des pieds contre terre, à coups rapides et renouvelés. *Trépigner d'impatience, de colère.*

trépointe [trepwɛ̃t] n. f. TECH Bande de cuir mince cousue entre deux cuirs plus épais pour renforcer une couture (notam. dans une chaussure).

tréponème [trepɔnɛm] n. m. MICROB Bactérie du genre *Treponema* (groupe ayant des affinités avec les protozoaires), aux cellules très petites et mobiles, et comprenant plusieurs espèces pathogènes (dont *Treponema pallidum,* agent de la syphilis, et *Treponema pertenue,* agent du pian).

très [trɛ] adv. Sert à renforcer un adjectif, un participe ou un nom pris adjectivement, un adverbe, une locution adverbiale ou prépositive, pour marquer un superlatif absolu. *Il est très grand. Très aimé. Il est resté très enfant. Il court très vite. C'est très loin d'ici. Il vit très au-dessus de ses moyens.* – Devant un nom dans une locution verbale. *Avoir très peur. Il fait très chaud.*

trésor [trezɔr] n. m. **I. 1.** Amas d'or, d'argent, d'objets précieux mis en réserve. *Cachette d'un trésor.* – DR Toute chose cachée ou enfouie et sur laquelle personne ne peut faire preuve de propriété. **2.** (Plur.) Grandes richesses, somme considérable. *Il a dépensé des trésors pour construire cette villa.* Syn. fortune. – Fig. *Déployer des trésors de patience, d'amabilité.* **3.** Bien particulièrement précieux, chose de grande valeur ou considérée comme telle. *La santé est un grand trésor. Les trésors du sol et du sous-sol. Trésors artistiques.* ▷ Fig. Personne d'un rare mérite ou très aimée. *Ma femme est un trésor.* – (Terme d'affection.) *Mon trésor.* **4.** Ensemble, accumulation d'objets et d'œuvres de valeur ou rares, mis à la disposition de tous. *Un trésor de documents.* Syn. mine. **5.** Nom donné à certains ouvrages d'érudition. *Trésor de la langue française.* **II.** *Le Trésor public* ou, absol., *le Trésor :* service de l'État assurant l'exécution du budget, la rentrée des recettes, le règlement des dépenses publiques, fonctionnant comme agent de la politique monétaire de l'État et contrôlant les finances des collectivités locales.

trésorerie [trezɔrri] n. f. Ensemble des ressources immédiatement disponibles d'une entreprise (caisse, comptes courants, effets négociables) qui lui permettent de faire face aux dépenses. *Avoir des difficultés de trésorerie.*

trésorier, ère [trezɔrje, ɛr] n. Personne qui gère les finances d'une société, d'une association, etc.

tressage [tresaʒ] n. m. Action de tresser; résultat de cette action.

tressaillement [tresajmɑ̃] n. m. Fait de tressaillir. Syn. frémissement.

tressaillir [tresajir] v. intr. [28] Avoir une brusque secousse musculaire involontaire sous l'effet d'une émotion subite, d'une douleur physique. *Pas un muscle ne tressaillait sur son visage.*

tressautement [tresotmɑ̃] n. m. Action, fait de tressauter; sursaut.

tressauter [tresote] v. intr. [1] **1.** Tressaillir fortement, sursauter, sous l'effet de la surprise. **2.** Être secoué par des cahots.

tresse [trɛs] n. f. **1.** Forme donnée aux cheveux partagés en mèches qu'on entrelace. Syn. natte. **2.** Cordon, galon fait de brins entrelacés.

tresser [trese] v. tr. [1] **1.** Mettre, arranger en tresse. **2.** (Afr. subsah.) Faire des tresses à (une fille, une femme). *Qui t'a tressée?* ▷ v. pron. Se faire tresser les cheveux.

tresseuse [tresøz] n. f. (Afr. subsah.) Coiffeuse, spécialiste des tresses à la mode africaine.

tréteau [treto] n. m. Pièce de bois ou de métal, longue et étroite, portée le plus souvent sur quatre pieds, employée en général par paire pour soutenir une table, une estrade, etc.

treuil [trœj] n. m. TECH Appareil comprenant un tambour, entraîné par une manivelle ou un moteur et sur lequel s'enroule un câble, ce qui lui permet de lever ou de tirer une charge.

trêve [trɛv] n. f. **1.** Suspension temporaire des hostilités entre deux belligérants. **2.** Relâche dans le développement de comportements hostiles ou pénibles. *Faisons trêve à nos querelles.* ▷ *Sans trêve, sans trêve ni repos, sans paix ni trêve :* sans un instant de repos. ▷ Loc. *Trêve de :* assez de. *Trêve de plaisanteries.*

Trêve (Côte de la). V. Côte de la Trêve et Émirats arabes unis (Fédération des).

Trèves (en all. *Trier*), v. d'Allemagne (Rhénanie-Palatinat), sur la Moselle; 93080 hab. Port fluvial. Centre commercial (vins). – Évêché catholique. Vestiges romains. Cath. (IVe-XIIIe s.).

Trévise (en ital. *Treviso*), v. d'Italie (Vénétie), au nord de Venise; 87070 hab.; ch.-l. de la prov. du m. nom. Centre agric. et industr. – Remparts (XVe-XVIe s.). Cath. (XVe et XVIIIe s.).

tri-. Préfixe, du lat. et du gr. *tri-,* « trois ».

tri [tri] n. m. Action de trier. *Le tri des lettres. Faire un tri.* – INFORM Classement des informations enregistrées sur un fichier.

triacide [triasid] n. m. CHIM Composé qui possède trois fois la fonction acide.

triade [triad] n. f. Didac. Ensemble de trois unités, de trois personnes.

triage [triaʒ] n. m. **1.** Action de trier, de choisir. *Triage du riz, du linge.* **2.** Action de séparer (les éléments d'un ensemble) pour répartir, distribuer différemment. *Gare de triage.*

trial, als [trijal] n. m. SPORT Compétition de motos tout-terrain.

trialcool [trialkɔl] ou **triol** [triɔl] n. m. CHIM Corps possédant trois fois la fonction alcool (glycérol, par ex.).

triangle [tri(j)ɑ̃gl] n. m. **1.** GEOM Polygone qui a trois côtés et par conséquent trois angles. *Triangle équilatéral*, isocèle*, rectangle*, sphérique*. La surface d'un triangle est égale au demi-produit de sa base par sa hauteur.* – *En triangle :* en forme de triangle. ▷ ELECTR *Montage en triangle,* dans lequel les enroulements d'un système triphasé sont montés en série de façon à former un triangle. ▷ *Par ext.* Forme ou espace triangulaire. *Un triangle de verdure.* – *Le Triangle austral :* petite constellation dont les étoiles principales dessinent un triangle. – Fig. *Le triangle du vaudeville* ou, absol., *le triangle :* le mari, la femme et l'amant (ou la maîtresse). **2.** MUS Instrument de percussion fait d'une baguette métallique pliée en forme de triangle (non fermé), que l'on frappe avec une tige de même métal.

Triangle d'or (le), région figurant un triangle, aux frontières du Laos, de la Thaïlande et de la Birmanie, ainsi nommée pour son importante production d'opium.

triangulaire [tri(j)ɑ̃gylɛr] adj. **1.** Qui a la forme d'un triangle. *Muscles triangulaires du nez, des lèvres.* ▷ *Pyramide triangulaire,* dont la base est un triangle. ▷ *Commerce triangulaire,* celui qui menait les navires chargés de pacotille d'Europe en Afrique, puis d'Afrique en Amérique avec des chargements d'esclaves, et enfin d'Amérique en Europe, transportant les produits des plantations américaines. **2.** Fig. Qui oppose trois éléments, trois groupes. *Élections triangulaires.*

triangulation [tri(j)ɑ̃gylasjɔ̃] n. f. TECH Ensemble des opérations géodésiques servant à établir le canevas géométrique d'un terrain (ou d'un vaste territoire) divisé en triangles, auxquels se rattache le levé topographique des détails.

Trianon, nom de deux châteaux édifiés dans le parc du palais de Versailles. Le *Grand Trianon* fut construit en 1687 par Hardouin-Mansart. Le *Petit Trianon,* bâti (1762-1768) par Gabriel fut occupé par Marie-Antoinette. – Le *traité de Trianon* (4 juin 1920) : traité de paix entre les Alliés et la Hongrie*, vaincue. La Hongrie cédait le Banat et la Transylvanie à la Roumanie; la Slovaquie et la Ruthénie à la Tchécoslovaquie; la Croatie à la Yougoslavie. Son territoire fut ainsi réduit de 325000 km^{2} à 92000 km^{2}.

trias [trijas] n. m. GEOL Période géologique la plus ancienne et la plus courte du secondaire, dont les terrains caractéristiques présentent *trois* faciès (grès bigarré, calcaire coquillier et marnes irisées).

triathlon [triatlɔ̃] n. m. SPORT Compétition comprenant trois épreuves différentes, généralement course à pied, course cycliste sur route et natation.

triatomique [triatɔmik] adj. CHIM Se dit d'un corps dont la molécule renferme trois atomes.

tribal, ale, aux [tʀibal, o] adj. SOCIOL Relatif à la tribu. *Luttes tribales,* entre des tribus (ou ethnies) différentes.

tribalisme [tʀibalism] n. m. **1.** SOCIOL Organisation en tribus. **2.** Tendance à faire prévaloir l'appartenance à l'ethnie sur l'appartenance à la nation. **3.** (Afr. subsah.) Tendance à avantager les membres de son ethnie, de sa région.

tribaliste [tʀibalist] adj. et n. (Afr. subsah.) Qui est caractérisé par le tribalisme (sens 2 et 3).

tribasique [tʀibazik] adj. CHIM Qui possède trois fois la fonction base (hydroxyde d'aluminium, par ex.).

tribo-électricité ou **triboélectricité** [tʀiboelɛktʀisite] n. f. PHYS Électricité produite par frottement.

tribord [tʀibɔʀ] n. m. MAR Côté droit d'un navire (lorsqu'on regarde vers l'avant). Ant. bâbord.

tribu [tʀiby] n. f. **1.** ANTIQ Division primitive de la population dans la cité grecque et la cité romaine. **2.** Dans la Bible, chacun des douze groupes, issus des fils de Jacob, qui constituent le peuple d'Israël. **3.** Groupe présentant (généralement) une unité politique, linguistique et culturelle, dont les membres vivent le plus souvent sur un même territoire. *Tribus indiennes d'Amérique.* **4.** (Afr. subsah.) Vieilli Sous-groupe d'une ethnie caractérisé par l'usage d'un même dialecte. **5.** SC NAT Subdivision d'une famille d'animaux ou de végétaux.

tribulations [tʀibylasjɔ̃] n. f. pl. Aventures, mésaventures. *Nous avons fini par arriver après mille tribulations.*

tribun [tʀibœ̃] n. m. **1.** ANTIQ ROM Magistrat chargé de défendre les droits et les intérêts des plébéiens. **2.** *Par anal.* Orateur éloquent, défenseur du peuple.

tribunal, aux [tʀibynal, o] n. m. **1.** Lieu où la justice est rendue; palais de justice. **2.** Juridiction d'un ou de plusieurs magistrats qui jugent ensemble; ces magistrats. *Porter une affaire devant les tribunaux. Tribunaux administratifs.* – *Spécial.* Juridiction du premier degré (par oppos. à *cour,* réservé aux juridictions d'appel et de cassation). ▷ *Tribunal coutumier,* qui juge selon la coutume et non selon la loi de l'État. **3.** Fig., litt. Ce qui juge. *Le tribunal de la conscience. Le tribunal de l'histoire.* ▷ *Le tribunal de Dieu :* la justice de Dieu.

Tribunal révolutionnaire, tribunal d'exception qui fonctionna à Paris entre le 10 mars 1793 et le 31 mai 1795, organe juridique de la Terreur* (jusqu'en juil. 1794).

Tribunat, l'une des trois assemblées délibérantes du Consulat (1799-1804), créée en 1800. Il disparut en 1807.

tribune [tʀibyn] n. f. **I. 1.** Emplacement surélevé, réservé à certaines personnes, dans les églises ou les salles d'assemblées publiques. *Tribune officielle.* **2.** (Plur.) Dans un stade, un champ de courses, etc., gradins généralement couverts réservés aux spectateurs. **II. 1.** Estrade d'où parle un orateur (dans une assemblée délibérante notam.). *Monter à la tribune.* **2.** *Par anal.* Rubrique d'un journal, émission de radio, de télévision dans laquelle on s'adresse au public. *Tribune libre.*

tribut [tʀiby] n. m. **1.** Anc. Redevance payée par un peuple vaincu au vainqueur, comme marque de dépendance. **2.** Fig. Ce qu'on est obligé d'accorder, de souffrir, de faire. *Payer un lourd tribut à son pays, à une cause.*

tributaire [tʀibytɛʀ] adj. *Être tributaire de :* être dépendant de. *La récolte est tributaire des pluies. – Ce paralytique est tributaire de son entourage.* ▷ GEOGR *Fleuve tributaire d'une mer,* qui s'y jette.

tricalcique [tʀikalsik] adj. AGRIC *Phosphate tricalcique :* engrais phosphoré et calcique produit dans certains pays africains.

tricentenaire [tʀisɑ̃tnɛʀ] n. m. et adj. Troisième centenaire. ▷ adj. Qui a trois cents ans.

triceps [tʀisɛps] adj. et n. m. ANAT Se dit d'un muscle ayant trois groupes de faisceaux musculaires. – n. m. *Triceps brachial, crural.*

tricératops [tʀiseʀatɔps] n. m. PALEONT Reptile dinosaure du crétacé supérieur long de 7 m, pourvu d'une corne nasale et de deux cornes frontales.

triche [tʀiʃ] n. f. Fam. *C'est de la triche,* de la tromperie, de la tricherie.

tricher [tʀiʃe] v. intr. [1] **1.** Agir d'une manière déloyale pour gagner, réussir. *Tricher au jeu. Tricher à un examen.* **2.** Mentir (à propos de qqch). *Elle triche sur son âge.* **3.** Dissimuler habilement un défaut (de symétrie, de dimension, etc.) dans un ouvrage.

tricherie [tʀiʃʀi] n. f. Action de tricher; tromperie.

tricheur, euse [tʀiʃœʀ, øz] n. Personne qui triche.

trichine [tʀikin; tʀiʃin] n. f. ZOOL Petit ver nématode *(Trichinella spiralis)* long de 1,5 mm (mâle) à 3,5 mm (femelle), qui se développe dans l'intestin de nombreux mammifères, notam. de l'homme et du porc, puis gagne les muscles.

trichinose [tʀikinoz; tʀiʃinoz] n. f. MED Maladie parasitaire due à une trichine, provoquée par l'ingestion de viande de porc infestée, se manifestant par des troubles digestifs, un œdème, des douleurs musculaires et de la fièvre.

trichloréthylène [tʀiklɔʀetilɛn] n. m. CHIM Composé chloré dérivé de l'éthylène, liquide incolore et volatil utilisé comme solvant (en partic. pour le nettoyage à sec).

trichlorure [tʀiklɔʀyʀ] n. m. CHIM Composé dont la molécule contient trois atomes de chlore.

tricholome [tʀikolom] n. m. BOT Champignon basidiomycète dont certaines espèces sont comestibles, d'autres toxiques.

trichomonas [tʀikɔmɔnas] n. m. BIOL Protozoaire flagellé (genre *Trichomonas*) ayant de 3 à 6 flagelles et une membrane ondulante, parasite des cavités naturelles chez l'homme.

trichophyton [tʀikɔfitɔ̃] n. m. MED Champignon ascomycète, parasite de l'homme, provoquant une sorte de teigne pouvant toucher les cheveux, les poils, les ongles et la peau.

trichoptères [tʀikɔptɛʀ] n. m. pl. ENTOM Ordre d'insectes comprenant les phryganes.

trichromie [tʀikʀɔmi] n. f. TECH Procédé de reproduction en couleurs à partir des trois couleurs primaires.

triclinique [tʀiklinik] adj. MINER Se dit de l'un des systèmes cristallins ne présentant aucun axe de symétrie. ▷ *Maille triclinique :* prisme constitué de six faces égales, en forme de parallélogramme.

tricoler [tʀikɔle] v. intr. [1] (Acadie) Tituber. *Ivrogne qui tricole.*

tricolore [tʀikɔlɔʀ] adj. **1.** Qui est de trois couleurs. **2.** Par ext. *Le drapeau tricolore :* en France, le drapeau national bleu, blanc, rouge.

tricorne [tʀikɔʀn] n. m. Chapeau dont les bords repliés forment trois cornes.

tricot [tʀiko] n. m. **1.** Action de tricoter, d'exécuter avec des aiguilles spéciales un ouvrage en une matière textile disposée en mailles. *Faire du tricot.* Syn. (Acadie) brochure. **2.** Tissu de mailles, fait à la main ou au métier. *Une écharpe en tricot.* **3.** Vêtement (veste, chandail) tricoté. *Un tricot chaud.* – Maillot (sens 3). *Tricot de peau.*

tricotage [tʀikɔtaʒ] n. m. Action, manière de tricoter.

tricoter [tʀikɔte] v. [1] **1.** v. tr. Confectionner au tricot. *Tricoter un pull.* **2.** v. intr. Exécuter un tricot. *Tricoter à la main, à la machine. Aiguilles à tricoter.*

tricoteur, euse [tʀikɔtœʀ, øz] n. **1.** Personne qui tricote. **2.** n. f. TECH Machine à tricoter.

tricuspide [tʀikyspid] adj. SC NAT Qui comporte trois pointes. ▷ ANAT *Valvule tricuspide,* qui fait communiquer le ventricule droit et l'oreillette droite du cœur.

tricycle [tʀisikl] n. m. Cycle à trois roues. *Tricycle d'enfant, de livreur.*

tridacne [tʀidakn] n. m. ZOOL Mollusque lamellibranche (genre *Tridacna*) des océans Indien et Pacifique dont le bénitier* est une espèce géante.

tridactyle [tʀidaktil] adj. Didac. Qui a trois doigts. *Mouette tridactyle.*

trident [tʀidɑ̃] n. m. AGRIC Outil (bêche, fourche, etc.) pourvu de trois dents. – PECHE Harpon à trois dents.

tridimensionnel, elle [tʀidimɑ̃sjɔnɛl] adj. Qui a trois dimensions. *L'espace euclidien est tridimensionnel.*

trièdre [tʀijɛdʀ] adj. et n. m. GEOM **1.** Qui a trois faces. **2.** *Angle trièdre :* figure formée par trois plans qui se coupent deux à deux. ▷ n. m. *Un trièdre. Trièdre trirectangle*.*

triennal, ale, aux [tʀienal, o] adj. **1.** Qui dure trois ans. *Bail triennal.* – Qui est élu pour trois ans. **2.** Qui a lieu tous les trois ans. *Assolement triennal.*

trier [tʀije] v. tr. [2] **1.** Choisir, prendre parmi d'autres en laissant de côté ce qui ne convient pas. *Trier des grains.* ▷ Fig. *Trier sur le volet :* opérer une sélection avec une grande rigueur. **2.** Séparer pour répartir et regrouper. *Trier des papiers, du courrier. Trier des informations.* Syn. classer. – *Trier des wagons :* V. triage (sens 2).

Trieste, v. d'Italie, ch.-l. du Frioul-Vénétie Julienne, au fond du *golfe de Trieste*; 244 980 hab. Port import. et centre industriel. Université. – Théâtre romain; cath. (XIe et XIVe s.); chât. (XVe-XVIIe s.). – Propriété des Habsbourg (1382), Trieste fut le princ. débouché maritime de l'Autriche. Elle fut cédée à l'Italie en 1919. Prise par Tito (1945), cap. du *Territoire libre de Trieste* (1947), elle revint à l'Italie (1954), la majeure partie du territoire passant à la Yougoslavie.

trieur, euse [tʀijœʀ, øz] n. **1.** Personne qui trie, effectue un triage. **2.** n. m. Appareil servant à trier (du minerai, des graines, etc.). **3.** n. f. Machine utilisée en mécanographie pour trier, classer les cartes perforées.

trifide [tʀifid] adj. SC NAT Qui est fendu profondément en trois parties. *Organe trifide.*

trifluvien, enne [triflyvjɛ̃, ɛn] adj. et n. De Trois-Rivières. ▷ Subst. *Un(e) Trifluvien(ne).*

trigle [trigl] n. m. ICHTYOL Poisson (genre *Trigla*) dont les nombr. espèces sont cour. appelées *grondins* ou *rougets.*

triglycéride [trigliserid] n. f. BIOCHIM Lipide formé par une molécule de glycérol estérifié par trois acides gras. *Les acides gras sont stockés dans l'organisme sous la forme de triglycérides.*

trigone [trigon] adj. et n. m. **1.** adj. Didac. Qui a trois angles. **2.** n. m. ANAT *Trigone cérébral :* voûte à trois piliers du cerveau. *Trigone vésical :* espace triangulaire situé à la partie inférieure de la vessie.

trigonocéphale [trigɔnosefal] n. m. ZOOL Grand serpent venimeux américain, voisin du crotale.

trigonométrie [trigɔnometri] n. f. Branche des mathématiques ayant pour objet l'étude des triangles et des relations qui existent entre les angles et les côtés d'un triangle (fonctions circulaires ou lignes trigonométriques). ▷ *Trigonométrie hyperbolique :* extension de la trigonométrie aux angles dont la valeur est un nombre complexe. (Elle fait appel aux fonctions hyperboliques.) ▷ *Trigonométrie sphérique,* qui étudie la résolution des triangles sphériques.

trigonométrique [trigɔnometrik] adj. MATH Propre à la trigonométrie. *Ligne trigonométrique :* chacune des fonctions circulaires (cosinus, sinus, tangente, cotangente, sécante, cosécante) utilisées en trigonométrie. ▷ *Sens trigonométrique :* sens inverse de celui des aiguilles d'une montre.

trijumeau [triʒymo] adj. et n. m. ANAT *Nerf trijumeau* ou, n. m., *le trijumeau :* nerf pair formant la 5e paire crânienne qui se divise en trois branches, innervant l'œil et les deux maxillaires.

trilatéral, ale, aux [trilateral, o] adj. Qui comporte, réunit trois parties. *Accords trilatéraux.*

trilingue [trilɛ̃g] adj. **1.** Qui est en trois langues. *Notice trilingue.* **2.** Qui parle trois langues.

trille [trij] n. m. MUS Ornement consistant à produire une alternance rapide entre deux notes voisines. ▷ Son analogue à cet ornement musical. *Trilles d'un rossignol.*

trillion [triljɔ̃] n. m. Un million à la puissance 3, soit un milliard de milliards.

trilobé, ée [trilɔbe] adj. BOT Qui a trois lobes. *Feuille trilobée.*

trilobites [trilɔbit] n. m. pl. PALEONT Classe d'arthropodes primitifs fossiles dont le corps, ovale, aplati et protégé par une cuticule très épaisse, était divisé en un lobe axial et deux lobes pleuraux. *Les trilobites peuplèrent les mers, du cambrien inférieur au permien moyen.* – Sing. *Un trilobite.*

triloculaire [trilɔkylɛr] adj. SC NAT Divisé en trois loges.

trilogie [trilɔʒi] n. f. **1.** ANTIQ GR Ensemble de trois tragédies dont les sujets se font suite et que l'on présentait aux concours dramatiques (ex. : *l'Orestie* d'Eschyle). *La trilogie était toujours accompagnée d'une comédie avec laquelle elle formait une tétralogie.* **2.** *Par anal.* Ensemble de trois œuvres dont les sujets se font suite. *La trilogie romanesque de Vallès.* **3.** MED Réunion de trois symptômes. *Trilogie de Fallot :* malformation cardiaque congénitale, cour. appelée maladie bleue*.

trimaran [trimarɑ̃] n. m. MAR Embarcation comportant une coque centrale reliée par des bras à deux flotteurs latéraux. *Trimaran à voile.*

trimbal(l)er [trɛ̃bale] v. tr. [1] Fam. Traîner, porter partout avec soi.

trimer [trime] v. intr. [1] Fam. Travailler durement.

trimère [trimɛr] adj. BIOL Constitué de trois parties. *Molécule, organe trimère.*

trimestre [trimɛstr] n. m. **1.** Période de trois mois. *Loyer payable par trimestre.* ▷ *Spécial.* Division administrative de l'année scolaire, universitaire, d'une durée approximative de trois mois. **2.** Somme que l'on paye ou que l'on reçoit tous les trois mois. *Toucher le premier trimestre de sa bourse.*

trimestriel, elle [trimɛstrijɛl] adj. **1.** Qui dure trois mois. **2.** Qui a lieu, qui paraît tous les trois mois. *Bulletin trimestriel. Revue trimestrielle.*

trimestriellement [trimɛstrijɛlmɑ̃] adv. Tous les trimestres.

trimoteur [trimɔtœr] n. m. Avion à trois moteurs.

Trimurti (la) («Qui a trois aspects»), trinité hindoue du panthéon brahmanique, composée de *Brahmā* (le créateur), *Vishnu* (le conservateur) et *Çiva* (le destructeur).

tringle [trɛ̃gl] n. f. Tige, généralement métallique, qui sert à soutenir (un rideau, des cintres, etc.). *Tringle à rideau.* ▷ Élément d'un mécanisme. *Tringle de commande.*

Trinh, nom d'une puissante famille du Viêt-nam septentrional. À partir de 1592, les Trinh prirent le pouvoir effectif, ne laissant aux Lê* qu'un pouvoir nominal. Leur État, le futur Tonkin des Européens, resta très hiérarchisé et les notables concentrèrent les terres communales à leur profit. Les Trinh luttèrent sans succès (1627-1674) contre les Nguyên* pour réunifier le Dai* Viêt, qui resta séparé à la hauteur de Dông Hoi en deux États (celui des Trinh au N. et celui des Nguyên au S.). En 1786, les Tây* Son restaurèrent le pouvoir des Lê au détriment des Trinh.

trinidadien, enne [trinidadjɛ̃, ɛn] adj. et n. De Trinité-et-Tobago. ▷ Subst. *Un(e) Trinidadien(ne).*

trinitaire [trinitɛr] adj. THEOL Qui a rapport à la Trinité.

trinité [trinite] n. f. **1.** THEOL (Avec une majuscule.) Dans la doctrine chrétienne, union de trois personnes distinctes qui ne forment cependant qu'un seul et même Dieu : le Père, le Fils et le Saint Esprit. *La Sainte Trinité.* ▷ *Par ext.* Groupe de trois divinités, de trois entités ou personnes sacralisées. **2.** *La Sainte-Trinité :* la fête célébrée le premier dimanche après la Pentecôte.

Trinité (La), ch.-l. d'arr. de la Martinique; 11 392 hab. Électroménager.

Trinité-et-Tobago *(Trinidad and Tobago),* État des Petites Antilles, proche de la côte vénézuélienne, formé des îles de *la Trinité* (4 827 km^2) et de *Tobago* (301 km^2); 5 128 km^2; 1 250 000 hab.; cap. *Port of Spain* (Trinité). Nature de l'État : rép. membre du Commonwealth. Langue off. : angl. Monnaie : dollar de Trinité-et-Tobago. Pop. : Noirs (env. 40 %) et Indiens (de l'Inde) (env. 40 %), métis, Blancs, Chinois. Relig. : christianisme majoritaire, hindouisme, islam. – Ces îles tropicales, montagneuses et forestières, avaient une écon. traditionnelle (cacao, canne à sucre, café, pêche, tourisme), puis le pétrole de la Trinité a permis l'industrialisation. – Découvertes par Ch. Colomb (1498), colonisées par les Espagnols, les îles revinrent aux Anglais en 1802 (paix d'Amiens). Elles accédèrent à l'indépendance en 1962 dans le cadre du Commonwealth. La république fut proclamée en 1976. Les antagonismes raciaux (Indiens, Noirs) ont créé des troubles politiques. En 1995, Masdeo Panday, d'origine indienne, a remporté les élections législatives et accédé au poste de Premier ministre.

trinitrotoluène [trinitrotɔlɥɛn] n. m. TECH Explosif de grande puissance, dérivé nitré du toluène. (Abrév. : T.N.T. ou TNT). Syn. tolite.

trinôme [trinom] n. m. MATH Polynôme à trois termes.

trinquer [trɛ̃ke] v. intr. [1] **1.** Boire (avec une ou plusieurs personnes) après avoir choqué les verres en formulant des souhaits. *Lever son verre pour trinquer.* **2.** Fam. Subir de graves préjudices ou désagréments. *Les parents boivent, les enfants trinquent* (slogan antialcoolique).

trio [trijo] n. m. **1.** MUS Morceau composé pour trois voix ou trois instruments. *Les trios de Haydn.* **2.** Formation de trois musiciens. **3.** Plaisant Groupe de trois personnes. *Un inséparable trio.*

triode [trijɔd] n. f. ELECTR Tube électronique à trois électrodes (une anode, une cathode et une grille) utilisé pour amplifier un signal. (On la remplace généralement auj. par un transistor.)

triol [trijɔl] n. m. V. trialcool.

triolet [trijɔlɛ] n. m. MUS Cellule rythmique divisant un temps en trois parties égales.

triomphal, ale, aux [trijɔ̃fal, o] adj. **1.** Qui constitue une réussite éclatante. *Une élection triomphale.* **2.** Entouré de manifestations d'enthousiasme. *Un accueil triomphal.*

triomphalement [trijɔ̃falmɑ̃] adv. **1.** D'une manière digne d'un triomphe. **2.** (Souvent iron.) Avec un air triomphant.

triomphalisme [trijɔ̃falism] n. m. Péjor. Attitude de ceux qui considèrent que leur action mérite les plus grandes louanges ou que leur position est sûrement la meilleure.

triomphant, ante [trijɔ̃fɑ̃, ɑ̃t] adj. **1.** Victorieux. ▷ RELIG *L'Église triomphante :* les justes au paradis. **2.** Qui montre l'intense satisfaction que donne le succès. *Air triomphant.*

triomphateur, trice [trijɔ̃fatœr, tris] n. Personne qui remporte un éclatant succès.

triomphe [trijɔ̃f] n. m. **1.** ANTIQ ROM Honneur rendu à un général après d'importants succès militaires. *Arc* de triomphe.* ▷ Loc. mod. *Porter qqn en triomphe,* le porter au-dessus d'une foule pour le faire acclamer. **2.** Succès éclatant (de qqn ou de qqch). *Triomphe d'un parti à une élection.* ▷ *Le triomphe de... :* la manifestation la plus éclatante de... *C'est le triomphe de la médiocrité.* **3.** Grande joie provoquée par un succès. *Pousser un cri de triomphe.* ▷ Ce qui reçoit une vive approbation du public. *Son discours fut un triomphe.*

triompher [tʀijɔ̃fe] v. [1] **I.** v. tr. indir. *Triompher de :* l'emporter sur (un adversaire), se rendre maître de (une force contraire). Syn. vaincre, battre. *Triompher d'une difficulté.* Syn. surmonter. **II.** v. intr. **1.** Remporter un grand succès. ▷ S'imposer avec éclat. *La vérité triomphera.* **2.** Litt. Exceller. *Rembrandt triomphe dans le clair-obscur.* **3.** Chanter victoire. *Ne triomphe pas tant!*

trionyx [tʀiɔniks] n. m. ZOOL Tortue d'eau douce, à carapace molle, carnassière, répandue en Amérique du N., en Afrique et dans le S. de l'Asie.

triose [tʀioz] n. m. BIOCHIM Sucre simple (ose) comportant trois atomes de carbone.

trip [tʀip] n. m. (Anglicisme) Fam. État hallucinatoire dû à la prise d'une substance hallucinogène.

tripan [tʀipɑ̃] n. m. (Nouv.-Cal.) Nom cour. de l'holothurie.

triparti, ie [tʀipaʀti] ou **tripartite** [tʀipaʀtit] adj. Didac. **1.** Partagé en trois. **2.** Qui réunit trois parties contractantes. *Pacte tripartite.*

tripartition [tʀipaʀtisjɔ̃] n. f. Didac. Division en trois parties.

tripatouiller [tʀipatuje] v. tr. [1] Fam. Faire subir à (certains documents) des changements destinés à tromper. *Tripatouiller des comptes.* Syn. trafiquer.

tripe [tʀip] n. f. **1.** (Plur.) Boyaux d'un animal. ▷ *Spécial.* Estomac des ruminants préparé et cuisiné. *Un plat de tripes.* **2.** *Par ext.* Fam. Entrailles de l'homme. ▷ Loc. fig. *Ça vous prend aux tripes :* c'est très émouvant. ▷ Loc. fig. *Avoir la tripe républicaine :* être viscéralement républicain.

triperie [tʀipʀi] n. f. Boutique, commerce du tripier.

triphasé, ée [tʀifaze] adj. ELECTR Se dit d'un système de trois grandeurs sinusoïdales (courant ou tension) de même fréquence et déphasées l'une par rapport à l'autre de $\frac{2\pi}{3}$ radians. (Une distribution triphasée comprend trois conducteurs de phase et un neutre.) ▷ *Appareil triphasé,* alimenté par un réseau triphasé.

triphosphate [tʀifɔsfat] adj. BIOCHIM *Adénosine triphosphate (A.T.P.) :* V. adénosine-phosphate.

triphtongue [tʀiftɔ̃g] n. f. PHON Séquence de trois sons vocaliques réunis dans une même articulation. *Le mot «piaille» [pjaj] contient une triphtongue.*

tripier, ère [tʀipje, ɛʀ] n. Marchand(e) de tripes et abats divers.

triple [tʀipl] adj. **1.** Qui comporte trois éléments. *Faire un triple nœud. Triple croche*.* ▷ CHIM *Liaison triple* (symbole : ≡) : ensemble de trois liaisons (une liaison axiale sigma et deux liaisons latérales pi) entre deux atomes. *La molécule de l'acétylène, de formule HC ≡ CH, comprend une triple liaison.* (V. liaison.) ▷ PHYS *Point triple :* point du diagramme thermodynamique correspondant à l'équilibre des trois phases solide, liquide et gazeuse, qui se trouve à l'intersection des courbes de fusion, de vaporisation et de sublimation. **2.** Trois fois plus grand. *Prendre une triple dose.* ▷ n. m. Quantité trois fois plus grande. *Six est le triple de deux.*

1. triplé [tʀiple] n. m. **1.** TURF Pari sur la combinaison des trois premiers chevaux d'une course. **2.** SPORT Série de trois victoires dans des épreuves importantes.

2. triplé [tʀiple] n. V. triplés.

Triple-Alliance. V. Alliance (Triple-).

Triple-Entente. V. Entente (Triple-).

1. triplement [tʀipləmɑ̃] adv. D'une manière triple.

2. triplement [tʀipləmɑ̃] n. m. Fait de tripler, de devenir triple.

tripler [tʀiple] v. [1] **1.** v. tr. Rendre trois fois plus grand. *Tripler une dose, une offre.* **2.** v. intr. Devenir trois fois plus grand. *Le prix de l'essence a triplé.*

triplés, ées [tʀiple] n. pl. Enfants nés au nombre de trois d'un même accouchement. – (Sing.) Un de ces trois enfants.

triplet [tʀiplɛ] n. m. **1.** OPT Ensemble de trois lentilles. ▷ Ensemble de trois raies spectrales. **2.** MATH Groupe formé par trois éléments dont chacun appartient à un ensemble distinct. **3.** BIOCHIM Unité d'information, constitutive d'un nucléotide, formée par la combinaison de trois bases puriques ou pyrimidiques. *Les triplets commandent l'assemblage des acides aminés en protéines.*

Triplice. V. Alliance (Triple-).

triploblastique [tʀiplɔblastik] adj. ZOOL Se dit des métazoaires à trois feuillets cellulaires : ectoderme, mésoderme et endoderme.

triploïde [tʀiploid] adj. et n. BIOL Se dit d'un être vivant dont les cellules possèdent chaque chromosome en trois exemplaires.

triplure [tʀiplyʀ] n. f. COUT Étoffe raidie d'apprêt que l'on glisse entre tissu et doublure.

tripolaire [tʀipɔlɛʀ] adj. ELECTR Qui comprend trois pôles.

Tripoli (en ar. *Tarāblus*), v. portuaire du Liban septentrional; 240000 hab. Raff. de pétrole; textile (coton). – Fondée v. 800 av. J.-C., Tripoli fut une importante cité phénicienne. Grecque (IVe s. av. J.-C.), romaine (Ier s. av. J.-C.), arabe (début du VIIe s.), prise par les chrétiens de 685 à 705, reprise par les Arabes, elle fut conquise en 1109 par le comte de Toulouse, Raimond de Saint-Gilles, qui créa le *comté de Tripoli.* Cet État latin, vassal du royaume de Jérusalem, fut réuni à la principauté d'Antioche (1201) et disparut en 1289 lorsque le sultan d'Égypte détruisit la ville. Reprise par les Ottomans en 1516, celle-ci fut rattachée au Liban en 1918.

Tripoli (en ar. *Tārabulus al-Gharb*), cap. de la Libye, port de l'ouest du pays; 980000 hab. Centre commercial. Industr. text., chim. (salines), du cuir, du tabac. Raffinerie de pétrole. Aéroport intern. – Université. Ruines romaines (arc de Marc Aurèle). Citadelle. Mosquées. Aux environs, sites archéol. de Leptis Magna et Sabratha. – Fondée par les Phéniciens, carthaginoise, puis romaine, la ville subit les grandes invasions, et fut prise par les Arabes en 643. Aux mains des Espagnols (1510) puis des chevaliers de Malte (1530), elle fut enlevée par les Turcs (1551) et devint un centre de piraterie. Occupée par les Italiens en 1911, par les Britanniques en janv. 1943, elle est la cap. de la Libye depuis l'indépendance (1951). Depuis 1986, Syrte et Al Djofra aspirent à devenir la future capitale de la Libye.

Tripolitaine, région du nord-ouest de la Libye, correspondant à un plateau aride, le *Hamada el-Homra,* qui s'étend des oasis du Fezzan, au S., jusqu'à la plaine côtière de la Djeffara, au N. – Sous contrôle turc dès le XVIe s., elle jouit cependant, du début du XVIIIe s. à 1835, d'une quasi-indépendance : ses pachas, devenus héréditaires, imposaient un tribut aux navires étrangers. Conquise par les Italiens (1911-1914), rattachée (1934) à la colonie italienne de Libye, elle fut le théâtre de durs combats pendant la Seconde Guerre mondiale. Avec la Cyrénaïque, elle constitua le royaume de Libye en 1951.

triporteur [tʀipɔʀtœʀ] n. m. Tricycle muni d'une caisse à l'avant pour le transport des marchandises légères.

tripot [tʀipo] n. m. Péjor. Maison de jeu.

tripotage [tʀipɔtaʒ] n. m. Fam. **1.** Fait de tripoter. ▷ Fig. Intrigue, opération louche. *Tripotages électoraux.* **2.** (Haïti) Syn. de *commérage.*

tripoter [tʀipɔte] v. [1] **1.** v. tr. Toucher, tâter sans cesse (d'une manière peu délicate, ou machinale). *Il tripotait nerveusement son trousseau de clés.* **2.** v. intr. Fam., fig. Se livrer à des opérations et des combinaisons plus ou moins louches. *Il semble qu'elle ait tripoté dans l'import-export.* Syn. trafiquer.

tripoteur, euse [tʀipɔtœʀ, øz] n. Personne qui tripote, se livre à des tripotages.

triptyque [tʀiptik] n. m. **1.** BX-A Triple panneau peint ou sculpté, à deux volets exactement repliables sur le panneau central. *Les triptyques de Van der Weyden.* ▷ Fig. Œuvre (littéraire, musicale, etc.) en trois parties. **2.** DR COMM Document douanier en trois feuillets, délivré pour l'importation et la réexportation (notam. des automobiles).

Tripura, État de l'Inde, à l'E. du Bangladesh; 10477 km^2^; 2744800 hab.; cap. *Agartala.* État montagneux et forestier. Cultures dans les vallées. – La création, en 1972, de cet État institutionnalisa la colonisation indienne (Bengalis surtout) dans une rég. occupée de façon transitoire par des pop. tibéto-birmanes, qui, dep. 1980, prônent le séparatisme.

trique [tʀik] n. f. Gros bâton court. – Fig. *Mener les gens à la trique.* ▷ Loc. *Sec, maigre comme un coup de trique :* très sec, très maigre.

trirectangle [tʀiʀɛktɑ̃gl] adj. GEOM *Trièdre trirectangle,* qui a trois angles droits.

trisaïeul, eule [tʀizajœl] n. Père, mère de l'arrière-grand-père, de l'arrière-grand-mère.

trisannuel, elle [tʀizanɥɛl] adj. Qui a lieu tous les trois ans. ▷ Qui dure trois ans.

trismégiste [tʀismeʒist] adj. m. ANTIQ En Égypte, surnom donné par les Grecs au dieu Thot, patron des magiciens, qu'ils assimilèrent à Hermès. *Hermès trismégiste.*

trisomie [tʀizɔmi] n. f. BIOL Anomalie génétique correspondant à la présence, dans le génome d'un individu diploïde, d'un chromosome en trois exemplaires au lieu de deux. ▷ *Trisomie 21 :* maladie congénitale due à la présence d'un chromosome supplémentaire sur la paire n° 21 et caractérisée par un aspect physique particulier, des malformations viscérales, notam. cardiaques, et une débilité mentale. (V. mongolisme.)

trisomique [tʀizɔmik] adj. et n. MED Se dit d'une personne ayant une trisomie 21. Syn. (déconseillé) mongolien.

Tristam ou **Tristão** (Nuno) (m. en 1447), navigateur portugais. Il fit trois voyages en Afrique : au Sahara et au cap Blanc (1440), à l'île d'Arguin, en Mauritanie actuelle (1443) et au Río de Oro, où il mourut.

Tristan da Cunha (îles), archipel britannique de l'Atlantique Sud, au S.-O. du cap de Bonne-Espérance; 209 km^2; 300 hab. L'île princ. et la seule habitée est *Tristan da Cunha* (104 km^2).

Tristan et Iseult, légende médiévale d'origine celtique : parfait chevalier breton, Tristan part pour l'Irlande demander la main d'Iseult la Blonde pour son oncle, le roi Marc. Mais sur le bateau qui les ramène en Cornouailles, Tristan et Iseult boivent par erreur un philtre magique et s'aiment d'un amour éternel. Cette légende a inspiré à Béroul et à Thomas d'Angleterre leurs poèmes (*Tristan*, XIIe s.), à Marie de France le *Lai du chèvrefeuille* (XIIe s.) et à Wagner le drame lyrique de *Tristan et Isolde* (1857-1859, représenté en 1865).

Tristan l'Hermite (François, dit) (v. 1601 – 1655), écrivain français; poète lyrique (*Plaintes d'Acante*, 1633; *les Amours de Tristan*, 1638), dramaturge et auteur d'un roman autobiographique : *le Page disgracié* (1642). Acad. fr. (1649).

Tristão. V. Tristam.

triste [tʀist] adj. **I. 1.** (Personnes) Qui est dans un état d'abattement et d'insatisfaction dû à un chagrin, à des soucis. *L'enfant était triste de voir sa mère partir.* Syn. affligé, morose, sombre. Ant. gai, joyeux. **2.** Qui dénote la tristesse. *Un air triste. Faire triste mine.* **3.** (Choses) Qui incite à la tristesse. *Un temps triste.* **II. 1.** Qui fait de la peine; affligeant, pénible. *Il a eu une triste fin.* Syn. douloureux, navrant, tragique. *Il est arrivé dans un triste état.* Syn. mauvais, lamentable. **2.** Péjor. (Toujours devant le nom.) Qui suscite le mépris. *Un triste sire.*

tristement [tʀistəmɑ̃] adv. **1.** En étant envahi par la tristesse. *Il est parti tristement.* **2.** D'une façon navrante, pénible. *Il est tristement célèbre.*

tristesse [tʀistɛs] n. f. **1.** État d'une personne triste. *Une tristesse passagère.* Syn. abattement, mélancolie, peine. Ant. gaieté, joie. **2.** Événement qui rend triste, moment où l'on est triste. *Les petites tristesses de tous les jours.* **3.** Caractère de ce qui a l'air triste ou rend triste. *La tristesse d'un paysage.*

tris(s)yllabe [tʀisil(l)ab] ou **tris(s)yllabique** [tʀisil(l)abik] adj. Formé de trois syllabes. *Mot trisyllabe. Vers trisyllabiques.* ▷ n. m. *Un trisyllabe* ou *un trisyllabique.*

tritium [tʀitjɔm] n. m. PHYS NUCL Isotope radioactif de l'hydrogène ^{3}H, de symbole T, dont le noyau contient trois nucléons (un proton et deux neutrons) et dont la fusion avec un noyau de deutérium conduit à un noyau d'hélium.

1. triton [tʀitɔ̃] n. m. ZOOL **1.** Amphibien urodèle d'Europe, qui vit près des eaux stagnantes. **2.** Mollusque gastéropode prosobranche des océans Indien et Pacifique dont la coquille était utilisée comme trompette de guerre.

2. triton [tʀitɔ̃] n. m. MUS Intervalle de trois tons. Syn. quarte augmentée.

3. triton [tʀitɔ̃] n. m. PHYS NUCL Noyau de tritium.

Triton, dans la myth. gr., divinité marine représentée avec une tête d'homme et une queue de poisson, fils d'Amphitrite et de Poséidon.

trituration [tʀityʀasjɔ̃] n. f. TECH Action de triturer (sens 1). ▷ Didac. Broyage des aliments au cours de la mastication.

triturer [tʀityʀe] v. tr. [1] **1.** Broyer pour réduire en fines particules ou en pâte. **2.** Manier et tâter brutalement, sans précaution. *Cesse de triturer ces fruits.*

triumvir [tʀijɔmviʀ] n. m. ANTIQ ROM Membre d'un collège administratif comprenant trois magistrats.

triumvirat [tʀijɔmviʀa] n. m. **1.** ANTIQ ROM Charge d'un triumvir; durée de ce mandat. **2.** *Par anal.* Union de trois personnes pour exercer le pouvoir ou une fonction quelconque.

trivalent, ente [tʀivalɑ̃, ɑ̃t] adj. CHIM Qui a une valence triple.

trivalve [tʀivalv] adj. SC NAT Qui a trois valves.

trivial, ale, aux [tʀivjal, o] adj. **1.** (Abstrait) Vieilli ou litt. D'une simplicité et d'une évidence qui ne satisfont que les esprits peu instruits. *Notion triviale.* **2.** Cour. Grossier, malséant, extrêmement vulgaire. *Plaisanteries triviales.*

trivialité [tʀivjalite] n. f. **1.** Vieilli ou litt. Banalité. *La trivialité d'une argumentation.* ▷ *Par ext.* Parole, chose banale. **2.** Cour. Caractère de ce qui est choquant, vulgaire. ▷ *Par ext.* Parole triviale.

Trnka (Jiří) (1912 – 1969), dessinateur et cinéaste tchèque; rénovateur du cinéma d'animation (marionnettes) après 1945 : *le Rossignol de l'empereur de Chine* (1948).

Troade. V. Troie.

troc [tʀɔk] n. m. Échange d'objets, sans l'intermédiaire de monnaie. *Faire du troc.*

Trocadero, site fortifié d'Espagne (Andalousie), sur la baie de Cadix. – La position fut enlevée par l'armée franç. du duc d'Angoulême en 1823.

trochanter [tʀɔkɑ̃tɛʀ] n. m. **1.** ANAT *Grand trochanter et petit trochanter :* les deux apophyses de la partie supérieure du fémur. **2.** ZOOL Second article des appendices locomoteurs des insectes.

troche [tʀɔʃ] ou **troque** [tʀɔk] n. f. ZOOL Mollusque gastéropode prosobranche à coquille nacrée. (Certaines espèces indo-pacifiques sont utilisées pour fabriquer des boutons et divers objets.)

trochée [tʀɔʃe] n. f. ARBOR Syn. de *cépée.*

trochlée [tʀɔkle] n. f. ANAT Articulation dont les surfaces, en forme de poulie, permettent une seule direction de mouvement. *Le coude, le genou sont des trochlées* (*trochlée humérale, troché fémorale*).

troène [tʀɔɛn] n. m. Arbuste ornemental des régions tempérées (fam. oléacées), souvent taillé en haies, à fleurs odorantes groupées en panicules, et à fruits noirs persistants.

troglodyte [tʀɔglɔdit] n. m. **1.** Personne qui vit dans une caverne, une grotte ou une excavation artificielle. **2.** ORNITH Petit oiseau passériforme brun des régions tempérées (genre *Troglodytes*) qui construit un nid volumineux.

troglodytique [tʀɔglɔditik] adj. Didac. Propre aux troglodytes, à leur habitat.

trogne [tʀɔɲ] n. f. Fam. Visage plein et rubicond révélant le goût de la bonne chère.

trognon [tʀɔɲɔ̃] n. m. Partie centrale, non comestible d'un fruit à pépins ou d'un légume. *Jeter un trognon de pomme. Trognon de chou.*

trogoniformes [tʀɔgɔnifɔʀm] n. m. pl. ORNITH Ordre d'oiseaux tropicaux aux couleurs irisées, à longue queue, au bec court. – Sing. *Un trogoniforme.*

Troie ou **Ilion,** cap. de la Troade, enjeu d'une guerre relatée dans l'*Iliade* d'Homère; la Troade, fondée par les Grecs, occupait l'extrême N.-O. de l'Asie Mineure. Pâris, fils du vieux roi troyen Priam, ayant enlevé Hélène, épouse du roi achéen Ménélas, les chefs des Grecs (Achille, Ménélas, Ulysse, Nestor, Ajax, etc.) se liguèrent contre la cité du ravisseur et s'embarquèrent pour Troie sous la conduite d'Agamemnon. Ils assiégèrent pendant dix ans la ville de Priam (défendue par Hector et Énée), avant de s'en emparer grâce au stratagème du «cheval de Troie» (raconté dans l'*Odyssée*, puis dans l'*Énéide*) : ayant construit un colossal cheval de bois, à l'intérieur duquel ils cachèrent des guerriers, ils firent mine de renoncer au siège, et l'abandonnèrent devant la ville. Les Troyens introduisirent ce cheval dans leurs murs; la nuit venue, les soldats achéens sortirent du cheval et allèrent ouvrir les portes de Troie aux Grecs, qui s'emparèrent de la cité et l'incendièrent. On localise auj. l'emplacement de Troie à 5 km de la côte égéenne près de l'Hellespont, non loin de l'actuelle localité turque d'Hissarlik (autref. Pergame). Neuf couches de fondations furent mises au jour entre 1870 et 1938 (Schliemann y fouilla de 1870 à 1890). Les ruines du niveau Troie VII, vestiges d'une cité dévastée par le feu v. 1260 av. J.-C., semblent correspondre à la Troie des récits homériques.

troïka [tʀɔika] n. f. Traîneau russe tiré par trois chevaux attelés de front.

trois [tʀwa] adj. inv. et n. m. inv. **I.** adj. num. inv. **1.** (Cardinal) Deux plus un (3). *Les trois volets d'un triptyque. Midi moins trois (minutes). Trois cents. Trois mille.* ▷ *Deux ou trois, trois ou quatre :* très peu de. ▷ *Règle de trois :* opération qui permet de calculer l'un des quatre termes d'une proportion lorsqu'on connaît les trois autres. (Ainsi, pour obtenir un pourcentage à partir d'un rapport, $\frac{3}{28}$ par ex., on pose $\frac{x}{100} = \frac{3}{28}$ soit x = $\frac{300}{28}$ = 10,714 %.) **2.** (Ordinal) Troisième. *Page trois. Henri III.* – Ellipt. *Le trois juin.* **II.** n. m. inv. **1.** Le nombre trois. *Trois et dix font treize.* – Prov. *Jamais deux sans trois :* ce qui est arrivé déjà deux fois se reproduira. ▷ Chiffre représentant le nombre trois (3). ▷ Numéro trois. *Habiter au trois.* ▷ *Le trois :* le troisième jour du mois. **2.** Carte, face de dé ou côté de domino portant trois marques. *Le trois de pique.*

trois-chemins [tʀwaʃəmɛ̃] n. m. inv. (Guad.) Carrefour de trois routes. (V. croisée.)

trois-deux [tʀwadø] n. m. inv. MUS Mesure à trois temps dont l'unité est la blanche.

Trois-Évêchés (les), nom collectif des trois villes épiscopales (Metz, Toul [Meurthe-et-Moselle], Verdun) occupées par les Français en 1552. Leur rattachement à la France fut reconnu en 1648 (traités de Westphalie).

Trois Glorieuses (les), les journées d'insurrection à Paris (27, 28 et 29 juillet* 1830).

1. trois-huit [tʀwaɥit] n. m. inv. MUS Mesure à trois temps dont l'unité est la croche.

2. trois-huit [tʀwaɥit] n. m. pl. Système de répartition du travail d'une journée dans lequel trois équipes se relaient sans arrêt toutes les huit heures. *Faire les trois-huit.*

troisième [tʀwazjɛm] adj. et n. **I.** adj. num. ord. Dont le rang est marqué par le nombre 3. *Le troisième jour. La troisième fois. Monter au troisième étage* ou, ellipt., *au troisième.* ▷ *Passer la troisième vitesse* ou, ellipt., *la (en) troisième.* **II.** n. **1.** Personne, chose qui occupe la troisième place. *Il est arrivé le troisième.* **2.** n. f. Quatrième classe du premier cycle de l'enseignement secondaire. *Il entre en troisième.*

troisièmement [tʀwazjɛmmɑ̃] adv. En troisième lieu.

trois-mâts [tʀwamɑ] n. m. inv. Navire à voiles à trois mâts.

trois-pièces [tʀwapjɛs] n. m. inv. **1.** *Costume trois-pièces* ou (Afr. subsah.) *trois-pièces :* complet avec gilet. **2.** (Afr. subsah.) Tenue traditionnelle pour les hommes comportant une chemise, un pantalon et un boubou de même tissu.

Trois-Pitons (morne), point culminant de la Dominique (1 380 m), au centre-sud de l'île. Parc.

trois-quarts [tʀwakaʀ] n. m. inv. Manteau court.

trois-quatre [tʀwakatʀ] n. m. inv. MUS Mesure à trois temps dont l'unité est la noire.

Trois-Rivières, v. et port du Québec, au confl. du Saint-Laurent et du Saint-Maurice, ville princ. de la rég. admin. Mauricie-Bois-Francs; 49 400 hab. (aggl. urb. 140 000 hab.). Centre comm. et industriel. Import. papeteries (papier journal). – La ville fut fondée par les Français en 1634.

trolley [tʀɔlɛ] n. m. **1.** Perche flexible fixée à un véhicule électrique, mettant en relation le moteur avec une ligne aérienne. **2.** Fam. Abrév. de *trolleybus.* **3.** (Maghreb) En Algérie, en Tunisie, autobus.

trolleybus [tʀɔlɛbys] n. m. inv. Autobus à trolley. (Abrév. fam. : trolley).

trombe [tʀɔ̃b] n. f. **1.** METEO Cyclone caractérisé par la formation d'une colonne nébuleuse tourbillonnante et aspirante allant de la masse nuageuse à la mer. **2.** Cour. *Trombe d'eau :* averse très violente. **3.** (Par comp.) *En trombe :* très vite et brusquement. *Passer en trombe.*

trombidion [tʀɔ̃bidjɔ̃] n. m. ZOOL Acarien terricole (genre *Trombidium*), de couleur rouge, dont les larves piquent l'homme et les animaux à sang chaud. (V. aoûtat).

trombone [tʀɔ̃bɔn] n. m. **1.** Instrument de musique à vent à embouchure, de la famille des cuivres. ▷ *Trombone à coulisse,* formé de deux tubes en U qui glissent l'un dans l'autre, faisant ainsi varier la longueur du tuyau sonore (variation obtenue par un jeu de pistons dans le *trombone à pistons*). ▷ *Par méton.* Musicien qui joue de cet instrument. Syn. tromboniste. **2.** Agrafe repliée en forme de trombone, servant à assembler des papiers. Syn. (Belgique) attache-tout.

tromboniste [tʀɔ̃bɔnist] n. Musicien joueur de trombone. Syn. trombone.

1. trompe [tʀɔ̃p] n. f. **I.** Instrument à vent à embouchure, simple tube évasé. *Sonner de la trompe.* **II. 1.** Appendice plus ou moins développé, servant d'organe du tact et de la préhension, résultant de l'hypertrophie de la lèvre supérieure et du nez chez le tapir et l'éléphant. **2.** Chez certains insectes, les vers et les mollusques, appendice buccal tubulaire, servant au pompage et à l'aspiration des aliments. **3.** ANAT *Trompe d'Eustache :* conduit qui unit l'oreille moyenne au rhinopharynx. ▷ *Trompe utérine* ou *trompe de Fallope :* chacun des deux conduits qui va de l'utérus à l'un des deux ovaires et permet à l'œuf fécondé de gagner la cavité utérine. **III. 1.** ARCHI Portion de voûte en saillie qui sert à supporter une construction en encorbellement. *Coupole sur trompes.* **2.** TECH *Trompe à eau :* appareil utilisant un écoulement d'eau pour faire le vide dans un récipient.

2. trompe [tʀɔ̃p] n. f. (Acadie) Syn. d'*erreur* (sens 1). *C'est une trompe de ma part.*

trompe-l'œil [tʀɔ̃plœj] n. m. inv. **1.** En peinture, rendu donnant des effets de perspective pour donner l'illusion d'objets réels et d'un véritable relief. ▷ Par ext. *Décor en trompe-l'œil.* **2.** Fig. Ce qui fait illusion.

tromper [tʀɔ̃pe] v. [1] **I.** v. tr. **1.** Induire volontairement (qqn) en erreur. *On nous a trompés sur la qualité de la marchandise.* Syn. abuser, berner, duper. **2.** Être infidèle à (qqn) en amour. *Tromper sa femme.* **3.** Mettre en défaut. *Tromper la vigilance de ses gardes.* Syn. déjouer. **4.** (Choses) Donner lieu à une erreur. *La ressemblance l'a trompé. C'est ce qui vous trompe :* c'est là que vous vous méprenez. **5.** Litt. Ne pas répondre à (une attente). *L'événement a trompé leurs calculs.* **6.** Faire diversion à. *Tromper sa faim.* – Par ext. (Abstrait) *Tromper son ennui.* **II.** v. pron. Faire une erreur. *Tout le monde peut se tromper.* Syn. se méprendre. ▷ *Se tromper de :* prendre (une chose) pour une autre. *Vous vous trompez de numéro.* ▷ Loc. *Si je ne me trompe :* sauf erreur de ma part.

tromperie [tʀɔ̃pʀi] n. f. Action de tromper, artifice visant à tromper. *Il y a tromperie sur la marchandise. Les tromperies d'un fourbe.* Syn. duperie.

trompette [tʀɔ̃pɛt] n. f. **1.** Instrument de musique à vent à embouchure, de la famille des cuivres. – *Trompette d'harmonie,* à pistons. *Trompette de cavalerie,* sans pistons (V. clairon). *Trompette bouchée,* à sourdine. ▷ Loc. *Sans tambour ni trompette,* discrètement, sans se faire remarquer. ▷ *Nez en trompette,* relevé. **2.** *Trompette-de-la-mort :* datura.

trompettiste [tʀɔ̃petist] n. Joueur de trompette.

trompeur, euse [tʀɔ̃pœʀ, øz] adj. Qui induit en erreur. *Il est d'une gentillesse trompeuse.*

tronc [tʀɔ̃] n. m. **1.** Partie de la tige ligneuse (des arbres dicotylédones), depuis les racines jusqu'aux premières branches. *Tronc tordu d'un olivier, tronc droit du rônier.* ▷ Par anal. ARCHI *Tronc de colonne :* partie inférieure d'un fût de colonne. **2.** Partie centrale du corps des animaux, du corps humain qui se prolonge par la tête et les membres. **3.** ANAT Partie la plus grosse (d'un vaisseau ou d'un nerf), située en amont des branches de dérivation. ▷ *Tronc cérébral :* partie de l'encéphale formée par le bulbe rachidien, la protubérance annulaire et les pédoncules cérébraux, située dans la fosse postérieure. **4.** Boîte fixe percée d'une fente, destinée à recevoir les offrandes dans une église. **5.** GEOM Solide compris entre la base et une section plane parallèle. *Tronc de cône. Tronc de pyramide.* **6.** (Abstrait) *Tronc commun :* partie commune (à plusieurs formations).

troncation [tʀɔ̃kasjɔ̃] n. f. LING Abrégement d'un mot par la chute d'une ou de plusieurs syllabes.

tronçon [tʀɔ̃sɔ̃] n. m. **1.** Morceau rompu ou coupé d'un objet long. *Tronçon de colonne.* **2.** Partie d'un tout (d'une route, etc.). *Tronçon d'autoroute.*

tronconique [tʀɔ̃kɔnik] adj. Didac. En forme de tronc de cône.

tronçonnage [tʀɔ̃sɔnaʒ] ou **tronçonnement** [tʀɔ̃sɔnmɑ̃] n. m. Action de tronçonner; son résultat.

tronçonner [tʀɔ̃sɔne] v. tr. [1] Couper, débiter en tronçons. *Tronçonner des arbres.*

tronçonneuse [tʀɔ̃sɔnøz] n. f. Machine qui sert à tronçonner (le bois, le métal).

trône [tʀon] n. m. **1.** Siège élevé où les souverains (ou certains pontifes) prennent place dans des cérémonies solennelles. **2.** Symbole du pouvoir d'un souverain. *Monter sur le trône.*

trôner [tʀone] v. intr. [1] **1.** (Personnes) Être assis à une place d'honneur. *Le directeur trônait derrière son bureau.* **2.** (Choses) Être placé bien en vue. *Ses diplômes trônaient sur la cheminée.*

tronquer [tʀɔ̃ke] v. tr. [1] Effectuer des suppressions importantes dans (un texte, une chose abstraite). *Tronquer une déclaration, une citation.* ▷ Pp. adj. *Pyramide tronquée,* qui ne comporte pas de partie supérieure.

trop [tʀo] adv. **I.** (Marquant l'excès.) **1.** À un degré excessif, en quantité excessive. *Il est trop jeune. Vous arrivez trop tard.* **2.** *Trop de... :* une quantité excessive de..., un excès de... *Elle a trop de travail. Vous en avez trop dit.* – Litt. *C'en est trop :* cela dépasse la mesure. – Absol. *Il mange trop.* ▷ *De trop, en trop,* exprime une quantité qui excède ce qui est nécessaire. *Il y a deux mille francs de trop, en trop dans ma caisse.* – (Personnes) *Être de trop :* être indésirable. **3.** *Trop... pour* (+ inf.), *trop... pour que* (+ subj.), marque que, étant donné l'excès, la conséquence est exclue. *Il est trop poli pour être honnête, trop malade pour qu'on puisse le transporter.* **II.** (Valeur de superlatif.) **1.** (En phrase positive, *trop* étant une manière affectueuse ou polie de dire *très* ou *beaucoup.*) *Vous être trop gentil.* **2.** (En phrase négative, sans nuance particulière.) *Il n'était pas trop content.*

-trope, -tropie, -tropisme, tropo-. Éléments, du gr. *tropos,* «tour, manière, direction»; de *trepein,* «tourner».

trope [tʀɔp] n. m. RHET Figure qui implique un changement du sens premier, propre, des mots. *Métaphore et métonymie sont des tropes.*

trophée [tʀɔfe] n. m. Objet qui témoigne d'une victoire (non militaire), d'un succès. *Trophée de chasse.*

trophicité [tʀɔfisite] n. f. PHYSIOL Ensemble des phénomènes qui conditionnent la nutrition et le développement d'un tissu ou d'un organe.

trophique [tʀɔfik] adj. PHYSIOL Qui se rapporte à la nutrition des tissus.

trophoblaste [tʀɔfoblast] n. m. EMBRYOL Couche périphérique de l'œuf fécondé permettant son implantation dans l'utérus et riche en matières nutritives.

tropical, ale, aux [tʀɔpikal, o] adj. **1.** Qui appartient à un, aux tropiques; situé sous un tropique; qui caractérise la zone intertropicale. *Climat tropical,* qui règne de part et d'autre des tropiques, caractérisé par l'alternance d'une saison chaude et humide, et d'une saison sèche. – Par exag. *Une température tropicale,* très élevée. **2.** Conçu pour le climat tropical, pour les climats chauds. *Vêtements tropicaux.*

tropicaliser [tʀɔpikalize] v. tr. [1] TECH Traiter un matériau, un matériel pour qu'il résiste à un climat tropical.

-tropie. V. -trope.

tropique [tʀɔpik] n. m. et adj. ASTRO **1.** n. m. Chacun des deux cercles imaginaires parallèles à l'équateur, situés de part et d'autre de celui-ci à la latitude de 23° 27′ (angle d'inclinaison de l'écliptique sur l'équateur). *Tropique du Cancer,* dans l'hémisphère Nord. *Tropique du Capricorne,* dans l'hémisphère Sud. ▷ Cour. *Les tropiques :* la région comprise entre les deux tropiques. **2.** adj. *Année tropique :* durée séparant deux passages consécutifs du Soleil à l'équinoxe de printemps. *L'année tropique est légèrement inférieure à l'année sidérale, à cause de la précession des équinoxes.*

-tropisme, tropo-. V. -trope.

tropisme [tʀɔpism] n. m. BIOL Mouvement par lequel un organisme s'oriente par rapport à une source stimulante. *Tropisme (chimiotropisme, géotropisme, phototropisme, thermotropisme) et tactisme.* ▷ Fig. Réaction élémentaire à un stimulus quelconque.

tropopause [tʀɔpopoz] n. f. METEO Surface qui sépare la troposphère de la stratosphère.

troposphère [tʀɔposfɛʀ] n. f. METEO Partie de l'atmosphère située entre la surface du sol et une altitude de 10 km env. (V. encycl. atmosphère.)

trop-perçu [tʀopɛʀsy] n. m. Somme qui, dans un compte, a été perçue en trop. *Des trop-perçus.*

trop-plein [tʀoplɛ̃] n. m. **1.** Ce qui excède la capacité d'un récipient, ce qui en déborde. **2.** Fig. Ce qui est en excès, en surabondance. *Un trop-plein d'énergie.* **3.** TECH Dispositif qui sert à éva-cuer un liquide en excès dans un réservoir. *Des trop-pleins.*

troque [tʀɔk] n. f. V. troche.

troquer [tʀɔke] v. tr. [1] **1.** Échanger (une chose contre une autre); donner en troc. *Troquer du lait contre du mil.* **2.** (Sans idée de transaction.) Changer pour autre chose. *Il avait troqué sa culotte courte contre un pantalon.*

trot [tʀo] n. m. Allure intermédiaire entre le pas et le galop, l'antérieur gauche et le postérieur droit, l'antérieur droit et le postérieur gauche étant lancés deux à deux.

Trotski (Lev Davidovitch Bronstein, dit Lev Trotski, en fr. Léon) (1879 – 1940), révolutionnaire russe. Étudiant en droit, marxiste, il fut déporté en Sibérie (1900). En 1902, il s'évada et, sous le nom de Trotski, adhéra au Parti ouvrier social-démocrate russe, et rejoignit Lénine à Londres. Revenu en Russie, il devint, lors de la révolution de 1905, le chef du soviet de Saint-Pétersbourg. Arrêté, il s'évada et gagna Vienne, la Suisse, Paris, l'Amérique. Revenu à Petrograd en 1917, il se rallia à la fraction bolchevique (après avoir soutenu les mencheviks à partir de 1903); au début d'oct. 1917, il devint président du soviet de Petrograd. Princ. collaborateur de Lénine, il créa l'Armée rouge. En mars 1921, il écrasa la révolte de Cronstadt. Dès 1923, il s'opposa à Staline, qui le fit exclure du parti communiste en déc. 1927; expulsé de l'U.R.S.S. (fév. 1929), il gagna Istanbul, la France (1933-1935), finalement le Mexique (1937), où un agent de Staline l'assassina. En 1938, il avait fondé la IVe Internationale (trotskiste). Il publia : *1905* (1909), *Ma vie* (1929), *la Révolution permanente* (1933), *Histoire de la révolution russe* (1931-1933), *la Révolution trahie* (1937).

trotskisme ou **trotskysme** [tʀɔtskism] n. m. Courant politique issu des conceptions de Léon Trotski.

trotskiste ou **trotskyste** [tʀɔtskist] n. Partisan de Léon Trotski, de ses thèses. ▷ adj. *Groupe trotskiste.*

trotte [tʀɔt] n. f. Fam. Chemin, distance assez longue à parcourir à pied. *Il y a une bonne trotte jusqu'au village.*

trotter [tʀɔte] v. intr. [1] **1.** (En parlant du cheval et de certains animaux dont l'allure rappelle celle du cheval.) Aller au trot. **2.** (En parlant de quelques animaux et de l'homme.) Marcher à petits pas, à une allure rapide. *Les souris trottent.* **3.** Marcher beaucoup, aller et venir. *J'ai trotté toute la journée.* **4.** Fig. Aller et venir. *Cette idée lui trotte dans la tête.*

trotteur [tʀɔtœʀ] n. m. **1.** Cheval que l'on a dressé à trotter. **2.** Chaussure de ville à talon bas et large, commode pour la marche.

trotteuse [tʀɔtøz] n. f. Petite aiguille qui marque les secondes sur un cadran.

trottinement [tʀɔtinmɑ̃] n. m. Action de trottiner; allure de qqn, d'un animal qui trottine.

trottiner [tʀɔtine] v. intr. [1] **1.** Aller d'un trot très court. **2.** Marcher à petits pas pressés.

trottinette [tʀɔtinɛt] n. f. Jouet d'enfant formé d'une planchette rectangulaire montée sur deux petites roues, la roue avant étant commandée par une tige de direction. Syn. patinette.

trottoir [tʀɔtwaʀ] n. m. **1.** Chemin surélevé de chaque côté d'une rue, d'une voie de passage, aménagé pour la circulation et la sécurité des piétons. ▷ Loc. fam. *Faire le trottoir :* se prostituer. **2.** *Trottoir roulant :* tapis roulant pour les piétons.

trou [tʀu] n. m. Ouverture naturelle ou artificielle dans un solide. **I. 1.** Creux, cavité pratiquée à la surface d'un corps, du sol. *Creuser, reboucher des trous dans un jardin.* **2.** Petite cavité servant d'abri, de cachette. *Trou de souris.* ▷ Fig. *Faire son trou :* parvenir à une bonne situation, réussir. **3.** METEO, AVIAT *Trou d'air :* courant atmosphérique descendant qui, rencontré par un aéronef, lui fait perdre brusquement de l'altitude. **4.** Fig. Lacune, manque. *Avoir un trou de mémoire* ou, ellipt., *un trou.* ▷ Somme qui manque dans un compte, déficit. *Trou dans un budget. Le comptable s'est enfui en laissant un trou d'un million.* **5.** Emplacement laissé libre dans un réseau cristallin à la suite du départ d'un électron. (Il en résulte une charge positive.) ▷ PHYS Syn. de *lacune* (sens 3). **6.** Fig., fam. Petite localité retirée, à vie ralentie. *Sortir un peu de son trou.* **II. 1.** Ouverture pratiquée dans une surface, un corps qu'elle traverse. *Le trou d'une serrure,* l'ouverture par où l'on passe la clef. *Trou du souffleur,* pratiqué sur le devant de la scène. **2.** Fam. Orifice, cavité dans le corps humain. *Trous de nez.* **3.** ANAT Orifice limité par des parois osseuses, musculaires ou constituées d'aponévrose et permettant notam. le passage de nerfs et de vaisseaux. *Trou occipital, vertébral.* **4.** Ouverture qui endommage un vêtement, un tissu (due à l'usure, à une déchirure, etc.). *Chaussettes pleines de trous.* **5.** ASTRO *Trou noir :* astre dont le champ de gravité est si intense qu'aucun rayonnement ne peut s'en échapper.

trouaison [tʀuɛzɔ̃] n. f. ARBOR Action de creuser des trous pour planter des arbres fruitiers.

troubadour [tʀubaduʀ] n. m. Poète courtois des pays de langue d'oc, qui, aux XIIe et XIIIe s., composait des œuvres lyriques. (V. trouvère.)

Troubetskoï (Nikolaï Sergheïevitch) (1890 – 1938), linguiste russe. Professeur à Moscou (1915) puis à Vienne (1922); cofondateur du cercle linguistique de Prague (1926) : *Principes de phonologie* (posth., 1939).

troublant, ante [tʀublɑ̃, ɑ̃t] adj. **1.** Qui inquiète ou déconcerte. *Ressemblance troublante.* **2.** Qui provoque le désir. *Un décolleté troublant.*

1. trouble [tʀubl] adj. **1.** Qui manque de limpidité, de transparence. *Vin trouble. Verre trouble.* ▷ Loc. fig. *Pêcher en eau trouble :* V. eau. **2.** Flou, que l'on ne distingue pas nettement. *Image, film trouble.* ▷ Par méton. *Avoir la vue trouble* ou, adv., *voir trouble :* ne pas voir nettement. **3.** Fig. Équivoque, qui manque de clarté. *Sentiments, motivations troubles.* ▷ Péjor. Louche, suspect. *Conduite trouble.*

2. trouble [tʀubl] n. m. **1.** État de ce qui est troublé, contraire à la paix, à l'ordre; confusion, agitation désordonnée. *Semer le trouble dans les esprits.* **2.** Mésintelligence, dissension. *Porter le trouble dans un ménage.* **3.** État d'inquiétude, d'agitation de l'esprit, du cœur. *Le trouble se lisait sur son visage.* ▷ *Spécial.* Émotion suscitée par l'amour, le désir. **4.** (Plur.) Désordre, anomalie dans le fonctionnement d'un organe, dans le comportement. *Troubles respiratoires.* **5.** (Plur.) Agitation, dissensions civiles et politiques. *Une période de troubles. Fauteur de troubles.*

trouble-fête [tʀubləfɛt] n. Importun qui interrompt les plaisirs d'une réunion, d'une réjouissance. *Des trouble-fête(s).*

troubler [tʀuble] v. [1] **I.** v. tr. **1.** Rendre moins limpide, moins transparent. *L'orage a troublé l'eau du marigot.* **2.** Rendre trouble (1, sens 2). *Le brouillard troublait l'horizon.* **3.** Interrompre, perturber le déroulement, le bon fonctionnement de. *Troubler le sommeil. Troubler une réunion.* **4.** Gêner; susciter le doute, l'inquiétude chez (qqn). *Cette question l'a troublé.* **5.** Émouvoir, faire naître un certain émoi, un désir chez (qqn). *Adolescent troublé par une jeune fille, par une lecture.* **II.** v. pron. **1.** (Réfl.) Devenir trouble (1, sens 1 et 2). **2.** Être ému, perdre le contrôle de soi, de ses facultés. *Le candidat s'est troublé.*

trouée [tʀue] n. f. **1.** Ouverture naturelle ou artificielle (au travers d'un bois, d'une haie, etc.) qui permet le passage. **2.** MILIT Ouverture faite dans une ligne ennemie. **3.** GEOGR Passage naturel entre deux montagnes.

trouer [tʀue] v. tr. [1] **1.** Percer, faire un trou, des trous dans. **2.** (Choses) Former un trou, une trouée, un passage dans. *Un mur que trouaient çà et là de larges brèches.*

trouille [tʀuj] n. f. Pop. Peur.

troupe [tʀup] n. f. **1.** Groupe d'animaux qui vivent ensemble. *Une troupe d'oies sauvages.* **2.** Unité régulière de soldats. **3.** Collect. *La troupe :* l'armée. ▷ Les sous-officiers et les soldats (par oppos. aux *officiers*). ▷ Plur. *Les troupes :* le corps des gens de guerre composant une armée. – *Par ext.* Armée (d'un pays). *Ils furent vaincus par les troupes espagnoles.* **4.** *Troupe de comédiens* ou, ellipt., *troupe :* groupe de comédiens associés, jouant ensemble.

troupeau [tʀupo] n. m. **1.** Troupe d'animaux domestiques de même espèce, élevés et nourris ensemble. *Un troupeau de vaches.* ▷ *Spécial.* (S. comp.) Troupeau de moutons et de brebis. *Le berger et son troupeau.* ▷ Groupe d'animaux vivant ensemble. *Un troupeau de girafes.* **2.** Péjor. Groupe de personnes qui suit passivement qqn, qqch. *Escorté de son troupeau d'admirateurs.* **3.** RELIG Ensemble des fidèles. *Le pasteur et son troupeau.*

troupiale [tʀupjal] n. m. ORNITH Oiseau passériforme américain migrateur (genre *Icterus*), à plumage jaune ou orangé, vivant en colonies.

troupier [tʀupje] adj. m. *Comique troupier :* chansons, comique grossier à base d'histoires de soldats, en vogue en France de 1900 à 1930 (env.).

trousse [tʀus] n. f. **1.** (Plur.) Loc. fam. *Aux trousses (de) :* à la poursuite (de). **2.** Étui, petite sacoche à compartiments pour ranger ou regrouper des instruments, divers objets usuels. *Trousse de chirurgien.* – *Trousse de toilette,* qui contient des objets de toilette.

trousseau [tʀuso] n. m. **1.** Ensemble du linge, des vêtements, que l'on donne à une jeune fille qui quitte sa famille pour se marier, entrer au couvent, ou à un enfant qui entre en pension, part en apprentissage, etc. **2.** *Trousseau de clefs :* ensemble de clefs réunies par un même lien (anneau, porte-clefs, etc.).

troussequin [tʀuskɛ̃] n. m. V. trusquin.

trousser [tʀuse] v. tr. [1] **1.** Retrousser. ▷ v. pron. Relever ses jupes. **2.** CUIS *Trousser une volaille,* ramener et lier près du corps ses ailes et ses cuisses pour la faire cuire après l'avoir plumée. **3.** *Trousser un poème, un compliment,* le faire avec rapidité et élégance. – Pp. adj. *Un compliment bien troussé.*

trouvaille [tʀuvaj] n. f. **1.** Découverte heureuse, opportune et agréable. *Faire une trouvaille.* **2.** Chose heureusement trouvée, idée originale. *Un style plein de trouvailles.*

trouvé, ée [tʀuve] adj. **1.** Qui a été trouvé (sens A, I, 2). – Loc. *Enfant trouvé,* accueilli après abandon. **2.** *Bien trouvé :* heureusement découvert; original. ▷ *Tout trouvé :* trouvé avant même d'avoir été recherché.

trouver [tʀuve] v. [1] **A.** v. tr. **I. 1.** Rencontrer, apercevoir, découvrir (qqn, qqch que l'on cherchait). *Trouver la maison de ses rêves. Vous le trouverez chez lui.* ▷ *Aller trouver qqn,* se rendre auprès de lui. – (Suivi d'un comp. désignant un état.) *Je n'ai pu trouver le sommeil.* **2.** Rencontrer, découvrir (qqn, qqch que l'on ne cherchait pas, par hasard). *Trouver un parapluie dans l'autobus.* – Loc. *Trouver à qui parler :* rencontrer un interlocuteur de taille. – *Trouver la mort dans un accident.* **II.** (Abstrait) **1.** Découvrir, parvenir à obtenir (un résultat recherché) au moyen de l'étude, par un effort de l'intelligence, de l'imagination. *Trouver la solution d'un problème.* ▷ Inventer. *Trouver un nouveau procédé.* ▷ Fam. *Trouver le moyen de* (+ inf.) : se débrouiller pour. ▷ *Trouver à* (+ inf.) : trouver la possibilité de. *Il a trouvé à s'occuper.* – *Trouver à redire :* critiquer, blâmer. **2.** Parvenir à avoir, à disposer de. *Trouver le temps, le courage de faire qqch.* **III.** Fig. **1.** *Trouver (une sensation, un sentiment, etc.) à, dans :* éprouver, ressentir à, dans. *Trouver un malin plaisir à contredire qqn. Trouver une consolation dans l'amitié.* **2.** Voir (qqn, qqch) se présenter dans tel état, telle situation. *Je l'ai trouvé malade. Trouver porte close.* **3.** Estimer, juger. *Il trouve ce livre passionnant. Trouver le temps long.* ▷ *Trouver bon, mauvais (de* + inf., *que) :* estimer bon, mauvais (de, que). *Il a trouvé bon de partir et que je l'accompagne.* **4.** *Trouver (une qualité, un état) à (qqn, qqch) :* reconnaître, attribuer (à qqn, qqch une qualité, un état). *Je vous trouve bonne mine. Trouver beaucoup d'avantages à une situation.* **B.** v. pron. **1.** Se découvrir, se voir tel que l'on est. *Avec le temps, il s'est trouvé.* **2.** Être présent (en un lieu, en une occasion). *Se trouver là par hasard.* ▷ (Choses) Être (dans tel lieu); être situé. *Le livre se trouve sur le premier rayon.* **3.** Être (dans tel ou tel état). *Se trouver dans l'embarras.* **4.** (Réfl.) S'estimer, se sentir. *Il se trouve lésé par ce marché.* ▷ *Se trouver mal :* s'évanouir, avoir un malaise. ▷ *Se trouver bien de qqch,* en être content, en tirer satisfaction. **5.** v. impers. Être, exister, se rencontrer. *Il s'est trouvé quelqu'un pour l'accuser.* ▷ *Il se trouve que :* il arrive que, il se révèle que.

trouvère [tʀuvɛʀ] n. m. Jongleur et poète de langue d'oïl, aux XIIe et XIIIe s., dans le nord de la France. (Cf. troubadour.) *Thibaud de Champagne fut surnommé le « Prince des trouvères ».*

Trovoada (Miguel) (né en 1946), homme politique de São Tomé et Principe; élu président de la Rép. en 1991.

Troyes, v. de France, ch.-l. du dép. de l'Aube, sur la Seine; 60755 hab. Centre textile (bonneterie); industr. – Évêché. Cath. gothique (XIIIe-XIVe s.). Musée. – Cap. du comté de Troyes (Xe s.), puis du comté de Champagne (XIIe s.), la ville fut très prospère, du XIIe au XIVe s., grâce à ses foires.

truand, ande [tʀyɑ̃, ɑ̃d] n. Personne qui tire ses ressources d'opérations illégales ou malhonnêtes. – n. m. Homme de la pègre.

truander [tʀyɑ̃de] v. intr. [1] Fam. Voler, escroquer.

trublion [tʀyblijɔ̃] n. m. Fauteur de troubles.

1. truc [tʀyk] n. m. **I. 1.** Fam. Façon d'agir, procédé habile permettant de réussir qqch. *Connaître tous les trucs du métier.* Syn. astuce, ruse, ficelle. **2.** Moyen propre à exécuter un tour de passe-passe. *Les prestidigitateurs ne révèlent jamais leurs trucs.* **3.** Dispositif de théâtre destiné à faire mouvoir des décors, à exécuter des changements à vue. – En audiovisuel, procédé destiné à créer une illusion. (V. truquage.) **II.** Fam. Mot général par lequel on désigne une chose qu'on ne peut ou ne veut nommer. *Qu'est-ce que c'est que ce truc-là?* Syn. machin, chose.

2. truc ou **truck** [tʀyk] n. m. **1.** CH de F Wagon à plate-forme servant à transporter des véhicules, des canons, etc. **2.** Chariot servant à transporter des marchandises. **3.** (Polynésie fr.) Camion dont la cabine comporte des bancs servant au transport en commun, urbain ou interurbain.

trucage [tʀykaʒ] n. m. V. truquage.

truchement [tʀyʃmɑ̃] n. m. Litt. Personne qui explique les intentions d'une autre, lui sert d'intermédiaire. ▷ Cour. *Par le truchement de :* par l'intermédiaire de.

Trucial States. V. Émirats arabes unis (hist.).

truck [tʀyk] n. m. V. truc 2.

truculence [tʀykylɑ̃s] n. f. Caractère, état de ce qui est truculent.

truculent, ente [tʀykylɑ̃, ɑ̃t] adj. Haut en couleur, pittoresque. *Personnage truculent.* – (Choses) Réaliste, très coloré. *Style, langage truculent.*

Trudeau (Pierre Elliott) (né en 1919), homme politique canadien. Président du parti libéral, Premier ministre de 1968 à 1979 et de 1980 à 1984. En 1981, il obtint le rapatriement de la Constitution canadienne et décida de se retirer en 1984.

truelle [tʀyɛl] n. f. Outil formé d'une lame en triangle ou en trapèze et d'un manche coudé, servant à appliquer le plâtre, le mortier.

Truffaut (François) (1932 - 1984), cinéaste français de la Nouvelle Vague : *les Quatre Cents Coups* (1959), *Jules et Jim* (1961), *le Dernier Métro* (1980).

truffe [tʀyf] n. f. **1.** Champignon ascomycète comestible qui se développe uniquement dans le sol, particulièrement recherché pour la saveur qu'il donne aux mets qu'il accompagne. **2.** Confiserie au chocolat en forme de truffe. **3.** Nez du chien.

truffer [tʀyfe] v. tr. [1] **1.** Garnir de truffes. *Truffer une dinde.* – Pp. adj. *Foie gras truffé.* **2.** Fig. Parsemer en abondance. *Il truffe ses discours de citations.*

truie [tʀɥi] n. f. Femelle du porc.

truisme [tʀɥism] n. m. Vérité aussi évidente que banale.

truite [tʀɥit] n. f. **1.** Poisson salmonidé comestible des régions tempérées, plus petit que le saumon, tacheté et de couleurs variées. **2.** *Par ext.* (Québec) Nom cour. de l'omble. – *Truite mouchetée :* omble* de fontaine. – *Truite grise :* V. touladi.

truité, ée [tʀɥite] adj. TECH *Fonte truitée :* fonte blanchâtre tachetée de gris. – *Poterie truitée,* dont la glaçure est craquelée.

Trujillo y Molina (Rafael Leonidas) (1891 - 1961), homme politique dominicain. Colonel de police (1926), élu président de la Rép. (1930), il exerça une dictature impitoyable jusqu'à son assassinat.

Truman (Harry) (1884 - 1972), homme politique américain. Président démocrate des É.-U. en avr. 1945 (à la mort de Roosevelt, dont il était le vice-président), il utilisa la bombe atomique contre le Japon (août 1945). Élu en 1948, il se montra ferme à l'égard de l'U.R.S.S. et de la Chine communiste, engageant son pays dans la guerre de Corée (1950). Il aida l'Europe occidentale (plan Marshall*).

trumeau [trymo] n. m. **1.** ARCHI Portion d'un mur comprise entre deux fenêtres. ▷ Glace, panneau décoré qui occupe cet espace ou le dessus d'une porte. **2.** Jarret de bœuf.

Trung, nom de deux sœurs vietnamiennes qui se soulevèrent contre la Chine (v. 39-43 apr. J.-C.). Issues de la noblesse féodale, elles rassemblèrent plusieurs seigneurs du Nam Viêt (le Viêt-nam ancien) pour lutter contre l'occupant chinois. Elles parvinrent pendant un court temps à rétablir la souveraineté vietnamienne. Vaincues, probablement tuées au combat, elles sont vénérées comme des héroïnes nationales et leur exploit a été maintes fois célébré dans le folklore et la littérature du Viêt-nam.

Trung Bô (anc. Annam des Européens), rég. du centre du Viêt-nam (V. dossier Viêt-nam, p. 1516). La rég. est constituée d'un long chapelet de petites plaines côtières, fortement peuplées, bordées à l'E. par la mer de Chine méridionale et dominées à l'O. par la cordillère Annamitique (2 598 m au Ngoc Linh), que prolongent de hauts plateaux; v. princ. : Da Nang, Huê. La riziculture est la princ. activité agricole; sur les hauts plateaux on cultive le thé, le café et l'hévéa; vers le sud la pêche prédomine.
Hist. – La région fut à partir de 192 le berceau du royaume hindouisé du Champa* qui s'étendit vers le S. Attaqué au N. par le Viêt-nam qui entama sa marche vers le S. au Xe s. et à l'O. par l'Empire khmer, le Champa fut occupé par les Vietnamiens en 1471. Aux XVIIe-XVIIIe s. le Trung Bô fut l'enjeu des dynasties du N. et du S. qui voulaient réunifier le pays chacune à son profit. Ce conflit se termina par la victoire des Nguyên du S. quand Gia* Long monta sur le trône (1802). Le terme Annam («Sud pacifié»), qui fut employé par les Chinois en 679 pour désigner l'ancien royaume vietnamien du Nam Viêt et l'empire de l'aîné des Tây Son qui reçut l'investiture de la Chine (1788), fut repris par les Français pour désigner l'ensemble du Viêt-nam, puis uniquement sa partie centrale lorsqu'ils occupèrent le pays. Ce terme est abandonné de nos jours par les Vietnamiens au profit de Trung Bô. L'«Annam» devint un protectorat français (1883) intégré dans l'Union indochinoise en 1887. (V. Indochine française.) Lorsque le Viêt-nam fut scindé en deux États (1954-1975) le Trung Bô fut partagé au niveau du 17e parallèle entre la rép. démocratique du Viêt-nam, au nord, et la rép. du Viêt-nam, au sud.

Truong Vinh Ky, dit Petrus Ky (1837 – 1898), écrivain vietnamien. Créateur du journalisme au Viêt-nam, il fut le premier qui propagea largement l'écriture vietnamienne romanisée, le quôc ngu. Il publia, en quôc ngu, un grand nombre de textes classiques dont, en 1875, le *Kim Vân Kiêu* de Nguyên* Du. On lui doit : *Destin* (1885), ainsi qu'un *Petit Dictionnaire français-annamite* et un *Dictionnaire vietnamien-français* (1884).

truquage ou **trucage** [trykaʒ] n. m. **1.** Fait de truquer; ensemble de moyens employés à cet effet. **2.** Procédé technique (de prise de vue ou de laboratoire) utilisé surtout en audiovisuel pour créer une illusion; ensemble de ces procédés et art de les utiliser.

truquer [tryke] v. tr. [1] Donner une fausse apparence à, modifier frauduleusement (un objet). *Truquer un dossier.* – Pp. *Photos truquées.* Syn. falsifier, maquiller. ▷ Fausser dans le déroulement ou les résultats. – Pp. adj. *Élections truquées.*

truqueur, euse [trykœr, øz] n. **1.** Personne qui truque, falsifie (des objets, des opérations). **2.** Syn. de *truquiste.*

truquiste [trykist] n. AUDIOV Spécialiste des truquages audiovisuels. Syn. truqueur.

trusquin [tryskɛ̃] ou **troussequin** [truskɛ̃] n. m. TECH Outil (de menuisier, d'ajusteur, etc.) servant à tracer sur une pièce des lignes parallèles à un bord.

trust [trœst] n. m. ECON Groupement d'entreprises sous une même direction, assurant à l'ensemble une prépondérance, voire un monopole, pour un produit ou un secteur. – *Législation contre les trusts* (ou *antitrust*).

truster [trœste] v. tr. [1] Accaparer, concentrer par un trust.

trypanosome [tripanɔzom] n. m. MED, MED VET Protozoaire flagellé fusiforme, parasite du sang, agent de diverses maladies épizootiques ou humaines. *La maladie du sommeil est due à un trypanosome véhiculé par la mouche tsé-tsé.*

trypanosomiase [tripanɔzomjaz] n. f. MED, MED VET Maladie parasitaire due à un trypanosome, transmise par un insecte piqueur (mouche tsé-tsé, taon, etc.), et qui se traduit notam. par de l'anémie, des troubles cardiovasculaires et un amaigrissement.

trypanotolérance [tripanotɔlerɑ̃s] n. f. ELEV État de résistance génétique aux trypanosomiases animales, propre à certaines races de ruminants.

trypanotolérant, ante [tripanotɔlerɑ̃, ɑ̃t] adj. ELEV Qui bénéficie de la trypanotolérance. *Race bovine trypanotolérante.*

trypsine [tripsin] n. f. BIOCHIM Enzyme protéolytique du suc pancréatique.

Tsana ou **Tana,** lac d'Éthiopie (env. 3 600 km^2), à 1 830 m d'alt., où le Nil Bleu prend sa source.

tsar [tsar; dzar] n. m. HIST Titre des empereurs de Russie et des anciens souverains serbes et bulgares. (On a écrit autrefois *tzar, csar* et *czar.*)

Tsaratanana (massif de), massif de l'extrême N. de Madagascar portant le Maromokotro (2 886 m), point culminant de l'île.

tsarévitch [tsarevitʃ] n. m. HIST Titre que portait le fils aîné du tsar de Russie.

tsarine [tsarine] n. f. HIST Titre que portait la femme du tsar, l'impératrice de Russie.

tsarisme [tsarism] n. m. HIST Régime politique de la Russie et de l'Empire russe jusqu'à la révolution de fév. 1917.

Tsarskoïe Selo (auj. *Pouchkine;* de 1920 à 1937 *Detskoïe Selo*), v. de Russie, à environ 30 km de Saint-Pétersbourg; 79 000 hab. – Le palais Catherine (1756, palais d'été des tsars) et le palais Alexandre (1796), détruits en 1941-1944, ont été reconstruits.

Tschombé ou **Tshombé** (Moïse) (1919 – 1969), homme politique du Congo-Kinshasa. Artisan de la sécession du Katanga et chef de cet État (1960-1963), Premier ministre du Congo-Kinshasa (1964-1965), il s'exila. En 1967, il fut condamné à mort par contumace, puis son avion fut détourné sur Alger, où il mourut en prison.

tsé-tsé [tsetse] n. f. inv. *Mouche tsé-tsé :* nom cour. de la glossine, vectrice de divers trypanosomes.

Ts'eu Hi. V. Ci Xi.

T-shirt [tiʃœrt] n. m. V. tee-shirt.

Tshohoha (lac). V. Cyohoha (lac).

Tshombé. V. Tschombé.

Tshuapa, affluent du fl. Congo (r. g.), qui prend sa source dans le Kasaï oriental et coule dans le centre de la rép. dém. du Congo; env. 800 km.

tsigane [tsigan] ou **tzigane** [dzigan] adj. (et n. m.) Qui concerne les Tsiganes. *Musique tsigane.* ▷ n. m. LING *Le tsigane* ou *le romani :* la langue indo-européenne du groupe iranien parlée par les Tsiganes.

Tsiganes ou **Tziganes,** nomades d'origine mal connue, auj. disséminés en Europe et en Amérique, plus partic. en Europe centrale. L'exode des Tsiganes aurait débuté au IXe s., de l'Inde vers l'Iran, puis, par l'Arménie et les pays caucasiens, vers la Grèce (XIVe s.), ensuite (XVe-XVIIIe s.) la Hongrie, la Roumanie, l'Allemagne, la Pologne, la Russie, la France, l'Espagne, le Portugal, l'Angleterre. Ils furent de grands forgerons. La musique tsigane, célèbre en Iran au Xe s., a souvent influencé celle des pays hôtes ; musique instrumentale en Hongrie, vocale en Russie, flamenco en Espagne, etc. Les Tsiganes se divisent en trois grands groupes, parlant des dialectes de la langue tsigane (langue indo-européenne du groupe indo-aryen) qu'a enrichi la cohabitation avec d'autres peuples : Gitans ou Kalé (langue *kalo*), en Espagne surtout; Rom (langue *romani*), les plus traditionalistes, en Europe de l'E. (Hongrie notam.); Manouches ou Sinti (langue *sinto*) en Allemagne, Italie et France (où on les appelle gitans, bohémiens ou romanichels). De nombr. mesures d'expulsion ont été prises pendant des siècles dans divers pays à l'encontre des Tsiganes. L'Allemagne hitlérienne a pratiqué une politique d'extermination des Tsiganes, qui revendiquent, depuis la fin de la guerre, les mêmes indemnités que celles perçues par les autres déportés, politiques et raciaux.

Ts'in. V. Qin.

Ts'in Che Houang-ti. V. Qin Shi Huangdi.

Ts'ing. V. Qing.

Tsiranana (Philibert) (1912 – 1978), homme politique malgache. Fondateur du parti social-démocrate malgache, chef du gouvernement en 1958, premier président de la Rép. (1959), renversé en 1972.

Tsonga ou **Thonga,** population d'Afrique du Sud, du Mozambique et du Swaziland (plus de 5 millions de personnes). Ils parlent des langues bantoues. V. Tonga.

tsuga [tsyga] n. m. Conifère de grande taille de l'Asie orientale et de l'Amérique, dont l'écorce est riche en tanin et dont une espèce (*Tsuga canadensis*) est répandue dans l'est du Canada (appelée cour. *pruche* au Québec et *haricot* en Acadie).

Tsumeb, ville du N. de la Namibie; 13 500 hab. Ch.-l. du district du m. nom. Grand centre minier (plomb, zinc, cuivre, argent, vanadium, cadmium) et métallurgique, relié par voie ferrée au port de Walvis Bay.

tsunami [tsunami] n. m. GEOGR Raz de marée dû à un choc tellurique sous-marin, qui se produit sur les côtes du Pacifique. (Les scientifiques, généralisant le terme, l'ont substitué à celui de raz de marée.)

Tsvetaïeva (Marina Ivanovna) (1892 - 1941), poétesse russe d'inspiration romantique.

Tswana ou **Tchouana**, population d'Afrique du Sud, du Botswana et du Zimbabwe (près de 4 millions de personnes). Ils parlent une langue bantoue, qui, avec le sotho, forme le groupe sotho-tswana.

1. tu, tue [ty] Pp. du verbe *taire*.

2. tu [ty] pron. pers. Pronom personnel de la 2e personne du singulier des deux genres et ayant toujours la fonction de sujet. **1.** *Tu es venu hier. Crois-tu? Penses-tu!* **2.** Emploi nominal. *Dire tu à qqn,* le tutoyer. ▷ Loc. *Être à tu et à toi avec qqn,* être intime, familier avec lui.

Tuamotu ou **Touamotou** (îles), archipel de la Polynésie française, à l'E. de Tahiti, formé d'env. 70 îles et îlots disposés dans une direction S.-E.-N.-O. sur 1 500 km.; 880 km^2; 12 400 hab. *(Paumotus)*; ch.-l. *Rotoava.* Ressources : coprah, pêche. – La France plaça l'archipel sous son protectorat en 1842 et l'annexa en 1880. Deux atolls des îles Gambier* (qui constituent le nord-est de l'archipel), Mururoa et Fangataufa, ont été le siège d'expérimentations nucléaires (1966-1995).

tuant, ante [tɥɑ̃, ɑ̃t] adj. Fam. (Choses) Très fatigant, épuisant. – (Personnes) Ennuyeux, insupportable.

1. tuba [tyba] n. m. MUS Instrument à vent de la famille des saxhorns, surtout utilisé comme basse de trombone.

2. tuba [tyba] n. m. Tube respiratoire utilisé pour nager la tête sous l'eau.

tubage [tybaʒ] n. m. **1.** MED Introduction dans un organe creux (estomac, bronches, notam.) et par les voies naturelles, d'un tube souple à une fin thérapeutique (ex. : *tubage de larynx,* pour empêcher l'asphyxie) ou diagnostique. **2.** TECH Mise en place de tubes.

tubaire [tybɛʀ] adj. MED Relatif aux trompes de Fallope. *Grossesse tubaire :* forme de grossesse extra-utérine. ▷ Relatif aux trompes d'Eustache.

tube [tyb] n. m. **1.** Conduit généralement rigide, à section circulaire et d'un petit diamètre; appareil cylindrique, ouvert à une ou aux deux extrémités et servant à divers usages. *Tube d'une canalisation. – Tube à essai,* en verre, fermé à un bout et utilisé notam. en chimie. ▷ *Tube électronique* ou *tube à vide :* ampoule contenant au moins deux électrodes entre lesquelles peut s'établir un courant électrique. – *Tube luminescent, tube fluorescent :* tube de verre rempli d'un gaz, pour l'éclairage. – *Tube cathodique,* dans lequel un faisceau d'électrons balayant un écran fluorescent (pinceaux d'électrons) permet de visualiser des signaux. ▷ PHYS *Tube de Pitot,* pour mesurer la vitesse d'écoulement d'un fluide. **2.** Fam. Chanson, disque à succès. **3.** Conduit naturel. ▷ ANAT *Tube digestif :* V. encycl. digestif. ▷ BOT *Tube criblé :* conducteur de la sève élaborée. – *Tube pollinique :* prolongement émis par le grain de pollen au cours de sa germination et par lequel il atteint l'oosphère de l'ovule. **4.** Emballage cylindrique fermé par un bouchon. *Tube de dentifrice.*

tuber [tybe] v. tr. [1] TECH Garnir de tubes (un trou après forage).

tubercule [tybɛʀkyl] n. m. **1.** Excroissance d'une racine, d'un rhizome (plus rarement d'une tige aérienne), où sont accumulées diverses substances qui servent à la plante de réserve nutritive. *Tubercules comestibles* (pomme de terre, manioc, etc.). **2.** ANAT Petite éminence à la surface d'un organe. *Tubercules quadrijumeaux.*

tuberculeux, euse [tybɛʀkylø, øz] adj. et n. **I.** BOT Qui produit des tubercules. *Plante tuberculeuse.* **II.** MED **1.** Qui s'accompagne de production de tubercules pathologiques. **2.** Relatif à la tuberculose. *Méningite tuberculeuse.* ▷ Qui est atteint de tuberculose. – Subst. *Un tuberculeux, une tuberculeuse.*

tuberculine [tybɛʀkylin] n. f. MED Substance extraite de la culture de bacilles tuberculeux et qui, injectée par voie intradermique, provoque chez les sujets déjà sensibilisés (malades tuberculeux, sujets vaccinés par le B.C.G.) une cuti-réaction caractéristique.

tuberculose [tybɛʀkyloz] n. f. Maladie infectieuse contagieuse due au bacille de Koch et qui affecte les poumons (le plus souvent), les reins, les os, etc.

tubéreuse [tybeʀøz] n. f. Plante vivace bulbeuse (fam. amaryllidacées) à haute tige portant des grappes de fleurs très parfumées; ces fleurs.

tubéreux, euse [tybeʀø, øz] adj. BOT Qui présente des tubercules ou des tubérosités. Syn. tuberculeux (sens I).

tubérisé, ée [tybeʀize] adj. BOT Qui forme un tubercule. *Racine tubérisée.*

tubérosité [tybeʀozite] n. f. **1.** BOT Épaississement ou nodosité en forme de tubercule. **2.** ANAT Protubérance. *Tubérosité osseuse* (où s'accrochent des muscles ou des ligaments).

tubicole [tybikɔl] adj. ZOOL Se dit des animaux (certains vers annélides, notam.) qui vivent dans un tube calcaire ou membraneux qu'ils construisent.

tubifex [tybifɛks] n. m. ZOOL Petit ver annélide tubicole oligochète (*Tubifex tubifex*) qui vit dans la vase des ruisseaux.

tubipore [tybipɔʀ] n. m. ZOOL Cnidaire octocoralliaire *(Tubipora musica)* dont les polypes sécrètent un squelette compact, rouge intense, formant des petits tubes parallèles. (Les tubipores participent à la formation des récifs coralliens.)

Tubman (William Vacanarat Shadrat) (1895 - 1971), homme d'État libérien. Président du Liberia de 1941 à sa mort, il sut unir l'ensemble des peuples libériens.

tubu [tubu] adj. et n. m. V. toubou.

Tubu, Toubou ou **Teda,** peuple du Sahara, qui nomadise aux confins de la Libye (Fezzan), du Tchad (Tibesti) et du Niger. Ils parlent une langue appartenant au groupe saharien.

Tubuaï ou **Toubouaï,** île de la Polynésie française, l'une des îles Australes (parfois appelées *îles Tubuaï*), au S. de Tahiti; 48 km^2; 1 846 hab.

tubulaire [tybylɛʀ] adj. **1.** Qui a la forme d'un tube. *Conduit tubulaire.* **2.** Qui est formé de tubes métalliques. *Châssis tubulaire.* **3.** ANAT Relatif au(x) tubule(s) urinaire(s).

tubule [tybyl] n. m. ANAT *Tubule rénal* ou *urinaire :* deuxième partie du néphron, qui fait suite au glomérule.

tubulé, ée [tybyle] adj. **1.** SC NAT Qui présente un ou plusieurs tubes. *Fleur tubulée* **2.** TECH Qui présente une ou plusieurs tubulures.

tubuleux, euse [tybylø, øz] adj. SC NAT En forme de tube. *Corolle tubuleuse.*

tubulidentés [tybylidɑ̃te] n. m. pl. ZOOL Ordre de mammifères ongulés aux dents en forme de tubes, ne comprenant qu'une seule espèce, l'oryctérope*. – Sing. *Un tubulidenté.*

tubulure [tybylyʀ] n. f. **1.** TECH Orifice cylindrique destiné à recevoir un tube. **2.** Ensemble des tubes d'un système tubulaire. *Tubulure d'un appareil.* ▷ Petit tube servant de conduit. *Tubulure d'admission, d'alimentation* (dans un moteur).

Tuburi. V. Tupuri.

Tudor, famille d'origine galloise qui régna sur l'Angleterre de 1485 (avènement d'Henri VII) à la mort d'Élisabeth Ire, en 1603. (V. Henri VII, Henri VIII, Édouard VI, Marie Ire et Élisabeth Ire.)

Tu Duc (Nguyên Puoc Hoang Nham, dit) (1830 - 1883), empereur du Viêt-nam (1848-1883). Il gouverna selon les principes du conservatisme confucéen adopté par les premiers empereurs Nguyên. Son hostilité envers les chrétiens servit de prétexte aux Français pour intervenir à partir de 1858 : la conquête de la Cochinchine orientale (1862) et de la Cochinchine occidentale (1867) transforma cette rég. en colonie française. Pour lutter contre des prétendants Lê qui revendiquaient le trône, Tu Duc sollicita l'aide de la Chine ce qui provoqua de nouvelles interventions de la France (1882-1883), qui imposera un premier protectorat à la cour impériale quelques semaines après la mort de Tu Duc.

tué, ée [tɥe] adj. et n. **1.** (Personnes) Mort de manière violente. *Les soldats tués au front.* ▷ Subst. Victime. *Il y a plus de cent tués dans la catastrophe.* **2.** (Animaux) Mis à mort.

tue-mouches [tymuʃ] n. m. inv. et adj. inv. **1.** n. m. inv. (En appos.) *Amanite tue-mouches :* fausse oronge, champignon vénéneux mais non mortel. **2.** adj. inv. *Papier, ruban tue-mouches :* papier recouvert d'une substance gluante et nocive qui attire les mouches et sur lequel elles meurent. **3.** n. m. inv. (Québec) Syn. de *tapette (à mouches).*

Tuéni (Nadia) (1935 - 1983), poétesse libanaise d'expression française. De père libanais et de mère française, elle revendiqua son métissage culturel : *l'Âge d'écume* (1965); *le Rêveur de terre* (1975); *Liban : vingt poèmes pour un amour* (1979); *la Terre arrêtée* (posth., 1984).

tuer [tɥe] v. [1] **I.** v. tr. **1.** (Sujet n. de personne.) Faire mourir (qqn) de manière violente. *Tuer qqn accidentellement.* **2.** (Sujet n. de chose.) *Le chagrin l'a tué.* **3.** Mettre à mort (un animal). *Tuer le cochon.* ▷ *Les insecticides tuent les insectes.* **4.** Fig. Faire cesser; ruiner. *La jalousie tue l'amitié. – Tuer dans l'œuf :* écraser (qqch) avant tout développement. – *Tuer le temps,* l'occuper pour ne pas trop s'ennuyer. **5.** Exténuer, éreinter; agacer, importuner excessivement. *Ces courses en ville m'ont tué.* **II.** v. pron. **1.** Se donner la mort, se suicider. ▷ Mourir dans un accident. *Il s'est tué en voiture.* **2.** Fig. Ruiner sa santé. *Se tuer au travail.* – Se donner beaucoup de peine. *Je me suis tué à essayer de leur faire comprendre la situation.*

tuerie [tyʀi] n. f. Carnage, massacre.

tue-tête (à) [atytɛt] loc. adv. *Crier, chanter à tue-tête,* de toutes ses forces, au point d'étourdir son entourage.

tueur, euse [tɥœʀ, øz] n. **1.** Personne qui tue; assassin. ▷ Spécial. *Tueur à gages** ou, absol., *tueur. Il a été assassiné par un tueur.* **2.** n. m. TECH Ouvrier qui abat les animaux de boucherie.

tuf [tyf] n. m. Roche non homogène poreuse, souvent pulvérulente, soit d'origine sédimentaire *(tuf calcaire),* soit d'origine éruptive *(tuf volcanique),* agrégat qu'on trouve sous forme de strates grossières.

tuile [tɥil] n. f. **1.** Plaque de terre cuite servant à la couverture de certains édifices. *Tuile ronde, tuile plate.* – (Sens collectif.) *Couverture en tuile.* ▷ *Par ext.* Plaque de même forme mais d'une autre matière destinée au même usage. *Des tuiles d'ardoise.* **2.** (Québec) Carreau (sens I, 1). – (Emploi critiqué.) *Tuile acoustique :* carreau (sens I, 1) insonore. **3.** Fig. et fam. Événement imprévu et fâcheux.

tuilerie [tɥilʀi] n. f. Fabrique de tuiles; four où les tuiles sont cuites.

Tuileries (palais des), anc. résidence royale, à Paris, qui se trouvait entre le Louvre et les Champs-Élysées; sa construction fut entreprise par Philibert Delorme (1564-1570). Délaissées au profit de Versailles par Louis XIV, les Tuileries furent le siège de la Convention nationale sous la Révolution, puis, à partir du Premier Empire, la demeure de tous les souverains. Ses bâtiments, en grande partie incendiés lors de la Commune (1871), ont été démolis en 1882, à l'exception des pavillons de Flore et de Marsan (auj. intégrés au Louvre). – Le *jardin des Tuileries,* tracé par Ph. Delorme au XVIe s., fut transformé en jardin à la française par André Le Nôtre (à partir de 1661). Le Jeu de paume et l'Orangerie y ont été construits en 1853.

Tula (en aztèque *Tollan,* «lieux de roseaux»), site toltèque du Mexique : pyramide de l'Étoile du matin, comportant un temple à Quetzalcóatl.

tularémie [tylaʀemi] n. f. MED, MED VET Maladie épidémique du lapin et du lièvre due à une bactérie *(Francisella tularensis)* et transmise à l'homme par contact avec le gibier infecté.

Tuléar. V. Toleara.

tulipe [tylip] n. f. Plante bulbeuse ornementale des régions tempérées (fam. liliacées) à fleur de couleur variable (blanche, rouge, etc.); cette fleur.

tulipier [tylipje] n. m. Arbre ornemental d'Amérique du Nord (fam. magnoliacées), dont les grosses fleurs ressemblent aux tulipes. ▷ *Tulipier du Gabon :* arbre d'Afrique tropicale (fam. bignoniacées) à fleurs rouges.

tulle [tyl] n. m. Tissu léger et transparent à mailles rondes ou polygonales. *Tulle de coton, de soie.* ▷ *Tulle gras,* employé dans les pansements.

Tu Luc-Van Doan («S'élever par ses propres forces»), mouvement littéraire vietnamien (1932-1942) animé par des écrivains qui voulurent échapper au formalisme et au moralisme de la littérature classique. Cette modernisation des thèmes et de l'écriture, influencée par la culture française, favorisa l'éclosion d'une nouvelle littérature (romans en prose, nouvelles, essais). En liaison avec ce mouvement, l'école Tho Moi («Poésie nouvelle») promut une libération analogue en poésie.

Tūlūn (Ahmad ibn), gouverneur turc de l'Égypte (868-884). Il conquit la Syrie (878) et rejeta la tutelle des Abbassides, qui réduisirent (905) ses successeurs, les *Tūlūnides.*

Tulunides, dynastie égyptienne fondée en 868 par Ahmad ibn Tulun, officier placé à la tête de l'armée par le gouverneur abbasside. Tulun libéra l'Égypte et la Syrie du joug des Abbassides. Ceux-ci les reprirent en 905 au descendant de Tulun.

tumba [tumba] n. m. Tambour oblong à une seule peau, originaire d'Afrique.

tuméfaction [tymefaksjɔ̃] n. f. MED **1.** Augmentation pathologique du volume d'un organe ou d'un tissu. **2.** Partie tuméfiée.

tuméfier [tymefje] v. tr. [2] Causer une tuméfaction. *Le coup lui a tuméfié la lèvre.* ▷ v. pron. S'enfler anormalement.

tumescence [tymesɑ̃s] n. f. MED Gonflement (des tissus).

tumescent, ente [tymɛssɑ̃, ɑ̃t] adj. ANAT, MED Qui s'enfle, qui se boursoufle.

tumeur [tymœʀ] n. f. MED Prolifération tissulaire pathologique résultant d'une activité anormale des cellules et ayant tendance à persister ou à augmenter de volume. – *Tumeur bénigne :* tumeur localisée, circonscrite, ne se généralisant pas et ne présentant aucune monstruosité cellulaire (verrue, adénome, lipome, fibrome, etc.). – *Tumeur maligne :* V. cancer. ▷ BOT *Tumeur végétale :* prolifération tissulaire désordonnée, provoquée par une entaille ou un agent bactérien. (V. galle.)

tumoral, ale, aux [tymɔʀal, o] adj. MED Relatif ou propre à une tumeur.

tumulte [tymylt] n. m. **1.** Grand mouvement de personnes, accompagné de bruit et de désordre. *Un grand tumulte s'éleva dans l'assemblée.* **2.** Agitation bruyante. *Le tumulte de la rue.* ▷ Par ext. Litt. (En parlant des éléments déchaînés.) *Le tumulte des flots.* **3.** Activité fébrile, désordonnée. *Le tumulte des affaires.* ▷ Fig. Agitation, grand désordre (des sentiments, des passions).

tumultueux, euse [tymyltɥø, øz] adj. **1.** Qui se fait avec tumulte. *Séance tumultueuse,* orageuse. **2.** Litt. (En parlant des éléments.) Furieux, violent. *Flots tumultueux.* **3.** Qui est plein d'agitation, de désordre. *Vie tumultueuse.*

tumulus [tymylys] n. m. ARCHEOL Grand amas de terre ou de pierres que certains peuples anciens élevaient au-dessus de leurs sépultures. *Des tumulus* ou *des tumuli.*

Tundi Daro (Tondidarou), local. du Sénégal, l'un des plus grands centres mégalithiques d'Afrique. Il serait d'origine sérère.

Tundža, riv. de Bulgarie, affl. de la Marica; 330 km. Elle naît sur le versant S. du Balkan et conflue avec la Marica à Edirne, en Turquie.

tuner [tynɛʀ] n. m. (Anglicisme) TECH Élément d'une chaîne haute fidélité destiné à la seule réception des émissions de radio (notam. en modulation de fréquence). Syn. (off. recommandé) syntoniseur.

tungstène [tœ̃gstɛn] n. m. CHIM, TECH Élément métallique (symbole W) de numéro atomique Z=74. – Métal (W) gris. *Hautement réfractaire, le tungstène est employé notam. dans la fabrication des filaments de lampe à incandescence.*

tuniciers [tynisje] n. m. pl. ZOOL Sous-embranchement de cordés marins, solitaires ou coloniaux, fixés (ascidies du littoral) ou libres (formes planctoniques et pélagiques). Syn. urocordés. – Sing. *Un tunicier.*

tunique [tynik] n. f. **I. 1.** Veste d'uniforme à col droit, sans basques, serrée à la taille. *Tunique d'officier.* **2.** Corsage long avec ou sans manches, vêtement couvrant le buste, en général en étoffe légère, porté par-dessus une jupe, un pantalon. **II.** ANAT Enveloppe membraneuse, gaine qui protège certains organes. *Les tuniques de l'œil.* ▷ BOT Enveloppe d'un bulbe.

tuniqué, ée [tynike] adj. SC NAT Enveloppé d'une ou de plusieurs tuniques. *Bulbe tuniqué.*

Tunis (en arabe *Tunus*), cap. de la Tunisie, au fond du *golfe de Tunis;* 596 650 hab. (*Tunisois*); aggl. urb. 1 700 000 hab. Séparée du golfe de Tunis par le lac de Tunis, la ville a très largement débordé des remparts de la médina (souks). Elle est reliée par un chenal à l'avant-port de *La Goulette* ou *Halq el-Oued* (commerce et pêche). Nombr. industries. Import. carrefour (chemin de fer, aéroport d'El-Aouïna), Tunis est un grand centre politique (siège de la Ligue arabe) et culturel (université laïque et centre culturel musulman d'Al-Zaytuna; musée archéologique du Bardo; ruines de Carthage). – Grande mosquée Al-Zaytuna ou de l'Olivier (fondée en 732 et reconstruite au IXe s.) et mosquées Al-Qsar et de la Casbah (XIIIe s.). Les Ottomans y firent édifier les mosquées de Yusuf Dey (1616) et de Husayn ibn Ali (1716). Aux environs se dressent les ruines d'un important aqueduc romain. – Fondée par Carthage, la ville ne commença à jouer un rôle import. qu'après la conquête arabe (VIIe s.). Elle fut la capitale de l'Ifriqiya de 894 à 905. Elle retrouva ce rôle en 1160 et, sous les Hafsides (XIIIe-XVIe s.), fut la métropole du royaume auquel elle a donné son nom. Le roi de France, Saint Louis, mourut durant son siège (1270). En 1535, Charles Quint la prit. En 1574, les Turcs s'en emparèrent et elle fut la cap. de la Régence de Tunis jusqu'à l'arrivée des Français (1881), qui lui donnèrent une grande extension.

tunisianité [tynizjanite] n. f. Caractère de ce qui est tunisien.

Tunisie (république de), État de l'Afrique du Nord.
▶ V. carte et dossier, p. 1511.

tunisien, enne [tynizjɛ̃, ɛn] adj. et n. De Tunisie. ▷ Subst. *Un(e) La tunisien(ne).*

tunisification [tynizifikasjɔ̃] n. f. Fait de donner un caractère tunisien à. *La tunisification de l'architecture.*

tunisifier [tynizifje] v. tr. [2] Donner un caractère tunisien à.

tunnel [tynɛl] n. m. **1.** Passage souterrain, galerie creusée pour livrer passage à une voie de communication. *Tunnel ferroviaire, routier.* ▷ *Par ext.* Toute galerie souterraine. *Le prisonnier a creusé un tunnel pour s'évader.* **2.** Galerie aveugle de certains dispositifs techniques. *Tunnel aérodynamique d'une soufflerie. Four à tunnel.* – *Par anal.* AGRIC Abri en matière plastique utilisé dans la production de plants, de légumes pour les protéger des intempéries et pour éviter la déshydratation des fruits et des légumes. **3.** Fig. Période sombre, pénible, difficile. *Voir le bout du tunnel.*

Tupamaros (les), organisation révolutionnaire uruguayenne fondée en 1962, démantelée après le coup d'État de 1976. Leur nom se référait aux partisans de José Artigas (regroupés en 1811), lesquels se référaient à l'Inca Tupac Amaru, révolté contre l'Espagne.

Tupi(s), Amérindiens vivant au Brésil, au Paraguay et en Bolivie.

Tupolev (Andreï Nikolaïevitch) (1888 – 1972), ingénieur soviétique. Il conçut, dès 1917, un grand nombre d'avions.

Tupuri, Toupouri, Tuburi, population établie au Tchad et au Cameroun (env. 100 000 personnes). Ils parlent une langue nigéro-congolaise du sous-groupe adamawa.

tuque [tyk] n. f. (Québec) Bonnet en laine, souvent de forme conique et surmonté d'un pompon ou d'un gland. ▷ Loc. fam. *Tenez, attachez bien vos tuques! :* attention, tenez-vous prêts, préparez-vous!

turban [tyʀbɑ̃] n. m. Coiffure faite d'une longue pièce d'étoffe enroulée autour de la tête.

turbellariés [tyʀbelaʀje] n. m. pl. ZOOL Classe de plathelminthes carnassiers, le plus souvent libres et marins, caractérisés par un épiderme entièrement couvert de cils locomoteurs. – Sing. *Un turbellarié.*

turbidité [tyʀbidite] n. f. Didac. État d'un liquide trouble.

turbine [tyʀbin] n. f. **1.** Moteur dont l'élément essentiel est une roue portant à sa périphérie des ailettes ou des aubes, mise en rotation par un fluide; cette roue elle-même. *Turbine à vapeur, à gaz, hydraulique. Rotor* d'une turbine.* **2.** Machine à essorer par centrifugation, utilisée notam. dans l'industrie sucrière.

turbiné, ée [tyʀbine] adj. SC NAT En forme de toupie; conique. *Une coquille turbinée.*

turbiner [tyʀbine] v. tr. [1] TECH **1.** Faire passer (un fluide) dans une, des turbines, pour en utiliser la force motrice. *Turbiner l'eau d'une retenue.* **2.** Essorer (des cristaux de sucre) au moyen d'une turbine.

turbo-. Élément, du lat. *turbo, turbinis,* «tourbillon, toupie».

1. turbo [tyʀbo] n. m. ZOOL Mollusque gastéropode de l'océan Indien et de l'océan Pacifique (*Turbo marmoratus*), dont la coquille spiralée et nacrée atteint 15 à 20 cm.

2. turbo [tyʀbo] n. Abrév. de *turbocompresseur* ou de *turbomoteur.* ▷ (En appos.) *Moteur turbo,* suralimenté par un turbocompresseur. – n. f. Voiture munie de ce type de moteur.

turbocompresseur [tyʀbokɔ̃pʀesœʀ] n. m. TECH Dispositif qui permet de faire entrer dans la chambre de combustion d'un moteur un mélange gazeux comprimé. (Abrév. : turbo).

turboforage [tyʀbofɔʀaʒ] n. m. TECH Forage effectué par un trépan couplé à une turbine actionnée par la circulation des boues.

turbomachine [tyʀbomaʃin] n. f. Didac. Toute machine qui agit sur un fluide ou qu'actionne un fluide par l'intermédiaire d'un organe rotatif (roue à aubes ou à ailettes, hélices, etc.).

turbomoteur [tyʀbomɔtœʀ] n. m. TECH Moteur dont l'élément essentiel est une turbine. (Abrév. : turbo).

turbopompe [tyʀbopɔ̃p] n. f. TECH Pompe entraînée par une turbine.

turbopropulseur [tyʀbopʀɔpylsœʀ] n. m. AVIAT Moteur constitué d'une turbine à gaz entraînant une ou plusieurs hélices.

turboréacteur [tyʀboʀeaktœʀ] n. m. AVIAT Moteur à réaction à combustion continue, comprenant une turbine à gaz et un compresseur d'alimentation tournant sur le même arbre.

turbot [tyʀbo] n. m. Poisson plat (genres *Rhombus* et voisins), au corps large, vivant sur le fond au voisinage des côtes.

turbotrain [tyʀbotʀɛ̃] n. m. CH de F Train dont la motrice est équipée d'une turbine à gaz et qui peut atteindre des vitesses de l'ordre de 300 km/h.

turbulence [tyʀbylɑ̃s] n. f. **1.** Caractère d'une personne turbulente. **2.** Agitation, désordre bruyant. **3.** PHYS Irrégularité du mouvement d'un fluide (en écoulement turbulent). ▷ METEO *Turbulence atmosphérique :* agitation de l'atmosphère due aux variations thermiques, aux courants, au relief, etc.

turbulent, ente [tyʀbylɑ̃, ɑ̃t] adj. **1.** Qui est porté à faire du bruit, à s'agiter, à causer du désordre. *Des enfants turbulents.* ▷ Par ext. (Choses) *Joie turbulente.* Syn. agité, bruyant. Ant. calme. **2.** PHYS *Écoulement turbulent* (d'un fluide) : écoulement irrégulier, caractérisé par la formation de tourbillons et par l'interaction des filets fluides (par oppos. à *écoulement laminaire**).

turc, turque [tyʀk] adj. et n. **I.** adj. et n. **1.** adj. De Turquie. ▷ *Bain turc :* bain de vapeur suivi d'un massage. – *Café turc :* café noir très fort, servi avec le marc. ▷ Loc. *Cabinets d'aisances à la turque,* sans siège. **2.** n. Habitant ou personne originaire de la Turquie. *Un Turc, une Turque.* ▷ Loc. *Fort comme un Turc :* très fort. – *Tête de Turc :* V. tête (sens I, 5). **II.** n. m. LING Groupe de langues altaïques comprenant notam. le turc, langue officielle de la Turquie, et le tatar.

turcique [tyʀsik] adj. ANAT *Selle turcique :* dépression du sphénoïde dans laquelle est logée l'hypophyse.

Turcomans. V. Turkmènes.

turco-mongol, ole [tyʀkomɔ̃gɔl] adj. LING Syn. anc. de *altaïque. Les langues turco-mongoles.* ▷ *Par ext.* Se dit des peuplades qui parlent ou parlèrent ces langues.

Turcs ou **Türks,** ensemble de populations, vraisemblablement originaires de l'Altaï, parlant des langues turques (environ 75 000 000 de personnes), réparties auj. entre la Turquie, l'Azerbaïdjan, le Turkménistan, l'Ouzbékistan, le Kirghizstan et le Xinjiang chinois. Turcs et Mongols étaient des peuples très proches, tous deux nomades, mais on ne sait si les Mongols (et les Huns) font partie du groupe turc (V. Mongols). Répandus en Chine du N., en Iran, les Turcs Tujue soumirent la Mongolie au VIe s., puis furent réduits par la Chine (630). À partir du VIIIe s., les Turcs s'islamisèrent au contact du monde arabe. Des dynasties turques musulmanes, notam. les Ghaznévides*, s'imposèrent en Inde et en Perse (X[e]-XIIe s.); au début du XIIIe s., le Mongol Gengis khān ruina la domination turque, mais les Seldjoukides* maintinrent leur pouvoir à l'O. de l'actuel territoire afghan. (V. Turquie.)

turdidés [tyʀdide] n. m. pl. ORNITH Famille d'oiseaux passériformes insectivores (merles, grives, rossignols, rouges-gorges, traquets, etc.), au bec robuste, aux pattes souvent longues et fortes. – Sing. *Un turdidé.*

Turenne (Henri de La Tour d'Auvergne, vicomte de) (1611 – 1675), maréchal de France. Il servit en Hollande sous ses oncles Nassau (1625-1629) puis en France. Maréchal à trente-deux ans pour ses succès dans la guerre de Trente Ans, princ. défenseur du roi contre Condé (1652), il imposa la paix aux Espagnols (1658). Il conduisit la guerre de Dévolution (1667-1668) puis celle de Hollande, mais fut tué en Alsace. Protestant, il se convertit au catholicisme en1668.

turf [tœʀf; tyʀf] n. m. **1.** Endroit où ont lieu les courses de chevaux. **2.** *Le turf :* tout ce qui se rattache au monde des courses, aux chevaux de course.

turfiste [tœʀfist; tyʀfist] n. Habitué des champs de courses, parieur.

turgescence [tyʀʒesɑ̃s] n. f. **1.** PHYSIOL Augmentation du volume d'un organe due à une rétention de sang veineux (pénis en érection, par ex.). **2.** BOT État normal des cellules végétales gorgées d'eau.

turgescent, ente [tyʀʒesɑ̃, ɑ̃t] adj. PHYSIOL En état de turgescence. ▷ Litt. Gonflé.

Turgot (Anne Robert Jacques), baron de l'Aulne (1727 – 1781), homme d'État et économiste français. Auteur de *Réflexions sur la formation et la distribution des richesses* (1766), contrôleur général des Finances (1774), il tenta des réformes, mais les privilégiés obtinrent sa disgrâce (1776).

Turin (en ital. *Torino*), v. d'Italie, ch.-l. du Piémont, sur le Pô; 1 059 510 hab. Grand centre comm. et industr. : constr. automobiles (Fiat), etc. – Archevêché. Université. Cath. (fin XVe-XVIe s.), qui contient le saint suaire*. Palais Madama (XIIe-XIVe s.), musée d'art médiéval. Palais de l'Académie des sciences (musée célèbre pour l'art égyptien). – Cité romaine, évêché au Ve s., la ville fut prise par les Lombards au VIe s. Au XIe s., elle passa à la maison de Savoie, qui en fit sa capitale.

Turing (Alan Mathison) (1912 – 1954), mathématicien anglais. Logicien, il a conçu, en 1936, une machine théorique qui préfigurait l'ordinateur.

turion [tyʀjɔ̃] n. m. BOT **1.** Bourgeon dormant de certaines plantes (plantes aquatiques, notam.), leur permettant de résister à la mauvaise saison. **2.** Jeune pousse souterraine.

Turkana, population occupant le nord-ouest du Kenya, jusqu'à la frontière de l'Ouganda (environ 200 000 personnes). Ils parlent une langue nilo-saharienne du groupe soudanais oriental, sous-groupe bari-massaï.

Turkana (anc. *lac Rodolphe*), lac de l'Afrique orientale, dans le N. du Kenya et dont la rive N. est éthiopienne; 8600 km^2 (dont 8000 km^2 au Kenya). Situé dans la Rift Valley à 375 m d'altitude, il s'étire entre le vaste *plateau Turkana*, à l'O., et le désert Chalbi, à l'E.

Turkestan, rég. historique d'Asie centrale, divisée auj. entre le Kazakhstan, le Kirghizstan, l'Ouzbékistan, le Tadjikistan, le Turkménistan et la Chine (Xinjiang). – Le Turkestan ne fut soumis par la Russie qu'à la fin du XIXe s. (1853-1885); c'est elle qui lui donna son nom, la région étant peuplée par des Turcs depuis le VIe s. environ.

Turkmènes ou **Turcomans,** peuple turc installé au Turkménistan, en Ouzbékistan, au nord-ouest de l'Afghānistān et au nord de l'Iran.

Turkménistan, État d'Asie centrale, qui s'étend d'E. en O., de la mer Caspienne à l'Amou-Daria, et de l'Ouzbékistan et du Kazakhstan au N., à l'Iran et à l'Afghānistān au S.; 488100 km^2; 3807000 hab. (Turkmènes 70 %, Russes 9,5 %, Ouzbeks 8,5 %); capitale *Achkhabad*. Nature de l'État : régime présidentiel. Langue off.: turkmène. Monnaie : manat. Relig. : islam sunnite.

Géogr. et écon. – Des régions désertiques (Kara-Koum, notam.), de maigres steppes sont bordées au S. par des chaînes montagneuses. L'irrigation (eaux de l'Amou-Daria) favorise les cultures du coton; on élève des moutons. Import. ressources minérales : sel, pétrole, gaz, soufre.

Hist. – Sous contrôle russe dep. la seconde moitié du XIXe s., rattaché à la rép. autonome du Turkestan de 1918 à 1924, le Turkménistan est devenu alors une rép. soviétique. Elle a proclamé sa souveraineté en 1990, son indépendance en 1991, et a intégré la C.É.I. Saparmourad Niazov, seul candidat, naguère membre du parti communiste, a été élu prés. de la Rép. en 1990 et réélu en 1992 avec plus de 98 % des voix. En 1994, un référendum a prolongé ses pouvoirs pour dix ans.

Türks. V. Turcs.

Turks et Caicos, archipels des Antilles, au N. d'Haïti, colonie britannique; 430 km^2; 7500 hab.; ch.-l. *Cockburn Town* (sur Grand Turk). Pêche, sel, sisal. Tourisme. Place financière.

turlupiner [tyʀlypine] v. tr. [1] Fam. Tracasser, tourmenter.

turlututu [tyʀlytyty] interj. Exclamation exprimant la moquerie.

Turner (Joseph Mallord William) (1775 – 1851), peintre et graveur anglais. Artiste classique, il élabora parallèlement une œuvre révolutionnaire où l'air et les lumières défont les formes : nombreuses *Vues de Venise* (1840-1843), *Pluie, vapeur, vitesse* (1844). Il influença l'impressionnisme. (V. Tate Gallery.)

Turner (Tina) (née en 1939), chanteuse américaine de rock.

Turnhout, com. de Belgique (prov. d'Anvers), dans la Campine; 37450 hab. Industries. – Chât. des ducs de Brabant (XIIe-XVIIe s.), auj. palais de justice.

turnix [tyʀniks] n. m. Oiseau des plaines herbues d'Afrique, d'Asie et d'Australie, à la poitrine marquée de roux. Syn. (Afr. subsah.) caille et fausse-caille.

turpitude [tyʀpityd] n. f. Litt. **1.** Conduite honteuse, ignominieuse. **2.** *Une (des) turpitude(s)* : une action, une parole honteuse. Syn. infamie.

Turquie (république de), État de l'Asie occidentale (Anatolie, dite autref. Asie Mineure), comportant une partie européenne (Thrace), séparée par la mer de Marmara; bordé au N. par la mer Noire, à l'O. par la mer Égée, au S. par la mer Méditerranée; 779452 km^2; 60700000 hab. (Turcs), croissance : plus de 2 % par an; cap. *Ankara*. Nature de l'État : rép. Langue off. : turc. Pop. : Turcs (en grande majorité), Kurdes (de 7 à 20 % selon les estimations), minorités arménienne, grecque, arabe. Monnaie : livre turque. Relig. : islam.

Géogr. phys. et hum. – La péninsule anatolienne (97 % de la superficie, 90 % des hab. du pays) est constituée d'un plateau central élevé et massif (800 à 1000 m d'altitude à l'O., 2000 m à l'E.). Le climat sec, aux hivers rigoureux, produit la steppe. Le pays est ceinturé de montagnes : chaînes Pontiques au N., Taurus au S., qui convergent le massif volcanique arménien (5165 m au mont Ararat) à l'E. Les montagnes côtières retombent sur un littoral de 8500 km, ponctué de plaines, chaud et humide le long de la mer Noire, plus sec sur la Méditerranée; la pop. s'y concentre. La Thrace connaît des contrastes analogues, entre la steppe intérieure et les montagnes et collines bordières, plus humides. La croissance démographique (14 millions d'hab. en 1927, 28 en 1960, 55 auj.), crée un exode rural massif : le taux d'urbanisation approche 50 %.

Écon. – Depuis 1980, sous l'égide du F.M.I., la Turquie a opté pour un développement libéral; les privatisations ont commencé en 1988 (l'État contrôlait 50 % de l'industrie et 70 % des banques). Grâce à l'investissement étranger, les industries d'export. sont devenues le moteur de la croissance : textile, habillement et biens manufacturés. L'agric. (50 % des actifs, 25 % des export.) est très diversifiée : céréales, plantes industrielles, fruits et légumes, élevage ovin. Les ressources minérales (pétrole, fer, chrome) sont peu abondantes, à l'exception du lignite. Le tourisme et les fonds des émigrés couvrent le déficit comm. La Turquie dispose de nombreux atouts : position entre l'Europe, la C.É.I. et l'Asie et un marché intérieur en croissance. Mais l'inflation et l'endettement sont élevés, et les tensions sociales restent fortes.

Hist. – *L'Anatolie ancienne*. Peuplée dès la préhistoire, la Cappadoce connut à partir de 3000 av. J.-C. un développement sous la forme de cités-États liées à la Mésopotamie* (comptoirs commerciaux assyriens). À partir du XVIIIe s. av. J.-C., des royaumes indo-européens (Hittites) se développèrent jusqu'aux bouleversements apportés, au XIIe s., par les Peuples de la Mer; après une période de troubles, les Grecs s'établirent fortement sur le littoral égéen, de nouveaux royaumes s'édifièrent sur les ruines de l'Empire hittite au VIIIe s. av. J.-C. (Phrygie, Lydie) et s'hellénisèrent, malgré la domination perse (VIe s. av. J.-C.). La civilisation grecque survécut dans l'Empire byzantin à la fin du monde antique. Dès le VIIe s. apr. J.-C., les invasions arabes amenèrent l'islam aux frontières de l'empire qui, à partir du XIe s., fut la proie des croisés et des Turcs. Venus de l'Altaï, les Turcs avaient constitué en Asie centrale l'immense empire des Tujue (VIe-VIIe s.). Convertis en masse à l'islam au Xe s., les Turcs Seldjoukides envahirent à partir du XIe s. tout le Proche-Orient. Au XIIIe s., les Mongols imposèrent leur tutelle aux Seldjoukides. Après 1290, une tribu turque établie en Bithynie, celle des Ogrul, se rendit indépendante des Seldjoukides. Ils se nommèrent Osmanlis (Ottomans pour les Occidentaux), d'après le nom de leur chef Osman Ier. – *L'Empire ottoman*. La principauté ottomane se dota rapidement d'une organisation militaire qui lui permit d'étendre son territoire aux dépens de la puissante Byzance. Dès 1326, sous le règne d'Orkhan, l'ensemble de l'Anatolie était conquis; en 1353, Orkhan prenait pied en Europe; Brousse fut choisie comme capitale. Une administration efficace fut mise en place : centralisation en Anatolie, autonomie sous contrôle militaire des pays conquis. Le corps d'élite permanent des janissaires assura la supériorité militaire. Murad Ier poursuivit les conquêtes en Europe (Bulgarie, Serbie) et prit le titre de sultan. Sous Mehmet II, la prise de Constantinople (1453) marqua la prépondérance turque dans les Balkans pour trois siècles. La Bosnie et l'Albanie furent envahies au XVe s.; Selim Ier conquit la Syrie puis l'Égypte (1516 et 1517). Soliman le Magnifique (1520-1566) conquit l'Afrique du Nord et la Hongrie, et assiégea Vienne sans succès (1529). Les grandes découvertes du XVIe s. firent perdre à l'empire son rôle d'intermédiaire entre l'Europe et l'Orient. Il déclina, son économie tomba lentement sous la domination européenne. Le second échec devant Vienne (1683) marqua un recul et l'Autriche l'attaqua. La Russie lui prit la Crimée (1774) et la Bessarabie (1812). Il perdit la Grèce et l'Algérie (1830), puis l'Égypte (1840). La crise (V. Orient [question d']) s'amplifia : pertes de la Roumanie et de la Serbie (1878), de la Tunisie (1881) et de la Bulgarie (1885). Sous le règne de Mehmet V (1909-1918), les Jeunes*-Turcs portèrent au pouvoir des officiers nationalistes qui aggravèrent les tensions entre les différents peuples de l'empire. Les guerres balkaniques de 1912-1913 (V. Balkans) chassèrent d'Europe les Turcs qui entrèrent en guerre (1914) aux côtés de l'Allemagne. En 1915, ils massacrèrent les Arméniens, soupçonnés de vouloir pactiser avec l'armée russe. En 1918, les Alliés occupèrent Istanbul. La ratification du traité de Sèvres par Mehmet VI (1920) acheva de discréditer le sultanat. – *La Turquie moderne*. Le général Mustafa Kemal prit la tête d'un gouvernement national, réprima les minorités (Kurdes*), entreprit la reconquête de l'Ionie et de la Thrace occupées par les Grecs. Les victoires d'Inönü et de Sakarya aboutirent au traité de Lausanne (1923) qui garantit l'intégrité du territ. turc et imposa un échange : 1 million de Grecs d'Asie contre 300000 Turcs d'Europe. Mustafa Kemal proclama la république (1923), transféra la capitale à Ankara et gouverna de façon dictatoriale, appuyé par le Parti républicain du peuple (parti unique). Il modernisa et laïcisa le pays. Son successeur, Ismet Inönü (1938-1950), maintint le pays à l'écart de la Seconde Guerre mondiale. Le parti démocrate, créé en 1946 (fin du régime de parti unique), l'emporta aux élections de 1950. A. Menderes, Premier ministre démocrate, industrialisa le pays avec l'aide des capitaux étrangers; la Turquie adhéra à l'OTAN (1951) et concéda des bases milit. aux É.-U. La dégradation écon. (affairisme, corruption) poussa les militaires à un coup d'État (27 mai 1960). Une nouvelle Constitution fut adoptée par référendum (1961). Opposant, Inönü exerça le pouvoir (1961-1965), puis S. Demirel et le nouveau parti de la Justice affrontèrent une puissante opposition de gauche. En 1971, les militaires ramenaient au pouvoir Inönü (qui, en 1974, fit occuper le N. de Chypre* par l'armée), puis B. Ecevit. En 1980, ils renversaient Demirel (1975-1978 puis 1979) et édictaient une nouvelle Constitution. Tous les partis étant interdits, le général K. Evren devint prés. de la Rép. (1982). Le parti de la Mère Patrie (droite libérale) fut autorisé; son chef, T. Ozal, Premier ministre depuis 1983, a succédé en 1989 à K. Evren à la prés. de la République. Depuis 1984, les Kurdes (rebelles depuis longtemps) ont durci la lutte armée. La Turquie a fait acte de candidature pour son admission au sein de la C.E.E. (puis l'U.E.), mais celle-ci attend de la Turquie des garanties démocratiques et qu'elle règle les problèmes kurde, chypriote et des eaux de la mer Égée; toutefois, en 1995, l'U.E. a signé avec elle des accords douaniers. Aux élections de 1991, Demirel est revenu au pouvoir et il est devenu prés. en 1993. Après l'effondrement de l'U.R.S.S., la Turquie a engagé une diplomatie très active vis-à-vis des rép. turcophones d'Asie centrale et du Caucase. En déc. 1995, les islamistes ont remporté les législatives sans obtenir la majorité. Il a fallu de nombreux mois pour qu'ils constituent une coalition gouvernementale, dirigée par l'islamiste Necmettin Erkaban (juillet 1996). En juin 1997, sous la pression des militaires, hostiles aux islamistes, N. Erkaban doit démissionner. Mesut Yilmaz (chef du parti de la Mère Patrie) est nommé Premier ministre. Il forme un gouvernement de coalition (droite laïque) et annonce la tenue d'élections législatives anticipées en 1998.

turquoise [tyʀkwaz] n. et adj. inv. **1.** n. f. Pierre semi-précieuse de couleur bleu clair à bleu-vert (phosphate hydraté naturel d'aluminium et de cuivre), utilisée en joaillerie. **2.** adj. inv. Qui a la couleur de la turquoise. *D'un bleu turquoise.* ▷ n. m. *Le turquoise :* la couleur turquoise.

turritelle [tyʀitɛl] n. f. ZOOL Mollusque gastéropode prosobranche (genre *Turritella,* plus de 400 espèces connues), à coquille spiralée, abondant depuis le secondaire (nombr. espèces fossiles).

tussah [tysa] ou **tussau** [tyso] n. m. Soie indienne sauvage produite par un ver autre que le bombyx du mûrier.

tussor [tysɔʀ] n. m. Étoffe de tussah. ▷ *Par ext.* Étoffe de soie légère.

tutélaire [tytelɛʀ] adj. **1.** Litt. Qui protège. **2.** DR Qui concerne la tutelle.

tutelle [tytɛl] n. f. **1.** DR Institution légale conférant à un tuteur la charge de prendre soin de la personne et des biens d'un enfant mineur ou d'un interdit; charge, autorité du tuteur. *Conseil de tutelle.* ▷ *Tutelle administrative :* contrôle du gouvernement sur les collectivités ou les services publics. *Ministère de tutelle.* ▷ *Territoire sous tutelle :* territoire (souvent une ancienne colonie) dont l'administration avait été confiée par l'ONU à une grande puissance. **2.** Protection. *Se placer sous la tutelle des lois.* ▷ Dépendance, surveillance gênante. *Cette tutelle lui pèse.*

tuteur, tutrice [tytœʀ, tytʀis] n. **I. 1.** DR et cour. Personne chargée légalement de veiller sur la personne et les biens d'un mineur ou d'un interdit, de les représenter juridiquement, etc. *Subrogé tuteur :* V. subrogé. – *Tuteur ad hoc,* désigné pour protéger certains intérêts d'un mineur, partic. lorsqu'ils risquent de se trouver en conflit avec les intérêts du tuteur. ▷ (Afr. subsah.) Personne qui héberge un enfant, un étudiant, un jeune travailleur, éloigné de sa famille, ou qui, à la demande des parents, le protège et le surveille. **2.** Fig. Personne qui protège et soutient qqn. **II.** n. m. Piquet destiné à soutenir, à redresser une plante.

tuteurage [tytœʀaʒ] n. m. AGRIC Action de tuteurer.

tuteurer [tytœʀe] v. tr. [**1**] AGRIC Munir d'un tuteur. *Tuteurer un bananier.* Syn. ramer 1.

tutoiement [tytwamɑ̃] n. m. Action, fait de tutoyer.

tutorat [tytɔʀa] n. m. Didac. Fonction de tuteur.

tutoyer [tytwaje] v. tr. [**23**] User de la deuxième personne du singulier en s'adressant à (qqn). ▷ v. pron. (Récipr.) *Ils se tutoient.*

Tutsi ou **Batutsi,** ethnie du Burundi et du Rwanda. Ils sont minoritaires dans les deux pays (15 % de la population), où ils parlent les mêmes langues (bantoues) que les Hutu : le kirundi* et le kinyarwanda*. En outre, une petite communauté vit dans l'est de la rép. dém. du Congo. À l'automne 1996, son armée attaqua les camps de réfugiés rwandais. De là, toute une partie de la rép. dém. du Congo (alors nommée Zaïre) connut des troubles. La faiblesse de l'armée zaïroise apparut et les forces de Laurent-Désiré Kabila se mirent en branle dans cette région. V. Hutu.

► V. dossiers Rwanda (p. 1490), Burundi (p. 1395) et rép. dém. du Congo (p. 1420).

tutti [tutti] n. m. inv. MUS Passage musical exécuté par tous les instruments.

tutti quanti [tut(t)ikwɑ̃ti] loc. nomi. inv. (ital.) (À la suite d'une énumération de noms de personnes; employé souvent par dénigrement.) Et toutes les autres personnes de cette espèce.

tutu [tyty] n. m. Tenue de scène des danseuses de ballet, composée de plusieurs jupes courtes de tulle.

Tutu (Desmond) (né en 1931), prélat anglican sud-africain noir. Archevêque du Cap, il lutta contre l'apartheid; Prix Nobel de la paix, 1984.

Tutuola (Amos) (né en 1920), écrivain nigérian, auteur de nombr. romans dont le plus célèbre est *l'Ivrogne dans la brousse* (1952).

Tuvalu (anc. *îles Ellice*), archipel du Pacifique central, à l'E. des îles Salomon; 24,6 km^2; 8230 hab.; cap. *Fongafale.* Pêche, noix de coco. – Possession brit., les îles sont devenues indép. au sein du Commonwealth en 1978. Elles sont très pauvres.

tuyau [tɥijo] n. m. **1.** Conduit à section circulaire, en matière souple, rigide ou flexible, servant à l'écoulement d'un liquide, d'un gaz. *Tuyau de plomb.* – *Tuyau d'arrosage.* **2.** Conduit; cavité cylindrique. *Tuyau (d'une plume) :* bout creux de la plume des oiseaux. – Tige creuse des céréales. ▷ Fam. *Le tuyau de l'oreille :* le conduit auditif. **3.** *Par ext.* Fam. Renseignement confidentiel dont la connaissance peut déterminer la réussite d'une opération. *Avoir de bons tuyaux sur une course* (pour parier sans risque). **4.** Pli cylindrique dont on orne du linge empesé. *Collerette à tuyaux.* **5.** (Djibouti) Fouet, bâton utilisé pour infliger des châtiments corporels. – *Pédagogie du tuyau :* maintien de l'ordre par l'usage de châtiments corporels. Syn. chicotte.

tuyautage [tɥijotaʒ] n. m. Action de tuyauter; son résultat.

tuyauter [tɥijote] v. tr. [**1**] Orner (du linge) de tuyaux (sens 4).

tuyauterie [tɥijotʀi] n. f. Ensemble des tuyaux d'une installation.

tuyère [tɥijɛʀ] n. f. TECH **1.** Organe d'éjection des gaz d'un moteur à réaction. **2.** Canalisation qui injecte l'air à la base d'un haut fourneau.

T.V. ou (Belgique) **tévé** [teve] n. f. Abrév. fam. de *télévision.*

T.V.A. Sigle de *taxe à la valeur ajoutée.* (V. taxe, sens 3.)

TV5, chaîne internationale câblée, créée en 1984. (V. francophonie.)

Twa ou **Batwa,** terme désignant les Pygmées depuis la rép. du Congo jusqu'au Rwanda.

Twain (Samuel Langhorne Clemens, dit Mark) (1835 – 1910), écrivain américain : *les Aventures de Tom Sawyer* (1876), *les Aventures de Huckleberry Finn* (1884).

tweed [twid] n. m. Étoffe de laine cardée (d'abord fabriquée en Écosse).

tweeter [twitœʀ] n. m. (Anglicisme) ELECTROACOUST Haut-parleur d'une enceinte acoustique à plusieurs voies, affecté à la restitution des aigus.

Twickenham, quartier résidentiel de l'aggl. londonienne; env. 70000 hab. Stade de rugby.

twill [twil] n. m. **1.** Tissu en armure sergée; cette armure. **2.** Très légère étoffe de soie (ou de rayonne) souple.

twin-set [twinsɛt] n. m. (Anglicisme) Ensemble constitué d'un cardigan et d'un pull-over assortis. *Des twin-sets.*

Tycho Brahe. V. Brahe.

tympan [tɛ̃pɑ̃] n. m. **1.** ARCHI Espace délimité par la corniche et les deux rampants d'un fronton. – Dans un portail d'église romane ou gothique, espace généralement décoré de sculptures au-dessus du linteau. **2.** ANAT Cavité de l'oreille moyenne entre le conduit externe et l'oreille interne, traversée par une chaîne d'osselets et fermée par la *membrane du tympan.* – Cour. Membrane du tympan. (V. encycl. oreille.) **3.** IMPRIM Cadre de la presse typographique à bras sur lequel se place la feuille à imprimer. **4.** MECA Pignon fixé sur un arbre et qui s'engrène dans les dents d'une roue.

tympanal, ale, aux [tɛ̃panal, o] adj. et n. m. ANAT Du tympan. *Os tympanal* ou, n. m., *le tympanal :* anneau osseux sur lequel est tendu le tympan.

tympanique [tɛ̃panik] adj. ANAT Du tympan. *Cavité, artère tympanique.*

tympaniser [tɛ̃panize] v. tr. [1] (Afr. subsah.) Assourdir, assommer par un excès de bruit, de paroles. *Ces enfants nous tympanisent avec leurs hurlements!*

tympanon [tɛ̃panɔ̃] n. m. MUS Instrument de musique constitué d'une caisse trapézoïdale tendue de cordes métalliques que l'on frappe avec de fines baguettes.

tyndallisation [tɛ̃dalizasjɔ̃] n. f. TECH Procédé de stérilisation, dû à Tyndall, consistant à chauffer à une température nettement inférieure à 100 °C, pendant une heure env., des substances qu'on laisse refroidir, puis qu'on chauffe à nouveau, etc. (De telles températures empêchent les bactéries de sporuler mais n'altèrent pas la substance à traiter.)

-type, -typie, typo-. Éléments, du gr. *tupos,* «empreinte, modèle».

type [tip] n. m. **I.** TECH **1.** Pièce qui porte une empreinte, servant à faire de nouvelles empreintes semblables; cette empreinte. **2.** TYPO Modèle de caractère. *Type elzévir.* **II. 1.** Modèle idéal réunissant en lui, à un haut degré de perfection, les caractères essentiels d'une espèce déterminée d'objets ou de personnes; ce qui correspond plus ou moins exactement à un tel modèle. *Chercher à définir un certain type de beau. Harpagon est le type même de l'avare.* – (En appos.) *C'est l'avare type.* **2.** Ensemble des caractères distinctifs propres à une catégorie spécifique d'objets, d'individus, etc. *Les types sanguins.* – BIOL Individu qui présente tous les caractères distinctifs d'une unité systématique (espèce, genre, famille, etc.); spécimen servant à la description d'une telle unité. – (En appos.) *Le genre «Rosa» est le genre type de la famille des rosacées.* ▷ Cour. *Types humains* (considérés selon des critères divers, souvent arbitraires). *Le type anglais.* **3.** Ensemble des spécifications techniques qui définissent un objet déterminé construit en série. *La Jaguar «Type E»* (automobile). **4.** Fam. Individu quelconque. *Qui c'est, ce type?* Syn. bonhomme, gars, mec.

typé, ée [tipe] adj. Qui correspond à un type, à un modèle du genre. *Personnage très typé.* – *Spécial.* Qui possède toutes les caractéristiques physiques de son peuple, de son ethnie. *Cette Suédoise est très typée.*

typer [tipe] v. tr. [1] **1.** TECH Marquer d'un type (sens I, 1). **2.** Donner les caractères d'un type (sens II, 1) à un personnage de création. *Cet écrivain a su typer son personnage.*

typhique [tifik] adj. et n. MED Qui a rapport au typhus ou à la fièvre typhoïde. ▷ Subst. Sujet atteint de l'une de ces maladies.

typhlops [tiflɔps] n. m. ZOOL Petit serpent fouisseur à allure de ver de terre, inoffensif, appelé cour. *serpent à deux têtes* ou *serpent-minute.*

typhoïde [tifɔid] adj. et n. f. *Fièvre typhoïde* ou, cour., n. f., *la typhoïde :* maladie infectieuse (salmonellose), contagieuse et le plus souvent épidémique, due au bacille typhique (*Salmonella typhi,* dit aussi *bacille d'Eberth*), caractérisée par une température élevée (due à une septicémie), par des signes neurologiques (état de stupeur) et par de graves troubles digestifs. (La contamination s'effectue par ingestion d'aliments pollués.) *La vaccination (T.A.B.) a fait régresser la typhoïde.*

typhon [tifɔ̃] n. m. Cyclone qui sévit dans l'océan Indien et dans les mers de l'Asie du Sud-Est.

typhus [tifys] n. m. MED **1.** *Typhus exanthématique* ou, absol., *typhus :* maladie infectieuse due à une rickettsie *(Rickettsia prowasecki)* transmise par le pou, et caractérisée par une éruption de taches (exanthème purpurique) sur tout le corps, par une fièvre élevée et par une prostration profonde *(tuphos).* **2.** *Typhus murin :* maladie infectieuse analogue à la précédente, mais moins grave, due à une rickettsie *(Rickettsia mooseri)* transmise à l'homme par la puce du rat. **3.** *Typhus amaril* ou *fièvre jaune :* maladie virale transmise par des moustiques *(Aedes),* endémique en Afrique intertropicale, dont on se protège par vaccination.

-typie. V. -type.

typique [tipik] adj. **1.** Caractéristique. *Réaction typique.* ▷ Qui peut servir d'exemple. *Cas typique.* **2.** (Dans une classification scientifique.) Qui est essentiel à la caractérisation d'un type. *Caractères typiques et atypiques.*

typiquement [tipikmɑ̃] adv. D'une manière typique, caractéristique.

typo-. V. -type.

typographe [tipɔɡʀaf] n. Professionnel de la typographie. ▷ *Spécial.* Ouvrier qui compose à la main, avec des caractères mobiles.

typographie [tipɔɡʀafi] n. f. **1.** Composition (d'un texte) à l'aide de caractères mobiles en plomb (types). *La typographie cède la place à la photocomposition.* ▷ Résultat de cette composition. **2.** Aspect d'un texte composé, que l'on ait utilisé ou non des caractères mobiles. *La typographie d'un ouvrage.* **3.** Procédé de reproduction par impression d'une forme en relief.

typographique [tipɔɡʀafik] adj. Qui a rapport à la typographie. *Procédés d'impression typographiques* (par oppos. aux *procédés par report :* offset, lithographie). – *Fautes typographiques* (mastics, coquilles, etc.).

typologie [tipɔlɔʒi] n. f. Didac. Science qui, à partir d'ensembles, vise à élaborer des types, constitués par regroupement de données ayant en commun certains traits caractéristiques. – Classification par types. *Typologie des langues.*

typologique [tipɔlɔʒik] adj. Didac. Relatif à la typologie; fondé sur une typologie. *Classification typologique.*

typomètre [tipɔmɛtʀ] n. m. TECH Règle portant des divisions en points typographiques (avec indication des cicéros, demi-cicéros et quarts de cicéro), utilisée en imprimerie pour évaluer les compositions typographiques.

typon [tipɔ̃] n. m. IMPRIM Film positif tramé, qu'on peut reproduire en offset.

Tyr (auj. *Sour,* au Liban), très anc. port phénicien, qui devint une puissante cité-État au XIIe s. av. J.-C. Carrefour commercial entre l'Asie et l'Occident, elle imposa sa présence sur toutes les côtes de la Méditerranée. Au IXe s. av. J.-C., elle atteignit son apogée (fondant notam. Carthage), mais tomba sous la dépendance de l'Assyrie puis (573 av. J.-C.) de Babylone. Prise par Alexandre (332 av. J.-C.), elle fit partie de la prov. romaine de Syrie (64 apr. J.-C.), fut occupée par les Arabes (638), retrouva une certaine prospérité avec les croisés (1124-1291) avant d'être saccagée par les mamelouks égyptiens (1291).

tyran [tiʀɑ̃] n. m. **1.** ANTIQ GR Celui qui, à la tête d'un État, exerçait le pouvoir absolu après s'en être emparé par la force. **2.** Cour. Celui qui, détenant le pouvoir suprême, l'exerce avec cruauté et sans respect des lois. **3.** Fig. Personne qui exerce durement son autorité ou qui en abuse. *Un tyran domestique.*

tyrannie [tiʀani] n. f. **1.** ANTIQ GR Usurpation et exercice du pouvoir par un tyran. *Sous la tyrannie de Pisistrate, à Athènes.* **2.** Cour. Gouvernement d'un tyran, ou d'un groupe d'oppresseurs, dans ce qu'il a d'injuste et de cruel. **3.** Fig. Autorité exercée de manière absolue, oppressive. ▷ (Choses) Pouvoir irrésistible et contraignant. *La tyrannie de la mode.*

tyrannique [tiʀanik] adj. **1.** Qui tient de la tyrannie. *Pouvoir tyrannique.* **2.** Autoritaire, injuste et violent. *Un père tyrannique.* **3.** Fig. Qui exerce un pouvoir irrésistible et contraignant.

tyranniser [tiʀanize] v. tr. [1] **1.** Traiter (qqn) avec tyrannie. *Tyranniser ses enfants.* **2.** (Choses) Litt. Exercer un pouvoir irrésistible et contraignant sur (qqn). *La passion du jeu le tyrannisait.*

tyrannosaure [tiʀanozɔʀ] n. m. PALEONT Reptile fossile (genre *Tyrannosaurus*), grand carnassier bipède du jurassique (jusqu'à 15 m de long).

Tyrol (en all. *Tirol*), rég. des Alpes orientales, drainée par le cours supérieur de l'Inn, de la Drave et de l'Adige. En Autriche, le Tyrol forme un Land (12 647 km²; 605 770 hab.; ch.-l. *Innsbruck*), pays d'élevage au tourisme très actif et dont les vallées sont industrialisées. En Italie, il correspond à la région du Trentin*-Haut-Adige. – Province romaine de Rhétie (15 av. J.-C.), le Tyrol forma au XIe s. un comté qui revint aux Habsbourg en 1363. De 1805 à 1814, Napoléon Ier le rattacha à la Bavière. En 1919, le traité de Saint-Germain-en-Laye donna le Sud-Tyrol à l'Italie.

tyrosine [tiʀozin] n. f. BIOCHIM Acide aminé très répandu dans les protéines, dont dérivent certains médiateurs du système nerveux (dopamine et noradrénaline, notam.) ainsi que certaines hormones (adrénaline, thyroxine).

tyrrhénien [tiʀenjɛ̃] n. m. GEOL Étage du pléistocène correspondant à diverses transgressions marines comprises entre les glaciations du mindel, du riss et du würm.

Tyrrhénienne (mer), partie de la Méditerranée occidentale, entre la Corse, la Sardaigne, la Sicile et l'Italie péninsulaire. Très profonde (plus de 2 000 m), elle possède de nombreuses îles, d'origine volcanique.

tyurama. V. Tyuraba.

Tzara (Sami Rosenstein, dit Tristan) (1896 – 1963), écrivain français d'origine roumaine; initiateur du mouvement Dada* à Zurich (1916) puis à Paris (1919: *Sept Manifestes Dada* (écrits entre 1916 et 1920, publiés en 1924), *l'Homme approximatif* (épopée, 1931). Il renonça à l'éloge dadaïste de la destruction après 1945, quand il eut rejoint le parti communiste : *le Poids du monde* (1950).

tzigane, Tziganes [dzigan] adj. et n. V. tsigane, Tsiganes.

U

u [y] n. m. Vingt et unième lettre (u, U) et cinquième voyelle de l'alphabet, notant : la voyelle palatale arrondie [y] (ex. *dur, mûr*) ou la semi-voyelle [ɥ] (ex. *nuit*); suivi de *n* ou *m*, le son [œ̃] ou u nasal (ex. *brun*); et, en composition, les sons [o] (ex. *aube, bateau*), [ø] ou [œ] écrits *eu* ou *œu* (ex. *peu, bœuf*) et [u] (ex. *court*). *Un u tréma* (ü). ▷ *En U :* en forme de U. *Tube en U.*

U- ou **Ou-**. Préfixe swahili caractérisant les noms de lieu. Ex. : l'Uganda, ou Ouganda, est le pays des Ganda. (V. Bu- ou Bou-.)

uapaca [wapaka] n. m. Arbre d'Afrique tropicale (fam. euphorbiacées), aux baies brunes juteuses, comestibles.

ubac [ybak] n. m. Versant d'une montagne exposé au nord, à l'ombre (par oppos. à *adret*).

Ubayyid (Al-). V. Obeïd (El-).

ubiquiste [ybikɥist] adj. Didac. Qui est (ou paraît être) partout à la fois.

ubiquité [ybikɥite] n. f. THEOL Qualité propre à Dieu d'être présent partout en même temps. ▷ Par exag. Loc. *Avoir le don d'ubiquité :* être partout à la fois.

ubuesque [ybyɛsk] adj. Qui est digne du père Ubu, personnage monstrueux créé par A. Jarry.

Ucayali (río), riv. du Pérou (1600 km), une des branches mères de l'Amazone.

Uccello (Paolo di Dono, dit Paolo) (1397 – 1475), peintre et marqueteur italien; de 1425 à 1430 mosaïste à la basilique Saint-Marc de Venise. Son sens de la perspective et ses compositions colorées sont étrangement modernes : *Bataille de San Romano* (1456-1460, trois panneaux : Offices, National Gallery, Louvre), etc.

uchronie [ykʀɔni] n. f. Didac. Conception de l'histoire, qui prétend la reconstruire non telle qu'elle fut en réalité, mais comme elle aurait pu ou dû être.

Ucialli ou **Ucciali** (traité d'), traité signé entre l'Italie et l'Éthiopie (2 mai 1889), qui reconnaissait à l'Italie la possession de l'Érythrée. Les Italiens affirmèrent alors qu'on leur reconnaissait un protectorat sur l'Éthiopie tout entière. Ils tentèrent de la conquérir, mais celle-ci les vainquit en 1896.

U.D.A.A. Sigle de *Union* douanière de l'Afrique australe.*

UDÉAC, acronyme pour *Union* douanière et économique de l'Afrique centrale.*

U.D.F. Sigle de *Union* pour la démocratie française.*

Udine, ville d'Italie (Frioul-Vénétie Julienne), dans le Frioul; 101070 hab.; c.-l. de la prov. du m. nom. Industries. – Archev. Chât .(XVIe s.).

U.D.M.A. Sigle de *Union* démocratique du Manifeste algérien.*

U.E. Sigle de *Union* européenne.* V. Europe *(Organisations européennes).*

Ueda Akinari. V. Akinari.

Uélé ou **Ouellé** (le), riv. du N. de la rép. dém. du Congo (1300 km), qui s'unit avec le Mbomou (venu du nord) pour former l'Oubangui.

U.É.M.O.A. Sigle de *Union* économique et monétaire ouest-africaine.*

U.E.O. Sigle de *Union* de l'Europe occidentale.*

U.F.M. Sigle de *Union* du fleuve Mano.*

Ugarit. V. Ougarit.

Ugolin (Ugolino della Gherardesca, dit). V. Gherardesca (Ugolino della).

U.H.T. Sigle pour *ultra haute température,* employé pour indiquer le mode de stérilisation.

Uhuru (pic). V. Kilimandjaro.

U.I.T. Sigle de *Union internationale des télécommunications,* créée en 1947 au sein de l'ONU et dont le siège se trouve à Genève.

Uitlanders, nom (du néerl. *uit,* «hors de», et *land,* «pays») que les Boers donnèrent aux nouveaux immigrants (attirés en Orange et au Transvaal par l'or et les diamants du pays déjà colonisé par les Boers).

Ujiji, v. de la Tanzanie, sur la rive E. du lac Tanganyika; 8000 hab. Elle fut un des grands centres arabes de la région au début du XIXe s.

ukase ou **oukase** [ukaz] n. m. **1.** HIST Édit du tsar. ▷ Décret de l'État en U.R.S.S puis en Russie. **2.** Fig. Ordre impératif; décision arbitraire et sans appel.

ukiyo-e [ukijɔ'e] n. m. BX-A École japonaise de peinture de genre qui fut vulgarisée en Occident par l'estampe en couleurs (XVIIIe et XIXe s.).

Ukraine, État d'Europe orientale, sur la mer Noire, frontalier de la Biélorussie au N., de la Russie à l'E., de la Moldavie, de la Roumanie, de la Hongrie, de la Slovaquie et de la Pologne à l'O.; 603700 km^2; 51704000 hab. (74 % d'Ukrainiens, 22 % de Russes); cap. *Kiev.* Nature de l'État : république. Langue off. : ukrainien. Monnaie : hryvnia. Relig. : orthodoxes, uniates.

Géogr. et écon. – C'est une plaine au sol de terre noire généralement fertile *(tchernozem).* Le climat, continental dans le N., s'adoucit dans le S. et devient aride dans le S.-E. Les princ. cours d'eau sont le Dniepr, le Dniestr et le Prout (hydroélectricité abondante). Grande productrice de blé, de maïs, de betteraves sucrières et de tournesol, ayant un import. cheptel bovin, porcin et ovin, la rép. a épuisé ses ressources en hydrocarbures et ses mines de charbon (Donbass) sont peu rentables. Les industries lourdes, anciennes et puissantes, sont groupées dans le Donbass et dans la vallée du Dniepr. Mais les équipements sont obsolètes. Il en va de même pour les centrales nucléaires (V. Tchernobyl) dont le maintien inquiète la communauté internationale. La réforme agraire piétine. Les côtes de Crimée attirent les touristes. L'Ukraine possède le principal port sur la mer Noire : Odessa.

Hist. – Kiev fut le centre du premier État des Slaves orientaux (IXe-XIIe s.), puis se développa la principauté de Galicie-Volhynie (XIIe s.). Au début du XIIIe s., l'invasion mongole démembra l'État de Kiev. À partir du XIVe s., la Galicie-Volhynie tomba sous la domination de la Pologne qui voulut y faire triompher le catholicisme; la noblesse polonaise s'y tailla d'énormes domaines. Au XVIe s., des cosaques Zaporogues s'organisèrent sur les rives du Dniepr et du Don; au XVIIe s., ils défendirent les paysans ukrainiens contre les Polonais; orthodoxes, ils demandèrent la protection de la Russie. En 1667, celle-ci obtint la rive gauche du Dniepr et la région de Kiev et, après les partages de la Pologne à la fin du XVIIIe s., la plus grande partie de l'Ukraine occid.; la Galicie, la Bucovine et la Ruthénie passèrent à l'Autriche. À la suite de la révolution d'octobre 1917, deux républiques furent proclamées : l'une, nationaliste, se voulait indépendante; l'autre, bolchevique, voulait son rattachement à l'État soviétique. Troupes allemandes (1918), armées blanches de Denikine (1919-1920) et armées polonaises luttèrent contre les bolcheviks. En 1921, l'Ukraine fut amputée au bénéfice de la Slovaquie, de la Roumanie et surtout de la Pologne. La partie restante forma la rép. soc. sov. d'Ukraine, qui adhéra en 1922 à l'U.R.S.S. L'occupation allemande (1941-1944) fut très dure. En 1945, les territoires perdus en 1921 (Bucovine du Nord, Bessarabie) furent intégrés à l'Ukraine sov., à laquelle la Crimée fut rattachée en 1954. L'Ukraine est l'un des membres fondateurs de l'ONU. Le nationalisme est resté puissant, ainsi que les revendications des catholiques orientaux (uniates*, dont le culte fut interdit par Staline en 1946). Ayant proclamé sa souveraineté en 1990 et son indép. en août 1991 (plébiscite en décembre, en même temps qu'elle élisait pour président L. Kravtchouk), l'Ukraine fait partie des rép. qui ont fondé la C.É.I.*. En 1997, après cinq ans de tension avec la Russie (à propos de la Crimée et du partage de la flotte), les deux États ont signé un accord : la Russie payera un loyer à l'Ukraine pour l'utilisation de la partie des installations portuaires qu'elle conserve à Sébastopol; la Russie reconnaît ainsi l'appartenance de la Crimée à l'Ukraine. En 1994, l'Ukraine a signé un accord sur la dénucléarisation du pays en échange d'une aide américaine (indispensable, vu la grave crise écon.) et Leonid Koutchma a été élu prés. de la République.

ukrainien, enne [ykʀenjɛ̃, ɛn] adj. et n. De l'Ukraine. ▷ Subst. *Un(e) Ukrainien(ne).*

ukulélé [jukulele] ou (Polynésie fr.) **ukulele** [ukulele] n. m. MUS Instrument à quatre cordes, analogue à une petite guitare («guitare hawaiienne»), originaire d'Hawaii.

Ulbricht (Walter) (1893 – 1973), homme politique est-allemand. Premier secrétaire du parti socialiste unifié de 1950 à 1971, il présida le Conseil d'État de la R.D.A. de 1960 à sa mort.

ulcération [ylseʀasjɔ̃] n. f. MED **1.** Formation d'un ulcère. **2.** Perte de tégument due à la formation d'un ulcère.

ulcère [ylsɛʀ] n. m. **1.** Perte de substance de la peau ou d'une muqueuse, prenant la forme d'une lésion qui ne se cicatrise pas et tend à s'étendre et à suppurer. *Ulcère à l'estomac. Ulcère phagédénique*.* **2.** ARBOR Plaie d'une plante qui ne se cicatrise pas.

ulcérer [ylseʀe] v. tr. [**14**] **1.** MED Produire un ulcère sur. **2.** Fig. Faire naître un profond ressentiment chez. *Ce discours l'a ulcéré.*

ulcéreux, euse [ylseʀø, øz] adj. MED Qui a les caractères d'un ulcère ou d'une ulcération.

uléma [ylema] n. m. V. ouléma.

Ulfila, Ulfilas ou **Wulfila** (v. 311 – 383), évêque originaire de Cappadoce qui évangélisa les Goths et créa l'alphabet gotique pour traduire le Nouveau Testament; adepte de l'arianisme.

U.L.M. [yelem] n. m. inv. SPORT (Sigle de *ultra léger motorisé.*) Engin volant, monoplace ou biplace, de construction très légère, possédant un moteur de faible cylindrée.

Ulm, v. d'Allemagne (Bade-Wurtemberg), sur le Danube; 100750 hab. Industr. – Cathédrale gothique (XIVe-XIXe s.). Hôtel de ville gothique et Renaissance. – L'armée autrichienne de Mack y capitula devant Napoléon Ier (1805).

ulmacées [ylmase] n. f. pl. BOT Famille de plantes dicotylédones apétales arborescentes (tréma de Guinée, etc.), qui portent parfois sur le même pied des fleurs hermaphrodites et des fleurs unisexuées. – Sing. *Une ulmacée.*

Ulster, région du N. de l'Irlande*. Elle comprend : l'Irlande* du Nord, unie à la G.-B. (13482 km^2; 1573000 hab.; cap. *Belfast*) et une prov. de l'Eire, l'Ulster (8011 km^2; 236000 hab.).

ultérieur, eure [ylteʀjœʀ] adj. Qui vient après, dans le temps. *La réunion est remise à une date ultérieure.* Syn. futur, postérieur. Ant. antérieur.

ultérieurement [ylteʀjœʀmɑ̃] adv. Plus tard. Syn. ensuite, après.

ultimatum [yltimatɔm] n. m. **1.** Mise en demeure ultime et formelle adressée par un pays à un autre, et dont le rejet entraîne la guerre. **2.** Mise en demeure impérative et sans contestation, sommation. *Des ultimatums.*

ultime [yltim] adj. Litt. Dernier, dans le temps. *Ce furent ses ultimes paroles.*

ultra-. Élément, du lat. *ultra,* «au-delà de». Exprime le dépassement ou l'excès.

ultra [yltʀa] n. et adj. Extrémiste. *Les ultras du stalinisme.* – adj. *Ils (elles) sont ultras.*

ultracentrifugation [yltʀasɑ̃tʀifygasjɔ̃] n. f. TECH Centrifugation opérée à des vitesses angulaires élevées.

ultra-haute fréquence [yltʀaotfʀekɑ̃s] n. f. PHYS Fréquence élevée, comprise entre 300 et 3000 MHz. (Abrév. : U.-H.F.) *Des ultra-hautes fréquences.*

ultramicroscope [yltʀamikʀɔskɔp] n. m. Didac. Microscope pourvu d'un dispositif d'éclairage permettant d'apercevoir des particules invisibles au microscope ordinaire.

ultramoderne [yltʀamɔdɛʀn] adj. Très moderne.

ultrasensible [yltʀasɑ̃sibl] adj. Extrêmement sensible.

ultrason [yltʀasɔ̃] n. m. PHYS et cour. Vibration acoustique de fréquence trop élevée (supérieure à 20000 Hz) pour provoquer une sensation auditive chez l'homme.

ENCYCL Les applications des ultrasons sont très nombreuses : contrôle des matériaux, mesure de la vitesse d'écoulement des fluides, usinage, télécommunication et détection sous-marine, destruction des micro-organismes, examens médicaux (échographie), traitement des névralgies, holographie, etc. De nombr. animaux (les chauves-souris, notam.) utilisent les ultrasons pour se diriger et pour localiser leurs proies la nuit.

ultrasonore [yltʀasɔnɔʀ] adj. Didac. Qui concerne les ultrasons.

ultraviolet, ette [yltʀavjɔlɛ, ɛt] adj. (rare au fém.) et n. m. PHYS et cour. Se dit de radiations dont la longueur d'onde est comprise entre celle des rayons lumineux visibles de l'extrémité violette du spectre (4000 angströms) et celle des rayons X (100 angströms). ▷ n. m. *L'ultraviolet :* le spectre ultraviolet. (Abrév. : U.V.)

ululement [ylylmɑ̃], **ululer** [ylyle] n. m. et v. intr. V. hululement, hululer.

Uluru. V. Ayers Rock.

ulve [ylv] n. f. BOT Algue verte marine au thalle foliacé. Syn. laitue de mer.

Ulysse (en gr. *Odusseus*), héros de la mythologie grecque, roi d'Ithaque, époux de Pénélope et père de Télémaque. Vaillant guerrier, son esprit rusé le fait nommer «Ulysse aux mille tours» : le «cheval de Troie*» fut son œuvre. Son retour à Ithaque (sujet de l'*Odyssée** d'Homère) fut une errance de dix années.

UMA, acronyme pour *Union* du Maghreb arabe.*

Umar ou **Omar** (ibn-i-l-Khattab) *('Umar ibn al-Hattāb)* (v. 583 – 644), deuxième calife de l'islam (634-644). Il s'employa à répandre l'islam, conquérant la Mésopotamie (636), l'Égypte (640) et une partie de la Perse (642). Il fixa l'ère de l'hégire (622) et fut le premier calife à porter le titre de «commandeur des croyants». – La coupole du Rocher (bâtie en 691), à Jérusalem, porte à tort son nom.

Umayyades. V. Omeyyades.

umbundu. V. Ovimbundu.

Umm Kulthum ou **Oum Kalsoum** *(Fātima Ibrāhīm Umm Kul[ttir]ūm)* (1898 – 1975), chanteuse égyptienne, la plus populaire du monde arabe.

Umtali. V. Mutare.

un-. CHIM Préfixe (du lat. *unus,* «un») utilisé par la nomenclature internationale pour noter le chiffre 1 des numéros atomiques Z des éléments dont Z est supérieur à 100. (Ex. : l'élément 105, dit aussi hahnium, est nommé *unnilpentium, nil* notant le chiffre 0 et *pent* le chiffre 5, avec la terminaison *ium* des éléments tardivement découverts.)

un, une [œ̃, yn] adj. (et n.), article indéfini et pron. indéfini. **A.** adj. **I.** adj. numéral. **1.** (Cardinal) Premier des nombres entiers, exprimant l'unité. *Un mètre. Un franc. Une minute. Une seule fois.* ▷ Loc. *Pas un :* aucun, nul. – *Un à un, un par un :* à tour de rôle et un seul à la fois. – *Ne faire qu'un avec une chose, une personne,* se confondre avec elle. – *C'est tout un :* c'est la même chose; c'est égal. ▷ n. m. inv. Une unité; chiffre (1) notant l'unité. *Un et un font deux. Onze s'écrit avec deux un.* – PHILO *L'Un :* l'Être unique dont tout émane et qui n'exclut rien. **2.** (Ordinal) Premier. *Livre un. Il était une heure du matin.* ▷ n. f. Fam. *La une :* la première page d'un journal. **II.** adj. qualificatif (en fonction d'épithète ou d'attribut). Simple, qui n'admet pas de division, de pluralité. *La vérité est une.* «*Le Dieu un et indivisible*» (Bossuet). ▷ Qui, tout en pouvant avoir des parties, forme un tout organique, harmonieux. *Toute œuvre doit être une,* constituer un tout. (N. B. Dans cet emploi, *un* admet le pluriel : *des théories unes et cohérentes.*) **B.** article indéf. (Plur. : *des*) **1.** (Marquant que l'être ou l'objet désigné est présenté comme un individu distinct des autres de l'espèce, mais sans caractérisation plus particulière.) *Je vois un chien.* ▷ (Marquant que l'on se réfère à un individu, quel qu'il soit, de l'espèce.) Tout, n'importe quel. *Une terre bien cultivée doit produire.* **2.** (En relation avec le pronom *en.*) *En voilà un qui a du caractère!* (sous-entendu, un *homme*). **3.** (Dans une phrase exclamative, avec une valeur emphatique ou intensive.) ▷ (Devant un nom.) *Elle marchait avec une grâce!* ▷ (Devant un adj.) *Il était d'un laid!* **4.** (Avec la valeur d'un adj. indéf.) Quelque, certain. *Il reste ici pour un temps.* **5.** (Devant un nom propre.) Une personne qui ressemble à. *C'est un Staline.* ▷ Une personne telle que. *Un Balzac en aurait fait un chef-d'œuvre.* ▷ Une personne de la famille de. *C'est une Dupont.* ▷ Une œuvre de. *Un beau Picasso.* **C.** pronom indéf. **1.** *C'est un de mes plats préférés.* ▷ *L'un, l'une. L'un de ceux qui ont travaillé à cette œuvre collective. L'une d'elles m'a dit...* ▷ (En corrélation avec *l'autre.*) *L'un est riche et l'autre est pauvre.* – *Ni l'un ni l'autre :* aucun des deux. – Loc. *L'un dans l'autre :* en moyenne; tout compte fait. *L'un(e) l'autre :* mutuellement. **2.** (Élément nominal.) Quelqu'un, une personne. «*Un de Baumugnes*» (roman de J. Giono).

Unamuno (Miguel Unamuno y Jugo, dit de) (1864 – 1936), écrivain espagnol. Poète (*Poésies,* 1907), essayiste (*le Sentiment tragique de la vie,* 1912), romancier (*Brume,* 1914).

unanime [ynanim] adj. **1.** Qui exprime un consensus collectif. *Vote, approbation unanime.* ▷ Que tous font en même temps. *Un cri unanime.* **2.** (Plur.) Qui sont tous du même avis. *Les critiques sont unanimes.*

unanimement [ynanimmɑ̃] adv. D'une manière unanime; d'un commun accord, tous ensemble. *Rejeter unanimement une proposition.*

unanimisme [ynanimism] n. m. LITTER Doctrine littéraire, née au début du XXe s., selon laquelle l'écrivain doit exprimer la psychologie collective des groupes plutôt que les états d'âme d'un individu.

unanimité [ynanimite] n. f. **1.** Conformité des avis de tous, accord des suffrages de la totalité des membres d'un groupe. *Proposition qui fait l'unanimité.* **2.** Caractère de ce qui est unanime, collectif. *L'unanimité du sentiment national.*

unau [yno] n. m. ZOOL Mammifère xénarthe d'Amérique du S. qui ne possède que deux doigts munis de griffes. *Des unaus.* Syn. paresseux à deux doigts.

unciforme [ɔ̃sifɔʀm; œsifɔʀm] adj. ANAT En forme de crochet.

unciné, ée [ɔ̃sine; œsine] adj. BOT Qui se termine en crochet.

underground [œndœʀgʀawnd] adj. inv. et n. m. inv. (Anglicisme) Qui est réalisé, qui est diffusé en dehors des circuits commerciaux traditionnels, en parlant de certaines productions intellectuelles et artistiques. *Presse, bande dessinée underground.* ▷ n. m. inv. *L'underground français.*

Undset (Sigrid) (1882 - 1949), romancière norvégienne : *Kristin Lavransdatter* (3 vol., 1920-1922), *le Buisson ardent* (1930), *la Femme fidèle* (1936), etc. P. Nobel 1928.

Unesco ou **UNESCO,** acronyme pour *United Nations Educational Scientific and Cultural Organization,* «Organisation des Nations unies pour l'éducation, la science et la culture». Institution spécialisée de l'ONU constituée en 1946 et installée à Paris, dans un bâtiment (Palais de l'Unesco) conçu par Breuer, Nervi et Zehrfuss.

Ungaretti (Giuseppe) (1888 – 1970), écrivain italien. Futuriste (*le Port enseveli,* 1916), il devint, avec Montale, le princ. représentant de l'«hermétisme».

Ungava (baie d'), baie du Québec (N. du Nouveau-Québec), au S. du détroit d'Hudson.

unguéal, ale, aux [ɔ̃gɥeal; ɔ̃gɥeal, o] adj. ANAT Qui a rapport à l'ongle.

unguifère [œ̃g(ɥ)ifɛʀ; ɔ̃g(ɥ)ifɛʀ] adj. Didac. Qui porte un ongle, qui possède des ongles.

uni, ie [yni] adj. (et n. m.) **1.** Joint, lié, associé. ▷ (Personnes) Qui vit dans la concorde. *Un couple uni.* **2.** Qui ne présente aucune inégalité, qui est parfaitement lisse. *Surface unie.* ▷ Sans ornement. *Une façade unie.* – *Étoffe unie,* d'une seule couleur. ▷ n. m. *De l'uni :* du tissu uni.

uniate [ynjat] adj. et n. RELIG Se dit des Églises orientales qui reconnaissent l'autorité du pape, mais conservent leur organisation et leurs rites particuliers. ▷ Subst. Fidèle d'une de ces Églises.

uniaxe [yniaks] adj. **1.** MINER Qui n'a qu'un axe. *Cristaux uniaxes.* **2.** PHYS Se dit d'un milieu dans lequel divers phénomènes physiques (propagation de la chaleur, du son, de la lumière, élasticité, dilatation) sont symétriques par rapport à un seul axe.

unicaule [ynikol] adj. BOT Qui n'a qu'une tige.

Unicef ou **UNICEF,** acronyme pour *United Nations International Children's Emergency Fund,* «Fonds des Nations unies pour l'enfance». Organisme international créé par l'ONU en 1946. P. Nobel de la paix 1965.

unicellulaire [ynisɛlylɛʀ] adj. et n. m. pl. BIOL Formé d'une seule cellule. *Les bactéries sont unicellulaires.* ▷ n. m. pl. *Les unicellulaires :* les êtres vivants composés d'une cellule unique (bactéries, algues unicellulaires, protozoaires). Syn. protistes. Ant. pluricellulaire.

unicité [ynisite] n. f. Didac. Caractère de ce qui est unique. *Unicité d'un événement, d'une thèse.*

unicorne [ynikɔʀn] adj. et n. m. **1.** adj. ZOOL Qui n'a qu'une corne. **2.** n. m. MYTH ou VX Licorne.

unidimensionnel, elle [ynidimɑ̃sjɔnɛl] adj. Didac. Qui a une seule dimension. Ant. pluridimensionnel.

unidirectionnel, elle [ynidiʀɛksjɔnɛl] adj. Qui n'exerce une action efficace que dans une seule direction, en parlant d'appareillage radioélectrique ou électroacoustique.

unième [ynjɛm] adj. num. ord. (Seulement en composition avec un adj. numéral.) Qui vient immédiatement après la dizaine, la centaine, le millier. *Trente et unième. La mille et unième nuit.*

unièmement [ynjɛmmɑ̃] adv. (Seulement en composition avec un adj. numéral.) *Vingt et unièmement :* en vingt et unième lieu.

unif [ynif] n. f. (Belgique) Abrév. fam. de *université.*

unifamilial, ale, aux [ynifamiljal, o] adj. (Belgique, Québec) Qui est destiné à une seule famille (en parlant d'un logement). *Maison unifamiliale.*

unificateur, trice [ynifikatœʀ, tʀis] adj. et n. Qui unifie, qui tend à unifier.

unification [ynifikasjɔ̃] n. f. Action d'unifier. *L'unification de textes de loi.*

unifier [ynifje] v. tr. [2] **1.** Rassembler pour faire un tout, faire l'unité de (plusieurs éléments distincts). **2.** Rendre homogène, donner une certaine unité à. *Unifier une surface. Unifier un parti politique.*

uniflore [yniflɔʀ] adj. BOT Qui ne porte qu'une fleur.

unifolié, ée [ynifɔlje] adj. BOT Qui ne porte qu'une feuille.

uniforme [ynifɔʀm] adj. et n. m. **I.** adj. **1.** Qui ne présente pas de variation dans son étendue, sa durée, ses caractères. *Une plaine uniforme. Une existence uniforme.* ▷ PHYS *Mouvement uniforme,* dont la vitesse reste constante. **2.** Qui ressemble en tout point aux autres. *Des rues uniformes. Des opinions uniformes.* **II.** n. m. Costume dont le modèle, la couleur, le tissu sont rigoureusement fixés et qui est imposé aux militaires, aux employés de certaines administrations, aux élèves de certains établissements, etc. ▷ Par ext. *Endosser, quitter l'uniforme :* entrer dans l'armée, cesser de lui appartenir.

uniformément [ynifɔʀmemɑ̃] adv. D'une façon uniforme. ▷ MECA *Mouvement uniformément varié,* dont l'accélération reste constante.

uniformisation [ynifɔʀmizasjɔ̃] n. f. Action d'uniformiser; son résultat.

uniformiser [ynifɔʀmize] v. tr. [1] Rendre uniforme. *Uniformiser l'enseignement.*

uniformité [ynifɔʀmite] n. f. Caractère de ce qui est uniforme.

unijambiste [yniʒɑ̃bist] adj. et n. Se dit d'une personne qui a été amputée d'une jambe.

unilatéral, ale, aux [ynilateʀal, o] adj. **1.** Qui se trouve, qui se fait d'un seul côté. – *Stationnement unilatéral,* autorisé d'un seul côté de la voie. **2.** Qui émane d'une seule des parties intéressées ou qui n'engage qu'une seule d'entre elles. *Décision unilatérale.*

unilatéralement [ynilateʀalmɑ̃] adv. D'une manière unilatérale.

unilinéaire [ynilineɛʀ] adj. ETHNOL Qualifie un système de filiation qui ne tient compte que d'une seule lignée, paternelle (filiation patrilinéaire) ou maternelle (filiation matrilinéaire).

unilingue [ynilɛ̃g] adj. Didac. Qui est écrit en une seule langue. *Dictionnaire unilingue.* ▷ Qui ne parle, où l'on ne parle qu'une seule langue. *Un État unilingue.* Syn. monolingue.

unilinguisme [ynilɛ̃gɥism] n. m. Didac. Fait, pour une personne, pour une population, de ne parler qu'une langue.

unilobé, ée [ynilɔbe] adj. BOT Qui n'a qu'un seul lobe.

uninominal, ale, aux [yninɔminal, o] adj. Se dit d'un scrutin, d'un vote, par lequel on élit un seul candidat.

union [ynjɔ̃] n. f. **1.** Fait, pour des éléments, de constituer un tout. *Union de l'esprit et du corps. Union des cellules d'un tissu.* – RELIG *Union mystique,* de l'âme et de Dieu. **2.** Fait, pour des personnes, des groupes, d'être unis par des liens affectifs ou des intérêts communs; entente qui en résulte. *Union des membres d'une même famille.* – Prov. *L'union fait la force.* ▷ *Spécial.* Fait de former un couple. *Union conjugale.* – *Union libre,* en dehors du mariage. Syn. concubinage. ▷ DR *Union de créanciers :* association constituée entre les créanciers, à défaut de concordat, de façon à réaliser et distribuer les biens d'un failli. **3.** Ensemble organisé de personnes ou de groupes qu'unissent des intérêts communs. *Union de consommateurs.* **4.** MATH Syn. de *réunion.* (AUB s'énonce «A union B».) **5.** GRAM *Trait d'union :* V. trait. **6.** HIST *Union :* régime politique du Canada de 1841 à 1867. (V. Union [Acte d'].)

Union (Acte d'), acte, voté par le Parlement brit. en 1840 et appliqué en 1841, qui unissait le Haut-Canada et le Bas-Canada, c.-à-d. l'Ontario et le Québec, en un Canada-Uni. La nouvelle assemblée avait des pouvoirs plus grands que ceux des deux assemblées qu'elle remplaçait. Le francophone Lafontaine et l'anglophone Baldwin collaborèrent, à la tête de l'exécutif, pour libérer le Canada de la tutelle britannique. Le régime de l'Union prit fin en 1867. (V. dossier Canada, p. 1404.)

Union africaine et malgache (U.A.M.), organisation fondée en 1961, regroupant les anciennes colonies françaises d'Afrique et siégeant à Cotonou (Bénin). Elle fut remplacée en 1964 par l'*Union africaine et malgache de coopération économique,* qui devint en 1965 l'*Organisation* commune africaine et malgache* (O.C.A.M.).

Union de l'Europe occidentale (U.E.O.), organisation politique et militaire, créée en 1954, qui rassemble l'Allemagne, la Belgique, l'Espagne, la France, la Grèce, l'Italie, le Luxembourg, les Pays-Bas, le Portugal et le Royaume-Uni. Elle siège à Bruxelles.

Union démocratique du Manifeste algérien (U.D.M.A.), parti algérien fondé en 1945 par Farhat Abbas pour diffuser la doctrine anticolonialiste exprimée par Abbas dans le *Manifeste du peuple algérien* (fév. 1943). Très vite, l'U.D.M.A. perdit son influence au profit du Mouvement pour le triomphe des libertés démocratiques de Messali Hadj. En 1956, les dirigeants de l'U.D.M.A. rejoignirent le F.L.N.

Union des républiques socialistes soviétiques (U.R.S.S. ou URSS) *(Soïouz sovietskikh sotsialistitcheskikh respoublik)*, État proclamé en 1922, qui regroupait 15 républiques fédérées et qui a été dissous en 1991 (V. Communauté* des États indépendants et Russie). Il couvrait tout le N. du continent eurasiatique, premier du monde par sa superficie (22400000 km^2); env. 289 millions d'hab. en 1989; cap. *Moscou*. Nature de l'État : fédération de rép. socialistes. Langue off. : russe; chaque rép. avait, en outre, une ou plusieurs autres langues off. Monnaie : rouble. Religions : christianisme orthodoxe, islam dans le Caucase et en Asie centrale (19 %).

Géogr. phys. et hum. – Le plus grand État du monde (2,5 fois les États-Unis) était limité par 17000 km de frontières terrestres (le mettant en contact avec 12 pays) et 47000 km de côtes. Étendu sur 10000 km d'O. en E. (11 fuseaux horaires) et sur 5000 km du N. au S., il se partageait en trois ensembles. **1.** L'Europe soviétique, bordée par l'Arctique au N., la Baltique à l'O., la mer Noire au S., les pays de la Volga et l'Oural à l'E., couvrait 20 % du territoire et abritait près de 200 millions d'hab. (70 % de la pop.). Le relief monotone (plateau central, plaine russe, Ukraine) est arrosé par le Dniepr, le Don et la Volga. On distingue du N. au S. la toundra (climat arctique), la taïga et la forêt mixte (climat continental), la steppe (climat continental plus sec) et la végétation méditerranéenne sur la mer Noire (Crimée). La pop., urbaine, avait le meilleur niveau de vie de l'U.R.S.S. **2.** De la mer Noire aux contreforts de l'Altaï, les «Midis» sov. s'appuient sur de hautes chaînes : Caucase, Pamir (qui porte le point culminant du pays à 7495 m), Tianshan. Le climat est chaud, avec des hivers peu marqués; l'eau provient des montagnes. La pop. était une mosaïque ethnique et culturelle; les peuples les plus nombreux étaient organisés en républiques : Géorgiens, Arméniens, Azéris, Ouzbeks, Turkmènes, Tadjiks, Kirghizs, Kazakhs. Les ruraux étaient majoritaires. **3.** L'immense ensemble à l'E. de l'Oural comprend les plaines de l'Ob, les plateaux de Sibérie centrale, les ensembles montagneux du S. et les bordures du Pacifique. On distingue du N. au S. : la toundra, la taïga et la forêt mixte du S.-E. Ces régions, aux hivers extrêmes, disposent de gigantesques ressources et d'eaux abondantes (Ob-Irtych, Ienisseï, Lena, Amour, lac Baïkal...). En dépit d'ambitieux efforts, ces espaces hostiles et mal desservis attiraient peu et fixaient mal le peuplement : 30 millions d'habitants (11 % de la population), sur 57 % du territoire.

Écon. – Longtemps présentée comme la deuxième puissance industrielle mondiale, l'U.R.S.S. avait une économie assez vétuste. Tous les moyens de production (terres, usines, transports, commerce, etc.) étaient propriété de l'État ou de coopératives. Seuls étaient propriété privée les biens de consommation, certains logements et des lopins individuels. Un organisme d'État, le Gosplan, élaborait des plans quinquennaux centralisés et impératifs. Jusqu'en 1950, ces plans ont mis l'accent sur l'infrastructure industrielle et l'industrie lourde; le pays s'est ensuite tourné vers l'agriculture et les produits de consommation. En 1965, une réforme générale visa le rendement et la productivité dans tous les secteurs mais sans succès profonds.

– *L'agriculture* (15 % de la pop. active) était encore insuffisamment pourvue d'engrais et de machines; les moyens de transport et de stockage, trop peu nombreux, entraînaient d'énormes gaspillages. Pourtant, le pays était le prem. producteur mondial d'orge, de seigle (mais il importait beaucoup de blé, amér. notam.), de betteraves sucrières, de pommes de terre, et dans les prem. rangs pour le maïs, l'avoine, le coton, la laine. Ses coopératives (les kolkhozes) et ses fermes d'État (les sovkhozes) furent autorisées, après 1987, à louer leurs terres à des particuliers. L'élevage (ovin et bovin), très import., ne couvrait pas les besoins. L'approvisionnement quotidien de la pop. était en grande partie assuré par les petites propriétés individuelles. La pêche était pratiquée à une échelle industrielle.

– *L'industrie* (39 % des actifs) a exploité systématiquement les énormes ressources minières et énergétiques : 1er ou 2e rang mondial pour le charbon (Donbass, Kouzbass, etc.), le pétrole (les trois «Bakou»), le gaz naturel (Tioumen), l'hydroélectricité (Volga), le fer et la bauxite (Oural), le manganèse (Géorgie). L'U.R.S.S. était la seule grande puissance à exporter en masse des produits miniers et énergétiques; ses réserves étaient considérables (mais mal exploitées : gaspillages). Les gisements d'Europe s'épuisant, la Sibérie devint le premier fournisseur, avec les problèmes dus aux distances. L'électricité nucléaire progressait, mais la catastrophe survenue en 1986 à Tchernobyl désorganisa le programme. L'industrie lourde occupait un des premiers rangs mondiaux : sidérurgie, chimie, métallurgie mais les industries légères se situaient à des rangs mondiaux bien inférieurs par les rendements et la qualité des produits, et certains secteurs ne pouvaient pas satisfaire la demande intérieure. Le réseau routier était médiocre; la navigation fluviale et le cabotage étaient handicapés par le gel hivernal; le réseau ferré n'était dense qu'à l'O. L'industrie et la recherche aérospatiales ont provoqué le développement des techniques avancées, mais le retard sur l'Occident en électronique et en informatique se creusait. Le budget militaire du pays pesait terriblement sur l'écon. La crise écon. (chômage «déguisé» : employés sans tâche) avait plusieurs raisons : bureaucratie, médiocrité des échanges hors du Comecon*, dépréciation du rouble, contrecoups de la crise mondiale. Gorbatchev l'amplifia par des réformes libérales décrétées autoritairement (autonomie des entreprises, rentabilité, concurrence). On importait toujours plus de biens de consommation et même on recourait à l'aide humanitaire internationale. Apparaissait difficile le retour annoncé à une économie de marché.

Hist. – (Avant 1922, V. Russie.) L'Union des républiques socialistes soviétiques fut proclamée le 30 déc. 1922. Lénine assure alors une libéralisation contrôlée du régime : la NEP («nouvelle politique économique»), pour relancer l'écon. (ruinée par la guerre civile). En 1924, l'U.R.S.S. absorbe les rép. non russes (qui eurent donc une indép. éphémère), adopte une Constitution et se fait reconnaître par les puissances occidentales. Après la mort de Lénine (1924), Staline, secrétaire général du Parti communiste de l'Union soviétique (P.C.U.S.), élimine Trotski et l'opposition de «gauche» en 1929, puis l'opposition de «droite» (Boukharine). De 1934 à 1939, le N.K.V.D., nouvelle police politique, instaure la terreur : emprisonnements, exécutions et déportations en masse vers les camps de concentration de tous les opposants : de gauche, de droite, réels ou virtuels. Une série de grands procès (1936-1938) décime notam. l'armée Rouge et le P.C., frappant en priorité la «génération d'Octobre». Les plans quinquennaux, à partir de 1929, exigent de chaque citoyen travail acharné et sacrifices. L'infrastructure et l'industrie lourde font des progrès importants, mais les industries légères sont négligées, et le niveau de vie reste bas. Dans les campagnes, la collectivisation forcée se heurte aux paysans enrichis par la NEP : les koulaks. La répression, impitoyable, désorganise le secteur agricole. En politique extérieure, Staline suggère la rupture des P.C. avec les sociaux-démocrates, ce qui ouvre la voie au nazisme, notam., puis soutient la constitution de «fronts populaires» : France, Espagne (où des dirigeants du P.C. et des émissaires soviétiques persécutèrent leurs alliés anarchistes et trotskistes). En 1939, le pacte germano-soviétique permet l'annexion de vastes territoires occidentaux et retarde la guerre avec l'Allemagne, qui envahit l'U.R.S.S. en 1941. Après d'écrasantes défaites, l'armée Rouge sauve Moscou (hiver 1941-1942) puis stoppe la nouvelle offensive allemande à Stalingrad (hiver 1942-1943). Prenant l'offensive, de concert avec les Alliés (les É.-U. apportent une aide considérable par le détroit de Béring), elle libère le territoire national, puis toute l'Europe orientale, jusqu'à Berlin (1945). L'U.R.S.S. sort de la guerre épuisée (20 millions d'hommes sont morts) mais agrandie vers l'ouest. Après Yalta*, elle domine l'Europe de l'Est. De 1945 à 1948, elle installe dans ces régions des gouvernements vassaux. Cet expansionnisme crée une vive tension avec les pays occidentaux : c'est la «guerre froide», déclenchée par la crise de Berlin (avr. 1948) et aggravée par la guerre de Corée (1950-1953). La possession par l'U.R.S.S. de l'arme nucléaire établit rapidement avec les É.-U. un «équilibre de la terreur». À l'intérieur de l'U.R.S.S. et de ses satellites, la répression s'abat sur les opposants (souvent communistes) et évite la contagion du «schisme» yougoslave (1948). Peu après la mort de Staline (1953), Khrouchtchev devient secrétaire général du P.C.U.S., dont le XXe congrès (1956) entame la déstalinisation, mais les crises extérieures de 1953-1956 (Berlin, Pologne et, surtout, Hongrie) font douter de la mort du stalinisme. La réorganisation de l'économie tourne court (en dépit d'un taux de croissance non négligeable). Tandis qu'est consommée en 1960 la rupture avec la Chine, la crise de Cuba (1962) entraîne une nouvelle tension avec les États-Unis Ses échecs écon. et polit., mais surtout les craintes que suscitent dans l'appareil ses tentatives de réformes, entraînent le limogeage de Khrouchtchev (octobre 1964). Dans la «troïka» Brejnev-Kossyguine-Podgorny qui lui succède, Brejnev acquiert rapidement la prépondérance. Il cherche une coopération avec l'Occident : R.F.A. (1970-1971), États-Unis (conférences dep. 1969 pour limiter les armements nucléaires), Europe (France, notam.), mais partout dans le monde (Viêtnam, Éthiopie, Angola, etc.) l'U.R.S.S. affronte indirectement l'Occident. En outre, Brejnev anéantit le «printemps de Prague» de 1968. Malgré l'adoption d'une nouvelle Constitution et la conférence internationale d'Helsinki sur la détente en Europe (1975), l'image de l'U.R.S.S., surtout dans les pays occidentaux, souffrait des atteintes aux droits de l'homme et de l'intervention de l'armée Rouge en Afghānistān* (1979). Les successeurs de Brejnev, I. Andropov (1982-1984) et surtout (après le bref intermède de C. Tchernenko) M. Gorbatchev (1985-1991), voulurent sortir l'U.R.S.S. de ses archaïsmes économiques et politiques. Les dissidents emprisonnés furent libérés par Gorbatchev et les victimes du stalinisme globalement réhabilitées en 1990. Une génération de cadres, formée après la période stalinienne, fut appelée. Les journaux dressèrent un état critique du pays. Une nouvelle Constitution (déc. 1988) permit des élections (mars 1989) et au Congrès des députés furent élus des contestataires aussi populaires que Boris Eltsine* ou Andrei Sakharov*. En 1987, l'accord de désarmement nucléaire entre les É.-U. et l'U.R.S.S. fut confirmé par le retrait des troupes sov. d'Afghānistān en 1988. En 1989, l'U.R.S.S. ne mettait plus aucun obstacle à l'émancipation de ses satellites européens, trop préoccupée sans doute par les forces centrifuges qui, dès 1988, provoquaient de graves troubles dans l'empire soviétique. Gorbatchev fit reconnaître la propriété privée, abolir le rôle dirigeant du parti communiste et transformer le régime soviétique en un régime présidentiel. Élu prés. de la République le 15 mars 1990, il fut réélu secrétaire général au XXVIIIe Congrès du P.C.U.S. en juil. Le 18 août 1991, quelques communistes conservateurs tentèrent un coup d'État dont l'échec précipita la décomposition de l'Union. B. Eltsine, prés. élu de la république de Russie, y gagna une crédibilité internationale proportionnelle à la perte d'autorité de Gorbatchev, qui démissionna du secrétariat d'un P.C.U.S. autodissous le 29 août. Alors que la plupart des républiques proclamaient leur souveraineté ou leur indépendance (V. les pays concernés), M. Gorbatchev tenta d'éviter le chaos économique et la dérive guerrière. Ce souci, en matière nucléaire notam., était partagé par les États-Unis (traité START de non-agression en juil. avec le prés. Bush). En déc. 1991, la dissolution de l'U.R.S.S et la naissance de la C.É.I. ont provoqué la démission de M. Gorbatchev. La Russie hérita des prérogatives internationales de l'ex-U.R.S.S. V. Russie et Communauté* des États indépendants (C.É.I.).

Union de transports aériens (U.T.A.), compagnie privée de transports aériens, qui desservit l'Afrique de 1963 à 1991, date de son rachat par Air France.

Union douanière de l'Afrique australe (U.D.A.A.), organisation économique sous-régionale, créée en 1969 (accord de Pretoria), en vue d'assurer la libre circulation des marchandises et d'instaurer un tarif extérieur commun entre ses membres (l'Afrique du Sud, le Botswana, le Lesotho et le Swaziland). Siège : Pretoria (Afrique du Sud).

Union douanière et économique de l'Afrique centrale (UDÉAC), organisation économique sous-régionale, créée en 1964 (traité de Brazzaville) et regroupant le Cameroun, la rép. du Congo, le Gabon, la Guinée équatoriale, la Rép. centrafricaine et le Tchad. Elle est chargée d'établir progressivement un marché commun entre ses membres. Siège : Bangui (République centrafricaine).

Union du Maghreb arabe (UMA), organisation régionale créée en 1989 (traité de Marrakech), en vue d'assurer des politiques communes entre l'Algérie, la Libye, le Maroc, la Mauritanie et la Tunisie.

Union économique et monétaire ouest-africaine (U.É.M.O.A.), organisation régionale qui a remplacé en 1994 l'Union* monétaire ouest-africaine (U.M.O.A.) et dont la création (à Dakar) a entraîné la suppression de la Communauté économique de l'Afrique de l'Ouest (C.É.A.O.). Siège : Ouagadougou (Burkina Faso), qui était celui de la C.É.A.O.

Union européenne (U.E.), association de 15 États européens (12 États en 1993) fondée par le traité de Maastricht (fév. 1992) pour succéder, le 1er nov. 1993, à la Communauté économique européenne (C.É.E.), créée en 1957. V. Europe.

Union française, ensemble qui, défini par la Constitution de 1946, était formé par la République française (France métropolitaine, départements et territoires d'outre-mer), les territoires et les États associés. Elle fut remplacée par la Communauté* française (Constitution de 1958).

Union indochinoise. V. Indochine française.

Union internationale des journalistes et de la presse de langue française (U.I.J.P.L.F.), association créée en 1950 pour «veiller à la sauvegarde de la langue française, resserrer sur le plan international les liens entre éditeurs, directeurs, journalistes, publications, stations de radio et de télévision... dont le français est la langue de communication». Elle siège à Paris.

Union Jack («pavillon de l'Union»), drapeau du Royaume-Uni de Grande-Bretagne et d'Écosse (1606), modifié en 1800 (par l'adjonction de la croix de Saint-Patrick) quand l'Irlande rejoignit l'Angleterre (croix de Saint-George) et l'Écosse (croix de Saint-André).

Union nationale, parti québécois, dirigé par Maurice Le Noblet Duplessis*, qui exerça le pouvoir au Québec de 1936 à 1939 et de 1944 à 1959.

Union pour la défense de la République (U.D.R.), en France, nom du parti gaulliste entre mai 1968 et 1976. V. Rassemblement* pour la République (R.P.R.).

Union pour la démocratie française (U.D.F.), formation politique française créée en 1978, regroupant plusieurs partis de droite et souvent alliée au R.P.R.

Union sud-africaine. V. Afrique du Sud (république d').

unipare [ynipaʀ] adj. BIOL Se dit des femelles qui n'ont qu'un petit par portée. ▷ Se dit d'une femme qui n'a donné naissance qu'à un seul enfant.

unipersonnel, elle [ynipɛʀsɔnɛl] adj. et n. m. **1.** LING Se dit d'un verbe qui ne s'emploie qu'à la 3e pers. du sing. ▷ n. m. *Falloir est un unipersonnel.* **2.** DR *Entreprise unipersonnelle,* composée d'un seul membre.

unipolaire [ynipɔlɛʀ] adj. Didac. Qui n'a qu'un seul pôle. ▷ ELECTR *Interrupteur unipolaire,* qui ne permet de couper qu'un seul des conducteurs d'une ligne.

unique [ynik] adj. **1.** Seul de son espèce. *Fils unique.* ▷ (Placé après *seul* pour le renforcer.) *Son seul et unique espoir.* **2.** Qu'on ne peut comparer à rien ou à personne d'autre, en raison de son caractère très particulier ou de sa supériorité. *Fait unique dans l'histoire. Un peintre unique en son genre.*

uniquement [ynikmɑ̃] adv. Exclusivement, seulement.

unir [yniʀ] v. [3] **I.** v. tr. **1.** Joindre de manière à former un tout. *Unir un territoire à un autre.* **2.** Établir une liaison entre (des choses). *Unir deux mots par une conjonction de coordination. Canal qui unit deux mers.* **3.** Créer un lien d'affection, d'intérêt, de parenté entre (des personnes, des groupes). *C'est l'amitié qui les unit.* ▷ Spécial. *Unir un homme et une femme,* les marier. **4.** Allier, associer en soi (des caractères dissemblables). *Il unissait l'intelligence de l'esprit à celle du cœur.* **II.** v. pron. Se joindre, s'associer. – *Spécial.* Se marier.

unisexe [ynisɛks] adj. Qui peut être porté par les hommes comme par les femmes (vêtement, coiffure, etc.).

unisexué, ée [ynisɛksɥe] adj. BIOL, BOT Qui possède les caractères d'un seul sexe. *Organisme unisexué.*

unisson [ynisɔ̃] n. m. **1.** MUS Accord de plusieurs voix ou de plusieurs instruments qui émettent au même moment des sons de même hauteur. *Chanter, jouer à l'unisson.* **2.** Fig. Harmonie intellectuelle, affective. *Leurs esprits sont à l'unisson.*

unitaire [ynitɛʀ] adj. **1.** Qui tend vers, concerne l'unité politique. *Un programme unitaire.* **2.** Propre à chaque élément d'un ensemble composé d'éléments semblables; de chaque unité. *Le prix unitaire des tuiles d'un toit.*

unité [ynite] n. f. **I. 1.** Chacun des éléments semblables composant un nombre. *Le nombre vingt est composé de vingt unités.* ▷ Nombre un. *Nombre supérieur à l'unité.* ▷ ARITH Chiffre qui est placé le plus à droite, dans un nombre entier à plusieurs chiffres. *La colonne des unités, dans une addition.* **2.** Élément d'un ensemble. *Les unités lexicales.* ▷ INFORM Élément d'un ordinateur, qui remplit certaines fonctions. – *Unité centrale,* dans laquelle sont exécutées les instructions des programmes à traiter. – *Unité arithmétique et logique,* qui effectue les calculs arithmétiques et les opérations logiques. ▷ *Unité de valeur (U.V.) :* dans certains pays, élément de base de l'enseignement universitaire, correspondant à un programme précis s'étendant sur une durée déterminée (il faut un certain nombre d'unités de valeur pour obtenir un diplôme). ▷ MILIT Formation ayant une composition, un armement, des fonctions déterminés. **3.** Grandeur choisie pour mesurer les grandeurs de même espèce. *Le mètre est l'unité de longueur du système métrique et du Système international d'unités* (SI). (V. tabl. **unités physiques,** p. 1304-1305.) ▷ ECON *Unité de compte :* syn. de *étalon* 2, sens 2. ▷ FIN *Unité monétaire d'un État :* la monnaie qui a cours dans cet État. (V. tabl. **monnaies.**) ▷ ASTRO *Unité astronomique* (symbole UA) : unité de longueur utilisée pour exprimer les distances des corps du système solaire, basée sur la distance que parcourt la lumière en un temps de 499,004782 s. (1 UA = 149597870 km, longueur proche de la distance moyenne de la Terre au Soleil.) ▷ PHYS NUCL *Unité de masse atomique* (symbole u) : unité qui, par définition, vaut $\frac{1}{N}$ gramme, N étant égal à $6{,}022.10^{23}$ (V. mole). **4.** Ce qui forme un tout organisé, cohérent. *Une unité urbaine.* **II. 1.** Caractère, état de ce qui est un, de ce qui forme un tout cohérent, harmonieux. *L'unité de la nation. Cette œuvre manque d'unité.* **2.** Caractère de ce qui est unique. *Instaurer l'unité du commandement.* ▷ LITTER *Règle des trois unités (unités d'action, de lieu et de temps) :* dans le théâtre classique, règle selon laquelle une pièce doit comporter une seule action principale se déroulant dans le même lieu, dans l'espace d'un jour.

univalent, ente [ynivalɑ̃, ɑ̃t] adj. CHIM Syn. de *monovalent.*

univalve [ynivalv] adj. ZOOL Dont la coquille ne comporte qu'une valve. *Mollusque univalve.*

univers [ynivɛʀ] n. m. **1.** Ensemble de tout ce qui existe dans le temps et dans l'espace. **2.** (Avec une majuscule.) Ensemble de tous les corps célestes et de l'espace où ils se meuvent. (V. Univers.) **3.** Terre, en tant que lieu où vivent les hommes; humanité. *Une arme dont la puissance fait trembler l'univers.* **4.** Fig. Milieu où se cantonnent les activités, les pensées de qqn; monde particulier. *Son village est tout son univers. L'univers de la folie.* ▷ LOG *Univers du discours :* ensemble des éléments et des classes logiques auxquels on se réfère dans un jugement ou un raisonnement.

Univers, ensemble des corps célestes et de l'espace (naguère considéré comme infini) où ils se meuvent. – La théorie selon laquelle l'Univers a commencé par une gigantesque «explosion», le big bang, est devenue la base de la cosmologie moderne, car elle explique les propriétés fondamentales de l'Univers, notam. son expansion, qu'avait mise en évidence l'Américain Edwin Hubble dans les années 1930. Il y a env. 15 milliards d'années, l'Univers était infiniment condensé et chaud. Le big bang transforma cet état singulier en une entité dont l'évolution obéit aux lois de la relativité générale. Les progrès de la physique des particules ont permis de décrire l'histoire de l'Univers à partir de l'instant $t = 10^{-43}$ s après le big bang : son diamètre est alors de 10^{-28} cm et sa température de 10^{32} K; il est dans un état de «vide quantique». Pendant la période qui s'étend de $t=10^{-35}$ s à $t=10^{-32}$ s, l'Univers traverse une phase d'inflation (expansion très rapide) au début de laquelle les quarks, les électrons, les neutrinos et leurs antiparticules vont surgir du vide, avec un très léger excédent de matière par rapport à l'antimatière (un milliard de particules plus une sont créées contre un milliard d'antiparticules). Cette «soupe» de particules reste présente jusqu'à $t=10^{-6}$ s, quand la température devient suffisamment basse (10^{13} K) pour que les associations de quarks restent stables sous forme de protons, de neutrons et de leurs antiparticules. Particules et antiparticules vont s'annihiler les unes les autres, aboutissant à un Univers dominé par le rayonnement (*ère radiative*) et où ne subsiste qu'un infime résidu (un milliardième) de particules. La *nucléosynthèse* primordiale se déroule entre t = 3 min et t = 30 min : protons et neutrons peuvent s'assembler en noyaux atomiques légers tels que l'hélium, l'élément le plus abondant de l'Univers avec l'hydrogène. À t = 500000 ans, l'Univers s'est assez refroidi (3000 K) pour que les atomes deviennent stables; liés aux protons et noyaux atomiques, les électrons ne s'opposent plus au rayonnement, qui se dissocie de la matière : l'Univers est devenu transparent. Ce rayonnement qui baigne tout l'Univers est encore perceptible auj., mais sa température caractéristique n'est plus que de 2,7 K en raison de l'expansion de l'Univers, qui s'est poursuivie depuis ses débuts. En 1965, la découverte de ce rayonnement «fossile» (dit *cosmologique*) confirme la thèse du big bang. Depuis la phase de dissociation, l'évolution de l'Univers est déterminée par la gravitation. Si sa densité moyenne est supérieure à la *densité critique* (env. 5×10^{-30} g/cm^3), ce qu'on ignore encore, les forces de liaison gravitationnelle l'emporteront sur l'expansion, qui finira par s'inverser : une phase de contraction ramènera l'Univers à son point initial (*Univers fermé*). Sinon, l'Univers se dilatera éternellement (*Univers ouvert*). V. Galaxie, Soleil, Terre, Pluton, Neptune, etc.

universalisation [ynivɛʀsalizasjɔ̃] n. f. Didac. Action d'universaliser; son résultat.

universaliser [ynivɛʀsalize] v. tr. [1] Didac. Rendre universel, généraliser. *Universaliser l'instruction.*

universalisme [ynivɛʀsalism] n. m. PHILO Doctrine de ceux qui comprennent la réalité comme une unité englobant tous les individus et qui ne voient d'autorité que dans le consentement universel.

universaliste [ynivɛʀsalist] n. et adj. **1.** PHILO Qui professe l'universalisme; qui adhère à l'universalisme. **2.** Qui s'adresse à l'humanité entière.

universalité [ynivɛʀsalite] n. f. **1.** Caractère universel. *L'universalité d'une loi.* ▷ LOG *Universalité d'une proposition.* **2.** DR Ensemble de biens ou de dettes formant un tout dont les éléments actifs et passifs sont liés.

universaux [ynivɛʀso] n. m. pl. PHILO *Les universaux :* les idées générales, opposées aux individus singuliers dans la philosophie scolastique.
ENCYCL La fameuse *querelle des universaux* divisa les théologiens du Moyen Âge. Les *nominalistes,* ou *empiristes* (notam. Guillaume* d'Occam, au XIVe s.), considéraient que les idées générales, les universaux, sont uniquement des mots, des noms. Leurs adversaires platoniciens (tenants du *réalisme,* dit aussi *rationalisme*) affirmaient que les universaux (les Idées de Platon) constituent la réalité effective.

universel, elle [ynivɛʀsɛl] adj. (et n. m.) **1.** Qui porte sur tout ce qui existe. *Des connaissances universelles.* **2.** Qui s'étend à tout l'univers physique. ▷ PHYS *Constante universelle :* constante (dite aussi *invariant*) qui ne varie pas dans l'Univers, quel que soit le système de référence utilisé. *La vitesse de la lumière, égale à 299792,457 km/s, est une constante universelle.* **3.** Qui se rapporte, qui s'étend au monde entier, à l'humanité tout entière. *L'histoire universelle.* **4.** Qui concerne toutes les personnes, toutes les choses considérées. – *Suffrage universel :* droit de vote donné à tous les citoyens. **5.** LOG *Proposition universelle,* dans laquelle le sujet est pris dans toute son extension. ▷ n. m. PHILO Ce qu'il y a de commun à tous les individus d'une classe (opposé à *particulier*). V. universaux. **6.** Qui a des connaissances, des aptitudes dans tous les domaines. *Léonard de Vinci fut un génie universel.* **7.** DR *Légataire universel,* à qui a été léguée la totalité d'un héritage. ▷ *Légataire à titre universel,* à qui a été léguée une quotité d'un héritage.

universellement [ynivɛʀsɛlmɑ̃] adv. D'une façon universelle, par tous.

universitaire [ynivɛʀsitɛʀ] adj. et n. **1.** adj. Qui appartient, qui a rapport aux universités. *Enseignement universitaire.* – *Cité universitaire,* où sont logés les étudiants. **2.** n. Personne qui enseigne dans une université. **3.** n. (Afr. subsah., Belgique, Maghreb) Étudiant(e) d'université. *Parmi les universitaires africains, la proportion des filles reste faible.* ▷ (Belgique, Luxembourg, Suisse) Personne diplômée de l'université.

université [ynivɛʀsite] n. f. **1.** Établissement public d'enseignement supérieur groupant plusieurs établissements scolaires. *Les universités françaises sont constituées de plusieurs unités de formation et de recherche (U.F.R.).* Abrév. (Belgique) unif. **2.** *L'Université :* en France, l'ensemble du corps enseignant recruté par l'État, qui dispense l'enseignement supérieur.

Université Senghor, nom cour. donné à *l'Université internationale de langue française au service du développement africain Léopold S. Senghor,* établie à Alexandrie (Égypte) et chargée du perfectionnement des cadres francophones africains dans des domaines décidés par les sommets francophones (V. francophonie).

univitellin, ine [ynivitel(l)ɛ̃, in] adj. BIOL Qualifie les jumeaux issus d'un même œuf (vrais jumeaux). Syn. monozygote. Ant. bivitellin.

univocité [ynivɔsite] n. f. Didac. Caractère de ce qui est univoque.

univoque [ynivɔk] adj. **1.** Didac. Se dit des noms qui s'appliquent dans le même sens à plusieurs choses d'un même genre. *Animal est un terme univoque à l'aigle et au lion.* **2.** Didac. Non équivoque. **3.** MATH *Correspondance univoque :* correspondance entre deux ensembles telle qu'à tout élément de l'un correspond un élément et un seul de l'autre.

Untel, Un tel, Unetelle, Une telle [œ̃tɛl, yntɛl] n. *M. Untel* (ou *Un tel*), *Mme Unetelle* (ou *Une telle*) : quelqu'un, n'importe qui; personne que l'on ne veut pas nommer. *Dîner chez les Untel.*

UNITÉS PHYSIQUES

I. NOMS, SYMBOLES ET VALEURS DES DIFFÉRENTS PRÉFIXES UTILISÉS POUR DÉSIGNER LES MULTIPLES ET LES SOUS-MULTIPLES :

exa	E	10^{18}	kilo	k	10^{3}	déci	d	10^{-1}	micro	µ	10^{-6}
peta	P	10^{15}	hecto	h	10^{2}	centi	c	10^{-2}	nano	n	10^{-9}
téra	T	10^{12}	déca	da	10	milli	m	10^{-3}	pico	p	10^{-12}
giga	G	10^{9}							femto	f	10^{-15}
méga	M	10^{6}							atto	a	10^{-18}

Exemples : un gigaélectronvolt = 1 GeV = 10^9eV = un milliard d'électronvolts ; un micromètre = 1 µm = 10^{-6} m = un millionième de mètre ; un picofarad = 1 pF = 10^{-12} F = un farad divisé par mille milliards.

II. MANIÈRE D'ÉCRIRE LES NOMBRES :

1° Pour les nombres entiers, séparer en tranches de 3 chiffres, à partir de la droite, par un espace blanc et non par un point. Exemple : 2 517 315.

2° Pour les nombres fractionnaires, séparer les tranches de 3 chiffres, à partir de la virgule, par un espace blanc et non par un point. Exemple : 17,215 32.

III. MANIÈRE DE FORMER ET D'EMPLOYER LES SYMBOLES :

1° Les symboles des préfixes des multiples et des sous-multiples se placent immédiatement avant le symbole de l'unité, sans espace ni séparation. Exemple : kilowatt = kW et non k.W ; millimètre = mm et non m/m.

2° Les symboles s'emploient sans s au pluriel et sans point final. Exemple : 25 kilogrammes = 25 kg.

3° Lorsqu'une grandeur est le produit de deux autres grandeurs, on accole les symboles des unités composantes sans séparation ou avec séparation par un point. Exemple : kilowatt-heure = kWh ou kW.h.

4° Lorsqu'une grandeur est le quotient de deux autres grandeurs, on sépare les symboles par une barre inclinée, signe de division, ou bien on affecte le symbole de la grandeur diviseur d'un exposant négatif. Exemple : kilomètres à l'heure = km/h ou bien kmh^{-1}.
On doit écrire les symboles après les nombres. Exemple : 17,5 m (et non 17 m,5).

Le système de mesures obligatoire en France est le système métrique à 7 unités de base que la Conférence générale des Poids et Mesures a appelé Système International d'unités SI. Il comporte les unités SI de base, les unités SI dites supplémentaires et les unités SI dérivées.
Ce système cohérent d'unités a remplacé tous les systèmes précédents.

UNITÉS SI DE BASE

Longueur	mètre	m	Température	kelvin	K
Masse	kilogramme	kg	Intensité lumineuse	candela	cd
Temps	seconde	s	Quantité de matière	mole	mol
Intensité du courant électrique	ampère	A			

UNITÉS SI DÉRIVÉES

GÉOMÉTRIQUES, MÉCANIQUES, THERMODYNAMIQUES

Superficie	mètre carré	m^2	Masse surfacique	kilogramme par mètre carré	$kg.m^{-2}$
Volume	mètre cube	m^3	Concentration	kilogramme par mètre cube	$kg.m^{-3}$
Vitesse	mètre par seconde	m/s	Force	newton	N
Accélération	mètre par seconde carrée	m/s^2	Pression	pascal	Pa
Masse volumique	kilogramme par mètre cube	kg/m^3	Énergie, travail, chaleur	joule	J
Volume massique	mètre cube par kilogramme	m^3/kg	Puissance, flux énergétique	watt	W
Fréquence	hertz	Hz	Moment de force	newton-mètre	N.m
Nombre d'ondes	1 par mètre	m^{-1}	Tension capillaire	newton par mètre	N/m
Masse linéique	kilogramme par mètre	$kg.m^{-1}$			

UNITÉS PHYSIQUES (suite)

GÉOMÉTRIQUES, MÉCANIQUES, THERMODYNAMIQUES

Viscosité dynamique	pascal-seconde	Pa.s	Chaleur massique, entropie massique	joule par kilogramme-kelvin	$J.kg^{-1}.K^{-1}$
Viscosité cinématique	mètre carré par seconde	$m^2.s^{-1}$	Température	degré Celsius	°C
Éclairement énergétique	watt par mètre carré	W/m^2			

ÉLECTRIQUES, OPTIQUES

Force magnétomotrice	ampère-tour	A.tr	Intensité de champ magnétique	ampère par mètre	A/m
Tension, potentiel, f.é.m.	volt	V	Permitivité	farad par mètre	F/m
Quantité d'électricité	coulomb	C	Perméabilité	henry par mètre	H/m
Résistance	ohm	Ω	Flux lumineux	lumen	lm
Conductance	siemens	S	Éclairement	lux	lx
Capacité	farad	F	Luminance	nit	nt
Champ magnétique	tesla	T	Vergence des systèmes optiques	1 par mètre ou dioptrie	m^{-1} δ
Flux magnétique	weber	Wb			
Inductance	henry	H			
Intensité de courant	ampère par mètre carré	A/m^2			
Intensité de champ électrique	volt par mètre	V/m			

UNITÉS SI SUPPLÉMENTAIRES

Angle plan	radian	rad	Accélération angulaire	radian par seconde carrée	$rad.s^{-2}$
Angle solide	stéradian	sr	Intensité énergétique	watt par stéradian	$W.sr^{-1}$
Vitesse angulaire	radian par seconde	rad/s	Luminance énergétique	watt par m^2 stéradian	$W.m^{-2}sr^{-1}$

UNITÉS HORS SYSTÈME (unité déconseillée = u. déc.)

minute	min	1 min	= 60 s	erg (u.C.G.S.)	erg	1 erg	= 10^{-7}J
heure	h	1 h	= 3 600 s	dyne	dyn	1 dyn	= 10^{-5}N
jour	d	1 d	= 86 400 s	poise (u.C.G.S.)	P	1 P	= 0,1 Pa.s
degré	°	1 °	= (π/180)rad	stokes	St	1 St	= $10^{-4}m^2/s$
minute (d'angle)	′	1 ′	= (1/60)°	gauss (u.C.G.S.)	G	1 G	= 10^{-4}T
seconde (d'angle)	″	1 ″	= (1/60°)′	œrsted (u.C.G.S.)	Œ	1 Œ	= 1 000/4π A/m
litre	l	1 l	= $10^{-3}m^3$	maxwell (u.C.G.S.)	Mx	1 Mx	= 10^{-8}Wb
tonne	t	1 t	= 10^3 kg	phot (u.C.G.S.)	ph	1 ph	= 10^4lx
électronvolt	eV	1 eV	= 1,602.10^{-19}J	stilb (u.C.G.S.)	sb	1 sb	= 10^4nt
unité astronomique	UA	1 UA	= 1,496.10^{11}m	torr (u. déc.)	torr	1 torr	= 1 mm de mercure
parsec	pc	1 pc	= 3,080.10^{18}m	kilogramme force (u. déc.)	kgf	1 kgf	= 9,806 65 N
année de lumière	a.l	1 a.l	= 9,461.10^{15}m	calorie (u. déc.)	cal	1 cal	= 4,184J
angström	Å	1 Å	= 10^{-10}m	micron (u. déc.)	μ	1 μ	= 1 μm = 10^{-6}m
are	a	1 a	= 10^2m^2	stère (u. déc.)	st	1 st	= 1 m^3
barn	b	1 b	= $10^{-28}m^2$	fermi (u. déc.)	fm	1 fm	= 10^{-15}m
bar	bar	1 bar	= 10^5Pa	gamma (u. déc.)	γ	1 γ	= 10^{-9}kg
atmosphère normale	atm	1 atm	= 1,013.25 10^5Pa				

Unterwald (en all. *Unterwalden*), cant. de la Suisse centrale, au S. du lac des Quatre-Cantons, divisé en deux demi-cantons : Nidwald (276 km^2; 31 000 hab.; ch.-l. *Stans*) et Obwald (491 km^2; 27 600 hab.; ch.-l. *Sarnen*). – Élevage bovin (lait), exploitation forestière, tourisme. – En 1291, son représentant, Arnold von Melchtal, prêta le serment du Grütli* et Unterwald forma avec Uri et Schwyz la première Confédération suisse. En 1386, l'abnégation du citoyen d'Unterwald, Arnold Winkelried, permit aux confédérés de vaincre à Sempach*. En 1845, le canton fit partie du Sonderbund* (ligue catholique).

upanishad ou **upanisad** (mot sanskrit qui étymologiquement signifie «destruction» [de l'ignorance] ou «approche» [de la vérité]), texte sacré du brahmanisme. La tradition reconnaît 118 upanishads comme authentiques et les intègre aux Veda*. Les plus anc., au nombre de 14, furent écrits entre 600 et 300 av. J.-C. Ils se proposent de mener à la réalité supranaturelle, ineffable, de Brahma, du soi universel et de la relation de celui-ci avec l'ātmā, le soi individuel.

Updike (John) (né en 1932), romancier américain : *Cœur de lièvre* (1960), *Couples* (1968).

upérisation [yperizasjɔ̃] n. f. TECH Méthode de stérilisation continue des liquides (du lait en particulier) par injection de vapeur surchauffée.

uppercut [ypɛrkyt] n. m. SPORT En boxe, coup de poing donné de bas en haut au menton.

Uppsala, v. de Suède, et une des anc. cap. de la Scandinavie, près du lac Mälar; 154 710 hab.; ch.-l. du län du m. nom. Industr. – Archevêché luthérien. Cath. gothique. – Université fondée en 1477.

upsilon [ypsilɔn] n. m. **1.** Vingtième lettre de l'alphabet grec (Υ, υ) qui équivaut au *u* français, devenue *y* dans la plupart des mots français tirés du grec. **2.** PHYS NUCL Particule la plus massive de la famille des mésons.

upwelling [œpwɛliŋ] n. m. (Anglicisme) GEOGR Remontée d'eaux océaniques, froides et profondes, le long du littoral, dans les zones de moyennes et basses latitudes.

ur(o)-. Élément, du gr. *oûron*, «urine».

Ur ou **Our,** anc. ville de la Mésopotamie méridionale, sur la rive dr. de l'Euphrate (site archéologique de Tell al-Muqayyar, Irak). – Patrie d'Abraham, selon la Bible. À la fin du IVe millénaire, les Sumériens y développèrent une civilisation qui s'épanouit v. 2700-2500 av. J.-C., mais la véritable splendeur de la ville (tombes royales au riche mobilier funéraire) remonte à la IIIe dynastie, fondée au XXIe s. av. J.-C. par le roi Ur-Nammu, qui en fit la capitale de l'empire de Sumer.

Urabi Pacha ou **Arabi Pacha** *(Ahmad 'Urābī bāšā)* (1839 – 1911), officier égyptien. Il tenta de s'opposer à l'hégémonie occidentale en Égypte et créa le «parti national» (1881-1882). Fait prisonnier et déporté à Ceylan, il regagna l'Égypte en 1901.

uracile [yrasil] n. m. BIOCHIM Base pyrimidique entrant dans la composition des acides nucléiques.

uraète [yraɛt] n. m. ORNITH Grand aigle d'Australie pouvant atteindre 2,40 m d'envergure.

uræus [yreys] n. m. ARCHEOL Figure du serpent naja, protecteur des pharaons, qui la portaient sur leur couronne.

uranie [yrani] n. f. ENTOM Grand papillon aux couleurs vives, dont une espèce vit à Madagascar et d'autres en Amérique du Sud.

Uranie, l'une des neuf Muses; elle présidait à l'astronomie.

uranium [yranjɔm] n. m. Élément métallique (symbole U) de numéro atomique Z = 92. – Métal (U), qu'on trouve dans la nature sous forme d'oxydes d'uranium. *L'uranium est utilisé comme combustible dans les centrales nucléaires.*

urano-. Élément, du gr. *ouranos*, «ciel», et en lat. anat. «voûte du palais».

uranoscope [yranɔskɔp] n. m. ICHTYOL Poisson téléostéen des mers chaudes (genre *Uranoscopus*) dont les yeux sont situés sur la partie dorsale de la tête, et qui est cour. appelé *rascasse blanche*.

Uranus, septième planète du système solaire, découverte à l'aide d'un télescope par William Herschel en 1781. Sa distance au Soleil varie de 18,3 à 20,1 UA en raison de l'excentricité de son orbite, inclinée de 46' par rapport au plan de l'écliptique. L'essentiel des connaissances sur Uranus provient du survol de la planète par la sonde *Voyager 2* en 1986. Avec un diamètre équatorial de 51 120 km et une densité de 1,19, Uranus se range dans la catégorie des *planètes géantes*. Elle tourne sur elle-même en 17 h 14 min autour d'un axe quasiment couché (à un angle de 8^0 près) sur le plan de l'orbite, particularité unique dans le système solaire. Au cours de sa révolution de 84 ans et 7,4 jours, les deux pôles de la planète sont successivement exposés au Soleil. Comme les autres planètes géantes du système solaire, Uranus est entourée d'un système d'anneaux (découvert en 1977 à l'occasion d'une occultation stellaire), localisé dans le plan équatorial de la planète, presque perpendiculairement au plan de son orbite. Quinze satellites, dont seuls les cinq principaux (500 à 1 600 km de diamètre), étaient connus avant les observations de *Voyager 2*, gravitent aussi dans le plan équatorial d'Uranus.

urbain, aine [yrbɛ̃, ɛn] adj. **1.** De la ville, propre à la ville. *Voirie urbaine. Populations urbaines* (par oppos. à *rural*). ▷ (Afr. subsah.) *Musique urbaine :* toute musique qui adapte des rythmes et des thèmes traditionnels aux instruments modernes. **2.** Litt. Qui fait preuve d'urbanité. Syn. courtois.

Urbain II (bienheureux) [Eudes de Lagery] (v. 1042 – 1099), pape de 1088 à 1099; il réunit le concile de Clermont (1095) qui décida de la 1re croisade. — **Urbain III** (Uberto Crivelli) (v. 1120 – 1187), pape de 1185 à 1187; il combattit Frédéric Barberousse, qui voulait imposer son autorité au Saint-Siège. — **Urbain VIII** (Maffeo Barberini) (1568 – 1644), pape de 1623 à 1644; il condamna Galilée en 1633 et *l'Augustinus* de Jansénius en 1643.

urbanisation [yrbanizasjɔ̃] n. f. Action d'urbaniser; son résultat.

urbaniser [yrbanize] v. tr. [1] Transformer (un espace rural) en un espace à caractère urbain, par la création de routes, d'équipements, de logements, d'activités commerciales et industrielles, etc. ▷ v. pron. *Cette région s'est rapidement urbanisée.*

urbanisme [yrbanism] n. m. Ensemble des études et des conceptions ayant pour objet l'implantation et l'aménagement des villes.

urbaniste [yrbanist] n. Spécialiste de l'urbanisme.

urbanité [yrbanite] n. f. Litt. Politesse raffinée. Syn. courtoisie.

urbi et orbi [yrbietɔrbi] loc. adv. (Lat., «à la ville et à l'univers».) **1.** LITURG CATHOL *Bénédiction urbi et orbi*, donnée par le pape à toute la chrétienté. **2.** *Par ext.* Partout. *Annoncer quelque chose urbi et orbi.*

urdu ou **ourdou** [urdu] n. m. Langue indo-européenne du groupe indien, apparentée à l'hindi, langue officielle du Pākistān.

-ure. Suffixe de certains termes de chimie, marquant que le composé est un sel d'hydracide (ex. *chlorure, sulfure*).

Ureche (Grigore) (v. 1590 – 1647), chroniqueur moldave. Fils de boyards, il écrivit, en roumain, *la Chronique de la Moldavie* depuis sa fondation en 1359 jusqu'à la fin du XVIe s.

urédinales [yredinal] ou **urédinées** [yredine] n. f. pl. BOT Ordre de champignons basidiomycètes parasites responsables des *rouilles* des végétaux. – Sing. *Une urédinale* ou *une urédinée.*

urée [yre] n. f. BIOCHIM Diamide de l'acide carbonique, produit final de la dégradation par le foie des acides aminés. *L'urée est éliminée dans les urines.*

uréide [yreid] n. m. CHIM Nom générique des dérivés de l'urée, dont certains, tel l'acide barbiturique, jouent un rôle physiologique important.

uréique [yreik] adj. MED Relatif à l'urée.

urémie [yremi] n. f. MED Intoxication liée à une insuffisance rénale et provoquée par l'accumulation dans le sang de produits azotés (urée, notam.) que le rein élimine à l'état normal.

urémique [yremik] adj. MED Relatif à l'urémie.

uréna [yrena] n. m. Arbuste cultivé des régions tropicales (fam. malvacées), qui produit des fibres textiles proches du jute.

-urèse, -urie. Éléments, du gr. *ourêsis*, «action d'uriner», *oûron*, «urine».

urétéral, ale, aux [yreteral, o] adj. Didac. Relatif à l'uretère.

uretère [yrtɛr] n. m. ANAT Chacun des deux canaux qui conduisent l'urine depuis le bassinet du rein jusqu'à la vessie.

urétérite [yreterit] n. f. MED Inflammation des uretères.

urétral, ale, aux [yretral, o] adj. Didac. Relatif à l'urètre.

urètre [yrɛtr] n. m. ANAT Canal musculomembraneux qui mène de la vessie à l'extérieur, où il s'ouvre par le méat urétral; il sert à l'évacuation de l'urine et, chez l'homme, au passage du sperme.

urétrite [yretrit] n. f. MED Inflammation de l'urètre.

Urey (Harold Clayton) (1893 – 1981), chimiste américain. Il découvrit en 1932 l'eau lourde* et le deutérium. P. Nobel 1934.

Urfa (anc. *Édesse**), v. de Turquie, près de la Syrie; 147 500 hab.; ch.-l. de l'il du m. nom. Centre agricole.

Urfé (Honoré d') (1567 – 1625), écrivain français. Son roman pastoral, *l'Astrée* (1607-1628), exerça une forte influence.

urgemment [yʀʒamɑ̃] adv. (Afr. subsah.) D'urgence. *Le malade doit être évacué urgemment.*

urgence [yʀʒɑ̃s] n. f. **1.** Caractère de ce qui est urgent. *Il y a urgence.* **2.** Ce qui est urgent; cas, situation, devant être réglés sans délai. *C'est une urgence. Service des urgences d'un hôpital.* **3.** Loc. adv. *D'urgence :* sans délai. Syn. (Afr. subsah.) urgemment.

urgent, ente [yʀʒɑ̃, ɑ̃t] adj. Pressant, qui ne souffre aucun retard. *Des affaires urgentes.*

urgonien, enne [yʀgɔnjɛ̃, ɛn] n. et adj. GEOL *L'urgonien,* étage du crétacé inférieur. ▷ adj. *La période urgonienne.*

Uri, cant. suisse, au S. du lac des Quatre-Cantons, le moins peuplé des cantons et l'un des plus accidentés (plus. sommets dépassent 3000 m); 1076 km²; 34170 hab.; ch.-l. *Altdorf.* Le Saint*-Gothard réunit le cant. au Tessin. – En 1291, son représentant, Walter Fürst, prêta le serment du Grütli* et Uri forma avec Unterwald et Schwyz la première Confédération suisse. Peu après, selon la légende, un citoyen d'Uri, Guillaume* Tell, affronta le bailli Gessler, nommé par les Habsbourg. En 1845, le canton fit partie du Sonderbund*.

uricémie [yʀisemi] n. f. MED Taux d'acide urique dans le sang.

uridine [yʀidin] n. f. BIOCHIM Nucléoside entrant dans la composition de l'A.R.N.

-urie. V. -urèse.

urinaire [yʀinɛʀ] adj. Relatif à l'urine. *Voies urinaires.*

urinal, aux [yʀinal, o] n. m. Récipient à col incliné destiné à permettre aux malades (hommes) alités d'uriner commodément.

urine [yʀin] n. f. Liquide organique excrémentiel de couleur jaune ambré, sécrété par les reins, composé essentiellement d'eau, de sels minéraux et de matières organiques. – *Les urines :* l'urine évacuée. *Analyse d'urines.*

uriner [yʀine] v. intr. [1] Évacuer l'urine. Syn. fam. pisser.

urinifère [yʀinifɛʀ] adj. ANAT Qui conduit l'urine. *Tubes urinifères du rein.*

urinoir [yʀinwaʀ] n. m. **1.** Endroit, édicule public aménagé pour uriner, à l'usage des hommes. **2.** Appareil sanitaire servant à uriner.

urique [yʀik] adj. BIOCHIM *Acide urique :* produit de la dégradation des acides nucléiques, éliminé par les urines. (V. goutte 2.)

urne [yʀn] n. f. **1.** ANTIQ Vase oblong à corps renflé. **2.** Vase qui contient les cendres d'un mort. **3.** Boîte dans laquelle les votants déposent leur bulletin, lors d'un scrutin. **4.** BOT Partie du sporange des mousses contenant les spores.

1. uro-. V. ur(o)-.

2. uro-, -oure, -ure. Éléments, du gr. *oura,* «queue».

urocordés [yʀɔkɔʀde] n. m. pl. ZOOL Syn. de *tuniciers.* – Sing. *Un urocordé.*

urodèles [yʀɔdɛl] n. m. pl. ZOOL Ordre d'amphibiens des régions tempérées de l'hémisphère Nord, dont la queue subsiste après la métamorphose (protées, salamandres, tritons, etc.). – Sing. *Un urodèle.*

urogénital, ale, aux [yʀɔʒenital, o] adj. ANAT, MED Qui concerne à la fois l'appareil urinaire et l'appareil génital. Syn. génito-urinaire.

urographie [yʀɔgʀafi] n. f. MED *Urographie intraveineuse (U.I.V.) :* radiographie de l'appareil urinaire après injection intraveineuse d'un produit opaque aux rayons X.

urologie [yʀɔlɔʒi] n. f. Didac. Branche de la médecine qui traite des affections de l'appareil urinaire (et génital, chez l'homme).

urologue [yʀɔlɔg] n. Didac. Médecin spécialisé en urologie.

uromastix [yʀɔmastiks] n. m. ZOOL Agame du Sahara, long de 40 cm, à la queue épineuse et mobile. *L'uromastix est inoffensif.* Syn. cour. fouette-queue.

uropygien, enne [yʀɔpiʒjɛ̃, ɛn] adj. ORNITH *Glandes uropygiennes :* glandes du croupion, dont la sécrétion grasse imperméabilise les plumes.

ursidés [yʀside] n. m. pl. ZOOL Famille de grands mammifères omnivores plantigrades aux formes lourdes et aux membres massifs, dont le type est l'ours. – Sing. *Un ursidé.*

U.R.S.S. Sigle de *Union* des républiques socialistes soviétiques.*

ursuline [yʀsylin] n. f. RELIG CATHOL Religieuse appartenant à l'une des congrégations placées sous le patronage de sainte Ursule.

urticaire [yʀtikɛʀ] n. f. Éruption subite de papules causant de vives démangeaisons. *L'urticaire est le plus souvent d'origine allergique.*

urticant, ante [yʀtikɑ̃, ɑ̃t] adj. Didac. Qui détermine une sensation de brûlure, des démangeaisons. *Cellules urticantes des méduses.*

uru ['uʀu] n. m. (Pacifique, Polynésie fr.) Arbre* à pain. – *Spécial.* Fruit de l'arbre à pain. *Frites de uru.*

urubu [yʀyby; uʀubu] n. m. ORNITH Vautour noir charognard d'Amérique tropicale.

Uruguay, fl. de l'Amérique du Sud (1580 km); naît au Brésil, à 80 km env. de la côte; sert de frontière entre le Brésil et l'Argentine, puis entre l'Argentine et l'Uruguay; forme, avec le Paraná, le Río de La Plata.

Uruguay (République orientale de l') *(República Oriental del Uruguay),* État de l'Amérique du Sud, sur l'Atlantique, bordé par le Brésil et l'Argentine; 177508 km²; 3186000 hab. (croissance : 0,8 % par an); cap. *Montevideo.* Nature de l'État : république. Langue off. : espagnol. Monnaie : peso uruguayen. Pop. : Blancs en quasi-totalité.
Géogr. et écon. – Prolongement de la Pampa argentine, l'Uruguay est un pays de plaines et de plateaux (max. 514 m), drainé par le Rio Negro et ouvert au S. sur le plus vaste estuaire du monde, le Río de La Plata. La prairie correspond à un climat doux et humide. La pop. est très urbanisée : 86%; 51 % à Montevideo. L'élevage (ovin et bovin) et les produits dérivés représentent 40% des exportations. En outre : céréales, sucre. Les textiles, les industries manufacturières bénéficient d'une fiscalité avantageuse. La dette extérieure est lourde. L'Uruguay attend beaucoup du Mercosur*.
Hist. – Exploré à partir de 1516 par les Espagnols, le Río de La Plata prit une importance stratégique après 1680, disputé par les Portugais du Brésil et les Espagnols d'Argentine, qui en restèrent maîtres au XVIIIᵉ s. Les gauchos, éleveurs de bétail, ont d'abord constitué le seul peuplement blanc, malgré la résistance des Indiens Charrúas (définitivement éliminés en 1832). En 1815, J. Artigas forma un gouv. indépendant. Les Portugais du Brésil intervinrent, annexèrent le pays (1816-1820) puis, après une insurrection soutenue par les Argentins (1825-1827), l'Angleterre imposa l'indépendance de la République orientale (à l'E. du fleuve Uruguay), en 1828. La lutte entre les conservateurs (appuyés par l'Argentine) et les libéraux (appuyés par les Brit. et les Français) provoqua la «Grande Guerre» (1839-1851) où Montevideo, plusieurs fois assiégé, fut défendu par Garibaldi. En 1865, le Brésil et l'Argentine assurèrent le succès des libéraux en échange de leur participation à la guerre contre le Paraguay (1865-1870). Après plus. dictatures militaires, J. Batlle y Ordóñez, président de 1903 à 1907 et de 1911 à 1915, assura un essor écon. et culturel au pays. La crise économique de 1929 ouvrit une ère de dictature (1933-1942). Les difficultés écon. et sociales suscitèrent, à partir de 1958, la guérilla urbaine des Tupamaros*. En 1976, l'armée, au pouvoir depuis 1973, instaura une dictature. Vu le marasme écon. et la montée de l'opposition, elle rendit le pouvoir aux civils (1984). Élu, Julio Sanguinetti amnistia les militaires ayant violé les droits de l'homme. Son successeur (1989), Luis Lacalle, proposa un référendum sur les privatisations en 1992 (72% de non). En 1994, J. Sanguinetti fut élu une nouvelle fois.

uruguayen, enne [yʀygwejɛ̃, ɛn] adj et n. De l'Uruguay. ▷ Subst. *Un(e) Uruguayen(ne).*

Uruk. V. Ourouk.

Urundi. V. dossier et carte du Burundi, p. 1395.

urus [yʀys] n. m. ZOOL Syn. de *aurochs.*

us [ys] n. m. pl. *Les us et coutumes :* les usages, les habitudes héritées du passé; *par ext.,* les habitudes, la manière de vivre.

U.S.A. Sigle de *United States of America.* V. États-Unis d'Amérique.

usage [yzaʒ] n. m. **I. 1.** Fait d'utiliser, de se servir de (un objet, un procédé, une faculté). *L'usage de cet outil, de ce produit remonte à telle époque. Faire bon usage de son pouvoir. – C'est un tissu qui vous fera de l'usage,* que vous garderez longtemps. Syn. emploi, utilisation. **2.** Possibilité d'utiliser. *Perdre l'usage de l'ouïe.* ▷ Loc. *Hors d'usage :* qui ne fonctionne plus, usé au point de ne plus être utilisable. ▷ Loc. *À usage (de) :* prévu pour (telle utilisation). *Lotion à usage externe.* **3.** *À l'usage de :* destiné spécialement à. *Projecteur à l'usage des chirurgiens.* **4.** Mise en œuvre effective de la langue dans le discours. *Faire un usage fréquent d'une expression. L'usage écrit, oral.* ▷ (S. comp.) *L'usage :* la manière dont, à une époque et dans un milieu social donnés, se réalisent dans le discours les structures d'une langue. *Grammaire et usage. – Le bon usage :* l'usage considéré comme correct par référence à une norme socioculturelle donnée. (V. Grevisse.) **II.** Habitude traditionnelle, coutume. *Ne pas connaître les usages d'un pays étranger.* ▷ *Les usages :* l'ensemble des façons d'agir, de se conduire, considérées comme correctes dans une société. *Contraire aux usages.* ▷ *L'usage :* ce qui se fait habituellement, la coutume. *Il est d'usage de... Politesses d'usage.* **III.** DR Droit qui permet de se servir d'une chose sans en être le propriétaire. *Usages forestiers.*

usagé, ée [yzaʒe] adj. **1.** Qui a beaucoup servi, usé. **2.** (Québec) Syn. de *d'occasion. Auto usagée.*

usager [yzaʒe] n. m. **1.** DR Personne qui a un droit d'usage. **2.** Personne qui utilise (un service public). Syn. utilisateur. *Les usagers de la poste.* ▷ Par ext. *Les usagers d'une langue.*

usé, ée [yze] adj. Détérioré par l'utilisation. *Pull-over usé aux coudes.* – *Eaux usées,* salies par l'usage. – (Abstrait) *Sujet usé,* qui n'a plus d'intérêt pour avoir été trop employé. ▷ (Personnes) Affaibli, fatigué. *Femme usée par les épreuves.*

user [yze] v. [1] **I.** v. tr. indir. *User de :* se servir de, avoir recours à. *User de persuasion. Il use de termes savants.* **II.** v. tr. **1.** Utiliser, consommer. *Cet appareil use peu d'électricité.* **2.** Détériorer (un objet) à force de s'en servir. Syn. abîmer, altérer, élimer. *Il use trois paires de chaussures par an.* **3.** Diminuer, affaiblir dans son fonctionnement. *User sa santé. La maladie l'a usé prématurément.* **III.** v. pron. **1.** Se détériorer à force d'usage. *Un tissu qui s'use vite.* **2.** (Abstrait) Devenir plus faible, s'amoindrir. *Sa résistance a fini par s'user.* **3.** (Personnes) S'affaiblir. *Il s'est usé à trop travailler.*

Ushuaia, v. d'Argentine, la plus australe du monde, en Terre de Feu; 29 696 hab.; ch.-l. de prov. Pêche.

usinage [yzinaʒ] n. m. Ensemble des opérations effectuées à l'aide de machines-outils et qui ont pour but de façonner, de finir une pièce (par tournage, fraisage, rabotage, perçage, etc.).

usine [yzin] n. f. Important établissement industriel employant des machines, destiné à transformer des matières premières ou des produits semi-finis en produits finis, ou à produire de l'énergie. *Usine d'automobiles, de conserves.* ▷ Spécial. *L'usine,* considérée comme un lieu de travail ou comme un outil de production particulier, spécifique. *Travailler en usine.* – *Pièces fournies au prix d'usine.*

usiner [yzine] v. tr. [1] TECH **1.** Fabriquer dans une usine. **2.** Façonner (une pièce) avec une machine-outil.

usinier, ère [yzinje, ɛʀ] adj. (et n. m.) Didac. **1.** Relatif à l'usine. *Production usinière.* **2.** Où l'on trouve des usines. *Ville usinière.* **3.** n. m. Vx Propriétaire, directeur d'une usine. – *Spécial.* (oc. Indien) Propriétaire, directeur d'une usine sucrière.

usité, ée [yzite] adj. LING Courant, en usage. *Locution, mot encore usités.* – *Peu usité :* rare. Syn. usuel.

usnée [ysne] n. f. BOT Lichen à thalle fruticuleux très ramifié, qui croît sur les rochers et sur les arbres.

ustensile [ystɑ̃sil] n. m. **1.** Objet, outil d'usage quotidien, ne comportant généralement pas de mécanisme, ou seulement un mécanisme de conception élémentaire. *Ustensile de cuisine.* **2.** (Plur.) (Québec) Couvert (2, sens II, 2). *Mettre les ustensiles pour le repas.*

ustilaginales [ystilaʒinal] n. f. pl. BOT Ordre de champignons basidiomycètes, agents des charbons* et des caries des céréales, caractérisés par des spores noires formant des masses pulvérulentes. – Sing. *Une ustilaginale.*

usuel, elle [yzɥɛl] adj. et n. m. Dont on se sert couramment. *Objet usuel. Terme usuel.* Syn. habituel, fréquent. ▷ n. m. Ouvrage de consultation courante (dictionnaire, catalogue bibliographique, etc.) mis en permanence à la disposition des lecteurs dans une bibliothèque mais non disponible en prêt.

usufruit [yzyfʀɥi] n. m. DR Jouissance d'un bien ou des revenus d'un bien dont la nue-propriété appartient à un autre.

usufruitier, ère [yzyfʀɥitje, ɛʀ] n. et adj. DR Personne qui a un bien en usufruit. ▷ adj. Relatif ou propre à l'usufruit.

Usumbura. V. Bujumbura.

usuraire [yzyʀɛʀ] adj. D'usure, relatif à l'usure (2). *Taux usuraire.*

1. usure [yzyʀ] n. f. Détérioration due à l'usage; état de ce qui est usé. *Degré d'usure d'un pneu.* ▷ *Guerre d'usure,* dans laquelle chacun des adversaires s'efforce d'user petit à petit les forces de l'autre. ▷ Fam. *Avoir qqn à l'usure,* l'amener à céder à force de démarches, de prières répétées.

2. usure [yzyʀ] n. f. Intérêt supérieur au taux maximum légal, exigé par un prêteur; infraction de celui qui prête à un taux supérieur au taux maximum légal. ▷ Fig., litt. *Rendre, payer avec usure,* bien au-delà de ce qu'on a reçu.

usurier, ère [yzyʀje, ɛʀ] n. Personne qui prête de l'argent avec usure.

usurpateur, trice [yzyʀpatœʀ, tʀis] n. Personne qui usurpe un pouvoir, un droit.

usurpation [yzyʀpasjɔ̃] n. f. Action d'usurper; son résultat.

usurper [yzyʀpe] v. tr. [1] S'emparer, par la violence ou par la ruse de (un bien, une dignité, un pouvoir auxquels on n'a pas droit). Syn. s'approprier, s'arroger. *Usurper le trône.* ▷ Obtenir sans l'avoir mérité. *Il a usurpé sa réputation de fin politique.*

ut [yt] n. m. **1.** MUS Première note de la gamme majeure ne comportant pas d'altération* à la clé* et sur laquelle est fondé le système occidental de notation musicale. Syn. cour. do. **2.** Ton de do. *Quatuor en ut majeur.*

U.T.A. Sigle de *Union* de transports aériens.*

Utah, État du centre-ouest des É.-U.; 219 932 km^2; 1 723 000 hab.; cap. *Salt Lake City.* – Une chaîne montagneuse (monts Wasatch, 3 620 m) sépare le plateau du Colorado, à l'E., du bassin du Grand Lac Salé, à l'O. Le climat est steppique. L'élevage bovin et ovin est important. Les richesses minières des monts Wasatch (cuivre surtout) alimentent la métallurgie. – La mise en valeur de la région est due aux mormons, qui s'y installèrent en 1847. En 1896, l'Utah forma le quarante-cinquième État de l'Union.

Utamaro (Kitagawa) (1753 – 1806), peintre japonais; un des maîtres de l'estampe.

Uteem (Cassam) (né en 1941), homme d'État mauricien. Président de la Rép. depuis juil. 1992.

utérin, ine [yteʀɛ̃, in] adj. **1.** ANAT Qui concerne l'utérus. *Artère utérine.* **2.** DR Qui est parent du côté de la mère. *Frères utérins, sœurs utérines.*

utérus [yteʀys] n. m. ANAT Chez la femme (et les femelles des mammifères supérieurs), organe musculeux creux qui sert de réceptacle à l'œuf fécondé pendant tout son développement jusqu'à l'accouchement (ou la mise bas). *Col de l'utérus.*

Uthman ou **Othman ibn Affan** *('Utmān ibn 'Affān)* (m. en 656), troisième calife de l'islam (644-656). V. encycl. coran.

utile [ytil] adj. et n. m. **I.** adj. **1.** (Choses) Propre à satisfaire un besoin. Syn. avantageux, profitable. *Une découverte utile à la société. Un cadeau utile. Utile à* (+ inf.) : qu'il est utile de. *Adresse utile à connaître.* ▷ Loc. *En temps utile :* au moment opportun. ▷ PHYS *Travail, énergie, puissance utiles,* utilisables. ▷ TECH *Charge* utile.* ▷ GEOGR Économiquement exploitable. *La partie utile d'une région montagneuse.* **2.** (Personnes) Qui rend ou qui peut rendre un service. *Il sait se rendre utile.* **II.** n. m. Ce qui est utile. *Joindre l'utile à l'agréable.*

utilement [ytilmɑ̃] adv. De façon utile, avec fruit. *On consultera utilement cet ouvrage.*

utilisable [ytilizabl] adj. Qui peut être utilisé.

utilisateur, trice [ytilizatœʀ, tʀis] n. Personne qui utilise (qqch). Syn. usager.

utilisation [ytilizasjɔ̃] n. f. Action, manière d'utiliser. *Pour une bonne utilisation de ce produit.*

utiliser [ytilize] v. tr. [1] **1.** Se servir de, employer. *Utiliser un outil, un produit.* **2.** Faire servir à tel usage (ce qui n'y était pas spécialement destiné). *Colleur d'affiches qui utilise tous les murs.*

utilitaire [ytilitɛʀ] adj. **1.** Qui a avant tout un caractère d'utilité pratique; qui n'est pas destiné à la distraction, aux loisirs, etc. *Véhicules utilitaires.* **2.** Qui s'attache à l'aspect utile, matériel des choses. *Souci, calcul strictement utilitaire.* **3.** PHILO Syn. de *utilitariste.*

utilitarisme [ytilitaʀism] n. m. PHILO Toute doctrine selon laquelle l'utile est la source de toutes les valeurs. *L'utilitarisme de Stuart Mill.*

utilitariste [ytilitaʀist] adj. et n. PHILO Qui a rapport à l'utilitarisme. ▷ Subst. Partisan de l'utilitarisme.

utilité [ytilite] n. f. **1.** Fait d'être utile; qualité de ce qui est utile. *Utilité d'un nouveau procédé.* ▷ ECON *Utilité d'un bien,* satisfaction qu'on tire de sa consommation. **2.** Commodité, convenance (de qqn). *Cela ne lui est d'aucune utilité.* – *Expropriation pour cause d'utilité publique,* du fait de l'acquisition par l'Administration de propriétés particulières, même contre la volonté des propriétaires, en vue de l'intérêt général. **3.** Petit rôle. *Acteur qui joue les utilités.*

Utique, anc. v. d'Afrique, au N.-O. de Carthage, au pied du djebel Menzel. Elle devint la cap. de la prov. romaine d'Afrique après la ruine de Carthage (146 av. J.-C.); elle s'éteignit au VIIe s.

utopie [ytɔpi] n. f. **1.** Didac. Projet d'organisation politique idéale (comme celle de l'île *Utopia,* imaginée par Thomas More* au XVIe s.). ▷ Cour. Idéal, projet politique qui ne tient pas compte des réalités. **2.** *Par ext.* Toute idée, tout projet considéré comme irréalisable, chimérique. *Le mouvement perpétuel est-il une utopie ?*

utopique [ytɔpik] adj. Qui a les caractères d'une utopie. *Projet utopique. Socialisme utopique, opposé par F. Engels au socialisme scientifique.*

utopiste [ytɔpist] n. et adj. **1.** n. Didac. Auteur d'une utopie (sens 1). **2.** adj. et n. Qui relève de l'utopie; qui a des idées utopiques.

Utrecht, v. des Pays-Bas, sur le canal d'Amsterdam au Rhin; 500000 hab. (aggl.); chef-lieu de la prov. du même nom. Grand centre commercial; industries. – Archevêché catholique. Université. Musées. Cath. gothique (XIIIe-XVIe s.). – La ville s'est développée autour d'une forteresse romaine. Au VIIe s., les Mérovingiens en firent un centre d'évangélisation des Frisons. Centre drapier prospère, Utrecht revint aux Pays-Bas espagnols en 1528, puis fut gagnée au calvinisme et, enfin, intégrée aux Provinces-Unies (1579). – La *province d'Utrecht* (1328 km^2; 965000 hab.) est une région de polders et de forêts.

Utrecht (traités d'), traités, signés de 1713 à 1715, qui mirent fin à la guerre de la Succession* d'Espagne. Pour être reconnu roi d'Espagne, Philippe V dut céder des territoires à l'Autriche et à l'Angleterre (Gibraltar, Minorque). À cette dernière, le roi Louis XIV dut céder Terre-Neuve, l'Acadie, la baie d'Hudson.

Utrecht (Union d'), pacte liant les sept prov. protestantes des Pays-Bas contre l'Espagne (23 janv. 1579).

utriculaire [ytʀikylɛʀ] adj. et n. f. **1.** adj. SC NAT En forme d'utricule. **2.** n. f. BOT Plante carnivore d'eau douce dont les feuilles immergées sont des utricules qui assurent la capture de plancton.

utricule [ytʀikyl] n. m. **1.** BOT Organe en forme de petite outre, présent notam. chez l'utriculaire. **2.** ANAT Petite vésicule de l'oreille interne, où aboutissent les canaux semi-circulaires.

Utrillo (Maurice) (1883 – 1955), peintre français; fils naturel de Suzanne Valadon*. Il peignit surtout Montmartre, un quartier de Paris.

Uttar Pradesh, État du N. de l'Inde; 294413 km^2; 138760400 hab.; cap. *Lucknow*. – Aux frontières de la Chine et du Népal, cet État (le plus peuplé de l'Inde : 376,5 hab./km^2) s'étend dans la plaine du Gange, entre l'Himalaya et le Dekkan. Les crues sont fréquentes, l'irrigation permet deux récoltes par an. Les villes sont des centres artisanaux (poterie, joaillerie, soie) et religieux (Bénarès, Āgra, Allahābad), avec quelques industries modernes (chimiques, textiles, mécaniques).

uvarie [yvaʀi] n. f. Plante médicinale sarmenteuse (fam. anonacées) d'Afrique tropicale.

Uvéa, la plus importante des îles qui forment le TOM (français) de Wallis-et-Futuna; 96 km^2; moins de 10000 hab. Cette île volcanique et la vingtaine d'îlots qui l'entourent forment les îles Wallis. Le roi d'Uvéa jouit d'une autorité coutumière.

uvéal, ale, aux [yveal, o] adj. ANAT Relatif à l'uvée.

uvée [yve] n. f. ANAT Tunique vasculaire de l'œil, entre la sclérotique et la rétine.

uvéite [yveit] n. f. MED Inflammation de l'uvée.

uvulaire [yvylɛʀ] adj. ANAT Qui a rapport à la luette. ▷ PHON *R uvulaire,* que l'on prononce en faisant vibrer la luette (par oppos. à *r apical*).

Uwaifo (Sir Victor) (né en 1941), chanteur-compositeur nigérian.

uxorilocal, ale, aux [yksɔʀilɔkal, o] adj. ANTHROP Se dit de la résidence des époux, lorsqu'elle dépend de celle de la famille de l'épouse.

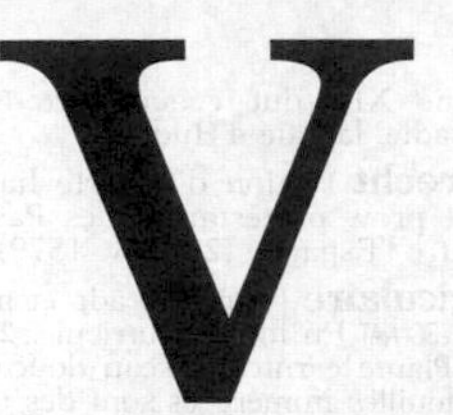

V [ve] n. m. **1.** Vingt-deuxième lettre (v, V) et dix-septième consonne de l'alphabet, notant la fricative labiodentale sonore [v]. ▷ *En V :* disposé selon les branches d'un V, en forme de V. *Moteur à huit cylindres en V.* **2.** V : chiffre romain qui vaut 5.

va [va] Forme du v. aller (cf. aller 1). **1.** Loc. *Va pour :* soit, j'accepte. *Va pour cent mille francs, je te signe le chèque.* **2.** Interj. (Accompagnant une approbation, un encouragement ou une menace.) *Je te comprends, va!*

Vaal (le), riv. de l'Afrique du Sud (1 200 km), affl. de l'Orange (r. dr.), entre l'Orange et le Transvaal oriental. Il traverse plus. lacs, notam. *le lac du Vaal* (au S.-E. de Vereeniging). Barrages pour l'irrigation et l'hydroélectricité.

vacance [vakɑ̃s] n. f. **I.** Sing. **1.** État d'une dignité, d'une charge vacante. *La vacance du trône.* **2.** Dignité, charge vacante. *Il y a une vacance à l'Académie française.* **II.** Plur. **1.** Période de l'année pendant laquelle une activité donnée est interrompue. *Les vacances scolaires, universitaires.* – (Québec) *Les vacances de la construction,* des travailleurs de la construction, dans la seconde moitié de juillet. ▷ *Spécial.* DR Période annuelle d'interruption des séances des tribunaux. **2.** Période de l'année correspondant à peu près aux vacances scolaires, et pendant laquelle de nombreuses personnes partent en congé. *Les grandes vacances.* **3.** Période de congé. *Prendre dix jours de vacances.*

vacancier, ère [vakɑ̃sje, ɛʀ] n. Personne qui est en vacances dans un lieu de villégiature.

vacant, ante [vakɑ̃, ɑ̃t] adj. **1.** Qui n'est pas occupé. *Appartement vacant.* Syn. inoccupé, libre, vide. ▷ *Spécial.* (En parlant d'un emploi, d'une charge.) *Poste vacant.* ▷ DR *Biens vacants,* qui n'ont pas de propriétaire. *Succession vacante,* ouverte et non réclamée. **2.** (Québec) *Terrain vacant :* terrain vague (V. vague 2).

vacarme [vakaʀm] n. m. Bruit très fort; tapage, tumulte. Syn. (Québec) barda, (Louisiane) sassaquoi.

vacataire [vakatɛʀ] n. Personne qui, pour un temps déterminé, occupe un emploi sans en être titulaire.

vacation [vakasjɔ̃] n. f. **1.** DR Temps consacré à une affaire par un expert (ou assimilé); rémunération de cette activité. ▷ *Spécial.* Séance de vente aux enchères. ▷ *Par ext.* Temps pendant lequel une personne est affectée, à titre d'auxiliaire, à une tâche précise; cette tâche elle-même. **2.** (Afr. subsah.) *Double vacation :* V. classe à double flux*. **3.** Plur. DR Vacances des gens de justice.

vaccin [vaksɛ̃] n. m. MED Préparation dont l'inoculation dans un organisme provoque un état d'immunité à l'égard d'un microorganisme (virus, bactérie, etc.) déterminé.

vaccinal, ale, aux [vaksinal, o] adj. MED Qui concerne un vaccin, la vaccination. *Réaction vaccinale.*

vaccination [vaksinasjɔ̃] n. f. Action de vacciner.
ENCYCL Méd. – La première vaccination a été pratiquée par Jenner (1796), pour protéger de la variole, en inoculant le liquide prélevé dans les pustules du pis de vaches atteintes de la vaccine. Quand Pasteur eut réalisé le vaccin contre la rage (1885), une véritable théorie de la vaccination vit le jour : l'injection dans un organisme d'un antigène microbien non virulent provoque le développement d'une défense immunitaire active (immunité humorale et cellulaire) face à l'infection par ce microorganisme.

1. vaccine [vaksin] n. f. **1.** MED VET Maladie infectieuse des bovins et du cheval, due à un virus, qui se manifeste par une éruption contagieuse et qui est transmissible à l'homme (qu'elle immunise contre la variole). **2.** MED Réactions apparaissant chez l'homme après l'inoculation du vaccin contre la variole.

2. vaccine [vaksin] n. f. (Haïti) Syn. de *bambou* (sens 4).

vacciner [vaksine] v. tr. [1] **1.** Immuniser par un vaccin. **2.** Fig., plaisant Immuniser contre, préserver de (un désagrément, un danger). *Après trois divorces, il doit être vacciné contre le mariage.*

vaccinostyle [vaksinostil] n. m. MED Petite lame métallique qui permet de vacciner par scarification.

vaccinothérapie [vaksinoteʀapi] n. f. MED Utilisation d'un vaccin à des fins thérapeutiques (et non préventives).

1. vache [vaʃ] n. f. **1.** Femelle du taureau. *Vache laitière. Traire les vaches* ou (Québec, fam.) *tirer les vaches.* **2.** Cuir de cet animal. *Sac en vache.* **3.** *Vache à eau :* sac de toile dans lequel les campeurs conservent l'eau. **4.** Fam. *Maladie de la vache folle :* nom cour. de l'encéphalopathie* spongiforme bovine. **5.** Loc. fam. *Manger de la vache enragée :* endurer de nombreuses privations. – *Période de vaches maigres,* de privations. – *Vache à lait :* personne dont on tire un profit. **6.** Loc. fam. (Québec) *Le diable est aux vaches :* le désordre règne. **7.** (Acadie) *Une vache marine :* morse.

2. vache [vaʃ] n. f. et adj. Fam. **1.** n. f. Personne dure, méchante. *C'est une sacrée vache.* **2.** adj. Dur, méchant, impitoyable. *L'examinateur a été très vache.* **3.** adj. (Québec) Sans énergie, fainéant, paresseux. *Être trop vache pour aller travailler.* – Subst. *Se faire traiter de grosse vache.*

1. vacher, ère [vaʃe, ɛʀ] n. **1.** Personne qui garde les vaches et les soigne. **2.** n. m. Oiseau passériforme nord-américain à plumage noir comportant des reflets métalliques, qui vit dans les champs, près des bestiaux. – *Vacher à tête brune (Molothrus ater),* espèce répandue au Canada.

2. vacher [vaʃe] v. intr. [1] (Québec) Fam. Paresser, ne rien faire. *On a vaché toute la journée.*

vacherie [vaʃʀi] n. f. **I.** Fam. **1.** Action, parole méchante, sournoise. *Faire, dire des vacheries à qqn.* **2.** Caractère d'une personne, d'une action vache. **II.** (France rég.) Étable à vaches; endroit où l'on trait les vaches.

vachette [vaʃɛt] n. f. **1.** Jeune vache; petite vache. **2.** Cuir de la jeune vache. **3.** BOT Champignon (lactaire) comestible, au chapeau d'aspect mat, pouvant aller du jaune au rouge brique, au lait abondant.

vacillation [vasijasjɔ̃] n. f. Fait de vaciller. *Les vacillations d'une lueur.* Syn. vacillement.

vacillement [vasijmɑ̃] n. m. **1.** Mouvement de ce qui vacille. **2.** Syn. de *vacillation.*

vaciller [vasije] v. intr. [1] **1.** Bouger en penchant d'un côté puis de l'autre, en risquant de tomber. *Il vacillait de fatigue.* **2.** (En parlant d'un éclairage à flamme vive.) Trembler, éclairer de façon incertaine. *La flamme de la bougie vacillait au moindre souffle.* **3.** Fig. Perdre son équilibre, sa fermeté. *Il sentait sa raison vaciller.*

vacoa [vakwa] n. m. (oc. Indien) Vaquois.

Vacoas-Phoenix, aggl. urb. de l'île Maurice, dans les plaines Wilhems; 91 114 hab. Pôle industr. de la zone franche mauricienne : habillement, industr. alim. et horlogerie.

vacuité [vakɥite] n. f. Didac. Fait d'être vide; état, caractère de ce qui est vide. ▷ Litt. Vide intellectuel, moral.

vacuolaire [vakɥɔlɛʀ] adj. BIOL Relatif aux vacuoles; qui est pourvu de vacuoles. – *Le système vacuolaire :* vacuome.

vacuole [vakɥɔl] n. f. **1.** GEOL Petite cavité à l'intérieur d'une roche. **2.** BIOL Région dilatée du réticulum endoplasmique qui renferme, en solution ou cristallisées, diverses substances.

vacuome [vakɥom] n. m. BIOL Ensemble des vacuoles d'une cellule.

vacuum [vakyɔm] n. m. Didac. Espace vide, sans matière.

1. vadrouille [vadʀuj] n. f. Fam. Promenade, action de vadrouiller. *Partir en vadrouille.*

2. vadrouille [vadʀuj] n. f. **1.** MAR Instrument de nettoyage fait de bouts de cordages fixés à un manche. **2.** (Québec) *Par anal.* Tampon de grosses ficelles effilochées fixé à un manche, qui sert à laver les planchers. – Tampon à franges fixé à un manche, servant à essuyer la poussière sur les planchers. *Passer la vadrouille dans les chambres.*

1. vadrouiller [vadʀuye] v. intr. [1] Fam. Se promener au hasard, sans but précis. Syn. errer, vagabonder, rôder, traîner.

2. vadrouiller [vadʀuye] v. tr. [1] (Québec) Nettoyer (un plancher) avec une vadrouille (2, sens 2). *Vadrouiller le plancher de la cuisine.*

Vaduz, cap. du Liechtenstein, sur le Rhin; 4 900 hab. Tourisme. – Château princier (XIIe-XVIIe s., restauré).

va-et-vient [vaevjɛ̃] n. m. inv. **1.** Allées et venues incessantes de personnes. *Il y a beaucoup de va-et-vient dans ce hall.* **2.** Mouvement qui s'effectue régulièrement dans un sens, puis dans l'autre. *Le va-et-vient d'un balancier.* **3.** TECH Dispositif qui assure une communication, dans un sens puis dans un autre, entre deux objets ou deux points. ▷ *Spécial.* Branchement électrique qui permet de commander un circuit à partir de deux interrupteurs. **4.** MAR Système de double cordage.

vagabond, onde [vagabɔ̃, ɔ̃d] adj. et n. **1.** adj. Litt. Qui voyage sans cesse, qui n'a pas de lieu de résidence fixe. Syn. nomade. ▷ *Avoir une existence vagabonde.* Syn. errant. ▷ Fig., litt. Qui ne se fixe pas sur un objet, en parlant des pensées, de l'imagination. *Imagination vagabonde.* **2.** n. Personne sans domicile ni ressources fixes, qui vit d'expédients. Syn. clochard.

vagabondage [vagabɔ̃daʒ] n. m. **1.** Fait d'être un vagabond. *Délit de vagabondage.* **2.** Fait d'errer sans but. *Des vagabondages nocturnes.* **3.** Fig., litt. *Les vagabondages de l'imagination.*

vagabonder [vagabɔ̃de] v. intr. [1] **1.** Se déplacer à l'aventure. *Vagabonder à travers le monde.* **2.** Fig., litt. Aller d'un objet à un autre, sans suite (pensées, imagination).

vagal, ale, aux [vagal, o] adj. ANAT, PHYSIOL Relatif au nerf pneumogastrique. *Bradycardie vagale.*

vagin [vaʒɛ̃] n. m. Conduit qui relie le col utérin à la vulve chez la femme et les femelles des mammifères.

vaginal, ale, aux [vaʒinal, o] adj. **1.** ANAT, MED Relatif au vagin. **2.** ANAT *Tunique vaginale* ou, n. f., *la vaginale :* chez l'homme, membrane séreuse qui entoure le testicule.

vaginé, ée [vaʒine] adj. BOT Entouré d'une gaine.

vaginisme [vaʒinism] n. m. MED Contraction douloureuse des muscles constricteurs du vagin gênant les rapports sexuels chez la femme.

vaginite [vaʒinit] n. f. MED Inflammation de la muqueuse du vagin.

vagir [vaʒiʀ] v. intr. [3] Pousser des vagissements.

vagissement [vaʒismɑ̃] n. m. **1.** Cri d'un enfant nouveau-né. **2.** *Par ext.* Cri faible et plaintif de certains animaux (lièvre et crocodile, notam.).

vagotonie [vagɔtɔni] n. f. MED État de désordre physique causé par une prédominance anormale de l'activité du système parasympathique (régi par le pneumogastrique ou nerf vague), entraînant divers troubles (sudation intense, bradycardie, hypotension artérielle, myosis, pâleur).

1. vague [vag] n. f. **1.** Soulèvement local, plus ou moins volumineux, de la surface d'une étendue liquide dû à diverses forces naturelles (vent, courants, etc.); masse d'eau ainsi soulevée, au moment où elle déferle sur un rivage. *Plonger dans une vague.* – Loc. *Vague de fond :* lame* de fond; fig. large mouvement (d'opinion, social, etc.) qui se manifeste de façon irrésistible. **2.** (Par analogie de forme.) Ondulation (sur une étendue non liquide : sables, herbes, etc.). **3.** Fig. Ce qui évo-que le mouvement, le flux des vagues. *Les réfugiés arrivèrent par vagues successives. Une vague de froid. Une vague de dégoût le submergea.* – Manifestation collective soudaine. *Une vague de violence.*

2. vague [vag] adj. *Terrain vague* ou (Québec) *terrain vacant :* terrain qui n'est ni planté, ni construit, dans une ville ou à proximité.

3. vague [vag] adj. et n. m. **I.** ANAT *Nerf vague* ou, n. m., *le vague :* le nerf pneumogastrique (à cause de ses ramifications très étendues). **II. 1.** Dont les contours, les limites manquent de précision, de netteté. *Formes vagues.* ▷ n. m. *Le vague des contours, dans un tableau.* **2.** Se dit d'un vêtement qui n'est pas ajusté; ample. *Robe, manteau vague.* **3.** Qui manque de précision, mal défini. *Des explications trop vagues.* Syn. flou, imprécis. ▷ n. m. *Rester, être dans le vague.* – *Avoir les yeux dans le vague, regarder dans le vague,* dans le vide. **4.** (Personnes) Évasif. *Il est resté vague quant à son avenir.* **5.** Que l'esprit ne sait analyser de façon précise. *Il a la vague impression de s'être fait duper.* Syn. confus, obscur. ▷ Loc. *Vague à l'âme :* mélancolie sans raison bien définie. **6.** (Avant le nom.) Péjor. Quelconque, insignifiant. *Il a un vague diplôme d'une vague école.*

vaguelette [vaglɛt] n. f. Petite vague.

vaguement [vagmɑ̃] adv. **1.** D'une manière vague, peu distincte. *On aperçoit vaguement une lueur.* **2.** D'une manière peu précise. *Il nous a répondu très vaguement.* **3.** Faiblement, confusément. *Vaguement ému.*

vaguemestre [vagmɛstʀ] n. m. MILIT, MAR Sous-officier, officier marinier chargé du service postal, dans un régiment, à bord d'un navire. ▷ (Afr. subsah.) Préposé au courrier dans une entreprise, un service administratif.

Váh (le), riv. de Slovaquie (433 km), affl. du Danube (r. g.); naît dans les Basses Tatras. Équipement hydroél.

vahiné ou (Polynésie fr.) **vahine** [vaine] n. f. **1.** Femme tahitienne. **2.** (Polynésie fr.) Femme.

vaillamment [vajamɑ̃] adv. Avec vaillance, courage.

vaillance [vajɑ̃s] n. f. **1.** Litt. Bravoure. **2.** Courage devant la difficulté, l'adversité.

vaillant, ante [vajɑ̃, ɑ̃t] adj. **1.** Litt. Brave. *Vaillants soldats.* **2.** Plein de vaillance (sens 2). – (Surtout en tournure négative.) En bonne santé, en bonne forme. **3.** Loc. *N'avoir pas un sou vaillant :* n'avoir pas d'argent.

vain, vaine [vɛ̃, vɛn] adj. **1.** *Vaine pâture :* droit de faire paître des bêtes sur les terres d'autrui quand elles ne portent pas de récolte. **2.** Vide de sens. *Ce n'est pas un vain mot.* – Qui n'est pas fondé, illusoire. *Vain espoir.* **3.** (Sens moral.) Litt. Dépourvu de profondeur, de valeur. *Plaisirs vains.* – (Personnes) Dont l'esprit, les préoccupations manquent de profondeur. – Plein de vanité. Syn. futile, frivole. **4.** Qui reste sans effet. *Démarche vaine. Vains efforts.* Syn. inutile, inefficace. **5.** Loc. adv. *En vain :* inutilement; sans succès.

vaincre [vɛ̃kʀ] v. tr. [57] **1.** Remporter une victoire militaire sur. *Vaincre l'ennemi.* ▷ *Par ext.* (Dans une compétition.) *Vaincre un concurrent à la course.* Syn. battre. **2.** Surmonter, venir à bout de. *Vaincre la résistance, l'obstination de qqn.* Syn. triompher (de). ▷ (Sens moral.) Maîtriser, dominer. *Vaincre sa colère.*

vaincu, ue [vɛ̃ky] adj. et n. Qui a subi une défaite. *Ennemi vaincu.* ▷ Subst. *Malheur aux vaincus.*

vainement [vɛnmɑ̃] adv. En vain.

vainqueur [vɛ̃kœʀ] n. m. et adj. m. **I.** n. m. **1.** Celui qui a vaincu dans un combat. **2.** Celui qui a remporté une compétition. *La coupe du vainqueur.* Syn. gagnant. **3.** Celui qui a triomphé (de qqch). *Il fut vainqueur contre le cancer.* **II.** adj. m. Qui marque la victoire, victorieux. *Un air vainqueur. Elle est vainqueur.*

1. vairon [vɛʀɔ̃] adj. m. Se dit des yeux dont l'iris est entouré d'un cercle blanchâtre ou qui ne sont pas de la même couleur.

2. vairon [vɛʀɔ̃] n. m. Poisson cypriníde comestible des eaux douces courantes d'Europe (genre *Phoxinus*), dépassant rarement une dizaine de centimètres de long, au dos brun-vert à reflets métalliques.

vaisseau [vɛso] n. m. **I. 1.** ANAT Canal dans lequel circule le sang (artères, veines ou capillaires) ou la lymphe (vaisseaux lymphatiques). **2.** BOT Élément conducteur de la sève brute. **II. 1.** MAR Bâtiment de guerre. *Enseigne de vaisseau. Vaisseau amiral.* **2.** ESP *Vaisseau spatial :* engin spatial de grandes dimensions, généralement piloté par un cosmonaute. Syn. astronef.

vaisselier [vɛsəlje] n. m. Meuble servant à ranger la vaisselle.

vaisselle [vɛsɛl] n. f. **1.** Ensemble des récipients dont on se sert à table. *Vaisselle de porcelaine.* **2.** Ensemble des récipients et des ustensiles qui restent à nettoyer après un repas. *Laver la vaisselle.* ▷ L'opération de nettoyage elle-même. *Faire la vaisselle.* ▷ (Belgique, Québec) *Savon à vaisselle :* V. savon. – (Québec) *Linge à vaisselle :* V. linge. – Fam. *Set de vaisselle :* V. set (sens 3).

val, vals ou **vaux** [val, vo] n. m. **1.** Vx ou poét. Vallée. ▷ Loc. adv. Mod. *Par monts et par vaux :* par tous les chemins, partout. **2.** GEOL Dans le relief plissé de type jurassien et préalpin, dépression qui s'allonge dans le creux d'un synclinal, suivant l'axe de celui-ci.

valable [valabl] adj. **1.** Qui a les formes requises pour être reconnu, reçu en justice. *Quittance valable.* – Qui a les conditions requises pour être accepté par une autorité. *Mon passeport n'est plus valable.* **2.** Qui est fondé, admissible. *Cette excuse n'est pas valable. Argument, théorie qui reste valable.* **3.** (Emploi critiqué.) Qui a une certaine valeur. *Un écrivain valable.* – *Un interlocuteur valable,* qualifié.

valablement [valabləmɑ̃] adv. D'une manière valable. *On peut valablement objecter que…*

Valachie, rég. de Roumanie et anc. principauté danubienne, entre les Carpates méridionales et le Danube; ville princ. *Bucarest.* Elle couvre la Munténie, à l'E. de l'Olt, et l'Olténie, à l'O. Le relief est constitué de collines

étagées du N. au S., reliant les Carpates méridionales à la plaine du Danube. Richesses variées : agricoles (céréales, betteraves sucrières, etc.) et minières (lignite, sel gemme, etc.).
Hist. – Dans l'Antiquité, la région était en partie intégrée dans la province romaine de Dacie*. Il fallut attendre la victoire de Jean Besarab contre la Hongrie en 1330 pour que naisse la principauté de Valachie, mais dès 1396 Mircea* le Vieux dut se reconnaître tributaire des Ottomans. Malgré les résistances de Vlad Ţepeş, dit Dracula* (1456-1462) et de Michel* le Brave (1593-1601), la tutelle ottomane s'alourdit avec le régime des Phanariotes* (1716-1821). Au XIXe s., l'Autriche et la Russie disputèrent la principauté aux Ottomans et le tsar imposa l'élection de princes dont la charge devint viagère (règlement organique de 1831). Occupée tour à tour par les Russes et les Autrichiens, la Valachie, à la suite de la guerre de Crimée (1854-1855), fut placée sous la garantie collective des puissances européennes (congrès de Paris, 1856). Mais le réveil national roumain progressait et, en 1859, la Valachie et la Moldavie* élirent un même prince, Alexandre-Jean Cuza*, et s'unirent pour former la Roumanie (V. dossier Roumanie, p. 1486).

Valadon (Marie Clémentine, dite Suzanne) (1865 – 1938), peintre français, mère d'Utrillo.

Valais (en all. *Wallis*), cant. du S. de la Suisse, à la frontière franç. et ital.; 5226 km^2; 247550 hab. (de langues franç., pour les deux tiers, et all.); ch.-l. *Sion*; v. princ. *Martigny, Sierre, Monthey, Brigue.* – Adossé au N. au massif de l'Aar*, le cant. est délimité au S. par les hautes cimes des Alpes valaisannes : *Grand-Combin* (4314 m), *Cervin* (4478 m), mont *Rose* (4634 m au pic *Dufour,* point culminant de la Suisse). Il a pour axe vital la haute vallée du Rhône, qui aboutit au lac Léman et rompt son isolement, ainsi que plus. cols et tunnels : col du Grand-Saint-Bernard (tunnel routier), tunnels ferroviaires du Lötschberg (ligne Berne-Milan) et du Simplon (lignes Berne-Milan et Lausanne-Milan). L'économie agropastorale de montagne (irrigation par des *bisses*) et la sylviculture s'associent aux cultures de la vallée du Rhône : céréales, fourrages, fruits (abricots), vigne (fendant) et tabac. L'hydroélectricité (le quart de la production du pays) alimente de nombreuses industries : électrochimie, métallurgie de l'aluminium, textile, scieries et agroalimentaire (distilleries d'alcools). La raffinerie de pétrole de Collombey-Muraz est alimentée par l'oléoduc de Gênes. Important tourisme d'été et d'hiver.
Hist. – La *Vallis Poenina,* pays celte conquis par les Romains en 57 av. J.-C., subit profondément leur empreinte. Plus tard, le Valais fit partie du royaume des Burgondes, puis fut gouverné à partir de 999 par les évêques de Sion, dont le pouvoir temporel fut progressivement battu en brèche par les Patriotes qui représentaient les communes fédérées sous le nom des Sept Dizains. En 1475-1476, ceux-ci enlevèrent le Bas-Valais à la Savoie et conquirent momentanément Évian et Thonon. En 1630, leur autorité supplanta définitivement celle de l'évêque. Canton de la République helvétique en 1798, érigé ensuite par Bonaparte en république indépendante (1802), le Valais fut annexé à l'Empire français sous le nom de *département du Simplon* en 1810, fut libéré en 1813, puis devint le vingtième canton de la Confédération suisse en 1815. Ayant adhéré, en 1845, à la ligue séparatiste du Sonderbund*, il fut le dernier canton cathol. à se soumettre au pouvoir fédéral (1847).

valaisan, anne [valɛzɑ̃, an] adj. Du Valais. ▷ Subst. *Un(e) Valaisan(ne).*

Valaques ou **Vlaques,** nom d'un peuple de bergers apparenté aux Daces. Les Valaques des Carpates sont les ancêtres des Roumains; ceux de la péninsule balkanique se fondirent parmi les Grecs et les Serbes.

Valčanov (Ranghel) (né en 1928), cinéaste bulgare : *Sur la petite île* (1958), *le Soleil et l'Ombre* (1963), *Fuite au Ropotamo* (1973).

Val d'Aoste, région alpine du N.-O. de l'Italie et de la C.E., frontalière de la France (à l'O.) et de la Suisse (au N.), limitée au S. et à l'E. par le Piémont, et jouissant d'un statut d'autonomie au sein de la Rép. italienne; 3262 km^2; 114300 hab.; cap. : *Aoste.* Langues off. : italien, français.
Géogr. – Quadrilatère situé à une altitude moyenne de 2106 m, le Val d'Aoste s'étend sur 80 km d'ouest en est et sur 40 km du nord au sud. Encadré par les plus hauts massifs d'Europe (mont Blanc, Grand Paradis, mont Rose), il correspond à la haute vallée de la Doire Baltée (affluent du Pô) et à ses vallées latérales, que les glaciers quaternaires ont profondément creusées. Fort est le contraste entre la «Montagne» austère et la «Grande Vallée» qui l'éventre. Vers l'amont, on atteint les cols importants du Petit-Saint-Bernard et du Grand-Saint-Bernard. Le Val d'Aoste a des températures relativement clémentes, un ensoleillement prolongé, une grande limpidité de l'atmosphère, un enneigement modéré, une sécheresse relative (une partie importante de la vallée reçoit moins de 600 mm de pluies). Un tel climat provoque une répartition étagée de la végétation, qui monte plus haut que partout ailleurs dans les Alpes, et accuse l'opposition entre adret et ubac. La forêt, composée surtout de conifères, avec prédominance de mélèzes, couvre 20 % de la superficie; les alpages, 25 %. À la fois cellule montagnarde fermée sur elle-même et très importante voie de passage, le Val d'Aoste a une puissante originalité.
Écon. – L'hydroélectricité et l'ouverture des tunnels routiers du Grand-Saint-Bernard (1964) et du mont Blanc (1965) ont inséré le Val d'Aoste dans l'économie moderne et favorisé le tourisme. Les flux migratoires se sont inversés et le revenu moyen des Valdôtains excède de 50 % la moyenne italienne. L'agriculture régresse (10 % des emplois, 2 % de la valeur ajoutée), sauf la vigne et les arbres fruitiers. L'élevage est relativement important, la forêt est un complément. L'industrie (qui emploie le quart des actifs) repose sur l'hydroélectricité, quelques gisements (fer de Cogne), des fromageries (qui produisent la «fontina»), des aciers spéciaux (Aoste), des fibres artificielles (Châtillon). Le tourisme joue un rôle capital. Il est à la fois hivernal (ski) et estival (alpinisme, randonnées dans le parc naturel du Grand Paradis). Courmayeur, Breuil-Cervinia, Champoluc, Gressoney sont les stations les plus connues, auxquelles il faut ajouter, dans la vallée, Saint-Vincent et son casino. La capitale, Aoste*, l'ancienne «Rome des Alpes», commande à l'ensemble de l'économie régionale.
Hist. – Vers le Ve s. av. J.-C., des Celtes s'implantèrent dans le Val d'Aoste. En 25 av. J.-C., les Romains fondèrent *Augusta Praetoria,* dont le nom devint ultérieurement *Aoste.* C'était un camp retranché, comme l'atteste auj. le quadrillage des rues. Enceinte, portes, théâtre, amphithéâtre montrent que la cité devint importante; elle avait pour fonction de surveiller les routes alpines (et il est fort probable qu'en 218 av. J.-C. Hannibal ait emprunté le Val d'Aoste pour pénétrer en Italie). Au Ve s. apr. J.-C., le Val d'Aoste fit partie du royaume des Burgondes, pris par les Francs en 534, puis du royaume de Bourgogne au Xe s., jusqu'à ce qu'il devienne la propriété de la maison de Savoie en 1032 (celle-ci acquit aussi le Piémont, puis le perdit; il ne lui revint définitivement qu'en 1418). La maison de Savoie accorda au Val d'Aoste un Conseil des commis et une Assemblée des trois États. Le Val d'Aoste fut occupé par l'armée française en 1691 et de 1704 à 1706. Quand, en 1718, le duc de Savoie devint roi de Sardaigne, il chercha à réduire le particularisme valdôtain, que brima fortement le Statut fondamental de 1848. La création du royaume d'Italie, en 1861, par le duc de Savoie Victor-Emmanuel, roi de Sardaigne (on dit aussi «roi de Piémont-Sardaigne»), bouleversa la situation du Val d'Aoste, qui entretint des relations moindres avec la Savoie, devenue française, et dut multiplier ses relations avec le Piémont et le reste de l'Italie. Toutefois, il demeura attaché à la langue française. La révolution industrielle fit péricliter sa petite industrie. La misère s'installa. La population émigra. Le régime fasciste (1922-1943) brima les désirs d'autonomie du Val d'Aoste. En 1945, une grande partie de la pop. demanda le rattachement du Val d'Aoste à la France, mais les Alliés s'opposèrent à ce souhait. En sept. de la m. année, l'Italie accorda au Val d'Aoste une autonomie provisoire. Le 26 fév. 1948, le statut de la région autonome du Val d'Aoste fut défini par une loi constitutionnelle. Depuis, plusieurs partis valdôtains réclament une autonomie plus grande encore.

Val-de-Marne, dép. franç.; 244 km^2; 1215538 hab.; ch.-l. *Créteil* (71705 hab.). V. Île-de-France (Rég.).

Valdès (Pierre). V. Valdo.

Valdivia (Pedro de) (1497 – 1553), conquistador espagnol. Il acheva la conquête du Chili (à partir de 1540). Il fut tué par les Araucans.

Valdo ou **Valdès** (Pierre), en lat. *Valdesius,* dit *Pierre de Vaux* (v. 1140 – v. 1217), hérésiarque français. Il fonda en 1176 la secte des *vaudois* (dits aussi «les pauvres de Lyon»), qui quitta l'Église (1179), à laquelle elle reprochait ses richesses; elle fut excommuniée en 1184. Préfigurant la Réforme, elle ne conservait que la foi en les Écritures, renonçant même à la messe. Valdo mourut en exil.

Val-d'Oise, dép. franç.; 1249 km^2; 1049598 hab.; ch.-l. *Pontoise* (28463 hab.). V. Île-de-France (Rég.).

Val-d'Or, ville du Québec (région admin. de l'Abitibi-Témiscamingue);

24100 hab. Mines; exploitations forestières.

valdôtain, aine [valdotɛ̃, ɛn] adj. Du Val* d'Aoste. ▷ Subst. *Un(e) Valdôtain(e).*

Valée (Sylvain Charles, comte) (1773 - 1846), maréchal de France; il fut gouverneur général de l'Algérie (1837-1840).

1. valence [valɑ̃s] n. f. Variété d'orange d'Espagne.

2. valence [valɑ̃s] n. f. **1.** CHIM Nombre de liaisons chimiques engagées par un atome dans une combinaison chimique. **2.** ZOOL *Valence écologique :* possibilité pour une espèce vivante d'habiter des milieux variés. **3.** PSYCHO *Valence d'un objet :* attirance *(valence positive)* ou répulsion *(valence négative)* qu'un sujet éprouve à son égard.

Valence (en esp. *Valencia*), v. et port d'Espagne, sur la Méditerranée; cap. de la communauté autonome du m. nom, réunissant les prov. d'Alicante, Castellón et Valence (23305 km^2; 3902400 hab.); 758700 hab. - Archevêché. Université. Cath. (XVIe s., remaniée au XVIIIe s.). Égl. baroques. Lonja de la Seda (halle de la soie, XVe s.). Portes fortifiées. - La ville, fondée par les Grecs, passa aux Carthaginois, puis aux Romains. Prise par les Wisigoths (413), puis par les Arabes (714), elle fut conquise par le Cid (1094), tomba aux mains des Almoravides (1102) et passa à l'Aragon en 1238. Elle fut un centre de résistance aux Français (1808-1812). Le gouv. républicain y siégea deux fois pendant la guerre civile (1936-1939).

valence-gramme [valɑ̃sgʀam] n. f. PHYS, CHIM Masse atomique (en grammes) d'un élément divisée par sa valence. *Des valences-grammes.*

Valencia, v. du Venezuela, à l'O. de Caracas, dans une riche région agricole (canne à sucre, coton); 824010 hab.; cap. de l'État de Carabobo. Industries.

Valenciennes, v. de France, ch.-l. d'arr. du Nord, sur l'Escaut; 39276 hab. (aggl. urb. 338400 hab.). Industries. - Égl. St-Géry (XIIIe s.). - La ville fut la cap. du Hainaut* à partir du XIe s. Au XVIe s., elle se révolta contre Philippe II d'Espagne, qui reprit la ville en 1567. Vauban la conquit en 1677 et la France en obtint la possession au traité de Nimègue (1678).

-valent. Élément, du lat. *valens,* ppr. de *valere,* «valoir».

Valentinien Ier (en lat. *Flavius Valentinianus*) (321 - 375), empereur romain (364-375). Bon administrateur, tolérant sur le plan religieux, il contint les Alamans en Gaule, les Saxons et les Scots dans les îles Brit. — **Valentinien III** (en lat. *Flavius Placidus Valentinianus*) (419 - 455), empereur romain d'Occident (425-455). Il laissa les Barbares s'emparer des îles Brit. et les Vandales s'établir en Afrique.

Valentino (Rodolfo Guglielmi di Valentino d'Antongueila, dit Rudolph) (1895 - 1926), acteur de cinéma américain d'origine italienne, séducteur qui fascina le monde entier : *le Cheik* (1921), *Arènes sanglantes* (1922).

Valentinois, comté (XIIe s.), puis duché-pairie (v. 1499) de France, attribué à César Borgia. En 1642, Louis XIII accorda le titre ducal à la famille Grimaldi, qui régnait et règne encore sur Monaco. Situé autour de Valence, le Valentinois fait auj. partie du dép. de la Drôme.

Valera (Eamon De). V. De Valera.

valériane [valeʀjan] n. f. BOT Plante herbacée à fleurs roses, blanches ou jaunes, dont une espèce, *Valeriana officinalis,* l'herbe-aux-chats, a une racine aux propriétés antispasmodiques.

valérianelle [valeʀjanɛl] n. f. BOT Plante herbacée à fleurs roses ou blanches, très courante, dont une espèce, *Valerianella olitoria,* est connue sous le nom de mâche ou doucette.

Valéry (Paul Ambroise) (1871 - 1945), écrivain français. En 1894, à Paris, il se lia avec Mallarmé et avec Gide. Après l'*Introduction à la méthode de Léonard de Vinci* (1895), il publia *la Soirée avec Monsieur Teste* (1896). En 1917, *la Jeune Parque,* poème symboliste, lui valut la célébrité. Il publia deux dialogues (*Eupalinos ou l'Architecte,* 1923; *l'Âme et la Danse,* 1923), les nombr. essais de *Variété* (5 vol. 1924-1944), *Regards sur le monde actuel* (1931). Après sa mort, parurent ses *Cahiers* (écrits de 1894 à 1945). Acad. fr. (1927).

valet [valɛ] n. m. **1.** Domestique. *Valet de chambre :* domestique masculin. **2.** Fig., péjor. Personne qui obéit servilement. *Âme de valet.* Syn. larbin. **3.** TECH Nom donné à certains outils ou organes mécaniques aidant à l'exécution d'un travail (notam., en maintenant ou soutenant). - *Valet de menuisier,* qui maintient sur l'établi des pièces à travailler. **4.** JEU Carte figurant un valet (sens 1). *Valet de cœur.*

Valette (La), cap. et port de la république de Malte; 9240 hab.

valeur [valœʀ] n. f. **A. I. 1.** Ce par quoi une personne est digne d'estime, ensemble des qualités qui la recommandent. (V. mérite.) *Avoir conscience de sa valeur. C'est un homme de grande valeur.* **2.** Vx Bravoure (spécial., au combat). *«La valeur n'attend pas le nombre des années» (Corneille).* **II. 1.** Ce en quoi une chose est digne d'intérêt. *Les souvenirs attachés à cet objet font pour moi sa valeur.* ▷ Importance, intérêt accordés subjectivement à une chose. *La valeur que j'accorde à votre appui, à votre opinion.* **2.** Caractère de ce qui est reconnu digne d'intérêt, d'estime, de ce qui a de la qualité. *L'éminente valeur de cette œuvre.* **3.** Qualité de ce qui a une certaine utilité, une certaine efficacité. *Comme il ignore cette affaire, ses conseils sont sans valeur.* **4.** Caractère de ce qui est recevable, de ce qui peut faire autorité (du point de vue d'une règle, d'un ensemble de principes). *La valeur d'une théorie scientifique.* **B. I. 1.** Caractère mesurable d'un objet, en tant qu'il est susceptible d'être échangé, désiré, vendu, etc. (V. prix.) *Faire estimer la valeur d'un objet d'art.* - Loc. adj. *De valeur :* dont la valeur est élevée. ▷ *Mettre en valeur un bien, un capital,* le faire valoir, le faire fructifier. - Fig. Présenter avantageusement. *Objet mis en valeur dans une vitrine.* ▷ (Abstrait) *Son article a mis en valeur cet aspect de la question,* il en a fait ressortir toute l'importance. **2.** ECON Qualité d'une chose, liée à son utilité objective ou subjective *(valeur d'usage),* à la quantité de travail fourni pour la produire, au rapport de l'offre et de la demande *(valeur d'échange),* etc. *La théorie marxiste de la valeur :* V. marxisme et plus-value. - *Valeur ajoutée :* différence entre la valeur d'un produit et le coût de ce qui est nécessaire à sa production. - *Valeur-or d'une monnaie.* **3.** AGRIC *Valeur agricole* ou *culturale :* qualité d'une terre, d'une zone en termes de rendement. **4.** FIN *Valeurs mobilières* ou, absol., *valeurs :* tous les titres négociables (rentes, actions, etc.). *Valeurs cotées en Bourse.* **II. 1.** Mesure (d'une grandeur, d'un nombre). ▷ MATH *Valeur algébrique,* affectée d'un signe (+ ou -). - *Valeur absolue d'un nombre réel,* le nombre réel positif dont il est l'égal ou l'opposé. ▷ Cour. Quantité approximative. *Ajoutez la valeur de deux cuillerées à soupe de farine.* **2.** MUS Durée relative de chaque note, indiquée par sa figure. *La valeur d'une blanche est égale à celle de deux noires.* **3.** Mesure conventionnelle (d'un signe dans une série). *Valeur d'une carte, d'un pion.* **4.** BX-A Intensité relative d'une couleur, définie par son degré de saturation. - *Par anal.* Sens ou pouvoir lié à un effet littéraire, expressivité obtenue par le moyen du style. *Ce mot prend à cette place toute sa valeur.* **C. I.** *Jugement de valeur.* **1.** PHILO (Par oppos. à *jugement de réalité.*) Assertion qui implique une appréciation sur ce qui est énoncé comme un fait. (En ce sens, «le vin est bon» est un jugement de valeur et «j'aime le vin» est un jugement de réalité.) **2.** Cour. Assertion par laquelle on affirme qu'une chose est plus ou moins digne d'estime. **II.** Principe idéal auquel se réfèrent communément les membres d'une collectivité pour fonder leur jugement, pour diriger leur conduite. *Les valeurs morales, sociales, esthétiques. Échelle de valeurs. Les valeurs traditionnelles.* **D.** (Québec) Loc. fam. *De valeur :* dommage, malheureux, fâcheux (en parlant de qqch). *C'est de valeur que tu ne viennes pas.*

valeureux, euse [valøʀø, øz] adj. Litt. Qui a de la bravoure, de la vaillance.

valgus [valgys] n. m. inv. MED Déviation en dehors (en parlant du pied ou de la jambe). *Valgus du pied.* Ant. varus.

Val-Hall. V. Walhalla.

validation [validasjɔ̃] n. f. Fait, action de valider; son résultat.

valide [valid] adj. **1.** Qui est en bonne santé, capable de se mouvoir, d'accomplir sa tâche, etc. *Un homme valide.* Ant. infirme, malade. **2.** Qui a les conditions requises pour produire son effet. *Cet acte n'est pas valide.* Syn. valable.

valider [valide] v. tr. [1] Rendre, déclarer valide. *Valider une élection.*

validité [validite] n. f. **1.** Caractère de ce qui est valide, valable. *Faire proroger la validité d'un passeport.* **2.** Caractère de ce qui est valable, recevable. *La validité d'un point de vue.*

valise [valiz] n. f. **1.** Bagage de forme rectangulaire, muni d'une poignée pour être porté à la main. ▷ *Faire sa valise, ses valises,* y mettre ce que l'on emporte en voyage; *par ext.,* se préparer à partir, à quitter un lieu. **2.** *Valise diplomatique :* paquet contenant le courrier diplomatique, qui est dispensé du contrôle douanier et dont le secret est garanti par les conventions internationales; ensemble de colis couverts par les mêmes garanties. **3.** (Québec) (Emploi critiqué.) Coffre (d'une automobile). *Mettre ses bagages dans la valise de l'auto.*

valkyrie [valkiʀi] n. f. V. walkyrie.

Valladolid, v. d'Espagne (Castille-Léon); 333680 hab.; chef-lieu de la communauté auton. du m. nom. Centre industriel. – Archevêché. Université. Nombr. égl., dont San Pablo (XVe s.) et la cath. (fin XVIe s.).

vallée [vale] n. f. **1.** Dépression plus ou moins large creusée par un cours d'eau. – *Vallée jeune,* assez encaissée, aux versants irréguliers. – *Vallée morte, sèche,* où le cours d'eau est tari. – *Vallée en U, en auge* ou *glaciaire,* creusée par un glacier. ▷ Région arrosée par un cours d'eau. *La vallée du Nil.* **2.** Dans les régions montagneuses, partie moins élevée (par oppos. à *sommet, pente*).

Valle-Inclán (Ramón Valle y Peña, dit Ramón María del) (1866 – 1936), écrivain espagnol. Ses *Comédies barbares* (trilogie, 1907-1922) et ses *esperpentos* (courtes pièces en prose) sont picaresques.

Vallès (Jules) (1832 – 1885), journaliste et écrivain français. Fondateur du *Cri du peuple,* membre de la Commune, condamné à mort, il s'exila à Londres (1871-1883), où il écrivit la trilogie autobiographique de *Jacques Vingtras : l'Enfant* (1879), *le Bachelier* (1881), *l'Insurgé* (posth., 1886).

Valleyfield. V. Salaberry-de-Valleyfield.

vallon [valɔ̃] n. m. Petite vallée.

vallonné, ée [valɔne] adj. Qui présente des vallons. *Région vallonnée.*

vallonnement [valɔnmɑ̃] n. m. Relief vallonné.

Vallon-Pont-d'Arc, commune de France (Ardèche); 1914 hab. – À proximité, on a découvert en 1994 une grotte dont la première occupation remonterait à 25000 ans av. J.-C.; les peintures les plus belles datent de 18000 ou 15000 ans av. J.-C.

Vallotton (Félix) (1865 – 1925), peintre suisse naturalisé français en 1900. Lié aux nabis*, il réalisa de remarquables gravures sur bois (*la Manifestation,* 1893), puis fut le seul nabi à évoluer vers la peinture réaliste.

Valmy, com. de France (Marne); 293 hab. – Le 20 sept. 1792, la victoire de Dumouriez et de Kellermann sur les Prussiens galvanisa la nation française.

valoir [valwaʀ] v. [45] **A.** v. intr. **I. 1.** (Personnes) Avoir certaines qualités, certains mérites généralement reconnus. «*Je sais ce que je vaux et crois ce qu'on m'en dit*» (Corneille). *Comme poète, il ne vaut rien.* **2.** (Choses) Avoir une certaine qualité, une certaine utilité, un certain intérêt. *Cet habit ne vaut plus rien. Ces vers ne valent pas grand-chose.* – *Ne rien valoir pour qqn,* lui être néfaste. *L'alcool ne vous vaut rien.* – *Rien qui vaille :* rien de bon. **3.** Avoir (un certain prix); être estimé à (un certain prix). *Cette étoffe vaut mille francs le mètre. Tableau qui vaut très cher.* Syn. coûter. **4.** Être égal en valeur ou en utilité à. *Cent centimes valent un franc.* – (Prov.) *Un homme averti en vaut deux.* ▷ v. pron. *Ces deux œuvres se valent.* – Tenir lieu, avoir la signification de. *En chiffres romains, M vaut mille.* Syn. équivaloir. **5.** Mériter, avoir assez d'importance pour. *Valoir la peine.* – Fam. *Ça vaut le coup.* **6.** Être valable. *Ce que je lui dis vaut également pour vous.* **II.** Loc. verbale. *À valoir,* se dit d'une somme que l'on verse en acompte. *Mille francs à valoir sur le montant d'une facture.* **III.** *Faire valoir.* **1.** Donner du prix à, faire paraître meilleur, plus beau. *Cet acteur fait valoir le texte.* ▷ v. pron. Se mettre en vedette. *Il cherche toujours à se faire valoir.* **2.** *Faire valoir :* faire fructifier, exploiter. *Faire valoir une terre.* **3.** Exposer, donner à considérer. *Faire valoir ses droits.* **IV.** Loc. adv. *Vaille que vaille :* tant bien que mal. *Il poursuivit sa route vaille que vaille.* **V.** *Valoir mieux :* être meilleur, préférable. (Prov.) *Un tiens vaut mieux que deux tu l'auras.* – v. impers. *Il vaut mieux tenir que courir.* **B.** v. tr. *Valoir (qqch) à qqn,* lui procurer, lui amener comme conséquences. Syn. attirer. *Cette affaire ne lui a valu que des ennuis.*

Valois, rég. historique de l'Île-de-France (S.-E. du dép. de l'Oise, S. du dép. de l'Aisne).

Valois (dynastie des), dynastie qui régna sur la France, après l'extinction des Capétiens directs, de l'avènement de Philippe VI (1328) à la mort d'Henri III (1589). Les *Valois directs,* issus de Charles de Valois, frère cadet de Philippe IV le Bel, régnèrent jusqu'en 1498. Vinrent ensuite la branche cadette des *Valois-Orléans* (représentée par le seul Louis XII), puis celle des *Valois-Angoulême,* avec l'avènement de François Ier (1515).

valorisant, ante [valɔʀizɑ̃, ɑ̃t] adj. Qui valorise (sens 1).

valorisation [valɔʀizasjɔ̃] n. f. Action de valoriser.

valoriser [valɔʀize] v. tr. [1] **1.** Donner une valeur économique plus grande à... *De grands travaux ont valorisé la plaine.* ▷ (Abstrait) Ériger en valeur, mettre l'accent sur (une chose, une personne), en tant que possédant une valeur morale, esthétique, etc. *Le romantisme a valorisé la passion. Cet exploit le valorise à mes yeux.* **2.** (Emploi critiqué.) ECON Donner une valeur chiffrée à. *Valoriser un investissement.*

Valparaíso, princ. port de comm. du Chili; 278760 hab. (aggl. urb. 620000 hab.); ch.-l. de la prov. du m. nom. Centre industriel important.

valse [vals] n. f. **1.** Danse à trois temps dans laquelle le couple de danseurs tourne sur lui-même. ▷ Air sur lequel on exécute cette danse. *Les valses de Vienne.* **2.** Fig., fam. Instabilité. *Valse des prix.*

valser [valse] v. intr. [1] **1.** Danser la valse. **2.** Fam. Tomber, culbuter violemment, être projeté. *Il l'a envoyé valser contre un mur.*

valseur, euse [valsœʀ, øz] n. Personne qui danse la valse.

valve [valv] n. f. **1.** ZOOL Chacune des parties de la coquille des mollusques et du test des diatomées. *La coquille des lamellibranches comporte deux valves.* **2.** BOT Partie d'un fruit sec qui se sépare lors de la déhiscence. **3.** ANAT *Valve cardiaque :* repli membraneux entrant dans la constitution des valvules auriculo-ventriculaires du cœur. **4.** ELECTR Diode utilisée pour le redressement. **5.** TECH Appareil servant à réguler un courant de liquide ou de gaz dans une canalisation, en fonction des nécessités des organes utilisateurs. ▷ Soupape à clapet d'une chambre à air. **6.** (Plur.) (Afr. subsah., Belgique) Tableau d'affichage, généralement sous vitrine. *Les horaires sont affichés aux valves.*

valvulaire [valvylɛʀ] adj. ANAT Relatif aux valvules cardiaques. – Qui remplit le rôle d'une valvule.

valvule [valvyl] n. f. ANAT Repli de la paroi du cœur ou d'un vaisseau, empêchant leur contenu de refluer. *Valvule cardiaque.*

vamp [vɑ̃p] n. f. Fam. Femme fatale*.

vampire [vɑ̃piʀ] n. m. **1.** Mort qui, selon certaines croyances populaires, sort de son tombeau pour aller aspirer le sang des vivants. **2.** Fig. Assassin coupable de crimes mystérieux et sadiques. **3.** Chauve-souris des régions tropicales d'Amérique du S. qui se repaît souvent du sang des mammifères.

vampiriser [vɑ̃piʀize] v. tr. [1] Dominer psychologiquement (qqn) en lui retirant sa force vitale, sa volonté.

1. van [vɑ̃] n. m. AGRIC Panier plat servant à vanner le grain.

2. van [vɑ̃] n. m. **1.** Fourgon aménagé pour le transport des chevaux de course. **2.** (oc. Indien) Fourgon, camionnette utilisés pour le transport de marchandises ou de personnes. – *Van d'école :* car de ramassage scolaire.

Van, lac (salé) de Turquie (3700 km²), en Arménie, à 1720 m d'alt. – Dans la ville de *Van,* furent massacrés de nombr. Arméniens en 1895-1896.

Van Acker (Achille) (1898 – 1975), homme politique belge; député socialiste (1927), Premier ministre en 1945-1946 et de 1954 à 1958, président de la Chambre des représentants de 1961 à 1974.

vanadium [vanadjɔm] n. m. CHIM Élément métallique (symbole V) de numéro atomique Z=23. – Métal (V).

Van Allen (James Alfred) (né en 1914), physicien et astronome américain. Grâce aux données transmises par le satellite *Explorer 1* (1958) il découvrit un flux de particules piégées dans la magnétosphère terrestre (les *ceintures de Van Allen*).

Van Campenhout (François) (1779 – 1848), chanteur et compositeur belge. Il abandonna le chant en 1827 et composa de nombr. opéras, ainsi que la mus. de *la Brabançonne* (1830).

Vancouver, île canadienne du Pacifique (Colombie-Britannique), séparée du continent par les détroits de la Reine-Charlotte (au N.), de Georgie (à l'E.) et de Juan de Fuca (au S.); 40000 km²; v. princ. *Victoria,* cap. de la prov., à la pointe S.-E. Longue de 350 km et large de 80 km, montagneuse (2200 m au *Golden Hinde*) et modelée par les glaciers (lacs, fjords), elle connaît un climat océanique doux en hiver. Forêts; pêche (saumon). Fer de Nanaïmo; houille. Tourisme (parc Strathcona).

Vancouver, princ. port et métropole de l'ouest du Canada (Colombie-Britannique), sur une presqu'île du Pacifique, entre un fjord et l'embouchure du Fraser, en face de l'île de Vancouver; 431150 hab. (aggl. 1400000 hab.). Grand centre industriel et commercial. – Archevêché cathol. Université. Musées et galeries d'art. – Créée en 1865, la ville devint le terminus des chemins de fer transcanadiens.

vandale [vɑ̃dal] n. Personne qui détruit, qui détériore par ignorance, bêtise ou malveillance. *Cabine téléphonique mise hors d'usage par des vandales.*

Vandales, groupement de peuples germaniques qui se fixèrent entre la Vistule et l'Oder au IIIe s. et que des migrations entraînèrent sur les bords du Danube à la fin du IVe s. Mêlés à d'autres peuples, ils passèrent le Rhin (406), envahirent la Gaule et, dès 409, pénétrèrent en Espagne, où ils s'initièrent à la navigation. Ils franchirent le détroit de Gibraltar (429) et, progressant le long des côtes, s'installèrent en Numidie, puis conquirent une partie de la Tunisie actuelle (439), la Corse, la Sardaigne, les Baléares, la Sicile et pillèrent Rome en 455. Mais le roy. d'Afrique qu'ils fondèrent fut éphémère; les Vandales s'affaiblirent face aux Byzantins et furent finalement vaincus par Bélisaire (en 534).

vandalisme [vɑ̃dalism] n. m. Comportement destructeur du vandale. *Des actes de vandalisme.*

Van den Boeynants (Paul) (né en 1919), homme politique belge; président du Parti social-chrétien (1961-1981), Premier ministre en 1966-1968 et en 1978-1979.

Vandercammen (Edmond) (1901 – 1980), poète belge d'expression française : *les Abeilles de septembre* (1959), *le Sang partagé* (1963).

Van der Goes (Hugo) (v. 1440 – 1482), peintre flamand, mystique et réaliste. Son *Triptyque Portinari* (1475-1477, Offices, Florence), commandé par le marchand Portinari, est l'une des œuvres capitales du XVe s.

Van der Meersch (Jean André) (1734 – 1792), général belge. À la tête de l'armée des patriotes belges qui se soulevèrent en 1789 (V. Révolution brabançonne), il battit les Autrichiens à Turnhout (24 oct. 1789). En 1790, il fut accusé injustement de trahison par les adversaires du libéral Vonck, qu'il soutenait, et fut emprisonné, mais les Autrichiens le libérèrent.

Van der Rohe (Ludwig Mies). V. Mies van der Rohe.

Vandervelde (Émile) (1866 – 1938), homme politique belge. Député socialiste en 1894, président de la IIe Internationale de 1900 à 1918, il entra en 1914 dans le gouv. d'Union nationale. Après la Première Guerre mondiale, il fut à nouveau ministre : de 1918 à 1921, de 1925 à 1927 (Affaires étrangères), en 1935, en 1936-1937.

Van der Weyden (Rogier de La Pasture, dit) (déb. du XVe s. – 1464), peintre originaire du Hainaut. De Tournai, il se rendit en Italie puis s'établit à Bruxelles, mais sa vie est mal connue. Ses œuvres religieuses (*Descente de croix*, v. 1435, Madrid; *Polyptyque du Jugement dernier*, v. 1445-1450, Beaune), et quelques portraits, ont un caractère pathétique obtenu par des moyens réalistes.

Van de Velde (Henry Clemens) (1863 – 1957), peintre, architecte et décorateur belge. Promoteur de l'art nouveau (*l'Art futur*, essai polémique, 1895) et du fonctionnalisme, il réalisa notamment (1937-1954) le musée Kröller-Müller à Otterlo (Pays-Bas) et s'illustra dans les domaines du mobilier et des arts appliqués.

Van de Woestjine (Karel) (1878 – 1929), écrivain belge d'expression néerlandaise. Il a peint l'affrontement de l'amour et de la mort, de la chair et de Dieu dans *Janus au double visage* (1908) et dans sa poésie : *l'Homme de boue* (1920), *le Lac de montagne* (1928). — **Gustaaf** (1881 – 1947), frère du préc.; peintre symboliste.

Van Doesburg (Christian Küpper, dit Theo) (1883 – 1931), peintre, théoricien et architecte néerlandais; fondateur en 1917, avec Mondrian, du groupe De Stijl*.

vandoise [vɑ̃dwaz] n. f. ICHTYOL Poisson cyprinidé (*Leuciscus leuciscus*) des eaux douces d'Eurasie, très proche du chevesne, mais plus petit (de 15 à 30 cm de long).

Van Dongen (Cornelis, dit Kees) (1877 – 1968), peintre français d'origine néerlandaise; «fauve» (*le Châle espagnol*, 1913), puis peintre mondain.

Van Dyck (Anton) (en néerl. *Van Dijck*) (1599 – 1641), peintre flamand. Élève puis collab. de Rubens, il séjourna en Italie avant de s'intaller en Angleterre en 1632. Ses portraits concilient distinction des poses et vérité psychologique.

Vanel (Charles) (1892 – 1989), acteur français de cinéma. Il tourna de 1912 à sa mort.

vanesse [vanɛs] n. f. ENTOM Papillon diurne (genres *Vanessa* et voisins), aux ailes de couleurs vives. *La belle-dame est une vanesse.*

Van Eyck (Jan) (v. 1390 – 1441), peintre flamand. Son retable de *l'Agneau mystique* (1432, cath. St-Bavon, Gand) s'affirme comme une rupture avec l'univers médiéval des formes symboliques et ornementales; il aurait peut-être été commencé par son frère Hubert (v. 1370-v. 1426), dont l'existence est hypothétique. Sous son pinceau, les visages s'individualisent : ainsi *les Époux Arnolfini* (1434, National Gallery), *la Vierge du chancelier Rolin* (v. 1435, Louvre), *Portrait d'un cardinal* (1438, Vienne), *Marguerite Van Eyck* (1439, Bruges).

Van Gogh (Vincent) (1853 – 1890), peintre néerlandais. L'échec de ses missions de théologien protestant chez les mineurs le tourna vers la peinture (1880). Après une période parisienne néo-impressionniste (1886-1888), il partit pour Arles (*Tournesols, l'Arlésienne*), où Gauguin vint le rejoindre; leurs relations devinrent dramatiques. Après diverses crises de délire (*Portrait de l'artiste à l'oreille coupée*), Van Gogh fut interné à Saint-Rémy-de-Provence : *Deux Cyprès* (1889), *Route aux cyprès* (1890), etc. expriment son tourment. En 1890, il s'installa à Auvers-sur-Oise chez le docteur Gachet, peignant portraits et paysages (*Champ de blé aux corbeaux*). Il se tira une balle de revolver dans la poitrine. Ses *Lettres à son frère Théo* ont été publiées en 1937. — **Théodore,** dit Théo (1857 – 1891), frère du préc.; marchand de tableaux, il apporta un soutien moral et matériel à son frère.

Van Helmont (Jan Baptist) (1577 – 1644), médecin et chimiste flamand. Il isola le gaz carbonique et, établissant la composition de l'air, dégagea la notion de gaz (mot qu'il créa).

Vanier (Georges) (1888 – 1967), général québécois, gouverneur général du Canada de 1959 à sa mort.

vanille [vanij] n. f. Fruit (gousse) du vanillier; substance aromatique extraite de ce fruit, utilisée en pâtisserie et en confiserie. *Glace à la vanille.* Syn. (oc. Indien) vanillon.

vanillé, ée [vanije] adj. Parfumé à la vanille. *Sucre vanillé.*

vanilleraie [vanijʀɛ] n. f. (oc. Indien) Champ de vanilliers.

vanillier [vanije] n. m. Orchidée grimpante cultivée dans les régions chaudes et humides pour son fruit (vanille).

vanilline [vanilin] n. f. CHIM Principe odorant de la vanille qui se présente en cristaux incolores fondant à 81 °C.

vanillon [vanijɔ̃] n. m. **1.** Variété de vanille antillaise à petites gousses produite par *Vanilla pompona.* **2.** (oc. Indien) Gousse de vanillier, vanille.

vanité [vanite] n. f. **1.** Litt. État, caractère de ce qui est vain, frivole, futile. *La vanité des plaisirs terrestres.* ▷ Chose vaine, futile. *Les vanités du monde.* **2.** Caractère, défaut d'une personne vaine, qui a trop bonne opinion d'elle-même; manifestation de ce défaut, du désir de produire un certain effet sur son entourage. *Flatter la vanité de qqn.* Syn. fatuité. ▷ *Tirer vanité de qqch,* s'en glorifier.

vaniteux, euse [vanitø, øz] adj. et n. Plein de vanité. *Il est sot et vaniteux. Paroles vaniteuses.* ▷ Subst. *Quel vaniteux!*

Van Laar ou **Van Laer** (Pieter), dit *Bamboccio,* «enfant, poupée» (à cause de sa petite taille), ou *Bamboche* (v. 1592 – 1642), peintre et graveur hollandais. À Rome (1626-1638), il peignit des scènes populaires, dites «bambochades».

Van Leeuwenhoek (Antonie) (1632 – 1723), biologiste néerlandais. Autodidacte, il fabriqua des microscopes grâce auxquels il découvrit notamment, agrandis 300 fois, les spermatozoïdes.

Van Lerberghe (Charles) (1861 – 1907), poète symboliste belge d'expression française : *les Flaireurs* (drame, 1889), *Entre-visions* (1897), *la Chanson d'Ève* (1904), *Pan* (drame, 1906).

Van Loo ou **Vanloo** (Jean-Baptiste) (1684 – 1745), peintre français : portraits historiques, bibliques et mythologiques. — **Charles André,** dit *Carle* (1705 – 1765), frère du préc. : portraits, scènes de genre, peintures religieuses.

1. vannage [vanaʒ] n. m. TECH Ensemble, système de vannes.

2. vannage [vanaʒ] n. m. AGRIC Action de vanner des grains.

vanne [van] n. f. Dispositif permettant de régler l'écoulement d'un fluide. *Vanne d'écluse.*

vanneau [vano] n. m. Oiseau charadriiforme (genre *Vanellus* et voisins), qui fréquente les lieux humides de l'Ancien Monde.

vanné, ée [vane] adj. Fam. Fatigué, à bout de forces ou de patience. *Cet effort m'a vanné. Il m'a vanné avec toutes ses questions.* Syn. (Québec) tanné.

vannelle [vanɛl] ou **vantelle** [vɑ̃tɛl] n. f. **1.** TECH Vanne qui obture une ouverture sur une porte d'écluse. **2.** Petite valve d'une conduite d'eau.

1. vanner [vane] v. tr. [1] TECH Pourvoir de vannes.

2. vanner [vane] v. tr. [1] AGRIC Nettoyer (les grains) en les secouant dans un van, un tarare, etc.

vannerie [vanʀi] n. f. **1.** Confection d'objets tressés avec des brins d'osier, de jonc, de rotin, etc. **2.** Marchandise ainsi fabriquée.

vanneur, euse [vanœʀ, øz] n. **1.** Personne qui vanne le grain. **2.** n. f. Syn. de *tarare.*

vannier, ère [vanje, ɛʀ] n. Personne qui fabrique des objets en vannerie.

Van Nu en Straks («Aujourd'hui et Demain»), revue littéraire belge d'expression néerlandaise (1893-1894 et 1896-1901), fondée par August Vermeylen*.

Vanoise (massif de la), massif des Alpes française en Savoie (3852 m). Parc national (environ 53000 ha). Hydroélectricité.

Van Orley (Bernard) (v. 1488 – 1541), peintre et ornemaniste qui naquit et travailla à Bruxelles. Il est surtout célèbre pour ses cartons de vitraux (Sainte-Gudule, Bruxelles) et de tapisseries (*Chasses de Maximilien*, 1521-1530, Louvre).

Van Ostaijen (Paul) (1896 – 1928), écrivain belge d'expression néerlandaise, auteur de poèmes dadaïstes et de récits en prose anarchisants.

Van Ruusbroec ou **Van Ruysbroek** (le bienheureux Jan), dit *l'Admirable* (1293 – 1381), théologien du Brabant. Ses ouvrages mystiques sont les premières grandes œuvres de la littérature néerlandaise.

vantail, aux [vɑ̃taj, o] n. m. Partie mobile d'une porte, d'une fenêtre, etc.

vantard, arde [vɑ̃taʀ, aʀd] adj. et n. Qui a l'habitude de se vanter. Syn. fanfaron, (Antilles fr.) blagueur.

vantardise [vɑ̃taʀdiz] n. f. Caractère de vantard; propos, acte de vantard. Syn. fanfaronnade, forfanterie.

vantelle [vɑ̃tɛl] n. f. V. vannelle.

vanter [vɑ̃te] v. [1] **I.** v. tr. Présenter (qqch, qqn) en louant exagérément. *Vanter sa marchandise.* **II.** v. pron. **1.** Se louer avec exagération; mentir par vanité. *Il dit qu'il osera, mais je pense qu'il se vante.* **2.** Se glorifier. – Loc. *Il n'y a pas de quoi se vanter :* c'est une chose dont il y a lieu d'avoir honte. **3.** Se faire fort (de). *Il se vante d'en venir à bout.*

Van't Hoff (Jacobus Henricus) (1852 – 1911), chimiste néerlandais; fondateur, avec Le Bel, de la stéréochimie. Il découvrit les lois de la pression osmotique. P. Nobel 1901.

Vantongerloo (Georges) (1886 – 1965), peintre et sculpteur belge. Il participa au mouvement De* Stijl (1917-1920), puis, à Paris, à la fondation du groupe Abstraction-Création (1931).

vanuatais, aise [vanyatɛ, ɛz] adj. et n. (Mot perçu comme étranger au Vanuatu.) De la république de Vanuatu. ▷ Subst. *Un(e) Vanuatais(e).* (V. ni-vanuatu.)

Vanuatu (république de) (anc. *Nouvelles-Hébrides*), archipel volcanique et État du Pacifique Sud, au nord-est de la Nouvelle-Calédonie.
► V. carte et dossiers p.1515.

va-nu-pieds [vanypje] n. inv. Personne qui vit misérablement. Syn. gueux, vagabond.

Van Velde (Abraham, dit Bram) (1895 – 1981), peintre néerlandais. Il se fixa à Paris en 1924; de figuratives, ses toiles et ses gouaches évoluèrent vers un espace plat et lumineux. — **Geer** (1898 – 1977), peintre, frère du préc. Il évolua vers une abstraction décorative.

Van Vogt (Alfred Elton) (né en 1912), écrivain américain d'origine canadienne; un des maîtres de la science-fiction (*À la poursuite des Slans,* 1946; *le Monde du non-A,* 1948, *la Faune de l'Espace,* 1950).

Van Zeeland (Paul) (1893 – 1973), homme politique belge; membre du parti catholique. Premier ministre (1935-1937), ministre des Affaires étrangères (1949-1954), il œuvra pour l'unité européenne.

Vanzetti. V. Sacco.

vapeur [vapœʀ] n. f. (et m.) **1.** Exhalaison perceptible se dégageant de liquides, de corps humides. *Des vapeurs traînent, s'élèvent au-dessus du marais.* **2.** PHYS Phase gazeuse d'un corps (habituellement à l'état solide ou liquide). – *Vapeur sèche,* qui n'est pas en équilibre avec la phase liquide du corps dont elle émane (par oppos. à *vapeur saturante* ou *humide*). **3.** *Absol.* Vapeur d'eau. *Faire cuire des aliments à la vapeur.* – *Bain de vapeur :* étuve humide. – *Machine* à vapeur.* ▷ n. m. Bateau à vapeur. **4.** (Plur.) Litt. *Les vapeurs de l'ivresse, de l'orgueil,* les troubles qu'ils engendrent. Syn. fumées.

vaporeux, euse [vapɔʀø, øz] adj. **1.** Litt. Dont la luminosité, la netteté est estompée par une brume légère. *Ciel vaporeux.* **2.** Qui est fin, léger, flou et transparent. (Qualifie surtout un tissu, un vêtement.) *Robe vaporeuse.*

vaporisateur [vapɔʀizatœʀ] n. m. **1.** Appareil servant à projeter un liquide en fines gouttelettes. (V. aussi pulvérisateur et atomiseur.) **2.** TECH Appareil servant à produire de la vapeur.

vaporisation [vapɔʀizasjɔ̃] n. f. **1.** Pulvérisation d'un liquide. **2.** PHYS Passage de l'état liquide à l'état gazeux (par oppos. à *sublimation,* passage de l'état solide à l'état gazeux).
ENCYCL Phys. – La vaporisation se produit toujours avec absorption de chaleur (par ex., ébullition, s'effectuant à température constante, d'un liquide que l'on chauffe). Cette chaleur est restituée par la vapeur lorsque celle-ci se condense. Dans les moteurs à vapeur, l'énergie fournie par le combustible de la chaudière (source chaude) transforme l'eau en vapeur, laquelle en se détendant dans la turbine fournit de l'énergie mécanique.

vaporiser [vapɔʀize] v. [1] **I.** v. tr. **1.** Projeter (un liquide) en fines gouttelettes. *Vaporiser du parfum.* – Par ext. *Vaporiser ses cheveux.* **2.** Faire passer (un liquide) à l'état gazeux. **II.** v. pron. (En parlant d'un liquide.) Passer à l'état gazeux.

vaquer [vake] v. [1] **1.** v. intr. ADMIN Interrompre ses activités pour quelque temps. *Les tribunaux vaqueront pendant un mois.* **2.** v. tr. indir. Se consacrer (à une activité). *Vaquer à ses occupations.*

vaquois [vakwa] n. m. BOT Plante ligneuse arborescente (*Pandanus utilis*), dont on utilise les fibres en sparterie (est aussi appelée *vacoa* dans les îles de l'oc. Indien). *Avec l'âge, les fortes racines du vaquois élèvent son tronc du sol.*

var [vaʀ] n. m. ELECTR Unité de puissance réactive du système SI qui correspond à un courant alternatif de 1 ampère sous une chute de tension de 1 volt.

Var (le), fl. de France; arrose les Alpes-Marit. et se jette dans la Méditerranée près de Nice; (120 km). – Dép. : 5999 km^2; 815449 hab.; ch.-l. *Toulon**. V. Provence-Alpes-Côte d'Azur (Rég.).

varan [vaʀɑ̃] n. m. Reptile saurien carnivore des régions chaudes de l'Ancien Monde, pouvant dépasser 1 m de long. (La plus grande espèce [jusqu'à 3,50 m pour 120 kg] est le *varan* ou *dragon de l'île de Komodo* en Indonésie; le *varan malais,* répandu en Asie du Sud-Est, peut dépasser 2 m; le *varan d'eau* ou *varan du Nil,* à très longue queue, vit dans presque toute l'Afrique; le *varan du désert* se trouve en Afrique du N. et dans l'Ouest de l'Asie.)

Vārānasi. V. Bénarès.

varangue [vaʀɑ̃g] n. f. **1.** MAR Dans la construction en bois, pièce courbe fixée perpendiculairement à la quille du navire et jointe au couple qui lui correspond. ▷ Dans la construction en acier, membrure transversale des fonds du navire. **2.** (oc. Indien) Véranda (sens 1).

varappe [vaʀap] n. f. Escalade de pentes rocheuses abruptes.

Varda (Agnès) (née en 1928), cinéaste française : *Cléo de 5 à 7* (1962), *le Bonheur* (1964), *Sans toit ni loi* (1985).

varech [vaʀɛk] n. m. (Sing. collectif.) Algues (fucus divers, notam.) rejetées par la mer et utilisées comme amendement.

Varègues, peuple scandinave (V. Vikings) qui pénétra chez les Slaves orientaux au IXe s., domina le commerce (fourrures, esclaves) entre la mer Baltique et la mer Noire jusqu'au Xe s. Les Varègues ont contribué à fonder l'État de Kiev et s'assimilèrent aux Slaves.

Varennes-en-Argonne, com. de France (Meuse), sur l'Aire; 681 hab. – Louis XVI et sa famille, qui avaient fui Paris *(fuite à Varennes)* le 20 juin 1791, y furent arrêtés le 22 juin.

Varèse (Edgard) (1885 – 1965), compositeur français, naturalisé américain en 1926 : *Intégrales* (1925), *Ionisation* (1931), *l'Homme et la Machine* (1958). Ce novateur ne fut reconnu qu'en 1954, grâce à *Déserts.*

vareuse [vaʀøz] n. f. **1.** Blouse de matelot en grosse toile. **2.** Veste de certains uniformes. **3.** Veste ample.

Vargas (Getúlio) (1883 – 1954), homme politique brésilien. Chef d'un gouv. provisoire (1930), président de la Rép. (1934), il instaura l'«État nouveau», autoritaire (1937). Déposé en 1945, réélu en 1950, attaqué par la presse, il se suicida.

Vargas Llosa (Mario) (né en 1936), écrivain péruvien. Ses romans peignent la société péruvienne. Candidat de la droite, il fut battu à l'élection présidentielle de 1990.

varheure [vaʀœʀ] n. m. ELECTR Unité d'énergie réactive correspondant à la mise en jeu, pendant une heure, d'une puissance de 1 var.

variabilité [vaʀjabilite] n. f. Caractère de ce qui est variable. ▷ BIOL *Variabilité génétique :* estimation de l'hétérogénéité des caractères dans une population animale ou végétale, d'après leurs paramètres statistiques. (Elle permet de quantifier la richesse génique de cette population et, par là, ses possibilités d'évolution ou d'adaptation.)

variable [vaʀjabl] adj. et n. **I.** adj. **1.** (Choses) Qui peut varier, qui est sujet à varier. *Un courant d'intensité variable. Temps variable.* ▷ ASTRO *Étoile variable,* dont l'éclat varie au cours du temps, de façon périodique ou irrégulière. ▷ MATH

Grandeur, quantité variable. (V. sens II, 2.) ▷ GRAM *Mot variable,* dont la forme varie selon le genre, le nombre, le temps, etc. **2.** Que l'on peut faire varier à volonté. *Hélice à pas variable.* **II.** n. **1.** n. m. Zone centrale de la graduation du baromètre, correspondant à une pression atmosphérique comprise entre 755 et 765 mm de mercure. *L'aiguille du baromètre est passée du variable au beau fixe.* **2.** n. f. MATH Quantité susceptible de changer de valeur. *x représente la variable dans la fonction* $f(x)=x^2$*, qui associe à un nombre variable (x) son carré* (x^2).

variance [vaʀjɑ̃s] n. f. **1.** CHIM, PHYS Nombre de paramètres (température, pression, volume, par ex.) qu'il suffit de connaître pour déterminer entièrement l'état d'équilibre d'un système. **2.** STATIS Moyenne des carrés des écarts (par rapport à la valeur moyenne) qui caractérise la dispersion des individus d'une population. *L'écart type est égal à la racine carrée de la variance.*

variante [vaʀjɑ̃t] n. f. **1.** Version d'un texte différente de celle habituellement adoptée. *Variantes réunies dans une édition critique.* **2.** LING Forme différente sous laquelle peut apparaître un même signifiant. *Variantes graphiques. Variantes dialectales.* **3.** Forme légèrement différente, altérée ou modifiée, d'une même chose. *Les variantes d'une recette de cuisine.*

variateur [vaʀjatœʀ] n. m. **1.** TECH Dispositif qui permet de faire varier une grandeur. *Variateur de tension.* **2.** MECA *Variateur de vitesse :* appareil permettant de transmettre le mouvement d'un arbre à un autre arbre, avec la possibilité de modifier la vitesse de rotation de ce dernier.

variation [vaʀjasjɔ̃] n. f. **1.** Fait de varier (pour une chose); changement qui en résulte. *Variation de la couleur dans un dégradé. Les variations de l'opinion.* ▷ Changement de la valeur d'une quantité ou d'une grandeur; écart entre deux valeurs numériques d'une quantité variable. *Variation de température. Variation d'intensité d'un courant.* ▷ BIOL Fait (pour une espèce donnée) d'avoir ou de produire des éléments non identiques à l'élément type, de présenter des variétés (sens 3). ▷ ECON *Variations saisonnières :* changements liés à des facteurs climatiques et institutionnels. **2.** MUS Modification apportée à un thème (altération du rythme, changement de mode, etc.).

varice [vaʀis] n. f. Dilatation pathologique permanente d'une veine, généralement située dans le réseau veineux superficiel des membres inférieurs.

varicelle [vaʀisɛl] n. f. MED Maladie infectieuse, contagieuse et immunisante d'origine virale, caractérisée par une éruption de vésicules, qui touche essentiellement les enfants. Syn. cour. (Québec) picote.

varié, ée [vaʀje] adj. **1.** Dont les parties, les caractères sont dissemblables; qui n'est pas monotone. *Une nourriture variée.* – *Terrain varié,* qui présente des accidents. ▷ PHYS *Mouvement uniformément varié,* dont la vitesse varie en fonction linéaire du temps (accélération constante). **2.** (Plur.) Se dit de choses différentes entre elles mais de même espèce. *Hors-d'œuvre variés.*

varier [vaʀje] v. [2] **I.** v. tr. **1.** Apporter divers changements à (une chose). *Varier la présentation d'un produit.* **2.** Introduire de la diversité dans (des choses de même espèce). *Varier les plaisirs.* **II.** v. intr. **1.** Changer, se modifier à plusieurs reprises. *Son humeur varie souvent.* **2.** Être différent selon les cas. *Les mœurs varient d'un pays à l'autre.* **3.** (Sujet n. de personne.) Manquer de constance dans ses opinions, ses sentiments. – (Sujet plur.) Avoir des avis différents. *Les philosophes varient sur ce point.*

variétal, ale, aux [vaʀjetal, o] adj. BOT Qui concerne une variété.

variété [vaʀjete] n. f. **1.** Caractère de ce qui est varié, divers. *Travail qui manque de variété. La variété des opinions.* **2.** Ensemble de choses variées. *Ce commerçant dispose d'une grande variété d'articles.* **3.** BIOL La plus petite des unités systématiques (plus petite que l'espèce). – GENET *Variété hybride :* variété commerciale de plantes hybrides obtenues par le croisement de mêmes variétés. **4.** MATH Ensemble des éléments d'un espace topologique. **5.** (Plur.) Spectacle combinant numéros musicaux et attractions diverses. *Émission télévisée de variétés.*

variole [vaʀjɔl] n. f. **1.** MED Maladie infectieuse grave, éruptive, immunisante, contagieuse et épidémique, due à un virus du groupe auquel appartient la vaccine* (1). *La variole a disparu dans les pays où la vaccination a été rendue obligatoire.* Syn. cour. (Québec) grosse picote. **2.** MED VET Nom donné à diverses maladies infectieuses bénignes. *Variole équine.* – *Variole caprine,* des ovins et des caprins.

varioleux, euse [vaʀjɔlø, øz] adj. et n. MED Qui est atteint de la variole.

variolique [vaʀjɔlik] adj. MED Relatif à la variole. *Pustule variolique.*

variomètre [vaʀjɔmɛtʀ] n. m. ELECTR Appareil de mesure des inductances.

variqueux, euse [vaʀikø, øz] adj. MED Qui a rapport aux varices; qui est de la nature des varices. *Un ulcère variqueux.*

varlope [vaʀlɔp] n. f. TECH Rabot à très long fût, muni d'une poignée.

Varna, port de Bulgarie, sur la mer Noire; 307 200 hab.; ch.-l. de la rég. du m. nom. Industries. Université. Tourisme. – Soumise par les Ottomans, en 1391, Varna fut le théâtre de la victoire de leurs troupes sur les forces chrétiennes (Polonais et Hongrois) en 1444. Elle fut libérée des Turcs en 1878.

varron [vaʀɔ̃] n. m. MED VET **1.** Larve d'une mouche du genre *Hypoderma* qui provoque des lésions de l'hypoderme et dont la phase terminale est sous-cutanée. **2.** Tumeur avec perforation provoquée par cette larve, chez les bovins.

Varron (en lat. *Marcus Terentius Varro*) (116 – 27 av. J.-C.), écrivain et érudit latin; auteur de très nombr. traités. Ses trois livres de *Rerum rusticarum* constituent le plus célèbre traité d'agriculture de l'Antiquité.

Varsovie (en polonais *Warszawa*), cap. de la Pologne, sur la Vistule; 1 650 220 hab.; ch.-l. de voïévodie. Grand centre scientifique, culturel, comm. et (dep. 1945) industr. – Archevêché. Université. Les monuments (cath., palais royal, etc.) et la vieille ville (place du Vieux-Marché) ont été reconstruits fidèlement après 1945. – Résidence des ducs de Mazovie (XIIIe s.), la ville fut intégrée en 1526 dans le royaume de Pologne et devint sa cap. en 1596. Laissée à la Prusse en 1795, cap. du grand-duché de Varsovie (1807-1814), puis du royaume de Pologne (1815-1915), dont le tsar de Russie était le souverain, Varsovie fut le siège d'une insurrection, durement réprimée (1830-1831). En 1918, elle devint la cap. de la Pologne restaurée. Elle fut occupée en 1939 par les All., qui en 1943 profitèrent du soulèvement du ghetto pour exterminer les Juifs. Une insurrection éclata en 1944 (1er août-2 oct.), et les All. rasèrent la ville; les Sov. n'intervinrent qu'en janv. 1945.

Varsovie (pacte de), accords militaires signés à Varsovie le 14 mai 1955, liant l'U.R.S.S., l'Albanie (qui se retira en 1968), la Bulgarie, la Hongrie, la Pologne, la Roumanie, la Tchécoslovaquie et la R.D.A. Ce pacte répliquait à l'entrée de la rép. fédérale d'Allemagne (R.F.A.) dans l'Organisation du traité de l'Atlantique Nord (OTAN) en 1955. L'alliance a été dissoute en 1991.

varus [vaʀys] n. m. inv. et adj. inv. MED Déviation en dedans (par oppos. à *valgus*). ▷ adj. inv. *Pied bot varus.*

varve [vaʀv] n. f. GEOL Unité annuelle de sédimentation constituée d'une couche mince, noire, à grains très fins, correspondant à l'hiver, et d'une couche plus épaisse, claire, à gros grains, correspondant à l'été. *Les varves sont utilisées pour dater les terrains.*

vas(o)-. Élément, du lat. *vas,* «récipient», et, en lat. anat., «vaisseau, canal».

Vasa. V. Gustave Ier Vasa.

Vasarely (Viktor Vásárhelyi, dit Victor) (1908 – 1997), peintre français d'origine hongroise. Son art cinétique (à partir de 1955) crée un espace visuel multidimensionnel.

Vasari (Giorgio) (1511 – 1574), peintre maniériste, architecte et écrivain italien. *Vies des plus excellents peintres, sculpteurs et architectes* (1550, complétées en 1568) traite la Renaissance italienne. Il traça les plans du palais des Offices (Florence).

Vasco de Gama. V. Gama.

vasculaire [vaskylɛʀ] adj. **1.** ANAT Qui a rapport, qui appartient aux vaisseaux. *Système vasculaire.* **2.** BOT *Plantes vasculaires :* plantes (fougères, gymnospermes, angiospermes) qui ont des éléments conducteurs différenciés (trachéides ou vaisseaux), par oppos. aux végétaux qui n'en ont pas (algues, champignons, mousses, etc.). ▷ *Les cryptogames vasculaires :* les fougères.

vascularisation [vaskylaʀizasjɔ̃] n. f. ANAT Disposition des vaisseaux dans un organe. – Formation de vaisseaux dans un tissu ou un organe.

vascularisé, ée [vaskylaʀize] adj. ANAT Qui contient des vaisseaux. *Organe vascularisé.*

1. vase [vɑz] n. f. Mélange de très fines particules terreuses et de matières organiques formant un dépôt au fond des eaux calmes. ▷ *Par ext.* (Québec) Boue. *Marcher dans la vase.*

2. vase [vɑz] n. m. Récipient destiné à contenir des liquides, des fleurs, ou servant d'ornement. *Vase en verre, en bronze. Vase antique.* ▷ Récipient servant aux expériences de physique et de chimie. ▷ RELIG CATHOL *Vases sacrés,* dont on se sert pour célébrer la messe ou pour conserver les saintes espèces. ▷ PHYS *Vases communicants :* ensemble de récipients de formes différentes qui communiquent entre eux par leur base. – *Principe des vases communicants,* selon lequel les surfaces libres d'un liquide contenu dans des vases communicants se trouvent toujours à la même hauteur. ▷ Loc. fig. *En vase clos :* sans contact avec le monde extérieur. *Enfant élevé en vase clos.*

vasectomie [vazɛktɔmi] n. f. CHIR Section du canal déférent, destinée à provoquer la stérilité masculine.

vaseline [vazlin] n. f. (Nom déposé.) Graisse minérale constituée d'un mélange de carbures saturés, utilisée notam. en pharmacie.

vaseux, euse [vazø, øz] adj. **1.** De la nature de la vase. **2.** Fig., fam. Qui éprouve un malaise vague. *Être vaseux.* **3.** Fam. Confus, embrouillé. *Discours vaseux.*

vasière [vazjɛʀ] n. f. TECH **1.** Premier bassin d'un marais salant où se dépose la vase. **2.** Parc à moules.

vasistas [vazistas] n. m. Petite ouverture pratiquée dans une porte ou une fenêtre, et munie d'un vantail.

vaso-. V. vas(o)-.

vasoconstricteur, trice [vazokɔ̃stʀiktœʀ, tʀis] adj. et n. m. PHYSIOL, MED Qui réduit le calibre des vaisseaux. *Nerf, médicament vasoconstricteur.* ▷ n. m. *Les vasoconstricteurs.*

vasoconstriction [vazokɔ̃stʀiksjɔ̃] n. f. PHYSIOL, MED Réduction du calibre des vaisseaux.

vasodilatateur, trice [vazodilatatœʀ, tʀis] adj. et n. m. PHYSIOL, MED Qui augmente le calibre des vaisseaux. ▷ n. m. *La papavérine est un vasodilatateur.*

vasodilatation [vazodilatasjɔ̃] n. f. PHYSIOL, MED Dilatation des vaisseaux.

vasomoteur, trice [vazomɔtœʀ, tʀis] adj. et n. m. PHYSIOL, MED Qui se rapporte aux modifications de calibre des vaisseaux, ou qui les provoque. *Action vasomotrice.* ▷ n. m. *Les vasomoteurs :* les nerfs vasomoteurs.

vasomotricité [vazomɔtʀisite] n. f. PHYSIOL Ensemble des phénomènes de régulation de la circulation du sang (vasoconstriction et vasodilatation).

vasopressine [vazopʀesin] n. f. MED Hormone hypophysaire antidiurétique. Syn. Hormone antidiurétique. (Abrév. : A.D.H.).

vasque [vask] n. f. Bassin en forme de coupe peu profonde recevant l'eau d'une fontaine ornementale. ▷ Coupe large et peu profonde, servant à décorer une table. *Vasque fleurie.*

vassal, ale, aux [vasal, o] n. et adj. FEOD Personne qui a fait hommage à un seigneur dont elle a reçu un fief et à qui elle doit divers services, notam. financiers et militaires. ▷ Mod., fig. Personne, nation assujettie à une autre. – adj. *Pays vassal.*

vassaliser [vasalize] v. tr. [**1**] Mettre (qqn) sous sa dépendance; asservir.

vassalité [vasalite] n. f. FEOD État, condition du vassal. ▷ Fig. Assujettissement, soumission.

vaste [vast] adj. (et n. m.) **1.** D'une très grande étendue. *Un vaste domaine.* **2.** De grandes dimensions. *Un vaste hangar.* – Fig. De grande ampleur, de grande portée. *De vastes desseins.* – Fam. *Une vaste fumisterie.* **3.** Important en quantité. *Un vaste groupement d'animaux.* **4.** ANAT *Les muscles vastes :* les gros muscles du triceps et du quadriceps. ▷ n. m. *Les vastes interne et externe.*

Vaté (île), île de l'archipel de Vanuatu, située au S.-E. de l'île Malakula; 923 km^2; 31000 hab.; v. princ. *Vila* (cap. de l'archipel). Manganèse.

Vatel (m. en 1671), maître d'hôtel français. La marée n'étant pas arrivée pour un repas offert à Chantilly par son maître, le prince de Condé, et auquel assistait le roi Louis XIV, il se transperça de son épée.

Vatican (État de la cité du), le plus petit État du monde, à Rome, à l'E. du Tibre; 44 ha; 740 citoyens (auxquels s'ajoutent des résidents) dont la citoyenneté ne se substitue pas à la nationalité d'origine. Chef de l'État : le pape (d'où le nom de Saint-Siège donné au Vatican). Cet État comprend : la basilique Saint-Pierre, le palais, les jardins, les musées pontificaux et la place Saint-Pierre (d'accès libre), qui forment la «cité» à laquelle s'ajoutent douze édifices jouissant du privilège de l'exterritorialité (basiliques St-Jean-de-Latran, Ste-Marie-Majeure, St-Paul-hors-les-Murs, résidence d'été de Castel* Gandolfo, etc.). Le palais contient les appartements du pape, la chapelle Sixtine*, la Bibliothèque vaticane*, les musées (pinacothèque; musée Pio Clementino; musée Chiaramonti; Musée grégorien; Musée égyptien, etc.), les appartements Borgia, les Loges* et les chambres de Raphaël*, etc.
Hist. – L'origine officielle des *États pontificaux,* dits aussi *États de la papauté* ou *de l'Église,* repose sur un faux, la «Donation de Constantin» au pape Sylvestre Ier (déb. IVe s.). Les dons faits aux papes par les empereurs du Bas-Empire et certains particuliers constituèrent autour de Rome le «patrimoine de Saint-Pierre». Les Lombards* (qui envahirent l'Italie à partir de 568) organisèrent le Latium en un duché dont le pape était le chef temporel. Sous Étienne II (752-757), les Carolingiens joignirent à ce duché Ravenne et l'Italie centrale : pendant un millénaire, ces États pontificaux coupèrent en biais la péninsule depuis le cours inférieur du Pô (Romagne) et la côte adriatique (Marches) jusqu'au Latium. L'intervention d'Otton Ier en 962 posa le problème des rapports du pape avec le Saint-Empire, mais le concordat de Worms en 1122 assura l'indépendance de l'Église. (V. Investitures [querelle des].) Toutefois, les empereurs, désireux de régner sur l'Italie, affrontèrent les papes jusqu'en 1274. Durant le séjour des papes à Avignon (XIVe s.), l'aristocratie se taille des principautés indépendantes dans les États pontificaux. À partir de 1447, les possessions italiennes de la papauté ne furent plus remises en question. La Renaissance fut une période de développement écon. (mines d'alun de Tolfa) et artistique. L'immobilisme des XVIIe et XVIIIe s. figea la région dans un archaïsme de plus en plus accentué face aux autres États italiens. Un mouvement libéral et patriotique se manifesta sous l'occupation française (1798-1799 et 1809-1814). À partir de 1846, Pie IX tenta de canaliser ce courant pour devenir le guide d'une Italie libérée de la tutelle étrangère et confédérée, mais effrayé par les révolutions de 1848, il quitta Rome, où Mazzini créa l'éphémère République romaine. Dès juin 1849, l'autorité papale fut rétablie sur l'ensemble de ses territoires par les troupes françaises. En mars 1860, la Romagne révoltée rejoignit le royaume du Piémont, suivie, en sept., par les Marches et l'Ombrie. En 1864, l'Italie choisit Florence comme cap. et s'engagea à respecter l'indépendance du territoire pontifical, réduit au Latium. L'assaut de Garibaldi fut repoussé à Mentana (1867). En 1870, les troupes françaises partirent faire la guerre contre l'Allemagne; le 2 oct., après plébiscite, le Latium fut rattaché à l'Italie, dont Rome devint la capitale. Le pouvoir des papes n'a retrouvé d'assise matérielle qu'avec la création de l'État du Vatican par les accords du Latran (fév. 1929). Le concordat du 18 fév. 1984 a établi la séparation de fait entre l'Église et l'État italien.

Vatican (premier concile du) ou **Vatican I,** 20e concile œcuménique (déc. 1869-juil. 1870), qui définit le dogme de l'infaillibilité pontificale.

Vatican (deuxième concile du) ou **Vatican II,** 21e concile œcuménique réuni par Jean XXIII, achevé par Paul VI (oct. 1962-déc. 1965). Il voulut rénover le rapport de l'Église catholique avec le monde (*aggiornamento,* c'est-à-dire «mise à jour») et promouvoir l'unité œcuménique des chrétiens.

vaticane [vatikan] adj. f. (et n. f.) Relative à la papauté, au Vatican (État dont le pape est le souverain temporel). *La diplomatie vaticane.* – n. f. *La Vaticane :* la Bibliothèque vaticane.

vaticane (Bibliothèque), bibliothèque de l'État du Vatican (notam., 60000 volumes manuscrits).

vaticiner [vatisine] v. intr. [**1**] Litt. Prophétiser.

va-tout [vatu] n. m. inv. À certains jeux, mise ou relance d'un joueur qui risque en un seul coup tout ce qu'il possède. ▷ Loc. fig. *Jouer son va-tout :* jouer le tout pour le tout.

Vat Phu, temple khmer du Laos. Situé au S. de Pakxe, dans la rég. méridionale du Laos (qui fit partie de l'Empire khmer jusqu'au XIIIe s.), ce temple-montagne (X^e-XIIe s.) est considéré comme l'un des plus beaux monuments khmers.

vatu [vatu] n. m. Unité monétaire de Vanuatu. (V. tabl. monnaies.)

Vauban (Sébastien Le Prestre de) (1633 – 1707), maréchal de France. Entré dans l'armée à 18 ans, il devint en 1678 commissaire général des fortifications, qu'il adapta aux progrès de l'armement; il consolida 300 places fortes et construisit 40 places. Il dirigea plus de 50 sièges (Lille, notam., 1667). Il eut le courage d'adresser au roi des «mémoires» qui lui déplurent.

Vaucanson (Jacques de) (1709 – 1782), ingénieur français; constructeur d'automates : *Joueur de flûte* (1737), *Canard digéreur* (de graines qu'il avait mangées, 1738). À partir de 1741, il s'intéressa au tissage et inventa le premier métier à tisser automatique.

Vaucluse, dép. franç.; 3566 km^2; 467075 hab.; ch.-l. *Avignon**. V. Provence-Alpes-Côte d'Azur (Rég.).

vauclusien, enne [voklyzjɛ̃, ɛn] adj. GEOL *Source vauclusienne :* résurgence d'eaux d'infiltration en pays calcaire, à gros débit régulier.

Vaud, cant. de Suisse, entre les lacs Léman et de Neuchâtel; 3219 km^2; 599790 hab. (*Vaudois*); ch.-l. *Lausanne*; v. princ. *Montreux, Vevey, Yver-*

don, Nyon. – Centré sur Lausanne, le *pays de Vaud* s'étend entre la rive N. du lac Léman et la pointe S. du lac de Neuchâtel, rejoignant au N. le lac de Morat (enclave dans le cant. de Fribourg). À l'O., il déborde sur les chaînons du Jura (1680 m au *mont Tendre,* 1679 m à la *Dôle*), entaillés par l'Orbe et la vallée de Joux. Au S.-E., il atteint la haute Sarine (pays d'Enhaut) et les Alpes (3209 m aux *Diablerets*). La population vaudoise compte environ 75 % de francophones et env. 75 % de protestants. L'agriculture tient encore une place importante et comprend des vignobles fameux sur les rives ensoleillées du Léman (la Côte, Lavaux). L'élevage bovin et la sylviculture se pratiquent surtout en montagne. L'activité industrielle se localise à Lausanne et dans ses banlieues, dans le Jura (horlogerie, mécanique de précision), à Yverdon (constructions ferroviaires et électroniques, tabac), à Vevey (constructions mécaniques et agroalimentaire). Le tertiaire joue un grand rôle avec les fonctions commerciales et bancaires (favorisées par la situation de carrefour européen) et le tourisme : riviera du lac Léman (Montreux, château de Chillon); festival de musique de Montreux, l'un des plus célèbres du monde; sports d'hiver (Leysin, Les Diablerets, Villars-sur-Ollon).
Hist. – Le *pagus Valdensis,* dont les Romains firent la conquête en 58 av. J.-C., subit leur empreinte. Au Ve s., les Burgondes l'occupent. Au VIIe s., l'évêché de Lausanne est fondé; il constituera une principauté indép. pendant tout le Moyen Âge. De 888 à 1032, le pays appartint au royaume de Bourgogne, puis fut la possession des ducs de Zähringen jusqu'en 1218 et passa ensuite à la maison de Savoie. En 1536, les Bernois le prirent à celle-ci (y compris la principauté de Lausanne) et y introduisirent la Réforme. Leur domination suscita, en 1723, le soulèvement dirigé par le major Davel, qui échoua. En janv. 1798, les Vaudois profitèrent de la présence des troupes françaises pour proclamer la République lémanique qui peu après devint le canton du Léman, membre de la République helvétique. Par l'Acte de médiation (1803), le canton prit son nom actuel et adhéra à la Confédération suisse.

vaudeville [vodvil] n. m. Comédie légère dont l'intrigue, fertile en rebondissements, repose généralement sur des quiproquos.

vaudevillesque [vodvilɛsk] adj. Qui tient du vaudeville.

1. vaudois, oise [vodwa, waz] n. et adj. RELIG Membre d'une secte chrétienne apparue au XIIe s., n'admettant comme source de foi que les Écritures saintes. ▷ adj. *Secte vaudoise.* V. Valdo (Pierre).

2. vaudois, oise [vodwa, waz] adj. et n. Qui est du canton de Vaud. – Subst. *Un(e) Vaudois(e).*

vaudou, vodou [vodu] ou **vodoun** [vodun] n. m. et adj. inv. **1.** Chacune des divinités qui, chez les peuples du golfe de Guinée, se situe à un niveau intermédiaire entre le Dieu suprême et les hommes. **2.** Culte des vaudous qui, avec la traite des Noirs, s'est répandu aux Antilles (princ. en Haïti) et au Brésil (Bahia), où il a intégré des éléments empruntés au rituel chrétien. ▷ adj. inv. *Cérémonie vaudou.*

vaudouesque ou (Haïti) **vodouesque** [vodwɛsk] adj. (Parfois péjor.) Qui a rapport à un vaudou ou au culte vaudou. *Des pratiques vaudouesques.*

vaudouisant, ante ou (Haïti) **vodouisant, ante** [vodwizɑ̃, ɑ̃t] n. Adepte du culte vaudou.

Vaudreuil (Philippe de Rigaud, marquis de) (1643 – 1725), administrateur français. Gouverneur général de la Nouvelle-France (1705-1725), il affronta les Anglais, mais le traité d'Utrecht (1713) arracha à la France l'Acadie, Terre-Neuve et la baie d'Hudson. — **Pierre de Rigaud de Cavagnal,** marquis de Vaudreuil (1698 – 1778), fils du préc., né à Québec; gouverneur de la Louisiane (1743-1755), puis de la Nouvelle-France (1755) jusqu'à la capitulation de Montréal, qu'il ordonna (1760). Il fut emprisonné en France, jusqu'à ce qu'on reconnaisse son innocence (1763).

Vaugelas (Claude Favre, baron de Pérouges, seigneur de) (1585 – 1650), grammairien français. Ses *Remarques sur la langue française...* (1647) déterminèrent le «bon usage*». Il fut membre de l'Académie française dès sa fondation (1634).

Vaughan (Sarah) (1924 – 1990), chanteuse noire américaine, l'une des plus grandes voix du jazz, remarquable par l'étendue de sa tessiture.

vau-l'eau (à) [avolo] loc. adv. V. à vau-l'eau.

vaurien, enne [voʀjɛ̃, ɛn] n. Vieilli Mauvais sujet. ▷ *Par exag.* Galopin, garnement.

vautour [votuʀ] n. m. **1.** Grand oiseau falconiforme à la tête dénudée, charognard. *Vautour américain (condor). Vautours de l'Ancien Monde (gypaète, percnoptère), classés dans la même famille que les buses et les aigles. Vautour-moine :* percnoptère brun. **2.** Fig., litt. Homme impitoyable ou rapace.

vautrer (se) [votʀe] v. pron. [1] **1.** S'enfoncer, se coucher en se roulant. *Porc qui se vautrait dans la boue.* **2.** S'abandonner, s'étaler de tout son corps. *Se vautrer sur son lit.* ▷ Fig., péjor. *Se vautrer dans le vice,* s'y complaire.

Vauvenargues (Luc de Clapiers, marquis de) (1715 – 1747), écrivain et moraliste français : *Introduction à la connaissance de l'esprit humain,* suivie de nombr. pièces brèves (1746).

Vaux (Pierre de). V. Valdo.

Vaux-le-Vicomte (château de), somptueuse demeure de Seine-et-Marne (France), construite par Le Vau (1655-1661) pour le surintendant Fouquet, décorée par Le Brun et dont Le Nôtre dessina les jardins.

Vazov (Ivan) (1850 – 1921), écrivain bulgare; chantre de la lutte contre l'occupant turc. Écrivain fécond, à l'inspiration lyrique, il fut surnommé le «Victor Hugo bulgare» : *l'Épopée des oubliés* (poèmes, 1881-1884); *Sans feu ni lieu* (nouvelles, 1883); *Sous le joug* (roman, 1889-1890).

veau [vo] n. m. **I. 1.** Petit de la vache, âgé de moins d'un an. – *Veau de lait,* qui tète encore sa mère, ou que l'on nourrit de lait et de farines pour lui donner une chair blanche. ▷ Loc. *Tuer le veau gras* (par allus. à la parabole de l'enfant prodigue*) : faire une fête, un grand repas de famille. **2.** Chair de veau. **3.** Cuir de veau et, par ext., de bouvillon ou de génisse. *Sac en veau.* **II.** *Veau marin :* phoque des mers européennes.

vecteur, trice [vɛktœʀ, tʀis] n. m. (et adj.) **1.** MATH Segment orienté comportant une origine et une extrémité; grandeur orientée constitutive d'un espace vectoriel. ▷ adj. *Rayon vecteur :* segment orienté reliant un point fixe à un point mobile sur une courbe donnée. **2.** MILIT Engin, avion, etc., capable de transporter une charge explosive (nucléaire, partic.). **3.** MED Animal (insecte, notam.) qui transmet un agent infectieux. *L'anophèle, vecteur du paludisme.* – adj. *La glossine est vectrice de la trypanosomiase.*
ENCYCL Math. – Un vecteur est défini par sa *direction* (droite qui le supporte), par son *sens* (un vecteur est une grandeur orientée) et par sa *norme* (distance entre ses extrémités, autrement dit sa *longueur*). On peut additionner et soustraire des vecteurs, et effectuer le produit d'un vecteur par une grandeur scalaire, c'est-à-dire par un nombre. Le *produit scalaire* de deux vecteurs $\vec{V}_1$ et $\vec{V}_2$ (noté $\vec{V}_1 . \vec{V}_2$) est le produit des normes des deux vecteurs par le cosinus de l'angle que forment leurs supports : $|\vec{V}_1| . |\vec{V}_2| \times \cos \alpha$. Le *produit vectoriel* de deux vecteurs $\vec{V}_1$ et $\vec{V}_2$ (noté $\vec{V}_1 \wedge \vec{V}_2$) représentés par les vecteurs $\overrightarrow{OA}$ et $\overrightarrow{OB}$ formant un angle α est un vecteur $\vec{V}_3$ représenté par le vecteur $\overrightarrow{OC}$, perpendiculaire au plan OAB, de norme égale a $|\vec{V}_1| . |\vec{V}_2| \sin \alpha$. Un espace vectoriel sur le corps $\mathbb{R}$ des nombres réels est un ensemble E muni d'une loi de composition interne et d'une loi de composition externe. La théorie des espaces vectoriels joue un rôle fondamental en géométrie, en mécanique et en physique : les forces, les vitesses, les accélérations, etc. sont des grandeur vectorielles.

vectoriel, elle [vɛktɔʀjɛl] adj. MATH Relatif aux vecteurs. – *Espace vectoriel :* structure algébrique particulière définie par deux lois de composition, l'une additive, l'autre multiplicative. – *Grandeur vectorielle,* qui possède une valeur numérique, une direction et un sens.

vécu, ue [veky] adj. et n. m. Qui s'est passé ou qui aurait pu se passer réellement; qui fait référence à la vie elle-même, à l'expérience que l'on en a. *Un roman vécu.* ▷ PHILO *Le temps vécu :* le temps subjectif. ▷ n. m. *Le vécu :* l'expérience vécue.

Veda ou **Védas** (mot sanskrit signif. «savoir»), désigne à la fois les quatre collections des livres sacrés de l'hindouisme et l'ensemble des textes du brahmanisme. Ils ont été rédigés en sanskrit depuis une époque que les indianistes situent vers 1800 av. J.-C. pour la partie la plus anc.; des adjonctions ont été opérées jusqu'au IVe s. av. J.-C. Les quatre collections de textes sont : le *rig-veda,* le *yajur-veda,* le *sāma-veda* et *l'atharva-veda.* Chacune est un vaste ensemble (*samhitā*) d'hymnes et de formules (*mantras*) incantatoires. (V. Vedānta et upanishad.)

Vedānta (mot sanskrit signif. «membres des Veda»), système de philosophie brahmanique fondé principalement sur les upanishads* et codifié dans sa règle «classique» par Çankara, sage hindou (fin VIIIe-début IXe s.).

vedettariat [vədetaʀja] n. m. Condition, état de vedette (sens I, 3).

vedette [vədɛt] n. f. **I. 1.** *Mettre en vedette un mot, un nom,* etc., l'imprimer isolément en gros caractères. – Fig. *Mettre qqn en vedette,* le mettre en vue, en valeur. **2.** *Avoir la vedette :* au théâtre, au cinéma, etc., avoir son nom en tête d'une affiche, d'un programme, etc. – Fig. *Avoir, tenir la vedette, être en vedette :* tenir le premier rôle dans l'actualité. **3.** Acteur, artiste en renom. *Vedette de cinéma, de la chanson.* – *Par anal.* Personnalité en vue. *Vedette du barreau.* **II. 1.** Petit bâtiment de guerre destiné princ. à la surveillance côtière. **2.** Petite embarcation rapide à moteur.

védique [vedik] adj. Didac. Relatif aux Védas.

Véga, étoile bleue de la constellation de la Lyre, très brillante, entourée d'un disque protoplanétaire.

végétal, ale, aux [veʒetal, o] n. m. et adj. **I.** n. m. Être vivant qui se distingue des animaux par le manque (pas forcément total) de faculté de se mouvoir, par son mode de nutrition (à partir d'éléments minéraux) et de reproduction, et par sa composition chimique (chlorophylle, cellulose, notam.). V. encycl. botanique. **II.** adj. **1.** Des plantes, des végétaux. *Cellule végétale.* **2.** *Spécial.* Qui provient des végétaux, qui en est tiré. *Huile végétale.* – *Terre végétale :* couche superficielle du sol, riche en matières organiques provenant de la décomposition des débris végétaux.

végétarien, enne [veʒetaʀjɛ̃, ɛn] adj. et n. **1.** Propre au végétarisme. *Régime végétarien.* **2.** Partisan du végétarisme. ▷ Subst. *Un végétarien.*

végétarisme [veʒetaʀism] n. m. Didac. Régime alimentaire excluant la consommation de viande mais autorisant certains aliments d'origine animale (lait, beurre, œufs, notam.).

végétatif, ive [veʒetatif, iv] adj. **1.** BOT Qui a rapport à la croissance, à la nutrition des plantes. – *Appareil, organes végétatifs des plantes,* qui assurent la nutrition (par oppos. à *appareil, organes reproducteurs*). ▷ *Multiplication végétative :* multiplication asexuée des végétaux par boutures, marcottes, stolons, etc. **2.** PHYSIOL Qui concerne l'activité du système neurovégétatif ou système nerveux autonome. – *Fonctions végétatives de l'organisme* (circulation, métabolisme, etc.). ▷ MED *État végétatif,* d'un sujet qui a perdu ses facultés de communication et semble réduit à ses seules fonctions végétatives. **3.** Fig. Qui, par son inaction, rappelle la vie des plantes. *Mener une vie végétative.*

végétation [veʒetasjɔ̃] n. f. **1.** Croissance (des végétaux). *Période de végétation.* **2.** Ensemble des végétaux qui croissent en un lieu. *La végétation tropicale.* **3.** ANAT Toute production pathologique charnue à la surface de la peau ou d'une muqueuse. ▷ Spécial. *Les végétations (adénoïdes) :* hypertrophie du tissu lymphoïde qui constitue l'amygdale pharyngée. *Les végétations apparaissent surtout dans l'enfance.*

végéter [veʒete] v. intr. **[14]** Péjor. Avoir une existence peu active et morne. *Végéter dans un emploi subalterne.* – Avoir une activité réduite, médiocre. *Cette affaire végète.*

véhémence [veemɑ̃s] n. f. Litt. Impétuosité, violence (des sentiments, de l'expression). *Parler avec véhémence.*

véhément, ente [veemɑ̃, ɑ̃t] adj. Litt. Ardent, impétueux. *Un orateur, un discours véhément.*

véhiculaire [veikylɛʀ] adj. et n. m. Didac. Se dit d'une langue servant à la communication entre des communautés ayant des langues maternelles différentes (par oppos. à *vernaculaire*). *Le swahili, le dioula, le haoussa sont des langues véhiculaires, dites aussi langues de grande communication.* (V. encycl. ci-après.) ▷ n. m. *Un véhiculaire interethnique.*

ENCYCL Ling. – Dans la plupart des pays, le multilinguisme est de règle. L'hétérogénéité maximale se rencontre en Afrique (de 1200 à 1500 langues pour moins de cinquante États) et en Nouvelle-Guinée (700 langues). Dans les pays fortement multilingues, les individus possèdent généralement des compétences dans plusieurs langues locales. Cependant, il existe de nombreuses situations où il ne suffit pas de connaître deux ou trois langues locales pour pouvoir communiquer en toutes circonstances. On doit alors soit faire appel à un interprète, soit avoir recours à une langue véhiculaire, ou *Lingua Franca.* Il existe deux grandes catégories de langues véhiculaires : des langues de grande communication et des langues de communication restreinte. **1.** Les langues de grande communication sont fournies par des communautés détentrices de pouvoirs militaire, économique et politique. Le latin, qui reposait sur la puissance de Rome, a vu son usage s'étendre dans tout le bassin méditerranéen. De nos jours, l'anglais, l'arabe dit «médian», l'espagnol, le français, le mandarin (chinois), le portugais, le russe jouent, à des degrés divers, le rôle de langues véhiculaires dans certaines parties du monde. En Afrique subsaharienne, on dénombre une cinquantaine de langues africaines véhiculaires, d'une extension géographique plus restreinte (V. Afrique, langues). Ces langues sont virtuellement capables de répondre à tous les besoins de communication, dans la mesure où ceux qui les emploient les maîtrisent suffisamment. **2.** Les langues véhiculaires de communication restreinte sont appelées *pidgins.* Elles reposent sur un substrat de langues locales, recouvert par un lexique tiré d'une langue de prestige, souvent héritée de la colonisation. Les pidgins ne servent que dans le contexte limité d'une activité donnée, comme le commerce. Ils ne sont pas aptes à exprimer toute la gamme des émotions et des sentiments humains. Lorsque la situation qui leur a donné naissance disparaît, ils disparaissent également. Cependant, ils peuvent se développer, se stabiliser et devenir la langue première de toute une communuté. On ne les appelera alors plus «pidgins», mais langues à part entière : certains auteurs parlent aussi de créoles* pour désigner ces pidgins qui ont «réussi».

véhicule [veikyl] n. m. **1.** Litt. Ce qui sert à transporter, à transmettre. *L'air est le véhicule du son.* – PHARM Excipient liquide. **2.** (Abstrait) Ce qui sert à communiquer. *La télévision est un puissant véhicule de l'information.* **3.** Toute espèce de moyen de transport (spécial. engin à roues). *Véhicule automobile. Véhicules utilitaires.* ▷ *Véhicule spatial :* tout engin spatial destiné à transporter une charge utile.

véhiculer [veikyle] v. tr. **[1] 1.** Servir de véhicule à (qqch). *Les médias qui véhiculent l'information.* **2.** Transporter par véhicule. **3.** (Afr. subsah.) *Être véhiculé :* disposer d'un véhicule automobile.

Véies (en lat. *Veii;* en ital. *Veio*), anc. v. étrusque, à 30 km au N.-O. de Rome; le dictateur romain Camille la prit après un long siège (v. 405-395 av. J.-C.). Ruines d'un temple et de tombes.

veille [vɛj] n. f. **I. 1.** Action de veiller; absence de sommeil. *Longue veille. L'état de veille et l'état de sommeil.* **2.** Surveillance, garde effectuée pendant la nuit. *Prendre la veille.* – *Poste de veille,* sur un navire. **II.** Jour qui en précède un autre. *La veille de la Tabaski.* – Loc. *À la veille de :* peu avant (tel événement). *À la veille des indépendances.*

veillée [veje] n. f. **1.** Temps consacré à une réunion familiale ou amicale qui se tient (en zone rurale, surtout) après le repas du soir et jusqu'au coucher. ▷ Soirée organisée pour un groupe (musique, danse, jeux, etc.). **2.** Action de veiller un malade ou un mort; nuit passée à le veiller. – (Maghreb) *Veillée du quarantième jour :* rassemblement de la famille et des proches d'un défunt le quarantième jour qui suit son inhumation. ▷ Loc. fig. *Veillée d'armes :* soirée qui précède une action difficile, une épreuve.

veiller [veje] v. **[1] I.** v. intr. **1.** S'abstenir volontairement de dormir pendant le temps destiné au sommeil. *J'ai dû veiller pour terminer ce travail.* **2.** Être de garde pendant la nuit. – *Par ext.* Être vigilant. **3.** Faire une veillée; y participer. **II.** v. tr. **1.** v. tr. dir. Rester la nuit auprès de (un malade, un mort). *Veiller un blessé.* **2.** v. tr. indir. *Veiller à qqch,* y prendre garde, s'en occuper activement. ▷ *Veiller sur qqn,* faire en sorte qu'il ne lui arrive rien de fâcheux. ▷ (Réunion) *Veiller son tour :* attendre son tour. **III.** v. pron. (France rég., Suisse) Faire attention. *Veille toi! Tu as failli renverser ton verre.*

veilleur, euse [vɛjœʀ, øz] n. Personne qui veille. ▷ Soldat de garde, la nuit. – Loc. *Veilleur de nuit :* personne chargée de faire des rondes pour surveiller un établissement, le quartier d'une ville, etc., durant la nuit; employé d'hôtel qui assure la réception et le service pendant la nuit.

veilleuse [vɛjøz] n. f. **1.** Petite lampe éclairant peu et qu'on laisse allumée la nuit ou en permanence, dans un lieu sombre. ▷ *Mettre une lampe en veilleuse,* réduire sa flamme, son éclairement. – Fig. *Mettre une affaire en veilleuse,* en réduire provisoirement l'activité; cesser provisoirement de s'en occuper. – AUTO Feu de position. **2.** TECH Petit bec brûlant en permanence, dans une chaudière à gaz ou à mazout, un chauffe-eau, etc.

veilloche [vɛjɔʃ] n. f. (Québec) Meule de foin. (V. muleron.)

veinard, arde [venaʀ, aʀd] n. Fam. Personne qui a de la chance.

veine [vɛn] n. f. **I. 1.** Vaisseau qui ramène le sang des capillaires aux oreillettes. *Veines caves, coronaires.* ▷ Loc. *S'ouvrir les veines :* se trancher les veines du poignet pour se suicider. – Fig. *Se saigner aux quatre veines pour qqn :* V. saigner. **2.** Par métaph. *Avoir du sang dans les veines,* de l'ardeur, du courage. **II. 1.** Filon, couche étroite et longue (de minerai). **2.** Dessin de couleur contrastante, long et étroit, qui sinue dans les pierres dures, le bois. *Un marbre gris aux veines noires.* **3.** Nervure saillante (de certaines feuilles). **III.** Fig. **1.** Inspiration. *La veine poétique de cet auteur.* ▷ *Être en veine de,* disposé à. *Être en veine de confidences.* **2.** Fam. Heureux hasard, chance. *Avoir de la veine.*

veiné, ée [vene] adj. Qui présente des veines.

veiner [vene] v. tr. [1] Orner (une surface) en imitant les veines du bois ou du marbre.

veineux, euse [vɛnø, øz] adj. **1.** Qui a rapport aux veines. *Système veineux.* **2.** Qui présente de nombreuses veines. *Marbre veineux.*

veinule [venyl] n. f. **1.** ANAT Petit vaisseau veineux. **2.** BOT Ramification finale des nervures (des feuilles).

veinure [venyʀ] n. f. Réseau de veines (du bois, du marbre, etc.).

vêlage [vɛlaʒ] ou **vêlement** [vɛlmɑ̃] n. m. Action de vêler.

vélaire [velɛʀ] adj. et n. f. PHON Se dit de phonèmes dont le point d'articulation est situé à la hauteur du voile du palais. *Consonne vélaire.* ▷ n. f. [k] *est une vélaire.*

Velan (Yves) (né en 1925), écrivain suisse d'expression française : *Soft Goulag* (1977), *Chat muche* (1986).

Vélasquez (Diego Rodríguez de Silva y Velázquez, en fr.) (1599 – 1660), peintre espagnol. Peintre du roi en 1623, il fit une carrière triomphale. Sur les conseils de Rubens, il séjourna en Italie (1629-1631) et les chefs-d'œuvre se succédèrent : portraits équestres du duc d'Olivares (1634, le Prado), de Philippe IV et du prince Baltasar Carlos (1635, le Prado), *la Reddition de Breda* (dit «les Lances», v. 1635, le Prado). En 1649, il repartit pour l'Italie. Revenu à Madrid (1651), il peignit souvent la famille royale, notam. l'infante Margarita (1656, Vienne), qui sera la figure centrale des *Ménines* (*las Meninas*, «les Demoiselles d'honneur», 1656, le Prado), où la liberté de la touche annonce Goya, Delacroix, Manet.

velche ou **welche** [vɛlʃ] adj. et n. (Suisse) Pour les Suisses alémaniques, relatif à la Suisse romande. ▷ Subst. Surnom donné, sans valeur péjor., aux Suisses romands par les Suisses alémaniques. *Un(e) Velche ou un(e) Welche.*

velcro [vɛlkʀo] n. m. inv. (Nom déposé.) Fermeture de vêtements, d'accessoires, etc., formée de deux bandes de tissu dont les surfaces s'agrippent.

veld ou **veldt** [vɛlt] n. m. GEOGR Steppe herbacée du N.-E. de l'Afrique du Sud.

Veld, plateau steppique d'Afrique du Sud. Au N. des monts Drakensberg, le *Haut Veld* (Orange et Transvaal), dont l'altitude varie entre 1400 et 2000 m, est une zone d'élevage et de cultures irriguées, plus aride vers l'O. Plus au N., le *Bas Veld*, chaud et humide, où règne la savane arborée, s'étend jusqu'aux rives du Limpopo et au Zimbabwe.

Vel' d'hiv' (abrév. de Vélodrome d'hiver), anc. vélodrome parisien. Dans cette enceinte, le 17 juil. 1942, 8160 Français juifs furent enfermés par la police franç. après une rafle nocturne, puis déportés dans des camps allemands.

vêlement [vɛlmɑ̃] n. m. V. vêlage.

vêler [vɛle] v. intr. [1] Mettre bas, en parlant de la vache.

Vélez de Guevara (Luis) (1579 – 1644), écrivain espagnol : *le Diable boiteux* (1641), récit picaresque qui inspira Lesage.

véligère [veliʒɛʀ] adj. ZOOL Pourvu d'un voile, d'une membrane. *Larve véligère de certains mollusques* (qui se déplace à l'aide d'une membrane).

Veliko Tărnovo ou **Tărnovo,** v. du N. de la Bulgarie; 65000 hab. – Citadelle médiévale sur la colline de Carevec; église des Quarante-Martyrs (1230), des Saints-Pierre-et-Paul (XIVe s.). – Cap. du second royaume bulgare (XIIe s.-XIVe s.), l'anc. Tărnovo fut ruinée par les Ottomans (1393). En 1879 y siégea l'Assemblée nationale qui promulgua la *Constitution de Tărnovo*, très démocratique. En 1908, Ferdinand* de Saxe-Cobourg-Gotha y proclama l'indép. de la Bulgarie.

vélin [velɛ̃] n. m. **1.** Peau de veau mort-né, qui a l'apparence d'un très fin parchemin. **2.** (En appos.) *Papier vélin* ou, absol., *vélin :* papier très blanc, de qualité supérieure à la surface particulièrement lisse et régulière.

velléitaire [veleitɛʀ] adj. et n. Qui n'a pas de volonté; dont les intentions sont sans effet. ▷ Subst. *Un(e) velléitaire.*

velléité [veleite] n. f. Intention peu ferme, que ne suit aucune action. *Les velléités de réforme de l'État.*

vélo [velo] n. m. Cour. Bicyclette. *Partir en (à) vélo. Faire du vélo.*

véloce [velɔs] adj. Litt. Rapide, agile.

vélocité [velɔsite] n. f. Litt. ou didac. Rapidité, agilité. *Exercices de vélocité au piano, à la guitare,* etc.

vélocross [velokʀɔs] n. m. Vélo tout-terrain.

vélodrome [velodʀom] n. m. Piste aménagée pour les courses cyclistes, entourée de gradins.

vélomoteur [velomɔtœʀ] n. m. Motocycle d'une cylindrée supérieure à 50 cm^3 mais n'excédant pas 125 cm^3. Syn. (Suisse) boguet. ▷ Cour. Motocycle de petite cylindrée (cyclomoteur, vélomoteur).

vélomotoriste [velomɔtɔʀist] n. Personne qui conduit un vélomoteur.

vélo-taxi [velotaksi] n. m. (Afr. subsah.) Bicyclette dont le conducteur fait profession de transporter des passagers; son conducteur. *Des vélos-taxis.*

velours [vəluʀ] n. m. **1.** Étoffe à deux chaînes, dont l'endroit offre un poil court et serré, doux au toucher, et dont l'envers est ras. *Velours uni, côtelé.* ▷ Loc. fig. *Jouer sur le velours :* agir sans risque. **2.** Ce qui est doux au toucher. *Le velours de sa peau.* ▷ Loc. *Chat qui fait patte de velours,* qui rentre ses griffes. – Fig. *Faire patte de velours :* affecter la douceur pour dissimuler une mauvaise intention.

velouté, ée [vəlute] adj. et n. m. **I.** adj. **1.** Doux au toucher comme du velours. *Pêche veloutée.* ▷ *Par ext.* Qui produit une impression de douceur analogue à celle du velours au toucher; doux, onctueux. *Potage velouté.* **2.** TECH Se dit d'une étoffe, d'un papier qui porte des applications (fleurs, ramage) de velours ou imitant le velours. **II.** n. m. **1.** Douceur, aspect de ce qui est velouté. *Le velouté d'un fruit, d'un vin.* **2.** Potage velouté. *Un velouté de tomates.*

velouteux, euse [vəlutø, øz] adj. Qui a la douceur du velours.

velu, ue [vəly] adj. **1.** Abondamment couvert de poils. *Des bras velus.* **2.** BOT Garni de poils fins et serrés.

velum ou **vélum** [velɔm] n. m. Grande pièce de toile qui sert à abriter un espace sans toiture ou à simuler un plafond.

venaison [vənɛzɔ̃] n. f. Chair du gros gibier.

Venaissin (comtat). V. Comtat (le).

vénal, ale, aux [venal, o] adj. **1.** Péjor. Qui se vend. – *L'amour vénal :* la prostitution. ▷ (Personnes) Qui aime l'argent; qui se laisse acheter. **2.** ECON *Valeur vénale d'un objet,* valeur de cet objet estimée en argent.

vénalité [venalite] n. f. **1.** HIST Fait (pour une charge, une fonction) de pouvoir être obtenue ett cédée pour de l'argent. **2.** Fait d'être vénal; caractère d'une personne vénale.

venant [vənɑ̃] n. m. *À tout venant :* à quiconque se présente, à tout le monde. *Maison ouverte à tout venant.*

Venceslas (saint) (907 – 929), duc de Bohême (921-929). Propagateur du christianisme, il fut tué par son frère Boleslav Ier, chef du parti païen. Il est devenu le patron de la Bohême.

BOHÊME

Venceslas Ier (1205 – 1253), roi de Bohême (1230-1253). Il favorisa la germanisation du royaume (notam. par l'établissement de colons). — **Venceslas IV** (1361 – 1419), roi de Bohême (1363-1419) et empereur germanique (1378-1419); fils de l'empereur Charles IV de Luxembourg. Il rencontra l'hostilité du clergé et de la noblesse tchèques. Il se rapprocha de la France, ce qui mécontenta le pape (lequel lui retira la couronne impériale en 1400), et plus tard des hussites.

LUXEMBOURG

Venceslas Ier (1337 – 1383), premier duc de Luxembourg. Son frère aîné, l'empereur Charles IV, érigea le Luxembourg en duché (1354). Venceslas Ier a écrit en français des poésies que Froissart publia.

Venda, district de l'Afrique du Sud, au N. de la prov. du Transvaal septent.; 7460 km^2; 726000 hab.; ch.-l. *Thohoyandou.* – Anc. bantoustan (1959-1994, «indépendant» en 1979).

vendable [vɑ̃dabl] adj. Qui peut être vendu.

vendange [vɑ̃dɑ̃ʒ] n. f. Fait de récolter le raisin mûr destiné à faire du vin. *Faire la vendange, les vendanges.* – *La vendange :* le raisin récolté. ▷ Par ext. *Les vendanges :* la période où se fait cette récolte, en automne.

vendanger [vɑ̃dɑ̃ʒe] v. tr. [13] *Vendanger une vigne,* en récolter le raisin. ▷ *Absol.* Faire la vendange.

vendangeur, euse [vɑ̃dɑ̃ʒœʀ, øz] n. Personne qui vendange. Syn. (France rég.) vendemiaire.

Vendée, dép. franç.; 6721 km^2; 509356 hab.; ch.-l. *La-Roche-sur-Yon* (48518 hab.). V. Loire (Pays de la) [Région].

Vendée (guerres de), insurrection contre-révolutionnaire de l'ouest de la France (dép. de la Vendée et voisins) en 1793. L'«armée catholique et royale» compta 40000 membres, dirigés par des nobles et des roturiers. Ils prirent des villes, échouèrent devant Nantes, et furent défaits à Cholet (oct. 1793) par Kléber. En 1796, Hoche les vainquit.

vendemiaire [vɑ̃dəmjɛʀ] n. (France rég.) Syn. de *vendangeur.*

venderesse [vɑ̃dʀɛs] n. f. DR V. vendeur (sens 1).

vendetta [vɑ̃dɛt(t)a] n. f. Coutume corse qui consiste, pour tous les membres d'une famille, à poursuivre la vengeance de l'un des leurs.

vendeur, euse [vɑ̃dœʀ, øz] n. **1.** Personne qui vend ou qui a vendu un bien. *L'acquéreur du terrain et le vendeur doivent aller voir le notaire.* (n. f. DR : *venderesse.*) **2.** Personne dont la profession est de vendre. *Vendeur ambulant. Vendeur de journaux.* ▷ Employé(e) d'un magasin préposé(e) à la vente.

vendre [vɑ̃dʀ] v. [**6**] **I.** v. tr. **1.** Échanger contre de l'argent. *Vendre ses bijoux. Vendre aux enchères.* ▷ Loc. fig. *Vendre chèrement sa vie :* tuer beaucoup d'ennemis avant de succomber. **2.** Exercer le commerce de. *Vendre des vêtements. Vendre en gros et au détail.* **3.** Accorder, abandonner pour de l'argent ou contre un avantage quelconque (ce qui, normalement, n'est pas objet de commerce). *Vendre son vote, sa liberté.* **4.** Trahir, dénoncer par intérêt. *Son complice l'a vendu.* **II.** v. pron. **1.** (Passif) Être vendu (sens 1). *Un article qui se vend bien.* **2.** (Réfl.) Péjor. Faire un commerce honteux de sa personne, de ses services. *Fille qui se vend. Se vendre aux puissants, à l'ennemi.*

vendredi [vɑ̃dʀədi] n. m. Cinquième jour de la semaine, qui suit le jeudi. ▷ Chez les musulmans, jour de la grande prière. ▷ *Le vendredi saint :* chez les chrétiens, le vendredi qui précède Pâques, anniversaire de la mort de Jésus-Christ.

vendu, ue [vɑ̃dy] adj. et n. **1.** Cédé contre argent. **2.** Péjor. Qui sert le plus offrant, en abdiquant tout honneur, toute dignité. *Un politicien vendu.* ▷ Subst. *C'est un vendu.*

vène [vɛn] n. m. Arbre d'Afrique de l'Ouest (fam. papilionacées), exploité pour son bois, appelé *palissandre du Sénégal.*

vénéneux, euse [venenø, øz] adj. Se dit d'une plante qui renferme naturellement des substances toxiques. *L'amanite phalloïde est très vénéneuse.* Syn. (Québec) vlimeux.

vénérable [veneʀabl] adj. et n. **1.** adj. Litt. ou plaisant Digne de vénération. *Vieillard vénérable. Une vénérable institution* (le plus souvent en raison de son ancienneté). – *Âge vénérable :* âge très avancé. **2.** adj. et n. Titre donné au président d'une loge maçonnique.

vénération [veneʀasjɔ̃] n. f. **1.** Respect des choses sacrées. **2.** Profond respect que l'on éprouve pour qqn.

vénéré [veneʀe] n. m. RELIG CATHOL Jour qui clôture la neuvaine de prière faite au domicile d'un défunt.

vénérer [veneʀe] v. tr. [**14**] Avoir de la vénération pour (qqn, qqch). *Vénérer les saints. Vénérer la mémoire de qqn.*

vénerie [vɛnʀi] n. f. Art de la chasse à courre.

vénérien, enne [veneʀjɛ̃, ɛn] adj. *Maladies vénériennes :* maladies infectieuses qui se transmettent surtout par le contact sexuel (V. blennorragie, chancre, syphilis). Syn. mod. maladies sexuellement transmissibles (M.S.T.).

vénérologie [veneʀɔlɔʒi] n. f. MED Partie de la médecine qui étudie et traite les maladies vénériennes.

Vénétie (en ital. *Venezia*), rég. historique de l'Italie du N.-E., entre le Pô, le lac de Garde, les Alpes et l'Adriatique, auj. partagée entre les régions administratives de la Vénétie* (autrefois Vénétie Euganéenne), du Frioul*-Vénétie Julienne (c.-à-d. «des Alpes Juliennes») et du Trentin*-Haut-Adige (qui comprend la Vénétie Tridentine). – Occupée par les Ostrogoths (Ve s.), puis par les Lombards (VIe s.), la région fut soumise à la république de Venise à partir du XVe s. Cédée à l'Autriche en 1797 par le traité de Campoformio, elle revint à l'Italie en 1866.

Vénétie (en ital. *Veneto*), rég. du N.-E. de l'Italie et rég. de la C.E., sur l'Adriatique, formée des prov. de Belluno, Padoue, Rovigo, Trévise, Venise, Vérone et Vicence; 18 364 km^2; 4 374 900 hab.; ch.-l. *Venise.* Aux Alpes (Dolomites) succède une région de collines bordée par une plaine due aux alluvions de la Piave, de l'Adige et, surtout, du Pô. Le climat, continental, subit les influences maritimes. Le sol est fertile. L'hydroélectricité favorise l'industrie (notam. dans la zone portuaire de Venise). Le tourisme est partout présent.

Venezuela (république du) *(República de Venezuela),* État du N.-O. de l'Amérique du Sud, bordé au N. par la mer des Caraïbes; 912 050 km^2; 21 844 000 hab.; cap. *Caracas.* Nature de l'État : rép. Langue off. : esp. Monnaie : bolivar. Pop. : métis (70 %), Blancs (20 %), Noirs (9 %), Amérindiens (env. 40 000 individus). Relig. : cathol. (94 %).
Géogr. et écon. – Au N. s'élèvent des montagnes humides et forestières : Andes (culminant à 5 007 m), cordillère de la Costa; bordées d'un littoral très peuplé, elles isolent, au N.-O., la plaine et le lac de Maracaibo, au climat chaud et sec. Au S. des chaînes s'étend la région tropicale des llanos (savane arborée), arrosée par l'Orénoque, puis le massif des Guyanes couvert d'une forêt dense subéquatoriale. Le pays compte près de 85 % de citadins et accueille plus de 2 millions d'immigrés (Colombiens, notam.). L'agriculture reste insuffisante et l'élevage extensif est important (15 millions de bovins). L'écon. repose sur le secteur minier : or, diamants, bauxite, gaz naturel et, surtout, pétrole (8e rang mondial, 80 % des exportations), exploité depuis 1914 dans la zone de Maracaibo; mais l'exploitation des riches réserves de la «ceinture de l'Orénoque» est onéreuse. À partir de 1960, l'État a implanté des industries de base en Guyane (sidérurgie, aluminium). Depuis les années 1980, la baisse du prix du pétrole et l'évasion des avoirs ont créé une crise.
Hist. – La colonisation espagnole rattacha le Venezuela au vice-royaume du Pérou puis à la Colombie dans le vice-royaume de Nouvelle-Grenade et limita la mise en valeur du pays aux montagnes du N. À Caracas eut lieu le prem. soulèvement contre les colonisateurs espagnols (1810-1812), sous la conduite de Miranda puis de Bolívar. De 1821 à 1830, le Venezuela fit partie de la république de Grande-Colombie, organisée par Bolívar. Après sa mort, révolutions et dictatures se succédèrent. De 1870 à 1888, Antonio Guzmán Blanco exerça une dictature progressiste et moderniste. Juan Vicente Gómez (1908-1935) gouverna de façon dictatoriale; l'exploitation du pétrole commença; en 1928, le Venezuela était le 2e prod. mondial. Après une succession de gouvernements milit. (1936-1945), une junte révolutionnaire dirigée par Rómulo Betancourt fit élire à la prés. de la République l'écrivain Rómulo Gallegos (1948), renversé la même année par Marcos Pérez Jiménez, dont la dictature dura jusqu'à l'insurrection populaire de janv. 1958. Depuis lors, les présidents sociaux-démocrates («Action démocratique») alternent avec des démocrates-chrétiens. Social-démocrate, Carlos Andrés Pérez Rodríguez (1973-1979) nationalisa le pétrole en 1975; élu à nouveau en 1988, il décréta l'austérité sur les conseils du F.M.I., et des troubles graves éclatèrent (mars 1989). Deux tentatives de putsch militaire furent déjouées en 1992. En mai 1993, Pérez décréta l'état d'urgence et fut démis pour malversations. En déc. 1994, le démocrate chrétien Rafael Caldera (président de 1970 à 1974) fut élu pour le remplacer. Dès 1995, il observa les conseils du F.M.I. En 1996, il autorisa des compagnies étrangères à se livrer à la recherche pétrolière.

vénézuélien, enne [venezɥeljɛ̃, ɛn] adj. et n. Du Venezuela. ▷ Subst. *Un(e) Vénézuélien(ne).*

vengeance [vɑ̃ʒɑ̃s] n. f. Action de se venger; acte par lequel on se venge. *Tirer vengeance d'une insulte. Crier vengeance.*

venger [vɑ̃ʒe] v. [**13**] **I.** v. tr. **1.** Donner à (qqn) une compensation morale pour l'offense qu'il a subie, pour le mal qu'on lui a fait, en châtiant l'offenseur, l'auteur du mal. *Venger un mort.* ▷ (Sujet n. de chose.) *Cela nous vengera.* **2.** Effacer, réparer (une offense) en châtiant son auteur. *Venger un affront.* **II.** v. pron. *Se venger de.* **1.** Châtier (qqn) en lui rendant l'offense, le mal qu'il a fait. *Se venger de qqn.* **2.** Réparer moralement (un affront, un acte nuisible) en châtiant son auteur. *Se venger d'une humiliation.*

vengeron [vɑ̃ʒʀɔ̃] n. m. (Suisse) Nom donné aux espèces peu estimées de poissons.

vengeur, vengeresse [vɑ̃ʒœʀ, vɑ̃ʒəʀɛs] n. et adj. Personne qui venge. ▷ adj. *Une satire vengeresse.*

Veni, creator Spiritus, dans le catholicisme, hymne à l'Esprit-Saint, chantée notamment aux vêpres de la Pentecôte.

véniel, elle [venjɛl] adj. RELIG CATHOL *Péché véniel,* qui ne fait pas perdre la grâce (par oppos. à *péché mortel*). ▷ Cour. Sans gravité. *Faute vénielle.*

venimeux, euse [vənimø, øz] adj. **1.** Se dit des animaux à venin et de leurs glandes, aiguillons, etc. *Serpent venimeux.* Syn. (Québec) vlimeux. – Par anal. *Les piquants venimeux de certaines plantes.* **2.** Fig. Haineux, malveillant. *Propos venimeux.*

venin [vənɛ̃] n. m. **1.** Substance toxique sécrétée par certains animaux et qu'ils injectent par piqûre ou morsure, pour se défendre ou pour attaquer. *Venin de vipère, d'abeille.* **2.** Fig. Haine, malveillance.

venir [vəniʀ] v. [**36**] **I.** v. intr. **1.** Gagner le lieu où se trouve celui qui parle ou celui à qui l'on parle. *Il viendra dans une heure. Viens chez moi.* – *Aller et venir :* faire à pied un trajet alternativement dans les deux sens. – *Faire venir qqn,* le prier de venir. *Faire venir qqch,* se le faire livrer. ▷ Loc. fig. *Voir venir qqn,* deviner ses intentions. ▷ (Suivi d'un inf.) *Venez me voir demain. Les soupçons venaient le tourmenter.* **2.** S'étendre dans une dimension (jusqu'à une certaine limite). *Des manches qui viennent au coude.* – Fig. *Venir à maturité,* y parvenir. ▷ Loc. *En venir à :* en arriver (après une évolution) à (un point essentiel ou extrême). *J'en viens* *au problème qui vous préoccupe.* – *En venir aux mains :* finir par se battre. – *Où veut-il en venir? :* quel est en fin de compte le sens de ses paroles, le but de ses actes? – (Suivi d'un inf.) *J'en viens à me demander si... :* je finis par me demander si... **3.** *Venir de :* provenir, tirer son origine de, découler de. *Ces kiwis viennent de Chine. Ce mot vient du grec. Son erreur vient de là.* ▷ *Venir à qqn :* avoir été légué à qqn. *Cette maison lui vient de sa tante.* **4.** (Sujet n. de chose.) Arriver, se produire. *Le moment du départ est venu.* – *La semaine, l'année qui vient,* prochaine. – Loc. adj. *À venir :* qui suivra (dans le temps), futur. *Les jours, les événements à venir.* ▷ Loc. *Voir venir (les choses) :* s'abstenir d'agir avant de savoir à quoi s'en tenir. ▷ *Venir à qqn :* apparaître sur son corps ou dans son esprit. *Avec l'âge, des rides lui sont venues. Des doutes me viennent.* **5.** (Plantes) Croître, se développer. *Ces arbres viennent bien.* **6.** (Québec) Syn. de *devenir* (1, sens 1). *Il est venu riche en peu d'années.* **II.** v. semi-auxiliaire (suivi de l'inf.). **1.** *Venir de* (au prés. et à l'imparf. pour marquer un passé récent). *Il vient de sortir, vous le manquez de peu.* **2.** (Dans une propos. conditionnelle.) *Venir à* (pour renforcer l'idée d'éventualité). *Si le temps vient à se couvrir, rentrez.* **3.** (Québec) *Venir pour :* être sur le point de. *Elle venait pour monter dans l'autobus quand elle m'a vu.* **III.** v. pron. (France, vieilli; Québec, fam.) *S'en venir :* venir, revenir.

Venise (en ital. *Venezia*), v. d'Italie, sur la *lagune de Venise,* formée par l'Adriatique; 80 000 hab.; ch.-l. de la prov. du m. nom et de la Vénétie. Venise est construite sur 118 îlots, que séparent 177 canaux étroits (400 ponts). Le Grand Canal que traversent seulement trois ponts (notam. le monumental Ponte Rialto, datant de la fin du XVIe s.), divise Venise en deux ensembles, bordés au S. par la longue île de la Giudecca. Un cordon littoral (dont le Lido est une partie) sépare les eaux vénitiennes de la mer (à 2 km). Au N. s'égrènent des îles : San Michele, Murano, la plus import., Burano et Torcello. Venise est un prestigieux centre touristique. À 4 km, le port (Porto Marghera) et la zone industrielle de Mestre (raff. de pétrole, industr. chimiques) sont très actifs. – Nombr. palais du Moyen Âge et de la Renaissance sur les rives du Grand Canal : Ca' d'Oro (XVe s.), Corner della Ca' Grande (XVIe s.), etc. Innombrables églises; Santa Maria della Carità (XVe-XVIIIe s.) est auj. un musée (Accademia delle Belle Arti). Cœur de la ville, la place Saint-Marc est bordée : à l'E., par la basilique Saint-Marc (commencée en 829, reconstruite dans le style byzantin de 1063 à 1094, remaniée aux XIIIe, XVe et XVIIe s.); au nord, par la tour de l'Horloge (1496); au sud, la Piazzetta, dominée par le Campanile (XIIIe-XIVe s., reconstruit de 1905 à 1912) est bordée par le palais des Doges (XIIe s., modifié aux XIVe, XVe et XVIe s.), que le pont des Soupirs (des prisonniers) relie aux prisons. Venise est auj. menacée de destruction (enfoncement du sol; montée du niveau marin; pollution, etc.).
Hist. – Au VIe s., pour échapper aux invasions des Huns puis des Lombards, un groupe d'hab. de la région se réfugia sur les îles de la lagune. Ils constituèrent une république, dirigée par un doge (duc), élu par les notables et vassal de l'empereur byzantin. Dépourvus de terres, ils se dotèrent d'une puissante flotte de commerce. En 1082, Byzance fit appel à elle contre les Normands, en échange de privilèges comm. Grâce aux croisades, Venise s'enrichit et s'assura des concessions sur la côte du Levant. Quand les Occidentaux conquirent Byzance (XIIIe s.), Venise s'empara de la Crète et des îles de la mer Égée, du Péloponnèse, de nombr. ports d'escale. Les grandes familles enrichies par le commerce détenaient le pouvoir au sein du Grand Conseil (créé en 1143), doté d'une police politique, le Conseil des Dix (créé en 1310). Aux XVe et XVIe s., l'école picturale triompha (Bellini, Carpaccio, Giorgione, Titien, Véronèse, le Tintoret). Venise conquit au début du XVe s. les territoires de «terre ferme» qui forment auj. la Vénétie, mais les Turcs lui prirent une à une ses possessions en Médit. orientale; les guerres d'Italie et les grandes découvertes amorcèrent son déclin, ralenti au XVIe s. par une industrie active. En 1797, la république fut abolie par Bonaparte, puis la Vénétie tomba sous la domination autrichienne jusqu'à son rattachement au royaume d'Italie en 1866.

vénitien, enne [venisjɛ̃, ɛn] adj. et n. De Venise. ▷ Subst. *Un(e) Vénitien(ne).*

Venizélos (Eleuthérios) (1864 – 1936), homme politique grec. Crétois, il émancipa la Crète (1898). Président du Conseil à Athènes (1910-1915), il engagea la Grèce dans les guerres balkaniques (1912-1913) et réunit la Crète à la Grèce. Rappelé en 1917, il rangea la Grèce aux côtés des Alliés. Plusieurs fois président du Conseil entre 1924 et 1933, il proclama une éphémère république de Crète (1935) et dut s'exiler.

vent [vɑ̃] n. m. **1.** Mouvement naturel d'une masse d'air qui se déplace suivant une direction déterminée. *Vent du nord, du sud. La force du vent.* – *Vent de sable,* qui souffle en surface, entraînant des grains de sable. – Cour. *Coup de vent :* mouvement brusque de l'air, bourrasque. – Fig. *Passer en coup de vent,* très rapidement. ▷ METEO, MAR *Vent frais,* qui souffle à une vitesse comprise entre 39 et 49 km/h (force 6 Beaufort). – *Grand frais,* quand le vent souffle à une vitesse comprise entre 50 et 61 km/h (force 7 Beaufort). – *Coup de vent,* quand le vent souffle à une vitesse comprise entre 62 et 74 km/h (force 8 Beaufort). – *Fort coup de vent,* entre 75 et 88 km/h (force 9 Beaufort). ▷ Loc. fig. *Contre vents et marées :* en dépit de tous les obstacles. – *Le vent tourne,* il change de direction; fig. le cours des choses change. ▷ *En plein vent :* dans un lieu non abrité. – *Local ouvert aux quatre vents,* ouvert de tous les côtés. ▷ CHASSE *Chien qui prend le vent,* qui flaire. ▷ Loc. fig. *Avoir vent de qqch,* en avoir vaguement connaissance. – *Aller le nez au vent,* au hasard. – *Être dans le vent,* à la mode. – *Quel bon vent vous amène? :* qu'est-ce qui me vaut le plaisir de votre visite? **2.** ASTRO *Vent solaire :* plasma totalement ionisé, formé essentiellement de protons et d'électrons, qui s'échappe du Soleil. (Au voisinage de la Terre, sa vitesse est comprise entre 300 et 800 km/s.) – *Vent stellaire :* matière éjectée en permanence par certaines étoiles. **3.** Agitation de l'air due à une cause quelconque. **4.** MUS Air sous pression, provenant du souffle de l'instrumentiste ou d'une machinerie, qui met en résonance certains instruments de musique, dits *instruments à vent.* **5.** Fig. Chose, parole vaine. *Ces promesses ne sont que du vent.*

Vent (canal du), détroit séparant Cuba d'Haïti et reliant la mer des Antilles à l'Atlantique.

Vent (îles du), ensemble des îles des Antilles exposées à l'alizé, c.-à-d. les îles orientales : Porto Rico, Trinité, Guadeloupe, Martinique, etc.

Vent (îles du) ou **Sous-le-Vent** (îles). V. Société (îles de la).

vente [vɑ̃t] n. f. **I. 1.** Action de vendre, occasionnellement ou dans l'exercice d'une activité commerciale. *Mettre sa maison en vente. Vente à crédit.* – *Service après-vente :* V. service (sens V, 2). **2.** Réunion au cours de laquelle certains biens sont vendus publiquement. *Acheter un tableau dans une vente. Salle des ventes.* ▷ *Vente de charité,* au bénéfice d'une œuvre. **3.** (Québec) (Emploi critiqué.) Offre de marchandises à prix réduit. *Grande vente de chaussures.* – *Vente d'entrepôt :* liquidation en vue de renouveler le stock. – *En vente :* à prix réduit, en solde. **II.** SYLVIC Chacune des coupes qui se font dans une forêt en des temps réglés; partie d'une forêt qui vient d'être coupée. *Jeune vente,* où le bois commence à repousser.

venté, ée [vɑ̃te] adj. Exposé au vent. *Plateau venté.*

venter [vɑ̃te] v. impers. [1] Litt. (cour. au Québec) Faire du vent. *Il a venté cette nuit.* ▷ Loc. *Qu'il pleuve ou qu'il vente :* par tous les temps.

venteux, euse [vɑ̃tø, øz] adj. Où le vent souffle souvent. *Pays venteux. Journée venteuse.*

ventilateur [vɑ̃tilatœʀ] n. m. Dispositif, appareil servant à créer un courant d'air (pour rafraîchir ou renouveler l'air d'une pièce, pour activer une combustion, pour refroidir un moteur, etc.). *Hélice, turbine d'un ventilateur. Ventilateur d'une forge.*

ventilation [vɑ̃tilasjɔ̃] n. f. **I.** Action de ventiler, d'aérer; fait d'être ventilé. *Ventilation d'une pièce.* ▷ MED *La ventilation pulmonaire. La ventilation artificielle est utilisée en cas de défaillance respiratoire.* **II. 1.** DR Évaluation de chacun des lots d'un tout proportionnellement à la valeur du tout. ▷ COMPTA Répartition d'une somme entre divers comptes, divers chapitres d'un budget, etc. **2.** *Par anal.* Répartition. *La ventilation des stagiaires dans les groupes de travail.*

ventiler [vɑ̃tile] v. tr. [1] **1.** Aérer en produisant un courant d'air; alimenter en air frais. **2.** Procéder à la ventilation (sens II, 1 et 2) de. *Ventiler des crédits.*

ventileuse [vɑ̃tiløz] n. f. ENTOM Abeille qui bat des ailes à l'entrée de la ruche pour la ventiler et permettre l'évaporation de l'excès d'eau du miel.

ventis [vɑ̃ti] n. m. pl. AGRIC Arbres abattus par le vent.

ventouse [vɑ̃tuz] n. f. **1.** Petite cloche de verre que l'on applique sur la peau après y avoir créé un vide relatif, de manière à provoquer une congestion superficielle. **2.** Pièce concave en matière souple (caoutchouc, etc.) que la pression atmosphérique permet de faire adhérer à des surfaces planes et lisses. – Loc. *Faire ventouse :* adhérer comme une ventouse. **3.** ZOOL Organe de succion qui permet à certains animaux de se fixer sur une proie, un support, etc. *Ventouses du poulpe, du ténia.* ▷ BOT Organe de fixation en forme de disque de certaines plantes.

ventral, ale, aux [vɑ̃tʀal, o] adj. **1.** Qui a rapport au ventre; qui est situé sur le ventre, du côté du ventre. *Nageoire ventrale.* – *Parachute ventral,* accroché sur la partie antérieure du corps (par oppos. à *parachute dorsal*). ▷ SPORT *Rouleau ventral :* V. rouleau. **2.** ANAT Qui occupe une position médiane et basse. *Noyau ventral du thalamus.*

ventre [vɑ̃tʀ] n. m. **1.** Chez l'homme, partie antérieure et inférieure du tronc, où se trouve la cavité qui renferme les intestins. *Se coucher sur le ventre, à plat ventre.* – Loc. fig. *Se mettre à plat ventre devant qqn,* s'abaisser servilement devant lui. ▷ Proéminence de cette partie du corps. *Avoir, prendre du ventre. Rentrer le ventre.* **2.** Partie molle de l'abdomen des mammifères, en arrière des côtes. – Fig. *Cheval qui court ventre à terre,* à toute vitesse. ▷ *Par ext.* Partie inférieure du corps de certains animaux (par oppos. à *dos*). *Ventre d'un poisson.* **3.** (En tant que siège des organes de la digestion.) *Avoir mal au ventre.* – Loc. *Avoir le ventre creux, plein.* **4.** (Chez la femme, en tant que siège des organes de la gestation.) *Enfant qui bouge dans le ventre de sa mère.* **5.** (Seulement en loc.) Fond du caractère, de la personnalité de qqn. – *Avoir qqch dans le ventre :* avoir du caractère, de la volonté. – *Je voudrais savoir ce qu'il a dans le ventre,* ce dont il est capable, ses intentions cachées. **6.** (Afr. subsah.) Siège des émotions, des sentiments. ▷ Loc. *Avoir le ventre amer :* être de naturel rancunier. **7.** (Choses) Renflement, partie convexe. *Le ventre d'une jarre.* – *Avion qui atterrit sur le ventre,* sans avoir sorti son train d'atterrissage. – *Mur qui fait ventre,* qui se bombe sous les forces de poussée. **8.** PHYS Chacune des zones d'un mouvement vibratoire où l'amplitude est maximale (par oppos. à *nœud*).

ventriculaire [vɑ̃tʀikylɛʀ] adj. ANAT Relatif à un ventricule cardiaque ou cérébral. *Cavité ventriculaire.*

ventricule [vɑ̃tʀikyl] n. m. **1.** ANAT Chacune des deux cavités aplaties et allongées, de forme conique, de la partie inférieure du cœur (V. ce mot). *Les oreillettes et les ventricules.* **2.** ANAT *Ventricule cérébral :* chacune des quatre cavités du cerveau dans lesquelles circule le liquide céphalorachidien. (V. encéphale.) **3.** ZOOL *Ventricule succenturié :* première poche de l'estomac des oiseaux, qui sécrète les sucs digestifs.

ventriloque [vɑ̃tʀilɔk] n. et adj. Personne capable d'émettre des sons articulés sans remuer les lèvres, donnant ainsi l'impression que ce n'est pas elle qui parle. ▷ adj. *Clown ventriloque.*

ventripotent, ente [vɑ̃tʀipɔtɑ̃, ɑ̃t] adj. Fam. Qui a un gros ventre.

ventru, ue [vɑ̃tʀy] adj. **1.** Qui a un gros ventre. *Un quinquagénaire ventru.* **2.** (Choses) Renflé. *Vase ventru.*

venu, ue [vəny] adj. et n. **I.** adj. **1.** *Bien (mal) venu :* à (hors de) propos; bien (mal) accueilli. ▷ Harmonieusement développé; retardé dans son développement (êtres vivants). *Un veau mal venu.* – Bien fait, agréable (choses). *Une aquarelle bien venue.* **2.** (Suivi d'un inf.) *Être mal venu à, de :* ne pas être moralement en droit de. *Vous seriez mal venu de lui faire des reproches.* **II.** n. **1.** *Nouveau venu, nouvelle venue :* personne qui vient d'arriver. ▷ *Le premier venu :* celui qui arrive le premier et, par ext., personne prise au hasard. **2.** n. f. Arrivée. *J'ai appris sa venue.* – *La venue de l'hivernage.* ▷ *Allées et venues :* V. allée. **3.** n. f. Manière de pousser, de se développer. – *D'une belle, d'une seule venue, tout d'une venue :* se dit d'un végétal bien droit, aux lignes régulières. – Fig. *Des pages d'une belle venue.*

1. vénus [venys] n. f. ZOOL Mollusque lamellibranche (genre *Venus*). *La praire est une vénus (Venus verrucosa).*

2. vénus [venys] n. f. **1.** Femme d'une grande beauté. **2.** Représentation par l'art (notam. préhistorique) d'un type féminin (V. Vénus). – *Les vénus aurignaciennes :* statuettes en ivoire de femmes stéatopyges.

Vénus, dans la myth. rom., déesse de la Beauté et de l'Amour, assimilée à l'Aphrodite des Grecs. La statuaire antique a souvent représenté Vénus ou Aphrodite (*Vénus de Milo**, Louvre; *Aphrodite* du musée du Capitole, Rome, etc.). Occulté par le Moyen Âge, le thème de Vénus réapparaît chez Botticelli, Giorgione, Raphaël, Titien, le Tintoret, Véronèse, Vélasquez. – Les «Vénus» préhist. sont des statuettes féminines du paléolithique supérieur : *Vénus de Lespugue*, Vénus de Brassempouy**, etc.

Vénus, deuxième planète du système solaire, au-delà de Mercure. C'est l'astre le plus brillant du ciel après le Soleil et la Lune, visible tantôt à l'aube *(étoile du matin),* tantôt au crépuscule *(étoile du Berger).* Elle décrit en 224 jours et 17 h une orbite inclinée de 3° 24' par rapport au plan de l'écliptique; sa distance au Soleil varie de 107 à 109 millions de km. Vénus, la planète qui s'approche le plus près de la Terre (41 millions de km), fit l'objet de nombr. explorations spatiales entreprises par des sondes amér. (série des *Mariner* de 1962 à 1974, *Pioneer Venus* en 1978, *Magellan* en 1990) et sov. (*Venera* de 1961 à 1983, *Vega* en 1985). Vénus tourne sur elle-même dans le sens *rétrograde* en 243 jours; elle ressemble à la Terre par sa taille (12102 km de diamètre contre 12756 km pour la Terre) et par sa densité (5,26 contre 5,52); on en a déduit que les deux planètes ont une structure interne comparable. Ainsi, il y a plus. milliards d'années, océans et continents étaient présents à la surface de Vénus; un intense effet de serre imposa les conditions qui règnent auj. sur le sol vénusien (90 fois la pression atmosphérique terrestre, température de 470 °C). Le dioxyde de carbone (CO_2) constitue l'essentiel de l'atmosphère de Vénus; entre 48 et 68 km, une épaisse couche nuageuse est riche en acide sulfurique; la haute atmosphère tourne, dans le sens rétrograde, 60 fois plus vite que la planète (un tour en 4 jours).

vénusien, enne [venyzjɛ̃, ɛn] adj. De la planète Vénus.

vêpres [vɛpʀ] n. f. pl. RELIG CATHOL Office célébré autrefois le soir, aujourd'hui l'après-midi, avant complies. *Aller aux vêpres.*

Vêpres siciliennes (les), nom donné au massacre, par la pop. de Palerme, des soldats français de Charles Ier d'Anjou, roi de Sicile. L'insurrection commença le lundi de Pâques, 30 mars 1282, à l'heure des vêpres. Le roi d'Aragon Pierre III obtint la couronne de Sicile. À cette époque naquit la mafia*. ▷ MUS *Les Vêpres siciliennes,* opéra en cinq actes de Verdi (1855).

ver [vɛʀ] n. m. **1.** Petit animal invertébré, de forme allongée, au corps mou dépourvu de pattes. (Les vers ne représentent pas un groupe systématique, mais plusieurs embranchements dont certains sont constitués d'acœlomates et les autres de cœlomates.) – *Ver de terre ou,* absol., *ver :* lombric. Syn. (Acadie) laiche. – *Ver solitaire :* ténia. – *Ver de Guinée :* filaire* de Médine. ▷ *Vers plats* (plathelminthes*), *ronds* (némathelminthes*). **2.** Larve de certains insectes. *Bois rongé par les vers.* – *Ver blanc :* larve du hanneton. – *Ver de Cayor :* larve d'une mouche (genre *Cordylobia*) qui s'implante dans la peau de l'homme ou du chien et y forme une sorte de furoncle. – *Ver de palmier* ou (Afr. subsah.) *ver palmiste :* larve comestible du charançon du palmier. – *Ver de case :* larve d'une mouche suceuse de sang. – *Ver à soie :* chenille du bombyx du mûrier, dont le cocon fournit la soie (V. ce mot). Syn. (France rég.) magnan. ▷ Loc. *N'être pas piqué* des vers.* **3.** *Ver luisant :* femelle aptère et luminescente du lampyre. **4.** Loc. fig., fam. *Tirer les vers du nez à qqn,* l'amener par des questions habiles à parler, à faire des révélations.

véracité [veʀasite] n. f. Litt. **1.** Qualité de ce qui est attaché à la vérité. *La véracité d'une étude historique.* **2.** Caractère de ce qui est dépourvu de mensonge ou d'erreur. *Nous connaissons la véracité de ce récit.*

Veracruz, v. et port du Mexique, sur le golfe du Mexique, dans l'État du m. nom; 284820 hab. Industr. métallurgiques. – *L'État de Veracruz* (71699 km²; 6228200 hab.; cap. *Jalapa Enríquez*) se consacre aux cultures tropicales. Pétrole.

véranda [veʀɑ̃da] n. f. **1.** Galerie couverte longeant la façade d'une maison. Syn. (oc. Indien) varangue. ▷ Balcon couvert et clos par un vitrage. **2.** (Afr. subsah.) Auvent couvrant une terrasse, une galerie, sur le devant ou le côté d'un bâtiment.

verbal, ale, aux [vɛʀbal, o] adj. **1.** De vive voix (par oppos. à *écrit, par écrit*). *Promesse verbale.* **2.** Par ext. *Note verbale,* remise sans signature à un ambassadeur. **3.** Exprimé par des mots. *Expression verbale, orale ou écrite.* **4.** GRAM, LING Du verbe, relatif au verbe. *Forme, locution* verbale.*

verbalement [vɛʀbalmɑ̃] adv. **1.** De vive voix. **2.** Au moyen des mots.

verbalisation [vɛʀbalizasjɔ̃] n. f. **1.** Action de dresser un procès-verbal. **2.** PSYCHO Fait d'exprimer ou de s'exprimer par le langage. *Verbalisation d'une sensation, d'un sentiment.*

verbaliser [vɛʀbalize] v. [1] **1.** v. intr. Dresser un procès-verbal. **2.** v. tr. et intr. PSYCHO Exprimer par le langage.

verbalisme [vɛʀbalism] n. m. Péjor. Usage des mots pour les mots, et non pour exprimer une idée.

verbe [vɛʀb] n. m. **I. 1.** THEOL (Avec une majuscule.) Parole que Dieu adresse aux hommes. – Dieu, en la seconde personne de la Trinité. *Le Verbe s'est fait chair.* **2.** Vieilli ou litt. Discours, langage. *La magie du verbe.* **3.** Ton de voix. *Avoir le verbe haut :* parler fort; fig., parler avec morgue. **II.** GRAM Partie du discours, mot exprimant une action, un état, un processus et variant en personne, en nombre, en temps, en mode et en voix. *Verbes transitifs, intransitifs. Verbes auxiliaires. Verbes défectifs.*

verbénacées [vɛʀbenase] n. f. pl. BOT Famille de dicotylédones gamopétales, comprenant des arbres *(teck)* et des plantes herbacées *(verveine).* – Sing. *Une verbénacée.*

verbeux, euse [vɛʀbø, øz] adj. Péjor. Trop prolixe, qui abonde en paroles, diffus. *Orateur, discours verbeux.*

verbiage [vɛʀbjaʒ] n. m. Péjor. Abondance de paroles vides de sens; bavardage lassant.

verbosité [vɛʀbozite] n. f. Péjor. Fait d'être verbeux.

Verchères (Marie-Madeleine Jarret de) (1678 – 1747), héroïne de la Nouvelle-France. En 1692, elle défendit le fort familial (à Verchères, près de Québec) contre une attaque d'Iroquois.

Vercingétorix (v. 72 – 46 av. J.-C.), chef gaulois. Chef suprême *(vercingetorix)* des tribus gauloises révoltées contre les Romains (52 av. J.-C.), il contraignit César à lever le siège de Gergovie (mai-juin 52), mais perdit sa cavalerie près de Dijon (août 52), se laissa enfermer dans Alésia et se rendit (fin sept. 52). Emprisonné à Rome, il fut exhibé lors du triomphe de César et mis à mort.

Vercors (le), massif calcaire des Préalpes franç. – En juin-juil. 1944, les troupes allemandes y assaillirent les résistants.

verdâtre [vɛʀdɑtʀ] adj. D'une couleur tirant sur le vert; vert sale.

verdeur [vɛʀdœʀ] n. f. **1.** Acidité d'un fruit vert, d'un vin jeune. **2.** Fig. Vigueur, plénitude des forces et de la santé chez qqn qui n'est plus jeune. **3.** Crudité de langage. *Verdeur de propos.*

Verdi (Giuseppe) (1813 – 1901), compositeur italien. Dans ses nombr. opéras, il concilie l'expression lyrique et une action dramatique intense : *Nabucco* (1842), *Rigoletto* (1851), *la Traviata* (1853), *le Trouvère* (1853), *les Vêpres siciliennes* (1855), *la Force du destin* (1862), *Don Carlos* (1867), *Aïda* (1871), *Otello* (1887), *Falstaff* (1893).

verdict [vɛʀdikt] n. m. **1.** DR Déclaration du jury en réponse aux questions posées en cour d'assises au sujet de la culpabilité d'un accusé. – *Verdict positif,* de culpabilité. – *Verdict négatif,* d'acquittement. **2.** *Par exag.* Avis, jugement. *Le verdict de la critique.*

verdier [vɛʀdje] n. m. Oiseau passériforme au plumage verdâtre, au gros bec, commun dans les parcs et les jardins d'Europe.

verdir [vɛʀdiʀ] v. **[3] 1.** v. tr. Donner une couleur verte à. **2.** v. intr. Devenir vert.

verdissement [vɛʀdismɑ̃] n. m. Fait de verdir.

verdoiement [vɛʀdwamɑ̃] n. m. Fait de verdoyer.

verdoyant, ante [vɛʀdwajɑ̃, ɑ̃t] adj. Qui verdoie.

verdoyer [vɛʀdwaje] v. intr. **[23]** Être de couleur verte. *«L'herbe qui verdoie»* (Perrault).

Verdun, v. de France, ch.-l. d'arr. de la Meuse; 23427 hab. Industr. alim. – Cath. des XIe-XIIe s. Hôtel de ville (XVIIe s.), qui abrite le musée de la Guerre. Citadelle. – Anc. camp gaulois, cité épiscopale au IVe s., la ville fut occupée par Henri II en 1552 (V. Trois-Évêchés [les]) et réunie à la France en 1648. La *bataille de Verdun* fut la princ. bataille de la Première Guerre mondiale (fév.-nov. 1916) : 700000 hommes, français et allemands, périrent.

Verdun (traité de), traité signé en 843 entre les trois fils de Louis le Pieux, qui se partagèrent l'Empire carolingien. Louis reçut les pays de langue germanique, à l'E. du Rhin; Charles le Chauve, les contrées de langue romane à l'O. de l'Escaut, de la Saône et du Rhône; Lothaire, les territoires intermédiaires et le titre d'empereur.

verdunisation [vɛʀdynizasjɔ̃] n. f. TECH Stérilisation de l'eau par addition de chlore en doses très faibles.

verdure [vɛʀdyʀ] n. f. **1.** Couleur verte des végétaux. **2.** (Sing. collectif.) Herbes, plantes, feuilles, arbres. *Se promener dans la verdure.* – Loc. *Théâtre de verdure,* aménagé en plein air.

Vereeniging, v. de l'Afrique du Sud, au S. de Johannesburg, dans la prov. du Gauteng; 149410 hab.; ch.-l. du district du m. nom. Industr. sidér.; houille. – En 1902, la *paix de Vereeniging* y fut signée (annexion des territoires des Boers par l'Empire britannique).

véreux, euse [veʀø, øz] adj. **1.** Qui contient des vers. *Fruits véreux.* **2.** Fig., péjor. (Personnes) Malhonnête. *Homme d'affaires véreux.* – (Choses) Suspect, douteux. *Une affaire véreuse.*

Verga (Giovanni) (1840 – 1922), romancier italien; le princ. représentant du vérisme : *les Malavoglia* (1881), *Maître Don Gesualdo* (1889).

verge [vɛʀʒ] n. f. **I. 1.** Vx Baguette. ▷ Loc. fig. *Vous lui donnez des verges pour vous fouetter :* vous lui apportez des armes (des arguments, par ex.) qu'il utilisera contre vous. **2.** TECH Tige métallique. ▷ MAR *La verge d'une ancre,* sa tige centrale. **3.** Unité de mesure de longueur canadienne valant trois pieds* ou trente-six pouces*, soit 0,9144 m. *Tissu à 10 dollars la verge.* **II.** Organe de la miction et de la copulation, chez l'homme et les mammifères mâles. Syn. pénis.

vergé, ée [vɛʀʒe] adj. et n. m. **1.** *Étoffe vergée,* qui comprend des fils plus gros que le reste, ou d'une teinture plus claire ou plus foncée. **2.** *Papier vergé* ou, n. m., *du vergé,* qui présente en filigrane des lignes parallèles rapprochées.

vergence [vɛʀʒɑ̃s] n. f. PHYS Inverse de la distance focale dans un système optique centré.

verger [vɛʀʒe] n. m. Terrain planté d'arbres fruitiers.

vergeté, ée [vɛʀʒəte] adj. Marqué de petites raies; marqué de vergetures (peau).

vergeture [vɛʀʒətyʀ] n. f. Didac. (Surtout au plur.) Petites stries cutanées, ressemblant à des cicatrices, qui sillonnent une peau fortement distendue.

verglacé, ée [vɛʀglase] adj. Couvert de verglas. *Route verglacée.*

verglas [vɛʀgla] n. m. Mince couche de glace qui se forme quand une pluie en état de surfusion (température légèrement inférieure à 0 °C) atteint le sol.

vergne [vɛʀɲ] n. f. V. verne.

vergogne [vɛʀgɔɲ] n. f. *Sans vergogne :* sans retenue, sans scrupule; effrontément.

vergue [vɛʀg] n. f. MAR Chacun des longs espars disposés perpendiculairement aux mâts et auxquels sont fixées les voiles.

Verhaeren (Émile) (1855 – 1916), poète belge d'expression française. Il célébra avec un naturalisme sensuel les paysages et les spectacles ruraux dans *les Flamandes* (1883), puis subit un temps l'influence du symbolisme (*les Soirs,* 1887; *les Débâcles,* 1888; *les Flambeaux noirs,* 1890). Ensuite, il retrouva sa fougue et exalta les villes industrielles et le travail humain (*les Villes tentaculaires,* 1895; *les Forces tumultueuses,* 1902; *la Multiple Splendeur,* 1906; *les Rythmes souverains,* 1910).

Verheggen (Jean-Pierre) (né en 1942), écrivain belge d'expression française. Truculence pathétique et calembours caractérisent *le Degré zorro de l'écriture* (1978); *Pubères, Putains* (1985).

véridique [veʀidik] adj. **1.** Litt. Qui dit la vérité. *Témoin véridique.* **2.** Conforme à la vérité. *Récit véridique.*

vérifiable [veʀifjabl] adj. Qu'on peut vérifier.

vérificateur, trice [veʀifikatœʀ, tʀis] n. Personne qui vérifie. *Vérificateur des poids et mesures.*

vérificatif, ive [veʀifikatif, iv] adj. Didac. Qui sert à vérifier.

vérification [veʀifikasjɔ̃] n. f. **1.** Action de vérifier. *Vérification d'une addition.* ▷ DR *Vérification d'écritures :* examen en justice d'un acte privé. – *Vérification des pouvoirs :* examen par une assemblée de la régularité de l'élection de ses membres. **2.** Confirmation. *Vérification d'un pronostic.*

vérifier [veʀifje] v. tr. **[2] 1.** Contrôler l'exactitude ou la véracité de. *Vérifier un calcul, une comptabilité. Vérifier les déclarations d'un témoin.* **2.** Confirmer l'exactitude de. *Diagnostic vérifié après divers examens.* ▷ v. pron. Se trouver confirmé. *Votre prédiction s'est vérifiée.*

vérin [veʀɛ̃] n. m. TECH Appareil utilisé pour soulever des charges très pesantes sur une faible hauteur. *Vérin hydraulique, pneumatique.*

vérisme [veʀism] n. m. École littéraire et artistique italienne de la fin du XIXe s., inspirée par le naturalisme*.

véritable [veʀitabl] adj. **1.** Vrai, réel (par oppos. à *apparent, faux, imité*). *Un foulard en soie véritable.* **2.** Digne de son nom. *Une véritable œuvre d'art.* **3.** Fig. Vrai (pour renforcer l'exactitude d'une image, d'une comparaison). *Cet exploit est un véritable tour de force.*

véritablement [veʀitabləmɑ̃] adv. **1.** Conformément à la vérité. **2.** Vraiment, effectivement.

vérité [veʀite] n. f. **1.** Qualité de ce qui est conforme à la réalité; conformité de l'idée à son objet (par oppos. à *erreur*). *Le but de la philosophie est la recherche de la vérité.* **2.** Toute proposition vraie, dont l'énoncé exprime la conformité d'une idée avec son objet. *Les vérités mathématiques.* ▷ Loc. fam. *Dire à qqn ses (quatre) vérités,* lui dire sans ambages ce que l'on pense de lui, de ses défauts. ▷ INFORM *Table de vérité :* V. table (sens B, 2). **3.** Conformité d'un récit, d'une relation avec un fait (par oppos. à *mensonge*). – *Altérer, trahir la vérité :* mentir. **4.** Ressemblance. *Portrait d'une grande vérité.* **5.** Sincérité, bonne foi. *Il y a dans son récit un air de vérité.* ▷ Loc. adv. *En vérité :* assurément, certainement. – *À la vérité :* pour être tout à fait sincère; en fait.

Verkhoïansk, ville de Russie, en Sibérie orientale, à l'E. des *monts de Verkhoïansk* (2959 m); 2000 hab. On y a relevé des températures de – 69,8 °C.

Verlaine (Paul) (1844 – 1896), poète français. Employé à Paris (1864), il publia *Poèmes saturniens* (1866) et *Fêtes galantes* (1869), d'inspiration parnassienne. En 1870, il épousa Mathilde Mauté, inspiratrice de *la Bonne Chanson* (1870), mais se lia avec Rimbaud. Ayant tiré, à Bruxelles, deux coups de revolver sur son ami lors d'une crise passionnelle (1873), il fit dix-huit mois de prison à Mons. À sa sortie, ayant retrouvé la foi, il publia : *Romances sans paroles* (1874), *Sagesse* (1881), *Jadis et Naguère* (1884, qui inclut *l'Art poétique,* 1874). Dans *les Poètes maudits* (1884), il révéla Rimbaud et Mallarmé. Sa fin fut misérable et alcoolique. En 1894, on l'élut « prince des poètes ».

verlan [vɛʀlɑ̃] n. m. Procédé argotique consistant à inverser de manière phonétique les syllabes des mots. *Laisse béton* pour *laisse tomber.*

Vermeer (Johannes), dit *Vermeer de Delft* (1632 – 1675), peintre hollandais. Oublié durant deux siècles, sa vie est mal connue. Son génie repose sur les jeux de lumière, la luminosité de la touche, une conscience aiguë des problèmes d'optique et d'espace. Environ quarante tableaux, dont: *Vue de Delft* (v. 1658), *la Dentellière* (v. 1664, Louvre), *l'Atelier* (apr. 1665?, Vienne).

vermeil, eille [vɛʀmɛj] adj. et n. m. **1.** adj. Rouge vif. *Lèvres vermeilles.* **2.** n. m. Argent doré. *Service de vermeil.*

Vermeylen (August) (1872 – 1945), écrivain belge d'expression néerlandaise; le premier recteur de l'université flamande de Gand. En 1893, il fonda la revue *Van* Nu en Straks,* qui défendit la culture flamande. Essais : *Critique du mouvement flamand* (1895), *Mouvements flamand et européen* (1900). Romans : *le Juif errant* (1906), *Deux Amis* (1943).

vermicelle ou (Viêt-nam) **vermicel** [vɛʀmisɛl] n. m. Pâte à potage longue et fine. – *Spécial.* (Viêt-nam) *Vermicelle de riz,* à base de farine de riz.

vermiculaire [vɛʀmikylɛʀ] adj. Didac. Qui a la forme, l'aspect d'un ver. ▷ ANAT *Appendice* vermiculaire.*

vermiforme [vɛʀmifɔʀm] adj. Didac. Qui a la forme d'un ver.

vermifuge [vɛʀmifyʒ] adj. et n. m. MED Se dit d'une substance, d'un médicament qui provoque l'expulsion des vers intestinaux. ▷ n. m. *Un vermifuge.*

vermillon [vɛʀmijɔ̃] n. m. et adj. inv. **1.** Sulfure naturel de mercure, de couleur rouge vif, utilisé comme pigment en peinture. **2.** Cette couleur elle-même. Syn. cinabre. ▷ adj. inv. *Une étoffe vermillon.*

vermine [vɛʀmin] n. f. (Sing. collectif.) **1.** Insectes parasites, (poux, puces, punaises, etc.) de l'homme et des autres vertébres. *Un mendiant rongé par la vermine.* **2.** Fig. Gens vils et nuisibles. Syn. lie, racaille.

vermis [vɛʀmi] n. m. ANAT Région centrale du cervelet, entre les deux hémisphères cérébelleux.

vermisseau [vɛʀmiso] n. m. **1.** Petit ver. **2.** Fig. Individu misérable et chétif.

vermivore [vɛʀmivɔʀ] adj. ZOOL Qui se nourrit de vers.

Vermont, État du N.-E. des É.-U. (Nouvelle-Angleterre); 24 887 km²; 563 000 hab.; cap. *Montpelier.* Barré du N. au S. par les Green Mountains (1338 m), qui dominent à l'O. une plaine basse (lac Champlain), l'État est agricole. – D'abord colonisé par les Français (XVIIe s.), que remplacèrent les Anglais (notam. après 1760), le Vermont entra dans l'Union en 1791, formant le quatorzième État.

vermoulu, ue [vɛʀmuly] adj. **1.** Rongé, piqué par des larves d'insectes, en parlant du bois, d'un objet en bois. *Une poutre vermoulue.* **2.** Fig. Caduc.

vermouth [vɛʀmut] n. m. Apéritif à base de vin aromatisé avec des plantes amères et toniques.

vernaculaire [vɛʀnakylɛʀ] adj. Didac. Du pays. – *Langue vernaculaire,* propre à un pays, une région (par oppos. à *véhiculaire*). – *Nom vernaculaire :* nom courant d'un animal ou d'une plante (par oppos. à son nom scientif. latin).

vernal, ale, aux [vɛʀnal, o] adj. Didac. Qui appartient, qui se produit au printemps. *Floraison vernale.* ▷ ASTRO *Point vernal :* celui des deux points d'intersection de l'écliptique et de l'équateur céleste qui correspond à l'équinoxe de printemps.

vernalisation [vɛʀnalizasjɔ̃] n. f. AGRIC **1.** Action du froid entraînant certains changements physiologiques chez les plantes cultivées (repos végétatif, par ex.). **2.** Traitement consistant à exposer au froid des graines pour favoriser leur germination. Syn. jarovisation.

verne [vɛʀn] ou **vergne** [vɛʀɲ] n. f. (Acadie, France rég.) Aulne.

Verne (Jules) (1828 – 1905), écrivain français. Sa rencontre avec l'éditeur J. Hetzel fit triompher le genre qu'il avait créé dans *Cinq Semaines en ballon* (1863). Dans le roman d'anticipation, le progrès technologique permet la conquête, positive et fantasmatique, des terres, des mers, du ciel : *Voyage au centre de la Terre* (1864), *De la Terre à la Lune* (1865), *Vingt Mille Lieues sous les mers* (1870), *le Tour du monde en quatre-vingts jours* (1873), *Michel Strogoff* (1876), *Robur le Conquérant* (1886).

verni, ie [vɛʀni] adj. Recouvert d'un vernis. *Bois verni.*

vernier [vɛʀnje] n. m. TECH Instrument de précision pour la mesure des longueurs, constitué d'une petite règle graduée coulissant le long d'une autre plus grande. *Vernier au dixième, au vingtième.* – *Vernier circulaire,* pour la mesure des angles. ▷ Petite règle mobile du vernier. *Vernier d'un pied à coulisse.*

vernir [vɛʀniʀ] v. tr. [3] **1.** Recouvrir, enduire d'un vernis. **2.** Fig. Donner une apparence brillante à.

vernis [vɛʀni] n. m. **1.** Solution résineuse dont l'évaporation laisse sur la surface qui en a été couverte une pellicule solide, lisse et brillante, destinée à protéger ou à décorer. *Vernis à bois, à porcelaine. Vernis à ongles.* **2.** BOT *Vernis du Japon* ou *arbre à laque :* sumac. **3.** Fig. Apparence brillante mais superficielle. *Un vernis de science.*

vernissage [vɛʀnisaʒ] n. m. **1.** Action de vernir ou de vernisser; résultat de cette action. **2.** BX-A Réception pour l'inauguration d'une exposition de peinture, de sculpture.

vernissé, ée [vɛʀnise] adj. **1.** Verni (poteries). **2.** Qui semble couvert d'un vernis. *Feuille vernissée.*

vernisser [vɛʀnise] v. tr. [1] Recouvrir d'un vernis (en parlant d'une poterie, d'une faïence, etc.).

vernisseur, euse [vɛʀnisœʀ, øz] n. Spécialiste du vernissage (sens 1).

vérole [veʀɔl] n. f. **1.** Vieilli *Petite vérole :* variole. **2.** Mod., fam. Syphilis.

véronal [veʀɔnal] n. m. PHARM Barbiturique, hypnotique puissant.

Vérone (en ital. *Verona*), v. d'Italie (Vénétie), ch.-l. de la prov. du m. nom, sur l'Adige; 261 270 hab. Centre comm. et touristique de la plaine du Pô. – Mon. romains : un cirque (*l'Arena*), un théâtre (Ier s. av. J.-C.). Égl. romane San Zeno (XIIe s.). Castelvecchio (XIVe s.), auj. musée. Nombr. palais (XVe, XVIe s.). – *Les amants de Vérone :* Roméo et Juliette. – Commune indép. (1164), seigneurie des Della Scala (1261-1387), Vérone revint au Milanais puis à la rép. de Venise (1405). Occupée par Masséna en 1796, la ville massacra les blessés français le lundi de Pâques 1797 *(Pâques véronaises).* Réunie au roy. d'Italie avec Venise (1805-1814), elle revint à l'Autriche en 1814. Au *congrès de Vérone* (1822) la Sainte-Alliance décida l'expédition d'Espagne. En 1866, Venise et Vérone furent rattachées à l'Italie.

Véronèse (Paolo Caliari, dit Paolo) (1528 – 1588), peintre italien. D'abord maniériste, il s'établit à Venise en 1553. Il annonce le baroque dans des œuvres de grand format : *les Noces de Cana* (1562-1563, Louvre), *le Repas chez Lévi* (1573, Acad., Venise).

Véronique (sainte), personnage légendaire qui aurait essuyé la face du Christ pendant son calvaire.

verrat [vɛʀa] n. m. Porc mâle non castré.

Verrazano (Giovanni da) (1485 – 1528), navigateur italien. Au service de François Ier, il explora la côte atlantique de l'Amérique du Nord, de la Georgie à Terre-Neuve.

verre [vɛʀ] n. m. **1.** Matière transparente, dure, cassante, fabriquée à partir de silicates. *Solide amorphe, le verre présente une forte viscosité à l'état liquide; au refroidissement, il se fige sans cristallisation. Coupe de verre.* – *Verre armé,* qui contient une armature métallique. – *Verre feuilleté :* verre de sécurité formé de deux lames de verre soudées de part et d'autre d'une feuille de matière plastique. *Pare-brise en verre feuilleté.* – *Laine de verre :* isolant constitué de fibres de verre de quelques micromètres de diamètre. – *Papier de verre :* abrasif constitué par de la poudre de verre collée sur du papier. ▷ *Verre organique :* matière plastique transparente analogue au verre. **2.** Plaque, lame de verre destinée à protéger un objet. *Mettre une estampe sous verre. Verre de montre.* **3.** Lame, lentille de verre, utilisée en optique (en partic. pour corriger la vue). *Verres fumés. Porter des verres.* ▷ (Plur.) (Afr. subsah., Proche-Orient) Lunettes correctrices. ▷ *Verre de contact :* mince cupule de matière plastique placée au contact direct de la cornée, pour corriger la vue. **4.** Récipient à boire, fait de verre. *Verre à champagne.* – *Par méton.* Contenu d'un verre. *Verre d'eau. Prendre, boire, vider un verre. Boire un verre avec quelqu'un.*

verrée [veʀe] n. f. (Suisse) Syn. de *vin* d'honneur. Une verrée terminera la réunion.*

verrerie [vɛʀʀi] n. f. **1.** Art, technique de la fabrication du verre. **2.** Objets en verre. ▷ (Québec) Assortiment, service de verres. *Sortir sa belle verrerie pour recevoir des invités.* **3.** Usine où l'on fabrique le verre, les objets en verre. **4.** Commerce du verre.

verrier [vɛʀje] n. m. **1.** Personne qui fabrique du verre, des ouvrages de verre. **2.** Artiste qui fabrique des vitraux. ▷ Artiste qui peint sur verre.

verrière [vɛʀjɛʀ] n. f. **1.** ARCHI Grand vitrail. **2.** Grand vitrage. *Les verrières d'un atelier de peintre.* **3.** AERON Dôme de matière plastique transparente qui recouvre l'habitacle, sur les avions monoplaces et biplaces.

Verrocchio (Andrea di Cione, dit del) (1435 - 1488), sculpteur, orfèvre et peintre italien : statue équestre de Bartolomeo Colleoni (1481-1488, Venise). Léonard de Vinci fut son élève.

verroterie [vɛʀɔtʀi] n. f. Ensemble de petites pièces de verre coloré et travaillé; pacotille. *Un collier en verroterie.*

verrou [vɛʀu] n. m. **1.** Dispositif de fermeture constitué d'une barre métallique qui, en coulissant horizontalement, vient se loger entre deux crampons ou dans une gâche. *Mettre, tirer le verrou.* ▷ *Verrou de sûreté,* que l'on peut faire jouer de l'extérieur au moyen d'une clé. ▷ Loc. *Être sous les verrous :* être en prison. **2.** Pièce destinée à immobiliser la culasse d'une arme à feu. **3.** GEOL Masse rocheuse barrant une vallée glaciaire. **4.** MILIT Éléments (troupes, matériel) qui constituent un verrouillage. ▷ *Par ext.* Ce qui constitue un barrage, un obstacle.

verrouillage [vɛʀujaʒ] n. m. **1.** Action de verrouiller. *Verrouillage d'une arme à feu.* **2.** MILIT Opération défensive consistant à barrer le passage à l'ennemi. **3.** TECH Dispositif empêchant la manipulation d'un appareil.

verrouiller [vɛʀuje] v. tr. [1] **1.** Fermer au verrou. *Verrouiller une porte.* ▷ Bloquer, immobiliser (des éléments mobiles). **2.** Bloquer, barrer un passage. *Verrouiller une brèche.* **3.** Enfermer, mettre sous les verrous. ▷ v. pron. *Se verrouiller chez soi.*

verrucosité [veʀykozite] n. f. MED Végétation cutanée couverte d'une cornée dure.

verrue [veʀy] n. f. Excroissance épidermique d'origine virale, siégeant le plus souvent sur le visage, les mains ou les pieds. *Traitement des verrues par cryothérapie, par électrocoagulation.*

verruqueux, euse [veʀykø, øz] adj. Didac. Qui a la forme d'une verrue.

1. vers [vɛʀ] prép. **1.** Dans la direction de. *Tourné vers l'orient.* **2.** (Abstrait, marquant l'objet d'une visée, le terme d'une évolution.) *Cela constitue un premier pas vers la libération, vers la vérité. Tendre vers un but.* **3.** (Marquant l'approximation.) ▷ (Dans le temps.) Aux environs de. *Vers le soir. Vers la fin de sa vie.* ▷ (Dans l'espace.) Du côté de. *Il travaille vers Bruxelles.*

2. vers [vɛʀ] n. m. Suite de mots mesurée et cadencée selon certaines règles, et constituant une unité rythmique. *Vers alexandrin. Vers blanc*.* ▷ *Les vers et la prose. Pièce en vers.*

Versailles, v. de France, ch.-l. du dép. des Yvelines; 91 029 hab. Centre résidentiel et touristique. Industr. - Église Notre-Dame, œuvre de J. Hardouin-Mansart. Cathédrale St-Louis (XVIIIe s.). Musée Lambinet (dans l'hôtel de Nevers, XVIIIe s.). Salle du Jeu de paume (fin XVIIe s.). École d'horticulture. Université. - Versailles n'était encore qu'un village quand Louis XIII s'y fit construire un pavillon de chasse (1624-1632). De 1661 à 1686, Louis XIV l'agrandit. Le château de Versailles est le prototype de l'architecture classique française. On entre dans la cour des Ministres, la cour Royale puis la cour de Marbre (ornée de 84 bustes de marbre). Les façades O. du château ont 580 m de longueur. Le corps central a été construit par Le Vau (à partir de 1668) et terminé par Hardouin-Mansart; la galerie des Glaces (73 m de long sur 10,40 m de large et 13 m de haut) fut aménagée par Mansart et décorée par Le Brun. Aux abords de l'aile du Midi, l'Orangerie est l'œuvre de Mansart (1684-1686); Le Nôtre réalisa le jardin, la pièce d'eau des Suisses (618 m × 213 m) et le parc. Les Grandes et les Petites Écuries furent construites côté ville par Mansart (1679-1685). Au N.-E. du palais se trouvent le Petit et le Grand Trianon*. - C'est à Versailles que fut signé le traité mettant fin à la guerre d'Indépendance américaine (3 sept. 1783), que commença la Révolution avec la réunion des états généraux (le 5 mai 1789), qu'eurent lieu les premières journées révolutionnaires (20 juin, 5 et 6 oct. 1789). L'Empire allemand fut proclamé le 18 janv. 1871 dans la galerie des Glaces. Le gouvernement durant la Commune (mars-mai 1871) et les deux Chambres de 1871 à 1879 eurent leur siège à Versailles.

Versailles (traité de), traité de paix signé entre l'Allemagne et les puissances alliées victorieuses, le 28 juin 1919. Clemenceau, Orlando, Lloyd George et Wilson, réunis du 25 mars au 6 mai 1919, imposèrent ce texte à l'Allemagne, qui devait notam. : restituer l'Alsace et la Lorraine à la France; céder la Posnanie et une partie de la Prusse-Occid. à la Pologne, qui obtenait ainsi un accès à la mer; renoncer à toutes ses colonies au profit des Alliés; limiter son armement; payer des réparations aux Alliés. La rigueur des clauses, que le Sénat américain refusa de reconnaître (20 nov. 1919), réveilla le nationalisme allemand.

versant [vɛʀsɑ̃] n. m. Chacune des pentes d'une montagne ou d'une vallée. - Fig. Aspect (d'une chose qui présente plusieurs faces contrastées). *Le versant social de l'action gouvernementale.*

versatile [vɛʀsatil] adj. Qui change souvent d'opinion. *Caractère, personne versatile.* Syn. inconstant, changeant.

versatilité [vɛʀsatilite] n. f. Fait d'être versatile, caractère versatile.

verse [vɛʀs] n. f. **1.** AGRIC État des plantes cultivées, couchées ou déracinées par le vent, la pluie, la maladie, etc. **2.** Loc. adv. *Il pleut à verse,* abondamment.

versé, ée [vɛʀse] adj. *Versé en, dans :* qui a une grande connaissance, une grande expérience en matière de. *Il est très versé dans les sciences occultes.*

verseau [vɛʀso] n. m. ASTRO *Le Verseau :* constellation zodiacale de l'hémisphère austral. ▷ ASTROL Signe du zodiaque* (21 janv. - 18 fév.). - Ellipt. *Il est verseau.*

versement [vɛʀsəmɑ̃] n. m. Action de verser de l'argent. *Payer en plusieurs versements.* ▷ FISC *Versement spontané,* effectué par le contribuable sans émission d'un titre de perception.

verser [vɛʀse] v. [1] **I.** v. intr. **1.** Tomber sur le côté, se coucher. *La voiture a versé dans le fossé. Les blés ont versé.* **2.** Fig. *Verser dans* (un défaut, un travers), y tomber, y succomber. *Verser dans la facilité.* **II.** v. tr. **1.** Faire couler (un liquide, une matière pulvérulente, etc.) d'un récipient dans un autre. *Verser du lait dans un bol. Verser du mil dans un sac.* - Absol. *Verser à boire.* ▷ Répandre. *Verser des larmes.* **2.** Donner, apporter, remettre (de l'argent) à une personne, à une caisse. *Verser des fonds dans une affaire. Verser un acompte.* ▷ *Par ext.* Déposer, mettre. *Pièce à verser au dossier.* **3.** MILIT Affecter (qqn) à un corps. *On l'a versé dans l'intendance.*

verset [vɛʀsɛ] n. m. **1.** Petit paragraphe formant une division d'un chapitre dans un livre sacré. *Versets de la Bible, du Coran.* **2.** Poét. Long vers libre constitué d'une phrase ou d'une suite de phrases rythmées d'une seule respiration. *Les versets de la poésie de Claudel, de Senghor.*

verseur, euse [vɛʀsœʀ, øz] adj. et n. f. Qui sert à verser. *Bec verseur.* ▷ n. f. Cafetière à manche horizontal en bois.

versicolore [vɛʀsikɔlɔʀ] adj. Didac. Dont la couleur est changeante. - Qui présente des couleurs variées.

versificateur, trice [vɛʀsifikatœʀ, tʀis] n. **1.** Écrivain qui compose en vers (par oppos. à *prosateur*). **2.** Péjor. Personne qui fait des vers sans être réellement inspirée (par oppos. à *poète*). Syn. rimeur.

versification [vɛʀsifikasjɔ̃] n. f. **1.** Technique de la composition des vers réguliers. Syn. métrique, prosodie. **2.** Manière dont une œuvre est versifiée. *Versification libre.* **3.** Facture propre à un poète.

versifier [vɛʀsifje] v. tr. [2] Mettre en vers.

version [vɛʀsjɔ̃] n. f. **I. 1.** Traduction. ▷ Cour. Exercice scolaire consistant à traduire un texte d'une langue étrangère dans sa propre langue. *Le thème et la version. Version anglaise, latine.* **2.** Façon de raconter un fait. *Écouter la version de chacune des parties.* **3.** État d'un texte. *La première version de «l'Éducation sentimentale», de Flaubert.* ▷ *Projection d'un film en version originale* (abrév. : V.O.), avec la bande sonore originale (par oppos. à *version française,* abrév. : V.F., doublée). **II.** MED Changement de position que l'accoucheur fait subir au fœtus dans l'utérus de la mère, quand il ne se présente pas dans une position favorable.

vers-librisme [vɛʀlibʀism] n. m. LITTER École regroupant les poètes symbolistes partisans du vers libre.

verso [vɛʀso] n. m. Revers d'un feuillet (par oppos. à *recto*).

versoir [vɛʀswaʀ] n. m. AGRIC Pièce de la charrue retournant sur le côté la terre détachée par le soc.

vert, verte [vɛʀ, vɛʀt] adj. et n. m. **I.** adj. **1.** De la couleur de l'herbe, des feuilles, des plantes. *Cet arbre reste vert.* ▷ *Feu vert,* qui indique la voie libre, dans la signalisation routière. - Loc. fig. *Donner, recevoir le feu vert :* donner, recevoir la liberté d'agir. **2.** Qui n'est pas arrivé à maturité. *Fruit vert.* ▷ Non séché. *Haricots verts.* ▷ *Café vert :* graines de café séchées mais non torréfiées. ▷ Par ext. *Histoires vertes,* licencieuses, grivoises. **3.** Très pâle. *Vert de peur.* **4.** Plein de verdeur (sens 2). *Vieillard resté vert.* **5.** Rude, sévère. *Une verte semonce.* ▷ *La langue verte :* l'argot. **6.** Relatif à l'agriculture, au monde rural. *L'Europe verte.* ▷ Fam. Écologique. *Un produit ménager vert.* **II.** n. m. **1.** Couleur verte (couleur du spectre entre le bleu et le jaune, correspondant aux radiations d'une longueur d'onde comprise entre 0,50 et 0,55 micromètre). **2.** Matière colorante verte. *Vert de chrome, de Prusse.* **3.** POLIT *Les Verts :* les écologistes.

Vert (cap), cap du Sénégal, le point le plus occidental du continent africain, cap sur lequel Dakar a été construit. – Au large de ce cap se trouvent les *îles du Cap*-Vert.*

vert-de-gris [vɛʀdəgʀi] n. m. inv. et adj. inv. **1.** n. m. inv. Carbonate basique de cuivre qui se forme sur les objets en cuivre, en bronze, etc., exposés à l'air humide. **2.** adj. inv. D'une couleur verte tirant sur le gris.

vert-de-grisé, ée [vɛʀdəgʀize] adj. Couvert de vert-de-gris. *Des grilles vert-de-grisées.*

vertébral, ale, aux [vɛʀtebʀal, o] adj. Des vertèbres, qui a rapport aux vertèbres. – *Colonne vertébrale :* rachis.

vertèbre [vɛʀtɛbʀ] n. f. Chacun des os dont la superposition forme le rachis, ou colonne vertébrale. *L'homme a sept vertèbres cervicales, douze dorsales, cinq lombaires, cinq sacrées (qui, soudées, forment le sacrum) et quatre ou cinq coccygiennes (qui constituent le coccyx). Au milieu de chaque vertèbre passe le canal rachidien, qui contient la moelle épinière.*

vertébré, ée [vɛʀtebʀe] adj. et n. m. **1.** adj. Qui a des vertèbres. **2.** ZOOL n. m. pl. Sous-embranchement de cordés comprenant les animaux les plus évolués, caractérisés par un tube nerveux qui se dilate en un encéphale, une colonne vertébrale et un appareil circulatoire comportant un cœur différencié. (V. zoologie.) – Sing. *Un vertébré.*

vertébrothérapie [vɛʀtebʀoteʀapi] n. f. MED Traitement par manipulations des vertèbres.

vertement [vɛʀtəmɑ̃] adv. Avec vivacité, avec rudesse. *Réprimander vertement qqn. Il m'a répondu vertement.*

vertex [vɛʀtɛks] n. m. ANAT et ANTHROP Sommet de la voûte crânienne.

vertical, ale, aux [vɛʀtikal, o] adj. et n. **I.** adj. Perpendiculaire au plan horizontal; droit, dressé. **II.** n. **1.** n. f. *La verticale :* la position verticale. ▷ *Une verticale :* une ligne verticale. **2.** n. m. ASTRO Demi-plan passant par la verticale d'un lieu.

verticalement [vɛʀtikalmɑ̃] adv. Perpendiculairement au plan horizontal.

verticalité [vɛʀtikalite] n. f. État, caractère de ce qui est vertical.

verticille [vɛʀtisil] n. m. BOT Groupe d'organes (feuilles, pétales) de même nature, insérés au même niveau sur un axe, une tige.

vertige [vɛʀtiʒ] n. m. **1.** Sensation de perte d'équilibre et de tourbillonnement éprouvée à la vue du vide. ▷ *Par ext.* Toute sensation d'étourdissement et de perte d'équilibre. *Avoir des vertiges.* **2.** Fig. Égarement des sens ou de l'esprit.

vertigineusement [vɛʀtiʒinøzmɑ̃] adv. À en avoir le vertige.

vertigineux, euse [vɛʀtiʒinø, øz] adj. **1.** Caractérisé par des vertiges, qui s'accompagne de vertiges. *Sensations vertigineuses.* **2.** Qui donne le vertige. *Hauteur vertigineuse.* ▷ Fig. Très grand. *Des sommes vertigineuses.*

vertisol [vɛʀtisɔl] n. m. PEDOL Sol tropical argileux dans lequel le dessèchement provoque la formation d'un réseau de craquelures.

Vertov (Denis Arkadevitch Kaufman, dit Dziga) (1896 – 1954), cinéaste soviétique; artisan du cinéma-vérité : *En avant les soviets!* (1926), *l'Homme à la caméra* (1929), *Trois Chants sur Lénine* (1934).

Verts (les), militants écologistes et leurs organisations.

vertu [vɛʀty] n. f. **I. 1.** *Une vertu, des vertus :* disposition particulière propre à telle espèce de devoirs moraux, de qualités. *Vertus publiques et vices cachés.* **2.** *La vertu :* disposition à faire le bien et à fuir le mal. *Mettre la vertu de qqn à l'épreuve.* ▷ Loi morale qui pousse à la vertu. **II. 1.** Principe agissant; qualité qui rend une chose propre à produire un certain effet. *Les vertus sédatives du tilleul.* **2.** Loc. prép. *En vertu de :* par le pouvoir de, au nom de. *En vertu d'un jugement.*

vertueusement [vɛʀtɥøzmɑ̃] adv. Conformément au devoir, à la morale.

vertueux, euse [vɛʀtɥø, øz] adj. Qui a de la vertu. ▷ Inspiré par la vertu. *Une vertueuse indignation.*

verve [vɛʀv] n. f. Brio, imagination, fantaisie, qui se manifeste dans la parole. *Un discours plein de verve.* – *Être en verve :* manifester cette qualité plus que de coutume.

verveine [vɛʀvɛn] n. f. **1.** Nom donné à diverses plantes de la famille des verbénacées. **2.** Tisane aux vertus sédatives confectionnée avec les feuilles de la verveine officinale.

Verviers, v. de Belgique (prov. de Liège), sur la Vesdre, ch.-l. d'arr.; 55 370 hab. Autref., grand centre de l'industrie lainière. Industr. du cuir, métallurgiques, chimiques, alimentaires.

Verwoerd (Hendrik Frensch) (1901 – 1966), homme politique sud-africain. Champion de l'apartheid, il fut Premier ministre de 1958 à son assassinat (par un Blanc, aliéné mental).

Vésale (André) (1514 ou 1515 – 1564), médecin flamand qui exerça en Italie et en Espagne. Son livre *De corporis humani fabrica libri septem* (1543), qui jette les bases de l'anatomie moderne, fit scandale. Nommé médecin de Charles Quint (1544), il fut accusé par l'Inquisition d'avoir disséqué des hommes vivants (1561); Philippe II commua sa condamnation à mort en un pèlerinage à Jérusalem. Il périt au cours du retour.

Vesdre (la), rivière de Belgique (65 km). Née dans les hautes Fagnes, elle arrose Eupen (barrage, au confl. de la Helle), Limbourg, Verviers, et se jette dans l'Ourthe (r. dr.) à l'entrée S.-E. de Liège.

vésical, ale, aux [vezikal, o] adj. ANAT De la vessie.

vésicant, ante [vezikɑ̃, ɑ̃t] adj. MED Qui provoque la formation d'ampoules sur la peau.

vésication [vezikasjɔ̃] n. f. MED Action produite sur la peau par un vésicatoire.

vésicatoire [vezikatwaʀ] adj. et n. m. Se dit d'un médicament qui produit des ampoules sur la peau.

vésiculaire [vezikylɛʀ] adj. Didac. **1.** Qui a la forme d'une vésicule. **2.** Relatif aux vésicules pulmonaires; relatif à la vésicule biliaire.

vésicule [vezikyl] n. f. **1.** ANAT Petit sac membraneux ou petite cavité glandulaire. – *Vésicules pulmonaires :* dilatations de l'extrémité des bronchioles. – *Vésicule biliaire :* réservoir membraneux situé sous le foie et où s'accumule la bile que celui-ci sécrète. – *Vésicules séminales :* réservoirs membraneux situés à la base de la prostate, dans lesquels s'accumule le sperme. **2.** MED Lésion cutanée, boursouflure de l'épiderme pleine de sérosité ou de pus. **3.** BOT Cavité close.

Vespasien (en lat. *Titus Flavius Vespasianus*) (9 – 79 apr. J.-C.), empereur romain (69-79). D'origine modeste, il reçut sous Néron le commandement de l'armée d'Orient (66), qui le proclama empereur alors qu'il combattait en Judée (69). Il fit de nombr. réformes administratives et financières, rétablit la discipline dans l'armée et restaura l'Empire héréditaire en faveur de ses fils Titus et Domitien, malgré le sénat. Il commença la construction du Colisée*.

vespasienne [vɛspazjɛn] n. f. Urinoir public pour hommes.

vespéral, ale, aux [vɛspeʀal, o] n. m. et adj. **1.** n. m. LITURG CATHOL Livre de l'office du soir. **2.** adj. Litt. Du soir. *La fraîcheur vespérale.*

vespertilion [vɛspɛʀtiljɔ̃] n. m. ZOOL Chauve-souris insectivore (genres *Vespertilio, Pipistrellus,* etc.) aux grandes oreilles et à la queue bien développée.

Vespucci (Amerigo), dit en fr. Améric Vespuce (1454 – 1512), navigateur italien. Il explora la côte guyanaise et la côte brésilienne en 1499-1502. Un cartographe allemand, le moine *Waldseemüller* (v. 1470 – v. 1520), lui attribua (1507) la découverte du Nouveau Monde, qui depuis porte son prénom.

vesse-de-loup [vɛsdəlu] n. f. Nom cour. du *lycoperdon. Des vesses-de-loup.*

vessie [vesi] n. f. **1.** Réservoir musculo-membraneux dans lequel s'accumule l'urine, entre les mictions. **2.** *Par extens.* Membrane gonflable que l'on place à l'intérieur de certains ballons. ▷ Loc. fig. *Prendre des vessies pour des lanternes*.* **3.** *Vessie natatoire* ou, mieux, *vessie gazeuse :* chez certains poissons, poche abdominale emplie de gaz, qui intervient dans l'équilibre de l'animal dans l'eau.

Vesta, dans la myth. rom., déesse du Foyer domestique. Ses prêtresses (les vestales), astreintes à la chasteté, entretenaient le feu sacré dans son temple.

veste [vɛst] n. f. **1.** Vêtement de dessus à manches, couvrant le buste et boutonné devant. ▷ Loc. fig., fam. *Retourner sa veste :* changer d'opinion, de parti. **2.** (Québec) *Veste* ou *petite veste :* vêtement masculin sans manches porté sous le veston et par-dessus la chemise. Syn. gilet (sens 1). – *Veste de cuir :* blouson de cuir.

vestiaire [vɛstjɛʀ] n. m. **1.** Lieu où l'on dépose son manteau, son parapluie, etc., à l'entrée de certains établissements publics. – (Plur.) Lieu où l'on se change pour pratiquer une activité particulière. *Les vestiaires d'une piscine.* **2.** Ensemble des vêtements qui constitue une garde-robe.

vestibulaire [vɛstibylɛʀ] adj. ANAT Qui a rapport au vestibule de l'oreille.

vestibule [vɛstibyl] n. m. **1.** Pièce d'entrée d'une maison, d'un appartement, etc. ▷ (Afr. subsah.) Dans une concession, case jouant le rôle d'antichambre. **2.** (Afr. subsah.) Pièce où l'on reçoit les visiteurs. **3.** ANAT Cavité ovoïde du labyrinthe osseux de l'oreille interne, jouant un rôle important dans l'équilibration.

vestige [vɛstiʒ] n. m. (Surtout au plur.) Restes d'un ancien édifice, ruines. ▷ Fig. Ce qui reste d'une chose qui n'est plus. *Cette tradition est un vestige d'une très vieille croyance.*

vestimentaire [vɛstimɑ̃tɛʀ] adj. Des vêtements, qui a rapport aux vêtements. *Élégance vestimentaire.*

veston [vɛstɔ̃] n. m. Veste d'un complet* d'homme.

Vésuve (le), volcan actif d'Italie, au S.-E. de Naples (1270 m). L'éruption la plus violente (à l'époque historique) se produisit en 79 ap. J.-C.; elle ensevelit Herculanum et Pompéi. – Vignobles.

vêtement [vɛtmɑ̃] n. m. Ce qui sert à vêtir le corps. *Dépenses de vêtement.* Syn. (Afr. subsah., oc. Indien) linge. – *Les vêtements :* les pièces de l'habillement, à l'exception des chaussures. *Vêtements légers. Vêtements et sous-vêtements.* – Fig. *« La parole est le vêtement de la pensée »* (Rivarol).

vétéran [veteʀɑ̃] n. m. **1.** Soldat âgé; ancien combattant. **2.** Personne vieillie dans un service, un métier, une activité, etc. **3.** SPORT Sportif de plus de trente-cinq ans ou quarante ans (selon les sports).

vétérinaire [veteʀinɛʀ] adj. et n. Qui concerne l'élevage des animaux et l'étude de la pathologie animale. *Art, médecine vétérinaire.* ▷ Subst. Médecin vétérinaire.

vétille [vetij] n. f. Litt. Chose insignifiante. *Discuter sur des vétilles.*

vétilleux, euse [vetijø, øz] adj. Litt. Qui s'arrête à des vétilles; pointilleux et mesquin.

vêtir [vɛtiʀ] v. [33] **1.** v. tr. Litt. Habiller, mettre ses vêtements à (qqn). *Vêtir un enfant.* ▷ Donner des habits à. *Vêtir ceux qui sont nus.* **2.** v. pron. S'habiller. *Se vêtir de neuf.*

vétiver [vetivɛʀ] n. m. Plante des régions chaudes (fam. graminées) cultivée pour le parfum de ses racines; ce parfum.

veto [veto] n. m. Droit conféré à une autorité (chef de l'État, État membre permanent du Conseil de sécurité de l'ONU, etc.) de s'opposer à la promulgation d'une loi votée, à l'adoption d'une résolution. *Veto absolu, suspensif. Opposer son veto à un décret.* ▷ Opposition, refus. *Mettre son veto à une transaction.*

vêtu, ue [vety] adj. Habillé. *Être bien, mal vêtu.*

vétuste [vetyst] adj. (Choses) Vieux, détérioré par le temps. *Un bâtiment vétuste.*

vétusté [vetyste] n. f. État de ce qui est vétuste.

veuf, veuve [vœf, vœv] adj. et n. **I.** adj. Dont le conjoint est mort, et qui n'est pas remarié. *Il est veuf.* – Subst. *Un veuf, une veuve.* ▷ Fig., litt. *Veuf de :* privé, dépourvu de. *Être veuf d'espoir.* **II.** n. f. **1.** ORNITH Oiseau passériforme d'Afrique au plumage noir et blanc et à longue queue (genres *Steganura, Vidua,* etc., fam. plocéidés). **2.** ENTOM *Veuve noire :* araignée noire (genre *Latrodectus*) à taches rouges des régions chaudes et tempérées, dont la piqûre est dangereuse. (V. latrodecte.)

veule [vøl] adj. Qui est sans vigueur morale, sans volonté; mou et faible.

veulerie [vølʀi] n. f. Fait d'être veule; caractère d'une personne veule.

veuvage [vœvaʒ] n. m. Fait d'avoir perdu son conjoint, d'être veuf ou veuve. *Un récent veuvage.*

Vevey, v. de Suisse (cant. de Vaud), sur le lac Léman; 18000 hab. Industr. méca., chim. Tourisme.

vexant, ante [vɛksɑ̃, ɑ̃t] adj. **1.** Contrariant. *Je l'ai manqué d'un quart d'heure, c'est vexant.* **2.** Froissant, blessant. *Vos soupçons sont vexants.*

vexation [vɛksasjɔ̃] n. f. **1.** Vx Mauvais traitement, brimade. **2.** Piqûre, blessure d'amour-propre.

vexatoire [vɛksatwaʀ] adj. Qui a le caractère d'une vexation.

vexer [vɛkse] v. tr. [1] Piquer, blesser (qqn) dans son amour-propre. ▷ v. pron. Être vexé, se froisser.

Vézelay, com. de France (Yonne); 575 hab. – Sur la route de Saint-Jacques-de-Compostelle, on bâtit une abbaye bénédictine (IXe s., auj. en ruine) puis la basilique de la Madeleine (XIIe s.), qui a une nef romane (XIIe s.), un transept et un chœur gothiques (v. 1175), ensemble restauré par Viollet-le-Duc en 1840. – À Vézelay, en 1146, saint Bernard prêcha la 2e croisade.

Vézère (la), riv. de France (192 km), affl. de la Dordogne (r. dr.); sa vallée inférieure, dans les causses du Périgord, abrite de nombreux sites préhistoriques ; Les Eyzies, La Madeleine.

V.H.F. [veaʃɛf] adj. inv. et n. f. TECH (Sigle de l'angl. *very high frequency,* « très haute fréquence ».) Qui reçoit ou qui émet des ondes très courtes, entre 30 et 300 MHz (donc de très haute fréquence). *Poste V.H.F.* ▷ n. f. *Une V.H.F., la V.H.F. :* un émetteur ou un récepteur V.H.F.

via [vja] prép. En passant par. *Aller de Berne à Luxembourg via Bruxelles.*

viabiliser [vjabilize] v. tr. [1] Didac. Équiper (un terrain) des aménagements (voirie, adductions, etc.) propres à le rendre habitable, constructible. – Pp. *Parcelles viabilisées.*

1. viabilité [vjabilite] n. f. Fait d'être viable; état d'un fœtus, d'un nouveau-né viable. ▷ Fig. *Viabilité d'un pouvoir.*

2. viabilité [vjabilite] n. f. Bon état d'un chemin, d'une route. ▷ URBAN État d'un terrain viabilisé.

viable [vjabl] adj. **1.** Apte à vivre (en parlant d'un fœtus, d'un nouveau-né). **2.** Fig. Qui peut durer. *Système viable.* – *Projet viable,* qui peut prendre corps.

viaduc [vjadyk] n. m. Pont très élevé ou très long permettant le franchissement d'une vallée par une voie ferrée ou par une route.

viager, ère [vjaʒe, ɛʀ] adj. et n. m. Dont on jouit sa vie durant. *Pension* ou *rente viagère.* – *Rentier viager,* qui jouit d'une rente viagère. ▷ n. m. *Le viager :* le revenu viager. – *Mettre son bien en viager :* céder son bien contre une rente viagère.

Vian (Boris) (1920 – 1959), écrivain français. Poète, romancier (*J'irai cracher sur vos tombes,* signé Vernon Sullivan, 1946; *l'Automne à Pékin,* 1947; *l'Écume des jours,* 1947), dramaturge, trompettiste de jazz.

viande [vjɑ̃d] n. f. Chair des mammifères et des oiseaux, en tant qu'aliment. *Viande rouge* (le bœuf, le mouton, le cheval). *Viande blanche* (le veau, le porc, la volaille, le lapin). *Viande noire* (le gibier). – *Spécial.* Toute viande de boucherie, à l'exception de la volaille et des abats.

Vianden, ch.-l. de cant. du grand-duché de Luxembourg, à la frontière allemande; 1600 hab. – Import. centrale hydroél. – Château fort (XIe-XVIIe s.). – En 1872, Victor Hugo séjourna à Vianden, dont il fit de nombreux dessins.

Vianney (Jean-Marie). V. Jean-Marie Vianney (saint).

viatique [vjatik] n. m. **1.** Provisions, argent qu'on donne à qqn pour un voyage. ▷ Fig. Soutien, secours. **2.** RELIG CATHOL Sacrement de l'eucharistie administré à un malade en péril de mort.

Viau (Théophile de) (1590 – 1626), poète français. Huguenot, il se convertit, mais la liberté de ses vers (*le Parnasse satyrique,* 1622) lui valut l'exil.

vibrage [vibʀaʒ] n. m. TECH Série d'impulsions, de chocs, destinés à faire entrer un corps en vibration.

vibrant, ante [vibʀɑ̃, ɑ̃t] adj. (et n. f.) **1.** Qui produit des vibrations, entre en vibration. *Lame vibrante.* ▷ PHON *Consonne vibrante* ou, n. f., *une vibrante,* dont l'articulation comporte la vibration d'un organe de l'articulation (langue, luette, etc.). *Le r est une vibrante.* **2.** D'un timbre ou d'une sonorité qui vibre (sens I, 2), qui retentit. *Voix vibrante.* ▷ Fig. *Discours vibrant,* d'un sentiment ou d'une ardeur intense.

vibraphone [vibʀafɔn] n. m. Instrument à percussion analogue au xylophone, comportant des lamelles métalliques au-dessous desquelles sont disposés des tubes résonateurs.

vibrateur [vibʀatœʀ] n. m. TECH Appareil qui produit ou qui transmet des vibrations.

vibratile [vibʀatil] adj. Didac. Susceptible de vibrer. ▷ BIOL *Cils vibratiles :* expansions cellulaires filiformes douées de mouvement, assurant diverses fonctions (circulation d'un fluide, locomotion chez les protozoaires, etc.).

vibration [vibʀasjɔ̃] n. f. **1.** PHYS Oscillation périodique de tout ou partie d'un système matériel. *Vibrations du diapason.* **2.** Mouvement de ce qui vibre; impression (sonore, visuelle) de tremblement. *Vibration d'une voix.*

vibrato [vibʀato] n. m. MUS Effet de tremblement dû à la variation rapide du son émis par un instrument ou par la voix. *Des vibratos.*

vibratoire [vibʀatwaʀ] adj. Composé d'une suite de vibrations. *Mouvement vibratoire.*

vibrer [vibʀe] v. [1] **I.** v. intr. **1.** Produire des vibrations; entrer en vibration. **2.** Être animé d'un tremblement sonore. *Voix qui vibre.* ▷ Fig. Réagir comme par un tremblement intérieur à une émotion intense. *Vibrer d'enthousiasme.* – *Faire vibrer :* toucher vivement, émouvoir. **II.** v. tr. TECH Soumettre (un corps) à des vibrations. – *Vibrer le béton,* pour le rendre plus compact.

vibreur [vibʀœʀ] n. m. ELECTR Appareil constitué d'une lame mise en vibration par un courant électrique. *Vibreur d'une sonnerie.* Syn. trembleur.

vibrion [vibʀijɔ̃] n. m. BIOL Bactérie ciliée et mobile de forme plus ou moins incurvée. *Vibrion septique.*

vibriose [vibʀijoz] n. f. MED VET Maladie vénérienne des bovins et des ovins, due à un vibrion, qui est cause d'avortements.

vibrisse [vibʀis] n. f. Didac. **1.** Poil de l'intérieur des narines de l'homme. **2.** Poil tactile de certains mammifères. *Les vibrisses du museau du chat sont* *couramment appelées «moustaches».* **3.** ORNITH Plume filiforme des oiseaux.

vibromasseur [vibʀɔmasœʀ] n. m. Appareil électrique de massage par vibrations.

vicaire [vikɛʀ] n. m. **1.** *Le vicaire de Jésus-Christ :* le pape. **2.** RELIG CATHOL Prêtre qui assiste le curé d'une paroisse. – *Grand vicaire* ou *vicaire général :* auxiliaire d'un évêque. – *Vicaire apostolique :* évêque responsable d'un territoire de mission qui n'est pas encore constitué en diocèse.

vicariance [vikaʀjɑ̃s] n. f. PHYSIOL Suppléance fonctionnelle d'un organe déficient par un autre.

vicariant, ante [vikaʀjɑ̃, ɑ̃t] adj. Didac. Qui supplée, qui remplace.

vicariat [vikaʀja] n. m. RELIG CATHOL Fonction du vicaire; durée de cette fonction. ▷ Territoire sur lequel s'étend le pouvoir d'un vicaire apostolique.

vice-. Élément inv., du lat. *vice,* «à la place de», impliquant l'idée d'une fonction exercée en second.

vice [vis] n. m. **I. 1.** Inconduite, débauche. *Vivre dans le vice.* **2.** Penchant que la morale sociale réprouve (en matière sexuelle, notam.). ▷ Mauvaise habitude qui procure du plaisir. *Vice de fumer.* **II.** Défaut, imperfection graves. *Vice de construction d'un édifice.* ▷ DR *Vice caché :* défectuosité d'une chose qui n'apparaît qu'à l'usage ou à l'occasion d'une expertise. – *Vice de forme :* défaut (par erreur de rédaction ou par omission d'une formalité légale) qui rend nul un acte juridique.

vice-amiral, aux [visamiʀal, o] n. m. Officier général de marine d'un grade homologue de celui de général de division ou de général de corps d'armée. *Des vice-amiraux.*

vice-consul [viskɔ̃syl] n. m. Suppléant du consul. ▷ Agent diplomatique qui remplit les fonctions d'un consul sans en avoir le titre. *Des vice-consuls.*

vicennal, ale, aux [visenal, o] adj. Didac. **1.** Qui dure vingt ans. **2.** Qui a lieu tous les vingt ans.

Vicente (Gil) (v. 1470 – v. 1537), dramaturge portugais. Il écrivit, en portugais et en espagnol, des pièces religieuses (*la Trilogie des barques,* 1516-1519) ou profanes (*Inês Pereira,* 1523).

vice-présidence [vispʀezidɑ̃s] n. f. Fonction de vice-président; durée de cette fonction. *Des vice-présidences.*

vice-président, ente [vispʀezidɑ̃, ɑ̃t] n. Personne qui seconde le (la) président(e) et éventuellement le (la) supplée. *Des vice-président(e)s.*

vice-recteur [visʀɛktœʀ] n. m. Celui qui seconde le recteur et éventuellement le supplée. *Des vice-recteurs.*

vice-roi [visʀwa] n. m. Gouverneur d'un État qui a ou qui a eu le nom de royaume et qui dépend d'un autre État. *Le vice-roi des Indes. Des vice-rois.*

vicésimal, ale, aux [visezimal, o] adj. MATH Qui a pour base le nombre vingt. *Numérotation vicésimale.*

vice versa [vis(e)vɛʀsa] loc. adv. (Mots lat.) Réciproquement, inversement.

Vichnou. V. Vishnu.

vichy [viʃi] n. m. **1.** Eau minérale de Vichy. **2.** Toile de coton à carreaux.

Vichy, v. de France, ch.-l. d'arr. de l'Allier; 28048 hab. Stat. thermale. – *Gouvernement de Vichy,* nom donné à l'État* français, dont le chef, le maréchal Pétain, s'était installé à Vichy (juil. 1940-août 1944). Après son entrevue (oct. 1940) avec Hitler, Pétain collabora avec les nazis : persécution des Juifs, juridictions d'exception, création de la Milice et du Service du travail obligatoire en Allemagne (S.T.O.), etc.

vichyste [viʃist] adj. et n. HIST Qui a rapport au gouvernement de Vichy*. ▷ Partisan de ce gouvernement.

vicié, ée [visje] adj. **1.** Pollué. *Air vicié.* **2.** Entaché d'erreur. *Raisonnement vicié.*

vicier [visje] v. tr. [2] **1.** DR Rendre défectueux ou nul. *Cette omission ne vicie pas l'acte.* **2.** Gâter, corrompre, altérer. *La pollution vicie l'air.* – Fig. *Vicier le jugement de qqn.*

vicieux, euse [visjø, øz] adj. et n. **1.** Litt. Qui comporte un vice, un défaut; incorrect. *Locution vicieuse.* ▷ LOG *Cercle vicieux :* V. cercle (sens III, 2). ▷ MED Qui se forme dans une mauvaise position. *Cal vicieux.* **2.** Qui a de mauvais penchants. *Un enfant vicieux.* ▷ (En parlant d'un animal.) Rétif, ombrageux. *Jument vicieuse.* – (Choses) Qui recèle un piège; qui est conçu, préparé pour leurrer, pour tromper. *L'avant-centre a trompé le gardien de but avec une balle vicieuse.* **3.** Qui a une disposition au vice. ▷ Subst. *Un vicieux.*

vicinal, ale, aux [visinal, o] adj. *Chemin vicinal,* qui relie des villages.

vicinité [visinite] n. f. PHILO Proximité, voisinage entre des concepts, des notions.

vicissitudes [visisityd] n. f. pl. Litt. Variations. *Les vicissitudes de la mode.* ▷ Événements heureux et malheureux qui se succèdent. *Les vicissitudes de la vie.* ▷ Événements malheureux.

Vico (Giambattista) (1668 – 1744), historien, philosophe et philologue italien. Selon *Principes d'une science nouvelle concernant la nature des nations* (1725), tout peuple connaît le développement suivant : l'âge *divin* ou mythique, caractérisé par la théocratie; l'âge *héroïque* ou de la force, à gouvernement aristocratique; l'âge *humain,* règne de la liberté et de la raison.

vicomte [vikɔ̃t] n. m. Titre de noblesse inférieur à celui de comte.

vicomtesse [vikɔ̃tɛs] n. f. Femme d'un vicomte.

victime [viktim] n. f. **1.** Être vivant que l'on offre en sacrifice à une divinité. **2.** Personne qui subit un préjudice par la faute de qqn ou par sa propre faute. *Les victimes d'un escroc.* ▷ (Attribut) *Être victime de sa générosité.* **3.** Personne tuée ou blessée (dans une guerre, un accident, etc.). *Les victimes d'un tremblement de terre.* – Par ext. *Les victimes du devoir,* qui ont péri en accomplissant leur devoir.

victoire [viktwaʀ] n. f. **1.** Succès remporté dans une bataille, dans une guerre. ▷ *Victoire à la Pyrrhus,* trop chèrement acquise. **2.** Avantage, succès remporté sur un rival, sur un concurrent. ▷ *Crier, chanter victoire :* se glorifier d'un succès. Syn. triomphe. Ant. échec. **3.** (Sens moral.) Avantage remporté au terme d'une lutte contre une force contraire. *Remporter une victoire sur soi-même.*

Victor (Paul-Émile) (1907 – 1995), explorateur français. De 1934 à 1939, il dirigea plus. missions au Groenland et en Laponie. De 1947 à 1976, il dirigea les expéditions franç. au Groenland et en Terre Adélie. Il a écrit de nombreux ouvrages.

Victor-Emmanuel Ier (1759 – 1824), duc de Savoie et roi de Sardaigne (1802-1821). Exilé en Sardaigne, il recouvra en 1815 ses prov. continentales et acquit Gênes, mais les mouvements libéraux l'obligèrent à abdiquer. — **Victor-Emmanuel II** (1820 – 1878), duc de Savoie et roi de Sardaigne (1849-1861) puis d'Italie (1861-1878). Roi après l'abdication de son père, Charles-Albert, il visa, avec son ministre Cavour, l'indépendance et l'unité italiennes. Grâce à l'appui de la France, à laquelle il céda Nice et la Savoie (1860), il réunit (juin 1859-nov. 1860) tous les États italiens, sauf la Vénétie (acquise en 1866) et Rome (prise en 1870). Proclamé roi d'Italie en 1861, il fixa la capitale à Florence (1865) puis à Rome (en 1870 *de jure,* en 1871 *de facto*). — **Victor-Emmanuel III** (1869 – 1947), roi d'Italie (1900-1946). En 1922, il confia le pouvoir à Mussolini. Il reçut les titres d'empereur d'Éthiopie (1936) et de roi d'Albanie (1939). Après les revers de l'Italie, alliée de l'Allemagne de 1940 à 1943, il fit arrêter Mussolini (juillet 1943). Il remit ses pouvoirs à son fils Humbert en juin 1944 et abdiqua en sa faveur (9 mai 1946), mais la république fut proclamée (juin 1946).

Victoria (chutes), chutes du Zambèze près de Livingstone (Zambie). Le fleuve se précipite d'une hauteur d'env. 115 m dans une gorge étroite creusée dans le basalte.

Victoria (île), grande île arctique au nord du Canada (Territoires du Nord-Ouest); 217290 km^2.

Victoria (lac), le plus grand des lacs africains, à 1130 m d'altitude, partagé entre l'Ouganda (au N.-O.), le Kenya (au N.-E.) et la Tanzanie (au S.); 68100 km^2; profondeur max. : 82 m. Ses rives, très découpées et frangées d'îles, baignent Entebbe, Kisumu et Mwanza. Alimenté par le *Nil Kagera,* il a pour émissaire le *Nil Victoria* (cours supérieur du *Nil Blanc,* entre les lacs Victoria et Mobutu) dont les chutes sont utilisées par une centrale hydroélectrique.

Victoria, port du Canada, cap. de la Colombie Britannique, dans l'île de Vancouver; 71200 hab. (aggl. urb. 246900 hab.). Industries variées.

Victoria, cap. de la colonie britannique de Hong Kong; 690000 hab. Industr. mécaniques et textiles.

Victoria, cap. des Seychelles, dans l'île Mahé; 25000 hab. Port de comm. et de pêche (thons). Centre touristique. Aéroport à Pointe La Rue.

Victoria, État du sud-est de l'Australie; 227600 km^2; 4200000 hab. concentrés dans la cap. *Melbourne.*

Victoria Ire (1819 – 1901), reine de Grande-Bretagne et d'Irlande (1837-1901), et impératrice des Indes (1876-1901). Épouse (1840) du prince Albert de Saxe-Cobourg-Gotha, son habile conseiller, elle marqua la vie politique, sans remettre en cause le régime parlementaire. Grâce à des hommes de valeur (Peel, Disraeli, Gladstone, Chamberlain) et à d'excellentes conditions écon., son règne marqua l'apogée de la puissance britannique.

Victoria (Tomás Luis de) (v. 1548 – v. 1611), compositeur espagnol. Il vécut surtout à Rome. Son œuvre abondante, uniquement religieuse, est marquée par un mysticisme austère.

victorien, enne [viktɔʀjɛ̃, ɛn] adj. Qui concerne la reine Victoria; qui se rapporte à son règne.

victorieusement [viktɔʀjøzmɑ̃] adv. D'une manière victorieuse.

victorieux, euse [viktɔʀjø, øz] adj. **1.** Qui a remporté la victoire. *Armée victorieuse.* – Fig. *La vérité est victorieuse des erreurs.* **2.** Qui exprime la victoire. *Arborer un air victorieux.* Syn. triomphant.

victuailles [viktɥaj] n. f. pl. Provisions de bouche, nourriture.

vidage [vidaʒ] n. m. Action de vider; son résultat. ▷ TECH Dispositif de vidage. *Vidage à clapet, à bouchon.*

Vidal de La Blache (Paul) (1845 – 1918), géographe français.

vidange [vidɑ̃ʒ] n. f. **1.** Action de vider; opération consistant à vider pour nettoyer, curer, rendre de nouveau utilisable. *Vidange d'un puits. Vidange d'une automobile.* **2.** Dispositif, canalisation pour l'évacuation des eaux usées. *Vidange d'un lavabo, d'une machine à laver.* **3.** (Plur.) Matières retirées d'une fosse d'aisances. ▷ (Québec) Cour. Ordures ménagères. *Sac de vidanges. – Mettre qqch aux vidanges,* le jeter. **4.** (Belgique, Luxembourg) Récipient consigné, généralement en verre. ▷ (Afr. subsah.) Bouteille vide (consignée ou non).

vidanger [vidɑ̃ʒe] v. tr. [**13**] Faire la vidange de. *Vidanger un réservoir.*

vidangeur [vidɑ̃ʒœʀ] n. m. **1.** Personne qui fait la vidange des fosses d'aisances. **2.** *Par ext.* (Québec) Syn. de *éboueur.*

vide [vid] adj. et n. m. **I.** adj. **1.** Qui ne contient rien. *Une boîte vide. Espace vide.* – MATH *Ensemble vide,* qui ne contient aucun élément. ▷ Qui est dépourvu de son contenu habituel. *Avoir l'estomac vide. Avoir les poches vides.* ▷ Loc. *Arriver les mains vides,* sans rien apporter. **2.** Où il n'y a personne; qui n'a pas d'occupant. *Place, fauteuil vides.* Syn. désert. **3.** Qui n'est pas garni. *Des murs vides. – Appartement, chambre vides,* sans mobilier. Syn. nu. **4.** Qui n'est pas employé, en parlant du temps. *Les moments vides de la journée.* Syn. libre. **5.** (Absol.) Qui n'a pas d'intérêt; creux, insignifiant. *Mener une existence vide. Paroles vides.* ▷ Sans expression. *Des yeux vides.* **6.** *Vide de :* dépourvu de, sans. *Maison vide de ses habitants.* – Fig. *Expression vide de sens.* **II.** n. m. **1.** Milieu où la densité de la matière est très faible. *Vide spatial. – Vide absolu :* milieu théorique d'où toute matière est absente. ▷ Diminution très importante de la pression d'un gaz à l'intérieur d'une enceinte. *Faire le vide. Pompe à vide. – Emballage sous vide,* dans lequel le vide a été fait entre l'emballage et le produit emballé. **2.** *Le vide :* espace, étendue vide. *Se jeter dans le vide.* – Loc. *Parler dans le vide :* parler sans que personne n'écoute. **3.** *Un vide :* espace, surface vides, non occupés. ▷ *Spécial.* CONSTR Espace qui n'est pas occupé par la maçonnerie ou la charpente. ▷ *Vide sanitaire,* ménagé entre le plancher d'une construction et le sol et servant notam. au passage des canalisations d'assainissement. **4.** Fig. Absence qui donne un sentiment de manque, de privation. *Sa mort laisse un vide.* **5.** Fig. Caractère de ce qui est vain, inconsistant. *Le vide des honneurs.* Syn. vanité, néant. **6.** Loc. adv. *À vide :* sans rien contenir. *La voiture est partie à vide.* – Sans produire d'effet. *La clé tourne à vide dans la serrure. – Passage à vide :* moment où un moteur tourne sans effet utile; fig. moment de fléchissement de l'activité ou de l'efficacité (d'une personne). *J'ai eu un passage à vide.*

vidé [vide] n. m. (Antilles fr.) Grand défilé de carnaval.

vidéaste [videast] n. Personne qui réalise professionnellement des films vidéo.

vidéo [video] adj. inv. et n. f. AUDIOV **I.** adj. inv. Se dit des signaux servant à la transmission d'images et de sons, ainsi que des appareils et des installations qui utilisent ces signaux (par oppos. à *audio*). *Image vidéo. Caméra vidéo. Bande vidéo. Cassette vidéo.* **II.** n. f. **1.** Abrév. de *vidéophonie.* **2.** TECH Procédé d'enregistrement et de transmission d'images et de sons par bande* vidéo (par oppos. à *film*). – En appos. *Film vidéo. Clip vidéo.* **3.** Cour. Ensemble des appareils nécessaires à l'enregistrement et à la transmission d'images et de sons (caméra, écran, magnétoscope). – Ensemble que constituent la technique, l'art et les œuvres utilisant ce procédé. *Salon international de la vidéo.* **4.** Art de réaliser des œuvres par ce procédé; œuvre ainsi réalisée. *Faire de la vidéo. Regarder des vidéos.* – En appos. *Organiser une soirée vidéo.*

vidéocassette [videokasɛt] n. f. Cassette qui contient une bande magnétique sur laquelle sont enregistrés des images et des sons que l'on peut reproduire sur un téléviseur au moyen d'un magnétoscope.

vidéo-clip [videoklip] n. m. V. clip 2.

vidéoclub [videoklœb] n. m. Magasin spécialisé dans la location ou la vente de cassettes vidéo enregistrées. Syn. (Québec) club vidéo.

vidéocommunication [videokɔmynikasjɔ̃] n. f. Communication par le réseau de télévision.

vidéoconférence [videokɔ̃ferɑ̃s] n. f. V. visioconférence.

vidéodisque [videodisk] n. m. Disque sur lequel sont enregistrés par gravure des images et des sons que l'on peut reproduire sur un téléviseur au moyen d'un système de lecture.

vidéogramme [videogʀam] n. m. AUDIOV Programme audiovisuel enregistré sur un support tel que bande magnétique, film, disque, etc.

vidéographie [videogʀafi] n. f. TECH Procédé de télécommunication permettant de transmettre des textes ou des dessins simples dont la visualisation est réalisée sur un écran de télévision. – *Vidéographie diffusée* ou *télétexte,* dans laquelle un grand nombre d'usagers reçoivent simultanément les mêmes informations. – *Vidéographie interactive* ou *vidéotex :* vidéographie assurée par un réseau de communication, notam. téléphonique, et délivrant des informations sur demande. *Le minitel est un terminal de vidéographie interactive.*

vidéophonie [videofoni] n. f. V. visiophonie. (Abrév. : *vidéo.*)

vide-ordures [vidɔʀdyʀ] n. m. inv. Dispositif d'évacuation des ordures ménagères dans un immeuble, comprenant un conduit vertical le long duquel sont disposés des vidoirs. ▷ Vidoir d'un vide-ordures. Syn. (Belgique) vide-poubelles.

vidéotex [videotɛks] n. m. INFORM Syn. de *vidéographie* interactive.*

vidéothèque [videotɛk] n. f. **1.** Collection de documents vidéo. **2.** Lieu où l'on conserve et où l'on peut visionner des documents vidéo.

vidéotransmission [videotʀɑ̃smisjɔ̃] n. f. TELECOM Transmission par système vidéo.

vide-poches [vidpɔʃ] n. m. inv. Coupe, boîte, corbeille, où l'on dépose les menus objets que l'on a habituellement dans les poches.

vide-poubelles [vidpubɛl] n. m. inv. (Belgique) Vide-ordures.

vider [vide] v. tr. [**1**] **I. 1.** Rendre vide (un contenant) en ôtant le contenu. *Vider sa bourse. – Vider une bouteille, un verre,* en buvant le liquide qu'ils contiennent. Syn. (Réunion) dévider. ▷ Loc. fig., fam. *Vider son sac :* dire le fond de sa pensée. – *Vider son cœur :* se confier, s'épancher. ▷ CUIS *Vider une volaille, un poisson,* en retirer les viscères. ▷ Débarrasser (un lieu) de ses occupants. *L'orage vida les rues en un instant.* – Loc. fam. *Vider les lieux,* les quitter, en sortir sous la contrainte. **2.** Ôter, évacuer d'un lieu. *Vider les eaux usées dans le caniveau.* **3.** Fig. Terminer, régler définitivement (un litige). *Vider une querelle.* **II.** v. pron. Devenir vide. *Tonneau qui se vide. Se vider de son sang.* – Par métaph. *Au cours du temps, ce mot s'est vidé de son sens.*

videur, euse [vidœʀ, øz] n. Personne qui vide (qqch). *Videur de poissons.*

Vidin, v. du N.-O. de la Bulgarie, à la frontière roumaine; 61 000 hab.; port fluvial sur le Danube; artisanat. – Monuments anc. – L'anc. *Bononia* romaine appartint sous le nom de *Vidiné* à l'Empire byzantin. Cap. de la principauté de Vidin créée en 1371, elle fut prise par les Ottomans en 1396.

Vidocq (François) (1775 – 1857), aventurier français. Bagnard évadé, il devint espion de la police (1809) puis chef de la Sûreté. Les *Mémoires* parus sous son nom (1828-1829) inspirèrent à Balzac le personnage de Vautrin.

vidoir [vidwaʀ] n. m. **1.** Trappe par laquelle on déverse les ordures dans le conduit d'un vide-ordures. **2.** Cuvette dans laquelle on déverse les eaux usées.

Vidor (King) (1894 [?] – 1982), cinéaste américain; analyste lyrique de la violence : *la Foule* (1928), *Hallelujah!* (1929), *Duel au soleil* (1946), *l'Homme qui n'a pas d'étoile* (1954).

viduité [vidɥite] n. f. DR État d'une personne veuve. Syn. veuvage. ▷ *Délai de viduité :* délai avant lequel une femme veuve ou divorcée ne peut se remarier.

vie [vi] n. f. **1.** Ensemble des phénomènes assurant l'évolution de tous les organismes animaux et végétaux depuis la naissance jusqu'à la mort. *La vie est apparue sur la Terre il y a environ quatre milliards d'années.* **2.** Existence humaine. *Être en vie. Donner la vie. Perdre la vie. Sauver la vie de qqn.* **3.** Cours de l'existence, événements qui le remplissent; conduite, mœurs. *Mener une vie tranquille, mener joyeuse vie. – Vivre sa vie :* vivre à sa guise. ▷ *Par méton.* Biographie. *Il a écrit une vie de Beethoven.* **4.** Durée de l'existence, temps qui s'écoule de la naissance à la mort. *Sa vie a été trop courte. – L'espérance de vie :* la durée de vie statistiquemement probable. – Par ext. *Vie et mort d'une civilisation.* **5.** Coût de la subsistance, de l'entretien. *La vie est de plus en plus chère.* **6.** Vitalité, entrain. *Un enfant plein de vie.* ▷ Loc. fig. *Donner de la vie :* animer. *Ces touches de couleur donnent de la vie au tableau.* **7.** Animation, activité. *Quartier où règne une intense vie nocturne.* **8.** RELIG *L'autre vie, la vie éternelle :* ce qui suit la mort; le paradis, l'enfer, le purgatoire. ▷ *La parole de vie :* l'Évangile. **9.** Loc. adv. *À vie, pour la vie :* pour toujours. – *De ma vie, de la vie :* jamais (en tournure négative). *Il n'a voyagé de sa vie.* – Loc. fam. *Jamais de la vie :* en aucune façon.

vieil [vjɛj] adj. et n. V. vieux.

vieillard [vjɛjaʀ] n. m. **1.** Homme fort âgé. Syn. (Antilles fr.) vieux-corps. **2.** Plur. *Les vieillards :* les personnes très âgées.

1. vieille [vjɛj] adj. f. et n. f. V. vieux.

2. vieille [vjɛj] n. f. Cour. Syn. de *labre.*

vieillerie [vjɛjʀi] n. f. Objet ancien, usagé. ▷ Idée rebattue; conception d'une autre époque. *Vous croyez encore à cette vieillerie?*

vieillesse [vjɛjɛs] n. f. **1.** Période ultime de la vie. *Avoir une vieillesse heureuse.* **2.** Fait d'être âgé; sénescence. *Mourir de vieillesse.* **3.** (Sing. collectif.) Les personnes âgées. *Caisse de retraite pour la vieillesse.* – (Prov.) *Si jeunesse savait, si vieillesse pouvait.*

vieillezir ou **vieilzir** [vjɛjziʀ] v. intr. [3] (Acadie) Vieillir.

vieilli, ie [vjɛji] adj. **1.** Marqué par l'âge. *Visage vieilli.* **2.** (Choses) Qui, avec le temps, a perdu de sa force; suranné, désuet. *Idées vieillies.* – *Mot vieilli,* qui est sorti de l'usage courant, mais qui est encore compris.

vieillir [vjɛjiʀ] v. [3] **I.** v. intr. **1.** Devenir vieux. *Il commence à vieillir.* **2.** Être marqué par l'âge; paraître âgé. *La peur de vieillir.* **3.** Perdre de sa force, de son efficacité avec le temps. *Ce film a vieilli depuis sa sortie.* **4.** Acquérir certaines qualités par l'effet du temps (surtout en parlant de substances alimentaires). *Ce vin a besoin de vieillir.* **II.** v. tr. **1.** Rendre vieux; faire paraître plus vieux, vieux avant le temps. *Cette coiffure la vieillit. Procédés pour vieillir les copies de masques anciens.* ▷ v. pron. *Jeune homme qui porte la moustache pour se vieillir.* **2.** Attribuer à (qqn) un âge supérieur à son âge réel. ▷ v. pron. *Il s'est vieilli de deux ans pour qu'on l'engage à ce poste.*

vieillissant, ante [vjɛjisɑ̃, ɑ̃t] adj. Qui est en train de vieillir.

vieillissement [vjɛjismɑ̃] n. m. **1.** Fait de vieillir, de devenir vieux. ▷ Fig. *Vieillissement des doctrines.* **2.** Aspect ancien donné artificiellement à un objet neuf. *Vieillissement d'un cadre.* **3.** Acquisition de certaines qualités par l'effet du temps (se dit surtout du vin, des alcools). *Vieillissement en fûts.*

vieillot, otte [vjɛjo, ɔt] adj. Fam. Vieilli, démodé, suranné.

vieilzir [vjɛjziʀ] v. intr. V. vieillezir.

Vieira (João Bernardo, dit Nino) (né en 1939), général et homme politique de Guinée-Bissau. Premier ministre après l'indépendance (1974), il fit un coup d'État (1980). En 1991, il instaura le multipartisme et remporta les élections présidentielles en 1994.

Vieira da Silva (Maria Elena) (1908 – 1992), peintre français d'origine portugaise.

viennes [vjɛn] n. f. pl. (Rare au sing.) Petites saucisses allongées, spécialité suisse. ▷ Sing. *Une vienne.* Syn. (Suisse) wienerli.

Vienne (la), rivière de France (372 km), affl. de la Loire (r. g.). – *Vienne,* dép. : 6985 km^2; 379977 hab.; ch.-l. *Poitiers**. V. Poitou-Charentes (Rég.). – *Haute-Vienne,* dép. : 5513 km^2; 353593 hab.; ch.-l. *Limoges**. V. Limousin (Rég.).

Vienne (en all. *Wien*), capitale de l'Autriche, sur le Danube; 1533170 hab. (la ville constitue le *Land de Vienne,* 415 km^2). Métropole culturelle, comm., fin. et industr. de l'Autriche (20% de la pop.). – Archevêché. Université. Nombr. édifices baroques (chât. du Belvédère, 1714-1723; bibliothèque de la Hofburg, 1723) et néogothiques (XIXe s.). Cathédrale St-Étienne (XIVe-XVIe s.). Égl. des Capucins (déb. XVIIe s.). Égl. St-Charles-Borromée (déb. XVIIIe s.). Nombr. musées (dont l'Albertina*). Dans les env., chât. de Schönbrunn*. – Poste avancé des Romains, la ville se développa quand les Habsbourg en firent leur résidence (XVIe s.) et que le péril turc (sièges de 1529 et de 1683) disparut. Elle fut la plus grande ville germanique jusqu'en 1900 et un centre artistique (musique, peinture, littérature). En avril 1945, l'armée Rouge l'enleva après des combats qui l'endommagèrent; jusqu'en 1955, chacun des Alliés occupa un quart de la ville.

Vienne (cercle de), école néo-positiviste, fondée à Vienne v. 1920, qui regroupa des philosophes et des logiciens (Carnap, notam.). Elle s'inspira de la logique mathématique.

Vienne (congrès de), congrès qui se tint à Vienne du 1er nov. 1814 au 9 juin 1815 après la défaite napoléonienne. Les puissances victorieuses, représentées par Metternich (Autriche), Hardenberg (Prusse), Castlereagh et Wellington (Angleterre), Nesselrode (Russie), se partagèrent l'Europe, où elles rétablirent l'absolutisme, semant le germe de conflits. La France (Talleyrand) put s'y associer. Celle-ci perdait tous les territoires conquis sous la Révolution et l'Empire. L'acte final du Congrès agrandit l'Autriche, qui notam. accroissait ses possessions italiennes, mais cédait les Pays-Bas autrichiens (la Belgique et le Luxembourg actuels) au royaume des Pays-Bas; la Prusse, qui notam. acquérait la Poméranie et d'import. territoires en Allemagne; la Russie, qui désormais possédait la plus grande partie de la Pologne; la Suède, qui recevait la Norvège. Le duc de Savoie (roi de Piémont-Sardaigne en 1718) reçut notam. le comté de Nice, Monaco, Gênes. L'Angleterre accrut ses colonies : Le Cap, Ceylan, nombr. îles des Antilles, l'île Maurice (jusqu'alors *Isle de France*). On reconnut la *neutralité perpétuelle* de la Confédération suisse, à laquelle adhérèrent les cant. de Genève, de Neuchâtel, et le Valais, ce qui donna à la Suisse sa configuration actuelle.

viennois, oise [vjɛnwa, waz] adj. et n. De Vienne, relatif à Vienne. ▷ Subst. *Les Viennois.*

viennoiserie [vjɛnwazʀi] n. f. Pâtisserie viennoise. – *Par ext.* Ensemble des produits de boulangerie, en dehors du pain (croissants, pains au chocolat, brioches, etc.).

Vientiane, cap. du Laos, sur la r. g. du Mékong; 377000 hab. Port fluvial et centre commercial. – Vientiane fut la capitale (1563) du roy. du Lan* Xang. Fondé au début du XVIIIe s., le *royaume de Vientiane* fut envahi par les Siamois en 1778. Le roi Chao* Anu (1805-1828) tenta en vain de se débarrasser de leur tutelle. Vientiane fut également attaquée par les Pavillons*-Noirs en 1873. En 1899, le roy. fut intégré dans un Laos unifié par les Français au sein de l'Union indochinoise. Capitale du Laos sous protectorat français, Vientiane devint celle du Laos indépendant (1954).

vierge [vjɛʀʒ] adj. et n. f. **I.** adj. **1.** Qui n'a jamais eu de rapports sexuels. *Un jeune homme, une jeune fille vierges.* – Dont l'hymen n'a pas été rompu. **2.** Qui n'a jamais été utilisé; intact. *Feuille de papier vierge. Cassette vierge.* ▷ Qui n'a jamais été cultivé, exploité. *Sol vierge.* – *Forêt vierge :* forêt équatoriale impénétrable. **3.** *Huile vierge :* extraite de graines ou de fruits écrasés à froid. – *Cire vierge,* d'abeille. **II.** n. f. **1.** Vx, didac. ou litt. Fille qui n'a jamais eu de rapports sexuels. **2.** *La Vierge, la Sainte Vierge, la Vierge Marie :* Marie, mère de Jésus. **3.** ASTRO *La Vierge :* constellation zodiacale de l'hémisphère boréal. ▷ ASTROL Signe du zodiaque* (24 août-23 sept.). – Ellipt. *Il est vierge.*

Vierges (îles) (en angl. *Virgin Islands*), archipel des Petites Antilles. Les unes, à l'E., sont des possessions américaines (60 îles et îlots, notam. les îles Saint Thomas, Sainte-Croix et Saint John); 344 km^2; 110800 hab.; ch.-l. *Charlotte Amalie* (Saint Thomas). Les autres, à l'O., appartiennent au Commonwealth britannique (40 îles, notam. les îles Tortola, Anegada et Virgin Gorda); 153 km^2; 12500 hab.; ch.-l. *Road Town* (Tortola). Les ressources sont maigres, à l'exception du tourisme, qui fait la richesse des îles Vierges britanniques (75 % du P.N.B.).

Viêt-cong ou **Vietcong,** nom que ses adversaires donnaient au Front national de libération (F.N.L.) du Viêt-nam du Sud (communistes et leurs alliés) pendant la guerre du Viêt-nam (1960-1975).

Viète (François) (1540 – 1603), mathématicien français; pionnier de l'algèbre.

Viêt-minh (abrév. de *Viêt-nam Dôc Lâp Dông Minh Hôi,* «Front de l'indépendance du Viêt-nam»), parti nationaliste à prépondérance communiste fondé par Hô Chi Minh (1941) qui mena la guerre contre les forces japonaises, puis françaises (1946-1954).

Viêt-nam, Viêtnam ou **Viêt Nam** (république socialiste du), État de l'Asie du S.-E., qui s'étire le long de la mer de Chine méridionale.

► V. dossier et carte, p. 1516.

Viêt-nam (guerre du), nom donné à la guerre qui opposa, entre 1954 et 1975, le Viêt-nam du Nord, et ses alliés du Front* national de libération, au Viêt-nam du Sud, soutenu par les États-Unis (V. dossier Viêt-nam, p. 1516).

vietnamien, enne [vjɛtnamjɛ̃, ɛn] adj. et n. **1.** Du Viêt-nam. ▷ Subst. *Un(e) Vietnamien(ne).* **2.** n. m. LING *Le vietnamien :* la langue de la famille dite austroasiatique, considérée, selon les mouvements linguistiques, comme une langue autonome ou comme appartenant au groupe môn-khmer. (V. Asie, langues.)

vietnamisation [vjɛtnamizasjɔ̃] n. f. Action de vietnamiser. *La vietnamisation des emprunts lexicaux.*

vietnamiser [vjɛtnamize] v. tr. [1] **1.** Donner une forme vietnamienne à (un mot). *Vietnamiser les mots d'origine française.* **2.** Donner un caractère vietnamien à. *Vietnamiser ses habitudes culinaires.*

vieux [vjø] ou **vieil** [vjɛj] (devant une voyelle ou un *h* muet), **vieille** [vjɛj], plur. **vieux** [vjø], **vieilles** [vjɛj] adj. et n. **I.** adj. **1.** Âgé. *Il est plus vieux que sa femme. Une vieille dame.* – *Par ext.* (Toujours avec un possessif.) *Vieux jours :* vieillesse. ▷ *Vieux garçon, vieille fille* ou (Belgique, fam. *vieux jeune homme, vieille jeune fille :* célibataire qui n'est plus de la première jeunesse. ▷ (Antilles fr.) *Vieux-corps :* vieillard. – *Vieux-corps dégagé :* vieillard alerte. **2.** Ancien, qui existe de longue date. *Une vieille maison de famille. Le bon vieux temps.* ▷ LING (Pour désigner un mot, une locution.) Qui n'est plus clairement compris et jamais produit spontanément dans la communication, sauf dans une intention d'archaïsme. **3.** Qui est tel depuis longtemps. *Un vieil ami. Une vieille habitude.* **4.** (Choses) Détérioré par le temps; usagé. *Une vieille paire de chaussures.* ▷ Se dit de certaines couleurs auxquelles on a donné une nuance passée. *Vieil or. Vieux rose.* **II.** n. **1.** Personne âgée (comporte une nuance quelque peu péjorative ou condescendante). *Un vieux, une vieille. S'occuper des vieux.* ▷ Loc. *Un vieux de la vieille :* une personne expérimentée, un vieux routier*. ▷ (Québec) *Le plus vieux, la plus vieille :* l'aîné, l'aînée. *Mon plus vieux a vingt ans. Ma plus vieille n'est pas encore mariée.* **2.** Pop. Père, mère. *Mon vieux a deux ans de plus que ma vieille. Je vais voir mes vieux à la campagne.* ▷ (Afr. subsah., Djibouti) (Avec une nuance de respect.) Père, mère, personne de leur génération. ▷ (Plur.) *Les vieux :* les anciens. ▷ (Au masc.) (Aoste) (Cour. ou respectueux.) Ancêtre, parent. **3.** Fam. (Employé comme terme d'amitié.) *Comment ça va, ma vieille? Bonjour, vieux!* **III.** n. m. **1.** Ce qui est vieux. *Faire du neuf avec du vieux.* **2.** Loc. fam. *Coup de vieux :* vieillissement subit.

Vieyra (Paulin Soumanou) (1925 – 1987), cinéaste sénégalais originaire du Bénin : nombreux courts-métrages et *En résidence surveillée* (1981).

vif, vive [vif, viv] adj. et n. m. **I.** adj. **1.** Vivant, en vie (dans des loc.). *Brûlé vif.* – *Plus mort que vif :* à demi mort ou très effrayé. **2.** Actif, alerte. *Enfant très vif.* **3.** (Choses) *Air vif,* vivifiant. – *Haie vive,* en pleine végétation. – *Eau vive :* eau qui coule, qui court. **4.** Aigu, intense. *Vif plaisir. De vifs applaudissements.* ▷ (Couleurs) Intense. *Bleu vif. Teinte vive.* **5.** Brusque, coléreux, emporté. *Vous avez été un peu vif et vous l'avez blessé.* **II.** n. m. **1.** *Le vif :* la chair vive. ▷ Loc. fig. *Couper, tailler, trancher dans le vif :* s'attaquer résolument à un problème, avec des moyens énergiques. – *Dans le vif du sujet :* en plein dans la question. – *Être atteint, blessé, piqué, touché au vif,* au point sensible. ▷ *À vif :* dont la chair est à nu. *Plaie à vif.* – Fig. *Avoir les nerfs à vif :* être très tendu, très nerveux. **2.** DR Personne vivante. *Donations entre vifs.* ▷ Loc. fig. *Sur le vif :* d'après nature. *Expression saisie sur le vif.* **3.** PECHE *Pêcher au vif :* pêcher avec comme appât un petit poisson vivant.

Vigée-Lebrun (Louise Élisabeth Vigée, Mme) (1755 – 1842), peintre français. Portraitiste de Marie-Antoinette, puis sous l'Empire.

vigie [viʒi] n. f. Marin placé en observation dans la mâture ou à l'avant d'un navire.

vigilance [viʒilɑ̃s] n. f. Attention, surveillance active. *Redoubler de vigilance.*

vigilant, ante [viʒilɑ̃, ɑ̃t] adj. Attentif, qui fait preuve de vigilance. *Gardien vigilant.* ▷ Qui dénote la vigilance. *Soins vigilants.*

1. vigile [viʒil] n. f. RELIG CATHOL Veille de grande fête. *La vigile de Noël.*

2. vigile [viʒil] n. m. Veilleur de nuit. ▷ *Par ext.* Garde, dans certains lieux publics, certains grands ensembles d'habitation.

vigne [viɲ] n. f. **1.** Arbrisseau sarmenteux cultivé pour son fruit, le raisin, dont on tire le vin. *Cep de vigne. La vigne est cultivée depuis 4000 à 5000 ans.* **2.** Terrain planté de vignes; vignoble. *Posséder une vigne. Cultiver sa vigne.* ▷ Loc. fig. Plaisant *Être dans les vignes du Seigneur :* être ivre.

1. vigneau [viɲo] n. m. **1.** V. vignot. **2.** (France rég.) En Normandie, tertre surmonté d'une treille, dans un jardin.

2. vigneau [viɲo] n. m. (Acadie) (Généralement au plur.) Table à claire-voie utilisée pour faire sécher la morue au soleil.

Vigneault (Gilles) (né en 1928), chanteur, compositeur et écrivain québécois. Il donna en 1961 son prem. récital et devint une tête de file du mouvement culturel des années 70. Il s'est fait le chantre, dans ses chansons (*Mon pays, les Gens de mon pays, la Manikoutai*) et ses poèmes, de la patrie québécoise.

vigneron, onne [viɲ(ə)ʀɔ̃, ɔn] n. et adj. **1.** n. Personne qui cultive la vigne et qui élève le vin. **2.** adj. Relatif à la vigne. *Pays vigneron.*

vignette [viɲɛt] n. f. **1.** Petite gravure placée en manière d'ornement sur la page de titre d'un livre ou au commencement et à la fin des chapitres. **2.** Dessin d'encadrement de certaines gravures. **3.** *Par ext.* Étiquette servant de marque de fabrique ou constatant le paiement de certains droits. *Vignette fiscale.* – Absol. *La vignette :* la vignette de l'impôt sur les automobiles.

vignoble [viɲɔbl] n. m. **1.** Terre plantée de vignes. **2.** Ensemble des vignes d'une région, d'un pays. *Le vignoble bordelais, du Bordelais.*

Vignola (Iacopo Barozzi, dit il), en fr. *le Vignole* (1507 – 1573), architecte italien. L'égl. du Gesù, à Rome (1568, façade bâtie après sa mort), créa le style jésuite. Son *Traité des cinq ordres de l'architecture* (1562) fut un classique.

vignot ou **vigneau** [viɲo] n. m. (France rég.) Syn. de *bigorneau.*

Vigny (Alfred, comte de) (1797 – 1863), écrivain français. Jusqu'en 1827, capitaine dans la garde royale, il mena une vie monotone. En 1826, il publia les *Poèmes antiques et modernes* et un roman historique, *Cinq-Mars,* suivi de *Stello* (roman à thèse, 1832), *Chatterton* (drame, 1835), *Servitude et grandeur militaires* (récits, 1835). Affecté par la perte de sa mère et sa rupture avec l'actrice Marie Dorval (1837), déçu par les milieux littéraires, Vigny se retira en Charente dans son manoir. Le recueil de poèmes philosophiques *les Destinées* fut publié en 1864 (*la Mort du loup,* 1843; *la Maison du berger* et *le Mont des Oliviers,* 1844). Acad. fr. (1845).

Vigo, port d'Espagne (Galice), sur l'Atlantique; 258 720 hab. Industries.

Vigo (Jean) (1905 – 1934), cinéaste français. Son œuvre est une critique violente et poétique de la coercition sociale : *À propos de Nice* (1930), *Zéro de conduite* (1933), *l'Atalante* (1934).

vigogne [vigɔɲ] n. f. Mammifère camélidé des hautes terres des Andes recherché pour sa laine. ▷ Laine de vigogne; tissu fait avec cette laine.

vigoureusement [viguʀøzmɑ̃] adv. Avec vigueur.

vigoureux, euse [viguʀø, øz] adj. **1.** Plein de vigueur, de force. *Un sportif vigoureux.* ▷ Par ext. *Une plante vigoureuse.* **2.** Qui dénote la vigueur. *Résistance vigoureuse.* **3.** BX-A Exécuté avec fermeté, netteté. *Un dessin vigoureux.*

vigousse [vigus] adj. (Suisse) Qui est plein de vie, alerte.

vigueur [vigœʀ] n. f. **1.** Force physique, énergie. *Un homme plein de vigueur.* ▷ Par ext. *Vigueur d'une plante.* ▷ GENET *Vigueur hybride :* V. encycl. hybride. **2.** Fermeté du cœur, de l'esprit, des facultés. *Vigueur d'un caractère.* **3.** Puissance, intensité. *Vigueur du style.* ▷ BX-A Caractère d'une peinture, d'un dessin exécutés avec netteté, fermeté. **4.** Loc. adj. *En vigueur :* encore appliqué au moment dont il est question; en usage. *La loi en vigueur.*

V.I.H. n. m. MED Sigle de *virus de l'immunodéficience humaine,* rétrovirus (c.-à-d. virus à A.R.N.) qui, détruisant certains leucocytes, provoque le sida. Syn. angl. H.I.V.

Vikhren (mont), point culminant (2 915 m) du massif de Pirin en Bulgarie.

vil, vile [vil] adj. **1.** Loc. *À vil prix :* à un prix très bas. **2.** Litt. Bas, méprisable. *Une action bien vile. Une âme vile.* ▷ (Choses) Grossier, sans noblesse. *Être employé à de viles besognes.*

Vila ou **Port-Vila,** cap. de la république de Vanuatu, dans l'île de Vaté; 15 100 hab.

vilain, aine [vilɛ̃, ɛn] adj. et n. **I.** adj. **1.** Méprisable. *Une vilaine action.* **2.** Laid. *Un homme très vilain. De vilaines mains.* **3.** Mauvais. *Vilain temps.* – Ellipt. *Il fait vilain.* ▷ D'apparence inquiétante. *Une vilaine toux. Une vilaine blessure.* ▷ n. m. (en loc.) *Ça va faire du vilain,* du scandale, du grabuge. **4.** (Surtout en s'adressant à un enfant.) Qui ne se conduit pas comme il faut; indocile, turbulent. *Puisque tu as été vilain, tu n'auras pas de dessert.* ▷ Subst. *En voilà une vilaine!* **II.** n. m. HIST Paysan libre au Moyen Âge. – Prov. *Jeu de main, jeu de vilain :* V. jeu (sens I).

Vilaine (la), fl. de France (225 km), tributaire de l'Atlantique; arrose Rennes.

Vilakazi (Benedict Wallet) (1906 – 1946), universitaire et écrivain sud-africain. Il a écrit de célèbres poèmes en langue zoulou, notam. *Amal'Ezulu* (*Horizons zoulous,* 1945).

Vilar (Jean) (1912 – 1971), acteur et metteur en scène français de théâtre. Directeur (1951-1963) du Théâtre national populaire (T.N.P.), il anima le festival d'Avignon (1947-1971).

vilebrequin [vilbʀəkɛ̃] n. m. **1.** Outil à main pour le perçage du bois, constitué d'une pièce métallique quatre fois coudée munie d'un mandrin auquel s'adaptent des mèches. 2. MECA Arbre coudé. ▷ *Spécial.* Arbre coudé qui transforme le mouvement alternatif des pistons d'un moteur à explosion en mouvement rotatif.

vilenie [vileni] n. f. Litt. Action vile.

vilipender [vilipɑ̃de] v. tr. [1] 1. Litt. Décrier, dénoncer comme méprisable. 2. (Suisse) Syn. de *gaspiller.*

villa [villa] n. f. 1. Maison individuelle plus ou moins luxueuse, avec un jardin. 2. (Afr. subsah.) Maison individuelle en matériau dur (par oppos. à *case*).

Villa (Doroteo Arango, dit Pancho) (1878 - 1923), révolutionnaire mexicain. À la tête de cavaliers, il affronta le gouv. (1910-1920), prenant Mexico (1914) puis échappant au corps expéditionnaire des É.-U. Il fut assassiné.

villafranchien, enne [vil(l)afʀɑ̃ʃjɛ̃, ɛn] adj. et n. m. GEOL De la première partie du quaternaire, au cours de laquelle les mammifères du tertiaire évoluèrent vers les formes actuelles. ▷ n. m. *Le villafranchien.*

village [vilaʒ] n. m. 1. Petite agglomération rurale. 2. Vieilli (Cour. au Québec) Dans une paroisse* rurale, agglomération qui entoure l'église et où sont établis les principaux commerces. *Habiter dans le village.* 3. (Louisiane) Toute agglomération, quelle que soit son importance (par oppos. à *ville,* qui désigne uniquement La Nouvelle-Orléans). *Le village de Lafayette. Aller au village,* dans telle ville. 4. (Afr. subsah.) Agglomération pouvant compter plusieurs milliers d'habitants, mais dont l'activité est essentiellement agricole. *Le village est le lieu privilégié des valeurs traditionnelles. – Aller au village,* dans son village natal. 5. Ensemble des habitants d'un village. *Tout le village s'est rassemblé.*

villageois, oise [vilaʒwa, waz] n. et adj. 1. n. Habitant d'un village. 2. adj. De village. *Fête villageoise.*

villagisation [vilaʒizasjɔ̃] n. f. (Afr. subsah.) Action de regrouper dans des villages des populations rurales dont l'habitat est dispersé.

Villa-Lobos (Heitor) (1887 - 1959), compositeur brésilien : quatorze *Choros* (1920-1928), neuf *Bachianas brasileiras* (1930-1945), symphonies, ballets, mus. de chambre, etc.

Villars (Claude Louis Hector, duc de) (1653 - 1734), maréchal de France. Dans la guerre de la Succession d'Espagne (1701-1714), sa victoire (1712) de Denain (Nord) fut capitale pour la France envahie. Acad. fr. (1714).

ville [vil] n. f. 1. Agglomération importante (à la différence du village, du hameau, du bourg) dont les habitants exercent en majorité des activités non agricoles (commerce, industrie, administration). *Ville ouverte, fortifiée. Bâtir, fonder une ville.* ▷ *Ville-dortoir*. – Ville nouvelle :* ville créée près d'un centre urbain important, offrant à ses habitants une structure d'accueil complète (emplois, services, loisirs) permettant la décentralisation; (Maghreb) ville édifiée par les colons français, à l'aspect européen (par oppos. à *médina*). ▷ *La Ville éternelle :* Rome. – *La Ville Lumière* (c.-à-d. au grand rayonnement culturel) : Paris. ▷ *Hôtel de ville :* siège des autorités municipales. ▷ (Louisiane) La Nouvelle-Orléans (par oppos. aux *villages*). Aller en ville,* à La Nouvelle-Orléans. 2. Loc. *À la ville, en ville :* au-dehors, dans la ville (par oppos. à *chez soi*). *Dîner en ville.* ▷ *En ville* (abrév. : E.V.), dans la suscription d'une lettre que l'on n'adresse pas par la poste. *Monsieur Untel, E.V.* 3. Population de la ville. *Toute la ville est en fête.* 4. Loc. *Tenue, vêtements de ville,* que l'on porte ordinairement pour sortir dans la journée (par oppos. à *de sport, de travail, de soirée*).

villégiature [vileʒjatyʀ] n. f. 1. Séjour de vacances à la campagne (et, par ext., au bord de la mer, etc.). *Être en villégiature à...* 2. Endroit de ce séjour.

Villehardouin (Geoffroi de) (v. 1150 - v. 1213), chroniqueur français. Maréchal de Champagne, il participa à la 4e croisade (1202-1204), dont il tenta de justifier les excès dans *Histoire de la conquête de Constantinople* (v. 1207).

Villèle (Jean-Baptiste Guillaume Joseph, comte de) (1773 - 1854), homme politique français. Sous la Restauration, chef des ultras, président du Conseil (1822-1828), il fut impopulaire.

Villemaire (Yolande) (née en 1949), écrivain québécois. Poésie : *Quartz et mica* (1985), *la Ligne indienne* (1994). Romans : *la Constellation du Cygne* (1985), *Vava* (1989), *le Dieu dansant* (1995).

Villeneuve (Pierre Charles de) (1763 - 1806), marin français. Il fut vaincu par Nelson à Trafalgar (21 oct. 1805) et se suicida.

Villers-Cotterêts, v. de France (Aisne), dans la *forêt de Villers-Cotterêts* ou *de Retz* (13 340 ha); 8 904 hab. Industries. – Chât. Renaissance. – *L'ordonnance de Villers-Cotterêts,* promulguée par François Ier en 1539, réorganisait la justice et imposait le français à la place du latin dans la rédaction des actes judiciaires et notariés.

Villiers de L'Isle-Adam (Auguste, comte de) (1838 - 1889), écrivain français. Ami de Mallarmé, méprisant le progrès, l'argent et la science, il a exprimé son désir d'absolu : *Contes cruels* (1883), *l'Ève future* (1886), *Axel* (drame, posth., 1890).

Villon (François) (1431 - apr. 1463), poète français. Bachelier en 1449, maître ès arts en 1452, Villon mena alors une vie désordonnée. En 1455, provoqué par un prêtre, il le blessa mortellement et s'enfuit de Paris. Alors qu'il composait les poèmes en octosyllabes du *Lais* ou *Petit Testament* (fin 1456), il s'était associé à une bande de malandrins, les Coquillards, et fut emprisonné en province (1461). À l'avènement de Louis XI, une amnistie le libéra. Rentré à Paris, il écrivit *le Grand Testament* (1461), bilan amer et narquois de sa vie. En 1462, le prévôt de Paris le condamna à la pendaison, mais le parlement décida son bannissement; son procès lui inspira la *Ballade des pendus.* Après 1463, on perd sa trace.

Villon (Gaston Duchamp, dit Jacques) (1875 - 1963), peintre et graveur français; frère du peintre Marcel Duchamp.

villosité [villozite] n. f. 1. BOT, ZOOL État d'une surface velue. 2. ANAT Chacune des petites saillies en doigt de gant qui donnent un aspect velu à certaines surfaces. *Villosités de la muqueuse intestinale.*

Vilnius, cap. de la Lituanie; 579 000 hab. Constr. mécaniques et électriques. – Ruines d'un chât. médiéval; égl. St-Pierre-et-St-Paul (XVIIe s.). – La ville fut polonaise (sous le nom de *Wilno*) de 1920 à 1939.

vin [vɛ̃] n. m. 1. Boisson alcoolisée obtenue par fermentation du jus de raisin. *Vin blanc, rosé, rouge. Vin mousseux. – Vin de table,* de consommation courante. – (Luxembourg, Suisse) *Vin ouvert,* servi en pichet. ▷ Loc. *Vin d'honneur :* réception offerte pour honorer qqn, qqch. Syn. (Suisse) verrée. – Fig., fam. *Mettre de l'eau dans son vin :* se modérer dans ses opinions; rabattre de ses prétentions. – *Cuver son vin :* dormir après s'être enivré. – Prov. *Quand le vin est tiré, il faut le boire :* lorsqu'une affaire est engagée, il faut la mener à son terme, en acceptant d'en supporter les conséquences. 2. Boisson alcoolisée obtenue par fermentation d'un produit végétal. – *Vin de palme,* fait avec la sève de différents palmiers. – (Afr. subsah.) *Vin de mil, de maïs, de banane(s).*

vinaigre [vinɛgʀ] n. m. 1. Liquide riche en acide acétique obtenu par fermentation du vin, d'autres liquides alcoolisés ou de solutions sucrées, et employé comme condiment. *Assaisonnement à l'huile et au vinaigre. – Mère du vinaigre :* V. mère. 2. Loc. fig. *Cela tourne au vinaigre :* cela tourne mal.

vinaigrer [vinegʀe] v. tr. [1] Assaisonner avec du vinaigre.

vinaigrette [vinɛgʀɛt] n. f. Sauce faite avec du vinaigre, de l'huile et divers condiments. *Bœuf à la vinaigrette.*

vinaigrier [vinɛgʀije] n. m. 1. Fabricant, marchand de vinaigre. 2. Flacon destiné à contenir du vinaigre. 3. BOT Autre nom du sumac.

vinasse [vinas] n. f. 1. TECH Liquide restant après qu'on a enlevé par distillation l'alcool des liqueurs alcooliques. 2. Cour., péjor. Mauvais vin.

Vincent (Stenio) (1874 - 1959), homme politique haïtien. Président de la Rép. (1930-1941), il obtint le départ des troupes amér. dont les dernières quittèrent Haïti en 1934.

Vincent de Paul (saint) (1581 - 1660), prêtre français. Aumônier général des galères (1619), il observa la misère et créa de nombr. œuvres de charité, notam. la congrégation des Filles de la Charité (1633). Il fut canonisé en 1737.

Vinci (Léonard de). V. Léonard de Vinci.

vindicatif, ive [vɛ̃dikatif, iv] adj. Enclin à la vengeance, à la dispute. *Caractère vindicatif.*

vindicte [vɛ̃dikt] n. f. DR *Vindicte publique :* poursuite d'un crime au nom de la société. – Litt. *Désigner qqn à la vindicte publique,* l'accuser publiquement.

Vinet (Alexandre) (1797 - 1847), théologien protestant et critique littéraire suisse d'expression française. Il organisa les Églises indépendantes du canton de Vaud et prôna *la Liberté des cultes* (1826), vis-à-vis de l'État.

vineux, euse [vinø, øz] adj. Qui a la couleur, l'odeur, le goût du vin. *Rouge vineux.*

vingt [vɛ̃] se prononce [vɛ̃t] dans les nombres (sauf *quatre-vingt*) et en liaison (ex. *vingt-neuf* [vɛ̃tnœf], *vingt et un* [vɛ̃teœ̃]) adj. et n. m. **I.** adj. num. **1.** (Cardinal) Deux fois dix (20). *Vingt mois.* ▷ *Je vous l'ai dit vingt fois,* de nombreuses fois. **2.** (Ordinal) Vingtième. *Page vingt.* – Ellipt. *Le vingt juin.* **II.** n. m. Le nombre vingt. *Deux fois vingt.* ▷ Chiffres représentant le nombre vingt (20). ▷ Numéro vingt. *Jouer le vingt.* ▷ *Le vingt :* le vingtième jour du mois.

Vingt (association des), groupe de vingt artistes belges (les XX) qui de 1884 à 1893 invitèrent chaque année à Bruxelles vingt artistes étrangers, dont ils exposaient les œuvres; parmi eux : Rodin, Monet, Cézanne, Van Gogh (qui en 1890 vendit le seul tableau de son vivant), etc. Parmi les membres fondateurs, citons Ensor*, Khnopff*, Octave Maus (1856-1919), le princ. animateur, cofondateur de la revue *l'Art moderne* (1881-1914).

vingtaine [vɛ̃tɛn] n. f. Nombre de vingt environ. *Une vingtaine d'absents.*

vingtième [vɛ̃tjɛm] adj. et n. **I.** adj. num. ord. Dont le rang est marqué par le nombre 20. *Le vingtième jour. Le vingtième siècle,* ou, ellipt., *le vingtième.* **II.** n. **1.** Personne, chose qui occupe la vingtième place. *Le vingtième et dernier de la classe.* **2.** n. m. Chaque partie d'un tout divisé en vingt parties égales. *Le vingtième d'une somme.*

vingt-quatre [vɛ̃tkatʀ] adj. numér. Vingt plus quatre. – Loc. *Vingt-quatre heures :* un jour plein.

Vingt-Quatre Articles (traité des), traité élaboré par la conférence de Londres (1831) pour régler le problème de la frontière entre la Belgique et les Pays-Bas, qui le refusèrent (notam. parce qu'ils revendiquaient Anvers). La querelle entre les deux pays ne prit fin qu'en 1839 (traité de Londres).

vinicole [vinikɔl] adj. Relatif à la culture de la vigne, à la production du vin.

vinification [vinifikasjɔ̃] n. f. Ensemble des opérations qui transforment le moût en vin.

vinifier [vinifje] v. tr. [2] Opérer la vinification de.

vinyle [vinil] n. m. CHIM *Radical vinyle :* radical monovalent $CH_2=CH-$. ▷ Corps qui contient ce radical. *La polymérisation du chlorure de vinyle permet d'obtenir le polychlorure de vinyle, matière plastique très utilisée.*

vinylique [vinilik] adj. CHIM, TECH Se dit des corps contenant le radical vinyle. *Résine vinylique.*

viol [vjɔl] n. m. **1.** Acte de violence par lequel une personne non consentante est contrainte à une pénétration sexuelle de quelque nature qu'elle soit. **2.** (Abstrait) Action de violer (sens 1 et 2). *Viol des lois.*

violacé, ée [vjɔlase] adj. et n. f. **1.** adj. D'une couleur tirant sur le violet. *Rouge violacé.* **2.** n. f. pl. BOT Famille de dicotylédones pariétales comprenant les violettes et les pensées ainsi que des arbres et arbustes tropicaux. – Sing. *Une violacée.*

violateur, trice [vjɔlatœʀ, tʀis] n. Personne qui viole, enfreint, profane.

violation [vjɔlasjɔ̃] n. f. Action de violer (sens 1 et 2). *Violation d'un droit, de domicile.*

viole [vjɔl] n. f. Instrument de musique à cordes, ancêtre du violon et du violoncelle.

violemment [vjɔlamɑ̃] adv. **1.** Avec violence. *Arracher violemment.* ▷ Avec impétuosité. *Répliquer violemment.* **2.** Avec ardeur. *Haïr violemment.*

violence [vjɔlɑ̃s] n. f. **1.** Force brutale exercée contre quelqu'un. *User de violence.* – DR Contrainte illégitime, physique ou morale. ▷ *Faire violence à qqn,* le contraindre par la force ou l'intimidation. – *Faire violence à une femme,* la violer. – *Se faire violence :* se contraindre, se contenir. – Fig. *Faire violence à un texte,* en forcer le sens. **2.** (Plur.) Actes de violence. *Subir des violences.* **3.** Brutalité du caractère, de l'expression. *Violence verbale.* **4.** (Choses) Intensité, force brutale (d'un phénomène naturel, d'un sentiment, etc.). *Violence du vent, des passions.*

violent, ente [vjɔlɑ̃, ɑ̃t] adj. (et n.) **1.** Brutal, emporté, irascible. *Un homme violent.* – Par ext. *Une scène violente.* ▷ Subst. *C'est un violent.* **2.** D'une grande force, d'une grande intensité. *Une violente explosion. Une douleur violente.* **3.** Qui nécessite de la force, de l'énergie. *Un effort violent.* ▷ *Mort violente,* causée par un acte de violence ou un accident.

violenter [vjɔlɑ̃te] v. tr. [1] **1.** *Violenter une femme,* la violer. **2.** Litt. Faire violence à. *Violenter une loi.*

violer [vjɔle] v. tr. [1] **1.** Enfreindre, agir contre. *Violer la loi.* – *Violer un engagement,* ne pas le respecter. – *Violer un secret,* le trahir. **2.** Pénétrer (dans un lieu sacré ou interdit); profaner. *Violer un sanctuaire, une sépulture.* – *Violer les consciences,* forcer leur secret, les amener de force à certaines idées. **3.** Faire subir un viol (sens 1) à. *Violer une femme, un enfant.*

violet, ette [vjɔlɛ, ɛt] adj. et n. m. D'une couleur résultant d'un mélange de bleu et de rouge (radiations lumineuses dont la longueur d'onde avoisine 0,4 μm). ▷ n. m. Couleur violette.

violette [vjɔlɛt] n. f. Plante herbacée des régions tempérées (fam. violacées) à fleurs violettes ou blanches, au parfum suave et pénétrant.

violeur, euse [vjɔlœʀ, øz] n. Personne qui commet, qui a commis un viol (sens 1).

violine [vjɔlin] adj. D'une couleur violet pourpre. *Rideau violine.*

Viollet-le-Duc (Eugène Emmanuel) (1814 – 1879), architecte français. Promoteur de la restauration, il sauva l'abbatiale de Vézelay, la Ste-Chapelle de Paris, de nombr. cath. (N.-D. de Paris, notam.). Son principe « restaurer, c'est rétablir dans un état complet, qui peut n'avoir jamais existé » est auj. contesté. Il écrivit de nombr. ouvrages, notam. un *Dictionnaire raisonné de l'architecture française du XI*[e] *au XVI*[e] *siècle* (10 vol., 1854-1868); il prôna le fonctionnalisme (*Entretiens sur l'architecture,* 2 vol., 1863-1872).

violon [vjɔlɔ̃] n. m. **I. 1.** Instrument de musique à quatre cordes accordées par quintes (sol, ré, la, mi) et à archet. ▷ Loc. fig. *Accorder ses violons :* se mettre d'accord. – *Violon d'Ingres :* activité (artistique, notam.) exercée avec assiduité en dehors de sa profession. **2.** Personne qui joue du violon dans un ensemble musical; violoniste d'orchestre. *Premier, second violon.* **II. 1.** (Acadie) Nom cour. du mélèze laricin. **2.** (Québec) (Généralement au plur.) *Tête de violon* (parfois *queue de violon*) : pousse comestible de la fougère-à-l'autruche (*Matteuccia struthiopteris*), qu'on récolte au printemps.

violoncelle [vjɔlɔ̃sɛl] n. m. Instrument de musique à quatre cordes, analogue au violon, mais de plus grande taille et dont on joue assis en le tenant entre les jambes.

violoncelliste [vjɔlɔ̃sɛlist] n. Musicien joueur de violoncelle.

violoneux, euse [vjɔlɔnø, øz] n. **1.** n. m. Fam. Mauvais violoniste. **2.** (Québec) Violoniste qui fait danser les gens sur des airs folkloriques.

violoniste [vjɔlɔnist] n. Musicien joueur de violon.

viorne [vjɔʀn] n. f. BOT Arbrisseau (fam. caprifoliacées) à fleurs blanches, dont on cultive certaines espèces ornementales (obier, laurier-tin).

vipère [vipɛʀ] n. f. **1.** Serpent venimeux (30 cm à 1,80 m de long) au corps épais, à la tête triangulaire, qui vit en Europe, en Afrique et en Asie. V. aspic (1). – *Vipère cornue :* V. céraste. – (Afr. subsah.) *Vipère heurtante :* V. bitis. **2.** Fig. Personne malfaisante, d'une méchanceté sournoise. *Un nid de vipères.* ▷ Loc. *Langue de vipère :* personne très médisante.

vipereau [vipʀo] n. m. Petit d'une vipère.

vipéridés [vipeʀide] n. m. pl. ZOOL Famille de serpents venimeux comprenant notam. les vipères, les échis et les crotales. – Sing. *Un vipéridé.*

vipérin, ine [vipeʀɛ̃, in] adj. et n. f. **1.** adj. De la vipère, qui a rapport à la vipère. – *Couleuvre vipérine :* couleuvre du sud de l'Europe et du nord de l'Afrique qui ressemble à une vipère. **2.** n. f. Plante (fam. borraginacées) des lieux incultes et des sables, d'aspect velu, à fleurs bleues ou roses.

virage [viʀaʒ] n. m. **1.** Mouvement tournant d'un véhicule. *Amorcer un virage.* – *Virage à la corde,* effectué au plus près du bord intérieur de la route. ▷ Fig. Changement d'orientation. *Virage politique.* ▷ Portion courbe d'une route. *Virage dangereux.* **2.** PHOTO Opération consistant à modifier la couleur d'une épreuve. **3.** *Virage d'une cutiréaction :* V. virer (sens III, 3).

virago [viʀago] n. f. Péjor. Femme d'allure masculine, autoritaire ou revêche.

virailler [viʀɑje] v. intr. [1] (Québec) Fam. **1.** Tourner en rond, chercher ici et là. *Virailler dans le quartier à la recherche des enfants.* **2.** Chercher qqch à faire, tuer le temps en attendant qqn ou qqch. Syn. taponner (sens II, 1). **3.** Se tourner d'un côté et de l'autre, quand on est couché. *Il a trop mangé et il a viraillé dans le lit toute la nuit.*

viral, ale, aux [viʀal, o] adj. MICROB, MED Relatif à un virus; dû à un virus. *Maladie virale.*

vire [viʀ] n. f. ALPIN Étroite corniche sur une paroi rocheuse.

virée [viʀe] n. f. Fam. **1.** Promenade rapide; court voyage. **2.** Tournée des lieux de distraction.

virement [viʀmɑ̃] n. m. **1.** MAR Action de virer de bord. **2.** Transfert de fonds d'un compte à un autre, d'un chapitre du budget à un autre. *Virement postal, budgétaire.*

virer [viʀe] v. [1] **I.** v. tr. **1.** COMPTA et cour. Faire passer d'un compte à un autre. *Virer une somme.* ▷ (Afr. subsah.) Fam. *Virer qqn,* lui payer son salaire par virement. – (Passif) *Être viré :* percevoir son salaire. **2.** PHOTO *Virer une épreuve,* lui faire subir un virage (sens 2). **3.** Fam. *Virer qqn,* le renvoyer, l'expulser. **4.** MAR Haler sur (un cordage, une chaîne) au moyen d'un treuil, d'un cabestan, etc. ▷ *Par ext.* (Québec) Faire tourner. *Virer une manivelle.* **5.** (Québec) *Virer* ou *virer de bord :* tourner à l'envers. *Virer une crêpe dans la poêle.* – Retourner sur un même axe. *Virer de bord le livre de son copain d'en face pour pouvoir lire.* – *Virer la tête,* la détourner. ▷ v. pron. *Se virer (de bord) :* se retourner. – Fig. *Se virer de bord :* refaire ses plans, se reprendre en main (après un échec, une épreuve, etc.). Syn. (se) revirer. **6.** (Québec) *Virer de bord* ou *virer à l'envers :* renverser. *Virer le canot à l'envers pour enlever l'eau.* Syn. revirer de bord, à l'envers. **7.** *Par ext.* (Québec) *Virer à l'envers :* mettre en désordre. – Pp. *Sa chambre est toute virée à l'envers.* ▷ Fig. Bouleverser. – Pp. *Être viré à l'envers après une rupture.* Syn. revirer à l'envers. **8.** Loc. fam. (Québec) *Virer son capot (de bord) :* V. capot (1, sens 2). – *Virer une brosse :* V. brosse (sens 4). **II.** v. tr. indir. **1.** Passer (à un autre état, une autre couleur). *Virer à l'aigre, au bleu.* **2.** (Québec) Devenir. *Virer voyou. Virer fou.* – *Virer péquiste, libéral,* etc. : abandonner un parti pour le Parti québécois, le Parti libéral, etc. **III.** v. intr. **1.** Tourner sur soi ou tourner en rond. *Virer d'un demi-tour.* **2.** MAR *Virer de bord* ou, absol., *virer :* pour un navire, offrir au vent le côté qui était sous le vent. ▷ *Par ext.* (Québec) Revenir en arrière, sur ses pas. *Elle a viré de bord en chemin.* – *Virer de bord, à l'envers :* chavirer; se renverser. *Auto qui vire de bord dans un fossé.* Syn. revirer (de bord). **3.** Fig., cour. *Virer (de bord) :* changer d'opinions politiques, de parti. – (Québec) *Virer mal, mal virer :* mal tourner (en parlant de qqn ou de qqch). *Garçon qui a mal viré. Cette soirée a mal viré.* **4.** Cour. Aller en tournant, prendre un virage. *Virer trop court.* – (Québec) Tourner, changer de direction. *Virer à droite à une intersection.* **5.** PHOTO Subir un virage (sens 2). *Épreuve qui vire.* ▷ *Par ext.* Changer de teinte. *Étoffe, couleur qui vire.* ▷ MED *Cuti-réaction qui vire,* qui devient positive.

Viret (Pierre) (1511 – 1571), réformateur suisse; disciple et ami de G. Farel*. Il propagea la Réforme à Lausanne de 1536 à 1559. À cette date, Berne (qui avait annexé Lausanne en 1556) le chassa. Il finit ses jours à Orthez (France, dép. des Pyrénées-Atl., alors royaume de Navarre).

vireux, euse [virø, øz] adj. Didac. Se dit des plantes ou des substances végétales toxiques. – Par ext. *Odeur, saveur vireuse du chanvre indien.*

virevolte [virvɔlt] n. f. Tour et retour rapides sur soi-même.

virevolter [virvɔlte] v. intr. [1] Faire une ou des virevoltes.

Virgile (en lat. *Publius Virgilius Maro*) (v. 70 – 19 av. J.-C.), poète latin. Né dans un milieu rural relativement modeste, il étudia à Crémone, à Milan, puis à Rome. De retour dans sa prov. natale, il composa les *Bucoliques* (42-39 av. J.-C.), églogues qui exaltent la vie pastorale. Revenu à Rome, il fut le protégé d'Octave (le futur Auguste). En 29 av. J.-C., il publia les *Géorgiques* pour restaurer le goût de l'agriculture. Poète national, il chanta Auguste et la grandeur romaine dans *l'Énéide* (inachevée et posth., 19 av. J.-C.). Épopée en 12 chants, *l'Énéide* est le miroir du destin romain, où le passé légendaire éclaire le présent.

virginal, ale, aux [virʒinal, o] adj. D'une vierge; propre à une vierge. ▷ Pur, immaculé. *Blancheur virginale.*

virginie [virʒini] n. f. (France rég.) Syn. de *courgette.*

Virginie, État de l'E. des É.-U., sur l'Atlantique; 105 716 km²; 6 187 000 hab.; cap. *Richmond.* – Composée du piémont des Appalaches et d'une plaine côtière au rivage échancré, la Virginie, au climat chaud et humide, se consacre traditionnellement à l'agriculture. L'industrie est favorisée par les réserves minérales (charbon). – Les premiers colons débarquèrent dans la région en 1607, à Jamestown; en 1619, ils se donnèrent un gouv. local, mais le territ. devint colonie anglaise en 1624; son nom rend hommage à la reine vierge Elizabeth Iʳᵉ. La Virginie participa à la révolte contre les Anglais (1776). Lors de la guerre de Sécession, les sudistes établirent leur capitale à Richmond. En 1989, la Virginie fut le premier État nord-américain à se donner un gouverneur noir.

Virginie-Occidentale, État du centre-est des É.-U.; 62 629 km²; 1 793 000 hab.; cap. *Charleston.* – Situé sur le versant O. des Appalaches, l'État est en grande partie boisé mais aussi agricole. Les gisements de charbon (l'État est le principal producteur des É.-U.) ont favorisé l'essor des industries. – En 1861, cette région, hostile à l'esclavage, se détacha de la Virginie; scission reconnue en 1863.

virginipare [virʒinipar] adj. et n. f. ZOOL Se dit des femelles qui peuvent engendrer par parthénogenèse. ▷ n. f. *Une virginipare.*

virginité [virʒinite] n. f. État d'une personne vierge. ▷ Fig. Pureté.

virgule [virgyl] n. f. **1.** Signe de ponctuation (,) qui indique une pause peu marquée et s'emploie pour séparer des propositions subordonnées non coordonnées, pour isoler les mots mis en apostrophe ou en apposition, ou entre les termes d'une énumération. ▷ MATH Signe qui, dans l'usage français, sépare la partie entière et la partie décimale d'un nombre décimal. *132,75.* **2.** (En appos.) MED *Bacille virgule :* agent du choléra, en forme de virgule.

viril, ile [viril] adj. **1.** Qui appartient, qui est propre aux humains adultes du sexe masculin. *Force virile.* – *Le membre viril :* le phallus. **2.** Qui a les qualités que l'on prête traditionnellement aux hommes (fermeté d'âme, énergie, etc.); qui dénote ces qualités, ou qui participe de leur nature. *Un courage viril.*

virilisant, ante [virilizɑ̃, ɑ̃t] adj. MED Se dit d'une substance qui virilise.

viriliser [virilize] v. tr. [1] Rendre viril; donner un caractère viril à.

virilisme [virilism] n. m. MED Ensemble de troubles (pilosité accrue, tessiture basse de la voix, hypertrophie musculaire, absence de règles) qui apparaissent chez la femme souffrant d'un excès de sécrétion d'hormones androgènes.

virilité [virilite] n. f. **1.** Ensemble des caractéristiques physiques de l'être humain adulte de sexe masculin. ▷ Âge viril, âge d'homme. *Parvenir à la virilité.* **2.** Aptitude à engendrer, puissance sexuelle chez l'homme. **3.** Ensemble des qualités traditionnellement considérées comme spécifiquement masculines. (V. viril, sens 2.)

virilocal, ale, aux [virilɔkal, o] adj. ANTHROP Se dit de la résidence des époux lorsqu'elle dépend de la famille du mari.

virion [virjɔ̃] n. m. MICROB Particule virale infectieuse.

virocide [virɔsid] ou **virucide** [virysid] adj. et n. m. Didac. Se dit d'une substance qui a la propriété d'annihiler le pouvoir infectieux d'un virus.

virole [virɔl] n. f. TECH **1.** Petit cercle de métal mis au bout d'une canne, d'un manche d'outil ou de couteau, etc., pour empêcher le bois de se fendre. **2.** Moule d'acier circulaire dans lequel sont frappées les monnaies, les médailles. **3.** Anneau de tôle constituant un élément de chaudière, de réservoir.

viroler [virɔle] v. tr. [1] TECH **1.** Garnir d'une virole. **2.** Mettre (les flans) dans la virole (sens 2).

virologie [virɔlɔʒi] n. f. Didac. Partie de la biologie qui étudie les virus.

virose [viroz] n. f. MED Infection par un virus.

virtualité [virtɥalite] n. f. PHILO et litt. Caractère de ce qui est virtuel. – Ce qui est virtuel. *Réaliser les virtualités qu'on porte en soi.*

virtuel, elle [virtɥel] adj. **1.** PHILO et cour. Qui existe en puissance seulement; potentiel. Ant. actuel. **2.** Cour. Qui n'existe que sous une forme abstraite. – *Bureau virtuel :* au sein d'une entreprise, local de travail qui, partagé par plusieurs personnes pratiquant par ailleurs le télétravail, n'appartient en fait à aucune d'entre elles. ▷ *Spécial.* Société de service accessible uniquement sur réseau télématique ou sur Internet. *Banque virtuelle. Casino virtuel.* **3.** PHYS *Image virtuelle,* dont les points se trouvent sur le prolongement géométrique des rayons lumineux. *Image virtuelle d'un miroir* (par oppos. à *image réelle*). **4.** INFORM *Réalité virtuelle,* obtenue par l'enregistrement et le traitement de données en trois dimensions qui permettent de donner l'illusion d'une réalité.

virtuellement [virtɥɛlmɑ̃] adv. **1.** D'une manière virtuelle, en puissance. **2.** Cour. À peu de chose près. *Il a virtuellement gagné.*

virtuose [virtɥoz] n. et adj. **1.** Personne très habile (dans un art, une activité quelconque). **2.** Musicien, exécutant dont la technique est sans défaut. ▷ adj. *Violoniste virtuose.*

virtuosité [virtɥozite] n. f. Talent, technique de virtuose. *La virtuosité d'un pianiste.*

virucide [virysid] adj. et n. m. V. virocide.

virulence [virylɑ̃s] n. f. **1.** MED Pouvoir infectant et pathogène d'un germe. **2.** Fig. Violence, dureté, âpreté. *La virulence d'une satire.*

virulent, ente [virylɑ̃, ɑ̃t] adj. **1.** MED Doué de virulence. **2.** Fig. Âpre, dur, violent. *Critiques virulentes.*

Virunga (chaînes des), massif montagneux volcanique aux confins du Rwanda, de l'Ouganda et de la rép. dém. du Congo. Un parc naturel a été aménagé dans la rép. dém. du Congo. Le massif culmine au Karisimbi (4 507 m), volcan éteint. Le Muhavura (4 129 m) et le Sabinyo (3 645 m) dominent les versants ougandais.

virus [virys] n. m. **1.** Microorganisme parasite des cellules et infectieux. *Virus*

de la grippe. Virus de la poliomyélite. (V. encycl. ci-après.) **2.** Fig. Source de contagion morale. *Le virus du jeu.* **3.** INFORM Programme difficile à détecter et à localiser, transmissible et pouvant se reproduire lui-même, conçu afin de perturber ou bloquer le fonctionnement des ordinateurs. *Le virus se propage par l'utilisation d'une disquette «infectée».*
ENCYCL Biol. – La particule virale a une partie centrale, le virion, constituée d'acide nucléique (A.D.N. ou A.R.N.) et qu'enveloppe une coque, la capside, formée essentiellement de protéines. On estime que la plupart des virus peuvent avoir : soit une activité pathologique banale et spécifique; soit une activité génétique et cancérigène. Contre l'agression d'un virus, l'organisme se défend en sécrétant des cytokines*.

vis [vis] n. f. **1.** Tige cylindrique ou tronconique en matière dure (métal, le plus souvent) présentant un relief en spirale (le *filet*), et que l'on utilise pour effectuer des assemblages ou pour transmettre un effort ou un mouvement. *Vis à bois, à métaux. Pas de vis.* – *Vis sans fin :* vis à corps cylindrique dont le filet entraîne une roue dentée. *Vérin à vis.* ▷ Loc. fig., fam. *Serrer la vis à qqn*, le traiter avec sévérité, dureté. – *Donner un tour de vis :* renforcer une sujétion, une contrainte. **2.** *Escalier à vis* (appelé aussi *escalier en colimaçon**). **3.** AUTO *Vis platinées :* V. platiné.

visa [viza] n. m. Formule, sceau que l'on appose sur un acte pour le valider, le légaliser. ▷ *Spécial.* Cachet apposé sur un passeport, exigé par certains pays, et valant autorisation de séjour.

visage [vizaʒ] n. m. **1.** Face de l'être humain, partie antérieure de la tête. *Les traits du visage.* ▷ Expression, mine, physionomie. *Visage gai, ouvert, triste, renfrogné.* – *Faire bon (mauvais) visage à qqn*, être avenant (désagréable) avec lui. ▷ Loc. fig. *Se montrer à visage découvert*, tel qu'on est réellement. **2.** Fig. Aspect (de qqch). *Ces grands travaux ont changé le visage de la ville.*

vis-à-vis [vizavi] loc. prép. et n. m. inv. **I.** Loc. prép. **1.** En face de. *J'étais placé vis-à-vis de M. Untel.* **2.** En comparaison de. *Mon malheur n'est rien vis-à-vis du vôtre.* **3.** (Emploi critiqué.) Envers. *Mes sentiments vis-à-vis d'elle.* **II.** n. m. inv. **1.** Situation de deux personnes, de deux choses qui se trouvent l'une en face de l'autre. *Nous étions en vis-à-vis. Un vis-à-vis piquant.* **2.** Personne (et, par ext., chose) placée en face d'une autre. – *Je n'ai pas de vis-à-vis*, pas de bâtiment devant mes fenêtres.

viscéral, ale, aux [viseʀal, o] adj. **1.** ANAT Relatif aux viscères. **2.** Fig. Qui vient du plus profond de soi. *L'attachement viscéral du paysan à sa terre.*

viscéralement [viseʀalmɑ̃] adv. De façon viscérale, profondément.

viscère [visɛʀ] n. m. ANAT Chacun des organes contenus dans les cavités crânienne, thoracique et abdominale. ▷ *Spécial.*, cour. *Les viscères*, ceux de l'abdomen.

Visconti, famille de Lombardie, du parti gibelin, qui régna sur Milan de 1277 à 1447. — **Jean-Galéas** (1351 – 1402), étendit le Milanais jusqu'à Padoue et Bologne, se faisant nommer duc de Milan (1395) et de Lombardie (1397).

Visconti (Louis Tullius Joachim) (1791 – 1853), architecte français : fontaines Molière (Paris), mausolée de Napoléon Ier aux Invalides.

Visconti (Luchino) (1906 – 1976), cinéaste italien. Pionnier du néoréalisme (*Ossessione*, 1942), il réalisa des films de critique sociale dont la splendeur baroque ne cessa de croître : *La terre tremble* (1948), *Senso* (1954), *Nuits blanches* (1957), *Rocco et ses frères* (1960), *le Guépard* (1963), *les Damnés* (1969), *Mort à Venise* (1971), *Ludwig et le Crépuscule des dieux* (1972).

viscose [viskoz] n. f. CHIM Solution épaisse à base de cellulose utilisée pour la préparation de la rayonne, de la fibranne et de la cellophane.

viscosité [viskozite] n. f. État de ce qui est visqueux. ▷ PHYS Propriété qu'a tout fluide d'opposer une résistance aux forces qui tendent à déplacer les unes par rapport aux autres les particules qui le constituent.

visé [vize] n. m. Action de viser avec une arme à feu. *Tirer au visé* (par oppos. à *au jugé*).

visée [vize] n. f. **1.** Action de diriger la vue (et, par ext., une arme, un instrument d'optique, un appareil photographique, etc.) vers un point donné. **2.** Fig. (Surtout au plur.) Ce que l'on se fixe comme but à atteindre; ambition, dessein. *Avoir des visées sur qqch, qqn.*

1. viser [vize] v. [1] **I.** v. tr. dir. **1.** Regarder attentivement (le but, la cible) que l'on cherche à atteindre au moyen d'une arme, d'un projectile, etc. *Chasseur qui vise un lièvre.* **2.** Fig. Chercher à atteindre. *Qui visiez-vous par cette allusion?* – (Sujet n. de chose.) *Ce reproche nous vise*, nous concerne directement, nous est adressé. ▷ Avoir des vues sur; ambitionner, briguer. *Viser un poste important.* **II.** v. tr. indir. *Viser à.* **1.** Pointer une arme, un objet vers. *Il a visé au cœur.* **2.** Chercher à atteindre, avoir en vue (une certaine fin). *Cette équipe vise à sa qualification pour la finale.* ▷ *Viser à* (+ inf.) *Une information qui vise à rassurer une population.* **III.** v. intr. *Tirer sans viser.* ▷ Fig. *Viser trop haut, trop bas :* avoir des ambitions trop grandes, trop modestes.

2. viser [vize] v. tr. [1] Examiner (un acte) et le revêtir d'une formule, d'un cachet, etc., qui le rend valide.

viseur [vizœʀ] n. m. Dispositif optique de visée. *Regarder dans le viseur d'une arme à feu.* ▷ *Spécial.* PHOTO Dispositif permettant d'évaluer exactement le champ embrassé par l'objectif de l'appareil, de la caméra.

Vishnu ou **Vichnou,** la seconde des trois divinités de la Trimurti ou triade brahmanique (Brahmā, Vishnu, Çiva). C'est le dieu conservateur de l'Univers; il apparaît parfois sous des formes humaines ou animales qu'on appelle *avatāra* (avatars).

visibilité [vizibilite] n. f. **1.** Fait d'être visible; caractère visible d'une chose. **2.** Possibilité de voir plus ou moins bien. *La brume réduit la visibilité.*

visible [vizibl] adj. et n. m. **I.** adj. **1.** Que l'on peut voir. *Éclipse visible.* **2.** Évident, manifeste. *Il est visible que...* **3.** Prêt à recevoir une visite; que l'on peut voir. *M. le directeur est-il visible?* **II.** n. m. *Le visible.* **1.** OPT Le domaine des radiations lumineuses perceptibles par l'œil humain (longueurs d'onde comprises entre 0,4 et 0,8 µm). **2.** Ce qui peut être perçu par les sens, et partic. par la vue; le monde sensible, matériel. *Le visible et l'invisible.*

visiblement [viziblәmɑ̃] adv. **1.** De manière perceptible à la vue. **2.** De toute évidence; manifestement. *Être visiblement contrarié.*

visière [vizjɛʀ] n. f. Partie d'une casquette, d'un képi qui abrite le front et les yeux. Syn. (Québec) palette. – Par anal. *Mettre sa main en visière.*

visigoth, othe [vizigo, ɔt], **Visigoths** n. et adj. V. wisigoth, Wisigoths.

visioconférence [vizjɔkɔ̃feʀɑ̃s] ou **vidéoconférence** [videokɔ̃feʀɑ̃s] n. f. Téléconférence permettant la transmission d'images animées des participants éloignés.

vision [vizjɔ̃] n. f. **I. 1.** Perception du monde extérieur par les organes de la vue; exercice du sens de la vue, action de voir. *Vision diurne, nocturne, crépusculaire. Défauts de la vision* (myopie, hypermétropie, astigmatisme, presbytie). *Vision des couleurs.* **2.** Fig. Façon de voir; conception. *Une curieuse vision du monde.* **II.** Chose surnaturelle que voient ou croient voir certaines personnes. *Les visions d'une personne en extase.* ▷ Hallucination visuelle.
ENCYCL Physiol. – Reçue par l'œil*, très précisément par la rétine, la stimulation lumineuse est transmise, par les prolongements du nerf optique, à une zone du cerveau située dans le lobe occipital, où s'effectuent les opérations complexes de traduction des divers paramètres du stimulus lumineux (intensité, contraste, déplacement, couleur).

visionnaire [vizjɔnɛʀ] adj. et n. **1.** Qui a, qui croit avoir des visions surnaturelles. **2.** Se dit d'une personne dotée d'une vision juste de l'avenir ou de certaines réalités. ▷ Subst. *Un, une visionnaire.*

visionner [vizjɔne] v. tr. [1] Examiner (un film, des diapositives, etc.), du point de vue technique.

visionneuse [vizjɔnøz] n. f. Appareil permettant l'examen des films, des diapositives, des microfilms.

visiophonie [vizjɔfɔni] ou **vidéophonie** [videofɔni] n. f. TELECOM Transmission de signaux vidéo par câbles téléphoniques.

visite [vizit] n. f. Action, fait de visiter. **1.** Fait d'aller dans un lieu pour l'inspecter. *Visite domiciliaire**. ▷ Fait d'examiner, de contrôler (qqch). *Visite du chargement d'un poids lourd par les gendarmes.* **2.** Fait d'aller dans un lieu pour son propre plaisir. *Visite d'une ville d'art.* **3.** Fait d'aller voir (qqn) chez lui. *Rendre visite à un ami.* – *Rendre une, sa visite à qqn*, aller le voir après l'avoir reçu. ▷ *Visite officielle :* visite, à titre officiel, d'un homme d'État, d'un souverain, dans un pays étranger. ▷ Consultation donnée par un médecin au domicile du patient. *Tarif des visites.* **4.** *Par méton.* Personne qui en visite une autre; visiteur, visiteuse. *J'ai reçu une visite.* **5.** DR *Droit de visite :* droit de voir un enfant, attribué aux personnes qui n'en ont pas la garde (conjoint divorcé, grands-parents).

visiter [vizite] v. tr. [1] **1.** Examiner (un lieu; qqch) complètement, en détail. *Les douaniers ont visité nos bagages.* **2.** Parcourir, aller voir par curiosité, pour son plaisir (un lieu, un monument, etc.). *Visiter un musée.* **3.** Aller voir (qqn) par charité, par compassion. *Visiter les prisonniers.* ▷ Aller chez (qqn) pour lui donner des soins. *Le médecin visite ses malades.* **4.** (Afr. subsah., Belgique, Proche-Orient) Rendre visite à (qqn). *Il y a longtemps qu'il ne m'a pas visité.*

visiteur, euse [vizitœR, øz] n. **1.** Personne qui inspecte (un lieu, qqch). *Visiteur des douanes.* **2.** Personne qui visite (un lieu) pour son plaisir. *Les visiteurs d'une exposition.* **3.** Personne qui rend visite à qqn chez lui. *Recevoir des visiteurs.* ▷ *Spécial.* Personne qui va voir bénévolement qqn dans un collège, un hôpital, une prison, etc. *Visiteur des prisons.* **4.** Personne qui visite ses clients à domicile.

vison [vizɔ̃] n. m. Petit mammifère carnivore (fam. mustélidés) au corps long, à tête courte, chassé et élevé pour sa fourrure. ▷ Cette fourrure.

visqueux, euse [viskø, øz] adj. **1.** Qui s'écoule lentement, avec difficulté; poisseux, collant. *Liquide épais et visqueux.* ▷ PHYS, TECH Dont la viscosité* est élevée. *Huile très visqueuse.* **2.** Dont la surface est rendue glissante ou gluante par un liquide, une mucosité, etc. *Peau visqueuse des poissons.* **3.** Fig., péjor. D'une bassesse immonde, qui répugne.

vissage [visaʒ] n. m. Action de visser, d'assembler au moyen de vis.

visser [vise] v. tr. [1] **1.** Fixer, assembler au moyen d'une ou de plusieurs vis. *Visser une serrure.* – Par métaph. *Il resta vissé sur sa chaise.* **2.** Fermer, serrer (une chose munie d'un pas de vis). *Visser le capuchon de son stylo.* ▷ v. pron. (Passif) *Ce couvercle se visse mal.*

visserie [visRi] n. f. **1.** Fabrique, atelier qui produit des pièces comportant un pas de vis, telles que vis, boulons, écrous, pitons, etc. **2.** Ensemble de ces pièces.

Vistule (la) (en polon. *Wisła*), fl. de Pologne (1047 km); naît dans les monts Beskides (Carpates occidentales), arrose Cracovie, Varsovie et Gdańsk et se jette dans la Baltique par un delta.

visu (de) (devisy) loc. adv. V. de visu.

visualisation [vizɥalizasjɔ̃] n. f. **1.** Didac. Fait de visualiser. **2.** INFORM Affichage d'informations sur un visuel. *Console de visualisation.*

visualiser [vizɥalize] v. tr. [1] **1.** Didac. Faire percevoir par la vue (ce qui normalement n'est pas visible). *Visualiser le trajet d'un nerf au moyen d'un crayon dermique.* **2.** INFORM Faire apparaître (des informations) sur un visuel.

visuel, elle [vizɥɛl] adj. et n. **1.** adj. De la vue, qui a rapport à la vue. *Rayon visuel.* – *Mémoire visuelle :* mémoire des images, des choses vues. ▷ Subst. Personne chez qui les perceptions visuelles produisent des sensations plus fortes que les autres perceptions; personne chez qui la mémoire visuelle est prépondérante. *Je suis un visuel, la peinture me touche plus que la musique.* **2.** n. m. INFORM Dispositif permettant l'affichage de données sur l'écran d'un ordinateur.

visuellement [vizɥɛlmɑ̃] adv. Par la vue, au moyen de la vue.

vital, ale, aux [vital, o] adj. **1.** De la vie, qui a rapport à la vie. *Phénomènes vitaux.* **2.** Indispensable à la vie. *Échanges vitaux.* **3.** Fondamental; d'une importance capitale. *Question vitale.*

vitalisme [vitalism] n. m. PHILO, BIOL Théorie, surtout développée au XVIIIe s., selon laquelle la vie est une force *sui generis,* un principe autre que celui de l'âme et autre que celui des phénomènes physico-chimiques, et qui régit l'organisme d'un être vivant.

vitalité [vitalite] n. f. Intensité de l'énergie vitale; ardeur, dynamisme, vigueur. *La vitalité d'une plante. Enfant plein de vitalité.*

vitamine [vitamin] n. f. Substance azotée indispensable, en doses infinitésimales, au métabolisme de l'organisme, qui ne peut en effectuer lui-même la synthèse.
ENCYCL Les vitamines sont désignées par des lettres (éventuellement suivies d'un numéro) ou par le composé chimique lui-même. *Vitamine A,* facteur de croissance nécessaire à la formation du pourpre rétinien; sa carence provoque des troubles de la croissance et de la vue, ainsi qu'une altération des épithéliums. *Vitamine B1* (thiamine), dont la carence provoque le béribéri. *Vitamine B2* (riboflavine), hydrosoluble, abondante dans les légumes et les levures des céréales. *Vitamine B6* (pyridoxine), dont la carence donne des troubles cutanés, digestifs, hématologiques et surtout neurologiques. *Vitamine B12,* qui joue un rôle important dans l'hématopoïèse; sa carence provoque une anémie. *Vitamine C* (acide ascorbique), dont la carence provoque le scorbut; elle est administrée dans certains états infectieux. *Vitamine D,* qui intervient dans la croissance osseuse; elle est administrée contre le rachitisme. *Vitamine E,* à l'action mal connue; elle interviendrait dans les fonctions de reproduction. *Vitamine K,* indispensable à la synthèse de certains facteurs de la coagulation; cette propriété est utilisée pour désigner une classe d'anticoagulants (antivitamines K). *Vitamine PP* ou *B3* (nicotinamide), qui a notam. une action sur la peau; sa carence provoque la pellagre.

vitaminé, ée [vitamine] adj. Qui contient des vitamines; où l'on a ajouté des vitamines.

vitaminique [vitaminik] adj. BIOL, MED Qui se rapporte aux vitamines.

1. vite [vit] adv. **1.** Avec rapidité. *Marcher vite. Manger trop vite.* Syn. (Québec, Réunion) vitement. **2.** En toute hâte. *Venez vite!* **3.** Bientôt, sous peu. *Il sera vite guéri.* ▷ Loc. adv. *Au plus vite :* dans le plus bref délai.

2. vite [vit] adj. **1.** SPORT Rapide, vif. *Ce joueur est le plus vite de son équipe.* ▷ Loc. fam. (Québec) *Vite en affaire :* qui agit avec promptitude. – *Vite sur ses patins :* qui agit, comprend rapidement. **2.** (Québec) Fig., fam. (Surtout en tournure négative.) Vif d'esprit. *Elles ne sont pas vites ce matin!*

vitellin, ine [vitɛl(l)ɛ̃, in] adj. BIOL Relatif au vitellus.

vitellus [vitel(l)ys] n. m. BIOL Ensemble des substances de réserve accumulées par l'oocyte* et utilisées par l'embryon au cours de son développement.

vitelotte [vitlɔt] n. f. AGRIC Variété de pomme de terre, allongée et cylindrique.

vitement [vitmɑ̃] adv. Vx (Cour. au Québec, à la Réunion) Syn. de *vite* (1, sens 1).

vitesse [vitɛs] n. f. **1.** Rapidité à se déplacer ou à agir. ▷ Loc. adv. Fam. *En vitesse :* au plus vite. **2.** Fait de se déplacer plus ou moins vite. *Panneau de limitation de vitesse.* – Loc. *En perte de vitesse,* se dit d'un avion dont la vitesse devient insuffisante pour assurer la sustentation; fig. se dit d'une personne, d'un groupe dont l'influence, les performances, etc., sont en baisse. ▷ Rapport d'une distance au temps mis pour la parcourir. – *Vitesse angulaire* (d'un mobile tournant autour d'un point) : rapport entre l'angle dont a tourné le mobile et le temps mis pour effectuer cette rotation. – *Vitesse de rotation :* nombre de tours par unité de temps effectués par un mobile tournant sur lui-même. *Vitesse de rotation d'un arbre, d'une roue dentée.* ▷ ESP *Vitesse de libération :* V. libération. ▷ AUTO *Boîte de vitesses :* V. boîte. ▷ ECON *Vitesse de circulation de la monnaie :* taux de rotation de la monnaie, mesuré par le rapport du revenu global et de la quantité de monnaie disponible.

vitex [vitɛks] n. m. BOT Arbre d'Afrique tropicale (fam. verbénacées), aux feuilles et aux fruits comestibles, aussi appelé *prunier noir.*

viticulteur, trice [vitikyltœR, tRis] n. Celui, celle qui cultive la vigne pour la production du vin.

viticulture [vitikyltyR] n. f. Culture de la vigne.

vitiligo [vitiligo] n. m. MED Trouble de la pigmentation cutanée qui se caractérise par des taches blanches entourées d'une bordure fortement pigmentée.

Vitoria, ville d'Espagne; 209500 hab.; cap. de la communauté auton. du Pays basque; ch.-l. de la prov. d'Álava. Industries. – Cath. gothique (XIVe s.). – Victoire de Wellington sur les Français (juin 1813).

Vitrac (Roger) (1899 – 1952), poète surréaliste français. Théâtre : *Victor ou les Enfants au pouvoir* (1928).

vitrage [vitRaʒ] n. m. **1.** Action de vitrer. **2.** Ensemble des vitres d'un édifice. **3.** Châssis garni de vitres, servant de cloison, de toit, etc.

vitrail, aux [vitRaj, o] n. m. Panneau fait de morceaux de verre généralement peints ou colorés dans la masse et assemblés, le plus souvent au moyen de plomb, de manière à former une décoration. *Les vitraux des cathédrales.*

vitre [vitR] n. f. Plaque de verre dont on garnit une ouverture (porte, fenêtre, etc.) par laquelle on veut laisser passer la lumière.

vitré, ée [vitRe] adj. (et n. m.) **1.** Garni de vitres. *Porte vitrée.* **2.** ANAT *Humeur vitrée* ou, n. m., *le vitré :* liquide transparent et visqueux, contenu dans la cavité oculaire en arrière du cristallin.

vitrer [vitRe] v. tr. [1] Garnir de vitres. *Vitrer une fenêtre.*

vitrerie [vitRəRi] n. f. **1.** Technique de la fabrication et de la pose des vitres. **2.** Activité, commerce du vitrier; marchandises qui en font l'objet.

vitreux, euse [vitRø, øz] adj. **1.** Qui ressemble au verre, qui en a l'aspect. ▷ *État vitreux :* en cristallographie, état d'un corps dont les atomes sont disposés aléatoirement (par oppos. à *état cristallin,* dans lequel les atomes sont régulièrement répartis). – *Roches vitreuses et roches cristallines.* **2.** *Œil, regard vitreux,* sans éclat, sans vie.

vitrier [vitRije] n. m. Celui qui vend, qui pose les vitres.

vitrification [vitRifikasjɔ̃] n. f. Action de vitrifier, fait de se vitrifier; son résultat.

vitrifier [vitRifje] v. tr. [2] **1.** Transformer en verre par fusion; donner l'aspect du verre à. ▷ v. pron. *Lave qui se* *vitrifie en refroidissant.* **2.** Recouvrir (une surface) d'un produit transparent et imperméable pour faciliter son entretien. *Vitrifier un parquet.*

vitrine [vitRin] n. f. **1.** Devanture vitrée d'un magasin; glace derrière laquelle un commerçant expose des marchandises à la vue des passants. ▷ *Par méton.* Ce qui est exposé en vitrine; étalage. **2.** Meuble vitré où sont exposés des objets de collection.

vitriol [vitRijɔl] n. m. Acide sulfurique concentré, très corrosif. ▷ Fig. *Au vitriol :* d'un caractère violent, caustique, corrosif (en parlant d'un discours, d'un écrit, etc.). *Pamphlet au vitriol.*

vitrioler [vitRijɔle] v. tr. [1] **1.** TECH Passer (des toiles) dans un bain de vitriol étendu pour les débarrasser de leurs impuretés. **2.** Arroser (qqn) avec du vitriol dans un but criminel.

vitro (in) [invitRo] loc. adv. V. in vitro.

vitrocéramique [vitRoseRamik] n. f. TECH Matière faite de cristaux régulièrement répartis dans une masse vitreuse homogène, présentant des caractéristiques analogues à celles des céramiques.

vitrothèque [vitRotɛk] n. f. GENET Lieu où sont conservées, en état de vie végétative *in vitro,* des espèces végétales que l'on ne peut conserver autrement.

Vitruve (en lat. *Marcus Vitruvius Pollio*) (Ier s. av. J.-C.), architecte romain. Son traité *De l'architecture* est l'unique ouvrage théorique de l'Antiquité.

Vitry (Jacques de). V. Jacques de Vitry.

Vitry (Philippe de). V. Philippe de Vitry.

Vittorio Veneto, v. d'Italie (Vénétie); 30030 hab. – Victoire décisive des Italiens sur les Austro-Hongrois (24-31 oct. 1918).

vitupérer [vitypeRe] v. tr. [14] Litt. Blâmer violemment. *Vitupérer qqn, qqch.*

vivable [vivabl] adj. **1.** Qui peut être vécu. *Une cohabitation très vivable.* **2.** Où il est agréable de vivre. *Un appartement vivable.* **3.** (Surtout en tournure négative.) D'humeur douce et accommodante. *Il n'est vraiment pas vivable.*

1. vivace [vivas] adj. **1.** Susceptible de vivre longtemps. ▷ BOT Se dit des plantes herbacées qui vivent plusieurs années. **2.** Qui dure, qui est difficile à détruire. *Préjugés vivaces.*

2. vivace [vivatʃe] adj. MUS Vif, rapide. *Allegro vivace.*

vivacité [vivasite] n. f. **1.** Fait d'être vif de caractère, d'avoir de l'allant. *Sa vivacité lui permet d'entreprendre beaucoup de choses.* – *Vivacité d'esprit :* faculté de saisir rapidement les données d'un problème, d'une situation. **2.** Ardeur, force. *Vivacité des passions.* **3.** Intensité, éclat. *Vivacité des couleurs.* **4.** Fait d'être vif, promptitude à s'emporter. – Par ext. *Vivacité d'une réplique.*

Vivaldi (Antonio) (1678 – 1741), compositeur italien. Prêtre (1703), professeur de mus. à Venise, il composa des œuvres relig., 45 opéras et oratorios, 23 symphonies, 75 sonates et 454 concertos (notam. *les Quatre Saisons,* v. 1725), genre dont il fixa la forme.

vivant, ante [vivɑ̃, ɑ̃t] adj. et n. m. **I.** adj. **1.** Qui est en vie (par oppos. à *mort*). *Il est blessé, mais vivant.* **2.** Qui possède la vie (par oppos. à *inanimé,* à *inorganique*). *La matière vivante. Les êtres vivants.* **3.** Qui manifeste de la vitalité. *Une personne gaie et vivante.* **4.** Où il y a de l'activité, de l'animation. *Un quartier très vivant.* **5.** (Souvent avant le nom.) Qui rappelle de façon frappante une personne vivante ou disparue. *C'est le vivant portrait de son père.* **6.** Qui restitue l'impression de la vie. *Une description chaleureuse et vivante.* **7.** Qui continue à vivre dans l'esprit des hommes. *Son souvenir demeure vivant parmi nous.* ▷ *Langue vivante,* encore parlée (par oppos. à *langue morte,* qui n'est plus parlée). **II.** n. m. **1.** Personne qui est en vie. *Les vivants et les morts.* **2.** *Un bon vivant :* un homme qui apprécie les plaisirs de la vie. **3.** Loc. *Du vivant de qqn,* pendant qu'il était en vie.

vivat [viva] interj. et n. m. Acclamation enthousiaste. *Accueillir qqn par des vivats.*

1. vive !, plur. **vivent !** [viv] interj. (Accompagné du nom de qqn que l'on acclame et à qui l'on souhaite longue vie.) *Vive le roi!* – Par ext. *Vive la République! Vive* (ou, plus rare, *vivent*) *les vacances!*

2. vive [viv] n. f. Poisson marin (genre *Trachinus*) comestible, au corps allongé, vivant sur les fonds sableux et dont la nageoire dorsale est armée d'épines venimeuses.

vive-eau [vivo] n. f. Didac. ou rég. Forte marée, de nouvelle lune ou de pleine lune. (On dit aussi *marée de vive-eau.*) *Des vives-eaux.*

vivement [vivmɑ̃] adv. et interj. **I.** adv. **1.** D'une façon vive, rapide. *S'enfuir vivement.* **2.** Avec quelque emportement. *Répliquer vivement.* **3.** Intensément. *Ressentir vivement un affront.* **II.** Interj. (Marquant une attente impatiente.) *Vivement que ce soit terminé!*

vivent ! [viv] interj. V. vive!

viverridés [viveRide] n. m. pl. ZOOL Famille de mammifères carnivores fissipèdes au corps svelte et au museau pointu (civettes, genettes, mangoustes, etc.). – Sing. *Un viverridé.*

vivier [vivje] n. m. Réservoir, bassin dans lequel on élève et conserve vivants les poissons et les crustacés.

Vivier (Robert) (1894 - 1989), universitaire et poète belge d'expression française : *Au bord du temps* (1937), *Tracé par l'oubli* (1951). Proses : *Non* (1931), *Folie qui s'ennuie* (1933), *Délivrez-nous du mal* (1936).

vivifiant, ante [vivifjɑ̃, ɑ̃t] adj. Qui vivifie. *Un climat vivifiant.*

vivifier [vivifje] v. tr. [2] **1.** Augmenter la vitalité de. *L'air frais l'avait réveillé et vivifié.* **2.** Fig. Rendre actif, plus actif (qqch). *Vivifier l'industrie.*

vivipare [vivipaR] adj. ZOOL Se dit d'un animal dont l'œuf se développe au sein de l'organisme maternel et qui donne naissance à un jeune ayant achevé son embryogenèse (par oppos. à *ovipare* et *ovovivipare*).

viviparité [viviparite] n. f. ZOOL Mode de reproduction des animaux vivipares.

vivisection [vivisɛksjɔ̃] n. f. Dissection, opération pratiquée sur un animal vivant. *Ligue contre la vivisection.*

vivo (in) [invivo] loc. adv. V. in vivo.

vivoter [vivɔte] v. intr. [1] Vivre médiocrement, subsister avec peine.

vivre [vivR] v., interj. et n. m. **A.** v. [63] **I.** v. intr. **1.** Être, rester en vie. *Vivre jusqu'à tel âge. Être las de vivre. Raisons de vivre.* – Loc. *Ne pas rencontrer âme qui vive :* ne rencontrer personne. ▷ *Ne vivre que pour :* s'intéresser uniquement à. *Il ne vit que pour le plaisir.* ▷ Litt., par euphém. *Il a vécu :* il est mort. **2.** Fig. (Sujet n. de chose.) Exister, continuer d'exister (dans les esprits). *Sa mémoire vivra longtemps parmi les hommes.* **3.** Jouir de la vie. *Mourir sans avoir vécu.* **4.** Avoir de quoi assurer son existence matérielle. *Vivre chichement, largement.* ▷ *Vivre de :* se nourrir ou tirer sa subsistance de. *Vivre de pain et de lait. Écrivain qui vit de sa plume.* – *Faire vivre qqn,* subvenir à ses besoins. *Il fait vivre sa famille.* – Loc. Plaisant *Vivre d'amour et d'eau fraîche :* être comblé par l'amour au point d'en oublier les réalités matérielles. – Fig. Être soutenu moralement par une idée, un sentiment. *Vivre d'espérance.* **5.** Passer sa vie (à une époque, dans un lieu). *Les hommes qui vivaient au Moyen Âge. Vivre loin de son pays.* **6.** Passer sa vie (dans certaines conditions, d'une certaine façon). *Vivre en marge de la société.* – *Vivre avec qqn,* habiter ou vivre maritalement avec lui. *Elle vit avec ses parents. Elle vit avec son ami.* – *Personne facile (difficile) à vivre,* qui est (n'est pas) d'humeur accommodante. **7.** Avoir telle conduite. *Vivre en honnête homme.* ▷ (À l'inf., dans des emplois tels que *savoir vivre, apprendre à vivre.*) Connaître les usages; se comporter avec élégance morale. *Cet homme sait vivre.* **II.** v. tr. **1.** Passer (une période bonne ou mauvaise). *Vivre des heures troublées.* ▷ *Vivre sa vie :* vivre à sa guise. **2.** Éprouver, ressentir profondément. *Vivre une expérience exaltante.* **B.** interj. *Vive! vivent!* et *qui vive? :* V. vive! et qui-vive. **C.** n. m. **1.** Loc. *Avoir, fournir le vivre et le couvert,* de la nourriture et un toit. **2.** (Plur.) Aliments. *Manquer de vivres.* – Loc. fig. *Couper les vivres à qqn,* ne plus lui donner d'argent pour subsister.

vivrier, ère [vivRije, ɛR] adj. Didac. Dont les produits sont destinés à l'alimentation. *Cultures vivrières.*

vizir [viziR] n. m. HIST Ministre du sultan. ▷ *Grand vizir :* Premier ministre de l'Empire ottoman.

Vladimir, v. de Russie; 331 000 hab.; ch.-l. de la rég. du m. nom. Industries. – Nombreux monuments : cath. de la Dormition (1158-1161, rebâtie entre 1185 et 1189), église de l'Intercession-de-la-Vierge (v. 1165) et St-Dimitri (1193-1197). – Fondée en 1108 par Vladimir II Monomaque, la ville fut la cap. (1157) d'une import. principauté et résidence du métropolite de l'Église russe (1299-1326). Moscou la supplanta.

Vladimir Ier Sviatoslavitch ou **le Grand** (v. 956 – 1015), prince de Novgorod (970), grand-prince de Kiev (v. 980-1015). Il réunit autour de son territoire l'ensemble des terres russes et se convertit au christianisme sous l'influence de missionnaires byzantins. Il est l'un des saints patrons de la Russie. — **Vladimir II Monomaque** (1053 – 1125), grand-prince de Kiev (1113-1125). Il fut respecté pour sa justice et sa sagesse.

Vladivostok, v. et port de Russie, sur la mer du Japon; 627 000 hab.; ch.-l. du territoire du Littoral. Établie au terminus du Transsibérien, la ville a une importante fonction commerciale et industrielle.

Vlad Ţepeş. V. Dracula.

Vlaminck (Maurice de) (1876 – 1958), peintre français; créateur du fauvisme* avec Derain et Matisse (*la Péniche*, 1905). Plus tard, il exécuta des paysages traditionnels.

vlan ! ou **v'lan !** [vlɑ̃] interj. Onomat. exprimant un bruit, un coup brusque, violent. *Et vlan! un courant d'air claque la porte.*

Vlaques. V. Valaques.

vlimeux, euse [vlimø, øz] adj., n. et interj. (Québec) **I.** adj. Vieilli Venimeux; vénéneux. *Chien vlimeux. Plantes vlimeuses.* **II.** adj. et n. **1.** Vieilli Malveillant, venimeux. **2.** Fam. Rusé, espiègle, malcommode (sens II, 2). ▷ Subst. *Tu as caché mon manteau, mon petit vlimeux!* **3.** Loc. fam. *Un vlimeux de :* un sacré. *Un vlimeux d'hypocrite. Une vlimeuse de menteuse.* – (Précédé de *pas un, plus un, jamais un*, etc., renforçant l'expression de la quantité nulle.) *À soixante ans, il n'a pas un vlimeux de cheveu gris!* ▷ *En vlimeux.* (Renforçant un verbe ou un adj.) *Il est fort en vlimeux! – Être en vlimeux, en beau vlimeux :* être furieux. **III.** interj. Fam. (Exprimant l'irritation, l'étonnement.) *Mais, vlimeux! d'où tu viens? Vlimeux qu'elle est tannante!*

Vltava (la) (en all. *Moldau*), riv. de la Rép. tchèque (430 km). Née au S.-O. de la Bohême, elle passe à Prague et se jette dans l'Elbe (r. g.).

voacanga [vwakɑ̃ga] n. m. Petit arbre d'Afrique tropicale (fam. apocynacées), qui contient des alcaloïdes à propriétés hypotensives et tonicardiaques.

voandzou [vwɑ̃ndzu] n. m. Syn. de *pois de terre.*

vocable [vɔkabl] n. m. Didac. Mot, terme. *Vocable peu usité.*

vocabulaire [vɔkabylɛʀ] n. m. **1.** Dictionnaire abrégé d'une langue. Syn. lexique. **2.** Ensemble des mots d'une langue. *Le vocabulaire anglais.* **3.** Ensemble de termes que connaît, qu'emploie une personne, un groupe ou qui sont propres à une science, un art. *Cet enfant possède déjà un vocabulaire étendu. Le vocabulaire de la chimie.*

vocal, ale, aux [vɔkal, o] adj. De la voix, qui a rapport à la voix. *Cordes* vocales.* ▷ *Musique vocale :* musique pour le chant (par oppos. à *musique instrumentale*).

vocalement [vɔkalmɑ̃] adv. En se servant de la voix, par la voix.

vocalique [vɔkalik] adj. LING Relatif aux voyelles.

vocalisation [vɔkalizasjɔ̃] n. f. **1.** LING Changement d'une consonne en voyelle. (Ex. : *chevals* en ancien français a donné *chevaux* en français moderne) **2.** MUS Action de vocaliser.

vocalise [vɔkaliz] n. f. MUS Exercice vocal consistant à exécuter une série de notes, soit sur une voyelle, soit sur une ou plusieurs syllabes.

vocaliser [vɔkalize] v. [1] **1.** v. tr. LING Transformer (une consonne) en voyelle. ▷ v. pron. *Consonne qui se vocalise.* **2.** v. intr. MUS Exécuter des vocalises.

vocalisme [vɔkalism] n. m. LING **1.** Système des voyelles d'une langue. **2.** Ensemble des voyelles d'un mot.

vocatif, ive [vɔkatif, iv] n. m. et adj. LING **1.** Cas des mots utilisés pour interpeller, pour s'adresser à qqn, dans les langues à déclinaison. **2.** Tour exclamatif utilisé pour s'adresser à qqn, à qqch, pour l'interpeller, dans les langues sans déclinaison. (Ex. : le début de la *Nuit de mai* de Musset «Poète, prends ton luth...») ▷ adj. *Le tour vocatif.*

vocation [vɔkasjɔ̃] n. f. **1.** RELIG Appel que Dieu adresse à un homme pour que celui-ci assume sa part dans la réalisation des desseins providentiels. *La vocation d'Abraham, des Apôtres. – Vocation religieuse :* appel à la vie religieuse. **2.** Vive inclination, aptitude spéciale pour un état, une profession, une branche d'activité. *Il est devenu médecin par vocation.* **3.** Ce pour quoi une chose existe, est faite; ce à quoi elle semble être destinée. *Région à vocation agricole.* ▷ *Avoir vocation à :* se trouver naturellement désigné pour.

vocifération [vɔsifeʀasjɔ̃] n. f. (Surtout au pl.) Paroles d'une personne qui vocifère.

vociférer [vɔsifeʀe] v. intr. [14] Parler avec colère et en criant. ▷ v. tr. *Vociférer des injures.*

vodka [vɔdka] n. f. Alcool de grain (seigle, orge) fabriqué notam. en Russie et en Pologne.

vodou [vodu], **vodoun** [vodun] n. m. et adj. inv. V. vaudou.

vodouesque [vodwɛsk] adj. V. vaudouesque.

vodouisant, ante [vodwizɑ̃, ɑ̃t] n. V. vaudouisant.

vœu [vø] n. m. **1.** RELIG CATHOL Promesse par laquelle on s'engage envers Dieu. *Vœux de pauvreté, de chasteté et d'obéissance des religieux.* ▷ (Plur.) Profession, engagement solennel dans l'état religieux. *Prononcer ses vœux.* **2.** Résolution fermement prise. *Faire vœu de se venger.* **3.** Souhait. *Faire des vœux pour que qqch se réalise.* – (Adressé à qqn.) *Je vous présente tous mes vœux pour la nouvelle année.* – Absol. *Meilleurs vœux. – Cartes de vœux.* **4.** Volonté, désir exprimé.

Vogel (pic), point culminant du Nigeria dans les monts Shebshi; 2 042 m.

Vogel (Eduard) (1829 – 1856), explorateur allemand des abords du lac Tchad, d'où il partit vers le Nil.

vogelpik [vogɛlpik] n. m. (Belgique) Jeu de fléchettes dont la cible est fixée au mur. *Jouer au vogelpik.* – Loc. adv. *Au vogelpik :* au hasard. *Répondre au vogelpik.*

vogue [vɔg] n. f. **1.** Succès passager (de qqn, de qqch), auprès du public. *La vogue des cheveux longs. – En vogue :* à la mode. *Chanson en vogue.* **2.** (France rég., Suisse) Fête de village.

voguer [vɔge] v. intr. [1] Vieilli ou litt. Naviguer.

voici [vwasi] prép. **1.** (Indiquant la proximité dans l'espace ou dans le temps.) *Voici, à nos pieds, la rivière. Me voici. Voici l'aube.* ▷ Litt. *Voici venir...* (pour indiquer que qqn, qqch approche). *Voici venir la saison sèche.* ▷ (Précédé du pron. relat. *que*, avec la valeur d'un démonstratif.) *La belle que voici.* **2.** (Pour annoncer, pour appeler l'attention sur ce qui va suivre.) *Voici ce que vous allez faire.* **3.** (Marquant un état actuel, une action qui a lieu au moment où l'on parle.) *Nous voici libres.* ▷ *Nous y voici :* nous arrivons au terme de notre déplacement ou à la question qui nous intéresse. **4.** (Suivi de la conj. *que*, pour souligner le caractère brusque, inopiné de ce qui arrive.) *Voici qu'il s'interrompt et se tourne vers moi.* **5.** (Devant un complément de temps, pour marquer l'écoulement d'une durée.) *Voici bientôt un an qu'il est parti.* (Remarque : *voici* tend auj. à être remplacé par *voilà* dans la plupart de ses emplois.)

voie [vwa] n. f. **1.** Espace sur lequel on se déplace pour aller d'un lieu à un autre (chemin, route, rue, etc.). *Voies de communication.* ▷ *Voie d'eau :* voie navigable. – *Voie maritime du Saint-Laurent :* voie d'eau qui, depuis 1959, permet la navigation depuis l'embouchure du fleuve Saint-Laurent jusqu'aux Grands Lacs grâce aux écluses et aux canaux qu'on a construits entre Montréal et le lac Érié. ▷ ADMIN *La voie publique :* l'ensemble des routes, rues, places, etc., publiques. **2.** *Voie ferrée* ou, absol., *voie :* ensemble des rails sur lesquels circule un train; espace entre les rails. Syn. (Afr. subsah.) rail. – *Voie de garage :* V. garage. **3.** Milieu (terrestre, aérien) emprunté pour les transports, les déplacements. *Courrier acheminé par voie aérienne.* **4.** CHASSE Chemin par où la bête est passée. ▷ Loc. fig. *Mettre qqn sur la voie,* lui donner des renseignements propres à le guider dans ses recherches. **5.** MAR *Voie d'eau :* ouverture accidentelle dans la coque d'un navire, par laquelle l'eau entre. **6.** Plur. ANAT Ensemble de conduits assurant une même fonction. *Voies urinaires, digestives.* **7.** Partie d'une route sur laquelle ne peut circuler qu'une file de voitures. *Route à trois voies.* **8.** *Voie lactée :* V. lacté. **9.** Fig. Intermédiaire qui permet de transmettre une requête, de faire aboutir une démarche, etc. *Votre demande a suivi la voie hiérarchique.* **10.** Fig. Direction, conduite suivie; façon d'opérer. – *Être en bonne voie :* aller vers le succès. ▷ (Dans diverses loc. figées.) DR *Voies de fait :* actes de violence exercés contre qqn. – CHIM *Voie sèche :* traitement d'une substance par la chaleur en l'absence de tout liquide (par oppos. à *voie humide*).

voïévode [vɔjevɔd] ou **voïvode** [vɔjvɔd] n. m. **1.** HIST Titre des souverains de certaines régions des Balkans (Moldavie, Valachie, notam.) du temps de la domination ottomane. **2.** Mod. Gouverneur d'une voïévodie, en Pologne.

voïévodie [vɔjevɔdi] ou **voïvodie** [vɔjvɔdi] n. f. **1.** HIST Gouvernement d'un voïévode. **2.** Division administrative, en Pologne.

voilà [vwala] prép. **1.** (Indiquant l'éloignement.) *Voilà la forêt, à l'horizon.* ▷ Loc. adv. *En veux-tu, en voilà :* à profusion. ▷ (Précédé du pron. relat. *que*, avec la valeur d'un démonstratif.) *La belle que voilà.* **2.** (Renvoyant à ce qui vient d'être dit, énoncé.) *Voilà ce qu'il fallait faire.* **3.** (Employé pour *voici.*) V. voici (sens 3, 4 et 5 et rem. finale).

voilage [vwalaʒ] n. m. Pièce d'étoffe légère ou transparente servant de rideau.

1. voile [vwal] n. m. **1.** Pièce d'étoffe destinée à cacher qqch. *Couvrir une statue d'un voile. Corps sans voiles,* nu. **2.** Morceau de tissu qui cache les cheveux et, entièrement ou partiellement, le visage. *Voile islamique.* **3.** Coiffure féminine faite d'une pièce d'étoffe. *Voile de mariée.* – Loc. *Prendre le voile :* entrer en religion, en parlant d'une femme. **4.** Tissu fin et léger. *Des rideaux en voile.* **5.** Fig. Ce qui dissimule à la vue ou à l'esprit. *Un voile de fumée. Un voile nous cache l'avenir. – Jeter un voile sur un fait,* tenter de le cacher; ne pas ou ne plus en parler. **6.** Nuage floconneux se formant dans un liquide. **7.** PHOTO Défaut d'une épreuve surexposée, qui amoindrit les contrastes et donne l'impression d'un voile (sens 1) interposé entre l'objectif et le sujet. **8.** MED *Voile au poumon :* opacité anormale et homogène d'une partie du poumon, visible à la radiographie. ▷ ANAT *Voile du palais :* V. palais 2. **9.** BOT *Voile partiel,* qui enveloppe le chapeau des champignons supérieurs jeunes et qui subsiste parfois sous forme d'un anneau autour du pied. – *Voile général,* qui enveloppe les jeunes carpophores des champignons supérieurs et qui persiste parfois à la maturité, formant la volve et des écailles sur le chapeau. **10.** CONSTR *Voile mince :* élément de construction en béton de grande surface et de faible épaisseur.

2. voile [vwal] n. f. **1.** Pièce d'étoffe résistante destinée à recevoir l'action du vent et à assurer la propulsion d'un navire. *Bateau à voiles. Voile carrée, latine.* ▷ Loc. *Faire voile sur :* naviguer vers. – *Mettre à la voile :* appareiller. – *Mettre toutes voiles dehors,* les déployer toutes. **2.** Par méton. *Une voile :* un voilier. **3.** Sport consistant à naviguer en voilier. *Faire de la voile.* **4.** *Vol à voile :* pilotage des planeurs.

3. voile [vwal] n. m. TECH Gauchissement, renflement d'une pièce de bois, de métal, etc. *Cette porte prend du voile.*

1. voilé, ée [vwale] adj. **1.** Couvert d'un voile. *Femmes voilées.* **2.** Qui manque d'éclat, de netteté. *Ciel voilé. Regard voilé.* – *Voix voilée,* un peu rauque. **3.** Qui présente un voile (1 sens 7 et 8). *Négatif voilé. Poumon voilé.* **4.** Fig. Atténué, affaibli. *Un reproche voilé.*

2. voilé, ée [vwale] adj. Qui a du voile, gauchi. *Roue voilée.*

voilement [vwalmɑ̃] n. m. TECH État d'une pièce voilée; gauchissement.

1. voiler [vwale] v. [1] **I.** v. tr. **1.** Couvrir d'un voile. *Voiler son visage.* **2.** Dissimuler; rendre moins visible. *Le brouillard voilait les collines.* **3.** Fig. Cacher, dissimuler. *Voiler son trouble.* **II.** v. pron. Se couvrir d'un voile. ▷ Par anal. *Le soleil se voile.*

2. voiler [vwale] v. tr. [1] MAR Munir d'une voile, de voiles.

3. voiler [vwale] v. tr. [1] Gauchir, rendre une pièce, une surface voilée, convexe ou renflée. – *Voiler une roue,* la déformer de telle sorte qu'elle ne puisse plus tourner perpendiculairement à l'axe de rotation. ▷ v. pron. Devenir voilé.

voilette [vwalɛt] n. f. Petit voile transparent fixé sur un chapeau de femme.

1. voilier [vwalje] n. m. **1.** Bateau à voiles. **2.** Celui qui confectionne ou répare les voiles. *Un maître voilier.* **3.** Didac. Oiseau à ailes puissantes. **4.** ICHTYOL Poisson *(Istiophorus albicans)* voisin de l'espadon, remarquable par sa première nageoire dorsale longue et haute.

2. voilier [valje] n. m. V. volier.

1. voilure [vwalyʀ] n. f. **1.** Ensemble des voiles d'un navire. **2.** AVIAT Ensemble des surfaces assurant la sustentation d'un avion (ailes et empennage). – *Spécial.* Les ailes. ▷ Calotte de tissu qui constitue l'élément sustentateur d'un parachute. *La voilure est reliée au harnais par les suspentes.*

2. voilure [vwalyʀ] n. f. TECH Courbure d'une surface voilée.

voir [vwaʀ] v. [46] **I.** v. tr. **1.** Percevoir (qqn, qqch) avec les yeux, par la vue. *Je l'ai vu comme je vous vois.* ▷ *Absol.* Posséder le sens de la vue, avoir telle vue. *Il ne voit plus. Voir clair, double.* – *Voir loin :* voir à une grande distance; fig. avoir de la perspicacité, de la clairvoyance. ▷ Loc. fam. *Ne pas voir plus loin que le bout de son nez :* n'avoir aucun discernement. ▷ Loc. *Voir le jour :* naître, commencer à exister. ▷ *Faire voir :* montrer. *Il m'a fait voir sa nouvelle maison.* – v. pron. *Se faire voir :* se montrer. ▷ *Laisser voir :* accepter qu'on voie, ne pas cacher. *Laisser voir son dépit.* **2.** Être témoin de; regarder, visiter. *Nous avons vu ses exploits. Voir un spectacle, une exposition.* ▷ (Sujet n. de chose.) *Cette terre a vu bien des combats.* ▷ Loc. fam. *On aura tout vu :* rien ne nous sera épargné (en fait d'exagération, de scandale, etc.). – *En avoir vu d'autres :* ne pas en être à sa première expérience désagréable. **3.** Rencontrer (qqn); rencontrer occasionnellement ou fréquemment. *Aller voir un ami. Ne voir personne.* – *Ils ne se voient plus :* ils ont rompu. – Fig., fam. *Je ne peux plus le voir :* je le déteste. ▷ Loc. fam. (Belgique) *Voir après (qqn ou qqch) :* aller chercher (qqn ou qqch). *Je vais voir après lui. Je vais voir après un restaurant.* ▷ Consulter. *Voir le médecin, un avocat.* **4.** Considérer attentivement, examiner, étudier. *Il faut voir le problème de plus près.* – *Faire une chose pour voir,* pour savoir ce qu'il en résultera. ▷ (À l'impér., pour marquer l'encouragement, l'exhortation.) *Voyons, parlez!* – (Avec une nuance de réprobation.) *Un peu de silence, voyons!* ▷ *Voyez-vous, vois-tu* (pour souligner ce qui vient d'être dit ou pour attirer l'attention sur ce qui va suivre). *Je n'ai pas cette opinion, vois-tu.* ▷ (Dans un texte écrit.) *Voir, voyez :* se reporter, reportez-vous à... *Voir ci-après. Voyez la figure page tant.* **5.** Avoir l'image mentale de. *Voir en rêve.* **6.** Se faire une idée de, concevoir. *Ce n'est pas ma façon de voir.* – *Voir la vie en rose, en noir,* d'une façon optimiste, pessimiste. ▷ *Voir en qqn un ami,* le considérer comme tel. **7.** Saisir par la pensée. *Je ne vois pas où est la difficulté.* **8.** *N'avoir rien à voir avec, dans :* n'avoir aucun rapport avec, être tout à fait en dehors de. **II.** v. tr. indir. *Voir à* (+ inf.) : veiller à, faire en sorte de. *Voyez à préparer le nécessaire.* **III.** v. pron. **1.** (Réfl.) Apercevoir sa propre image. *Se voir dans un miroir.* **2.** (Réfl.) Avoir de soi-même (telle représentation, telle image). *Je ne me vois pas du tout dans ce rôle.* ▷ Prendre conscience d'être; croire être. *Se voir perdu.* **3.** (Récipr.) Se rencontrer. *Nous nous voyons souvent.* **4.** (Passif) Être vu, pouvoir être vu. *L'église se voit d'ici.* – *Cela se voit tous les jours :* cela arrive très fréquemment, c'est banal. ▷ Être visible. *Cela se voit.*

voire [vwaʀ] adv. Et même. *Il est très économe, voire avare.* (N.B. Le tour *voire même* est pléonastique.)

voirie [vwaʀi] n. f. **1.** Ensemble des voies de communication territoriales par terre et par eau. **2.** Partie de l'administration chargée de l'établissement, de la conservation et de la police de ces voies.

Voisard (Alexandre) (né en 1930), poète suisse d'expression française : *Feu pour feu* (1965), *Louve* (1972), *l'Année des treize lunes* (1984).

voisé, ée [vwaze] adj. PHON Syn. de *sonore. Consonne voisée.*

voisin, ine [vwazɛ̃, in] adj. et n. **I.** adj. **1.** Proche dans l'espace. *Maisons voisines.* **2.** Peu éloigné dans le temps. *Date voisine de Noël.* **3.** (Abstrait) Analogue, comparable. *Expressions voisines.* **II.** n. Personne qui habite, qui se trouve à proximité d'une autre. *C'est le voisin du dessus.* ▷ *Par ext.* Autrui. *Dire du mal du voisin.*

voisinage [vwazinaʒ] n. m. **1.** Proximité d'une personne, d'un lieu. *Le voisinage de la forêt permet d'utiles cueillettes.* ▷ *Bon voisinage :* bonnes relations entre voisins. **2.** Alentours, lieux voisins. *Les maisons du voisinage.* **3.** Ensemble des voisins. *Déranger tout le voisinage.*

voisiner [vwazine] v. intr. [1] *Voisiner avec :* se trouver près de. *Étalage où les fruits voisinent avec les légumes.*

voiture [vwatyʀ] n. f. Véhicule à roues, destiné au transport. *Voiture à bras, à cheval.* – *Voiture d'enfant,* que l'on pousse à bras pour transporter les jeunes enfants. – *Voiture automobile* ou, absol. et plus cour., *voiture :* automobile de tourisme. *Voiture de course.* ▷ CH de F Grand véhicule destiné aux voyageurs (par oppos. à *wagon,* véhicule réservé aux marchandises) et roulant sur des rails. – (En composition.) *Voiture-bar, voiture-lit, voiture-restaurant.*

voituré, ée [vwatyʀe] Pp. adj. (Afr. subsah.) *Être voituré :* disposer d'un moyen de locomotion. Syn. être véhiculé.

voiturette [vwatyʀɛt] n. f. Petite automobile dont la conduite n'exige pas de permis de conduire.

voïvode [vɔjvɔd], **voïvodie** [vɔjvɔdi] n. m. V. voïévode, voïévodie.

voix [vwa] n. f. **I. 1.** Ensemble des sons émis par les vibrations des cordes vocales et modulés par leur passage dans le pharynx, la bouche et les lèvres. *Une voix douce, forte.* ▷ Suite de sons articulés, parole. *Parler à haute voix, à voix basse.* – *De vive voix :* verbalement. – Fig. Appel, avertissement intérieur (surtout dans *la voix de*). *La voix de la conscience.* **2.** Faculté de chanter; sons émis en chantant. *Une voix juste.* ▷ *Spécial.* Voix d'un chanteur, définie par sa hauteur et son étendue. *Voix de basse, de baryton, de ténor, de contralto, de soprano.* – *Voix de tête :* V. fausset 1. **3.** Partie tenue par un chanteur ou un instrumentiste, dans une œuvre musicale. *Cantate à trois voix.* **4.** Cri, chant, ramage (d'un animal). *La voix du rossignol.* **5.** Litt. Son, bruit. *La voix chaude du violoncelle.* **II.** Avis exprimé dans un vote. *Trois voix pour, cinq contre. Mettre une proposition aux voix.* – *Avoir voix consultative, délibérative. Avoir voix au chapitre*.* **III.** GRAM Ensemble des formes que prend un verbe selon que le sujet est l'agent *(voix active)* ou l'objet *(voix passive)* de l'action.

Vojvodine, province (autonome jusqu'en 1990) comprise dans la république de Serbie, au N. de Belgrade, cédée par la Hongrie à la Serbie au traité de Trianon en 1920; 21 506 km^2; 2 049 000 hab. (Serbes 57 %, Hongrois 19 %); ch.-l. *Novi Sad.* Riche région agricole. Industries alimentaires. En 1992, la région fait face à un afflux de réfugiés serbes de Croatie. Parallèlement, les Serbes font pression sur les non-Serbes (chassés des emplois publics), afin qu'ils fuient la région. V. Serbie.

1. vol [vɔl] n. m. **I. 1.** Locomotion aérienne des animaux pourvus d'ailes, partic. des oiseaux. *Le vol de l'aigle.* ▷ Loc. *Prendre son vol :* s'envoler. – *Attraper une chose au vol,* alors qu'elle est en l'air, qu'elle tombe. – Fig. *Saisir des phrases d'une conversation au vol.* – Fig.

De haut vol : qui n'est pas médiocre. *Un escroc de haut vol.* – Fig. *À vol d'oiseau :* en ligne droite. **2.** Distance parcourue par un oiseau d'une seule traite. **3.** Ensemble d'oiseaux volant en groupe. *Un vol de canards sauvages.* – Par ext. *Un vol de criquets.* **II. 1.** Déplacement dans l'atmosphère ou dans l'espace extra-terrestre d'un aéronef, d'un engin. *Vol d'un avion. Vol orbital d'un véhicule spatial.* – *Vol plané,* d'un avion dont le moteur est au ralenti ou arrêté. – *Vol à voile,* pratiqué avec un planeur. ▷ Fait de voler, de se déplacer en aéronef. *Ce pilote a dix mille heures de vol à son actif.* **2.** Trajet effectué en volant.

2. vol [vɔl] n. m. **1.** Action de s'approprier le bien d'autrui de façon illicite. ▷ DR *Vol simple :* délit de la compétence du tribunal correctionnel. – *Vol qualifié,* accompagné de circonstances aggravantes, crime relevant de la cour d'assises. **2.** Fait d'être malhonnête dans une transaction. *Vendre cette marchandise à ce prix, c'est du vol!*

volage [vɔlaʒ] adj. Inconstant dans ses sentiments, partic. dans ses sentiments amoureux. *Un amant volage.*

volaille [vɔlaj] n. f. **1.** (Sing. collectif.) Oiseaux de basse-cour élevés pour leurs œufs, leur chair. *Nourrir la volaille.* **2.** *Une volaille :* un oiseau de basse-cour.

volailler, ère [vɔlaje, ɛʀ] n. Celui, celle qui élève ou vend des volailles.

1. volant, ante [vɔlɑ̃, ɑ̃t] adj. (et n.) **1.** Qui vole, qui peut voler dans l'air. *Les avions sont des engins volants plus lourds que l'air. Poissons volants.* – *Soucoupe* volante.* ▷ Subst. AVIAT *Les volants :* le personnel navigant (par oppos. à *rampants*). **2.** Dont la place n'est pas fixe, que l'on peut déplacer à volonté. *Pont volant. Camp volant.* ▷ *Feuille volante :* feuille de papier qui n'est pas attachée à un carnet, à un bloc.

2. volant [vɔlɑ̃] n. m. **1.** Petit objet en matière légère et garni de plumes, que les joueurs se renvoient, à certains jeux de raquette. ▷ Jeu de raquette dans lequel on utilise un volant. *Jouer au volant* (V. badminton). **2.** Organe circulaire qui permet de diriger un véhicule automobile. ▷ Par ext. *Le volant :* la conduite automobile. *Les as du volant.* **3.** TECH Roue pesante destinée à régulariser la vitesse de rotation de l'arbre dont elle est solidaire. – *Volant magnétique,* qui fait office de magnéto*, dans les moteurs à deux temps. ▷ Fig. *Volant de sécurité :* réserve permettant de faire face à un imprévu. **4.** Bande d'étoffe froncée ou plissée cousue au bord d'un vêtement, d'une garniture d'ameublement. *Robe à volants.* **5.** Feuille détachable d'un carnet à souches (par oppos. au *talon*).

volatil, ile [vɔlatil] adj. Qui se transforme facilement en vapeur, en gaz. *L'alcool à 90⁰ est très volatil.*

volatiliser [vɔlatilize] v. [1] **I.** v. tr. Faire passer (un corps solide ou liquide) à l'état gazeux. **II.** v. pron. **1.** Passer à l'état gazeux. **2.** Fig. Disparaître. *Ses économies se sont volatilisées.*

volatilité [vɔlatilite] n. f. CHIM Caractère volatil.

volcan [vɔlkɑ̃] n. m. **1.** Relief au sommet duquel se trouve un orifice par où s'échappent (ou se sont autrefois échappés) des matériaux à haute température provenant des couches profondes de l'écorce terrestre. ▷ Loc. fig. *Sur un volcan :* dans une situation précaire et dangereuse. **2.** *Par comparaison.* Personne ardente, impétueuse.

volcanique [vɔlkanik] adj. **1.** Relatif à un volcan, à son activité; qui provient d'un volcan. *Éruption volcanique. Roche volcanique.* **2.** Fig. Ardent, fougueux. *Un tempérament volcanique.*

volcanisme [vɔlkanism] n. m. Didac. Ensemble des manifestations volcaniques et de leurs causes.

volcanologie [vɔlkanɔlɔʒi] n. f. Didac. Étude, science des volcans.

volé, ée [vɔle] adj. et n. **1.** Qui a été dérobé. *Bijoux volés.* **2.** À qui l'on a dérobé qqch. *Le bijoutier volé.* – Subst. *Le volé a porté plainte.*

volée [vɔle] n. f. **I. 1.** Action de voler, pour un oiseau. *Prendre sa volée.* ▷ Loc. fig. *De haute volée :* d'un rang social élevé; de grande envergure. **2.** Espace que franchit un oiseau sans se poser. **3.** Bande d'oiseaux volant ensemble. *Une volée de moineaux.* ▷ Fig. *Une volée d'écoliers.* ▷ (Suisse) Promotion (sens 1). *Une volée d'agents de police, de bacheliers.* **II. 1.** Mouvement d'un projectile lancé avec force. *Une volée de pierres.* **2.** Mouvement de ce qui a été lancé et qui n'a pas encore touché terre. *Saisir une balle à la volée.* ▷ SPORT *Jeu de volée,* au tennis. **3.** Série de coups donnés à qqn. *Une volée de coups de bâton.* **4.** Loc. adv. *À la volée, à toute volée :* en lançant, en balançant vigoureusement. *Semer à la volée.* **III.** ARCHI Partie d'un escalier entre deux paliers.

1. voler [vɔle] v. intr. [1] **1.** Se mouvoir ou se soutenir en l'air au moyen d'ailes. *Oiseau qui vole bas.* **2.** Se déplacer par voie aérienne en parlant d'un aéronef, de son équipage, de ses passagers. **3.** Être lancé ou flotter dans l'air. *Les flèches volaient.* **4.** Aller à une grande vitesse. *Voler au secours de qqn.* *«Va, cours, vole et nous venge»* (Corneille). ▷ Fig. *Bruit qui vole de bouche en bouche,* qui se propage rapidement.

2. voler [vɔle] v. tr. [1] **1.** S'approprier (le bien d'autrui) de façon illicite. *Voler le porte-monnaie de qqn.* ▷ Absol. *N'avoir jamais volé.* **2.** Prendre indûment (une chose immatérielle). *Voler une idée.* **3.** Manquer d'honnêteté à l'égard de (qqn) dans une transaction. *Commerçant qui vole ses clients.*

volet [vɔlɛ] n. m. **I. 1.** Panneau de bois, de métal, etc., intérieur ou extérieur, destiné à clore une baie. **2.** Partie mobile d'une chose, pouvant se rabattre sur celle à laquelle elle est fixée. *Volets d'un triptyque.* – *Volet de carburateur,* qui sert à régler l'arrivée d'air. ▷ AVIAT Panneau articulé orientable de l'aile ou de l'empennage d'un avion. **3.** Fig. Partie d'une étude littéraire, scientifique, etc. *Le deuxième volet de l'enquête.* **II.** Loc. *Trié sur le volet :* choisi, sélectionné avec soin.

voleter [vɔlte] v. intr. [20] **1.** Voler à petits coups d'ailes en ne parcourant que de courtes distances. *Oisillon qui volette.* **2.** Fig. S'agiter sous l'effet du vent. *Son écharpe voletait.*

voleur, euse [vɔlœʀ, øz] n. et adj. Personne qui a commis un vol ou qui vole habituellement. *Arrêter un voleur.* ▷ adj. *Il est voleur et menteur.*

Volga (la), fl. de Russie (3 700 km), le plus long d'Europe. Née sur un plateau, au N.-O. de Moscou, la Volga traverse la grande plaine russe, arrosant Nijni-Novgorod, Kazan, Volgograd, et se jette dans la mer Caspienne par un vaste delta. Malgré son régime irrégulier (nival), elle constitue un grand axe, relié par canaux à la Baltique, à la mer d'Azov et à la mer Noire.

Volga (république des Allemands de la), anc. rép. autonome au sein de la R.S.F.S. de Russie, sur le cours inférieur de la Volga, créée en 1924. En 1941, elle fut supprimée et les All. de cette région (descendants des colons établis au XVIIIe s.) furent déportés.

Volgograd (*Tsaritsyne* jusqu'en 1925, *Stalingrad** de 1925 à 1961), ville de Russie, sur la rive droite de la Volga; 981 000 hab.; chef-lieu de la région du même nom. Important centre industriel grâce au complexe hydroélectrique de la Volga.

Volhynie, rég. du N.-O. de l'Ukraine, limitée au S. par la Podolie avec laquelle elle constitue la Volhynie-Podolie. C'est un pays de plateaux et de collines boisés, formés par l'affleurement du socle cristallin.

volier [vɔlje] ou **voilier** [vwalje] n. m. (Québec) Syn. de *volée* (sens 3), surtout en parlant d'une bande d'oiseaux migrateurs. *Un volier d'outardes, de canards sauvages.*

volière [vɔljɛʀ] n. f. Espace clos par un grillage, où l'on élève des oiseaux. ▷ Grande cage à oiseaux.

volige [vɔliʒ] n. f. CONSTR Planche mince sur laquelle sont fixées les ardoises ou les tuiles d'une toiture.

volition [vɔlisjɔ̃] n. f. PHILO Acte de volonté; faculté de vouloir, volonté.

Vollard (Ambroise) (1868 – 1939), marchand de tableaux français. Organisateur de la première exposition de Cézanne (1895), il s'intéressa à Gauguin, Van Gogh, Renoir, Picasso, etc.

volley-ball [vɔlɛbol] n. m. Jeu, sport opposant deux équipes de six joueurs, qui se renvoient un ballon léger par-dessus d'un filet tendu.

volontaire [vɔlɔ̃tɛʀ] adj. et n. **I.** adj. **1.** Qui se fait délibérément (par oppos. à *involontaire*). *Acte volontaire.* **2.** Qui ne résulte pas d'une contrainte (par oppos. à *forcé*). *Contribution volontaire.* **3.** Qui agit par sa propre volonté. *Engagé volontaire.* **4.** Qui a ou qui dénote de la volonté (sens 2). *Un tempérament, un air volontaire.* **II.** n. **1.** Personne qui s'offre d'elle-même à accomplir une mission dangereuse, une tâche désagréable, etc. **2.** n. m. Soldat qui sert dans une armée en vertu d'un engagement volontaire.

volontairement [vɔlɔ̃tɛʀmɑ̃] adv. **1.** Intentionnellement. *Porter volontairement préjudice à qqn.* **2.** Sans être contraint.

volontariat [vɔlɔ̃taʀja] n. m. Fait d'être volontaire.

volontarisme [vɔlɔ̃taʀism] n. m. **1.** PHILO Doctrine qui place la volonté au-dessus de l'intelligence, soit en affirmant la priorité des tendances irrationnelles de la volonté sur les idées formées au niveau de l'intelligence, soit en démontrant la supériorité de l'action et de la volition sur la pensée réfléchie. **2.** Attitude qui consiste à mettre tout en œuvre pour soumettre le réel à une volonté définie et exprimée.

volontariste [vɔlɔ̃taʀist] adj. et n. **1.** PHILO Qui professe le volontarisme. **2.** Qui relève du volontarisme (sens 2). *Une politique volontariste de la famille.*

volonté [vɔlɔ̃te] n. f. **1.** Faculté de se déterminer soi-même vis-à-vis d'une décision à prendre, d'une action. *L'entendement et la volonté.* **2.** Qualité, trait de caractère d'une personne qui possède, exerce cette faculté. *Avoir de la volonté. Une volonté de fer*.* **3.** Expression de cette détermination; désir, souhait. *Il a agi contre ma volonté.* – *Les dernières volontés de qqn,* celles qu'il a exprimées peu avant sa mort. ▷ Loc. adv. *À volonté :* quand on veut ou autant qu'on veut. *Ce ressort joue à volonté. Pain à volonté.* **4.** *Bonne volonté :* disposition à faire une chose de son mieux, de bon gré. *Faire preuve de bonne volonté.* – *Mauvaise volonté :* tendance à se dérober à une obligation.

volontiers [vɔlɔ̃tje] adv. **1.** De bon gré; avec plaisir. *Je le recevrai volontiers.* **2.** Par une inclination naturelle, sans peine. *Je le crois volontiers.*

volt [vɔlt] n. m. ELECTR Unité SI (de symbole V) servant à mesurer la différence de potentiel entre deux points d'un conducteur transportant un courant de 1 ampère lorsque la puissance dissipée entre ces points est égale à 1 watt. ▷ *Volt par mètre :* unité SI de champ électrique (symbole V/m), égale à l'intensité du champ uniforme qui existe entre deux points distants de 1 m et entre lesquels règne une différence de potentiel de 1 volt.

Volta (la), fl. du Ghana (1 600 km), tributaire de l'Atlantique, formé par la réunion de la *Volta noire,* à l'O., de la *Volta rouge,* au centre, et de la *Volta blanche,* à l'E., nées au Burkina Faso, où elles sont appelées Mouhoun, Nazinon et Nakanbé. Le fl. alimente le barrage d'Akosombo*, qui crée un lac de retenue d'environ 8 500 km² *(lac Volta).*

Volta (Alessandro, comte) (1745 – 1827), physicien italien. Pionnier de l'électricité, il réalisa la première pile électrique (1800).

voltage [vɔltaʒ] n. m. ELECTR (Abusiv.) Syn. de *tension.* ▷ Cour. Tension pour laquelle est prévu le fonctionnement d'un appareil électrique.

1. voltaïque [vɔltaik] adj. ELECTR Relatif à la pile de Volta.

2. voltaïque [vɔltaik] adj. et n. Anc. **1.** De la Haute-Volta, anc. nom du Burkina Faso, État d'Afrique occid. ▷ Subst. *Un(e) Voltaïque.* **2.** LING *Langues voltaïques :* anc. nom des langues gur.

Voltaire (François Marie Arouet, dit) (1694 – 1778), écrivain français. Fils d'un notaire, il fit ses études chez les jésuites, à Paris. Certains de ses vers, qui visaient Philippe d'Orléans, le firent embastiller (1717-1718). Sa tragédie *Œdipe* (1718) et le *Poème de la Ligue* (1723) lui apportèrent le succès, mais une querelle avec un noble le renvoya cinq mois à la Bastille; il s'exila à Londres (1726-1729) et vit dans l'Angleterre le pays de la liberté. De retour en France, il publia des tragédies inspirées de Shakespeare (*Brutus,* 1730; *Zaïre,* 1732), une étude historique qui dénonçait la «folie des conquêtes» (*Histoire de Charles XII,* 1731), une critique des dogmes du christianisme (*Épître à Uranie,* 1733); sa critique de la France (*Lettres philosophiques sur l'Angleterre* ou *Lettres anglaises,* 1734) fit scandale et il se réfugia dans le château de la marquise du Châtelet, en Lorraine (1734-1749), où il rédigea notam. le conte philosophique *Zadig ou la Destinée* (1747). Après la mort de Mme du Châtelet (1749), il accepta l'invitation du roi de Prusse, Frédéric II, à Potsdam (1750), où, correcteur des vers de son hôte, il écrivit *le Siècle de Louis XIV* (1752). S'étant fâché avec le roi, il revint en France (1753), mais non à Paris. Son poème héroï-comique *la Pucelle* (1755) scandalisa les catholiques, son *Essai sur les mœurs* (1756) déplut aux protestants, son *Poème sur le désastre de Lisbonne* (1756), réfutation acerbe de l'optimisme de Leibniz, révulsa Rousseau. Il acheta en 1759 le domaine de Ferney, où il finit sa vie : *Candide ou l'Optimisme* (roman philosophique, 1759); *Tancrède* (tragédie, 1760); *Traité sur la tolérance* (1763); *Jeannot et Colin* (satire des parvenus, 1764); *Dictionnaire philosophique* (prem. éd., 1764); *l'Ingénu* (conte satirique, 1767), etc. Ses combats en faveur de la liberté individuelle (il défendit des victimes de l'intolérance religieuse et de l'arbitraire royal) lui acquirent la bourgeoisie libérale : lorsqu'il vint à Paris assister à la représentation de sa pièce *Irène* (1778), la ville lui réserva un triomphe. Acad. fr. (1746).

voltairianisme [vɔltɛʀjanism] n. m. Didac. Philosophie de Voltaire; esprit d'incrédulité railleuse qui anima Voltaire et ses partisans.

voltairien, enne [vɔltɛʀjɛ̃, ɛn] adj. et n. Propre à Voltaire; qui rappelle Voltaire par l'incrédulité, l'ironie. ▷ Subst. Partisan de Voltaire.

voltamètre [vɔltamɛtʀ] n. m. ELECTR Appareil servant à électrolyser une solution, constitué d'une cuve contenant une solution ionique et dans laquelle plongent deux électrodes.

voltampère [vɔltɑ̃pɛʀ] n. m. ELECTR Unité SI de puissance apparente, de symbole VA, utilisée pour les courants alternatifs.

volte [vɔlt] n. f. EQUIT Mouvement d'un cheval que son cavalier mène en rond.

volte-face [vɔlt(ə)fas] n. f. inv. **1.** Action de se retourner pour faire face. **2.** Fig. Brusque changement d'opinion.

Volterra, ville d'Italie (Toscane); 14 080 hab. – Vestiges de l'ancienne ville étrusque de *Velathri* (*Volaterræ* en lat.) : nécropole (à proximité, VIIe s. av. J.-C.), murailles. Musée d'art étrusque. Cathédrale (XIIe-XVIe s.).

voltige [vɔltiʒ] n. f. **1.** Acrobatie sur la corde raide, au trapèze volant. **2.** Ensemble des exercices de gymnastique exécutés sur un cheval. **3.** AVIAT Acrobatie aérienne. *Concours de voltige.*

voltiger [vɔltiʒe] v. intr. [13] **1.** Voler à fréquentes reprises, çà et là. *Regarder voltiger les papillons.* **2.** Flotter au gré du vent. *Le vent fait voltiger les rideaux.*

voltigeur [vɔltiʒœʀ] n. m. **1.** Celui qui fait des exercices de voltige. **2.** MILIT Élément mobile d'un groupe de combat.

voltmètre [vɔltmɛtʀ] n. m. ELECTR Appareil servant à mesurer les différences de potentiel, constitué généralement d'un cadre mobile (dont la déviation est provoquée par le passage du courant résultant de la tension à mesurer), d'un amplificateur et d'un cadran ou d'un dispositif d'affichage numérique.

volubile [vɔlybil] adj. **1.** BOT Qualifie une tige, une plante qui s'élève en s'enroulant autour d'un support. **2.** Qui parle beaucoup et rapidement.

volubilis [vɔlybilis] n. m. Ipomée ornementale.

Volubilis, anc. cité berbère du Maroc, près de Meknès, l'une des villes romaines les plus import. de la Maurétanie* Tingitane du Ier au IIIe s. : capitole, basilique, arc de Caracalla, maisons avec mosaïques, etc.

volubilité [vɔlybilite] n. f. Caractère d'une personne volubile.

volucelle [vɔlysɛl] n. f. ZOOL Mouche européenne à l'abdomen jaune et noir.

volume [vɔlym] n. m. **I.** Livre broché ou relié contenant un ouvrage entier ou une partie d'un ouvrage. *Un volume in-folio.* **II. 1.** Espace occupé par un corps; grandeur qui mesure cet espace. *Le volume de cette pièce est d'environ cinquante mètres cubes.* ▷ Loc. *Faire du volume :* tenir beaucoup de place; fig. donner à sa personne, au rôle qu'elle joue, beaucoup d'importance. **2.** Masse d'eau que débite un cours d'eau, une fontaine, etc. *Volume d'un fleuve.* **3.** MUS *Volume de la voix, volume sonore :* intensité des sons produits par la voix ou par un instrument de musique. ▷ ELECTR *Volume acoustique :* niveau de puissance acoustique d'un haut-parleur. *Potentiomètre de volume.* **4.** Fig. Quantité globale. *Le volume des échanges commerciaux augmente.*

volumétrie [vɔlymetʀi] n. f. **1.** TECH Mesure des volumes. **2.** CHIM Ensemble des méthodes servant à déterminer la concentration d'une solution.

volumétrique [vɔlymetʀik] adj. **1.** TECH Relatif à la mesure des volumes. – *Compteur volumétrique,* qui mesure le volume débité par un appareil. **2.** CHIM Relatif à la volumétrie. *Une analyse volumétrique.*

volumineux, euse [vɔlyminø, øz] adj. Dont le volume est important. *Une armoire volumineuse.*

volumique [vɔlymik] adj. PHYS Relatif à l'unité de volume. – *Masse, poids volumique :* masse, poids par unité de volume.

volupté [vɔlypte] n. f. Jouissance profonde, sensuelle ou intellectuelle. ▷ *Spécial.* Plaisir sexuel.

voluptueusement [vɔlyptɥøzmɑ̃] adv. Avec volupté.

voluptueux, euse [vɔlyptɥø, øz] adj. (et n.) **1.** Qui aime, qui recherche la volupté sensuelle. ▷ Subst. *C'est un voluptueux.* **2.** Qui exprime ou qui procure la volupté. *Danse voluptueuse.*

volute [vɔlyt] n. f. **1.** ARCHI Ornement en spirale. **2.** Ce qui est en forme de spirale. *Volutes de fumée.* **3.** ZOOL Mollusque gastéropode prosobranche des mers chaudes dont la coquille présente une dernière spire très large.

volvaire [vɔlvɛʀ] n. f. BOT Champignon basidiomycète comestible à lamelles, à grande volve et dépourvu d'anneau, appelé en Afrique subsaharienne *champignon du palmier à huile.*

volve [vɔlv] n. f. BOT Reste du voile général qui subsiste à la base du pied de divers champignons.

vomir [vɔmiʀ] v. tr. [3] **1.** Rejeter brutalement par la bouche (le contenu de l'estomac). *Vomir son repas.* Syn. (Belgique) remettre. ▷ Fig. (Sujet n. de chose.) Projeter violemment à l'extérieur. *Volcan qui vomit des flammes.* **2.** Fig. Proférer (des paroles violentes, hostiles). *Vomir des injures.* **3.** Fig. Éprouver du dégoût pour (qqn).

vomissement [vɔmismɑ̃] n. m. Action de vomir; ce qui est vomi.

vomissure [vɔmisyʀ] n. f. Matières vomies.

vomitif, ive [vɔmitif, iv] adj. (et n. m.) MED Qui provoque le vomissement. ▷ n. m. *Un vomitif puissant.*

Vô Nguyên Giap. V. Giap (Vô Nguyên).

Vo Phiên (né en 1925), essayiste américain d'origine vietnamienne. On lui doit une analyse de la littérature qui s'est développée dans le S. du Viêt-nam de 1954 à 1975 : *Vue d'ensemble sur la littérature du Sud Viêt-nam* (1986).

vorace [vɔʀas] adj. **1.** Qui mange avec avidité. *Animal, personne vorace.* – Par ext. *Appétit vorace.* **2.** Fig. Avide.

voracement [vɔʀasmɑ̃] adv. Avec voracité.

voracité [vɔʀasite] n. f. Caractère vorace.

Voragine. V. Jacques de Voragine.

-vore. Élément, du lat. *-vorus,* de *vorare,* «manger, avaler».

Voronet (église de), église de Roumanie (Bucovine), fondée par le prince Étienne III le Grand en 1488 et recouverte de fresques extérieures (*Jugement dernier*), peintes en 1547. Le style moldave du Moyen Âge y atteint son apogée.

Vörösmarty (Mihály) (1800 – 1855), poète hongrois d'inspiration romantique : *la Fuite de Zalán* (1825), épopée nationaliste.

Vorsters (Balthazar Johannes) (1915 – 1983), homme d'État sud-africain. Premier ministre (1966-1978), il renforça l'apartheid; président de la République d'août 1978 à juin 1979.

vortex [vɔʀtɛks] n. m. Didac. Tourbillon creux qui prend naissance dans un fluide en écoulement.

vorticelle [vɔʀtisɛl] n. f. ZOOL Protozoaire cilié, fixé et pédonculé (genres *Vorticella, Carchesium,* etc.), en forme d'entonnoir.

vos [vo] adj. poss. V. votre.

Vos (Cornelis De). V. De Vos (Cornelis).

Vosges, massif montagneux de l'E. de la France. Socle cristallin primaire, soulevé au tertiaire lors de la surrection alpine, les Vosges juxtaposent : au N. et à l'O., les *Vosges gréseuses;* à l'E. et au S., les *Vosges cristallines,* plus élevées, dont les «ballons» (Guebwiller, 1424 m) dominent la plaine d'Alsace. Le climat humide et rude explique l'importance de la forêt. – Dép. : 5871 km^2; 386258 hab.; ch.-l. *Épinal* (39480 hab.). V. Lorraine (Rég.).

votant, ante [vɔtɑ̃, ɑ̃t] n. Personne qui a le droit de voter ou qui effectivement prend part à un vote.

votation [vɔtasjɔ̃] n. f. (Suisse) Syn. de *vote* (1, sens 2). *Votation populaire, fédérale, cantonale.*

1. vote [vɔt] n. m. **1.** Opinion exprimée par les personnes appelées à se prononcer sur une question, à élire un candidat. *Nombre de votes.* **2.** Acte par lequel ces personnes expriment leur opinion; façon dont elles procèdent. *Vote électoral. Vote à main levée.* Syn. (Suisse) votation.

2. vote [vɔt] n. f. (France rég.) Fête villageoise.

voter [vɔte] v. **[1]** **1.** v. intr. Donner son avis par un vote. **2.** v. tr. Approuver, décider par un vote. *Voter une loi.*

votif, ive [vɔtif, iv] adj. **1.** Qui est offert à la suite d'un vœu et témoigne de son accomplissement. *Tableau votif :* V. ex-voto. **2.** LITURG CATHOL *Messe votive,* pour une dévotion particulière, qui n'est pas la messe du jour.

votre [vɔtʀ], plur. **vos** [vo] adj. poss. de la 2e pers. du pluriel et des deux genres. (Marquant que l'on s'adresse à plusieurs personnes ou à une seule personne que l'on vouvoie.) **1.** Qui est à vous, qui a rapport à vous. *Votre maison. Votre Majesté.* **2.** (Emploi objectif.) De vous, de votre personne. *Votre portrait. Pour votre bien.*

vôtre [votʀ] adj., pron. poss. et n. **1.** adj. attribut. Litt. Qui est à vous. *Considérez mes biens comme vôtres.* **2.** pron. poss. de la deuxième personne du pluriel marquant qu'il y a plusieurs possesseurs ou un seul possesseur que l'on vouvoie (précédé de *le, la, les*). Celui, celle qui est à vous. *Il a pris ses livres et les vôtres.* **3.** n. *Vous y avez mis du vôtre,* de la bonne volonté. – *Vous avez fait des vôtres,* des sottises. ▷ *Les vôtres :* les personnes de votre famille, de votre parti, etc.

vouer [vwe] v. tr. **[1]** **1.** Consacrer à la divinité, à un saint. **2.** Consacrer (son existence, son énergie) à (qqch). *Vouer sa vie à la science.* ▷ (Belgique, Luxembourg) *Vouer une pensée à :* avoir une pensée pour. *Vouons une pensée affectueuse au défunt.* ▷ v. pron. *Ne savoir à quel saint* se vouer. Se vouer à l'étude.* **3.** S'engager à porter, ou porter à qqn (un sentiment fort et constant). *L'amitié que je lui ai vouée.* **4.** (Surtout passif.) Destiner, promettre à un sort déterminé. *Être voué à une déchéance certaine.*

vouivre [vwivʀ] n. f. (France rég., Suisse) Serpent légendaire.

Voulet (Paul) (1866 – 1899), officier français. Parti de Say (en aval de Niamey), avec Charles Paul Jules Chanoine (1870 – 1899), pour rejoindre les missions Foureau-Lamy et Gentil (1898-1899), il massacra les populations et fut tué, ainsi que Chanoine, par ses propres tirailleurs.

vouloir [vulwaʀ] v. tr. **[48]** **I. 1.** Être fermement déterminé à, ou désireux de. *Il veut partir. Je veux qu'il vienne.* ▷ *Absol.* Manifester de la volonté. *Vouloir, c'est pouvoir.* ▷ (Dans une loc. exclam. ou interrog., pour marquer la résignation.) *Que voulez-vous!* – Fam. *Que veux-tu que j'y fasse?* **2.** Être résolu ou aspirer à obtenir (qqch). *Vouloir la paix.* – Fam. *En vouloir :* ne pas se contenter de peu. *Il en veut :* il veut réussir. – *Vouloir telle somme d'argent d'une chose,* la réclamer pour prix de cette chose. ▷ *Vouloir qqch de qqn,* l'attendre de lui. ▷ *Vouloir du bien (du mal) à qqn,* être dans des dispositions favorables (défavorables) à son égard. **3.** (Souvent renforcé par *bien.*) Consentir à. *Je veux bien y aller.* – (Formule impérative.) *Voulez-vous bien vous taire!* ▷ (À l'impératif, pour exprimer un ordre adouci, une prière polie.) *Veuillez me faire le plaisir de... Veuillez agréer...* **II.** (Sujet n. de chose.) **1.** Fam. Pouvoir. *Ce bois ne veut pas brûler.* **2.** Demander, exiger. *La loi veut que...* **3.** *Vouloir dire :* signifier. **4.** v. impers. (Suisse) *Il veut pleuvoir :* il va pleuvoir. **III.** (Emploi trans. avec comp. d'objet partitif.) *Vouloir de qqn, de qqch,* l'accepter. *Il ne veut pas de lui pour cet emploi. Je ne veux pas de ton cadeau.* **IV.** *En vouloir à qqn,* avoir de la rancune contre lui. ▷ v. pron. Regretter, se repentir (de). *Je m'en veux d'avoir fait cela.*

voulu, ue [vuly] adj. **1.** Exigé, requis. *En temps voulu.* **2.** Fait à dessein. *Ces dissonances sont voulues.*

vous [vu] pron. et n. m. **I.** pron. pers. unique de la deuxième personne du pluriel. **1.** (Pour s'adresser à plusieurs personnes ou à une seule personne que l'on vouvoie.) *Amis, m'entendez-vous? Devant vous tous. Vous, Pierre, vous resterez ici.* ▷ *Vous-même, vous-mêmes* (désignant expressément une ou plusieurs personnes). *Vous jugerez vous-même.* ▷ Loc. *De vous à moi :* confidentiellement. **2.** (Emploi explétif, dans une phrase narrative.) *«On lui lia les pieds, on vous le suspendit» (La Fontaine).* **3.** (Avec le sens de *on.*) *Elle est si belle que vous l'admirerez.* **II.** n. m. *Le vous de politesse.*

voussoir [vuswaʀ] ou **vousseau** [vuso] n. m. ARCHI Chacune des pierres taillées en coin, qui forment le cintre d'une voûte ou d'une arcade.

voussure [vusyʀ] n. f. **I.** ARCHI **1.** Cintre, courbe d'une voûte ou d'une partie de voûte. **2.** Raccord courbe entre un plafond et un mur ou une corniche. **3.** Chacun des arcs concentriques qui forment le bandeau d'un portail. **II.** MED Exagération de la convexité du thorax ou du rachis.

voûte [vut] n. f. **1.** Ouvrage de maçonnerie cintré dont les pierres sont disposées de manière à s'appuyer les unes aux autres. *Voûte en plein cintre*. Clef* de voûte.* **2.** Partie supérieure courbe. *Voûte d'une caverne.* ▷ Par comparaison. *Voûte de feuillage. La voûte céleste.* – ANAT *Voûte plantaire :* concavité que forme normalement la plante du pied. – *Voûte palatine :* paroi supérieure de la cavité buccale.

voûter [vute] v. tr. **[1]** **1.** Couvrir d'une voûte. *Voûter un édifice.* **2.** Courber. ▷ v. pron. *Vieillard qui se voûte.*

vouvoiement [vuvwamɑ̃] n. m. Action de vouvoyer.

vouvoyer [vuvwaje] v. tr. **[23]** Employer le pron. *vous* (pluriel de courtoisie) pour s'adresser à (une seule personne). *Il vouvoie ses parents.* ▷ v. pron. (Récipr.) *Ses parents se vouvoient.*

Vo Van Kiet (né en 1922), homme politique vietnamien. Cadre du Viêt-minh dans le S. à partir de 1945, il entre au bureau politique du Parti communiste vietnamien en 1982; élu Premier ministre en 1991, il a été réélu en 1992.

voyage [vwajaʒ] n. m. **1.** Fait d'aller dans un lieu assez éloigné de celui où l'on réside. *Voyage d'affaires, d'agrément.* ▷ Loc. *Les gens du voyage :* les artistes de cirque; les nomades. **2.** Chacune des allées et venues d'une personne qui assure un transport. *Pour tout emporter, il faudra faire plusieurs voyages.* **3.** (Québec) Charge d'un véhicule (en partic. camion, remorque, etc.). *Un voyage de foin, de bois.* **4.** Fig., fam. Modification de l'état de conscience normal, provoquée par un hallucinogène. **5.** (Québec) Loc. fig. fam. *Avoir son voyage :* en avoir assez. – (Marquant l'étonnement.) *Tu me fais encore des reproches, j'ai mon voyage!*

voyager [vwajaʒe] v. intr. **[13]** **1.** Faire un voyage, des voyages. *Voyager en avion. C'est quelqu'un qui a beaucoup voyagé.* **2.** (Afr. subsah., Liban) Partir en voyage. *Je voyage demain. Il a voyagé :* il est en voyage. **3.** (Sujet n. de chose.) Être transporté. *Denrées qui ne peuvent voyager.*

Voyager, famille de sondes spatiales américaines lancées en 1977. *Voyager 1* s'approcha de Jupiter (1979) et de Saturne (1980). *Voyager 2* survola Jupiter (1979) dont il utilisa l'*effet* (V. Jupiter) pour atteindre Saturne puis Uranus (1986) et Neptune (1989), avant de sortir du système solaire.

voyageur, euse [vwajaʒœʀ, øz] n. et adj. **I.** n. **1.** Personne qui est en voyage ou qui voyage beaucoup. *Un grand voyageur.* – *Train de voyageurs,* qui transporte des personnes (par oppos. à *train de marchandises*). ▷ *Voyageur de commerce :* celui qui se déplace pour le compte d'une maison de commerce dans le but de placer des marchandises. **2.** n. m. (Québec) HIST Celui qui avait reçu mandat (contrairement au coureur de bois) de conduire une expédition afin de se livrer à la traite des fourrures avec les Amérindiens dans des postes de traite désignés. *Les chansons de voyageurs. Les voyageurs des Pays-d'en-Haut.* – *Par ext.* Aventurier rompu à la vie dans les bois et qui peut y accomplir des travaux divers pour le compte d'une compagnie forestière. **II.** adj. *Pigeon voyageur,* dressé à porter des messages.

voyagiste [vwajaʒist] n. Organisateur de voyages.

voyance [vwajɑ̃s] n. f. Don de seconde vue (sens 7).

voyant, ante [vwajɑ̃, ɑ̃t] adj. et n. **A.** adj. Qui attire la vue par son éclat. *Couleur, étoffe voyante.* – Fig. Qui attire trop l'attention, ostentatoire. *Une flatterie un peu voyante.* **B.** n. **I. 1.** Personne douée du sens de la vue. *Les voyants et les non-voyants.* **2.** (Surtout au fém.) Personne qui a ou prétend avoir le don de la seconde vue (sens 7). *Une voyante extra-lucide.* **II.** n. m. Signal lumineux destiné à avertir. *Les voyants d'un tableau de bord.* ▷ MAR Marque distinctive des éléments de balisage (bouées, balises).

voyelle [vwajɛl] n. f. Son du langage, phonème produit par la voix qui résonne dans les cavités supérieures du chenal expiratoire (essentiellement la cavité buccale); lettre qui note un tel son. – *Voyelles nasales,* dans la prononciation desquelles les fosses nasales jouent le rôle d'un résonateur : [œ̃], [ɔ̃], [ɛ̃], [ɑ̃] (par oppos. à *voyelles orales*).

voyeur, euse [vwajœʀ, øz] n. Personne poussée à observer autrui (notam. son comportement érotique) par une curiosité malsaine.

voyeurisme [vwajœʀism] n. m. Comportement de voyeur.

voyou [vwaju] n. m. et adj. **I.** n. m. **1.** Enfant, jeune homme mal élevé qui vagabonde dans les rues; jeune délinquant. **2.** Individu vivant en marge des lois. Syn. (Afr. subsah.) bandit. **II.** adj. Qui est propre aux voyous.

vrac [vʀak] n. m. **I.** Loc. adj. ou adv. *En vrac.* **1.** Qui n'est pas emballé, conditionné, en parlant de marchandises. *Grains transportés en vrac.* **2.** Fig. Sans ordre. *Jeter ses idées en vrac sur le papier.* **II.** n. m. TECH (Dans quelques emplois.) Marchandise en vrac.

vrai, vraie [vʀɛ] adj., n. m. et adv. **I.** adj. **1.** Conforme à la vérité. *Information vraie.* – (Sens affaibli.) *Il est malhonnête, c'est vrai, mais si drôle.* **2.** (Avant le nom.) Qui est réellement ce dont il a les apparences. *Un vrai diamant. Un vrai chagrin.* **3.** Réel et non pas apparent ou imaginaire. *La vraie cause d'un événement.* **4.** Qui seul convient. *Le vrai moyen de sortir d'embarras.* **5.** Qui traduit bien la réalité dans l'art. *Des tons vrais.* **II.** n. m. Vérité. ▷ Loc. *Être dans le vrai :* ne pas se tromper. – Loc. adv. *À vrai dire, à dire vrai :* pour parler sincèrement. **III.** adv. Conformément à la vérité, à la réalité. *Discours qui sonne vrai.*

vraiment [vʀɛmɑ̃] adv. **1.** Véritablement, effectivement. *Pensez-vous vraiment ce que vous dites?* **2.** (Renforçant une affirmation.) *Vraiment, il ne comprend pas.*

vraisemblable [vʀɛsɑ̃blabl] adj. Qui a l'apparence de la vérité. Ant. invraisemblable.

vraisemblablement [vʀsɛɑ̃blabləmɑ̃] adv. Selon toutes probabilités. Syn. (oc. Indien, Proche-Orient, Québec) possiblement.

vraisemblance [vʀɛsɑ̃blɑ̃s] n. f. Caractère de ce qui est vraisemblable. – Loc. *Selon toute vraisemblance :* vraisemblablement. Ant. invraisemblance.

vraquier [vʀakje] n. m. MAR Navire transportant des produits en vrac.

vreneli [ˈfʀɛn(ə)li] n. m. (Suisse) Pièce d'or de vingt francs suisses.

Vries (Hugo De). V. De Vries.

vrille [vʀij] n. f. **1.** Filament simple ou ramifié s'enroulant en hélice autour d'un support et permettant à certaines plantes grimpantes de s'élever. *Les vrilles de la vigne.* ▷ Loc. adj. *En vrille :* en forme de vrille. ▷ AVIAT *Descente en vrille :* chute d'un avion qui tournoie le nez en bas. **2.** TECH Mèche à main servant à faire de petits trous dans le bois.

vriller [vʀije] v. tr. [1] (Rare au sens propre.) Percer à l'aide d'une vrille. ▷ Fig., cour. *Bruit qui vrille les tympans.*

vrillette [vʀijɛt] n. f. Petit insecte coléoptère (genre *Anobium*) dont la larve creuse des galeries dans les vieux bois.

vrombir [vʀɔ̃biʀ] v. intr. [3] Faire entendre un son vibrant résultant d'un mouvement de rotation, ou d'une agitation rapide. *Avion vrombissant. Mouche qui vrombit.*

vrombissement [vʀɔ̃bismɑ̃] n. m. Bruit produit par ce qui vrombit.

V.R.P. n. Sigle de *voyageur représentant (de commerce) placier.*

V.S.N. n. m. (Sigle de *volontaire du service national.*) Jeune appelé français qui remplit ses obligations militaires comme coopérant.

V.T.T. n. m. (Sigle pour *vélo tout-terrain.*) SPORT Bicyclette adaptée aux terrains accidentés.

vu, vue [vy] adj., n. m. et prép. **I.** adj. Perçu par l'œil ou par l'esprit. ▷ Loc. fam. *Ni vu, ni connu :* à l'insu de tous. ▷ *Être bien, mal vu :* jouir, ne pas jouir de la considération, de l'estime d'autrui. **II.** n. m. **1.** *Chose faite au vu et au su de tous,* faite ouvertement. **2.** ADMIN *Sur le vu de :* après examen direct de. **III.** prép. Étant donné. *Vu ses états de service...*

vue [vy] n. f. **1.** Celui des cinq sens dont l'organe est l'œil et par lequel nous percevons la lumière, les couleurs, les formes et les distances. (V. vision.) ▷ Manière de percevoir par la vue. *Avoir une bonne vue.* ▷ Loc. fam. *En mettre plein la vue :* susciter une admiration éblouie. **2.** Action de percevoir par les yeux, de voir. *Dissimuler qqch à la vue de qqn. La vue de toute cette misère nous a bouleversés.* – Loc. *Connaître qqn de vue,* l'avoir vu sans jamais lui avoir parlé. – FIN *Billet, mandat payable à vue,* sur présentation. *Dépôt à vue à la Caisse d'épargne.* ▷ Loc. adv. *À vue :* sans quitter du regard. *Garder à vue un suspect.* – *À première vue :* sans avoir examiné en détail. – *À vue d'œil :* très rapidement. *L'eau baisse à vue d'œil.* ▷ Loc. prép. *À la vue de :* en voyant. **3.** Manière dont qqch se présente au regard de l'observateur. *Vue de côté.* ▷ Loc. adj. *En vue :* perceptible par les yeux. *La côte est en vue.* – Fig. De premier plan. *Personnalités en vue.* **4.** Ce que l'on peut voir d'un certain endroit. *Avoir une belle vue de sa fenêtre.* **5.** Dessin, tableau, etc., représentant un lieu. *Acheter des vues de Montréal.* **6.** CONSTR, DR Ouverture pratiquée dans un bâtiment pour laisser passer la lumière. **7.** Fig., litt. Faculté de connaître, de saisir par l'esprit. ▷ Cour. *Seconde, double vue :* faculté qui permettrait de voir mentalement ce qui n'est pas dans le champ de perception physique. **8.** Façon de voir les choses; idée, aperçu. *Exposer ses vues.* – *Une vue de l'esprit :* une conception uniquement théorique. **9.** Intention, dessein. *Cela n'entre pas dans mes vues.* – *Avoir qqch en vue,* se le proposer pour objet, espérer l'obtenir. – *Avoir qqn en vue,* envisager de recourir à lui. – *Avoir des vues sur qqn,* projeter de l'employer à qqch ou de l'épouser. – Loc. prép. *En vue de :* dans le but de. *Acheter un tableau en vue de l'offrir.*

Vuelta (la), le tour d'Espagne cycliste, créé en 1935.

Vu Hoàng Chuong (1916 – 1977), poète vietnamien. Esthète et épicurien, il composa des vers raffinés : *Ivresse*; *Nuages.*

Vuillard (Édouard) (1868 – 1940), peintre français, du groupe des nabis*.

Vukovar, port de Croatie, sur le Danube. La ville a été détruite au cours des affrontements serbo-croates de 1991, et sa population, décimée.

vulcain [vylkɛ̃] n. m. ENTOM Vanesse noire marquée de taches blanches et rouges.

Vulcain, dans la myth. rom., dieu du Feu et des Arts métallurgiques; assimilé à l'Héphaïstos des Grecs. Fils de Jupiter et de Junon, il épousa Vénus, qui le trompa avec Mars.

vulcanisation [vylkanizasjɔ̃] n. f. CHIM Opération qui consiste à ajouter du soufre au caoutchouc pour le rendre plus résistant.

vulcaniser [vylkanize] v. tr. [1] CHIM Soumettre (le caoutchouc) à la vulcanisation. – Pp. adj. *Caoutchouc vulcanisé.*

vulgaire [vylgɛʀ] adj. et n. m. **I.** adj. **1.** LING *Langue vulgaire,* employée par le plus grand nombre (par oppos. à *langue littéraire*). – SC NAT *Nom vulgaire* (d'une plante, d'un animal) : nom courant (par oppos. à *nom scientifique*). **2.** (Avant le nom.) Se dit de qqn, de qqch pour l'opposer à qqn, qqch d'un genre, d'un type considéré comme supérieur. *Un vulgaire chat de gouttière.* **3.** Péjor. Qui manque par trop de distinction, d'élégance. *Un homme, un langage vulgaire,* grossier. **II.** n. m. *Le vulgaire.* **1.** Le commun des hommes, la masse. **2.** Ce qui est vulgaire (sens I, 3).

vulgairement [vylgɛʀmɑ̃] adv. **1.** Dans le langage courant. *Le francolin, vulgairement appelé «perdrix».* **2.** D'une manière qui manque de distinction. *Parler vulgairement.*

vulgarisateur, trice [vylgaʀizatœʀ, tʀis] adj. et n. Qui vulgarise des connaissances. – Subst. *Un talent de vulgarisateur.*

vulgarisation [vylgaʀizasjɔ̃] n. f. Action de vulgariser, fait de se vulgariser. *Vulgarisation scientifique.*

vulgariser [vylgaʀize] v. tr. [1] Rendre accessible, mettre (des idées, des théories, des connaissances) à la portée du public non spécialiste. *Vulgariser les théories relativistes.*

vulgarisme [vylgaʀism] n. m. Didac. Terme, expression qui appartient à la langue vulgaire et contraire au bon usage.

vulgarité [vylgaʀite] n. f. Caractère de qqn, de qqch qui est vulgaire.

Vulgate, version latine de la Bible, due principalement à saint Jérôme (IVe-Ve s.) et adoptée par le concile de Trente en 1546 comme version officielle de l'Église catholique.

vulnérabilité [vylneʀabilite] n. f. Caractère vulnérable de qqn, de qqch.

vulnérable [vylneʀabl] adj. **1.** Qui peut être blessé, atteint physiquement. **2.** Fig. Qui résiste mal aux attaques. *Sa sensibilité le rend vulnérable.*

vulpin [vylpɛ̃] n. m. Plante herbacée (genre *Alopecurus*, fam. graminées) aux épis compacts en forme de queue de renard, cultivée comme plante fourragère.

vulturidés [vyltyʀide] n. m. pl. ORNITH Famille d'oiseaux falconiformes comprenant notam. les vautours, les condors. – Sing. *Un vulturidé.*

vulvaire [vylvɛʀ] adj. ANAT Relatif, propre à la vulve.

vulve [vylv] n. f. ANAT Ensemble des organes génitaux externes, chez la femme et les femelles des mammifères.

vumètre [vymɛtʀ] n. m. TECH Appareil servant à mesurer les signaux électroacoustiques.

Vu Ngoc Phan (1904 – 1987), essayiste vietnamien. Critique littéraire (*les Écrivains modernes,* 1942 et 1989), il étudia la culture populaire (*Proverbes et chansons populaires du Viêt-nam,* 1971).

Vung Tau (anc. *Cap-Saint-Jacques),* v. du S. du Viêt-nam; 108000 hab.; avant-port d'Hô Chi Minh-Ville.

Vu Trong Phung (1912 – 1939), écrivain vietnamien. Il analysa sur le mode satirique l'effondrement des valeurs traditionnelles (*Né coiffé, Orage,* 1936). On lui doit également des reportages : *l'Industrie du mariage avec les Français* (1934); *les Prostituées* (1939).

Vyādhapura, cap. de l'ancien roy. du Funan*, dans le sud-est du Cambodge actuel (région de Prey Veng).

W

w [dubləve] n. m. Vingt-troisième lettre (w, W) et dix-huitième consonne de l'alphabet, notant la fricative labiodentale sonore [v] (ex. *wagon*) ou la semi-consonne labiale postérieure [w] (ex. *kiwi*).

wacapou [wakapu] n. m. (Guyane) Bois imputrescible utilisé en construction.

Wace (Robert) (v. 1100 – v. 1175), poète anglo-normand : *Roman de Brut* (1155), libre adaptation française en vers octosyllabiques de l' *Historia regum Britanniæ* de Geoffroi de Monmouth. V. breton (roman).

Waci ou **Ouatchi,** population du sud du Togo (environ 400 000 personnes). Ils parlent une langue nigéro-congolaise du groupe kwa.

Wadday. V. Ouaddaï.

Wafd («délégation»), parti nationaliste égyptien fondé en 1919, au gouvernement de 1950 à la révolution de juil. 1952. Un parti *Néo-Wafd* se forma en 1977-1978. V. Zaghlul pacha.

Wagner (Richard) (1813 – 1883), compositeur allemand. Il étudia la composition tout en poursuivant des études de philosophie et d'esthétique à l'université de Leipzig (1828), puis mena une existence errante. Après *Rienzi* (1838-1840), opéra italianisant, il composa *le Vaisseau fantôme* (1841), *Tannhäuser* (1841-1845) et *Lohengrin* (1841-1847). Dans la tétralogie *l'Anneau du Nibelung* (*l'Or du Rhin,* 1854; *la Walkyrie,* 1856; *Siegfried,* 1869; *le Crépuscule des dieux,* 1874), *Tristan et Isolde* (1857-1859), *les Maîtres chanteurs de Nuremberg* (1862-1867) et *Parsifal* (1877-1882), il développa l'emploi du leitmotiv (inauguré dans *le Vaisseau fantôme*) et fit usage du chromatisme. L'orchestre, très important, contribue à la tension dramatique de ces opéras. Créateur du drame lyrique intégral (il écrivait lui-même ses livrets, souvent à partir de légendes germaniques), il fut mal accepté par la critique et le public. Ayant participé, à Dresde, au mouvement révolutionnaire de 1849, il dut s'exiler à Zurich. Il rentra en Allemagne en 1864, invité par Louis II de Bavière. Ce roi fit construire à Bayreuth un théâtre qui répondait aux exigences de ses œuvres. En 1870, Wagner épousa en secondes noces la fille de son ami Franz Liszt, Cosima (divorcée du musicien Hans von Bülow).

Wagner (Otto) (1841 – 1918), architecte autrichien. Chef de file de l'art nouveau (1894-1901), puis fonctionnaliste.

wagon [vagɔ̃] ou (Belgique) [wagɔ̃] n. m. **1.** CH de F Véhicule ferroviaire tracté, servant au transport des marchandises, des bestiaux. ▷ (En composition.) *Wagon-citerne, wagon-réservoir,* pour le transport des liquides. – *Wagon-poste* ou *wagon postal,* aménagé pour le transport et le tri postaux. – *Wagon-tombereau :* wagon muni d'une benne basculante; wagon à portes latérales. – *Wagon-trémie,* à une ou plusieurs trémies, pour le transport des matériaux en vrac. ▷ Cour. Voiture de voyageurs. *Il est monté dans le wagon de tête.* – *Wagon-restaurant :* voiture aménagée en restaurant. Syn. (recommandé) voiture-restaurant. – *Wagon-lit,* dont les compartiments sont équipés d'une ou de deux couchettes, d'un lavabo ou d'un cabinet de toilette. Syn. voiture-lit. – (Remarque : sauf dans *des wagons-poste,* les deux termes prennent la marque du pluriel : *des wagons-restaurants,* etc.) **2.** Contenu d'un wagon. *Un wagon de blé.*

wagonnage [vagɔnaʒ] n. m. TECH Transport de marchandises par wagon.

wagonnet [vagɔnɛ] n. m. Petit wagon à caisse basculante utilisé dans les mines, pour le terrassement, etc.

Wagram, localité d'Autriche, près de Vienne, où Napoléon Ier vainquit Charles d'Autriche (5-6 juil. 1809).

waguine [wagin] n. f. (Québec) Vieilli ou rural Voiture à quatre roues tirée par des chevaux, des bœufs.

wahhabisme [waabism] n. m. RELIG Doctrine des Wahhabites.

wahhabite [waabit] adj. et n. RELIG **1.** Relatif aux Wahhabites. **2.** Qui est partisan du wahhabisme.

Wahhabites, musulmans qui, sous l'impulsion de *Muhammad ibn 'Abd al-Wahhāb* (v. 1696 – 1792), prônèrent l'interprétation littérale du Coran et voulurent fonder en Arabie un État conforme à leurs principes. L'alliance de leur chef avec le chef bédouin Muhammad ibn Saoud provoqua l'extension du wahhabisme, brutalement interrompue par une réaction des Ottomans (1813-1819). À partir de 1902, Abd al-Aziz ibn Saoud (V. Séoud) restaura l'autorité saoudienne et le wahhabisme sur un territoire qui devint en 1932 l'Arabie Saoudite.

Wahrān. V. Oran.

wai [wai] n. m. (Guyane) Palmier dont les feuilles sont utilisées pour construire la toiture des cabanes dans la forêt.

Wajda (Andrzej) (né en 1926), cinéaste polonais : *Kanal* (1957), *Cendres et diamant* (1958), *l'Homme de marbre* (1976), *l'Homme de fer* (1981), *Korczak* (1990).

Waksman (Selman Abraham) (1888 – 1973), microbiologiste américain d'origine russe. Il créa le mot *antibiotique* et découvrit la streptomycine. P. Nobel 1952.

Walcott (Derek) (né en 1930), poète et dramaturge sainte-lucien d'expression anglaise. Poésie : *Sea Grapes* (autobiographie en vers, 1976), *le Royaume de la pomme-étoile* (1979), *Collected Poems 1948-1984* (1986). Parmi ses nombr. pièces de théâtre, citons : *Henri Christophe* (1950), *Dream on Monkey mountain* (1970), *The Joker of Seville* (c.-à-d. Don Juan, 1972). Walcott unit la culture classique (grecque et latine), les audaces expérimentales et les traditions des Antilles, l'anglais, le français et les dialectes antillais. P. Nobel de littérature 1992.

Waldheim (Kurt) (né en 1918), homme politique autrichien; secrétaire général de l'ONU de 1972 à 1981, président de la rép. d'Autriche de 1986 à 1992; on lui reprocha ses activités dans l'armée allemande en 1939-1945.

Waldstein. V. Wallenstein.

walé [wale] n. m. V. awalé.

Walensee ou **Wallensee,** lac de Suisse (cant. de Glaris et de Saint-Gall); 24 km^2. Alimenté par la Seez, qui le relie à la vallée du Rhin, il communique avec le lac de Zurich par le Linthkanal.

Wałęsa (Lech) (né en 1943), homme politique polonais. Ouvrier à Gdańsk, leader des grèves de 1980 puis du syndicat Solidarność*, emprisonné (déc. 1981-nov. 1982), il négocia en 1988 avec le gouv. communiste. Élu prés. de la Rép. en 1990. En 1995, il fut vaincu par l'ex-communiste Kwasniewski. P. Nobel de la paix 1983.

Walfish Bay. V. Walvis Bay.

Walhalla ou **Val-Hall,** dans la myth. scandinave, domaine céleste d'Odin et séjour des héros morts au combat.

wali [wali] n. m. (Maghreb) **1.** Haut fonctionnaire du ministère de l'Intérieur nommé à la direction d'une wilaya. **2.** Saint protecteur d'une ville, d'un village ou d'une région. **3.** Mandataire d'une personne physique ou morale (dans le droit musulman).

walkie-talkie [wokitoki] n. m. V. talkie-walkie.

walkman [wokman] n. m. (Nom déposé.) (Anglicisme) Syn. de *baladeur.*

walkyrie ou **valkyrie** [valkiʀi] n. f. Divinité féminine dans la mythologie scandinave.

Walkyrie (la). V. Nibelungen.

wallaby [walabi] n. m. Petit kangourou (genre *Wallabia, Dorcopsis, Petrogales,* etc.) *Des wallabies.*

Wallace (Alfred Russel) (1823 – 1913), naturaliste anglais. Explorateur de l'Australie, il fonda la biogéographie.

Wallace (Lewis, dit Lew) (1827 – 1905), romancier américain : *Ben Hur* (1880).

Wallace (Edgar) (1875 – 1932), auteur anglais de nombreux romans policiers : *la Maison mystérieuse, le Masque jaune.*

Wallensee. V. Walensee.

Wallenstein ou **Waldstein** (Albrecht Eusebius Wenzel von) (1583 – 1634), général tchèque au service du Saint Empire. Il remporta des succès pendant la guerre de Trente* Ans, mais fut disgracié (1630). Rappelé en 1632 pour tenir tête à Gustave II Adolphe, roi de Suède, il négocia avec l'ennemi pour obtenir la couronne de Bohême. Ferdinand II le fit assassiner. Schiller lui consacra une trilogie (1798-1799).

Waller (Maurice Warlomont, dit Max) (1860 – 1889), poète belge d'expression française. Cofondateur et directeur de la revue *la Jeune Belgique,* il œuvra à la renaissance des lettres belges. Ses œuvres sont posthumes : *la Flûte à Siebel* (1891, poèmes), *Daisy* (1892, roman).

Waller (Thomas, dit Fats) (1904 – 1943), pianiste, chanteur et compositeur de jazz américain.

wallingant, ante [walɛ̃gɑ̃, ɑ̃t] n. et adj. (Belgique) Péjor. Wallon partisan de l'autonomie politique de la Wallonie. ▷ adj. *Des opinions wallingantes.*

Wallis-et-Futuna (îles), archipel de l'océan Pacifique, territoire français d'outre-mer.
► V. dossier France d'outre-mer, p. 1442.

wallisien, enne [walizjɛ̃, ɛn] adj. et n. Des îles Wallis-et-Futuna. ▷ Subst. *Un(e) Wallisien(ne).*

wallon, onne [walɔ̃, ɔn] adj. et n. **1.** adj. De Wallonie (partie méridionale de la Belgique). *La culture wallonne.* ▷ Subst. *Un(e) Wallon(ne).* **2.** n. m. *Le wallon :* le parler roman utilisé notam. en Wallonie.
ENCYCL Sur le territoire de la Wallonie subsistent aujourd'hui encore des parlers dérivés du latin vulgaire, souvent regroupés sous l'appellation générique « wallon ». Parmi eux, il convient de distinguer le *wallon* proprement dit, dans le centre et l'est de la Wallonie, le *picard,* à proximité de la Picardie française, le *lorrain* - appelé gaumais en Belgique - à la frontière de la Lorraine française, ainsi que quelques îlots où survit le *champenois,* en bordure de la Champagne française. Face à ces parlers romans endogènes, le français s'est implanté à une époque très ancienne (la charte-loi de Chièvres, dans la province de Hainaut, remonte à 1194) et s'est progressivement imposé comme langue écrite, en conquérant auprès des couches cultivées les positions qu'occupait le latin. En milieu urbain, il semble que l'usage du français ait été relativement précoce, sans doute dès la Renaissance. Le bilinguisme sera plus tardif, mais les témoignages ne manquent pas pour établir que le français concurrençait le wallon dans les communautés formelles dès le XVIIe s. En milieu rural, par contre, on peut estimer que les parlers endogènes qui ont succédé au latin vulgaire ont régné sans partage jusqu'à la fin du XIXe s. Au XXe s., cette situation a connu une rapide mutation : en moins d'un siècle, les sociétés urbaines, puis les entités rurales sont passées d'une majorité d'unilingues wallons à une majorité d'unilingues francophones. En effet, l'instruction primaire, obligatoire à partir de 1918, a assuré la prédominance du français en éradiquant les parlers régionaux. Après 1945, l'industrialisation accélérée, le brassage accru des populations, le développement des communications et des médias ont bouleversé les communautés rurales, autrefois repliées sur elles-mêmes, et qui prirent conscience de l'inaptitude des dialectes locaux à la communication moderne. L'étiolement des parlers régionaux ne se manifeste pas de façon uniforme dans l'ensemble de la Wallonie. Les milieux ruraux ont offert plus de résistance que les centres urbains. La pratique des dialectes est évidemment plus vivace chez les locuteurs âgés, généralement les moins touchés par la scolarisation. À égalité de statut socioprofessionnel et de scolarisation, on constate que les femmes ont abandonné plus rapidement que les hommes la pratique de l'idiome ancestral. D'importantes variations sont également constatées suivant les aires dialectales : schématiquement, le wallon paraît se maintenir plus fermement que le picard, alors que le lorrain (gaumais) semble le plus déliquescent. La pratique du champenois, quant à elle, s'est quasiment éteinte en Wallonie.

wallonne (Région), Région de Belgique et de l'U.E. qui correspond à la Wallonie*, nom qui lui est cour. attribué.
► V. Wallonie et dossier Communauté française de Belgique, p. 1385.

Wallonie, partie S. de la Belgique, d'expression française et romane (wallon). Sans unité physique et historique, ce pays a une forte cohésion culturelle. Il constitue auj. la *Région wallonne,* Région de l'U.E., et comprend les prov. du Hainaut, de Liège, du Luxembourg, de Namur et du Brabant wallon; 16 844 km²; 3 207 500 hab.; cap. *Namur.*
► V. dossier Communauté française de Belgique, p. 1385.

Wallonie (la), revue littéraire symboliste (1886-1892) fondée à Liège par le poète Albert Mockel*. À partir de 1890, elle eut un deuxième siège à Paris. Elle publia des poètes français (Mallarmé, Verlaine, Valéry) et belges (Verhaeren, Maeterlinck, Elskamp), ainsi que des prosateurs (Barbey d'Aurevilly, Gide).

wallonisme [walɔnism] n. m. LING Mot ou tour provenant du wallon et propre au français de Wallonie.

Wall Street, rue de New York (Manhattan) où se trouve la Bourse et dont le nom désigne le monde des finances aux États-Unis.

Walpole (Robert, 1er comte d'Orford) (1676 – 1745), homme politique anglais; chef du parti whig. Chancelier de l'Échiquier, il contrôla la vie politique du pays (1721-1742) et établit les bases du régime parlementaire. — **Horace** (ou **Horatio**), comte d'Orford (1717 – 1797), fils du préc.; écrivain, précurseur du roman noir avec *le Château d'Otrante* (1764).

Walras (Léon) (1834 – 1910), économiste français; professeur à Lausanne. Sous l'influence de Cournot, il appliqua les méthodes mathématiques aux sciences économiques : *Éléments d'économie pure* (1874-1877), *la Théorie mathématique de la richesse sociale* (1873-1882).

Walser (Robert) (1878 – 1956), écrivain suisse d'expression allemande. Il publia trois romans : *les Enfants Tanner* (1907), *l'Homme à tout faire* (1908), *l'Institut Benjamenta* (1909), puis son intérêt pour le discontinu et l'intériorité le mena à la « prose courte » : *Kleine Prosa* (1917), *Die Rose* (1925). Bohème, dépressif, il trouva refuge en 1929 dans un hospice d'Herisau, où il finit ses jours.

Walsh (Raoul) (1887 – 1980), cinéaste américain fécond : *le Voleur de Bagdad* (1924), *la Piste des géants* (1930), *Gentleman Jim* (1942), *la Charge de la huitième brigade* (1964).

waltheria [valterja] n. m. Plante à fleurs jaunes d'Afrique tropicale (fam. sterculiacées), à usage médicinal.

Walvis Bay ou **Walfish Bay** (« Baie des baleines »), territoire de la Namibie; 1 124 km²; 25 000 hab. Bien qu'englobé dans la Namibie, il appartint à la rép. d'Afrique du Sud jusqu'en 1994. Port de pêche et de comm. (exportation de minerais). Base militaire.

Wang Wei (v. 699 – 759), peintre et poète chinois. Il fut probablement l'inventeur du paysage monochrome à l'encre.

wapiti [wapiti] n. m. Grand cerf (*Cervus elaphus*), dont les bois peuvent atteindre 1,80 m d'envergure. *Des wapitis.*

Warburg (Otto Heinrich) (1883 – 1970), physiologiste allemand. Il étudia l'oxydation cellulaire (respiration, fermentation, etc.). P. Nobel 1931.

Wargla. V. Ouargla.

Warhol (Andy) (1928 – 1987), peintre et cinéaste américain (pop'art) : inlassables répétitions sérielles d'un visage (*Marilyn Monroe,* 1962), d'un objet (*Campbell's Soup,* 1962). Il réalisa et produisit de nombreux films underground.

warrant [varɑ̃] n. m. DR COMM **1.** Nom donné à diverses sûretés mobilières dont les unes relèvent du gage avec dépossession du débiteur au profit d'un tiers et les autres constituent des gages sans dépossession. **2.** Titre constatant l'existence d'une telle sûreté, remis au créancier et transmissible par endossement.

warrantage [varɑ̃taʒ] n. m. DR COMM Action de warranter.

warranter [varɑ̃te] v. tr. [**1**] DR COMM Garantir par un warrant.

Wartburg (Walther von) (1888 – 1971), linguiste suisse d'expression allemande. Il réalisa un monumental dictionnaire étymologique du français : *Französisches etymologisches Wörterbuch* (25 vol., 1922-1971). Autres œuvres : *l'Évolution et la Structure de la langue française* (1934), *Précis de syntaxe du français contemporain* (1947).

Washington (off. *Washington D.C.*), cap. fédérale des É.-U., constituant, sur le Potomac, le district fédéral de Columbia; 174 km²; 606 900 hab. (aggl. urb. 3 369 600 hab.). Les fonctions admin. et culturelles prédominent : résidence du président des États-Unis (Maison-Blanche), siège du Congrès (Capitole), de la Cour suprême, du commandement militaire (Pentagone); nombr. laboratoires; universités; archevêché cathol.; National Gallery of Art; Phillips Collection; bibliothèque du Congrès; Smithsonian Institution (ethnol., archéol., musée de l'Air et de l'Espace). – La création de cette ville, décidée en 1787-1790, fut confiée à un Français, P. Ch. L'Enfant (1754-1825). Elle devint la capitale des États-Unis en 1800.

Washington, État des É.-U. situé au N.-O. du continent, sur le Pacifique; 176617 km^2; 4867000 hab.; cap. *Olympia;* v. princ. *Seattle, Tacoma.* – La chaîne des Cascades isole, à l'E., de vastes plateaux arides et, à l'O., une plaine littorale découpée où se concentrent les princ. centres économiques, notam. agricoles. L'exploitation du bois est à l'origine de l'industrialisation. – L'État de Washington forma en 1889 le quarante-deuxième État de l'Union.

Washington (George) (1732 – 1799), général et premier président des É.-U. d'Amérique. Général en chef des forces américaines, il gagna la guerre de l'Indépendance contre l'Angleterre (1775-1782), notam. par sa victoire de Yorktown (19 oct. 1781). Élu à la présidence de la Convention de 1787, il signa la Constitution des É.-U. Élu président en mars 1789, réélu en 1792, il refusa un troisième mandat en 1796.

washingtonia [waʃiŋtɔnja] n. m. BOT Grand palmier de Californie et du Mexique (genre *Washingtonia*) dont les feuilles, en éventail, peuvent atteindre 3 m de long.

Wassermann (August von) (1866 – 1925), médecin allemand. Il adapta le test réactionnel de Bordet pour la détection de la syphilis *(réaction de Bordet-Wassermann).*

wassingue [vasɛ̃g] n. f. (Belgique, France rég.) Syn. de *serpillière.*

water-ballast [watɛʀbalast] n. m. (Anglicisme) MAR **1.** Compartiment d'un navire pouvant être rempli d'un liquide (provision d'eau, combustible, lest). **2.** Dans un sous-marin, réservoir extérieur permettant de faire varier le poids du bâtiment suivant la quantité d'eau contenue. *Des water-ballasts.*

waterbuck [watɛʀbœk] n. m. (Afr. subsah.) Nom cour. du *cob onctueux.*

water-closet(s) [watɛʀklozɛt] n. m. ou **waters** [watɛʀ] n. m. pl. Lieux d'aisances, cabinets. *Des water-closets.* (Abrév. : W.-C.)

Watergate, immeuble de Washington, siège du parti démocrate en 1972. – *Affaire du Watergate :* le 17 juin, cinq individus furent surpris par la police en train d'y installer des micros. Des journalistes prouvèrent qu'ils travaillaient pour le président Nixon (qui se représentait en nov.). Réélu, Nixon tenta de se dérober, mais dut démissionner (août 1974).

Waterloo, com. de Belgique (Brabant wallon), au sud de Bruxelles; 24780 hab. ▷ HIST *Bataille de Waterloo :* défaite de Napoléon Ier contre les Anglais de Wellington et les Prussiens de Blücher (18 juin 1815). Ayant battu les Prussiens à Ligny et lancé Grouchy à leur poursuite (16 juin), Napoléon Ier laissa Wellington s'installer sur le plateau de Mont-Saint-Jean. Le 18, Ney chargea en vain les Anglais. L'arrivée de Blücher désempara les Français, qui attendaient Grouchy. Ayant ordonné la retraite, Napoléon Ier laissa le commandement à son frère Jérôme et fit route sur Paris; cette défaite lui fut fatale.

water-polo [watɛʀpɔlo] n. m. SPORT Jeu de ballon analogue au handball, qui se joue dans l'eau. *Des water-polos.*

waterproof [watɛʀpʀuf] adj. inv. (Anglicisme) Étanche; imperméable. *Une montre waterproof.*

waters [watɛʀ] n. m. pl. V. water-closet(s).

waterzo(o)i [watɛʀzɔj] ou **waterzoei** [watɛʀzuj] n. m. Ragoût de poulet (plus rarement de poisson) et de légumes cuit dans un bouillon et lié avec de la crème, spécialité belge.

Watson (John Broadus) (1878 – 1958), psychologue américain; fondateur du béhaviorisme.

Watson (James Dewey) (né en 1928), biologiste américain. Il construisit avec Crick un modèle représentant la molécule d'A.D.N. et définit le code génétique. P. Nobel 1962 (avec Crick et Wilkins).

watt [wat] n. m. PHYS Unité de puissance du système SI, de symbole W (1 W = 1 J/s).

Watt (James) (1736 – 1819), ingénieur et mécanicien écossais. Il apporta des perfectionnements décisifs à la machine à vapeur, en l'équipant notam. d'un condenseur (1765), puis inventa le régulateur à boules *(régulateur de Watt)* et le chauffage à la vapeur.

Wattasides, dynastie zénète (berbère) qui, au Maroc, domina (1420) puis supplanta (1472) celle des Marinides. En 1523, les Saadiens prirent le S. du Maroc et remplacèrent définitivement les Wattasides en 1554.

Watteau (Antoine) (1684 – 1721), peintre français, influencé par Titien : *l'Embarquement pour Cythère* (1717, Louvre), auj. dénommé *Pèlerinage à l'île de Cythère* (sa réplique au musée de Charlottenburg, à Berlin, conserve le titre initial); *l'Indifférent* (1717, Louvre); *Gilles* (1721, Louvre); *l'Enseigne de Gersaint* (1721, chât. de Charlottenburg).

watt-heure ou **wattheure** [watœʀ] n. m. PHYS Unité d'énergie (symbole Wh) correspondant à l'énergie mise en jeu par une puissance de 1 watt pendant 1 heure. (L'unité d'énergie du système SI est le joule; 1 Wh = 3600 J). *Des watts-heures* ou *wattheures.*

wattmètre [watmɛtʀ] n. m. ELECTR Appareil servant à mesurer la puissance électrique et utilisant l'action d'un bobinage fixe sur un bobinage mobile.

Wavre, v. de Belgique sur la Dyle; ch.-l. du Brabant wallon; 25000 hab. – Égl. XVe-XVIIe s.

wax [waks] n. m. Tissu de coton imprimé d'un dessin évoquant des craquelures, obtenu par un procédé à la cire. – (En appos.) *Un tissu wax. Un pagne wax.*

Wayne (Marion Michael Morrison, dit John) (1907 – 1979), acteur américain (de westerns, notam.) : *la Piste des géants* (1930), *la Chevauchée fantastique* (1939), *Rio Bravo* (1958).

W.C. [dubləvese; vese] n. m. pl. (Sing. en Belgique et au Luxembourg.) Abrév. de *water-closet(s).*

weber [vebɛʀ] n. m. PHYS Unité de flux magnétique (symbole Wb).

Weber (Carl Maria von) (1786 – 1826), compositeur romantique allemand. Opéras : *le Freischütz* (1821), *Euryanthe* (1823), *Oberon* (1826). Virtuose du piano, il écrivit des sonates, concertos, *l'Invitation à la valse.*

Weber (Wilhelm Eduard) (1804 – 1891), physicien allemand, pionnier de l'électromagnétisme. Avec Gauss, il mit au point un télégraphe électrique (1833) et effectua des mesures du magnétisme terrestre.

Weber (Max) (1864 – 1920), économiste et sociologue allemand : *l'Éthique protestante et l'esprit du capitalisme* (1901), *Économie et Société* (posth., 1922).

Webern (Anton von) (1883 – 1945), compositeur autrichien. Émule de Schönberg, il composa, dès 1909, des œuvres atonales d'une extrême concision et, à partir de 1924, de brèves pièces strictement dodécaphoniques.

Wedekind (Frank) (1864 – 1918), dramaturge allemand, pionnier de l'expressionnisme : *l'Éveil du printemps* (1891); *l'Esprit de la terre* (1895) et *la Boîte de Pandore* (1904), remaniés et réunis en 1913 sous le titre *Lulu.* A. Berg récrivit *Lulu,* dont il fit un opéra (1935, inachevé).

week-end [wikɛnd] n. m. (Anglicisme) Congé de fin de semaine, comprenant le samedi (ou l'après-midi du samedi) et le dimanche. *Des week-ends.* Syn. (Québec) fin de semaine. ▷ (Maghreb) Congé de fin de semaine comprenant le jeudi et le vendredi, dans les pays musulmans où le vendredi est férié.

Wegener (Alfred) (1880 – 1930), météorologiste et géophysicien allemand; sa théorie de la dérive des continents (1915), imparfaite, est auj. accréditée par la tectonique des plaques*.

Wehrmacht (mot all., «puissance de défense»), l'ensemble des forces armées allemandes de 1935 à 1945.

Wei, l'un des Trois Royaumes chinois (IIIe s.). Ses souverains régnèrent sur le N. de la Chine de 220 à 535.

Weierstrass (Karl) (1815 – 1897), mathématicien allemand.

Weil (Simone) (1909 – 1943), écrivain et philosophe français. Juive, elle évolua vers un mysticisme chrétien et prôna la justice sociale : *la Pesanteur et la Grâce* (posth., 1947).

Weill (Kurt) (1900 – 1950), compositeur allemand naturalisé américain. Il créa un type de chant expressionniste et satirique, qui emprunte à la ballade, à la complainte, au jazz, à la musique sérielle : *l'Opéra de quat' sous* (1928, texte de B. Brecht).

Weimar, v. d'Allemagne (Thuringe); 66730 hab. Industries. Porcelaine. – Anc. capitale du grand-duché de Saxe-Weimar. – Sous le règne de Charles-Auguste (1775-1828), Goethe et Schiller firent de Weimar l'un des principaux centres intellectuels de l'Allemagne.

Weimar (Constitution de), Constitution votée par l'Assemblée allemande à Weimar le 11 août 1919, qui organisait l'Allemagne en une république fédérale de 17 États. La *république de Weimar* (1919-1933) subit les conséquences polit. et écon. de la défaite allemande en 1918. La crise mondiale (1929) et les difficultés parlementaires précipitèrent la montée du nazisme et l'arrivée de Hitler au pouvoir (1933).

Weinberg (Steven) (né en 1933), physicien américain, auteur, avec Salam, de la théorie électrofaible. (V. interaction.) P. Nobel 1979.

Weismann (August) (1834 – 1914), biologiste allemand. Il postula l'existence des chromosomes et étaya les théories évolutionnistes de Darwin.

Weisshorn, mont des Alpes du Valais (4505 m).

Weissmuller (Peter John, dit Johnny) (1904 – 1984), acteur de cinéma américain. Ancien champion olympique de natation, il a incarné *Tarzan*, de 1932 à 1948.

welche [vɛlʃ] adj. et n. V. velche.

Welensky (sir Roy) (né en 1907), homme politique rhodésien. Il fut Premier ministre (1956) de la Fédération de Rhodésie et du Nyassaland.

Welland, v. du Canada (Ontario), sur le *canal de Welland* (44 km), qui relie les lacs Érié et Ontario à l'écart des chutes du Niagara; 47900 hab. Centre industriel (métallurgie, sidérurgie, textile) et agricole.

Welles (Orson) (1915 – 1985), cinéaste et acteur américain. Son œuvre foisonne de trouvailles techniques, souvent baroques : *Citizen Kane* (1941), *la Splendeur des Amberson* (1942), *la Dame de Shanghai* (1948), *Macbeth* (1948), *Othello* (1952), *Monsieur Arkadin* (1955), *la Soif du mal* (1958), *le Procès* (1962), *Falstaff* (1966).

Wellington, cap. de la Nouvelle-Zélande, port sur le détroit de Cook (île du Nord); 136910 hab. (aggl. urb. 325700 hab.). Industries.

Wellington (Arthur Wellesley, 1er duc de) (1769 – 1852), général et homme politique britannique. Vainqueur des Français au Portugal et en Espagne (bataille de Vitoria, 21 juin 1813), il remporta, après le retour de Napoléon, la victoire décisive de Waterloo (18 juin 1815) à la tête des troupes alliées. Il fut Premier ministre de 1828 à 1830.

Wellman (William) (1896 – 1975), cinéaste américain, spécialiste du film d'action : *les Ailes* (1927), *l'Ennemi public* (1931), *Convoi de femmes* (1952).

Wells (Herbert George) (1866 – 1946), écrivain anglais; maître du roman d'anticipation : *la Machine à explorer le temps* (1895), *l'Île du docteur Moreau* (1896), *l'Homme invisible* (1897), *la Guerre des mondes* (1898). Membre de la Fabian* Society.

weltanschauung [vɛltanʃawuŋ] n. f. PHILO Conception métaphysique du monde, liée à l'intuition des réalités existentielles.

welter [vɛltɛʀ; wɛltɛʀ] adj. et n. m. (Anglicisme) SPORT Se dit d'un boxeur pesant entre 63,50 et 66,67 kg (professionnels).

Wembley, aggl. du Grand Londres. Stade de football.

Wenders (Wilhelm, dit Wim) (né en 1945), cinéaste allemand, qui célèbre l'errance : *Alice dans les villes* (1973), *Au fil du temps* (1976), *Paris, Texas* (1984), *les Ailes du désir* (1987), *Lisbonne story* (1995).

Werewere-Liking (Eddy-Njock, ép. Liking, dite) (née en 1950), peintre et écrivain camerounais. Poétesse (*On ne raisonne pas le venin*, 1977), elle a écrit du «théâtre-rituel», des «chants-romans» (*Orphée-Dafric*, 1981) et des essais.

Werner (Alfred) (1866 – 1919), chimiste suisse; pionnier de la stéréochimie. P. Nobel de chimie 1913.

Werner (Pierre) (né en 1913), homme politique luxembourgeois, membre du Parti social-chrétien; Premier ministre de 1958 à 1974, puis de 1979 à 1984.

Weser (la), fl. d'Allemagne (480 km); arrose Brême et se jette dans la mer du Nord.

Wesley (John) (1703 – 1791), théologien anglais; le princ. fondateur de la secte protestante des méthodistes (1729).

West (Mae) (1892 – 1980), scénariste et actrice américaine, influencée par H. James : *Ethan Frome* (1911); vedette des années 30 : *Lady Lou* (1930), *Fifi peau de pêche* (1938).

western [wɛstɛʀn] n. m. Film d'aventures dont l'action se déroule dans l'Ouest américain au temps de sa conquête; genre cinématographique représenté par ce type de film.

Westminster, quartier de Londres, sur la rive gauche de la Tamise, regroupant l'abbaye et le palais du Parlement. L'abbaye (St. Peter), de style gothique, fondée au VIIIe s., fut reconstruite au XIe s. et au XIIIe s., puis remaniée jusqu'au XVIIIe s. Depuis 1066, presque tous les rois d'Angleterre y ont été couronnés. Elle est le panthéon des souverains et grands hommes.

Westphalie (en all. *Westfalen*), anc. prov. de l'O. de l'Allemagne. Prov. prussienne en 1815, la Westphalie fait partie depuis 1945 du Land de Rhénanie*-du-Nord-Westphalie. – En 1648, l'empereur Ferdinand III signa, à Münster, les *traités Westphalie* avec la France, la Suède et les principautés d'Empire, à la fin de la guerre de Trente* Ans, après quatre années de négociations. Ils reconnaissaient la liberté des cultes catholique, luthérien et calviniste dans le Saint Empire, et la souveraineté des 350 États allemands. La Confédération helvétique obtenait son indépendance. La France gardait les Trois*-Évêchés et une partie de l'Alsace. La Suède recevait notamment la Poméranie occidentale (avec Stettin). L'Électeur de Bavière gagnait le Haut-Palatinat; celui de Brandebourg, la Poméranie orientale.

West Point, terrain militaire des É.-U. (État de New York), sur l'Hudson, où est implantée depuis 1802 une école formant des officiers.

Weygand (Maxime) (1867 – 1965), général français. Il reçut le 19 mai 1940 le commandement suprême des armées françaises et conseilla l'armistice le 12 juin. Acad. fr. (1931).

wharf [waʀf] n. m. MAR Appontement long perpendiculaire au rivage.

Wharton (Edith Newbold Jones, Mrs.) (1862 – 1937), romancière américaine, influencée par H. James : *Ethan Frome* (1911), *l'Âge de l'innocence* (1920).

Wheatstone (sir Charles) (1802 – 1875), physicien anglais. Il fit progresser la télégraphie électrique.

whisky [wiski] n. m. Eau-de-vie de grain (orge, avoine, seigle) fabriquée dans les pays anglo-saxons et au Canada. *Des whiskies.* ▷ *Un whisky* : un verre de whisky. (V. rye.)

Whistler (James Abbott McNeill) (1834 – 1903), peintre et graveur américain. Ses portraits et paysages tiennent de l'impressionnisme et du symbolisme.

Whitehead (Alfred North) (1861 – 1947), mathématicien et philosophe américain d'origine anglaise; l'un des princ. théoriciens de la logique mathématique.

Whitehorse, v. du Canada; ch.-l. du Yukon; 15200 hab.

white spirit [wajtspiʀit] n. m. Produit de la distillation fractionnée des pétroles, employé comme diluant des peintures et comme solvant. *Des white spirits.*

Whitman (Walt) (1819 – 1892), poète américain. Avec lyrisme, il a exprimé son amour de la vie libre, de la nature et de la démocratie dans *Feuilles d'herbe* (1855), un recueil de poèmes qui a profondément influencé la poésie moderne américaine.

Who (The), groupe anglais de musique pop (1963-1986), auteur d'«opéras rock», *Tommy* (1969), *Quadrophenia* (1973).

Wiedemann (Alfred) (1856 – 1936), égyptologue allemand. Il étudia notam. l'idéologie religieuse de l'Égypte ancienne.

Wieland (Christoph Martin) (1733 – 1813), écrivain allemand. Luthérien, il évolua vers l'épicurisme et le scepticisme : *Obéron* (poème, 1780-1781), *les Abdéritains* (roman satirique, 1774-1781).

Wiener (Norbert) (1894 – 1964), mathématicien américain; le fondateur de la cybernétique.

wienerlis ['vineʀli] n. m. pl. (Rare au sing.) (Suisse) Syn. de *viennes*. – Sing. *Un wienerli.*

Wiesbaden, v. d'Allemagne, cap. de la Hesse; 266540 hab. Station thermale depuis l'Antiquité. Industries.

Wiesel (Élie) (né en 1928), écrivain américain d'origine hongroise et d'expression française. Déporté, il traite l'holocauste et la judaïté : *la Nuit* (1960), *l'Aube* (1960), *le Jour* (1961), *le Testament d'un poète juif assassiné* (1980). P. Nobel de la paix 1986.

Wight (île de), île britannique de la Manche; 381 km²; 126600 hab.; ch.-l. *Newport*. Élevage, tourisme. Navigation de plaisance.

wilaya ou **willaya** [vilaja] n. f. En Algérie, division administrative placée sous l'autorité d'un wali.

wilayal ou **willayal, ale, als** [vilajal] adj. (Maghreb) Relatif à une wilaya.

Wilde (Oscar Fingal O'Flahertie Wills) (1854 – 1900), écrivain britannique. Théoricien de «l'art pour l'art», il affiche son amoralisme d'esthète : *le Portrait de Dorian Gray* (roman, 1891), *l'Éventail de lady Windermere* (drame, 1892), *Salomé* (drame écrit en français, représenté à Paris en 1893 et interdit à Londres), *De l'importance d'être constant* (comédie, 1895). En 1895, attaqué pour son homosexualité, il fut condamné à deux ans de travaux forcés (*Ballade de la geôle de Reading*, 1898). Il mourut à Paris, dans la misère.

Wilder (Samuel, dit Billy) (né en 1906), cinéaste américain d'origine autrichienne : *Assurance sur la mort* (1944), *Boulevard du Crépuscule* (1950); comédies avec Marilyn Monroe : *Sept Ans de réflexion* (1955), *Certains l'aiment chaud* (1959).

Wilhelmine (1880 – 1962), reine des Pays-Bas (1890-1948). Elle abdiqua (sept. 1948) en faveur de sa fille Juliana.

Wilkins (Maurice Hugh Frederick) (né en 1916), biologiste britannique. Ses travaux permirent à Watson et Crick de construire leur modèle de l'A.D.N. (1954). Tous trois obtinrent le prix Nobel de médecine 1962.

Wilkinson (John) (1728 – 1808), industriel anglais. Il inventa la première machine à aléser (1774) et réalisa le premier navire en fer (1787).

Wilkinson (sir John Gardner) (1797 – 1875), égyptologue anglais; fondateur des études égyptologiques en Grande-Bretagne.

Willaert (Adriaan) (v. 1480 ou 1490 – 1562), compositeur flamand; maître de chapelle à St-Marc (Venise) de 1527 à sa mort.

willaya [vilaja] n. f. V. wilaya.

willayal, ale, als [vilajal] adj. V. wilayal.

Willendorf, local. de la Basse-Autriche où fut découverte la *Vénus de Willendorf,* statuette en calcaire de 11 cm (env. 25 000 ans av. J.-C.).

william(s) [wiljam(s)] n. f. Poire juteuse, parfumée, de forme allongée, à peau jaune et lisse. – (En appos.) *Des poires williams.*

williamine [wiljamin] n. f. (Suisse) (Nom déposé.) Alcool de poires williams.

Williams (William Carlos) (1883 – 1963), écrivain américain d'avant-garde.

Williams (Thomas Lanier Williams, dit Tennessee) (1911 – 1983), dramaturge américain. Il dépeint la déchéance, la frustration dans le S. des É.-U. : *Un tramway nommé Désir* (1947), *la Chatte sur un toit brûlant* (1955).

Willibrord ou **Willibrod** (saint) (658 – 739), prélat anglo-saxon. Archevêque d'Utrecht (v. 695), il évangélisa la Frise, les Flandres, et fonda l'abbaye d'Echternach (Luxembourg), où il mourut.

Wilson (mont), sommet de la chaîne côtière de Californie (É.-U.); 1731 m. Observatoire astronomique.

Wilson (Thomas Woodrow) (1856 – 1924), homme politique américain. Candidat démocrate, il fut élu président en 1912; réélu en 1916, il déclara la guerre à l'Allemagne (avr. 1917). À la conférence de la paix (à Paris, 1919-1920), il fit triompher le programme pacifiste qu'il avait formulé dès janv. 1918, et fut l'instigateur de la Société des Nations. Mais ni le traité de Versailles ni le pacte de la S.D.N. ne furent ratifiés par le Sénat, isolationniste. P. Nobel de la paix 1919.

Wilson (Charles Thomson Rees) (1869 – 1959), physicien écossais. Il mit au point en 1912 la *chambre de Wilson,* qui permet d'identifier les particules élémentaires. P. Nobel 1927 (avec A.H. Compton).

Wilson (sir Harold) (1916 – 1995), homme politique britannique; Premier ministre (travailliste) de 1964 à 1970 et de 1974 à 1976.

Wilson (Robert Woodrow) (né en 1936), astrophysicien américain. On lui doit la découverte (1965) du rayonnement thermique qui baigne l'Univers*. P. Nobel de physique 1978.

Wilson (Robert, dit Bob) (né en 1941), metteur en scène de théâtre américain : *le Regard du sourd* (1971), *The Civil Wars* (1984), *Orlando* (1995).

Wimbledon, banlieue S.-O. de Londres. Un célèbre tournoi international de tennis sur gazon s'y déroule annuellement.

Windhoek, cap. de la Namibie, au centre du pays, à 1 680 m d'altitude; 120000 hab. Élevage. Centre admin. et agricole (marché aux bestiaux) relié par voie ferrée à Walvis Bay (sur l'Atlantique) et à la prov. du Cap occidental (Afrique du Sud). Aéroport intern. – Siège de la Communauté* pour le développement de l'Afrique australe (S.A.D.C.). – Sources chaudes à proximité.

Windsor ou **New Windsor,** v. d'Angleterre (Berkshire), sur la Tamise; 28330 hab. – Chât. royal (XIIe s.), agrandi (1344) et modifié au XIXe s. La famille royale d'Angleterre (maison de Hanovre-Saxe-Cobourg-Gotha) adopta le nom de *Windsor* en 1917.

Windsor, v. et port du Canada (Ontario), sur la rivière Detroit; 191400 hab. Grand centre automobile du Canada. Industr. chimiques et alimentaires.

Windsor (duc de). V. Édouard VIII.

Winkelried (Arnold) (m. en 1386), paysan suisse du cant. d'Unterwald dont l'abnégation permit aux confédérés suisses de vaincre Léopold d'Autriche en 1386 sur les rives du lac de Sempach.

Winnicott (Donald Woods) (1896 – 1971), psychanalyste anglais. Il étudia partic. le développement psychique de l'enfant.

Winnipeg (lac), lac du Canada (Manitoba) relié à la baie d'Hudson par le Nelson; 24650 km^2. Long de 425 km, à 217 m d'alt., il est alimenté par la *Winnipeg,* la riv. Rouge, la Saskatchewan et la riv. Dauphin, déservoir du lac Manitoba, dans lequel se déverse le lac *Winnipegosis,* ou *Petit Winnipeg,* plus à l'O. (5450 km^2, long. 240 km, à 253 m d'alt.).

Winnipeg, v. du Canada, cap. du Manitoba, au confl. de la rivière Rouge et de l'Assiniboine; 616 790 hab. Commerce et stockage du blé. Industr. alimentaires et métallurgiques. – À l'origine, le Français P. de La Vérendrye créa un comptoir, *Fort rouge,* en 1738. Winnipeg n'était qu'un village en 1860. La création de la prov. du Manitoba (1870) et du Canadian Pacific Railway (1885) lui donna son essor.

Winterhalter (Franz Xaver) (1805 – 1873), portraitiste allemand. Il exerça à la cour de Napoléon III.

Winterthur, v. de Suisse (cant. de Zurich), sur la Töss; 86760 hab. Constructions mécaniques. – Musée des beaux-arts. Fondation Oskar Reinhart.

Wisconsin (le), riv. des États-Unis (690 km), affl. du Mississippi (r. g.).

Wisconsin, État du centre-nord des É.-U., à l'O. des Grands Lacs; 145438 km^2; 4892000 hab.; cap. *Madison.* – Ce vaste plateau soumis au climat continental comprend forêts et prairies. Élevage laitier; gisements de fer; industr. sur les rives du lac Michigan. – Le Wisconsin forma en 1848 le trentième État de l'Union.

Wise (Robert) (né en 1914), cinéaste américain : thrillers (*Nous avons gagné ce soir,* 1949), science-fiction (*le Jour où la Terre s'arrêta,* 1951), westerns, comédies musicales (*West Side Story,* 1961).

Wiseman (Nicholas Patrick) (1802 – 1865), prélat catholique britannique. Auteur d'un roman historique : *Fabiola* (1854).

wishbone [wiʃbon] n. m. (Anglicisme) MAR SPORT Sorte d'anneau servant à la manœuvre d'une voile (de bateau ou de planche à voile).

wisigoth ou **visigoth, othe** [vizigo, ɔt] n. et adj. ou **wisigothique** [vizigɔtik] adj. HIST Des Wisigoths, qui a rapport aux Wisigoths.

Wisigoths ou **Visigoths** («Goths sages»), anc. peuple germanique qui apparut dans l'histoire au déb. du IVe s. Ils résidaient entre le Dniepr et le Danube. Ils obtinrent des Romains l'autorisation de s'installer en Thrace (376), mais se révoltèrent et écrasèrent l'armée romaine de l'empereur Valens à Andrinople (378). De 396 à 410, leur chef, Alaric, les entraîna en Italie, où ils prirent Rome (410), puis Athaulf les lança à la conquête de l'Aquitaine (410-415). Installés en fédérés dans le S.-O. de la Gaule (v. 418), ils conquirent la plus grande partie de l'Espagne (v. 476). Mais le puissant royaume wisigothique succomba sous les coups de Clovis en Gaule (défaite d'Alaric II à Vouillé en 507) et, plus tard, sous ceux des Arabes en Espagne (victoire de Tariq Ibn Ziyad sur Rodrigue à la bataille du Guadalete en 711).

Wissmann (Hermann von) (1853 – 1905), explorateur all.; gouverneur de l'Afrique-Orientale allemande.

Witkiewicz (Stanisław Ignacy), dit *Witkay* (1885 – 1939), romancier pessimiste (*l'Inassouvissement,* 1930), dramaturge prolifique, peintre et critique d'art polonais. Il se suicida lors de l'invasion de la Pologne.

Witt (Johan de, en fr. Jean de) (1625 – 1672), homme d'État hollandais; conseiller-pensionnaire de Hollande (1653-1672). Jean de Witt fit la paix avec l'Angleterre (1654), assura les libertés publiques et poursuivit la formidable expansion maritime, commerciale et financière de son pays. Il combattit avec succès la Suède (1658-1660) et l'Angleterre (1665-1667). Contre Guillaume d'Orange, il fit voter l'Acte d'exclusion en 1667; contre la menace française, il conclut la Triple-Alliance* en 1668. Mais après l'invasion de la Hollande par Louis XIV (1672), il fut mis à mort par le peuple de La Haye. — **Cornelis de Witt** (1623 – 1672), frère du préc. Bourgmestre de Dordrecht (1666), il se heurta en 1672 aux orangistes; emprisonné à La Haye, il fut mis à mort par la foule (le même jour que Jean).

Wittelsbach, famille princière qui régna sur la Bavière* de 1180 à 1918.

Wittenwiller (Heinrich von) (fin XIVe – début XVe s.), poète suisse d'expression allemande. Son long poème éducatif, *l'Anneau* (v. 1400), conte les aventures d'un paysan, Bertschi Triefnas, et dénonce avec humour les mœurs grossières de son temps.

Wittgenstein (Ludwig) (1889 – 1951), philosophe et logicien britannique d'origine autrichienne. Il analysa la structure logique du langage pour préciser les limites d'un discours : *Tractatus logico-philosophicus* (1921), *le Cahier bleu et le Cahier brun* (1933-1935, notes de cours éditées en 1958), *Investigations philosophiques* (posth., 1953). Il exerça une influence considérable sur le cercle de Vienne*.

Witwatersrand ou en abrégé, Rand, alignement de collines de la république d'Afrique du Sud (Gauteng), entre 1 500 et 1 800 m d'altitude. Complexe industriel situé sur le plus grand gisement aurifère du monde et dominé par la ville de Johannesburg. Plus de 6 millions d'hab. font de cette région la première aggl. du pays.

Witz (Konrad) (v. 1400 – v. 1445), peintre originaire de Souabe qui travailla en Suisse. Il arriva en 1431 à Bâle et peignit v. 1435 *le Polyptyque du miroir du Salut* (auj. démembré). À Genève, il exécuta en 1443 le *Retable de saint Pierre,* auj. démembré, mais le musée d'Art et d'Histoire de Genève conserve le célèbre panneau *la Pêche miraculeuse.*

wô ! [wo] interj. (Québec) **1.** Cri pour faire s'arrêter le cheval, le faire ralentir. **2.** Par ext., fam. Cri par lequel on donne l'ordre à qqn de s'arrêter. – Loc. *Wô les moteurs! :* c'est assez, ça suffit!

Wobé, population du S.-O. de la Côte d'Ivoire (env. 300000 personnes). Ils parlent le *wé,* une langue nigéro-congolaise du groupe kru.

Wolf (Hugo) (1860 – 1903), compositeur autrichien. Il a laissé un opéra (*Der Corregidor,* 1895) et trois cents lieder dans la tradition de Schubert et Schumann.

Wolfe (James) (1727 – 1759), général anglais. Envoyé en Nouvelle-France, il battit Montcalm devant Québec, dans les plaines d'Abraham, mais, comme son adversaire, il fut mortellement blessé.

Wolfe (Thomas Clayton) (1900 – 1938), romancier américain : *Au fil du temps* (1935).

Wolff ou **Wolf** (Christian von) (1679 – 1754), mathématicien et philosophe allemand; vulgarisateur de la pensée de Leibniz.

wolfram [vɔlfʀam] n. m. **1.** CHIM Syn. anc. de *tungstène.* **2.** MINER Principal minerai du tungstène.

Wolfram von Eschenbach (v. 1170 – v. 1220), poète allemand; auteur d'épopées courtoises en vers : *Parzival* (dont Wagner s'inspira : *Parsifal*), *Willehalm* et *Titurel.*

Wollo (le), prov. nord-orientale de l'Éthiopie, qui s'étend à l'O. sur les hauts plateaux, et à l'E. sur les basses terres arides du pays Danakil; 79400 km^2; 4193000 hab.; ch.-l. *Dessié.* – Le Wollo est partic. touché par la sécheresse et la famine.

wolof ou **ouolof** [wɔlɔf] adj. inv. et n. m. **1.** adj. inv. Des Wolof. **2.** n. m. LING Langue nigéro-congolaise du groupe ouest-atlantique parlée au Sénégal (langue nationale, à fonction véhiculaire), en Mauritanie et en Gambie.

Wolof(s) ou **Ouolof(s),** peuple musulman vivant princ. au N.-O. du Sénégal (env. 4 millions de personnes). Ils parlent le wolof, ou ouolof, langue nigéro-congolaise du groupe ouest-atlantique, qui est également utilisé comme langue véhiculaire au S. de la Mauritanie, en Gambie et chez les populations non wolof du Sénégal.

Wolseley (sir Joseph Garnet, vicomte) (1833 – 1913), maréchal britannique. Il participa à de nombr. campagnes coloniales (Birmanie, 1852; Inde, 1857; Égypte, 1884), administra le Natal (1874), Chypre (1878), le Transvaal (1879).

Wolsey (Thomas) (v. 1473 – 1530), prélat et homme politique anglais; archevêque d'York (1514), cardinal et lord-chancelier (1515-1529) sous Henri VIII.

Wonder (Steveland Morris, dit Stevie) (né en 1950), pianiste, chanteur et compositeur américain de rock.

Woodstock, v. des É.-U., proche de New York, où se tint en 1969, puis en 1994, un festival de pop music.

Woolf (Virginia) (1882 – 1941), écrivain anglais. Elle abolit le temps romanesque au profit du temps affectif : *la Chambre de Jacob* (1922), *Mrs. Dalloway* (1925), *la Promenade au phare* (1927), *Orlando* (1928), *les Vagues* (1931). Elle se suicida, laissant un roman inachevé (*Entre les actes,* posth., 1941) et *Journal d'un écrivain* (posth., 1953).

Worcester, v. de l'O. de l'Angleterre, sur la Severn; 81000 hab.; chef-lieu du comté de Hereford-and-Worcester. – Évêché. Cathédrale gothique (déb. XIIIe s.). Maisons anciennes. – Victoire de Cromwell sur les armées de Charles II (1651).

Wordsworth (William) (1770 – 1850), poète anglais romantique : *Ballades lyriques* (en collab. avec Coleridge, 1798).

world music [wœʀldmjuzik] n. f. (Afr. subsah.) Style musical qui incorpore les traditions nationales. *Le reggae* est une forme de world music.*

Worms, v. d'Allemagne (Rhénanie-Palatinat), sur le Rhin; 74000 hab. Industries. – Cathédrale romane (XIIe et XIIIe s.). – En 1122, le *concordat de Worms,* entre Calixte II et l'empereur Henri V, mit fin à la querelle des Investitures*. La *diète de Worms* (1521) plaça Luther au ban de l'Empire.

Wotan. V. Odin.

Wouri, fleuve côtier du Cameroun, qui se jette dans le golfe de Guinée; 160 km. Son estuaire baigne Douala.

Wouters (Rik) (1882 – 1916), peintre et sculpteur belge. Il subit l'influence de l'impressionnisme *(la Repasseuse,* 1912, Anvers) et de Cézanne, puis cultiva le «fauvisme brabançon» *(la Dame au collier d'ambre,* 1913, Bruxelles), laissant éclater son génie de coloriste.

Wrangel (Piotr Nikolaïevitch, baron de) (1878 – 1928), général russe. Après la révolution de 1917, il se rallia à Denikine*, qu'il remplaça à la tête de l'armée blanche d'Ukraine. Il organisa un gouv. éphémère (1920).

Wren (sir Christopher) (1632 – 1723), mathématicien, physicien et architecte anglais. Il construisit à Londres la cathédrale Saint Paul (1675-1710).

Wright (Wilbur) (1867 – 1912), aviateur américain. Avec son frère **Orville** (1871 – 1948), il construisit un aéroplane équipé de deux hélices et d'un moteur à explosion; le 17 déc. 1903, Orville effectua le premier vol après l'expérience d'Ader.

Wright (Frank Lloyd) (1867 – 1959), architecte américain. Vers 1915, il promut une architecture «organique», en accord avec le cadre naturel et le mode de vie des hab., et bâtit le musée Guggenheim, à New York (1956-1959). Grand précurseur, il sut utiliser le béton et le verre.

Wright (Richard) (1908 – 1960), romancier américain. Il dénonça la condition de ses frères noirs aux É.-U. : *les Enfants de l'oncle Tom* (1938), *Un enfant du pays* (1940), et raconta son enfance dans *Black Boy* (1945). Établi en France, où il mourut, il publia *le Transfuge* (1953), *Black Power* (1954), *Color Curtain* (1955), *White Man, listen!* (1957).

Wrocław (en all. *Breslau*), v. de Pologne (basse Silésie), sur l'Oder; 637630 hab.; ch.-l. de la voïévodie du m. nom. Industries.

Wuhan, conurbation industrielle de la Chine centrale, ch.-l. de prov. du Hubei, au confluent du Yangzijiang et du Hanshui; 4273080 hab.

Wulfila. V. Ulfila.

Wundt (Wilhelm) (1832 – 1920), psychologue et philosophe allemand : *Éléments de psychologie physiologique* (1873-1874).

Würm (le), riv. d'All. (Bavière). Donne son nom à une glaciation du quaternaire.

Wurtemberg, anc. État de l'Allemagne, qui englobait la bordure N.-E. de la Forêt-Noire et la partie du bassin de Souabe et Franconie drainée par le Neckar. C'est auj. une partie du Land de *Bade*-Wurtemberg.* – Le Wurtemberg fut érigé en duché en 1495; en royaume en 1805. Il entra dans le IIe Reich allemand en 1871. Rép. en 1918, il fut intégré au IIIe Reich en 1934.

wyandotte [vjɑ̃dɔt] n. et adj. Poule d'une race américaine; cette race. ▷ adj. *Poulets wyandottes.*

Wyclif ou **Wycliffe** (John) (v. 1330 – 1384), théologien anglais, précurseur de la Réforme. Il s'attaqua au pape, aux indulgences, à la confession obligatoire et prêcha un retour aux Écritures. Il défendit les paysans révoltés (1381), dans *Servants and Lords.* Le concile de Constance (1415) condamna sa doctrine. V. Hus.

Wyler (William) (1902 – 1981), cinéaste américain d'origine suisse : *la Vipère* (1941), *les Plus Belles Années de notre vie* (1946), *l'Héritière* (1949), *Ben Hur* (1959), *Funny Girl* (1968).

Wyoming, État de l'O. des É.-U., à l'E. du Grand Lac Salé; 253596 km^2; 454000 hab.; cap. *Cheyenne.* – Le Wyoming comprend, à l'O., un massif boisé des montagnes Rocheuses; à l'E., sur les hautes plaines arides, on pratique l'élevage extensif des bovins et des ovins. Tourisme (parc de Yellowstone). – Le Wyoming devint le quarante-quatrième État de l'Union en 1890.

Wyspiański (Stanisław) (1869 – 1907), peintre et dramaturge polonais : *les Noces* (1901), *la Nuit de novembre* (1904).

Wyss (Johann David) (1743 – 1818), pasteur et écrivain suisse d'expression allemande : *le Robinson suisse,* publié en 1812-1827, est connu des francophones par l'adaptation (*le Nouveau Robinson suisse*) qu'Hetzel écrivit (sous le nom de P.-J. Stahl) et publia.

Wyszyński (Stefan) (1901 – 1981), prélat polonais; opposé au gouvernement communiste, il fut incarcéré de 1953 à 1956.

XYZ

x [iks] n. m. **1.** Vingt-quatrième lettre (x, X) et dix-neuvième consonne de l'alphabet, notant la fricative alvéolaire sourde [s] (ex. *dix*), la sonore correspondante [z] (ex. *deuxième*) et les groupes consonantiques [ks] (ex. *axe*) et [gz] (ex. *exercice*), ne se prononçant pas comme marque du plur. (ex. *genoux*). **2.** X : chiffre romain qui vaut 10. **3.** Objet formé de deux éléments croisés (tabouret, etc.). – BIOL *Chromosome X :* V. encycl. chromosome. **4.** MATH Symbole utilisé pour désigner une inconnue. – GEOM *Axe des X* (ou *x*) : axe des abscisses. ▷ PHYS *Rayons X :* V. encycl. rayonnement. ▷ Cour. Sert à remplacer le nom d'une personne ou une indication que l'on ne peut ou que l'on ne veut pas mentionner. *Madame X. Dans x années.* ▷ Fam. *L'X :* l'École polytechnique.

Xai-Xai, v. du sud du Mozambique, près de l'embouchure du Limpopo; 64000 hab.; cap. de la prov. de *Gaza* (75709 km²; 1221000 hab.). Filatures de coton, scieries.

xanthine [gzɑ̃tin] n. f. BIOCHIM Base purique entrant dans la composition des nucléotides et des acides nucléiques. *L'urine doit sa couleur jaune à la xanthine.*

Xanthippe, épouse (acariâtre, selon Platon) de Socrate.

xanthoderme [gzɑ̃tɔdɛʀm] adj. et n. ANTHROP Dont la peau est jaune. – Subst. *Les xanthodermes.*

Xassonké ou **Khassonké,** population du S.-O. du Mali (env. 120000 personnes). Ils parlent une langue nigéro-congolaise du groupe mandé.

xén(o)-. Élément, du gr. *xenos,* «étranger» et «étrange».

Xenakis (Iannis) (né en 1922), compositeur français d'origine grecque : *Metastasis* (1954), *Roaï* (1991).

xénarthres [ksenaʀtʀ] n. m. pl. ZOOL Ordre de mammifères d'Amérique du Sud abondants au tertiaire, dont seuls subsistent les tatous, les paresseux et les fourmiliers. – Sing. *Un xénarthre.*

xénon [ksenɔ̃] n. m. CHIM Élément (symbole Xe) de numéro atomique Z=54. – Gaz rare (Xe) de l'air. *Le xénon est utilisé dans les lampes à incandescence.*

Xénophane (Colophon, fin du VIe s. av. J.-C.), philosophe grec; fondateur de l'école d'Élée, maître de Parménide.

xénophobe [gzenɔfɔb] adj. et n. Qui a de l'hostilité ou de la haine pour les étrangers, pour ce qui est étranger.

xénophobie [gzenɔfɔbi] n. f. Hostilité ou haine pour ce qui est étranger.

Xénophon d'Athènes (v. 430 – v. 355 av. J.-C.), écrivain athénien. Issu d'une famille fortunée, disciple de Socrate, il suivit son ami Proxenos en Asie Mineure (401 av. J.-C.), où il se joignit aux Dix Mille, mercenaires grecs de Cyrus le Jeune en guerre contre son frère Artaxerxès; Xénophon narra leur retraite dans *l'Anabase.* Il a écrit aussi : *l'Apologie de Socrate* et *les Mémorables,* recueil de discours tenus par Socrate; *les Helléniques* (sur la période 411-362 av. J.-C.); *De l'équitation* et *l'Hipparque; la Cyropédie* (sur l'éducation de Cyrus le Grand).

xér(o)-. Élément, du gr. *xêros,* «sec».

xérès [kseʀɛs] n. m. Vin blanc produit aux environs de Jerez de la Frontera, en Espagne.

xérographie [kseʀɔgʀafi] n. f. (Nom déposé.) TECH Procédé de reprographie utilisant les propriétés photorésistantes des semi-conducteurs. (On projette l'image à reproduire sur une plaque couverte de sélénium chargée positivement, les parties éclairées se déchargeant proportionnellement au flux lumineux qu'elles reçoivent.)

xérophile [kseʀɔfil] adj. BOT Adapté à la sécheresse. *Plantes xérophiles des zones semi-désertiques.*

xérophtalmie [kseʀɔftalmi] n. f. MED Sécheresse de la cornée et de la conjonctive, causée par une carence en vitamine A, qui peut conduire à la cécité.

xérophyte [kseʀɔfit] n. f. BOT (Surtout au plur.) Plante xérophile.

xérus [kseʀys] n. m. ZOOL Écureuil fouisseur d'Afrique, cour. appelé *rat palmiste.*

Xerxès Ier (en perse *Khshayarsha*) (v. 519 – 465 av. J.-C.), roi achéménide de Perse (486-465 av. J.-C.); fils de Darius Ier. Il réprima brutalement les révoltes d'Égypte et de Chaldée, puis se tourna contre la Grèce (qui avait défait son père à Marathon). Sa formidable armée vainquit Léonidas aux Thermopyles (480 av. J.-C.) et s'empara d'Athènes, désertée par ses habitants, mais, écrasée sur mer à Salamine et sur terre à Platées, elle dut évacuer la Grèce. Un haut dignitaire de la cour assassina Xerxès Ier.

xhosa [kosa] n. m. LING Langue nigéro-congolaise du groupe bantou parlée par les Xhosa. *Le xhosa est l'une des grandes langues véhiculaires d'Afrique du Sud.*

Xhosa (anc. *Cafre[s]*), peuple habitant le S.-E. de la Rép. d'Afrique du Sud (env. 5 millions de personnes). Ils parlent le xhosa, langue bantoue du groupe nguni. Traditionnellement, ils pratiquent l'agriculture et l'élevage. Ils forment la quasi-totalité de la pop. du Transkei et peuplent aussi le Ciskei. Ces deux anciens bantoustans (1959-1994) sont aujourd'hui deux districts inclus dans la province du Cap oriental.

xi ou **ksi** [ksi] n. m. et adj. **1.** n. m. Quatorzième lettre de l'alphabet grec (Ξ, ξ). **2.** adj. PHYS NUCL *Particule xi :* particule élémentaire instable du groupe des baryons*.

Xiamen ou **Amoy,** v. et port de Chine, dans une île proche du continent, sur le détroit de Formose; 507390 hab. Chantiers navals, pêche; centre industriel.

Xi'an ou **Sian,** v. de Chine, ch.-l. du Shānxi; 2185040 hab. Industries. – Anc. *Chang'an,* capitale des Han et des Tang.

Xieng Khouang, province du centre-nord du Laos formée de hauts plateaux et de montagnes (mont Bia, 2 820 m, point culminant du pays). Au centre de la rég. s'étend la plaine des Jarres* (1 200 m en moyenne). **Hist.** – Au XIVe s., le Xieng Khouang fut intégré au roy. de Lan* Xang, puis passa à partir du XVIe s. sous le contrôle du Viêt-nam (sous le nom de Trân Ninh). Il fut ensuite l'objet de luttes entre les Siamois, les Vietnamiens, les princes de Luang Prabang et de Vientiane, avant d'être intégré en 1899 dans le Laos unifié sous protectorat français (V. dossier Laos, p. 1459). La rég. fut dévastée au XIXe s. par les invasions vietnamiennes et chinoises, au XXe s., pendant la guerre d'Indochine*, et lorsqu'elle devint un front secondaire de la guerre du Viêt-nam de 1962 à 1973. Le Xieng Khouang se remet peu à peu de ces ravages, se repeuple et s'ouvre au tourisme.

Xijiang (le), fl. de la Chine méridionale (2100 km); né dans les montagnes du Yunnan, il se jette dans le golfe de Canton.

ximénia [ksimenja] n. m. BOT Petit arbre tropical (fam. olacacées), au fruit comestible très acide.

Xingu (le), riv. du Brésil (1980 km), affl. de l'Amazone (r. dr.).

Xinjiang ou **Sin-kiang** (anc. Turkestan chinois), région autonome de la Chine du N.-O.; 1646800 km²; 17000000 hab. (Ouïgours (47 %), Kazakhs, Mongols, Tibétains, Chinois (37 %), etc.); cap. *Urumqi.* De part et d'autre des Tianshan, hautes montagnes qui traversent le Xinjiang, s'étalent : au N., la Dzoungarie, région steppique; au S., le Taklimakan, vaste désert. L'ensemble est ceinturé de redoutables massifs : Altaï, Pamir. Le climat est froid et aride. L'industrie extractive a permis, depuis 1950, l'essor de la région, jusqu'alors vouée à l'élevage extensif (chameaux, moutons, chèvres); en effet, le sous-sol est riche en pétrole, en charbon et en fer, notam., mais le Xinjiang souffre de sa position excentrée. La Chine y réalise ses essais nucléaires et y a installé des camps d'internement. En 1990 et 1997, des émeutes ont provoqué l'intervention de Pékin contre les musulmans ouïgours.

xiphoïde [gzifɔid] adj. ANAT *Appendice xiphoïde :* partie inférieure du sternum.

Xuân Diêu (Ngô Xuân Diêu, dit) (1917 – 1985), poète vietnamien. Animateur du mouvement «Poésie nouvelle», il composa des vers inspirés par les poètes français, Ronsard, Baudelaire, Verlaine, Rimbaud et Mallarmé, auxquels il intégra les apports des poésies chinoise et vietnamienne : *Poésies* (1938); *Pollen doré du pin* (prose poétique, 1939); *Sur les ailes de mon âme* (1976).

xyl(o)-. Élément, du gr. *xulon,* «bois».

xylème [gzilɛm] n. m. BOT Ensemble des éléments conducteurs de la sève brute.

xylocope [gzilokɔp] n. m. ENTOM Abeille solitaire (genre *Xylocopa*) de couleur dominante bleu-noir, dite cour. *charpentière* parce que la femelle creuse son nid dans le bois mort.

xylographie [gzilogʀafi] n. f. **1.** TECH Anc. Impression de textes et d'images au moyen de caractères en bois ou de planches de bois gravées en relief (XVe et XVIe s.); texte, image ainsi obtenus. **2.** (Viêt-nam) Art de la gravure sur bois.

xylophage [gzilofaʒ] adj. et n. m. ZOOL Qui se nourrit de bois; qui ronge ou creuse le bois. ▷ n. m. *Les xylophages :* les insectes dont les larves ou les adultes vivent dans le bois.

xylophène [gzilɔfɛn] n. m. (Nom déposé.) Produit dont on imprègne le bois pour le protéger des insectes et le conserver.

xylophone [gzilofɔn] n. m. Instrument de musique à percussion composé de lamelles de bois accordées, de longueurs et d'épaisseurs inégales, disposées en clavier et sur lesquelles on frappe avec des mailloches*.

xylophoniste [gzilofɔnist] n. Musicien qui joue du xylophone.

xylose [gziloz] n. m. BIOCHIM Sucre (pentose) présent en grande quantité dans les végétaux.

Y

1. y [igʀɛk] n. m. **1.** I grec, vingt-cinquième lettre (y, Y) et sixième voyelle de l'alphabet, notant la voyelle palatale [i] (ex. *cygne*) ou la semi-voyelle [j] (ex. *yeux*), celle-ci ne recevant pas à l'initiale l'élision ou la liaison du mot précédent, sauf pour *l'yèble* et *les yeux.* **2.** MATH y : symbole utilisé pour désigner une fonction ou une inconnue. – *Axe des Y* (ou *y*) *:* axe des ordonnées. ▷ BIOL *Chromosome Y :* V. encycl. chromosome.

2. y [i] adv. et pron. **I.** adv. **1.** Dans cet endroit. *J'y suis, j'y reste! Vas-y.* ▷ *Y être :* être chez soi. *Je n'y suis pour personne.* – Fig. *J'y suis ! :* je comprends ! **2.** adv. ou pron. *Il y a :* il est, il existe (au sens local ou temporel). – *Il y va de :* telle chose se trouve engagée, en cause (dans telle affaire). *Il y va de l'honneur.* – *Y être pour quelque chose, pour rien :* avoir, ou ne pas avoir, sa part de responsabilité (dans telle affaire). **II.** pron. pers. **1.** À cela. *Je n'y comprends rien.* – (Remplaçant un compl. normalement précédé d'une préposition autre que *à.*) *N'y comptez pas :* ne comptez pas sur cela, là-dessus. **2.** (En locutions verbales.) *S'y entendre, s'y connaître :* être expert en la matière. – *Bien s'y prendre :* agir habilement. **3.** loc. adj. (Luxembourg) *Y relatif :* relatif à ce qui précède. *Le Ministre a entamé les discussions y relatives avec les syndicats.*

yacht ['jɔt] n. m. Navire de plaisance à voiles ou à moteur.

Yacine (Kateb) (1929 – 1989), écrivain algérien d'expression française. Il traite les luttes et le devenir du peuple algérien : poèmes (*Soliloques,* 1946), romans (*Nedjma,* 1956; *le Polygone étoilé,* 1966), pièces de théâtre (*le Cercle de représailles,* 1959; *l'Homme aux sandales de caoutchouc,* 1972). À partir de 1972, il a écrit en arabe dialectal (*la Guerre de deux mille ans,* 1975).

yack ou **yak** ['jak] n. m. Mammifère bovidé *(Pœphagus grunniens)* des steppes désertiques de haute altitude (5000 m et plus) d'Asie centrale.

Yacouba. V. Dan.

Yadé (massif de), massif montagneux aux confins de la Rép. centrafricaine et du Cameroun; 1420 m au mont Gaou.

Yadz. V. Yezd.

Yahvé, Yahveh, Jahvé, Jahveh, Iahvé ou **Iaveh,** nom de Dieu dans la Bible hébraïque après qu'il se fut manifesté à Moïse sous la forme d'un buisson ardent. Ce nom est indiqué sous forme d'un tétragramme* qui signifie «je suis qui je suis»; les chrétiens ont transformé Yahvé en Jéhovah en ajoutant les voyelles du mot Adonaï, «mon Seigneur». On distingue dans la Bible les livres (ou passages) où Dieu est Yahvé et ceux, moins nombr. et antérieurs, où Dieu est Élohim*.

Yale (université), université américaine, située à New Haven (Connecticut). Créée en 1701 à Branford, elle eut son siège à New Haven (1716), où elle reçut le nom d'un bienfaiteur, *Elihu Yale* (1648-1721).

Yalta ou **Ialta,** v. d'Ukraine, sur la mer Noire; 77000 hab. Port et station balnéaire. – Du 4 au 11 fév. 1945, la *conférence de Yalta* réunit Roosevelt, Churchill et Staline, c.-à-d. les trois grands vainqueurs de la Seconde Guerre mondiale, pour régler les problèmes relatifs à la proche défaite allemande. L'U.R.S.S. s'engagea à attaquer le Japon et se vit accorder une partie de la Pologne orientale; la France obtint le droit de participer à l'occupation militaire de l'Allemagne. Une déclaration commune prévoyait la formation de gouvernements démocratiques dans l'Europe libérée.

Yalujiang (le) (en coréen *Amnok*), fleuve de l'Asie orientale (790 km). Il sert de frontière entre la Chine et la Corée.

Yalunka, Dyalonké ou **Dialonké,** population vivant en Sierra Leone (env. 150000 personnes), en Guinée et en Guinée-Bissau. Ils parlent une langue nigéro-congolaise du groupe mandé, très proche du susu; des auteurs réunissent ces deux langues dans le sous-groupe susu-yalunka.

Yamamoto (Isoroku) (1884 – 1943), amiral japonais. Chef des forces navales (1939), il dirigea l'attaque de Pearl Harbor (déc. 1941). En 1943, son avion fut abattu.

yamba [jɑ̃mba] n. m. (Afr. subsah.) En Afrique occid., chanvre indien. *Brique de yamba. Cornet de yamba.*

Yaméogo (Maurice) (1921 – 1993), homme d'État voltaïque; premier président de la Rép. de Haute-Volta (1959-1966).

Yaméogo (Pierre) (né en 1955), cinéaste burkinabé : *Laafi* (1991), *Wendemi* (1994).

Yamoussoukro, capitale de la Côte d'Ivoire (depuis 1983), à 250 km au N.-O. d'Abidjan; 120000 hab. – Une basilique (le plus grand édifice du culte chrétien dans le monde) y a été consacrée par le pape Jean-Paul II en 1990. Ville natale du président Houphouët-Boigny.

Yamunā, Jamna ou **Jumna** (la), riv. sacrée de l'Inde (1375 km), affl. du Gange. Elle traverse Delhi.

Yan'an, ville de Chine (Shānxi); 254420 hab. – En 1935, au terme de la Longue Marche, les communistes firent de cette ville leur quartier général jusqu'en 1949.

yang [jɑ̃g] n. m. **1.** V. yin. **2.** (Viêt-nam) Divinité, chez les montagnards des Hauts-Plateaux.

Yangoun. V. Rangoon.

Yangzijiang, Changjiang, Yang-tseu-kiang ou **Yang Tsé Kiang** (fleuve Bleu), le plus long fleuve de Chine (5800 km), tributaire de la mer de Chine orientale. Né sur les plateaux du Tibet, à 5000 m d'altitude, il coule dans des gorges profondes vers le S.-E. et débouche dans le Sichuan, où il reçoit de nombr. affluents. En aval, il se resserre dans des défilés puis entre en plaine, où ses affl. le mettent en contact avec de grands lacs (Dongting, Poyang) qui régularisent son débit. Accessible à la navigation maritime, il arrose Nankin et Shanghai (ville bâtie dans son delta). Ce fleuve régulier, au débit abondant, est le principal axe économique de la Chine.

Yanomanis, Amérindiens d'Amazonie (Brésil, Venezuela), l'ethnie la plus primitive du continent américain. Depuis leur mise en contact, en 1987, avec les colons, leur nombre a fortement décru (auj. : 20000 personnes).

Yao, ethnie établie dans le sud du Malawi, le sud de la Tanzanie et au Mozambique (plus de 2 millions de personnes). Ils parlent des langues bantoues.

Yao(s), population montagnarde du sud de la Chine, de Birmanie, de Thaïlande, du nord du Viêt-nam et du Laos (environ 4 millions de personnes). Ils sont riziculteurs (par irrigation ou sur brûlis) et pratiquent des religions traditionnelles affectées d'apports chinois (taoïsme). Proches des Miaos (ou Hmôngs), ils parlent une langue miao-yao.

Yaoundé, cap. du Cameroun, au bord d'un lac artificiel et au pied de collines; 858000 hab. Centre administratif et commercial, relié par voie ferrée au port de Douala. Aéroport intern. Industr. agro-alimentaire. – Université. Archevêché catholique. – En 1969, la *Convention de Yaoundé,* entre dix-huit pays africains et Madagascar, précisa leur association écon. avec les pays de la C.É.E.

yaourt ['jauʀ(t)], **yogourt** ou **yoghourt** ['jɔguʀt] n. m. Lait caillé par l'effet d'un ferment lactique.

yaourtière ['jauʀtjɛʀ] n. f. Appareil pour la confection des yaourts.

yapock [japɔk] n. m. Sarigue aquatique d'Amérique tropicale, aux pieds palmés, vivant à la façon des loutres.

yard ['jaʀd] n. m. METROL Unité de mesure de longueur anglo-saxonne, valant 0,914 m.

Yaşar Kemal (Kemal Sadik Gökçeli, dit) (né en 1922), écrivain turc, auteur de romans réalistes et épiques : *Mémed le Mince* (1955), *Mémed le Faucon* (1969).

Yasovarman Ier (m. en 910), roi du Cambodge (889-910). Il édifia sa capitale *(Yasodharapura)*, centrée sur le Phnom Bakheng (temple-montagne); c'est ce que l'on appelle la première Angkor*.

yassa [jasa] n. m. (Afr. subsah.) En Afrique occid., plat consistant en poulet, mouton ou poisson, grillé après avoir séjourné dans une marinade au jus de citron et aux oignons.

Yatenga (royaume du), royaume mossi fondé au XVe s. par des Gourmantché sur le territ. du Burkina Faso actuel (cap. Ouahigouya) et occupé par les Français en 1895.

Yazd. V. Yezd.

yearling ['jœʀliŋ] n. m. (Anglicisme) Poulain pur-sang âgé d'un an.

Yeats (William Butler) (1865 – 1939), écrivain irlandais. Poète inspiré par le mysticisme celtique (*les Errances d'Oisin*, 1889), il fonda avec lady Gregory l'Abbey Theatre (1904), qui monta son princ. drame lyrique, *Deirdre* (1907). À partir de 1920, la magie l'attira : *la Tour* (1928), *l'Escalier tournant* (1929). P. Nobel 1923.

yèble [jɛbl] n. f. V. hièble.

Yellowknife, v. du Canada, cap. des Territoires du Nord-Ouest, sur le Grand Lac de l'Esclave; 15170 hab. Gisements d'or.

Yellowstone (le), riv. des É.-U. (1600 km), affl. du Missouri (r. dr.). Né dans les montagnes Rocheuses, il traverse le *parc national de Yellowstone* (85 km^2 env., geysers) et le lac du m. nom, dans le Wyoming, coule dans de profonds cañons et traverse le Montana.

Yémen (république du), État du S.-O. de la péninsule Arabique (créé en 1990 et réunissant la rép. arabe du Yémen, au N., et la rép. dém. et pop. du Yémen, au S.), bordé par la mer Rouge et l'océan Indien, à l'E. par le sultanat d'Oman et au N. par l'Arabie Saoudite; 482700 km^2; 13 millions d'hab. (croissance : 3,5 % par an); cap. *Sanaa.* Nature de l'État : rép. Langue off. : arabe. Monnaie : rial. Pop. : Arabes. Relig. : islam.
Géogr. et écon. – Au S.-O. de la péninsule arabique, le Yémen contrôle la rive orientale du détroit de Bab el-Mandeb, qui sépare l'Asie de l'Afrique et fait communiquer le golfe d'Aden et la mer Rouge. Une étroite plaine côtière aride, peuplée de manière discontinue dans les sites irrigués (plaine d'Aden), est dominée par un bourrelet qui culmine à 3760 m à l'O. et s'abaisse vers l'E. Ces hautes terres, moins chaudes et plus humides que le reste du territoire, concentrent pâturages, cultures et peuplement : c'est l'Arabie Heureuse des anciens; Sanaa est à 2200 m d'altitude. Vers le N., les montagnes s'inclinent vers le désert du Rub' al-Khali. La pop., rurale à près de 70 %, a des modes de vie traditionnels : élevage extensif (ovins, caprins, bovins), cultures vivrières (millet, blé, sorgho, qat) et quelques produits d'exportation (coton, café). Le déficit agricole est important. Le pétrole, dont la production est passée de 9 millions de t en 1992 à 17 millions de t en 1995, est en partie raffiné à Aden. Les transferts des salaires des Yéménites travaillant dans les pays du Golfe constituent un apport essentiel. Le Yémen ayant soutenu l'Irak pendant la guerre du Golfe* (1991), les représailles de l'Arabie Saoudite ont eu de graves conséquences sur l'économie yéménite, mais en 1995 les deux États ont conclu des accords. La croissance est revenue mais le pays reste encore pauvre.
Hist. – Cette région vit naître des royaumes prospères dès le IIe millénaire av. J.-C. Celui de Saba* domina l'ensemble de la région et fonda des colonies de l'autre côté de la mer Rouge. Le pays résista aux Romains (Ier s. av. J.-C.) puis chassa les Éthiopiens avec l'aide des Perses. Il fut islamisé (VIIe s.), mais les divers fiefs yéménites conservèrent leur indépendance à l'égard des Abbassides; ainsi, ils embrassèrent généralement le chiisme. Carrefour comm., le Yémen connut la prospérité et fut intégré (XVIe-déb. du XVIIe s.) à l'Empire ottoman. Mais les Brit. occupèrent Aden* en 1839. Après des révoltes qui libérèrent le Yémen, les Ottomans restaurèrent en 1871 une simple suzeraineté sur les imams locaux. En 1920, le pouvoir ottoman prit fin, et des imams régnèrent sur le Yémen du N. jusqu'en 1962, adhérant, de 1958 à 1961, à la féd. des États arabes unis (Égypte, Syrie, Yémen). Au S., les Brit. organisaient, en 1962, la féd. de l'Arabie du Sud, qui devait devenir la rép. dém. et pop. du Yémen.
Yémen du Nord (anc. rép. arabe du Yémen). – En 1962, un coup d'État militaire, soutenu par l'Égypte, renversa l'imam et la rép. fut proclamée. Ce fut le début d'une guerre civile entre les républicains, soutenus par l'Égypte, qui envoya pendant cinq ans un corps expéditionnaire, et les royalistes, soutenus par l'Arabie Saoudite. Un accord intervint en 1970, une nouvelle Constitution fut promulguée; favorable aux puissances occid., le pays entra en guerre avec le Sud (sept.-oct. 1972). En juin 1978, le prés. de la Rép. fut assassiné, le lieutenant-colonel Ali Abdallah Saleh le remplaça. En mars 1979, une nouvelle guerre éclata. En 1980, Saleh fit appel à l'U.R.S.S. (qui soutenait le S.); à l'intérieur, il réalisa l'équilibre entre les forces conservatrices et progressistes. Il améliora ses relations avec le S. et, en nov. 1981, Aden ne soutint plus le Front national démocratique (F.N.D.), qui guerroyait à la frontière du Sud. Au début de 1983, le F.N.D. obtint la «paix des braves». En 1989, Saleh (réélu en 1983 et en 1988) signa avec le Yémen du Sud la réunification des deux pays, effective en 1990.
Yémen du Sud (anc. rép. dém. et pop. du Yémen). – En 1967, une insurrection du Front national de libération (F.N.L., qui deviendra, en 1978, le Parti socialiste du Yémen : P.S.Y.) aboutit à la proclamation de l'indépendance. En 1969, l'aile gauche du Front l'emporta, et, en 1970, le président Salim Ali Rubayyi instaura le seul régime marxiste du monde arabe. Il fut renversé et exécuté par l'armée le 24 juin 1978, soit trois jours après l'assassinat de son adversaire du N., et, en mars 1979, les deux pays entrèrent à nouveau en guerre. En oct. 1980, le pouvoir revint à Ali Nasir Muhammad, marxiste partisan de l'U.R.S.S. (à laquelle le N. faisait appel); bientôt, il se heurta à l'aile dure du parti socialiste yéménite (parti unique). En janv. 1986, Ali Nasir Muhammad fut renversé et une guerre civile de quinze jours fit près de 12000 morts. Le nouveau président, Abu Bakr al-Attas, poursuivit, sous la pression de Moscou, le rapprochement avec le Yémen du Nord.
La réunification et la reprise du conflit. – Désireux de renforcer sa puissance militaire contre les tribus frontalières de l'Arabie Saoudite, islamistes hostiles à la république laïque et soutenues par Riyad, le prés. nordiste Ali Saleh a négocié avec le gouvernement socialiste du Sud (alors que l'U.R.S.S. s'effondrait) une réunification, effective dès mai 1990. Les élections, qui en 1993 suivirent la réunification, ont consacré la suprématie polit. du parti (nordiste) du prés. Ali Saleh, le Congrès général populaire (C.P.G.), ce qui entraîna une crise avec les sudistes du P.S.Y. La tentative de sécession de ces derniers, dirigée par le vice-président Ali El Bid (mai-juil. 1994), a été violemment réprimée et ils ont été éliminés des instances politiques nationales au profit du C.P.G., allié aux islamistes.

yéménite ['jemenit] adj. et n. Du Yémen. ▷ Subst. *Un(e) Yéménite.*

yen ['jɛn] n. m. Unité monétaire du Japon.

Yersin (Alexandre) (1863 – 1943), bactériologiste français d'origine suisse. Chercheur à l'Institut Pasteur à Paris, il gagna l'Asie en 1890 et explora les hauts plateaux du sud du Viêt-nam. En 1894, il découvrit à Hong Kong le bacille de la peste (*Yersinia pestis*). Pour produire un sérum antipesteux, il créa un laboratoire à Nha Trang (Viêt-nam), qu'il finança en favorisant les cultures de plantation. Il introduisit ainsi au Viêt-nam la culture de l'hévéa et celle de l'arbre à quinquina (alors nécessaire pour soigner le paludisme). Il fonda l'École de médecine de Hanoi (1904), puis revint poursuivre ses travaux à Nha Trang, où il est enterré. Les Vietnamiens lui ont élevé une petite pagode à côté de son tombeau.

Yeso. V. Hokkaidō.

yet [jɛt] n. m. ZOOL Grand mollusque gastéropode marin d'Afrique occidentale (genre *Cymbium*), à coquille largement ouverte, dont le pied, séché, est consommé.

yeti ['jeti] n. m. Animal ou hominien légendaire de l'Himalaya, appelé aussi l'*abominable homme des neiges.*

Yeu (île d'), île française, proche de la côte vendéenne; 23 km^2; 4951 hab. – Pétain y fut interné de 1945 à sa mort (1951).

yeuse [jøz] n. f. Syn. de *chêne vert.*

yeux [jø] n. m. pl. V. œil.

Yezd, Yazd ou **Yadz,** v. d'Iran, au S.-E. d'Ispahan; 193000 hab.; ch.-l. de la prov. du m. nom. Industr. textiles. – Centre religieux des mazdéens.

Yi(s) ou **Lolo(s),** population du sud de la Chine, également établie dans le nord du Viêt-nam, du Laos et de la Thaïlande (environ 3 millions de personnes). Ils parlent une langue sino-tibétaine. Agriculteurs et éleveurs, ils pratiquent le culte des ancêtres et des génies. Ils ont un riche patrimoine de chants populaires.

yiddish [ʼjidiʃ] n. m. inv. Langue des communautés juives d'Europe centrale et orientale.

Yijing ou **Yi king,** recueil de textes «classiques» chinois (V. jing).

yin [ʼjin] n. m. PHILO *Le yin et le yang :* les deux principes fondamentaux qui, opposés et complémentaires en toute chose, déterminent comme modalités alternantes le fonctionnement de l'ordre universel, selon la pensée taoïste chinoise.

ylang-ylang ou **ilang-ilang** [ilɑ̃lɑ̃; ilɑ̃ŋilɑ̃ŋ] n. m. BOT Arbre cultivé des régions tropicales. ▷ Essence extraite des fleurs de cet arbre, appelée aussi *huile de cananga. Des ylangs-ylangs* ou *des ilangs-ilangs.*

Yobe (la), État du N.-E. du Nigeria; 116400 km² avec l'État de Bornou, dont elle s'est détachée en 1991; 1411500 hab.; cap. *Damaturu.*

yod [ʼjɔd] n. m. **1.** LING Nom de la dixième lettre (consonne) des alphabets phénicien et hébreu, correspondant à notre *y.* **2.** PHON Nom de la semi-voyelle (ou semi-consonne) fricative palatale [j], transcrite *i* (ex. *sien*), *y* (ex. *paye*), *il* (ex. *pareil*) ou *ille* (ex. *paille*).

yodler [ʼjɔdʼle] v. intr. [1] (Suisse) Chanter sans paroles avec de fortes modulations gutturales.

yoga [ʼjɔga] n. m. **1.** Dans la tradition hindoue, technique de méditation et de concentration mentale visant à placer graduellement la conscience au centre même de l'être, là où le soi individuel *(ātman)* est identique à l'Être universel. **2.** *Par ext.* Technique de relaxation et de maîtrise des fonctions corporelles empruntée au yoga (sens 1).

yoghourt, yogourt [ʼjɔguʀ(t)] n. m. V. yaourt.

yogi [ʼjɔgi] n. m. Celui qui pratique le yoga (sens 1). *Des yogis.*

yohimbehe [ʼjɔimbe] n. m. BOT Arbre du Cameroun (fam. rubiacées), dont l'écorce contient des alcaloïdes aphrodisiaques.

Yokohama, ville et port du Japon (Honshū), au sud de Tōkyō; 3037000 hab.; ch.-l. de ken. Intense activité portuaire et industrielle.

Yom Kippour («jour de l'Expiation») ou **Kippour,** fête juive solennelle, marquée par le jeûne et la prière, dite aussi *Grand Pardon*; elle est célébrée en sept. ou oct., le dixième jour du mois de *tishri* (date variable en fonction de l'équinoxe d'automne).

Yonne, riv. de France (295 km), née dans le Morvan; affl. de la Seine (r. g.). – Dép. : 7425 km²; 323096 hab.; ch.-l. *Auxerre* (40597 hab.). V. Bourgogne (Rég.).

York, ville du nord de l'Angleterre (comté de North Yorkshire), sur l'Ouse; 100600 hab. Industr. métallurgiques. Centre touristique. – Archevêché. Vaste cathédrale gothique (XIᵉ-XVᵉ s.). Enceinte du XIVᵉ s. Chât. du XIIᵉ s. (musée). – Importante colonie romaine, prise par les Angles au VIᵉ s., York devint la cap. du royaume de Northumbrie et fut au Moyen Âge la deuxième ville anglaise.

York, famille anglaise, branche de la maison royale des Plantagenêts, issue d'*Edmond de Langley* (1341-1402), le cinquième fils d'Édouard III. Au XVᵉ s., elle disputa le trône à la maison de Lancastre (guerre des Deux*-Roses) et donna trois rois à l'Angleterre : Édouard IV, Édouard V et Richard III.

Yorktown, petit port des É.-U. (Virginie), sur la baie de Chesapeake; 500 hab. – En oct. 1781, le général anglais Cornwallis dut capituler face à Washington.

yorouba ou **yoruba** [jɔʀuba] adj. inv. et n. m. **1.** adj. inv. Du peuple des Yoruba. **2.** n. m. Langue nigéro-congolaise du groupe kwa parlée au Bénin et au Nigeria.

Yoruba ou **Yorouba,** population établie dans la partie occidentale du Nigeria et au Bénin (env. 20 millions de personnes). Ils parlent le yorouba*, qui comprend de nombreux dialectes. – Descendants des fondateurs des royaumes d'Ife* et du Bénin* (dont l'apogée se situe au XVIᵉ s. pour le premier et au XVIIᵉ s. pour le second), ils ont développé un art rappelant le style de cour de leurs ancêtres, qui travaillèrent bronze, ivoire, pierre et terre cuite, mais faisant un large appel au bois : des statuettes représentant des dieux du panthéon yorouba ou des personnages importants; des masques, souvent polychromes, peuvent être monumentaux; leur patrimoine artistique comprend aussi des poteaux, des portes sculptées de panneaux, ainsi que des poteries et des tissus.

Yoshihito. V. Taishō tennō.

yougoslave [ʼjugɔslav] adj. et n. De Yougoslavie. ▷ Subst. *Un(e) Yougoslave.*

Yougoslavie (République fédérale de), État du S.-E. de l'Europe qui regroupe auj. la Serbie et le Monténégro; limité à l'O. par la Croatie, la Bosnie-Herzégovine et la mer Adriatique, à l'E. par la Roumanie et la Bulgarie, au S. par l'Albanie et la Macédoine; 102200 km²; 10514000 hab.; cap. *Belgrade.* Langue off. : serbe (anc. serbo-croate). Monnaie : dinar yougoslave. Relig. : orthodoxes (minorités catholiques et musulmanes).

Observation – La Yougoslavie regroupait jusqu'en 1992 six républiques socialistes : la Serbie, la Croatie, la Slovénie, la Bosnie-Herzégovine, la Macédoine et le Monténégro.

Géogr. phys. et hum. – Le littoral adriatique, au climat méditerranéen, est dominé par les chaînes Dinariques, humides et forestières. Au sud, le massif central yougoslave a un climat rude. Au nord, de vastes plaines continentales (Vojvodine), limoneuses et fertiles, sont drainées par la Save, la Drave et le Danube; plus riches, ces régions peuplées et urbanisées ont attiré l'exode rural venu des montagnes et du S. La population est auj. majoritairement serbe (62,3 %), mais elle compte des minorités. Albanais (16 % dont 90 % sont établis au Kosovo), Hongrois (3,3 %, résidant principalement en Vojvodine).

Écon. – L'économie de l'anc. Yougoslavie (V. ci-dessus *Observation*) présentait des traits originaux par rapport aux autres pays socialistes : importance croissante du secteur privé (85 % des terres cultivées), autogestion généralisée dans l'industrie (abandonnée en 1989), planification souple, décentralisation. L'agriculture occupait moins du quart des actifs. Les plaines du N. ont été exploitées de façon moderne (irrigation) : blé, maïs, élevage intensif. L'industrie eut un développement rapide, mais les minerais (cuivre, fer, plomb, bauxite, zinc, mercure) compensaient mal la faiblesse énergétique (hydroélectricité, lignite, un peu de pétrole et de gaz). Tous les secteurs (de la sidérurgie à l'électronique) et toutes les régions étaient couverts; princ. centres : Belgrade et Zagreb (auj. cap. de la Croatie). Une crise écon. a débuté à la fin des années 70, malgré les transferts des émigrés (50% en Allemagne) et le tourisme : endettement, hyperinflation (stoppée en 1990), chômage. De 1992 à 1995, l'économie de la nouvelle rép. féd. de Yougoslavie a été durement touchée par la guerre menée contre la Croatie et la Bosnie-Herzégovine; en outre, cette guerre a entraîné un embargo commercial de l'ONU, qui a ruiné plus encore l'économie yougoslave. En 1996, près de 80 % de la population se trouvait au-dessous du seuil de pauvreté.

Hist. – Proclamé le 1ᵉʳ déc. 1918, le *royaume des Serbes, Croates et Slovènes* fut confirmé par les traités ultérieurs (1919-1920). Roi en 1921, Alexandre Iᵉʳ adopta une Constitution centralisatrice, qui aviva les oppositions entre Serbes et Croates. Dès 1929, il suspendit la Constitution et gouverna de façon autoritaire le pays, qui se nomma en 1931 Yougoslavie. Après l'assassinat du roi à Marseille par des terroristes croates (1934), Pierre II, ayant onze ans, la régence fut exercée par le prince Paul, qui signa un pacte avec l'Allemagne (25 mars 1941) et le gouvernement fut renversé (27 mars). Pierre II prit le pouvoir et l'Allemagne envahit le pays (avril). Deux puissants mouvements de résistance s'organisèrent : l'un, royaliste, autour du Serbe Mihajlović; l'autre, communiste, autour du Croate Tito*, que dès 1943, les Alliés soutinrent. En 1944-1945, le pays, qui avait perdu 170000 hommes, fut libéré en grande partie par ses propres forces (cas unique en Europe, avec celui de la Grèce), et les élections de 1945 assurèrent une position dominante au parti communiste. En 1946, l'Assemblée constituante établit une république fédérative (dont Tito devint le président) et élabora une Constitution socialiste. Bien que placée dans l'orbite soviétique, la Yougoslavie rompit avec l'U.R.S.S. de Staline (1948) et proposa un «modèle yougoslave» (autogestion, non-alignement, internationalisme) qui composait intelligemment avec le bloc occidental. Après la mort de Staline (1953), les relations avec l'U.R.S.S. se rétablirent progressivement, mais le «modèle autogestionnaire» tint mal ses promesses. Dep. la mort de Tito (1980), un gouvernement collégial a assuré la direction de l'État. Plusieurs révisions constitutionnelles (1963, 1971, 1974, 1981, 1988) tentèrent de répartir les pouvoirs entre les instances féd. et les rép. et prov. Les prem. élections libres (1990) ont montré le conflit entre les Slaves occid. de Slovénie* et de Croatie*, plus riches, et les Slaves orthodoxes, plus pauvres, de Serbie* (où le Kosovo* pose un problème supplémentaire), ainsi qu'entre chrétiens et musulmans (en Bosnie*-Herzégovine, notam.). En juillet 1991, la proclamation d'indépendance de la Slovénie et de la Croatie a créé une guerre civile. En janv. 1992, la C.É.E. a reconnu les nouv. États, puis (avril) l'indép. de la Bosnie*-Herzégovine, où 15 000 casques bleus de l'ONU sont intervenus. Une nouvelle *République fédérale de Yougoslavie* (cap. Belgrade) fut proclamée le 27 avril 1992 par les Parlements de Serbie et du Monténégro, mais la communauté internationale lui retire son siège à l'ONU et impose en mai un embargo contre la Serbie et le Monténégro en raison de leur rôle dans les conflits de Bosnie* et de Croatie*. Le conflit yougoslave a provoqué l'exode de plus de 2 millions de personnes (en tout, de 1991 à 1994 : 4 millions). À partir d'août 1992, une conférence internationale (à Londres puis à Genève) réunit les représentants des diverses communautés. Le Premier ministre de la nouv. Yougoslavie, Milan Panic, fut renversé en décembre 1992 par les députés nationalistes. L'homme fort est le président serbe Slobodan Milosevic. Après que les Serbes de Bosnie eurent rejeté le plan de paix international (août 1994), la Serbie et le Monténégro imposent un blocus à leurs anciens alliés. En 1995, S. Milosevic signe les *accords de Dayton* (États-Unis, Ohio) qui instaurent une paix fragile dans la région. (V. Bosnie-Herzégovine et Serbie.).

Youlou (abbé Fulbert) (1917 – 1972), homme politique du Congo-Brazzaville. Maire de Brazzaville (1956), Premier ministre (1958), président de la Rép. du Congo (1961-1963).

Young (Edward) (1683 – 1765), poète anglais : *Plaintes ou Pensées nocturnes sur la vie, la mort et l'immortalité* (1742-1745), long poème préromantique, nommé cour. *Nuits*.

Young (Lester Willis) (1909 – 1959), saxophoniste de jazz américain.

youpi ou **youppi !** [jup(p)i] interj. (Surtout dans le langage enfantin.) Exclamation marquant l'enthousiasme, la satisfaction. *Youpi! il n'y a pas d'école demain!*

Yourcenar (Marguerite de Crayencour, dite Marguerite) (1903 – 1987), écrivain français (qui avait aussi la nationalité amér.); traductrice, auteur de poèmes, d'essais, de pièces de théâtre, de romans (*Mémoires d'Hadrien*, 1951; *l'Œuvre au noir*, 1968), de récits; la première femme élue à l'Académie française (1980).

yourte ou **iourte** [juʀt] n. f. Tente de peau ou de feutre des peuplades nomades turques et mongoles du centre et du nord de l'Asie.

Yousouf (Joseph Vantini ou Vanini, dit) (v. 1810 – 1866), général français. Ancien esclave des Turcs, il se distingua pendant la conquête de l'Algérie et la guerre de Crimée.

youtser ['jutse] v. intr. [1] (Suisse) Pousser de grands cris modulés.

1. youyou ['juju] n. m. ORNITH Petit perroquet (*Poicephalus senegalus*) vert, à tête grise et ventre jaune, commun dans la zone des savanes en Afrique de l'Ouest. *Des youyous.*

2. youyou ou **you-you** ['juju] n. m. (Maghreb) Cri strident poussé par les femmes lors de fêtes, d'occasions solennelles. (S'emploie le plus souvent au plur.) *Des youyous* ou *des you-yous.*

youyouter ['jujute] v. intr. [1] (Maghreb) Pousser, lancer des cris stridents (youyous).

yo-yo ['jojo] n. m. inv. (Nom déposé.) Jouet formé de deux disques solidaires que l'on fait monter et descendre le long d'une ficelle s'enroulant sur un axe central.

Ypres (en néerl. *Ieper*), v. de Belgique (Flandre-Occid.); 34 430 hab. – Industr. alimentaires et textiles. – Halle aux draps des XIIIe-XIVe s. (Ypres était alors l'un des grands centres drapiers d'Europe); collégiale St-Martin (XIIe-XVe s.). – Tenue par les Alliés pendant la Première Guerre mondiale, la ville subit de violents bombardements allemands qui détruisirent ses monuments.

Ys, ville bretonne légendaire qui aurait été engloutie par l'océan au IVe ou Ve s.

Ysaye (Eugène) (1858 – 1931), violoniste belge. Fondateur du *quatuor Ysaye* (1894), il écrivit des compositions pour violon (concertos, sonates) et un opéra en wallon.

Yser, fleuve de Belgique (Flandre-Occidentale) qui prend sa source en France (Pas-de-Calais) et se jette dans la mer du Nord (78 km). – *Bataille de l'Yser :* violents combats livrés dans la vallée de l'Yser, à l'issue desquels les Belges et leurs alliés arrêtèrent les armées allemandes dans leur course vers les ports de la mer du Nord (oct.-nov. 1914).

ytterbium [iteʀbjɔm] n. m. CHIM Élément (symbole Yb) appartenant à la famille des lanthanides de numéro atomique Z = 70. – Métal (Yb).

yttrium [itʀijɔm] n. m. CHIM Élément métallique (symbole Y) de numéro atomique Z = 39. – Métal (Y).

yuan ['jwan] n. m. Unité monétaire de la république populaire de Chine.

Yuan, nom de la dynastie mongole qui régna sur la Chine de 1271 à 1368 et fut chassée par une révolte pop.

Yuan Che-k'aï ou **Yuan Shikai** (1859 – 1916), général et homme politique chinois. Conseiller de l'impératrice Ci Xi, il brisa les tentatives de réformes. Après la mort de Ci Xi, il transigea avec Sun Yat-sen (1912) et instaura la rép. Président dictateur, il fut démis (1916).

Yucatán (le), péninsule du Mexique, formée de plateaux peu élevés, qui ferme au S. le golfe du Mexique. Le climat y est chaud et sec, les forêts abondent. *L'État du Yucatán* a 38 402 km^2 et 1 362 900 hab.; cap. *Mérida*. – Aire d'extension de la civilisation précolombienne des Mayas, la région renferme d'importants vestiges sur les sites de Chichén Itzá, Mayapán, Uxmal, etc.

yucca [juka] n. m. BOT Plante ligneuse d'Amérique tropicale (fam. liliacées), proche des agaves aux hautes hampes de fleurs blanches.

Yukawa (Hideki) (1907 – 1981), physicien japonais. En 1935, il établit la théorie de l'interaction forte et postula l'existence du méson π (pi), qui fut découvert en 1947. P. Nobel 1949.

Yukon (le), fl. du Canada et de l'Alaska (2 554 km), tributaire de la mer de Béring.

Yukon, territ. fédéral du N.-O. du Canada, limitrophe de l'Alaska; 483 450 km^2; 27 790 hab.; ch.-l. *Whitehorse;* v. princ. *Dawson*. – Des montagnes entourent un plateau : chaîne Saint-Élie (6 050 m au mont *Logan*, point culminant du Canada); monts Pelly, Ogilvie et Dawson (moins de 2 500 m); monts Mackenzie et Selwyn (2 972 m au *pic Keele*), prolongés au nord par les monts Richardson (1 240 m). Climat rigoureux, polaire au nord, pluvieux au sud, plus doux dans les vallées. La pop., éparse, se groupe le long de l'*Alaska Highway* et dans quelques postes de traite (fourrures) et centres miniers (cuivre à Whitehorse, tungstène, plomb, zinc, amiante à Dawson, argent, cadmium, or). Sylviculture et pêche (saumon). Tourisme. – La région connut un brusque essor démographique avec la ruée vers l'or de 1897-1898. En 1898, elle devint un territoire fédéral.

Yunnan, prov. de la Chine du Sud; 436 200 km^2; 34 060 000 hab.; cap. *Kunming*. Région montagneuse, au climat tropical, le Yunnan possède de grandes richesses minières. Les vallées (Mékong, notam.) sont fertiles.

Yvelines (les), département français; 2 271 km^2; 1 307 150 hab.; ch.-l. *Versailles**. V. Île-de-France (Rég.).

Z

z [zɛd] n. m. Vingt-sixième lettre (z, Z) et vingtième consonne de l'alphabet, notant la fricative alvéolaire sonore [z] (ex. *zézayer* [zezeje]), ou, dans certains mots étrangers, les sons [dz], [ts], [s], ne se prononçant pas en finale (ex. *nez* [ne], *lavez* [lave]) sauf dans certains mots d'emprunt (ex. *gaz* [gɑz]) et en liaison (ex. *assez élancé* [asezelɑ̃se]). ▷ Loc. fig. *De a à z :* du commencement à la fin.

Zab (monts du) ou **Ziban** (monts des), massif du S. de l'Algérie, dans l'Atlas saharien (1 313 m au djebel Mimouna).

Zaccar (djebel), massif montagneux d'Algérie, à l'O. d'Alger; 1 579 m; minerai de fer.

Zacharie, petit prophète juif (VIe s. av. J.-C.). Le livre biblique qui porte son nom annonce les temps messianiques.

Zacharie (saint), prêtre juif, père de saint Jean-Baptiste, dont la naissance lui fut annoncée par un ange. Il ne crut pas à cette révélation et resta muet jusqu'à la naissance de son fils.

Zadar (en ital. *Zara*), v. de Croatie, sur l'Adriatique; 116 000 hab. Industries. – Égl. St-Donat (déb. IXe s.). Cath. (XIIe-XIVe s.). – Anc. base byzantine, possession vénitienne de 1409 à 1797, la ville appartint à l'Autriche (1813-1918), à l'Italie (1920), à la Yougoslavie (1947), enfin à la Croatie (1992).

Zadi Zaourou (Bernard) (né en 1936), auteur dramatique ivoirien (*les Sofas*, 1969; *l'Œil*, 1974) et poète (*Fer de lance*, 1975; *Césarienne*, 1984). Il a développé un genre dramatique original, le *didiga*, mot bété désignant l'irrationnel.

Zadkine (Ossip) (1890 – 1967), sculpteur français d'origine russe. Cubiste, il évolua vers un expressionnisme baroque.

Zafy (Albert) (né en 1927), homme d'État malgache. Professeur de chirurgie, Premier ministre (1991), il est élu président de la Rép. en 1993, mais l'Assemblée le démet en 1996.

Zagazig *(az-Zaqāzīq)*, ville d'Égypte (Basse-Égypte), proche du Caire; 256000 hab.; ch.-l. du gouvernorat de Sharqîya. Industries text. et alim.

Zaghawa, population nomade du N. du Tchad (env. 370000 personnes) et du S. du Soudan. Ils parlent une langue appartenant à la sous-famille saharienne. On les nomme aussi *Goranes.*

Zaghlul pacha (Sad) (1860 – 1927), homme politique égyptien. Fondateur du parti Wafd (1919), il obtint l'indépendance de son pays (1922).

Zagreb, cap. de la Croatie, sur la Save; 763300 hab. Centre culturel et industriel. – Université. Cathédrale gothique St-Étienne (XIIIe-XVe s., restaurations au XIXe s.). Palais royal (XIVe s.). Musées.

Zagros (le), haute chaîne de montagnes de l'Asie occidentale, qui s'étend, sur 1800 km, de la Turquie au détroit d'Ormuz (point culminant à 4270 m).

Zahir Chāh (Mohammad) (né en 1914), dernier roi d'Afghānistān (1933-1973), déposé par son cousin et beau-frère Mohammad Daoud Khān, qui proclama la république.

Zahlé *(Zahla)*, v. du Liban, située dans la plaine de la Beqaa; 50000 hab. – Station estivale.

zahliote [zaljɔt] adj. et n. De la ville de Zahlé. ▷ Subst. *Un(e) Zahliote.*

Zähringen, famille ducale allemande originaire des environs de Fribourg-en-Brisgau. Elle obtint de l'empereur, en 1152, le rectorat de Bourgogne et étendit sa domination sur une grande partie de la Suisse occidentale, où les ducs de Zähringen fondèrent plusieurs villes au XIIe s. (dont Fribourg, Thoune, Berne). Leur lignée principale s'éteignit en 1218. La succession de cette lignée parvint à Rodolphe Ier de Habsbourg.

zain [zɛ̃] adj. m. Didac. Dont le pelage est d'une couleur uniforme, sans poil blanc (chevaux, chiens). *Étalon zain.*

zaïre [zaiʀ] n. m. Unité monétaire du Zaïre.

Zaïre (le), nom que Mobutu avait donné au fleuve Congo.

Zaïre (république du), nom que Mobutu avait donné au Congo-Kinshasa. ► V. carte et dossier Congo (rép. dém. du), p. 1420.

zaïrianisation [zaiʀjanizasjɔ̃] n. f. (Afr. subsah.) Action de zaïrianiser. *La zaïrianisation du petit commerce.*

zaïrianiser [zaiʀjanize] v. tr. [**1**] (Afr. subsah.) Rendre zaïrois (à l'époque de Mobutu : V. encycl. authenticité); attribuer à des Zaïrois. *Zaïrianiser les contenus de l'enseignement.*

zaïrois, oise [zaiʀwa, waz] adj. et n. Du Zaïre. ▷ Subst. *Un(e) Zaïrois(e).*

zakat [zakat] n. f. ISLAM Aumône* légale.

zalabia [zalabja] n. f. (Maghreb) Gâteau au miel consommé pendant la période du ramadan.

Zama, anc. localité de l'Afrique septentrionale, à env. 150 km au S.-O. de Carthage. Scipion l'Africain y vainquit Hannibal (202 av. J.-C.), remportant ainsi la deuxième guerre punique.

Zambèze (le), fleuve de l'Afrique australe (2660 km), tributaire de l'océan Indien. Né aux confins de l'Angola à une altitude de 1600 m, le Zambèze traverse une région marécageuse, sert de frontière entre la Zambie et le Zimbabwe, puis pénètre au Mozambique. Le cours moyen du fleuve est ponctué de chutes (chutes Victoria, en Zambie : env. 115 m) et de rapides, que contrôlent des barrages. Puis une voie navigable d'env. 500 km a un débit insuffisant en saison sèche. Le bassin du Zambèze couvre 1240000 km².

Zambie (république de), État de l'Afrique australe, situé entre l'Angola, à l'O., la rép. dém. du Congo et la Tanzanie, au nord, le Malawi, à l'est, le Zimbabwe et la Namibie, au sud; 752614 km²; 9130000 hab., croissance démographique : 2,8 % (dans les années 1980 : 3,5 %); cap. *Lusaka.* Nature de l'État : république de type présidentiel, membre du Commonwealth. Principales ethnies : Bemba (36 %), Nyanja (18 %), Tonga (15 %). Langue off. : anglais. Monnaie : kwacha zambien. Relig.: christianisme (69 %), relig. traditionnelles (31 %).

Géogr. phys., hum. et écon. – Un haut plateau, d'altitude moyenne de 900 à 1500 m, est coupé par les vallées du Zambèze et de ses affl., la Luangwa et la Kafue. À l'E., les monts Muchinga s'élèvent jusqu'à 2000 m. Au climat tropical humide (surtout dans le Nord), tempéré par l'altitude, correspond une végétation de savane arborée et de forêt claire. Peuplé de plus de 70 ethnies, toutes de langues bantoues, le pays a une densité assez faible malgré l'accroissement démographique (surtout important avant les années 1990). Il compte un peu plus de 40 % de citadins. L'agriculture est peu performante : élevage extensif de bovins, cultures vivrières qui n'occupent que 7 % du sol : maïs, manioc, sorgho, tournesol, patates douces. Aux fermes d'État, on a substitué les exploitations familiales et le déficit agric. s'est résorbé. Le tabac est le seul produit de plantation exporté (0,5 % du P.N.B.). La production hydroélectrique est abondante (barrage de Kariba sur le Zambèze, partagé avec le Zimbabwe) et en partie exportée vers le Zimbabwe. La grande richesse du pays est le cuivre (350000 t, 5e prod. mondial, 15 % du P.N.B.), exploité au N. dans le Copper Belt, région qui groupe le quart des hab. et une population immigrée de mineurs; Maramba, sur le Zambèze, est le grand port d'exportation. Auj. les émeraudes ont plus d'importance que le zinc, le cobalt et le plomb. L'industrie se partage entre l'agroalimentaire et la métallurgie du cuivre. Ce produit a baissé sur le marché mondial. Malgré sa remontée récente, la situation écon. et sociale de la Zambie est grave.

Hist. – Vers 1740, l'un des fils du *mwata yamvo* (souverain d'un royaume situé dans la rép. dém. du Congo actuelle) reçut une partie du territoire lunda et créa le roy. du *mwata* Kazembé. Au XIXe siècle, coupé du commerce côtier par l'expansion des États du prince-marchand Msir, ce royaume entra en déclin. Un autre État, le royaume lozi, occupait le haut Zambèze. Au XIXe siècle, la vaste migration des Ngoni, depuis le KwaZulu actuel (en Afrique du Sud), provoqua des guerres et d'intenses désordres dans la région. La conférence de Berlin (1884-1885) attribua cette région d'Afrique centrale aux Britanniques, qui en confièrent l'exploitation à la *British South Africa Company* (BSAC) de Cecil Rhodes. La BSAC s'intéressa surtout aux riches mines de cuivre. L'occupation du pays s'acheva en 1899. Il fut rattaché à la Rhodésie du Sud jusqu'en 1911, date à laquelle on constitua la colonie de la Rhodésie du Nord, réservoir de main-d'œuvre pour les mines de Rhodésie du Sud et d'Afrique du Sud. Toutefois, une voie ferrée relia la province du Cap au Zambèze en 1904. La charte de la BSAC fut abolie en 1924 et les Britanniques gérèrent eux-mêmes le territoire. Dans les années 1940, des réformes améliorèrent partiellement le sort des Africains. En 1951, le gouvernement conservateur encouragea de nouveaux colons à s'installer en Rhodésie du Nord. Les Blancs réclamèrent la constitution d'une fédération avec la Rhodésie du Sud et le Nyassaland (le Malawi actuel) : en 1953 naquit la Fédération d'Afrique centrale. Elle suscita l'opposition des populations africaines, dirigées par Kenneth Kaunda, qui fut emprisonné. En 1963, la Fédération fut démantelée. Les Noirs devinrent majoritaires au Conseil législatif. Le 24 octobre 1964, la Rhodésie du Nord accéda à l'indépendance et prit le nom de Zambie. Kenneth Kaunda devint président de la République. La Zambie dépendit économiquement de la Rhodésie du Sud jusqu'à l'inauguration, en 1975, de la voie ferrée Lusaka-Dar es-Salaam (Tanzanie). À partir de 1970, le durcissement du régime répondit à l'agitation sociale et aux violences ethniques. L'UNIP (*United National Independance Party*) devint le parti unique et K. Kaunda fut réélu. En 1990, il légalisa le multipartisme. Le leader de l'opposition, Frederik Chiluba, fut élu président en 1991, tandis que son parti, le *Mouvement pour la Démocratie multipartite* (MMD), remportait les législatives. La grave crise économique que traverse la Zambie depuis de longues années suscita des mesures de rigueur qui provoquèrent des mécontentements et de sanglantes émeutes, mais Chiluba fut réélu en 1996.

zambien, enne [zɑ̃bjɛ̃, ɛn] adj. et n. De la Zambie. ▷ Subst. *Un(e) Zambien(ne).*

Zamenhof (Lejzer Ludwik) (1859 – 1917), médecin et linguiste polonais; créateur (en 1887) de l'espéranto.

zamia [zamja] ou **zamier** [zamje] n. m. BOT Arbre gymnosperme d'Amérique équat. (genre *Zamia,* proche du *Cycas*), dont certaines espèces fournissent une farine comestible, le sagou.

zamr [zamʀ] n. m. (Afr. subsah.) Petite trompe (sens 1) traditionnelle.

zamu ou **zamou** [zamu] n. m. (Afr. subsah.) Au Burundi, au Rwanda, dans la rép. dém. du Congo, veilleur de nuit; gardien. – *Dormir comme un zamu,* à poings fermés. *Des zamus* ou *des zamous.*

zanatany [zanatani] n. (Madag.) Nom que se donnent les étrangers installés à Madagascar. *Un(e) zanatany* ou *un(e) Zanatany.*

Zandé ou **Azandé,** population installée sur les confins de la Rép. centrafricaine, du Soudan et de la rép. dém. du Congo (env. 3,5 millions de personnes). Ils parlent une langue nigéro-congolaise du sous-groupe oubanguien.

Zangbo. V. Brahmapoutre.

Zanzibar, île corallienne du littoral africain de l'océan Indien, faisant partie de l'État de Tanzanie; 1658 km^2; 479000 hab. (musulmans sunnites, en majorité, parlant le swahili); cap. *Zanzibar.* Production d'épices (1er producteur mondial de clous et d'huile de girofle) et de coprah. – Depuis toujours, Zanzibar a été une place de commerce importante vers l'Asie; place forte portugaise pendant deux siècles puis sultanat arabe, Zanzibar devint un protectorat britannique (1890), qui obtint son indépendance en 1963. En janv. 1964, un mouvement révolutionnaire renversa le sultan et instaura la république; la pop. arabe fut victime de massacres. Deux mois plus tard, Zanzibar fusionnait avec le Tanganyika pour former la Tanzanie*.

Zanzibar, v. de Tanzanie, cap. de l'île Zanzibar; 160000 hab. Port de pêche et de comm. Conserveries, distilleries. – Monuments anciens : mosquées, palais du sultan.

Zaouditou ou **Zawditu** (1876 – 1930), impératrice d'Éthiopie (1916-1930). Fille de Ménélik II, elle servit surtout les intérêts du futur Hailé Sélassié, qui exerça la réalité du pouvoir.

zaouïa ou **zawia** [zauja] n. f. (Maghreb) **1.** Établissement religieux musulman, tout à la fois mosquée, centre d'enseignement et hôtellerie pour pèlerins et étudiants d'une même confrérie. **2.** Confrérie musulmane. **3.** Construction élevée autour de la sépulture d'un saint homme.

Zapata (Emiliano) (v. 1879 – 1919), révolutionnaire mexicain. Métis, petit propriétaire rural, il devint, en 1910, un des chefs de la révolution qui restituait les terres aux paysans. Trahi, il fut assassiné. Sa mémoire inspira le *zapatisme,* mouvement qui depuis 1994 exprime les aspirations des Amérindiens du Mexique.

Zaporogues, Cosaques* du Dniepr. Ils se révoltèrent contre les souverains polonais mais tombèrent sous le joug russe (1654); Catherine II abolit leur autonomie en 1775.

Zaporojie, v. et port d'Ukraine, sur le Dniepr; 887000 hab.; ch.-l. de la rég. du m. nom. Industries.

Zapotèques, peuple de l'Amérique précolombienne (650 av. J.-C. – 1521 apr. J.-C.) qui s'établit au IVe s. apr. J.-C. dans la région de l'actuel État d'Oaxaca (S. du Mexique). Leur culture, apparentée à celles des Mayas (hiéroglyphes, calendrier, système de numérotation) et de Teotihuacán*, est surtout représentée à Monte Albán et à Mitla (urnes funéraires). Ils subirent l'invasion des Mixtèques* v. le XIIIe s.

Zappa (Francis Vincent Zappa, dit Franck) (1940 – 1993), chanteur, compositeur et guitariste américain.

zapper [zape] v. intr. [**1**] Passer plusieurs fois de suite d'une chaîne de télévision à une autre, à l'aide d'une télécommande.

Zara ou **Zérah,** pharaon éthiopien. Selon la Bible, il fut vaincu par un roi de Juda.

Zaramo, population de Tanzanie établie sur la côte (environ 250000 personnes). Ils parlent une langue bantoue. Leur statuaire est de grande valeur.

Zarathoustra. V. Zoroastre.

Zarhlul (S'ad) (1860 – 1927), homme politique égyptien. Fondateur du parti nationaliste Wafd, déporté aux Seychelles (1921-1923), il fut Premier ministre en 1924.

Zaria, v. du Nigeria (État de Kano); 274000 hab. Centre agricole; industr. agro-alimentaire. – Ancienne capitale d'un royaume haoussa.

zaricot [zaʀiko] n. m. (Louisiane) Haricot. – *Les zaricots sont pas salés :* titre d'une chanson populaire louisianaise qui est à l'origine du nom du zydeco* et qui est repris en leitmotiv par les chanteurs de zydeco*.

zarma [zaʀma] adj. inv. et n. m. **1.** adj. inv. Des Zarma. **2.** n. m. Langue nilo-saharienne parlée au Niger et au Bénin.

Zarma ou **Djerma,** population du S.-O. du Niger (env. 1200000 personnes). Ils parlent une langue nilo-saharienne du groupe songhay-zarma. (V. Songhay.)

Zarqa *(Zarqah),* v. de Jordanie, au N.-E. d'Amman; 265700 hab. (l'afflux des réfugiés palestiniens a accru sa pop.) – Raffineries de pétrole.

Zarqali (Al-) *(az-Zarqalī)* (XIe s.), astronome arabe de Cordoue. Ses *tables de Tolède* déterminèrent l'année solaire.

Zátopek (Emil) (né en 1922), athlète tchécoslovaque qui, de 1950 à 1956, domina la course de fond mondiale.

Zavattini (Cesare) (1902 – 1989), scénariste italien. Il créa avec V. De* Sica le néo-réalisme : *le Voleur de bicyclette* (1948).

Zawditu. V. Zaouditou.

zawia [zauja] n. f. V. zaouia.

Zaydān (Djirdji) (1861 – 1914), écrivain libanais, auteur de nombr. romans historiques. On lui doit une *Histoire de la civilisation islamique* (1902-1906) et une *Histoire de la littérature arabe* (1911-1914).

Zeami (nom de scène de Yūsaki Saburō Motokiyo) (1363 – 1443), acteur, auteur et metteur en scène de nô* japonais. Auteur des plus célèbres nô, il a codifié les règles de ce genre dramatique, dont il peut être considéré comme le fondateur. Son père, **Kanami** (Yūsaki Saburō Kiyotsugu) (1333 – 1384), fut son maître et précurseur.

zèbre [zɛbʀ] n. m. **1.** Mammifère africain proche du cheval (genre *Equus,* fam. équidés), à robe claire rayée de noir ou de brun. *Les zèbres vivent en troupeaux dans les steppes et les montagnes d'Afrique du Sud et de l'Est.* **2.** Fig., fam. Individu, type. *Qui est ce zèbre?*

zébrer [zebʀe] v. tr. [**14**] Marquer de raies semblables à celles de la robe du zèbre. – Pp. adj. *Pull zébré noir et blanc.*

zébrure [zebʀyʀ] n. f. **1.** Raie ou ensemble de raies rappelant celles de la robe du zèbre. **2.** Raie, marque sur la peau. *La zébrure d'un coup de fouet.*

zébu [zeby] n. m. Bœuf domestique originaire de l'Inde et répandu en Afrique intertropicale, à Madagascar et en Asie, qui se caractérise par une bosse musculeuse au niveau du garrot. *Le zébu est élevé pour son lait et sa viande, pour le transport et la culture attelée.*

zec [zɛk] n. f. (Acronyme de *zone d'exploitation contrôlée.*) Au Québec, zone publique de chasse et de pêche gérée par une société à but non lucratif qui assure la conservation de la faune et facilite l'accès des lieux par les usagers.

Zeebrugge, port de Belgique (Flandre-Occidentale, com. de Bruges), sur la mer du Nord. Un canal d'environ 10 km le relie à Bruges. Terminal du service de ferry-boats. Station balnéaire. – Base de sous-marins allemands au cours de la Première Guerre mondiale; un commando britannique la paralysa en avril 1918.

Zeeman (Pieter) (1865 – 1943), physicien néerlandais. Il découvrit (1896) la décomposition des raies spectrales émises par les atomes sous l'action d'un champ magnétique *(effet Zeeman).* P. Nobel 1902 (avec H. A. Lorentz).

zegana [zegana] n. m. Dialecte berbère de Mauritanie.

zéine [zein] n. f. BIOCHIM Protéine contenue dans le grain de maïs.

zelabia [zelabja] n. f. V. chebakia.

Zélande (en néerl. *Zeeland*), prov. du S.-O. des Pays-Bas; 1790 km^2; 355780 hab.; ch.-l. *Middelburg;* ville principale. *Flessingue.* Agriculture. Élevage. À un niveau plus bas que celui de la mer, la Zélande est protégée par plus de 400 km de digues.

zélateur, trice [zelatœʀ, tʀis] n. Litt. Partisan ardent, zélé. *Les zélateurs du libéralisme.*

zèle [zɛl] n. m. **1.** Ardeur religieuse, dévotion. **2.** Empressement, application pleine d'ardeur pour effectuer un travail, pour satisfaire qqn. *Montrer, déployer un grand zèle. Excès de zèle.* ▷ Loc. Péjor. *Faire du zèle :* faire par affectation plus qu'il n'est demandé. ▷ Loc. *Grève du zèle,* consistant à appliquer à la lettre les consignes de travail pour ralentir une activité.

zélé, ée [zele] adj. Qui a, qui déploie du zèle. *Fonctionnaire zélé.*

Zeleński (Tadeusz), dit *Boy* (1874 – 1941), écrivain polonais : *Flirt avec Melpomène* (10 vol. de chroniques théâtrales, 1920-1932), *le Cerveau et le Sexe* (3 vol. d'essais sur des auteurs français, 1926-1928). Il traduisit d'innombrables œuvres françaises (de Villon à Proust).

Želev (Želju) ou **Jelev** (Jeliou) (né en 1935), homme politique bulgare. Philosophe de formation, il devint le porte-parole de l'opposition lorsque le pluralisme politique s'établit en Bulgarie (1989), fut élu président de la République en 1990, réélu en 1992, puis battu en 1996.

zellidj [zelidʒ] n. m. V. zellige.

Zellidja, localité du Maroc, au S. d'Oujda. Gisements de plomb, exploités sur place.

zellige ou **zellidj** [zelidʒ] n. m. (Maghreb) Carreau de faïence dont les motifs forment des arabesques.

zelligeur [zeliʒœʀ] n. m. (Maghreb) Artisan spécialisé dans la fabrication et dans la pose de zelliges.

zélote [zelɔt] n. HIST Membre d'une secte patriotique juive qui, au Ier s. apr. J.-C., s'opposa par les armes à Titus.

zem-zem [zɛmzɛm] n. m. inv. (Afr. subsah.) Eau sainte de La Mecque que rapportent les pèlerins. (On dit aussi *eau de zem-zem.*)

zen [zɛn] n. m. et adj. inv. Mouvement bouddhiste japonais qui privilégie une quête spirituelle dont l'expérience de l'illumination intérieure est l'ultime étape et qui a profondément influencé la peinture, l'art floral, l'art des jardins, etc. ▷ adj. inv. Du zen; qui a rapport au zen. *Les jardins zen.*

zénaga [zenaga] n. m. LING Parler berbère de Mauritanie, en voie d'extinction.

Zenāta. V. Zénètes.

Zenawi (Méles) (né en 1955) homme d'État éthiopien. Leader du Front démocratique révolutionnaire du peuple éthiopien qui prit le pouvoir en mai 1991, il devint président de la Rép. en juillet.

Zénètes ou **Zenāta** *(Zanāta)*, populations berbères d'Afrique du Nord vivant princ. dans l'Aurès et le Maroc oriental. Elles donnèrent au Maroc les dynasties des Mérinides* (XIIIe-XVe s.) et des Wattasides* (XVe-XVIe s.).

zénith [zenit] n. m. **1.** Point où la verticale d'un lieu rencontre la sphère céleste, au-dessus de l'horizon (par oppos. à *nadir*). **2.** Fig. Plus haut degré, point culminant. *Le zénith de la gloire.* Syn. apogée.

zénithal, ale, aux [zenital, o] adj. ASTRO Relatif au zénith. ▷ *Distance zénithale :* angle formé par la direction d'un astre avec celle du zénith.

Zénobie (forme latinisée de l'araméen *Bathzabbai*) (m. à Tibur, auj. Tivoli, après 274), reine de Palmyre (266 ou 267-272). Elle soumit la Syrie, l'Égypte, l'Asie Mineure. Vaincue par Aurélien (273), elle finit sa vie près de Rome (273).

Zénon d'Élée (né entre 490 et 485 av. J.-C.), philosophe grec, disciple de Parménide. Voulant prouver l'impossibilité du mouvement et de la pluralité, il avança des paradoxes : une flèche ne peut jamais atteindre son but, Achille ne parvient pas à rattraper une tortue à la course, car de telles distances sont divisibles à l'infini.

Zénon de Cittium ou **de Cition** (v. 335 – v. 264 av. J.-C.), philosophe grec. Il fonda à Athènes (v. 301) l'école des stoïciens.

zéolite ou **zéolithe** [zeɔlit] n. f. MINER Silicate hydraté à cristaux poreux. *Les propriétés de la zéolite permettent de nombreuses applications industrielles comme la dessiccation des gaz, la séparation catalytique des hydrocarbures.*

ZÉP, acronyme pour *Zone* d'échanges préférentiels pour l'Afrique orientale et australe.*

zéphyr [zefiʀ] n. m. **1.** Poét. Vent tiède et léger. **2.** Fine toile de coton.

Zeppelin (Ferdinand, comte von) (1838 – 1917), constructeur allemand de dirigeables.

Zérah. V. Zara.

zerda [zɛʀda] n. f. (Maghreb) **1.** Fête rurale en hommage à un saint local, au cours de laquelle est organisé un grand festin. **2.** *Par ext.* Festin, banquet, repas plantureux.

zériba [zeʀiba] ou **zriba** [zʀiba] n. f. **1.** (Afr. subsah., Maghreb) Enclos à bétail délimité par des branches d'épineux dans les zones sahéliennes. **2.** (Maghreb) *Par ext.* Espace clos aménagé pour faire office de logement.

Zermatt, commune de Suisse (Valais), au pied du mont Cervin; 3550 hab. Tourisme et sports d'hiver (1620-3407 m).

Zermatten (Maurice) (né en 1910), écrivain suisse d'expression française, précurseur de l'écologisme : *la Colère de Dieu* (1940), *la Fontaine d'Aréthuse* (1958).

Zermelo (Ernst) (1871 – 1953), mathématicien allemand.

zéro [zeʀo] n. m. (et adj.) **1.** Symbole numéral, noté 0, n'ayant pas de valeur en lui-même, mais qui placé à la droite d'un nombre le multiplie par la valeur de la base (10 dans le système décimal). ▷ Nombre entier naturel cardinal de l'ensemble qui ne possède aucun élément (ensemble vide noté Ø). **2.** Valeur, quantité nulle. *Sa fortune est réduite à zéro.* ▷ Fam. *Avoir le moral à zéro :* avoir très mauvais moral. ▷ adj. num. cardinal. Aucun. *Faire zéro faute.* **3.** Point à partir duquel on compte, on mesure, on évalue une grandeur. *Altitude zéro.* ▷ PHYS *Zéro degré Celsius* (0 °C) : origine de l'échelle Celsius des températures, correspondant au point de fusion de la glace sous une pression normale. – *Zéro absolu :* valeur la plus basse des températures absolues (ou thermodynamiques), qui est égale à –273,15 °C, soit 0 K. (V. encycl. température.) – AGRIC, BOT *Zéro de végétation :* température minimale ou maximale à partir de laquelle la croissance des végétaux est arrêtée. **4.** Chiffre le plus bas dans une cotation, correspondant à une valeur nulle. *Zéro de conduite.* – *Zéro pointé,* éliminatoire. **5.** Fig. Personne nulle, sans valeur.

Zéroual (Liamine) (né en 1941), général et homme d'État algérien. Ministre de la Défense (1993), nommé président de l'État par le Haut Conseil de sécurité en janv. 1994, il fut élu président de la Rép. au suffrage universel en nov. 1995.

zeste [zɛst] n. m. **1.** Écorce odorante de l'orange, du citron; morceau découpé dans cette écorce. *Vermouth servi avec un zeste de citron.* **2.** Fig. Petite quantité, faible dose. *Un zeste d'alcool. Un zeste d'accent.*

zester [zɛste] v. tr. [1] CUIS Peler en séparant le zeste. *Zester une orange, un citron.*

zêta [(d)zɛta] n. m. Sixième lettre de l'alphabet grec (Z, ζ) prononcée [dz].

Zetkin (Clara Eisner, Mme Ossip Zetkin) (1857 – 1933), révolutionnaire allemande; cofondatrice du Parti communiste allemand.

Zetland. V. Shetland.

Zeugitane, ancienne contrée de l'Afrique correspondant à l'actuelle Tunisie.

zeugma [zøgma] ou **zeugme** [zøgm] n. m. RHET Figure consistant à ne pas répéter un mot ou plusieurs mots figurant dans une proposition voisine (ex. : *« Un précepte est aride, il le faut embellir; ennuyeux, l'égayer; vulgaire, l'ennoblir »* [Delille]).

Zeus, avatar du dieu du ciel indo-européen, dieu suprême de la Grèce antique, fils de Cronos et de Rhéa. Dieu de la pluie, de la foudre (son emblème), il étend son empire sur les dieux de l'Olympe et sur les hommes. Il a pour femme légitime Héra. Les légendes ont multiplié ses amours et ses unions (parfois sous des formes d'emprunt, humaines ou animales) avec des déesses ou des mortelles. Les Romains l'ont assimilé à Jupiter.

zézaiement [zezɛmɑ̃] n. m. Vice de prononciation de celui qui zézaye.

zézayer [zezeje] v. intr. [21] Prononcer le son [s] comme étant [z], le son [ʃ] comme [s] ou le son [ʒ] comme [z].

Zhengzhou, ville de Chine, sur le Huanghe; 1404050 hab.; ch.-l. du Henan. Industries.

Zhenla. V. Tchen-la.

Zhou ou **Tcheou,** dynastie royale chinoise qui régna du XIe s. à 221 av. J.-C., période pendant laquelle la féodalité atteignit son apogée (époque des Royaumes combattants).

Zhou Enlai ou **Chou En-lai** (1898 – 1976), homme politique et général chinois. Après des études achevées au Japon et en Europe, il adhéra au parti communiste. Il organisa l'armée de la première Rép. sov. chinoise (1931), puis participa à la Longue Marche (1934). Il mena les négociations entre le Guomindang et le Parti communiste chinois (1936-1946). Premier ministre de 1949 à sa mort, il œuvra en faveur de la solidarité afro-asiatique et amorça la politique de détente avec les États-Unis.

Zhu De ou **Chou Teh** (1886 – 1976), homme politique et maréchal chinois (1955). Il contribua à organiser l'armée communiste, qu'il commanda de 1931 à 1954. La révolution culturelle le persécuta.

Ziban (monts des). V. Zab (monts du).

zibeline [ziblin] n. f. Mammifère carnivore, mustélidé forestier de Sibérie et du Japon, au pelage noir ou brun très estimé. – Fourrure de cet animal.

Zibo, v. de Chine, prov. de Shandong; 2280000 hab. – Centre minier (charbon, fer) et industriel.

zieuter ou **zyeuter** [zjøte] v. intr. et tr. [1] Fam. Regarder avec attention ou insistance.

zievereir ou **zievereer** [zivœʀɛʀ] n. m. (Belgique) Bavard impénitent.

ziggourat [ziguʀat] n. f. ARCHEOL Tour à étages élevée en Mésopotamie auprès du temple d'un grand dieu et qui servait probablement de reposoir.

zigonnage [zigɔnaʒ] n. m. (Québec) Fam. Action de zigonner; son résultat.

zigonner [zigɔne] v. [1] (Québec) **1.** v. tr. Vieilli Tisonner. *Zigonner le poêle.* – Fig., fam. *Zigonner qqn,* le provoquer par des taquineries, le faire enrager. **2.** v. intr. Fam. Chercher avec insistance à faire fonctionner un mécanisme, un appareil, souvent en vain. *Zigonner après un moteur.* – Fig. Faire diverses tentatives pour régler un problème, s'employer à se sortir d'une difficulté, sans grand succès. Syn. taponner (sens II, 3). **3.** v. tr. Vieilli *Zigonner le violon,* le faire grincer, en jouer tant bien que mal. ▷ v. intr. Fam. *Zigonner du violon :* jouer du violon de façon improvisée. **4.** v. intr. Fam. Perdre son temps à ne rien faire qui vaille. Syn. taponner (sens II, 1). **5.** v. intr. Fam. Tergiverser, hésiter. Syn. taponner (sens II, 2).

zigonneux, euse [zigɔnø, øz] n. et adj. (Québec) Fam. (Personnes) Qui zigonne. ▷ *Spécial.* Mauvais joueur de violon.

Ziguinchor, ville et port du Sénégal, sur l'estuaire de la Casamance; 124283 hab.; ch.-l. de la région du m. nom. Industr. agro-alimentaire. Centrale thermique. Aérodrome.

zigzag [zigzag] n. m. Suite de lignes formant entre elles des angles alternativement saillants et rentrants; ligne brisée. *Chemin en zigzag.*

zigzagant, ante [zigzagɑ̃, ɑ̃t] adj. Qui zigzague.

zigzaguer [zigzage] v. intr. [1] Décrire des zigzags. *La route zigzague.*

Zimbabwe (le Grand), site archéologique du Zimbabwe, non loin de Fort Victoria, considéré comme une des capitales du Monomotapa*. Cette «ville morte» (IXe-XVe s.) comprend plusieurs groupes d'édifices sans fondations et en pierres sèches. La plus belle construction (vraisemblablement un temple) est un vaste enclos elliptique renfermant une tour conique. Les ruines, fouillées à partir de 1905, ont livré des oiseaux en pierre, du matériel pour la métallurgie de l'or, et de nombreux objets de Perse, des Indes et de la Chine.

Zimbabwe (république du) État de l'Afrique australe, limitrophe de la Zambie, du Mozambique, de la république d'Afrique du Sud et du Botswana; 390308 km^2; 11 millions d'hab., croissance démographique : plus de 3 % par an; cap. *Harare.* Nature de l'État : rép. parlementaire. Princ. ethnies : Shona (71 %) et Ndébélé (16 %). Langues : anglais (langue off.), shona. Monnaie : dollar du Zimbabwe. Relig. : christianisme (43 %), relig. traditionnelles (41 %).
Géogr. phys., hum. et écon. – Formé d'un ensemble de plateaux cristallins relevés à l'E., le Zimbabwe a un climat tropical qui favorise la croissance d'une forêt claire, souvent dégradée en savane boisée. La population est rurale à 70 %; l'exode vers les villes s'accentue. 4500 fermiers blancs (les Blancs sont en tout 200000) cultivent 10 millions d'ha de bonnes terres et exportent tabac, coton, maïs et sucre. 2500000 fermiers noirs pratiquent des cultures vivrières sur 20 millions d'ha de mauvaises terres. La balance agric. était excédentaire jusqu'en 1995, quand sévit la sécheresse. Le pays dispose de ressources hydroélectriques (barrage de Kariba, partagé avec la Zambie) et de bases industrielles (régions d'Harare et de Kwekwe, au centre du pays), mais les ressources minières assurent la majorité des recettes à l'exportation : or (26 t en 1995, contre 15 t en 1987), amiante, nickel. L'Afrique du S. reste son partenaire économique privilégié, devant la G.-B.
Hist. – Très tôt, de vastes royaumes naquirent dans la région. Le Grand Zimbabwe* est le plus célèbre mais également le plus mal connu. Le royaume du Monomotapa* remonte peut-être au XIIe siècle. Au XVe siècle, il dominait bon nombre de petits États et chefferies et occupait un vaste territoire. Le commerce de l'or avec la côte permit au royaume de se connecter aux réseaux marchands de l'océan Indien. Mais au XVIe siècle, il déclina; les pouvoirs locaux acquirent peu à peu leur indépendance. Les Portugais, au XVIIe siècle, contraignirent le roi à signer un traité leur cédant le produit de ses mines. Au XIXe siècle, les Ngoni, chassés par les Zoulous d'Afrique du Sud, ravagèrent le pays. Dans les années 1830, les Ndébélé, apparentés aux Zoulous envahirent à leur tour le sud du pays et fondèrent un royaume.
En 1885, l'autorité britannique fut reconnue par la conférence de Berlin. En 1889, une charte royale créa la *British South Africa Company* (BSAC), dirigée par Cecil Rhodes, qui venait de duper le roi des Ndébélé, Lobengula, en lui faisant signer un traité de protectorat. Furieux, Lobengula envoya une délégation à Londres, qui ne fut pas même reçue par la reine. Les Britanniques firent avancer leurs troupes. Le conflit s'acheva par la mort de Lobengula en 1894. En 1897, Londres confirma le nom de Rhodésie donné à l'ensemble formé par les territoires shona et ndébélé. Les exactions de la BSAC soulevèrent en 1896 une grande révolte populaire, impitoyablement réprimée. Après la mort de Cecil Rhodes en 1902, les relations se détériorèrent entre la BSAC et les nombr. colons, venus notam. d'Afrique du Sud. Ils exploitaient les mines et de grandes plantations. En 1923, la BSAC renonça à sa concession. La Rhodésie devint une colonie britannique, sous le nom de Rhodésie du Sud, par opposition la Rhodésie du Nord (la Zambie actuelle). Des lois (*Land Apportionment Act* de 1930, amendement de 1941, *Land Tenure Act* de 1969) «parquèrent» les Noirs dans les zones les plus pauvres : ils étaient donc contraints de chercher des emplois salariés, fournissant ainsi aux colons blancs la main-d'œuvre indispensable à l'exploitation des mines et aux plantations. Toutes les villes se trouvaient dans des zones «blanches». En 1953, la G.-B. réunit les deux Rhodésie et le Nyassaland (le Malawi actuel) dans une éphémère Fédération d'Afrique centrale. En 1964, le Malawi et la Zambie devinrent indép. En nov. 1965, Ian Smith, Premier ministre et leader du Front national, proclama unilatéralement l'indépendance de la Rhodésie (autref. du Sud), que la G.-B. refusa de reconnaître, en raison de la politique ségrégationniste pratiquée par la minorité blanche. L'ONU décida un embargo écon. La république fut proclamée en mars 1970. L'obstination de Ian Smith lui permit de faire admettre la Rhodésie «blanche» à divers États occidentaux et même d'Afrique noire, les mouvements nationalistes étant très divisés. La rébellion s'organisa néanmoins assez fortement après 1972. Le référendum du 30 janv. 1979 aboutit à un gouv. présidé par Mgr Muzorewa, un nationaliste modéré. Après la signature d'un cessez-le-feu, les élections de fév. 1980 virent le triomphe des leaders radicaux Robert Mugabe et Joshua Nkomo, qui proclamèrent, le 18 avril, l'indépendance du Zimbabwe. Joshua Nkomo a entretenu dans la région habitée par les Matabélé un foyer de résistance au Premier ministre Mugabe qui s'est efforcé, malgré ses options socialisantes, de rassurer la minorité blanche, maîtresse de la vie écon. Vainqueur des élections de 1985, avec 90 % des voix, Mugabe a remporté plus difficilement (78 % des voix) les élections générales de mars 1990, marquées par des violences contre l'opposition et par une abstention massive. Il a alors opté pour une politique libérale et démocratique. En 1992, il a édicté une réforme agraire dont l'application s'est révélée difficile. En 1995, il a à nouveau remporté les élections législatives et, en 1996, il a été réélu président (seul candidat, 92,7 % des voix).

zimbabwéen, enne [zimbaweẽ, ɛn] adj. et n. Du Zimbabwe. ▷ Subst. *Un(e) Zimbabwéen(ne).*

Zimé, population du S. du Tchad. Ils parlent le *zimé,* une langue afro-asiatique du groupe tchadique. On les nomme souvent *Kado*.*

Zimmermann (Bernd Alois) (1918 – 1970), compositeur allemand : *les Soldats* (opéra d'après J. Lenz, 1965).

zinc [zɛ̃g] n. m. **1.** Élément métallique (symbole Zn) de numéro atomique Z = 30. – Métal (Zn). **2.** Fam. Comptoir d'un débit de boissons. *Boire un coup sur le zinc.*

zincographie [zɛ̃kɔgʀafi] n. f. TECH Procédé de gravure, d'impression analogue à celui de la lithographie mais où les pierres lithographiques sont remplacées par des plaques de zinc.

Zinder, ville du sud du Niger; 121000 hab.; ch.-l. du dép. du m. nom. Marché agricole. Artisanat (cuir). Centre industriel. – Cap. du Niger de 1921 à 1926.

zingage [zɛ̃gaʒ] ou **zincage** [zɛ̃kaʒ] n. m. TECH Opération consistant à couvrir une surface métallique d'une couche protectrice de zinc.

zingibéracées [zɛ̃ʒibeʀase] n. f. pl. BOT Famille de monocotylédones des régions tropicales, comprenant de nombreuses plantes à épices (gingembre, poivre maniguette, etc.). – Sing. *Une zingibéracée.*

zinguer [zɛ̃ge] v. tr. [1] **1.** CONSTR Revêtir de zinc. **2.** TECH Procéder au zingage de.

zingueur [zɛ̃gœʀ] n. m. TECH, CONSTR Ouvrier spécialisé dans le travail du zinc, partic. dans les travaux de couverture en zinc. – (En appos.) *Plombier zingueur.*

zing-zing [ziŋziŋ] n. m. (Guad.) Syn. de *libellule. Des zing-zings.*

zinjanthrope [zɛ̃ʒɑ̃tʀɔp] n. m. PREHIST Homme fossile, du groupe des australopithèques, découvert en 1959 dans les gorges d'Olduvai, en Tanzanie, par L.S.B. Leakey.

Zinnemann (Fred) (né en 1907), cinéaste américain d'orig. autrichienne : *Le train sifflera trois fois* (1952), *Tant qu'il y aura des hommes* (1953).

zinnia [zinja] n. m. Plante herbacée annuelle originaire du Mexique (fam. composées), aux nombreuses variétés ornementales.

Zinoviev (Grigori Ievseievitch Radomylski, dit) (1883 – 1936), homme politique soviétique. Bolchevik (1903), prés. du Komintern (1919-1927), il se prononça pour (1924) puis contre (1926) Staline, fut exclu du P.C. (1927), réintégré, condamné en 1936 et exécuté.

Zinsou (Senouvo Agbota) (né en 1946), auteur dramatique togolais : *On joue la comédie* (1972), *le Club* (1984), *la Tortue qui chante* (1987).

zirable [ziʀabl] adj. (Acadie) Dégoûtant, répugnant.

zircon [ziʀkɔ̃] n. m. MINER Silicate naturel de zirconium ($ZrSiO_4$), très dur, employé en joaillerie.

zirconium [ziʀkɔnjɔm] n. m. CHIM Élément métallique (symbole Zr) de numéro atomique Z=40. – Métal (Zr) qui présente de nombreuses analogies avec le titane.

zire [ziʀ] n. f. (Acadie, France rég.) *Faire zire :* dégoûter, causer de la répugnance. *Ça me fait zire de te voir manger des tripes.*

Zirides, dynastie berbère de la fin du Xe s. fondée par Yusuf Bulukkin ibn Ziri et qui régna brillamment sur la Tunisie et l'E. de l'Algérie (cap. *Kairouan*) jusqu'au milieu du XIIe siècle.

Živkov ou **Jivkov** (Todor) (né en 1911), homme politique bulgare. Premier secrétaire du parti communiste de 1954 à 1989, président du Conseil de 1962 à 1971, chef de l'État en

1971, il fut contraint de démissionner en 1989.

zizanie [zizani] n. f. **1.** Discorde, désunion, mésintelligence. *Semer la zizanie.* **2.** BOT Plante herbacée (fam. graminées) proche du riz, dont certaines espèces sont cultivées en Asie et en Amérique. Syn. riz sauvage.

1. zizi [zizi] n. m. Bruant européen (*Emberiza cirlus*) au plumage noir et jaune.

2. zizi [zizi] n. m. Fam. ou langage enfantin **1.** Pénis. Syn. (Afr. subsah.) bangala, (Maurice) coq. **2.** Sexe de la femme.

Žižka (Jan) (v. 1360 ou 1370 – 1424), patriote tchèque. Il commanda les forces militaires hussites après la mort de J. Hus (1415) et suscita la révolte de Prague de 1419.

zloty [zlɔti] n. m. Unité monétaire de la Pologne.

zo(o)-, -zoaire. Éléments, du gr. *zôon,* «être vivant, animal».

zoanthropie [zɔɑ̃tʀɔpi] n. f. PSYCHIAT Affection mentale dans laquelle le sujet se croit changé en animal, ou possédé par un animal.

Zobel (Joseph) (né en 1915), écrivain français d'origine martiniquaise : *Laghia de la mort* (1946), *la Rue Case-Nègres* (1950), *Et si la mort n'était pas bleue* (1982).

zodiac [zɔdjak] n. m. (Nom déposé.) Type de canot pneumatique.

zodiacal, ale, aux [zɔdjakal, o] adj. ASTRO Qui appartient au zodiaque. – *Lumière zodiacale :* faible lueur que l'on peut voir à l'est avant le lever du Soleil et à l'ouest après son coucher, due à la diffusion de la lumière solaire sur un nuage de poussières interplanétaires en forme de lentille autour du Soleil.

zodiaque [zɔdjak] n. m. **1.** ASTRO Bande de la sphère céleste à l'intérieur de laquelle s'effectuent les mouvements apparents du Soleil, de la Lune et des planètes à l'exception de Pluton. **2.** ASTROL *Signes du zodiaque :* V. encycl. ci-après.
ENCYCL Astrol. – Le zodiaque est partagé en douze parties égales, de 30^0 chacune, appelées *signes.* Le début du premier signe correspond au point gamma, c.-à-d. à la position du Soleil sur l'écliptique à l'équinoxe de printemps. On a donné à chacun des signes les noms des constellations qui s'y trouvaient autrefois : Bélier, Taureau, Gémeaux, Cancer, Lion, Vierge, Balance, Scorpion, Sagittaire, Capricorne, Verseau et Poissons.

zoé [zɔe] n. f. ZOOL Forme larvaire de certains crustacés décapodes.

Zohar (le «livre des Splendeurs»), ouvrage cabalistique d'exégèse biblique écrit au XIIIe s.

-zoïque. Élément, du gr. *zôikos,* «propre aux animaux».

Zola (Émile) (1840 – 1902), romancier français. Né d'un père d'origine italienne et d'une mère française, il passa sa jeunesse à Aix-en-Provence, puis à Paris et, de 1862 à 1866, fut employé à la librairie Hachette. En 1867, *Thérèse Raquin,* roman, a pour préface le manifeste du naturalisme. Enquêtant sur le terrain et s'appuyant sur les lois de l'hérédité, il conçoit en 1869 la série des *Rougon-Macquart, histoire naturelle et sociale d'une famille sous le Second Empire.* Citons, parmi 20 romans : *la Fortune des Rougon* (1871), *la Faute de l'abbé Mouret* (1875), *l'Assommoir* (1877), *Une page d'amour* (1878), *Nana* (1880), *Pot-Bouille* (1882), *Au bonheur des dames* (1883), *Germinal* (1885), *l'Œuvre* (1886), *la Terre* (1887), *le Rêve* (1888), *la Bête humaine* (1890), *la Débâcle* (1892), *le Docteur Pascal* (1893). Il écrivit ensuite *Trois Villes (Lourdes, Rome, Paris :* 1894-1897) et *les Quatre Évangiles* (1899-1903, inachevé). Chez Zola, auquel la critique reprocha une forme peu «académique» et ses idées socialisantes, l'observation réaliste se double d'une vision épique : les forces de vie et de mort s'affrontent. Zola fut vilipendé par les nationalistes lorsqu'il dénonça les irrégularités du procès de Dreyfus (*J'accuse,* article publié dans *l'Aurore* du 13 janv. 1898). Condamné (prison et forte amende), il se réfugia en Angleterre (1898-1899). Il mourut, à Paris, asphyxié par un poêle.

Zollverein (Deutscher), association douanière des États de la Confédération germanique (1834). Elle facilita le développement du commerce et prépara l'unité allemande. Le Luxembourg y adhéra en 1842, ce qui favorisa le développement de son économie.

Zomba, ville du sud du Malawi; 45 000 hab. Centre agricole et comm. – Anc. capitale du Malawi, remplacée par Lilongwe en 1975.

zombi ou **zombie** [zɔ̃bi] n. m. Revenant, le plus souvent mal intentionné, selon certaines croyances vaudou des Antilles. ▷ Fig. Personne molle, apathique, sans volonté.

zona [zona] n. m. MED Affection due à un virus identique à celui de la varicelle, se traduisant par une éruption de vésicules cutanées sur le trajet d'un nerf (le plus souvent sur le tronc). ▷ *Zona ophtalmique :* zona touchant l'œil, aux séquelles oculaires souvent très graves.

zonage [zonaʒ] n. m. URBAN Découpage d'un plan d'urbanisme en zones (d'habitation, rurales, d'activités industrielles, etc.) pour lesquelles la nature et les conditions de l'utilisation du sol sont réglementées.

zonal, ale, aux [zonal, o] adj. **1.** GEOGR, METEO Relatif à une zone du globe terrestre. **2.** ZOOL Qui possède des bandes transversales colorées.

zonation [zonasjɔ̃] n. f. GEOGR Découpage (du globe terrestre) en zones (thermiques, pluviométriques, climatiques, etc.).

zone [zon] n. f. **1.** Étendue déterminée de terrain, portion de territoire. *Zone interdite. Zone militaire.* ▷ *Zone monétaire :* ensemble de pays définissant leur monnaie par rapport à celle d'un pays central. – *Zone franc :* zone monétaire formée autour du franc français, créée en 1945. ▷ COMM *Zone douanière,* soumise aux droits de douane, par oppos. à *zone franche,* où ces droits sont réduits pour certaines denrées. ▷ ECON *Zone de libre*-échange.* ▷ URBAN Ensemble de terrains à utilisation spécifique et réglementée. – (Suisse) *Zone verte,* où il est interdit de construire. **2.** (Afr. subsah.) ADMIN Subdivision d'une commune ou d'une sous-région (selon les pays). ▷ Siège de l'administration d'une zone. – *Maison de zone :* dans la rép. dém. du Congo, mairie. **3.** Fig. Domaine, région. *Les zones du savoir aux confins de la chimie et de la physique.* ▷ *Zone d'influence,* où s'exerce l'influence politique d'un État. ▷ Loc. *De seconde zone :* de qualité inférieure, médiocre. **4.** GEOM Surface délimitée sur une sphère par deux plans parallèles coupant cette sphère. **5.** GEOGR Chacune des cinq grandes divisions du globe terrestre déterminées par les cercles polaires et les tropiques et caractérisées par un climat particulier. *Les deux zones polaires, les deux zones tempérées, la zone tropicale.* – Portion du globe terrestre caractérisée par la température, la pluviométrie, la végétation. *Zone désertique. Zone semi-aride.* ▷ ASTRO Chacune des parties du ciel correspondant aux zones terrestres.

Zone d'échanges préférentiels pour l'Afrique orientale et australe (ZEP), organisation économique régionale créée en 1981 (traité de Lusaka) et qui a institué en 1993 le Marché commun de l'Afrique australe (connu sous l'acronyme anglais de COMESA) comprenant le Burundi, les Comores, Djibouti, l'Éthiopie, le Kenya, le Lesotho, le Malawi, l'Ouganda, le Rwanda, le Swaziland, la Tanzanie, la Zambie et le Zimbabwe. Siège : Lusaka (Zambie).

zoner [zone] v. tr. [1] URBAN Effectuer le zonage de.

zoo-. V. zo(o)-.

zoo [zoo; zo] n. m. Parc, jardin zoologique. *Le zoo de Vincennes, à côté de Paris.*

zooflagellés [zɔɔflaʒelle] n. m. pl. ZOOL Embranchement de protozoaires. (Munis de flagelles pendant leur période végétative, ils mènent une existence libre, symbiotique ou parasite.) – Sing. *Un zooflagellé.*

zoogamète [zɔɔgamɛt] n. m. BIOL Gamète mobile muni d'un ou de plusieurs flagelles.

zoogène [zɔɔʒɛn] adj. Didac. Qui est d'origine animale. *Un minéral zoogène.*

zoogéographie [zɔɔʒeɔgʀafi] n. f. Didac. Étude de la répartition des espèces animales à la surface de la Terre.

zoolâtrie [zɔɔlatʀi] n. f. Didac. Adoration de certains animaux divinisés.

zoologie [zɔɔlɔʒi] n. f. Science de l'étude des animaux.
ENCYCL L'inventaire de la faune de la planète est loin d'être terminé. Plusieurs animaux de grande taille ont encore été découverts au XXe s., notam. dans la grande forêt d'Afrique tropicale (okapi, hippopotame nain, paon congolais, etc.), en Asie (varan de Komodo), en Amérique du Sud, dans l'océan Indien (cœlacanthe). Les animaux se subdivisent en protozoaires et métazoaires. Parmi les grands embranchements de métazoaires, les classifications retiennent notamment : spongiaires; cnidaires; plathelminthes; némathelminthes; mollusques; annélides; pararthropodes; arthropodes; échinodermes. Le dernier embranchement, celui des cordés, aboutit à l'homme. Un de ses sous-embranchements, les vertébrés, comprend les classes suivantes : agnathes, poissons cartilagineux, poissons osseux, amphibiens, reptiles, oiseaux, mammifères; certains reptiles ont donné naissance aux oiseaux et d'autres aux mammifères.

zoologique [zɔɔlɔʒik] adj. Relatif à la zoologie, aux animaux. *Parc zoologique.*

zoologiste [zɔɔlɔʒist] ou **zoologue** [zɔɔlɔg] n. Spécialiste de zoologie.

zoom [zum] n. m. **1.** Effet d'éloignements et de rapprochements successifs obtenus en faisant varier la distance focale de l'objectif d'une caméra pendant la prise de vue. **2.** Objectif à focale variable d'un appareil de prise de vue.

zoomorphe [zɔɔmɔʀf] adj. Didac. Qui représente, figure un animal.

zoomorphisme [zɔɔmɔʀfism] n. m. Didac. **1.** Utilisation des formes animales dans la représentation humaine. **2.** Métamorphose en animal.

zoonose [zɔɔnoz] n. f. MED Maladie des animaux vertébrés transmissible à l'homme et réciproquement. *La rage est une zoonose.*

zoophilie [zɔɔfili] n. f. Didac. **1.** Amour des animaux. ▷ *Par ext.* Attachement, attrait excessif pour les animaux. **2.** PSYCHIAT Perversion poussant à avoir des rapports sexuels avec des animaux.

zooplancton [zɔɔplɑ̃ktɔ̃] n. m. Didac. Partie du plancton constituée d'animaux. (V. plancton.)

zoopsychologie [zɔɔpsikɔlɔʒi] n. f. Didac. Étude de la psychologie des animaux.

zoosanitaire [zoosanitɛʀ] adj. ELEV *Code zoosanitaire international :* ensemble des règles internationales de police sanitaire concernant le commerce des animaux et des produits qui en proviennent.

zoospore [zɔɔspɔʀ] n. f. BOT Spore mobile se déplaçant grâce à des flagelles ou en émettant des pseudopodes.

zootaxie [zɔɔtaksi] n. f. ZOOL Classification des animaux.

zootechnicien, enne [zɔɔtɛknisjɛ̃, ɛn] n. Didac. Spécialiste de la zootechnie.

zootechnie [zɔɔtɛkni] n. f. Didac. Étude scientifique des animaux domestiques, de leurs mœurs, de leur reproduction, ainsi que des moyens permettant d'améliorer les races et les conditions d'élevage, en vue d'une meilleure exploitation du cheptel (sélection naturelle, procréation assistée).

zootechnique [zɔɔtɛknik] adj. Didac. Relatif à la zootechnie.

zorille [zɔʀij] n. f. ZOOL Mammifère carnivore africain (fam. mustélidés), dont la robe noire, marquée de bandes longitudinales claires, donne une fourrure recherchée.

Zorn (Max) (né en 1906), mathématicien américain d'origine allemande. – *Axiome de Zorn :* tout ensemble inductif admet un élément maximal.

Zoroastre (forme grecque de *Zarathoustra*) (VIIe ou VIe s. av. J.-C.), réformateur de la religion iranienne antique, dont le livre sacré est l'*Avesta**. Sa vie est surtout légendaire. L'enseignement qu'il propagea repose sur une théologie dualiste : Ahura Mazdâ, le dieu du Bien, s'oppose à Ahriman, le dieu du Mal. L'homme, par la pureté de ses pensées et de ses actes (dont il rendra compte dans l'au-delà), doit renforcer la puissance du Bien pour que diminue celle du Mal. (V. mazdéisme.) – Nietzsche* a fait de Zarathoustra le porte-parole de ses idées sur le «surhomme» *(Ainsi parlait Zarathoustra).*

zoroastrisme [zɔʀɔastʀism] n. m. RELIG Syn. de *mazdéisme.*

Zorrilla y Moral (José) (1817 – 1893), écrivain romantique espagnol : *les Chants du troubadour* (recueil de poèmes, 1841), *Don Juan Tenorio* (drame, 1844).

zostère [zɔstɛʀ] n. f. BOT Plante phanérogame marine à feuilles linéaires, qui forme des herbiers sous-marins.

zostérops [zɔsteʀɔps] n. m. ORNITH Oiseau passériforme insectivore dont l'œil est entouré d'un anneau de plumes blanches. Syn. (Afr. subsah.) oiseau-lunettes.

zouave [zwav] n. m. **1.** Anc. Soldat d'un corps d'infanterie coloniale créé en Algérie en 1830. **2.** Fam. *Faire le zouave :* faire le malin.

Zouérate ou **Zoueirat** *(Zuwayrāt),* v. de Mauritanie, à la frontière est de l'ex-Sahara occidental; 25000 hab. Import. mines de fer.

Zoug (en all. *Zug*), com. de Suisse, ch.-l. du cant. du m. nom, sur la rive N.-E. du *lac de Zoug;* 21400 hab. Industr. électriques. – Dans la ville haute, tours des anciens remparts, maisons anc. – Égl. du XVe s. Hôtel de ville du XVIe s.

Zoug (cant. de), cant. de Suisse, le plus petit, au centre du pays; 239 km²; 81600 hab. *(Zougois),* germanophones et catholiques; ch.-l. *Zoug;* v. princ. *Baar, Cham.* Pays de collines et de lacs (Zoug, Ägeri), drainé par la Lorze et la Reuss, relevé dans les Préalpes (1580 m au *Rossberg).* Polyculture (céréales, vergers, vigne) et élevage bovin. Industries (électroménager, papeteries, conserveries) et commerce, dans les princ. centres, reliés par autoroute au Gothard et à Zurich, dont la proximité favorise le développement du canton. Siège de nombreux holdings (facilités fiscales).
Hist. – Fief des Habsbourg (1261), le cant. de Zoug se libéra et entra dans la Confédération suisse en 1352. Le canton ne fut pas touché par la Réforme et il adhéra au Sonderbund* (1845).

zouk [zuk] n. m. Danse et musique rythmées, originaires des Antilles.

zouker [zuke] v. intr. [1] (Antilles fr.) Danser le zouk.

zoukeur, euse [zukœʀ, øz] n. (Antilles fr.) Danseur de zouk.

zoulou, oue [zulu] adj. et n. m. Des Zoulous. ▷ n. m. *Le zoulou :* la langue nigéro-congolaise du groupe bantou parlée en Afrique australe. (Sa forme véhiculaire est le fanagalo.)

Zoulou(s), peuple d'Afrique du Sud (plus de 11 millions de personnes) qui notam. constitue la plus grande partie de la population du KwaZulu-Natal (environ 6 millions de personnes). Ils parlent une langue bantoue du groupe ngoni. Dans l'Afrique du Sud de l'apartheid, le KwaZulu était, au sein du Natal, un bantoustan (1959-1994) qui ne comprenait pas les agglomérations «blanches» et dont étaient «citoyens» 4millions de Zoulous. Les deux autres millions formaient le prolétariat de ces villes (Durban, notam.).
Hist. – Au cours du XVIIIe s. une confédération de tribus ngoni (pour la plupart) se forma dans le nord du Natal actuel. Dans les années 1812-1818, le Zoulou Chaka* en prit la tête. Par la suite, les historiens anglais nommèrent cet État *Zululand* (francisé en *Zoulouland*). Doué d'un grand génie militaire, Chaka organisa une puissante armée, à la tactique subtile (encerclement), et soumit ou chassa les populations non zouloues. Mais sa dureté fut bientôt contestée; en 1828, son demi-frère Dingaan l'assassina et affronta courageusement les Boers, qui tentaient de s'emparer du pays. En 1838, Dingaan remporta une victoire mais le 16 déc. le général boer Pretorius l'écrasa à Blood River. Dingaan s'enfuit vers le nord et il fut assassiné dans le Swaziland actuel. Son successeur, Cetewayo, continua la lutte mais les Anglais le capturèrent en 1879. Cette lutte héroïque des Zoulous a fait l'objet de nombreuses épopées populaires dans toute l'Afrique, dont le héros principal est Chaka.

zouma [zuma] n. m. (Madag.) Marché hebdomadaire d'Antananarivo. – *Par ext.* Emplacement de ce marché.

Zoumbara (Paul) (né en 1949), cinéaste burkinabé : *Jours de tourmente* (1983).

zriba [zʀiba] n. f. V. zériba.

zrig [zʀig] n. m. (Maghreb) En Mauritanie, lait sucré coupé d'eau, qui constitue la boisson courante des Maures.

zucchini [zukini] n. m. (Québec) Syn. de *courgette. Des zucchinis.*

Zuckmayer (Carl) (1896 – 1977), poète lyrique et auteur dramatique suisse d'origine allemande. Son théâtre attaqua le militarisme prussien (*le Capitaine de Köpenick,* 1931; *Une histoire d'amour,* 1934), le nazisme (*le Général du diable,* 1945; *Chant de la fournaise,* 1950), la bombe atomique (*la Lumière froide,* 1955).

Zuiderzee. V. Zuyderzee.

Zulawski (Andrzej) (né en 1940), cinéaste polonais. Il tourna en France des films provocants : *L'important, c'est d'aimer* (1974), *Possession* (1981).

Zululand, nom donné par les Anglo-Saxons à l'État zoulou* que dirigea Chaka* dans les années 1818-1828, au N. du territoire qui allait devenir le Natal. Enjeu d'une guerre entre les Boers et les Zoulous, qui furent vaincus en 1838, il devint un protectorat britannique avant d'être annexé au Natal en 1880. Auj., cette rég. correspond au KwaZulu-Natal.

Zuñis. V. Pueblos.

Zurbarán (Francisco de) (1598 – v. 1664), peintre espagnol, influencé par le Caravage.

Zurich (en all. *Zürich*), v. de Suisse, ch.-l. du cant. du m. nom, sur la Limmat à sa sortie du *lac de Zurich* (90 km²); 351100 hab. (agglomération urb. 840310 hab.). Princ. centre fin. et écon. de Suisse, l'une des princ. places financières du monde; grand centre culturel. Industries. – Université. Polytechnicum (École polytechnique fédérale, 1854). Cath. des XIIe-XIIIe s. (*Grossmünster*); égl. des XIIe-XVe s. (*Fraumünster,* qui appartenait à un couvent de femmes). Nombr. musées, notam. le Kunsthaus (Beaux-Arts, de l'Antiquité à nos jours), Musée national suisse, Collection Bührle (impressionnistes). – Victoire du Français Masséna sur les Autrichiens et sur les Russes (1799). – *Paix de Zurich* (10 nov. 1859) : accord entre la France, le Piémont-Sardaigne et l'Autriche; celle-ci, vaincue, remettait la Lombardie à la France, qui la cédait au Piémont-Sardaigne.

Zurich (canton de), canton de Suisse, au nord du pays; 1728 km²; 1142700 hab. *(Zurichois),* germanophones et protestants en majorité; ch.-l. *Zurich;* v. princ. *Winterthur, Us-*

ter, Horgen, Wädenswil, Thalwil, Wetzikon. Le territoire s'étend sur le Plateau suisse, que sillonnent, parallèlement au lac de Zurich, des affluents du Rhin (Thur, Töss, Glatt) et de l'Aar (Limmat, grossie de la Sihl). Au N., le canton touche le Rhin, s'étendant même sur sa rive droite (saillant d'Eglisau). Cette situation de carrefour européen a favorisé le développement de la ville et du canton. Le relief se relève au S., dans les Préalpes. Polyculture et élevage sur les hauteurs. En association avec les cantons voisins, Zurich et ses banlieues forment un puissant pôle industriel.
Hist. – Anc. bourgade gallo-romaine *(Turicum)*, détruite au Ve s. par les Barbares, puis reconstruite, Zurich devint ville libre impériale en 1218, puis entra dans la Confédération suisse en 1351 et y prit une grande importance, grâce à l'acquisition de nombreuses seigneuries voisines et à la prospérité de son artisanat textile. Zwingli introduisit la Réforme à Zurich à partir de 1519. La ville et le canton furent gouvernés jusqu'à la révolution libérale de 1830 par une riche bourgeoisie protestante; ils se démocratisèrent dans le courant du XIXe s. et la cité connut un grand essor économique avec le développement des secteurs industriel et bancaire.

zurichois, oise [zyʀikwa, waz] adj. et n. De la ville ou du canton de Zurich ▷ Subst. *Un(e) Zurichois(e).*

zut [zyt] interj. et n. m. Fam. Exclamation exprimant le mécontentement, l'impatience. ▷ n. m. *Un zut retentissant.*

zutiste [zytist] ou **zutique** [zytik] n. et adj. LITTER Membre du groupe de poètes, notam. Rimbaud, Verlaine, Ch. Cros et G. Nouveau, qui, en 1871 et 1872, composèrent l'*Album zutique,* recueil de poèmes et de dessins, dans lequel ils disaient «zut» à tout. ▷ adj. *Un poème zutiste.*

Zuyderzee ou **Zuiderzee,** anc. golfe de la mer du Nord (Pays-Bas). Fermé par une digue en 1932, il est devenu un lac : l'IJsselmeer.

zwanze [zwɑ̃z] n. f. (Belgique) **1.** Plaisanterie typique de l'humour bruxellois. **2.** Humour propre aux Bruxellois.

Zway, lac d'Éthiopie, situé au sud d'Addis-Abeba à 1 846 m d'altitude. Il est traversé par la rivière Awash.

Zweig (Stefan) (1881 – 1942), écrivain autrichien : poésies, drames, nouvelles (*Amok,* 1923), romans (*la Confusion des sentiments,* 1926; *la Pitié dangereuse,* 1938), essais. Bouleversés par les victoires d'Hitler, S. Zweig et sa femme se suicidèrent.

Zwicky (Fritz) (1898 – 1974), astrophysicien suisse d'origine bulgare; connu pour ses études des supernovæ, des galaxies et de la matière intergalactique.

zwieback [tsɥibak] n. m. (Suisse) Sorte de biscotte légèrement sucrée.

Zwingli (Ulrich ou Huldrych) (1484 – 1531), humaniste et réformateur suisse. Prêtre, il adhéra v. 1520 à la Réforme, qu'il propagea, notam. à Zurich : *De vera et falsa religione commentarius* (1525). Voulant un gouvernement théocratique de la Suisse (fidèle à la Réforme), il associa la plupart des villes (alliance «combourgeoise»), mais les cantons catholiques s'allièrent contre lui à l'Autriche. Il fut tué à la bataille de Kappel.

Zwyssig (Joseph) (1808 – 1854), compositeur suisse. Moine cistercien, il est aussi connu sous le nom de *père Alberich.* Il composa le célèbre *Schweizer Psalm* (1841), devenu en 1961 l'hymne national de la Suisse (texte de L. Widmer).

Zyad Barré (Muhammad) (1921 – 1995), officier et homme politique somalien; chef de l'État de 1969 à 1991.

zydeco [zajdeko; zadiko] n. m. Genre musical louisianais, issu de la rencontre du folklore acadien et de la musique populaire des Noirs, avec influence subséquente de la musique country, du jazz, etc. (V. zaricot.)

zyeuter [zjøte] v. intr. et tr. V. zieuter.

zygoma [zigɔma] n. m. ANAT Apophyse zygomatique.

zygomatique [zigomatik] adj. et n. m. ANAT Relatif à la pommette. ▷ *Muscles zygomatiques,* qui s'insèrent sur l'os de la pommette et s'étendent jusqu'à la commissure des lèvres. – n. m. *Le grand zygomatique.*

zygomycètes [zigomisɛt] n. m. pl. BOT Groupe de champignons dont l'œuf (zygospore) est issu de la fusion de deux gamètes non libres. – Sing. *Un zygomycète.*

zygospore [zigospɔʀ] n. m. BOT Œuf résultant de la fusion de deux gamètes non libérés, propre aux zygomycètes.

zygote [zigɔt] n. m. BIOL Cellule issue de la fécondation du gamète femelle par le gamète mâle.

zymase [zimaz] n. f. BIOCHIM Enzyme qui confère à la levure de bière sa qualité d'agent de fermentation.

zymogène [zimɔʒɛn] adj. et n. m. BIOCHIM Qui produit une enzyme; qui produit la fermentation.

zymologie [zimolɔʒi] n. f. BIOCHIM Étude des fermentations.

zythum [zitɔm] ou **zython** [zitɔ̃] n. m. ANTIQ Boisson des anciens Égyptiens, assez semblable à la bière, faite avec de l'orge germée.

LE MONDE ET LA FRANCOPHONIE

SOMMAIRE

ATLAS DU MONDE

LE MONDE

LES CONTINENTS

LA FRANCOPHONIE (CARTES ET DOSSIERS)

GÉOGRAPHIE, INSTITUTIONS, ÉCONOMIE, HISTOIRE, CULTURE

LES DRAPEAUX

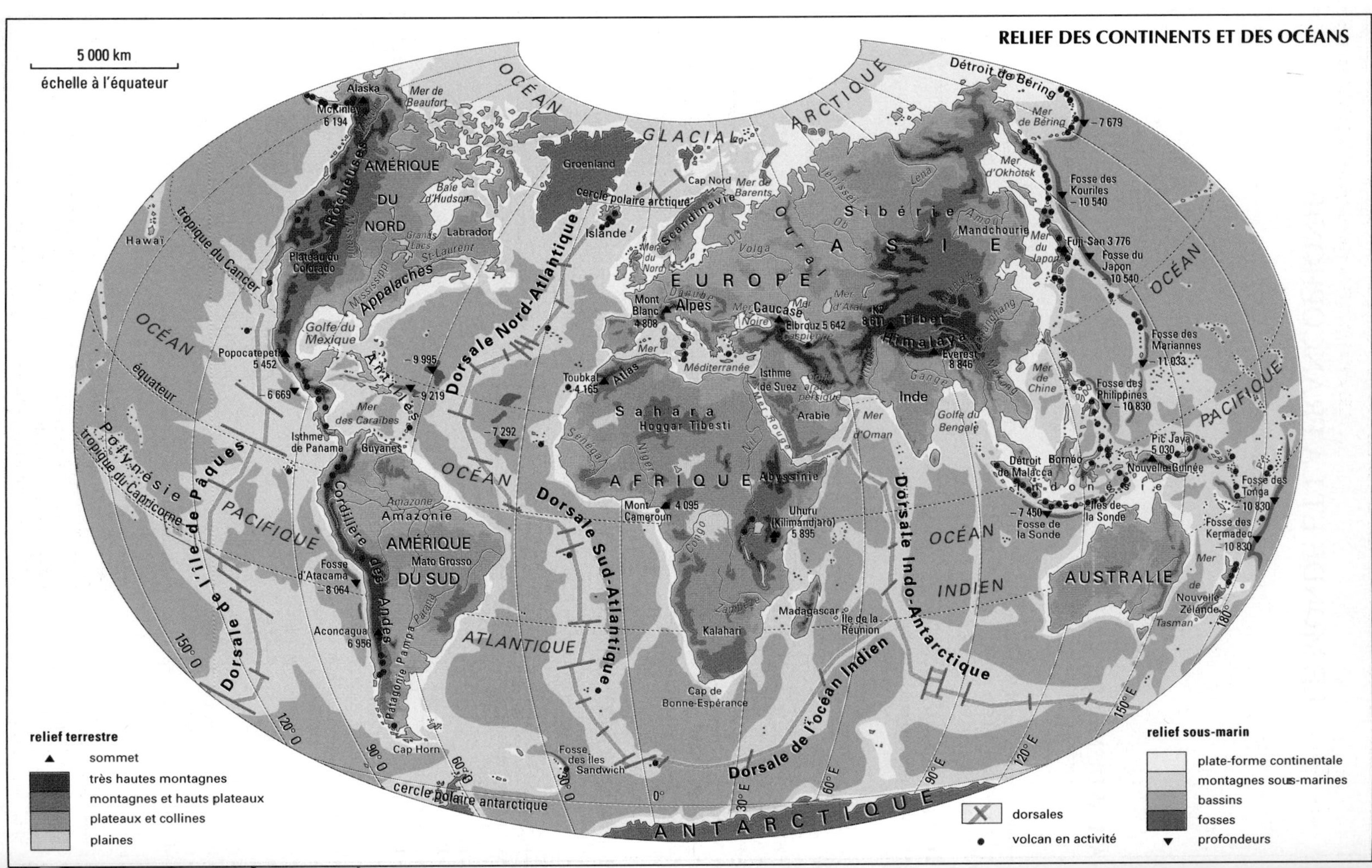
RELIEF DES CONTINENTS ET DES OCÉANS
5 000 km
échelle à l'équateur
OCÉAN GLACIAL ARCTIQUE
Alaska
McKinley 6 194
Mer de Beaufort
AMÉRIQUE DU NORD
Rocheuses
Baie d'Hudson
Labrador
Grands Lacs
St-Laurent
Mississippi
Appalaches
Plateau du Colorado
Hawaï
tropique du Cancer
Groenland
cercle polaire arctique
Islande
Cap Nord
Mer de Barents
Scandinavie
Mer du Nord
EUROPE
Volga
Oural
Danube
Mont Blanc 4 808
Alpes
Mer Noire
Caucase
Elbrouz 5 642
Mer Caspienne
Mer d'Aral
Sibérie
Ienisseï
Ob
Lena
Amour
ASIE
Mandchourie
K2 8 611
Tibet
Himalaya
Everest 8 846
Gange
Mékong
Inde
Golfe du Bengale
Mer d'Oman
Arabie
Golfe Persique
Isthme de Suez
Mer Rouge
Mer Méditerranée
Toubkal 4 165
Atlas
Sahara
Hoggar Tibesti
Sénégal
Niger
Nil
AFRIQUE
Abyssinie
Mont Cameroun 4 095
Congo
Uhuru (Kilimandjaro) 5 895
Zambèze
Madagascar
Île de la Réunion
Kalahari
Cap de Bonne-Espérance
Détroit de Béring
Mer de Béring
– 7 679
Mer d'Okhotsk
Fosse des Kouriles – 10 540
Mer du Japon
Fuji-San 3 776
Fosse du Japon – 10 540
Fosse des Mariannes – 11 033
Mer de Chine
Fosse des Philippines – 10 830
Pic Jaya 5 030
Nouvelle-Guinée
Détroit de Malacca
Bornéo
Indonésie
Îles de la Sonde
– 7 450 Fosse de la Sonde
Fosse des Tonga – 10 830
Fosse des Kermadec – 10 830
Mer de Tasman
Nouvelle-Zélande
AUSTRALIE
OCÉAN INDIEN
OCÉAN PACIFIQUE
Golfe du Mexique
Popocatepetl 5 452
– 6 669
Antilles
– 9 995
– 9 219
Mer des Caraïbes
Isthme de Panama
Guyanes
Amazone
Amazonie
AMÉRIQUE DU SUD
Mato Grosso
Cordillère des Andes
Fosse d'Atacama – 8 064
Aconcagua 6 956
Paraná
Pampa
Patagonie
Cap Horn
OCÉAN ATLANTIQUE
– 7 292
Fosse des Îles Sandwich
équateur
Polynésie
tropique du Capricorne
Dorsale Nord-Atlantique
Dorsale Sud-Atlantique
Dorsale Indo-Antarctique
Dorsale de l'océan Indien
Dorsale de l'île de Pâques
cercle polaire antarctique
ANTARCTIQUE
150° O
120° O
90° O
60° O
30° O
0°
30° E
60° E
90° E
120° E
150° E
180°
relief terrestre
sommet
très hautes montagnes
montagnes et hauts plateaux
plateaux et collines
plaines
dorsales
volcan en activité
relief sous-marin
plate-forme continentale
montagnes sous-marines
bassins
fosses
profondeurs

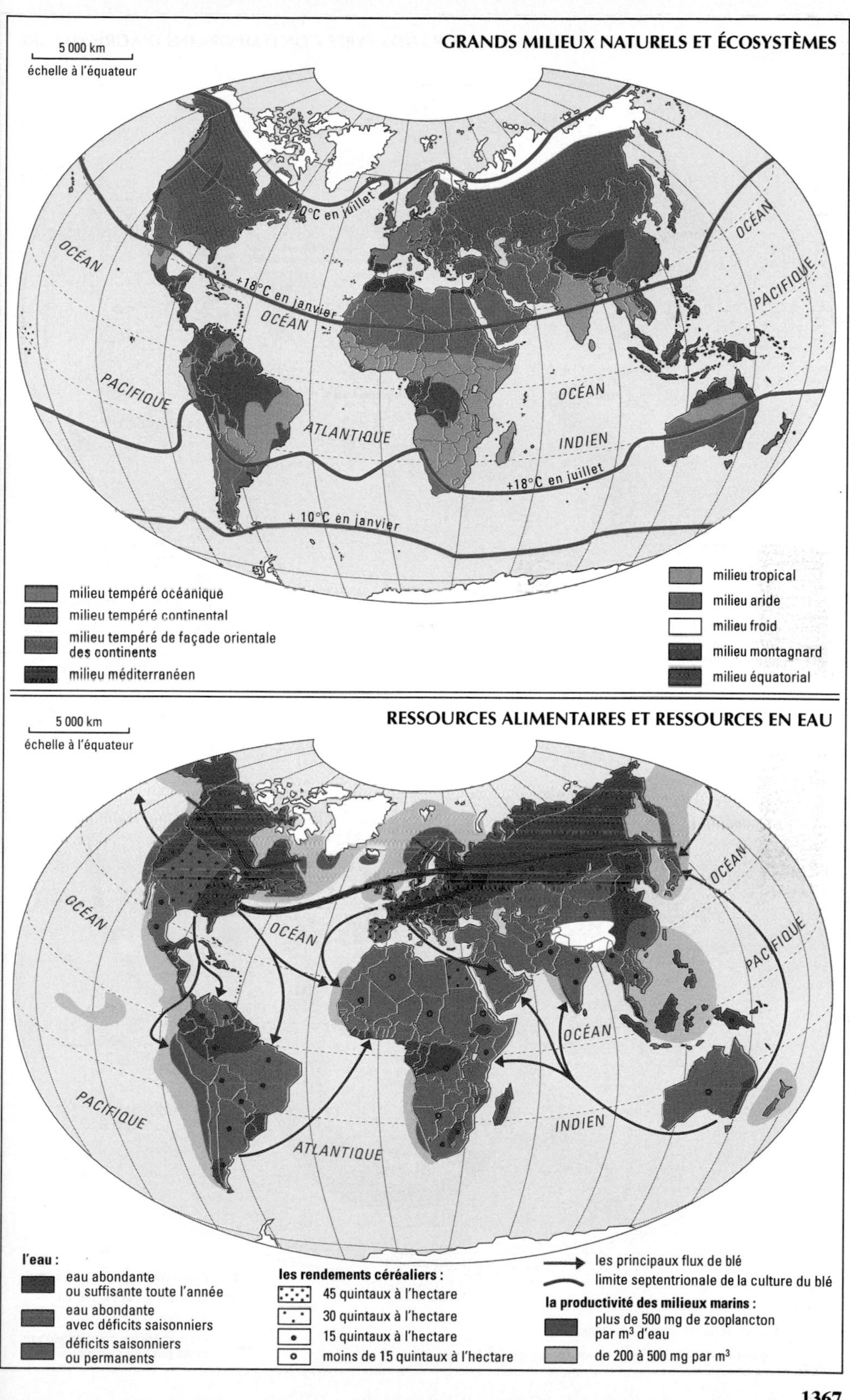
GRANDS MILIEUX NATURELS ET ÉCOSYSTÈMES
5 000 km
échelle à l'équateur
+10°C en juillet
+18°C en janvier
+18°C en juillet
+ 10°C en janvier
OCÉAN
OCÉAN
PACIFIQUE
OCÉAN
PACIFIQUE
ATLANTIQUE
OCÉAN
INDIEN
milieu tempéré océanique
milieu tempéré continental
milieu tempéré de façade orientale des continents
milieu méditerranéen
milieu tropical
milieu aride
milieu froid
milieu montagnard
milieu équatorial
RESSOURCES ALIMENTAIRES ET RESSOURCES EN EAU
5 000 km
échelle à l'équateur
OCÉAN
OCÉAN
PACIFIQUE
OCÉAN
PACIFIQUE
ATLANTIQUE
OCÉAN
INDIEN
l'eau :
eau abondante ou suffisante toute l'année
eau abondante avec déficits saisonniers
déficits saisonniers ou permanents
les rendements céréaliers :
45 quintaux à l'hectare
30 quintaux à l'hectare
15 quintaux à l'hectare
moins de 15 quintaux à l'hectare
les principaux flux de blé
limite septentrionale de la culture du blé
la productivité des milieux marins :
plus de 500 mg de zooplancton par m³ d'eau
de 200 à 500 mg par m³

GRANDS TYPES CONTEMPORAINS D'AGRICULTURE

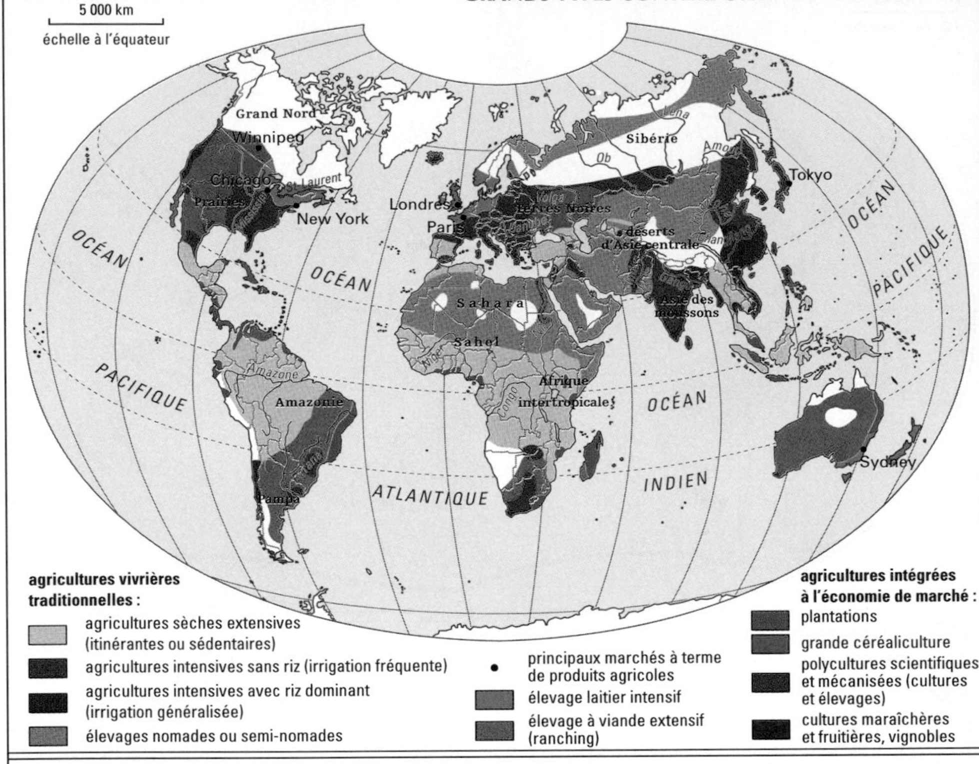

5 000 km
échelle à l'équateur

Grand Nord
Winnipeg
Chicago
Prairies
St-Laurent
New York
Londres
Paris
Terres Noires
Volga
Sibérie
Ob
Lena
Amour
Tokyo
déserts d'Asie centrale
Asie des moussons
Sahara
Sahel
Niger
Congo
Afrique intertropicale
Amazone
Amazonie
Pampa
Sydney
OCÉAN
OCÉAN PACIFIQUE
OCÉAN ATLANTIQUE
OCÉAN INDIEN
PACIFIQUE

agricultures vivrières traditionnelles :

- agricultures sèches extensives (itinérantes ou sédentaires)
- agricultures intensives sans riz (irrigation fréquente)
- agricultures intensives avec riz dominant (irrigation généralisée)
- élevages nomades ou semi-nomades

- principaux marchés à terme de produits agricoles
- élevage laitier intensif
- élevage à viande extensif (ranching)

agricultures intégrées à l'économie de marché :

- plantations
- grande céréaliculture
- polycultures scientifiques et mécanisées (cultures et élevages)
- cultures maraîchères et fruitières, vignobles

RESSOURCES ÉNERGÉTIQUES ET MINIÈRES

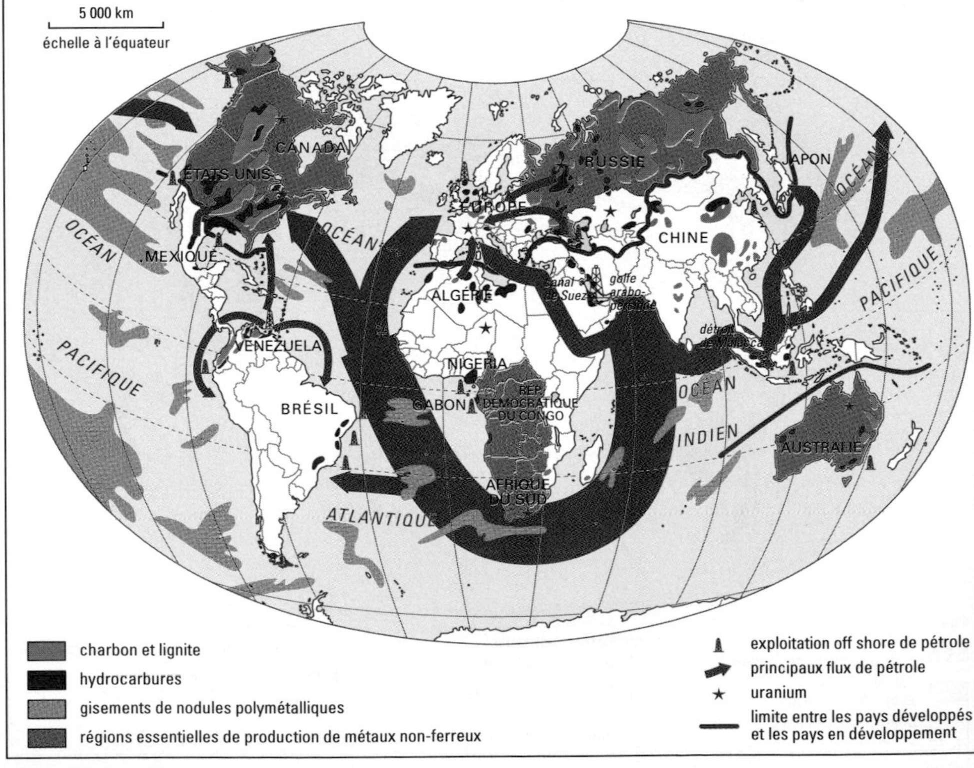

5 000 km
échelle à l'équateur

CANADA
ÉTATS-UNIS
MEXIQUE
VENEZUELA
BRÉSIL
EUROPE
RUSSIE
CHINE
JAPON
ALGÉRIE
NIGERIA
GABON
RÉP. DÉMOCRATIQUE DU CONGO
AFRIQUE DU SUD
canal de Suez
golfe arabo-persique
détroit de Malacca
AUSTRALIE
OCÉAN
OCÉAN PACIFIQUE
OCÉAN ATLANTIQUE
OCÉAN INDIEN
PACIFIQUE

- charbon et lignite
- hydrocarbures
- gisements de nodules polymétalliques
- régions essentielles de production de métaux non-ferreux

- exploitation off shore de pétrole
- principaux flux de pétrole
- uranium
- limite entre les pays développés et les pays en développement

GRANDES AGGLOMÉRATIONS ET TAUX D'URBANISATION

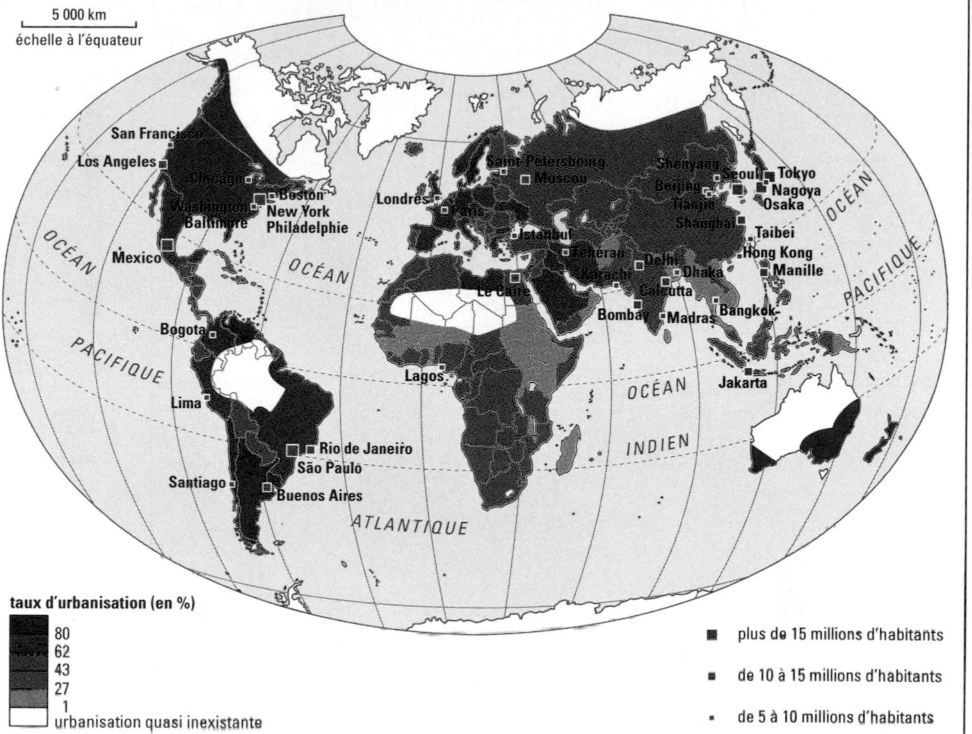

5 000 km
échelle à l'équateur

San Francisco
Los Angeles
Chicago
Washington
Baltimore
Boston
New York
Philadelphie
Mexico
Bogota
Lima
Rio de Janeiro
São Paulo
Santiago
Buenos Aires
Londres
Paris
Saint-Pétersbourg
Moscou
Istanbul
Le Caire
Lagos
Téhéran
Karachi
Delhi
Bombay
Madras
Calcutta
Dhaka
Shenyang
Beijing
Tianjin
Shanghai
Séoul
Tokyo
Nagoya
Osaka
Taibei
Hong Kong
Manille
Bangkok
Jakarta

OCÉAN PACIFIQUE
OCÉAN ATLANTIQUE
OCÉAN INDIEN
OCÉAN PACIFIQUE

taux d'urbanisation (en %)

80
62
43
27
1
urbanisation quasi inexistante

■ plus de 15 millions d'habitants
■ de 10 à 15 millions d'habitants
▪ de 5 à 10 millions d'habitants

GRANDES DIVISIONS ÉCONOMIQUES DU MONDE ET PNB/HABITANT

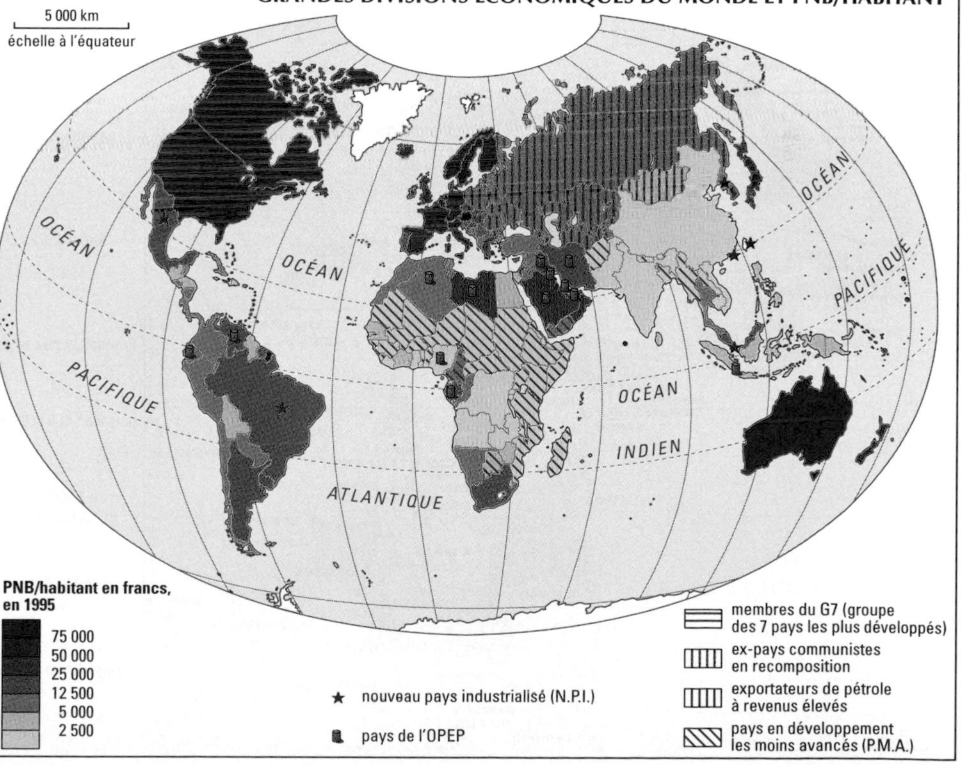

5 000 km
échelle à l'équateur

OCÉAN PACIFIQUE
OCÉAN ATLANTIQUE
OCÉAN INDIEN
OCÉAN PACIFIQUE

PNB/habitant en francs, en 1995

75 000
50 000
25 000
12 500
5 000
2 500

★ nouveau pays industrialisé (N.P.I.)
pays de l'OPEP

membres du G7 (groupe des 7 pays les plus développés)
ex-pays communistes en recomposition
exportateurs de pétrole à revenus élevés
pays en développement les moins avancés (P.M.A.)

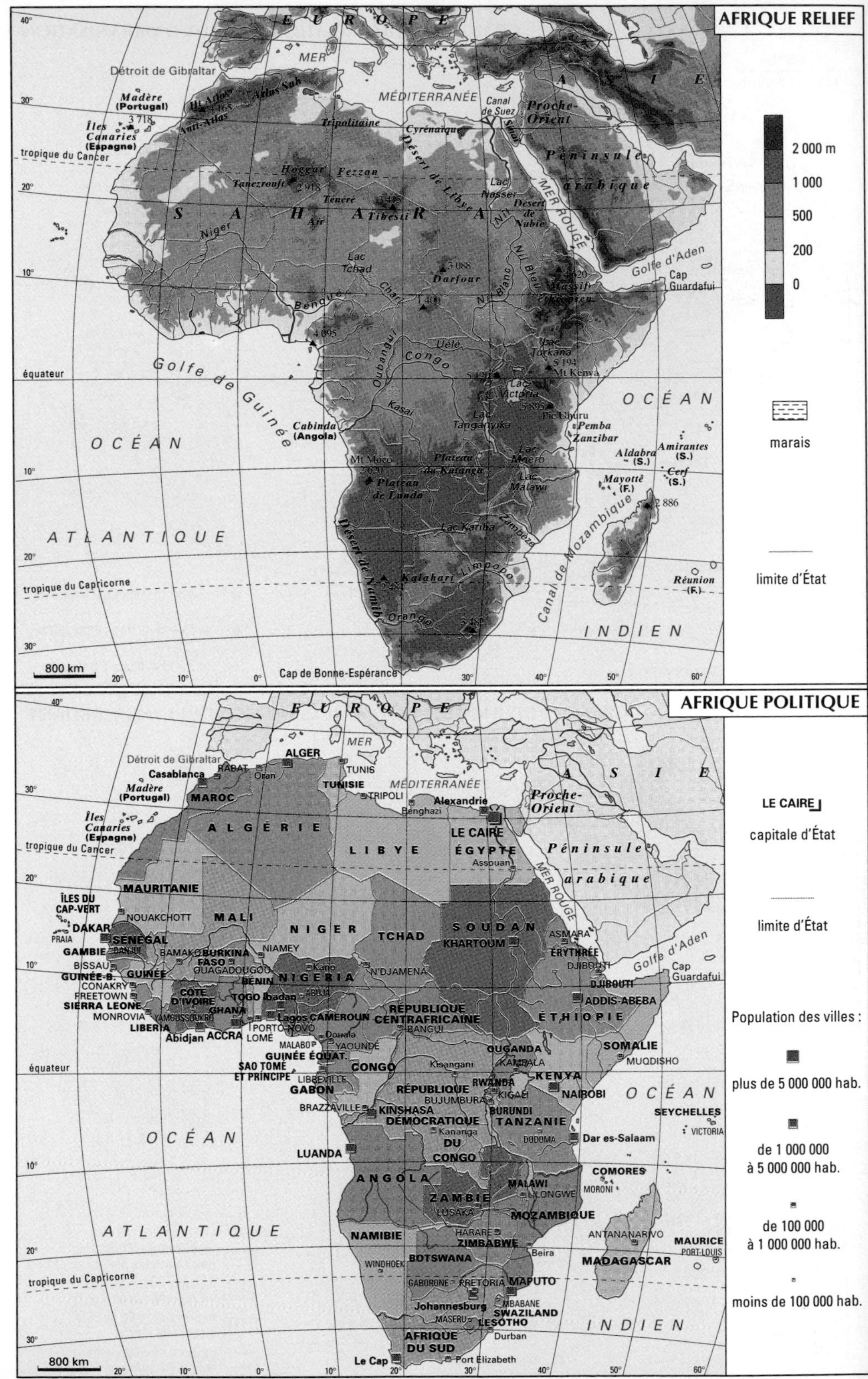
AFRIQUE RELIEF
E U R O P E
MER
MÉDITERRANÉE
A S I E
Détroit de Gibraltar
Madère (Portugal)
Îles Canaries (Espagne)
Ht Atlas
4 165
Atlas Sah
Anti-Atlas
3 718
Tripolitaine
Cyrénaïque
Canal de Suez
Sinaï
Proche-Orient
Péninsule arabique
tropique du Cancer
Hoggar
Fezzan
Tanezrouft
2 918
Ténéré
Tibesti
3 415
Désert de Libye
Lac Nasser
Désert de Nubie
MER ROUGE
S A H A R A
Aïr
Niger
Nil
Lac Tchad
3 088
Darfour
Nil Blanc
Nil Bleu
4 620
Massif éthiopien
Golfe d'Aden
Cap Guardafui
Chari
Bénoué
1 400
4 095
Oubangui
Uélé
Congo
Lac Turkana
5 194
Mt Kenya
5 120
Lac Victoria
5 895
Pic Uhuru
équateur
Golfe de Guinée
Kasai
Lac Tanganyika
Pemba
Zanzibar
OCÉAN
Cabinda (Angola)
Mt Moco
2 620
Plateau de Lunda
Plateau du Katanga
Lac Moero
Lac Malawi
Aldabra (S.)
Amirantes (S.)
Cerf (S.)
Mayotte (F.)
2 886
Lac Kariba
Zambèze
Canal de Mozambique
ATLANTIQUE
Désert de Namib
Kalahari
2 483
Limpopo
tropique du Capricorne
Réunion (F.)
Orange
3 482
INDIEN
800 km
Cap de Bonne-Espérance
40°
30°
20°
10°
0°
10°
20°
30°
20°
10°
0°
10°
20°
30°
40°
50°
60°
2 000 m
1 000
500
200
0
marais
limite d'État
AFRIQUE POLITIQUE
E U R O P E
MER
MÉDITERRANÉE
A S I E
Détroit de Gibraltar
ALGER
TUNIS
TUNISIE
Casablanca
RABAT
Oran
TRIPOLI
Alexandrie
Benghazi
Madère (Portugal)
MAROC
Proche-Orient
Îles Canaries (Espagne)
A L G É R I E
LE CAIRE
L I B Y E
ÉGYPTE
Péninsule arabique
tropique du Cancer
Assouan
MER ROUGE
MAURITANIE
ÎLES DU CAP-VERT
NOUAKCHOTT
M A L I
S O U D A N
DAKAR
PRAIA
SÉNÉGAL
N I G E R
TCHAD
KHARTOUM
ASMARA
ÉRYTHRÉE
GAMBIE
BANJUL
BAMAKO
BURKINA FASO
NIAMEY
Golfe d'Aden
BISSAU
OUAGADOUGOU
Kano
N'DJAMENA
DJIBOUTI
Cap Guardafui
GUINÉE-B.
GUINÉE
BÉNIN
NIGERIA
ABUJA
DJIBOUTI
CONAKRY
FREETOWN
SIERRA LEONE
CÔTE D'IVOIRE
TOGO
Ibadan
ADDIS-ABEBA
MONROVIA
YAMOUSSOUKRO
GHANA
RÉPUBLIQUE CENTRAFRICAINE
É T H I O P I E
LIBERIA
Abidjan
ACCRA
LOMÉ
Lagos
PORTO-NOVO
CAMEROUN
BANGUI
Douala
MALABO
YAOUNDÉ
GUINÉE ÉQUAT.
SOMALIE
OUGANDA
MUQDISHO
SAO TOMÉ ET PRINCIPE
CONGO
Kisangani
KAMPALA
équateur
LIBREVILLE
KENYA
GABON
RÉPUBLIQUE DÉMOCRATIQUE DU CONGO
RWANDA
KIGALI
NAIROBI
OCÉAN
BUJUMBURA
BRAZZAVILLE
KINSHASA
BURUNDI
TANZANIE
SEYCHELLES
VICTORIA
Kananga
DODOMA
Dar es-Salaam
OCÉAN
LUANDA
COMORES
MORONI
ANGOLA
MALAWI
LILONGWE
ZAMBIE
LUSAKA
MOZAMBIQUE
ATLANTIQUE
HARARE
ZIMBABWE
ANTANANARIVO
NAMIBIE
MAURICE
PORT-LOUIS
Beira
WINDHOEK
BOTSWANA
MADAGASCAR
tropique du Capricorne
GABORONE
PRETORIA
MAPUTO
Johannesburg
MBABANE
SWAZILAND
MASERU
LESOTHO
INDIEN
Durban
AFRIQUE DU SUD
800 km
Le Cap
Port Elizabeth
LE CAIRE
capitale d'État
limite d'État
Population des villes :
plus de 5 000 000 hab.
de 1 000 000 à 5 000 000 hab.
de 100 000 à 1 000 000 hab.
moins de 100 000 hab.

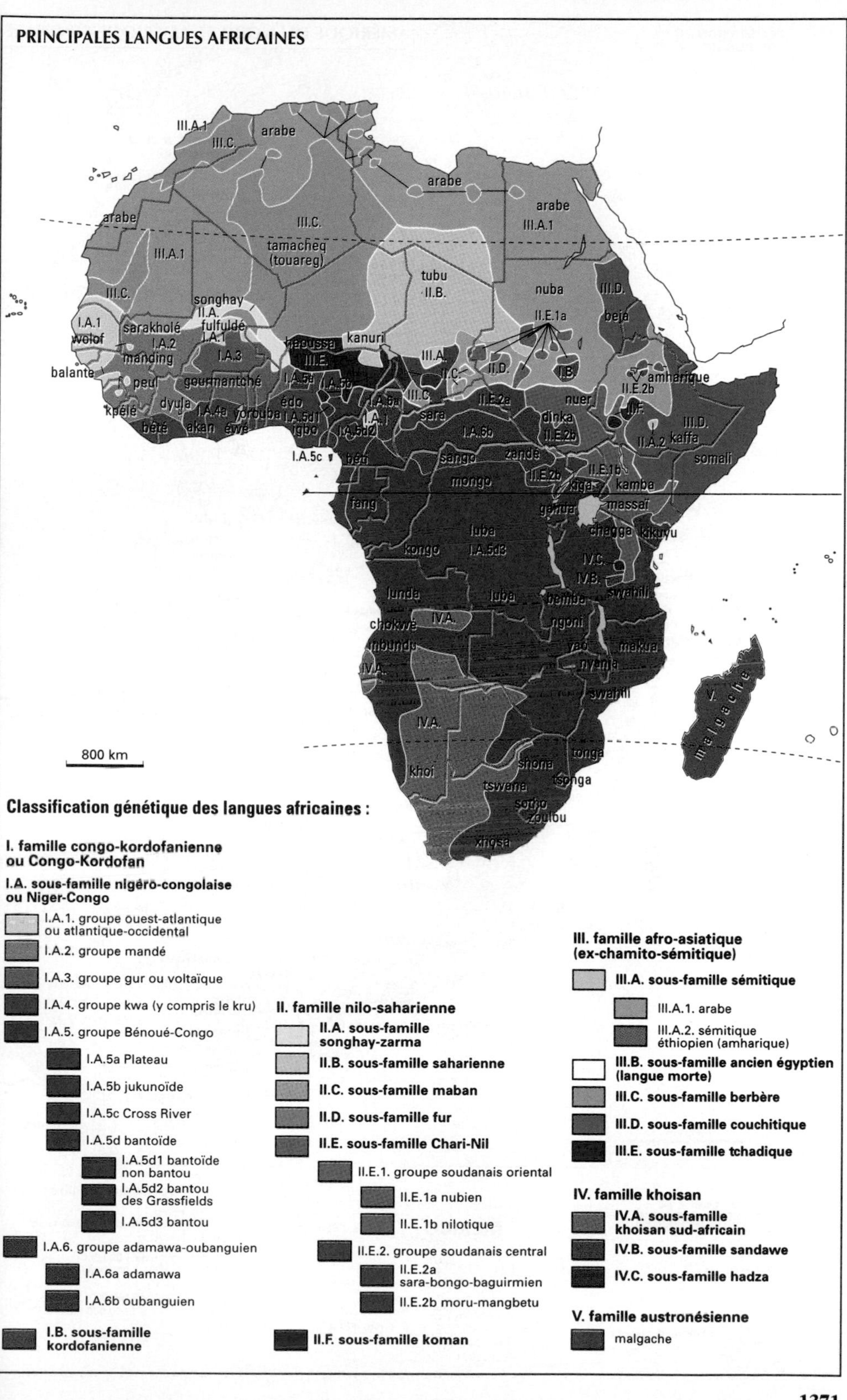
PRINCIPALES LANGUES AFRICAINES
III.A.1
III.C.
arabe
arabe
arabe
III.A.1
arabe
III.C.
tamacheq
(touareg)
III.A.1
tubu
II.B.
nuba
II.E.1a
III.D.
bejá
III.C.
songhay
II.A.
fulfulde
I.A.1
I.A.1
wolof
sarakholé
I.A.2
manding
I.A.3
haoussa
III.E.
kanuri
III.A.
II.C.
II.D.
I.B.
balante
peul
gourmantché
I.A.5a
I.A.5b
II.C.
II.E.2a
nuer
amharique
II.E.2b
kpélé
dyula
I.A.4a
yoruba
edo
I.A.5d1
I.A.6a
sara
dinka
II.E.2b
II.F.
bété
akan
éwé
igbo
I.A.5d2
I.A.1
I.A.6b
III.D.
II.A.2
kaffa
I.A.5c
béti
sango
zandé
somali
II.E.1b
mongo
II.E.2b
kiga
kamba
fang
ganda
massaï
luba
I.A.5d3
chagga
kikuyu
kongo
IV.C.
IV.B.
lunda
luba
bemba
swahili
chokwé
IV.A.
ngoni
mbundu
yao
makua
IV.A.
nyanja
swahili
V.
malgache
IV.A.
800 km
tonga
shona
khoi
tswana
tsonga
sotho
zoulou
xhosa
Classification génétique des langues africaines :
I. famille congo-kordofanienne ou Congo-Kordofan
I.A. sous-famille nigéro-congolaise ou Niger-Congo
I.A.1. groupe ouest-atlantique ou atlantique-occidental
I.A.2. groupe mandé
I.A.3. groupe gur ou voltaïque
I.A.4. groupe kwa (y compris le kru)
I.A.5. groupe Bénoué-Congo
I.A.5a Plateau
I.A.5b jukunoïde
I.A.5c Cross River
I.A.5d bantoïde
I.A.5d1 bantoïde non bantou
I.A.5d2 bantou des Grassfields
I.A.5d3 bantou
I.A.6. groupe adamawa-oubanguien
I.A.6a adamawa
I.A.6b oubanguien
I.B. sous-famille kordofanienne
II. famille nilo-saharienne
II.A. sous-famille songhay-zarma
II.B. sous-famille saharienne
II.C. sous-famille maban
II.D. sous-famille fur
II.E. sous-famille Chari-Nil
II.E.1. groupe soudanais oriental
II.E.1a nubien
II.E.1b nilotique
II.E.2. groupe soudanais central
II.E.2a sara-bongo-baguirmien
II.E.2b moru-mangbetu
II.F. sous-famille koman
III. famille afro-asiatique (ex-chamito-sémitique)
III.A. sous-famille sémitique
III.A.1. arabe
III.A.2. sémitique éthiopien (amharique)
III.B. sous-famille ancien égyptien (langue morte)
III.C. sous-famille berbère
III.D. sous-famille couchitique
III.E. sous-famille tchadique
IV. famille khoisan
IV.A. sous-famille khoisan sud-africain
IV.B. sous-famille sandawe
IV.C. sous-famille hadza
V. famille austronésienne
malgache

AMÉRIQUE DU NORD ET AMÉRIQUE CENTRALE
FÉDÉRATION DE RUSSIE
OCÉAN GLACIAL ARCTIQUE
Mer de Béring
Détroit de Béring
Nunivak
Alaska
Chaîne de Brooks
Yukon
Mont McKinley
Anchorage
Kodiak
Golfe d'Alaska
Mont Logan 6 050
Mer de Beaufort
Île Banks
Îles de la Reine-Élisabeth
Île d'Ellesmere
Îles Parry
Détroit de Melville
Mackenzie
Grand Lac de l'Ours
Grand Lac de l'Esclave
Lac Athabasca
Groenland (Danemark)
Thulé
Mont Forel 3 360
Ammassalik
Baie de Baffin
Terre de Baffin
Aasiaat
Sisimiut
Maniitsoq
NUUK
Qaqortoq
Cap Farewell
Détroit de Davis
cercle polaire arctique
Péninsule de Melville
Southampton
Détroit d'Hudson
Péninsule d'Ungava
Baie d'Hudson
Baie James
Péninsule du Labrador
Terre-Neuve
Golfe du St-Laurent
Saint-Pierre-et-Miquelon (Fr.)
St-Laurent
Québec
Archipel Alexandre
Îles de la Reine-Charlotte
Île Vancouver
MONTAGNES ROCHEUSES
CANADA
Edmonton
Saskatchewan
Calgary
Lac Winnipeg
Winnipeg
Vancouver
Seattle
Portland
Missouri
Lac Supérieur
Lac Huron
Lac Ontario
Lac Michigan
Lac Érié
Québec
Montréal
OTTAWA
Toronto
Boston
New York
Philadelphie
Baltimore
WASHINGTON
Detroit
Chicago
Minneapolis
Prairies
Mont Shasta
San Francisco
Denver
Platte
Missouri
St-Louis
Ohio
APPALACHES
Mont Mitchell
Los Angeles
Phoenix
ÉTATS-UNIS
Arkansas
Red River
Mississippi
Atlanta
Dallas
Houston
Rio Grande
La Nouvelle-Orléans
Bermudes (R.-U.)
OCÉAN ATLANTIQUE
OCÉAN PACIFIQUE
Basse-Californie
Golfe de Californie
Sierra Madre occid.
Sierra Madre mérid.
Monterrey
MEXIQUE
Guadalajara
León
MEXICO
Popocatepetl
5 700
Golfe du Mexique
Yucatán
Miami
BAHAMAS
NASSAU
tropique du Cancer
LA HAVANE
CUBA
RÉP. DOMINICAINE
PORT-AU-PRINCE
HAÏTI
ST-DOMINGUE
JAMAÏQUE
KINGSTON
Mer des Caraïbes
BELIZE
BELMOPAN
TEGUCIGALPA
HONDURAS
GUATEMALA
GUATEMALA
SAN SALVADOR
SALVADOR
NICARAGUA
MANAGUA
SAN JOSÉ
COSTA RICA
PANAMÁ
PANAMÁ
VENEZUELA
COLOMBIE
Golfe de Panamá
1 000 km
0 200 500 1 000 2 000 m
marais
inlandsis et glaciers
MEXICO capitale d'État
limite d'État
Population des villes :
plus de 5 000 000 hab.
de 1 000 000 à 5 000 000 hab.
de 100 000 à 1 000 000 hab.
autre ville

AMÉRIQUE DU SUD
MER DES CARAÏBES
Antilles
Martinique (Fr.)
STE-LUCIE
ST-VINCENT
Grenadines
LA BARBADE
Aruba (P.-B.)
Curaçao
Bonaire
GRENADE
CARACAS
PORT OF SPAIN
TRINITÉ-ET-TOBAGO
Sierra Nevada de Santa Marta
5 800
Maracaibo
Golfe de Darién
Canal de Panamá
VENEZUELA
Orénoque
PANAMÁ
Golfe de Panamá
Medellín
Llanos
GEORGETOWN
PARAMARIBO
GUYANA
Mont Roraima 2 810
SURINAM
Cayenne
Guyane française
Massif des Guyanes
Cali
BOGOTÁ
COLOMBIE
QUITO
ÉQUATEUR
Chimborazo
Guayaquil
Negro
Branco
Japurá
Putumayo
Manaus
Amazone
Marajó
Belém
Tocantins
Iquitos
Marañon
Javari
Juruá
Purus
Madeira
Tapajós
Xingu
Amazonie
Araguaia
Parnaíba
Fortaleza
Cap São Roque
Plateau de Borborema
Recife
OCÉAN ATLANTIQUE
équateur
Huascarán 6 768
LIMA
PÉROU
Cordillère des Andes
Ucayali
Guaporé
BRÉSIL
São Francisco
Plateau du Mato Grosso
BRASÍLIA
Plateau du Brésil
Salvador
LA PAZ
BOLIVIE
Paraguay
Chaco
Pantanal
Belo Horizonte
Serra da Mantiqueira
Pico de Bandeira 2 890
PARAGUAY
Paraná
ASUNCIÓN
Pilcomayo
Bermejo
São Paulo
Rio de Janeiro
Curitiba
tropique du Capricorne
San Félix (Chili)
San Ambrosio
OCÉAN PACIFIQUE
Désert d'Atacama
Ojos del Salado
Grandes Salines
Salado
Uruguay
Gran Chaco
Pôrto Alegre
Aconcagua
SANTIAGO
Col de la Cumbre
Îles Juan Fernández (Chili)
Pampa
URUGUAY
MONTEVIDEO
BUENOS AIRES
Río de la Plata
CHILI
ARGENTINE
Colorado
Negro
OCÉAN ATLANTIQUE
Tronador 3 460
Chiloé
Archipel de los Chonos
Patagonie
Golfe de San Jorge
Fitz Roy 3 375
Wellington
Port Stanley
Falkland (R.-U.) (Malouines)
Détroit de Magellan
Terre de Feu
Géorgie du Sud (R.-U.)
Cap Horn
Passage de Drake
1 000 km
10°
0°
20°
30°
40°
50°
90°
80°
70°
60°
50°
40°
30°
0
200
500
1 000
2 000 m
LIMA capitale d'État
marais
limite d'État
Population des villes :
plus de 5 000 000 hab.
de 1 000 000 à 5 000 000 hab.
de 100 000 à 1 000 000 hab.
moins de 100 000 hab.

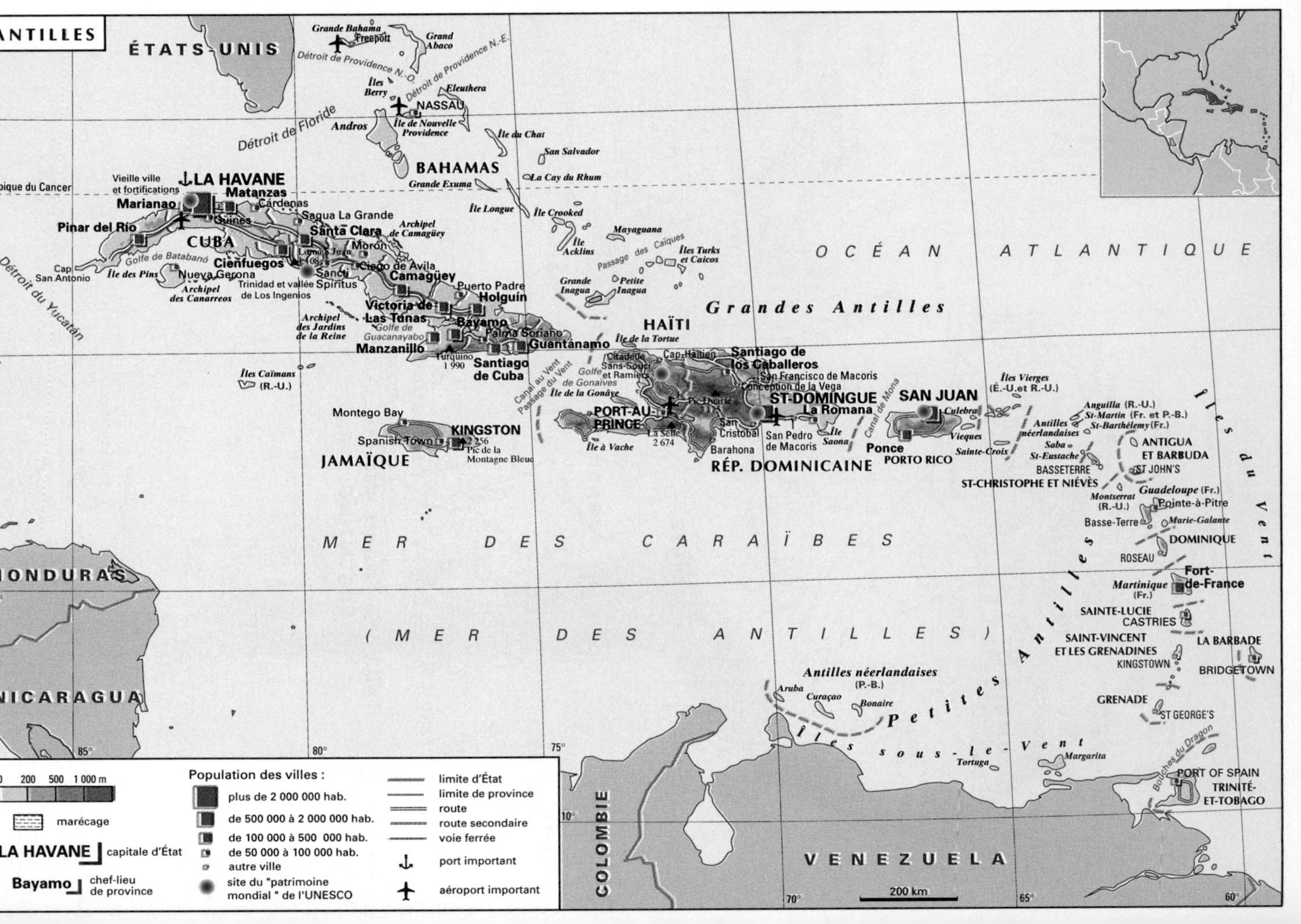
ANTILLES
ÉTATS-UNIS
OCÉAN ATLANTIQUE
MER DES CARAÏBES
(MER DES ANTILLES)
Grandes Antilles
Îles du Vent
Petites Antilles
Îles sous-le-Vent
tropique du Cancer
Détroit de Floride
Détroit du Yucatán
Détroit de Providence N.-O.
Détroit de Providence N.-E.
Grande Bahama
Freeport
Grand Abaco
Îles Berry
Eleuthera
NASSAU
Andros
Île de Nouvelle Providence
Île du Chat
San Salvador
BAHAMAS
Grande Exuma
La Cay du Rhum
Île Longue
Île Crooked
Mayaguana
Île Acklins
Passage des Caïques
Îles Turks et Caicos
Grande Inagua
Petite Inagua
Vieille ville et fortifications
LA HAVANE
Matanzas
Cárdenas
Marianao
Güines
Sagua La Grande
Santa Clara
Archipel de Camagüey
Pinar del Río
CUBA
Morón
Golfe de Batabanó
Cienfuegos
Ciego de Avila
Cap San Antonio
Île des Pins
Nueva Gerona
Sancti Spiritus
Camagüey
Archipel des Canarreos
Trinidad et vallée de Los Ingenios
Puerto Padre
Holguín
Archipel des Jardins de la Reine
Victoria de Las Tunas
Golfe de Guacanayabo
Bayamo
Palma Soriano
Manzanillo
Guantánamo
Turquino 1 990
Santiago de Cuba
Îles Caïmans (R.-U.)
HAÏTI
Île de la Tortue
Cap-Haïtien
Citadelle Sans-Souci et Ramiers
Golfe de Gonaïves
Île de la Gonâve
Canal au Vent
Passage du Vent
Santiago de los Caballeros
San Francisco de Macoris
Concepción de la Vega
Pic Duarte
ST-DOMINGUE
La Romana
Canal de Mona
SAN JUAN
Culebra
Montego Bay
KINGSTON
Spanish Town
2 256 Pic de la Montagne Bleue
JAMAÏQUE
PORT-AU-PRINCE
La Selle 2 674
Île à Vache
San Cristobal
Barahona
San Pedro de Macoris
Île Saona
RÉP. DOMINICAINE
Ponce
PORTO RICO
Vieques
Sainte-Croix
Îles Vierges (É.-U.et R.-U.)
Anguilla (R.-U.)
St-Martin (Fr. et P.-B.)
St-Barthélemy (Fr.)
Antilles néerlandaises
Saba
St-Eustache
ANTIGUA ET BARBUDA
ST JOHN'S
BASSETERRE
ST-CHRISTOPHE ET NIÉVÈS
Guadeloupe (Fr.)
Montserrat (R.-U.)
Pointe-à-Pitre
Basse-Terre
Marie-Galante
DOMINIQUE
ROSEAU
Martinique (Fr.)
Fort-de-France
SAINTE-LUCIE
CASTRIES
SAINT-VINCENT ET LES GRENADINES
KINGSTOWN
LA BARBADE
BRIDGETOWN
GRENADE
ST GEORGE'S
Antilles néerlandaises (P.-B.)
Aruba
Curaçao
Bonaire
Tortuga
Margarita
Bouches du Dragon
PORT OF SPAIN
TRINITÉ-ET-TOBAGO
HONDURAS
NICARAGUA
COLOMBIE
VENEZUELA
200 km
25°
20°
15°
10°
85°
80°
75°
70°
65°
60°
0 200 500 1 000 m
marécage
LA HAVANE capitale d'État
Bayamo chef-lieu de province
Population des villes :
plus de 2 000 000 hab.
de 500 000 à 2 000 000 hab.
de 100 000 à 500 000 hab.
de 50 000 à 100 000 hab.
autre ville
site du "patrimoine mondial" de l'UNESCO
limite d'État
limite de province
route
route secondaire
voie ferrée
port important
aéroport important

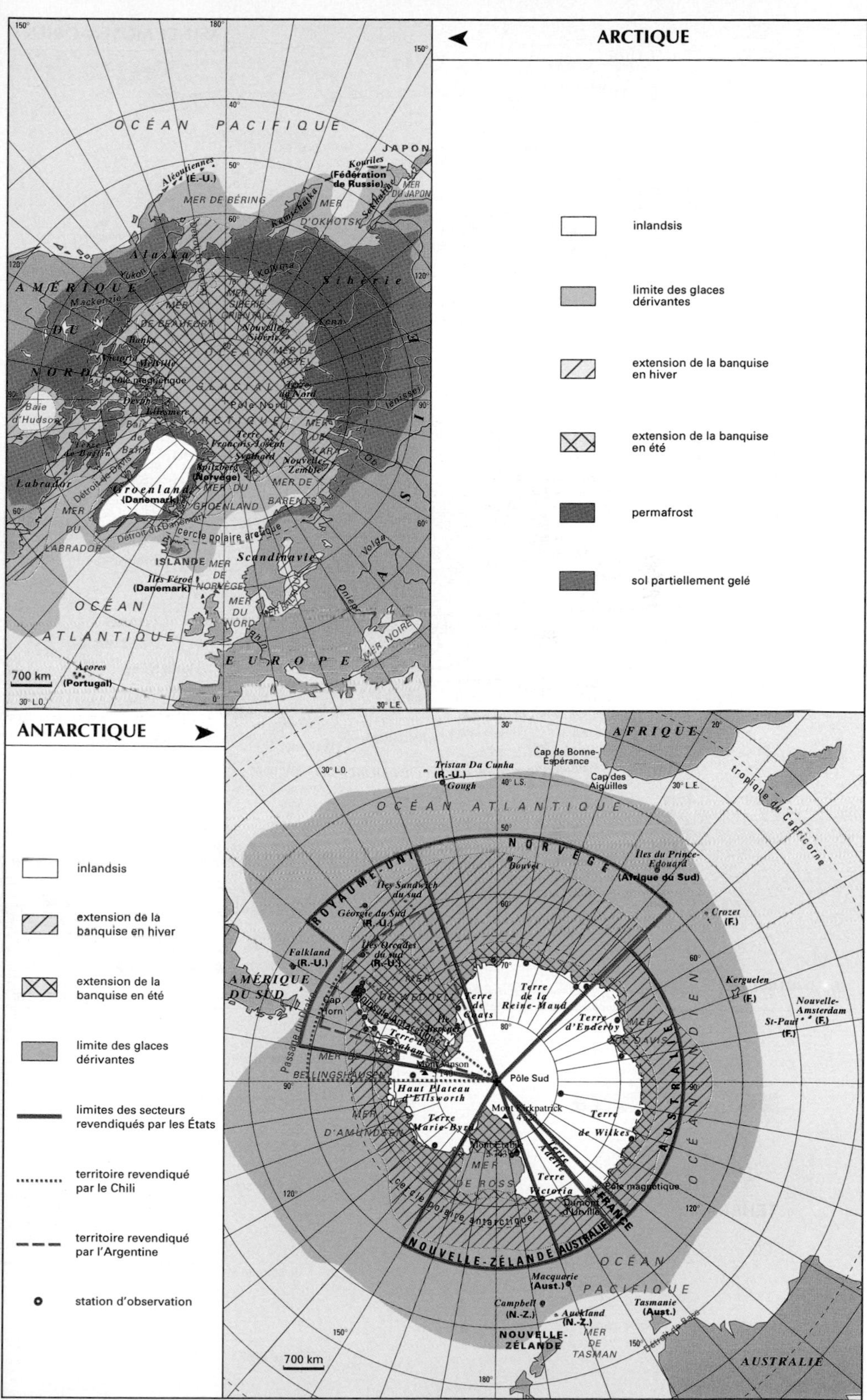
ARCTIQUE
inlandsis
limite des glaces dérivantes
extension de la banquise en hiver
extension de la banquise en été
permafrost
sol partiellement gelé
OCÉAN PACIFIQUE
OCÉAN ATLANTIQUE
MER DE BÉRING
MER D'OKHOTSK
MER DU JAPON
JAPON
Kouriles (Fédération de Russie)
Aléoutiennes (É.-U.)
Alaska
Sibérie
AMÉRIQUE DU NORD
Groenland (Danemark)
ISLANDE
Îles Féroé (Danemark)
Scandinavie
EUROPE
Açores (Portugal)
MER NOIRE
Spitzberg (Norvège)
Pôle Nord
Pôle magnétique
700 km
ANTARCTIQUE
inlandsis
extension de la banquise en hiver
extension de la banquise en été
limite des glaces dérivantes
limites des secteurs revendiqués par les États
territoire revendiqué par le Chili
territoire revendiqué par l'Argentine
station d'observation
AFRIQUE
OCÉAN ATLANTIQUE
OCÉAN INDIEN
OCÉAN PACIFIQUE
AMÉRIQUE DU SUD
AUSTRALIE
NOUVELLE-ZÉLANDE
ROYAUME-UNI
NORVÈGE
FRANCE
Pôle Sud
Terre de la Reine-Maud
Terre d'Enderby
Terre de Wilkes
Terre Victoria
Terre Marie-Byrd
Haut Plateau d'Ellsworth
MER DE ROSS
MER D'AMUNDSEN
MER DE BELLINGSHAUSEN
MER DE TASMAN
Falkland (R.-U.)
Kerguelen (F.)
Crozet (F.)
Tasmanie (Aust.)
tropique du Capricorne
cercle polaire antarctique
700 km

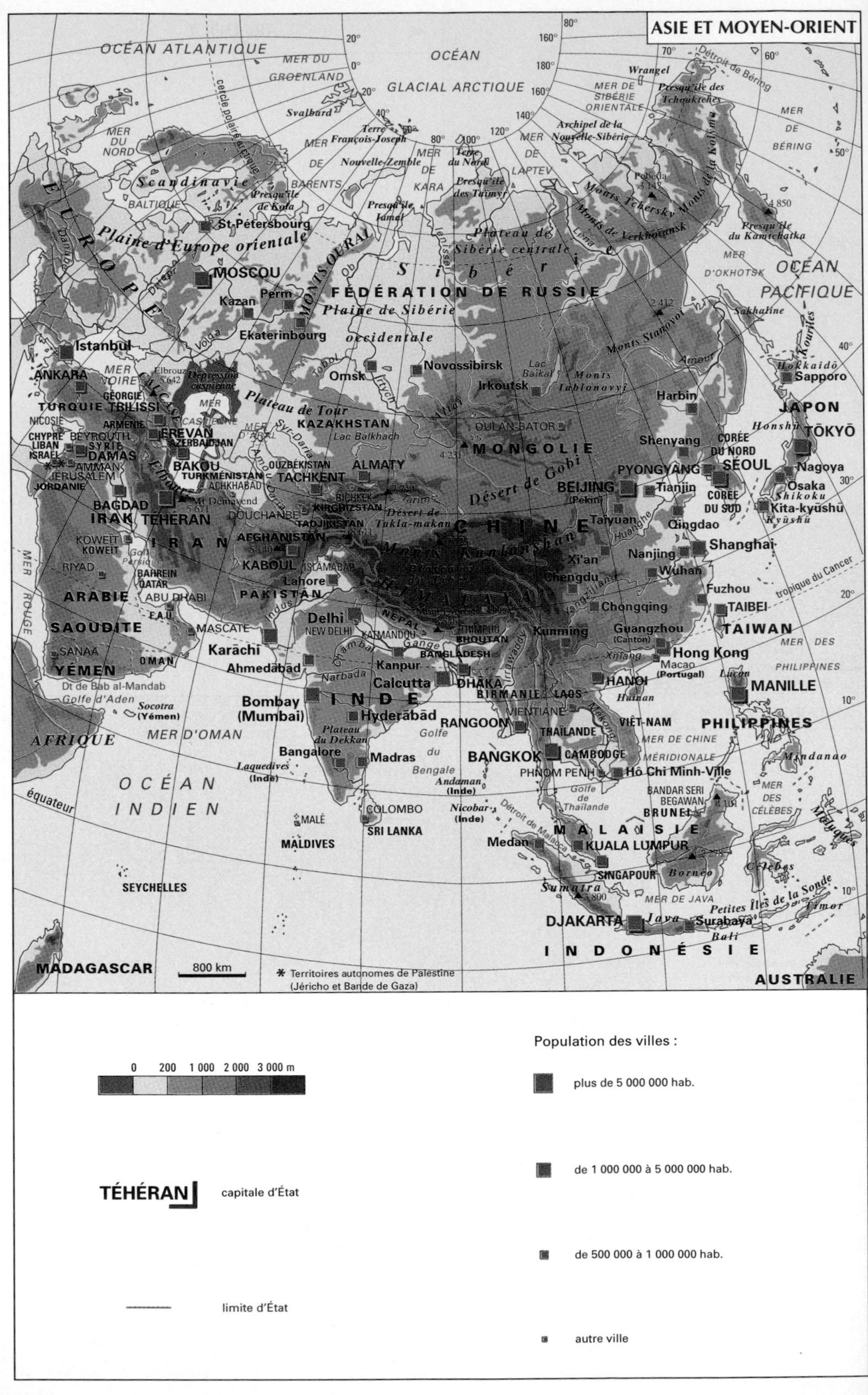
ASIE ET MOYEN-ORIENT
OCÉAN ATLANTIQUE
MER DU GROENLAND
OCÉAN GLACIAL ARCTIQUE
MER DU NORD
Scandinavie
BALTIQUE
Svalbard
Terre François-Joseph
MER DE BARENTS
Nouvelle-Zemble
Presqu'île de Kola
St-Pétersbourg
MER DE KARA
Presqu'île Iamal
Terre du Nord
Presqu'île des Taïmyr
MER DE LAPTEV
Archipel de la Nouvelle-Sibérie
Wrangel
MER DE SIBÉRIE ORIENTALE
Presqu'île des Tchouktches
Détroit de Béring
MER DE BÉRING
Monts Tchersky
Monts de la Kolyma
Monts de Verkhoïansk
Pobeda 3 147
4 850
Presqu'île du Kamtchatka
MER D'OKHOTSK
OCÉAN PACIFIQUE
Sakhaline
Kouriles
EUROPE
Plaine d'Europe orientale
MOSCOU
MONTS OURAL
Plateau de Sibérie centrale
Sibérie
FÉDÉRATION DE RUSSIE
Kazan
Perm
Ob
Plaine de Sibérie occidentale
Ekaterinbourg
Iénisseï
Léna
Monts Stanovoï
2 412
Istanbul
Volga
Dniepr
Danube
MER NOIRE
ANKARA
Elbrouz 5 642
CAUCASE
Dépression caspienne
MER CASPIENNE
Omsk
Novossibirsk
Irkoutsk
Lac Baïkal
Monts Iablonovyï
Amour
Hokkaidō
Sapporo
TURQUIE
GÉORGIE
TBILISSI
ARMÉNIE
EREVAN
AZERBAÏDJAN
NICOSIE
CHYPRE
LIBAN
ISRAËL
BEYROUTH
SYRIE
DAMAS
AMMAN
JÉRUSALEM
JORDANIE
Plateau de Tour
MER D'ARAL
KAZAKHSTAN
Lac Balkhach
Irtych
Altaï
OULAN-BATOR
MONGOLIE
4 231
Harbin
JAPON
Honshū
TŌKYŌ
Shenyang
CORÉE DU NORD
PYONGYANG
SÉOUL
Nagoya
Osaka
Shikoku
Kita-kyūshū
Kyūshū
BAKOU
OUZBÉKISTAN
TURKMÉNISTAN
ACHKHABAD
TACHKENT
ALMATY
BICHKEK
KIRGHIZSTAN
DOUCHANBE
TADJIKISTAN
Syr-Daria
Amou-Daria
Elbourz
Mt Demavend 5 671
BAGDAD
IRAK
TÉHÉRAN
IRAN
AFGHANISTAN
KABOUL
Tarim
Désert de Takla-makan
Désert de Gobi
BEIJING (Pékin)
Tianjin
Taiyuan
CORÉE DU SUD
Qingdao
CHINE
Monts Kunlun Shan
Huanghe
Xi'an
Nanjing
Shanghai
Wuhan
KOWEÏT
Golfe Persique
RIYAD
BAHREIN
QATAR
ABU DHABI
E.A.U.
ARABIE SAOUDITE
MER ROUGE
MASCATE
OMAN
SANAA
YÉMEN
ISLAMABAD
Lahore
PAKISTAN
Indus
HIMALAYA
Chengdu
Yangzijiang
Chongqing
Fuzhou
TAIBEI
TAIWAN
tropique du Cancer
Delhi
NEW DELHI
NÉPAL
KATMANDOU
THIMPHU
BHOUTAN
Gange
BANGLADESH
Chambal
Karachi
Ahmedābād
Kanpur
Narbada
Calcutta
DHĀKA
BIRMANIE
Irrawaddy
Kunming
Guangzhou (Canton)
Xijiang
Hong Kong
Macao (Portugal)
MER DES PHILIPPINES
Dt de Bab al-Mandab
Golfe d'Aden
Socotra (Yémen)
AFRIQUE
MER D'OMAN
Bombay (Mumbai)
INDE
Hyderābād
Plateau du Dekkan
Golfe du Bengale
RANGOON
LAOS
VIENTIANE
HANOI
Hainan
Luçon
MANILLE
VIÊT-NAM
PHILIPPINES
THAÏLANDE
Mékong
MER DE CHINE MÉRIDIONALE
Bangalore
Madras
BANGKOK
CAMBODGE
PHNOM PENH
Hô Chi Minh-Ville
Mindanao
Laquedives (Inde)
Andaman (Inde)
Golfe de Thaïlande
OCÉAN INDIEN
équateur
COLOMBO
SRI LANKA
Nicobar (Inde)
Détroit de Malacca
BANDAR SERI BEGAWAN
BRUNEI
MALAISIE
MER DES CÉLÈBES
Moluques
MALÉ
MALDIVES
Medan
KUALA LUMPUR
SINGAPOUR
Bornéo
Célèbes
SEYCHELLES
Sumatra
3 800
MER DE JAVA
Petites Îles de la Sonde
Timor
DJAKARTA
Java
Surabaya
Bali
INDONÉSIE
MADAGASCAR
800 km
* Territoires autonomes de Palestine (Jéricho et Bande de Gaza)
AUSTRALIE
0 200 1 000 2 000 3 000 m
TÉHÉRAN capitale d'État
limite d'État
Population des villes :
plus de 5 000 000 hab.
de 1 000 000 à 5 000 000 hab.
de 500 000 à 1 000 000 hab.
autre ville

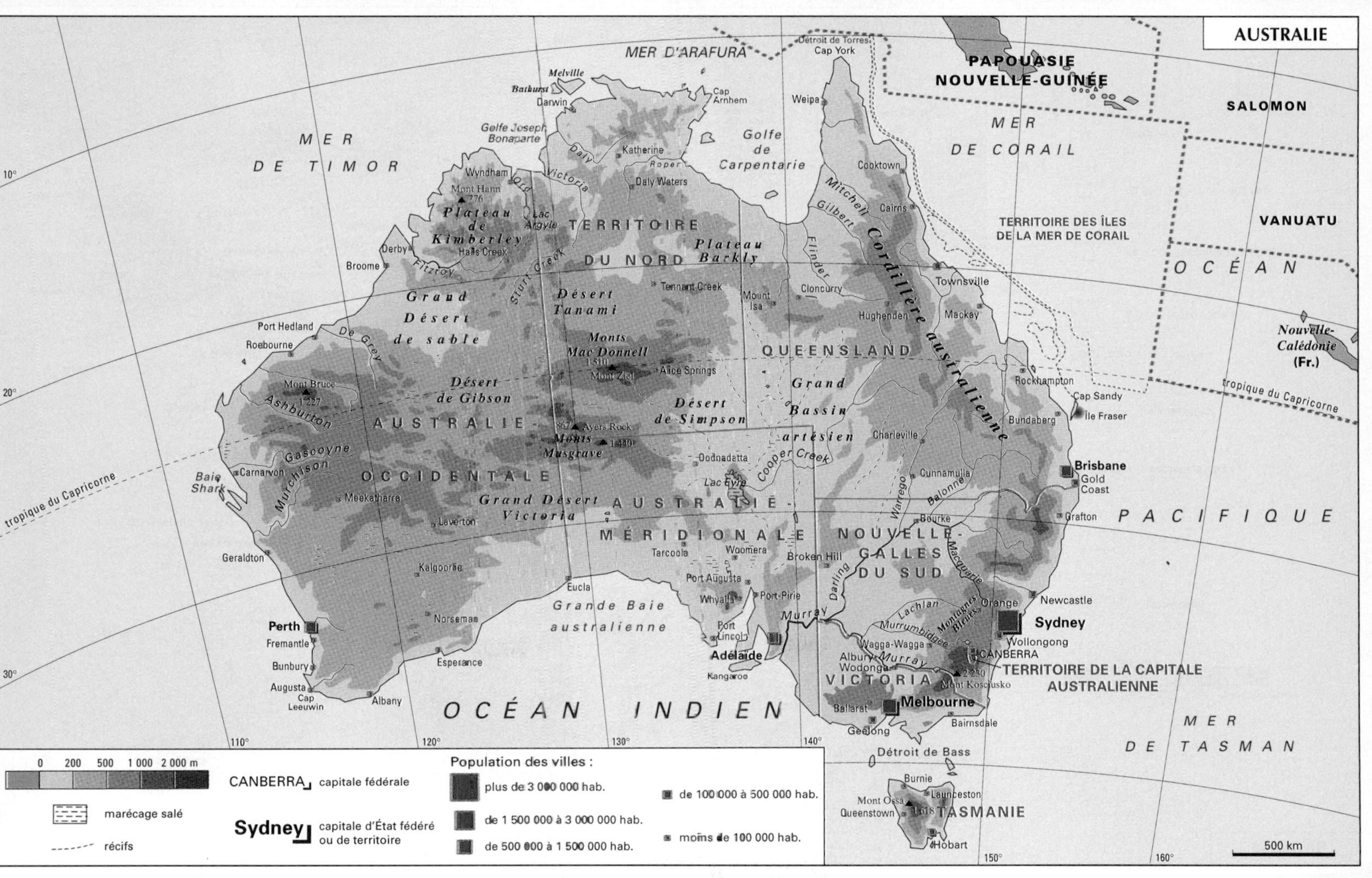
AUSTRALIE
MER D'ARAFURA
Détroit de Torres
Cap York
PAPOUASIE NOUVELLE-GUINÉE
SALOMON
MER DE CORAIL
VANUATU
TERRITOIRE DES ÎLES DE LA MER DE CORAIL
OCÉAN PACIFIQUE
Nouvelle-Calédonie (Fr.)
tropique du Capricorne
MER DE TIMOR
Melville
Bathurst
Darwin
Cap Arnhem
Weipa
Golfe Joseph Bonaparte
Golfe de Carpentarie
Katherine
Roper
Daly
Victoria
Daly Waters
Cooktown
Mitchell
Gilbert
Cairns
Wyndham
Ord
Mont Hann 776
Plateau de Kimberley
Lac Argyle
TERRITOIRE DU NORD
Plateau Barkly
Flinder
Cordillère australienne
Halls Creek
Derby
Broome
Fitzroy
Sturt Creek
Tennant Creek
Mount Isa
Cloncurry
Townsville
Mackay
Hughenden
Grand Désert de sable
Désert Tanami
Port Hedland
Roebourne
De Grey
Monts Mac Donnell
1 510
Mont Ziel
Alice Springs
QUEENSLAND
Rockhampton
Cap Sandy
Île Fraser
Mont Bruce 1 227
Ashburton
Désert de Gibson
Désert de Simpson
Grand Bassin artésien
Bundaberg
AUSTRALIE-OCCIDENTALE
867 Ayers Rock
Monts Musgrave
1 440
Charleville
Gascoyne
Oodnadatta
Cooper Creek
Brisbane
Gold Coast
Baie Shark
Carnarvon
Murchison
Lac Eyre
Cunnamulla
Balonne
Warrego
Meekatharra
Grand Désert Victoria
AUSTRALIE-MÉRIDIONALE
Bourke
Grafton
Laverton
NOUVELLE-GALLES DU SUD
Macquarie
Tarcoola
Woomera
Broken Hill
Darling
Geraldton
Kalgoorlie
Port Augusta
Eucla
Whyalla
Port-Pirie
Newcastle
Grande Baie australienne
Murray
Lachlan
Murrumbidgee
Montagnes Bleues
Orange
Sydney
Perth
Norseman
Port Lincoln
Fremantle
Wollongong
Wagga-Wagga
CANBERRA
Adélaïde
Albury
Wodonga
Bunbury
Esperance
TERRITOIRE DE LA CAPITALE AUSTRALIENNE
VICTORIA
2 230
Mont Kosciusko
Kangaroo
Augusta
Cap Leeuwin
Albany
OCÉAN INDIEN
Ballarat
Melbourne
Bairnsdale
MER DE TASMAN
Geelong
Détroit de Bass
Burnie
Mont Ossa
Launceston
Queenstown
1 618
TASMANIE
Hobart
10°
20°
30°
110°
120°
130°
140°
150°
160°
500 km
0 200 500 1 000 2 000 m
marécage salé
récifs
CANBERRA capitale fédérale
Sydney capitale d'État fédéré ou de territoire
Population des villes :
plus de 3 000 000 hab.
de 1 500 000 à 3 000 000 hab.
de 500 000 à 1 500 000 hab.
de 100 000 à 500 000 hab.
moins de 100 000 hab.

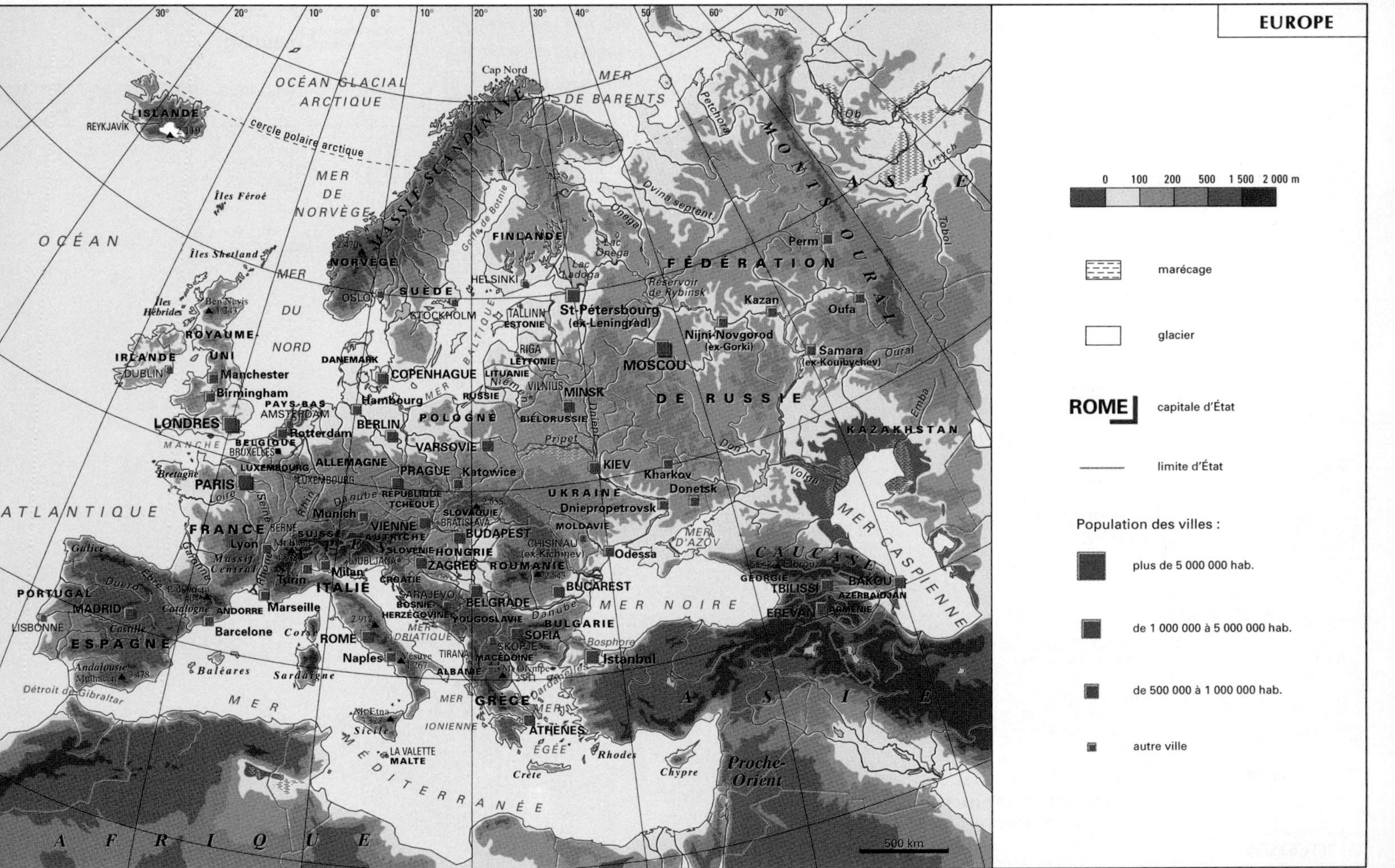
EUROPE
0 100 200 500 1 500 2 000 m
marécage
glacier
ROME capitale d'État
limite d'État
Population des villes :
plus de 5 000 000 hab.
de 1 000 000 à 5 000 000 hab.
de 500 000 à 1 000 000 hab.
autre ville
500 km
OCÉAN GLACIAL ARCTIQUE
cercle polaire arctique
MER DE BARENTS
MER DE NORVÈGE
OCÉAN ATLANTIQUE
MER DU NORD
MANCHE
MER BALTIQUE
Golfe de Botnie
MER MÉDITERRANÉE
MER NOIRE
MER D'AZOV
MER CASPIENNE
MER ADRIATIQUE
MER IONIENNE
MER ÉGÉE
MASSIF SCANDINAVE
MONTS OURAL
CAUCASE
ASIE
AFRIQUE
Proche-Orient
Cap Nord
Îles Féroé
Îles Shetland
Îles Hébrides
Ben Nevis
Bretagne
Massif Central
Galice
Castille
Catalogne
Andalousie
Mulhacén
Détroit de Gibraltar
Baléares
Corse
Sardaigne
Sicile
Mt Etna
Vésuve
Mt Olympe
Crète
Rhodes
Chypre
Bosphore
Dardanelles
ISLANDE
REYKJAVÍK
NORVÈGE
OSLO
SUÈDE
STOCKHOLM
FINLANDE
HELSINKI
DANEMARK
COPENHAGUE
ROYAUME-UNI
LONDRES
Manchester
Birmingham
IRLANDE
DUBLIN
PAYS-BAS
AMSTERDAM
Rotterdam
BELGIQUE
BRUXELLES
LUXEMBOURG
FRANCE
PARIS
Lyon
Marseille
ESPAGNE
MADRID
Barcelone
ANDORRE
PORTUGAL
LISBONNE
ALLEMAGNE
BERLIN
Hambourg
Munich
SUISSE
BERNE
AUTRICHE
VIENNE
ITALIE
ROME
Milan
Turin
Naples
LA VALETTE
MALTE
RÉPUBLIQUE TCHÈQUE
PRAGUE
SLOVAQUIE
BRATISLAVA
POLOGNE
VARSOVIE
Katowice
HONGRIE
BUDAPEST
SLOVÉNIE
LJUBLJANA
CROATIE
ZAGREB
BOSNIE-HERZÉGOVINE
SARAJEVO
YOUGOSLAVIE
BELGRADE
ALBANIE
TIRANA
MACÉDOINE
SKOPJE
GRÈCE
ATHÈNES
BULGARIE
SOFIA
ROUMANIE
BUCAREST
MOLDAVIE
CHISINAU (ex-Kichinev)
UKRAINE
KIEV
Kharkov
Donetsk
Dniepropetrovsk
Odessa
BIÉLORUSSIE
MINSK
LITUANIE
VILNIUS
LETTONIE
RIGA
ESTONIE
TALLINN
RUSSIE
FÉDÉRATION DE RUSSIE
MOSCOU
St-Pétersbourg (ex-Leningrad)
Nijni-Novgorod (ex-Gorki)
Kazan
Perm
Oufa
Samara (ex-Kouïbychev)
KAZAKHSTAN
GÉORGIE
TBILISSI
ARMÉNIE
EREVAN
AZERBAÏDJAN
BAKOU
Istanbul
Lac Ladoga
Lac Onega
Réservoir de Rybinsk
Petchora
Dvina sept.
Onega
Ob
Irtych
Tobol
Oural
Emba
Volga
Don
Dniepr
Pripet
Niémen
Danube
Rhin
Rhône
Seine
Loire
Garonne
Èbre
Duero

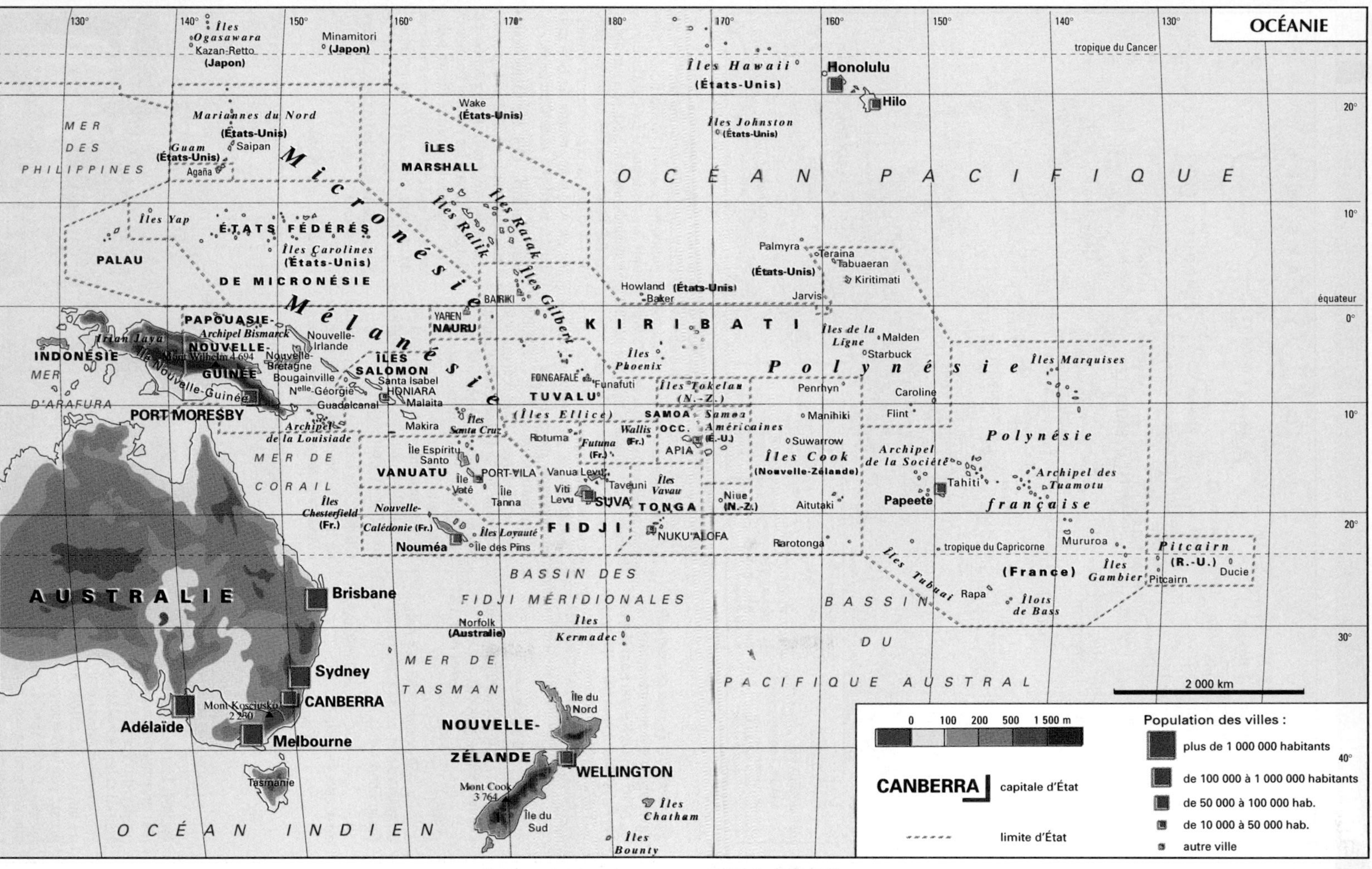

OCÉANIE
O C É A N   P A C I F I Q U E
P A C I F I Q U E   A U S T R A L
O C É A N   I N D I E N
tropique du Cancer
équateur
tropique du Capricorne
Population des villes :
plus de 1 000 000 habitants
de 100 000 à 1 000 000 habitants
de 50 000 à 100 000 hab.
de 10 000 à 50 000 hab.
autre ville
CANBERRA capitale d'État
limite d'État
0 100 200 500 1 500 m
2 000 km
AUSTRALIE
Brisbane
Sydney
CANBERRA
Melbourne
Adélaïde
Tasmanie
Mont Kosciusko 2 230
NOUVELLE-ZÉLANDE
WELLINGTON
Île du Nord
Île du Sud
Mont Cook 3 764
PAPOUASIE-NOUVELLE-GUINÉE
PORT MORESBY
INDONÉSIE
Irian Jaya
Archipel Bismarck
Mont Wilhelm 4 694
Nouvelle-Irlande
Nouvelle-Bretagne
Bougainville
Nelle-Géorgie
ÎLES SALOMON
Santa Isabel
HONIARA
Guadalcanal
Malaita
Makira
Îles Santa Cruz
VANUATU
PORT-VILA
Île Espíritu Santo
Île Vaté
Île Tanna
Nouvelle-Calédonie (Fr.)
Nouméa
Îles Loyauté
Île des Pins
FIDJI
SUVA
Viti Levu
Vanua Levu
Taveuni
TONGA
NUKU'ALOFA
Îles Vavau
SAMOA OCC.
APIA
Samoa Américaines (É.-U.)
Wallis (Fr.)
Futuna (Fr.)
Rotuma
TUVALU
FONGAFALE
Funafuti
(Îles Ellice)
KIRIBATI
BAIRIKI
Îles Gilbert
Îles Phoenix
Îles de la Ligne
NAURU
YAREN
ÎLES MARSHALL
Îles Ratak
Îles Ralik
Wake (États-Unis)
ÉTATS FÉDÉRÉS DE MICRONÉSIE
Îles Carolines (États-Unis)
Îles Yap
PALAU
Guam (États-Unis)
Agaña
Mariannes du Nord (États-Unis)
Saipan
Îles Ogasawara
Kazan-Retto (Japon)
Minamitori (Japon)
Micronésie
Mélanésie
Polynésie
Îles Hawaii (États-Unis)
Honolulu
Hilo
Îles Johnston (États-Unis)
Palmyra (États-Unis)
Jarvis
Howland
Baker
(États-Unis)
Teraina
Tabuaeran
Kiritimati
Malden
Starbuck
Caroline
Flint
Penrhyn
Manihiki
Suwarrow
Îles Cook (Nouvelle-Zélande)
Aitutaki
Rarotonga
Niue (N.-Z.)
Îles Tokelau (N.-Z.)
Polynésie française (France)
Archipel de la Société
Tahiti
Papeete
Îles Marquises
Archipel des Tuamotu
Mururoa
Îles Gambier
Îles Tubuai
Rapa
Îlots de Bass
Pitcairn (R.-U.)
Pitcairn
Ducie
Îles Kermadec
Norfolk (Australie)
Îles Chatham
Îles Bounty
Îles Chesterfield (Fr.)
Archipel de la Louisiade
MER DES PHILIPPINES
MER D'ARAFURA
MER DE CORAIL
MER DE TASMAN
BASSIN DES FIDJI MÉRIDIONALES
BASSIN DU PACIFIQUE AUSTRAL

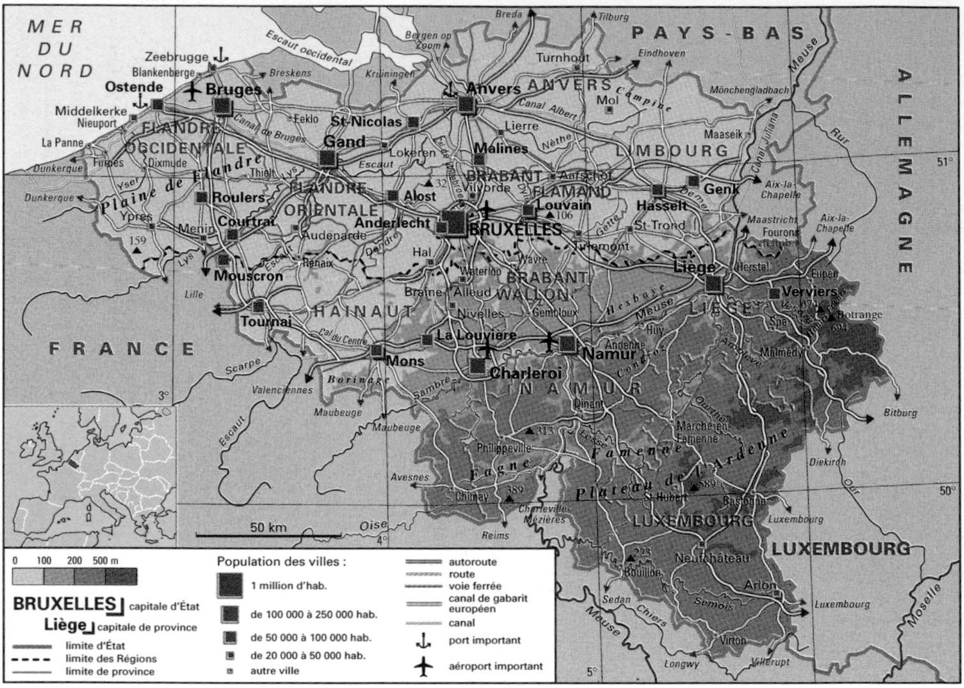

Royaume de Belgique

État fédéral d'Europe occidentale limité au nord-ouest par la mer du Nord, au nord et au nord-est par les Pays-Bas, à l'est par l'Allemagne, au sud-est par le Luxembourg et à l'ouest et au sud par la France.

Superficie : 30 515 km².

Population : 10 158 000 hab. (estimation 1995). (*Belges*)
Croissance annuelle : moins de 1,3 ‰ (1993).

Capitale : Bruxelles, 136 424 hab., un million d'hab. pour l'agglomération (estimation 1994).

Produit national brut : 269 milliards de dollars (1995).

P.N.B./hab. : 26 000 dollars (1995).

Monnaie : franc belge.

Fête nationale : 21 juillet.

GÉOGRAPHIE PHYSIQUE

Relief. Les deux tiers du pays appartiennent à la grande plaine européenne du Nord-Ouest ; ainsi, dans le nord et le centre du pays, l'altitude est partout inférieure à 200 m, jusqu'au bord du sillon ouest-est emprunté par la Sambre et, à partir de Namur, par la Meuse. Séparée de la mer du Nord par une zone de polders et un bourrelet de dunes, la plaine maritime précède les plaines de Flandre et de Campine, qui s'élèvent à 50 m. Au sud et à l'est, s'étendent les bas plateaux limoneux de la Wallonie, dont l'altitude oscille entre 50 et 200 m. Ses plaines limoneuses et ses plateaux couverts de lœss (Hainaut, Hesbaye) en font un grenier et un pâturage naturels. Au sud du sillon Sambre-Meuse, les altitudes sont supérieures : 200 à 350 m sur les plateaux du Condroz et de l'Entre-Sambre-et-Meuse, et plus de 400 m en Ardenne. Les sommets dessinent une ligne de crête dont l'altitude augmente d'ouest en est pour culminer à 694 m dans les Hautes Fagnes, au signal de Botrange.

Climat. Sa latitude et la proximité de la mer donnent à la Belgique un climat océanique doux et pluvieux : températures modérées, vents soufflant du sud-ouest ou de l'ouest, pluies fréquentes (voire neige, surtout en Ardenne). Les différences entre le Nord et le Sud, peu sensibles en été, sont marquées en hiver : près de 1 400 mm de précipitations annuelles en Ardenne, moins de 800 mm dans le nord et le centre du pays.

Végétation. Comme dans toute l'Europe occidentale, il reste peu de traces de végétation spontanée en Belgique. Dans les Hautes Fagnes et en Campine, l'humidité du sol a développé une couverture de mousse et de bruyère. Seuls 20 % du territoire sont encore boisés (surtout dans le Sud) : deux tiers de feuillus, un tiers de résineux.

Dinant, au bord de la Meuse.

Fleuves. L'abondance des précipitations et la présence de sols souvent imperméables ont favorisé le développement d'un réseau hydrographique régulièrement alimenté. Deux grands fleuves, l'Escaut (430 km) et la Meuse (950 km), originaires de France et qui se jettent dans la mer du Nord aux Pays-Bas, drainent le pays. Le bassin de l'Yser (petit fleuve venu de France) est presque entièrement côtier. Deux petites portions du territoire appartiennent aux bassins du Rhin (avec la Sûre) et de la Seine (avec l'Oise).

GÉOGRAPHIE HUMAINE

Langues. Les trois langues principales sont le néerlandais (58,5 %), le français (33,6 %) et l'allemand (0,6 %). Le néerlandais s'est superposé à des dialectes « flamands » (west-flamand, brabançon, limbourgeois) ; le français, à des dialectes wallons*.

Religions. La religion dominante est le catholicisme (90 % de la population). On compte, en outre, des musulmans (1,1 %), des protestants (0,7 %), des anglicans et des juifs. L'État subventionne les cinq cultes.

Population. La Belgique est l'un des pays les plus densément peuplés de la planète : plus de trois fois plus que la France, presque autant que les Pays-Bas. Les plus fortes densités se présentent dans le triangle Anvers-Bruxelles-Gand. Une grande partie du Sud n'atteint pas le sixième de la moyenne nationale. La population vieillit d'autant plus que l'immigration diminue.

Villes. L'urbanisation est forte : 96,5 %. On dénombre 135 villes, dont cinq métropoles : Bruxelles comptant (950 000 hab. avec l'agglomération), Anvers (463 000 hab.), Gand (228 000 hab.), Charleroi (207 000 hab), Liège (195 000 hab.).

INSTITUTIONS

La Belgique est depuis 1831 une monarchie constitutionnelle et parlementaire. Aucun acte du roi ne peut avoir d'effet s'il n'est avalisé par un ministre. La Constitution impose la parité des ministres néerlandophones et francophones, le Premier ministre éventuellement excepté. Le pouvoir législatif est détenu à la fois par le roi, la Chambre des représentants et le Sénat. Les élections législatives ont lieu au suffrage universel direct ; le vote est obligatoire et le scrutin est proportionnel. Quatre révisions de la Constitution, en 1970, 1980, 1988 (loi de décentralisation) et 1993, ont transformé la Belgique, qui était un État unitaire en un État fédéral qui rassemble trois communautés culturelles (flamande, française et allemande) et trois Régions (Flandre, Wallonie et Bruxelles-Capitale). L'État fédéral, les Communautés et les Régions ont chacun des compétences exclusives, pour lesquelles ils exercent les pouvoirs d'État sur un pied d'équivalence juridique (normes législatives égales en droit). Chacun de ces pouvoirs a son Parlement, son gouvernement et le droit de mener des relations internationales.

ÉCONOMIE

Agriculture. Depuis 1960, elle a connu de profondes mutations. Prédominant dans le Sud, l'élevage assure la plus grande partie du revenu agricole (2 % du P.N.B.). La pêche est active (poissons plats, surtout).

Mines et Industrie. Les mines de charbon wallonnes ont contribué au formidable essor du pays au XIXe siècle. La dernière a fermé en 1984. Depuis les années 60, industries lourdes et textiles se sont amenuisées au profit des techniques de pointe. L'agro-alimentaire conserve son importance.

Secteur tertiaire. Il emploie près de 70 % de la population active. Bruxelles joue un rôle majeur. Le tourisme est actif : 13 millions de visiteurs par an.

Échanges extérieurs. Les exportations, à destination de l'Allemagne (21 %), de la France (19 %), des Pays-Bas (13 %), l'emportent un peu sur les importations, en provenance d'Allemagne (21,5 %), des Pays-Bas (18 %), de France (16 %).

Transports. La desserte routière est excellente (plus de 1 550 km d'autoroutes, 13 000 km de routes). Le réseau ferré, le plus ancien d'Europe, a 3 410 km. Plus de la moitié des voies navigables sont accessibles aux navires de fort tonnage. La Belgique a trois grands ports maritimes : Anvers, Zeebrugge et Gand, un aéroport international : Bruxelles, et quatre aéroports régionaux en expansion : Anvers, Charleroi, Liège et Ostende.

ÉDUCATION ET SANTÉ

Éducation. La population est alphabétisée dans sa quasi-totalité. 42 % ont reçu une éducation secondaire, 3,5 % bénéficient d'une formation universitaire.

Santé. On comptait 36 178 médecins (1 pour 288 hab.) en 1993 et 80 549 lits d'hôpital (1 pour 124 hab.) en 1991.

© M. Dussart / PIX

La maison du Roi, sur la Grand-Place de Bruxelles.

HISTOIRE

De la Gaule aux Pays-Bas. Partie nord-est de la Gaule, la Gaule Belgique était plus étendue que la Belgique actuelle. Comme le reste de la Gaule, cette région, où vivent plusieurs peuples celtes, est conquise par César (57-51 av. J.-C.) et fait partie de l'Empire romain. Au Bas-Empire, elle comprend deux parties : la Belgique Première (capitale : Trèves) ; la Belgique Seconde (capitale : Reims). Au Ve siècle, la Belgique fait partie du royaume franc, qu'au VIIIe siècle Charlemagne (né dans la région) transforme en un vaste empire d'Occident. Au traité de Verdun (843), celui-ci éclate : à l'ouest de l'Escaut, la *Francia occidentalis*, espace dans lequel se développe la France ; au centre, la *Francia media*, qui deviendra la Lotharingie ; à l'est, la *Francia orientalis*, ou Germanie, qui s'étend de la Meuse à l'Oder. Le territoire de la Belgique actuelle se morcelle progressivement en seigneuries indépendantes. À la fin du Xe siècle, Charles de France, père du roi de France, vassal de l'empereur Otton, fonde le Castrum de Bruxelles. Des cités-États acquièrent la prospérité au XIIe siècle. Le puissant duché de Brabant noue des alliances matrimoniales avec les souverains français. Le comté de Flandre, son rival, parvient à battre la chevalerie royale française à Courtrai le 11 juillet 1302.

Par un jeu d'alliances matrimoniales, l'ensemble des *Pays-Bas*, comprenant notamment les Pays-Bas, la Belgique et le Luxembourg actuels, est unifié par le duc de Bourgogne*, Philippe III le Bon.

La vaste principauté épiscopale de Liège demeure indépendante. La cour ducale de Bruxelles répand l'usage du français. En 1477, la fille de Charles le Téméraire (mort cette année-là), Marie de Bourgogne, apporte en dot à Maximilien d'Autriche les Pays-Bas bourguignons, dont hérite Charles Quint (né à Gand en 1500, couronné à Bruxelles en 1516). À la demande de la population, il ouvre des écoles françaises. Son fils, Philippe II, roi d'Espagne et prince des Pays-Bas en 1556, adopte une politique brutale. Brimant le sentiment national, il fait exécuter Egmont* et Hornes* à Bruxelles en 1568. Quand, en 1579, le nord des Pays-Bas, protestant, consolide fortement son unité (Union d'Utrecht), les catholiques forment la Confédération d'Arras. Ils se résignent à prendre parti pour le gouverneur Alexandre Farnèse (duc de Parme au service de l'Espagne) qui reconquiert la Flandre et le Hainaut, de 1581 à 1585.

© A. Meyer / ARTEPHOT

Marie de Bourgogne, la fille de Charles le Téméraire.

La scission entre le Nord (les Provinces-Unies qui deviendront les Pays-Bas actuels) et le Sud (les Pays-Bas méridionaux, espagnols, qui deviendront la Belgique) est prononcée à jamais. En 1648, à l'issue de la guerre de Trente* Ans, l'Espagne reconnaît enfin l'indépendance des Provinces-Unies et leur cède le Brabant septentrional et la Flandre zélandaise. En 1659, la France obtient l'Artois ; en 1668 et en 1678, le sud du Hainaut et l'ouest de la Flandre. En 1695, elle soumet Bruxelles à un feu d'artillerie qui détruit 4 000 maisons.

En 1714, les Pays-Bas méridionaux sont cédés à l'Autriche.

Despote éclairé, l'empereur Joseph II réalise des réformes heureuses dans ses États, mais, voulant uniformiser leur administration, il heurte les Belges, attachés à leurs coutumes. En 1789, la Révolution brabançonne chasse les Autrichiens et la population liégeoise renverse son prince-évêque. Le 11 janvier 1790 l'indépendance des *États belgiques unis* (y compris Liège) est prononcée unilatéralement, mais la fidélité des diverses provinces à leurs coutumes nuit à leur union, et les Autrichiens reprennent le pays en décembre. En novembre 1792, le Français Dumouriez vainc les Autrichiens à Jemappes, près de Mons. Ceux-ci chassent les Français (vaincus à Neerwinden, dans le Brabant, en mars 1793) puis leur abandonnent le territoire après avoir été vaincus à Fleurus, dans le Hainaut (juin 1794). En 1795, la France annexe le pays ; la principauté de Liège* perd son indépendance, conservée depuis des siècles. Après la défaite de Napoléon à Waterloo (Brabant wallon) le 18 juin 1815, la Belgique est rattachée aux Provinces-Unies par le congrès de Vienne. Elle exècre cette domination : les couches populaires, à cause de leur foi catholique ; la bourgeoisie, parce qu'elle est francisée.

La Belgique indépendante. Bruxelles se soulève le 25 août 1830. Le 27 septembre, les patriotes, venus principalement de Wallonie, remportent une victoire sur les Néerlandais dans le parc de Bruxelles : cette date sera choisie comme fête de la Communauté française. Un gouvernement provisoire proclame l'indépendance de la Belgique le 4 octobre, décision approuvée le 20 janvier 1831 par les grandes puissances réunies à la conférence de Londres. Élu en novembre 1830, le Congrès national adopte, en février 1831, une Constitution qui est toujours en vigueur et offre la couronne au duc de Nemours, fils du roi des Français Louis-Philippe. Par crainte de l'Angleterre, celui-ci la refuse et le Congrès choisit le futur gendre de ce même Louis-Philippe, le prince Léopold de Saxe-Cobourg-Gotha (Léopold Ier), qui prête serment le 21 juillet 1831. Le 2 août, les Pays-Bas envahissent la Belgique. Celle-ci demande l'aide de la France, qui chasse les troupes néerlandaises (mais les Pays-Bas conserveront Anvers jusqu'en décembre 1832). Fin diplomate, Léopold Ier assure la paix intérieure et extérieure du pays, qui connaît une prospérité économique sans précédent, fondée sur les industries extractives et métallurgiques de Wallonie, alors que les rendements agricoles battent des records en Europe.

Mais les conditions de vie du prolétariat sont extrêmement dures. En 1865, Léopold II succède à son père. Il contribue au développement économique par de grands travaux, fait progresser la législation sociale et lègue au pays son empire colonial, le Congo. Son neveu, Albert Ier, future grande figure de la Première Guerre mondiale et défenseur du droit social, lui succède en 1909 et règne jusqu'en 1934. Les luttes politiques ont pour thème principal l'école : tenants de la laïcité, les libéraux s'opposent aux catholiques, qui exercent plus souvent le pouvoir que leurs rivaux. En 1879, le Premier ministre, libéral, Hubert Frère-Orban, laïcise les écoles. En 1884, quand les catholiques reviennent au pouvoir (qu'ils conserveront jusqu'en 1938), le Premier ministre Jules Malou autorise les communes à remplacer une école laïque par une école religieuse. Les libéraux se lancent dans une campagne de protestation et Malou cède la place à un catholique modéré, Auguste Beernaert. En 1895, son successeur rendra obligatoire le catéchisme. En 1885, *le Parti ouvrier belge* (POB) est fondé. Par ses grèves, il suscite l'adoption du suffrage universel (1892), mais la *loi Nyssens* invente le *vote plural :* les citoyens riches et instruits disposent de deux, voire de trois voix. La question flamande, dans un pays où la Wallonie est plus riche et où la classse dominante est francophone (même en Flandre), se pose alors sans acuité. Le parti catholique se montre partisan du catholicisme social. Le POB l'affronte, notamment sur la question du vote plural. En 1913, il organise une grande grève pour son abolition, mais quand l'Allemagne viole la neutralité de la Belgique le 2 août 1914, en lui adressant un ultimatum, l'union nationale se fait : le libéral Paul Hymans et le socialiste Émile Vandervelde* entrent dans le gouvernement du catholique Charles de Broqueville*. Occupant la Belgique jusqu'en 1918, l'Allemagne attisera en vain la rivalité entre Flamands et Wallons. Victorieuse, la Belgique recevra en 1919 le Ruanda-Urundi allemand, occupé dès 1916 (V. les dossiers Rwanda et Burundi).

L'entre-deux-guerres et la Seconde Guerre mondiale. Le vote plural est aboli, les catholiques n'assurent la stabilité ministérielle qu'en demandant l'aide des libéraux, la question flamande s'accentue. La crise économique de 1929 aura des répercussions tragiques dans un pays d'industrie lourde. En 1934, Albert Ier meurt accidentellement. Son fils, Léopold III, lui succède. En mai 1938, pour la première fois, un socialiste, Paul-Henri Spaak*, devient Premier ministre (jusqu'en février 1939). Dans l'entre-deux-guerres,

La Danse des paysans *de Pieter Bruegel le Vieux.*

la Belgique est administrativement réorganisée sur la base de l'unilinguisme des Régions. Quand, le 10 mai 1940, l'Allemagne viole une nouvelle fois la neutralité belge, le roi capitule le 28 mai et demeure en Belgique, alors que le gouvernement du catholique Hubert Pierlot* gagne Londres. En novembre 1940, le roi rencontre Hitler, qui, en juin 1944, le déportera en Allemagne. À la Libération, en septembre 1944, Léopold III, contesté, ne rentre pas en Belgique et son frère Charles est nommé régent. La question royale (V. Léopold III) se posera jusqu'en 1951 ; le roi abdiquera alors en faveur de son fils Baudoin Ier.

Depuis 1945. Membre du Benelux, formé dès 1944, du Conseil de l'Europe et de l'OTAN (1949), de la CECA (1951), de la CÉE (1957), la Belgique a joué un rôle majeur dans la construction européenne. Bruxelles est le siège de l'OTAN, de l'U.E.O. et de l'Union européenne. À l'intérieur, trois événements ont marqué le dernier demi-siècle : le problème de l'enseignement, réglé par le Pacte scolaire de 1958 ; la question du Congo, auquel la Belgique accorda l'indépendance en 1960 (V. dossier République démocratique du Congo) ; la querelle linguistique entre les Flamands et les Wallons qui a provoqué plusieurs réformes de la Constitution de 1831 (voir ci-dessus *Institutions* et ci-après *Communauté française de Belgique*). Plus encore que dans l'entre-deux-guerres, les gouvernements qui se sont succédé ont été le fruit de subtiles coalitions. En effet, au clivage politique (parti social-chrétien, socialiste et, comme force d'appoint, parti libéral) se superpose le clivage linguistique, qui a donné naissance à des partis dits *communautaires*. Depuis 1949, le Parti social-chrétien flamand (*Christelijke Volkspartij*) a formé le plus souvent le gouvernement, souvent instable. Toutefois, depuis 1981, la Belgique n'a eu que deux Premiers ministres : les sociaux-chrétiens flamands Wilfried Martens, de 1981 à 1992, et Jean-Luc Dehaene, à partir de 1992.

CULTURE

Architecture. Haut lieu de l'architecture européenne, la Belgique a su intégrer les influences étrangères. La contribution la plus originale à l'art roman se rencontre à Nivelles, à Liège et à Tournai (cathédrale du XIIe siècle au chœur gothique du XIIIe siècle). Le XIIe siècle voit l'édification du château des Comtes de Gand. La vallée de l'Escaut se couvre d'églises gothiques. L'utilisation de la brique, née alors, se développe. Dans le Brabant, le gothique est tardif mais original. Bruxelles et son voisinage affectionnent les églises rondes. Partout, les églises se flanquent de tours élevées. Le gothique subsistera pendant des siècles en Belgique, se fondant à d'autres styles. Ainsi, la Renaissance n'impose complètement son style que dans l'hôtel de ville d'Anvers, que construit, au milieu du XVIe siècle, Cornelis Floris de Vriendt, également sculpteur. Au XVIIe siècle, l'activité débordante des jésuites explique le triomphe du baroque (à Anvers, Louvain, Namur, etc.). L'architecture civile bénéficie de la prospérité : la Grand*-Place de Bruxelles est l'une des plus belles du monde. À la fin du XVIIIe siècle, L. B. Dewez* répand le néo-classicisme. Ce retour au classicisme a embelli Bruxelles (quartier de la place Royale, notamment). Au XVIIIe siècle, le sculpteur baroque Jean Delcour* a embelli Liège. Le XIXe siècle affectionne le néo-gothique, puis la Belgique apporte une contribution capitale à l'art nouveau grâce à Van* de Velde, Horta* et Hankar*. Au XXe siècle, les réalisations les plus spectaculaires sont les campus universitaires de Louvain*-la-Neuve et du Sart-Tilman (Liège).

Peinture et sculpture. C'est abusivement que l'usage nomme *flamande* (par opposition à la peinture hollandaise) la peinture réalisée dans les grandes villes de la Belgique actuelle (et non de la seule Flandre). Plusieurs artistes de génie dominent le XVe siècle : Jan Van* Eyck, Rogier de la Pasture, dit Van* der Weyden, Petrus Christus*, Dierick Bouts*, Hans Memling*, Gérard David*, Jérôme Bosch*. Au XVIe siècle, Pieter Bruegel* le Vieux, l'un des plus grands peintres de tous les temps, médite avec un réalisme truculent sur la société humaine. Ses deux fils pratiquent un art moins populaire. Le Dinantais Joachim Patenier, dit Joachim Patinir*, est l'un des premiers paysagistes. Citons aussi Quentin Matsys*, Bernard Van* Orley, Pieter Pourbus*. Le génie de Pierre Paul Rubens* domine le XVIIe siècle, où s'illustrent Van* Dyck, Jacob Jordaens*, Adrien Brouwer*, David Teniers*, Frans Snyders*, ainsi que les Duquesnoy*, sculpteurs. Au XIXe siècle, après Constantin Meunier*, également sculpteur, et Félicien Rops*, symboliste, James Ensor* fait renaître la peinture, annonçant l'expressionnisme, où s'illustreront Constant Permeke*, Gustave De* Smet, Henri Evenepoel* et Albert Servaes. Les grands noms de la sculpture sont alors Willem et Jozef Geefs, Eugène Simonis et Thomas Vinçotte. La peinture surréaliste a deux grands représentants : René Magritte* et Paul Delvaux*. Pierre Alechinsky* est le plus célèbre représentant belge du groupe Cobra (acronyme de Copenhague-Bruxelles-Amsterdam). L'aquarelliste Jean-Michel Folon* se montre poète. En sculpture, on retiendra les noms de Georges Minne* et de Rik Wouters* puis de Pol Bury*.

Isabella Brandt *de Pierre Paul Rubens.*

Littérature d'expression française. Avant la création de la Belgique, de grands écrivains illustrent la francophonie du pays dès la fin du Moyen Âge : les poètes Adenet le Roi, accueilli à la cour des ducs de Brabant, et Jean* Renart ; les deux plus grands chroniqueurs « français », Froissart* et Commynes* ; le poète Jean Lemaire* de Belges. Philippe Marnix* de Sainte-Aldegonde marque de sa vigueur la Renaissance. Puis l'occupation espagnole, la contre-réforme et l'influence du classicisme français freinent le développement de la littérature francophone. Toutefois, le prince de Ligne* laisse des mémoires (1795-1811) qui enthousiasment Stendhal. Après l'indépendance, le premier grand livre est *la Légende d'Ulenspiegel* (1867) de Charles De* Coster. Les revues *la Jeune Belgique* (créée en 1881) et *la Wallonie* (1886) regroupent poètes parnassiens et symbolistes (Émile Verhaeren*, notamment). Le roman naturaliste a pour représentant Camille Lemonnier* (*Happe-chair*, 1886). Le poète symboliste Maurice Maeterlinck* donne au théâtre *Pelléas et Mélisande* (1892). Georges Rodenbach* publie son célèbre roman *Bruges-la-Morte* (1892). La veine fantastique et expressionniste joue un rôle majeur ; citons Franz Hellens*, Jean Ray*, Marcel Thiry*, poète également connu pour ses contes insolites, Thomas Owen*. L'école des grammairiens s'illustre avec Maurice Grevisse*, auteur du *Bon Usage* (1936), une somme inégalée sur la langue française, André Goosse, Albert Doppagne, Joseph Hanse. Au théâtre, la dérision caractérise Fernand Crommelynck* (*le Cocu magnifique*, 1921) et Michel de Ghelderode* renoue avec la truculence médiévale (*Fastes d'enfer*, 1938). Plus classiques sont les romanciers Charles Plisnier*, Suzanne Lilar*, Marguerite Yourcenar* (de nationalité française et américaine), Dominique Rolin*, Charles Bertin, également poète, Françoise Mallet*-Joris. Le romancier le plus important est Georges Simenon*, l'un des écrivains les plus lus dans le monde, le plus fécond de tous, qui sait voir l'aventure et le tragique dans des sites et des personnages ordinaires. Citoyen belge jusqu'en 1956, Henri Michaux* est l'un des plus grands poètes du XXe siècle. Son nom éclipse ceux des surréalistes Paul Nougé*, Louis Scutenaire*, et même celui de Norge*. Plus près de nous, le poète Jean-Pierre Verheggen* associe truculence et expérimentation, Eugène Savytzkaya se situe entre poésie et roman.

© PIX

L'art nouveau au musée Horta, Bruxelles.

La Communauté française de Belgique s'enorgueillit aujourd'hui d'une génération de brillants romanciers : Pierre Mertens*, Conrad Detrez*, Jacqueline Harpman, Jean-Luc Outers, Francis Dannemark, Françoise Lalande, Paul Emond, Jean-Philippe Toussaint, François Weyergans, Amélie Nothomb et bien d'autres.

Bandes dessinées. La Communauté française de Belgique constitue un site majeur de cet art depuis qu'en 1929 Hergé* créa *Tintin*. Franquin* créa Spirou en 1946. Morris*, pseudonyme de Maurice de Bevere, *Lucky Luke* en 1947 ; Edgar P. Jacobs, *Blake et Mortimer* en 1946 ; Peyo*, les *Schtroumpfs* en 1958.

Littérature d'expression néerlandaise. À la fin du XIIe siècle, Hendrik Van Veldeke donne en limbourgeois une version courtoise de l'*Énéide*. Au XIIIe siècle, Jacob Van Maerlant décrit, à Bruges, la société de son temps dans des dialogues (*Martins*). Au XIVe siècle, Jan Van Ruusbroec écrit dans un couvent proche de Bruxelles des œuvres théologiques. Au XVIe siècle, Philippe de Marnix* de Sainte-Aldegonde, également francophone, prend vigoureusement le parti de la Réforme. Au XVIIe siècle, l'occupation espagnole et les jésuites briment la littérature néerlandophone ; le Dunkerquois Michiel De Swaen (1654-1707) traduit *le Cid* en néerlandais. Au XIXe siècle, deux hommes réveillent les lettres néerlandaises : Hendrik Conscience* (*le Lion de Flandre*, 1838) et le poète Guido Gezelle*. Fondée en 1893, la revue *Van* Nu en Straks* fait connaître le romancier naturaliste Cyriel Buysse* et le poète Prosper Van Langendonck. Les grands poètes du XXe siècle se nomment Karel Van de Woestijne et Paul Van* Ostaijen ; Félix Timmermans* est « le prince des conteurs flamands ». Anarchisant, Louis Paul Boon* peint avec crudité le passé et le présent de la Flandre. L'expressionniste Hugo Claus* aborde tous les genres. Le nom de Ivo Michiels* se détache dans le courant expérimental.

Musique. Au XVe siècle, le plus grand nom de la polyphonie est Guillaume Dufay* ; il fit toute sa carrière à Cambrai, ville aujourd'hui française qui appartenait alors au duc de Bourgogne. Aussi Dufay peut-il être rattaché à l'école française ou à une école *franco-flamande*. En revanche, le Liégeois Ciconia* (XIVe-XVe siècle) fit sa carrière à Padoue. Contemporain de Dufay, Gilles Binchois* subit son influence. Johannes Ockeghem*, né en Flandre orientale, fut le musicien des rois de France. Après eux viennent Josquin Des* Prés, né en Picardie, Roland de Lassus*, né à Mons, Philippus de Monte*, né à Malines, puis l'occupation espagnole (XVIe- XVIIe siècle) ne favorise pas l'éclosion de nouveaux artistes. Au XVIIIe siècle, le nom le plus célèbre est André Modeste Grétry* ; au XIXe siècle, celui de César Franck*, qui influence Guillaume Lekeu*, Edgar Tinel, Eugène Ysaye*, Paul Gilson*. Celui-ci crée en 1925 le groupe des synthétistes, dont la figure la plus marquante est Marcel Poot*. Depuis les années 50, la musique expérimentale a une grande vigueur en Belgique ; Henri Pousseur* jouit d'un prestige international.

Dans le domaine de la chanson, la Communauté française de Belgique joue un rôle majeur. Le nom le plus célèbre, celui de Jacques Brel*, ne doit pas occulter ceux des nombreux chanteurs (comme Maurane), compositeurs et interprètes de jazz, de rock, de chansons pour jeune public et autres formes de variétés qui s'illustrent sur les scènes belges et étrangères.

Cinéma. Les premiers films, à partir de 1913, sont des sketches comiques. À la fin du muet, Charles Dekeukeleire* (*Terres brûlées*, 1934) crée le genre documentaire où s'illustrent Henri Storck* (*Borinage*, en collaboration avec Ivens, 1933), Luc de Heusch* (*les Gestes du repas*, 1958), Paul Meyer (*Déjà s'envole la fleur maigre*, 1960). Le cinéma d'animation a deux grands représentants : Raoul Servais et Picha, auteur de longs métrages (*Tarzoon*, 1975 ; *le Chaînon manquant*, 1979). La production de longs métrages naît avec André Delvaux* (*l'Homme au crâne rasé*, 1966 ; *l'Œuvre au noir*, 1988), Chantal Akerman* (*Jeanne Dielman*, 1975), Harry Kümel (*les Lèvres rouges*, 1970) et Jean-Jacques Andrien (*Le fils d'Amr est mort*, 1975 ; *Australia*). Depuis quelques années, les réalisateurs de la Communauté française de Belgique accumulent les prix internationaux : Benoît Poelvoorde et Rémi Belvaux (*C'est arrivé près de chez vous*), Gérard Corbiau (*le Maître de Musique, Farinelli*), Marie Mandy (*Pardon Cupidon*), Jaco Van Dormael (*Toto le héros ; le Huitième Jour,* 1996), les frères Dardenne (*la Promesse*, 1996), Marion Hansel (*Between the devil and the deep blue sea,* 1996).

LES RÉFORMES INSTITUTIONNELLES

En 1970, le législateur a réorganisé les pouvoirs d'État autour de trois pôles : un État central, trois Communautés, trois Régions. Cette redistribution a demandé quatre révisions constitutionnelles (1970, 1980, 1988-1989 et 1993). La notion de Communauté, fondée sur la langue, était surtout chère aux Flamands. Les Wallons et les Bruxellois, plus préoccupés par leurs problèmes économiques ou d'urbanisme, défendaient surtout celle de Région. Ainsi la Belgique compte-t-elle aujourd'hui trois Communautés fondées sur la langue : la Communauté flamande, la Communauté française et la Communauté germanophone, et trois Régions : la Région flamande, la Région de Bruxelles-Capitale et la Région wallonne. La dernière révision de la Constitution (8 mai 1993) a décidé notamment le financement des Communautés et des Régions, la scission de la province de Brabant et la protection des minorités linguistiques. Sur cette base, la Communauté française a conservé la maîtrise de l'enseignement, de la culture et de l'audiovisuel ; elle a cédé à la Commission communautaire française de la Région de Bruxelles-Capitale et aux institutions wallonnes diverses compétences (tourisme, transports scolaires, formation professionnelle, infrastructures sportives, assistance aux familles, etc.).

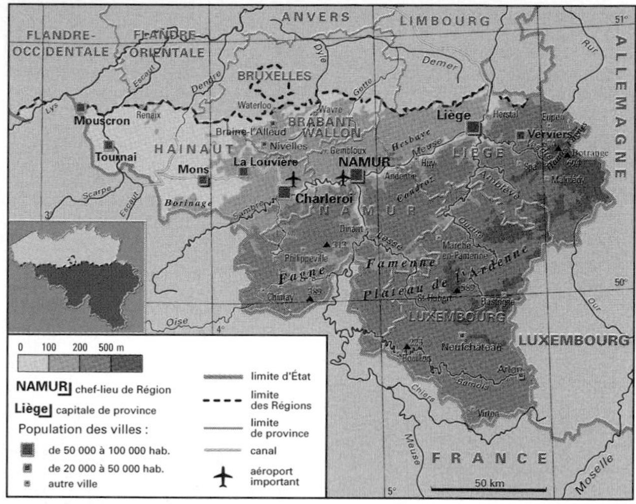

chacun de leur côté une assemblée communautaire ; les deux assemblées peuvent se réunir en une seule.

LES DEUX RÉGIONS FRANCOPHONES

Région de Bruxelles-Capitale. C'est une enclave de 162 km² au sein de la Région flamande. Région, à statut bilingue, de 950 339 habitants (recensement de 1992), Bruxelles est une entité particulière. Depuis la réforme de 1988-1989, un Conseil régional unique comprend deux groupes linguistiques, formant chacun de leur côté une assemblée communautaire ; les deux assemblées peuvent se réunir en une seule.

Région wallonne ou Wallonie. Située au centre géographique de l'Union européenne, elle s'étend sur 16 844 km² et compte 3 293 352 hab. (recensement 1992). Elle a Namur pour capitale et comprend les cinq provinces francophones : Hainaut, Liège, Luxembourg, Namur et Brabant wallon. Les plus importantes autoroutes européennes la sillonnent et le réseau ferroviaire la relie directement aux grands ports de la mer du Nord et aux principales régions industrielles d'Europe. Les aéroports, Brussels South Charleroi Airport et Liège-Bierset, sont en expansion. Les voies d'eau sont importantes : Sambre, Meuse (reliée au Rhin et à l'Escaut), canal Bruxelles-Charleroi. La province de Namur connue pour ses activités agricoles, industrielles et touristiques a su profiter de sa position centrale et du choix de son chef-lieu, Namur, comme capitale de la Wallonie pour donner une nouvelle impulsion à son développement. Le Brabant wallon (chef-lieu : Wavre), qui bénéficie du pouvoir d'attraction de la capitale de l'Europe, intéresse les investisseurs, surtout dans le domaine des nouvelles technologies. L'université de Louvain*-la-Neuve jouit d'une réputation internationale. La province de Luxembourg (chef-lieu : Arlon) a pour ressources le tourisme, l'agriculture, l'industrie du bois et l'industrie agro-alimentaire. Les mines de houille des provinces de Hainaut et de Liège ont joué un rôle capital lors de la révolution industrielle. Aujourd'hui, leur économie subit une importante reconversion. Le Hainaut (chef-lieu : Mons ; ville la plus peuplée : Charleroi) possède un grand nombre de travailleurs qualifiés et on y crée des entreprises. La construction aéronautique y constitue un secteur en plein développement. La province de Liège, qui bénéficie du voisinage du bassin rhénan, a toujours été connue pour ses industries de précision. Aujourd'hui, cette tradition se perpétue dans la qualité de sa main-d'œuvre et dans les secteurs de pointe, tels que l'industrie aérospatiale.

La Wallonie est également une zone agricole importante où l'industrie agro-alimentaire utilise des techniques novatrices. Une race de bœufs a été créée, le fameux Blanc Bleu Belge. Grâce à sa tradition gastronomique et aux efforts récents, l'infrastructure touristique wallonne est en plein essor.

La Région wallonne est également un haut lieu culturel, comme l'attestent ses villes et ses festivals historiques, ses carnavals et ses autres manifestations folkloriques.

Capitale de la Wallonie, Namur, au confluent de la Meuse et de la Sambre.

République du Bénin

État du Golfe de Guinée, limité au nord par le Niger, à l'est par le Nigeria, à l'ouest par le Togo, au nord-ouest par le Burkina Faso, au sud par l'océan Atlantique.

Superficie : 112 680 km^2.

Population : 5 090 000 hab. (1993). (*Béninois*)
Croissance annuelle : 3,2 % (1990-1995).

Capitale : Porto-Novo, 200 000 hab. (1991).

Produit national brut : 2 milliards de dollars (1995).

P.N.B./hab. : 370 dollars (1995).

Monnaie : franc CFA.

Fête nationale : 1er août.

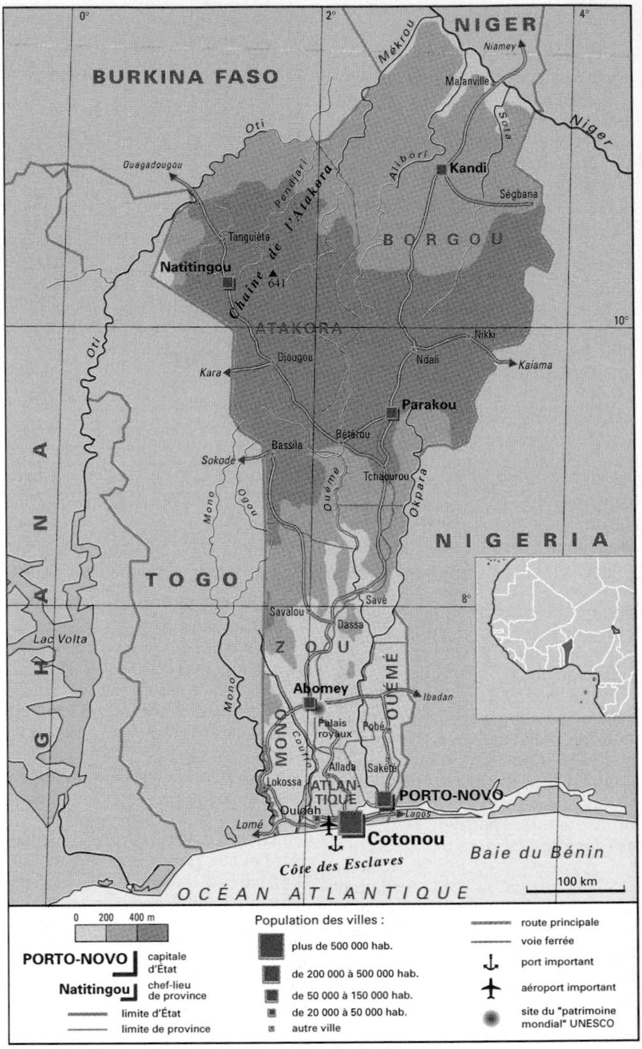

GÉOGRAPHIE PHYSIQUE

Relief. Le Bénin se présente comme une étroite bande de terre (700 km de longueur et 120 km dans sa partie la moins large). La côte atlantique est bordée de cordons littoraux délimitant de nombreux plans d'eau lagunaires et lacustres. À l'arrière du littoral, les plateaux sablo-argileux forment une zone fertile. Le reste du territoire est constitué d'un vaste plateau, avec quelques reliefs résiduels rocheux, dont les plissements du Parakou qui s'élèvent progressivement vers le nord jusqu'au massif de l'Atakora.

Fleuves. Le Bénin est parcouru par plusieurs cours d'eau à régime irrégulier. La plupart prennent leur source dans l'Atakora et se répartissent entre le bassin du Niger et le bassin côtier. Les fleuves du bassin côtier se jettent dans l'océan Atlantique par l'intermédiaire de lacs et de lagunes (lac Nokoué, lac Ahémé, lagune de Porto-Novo).

Climat. Le Bénin est soumis à deux types de climat. Au sud, un climat équatorial, chaud et humide, les précipitations étant plus importantes à l'est qu'à l'ouest. Au nord, un climat tropical avec une seule saison des pluies et une seule saison sèche. L'harmattan, vent chaud et sec du Nord-Est, fait sentir ses effets jusqu'à la côte.

Végétation. Les terres sont fertiles dans la zone des lagunes où l'on entretient des cocoteraies et des palmeraies. Les savanes arborées occupent la partie centrale, alors que les savanes herbeuses couvrent le Nord-Est. L'agriculture est favorisée, au Nord-Ouest, sur le plateau de l'Atakora, par le régime des pluies.

GÉOGRAPHIE HUMAINE

Langues. La langue officielle est le français. Parmi les 52 langues répertoriées, 11 sont abondamment parlées : 10 appartiennent aux groupes kwa (comme le fon et le yoruba) ou gur ; le dendi, au groupe songhay.

Religions. 37% de la population pratique des religions traditionnelles. Les catholiques sont 26,9%, les protestants 9,5% et les musulmans 21,6%.

Ethnies. Les plus représentées sont les Fon (63%), suivis des Yoruba (14%), des Batomba (11%) et des Peul (3%). Les ethnies non citées représentent 9% de la population.

Population. Elle est très inégalement répartie; essentiellement rurale (80%), elle est concentrée dans le Sud où sa densité dépasse 300 hab./km^2. Le centre du pays (8 à 10 hab./km^2) et le Nord (10 à 20 hab./km^2) sont moins peuplés.

Villes. Cotonou (800 000 hab.), Porto-Novo (200 000 hab.), Parakou (120 000 hab.), Abomey (60 000 hab.), Kandi (53 000 hab.) et Natitingou (52 000 hab.).

Le port de Cotonou.

INSTITUTIONS

Le Bénin est une république de type présidentiel et pluraliste depuis l'adoption d'une nouvelle Constitution en déc. 1990. L'Assemblée nationale, composée de 83 députés, est élue pour quatre ans.

ÉCONOMIE

Conjoncture. Le Bénin, qui s'est converti en 1993 à l'économie de marché, subit la crise économique structurelle qui frappe l'ensemble du continent, mais la dévaluation du franc CFA (1994) lui permet de résister à la contrebande menée à grande échelle par son puissant voisin, le Nigeria.

© C. Sappa / RAPHO

Brasserie à Cotonou.

Agriculture. L'agriculture, encore sous-exploitée, est la première activité du pays (80% de la population active, 40% du PNB). Les principales cultures sont le maïs (25% des terres cultivées), le manioc (7%) et le sorgho (7%). Pour assurer l'autosuffisance alimentaire, le Bénin encourage les cultures vivrières. Néanmoins, la culture du coton, destinée à l'exportation, est en forte progression. L'élevage, pratiqué dans le Nord, ne couvre pas tous les besoins du pays.

Mines et industrie. Les activités du secteur minier sont très limitées, bien que le sous-sol du pays soit riche en potentialités. Citons l'or à Perma, le gisement pétrolier off shore de Seme, le marbre d'Idadjo, le calcaire d'Onigbolo, les phosphates de Mekrou, le fer de Loumbou-Loumbou. Le projet de barrage d'Adjarala, en aval de Nangbeto, devrait permettre au Bénin de ne plus importer d'électricité. Le secteur industriel fonctionne à peine au tiers de sa capacité. Une dizaine d'entreprises ont été privatisées en 1990-1991. Le gouvernement souhaite poursuivre les privatisations mais il trouve peu de preneurs.

© C. Sappa / RAPHO

Usine textile à Cotonou.

Échanges extérieurs. Le coton fournit environ 56% des exportations et le pétrole 27%. Le montant des importations en 1993 (649 millions de dollars) est supérieur à celui des exportations (350 millions de dollars).

Transports. Le Bénin dispose d'un réseau routier de 8 435 km et d'un réseau ferroviaire de 578 km. Cotonou est en même temps le principal aéroport (245 000 passagers) et le principal port (1 120 000 t).

ÉDUCATION ET SANTÉ

Éducation. 23,45% des personnes âgées de plus de 15 ans étaient alphabétisées en 1990.

Santé. Il y avait, en 1992, 1 médecin pour 19 600 hab. et 1 lit d'hôpital pour 920 hab.

HISTOIRE

L'histoire ancienne. Les premiers écrits concernant le territoire actuel du Bénin datent des explorations portugaises, au XVe et surtout au XVIe siècle. À la fin du XVIe siècle, plusieurs royaumes émergèrent dans la région habitée par les Adja : le royaume d'Allada, le royaume d'Ajase ou Ajatché (ville nommée plus tard Porto-Novo) et le Dahomey* (ou royaume d'Abomey). Ce dernier aurait été fondé vers 1625 par Ouegbadja (un Fon) qui étendit son territoire par la conquête et participa activement au commerce avec les Européens. Au XVIIe siècle, cette expansion territoriale et économique se poursuivit sous les règnes d'Agadja et de Tegbesou. Le Dahomey annexa l'Allada et le royaume de Ouidah. Le roi, établi à Abomey, la capitale, imposa un monopole royal sur la traite négrière. À la fin du XVIIe siècle, le Dahomey entra en rivalité avec le puissant empire yorouba d'Oyo, à l'est : les deux États s'affrontèrent à trois reprises (1680, 1726-1730 et 1739-1748). Vainqueur à chaque fois, Oyo intégra le territoire dahoméen à son empire. Ces guerres ainsi que les razzias négrières et des querelles internes affaiblirent considérablement Oyo et, au XVIIIe siècle, le Dahomey se libéra. Il connut un nouvel essor politique et commercial sous les règnes de Ghezo (1818-1858) et de Glélé (1858-1889).

La colonisation européenne. Très vigilant, le pouvoir royal empêchait que l'installation des maisons de commerce étrangères ne prenne un caractère définitif. De leur côté, les Britanniques et les Français rivalisaient dans l'espoir de contrôler les échanges avec la boucle du Niger, qui à cette époque s'amplifiaient. Les Français gagnèrent du terrain en 1851, en faisant signer à Ghezo un traité d'amitié et de commerce. En 1861, des missionnaires français reçurent l'autorisation de s'installer à Ouidah. En 1863, les Français tentèrent d'imposer leur protectorat sur Ouidah, mais Glélé fit valoir ses droits sur la région. L'année suivante, il céda Cotonou à la France. La pression des Français devint plus forte au début du règne de Béhanzin (1889-1894). En 1890, la France établit son protectorat sur le royaume de Porto-Novo. Deux ans plus tard, prenant prétexte d'un incident, les troupes du colonel Dodds attaquèrent le Dahomey. La résistance fut âpre. En 1894, les Français capturèrent Béhanzin, qui fut déporté.

© Collection Viollet

Béhanzin, roi du Dahomey, en 1894.

Ils prirent alors le contrôle du Dahomey, qui devint une colonie française. Les royaumes de Porto-Novo et d'Allada disparurent dans les années 1910. Les Français commencèrent à exploiter directement les richesses du Bénin, en particulier les plantations d'huile de palme.

Les missionnaires accentuèrent le travail de conversion et contribuèrent à la scolarisation de la colonie: au XXe siècle, celle-ci fournit à l'AOF un grand nombre de cadres administratifs et privés, ce qui lui valut le surnom de « Quartier latin » de l'Afrique occidentale. Les recrutements de soldats et la pression économique pendant la Première Guerre mondiale provoquèrent des troubles dans le nord du pays. La tension monta surtout à l'issue de la Seconde Guerre mondiale qui réveilla les sentiments nationalistes et les espoirs d'indépendance.
Ceux-ci se manifestèrent par la création de nombreux journaux puis de partis politiques. En 1945, la colonie put envoyer au Parlement français un premier député, Marcellin S.M. Apithy, rejoint en 1951 par Hubert Maga. En 1956, la loi-cadre accorda une plus grande autonomie au Dahomey. En 1958, le Dahomey vota favorablement, à 97,8 %, au référendum sur le projet de Communauté* française. Il accéda alors à l'indépendance, le 1er août 1960.

Du Dahomey indépendant au Bénin contemporain. Les années qui suivirent l'indépendance furent marquées par une grande instabilité politique, par une série de coups d'État et par une succession de régimes : Hubert Maga (1960-1963); gouvernement militaire du colonel Christophe Soglo (1963-1964); présidence de S. M. Apithy (1964-1965); retour au gouvernement militaire du général Christophe Soglo (1965-1967); gouvernement militaire du lieutenant-colonel Alphonse Alley (1967-1968) ; présidence du docteur Émile Derlin Zinsou (1968-1969) ; gouvernement d'union nationale du chef d'état-major Maurice Kouandété (1969-1970) ; triumvirat civil de S. M. Apithy, H. Maga et Ahomadegbé (1970-1972).
En octobre 1972, le colonel Mathieu Kérékou renversa le régime civil et prit le pouvoir. À partir de 1974, il mit en place une politique marxiste-léniniste et, en 1975, proclama la République populaire du Bénin. Une nouvelle Constitution institua un régime à parti unique (le PRPB, *Parti de la révolution populaire du Bénin*). Dans les années 1980, le régime adopta une politique économique plus libérale.
En 1989, la contestation prit soudain de l'ampleur. Mathieu Kérékou annonça que le Bénin renonçait au marxisme-léninisme et dut accepter la tenue d'une Conférence nationale des forces vives de la nation, la première du genre en Afrique. Réunie à Cotonou en février 1990, celle-ci mit en place des organes de transition et élabora une Constitution qui fut approuvée par référendum le 2 décembre. Nicéphore Soglo remporta les élections présidentielles de 1991. En 1994, la dévaluation du franc CFA aggrava la crise économique. En décembre 1995, Cotonou accueillit le VIe Sommet de la Francophonie*. En 1996, Mathieu Kérékou remporta l'élection présidentielle, redevenant chef de l'État.

CULTURE

Art. La production artistique avait jadis pour fonction essentielle de transmettre l'histoire des royaumes. Au début du XVIIIe siècle, le roi du Dan Homé, Agadja, se réservait la totalité des œuvres des meilleurs artistes et des artisans qui travaillaient et vivaient dans des quartiers spécialisés, autour de l'enceinte du palais. Leur savoir-faire s'est transmis de père en fils et, aujourd'hui encore, leurs descendants font les mêmes gestes. Ainsi, à Abomey, ils pratiquent toujours la technique de la cire perdue (bronze), la sculpture sur bois, la gravure sur calebasses. Cet art populaire était investi de pouvoirs rituels, à l'instar des masques guélédé (société semi-secrète dirigée par des femmes âgées), caractéristiques de l'art yoruba de la région de Porto-Novo.

Littérature. En 1912, le premier journaliste dahoméen, Louis Hukanrin, diffuse des pamphlets avant d'être exilé à Dakar. Il crée, à son retour, avec Paul Hazoumé*, un journal manuscrit clandestin (*le Récadaire*). Le premier ouvrage littéraire dû à un Dahoméen paraît en 1929 à Paris, *l'Esclave* de Félix Couchoro*, auteur d'une vingtaine de romans populaires généralement publiés en feuilletons dans un journal du Togo. D'une tout autre qualité est l'œuvre de Paul Hazoumé, qui en 1938 publie un roman historique, *Doguicimi*. La génération suivante est illustrée par le romancier Olympe Bhêly*-Quénum, sévère avec le colonialisme (*Un piège sans fin,* 1960), mais non avec la culture occidentale (*l'Initié,* 1979), par le poète Paulin Kokou Joachim* (*Anti-Grâce,* 1967) et par Jean Pliya*, qui stigmatise les inégalités sociales dans des nouvelles (*l'Arbre fétiche,* 1971) et condamne dans le roman (*les Tresseurs de cordes,* 1987) le régime de Kérékou, que saluait une cohorte de poètes officiels.
En 1986 paraît le premier roman dû à une femme du Bénin, Gisèle Hountondji* : *Une citronnelle dans la neige*. En ce qui concerne les essais, la production est riche depuis *le Pacte du sang au Dahomey* de P. Hazoumé (1937) ; citons notamment Émile Désiré Ologoudou* (*les Intellectuels dans la nation,* 1967).

Théâtre. Auteur de *Kondo le requin* (1966), drame historique, et de *la Secrétaire particulière* (1973), critique sociale, Jean Pliya demeure le chef de file des auteurs dramatiques béninois, suivi par Séverin Akando (*Révolution africaine,* 1975). Le théâtre exploite l'actualité nationale, pratique la critique sociale, remet en cause les traditions.

© C. Millet

Sculpteur béninois.

Cinéma. Créateur du cinéma béninois avec des courts-métrages, Pascal Abikanlou tourne en 1973 un long métrage, *Sous le signe du Vodoun,* qui traite de la religion africaine et de l'exode rural. Richard de Medeiros débute par *Le roi est mort en exil* (1970), qui restitue la vérité sur l'exil du roi Béhanzin à Blida. Le film suivant, *Nouveau Venu* (1976), fait se confronter au sein de l'administration les générations et les mentalités. François Sourou Okioh réalise *Ironu* (1985), film audacieux sur le pouvoir et l'opposition.

Musique. Le *tchingounmin* est un rythme béninois de funérailles joué sur des *tohoun* (calebasses retournées sur des récipients remplis d'eau), ou des *gotta* (peaux tendues sur des calebasses), accompagnés de cloches et de castagnettes, et sur lequel on exécute une danse très rapide. Tohon Stan a modernisé cette instrumentation pour créer le *tching-système,* très répandu au Bénin, au Togo et au Burkina Faso. Le *gotahoun* et le *gogbahoun,* autres rythmes, sont à leur tour adaptés par les groupes Polyrythmo et Black Santiago. Le *zinli* est spécifique des Fon d'Abomey. Dans les années 80, Angélique Kidjo* et Wally Baradou greffent tous ces rythmes aux musiques de jazz, de rock et de funk.

République de Bulgarie

État de la péninsule des Balkans, limité au nord par la Roumanie, à l'ouest par la République fédérale de Yougoslavie et la Macédoine, au sud par la Grèce et la Turquie, à l'est par la mer Noire.

Superficie : 110 994 km².

Population : 8 351 000 hab. (estimation 1995). (*Bulgares*)
Croissance annuelle : - 3,8 ‰ (1994).

Capitale : Sofia, 1 113 700 hab.(1993).

Produit national brut : 9,8 milliards de dollars (1993).

P.N.B./hab. : 1 160 dollars (1993).

Monnaie : lev.

Fête nationale : 3 mars.

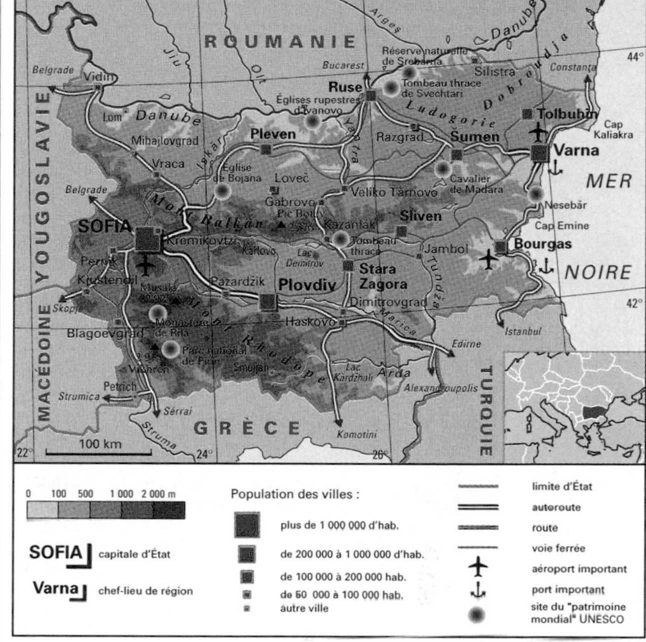

GÉOGRAPHIE PHYSIQUE

Relief. Des chaînes orientées ouest-est (le Balkan*, au centre, et le Rhodope*, le Rila* et le Pirin* au sud) séparent des dépressions : bassin de Sofia, vallée de la Marica, sud de la plaine du Danube.

Climat. Les montagnes du Sud faisant barrage à l'influence méditerranéenne, le climat est continental et légèrement aride. La faiblesse et l'irrégularité des précipitations (500 à 600 mm en plaine) rendent l'irrigation nécessaire.

Végétation. La Bulgarie est le seul pays de la péninsule balkanique où l'olivier est absent. La forêt, surtout localisée en montagne, est en partie dégradée ; les parcs nationaux, en particulier dans le Rila, préservent les plus belles futaies (chênes, hêtres, pins). Dans les plaines poussent céréales, betterave à sucre, tabac, coton, vigne, fruits et légumes, roses.

Fleuves. Si le Danube* limite la Bulgarie au nord sur une distance de 470 km, le pays n'est parcouru que par des petits fleuves, non navigables, et des rivières : l'Iskăr se jette dans le Danube, la Marica et la Struma coulent vers la mer Égée et la Kamčja vers la mer Noire.

GÉOGRAPHIE HUMAINE

Langues. La langue officielle est le bulgare. Le pays compte 9 % de turcophones et environ 3,5 % de Tsiganes qui parlent le romani.

La Vallée des Roses, près de Kazanlak.

© Patrick Forestier / SYGMA

Religions. Les orthodoxes bulgares sont les plus nombreux (87 %), devant les musulmans (12 %) : Turcs et Pomaks (Bulgares islamisés).

Population. Les Bulgares sont largement majoritaires (85,8 %). Le pays compte diverses minorités : les Turcs (9,7 %) résidant principalement dans le Rhodope oriental et dans le N-E du pays, et les Tsiganes (3,4 %). L'accroissement est négatif en raison de la chute de la natalité (9,4 ‰ pour une moyenne mondiale de 26 ‰). Fortement rurale jusqu'en 1944, la Bulgarie est aujourd'hui urbanisée à 68 %.

Villes. Hormis la capitale, Sofia (1 113 700 hab.), les villes sont relativement petites : Plovdiv (345 200 hab.), Varna (307 200 hab.), Bourgas (198 400 hab.), Ruse (170 200 hab.).

INSTITUTIONS

La Constitution de 1991 a instauré une république de type parlementaire, dotée d'une seule assemblée de 240 membres, élus pour quatre ans. Le président de la République est élu pour cinq ans au suffrage universel.

ÉCONOMIE

Agriculture. En 1994, le secteur agricole employait 16 % des actifs et produisait 6 % de la richesse nationale. Mais ce secteur est en crise ; la privatisation de l'agriculture (à 83 %

© Patrick Forestier / SYGMA

Pesage des roses après la cueillette.

en 1994) et la restitution des terres à une multitude de petits propriétaires ont rendu l'approvisionnement difficile. La réorganisation de la vie agricole semble se faire sous forme de coopératives.

Mines et industrie. Ne disposant que de peu de ressources minières et énergétiques, la Bulgarie a opté pour l'énergie nucléaire : la centrale de Kozloduj (très vétuste) fournit 40 % de l'électricité. En 1996, la restructuration des complexes industriels obsolètes n'était toujours pas effectuée, la transition vers l'économie de marché piétinait et le pays s'enfonçait dans la crise économique.

Échanges extérieurs. En 1996, les importations (4 750 millions de dollars) étaient équivalentes aux exportations (4 740 millions de dollars). L'Union européenne est le principal fournisseur (44 %) et client (28 %) de la Bulgarie.

Transports. La Bulgarie dispose d'un réseau routier de 36 922 km (92 % bitumés) et d'un réseau ferroviaire de 6 508 km (65 % électrifiés).

ÉDUCATION ET SANTÉ

Éducation. 95 % de la population âgée de 15 ans et plus était alphabétisée en 1992. Le taux de scolarisation atteint 37 % dans le secondaire et 8 % dans le supérieur.

Santé. En 1994, on comptait 1 médecin pour 298 hab. et 1 lit d'hôpital pour 93 hab.

HISTOIRE

L'histoire ancienne. La Bulgarie correspond à l'ancienne Thrace, dont Rome fit les provinces de Mésie et de Thrace (Ier siècle apr. J.-C.). Dès le VIe siècle, les Slaves envahissent le territoire. Nombreux et sédentarisés, ils imposent leur langue d'origine indo-européenne. De nouveaux envahisseurs, les Proto-Bulgares, un peuple turco-mongol, contraignent l'empereur byzantin à reconnaître en 681 un État slavo-bulgare qui sera le premier royaume bulgare (681-1018). En 865, Boris Ier (852-889) se convertit au christianisme, et le pays adopte l'alphabet cyrillique. Les Proto-Bulgares, peu nombreux, adoptent la langue des Slaves. Le règne de Siméon Ier (893-927), qui prend le titre de tsar, est exceptionnellement glorieux. Le royaume s'agrandit considérablement (de la mer Adriatique à la mer Noire) ; Preslav, la capitale, est une cité prestigieuse. Les fastes de la cour et de l'Église contrastent avec la misère des paysans et le mécontentement populaire favorise la diffusion de l'hérésie des bogomiles*. Affaibli, le premier royaume disparaît après la défaite du tsar Samuel (987-1014) face aux troupes de l'empereur byzantin Basile II, surnommé le *Bulgaroctone* (« Tueur de Bulgares ») : la Bulgarie subit la domination de Byzance de 1018 à 1185.

Le second royaume bulgare (1186-1396) naît de la révolte des frères boyards Jean et Pierre Asen qui établissent la capitale à Tărnovo et fondent la dynastie des Asénides*. Sa puissance culmine sous Jean* II Kalojan Asen (1197-1207), qui reconstitue l'État bulgare d'autrefois et donne à son pays un débouché sur la mer Égée, et sous Jean* III Asen II (1218-1241). La vie artistique était redevenue brillante lorsque l'invasion des Tatars, en 1240, et les rivalités entre nobles finissent par affaiblir le pouvoir. La Bulgarie se démembre en deux royaumes, celui de Tărnovo et celui de Vidin, incapables de résister aux Ottomans.

La domination ottomane. Les Ottomans prennent Tărnovo en 1393 et Vidin en 1396. Pendant près de cinq siècles, les Bulgares subissent le pouvoir absolu du sultan et la tutelle religieuse du patriarcat grec. L'esprit de résistance reste pourtant vivace, comme en témoigne le folklore qui célèbre les exploits des haïdouks* (« insurgés »). Il faut toutefois attendre le XIXe siècle pour que s'exprime le réveil national, avec la création d'écoles (1835) et la lutte pour une Église bulgare, restaurée en 1870. Des patriotes bulgares (Georgi Rakovski*, Vasil Levski* et le poète Hristo Botev*) tentent d'organiser le mouvement pour l'indépendance. L'insurrection de 1876 échoue et la Bulgarie, qui ne pourra se libérer qu'avec l'aide étrangère, subira des protections intéressées. En 1877, la Russie mène à bien la guerre de libération contre la Turquie, mais la « Grande Bulgarie » (comprenant la majeure partie de la Macédoine) que le tsar Alexandre II impose au traité de San* Stefano (mars 1878) est réduite au congrès de Berlin* (juillet 1878) : la Macédoine et la Roumélie* orientale restent vassales des Ottomans.

La Bulgarie indépendante. Pourvu d'une Constitution très libérale, le pays est gouverné par des souverains étrangers et autoritaires : Alexandre de Battenberg* (1879-1886) puis Ferdinand* de Saxe-Cobourg-Gotha (1887-1918) sont contraints d'abdiquer. Deux formations politiques s'affirment : d'une part, le parti ouvrier social-démocrate, dont une faction deviendra le parti communiste en 1919, et, d'autre part, l'Union agrarienne, fondée en 1901 et présidée par Alexandre Stambolijski*. Ce dernier, à la tête du gouvernement mis en place au début du règne de Boris* III (1918-1943), est renversé en 1923 par une coalition d'extrême-droite que dirige Alexandre Cankov*. S'ouvre alors une ère de répression qui aboutit à la fascisation du régime.

Si le rattachement de la Roumélie orientale (1885) fut pacifique, le désir de recouvrer la Macédoine a amorcé une politique belliqueuse et malheureuse. À l'issue des guerres balkaniques de 1912-1913 (V. Balkans [péninsule des]) et de la Première Guerre mondiale, la Bulgarie doit renoncer à la Macédoine, à la Dobroudja et perd tout accès à la mer Égée (traité de Neuilly, 1919). Durant la Seconde Guerre mondiale, alliée de l'Allemagne qui occupe le pays en 1941, elle récupère la Dobroudja méridionale, et les Macédoine serbe et grecque. Toutefois, elle reste neutre vis-à-vis de l'U.R.S.S.

Le monastère de Rila, dans la partie occidentale du massif du Rhodope.

© Gérard Boutin / HOA QUI

La République populaire. En septembre 1944, les troupes soviétiques pénètrent en Bulgarie et les communistes, sous l'impulsion de Georgi Dimitrov*, vont s'emparer progressivement du pouvoir. En 1947, Dimitrov fait voter la Constitution qui instaure la République démocratique populaire. Au traité de Paris* (1947) la Bulgarie perd ses conquêtes, hormis la Dobroudja méridionale. Elle fit partie du Comecon* (1949) et du pacte de Varsovie* (1955) jusqu'à leur dissolution. Le régime communiste s'est caractérisé par la longévité au pouvoir de Todor Živkov, Premier secrétaire du parti communiste à partir de 1954, chef de l'État de 1971 à 1989, par l'absence de troubles jusqu'au décret de 1984 imposant aux Turcs la bulgarisation de leur nom et, enfin, par une totale allégeance à Moscou en politique extérieure.

Les années 1990. La Bulgarie communiste a été touchée par la faillite du système communiste en Europe de l'Est. En 1989, Živkov démissionne ; en 1990, le parti qui ne se veut plus communiste adopte le nom de Parti socialiste bulgare (PSB), des mesures de restructuration économique sont avancées et, en juillet, le philosophe Želju Želev, dirigeant de l'Union des forces démocratiques (UFD), principale force d'opposition, est élu président de la République. En 1991, l'UFD remporte les élections et exerce le pouvoir avec l'appui du Mouvement des droits et des libertés (MDL), petit parti représentant la minorité turque. Mais la difficile transition vers l'économie de marché, accompagnée d'une forte corruption, a plongé dans la pauvreté plus de la moitié de la population. Dans ce contexte de crise sociale, les ex-communistes du PSB ont remporté les élections législatives de 1994. En 1996, la crise économique s'aggrave, la population se détourne des ex-communistes, et le 27 octobre, Petar Stojanov, candidat de l'UFD, est élu président de la République. En 1997, une nouvelle crise économique provoque des élections législatives anticipées ; en avril, l'UFD remporte une nette victoire, et son leader, Ivan Kostov, est nommé Premier ministre.

CULTURE

Art. La culture bulgare commence avec celle des Thraces, dont on a mis au jour un nombre important d'objets d'art sur le littoral de la mer Noire et dans la plaine de Thrace. L'influence de Byzance fut ensuite prépondérante du VIIIe au XIVe siècle.

© Sylvain Grandadam / HOA QUI

La cathédrale Alexandre-Nevski, à Sofia.

L'art des icônes, qui a connu son apogée aux XIIe-XIIIe siècles (second royaume bulgare), a su se maintenir pendant la période ottomane. La peinture murale prend également son essor sous le second royaume bulgare (église de Bojana) et, comme les icônes, passe de l'influence byzantine à celle du baroque occidental, au XVIIIe siècle.
La tradition des icônes ayant décliné au XIXe siècle, la peinture de chevalet s'illustre avec Vladimir Dimitrov*, dit le Maître (1882-1960). Si la plupart des constructions médiévales ont été détruites, la restauration de la citadelle de Carevec, à Veliko Tărnovo, donne une idée de la splendeur de l'époque. La symbiose culturelle bulgaro-byzantine est à son plus haut niveau à Nesebăr*. La Renaissance a été un âge d'or pour l'architecture religieuse ou civile : monastère de Rila, Vieux Plovdiv.

Littérature. Les premières œuvres littéraires, d'inspiration religieuse, ont vu le jour à la fin du IXe siècle, avec Clément*, évêque d'Ohrid. La période la plus brillante des lettres médiévales se situe au XIVe siècle, à Tărnovo, dans l'entourage du patriarche Euthyme*. Ses disciples, réfugiés en Russie, ont contribué au développement de la littérature, alors que celle-ci s'éteignait dans leur patrie. Un ouvrage a marqué son renouveau : *Histoire des Slaves bulgares* (1762), du moine Paisij*. Une prise de conscience nationale s'est exprimée dans la littérature d'inspiration patriotique de Petko Slavejkov* (1827-1895), Ljuben Karavelov* (1834-1879) et Hristo Botev* (1848-1876). La même flamme anime l'œuvre d'Ivan Vazov* : *Sous le joug* (1889-1890). L'inspiration change avec Aleko Konstantinov* (1863-1897) qui fait de *Baj Ganju* un « Tartarin » bulgare, avec les poètes Penčo Slavejko* (1866-1912) et Peyo Yavorov* (1878-1914), symbolistes. Pendant la période communiste, des talents émergent, classiques chez les romanciers Dimităr Talev (*les Cloches de Prespa*, 1954) et Emiljan Stanev* (1907-1979), insolites chez Jordan Radičkov* (né en 1929), lyriques enfin chez les poétesses Elisaveta Bagrjana* (1893-1991), Blaga Dimitrova* (née en 1922) et le poète Nikolaï Kantchev (né en 1937). Plus récemment, la contestation a animé Tončo Žečev : *le Mythe d'Ulysse* (1986).

Théâtre. En 1872, *Ivanko, l'assassin d'Asen I*, tragédie de Vasil Drumev*, marque la naissance du théâtre bulgare qui prendra son essor au début du XXe siècle. À partir des années 1970, s'illustrent Jordan Radičkov, qui alliant traditions populaires et satire a créé un nouveau style de comédie, proche du théâtre de l'absurde (*Pagaille*, *Paniers*), et Stanislav Stratiev, qui, dans la même veine, se moque de la bureaucratie (*Veste en daim*, 1978, *le Maximaliste*, 1984).

Musique. Durant la période ottomane, la chanson populaire a été le seul moyen d'expression nationale. Il en résulte un folklore d'une rare richesse dont s'est inspiré plus tard Pančo Vladigerov (1899-1978). L'influence de Bartók marque les œuvres de Simeon Pironkov (né en 1927) et celles des musiciens dodécaphonistes, les compositions de Lazar Nikolov (né en 1922) et de Konstantin Iliev (1924-1988).

Cinéma. Le cinéma bulgare naît avec Vasil Žendov : *Le Bulgare est un galant homme* (1915). Sous le régime communiste s'illustrent Ranghel Vălčano* (*Sur la petite île*, 1958), Hristo Hristov* et Todor Dinov* (*Iconostase*, 1970).

République démocratique et populaire du Burkina Faso

État enclavé de l'Afrique sahélienne, anciennement nommé Haute-Volta, limité au nord et à l'ouest par le Mali, à l'est par le Niger, au sud par le Bénin, le Togo, le Ghana et la Côte d'Ivoire.

Superficie : 274 200 km².

Population : 9 900 000 hab. (1993). (*Burkinabés*)
Croissance annuelle : 2,9 % (1990-1995).

Capitale : Ouagadougou, 600 000 hab. (estimation 1993).

Produit national brut : 3,5 milliards de dollars (1995).

P.N.B./hab. : 340 dollars (1995).

Monnaie : franc CFA.

Fête nationale : 4 août.

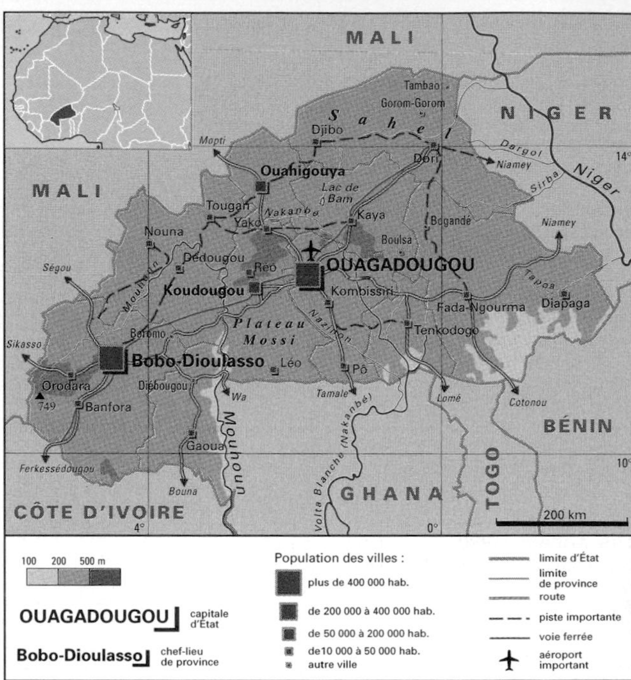

Rue de Ouagadougou.

GÉOGRAPHIE PHYSIQUE

Relief. Dans ce pays au relief peu marqué, les trois quarts du sol sont occupés par une vaste pénéplaine. Au sud-ouest, se dresse un massif gréseux dont le point culminant est le Téna-Kourou (749 m). À l'est, les paysages arides et monotones sont dominés par les massifs de l'Atakora et du Gobnangou.

Climat. Zone soudanienne de climat tropical, à l'exception du Nord qui confine à la zone sahélienne. L'année est divisée entre saison des pluies (15 juin-15oct.) et saison sèche (15 oct.-15 juin). Du Sud-Ouest au Nord-Est, la moyenne des précipitations décroît de 1300 mm à 550 mm, et celle des températures croît de 27-30°C à Gaoua, à 22-33°C à Dori.

Végétation. En zone sahélienne, au nord, ne poussent que des steppes arbustives et une brousse d'épineux. Le domaine soudanien, dans le centre du Burkina Faso, est essentiellement une zone de savanes. Au sud-ouest, les pluies importantes favorisent la formation de forêts claires avec des arbres de 30 à 40 m de hauteur et même des forêts de type équatorial.

Fleuves. En dépit de la faiblesse des précipitations et de la monotonie du relief, le Burkina Faso dispose d'un réseau hydrographique composé de cours d'eau qui prennent leur source dans les bassins de la Volta, de la Comoé et du Niger. Les principales rivières sont le Mouhoun (ex-Volta noire), le Nazinon (ex-Volta rouge) et le Nakanbé (ex-Volta blanche). Leur utilisation est impossible car elles sont le plus souvent taries en saison sèche.

GÉOGRAPHIE HUMAINE

Langues. La langue officielle est le français. Les principales langues parlées sont des langues nigéro-congolaises : le mooré et le gourmantché (du groupe gur), le dioula (du groupe mandé) et le peul (du groupe ouest-atlantique).

Religions. Les ruraux, pour l'essentiel, pratiquent des religions traditionnelles (44,8%). Les musulmans (43%) et les chrétiens (12,2%, dont 9,8% de catholiques et 2,4% de protestants) sont en nombre croissant.

Ethnies. Les Mossi (48%), de langue mooré, sont les plus nombreux. Les autres ethnies principales sont les Mandé (6,7%) les Peul (10,4%), les Lobi (7%), les Bobo (6,8%), les Sénoufo (5,3%), les Gurunsi (5,1%), les Gourmantché (4,8%), les Touareg (3,3%). Les ethnies non citées représentent 2,6% de la population.

Population. Le Burkina Faso est un des pays d'Afrique qui a une forte densité (35,6 hab./km²). La population, massivement rurale (environ 91%), est extrêmement jeune : 49,1% ont moins de 15 ans.

Villes. Le Burkina Faso compte deux grandes villes : la capitale Ouagadougou (600 000 hab.) et Bobo-Dioulasso (450 000 hab.). Les autres villes importantes sont Koudougou (105 000 hab.), Ouahigouya (75 000 hab.), Banfora (36 000 hab.).

INSTITUTIONS

Le Burkina Faso est une république de type présidentiel, pluraliste et bicaméral depuis l'adoption de la Constitution de 1991. L'Assemblée du peuple est composée de 107 députés, élus pour quatre ans. La Chambre consultative comprend des représentants des organisations sociales, religieuses, professionnelles et politiques.

ÉCONOMIE

Conjoncture. Le Burkina Faso s'ouvre au libéralisme économique depuis 1990. La réduction du nombre de fonctionnaires, la privatisation des terres et de nombreuses entreprises, la dévaluation du franc CFA (1994), la maîtrise de l'inflation donnent de l'optimisme aux investisseurs étrangers.

Agriculture. Le Burkina Faso est essentiellement agricole et pastoral. Les principales cultures vivrières sont le sorgho et le millet qui occupent 69% des terres cultivées. Le reste des terres est consacré aux cultures d'exportation : le coton et l'arachide. L'élevage, surtout concentré dans le Nord, est principalement exercé par les Peul et quelques Touareg. Afin d'empêcher la désertification, la divagation du bétail et les feux de brousse sont interdits et la coupe du bois est réglementée. La majeure partie des crédits du secteur rural est utilisée à la réalisation des programmes d'hydraulique villageoise.

Mines et industrie. L'activité minière est faible. La production de l'or (2,7 tonnes en 1995, plus du double prévu pour l'an 2000), à Poura, provient de sables aurifères et de mines souterraines. On extrait un peu d'antimoine à Maufoulou. L'industrie souffre du manque d'investissements. Le secteur le plus important reste l'agro-alimentaire.

Échanges extérieurs. Les exportations (280 000 000 de dollars en 1992) sont inférieures aux importations (682 000 000 de dollars).

Transports. Le Burkina Faso dispose d'un réseau routier de 13 000 km (1 500 km bitumés) et d'un réseau ferroviaire de 517 km (ligne Abidjan-Niger), plus 105 km de voies en cours d'achèvement (ligne Ouagadougou-Tambao, à l'extrême nord).

ÉDUCATION ET SANTÉ

Éducation. 18,2% des personnes âgées de 15 ans et plus étaient alphabétisées en 1990. Le taux de scolarisation est de 36% dans le primaire, 7% dans le secondaire et 1% dans le supérieur.

Santé. Il y avait, en 1990, 1 médecin pour 33 000 hab. et 1 lit d'hôpital pour 3 300 hab.

© D. Debert / HOA QUI

Champ de coton et karités.

HISTOIRE

L'histoire ancienne. Le territoire du Burkina Faso actuel a été parcouru par de nombreuses migrations. À partir du XIe ou au XIIe siècle, les premiers royaumes mossi se sont constitués : le Gourma, le Mamprousi, le Dagomba, le Yatenga et le royaume de Ouagadougou. Ce dernier devint rapidement le plus influent. Il était dirigé par le *mogho naba*, à la fois roi et magicien. Au XIIIe et au XIVe siècle, ces royaumes s'opposèrent aux grands empires de la boucle du Niger (Mali et Songhay) dont ils n'hésitaient pas à attaquer et razzier les marges, quand ils ne s'enfonçaient pas plus profondément. La puissance de leurs armées permit aux royaumes mossi de préserver l'essentiel de leur indépendance. Mais, à la fin du XVe siècle, l'Empire songhay* établit sa suprématie sur la boucle du Niger, mettant fin aux chevauchées des Mossi.
Jaloux de leur pouvoir, les rois mossi s'opposèrent toujours à une unification du pays mossi. Mais ces royaumes présentaient une remarquable cohésion sociale et religieuse et une stabilité politique exceptionnelle : ils se maintinrent jusqu'à la conquête française, à la fin du XIXe siècle.

Centre de formation artisanale (broderie, tapisserie).

© M. Huet / HOA QUI

Les Mossi participèrent peu au commerce transsaharien : les grands flux d'échanges contournaient la région. Aussi l'islam ne s'implanta-t-il pas. Les Mossi furent donc beaucoup moins touchés que leurs voisins par la traite des esclaves.

La pénétration coloniale. Après la conférence de Berlin (1884-1885), les Français cherchèrent à prendre les Britanniques de vitesse afin d'établir leur domination sur la boucle du Niger pour relier leurs colonies d'Afrique occidentale, centrale et septentrionale en un territoire d'un seul tenant. Le pays mossi se trouvait sur leur chemin. Les Français et les Britanniques lancèrent plusieurs expéditions. Le *mogho naba* accueillit le Français Binger en 1888 mais, méfiant, éconduisit les Français Crozat (1890) puis Monteil (1891) et le Britannique Fergusson (1894). Face aux pressions britannique et allemande, les Français accélérèrent leur course : sur ordre du gouverneur du Soudan (le Mali actuel), une colonne française commandée par le capitaine Destenave se rendit à Ouahigouya en 1895 et signa un traité de protectorat avec le Yatenga. En 1896, l'armée française prit Ouagadougou.
L'ensemble du pays était occupé en 1897. Il fut d'abord intégré au Haut-Sénégal-Niger, avant d'être institué en colonie indépendante sous le nom de Haute-Volta en 1919, avec Ouagadougou pour chef-lieu. Mais, en 1932, la colonie fut partagée entre le Niger, le Soudan (Mali) et la Côte d'Ivoire. Durant toute la colonisation, la résistance se poursuivit. Le *mogho naba* demeura dans l'opposition. Les recrutements militaires et le prélèvement de l'impôt suscitèrent de violentes révoltes (notamment l'insurrection de Dédougou en 1915). Les Français s'occupèrent peu de la « mise en valeur » de la Haute-Volta. Les premières expériences de culture du coton s'avérèrent décevantes et provoquèrent une grave pénurie alimentaire. Une ligne de chemin de fer relia néanmoins Bobo-Dioulasso à Abidjan en 1934. Mais la colonie servit essentiellement de réservoir de main-d'œuvre pour les grandes plantations ivoiriennes et on la soumit à un dur recrutement militaire durant les deux guerres mondiales.

La marche vers l'indépendance. La loi du 4 septembre 1947 reconstitua le territoire de la Haute-Volta. C'est dans ce cadre que le mouvement nationaliste prit son essor. Il s'appuyait sur les souverains déchus toujours actifs mais aussi sur les anciens combattants, sur les élites modernes et sur des hommes nouveaux comme Ouezzin Coulibaly et Maurice Yaméogo.

Ceux-ci fondèrent le *Parti démocratique unifié* (plus tard l'UDV, *Union démocratique voltaïque*), représentant voltaïque du RDA (Rassemblement démocratique africain). Le RDA joua un rôle important dans la lutte pour l'évolution du statut colonial. En 1956, la loi-cadre instaura le suffrage universel dans les colonies françaises d'Afrique noire et accorda à la Haute-Volta, comme aux autres colonies, une plus grande autonomie administrative. En 1958, la nouvelle Constitution française, qui accordait l'autonomie complète, fut approuvée par 99,1 % des votants en Haute-Volta : le projet reçut l'appui du RDA mais un nouveau parti, le *Mouvement africain de libération nationale,* dirigé par l'historien Joseph Ki-Zerbo, fit, sans succès, campagne pour l'indépendance immédiate. De fait, la Haute-Volta accéda à l'indépendance le 5 août 1960. Maurice Yaméogo, chef du gouvernement après le décès de Ouezzin Coulibaly, devint le premier président de la République.

De la Haute-Volta au Burkina Faso. Rapidement, le régime évolua vers l'autoritarisme. Maurice Yaméogo interdit les partis politiques. Les difficultés économiques du pays et le gaspillage au sommet de l'État le rendirent impopulaire. La vie politique de la Haute-Volta a été marquée par plusieurs coups d'État militaires. Le premier, en 1966, porta le lieutenant-colonel Sangoulé Lamizana à la tête de l'État pour une durée de 14 ans. Il mit en œuvre un programme d'austérité économique mais, malgré plusieurs Constitutions et la restauration du régime parlementaire, le pouvoir resta entre les mains de l'armée. En 1980, Lamizana fut renversé par le colonel Saye Zerbo, lui-même démis par le commandant Jean-Baptiste Ouedraogo en 1982.

En 1983, le capitaine Thomas Sankara et un groupe de jeunes officiers prirent le pouvoir. Une nouvelle ère commença pour la Haute-Volta qui, le 4 août 1984, adopta le nom de Burkina Faso (littéralement : pays des hommes intègres). Ces officiers avaient pour objectif de transformer radicalement la société, de lutter contre le gaspillage et la corruption, et de confier le pouvoir aux classes populaires. À la fin de 1985, un conflit frontalier opposa le Mali et le Burkina Faso : la Cour internationale de justice de La Haye régla le litige en proposant le partage de la bande d'Agacher entre les deux pays. Des divisions surgirent entre les titulaires du pouvoir et, en 1987, le président Thomas Sankara fut assassiné. Blaise Compaoré, le numéro deux du régime, prit alors le pouvoir. Il institua un Front populaire chargé de procéder à la « rectification de la révolution ». Dans les années 1990, son parti renonça au marxisme-léninisme et restaura le multipartisme (Constitution de la IVe République en 1991). Blaise Compaoré refusa la tenue d'une Conférence nationale mais invita l'opposition à un Forum de réconciliation nationale en 1992. Les élections de 1992 ont confirmé à la tête de l'État le président, dont le parti, Congrès pour la démocratie et le progrès, remporte les élections législatives de mai 1997.

CULTURE

Art. Les masques funéraires des Kurumba sont portés lors des funérailles des notables. On distingue trois types de masques : ceux dont le visage est surmonté de cornes reposant sur une planchette ou un animal sculpté, les masques avec une figure féminine sculptée qui se détache de la planchette, les hauts des masques dont la partie visage disparaît. Le commerce d'art européen s'intéresse à l'art lobi : sièges à trois pieds décorés d'une ou deux têtes humaines, grandes statues féminines, statues-poteaux. Les masques ronds des Bwaba, aux yeux en cercles concentriques, au bec crochu de calao, sont surmontés d'une planche ajourée, terminée par un croissant de lune. Les Bobo utilisent des fibres et des feuilles pour fabriquer des masques, de styles très divers, qui représentent le plus souvent des animaux et sont agrémentés d'une polychromie géométrique.

Place des Cinéastes à Ouagadougou.

Littérature. Le premier écrivain burkinabé fut Dim Delobson*, un fonctionnaire colonial d'origine princière, auteur de deux essais (*l'Empire du Mogho-Naba,* 1933, et *les Secrets des sorciers noirs,* 1934). La première œuvre littéraire, la chronique historique de Nazi Boni*, *Crépuscule des temps anciens,* a été publiée en 1962, mais l'absence d'éditeurs burkinabés réduit la diffusion des romans : Étienne Sawadogo* (*la Défaite du Yargha,* 1977), Kolin Noago, Augustin Sondé Coulibaly* (*les Dieux délinquants,* 1974). La production poétique est abondante: Frédéric Pacéré* Titinga, le plus célèbre (*Refrains sous le Sahel,* 1976 ; *Affiche,* 1992), Jacques Prosper Bazié (*Orphelins des collines ancestrales,* 1983), Bernadette Dao (*Parturition,* 1986 ; *Quote-part,* 1992). Dans les années 80, trois romanciers émergent : Pierre-Claver Ilboudo* (*le Fils aîné,* 1982 ; *Adama,* 1987), Patrick G. Ilboudo (*le Procès du muet,* 1987 ; *le Héraut têtu,* 1992), qui meurt en 1994 à 43 ans, et Ansomwin Ignace Hien (*l'Enfer au paradis,* 1988). Le théâtre est dominé par Prosper Kompaoré et Jean-Pierre Guingané (*le Fou,* 1986 ; *le Cri de l'espoir,* 1991). Dans les sciences humaines, mentionnons Joseph Ki-Zerbo*, auteur d'une monumentale *Histoire de l'Afrique noire* (1971).

Cinéma. Le Burkina Faso est l'organisateur du Festival panafricain du cinéma de Ouagadougou (Fespaco), la manifestation phare du cinéma africain. Le premier s'est tenu en 1969 ; depuis, il a lieu au mois de février des années paires. Il se double, depuis 1983, du Marché international du cinéma et de la télévision (MICA). En 1995, la première cinémathèque du continent a ouvert ses portes à Ouagadougou. Ces initiatives sont le reflet d'une cinématographie dynamique. Le jeune cinéma burkinabé compte en effet plus de cent films. Idrissa Ouedraogo* est un des plus grands cinéastes africains, réalisateur notamment de *Yaaba* (1989), *Tilaï* (1990), *Samba Traoré* (1992), *le Cri du cœur* (1994).

Musique. La musique mandingue du Burkina Faso est à l'honneur depuis 1978, date où la formation de Mahama Konaté, Farafina, a été créée dans un quartier effervescent de Bobo-Dioulasso. Moins fidèle à la tradition, à laquelle Farafina reste attachée, Gabin Dabiré, le musicien globe-trotter, établi en Italie où il anime un Centre de promotion et de diffusion de la culture africaine, mêle musique indienne, chant grégorien et mélodie mandingue. Son frère Paul Victor tient la guitare dans certains titres de l'album *Kantômé*, sorti en 1990.

République du Burundi

État enclavé d'Afrique de l'Est, limité au nord par le Rwanda, à l'est et au sud par la Tanzanie, à l'ouest par la république démocratique du Congo.

Superficie : 27 834 km².

Population : 5 820 000 hab. (1993). (*Burundais*)
Croissance annuelle : 2,9 % (1990-1995).

Capitale : Bujumbura, 300 000 hab.

Produit national brut : 860 millions de dollars (1995).

P.N.B./hab. : 140 dollars (1995).

Monnaie : franc du Burundi.

Fête nationale : 1er juillet.

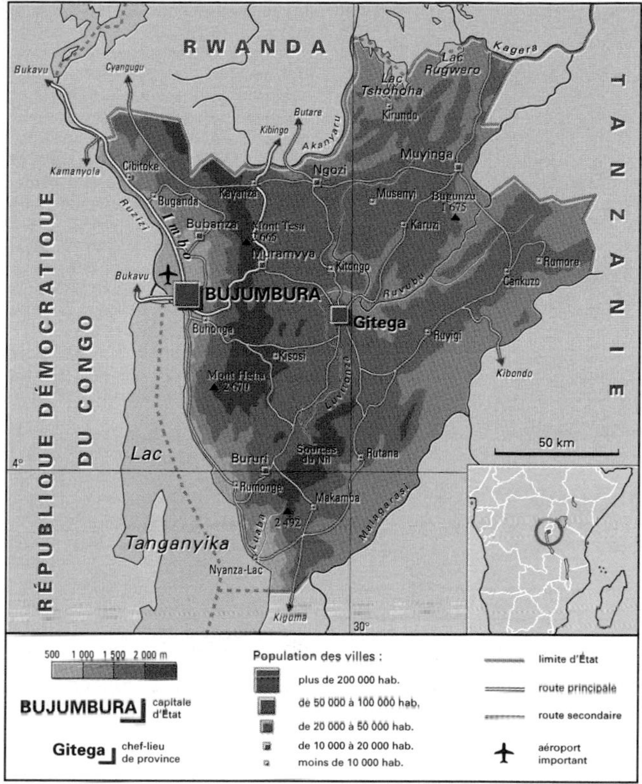

GÉOGRAPHIE PHYSIQUE

Relief. Le Burundi forme un triangle montagneux dont un côté s'appuie sur le lac Tanganyika et le pays Imbo. Un axe de plissements nord-sud, dépassant souvent les 2 500 m d'altitude, isole la plus grande partie du pays constituée de plateaux qui descendent en gradins vers la Tanzanie.

Climat. Le Burundi bénéficie d'un climat tropical tempéré par l'altitude.

Fleuves et lac. Le Burundi abrite la source la plus méridionale du Nil vers lequel se dirigent ses autres cours d'eau. Toutefois c'est le lac Tanganyika qui joue le plus grand rôle.

GÉOGRAPHIE HUMAINE

Langues. Les langues officielles sont le français et le kirundi (langue bantoue). Le swahili est utilisé comme langue véhiculaire.

Religions. La majorité de la population est constituée de chrétiens (78,9%, dont 65,1% de catholiques et 13,8% de protestants). Les adeptes des religions traditionnelles sont 13,5% et les musulmans 1,6%.

Ethnies. La population burundaise est principalement composée de Hutu (84%). Les Tutsi représentent 15% et les Twa, 1% des Burundais.

Population. La plus grande partie de la population burundaise est rurale (92,5%), elle est jeune (45,1% ont moins de 15 ans), et bien répartie sur tout le territoire.

Villes. La capitale, Bujumbura (300 000 hab.), est un port situé sur la pointe nord du lac Tanganyika. Les autres villes importantes du pays sont Gitega (95 000 hab.) et Ngozi (20 000 hab.).

INSTITUTIONS

Le Burundi est une république de type présidentiel et pluraliste depuis la nouvelle Constitution approuvée par référendum en 1992. L'Assemblée nationale est composée de 81 membres élus pour cinq ans.

ÉCONOMIE

Conjoncture. L'économie, libéralisée et ouverte sur l'extérieur (création d'une zone franche), avait enregistré une relative croissance, mais depuis 1993, la situation politique, et donc économique, est alarmante.

Agriculture. Avec une balance excédentaire (5,1% du PNB), l'agriculture est pratiquement l'unique activité économique. Les cultures vivrières couvrent 75% des terres exploitées et les cultures d'exportation 25%. Les principales cultures vivrières sont les haricots secs, le maïs et le sorgho. Environ 75% des exportations proviennent du café (5% du PNB). L'élevage est peu important en raison du climat.

Mines et industrie. Le kaolin et l'or, exploité par les orpailleurs en petite quantité, constituent les deux seules productions minières. Il existe cependant d'importantes réserves de nickel non exploitées. L'activité industrielle est restée à l'état embryonnaire. Elle ne concerne que les secteurs de l'alimentation, du savon et du textile. 90% de l'électricité consommée est fournie par les centrales de Rweeura (lac Rugwero), de la Ruzizi et de Mugere.

Échanges extérieurs. En l'absence de réseau ferroviaire, les exportations et les importations se font par camion via Mombasa et par bateau sur le lac Tanganyika via le port de Kigoma, où la voie ferrée vers Dar es-Salaam prend le relais. La balance du commerce extérieur est déficitaire.

Orpailleurs.

© C. Bossut-Picat / HOA QUI

Usine de café à Bujumbura.

Transports. Le Burundi dispose d'un réseau routier de 6 300 km (16% bitumés).

ÉDUCATION ET SANTÉ

Éducation. 50% des personnes âgées de 15 ans et plus étaient alphabétisées en 1990.

Santé. Il y avait, en 1990, 1 médecin pour 31 777 hab. et 1 lit d'hôpital pour 525 hab.

HISTOIRE

L'histoire ancienne. Le Burundi est l'un des rares pays d'Afrique dont les limites territoriales préexistaient à la colonisation. Comme ses voisins d'Afrique centrale et de la région des Grands Lacs, le pays était autrefois occupé par les Twa (Pygmées), avant l'arrivée des populations bantoues. Ces peuples se sont étroitement mêlés pour donner naissance à une civilisation commune, utilisant la même langue bantoue, le kirundi.

La tradition orale fait de Ntare Rutshatsi le fondateur du royaume du Burundi. Il serait venu de l'est au début du XVIIIe siècle et aurait uni les hauts plateaux du centre. Dans un pays où l'élevage était prépondérant, il encouragea le développement de l'agriculture. Ces transformations économiques entraînèrent une croissance démographique.

À la fin du XVIIIe siècle, Ntare Rugamba accéda au pouvoir. Ce *mwami* (souverain) donna naissance au Burundi moderne. Il se dota d'une puissante armée, très entraînée, et conquit un territoire important. Il utilisa également son armée pour se défendre contre les attaques du royaume du Rwanda.

Il organisa ensuite ses conquêtes, écrasant les révoltes intérieures de certains chefs, et surtout divisant le royaume en provinces, confiées à des administrateurs choisis parmi les princes de sang royal. Sous son règne, la société continua à se structurer en deux classes : les Hutu et les Tutsi. Entre ces deux catégories, les voies de promotion sociale ou de régression étaient nombreuses : un Hutu pouvait devenir Tutsi et réciproquement. Cette division essentiellement sociale a été renforcée par la colonisation belge et dès lors a pris un aspect ethnique. Aussi, ce qui n'était qu'une simple hiérarchie dans une société unitaire devint pendant la colonisation une profonde division.

Vers 1850, le territoire du Burundi avait atteint sa plus grande configuration. Dans la seconde moitié du XIXe siècle, le Burundi entra dans une période de crise, causée par l'expansion des réseaux du commerce swahili à l'est, par celle des Ngoni au sud, par celle de Mirambo au nord-est, et surtout par l'apparition d'une vague d'épidémies (choléra, variole), d'épizooties et de famines.

L'arrivée des Européens. Richard Burton et John H. Speke furent les premiers explorateurs européens à atteindre, en 1858, le Burundi. D'autres les suivirent : Livingstone et Stanley en 1871, Oscar Baumann en 1890… Dès 1879, deux missionnaires tentèrent de s'implanter dans le royaume. Au début du XXe siècle, les Allemands imposèrent peu à peu leur autorité au vieux roi Mwezi Gisabo, impuissant face à l'anarchie et au déclin du royaume : il accepta un traité. Mais la domination allemande fut brève : l'Allemagne perdit ses territoires africains pendant la Première Guerre mondiale.

La Belgique occupa le Burundi en 1916 et le conserva après le conflit à titre de mandat de la SDN (*Société des Nations*). En 1925, le Rwanda-Urundi fut rattaché au Congo belge tout en conservant une personnalité juridique distincte. L'administration coloniale s'appuya sur le *mwami,* sur les chefs coutumiers et surtout sur les Tutsi, tandis que les Hutu étaient exclus du pouvoir. Les Belges se soucièrent peu de la mise en valeur économique du pays. Ils se heurtèrent notamment à des résistances récurrentes dans diverses provinces entre les deux guerres mondiales.

Le nationalisme prit son essor sous l'égide de l'UPRONA (*Parti de l'unité et du progrès national*) qui remporta les élections législatives de septembre 1961. Le Burundi devint alors une monarchie constitutionnelle. En octobre 1961, le prince Louis Rwagasore, leader de l'UPRONA, fut assassiné. Le 1er juillet 1962, le Burundi proclama son indépendance.

Le Burundi contemporain. Malgré les tentatives d'apaisement menées par le *mwami* Mwambutsa IV, les tensions entre les Hutu et les Tutsi s'exacerbèrent. Elles aboutirent à un coup d'État manqué en 1965, qui provoqua le massacre de milliers de Hutu. En 1966, un nouveau coup de force, mené par le Premier ministre Michel Micombero, renversa la royauté et fit du Burundi une république. Micombero se proclama président et mit en place un régime autoritaire dominé par les Tutsi. En 1972, une révolte des Hutu aboutit au massacre de 100 000 à 300 000 d'entre eux.

En 1976, un nouveau coup de force amena au pouvoir Jean-Baptiste Bagaza (tutsi) qui, prônant la réconciliation nationale, occulta la question ethnique. Il s'opposa à plusieurs Églises chrétiennes et limita la pratique du culte. En 1987, le major Pierre Buyoya (tutsi) prit le pouvoir par la force. En 1988, à la suite d'affrontements interethniques, il constitua le premier gouvernement composé à part égale de Hutu et de Tutsi. En 1992, une nouvelle Constitution instaura le multipartisme. Les élections pluralistes de 1993 placèrent Melchior Ndadaye, premier président hutu, à la tête de l'État. Cent jours plus tard, celui-ci fut assassiné et le pays sombra dans le chaos. Le nouveau président, élu en 1994, Cyprien Ntaryamira (hutu), mourut avec le président du Rwanda dans un attentat commis contre leur avion, le 6 avril 1994. En oct.1995, Sylvestre Ntibantunganya (hutu) devint président par intérim. En juillet 1996, il fut renversé par le major Buyoya. Réunis à Arusha (Tanzanie), les dirigeants africains ont condamné ce putsch. En août 1996, Buyoya a constitué un gouvernement composé de Tutsi et de Hutu. En 1997, la plupart des ministres hutu ont quitté le gouvernement et la tension demeure vive entre les deux ethnies.

CULTURE

Les écrivains burundais sont peu nombreux. Michel Kakoya, auteur d'un recueil de réflexions (*Sur les traces de mon père,* 1968) inspirées de la littérature orale, reprend les mêmes thèmes sous une forme poétique dans *Entre deux mondes* (1971). Séraphin Sésé (pseudonyme de Séraphin Kabanyegeye) a publié un recueil de poèmes et un roman (*Abats d'une vie,* 1978). Dans la nouvelle génération, citons Louis Katamari (*Soweto ou le cri de l'espoir,* 1980) et Richard Ndayizigamiye.

Royaume du Cambodge

État de l'Asie du Sud-Est, limité à l'est et au sud-est par le Viêt-nam, au nord-est par le Laos, au nord-ouest par la Thaïlande, à l'ouest et au sud par le golfe de Thaïlande.

Superficie : 181 035 km².

Population : 9 610 000 hab. (estimation 1995). (*Cambodgiens*)
Croissance annuelle : 2,7 % (estimation 1995).

Capitale : Phnom Penh, 920 000 hab. (estimation 1994).

Produit national brut : 2,9 milliards de dollars (1995).

P.N.B./hab. : 270 dollars (1995).

Monnaie : riel.

Fête nationale : 9 janvier.

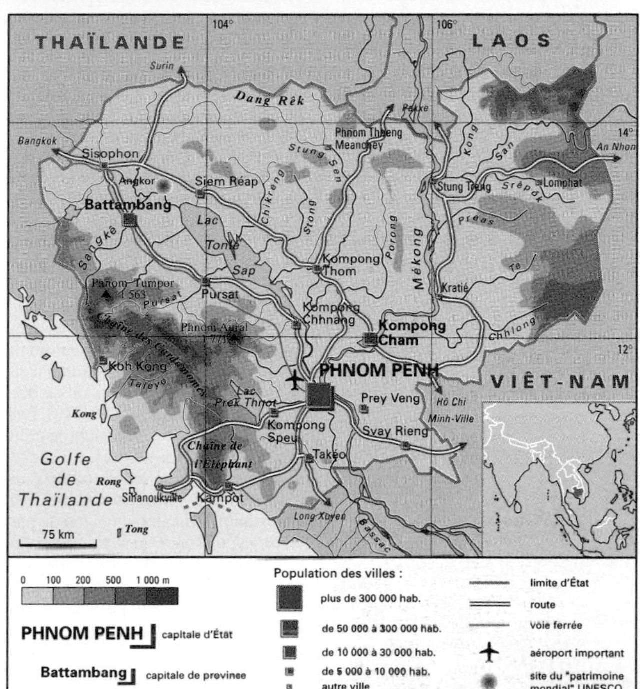

GÉOGRAPHIE PHYSIQUE

Relief. La plaine centrale du Cambodge, vaste zone déprimée, est entourée de montagnes moyennes, monts Dang* Rêk dans le Nord et chaînes des Cardamomes* et de l'Éléphant* dans le Sud-Ouest, et de plateaux s'élevant de 200 à 500 m, à l'est.

Climat. Le climat tropical est rythmé par les moussons d'été et d'hiver. La saison des pluies s'étend de juin à novembre. La plaine centrale est moins arrosée que les régions bordières.

Végétation. Les surfaces boisées se situent sur les bordures, mais la déforestation est importante, les Nations unies estiment que la part des forêts, dans la superficie totale du pays, est passée de 73 % en 1965 à 39 % en 1992 ; l'exportation du bois est contrôlée depuis 1995. Dans la plaine centrale, la riziculture a remplacé la végétation naturelle.

Fleuve et lacs. Le Mékong* draine le Cambodge du nord au sud. Son débit, 1 500 m³/s, en saison sèche, peut culminer à 60 000 m³/s à la fin des pluies. À la hauteur de Phnom Penh il se divise en quatre bras : l'un coule vers le lac Tonlé Sap au nord ; vers le sud, deux autres forment la tête du delta ; comme eux, le bras occidental, ou Bassac*, s'écoule vers la mer de Chine. Le lac Tonlé Sap régule la crue annuelle du Mékong.

GÉOGRAPHIE HUMAINE

Langues. Le khmer est la langue officielle. Le français est encore usité au Cambodge. Les minorités chinoises et vietnamiennes conservent leur langue. Les Chams parlent une langue austronésienne.

La superficie du lac Tonlé Sap passe de 2 700 à 10 000 m² lorsqu'il reçoit les eaux du Mékong en crue.

Religions. Les bouddhistes sont majoritaires (95 %). On compte 2 % de musulmans.

Population. Les Khmers sont majoritaires : 88,6 %. En 1994, le pays comptait 3,1 % de Chinois, 5,5 % de Vietnamiens et des minorités ethniques, dont les Chams (2,3 %). La population, rurale à 79 %, se concentre dans la plaine centrale. Les minorités ethniques vivent dans les montagnes et les hauts plateaux. Le taux de natalité est élevé (4 % en 1995).

Villes. Seule la capitale, Phnom Penh, a une taille importante. Les estimations de 1994 attribuent 66 500 hab. à Battambang, la deuxième ville du pays, et 35 000 hab. à Kompong Cham.

INSTITUTIONS

Le Cambodge est une monarchie parlementaire et pluraliste. Les 120 membres de l'Assemblée nationale sont élus pour cinq ans au suffrage universel.

ÉCONOMIE

Agriculture. L'agriculture occupe environ 60 % de la population active et représente 45 % du PNB. Le riz paddy, première et presque unique culture, occupe 70 % des terres cultivées. Le Cambodge produisait plus de 2 millions de tonnes de riz en 1960 ; ce chiffre est tombé de moitié dans les années 1970-1980, pour se rétablir en 1993. En 1995, la sécheresse et les inondations qui suivirent ont provoqué la disette. La pêche, à 90 % en eau douce, et l'élevage retrouvent leur niveau des années 1960. Le Cambodge produit du caoutchouc (43 000 t en 1995) à partir de l'hévéa.

© Jacques Witt / SIPA-PRESS

Importation de motos japonaises dans le port de Sihanoukville (ancien Kompong Som).

Mines et industrie. Le Cambodge possède très peu de minerais. L'industrie, balbutiante, représente près de 10 % du PNB et 12 % de la population active. La production industrielle est surtout liée au secteur agroalimentaire. Ruinée par la guerre, l'économie cambodgienne a entamé son redressement en 1993.

Échanges extérieurs. En 1994, les importations (669 millions de dollars) excédaient les exportations (458 millions de dollars). Singapour était le principal fournisseur (24,3 %) et client (65,8 %) du Cambodge.

Transports. Le Cambodge disposait en 1994 d'un réseau routier de 13 351 km (20 % bitumés) et d'un réseau ferroviaire de 612 km (1995). Un aéroport international (Phnom Penh) dessert le pays.

ÉDUCATION ET SANTÉ

Éducation. L'analphabétisme touche 65 % de la population adulte (estimation 1990). En 1991, le taux de scolarisation atteignait 82 % dans le primaire.

Santé. En 1990, on comptait 1 médecin pour 14 300 hab. et, en 1988, 1 lit d'hôpital pour 632 hab.

HISTOIRE

La période angkorienne. Occupée dès le Ier millénaire av. J.-C., la région d'Angkor* se développe au début de l'ère chrétienne avec la formation de royaumes hindouisés, notamment ceux du Funan* et du Tchen*-la. La prise de contrôle de ce dernier par les Kambudja, ancêtres des Khmers, au VIe siècle, a donné son nom au pays. Déchiré par les luttes féodales, l'empire du Tchen-la est reconstitué par le roi Jayavarman II (802-v.850) qui établit sa capitale près du site d'Angkor, au nord du Tonlé Sap (le Grand Lac). Son neveu, Indravarman Ier, et le fils de ce dernier, Yasovarman* Ier (889-910), fondent Angkor. Ils introduisent le culte du roi-dieu : intronisé par le ciel, le roi communique avec les dieux du panthéon hindou, Vishnu et surtout Çiva. Le royaume doit alors une grande partie de sa puissance au système économique de la « cité hydraulique » : des réservoirs (*barays*) alimentent en eau des rizières fortement productives ; le surplus de production permet d'entretenir des armées et une administration centralisée, mais aussi de financer la construction de cités et de temples. Les règnes de Sūryavarman* Ier (1002-1050) et de Sūryavarman* II (1113-1150), bâtisseur d'Angkor Vat, marquent l'apogée de l'Empire khmer qui s'étend du cœur de la Thaïlande actuelle au golfe du Tonkin et au delta du Mékong. Au cours de cette période angkorienne, le bouddhisme mahāyāna (ou du Grand Véhicule) remplace l'hindouisme comme religion dominante. Sūryavarman II attaque le Champa*, le Dai* Viêt (ancien Viêt-nam) et les Môns*, mais l'empire est fragile ; au XIIIe siècle commence une période de décadence, essentiellement due à la montée en puissance dans la région des Siamois (Thaïlandais) et des Vietnamiens. L'empire connaît encore la gloire sous le règne de Jayavarman VII (1181-1218) qui annexe le Champa et fait construire le Bayon*. Il conserve une certaine puissance jusqu'à la fin du XVIe siècle, mais doit déplacer son centre vers le sud, car Angkor est prise par les Siamois en 1431 et la capitale est transférée à Phnom Penh en 1434. Cette période est marquée par l'introduction du bouddhisme therav āda (École des Anciens).

La période moderne. Les premiers Européens (missionnaires, commerçants) arrivent au Cambodge dès le milieu du XVIe siècle. L'invasion des Thaïs en 1594 marque le début d'une période, qui se poursuit jusqu'au XIXe siècle, où l'existence même du Cambodge est contestée par ses deux grands voisins : le Siam et le Viêt-nam, qui s'établit dans le delta du Mékong, vont se disputer le contrôle du Cambodge. Au XIXe siècle, Ang Duong, roi du Cambodge (1845-1860), demande l'aide de la France pour échapper à l'emprise du Viêt-nam et du Siam, mais la mission française échoue. Son fils Norodom Ier, souhaitant éviter la destruction complète de son État, accepte, en 1863, le protectorat des Français, qui sont désireux d'installer, entre leur colonie de Cochinchine et le Siam, un État tampon leur permettant de faire face aux ambitions siamoises. Du point de vue territorial, le protectorat est favorable au Cambodge, qui, en 1907, récupère les provinces du Nord, avec la région d'Angkor. La situation marginale du pays par rapport au reste de l'Indochine française, ainsi que la prudence du roi Norodom Sihanouk (arrière-petit-fils de Norodom Ier), monté sur le trône en 1941, permettent au Cambodge de ne pas trop souffrir des guerres qui affectent les pays voisins (Viêt-nam et Laos) et d'obtenir son indépendance en 1953, confirmée par la conférence de Genève (1954). Sihanouk gouverne avec modération son pays et le modernise. Cependant, le mécontentement des paysans, victimes des usuriers, et l'influence du Viêt*-cong suscitent l'essor du mouvement communiste des Khmers rouges. D'autre part, les milieux traditionalistes souhaitent une politique anticommuniste plus ferme. Cette double opposition aboutit à la chute de Sihanouk, renversé par le général Lon* Nol en 1970, et met un terme à la neutralité cambodgienne.

Le temps des catastrophes. La prise du pouvoir par Lon Nol, soutenu par les États-Unis, est immédiatement suivie de massacres de Vietnamiens et de l'intensification de la guérilla, principalement menée par les Khmers rouges, mais aussi par des partisans de Sihanouk, réfugié en Chine où il forme un gouvernement* royal d'union nationale du Kampuchéa (GRUNK). Les Khmers rouges triomphent en 1975 et s'emparent de Phnom Penh. Leur dictature, qui dure quatre ans, est une vraie catastrophe pour le Cambodge. Les Khmers rouges, dirigés par Khieu* Samphan, Ieng* Sary et Pol* Pot, mènent une

Soldats Khmers rouges.

© Oshihara / SIPA-PRESS

révolution sanglante (plus de 1 million de morts), fondée sur la volonté d'effacer toute trace de la culture traditionnelle. Ces excès provoquent de vives réactions, qui se traduisent par l'invasion des troupes vietnamiennes (que l'URSS soutient) en 1979 et l'installation au pouvoir de communistes plus modérés. Le nouveau régime, dirigé par Hun* Sen, se heurte à la double opposition des Khmers rouges et des partisans de Sihanouk, qui mènent (armés par la Chine) la guérilla à partir de camps situés à la frontière thaïlandaise.

Le retour à la paix. À partir de 1988, facilitées par l'amélioration des relations sino-vietnamiennes et américano-soviétiques, des négociations s'engagent entre les factions adverses. En 1989, les troupes vietnamiennes se retirent du Cambodge. Les négociations, placées sous l'égide des Nations unies, aboutissent en octobre 1991 aux accords de Paris qui mettent officiellement fin à la guerre civile. Aux élections de mai 1993, le Funcinpec, parti royaliste, dirigé par le fils de Sihanouk, Norodom Ranariddh, devance le *Parti du peuple cambodgien* (PCP, communiste), mené par Hun Sen. Un gouvernement de coalition est formé par Sihanouk, avec deux co-Premiers ministres (Hun Sen et Ranariddh), et en octobre 1993 une nouvelle Constitution rétablit Sihanouk sur le trône. La guérilla des Khmers rouges se poursuit jusqu'en 1996. Mais l'ampleur des destructions, la disparition des élites, la banalisation de la violence sont autant d'obstacles au développement de la démocratie. En juillet 1997, des combats s'engagent entre les partisans des deux partis au pouvoir ; ils conduisent à l'éviction de Ranariddh, que remplace Ung Huot.

© Gilles Rivet / ARTEPHOT

Une végétation luxuriante et dévastatrice sur le site d'Angkor Thom.

© Yves Gellie / HOA QUI

Avec ses cinq tours majestueuses, la richesse de ses décors, le temple d'Angkor Vat, dédié à Vishnu puis sanctuaire bouddhique (XVe s.), est considéré comme un des sommets de l'art khmer.

CULTURE

Art. C'est en matière d'architecture et de sculpture que la créativité artistique cambodgienne s'est le mieux affirmée, notamment dans le grand ensemble de constructions de la région d'Angkor*. Chaque roi-dieu désirait bâtir un ou plusieurs temples, si bien que l'on a compté jusqu'à près de mille temples de toutes dimensions sur une superficie d'environ 1 000 km². Les constructions d'Angkor sont entourées de réservoirs (*barays*), d'où partent les eaux qui remplissent les douves entourant les temples et les villes, et que franchissent des chaussées bordées de statues. Les principaux monuments sont accompagnés d'un foisonnement de petits temples, comme celui de Banteay* Srei (xe siècle). L'architecture angkorienne, très variée, présente quelques caractères généraux. Les « temples-montagnes », reposant sur des soubassements en escalier et surmontés de tours, reproduisent l'idée que se font les Khmers de l'ordre du monde : se proclamant la réincarnation des dieux Çiva, Vishnu et Brahmā les rois khmers ont fait bâtir ces temples en forme de montagne, à l'instar du mont Meru, résidence des dieux selon les livres sacrés (les Veda*, le Mahābhārata*, le Rāmāyana*). La verticalité des tours (le Bayon* en compte cinquante-quatre) se marie à l'horizontalité des enceintes et des galeries comportant des centaines de piliers. Richement sculptées, comme les tours, les galeries portent des statues et des bas-reliefs qui racontent dans la pierre les grandes épopées hindoues, les vies du Bouddha et les exploits royaux. L'art d'Angkor, qui débute au IXe siècle, atteint son apogée au XIIe siècle avec Angkor* Vat (v. 1150) et décline du XIIe au XVe siècle. À partir du XVIIe siècle, l'influence siamoise s'accentue, l'art khmer perd de son originalité. L'étude de l'art khmer s'est développée grâce aux chercheurs de l'École française d'Extrême*-Orient, qui ont entamé au XIXe siècle les travaux de conservation du site.

Littérature. La littérature khmère a connu une évolution parallèle entre littérature orale et littérature écrite, la tradition orale étant plus ancienne. Comme la tradition orale, les textes écrits sont faits pour être récités à haute voix. Jusqu'au XIXe siècle, où apparaissent des noms d'auteurs, et donc la notion de création individuelle, il s'agit d'une expression anonyme et collective. Des textes plus anciens (VIIe au XVe siècle), en vieux khmer, issu du sanskrit*, subsistent sur les inscriptions gravées dans la pierre. Le khmer moyen (XVIe-XIXe siècle), lié au pāli*, se retrouve dans les inscriptions et les manuscrits. La permanence de cette littérature, même au XXe siècle, montre combien les Khmers désirent affirmer leur exigence d'identité culturelle. Les grands textes classiques sont inspirés de ceux de l'Inde, notamment de ses grandes épopées (le Rāmāyana) et des récits de la vie du Bouddha (les jātaka*), mais avec une verve propre à la littérature cambodgienne. Verve et vivacité caractérisent également les très nombreux contes populaires. Les romanciers contemporains ont abandonné la forme traditionnelle (longs textes rédigés en grande partie en vers) pour adopter un style plus proche des modes d'écriture occidentaux. Citons, parmi eux, Rim* Kin (1911-1952).

Cinéma. Le jeune réalisateur cambodgien, Rithy Panh, a retracé, avec émotion, la chronique d'une famille paysanne, dans son film *les Gens de la rizière* (*Neak sre*), 1994.

République du Cameroun

État d'Afrique centrale, limité à l'ouest par le Nigeria, au nord par le Tchad, à l'est par la Centrafrique, au sud par le Congo, le Gabon et la Guinée équatoriale, au sud-ouest par l'océan Atlantique.

Superficie : **475 444 km^2.**

Population : **13 100 000 hab. (1993).** (*Camerounais*)
Croissance annuelle : **2,8% (1990-1995).**

Capitale : **Yaoundé, 858 000 hab. (1989).**

Produit national brut : **9,3 milliards de dollars (1995).**

P.N.B./hab. : **710 dollars (1995).**

Monnaie : **franc CFA.**

Fête nationale : **20 mai.**

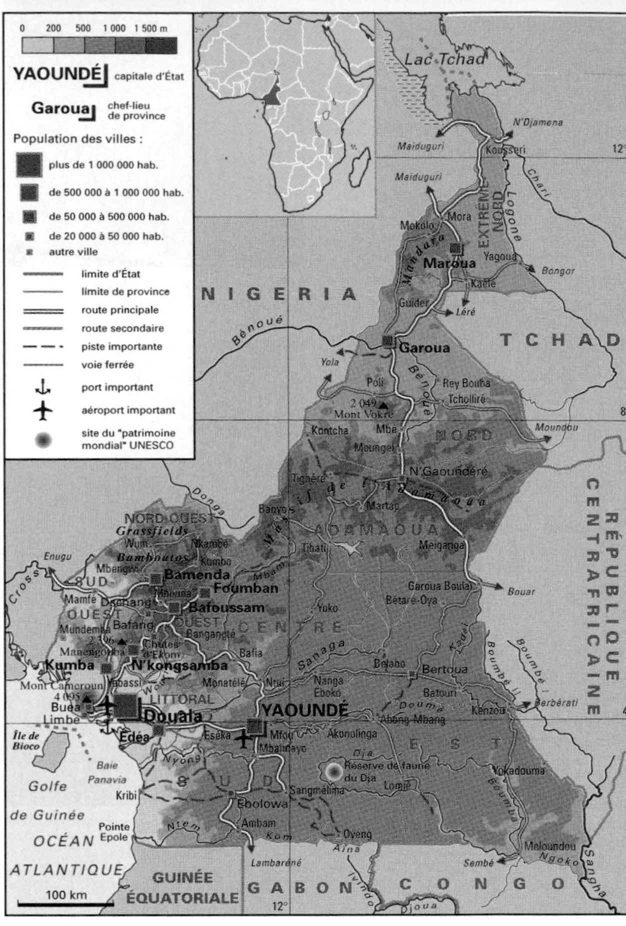

GÉOGRAPHIE PHYSIQUE

Relief et fleuves. Le Cameroun se compose de cinq grandes régions naturelles. La région côtière offre une succession de plaines, de rivières et de fleuves. Le Sud est parcouru par des fleuves (qui coulent vers l'ouest) et par des rivières du bassin du Congo (vers le sud). Au nord de la Sanaga, le plateau se relève jusqu'à la barrière de l'Adamaoua qui s'arrête brutalement en falaise sur le fossé de la Bénoué.

Le mont Cameroun

La dorsale volcanique de l'Ouest suit un axe sud-ouest-nord-est à partir du mont Cameroun (4 095 m).

Climat. La région côtière a un climat de type équatorial, chaud et humide, à saisons peu différenciées. La pluviométrie (plus de 2 000 mm) est très élevée sur les pentes du mont Cameroun. Dans la zone centrale, le climat est de type tropical humide avec une saison sèche et une saison des pluies de durée quasi égale. En pays bamiléké (Sud-Ouest), la fraîcheur relative du climat est due à l'altitude et à l'importance des précipitations. Au nord, le climat, chaud et sec, interrompu par une courte saison des pluies, est uniforme.

Végétation. La forêt dense de la région côtière recule progressivement devant l'exploitation forestière et l'extension des cultures. Au Cameroun central, la forêt se prolonge en galeries le long des cours d'eau, avant d'être remplacée par la savane boisée qui couvre, au nord, le bassin de la Bénoué. Les pâturages occupent les hauts sommets des Grassfields. Dans l'extrême Nord, la plaine s'apparente à une zone de steppe sahélienne.

GÉOGRAPHIE HUMAINE

Langues. Les langues officielles sont le français et l'anglais. Au Cameroun, véritable mosaïque linguistique (200 langues ont été identifiées), on utilise, outre les parlers bamiléké, cinq langues véhiculaires principales : le bassa, le bulu, le douala, l'ewondo et le peul. Il faut leur ajouter le pidgin english, surtout pratiqué dans les zones à forte diversité linguistique (pays bamiléké et Grassfields).

Religions. Avec 34,7% de la population, les catholiques sont les plus nombreux. Les adeptes des religions traditionnelles sont 26%, les musulmans 21,8% et les protestants 17,5%.

Ethnies. Les principaux groupes ethniques sont les Fang (19,6%), les Bamiléké et les Bamun (18,5%), les Douala, les Lundu et les Bassa (14,7%), les Peul (9,6%).

Population. Elle occupe surtout le sud-ouest et le nord du pays. Ainsi, la densité est de 34 habitants au km^2 dans la province Sud-Ouest, contre 8 et 4,5 dans les provinces Est et Sud.

Villes. Avec 1 200 000 hab., Douala est la plus grande ville du Cameroun, devant la capitale Yaoundé (858 000 hab.), N'kongsamba (110 000 hab.), Maroua (123 000 hab.), Garoua (142 000 hab.).

INSTITUTIONS

Le Cameroun est une république de type présidentiel et pluraliste depuis août 1991. L'Assemblée nationale est composée de 180 députés élus pour cinq ans.

ÉCONOMIE

Conjoncture. Pays relativement riche, le Cameroun enregistre, depuis 1987, une chute de son activité économique et une grave crise financière qui ont contraint les autorités à licencier massivement dans la fonction publique, à comprimer les investissements et à suspendre le paiement de la dette publique. La dévaluation du franc CFA (1994) a mis fin à la contrebande avec le Nigeria. La croissance est revenue en 1995.

Agriculture. Les cultures d'exportation constituent la base de l'économie. Le Cameroun est le sixième producteur mondial de cacao (2,1% du PNB). Le caféier, qui couvre 400 000 hectares (85% plantés en robusta) dans l'Ouest et le Sud, connaît un net recul à cause de la chute des prix. Autres cultures d'exportation : le bananier, l'hévéa, le palmier à huile et le coton. L'élevage, pratiqué dans le Nord, et l'exploitation du bois sont des ressources appréciables.

Mines et industrie. La production de pétrole off shore dans le golfe de Guinée est en baisse. Les réserves de pétrole sont estimées à 55 millions de tonnes et celles de gaz naturel (non encore exploitées) à 115 milliards de mètres cubes. L'hydroélectricité est abondante. Les produits industriels du Nigeria importés en contrebande, à des prix non concurrentiels, mettent en situation de faillite des secteurs entiers de l'économie. La principale industrie demeure celle de l'aluminium (0,5% de la production mondiale).

© R.M.N.

Le roi du Bamun et ses guerriers.

Échanges extérieurs. Les exportations (1,7 milliard de dollars en 1993) sont légèrement supérieures aux importations (1,4 milliard de dollars).

Transports. Le réseau routier a 52 214 km (6% bitumés) ; le réseau ferroviaire, 1 104 km. Principaux aéroports : Douala (376 000 passagers, 11 500 t de fret), Yaoundé (150 000 passagers), Garoua (69 000 passagers). Principaux ports : Douala (3 700 000 t), Kribi (400 000 t), Garoua (port fluvial, 14 400 t).

ÉDUCATION ET SANTÉ

Éducation. 54,1% des personnes âgées de 15 ans et plus étaient alphabétisées en 1990. Le taux de scolarisation est de 80% dans le primaire, 26% dans le secondaire et 4% dans le supérieur.

Santé. Il y avait, en 1992, 1 médecin pour 13 000 hab. et 1 lit d'hôpital pour 509 hab.

Cacaoyère de la région d'Ebolowa. Originaire du Mexique, le cacaoyer trouve, en Afrique, les conditions idéales de chaleur et d'humidité nécessaires à sa croissance.

© R.Rozencwajg / DIAF

HISTOIRE

L'histoire ancienne. Le climat et les richesses naturelles du Cameroun ont, très tôt, favorisé le peuplement. Le premier État connu des historiens dans la région est celui du Kanem, qui se développa autour du lac Tchad à partir du IXe siècle. Il devint musulman au XIe siècle et atteignit son apogée à la fin du XVIe et au XVIIe siècle. Il imposa sa suzeraineté à la majeure partie du territoire camerounais. Mais il se heurta sans cesse à la résistance des peuples et des petits royaumes camerounais (notamment les royaumes kotoko et mandara).
À la fin du XVIe siècle, la grande vague migratoire des Peuls (ou Foulbé), peuple de pasteurs nomades qui se déplaçaient d'ouest en est depuis le Macina, atteignit le lac Tchad. Au siècle suivant, les Peuls s'implantèrent dans l'Adamaoua actuel, contribuant à la diffusion de l'islam. Ils s'organisèrent en petits États théocratiques musulmans, dirigés par un *lamido,* à la fois chef politique et spirituel.
Le royaume bamun fondé à la fin du XVIe siècle prit son essor sous le règne de Mbuembue, à la fin du XVIIIe siècle. Souverain guerrier, celui-ci étendit son territoire par la force des armes. Il s'employa ensuite à consolider son pouvoir. Au début du XIXe siècle, les États musulmans étendirent et consolidèrent leur pouvoir. En 1804, Ousmane* dan Fodio et les Peuls du Nigeria lançèrent un *djihad* contre les Haoussa. Ils créèrent ainsi un vaste empire toucouleur. Forts de cet exemple, les Peuls de l'Adamaoua rallièrent leur cause et propagèrent le *djihad* dans leur région. Ousmane dan Fodio conféra alors à Adama, leur chef, le titre de *cheikh.*

La pénétration coloniale. Le Portugais Fernando Póo fut le premier à atteindre les côtes du Cameroun, à la fin du XVe siècle. Il baptisa l'estuaire du Wouri le «Rio dos Camarões» (Rivière des crevettes), qui donna naissance au nom « Cameroun ». Les Espagnols, les Anglais, les Français, les Allemands puis les Américains développèrent le commerce côtier. Au début du XIXe siècle, des explorateurs reconnurent de manière systématique la côte camerounaise. Les Allemands furent les plus actifs, notamment Heinrich Barth et surtout Gustav Nachtigal qui signa en 1884 des traités avec les souverains de la côte : l'Allemagne établissait ainsi son protectorat sur le Cameroun.

© Musée de l'Homme

Fête à N'Gaoundéré, dans les années 1920.

Les Allemands entreprirent alors de coloniser le « Kamerun ». La brutalité de leurs méthodes suscita une vive résistance et retarda l'occupation effective. Vaincus en 1891 au pied du mont Cameroun, les Allemands lancèrent une expédition punitive en 1894 et « pacifièrent » brutalement le centre du pays. Ils atteignirent l'Adamaoua en 1899 et le lac Tchad en 1902, après des guerres meurtrières qui laminèrent les États foulbé et le royaume du Mandara. Seul le royaume bamun, dont le souverain Njoya (1875-1933) avait le génie de la négociation, demeurait invaincu : flattant les Allemands, Njoya ouvrit son pays aux innovations politiques et économiques qu'ils proposaient sans se démettre de son pouvoir. En 1911, le territoire du Kamerun s'élargit d'une partie du Congo cédée par la France.

La colonisation allemande. Les Allemands, venus tardivement à la colonisation, possédaient peu de territoires en Afrique. Aussi entreprirent-ils de les «mettre en valeur» de manière intense, confiant en partie leur exploitation à de grandes sociétés commerciales et à des compagnies concessionnaires. Des colons allemands créèrent des plantations de cacaoyers, de bananiers, de caféiers, d'hévéas, de palmiers à huile et de tabac. Ils construisirent des lignes de chemin de fer (Douala-N'kongsamba et Douala-Yaoundé), des routes, des ponts, des hôpitaux... Mais les exactions de l'administration coloniale, les expropriations massives et la soumission au travail forcé entretinrent la résistance des peuples du Kamerun, qui ne furent jamais totalement «pacifiés».

Lorsque éclata la Première Guerre mondiale, les Allemands recrutèrent des soldats africains. Les Français, les Belges et les Britanniques, qui attaquèrent, depuis l'A.-É-F., le Congo belge et le Nigeria, cernèrent le Kamerun et lui imposèrent un blocus maritime. En 1914, une avant-garde investit Douala. En 1915, la région côtière tomba intégralement et, en 1916, les troupes allemandes, inférieures en nombre et en armement, quittèrent le Kamerun pour se réfugier au Río Muni. Les Français et les Britanniques se partagèrent la colonie avant la fin du conflit.

La colonisation française et britannique. Le traité de Versailles (1919) qui fixait les conditions de la paix entérina le partage du Cameroun. En 1922, celui-ci devint un territoire sous mandat de la SDN. En réalité, le Cameroun français fut administré comme une colonie ordinaire et le Cameroun britannique intégré au Nigeria. La France veilla à supprimer toutes les traces de la colonisation allemande pour s'attacher les populations. Le décret de 1923 rendit obligatoire l'enseignement en langue française. L'élite de formation allemande subit toutes sortes de vexations. Pour démontrer à la SDN qu'elle était à la hauteur de la charge qu'elle avait reçue, la France s'employa à « mettre en valeur » le territoire. Elle acheva la construction du chemin de fer Douala-Yaoundé et étendit le réseau routier. Elle reprit l'exploitation des grandes plantations allemandes et favorisa l'émergence d'une classe de planteurs « indigènes ». L'action sanitaire fut marquée par la lutte du Dr Jamot contre la trypanosomiase.

Pendant la Seconde Guerre mondiale, les Alliés attaquèrent et prirent Douala en août 1940 pour obtenir son ralliement. En 1946, le Cameroun devint un territoire sous tutelle de l'ONU. Le Cameroun français intégra alors l'Union française en tant que territoire associé.

Le mouvement nationaliste se développa à partir de 1945. Il s'appuyait sur une élite formée dans les écoles supérieures de Dakar, sur une bourgeoisie terrienne et sur un prolétariat urbain qui avait déjà prouvé sa mobilisation. En 1945, les États généraux de la colonisation, à Douala, confirmèrent l'attachement des colons français au système colonial traditionnel. En réponse, les populations déclenchèrent une vaste grève et des émeutes. Plus de cent syndicats ou partis politiques donnèrent corps à la lutte anticoloniale. En 1948, Ruben Um Nyobe fonda l'*Union des populations du Cameroun* (UPC), d'abord affiliée au Rassemblement démocratique africain. Ce parti à idéologie nationaliste révolutionnaire refusa tout compromis avec l'administration coloniale et tenta, en 1955, de prendre le pouvoir en fomentant une insurrection à Douala. Interdit par l'Administration, il entra alors dans la clandestinité et mena une guérilla tenace, durement réprimée par la France. Ruben Um Nyobe fut tué en 1958. La lutte clandestine se poursuivit sous la houlette de Félix Roland Moumié (tué à Genève en 1960). Les nationalistes camerounais revendiquaient l'indépendance mais aussi la réunification du Cameroun. Ils rencontraient en cela le KNDP (*Kamerun National Democratic Party*) créé par John N. Foncha du côté britannique.

L'évolution se précipita. En 1956, la France mit en vigueur une loi-cadre. En 1957, le Cameroun français devint partiellement autonome, avec André-Marie Mbida, président des Démocrates camerounais, puis Ahmadou Ahidjo, président de l'Union camerounaise, comme Premiers ministres. En 1959, le Cameroun français acquit son autonomie totale. Le 1er janvier 1960, il accéda à l'indépendance. Ahmadou Ahidjo devint président de la République et Foncha vice-président.

Un référendum organisé en 1961 consacra la réunification des deux Cameroun, à l'exception du nord du Cameroun britannique, qui choisit le rattachement au Nigeria.

Le Cameroun contemporain. Après l'indépendance, le pays opta pour une structure fédérale qui ménageait les spécificités des deux Cameroun et, plus largement, des différentes régions. Le pouvoir central se renforça progressivement. En 1966, l'Union camerounaise et le KNDP fusionnèrent pour former l'UNC (*Union nationale camerounaise*), parti unique. En 1972, une nouvelle Constitution approuvée par référendum abolit le fédéralisme et créa un État unitaire. En 1982, le président Ahidjo céda le pouvoir à son Premier ministre, Paul Biya, qui opéra un vaste remaniement à la tête de l'État et dans les provinces. En 1984, l'ancien président Ahidjo fut condamné à mort par contumace pour avoir participé à un complot. Sa peine fut ensuite commuée en détention à vie. Lors du congrès de Bamenda en 1985, l'UNC se transforma en RDPC (*Rassemblement démocratique du peuple camerounais*). Dans le même temps, la chute des cours des matières premières sur le marché mondial entraîna l'économie camerounaise dans une crise que l'exploitation pétrolière ne put contrebalancer.

Au début des années 1990, la pression de l'opinion publique amena le président Biya à ouvrir son régime. Il amnistia les prisonniers politiques et accepta la tenue d'une conférence réunissant le gouvernement, l'opposition et la société civile, pour étudier une réforme constitutionnelle. Les élections législatives de 1992 ont néanmoins été boycottées par l'opposition. Les élections présidentielles qui suivirent n'ont pas permis au leader de l'opposition, J. Fru Ndi, de se faire élire. En 1996, les premières élections municipales pluralistes ont vu la victoire du RDPC, mais l'opposition progresse.

CULTURE

Art. Destinés aux cérémonies d'initiation, aux cultes des morts ou aux rites agraires, les masques matérialisent toujours des forces utilisées dans des buts précis. La plupart sont en bois. Ils sont recouverts de peaux d'animaux dans le Nord-Ouest, en perles multicolores chez les Bamiléké, boursouflés et en rondeurs chez les Bamun, ornés de décorations géométriques chez les Douala. Les statuettes ont presque toujours des fins magiques. Elles sont le plus souvent en bois, parfois en terre cuite, plus rarement en laiton ou en cuivre. Un art symbolise, dans l'Ouest, les structures et les faits sociaux : architecture des chefferies bamiléké, panneaux sculptés sur bois par les Bamun et les Bamiléké. Signalons encore l'originalité des décors de perles de verre qui recouvrent totalement la plupart des objets bamiléké, les gigantesques pipes en terre ou en bois de la région bamun.

L'art des Peuls, qui respecte les préceptes de l'islam interdisant toute figuration humaine ou animale, se manifeste dans l'architecture, par la richesse des vêtements et des bijoux, dans le travail des cuirs et dans les décors peints et pyrogravés des calebasses.

L'art sculptural des Beti et des Fang du Sud-Cameroun est caractérisé par des statues longiformes décorées de plaques de laiton et des figures d'ancêtres, de facture plus réaliste, liées au culte lignager du *byéri*.

© G. Sioen / RAPHO

Porte d'entrée d'une chefferie bamiléké.

Littérature. Puisant aux sources d'une riche tradition orale et s'appuyant sur une solide infrastructure culturelle, la littérature camerounaise connaît un puissant développement. En 1920, Ibrahim Njoya entreprend une œuvre personnelle en bamun (dont il a inventé un alphabet). En 1930, Isaac Moumé-Etia, auteur d'une grammaire du douala, publie un recueil de contes en français et en douala. Les premiers romanciers francophones sont Mongo Beti* (*Ville cruelle,* 1954) et Ferdinand Oyono* (*le Vieux Nègre et la médaille,* 1956), suivis de Benjamin Matip (*Afrique, nous t'ignorons,* 1956), Joseph Owono (*Tante Bella,* 1959), Evemba Njoku'a Vembe (*Sur la terre en passant,* 1966), Francis Bebey* (*le Fils d'Agatha Moudio,* 1967), René Philombe* (*Un sorcier blanc à Zangali,* 1969), Rémy Medou Mvomo (*Afrika ba'a*), Guillaume Oyono*-Mbia (*Chroniques de Mvoutessi,* 1971-1972), Charly-Gabriel Mbock* (*Quand saigne le palmier,* 1978), Bernard Nanga* (*les Chauves-Souris,* 1980), Yodi Karone* (*le Bal des caïmans,* 1980). La poésie est active depuis 1947, date de la parution du premier recueil de Louis-Marie Pouka-M'Bague, qui présida la première séance de l'Association nationale des poètes et écrivains camerounais, fondée en 1960 par René Philombe. Citons les poètes : François Sengat-Kuo (*Fleurs de latérite,* 1954), Charles Ngande, Étienne Noumé, Jean-Paul Nyunaï, Patrice Kayo* (*Hymnes et Sagesses,* 1970), Samuel Eno* Belinga (*Masques nègres,* 1972), Fernando d'Almeida* (*Au seuil de l'exil,* 1976), F. Bebey, Paul Dakeyo* (*Soweto ! Soleils fusillés,* 1977), Mohammadou Moddibo Alliou (*Sur les chemins de la Sa'iira,* 1979), Werewere*-Liking, créatrice du « chant-roman » (*Orphée-Dafric,* 1981). On notera qu'un grand nombre des auteurs cités ont également écrit des essais. Ainsi, les œuvres de Thomas Melone (*De la négritude dans la littérature négro-africaine*), Martien Towa (*Léopold Sédar Senghor: négritude ou servitude*), Paul Dakeyo, Fernando d'Almeida et Ambroise Kom (*Dictionnaire des œuvres littéraires négro-africaines de langue française, des origines à 1978*). Quel que soit le genre : roman, poésie, théâtre, nouvelle, pamphlet (*Vive le Président !,* 1968, de Daniel Ewandé* ; *Main basse sur le Cameroun,* 1972, de Mongo Beti), la contestation constitue l'un des traits majeurs de la littérature camerounaise.

Théâtre. La pièce de Stanislas Awona, *le Chômeur,* ouvre en 1960 la voie à Guillaume Oyono*-Mbia (*Trois Prétendants… un mari,* 1964), qui remporte un immense succès populaire, Jean-Baptiste Obama (*Assimilados,* 1966), Pabé Mongo, E.N. Vembe, Werewere-Liking, Y. Karone. La satire tragi-comique les anime souvent, notamment Kum'a* N'Dumbe III (*Kafra-Biatanga,*1973), Franz Kayor (pseudonyme : Paul Tchakoute), René Philombe, Dave Mktoi (pseudonyme : David Kemzeu Mokto).

Musique. Douala est la ville natale du makossa, la première grande musique moderne africaine composée par des musiciens urbains. L'histoire du makossa passe par les boîtes de nuit à la mode de Santa Isabel, dans l'île Bioco (Guinée équatoriale), où, dans les années 1960, des musiciens camerounais, attirés par les touristes, ont rencontré les rythmes latino-américains en vogue : samba, mambo, rumba, chacha et patachanga. Du mixage de ces rythmes aux rythmes traditionnels comme l'asiko devait naître le makossa dont le plus fameux compositeur et interprète reste Manu Dibango*.

Cinéma. Le cinéma camerounais débute à Paris avec un documentaire de Jean-Paul Ngassa sur la situation des étudiants camerounais en France, *Aventure en France* (1962). Ce même thème inspire Thérèse Sita Bella, la réalisatrice de *Tam-tam à Paris* (1963). De retour au pays, Ngassa se met au service du jeune État et produit des films de propagande comme *Une nation est née* (1970). Alphonse Beni se fait remarquer par sa diversité, réalisant entre 1971 et 1985 des films disco, des policiers et des films érotiques. Jean-Pierre Dikongue Pipa après *Muna Moto* (1975), Grand prix Fespaco 1976, obtient plusieurs succès auprès du grand public avec *Histoires drôles, drôles de gens* (1983) et *Courte maladie* (1987). Daniel Kamwa, *Pousse pousse* (1975), Jean-Marie Teno, *De Ouaga à Douala en passant par Paris* (1987) et Bassek ba Kobhio, *Le Grand Blanc de Lambaréné* (1994), tentent de poursuivre l'œuvre de leurs aînés.

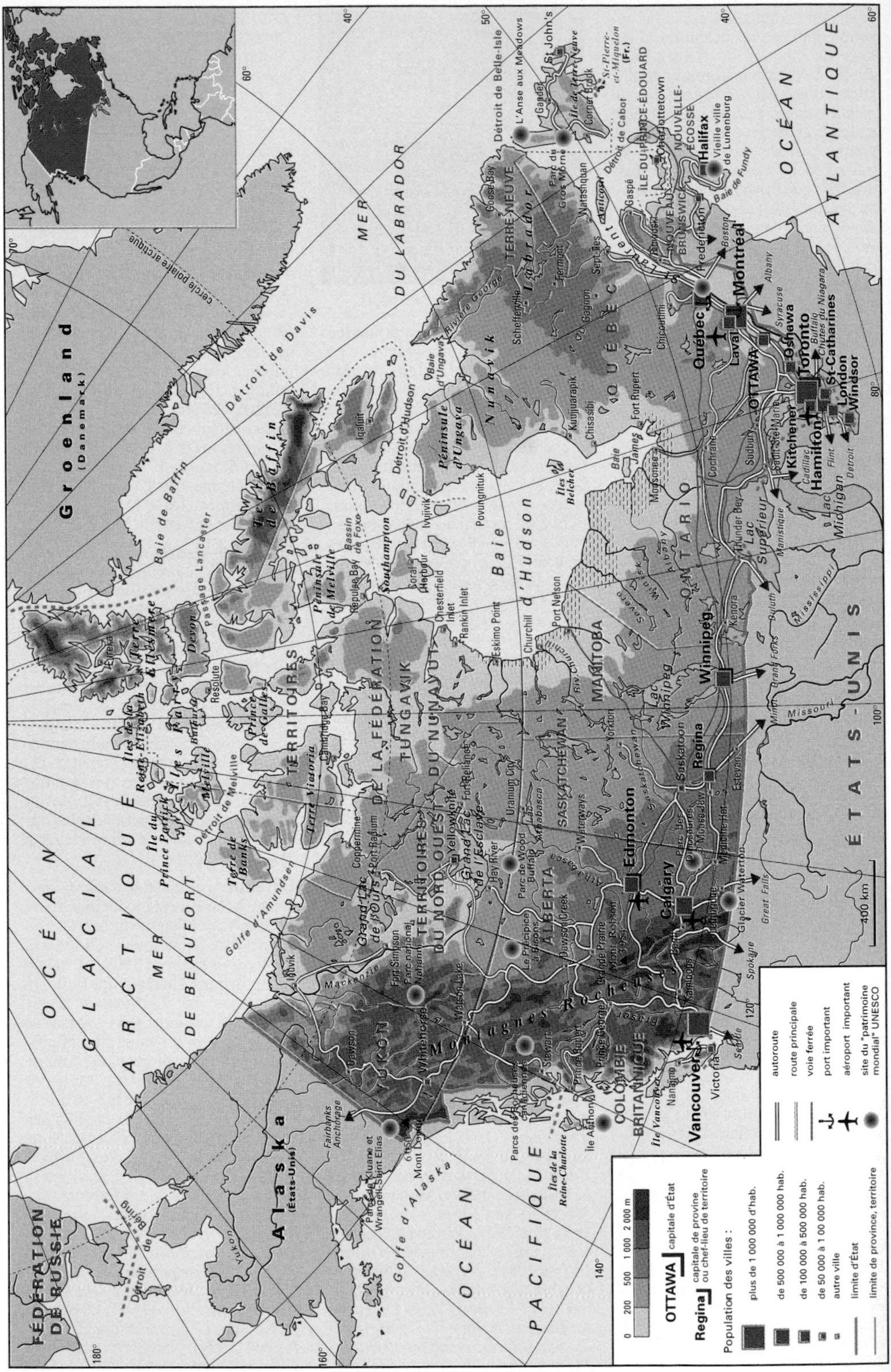

OCÉAN GLACIAL ARCTIQUE

MER DE BEAUFORT

Groenland (Danemark)

MER DU LABRADOR

Baie d'Hudson

OCÉAN ATLANTIQUE

OCÉAN PACIFIQUE

ÉTATS-UNIS

FÉDÉRATION DE RUSSIE

Alaska (États-Unis)

YUKON

TERRITOIRES DU NORD-OUEST

TERRITOIRES DE LA FÉDÉRATION TUNGAVIK DU NUNAVUT

COLOMBIE-BRITANNIQUE

ALBERTA

SASKATCHEWAN

MANITOBA

ONTARIO

QUÉBEC

TERRE-NEUVE

NOUVEAU-BRUNSWICK

NOUVELLE-ÉCOSSE

ÎLE-DU-PRINCE-ÉDOUARD

0 200 500 1 000 2 000 m

OTTAWA capitale d'État

Regina capitale de province ou chef-lieu de territoire

Population des villes :

plus de 1 000 000 d'hab.

de 500 000 à 1 000 000 hab.

de 100 000 à 500 000 hab.

de 50 000 à 1 00 000 hab.

autre ville

limite d'État

limite de province, territoire

autoroute

route principale

voie ferrée

port important

aéroport important

site du "patrimoine mondial" UNESCO

400 km

Canada

État fédéral de l'Amérique du Nord, limité au sud par les États-Unis, à l'ouest par l'océan Pacifique, au nord-ouest par l'Alaska, au nord par l'océan Arctique et à l'est par l'océan Atlantique.

Superficie : 9 203 210 km².

Population : 30 000 000 hab. (1996). (*Canadiens*)
Croissance annuelle : 0,6 %.

Capitale fédérale : Ottawa, 240 104 hab. (recensement 1991).

Produit national brut : 565 milliards de dollars (1995).

PNB / hab. : 19 000 dollars (1995).

Monnaie : dollar canadien.

Fête nationale : 1er juillet.

GÉOGRAPHIE PHYSIQUE

Relief. Deuxième État du monde après la Russie par sa superficie, le Canada s'étend sur 5 000 km de l'océan Atlantique à l'océan Pacifique. Entre la frontière avec les États-Unis et l'extrême Nord, la distance maximale est de 1 850 km. On distingue six régions. **1.** La région des Appalaches (3,4 % du pays) constitue les Provinces maritimes : Nouveau-Brunswick, Nouvelle-Écosse, Île-du-Prince-Édouard, Terre-Neuve. **2.** Dominée par les collines (de 800 à 1 000 m) des Laurentides, la vallée du Saint-Laurent, axe fluvial au relief doux, concentre plus de la moitié de la population canadienne. **3.** Les plaines intérieures (Prairies) qui couvrent 18,3 % du Canada (Manitoba, Saskatchewan, Alberta) ont un relief monotone, dû aux glaciations. **4.** Les cordillères occidentales (16 % du Canada) s'étendent de la Colombie-Britannique au territoire du Yukon (mont Logan : 6 050 m) et à la frontière de l'Alberta. L'étroite zone littorale du Pacifique est frangée d'îles. **5.** Vaste bassin aux roches précambriennes érodées par les glaciers, le Bouclier canadien (ou Plateau laurentien) occupe le Labrador, les Territoires du Nord-Ouest, le nord des provinces du Québec, de l'Ontario et du Manitoba, soit près de la moitié du pays. **6.** Les îles arctiques représentent un douzième du Canada. Elles s'élèvent jusqu'à 2 604 m (terre Ellesmere).

Climat. La Colombie-Britannique, soumise à l'influence de l'océan Pacifique, jouit du climat le plus tempéré du pays : étés frais (16 à 18 °C), hivers doux (0 à 4 °C). Les plaines intérieures subissent un climat continental : longs hivers (– 20 à – 15 °C), courts étés (18 à 20 °C). L'axe Saint-Laurent-Grands Lacs et la région des Appalaches ont un climat à dominante continentale, rafraîchi par le courant froid de la mer du Labrador. Les étés sont courts et chauds. L'Ouest canadien reçoit le plus de précipitations : 1 500 à 2 500 mm.

Fleuves et lacs. Partagés avec les États-Unis, les Grands Lacs sont les plus vastes étendues d'eau, devant le lac Winnipeg, le Grand lac de l'Esclave et le lac de l'Ours. Le Saint-Laurent (3 800 km) relie l'océan Atlantique au lac Supérieur. Le bassin de la baie d'Hudson (400 000 km²), comprend les grandes rivières Churchill, Nelson, Saskatchewan. Le bassin Arctique est drainé par le plus long fleuve canadien, le Mackenzie (4 600 km). Le bassin Pacifique comprend la rivière Fraser.

Faune et flore. La forêt canadienne est sept fois supérieure à la surface agricole. Les feuillus (érables, notamment.) et la forêt mixte (conifères et feuillus) se développent à l'est ; la forêt boréale (taïga) règne au nord (petits pins noirs ou blancs, bouleaux) ; la forêt de la côte Pacifique, plus humide, est favorable aux pins de Douglas et aux cèdres rouges ; sur les pentes des Rocheuses se dressent des séquoias. Ces milieux abritent chevreuils, élans, écureuils et parfois castors, ours et lynx du Canada. La prairie herbeuse couvre le sud des plaines centrales. Sur les sols noirs (tchernozems), très riches, pousse l'herbe qui a nourri les bisons et que le blé a remplacé. Dans la toundra, au sol gelé, vivent l'ours polaire, le caribou, le bœuf musqué, le renard, le loup arctique et le phoque.

GÉOGRAPHIE HUMAINE

Langues. Le Canada a deux langues officielles : l'anglais et le français. Les très nombreuses minorités ont souvent conservé leur langue et parlent une des langues officielles, parfois les deux.

Religions. En 1991, 45,7 % des Canadiens se déclaraient catholiques ; 36,3 %, protestants ; 1,5 %, orthodoxes ; 1,2 %, juifs ; 1 %, musulmans ; 0,7 %, bouddhistes ; 0,6 %, hindouistes ; 0,6 %, adeptes d'autres religions. 12,4 % se disaient agnostiques.

Population. Les Amérindiens (Hurons, Algonquins, Iroquois, etc.) étaient 300 000 à l'arrivée des Européens ; mais, au cours du XXe siècle, leur nombre est passé de 100 000 à plus de 500 000. Les territoires du Nord-Ouest et le Yukon abritent les principales « réserves ». Les Inuit (Esquimaux) résident dans les terres arctiques. En 1993, ils ont obtenu un nouveau territoire (Nunavut). Pendant plus de deux siècles, les Français formèrent l'essentiel du peuplement européen, dans la vallée du Saint-Laurent. Les Britanniques prirent le relais des Français à partir de 1763. D'abord localisés le long de la côte atlantique, ils s'implantèrent en Ontario et en Colombie-Britannique. Au XXe siècle, Italiens, Ukrainiens, Juifs, puis Scandinaves, Néerlandais, Polonais et Allemands s'installèrent, suivis d'Asiatiques et de Latino-Américains. La population totale est passée de 2,4 millions d'habitants en 1851 à 10,3 millions en 1931 et à 30 millions aujourd'hui.

Villes. L'aire métropolitaine de Toronto (3,9 millions d'habitants) devance celles de Montréal (3,3) et Vancouver (1,6). Celles d'Ottawa, d'Edmonton, de Calgary, de Winnipeg, de Québec et de Hamilton rassemblent, dans l'ordre décroissant, entre 920 000 et 600 000 habitants.

La province d'Alberta.

INSTITUTIONS

Constitution. L'Acte du Canada de 1982 complète, par une Charte des droits et libertés, l'Acte de l'Amérique du Nord britannique de 1867, qui instaurait le dominion du Canada, État fédéral membre du Commonwealth. Le Parlement est composé du Sénat (114 membres) et de la Chambre des communes (295 membres), élue pour 5 ans ; le Premier ministre (chef de la majorité parlementaire) est responsable devant le Parlement.

Divisions administratives. Le Canada compte 10 provinces et 2 territoires.

ÉCONOMIE

Agriculture. Le Canada se divise en trois bandes longitudinales. Le Grand Nord est inhabité. Ensuite, vient la forêt, qui fournit 180 millions de m³ de bois (7e rang mondial).

L'étroite bande méridionale a une puissante production agricole. Le Canada est le premier producteur mondial de blé par habitant et le 3e producteur d'orge. La pêche (océan Atlantique et océan Pacifique) fournit 1 million de tonnes de poisson. Le surplus agricole est le 2e du monde (après celui des États-Unis).

Mines et industries. La production minérale du Canada occupe le 5e rang mondial. Le Bouclier canadien est riche de nickel, cuivre, zinc, or, fer, argent, magnésium, platine. On exploite aussi le gaz naturel et le pétrole, le soufre, le charbon et la potasse. L'hydroélectricité provient pour 45 % de la baie James, au Québec ; la part du nucléaire est de 17 %. La production est diversifiée : matériel de transport, machines (premier secteur industriel, suivi par l'agroalimentaire), constructions aéronautiques et navales. L'exploitation de la forêt a développé l'économie dans des espaces périphériques ; le Canada est le premier fournisseur mondial de pâte à papier. L'industrie occupe 18,2 % de la population active (agriculture : 4,4 % ; services : 73,4 %), pour 20 % du PNB. Adepte du libéralisme, le Canada a réduit les dépenses publiques.

Échanges extérieurs. Les États-Unis sont le premier client (81,3 % des exportations) et fournisseur (65 %). Le Japon suit (4,6 % et 6,1 %).

Transports. Le réseau ferroviaire atteint 71 104 km ; le réseau routier, 849 404 km (dont 37 % sont asphaltés). On compte 252 aéroports.

ÉDUCATION ET SANTÉ

Éducation. La quasi-totalité des adultes est alphabétisée. En 1994, l'enseignement supérieur comptait 921 300 étudiants et 64 100 enseignants (1 pour 14,4 étudiants, contre 17,3 aux États-Unis).

Santé. En 1991, on comptait 1 médecin pour 487 hab. et, en 1992, 1 lit d'hôpital pour 178 hab.

HISTOIRE

La Nouvelle-France. Venus d'Asie vers 8 000 av. J.-C., les Amérindiens vivaient de chasse et de pêche et parfois cultivaient la terre. Sans écriture, leur civilisation a laissé peu de traces. Leif Erikson, le fils du Norvégien Erik le Rouge (qui avait découvert le Groenland vers 981), visite Terre-Neuve et le Labrador. Après le Vénitien Jean Cabot (1457), pour le compte des Anglais, et le Florentin Giovanni Verrazzano (1525), au service du roi de France,

Débarquement de Jacques Cartier et des colons français au Canada (1542).

le Français Jacques Cartier prend pied au Canada, sur le site de Gaspé, au nom de François Ier, en 1535, puis en 1541. La colonisation française commence en 1608, quand Samuel de Champlain fonde Québec. Le peuplement de l'Acadie et des rives du Saint-Laurent reste modeste : 3 000 personnes en 1660, 37 000 en 1734 ; la Nouvelle-Angleterre, au sud, compte plus d'un million d'habitants. En 1629, les Anglais avaient pris Québec (peuplé par une centaine de personnes), qu'ils rendirent en 1632. Le traité d'Utrecht (1713) leur livre l'Acadie (partie orientale de la Nouvelle-France), dont ils font la Nouvelle-Écosse, mais ils ne fondent Halifax qu'en 1749. En 1755, ils organisent la déportation (le Grand Dérangement) des Acadiens (voir ci-après Nouveau-Brunswick). Alors que la guerre de Sept Ans (1756-1763) oppose en Europe la France et l'Autriche à la Prusse et à l'Angleterre, cette dernière attaque la Nouvelle-France, qui, grâce au général Montcalm, résiste vaillamment (victoire du fort Carillon en 1758). En 1759, l'Anglais Wolfe vainc Montcalm près de Québec (plaines d'Abraham) ; la bataille coûte la vie aux deux généraux. Le 8 septembre 1760, à Montréal, la Nouvelle-France capitule. En Europe, les armes sont défavorables à la France, et le traité de Paris (1763) donne à l'Angleterre la Nouvelle-France et l'est de la Louisiane. Le 7 octobre 1763, la Nouvelle-France est divisée en plusieurs territoires. La région du Saint-Laurent, de Gaspé à la rivière Outaouais, forme la province du Québec.

Le Canada britannique. Les colonies américaines s'agitant, les Britanniques ménagent les francophones : l'Acte de Québec, en 1774, ne constitue qu'une adaptation des institutions existantes à celles de la couronne d'Angleterre. Pendant la guerre d'Indépendance américaine (1775-1782), les Canadiens français repousseront victorieusement les incursions américaines, et l'ennemi sera vaincu sous les remparts de la ville de Québec (1775). Après le traité de Versailles (1783), qui consacre l'indépendance des États-Unis, le Canada accueille les « loyalistes », Américains restés fidèles à la Grande-Bretagne, essentiellement le long des rives des lacs Érié et Ontario. Ainsi apparaît un nouveau Canada, formé de deux composantes, le Bas-Canada, francophone, et le Haut-Canada, anglophone : l'acte constitutionnel de 1791 fonde deux provinces dont chacune a son Parlement et son lieutenant-gouverneur. En 1784, le Nouveau-Brunswick est détaché de la Nouvelle-Écosse. Pendant la guerre entre l'Angleterre et les États-Unis (1812-1814), les Canadiens français luttent aux côtés des Canadiens anglais et l'ennemi est repoussé. En 1840, l'Acte d'union du Haut-Canada (loyaliste) et du Bas-Canada (francophone) ôte, notamment, toute existence légale à la langue française. La colonisation se poursuit vers l'ouest. Des canaux unissent Ottawa et Montréal, les lacs Ontario et Érié.

Dans les Prairies, la Compagnie anglaise de la baie d'Hudson* heurte les intérêts vitaux des métis qui descendent de commerçants français et d'Amérindiennes. Majoritaires dans la colonie de la Rivière-Rouge (le futur Manitoba), ces métis se révoltent entre 1870 et 1885 sous la conduite de Louis Riel, mais sont écrasés, malgré le soutien des Canadiens français. Des émigrants, venus de l'Ontario et des États-Unis, supplantent les métis. L'Angleterre veut assimiler les populations, forger une économie nationale à partir de l'Ontario, faire contrepoids aux États-Unis, unir l'Atlantique et le Pacifique. Une trentaine d'hommes politiques, les « pères de la Confédération », se réunissent en 1864 à Québec et, le 29 mars 1867, le Parlement britannique vote l'Acte de l'Amérique du Nord britannique, qui fonde la Confédération canadienne et tient lieu de Constitution.

La Confédération canadienne. Créée en 1867, elle regroupe la Nouvelle-Écosse, le Nouveau-Brunswick, le Québec (ex-Bas-Canada) et l'Ontario (ex-Haut-Canada). La langue française retrouve une existence légale, mais le gouvernement (qui siège à Ottawa) est centralisateur. Le Premier ministre conservateur, sir John Alexander Macdonald, se maintient au pouvoir jusqu'en 1891 (mais de 1873 à 1878 le Parti libéral gouverne). De nouvelles provinces rejoignent la Confédération : en 1870, le Manitoba (ex-Rivière Rouge) ; en 1871, la Colombie-Britannique ; en 1873, l'Île-du-Prince-Édouard. La *Canadian Pacific Railway* (compagnie ferroviaire créée en 1881) unit les deux océans dès 1886. Peu peuplés, les Territoires du Nord-Ouest, en 1890, et le Yukon, en 1898, sont placés sous le contrôle direct du gouvernement fédéral. L'Alberta et le Saskatchewan deviennent en 1905 des provinces. Le gouvernement du francophone Wilfrid Laurier (1896-1911), leader du Parti libéral, favorise l'immigration : la population augmente (d'un tiers), ainsi que la puissance de l'économie, qui demeure axée sur l'agriculture et l'exploitation de la forêt. En 1911, le conservateur Robert Borden succède à Laurier et encourage l'industrialisation. Il fait entrer son pays dans la Première Guerre mondiale aux côtés de la Grande-Bretagne et de la France. En 1921, le libéral Mackenzie King remporte les élections (auxquelles les femmes participent pour la première fois). Le développement de l'hydro-électricité et de l'exploitation minière accroît la richesse du Canada, qui accueille un million d'immigrants. La crise de 1929 rend le pouvoir aux conservateurs en 1930. Le Premier ministre Richard Bennett la combat plus efficacement que ses voisins américains (allocations aux chômeurs, aides à l'agriculture, etc.). En 1931, le Statut de Westminster accordé par la Grande-Bretagne à ses dominions fait officiellement d'eux des États indépendants (dès 1927, le Canada était entré dans la Société des Nations). En 1935, Mackenzie King revient au pouvoir. Le Canada déclare la guerre à l'Allemagne en 1939. Il nourrit la Grande-Bretagne assiégée et lui prête 700 millions de dollars en 1942. En 1948, Mackenzie King cède la place à un autre libéral, Louis Saint-Laurent. En 1949, Terre-Neuve devient la 10e province. En 1957, les conservateurs reviennent au pouvoir, avec John George Diefenbaker. Au Québec, le libéral Jean Lesage réalise une *révolution tranquille* (1960-1966). En décembre 1964, le Parlement canadien adopte le drapeau du Canada, approuvé par la reine d'Angleterre (fév. 1965). Premier ministre (libéral) du Canada de 1968 à 1979 puis de 1980 à 1984, le Québécois Pierre Elliott Trudeau demande à la Grande-Bretagne le « rapatriement de la Constitution » : désormais, le Canada aura le pouvoir de modifier ses lois constitutionnelles sans consulter le Parlement britannique. Mais les nouvelles lois limitent l'autonomie des provinces. En 1982, les provinces anglophones acceptent le projet ; le Québec le repousse. Trudeau n'a pu atténuer les effets de la crise mondiale. Le déficit budgétaire et l'inflation ont pesé sur le pays. En 1984, le Parti libéral perd les élections. Le Premier ministre conservateur, Brian Mulroney, met en œuvre un programme libéral. En 1988, il signe avec les États-Unis un accord de libre-échange, qui prélude à l'ALÉNA* (en vigueur depuis 1994), et remporte les élections. Mais la question constitutionnelle demeure. L'accord dit « du lac Meech » qui doit reconnaître le Québec comme une « société distincte » est finalement refusé par le Manitoba et Terre-Neuve (1990). En 1992, un référendum porte sur une nouvelle réforme constitutionnelle, avantageuse pour les Amérindiens, jugée excessive par une majorité de Canadiens et insuffisante par une proportion plus forte encore de Québécois. En février 1993, Mulroney démissionne et, en octobre, le Parti libéral remporte les élections. Jean Chrétien, Premier ministre, poursuit la politique libérale. Le déficit budgétaire et le chômage baissent. En 1997, le Parti libéral remporte les élections avec une majorité moindre qu'en 1993.

CULTURE

Art. Alors que Cornelius Krieghoff (1815-1872), d'origine hollandaise, pratique la peinture de genre, Paul Kane* peint des Amérindiens à partir des années 1830-1840. Puis naît à Toronto une école de paysagistes : Lucius O'Brien (1832-1899), John Fraser (1838-1898). À la fin du XIXe siècle, la modernité européenne marque James Wilson Morrice*, qu'on peut rattacher à l'impressionnisme, ainsi qu'Emily Carr*, peintre fauviste des Amérindiens, alors que Tom Thomson (1877-1917) poursuit la tradition paysagiste. Fondé en 1920, le groupe des Sept* bannit les révolutions venues d'Europe. John Lyman (1886-1967) a des options opposées et il fonde à Montréal, en 1939, la Société d'art contemporain.

Littérature anglophone. Thomas Chandler Haliburton* est le premier écrivain, avec la saga humoristique *The Clockmaker* (1838-1840). Ses continuateurs manifestent un régionalisme qui s'estompe au XXe siècle. Edwin John Pratt (1883-1964) donne des poèmes héroïques (*Titans*, 1926 ; *Towards the last spike,* 1952), suivi par Irving Layton (né en Roumanie en 1912). Parmi les romanciers, Stephen Leacock (1869-1944), né en Angleterre, manie la veine humoristique, Mazo De* La Roche entame en 1927 la série des *Jalna,* Hugh MacLennan* interroge la terre canadienne (*Deux Solitudes,* 1945), Margaret Laurence (1926-1987) décrit l'Afrique puis la Prairie, Mordecai Richler (né en 1931) manie un humour grinçant, *la Galaxie Gutenberg* (1962) vaut au sociologue H.-M. MacLuhan* une notoriété mondiale. Leonard Cohen (né en 1934) mène une triple carrière de poète (*Let us compare mythologies,* 1956 ; *Flowers for Hitler,* 1964 ; *Book of Mercy,* 1984), de chanteur et de romancier (*Beautiful Losers,* 1966).

© John van Hasselt/ SYGMA

Toronto. Le respect du passé n'empêche pas une architecture audacieuse.

Musique. John Weinzweig (né en 1913) est le pionnier du dodécaphonisme. Après 1945, l'université de Toronto encourage la recherche.

Cinéma. La production canadienne est sporadique jusqu'en 1939. L'État fonde alors l'Office* national du film (O.N.F.) et en confie la direction au Britannique John Grierson*. Celui-ci dirige vigoureusement le cinéma canadien vers le documentaire (où s'illustre Stuart Legg, né en 1910) et vers l'animation (où excelle Norman McLaren*). Aujourd'hui, les cinéastes anglo-canadiens les plus connus dans le monde sont David Cronenberg (né en 1945), qui sait allier, dans le genre fantastique, créativité et spectacle : *la Mouche* (1986), *le Festin nu* (1991), *Crash* (1995), et Atom Egoyan*.

Nouveau-Brunswick

L'une des Provinces maritimes du Canada, limitée à l'ouest par la province du Québec, au nord par le golfe du Saint-Laurent, à l'est par la province de Nouvelle-Écosse et au sud par les États-Unis.

Superficie : 73 440 km^2.

Population : 724 300 hab. (recensement de 1991) (*Néo-Brunswickois*)

Croissance annuelle : 0,6 % (1990-1995).

Capitale : Fredericton, 45 000 hab.

L'île de Grand Manan, à marée basse.

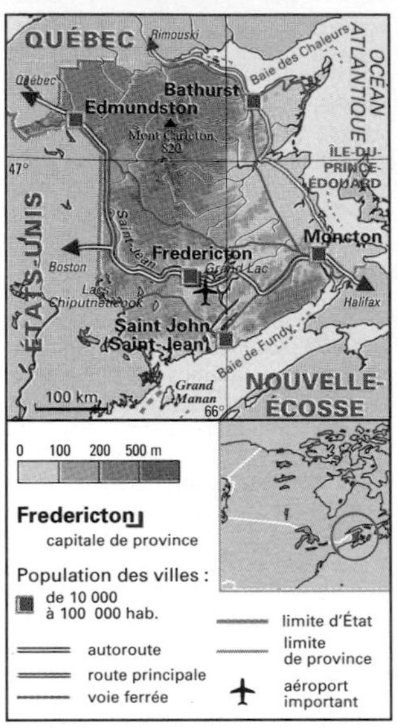

GÉOGRAPHIE PHYSIQUE

Relief. Les quatre Provinces maritimes (Nouveau-Brunwick, Nouvelle-Écosse, Terre-Neuve, Île-du-Prince-Édouard), qui constituent l'extrême Est du Canada, bordent le sud de l'immense golfe du Saint-Laurent, longé au nord par la partie nord-est du Québec. Elles présentent une unité physique remarquable, qu'elles partagent avec la Gaspésie (qui appartient à la province du Québec). Au Nouveau-Brunswick, les plateaux des Appalaches culminent au mont Carleton (810 m) et s'abaissent vers l'est pour former une plaine.

Climat. De type continental, il est froid et humide, de sorte que les hautes terres sont inhabitables. La baie des Chaleurs, entre la Gaspésie et le nord du Nouveau-Brunswick, et la baie de Fundy, qui, au sud-est, sépare le Nouveau-Brunswick de la Nouvelle-Écosse, bénéficient de conditions plus clémentes.

Végétation. La forêt mixte, qui couvre les trois quarts de la province, constitue une ressource industrielle appréciable.

GÉOGRAPHIE HUMAINE

Langues. On dénombre environ 60 % d'anglophones et 40 % de francophones.

Population. Elle se concentre dans le Sud-Est, où la vallée du Saint-Jean est fortement peuplée. Les francophones descendent des Acadiens qui peuplaient la Nouvelle-Écosse (où, de nos jours, ils constituent environ 10 % de la population) ou sont originaires du Québec.

Villes. Saint-Jean (75 000 hab.) et Moncton (57 000 hab.) sont des villes plus importantes que la capitale Fredericton.

HISTOIRE

L'Acadie. Les Provinces maritimes sont les premières terres canadiennes que colonisent les Français. Dès 1604, ils fondent des établissements dans ce qui allait devenir la Nouvelle-Écosse et dans la vallée du Saint-Laurent. Cet ensemble constitue la Nouvelle-France, mais l'Est (c'est-à-dire les provinces actuelles de Nouvelle-Écosse et du Nouveau-Brunswick) porte le nom spécifique d'Acadie (déformation du nom Arcadie que le navigateur Verrazzano lui attribua quand il explora ses côtes en 1524). Au XVIIe siècle, quelques centaines d'immigrants venus de France s'installent en Acadie. Les Anglais s'en emparent à deux reprises (1613-1632 et 1654-1667). En 1713, le traité d'Utrecht la donne à l'Angleterre, qui la nomme Nouvelle-Écosse et ne la colonise pas : les 2 000 habitants, des agriculteurs, étaient français. En 1746, la Nouvelle-France tente en vain de reprendre la région. En 1755, pour pouvoir enrôler les Acadiens en cas d'une nouvelle attaque française, l'Angleterre exige d'eux un serment d'allégeance. Devant leur refus, le gouverneur anglais Lawrence organise la déportation (le Grand Dérangement) de 6 000 Acadiens dans les futurs États-Unis et traque les 10 000 fuyards ; certains se réfugient notam. dans la région qui deviendra le Nouveau-Brunswick, d'autres seront des prisonniers de guerre jusqu'en 1763, quand l'Angleterre obtient, par le traité de Paris, la Nouvelle-France. Tous ont perdu leurs biens, donnés à des colons anglais, et même le droit de propriété. Après la guerre de l'Indépendance américaine (1775-1782), la colonie anglaise s'enrichit des loyalistes qui ont fui les États-Unis. Aussi, en 1784, l'Angleterre détache de la Nouvelle-Écosse le Nouveau-Brunswick, nommé ainsi en l'honneur du roi George III (dont Brunswick est le nom de famille). Les Acadiens et les nouveaux immigrants français (venus de France, du Québec ou des États-Unis) accomplissent des travaux subalternes jusque dans les années 1850. Dès lors, un taux élevé de natalité et l'instruction qu'ils peuvent recevoir suscitent une Renaissance acadienne. En 1867, lorsque la Confédération du Canada est créée, le Nouveau-Brunswick est l'une des quatre provinces, avec le Québec, l'Ontario et la Nouvelle-Écosse.

Le pays de la Sagouine.

CULTURE

Le Nouveau-Brunswick compte la majeure partie (environ 70 %) des Acadiens vivant dans les Provinces maritimes (il en existe aussi quelques groupes au Québec et en Louisiane). À Moncton, la deuxième ville du Nouveau-Brunswick, se trouve une université francophone, gardienne de la tradition et instigatrice du renouveau. En 1979, l'écrivain acadien Antonine Maillet* a obtenu le prix Goncourt pour son roman *Pélagie la Charrette.*

Québec

Province du Canada, limitée à l'est par la province de Terre-Neuve et le golfe du Saint-Laurent, au sud par la province du Nouveau-Brunswick et les États-Unis, à l'ouest par la province de l'Ontario et la baie d'Hudson, et au nord par la baie d'Ungava et le détroit d'Hudson.

Superficie : 1 667 926 km^2.

Population : 7 334 200 hab. (1995). (*Québécois*)

Croissance annuelle : 0,6 %.

Produit national brut : 175 milliards de dollars américains (1995).

PNB/hab. : 24 000 dollars (1995).

Capitale : Québec, 167 500 hab. (95).

Fête nationale : 24 juin.

Le Pont des Trois Rivières sur le Saint-Laurent.

GÉOGRAPHIE PHYSIQUE

Relief. Le Québec se divise en trois grandes régions : au nord, la toundra avec son sol gelé (pergisol), caractérisé par une végétation basse et rampante (lichens, notamment) ; au centre, la forêt boréale de sapins et d'épinettes ; au sud, la forêt tempérée et la vallée du Saint-Laurent, fertile. Un peu plus de 700 000 lacs font du Québec l'une des grandes réserves d'eau douce du monde (183 890 km^2). Exutoire des Grand Lacs, le Saint-Laurent est un fleuve puissant ouvert en aval de Québec par un immense estuaire maritime de 800 km.

Climat. Une grande partie du Québec est soumise aux rigueurs du grand Nord, mais la vallée du Saint-Laurent, où se concentre la majorité de la population, jouit d'un climat tempéré à tendance continentale. Les hivers sont longs (160 à 200 jours d'enneigement dans la vallée du Saint-Laurent), les étés sont chauds.

GÉOGRAPHIE HUMAINE

Langues. On compte 81,6 % de francophones, 8,8 % d'anglophones et 8,1 % d'allophones*. Les langues amérindiennes sont parlées par 0,4 % de la population.

Religion. Le catholicisme est dominant (87 %).

Population. Les anglophones et les allophones vivent surtout dans l'agglomération urbaine de Montréal dont ils constituent 30 % de la population. Les dix nations amérindiennes (67 200 personnes) vivent dans plus de 40 petites communautés et la nation inuit (7 800 personnes) dans les 14 villages du Grand Nord québécois.

Villes. Près de 80 % de la population vit dans les villes. Les grandes régions de Montréal et de Québec comptent 3 300 000 et 695 200 hab.

© Pierre Lahoud / ALTITUDE

La ville de Québec, située au confluent du Saint-Laurent et de la rivière Saint-Charles.

INSTITUTIONS

Le Québec est l'une des dix provinces du Canada (qui sont autant d'États fédérés). Il possède des juridictions exclusives (éducation, santé, droit civil...). Son système politique est de type parlementaire britannique, mais à une seule chambre : l'Assemblée nationale. Les députés (125) sont élus au suffrage uninominal à un tour pour des mandats ne dépassant pas cinq ans. Le gouvernement est issu du parti ayant la majorité des sièges à l'Assemblée. Le Québec est aussi représenté au parlement canadien (Chambre des communes) par des députés également élus au suffrage universel direct.

ÉCONOMIE

Le Québec se situe au 17e rang des pays de l'O.C.D.É. D'une économie traditionnellement basée sur l'exploitation des matières premières, le Québec est passé à une économie moderne. Il se situe à l'avant-garde pour l'aérospatiale, les télécommunications, la métallurgie, l'industrie pharmaceutique et les grandes sociétés d'ingénieurs-conseils. 53,4 % de sa production de biens et services est exportée, la moitié dans les provinces canadiennes, l'autre moitié, à l'étranger. De 1976 à 1995, la part des produits hautement technologiques dans les exportations québécoises est passée de 10,3 % à 20,4 %.

HISTOIRE

La Nouvelle-France. Les voyages du Français Jacques Cartier (1535 et 1541) déçoivent : cette terre inhospitalière est dépourvue d'or. C'est la fourrure qui attire Samuel de Champlain, fondateur de Québec (1608). Les colonisateurs visent à évangéliser les « sauvages » et à faire le commerce des peaux de castor avec les Hurons et les Algonquins. Colbert et l'intendant Jean Talon stimulent la colonisation et organisent l'occupation et la gestion du sol par le système seigneurial. Les titulaires des seigneuries cèdent à des paysans les terres, découpées en rangs. Malgré une très forte natalité, on ne compte que 60 000 personnes en 1760. Les colonies anglaises d'Amérique, beaucoup plus peuplées, veulent s'étendre et donc éliminer les concurrents français. Plusieurs fois victorieux, Montcalm de Saint-Véran est finalement vaincu par James Wolfe à Québec en 1759. Le traité de Paris (1763) accorde le Canada à l'Angleterre.

La domination anglaise. L'Acte de Québec (1774) reconnaît les lois civiles françaises et le libre exercice de la religion catholique. L'Acte constitutionnel de 1791 crée le Haut-Canada, terre d'accueil des Britanniques, et le Bas-Canada, peuplé de Français. Après une période de prospérité, Montréal perd en 1821 son rôle dans le commerce des fourrures, tandis que sévit la crise agricole. Les tensions s'exacerbent. Louis Joseph Papineau conduit l'opposition. L'affrontement armé de 1837-1838 s'achève par la défaite des patriotes québécois. Le gouverneur anglais lord Durham désire alors assimiler les Canadiens français. L'Acte d'union de 1840, entré en vigueur en 1841, crée un Canada-Uni. Des chefs modérés, comme sir Louis Hippolyte Lafontaine, acceptent le « grand compromis » : direction économique aux anglophones, responsabilités politiques et administratives aux élites francophones. La société est vite cléricalisée : terre, foi et langue française constituent le trépied du nationalisme. Grâce à la construction des canaux et des chemins de fer, Montréal contrôle un espace économique en expansion. Devenu en 1867 l'une des quatre provinces de la Confédération canadienne, le Québec, bilingue, est dirigé par un gouvernement issu de l'Assemblée législative où les francophones sont majoritaires. Honoré Mercier, Premier ministre provincial, affirme la singularité du Québec face au gouvernement fédéral. L'industrialisation et le développement des communications transforment profondément le pays de 1900 à 1930, mais le Québec subit l'invasion des capitaux anglais et américains. En 1936, l'Union nationale de Maurice Le Noblet Duplessis, son fondateur, vainc les libéraux, au pouvoir depuis 1897.

La révolution tranquille. Après les seize années du second gouvernement Duplessis (1944-1959), les libéraux, avec Jean Lesage (1960-1966), entreprennent la « révolution tranquille » : la toute-puissance de l'Église catholique, qui, toutefois, avait préservé la personnalité des francophones, s'effrite ; la natalité chute brusquement ; l'industrie devient puissante et les francophones veulent la maîtriser. En 1962, le gouvernement nationalise l'électricité. En 1964, il crée le ministère de l'Éducation. En 1966, l'Union nationale revient au pouvoir. En 1967, lors de l'Exposition universelle de Montréal, le général de Gaulle lance son fameux « Vive le Québec libre ! ». En 1968, le Parti québécois (P.Q.) naît de la fusion de partis indépendantistes. En 1969, l'Assemblée vote la loi 63 pour « promouvoir la langue française au Québec ». En 1970, le Parti libéral, avec Robert Bourassa, vainc l'Union nationale. En 1974, la loi 22, fait du français la seule langue officielle du Québec.

La crise institutionnelle. En 1976, le P.Q. remporte les élections et son chef, René Lévesque, devient Premier ministre. En 1977 est votée la Charte du français (loi 101). En 1980, le référendum sur la « souveraineté-association » (l'association avec le Canada devant être uniquement économique) est un échec. Le libéral Robert Bourassa revient au pouvoir (1985-1994). L'accord constitutionnel dit « du lac Meech », qui reconnaît le Québec comme une société distincte, est refusé en 1990 par le Manitoba et Terre-Neuve. Un nouveau projet de réforme constitutionnelle, soumis à référendum, est rejeté à son tour en 1992. En 1994, le P.Q. remporte les élections. En 1995, son chef, Jacques Parizeau, organise un nouveau référendum sur l'indépendance du Québec, repoussé de justesse (50,6 % de « non »). Il démissionne et, en janvier 1996, Lucien Bouchard le remplace.

CULTURE

Art. Au XVIIIe siècle, naît une école de sculpture : Noël Levasseur (1680-1740) exécute un retable en bois polychrome pour le couvent des ursulines de Québec (construit en 1641). Pierre Noël Levasseur (1690-1770), son cousin, orne d'armoiries les portes de cette ville, où François Baillairgé* (1759-1830) sculpte le mobilier de la cathédrale (construite en 1647) et réalise le palais de justice ; il est l'un des premiers peintres du pays, avec Louis de Heer (venu d'Alsace) et Louis Dulongpré (1754-1843). Le fils et le neveu de Baillairgé font œuvre d'architectes. À Montréal, Antoine Sébastien Plamondon (1804-1895) aborde tous les genres picturaux. L'esthétique des nabis imprègne Ozias Leduc (1864-1965), puis le surréalisme exerce son influence sur Alfred Pellan*, postcubiste, et Paul-Émile Borduas*, proche de l'abstraction. En 1948, Borduas lance un Refus global, signé par les Automatistes*, dont Jean-Paul Riopelle*.

Littérature. La mère Marie* de l'Incarnation (1599-1672) décrit la vie quotidienne. En 1744, le jésuite F.-X. de Charlevoix* publie une somme sur la Nouvelle-France. De 1845 à 1852, F.-X. Garneau* publie son *Histoire du Canada*. Se développent le journalisme et le roman : *Jean Rivard* (1862-1864) de Gérin*-Lajoie, *les Anciens Canadiens* (1863) de Ph. A. de Gaspé. En 1895, le poète parnassien Jean Charbonneau (1875-1960) fonde *l'École littéraire de Montréal*, dont le plus célèbre représentant est Émile Nelligan*. Rejetant l'influence de la France, Albert Ferland (1872-1943) fonde en 1909 *l'école du terroir**. Contre cette tendance régionaliste et bien-pensante qui caractérise le Français Louis Hémon* (*Maria Chapdelaine*, 1916) et Félix-Antoine Savard*, s'élèvent Jean-Charles Harvey (*les Demi-Civilisés*, 1934) et Louis Ringuet* (*Trente Arpents*, 1938). La poésie moderne naît avec Hector de Saint-Denys Garneau* (1912-1943) et Alain Grandbois* (*Îles de la Nuit*, 1944). En 1944, Roger Lemelin* peint la ville de Québec avec réalisme dans *Au pied de la pente douce* et l'historien Guy Frégault publie *la Civilisation de la Nouvelle-France*. En 1945, l'Académie* des lettres du Québec est créée et Gabrielle Roy* reçoit le prix Femina (français). Les poètes P.-M. Lapointe* (*le Vierge incendié*, 1948), Claude Gauvreau*, Anne Hébert* (*le Tombeau des rois*, 1953), qui accomplira une œuvre majeure de romancière, Gilles Hénault*, l'historien Lionel Groulx*, les éditions de l'Hexagone* (fondées en 1953 par le grand poète Gaston Miron*) ouvrent une ère où s'illustrent les romanciers et conteurs Jacques Ferron* (*les Grands Soleils*, 1958), Gérard Bessette*, Jacques Renaud* (*le Cassé*, 1964), Yves Thériault* (*Agakuk*, 1958), Pierre Vadeboncœur (*la Ligne de risque*, 1963 ; *le Bonheur excessif*, 1990), André Langevin (*Journal d'un hobo*, 1965), Réjean Decharme (*l'Avalée des avalés*, 1966), Jean Basile*, Madeleine Ferron (*Cœur de sucre*, 1966 ; *Adrienne*, 1993), Marie-Claire Blais*, ainsi que l'Acadienne Antonine Maillet*. La littérature expérimentale naît avec Jacques Godbout* (*l'Aquarium*, 1962) et Hubert Aquin* (*Trou de mémoire*, 1968). Les revues de poésies se multiplient : *Parti pris** (créée en 1963), *la Barre du jour* (cofondée en 1965 par Nicole Brossard*), *les Herbes rouges* (1968), *Hobo-Québec* (1972), ainsi que les poètes : Paul Chamberland* (*Terre Québec*, 1964), Jacques Brault (*Mémoire*, 1965), Gérald Godin* (*les Cantouques*, 1967), François Charron, Bernard Tanguay, Yolande Villemaire*, Fernand Ouellette, Claude Péloquin (auteur de *Lindberg* chanté par R. Charlebois), Denis Vanier, Lucien Francœur, Claude Beausoleil, Michel Beaulieu, Marcel Labine*. De nouveaux prosateurs apparaissent : les romanciers Roch Carrier* (*la Guerre, Yes Sir !*, 1968), Victor-Lévy Beaulieu* (*les Grands-Pères*, 1971), André Major (*Histoire des déserteurs*, 3 vol. 1974-1976 ; *la Vie provisoire*, 1995), Michel Tremblay*, déjà célèbre au théâtre, Jacques Poulin (*les Grands Mariés*, 1978 ; *le Vieux Chagrin*, 1989), Pauline Harvey (*la Ville aux gueux*, 1981), Françoise Noël (*Maryse*, 1983), les essayistes Gilles Marcotte (*Une littérature qui se fait*, 1968) et Fernand Dumont (*le Lieu de l'homme*, 1968 ; *Genèse de la société québécoise*, 1994).

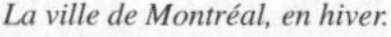

La ville de Montréal, en hiver.

© R. Leslie / HOA QUI

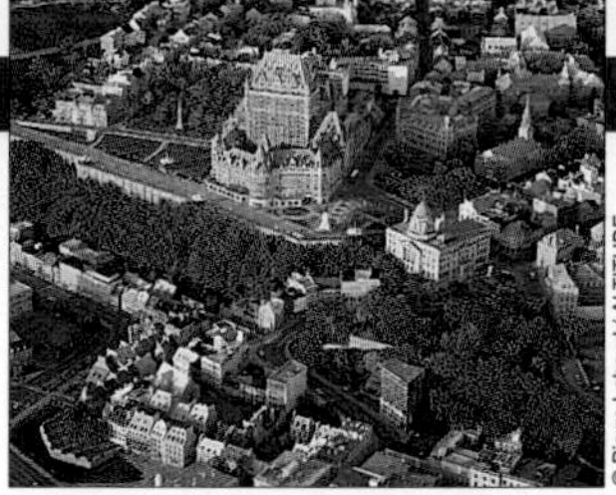

© Pierre Lahoud / ALTITUDE

Le château de Frontenac, à Québec.

Théâtre. Les Compagnons du Saint-Laurent créent en 1947 la pièce de Félix Leclerc, *Maluron*. En 1948, le fantaisiste Gratien Gélinas monte *Tit-Coq* (nom d'un soldat qui n'aime guère ni l'armée ni la religion) au théâtre d'Essai, qui deviendra le théâtre du Rideau-Vert. Celui-ci crée en 1968 *les Belles-Sœurs* de Michel Tremblay. Peu après, les romans de Roch Carrier sont adaptés à la scène. Une même veine contestataire anime les pièces de Robert Gurik et du romancier R. Deucharme.

Musique. Vers 1674, Charles Amador Marin (1648-1711) composa *Prosa Sacrae Familiae*. Au XIXe siècle, s'illustrent Calixa Lavallée, Alexis Contant, Guillaume Couture. Puis, Debussy influence Claude Champagne (*Images du Canada français*, 1943). Le néo-classicisme domine : Jean Papineau-Couture (né en 1916), Clermont Pépin (né en 1926). Après 1945, l'université de Montréal encourage la recherche. Pierre Mercure (1927-1966) vient en France travailler avec P. Schaeffer*. Roger Matton (né en 1929) appuie ses compositions sur ses travaux d'ethnomusicologie. Gilles Tremblay (né en 1932) donne *Champs I, II, III* (1965-1969).

Chanson. Le premier grand chansonnier est Félix Leclerc*. Dans les années 1960, les « boîtes à chansons » révèlent Jean-Pierre Ferland, Claude Léveillée, Raymond Lévesque, Pauline Julien. Gilles Vigneault* (*Mon pays*) chante les revendications québécoises. Robert Charlebois* (né en 1944) s'attache au monde urbain. Dans les années 1970 percent des groupes tels que Beau Dommage et Harmonium. Diane Dufresne, Fabienne Thibeault, Michel Rivard ou Diane Tell imposent leur style. Plus récemment, Céline Dion (née en 1968) acquiert une audience internationale.

Cinéma. Grâce à l'Office* national du film (O.N.F.), de jeunes cinéastes québécois créent un style direct de reportage. Dans les années 1960, la production de longs métrages devient courante. En 1963, Pierre Perrault* sort *Pour la suite du monde* (en collaboration avec Michel Brault*) et Claude Jutra*, *À tout prendre ;* en 1963, Gilles Groulx (né en 1931), le *Chat dans le sac ;* en 1965, Jean-Pierre Lefebvre*, *le Révolutionnaire*, et Arthur Lamothe (né en 1928), *La neige a fondu sur le Manicouagan*. En 1970 et 1972, *les Mâles et la Mort d'un bûcheron* révèlent au monde Gilles Carle*. Puis viennent Denys Arcand*, Michel Brault : *les Ordres* (1974), Jean-Claude Labrecque (né en 1938) : *les Vautours* (1975), *les Années de rêves* (1984), Jean Beaudin (né en 1939) : *J.-A. Martin photographe* (1976), *Mario* (1984). Dans les années 1980, la qualité demeure, mais la production s'effondre, malgré le relais qu'assure la télévision. Les nouveaux cinéastes sont rares : Paul Favreau (né en 1948), *Portion d'éternité* (1989), *Nelligan* (1991) ; la Suissesse Léa Pol (née en 1950), *Anne Trister* (1986) ; Yves Simoneau (né en 1956), *Pouvoir intime* (1986).

République des îles du Cap-Vert

État insulaire de l'Afrique extrême-occidentale situé dans l'océan Atlantique à environ 450 km des côtes sénégalaises.

Superficie : **4 033 km² répartis en une dizaine d'îles.**

Population : **355 000 hab. (estimation 1994). (*Capverdiens*)**
Croissance annuelle : **3,4% (1990-1995).**

Capitale : **Praia, 62 000 hab. (estimation 1990).**

Produit national brut : **360 millions de dollars (estimation 1995).**

P.N.B./hab. : **940 dollars (1995).**

Monnaie : **escudo capverdien.**

Fête nationale : **5 juillet.**

GÉOGRAPHIE PHYSIQUE

Relief. L'archipel, d'origine volcanique, comprend dix îles et huit îlots répartis sur deux axes : les îles du Vent et les îles Sous-le-Vent. Le volcan de Fogo s'élève à 2 829 m.

Climat. De type tropical sec. Les précipitations, rares et brutales, donnent aux rivières un régime irrégulier souvent torrentiel.

Végétation. Contraste entre le littoral steppique et les versants exposés aux alizés humides couverts de plantations.

Praia.

GÉOGRAPHIE HUMAINE

Langues. Le portugais est la langue officielle. Le créole (*crioulo*) est la langue nationale. Le français joue un rôle certain.

Religion. Les Capverdiens sont en majorité catholiques (93,2%).

Population. Elle est composée de Métis (71%), de Noirs (28%) et de Blancs (1%).

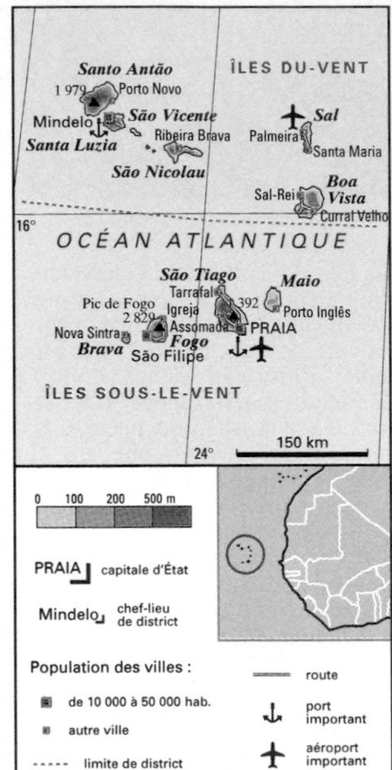

Éducation. 66,5% des personnes âgées de 15 ans et plus étaient alphabétisées en 1990.

Santé. En 1987, on comptait 1 médecin pour 4 000 hab. et 1 lit d'hôpital pour 550 hab.

Villes. Le tiers de la population réside dans les villes de Praia (62 000 hab.) et de Mindelo (50 000 hab.).

Institutions. Le Cap-Vert est une république présidentielle. La Constitution a introduit le 28 sept. 1990 le multipartisme. L'Assemblée nationale populaire (79 députés) est élue pour 5 ans.

ÉCONOMIE

Conjoncture. L'archipel vit de l'aide multilatérale et des fonds provenant des Capverdiens émigrés. La croissance est récente.

Agriculture. Un peu de pêche artisanale et d'agriculture : maïs, manioc, banane et canne à sucre.

Industrie. Ce secteur se résume à l'agro-alimentaire et au dessalement de l'eau de mer.

Échanges extérieurs. Le montant des importations était très supérieur au montant des exportations. Aujourd'hui, la balance est quasiment équilibrée.

Transports. Réseau routier : 5 615 km (dont 1 628 km bitumés). Principaux aéroports : Praia, Sal. Principaux ports : Praia, Mindelo.

HISTOIRE

La période coloniale. On dispose de sources insuffisantes pour retracer l'histoire ancienne de l'archipel, occupé avant l'arrivée des Européens par des populations apparentées à celles du Sénégal. En 1456, le Vénitien Alvisa da C'a da Mosto, qui naviguait pour le compte du Portugal, fut le premier à atteindre le Cap-Vert. Le traité de Tordesillas (1494) en fit une colonie portugaise, rattachée à la Guinée portugaise. À partir du XVIIe siècle, l'archipel joua le rôle d'une plaque tournante dans la traite des Noirs. La conférence de Berlin, en 1885, confirma la souveraineté portugaise sur le Cap-Vert. Mais les Portugais ne s'intéressaient guère à cette colonie, économiquement peu rentable. Une succession de sécheresses et de famines entraîna, après l'abolition de l'esclavage, une vaste émigration, à la fin du XIXe siècle et dans la première moitié du XXe siècle. En 1956, Amilcar Cabral et Aristides Pereira fondèrent le PAIGC (*Parti africain pour l'indépendance de la Guinée et du Cap-Vert*). La lutte armée ne s'étendit cependant pas au Cap-Vert, la configuration du terrain ne s'y prêtant pas. La révolution de 1974 au Portugal aboutit à la mise en place d'un gouvernement de transition puis à l'indépendance du Cap-Vert le 5 juillet 1975, sous la présidence d'Aristides Pereira.

Le Cap-Vert contemporain. En 1980, le projet d'union avec la Guinée-Bissau fut abrogé après le coup d'État contre Luis Cabral en Guinée. Les relations entre les deux États se dégradèrent pour être rétablies en 1982. Dans les années 1980, le Cap-Vert mit en œuvre un important programme de réformes agraires, d'irrigation, de lutte contre l'érosion et la déforestation, et de scolarisation. Mais il restait confronté à des difficultés économiques majeures et dépendait en grande partie de l'aide internationale. En 1990, le régime capverdien opéra une ouverture démocratique en instaurant le multipartisme. L'opposition remporta les premières élections libres, en 1991 et Antonio Mascarenhas Monteiro succéda à Aristides Pereira à la tête de l'État. Il fut réélu en 1996.

CULTURE

Musique. La *morna* est une musique capverdienne proche du fado portugais. La chanteuse Cesaria Evora*, la reine de la *morna*, encore appelée « la diva aux pieds nus », a quitté, depuis 1985, les quartiers populaires de São Vicente pour suivre une grande carrière internationale.

République centrafricaine

État enclavé, anciennement Oubangui-Chari, de l'Afrique centrale, limité au nord par le Tchad, à l'est par le Soudan, au sud par la république démocratique du Congo et la république du Congo, à l'ouest par le Cameroun.

Superficie : 622 436 km².

Population : 3 000 000 hab. (estimation 1993). (*Centrafricains*)
Croissance annuelle : 2,6% (1990-1995).

Capitale : Bangui, 600 000 hab. (estimation 1991).

Produit national brut : 1,3 milliard de dollars (1995).

P.N.B./hab. : 410 dollars (1995).

Monnaie : franc CFA.

Fête nationale : 1er décembre.

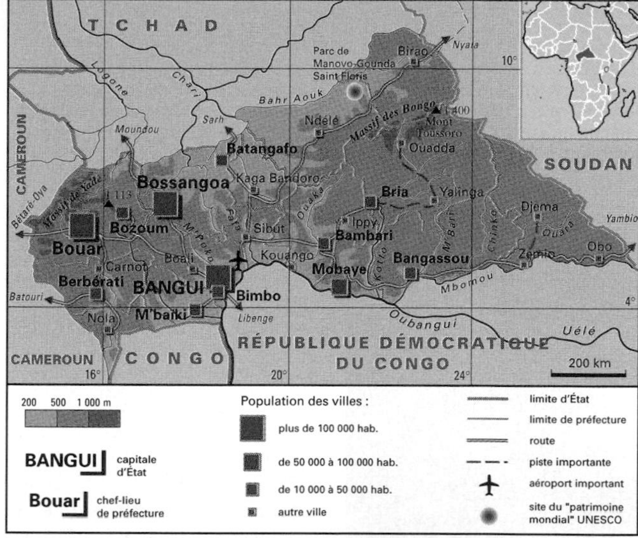

GÉOGRAPHIE PHYSIQUE

Relief. La République centrafricaine est un plateau ondulé relativement peu élevé, dominé au nord-ouest par le massif du Yadé qui prolonge l'Adamaoua et, au nord-est, par le massif des Bongo. La dorsale oubanguienne relie ces deux massifs par des collines et des vallées à fond plat d'où s'élèvent les *kaga,* dômes et pitons granitiques. Les plateaux de Carnot-Berbérati, au sud du Yadé, et de Mouka-Ouadda, au sud-ouest des Bongo, sont constitués de roches anciennes recouvertes par des formations de grès aux sols perméables et sablonneux d'où l'on extrait le diamant.

Climat. Dans la zone équatoriale, au sud, le climat est tropical et humide (température moyenne 25° C). Dans la partie ouest, il pleut pratiquement toute l'année et la saison sèche ne dure souvent que deux mois. Dans la zone intertropicale, au centre, la saison des pluies dure six mois (température moyenne 26°C dans la partie la plus au sud). Vers le nord, la saison sèche dure cinq à six mois. Dans la zone subsahélienne, au nord, le climat est tropical sec : pluies faibles et importants écarts de température.

Végétation. On distingue du sud au nord : la forêt équatoriale dense, humide, toujours verte ; la savane arbustive, domaine d'une faune abondante ; la steppe de buissons épineux dispersés.

Fleuves. La dorsale partage les eaux entre le bassin du Chari, qui coule vers le nord, et le bassin de l'Oubangui, qui coule vers le sud. Seul l'Oubangui, affluent du Congo, est navigable jusqu'à Bangui lorsque les eaux sont hautes. La République centrafricaine est le château d'eau du Tchad : le Logone et le Chari y prennent leur source. Grossi du Logone, le Chari se jette dans le lac Tchad.

GÉOGRAPHIE HUMAINE

Langues. Les langues officielles sont le français et le sango, langue nationale appartenant à la famille nigéro-congolaise du sous-groupe oubanguien. Parmi la centaine de langues, les principales sont le banda, le gbaya, le manza, le ngbaka, le ngbandi, le sango-yakoma (sango originel : non véhiculaire) et le sara.

Religions. Les protestants sont les plus nombreux (40%). Viennent ensuite les catholiques (28%), les adeptes des religions traditionnelles (24%) et les musulmans (8%).

Ethnies. La population est composée de Banda (28,6%), de Gbaya-Manza (24,5%), de Ngbandi (10,6%), de Zandé (9,8%), de Sara (6,9%), de Ngbaka (4,3%). Les ethnies non citées, en très grand nombre, représentent 15,3% de la population.

Population. La population centrafricaine est inégalement répartie : la majeure partie vit dans le centre et l'ouest du pays, dans des villages situés le long des axes routiers et de l'Oubangui. Cette répartition a donné naissance à deux ensembles culturels : celui des « gens du fleuve » et celui des « gens de la savane ».

Villes. La capitale Bangui (600 000 hab.), en bordure de l'Oubangui, gère tout le trafic fluvial. Les autres villes importantes sont Bossangoa (120 000 hab.), Bouar (105 000 hab.), Bambari (94 000 hab.), Berbérati (91 000 hab.).

Bangui : université et palais de l'UDÉAC.

INSTITUTIONS

La République centrafricaine, dite aussi la Centrafrique, est une république de type présidentiel et pluraliste depuis la révision constitutionnelle d'août 1992 qui prévoit un Congrès bicaméral comprenant une Assemblée nationale de 52 députés et un Conseil économique et régional.

ÉCONOMIE

Conjoncture. L'économie centrafricaine, qu'avait affaiblie le régime Bokassa, demeure peu développée. Elle bénéficie de l'aide de la France (20 à 25% du PNB). Le chômage des jeunes (les *Godobés*) entretient un climat social tendu, mais le pays a retrouvé la croissance en 1994.

Agriculture. L'agriculture est l'activité essentielle qui occupe 66% de la population. Avec 9% des terres cultivées, le manioc est la principale culture vivrière. Les cultures d'exportation sont le café et le coton. Les ventes du café ont fortement diminué, mais celles du coton progressent. L'élevage se concentre dans la région montagneuse de l'ouest. Le bois assure 13% des exportations.

© G. Boutin / EXPLORER

Abattage d'un sapelli (bois précieux).

Mines et industrie. Les mines de diamants (Bria, Berbérati) constituent la grande richesse nationale, atténuée par la contrebande : la production officielle représente 5,3% du PNB et la production officieuse 15%. L'exploitation de pétrole n'est qu'à l'état de projet. L'hydroélectricité fournit les trois quarts de la consommation d'électricité. L'industrie se consacre au textile, au savon et à l'agro-alimentaire.

Échanges extérieurs. Les exportations (120 000 000 dollars en 1992, dont 48% de diamants) sont inférieures aux importations (314 000 000 dollars).

Transports. La Centrafrique dispose d'un réseau routier de 23 439 km (2% bitumés). Bangui est à la fois le principal aéroport (53 000 passagers, 4 300 t de fret) et le principal port (150 000 t).

ÉDUCATION ET SANTÉ

Éducation. 37,7% des personnes âgées de 15 ans et plus étaient alphabétisées en 1990.

Santé. Il y avait, en 1990, 1 médecin pour 17 100 hab. et 1 lit d'hôpital pour 780 hab.

HISTOIRE

L'histoire ancienne. La Centrafrique actuelle a longtemps été un point de passage pour les migrations qui ont balayé le continent : celle des populations du haut Nil peut-être, et surtout celle des Bantous.
La première structure étatique connue est le royaume du Kanem*, qui, fondé au IXe siècle et islamisé au XIe siècle, étendit sa puissance, depuis le lac Tchad, sur le nord de la Centrafrique actuelle. Aux XVe et XVIe siècles, des populations apparentées aux Nubiens auraient fondé deux royaumes. Les liens étroits avec le Bornou (qui au XVIe siècle dominait le Kanem) permirent à certains groupes de population de participer au commerce transsaharien. Les désordres se multiplièrent au XVIIIe siècle, avec l'essor de la traite atlantique.

Le renouveau du XIXe siècle. À la fin du XVIIIe et au XIXe siècle, la migration des Zandé permit l'émergence d'un royaume guerrier dans le haut Oubangui et le Bahr al-Ghazal. Au XIXe siècle, le rêve impérial de Méhémet-Ali et de ses successeurs amena l'Égypte à établir sa suprématie sur le Soudan. Des aventuriers agissant à titre privé élargirent plus encore la sphère d'influence de l'Égypte.
Comme la révolte du Mahdi (V. Muhammad Ahmad ibn Abdallah), de 1881 à 1885, coupait à l'Égypte les routes orientales du commerce transsaharien, Rabah, un aventurier et marchand, s'installa près du lac Tchad. Se livrant au commerce des esclaves et de l'ivoire, il créa une armée de 35 000 soldats, qu'il équipa de fusils à tir rapide. Après plusieurs échecs militaires, il se tailla un immense empire aux dépens du Baguirmi et du Bornou. De son côté, l'un des fils du sultan du Baguirmi avait fondé, au cours du XIXe siècle, un nouvel État, inféodé au Ouaddaï : le Dar el-Kouti. L'un de ses fils, Sénoussi, s'enrichit dans le commerce et noua une fructueuse alliance avec Rabah.

L'arrivée des Européens. Dans les années 1870 et 1880, une première vague d'explorateurs, venus de la vallée du Nil, reconnut la région : Georg Schweinfurth, qui atteignit l'Oubangui en 1870 ; Panegiotès Potagos, qui reconnut le bassin du Mbomou en 1876-1877 ; Friedrich Bohndorff, qui traversa le pays entre 1876 et 1879 ; le Dr Schnitzer (surnommé Emin Pacha), émissaire du khédive égyptien au Soudan ; Wilhelm Junker (1876 et 1880-1883). La révolte du Mahdi coupa durablement la voie soudanaise des explorations. À partir de la conférence de Berlin (1884-1885), les Français et les Belges, implantés au Congo, se lancèrent à la conquête de la Centrafrique. De 1886 à 1889, les frères Dolisie et Gaillard remontèrent le cours de l'Oubangui et fondèrent les postes de Liranga, de Bangui (1889) puis de Mobaye. À leur suite, Alfred Foureau, Pierre Savorgnan de Brazza et Paul Crampel occupèrent la haute Sangha et le haut Oubangui pour le compte de la France.
Le décret de 1894 détacha le territoire du Haut-Oubangui du Congo français. Le nord de la Centrafrique actuelle se trouvait toujours aux mains de Rabah. Les Français lancèrent une opération décisive et envoyèrent trois missions vers le lac Tchad : la mission Voulet-Chanoine partit de l'Afrique de l'Ouest ; la mission Foureau-Lamy s'avança depuis l'Algérie ; la mission Gentil remonta depuis le Congo. Ensemble, les troupes françaises attaquèrent Rabah qui fut vaincu et tué à Kousseri en 1900. Il fallut dix ans aux Français pour venir à bout du Ouaddaï et de Sénoussi. Le royaume zandé se soumit vers 1894, non sans avoir infligé de sévères défaites aux colonisateurs. Les trois sultanats de la région du Mbomou, le sultanat de Bangassou, celui de Rafaï et celui de Zémio, formés à la fin du XIXe siècle, tombèrent au début du XXe siècle.
En 1905, la colonie de l'Oubangui-Chari (correspondant à la Centrafrique actuelle) fut constituée. En 1910, les territoires français d'Afrique centrale furent organisés en une fédération : l'AEF, dont faisait partie l'Oubangui-Chari-Tchad. Le Tchad en fut détaché en 1920. Les Français contrôlaient très partiellement l'Oubangui-Chari. De grandes compagnies concessionnaires reçurent la charge d'exploiter les richesses naturelles de la colonie, notamment le caoutchouc. Sous prétexte de rentabilité, elles commirent des exactions et des crimes odieux. Elles recouraient continuellement au travail forcé, au portage et aux corvées imposées non seulement aux hommes mais aux femmes et aux enfants. Les salaires versés par les compagnies ne permettaient pas aux familles de vivre décemment. Aussi la résistance et les révoltes se poursuivirent-elles jusque dans les années 1930. La guerre du Kongo-Wara (littéralement « manche de houe »), dirigée par Karinou, sema la terreur chez les colons de 1928 à 1935.
Les investissements de la France en Afrique centrale demeurèrent très inférieurs à ceux qu'elle effectuait en Afrique occidentale : une loi de 1900 interdit à la métropole de dépenser de

l'argent dans ses colonies. Aussi la construction d'un embryon de réseau routier fut-elle financée par l'impôt « indigène » et nécessita un recours massif au travail forcé, peu ou pas payé. Beaucoup d'hommes furent envoyés sur le chantier du chemin de fer Congo-Océan. En 1924, l'administration coloniale imposa aux paysans la culture du coton, dont le prix était dérisoire.
Pendant la Première Guerre mondiale, l'Oubangui-Chari envoya plusieurs contingents de soldats combattre dans l'armée française. Ils contribuèrent à la reconquête de Nola et de l'Ouest centrafricain, cédés au Cameroun allemand (Kamerun) en 1911. Pendant la Seconde Guerre mondiale, l'Oubangui-Chari fut l'une des premières colonies à se rallier à la France libre, au mois d'août 1940.
Après le conflit, le régime colonial s'assouplit légèrement. Une loi de 1946 abolit le travail forcé. La même année, l'Oubangui-Chari élut son premier député à l'Assemblée nationale : Barthélemy Boganda. En 1949, celui-ci créa le MESAN (*Mouvement d'évolution sociale de l'Afrique noire*) et mena un combat actif contre le racisme des colons et les abus de la colonisation. La loi-cadre de 1956 conféra le suffrage universel aux Africains et effectua une large décentralisation dans les colonies. L'Oubangui-Chari élut un Conseil de gouvernement de six ministres, présidé par Abel Goumba. Lors du référendum de 1958, le projet de Communauté française recueillit 98,1% de « oui » en Oubangui-Chari. La République centrafricaine fut proclamée. En 1959, au cours de la campagne pour les élections présidentielles, Barthélemy Boganda trouva la mort dans un accident d'avion dans des conditions mal élucidées. Son décès souleva une très vive émotion.
David Dacko fut élu, tandis que l'opposition créait le MEDAC (*Mouvement d'évolution de l'Afrique centrale*). Malgré les efforts entrepris par Barthélemy Boganda puis par ses successeurs, l'Oubangui-Chari ne put maintenir l'unité de l'A.-É.F. Le 13 août 1960, le pays accéda à l'indépendance.

La Centrafrique contemporaine. Peu de temps après l'indépendance, en 1962, le MESAN devint le parti unique. David Dacko fut renversé par un coup d'État militaire dans la nuit du 31 déc. 1965. Le colonel Jean Bedel Bokassa prit le pouvoir et imposa un régime autocratique. Une nouvelle Constitution lui confia les pouvoirs exécutif et législatif. S'étant fait nommer général puis maréchal, Bokassa se proclama président à vie en 1972. En 1976, le MESAN transforma la République centrafricaine en Empire centrafricain et, en 1977, Bokassa fut sacré empereur. Le faste du couronnement, l'arbitraire du régime et la dégradation de l'économie suscitèrent le malaise de la population et la désapprobation de l'opinion internationale. En 1979, des étudiants organisèrent une gigantesque manifestation : une sanglante répression s'ensuivit. Profitant d'un déplacement de Bokassa à l'étranger, l'armée française s'empara du palais et réinstalla David Dacko au pouvoir. Après des élections présidentielles (mars 1981) contestées par l'opposition, David Dacko fut renversé par un coup d'État militaire (en septembre) qui plaça André Kolingba à la tête de l'État. L'opposition s'organisa dans l'ombre et, en 1990, exigea la tenue d'une conférence nationale. En 1992, un grand débat national réunit les différentes tendances politiques du pays et amorça un processus de réformes.

Un marché de fruits et légumes à Bangui.

Malgré les tentatives d'intimidation d'André Kolingba et grâce à la mobilisation de la population, les élections présidentielles de 1993 virent la victoire de Félix-Ange Patassé. En 1996, des troubles ont éclaté à Bangui, que l'armée française a contribué à réprimer.

CULTURE

Archéologie. La présence de l'homme sur le sol centrafricain remonte aux temps préhistoriques, du paléolithique inférieur au néolithique. On a trouvé dans la région de Bouar plus de soixante-dix monuments mégalithiques qui dateraient de 5500 av. J.-C. environ.

Art. Parmi les sculptures sur bois, les plus remarquables sont les statuettes et les masques des Ngbaka de l'Ouest, le tambour de bois en forme de buffle attribué aux Yangéré (groupe banda vivant au sud-ouest du pays), les statuettes et les bâtons de commandement réalisés par les Zandé qui ont également confectionné de nombreux instruments de musique. Les peintures des grottes de Ndélé sont, d'après les spécialistes, aussi anciennes que celles de l'Afrique saharienne. La peinture sur les murs des maisons en boue séchée a été longtemps une tradition. Les explorateurs ont relevé l'existence, à la fin du XIXe siècle, dans l'est du pays, de tissus confectionnés à la main et ils ont attesté la fabrication par les Banda d'outils et d'armes en fer. Les artisans de l'époque réalisaient aussi des objets en cuir, des poteries et des instruments de musique traditionnels.

Littérature. Pierre Makombo Bamboté*, le pionnier de la littérature centrafricaine, est l'un des écrivains d'Afrique les plus créatifs : *Chant funèbre pour un héros d'Afrique* (poésie, 1962), *Princesse Mandapu* (roman, 1972), *Nouvelles de Bangui* (1981). Après lui, le meilleur poète est Faustin-Albert Ipeko-Etomane (*le Lac des sorciers,* 1972). Dans le roman s'illustrent Pierre Sammy* (*l'Odyssée de Mongou,* 1977), Étienne Goyémidé* (*le Dernier Survivant de la caravane,* 1985, sur la capture des esclaves au XIXe siècle), Cyriaque Yavoucka (*Crépuscule et Défi,* 1979). Fondée par Bamboté (*Youlou ou l'Amour maternel,* 1965), l'école de la nouvelle est active.

Théâtre. L'abbé Benoît-Basile Siango créa en 1966 une troupe. En 1967, Antonio-Gabriel Franck publia *la Veuve Kiringuiza.* Faustin-Albert Ipeko-Etomane publia en 1976 *le Téléphone ;* É. Goyémidé, *les Mangeurs de poulets crevés,* en 1985.

République fédérale islamique des Comores

État de l'océan Indien situé au sud-est du continent à l'entrée du canal de Mozambique, à la hauteur de la frontière entre la Tanzanie et le Mozambique.

Superficie : 1 862 km².

Population : 545 000 hab. (estimation 1995). (*Comoriens*)
Croissance annuelle : 3,6% (1990-1995).

Capitale : Moroni, 21 000 hab. (1992).

Produit national brut : 250 millions de dollars (1995).

P.N.B./hab. : 500 dollars (1995).

Monnaie : franc comorien.

Fête nationale : 6 juillet.

GÉOGRAPHIE PHYSIQUE

Relief. Mayotte étant restée française, la république des Comores comprend actuellement trois îles d'origine volcanique : Ngazidja, ou la Grande Comore, Ndzouani et Moili. Ngazidja a encore un volcan actif, le Kartala (2 361 m). Les sols sont très fertiles mais fragiles.

Moroni, la capitale.

Climat. Les Comores, au climat tropical humide, sont balayées par l'alizé du sud-est et la mousson du nord-ouest ; la saison chaude et humide dure de nov. à mai. La saison relativement fraîche et sèche se prolonge de mai à oct. Ngazidja, une des îles les plus arrosées du monde, manque d'eau à cause de la porosité des sols volcaniques.

GÉOGRAPHIE HUMAINE

Langues. Langues officielles : l'arabe et le français. Langue courante : le swahili.

Religion. Musulmans sunnites : 99,4%.

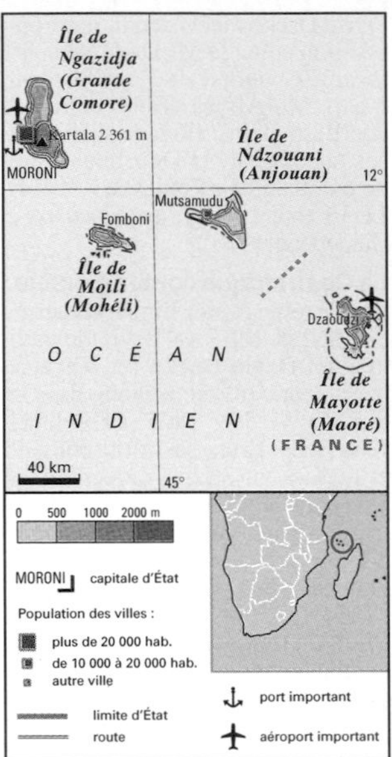

Population. Les Comoriens (métis d'Africains, d'Arabes et de Malgaches) représentent 96,8% de la population.

Éducation. 61% des personnes âgées de 15 ans et plus étaient alphabétisées en 1990.

Santé. Il y avait, en 1992, 1 médecin pour 16 600 hab. et 1 lit d'hôpital pour 730 hab.

Villes. En dehors de la capitale, les villes principales sont Mutsamudu (10 000 hab.) et Fomboni.

Institutions. Les Comores sont une république fédérale islamique de type présidentiel et bicaméral. Le Conseil législatif (42 membres) est élu pour 4 ans; le Sénat (15 membres : 5 par île) est élu par un collège électoral pour 6 ans.

ÉCONOMIE

Conjoncture. L'archipel est soumis à un programme d'ajustement structurel qui a été difficilement négocié avec la Banque mondiale.

Agriculture. Bien que l'agriculture soit l'unique ressource (plantes à parfum), la balance agricole est déficitaire (6,8% du PNB).

Industrie. L'activité industrielle se limite au conditionnement de la vanille, au séchage du coprah et à la distillation d'huiles essentielles.

Échanges extérieurs. Les exportations sont inférieures aux importations. Le tourisme apporte quelques devises.

Transports. Réseau routier : 750 km (354 km bitumés). Principal aéroport : Habaya (près de Moroni). Principaux ports : Mutsamudu et Moroni.

HISTOIRE

L'histoire ancienne. Les Comores ont d'abord été peuplées par des populations métissées d'Africains et d'Indonésiens. À partir du XIe siècle, les Arabes s'implantèrent dans l'archipel qu'ils islamisèrent. Au XVIe siècle, les Portugais prirent temporairement le contrôle des Comores. Au XVIIe siècle, les navigateurs européens, en route vers les Indes, prirent l'habitude de faire escale aux Comores. En 1841, les Français prirent le contrôle de l'archipel ; un traité officialisa en 1843 le rattachement de Mayotte aux possessions françaises de l'océan Indien. De 1865 à 1886, la France établit son protectorat sur l'archipel. En 1946, l'archipel put envoyer des députés au Parlement français. À l'issue du référendum de 1958, le statut de territoire d'outre-mer fut choisi. Le nationalisme ne se manifesta vraiment qu'en 1972 et aboutit à l'organisation d'un référendum, le 22 déc. 1974, qui remporta 95 % de « oui » dans l'ensemble de l'archipel, excepté à Mayotte où le « non » l'emporta. Le 6 juil. 1975, Ahmed Abdallah proclama unilatéralement l'indépendance des Comores et, le 8, fut élu président.

Les Comores aujourd'hui. Avec bien des difficultés, Mayotte fut rattachée à la France dont elle devint une collectivité territoriale. De leur côté, les Comores ont connu une succession de régimes et de coups d'État, dans lesquels le mercenaire français Bob Denard a joué un rôle essentiel : renversement du président Ahmed Abdallah en août 1975, du président Ali Soilih en 1978, assassinat d'Ahmed Abdallah (revenu au pouvoir) en 1989. En 1990, Saïd Mohamed Djohar fut élu président. En 1992, une nouvelle Constitution fut approuvée par référendum. En sept. 1995, Bob Denard a tenté un nouveau coup d'État, mis en échec par l'armée française. En 1996, Mohammed Taki a été élu président.

CULTURE

La tradition orale est riche d'emprunts aux littératures orales d'origines persane, arabo-musulmane et africaine. En 1938, une revue malgache a publié en français des *Poésies comoriennes*. En 1980, Mohamed Ahmed Chamanga et Marie-Françoise Rombi ont traduit en français des *Contes comoriens*. En 1985, Mohamed Toihiri* a donné le premier roman comorien.

République du Congo

État d'Afrique centrale, limité à l'ouest par le Gabon, au nord par le Cameroun et la République centrafricaine, à l'est et au sud par la république démocratique du Congo, au sud-ouest par l'enclave de Cabinda et l'océan Atlantique.

Superficie : 342 000 km².

Population : 2 800 000 hab. (1993). (*Congolais*)
Croissance annuelle : 3,3% (1990-1995).

Capitale : Brazzaville, 937 000 hab. (1993).

Produit national brut : 1,9 milliards de dollars (1995).

P.N.B./hab. : 710 dollars (1995).

Monnaie : franc CFA.

Fête nationale : 15 août.

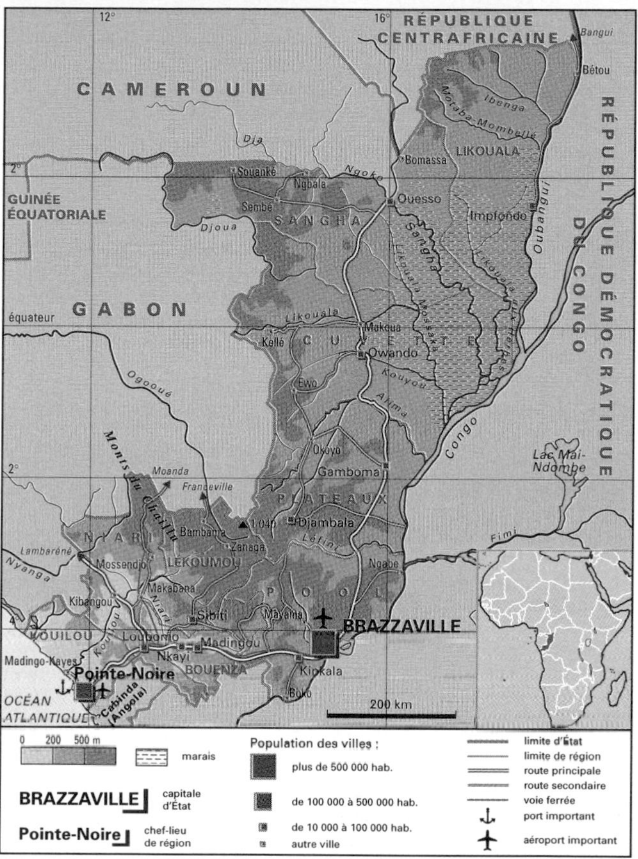

GÉOGRAPHIE PHYSIQUE

Relief. Le relief est constitué de trois ensembles : le bas Congo, pays de collines et de montagnes peu élevées ; la cuvette congolaise formant une plaine alluviale semi-aquatique ; au nord-ouest de cette zone marécageuse, des plateaux que surplombe un arc montagneux qui sépare le bassin du Congo de celui de l'Ogooué, au Gabon.

Fleuves. Les fleuves et les rivières se répartissent entre deux grands bassins ; celui du Congo au centre et au nord, et celui du Kouilou-Niari au sud-ouest. Le Congo (4 614 km) est le fleuve du monde le plus puissant après l'Amazone. Il prend sa source dans la rép. dém. du Congo, arrose la rép. du Congo sur 700 km et joue, avec ses affluents, un grand rôle économique. Le Kouilou (320 km) et son affluent, le Niari, irriguent l'ouest du pays ; le cours inférieur du Kouilou est navigable.

Climat. Dans le nord du pays, le climat est équatorial, chaud et humide, avec deux saisons sèches et deux saisons des pluies. La température moyenne annuelle est de 25 °C. Dans le Sud-Ouest, le climat est tropical humide avec une saison des pluies (8 mois) et une grande saison sèche (3 à 4 mois). Dans le Centre, le climat est subéquatorial avec une saison sèche très marquée.

Végétation. 65% du territoire congolais est couvert par de grandes forêts tropicales. Le massif du Chaillu, la forêt du Mayombé, à l'ouest du pays, et la forêt inondée du Nord constituent le deuxième domaine forestier du monde. Le reste du territoire est recouvert de savanes.

GÉOGRAPHIE HUMAINE

Langues. La langue officielle est le français. Les langues véhiculaires sont le lingala et le munukutuba (kikongo véhiculaire). Une quarantaine de langues bantoues sont également parlées.

Religions. Les catholiques représentent 53,9% de la population, les protestants 24,9%, les membres d'Églises indépendantes 14,2% et les adeptes de religions traditionnelles 4,8%.

Ethnies. Les Kongo sont les plus nombreux (51,5%), suivis par les Téké (17,3%) et les Mboshi (11,5%). Les nombreuses ethnies non citées représentent 19,7% de la population.

Population. Le Congo a une faible densité (8,1 hab./km²). 70% de la population se concentre dans le sud du pays. Les grandes forêts du Nord sont quasiment inhabitées. Ainsi, la province de Bouenza, au sud, a une densité de 14,5 hab./km² et celle de Likouala, dans l'extrême nord du Congo, a une population très clairsemée (1,1 hab/km²).

Brazzaville.

Villes. Les trois quarts de la population habitant les villes - plus de 50% à Brazzaville (937 000 hab.) et à Pointe-Noire (576 000 hab.) -, le Congo est l'un des pays les plus urbanisés d'Afrique. Autres villes importantes : Loubomo (83 000 hab.) et Nkayi (42 000 hab.).

INSTITUTIONS

Le Congo est une république de type présidentiel, pluraliste depuis le 30 sept. 1990. Une nouvelle Constitution, adoptée par référendum en 1992, a instauré un régime bicaméral : une Assemblée nationale (125 députés élus pour cinq ans) et un Sénat (60 membres).

ÉCONOMIE

Conjoncture. Après vingt ans de marxisme, l'instabilité politique, qui a suivi l'ouverture du pays au pluralisme, avait retardé l'exploitation de deux atouts majeurs : le pétrole et le bois. Depuis 1995 la croissance est revenue.

© F. Rojo / RAPHO

Mise à l'eau des billes de bois.

Agriculture. Les fermes d'État sont désormais abandonnées mais la production familiale n'a pas vraiment repris. La principale culture est le manioc (16% des terres cultivées). Les coupes de bois sont en augmentation. La situation des exploitations forestières est devenue dramatique à cause de la baisse des cours internationaux des bois tropicaux et des difficultés du transport par chemin de fer. L'avenir réside dans l'exploitation de l'eucalyptus comme bois à papier.

Mines et industrie. Avec une production constante (8 800 000 t), le pétrole off shore est la principale richesse du Congo, bien que le prix de vente de ce pétrole lourd soit inférieur à la qualité de référence. Les réserves, évaluées à 113 000 000 t, ne comprennent pas celles du site de N'Kossa, récemment découvert.

Échanges extérieurs. Le pétrole représente 90% des exportations (1,2 milliard de dollars en 1993). Les importations (605 millions de dollars) consistent principalement en produits alimentaires.

Transports. Le Congo dispose d'un réseau routier de 12 745 km (10% bitumés). Le chemin de fer Congo-Océan (795 km), achevé en 1934, demande à être rénové. Principaux aéroports : Brazzaville Maya-Maya (220 000 passagers), Pointe-Noire (105 000 passagers). Principaux ports : Brazzaville (460 000 t) sur le fleuve et Pointe-Noire (10 350 000 t) sur l'Atlantique.

ÉDUCATION ET SANTÉ

Éducation. 56,6% des personnes âgées de 15 ans et plus étaient alphabétisées en 1990.

Santé. Il y avait, en 1992, 1 médecin pour 4 500 hab. et 1 lit d'hôpital pour 325 hab.

HISTOIRE

L'histoire ancienne. Les Pygmées sont les premiers habitants du Congo. Le pays a ensuite été touché par la grande migration des Bantous, venus du nord, qui ont atteint le pays en longeant la côte et les cours d'eau. Plusieurs royaumes se constituèrent dont on ne connaît pas encore bien les origines : le royaume téké au nord dans les terres ; plusieurs royaumes kongo, sur la côte et dans le massif du Mayombé.

Les Européens et la colonisation. En 1482, l'explorateur portugais Diogo Cam atteignit l'embouchure du Congo. Les contacts avec les Portugais suscitèrent des tensions. La traite opéra une gigantesque ponction démographique et déstabilisa les entités politiques et les sociétés d'Afrique centrale.

C'est dans ce contexte de ruine économique et politique qu'intervinrent les grandes explorations africaines du XIXe siècle. Pierre Savorgnan de Brazza parcourut l'Afrique centrale et explora la rive droite du fleuve Congo. En 1880, il signa un traité avec Makoko, un souverain téké. Le Parlement français ratifia l'accord en 1882. La conférence de Berlin (1884-1885) reconnut les droits de la France sur la rive droite du Congo. Le Congo et le Gabon furent alors réunis et placés sous l'autorité de Pierre Savorgnan de Brazza, devenu commissaire général. Celui-ci étendit encore les possessions françaises vers le nord.

Commença alors une période sombre pour les peuples du Congo. La colonie fut livrée aux compagnies concessionnaires, chargées d'exploiter ses ressources, en particulier le caoutchouc et, dans une moindre mesure, l'ivoire. Celles-ci se livrèrent à tous les excès : réquisitions, pillage systématique des ressources, travail forcé, brutalités. Elles suscitèrent des révoltes qu'elles noyèrent dans le sang. En 1905, le procès de deux administrateurs convaincus d'abus, Gaud et Toqué, souleva l'indignation à la Chambre des députés. L'administration coloniale lança une enquête mais l'affaire fut rapidement étouffée.

Pendant la Première Guerre mondiale, les Français recrutèrent un grand nombre de soldats dans le Moyen-Congo. Ceux-ci participèrent aux combats en Afrique et en Europe, où ils se distinguèrent par leur bravoure et leur vaillance. Le régime colonial demeura inchangé après le conflit. La construction du chemin de fer Congo-Océan s'avéra un enfer : sur les 125 000 hommes recrutés de force, 25 000 moururent d'épuisement, de maladie ou victimes de mauvais traitements.

La marche vers l'indépendance. Les conditions d'exploitation de la colonie expliquent que le nationalisme se soit très tôt développé au Congo. En 1926, André Matswa fonda une amicale chargée de venir en aide aux anciens combattants. Elle se transforma rapidement en un mouvement de protestation et suscita un tel engouement que l'administration coloniale prit peur et fit incarcérer Matswa. Ce dernier mourut en prison en 1942, dans des conditions obscures. Le mouvement se transforma alors en une Église qui recruta surtout dans son ethnie d'origine.

Le soulèvement de Brazzaville en 1940 permit le ralliement du Moyen-Congo au général de Gaulle. La ville fut alors érigée en capitale de la France libre. Le général de Gaulle confia l'AEF à Félix Éboué, ancien gouverneur du Tchad et premier administrateur d'Afrique centrale rallié à sa cause. En 1944, de Gaulle et Éboué réunirent les administrateurs coloniaux à Brazzaville pour évoquer l'avenir des colonies françaises. La conférence de Brazzaville rejeta totalement l'idée d'une indépendance, même lontaine, mais promit de faire participer davantage les Africains aux affaires locales.

© M. Bertinetti / Italy / RAPHO

Plate-forme pétrolière au large de Pointe-Noire.

Le nationalisme prit réellement corps après la guerre. En 1945, les Congolais élurent le premier député congolais, Félix Tchicaya, à l'Assemblée constituante à Paris. Celui-ci fonda en 1946 le Parti progressiste congolais (PPC), section congolaise du RDA. Tchicaya s'opposait à Jacques Opangault. L'un et l'autre furent pris de vitesse par l'abbé Fulbert Youlou, fondateur de l'UDDIA (*Union démocratique de défense des intérêts africains*) qui remporta avec éclat les élections municipales de 1956. En 1958, le référendum sur la Communauté française obtint 99 % de « oui » au Moyen-Congo. Le Congo devint une République autonome, avec Fulbert Youlou pour Premier ministre. En 1959, des troubles éclatèrent à Brazzaville et l'armée française intervint ; Fulbert Youlou fut élu président de la République. Le 15 août 1960, le Congo accéda à l'indépendance.

Le Congo contemporain. Le régime de Fulbert Youlou exacerba les tensions ethniques, déjà fortes lors de la marche vers l'indépendance, et manifesta un anticommunisme virulent. En août 1963, un soulèvement populaire (« les Trois Glorieuses ») organisé par les syndicats obligea Fulbert Youlou à démissionner. Alphonse Massamba-Débat constitua un gouvernement provisoire avant de remporter les élections présidentielles de 1963.

En 1968, profitant des désaccords entre le président et son parti, le capitaine Marien Ngouabi prit le pouvoir par la force et fonda le PCT (*Parti congolais du travail*). Il mit en place une politique de type marxiste-léniniste. Les conflits ethniques et idéologiques se poursuivirent et, en 1977, Marien Ngouabi fut assassiné. Le colonel Joachim Yhombi-Opango prit sa succession et démissionna en 1979.

Quelques mois plus tard, le colonel Denis Sassou-Nguesso prit la tête du parti et de l'État. Malgré un discours marxisant et une pratique dictatoriale du pouvoir, son régime évolua vers le libéralisme économique.

En 1990, la population du Congo se souleva massivement. Le PCT renonça alors au marxisme-léninisme et le président Sassou-Nguesso réunit une conférence nationale en 1991. Celle-ci adopta une nouvelle Constitution et, en 1992, organisa des élections présidentielles libres qui virent la victoire de Pascal Lissouba, leader de l'*Union panafricaine pour la démocratie sociale* (UPADS). En juin 1993, l'UPADS remporta les élections législatives. Mais les désaccords politiques et ethniques, qui déchirent le pays depuis plus de trente ans, et les graves difficultés économiques provoquèrent des affrontements meurtriers entre l'opposition et l'armée. Le président Lissouba décréta en juillet 1993 l'état d'urgence, soulevant d'intenses protestations. En mai-juin 1997, l'armée régulière de Lissouba et la milice de Sassou-Nguesso s'affrontèrent, compromettant les élections prévues en juillet.

CULTURE

Art. Les Téké produisent des statuettes rituelles en bois destinées au culte des génies et des ancêtres et des masques ronds ornés de figures géométriques. Les statuettes kongo sont célèbres par leur foisonnement de clous et de lames de couteaux fichées dans le bois. Les statuettes-reliquaires des Vili s'apparentent à la statuaire des Punu du Gabon, avec des visages peints en blanc. Les Babembé sont spécialisés dans la sculpture miniature. Édouard Malonga et Grégoire Massengo perpétuent aujourd'hui la sculpture traditionnelle. L'école de peinture de Poto-Poto, du nom d'un des quartiers populaires de Brazzaville, a formé de nombreux peintres. Connue à l'étranger pour l'invention d'un style original, appelé « *les Mickeys* », et dirigée par Nicolas Ondongo, l'école est revenue à un style plus naturaliste (scènes de marché, de chasse).

Littérature. Organe officiel des centres culturels de l'AEF (1950-1960), la revue *Liaison* fut la tribune des jeunes intellectuels congolais et fit connaître quelques-uns des écrivains congolais, déjà nombreux à l'époque. Citons: Jean Malonga* (*Cœur d'Aryenne,* 1947), Guy Menga*, dramaturge (*la Marmite de Koka-Mbala,* 1966) et romancier (*la Palabre stérile,* 1968), Sylvain Bemba*, romancier et dramaturge (*L'enfer, c'est Orfeo,* 1969). Tchicaya* U Tam'si, l'un des grands poètes d'Afrique noire, publie en 1955 son premier recueil : *Mauvais Sang.* À partir de 1968, l'essor de la littérature congolaise s'amplifie. Le poète Jean-Baptiste Tati*-Loutard fait paraître *les Racines congolaises ;* Maxime N'Debeka*, *Soleils neufs* en 1969. Le roman est représenté par Emmanuel Dongala* (*Un fusil dans la main, un poème dans la poche,* 1973), Henri Lopès* (*le Pleurer-Rire,* 1982), le nouvelliste Tchichellé* Tchivela (*Longue est la nuit,* 1980), Sony* Labou Tansi (*la Vie et demie,* 1979). Il faut enfin mentionner le romancier et essayiste Jean-Pierre Makouta*-Mboukou et l'essayiste Théophile Obenga* (*Sur le chemin des hommes,* 1984), également poète.

Théâtre. En 1963, deux troupes furent créées, qui fusionnèrent dans le Théâtre national congolais en 1965. À côté de Guy Menga et Sylvain Bemba, citons les poètes M. N'Debeka (*le Président,* 1970) et Tchicaya U Tam'si, Patrice Lhoni (*l'Annonce faite à Mukoko*), Ferdinand Mouangassa (*Nganga-Mayala,* 1968), etc. Le théâtre des années 80 invente des voies nouvelles, sous l'impulsion du Rocado Zulu Théâtre (fondé et animé par Sony Labou Tansi), de la Troupe artistique Ngunga, du Théâtre de l'Éclair d'Emmanuel Dongala.

© J.-M. Lerat / RAPHO

Peinture de l'école Poto-Poto.

Musique et danse. La danse et la musique font partie intégrante de la tradition et de la vie quotidienne, qu'il s'agisse des danses sur échasses du Niari ou de la danse *kyébé-kyébé* des Mboshi, qui comporte des marionnettes aux couleurs vives. Le Ballet national du Congo puise dans la tradition des tableaux dansés.

La musique congolaise est celle qui s'est le plus propagée dans toute l'Afrique, sous de multiples dénominations : jazz congolais, Congo Music, rumba ou soukouss*, musique de danse qui mêle les formes occidentales (rock, etc.) et les rythmes antillais. En marge du soukouss, un musicien comme N'Zongo Soul renoue avec le walla, un des rythmes traditionnels du peuple kongo.

Cinéma. Quatre réalisateurs ont fait connaître le cinéma congolais : Alain N'Kodia (*Mami Wata,* 1970), Jérôme Tsila (*Zoumba Nkoukou,* 1972), Sébastien Kanga (*la Rançon d'une alliance,* 1975, adaptation du roman de J. Malonga, *la Légende de M'Pfoumou Ma Mazono*) et Jean-Michel Tchissoukou (*la Chapelle,* 1979 ; *les Lutteurs,* 1982).

République démocratique du Congo

État d'Afrique centrale, limité à l'ouest par la république du Congo, au sud par l'Angola et la Zambie, à l'est par la Tanzanie, le Burundi, le Rwanda, l'Ouganda, au nord par le Soudan et la Centrafrique, au sud-ouest par l'océan Atlantique.

Superficie : 2 345 095 km².

Population : 42 500 000 hab. (estimation 1993). (*Congolais*)
Croissance annuelle : 3,2% (1990-1995).

Capitale : Kinshasa, 3 500 000 hab. (1991).

Produit national brut : 5,3 milliards de dollars (1995).

P.N.B./hab. : 120 dollars (1995).

Monnaie : franc congolais.

Fête nationale : 30 juin.

© F. Rojo / RAPHO

Kinshasa, sur la rive gauche du fleuve Congo.

GÉOGRAPHIE PHYSIQUE

Relief. Au nord-ouest, limitée par les cours du Congo et de l'Oubangui, la Cuvette (300 à 500 m) a un réseau hydrographique dense et de larges plaines inondables. Une pente régulière mène, vers l'est, à des plateaux s'élevant jusqu'à 1 000 m et dans lesquels les rivières tracent des vallées profondes. En bordure est et sud s'étendent de hauts plateaux parsemés d'inselbergs (plateau du Katanga), des massifs aux sommets aplanis (monts Mitumba, notamment), et des fossés d'effondrement (lac Upemba). À la frontière orientale, les grands rifts sont occupés par des lacs (Tanganyika, Kivu, Édouard et le lac autrefois nommé Albert puis Mobutu) dominés par des môles granitiques (Ruwenzori, 5 119 m) et des formations volcaniques (chaîne des Virunga, qui culmine au Rwanda). À l'ouest, le Bas-Congo est une étroite bande côtière sablonneuse et parfois marécageuse.

Climat. La Cuvette a un climat équatorial : précipitations annuelles supérieures à 1 500 mm, température moyenne de 26° C. Le Nord et le Sud ont un climat tropical ; la saison sèche (3 à 7 mois) correspond à l'hiver, boréal ou austral. À l'est, on observe des températures moyennes de 16 à 18 °C, des neiges éternelles et des glaciers au sommet du Ruwenzori.

Végétation. La forêt dense occupe la basse Cuvette, une partie des reliefs de l'Est et se prolonge en forêt-galerie dans la zone des plateaux. Se succèdent différents aspects de savane : herbacée, arborée ou boisée. Une forêt claire d'arbres à feuilles caduques occupe le Katanga et le Sud-Ouest. Sur les pentes des hautes montagnes de l'Est, s'étagent des forêts de bambous, des bruyères arborescentes et des mousses.

Fleuves. Le Congo* est le deuxième fleuve du monde par son débit et son bassin (alimenté toute l'année). Ses principaux affluents sont l'Oubangui (réunion de l'Uélé et du Mbomou) et le Kasaï, que grossit le Kwango.

© Abbas / MAGNUM

Barrage hydroélectrique d'Inga.

GÉOGRAPHIE HUMAINE

Langues. La langue officielle est le français. Parmi les 250 langues parlées en république démocratique du Congo, 90% sont des langues bantoues. Parmi ces dernières, quatre ont le statut de langues nationales : le swahili (40%) à l'est, le lingala (27,5%) dans le Haut-Congo, l'Équateur et la région de Kinshasa, le kikongo (17,5%) dans le Bas-Congo et le Bandundu, le ciluba (15%) dans le Kasaï et le Katanga. Dans le nord du pays, les nombreuses langues appartiennent aux familles nigéro-congolaise (sous-groupe oubanguien) et nilo-saharienne (groupe soudanais central et sous-groupe nilotique).

Religions. Les catholiques (48,4%) devancent les protestants (29%), les fidèles d'Églises indépendantes (17,1%), dont l'Église kimbanguiste, les adeptes des religions traditionnelles (3,4%), les musulmans (1,4%).

Ethnies. La population comprend des ethnies que l'on peut regrouper en grands ensembles ayant une implantation territoriale bien marquée. Les Luba ou Baluba (18%) du Centre-Sud précèdent les Kongo du Bas-Congo (16,1%). Le Nord-Est est peuplé par les Mongo de la Cuvette (13,5%), les locuteurs des langues rwanda (10,3%) et rundi (3,8%), les Zandé (6,1%) et bien d'autres ethnies. Les Téké vivent dans le Bas-Congo, les Chokwé et les Lunda le long de la frontière angolaise, les Kuba dans le Kasaï, les Tétela dans le Centre, etc. Des Pygmées (Mbuti) vivent dans le Nord-Est.

Population. Les secteurs de peuplement dense se situent au sud-ouest, au nord et au nord-est. La zone la moins peuplée est le centre de la Cuvette. La population urbaine représente maintenant 44%.

Villes. Après Kinshasa (3,5 millions d'hab. ; agglomération : plus de 5 millions), les villes principales sont Lubumbashi (739 000 hab.), Mbuji-Mayi (613 000 hab.), Kisangani (373 000 hab.), Kananga (372 000 hab.).

INSTITUTIONS

La république démocratique du Congo a un régime présidentiel.

ÉCONOMIE

Conjoncture. L'économie zaïroise a connu une dégradation continue. Le PNB par habitant s'est effondré : 377 dollars en 1956, 630 dollars en 1980, 200 dollars en 1993, 120 dollars en 1995. La disparition des circuits économiques officiels et de l'Administration a donné aux « activités informelles » une importance dont il n'existe pas d'équivalent ailleurs.

Agriculture. Depuis les troubles de 1991, l'agriculture est la première activité du pays. La balance agricole est déficitaire (2,4% du PNB). Les principales cultures vivrières sont le manioc (30% des terres cultivées), le maïs (15%) et l'arachide (7%). La principale culture d'exportation est le café robusta : elle occupe le 16e rang mondial.

Mines et industrie. La république démocratique du Congo a un sous-sol très riche en ressources minières. Avant 1991, les principales productions étaient le cuivre, le pétrole, les diamants, l'or, le cobalt. À l'exception des diamants (qui faisaient l'objet d'une intense contrebande), les productions ont fortement baissé : l'extraction de cuivre en 1994 était le dixième de celle de 1989. Le potentiel hydroélectrique est le 4e du monde avec 600 milliards de kWh.

Échanges extérieurs. Les exportations ont toujours été supérieures aux importations, mais le volume des échanges n'a cessé de diminuer sous le régime de Mobutu.

© Peneau / EXPLORER

Kolwezi : mines de cuivre.

Transports. La république démocratique du Congo dispose d'un réseau routier de 146 500 km (2 400 km bitumés) et d'un réseau ferroviaire de 5 270 km, tous deux délabrés aujourd'hui. Les principaux aéroports sont Kinshasa, Lubumbashi, Kisangani. Les principaux ports fluviaux sont Boma, Matadi, Kinshasa, Kisangani, Ilebo.

ÉDUCATION ET SANTÉ

Éducation. 71,8% des personnes âgées de 15 ans et plus étaient alphabétisées en 1990.

Santé. Il y avait, en 1985, 1 médecin pour 23 193 hab. et 1 lit d'hôpital pour 476 hab.

HISTOIRE

L'histoire ancienne. Le pays a d'abord été habité par des Pygmées, avant d'être touché par la grande migration des peuples de langue bantoue. Le brassage de populations qui a résulté de ces mouvements explique la grande diversité des peuples et des langues de la république démocratique du Congo.

Les formations étatiques ont été très nombreuses avant la colonisation. Ces royaumes présentaient des caractéristiques communes. La succession se faisait plutôt en descendance matrilinéaire et donnait lieu à une élection ou à une compétition des concurrents, qui dégénérait parfois en querelles fratricides. Les écrits des voyageurs européens nous ont révélé le faste de la cour des souverains et la rigueur du cérémonial.

De tels royaumes fondaient leur richesse sur un commerce très actif. Dans les régions forestières, les fleuves permettaient des échanges par relais : les produits de la côte passaient de main en main et remontaient sur des centaines, voire des milliers de kilomètres ; ceux de l'intérieur effectuaient le chemin inverse. À partir du XVIe siècle, les produits importés d'Europe et surtout d'Amérique se sont implantés à l'intérieur du continent : la culture du manioc, du tabac, du maïs s'est développée dans une grande partie de l'Afrique centrale. Dans les zones de savane, le commerce se faisait, par caravanes, avec l'ouest puis avec l'est du continent. À partir du XVIe siècle, la traite des esclaves a ravagé l'ensemble du pays, entraînant des razzias meurtrières et des guerres entre tribus et entre royaumes. Après 1860, la traite atlantique ralentit mais elle fut relayée par la traite orientale et australe, sous l'impulsion des Swahili.

Les anciens royaumes. Le plus ancien État connu dans la région est le royaume du Kongo*, situé dans le sud de la république démocratique du Congo actuelle et surtout dans l'Angola actuel. Le royaume kuba se constitua dans le Kasaï occidental et le Lulua. Ses origines remonteraient, elles aussi, au Ve siècle. Il prit réellement son essor au XVIIe siècle, sous le règne de Chamba Bolongongo. Ce souverain « moderniste » encouragea les nouvelles cultures et répandit le tissage du raphia. À la fin du XVIIe siècle, les Luba envahirent le royaume kuba. Celui-ci perdura néanmoins jusqu'à sa soumission par les Belges en 1904.

Le royaume luba aurait été fondé dans le Katanga par Kongolo, venu de l'est au XVIe siècle. À la fin du XVIIe siècle, l'un de ses successeurs, Kumwinbu Ngombé, étendit le territoire jusqu'au lac Tanganyika. L'histoire du royaume se caractérisa par d'intenses querelles de pouvoir et des luttes fratricides qui ne lui permirent pas de trouver la stabilité. Au XIXe siècle, il devint la proie de ses voisins (Chokwé, Tétéla, Bayéké). À l'arrivée des Belges, en 1892, son territoire se limitait à une petite enclave à la source de la Lomani.

Le royaume lunda serait né, au XVIe siècle, de l'union de diverses chefferies localisées dans le sud-ouest du Katanga. Vers 1660, le souverain Mwata Yamvo (dont le nom devint le titre dynastique) agrandit le territoire jusqu'au Kasaï et au Zambèze. Au XVIIIe siècle, le royaume s'étendit encore à l'est et au sud. En 1885, les Chokwé envahirent l'est du royaume. Ils en furent chassés en 1887 par deux frères, Mushiri et Kawelé, au cours de la « guerre de la flèche de bois ».

Le renouveau du XIXe siècle. Au XIXe siècle, de nouveaux royaumes se constituèrent sous la houlette des « princes marchands ». Msiri, originaire du Tanganyika, s'enrichit dans le commerce de l'ivoire, du cuivre et des esclaves, au Katanga, vers1850. Puis il entreprit de se tailler un véritable empire, nommé le Garangazé. Vers 1880, son pouvoir s'étendait sur tout le sud de la république démocratique du Congo actuelle.

© B. Nantet

Tippoo-Tip.

Marchand originaire de Zanzibar, Tippoo-Tip eut un itinéraire semblable, à l'ouest du lac Tanganyika, dans les années 1860. Son État devint solide et prospère grâce au commerce mais aussi à la création de grandes plantations et d'un réseau routier menant vers la côte. D'autres États se constituèrent à la même époque : le royaume zandé, fondé à la fin du XVIIIe siècle ou au début du XIXe sur le plateau de l'Oubangui et jusqu'à l'Uélé; le royaume mangbetu, fondé par Nabiembali en 1815, dans la pointe nord-est de la république démocratique du Congo actuelle.

Prélude à la colonisation. Durant des siècles, les Portugais limitèrent leur implantation à la région littorale, en Angola. Les véritables explorations débutèrent à la fin du XVIIIe siècle.

Le roi des Belges, Léopold II, qui rêvait d'un empire en Afrique, créa en 1876 l'*Association internationale du Congo* (AIC), nom adopté en 1883, et envoya Stanley en mission. Au début des années 1880, celui-ci entra en rivalité avec Pierre Savorgnan de Brazza (au service de la France). Il remonta le fleuve Congo sur sa rive gauche et y établit la domination de l'AIC. Lors de la conférence de Berlin (1884-1885), Léopold II obtint des puissances européennes le contrôle d'un immense territoire : ainsi naquit l'*État indépendant du Congo* (EIC).

Le Congo léopoldien. Léopold II prit progressivement le contrôle effectif de l'EIC. Il fit mater avec brutalité les nombreuses résistances. Sous le prétexte de lutter contre la traite des esclaves, les colonisateurs brisèrent les États des princes marchands. Mais les résistances se poursuivirent longtemps. Les Tétéla étaient toujours invaincus en 1907. Quant à Kasongo Niembe, souverain du royaume luba, il demeura insaisissable jusqu'en 1917. Léopold II confia à des compagnies à charte le soin d'exploiter les richesses de la colonie : le caoutchouc et l'ivoire, principalement. Un décret de 1889 établit que les terres « vacantes » appartenaient de droit à l'État : dans une économie de chasse, de cueillette et de nomadisme agricole (culture sur brûlis), le système retirait aux peuples leurs sources de revenus. Des populations entières se trouvèrent donc contraintes de travailler pour le compte de l'EIC. L'impôt, le travail forcé, les mauvais traitements, les corvées, la répression souvent cruelle, les exactions commises par les compagnies ont valu à cette période de l'histoire de la république démocratique du Congo le nom de « temps des exterminations ». Léopold II créa en 1888 une Force publique chargée de maintenir l'ordre. La convention signée par l'EIC et le Saint-Siège à Rome, en 1906, accorda aux missionnaires des concessions de terres qui leur permirent de vivre et, souvent, de s'enrichir.

La colonisation belge. En 1908, Léopold II, ruiné, fut contraint d'abandonner à la Belgique l'EIC, qui devint la colonie du Congo belge. Les Belges s'employèrent à effacer le système léopoldien. Ils rétablirent la liberté de commerce en 1910 et supprimèrent le monopole du caoutchouc et de l'ivoire. L'exploitation des ressources minières connut un nouvel essor avec des entreprises comme l'UMHK (*Union minière du Haut-Katanga*) et la Société générale de Belgique.

Pendant la Première Guerre mondiale, la violation de la neutralité belge (en Europe) puis les incursions des Allemands dans le Kivu et à l'ouest du Tanganyika précipitèrent les Belges dans le conflit. Ils mobilisèrent 18 000 soldats, mais surtout 200 000 porteurs, qui participèrent à la conquête du Cameroun allemand (Kamerun), assistèrent les Britanniques de Rhodésie aux prises avec les forces allemandes du Tanganyika et envahirent le Rwanda et le Burundi puis le Tanganyika.

L'exploitation de la colonie se poursuivit après le conflit. Le droit coutumier fut codifié et l'Administration renforcée. La politique coloniale belge se caractérisa par un paternalisme excessif. Les populations furent réparties en ethnies, la colonie divisée en provinces, districts et territoires ou secteurs. Une intense urbanisation entraîna la création de centres extra-coutumiers dans les villes, confiés à des chefferies artificielles. La colonisation belge fut également marquée par la discrimination raciale. L'enseignement était limité, selon l'adage en vigueur « Pas d'élite, pas d'ennuis ! ». Seule une petite catégorie d'« évolués » avait quelques privilèges.

La colonie bénéficiait d'une industrialisation peu importante mais qui, lors de l'indépendance (1960), lui donnait une certaine avance sur ses voisins : savonneries, margarineries, industries textiles, fabriques de chaussures, brasseries, briqueteries… Elle disposait également de 30 centrales hydroélectriques, d'un réseau ferroviaire (mis en place à partir de 1898), d'un réseau routier et de trois aérodromes internationaux.

Durant la Seconde Guerre mondiale, la colonie participa aux combats en Éthiopie. Certains soldats furent ensuite envoyés en Extrême-Orient. Au Congo belge, les journées de corvée augmentèrent pour intensifier la production de minerai, de caoutchouc et d'huile de palme.

La marche vers l'indépendance. Après la guerre, les Belges demeurèrent longtemps hostiles à l'évolution de leurs colonies. En 1956, le professeur Van Bilsen publia un *Plan de trente ans pour l'émancipation de l'Afrique belge.* Le livre fit scandale. Pourtant, dès 1946, les syndicats furent autorisés, mais sous la surveillance étroite de l'Administration. La liberté d'expression étant inexistante, l'opposition prit longtemps un tour religieux, sous l'égide d'Églises syncrétiques : celle de Simon Kimbangu, à partir de 1921, celle de la *Kitawala* (*Watchtower*), à partir de 1923, et d'autres. Dans les années 1950, l'opposition se politisa. En

1956 parut le *Manifeste de Conscience africaine*, rédigé par un groupe d'« évolués » qui réclamait l'indépendance. Quelques mois plus tard, une autre association d'« évolués » publia un deuxième manifeste. En 1957, l'Abako (*Association des Bakongo*), premier parti politique créé au Congo, remporta les élections municipales de Léopoldville. Un fait décisif se produisit le 4 janvier 1959 : les habitants de la capitale déclenchèrent une émeute. Soudain conscients de l'inévitable, les Belges précipitèrent la décolonisation. Le 20 janvier 1960, une table ronde se réunit à Bruxelles pour organiser l'indépendance, qui devint effective le 30 juin 1960.

Le Congo-Kinshasa. Joseph Kasavubu devint président et Patrice Lumumba président du Conseil. Dès le mois de juillet 1960, le Congo-Léopoldville (nommé peu après Congo-Kinshasa) s'enfonça dans le désordre, avec la mutinerie de la Force publique et la sécession du Katanga sous le commandement de Moïse Tshombe. Lumumba fut assassiné en janvier 1961. En 1963, des disciples de Lumumba lancèrent une guerre révolutionnaire dans le Kwilu ; Laurent-Désiré Kabila figurait parmi eux. Les tentatives de sécession et les désordres en tous genres se multiplièrent. Les forces de l'ONU, les Belges, l'URSS et les États-Unis intervinrent.

Le Zaïre de Mobutu. En 1965, un coup d'État porta le général Mobutu au pouvoir. Il restaura l'ordre par la force en s'appuyant sur le MPR (*Mouvement populaire de la révolution*), devenu le parti unique. En 1971, le Congo-Kinshasa devint le Zaïre. En 1972, la politique de l'« authenticité » amena l'africanisation de tous les noms d'origine européenne (toponymes et état civil). En 1977 et en 1978, le Shaba (nouveau nom du Katanga) tenta de faire sécession mais les partisans de l'indépendance furent battus par les forces d'intervention marocaine et française. En 1990, Mobutu annonça l'établissement du multipartisme. Quelques jours plus tard, l'armée tua plus de 500 étudiants qui manifestaient à Lubumbashi. La Conférence nationale de 1991 amena la création de l'Union sacrée de l'opposition et Mobutu dut nommer Premier ministre Étienne Tshisekedi, qui ne put gouverner et fut limogé en 1993. En juillet 1994, un million de Hutu du Rwanda (désormais gouverné par des Tutsi) se réfugièrent dans l'est du Zaïre. À l'automne 1996, une minorité tutsi du Zaïre attaqua ces camps et affronta l'armée zaïroise. Laurent-Désiré Kabila, qui avait pris le maquis en 1963, dirigea l'*Alliance des forces démocratiques du Congo-Zaïre* (AFDL), qu'il avait créée, vers le sud du Kivu, où il prit la petite ville d'Uvira en octobre. L'AFDL progressa ensuite vers le nord. Dépourvue de solde et mal équipée, l'armée zaïroise lui opposa une faible résistance et se livra à des pillages. Le 15 mars 1997, l'AFDL prit Kisangani. Peu après, elle prit Lubumbashi, chef-lieu du Shaba, qui retrouva son nom de Katanga. Opéré d'un cancer, Mobutu, qui séjournait sur la Côte d'azur française, se contenta de dénoncer l'action de Kabila. Le 4 mai, il rencontra Kabila sur un navire sud-africain, au large de la république du Congo, en présence de Mandela. Le 16 mai, il quitta Kinshasa.

La république démocratique du Congo. Le 17 mai 1997, l'AFDL entra dans Kinshasa. Kabila se proclama président de la république démocratique du Congo, ainsi instaurée, et promit des élections pour 1999.

CULTURE

Art. Le pays a vu s'épanouir des styles prestigieux, de cour et de village. Dans le Bas-Congo, les Kongo et les Téké ont sculpté des figurines à usage magique et funéraire. Dans la région du Kwango, les masques ont souvent des formes « surréalistes », très colorées. Les Kuba et les Chokwé du Centre-Sud, aux royaumes puissants et organisés, ont favorisé un art à la fois sculptural et décoratif. Dans le Sud-Est, les Luba ont élaboré des objets, des statues et des ustensiles d'un grand raffinement. Les masques lega et les statues songye, dans l'Est, associent abstraction et expressionnisme. Dans le Nord, les Mangbétu et les Zandé ont élaboré des sculptures et des instruments de musique décorés avec art (harpes et tambours).

Littérature. Antoine-Roger Bolamba*, rédacteur en chef de *la Voix du Congolais*, est le premier écrivain de la république démocratique du Congo actuelle qui a acquis une renommée internationale, grâce à son recueil de poèmes *Esanzo, Chants pour mon pays* (1955). Son compatriote Paul Lomami*-Tshibamba s'était fait connaître dès 1948 avec *Ngando*. Après l'indépendance, de nombreux poètes publient leurs œuvres : Madiya Faïk*-Nzuji (*Murmures*, 1967), Mwana-Ngo Ayimpam (*les Complaintes du Zaïre*, 1967), Mukala Kadima-Nzuji (*les Ressacs*, 1969), Tshiakatumba Mukadi Matala* (*Réveil dans un nid de flammes*, 1969). La plus grande figure des lettres est Vumbi-Yoka Mudimbe*, poète (*Déchirures*, 1971), romancier (*Entre les eaux*, 1973 ; *l'Écart*, 1979), essayiste (*l'Autre Face du royaume*, 1973). Le critique littéraire Georges Mbill a Mpaang Ngal*, dans son roman *Giambatista Viko ou le viol du discours africain* (1975), s'interroge sur le rôle de l'intellectuel africain. Spécialiste des littératures africaines, Pius Ngandu* Nkashama écrit des récits (*la Mulâtresse Anna*, 1973) et des romans (*le Fils de la tribu*, 1983).

Masque lega.
© H. Lewandowski / R.M.N.

Théâtre. Le théâtre naît après l'indépendance. De nombreuses troupes voient le jour, notamment l'*Union théâtrale africaine* (U.Th.Af.). Norbert M.K. Mikanza (1944-1994) crée en 1967 *le Théâtre du petit nègre* à Kikwit, puis le *Théâtre national du Zaïre;* il a adapté en langue nationale Molière et écrit en français *Pas de feu pour les antilopes* (1970), *Procès à Makala* (1977), etc. Les dramaturges les plus connus sont Ntumba Mulumba (*Un Nègre au pouvoir*, 1984), Nkunzimwami Chirhalwirwa, N'Funi Mutumbo-Diba. L'essor s'amplifie avec Philippe Lisembe Elebe (*Simon Kimbangue ou le Messie noir*, 1972), Bisikisi Tandundu* (*Quand les Afriques s'affrontent*, 1973), Wembo-Ossako, Yoka Lye Mudaba (*Kimpuanza*, 1974 ; *Tshira*, 1978), Cheik Fita (*Psychanalove*), Kikuji Mikanda, Pius Ngandu Nkashama (*la Délivrance d'Ilunga*, 1977).

Musique. Kinshasa est, depuis l'indépendance, un haut lieu de la musique africaine, avec des chanteurs de renommée internationale, Abeti* et Papa* Wemba. Une rumba spécifique, connue sous le nom de soukouss*, est apparue à la fin des années 50. Elle a profondément influencé toutes les nouvelles musiques du continent. Musicien expérimental, Ray Lema donne des arrangements électriques à des rythmes traditionnels provenant de multiples cultures.

Cinéma. Le film *Moseka*, de Kwami Mambu, a été primé au festival de Ouagadougou en 1972. Madenda Kiesse réalise *Sœur Anuarite* (1982), long métrage sur le martyre d'une religieuse congolaise. Ngangura Mweze co-réalise avec Benoît Lamy une comédie musicale interprétée par Papa Wemba, *la Vie est belle* (1987). *Bakanja, une vie sans compromis*, de Bokakala N'Kobolise, narre l'histoire d'un boy mort sous les tortures.

République de Côte d'Ivoire

État du golfe de Guinée, limité à l'ouest par le Liberia et la Guinée, au nord par le Mali et le Burkina Faso, à l'est par le Ghana, au sud par l'océan Atlantique.

Superficie : 320 763 km².

Population : 13 450 000 hab. (estimation 1993). (*Ivoiriens*)
Croissance annuelle : 3,8% (1990-1995).

Capitale : Yamoussoukro, 120 000 hab. (1989).

Produit national brut : 8,1 milliards de dollars (1995).

P.N.B./hab. : 570 dollars (1995).

Monnaie : franc CFA.

Fête nationale : 7 décembre.

© R. Rozencwajg / DIAF

Le boulevard lagunaire à Abidjan.

GÉOGRAPHIE PHYSIQUE

Relief. La Côte d'Ivoire est constituée en majeure partie d'un ancien plateau granitique au relief assez plat. L'unique zone montagneuse est celle de Man (Monts des Dans). De la frontière ghanéenne à Fresco, la côte basse est bordée de lagunes partiellement navigables. Au-delà, jusqu'à la frontière avec le Liberia, la côte est rocheuse.

Fleuves. La Côte d'Ivoire est traversée par quatre fleuves tributaires de l'océan Atlantique et par une multitude de rivières. Sur le Bandama, deux barrages produisent l'électricité pour la région du Centre et Abidjan. Venant de la dorsale guinéenne, la Cavally dévale avec des rapides les zones rocheuses et trace la frontière avec le Liberia. Prenant naissance au Burkina Faso, la Comoé (1 000 km) a une dénivellation trop faible pour être aménagée. La Sassandra, qui prend sa source en Guinée où on l'appelle Férédougouba, alimente le barrage Buyo puis rejoint l'océan.

Climat. La Côte d'Ivoire se divise en deux zones climatiques. Au sud, le climat est subéquatorial très humide avec deux saisons des pluies d'inégale durée (pluviométrie entre 1 000 et 2 000 mm) . Au nord, le climat est de type tropical soudanien avec une saison sèche et une saison humide.

Végétation. Le Sud est le domaine de la forêt dense dont une partie a été progressivement remplacée par des cultures industrielles (café, cacao). Dans les régions centrales et septentrionales du Nord, occupées par la savane et la forêt claire, les cultures sont traditionnelles (igname, mil) et commerciales (coton, riz, canne à sucre).

GÉOGRAPHIE HUMAINE

Langues. La langue officielle est le français. La langue des Malinké, le dioula, est comprise dans tout le pays. L'agni, le baoulé, le sénoufo et le bété sont largement parlés. La vie citadine d'Abidjan a donné naissance à un pidgin, le *français populaire* ou *petit français,* qui joue un rôle véhiculaire dans les villes.

Religions. Les musulmans (38%) sont un peu plus nombreux que les chrétiens (27,5%). Les adeptes des religions traditionnelles représentent l'essentiel de la population restante.

Ethnies. Elles appartiennent à quatre groupes linguistiques : kwa, sous-groupe akan (Agni, 10,7% ; Baoulé, 11,9%), gur (Sénoufo, 14,7% ; Lobi, 5,4%), kru (Bété 19,7% ; Wobé, 2,5%), mandé (Malinké, 6,5% ; Dan, 5,6%).

Population. Elle se répartit de manière très inégale : le Sud-Ouest est presque vide, la région d'Abidjan est surpeuplée et le tiers de la population vit dans des villes de plus de 10 000 hab. Cette population est très jeune : 48,2% a moins de 15 ans.

Villes. Située au bord de l'océan Atlantique, Abidjan (2 500 000 hab.) est, par l'audace de son architecture, une ville très moderne. Les autres villes importantes sont Bouaké (333 000 hab.), Daloa (122 000 hab.), Yamoussoukro (120 000 hab.) et Man (59 000 hab.).

INSTITUTIONS

La Côte d'Ivoire est une république de type présidentiel et pluraliste depuis 1990, avec une Assemblée nationale composée de 175 députés élus pour cinq ans.

ÉCONOMIE

Conjoncture. La Côte d'Ivoire sort de plusieurs années de récession, due à la baisse des prix mondiaux du cacao et du café. Le programme de redressement (remboursement échelonné de la dette, baisse des dépenses publiques, diminution du nombre de fonctionnaires, privatisation de certaines entreprises d'État) et la dévaluation du franc CFA (1994) ont favorisé le redémarrage en 1995.

Agriculture. La balance agricole demeure largement excédentaire (18,5% du PNB). L'agriculture se répartit pour moitié entre les cultures vivrières et les cultures d'exportation. La Côte d'Ivoire est le premier producteur mondial de cacao et le cinquième de café. Les exportations de cacao représentent 10% du PNB et celles du café 2,7%. La surproduction a entraîné l'effondrement des cours sur le marché mondial, ce qui a provoqué une forte baisse des revenus du monde paysan. La tendance semble s'inverser tant pour le cacao que pour le café. La production de coton augmente régulièrement et les exportations représentent 1,6% du PNB. Après une chute de la production de bois, consécutive à l'épuisement des réserves forestières exploitables, on observe, depuis 1990, une augmentation des coupes et des exportations (3,2% du PNB). La pêche porte sur un peu plus de 100 000 t de poisson par an. L'élevage est peu développé.

Mines et industrie. La production de pétrole est tombée à 63 000 t en 1992. Le gaz naturel n'est pas exploité. L'industrie ivoirienne est relativement diversifiée, notamment dans le secteur agro-alimentaire, le sciage et le déroulage, le textile, le raffinage du pétrole, la chimie, les cigarettes. 60% de l'électricité consommée est fournie par six barrages hydroélectriques.

Échanges extérieurs. Les exportations (2 950 millions de dollars en 1993) sont supérieures aux importations (1 925 millions de dollars).

Transports. La Côte d'Ivoire dispose d'un réseau routier de 68 000 km (5 400 km bitumés) et d'un réseau ferroviaire de 660 km reliant Abidjan à Ouagadougou. Principal aéroport : Abidjan-Port Bouet (500 000 passagers). Principaux ports : Abidjan (10 600 000 t) et San Pedro (755 000 t).

ÉDUCATION ET SANTÉ

Éducation. 54% des adultes étaient alphabétisés en 1990. Le taux de scolarisation est de 70% dans le primaire, de 19% dans le secondaire et de 2,4% dans le supérieur.

Santé. Il y avait, en 1990, 1 médecin pour 17 000 hab. et 1 lit d'hôpital pour 1 250 hab.

HISTOIRE

L'histoire ancienne. La Côte d'Ivoire a été peuplée par vagues successives. Les premiers textes, dus aux explorateurs européens de la côte au XVe siècle, ont décrit les mouvements de populations de cette époque. On sait qu'ils se sont accélérés au moment de la constitution des empires du Ghana, du Mali et du Songhay et se sont poursuivis jusqu'au XVIIIe siècle, donnant au pays sa configuration ethnique actuelle : les peuples lagunaires le long de la côte ; les Mandé au nord et à l'ouest ; les Sénoufo au nord ; les Kru à l'ouest ; les Akan à l'est ; les Gur au nord-ouest.

En 1710, les Mandé-Dioula, musulmans, édifièrent un immense État à Kong, dans le nord de la Côte d'Ivoire. Celui-ci ne dura que le temps de son créateur, Sékou Ouattara, et entra en déclin à sa mort, vers 1745. D'autres royaumes, très nombreux, ont marqué l'histoire de la Côte d'Ivoire, qui bénéficiait d'une économie dynamique, fondée sur le commerce de l'or, du sel et de la cola, connecté au commerce transsaharien.

Caféiculteur. La Côte d'Ivoire est le cinquième producteur mondial de café.

© C. Millet

© L. Zilberman / DIAF

Raffinerie de pétrole à Abidjan.

L'arrivée des Européens. Entre le XVe et le XVIIe siècle, les Européens explorèrent les côtes : la côte du Grain, la côte des Dents et la côte des Quaquas. Les premiers arrivés furent les Portugais, sous l'impulsion du roi Henri le Navigateur, vers 1470. Ils donnèrent à plusieurs villes et fleuves les noms que nous leur connaissons aujourd'hui : Sassandra, San Pedro, Fresco... Au XVIIe siècle, les Hollandais puis les Français et les Anglais atteignirent la Côte d'Ivoire et, profitant du déclin portugais, prirent pied dans la région. Commença alors une période de concurrence et d'affrontement larvé pour prendre le contrôle du commerce côtier. Celui-ci portait sur les épices, l'ivoire (qui valut son nom au pays), les étoffes de coton, l'or et, surtout au XVIIIe siècle, les esclaves. Les Européens installèrent peu de comptoirs sur la côte : les échanges s'effectuaient pour la plupart en mer, les caravelles servant de comptoirs flottants.

Du XVIIe au XIXe siècle, les Français prirent progressivement le contrôle de la région. En 1687, Ducasse installa six de ses compagnons à Assinie et proposa à son souverain d'emmener deux jeunes Ivoiriens en France : Aniaba et Banga furent donc élevés à la cour du roi de France. En 1842 et en 1843, les Français installèrent des comptoirs à Assinie et à Grand-Bassam, et en 1853, ils édifièrent le fort de Dabou. Les Français signèrent des traités d'amitié avec les souverains et les chefs ivoiriens pour élargir leur implantation. Plusieurs explorateurs parcoururent l'arrière-pays, demeuré jusque-là hors de portée des Européens. Treich-Laplène reconnut le cours de la Comoé et atteignit Bondoukou puis Kong. Binger, parti de Bamako, descendit jusqu'à Grand-Bassam.

Parallèlement, les sociétés de la Côte d'Ivoire poursuivaient leur évolution propre. Le XIXe siècle fut une période d'intense renouveau politique. Les sociétés lignagères nouèrent des alliances pour se lier en confédérations locales et régionales. Le royaume abron, vassal des Ashanti depuis 1740, recouvra son indépendance en 1875 et étendit son influence sur les régions voisines. À partir de 1830, des conquérants constituèrent de nouvelles entités politiques. Le plus célèbre d'entre eux fut Samory* Touré, chassé par les Français du haut Niger en 1892 et replié en Côte d'Ivoire. Il conquit alors un nouvel empire, incluant le pays sénoufo, le royaume de Kong, le Bouna, le Koulango, le Gyaman, etc.

© R. Viollet

Félix Houphouët-Boigny, en 1949.

La période coloniale. Le décret du 10 mars 1893 érigea la Côte d'Ivoire en colonie française. Binger en fut le premier gouverneur. Les Français se heurtèrent à la résistance farouche des populations, qui utilisèrent les tactiques de la guérilla. Ils réprimèrent de manière brutale tous les foyers d'opposition et conquirent une à une les régions de la Côte d'Ivoire. Ils eurent même recours à l'aide britannique pour anéantir le nouvel empire de Samory Touré, vaincu en 1898 et déporté au Gabon, où il mourut en 1900. Les principaux chefs de la résistance furent tués ou déportés. À partir de 1908, le gouverneur Angoulvant élabora un plan de « pacification » définitive. La supériorité en armes des Français explique leur victoire. Active jusque vers 1915, comme lors de la révolte des Abbey en 1910, la résistance des populations devint passive par la suite (refus de payer l'impôt, sabotage des cultures obligatoires, fuite de villages entiers à l'extérieur de la colonie…).

En 1900, les frontières de la Côte d'Ivoire étaient proches du tracé actuel, hormis dans le Nord, auquel fut intégrée la haute Côte d'Ivoire. En 1905, les Français rattachèrent la Côte d'Ivoire à l'AOF. Ils choisirent successivement Grand-Bassam jusqu'en 1900, Bingerville jusqu'en 1934, puis Abidjan comme chef-lieu de la colonie. Ils commencèrent également la « mise en valeur économique » du pays, confiée à de grandes compagnies comme la SCOA, la CFAO et les établissements Peyrissac. À la collecte des produits de la cueillette (huile de palme, cola, bois, caoutchouc) succéda, dans les années 1930, une économie de plantations, européennes mais aussi « indigènes », dont les productions majeures étaient déjà le café et le cacao. Dès le début du XXe siècle, grâce aux financements dégagés par l'impôt et grâce au travail forcé, les Français construisirent les infrastructures de communication nécessaires à l'évacuation des produits vers la côte : réseaux ferré et routier. Ces investissements se poursuivirent jusque dans les années 1950 : le port d'Abidjan ne fut achevé qu'en 1952.
Au cours des deux guerres mondiales, les Français mirent à contribution leurs colonies : ils recrutèrent un grand nombre de soldats en Côte d'Ivoire, accrurent le travail forcé et exigèrent la fourniture gratuite de certains produits comme l'huile de palme et le caoutchouc. Pendant la Seconde Guerre mondiale, la pression économique et le durcissement du régime provoquèrent le mécontentement croissant de la population et la montée du nationalisme.

La marche vers l'indépendance. En 1945, pour la première fois, la Côte d'Ivoire participa aux élections françaises. Elle désigna Félix Houphouët-Boigny, président du syndicat des planteurs, comme son député. D'autres hommes, tel Ouezzin Coulibaly, se joignirent à la lutte politique contre les abus de la colonisation. À cette fin, ils s'appuyèrent sur l'action des mouvements syndicaux et sur les partis politiques français, avant de créer leurs propres partis. Lors du Congrès de Bamako en octobre 1946, le RDA (*Rassemblement démocratique africain*), fédération panafricaine, fut constitué ; il était représenté en Côte d'Ivoire par le PDCI (*Parti démocratique de Côte d'Ivoire*). Félix Houphouët-Boigny fut élu président du RDA et du PDCI. De 1946 à 1950, le RDA s'allia au Parti communiste français, le plus opposé à la colonisation, et dut faire face à la répression de l'administration coloniale. Le 6 fév. 1949, à la suite d'une manifestation à Treichville, faubourg d'Abidjan, les leaders du PDCI furent arrêtés : un groupe de femmes organisa alors une grande marche sur Grand-Bassam, où se trouvaient les prisons.
À partir de 1950, le RDA adopta une attitude plus conciliante : ce fut le « repli tactique ». Félix Houphouët-Boigny devint ministre du gouvernement français, puis président du grand conseil de l'AOF (1957).
L'action des leaders nationalistes en France et celle des populations en Côte d'Ivoire contribuèrent de manière déterminante à la marche vers l'indépendance. En 1946, une nouvelle Constitution vint assouplir, très légèrement, le régime colonial. La même année, Félix Houphouët-Boigny obtint le vote d'une loi qui abolissait le travail forcé. En 1952, le Code du travail d'Outre-mer accorda aux Africains les mêmes droits qu'aux travailleurs français (congés payés, allocations familiales, travail hebdomadaire de 40 heures). En 1956, la loi-cadre donna aux Ivoiriens le suffrage universel et une participation croissante aux affaires de la colonie. La Constitution de 1958, enfin, transforma l'Union française en une « Communauté française » et fit de la Côte d'Ivoire un territoire autonome, non encore indépendant : soumis à référendum, le projet recueillit 99,9 % d'avis favorables en Côte d'Ivoire. Celle-ci devint une république autonome le 23 juin 1958 puis un État indépendant le 7 août 1960. En 1959, elle s'allia avec la Haute-Volta (Burkina Faso), le Dahomey (Bénin) et le Niger, pour créer le Conseil de l'Entente.

La Côte d'Ivoire contemporaine. Le 27 novembre 1960, le PDCI remporta largement les élections législatives et présidentielles, et Houphouët-Boigny devint président de la République. Dans les années 1960, le président renforça son pouvoir en s'appuyant sur le PDCI, devenu parti unique, et en écartant ses successeurs potentiels. Dans les années 1970, la Côte d'Ivoire connut une telle croissance économique qu'on a parlé de « miracle ivoirien ». Ce progrès fut marqué par la hausse des exportations de cacao (un tiers de la production mondiale) et de café, et par un début d'industrialisation. Le pays se trouvait néanmoins confronté à des difficultés politiques : tentatives de coup d'État, troubles sociaux et contestation étudiante… Les années 1980 virent le régime s'ouvrir partiellement. Mais la crise économique provoquée par la baisse des cours mondiaux du café et du cacao amena la Côte d'Ivoire à suspendre le remboursement de sa dette en 1987.

En 1983, la capitale fut transférée à Yamoussoukro, la ville natale du président, où celui-ci fit édifier une immense basilique, à l'image de celle de Saint-Pierre de Rome, que le pape Jean-Paul II a consacrée en 1990.
Au début des années 1990, la pression de l'opposition sur le pouvoir s'accentua. Le régime instaura le multipartisme. L'opposition, dirigée par l'historien Laurent Gbagbo, fut néanmoins battue aux élections présidentielles de 1990. La même année, Félix Houphouët-Boigny nomma Alassane Ouattara au poste de Premier ministre et prépara sa succession en faisant amender la Constitution : en cas de vacance du pouvoir, le président de l'Assemblée nationale devait achever le mandat présidentiel en cours. Félix Houphouët-Boigny décéda le 7 déc. 1993, après 33 années de pouvoir. Le président de l'Assemblée, Henri Konan-Bédié, assura l'intérim puis fut élu président en 1995 (62% des voix).

CULTURE

Art. La culture sénoufo repose sur le *Poro,* système de vie et association secrète d'initiés donnant lieu à un rituel utilisant statues et masques. La sculpture sur bois produit aussi des objets plus quotidiens. Les Sénoufo sont aussi renommés pour leurs peintures sur tissu. Les sculpteurs baoulé sont réputés pour leurs statuettes de petite taille, effigies des ancêtres ou supports du culte de la fécondité. Ils modèlent, selon la technique de la cire perdue, des figurines en cuivre de quelques centimètres, qui servent de poids pour peser la poudre d'or. L'or a une valeur symbolique chez les Akan, orfèvres de renom. Dans les sociétés dan et wobé, les masques aident les hommes à maîtriser leur vie et les chefs à exercer leur fonction. Chaque masque représente une divinité de la brousse. La peinture traditionnelle est présente dans les cérémonies à travers les motifs au kaolin dont s'ornent les participants. Un nouveau mouvement, le « vohou-vohou », exprime aujourd'hui une sensibilité plus ouverte à la modernité.

© B. de Hogues / FOVEA
Basilique de Yamoussoukro.

Littérature. La littérature orale connaît une grande richesse. Au XXe siècle, Bernard Dadié*, journaliste, dramaturge, romancier, poète, conteur, domine les lettres ivoiriennes dès les années 1930. Parmi les nombreux romanciers de valeur il faut citer Denis Oussou*-Essui (*la Souche calcinée,* 1973), Loba* Aké (*Kocumbo, l'étudiant noir,* 1960), Charles Nokan* (*Violent était le vent,* 1966), Isaïe Biton Koulibaly (*les Deux Amis,* 1978), Amadou Koné* (*les Frasques d'Ebinto,* 1975) et surtout Ahmadou Kourouma*, dont *les Soleils des indépendances* (1968) constitue un sommet de la littérature francophone. Brille également l'œuvre à la fois poétique et romanesque (*la Carte d'identité,* 1980) de Jean-Marie Adiaffi*. La période récente connaît une grande activité poétique ; citons : Bernard Zadi* Zaourou (*Césarienne,* 1984), Dieudonné Niangoran Porquet* (*Zahoulides,* 1985), Tanella Boni (*Labyrinthe,* 1984), Véronique Tadjo* (*Latérite,* 1984).

Théâtre. Le pionnier du théâtre ivoirien fut François-Joseph Amon d'Aby, fondateur, avec Germain Coffi Gadeau, du Théâtre indigène de Côte d'Ivoire. Bernard Dadié donne *les Villes* dès 1933 et produit plusieurs pièces dans les années 1960-1970. Puis viennent : Charles Nokan (*les Malheurs de Tchâkô,* 1968), Amadou Koné (*le Respect des morts,* 1980), le poète B. Zadi Zaourou, auteur de *Sofas* et de *l'Œil.* Les poètes N. Porquet et Aboubacar Touré inventent la « griotique », synthèse du théâtre, du conte et du poème, tandis que B. Zadi Zaourou développe le *didiga* (mot bété désignant l'irrationnel). Le théâtre ivoirien s'est enrichi dans les années 1990 du groupe Ki Yi Mbock, formé à Abidjan par Werewere Liking, une femme auteur et metteur en scène qui connut un beau succès au Festival international des Francophonies, à Limoges, en 1991, avec *Singue mura,* et en 1992, avec *Un Touareg s'est marié à une Pygmée* un spectacle tenant à la fois de l'opéra et de la comédie musicale pour évoquer le vieux rêve de l'unité africaine.

Cinéma. Le cinéma ivoirien est né dans les années 1960 avec des moyens métrages de Bassori Timité (*Amédée Pierre,* 1963), de Désiré Écaré (*Concerto pour un exil,* 1968) et d'Henri Duparc* (*Mouna ou le rêve d'un artiste,* 1969). Les succès populaires des longs métrages consacrent son existence : *la Femme au couteau* (1969) de Timité, ou *Abusuan* (1972) de Duparc. De nouveaux cinéastes apparaissent comme Roger Gnoan Mbala*, Sidiki Bakaba (*les Guérisseurs,* 1988), Kosoloa Yéo et Kitia Touré. Les années 1980 voient sortir sur les écrans les œuvres majeures des pionniers : *Visages de femmes* (1985) d'Écaré, et *Bal poussière* (1988) de Duparc.

© B. Barbier / DIAF
Toile de Korthogo.

Musique. Abidjan a été, de 1975 à 1980, le centre de la musique moderne pour l'ensemble de l'Afrique francophone, avec ses studios d'enregistrement et ses maisons de disques. Ernesto Djédjé*, disparu en 1983, est le précurseur du ziglibithy, musique née de la fusion de la tradition ivoirienne et des rythmes congolais. Le ziglibithy, interprété par Reine Pélagie, est actuellement devenu la musique nationale du pays. Parmi les vedettes nationales de renom, signalons Aïcha Koné qui chante surtout en bambara et en malinké, et Alpha Blondy* qui est sans conteste le représentant le plus illustre du reggae africain.

© C. Millet
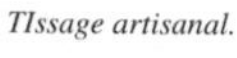
TIssage artisanal.

République de Djibouti

État de la Corne de l'Afrique, limité au nord-ouest par l'Érythrée, à l'ouest et au sud par l'Éthiopie, au sud-est par la Somalie, à l'est par la mer Rouge et le golfe d'Aden.

Superficie : 23 200 km².

Population : 570 000 hab. (estimation 1992). (*Djiboutiens*)
Croissance annuelle : 3,1% (1990-1995).

Capitale : Djibouti, 400 000 hab.

Produit national brut : 360 millions de dollars (1995).

P.N.B./hab. : 700 dollars (1995).

Monnaie : franc djiboutien.

Fête nationale : 27 juin.

Djibouti, port franc sur le golfe d'Aden.

GÉOGRAPHIE PHYSIQUE

Relief. Territoire désertique au relief tourmenté offrant, à l'ouest, une chaîne culminant à 1 783 m, la dépression du lac Assal (-155 m), le plateau de Weima et la vallée de l'Arta-Dikhil. À la charnière des grands rifts, Djibouti garde le détroit de Bab al-Mandab entre la mer Rouge et le golfe d'Aden.

Climat. Djibouti a un climat aride avec une saison chaude de mai à sept. (35°C) et une saison fraîche d'oct. à avril (25° C).

Végétation. Elle se compose d'arbustes et de buissons d'épineux.

GÉOGRAPHIE HUMAINE

Langues. Langues officielles : le français et l'arabe. Langues usuelles : l'afar et l'issa (somali).

Religions. La population est majoritairement composée de musulmans sunnites (96%).

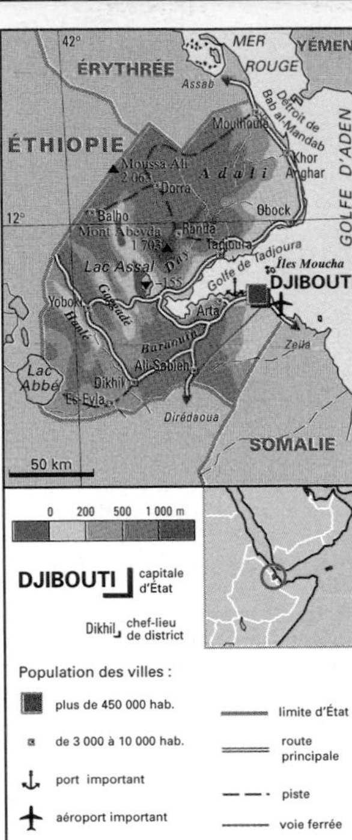

Ethnies. Le groupe somali, le plus nombreux (61,7%), se répartit entre les Issa (46,7%) et les Gadabours (15%). Les Afar sont 20%, les Arabes 6%.

Éducation. 19% des personnes âgées de 15 ans et plus étaient alphabétisées en 1990.

Santé. Il y avait, en 1991, 1 médecin pour 3 700 hab. et 1 lit d'hôpital pour 290 hab.

Villes. La sécheresse a accéléré la concentration de la population dans la capitale Djibouti (400 000 hab.). Autres villes : Ali Sabieh (4 500 hab.), Tadjoura (3 500 hab.).

Institutions. Djibouti est une république de type présidentiel et pluraliste. La Chambre des députés est composée de 65 membres élus pour 5 ans.

ÉCONOMIE

Conjoncture. L'aide financière de la France et la présence de 4 000 soldats fournissent environ 60% des ressources de Djibouti.

Agriculture. Djibouti n'exporte aucun produit agricole. Le déficit de la balance agricole est donc égal au montant des importations (16,6% du PNB).

Industrie. Elle est essentiellement agro-alimentaire.

Échanges extérieurs. Les exportations (186 000 000 de dollars en 1992) sont inférieures aux importations (491 000 000 de dollars).

Transports. Le réseau routier comprend 3067 km de routes (300 km bitumés) ; le réseau ferroviaire : 106 km (ligne Djibouti-Addis-Abeba). Principal aéroport et port : Djibouti.

HISTOIRE

La colonisation. Djibouti constitue une enclave de peuples (les Afar et les Issa) dans une région dominée par les Éthiopiens, les Égyptiens, les Arabes et les Turcs ottomans. Dès 1839, des explorateurs français parcoururent la région. En 1862, ils signèrent les premiers traités de protectorat avec des chefs locaux. Djibouti fut fondé en 1888. Le 22 juil. 1898, le territoire devint une colonie française, sous le nom de Côte française des Somalis. En s'appuyant tantôt sur les Afar tantôt sur les Issa, la colonisation a ancré les différends et les rivalités entre les deux peuples. En 1946, la colonie devint un Territoire d'Outre-mer. Au référendum constitutionnel de 1958, le maintien du statut de TOM prôné par Hassan Gouled l'emporta.

La marche vers l'indépendance. En mars 1967, les électeurs se prononcèrent par référendum pour le maintien de Djibouti au sein de la France. En juil. 1967, le territoire prit le nom de Territoire français des Afars et des Issas. Un nouveau référendum, le 8 mai 1977, donna une majorité en faveur de l'indépendance (98,8%).

La République de Djibouti. Le 27 juin 1977, le nouvel État accéda à l'indépendance sous le nom de République de Djibouti. Entre un président issa (Hassan Gouled) et un Premier ministre afar (Ahmed Dini), l'équilibre demeurait précaire. Le Parlement institutionnalisa le parti unique, en oct. 1981. La volonté du président de maintenir un équilibre entre les ethnies se traduisit par une relative stabilité à partir de 1982. En 1992, Hassan Gouled accepta le multipartisme. Les élections législatives (1992) puis présidentielles (1993) ont confirmé le pouvoir en place mais cristallisé davantage l'opposition des Afar et déclenché la guérilla, qui n'est pas encore totalement arrêtée.

CULTURE

Abdourahman A. Waberi a publié en 1994 la première œuvre littéraire due à un auteur djiboutien : *le Pays sans ombre,* recueil de nouvelles qui témoigne d'un regard à la fois critique et poétique.

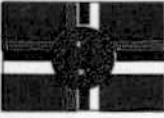

Dominique

État des Petites Antilles situé entre la Guadeloupe, au nord, et la Martinique, au sud.

Superficie : 751 km².

Population : 72 100 hab. (estimation 1995). (*Dominicains*) Croissance annuelle : 1,5 %.

Capitale : Roseau, 15 853 hab. (estimation 1991).

Produit national brut : 212 millions de dollars (1994).

P.N.B./hab. : 2 800 dollars (1994).

Monnaie : dollar des Caraïbes de l'Est.

Fête nationale : 3 novembre.

GÉOGRAPHIE PHYSIQUE

Relief. Cette île volcanique se distingue radicalement des autres Antilles. Les côtes déchiquetées sont surmontées de falaises ; le rivage comporte peu de plages et celles-ci sont de sable gris ou de galets. La forêt occupe la majorité du territoire, massif montagneux parcouru de torrents aux chutes spectaculaires et qui culmine, vers le nord, au morne Diablotins (1 447 m) et, vers le sud, au morne Trois-Pitons (1 387 m) ; cette dernière région est un pôle d'attraction pour les touristes. Dans les forêts inviolées de la Dominique, les oiseaux abondent ; un perroquet, le sisseron, est devenu l'emblème du pays. Au nord de Portsmouth, la baie Douglas abrite un récif corallien magnifique.

Climat et végétation. Le climat tropical humide varie avec l'altitude. La densité de la végétation est exceptionnelle dans les Antilles d'aujourd'hui. En 1979 et en 1986, les cyclones David et Hugo ont ravagé l'île et meurtri sa population : des milliers de blessés, les deux tiers des habitants privés de toit.

Passage Dominique
61° 20
Cap Capucin
Pointe Jaquot
OCÉAN ATLANTIQUE
Morne au Diable 861
Vieille Case
Hampstead
Portsmouth
Calibishie
Pointe Crompton
Wesley
Pointe Ronde
Marigot
Baie Pagua
Barbers Block 365
Morne Diablotin 1 447
15° 30
Salibia
Morne Raquette
Salisbury
Layou
Saint Joseph
Morne Trois Pitons 1 387
Pointe-à-Peine
Rosalie
Mahaut
Morne Macaque 1 221
Massacre
MER
La Plaine
Roseau
Mont Watt 1 224
ROSEAU
DES
Pointe Mulâtre
Pointe Michel
Berekua
Pointe Petit Savane
CARAÏBES
Grande Baie
Scotts Head
10 km
Passage Martinique

0 200 500 1 000 m
ROSEAU capitale d'État
Population des villes :
de 10 000 à 20 000 hab.
autre ville
route principale
route secondaire
aéroport important

GÉOGRAPHIE HUMAINE

Langues. L'anglais est la langue officielle. La population parle un créole très proche du martiniquais.

Religions. Le catholicisme (79,2 %) domine.

Population. Les Noirs sont majoritaires (91,2 %). Un millier de Caraïbes (fortement métissés) vivent dans une réserve forestière de 1 800 hectares située à 40 km de Roseau. Leur langue est le créole ; leur religion, le catholicisme. Blancs : 0,5 % ; autres : 0,8 %. Les moins de 30 ans constituent 63,2 % de la population. L'émigration compense l'accroissement naturel.

Villes. La côte ouest, sous le vent, abrite les deux villes importantes : Roseau, au sud, et Portsmouth (3 621 hab.), au nord. Sur la côte est, Marigot (2 919 hab.) regroupe des maisons en bois.

INSTITUTIONS

La Constitution de 1978 a instauré un régime parlementaire : le Premier ministre est le chef de l'État ; l'Assemblée compte 31 membres (dont 10 non élus).

ÉCONOMIE

Agriculture. Les cultures sont typiquement tropicales : agrumes, bananes, vanille, ananas, noix de coco, cacao.

Tourisme. C'est la principale ressource (près de 20 % du P.N.B.).

Échanges extérieurs. Le premier fournisseur (28 %) est les États-Unis ; le principal client (47,6 %) est la Grande-Bretagne. Les exportations ne couvrent que 50 % des importations.

Transports. La route (en tout 750 km, dont les deux tiers sont asphaltés) suit le littoral, à quelques exceptions près. Une voie traverse l'île en diagonale, de Roseau, au sud-ouest, à Marigot, au nord-est. Les deux villes ont un aéroport.

Éducation et santé. 94,4 % de la population est alphabétisée. En 1991, on comptait 38 médecins et 292 lits d'hôpital.

HISTOIRE

Trois siècles de répit. En 1493, Christophe Colomb passa au large de l'île un dimanche ; il lui donna alors le nom qui demeure le sien. L'île, à cause de sa pénétration difficile, ne tenta pas les colonisateurs, et les Caraïbes n'y furent pas inquiétés. Selon certains auteurs, les Arawaks coexistèrent avec eux jusqu'au XVIIe siècle. Installés à la Martinique et à la Guadeloupe, les Français s'implantèrent à la Dominique au XVIIIe siècle. Les Anglais leur ravirent cette position en 1759. En 1763, le traité de Paris leur octroya l'île. Les Français la reprirent deux fois, mais en 1814 elle fut définitivement britannique.

L'indépendance. Le 3 novembre 1978, la colonie britannique de Dominica obtint son indépendance. Les travaillistes formèrent un gouvernement, mais le cyclone David ruina l'île en août 1979, et, en juillet 1980, les conservateurs remportèrent les élections. Leur leader, Mary Eugenia Charles, devint Premier ministre. Elle occupe toujours ce poste.

Scotts Head est la pointe située au sud-est de la Dominique.

République arabe d'Égypte

État de la vallée du Nil, limité à l'ouest par la Libye, au nord-est par Israël et Gaza (Palestine), au sud par le Soudan, au nord par la mer Méditerranée, à l'est par la mer Rouge.

Superficie : 997 739 km^2.

Population : 58 300 000 hab. (estimation 1994). (*Égyptiens*)
Croissance annuelle : 2,2% (1990-1995).

Capitale : Le Caire, 11 800 000 hab. (1990).

Produit national brut : 44,8 milliards de dollars (1995).

P.N.B./hab. : 735 dollars (1995).

Monnaie : livre égyptienne.

Fête nationale : 23 juillet.

© A. Manoukian / RAPHO

Le Caire (al-Baraghed).

GÉOGRAPHIE PHYSIQUE

Relief. À l'ouest s'étendent les plateaux peu élevés du désert de Libye. De grandes tables rocheuses sont relevées sur les bords par des escarpements que percent des vallées d'oueds asséchés et couverts de dunes de sable. Ces plateaux sont fracturés par des dépressions qui abritent des oasis. À l'est, le Désert arabique, relativement étroit, s'élève jusqu'aux rivages de la mer Rouge. Les montagnes tombent par une côte abrupte sur la dépression de la mer Rouge et du golfe de Suez. La presqu'île du Sinaï compose un golfe triangulaire, relevé entre les coupures de Suez et d'Akaba, dominé par le djebel Sainte-Catherine (2 637 m).

Climat. La quasi-totalité du territoire est en zone tropicale aride. Une bordure littorale étroite bénéficie cependant d'un climat méditerranéen avec des précipitations en hiver : 50 mm au cœur du delta contre 1 mm à Assouan. La température augmente vers le sud (moyenne annuelle : 20,7°C à Alexandrie, 25,8°C à Assouan). Dans le Désert arabique, les pluies (10 à 25 mm par an) assurent un écoulement temporaire au réseau hydrographique.

Fleuve. Le Nil, fleuve mythique longtemps auréolé de mystère, est le plus long fleuve du monde (6 671 km). Les eaux du Nil Blanc viennent du plateau des lacs d'Afrique orientale et reçoivent des pluies abondantes toute l'année. Les eaux du Nil Bleu descendent des montagnes d'Éthiopie et sont alimentées par les pluies de la saison humide. Ces hautes eaux couvrent toutes les terres basses, s'infiltrent dans les crevasses et déposent le limon fertile. Les eaux se retirent à la période des semailles. Depuis le XIXe siècle, ce mécanisme de la crue a été modifié par l'homme : construction de digues, creusement de canaux d'irrigation, élévation de barrages. L'ouvrage le plus colossal est le haut barrage d'Assouan. D'une capacité de 130 km^3, avec un lac de retenue de 60 000 km^2, il a permis d'augmenter les surfaces cultivables de 30 à 40% pour l'ensemble de l'Égypte. Ce changement dans les techniques d'irrigation a provoqué des bouleversements considérables. Certains sont positifs, d'autres négatifs.

Végétation. L'irrigation a profondément modifié les paysages de la vallée du Nil. Les sols désertiques ont reculé, en Moyenne et Basse Égypte, devant le coton et, en Haute Égypte, devant la canne à sucre. Des rizières occupent le nord du Delta. Le blé, jadis réputé, est moins cultivé. Le maïs, dans le centre du Delta et en Moyenne Égypte, et le sorgho, dans le Sud, sont des cultures en pleine expansion.

© Uzi Keren / REA

Pompe puisant l'eau du Nil pour irriguer les cultures.

GÉOGRAPHIE HUMAINE

Langues. La langue officielle est l'arabe. L'anglais et le français sont également utilisés.

Religions. Avec 90%, les musulmans sunnites constituent la très grande majorité de la population. Les chrétiens d'Égypte (coptes) sont environ 10%.

Population. Le pays connaît une forte croissance démographique : 10 millions de personnes en 1900, 57 millions début 1993, probablement plus de 65 millions en l'an 2000. Le fossé semble se creuser de plus en plus entre citadins et paysans (fellahs).

Villes. Avec près de 12 000 000 hab., l'agglomération du Caire est la plus grande métropole du monde arabe et de l'Afrique. Les autres villes importantes sont Alexandrie (3 500 000 hab.), Al-Mahalla al-Kubra (400 000 hab.), Suez (392 000 hab.) Port-Saïd (380 000 hab.), Tanta (375 000 hab.), et Mansourah (360 000 hab.).

INSTITUTIONS

L'Égypte est une république de type présidentiel monocaméral. Le président est élu pour six ans par plébiscite sur proposition de l'Assemblée du peuple composée de 454 membres élus pour cinq ans.

ÉCONOMIE

Conjoncture. L'Égypte est confrontée à d'immenses problèmes (démographie en hausse, agriculture insuffisante pour nourrir la population, pollution du Nil, terrorisme islamique) tout en disposant de solides atouts (découverte de pétrole et de gaz, annulation d'une partie de la dette, dons occidentaux et des pays du Golfe, droits de passage du canal, tourisme malgré les menaces de terrorisme).

Agriculture. La production agricole ne peut progresser que par l'amélioration des rendements et l'orientation vers des cultures à forte valeur ajoutée (cultures maraîchères et fruitières). La balance agricole est déficitaire (16,5% du PNB). Les principales cultures sont le maïs (32% des terres cultivées), le blé (32%) et le coton (15% des exportations). D'autres cultures sont plus récentes : agrumes, pommes de terre, oignons. La quantité de poisson pêché est en augmentation constante.

Mines et industrie. L'Égypte a produit, en 1995, 45 millions de t de pétrole, 12 milliards de m3 de gaz naturel et 8,5 milliards de kWh d'hy-

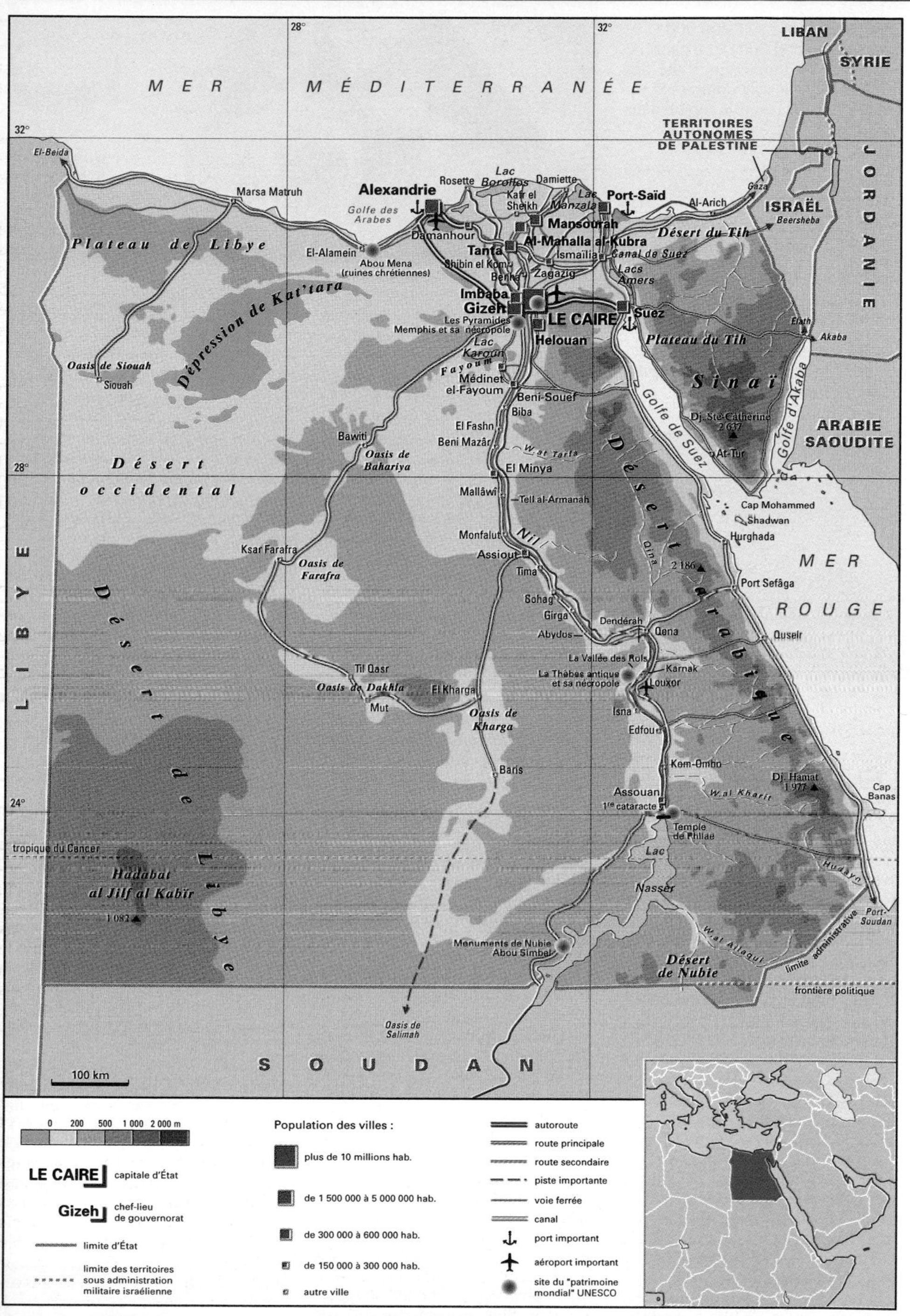

droélectricité. L'industrie, en cours de privatisation et d'internationalisation, est en développement, plus particulièrement dans le secteur agroalimentaire et la chimie. Le textile est en baisse.

Échanges extérieurs. Les exportations (3,1 milliards de dollars en 1993) sont très inférieures aux importations (9,2 milliards de dollars). L'accroissement de la population est supérieur à la production.

Transports. L'Égypte dispose d'un réseau routier de 48 804 km (68% bitumés) et d'un réseau ferroviaire de 8 831 km. Les principaux aéroports sont Le Caire-Héliopolis, Alexandrie, Assouan. Les principaux ports sont Alexandrie (11 400 000 t) et Port-Saïd (4 600 000 t). Le canal de Suez, qui fut longtemps l'une des principales voies du commerce international, joua un rôle capital dans l'histoire de l'Égypte.

ÉDUCATION ET SANTÉ

Éducation. 48,6% des personnes âgées de 15 ans et plus étaient alphabétisées en 1990. Le taux de scolarisation est de 98% dans le primaire, 82% dans le secondaire et 19% dans le supérieur.

Santé. Il y avait, en 1990, 1 médecin pour 1 300 hab. et 1 lit d'hôpital pour 526 hab.

© G. Boutin / FOVEA / SEQUOIA

Canal de Suez.

© J.-P. Forget / FOVEA / SEQUOIA

La nécropole de Gizeh, le Sphinx et la pyramide de Chéops.

HISTOIRE

L'Égypte pharaonique. Deux zones de civilisation apparaissent (vers 10 000 av. J.-C.) au nord et au sud jusqu'à l'époque néolithique (vers 5000 av. J.-C.). Celle du Sud, avec une population à dominante nègre marqua fortement l'Égypte. Le pays est ensuite divisé entre le royaume de Bouto au nord et celui de Nékhen au sud (fin du IVe millénaire av. J.-C.). Ménès soumet le Nord, unifie le pays et fonde la Ire dynastie thinite (vers 3300 av. J.-C.). L'Ancien Empire (2720 à 2300 av. J.-C.) atteint son apogée avec les pharaons Chéops, Chéphren et Mykérinos. La capitale est transférée de Thinis à Memphis. Après la première période intermédiaire (2300 à 2065 av. J.-C.), la lutte entre les rois d'Héracléopolis et ceux de Thèbes prend fin avec la victoire des Thébains et la fondation du Moyen Empire (2065 à 1785 av. J.-C.). Sous la XIIe dynastie, les Amménémès et les Sesostris colonisent la Nubie, mettent en valeur le Fayoum, étendent leur influence en Phénicie et en Palestine. La capitale est transférée de Thèbes à Licht, en Basse-Égypte. Pendant la deuxième période intermédiaire (1785 à 1580 av. J.-C.), le pays est occupé par les Hyksos, expulsés par Ahmosis qui fonde le Nouvel Empire (1580 à 1085 av. J.-C.). La XVIIIe dynastie thébaine se lance dans une série de conquêtes : la Nubie, la Syrie et jusqu'à l'Euphrate supérieur. La révolution d'Aménophis IV ébranle l'empire qui, aux prises avec les Hittites, conclut avec eux un traité (1278 av. J.-C.). Sous les Ramsès de la XXe dynastie, l'anarchie provoque le partage de l'empire entre Smendès, établi à Tanis, et Herihor, installé à Thèbes. Sous la XXIe dynastie (1085 à 950 av. J.-C.), deux lignées parallèles de pharaons, au nord, et de grands prêtres, à Thèbes, se succèdent.
La décadence de l'empire débute sous les dynasties libyennes et koushite (950 à 663 av. J.-C.) avant de passer sous la domination assyrienne. La dynastie de Saïs (663 à 525 av. J.-C.) est une courte période de renaissance qui se termine par l'effondrement de l'Égypte à la bataille de Péluse (525 av. J.-C.) face aux Perses de Cambyse II. Après un siècle de domination perse (525 à 404 av. J.-C.), le pays recouvre son indépendance avant de retomber sous la deuxième domination perse dont il est libéré par Alexandre le Grand.

L'Égypte hellénistique, romaine et byzantine. Alexandre fonde Alexandrie (332 av. J.-C.) puis se rend au sanctuaire d'Amon où il se fait reconnaître comme fils du dieu et donc souverain d'Égypte. À sa mort (323 av. J.-C.), Ptolémée Ier, fondateur de la dynastie des Lagides, règne sur le pays jusqu'à la mort de Cléopâtre. Le pays devient, après la bataille d'Actium (31 av. J.-C.) et l'entrée d'Auguste à Alexandrie, une province romaine. Il reste néanmoins proche de l'Égypte lagide hellénistique. Alexandrie, cité ouverte à la vie maritime, est alors la première agglomération du monde antique. Son port, bien protégé, possède sur l'île de Pharos une tour de marbre blanc, haute de 180 m, au sommet de laquelle on entretient des feux la nuit pour guider la marche des navires. Le port d'Alexandrie est alors le cœur des nouvelles routes maritimes. On y exporte les blés égyptiens, mais aussi des produits d'Afrique comme l'ivoire, les parfums de l'Arabie et les épices de l'Inde. La vie économique est aux mains d'une grande bourgeoisie constituée de Grecs et de Syriens. L'Égypte du IIe s., quoique romaine, est le siège de la culture hellénistique en pleine renaissance. En témoignent les premiers romans de l'histoire littéraire composés à cette époque. Le christianisme s'y développe. L'Égypte est, à partir de 395, une province de l'empire byzantin, puis passe sous la domination des Perses (617-629). Reconquise par l'empereur byzantin Héraclius, elle tombe aux mains des Arabes en 642.

L'Égypte musulmane. À l'issue de la conquête arabe, l'Égypte est soumise aux califes omeyyades de Damas, puis aux Abbassides de Bagdad. Vers la fin du VIIIe siècle, la majorité de la population adopte la langue arabe et l'islam. L'Égypte retrouve son indépendance sous les Tulunides (868-905). À la domination de Bagdad, restaurée par les Ikhchidides (935), succède celle des Fatimides (969-1171), chiites qui installent leur capitale au Caire, siège de l'anti-califat. Ils combattent contre les sunnites et les Abbassides dont la domination est rétablie par Saladin qui met fin au califat fatimide et fonde la dynastie des Ayyubides (1171-1250), renversée par les mamelouks. L'Égypte connaît alors une période faste. L'invasion ottomane, en 1517, transforme le pays en une province turque (XVIe-XVIIIe siècle). À l'issue de la campagne de Bonaparte (1798-1801), l'Égypte subit une période de désordre à laquelle met fin Méhémet-Ali.

Assouan : retenue d'eau en amont du barrage (lac Nasser).

© Krihiff / HOA QUI

L'Égypte moderne. Le vice-roi Méhémet-Ali (1805-1849) permet à l'Égypte de recouvrer une indépendance de fait vis-à-vis de la Turquie. Sous la pression de l'Angleterre, il est contraint de restituer ses conquêtes à Istanbul. La dette extérieure s'accroît et les Anglais imposent, après la défaite du nationaliste Urabi Pacha (1882), une occupation militaire. Le consul britannique lord Cromer devient, de 1883 à 1907, le véritable maître du pays en dépit de la tentative d'indépendance d'Abbas Hilmi II (1892-1914). Le mouvement nationaliste retrouve de la force avec Muhammad Abduh, théoricien de la renaissance arabe *(Nahda)*. L'Angleterre profite des hostilités avec la Turquie pour proclamer, en 1914, son protectorat sur l'Égypte. Dès 1918, le nationalisme égyptien réclame, avec Sad Zaghlul, l'indépendance. L'Angleterre accorde, en 1922, l'indépendance, en se réservant la Défense et les Affaires étrangères. Les élections de 1924 sont remportées par Sad Zaghlul et son parti, le Wafd. Les Anglais tirent profit de la rivalité entre le roi et le Wafd. L'Angleterre impose au roi Farouk Ier (1936-1952) comme Premier ministre Nahhas Pacha, successeur de Zaghlul, afin d'interdire, en 1942, une alliance avec les forces de l'Axe. Après 1945, le Wafd est miné par des conflits internes. La défaite militaire de l'Égypte face à Israël, en 1949, prouve la faiblesse du régime. Le roi Farouk fait appel, en 1950, à Nahhas Pacha pour rétablir la situation. Le 23 juil. 1952, l'organisation clandestine des « officiers libres », dirigée par le général Néguib, déclenche un coup d'État, renverse Farouk et proclame, le 18 juin 1953, la République. En fév. 1954, Néguib est démis de ses fonctions et remplacé, en nov., par le lieutenant-colonel Nasser.

La République égyptienne. Gamal Abdel Nasser met fin à la présence étrangère en Égypte par le traité d'évacuation de la zone du canal de Suez en oct. 1954 et la nationalisation du canal le 26 juil. 1956. Israël attaque l'Égypte le 29 oct. Le 31 oct., la France et la Grande-Bretagne dépêchent des troupes. L'ONU, soutenue par les États-Unis et l'U.R.S.S., impose un cessez-le-feu en novembre. La France, la Grande-Bretagne et Israël se retirent le 22 déc. À la suite de l'affaire de Suez, Nasser entreprend de nationaliser l'économie égyptienne. La République arabe unie, formée avec la Syrie (1958-1961), se disloque rapidement. Nasser défend et pratique le « neutralisme positif » en profitant à la fois des aides des puissances occidentales et du camp socialiste. Il obtient ainsi le financement du barrage d'Assouan par l'U.R.S.S. En 1962, Nasser crée un parti unique, l'Union socialiste arabe. Le parti communiste est interdit en 1965 et les Frères musulmans sont poursuivis et arrêtés. Après la guerre éclair des Six Jours déclenchée contre Israël, en juin 1967, et la défaite de l'armée égyptienne, la présence soviétique devient très importante. Le 28 sept. 1970, Nasser meurt et Anouar el-Sadate lui succède.

© Tarnowsky / GAMMA

Gamal Abdel Nasser.

L'Égypte de Sadate et de Moubarak. Après avoir écarté les nassériens de gauche, Sadate constitue l'Union des Républiques arabes, une fédération avec la Syrie et la Libye. L'Égypte prend, en 1971, le nom de République arabe d'Égypte. Les gouvernements qui se succèdent libéralisent l'économie et « dénassérisent » le régime. Les conseillers militaires soviétiques sont renvoyés en juil. 1972. Le 6 oct. 1973, l'Égypte et la Syrie attaquent Israël (guerre du Kippour*). Le rétablissement des relations avec les États-Unis (visite de Nixon en Égypte du 12 au 14 juin 1974) se traduit par l'adhésion de Sadate à la politique des « petits pas » : visite de Sadate à Jérusalem (19-21 nov.), rencontre Sadate-Begin (25-26 nov.). Le 5 déc. 1978, un sommet américano-égypto-israélien s'ouvre à Camp David. Douze jours plus tard, Carter, Sadate et Begin signent à Washington deux accords-cadres pour la paix. Le traité de paix entre l'Égypte et Israël est signé, le 26 mars 1979, à Washington. L'Égypte est suspendue de la Ligue arabe dont le siège est transféré à Tunis. Le 6 oct. 1981, le président Sadate est assassiné et Hosni Moubarak lui succède. Le 25 avril 1982, Israël restitue le Sinaï. Le 27 mai 1987, l'Assemblée du peuple est dissoute par référendum. Le Parti national démocrate du chef de l'État enlève, le 6 avril 1987, 347 sièges sur les 448 à pourvoir. Le 21 mai 1989, l'Égypte retrouve sa place dans la Ligue arabe.

Les années 1990. Les élections législatives de 1990 sont boycottées par l'opposition. En 1991, Boutros Boutros-Ghali, ministre des Affaires étrangères, est élu secrétaire général de l'ONU. Les premiers attentats menés par des islamistes contre des policiers ont lieu en mars 1992.
Le 12 oct., un séisme fait plus de 1 000 morts au Caire. En 1993, les assassinats et les attentats islamistes se poursuivent. Le président Moubarak, candidat unique, est réélu le 3 oct. En juin 1995, à Addis-Abeba, il échappe à un attentat. En 1996, il désapprouve la politique du nouveau gouvernement israélien à l'égard des Palestiniens.

CULTURE

Art et archéologie. L'art égyptien, né vers 3000 av. J.-C., constituait la valeur sociale fondamentale. Il se définit par des canons considérés comme d'origine divine mais qui accordent à l'artiste la liberté d'exprimer son génie individuel. Celui-ci a pour fonction de préserver l'équilibre du monde et non d'être admiré pour l'esthétique de son œuvre. Les hiéroglyphes ne sont pas des décors, mais les paroles des dieux. Les dieux, les temples, les statues sont présents sur la terre pour assurer la prospérité des hommes et du pays. Dans l'art égyptien, l'architecture, la sculpture, la peinture sont étroitement mêlées. L'art de l'Égypte ancienne atteint son apogée vers le début de la période dynastique. Les grands édifices religieux et certaines tombes privées sont décorés de bas-reliefs. La peinture s'exprime par la ligne et la couleur. Les hiéroglyphes commentent les scènes et livrent des informations non picturales. Les édifices religieux constituent la plus grande partie des ouvrages d'architecture. Les constructions funéraires (tombes, pyramides) se composent de deux éléments principaux : la stèle funéraire et le sarcophage avec la momie à l'intérieur. La tombe de Toutankhamon est le seul tombeau royal du Nouvel Empire qui ait été retrouvé presque entièrement intact. Le site de Gizeh, avec ses trois pyramides (Chéops, Chéphren, Mykérinos), attire archéologues et voyageurs. Les temples-cavernes d'Abu Simbel, démantelés et reconstruits de 1963 à 1968, portent le témoignage de la déification de Ramsès II de son vivant.

Littérature ancienne. Elle s'est développée, durant les trois millénaires qui précèdent l'ère chrétienne et les quatre premiers siècles après J.-C. Il s'agit de la littérature la plus ancienne connue. Les techniques et les supports sont multiples : textes sculptés au ciseau sur la pierre, dessinés à l'encre sur papyrus, sur cuir, sur des bandelettes de lin. Ces textes sont lus, mais aussi déclamés. Tous les genres littéraires sont pratiqués.

Littérature moderne. Après la chute des royaumes d'Andalousie, le monde arabe dans son entier entre en léthargie et sa littérature tend à disparaître. Depuis les Abbassides, les destinées de l'Islam et de l'Orient sont passées des mains des Arabes à celles des Perses et des Turcs. Ces deux pouvoirs ont bien entendu combattu l'élément arabe sur tous les plans. Les premiers par esprit de vengeance pour les humiliations subies dans le passé, les seconds par volonté de désarabiser l'Orient pour le turquifier.

Au XVIIIe siècle, l'archevêque maronite d'Alep, Mgr Germanos Ferhat, est un des premiers intellectuels arabes à ressentir la nécessité de défendre la langue arabe menacée par le turc. Il remet donc à jour un des plus anciens dictionnaires arabes, « *Al qamous al mohit* » de Fatruzabudi, et rédige une grammaire qui a un grand retentissement, « *Baht al matalib* ».

L'expédition de Bonaparte en Égypte va provoquer cette renaissance linguistique et culturelle attendue par les défenseurs de l'arabe. L'Égypte s'ouvre à l'Occident et envoie en Europe plusieurs missions. La première a lieu en France en 1826. Elle est conduite par l'imam Rif'â al-Tahtawi*. À son retour en Égypte il compose une relation sur les cinq années passées en France. Elle appelle à une remise en cause des conceptions du monde musulman sur la léthargie, le monde et l'Occident. Il est un des premiers intellectuels à vouloir adapter l'islam à la modernité. Les écoles créées par Bonaparte et l'œuvre d'al-Tahtawi vont ainsi donner naissance à une intense vie artistique et intellectuelle, et développer les échanges avec l'Occident.

La poésie, « l'art miroir chéri des Arabes », va former l'avant-garde de la *Nahda* (renaissance) littéraire. De la myriade de noms émergent Mahmoud Sami Al Baroudy (1838-1904), le premier poète égyptien de l'école moderne, Shawqi (1868-1932), proclamé prince des poètes en 1931, et Hafiz Ibrahim (1872-1932).

Le roman et la nouvelle naissent à leur tour à la veille de la Première Guerre mondiale. Muhammad Husayn Haykal (*Zaynab,* 1914) et Muhammad Taymur (*Ce que voient les yeux,* 1917) décrivent la campagne et les mœurs de l'Égypte paysanne. Le roman de Mahmud Kamil, *la Vie des ténèbres* (1933), fait apparaître pour la première fois le mot *mutammarid,* le révolté. Yûsuf Idrîs est alors le plus célèbre nouvelliste, à la production abondante et variée. Tâha Hussein crée le roman autobiographique (*al-Ayyâm,* 1929) relatant la lutte menée par un être faible pour échapper à la misère et à la servitude. Tawfîq al-Hakîm* se situe dans la même lignée avec des romans autobiographiques (*l'Âme recommencée,* 1933; *Journal d'un substitut de campagne,* 1937). Naguib Mahfouz*, prix Nobel 1988, apporte un nouveau souffle au roman arabe.

N. Mahfouz, en octobre 1988.

Il dénonce la condition du pauvre, les injustices sociales, la disparition d'une société condamnée (*le Nouveau Caire,* 1945; *Début et fin,* 1949). Il renonce ensuite au réalisme social et traduit dans *L'homme ayant perdu sa mémoire deux fois* (1971) le désespoir et le sentiment d'absurdité qui suivent les événements de 1967. *Impasse des deux palais* (1973) révèle une veine plus psychologique. La nouvelle génération publie des œuvres nettement plus politisées. La terre égyptienne a donné naissance, au XXe siècle, à de grands auteurs de langue grecque, comme le poète Constantin Cavafis et le romancier Stratis Tsirkas, et de langue française. V. ci-après.

Littérature francophone. Dans les années 1930, le poète libanais Georges Hénein* répandit le surréalisme, qui influença Edmond Jabès* (à ses débuts) et Joyce Mansour (*Cris,* 1953 ; *Ça,* 1970). Dans le roman s'illustrent deux femmes : Out el-Kouloub (*Harem,* 1938), puis la Libanaise Andrée Chedid*, ainsi qu'Albert Cossery*.

Peinture. Parallèlement, un art pictural égyptien moderne, héritier de l'art folklorique indigène puisé dans les traditions de l'Égypte ancienne et des orientalistes vivant en Égypte depuis l'expédition napoléonienne, s'est imposé tout au long du XXe siècle. À l'École des Beaux- Arts, fondée au Caire en 1908, plusieurs générations de peintres académiques ont été formées ; nous citerons Ahmed Sabry, Youssef Kamel, Ragheb Ayyad, Moham-med Naghi et Mohammed Said. Au début des années 1940, rejetant l'art officiel, Hamed Abdalla* créait une puissante école de peinture égyptienne. Ses œuvres, répondant à de nouvelles exigences de construction, étaient peuplées de signes magiques évoquant d'étranges silhouettes calligraphiques. Ses recherches influencèrent les jeunes artistes de l'après- guerre, tel Omar El Nagdi. Abdalla, très attaché à la vie des fellahs, n'a jamais pardonné à Nasser d'avoir envoyé les chars contre des ouvriers en grève et il a vécu en exil au Danemark et en France où, paradoxalement, il s'est érigé en avocat de la révolution égyptienne, dénonçant l'hystérie antinassérienne en Europe consécutive à la nationalisation du canal de Suez.

Cinéma. Le cinéma égyptien est né en 1917, mais il doit au parlant son essor considérable : Tala'at Harb, en 1935, inaugure les studios *Misr,* d'où sortiront les premiers films mettant en scène la grande chanteuse Umm* Kulthum. Rapidement les firmes égyptiennes vont détenir le monopole du marché arabe. Elles sont près de cent vingt, entre 1945 et 1952, à inonder les salles de films « loukoum », mélodrames, farces et films musicaux réalisés avec des musiciens et des chanteurs, tels Abdelwahab et Farid el Attrache. Sous Nasser, une génération de grands cinéastes apparaît avec Salah Abu* Seif, Youssef Chahine*, Tawfiq Salah, Husayn Kamal et Fahmi Ashraf. Youssef Chahine est le plus célèbre. Il s'est révélé au public avec *Ciel d'enfer* (1953), qui décrit l'affrontement entre paysans et grands propriétaires, et figure aujourd'hui parmi les grands réalisateurs mondiaux. En 1994, *Al Irhabi* (*le Terroriste*) de Nader Galal montre la vitalité des studios du Caire.

République française

État d'Europe occidentale limité au nord-ouest par la mer du Nord et la Manche, à l'ouest par l'océan Atlantique, au sud-ouest par l'Espagne, au sud par la mer Méditerranée, au sud-est par l'Italie, à l'est par la Suisse, au nord-est par l'Allemagne, le Luxembourg et la Belgique.

Superficie : 543 965 km².

Population : 58 712 000 hab. (estimation 1995). (*Français*)
Croissance annuelle : 0,3 % (1994).

Capitale : Paris, 2 175 200 hab. (recensement 1990).

Produit national brut : 1 550 milliards de dollars (1995).

P.N.B./hab. : 26 645 dollars (1995).

Monnaie : franc français.

Fête nationale : 14 juillet.

GÉOGRAPHIE PHYSIQUE

Relief. Comptant 5 500 km de côtes et près de 3 000 km de frontières terrestres, traversée par le méridien d'origine et le 45e parallèle, la France est un grand carrefour continental et maritime. De vieux massifs hercyniens la parsèment : à l'ouest, en Bretagne, massif Armoricain ; à l'est, Ardenne et Vosges ; au centre-sud, Massif central. Des chaînes récentes sont caractéristiques de l'Europe alpine : à l'est et au sud-est, Jura et Alpes séparent la France de la Suisse et de l'Italie ; au sud-ouest, les Pyrénées forment la frontière avec l'Espagne. Plaines d'effondrement, le couloir alsacien (le long du Rhin) et le couloir Saône-Rhône unissent l'Europe du Nord et la Méditerranée. Plus de la moitié du pays est occupée par deux grands bassins sédimentaires : au nord du Massif central, le Bassin parisien*, irrigué notamment par la Seine et la Loire, et défriché depuis le néolithique, constitue l'une des régions les plus fertiles du monde ; au sud-ouest, le bassin d'Aquitaine est principalement irrigué par la Garonne.

Climat. L'ouest, le nord et le centre de la France connaissent un climat tempéré océanique nuancé par la latitude. L'Est présente des traits un peu plus continentaux. Le Sud méditerranéen a des caractères spécifiques (hivers doux, étés chauds et arides). Les montagnes, plus fraîches et arrosées, sont marquées par l'étagement de la végétation.

Tilly, village d'Île-de-France (Yvelines).

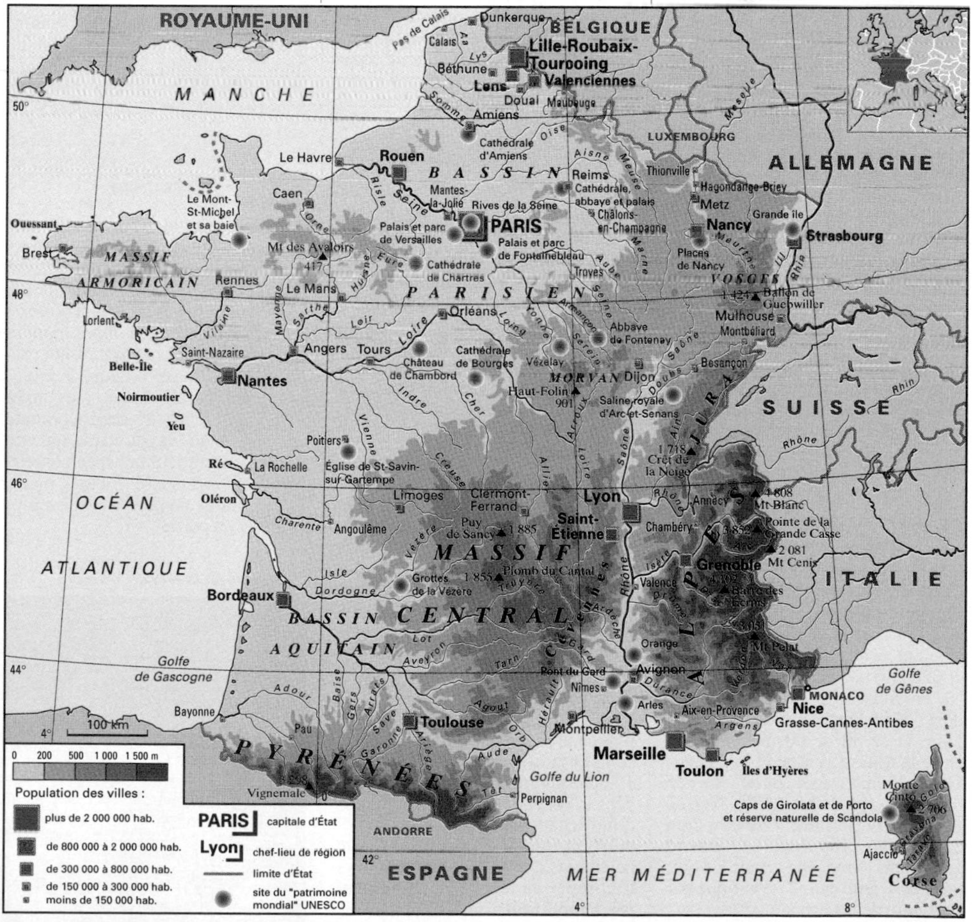

0 200 500 1 000 1 500 m

Population des villes :
- plus de 2 000 000 hab.
- de 800 000 à 2 000 000 hab.
- de 300 000 à 800 000 hab.
- de 150 000 à 300 000 hab.
- moins de 150 000 hab.

PARIS capitale d'État
Lyon chef-lieu de région
limite d'État
site du "patrimoine mondial" UNESCO

© J-P Ferrero / EXPLORER

Moisson du blé dans le Poitou. Champs de tabac, de maïs et de tournesol.

Les régimes fluviaux traduisent cette variété : régime océanique (crue d'hiver, étiage d'été), régime méditerranéen (crue d'automne, étiage d'été), régime nivo-glaciaire (crue de printemps, étiage d'hiver).

Végétation. Même en montagne, l'homme a marqué sa présence depuis des temps reculés, mais la forêt française (25 % du territoire) est la plus grande d'Europe occidentale tempérée. Dans les plaines et sur les bas plateaux, règne la forêt de feuillus : le chêne, associé au charme, ou le hêtre, associé au chêne, dominent. L'homme a introduit des conifères au XIXe siècle, notamment dans les Landes. Dans les montagnes, on assiste à un étagement : chênes, puis, à partir de 600 m, hêtres et sapins ; ensuite, conifères ; à partir de 1 800 m (Préalpes) ou 2 200 m (Alpes), les prairies s'étendent jusqu'aux neiges éternelles (3 000 m). Dans les régions méditerranéennes, le chêne vert domine, concurrencé par le chêne-liège et le pin.

Fleuves. Le Massif central est le principal château d'eau de la France. Il alimente ses quatre grands fleuves. D'est en ouest, la Seine (776 km) draine la majeure partie du Bassin parisien et se jette dans la Manche. Coulant au sud de la Seine, la Loire (1 020 km) se jette dans l'Atlantique. Né en Suisse, le Rhône (812 km, dont 522 en France) reçoit la Saône à Lyon et se dirige du nord au sud, entre le Massif central et les Alpes, vers la Méditerranée, où se jette son delta à l'ouest de Marseille. Née en Espagne, la Garonne (650 km, dont 575 en France) draine du sud au nord les régions pyrénéennes puis l'Aquitaine et se jette dans l'Atlantique par l'estuaire de la Gironde.

GÉOGRAPHIE HUMAINE

Langues. Langue officielle, le français est parlé par la totalité de la population. Le basque, le breton, le catalan, le corse et l'occitan, langues longtemps brimées (notamment par la Révolution française et par l'école publique née en 1881), connaissent un renouveau depuis les années 1970. L'alsacien est encore parlé, ainsi que, dans l'extrême Nord, le flamand.

Religions. En 1994, 67 % des Français se disaient catholiques, mais la plupart des agnostiques (25 %) ont des ascendants catholiques et les pratiquants constituent une minorité qui tend à se rétrécir. Les protestants sont environ 2 % ; les juifs, 1 % ; les musulmans, 2 %, auxquels s'ajoute un nombre supérieur d'étrangers. Autres religions (orthodoxie, bouddhisme, etc.) : 3 %. Ne se prononçaient pas : 2 %.

Population. La France fut le pays le plus peuplé d'Europe occidentale jusqu'au XIXe siècle. Aujourd'hui, la densité démographique est plus faible qu'au Royaume-Uni, en Allemagne et en Italie. Les zones de forte densité : Île-de-France, Nord, vallées (Rhône, Loire, Garonne) et littoraux, s'opposent aux vides relatifs des montagnes. La population française augmente de 0,3 % par an en moyenne et l'immigration est de plus en plus contrôlée. Les étrangers sont environ 3 600 000 ; environ 1 800 000 Français vivent à l'étranger ; 1 300 000 immigrés ont aujourd'hui la nationalité française. La population française vieillit, mais un peu moins que celle des autres pays d'Europe : la fécondité (1,8 enfant par femme) est l'une des plus élevées de l'Union européenne. De même, le fort taux d'urbanisation qui caractérise les pays européens y est moindre : 73 % (contre 75 % en 1975) ; en effet, la « périurbanisation » (au-delà des limites des agglomérations) s'est développée.

Villes. Paris compte 2 175 200 hab. (sur 105 km²), mais l'agglomération parisienne regroupe 10 660 554 hab. sur 12 001 km². Viennent ensuite Marseille (807 726 hab. ; agglomération : 1 231 000 hab.) et Lyon (422 444 hab. ; agglomération : 1 262 000 hab.). Bordeaux n'a que 213 274 hab., mais son agglomération est au 4e rang (696 400 hab.).

INSTITUTIONS

La Constitution de la Ve République (approuvée par référendum le 28 sept. 1958 et promulguée le 4 oct.) donne le rôle principal au président de la République, dont le mandat dure 7 ans et qui, depuis 1965 (modification de la Constitution en 1962), est élu au suffrage universel. Chef des armées et de l'exécutif, il nomme le Premier ministre. Le pouvoir législatif est exercé par le Parlement, composé de l'Assemblée nationale (élue pour cinq ans au suffrage universel) et du Sénat.

ÉCONOMIE

Agriculture. Première puissance agricole d'Europe, 2e exportateur mondial de céréales (après les États-Unis), la France est notamment le « pays du vin » mais tend à préférer la qualité à la quantité. Deux mondes agricoles coexistent aujourd'hui : petits et moyens exploitants, de moins en moins nombreux et plus âgés, « victimes » du Marché commun agricole ; grands exploitants, qui pratiquent une agriculture spécialisée et fortement mécanisée. En tout, moins de 2 millions de personnes, à temps complet ou partiel.

Saint-Malo, sur la Manche.

© AFP / Pressens Bild

Mines, industrie, secteur tertiaire. Les dernières mines de charbon ont fermé ; la production de pétrole reste très modeste. L'équipement hydroélectrique s'est renforcé et stagne ; le nucléaire est devenu la première source d'énergie : la France en est le 2e producteur derrière les États-Unis (le 1er par habitant). La restructuration des industries héritées du XIXe siècle, sidérurgie, métallurgie, chimie lourde, textile, construction navale, a durement affecté le Nord-Est, puis les industries de la deuxième génération, pétrochimie, sidérurgie dans les ports importateurs, construction automobile, ont subi le même sort. La France a développé des industries d'avenir (chimie fine, pharmacie, aéronautique, électronique) mais elle doit souvent ses meilleures performances aux petites et moyennes entreprises (matériaux nouveaux, micromécanique, matériel de sport, etc.). Les industries de luxe restent prestigieuses. De 1970 à 1990, le secteur industriel et le bâtiment ont perdu 5 millions d'actifs. Les activités tertiaires sont devenues motrices : commerce, services, banques, communication, information, culture, recherche.

Tourisme. La France est le premier pays touristique du monde. En 1995, 60 millions d'étrangers ont visité la France et singulièrement Paris. Le tourisme et les services d'accueil et de loisirs emploient 2 millions de personnes.

Échanges extérieurs. L'Allemagne est le principal fournisseur (17,8 % des importations) et le principal client (18,1 % des exportations) de la France. Viennent ensuite l'Italie (10,1 % et 9,4 %), les États-Unis (10,1 % et 8,4 %), la Belgique, le Luxembourg et le Royaume-Uni.

Transports. Le réseau ferroviaire a été réduit de 40 000 à 34 000 km, mais les lignes de trains à grande vitesse (TGV) français se multiplient en France et en Europe occidentale. La route assure 90 % de la circulation des voyageurs et 60 % pour les marchandises, ce qui contribue à la pollution ; on compte 800 000 km de routes et plus de 7 000 km d'autoroutes. La desserte aérienne est dense ; l'aéroport de Paris (Roissy-Charles de Gaulle et Orly) est l'un des plus grands du monde. La France a des ports internationaux : Marseille, Le Havre, etc. La navigation fluviale est faible.

ÉDUCATION ET SANTÉ

Éducation. La population est alphabétisée à 98,8 %, mais les sociologues dénoncent la progression de l'illettrisme*.

Santé. En 1994, on comptait 1 médecin pour 361 hab. et 1 lit d'hôpital pour 85 hab. L'hospitalisation à domicile se développe.

HISTOIRE

Les origines. Peuplé dès le paléolithique par des chasseurs de bisons et de rennes, réfugiés lors de la dernière glaciation quaternaire dans le bassin Aquitain (voir Lascaux), le territoire de la France actuelle abrite, à partir du néolithique, des populations sédentaires qui pratiquent l'agriculture et l'élevage, et travaillent les métaux. Du VIe au IIIe siècle av. J.-C., des Celtes* arrivent de l'est. Les Romains, qui les nommaient Gaulois, s'emparent du sud de la Gaule* à la fin du IIe siècle av. J.-C. De 58 à 51 av. J.-C., César conquiert l'ensemble de la Gaule, vainquant Vercingétorix. La Gaule bénéficie de la paix romaine ; les Gallo-Romains développent une civilisation originale : urbanisation et réseau routier favorisent la romanisation ; le latin remplace le gaulois. Dès le IIIe siècle, la Gaule subit les ravages des Barbares*, les peuples germaniques, qui se dirigent vers la Méditerranée. Roi des Francs, Clovis (481-511) unifie la Gaule franque et fonde la dynastie mérovingienne. Sa conversion au christianisme lui assure une place prépondérante en Occident. Avec la venue au pouvoir des maires du palais et de Pépin le Bref (751-768), les Francs dominent l'ensemble des peuples germaniques sous Charlemagne (768-814), empereur d'Occident en 800.

Francia et France. La *Francia occidentalis* s'individualise lorsque le traité de Verdun* (843) partage l'Empire, qui se désagrège en principautés autonomes : la féodalité triomphe. La chevalerie, exaltée par l'Église et idéalisée par la littérature (chansons de geste, roman breton), fournit aux croisades* (entre 1095 et 1270) des troupes nombreuses. Affaiblie, la royauté n'a pas sombré ; Hugues Capet (987-996) et les Capétiens imposent leur autorité. Philippe Auguste (1180-1223), le premier « roi de France » (non plus « roi des Francs »), conquiert les fiefs français du roi d'Angleterre (à l'exception de la Guyenne). Ce conflit ne s'achèvera qu'avec la guerre de Cent* Ans (1337-1453). Vainquant la maison de Bourgogne, Louis XI (1461-1483) agrandit le royaume.

La Renaissance. Au XVIe siècle, l'économie est en plein essor, ainsi que les arts, les lettres et les sciences. François Ier (1515-1547) impose l'administration centrale et la justice royale aux seigneurs et aux ecclésiastiques. Les grands fiefs sont peu à peu absorbés par la royauté (par ex., la Bretagne, en 1532). Dans les provinces, gouverneurs et fonctionnaires renforcent l'unification ; l'ordonnance de Villers-Cotterêts (1539) ordonne que tous les actes de justice soient rédigés en français (non plus en latin) et crée l'« état civil ». Cependant, le luxe de la cour et la politique belliqueuse (guerres d'Italie, lutte de François Ier puis d'Henri II contre Charles Quint) aggravent le déficit financier. La noblesse, touchée dans ses intérêts matériels, est, en outre, troublée par la Réforme. Les guerres de Religion* (1562-1598) sont marquées par des atrocités comme le massacre de la Saint-Barthélemy (24 août 1572).

Hugues Capet. Miniature du XVe siècle.

Henri IV (1589-1610), protestant converti au catholicisme (1593), doit s'imposer face à la Ligue (catholique), qui avait appelé les Espagnols (1594). Par l'édit de Nantes (1598), il rétablit la paix religieuse ; avec son ministre Sully, il œuvre à la prospérité du pays.

Absolutisme et crise de la monarchie. Après les troubles qui marquent la régence de Marie de Médicis, le ministre de Louis XIII (1610-1643), Richelieu, affirme l'autorité de l'État. La mort simultanée des deux hommes laisse une régence difficile à Anne d'Autriche. Les désordres de la Fronde* marquent profondément le jeune Louis XIV (1643-1715), qui, après la mort du ministre Mazarin (1661), exerce personnellement le pouvoir et décrète la monarchie absolue de droit divin. Pour domestiquer la noblesse, il lui impose une vie dispendieuse à la cour (Versailles, après 1682). Il révoque l'édit de Nantes (1685).

L'économie connaît une régression, due à une moindre arrivée des métaux précieux américains après 1630 et aux guerres interminables dont certaines agrandissent le royaume. Mais dans les arts et les lettres le classicisme* triomphe : le XVIIe siècle est le siècle d'or français.
Le long règne de Louis XV (1715-1774) est marqué par les difficultés financières (à la suite de la guerre de la Succession d'Autriche et de la guerre de Sept Ans). À partir de 1750, la monarchie entre en crise. La noblesse, apeurée par l'ascension de la bourgeoisie, cherche à monopoliser les charges. Riche, instruite, lectrice de l'*Encyclopédie**, la bourgeoisie critique le régime ; la noblesse de robe rêve de participer au pouvoir et le Parlement s'oppose souvent au roi. Le petit peuple, en conflit permanent avec la noblesse à propos des droits féodaux, est victime de disettes (1770-1775, 1788-1789) qui le jettent sur les routes. Une crise industrielle résulte du traité de commerce avec l'Angleterre (1786) et la guerre d'Indépendance américaine aggrave la crise financière. Louis XVI (1774-1793) n'ose pas soutenir contre la noblesse et le clergé les propositions de ses ministres pour rétablir les finances. Cédant aux instances des privilégiés, il convoque les états* généraux en mai 1789.

De la Révolution à la IIIe République. Le 14 juillet 1789, le peuple parisien prend la Bastille : la Révolution* française commence. À l'Assemblée* constituante succède l'Assemblée législative (oct. 1791-sept. 1792), qui, le 21 sept. 1792, décrète la chute de la royauté et l'avènement de la Ire République (1792-1804) ; on instaure un nouveau calendrier, dit républicain. Succédant à la Législative, la Convention (sept. 1792-oct. 1795) nomme en juillet 1793 un Comité de salut public alors que l'Europe coalisée attaque la France révolutionnaire. Robespierre, qui le dirige, instaure la Terreur, mais il est renversé le 27 juil. 1794 (9 thermidor an II). En 1795, à la Convention dite thermidorienne succède le Directoire. Le 9 nov. 1799 (18 brumaire an VIII), le général Bonaparte s'empare du pouvoir. Il instaure le Consulat puis, le 18 mai 1804, l'Empire, devenant Napoléon Ier. Défait en Russie (1812), puis en France, il abdique le 6 avril 1814. En mars 1815, il revient d'exil et exerce le pouvoir pendant les Cent-Jours (20 mars-22 juin). Vaincu à Waterloo (18 juin), il abdique à nouveau et la monarchie est définitivement restaurée. Louis XVIII ne désire pas un retour radical à l'Ancien Régime et se heurte aux ultras, regroupés autour de son frère. À sa mort (1824), celui-ci lui succède, sous le nom de Charles X, et mène une politique impopulaire. La révolution de juillet* 1830 le renverse et instaure la monarchie de Juillet*.
Sous Louis-Philippe (1830-1848), la bourgeoisie triomphe, mais la révolution industrielle est insuffisante, et la France conserve son retard sur l'Angleterre. La révolution* de 1848 crée la IIe République ; après l'écrasement du prolétariat (juin 1848), le régime tourne au conservatisme. Élu président de la République (10 déc. 1848), Louis-Napoléon Bonaparte organise un coup d'État le 2 déc. 1851 et instaure le IIe Empire, le 2 déc. 1852, devenant Napoléon III. Autoritaire, le régime évolue de manière libérale à partir de 1860 ; la France connaît enfin l'expansion économique, mais l'Allemagne, pour réaliser son unité, provoque la guerre franco*-allemande de 1870-1871. Le 2 sept. 1870, l'armée française, commandée par l'empereur, capitule à Sedan ; le 4 sept., il est déchu et l'on proclame la IIIe République, aux débuts difficiles : insurrection de la Commune* de Paris (mars-mai 1871), paix désastreuse avec l'Allemagne (10 mai 1871), majorité monarchiste à l'Assemblée jusqu'en 1879. C'est seulement alors que la IIIe République devient républicaine. L'instruction publique mais aussi la colonisation se développent. L'Angleterre s'allie à la France contre la puissance grandissante de l'Allemagne.

La Première et la Seconde Guerre mondiale, la IVe République. La Première Guerre* mondiale (1914-1918) voit la défaite de l'Allemagne et la France connaît à partir de 1925 la prospérité. La crise économique née en 1929 aux États-Unis frappe la France tardivement ; elle y favorise la progression de l'extrême droite. Face à celle-ci, le Front* populaire remporte les élections de 1936 et introduit des réformes sociales, avant d'échouer. La situation intérieure est tendue quand éclate la Seconde Guerre* mondiale (1939-1945). Lorsque l'Allemagne vainc la France en juin 1940, la IIIe République est remplacée par l'État français, que préside le maréchal Pétain. Après le débarquement des Alliés en Normandie (6 juin 1944), le Gouvernement provisoire du général de Gaulle rétablit la république. La IVe République est efficace : reconstruction, essor économique, réconciliation franco-allemande, qui prélude à la construction européenne (voir Europe), mais elle souffre d'une instabilité ministérielle chronique et ne sait pas opérer la décolonisation, en Indochine d'abord, en Algérie ensuite.

La Ve République. En mai 1958, la révolte des Français d'Algérie, inquiets de l'avenir de l'« Algérie française », provoque une crise politique, que le président de la République, René Coty, dénoue en nommant président du Conseil le général de Gaulle (1er juin). Celui-ci rédige une nouvelle Constitution, approuvée par référendum le 28 sept., et crée ainsi la Ve République, que caractérisent les pouvoirs étendus du président. En déc., le Parlement élit président de Gaulle, qui effectue la décolonisation en Afrique noire (1958-1960) et met fin à la guerre d'Algérie (1962). L'inégale répartition des fruits de la formidable croissance économique provoque la crise de mai 1968, qui affaiblit l'autorité du chef de l'État. Mis en échec au référendum de 1969 sur la régionalisation, de Gaulle démissionne.

Jacques Louis David : le Serment du Jeu de paume *(20 juin 1789).*

© Capa / MAGNUM

Artisan de la décolonisation en Afrique noire, le général de Gaulle, fit reconnaître en 1962 l'indépendance de l'Algérie.

Georges Pompidou lui succède ; à la mort de ce dernier (1974), Valéry Giscard d'Estaing, leader de la droite non gaulliste, est élu président. En 1981, le socialiste François Mitterrand remporte l'élection présidentielle ; il dissout l'Assemblée, et le parti socialiste obtient la majorité absolue aux législatives. Mais les gouvernements de P. Mauroy puis de L. Fabius se heurtent au chômage grandissant. En 1985, l'inflation, qui avait toujours sévi, est muselée, mais la droite remporte les législatives ; le Premier ministre Jacques Chirac, leader du R.P.R. (gaulliste), « cohabite » avec F. Mitterrand. Toutefois, en 1988, celui-ci bat Chirac au second tour ; au premier tour, Le Pen, leader du Front national (F.N.) parti d'extrême droite, avait obtenu 14,6 %. F. Mitterrand dissout l'Assemblée et les socialistes remportent les législatives. Le franc demeure fort, mais le chômage s'accroît. Le chômage, associé aux « affaires » de financement occulte des partis, conforte les positions du F. N.; les 15 % de voix dont il dispose depuis lors rendent malaisée la constitution d'une majorité, notamment dans les conseils généraux et régionaux. En 1993, la droite remporte les législatives et É. Balladur (R.P.R.) cohabite avec F. Mitterrand. En 1995, J. Chirac, élu président de la République, nomme Premier ministre Alain Juppé (R.P.R.), qui ne parvient pas à enrayer le chômage mais œuvre à la réduction du déficit de l'État. Le 21 avril 1997, J. Chirac annonce la dissolution de l'Assemblée nationale. À la suite des élections, la majorité change et Lionel Jospin, leader du parti socialiste, devient Premier ministre, entamant une nouvelle période de cohabitation.

CULTURE

Art. On ne peut qualifier de français l'art de Lascaux, de la Gaule et de la civilisation gallo-romaine. L'art français naît avec le roman* qui s'est développé d'abord au sud de la Loire et en Bourgogne. Les grands monastères de Cluny (910) et de Cîteaux (1098) jouent un rôle prépondérant dans l'élaboration de l'architecture, agrémentée de sculptures saisissantes : cathédrale d'Autun (1120-1132), nef de la basilique de Vézelay*. Avec l'art gothique*, le vocabulaire ornemental s'enrichit dans tous les domaines : sculpture, tapisserie, miniature, etc. Les cathédrales (Reims, Notre-Dame de Paris, Le Mans) s'éclairent grâce aux vitraux (Chartres, Bourges). La guerre de Cent Ans (1337-1453) ruine cet élan. Au début du XVe siècle, l'architecture civile se développe : hôtels de ville, palais de justice (Rouen), hospices. L'influence italienne dégage la France du monde médiéval, et, sous la Renaissance*, l'art français, de nordique, devient méditerranéen (châteaux de la Loire, notamment). Les Clouet* cultivent un genre spécifiquement français : le portrait exécuté à la pointe d'argent. Pierre Lescot* réalise les premiers bâtiments du Louvre* (1546). Philibert Delorme*, le palais des Tuileries (1564-1567). Le plus grand sculpteur est J. Goujon*. Sous Louis XIII (1610-1643), le classicisme commence à l'emporter sur le maniérisme ; citons les peintres N. Poussin*, C. Lorrain*, P. de Champaigne* et les frères Le* Nain.

L'idéal classique va triompher sous Louis XIV (1643-1715). Le* Vau, puis J. Hardouin-Mansart*, construisent le château de Versailles*; Le* Nôtre en trace les jardins, que l'on orne des sculptures de Girardon, Coysevox*, Puget*, etc. ; le grand peintre est Le* Brun. Mansart*, Cl. Perrault*, Bruant* embellissent Paris. Au XVIIIe siècle, naît la peinture de chevalet : théâtre champêtre de Watteau*, scènes intimistes de Fragonard*, natures mortes de Chardin*. L'architecture reste classique, notamment avec les Gabriel*; N. Ledoux* est un artiste maudit. Cinq ans avant la Révolution, le peintre David* fonde le néoclassicisme ; il devient le peintre officiel de l'Empire. De même, les architectes cultivent le modèle antique : Chalgrin* (Arc de triomphe), Percier*, Fontaine*. À partir de la Restauration, les peintres romantiques (Géricault*, Delacroix*) et, ultérieurement, des sculpteurs (Rude*, Barye*, Carpeaux*) rompent avec l'académisme. Puis les peintres tendent au réalisme : Corot*, Daumier*, Courbet*. Plus critiqué encore que ces derniers, Manet* fait éclater la peinture, annonçant vers 1865, ainsi que Degas*, l'impressionnisme* (né en 1874) : Monet*, Renoir*, Pissaro*, Sisley*. Cette révolution stimule les recherches de Cézanne*, Seurat*, Gauguin*, Van* Gogh, Toulouse*-Lautrec, puis (1906) naît le fauvisme (Matisse*, Vlaminck*, Derain*). En sculpture, Rodin* triomphe de 1877 à sa mort (1917) ; il influence Bourdelle*. L'architecture métallique a deux représentants de génie : Baltard* (les Halles* de Paris, 1854), Eiffel* (la tour Eiffel, 1889) ; Guimard* est le pionnier de l'art nouveau ; les frères Perret* emploient le béton dès 1902, à Paris, pour la première fois dans l'histoire.

© Paul Thompson / PIX

Notre-Dame de Paris (XIIe-XIIIe siècle).

© Faillet / ARTEPHOT

Édouard Manet : le Balcon *(1868).*

En 1907, Braque* crée le cubisme* avec Picasso*. Juan Gris* et Delaunay* subissent cette influence. Le mouvement Dada (Arp*, Picabia*, Duchamp*), né en 1916, le surréalisme (Masson*, Tanguy*, Ernst*, etc.), né en 1924, l'abstraction d'après la guerre de 1939-1945 (Hartung*, Fautrier*, N. de Staël*, etc.) contribuent puissamment à l'internationalisation des arts.

Par ailleurs, de grands marginaux (français ou d'origine étrangère), le Douanier Rousseau*, Maillol*, Bonnard*, Rouault*, F. Léger*, Chagall*, Giacometti*, Le* Corbusier, Brancusi*, J. Gonzalez fixent les contradictoires images de l'art qui se crée en France et qui va de l'abstrait (Estève, Soulages, Debré) à l'art cinétique (Vasarely*, N. Schöffer, Agam), de l'art brut (Dubuffet*, Chaissac) à l'art naïf (Bauchant, Vivin), des « nouveaux réalistes » (Klein, Arman, Tinguely) à la « nouvelle figuration » (Rancillac, Klasen, Monory), sans oublier le pop art, les « installations », les simplifications de Buren, l'art conceptuel*, etc. Les sculpteurs César*, Étienne-Martin, Stahly, Hajdu*, Ipousteguy se situent hors de ces mouvements.

© Jourdain / ARTEPHOT

*Paul Cézanne : l'*Estaque *(vers 1885).*

Littérature. La littérature française naît avec les chansons de geste (*Chanson de Roland**, début du XIIe siècle). Entre le XIIe et le XIVe siècle (*Chrétien* de Troyes*), le chevalier des romans se substitue au guerrier des chansons de geste. Des chroniqueurs narrent les croisades : Villehardouin*, Joinville*. Trouvères et troubadours illustrent la poésie lyrique. Vers la fin du XIIe siècle se développe une littérature bourgeoise satirique (*Roman de Renart*). Rutebeuf* (XIIIe siècle) est le plus grand poète d'une époque où se développe aussi la poésie allégorique et didactique (*Roman de la Rose*). Le théâtre apparaît sous une forme religieuse (voir ci-après Théâtre). Aux XIVe et XVe siècles, Froissart* et Commynes* font évoluer le genre historique.

© Salou / ARTEPHOT

Le Corbusier : Notre-Dame-du-Haut (1955), à Ronchamp (Haute-Saône).

Poésie historique (Christine* de Pisan), courtoise (A. Chartier*), ballades et rondeaux (Charles d'Orléans*) foisonnent ; le plus grand poète est F. Villon*. Au début du XVIe siècle, humanisme et Réforme se distinguent peu. Rabelais* (qui n'a pas adhéré à la Réforme) révolutionne langage et narration. La poésie s'affirme avec force : d'abord, C. Marot*, l'école de Lyon (Louise Labé*, Scève*), la Pléiade (Ronsard*, du Bellay*, etc.), puis vient Malherbe* qui purifie la langue et prépare le classicisme*. Montaigne* crée un genre, l'essai, dans une langue qui n'appartient qu'à lui. Le théâtre abandonne la tradition médiévale (voir ci-après).

Au début du XVIIe siècle, la langue s'épure (Vaugelas*, Guez de Balzac*, Voiture). Richelieu fonde l'Académie* française (1635). Descartes* écrit le *Discours de la Méthode* (1637). Corneille* fonde le théâtre classique (*le Cid,* 1637), suivi par Molière* et Racine* (voir ci-après, Théâtre). L'*Art poétique* (1674) de Boileau* énonce les dogmes du classicisme. Dans ses *Fables,* La* Fontaine crée un univers poétique. Le XVIIe siècle est également marqué par le jansénisme (singulièrement par le génie de Pascal*), par l'éloquence sacrée (Bossuet*), par la maxime (La* Rochefoucauld), la réflexion morale (La* Bruyère), l'analyse politique et psychologique (Retz*, puis Saint*-Simon). Annoncée par le génie de Montesquieu*, la philosophie des Lumières est incarnée par Voltaire*, qui traite tous les genres, par Diderot*, animateur de l'*Encyclopédie*,* et par J.-J. Rousseau*, qui définit la démocratie (*le Contrat social,* 1762) et se montre « à nu » dans ses *Confessions.* L'essor du roman est rapide : Lesage*, Marivaux*, Restif* de la Bretonne, l'abbé Prévost*, Laclos*, Sade*. Au théâtre (voir ci-après), Marivaux* puis Beaumarchais* triomphent. Chénier* ressuscite la poésie.

Sous Napoléon, Mme de Staël* et Chateaubriand* (*René,* 1802) ouvrent les voies du romantisme ; B. Constant* écrit *Adolphe* (publié en 1816). Entre 1820 et 1830, le romantisme triomphe en poésie : Lamartine*, Vigny*, Musset* et surtout Victor Hugo*, qui abordera tous les genres. À cette génération appartiennent le philosophe A. Comte*, le critique Sainte*-Beuve, l'historien Michelet*. À partir de 1830, Stendhal* (méconnu) et Balzac* affirment leur génie dans le roman, où s'illustrent A. Dumas*, E. Sue*, G. Sand*. Dans les années 1850, les poètes maudits, Baudelaire* et Nerval* préfigurent la modernité, suivis par Lautréamont*, Rimbaud*, Mallarmé*, Verlaine*. Flaubert* opère dans le roman une révolution stylistique qui influence le naturalisme : Zola*, Maupassant*, ainsi que les Goncourt*, Daudet*, Huysmans*. Renan* et Taine* dominent l'essai. Citons aussi l'école parnassienne, née en 1866 (Leconte* de Lisle), et le symbolisme*, né en 1886 (Villiers* de L'Isle-Adam, Laforgue*, puis Saint*-Pol Roux).

Au début du XXe siècle, la plupart des écrivains suivent les canons classiques (A. France*, Barrès*, Valéry*, Gide*, Claudel*, R. Rolland*) ; certains innovent (Proust*, R. Roussel*, Apollinaire*, Segalen*, Reverdy*). En 1916-1917, le mouvement Dada rallie, autour de Tzara*, Breton*, Aragon*, Éluard*, qui fonderont le surréalisme, dont en 1924 Breton* écrit le *Manifeste.* S'affilient, un temps, à ce mouvement Artaud*, Desnos*, Prévert*, Char*, Ponge* ; s'en distinguent Saint*-John-Perse, Jouve*, Michaux*, Jabès*. Dans le roman, le courant traditionaliste comprend, chronologiquement : Colette*, Martin* du Gard, Giraudoux*, J. Romains*, Mauriac*, Bernanos*, Giono*, Aragon*, J. Green*, Malraux*, Saint*-Exupéry, M. Yourcenar*, Sartre*, Camus*, pour aboutir à Tournier*, F. Sagan*, Annie Ernaux, Le* Clézio, Patrick Modiano, Jean Échenoz. Le roman novateur, qui bouleverse les formes narratives et la vision du monde, est illustré d'abord par Cendrars*, Céline*, Leiris*, Queneau*, Genet*; puis par le nouveau roman (Cl. Simon*, Pinget*, Butor*, Robbe*-Grillet, Claude Ollier), qu'annonçait N. Sarraute*, et auquel on peut rattacher Beckett* et M. Duras*; enfin, Maurice Roche, Jacques Roubaud*, Pierre Guyotat, Perec*, Pierre Michon. En ce qui concerne la poésie, citons Yves Bonnefoy, André Du Bouchet, Jacques Roubaud, Michel Deguy, ainsi que B. Noël, J. Dupin, J. Stéfan, J. Guglielmi, J.-J. Viton, D. Roche, J. Daive. L'essai puise dans les sciences humaines (psychanalyse, notamment) : Bachelard*, Bataille*, Lacan*, Blanchot*, Lévi*-Strauss, Barthes*, Deleuze, Foucault*, Derrida, Baudrillard, Bourdieu ; l'école historique est tout aussi riche à la suite de L. Febvre*, M. Bloch*, Braudel*, G. Duby*. Soulignons que la littérature contemporaine a souvent pour meilleurs représentants les écrivains étrangers francophones (qui sont traités dans les autres articles de cet atlas).

Théâtre. Le XIIe siècle voit naître drames liturgiques (en latin) et miracles : *le Jeu d'Adam,* anonyme ; *le Jeu de Saint Nicolas,* de Jean* Bodel. Les formes profanes naissent ultérieurement : *le Jeu de Robin et de Marion* d'Adam* de la Halle (XIIIe siècle), puis des mystères (Gréban*), des soties, des moralités, des farces (Gringore*). Au XVIe siècle, Jodelle (*Cléopâtre captive,* 1553) puis Garnier* imitent la tragédie antique. Corneille* ouvre l'âge d'or classique, donnant de nombreuses tragédies, ainsi que des comédies, de 1635 à 1674. Molière* triomphe dans la comédie (et le drame : *Dom Juan,* 1665) ; Racine* porte à sa perfection la tragédie, d'*Andromaque* (1667) à *Phèdre* (1677). Ces génies eurent des continuateurs : Quinault*, Regnard*, Crébillon* père, Voltaire*. Marivaux* invente une manière nouvelle, d'une surprenante modernité (*Le Jeu de l'amour et du hasard,* 1730). Diderot* veut créer le drame bourgeois. Beaumarchais* donne deux chefs-d'œuvre peu avant la Révolution.
Hugo* crée le drame romantique (*Hernani,* 1830) ; Musset* perpétue le marivaudage (*les Caprices de Marianne,* 1833). Labiche* innove dans la comédie de mœurs, H. Becque* crée le théâtre naturaliste, Jarry* annonce le « théâtre de l'absurde » (*Ubu roi,* 1896), Feydeau* porte à sa perfection le vaudeville. Entre les deux guerres, Jouvet* monte Giraudoux*; Pagnol* et S. Guitry* triomphent au boulevard. On reconnaît tardivement le génie de Claudel*. En 1947, J. Vilar* crée le festival d'Avignon, toujours vivace. Anouilh* et Sartre* remplissent les salles. Beckett*, Adamov*, Ionesco* (regroupés par la presse dans le « théâtre de l'absurde ») contestent leurs conceptions, ainsi que Jean Tardieu, M. Duras*, Roland Dubillard. Actuellement, les « révolutions » affectent surtout la mise en scène, mais on retiendra les noms de Valère Novarina et de B.-M. Koltès*.

Musique. Comme dans les pays voisins de la France, le chant grégorien donne naissance à la polyphonie (liturgique) : l'*Ars* antiqua* débute à la fin du IXe siècle. Aux XIIe et XIIIe siècles, l'école de Notre-Dame de Paris brille notamment grâce à Pérotin*. Au XIVe siècle, l'*Ars* nova* bénéficie du génie de Guillaume* de Machaut. Parallèlement, trouvères et troubadours développent la musique profane. Au XVe siècle, l'école franco-flamande s'impose : Dufay*, Ockeghem*. Au XVIe siècle, citons Josquin Des* Prés et Janequin*. Bientôt l'Italie répand en France ses acquis et Louis XIV appelle Lully* à Paris (1646). À la fin du siècle, M.-A. Charpentier* brille dans l'oratorio et François II Couperin* dans la musique instrumentale. À partir de 1733, Rameau* donne une spécificité française à l'opéra. Le romantisme a pour génial représentant H. Berlioz* (*la Symphonie fantastique,* 1830) ; à son opéra *la Damnation de Faust* (1846) succèdent *Faust* (1859) de Gounod* et *Carmen* (1875) de Bizet*. La musique instrumentale a pour meilleurs représentants Franck* puis Fauré*; citons aussi Lalo*, Saint*-Saëns, Chabrier*, Dukas*, V. d'Indy*.
La révolution qu'opère Debussy* a des répercussions mondiales. *Pelléas et Mélisande* (opéra, 1902) ouvre une ère. Ravel exerce un art aussi raffiné. Satie* et le groupe des Six*, formé en 1918, s'opposent à l'expressionnisme allemand ; la France privilégie le « plaisir sonore » : A. Roussel*, F. Poulenc*. Varèse* s'expatrie aux États-Unis. Après 1945, il sera le pionnier de la musique électroacoustique (*Déserts,* 1954), alors que Schaeffer* développe la « musique concrète » et que Messiaen* est enfin reconnu. La France découvre tardivement Schönberg*. Dès lors, elle a une importante production sérielle, électroacoustique, etc. : Boulez*, Boucourechliev*, Michel Philippot, puis Pierre Henry, Gilbert Amy, etc.
Au XXe siècle, la chanson française a donné lieu à une abondante production. Les trois principaux interprètes sont Chevalier*, Piaf* et Montand*. Partagent leur gloire de nombreux chanteurs-compositeurs : C. Trénet*, L. Ferré*, G. Brassens*, Aznavour*, Gainsbourg*, etc.

Cinéma. Le cinéma (1895, premières projections de L. Lumière*), la mise en scène de cinéma (1896, Méliès*), le comique cinématographique (1907, Max Linder*) et le dessin animé (1906, Émile Cohl*) sont nés en France. Puis viennent L. Feuillade* (série des *Fantomas,* 1913-1914) et, peu après 1918, des cinéastes expressionnistes (nommés impressionnistes par L. Delluc*) : G. Dulac*, L'Herbier*, Epstein* et Gance* (*Napoléon,* 1926) ; l'Espagnol Buñuel* crée le cinéma surréaliste. Le « réalisme poétique » caractérise la période 1930-1940 : René Clair* (*Sous les toits de Paris,* 1930), Vigo* (*l'Atalante,* 1934), Feyder*, Jean Renoir* (*Toni,* 1934 ; *Une partie de campagne,* 1936), Duvivier*, Carné*, sur des scénarios de Prévert* (*Quai des Brumes,* 1938), Grémillon* ; l'acteur principal est J. Gabin*.

Le cinématographe Lumière.

L'après-guerre confirme de grands talents : Autant*-Lara, Becker*, Clouzot*, Clément* ; Bresson* poursuit jusqu'en 1983 (*l'Argent*) son œuvre austère. Melville* et Tati* (*les Vacances de M. Hulot,* 1953) apparaissent. En 1958, naît la « nouvelle vague » : Chabrol*, Truffaut*, Godard* (*À bout de souffle,* 1959), puis Rohmer* et J. Rivette. On peut rattacher à un tel courant Resnais* (*Hiroshima mon amour,* 1959 ; scénario de M. Duras) et A. Varda*; plus tard, M. Duras*, Eustache*, Pialat*. Le cinéma traditionnel a de solides représentants : Malle*, Sautet, Granier-Deferre, Tavernier, puis B. Blier, Annaud, Besson, Audiard. Produisent des « films d'auteur » : Cavalier, Téchiné, Jacquot, puis Claire Denis et Pascale Ferran.

La France d'outre-mer comprend :
- quatre départements d'outre-mer (DOM) : la Guadeloupe, la Guyane française, la Martinique, la Réunion, dont chacun forme également une Région depuis 1982 ;
- quatre territoires d'outre-mer (TOM) : la Nouvelle-Calédonie, la Polynésie française, Wallis-et-Futuna, ainsi que les Terres Australes et Antarctiques françaises ;
- deux collectivités territoriales : Mayotte, Saint-Pierre-et-Miquelon.

Guadeloupe

Département d'outre-mer formé par un archipel des Petites Antilles situé au sud de l'île de Montserrat et au nord de la Dominique.

Superficie : 1 704 km².

Population : 434 000 hab. (estimation 1995). (*Guadeloupéens*)
Croissance annuelle : 1,2 % (1990-1995).

Chef-lieu : Basse-Terre, 14 107 hab.

© Giraud / SYGMA

Pointe-à-Pitre.

Géographie physique. À l'est et au sud-est de Basse-Terre, ou Guadeloupe proprement dite (842 km²), et de Grande-Terre (588 km²), que sépare la Rivière Salée (bras de mer) se trouvent La Désirade (27 km²), Marie-Galante (158 km²), les petits archipels des Saintes (13 km²) et de la Petite-Terre. Au nord-ouest, bien au-delà de Montserrat, se trouvent Saint-Barthélemy (25 km²) et Saint-Martin, dont la France possède la partie nord (52 km²). Basse-Terre, très montagneuse, boisée et très arrosée, culmine à La Soufrière (1 467 m), volcan encore actif. Grande-Terre est un plateau calcaire peu arrosé. Le climat de l'archipel, tropical, est plus humide sur les reliefs au vent. De violents cyclones (Hugo en 1989) atteignent fréquemment la Guadeloupe.

Géographie humaine. En 1991, on comptait 77% de mulâtres, 10% de Noirs, 10% de métis (Français Asiatiques), 2% de Blancs ; autres : 1%. Le catholicisme est majoritaire (86%). L'émigration en métropole a stabilisé la croissance démographique.

Économie. 45 % des terres cultivées sont consacrées à la canne à sucre. Bananeraies (dévastées par les cyclones) et cultures vivrières sont insuffisantes. Peu nombreuses, les industries traitent surtout la canne (sucre et rhum). Les exportations (par le port de Pointe-à-Pitre) ne couvrent que 15 % des importations. L'aéroport de Pointe-à-Pitre-Le Raizet a un trafic important. 80 % des 2 384 km de routes sont asphaltés.

Éducation et santé. 90% de la population est alphabétisée ; 5,2 % fait des études supérieures. En 1991, on comptait 590 médecins et 3 230 lits d'hôpital.

Histoire. Christophe Colomb découvrit la Guadeloupe en 1493. Les Français s'y installèrent à partir de 1635 et cultivèrent la canne à sucre (1644). En 1759, les Anglais l'occupèrent, mais le traité de Paris (1763) la rendit à la France, ainsi que la Martinique, dont elle fut détachée administrativement. En avril 1794, les Anglais l'occupèrent en partie ; la Convention, qui, en février, avait aboli l'esclavage (mais pas à la Martinique), arma ses habitants ; ceux-ci chassèrent en septembre les Anglais auxquels les planteurs s'étaient alliés. Le Consulat rétablit l'esclavage et écrasa les protestataires (1802). Les Anglais occupèrent l'île à la fin de l'Empire et la rendirent en 1816. La Révolution de 1848 abolit définitivement l'esclavage, ce qui ruina momentanément la production de sucre. Des troubles éclatèrent dès 1850 (puis en 1895, en 1899, en 1924 et en 1967). En 1876, la France acheta Saint-Barthélemy à la Suède, qui possédait cette île depuis 1784. En 1946, la Guadeloupe devint un département d'outre-mer, auquel la décentralisation de 1982 octroya le statut de Région.

Littérature. La Guadeloupe a donné naissance à deux poètes blancs : Germain Léonard (1744-1793), préromantique, et Saint*-John Perse. Les premiers poètes noirs, au XXe siècle, produisent des œuvres « exotiques et régionalistes ». Par la suite, le poète Guy Tirolien* rejoint les tenants de la négritude* (*Balles d'or,* 1961), ainsi que la romancière Simone Schwarz*-Bart. Puis vint Maryse Condé* (*Ségou,* 1984 et 1985).

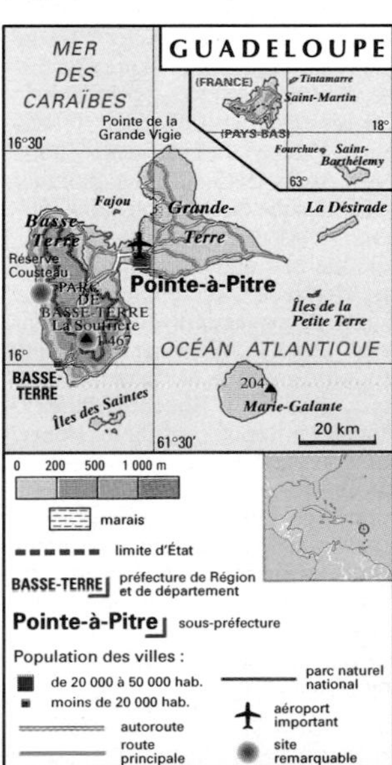

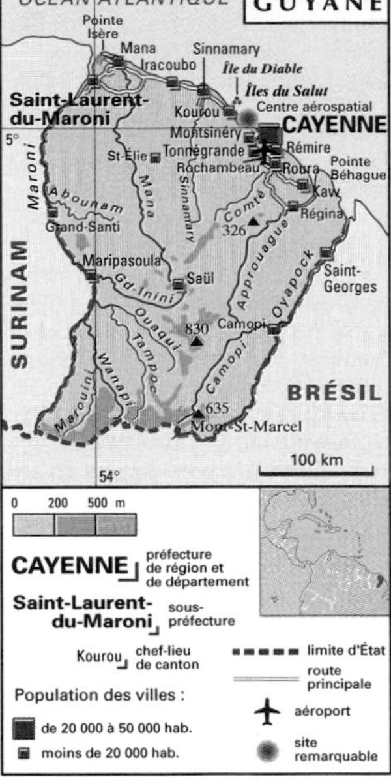

Guyane française

Département d'outre-mer situé, en Amérique du Sud, entre le Surinam, au nord-ouest, le Brésil, au sud, et l'océan Atlantique, au nord.

Superficie : 90 000 km².

Population : 145 000 hab. (estimation 1995). (*Guyanais*)
Croissance annuelle : 2,6 % (1990-1993).

Chef-lieu : Cayenne, 45 892 hab.

Géographie physique. Derrière un rivage bas et marécageux, un vaste plateau est couvert à 88 % par la forêt dense. L'intérieur n'est accessible que par les rivières (Oyapock et Maroni).

Géographie humaine. La population, métissée, se concentre sur la côte, et surtout à Cayenne. Trois groupes amérindiens (Wayana, Wayapi, Émerillon) vivent à l'intérieur ; sur le littoral, dans l'estuaire du Maroni et de la Mana, vivent des Galibis, des Arawaks et des Polikours. Relativement riche, la Guyane a attiré dans la décennie 1970-1980 de nombreux immigrants (Libanais, Chinois, Laotiens, Haïtiens, Surinamiens).

Économie. Les maigres cultures (riz, bananes, canne à sucre, manioc, tabac) ne couvrent qu'une faible partie des besoins. L'état des routes (1 690 km, dont 52 % asphaltés) ne permet pas l'exploitation des immenses ressources forestières. La base spatiale de Kourou constitue le grand pôle économique. 165 000 touristes visitent annuellement le pays.

Éducation et santé. 82 % des habitants sont alphabétisés. En 1992, on comptait 200 médecins et 837 lits d'hôpital.

Histoire. En 1637, les Français fondèrent Cayenne. De là, ils cherchèrent à exploiter la région, où Anglais, Hollandais et Portugais tentèrent de s'installer. Celle-ci ne fut définitivement française qu'en 1814. Toutes les tentatives de colonisation se soldèrent par des échecs, surtout après l'abolition de l'esclavage (1848). De 1851 à 1945, la Guyane fut un lieu de bagne ; le capitaine Dreyfus* fut incarcéré dans l'île du Diable (1895-1899). En 1946, la Guyane devint un département, auquel la décentralisation de 1982 octroya le statut de Région. En 1967, on créa le centre spatial de Kourou, d'où la première fusée Ariane fut lancée en 1979.

Littérature. La Guyane a donné naissance à deux précurseurs de la modernité africaine : R. Maran* (*Batouala,* 1921) et L.-G. Damas* (*Pigments,* 1937). V. négritude.

Martinique

Département d'outre-mer formé d'une île des Petites Antilles située au sud de la Dominique.

Superficie : 1 102 km².

Population : 388 000 hab. (estimation 1995). (*Martiniquais*)

Croissance annuelle : 0,9 % (1994).

Chef-lieu : Fort-de-France, 101 540 hab.

Géographie physique. Les plaines côtières sont peu étendues. Des montagnes volcaniques couvertes de forêts occupent l'intérieur. Au nord-ouest, la montagne Pelée (1 397 m) est un volcan en activité. Au centre-ouest, les pitons du Carbet atteignent 1 196 m. Au centre, la plaine du Lamentin coupe l'île. Au sud, les altitudes sont moins élevées qu'au nord ; le littoral est découpé. Le climat tropical est doux (27-28 °C), plus sec au sud-ouest.

Géographie humaine. En 1991, on comptait 93,7 % de Mulâtres, 2,6 % de Blancs et 1,7 % d'Indiens (d'Asie). Les catholiques sont 84,6 %.

Économie. Les cultures d'exportation (canne à sucre, bananes, ananas) se font au détriment des cultures vivrières. Les exportations ne couvrent pas 20 % des importations. L'aide massive de la métropole n'empêche pas le chômage (26,2 %), l'exode rural, l'émigration. Le tourisme est activement promu. On compte 2 091 km de routes, dont 75 % sont asphaltés.

Éducation et santé. 92,5 % des habitants sont alphabétisés. 6,3 % reçoivent une éducation supérieure. En 1991, on comptait 625 médecins et 3 747 lits d'hôpital.

Histoire. En 1502, Christophe Colomb découvrit l'île, peuplée depuis le début de l'ère chrétienne par des Arawaks, originaires de la forêt tropicale d'Amérique du Sud. Les Français en prirent possession en 1635, exterminèrent les Arawaks et importèrent des esclaves africains. Occupée par les Anglais en 1762, l'île redevint française en 1763 (traité de Paris) et la Guadeloupe ne lui fut plus rattachée administrativement. Dès 1790, les planteurs ne reconnurent pas les acquis de la Révolution et, comme à Haïti, les populations se soulevèrent. En 1794, contrairement à la Guadeloupe, l'esclavage ne fut pas aboli. Cette même année, les Anglais occupèrent l'île jusqu'à la paix d'Amiens (1802), puis de 1809 à 1816. Des révoltes secouèrent l'île jusqu'à l'abolition de l'esclavage (1848). En 1902, l'éruption de la montagne Pelée détruisit Saint-Pierre. En 1943, l'île se rallia à la France libre. En 1946, elle devint un département français d'outre-mer auquel la décentralisation de 1982 octroya le statut de Région.

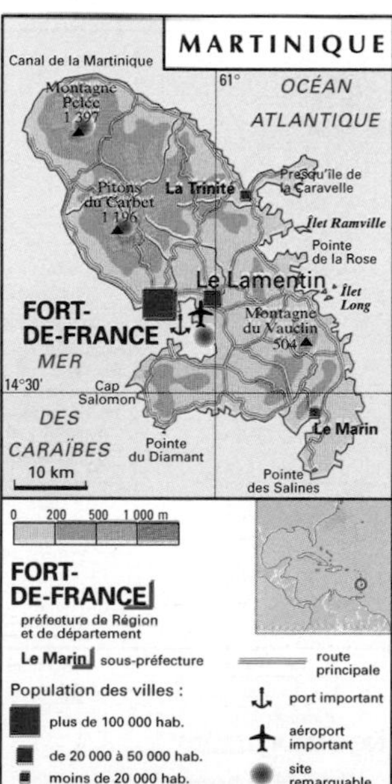

© Didier Goupy / SYGMA

Une plage touristique de la Martinique.

Littérature. Les premiers poètes martiniquais apparaissent après l'abolition de l'esclavage (1848). Lors de l'exposition coloniale de 1900 à Paris, une anthologie présente les œuvres traditionalistes d'un Parnasse noir. Plus radicale que la *Revue du monde noir,* publiée à Paris dans les années 1920, et que le mouvement *Lucioles,* animé par le poète Gilbert Gratiant*, la revue surréaliste *Légitime Défense* (un seul numéro, 1932) est animée notamment par René Ménil (né en 1907). En 1939, le poète A. Césaire* crée le terme *négritude** dans la revue parisienne *L'Étudiant noir* et publie (confidentiellement) son chef-d'œuvre, *Cahiers d'un retour au pays natal.* F. Fanon* conteste la notion de négritude *(Peau noire, masques blancs,* 1952). Auteur de romans (*la Lézarde,* 1958), É. Glissant* nuance la négritude en l'antillanité*. P. Chamoiseau* évoque le métissage culturel.

Réunion

Département d'outre-mer formé d'une île de l'océan Indien, à l'est de Madagascar.

Superficie : 2 510 km².

Population : 660 000 hab. (estimation 1995). (*Réunionnais*)
Croissance annuelle : 1,5% (1994).

Chef-lieu : Saint-Denis, 122 900 hab.

Géographie physique. La Réunion est la plus grande des îles Mascareignes (Maurice se trouve à moins de 200 km au nord-est de la Réunion). Son relief accidenté d'origine volcanique culmine au piton des Neiges (3 069 m) et au piton de la Fournaise (2 631 m), volcan encore actif. Le massif principal est évidé de cirques profonds débouchant par des gorges dans des plaines intérieures (Cafres) ou littorales (Palmistes), mais le Sud-Est est pierreux et désertique (Grand Brûlé). Le climat tropical, tempéré par l'altitude et l'insularité, est beaucoup plus humide sur le versant sud-est « au vent ».

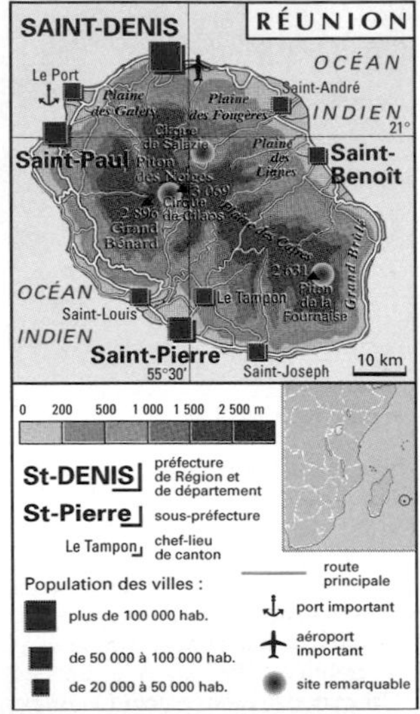

La Réunion : le cirque de Mafate, au N.-O. de l'île.

Géographie humaine. La population comprend 63,5 % de métis, 28,2 % d'Indiens, 2,2 % de Chinois, 1,9 % de Blancs, 1,1 % d'Africains ; autres : 3,1 %. Le catholicisme domine (88,3 %), suivi par l'islam. La croissance démographique pose de sérieux problèmes. La population se concentre sur certaines portions du littoral.

Économie. À la quasi-monoculture de la canne à sucre s'ajoutent les cultures de la vanille et de plantes à parfum (géranium et vétiver). Peu industrialisée, l'île souffre du chômage (31 %) et d'un fort déficit commercial. Elle dépend de la métropole. Un grand effort de développement (aéroport Gillot, port de la Pointe des Galets, 2 710 km de routes, dont 79 % asphaltés) aide un tourisme en expansion.

Éducation et santé. 80 % des habitants sont alphabétisés. 4,3 % reçoivent une éducation supérieure. En 1991, on comptait 1 061 médecins et 2 858 lits d'hôpital.

Histoire. En 1513, les Portugais abordèrent dans l'île, alors déserte. Les Français y débarquèrent en 1638, la nommèrent île Bourbon en 1649 et la peuplèrent. La culture du café, à partir de 1715, entraîna l'importation massive d'esclaves africains : en 1789, l'île comptait 60 000 hab. En 1793, la Convention la rebaptisa pour commémorer la réunion des Marseillais et des gardes nationaux à Paris, le 10 août 1792. En 1815, elle reprit son nom de Bourbon. Ayant perdu l'île Maurice, la France y cultiva la canne à sucre, ce qui déséquilibra l'économie. En 1848, l'esclavage fut aboli et l'île redevint la Réunion. Département français en 1936, l'île reçut le statut de Région en 1982. Depuis 1980, les cyclones ont aggravé les problèmes économiques.

Littérature. Lieu de naissance des poètes parnassiens Leconte* de Lisle, Auguste Lacaussade (1817-1897) et Léon Dierx (1838-1912), la Réunion a produit une abondante littérature orale en créole, recueillie tardivement : *Kriké Kraki* (1977), la *Littérature réunionnaise d'expression créole* (1984). Dès 1951, Jean Albany*, écrivant *Zamal,* puise dans le créole mots et rythmes, suivi par Boris Gamaleya (*Vali pour une reine morte,* 1973) et Alain Lorraine*. Le renouveau poétique se nourrit d'anticolonialisme : Gilbert Aubry (*Rivages d'alizé,* 1971), J.-F. Sam*-Long (*Crucifixion,* 1977), Jacques-Henri Azéma (*Olographe,* 1978), Agnès Guéneau (*la Réunion : une île, un silence,* 1979), Rial Debars (*Sirène de fin d'alerte,* 1979). Les romans dénoncent la misère : *les Muselés* (1977) d'Anne Cheynet ; *Quartier Trois-Lettres* (1980, en créole : *Kartyé trwa lèt,* 1984) d'Axel Gauvin ; *la Terre Bardzour, Granmoune* (1981) d'Agnès Guéneau.

Nouvelle-Calédonie

Territoire d'outre-mer situé dans l'océan Pacifique, en Mélanésie, à 1 500 km au nord-est de Brisbane (Australie), à l'ouest des îles Fidji et au sud-ouest de Vanuatu.

Superficie : 19 058 km², avec ses dépendances.

Population : 164 000 hab. (*Néo-Calédoniens*)
Croissance annuelle : 1,7 % (1994).

Chef-lieu : Nouméa, 60 200 hab.

Géographie physique. L'île s'allonge du nord-ouest au sud-est sur 400 km ; sa largeur varie entre 40 et 50 km. Montagneuse, elle culmine au mont Panié (1 628 m), au nord, et au mont Humboldt (1 618 m), au sud. Un récif-barrière la ceinture, bordant un lagon navigable. L'île jouit d'un climat tropical salubre (20 à 26 °C) ; les pluies tombent en été. Une savane boisée et le maquis ont remplacé la forêt primitive.

Géographie humaine. Les premiers occupants de l'île, les Canaques ou Kanaks, constituent aujourd'hui 44,8 % de la population (pourcentage qui ne cesse de croître) ; les Européens (Caldoches), 33,6 % ; les Wallisiens, 8,6 % ; les Indonésiens, 3,2 % ; autres : 9,8 %.

Économie. L'agriculture (sur 16 % des terres) occupe 32 % des actifs, mais elle fournit à peine 5 % du PNB. Malgré le nickel (25 % des réserves mondiales), dont 58 % est transformé sur place, l'île dépend en partie de la métropole. Le tourisme est en expansion. On compte 5 762 km de routes, dont 52 % sont asphaltés. Nouméa a un aéroport, ainsi que l'île Lifou.

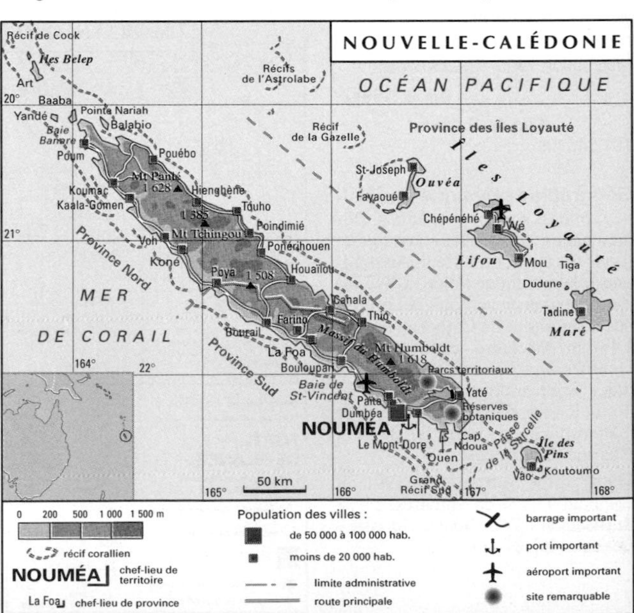

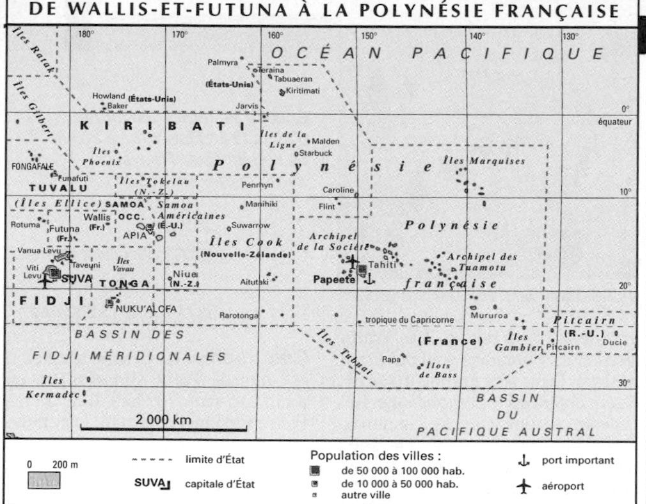

Éducation et santé. 57,9 % des habitants sont alphabétisés. 4,5 % reçoivent un enseignement supérieur. En 1992, on comptait 334 médecins et 1 298 lits d'hôpital.

Histoire. Découverte par Cook en 1774, française en 1853, l'île abrita, de 1864 à 1896, une colonie pénitentiaire. Les Canaques s'insurgèrent en 1878 (après la découverte du nickel en 1873). Le statut de TOM, acquis en 1946, a été confirmé par référendum en 1958. Un nouveau statut ouvre la voie à l'autodétermination en 1984, mais des incidents meurtriers éclatent entre les indépendantistes du Front de libération nationale kanak et socialiste (FLNKS), créé en 1982, et la grande majorité des Caldoches. Un référendum, en 1987, est boycotté par le FLNKS. En avril-mai 1988, celui-ci prend des gendarmes en otage dans l'île d'Ouvéa ; leur libération est sanglante. En juin, un accord est conclu entre le RPCR (Rassemblement pour la Nouvelle-Calédonie dans la République, caldoche, dirigé par Jacques Lafleur), le FLNKS (dirigé par J.-M. Tjibaou*) et le gouvernement français : un référendum portant sur l'indépendance sera organisé en 1998. En novembre 1988, un référendum approuve le statut transitoire de l'île.

Culture. L'art des Canaques comporte les ensembles sculptés des portes de cases monumentales (chambranles, etc.), des masques et des armes.

Nouvelle-Calédonie : Nouméa.

© Yann Arthus Bertrand / ALTITUDE

© Malary / PIX

Polynésie française : l'île de Mooréa, dans l'archipel de la Société, à l'ouest de Tahiti.

Polynésie française

Territoire d'outre-mer réunissant des îles et des archipels éparpillés sur cinq millions de km² dans l'océan Pacifique.

Superficie : 4 200 km², avec ses dépendances.

Population : 220 000 hab. (estimation 1995). (*Polynésiens*)
Croissance annuelle : 2 % (1992).

Chef-lieu : Papeete, 23 500 hab.

Géographie physique. Certaines de ces terres ont une origine volcanique : îles de la Société (1 647 km², 142 000 hab.), comprenant Tahiti* (1 042 km², 1 160 hab.) et ses dépendances (Bora Bora, 38 km²), îles Marquises (1 274 km², 7 350 hab.) à 1400 km au nord-est de Tahiti. D'autres îles sont uniquement coralliennes : îles Tuamotu (880 km², 12 400 hab.), dont l'atoll Mururoa (3 000 hab.) ; îles Tubuai, dites aussi Australes, dont l'île Tubuai (48 km², 1 846 hab.) ; les îles Gambier (36 km², 600 hab.), rattachées administrativement aux îles Tuamotu. Toutes ces terres subissent un climat tropical humide.

Géographie humaine. La population comprend 66,8 % de Polynésiens, 18,6 % de métis, 10,2 % d'Européens (Français pour la plupart), 3,8 % de Chinois ; autres : 0,6 %. On compte 46,6 % de protestants, 39,4 % de catholiques, 3,5 % de mormons, etc. L'urbanisation atteint 55 % de la population. Papeete et Faaa (24 000 hab.), dans l'île de Tahiti, constituent la seule agglomération urbaine.

Économie. La faiblesse des ressources agricoles (cocotiers, tubercules, canne à sucre, café), de la pêche, de l'industrie et de l'artisanat nécessite des importations massives. Le Centre d'expérimentation (nucléaire) du Pacifique a installé sa base arrière à Papeete en 1964. Les essais nucléaires ont eu lieu à Mururoa (1966-1996). Le tourisme est en plein essor. On compte en tout 792 km de routes, dont le tiers est asphalté. Les relations entre les îles sont aériennes.

HISTOIRE

Des marins anglais et français (Bougainville, La Pérouse, etc.), explorèrent les îles polynésiennes à la fin du XVIIIe siècle. La France établit progressivement son protectorat sur l'actuelle Polynésie française, christianisée par des missionnaires (il en fut ainsi pour Tahiti en 1842, annexée en 1880). Organisés par décret en 1885, les Établissements français de l'Océanie devinrent en 1946 un TOM, statut confirmé par référendum en 1958 ; ils reçurent alors leur nom actuel. Le territoire obtint en 1977 son autonomie interne : l'Assemblée territoriale comprend 41 membres élus. Cette autonomie s'est accrue en 1984 et en 1990. Le courant indépendantiste a des partisans.

Culture. Les habitants des Marquises travaillaient le bois, la pierre, l'os et l'ivoire. Des pendentifs en jade représentent la déesse Tiki. Notons par ailleurs que Gauguin séjourna à Tahiti (1895-1901) puis aux Marquises, où il mourut en 1903.

© R. Espin / HOA QUI

La terre Adélie, sur le continent antarctique.

Terres Australes et Antarctiques

Territoire d'outre-mer qui rassemble des îles australes, disséminées dans le sud de l'océan Indien, et la terre Adélie, portion du continent antarctique.** **V. carte p. 1375.

Note. *Les Terres Australes et Antarctiques françaises (TAAF), qui couvrent environ 440 000 km², sont quasiment inhabitées (200 hab. environ) et n'ont pas de chef-lieu.*

Géographie. La terre la plus vaste est la terre Adélie (388 500 km²), portion du continent antarctique située au sud-sud-ouest de la Tasmanie. Les terres les plus septentrionales, l'île de la Nouvelle-Amsterdam (55 km²) et l'île Saint-Paul (7 km²), se trouvent entre l'Afrique du Sud et la Tasmanie. Au sud-est de l'Afrique du Sud, les îles Crozet ont 500 km² ; les îles Kerguelen, 7 000 km². Ces îles, qui sont toutes volcaniques, peuvent atteindre de fortes altitudes ; les îles Kerguelen culminent au mont Ross (1 850 m). Pluvieuses, ces îles on une température moyenne de – 1,5 °C. La mer est très agitée, les algues et les poissons abondent. Ces îles et la terre Adélie constituent des réserves d'oiseaux. Sans valeur économique, elles abritent des observatoires scientifiques dont l'intérêt est planétaire.

Histoire. En 1772, le Français Kerguelen de Trémarec découvre les 300 îles qui porteront son nom, et Marion-Dufresne, les îles Crozet. En 1840, Dumont d'Urville prend possession de la terre Adélie. La France acquiert la Nouvelle-Amsterdam en 1893. Après la Seconde Guerre mondiale, la France installe sur le rivage de la terre Adélie la base scientifique Dumont d'Urville.

Wallis-et-Futuna

Territoire d'outre-mer situé dans l'océan Pacifique au nord-est des îles Fidji et à l'ouest des îles Samoa.** **V. carte De Wallis-et-Futuna à la Polynésie française, p. 1445.

Superficie : 274 km².

Population : 14 700 hab. (estimation 1995). (*Wallisiens* et *Futuniens*)
Croissance annuelle : 2 %.

Chef-lieu : Mata-Utu (1 222 hab.), dans l'île Uvéa .

Géographie. Les îles Wallis (159 km², moins de 10 000 hab.) comprennent l'île principale du TOM, Uvéa, île volcanique entourée d'une vingtaine d'îlots coralliens. Futuna, île volcanique (moins de 5 000 hab.), et Alofi (inhabitée) forment les îles Horn (115 km²). Les précipitations excèdent 2,5 m par an. Les Wallisiens et les Futuniens sont des Polynésiens. Dans leur grande majorité, ils ont embrassé le catholicisme. Les ressources sont maigres : ignames, taros, bananes, coprah ; élevage ; pêche. Les Wallisiens émigrent en Nouvelle-Calédonie.

Histoire. En 1767, l'Anglais Samuel Wallis (1728-1795) découvrit ces îles, que des missionnaires français vinrent évangéliser en 1837. La France y établit en 1886 son protectorat. En 1959, par référendum, elles acquirent le statut de TOM. Celui-ci possède un conseil (consultatif), une assemblée élue et reconnaît l'autorité coutumière de trois royaumes : Uvéa et, dans Futuna, Sigave et Alo.

Mayotte

Collectivité territoriale située à l'extrême sud-est des Comores, dans l'océan Indien.

Superficie : 374 km².

Population : 68 000 hab. (*Mahorais*)
Croissance annuelle : 3,8 % (1991).

Chef-lieu : Mamoudzou, 5 865 hab.

Géographie. Mayotte (en swahili : Maoré) est une île volcanique. Tropical, son climat a les mêmes traits que celui des autres Comores (voir p. 1416). Les productions agricoles (riz, agrumes, manioc, ylang-ylang, vanille, coprah) ne suffisent pas aux besoins et Mayotte dépend de la métropole. Les 233 km de routes sont asphaltés à 93 %.

Population. Les Mahorés sont des métis d'Africains, d'Arabes et de Malgaches. La langue officielle est le français. L'arabe et le swahili sont d'usage courant. L'islam sunnite domine (97,1 %). L'alphabétisation excède les 90 %. On compte 26 médecins et 154 lits d'hôpital.

Histoire. Quand, le 22 déc. 1974, les Comores décidèrent par référendum leur indépendance (95 % de « oui »), le « non » l'emporta à Mayotte. Le 8 fév. 1976, un nouveau référendum, décida son maintien dans la République française.

Saint-Pierre-et-Miquelon

Collectivité territoriale formée d'un petit archipel situé à 20 km au sud de Terre-Neuve, dans l'océan Atlantique.

Superficie : 242 km².

Population : 6 277 hab. (*Saint-Pierrais*)

Croissance annuelle : 0,6 % (1991).

Chef-lieu : Saint-Pierre (5 683 hab.)

Géographie. La Grande Miquelon et Langlade (Petite Miquelon) ont en tout : 216 km², 709 hab. L'île Saint-Pierre (26 km²) concentre la population du territoire (d'origine française, et catholique à 98,4 %). Ces trois îles, aux côtes découpées, ont un climat humide, froid et venteux. La végétation est rare (conifères, bouleaux).

Économie. La pêche à la morue constituait la principale ressource. Le tourisme attire Canadiens et Américains. L'aide de la métropole est indispensable. Les Saint-Pierrais émigrent.

Histoire. Les îles, fréquentées par les pêcheurs français à partir du XVIe siècle, ne reçurent leur premier établissement permanent qu'au début du XVIIe siècle. L'Angleterre les disputa à la France, qui obtint leur possession définitive en 1814. En 1904, la France perdit le droit de pêche à Terre-Neuve et les terre-neuvas se rabattirent sur Saint-Pierre. En décembre 1941, Saint-Pierre se rallia à la France libre. Territoire (1946), puis département français d'outre-mer (1976), les îles devinrent une collectivité territoriale en 1985.

Littérature. *L'Œuvre des mers,* d'Eugène Nicole, constitue la saga de l'archipel (3 volumes parus : 1988-1996).

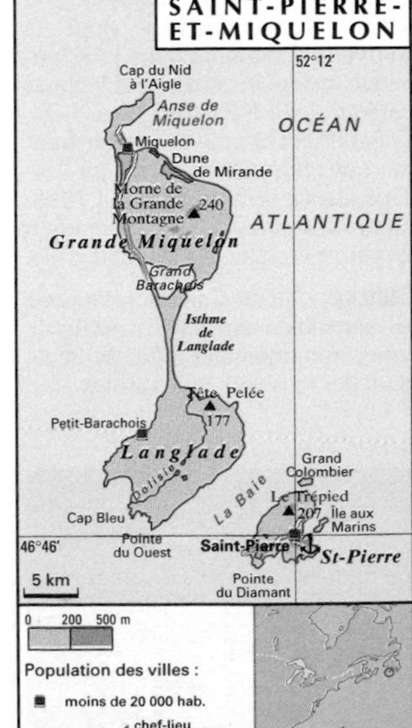

République gabonaise

État d'Afrique centrale, limité au nord par la Guinée équatoriale et le Cameroun, à l'est et au sud par le Congo, à l'ouest par l'océan Atlantique.

Superficie : 267 667 km².

Population : 1 011 710 hab. (recensement de 1993). (*Gabonais*)
Croissance annuelle : 3,3% (1990-1995).

Capitale : Libreville, 370 000 hab. (1992).

Produit national brut : 3,9 milliards de dollars (1995).

P.N.B./hab. : 3 850 dollars (1995).

Monnaie : franc CFA.

Fête nationale : 17 août.

GÉOGRAPHIE PHYSIQUE

Relief. Le Gabon est un pays accidenté qui repose sur le vieux socle érodé de l'Afrique. Traversé par l'équateur, centré sur le bassin de l'Ogooué, il est constitué d'une plaine côtière que domine un arrière-pays de plateaux jalonnés de hauteurs (monts de Cristal, monts du Chaillu). La côte, rectiligne et bordée de lagunes, est entaillée au nord par de profondes rias (estuaire du Gabon). Plus au sud, la presqu'île du cap Lopez s'avance en pointe sur l'océan.

Climat. Le Gabon a un climat équatorial favorable à la grande forêt, à la fois chaud et humide (entre 1 500 et 3 000 mm de pluies annuelles) avec une courte saison sèche. La température moyenne est de 26 °C.

Végétation. 80% du territoire est couvert par la forêt dense. Celle-ci comprend de très grands arbres et les essences ont une belle variété : acajou, okoumé, etc.

Fleuves. Le grand fleuve, l'Ogooué, qui prend sa source au Congo, a la majeure partie (1 170 km) de son cours au Gabon. Il est coupé de rapides et de passages resserrés. Ses eaux se séparent, en aval de Lambaréné, dans un delta intérieur comportant des lacs, avant de constituer un delta maritime enserrant la presqu'île du cap Lopez. L'Ogooué est navigable toute l'année en aval de N'Djolé (250 km).

GÉOGRAPHIE HUMAINE

Langues. La langue officielle est le français. Les principales langues parlées sont toutes des langues bantoues : le fang, le punu, le téké, etc.

Religions. 96,2% des Gabonais sont chrétiens (65,2% de catholiques, 18,8% de protestants, 12,1% de fidèles d'Églises indépendantes). Les adeptes des religions traditionnelles sont 2,9% et les musulmans 0,8%.

Ethnies. La population gabonaise se compose d'une soixantaine d'ethnies. Les Fang (35,5%) sont les plus nombreux.

Population. Le Gabon a une très faible densité (4,8 hab./km² en 1992). La population se concentre dans les grandes agglomérations (Libreville, Port-Gentil), les zones de Franceville et la région agricole de Woleu-Ntem. Certaines régions sont pratiquement inhabitées (monts de Cristal, marécages du delta de l'Ogooué). Ce déséquilibre est dommageable car des zones entières restent inexploitées.

Villes. La croissance des villes est spectaculaire. La capitale, Libreville, compte 370 000 hab. ; Port-Gentil, 164 000 hab. ; Franceville, 75 500 hab.

INSTITUTIONS

Le Gabon est une république de type présidentiel et pluraliste. Une nouvelle Constitution a été adoptée le 15 mars 1991. L'Assemblée nationale est composée de 120 députés élus pour cinq ans.

ÉCONOMIE

Conjoncture. Le Gabon a longtemps été l'un des pays les plus riches de l'Afrique subsaharienne, mais une crise économique a résulté d'une croissance faible, d'une baisse du train de vie de l'État, de l'impos-

Déroulage de l'okoumé dans une usine de contreplaqué (Port-Gentil).

Chargement des billes de bois.

sibilité de recourir à de nouveaux emprunts à l'étranger. Depuis la dévaluation du franc CFA (1994), la croissance est revenue, mais le niveau de vie est faible.

Agriculture. Le bois est la principale ressource tirée du secteur primaire. L'okoumé, dont le Gabon a, avec le Congo et la Guinée équatoriale, le monopole, représente 93% des ventes de bois. Le manioc est la première culture vivrière (10% des terres cultivées). Le cacao et le café sont les deux seules cultures d'exportation mais les ventes annuelles sont insignifiantes.

Mines et industrie. Le Gabon est un pays minier très riche. La production de pétrole, sur les sites maritimes de Mandji et de Rabi Kounga, progresse malgré un coût d'exploitation élevé (13 dollars le baril contre 5 dollars en Arabie). Le Gabon produit également de l'uranium et du manganèse. Le gisement de phosphate découvert en 1989 a des réserves évaluées à 50 000 000 t. L'hydroélectricité fournit 80% de la consommation d'électricité. Les principales industries touchent à l'agro-alimentaire et aux matériaux de construction.

Échanges extérieurs. Les exportations (1 950 000 000 dollars en 1993, dont 82% de pétrole) sont supérieures aux importations (935 000 000 dollars).

Transports. Le réseau routier a 6 898 km (11% bitumés) ; le réseau ferroviaire 668 km (Transgabonais) avec en projet un prolongement de 237 km) qui rejoindra Booué à Belinga pour le transport du minerai de fer. Les principaux aéroports sont Libreville (662 000 passagers), Port-Gentil (266 000 passagers), Franceville (75 000 passagers). Les principaux ports sont Libreville, Owendo (face à Libreville, de l'autre côté de l'estuaire) et Port-Gentil.

ÉDUCATION ET SANTÉ

Éducation. 62% des personnes âgées de 15 ans et plus étaient alphabétisées en 1993.

Santé. Il y avait, en 1990, 1 médecin pour 2 800 hab. et 1 lit d'hôpital pour 103 hab.

HISTOIRE

L'histoire ancienne. La grande vague migratoire des Bantous a atteint le Gabon à une date encore mal déterminée : peut-être vers le XIe ou le XIIe siècle. Les migrations se sont poursuivies jusqu'au XIXe siècle, avec l'arrivée massive des Fang. Autrefois, le Gabon était une zone active sur le plan économique, notamment grâce au commerce qui empruntait les voies d'eau vers l'intérieur des terres. Le Loango aurait été fondé au XIVe siècle, dans le sud du Gabon actuel. L'organisation du royaume ressemblait à celle des autres États d'Afrique centrale. Le *ma Loango* (souverain) descendait d'une longue dynastie de chefs forgerons et son peuple le vénérait comme un magicien. La famille du roi participait activement aux affaires politiques. Au XVe siècle, le Loango tomba sous la tutelle de son puissant voisin, le Kongo. Il ne s'en libéra qu'au XVIIe siècle, lorsque les Portugais terrassèrent le Kongo.

L'arrivée des Européens. Les premiers navigateurs portugais atteignirent l'embouchure du Gabon en 1472. Le nom de Gabon viendrait du *gabão,* vêtement porté par les marins dont la forme ressemblerait à l'estuaire du fleuve. Au XVIIe siècle, les Portugais abandonnèrent le terrain aux Hollandais. Les Britanniques et les Français se joignirent aux échanges que la traite des esclaves rendait très fructueux. Au XIXe siècle, celle-ci atteignit son apogée dans la région. Des produits de la forêt intéressaient les Européens : en premier lieu le caoutchouc puis le bois.

En 1839, Bouët-Willaumez signa une convention avec un chef Mpongwé, Rapontchombo, dit « le roi Denis », consacrant la présence française sur la rive gauche de l'estuaire du Gabon. D'autres accords avec les chefs Louis Dowe, Glass, Quaben et Georges, permirent aux Français de s'implanter plus largement. À partir de 1848, les Français luttèrent contre la traite clandestine. En 1849, ils fondèrent Libreville, « village de liberté » pour les esclaves libérés des bateaux clandestins. En 1862, les Français signèrent le traité du cap Lopez avec les représentants de la population locale. Les missionnaires, à l'instar de Mgr Bessieux, commencèrent l'évangélisation des populations.

Bien implantés sur la côte, les Français se lancèrent à la découverte des régions intérieures. Les voies les plus accessibles étaient fluviales. Ce fut donc l'affaire des explorateurs et surtout des officiers de marine : Serval, Aymes, P. du Chaillu, Pierre Savorgnan de Brazza puis son frère Jacques… En 1891, le Gabon fut détaché des Établissements français du golfe de Guinée. Les décrets de 1903, 1906 et surtout 1910 constituèrent le Gabon et l'AEF (Afrique-Équatoriale française). Libreville perdit son rôle de chef-lieu de l'Afrique centrale française au profit de Brazzaville. Les frontières du Gabon se profilèrent au XXe siècle : avec la Guinée espagnole en 1900, avec le Cameroun allemand (Kamerun) en 1908 et 1911. La frontière avec le Congo, tracée en 1886, fut remaniée pour permettre la construction du chemin de fer Congo-Océan. Le Haut-Ogooué ne revint au Gabon qu'en 1946.

Plate-forme pétrolière au large des côtes.

© B. Nantet

Rapontchombo, dit « le roi Denis ».

La colonisation. Comme pour les autres colonies de l'AEF, le premier âge colonial fut celui des grandes compagnies concessionnaires. Elles exploitèrent l'ivoire, le caoutchouc et surtout, dans le cas du Gabon, le bois d'okoumé, essence servant à la fabrication du contreplaqué. Après la Première Guerre mondiale, les perspectives de la forêt semblaient infinies et de nombreux colons se lancèrent dans l'aventure du bois. Beaucoup firent faillite pendant la crise économique des années 1930. L'instauration de l'impôt par tête et du travail forcé contraignit les populations à intégrer l'économie coloniale, dans des conditions pénibles : les salaires versés par les grandes compagnies étaient souvent dérisoires et les mauvais traitements fréquents. À partir de 1913, le Dr Albert Schweitzer fit construire un dispensaire à Lambaréné et tenta de mettre en œuvre une colonisation plus humaine.

La Seconde Guerre mondiale marque un tournant dans l'histoire du Gabon. En 1940, quelques jours après la prise de Libreville par les Alliés, l'administration coloniale se rallia au général de Gaulle. Comme en 1914, de nombreux Gabonais furent enrôlés dans l'armée française. En contrepartie de leur contribution, ils espéraient que le régime colonial serait assoupli. Après la guerre, deux personnalités politiques s'affirmèrent : Jean-Hilaire Aubame, député au Parlement français, et Léon M'Ba, maire de Libreville et fondateur du *Bloc démocratique gabonais* (BDG). Le statut du Gabon évolua, avec la création de l'Union française en 1946 et la loi-cadre de 1956. Le référendum de 1958 sur la Communauté française reçut 92% de « oui » et le Gabon devint une république autonome.

Le Gabon contemporain. Le Gabon accéda à l'indépendance le 17 août 1960. En 1961, Léon M'Ba fut élu président. En 1964, Jean-Hilaire Aubame prit le pouvoir par un coup d'État mais une intervention militaire française réinstalla Léon M'Ba à la présidence. À la mort du président en 1967, le vice-président Albert-Bernard (puis Omar, à partir de 1973) Bongo lui succéda. En 1968, il créa le *Parti démocratique gabonais* (PDG), parti unique. Il se consacra au développement économique du pays, fondé sur l'exploitation des réserves pétrolières. En 1981, un parti d'opposition non autorisé se créa : le Morena (*Mouvement de redressement national,* devenu en 1992 *Forum pour la reconstruction*). En 1990, l'ouverture politique aboutit à la tenue d'une Conférence nationale et à l'institution du multipartisme. L'opposition, morcelée, ne parvint pas à s'imposer. Les élections présidentielles et législatives de 1993 ont vu la victoire d'Omar Bongo (et du PDG) devant son principal concurrent, le père Paul Mba Abbessolé. En 1994, la dévaluation du franc CFA a plongé une partie de l'économie dans une crise que le pays s'emploie à surmonter avec succès.

CULTURE

Art. Le style des Fang du Sud se caractérise par des statues robustes aux formes arrondies et par des têtes seules coiffées d'un casque à tresses. Les Fang (comme certaines ethnies voisines) sculptent aussi des bustes, parfois réduits à la tête, qui surmontent des paniers-reliquaires. Le patrimoine gabonais recèle des hauts de reliquaires : figures ovales et plates surmontées d'une coiffure en croissant de lune, en bois plaqué de fines lamelles, ou feuilles, de laiton et de cuivre. Le masque est très diversifié. Les masques blancs (esprits des morts), d'une grande simplicité à l'est, deviennent, lorsqu'on se déplace vers l'ouest, plus complexes et plus réalistes. D'autres masques ont un front bombé et une face incurvée. D'autres encore ont un style pictural cubiste à plans colorés géométriquement opposés. Au nord du Gabon, il existe trois types de masques fang : le masque ngil (longue planche de bois), le masque ekekek (masque-heaume) et le masque ngontan (masque-heaume à quatre faces ou plus).

Littérature. La tradition orale est d'une extrême richesse. Les *Contes gabonais,* recueillis et traduits en français par le prêtre métis André Raponda*-Walker, constituent la première œuvre publiée (1953) de la littérature gabonaise. Le *mvet* des Fang, qui désigne à la fois le joueur, l'instrument (harpe-cythare) et le récit épique, a été longuement étudié par Philippe Tsira Ndong Ndoutoumé, qui publie, en 1970 et 1975, *les Exploits des mortels contre les immortels.* La poésie prend son essor entre 1975 et 1985 : Georges Rawiri (*Chants du Gabon,* 1975), Quentin Ben Mongaryas (*En route pour Kendje*), Okoumba*-Nkoghe (*Le soleil élargit la misère,* 1980), qui donne ensuite des romans (*la Mouche et la Glu,* 1984), ainsi qu'Angèle Ntyugwetondo Rawiri* (*G'amàrakano,* 1983). Citons aussi, *Bibouabouah : chroniques équatoriales* (1985) d'Allogho-Oke, qui introduit la satire, et le roman de Laurent Owondo, *Au bout du silence* (1984).

Théâtre. Le théâtre moderne est né dans les années trente. Deux pièces en langue bantoue connaissent le succès : *Ré-Nkoula ou le sorcier,* qui joue des tours au diable, et *Ntchembo yi David* (*l'Adultère de David*). Vincent de Paul Nyonda* traite le passé (*la Mort de Guykafi,* 1966) et l'alcoolisme moderne (*le Soûlard,* 1971). Joséphine Kama Bongo écrit elle aussi des pièces. Le Théâtre du silence, animé par Rosira N'Kielo, et le Théâtre de recherche, dirigé par Odimbossoukou, accordent une place prépondérante à la gestuelle inspirée du patrimoine africain.

Cinéma. Le choc des rencontres entre tradition et modernité, Afrique et Occident, fournit les thèmes principaux aux cinéastes gabonais Pierre-Marie Dong (*Identité,* 1973), Philippe Mory (*les Tam-tams se sont tus,* 1972) et Simon Augé (*Il était une fois à Libreville,* 1973). De 1975 à 1978, Pierre-Marie Dong et Charles Mensah* réalisent *Obali et Ayouma,* d'après des scénarios sur la condition féminine écrits par Joséphine Kama Bongo. Le Centre national du cinéma produit deux courts métrages de fiction, *Raphia* (1986) de Paul Moukety et *le Singe fou* (1986) de Henri-Joseph Koumba.

Musique. Deux musiciens incarnent les tendances nouvelles de la musique gabonaise contemporaine : Pierre Akendengue* et Hilarion Nguema, qui tous deux ont puisé dans le patrimoine musical de la tradition pour affirmer leur attachement à leurs racines africaines et n'ont pas hésité à se porter vers les autres musiques pour réaliser des œuvres ouvertes sur le monde. Akendengue aime psalmodier, sur des rythmes mélangés, des textes poétiques et des contes de la tradition orale. Nguema a inventé une musique humoristique chargée d'ironie sur fond de biguine, de zouk et de rumba.

République de Guinée

État de l'Afrique occidentale limité au nord-ouest par la Guinée-Bissau, au nord par le Sénégal et le Mali, au sud-est par la Côte d'Ivoire, au sud par le Liberia et la Sierra Leone, à l'ouest par l'océan Atlantique.

Superficie : 245 857 km².

Population : 7 400 000 hab. (estimation 1993). (*Guinéens*)
Croissance annuelle : 3% (1990-1995).

Capitale : Conakry, 1 million d'hab. (1991).

Produit national brut : 3,8 milliards de dollars (1995).

P.N.B./hab. : 550 dollars (1995).

Monnaie : franc guinéen.

Fête nationale : 2 octobre.

0 200 500 1 000 1 500 m

CONAKRY capitale d'État

Kindia capitale de province

Population des villes :

plus de 500 000 hab.

de 50 000 à 150 000 hab.

de 20 000 à 50 000 hab.

autre ville

côte à mangrove

limite d'État

route principale

autre route, piste

voie ferrée

site du "patrimoine mondial" UNESCO

port important

aéroport important

© J.-M. Lerat

Mosquée en haute Guinée.

GÉOGRAPHIE PHYSIQUE

Relief. La Guinée est constituée de quatre régions naturelles. La Guinée maritime est une large plaine, dont la côte basse et marécageuse est découpée par de nombreux estuaires. La moyenne Guinée, qui comprend le Fouta-Djalon, est formée de plateaux usés par l'érosion. Parsemée de légères ondulations, la haute Guinée est une zone de transition avec le Mali voisin. Située à l'extrémité sud-est, la Guinée forestière est une région de montagnes.

Climat. La Guinée maritime se distingue par une seule saison des pluies qui dure six mois avec de fortes précipitations. En moyenne Guinée, l'unique saison des pluies est plus courte (cinq mois), avec des pluies moindres. En haute Guinée, la saison des pluies se limite à trois mois ; l'harmattan souffle, en fin de saison, desséchant l'atmosphère. En Guinée forestière, la température et l'humidité sont constantes toute l'année et la petite saison sèche tend à disparaître.

Végétation. En Guinée maritime, le climat et la nature des sols sont propices aux cultures tropicales. En moyenne Guinée, les sols, indurés, sont impropres à la culture, sauf dans les vallées. En Guinée forestière, la végétation est abondante et la forêt très dense.

Fleuves. La Guinée est le château d'eau de l'Afrique de l'Ouest. De nombreux cours d'eau prennent leur source dans le Fouta-Djalon (Niger, Gambie, Sénégal sous le nom de Bafing) et dans la Guinée forestière. Le Niger et ses affluents creusent en haute Guinée des plaines alluviales, souvent inondées, et bordées de terrasses aménagées en rizières.

GÉOGRAPHIE HUMAINE

Langues. La langue officielle de la Guinée est le français. Les langues parlées appartiennent à deux groupes de la sous-famille nigéro-congolaise : ouest-atlantique (peul, kissi, etc.) et mandé (malinké, susu, kpélé, etc.).

Religions. Les musulmans (85%) sont les plus nombreux. On compte 5% d'adeptes des religions traditionnelles et 1,5% de chrétiens. Les autres religions totalisent 8,5% de la population.

Ethnies. Une vingtaine d'ethnies forment le peuple guinéen. Deux groupes prédominent : les Peuls (38,6%) et les Malinké (23,2%). Puis viennent les Susu (11%), les Kissi (6%), les Kpélé (4,6%). L'ensemble des autres ethnies totalisent 16,6% de la population.

Population. La population guinéenne vit concentrée dans l'espace maritime de la plaine côtière. Les trois quarts des Guinéens vivent dans des zones rurales.

Villes. En dehors de la capitale Conakry (1 million d'hab.), les villes sont relativement petites : Kankan (90 000 hab.), Labé (70 000 hab.), Kindia (60 000 hab.).

INSTITUTIONS

La Guinée est une république de type présidentiel et pluraliste. D'après la nouvelle Constitution, qui a été adoptée le 23 déc. 1990, l'Assemblée nationale est élue au suffrage universel.

ÉCONOMIE

Conjoncture. Le taux de croissance économique de la Guinée augmente (2,5% en 1991, 4,6% en 1995). Les dépenses d'infrastructure ont redémarré grâce à l'établissement de relations avec le FMI et la Banque mondiale et à la privatisation de sociétés d'État. Il en a résulté une forte diminution de l'inflation, ce qui favorise le développement économique tant attendu.

Agriculture. L'agriculture guinéenne a un faible rendement. La balance agricole est déficitaire (3% du PNB). Les principales cultures vivrières sont le riz (35% des terres cultivées), l'arachide (7%) et le manioc (5%). Les cultures d'exportation ont disparu depuis l'indépendance. Le cheptel bovin compte environ 2 700 000 têtes. La forêt produit 4 670 000 m³ de bois.

Mines et industrie. La Guinée possède un riche sous-sol. Elle est le deuxième producteur mondial de bauxite (15 millions de t en 1995, 15% des ventes mondiales). La production d'alumine – première transformation de la bauxite en aluminium – progresse. L'or (4 à 5 t par an) est exploité par la Société aurifère de Guinée. Les diamants (63 millions de dollars d'exportation) sont exploités par l'Aredor. La production d'hydroélectricité, encore faible, devrait s'accroître avec la réalisation du barrage de Garafari sur le fleuve Konkouré.

Échanges extérieurs. Les exportations (642 millions de dollars en 1993) sont inférieures aux importations (770 millions de dollars).

Transports. La Guinée dispose d'un réseau routier de 28 400 km (4% bitumés), d'un réseau ferroviaire de 662 km en mauvais état et de 135 km de voies minières.

Mine d'or à ciel ouvert à Missamana.

© J.-M. Lerat

ÉDUCATION ET SANTÉ

Éducation. 24% des personnes âgées de 15 ans et plus étaient alphabétisées en 1990. Le taux de scolarisation est de 30% dans le secondaire et de 1,2% dans le supérieur.

Santé. Il y avait, en 1988, 1 médecin pour 9 732 hab. et 1 lit d'hôpital pour 1 934 hab.

HISTOIRE

L'histoire ancienne. L'histoire ancienne de la Guinée est méconnue. Mais on sait que les peuples de la région se sont très tôt, au cours du Ier millénaire apr. J.-C., rencontrés dans la boucle du Niger, par le biais du commerce et des grandes vagues migratoires de la sous-région. Le pays participait donc directement au commerce transsaharien. La Guinée intérieure fut intégrée à l'empire du Ghana vers le Xe siècle. Au XIIIe siècle, Soundiata* Keita fonda l'empire du Mali, dont la capitale, Niani, se trouve sur le territoire de la Guinée actuelle.

À partir du XIIIe siècle, des groupes peuls ont migré de la zone sahélienne vers le Fouta-Djalon, région propice à l'élevage. Ils s'imposèrent aux populations locales et s'opposèrent aux États voisins, en pleine expansion. Au XVIIe siècle, d'autres groupes peuls, convertis à l'islam, les rejoignirent. Ensemble, ils lancèrent un *jihad* contre les « infidèles » au XVIIIe siècle. Le Fouta-Djalon s'organisa en un État théocratique sous l'impulsion de Karamoko Alfa (1725-1750) puis de Ibrahima Sambego Sori (1751-1784). La capitale se trouvait à Timbo. L'opposition entre deux familles, les Alfaya et les Soriya, aboutit en 1837 à un accord sur une alternance au pouvoir qui amenuisa la résistance du pays à la conquête coloniale.

Dans les années 1870, un commerçant dioula, Samory* Touré, constitua un empire en haute Guinée, avec Bissandougou pour capitale. Converti à l'islam en 1880, il donna à ses conquêtes militaires le caractère d'un nouveau *jihad*. Il était aidé par une puissante armée qu'il équipa de fusils fabriqués par les forgerons locaux.

Chargement d'alumine sur le port de Conakry.

© J.-M. Lerat

L'arrivée des Européens. Les Portugais furent les premiers, au XVe siècle, à longer les côtes de la Guinée et à entrer en contact avec les populations qui s'y trouvaient. Ils installèrent des comptoirs et pratiquèrent le commerce de l'or, de l'ivoire et la traite des esclaves. Ils furent bientôt supplantés par les Britanniques et les Français.

Au XIXe siècle, les Européens lancèrent des missions d'exploration vers l'arrière-pays : le Français Mollien atteignit le Fouta-Djalon et la ville de Timbo en 1818 ; l'Anglais Gordon Laing (1826) et le Français René Caillié (1828) atteignirent Tombouctou. En 1880, le Français Olivier de Sanderval jeta les bases de la colonisation.

Le gouverneur français du Sénégal, Faidherbe, comprit vite que la région des Rivières du Sud, sur la côte de Guinée, constituerait une base idéale pour progresser vers l'intérieur. En 1881, le Français Bayol signa un traité d'amitié, de commerce et de protectorat avec le Fouta-Djalon. L'*almamy* (souverain) Ibrahima Sori rendit alors visite à Gambetta à Paris. En 1882, Bayol devint le premier lieutenant-gouverneur des Rivières du Sud. En 1884-1885, la conférence de Berlin reconnut les droits de la France sur la région. En 1890, la Guinée devint une colonie autonome, avec Conakry pour chef-lieu. En 1893 et 1894, la Côte d'Ivoire et le Dahomey en furent détachés. En 1899, le Soudan français perdit la région malinké du haut Niger, annexée à la Guinée.

Les Français s'implantèrent assez facilement sur la côte. L'exploitation des différends politiques dans le Fouta-Djalon rendit l'expansion coloniale

© A. Dufourcq (d'après B. Nantet)

Samory Touré.

relativement aisée. En revanche, en haute Guinée, la France se heurta à Samory Touré. Une troupe commandée par Louis Archinard prit Kankan puis Bissandougou. L'empire de Samory Touré fut totalement envahi en 1892 et le conquérant se tailla un nouvel État dans le nord de la Côte d'Ivoire. La région ne fut totalement « pacifiée » qu'en 1912.

La colonisation. La France pratiqua la traite des produits licites, en grande partie confiée à de grandes compagnies commerciales. En 1914, la ligne de chemin de fer Conakry-Kankan fut achevée. Pendant les deux guerres mondiales, la métropole fit largement appel aux soldats guinéens. Le nationalisme guinéen prit de l'ampleur après la Seconde Guerre mondiale. Élu en 1945, Yacine Diallo fut le premier député de Guinée à l'Assemblée française. Le *Parti démocratique de Guinée* (PDG, section guinéenne du RDA), créé par Fodé Mamadou Touré et Madeira Keina, mena la lutte pour l'indépendance. Le syndicaliste Sékou Touré prit la direction du PDG en 1952. L'administration coloniale s'efforça par tous les moyens de briser la contestation. À la suite de la loi-cadre de 1956 et de la victoire éclatante du PDG aux élections territoriales de 1957, Sékou Touré fut élu président du Conseil. Le PDG devint le parti unique de la Guinée.
Lors du référendum sur la Communauté française, la Guinée suivit la consigne prônée par Sékou Touré et vota « non » à 94,4% des voix. Le 2 oct. 1958, la Guinée proclama son indépendance.

La Guinée contemporaine. Mécontente de la décision guinéenne, la France suspendit immédiatement son aide. Sékou Touré, devenu président, fit sortir son pays de la « zone franc » en 1960 et remplacer l'usage du français par les langues locales en 1968. Sur le plan économique, il choisit la voie de la « révolution socialiste ». La Guinée se tourna alors vers le bloc communiste (URSS et Chine) pour obtenir des aides et des financements. Sékou Touré imposa un pouvoir fort et personnel qui chassa vers l'exil les chefs de l'opposition et une partie de la population. L'opposition, présente essentiellement à Paris, à Dakar et à Abidjan, s'organisa en 1965 pour tenter de renverser le président. Celui-ci ne cessa de dénoncer des complots, fomentés avec des appuis étrangers. Soutenue par les Portugais, une mission militaire tenta une invasion depuis la Guinée portugaise en 1970, mais fut battue par l'armée. En 1977, la mort en prison de Diallo Telli, ancien secrétaire général de l'OUA, souleva une très vive émotion dans l'opinion internationale. Le mécontentement grandissant de la population contraignit le président à assouplir sa politique économique. Il ouvrit alors la Guinée à la coopération avec les pays capitalistes, en particulier la France. En mars 1984, Sékou Touré mourut brutalement.
Un coup d'État militaire mené quelques jours plus tard porta le colonel Lansana Conté au pouvoir. Dès 1988, celui-ci se déclara favorable au multipartisme, approuvé par référendum en 1990, mais il refusa la tenue d'une conférence nationale. Face à une opposition divisée, il remporta les élections présidentielles de 1993, et son parti remporta les élections législatives de 1995.

CULTURE

Art. L'art des Loma (ou Toma) est lié à la forêt. Le masque *okoguzogui* (mi-crocodile, mi-bélier), incarnation de l'esprit de la forêt, n'est sorti que la nuit. Le masque *anghaï* (à face aveugle et plate), incarnation de l'Être suprême, est conservé dans une espèce de hotte. Les masques *bakorogui* sortent par couples, pour danser dans les fêtes d'initiation et lors des funérailles, et l'on brandit un trident, symbolisant le coup de griffe de la panthère. Les Kissi utilisent pour leurs cultes des statuettes en pierre tendre, dénommées *pompta* (« images de la mort »), qu'ils conservent dans une auge d'argile installée à l'intérieur du temple des défunts situé près du centre du village. Elles sont, pour les Kissi, des images de chefs et de notables décédés. Les masques et autres sculptures baga ont acquis une grande notoriété; le masque de D'mba, ou Nimba, déesse de la maternité et de l'abondance, est la plus célèbre sculpture baga. Elle représente le buste d'une femme aux cheveux finement tressés, aux seins énormes, symbole de la maternité et de l'abondance.

Littérature. La tradition orale est riche de chants épiques et de fables à caractère historique, social, éducatif. La littérature de langue française naît après la Seconde Guerre mondiale avec la publication de *l'Enfant noir* (1953), roman autobiographique de Camara Laye*, devenu l'un des grands classiques de la littérature francophone. Autre œuvre fondatrice est *Soundjata ou l'Épopée mandingue* (1960), de Djibril Tamsir Niane*. Sikhé Camara écrit des *Poèmes de combat et de vérité* (1967). Le durcissement du régime de Sékou Touré (critiqué par C. Laye sous une forme symbolique dans *Dramouss,* 1966) porte un coup d'arrêt à la production littéraire. Des écrivains de la diaspora font entendre leur voix. Alioum Fantouré* dresse un portrait impitoyable du despotisme dans *le Cercle des Tropiques* (1972). *Saint* Monsieur Baly* (1973) de William Sassine* témoigne de la solitude et de la souffrance des hommes dans une société qui les écrase. Saïdou Bokoum* consacre son roman *Chaîne* (1974) au drame de l'émigration en France. *Les Crapauds-brousse* (1979) de Tierno Monénembo* poursuit la dénonciation des dictatures. Après la mort de Sékou Touré (1984), Fantouré, Sassine, Monénembo poursuivent leur œuvre. Nadine Bari (*Grain de sable,* 1985) est la première femme écrivain de Guinée.
De nouveaux romanciers apparaissent : Cheikh Oumar Kanté (*Douze pour une coupe,* 1987), Lamine Kamara (*Safrin ou le Duel au fouet,* 1991) ; Boubacar Diallo publie des nouvelles surnaturelles (*la Source enchantée,* 1992). On citera encore le professeur Ibra-hima Baba Kaké, auteur de nombreux ouvrages et animateur de l'émission de radio *Mémoires d'un continent.*

Musique. La Guinée est le premier État africain qui créa, à l'indépendance, un orchestre national, le *Bembeya Jazz.* Cette institution, animée par Boubacar Demba Camara jusqu'à sa mort en 1973, fut le fleuron de la chanson moderne africaine. Son succès encouragea la multiplication des orchestres. Conakry, capitale de la musique africaine, célébra ainsi Kouyaté Sory Kandia et la célèbre chanteuse sud-africaine Myriam Makeba*, qui s'y établit en 1968 en prenant la nationalité guinéenne. Loin de la capitale une nouvelle musique s'élaborait avec Kanté Maufila, un compositeur malinké de Kankan, et Mory Kanté*, un artiste mandingue né dans une famille de griots à Kissidougou. Formé à leur école, Mory Kanté a inventé la « musique griote électrique », source de ses succès.

République de Guinée-Bissau

État de l'Afrique occidentale limité au nord par le Sénégal, à l'est et au sud par la Guinée, à l'ouest par l'océan Atlantique.

Superficie : 36 125 km².

Population : 1 036 000 hab. (1993). (*Bissau-Guinéens*)
Croissance annuelle : 2,1% (1990-1995).

Capitale : Bissau, 140 000 hab. (1990).

Produit national brut : 240 millions de dollars (1995).

P.N.B./hab. : 230 dollars (1995).

Monnaie : franc CFA.

Fête nationale : 3 août.

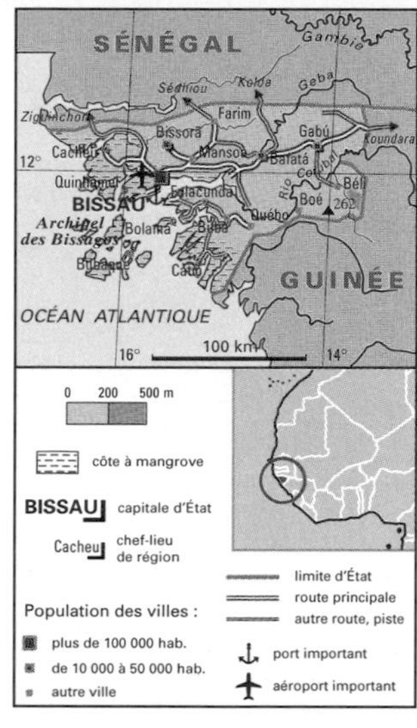

GÉOGRAPHIE PHYSIQUE

Relief. La Guinée-Bissau est formée par un archipel comprenant 88 îles, les Bissagos, et une plaine continentale basse prolongeant la plaine du Sénégal. Le littoral à mangrove est entaillé de nombreux estuaires.

Climat et végétation. L'intérieur est formé de plateaux couverts de savanes, au climat tropical humide.

Fleuves. Le pays est pénétré par de multiples fleuves et rias. Les navires de faible tirant d'eau peuvent remonter jusqu'aux villes situées sur l'océan ou sur un fleuve. La marée se fait sentir à plus de 100 km à l'intérieur de la côte.

GÉOGRAPHIE HUMAINE

Langues. Langue officielle : le portugais. Langue courante : le *crioulo* (créole). On parle aussi des langues nigéro-congolaises des groupes ouest-atlantique (peul, balante, etc.) et mandé (malinké).

Religions. Les adeptes des religions traditionnelles sont 54%, les musulmans 38% et les chrétiens 8%.

Ethnies. On compte une vingtaine d'ethnies. Les Balante (27,2%) constituent l'ethnie la plus nombreuse, devant les Peul (22,9%), les Malinké (12,2%), etc. Les autres ethnies représentent 32,7% ; les Blancs, 5%.

Éducation. 36,5% des personnes âgées de 15 ans et plus étaient alphabétisées en 1990.

Santé. Il y avait, en 1990, 1 médecin pour 7 100 hab. et 1 lit d'hôpital pour 520 hab.

Villes. En dehors de la capitale, la seule ville est Báfata (15 000 hab.).

Institutions. La Guinée-Bissau est une république de type semi-présidentiel et pluraliste ayant une Assemblée nationale de 150 membres.

ÉCONOMIE

Conjoncture. Le programme d'ajustement structurel mené à l'instigation du FMI favorise la croissance (6,3% en 1994).

Agriculture. L'agriculture est l'activité majeure. La balance commerciale est déficitaire (5,6% du PNB). Avant l'indépendance, l'agriculture était centrée sur les cultures d'exportation, surtout l'arachide qui n'occupait plus, en 1991, que 9% des terres cultivées. En revanche, les surfaces consacrées au riz et au millet ont augmenté.

Échanges extérieurs. Les exportations (18 millions de dollars en 1993) sont très inférieures aux importations (61 millions de dollars).

Transports. Réseau routier : 3 500 km (350 km bitumés). Principal aéroport et principal port : Bissau.

HISTOIRE

La domination portugaise. La Guinée-Bissau fit partie de l'empire du Mali. À partir du XVIe siècle, le royaume du Gabu domina le haut pays. Sur la côte, les Portugais avaient installé des comptoirs dès la seconde moitié du XVe siècle et ils les placèrent sous l'autorité des îles du Cap-Vert. La Guinée-Bissau en fut détachée en 1879 pour devenir une colonie autonome. À la fin du XIXe siècle, les Portugais se lancèrent dans la conquête de l'intérieur. Ils rencontrèrent une vive résistance qui perdura jusque dans les années 1930.

La lutte pour l'indépendance. En 1956, Amilcar Cabral créa le PAIGC (*Parti africain pour l'indépendance de la Guinée et du Cap-Vert*). Devant le refus de la métropole d'envisager l'indépendance, il lança la guérilla au début des années 1960, se servant de la Guinée et du Sénégal comme postes arrière. Le PAIGC établit plusieurs bases à l'intérieur du pays et obtint le ralliement de nombreux villages de la forêt et des marais : en 1972, il contrôlait les deux tiers du pays. L'assassinat d'Amilcar Cabral au début de 1973 ne ralentit pas le combat du PAIGC, qui proclama unilatéralement l'indépendance.

La Guinée-Bissau contemporaine. Après la révolution des Œillets, le Portugal reconnut l'indépendance du pays le 10 septembre 1974. Sous la présidence de Luis Cabral, frère d'Amilcar Cabral, le PAIGC devint le parti-État ; il contrôlait l'économie et éliminait systématiquement les opposants. En 1980, le Premier ministre, le commandant João Bernardo Vieira, renversa le régime de Cabral et prit le pouvoir. En 1987, il abandonna le marxisme-léninisme. En 1991, il amorça une ouverture démocratique en autorisant le multipartisme. En 1994, le président Vieira (surnommé « Nino », c'est-à-dire « le jeune ») a été réélu à la tête de l'État.

Une rue de Bissau.

CULTURE

Art. L'art des Bidyogos est constitué de statuettes en bois et de masques animaliers de facture très réaliste. Pour les Baga, la saison sèche est celle des réjouissances pendant lesquelles les initiés masqués de la société du *Simo* dansent autour des reliques familiales protégées par l'*Elek*, tête de femme-oiseau reposant sur un socle.

République de Guinée équatoriale

État d'Afrique centrale limité au nord par le Cameroun, à l'est et au sud par le Gabon, à l'ouest par l'océan Atlantique.

Superficie : 28 051 km².

Population : 377 000 hab. (1993). (*Équato-Guinéens*)
Croissance annuelle : 2,55% (1990-1995).

Capitale : Malabo, 48 000 hab. (1991).

Produit national brut : 190 millions de dollars (1995).

P.N.B./hab. : 480 dollars (1995).

Monnaie : franc CFA.

Fête nationale : 5 mars.

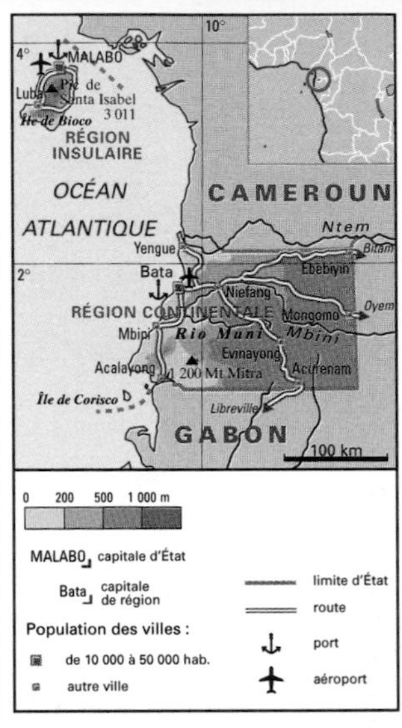

GÉOGRAPHIE PHYSIQUE

Relief. La Guinée équatoriale se compose de deux zones (l'une continentale et l'autre insulaire), séparées par plusieurs centaines de kilomètres d'océan atlantique. Le relief de la zone continentale du Rio Muni est tourmenté, avec une plaine littorale et une pénéplaine. La zone insulaire comporte l'île volcanique de Bioco (3 011 m au pic de Santa Isabel), au large du Cameroun, et le lointain îlot d'Annobón.

Climat et végétation. Le climat de la zone insulaire comme celui de la zone continentale est de type équatorial avec une hygrométrie élevée et une température moyenne de 25 °C.

Fleuves. Le Mbini est le principal cours d'eau. Le rio Muni est, en réalité, une ria de dégorgement de plusieurs fleuves secondaires.

GÉOGRAPHIE HUMAINE

Langues. La Guinée équatoriale est le seul État africain dont l'espagnol est la langue officielle. Les langues parlées sont toutes des langues bantoues ; le fang a pour locuteurs les quatre cinquièmes de la population.

Religions. Les chrétiens (88,8%) sont les plus nombreux. On compte aussi 4,6% d'adeptes des religions traditionnelles et 0,5% de musulmans. Le restant représente 6,1%.

Ethnies. On compte trois ethnies : les Fang (Fang Ntumu au nord du Mbini, Fang Okak au sud) sont 82,9%, les Bubi (de l'île de Bioco) sont 9,6%, les Ndowé 3,8%.

Éducation. 50% des personnes âgées de 15 ans et plus étaient alphabétisées en 1990.

Santé. Il y avait, en 1987, 1 médecin pour 3 622 hab. et 1 lit d'hôpital pour 89 hab.

Villes. La capitale Malabo (48 000 hab.) se trouve dans l'île de Bioco. L'autre ville importante est Bata (52 000 hab.) sur la côte.

Institutions. La Guinée équatoriale est une république de type présidentiel ayant une seule assemblée, la Chambre des représentants du peuple, composée de 41 députés. (La Constitution prévoit un élargissement de la Chambre à 60 membres.)

ÉCONOMIE

Conjoncture. Ruiné par le régime de Macias Nguema, le pays tire la moitié de son PNB de l'aide internationale. La dévaluation du franc CFA (1994) a été compensée par une remise de 50% de sa dette, qui était très forte.

Agriculture. L'agriculture est centrée sur les produits d'exportation, surtout le bois qui constitue la première richesse du pays. Le cacao de l'île de Bioco fait du pays le 4e producteur mondial. La balance agricole est excédentaire (1% du PNB).

Mines et industrie. Les autorités ont conclu, en avril 1990, un accord avec une société américaine pour l'exploitation du gisement de pétrole off shore d'Alba dont la production a débuté en 1992.

Échanges extérieurs. En 1993, les exportations étaient très inférieures aux importations. En 1994, la situation s'est inversée ; le pétrole constitue 50% des exportations.

Transports. Réseau routier : 2 682 km (19% bitumés). Principaux aéroports : Malabo et Bata. Principaux ports : Bata et Malabo.

HISTOIRE

La période coloniale. Dès le XVe siècle, ces îles et ces rivages furent intégrés à la zone portugaise de São Tomé. En 1778, le Portugal céda à l'Espagne, par le traité du Pardo, l'établissement qui se composait des îles d'Annobón, de Fernando Poo (Bioco) et d'une partie de la côte. En 1858, le premier gouverneur espagnol prit la direction de la colonie. L'intérieur ne fut occupé qu'en 1926. Dès 1950, la revendication de l'indépendance apparut. En 1959, la colonie fut scindée en deux provinces espagnoles : Rio Muni et Fernando Poo, représentées au Parlement de Madrid. Le mouvement nationaliste (MONALIGE) se constitua en 1962.

La Guinée équatoriale indépendante. La Guinée espagnole obtint son autonomie en 1963 et accéda à l'indépendance le 12 oct. 1968. Francisco Macias Nguema devint président. Il instaura le régime du parti unique (1970). Les arrestations et les assassinats se multiplièrent. Environ un tiers de la population fuit le pays. Le 3 août 1979, le colonel Teodoro Obiang Nguema Mbasogo destitua son oncle, le président Macias Nguema. Le nouveau chef d'État adoucit les méthodes de l'ancien régime, sans toutefois mettre fin à l'autocratie. En août 1990, sous la pression de l'Église catholique, le PDGE (parti unique) accepta le principe du multipartisme. La nouvelle Constitution fut adoptée par référendum en 1991, et le multipartisme fut légalisé en 1992. L'amnistie politique permit le retour de nombreux opposants. En 1996, les partis d'opposition boycottèrent l'élection présidentielle remportée par Nguema avec 99% des voix.

CULTURE

Art. Les masques et les statues des Fang Okak se caractérisent par la stylisation des traits, ainsi que par l'alternance des creux et des reliefs.

Littérature. Les séances radiodiffusées de *mvet,* chant épique des Fang, ont une audience très forte. La première génération d'écrivains n'est apparue qu'après 1980.

République d'Haïti

État des Grandes Antilles occupant la partie occidentale de l'île d'Haïti (la partie orientale est la république Dominicaine), située à l'est de Cuba.

Superficie : 27 400 km².

Population : 6 589 000 hab. (estimation 1995). (*Haïtiens*)
Croissance annuelle : 2,1 % (estimation 1994).

Capitale : Port-au-Prince, 752 600 hab. (estimation 1994).

Produit national brut : 2,5 milliards de dollars (1992).

P.N.B./hab. : 370 dollars (1992).

Monnaie : gourde.

Fête nationale : 1er janvier.

GÉOGRAPHIE PHYSIQUE

Relief. Montagneux, il est formé de chaînes parallèles orientées ouest-est dans deux péninsules : au nord, les monts du Nord-Ouest ont une altitude plus faible que la cordillère centrale, qui culmine à 3 175 m en république Dominicaine ; au sud, le massif de la Hotte culmine à 2 414 m et le massif de La Selle à 2 674 m. Des bassins d'effondrement séparent ces différentes chaînes. Les deux péninsules déterminent le golfe de Gonaïves, au fond duquel l'île de la Gonâve ferme la baie de Port-au-Prince. La péninsule du Nord est séparée de Cuba par le Canal au Vent (dit aussi Passage au Vent), large de 90 km, qui fait communiquer la mer des Antilles et l'océan Atlantique. La Jamaïque se trouve à 190 km au sud-ouest.

Climat et végétation. Le climat tropical est plus humide dans le Nord, qui reçoit plus de précipitations. L'altitude le tempère. La saison des pluies dure d'avril à octobre. Déforestation et cultures commerciales ont bouleversé la végétation de l'île. Le domaine forestier ne subsiste qu'en altitude (5 % du pays). On continue de déboiser les montagnes pour produire du charbon de bois, principale source d'énergie pour les ménages.

GÉOGRAPHIE HUMAINE

Langues. Les langues officielles sont le créole (depuis 1979) et le français, parlé par 10 % de la population.

Religions. La dernière statistique, déjà ancienne, dénombrait 80,3 % de catholiques et 15,8 % de protestants, sans indiquer l'importance du vaudou dans la société haïtienne.

© Philippe Fabri / SIPA-IMAGE

Le relief accidenté des surfaces cultivables a rendu nécessaire la culture en terrasse.

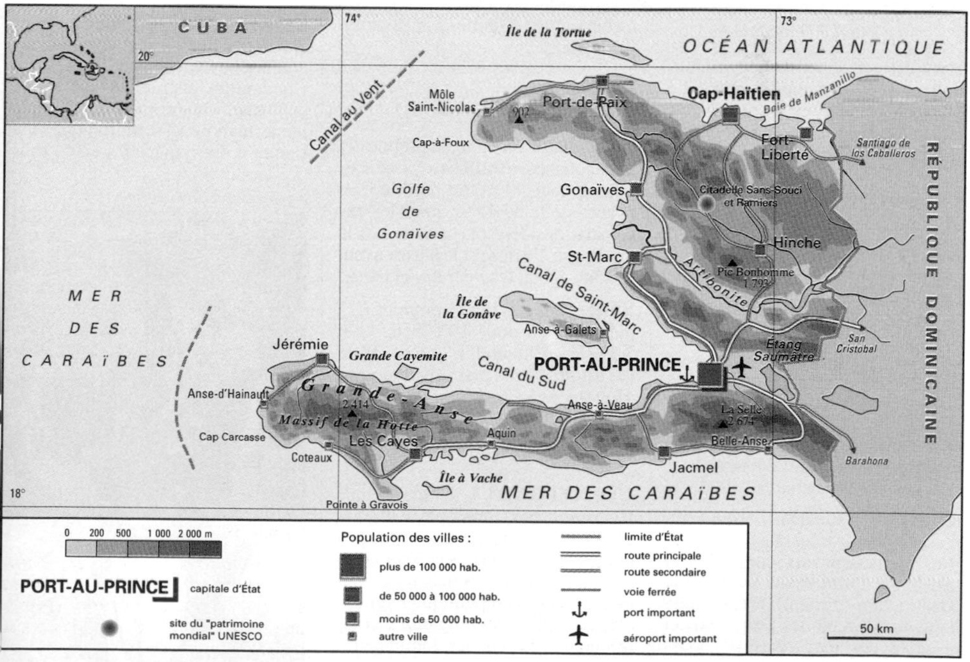

© Thomas Haley / SIPA PRESS

Une rue de Port-au-Prince.

Population. Les Noirs sont environ 95 % ; les métis 5 % ; les Blancs 0,1 %. La population demeure essentiellement rurale (69,3 %), mais la misère accentue l'exode rural et l'exil : plus d'un million d'Haïtiens ont pu gagner la Floride, le Canada, etc. ; ils seraient 400 000 à New York. Ceux qui ont aspiré à l'exil étaient plus nombreux encore. 40 % des Haïtiens ont moins de 15 ans ; 6 % ont plus de 60 ans.

Villes. Port-au-Prince regroupe avec ses faubourgs 1 255 000 personnes (estimation de 1992). Ses bidonvilles ne cessent de croître. Cap-Haïtien a 92 000 hab. ; Gonaïves, 63 300 hab.

INSTITUTIONS

Haïti est une république présidentielle au régime multipartiste. Le pouvoir législatif est exercé par la Chambre des députés (83 sièges) et le Sénat (27 sièges).

ÉCONOMIE

Agriculture. Un tiers des terres est cultivé, mais chaque année l'érosion ôte toute fertilité à environ 1 % des terres cultivables. De grandes plantations, qui appartiennent à des étrangers, produisent café et coton ; de petites propriétés s'adonnent aux cultures vivrières (maïs, sorgho, haricots), ainsi qu'à l'élevage (bovins, caprins, porcs, volailles). La pêche est insuffisante. Haïti doit importer des produits alimentaires.

Mines et industrie. Le pays n'a presque plus de minerais. Les industries se limitent aux domaines du textile, de l'alimentation ou de la construction (ciment). L'économie haïtienne dépend des États-Unis et présente des caractères de sous-développement grave. La misère, la corruption, l'analphabétisme, le chômage (70 % des actifs) règnent. Les apports des émigrés, des touristes nord-américains et l'aide étrangère (soumise aux aléas politiques) n'empêchent pas le pays d'avoir un des plus bas revenus du monde. La dette extérieure correspond au quart du PNB annuel.

Échanges extérieurs. Le principal fournisseur est les États-Unis (45,7 %), principal client (53,1 %). Les exportations correspondent à environ 30 % des importations.

Transports. Le chemin de fer n'existe pas. Les routes totalisent 4 000 km ; 15 % sont asphaltées. L'aéroport de Port-au-Prince a un trafic annuel d'un demi-million de voyageurs.

ÉDUCATION ET SANTÉ

Éducation. En 1950, la proportion d'analphabètes, estimée avec exactitude, était de 90 %. Aujourd'hui, on avance celle de 47 %, mais les experts la considère très optimiste. À la campagne, l'école est le plus souvent un toit végétal tenu par des piquets.

Santé. En 1992, on comptait 623 médecins (1 pour 10 000 hab.) et 5 312 lits d'hôpital. L'espérance de vie est de 47 ans pour les femmes ; 43 ans pour les hommes.

HISTOIRE

L'Est et l'Ouest. L'île fut nommée Hispaniola par Christophe Colomb, qui y aborde en décembre 1492, en provenance de Cuba. Les Espagnols colonisent la partie située à l'est qui correspond à la république Dominicaine actuelle. Des religieux la colonisent, notamment des dominicains, et l'île se nomme bientôt Santo Domingo. Les colons espagnols, se préoccupant surtout des métaux, dédaignent l'exploitation de la terre qui avait constitué la première pierre de leur empire d'Amérique, d'autant plus que la main-d'œuvre qu'ils tuent au travail, les Amérindiens Arawaks*, est en voie d'extinction.

Au cours du XVIIe siècle, ils laissent les Français occuper la partie située à l'ouest. Les premiers Français sont des boucaniers basés sur l'île de la Tortue au nord-ouest de l'île. Sous l'impulsion de Colbert, Port-au-Prince, créé en 1649 au fond du golfe de Gonaïves, se développe à partir des années 1660. En 1697, les traités de Ryswick reconnaissent à la France la possession de la partie occidentale de l'île sans préciser la frontière. Les Français nomment leur colonie Saint-Domingue ; le travail des esclaves venus d'Afrique donne une grande prospérité à « la perle des Antilles françaises ». À partir de 1770, les plantations de café s'ajoutent à celles de la canne à sucre. On compte 30 000 colons blancs, un demi-million d'esclaves noirs et 20 000 Noirs et métis (surtout) libres ou affranchis, parfois alphabétisés. Les libres constitueront l'oligarchie (elle-même clivée) qui succédera à celle des colons.

Vers l'indépendance. Les esclaves n'avaient cessé de se révolter (notamment dans les années 1720 et 1760). Sous la Révolution française, ils s'insurgent en août 1791, alors que les colons s'opposent aux envoyés de Paris. Les hommes libres et les affranchis se rapprochent des esclaves. En 1793, les envoyés de Paris abolissent l'esclavage. En 1794, la Convention décrète officiellement cette abolition (ainsi qu'à la Guadeloupe, mais non à la Martinique ; voir France d'outre-mer). En 1795, Tous-

Secours alimentaires à l'enfance.

© Bill Gentile / SIPA

saint Louverture, un régisseur noir alphabétisé, devient l'adjoint du gouverneur. Il conquiert la partie espagnole de l'île. Le traité de Bâle (1795) entérine cette unification par la France. Général en chef, en 1796, Toussaint chasse les Anglais (présents depuis 1793) en 1798. Gouverneur général en 1801, il rappelle les colons, veut restaurer la prospérité, organise durement le travail. Toutefois, en 1802, Bonaparte rétablit l'esclavage (sous la pression de son épouse créole) et envoie le général Leclerc, qui arrête Toussaint par traîtrise et le transfère en France, où il mourra en 1803. Leclerc, mort de la fièvre jaune, est remplacé par Rochambeau cette même année 1802. Un ancien esclave, Jean-Jacques Dessalines, compagnon de Toussaint, déclenche une insurrection générale. Le mot d'ordre « l'indépendance ou la mort » (alors qu'à la Guadeloupe la répression fait rage) galvanise un peuple que Rochambeau martyrise. En nov. 1803, Dessalines remporte une victoire décisive. Les troupes françaises restantes gagnent la partie espagnole. Le 1er janvier 1804, les Haïtiens proclament leur indépendance.

Indépendance et aléas. Le nom d'Haïti, qui signifie « pays des montagnes » dans la langue amérindienne, entre dans l'histoire : la première république noire de l'histoire du monde est née. Elle ne compte plus que 380 000 habitants (elle en comptera 2 millions en 1900). En septembre 1804, Dessalines en fait un empire et devient Jacques Ier. Il veut briser le système colonial et ne pas céder à l'oligarchie qui a succédé aux colons blancs. En 1806, il est assassiné. En 1807, deux hommes se partagent le territoire : Henri Christophe, un ancien compagnon de Toussaint et chef de guerre contre la France ; Anne Alexandre Sabès, dit Pétion, un métis qui avait gagné la France en 1801, était revenu avec Leclerc et avait rejoint Dessalines en 1803. Dans le Nord, Christophe transformera sa république en un royaume, adoptant le nom d'Henri Ier. Dans le Sud, Pétion préside une république. Des révoltes locales contre les oligarchies du Sud ou du Nord ne cesseront pendant cette période. En 1808, les Espagnols reprennent le pouvoir dans la partie est. Rappelons que celle-ci se nomme Santo Domingo (en français Saint-Domingue, le même nom que l'ancienne colonie française, devenue Haïti) et que pendant longtemps les géographes appelleront la totalité de l'île tantôt Saint-Domingue, tantôt Haïti ; aujourd'hui le nom Haïti l'a emporté. En 1818, Pétion meurt. Un métis, Jean-Pierre Boyer, lui succède. En 1820, Henri Ier meurt et Boyer annexe le Nord. En 1821, les Blancs de Saint-Domingue (plus nombreux que les Noirs) se révoltent contre Madrid et proclament la république Dominicaine, mais les Haïtiens s'en emparent en 1822 : l'île est à nouveau unifiée. En 1825, la France accepte l'indépendance d'Haïti, à condition qu'Haïti achète celle-ci. En 1838, la France la reconnaîtra officiellement, mais la dette d'Haïti pèsera sur elle pendant un siècle. Boyer gouverne en s'appuyant sur les oligarchies. Il ne peut redonner la prospérité au pays alors que les révoltes rurales se succèdent. En 1843, il est renversé et s'exile en France. En 1844, les Dominicains se soulèvent contre Haïti. La séparation de l'Est et de l'Ouest sera définitive.

Révoltes et répression. En Haïti, les révoltes se poursuivent. En 1847, un Noir insurgé, Faustin Soulouque, est élu président de la République. En 1849, il transforme celle-ci en un empire et devient Faustin Ier. Il persécute les métis, érige le vaudou en religion d'État, guerroie vainement contre les Dominicains. En 1859, il doit s'enfuir. Nicolas Fabre Geffrard rétablit la république. L'oligarchie en place se révèle économiquement impuissante. Sociétés de commerce et banques sont étrangères. Elles ne désirent pas l'industrialisation de l'île. La paupérisation se poursuit. Les révoltes des *piquets* (paysans armés de piques) se succèdent. À partir de 1870, on nomme *cacos* les révoltés. La plus puissante insurrection de cacos débute en 1911 ; le principal meneur est Charlemagne Péralte. Les États-Unis aideront la répression. En 1915, ils occupent Haïti (de même, ils occuperont la république Dominicaine de 1916 à 1924) ; en 1918, sous leur pression, une nouvelle Constitution autorise la possession de terres par des étrangers ; en 1919, Charlemagne Péralte est arrêté et fusillé. Déforestation, expropriation, exil des paysans vont bon train. Les dernières troupes américaines quittent Haïti en 1934, mais la présence des États-Unis reste forte. Au président Stenio Vincent (1930-1941) succède Élie Lescot. En 1946, *la Ruche* consacre un numéro au poète surréaliste français André Breton ; Lescot proclame l'interdiction de cette revue, emprisonne ses rédacteurs (Depestre et Alexis) ; une émeute renverse Lescot. Élu pour le remplacer, Dumarsais Estimé réprime les syndicats et les partis de gauche. Une junte le dépose en 1950 et le colonel Paul Magloire est élu, mais une grève générale contraint celui-ci à la démission en 1956.

Toussaint Louverture (gravure anglaise, 1809).

Le duvaliérisme. Élu en 1957, le médecin chef de l'hôpital de Port-au-Prince, François Duvalier (« Papa Doc »), liquide totalement les apparences démocratiques de la vie politique. Il affronte même les États-Unis (crise de 1962-1963). En 1964, devenu président à vie, il accentue son absolutisme dément. Il remplace l'armée par une milice de 40 000 « tontons macoutes » (armés de machettes) ; il persécute les métis (au nom de la négritude), les intellectuels, l'Église. En 1971, il meurt. Son fils Jean-Claude, âgé de 19 ans (« Bébé Doc »), lui succède comme président à vie. Il juge souhaitable de libéraliser le régime, mais son entourage est divisé sur cette question : les vieux collaborateurs de Papa Doc (les « dinosaures ») ne supportent aucune réforme. Bébé Doc mène une existence fastueuse et le déficit se creuse de plus en plus malgré le développement du tourisme et l'aide des États-Unis. Les Haïtiens continuent de s'exiler.

La citadelle La Ferrière, commencée sous Dessalines, fut achevée par le roi Christophe en 1817.

L'après-duvaliérisme. En novembre 1985, une manifestation de jeunes gens est sévèrement réprimée. L'unanimité se fait contre le régime. Au début de février 1986, des émeutes agitent les principales villes du pays. Le 7 février, Jean-Claude Duvalier s'enfuit en France dans un avion de l'armée américaine. Autorisés, les partis politiques se créent par dizaines, ainsi que les journaux et les stations de radio, mais le *Conseil national du gouvernement* (CNG), composé de six duvaliéristes, assure la transition. Les élections d'octobre réunissent moins de 5 % des votants. En revanche, la Constitution de mars 1987 est ratifiée par des votants venus en grand nombre. Les tontons macoutes perturbent les élections législatives, qui se déroulent finalement en janvier 1988. Un duvaliériste, Leslie Manigat, est élu ; le général Namphy prend sa place en juin, chassé en septembre par le général Prosper Avril. Celui-ci démissionne en avril 1990. En décembre 1990, des élections régulières se tiennent enfin. Le père J.B. Aristide (prêtre exclu de son ordre en 1988 pour ses positions réputées d'extrême gauche) est élu président de la République à une large majorité. En septembre 1991, l'armée reprend le pouvoir par un putsch sanglant suivi d'une violente répression. Aristide s'exile aux États-Unis. Ceux-ci décident le blocus économique d'Haïti, ce qui aggrave plus encore la vie dans l'île. Poussés par la misère, des milliers d'Haïtiens fuient ou cherchent à fuir le pays. Les putschistes se dérobent aux ordres américains, cherchent à gagner du temps. En septembre 1994, les États-Unis envoient enfin un corps expéditionnaire dans l'île, avec l'accord de l'ONU. Aristide rentre en octobre. En décembre 1995, René Préval, qui appartient au parti d'Aristide, est élu président.

CULTURE

Art. En 1945, un Américain, De Witt Peters, créa à Port-au-Prince un Centre d'art qui forma des Haïtiens issus de milieux populaires. Leur peinture, qui relève de l'art naïf, eut bientôt un succès mondial. En 1950, ces artistes décorèrent la cathédrale de la capitale, alors que se fondait un Foyer des arts plastiques en réaction contre le danger de pittoresque facile. Chaque grande ville a ses maîtres naïfs et une industrie sans buts esthétiques fleurit depuis lors. En 1975, une métisse, Maud Robart, avait offert de la peinture à des montagnards vivant à l'écart de la civilisation, n'ayant jamais vu d'image peinte ou photographique, et avait créé un mouvement dit « Saint-Soleil ». Cet art « brut », éloigné de tout réalisme, a suscité un très grand intérêt chez André Malraux (*l'Intemporel,* 1976).

Restauration de la citadelle par l'Unesco.

Littérature. Jusque dans les années 1920, des écrivains mineurs se conformèrent aux modèles français. En 1927, la création de la *Revue indigène* récuse ces modèles et veut unir les traditions africaine et haïtienne : l'école « indigéniste » adopte le slogan de J. Price*-Mars dans l'essai *Ainsi parla l'oncle* (1928) : « Être soi-même, le plus possible ». En 1931, le romancier J. Roumain publie un roman réaliste, *la Montagne ensorcelée,* suivi par Stephen Alexis (*le Nègre masqué,* 1933). Mais la revue *les Griots,* fondée en 1937, prône une « haïtianité » qui, selon certains, coïncide avec le refus du progrès (F. Duvalier avait rejoint ce mouvement). Fondateur du Parti communiste haïtien (1934), emprisonné et exilé, Roumain refuse tout pittoresque et décrit la violence sociale (*Gouverneurs de la rosée,* 1944). Il influence directement J.-S. Alexis* (*Compère général Soleil,* 1955), dont le héros, comme l'auteur lui-même (1961), est assassiné. Répression, interdiction, exil (en Amérique du Nord et en Amérique du Sud, en France, en Afrique) constituent le destin des écrivains et de leurs héros, mais la dimension mythique, le vaudou, la transe ne disparaissent pas de leurs œuvres intenses. Citons les frères Philippe Toby et Pierre Marcelin (*le Canapé vert,* 1944 ; *Tous les hommes sont fous,* 1980), Francis-Joachim Roy (*les Chiens,* 1961), R. Dorsinville* (*Kimby,* 1973), Gérard Étienne (*le Nègre crucifié,* 1974), A. Phelps* (*Mémoire en colin-maillard,* 1976), R. Depestre* (*le Mât de cocagne,* 1979), J. Métellus* (*la Famille Vortex,* 1982), Pierre Clitandre (*Cathédrale du mois d'août,* 1982), Émile Ollivier (*Mère solitude,* 1983). Parmi ces auteurs, un grand nombre sont également poètes : Depestre (*Étincelles,* 1945 ; *Poète à Cuba,* 1976), Phelps (*la Bélière caraïbe,* 1980), Métellus (*Voyance,* 1985). D'autres écrivains ont une œuvre uniquement poétique mais tout aussi engagée : Regnor Bernard (*Nègre !,* 1945), J.-G. Brierre (*Black Soul,* 1947 ; *Un Noël pour Gorée,* 1980), Émile Roumer (*le Caïman étoilé,* 1963 ; *Rosaire Couronne Sonnets,* 1964), Paul Laraque (*Poésie quotidienne,* 1979), René Philoctète et les autres membres du groupe *Spiralisme* tels que Frank Étienne.

République démocratique populaire du Laos

État de l'Asie du Sud-Est, limité à l'est par le Viêt-nam, à l'ouest par la Thaïlande et la Birmanie, au nord par la Chine, au sud par le Cambodge.

Superficie : 236 800 km².

Population : 4 882 000 hab. (estimation 1995). (*Laotiens*)
Croissance annuelle : 2,9% (1995).

Capitale : Vientiane, 377 000 hab. (1985).

Produit national brut : 1,9 milliards de dollars (1995).

P.N.B./hab. : 420 dollars (1995).

Monnaie : kip.

Fête nationale : 2 décembre.

GÉOGRAPHIE PHYSIQUE

Relief. Territoire enclavé, le Laos est constitué aux deux tiers de montagnes et de hautes terres : région de Xieng Khouang (2 820 m au pic Bia, point culminant) et la cordillère Annamitique*. Au sud-ouest s'ouvre la vallée alluviale du Mékong.

Climat. Le climat tropical de mousson oppose une saison des pluies (de mai à septembre) et une saison sèche. L'irrégularité des précipitations (1 300 à 3 000 mm suivant l'exposition) rend l'irrigation nécessaire dans le Nord et provoque parfois de graves inondations.

Végétation. La forêt (52,8 % du territoire), principale richesse naturelle, est menacée par la surexploitation et la riziculture sur brûlis *(ray)*. Dans les plaines s'étendent forêts claires et savanes. Les terres cultivables (4 %) sont essentiellement vouées à la riziculture extensive.

Fleuve. Le Mékong traverse l'ouest du Laos sur 1 865 km et forme en partie la frontière avec la Thaïlande. La navigation sur cette large artère est difficile en raison de son débit irrégulier.

GÉOGRAPHIE HUMAINE

Langues. La langue officielle est le lao. Le français est également usuel, ainsi que diverses langues des minorités (môn-khmer, birman, miao-yao, thaï).

Religions. Les bouddhistes sont les plus nombreux (57,8 %), devant les adeptes des religions traditionnelles (33,6 %). Le christianisme (1,8 %) et l'islam (1 %) ont peu de fidèles.

Population. Le Laos est le pays le moins densément peuplé de l'Asie du Sud-Est (20,6 hab./km²). Les Laos, majoritaires (67 %), appartiennent au groupe thaï et se concentrent dans la vallée du Mékong. Les minorités de langue môn-khmère (16,5 %), résident sur les plateaux du Sud et les montagnes du Nord, comme les minorités thaïs (7,8 %), et les Miaos et les Yaos (en tout : 5,2 %). La population est essentiellement rurale (78 %).

Villes. Après Vientiane, la capitale, viennent Savannakhet (97 000 hab.), Luang Prabang (68 000 hab.) et Pakxe (64 000 hab.).

La grotte aux bouddhas de Pak Hou, près de Luang Prabang.

© J.-L. Dugast / HOAQUI

INSTITUTIONS

Dirigée par un parti unique, cette république de type parlementaire est dotée d'une Assemblée nationale de 85 membres, élus au suffrage universel pour cinq ans. Le président est élu par cette assemblée pour une même durée.

ÉCONOMIE

Agriculture. Désorganisée après la tentavive de collectivisation (1976-1979), l'agriculture est devenue, grâce aux aides étrangères et à l'achat d'équipements, la première richesse du pays (55 % du PNB). Elle emploie 76 % des actifs.

Mines et industrie. Le pays exploite peu ses ressources minières (gypse, étain, charbon, argent, saphir). L'industrie textile est en expansion. Mais c'est sur la production d'hydroélectricité, déjà l'une des principales sources d'exportation (30 %), et sur son accroissement, que le Laos fonde ses espoirs de redressement économique. Le potentiel laotien en ce domaine serait de 180 000 MW (ce qui assurerait quelque 20 milliards de dollars de revenus annuels, contre les 800 millions actuels).

Échanges extérieurs. En 1993, les importations (338 millions de dollars) excédaient largement les exportations (136 millions de dollars). La Thaïlande était le principal client (56,7 %) et fournisseur (38,9 %) du Laos.

Le Vat Xieng Thong (« Temple de la cité royale »), à Luang Prabang.

Transports. Le réseau routier était en 1992 de 14 130 km (16 % bitumés). Un seul pont, près de Vientiane, ouvert en 1994, traverse le Mékong.

ÉDUCATION ET SANTÉ

Éducation. 54,6 % de la population était alphabétisée en 1993. Le taux de scolarisation atteignait 68 % dans le primaire et 18 % dans le secondaire.

Santé. En 1990, on comptait 1 médecin pour 3 555 hab. et 1 lit d'hôpital pour 402 hab.

HISTOIRE

L'histoire ancienne. Jusqu'au XIIIe siècle, le territoire actuel du Laos appartient à l'Empire khmer puis au royaume thaï de Sukhotai*. Au XIVe siècle, le royaume de Sukhotai s'affaiblit, ce qui permet au prince Fa* Ngum (1316-1378) de fonder, en 1353, le royaume du Lan* Xang (premier État laotien). Il installe sa capitale à Luang* Prabang et introduit le bouddhisme. Au milieu XVIe siècle, les Birmans imposent leur suzeraineté ; le roi Setthathirath (v. 1548-1571) transfère la capitale à Vientiane (1563). À sa mort, les Birmans occupent le royaume. Le pays connaît une période troublée jusqu'au règne de Souligna* Vongsa (1637-1694), qui rétablit l'ordre. Les querelles que suscite sa succession mettent fin à l'unité du Laos qui éclate, au début du XVIIIe siècle, en trois royaumes rivaux : Vientiane*, Luang* Prabang et Champassak*. Ceux-ci défendent difficilement leur souveraineté face aux Birmans et aux Siamois.

Du protectorat à l'indépendance. Le Siam, qui domine ces trois royaumes depuis la fin du XVIIIe siècle, signe des traités (1893, 1902, 1904) reconnaissant le protectorat de la France sur le Laos. Celui-ci est unifié par la France qui l'a fait entrer dans l'Union indochinoise en 1899. En 1904, commence le long règne de Sisavang* Vong, qui dure jusqu'en 1959. Pendant les années de protectorat, la France dirige administrativement le pays, mais n'œuvre guère à son développement économique et social. En 1941, le Siam, allié du Japon, impose à la France de céder les territoires à l'ouest du Mékong ; en avril 1945, sous la pression japonaise, le roi proclame l'indépendance du Laos ; en 1946, la France reconquiert le Laos et lui accorde son autonomie interne. En 1951, le prince Souvanna* Phouma devient Premier ministre, tandis que des nationalistes plus radicaux, menés par Souphanouvong* (frère de Souvanna Phouma), avaient créé le Pathet* Lao en 1950. Aidés par le Viêt*-minh, ils prennent le contrôle d'une « zone libérée » dans le Nord, puis des campagnes du Sud. Le Laos accède à l'indépendance en 1953 (confirmée par la conférence de Genève, 1954).

La république populaire. Trois grandes tendances rivales, réunies dans de brefs gouvernements d'union nationale (1957, 1962, 1974), vont marquer la vie politique : la droite conservatrice (pro-américaine), les neutralistes de Souvanna Phouma et le Pathet Lao communiste (pro-Viêt-nam du Nord) de Souphanouvong. De 1964 à 1973, le Laos, où passe la « piste Hô* Chi Minh », est impliqué dans la guerre du Viêt-nam et subit de lourds bombardements américains. La paix rétablie au Viêt-nam, le *Front patriotique du Laos* (ex-Pathet Lao) prend le pouvoir, abolit la monarchie (2 décembre 1975) et proclame la République démocratique populaire du Laos ; le prince Souphanouvong devient président de la République. En 1977, le Laos signe un traité de coopération avec le Viêt-nam et accélère sa « marche vers le socialisme ». Au milieu des années 1980, le Premier ministre (puis chef de l'État en 1991), Kaysone Phomvihane, engage son pays vers l'ouverture économique et politique ; en 1988, le Laos se rapproche de la Thaïlande (naguère Siam).
La nouvelle Constitution de 1991 confirme le monopartisme tout en étendant les droits démocratiques. Nouhak* Phoumsavane, président de la République depuis 1992, continue la politique d'ouverture.

CULTURE

Art. L'art lao, essentiellement religieux, a subi des influences khmères (temple Vat* Phu, XIe-XIIe siècle), thaïlandaises et birmanes, mais il a affirmé son originalité dans ses représentations particulières du Bouddha (visage ovale, sourcils très incurvés) et dans l'architecture des temples (Vat Xieng Thong, XVIe siècle, à Luang Prabang) et des stūpa (That* Luang à Vientiane). L'intérieur des monastères offre de riches décors en stuc, en bois sculpté et doré, des peintures polychromes, ou en or sur fond rouge ou noir, illustrant la vie du Bouddha.

Littérature. La littérature lao ancienne se développe à travers une tradition orale (contes, proverbes) et, surtout, une littérature écrite, savante, essentiellement religieuse. Les principaux textes, déposés dans les monastères, étaient rédigés sur des feuilles de latanier. Ajoutés aux canons bouddhiques en langue pāli, on trouve 547 récits, traduits en laotien, retraçant les vies antérieures du Bouddha (jātaka*) ; les plus célèbres sont le *Mahānipāta* et le *Mahājātaka*. La littérature extra-canonique comprend des récits édifiants ou des romans d'aventures, dont le Bouddha est le héros, des romans en vers (le *Pha Lak-Pha Lam,* adaptation du Rāmāyana indien), des contes moraux, des « contes à rire ». Ces textes profanes sont cependant très imprégnés de religiosité. Il existe aussi des chroniques relatant l'histoire des lieux ou du pays, le droit coutumier et les codes de conduite. L'étude de la littérature lao ancienne doit beaucoup aux travaux de l'orientaliste français, Louis Finot* (1864-1935). La littérature connaît un renouveau dans les années 1930 avec la création du théâtre lao et de revues littéraires. Dans les années 1960, la littérature s'attache aux événements politiques et aborde des thèmes militants.

République libanaise

État du Proche-Orient, limité au nord et à l'est par la Syrie, au sud par Israël, et bordé à l'ouest par la mer Méditerranée.

Superficie : 10 452 km².

Population résidante : 3 111 600 hab. (estimation 1996) (*Libanais* et *Palestiniens,* hors des camps)
Croissance annuelle : 2,1 % (1995).

Capitale : Beyrouth, 1 100 000 hab. (1995).

Produit national brut : 7,8 milliards de dollars (1994).

P.N.B./hab. : 2 800 dollars (1994).

Monnaie : livre libanaise.

Fête nationale : 22 novembre.

GÉOGRAPHIE PHYSIQUE

Relief. Quatre régions, parallèles au littoral, se succèdent d'ouest en est : la plaine alluviale côtière, entrecoupée de promontoirs rocheux ; le Mont Liban (3 083 m au Qurnat* al-Sawdā) ; la haute plaine de la Beqaa (altitude moyenne, 800 m) ; la chaîne de l'Anti-Liban (2 659 m au Tal at Musa).

Climat. Le climat, méridional sur la côte, est de plus en plus aride et continental à mesure que l'on pénètre vers l'intérieur des terres.

Végétation. La côte est le domaine privilégié des agrumes, bananes et légumes ; sur les pentes en terrasses des montagnes poussent la vigne, les arbres fruitiers et des forêts de pins ; la Beqaa est consacrée aux cultures irriguées. Les forêts de cèdres ont fait place à une garrigue, conséquence malheureuse des coupes excessives et de la pâture.

Fleuves. Deux principaux fleuves drainent le pays : le Litani (150 km), vers le sud, qui offre d'importantes possibilités d'irrigation, et l'Oronte, vers le nord, dont seul le cours supérieur est libanais.

GÉOGRAPHIE HUMAINE

Langues. La langue officielle est l'arabe. Le français, puis l'anglais sont largement parlés. Citons également l'arménien et le kurde.

Religions. On compte approximativement 60 % de musulmans (chiites, 30 % ; sunnites, 24 % ; Druzes, 5 % ; Alawites, 1 %) et 40 % de chrétiens (24 % de maronites, 13 % de fidèles des Églises grecques orthodoxe et catholique [melkites], plus de 3 % de fidèles des Églises arméniennes).

Villes. La capitale, Beyrouth, compte 1 100 000 hab. Les villes moyennes se sont développées durant la guerre : Tripoli (240 000 hab.), Jounieh (100 000 hab.), Saïda (70 000 hab.), Zahlé (50 000 hab.), Baalbek (20 000 hab.).

INSTITUTIONS

Le Liban est une république parlementaire. L'Assemblée nationale (128 membres partagés à égalité entre chrétiens et musulmans) est élue pour 4 ans au suffrage universel ; le président de la République est élu pour 6 ans par l'Assemblée nationale.

ÉCONOMIE

Conjoncture. Quinze ans de guerre ont ruiné le pays. Depuis 1992, la croissance du P.I.B. connaît un rythme d'environ 6 % par an. La reprise économique s'effectue surtout dans le secteur tertiaire.

Agriculture. En 1995, le secteur agricole représentait environ 7 % de la population active. Les principales cultures sont les agrumes, les pommes, les olives, les tomates, la betterave à sucre et la vigne. Le déficit de la balance agricole correspondait à 13,5 % du P.N.B.

© M. Attar / SYGMA

Beyrouth, dévastée par la guerre, est en cours de reconstruction.

Population. En 1993, la population du pays comportait environ 85 % de Libanais, 12 % de Palestiniens. Les Arméniens et les Kurdes du Liban sont majoritairement de nationalité libanaise. En 1995, la population était urbanisée à 87 %. Après l'exode massif dû à la guerre (près du tiers de la population a fui le Liban entre 1975 et 1990), le milieu des années 1990 est marqué par le retour d'une partie des émigrés et, surtout, par un taux de natalité élevé (près de 2,8 %).

Mines et industrie. Les réserves minières sont insignifiantes. Le secteur industriel occupait, en 1995, environ 20 % de la population active et représentait 15 % du P.N.B. (industrie alimentaire et habillement). Le secteur des services occupait environ 70 % de la population active, pour 75 % du P.N.B.

Échanges extérieurs. En 1994, les importations (6 milliards de dollars) excédaient largement les exportations (737 millions de dollars).

L'Italie était le principal fournisseur (14 %) ; les Émirats arabes unis le principal client (29 %).

Transports. En 1987, le Liban disposait d'un réseau routier de 7 370 km (85 % bitumés) et d'un réseau ferroviaire de 222 km (seul un petit réseau autour de Beyrouth était exploité en 1995).

ÉDUCATION ET SANTÉ

Éducation. En 1995, 86,5 % des personnes âgées de plus 10 ans étaient alphabétisées. Le taux de scolarisation atteignait 96,2 % dans le primaire, 63,6 % dans le secondaire (collège) et 2,5 % dans le supérieur.

Santé. En 1996, on comptait 1 médecin pour 467 hab. et 1 lit d'hôpital pour 362 hab.

HISTOIRE

L'histoire ancienne. Au IIIe millénaire av. J.-C., les Phéniciens, de langue sémitique, s'établissent le long de la côte syro-libano-palestinienne d'alors. Ils y fondent des cités-États (Tyr*, Sidon*, Byblos*). Leur alphabet de vingt-deux signes supplante le système cunéiforme et se répand dans le monde Méditerranéen (vers 1300 av. J.-C.). À la même époque, ces cités deviennent des « protectorats » égyptiens, puis passent sous la domination babylonienne, puis perse. L'indépendance de la Phénicie prend fin avec la conquête d'Alexandre en 333 av. J-C. Le Liban est alors intégré dans le royaume hellénistique des Séleucides, avant d'être conquis par les Romains, qui fondent la *Provincia Syria* (64 av. J.-C.). En 395, lors du partage de l'Empire romain, la Syrie, devenue chrétienne, est rattachée à l'Empire byzantin. Elle sera placée sous l'autorité de l'Empire arabe à partir de 636. Les querelles théologiques déchirent les populations, et c'est vers cette époque que s'individualisent et commencent à s'opposer les différentes communautés. La montagne devient un territoire-refuge ; les maronites, des chrétiens soumis aux tracasseries des Byzantins puis aux pressions des Arabes musulmans, s'y réfugient au VIIe siècle. Elle offre également asile aux chiites (IXe siècle) et aux Druzes (XIe siècle). Les musulmans sunnites se répartissent surtout dans la zone côtière et la Beqaa. La période des croisades (XIe-XIIIe siècles) est fortement troublée : les États latins occupent la côte et la montagne avant d'être chassés par les mamelouks d'Égypte qui rétablissent l'islam (XIIIe siècle).

© P. Roy / HOA QUI

À Djebail, le château des Croisés (XIIe s.) domine la vieille ville.

À partir du XVIe siècle, la domination ottomane ouvre une nouvelle période. La Sublime Porte n'exerce pas un contrôle direct. L'autonomie est accordée après le paiement d'un tribut. Dans une certaine mesure, la société libanaise a déjà acquis ses traits les plus marquants. Les très fortes solidarités familiales se fondent sur des cousinages aux multiples ramifications. Elles se nouent autour d'un chef avec qui les intéressés se découvrent une parenté à l'intérieur d'une même confession religieuse : la communauté devient un cadre d'organisation sociale. La montagne libanaise, région pauvre et semi-aride, aux villages fortifiés, est partagée entre les communautés se rattachant aux trois grands ensembles confessionnels : maronite, druze et chiite. Politiquement, cette période est instable.

À la fin du XVIe siècle, le chef druze Fakhr* ad-Din II conquiert le Mont Liban et contrôle une partie de la Syrie et de la Palestine actuelles. Au XVIIIe siècle, l'influence druze décline et ouvre la voie à celle des maronites ; une partie de la dynastie sunnite des Chihab* (ou Chehab) se convertit au christianisme et rejoint la communauté maronite. Au XIXe siècle, le Liban devient le terrain des rivalités entre les grandes puissances européennes. En 1840 survient un soulèvement contre Bachir* II Chihab et son allié Méhémet-Ali, vice-roi d'Égypte. Les affrontements entre Druzes et maronites deviennent violents et se doublent de massacres de maronites en 1860. La France intervient en 1861 et fait reconnaître par les Ottomans l'autonomie du Mont Liban. Un gouvernorat autonome chrétien, placé sous la surveillance des puissances européennes, est créé en 1864.

De l'indépendance à la guerre. Au lendemain de la Première Guerre mondiale, l'Empire ottoman, allié des Allemands, est démembré. Conformément à l'accord Sykes*-Picot (1916), la France reçoit en 1920 un mandat sur le Liban et la Syrie*. La même année, la France crée le « Grand Liban », qui correspond aux frontières actuelles du pays. Cette nouvelle entité territoriale suscite l'opposition des nationalistes arabes, qui souhaitent la création d'une « Grande Syrie » : Syrie, Liban, Palestine et Transjordanie. Occupé par les Britanniques en juin 1941, le Liban obtient sa totale indépendance en 1943. Un « pacte national » vise à établir un équilibre entre les communautés : les chrétiens étant les plus nombreux, le président de la République sera maronite ; le président du Conseil, sunnite ; le président du Parlement, chiite. Le Liban participe à la fondation de la Ligue arabe en 1945. Les vingt premières années de l'indépendance sont marquées par une prospérité économique, qui, toutefois, accroît les inégalités sociales. L'importante croissance démographique des musulmans rompt le fragile équilibre communautaire. Le gouvernement libanais ayant soutenu la position des Occidentaux dans le conflit qui les oppose à Nasser, l'opposition entre les nationalistes arabes (majoritairement musulmans), appuyés par la République arabe unie (union de l'Égypte et de la Syrie, 1958-1961), et les pro-occidentaux (essentiellement chrétiens), appuyés par l'Irak et la Jordanie, provoque des affrontements inter-communautaires et l'intervention des États-Unis en 1958, à la demande du président Camille Chamoun*. Après la guerre israélo*-arabe de 1967, à laquelle le Liban n'a pas participé, les Palestiniens affluent en masse ; en 1970, l'OLP, chassée de Jordanie, s'installe au Liban avec ses combattants.

500 000 Palestiniens s'y regroupent, ce qui va provoquer l'intervention militaire de la Syrie et d'Israël. La fragile construction étatique ne peut résister à ces événements et la guerre civile éclate en avril 1975. Elle oppose le *Mouvement national libanais* qui rassemble de nombreux musulmans, nationalistes arabes et des membres d'organisations de gauche sous l'égide de l'OLP, au *Front libanais* regroupant essentiellement des partis chrétiens hostiles au pouvoir

des Palestiniens. Les milices palestiniennes prennent une part prépondérante dans les affrontements avec les phalanges chrétiennes. Une première intervention de la Syrie en 1976 tente de contenir les Palestiniens auxquels elle avait préalablement apporté son appui en 1965 et 1975. En 1978, Israël s'installe dans le Sud, mais son armée doit composer avec la Force d'interposition des Nations unies (FINUL). Cette dernière ne peut empêcher la nouvelle, et la plus meurtrière, intervention israélienne de 1982 (opération « Paix en Galilée »), au cours de laquelle Beyrouth est assiégée et l'OLP chassée. Les Israéliens se retirent en 1985, mais gardent le contrôle d'une bande de terrain d'environ 1 200 km^2 dans le sud du Liban (toujours occupée en 1997). Amine Gemayel* (maronite) devient président de la République en 1982 et forme en 1984 un gouvernement d'union nationale soutenu par la Syrie, qui occupe désormais une position de force dans le pays. La guerre civile se poursuit, compliquée par des luttes entre les différentes tendances musulmanes, parti socialiste progressiste (druze), Amal* et Hezbollah* (ce dernier multipliant les prises d'otages occidentaux). Après l'expiration du mandat du président Gemayel en 1988, les chrétiens se divisent ; le général Michel Aoun* n'accepte pas les accords de Taef (octobre 1989) entre les musulmans et les chrétiens : rééquilibrage de la représentation légale des communautés religieuses au profit des musulmans ; pouvoir du président maronite diminué au profit du Premier ministre sunnite et du président de l'Assemblée nationale (chiite); protectorat syrien entériné. En octobre 1990, une tentative de rébellion du général Aoun contre les accords de Taef échoue et il s'exile en France.

Les années 1990. Le retour au calme s'instaure peu à peu ; le pays sort meurtri et ruiné par ces conflits. En 1995, le mandat du président Elias Hraoui* (élu en 1989) est prorogé de trois ans. En avril 1996, les conflits dans le Sud entre le Hezbollah et l'armée israélienne se traduisent par des bombardements israéliens (opération « les Raisins de la colère ») provoquant la mort de 179 civils libanais et l'exode de 400 000 personnes. En place depuis octobre 1992, le gouvernement de Rafic Hariri*, homme d'affaires sunnite, permet la reprise économique ; la reconstruction de Beyrouth est entreprise.

CULTURE

Art ancien. De nombreux sites témoignent du passé prestigieux du Liban : temple phénicien d'Echmoun, près de Saïda* ; sarcophage du roi Hiram, près de Byblos* ; ruines romaines à Tyr*, Sidon* et Baalbek* ; architecture civile et militaire des croisés : Château de la mer à Saïda, et Château de Beaufort au sud-est de Saïda, Byblos* (église Saint-Jean), Tripoli* (Château Saint-Gilles) ; architecture abbasside dans le site d'Andjar* ; le caravansérail des Français construit par l'émir Fakhr ad-Din, à Saïda ; Beit el-Dine, la cité de l'émir Bachir II Chihab, dans le Chouf, etc.

Littérature arabe. La *Nahda**, renaissance culturelle et littéraire arabe (XIXe siècle), a pour origine les chrétiens du Liban et de la Syrie. Une nouvelle littérature arabe se développe, qui mêle à la fois les modes de pensée occidentaux et le retour aux sources de l'islam. Elle subira également l'influence des écrivains syro-libanais émigrés en Amérique du Nord et en Amérique du Sud (école du *Mahdjar**) ; citons, parmi eux, Gibran Khalil Gibran* et Mikhaïl Nuayma (1889-1988) qui écrivent en arabe et en anglais. La langue s'épure. Saïd Akl* est le brillant représentant de l'école symboliste. D'origine syrienne, le poète Adonis* s'installe à Beyrouth et anime la revue *Chir**, qui se propose de libérer la poésie de la métrique traditionnelle. Aménageant le genre historique, Djirdji Zaydān* crée le roman et la nouvelle qui connaissent leur essor grâce à des œuvres au contenu plus personnel, notamment celles de Nuayma, Marun Abboud (1886-1962) et de la féministe Layla Baalbaki (*Je vis !*, 1958). Citons également : Khalil Moutran (1869-1949), Bichara al-Khoury (1885-1968), Amin Nakhla (1901-1976), Elias Abou-Chabaka (1903-1947).

Littérature francophone. Si l'arabe est la langue maternelle des Libanais, le français joue un rôle important depuis le XIXe siècle (l'enseignement du français commence vers 1860, grâce à la présence des missions), à une époque antérieure au mandat français (1920-1943). Une première génération d'auteurs est marquée par une inspiration romantique et orientaliste ; Chekri Ghanem*, considéré comme le père de la littérature francophone, publie sa pièce *Antar* en 1910. Entre les deux guerres mondiales, l'engagement dans la vie nationale se développe ; Charles Corm*, fondateur en 1920 de la *Revue phénicienne* (à laquelle se greffe une maison d'édition), fait revivre un passé millénaire (*la Montagne inspirée*, 1934) ; les poètes Hector Klat*, Michel Chiha* et Fouad Abi*-Zeyd chantent l'amour de leur pays et l'union entre l'Orient chrétien et la France. À cette génération appartiennent Évelyne Bustros (*la Main d'Allah*, 1926) et Mayy Ziadé (1886-1914). Après la Seconde Guerre mondiale, la thématique et le langage poétiques se renouvellent. S'imposent les œuvres du dramaturge et poète Georges Schéhadé*, d'Andrée Chedid* ; celles des poètes Fouad Gabriel Naffah* (*l'Esprit-Dieu*, 1966) et Salah Stétié* ; puis se révèlent Nadia Tuéni*, Claire Gebeyli*, Vénus Khoury*-Ghata. Tous les genres sont représentés ; citons les romanciers, Fardj Allah Haïk* (*les Enfants de la terre*, 1948-1951), Vahé Katcha*, Amin Maalouf* et les essayistes, Sélim Abou*, Abdallah Naaman*.

Cinéma. Le cinéma libanais acquiert sa renommée avec Maroun Bagdadi* (*Beyrouth Ya Beyrouth*, 1975). Citons également Samir Habchi (*le Tourbillon*, 1992), Jean-Claude Codsi (*Histoire d'un retour*, 1994), Jocelyne Saab (*Il était une fois Beyrouth*, 1994).

Ruines romaines à Baalbek.

Grand-Duché du Luxembourg

État d'Europe occidentale limité à l'ouest et au nord par la Belgique, à l'est par l'Allemagne et au sud par la France.

Superficie : 2 586 km².

Population : 409 500 hab. (estimation 1995). (*Luxembourgeois*)
Croissance annuelle : moins de 1 %.

Capitale : Luxembourg, 75 833 hab. (1991).

Produit national brut : 14,2 milliards de dollars (1993).

P.N.B./hab. : 35 000 dollars (1993).

Monnaie : franc luxembourgeois.

Fête nationale : 23 juin.

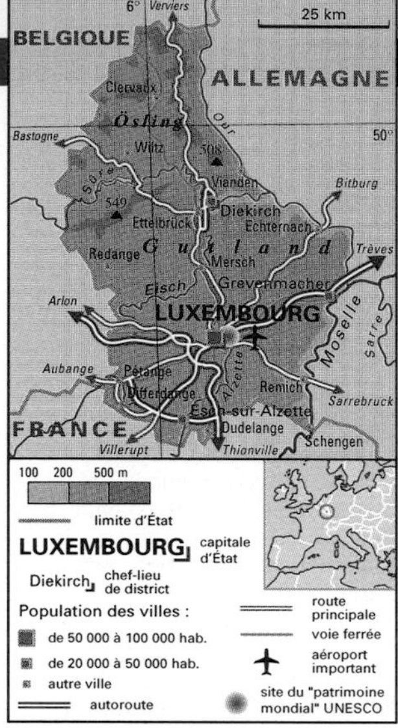

GÉOGRAPHIE

Relief et climat. Le nord du pays, l'Ösling, partie de l'Ardenne couverte de vastes forêts et d'herbages, s'oppose au Sud, le Gutland (« Bonne Terre »). Tempéré par les influences maritimes, le climat a une relative douceur dans la vallée de la Moselle, mais il peut être rude sur les hauteurs de l'Ösling.

Le château de Vianden.

Langues. Le luxembourgeois est la langue nationale institutionnalisée en 1984. L'allemand et le français, utilisés dans les actes officiels et la presse, sont obligatoires.

Religions. Catholicisme à 95 %.

Population. Les étrangers (Européens) en excèdent le quart.

Éducation et santé. On ne compte aucun analphabète. En 1994, il y avait 848 médecins et 4 560 lits d'hôpital.

INSTITUTIONS

Le Luxembourg est une monarchie parlementaire. Le grand-duc est le chef de l'État. Le pouvoir exécutif est exercé par le Premier ministre. La Chambre des députés compte 60 membres élus au suffrage universel pour cinq ans.

ÉCONOMIE

Agriculture, industrie, échanges. La moitié du territoire est agricole : céréales, fruits, vigne dans le Gutland ; élevage bovin dans l'Ösling. Après 1974, la puissante sidérurgie s'est effondrée. Mais, dès les années 50, des industries de pointe se sont développées. Pays de services à la faible fiscalité, le Luxembourg, l'un des États les plus riches du monde, ignore le chômage. Les importations excèdent légèrement les exportations.

Transports. On compte 5 134 km de routes et 275 km de voies ferrées. Le trafic de l'aéroport (à Luxembourg) excède le million de personnes.

HISTOIRE

Naissance du Luxembourg. Au Xe siècle, le comté de Luxembourg devient propriété des maisons de Namur puis de Limbourg. En 1354, l'empereur Charles IV de Limbourg fait du comté un duché pour son frère Venceslas. En 1443, le duché devient la propriété du duc de Bourgogne, puis de l'Autriche (1477), de l'Espagne (1506), à nouveau de l'Autriche (traité de Rastatt, 1714). Au traité des Pyrénées (1656), la France avait obtenu le sud du pays. La France révolutionnaire s'empare du duché. En 1815, il devient un grand-duché appartenant au roi des Pays-Bas, Guillaume Ier. En 1831, l'Ouest est donné à la Belgique indépendante.

Un pays prospère. Le pays obtient bientôt une grande autonomie. Il entre dans le Deutscher Zollverein* (1842), acquiert sa neutralité (traité de Londres, 1867) et s'enrichit grâce à la sidérurgie. En 1890, le trône revient à Adolphe* de Nassau. En 1907, son fils, Guillaume* IV, fait abolir la loi de succession : à sa mort, sa fille Marie-Adélaïde monte sur le trône, puis abdique en 1919 en faveur de sa sœur Charlotte, qui accorde une Constitution au Grand-Duché. En 1922, le Luxembourg conclut l'Union économique belgo*-luxembourgeoise. De mai 1940 à septembre 1944, il est occupé par l'Allemagne. En 1947, il adhère au Benelux. En 1948, il renonce à sa neutralité et entre dans l'OTAN. Luxembourg devient le siège de nombreuses organisations européennes. Depuis 1945, le pays a été gouverné par le parti social-chrétien (de 1974 à 1979, par le parti démocratique). En 1964, Charlotte de Luxembourg a cédé le trône à son fils Jean, le souverain actuel.

CULTURE

Art. Le Moyen Âge a légué des châteaux, fortifiés ou non, et des églises romanes et gothiques. Les temps modernes ont enrichi le pays d'églises aux styles divers. Joseph Kutter* domine la peinture.

Littérature d'expression luxembourgeoise. Elle naît au XIXe siècle, avec le poète Antoine Meyer et le dramaturge Dicks* qui influence Marcel Remland et Tit Schroeder (*D'Pölltchesfamil*, 1963). La poésie est active : Michel Lentz, Michel Rodange*, auteur de l'épopée nationale (*Renert*, 1872), René Kartheiser, Léon Moulin (*De Fuus*, 1968).

Littérature d'expression française. Le premier écrivain véritable est Félix Thyes*, auteur du roman *Marc Bruno* (1855). Puis vient Marcel Noppeney*. Parmi de nombreux noms se détachent les prosateurs Nicolas Ries* (*le Diable aux champs*, 1935) et Albert Borschette* (*Itinéraires soviétiques*, 1971), les poètes Paul Palgen* et Édouard Dune, également dramaturge.

Littérature d'expression allemande. Batty Weber (1860-1940) produit des romans et des pièces populaires ; Nicolas Welker (1871-1951) écrit une *Histoire de la littérature luxembourgeoise* (1929). Jean-Pierre Erpelding (1884-1977) donne un roman national : *Peter Brendel* (1959). Citons aussi Nicolas Hein, Bernhard Simminger, le critique Ernest Bisdorf, les poètes Pol Michels, Nicolas Heinen, Nicolas Weber, Robert Gliedner.

République de Madagascar

État insulaire de l'océan Indien, situé au sud-est du continent africain au large du Mozambique.

Superficie : 587 041 km².

Population : 13 200 000 hab. (estimation 1993). (*Malgaches*)
Croissance annuelle : 3,2% (1990-1995).

Capitale : Antananarivo , 1 300 000 hab. (1992).

Produit national brut : 3,4 milliards de dollars (1995).

P.N.B./hab. : 230 dollars (1995).

Monnaie : franc malgache.

Fête nationale : 26 juin.

GÉOGRAPHIE PHYSIQUE

Relief. L'île offre des contrastes entre les hautes terres centrales et les régions basses périphériques. Les hautes terres centrales forment un ensemble morcelé de reliefs volcaniques très divers avec, du nord au sud, les massifs du Tsaratanana (2 886 m), de l'Ankaratra et de l'Andringitra. Elles sont séparées de l'océan Indien par une étroite plaine côtière, rectiligne, bordée de lagunes, de marais et de collines basses. Vers le canal de Mozambique, la côte présente deux grands bassins sédimentaires : le Mahajanga au nord, le Morondava au sud. L'extrémité nord de l'île est la région la plus contrastée.

Climat. Le climat est tropical avec des variantes. Exposé aux alizés, le versant oriental reçoit de fortes précipitations (plus de 2 000 mm) et connaît des températures élevées atteignant au nord 27 °C. Les hautes terres centrales reçoivent moins de pluies (1 200 à 1 800 mm), ont des températures de16 à 17 °C et une saison sèche. Le versant occidental, sous le vent, est peu arrosé (moins de 800 mm) et la saison sèche de plus en plus marquée. L'extrême sud et le sud-ouest de l'île sont semi-arides (moins de 400 mm).

Fleuves. Le Sofia, la Betsiboka, le Mangoky et l'Onilahy sont tributaires du canal de Mozambique.

Végétation. La diversité des reliefs et des climats favorise le développement d'une flore exceptionnelle par sa variété, sa beauté et son originalité. Sur le versant oriental, la forêt tropicale (10% du territoire), vestige de la végétation primitive de l'île, a fait place à une forêt secondaire (*savoka*) différente selon les zones. Les hautes terres centrales autrefois boisées portent une prairie, le *bozaka,* maigre pacage pour les bœufs. La brousse épineuse couvre le sud-ouest du pays.

GÉOGRAPHIE HUMAINE

Langues. Les langues officielles sont le malgache, langue austronésienne, et le français.

Religions. Les chrétiens (51%, dont 26% de catholiques et 22,8% de protestants) sont les plus nombreux, suivis par les adeptes des religions traditionnelles (47%). Les musulmans sont 1,7%.

© G. Mendel / Network / RAPHO

Baobabs près de Monrodava.

© G. Mendel / Network / RAPHO

Antananarivo.

Ethnies. Les Malgaches (98,9%) se répartissent ainsi : Merina (26,6%), Betsimisaraka (14,9%), Betsiléo (11,7%), Tsimihéty (7,4%), Sakalava (6,4%), Antandroy (5,3%). Les Comoriens sont 0,3%, les Indiens et les Pakistanais 0,2%, les autres populations 0,6%.

© G. Mendel / Network / RAPHO

Rizière.

Population. Les Malgaches ont une origine complexe : immigrants indonésiens (Malacca) et Bantous venus d'Afrique subéquatoriale se seraient intégrés aux Proto-Malgaches. Migration des arrivants depuis les côtes vers l'intérieur, déplacements de populations provoqués par les guerres entre tribus et la conquête des plaines inhabitées, homogénéisation accrue de la population sous la colonisation : tout a contribué au métissage et à la fusion culturelle.

Villes. La population est essentiellement rurale (78%). La capitale Antananarivo compte 1 300 000 hab. Les autres villes importantes sont Toamasina (160 000 hab.) et Mahajanga (130 000 hab.).

INSTITUTIONS

Madagascar est une république de type présidentiel et pluraliste. Une nouvelle Constitution a été adoptée le 19 août 1992 instaurant la IIIe République malgache, avec un président élu pour 7 ans et une Assemblée nationale populaire composée de 137 députés élus pour 5 ans.

ÉCONOMIE

Conjoncture. En 1993, l'élection du professeur de médecine Albert Zafy à la présidence de la République n'a pas donné un nouveau départ à une île qui souffre, dans le Sud, de pénurie et même de famine, et que le cyclone Geralda a ravagée en 1994.

Agriculture. Traditionnellement Madagascar est un pays d'agriculture et d'élevage. Ces secteurs ont été ces dernières années durement touchés par la sécheresse, les dévastations causées par les criquets et la mauvaise gestion du régime Ratsiraka. La principale production vivrière est le riz (37% des terres cultivées) devant le manioc. Parmi les cultures d'exportation, le clou de girofle et la vanille sont des cultures endémiques à la « Grande Île ».

© G. Mendel / Network / RAPHO

Liaison ferroviaire entre Manakara et Fianarantsoa.

L'élevage, surtout pratiqué sur les plateaux du centre du pays, est une activité économique et symbolique de première importance.

Mines et industrie. L'extraction minière est faible malgré des gisements de mica, de bauxite, de charbon et de pierres précieuses. Les usines ont souffert des nationalisations. Aujourd'hui, la création d'une zone franche favorise la reprise (conserverie de thon à Antsiranana, entreprises de confection).

Échanges extérieurs. Les exportations (384 millions de dollars en 1993) sont largement inférieures aux importations (678 millions de dollars).

Transports. Madagascar dispose d'un réseau de 54 200 km de routes et de pistes (10% bitumés) et d'un réseau ferroviaire de 1 054 km. Principaux aéroports : Antananarivo (329 000 passagers), Toamasina et Mahajanga. Les principaux ports sont : Toamasina (1 400 000 tonnes) et Mahajanga.

ÉDUCATION ET SANTÉ

Éducation. 80,2% des personnes âgées de 15 ans et plus étaient alphabétisées en 1990.

Santé. Il y avait, en 1985, 1 médecin pour 8 610 hab. et 1 lit d'hôpital pour 442 hab.

HISTOIRE

L'histoire ancienne. Les historiens ont longtemps pensé que les premiers habitants de Madagascar étaient des métis d'Indonésiens et d'Africains, venus de la côte orientale de l'Afrique noire, vers le VIe siècle. Une autre hypothèse affirme aujourd'hui que les Vazimba, une population aux origines inconnues, étaient peut-être présents à Madagascar auparavant. Une chose est sûre : on ne trouve pas sur la « Grande Île » de vestiges datant de la préhistoire. En outre, au début de notre ère, des marchands indonésiens et métis ont bien migré, par vagues successives, depuis la côte orientale de l'Afrique noire (Tanzanie et Mozambique actuels) pour s'établir à Madagascar. Cette double origine, à la fois africaine et asiatique, explique le métissage de la population et surtout de la civilisation malgache, tant dans le domaine économique (quoique la riziculture irriguée relève plutôt des pratiques indonésiennes) que dans les domaines culturel et religieux (culte des morts, notamment). Les migrations se sont poursuivies jusqu'à une période récente.

Peu à peu, les peuples de Madagascar se sont organisés en clans, dirigés par les anciens, et, à partir du XVIe siècle, en une multitude de petits royaumes. Pour la plupart, ils se sont implantés le long de la côte. Malgré la grande diversité des peuples et des organisations politiques, la population malgache présenta toujours une grande unité, notamment par l'emploi d'une même langue et du fait de l'établissement de liens d'échanges entre les différentes régions.

Les contacts avec les Arabes et les Européens. La position privilégiée de Madagascar en fit pendant plusieurs siècles la plaque tournante de la traite esclavagiste. Du XIIe au XVIIIe siècle, le trafic fut dominé par les marchands arabes, qui fondèrent des comptoirs sur la côte nord-ouest. Il fut ensuite le fait des Européens.

En l'an 1498, Vasco de Gama qui venait de franchir le cap de Bonne-Espérance et naviguait vers l'Inde aurait aperçu la « Grande Île ». En 1500, Diego Diaz qui cherchait à regagner la côte africaine dont il s'était éloigné par erreur arriva à Madagascar. Après avoir pris le contrôle de la rive occidentale, les Portugais envisagèrent, au début du XVIIe siècle, d'explorer l'île de manière systématique et de convertir ses habitants au christianisme. Les militaires et les jésuites portugais ne purent ni surmonter l'hostilité des populations malgaches ni prendre le contrôle des comptoirs arabes. Ils abandonnèrent l'île mais maintinrent des contacts commerciaux depuis le Mozambique. Les navigateurs hollandais, en route pour l'Indonésie, prirent l'habitude de faire escale dans les ports de la « Grande Île » pour se ravitailler, avant de lui préférer la colonie du Cap où ils s'implantèrent au XVIIe siècle. Les tentatives de colonisation par les Britanniques se heurtèrent aux difficultés liées à l'insalubrité du climat et à la résistance des populations. Au milieu du XVIIe siècle, les Français à leur tour se prirent d'intérêt pour Madagascar. En 1643, ils établirent un camp, au sud-est de l'île, appelé Fort-Dauphin, en l'honneur du futur Louis XIV. Mais en 1674, les 63 Français rescapés des attaques perpétrées par les populations locales fuirent l'île. Commença alors l'ère des pirates et de la République internationale de Libertalia, qui dominèrent le commerce maritime jusque vers 1720.

La grandeur malgache. Au XVIIe siècle, les souverains sakalava s'emparèrent de la côte ouest et établirent deux royaumes : le Menabé autour de Morondava et le Boina autour de Mahajanga. L'acquisition d'armes à feu, par le biais du commerce maritime, explique cette domination des Sakalava. Au XVIIIe siècle, ils tenaient le nord et l'ouest de l'île. Mais à la fin du XVIIIe et surtout au XIXe siècle, ils furent broyés par le royaume merina (ou Imerina), alors en pleine expansion.

La reine Ranavalona III.

© Collection Viollet

Petit État des plateaux centraux de Madagascar, l'Imerina avait été unifié au début du XVIIIe siècle, par Andriamasinavalona (1675-1710) avant d'être divisé en quatre royaumes. En 1770, deux de ces royaumes furent réunis. Vers 1785 commença le règne d'Andrianampoinimerina (littéralement : « le seigneur cher au cœur de l'Imerina »). Jusqu'en 1806, il s'employa à réunifier l'Imerina puis se lança à la conquête de l'île. À sa mort en 1810, il aurait laissé ce testament à son successeur, Radama Ier : « La mer sera la limite de ma rizière ». Ce dernier modernisa l'armée avant d'achever l'œuvre d'Andrianampoinimerina. Il s'appuya sur les Britanniques qui lui apportèrent leur soutien diplomatique et de judicieux conseils. À sa mort en 1828, son épouse Ranavalona lui succéda. Sous son règne, Madagascar s'isola et se replia : les chrétiens furent persécutés et les missionnaires expulsés. En 1861, le pouvoir revint à son fils, Radama II. Élevé par des Européens, il ouvrit Madagascar aux influences étrangères. Mais le désordre et la confusion s'installèrent et, en 1863, il fut assassiné.

À partir de cette date, le pouvoir qui revenait à la souveraine, fut en réalité détenu par le Premier ministre, Rainilaiarivony, un Hova, qui épousa successivement trois reines (Rasoherina, Ranavalona II et Ranavalona III) et demeura à la tête du pays pendant plus de trente ans. Il entreprit des réformes prudentes, réorganisa la justice et l'administration, acheva la constitution de l'État, encouragea la formation d'une élite européanisée et abolit l'esclavage. En 1885, il signa un traité ambigu avec la France : les Merina pensaient qu'il s'agissait d'un simple accord d'amitié mais les Français considéraient qu'il s'agissait d'un traité de protectorat. En 1895, le général Duchesne fut chargé d'imposer l'autorité française. Il prit Antananarivo, la capitale merina, et obligea Rainilaiarivony à reconnaître son autorité. L'insurrection populaire des Menalambo (littéralement : « toges rouges ») éclata la même année.

La colonisation française. En 1896, le Parlement français déclara Madagascar colonie française. Le général Gallieni fut envoyé d'urgence pour prendre le commandement civil et militaire de l'île. Il réprima les révoltes, exila la reine Ranavalona III à la Réunion, puis à Alger, et abolit la monarchie. Il remplaça les gouverneurs merina par des administrateurs locaux encadrés par les Français. De 1900 à 1902, Lyautey soumit les populations du Sud. Près de 50 000 Malgaches furent incorporés à l'armée pendant la Première Guerre mondiale.

La résistance à la colonisation se poursuivit sans relâche. Dès les années 1910, les nationalistes se groupèrent dans une société secrète, la *Vy vato sakelika* (VVS, littéralement : « Fer, pierre, réseau ») dont les dirigeants furent arrêtés en 1916. En 1920, le mouvement s'amplifia sous l'impulsion de Jean Ralaimongo.

Pendant la Seconde Guerre mondiale, l'administration coloniale demeura fidèle à la France de Vichy. En 1942, les Britanniques attaquèrent Diego-Suarez et occupèrent l'île qu'ils remirent à la France libre. En 1945, les Malgaches purent élire deux députés à l'Assemblée constituante, à Paris. En 1946, Madagascar devint un territoire d'outre-mer. Mais en 1947, un soulèvement éclata dans l'île. La répression fut impitoyable : elle aurait fait 80 000 à 100 000 morts et décapita le *Mouvement démocratique de la rénovation malgache* (MDRM) créé en 1946 par Ravoahangy. En 1956, la loi-cadre instaura le suffrage universel. Un gouvernement autonome fut constitué sous la présidence de Philibert Tsiranana, fondateur du *Parti social-démocrate* (PSD). Le 26 juin 1960, Madagascar accéda à l'indépendance.

Madagascar contemporain. Philibert Tsiranana devint président de la République malgache. Il s'appuya sur le PSD, parti majoritaire. Dans les années 1970, il se trouva en butte à la montée de l'opposition, notamment au sein de la population estudiantine. Débordé, le président remit ses pouvoirs au chef d'état-major, le général Gabriel Ramanantsoa, en mai 1972. Celui-ci obtint des pouvoirs étendus pour une durée de 5 ans mais, en 1975, il démissionna au profit du colonel Ratsimandrava, qui fut assassiné quelques jours plus tard.

© G. Mendel / Network / RAPHO

Tombeau mahafaly, près d'Ambouombe (détail).

Un *Directoire militaire* prit le pouvoir mais se saborda en juin. Le capitaine de frégate, Didier Ratsiraka, fut nommé président du Conseil suprême de la révolution et chef de l'État. Le peuple malgache approuva par référendum la Constitution de la République démocratique de Madagascar. Le nouveau régime s'affirma marxiste et établit des relations privilégiées avec l'URSS. En 1976, le *Front national de défense de la révolution malgache* (FNDRM) regroupa sept partis révolutionnaires.
Dès 1982, les Églises catholique et protestante mirent en garde le pouvoir en dénonçant les échecs et les dérives résultant de l'idéologie révolutionnaire. À partir de 1987, le régime commença à libéraliser l'économie en réduisant la part du secteur nationalisé et en ouvrant la porte aux investissements privés malgaches et étrangers. En 1990, une grève générale éclata. Didier Ratsiraka dut réunir une Conférence nationale, mais réprima très durement toute manifestation. À partir de 1991, néanmoins, il fut privé de tout pouvoir effectif. En 1992, la nouvelle Constitution fut approuvée par référendum, donnant naissance à la IIIe République. En 1993, Albert Zafy, candidat des « Forces vives », remporta l'élection présidentielle. Après des affrontements sanglants entre les partisans du nouveau et de l'ancien pouvoir (mars-juin 1993), le parti de Zafy remporta les élections législatives. En sept. 1995, Zafy obtint, par référendum, le droit de nommer le Premier ministre, jusqu'alors élu par l'Assemblée. En septembre 1996, celle-ci le destitua et D. Ratsiraka remporta l'élection présidentielle de décembre.

CULTURE

Art traditionnel. Il est surtout représenté par la sculpture et l'architecture funéraires. Les tombeaux mahafaly sont de grands édifices constitués de pierres entassées, caractérisés par les *alo-alo,* poteaux de bois sculptés ajourés. Les tombeaux plus récents ressemblent à une petite maison ceinte par un mur de ciment recouvert de fresques qui narrent la vie du défunt. Les tombeaux vezo-sakalava sont connus pour leurs statues érotiques. L'artisanat des hauts plateaux, bois sculpté et marqueterie, est particulièrement développé en pays betsiléo et zafimaniry. Le célèbre papier antaimoro, autrefois séché au clair de lune, est toujours fabriqué artisanalement à partir d'une pâte d'écorce pilée.

Littérature. Dès 1850, des missionnaires rassemblèrent les *ohabolana* (exemples et proverbes) et les *hainteny* (poèmes à base de jeux de mots aux origines traditionnelles et sacrées) qui constituent la poésie orale de Madagascar. Charles Renel, instituteur, publie en français des *Contes de Madagascar* (2 vol., 1910 et, posth., 1930). Le poète bilingue Jean-Joseph Rabearivelo* fait paraître en 1924 le premier recueil en français, *la Coupe de cendres,* suivi de *Sylves* (1927), *Presque-Songes* (1934), etc. Il appartient à la « trilogie malgache » avec Jacques Rabemananjara* (*Antsa,* 1956) et Flavien Ranaivo* (*l'Ombre et le Vent,* 1947). Le premier roman malgache paraît en 1965 : *les Voleurs de bœufs,* de Rabearison. La génération nouvelle de poètes compte notamment Esther Nirina* (*Simple Voyelle,* 1980), à l'écriture pure. Les romancières Charlotte-Arrisoa Rafenomanjato, dans *le Pétale écarlate* (1985), et Michèle Rakotoson*, dans *le Bain des reliques* (1988), décrivent le conflit social entre tradition et modernité. Jean-Luc Raharimanana (*Lépreux, nouvelle,* 1992) vient confirmer l'originalité et la maturité de la littérature malgache.

Cinéma. Le cinéma malgache est né du documentaire. Le plus ancien a été réalisé en 1947 par Raberono à l'occasion de la cérémonie commémorative du centenaire de la mort de Rasalama. *L'Accident* (1972) est le premier moyen métrage de fiction en version malgache de Benoît Ramampy, auteur en 1984 de *Dahalo Dahalo,* et coauteur avec Abel Rakotozanany en 1987 du *Prix de la paix. Le Retour* (1973), premier long métrage malgache d'Ignace-Solo Randrasana, décrit la condition des petites gens soumis à l'exode rural. Enfin *Tabataba,* long métrage de Raymond Rajaonarivelo, présenté en 1988 à Carthage et à Cannes, tente une première réflexion sur des événements politiques survenus en 1946 et demeurés, jusqu'à nos jours, inexpliqués.

Musique. Le *salegy* est la forme musicale la plus répandue dans la « Grande Île ». Il est né d'une lente assimilation de rythmes étrangers importés aux rythmes malgaches traditionnels. Le *basese* de la région d'Antsiranana et le *tsapika* du sud de Taolagnaro lui ont en effet fourni la matrice rythmique et mélodique de base sur laquelle fusionneront, selon les lieux et les circonstances, des éléments du *sega* mauricien, du *maloya* réunionnais, du *mbaqanga* sud-africain et du *benga* kenyan. Les vitesses de ce rythme varient d'un endroit à l'autre : plus lent sur les hauts plateaux, il s'accélère sur la côte où les conditions de vie sont moins pénibles. Deux instruments marquent de leurs sonorités particulières la musique malgache : le *valiha* (ou *vali*) et le *gorodao*. Le *valiha* est un instrument à cordes (de 18 à 54) montées sur un morceau de bambou. Le *gorodao* est un accordéon diatonique introduit dans les orchestres locaux dans les années 50. Le plus grand joueur de *valiha* est actuellement Justin Rakotondrasoa, dit Justin Vali, le descendant d'une lignée de facteurs de valiha. Depuis 1986, un *salegy-rock* a vu le jour, impulsé par le guitariste jaojobi Eusèbe. Le *vaqu'sauv,* rap malgache renouant avec la tradition des joutes orales, est très en vogue dans la jeunesse des grandes agglomérations urbaines.

République du Mali

État enclavé de l'Afrique sahélienne, limité à l'ouest par le Sénégal, au nord par la Mauritanie, au nord-est par l'Algérie, à l'est par le Niger, au sud-est par le Burkina Faso, au sud par la Côte d'Ivoire et au sud-ouest par la Guinée.

Superficie : 1 248 574 km².

Population : 8 600 000 hab. (1993). (*Maliens*)
Croissance annuelle : 3,1% (1990-1995).

Capitale : Bamako, 800 000 hab. (1992).

Produit national brut : 3,2 milliards de dollars (1995).

P.N.B./hab. : 300 dollars (1995).

Monnaie : franc CFA.

Fête nationale : 22 septembre.

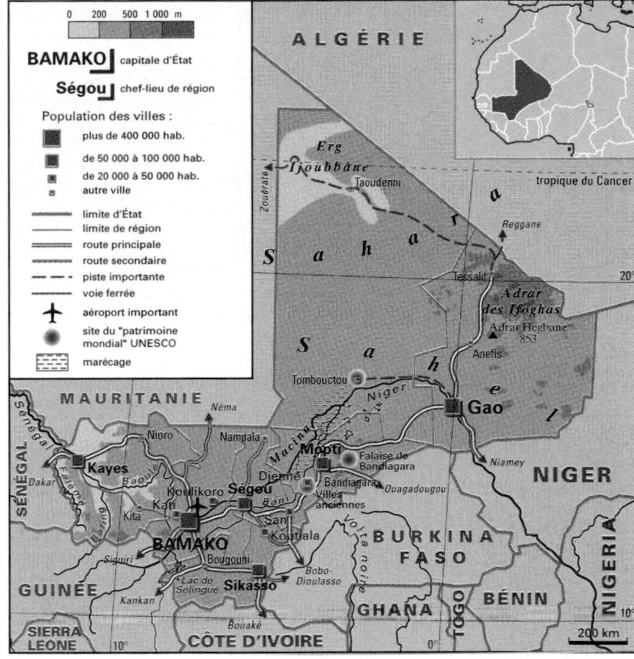

GÉOGRAPHIE PHYSIQUE

Relief. Composé d'un ensemble de plateaux et de petits massifs, le Mali, centré autour de la cuvette du Niger moyen occidental, s'étend jusqu'au Sahara. Au sud, des massifs anciens forment des blocs entaillés par des gorges. De chaque côté du Niger, le plateau Manding et le plateau de Bandiagara, prolongé vers l'est par les monts du Gourma, dominent la plaine par des falaises abruptes. Au nord, on découvre le massif de l'Adrar des Ifoghas et le rebord de la cuvette du Niger qui est formée de plaines et de bassins couverts de sédiments (le Sahel). Au centre-sud, le bassin du Macina abrite le delta intérieur du fleuve Niger.

Climat et végétation. Le Mali offre trois zones biogéographiques. Dans la zone saharienne, au nord, les pluies sont rares et irrégulières. Un tapis herbacé s'y développe dès que le sol est imprégné, et fournit une nourriture temporaire aux troupeaux nomades. Dans la zone sahélienne, au centre, les pluies sont variables avec une longue saison sèche et un hivernage de trois à quatre mois. Au nord du Sahel, la végétation clairsemée se limite à de petits arbres et à un tapis herbacé. Dans la zone soudanienne et soudano-guinéenne, au sud, qui reçoit des pluies plus importantes, dominent la savane et les forêts claires.

Fleuves. Les fleuves Niger et Sénégal sont les seules voies navigables traversant le Sahel. Ils apportent la vie dans des régions qui, sans eux, seraient désertiques. Le Niger, un des plus grands fleuves africains, donne naissance au bassin du Macina qui est, en période de crue, une véritable mer intérieure de 300 km de long et 100 km de large. Les sols, saturés d'eau, doivent être drainés.

GÉOGRAPHIE HUMAINE

Langues. La langue officielle est le français. Le bambara est, dans plusieurs régions, la langue véhiculaire. Les trois principales familles de langues africaines sont représentées au Mali. 1) Sous-famille des langues nigéro-congolaises, groupe mandé (bambara, soninké [ou sarakolé], dioula, malinké, xassonké, bobo-fing); groupe gur (bobo-oulé [Voir Bwaba], sénoufo, dogon); groupe ouest-atlantique (peul) ; 2) Famille nilo-saharienne, sous-famille songhay-zarma; 3) Famille afro-asiatique, sous-famille berbère (tamacheq, la langue des Touareg) ; sous-famille sémitique (arabe hassaniya).

Religions. La très grande majorité de la population (90 %) est musulmane. Les adeptes des religions traditionnelles sont 9 %, les chrétiens 1%.

Ethnies. Les Bambara sont les plus nombreux (36,5 %), devant les Peul (13,9 %), les Sénoufo (9 %), les Soninké (8,8 %), les Dogon (8 %), les Songhay (7,2 %), les Malinké (6,6 %), les Dioula ou Dyula (2,9 %), les Bwaba (2,4 %), les Touareg (1,7 %), les Maures (1,2 %).

Population. Le taux de croissance de la population (3,1 %) est très élevé. Les jeunes de moins de 20 ans constituent environ 60% d'une population qui est essentiellement rurale (74,5 %).

Bamako.

Villes. Seule Bamako (800 000 hab.) dépasse les 100 000 hab. Les autres villes importantes sont Mopti (78 000 hab.), Ségou (99 000 hab.), Gao (55 000 hab.), Sikasso (73 000 hab.), Kayes (67 000 hab.).

INSTITUTIONS

Le Mali est une république de type semi-présidentiel et pluraliste. La nouvelle Constitution a été adoptée, en 1992, par la Conférence nationale. L'Assemblée nationale est composée de 116 députés élus pour un mandat de cinq ans.

ÉCONOMIE

Conjoncture. Le Mali s'est ouvert à l'économie de marché et le renversement du président Traoré a débouché sur le pluralisme. Le pays, enclavé et handicapé par la sécheresse, est pauvre mais la famine ne sévit pas et il a retrouvé la croissance.

Agriculture. L'importance de la production agricole varie de 25 % en fonction de la pluviométrie. Les principales cultures sont le millet (47 % des terres cultivées), l'arachide, le maïs, le coton et le riz. Le Mali est devenu le premier producteur de coton d'Afrique noire (le second du continent après l'Égypte) avec une production en progression. La culture du coton, pratiquée dans la zone méridionale, emploie plus de 25 % de la population active. Le cheptel (18 millions de têtes) a souffert des sécheresses successives, mais en 1995 et 1996 les pluies ont été bonnes. Le poisson (notamment le capitaine) est pêché en eau douce.

© J.-C. Garnier / FOVEA / SEQUOIA

Repiquage du riz.

© Hersant / REA

Aire de stockage du coton récolté, près de Ségou.

© V. Naud / FOVEA / SEQUOIA

Pêche au grand filet sur le Niger.

Mines et industrie. La production minière d'or, de sel et de diamants contribue officiellement pour 2 % au PNB et pour 5 % officieusement. La bauxite, le manganèse, le fer et même le pétrole font partie des potentialités du Mali. L'industrie, en voie de dénationalisation, est d'abord cotonnière. L'hydroélectricité est l'une des richesses du pays.

Échanges extérieurs. Les importations (733 millions de dollars en 1993) sont supérieures aux exportations (289 millions de dollars). L'aide extérieure (20 % du PNB) permet de pallier le déficit de la balance des paiements et le service de la dette.

Transports. Le Mali dispose d'un réseau routier de 18 000 km (2 000 km bitumés) et d'un réseau ferroviaire de 646 km. Le principal aéroport est celui de Bamako-Sénou (265 300 passagers, 6 300 t de fret). Les principaux ports fluviaux sont Bamako et Koulikoro.

ÉDUCATION ET SANTÉ

Éducation. 32 % des personnes âgées de 15 ans et plus étaient alphabétisées en 1990. Le taux de scolarisation était de 24 % dans le primaire et de 6 % dans le secondaire.

Santé. Il y avait, en 1991, 1 médecin pour 20 000 hab. et 1 lit d'hôpital pour 1706 hab.

HISTOIRE

Les grands empires. Zone de contact entre l'Afrique noire et l'Afrique du Nord, le Mali a vu très tôt émerger sur son sol des royaumes et des empires qui ont fait sa renommée au-delà du continent : le royaume du Ghana, l'empire du Mali et l'Empire songhay. L'histoire de ces royaumes est bien connue grâce aux traditions orales mais également aux récits des voyageurs arabes qui ont témoigné de la richesse de ces États et du faste éclatant qui régnait à la cour de leurs souverains.

L'émergence précoce des États dans la boucle du Niger s'explique par la prospérité économique qui reposait sur une conjugaison de facteurs bénéfiques : la douceur et l'humidité du climat, favorable aussi bien à l'élevage qu'à l'agriculture ; la proximité de nombreuses mines d'or qui alimentèrent pendant longtemps le Moyen-Orient et l'Europe, en particulier pour la frappe de leurs monnaies ; et surtout, à partir du VIIIe siècle, l'expansion du commerce transsaharien auquel les États successifs, idéalement situés au croisement des principales routes, participèrent activement. Les échanges commerciaux favorisèrent la diffusion de l'islam dans la région, à partir du VIIIe siècle : celui-ci bénéficia à la fois du prosélytisme des musulmans mais surtout du prestige des marchands, tout à la fois riches, lettrés et musulmans.

Le royaume de Ouagadou (littéralement « pays des troupeaux »), plus connu sous le nom de Ghana, est le premier État d'Afrique noire selon les historiens : il aurait été créé vers le IVe siècle et se serait étendu au VIIIe siècle. À son apogée au IXe siècle, le Ghana s'étendait sur une grande partie du Mali et de la Mauritanie actuels, peut-être au-delà. Au XIe siècle, les Almoravides venus du Maroc, à la fois dans l'espoir de prendre le contrôle du commerce et d'étendre l'islam, envahirent le Ghana (prise de la capitale en 1076). Le royaume entra alors dans une phase de déclin. En 1203, il tomba sous la coupe de son ancien vassal, le royaume susu* (dans la Guinée actuelle).

Le royaume du Mali s'est constitué au XIIIe siècle : sous la direction de Soundiata Keita, les populations du plateau Manding écrasèrent le royaume susu à la bataille de Kirina en 1235 et se libérèrent de sa tutelle. Les Manding s'unirent pour former le royaume du Mali et choisirent Soundiata pour souverain. L'armée poursuivit son avancée et conquit un vaste territoire, qui s'étendait de Gao à l'océan : le royaume devint alors un puissant empire. Il atteignit son apogée sous le règne de Kankan Moussa

(1312-1337), rendu célèbre par son pèlerinage à La Mecque au cours duquel il frappa l'imagination de ses hôtes par ses richesses. Il fit du Mali un haut lieu de rencontres entre lettrés musulmans, mais n'en respectait pas moins ses sujets non convertis. Au XIVe siècle, des querelles de succession et des velléités indépendantistes fragilisèrent le Mali qui devint une proie tentante pour son voisin en plein essor, le Songhay.
Créé sans doute au VIIe siècle et vassal de l'empire du Mali, le royaume songhay* prit son essor sous la dynastie des Sonni, arrivée au pouvoir au XIVe siècle. Il se libéra de la tutelle du Mali avant d'entreprendre à son tour des guerres de conquête. Deux empereurs se sont distingués dans la grande épopée guerrière de l'Empire songhay: Sonni* Ali Ber (Sonni Ali « le Grand ») qui régna de 1464 à 1492; l'Askia* Mohammed, qui vainquit celui-ci en 1492 et substitua au titre de *sonni* celui d'*askia.* À la fin de son règne, en 1528, l'Empire songhay étendait sa puissance sur la majeure partie du Mali, du Niger et sur le Sénégal. En 1591, Djouder, général de l'armée marocaine, mena un bataillon à travers le désert et, grâce à la puissance de ses armes à feu, défit le Songhay.

Déclin et renouveau, du XVIIe au XIXe siècle. Les XVIIe et XVIIIe siècles furent marqués par de profonds bouleversements et le déclin général de la région. Les Européens détournèrent à leur profit les flux commerciaux, entraînant un brusque essor des réseaux côtiers et l'effondrement progressif du commerce transsaharien. La période fut également marquée par l'expansion, tantôt pacifique tantôt guerrière, de l'islam. Sur le plan politique, la chute de l'Empire songhay amorça une phase de profond désordre qui permit l'émergence de nouveaux États, parfois éphémères. À l'est, des factions touareg constituèrent au XVIIe siècle un royaume nomade qui prit le contrôle de la boucle du Niger. À l'ouest, au XVIe siècle, les Bambara s'organisèrent en deux royaumes rivaux : le royaume de Ségou, qui atteignit son plein essor sous le règne de Biton (1712-1755) puis sous celui de Ngolo (1790-1808), et le royaume du Kaarta*, à son apogée à la fin du XVIIe siècle. Sous l'impulsion de Cheikhou* Amadou (1775-1844), marabout nommé *cheikh* par Ousmane dan Fodio, les Peul du Macina* lancèrent un vaste *jihad* et fondèrent un État théocratique, l'empire (ou Dina) du Macina, avec Hamdallaye (littéralement « Louange à Dieu ») pour capitale.
Le *jihad* proclamé par Al* Hadj Omar, membre de la Tidjaniyya, déboucha sur l'annexion par l'Empire toucouleur des royaumes bambara dans les années 1850 puis de l'empire du Macina en 1862.

La colonisation. Au XVe siècle, le Français Anselme d'Isalguier prétendit avoir atteint la ville de Gao et avoir épousé une princesse songhay. Les véritables explorations eurent lieu à la fin du XVIIIe siècle (l'Écossais Mungo Park alla jusqu'à Ségou) et au XIXe siècle : l'Anglais Gordon Laing en 1826 puis le Français René Caillié en 1828 atteignirent Tombouctou.

© A. Dufourcq

Représentation de l'empereur du Mali (carte française du XIVe siècle).

La progression des Français depuis la côte, à partir de 1857, puis la conquête militaire se heurtèrent à une formidable résistance de trois forces : l'Empire toucouleur, vaincu en 1893 ; celui de Samory Touré, qui dut migrer en 1892 vers la Côte d'Ivoire ; le royaume de Sikasso, ville qui tomba héroïquement en 1898.
Le Mali (sous le nom de Haut-Sénégal-Niger puis de Soudan) devint, en 1895, une colonie française intégrée à l'AOF, avec Kayes puis, en 1907, Bamako pour chef-lieu. Durant la période coloniale, ses frontières furent plusieurs fois modifiées. Les Français mirent peu en valeur l'économie du Mali, éloigné des côtes. En 1904, ils inaugurèrent la ligne de chemin de fer reliant les fleuves Sénégal et Niger. De 1925 à 1939, l'Office du Niger tenta un projet irréaliste d'irrigation dans la boucle du Niger.

La marche vers l'indépendance. Après la Seconde Guerre mondiale, les revendications en faveur de l'indépendance s'intensifièrent. En 1945, le Soudan (c'est-à-dire le Mali actuel) envoya son premier député au Parlement français : Fily Dabo Sissoko*. En oct. 1946, à Bamako, se réunit le congrès constitutif du RDA (*Rassemblement démocratique africain*), parti fédératif qui possédait une représentation dans la plupart des colonies françaises. Au Soudan, ce fut l'*Union soudanaise* (US-RDA), dirigée par Modibo Keita et Mamadou Konaté*. La loi-cadre de 1956 accorda aux colonies françaises une certaine autonomie. En 1958, interrogées par référendum, les populations du Soudan votèrent massivement en faveur de la Communauté française qui recueillit 97% de « oui ». Avec son voisin sénégalais, le Soudan créa la Fédération du Mali qui accéda à l'indépendance le 20 juin 1960. Mais dès le 20 août, des dissensions firent éclater la Fédération et, le 22 sept., le Soudan proclama la République du Mali.

La période contemporaine. Modibo Keita, président, et l'US-RDA mirent en place les bases d'une gestion socialiste de l'économie en créant des sociétés d'État et des coopératives agricoles. Ces orientations politiques, ainsi que la sortie de la zone franc en 1962 lors de la création du franc malien, provoquèrent un froid dans les relations avec la France jusqu'en 1967. En 1967 et en 1968, des querelles au sein de son entourage amenèrent Modibo Keita à suspendre l'Assemblée nationale. Le 19 nov. 1968, le président fut renversé par un groupe de jeunes officiers ; il mourut en prison en 1977. La Constitution fut abrogée, les partis politiques interdits et le pouvoir confisqué par un *Comité militaire pour la libération nationale* (CMLN), dirigé par le lieutenant Moussa Traoré.
Malgré la promesse de faire revenir les civils à la tête de l'État, le régime se durcit. L'UDPM (*Union démocratique du peuple malien*) devint le parti unique, en 1976. Dans les années 1980, les difficultés économiques du Mali s'accrurent du fait de la sécheresse. Le Mali réintégra la zone franc. Ses relations se détériorèrent avec le Burkina Faso, entraînant un conflit frontalier en 1985.
À partir de 1990, le régime, accusé d'autocratie et de détournement des fonds publics, vit la contestation s'accroître au sein de la population. Lorsque, en mars 1991, l'ordre fut donné à l'armée de tirer sur les manifestants (106 morts et 708 blessés), la colère atteignit son paroxysme.

Marché devant la mosquée de Djenné.

Un groupe de militaires dirigés par le lieutenant-colonel Amadou Toumani Touré arrêta Moussa Traoré et mit en place un *Comité de transition pour le salut du peuple,* chargé de préparer le retour à la démocratie. Une Conférence nationale réunie en 1992 élabora de nouvelles institutions. Les élections de 1992 furent remportées par Alpha Oumar Konaré, qui devint chef de l'État, et par son parti, l'ADEMA (*Alliance pour la démocratie au Mali*). Le 13 avril 1993, l'ancien président Moussa Traoré fut condamné à mort, mais cette sentence n'a pas été exécutée.
L'un des problèmes essentiels des trente années d'indépendance du Mali demeure la question touareg. La première révolte des Touareg éclata en 1962. La grande sécheresse des années 1970 et 1980 a accru les difficultés de l'économie pastorale et élargi le problème à toute la sous-région. Rébellions et répression se sont succédé jusqu'au début des années 1990. Plusieurs accords ont été signés, au niveau national et au niveau régional, pour trouver des solutions. Les affrontements culminèrent de juin 1994 à janvier 1995. L'armée prit alors la base principale des rebelles, et la paix s'établit. En mai 1995, A.O. Konaré a été réélu président de la République.

Touareg sédentarisés près de Gao.

CULTURE

Art traditionnel. Le Mali est un haut lieu de l'art africain. En effet, les Dogon et les Bambara ont développé une sculpture de la plus haute valeur. Les œuvres ont été produites loin des villes, qui, importantes et vite islamisées, refusaient ce mode d'expression traditionnel. En revanche, l'architecture urbaine et religieuse s'est puissamment développée. V. Dogon, Bambara, Djenné et Tombouctou.

Littérature. Dès le XVIe siècle, l'université musulmane de Tombouctou devient un grand foyer de culture. À cette époque, les écrivains Ahmed Baba Es Saadi (*Tarikh es-Soudan*) et Mahmoud Kati (*Tarikh el-Fettach*) font la gloire du pays. La littérature orale traditionnelle est vivace: les griots continuent encore à transmettre de père en fils la geste de Soundiata ou de Kankan Moussa. Né avec le XXe siècle, Amadou Hampâté* Bâ, « le Sage de l'Afrique », consacre son œuvre de poète, historien, philosophe, ethnologue aux cultures orales ; il donne un roman, *l'Étrange Destin de Wangrin* (1973), et deux tomes de mémoires (1991-1994). Son contemporain Fily Dabo Sissoko* est le poète de la tradition et de l'engagement politique (*Poèmes de l'Afrique noire,* 1963). Massa Makan Diabaté* fait revivre l'épopée (*Janjon et autres chants populaires du Mali,* 1970) et observe la réalité contemporaine dans trois chroniques consacrées à la ville imaginaire de *Kouta* (1979-1982). Seydou Badian* célèbre lui aussi la tradition (*Sous l'orage,* 1957). En 1968, Yambo Ouologuem* (*le Devoir de violence*) condamne la tradition et les pouvoirs en place. *Sahel ! Sanglante sécheresse* (1981) de Mandé-Alpha Diarra*, *Toiles d'araignées* (1982) d'Ibrahima Ly*, *Fils du Chaos* (1986) de Moussa Konaté* développent la critique sociale. La poésie demeure vivante : H. I. Issébéré, G. Diawara, A. Kounta, A. Ascofaré, H. Magassa.

Théâtre. Le *kotéba* est une forme d'expression dramatique enracinée dans la tradition chez les Bambara et les Malinké. La *Mort de Chaka* (1961) de Seydou Badian donne naissance au théâtre moderne malien. Il contribue, avec Sory Konaté (*le Grand Destin de Soundiata*), à la vitalité d'un théâtre historique. Des dramaturges comme Gaoussou Diawarra* (*l'Aube des béliers,* 1975 ; *Abubbakari II,* 1992)) et Alkaly Kaba* (*Nègres, qu'avez-vous fait ?,* 1972 ; *Mourir pour vivre,* 1976) ouvrent la voie à des formes contemporaines.

Musique. La musique malienne contemporaine demeure profondément imprégnée par la tradition griote où les instruments servent de support au récit. Dans l'espace culturel mandingue, la *kora,* une harpe à 21 cordes, est très répandue. Des virtuoses comme Sidiki Diabaté et Batrou Sékou l'ont popularisée sur tout le continent. Aujourd'hui elle est l'instrument traditionnel le plus apprécié par les modernes. Sorry Bamba* incarne au Mali la tradition dogon. En 1987, il a gravé un album, *le Tonnerre dogon,* en hommage au griot Djéli Baba Sissokho. À Bamako, de nombreux musiciens ont commencé leur carrière avec le groupe le *Rail Band,* créé par le directeur du Buffet de la gare en 1970; citons les chanteurs Salif Keita et Mory Kanté*, un Guinéen venu au Mali suivre une école de griots. Fanta Damba et Mokontafe Sako figurent actuellement parmi les chanteuses maliennes les plus populaires.

Cinéma. Les premiers courts-métrages documentaires, réalisés par Moussa Camara, Djibril Kouyaté et Souleymane Cissé*, datent de 1970. La fiction apparaît en 1972 avec le moyen métrage de S. Cissé, *Cinq jours d'une vie.* Kalifa Dienta s'impose avec *A Banna* (1980). S. Cissé devient bientôt l'un des grands cinéastes mondiaux : *Finye* (1982) remporte le Grand prix du festival panafricain de Ouagadougou et *Yeelen* (1987), film de violence et de sagesse qui opère un retour aux racines de la culture malienne, reçoit le prix du Jury au Festival de Cannes. Deux longs métrages, *Nyamantou* (1986) et *Finzan* (1989), ont attiré l'attention de la critique sur Cheikh Oumar Sissoko, le plus jeune des cinéastes maliens.

Marionnette bambara.

Royaume du Maroc

État du Maghreb, limité à l'est et au sud-est par l'Algérie, au sud par la Mauritanie, à l'ouest par l'océan Atlantique, au nord par la mer Méditerranée.

Superficie : 710 850 km².

Population : 26 400 000 hab. (1993). (*Marocains*)

Croissance annuelle : 2,4 % (1990-1995).

Capitale : Rabat, 1 500 000 hab. (1992).

Produit national brut : 34,8 milliards de dollars (1995).

P.N.B./hab. : 1 200 dollars (1995).

Monnaie : dirham.

Fête nationale : 3 mars.

GÉOGRAPHIE PHYSIQUE

Relief. Le Maroc se caractérise par l'altitude élevée de ses montagnes et l'étendue de ses plaines et de ses plateaux. Les montagnes forment deux ensembles. Au nord, le Rif peu élevé doit ses formes vigoureuses à l'enfoncement des vallées. Du nord-est au sud-ouest, l'Atlas regroupe des monts flanqués de hauts plateaux (Moyen Atlas), une chaîne imposante avec des sommets à plus de 3 000 m (Haut Atlas), l'Anti-Atlas relié au Haut Atlas par un volcan et prolongé par un ancien massif soulevé. Au nord des montagnes, les plaines et les plateaux, ouverts sur la mer Méditerranée et l'océan Atlantique, sont constitués de massifs anciens fragmentés, de plateaux sédimentaires et de plaines alluviales. Au sud des montagnes, les zones présahariennes incluent des oasis fertiles, et les dunes du Sahara occidental bordent le littoral atlantique.

Climat. Le climat méditerranéen s'étend sur le nord-ouest du pays avec un régime pluviométrique plus abondant à cause des influences océaniques. Avec le Grand Sud commence le Sahara marocain soumis au climat tropical sec. En haute montagne les hivers sont froids et rigoureux avec gel et neige.

Végétation. La zone méditerranéenne est couverte de forêts claires (chêne vert, chêne-liège, cèdre, pin) et de steppe (palmiers nains). En zone saharienne, la végétation est très maigre, sauf dans quelques oasis situées sur les oueds.

Fleuves. Les oueds prennent leur source dans l'Atlas et s'écoulent, soit vers l'océan Atlantique (Sebou, Bou-Regreb, Oum er-R'bia, Tennsift, Sous), soit vers la mer Méditerranée (Moulouya), ou encore vers le Sahara (Draa, Dadès), dans lequel ils se perdent.

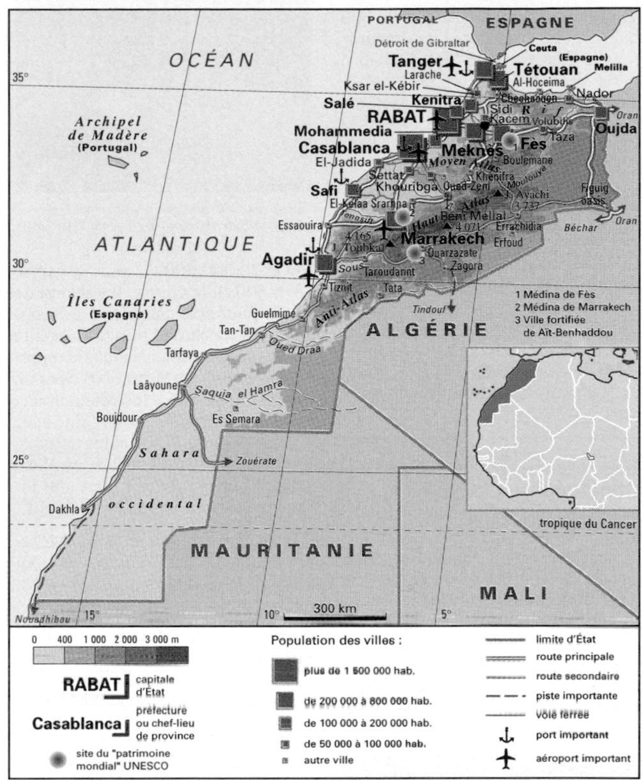

Casablanca.

GÉOGRAPHIE HUMAINE

Langues. La langue officielle est l'arabe. Les autres langues pratiquées sont le berbère (au moins trois dialectes), le français et l'espagnol.

Religions. Les musulmans (98,7 %), principalement sunnites, constituent la quasi-totalité de la population.

Population. La population comprend des Arabes (70%), des Berbères et des Harratines (qui descendent d'anciens esclaves). Elle a plus que doublé en vingt ans, d'où l'importance de l'émigration. Sa répartition est très inégale : 90% des habitants vivent au nord de l'Atlas et l'urbanisation se développe.

Villes. La capitale Rabat (1 500 000 hab.) se classe derrière l'agglomération de Casablanca (3 200 000 hab.), mais devant Fès (719 000 hab.), Marrakech (644 000 hab.), Meknès (484 000 hab.), Tétouan (484 000 hab.), Agadir (420 000 hab.) et Tanger (410 000 hab.).

INSTITUTIONS

État islamique, le Maroc est une monarchie constitutionnelle. La Chambre des représentants est composée de 333 membres élus pour cinq ans (entièrement au suffrage direct depuis 1996). La deuxième chambre, créée en 1996, est élue au suffrage indirect.

ÉCONOMIE

Conjoncture. L'économie marocaine évolue profondément depuis 1992 : le programme de privatisations portant sur 122 entreprises, adopté en 1989, et la déréglementation économique, préconisée par la Banque mondiale et le FMI, sont en cours. Les sécheresses (1992, 1993, 1995) ont nui à la croissance, qui a excédé 10% en 1994. L'inflation, qui a connu un pic relatif (7%) en 1992, a été maîtrisée ensuite.

Calibrage et conditionnement des oranges.

Agriculture. La production agricole marocaine occupe encore 35% de la population active, mais sa part de PNB continue à diminuer. Les principales cultures vivrières sont le blé (30% des terres cultivées) et l'orge (27%). Les exportations d'agrumes et de légumes d'hiver sont freinées par l'entrée de l'Espagne et du Portugal dans la CEE. L'agriculture marocaine se répartit entre petites exploitations vivrières et vastes plantations d'agrumes destinés à l'exportation. La pêche est une ressource importante, la moyenne annuelle des captures s'élevant à plus de 600 000 t.

Mines et industrie. Le Maroc dispose d'importantes ressources minières : 3e producteur et 1er exportateur mondial de phosphate (environ 20 000 000 t) ; puis la baryte (370 600 t), le cuivre, le minerai de fer, le fluor et le charbon. La découverte de gaz naturel près d'Essaouira donne des espoirs. L'industrie représente environ 28 % du PNB avec un secteur de pointe – les vêtements et la bonneterie – presque à égalité avec l'acide phosphorique et les engrais. Le Maroc a utilisé sa richesse en phosphate pour mettre sur pied une industrie lourde d'engrais chimiques.

Convoyeur automatique transportant les phosphates de Boukraa au port de Laâyoune.

Tourisme. Le tourisme est une activité importante avec 3 252 000 touristes et 1,4 milliard de dollars de recettes par an.

Échanges extérieurs. Les importations constituent presque le double des exportations. Les résidents marocains à l'étranger (1 800 000) transfèrent dans leur pays des fonds qui représentent presque 10 % du PNB et sont la première source de devises.

Transports. Le Maroc dispose d'un réseau routier de 59 474 km (50 % bitumés) et d'un réseau ferroviaire de 1 893 km. Les principaux aéroports sont Casablanca (2 millions de passagers), Agadir (740 000 passagers), Marrakech (650 000 passagers) et Tanger (400 000 passagers). Les principaux ports sont Casablanca (15 900 000 t), Mohammedia (7 500 000 t) et Tanger (1 700 000 t).

ÉDUCATION ET SANTÉ

Éducation. 49,5 % des personnes âgées de 15 ans et plus étaient alphabétisées en 1990. Le taux de scolarisation est de 68 % dans le primaire, 36 % dans le secondaire et 10 % dans le supérieur.

Santé. Il y avait, en 1990, 1 médecin pour 4 560 hab. et 1 lit d'hôpital pour 830 hab.

HISTOIRE

L'histoire du Maroc peut être caractérisée par deux traits apparemment contradictoires. D'un côté, nombre d'auteurs insistent sur son « insularité » géographique - doublée d'une histoire originale due à la persistance à travers plusieurs millénaires de la culture et de la langue berbères - et sur la continuité d'une monarchie qui remonte au VIIIe siècle. D'un autre côté, le Maroc apparaît comme le point de rencontre des mondes africain, oriental et européen. Véritable creuset de civilisations, il a réagi avec son caractère à la formation des empires phénicien et romain. Il s'est islamisé dès le VIIIe siècle, puis s'est peu à peu arabisé. Au XIXe siècle et au début du XXe siècle, le royaume connaît les visées de l'impérialisme européen, avant de recouvrer sa totale indépendance en 1956.

Les origines. Les Phéniciens fondent, vers le XIe siècle av. J.-C., des comptoirs sur les côtes de la mer Méditerranée et de l'océan Atlantique. Les principales cités phéniciennes étaient Lixus (Larache), Mogador (Essaouira) et Sala près de Rabat. Les Carthaginois s'y installent à leur tour, au VIe siècle av. J.-C. La synthèse réussie de la vieille civilisation berbère et de la civilisation phénicienne donne naissance à la civilisation maurétanienne, ou néopunique. Au IVe siècle av. J.-C., un important royaume berbère se constitue dans l'ouest du Maghreb, qui voit un essor notable des villes. Sala, en particulier, connaît des moments de splendeur sous les règnes de Juba II et de Ptolémée, son fils et successeur. En contact avec Rome mais non sous sa domination, le royaume perd son indépendance lorsque Caligula, en 40 apr. J.-C., pour s'emparer de ses richesses, fait assassiner Ptolémée à Rome. Après une guerre très dure, la Maurétanie devient une province romaine, la Maurétanie Tingitane,

Sardiniers au port de Safi.

du nom de sa capitale, Tingis (qui deviendra Tanger), mais seul le Nord est soumis. Sa prospérité repose sur l'exploitation des ressources naturelles (produits de la mer, huile d'olive), le développement du commerce et la construction de villes, dont la plus célèbre est Volubilis. En 285, pour des raisons encore mal définies, l'administration romaine abandonne la majeure partie du territoire annexé. Le christianisme apparaît, au IIIe siècle, dans les villes. La présence romaine se maintient seulement dans la région de Tanger jusqu'à l'arrivée des Vandales, en 429. Après la chute de Rome, l'Empire byzantin tentera en vain de contrôler durablement la Maurétanie.

La conquête arabe. La première invasion arabe se produit, en 681, sous les ordres d'Oqba ibn Nafi. Au VIIIe siècle, les conquérants arabes entreprennent la conversion à l'islam des tribus berbères hostiles à leur présence. Trente ans après la conquête arabe du Maghreb, c'est donc un chef berbère converti, Tariq ibn Ziyad, qui débarque en Espagne, en 711, et l'envahit jusqu'à Saragosse. À plusieurs reprises les Berbères se révoltent contre les gouverneurs arabes et le calife de Bagdad.

Les grandes dynasties. Du VIIIe siècle au XVIIIe siècle, plusieurs grandes dynasties se succèdent.
Les Idrissides (VIIIe-IXe siècle). Idris Ier se réfugie, après avoir échappé au massacre des descendants du Prophète à La Mecque, en 786, à Oualili (Volubilis) où il devient chef des Aouraba. Il fonde Fès, puis est assassiné sur les ordres du calife de Bagdad. Son fils Idris II étend le royaume et islamise tout le pays. Le pouvoir s'affaiblit après sa mort et le Maghreb extrême se morcelle en plusieurs petits royaumes rivaux.
L'empire des Almoravides (XIe-XIIe siècle). Venus du Sahara, des moines guerriers appartenant à la tribu berbère des Sanhadja répandent leur conception d'une stricte foi islamique. Appelés *Al Morabitoun,* « les gens du ribat » (monastère fortifié), ils se lancent à la conquête d'un vaste empire dont Marrakech devient, en 1062, la capitale. Youssef ben Tachfin réalise pour la première fois l'unification du Maroc (1083). L'Espagne musulmane est soumise et la culture andalouse pénètre au Maroc. À la mort de son fils Ali, le royaume se disloque et, en 1147, les Almohades s'emparent de Marrakech.
Les Almohades (XIIe-XIIIe siècle). Fondée par un berbère du Haut Atlas, Muhammad ibn Tumart, la dynastie des Almohades étend son influence jusqu'à Tunis. Ses chefs font construire les remparts de Rabat et la mosquée de la Kutubiyyah dans Marrakech. Ce royaume subit, au début du XIIIe siècle, des défaites en Espagne et dans le Maghreb oriental. Meknès, Fès, Rabat et Marrakech tombent tour à tour.
Les Mérinides (XIIIe-XVe siècle). Des nomades zénètes, originaires du Maroc oriental, installent leur capitale à Fès. Ils construisent de magnifiques mosquées et des medersas. Le voyageur Ibn* Battuta et l'historien Ibn* Khaldun sont les grandes figures de cette brillante période. Le pouvoir, victime de luttes sanglantes, s'affaiblit après la mort d'Abou Inan en 1358. Au XVe siècle, les Wattasides l'emportent sur les Mérinides, les Portugais fondent des comptoirs sur la côte atlantique, et les Espagnols reconquièrent en 1492 Grenade, le dernier royaume maure d'Espagne.
Les Saadiens (XVIe-XVIIe siècle). Originaires de la vallée du Draa, les Saadiens occupent le Sous, Marrakech, Fès, reprennent certains comptoirs aux Portugais, conquièrent Tombouctou et établissent leur capitale à Marrakech. L'anarchie s'installe après la mort d'Ahmed al Mansour, dit « le Doré » en raison de sa fabuleuse richesse.
Les Alaouites. Originaires du Tafilalet et descendants d'Ali, les Alaouites fondent, au XVIIe siècle, la dynastie qui règne encore aujourd'hui. Le plus célèbre des souverains, Moulay Ismaïl, gouverne le pays pendant cinquante-cinq ans (1672-1727). Roi bâtisseur, il fonde Meknès et y installe sa capitale. Sous le règne de Muhammad ibn Abd Allah, le commerce avec l'Europe débute. Au XIXe siècle, l'économie est en crise et le désordre règne. Les Français pénètrent au Maroc, en 1844, et gagnent la bataille d'Isly alors que les Espagnols s'emparent de Tétouan en 1860.

Le protectorat. Une série d'incidents provoque, de 1907 à 1912, l'intervention de l'armée française qui occupe Oujda, Casablanca et Fès. Le 30 mars 1912, le traité de Fès place une partie du territoire sous protectorat français. En nov. 1912, la convention de Madrid place le nord du pays sous protectorat espagnol. La résistance est vive. L'émir Abd* el-Krim soulève les masses paysannes du Rif de 1919 à 1926. La France mène une campagne de « pacification » qui ne prendra fin qu'en 1934. Le protectorat est remplacé par l'administration directe. Les colons introduisent de nouvelles cultures et exploitent les phosphates.

La marche vers l'indépendance. Un *Comité d'action marocain pour la réforme,* créé en 1934, réclame l'application stricte du traité de protectorat. En 1937, le Comité se sépare entre l'*Istiqlal* (1943) et le *Parti démocratique de l'indépendance* (1946). La défaite de 1940 contre les Allemands affaiblit la France. L'Espagne occupe Tanger de 1940 à 1945. Le sultan Mohammed V, qui a rencontré à Anfan le président américain Roosevelt en juin 1943, refuse, en 1944, de ratifier les décisions du résident général et réclame, dans un discours prononcé à Tanger, en avril 1947, l'indépendance. Le gouvernement français nomme des résidents généraux intransigeants : les généraux Juin (1947-1951) et Guillaume (1951-1954). En 1951, le sultan est contraint, sous la pression des autorités françaises soutenues par le pacha de Marrakech, Al-Hadj Thami Al-Glawi, surnommé le Glaoui*, de renvoyer ses collaborateurs membres de l'Istiqlal. Le 20 août 1953, la France dépose le sultan, qui est exilé en Corse puis à Madagascar, et le remplace par un cousin. Elle doit, à la suite d'actes terroristes, en 1955, accepter son retour.

Mohammed V.

Le Maroc indépendant. La France (2 mars 1956) et l'Espagne (7 avril 1956) reconnaissent l'indépendance du Maroc. Le statut de Tanger est aboli (29 octobre 1956). Érigé en royaume en août 1957, le Maroc demande des négociations sur la frontière avec l'Algérie, puis revendique, en 1958, la Mauritanie. L'Istiqlal se divise en deux groupes. Celui de gauche, l'*Union nationale des forces populaires,* conteste le rôle excessif du roi dans le gouvernement. Son fils, Hassan II, lui succède en mars 1961. Il fait approuver par référendum, le 7 déc. 1962, une Constitution qui institue le multipartisme et la séparation des pouvoirs. Le rôle du Parlement est relativement limité.

© R. et S. Michaud / RAPHO

Souk (échoppe de dinanderie).

Celui du roi, en revanche, est très étendu. Le leader de l'Istiqlal, Allal* al-Fasi, ne peut former le gouvernement et, en janv. 1963, passe à l'opposition. *Le Front de défense des institutions constitutionnelles,* formation progouvernementale, ne peut obtenir la majorité aux premières législatives. Le gouvernement fait arrêter, en juil. 1963, des militants de l'UNFP (*Union nationale des forces populaires*), parti d'opposition dirigé par Al-Mahdi Ben* Barka qui doit fuir à l'étranger. En mars 1965, des manifestations d'étudiants sont réprimées par le général Oufkir, ministre de l'Intérieur. L'état d'exception est décrété en juin. L'assassinat de Ben Barka sur le territoire français trouble, en oct. 1965, les relations franco-marocaines. Une nouvelle Constitution est adoptée par référendum, en juil. 1971, malgré l'hostilité de l'Istiqlal et de l'UNFP qui se regroupent en un *Front de l'opposition* et refusent de participer aux élections législatives. La découverte d'un complot contre le roi en mars 1971 donne lieu à 180 arrestations. Les cadets de l'École militaire de Skirat tentent, le 10 juil. 1971, de renverser le roi. Le 16 août 1972, l'avion ramenant de France le roi échappe aux tirs de l'aviation de chasse marocaine. Compromis dans l'attentat, le général Oufkir est trouvé mort. À partir de 1973, le roi, en habile politique, comprend la nécessité d'assouplir son pouvoir. La marocanisation des terres reprises aux étrangers lui redonne l'adhésion populaire, et la question du Sahara* occidental lui permet de ressouder autour de sa personne l'ensemble de la population.

La « Marche verte », en 1976, facilite un rapprochement avec l'opposition légale, hormis l'UNFP. L'admission, en 1982, de la République arabe sahraouie au sein de l'OUA constitue cependant un revers pour le Maroc. Les difficultés économiques et les mesures préconisées par le FMI provoquent, en mai et juin 1981 et janv. 1984, des manifestations à Casablanca qui sont sévèrement réprimées. Le 17 fév. 1989, le Maroc crée avec l'Algérie, la Libye, la Mauritanie et la Tunisie l'*Union du Maghreb arabe* (UMA).

Les années 1990. Ces dernières années sont marquées par le règlement en cours de l'affaire saharienne et par le dialogue avec l'opposition parlementaire. Ainsi le 6 sept. 1991 un cessez-le-feu entre le Front Polisario* et le Maroc est entré en vigueur et doit permettre la tenue d'un référendum qui décidera de l'avenir des populations du Sahara occidental. Des assouplissements constitutionnels ont été approuvés par référendum en 1992 et en 1996. Depuis, le Parlement comporte deux chambres. En effet, la monarchie marocaine cherche un modèle original de démocratisation et doit pactiser avec un islamisme en expansion depuis les années 1970.

CULTURE

Art. Les premières traces d'art sont des gravures rupestres datant du néolithique. La plupart des sites se trouvent dans le Sud, l'Anti-Atlas, le Tafilalet et le Haut Atlas. Dans le Nord, les sites sont peu nombreux, mais certains sont d'une grande richesse (Volubilis). Au XIe siècle, les Almoravides favorisent la naissance de l'art hispano-mauresque, représenté par de nombreuses mosquées (avec minarets en forme de tour carrée), des medersas (collèges religieux) et des portes percées dans les remparts des villes. Leurs successeurs, les Almohades, édifient des monuments aux formes simples et aux décors sobres : Kutubiyyah (Marrakech), tour Hassan et porte des Oudaia (Rabat). Au XVIe siècle, l'art marocain se replie sur lui-même. Les tombeaux saadiens de Marrakech, œuvre de Ahmed le Doré, sont la dernière manifestation de cette grandeur artistique.

Littérature de langue arabe. Le premier écrivain de l'époque moderne est Allal* al-Fasi, poète et théologien, orateur politique qui milite pour l'indépendance du Maroc.

© C. Sappa / RAPHO

Fès. Le Palais royal.

Le premier roman fut publié peu après l'indépendance (1957) : *Pendant l'enfance,* de Majid Ben Jellūn. D'autres romanciers s'illustrèrent : Mohammed Zefzaf (*Murailles et Trottoirs,* 1974), Ahmed el Madini (*Un temps entre l'accouchement et le rêve,* 1976), Rabi Mu-barak (*le Vent d'hiver,* 1978), mais l'école poétique apparaît plus riche, et cela depuis le début du siècle ; citons après l'indépendance : Mohamed Seghini, Mustafa Madawi, Ahmed Mejati, Allal el Hajjam, Mohammed Bennis, Mohammed al-Achaari. Dans le domaine des essais, Muhammad al-Sabbagh s'exprime sous une forme poétique et romancée (*l'Arbre de feu,* 1955 ; *la Grappe de rosée,* 1961), Muhammad Aziz al-Lahbabi veut fonder *le Personnalisme musulman* (1964), tout en écrivant des romans et, en français, des poèmes.

Littérature de langue française. Les premières œuvres en français, dans les années 1920-1930, sont des pièces de théâtre (notamment de Kaddour Ben Ghabrit) et des nouvelles. En 1952, l'écrivain de langue arabe M. A. al-Lahbabi publie des *Chants d'espérance.* En 1954 paraissent les deux premiers romans : *la Boîte à merveilles* d'Ahmed Sefrioui et *le Passé simple* de Driss Chraïbi*. Les écrivains francophones sont nombreux : Mohammed Khaïr-Eddine donne des poèmes (*Nausée noire,* 1964) et des romans contestataires (*Agadir,* 1967) ; Abdellatif Laa bi (dont la revue *Souffles* accueille poètes marocains et algériens de 1966 à 1971) dénonce avec angoisse l'obscurantisme (*l'Œil de la nuit,* 1969) ; Tahar Ben* Jelloun exprime le malheur de l'émigration. Il obtient le prix Goncourt en 1987 avec *la Nuit sacrée.*

Cinéma. Mohammed Asfour réalise le premier long métrage en 1958, *l'Enfant prodigue.* Le film *Wechma* (1971) d'Hamid Bennani marque un tournant dans le cinéma marocain en ouvrant la voie à l'exploitation de thèmes considérés comme sensibles, car touchant à la nature du pouvoir politique dans le monde arabe. *Les mille et une mains* (1972), de Ben Barka Souhayl, décrit la misère des teinturiers d'un souk de Marrakech. *Le Coiffeur des quartiers pauvres,* de Mohamed Reggab, étonne par son originalité et son audace, saluées par de nombreuses distinctions (Carthage, Ouagadougou, Berlin, Cannes). Le cinéaste Nabyl Lahlou occupe une place privilégiée. Ses films *Al-Kanfoudi, le Gouvernement général de l'île Chakerbakerben, L'âne qui brait* abordent les problèmes politiques et sociaux sur le mode de la dérision et du sarcasme.

République de l'île Maurice

État insulaire du sud-ouest de l'océan Indien à environ 900 km à l'est de Madagascar et à moins de 200 km de la Réunion.

Superficie : 2 040 km².

Population : 1 100 000 hab. (estimation 1993). (*Mauriciens*)
Croissance annuelle : 1,1% (1990-1995).

Capitale : Port-Louis, 150 000 hab. (1993).

Produit national brut : 3,9 milliards de dollars (1995).

P.N.B./hab. : 3 600 dollars (1995).

Monnaie : roupie mauricienne.

Fête nationale : 12 mars.

GÉOGRAPHIE PHYSIQUE

Relief. Maurice avec ses dépendances, Rodrigues, Agaléga et Saint-Brandon, appartient à l'archipel des Mascareignes. L'île possède une ceinture corallienne. Une plaine littorale entoure un bloc volcanique effondré, au relief peu accidenté.

Climat. Le climat tropical bénéficie de l'humidité apportée par l'alizé du sud-est. Le Centre et le Sud sont abondamment arrosés, alors que le Nord et l'Ouest peuvent subir la sécheresse. De février à avril, l'île subit des dépressions cycloniques parfois très dévastatrices.

GÉOGRAPHIE HUMAINE

Langues. En plus de l'anglais (langue officielle) et du français, la plupart des habitants parlent un créole dérivé du français, le mauricien. On utilise aussi l'hindi (ainsi que des langues voisines de l'Inde et du Pākistān : bhojpuri, urdu), le tamoul et le chinois.

Religions. Les hindouistes sont les plus nombreux (52,5%), devant les catholiques (25,7%), les musulmans (12,7%), les protestants (4,4%), les bouddhistes (1,4%) et les autres religions (3,3%).

Éducation. 86% des personnes âgées de 15 ans et plus étaient alphabétisées en 1990.

Santé. On dénombrait, en 1991, 1 médecin pour 1 106 hab. et 1 lit d'hôpital pour 333 hab.

Villes. La capitale Port-Louis compte 150 000 hab. Autres villes importantes : Beau Bassin / Rose Hill (93 000 hab.), Vacoas / Phoenix (90 000 hab.), Curepipe (74 000 hab.), Quatre-Bornes (71 000 hab.).

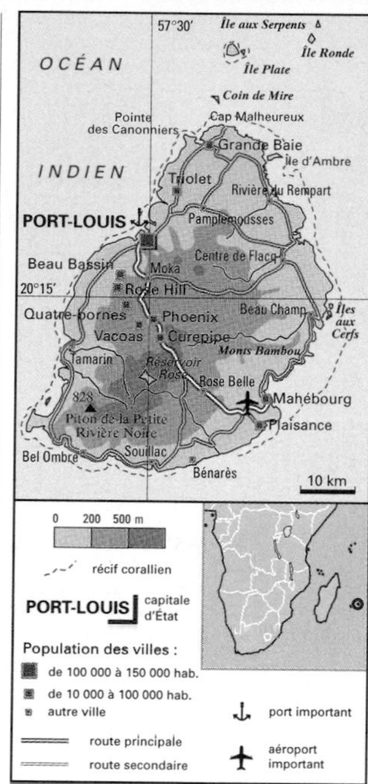

Institutions. Maurice est une république de type parlementaire, membre du Commonwealth. L'Assemblée est composée de 70 députés.

ÉCONOMIE

Conjoncture. Le taux de croissance (aux environs de 5 %) témoigne de la réussite économique de Maurice qui doit cependant affronter la concurrence asiatique (dans le secteur du textile notamment).

Agriculture. La balance agricole est excédentaire (10 % du PNB). La canne à sucre (72% des surfaces cultivées, 5 500 000 t par an) demeure l'un des piliers de l'économie du pays.

Industrie. La zone franche (exportation de textiles, de cuir, d'horlogerie et d'optique) emploie près du quart de l'ensemble de la population active et réalise les deux tiers des exportations.

Échanges extérieurs. Le niveau des exportations représente 40 % du PNB. Maurice veut faire du secteur des services financiers le quatrième pôle de son développement économique et créer un port franc à Port-Louis.

Transports. Le réseau de communications de Maurice comporte 1 831 km de routes bitumées. Principal aéroport : Plaisance, principal port : Port-Louis.

HISTOIRE

L'histoire ancienne. La flotte portugaise atteignit l'île au XVIe siècle. Les Hollandais lui donnèrent son nom et l'occupèrent de 1598 à 1710. En 1715, les Français prirent le contrôle de l'île, rebaptisée Isle de France. En 1810, la France de Napoléon Ier capitula devant les Britanniques qui obtinrent, par le traité de Paris (1814), le contrôle de l'île Maurice. Ils développèrent la culture de la canne à sucre, abolirent l'esclavage et appelèrent une abondante main-d'œuvre indienne.
En 1885, les Britanniques créèrent un Conseil législatif. En 1958, ils accordèrent aux Mauriciens le suffrage universel. Le 12 mars 1968, l'île Maurice, conduite par le Dr Seewoosagur Ramgoolam, accéda à l'indépendance.

Maurice aujourd'hui. En 1982, le *Mouvement militant mauricien* (MMM), créé en 1969 par Paul Bérenger, remporta les élections législatives. Anerood Jugnauth devint Premier ministre et le resta jusqu'en 1995, malgré sa rupture (1983) avec le MMM. Le 12 mars 1992, Maurice est devenue une république. En 1993, elle a accueilli le cinquième Sommet de la Francophonie. En déc. 1995 une coalition des travaillistes et du MMM remporta les législatives et forma un gouvernement dirigé par un travailliste, Navin Ramgoolam.

Port-Louis.

CULTURE

Littérature d'expression française. En 1803, Barthélemy Huet de Froberville* publie à l'île Maurice le premier roman de l'hémisphère Sud, *Sidner ou les Dangers de l'imagination*. Au XXe siècle, les lettres mauriciennes sont représentées par Robert Edward Hart, Loys Masson*, Marcel Cabon*, Malcolm de Chazal*, Édouard Maunick*, Jean Fanchette* et le père de la peinture moderne mauricienne, Hervé Masson*. Une littérature en créole voit le jour après 1970, avec les contes de René Noyau et les pièces de Dev Virasawmy.

République islamique de Mauritanie

État du Maghreb, limité au nord par le Maroc, au nord-est par l'Algérie, à l'est par le Mali, au sud par le Sénégal, à l'ouest par l'océan Atlantique.

Superficie : 1 030 700 km².

Population : 2 171 000 hab. (estimation 1993). (*Mauritaniens*) Croissance annuelle : 2,9% (1990-1995).

Capitale : Nouakchott, 600 000 hab. (1992).

Produit national brut : 1,22 milliard de dollars (1995).

P.N.B./hab. : 530 dollars (1995).

Monnaie : ouguiya.

Fête nationale : 28 novembre.

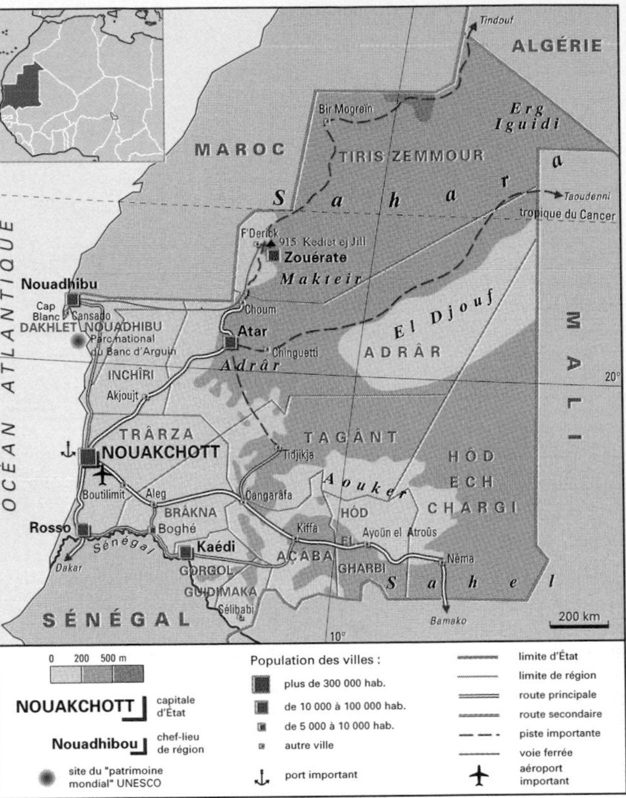

GÉOGRAPHIE PHYSIQUE

Relief. La Mauritanie est une vaste pénéplaine traversée, suivant un axe nord-sud, par une série de plateaux et de falaises (*dhars*) qui délimitent deux zones arides parsemées d'importantes formations de dunes : une plaine maritime à l'ouest, une vaste région sédimentaire à l'est. Le sud du pays est constitué par les terres alluvionnaires de la vallée du fleuve Sénégal.

Climat. Le climat est très aride et les températures contrastées. La température moyenne annuelle est supérieure à 25 °C. Trois masses d'air intéressent la Mauritanie : l'alizé maritime qui souffle sur le littoral, l'alizé continental chaud et sec, et la mousson atlantique qui fournit l'essentiel des pluies. Les pluies moyennes varient de 600 mm dans l'extrême sud du pays à moins de 50 mm sur le littoral.

Nouakchott.

© Rojon / RAPHO

Végétation. Au nord, dans la zone saharienne, la végétation n'existe qu'à proximité des ruissellements et, hors des zones arrosées, sous forme d'une multitude de petites plantes grasses. Dans le reste du pays, la savane faiblement arborée est constituée de graminées et d'épineux. Les pluies et les crues du fleuve Sénégal font de l'extrême Sud l'unique zone de végétation permanente et diversifiée du pays.

Fleuves. Servant de frontière, le Sénégal est l'unique fleuve de la Mauritanie. Sur ses berges, on cultive principalement du riz. Entre l'embouchure et Rosso, le barrage de Diama assure l'irrigation de vastes étendues de terre et fournit de l'électricité.

GÉOGRAPHIE HUMAINE

Langues. Les langues officielles sont l'arabe et le français. Les langues usuelles sont le hassaniya, dialecte arabe (81,5%), le wolof (6,8%), le poular des Toucouleurs (5,8%), le soninké (2,8%), le peul ou fulfuldé des Bororo (1,1%), le bambara (1%). Les autres langues, dont l'azer, représentent 1%.

Religions. Les musulmans sunnites sont 99,4%.

Population. La population comprend les Maures, d'origine arabo-berbère (81,5%), les Wolof (6,8%), les Toucouleurs (5,3%), les Sarakolé, dits aussi Soninké (2,8%), les Peul (1,1%). La densité (2,1 hab./km²) est l'une des plus faibles du monde. Les nomades (70% avant 1960) ne sont plus que 30%. Les deux tiers de la population sédentarisée vivent dans les villes.

Villes. La capitale Nouakchott (600 000 hab.) est une ville nouvelle construite, à partir de 1960, sur l'ancien poste militaire de Ksar. Les autres villes sont Nouadhibou (60 000 hab.), Kaédi (30 000 hab.), Kiffa (29 000 hab.), Rosso (27 000 hab.), Zouérate (25 000 hab.).

Tamchakett.

© G. Sioen / RAPHO

INSTITUTIONS

La Constitution, adoptée le 12 juil. 1991 par référendum, a instauré un régime présidentiel multipartiste, avec un président élu au suffrage universel pour 6 ans, un Sénat de 56 membres et une Assemblée nationale de 79 députés élus pour 6 ans.

ÉCONOMIE

Conjoncture. Tributaire de la pêche, du minerai de fer et de l'aide internationale, la Mauritanie souffre de l'insuffisance des pluies qui handicape gravement l'agriculture. Elle dispose, en revanche, d'atouts certains : une zone de pêche très riche, des mines de fer à haute teneur et une bonne position géographique. La croissance avoisine 5%.

Agriculture et pêche. La balance agricole est excédentaire grâce à la pêche qui est la première activité nationale (600 000 t, environ 30% du PNB). Les chalutiers étrangers disposant d'un droit de pêche doivent déposer leurs prises dans les entrepôts frigorifiques de Nouadhibou. L'élevage représente environ 10% du PNB, et le millet est la principale culture.

Mines et industrie. L'exportation du minerai de fer (13% du PNB) est moins importante que celle du poisson. Les gisements sont situés à F'Derick, près de Zouérate, aux Guelbs El Rhein et à M'Haoudad. La Mauritanie est le premier producteur mondial de gypse à plâtre. L'extraction de l'or représente 2% du PNB. L'industrie est liée à l'activité de Nouadhibou et au ciment.

Échanges extérieurs. Les exportations (450 millions de dollars en 1993) sont supérieures aux importations (420 millions de dollars). La dette extérieure s'élève à 2,3 milliards de dollars, soit 206% du PNB.

Transports. Le pays dispose d'un réseau routier de 7 558 km (1 700 km bitumés) et d'un réseau ferroviaire de 689 km (voie minière Zouérate-Nouadhibou). Principaux aéroports : Nouakchott (220 000 passagers) et Nouadhibou (87 300 passagers). Principaux ports : Nouadhibou (10 millions de t) et Nouakchott (640 000 t).

© G. Le Querrec / MAGNUM

Chargement du minerai de fer à Zouérate.

ÉDUCATION ET SANTÉ

Éducation. 34% des personnes âgées de 15 ans et plus étaient alphabétisées en 1990.

Santé. Il y avait, en 1988, 1 médecin pour 10 128 hab. et 1 lit d'hôpital pour 1 217 hab.

HISTOIRE

Les origines. Au paléolithique, les conditions climatiques plus tempérées ont favorisé l'épanouissement d'une civilisation agropastorale. La sécheresse croissante entraîne, à partir du néolithique, le déplacement des populations d'origines négroïde et berbère vers le sud. Quelques Berbères restent fixés autour des oasis. L'ouest saharien est occupé, pendant treize siècles, par les Sanhadja. Le chameau, introduit dans la région dès le IIe ou le IIIe siècle, les aide à s'adapter par le nomadisme à un milieu devenu hostile. Le contrôle des routes du commerce transsaharien, reliant le Maghreb aux régions de la boucle du Niger, leur permet de prélever leur part sur le trafic de l'or, des esclaves, du sel, des objets manufacturés et des chevaux. Vers 990, l'empire du Ghana occupe Aoudaghost et, en dépit de son animisme, fait preuve de tolérance vis-à-vis de l'islam.

Les Almoravides. Convaincus par les prédications d'Abdallah Ibn Yassin, qui fonde, en 1050, un *ribat,* c'est-à-dire un monastère, dans l'île de Tidra, au sud de Nouadhibou, les nomades ouest-africains se lancent, dans la seconde moitié du XIe siècle, à la conquête d'un vaste empire s'étendant de l'Espagne aux rives du Sénégal. Au Maroc, ils fondent la dynastie des Almoravides (*al-morabitoun* = les gens du ribat). Au début du XIIIe siècle, Chinguetti, cité religieuse et intellectuelle, est construite. On y vient en pèlerinage de tout le monde arabo-musulman ; les habitants de la Mauritanie sont alors appelés *Chnajitas,* gens de Chinguetti. À partir du XVe siècle, des Arabes ma'qil refoulèrent vers le sud les Berbères sanhadja. Une réaction de ceux-ci (révolte dite de Sharr Buba, 1644-1674) se solda par un asservissement total aux tribus guerrières des Bani Hassân et la disparition presque complète de la culture berbère. Arrivés sur la côte en 1443, les Portugais s'installent à Arguin, bientôt rejoints par les Espagnols, les Hollandais et les Anglais qui font le commerce de la gomme arabique.

La colonisation française. L'administrateur français Xavier Coppolani entreprend, en 1902, de « pacifier » le pays pour mettre fin aux razzias que les Maures lançaient périodiquement sur le nord du Sénégal. Soutenu par les tribus maraboutiques, il se heurte à la résistance du cheik Mâ el-Aïnîn et est assassiné en mai 1905. La conquête militaire du pays est faite par Gouraud et Mangin. Territoire militaire, devenu territoire civil (1904), avec sa capitale à Saint-Louis du Sénégal, la Mauritanie devient colonie (1920). La « pacification » définitive ne sera réalisée qu'à la veille de la Seconde Guerre mondiale. Compte tenu de la pauvreté du pays et du nomadisme des populations, les autorités coloniales s'abstiennent de mettre en valeur le territoire. En 1946, la Mauritanie devient un territoire d'outre-mer. En 1955, d'importants gisements de minerai de fer et de cuivre sont découverts, ce qui provoque des revendications marocaines. La loi-cadre de 1956 donne l'autonomie interne à la Mauritanie. Le 28 nov. 1958, la République islamique de Mauritanie est proclamée et accède à l'indépendance le 28 nov. 1960.

La Mauritanie indépendante. Moktar Ould Daddah est élu, par l'Assemblée, président de la République. Il fonde, en 1963, le Parti du peuple mauritanien qui regroupe les différents partis et devient, en 1965, parti unique.

Chalutier au port de Nouadhibou.

© J.-M. Mazemotte / CIRIC

© J.-M. Lerat

Manuscrit provenant du centre intellectuel de Chinguetti sous les Almoravides.

Les rivalités ethniques entre le groupe arabo-berbère et la composante négro-africaine s'avivent en 1966. En 1969, le Maroc renonce à ses revendications territoriales sur la Mauritanie. Le désengagement de l'Espagne du Sahara occidental en 1973 ravive les tensions. Encouragée par l'Algérie, la Mauritanie cherche un compromis avec le Maroc, mais le roi Hassan II veut un partage territorial sans consultation des populations. Les difficultés économiques et les tensions sociales expliquent l'apparition et le développement, de 1968 à 1973, d'une opposition, d'abord durement réprimée, puis désarmée quand le gouvernement, à partir de 1971, décrète des réformes réclamées par les contestataires : création d'une monnaie nationale (1972), dénonciation des accords de coopération avec la France (1973), nationalisation de l'entreprise exploitant les mines de fer (1974). En oct. 1973, la Mauritanie devient membre de la Ligue arabe. Jusqu'à la « marche verte » marocaine, en oct. 1975, le président Ould Daddah évite de choisir entre l'Algérie et le Maroc. Il opte finalement pour l'alliance avec le Maroc et, se retrouve, fin 75, engagé dans un conflit qui l'oblige à administrer le sud du Río de Oro, évacué par les Espagnols, et à faire face à la guérilla conduite par le Front Polisario jusqu'à l'intérieur du pays. Bénéficiant de l'assistance algérienne, l'objectif des Sahraouis est de déstabiliser, économiquement et politiquement, le régime. En 1975, le pouvoir s'oriente vers un socialisme progressiste respectant les valeurs traditionnelles de la société mauritanienne. La plupart des opposants et une partie de la jeunesse intègrent le parti unique. La stabilité du régime repose cependant plus sur le prestige personnel du chef de l'État que sur la cohésion d'une coalition hétéroclite. En 1978, la Mauritanie n'est plus en état de supporter l'effort de guerre. L'économie est désorganisée, le mécontentement grandit et la crédibilité d'Ould Daddah est atteinte.

La Mauritanie après Moktar Ould Daddah. Le 10 juil. 1978, un coup d'État militaire renverse le régime. Le *Comité militaire de redressement national* (CMRN), dirigé par le colonel Ould Salek, suspend la Constitution, dissout le parti et tente, en vain, de dégager la Mauritanie du conflit saharien. L'esprit de domination des Maures est dénoncé par les dirigeants noirs. Le 6 avril 1979, l'armée écarte du pouvoir certains civils et met en place un *Comité militaire de salut national* (CMSN), dirigé par le colonel Ahmed Ould Bonceif qui trouve la mort, le 27 mai, dans un accident d'avion. Le colonel Ahmed Ould Louly devient chef de l'État et le colonel Ould Haidalla Premier ministre. Le 7 août, un accord est signé à Alger avec le Front Polisario : la Mauritanie renonce à toute revendication sur le Sahara occidental. Le colonel Ould Haidalla destitue, le 4 janv. 1980, le chef de l'État et cumule cette fonction avec celle de Premier ministre et de président du CMSN. Un coup d'État, appuyé par le Maroc, échoue en mars 1981.Un complot pro-irakien est déjoué en fév. 1982. Le colonel Haidalla reconnaît officiellement, début 1984, la *République arabe sahraouie démocratique* (RASD). Le 17 déc. 1984, le colonel Haidalla - qui assiste au sommet franco-africain de Brazzaville - est renversé et remplacé par le colonel Maaouya Ould Sid'Ahmed Taya, chef d'état-major de l'armée et ancien Premier ministre. Cette prise de pouvoir renforce encore la domination politique des Arabo-Berbères sur la communauté négro-africaine. En sept. 1987, une tentative de coup d'État dirigée par deux officiers noirs est déjouée de justesse et les principaux meneurs sont exécutés. À la suite d'un incident frontalier, des émeutes anti-mauritaniennes se déroulent, les 24 et 25 avril 1989, à Dakar, et anti-sénégalaises à Nouakchott, faisant plusieurs centaines de morts. Des milliers de ressortissants sénégalais et de naturalisés sont expulsés de Mauritanie. De nombreux Noirs mauritaniens préfèrent eux aussi l'exil à l'insécurité. Le 21 août, les relations diplomatiques avec le Sénégal sont rompues.

Les années 1990. Une nouvelle Constitution instituant le multipartisme est adoptée, le 12 juil. 1991, par référendum. Le 24 janv. 1992, Ould Sid'Ahmed Taya est élu président avec 62,6% des voix. Le *Parti républicain démocratique et social* (PRDS) du président enlève, aux élections du 23 mars, 67 des 79 sièges. Les relations diplomatiques avec le Sénégal sont rétablies. Le 3 avril, le PRDS remporte les élections sénatoriales. L'ouguiya est dévalué de 28%. En 1993, le Club de Paris allège jusqu'à 50% la dette publique, tous les salaires sont uniformément augmentés. En 1996, le PRDS remporte des législatives boycottées par l'opposition.

CULTURE

Littérature. La poésie traditionnelle connaît diverses formes : le *cheer* en arabe classique, le *legna* en hassaniya. Le *teebra* est le genre poétique réservé aux femmes. Le *legna* et le *cheer* font l'objet d'une *nedwa,* sorte de réunion poétique, et sont chantés par les griots. Chez les Peul, les thèmes abordés (pastoral, religieux, amoureux...) définissent les genres poétiques. Très peu d'écrivains sont connus hors des frontières. Le plus ancien est Oumar Bâ (né en 1917) qui a étudié la culture des Peul. Il a écrit, outre un roman (*les Mystères du Bani,* 1960), des poèmes en français et en langue peule : *Poèmes peuls modernes* (1966), Odes sahéliennes (1978). Assane Youssoufi Diallo a publié deux recueils de poèmes (*la Marche du futur et Ley'am,* 1967). Mohamed Baba Miské est l'auteur d'*Al-Wâsît, Tableau de la Mauritanie au début du XXe siècle* (1970). Téné Youssouf Gueye a abordé tous les genres : nouvelle (*À l'orée du Sahel,* 1975), drame historique (*les Exilés du Gourmel,* 1975), roman (*Rellâ ou les Voies de l'honneur,* 1983). Deux romanciers sont apparus : Moussa Ould Ebnou (*Barzakh,* 1994) et *El Ghassem Ould Ahmedou* (le Dernier des nomades, 1994).

Musique. La musique maure traditionnelle se situe au carrefour de plusieurs influences. Ses accents plaintifs proviennent de l'Andalousie. Les tambours tbel, joués par les femmes, rythment les danses et les chants. Les hommes jouent du *tidinit,* petit luth à quatre cordes sans archet. Tahra Mint Hembara et Dimi Mint Abba, deux joueuses de l'*ardin,* sont, avec Khalifa Ould Eide, un joueur de *tidinit,* les artistes les plus connus du pays.

Cinéma. Le réalisateur Med Hondo*, grande figure du cinéma africain, dénonce le racisme : *Soleil O* (1970) qui obtint le Léopard d'or du festival de Locarno. Avec *Bicots-Nègres, vos voisins* (1973) il réalise une grande fresque sociale sur l'immigration. Il met ensuite en cause la traite des esclaves depuis le XVIIe siècle dans *West Indies* (1979). *Sarraounia* (1986) reconstitue l'épopée vécue par la reine des Aznas à partir des récits des griots. Auteur de *Safrana ou le droit à la parole,* Sidney Sokhana est lui aussi un grand cinéaste

République de Moldavie

État du sud-est de l'Europe, limité à l'ouest par la Roumanie, à l'est par l'Ukraine, entre le Dniestr et le Prout.

Superficie : 33 700 km².

Population : 4 350 000 hab. (estimation 1995). (*Moldaves*)
Croissance annuelle : 2,4 ‰ (1994).

Capitale : Chişinău, 735 000 hab. (1991).

Produit national brut : 5,140 milliards de dollars (1993).

P.N.B./hab. : 1 180 dollars (1993).

Monnaie : leu moldave.

Fête nationale : 27 août.

GÉOGRAPHIE PHYSIQUE

Relief. Le relief bas (culminant à 429 m) correspond à des collines et à des plaines au sol fertile (tchernozem), faiblement ondulées.

Climat et végétation. Le climat, de type semi-continental, favorise l'agriculture, avec des étés chauds et ensoleillés et des hivers relativement cléments. Forêts, prairies et pâturages occupent 25 % du sol. 65 % des terres sont cultivées.

GÉOGRAPHIE HUMAINE

Langues. La langue officielle est le moldave (roumain). Le russe reste une langue usuelle. Les autres langues pratiquées sont le turc et l'ukrainien.

Religions. La religion orthodoxe est dominante, y compris chez les Gagaouzes, peuple turc christianisé.

Population. Les Moldaves sont majoritaires (64,5 %). Le pays compte d'importantes minorités : Ukrainiens (14 %), Russes (13 %), Gagaouzes (3,5 %), Bulgares (2 %) et Juifs (2 %). La population est rurale à 53,2 % et urbaine à 46,8 %.

Éducation. 94 % des Moldaves ont une instruction primaire. Le taux de scolarisation atteint 69 % dans le secondaire et 34 % dans le supérieur.

Santé. Il y avait, en 1994, 1 médecin pour 241 hab. et 1 lit d'hôpital pour 82 hab.

Villes. Chişinău, la capitale, compte 735 000 hab. Viennent ensuite : Tiraspol (186 000 hab.), Bălţi (164 900 hab.), Tighina (141 500 hab.).

Institutions. La Moldavie est une république de type présidentiel et pluraliste. Les 104 membres du Parlement (une seule chambre) et le président de la République sont élus au suffrage universel pour 4 ans.

ÉCONOMIE

Agriculture. L'agriculture est la première activité du pays (34 % du P.N.B.). Au premier rang (60 % de la production) viennent le maïs et le blé, suivis par la betterave à sucre, la vigne, les fruits et les légumes. En 1995, le secteur agricole n'était que partiellement privatisé.

Mines et industrie. L'unique ressource énergétique, et de faible importance, est l'hydroélectricité (centrale de Dubăsari sur le Dniestr). Aussi, la Moldavie, dans ce domaine clé, dépend-elle de la Russie. L'industrie moldave, privatisée aux deux tiers en 1995, est axée sur l'industrie légère, en particulier l'industrie agroalimentaire.

Échanges extérieurs. Depuis 1994, l'économie se redresse et les exportations (617 millions de dollars) tendent à se rapprocher des importations (745 millions de dollars).

Transport. La Moldavie dispose d'un réseau routier de 10 300 km (94 % bitumés), et d'un réseau ferroviaire de 1 150 km.

HISTOIRE

L'histoire ancienne. La principauté de Moldavie* constituée en 1359 passe sous domination ottomane au début du XVIe siècle et ne retrouve son autonomie qu'en 1821. Dès lors, Russes et Autrichiens se disputent le pays. En 1859, les principautés de Valachie* et de Moldavie s'unissent pour former la Roumanie (V. dossier p. 1486).

La Moldavie soviétique. La révolution russe de 1917 suscite la naissance d'un mouvement séparatiste promoldave en Bessarabie*, province rattachée à la Roumanie en 1918. La Russie soviétique n'accepte pas cette cession et organise, sur la rive gauche du Dniestr, un petit territoire qui deviendra, en 1924, la république autonome de Moldavie. Conformément au pacte germano-soviétique, cette république s'agrandit en juin 1940 aux dépens de la Roumanie (Bessarabie et Bucovine* du Nord) et devient une république fédérée de l'U.R.S.S. En 1941, elle est annexée par la Roumanie, alliée à l'Allemagne, puis revient à l'U.R.S.S. en 1944.

© Ph. Boulat Alexandra / SIPA PRESS

Le blé représente, avec le maïs, une bonne part de l'économie agricole de la Moldavie.

La Moldavie aujourd'hui. Désormais appelée Moldova, elle obtient sa souveraineté en 1990, son indépendance en 1991. Divers nationalismes la divisent : des Moldaves roumanophones réclament le rattachement de leur pays à la Roumanie, les Gagaouzes* (minorité turcophone du sud du pays) créent leur république et les Russes de Transnistrie*, sur la rive gauche du Dniestr, en font autant. Un conflit éclate alors entre Moldaves et russophones jusqu'à la signature d'un accord de paix (1992). En 1994, la nouvelle Constitution accorde le statut d'« entité autonome » à la Gagaouzie et à la Transnistrie ; les Moldaves refusent par référendum leur réunification à la Roumanie ; le pays devient membre à part entière de la Communauté* des États indépendants. Le 1er décembre 1996, Petru Lucinschi*, pro-russe, est élu président de la République. En 1997, le président moldave et les russophones de Transnistrie signent un traité qui confirme l'intégrité territoriale du pays à l'intérieur des frontières datant de 1990.

Principauté de Monaco

État situé sur la Côte d'Azur et enclavé dans le département français des Alpes-Maritimes, à l'est de Nice.

Superficie : 1,95 km².

Population : 30 500 hab. (dont moins de 5 000 *Monégasques* ; estimation 1995).
Croissance annuelle : 0 % (1989).

Capitale : Monaco.

Produit national brut : 750 millions de dollars (1994).

P.N.B./hab. : 25 000 dollars (1994).

Monnaie : franc français.

Fête nationale : 19 novembre (fête du prince Rainier).

Le célèbre Rocher de Monaco.

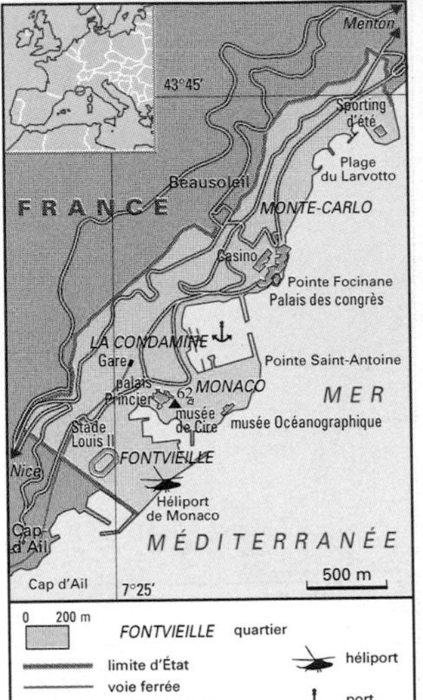

GÉOGRAPHIE PHYSIQUE

Relief. Étendue du sud-ouest au nord-est sur 3 km de rivage, la principauté de Monaco est située sur la partie inférieure d'un massif montagneux sur lequel se dressent deux hauteurs : la Tête-de-Chien (556 m) et le mont Agel (1 260 m). La partie la plus élevée de cet impressionnant ensemble est le Rocher de Monaco qui surplombe la mer Méditerranée et le port de plaisance. Les quartiers La Condamine et Monte-Carlo sont délimités par le ravin des Gaumates.

Climat. Avec des températures rarement inférieures à 10 °C, la principauté bénéficie d'un climat d'une exceptionnelle douceur.

GÉOGRAPHIE HUMAINE

Langues. Le français est la langue officielle, mais le monégasque est également parlé.

Religions. La population est catholique à 90 %.

Population. 100 % urbaine et avec une progression nulle depuis 1989, la population est composée de Français (46,8 %), de Monégasques (16,6 %) et d'Italiens (16,5 %).

Éducation. La population est alphabétisée à 99 %. On compte plus de 400 enseignants et environ 5 300 élèves (12 élèves par enseignant).

Santé. En 1990, il y avait 80 médecins (1 pour 366 hab.) et 537 lits d'hôpital (1 pour 54 hab.).

INSTITUTIONS

Selon la Constitution du 17 décembre 1962, la principauté de Monaco est une monarchie à la fois héréditaire et constitutionnelle. Le pouvoir législatif est partagé entre le prince de Monaco et un Conseil national, dont les 18 membres sont élus, pour 5 ans, au suffrage universel. Le pouvoir exécutif, qu'exerce un ministre d'État assisté de trois conseillers, demeure sous l'autorité du prince.

ÉCONOMIE

Industrie. Favorisée par une faible fiscalité, la fonction industrielle attire souvent le personnel des villes très proches. Le tourisme et les services restent les principaux domaines d'activité, mais les industries légères et manufacturières, les laboratoires de recherche et les bureaux d'études sont hautement performants. Après le bâtiment et les travaux publics, les secteurs les plus dynamiques concernent le matériel électrique et électronique, les matières plastiques, l'industrie pharmaceutique et des cosmétiques, et la conserverie.

Transports. On compte 50 km de routes (100 % asphaltées), 19 185 voitures particulières et 639 véhicules utilitaires. La voie ferrée (1,6 km), qui appartient au réseau de la S.N.C.F., est souterraine depuis 1958. L'aéroport international le plus proche est celui de Nice-Côte d'Azur. L'héliport de Fontvieille assure des liaisons régulières avec celui-ci.

HISTOIRE

Ancienne cité d'origine phénicienne, la ville de Monaco fut conquise au Iᵉʳ siècle av. J.-C. par les Romains, qui lui donnèrent alors le nom de *Portus Herculis Monoeci* (V. Melqart). Après avoir été occupé par les Sarrasins durant le haut Moyen Âge, le comté de Monaco passa, au XIIᵉ siècle, sous l'influence des Génois. Mais il réussit ensuite à conquérir son autonomie sous la protection de Louis II d'Anjou, roi de Naples et de Sicile (1409-1419), puis devint en 1419 possession des Grimaldi*, qui obtinrent du roi de France la reconnaissance de leur autorité suprême en 1512. De 1524 à 1641, la principauté fut rattachée à l'Espagne ; de 1793 à 1814, elle fut rattachée à la France, sous la Révolution et l'Empire. En 1815, le Congrès de Vienne la plaça sous le protectorat du roi de Sardaigne, duc de Savoie, qui la possédait avant la Révolution. En 1860, celui-ci céda le comté de Nice à la France, qui en 1861 reconnut l'indépendance de la principauté de Monaco et conclut avec elle une union douanière en 1865.
En 1911, Albert Iᵉʳ (1889-1922) fit promulguer une Constitution, que le prince de Monaco, Rainier III, remania plusieurs fois après son accession au pouvoir en 1949.

CULTURE ET LOISIRS

Situé à l'extrémité nord-ouest du Rocher, le palais fut érigé sur les pierres mêmes du Château Vieux, forteresse ébauchée en 1215 par Fulco di Castello. Construit par Charles Garnier en 1878-1879, le casino de Monte-Carlo attire les joueurs du monde entier. Édifiée à la fin du XIXᵉ siècle, une cathédrale néo-romane est située, dans la partie sud du Rocher, à l'emplacement même de l'ancienne église Saint-Nicolas (1252) qui fut la première église paroissiale de Monaco, construite par les Génois. Bâti de 1899 à 1910, un important musée océanographique surplombe la mer. Dominant la falaise sur le côté sud du Rocher, les jardins Saint-Martin abritent la statue d'Albert Iᵉʳ.
L'activité touristique est très développée, notamment grâce au port de plaisance et au Grand Prix de Formule 1, couru chaque année en mai.

République du Niger

État enclavé de l'Afrique sahélienne, limité au nord par l'Algérie et la Libye, à l'est par le Tchad, au sud par le Nigeria et le Bénin, au sud-ouest par le Burkina Faso, à l'ouest par le Mali.

Superficie : 1 267 000 km².

Population : 8 500 000 hab. (estimation 1993). (*Nigériens*)
Croissance annuelle : 3,3% (1990-1995).

Capitale : Niamey, 550 000 hab. (1992).

Produit national brut : 2,3 milliards de dollars (1995).

P.N.B./hab. : 250 dollars (1995).

Monnaie : franc CFA.

Fête nationale : 18 décembre.

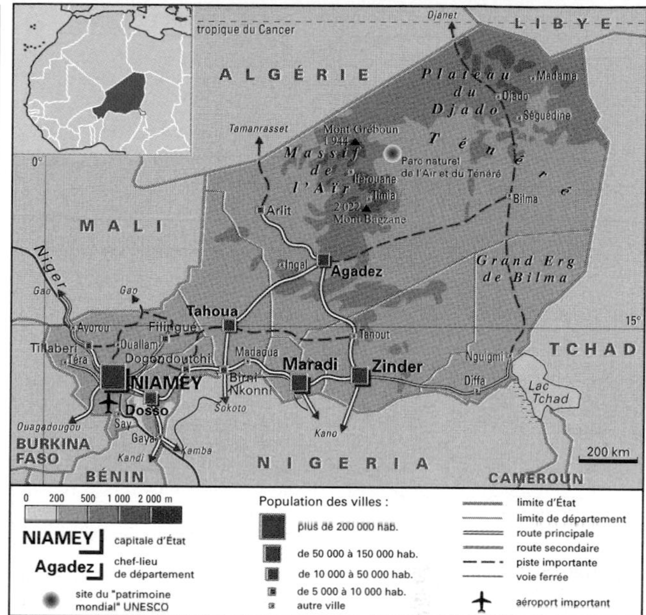

GÉOGRAPHIE PHYSIQUE

Relief. Le Niger est un immense pays plat. Les plateaux du Sud (1/3 du territoire) se relèvent au nord-est vers le Djado et au nord dans le massif montagneux saharien de l'Aïr (2 000 m). À l'ouest, le plateau est découpé par le fleuve Niger et ses affluents fossiles. Les reliefs du Sahara (2/3 du territoire) varient selon les régions : dunes de sable (*erg*), étendue plate et caillouteuse (*reg*). Le Ténéré constitue un désert absolu à l'intérieur du désert.

Climat. Au nord, le climat saharien règne sur le désert du Ténéré, l'Aïr et Agadez. Les pluies y sont rares voire inexistantes et les températures fort contrastées. Les nuits sont froides en hiver (10 °C) et les journées torrides (40 °C). Au sud, le climat sahélien comporte deux saisons : une saison sèche d'octobre à juin et une saison des pluies de juin à septembre. Les journées sont chaudes et les nuits demeurent fraîches.

Végétation. Au nord, la zone saharienne est soit dépourvue de végétation, soit recouverte d'une maigre steppe et de quelques arbres. Au sud, la végétation de la zone sahélienne est plus dense. La partie centrale est couverte d'une steppe arbustive avec une strate herbacée faite de plantes annuelles.

Concession djerma au bord du Niger et champ de mil.

© B. Nantet

Fleuve et lac. Né en Guinée, le Niger décrit une large boucle à l'intérieur du Sahel en traversant sur 550 km l'ouest du Niger qu'il quitte en se frayant un passage étroit dans le massif rocheux de l'Atakora. Le lac Tchad trace une frontière commune au Niger, au Nigeria, au Tchad et au Cameroun.

GÉOGRAPHIE HUMAINE

Langues. La langue officielle est le français. Le haoussa, langue afro-asiatique du groupe tchadique, est la langue véhiculaire utilisée par environ 80% de la population. Langue afro-asiatique du groupe berbère, le tamacheq est parlé par les Touareg. À la famille nilo-saharienne appartiennent le kanuri, le toubou et le songhay-zarma. À la famille nigéro-congolaise, le peul (groupe ouest-atlantique) et le gourmantché (groupe gur).

Religions. La quasi-totalité de la population est composée de musulmans sunnites (98,6%).

Ethnies. Les plus nombreux sont les Haoussa (52,8%). Ils devancent les Zarma ou Djerma (14,7%), les Peul (10,4%), les Kanuri (8,7%), les Songhay (8,1%), les Touareg (3%), les Tubu ou Toubou (0,5%). Autres ethnies : 1,7%.

© F.-X. Lovat / RAPHO

Niamey.

Population. La population, essentiellement urbaine (80%), se concentre principalement dans les vallées et la zone du fleuve. La croissance démographique est très forte et près d'un Nigérien sur deux a moins de 15 ans.

Villes. La capitale, Niamey, compte 550 000 hab. Les autres villes principales sont Zinder (121 000 hab.), Maradi (113 000 hab.), Tahoua (52 000 hab.), Agadez (50 000 hab.).

INSTITUTIONS

Le Niger est une république de type présidentiel et pluraliste. Une nouvelle Constitution a été adoptée par référendum le 16 déc. 1992. L'Assemblée nationale est composée de 83 députés.

ÉCONOMIE

Conjoncture. L'économie est confrontée à de graves difficultés : l'enclavement du pays, la rébellion touareg, les importations clandestines du Nigeria. Le PNB a baissé d'un quart entre 1991 et 1995. La chute de la monnaie s'est accentuée en 1994. Mais en 1996 le cours de l'uranium a remonté.

© P. Carmichael / ASPECT / COSMOS

Éleveurs peuls.

Agriculture. L'agriculture du Niger dépend essentiellement des pluies. La balance commerciale est presque équilibrée. Les principales cultures vivrières sont le millet (60% des terres cultivées) et le sorgho (20% des terres cultivées). L'élevage est une activité importante, mais le cheptel (caprins, bovins, ovins) est passé de 17 à 11 millions de têtes (1994).

Mines et industrie. Le Niger est le second producteur mondial d'uranium avec 2 900 t. Malheureusement, les mines sont éloignées et le transport par camion du minerai, transformé sur place en uranate (sel dérivé de l'uranium), est d'un coût très élevé. Les offres d'achat diminuent : aujourd'hui l'uranium fournit moins de 50% des exportations. Cimenteries, brasseries, textile sont les principales activités industrielles locales.

© H. Gloaguen / RAPHO

Minerai d'uranium à Arlit.

Échanges extérieurs. Les exportations (dont la moitié se fait vers la France) sont à peine inférieures aux importations.

Transports. Le Niger dispose d'un réseau de 11 258 km de routes et 3 200 km de pistes. Le principal aéroport est Niamey (75 400 passagers, 3 600 t de fret).

ÉDUCATION ET SANTÉ

Éducation. 28% des personnes âgées de 15 ans et plus étaient alphabétisées en 1990.

Santé. Il y avait, en 1985, 1 médecin pour 38 500 hab. et 1 lit d'hôpital pour 1 633 hab.

HISTOIRE

Les origines. L'apparition de l'homme dans la région sahélienne a bénéficié du climat humide qui a longtemps prévalu dans le Sahel. Le lac Tchad était alors une véritable mer intérieure. Aussi la pêche, l'élevage et l'agriculture se sont-ils précocement développés. L'assèchement progressif du Sahara au cours du Ier millénaire av. J.-C. provoqua un déplacement des hommes vers le Soudan central et le lac Tchad. À la même époque, l'utilisation du chameau et le développement du commerce transsaharien ont donné un nouvel essor économique à la région. Les échanges portaient essentiellement sur l'or et le sel. La conversion massive des commerçants à l'islam à partir des VIIe et VIIIe siècles contribua à répandre la religion musulmane dans le Sahel.
Les premiers États auraient fait leur apparition à cette époque. Les populations songhay, venues de l'Est, se seraient installées dans la région de Gao pour fonder, au VIIe siècle, un petit royaume. Vassal de l'empire du Mali au début du XIVe siècle, le royaume songhay se libéra peu après de cette tutelle sous la dynastie des Sonni. Sous le règne de Sonni Ali Ber (1464-1492), les armées songhay conquirent un immense territoire et le Songhay devint un vaste empire. Sous celui de l'Askia* Mohammed (1492 ou 1493-1528), l'empire atteignit son apogée : il étendait alors sa puissance sur le Niger, le Mali et une partie de la Guinée et du Sénégal actuels. La chute de l'Empire songhay fut précipitée par l'intervention marocaine, conduite par Djouder en 1591.
De son côté, le petit royaume du Kanem commença son expansion à la fin du XIe siècle pour devenir un véritable empire au XIVe siècle : il s'étirait alors du nord au sud à travers le Sahara et tout autour du lac Tchad. Mais des querelles religieuses et dynastiques l'affaiblirent considérablement et il devint une proie facile pour ses voisins, en particulier les Boulala et les Arabes. La dynastie des Sefawad abandonna alors le pouvoir et créa, moins d'un siècle plus tard, le royaume du Bornou*, à l'est du lac Tchad. Le *mai* (souverain) Idriss reconquit le Kanem au début du XVIe siècle. Le Kanem-Bornou redevint un empire puissant dont l'influence s'étendait de Kano jusqu'au Darfour. Sa prospérité économique s'appuyait sur le commerce, en particulier sur la traite des esclaves vers l'Arabie. Le Kanem-Bornou maintint son emprise sur la région jusqu'à la colonisation européenne.
Le sud du Niger était quant à lui le domaine des cités-États haoussa, en plein essor depuis le XIIe siècle. De grandes villes marchandes comme Katsina, Kano et Zaria, situées dans le Nigeria actuel, étendirent progressivement leur emprise sur le sud du Niger et la majeure partie du Nigeria. Ces petits royaumes indépendants les uns des autres entretenaient des relations de rivalité et de coopération. Ils établirent leur remarquable prospérité sur le commerce à longue distance dont ils contrôlaient les routes. Les cités-États haoussa, qui connurent leur apogée aux XIV-XVe siècles, préservèrent leur indépendance jusqu'à la constitution de l'empire d'Ousmane dan Fodio. Ce Peul musulman s'empara en 1804 des États haoussa, qu'il convertit à l'islam. En 1809, il avait créé un empire peul (ou toucouleur), le royaume de Sokoto (dans le Nigeria actuel), qui couvrait la moitié sud du Niger actuel. L'empire se heurta à la résistance du Bornou. Sa prospérité reposait sur le commerce, dynamique tout au long du XIXe siècle.

La colonisation française. Les Européens, longtemps présents sur les côtes, atteignirent tardivement l'intérieur du Sahel et le Niger. Le Britannique Clapperton, le premier, parcourut la région après avoir traversé le Sahara. Vers1850, l'explorateur allemand Barth traversa le pays, allant de Tripoli à Tombouctou puis revenant à Tripoli. Les Français prirent de vitesse leurs rivaux allemands et britanniques : ils espéraient étendre leur emprise sur toute l'Afrique occidentale, en partant des différents points du littoral où ils s'étaient implantés. En 1890, la Grande-Bretagne et la France signèrent une convention qui délimitait artificiellement leurs sphères d'influence respectives : la frontière entre le Niger et le Nigeria actuels était grossièrement taillée. L'accord reconnaissait également à la France le droit d'unifier ses possessions au nord et au sud du Sahara. La France envoya précipitamment des missions de reconnaissance pour prendre réellement possession du Niger. Elle obtint la signature de plusieurs traités avec les souverains locaux. En 1899, la mission Voulet-Chanoine partit de Say (en aval de Niamey) et traversa des zones désertiques, semant la terreur. Relevés de leurs fonctions par le gouvernement français, les deux hommes attaquèrent la mission Klobb chargée de prendre le relais, avant de se faire massacrer par leurs propres tirailleurs. Le lieutenant Joalland de la mission Klobb poursuivit sa route vers Zinder, qu'il prit par la force, puis atteignit le lac Tchad. De son côté la mission Foureau-Lamy, partie de Ouargla (Algérie) en 1898, arriva à Zinder dans des conditions très difficiles et atteignit à son tour le lac Tchad. Les deux missions rejoignirent la mission Gentil, venue du Congo. Ensemble, elles entreprirent de détruire Rabah* et son empire. Il fut vaincu et tué en 1900.

Le Niger devint un territoire militaire en 1900 puis fut érigé en colonie en 1922 et rattaché à l'AOF. Le chef-lieu fut transféré de Zinder à Niamey en 1926. La « pacification » fut difficile et des foyers de résistance et de rébellions perdurèrent jusqu'au lendemain de la Première Guerre mondiale. Les Français négligèrent la «mise en valeur» de cette colonie qu'ils jugeaient peu intéressante du fait des difficultés climatiques et de son enclavement, préjudiciable au commerce. Ils mirent néanmoins en place la culture de l'arachide. À deux reprises, en 1913 et en 1931, le Niger fut victime d'effroyables famines.

Des remaniements importants intervinrent à partir de 1946. Fily Dabo Sissoko* représenta le Niger et le Soudan français (le Mali actuel) dans les Assemblées constituantes françaises de 1945-1946. En 1946, Hamani Diori* devint le premier député représentant le Niger à l'Assemblée nationale française.

Des partis politiques se constituèrent alors qui luttèrent en faveur de l'assouplissement du régime colonial puis de l'indépendance. Le PPN (*Parti progressiste nigérien*) participa au Congrès de Bamako en 1946 et devint la section nigérienne du RDA (*Rassemblement démocratique africain*). Mais il se déchira dans des querelles sur l'apparentement au Parti communiste français et fut entravé dans son action par l'administration coloniale qui lui était très hostile. Le parti *Sabawa* (Liberté) prit son essor en 1956. Sa campagne pour le « non » au référendum de 1958 lui valut d'être désavoué par l'électorat qui approuva à 78 % le projet de la Ve République française et le principe de la Communauté. Le Niger devint alors une république autonome. Le 3 août 1960, le pays accéda à l'indépendance, avec Hamani Diori comme président qui proclama la république le 18 décembre.

Le Niger contemporain. Les années d'indépendance du Niger ont été marquées par de très graves difficultés économiques liées à la grande sécheresse du Sahel* à partir de 1973. Les revenus arachidiers, mais également l'agriculture vivrière et l'élevage pastoral, en furent gravement affectés, ce qui provoqua une montée du mécontentement. La découverte des gisements d'uranium ne permit pas au gouvernement de contrebalancer la situation économique. Dans le même temps, la désertification posa avec acuité la question touareg : mal intégré dans une économie de bouleversement climatique et de crise, le peuple touareg entra en rébellion et se manifesta par des révoltes, des attaques et des sabotages.

En 1974, un coup d'État militaire porta le lieutenant-colonel Seyni Kountché à la tête de l'État. Celui-ci imposa au pays une dictature brutale. À sa mort, en 1987, il fut remplacé par le colonel Ali Saïbou qui prononça une large amnistie politique mais créa en 1989 un parti unique, le *Mouvement national pour une société de développement.* En 1991, la tenue d'une conférence nationale fit évoluer le pays vers la démocratie et en 1993 Mahamane Ousmane, candidat du CDS-Rahama, fut élu président. En janvier 1996, il fut renversé par une junte que dirigeait Ibrahim Barré Maïnassara ; en juillet, celui-ci a été élu président.

CULTURE

Littérature. Il existe une solide tradition orale, recueillie et traduite depuis fort longtemps. Boubou Hama* (1906-1982) domine la littérature écrite ; il a laissé une quarantaine d'ouvrages, essais, récits initiatiques, romans, contes, livres d'histoire. Le

Maison haoussa à Zinder.

© J.-M. Lerat

© H. Gloaguen / RAPHO

Stockage de l'arachide.

roman est illustré par : Abdoua Kanta (*le Déraciné,* 1972), Idé Oumarou (*Gros Plan,* 1977), Amadou Ousmane* (*Quinze ans, ça suffit,* 1977), Abdoulaye Mamani* (*Sarraounia,* 1980), Mahamadou Halilou (*Caprices du destin,* 1981), Amadou Idé (*la Camisole de paille,* 1987), également poète (*Cri inachevé,* 1984). Le poète Abdoulaye Houdou (né en 1940) publie dans des revues des *Sahéliennes.* Le poète et calligraphe Hawad* poursuit la piste du nomadisme à travers ses poèmes écrits d'abord dans la langue des Touareg (*Caravane de la soif,* 1985).

Théâtre. De même que Boubou Hama (*Sonni Ali Ber,* 1973), l'historien André Salifou* a porté l'histoire au théâtre (*Tanimoune,* 1973). Idé Oumarou traite les temps actuels dans sa pièce *Mariamaa.* La plupart des troupes jouent dans des langues nationales. Yazi Dogo, auteur d'une trentaine de pièces, est très apprécié du public.

Cinéma. Mustapha Alassane, en fidèle disciple de Jean Rouch*, tourne dès 1961 deux courts métrages inspirés des contes traditionnels : *Aouré et la Bague du roi Koda.* Représentant de la culture africaine (*Deela ou el barka le conteur,* 1969; *Shaki* 1973), il pratique aussi la satire de mœurs (*F.V.V.A., femme, villa, voiture, argent,* 1972). Oumarou Ganda a réalisé en 1968 *Cabascabo,* un film semi-autobiographique. Ses films suivants, sortis en version djerma (*Le Wazzou polygame,* 1970 ; *Saïtane,* 1972 ; *l'Exilé,* 1980) renouent avec la culture africaine. *Le Médecin de Gafiré* (1983), film bambara de Mustapha Diop, a fait une belle carrière (Prix de la critique internationale à Locarno 85, Grand prix à Mannheim et Pérouse 84). Djingareye Maïga traite les problèmes de société (*l'Étoile noire,* 1975 ; *Aube noire,* 1983). Inoussa Ousseini détruit, dans ses courts métrages, les mythes et les stéréotypes sur l'Afrique et l'Europe.

République de Roumanie

État du sud-est de l'Europe, limité à l'ouest par la Hongrie et la Serbie, au nord par l'Ukraine, à l'est par la république de Moldavie et la mer Noire, au sud par la Bulgarie.

Superficie : 237 500 km².

Population : 22 693 000 hab. (estimation 1995). (*Roumains*)
Croissance annuelle : – 0,6 ‰ (1994).

Capitale : Bucarest, 2 066 700 hab. (1993).

Produit national brut : 32 milliards de dollars (1996).

P.N.B./hab. : 1 410 dollars (1996).

Monnaie : leu.

Fête nationale : 1er décembre.

GÉOGRAPHIE PHYSIQUE

Relief. Trois entités géographiques, montagnes centrales, collines de piémont et plaines de bordure, couvrent chacune un tiers de la superficie. L'arc des Carpates (2 543 m au Moldoveanu) prend en écharpe le centre du pays. Au nord, il borde la plaine de la Bucovine. Il enveloppe, à l'ouest, le plateau de Transylvanie et les monts Apuseni. À l'est et au sud s'étendent les collines et les plaines de la rive gauche du Danube (Moldavie, Dobroudja, Munténie, Valachie) qui s'ouvrent sur la mer Noire où le fleuve se jette par un vaste delta.

© F. Peuriot / PIX

Le delta du Danube est le domaine de la pêche et du tourisme.

Climat. Le climat est de type semi-continental avec des influences orientales : longue chaleur des étés et froid hivernal marqué sont de règle. Les précipitations, peu abondantes, se produisent surtout en juin-juillet, provoquant des inondations d'autant plus importantes que les déboisements facilitent l'écoulement superficiel.

Végétation. Montagnes et collines sont couvertes : d'une part, de forêts de hêtres et de conifères, trouées, dans les zones basses, de clairières où l'emportent les vergers et les vignobles ; d'autre part, de pelouses alpines. Les plaines ont un sol fertile (tchernozem).

Fleuves. Né en Allemagne, le Danube* traverse l'Europe centrale et franchit, entre les Carpates et le mont Balkan, le défilé des Portes de Fer (un grand barrage hydroélectrique a été construit par les Yougoslaves et les Roumains). Il sépare ensuite les plateaux bulgares et la plaine de Valachie, puis contourne, par le nord, le plateau littoral de la Dobroudja, avant de se jeter dans la mer Noire par un delta à trois bras, d'environ 5 000 km². Il reçoit, sur sa rive gauche, de nombreux affluents, parmi lesquels l'Olt, le Siret et le Prout.

GÉOGRAPHIE HUMAINE

Langues. La langue officielle est le roumain. Les Hongrois ont sauvegardé leur langue. Les Tsiganes parlent le romani.

Religions. Les orthodoxes (86,8 %) sont les plus nombreux. On compte 5 % de catholiques romains et d'uniates ; 3,5 % de protestants ; viennent ensuite 1 % de pentecôtistes et 0,2 % de musulmans.

Le massif de Maramureş.

© F. Peuriot / PIX

Population. Les Roumains sont majoritaires : 89,4 %. Les Hongrois (7,1 %) résident principalement en Transylvanie. Les Tsiganes sont plus difficiles à évaluer : 410 000 (1,8 % de la population) se sont déclarés tels au recensement de 1992. Viennent ensuite les minorités allemande (0,5 %) et ukrainienne (0,3 %). Depuis 1989, la natalité a chuté. L'urbanisation s'est accélérée : 21 % en 1930, 38 % en 1966, 54,4 % en 1994.

Villes. En dehors de la capitale, Bucarest (2 066 700 hab.), les villes sont relativement petites : Constanţa (349 000 hab.), Iaşi (337 600 hab.), Timişoara (325 400 hab.), Galaţi (324 000 hab.), Braşov (324 100 hab.), Cluj-Napoca (321 800 hab.).

© Ph. Ploquin / PIX

En Transylvanie, maison villageoise dont la couleur est caractéristique de la région.

INSTITUTIONS

La Roumanie est une république de type présidentiel et pluraliste. Les 143 sénateurs (représentation proportionnelle), les 341 députés (suffrage universel) et le président de la République (suffrage universel) sont élus pour 4 ans.

ÉCONOMIE

Agriculture. La production agricole est diversifiée : maïs (9,3 Mt), blé (5,9 Mt), fruits (2,2 Mt), légumes (2,9 Mt), vin (4,6 Mhl) et cultures industrielles (tournesol, soja, betterave à sucre). L'exploitation forestière a produit 9,53 millions de m^3 de bois en grume. Le cheptel ovin, porcin et bovin compte 25 millions de têtes. Les rendements et la productivité, déjà faibles pendant la période de collectivisation, restent médiocres. La privatisation (plus de 80 % en 1993) des grandes fermes d'État, au profit d'une petite paysannerie sans moyens techniques individuels, a désorganisé pour un temps le secteur agricole.

Mines et industrie. Les ressources du pays en énergie fossile sont aujourd'hui en voie d'épuisement, hormis le lignite (36,6 Mt en 1994). À la production d'électricité des centrales thermiques et de la centrale nucléaire de Cernavodă (de technologie canadienne, mise en service en 1994), dans le sud-est du pays, s'ajoute celle du grand barrage des Portes de Fer. Une importante industrie lourde reposait sur ces ressources, mais les installations et les infrastructures sont vétustes et leur transformation se révèle délicate. Les capitaux nationaux font défaut et l'investissement étranger est faible. Une reprise économique s'est néanmoins confirmée en 1995, mais ses effets ne se répercutent pas sur la majorité de la population ; le climat social est maussade.

Échanges extérieurs. Les importations (9 424 millions de dollars en 1996) excèdent les exportations (8 522 millions de dollars). L'Allemagne est le principal fournisseur (16 %) et client (15 %) du pays.

Transports. La Roumanie dispose d'un réseau routier de 153 014 km (51 % bitumés) et d'un réseau ferroviaire de 11 348 km. La voie fluviale que constitue le Danube reprend progressivement son importance depuis l'ouverture de la liaison Rhin-Main-Danube en 1992 et l'arrêt du conflit dans l'ex-Yougoslavie.

ÉDUCATION ET SANTÉ

Éducation. La population est alphabétisée à 96,9 %. Le taux de scolarisation est de 63,2 % dans le secondaire et de 6,9 % dans le supérieur.

Santé. Il y avait, en 1992, 1 médecin pour 468 hab. et 1 lit d'hôpital pour 105 hab.

© N. Glass / SYGMA

La pêche sur le Danube.

HISTOIRE

L'histoire ancienne. Peuplé de Daces* ou Gètes, qui avaient fondé le royaume de Dacie*, une partie du territoire actuel de la Roumanie fut conquise par l'empereur Trajan qui en fit en 106 une province romaine. De cette conquête, il restera la langue, dérivée du latin. Après le départ des Romains (de 271 à 276), le pays subit de multiples invasions : Goths, Huns, Bulgares, Slaves, avant le Xe siècle, Tatars au XIIIe siècle. Ces invasions ajoutent un abondant vocabulaire slave à la langue et apportent la christianisation byzantine. À partir du XIe siècle, aux pressions venues de l'est et du sud s'ajoutent, au nord-ouest, celles des Hongrois catholiques, qui conquièrent le bassin transylvain et facilitèrent, pour la mise en valeur minière et marchande du territoire, l'implantation de colonies germaniques dites « saxonnes ».

Les principautés roumaines et l'occupation ottomane. Un répit à l'est facilite la descente de la population vers les zones de piémont et de plaines aux XIIIe et XIVe siècles. La constitution d'entités politiques autonomes, autour des princes, se développe, avec une certaine aisance en Moldavie* et en Valachie*, plus difficilement en Transylvanie*, soumise à la pression magyare. Cette première affirmation politique des principautés est interrompue par l'invasion ottomane : début XVe siècle en Valachie, début XVIe siècle en Moldavie, en Transylvanie, sans trop atteindre l'épanouissement culturel, le régime de la vassalité ottomane laissant une large autonomie.

Le XVIIe siècle connaît la diffusion des imprimeries, des écoles et de la liturgie en langue roumaine. Les tutelles s'alourdissent au siècle suivant : ottomane, les princes étant remplacés par les hospodars (souverains) phanariotes* qui « hellénisent » les classes dirigeantes ; autrichienne en Transylvanie (1691) et en Bucovine* (1775), à la faveur du recul turc ; russe, enfin, quand les troupes tsaristes progressent vers les bouches du Danube et le Bosphore (annexion de la Bessarabie* moldave en 1812).

La formation de l'unité roumaine. L'éveil de la conscience nationale se manifeste à la suite du mouvement des Lumières français. Mais les principautés ont du mal à s'unir car la lutte d'influence entre l'Autriche-Hongrie et la Russie succède à la tutelle ottomane. Après le premier échec d'un mouvement indépendantiste en Valachie (1820-1821), la Russie accorde une certaine autonomie aux principautés à la suite du traité d'Andrinople* (1829). Malgré un second échec en 1848, cette autonomie sera confirmée à l'issue de la guerre de Crimée*, avec le soutien de Napoléon III : le congrès de Paris* (1856) place les principautés unies de Moldavie et de Valachie sous la garantie collective des puissances européennes. En 1859, l'élection d'un seul prince (Alexandre-Jean Cuza*) marque le début de l'union. Renversé par les propriétaires fonciers hostiles à ses réformes, le prince Cuza est remplacé en 1866 par Charles de Hohenzollern-Sigmaringen. En 1878 (congrès de Berlin*), la Roumanie, qui a lutté aux côtés des Russes contre les Turcs, gagne son indépendance, mais doit échanger contre la Dobroudja* le sud de la Bessarabie. Le prince Charles devient en 1881 le roi Carol* Ier de Roumanie. Les élites politiques de ce nouvel État (libéraux et conservateurs alternent aux responsabilités) se préoccupent surtout d'insérer leur pays dans le système politique international. Le début de l'industrialisation prime à leurs yeux la question agraire, pourtant fondamentale : l'écrasante majorité des Roumains est composée de petits paysans presque sans moyens face aux grands propriétaires.
Ces élites aspirent à reconstituer la « Grande Roumanie » en réintégrant tous les territoires habités par l'ethnie roumaine : Bessarabie, Bucovine, Banat* et surtout Transylvanie, annexée par la Hongrie en 1867. S'étant rangée aux côtés des Alliés en 1916, la Roumanie obtient les territoires revendiqués (traité de Trianon, 1920) et passe de 130 000 à 296 400 km^2.

Le royaume de Roumanie. De 1918 à 1947, au cours d'une période politique très complexe, coexistent une étonnante floraison intellectuelle et l'accumulation de difficultés économiques. La « Grande Roumanie » doit gérer des minorités (un quart de la population), autrefois en position dominante, et s'intégrer dans le damier politique européen : Petite Entente* avec la Yougoslavie et la Tchécoslovaquie en 1921, Entente* balkanique en 1934. La crise économique mondiale appauvrit ce pays exportateur de produits agricoles et engendre de fortes tensions sociales. La démocratie s'altère au profit de mouvements d'inspiration fasciste : en septembre 1940, les Gardes* de fer portent au pouvoir le général Ion Antonescu*, et Carol* II abdique au profit de son fils Michel* Ier. La même année, l'alignement de la Roumanie sur les puissances de l'Axe ne la met pas à l'abri du démantèlement prévu par le pacte germano-soviétique et elle perd les territoires gagnés en 1916, avant que la guerre contre l'U.R.S.S. (1941) ne lui permette de reprendre la Bessarabie et la Transnistrie*.
En 1944, l'Armée rouge entre dans le pays ; Michel Ier reprend le pouvoir, fait arrêter Antonescu et demande l'armistice aux Alliés. Les troupes roumaines se retournent alors contre l'Allemagne nazie. Ces événements suscitent l'installation du gouvernement de Petru Groza (soutenu par les Soviétiques) en 1945. L'année suivante, les communistes remportent les élections. Le roi Michel est contraint d'abdiquer en 1947. La République populaire roumaine est proclamée. Malgré ce renversement des alliances, le traité de Paris* (10 février 1947) ne restitue à la Roumanie que le nord de la Transylvanie : elle doit renoncer à la Bessarabie, au nord de la Bucovine et au sud de la Dobroudja (V. Moldavie, dossier et carte, p 1481).

La Roumanie socialiste. Petru Groza entreprend aussitôt la collectivisation des terres (achevée en 1962) et la nationalisation de l'industrie naissante. À partir de 1962, refusant de s'aligner sur les positions de l'U.R.S.S. en politique internationale, la Roumanie s'écarte sensiblement de l'orbite soviétique ; elle maintient, notamment, des relations avec la Chine et Israël, et multiplie les liens avec l'Occident (adhésion au F.M.I. en 1972). À la tête du pays se succèdent Groza (1947-1955), Gheorghe Gheorghiu*-Dej (1955-1965), Chivu Stoica (1965-1967) et Nicolae Ceaușescu*, président du Conseil d'État à partir de 1967, puis président de la République en 1974. L'option communiste et nationaliste est cependant renforcée par un contrôle policier dont se sert habilement Ceaușescu pour établir sa dictature personnelle.
La singularité de ce cheminement politique isole la Roumanie, déjà économiquement en retard sur ses voisins occidentaux, ce qui lui impose de se rapprocher à nouveau de Moscou. Malgré la puissante *Securitate* (police politique), les années 80 voient se multiplier les oppositions discrètes ou violentes au dictateur, provenant de tout horizon, y compris du Comité central. En 1989, l'annonce d'un massacre d'opposants à Timișoara (17 décembre) déclenche un processus révolutionnaire, canalisé par le *Conseil du Front de salut national* (CFSN), que dominent d'anciens communistes. Le CFSN prend le pouvoir le 22 décembre et fait exécuter les époux Ceaușescu le 25 décembre.

Une difficile transition. En 1990-1991, se poursuivent les luttes pour le pouvoir entre factions rivales, plus ou moins issues de l'ancienne caste dirigeante. De violents épisodes rendent le régime suspect à l'étranger. Ion Iliescu*, l'un des dirigeants du *Front de salut national* (FSN), parti issu du CFSN, est élu président de la République en mai 1990. Iliescu est réélu en 1992, mais son parti n'a pas conservé la majorité parlementaire. En 1995, la Roumanie présente sa demande d'adhésion à l'Union européenne (U.E.). En 1996, la Roumanie et la Hongrie signent un traité qui proclame l'inviolabilité de leur frontière et garantit les droits de la minorité hongroise en Roumanie ; le 3 novembre, l'opposition, la *Convention démocratique de Roumanie* (CDR), remporte les élections législatives et son candidat, Emil Constantinescu, est élu président de la République (17 novembre).

CULTURE

Art. Les formes géométriques gétodaces sont encore présentes dans la poterie, les broderies et la tapisserie contemporaines. En Moldavie et en Valachie, l'architecture civile et religieuse des XIVe et XVe siècles subit l'influence de la civilisation byzantine. Sur ces bases, les deux principautés produiront chacune, au siècle suivant, un style personnel. La Valachie y intégrera les influences orientales (Caucase, Perse, Arménie) pour former un style valaque qui atteint son apogée avec l'église épiscopale de Curtea* de Argeș. L'art valaque, sachant intégrer le baroque italien à la fin du XVIIe siècle, élabore un nou-

© N. Thibaut / HOA QUI

Le monastère de Sucevița est l'une des « Cinq Merveilles » de la Bucovine.

veau style, le baroque Brancovan, du nom du prince de Valachie, Brâncoveanu (palais de Mogoşoaia, aux environs de Bucarest, monastère d'Horezu). La Moldavie, quant à elle, enrichit d'éléments gothiques le style byzantin : des fresques murales extérieures ornent les églises et les monastères de Bucovine, dont l'architecture typique révèle l'équilibre et l'harmonie : églises de Putna, Moldovița, Sucevița*, Voroneț... Au XVIIIe siècle le style moldave perd de son originalité sous l'influence du baroque occidental.
En Transylvanie, sous domination hongroise, c'est l'Occident qui marque l'art : les influences romane (cathédrale d'Alba* Iulia) et gothique (église Noire de Braşov*) se lisent dans les monuments civils et religieux des cités et dans l'architecture en bois des villages. À l'architecture gothique succède celle de la Renaissance, puis l'architecture baroque (églises). Au XIXe siècle, l'ensemble de la Roumanie se tourne vers les courants artistiques occidentaux.
Influencée par l'impressionnisme français, l'école roumaine de peinture débute avec Nicolae Grigorescu* (1838-1907), Ion Andreescu (1850-1882) et Stefan Luchian (1868-1916). Theodor Pallady (1871-1956) est formé également à Paris, ville où s'installeront Victor Brauner* et Jacques Herold*, liés aux surréalistes, et le grand sculpteur Constantin Brancusi*.

Littérature. Les premiers textes écrits en roumain remontent au XVIe siècle. Au XVIIe siècle, de nombreux chroniqueurs, dont Miron Costin* et Grigore Ureche*, affirment la latinité de la culture roumaine. Au siècle suivant, les écrivains du mouvement politico-culturel de l'*École transylvaine* réaffirment les thèses des chroniqueurs. Une littérature poétique et romanesque, à forte inspiration nationale et sociale, se développe à travers l'œuvre de Vasile Alecsandri* (*Légendes*, 1875) et des trois grands auteurs classiques roumains : le poète Mihai Eminescu* (*l'Étoile du soir*, 1883) ; le conteur Ion Creangă*, au verbe rabelaisien (*Souvenirs d'enfance*, 1881-1888) ; le dramaturge Ion Luca Caragiale*, observateur sarcastique de la petite bourgeoisie ; le nouvelliste Ioan Slavici* appartient à cette génération. À partir du XXe siècle, la littérature roumaine connaît un grand essor lyrique, citons les poètes George Bacovia (*Plomb*, 1916), Tudor Arghezi*, Ion Barbu (1895-1961) et Lucian Blaga*, puis Gellu Naum* (*l'Arbre animal*, 1971), Stefan Augustin Doinaş* (*Hesperia*, 1979), Nichita Stănescu (*Onze élégies*, 1966), Virgil Mazilescu (*Guillaume le poète et l'administrateur*, 1983), Leonid Dimov (*Livre avec rêve*, 1969) et Marin Sorescu (*Une aile et une jambe*, 1970). Cette grande richesse de la poésie roumaine ne doit pas nous faire oublier l'œuvre de Nicolae Iorga*, historien et écrivain (*Histoire des Roumains*, 1936-1939) et celle des romanciers : des fresques paysannes et sociales de Mihail Sadoveanu*, Liviu Rebreanu* et Marin Preda (*le Délire*, 1975), aux romans contemporains de Mircea Nedelciu (né en 1950) et Mircea Cărtărescu (*Travesti*, 1994).

Les écrivains de l'exil. Un certain nombre d'écrivains roumains ont vu leur célébrité confirmée, ou établie, en terre étrangère, particulièrement en France, une partie ou la totalité de leur œuvre étant écrite en français. Anna de Noailles* (*Poèmes de l'amour*, 1924) connaissait à peine le pays de ses ancêtres ; Tristan Tzara* écrit ses premiers poèmes en Roumanie avant de fonder en Suisse (1916) le mouvement dada* et de s'installer à Paris en 1920, où il participe à l'aventure surréaliste (*l'Homme approximatif*, 1931) ; Panait Istrati* (*la Vie d'Adrien Zograffi*, 1924-1933) ; Emil Michel Cioran* brille dans l'essai philosophique. Plusieurs poètes d'avant-garde fuient à Paris la montée du fascisme : Benjamin Fondane* poète et essayiste (*Titanic*, 1937), qui meurt en déportation ; Ilarie Voronca (*Patmos*, 1933). La première pièce (*la Cantatrice chauve*) du dramaturge Eugène Ionesco*, jouée à Paris en 1950, donne le ton du reste de son œuvre : jeux de langage dénonçant les conventions, le mensonge, l'absurde. Mircea Eliade*, philosophe et historien des religions, écrit ses ouvrages scientifiques en anglais et en français, mais réserve sa langue maternelle à la littérature. Parmi les écrivains qui émigrent après 1945, citons : le poète Gherasim Luca* (*le Chant de la Carpe*, 1986), Paul Celan*, poète d'expression allemande (*la Rose de personne*, 1963), le romancier Dumitru Tsepeneag (*Hôtel Europa*, 1996).

Théâtre. Le théâtre roumain, créé par Caragiale, se développe entre les deux guerres. Le gouvernement communiste, en 1947, va étouffer cet univers foisonnant, qui connaît cependant un renouveau, entre 1960 et 1970, dans la mise en scène, avec Lucian Pintilié* et Liviu Ciulei* et grâce à de jeunes auteurs : Theodor Mazilu (1930-1980), Ion Băieşu (*la Grâce*, 1969)... Depuis 1989, le théâtre roumain renoue avec une liberté retrouvée.

© Ph. Caron / SYGMA

Procession pascale à Bucarest.

Musique. Le folklore roumain, trop souvent réduit à la célèbre flûte de Pan, instrument national, est à la source de la musique classique qui se développe à partir du XIXe siècle, et dont George Enesco* reste la figure marquante. D'autres compositeurs, tels Marcel Mihalovici*, Costin Miereanu (*l'Avenir est dans les œufs*, opéra, 1980) et Marius Constant* (*14 Stations*, 1970), choisissent de s'installer à Paris.

Cinéma. Le cinéma roumain a conquis une renommée internationale avec Dan Pița (*le Concours*, 1983), Liviu Ciulei (*la Forêt des pendus*, 1964), Lucian Pintilié (*la Reconstitution*, 1969 ; *le Chêne*, 1992 ; *Trop tard*, 1996). Depuis la chute de Ceauşescu, de jeunes talents émergent : Radu Mihaileanu (*Trahir*, 1994), Nicolae Caranfil (*E pericoloso sporgersi*, 1994).

République du Rwanda

État enclavé de l'Afrique de l'Est, limité à l'ouest par la république démocratique du Congo, au nord par l'Ouganda, à l'est par la Tanzanie, au sud par le Burundi.

Superficie : 26 340 km².

Population : 7 600 000 hab. (1993). (*Rwandais*)
Croissance annuelle : 3,5% (1990-1995).

Capitale : Kigali, 235 000 hab. (1992).

Produit national brut : 1,1 milliard de dollars (1995).

P.N.B./hab. : 180 dollars (1995).

Monnaie : franc rwandais.

Fête nationale : 1er juillet.

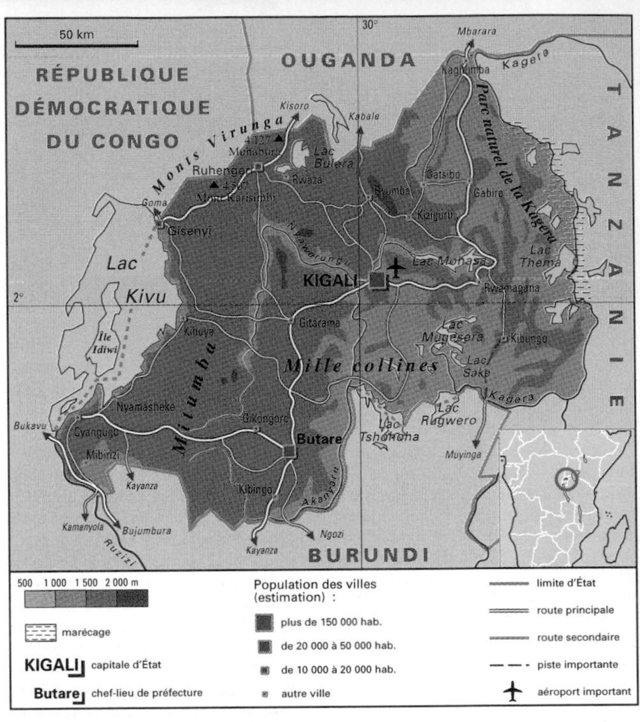

GÉOGRAPHIE PHYSIQUE

Relief. Les mouvements tectoniques d'une partie du socle africain ont provoqué la formation de la chaîne volcanique du Virunga dont le Karisimbi est le point le plus élevé (4 507 m). La crête s'étend sur 20 à 50 km, du nord au sud, à une altitude comprise entre 1 900 et 3 000 m.

© Ribieras / EXPLORER

Kigali : un marché.

Cette dorsale rép. dém. du Congo-Nil surplombe le lac Kivu par un versant abrupt. La pente, plus douce, du versant oriental se prolonge par les nombreuses collines constituant le Plateau central des «mille collines». À l'est, les basses terres lacustres de la Kagera préfigurent la pénéplaine de la Tanzanie.

Climat et végétation. L'altitude moyenne (1 700 m) confère au Rwanda un climat agréable avec des températures moyennes de 19 °C et des pluies abondantes (700 à 2 500 mm). L'épuisement progressif des sols déboisés rend difficile les cultures vivrières traditionnelles.

GÉOGRAPHIE HUMAINE

Langues. Les langues officielles sont le kinyarwanda (langue bantoue), le français et l'anglais. Le swahili est utilisé comme langue véhiculaire.

Religions. La majorité des Rwandais est constituée de catholiques (65%). Le reste de la population se répartit entre les adeptes de religions traditionnelles (17%), les protestants (9%) et les musulmans (9%).

Ethnies. Les Hutu ou Bahutu (84%) étaient à l'origine des agriculteurs sédentaires parlant une langue bantoue. Les Tutsi ou Batutsi (15%) ont jadis créé de puissantes monarchies au Rwanda et au Burundi.

Population. La population rwandaise est très majoritairement rurale : 94,6%. Sa densité (279 hab./km²) est une des plus élevées du continent. Deux causes expliquent cette concentration de population : le caractère sain du climat en altitude et le fait que ces montagnes ont servi de refuge à ceux qui voulaient échapper à la traite négrière.

Villes. En dehors de la capitale Kigali (235 000 hab.) et de Butare (30000 hab.), les villes sont inexistantes. Le taux d'urbanisation est un des plus faibles du continent (5,4%).

INSTITUTIONS

Le Rwanda est une république dirigée par un gouvernement provisoire depuis la prise du pouvoir par le FPR en 1994.

ÉCONOMIE

Conjoncture. L'économie du pays est en ruine pour cause de guerre civile, d'exode de plus d'un million de réfugiés, de destruction des circuits de production, de trafic illicite avec la

Cueillette du thé.

© Quidu / GAMMA

© B. Nantet

Récolte du sorgho.

rép. dém. du Congo voisine, de disparition des structures administratives, d'épidémies et de pénurie des produits alimentaires. La reconstruction du pays a pour préalable la réconciliation entre Tutsi et Hutu.

Agriculture. Le secteur agricole, axé sur l'exportation, était la ressource essentielle du Rwanda (82% de la population active, 45% de la surface du pays, 37% du PNB). Les principales cultures vivrières étaient les haricots secs (22% des terres cultivées), le sorgho (10%) et les patates douces (10%) dont le Rwanda fut le 2e producteur mondial. Les cultures d'exportation étaient le café (3,4% du PNB) et le thé (1,2% du PNB). Pratiqué par des pasteurs tutsi, l'élevage est une activité secondaire.

Mines et industrie. Après la faillite en 1985 des mines de cassitérite dont on tirait l'étain, le secteur minier se limite à l'extraction d'un peu de wolfram et du béryl. L'hydroélectricité fournit la totalité de la consommation d'électricité. L'industrie représente 1% du PNB.

Échanges extérieurs. Les exportations et les importations transitent par camions via les ports de Dar es-Salaam (Tanzanie) et de Mombasa (Kenya). Même en temps de paix, les exportations (produits agricoles à 90 %) ne représentent pas le tiers des importations.

Transports. Le Rwanda dispose d'un réseau routier de 13 173 km (1 300 km bitumés). Les principaux aéroports sont Kigali (97 700 passagers, et 7 800 t de fret), Butare et Gisenyi.

ÉDUCATION ET SANTÉ

Éducation. 50% des personnes âgées de 15 ans et plus étaient alphabétisées en 1990.

Santé. Il y avait, en 1990, 1 médecin pour 83 300 hab. et 1 lit d'hôpital pour 649 hab.

HISTOIRE

L'histoire ancienne. Comme son voisin, le Burundi, dont l'histoire présente bien des ressemblances, le Rwanda est l'un des rares pays d'Afrique dont les limites territoriales préexistaient à la colonisation. Situé dans la zone des Grands Lacs, il a été le théâtre des grandes migrations bantoues et se compose donc d'une population brassée avec les Twa (Pygmées). Ce métissage a été si complet que l'on peut parler, dès le XVIIIe siècle, et sans doute avant, d'une civilisation commune, tous les habitants du Rwanda parlant la même langue : le kinyarwanda. Dans un temps reculé encore mal connu, la population s'est progressivement organisée autour de deux activités économiques majeures : l'élevage, rendu possible à grande échelle par la salubrité du climat sur les hauts plateaux, et l'agriculture, notamment dans les petites plantations bananières. La colonisation belge a ancré l'idée que la distinction entre les Tutsi et les Hutu était un clivage entre deux ethnies différentes : elle présentait les Hutu comme des Bantous qu'elle jugeait inférieurs et les Tutsi comme des populations descendant des Hamites, donc supérieures à ses yeux. En réalité, il s'agit plutôt de deux classes sociales. Dans leur majorité, les Tutsi étaient des propriétaires de bétail et les Hutu des agriculteurs. Mais la frontière était ténue car de nombreux Hutu pratiquaient l'élevage. Il existait surtout une hiérarchie entre une aristocratie, propriétaire du bétail ou des terres, et la population qui recevait des bœufs et du terrain en fermage. Dans les régions à majorité hutu, l'aristocratie comme la population étaient hutu. Dans les régions à majorité tutsi, elles étaient l'une comme l'autre tutsi. Mais dans les régions de métissage, l'aristocratie était tutsi et la population hutu, car posséder des biens élevait l'individu au rang de Tutsi, s'en départir le rendait Hutu. La distinction n'avait donc pas un caractère ethnique.

La colonisation allemande. Pendant longtemps, le Rwanda demeura fermé aux étrangers : commerçants arabes et swahili de la côte est et explorateurs européens, découragés par les rumeurs, l'évitaient. L'Autrichien Oscar Baumann fut le premier Européen à en franchir les frontières en 1892. En 1894 et 1897, le *mwami* (souverain) reçut à la cour successivement deux Allemands : von Goetzen et von Ramsay. En 1898, les Allemands installèrent le premier poste à Shangi, sur les rives du lac Kivu, déclenchant immédiatement la colère de Léopold II (roi des Belges) qui considérait y avoir établi sa domination. En 1899, les deux rivaux signèrent le traité d'Héligoland-Zanzibar qui permit à l'Allemagne d'étendre sa domination sur le Rwanda. Les frontières avec le Congo belge (la rép. dém. du Congo actuelle) furent définies en 1910. En 1899, affaibli par des querelles de succession, le *mwami* reconnut le protectorat allemand en échange d'une promesse de soutien. Peu à peu, l'Allemagne affirma sa suprématie en intervenant dans les affaires intérieures du royaume. La mise en valeur du territoire revint à la *Deutsche Ostafrika Gesellschaft,* qui incita les Swahili à étendre leur commerce à la région et entreprit la construction d'une voie de chemin de fer reliant la région des Grands Lacs à la côte. Mais le déclenchement de la Première Guerre mondiale et l'invasion belge en 1916 brisèrent les espoirs coloniaux de l'Allemagne.

© F. Varin / EXPLORER

Élevage de bovins.

La colonisation belge. Le traité de paix signé à Versailles en 1919 et surtout la décision de la SDN en 1922 firent du Rwanda un territoire sous mandat, confié à la Belgique. Officiellement, la Belgique pratiqua l'administration indirecte, en s'appuyant sur les institutions traditionnelles. En réalité, la Belgique intervint sans cesse dans les affaires du Rwanda : sous le prétexte de renforcer les chefferies, elle les affaiblit. La présence belge se traduisit par la désacralisation de la royauté et le renforcement du pouvoir des Tutsi aux dépens des Hutu. Le colonisateur répandit la thèse que Hutu et Tutsi constituaient des ethnies distinctes, en lutte depuis des temps immémoriaux. Les missions catholiques, qui formaient les élites, donnèrent la priorité aux Tutsi et contribuèrent au renforcement du pouvoir tutsi. Les Belges développèrent l'agriculture aux dépens de l'élevage ; ils introduisirent de nouvelles cultures comme le café.

Après la Seconde Guerre mondiale, les Belges accrurent le pouvoir des Tutsi mais, face à la montée de l'anticolonialisme au sein de l'élite tutsi, ils changèrent brusquement de bord, dans les années 1950. Sous couvert d'installer une certaine justice sociale, les Belges encouragèrent les Hutu à se révolter contre ce qu'ils appelaient le « féodalisme » des Tutsi. Ils en voulaient pour preuve leur quasi-monopole dans les instances nationales, situation dont ils étaient eux-mêmes responsables. L'Église encouragea ce retournement en suspectant le nationalisme tutsi d'être du « communisme ». En 1957, un groupe d'anciens séminaristes rédigea un *Manifeste des Bahutu* qui dénonçait le monopole politique, économique, social et culturel des Tutsi. Le clivage entre les deux communautés se durcit avec l'intervention de l'ONU, favorable au nationalisme indépendantiste des Tutsi. La mort subite du roi Mutara II, en 1959, et l'intronisation de son successeur, Kigéli V, sans l'accord de la Belgique, donnèrent le signal à un affrontement entre les deux communautés. Une partie des Tutsi fut massacrée, les autres s'enfuirent du pays. La Belgique encouragea la création de partis politiques, notamment le PARMÉHUTU (*Parti du mouvement pour l'émancipation hutu*). En 1960, elle chargea son président, Grégoire Kayibanda, de former un gouvernement, alors que le pays sombrait dans la guerre civile. En 1961, celui-ci proclama la république, dont il devint le premier président. L'ONU organisa un référendum qui approuva l'abolition de la monarchie. Les élections législatives de 1961 confirmèrent le poids du PARMÉHUTU. Le 1er juil. 1962, le pays accéda à l'indépendance.

Camps de réfugiés (sept. 1994).
© M. Buhrer / STRATUS / COSMOS

Le Rwanda contemporain. En 1963, les Tutsi réfugiés dans les pays voisins lancèrent, sans succès, des offensives pour reprendre le pouvoir. Il s'ensuivit immédiatement de violents affrontements entre les deux communautés et le massacre de nombreux Tutsi (20 000 environ). En 1973, le régime de Kayibanda, affaibli par des dissensions internes, se chercha un bouc émissaire : sous le prétexte de relancer la révolution hutu contre le féodalisme, il décréta une « chasse aux Tutsi » qui déclencha de gigantesques tueries. La même année, un coup d'État militaire renversa le régime et porta au pouvoir le général Juvénal Habyarimana.

Celui-ci mit en place un pouvoir fort, appuyé sur les Hutu de sa région, le Nord, et sur le *Mouvement révolutionnaire national pour le développement* (MRND), érigé en parti unique. Il développa une politique raciste et extrémiste, avec un programme d'épuration ethnique : des quotas ethniques limitaient l'accès des Tutsi aux écoles, aux emplois… Son régime reçut l'appui de la France et de la Belgique qui envoyèrent des troupes à plusieurs reprises pour le maintenir au pouvoir. Au clivage entre Hutu et Tutsi se substitua un clivage entre les partisans du régime, recrutés pour l'essentiel dans les rangs des Hutu extrémistes, et une opposition désormais constituée de Tutsi et de Hutu modérés. À l'extérieur, une opposition armée se forgea autour du FPR (*Front patriotique rwandais*), présent essentiellement en Ouganda et fort de 10 000 « rebelles ». Le FPR, souvent présenté à l'extérieur du pays comme un mouvement tutsi, est en réalité un mouvement multiethnique, au sein duquel les Tutsi sont majoritaires, mais dont le président est un Hutu.

En oct. 1990, le FPR franchit la frontière du Rwanda et envahit le nord du pays. Le président Habyarimana tenta de rétablir l'ordre en annonçant l'ouverture de son régime au multipartisme. Mais la guerre se poursuivit au point qu'en 1993 le FPR menaçait Kigali. En août 1993, les accords d'Arusha (Tanzanie) consacrèrent le partage du pouvoir entre l'opposition intérieure, élargie au FPR, et le parti du président. Appuyé par les ultras du MRND et par le CDR (*Coalition pour la défense de la république*), un autre parti extrémiste, le président Habyarimana multiplia les manœuvres pour ne pas appliquer ces accords. Le 6 avril 1994, dans un contexte d'incitation à la violence de la part des médias gouvernementaux, l'avion présidentiel fut abattu dans des conditions encore mal élucidées, provoquant la mort d'Habyarimana. Quelques heures après, les extrémistes hutu massacrèrent les Hutu de l'opposition et organisèrent le génocide des Tutsi. On estime le nombre de personnes tuées à plus de 500 000 en quelques mois (peut-être un million). Le FPR lança alors une offensive généralisée, contenue un moment par les FAR (*Forces armées rwandaises*). Celles-ci, défaites, entraînèrent dans leur fuite plusieurs centaines de milliers de Hutu. La France lança l'opération « Turquoise », un moment soupçonnée de vouloir rétablir l'ordre ancien. Dès le mois de juil. 1994, le FPR s'imposa et mit en place un gouvernement composé des partis d'opposition. En novembre 1994, le Conseil de sécurité de l'ONU a créé un *Tribunal pénal international pour le Rwanda* (TPR) qui, siégeant en Tanzanie, doit juger les responsables des crimes. La situation des très nombreux Hutu réfugiés dans le nord-est du Zaïre (la rép. dém. du Congo actuelle) était alarmante. Le nouveau gouvernement leur demanda de revenir, mais (probablement) les responsables des massacres de 1994 les en empêchèrent. En septembre 1996, une minorité tutsi du Zaïre attaqua ces camps. En novembre, l'ONU s'apprêtait à intervenir quand une partie des réfugiés regagna le Rwanda, alors qu'une autre s'enfonçait dans le Zaïre.

CULTURE

Littérature. L'abbé Alexis Kagamé*, docteur en philosophie, a collecté les traditions orales, leur a consacré de nombreux essais (*la Philosophie bantoue-rwandaise de l'être*, 1956) et a écrit des poèmes en kinyarwanda. Saverio Naigiziki a publié un récit autobiographique, *Escapade rwandaise* (1950). Sa pièce *l'Optimiste* (1954) évoque un mariage entre un Hutu et une Tutsi. Le poète Jean-Baptiste Mutabaruka fait paraître vers 1963 *les Feuilles de mai* et *les Chants du tam-tam.* Cyprien Rugamba compose un recueil de contes rwandais et de poèmes : *le Prélude* (1980).

Sainte-Lucie

État des Petites Antilles à 30 km au sud de la Martinique et au nord de l'île Saint-Vincent.

Superficie : 616 km².

Population : 143 000 hab. (estimation 1995). (*Saint-Luciens*)
Croissance annuelle : 1,7 %.

Capitale : Castries, 52 063 hab. (estimation 1992).

Produit national brut : 480 millions de dollars (1993).

P.N.B./hab. : 3 356 dollars (1993).

Monnaie : dollar des Caraïbes de l'Est.

Fête nationale : 23 février.

GÉOGRAPHIE PHYSIQUE

Relief. Il rappelle celui de la Martinique : du nord au sud, un alignement de crêtes (qui culmine à 950 m au mont Gimie) se ramifie en des éperons rocheux qui descendent vers la mer. Les côtes sont extrêmement échancrées. Deux pitons (743 m et 798 m), en forme de pains de sucre, se dressent au sud de Soufrière, sur la côte ouest. Une anse profonde abrite le port de Castries. Au nord de Castries, l'île Pigeon, rattachée au rivage par une digue, est devenue un parc en 1979. Au sud de Castries, la baie Marigot est l'une des plus belles des Antilles.

Climat et végétation. Le climat tropical humide varie avec l'altitude. La forêt et les vastes plantations de bananiers et de cocotiers recouvrent cette « petite île de rêve ».

GÉOGRAPHIE HUMAINE

Langues. La langue officielle est l'anglais, mais la population parle le créole (d'origine française).

Religions. 79 % de catholiques et 15,5 % de protestants.

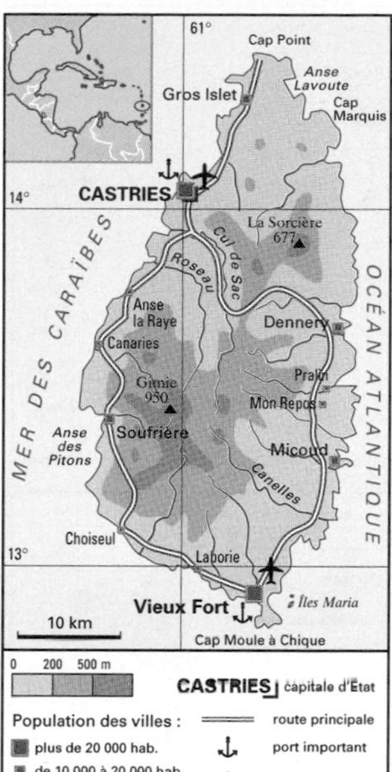

Population. Les Noirs sont majoritaires. La population occupe le littoral, parsemé de petites villes. Castries, qui a subi quatre incendies entre 1796 et 1948, est une ville moderne. Soufrière est un village fondé par les Français en 1746 et détruit en 1780 par le volcan du même nom ; on a reconstruit les maisons en bois, mais Castries est devenue la ville principale (agglomération : 13 615 hab.). Non loin, les Diamond Mineral Baths étaient des bains déjà célèbres sous Louis XVI.

INSTITUTIONS

La Constitution de 1979 a instauré une monarchie constitutionnelle : la reine d'Angleterre est le chef de l'État ; le pouvoir législatif est exercé par deux chambres ; le Premier ministre est le chef du gouvernement.

Soufrière, au fond de l'anse des Pitons.

© C. Vaisse / HOA QUI

ÉCONOMIE

Agriculture. Les bananeraies, qui dans les années 1920 ont remplacé les plantations de canne à sucre, fournissent d'importantes ressources.

Industrie. Les productions alimentaires (boissons, tabac) sont majoritaires.

Tourisme. Il constitue la principale ressource (45 % du P.N.B.).

Échanges extérieurs. Le principal fournisseur de Sainte-Lucie est les États-Unis (37,3 %) ; le principal client, la Grande-Bretagne (49,6 %). La balance économique est largement déficitaire.

Transports. En bon état, les routes forment un réseau presque complet. L'une d'elles traverse l'île d'ouest en est, franchissant la crête centrale. L'île possède deux aéroports, à Castries et, au sud, à Vieux Fort.

Éducation. En 1990, 80% de la population était alphabétisée.

Santé. On compte 64 médecins et 435 lits d'hôpital.

HISTOIRE

Santa Lucia, française puis anglaise. Selon la tradition (erronée), Christophe Colomb aurait découvert l'île le jour de la Sainte-Lucie (13 décembre), en 1498 ou en 1502. Les Français et les Anglais se disputèrent Santa Lucia (nom attribué par les Espagnols avant 1520). Du XVIe au XVIIIe siècle, l'île changea quatorze fois de mains. Entre 1650 et 1795, les Français l'occupèrent pendant 137 ans ; les Anglais, une huitaine d'années. En 1796, ceux-ci, qui s'étaient emparés de la Martinique et de la Guadeloupe en 1794, l'occupèrent. En 1803, ils s'y installèrent définitivement, mais la population demeura catholique et continua de parler le créole.

L'indépendance. En 1967, la colonie britannique de Sainte-Lucie devint un État associé au Commonwealth. Elle obtint sa totale indépendance le 23 février 1979. Après une période troublée, John Compton, président du *Parti uni des travailleurs,* devint Premier ministre en 1982. Depuis lors il occupe ce poste.

CULTURE

Littérature. Sainte-Lucie a donné naissance à D. Walcott*, prix Nobel de littérature 1992, ainsi qu'à un prix Nobel de sciences économiques (1979) : W.A. Lewis.

République démocratique de São Tomé et Príncipe ou de Saint -Thomas et du Prince

Archipel de l'Afrique équatoriale, situé dans le golfe de Guinée à 200 km au large du Gabon.

Superficie : 1 001 km².

Population : 126 000 hab. (estimation 1993). (*Santoméens*)
Croissance annuelle : 2,4% (1990-1995).

Capitale : São Tomé (ou Saint-Thomas), 43 000 hab. (1992).

Produit national brut : 32 millions de dollars (1995).

P.N.B./hab. : 250 dollars (1995).

Monnaie : dobra.

Fête nationale : 12 juillet.

© J.-M. Lerat

São Tomé.

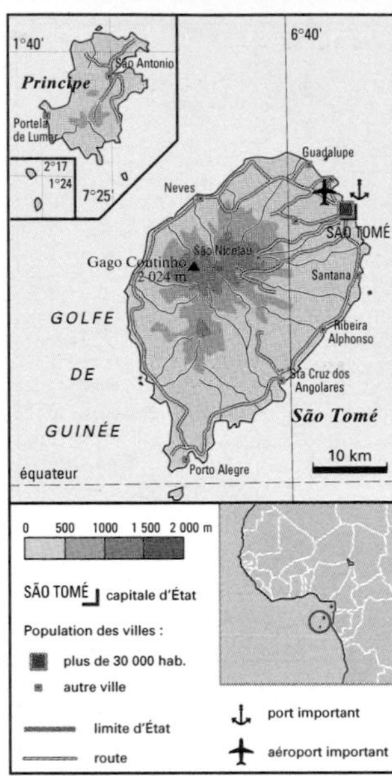

GÉOGRAPHIE PHYSIQUE

Relief. L'archipel est formé de deux îles : São Tomé (859 km²), ou Saint-Thomas, et, plus au nord, Príncipe (142 km²), ou île du Prince. Le relief est volcanique et escarpé. Il comprend des sommets qui excèdent 2 000 m (2 024 m au pico de São Tomé).

Climat et végétation. Le climat est de type tropical humide. Le nord de São Tomé, protégé des vents, est couvert de savane. Le Sud, très arrosé et plus chaud, possède une végétation luxuriante.

GÉOGRAPHIE HUMAINE

Langues. La langue officielle est le portugais. Les langues parlées sont des langues bantoues et le créole.

Religions. Les catholiques (80%) constituent la majeure partie de la population des deux îles. Le reste de la population est essentiellement composé de protestants.

Population. Les autochtones et les descendants d'esclaves importés du continent sont 88% ; les métis, 10% ; les Européens, 2%.

Éducation. 63% des personnes âgées de 15 ans et plus étaient alphabétisées en 1990.

Santé. Il y avait, en 1987, 1 médecin pour 2 819 hab. et 1 lit d'hôpital pour 158 hab.

Villes. La capitale est São Tomé (43 000 hab.). L'autre grande ville est São Antonio do Príncipe (8 000 hab.).

Institutions. São Tomé et Príncipe est une république de type présidentiel et pluraliste depuis l'adoption de la nouvelle Constitution en août 1990. L'Assemblée du peuple est composée de 55 députés élus pour 4 ans.

ÉCONOMIE

Conjoncture. L'économie du pays, usée par quinze ans de régime marxiste (1975-1990), est repartie un peu, mais en 1994 l'inflation a annulé les effets positifs de la dévaluation du franc CFA.

Agriculture. Le secteur agricole, en voie de privatisation, est la grande ressource du pays. Le cacao est une quasi-monoculture, mais la production représente le tiers de celle des années 60.

Échanges extérieurs. Les exportations sont très inférieures aux importations. La dette s'élève à 900% du PNB ; l'aide internationale est égale au PNB.

Transports. Réseau routier : 380 km (250 km bitumés). Principal aéroport et principal port : São Tomé.

HISTOIRE

La colonisation portugaise. En 1471, João de Santarem et Pedro Escobar découvrirent les deux îles. Les colons firent venir des esclaves du continent pour mettre en valeur les plantations de canne à sucre. São Tomé devint rapidement l'une des plaques tournantes de la traite négrière. En 1574, des esclaves se révoltèrent contre les colons et détruisirent les plantations de canne à sucre. L'esclavage fut aboli en 1876. En 1951, São Tomé et Príncipe devinrent une province d'outre-mer portugaise. Les autorités coloniales matèrent brutalement les émeutes nationalistes de 1953.

São Tomé et Príncipe indépendant. Manuel Pinto da Costa devint président de la République, indépendante le 12 juil. 1975. Colons portugais et travailleurs du continent émigrèrent en masse. La Constitution instaura le parti unique et un régime de type marxiste. Les plantations furent nationalisées. En 1990, une nouvelle Constitution instaura le multipartisme. En 1991, le parti au pouvoir depuis 1972, devenu le *Parti social-démocrate* (PSD), remporta les élections contre le *Parti de la convergence démocratique,* et son leader, Miguel Trovoada, fut élu président de la République. Le Parlement adopta un plan de redressement économique et de privatisations prôné par le FMI. En 1996, Miguel Trovoada fut réélu président.

CULTURE

Littérature. La littérature orale comprend des devinettes et des proverbes recensés aujourd'hui. Le journalisme du début du siècle a développé la contestation. Le recueil de poèmes de Francisco José Tenreiro, *Ilha do nome santo* (1942), est le fondement de la littérature santoméenne. En 1951, est créé le Centre d'études africaines ; Francisco Tenreiro et Mario de Andrade collaborent à la première *Anthologie d'Afrique d'expression portugaise.*

Théâtre et musique. Le théâtre Tchiloli, issu de textes en portugais du XVIe siècle et d'une gestuelle rituelle provenant de l'Afrique, constitue une forme d'expression populaire toujours vivante. Les îles du golfe de Guinée ont hérité, de l'époque de la traite négrière, une musique rythmée originale, appelée *matacumbi,* ou *socope.*

République du Sénégal

État d'Afrique occidentale, limité au nord par la Mauritanie, à l'est par le Mali, au sud par la Guinée et la Guinée-Bissau, au sud-ouest par la Gambie (quasi enclavée), à l'ouest par l'océan Atlantique.

Superficie : 196 712 km².

Population : 7 900 000 hab. (1993). (*Sénégalais*)
Croissance annuelle : 2,7% (1990-1995).

Capitale : Dakar, 1 300 000 hab. (1992).

Produit national brut : 6,1 milliards de dollars (1995).

P.N.B./hab. : 730 dollars (1995).

Monnaie : franc CFA.

Fête nationale : 4 avril.

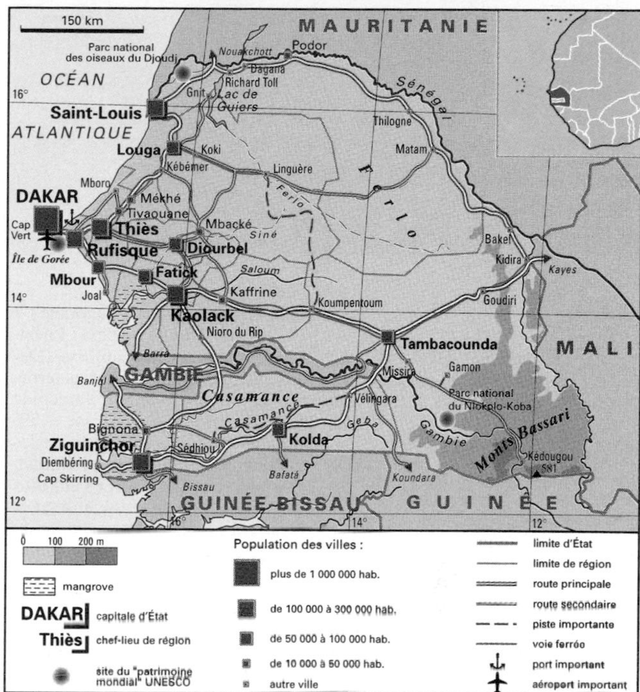

GÉOGRAPHIE PHYSIQUE

Relief. Le Sénégal est, dans l'ensemble, plat et peu accidenté : bas plateaux sur le bassin sédimentaire secondaire et tertiaire, vallée alluviale du fleuve Sénégal, littoral septentrional marqué par des dunes et comportant des dépressions caractéristiques appelées « niayes », littoral méridional dominé par les estuaires du Saloum et de la Casamance (mangrove). Les quelques hauteurs sont les Mamelles au Cap Vert, la « falaise » de Thiès et les monts Bassari (point culminant : 581 m).

Climat. On distingue quatre zones. Le climat de la zone côtière est frais une bonne partie de l'année en raison de la présence de l'alizé maritime. En zone sahélienne, la saison sèche (oct. à juin) est marquée par des températures frôlant 40 °C, alors que les températures maximales sont moins fortes en saison humide.
Plus au sud, en zone soudanienne, les températures sont élevées et les précipitations abondantes (700 à 1000 mm). En Casamance, le climat est de type guinéen (entre 1300 et 1800 mm de pluies).

Végétation. La zone sahélienne est occupée, au nord, par la steppe puis par la savane. La région semi-désertique du Ferlo se couvre, lorsqu'il pleut, d'herbe légère. À l'est, la zone soudanienne est le domaine de la savane arborée. La Casamance abrite une flore exceptionnellement riche et variée. Sa forêt est composée notamment de fromagers, de cocotiers, de palmiers, de ficus.

Fleuves. Le Sénégal est parcouru par cinq fleuves dont deux prennent leur source au Fouta-Djalon (le Sénégal et la Gambie). Le plus important est, au nord, le fleuve Sénégal (1700km), qui irrigue des milliers d'hectares de terres cultivées. Le fleuve Gambie traverse le parc national du Niokolo-Koba puis pénètre dans l'État qui porte son nom. Au sud, le fleuve Casamance est navigable jusqu'à Ziguinchor. Avec leurs nombreux bras de mer et leur centaine d'îles, le Sine et le Saloum sont fréquentés par les touristes, les pêcheurs et les chasseurs.

GÉOGRAPHIE HUMAINE

Langues. La langue officielle est le français. Un décret de 1971 a promu au rang de langues nationales les six langues des groupes ethniques les plus importants : wolof, poular (langue des Peul Toucouleur), sérère, diola, malinké et soninké (V. Sarakolé). Toutes sont des langues nigéro-congolaises du groupe ouest-atlantique.

Religions. 94% des Sénégalais pratiquent un islam fortement marqué par deux grandes confréries : le mouridisme* et le tidjanisme*. Le reste de la population se répartit entre les chrétiens (4,9%) et les autres religions (1,1%).

Ethnies. Les Wolof (42,7%) constituent le groupe le plus nombreux. Les autres ethnies sont les Peul Toucouleur (23,7%), les Sérère (14,9%), les Diola (5,3%), les Manding (4,2%), les Sarakolé (2%). Les 7,2% restants correspondent à un nombre important d'ethnies, qui toutes parlent des langues nigéro-congolaises appartenant au groupe ouest-atlantique (sauf les Bambara : groupe mandé).

Barrage de Diama sur le Sénégal.

© F. Perri / COSMOS

Stockage de l'arachide.

Population. La forte croissance démographique (2,7%) a pour conséquence un important exode rural : 38,6% des Sénégalais se concentrent dans les villes. Le surpeuplement de Dakar et de sa banlieue est un facteur de déséquilibre économique.

Villes. Au sud de la presqu'île du Cap Vert, la capitale Dakar (1 300 000 hab.), qui s'étend autour du Plateau, est le point le plus occidental du continent africain. Les autres villes importantes sont Thiès (185 000 hab.), Kaolack (157 000 hab.), Rufisque (150 000 hab.), Ziguinchor (124 000 hab.) et Saint-Louis (118 000 hab.), la plus vieille ville que la France construisit en Afrique.

© F. Rojon / Rapho

Dakar : l'Assemblée nationale.

INSTITUTIONS

Le Sénégal est une république de type présidentiel, monocaméral et pluraliste. Le président de la République est élu au suffrage universel pour 5 ans. L'Assemblée nationale est composée de 120 députés élus pour 5 ans.

ÉCONOMIE

Conjoncture. Depuis la dévaluation du franc CFA (1994), les trois secteurs clés (pêche, industrie chimique, tourisme) se portent mieux. Le problème majeur demeure celui des investissements indispensables pour relancer les secteurs générateurs d'emplois. L'inflation (33%) a amenuisé les effets positifs de la dévaluation et la population a subi une très forte baisse du pouvoir d'achat.

Agriculture. Le secteur agricole est la deuxième activité du pays. La balance agricole est en équilibre. Depuis 1987, le millet (19% des terres cultivées) a pris le pas sur l'arachide en termes de surface utilisée (15% des terres cultivées). Les principales productions vivrières sont le millet, le riz paddy et le maïs. Les cultures commerciales sont l'arachide et le coton-graine. La construction du barrage anti-sel de Diama sur le fleuve Sénégal permet de produire plus de 80 000 t de canne à sucre (sucrerie de Richard Toll) et d'effectuer deux récoltes de riz par an. L'élevage concerne près de 3 millions de bovins et 4 millions d'ovins. La pêche est en constante progression (plus de 300 000 t) et l'élevage des crevettes se développe en Casamance.

Mines et industrie. L'activité minière se limite aux phosphates (de chaux et d'aluminium) et à de faibles quantités de sel. L'industrie est essentiellement axée sur la transformation des produits de base : huile d'arachide, engrais à partir du phosphate. Le site de Manantali, sur le fleuve Sénégal*, fournira l'hydroélectricité.

Tourisme. Avec 15 000 lits, 20 000 emplois, plus de 200 000 touristes et plus de 100 millions de dollars de recettes, le tourisme est la deuxième source de devises du pays.

Échanges extérieurs. Les exportations (900 millions de dollars en 1993) sont inférieures aux importations (1 287 millions de dollars).

Transports. Le Sénégal dispose d'un réseau routier de 14 117 km (27% bitumés) et d'un réseau ferroviaire de 904 km. Les principaux aéroports sont Dakar-Yoff (782 300 passagers, 29 200 t de fret) et Ziguinchor (19 400 passagers). Le principal port est Dakar.

© M. Renaudeau / HOA QUI

Cimenterie à Rufisque.

ÉDUCATION ET SANTÉ

Éducation. 48% des personnes âgées de 15 ans et plus étaient alphabétisées en 1990. 25% de la population âgée de 6 à 34 ans avaient reçu en 1988 une éducation primaire, 8,4% une éducation secondaire et 0,8% un enseignement supérieur.

Santé. Le Sénégal comptait, en 1988, 1 médecin pour 17 072 hab. et 1 lit d'hôpital pour 1 134 hab.

HISTOIRE

L'histoire ancienne. Très tôt, le Sénégal a établi des relations commerciales et culturelles avec ses voisins du Sahara occidental et, par ce biais, avec l'Afrique du Nord, de sorte que l'islam se répandit. Les activités humaines se sont développées à l'intérieur des terres plus précocement que sur la bande côtière. Le premier royaume connu dans la région est celui du Tekrour*, situé dans la basse vallée du Sénégal, fleuve qui assurait le commerce du sel et de l'or. La formation de grands empires, au nord-est, eut des répercussions importantes sur la région du Sénégal. Celle-ci fut successivement soumise à l'autorité de l'empire du Ghana (VIIIe-XIIe siècle), de l'empire du Mali (XVe siècle) et de l'Empire songhay (XVIe-XVIIe siècle). Le Sénégal a vu émerger sur son territoire de très nombreux royaumes : le Walo, le Cayor, le Baol, les royaumes sérère et peul, ceux de Casamance, de haute Gambie et de l'est du Sénégal... Fondé au XIIIe siècle, le Grand Diolof devint un vaste empire dont le territoire s'étendait sur tout le Sénégal actuel. Il se disloqua dans la première moitié du XVIe siècle.

Les premiers Européens. Au XVe siècle, les Portugais furent les premiers Européens à atteindre les côtes du Sénégal. Ils furent bientôt concurrencés par les Britanniques puis par les Hollandais. Ces derniers prirent le contrôle de l'île nommée aujourd'hui Gorée (ce nom est la contraction de *Goede Reede,* deux mots néerlandais signifiant « bonne rade »). Ils y édifièrent un fort en 1627. Au XVIIe siècle, les Français s'installèrent à leur tour le long des côtes du Sénégal et, en 1659, ils fondèrent Saint-Louis. S'avançant vers le sud, ils implantèrent d'autres comptoirs à Rufisque, à Portudal et à Joal et, en 1677, investirent Gorée.
Aux XVIIe et XVIIIe siècles, les comptoirs développèrent le commerce portant sur l'or, la gomme arabique, la cire, les épices et bientôt les esclaves.

La concurrence entre les Hollandais, les Français et les Britanniques était vive. Ces derniers se disputèrent sans cesse, de 1677 à 1814, la maîtrise du Sénégal. Mais le traité de Paris signé le 30 mai 1814 rendit le Sénégal à la France.

La conquête coloniale. En 1854, Louis Faidherbe devint gouverneur du Sénégal. Il élargit la domination française à l'ensemble du Sénégal. Il fit la guerre à l'Empire toucouleur d'Al* Hadj Omar, alors en expansion, avant de signer un traité de paix en 1860. En 1857, Faidherbe fonda Dakar et organisa la colonie du Sénégal, dont il fit la base de la conquête de l'Afrique occidentale.
La résistance à la conquête coloniale se poursuivit. Chassé par les Français, le *damel* (souverain) du Cayor, Lat-Dior Diop, reprit le pouvoir en 1878 et s'opposa aux Français. Conscient de leurs projets d'expansion, il mena de 1882 à 1884 une guerre sans relâche. Il fut finalement tué en 1886. En 1890, les Français s'attaquèrent au Diolof et chassèrent son roi, Alboury Ndiaye. Celui-ci apporta son soutien à Ahmadou, fils et successeur d'Al* Hadj Omar, et poursuivit la lutte. D'autres grands noms, comme celui de Mamadou Lamine Dramé, s'ajoutent à la longue liste de ceux qui s'opposèrent héroïquement à la conquête française. Sous l'impulsion d'Amadou Bamba Mbacké, fondateur du mouridisme au XIXe siècle, et d'Al Hadj Malick Sy, de la confrérie tidjane, la résistance se fonda sur l'islam, alors en plein renouveau.

La période coloniale. Le décret du 16 juin 1895 créa l'AOF (*Afrique Occidentale française*). En 1902, Saint-Louis perdit son rôle de chef-lieu de l'AOF au profit de Dakar. Le Sénégal eut une évolution particulière au sein de l'AOF : dès 1848, la citoyenneté fut accordée aux habitants libres du Sénégal et, en 1916, elle fut élargie aux habitants des Quatre Communes : Dakar, Saint-Louis, Gorée et Rufisque.

Al Hadj Omar.

Lat-Dior Diop.

Ainsi, à partir de 1848, le Sénégal fut représenté à l'Assemblée française par un député. En 1914, Blaise Diagne fut le premier député noir à entrer au Parlement français. Lui-même et ses successeurs, Galandou Diouf de 1934 à 1941 puis Lamine Guèye et Léopold Sédar Senghor, jouèrent un rôle essentiel dans la lutte contre les abus de la colonisation puis dans la marche vers l'indépendance.
Sous l'impulsion des Français et avec l'appui des Mourides, la production d'arachide s'étendit à l'intérieur du Sénégal. Faidherbe lança une vaste politique scolaire, en créant l'École des Otages dans laquelle devaient être envoyés les fils de chefs de l'AOF. En 1923, la ligne de chemin de fer reliant Thiès à Bamako fut achevée.
Durant la Première Guerre mondiale, la France mit sa colonie à contribution sur le plan économique (apports de vivres et de matières premières) et surtout militaire en recrutant des tirailleurs sénégalais. Des régiments participèrent aux combats sur le sol africain et 96 régiments furent envoyés sur le front en Europe, où ils se distinguèrent par leur loyauté et leur courage.
Durant la Seconde Guerre mondiale, le gouverneur général de l'AOF, Pierre Boisson, obéit d'abord à l'État français installé à Vichy en juin 1940, malgré deux attaques britanniques contre Dakar, le 8 juil. puis le 24 sept. 1940. Après le débarquement des Alliés en Afrique du Nord, il se rallia à la France libre le 7 déc. 1942. En contrepartie de leur aide économique et militaire, les Sénégalais espéraient obtenir un assouplissement du régime colonial. Comme la France n'effectua pas la réintégration des anciens combattants, une mutinerie éclata à Thiaroye (30 nov. 1944) et fit 35 victimes.

La marche vers l'indépendance. Le mouvement nationaliste s'était déjà montré actif avant la Seconde Guerre mondiale. En 1932-1934, le concept de négritude fut forgé par le Sénégalais Léopold Sédar Senghor, le Martiniquais Aimé Césaire et le Guyanais Léon-Gontran Damas. Les premières grèves ouvrières de 1919 contribuèrent à éveiller la conscience nationale et des syndicats furent créés, qui devinrent légaux en 1937. Après la Seconde Guerre mondiale, les partis politiques jouèrent un rôle de premier plan : les partis français, et surtout les partis sénégalais ou africains, comme le BDS (*Bloc démocratique sénégalais*) devenu plus tard l'UDS (*Union démocratique sénégalaise*), le BPS (*Bloc populaire sénégalais*) et le groupe parlementaire des Indépendants d'Outre-mer.
Les réformes se succédèrent tout au long des quinze années qui suivirent le conflit. La Constitution de 1946 créa l'Union française, qui modifia le statut des colonies. L'« Empire » devenait l'« Union française » ; les « colonies », des « départements et territoires d'outre-mer ». La même année, une loi abolit l'« indigénat », une autre le travail forcé. En 1952, le Code du Travail d'Outre-mer reconnut aux Africains le droit aux congés payés et aux allocations familiales, et limita le temps de travail hebdomadaire à 40 heures. En 1956, la loi-cadre modifia le statut des colonies d'Afrique noire en accordant le suffrage universel aux populations et en opérant une décentralisation administrative. Enfin, la Constitution de 1958 transforma l'Union française en une « Communauté* française » et donna leur autonomie aux colonies : soumis à référendum, le projet recueillit au Sénégal 80,7% de votes favorables. L'année suivante, le Sénégal et le Soudan (le Mali actuel) se rapprochèrent pour former la Fédération du Mali : les deux pays espéraient ainsi lutter contre la fragmentation de l'Afrique noire en une multitude d'États. La Fédération du Mali accéda à l'indépendance le 20 juin 1960 mais éclata dès le mois d'août.

La période contemporaine. Le président Léopold Sédar Senghor nomma Mamadou Dia président du Conseil (Premier ministre). À la suite d'une tentative de coup d'État en 1962, celui-ci fut arrêté. Une nouvelle Constitution, adoptée par référendum en 1963, instaura alors un régime de type présidentiel, l'UPS (*Union progressiste sénégalaise*) devenant le parti unique, de fait. En 1969, le régime s'assouplit, adoptant une nouvelle Constitution. On restaura le poste de Premier ministre, confié à Abdou Diouf (1970) et on instaura (1974) le tripartisme (UPS, PDS d'Abdoulaye Wade et PAI de Majhemoud Diop). Le 31 déc. 1980, le président Senghor annonça qu'il quittait le pouvoir. Conformément à la Constitution, Abdou Diouf lui succéda le 1er janv. 1981. Cette même année, il décréta le pluripartisme et créa avec la Gambie la confédération de Sénégambie, officielle en 1982, dissoute en 1989. Élu président en 1983, réélu en 1988 et en 1993, il affronta des difficultés croissantes. L'opposition, désormais légale, a considérablement accru sa pression sur le pouvoir et a plusieurs fois contesté la régularité des élections. Des manifestations ont fréquemment dégénéré en véritables troubles. L'économie sénégalaise, déjà gravement atteinte par la sécheresse, a subi de plein fouet les répercussions de la crise internationale et de la baisse du cours des matières premières. En 1989, de violents affrontements ont opposé, à la frontière puis dans la capitale, les Maures et les Sénégalais, aboutissant à l'expulsion de plus de 100 000 Noirs mauritaniens vers le Sénégal et d'un nombre équivalent de Maures vers la Mauritanie. En 1991-1993 et depuis 1995, un gouvernement d'union nationale a été formé. En 1996, il a entamé des négociations avec les indépendantistes de Casamance, en rébellion depuis 1984.

© P. Cassard / HOA QUI

Peinture fixée sous verre représentant Amadou Bamba.

CULTURE

Art. La peinture sénégalaise compte des peintres talentueux comme Iba Ndiaye, Mbaye Diop, Boubacar Diallo, Souleye Keita, Mbor Faye, Papa Ibra Tall, directeur de la Manufacture nationale de tapisserie et d'arts décoratifs de Thiès. Le Centre de recherche sur l'art nègre encourage un style africain moderne, répandu sous le nom d'« école de Dakar ». Des jeunes peintres sénégalais, Souleye Keita, Soulou Mbaye, revendiquent la primauté de la couleur sur la forme. Un art naïf s'est largement développé, couvrant façades et carrosseries d'autocars de fresques colorées représentant des scènes de la vie courante. Babacar Lo et Gora Mbengue sont les maîtres de la peinture sur plaques de verre, appelée « sous-verre ».

Littérature. La littérature sénégalaise est l'une des plus importantes de l'Afrique francophone. Une pléthore d'écrivains s'y est illustrée dans tous les genres. Citons notamment : Bakary Diallo* (*Force-Bonté,* 1926, l'un des tout premiers romans africains), Birago Diop* (*Contes d'Amadou Koumba,* 1947; *Leurres et lueurs,* 1960), Abdoulaye Sadji* (*Tounka,* 1952), Ousmane Socé* (*Karim,* 1935), Ousmane Sembène* (*les Bouts de bois de Dieu,* 1960 ; *le Mandat,* 1965; *Xala,* 1973), David Diop* (*Coups de pilon,* 1956), Lamine Diakhaté* (*la Joie d'un continent,* 1954 ; *Chalys d'Harlem,* 1979), Cheikh Hamidou Kane* (*l'Aventure ambiguë,* 1961). Le plus célèbre est évidemment Léopold Sédar Senghor, ardent défenseur du concept de négritude, premier président de la République du Sénégal, qui sut allier la fonction publique à une carrière de poète (*Chants d'ombre,* 1945; *Éthiopiques,* 1956) et d'essayiste (*Liberté I à V,* 1964-1993). L'essayiste Cheikh Anta Diop* est lui aussi un apôtre de la négritude : dans *Nations nègres et Culture* (1954) il souligne le fait que l'homme est né en Afrique et que la culture occidentale a vu le jour en Égypte. Parmi les écrivains nés après 1945, citons : Boubacar Diop* (*le Temps de Tamango,* 1981), Cheikh C. Sow (*Cycle de sécheresse,* 1983), Amadou Lamine Sall* (*Mante des aurores,* 1979). À partir de 1976, on assiste à l'émergence des femmes écrivains : d'abord Mariama Bâ* (*Une si longue lettre,* 1980), Aminata Sow* Fall (*le Revenant,* 1976), Nafissatou Diallo* (*De Tilène au Plateau,* 1975); puis Ken Bugul (*le Baobab fou,* 1982), Adja Ndeye Bouri Ndiaye (*Collier de cheville,* 1984), Catherine N'Diaye (*Gens de sable,* 1984).

Théâtre. Le théâtre sénégalais a révélé de nombreux auteurs : Birago Diop (*l'Os de Mor Lam,* 1977), Bilal Fall (*l'Intrus,* 1981), Abdou Anta Kâ* (*la Fille des dieux, les Amazoulous,* 1972, *Gouverneur de la rosée,* 1972), Mbaye Gana Kébé (*l'Afrique a parlé,* 1970, *l'Afrique une,* 1974, *Notre futur enfant*), Cheik Aliou Ndao* (*l'Exil d'Albouri,* 1967, *le Fils de l'Almamy,* 1973, *Du sang pour un trône,* 1983), Marouba Fall (*Chaka ou le Roi visionnaire,* 1984). Le théâtre national Daniel-Sorano joue un rôle important : danses traditionnelles, musique, troupes de ballets, représentations théâtrales s'y succèdent. Douta Seck, célèbre acteur sénégalais, a créé de grands rôles tels que le roi Christophe d'Aimé Césaire.

Musique. Les chants et les percussions jouent un rôle essentiel dans les rites traditionnels, avec la kora, le balafon, le xalam, les flûtes. Le chanteur Youssou N'Dour*, considéré comme le roi incontesté du mbalax, le rythme phare du Sénégal, le groupe Touré Kunda, à la production diversifiée, le groupe Xalam, jugé plus intellectuel, le groupe de percussions de Doudou Ndiaye* Coumba Rose, au nombre imposant de musiciens, font voyager cette musique à travers le monde. Lamine Konté* a popularisé surtout la musique mandingue jouée à la kora et les textes des pionniers de la négritude, assumant ainsi sa réputation de griot intellectuel.

Cinéma. Le cinéma sénégalais a été longtemps le plus riche par sa qualité et sa diversité. Il compte aujourd'hui plus de 200 films dont une vingtaine de longs métrages. Paulin Vieyra* tourne *Afrique-sur-Seine* (1955), premier film sur l'immigration, avant les indépendances. Une première génération de cinéastes (Vieyra, Momar Thiam, Ababacar Samb) réalise d'abord des courts métrages. Ousmane Sembène*, révélé en 1963 par *Borom Sarret,* marque de sa personnalité éclatante et exigeante le cinéma sénégalais. Son œuvre, qui s'attache à la revalorisation de la culture africaine, est un cinéma progressiste profondément populaire (*la Noire de...,* 1966 ; *le Mandat,* 1968, premier long métrage du cinéma sénégalais en version wolof, prix du jury à Venise; *Emitaï,* 1971, en version diola; *Xala,* 1974; *Ceddo,* 1976; *Gelowar,* 1993). Mahama « Johnson » Traoré* développe une peinture critique de la société (*Diegue-bi,* 1970; *Lambaaye,* 1972; *N'Diangane,* 1975). Djibril Diop* Mambéti introduit, avec *Touki-Bouki* (1973), un style neuf, plein d'invention et d'images visionnaires, ce qui explique sans doute son succès tardif. La première femme africaine cinéaste, Safi Faye*, porte un regard d'ethnologue sur les sociétés sérères dans sa *Lettre paysanne* (1975) et *Fad'jal* (1979). Cheikh Tidiane Aw obtient un grand succès en 1974 avec *le Bracelet de bronze,* un film de gangsters à l'américaine.

République des Seychelles

Archipel de l'océan Indien situé à 1100 km au nord-est de Madagascar, à 600 km à l'est de l'Afrique orientale et à 1800 km au nord de la Réunion.

Superficie : 453 km².

Population : 71 300 hab. (1993). (*Seychellois*)

Croissance annuelle : 0,9% (1990-1995).

Capitale : Victoria, 25 000 hab. (1992).

Produit national brut : 453 millions de dollars (1995).

P.N.B./hab. : 6 210 dollars (1995).

Monnaie : roupie des Seychelles.

Fête nationale : 29 juin.

GÉOGRAPHIE PHYSIQUE

Relief. L'archipel des Seychelles occupe une aire maritime d'environ 800 000 km² avec 115 îles minuscules. Les unes, de formation granitique, comme Mahé, sont cernées de lagons et traversées par une chaîne de collines. Les autres, de formation corallienne, sont à fleur d'eau.

Climat. Situées hors de la zone des cyclones, les Seychelles ont un climat tropical. Les pluies sont plus abondantes sur les îles granitiques qui ont une végétation luxuriante.

GÉOGRAPHIE HUMAINE

Langues. Trois langues officielles : le créole, l'anglais et le français.

Religions. 88,6% des Seychellois sont catholiques. Les autres chrétiens sont 8%, les hindouistes 0,4%.

© M. du Authier / DIAF

Mahé : la ville haute.

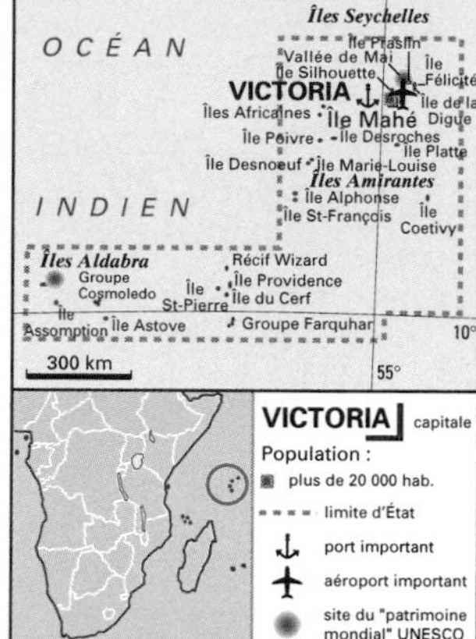

Population. Composée de Créoles (89,1%), d'Indiens (4,7%), de Malgaches (3,1%), de Chinois (1,6%) et d'Anglais (1,5%).

Éducation. 89% des personnes âgées de 15 ans et plus étaient alphabétisées en 1990.

Santé. En 1991, on comptait 1 médecin pour 992 hab. et 1 lit d'hôpital pour 171 hab.

Villes. Victoria, dans l'île de Mahé, est la seule ville.

Institutions. Les Seychelles sont une république de type présidentiel, pluraliste depuis 1992. L'Assemblée se compose de 33 membres.

ÉCONOMIE

Conjoncture. La tendance est désormais au libéralisme et à la privatisation de certains biens d'État. La croissance économique est forte (6% par an), le niveau de vie élevé et l'aide extérieure importante (12% du PNB).

Agriculture. Les principales productions sont le coprah, la cannelle, le thé. Les fermes d'État réalisent 20% de la valeur agricole. Pour la pêche, les prises représentent 95 kg de poisson par hab.

Industrie. L'industrie contribue pour 15% au PNB avec la conserverie de thon de Mahé.

Tourisme et échanges extérieurs. Le tourisme est la première activité (plus de 100 000 visiteurs par an), de sorte que les importations peuvent être le quadruple, ou presque, des exportations.

Transports. Routes : 319 km. Principal aéroport et port : Victoria.

HISTOIRE

L'histoire ancienne. Atteint par les Portugais au début du XVIe siècle, l'archipel des Seychelles fut occupé en 1742 par les Français, qui lui donnèrent le nom de l'intendant Moreau de Séchelles. En 1814 (traité de Paris), les Britanniques prirent le contrôle de l'archipel et le rattachèrent à l'île Maurice. Les Seychelles furent d'abord administrées par un simple agent. L'octroi, en 1903, du statut de colonie de la Couronne concrétisa la séparation des Seychelles et de l'île Maurice. À partir de 1948, quatre réformes constitutionnelles successives conduisirent l'archipel de l'autonomie à l'indépendance (29 juin 1976).

© J. Malburet / COSMOS

Source d'Argent à La Digue.

Les Seychelles aujourd'hui. En 1976, J.R. Mancham devint président de la République. En 1977, France-Albert René le renversa et instaura un régime à parti unique, appuyé sur le *Front progressiste du peuple seychellois* (SPPF). La Constitution de 1979 lui accorda des pouvoirs considérables. À partir de 1991, l'archipel a amorcé une ouverture démocratique restaurant le multipartisme. En 1992, le SPPF remporta les élections et devint majoritaire à l'Assemblée constituante. Son projet de Constitution fut rejeté par référendum. Un nouveau projet a été adopté en 1993 : la démocratie a ainsi été rétablie et France-Albert René a été réélu à la tête de l'État.

CULTURE

Littérature. La tradition orale créole (contes, chansons, proverbes) a subi l'influence africaine (surtout swahili) ; en 1979 ont été publiés en français des contes créoles de l'océan Indien. La littérature créole comprend des poèmes, dus à Antoine Abel et à Alva Pool, et, plus récemment, des romans, dus à Leu Mancienne (*Fler fletri*, 1985, édition bilingue), à June Vell et à Antoine Abel, qui en 1977 avait publié en français trois volumes de poèmes, de contes et de récits (*Une tortue se rappelle*), dont pêcheurs et paysans sont les héros.

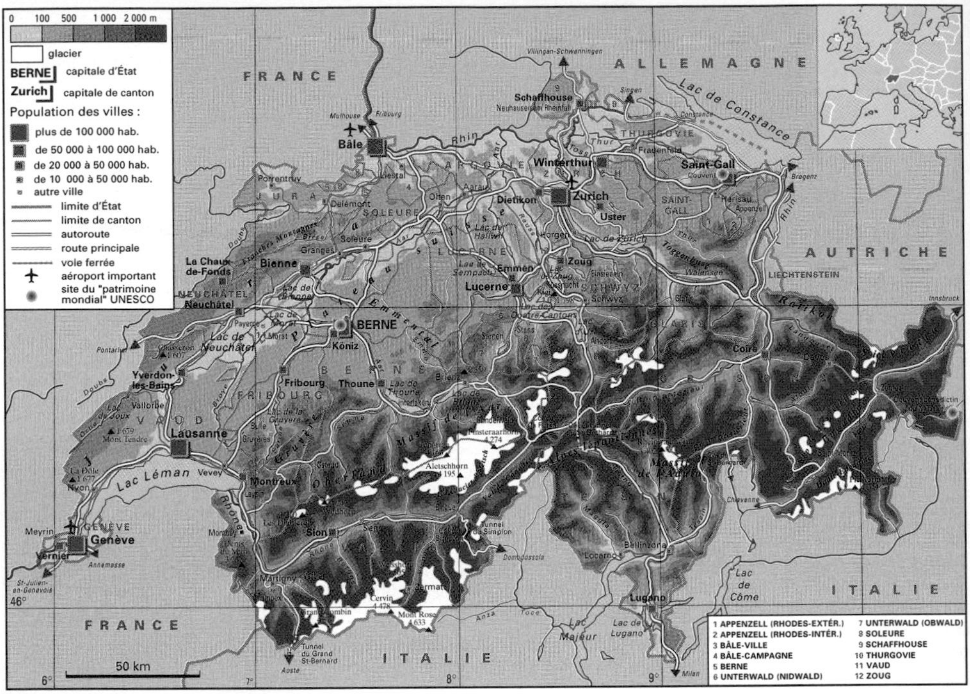

Le mont Cervin (en allemand : Matterhorn).

Suisse

Confédération suisse (en allemand Schweiz, en italien Svizzera) État de l'Europe alpine, situé entre la France à l'ouest, l'Italie au sud, l'Autriche à l'est et l'Allemagne au nord.

Superficie : 41 293 km².

Population : 7 039 000 hab. (estimation 1995) (*Suisses*) Croissance annuelle : 3,1 % (1994).

Capitale fédérale : Berne, 129 400 hab. (1994).

Produit national brut : 306 milliards de dollars (1995).

P.N.B./hab. : 43 700 dollars (1995).

Monnaie : franc suisse.

Fête nationale : 1er août.

LES 23 CANTONS SUISSES

canton	superficie (en km²)	population (1994)	chef-lieu	langue
APPENZELL				
Rhodes-Extérieures (1)	243	54 100	Herisau	all.
Rhodes-Intérieures (1)	172	14 700	Appenzell	all.
ARGOVIE	1 404	518 900	Aarau	all.
BÂLE				
Bâle-Campagne (1)	428	234 900	Liestal	all.
Bâle-Ville (1)	37	197 400	Bâle	all.
BERNE	6 049	956 600	Berne	all.
FRIBOURG	1 670	218 700	Fribourg	all., franç.
GENÈVE	282	387 600	Genève	franç.
GLARIS	684	39 100	Glaris	all.
GRISONS	7 106	182 000	Coire	all., ital.
JURA	838	68 600	Delémont	franç.
LUCERNE	1 492	335 400	Lucerne	all.
NEUCHÂTEL	797	163 900	Neuchâtel	franç.
SAINT-GALL	2 014	437 000	Saint-Gall	all.
SCHAFFHOUSE	298	73 600	Schaffhouse	all.
SCHWYZ	908	118 500	Schwyz	all.
SOLEURE	791	236 400	Soleure	all.
TESSIN	2 811	298 000	Bellinzona	ital.
THURGOVIE	1 013	217 000	Frauenfeld	all.
UNTERWALD				
Obwald (1)	491	30 800	Sarnen	all.
Nidwald (1)	276	35 400	Stans	all.
URI	1 076	35 700	Altdorf	all.
VALAIS	5 226	266 700	Sion	all., franç.
VAUD	3 219	596 700	Lausanne	franç.
ZOUG	239	88 600	Zoug	all.
ZURICH	1 729	1 162 100	Zurich	all.

(1) demi-canton

GÉOGRAPHIE PHYSIQUE

Relief. Le pays est partagé en trois ensembles.
1. Au sud et à l'est se dressent les Alpes (60 % du territoire). Elles culminent à 4 634 m dans la chaîne du mont Rose, au sud-ouest de la Suisse. À l'est, les Alpes des Grisons culminent au pic Bernina (4 049 m). Au centre-ouest, le massif de l'Aar (ou Alpes bernoises) possède trois sommets qui excèdent 4 100 m et le plus grand glacier d'Europe (Aletsch). Au nord de ces massifs cristallins, les Préalpes sédimentaires atteignent de moindres altitudes. Toutes ces montagnes ont été sculptées par les glaciers quaternaires (il en subsiste 140) et constituent le principal château d'eau de l'Europe (sources du Rhin, du Rhône, de l'Inn).
2. À l'ouest du lac Léman jusqu'au nord de Zurich, s'étend l'arc jurassien (10 % du territoire), moyenne montagne plissée qui culmine à 1 679 m au mont Tendre (au nord-est du lac Léman) ; le mont Dôle, voisin, atteint 1 678 m.
3. Entre les Alpes et le Jura, le Plateau suisse, dit aussi Moyen Pays ou Mittelland (30 % du territoire), est la région vitale de la Confédération. C'est une vaste dépression aux nombreux lacs ; le paysage de collines et de plaines fertiles a été découpé, dans des sédiments détritiques et des moraines, par l'Aar et ses affluents.

Climat et végétation. Dans les Alpes et, à un moindre degré, dans les Préalpes, le climat rude a produit de magnifiques forêts et des prairies opulentes. Les zones couvertes de neiges éternelles abondent. Dans le Jura, le climat, humide et froid en hiver, entretient également de belles forêts et des pâturages. Le Plateau suisse a un climat plus tempéré.

Fleuves. Situé à l'est du massif de l'Aar (ou Alpes bernoises), le massif du Saint-Gothard donne naissance à deux grands fleuves : le Rhône qui coule vers l'ouest sous la forme d'un torrent et se jette dans le lac Léman, d'où il ressort à Genève ; le Rhin antérieur qui coule vers le nord-est et s'unit, dans les Grisons, au Rhin postérieur pour former le Rhin, au régime nivo-glaciaire, qui sépare la Suisse de l'Autriche, puis de l'Allemagne. La rivière suisse qui joue le rôle le plus important est l'Aar (295 km) ; née dans le massif de l'Aar, elle coule vers le nord, arrose Berne, puis se dirige vers le nord-est pour se jeter dans le Rhin en amont de Bâle.

Les chutes du Rhin à Schaffhausen.

© Gontscharoff / PIX

© Oliver Benn / FOTOGRAM-STONE

Genève, à l'extrême pointe sud du lac Léman.

Lacs. La Suisse est le pays des lacs. Ils ont une origine glaciaire. Le plus grand, le lac Léman (à 370 m d'altitude, 582 km²), est partagé entre la Suisse (348 km²) et la France ; le lac de Constance (540 km²) l'est entre la Suisse, l'Autriche et l'Allemagne ; le lac Majeur (512 km²), entre l'Italie et la Suisse, ainsi que le lac de Lugano (48 km²). Le lac de Neuchâtel a 216 km², à 429 m d'altitude ; le lac des Quatre-Cantons, 114 km², à 434 m ; le lac de Zurich, 88 km², à 406 m ; le lac de Thoune, 48 km² ; le lac de Bienne, 42 km² ; le lac de Zoug, 38 km² ; le lac de Brienz, 30 km².

GÉOGRAPHIE HUMAINE

Langues. La Suisse a quatre langues officielles : l'allemand (63,6 % de la population), le français (19,2 %), l'italien (7,6 %), le romanche (0,6 %) ; viennent ensuite les langues parlées par les étrangers. On compte de nombreux dialectes alémaniques et romands.

Religions. Le catholicisme a un peu plus de fidèles (46,6 %) que le protestantisme (40,3 %). Celui-ci est le plus souvent calviniste.

Population. Aujourd'hui, sa croissance est faible ; la population vieillit (19,4 % des Suisses ont plus de 60 ans). Mais les conditions de vie exceptionnelles ont créé depuis des temps anciens une densité démographique inhabituelle dans les montagnes. Près d'un million d'étrangers (15 % des habitants, 20 % des actifs) vivent en Suisse ; en 1987, un référendum a restreint le droit d'asile.

Villes. La population est urbanisée à 60 %, mais très bien équilibrée sur l'ensemble du territoire non alpin, c'est-à-dire la moitié nord. Zurich (351 100 hab. ; 840 310 hab. avec son agglomération) devance nettement les quatre autres grandes villes : Genève (164 000 hab. ; agglomération : 384 510 hab.), Lausanne (125 610 et 257 640), Bâle (175 420), Berne, la capitale fédérale (129 400).

INSTITUTIONS

D'après la Constitution de 1848, l'Assemblée fédérale élit un Conseil fédéral qui exerce le pouvoir exécutif. Le président du Conseil, élu pour un an, est président de la Confédération. Exerce le pouvoir législatif l'Assemblée fédérale, composée du Conseil national (200 représentants, suffrage direct, représentation proportionnelle) et du Conseil des États (2 représentants par canton). Dans chaque canton, un Grand Conseil et un Conseil d'État règlent les affaires locales.

ÉCONOMIE

Agriculture. L'agriculture (blé, pommes de terre, orge, betteraves à sucre), qui emploie 5,5 % de la population active dans de petites et moyennes exploitations, ne couvre pas les besoins nationaux. Seul l'élevage bovin assure une production excédentaire (produits laitiers, notamment). La forêt (26,4 % de la superficie) constitue une bonne ressource.

© P. Vauthey / SYGMA

Fabrique de chocolat à Broc.

Industrie. Elle doit son essor aux grandes possibilités hydroélectriques, à la qualité de la main-d'œuvre et à l'abondance des capitaux. L'absence de matières premières a orienté les Suisses vers des fabrications de précision et de haute technicité : horlogerie, métallurgie de transformation (matériel électrique, machines-outils), industries alimentaires (chocolat), textiles, chimiques (pharmaceutiques) et du bois. Le tourisme représente une ressource importante. Les produits manufacturés fournissent près de 90 % du volume des exportations. Le pétrole, importé par oléoduc de Gênes et de Lavéra (près de Marseille), est raffiné sur place. Le port de Bâle, sur le Rhin, relie le pays à la mer du Nord.

En dépit de son exiguïté et de ses médiocres ressources naturelles, la Suisse a atteint le niveau de vie le plus élevé des pays industriels. Elle le doit en grande partie à sa situation géographique (grands axes de communication alpins) et à la neutralité politique qu'elle a préservée depuis 1815. La stabilité économique et financière a attiré de nombreux capitaux étrangers, faisant de la Suisse la première place bancaire mondiale ; le solde des revenus des capitaux et les revenus des capitaux étrangers déposés et investis en Suisse, ajoutés aux ressources du tourisme, donnent à la Suisse une balance des comptes excédentaire, bien que dans les années 1990 le système bancaire commence à connaître des difficultés.

Échanges extérieurs. Les exportations excèdent légèrement les importations. Le principal fournisseur (34,4 %) et client (24,3 %) est l'Allemagne, suivie par la France (11,4 % et 9,4 %).

Transports. Depuis longtemps, les réseaux routier (71 134 km en 1992) et ferroviaire (5 029 km en 1992) ont une densité et une qualité exceptionnelles. Le parc automobile compte 3 millions de voitures de tourisme, mais la Suisse œuvre à la protection de son environnement (lois de 1983, référendum de 1994 sur la circulation des poids lourds) et, notamment, développe les transports urbains collectifs. Plusieurs aéroports sont internationaux.

ÉDUCATION ET SANTÉ

Éducation. L'enseignement (technique notamment) a un haut niveau. Une éducation supérieure est dispensée à 21 % de la classe d'âge.

Santé. On compte 23 000 médecins (1 pour 300 personnes) et 53 349 lits d'hôpital.

HISTOIRE

Les origines. Le peuplement de la région est attesté dès le paléolithique supérieur. Vers le Ve siècle avant J.-C., les Celtes occupèrent le pays peu après avoir pénétré en Gaule* et le second âge du fer débute : à l'extrémité orientale du lac de Neuchâtel le gisement de la Tène (exploré à partir de 1858) donne son nom à une des plus importantes civilisations protohistoriques. À l'époque de César, les Celtes, nommés Helvètes, qui, venus d'Allemagne du Sud, occupaient l'ouest de la Suisse actuelle, cherchèrent à s'établir dans le sud de la Gaule (en 58 av. J.-C.) mais César les refoula. Quand celui-ci eut vaincu les Gaules, l'Helvétie fut très vite romanisée, à cause de l'importance stratégique des cols alpins, et rattachée à la Gaule Belgique (dont le lac Léman marque l'extrême sud) puis à la Germanie. Les grandes invasions barbares du Ve siècle (Alamans, Burgondes) expliquent le grand découpage linguistique de la Suisse actuelle : Suisse alémanique (germanophone) dans le Nord ; Suisse romande (francophone) sur la frange ouest et sud-ouest. Les habitants du Tessin et d'une partie des Grisons parlent l'italien. Christianisée au VIIe siècle par des missionnaires irlandais (saint Gall, notamment), englobée dans le royaume de Bourgogne puis rattachée en 1032 au Saint Empire romain germanique, l'Helvétie vit apparaître, à partir du XIe siècle, de puissantes principautés (celles des Zähringen, puis des Habsbourg, notamment), ainsi que des communautés urbaines et paysannes qui luttèrent pour leur autonomie.

Capitale de la Confédération suisse, Berne fut fondée en 1191.

© Higushi Hiroshi / PIX

La conquête de l'indépendance. Au XIIe siècle, les Habsbourg* (propriétaires du château de Habichtsburg, en Argovie, dans le nord de la Suisse actuelle) étendirent leur domination sur la Suisse et sur l'Alsace. Ils acquirent en 1278 l'Autriche. Face à la puissance de cette maison d'Autriche (qui domina la région jusqu'en 1918), les petites communautés de Schwyz, d'Uri et d'Unterwald se lièrent, le 1er août 1921, par un pacte de défense mutuelle : dans une prairie (le Grütli) du canton d'Uri située sur la rive nord-est du lac des Quatre-Cantons, leurs représentants prêtèrent le serment de délivrer leur pays du joug autrichien, formant ainsi le noyau de la Confédération : les Trois-Cantons. C'est à cette époque que se situe l'épisode légendaire dont Guillaume* Tell est le héros. En 1315, l'armée impériale des Habsbourg voulut châtier les signataires du pacte et s'aventura dans le canton de Schwyz, où les rebelles l'écrasèrent dans le chaînon montagneux de Morgarten ; ils renouvelèrent leur pacte la même année, à Brunnen. Bientôt, d'autres cantons rejoignirent les Confédérés, qu'on désignait aussi sous le nom de Schwyz : Lucerne (1332), Zurich (1351), Glaris et Zoug (1352), Berne (1353). Les Confédérés infligèrent une nouvelle défaite à l'Autriche (bataille de Sempach, dans le canton de Lucerne, 1386), qui reconnut l'indépendance des Huit-Cantons (1389). Ceux-ci, forts d'une grande réputation militaire, conquirent aux Habsbourg l'Argovie (1415) et la Thurgovie (1460). Entre-temps ils s'allièrent au Valais, à Neuchâtel, etc., et imposèrent leur domination à d'autres territoires. La France les vainquit en 1443 puis les aida contre le duc de Bourgogne, Charles le Téméraire, défait en 1476 à Grandson et à Morat. Toutefois, de graves dissensions surgirent entre cantons montagnards, régis par un système démocratique, et cantons citadins, gouvernés par une oligarchie. Elles furent surmontées à la diète de Stans, en 1481. Soleure et Fribourg entrèrent alors dans la Confédération. Défaite à Dornach, l'Autriche reconnut officiellement l'indépendance de la Confédération (traité de Bâle, 1499), qui admit en son sein Bâle et Schaffhouse (1501), puis Appenzell (1513). En 1513, l'armée suisse, au service du duc de Milan, battit la France à Novare (Piémont, à l'ouest de Milan) ; sa défaite à Marignan (1515) ne nuisit pas à la Suisse : en 1516 une *paix* perpétuelle* lia (à Fribourg) le pays à la France jusqu'en 1815 ; la France pouvait lever 6 000 mercenaires en Suisse. Au début du XVIe siècle, l'introduction de la Réforme dans les cantons du Nord entraîna plusieurs crises. Prêtre catholique à Glaris (1506-1516), Zwingli propagea la Réforme à Zurich (1519-1525) puis ailleurs. Les cinq cantons originels, demeurés catholiques, formèrent une ligue. Deux batailles indécises se déroulèrent à Kappel (1529 et 1531) : en 1531, Zwingli mourut au combat. Un compromis s'instaura. En 1536, le Français Calvin s'installa à Genève, après Bâle (1534), mais dut s'exiler à Strasbourg. À son retour, en 1541, il institua et dirigea avec sévérité un gouvernement théocratique. Le calvinisme gagna d'autres cantons (ainsi que la France*). Fribourg et Lucerne étaient les hauts lieux de la Contre-Réforme. Cependant, les Suisses réussirent à préserver leur unité et leur neutralité au cours des guerres de Religion. En 1648, les traités de Westphalie reconnurent leur indépendance de droit vis-à-vis de l'Empire.

© Held / ARTEPHOT

La Pêche miraculeuse *(1444) de Konrad Witz : le Christ attend saint Pierre au bord du lac Léman.*

La conquête de la démocratie. Jusqu'à la Révolution française (1789), une bourgeoisie oligarchique développe l'économie du pays, où les classes laborieuses s'appauvrirent. Le pays connut un extraordinaire essor intellectuel. Envahi par la France en 1798, il fut transformé en République helvétique et reçut une Constitution unitaire. En 1803, Napoléon rétablit le fédéralisme par l'Acte de médiation. Après sa chute, les traités de 1815 fixèrent à peu de chose près les frontières actuelles. La Confédération helvétique comptait désormais 22 cantons. Son indépendance et sa *neutralité perpétuelle* furent reconnues par les grandes puissances. Le rétablissement des anciennes institutions et le renforcement de la classe moyenne, dû à l'essor industriel du pays, provoquèrent la montée de mouvements libéraux en lutte violente contre les tenants du conservatisme, réunis dans le Sonderbund* (1845) ; l'armée fédérale, commandée par le général Dufour, vainquit les cantons catholiques conservateurs (1847) et la Confédération fut aussitôt rétablie. La Constitution de 1848, à l'instar de celle des États-Unis, établit un compromis entre la centralisation et le fédéralisme ; révisée en 1874 (instauration du droit de référendum), elle évolua dans un sens démocratique.

La construction de la prospérité. La Suisse connut un progrès économique considérable après 1850, développant une industrie de haut niveau ; le percement des tunnels du Saint-Gothard (1882) et du Simplon (1906 et 1922) en a fait l'un des carrefours de l'Europe. Préservée par sa neutralité pendant les deux guerres mondiales, elle maintint sa stabilité politique. Instituée en 1919, la Société des Nations siégea à Genève. La Suisse ignore les conflits extérieurs et intérieurs. Toutefois, dans le canton de Berne, les régions francophones ont manifesté leur désir d'autonomie et, en 1978, elles ont formé un 23e canton, la « république du Jura ». La Suisse, et tout particulièrement Genève, est le siège de nombreux organismes internationaux (Croix-Rouge, BIT, OMS, CERN, etc.). Cependant, la Confédération ne fait pas partie de l'ONU, la population suisse ayant refusé l'adhésion par référendum (mars 1986). Membre de l'AELÉ, la Suisse a cependant refusé par référendum (6 déc. 1992) de se joindre à l'EÉE (Espace économique européen).

© Babet / ARTEPHOT

Ad Parnassum, *de Paul Klee (1932).*

CULTURE

Art. À partir du XIe siècle, on construit des édifices romans de grande taille tels que la cathédrale de Bâle. L'art gothique, introduit vers 1230, montre les influences allemande (cathédrales de Fribourg et de Berne) et bourguignonne (Notre-Dame de Lausanne, nef de la cathédrale Saint-Pierre à Genève). Le premier grand peintre est Konrad Witz, d'origine souabe (*la Pêche miraculeuse,* 1444, Genève).

Le monastère de Stein am Rhein reçut une décoration Renaissance, mais l'architecture de cette période est peu représentée en Suisse. En revanche, la peinture a des maîtres : V. Graf*, H. Fries*, N. Manuel* Deutsch, T. Stimmer*. Hôte de Bâle, Holbein le Jeune y créa une école de portraitistes (Hans Bock, 1550-1624). En architecture, le style jésuite (fin du XVIIe siècle) est illustré par plusieurs églises de Lucerne et de Soleure ; le baroque (fin du XVIIIe siècle), par la cathédrale de Soleure et une église de Saint-Gall. Cette période compte de nombreux peintres : les portraitistes Jean Petitot (1607-1691), à Genève, et Anton Graff (1736-1813), à la cour de Dresde ; un pastelliste, Liotard*; un maître de l'art fantastique, Füssli*. Au XIXe siècle, l'architecture est peu marquante. La sculpture est représentée par James Pradier (1792-1852) ; la peinture, par le paysagiste Alexandre Calame (1810-1864) et par Böcklin* (*La Peste,* 1898, Bâle) ; l'écrivain Toepffer* fait une œuvre de caricaturiste. Ensuite, citons le dessinateur Alexandre Steinlen (1859-1923), le paysagiste Ferdinand Hodler* (1853-1918), le nabi* Félix Valloton (1865-1925), les architectes Karl Moser (1860-1936), R. Maillart* (1872-1940), Hannes Meyer (1889-1954), Jean Tschumi (1904-1962), le sculpteur Hermann Haller (1880-1920). La Suisse donne trois des plus grands créateurs du XXe siècle : Le* Corbusier, Klee* et Giacometti*. Plus près de nous, Tinguely* est aussi un artiste important.

Littérature de langue allemande. La première œuvre véritable est *l'Anneau* (vers 1400) de H. von Wittenwiller*. Au XVIe siècle, Zwingli* traduit la Bible, le peintre N.M. Deutsch* écrit des drames. Au XVIIIe siècle, A. von Haller* donne des ouvrages scientifiques ; S. Gesner, des poèmes pastoraux. Au XIXe siècle, le roman est illustré par le Bernois Jeremias Gotthelf (1797-1854), qui narre la vie dans l'Emmenthal, et par les Zurichois G. Keller* (*Henri le Vert,* 1854-1855) et C. F. Meyer*. Le XXe siècle est dominé par R. Walser*, à la renommée universelle, et par deux éminents dramaturges : M. Frisch* et F. Dürrenmatt*.

Littérature romande. Après le poète Othon de Grandson (1336-1397), François de Bonivard* est le premier véritable écrivain francophone, au XVIe siècle, qui est le siècle des réformateurs (Calvin*, etc.), venus de France, où Viret* achève sa vie. Du XVIIe au XIXe siècle, la plupart des publications relèvent des sciences exactes et humaines, du droit, etc. Descendant de calvinistes venus de France, Jean-Jacques Rousseau* se rend de bonne heure dans ce pays, où il fait sa carrière. B. Constant* écrit dans sa patrie, la Suisse, son chef-d'œuvre *Adolphe* (vers 1806) mais le publie en France (1816), dont il adoptera la nationalité. Aux albums comiques de Tœpffer* s'oppose le journal tragique qu'Amiel* tient de 1839 à sa mort (1881). Les romanciers suisses sont peu nombreux ; les plus célèbres sont Victor Charbuliez (1829-1899) et Édouard Rod (1857-1910), qui étudie les crises de conscience. Au XXe siècle, Ramuz* donne au monde vaudois un rayonnement universel. La gloire de Cingria* est posthume. Cendrars* fait sa carrière en France. En 1938, Denis de Rougemont publie *l'Amour et l'Occident.* De nos jours, les deux écrivains les plus célèbres sont Pinget*, auquel on doit plusieurs chefs-d'œuvre du « nouveau roman » (*l'Inquisitoire,* 1962), et l'essayiste Starobinski*; citons aussi les poètes Chappaz* et Jaccotet*. La littérature féminine a deux grands représentants : Alice Rivaz (née en 1901) et Corinna Bille (1912-1929), épouse de Chappaz.

Littérature de langue italienne. La littérature du Tessin s'est affirmée tardivement : dans la première moitié du XXe siècle, grâce à Francesco Chiesa (1871-1973), romancier et poète qui a aujourd'hui de nombreux émules.

Littérature romanche. La première œuvre est une chanson de geste du XVIe siècle, mais c'est à partir du XIXe siècle qu'apparaissent des écrivains véritables, d'inspiration montagnarde : Huonder (1824-1867), Muoth (1844-1906), Fontana (1897-1935), Peer (né en 1921).

Musique. Au Moyen Âge, les monastères répandent le chant grégorien. Aux XIVe et XVe siècles, la musique profane se développe. Au XVIe siècle, la Réforme la proscrit ; le compositeur Ludwig Senfl (1486-1542 ou 1543) fait sa carrière à la cour d'Autriche. Ensuite, les influences allemande et italienne reviennent : de multiples chorales et des sociétés de musique voient le jour à partir de la fin du XVIIIe siècle. Que les cantons soient germanophones ou francophones, l'influence allemande est tantôt acceptée, tantôt combattue. Dans la première moitié du XXe siècle, le plus célèbre compositeur suisse, A. Honegger*, concilie les influences germanique et française. Depuis la Seconde Guerre mondiale, les musiques sérielle et électroacoustique ont en Suisse de nombreux représentants.

Cinéma. Le premier cinéaste marquant est Leopold Lindtberg (*la Dernière Chance,* 1945), avec Leonhard Steckel, Franz Schnyder, Kurt Früh, Henri Brandt. Depuis les années 1960, une école suisse francophone produit certains des plus beaux « films d'auteur » contemporains : Tanner* (*Charles mort ou vif,* 1968), Soutter* (*la Lune avec les dents,* 1966), Claude Goretta, né en 1929 (*l'Invitation,* 1973), etc. D'origine suisse, Godard* tourne surtout en Suisse après 1968. La Suisse alémanique a aussi une école, dont le plus célèbre représentant est Daniel Schmid, né en 1941 (*la Paloma,* 1974).

République du Tchad

État enclavé de l'Afrique sahélienne, limité au nord par la Libye, à l'ouest par le Niger et le Nigeria, au sud par le Cameroun et la Centrafrique, à l'est par le Soudan.

Superficie : 1 284 000 km².

Population : 6 100 000 hab. (1993). (*Tchadiens*)
Croissance annuelle : 3,2% (1990-1995).

Capitale : N'Djamena, 687 800 hab. (1992).

Produit national brut : 1,3 milliard de dollars (1995).

P.N.B./hab. : 200 dollars (1995).

Monnaie : franc CFA.

Fête nationale : 11 août.

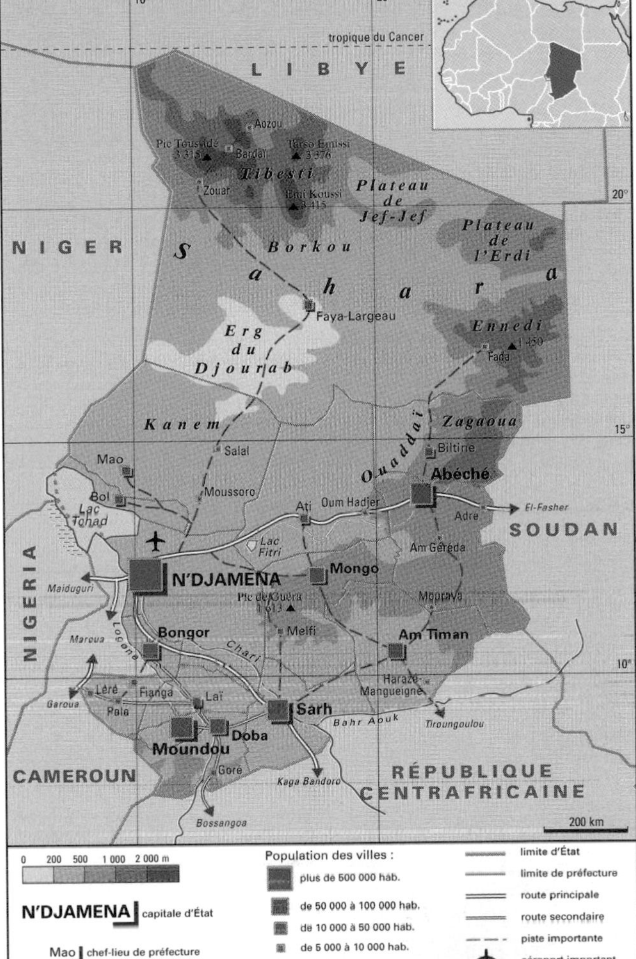

GÉOGRAPHIE PHYSIQUE

Relief. Le Tchad est une cuvette encerclée par une demi-couronne de montagnes et de plateaux. Au nord, le massif du Tibesti atteint une altitude élevée (volcan de l'Emi Koussi, 3 415 m). À l'est, le plateau gréseux du Ouaddaï culmine à 1 360 m. La zone la plus basse (280 m) est occupée par le lac Tchad.

Climat. Le Tchad a un climat tropical humide au sud où les pluies sont assez abondantes (1 260 mm à Moundou), sahélien au centre où les pluies se raréfient, et saharien désertique au nord (16 mm à Faya).

Végétation. La zone tropicale est couverte d'une savane arbustive et de forêts claires, la zone sahélienne du Tchad central d'une steppe épineuse et de cultures vivrières ; la zone saharienne est désertique.

Fleuves. Les deux principales voies fluviales sont le Chari (1 200 km) tributaire du lac Tchad et son affluent le Logone (1 000 km).

Massif du Tibesti.

© P. Bourseiller / HOA QUI

GÉOGRAPHIE HUMAINE

Langues. Les langues officielles sont le français et l'arabe. Au nombre d'une centaine, les autres langues relèvent des trois principales familles linguistiques africaines : famille nilo-saharienne, sous-groupes soudanais central et soudanais oriental ; famille afro-asiatique, groupe tchadique ; famille nigéro-congolaise, sous-groupe adamawa. Les langues véhiculaires sont nombreuses : arabe dialectal tchadien, langues nilo-sahariennes telles que le sara, le ngambay, etc., nigéro-congolaises comme le peul et le sango.

Religions. Les musulmans sont 40,4%, les chrétiens, 33%.

Ethnies. La population se compose de Sara-Bongo-Baguirmiens (20,1%), de Tchadiques (17,7%), d'Arabes (14,3%), de Sahariens (dont les Maba 9,6%, les Goranes 6,4%), de Soudanais orientaux (6%), d'Adamawa (6%), de Peuls (0,5%). Les autres ethnies, très nombreuses, composent les 19% restants.

Population. Le Tchad est peu peuplé (4,8 hab./km²). La moitié de la population vit à l'ouest du Chari sur 10% du territoire. 68% des Tchadiens sont des ruraux.

Villes. La capitale N'Djamena (687 800 hab.), comparée à certaines agglomérations africaines, est une ville de taille moyenne. Les autres villes sont Sarh (120 000 hab.), Moundou (117 000 hab.), Abéché (95 800 hab.).

INSTITUTIONS

Le Tchad est une république de type présidentiel. Dans l'attente d'une nouvelle Constitution et d'élections présidentielle et législatives, le Tchad possède un parlement provisoire: le Conseil supérieur de la transition (CST).

ÉCONOMIE

Conjoncture. Le Tchad est, depuis 1992, dans une situation économique très difficile : le coton brut se vend mal et les importations illicites (cotonnade, carburant) en provenance du Nigeria déstabilisent la production industrielle. La privatisation des firmes, souhaitée par les autorités, se heurte à l'absence d'acquéreurs. Seules les recherches pétrolières constituent un espoir.

© J.-M. Lerat
Usine de canne à sucre (rejet de la bagasse).

Agriculture. Le secteur agricole constitue la première ressource du pays. La balance agricole est légèrement excédentaire. Les principales productions sont le millet (15 % des sols cultivés), le coton (10 %) dont la production se stabilise, la gomme arabique et la canne à sucre (370 000 t). Le cheptel compte 10 millions de têtes (bovins, ovins, caprins). La pêche fluviale est importante.

© V. Naud / FOVEA / SEQUOIA
Stockage de plaques de sel au bord du Chari.

Mines et industrie. Le pays ne dispose pas d'hydroélectricité. L'uranium du Nord et le pétrole du Sud ne sont pas encore exploités. Le lac Tchad fournit du carbonate de sodium. L'industrie consiste surtout en usines agro-alimentaires et textiles.

Échanges extérieurs. Les exportations, constituées pour un tiers de celle de coton, sont inférieures d'environ de moitié aux importations.

Transports. Le Tchad a 40 000 km de pistes (dont 400 km bitumés). Le principal aéroport est N'Djamena (49 000 passagers).

ÉDUCATION ET SANTÉ

Éducation. 29,8% des personnes âgées de 15 ans et plus étaient alphabétisées en 1990.

Santé. Les derniers chiffres sont les suivants : 1 médecin pour 47 640 hab. et 1 lit d'hôpital pour 1 190 hab.

HISTOIRE

L'histoire ancienne. La désertification progressive du Sahara* a poussé les populations qui vivaient dans le territoire correspondant au Tchad actuel vers le sud et vers le lac Tchad. Le pays possédait deux atouts : ses riches mines de sel et de cuivre, et sa situation au carrefour des routes du commerce transsaharien.
Le premier royaume connu dans la région est le Kanem*, qui prit son essor à la fin du XIe siècle, sous la dynastie des Sefawad. Les relations commerciales avec le nord du continent et la conversion des *mai* (souverains) vers l'an 1100 répandirent l'islam dans toute la sous-région. Le Kanem possédait une armée forte et entraînée, un réseau de fonctionnaires chargés de maintenir l'ordre et de prélever les impôts jusque dans les régions lointaines, et une économie prospère. Mais des querelles de pouvoir et des dissensions religieuses affaiblirent l'empire. Les Boulala, vassaux du Kanem, en profitèrent pour se révolter. Au XIVe siècle, les attaques répétées des Arabes obligèrent les Sefawad à fuir le Kanem. Au XVe siècle, la dynastie des Sefawad constitua un nouvel empire, à l'ouest du lac, dans le Bornou*. Les troupes du *mai* Idriss (1497-1519) envahirent l'ancien Kanem et l'intégrèrent à l'empire. Celui-ci s'étendait de Kano jusqu'au Darfour. D'autres royaumes se constituèrent dans la région, notamment le Ouaddaï, au XIVe siècle, et le Baguirmi*, au XVIe siècle, longtemps vassaux du Kanem-Bornou. Le Kanem-Bornou vivait du commerce, notamment de la traite des esclaves avec l'Arabie. Les guerres de conquête servaient de prétexte aux Bornouans pour capturer les « infidèles », les hommes et surtout les femmes et les enfants, très demandés sur tous les marchés du Moyen-Orient. Les femmes, en particulier, avaient la réputation d'être d'excellentes ménagères et des cuisinières exceptionnelles.

Le renouveau du XIXe siècle. Au début du XIXe siècle, le djihad peul lancé par Ousmane* dan Fodio, qui fonda le khalifat de Sokoto, se heurta violemment au Kanem-Bornou. Il fallut toute l'adresse du Premier ministre, Mohammed Amin al-Kanemi, pour que l'empire ne s'écroule pas sous ces coups de butoir. Il en profita pour réformer la monarchie et capter à son profit la réalité du pouvoir, qu'il légua ensuite à son fils Oumar. Il fit construire une nouvelle capitale, Kouka, qui se trouve dans le Niger actuel. Le Ouaddaï profita de ces désordres pour reprendre son autonomie et s'imposer à son voisin, le Baguirmi. Il développa ses relations commerciales avec Tripoli et l'Égypte. À la même époque, la confrérie des Senoussi* fit des émules dans une grande partie du pays.
En 1879, un soldat et marchand originaire du Soudan, Rabah, lança une vaste opération de conquête du Ouaddaï. Il établit son emprise commerciale sur l'est du Tchad tout en constituant une armée forte de 35 000 soldats. La vente de l'ivoire et la traite des esclaves lui permirent d'acquérir des fusils à tir rapide et des munitions. Il soumit alors le Baguirmi puis le Bornou (1893), très affaiblis, et fonda un vaste empire. Mais l'arrivée des Européens entrava ses projets.

Mai du Kanem.

© B. Nantet

L'arrivée des Européens. Au milieu du XIXe siècle, les Européens s'intéressèrent au Soudan central. Des explorateurs comme Heinrich Barth, Clapperton et Nachtigal le parcoururent. Monteil, parti du Sénégal, fut le premier Français à atteindre le lac Tchad, en 1891. La France lança plusieurs expéditions pour prendre le contrôle du Tchad afin de relier ses possessions d'Afrique septentrionale, centrale et occidentale. En 1891, la mission de Paul Crampel se solda par un désastre. Les Français comprirent que la présence de Rabah compromettait leurs projets. Ils envoyèrent trois missions chargées d'éliminer l'importun, sous le prétexte de lutter contre la traite esclavagiste : la mission Foureau-Lamy, partie de l'Algérie ; la mission Voulet-Chanoine, venue de l'ouest du Niger actuel et poursuivie par Joalland ; la mission Gentil, depuis le Congo. Les trois missions se retrouvèrent sur le lac Tchad et attaquèrent Rabah en 1899. Elles le vainquirent à Kousseri en 1900 : Rabah trouva la mort et son empire se désagrégea. La résistance des peuples du Tchad se poursuivit avec les Senoussi : la « pacification » ne s'acheva qu'en 1917.

La colonisation. Le décret de 1900 créa un « Territoire militaire des pays et protectorats du Tchad », intégré à la colonie de l'Oubangui-Chari. En 1920, le Tchad devint une colonie autonome, dotée d'une administration civile. En 1923, la frontière soudano-tchadienne fut déterminée avec précision. En 1929, le Tchad intégra le Tibesti. En 1936, un accord entre la France et l'Italie fasciste prévit la cession de la bande d'Aozou (au nord du pays) à la Libye italienne ; il ne fut pas appliqué. Les Français investirent peu dans la colonie du Tchad. Ils instaurèrent la culture obligatoire du coton dans le Sud et, surtout, utilisèrent les Tchadiens pour construire le chemin de fer Congo-Océan. Le travail forcé provoqua de nombreuses révoltes.

Pendant la Seconde Guerre mondiale, le Tchad, dirigé par le gouverneur Félix Éboué, fut la première colonie française à se rallier au général de Gaulle, en août 1940. Félix Éboué obtint le poste de gouverneur général de l'AEF. Le Tchad servit de base aux opérations du général Leclerc en 1941 et 1943. Sa position stratégique amena l'édification d'infrastructures : un aéroport et un réseau routier destinés aux déplacements des troupes.

Après la guerre, les Tchadiens participèrent pour la première fois à des élections en désignant leurs représentants aux Assemblées constituantes (1945-1946) puis à l'Assemblée nationale française (1946). La lutte en faveur de l'indépendance eut un aspect politique, sous l'égide de Gabriel Lisette, fondateur du *Parti progressiste tchadien* (PPT), section du RDA, en 1946, puis sous celle de François Tombalbaye. Les désaccords entre les deux hommes, les antagonismes religieux et régionaux, accentués par la colonisation, déchirèrent le pays. Les Tchadiens approuvèrent à 98 % le projet de Communauté française lors du référendum de 1958. Le 11 août 1960, le Tchad accéda à l'indépendance.

Le Tchad contemporain. Après avoir contraint Gabriel Lisette à l'exil, François Tombalbaye, devenu chef de l'État, mit en place une puissante dictature, le PPT devenant parti unique (1962). En 1963, Tombalbaye réprima durement la révolte des musulmans du Nord, principales victimes de sa politique. L'insurrection armée débuta en 1965. À partir de 1968, Tombalbaye s'appuya sur l'aide militaire française et profita des divisions des rebelles tchadiens (notamment entre les partisans de Goukouni Oueddei et ceux de Hissène Habré). En 1972, il demanda l'appui du colonel Kadhafi et lui promit la bande d'Aozou en échange. Kadhafi ne tint pas ses engagements mais occupa le territoire promis, riche en uranium et en manganèse. En 1973, Tombalbaye tenta de restaurer l'unité du Tchad en prônant la *tchaditude*. Un coup d'État militaire le renversa et le tua en 1975. Le général Malloum lui succéda et renforça la dictature. Les rebelles lancèrent une offensive en 1977. Le conflit s'internationalisa avec l'intervention militaire de la France et les médiations de paix de la Libye et du Nigeria. La constitution d'un gouvernement d'union nationale (1979) se révéla un échec et le conflit dégénéra en guerre civile entre Goukouni Oueddei et Hissène Habré. En 1982, les forces d'Hissène Habré investirent N'Djamena. Habré devint président. Il reçut l'appui de la France pour reconquérir le Nord, mais il dut affronter seul les interventions libyennes. En 1990, l'opposition armée dirigée par Idriss Déby, proche de Tripoli, lança une vaste attaque contre le régime et prit le pouvoir. Une Conférence de réconciliation nationale (1993) décida la démocratisation et le multipartisme, mais Déby retarda les élections. En 1994, la Cour internationale de Justice déclara tchadienne la bande d'Aozou. En 1996, Déby organisa enfin l'élection présidentielle et la remporta.

Art rupestre.

CULTURE

Art. Le Tchad possède un patrimoine archéologique riche et varié. Les massifs du Tibesti et de l'Ennedi, au nord du pays, sont les hauts lieux de l'art rupestre; les peintures les plus anciennes remontent au paléolithique. Sur les sites néolithiques on a trouvé des pièces de bronze, des pendentifs ornés de motifs animaliers, des bracelets ajourés. Des enceintes de briques au Bornou et au Kanem datent du XIVe et du XVIIIe siècle. Pour les périodes plus récentes, les Sao* ont laissé des figurines anthropomorphes en terre cuite au style très dépouillé.

Littérature. Le recueil de contes *Au Tchad sous les étoiles* (1962) et le récit autobiographique *Un enfant du Tchad* (1967) de Joseph Brahim Seid* sont des classiques. Baba Moustapha* (mort à 30 ans en 1982) laisse plusieurs pièces : *le Commandant Chaka* (posth., 1983) dénonce les dictatures militaires. Maoundoé Nayndouba* est l'auteur de nouvelles et d'une pièce, *l'Étudiant de Soweto* (1978). La nouvelle *la Descente aux enfers* (1982) de Noël Nétonon Ndjekery* décrit les horreurs de la guerre civile. Le récit d'Antoine Bangui*, *Prisonnier de Tombalbaye* (1980), relate les années d'emprisonnement de cet ancien collaborateur du président.

Musique. La musique traditionnelle occupe toujours une place importante. Dans l'Ouest, musulman, un style particulier s'est développé : il mêle au chant les instruments à vent (flûtes aigrelettes ou trompes allongées à son unique). Dans le Sud, les Sara utilisent tambours, sifflets, koundou ou balafon, harpes. Une musique sahélienne, alliant instruments traditionnels et instruments électriques, connaît un succès grandissant avec les groupes pop *African Melody* et *International Challal.*

République du Togo

État du golfe de Guinée limité à l'ouest par le Ghana, au nord par le Burkina Faso, à l'est par le Bénin, au sud par l'océan Atlantique.

Superficie : 56 785 km^2.

Population : 3 800 000 hab. (1993). (*Togolais*)
Croissance annuelle : 3,2% (1990-1995).

Capitale : Lomé, 600 000 hab. (1992).

Produit national brut : environ 1,5 milliard de dollars (1995).

P.N.B./hab. : 350 dollars (1995).

Monnaie : franc CFA.

Fêtes nationales : 13 janvier et 27 avril.

© B. Nantet

Récolte du maïs.

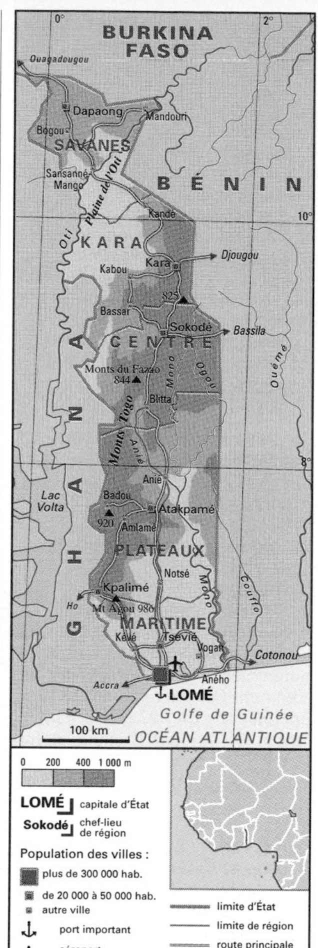

GÉOGRAPHIE PHYSIQUE

Relief. Le Togo est une étroite bande de terre (90 km) qui s'étire sur près de 700 km du golfe du Bénin vers la boucle du Niger dans le Sahel. La côte est sablonneuse et lagunaire. Les plaines au sud et au nord sont séparées par des plateaux de faible altitude. À l'ouest se dressent les monts Togo. L'extrême nord du pays est montagneux.

Climat. Le littoral a un climat subéquatorial à quatre saisons, peu pluvieux. Au nord, le climat est sec et tropical.

Végétation. La côte abrite des cocoteraies. L'intérieur est le domaine de la forêt claire, et le Nord celui de la savane. À l'ouest, on trouve la forêt, des plantations de cacao et de café, et la zone de cueillette de la noix de cola.

GÉOGRAPHIE HUMAINE

Langues. La langue officielle est le français. Les langues nationales sont l'éwé et le kabiyè. La quarantaine de langues parlées relèvent presque toutes de la famille nigéro-congolaise ; elles appartiennent soit au groupe kwa (comme l'éwé), soit au groupe gur (comme le kabiyè).

Religions. Les adeptes des religions traditionnelles (50%) sont plus nombreux que les catholiques (26%), les musulmans (15%) et les protestants (9%).

Ethnies. Une quarantaine d'ethnies peuplent le Togo. Dans le Sud vivent les ethnies du groupe kwa, notamment les Éwé (22%) et les Waci (10%). Dans le Centre et dans le Nord, moins peuplés, vivent des ethnies du groupe gur, notamment les Kabiyè (13%).

Population. La population se caractérise par sa grande jeunesse (45,3% ont moins de 15 ans et 71,3% moins de 30 ans) et son inégale répartition : le Sud est beaucoup plus peuplé que le Nord. En outre, l'urbanisation demeure faible : plus de 70 % de la population est rurale.

Villes. La capitale Lomé compte 600 000 hab. Les autres grandes villes sont Sokodé (51 000 hab.), Kara (30 000 hab.), Kpalimé (30 000 hab.).

INSTITUTIONS

Le Togo est une république de type présidentiel où l'ouverture au pluralisme se révèle difficile. Une nouvelle Constitution a été adoptée en 1992 par référendum.

ÉCONOMIE

Conjoncture. Le Togo a connu une période difficile de 1990 à 1993. Après un recul important du PNB (400 dollars par habitant en 1991, 250 dollars en 1994), un taux d'inflation de 50% et un dangereux développement du secteur informel, l'année 1994 a marqué un renouveau : le climat politique et social s'est amélioré, l'aide du FMI et de la France a repris, l'équilibre budgétaire a été réalisé en 1994-1995.

Agriculture. La balance agricole est aujourd'hui excédentaire. Les principales productions sont le maïs (15% des terres cultivées), le millet (8%) et les haricots secs (8%). Les cultures d'exportation sont le café (1% du PNB), le cacao et le coton.

© M. Renaudeau / HOA QUI

Lomé.

© C. Sappa / RAPHO

Lomé : le port de commerce.

L'Allemagne entra dans une compétition serrée avec la France. En décembre 1885, pendant la Conférence de Berlin, elle reçut des Français Petit Popo en échange de la reconnaissance de leurs droits sur les Rivières du Sud (Guinée). Les deux puissances entamèrent alors une course vers l'arrière-pays et, en 1887 puis en 1909, délimitèrent les frontières entre leurs colonies du Dahomey et du Togo. L'installation allemande se heurta à une résistance intense de la part des Africains. Des accords furent signés avec certains royaumes. En revanche, la révolte des Kabiyé (1890) puis celle des Konkomba (1897-1898) furent matées brutalement.

L'élevage (320 000 bovins) et les coupes de bois (1 234 000 m³) sont peu importants.

Mines et industrie. Le secteur secondaire a chuté de 50%. La production de phosphate a presque diminué de moitié entre 1989 et 1993 ; en 1994 et 1995, la reprise a été notable. Les ressources hydroélectriques du Togo, en partie exploitées, sont promises à un bon avenir.

Échanges extérieurs. Les importations en provenance du Nigeria (essence et cotonnades notamment) envahissent le marché car elles sont moins chères du fait de la faiblesse de la devise nigériane. Les exportations (250 millions de dollars en 1993) sont inférieures aux importations (385 millions de dollars).

Transports. Le Togo dispose d'un réseau routier de 7 545 km (1 600 km bitumés) et d'un réseau ferroviaire de 525 km. Le principal port et aéroport est Lomé.

ÉDUCATION ET SANTÉ

Éducation. 41% des personnes âgées de 15 ans et plus étaient alphabétisées en 1990.

Santé. Il y avait, en 1985, 1 médecin pour 12 992 hab. et 1 lit d'hôpital pour 752 hab.

HISTOIRE

L'histoire ancienne. Depuis le Ier millénaire, le Togo a été parcouru par des vagues de migrations successives, qui ont donné au pays sa configuration ethnique actuelle. On dispose de peu de sources concernant l'histoire ancienne du Togo. On sait cependant que des royaumes, comme l'Atakpamé et le Notsé, existaient avant l'arrivée des Européens. Mais l'histoire politique du Togo fut essentiellement marquée, à

© A. Lepage

Extraction de phosphates.

partir du XVIIe siècle, par l'essor et l'hégémonie du royaume du Dahomey (également appelé royaume d'Abomey, du nom de sa capitale) à l'est, et du royaume ashanti à l'ouest. Au XVe siècle, les Portugais puis les Danois atteignirent la côte togolaise. À partir du XVIe siècle, ils pratiquèrent un commerce actif, malgré la barre qui ne favorisait guère l'établissement des comptoirs. La traite négrière se développa à partir du XVIIe siècle, autour du comptoir de Petit Popo. Au XVIIIe siècle, de nombreux « Brésiliens », anciens esclaves libérés ou Portugais installés au Togo, participèrent aux échanges côtiers. Certains comme Francisco de Souza, futur *chacha* du Dahomey, firent fortune dans le commerce du tabac, du rhum, des tissus et la traite des esclaves. Au XIXe siècle, l'essor des produits « licites », en particulier l'huile de palme, entraîna la nécessaire reconversion des traitants européens et « brésiliens ».

La colonisation allemande. Longtemps indifférent à la question coloniale, le chancelier allemand Bismarck s'y intéressa vivement à partir de 1883. Il imposa alors son protectorat sur quatre régions, dont le Togo, visité par l'explorateur Nachtigal. L'Allemagne encouragea ses ressortissants à s'installer dans la colonie, leur offrant des concessions à des conditions très avantageuses. Elle fit également construire les infrastructures nécessaires à l'exploitation du Togo : des lignes de chemin de fer et surtout la puissante station radio de Kamina qui reliait directement le pays à Berlin. Enfin, elle recourut massivement au travail forcé. Les résultats firent du Togo la *Musterkolonie* (la colonie modèle) de l'Empire allemand.

En 1914, au moment où la Première Guerre mondiale éclata, le gouverneur von Doering avait conscience de la faiblesse militaire du Togo, encerclé par les possessions britanniques et françaises. Il tenta d'obtenir de ses homologues en Gold Coast et au Dahomey la neutralité du Togo. Devant leur refus, il dut se résoudre à combattre. En trois semaines, le Togo fut envahi. Après une résistance acharnée autour de Kamina, les Allemands se rendirent, le 25 août 1914, non sans avoir détruit la station de radio. Les Français et les Britanniques se partagèrent le territoire, décision qui fut confirmée après la guerre : le Togo devint alors un mandat « B » de la Société des Nations.

La colonisation française. Craignant que les populations du Togo ne manifestent après coup leurs sentiments loyalistes à l'égard des Allemands, les Français s'attachèrent à effacer toute trace de la colonisation allemande. Ils interdirent l'usage de la langue allemande, notamment aux missionnaires alsaciens et lorrains, laminèrent peu à peu l'intelligentsia germanophone et appliquèrent un régime colonial plus souple.
Au lendemain de la Seconde Guerre mondiale, les Nations unies reprirent à leur compte le mandat de la SDN sur le Togo et désignèrent un conseil de tutelle chargé de contrôler l'administration française. Les partis politiques togolais travaillèrent activement à l'évolution du statut du pays mais se divisèrent en deux camps, opposés dans leurs objectifs : le *Comité de l'unité togolaise* (CUT), dirigé par Sylvanus Olympio, était partisan d'un État réunifié et autonome alors que le *Parti togolais du progrès* (PTP), qui devint le *Mouvement populaire togolais* (MPT), dirigé par Nicolas Grunitzky, demandait l'abolition de la tutelle et réclamait une association plus étroite avec la France.

© C. Sappa / RAPHO

Lomé : marché aux tissus.

L'action des nationalistes et la pression de l'ONU contraignirent la France à accélérer le processus d'évolution. Le 16 avril 1955, elle élargit les pouvoirs de l'Assemblée territoriale et accorda au Togo le droit de constituer un conseil de gouvernement. Nicolas Grunitzky devint Premier ministre en 1956. Parallèlement, un référendum fut organisé dans le Togo britannique en mai 1956, qui approuva - hormis dans les zones éwé - son rattachement à la Gold Coast, promise à une indépendance rapide (qui fut effective le 6 mars 1957 : V. Ghana).
Les partisans de Nicolas Grunitzky gagnèrent du terrain lorsque, le 1er sept. 1956, après une consultation référendaire, la France proclama la République autonome du Togo, associée à la France : le Togo obtenait ainsi le droit d'envoyer des députés à l'Assemblée nationale à Paris.

Le 27 avril 1958, les élections législatives, contrôlées par l'ONU, aboutirent à un revirement de la situation : le CUT remporta le scrutin et Sylvanus Olympio devint président. Le 27 avril 1960, le Togo accéda à l'indépendance.

Le Togo contemporain. Au début des années 1960, Sylvanus Olympio mit en place un régime présidentiel autoritaire qui suscita le mécontentement populaire. En janv. 1963, il fut renversé et tué lors d'un coup d'État militaire dirigé par Étienne Gnassingbé Eyadéma, qui ramena Nicolas Grunitzky au pouvoir. Celui-ci ne parvint pas à assurer au pays un régime stable et démocratique. En janv. 1967, l'armée prit le pouvoir : Eyadéma devint chef de l'État et constitua un gouvernement. Dans les années qui suivirent, le RPT, *Rassemblement du peuple togolais,* devint le parti unique. Le président Eyadéma fit échouer deux coups d'État, en 1970 et en 1977. Dans les années 1980, le régime amorça une ouverture avec la tenue d'élections à candidatures multiples. Au début des années 1990, les pressions intérieure et extérieure en faveur de la démocratie amenèrent le président Eyadéma à légaliser le multipartisme et à accepter la tenue d'une conférence nationale, le « Forum du dialogue ». Celle-ci mit en place des organes de transition, fit adopter par référendum une nouvelle Constitution et prépara des élections pluralistes. L'opposition boycotta le scrutin de 1993 et Eyadéma fut réélu. Il perdit la majorité au Parlement en 1994 (et nomma Premier ministre un opposant, Edem Kodjo) mais il la reconquit en 1996.

CULTURE

Art. La statuaire éwé se caractérise par ses fameuses statuettes qui illustrent le culte des jumeaux, les *ibéji.*

Ibéji.

© B. Nantet

Les cimiers, en même temps trophées de chasse, remplacent les masques. Les sculpteurs sur bois de Kloto sont réputés pour leurs « chaînes de mariage » : deux personnages sont reliés par des anneaux tirés d'une seule pièce de bois. La poterie est l'œuvre des femmes. Les potières sans tour de Bassar, Kouvé, Dapaong façonnent des jarres, des bols et des pots. Les calebasses sont décorées par gravure au poinçon ou au moyen de lames de couteaux aiguisées sur la pierre et chauffées dans la braise. Les batiks du centre artisanal de Kloto sont stylisés et colorés; ils représentent des scènes de la vie quotidienne. Les pagnes de cérémonie des tisserands d'Assahoun sont renommés. Le plasticien Paul Ahyi est, aujourd'hui, internationalement reconnu. Il pratique la « zota », sorte de pyrogravure. Ses réalisations monumentales ornent Lomé.

Littérature. En 1949, le Ghanéen Sam Obianim* a donné en éwé des romans (*Agbezuge,* 1949). Si l'on excepte les romans populaires du Béninois Félix Couchoro* (*l'Esclave,* 1929), qui vécut au Togo, David Ananou* fonde en 1955 la littérature francophone togolaise avec *le Fils du fétiche.* En 1958, Paul Akakpo Typamm publie des *Poèmes et contes de l'Afrique* anticolonialistes. La figure dominante est bientôt Yves-Emmanuel Dogbé*, auteur de nombreux recueils poétiques (*Affres,* 1966) et, plus encore, d'essais didactiques ; en 1980 il a publié un roman, *l'Incarcéré.* Romancier (*l'Abomination de la désolation,* 1981), Julien Atsou Guenou exprime son expérience de handicapé dans *le Bonheur à l'arraché* (1983). La romancière Akou Tchotcho Ekué utilise le genre policier (*le Crime de la rue des Notables,* 1989) pour peindre avec noirceur le régime. La poésie est vivace : Ayité Manko (*Maturité,* 1983), Hilla-Laobé Amela (*Odes lyriques,* 1983), Cossy Guenou (*les Maisons les Nuages,* 1983).

Théâtre. Senouvo Agbota Zinsou renouvelle le théâtre avec sa pièce *On joue la comédie* (1972). Il a animé plusieurs troupes, dont celle de l'université de Lomé, les Étoiles noires. Signalons aussi les pièces montées par le Happy Star Concert Band de Lomé. La génération suivante est représentée par Kangui Alemdjrodo (*Chemin de croix,* 1990 ; *Nuit de cristal,* 1994).

Musique. Révélée à l'occasion des fêtes de l'indépendance dans les années 60, la chanteuse Bella* Bellow, morte accidentellement à 27 ans, fut une pionnière de la musique urbaine africaine.

République de Tunisie

État du Maghreb limité à l'ouest par l'Algérie, au sud-est par la Libye, au nord et à l'est par la mer Méditerranée.

Superficie : 164 530 km².

Population : 8 500 000 hab. (1993). (*Tunisiens*)
Croissance annuelle : 2,1% (1990-1995).

Capitale : Tunis, 1 700 000 hab. (1990).

Produit national brut : 17,8 milliards de dollars (1995).

P.N.B./hab. : 2 000 dollars (1995).

Monnaie : dinar.

Fête nationale : 20 mars.

GÉOGRAPHIE PHYSIQUE

Relief. La Tunisie littorale, de l'est de Bizerte au Sahel de Sfax, est une région de plaines et de collines. La Tunisie intérieure oppose des montagnes moyennes (situées au nord de la Dorsale tunisienne) aux plaines et plateaux du Sud. Au-delà de la dépression présaharienne ponctuée de chotts commence la Tunisie désertique qui occupe 55% de la surface du pays.

Climat. Les régions situées au nord de la Dorsale ont un climat méditerranéen assez humide (plus de 400 mm de pluies par an). Dès qu'on franchit la Dorsale, la sécheresse s'accentue et le climat devient, au sud, subdésertique.

Végétation. Les forêts du Nord sont constituées de chênes-lièges, de chênes kermès et de pins d'Alep. Vers le sud, au fur et à mesure que se fait sentir l'influence aride, les peuplements de pins d'Alep s'accrochent aux versants septentrionaux des îlots montagneux. Passé la Dorsale, la steppe à alfa s'impose à côté des plantations d'oliviers. Aux alentours des chotts - à l'exception des oasis - se développent des steppes herbeuses. Ailleurs, les secteurs ensablés présentent les plantes psammophytes habituelles.

0 100 200 500 1 000 m
chott
TUNIS capitale d'État
Sfax chef-lieu de gouvernorat
Population des villes :
plus de 500 000 hab.
de 100 000 à 500 000 hab.
de 50 000 à 100 000 hab.
de 20 000 à 50 000 hab.
moins de 20 000 hab.
limite d'État
autoroute
route principale
route secondaire
piste importante
voie ferrée
port important
aéroport important
site du "patrimoine mondial" UNESCO

GÉOGRAPHIE HUMAINE

Langues. La langue officielle est l'arabe. Le français demeure une langue véhiculaire.

Religions. La quasi-totalité de la population est composée de musulmans sunnites (99,4%). Les chrétiens sont 0,3% et les juifs 0,1%.

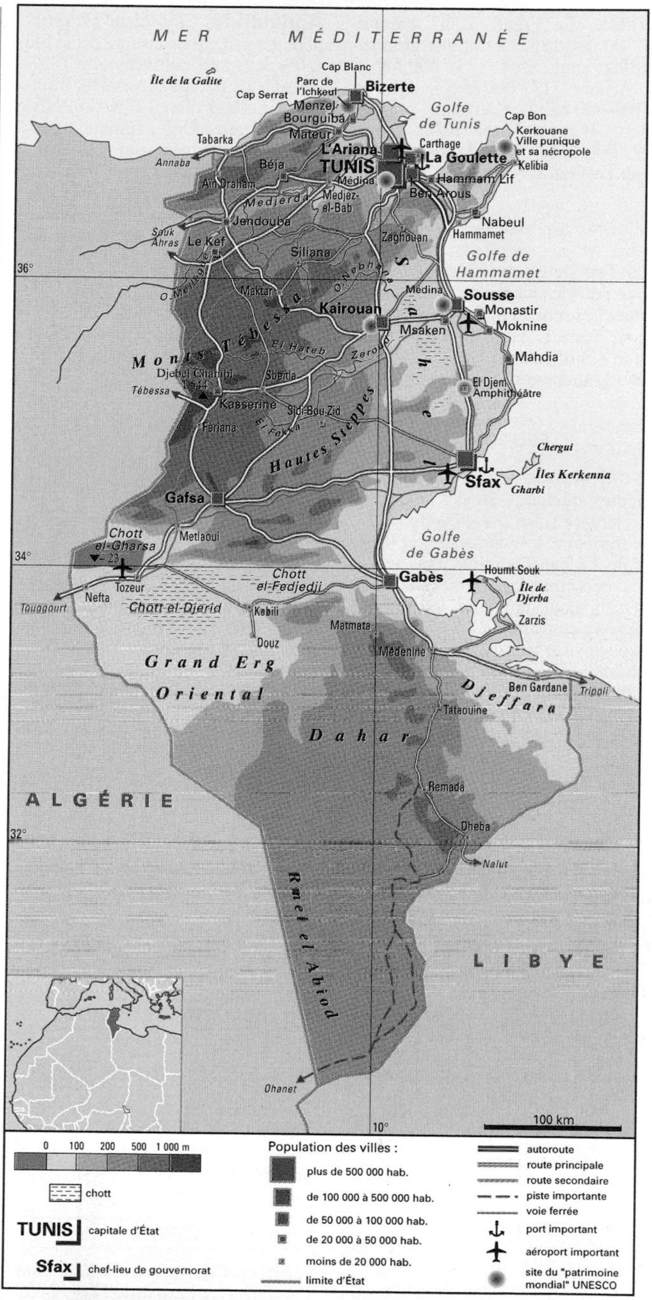

Population. Les Tunisiens sont arabes (98,2%), à l'exception de la minorité berbère (1,2%). L'accroissement de la population se ralentit à cause d'une légère baisse de la natalité. La population est très jeune (37% a moins de 15 ans) et en majorité urbaine (68%).

La zaouia de Sidi Sahab (dite mosquée du Barbier).

Villes. Le grand Tunis compte 1 700 000 hab. Les autres grandes villes sont Sfax (231 000 hab.), L'Ariana (137 000 hab.), Sousse (104 000 hab.), Kairouan (96 000 hab.), Bizerte (95 000 hab.), Gabès (92 000 hab.), Ben Arous (73 000 hab.) et Gafsa (61 000 hab.).

INSTITUTIONS

La Tunisie est une république de type présidentiel et pluraliste. Le président est élu au suffrage universel pour 5 ans. L'Assemblée nationale, élue simultanément, est composée de 141 membres.

ÉCONOMIE

Conjoncture. Le pays enregistre depuis quelques années une forte croissance grâce à ses trois richesses : le tourisme, les phosphates et le pétrole. La Tunisie a suivi avec succès les recommandations du FMI. L'inflation étant maîtrisée, le dinar est devenu convertible. Une seule ombre subsiste au tableau : un taux de chômage élevé. En 1995, l'accord économique entre la Tunisie et l'Union européenne a constitué le premier du genre en Afrique.

© C. Sappa / RAPHO

Quai des phosphates au port de Sfax.

© G. Roli / COSMOS

Zone industrielle du port de Sfax.

Agriculture. Ce secteur est prospère. La principale culture est le blé (20% des terres cultivées). La Tunisie est le deuxième exportateur mondial d'huile d'olive (27% du PNB) après l'Italie. Orge, tomates, pastèques et agrumes sont les autres produits récoltés sur le sol tunisien. L'élevage se pratique de manière extensive (7 millions d'ovins). La pêche est une activité secondaire. La forêt est exploitée.

Mines et industrie. La Tunisie est le 6e producteur mondial de phosphates avec une production en légère augmentation chaque année. La production de pétrole est régulière (environ 5 millions de t par an) et bénéficiera du champ pétrolier inauguré en décembre 1994. La production de gaz naturel est faible (0,4 milliard de m^3 pour des réserves de 88 milliards de m^3). L'industrie a progressé durant la décennie 70, dans les secteurs textile, alimentaire et pétrochimique.

Tourisme. L'augmentation des capacités d'hébergement devrait se poursuivre. La recette annuelle constitue 9% du PNB.

Échanges extérieurs. Les exportations (4,4 milliards de dollars en 1993) sont inférieures aux importations (7,3 milliards de dollars).

Transports. La Tunisie dispose d'un réseau routier de 29 180 km (17 500 km bitumés) et d'un réseau ferroviaire de 2 162 km. Les principaux aéroports sont Tunis-Carthage, Djerba, Monastir, Sfax. Les principaux ports sont Tunis (3 200 000 t), Sfax (3 650 000 t), Sousse, La Skhirra (port pétrolier), Bizerte.

ÉDUCATION ET SANTÉ

Éducation. 62,8% des personnes âgées de 15 ans et plus étaient alphabétisées en 1989.

Santé. Il y avait, en 1992, 1 médecin pour 1 500 hab. et 1 lit d'hôpital pour 500 hab.

HISTOIRE

L'Antiquité. La Tunisie entre dans l'histoire avec l'expansion des Phéniciens dans le bassin occidental de la Méditerranée, de part et d'autre du détroit de Gibraltar, tout particulièrement avec la fondation de Carthage par des Tyriens en 814 av. J.-C. Contrôlant rapidement le nord-est du pays, cette colonie renforce son autorité sur les comptoirs phéniciens de la côte d'Afrique au cours du Ve siècle av. J.-C. Alors elle entreprend de plus lointaines reconnaissances au

© J. Chatelin / REA

Moulin à huile d'olive.

nord, attirée par le commerce de l'étain, et vers le sud, pour bénéficier du commerce de l'or avec le Soudan. Au début du IIIe siècle av. J.-C., elle s'affirme comme une puissance maritime et commerciale capable de concurrencer Rome. Rivales pour la maîtrise de la Méditerranée occidentale, les deux puissances entrent en conflit. La possession de la Sicile est au centre des enjeux qui vont opposer à trois reprises les deux cités à partir de 264 av. J.-C. La victoire d'Hannibal à Cannes en 216 av. J.-C. donne un avantage à Carthage à l'issue de la deuxième guerre punique. Mais Rome écrase définitivement Carthage en 146 av. J.-C. et s'installe sur ses dépouilles. Partie intégrante de la République puis de l'Empire, la Tunisie antique est le siège pendant six siècles d'une brillante civilisation romano-africaine. Au IIe siècle le christianisme y fait souche. La province voit naître de prestigieux hommes d'Église en saint Cyprien (IIIe siècle) et saint Augustin (IVe siècle). En 429, menés par Geiséric, les Vandales franchissent le détroit de Gibraltar et, dix ans plus tard, se rendent maîtres de Carthage, où ils s'installent pour près d'un siècle. En 533, les Byzantins, héritiers de Rome, récupèrent le pays. Par leurs incessantes querelles, mais aussi par leurs arguties religieuses, ils finissent par irriter les Berbères restés fidèles à Rome. En 647, la première vague arabe emporte Sufetula (Sbeïtla); d'autres expéditions suivent et Carthage est détruite en 698. Depuis 670, la Tunisie, devenue l'Ifriqiyya, dispose d'une nouvelle capitale : Kairouan.

L'arabisation. Après avoir résisté, les Berbères se convertissent à la religion de leurs nouveaux conquérants. Toutefois, ceux qui refusent l'assimilation rejettent le rituel dominant et adhèrent au kharidjisme. Cette hérésie, née en Orient, proclame l'égalité de tous les musulmans, sans distinction de races ni de classes. En 745, les kharidjites berbères s'emparent de Kairouan. Province omeyyade jusqu'en 750, abasside jusqu'en 800, aghlabide jusqu'en 909, l'Ifriqiyya tombe ensuite entre les mains des chiites fatimides (909-973). Quand ces derniers partent pour l'Égypte, la Tunisie échoit au Berbère Bulukkin ibn Ziri. Au milieu du XIe siècle, lorsque les Zirides rompent avec le chiisme, les Fatimides, pour se venger, lâchent sur le pays les Hilaliens. Fragilisée, l'Ifriqiyya sombre alors dans un long désordre. Elle ne retrouvera sa stabilité et la prospérité que sous les Hafsides (1236).

Les Ottomans. À la fin du XVIe siècle, les Ottomans, qui portent le plus grand intérêt à la Méditerranée occidentale, font de la Tunisie une de leurs provinces, après que Tunis eut été prise par les Espagnols (1535). Au bout de quelques années d'administration turque, le pays est gouverné par un bey (1590), puis par une dynastie beylicale fondée par Murad Ier (1612-1631). Sous les Muradides, puis lors des premières décennies de règne de leurs successeurs, les Husaynides (1705-1957), le pays connaît un incontestable essor économique. Mais au XVIIIe siècle, le détournement vers l'Atlantique d'une grande partie du trafic commercial ainsi que la mauvaise gestion beylicale entraînent l'asphyxie financière d'une régence convoitée par les Européens. En 1881, prétextant une incursion khroumire en Algérie, Jules Ferry décide une expédition punitive qui débouche sur le traité du Bardo (12 mai 1881).

Vestiges de la cité romaine de Bulla Regia.

© G. Roll / COSMOS

Le protectorat français. Devenu résident général en 1885, Paul Cambon place aux côtés du bey et de son Premier ministre un secrétaire général chargé de contrôler leurs décisions et remplace les ministres tunisiens par des directeurs techniques français. Après une période d'administration militaire (1883-1884), des contrôleurs civils venus d'Algérie se substituent aux caïds locaux. Le développement économique a pour conséquence la formation d'une bourgeoisie réformiste et la montée du nationalisme. En 1907, Ali Bach Hamba et Hedi Sfar créent le groupe des *Jeunes Tunisiens* qui, à la suite des émeutes du 7 nov. 1911, fait l'objet d'une très dure répression. Cette formation réapparaît après 1918. La création, en 1920, du Destour* relance le mouvement nationaliste. Le mouvement est touché par l'arrestation et l'exil, en 1925, des leaders de la *Confédération générale des travailleurs tunisiens* (CGTT). Une dynamique nouvelle résulte de l'orientation spécifiquement tunisienne, libérale et laïque donnée, en 1933, au Destour par Habib Bourguiba. En 1934, la rupture se produit avec le Vieux Destour. Les chefs du Néo-Destour sont déportés dans le Sud, puis libérés, en 1936, par le gouvernement Léon Blum qui ouvre des négociations interrompues par la chute du ministère en juin 1937. Des incidents sanglants se produisent, en juillet 1937, et provoquent à nouveau l'arrestation des chefs du Néo-Destour et la proclamation, en 1938, de l'état de siège.

La marche vers l'indépendance. Pour avoir tenté de canaliser à son profit les idées nationalistes, Moncef bey est déposé après la campagne de Tunisie qui met fin à l'occupation allemande du pays de nov. 1942 à mai 1943. Il est remplacé par Lamine bey. En 1947, Habib Bourguiba participe à la création du *Comité de libération du Maghreb* au Caire et favorise en 1948 la constitution de *l'Union générale des travailleurs tunisiens* (UGTT). En août 1950, le bey forme un gouvernement auquel participe le secrétaire général du Néo-Destour. Les nationalistes s'élèvent contre l'affirmation, le 15 déc. 1951, par le gouvernement français « du caractère définitif du lien qui réunit la Tunisie à la France ». Habib Bourguiba est une nouvelle fois arrêté en janv. 1952. Les nationalistes ont recours à la lutte armée. Dans un discours prononcé à Carthage, le 31 juil. 1954, Pierre Mendès France s'engage à accorder l'autonomie interne qui fait l'objet des conventions signées, le 3 juin 1955, avec le gouvernement Tahar ben Ammar.

La Tunisie indépendante. La Tunisie accède, le 20 mars 1956, à l'indépendance. Le Néo-Destour obtient, aux élections d'avril 1956, 95% des suffrages. Devenu chef du gouvernement, Habib Bourguiba brise l'opposition de Salah ben Youssef en 1956-1957, écarte Lamine bey et proclame, le 25 juil. 1957, la République dont il devient le premier président. Le régime se veut à la fois libéral et moderniste : il interdit la polygamie et prône l'égalité entre les hommes et les femmes. Les relations avec la France sont difficiles comme le révèle, en 1961, l'affaire de Bizerte qui est évacuée par la France en 1963. Une nouvelle série de nationalisations de terres de colons en 1964 provoque la suspension de l'aide financière. En sept. 1964, le dinar est fortement dévalué. Réélu président le 8 nov., Habib Bourguiba est critiqué par les pays arabes pour ses positions modérées envers Israël. Les relations diplomatiques avec l'Égypte sont rompues en oct. 1967, puis avec la Syrie en mai 1968. La détérioration des rapports entre le *Parti socialiste destourien* (PSD) et l'UGTT aboutit à l'arrestation et à la condamnation, en janv. 1966, d'Habib Achour, secrétaire général du syndicat. Le projet d'accélération de la réforme agraire provoque un mécontentement généralisé. En nov. 1969, le Premier ministre Ahmed Ben Salah est déchu et exclu du parti. Après la réélection de Bourguiba, le 2 nov. 1969, le Premier ministre Baghi Ladgham met fin à la réforme agraire, augmente les salaires des ouvriers et abaisse les prix. Habib Achour retrouve ses fonctions de secrétaire général de l'UGTT. À partir de 1970, la Tunisie se rapproche des pays arabes. En mai 1970, Ahmed Ben Salah est condamné à dix ans de travaux forcés. En juin, Hedi Nouira est nommé à la tête du gouvernement. Au congrès d'oct. 1971, les libéraux l'emportent mais sont écartés du bureau politique. Leur leader, le ministre de l'Intérieur Mestiri, est exclu en janv. 1972 du parti. En janv. 1974, Habib Bourguiba et le colonel Kadhafi décident de fusionner la Tunisie et la Libye. Le projet est annulé en mars et le ministre des Affaires étrangères Masmoudi est écarté du gouvernement. L'agitation étudiante quasi permanente est sévèrement réprimée en avril 1974. Le congrès du PSD abandonne, en sept., la ligne libérale. Élu président à vie du PSD, Habib Bourguiba fait exclure les opposants et adopter le système du parti unique. Réélu le 3 nov. 1974, il est élu, en mars 1975, chef de l'État à vie. Pour enrayer l'agitation sociale engendrée par la crise économique, le gouvernement, l'UGTT et le patronat signent, en janv. 1977, un pacte sans grands effets. L'UGTT déclenche, le 26 janv. 1978, une grève générale qui dégénère en une émeute, réprimée par l'armée. Les principaux responsables du syndicat sont arrêtés et Habib Achour est condamné à dix ans de travaux forcés, mais sera gracié en 1979 et assigné à résidence. En avril 1980, Mohammed M'Zali est nommé Premier ministre et secrétaire général du PSD. Les dirigeants de l'UGTT et les membres du *Mouvement d'unité populaire* (MUP) condamnés sont amnistiés (à l'exception de Ben Salah) en 1981. Bourguiba affirme, au congrès du PSD d'avril 1981, les droits des syndicats à l'autonomie et annonce une évolution vers le multipartisme. Le 1er nov., le Front national, constitué entre le PSD et l'UGTT, obtient la totalité des sièges et, le 8 nov., Mohammed M'Zali est confirmé dans ses fonctions.

© C. Sappa / RAPHO

Céramique à Sidi-Bou-Saïd.

Le multipartisme est instauré en nov. 1983. La hausse du prix des produits de première nécessité provoque, début 1984, de graves émeutes. Bourguiba annule les hausses pour restaurer le calme. En déc. 1984, Habib Achour redevient secrétaire général de l'UGTT. La répression s'abat en 1985 sur l'UGTT. En 1987, deux militants du *Mouvement de la tendance islamique* (MTI) sont condamnés à mort.

L'après-Bourguiba. Déclaré « médicalement empêché », le président Bourguiba est destitué, le 7 nov. 1987, et remplacé par le général Zein al-Abidin Ben Ali, nommé un mois plus tôt Premier ministre. Le PSD devient le *Rassemblement constitutionnel démocratique* (RCD). Il est doté de nouvelles structures et un processus de renouvellement des dirigeants est engagé. La Constitution abolit les dispositions relatives à la présidence de la République à vie et des mesures d'amnistie sélectives sont prises. Le 2 avril 1989, Ben Ali, candidat unique, est élu président de la République et le RCD obtient la quasi-totalité des sièges à l'Assemblée nationale.

Les années 1990. De graves incidents se produisent, le 8 mai 1991, sur le campus universitaire de Tunis : deux étudiants sont tués. Le 22 mai, un projet de complot de l'organisation islamiste Ennahda, visant à assassiner le président Ben Ali, est découvert. Cinq auteurs de l'attaque sanglante (17 fév.) contre un local du RCD en plein centre de Tunis sont exécutés le 9 oct. Plusieurs milliers d'islamistes sont arrêtés en 1991-1992. En juin 1992, la *Ligue tunisienne des droits de l'homme* (LTDH) est dissoute. 279 islamistes sont jugés au cours de deux procès, en juil.-août, pour le complot découvert en 1991 : les principaux dirigeants d' Ennahda, dont certains sont en fuite, sont condamnés à perpétuité. La libéralisation de l'économie et les efforts en faveur du développement économique se poursuivent. En 1994, Ben Ali est réélu. La modification du code électoral permet aux partis d'opposition de siéger à l'Assemblée, mais aux élections municipales de 1995 l'opposition n'obtient, dans le pays, que 6 sièges sur 4 090. Fidèle à ses engagements envers le peuple palestinien, la Tunisie a été une terre d'accueil pour les dirigeants de l'OLP de 1982 à 1993.

CULTURE

Art. La Tunisie conserve plusieurs monuments des premiers siècles de l'islam (mosquée Sidi Uqba de Kairouan, mosquées de Gafsa et de Sousse). L'art de la mosaïque, importé de Grèce et d'Orient, atteint son épanouissement aux époques romaine et byzantine. L'art puise dans un fonds traditionnel de techniques anciennes qu'illustrent remarquablement les musées et les monuments : tapisserie, calligraphie, orfèvrerie, poterie, céramique. L'artisanat se distingue par la diversité et la qualité de ses productions.

Littérature arabe. Depuis l'indépendance, elle s'est renouvelée. Al-Bachir Khrayyif (né en 1917), romancier réaliste, donne une place importante à la femme. Son contemporain Muhammad al-Arusi al-Matwi a une veine plus poétique (*les Mûres amères*). La génération suivante est illustrée par Izz al-Din al-Madani, contestataire et formaliste (*l'Homme zéro*). Le recueil de nouvelles de Samir al-Ayyadi, *le Vacarme du silence,* est plus formaliste encore. La poésie de al-Tahir al-Hammami, en arabe dialectal, replace le peuple au centre des préoccupations. Salah Garmadi (*Allahma al hayya,* « La chair vive », 1970) écrit aussi en français.

Littérature francophone. Des années 1920 aux années 1950, la communauté juive donne des œuvres en français ; l'écrivain le plus célèbre est Albert Memmi* (*la Statue de sel,* 1953). L'essor de la littérature tunisienne de langue française débute dans les années 70 : Mustapha Tlili (*la Rage aux tripes,* 1975) traite notamment de l'exil ; lui aussi romancier, Abdelwahab Meddeb (*Talismano,* 1979 ; *Phantasia,* 1986) tend à l'essai et au poème dans une prose complexe. Citons aussi : Fawzi Mellah (*le Conclave des pleureuses,* 1987), Anouar Attia (*De A jusqu'à T,* 1987). L'école poétique est abondante : Salah Garmadi, poète bilingue (*Nos ancêtres les Bédouins,* 1975), Hédi Bouraoui (*Vésuviade,* 1976), Moncef Ghacem (*Car vivre est un pays,* 1978), Majid El Houssi (*Iris Ifriqiyya,* 1981), Mohammed Aziza, dit Chems Nadir (*le Livre des célébrations,* 1983), Tahar Bekri (*le Chant du roi errant,* 1985), Hafedh Djedidi (*Intempéries,* 1988). Les femmes écrivains sont nombreuses: Souad Guellouz (*les Jardins du Nord,* 1982), Hélé Béji (*l'Œil du jour,* 1985), Emna Bel Haj Yahia (*Chronique frontalière,* 1991).

Théâtre. Le théâtre en arabe dialectal est représenté par les cinq pièces créées par le Nouveau Théâtre sous la direction de Fadl Dyaybi. Les dramaturges Hachemi Baccouche (*Baudruche*) et Fawzi Mellah (*Néron ou les Oiseaux de passage*) ont écrit des pièces provocatrices sur le colonialisme, le racisme, le paternalisme. La pièce *Messieurs… Je vous accuse,* de Mohammed Moncef Metoui (1982), est un réquisitoire contre l'influence européenne au Maghreb.

Cinéma. Tous les deux ans, Tunis accueille le festival international des « Journées cinématographiques de Carthage » créé en 1966. Depuis le premier long métrage d'Omar Khlifi, *l'Aube* (1967), le cinéma tunisien a abordé des genres très divers. *Les Ambassadeurs* (1973) de Naceur Ktari dénonce la condition des ouvriers émigrés en Europe. Aziza d'Abdellatif Ben Ammar livre une étude féministe des mutations de la société. Mahmoud Ben Mahmoud se penche sur l'affrontement de l'Orient et de l'Occident dans *Traversées.* Aly Mansour réalise une comédie, *Deux Larrons en folie,* record de recettes. Nacer Khemir renoue avec la tradition orale dans *les Baliseurs du désert* et *le Collier perdu de la colombe* (1991). *L'Homme de cendres* de Bouzid Nouri élargit la réflexion sur la société arabe. La réalisatrice Moufida Tlatli brise le silence entourant la vie des femmes (*les Silences du palais,* 1994).

République de Vanuatu

État de Mélanésie dans le Pacifique Sud, formé d'un archipel qui s'étire au nord-est de la Nouvelle-Calédonie.

Superficie : 14 763 km².

Population : 168 000 hab. (estimation 1995) (*Ni-Vanuatus*)
Croissance annuelle : 2,7 % (1995)

Capitale : Vila (ou Port-Vila), 19 400 hab. (1989).

Produit national brut : 198 millions de dollars (1993).

P.N.B./hab. : 1 178 dollars.

Monnaie : vatu.

Fête nationale : 30 juillet.

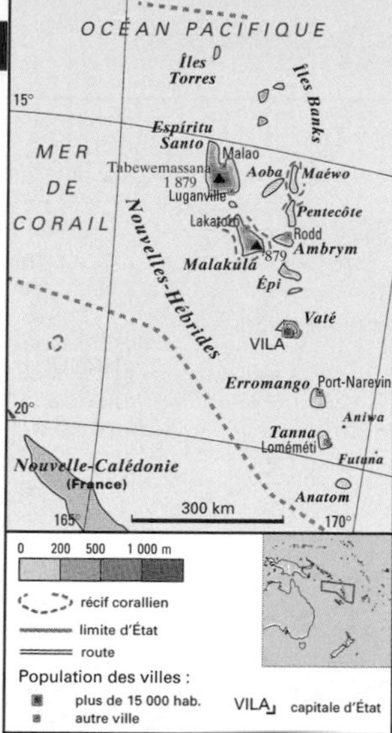

GÉOGRAPHIE PHYSIQUE

Relief. Une soixantaine d'îles volcaniques se succèdent du nord-ouest au sud-est sur 800 km. L'île principale, Espíritu Santo, a 4 860 km² ; Malakula, 2 053 km² ; Tanna, 1 628 km² ; Vaté, 923 km². L'altitude atteint 1 879 m (mont Tabewemassana) dans Espíritu Santo.

Climat. Subtropical, le climat est caractérisé par une chaleur constante (26 °C) et de fortes précipitations (entre 2 et 4 m par an).

GÉOGRAPHIE HUMAINE

Langues. Vanuatu a trois langues officielles : l'anglais (60 % de la population), le français (40 %) et le bislama*, pidgin anglais parlé conjointement avec une centaine de langues mélanésiennes.

Religions. Le protestantisme (58 %) l'emporte sur le catholicisme (14,5 %) et sur les religions traditionnelles (4,6 %).

Population. Le littoral est plus peuplé que l'intérieur. La densité générale est faible : 11,3 hab./km², bien que l'accroissement ait un taux élevé. Les Mélanésiens constituent 97,9 % de la population. On compte 1 % d'Européens, 0,4 % de Polynésiens venus d'autres archipels ; 0,7 % a d'autres origines.

ÉCONOMIE

Agriculture. Elle emploie 80 % de la population active. Le coprah constitue la principale ressource. Les cultures vivrières sont variées. L'élevage également : bovins, porcs, chèvres. La pêche est importante.

Industries. Elles sont rudimentaires. En 1993, le tourisme a rapporté 30 millions de dollars.

Échanges extérieurs. L'Australie est le principal fournisseur (38,7 %). Les exportations, qui se font vers l'Union européenne (32 %) et le Japon (29 %), ne couvrent pas le tiers des importations.

Transports. Sur 1 130 km de routes, 21 % sont asphaltés. Seule Vila a un aéroport.

ÉDUCATION ET SANTÉ

Éducation. 57 % des hommes et 47,8 % des femmes sont alphabétisés.

Santé. On compte 12 médecins et 374 lits d'hôpital.

INSTITUTIONS

L'Assemblée (46 représentants, élus pour 4 ans), les chefs locaux et les chefs des Églises élisent, pour 5 ans, le président de la République, qui nomme le Premier ministre.

HISTOIRE

Vers le condominium franco-britannique. En 1606, le navigateur portugais P. Fernandes de Gueirós découvre l'archipel. Après le Français Bougainville (1768), l'Anglais Cook (1774) le nomme Nouvelles-Hébrides. Au XIXᵉ siècle, les Anglais d'Australie et les Français de Nouvelle-Calédonie s'intéressent aux îles et entrent en rivalité. En 1878, la France et la Grande-Bretagne proclament la neutralité de l'archipel. En 1887, elles décident qu'une commission franco-britannique l'administrera. À la suite de la Convention de Londres (1906), elles établissent en 1911 un condominium (officiellement ratifié en 1923) : chaque pays a autorité sur ses ressortissants ; tous deux, conjointement, sur la population autochtone.

Anglophones et francophones. Après la Seconde Guerre mondiale, les Nouvelles-Hébrides bénéficient d'institutions (Conseil consultatif en 1957) qui mènent à l'autonomie en 1975. Dès lors, le désaccord entre les anglophones (majoritaires) et les francophones s'accroît, mais une trêve permet l'adoption d'un projet de Constitution (septembre 1979). En novembre 1979, remporte les élections le parti anglophone du pasteur W. Lini, qui devient Premier ministre ; les francophones des îles Espíritu Santo et Tanna tentent alors de faire sécession sous la conduite de l'anglophone Jimmy Steevens. Un contingent franco-britannique intervient et l'indépendance est proclamée le 30 juillet 1980 ; les Nouvelles-Hébrides deviennent le Vanuatu. L'anglophone Georges Ati Sokomanu est élu président de la République.

Une plage de l'île Espíritu Santo.

En 1983, le parti de Lini remporte les élections. En 1984, Sokomanu affronte Lini, démissionne et il est réélu. En 1987, Lini remporte à nouveau les élections. En janvier 1989, Sokomanu est déchu, puis emprisonné. L'anglophone Karlomnana Timakata est élu à son poste. En septembre 1991, Lini doit se retirer et il est remplacé par un anglophone, mais en décembre le parti francophone remporte les élections et le francophone Maxime Carlot Korman devient Premier ministre. En 1994, le francophone Jean-Marc Leyé est élu président de la République.

CULTURE

Art. Les Ni-Vanuatus sculptent des effigies d'ancêtres et des masques polychromes, des mannequins funéraires dits *rambaramd,* des tambours en bois monumentaux.

République socialiste du Viêt-nam

État de l'Asie du Sud-Est, limité au nord par la Chine, à l'ouest par le Laos et le Cambodge, bordé à l'est par la mer de Chine méridionale.

Superficie : 331 041 km².

Population : 74 545 000 hab. (estimation 1995). (*Vietnamiens*)
Croissance annuelle : 2,5 % (1993).

Capitale : Hanoi, 3 056 000 hab. (1993).

Produit national brut : 19,65 milliards de dollars (1995).

P.N.B./hab. : 260 dollars (1995).

Monnaie : dông.

Fête nationale : 2 septembre.

La baie d'Ha Long (Along).

GÉOGRAPHIE PHYSIQUE

Relief. Le Viêt-nam, qui s'étire sur près de 1 700 km du nord au sud, est bordé par un littoral de plus de 3 000 km ; les montagnes et les hauts plateaux couvrent plus de la moitié du territoire. Le Nord, le Bac Bô (ancien Tonkin), est constitué de montagnes aux roches anciennes (3 143 m au Fan Si Pan), qui encadrent la plaine deltaïque (15 000 km²) du fleuve Rouge (Sông Hông). Au centre, dans le Trung Bô (ancien Annam), la cordillère Annamitique (Truong Son, 2 598 m au Ngoc Linh), que prolongent de hauts plateaux, est bordée d'étroites plaines côtières. Au sud, dans le Nam Bô (ancienne Cochinchine), s'étend la plus vaste plaine du pays (67 000 km²), qui correspond au delta du Mékong.

Climat. Le climat tropical de mousson est nuancé par son extension en latitude. À Hanoi, dans le Nord, la température hivernale moyenne est de 17 °C, contre 26 °C à Hô Chi Minh-Ville dans le Sud. Les étés sont partout chauds et humides. Les pluies atteignent environ 2 000 mm ; elles proviennent principalement de la mousson du Sud-Ouest et connaissent un maximum d'août à novembre.

Végétation. Aux forêts mixtes du Nord s'opposent les forêts tropicales du Sud. Mais les forêts ne couvrent plus que 21 % du territoire, contre 44 % en 1943. En effet, au défrichement très important s'ajoutent les ravages causés par les défoliants (agent orange, entre autres), que les États-Unis ont déversés pendant la guerre. On estime que 20 000 km² de forêts et de terres cultivables sont ainsi irrécupérables.

Fleuves. Le fleuve Rouge est très dangereux en raison de ses fortes crues (le débit peut passer de 500 m³/s à 35 000 m³/s) et depuis deux mille ans les Vietnamiens tentent de le contrôler par un système élaboré de digues. Au sud, le delta du Mékong progresse vers le sud - sud-ouest.

GÉOGRAPHIE HUMAINE

Langues. La langue officielle est le vietnamien. Les minorités pratiquent leur langue : chinois, khmer, et différents parlers issus du miao-yao, du thaï, du môn-khmer, de langues austronésiennes.

Religions. Le bouddhisme réunit les plus nombreux pratiquants (65 %), suivi du taoïsme, du christianisme (8 à 10 % pour chacun) ; viennent ensuite des sectes bouddhistes (Hoa Hao), une religion syncrétique, le caodaïsme, et l'islam. Ces religions coexistent avec la tradition philosophique confucianiste et des croyances très anciennes ; le culte des ancêtres reste ainsi pratiqué par la majorité des Vietnamiens.

Population. La population est rurale à 80 %. Les Vietnamiens, majoritaires (87 %), se concentrent dans les deltas du Sud et du Nord, la plaine littorale et les agglomérations urbaines. Les nombreuses minorités (une cinquantaine) sont implantées dans les montagnes et les hauts plateaux. Citons : au nord, les Thaïs* (Thaïs blancs, Thaïs noirs... selon la couleur des vêtements des femmes) et les Tay*, les Nungs*, les Muongs*, les Yis* ou Lolos, les Miaos*-Yaos ; au centre, les Bahnars*, les Mnongs*, les Jarais*, les Rhadés* ; au sud, les descendants des Chams* ainsi que des Khmers et des Chinois.

Villes. Avec 4 322 300 hab., Hô Chi Minh-Ville devance la capitale, Hanoi. Viennent ensuite : Haiphong (1 447 500 hab.), Da Nang (369 730 hab.), Can Tho (284 300 hab.), Nha Trang (263 100 hab.), Huê (260 490 hab.), Nam Dinh (219 615 hab.).

Une rue de Hô Chi Minh-Ville.

© Ph. Frilet / SIPA IMAGE

INSTITUTIONS

Le Viêt-nam est une République socialiste au parti unique. L'Assemblée nationale comprend 395 députés élus pour 5 ans au suffrage universel ; le chef de l'État est désigné par cette Assemblée pour une même durée.

ÉCONOMIE

Agriculture. L'agriculture occupe 67 % de la population active et représente 36 % du P.N.B. Les cultures de plantation dans le Sud ont beaucoup souffert des défoliants chimiques déversés pendant la guerre. Les cultures vivrières sont en expansion, surtout celle du riz paddy, dont la production est passée de 16 millions de tonnes en 1986 à 25 millions de tonnes en 1995 ; ce succès a pour raison principale le passage de l'exploitation collectivisée à l'exploitation familiale. Le Viêt-nam exporte des produits agricoles : riz (5ᵉ exportateur mondial), café et produits de la mer.

Mines et industrie. Principalement situées dans le Nord, les réserves de charbon et de phosphate ne sont pas négligeables. Dans le Sud, les réserves de pétrole sont évaluées à 68 millions de tonnes et les récentes campagnes de prospection menées en mer semblent prometteuses ; le Viêt-nam doit toutefois tenir compte des revendications chinoises pour l'accès aux ressources du plateau continental de la mer de Chine méridionale. L'hydroélectricité se développe, avec un potentiel de 300 milliards de kWh. L'industrie connaît une forte croissance par suite de la renaissance du secteur privé et de l'apport de capitaux étrangers. Mines et industrie emploient 12 % de la population et représentent 21 % du P.N.B. Les services (43 % du P.N.B. et 23 % de la population active) sont liés au développement du commerce privé et du tourisme. En 1996, la croissance économique a atteint un taux de 9 %. Le gouvernement s'efforce de rééquilibrer ce développement économique, qui s'effectue principalement dans le Sud, au profit de la région de Hanoi.

Échanges extérieurs. En 1994, les importations (4,5 milliards de dollars) excédaient les exportations (3,6 milliards de dollars). Singapour était le premier fournisseur (25 %) et le Japon le premier client (30 %) du Viêt-nam.

Transports. Le Viêt-nam a un réseau routier de 105 000 km (10 % bitumés) et un réseau ferroviaire de 2 605 km (à une seule voie).

ÉDUCATION ET SANTÉ

Éducation. 92 % des personnes âgées de 15 ans et plus étaient alphabétisées en 1995. Le taux de scolarisation atteignait environ 88 % dans le primaire, 42 % dans le secondaire et 1,5 % dans le supérieur.

Santé. En 1993, on comptait 1 médecin pour 2 502 hab. et 1 lit d'hôpital pour 366 hab.

© V. Rivière / SIPA PRESS

Irrigation artisanale d'une rizière.

HISTOIRE

L'histoire ancienne. Au néolithique, le brassage, dans le delta du fleuve Rouge (Sông Hông), de tribus viêts, de Muongs et de populations chinoises et indonésiennes a donné naissance au peuple vietnamien. À la fin du IIᵉ millénaire av. J.-C. apparaît la civilisation du bronze, dont le principal site est Dông* Son (au N.-E. de Thanh Hoa) ; les objets découverts dans les fouilles témoignent des relations commerciales avec la Chine du Sud et l'Indonésie. Au milieu du IIIᵉ siècle av. J.-C. se forme le royaume d'Âu* Lac, dont la capitale se situe à 20 km de l'Hanoi actuelle. Ce royaume fut intégré, en 208 av. J.-C., dans le royaume du Nam Viêt, tributaire de l'Empire chinois des Han. En 111 av. J.-C., le Nam Viêt, jusqu'au 16ᵉ parallèle, est incorporé à l'Empire chinois. La domination chinoise dure plus de mille ans et marquera profondément le Viêt-nam, tant au point de vue des techniques que de la culture et de l'organisation sociale et politique (fonctionnaires recrutés par concours, les mandarins, introduction du confucianisme, du taoïsme, du bouddhisme, de l'écriture par idéogrammes). Domine également à cette période la résistance des gouverneurs chinois aux tentatives d'expansion vers le Nord du royaume hindouisé du Champa*, fondé par les Chams en 192 dans la région de Huê et qui contrôle le territoire du centre et du sud du Viêt-nam actuel.

Détail d'un ancien temple cham à My Son.

La domination chinoise, ponctuée de cruels abus, favorise le développement d'une conscience nationale ; des révoltes éclatent, dont celle des sœurs Trung* (39-43 apr. J.-C.) et celle de Ly Bon en 541. Mais il faut attendre la chute de la dynastie chinoise des Tang et le morcellement de la Chine au Xe siècle pour voir la victoire de Ngô Quyên sur les Chinois en 939 et la libération du pays viêt (appelé Annam depuis 679 par les Chinois, terme que les Européens reprendront plus tard pour désigner le centre du pays).

Les dynasties nationales et la marche vers le Sud. Ngô Quyên fonde la dynastie des Ngô (939-968), et Dinh* Bô Linh celle des Dinh (968-980). Avec la dynastie des Lê* antérieurs (980-1009) et, surtout, celle des Ly* (1010-1225), le royaume indépendant s'organise sur des bases stables, la monarchie instaurant alors un pouvoir solide. Bâtie sur le site actuel d'Hanoi, Thang Long devient, en 1010, la capitale d'un État qui prend le nom de Dai* Viêt. Le pays est partagé en vingt-quatre provinces. La cour obéit à une hiérarchie stricte, avec un double corps de mandarins, civil et militaire. La création d'une puissante armée nationale, fer de lance de la lutte contre le Champa, favorise l'avancée progressive du Dai Viêt vers le Sud. En outre, les Ly instaurent également une législation écrite et apportent un soin particulier au développement économique. Aux Ly succèdent les Trân* (1225-1413) qui vont œuvrer dans le même sens. La consolidation de l'indépendance, le développement économique, la constitution d'un pouvoir centralisé sous les deux dynasties ont permis l'affirmation d'une culture nationale originale, bien qu'elle soit fortement influencée par la civilisation chinoise. Ces dynasties doivent encore défendre leur territoire : les Ly contre les Chinois au XIe siècle et les Trân contre les Mongols (1257, 1285, 1287). À la fin du XIVe siècle, une crise politique et sociale ébranle le pays ; l'empereur chinois en profite pour envahir le Dai Viêt (1406) et chasser le dernier prétendant Trân. Lê Loi, un propriétaire foncier, chasse les Chinois et fonde la dynastie des Lê* postérieurs (1428-1789). La nouvelle dynastie connaît son apogée sous le règne de Lê Thanh Tông (1460-1497). Celui-ci favorise l'agriculture, développe le réseau de digues et de canaux, fixe le partage des terres communales, ce qui a pour effet d'améliorer la production agricole. Avec la disparition des grands domaines, la centralisation administrative atteint son plus haut degré, et la bureaucratie des mandarins bénéficie de nombreux privilèges. Pour servir cette administration, un appareil législatif est institué en 1483 (code *Hông Duc*, premier code complet de l'histoire du Viêt-nam). Les frontières méridionales reculent jusqu'au cap Varella, grâce à une victoire décisive sur le Champa (1471) ; en outre, le Dai Viêt impose sa suzeraineté aux royaumes lao du Mékong. La société féodale, sous les premiers rois Lê, au XVe siècle, connaît un brillant essor, mais les souverains suivants ne peuvent faire face aux nombreuses révoltes et la décadence se manifeste de plus en plus au XVIIe siècle. Nominalement, les rois Lê règnent sur tout le pays, mais en réalité deux familles rivales se le partagent : les Trinh*dans le Nord, les Nguyên* dans le Sud. De 1627 à 1672, le Nord et le Sud se livrent des guerres incessantes, qui laisseront la victoire au Sud.

Dans le Nord (le futur Tonkin des Européens), les Trinh établissent une société très hiérarchisée, sur le modèle chinois. Les mandarins concentrent la propriété foncière et soumettent les paysans à de durs impôts. Dans le Sud, les Nguyên organisent une société moins stricte. Ils achèvent le démembrement du royaume du Champa, prennent Saigon en 1698, occupent le delta du Mékong, d'où ils chassent les Khmers, et deviennent les maîtres d'une région qui sera appelée Cochinchine par les Européens. Ceux-ci, missionnaires et commerçants, s'établissent dans le pays à partir du XVIIe siècle. Les Portugais, puis les Anglais et les Hollandais entrent en concurrence. Les missionnaires jésuites se montrent très actifs ; parmi eux, le père Alexandre de Rhodes* contribue à la diffusion d'une écriture romanisée du vietnamien (le quôc* ngu). Mais les États vietnamiens n'accueillent pas favorablement cette pénétration étrangère « des barbares impies de l'Ouest ».

Si la situation des paysans est meilleure au sud qu'au nord, c'est pourtant dans le Sud qu'éclate une révolte populaire qui va conduire à la réunification du Dai Viêt. En 1773, trois frères, appelés Tây* Son, du nom de leur village, près de Qui Nhon, se révoltent contre les Nguyên avec l'appui des Trinh, prennent Saigon et l'Annam, puis se retournent contre les Trinh et occupent Hanoi en 1786. Les frères Tây Son, ayant définitivement éliminé la dynastie Lê, se partagent le Dai Viêt. Mais, en ne procédant pas à une réforme agraire, ils déçoivent les paysans qui les avaient soutenus, et ne peuvent s'opposer au retour au pouvoir d'un héritier des Nguyên. Celui-ci, Nguyên Anh, trouve un appui auprès d'un missionnaire français, Mgr Pigneau de Béhaine, pour reconquérir le pays ; il attaque les Tây Son et prend la Cochinchine, Huê et Hanoi. L'événement est capital ; sous le nom de Gia* Long (1802-1820), il devient le premier empereur vietnamien à régner sur un pays qui s'étend de la frontière chinoise au golfe du Siam (Thaïlande). Gia Long, fondateur de la dynastie des Nguyên* (1802-1945), s'assure du soutien de la Chine. Il nomme Viêt-nam son empire, il réorganise et modernise son État qui, bien qu'il soit centralisé, respecte les particularismes des trois provinces : Tonkin, Annam, Cochinchine. Il construit des routes (dont la route Mandarine*), des digues, des citadelles (notamment à Huê), des ports et procède à une réforme agraire. Le Viêt-nam reste fortement sinisé : nouveau code, dit *code Gia Long*, inspiré de celui des Qing, confucianisme, taoïsme, culte des ancêtres, mandarinat, etc. Le règne de Gia Long marque l'apogée de la puissance politique du Viêt-nam, qui domine le Cambodge, et constitue une période d'essor culturel.

La conquête française. Les successeurs de Gia Long sont de bons administrateurs, mais les menaces extérieures ne tardent pas à se préciser avec l'intervention de l'Angleterre en Chine (1842), contrainte d'ouvrir ses ports aux Occidentaux. Craignant une attaque semblable, le roi Tu* Duc (1848-1883) décide de fermer le Viêt-nam aux influences occidentales et autorise la persécution des missions catholiques, suspectées d'être des agences de renseignement au service de l'étranger. En réaction, la France, qui désire prendre pied en Indochine, bombarde et enlève Tourane (Da Nang) en 1858. L'année suivante, elle prend Saigon et, en 1867, fait de la Cochinchine une colonie. Au nord, la recherche d'un accès à la Chine entraîne deux expéditions successives. Ainsi en 1883, la France occupe Huê ; un traité de protectorat est ensuite signé, et le pays est bientôt divisé en trois parties : le Tonkin, l'Annam et la Cochinchine. Enfin, en 1887, la France crée l'Union indochinoise (au Viêt-nam est joint le Cambodge, puis le Laos unifié). (V. Indochine française.) Colonie d'exploitation, l'Union indochinoise est considérée par la France comme le « fleuron de son empire ».

La résistance à la colonisation française à la fin du XIXe siècle et au début du XXe siècle est principalement le fait des lettrés. Cette tendance réformiste cède le pas, à partir des années 1920, à des mouvements plus révolutionnaires : le parti national vietnamien et le parti communiste indochinois (PCI), fondé en 1930 par Nguyên Ai Quôc, le futur Hô* Chi Minh, qui fut membre du parti communiste français (1920), puis du Komintern* (1923). Mettant à profit la grave crise économique des années 1929-1930, qui touche notamment l'agriculture de plantation, le parti communiste organise de nombreuses manifestations et grèves ; celles-ci sont sévèrement réprimées, et les principaux meneurs, parmi lesquels se trouve Nguyên Ai Quôc, sont arrêtés. Ayant rétabli l'ordre par la répression, le gouvernement français, face à l'évolution de la société vietnamienne, est, toutefois, contraint de lâcher du lest : il fait accéder au trône, en 1932, le jeune empereur Bao* Dai, formé en France. Les mesures engagées ne tardent pas à décevoir, sans pour autant remettre en cause la présence coloniale. À la veille de la Seconde Guerre mondiale, la reprise économique est réelle, les conditions de travail améliorées, mais les salaires demeurent très bas ; plus de 80 % de la population est analphabète et, malgré des campagnes de vaccination, un enfant sur trois meurt au cours de sa première année. Ce développement, pour le moins contrasté, se traduit néanmoins par la montée de nouvelles élites nationales, désireuses d'accéder au pouvoir politique.

Hô Chi Minh.

La guerre d'Indochine. À partir de 1941, la France, occupée par l'Allemagne, ne peut se maintenir en Indochine, face au Japon, qu'au prix d'importantes concessions économiques et militaires. Le 9 mars 1945, les Japonais prennent le contrôle militaire de l'Indochine et désarment les troupes françaises. Quelques mois plus tard, les forces du Viêt*-minh (*Front pour l'indépendance du Viêt-nam,* créé par les communistes en 1941), profitant de la capitulation japonaise, passent à l'offensive et occupent Hanoi, où Hô Chi Minh proclame l'indépendance du Viêt-nam (2 septembre 1945). La France, soutenue dans ses « droits souverains sur l'Indochine » par les Alliés, réinvestit immédiatement le Sud et décide de négocier avec le régime de Hanoi (fin 1945). La conférence qui se tient à Fontainebleau (été 1946) échoue. Cet échec entraîne la réoccupation du Tonkin par l'armée française.

À partir de 1949, la victoire de Mao Zedong et l'avènement de la République populaire de Chine changent profondément les données politiques. Soutenues militairement, les forces du Viêt-minh passent à l'offensive. Pilonnés par l'artillerie du général Giap*, les Français se rendent le 7 mai 1954 à Diên* Biên Phu. Après la victoire vietnamienne de Diên Biên Phu, le sort de la guerre est jeté. Les accords de Genève (juillet 1954) mettent fin à la domination française et décident la partition provisoire du pays de part et d'autre du 17e parallèle. On prévoit des élections, préalablement à une unification en 1956, mais on évoluera vite vers une séparation durable entre la République démocratique du Viêt-nam, au nord, dirigée par Hô Chi Minh, et la République du Viêt-nam, au sud, dirigée par Bao Dai, déposé en octobre 1955 par Ngô* Dinh Diêm.

La guerre américaine. Le cessez-le-feu dure peu. Les mois suivants, les opérations reprennent entre l'armée régulière du Viêt-nam du Sud et les opposants regroupés à partir de 1960 au sein du Front* national de libération, ou « Viêt*-cong », et soutenus par le Nord. Le Premier ministre, Ngô* Dinh Diêm, fait appel, à partir de 1960, à l'aide militaire des États-Unis. En 1968, le corps expéditionnaire américain comprend près de 600 000 hommes, qui peuvent compter sur leurs bases arrières thaïlandaises et philippines. La guerre du Viêt*-nam, en s'étendant à toute la région (Cambodge, Laos), devient ainsi l'un des théâtres de la guerre froide. En dépit de la puissance de feu et des intenses bombardements américains sur le Nord, la guerre s'enlise et suscite la réprobation d'une partie importante de l'opinion publique américaine et internationale. L'offensive viêt-cong du Têt, qui faillit emporter Saigon fin janvier 1968, décide les Américains à engager des pourparlers qui aboutissent aux accords de Paris (janvier 1973), mettant fin à l'intervention directe des États-Unis et reconnaissant deux autorités au Viêt-nam du Sud, le gouvernement de Saigon et le *Gouvernement révolutionnaire provisoire* (G.R.P.). En janvier 1975, le G.R.P., appuyé par les forces du Nord, lance une offensive qui s'achève, le 30 avril, par la prise de Saigon (rebaptisée Hô Chi Minh-Ville). En juillet 1976, la nouvelle Assemblée nationale proclame la réunification du pays.

La réunification et la reconstruction. Le Viêt-nam réunifié doit faire face aux ravages de la guerre : des millions de morts, de personnes déplacées (infirmes, orphelins, réfugiés, déclassés). Le gouvernement engage le Sud dans la voie du socialisme : nationalisations, collectivisation des terres. Cette politique, jointe à la crainte d'un exil dans les « nouvelles zones économiques rurales » (sur les hauts plateaux), entraîne l'exode de centaines de milliers de personnes, souvent par la mer (les *boat people*). La situation économique devenant de plus en plus catastrophique, le VIe congrès du parti communiste (1986) propose un programme de rénovations, le *Dôi* Moi* ; il s'agit d'avancer vers l'économie de marché et de démocratiser la société. Cette libéralisation de l'économie s'accentue encore après l'effondrement du communisme dans l'Europe de l'Est, au début des années 1990. Le Viêt-nam adhère à l'ANSEA* en 1995. En juillet 1996, Do Muoi, secrétaire général du parti, Lê* Duc Anh, chef de l'État, et Vo* Van Kiet, Premier ministre, ont été réélus à l'issue du VIIIe congrès du parti communiste.

© D. Noirot / HOA QUI

Temple cham près de Nha Trang.

En politique extérieure, le Viêt-nam, aligné sur l'Union soviétique dont l'aide lui était indispensable, s'est heurté à la Chine. Fin 1978, il envahit le Cambodge, en proie aux Khmers* rouges (soutenus par la Chine), et y impose un gouvernement dirigé par Heng* Samrin ; la Chine intervient alors dans le nord du Viêt-nam en 1979 et en 1987. La situation empirant, le Viêt-nam retire peu à peu ses forces du Cambodge (1984-1989). En 1994, les États-Unis ont levé leur embargo (imposé en 1975) ; en 1995, les deux pays ont noué des relations diplomatiques.

CULTURE

Art. La civilisation de Dông* Son, caractérisée par la qualité et la diversité du travail du bronze, tambours (objets de culte), parures, urnes funéraires, marque la naissance d'une culture artistique au Viêt-nam avant la domination chinoise (111 av. J.-C.) et le développement d'un art sino-vietnamien. Parallèlement, se développe dans le centre du pays une civilisation où l'influence indienne est prédominante, celle du Champa*, qui atteint son plein épanouissement entre le VIIe et le Xe siècle ; cet art se distingue par la sophistication de la maçonnerie de ses tours de briques et ses étonnantes statues en grès, sculptées dans les temples hindouistes ou bouddhiques. L'art national, influencé ainsi par la Chine et l'Inde, se développe avec l'indépendance recouvrée (939). En architecture, les toitures et les charpentes sont abondamment sculptées, contrairement à la charpente chinoise qui était avant tout laquée. Les temples expriment particulièrement cette autonomie. Plus tard, surtout du XVIIe au XIXe siècle, le génie vietnamien s'exprime dans l'édification des maisons communales (*dinh*), construites sur pilotis et dédiées aux génies protecteurs des villages, où se concentre toute la vie religieuse et sociale de la communauté, et qui perpétuent les traditions. Au XIXe siècle, la construction du palais de Huê et des tombeaux impériaux reflète un retour à une certaine influence chinoise. L'art de la laque* (qui prit son essor au XVe siècle) et celui de la céramique, également influencés par la Chine, retrouvent une plus grande originalité lorsqu'ils émanent d'artisans qui ne travaillent pas pour la cour.

Littérature. La littérature orale du Viêt-nam a précédé la période de domination chinoise et n'a pas cessé de se développer durant celle-ci. Proverbes, dictons, contes et chansons populaires ont donc joué un rôle capital dans l'élaboration d'une riche littérature nationale, où la poésie domine. D'expression uniquement chinoise et réservée aux lettrés jusqu'au XIIIe siècle, la littérature vietnamienne s'accompagne alors d'une nouvelle écriture démotique, le nôm*, plus populaire. Parmi les auteurs de langue chinoise, citons Ly* Thuong Kiêt, Trân* Quôc Tuân, Nguyên* Trai (*Proclamation sur la pacification des Ngô*), Dang* Trân Côn (*la Plainte de la femme du guerrier*) et Nguyên* Binh Khiêm, qui écrivit également en nôm. Poésie mais aussi romans et élégies caractérisent les écrivains qui s'expriment en nôm : Doan* Thi Diêm, Phan* Huy Ich, Nguyên* Du, auteur du célèbre *Kim Vân Kiêu,* Nguyên* Dinh Chieu et Cao* Ba Quat. Au XVIIe siècle, les missionnaires introduisent une écriture romanisée du vietnamien (le quôc ngu), qui va favoriser un renouveau littéraire au XIXe siècle et, surtout, dans la première moitié du XXe siècle. Signalons, parmi tant d'autres : les précurseurs Truong* Vinh Ky, Pham* Quynh ; le mouvement littéraire Tu*Luc-Van Doan et celui dit « Poésie nouvelle » ; les poètes et romanciers Tan* Da, Thê* Lu, Han* Mac Tu, Xuân* Diêu, Chê* Lan Viên, Ngô* Tât Tô, Vu* Trong Phung, Khai* Hung, Nhât* Linh et l'essayiste et lexicographe Dao* Duy Anh. À partir de 1945, la lutte pour l'indépendance s'accompagne d'une littérature à dominante patriotique avec Tô* Huu, Trân* Dân, Phung* Quan. Citons également parmi les écrivains du Sud ou ayant émigré au Sud (entre 1954 et 1975) : Vu* Hoang Chuong, Bui* Giang, le caodaïste Hô* Huu Tuong et l'essayiste Nguyên Van Trung (né en 1930). Dans les années 80, de jeunes auteurs retiennent l'attention : Duong* Thu Huong, Nguyên* Huy Thiêp, Pham Thi Hoai (*la Messagère de cristal*, 1988), Bao* Ninh.

Musique. La musique traditionnelle vietnamienne, influencée par les Chinois, les Chams et les Khmers, a gardé néanmoins un style propre ; la mélodie de la musique chorale doit ainsi correspondre aux tons de la langue vietnamienne (elle ne peut descendre sur un ton montant de la langue). De même, le violon monocorde et la cithare vietnamienne sont des instruments typiques. On distingue trois grandes catégories : la musique savante (de cour et de rites) ; la musique vocale populaire (berceuses, chants d'amour, de fête, de travail, de cérémonies) ; la musique de théâtre et de scène, pouvant, comme celle des marionnettes sur eau, issue du théâtre populaire, gagner les faveurs de la cour. Par ailleurs, chaque minorité ethnique possède ses propres instruments de musique et ses traditions musicales. De nos jours, l'influence du modèle occidental se mêle au désir de maintenir la tradition.

Cinéma. Peu connu encore à l'étranger, le cinéma vietnamien a gagné une renommée internationale grâce au jeune cinéaste franco-vietnamien Tran Anh Hung avec *l'Odeur de la papaye verte* (1993), et *Cyclo* (1995).

AFGHĀNISTĀN

AFRIQUE DU SUD

ALBANIE

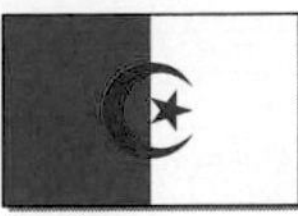
ALGÉRIE

ALLEMAGNE

ANDORRE

ANGOLA

ANTIGUA ET BARBUDA

ARABIE SAOUDITE

ARGENTINE

ARMÉNIE

AUSTRALIE

AUTRICHE

AZERBAÏDJAN

BAHAMAS

BAHREÏN

BANGLADESH

BARBADE

BELGIQUE

BELGIQUE (COMMUNAUTÉ FRANÇAISE DE)

BELIZE

BÉNIN

BHOUTAN

BIÉLORUSSIE

BIRMANIE (MYANMAR)

BOLIVIE

BOSNIE-HERZÉGOVINE

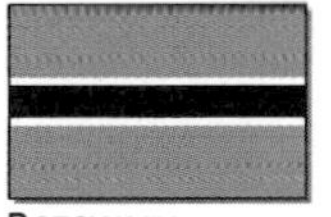
BOTSWANA

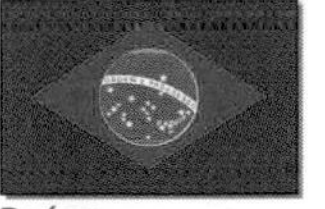
BRÉSIL

BRUNEI

BULGARIE

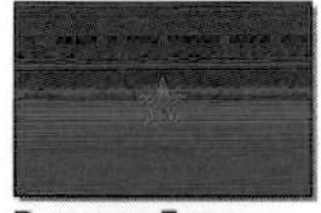
BURKINA FASO

BURUNDI

CAMBODGE

CAMEROUN

CANADA

CANADA-NOUVEAU-BRUNSWICK

CANADA-QUÉBEC

CAP-VERT

CENTRAFRICAINE (RÉP.)

CHILI

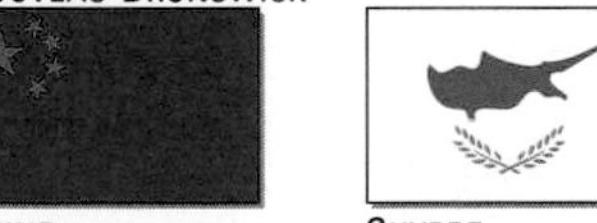
CHINE

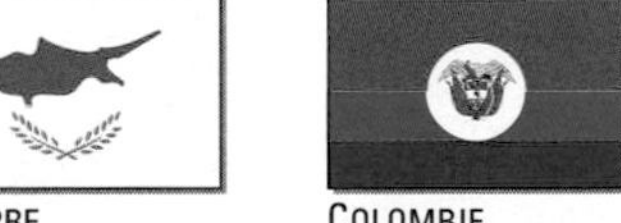
CHYPRE

COLOMBIE

COMORES

CONGO

CONGO (RÉPUBLIQUE DÉMOCRATIQUE DU)

CORÉE DU NORD

CORÉE DU SUD

COSTA RICA

CÔTE D'IVOIRE

CROATIE

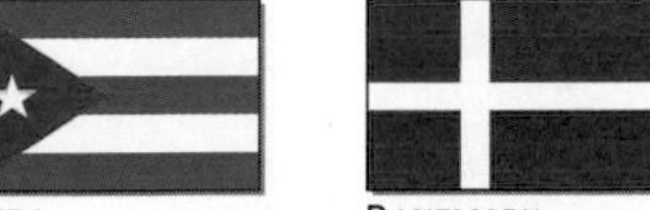
CUBA

DANEMARK

DJIBOUTI

DOMINICAINE (RÉP.)

DOMINIQUE

ÉGYPTE

ÉMIRATS ARABES UNIS

ÉQUATEUR

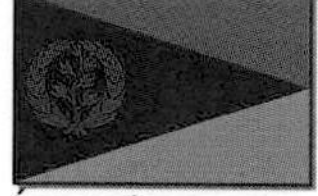
ÉRYTHRÉE

ESPAGNE

ESTONIE

ÉTATS-UNIS

ÉTHIOPIE

FIDJI

FINLANDE

FRANCE

GABON

GAMBIE

GÉORGIE

GHANA

GRÈCE

GRENADE

GUATEMALA

GUINÉE

GUINÉE-BISSAU

GUINÉE ÉQUATORIALE

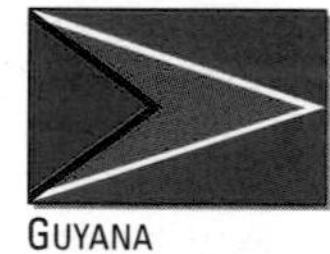
GUYANA

HAÏTI

HONDURAS

HONGRIE

INDE

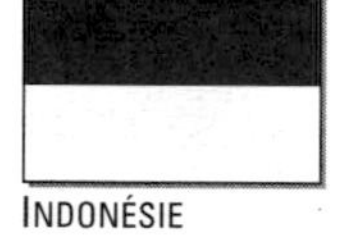
INDONÉSIE

IRAK

IRAN

IRLANDE

ISLANDE

ISRAËL

ITALIE

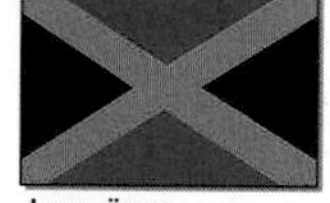
JAMAÏQUE

JAPON

JORDANIE

KAZAKHSTAN

KENYA

KIRGHIZSTAN

KIRIBATI

KOWEÏT

LAOS

LESOTHO

LETTONIE

LIBAN

LIBERIA

LIBYE

LIECHTENSTEIN

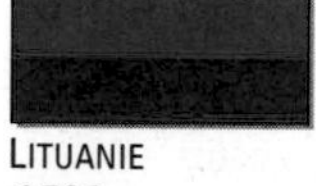
LITUANIE

LUXEMBOURG

MACÉDOINE

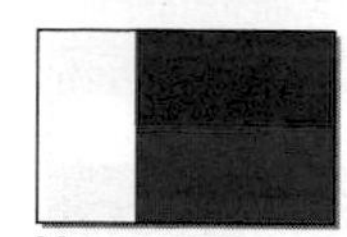
MADAGASCAR

MALAISIE

MALAWI

MALDIVES

MALI

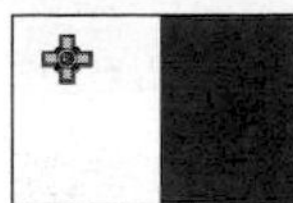
MALTE

MAROC

MARSHALL

MAURICE

MAURITANIE

MEXIQUE

MICRONÉSIE (ÉTATS FÉDÉRÉS DE)

MOLDAVIE

MONACO

MONGOLIE

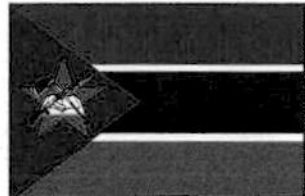
MOZAMBIQUE

NAMIBIE

NAURU

NÉPAL

NICARAGUA

NIGER

NIGERIA

NORVÈGE

NOUVELLE-ZÉLANDE

OMAN

OUGANDA

OUZBÉKISTAN

PĀKISTĀN

PALAU

PALESTINE (TERRIT. AUTONOMES DE)

PANAMÁ

PAPOUASIE-NOUVELLE-GUINÉE

PARAGUAY

PAYS-BAS

PÉROU

PHILIPPINES

POLOGNE

PORTUGAL

QATAR

ROUMANIE

ROYAUME-UNI

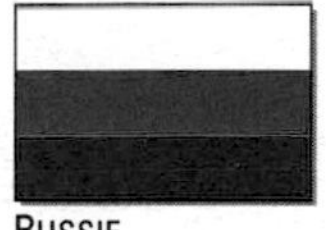
RUSSIE

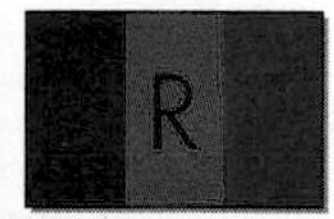
RWANDA

SAINT-CHRISTOPHE ET NIÉVÈS

SAINT-MARIN

SAINT-VINCENT ET LES GRENADINES

SAINTE-LUCIE

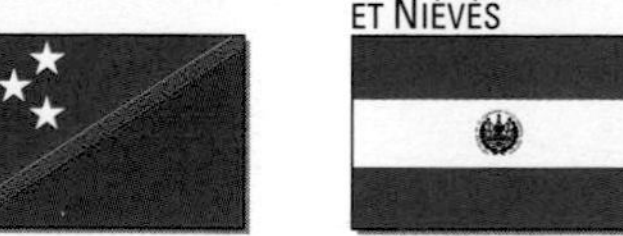
SALOMON

SALVADOR

SAMOA OCCIDENTALES

SÃO TOMÉ ET PRINCIPE

SÉNÉGAL

SEYCHELLES

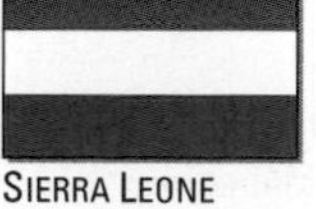
SIERRA LEONE

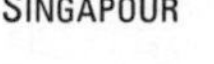
SINGAPOUR

SLOVAQUIE

SLOVÉNIE

SOMALIE

SOUDAN

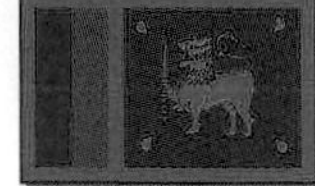
SRI LANKA

SUÈDE

SUISSE

SURINAM

SWAZILAND

SYRIE

TADJIKISTAN

TAIWAN

TANZANIE

TCHAD

TCHÈQUE (RÉP.)

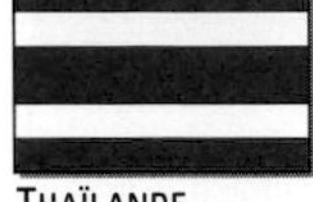
THAÏLANDE

TOGO

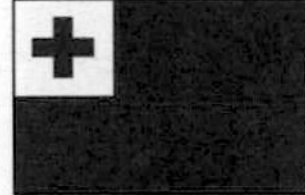
TONGA

TRINITÉ-ET-TOBAGO

TUNISIE

TURKMÉNISTAN

TURQUIE

TUVALU

UKRAINE

URUGUAY

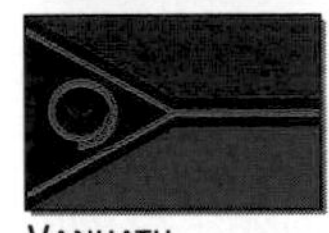
VANUATU

VATICAN

VENEZUELA

VIÊT-NAM

YÉMEN

YOUGOSLAVIE

ZAMBIE

ZIMBABWE

ORGANISATIONS INTERNATIONALES

CROISSANT-ROUGE

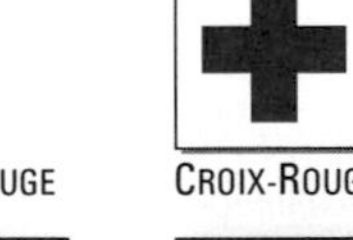
CROIX-ROUGE

JEUX OLYMPIQUES

LIGUE ARABE

ONU

O.U.A.

UNION EUROPÉENNE

Pays ayant la langue française en partage

GRAMMAIRE

LE PLURIEL

SINGULIER	MODIFICATION	EXEMPLES	EXCEPTIONS
cas général	on ajoute un **-s** à la forme du singulier	*arbre/arbres*	
œuf, bœuf	prennent un **-s** (avec changement de prononciation)	*œuf/œufs* [œf] [ø] *bœuf/bœufs* [bœf][bø]	
noms se terminant par **-ou**	prennent un **-s**	*clou/clous*	7 noms prennent un **-x** : *bijoux, cailloux, choux, genoux, hiboux, joujoux, poux.*
noms se terminant par **-au, -eau, -eu + vœu**	prennent un **-x**	*tuyau/tuyaux cadeau/cadeaux neveu/neveux vœu/vœux*	*landau/landaus...* *pneu/pneus...*
noms se terminant par **-al**	changent la terminaison **-al** en **-aux**	*cheval/chevaux*	*bals, chacals, festivals...*
noms se terminant par **-ail**	prennent un **-s**	*éventails*	7 noms changent **-ail** en **-aux :** *baux, coraux, émaux, soupiraux, travaux, vantaux, vitraux.*
noms se terminant par **-s, -x, -z**	aucune marque de pluriel	*poids, noix, nez, gaz*	
os	simple changement de prononciation	*os/os* [os]/[o]	

Remarques

La présence d'un déterminant ou d'un adjectif devant un nom commençant par une voyelle ou un **h** muet provoque une liaison. Les lettres *s, x,* ou *z* se prononcent alors [z] : *les-z-enfants ; les beaux-z-enfants.* C'est cette habitude qui provoque les fautes du type *« entre quatre-z-yeux ».*

Certains noms présentent deux pluriels : *ails* et *aux* ; *vals* et *vaux,* etc. Le sens varie d'un pluriel à l'autre dans trois noms notamment :

Aïeul fait *aïeuls* lorsqu'il désigne le grand-père : *Mes deux **aïeuls** paternels sont nés ici.* Il fait *aïeux* quand il désigne les ancêtres : *Nous sommes fiers de nos **aïeux.***

Ciel fait *cieux* dans sons sens ordinaire. Mais *ciels* est en vigueur pour désigner les paysages peints ou dessinés : *les **ciels** de Corot* : ainsi que dans les noms composés : *les **ciels** de lit.*

Œil fait *yeux* habituellement. Mais *œils* est le pluriel (au sens d'ouverture de forme arrondie) : *les **œils** de marteaux, les **œils** d'aiguilles.* On emploie aussi *œils* dans les noms composés : ***œils**-de-bœuf.*

Pluriel des noms composés

a. Quand les éléments constitutifs sont soudés dans l'orthographe, les noms composés se comportent comme des noms simples : *un portefeuille/des portefeuilles,*
un passeport/des passeports.

Parfois subsiste un pluriel d'accord ancien, devenu accord interne, perceptible à l'oral et à l'écrit :
un bonhomme/des bonshommes, Madame/Mesdames.

b. Quand les éléments constitutifs sont séparés, qu'ils soient ou non reliés par un trait d'union, plusieurs cas se présentent.

- Nom + nom. Les deux mots prennent la marque du pluriel : *un chou-fleur/des choux-fleurs.*

Mais si l'un des noms est complément de l'autre, il reste invariable :
un timbre-poste/des timbres-poste (pour la poste).

C'est notamment le cas des constructions avec préposition : *une eau-de-vie/des eaux-de-vie,*
un chemin de fer/des chemins de fer.

- Nom + adjectif, adjectif + nom. Les deux mots prennent la marque du pluriel : *un coffre-fort/des coffres-forts.*

- Mot invariable + nom. Seul le nom prend la marque du pluriel : *un en-tête/des en-têtes,*
une arrière-boutique/des arrière-boutiques.

Verbe + nom (complément d'objet). Le verbe rest toujours invariable. Le nom peut s'accorder s'il repré sente des objets comptables :
un couvre-lit/des couvre-lits,
un tire-bouchon/des tire-bouchons.

Il ne s'accorde pas s'il représente des objets no comptables ou des notions abstraites
des perce-neige, des abat-jour, des souffre-douleur, des traîne-misère.

Même si le nom composé est au singulier, le nor complément peut porter la marque du pluriel lorsqu'il s rapporte à des objets qui, dans la réalité, se présenter toujours par deux ou plusieurs :
un tire-fesses, un porte-jarretelles, un rince-doigts.

- Pronom + verbe, verbe + verbe. Aucun mot n prend la marque du pluriel :
des on-dit, des laissez-passer, des va-et-vient.

- Noms composés avec des mots étrangers. Les mo étrangers restent invariables :
des ex-voto, des post-scriptum, des nota bene.

Mais les noms composés anglais gardent leur plurie d'origine : *des pull-overs, des week-ends, des cow-boy*

- Adjectif + adjectif. Les deux mots prennent l marque du pluriel : *un sourd-muet/des sourds-muets.*

Dans le nom *nouveau-né,* l'adjectif *nouveau* rest invariable : *un nouveau-né/des nouveau-nés.*

Pluriel des noms propres

En principe les noms propres se présentent sous u nombre donné : *le Canada, Durand, Maurice,*
les Asturies, les Pyrénées.

Ils ne changent de nombre, passant du singulier au plurie que dans certains emplois bien déterminés, pour désigner :
- des familles illustres, notamment princières ou royales
les Horaces et les Curiaces ; les Condés, les Bourbons ,
- des espèces, des types :
Les Mozarts ne courent pas les rues ;
- des œuvres d'art figurant l'individu nommé :
il a peint trois Dianes. Elle a sculpté deux Cupidon
- des entités géographiques ou politiques rassen blées sous un même nom :
les Flandres, les Amériques, les Antilles.

Pluriel des noms étrangers

L'usage varie essentiellement en fonction du deg d'intégration du mot dans la langue française.

- Les noms courants sont francisés et prennent la marque française du pluriel :
des agendas, des albums, des duos.
Cette marque peut s'ajouter à une forme étrangère qui est déjà au pluriel : en italien (dialectal), *macarone/macaroni ;* en français, *un macaroni/des macaronis.*
- Quelques noms présentent un flottement :
matchs ou *matches, sandwichs* ou *sandwiches.*
Cependant, le pluriel français tend à prévaloir : on retrouve cette même évolution avec des noms comme *maximum* et *sanatorium* (on ne dit plus qu'en climatologie et en météorologie des *maxima,* et pour ainsi dire jamais des *sanatoria*).
- Plusieurs noms empruntés au latin ou au grec sont invariables :
des credo, des kyrie, etc.
- Certains noms gardent le pluriel de leur langue d'origine :
ital. *carbonaro/carbonari* ; angl. *barman/barmen.*

Noms changeant de sens en changeant de nombre
Les noms qui désignent au singulier une matière (non comptable) prennent au pluriel le sens d'objets (comptables) fabriqués dans cette matière : *les ors, les ivoires, les bois, les cuivres, les marbres.*
Les ***cuivres*** *de l'orchestre couvraient les* ***bois.***
Les ***marbres*** *de Michel-Ange.*

Par ailleurs, on observe un changement de sens entre le singulier et le pluriel de mots comme :
une lunette (astronomique) *les lunettes* (de soleil)
l'ouïe (la faculté d'entendre) *les ouïes* (du poisson)
la vacance (du pouvoir) *les vacances* (d'été).

Noms à nombre fixe
Certains noms tels que : *mœurs, pénates, vêpres, obsèques, fiançailles,* n'ont pas de singulier.
Inversement, les noms désignant une idée générale ou une notion abstraite : *bonté, peinture,* etc. s'emploient presque exclusivement au singulier ; on peut cependant les rencontrer au pluriel avec une valeur concrète :
Dans l'histoire de l'art, les ***sculptures*** *de Michel-Ange occupent un rang aussi élevé que ses* ***peintures.***
Les ***bontés*** *qu'il a eues pour moi m'ont beaucoup touché.*

Nombre du complément de nom
Selon le sens, le complément du nom, employé sans déterminant, peut être :

au singulier	*un paquet* ***de beurre*** *un fruit* ***à noyau***
au pluriel	*un paquet* ***de journaux*** *un fruit* ***à pépins***
au singulier ou au pluriel	*un mur* ***de brique*** *un mur* ***de briques***

ACCORD DE L'ADJECTIF QUALIFICATIF

Règles	Exemples
QUELLE QUE SOIT SA FONCTION, L'ADJECTIF QUALIFICATIF S'ACCORDE EN GENRE ET EN NOMBRE AVEC LE OU LES NOMS QU'IL DÉTERMINE	
■ L'adjectif qualificatif qui détermine plusieurs noms se met au masculin pluriel, si tous les noms sont au masculin. ■ L'adjectif qualificatif qui détermine plusieurs noms se met au féminin pluriel, si tous les noms sont au féminin. ■ L'adjectif qualificatif qui détermine plusieurs noms se met au masculin pluriel, si au moins l'un des noms est au masculin.	■ Il désire acheter un livre et un cahier neuf**s.** L'homme et le chien semblaient inquiet**s.** ■ La gaieté et l'excitation général**es** étaient communicati**ves.** ■ Il eut une moue et un sourire enfantin**s.**
ACCORD SELON LE SENS	
Dans une énumération, selon le sens, l'adjectif ■ s'accorde avec tous les noms, ■ ne s'accorde qu'avec le nom qui le précède.	■ Il portait un chapeau et un pantalon blanc**s.** ■ Il est venu avec son père et son frère **aîné.** ■ Son chapeau et ses chaussures verni**es** étaient déplacé**s.**
L'adjectif qui détermine un groupe nominal complément du nom peut, selon le sens : ■ s'accorder avec le nom noyau, ■ s'accorder avec le complément du nom.	■ Une boîte de bonbons décoré**e,** un recueil de gravures **ancien.** ■ Une boîte de bonbons fourré**s,** un recueil de gravures **anciennes.**
Lorsque plusieurs adjectifs déterminent un nom au pluriel, ils peuvent, selon le sens : ■ se mettre au pluriel, ■ rester au singulier.	■ Les langues indien**nes** et européen**nes…** ■ Les langues français**e** et anglais**e…**
L'ADJECTIF RESTE INVARIABLE	
■ L'adjectif employé comme **adverbe** reste invariable. GRAND, FRAIS et BON, placés devant un autre adjectif ou un participe passé, s'accordent toutefois. DEMI, NU, PASSÉ, VU, ATTENDU, EXCEPTÉ, SUPPOSÉ, CI-JOINT, etc., placés après le nom, s'accordent avec lui. Ils restent invariables lorsqu'ils le précèdent[1].	■ Ils chantent **fort.** Ils sont **fort** beaux. Elle ne va pas **droit.** Elle était **bonne** dernière. Une porte **grande** ouverte. Des roses **fraîches** cueillies (fraîchement cueillies). Huit heures **passées,** pieds **nus,** une heure et **demie.** **Passé** huit heures, **nu-**pieds, une **demi-**heure.
■ Si les adjectifs de couleur sont dérivés d'un nom, ou déterminés par un nom ou un adjectif, ils restent invariables.	■ Une jupe **marron,** des robes **bleu clair,** une blouse **bleu pétrole.**

(1) L'usage actuel tend à étendre cette règle à ÉTANT DONNÉ qui, placé en tête, garde toutefois la possibilité d'accord.

ACCORD DU VERBE AVEC LE SUJET

Règles	Exemples
Sujet + verbe (temps simples, temps composés avec AVOIR) → Accord en nombre et en personne	Des pierres tomb**ent.** Tu t'abrite**s.** Elles **ont** lu une histoire.
Sujet + verbe (temps composés avec ÊTRE) → Accord en nombre et en personne + accord en genre	Des pierres **sont** tombé**es.** Tu t'es abrit**é(e).** Des histoires ont été lu**es.**
Sujet éloigné ou sujet inversé → *Attention : ne pas oublier l'accord*	Elle les protège**.** Sous la pierre, grouilla**ient** des dizaines de bestioles. Les petits, penchés sur leur cahier, tirant la langue, la main un peu tremblante, traç**aient** des bâtons.
Sujet = Groupe nominal à sens collectif → Accord selon la grammaire → Accord selon le sens	Une foule de spectateurs envahi**t** le stade. Une foule de spectateurs envahiss**ent** le stade.
Sujet = Adverbe à sens collectif → Accord toujours au pluriel	Beaucoup applaudiss**ent.** Peu applaudiss**ent.**
Plusieurs sujets : sujets au masculin ou de genres différents → Accord au masculin pluriel	Son frère et son cousin **sont** allé**s** au cinéma. Un crayon, une gomme et une feuille de papier étai**ent** posé**s** sur la table.
Plusieurs sujets : tous au féminin → Accord au féminin pluriel	Une règle et une équerre étai**ent** exigé**es.**
Plusieurs sujets : un mot de sens collectif reprend une énumération → Accord avec le mot de sens collectif	Sa règle, ses stylos, sa gomme, ses crayons, toute sa trousse s'ét**ait** renversé**e.**
Plusieurs sujets coordonnés par OU, NI, AVEC, AINSI QUE, COMME → Accord selon le sens	Ni son frère ni sa sœur n'**a** (ou n'**ont**) raison. L'un ou (comme) l'autre se **dit** (ou se **disent**).
Plusieurs sujets = Verbes à l'infinitif → Accord selon le sens	Aller et venir ne pren**d** qu'un moment. Promettre et tenir **son**t deux choses différentes.
Sujet = Pronom relatif QUI → Accord avec l'antécédent	C'est moi qui l'**ai** dit. C'est vous qui tir**ez** le plus fort. C'est toi, le candidat qui **a** le plus de chance.
Sujets = JE + TU, IL(S) ou ELLE(S) → Accord à la 1re personne du pluriel	Toi et moi **sommes** les plus forts. Tes sœurs et moi **irons** le voir.
Sujets = TU + IL(S) ou ELLE(S) → Accord à la 2e personne du pluriel	Toi et lui vider**ez** les poissons. Toi et tes frères achèter**ez** des citrons.

ACCORD DE L'ATTRIBUT

	Règles	Exemples
Adjectifs qualificatifs	Ils s'accordent toujours en genre et en nombre avec le sujet.	Les enfants de la classe paraissent intéressé**s.** Les leçons de piano deviennent passionnant**es.** Son frère et sa sœur semblent intelligent**s.**
Noms et pronoms	Ils s'accordent le plus souvent en genre et en nombre avec le sujet. Mais cet accord n'est pas systématique.	Son fils est **un bon élève.** Sa fille est **une bonne élève.** Ses fils sont **de bons élèves.** Ses filles sont **de bonnes élèves.** La leçon est **un cours de lecture.** Les progrès des élèves sont **une récompense** pour le maître.

ACCORD DU PARTICIPE PASSÉ

***Participe passé conjugué avec l'auxiliaire* ÊTRE**

– Il s'accorde avec le sujet du verbe simple :

Elle est ***tombée.*** *Ils sont* ***nés*** *hier. Elles y sont* ***allées.***

– Il s'accorde avec le sujet du verbe pronominal si le pronom *se* est complément d'objet direct :

Elle s'est ***cachée*** (= « elle a caché elle »)

Ils se sont ***battus*** (= « ils ont battu eux »)

mais

Ils se sont ***souri*** (= « ils ont souri *à* eux »)

Elles se sont ***succédé*** (= « elles ont succédé *à* elles »)

– Il s'accorde avec le sujet du verbe pronominal si le pronom *se* n'est pas analysable (il s'agit alors de « verbes essentiellement pronominaux ») :

Elle s'est ***enfuie.*** *Ils se sont* ***ravisés.***

Elles se sont ***absentées*** *quelques jours.*

– Il s'accorde avec le sujet du verbe pronominal si le pronom *se* est sujet de l'infinitif qui suit ; on opposera donc :

Dans son rêve, elle s'est ***vue*** *courir*

(= « elle a vu elle courir »)

Elle s'est ***vu*** *demander ses papiers (par la police)*

(ce n'est pas elle qui demande ses papiers)

– Il s'accorde avec le complément d'objet direct du verbe pronominal si ce complément est placé avant lui :

La bonne épouse qu'il s'est ***trouvée...***

(mais : *Il s'est* ***trouvé*** *une bonne épouse)*

Ces lettres, je me les suis ***envoyées***

(mais : *Je me suis* ***envoyé*** *ces lettres)*

***Participe passé conjugué avec l'auxiliaire* AVOIR**

– Il s'accorde avec le complément d'objet direct si ce complément est placé devant lui.

La bête qu'il a ***prise*** (*que,* complément d'objet direct de *prendre,* représente *la bête*)

La bête, il l'a ***prise***

Quelle bête a-t-il ***prise ?***

Quelle bête il a ***prise !***

(mais : *Il a pris une belle bête*)

• Attention !

– L'accord avec le pronom *en* est déconseillé. On écrira donc : *Des bêtes, il en a* ***pris.***

– Le participe passé ne s'accorde pas avec le complément des verbes impersonnels :

Quelle patience il a ***fallu*** *! Quelles pluies il est* ***tombé*** *! Quelle chaleur il a* ***fait*** *!*

– Si le verbe est suivi d'une proposition infinitive, le participe passé s'accorde avec le sujet de l'infinitif si ce sujet est placé avant lui :

La bête qu'il a ***vue*** *partir*

(Le pronom relatif *que* est sujet de *partir* et représente *la bête :* c'est la bête qui part.)

La bête, il l'a ***entendue*** *sortir*

(mais : *Il a* ***vu*** *partir la bête.*

Il a ***entendu*** *la bête sortir)*

Dans la phrase *La bête qu'il a* ***vu*** *tuer, vu* ne s'accorde pas, car ce n'est pas la bête qui tue (*que* n'est pas le sujet de *tuer* mais son complément d'objet).

• Attention ! Le participe passé du verbe *faire* ne s'accorde jamais avec le sujet de l'infinitif ; bien que ce soit la bête qui parte, on écrira donc ;

La bête, il l'a ***fait*** *partir*

La bête qu'il a ***fait*** *partir...*

Quelle bête a-t-il ***fait*** *partir ?*

PARTICIPES PRÉSENTS ET ADJECTIFS VERBAUX DISTINGUÉS PAR L'ORTHOGRAPHE

Le participe présent est invariable : *Les vases communi**quant** entre eux, l'eau passa de l'un à l'autre.* L'adjectif verbal s'accorde en genre et en nombre : *Vos deux chambres sont communi**cantes.***

Part. présent	Adj. verbal	Part. présent	Adj. verbal	Part. présent	Adj. verbal
adhér**a**nt	adhér**e**nt	diva**gu**ant	diva**g**ant	négli**gea**nt	négli**g**ent
coïncid**a**nt	coïncid**e**nt	diver**gea**nt	diver**g**ent	précéd**a**nt	précéd**e**nt
communi**qu**ant	communi**c**ant	émer**gea**nt	émer**g**ent	provo**qu**ant	provo**c**ant
confl**ua**nt	confl**ue**nt	équival**a**nt	équival**e**nt	somnol**a**nt	somnol**e**nt
convain**qu**ant	convain**c**ant	excell**a**nt	excell**e**nt	suffo**qu**ant	suffo**c**ant
conver**gea**nt	conver**g**ent	fati**gu**ant	fati**g**ant	va**qu**ant	va**c**ant
défér**a**nt	défér**e**nt	infl**ua**nt	infl**ue**nt	zigza**gu**ant	zigza**g**ant
déter**gea**nt	déter**g**ent	intri**gu**ant	intri**g**ant		
différ**a**nt	différ**e**nt	navi**gu**ant	navi**g**ant		

L'ORGANISATION DU DOMAINE VERBAL

Ce qui caractérise le verbe comme classe grammaticale, c'est qu'il s'agit d'une forme susceptible de varier selon le mode, l'aspect et le temps ; aucun mot autre qu'un verbe ne peut, comme *dormir, manger,* ou *coudre,* connaître des changements morphologiques tels que :

L'enfant dormait / dormira / a dormi

mangeait / mangera / a mangé

cousait / coudra / a cousu

Le mode

On désigne par *mode* la manière dont le verbe présente le procès (c'est-à-dire l'idée verbale : « action » ou « état ») ; il y a deux grandes catégories de mode :

– les modes impersonnels : infinitif et participe (présent ou passé) ;

– les modes personnels : subjonctif, conditionnel, indicatif et impératif.

Les modes impersonnels ne prennent pas en compte la personne (grammaticale) : ils ne se conjuguent pas selon *je, tu, il,* etc. Ainsi :

Infinitif : *dormir, manger, coudre*

Participe présent : *dormant, mangeant, cousant*

Participe passé : *dormi, mangé, cousu*

– L'infinitif est une simple évocation du procès, la forme la plus vague du sens du verbe, l'idée seule de « dormir », ou de « manger », ou de « coudre ».

– Le participe présent évoque aussi simplement le procès, mais le montre en cours de déroulement : *dormant* renvoie à du « dormir » en train de s'accomplir.

– Le participe passé désigne le procès accompli (l'action est achevée) : *dormi.*

Les modes personnels prennent en compte la personne (grammaticale) : ils se conjuguent selon *je, tu, il,* etc.

– Le subjonctif suppose que l'on prenne en considération la double possibilité que le procès se réalise et ne se réalise pas. Ainsi, dans :

J'ai fait cela pour que vous partiez

Je souhaite que vous partiez

J'attendrai jusqu'à ce que vous partiez
Qu'il parte !

Le départ est posé comme également possible ou impossible : il peut se réaliser comme il peut ne pas se réaliser. De même, une phrase telle que :

Je suis contente bien que vous partiez

prend en considération les deux possibilités en les opposant : *bien que* introduit celle à laquelle on ne s'attend pas, donc fait implicitement allusion à celle que l'on attendait (votre départ devrait me peiner).

Dans le cas où la complétive est sujet, par exemple : *Le fait que tu t'en ailles chagrine ta mère,* il y a bien un fait qui chagrine la mère, mais l'emploi du subjonctif indique que pour celui qui parle, ce départ est une possibilité parmi d'autres pour expliquer le chagrin maternel ; dire *Le fait que tu t'en vas chagrine ta mère* présente le fait comme certain. Lorsque l'on n'a pas un nom introducteur comme *le fait,* la complétive ne peut être qu'au subjonctif : au moment où il est énoncé, le départ est simplement envisagé (il se peut qu'il n'ait pas lieu).

De même peut-on expliquer le passage de l'indicatif au subjonctif dans les phrases négatives ou interrogatives :

Je crois qu'il est là / Je ne crois pas qu'il soit là
Tu penses qu'il est là / Penses-tu qu'il soit là ?

Dans la phrase affirmative, on prend position en faveur d'une probabilité, mais *je ne crois pas* laisse ouvertes les deux possibilités qu'il soit ou qu'il ne soit pas là, et *penses-tu* également puisque l'on s'interroge (c'est donc qu'on ne peut pas trancher).

– Le conditionnel pose la réalisation de l'action, mais de manière incertaine, hypothétique ; par exemple, si quelqu'un vous dit :

Cet homme battrait sa femme

c'est qu'il n'est pas tout à fait sûr de cette information. Le conditionnel atténue donc la valeur assertive de la phrase (si la chose est fausse, je ne peux pas accuser mon interlocuteur de mensonge). La précaution qu'il exprime explique que le conditionnel permette d'adoucir certaines interrogations ou certaines demandes :

Pourriez-vous m'indiquer la rue de la plage ?
Voudrais-tu fermer la porte ?

– L'indicatif présente le procès comme probable ou certain : celui qui parle a de bonnes raisons pour affirmer ce qu'il avance. Par exemple :

Je sais que tu mens
Je crois/pense/devine que tu mens

Dans *J'espère que tu ne mens pas,* le verbe *espérer* est de l'ordre du probable (quelque chose me dit que, me donne l'espoir que tu ne mens pas).

– L'impératif est l'expression de la volonté, de la part de celui qui parle, de faire agir son interlocuteur (ce peut être un ordre, un conseil, une prière, etc.) :

Prenez garde ! Assieds-toi donc. Allons voir ta mère

Remarque : l'impératif ne connaît que deux personnes, la deuxième du singulier ou du pluriel, et la première du pluriel (celui qui parle s'inclut alors dans ce qu'il suggère de faire). Pour la troisième personne, on utilise *que* suivi du subjonctif :*Qu'il entre !*

L'aspect

Dans chaque mode, le verbe connaît deux formes : une forme simple et une forme composée (il y a deux mots). La forme composée est constituée d'un auxiliaire et du participe passé du verbe ; par exemple :

Infinitif < forme simple : *dormir*
forme composée : *avoir dormi*

(La forme composée comporte l'auxiliaire à l'infinitif et le participe passé *dormi.*)

Participe présent < forme simple : *mangeant*
forme composée : *ayant mangé*

(La forme composée comporte l'auxiliaire au participe présent et le participe passé *mangé.*)

Impératif < forme simple : *Pars à 3 heures*
forme composée : *Sois parti à 3 heures*

(La forme composée comporte l'auxiliaire à l'impératif et le participe passé *parti.*)

La différence de forme morphologique recouvre une différence d'aspect :

– l'aspect non accompli (ou inaccompli) présente l'action en cours ; ainsi, *Pars à 3 heures* signifie que tu devras être en train de partir à 3 heures ;

– l'aspect accompli présente l'action achevée (elle ne se déroule plus, elle est terminée) ; ainsi, *Sois parti à 3 heures* signifie que ton départ doit être effectif à cette heure-là (= « à 3 heures, tu ne dois plus être là. »).

En relation, dans un énoncé, avec la forme simple, la forme composée indique l'antériorité :

À 10 heures, tu seras parti (action future accomplie)
Quand tu seras parti, j'irai rendre visite à ma grand-mère (le départ est une action future accomplie, qui se passe avant la visite à la grand-mère).

–Les semi-auxiliaires d'aspect

On peut préciser à quel moment de son déroulement on considère l'action à l'aide de semi-auxiliaires : le verbe est alors à l'infinitif. Ainsi :

Il commence à pleuvoir
(nous sommes au début du procès)
Il continue à pleuvoir
(nous sommes dans le déroulement du procès)
Il cesse de pleuvoir
(nous sommes à la fin du procès)

Le semi-auxiliaire *commencer à* indique l'aspect inchoatif, *continuer à* (mais aussi *être en train de*) l'aspect continuatif (on dit aussi *duratif,* ou *progressif*), et *cesser de* (mais aussi *s'arrêter de, finir de*) indique l'aspect terminatif.

Remarque : le semi-auxiliaire et l'infinitif forment le verbe (de la même façon que l'auxiliaire et le participe passé forment le verbe). Dans une phrase telle que *L'enfant se mit à pleurer,* on a donc le verbe *pleurer* (dont le sujet est *l'enfant)* conjugué avec le semi-auxiliaire *se mit à,* de la même façon que, dans *L'enfant a pleuré,* on a le verbe *pleurer* conjugué avec l'auxiliaire *a.*

Ne confondons pas l'infinitif formant avec le semi-auxiliaire une *périphrase verbale,* et l'infinitif complément d'objet. Comparons par exemple les deux phrases :

(1) *Le paysan s'acharne à désherber le champ*
(2) *Le paysan continue à désherber le champ*

– Dans le premier cas, on a affaire à un complément d'objet (indirect), que l'on peut remplacer par le pronom *y* ou questionner par *à quoi* :

Le paysan s'y acharne, à désherber le champ
À quoi s'acharne-t-il ? – À désherber le champ

– Dans le second cas, on a affaire à une périphrase verbale : le groupe à l'infinitif *à désherber le champ* ne peut ni être remplacé par le pronom *y,* ni être questionné par *à quoi.*

On peut tenir le même raisonnement à propos de :

– Le malade se plaint d'avoir mal aux jambes

(On a bien le pronom : *Le malade s'en plaint,* et la question *de quoi : De quoi se plaint-il ?* Donc le groupe *d'avoir mal aux jambes* est complément d'objet de *se plaint.*)

– Le malade cesse d'avoir mal aux jambes

(On ne peut pas avoir le pronom : **Le malade en cesse,* ni la question : **De quoi cesse le malade ?* Donc le groupe *d'avoir mal aux jambes* n'est pas complément d'objet ; *cesse d'avoir* est ici une périphrase verbale.)

Il y a également périphrase verbale lorsque l'infinitif est associé à une modalisation : ainsi *paraître, sembler, devoir* (au sens « éventualité ») sont des verbes modaux (ils témoignent d'un certain point de vue de la part de celui qui parle ou écrit). Dans les phrases :

Cet enfant paraît prendre son travail à cœur
Le malade semble se rétablir
Le train doit avoir du retard

on ne pourrait pas remplacer le groupe à l'infinitif par le pronom *le* ni le questionner à l'aide de *que (qu'est-ce que) : paraît, semble, doit* sont des semi-auxiliaires (modaux) qui forment avec l'infinitif une périphrase verbale (*prendre* est donc le verbe, qui a pour sujet *cet enfant* ; de même *se rétablir* et *avoir (du retard)* sont les verbes, qui ont respectivement pour sujet *le malade* et *le train*).

Le temps

Traditionnellement, on dit que le temps verbal inscrit le procès exprimé par le verbe dans une certaine époque : ce que l'on a déjà vécu (le passé), ce que l'on est en train de vivre (le présent) et ce qui peut se produire dans l'avenir (le futur). Les temps sont représentés dans le mode indicatif.

Mais on ne peut pas définir le temps dans la langue uniquement par référence à l'époque : le français connaît en effet trois temps verbaux pour l'époque « passée ». On dira par exemple :

Ce jour-là, il pleuvait (imparfait)
il a plu (passé composé)
il plut (passé simple)

Il n'y a donc pas une correspondance exacte entre le temps du verbe et l'époque : le temps du verbe présente l'événement d'une certaine façon.

Le présent

Le présent indique que ce que l'on dit est considéré ou présenté comme vrai au moment où l'on parle. Il peut s'agir de ce qui se passe alors même qu'on le raconte :

Regarde cet oiseau comme il est joli : il a faim, ma parole ! Qu'est-ce qu'il mange !

mais aussi d'événements qui se déroulent et que l'on saisit à un moment donné (mais qui peuvent avoir commencé avant et se poursuivre après) :

Les enfants sont calmes : ils dorment tranquillement

ou encore de considérations générales (vraies, entre autres, au moment où l'on parle) :

L'eau bout à 100°
Qui veut voyager loin ménage sa monture

Le présent peut s'associer à des compléments de temps renvoyant au passé ou au futur :

Il y a dix jours, je sors de chez moi, et qui je vois ?
Demain, je pars pour Montréal

Il peut être utilisé dans un récit au passé : on parle alors de *présent de narration* ou de *présent historique*. Le but est de faire vivre les événements au lecteur comme s'ils étaient en train de se dérouler sous ses yeux :

« À la porte de la salle
Ils entendirent du bruit :
Le rat des villes détale ;
Son camarade le suit » (La Fontaine).

L'imparfait

L'imparfait suppose que l'on considère un événement du passé à un moment donné de son déroulement, alors qu'une partie s'en est déjà accomplie :

Elle chantait

(Au moment où mon attention se fixe sur cette personne, son chant a commencé.)

Cette partie peut être très petite ou au contraire correspondre à presque l'entier du procès (c'est un complément circonstanciel qui l'indique) :

À peine était-il malade que...

(Son état commence : on n'est qu'au tout début du procès « être malade ».)

Il sortait tout juste quand...

(Il a presque achevé sa sortie : on est quasiment au terme du procès « sortir ».)

Si l'imparfait suppose une partie de l'événement déroulée (il est compatible avec *déjà*, qui indique précisément qu'une certaine portion du procès est accomplie), il ne dit rien du devenir de cet événement (on ne sait pas s'il va continuer ou pas). Là encore c'est le contexte qui permet de conclure si le procès arrive ou non à son terme :

Deux minutes plus tard, hélas ! le train déraillait... (le déraillement a bien eu lieu)
On a de la chance : une minute de plus, et le train déraillait ! (le déraillement n'a pas eu lieu)

Du fait que l'imparfait saisit une situation à un moment donné, sans que l'on sache depuis quand elle a commencé ni pendant combien de temps elle durera (si toutefois elle continue), ce temps convient à la description, c'est-à-dire à la définition des êtres et des choses (leurs caractéristiques, leurs propriétés, ce qui fait leur identité telle qu'on peut la percevoir au moment où l'on s'y intéresse) :

« Notre village gardait le pied de la colline d'où descendait la rue grise venue de la ville lointaine. La matinée avait la robe ensoleillée des jours de repos et le calme tranquille d'un dimanche de juin » (Francis Bebey, *Le fils d'Agatha Moudio*).

Il convient de même à une activité habituelle :

Tous les jours, il se levait au petit matin.

Remarques : 1. L'imparfait peut avoir une valeur d'atténuation (dans l'expression de la demande) avec certains verbes :

Je venais / souhaitais / voulais vous demander...

Du fait que l'action est ainsi présentée comme du domaine du passé, elle contraint moins l'interlocuteur – d'où l'effet d'atténuation.

2. L'imparfait peut être de simple concordance dans les énoncés rapportés :

Il m'a dit : « Je sais. » / Il m'a dit qu'il savait

– Le passé simple

Contrairement à l'imparfait qui saisit l'événement à un moment donné de son déroulement, une partie en étant accomplie, le passé simple présente l'événement dans son entier (il n'est pas compatible avec *déjà*). Dire : *Elle chanta,* c'est montrer la globalité du chant, comprise entre un début et une fin (l'imparfait, en revanche, ne dit rien de la fin : il laisse ouverte la perspective que l'événement aille ou non jusqu'à son terme, comme on l'a vu).

Le passé simple convient donc à la narration, c'est-à-dire au récit d'actions (qui prennent place dans le décor décrit à l'imparfait) :

« Lorsque ma mère m'appela pour le petit déjeuner, ce matin-là, j'étais loin de me montrer fier. Je me fis tout petit, et en me courbant comme à l'ordinaire, je pénétrai chez elle par la porte basse. Le déjeuner était bon. Il avait le goût que je lui avais toujours trouvé depuis l'enfance... »
(Francis Bebey, *Le fils d'Agatha Moudio*).

(L'état du narrateur – *j'étais loin de me montrer fier* – et la qualité du déjeuner sont des circonstances stables qui durent tout le temps de la scène et en constituent l'arrière-fond.)

Du fait que le passé simple présente l'événement comme autonome (il a un début et une fin implicites, il est complètement déroulé), il convient au récit de faits coupés de celui qui est en train de raconter (passé lointain, contes) : il relève de l'« histoire » (voir le paragraphe « Discours » et « histoire ») ; pour le récit d'événements qui nous concernent encore, qui sont donc reliés au moment de l'énonciation, on emploie le passé composé (l'auxiliaire est conjugué au présent) : le passé composé est le temps de la narration reliée au « discours ». Il est donc plus courant dans la communication ordinaire (conversations, lettres, journaux).

– Le futur

Le futur est le temps des faits à venir : projets, prévisions, prédictions, promesses…

Demain, tu iras chez le docteur
Quand j'aurai de l'argent, j'achèterai une voiture
Dieu te punira pour ta désobéissance
Je te promets que je ferai tout mon possible

La périphrase avec *aller* traduit un « futur proche » ; l'auxiliaire conjugué au présent témoigne d'un lien étroit avec le moment de l'énonciation :

Attention ! le train va partir !

Remarques : 1. Reportant fictivement la réalisation de l'action dans l'avenir, le futur permet d'atténuer un ordre ; l'interlocuteur est moins directement contraint d'agir :

Vous me taperez cette lettre, s'il vous plaît

2. Le futur peut indiquer une supposition ; il remet à plus tard la vérification que l'hypothèse avancée est bien la bonne :

Qu'est-ce que c'est que ce bruit, dans la rue, à cette heure ? – Oh, ce sera quelque passant attardé

– Les temps composés

Par rapport aux temps simples correspondants, les temps composés indiquent une action accomplie :

Ça y est ! J'ai fini !

(Au moment présent où je parle, je ne suis plus en train de finir : le travail est achevé.)

À 10 heures, l'enfant était né

(Au moment passé où je me situe, l'enfant n'était plus en train de naître : la naissance était effective.)

Le drôle eut lapé le tout en un moment (La Fontaine)

(Au moment passé où a lieu l'histoire, le mets est achevé.)

Dans un an, il aura terminé ses études

(Au moment futur où l'on se reporte, il ne sera plus en train de faire ses études.)

Employés dans un énoncé en relation avec les temps simples correspondants, les temps composés situent l'événement avant celui qui est exprimé aux temps simples : ils indiquent alors l'antériorité. Ainsi :

Dès qu'il a mangé, il se couche
(passé composé) (présent)
Quand il avait bu, il devenait méchant
(plus-que-parfait) (imparfait)
Lorsqu'elle eut lavé le linge, elle l'étendit
(passé antérieur) (passé simple)
Une fois que vous aurez lu le texte, vous le résumerez
(futur antérieur) (futur)

CONJUGAISON DES VERBES

Présentation du verbe

La grammaire classe les mots de la langue en tenant compte de leur forme et de leur sens : les verbes sont les seuls mots susceptibles de varier pour indiquer le temps. Par exemple, dans la phrase :

Claude était malade, mais il est convalescent et il sera bientôt guéri

le verbe *être* est d'abord au passé *(était),* puis au présent *(est),* et enfin au futur *(sera)* : on ne pourrait pas faire varier de même le nom *Claude,* l'adjectif *malade,* les conjonctions *mais, et,* le pronom *il* ou l'adverbe *bientôt.* Le verbe est le seul mot à pouvoir se conjuguer.

La conjugaison

Tout au long de leur conjugaison, les verbes connaissent deux formes : une forme simple et une forme composée. La forme composée comporte un auxiliaire (conjugué) et un participe passé ; ainsi pour le verbe *dormir* :

Infinitif	simple :	*dormir*
	composé :	*avoir dormi*
Participe présent	simple :	*dormant*
	composé :	*ayant dormi*
Participe passé	simple :	*dormi*
	composé :	*eu dormi*

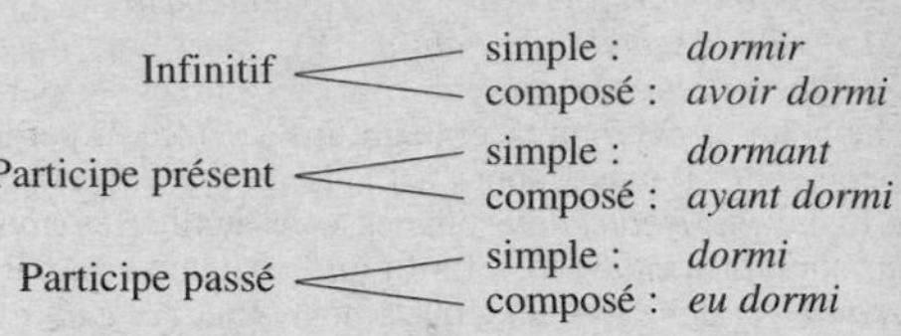

Dans chaque cas, l'auxiliaire est conjugué dans la forme simple et il est suivi du participe passé :

– l'infinitif composé est formé de l'auxiliaire à l'infinitif *avoir* et du participe passé *dormi* ;

– le participe présent composé est formé de l'auxiliaire au participe présent *ayant* suivi du participe passé *dormi* ;

– le participe passé composé est formé de l'auxiliaire au participe passé *eu* suivi du participe passé *dormi.*

Les formes composées sont toutes constituées selon le même principe ; ainsi pour le verbe *partir* (qui se conjugue avec l'auxiliaire *être*), on a :

	Forme simple	Forme composée
Indicatif	présent	passé composé (auxiliaire au présent)
	(tu) pars	*es parti*
	imparfait	plus-que-parfait (auxiliaire à l'imparfait)
	partais	*étais parti*
	passé simple	passé antérieur (auxiliaire au passé simple)
	partis	*fus parti*
	futur	futur antérieur (auxiliaire au futur)
	partiras	*seras parti*
Subjonctif	présent	passé (auxiliaire au présent du subjonctif)
	(que tu) partes	*sois parti*
	imparfait	plus-que-parfait (auxiliaire à l'imparfait du subjonctif)
	partisses	*fusses parti*
Conditionnel	présent	passé (auxiliaire au présent du conditionnel
	(tu) partirais	*serais parti*
Impératif	présent	passé (auxiliaire au présent de l'impératif)
	pars !	*sois parti !*

Du fait que les formes composées s'obtiennent toujours très régulièrement à partir de la conjugaison des auxiliaires *avoir* ou *être* suivis du participe passé du verbe, nous ne donnerons dans les tableaux que les formes simples. Pour *avoir,* voir le tableau 8, et pour *être,* voir le tableau 7.

Les verbes et leurs auxiliaires

La plupart des verbes se conjuguent avec l'auxiliaire *voir* ; nous donnerons donc la liste de ceux qui se onjuguent avec *être* d'une part, et celle de ceux qui admettent les deux auxiliaires (*avoir* ou *être*) d'autre part :

– Verbes se conjuguant avec l'auxiliaire *être* :
dvenir, aller, s'en aller, arriver, éclore, intervenir, mour, naître, devenir, (ne pas en) disconvenir, échoir, par, parvenir, provenir, redevenir, repartir, rester, retomer, revenir, survenir, tomber, venir.

Rappelons que les verbes pronominaux se conjuuent toujours avec *être* :

se souvenir : Je me suis souvenu de cela
s'évanouir : Il s'est évanoui
se battre : Les deux frères se sont battus

– Verbes se conjuguant avec l'auxiliaire *être* ou l'auxiaire *avoir* :
pparaître, camper, changer, crever, croupir, débarquer, éborder, déchoir, dégeler, dégénérer, demeurer, desendre, diminuer, disparaître, divorcer, échapper, houer, éclater, embellir, enlaidir, entrer, expirer, monr, paraître,
asser, pourrir, pourvoir, rajeunir, redescendre, remonr, rentrer, repasser, ressortir, ressusciter, retourner, soner, sortir, stationner, tourner, trépasser, vieillir.

Il faut prendre garde au fait qu'un verbe n'admet pas écessairement les deux auxiliaires pour le même emoi ; ainsi, on peut dire aussi bien :

Les passagers *ont débarqué* à minuit
Les passagers *sont débarqués* à minuit

ais *sonner* n'admet les deux auxiliaires que pour l'incation de l'heure :

Deux heures *ont sonné* / Deux heures *sont sonnées*

seulement *avoir* autrement :

Deux hommes *ont sonné* à la porte

Présentation des formes conjuguées

Les diverses formes des verbes se répartissent en ux grandes catégories :

– les formes impersonnelles (infinitif et participe) ;
– les formes personnelles (indicatif, conditionnel, bjonctif et impératif), qui varient selon le sujet du rbe :

1. *je* (première personne du singulier) ;
2. *tu* (deuxième personne du singulier) ;
3. *il* (mais aussi : *elle, on, le garçon, Gabrielle...* troisième personne du singulier) ;
4. *nous* (première personne du pluriel) ;
5. *vous* (deuxième personne du pluriel) ;
6. *ils* (mais aussi *elles, les gens, mes amis...* troisième personne du pluriel).

Dans les tableaux de conjugaison, les formes du rbe sont conventionnellement énumérées dans l'ordre à 6. L'impératif ne connaît que trois formes (dont le jet n'est pas exprimé) :

2. *Dors ! Sois bien sage !* (deuxième personne du singulier) ;
4. *Partons ! Soyons discrets !* (première personne du pluriel) ;
5. *Asseyez-vous ! Écoutez...* (deuxième personne du pluriel).

Les groupes

Traditionnellement, les verbes sont classés en trois oupes selon les variations que connaît leur conjugaison :

– le premier groupe réunit les verbes dont l'infinitif *-er*, comme *aimer, chanter, manger...*
– le deuxième groupe rassemble les verbes dont l'initif est *-ir*, et le participe présent *-issant*, comme *finir, unchir, alunir...*
– le troisième groupe comporte tous les autres verbes : *lire, écrire, offrir, boire, coudre...*

Mais à l'intérieur de chaque groupe, il faut distinguer des sous-groupes, selon les particularités de la conjugaison.

Les différents verbes du premier groupe

Sauf *aller* et *envoyer,* les verbes du premier groupe ont les mêmes terminaisons (ainsi, *-er* est la terminaison de l'infinitif : *aim-er, chant-er, mang-er*).

Terminaisons du premier groupe
(type *aim-er,* tableau 1)

Infinitif *-er* Participe présent *-ant* Participe passé *-é*

Indicatif présent	-e -es -e -ons -ez -ent	Subjonctif présent	-e -es -e -ions -iez -ent
imparfait	-ais -ais -ait -ions -iez -aient	imparfait	-asse -asses -ât -assions -assiez -assent
futur	-erai -eras -era -erons -erez -eront	Conditionnel	-erais -erais -erait -erions -eriez -eraient
passé simple	-ai -as -a -âmes -âtes -èrent	Impératif	-e -ons -ez

Mais certains verbes connaissent une variation de radical :

• les verbes terminés par *-cer* s'écrivent ç devant *a, o* : *je plaçais, nous plaçons,* tableau 12.

• les verbes terminés par *-ger* s'écrivent *ge* devant *a, o* : *je mangeais, nous mangeons,* tableau 13.

• les verbes terminés par *-é* + consonne + *er* (comme *céder, considérer, répéter*) s'écrivent *-è* + consonne devant *-e, -es, -ent* : *je cède, tu cèdes, ils cèdent* mais *nous cédons, vous céderez, ils céderaient,* tableau 14.

• les verbes terminés par *-e* + consonne + *er* (comme *lever, geler, acheter*) s'écrivent *-è* + consonne devant *-e, -es, -ent* et devant les terminaisons du futur et du conditionnel : *je lève, tu lèves, ils lèvent* – tableau 16 –, sauf les verbes du type *appeler* : *j'appelle, tu appelles, ils appellent* – tableau 19 – et les verbes du type *jeter* : *je jette, tu jettes, ils jettent* – tableau 20.

• les verbes terminés par *-ayer* comme *payer* s'écrivent avec *y* ou *i* devant *-e, -es, -ent* et devant les terminaisons du futur et du conditionnel : *je paie* ou *je paye, tu paies* ou *tu payes, ils paient* ou *ils payent,* tableau 21.

• les verbes terminés par *-oyer* comme *employer* ou *-uyer* comme *essuyer* s'écrivent seulement *i* devant *-e, -es, -ent* et devant les terminaisons du futur et du conditionnel : *j'emploie, tu emploies, ils emploient* – tableau 23 –, ou *j'essuie, tu essuies, ils essuient* – tableau 22.

• le verbe *envoyer* a trois radicaux : *envoi-* dans *j'envoie, envoy-* dans *nous envoyons, enverr-* dans *il enverra* – tableau 24.

• le verbe *aller* a une conjugaison spécifique, tableau 9.

• Attention !

• des verbes comme *plier, crier, copier* ont le radical *pli-, cri-, copi-* : ils ont donc deux *i* aux 1re et 2e personnes du pluriel de l'imparfait de l'indicatif et du présent du subjonctif. Par exemple :

Hier à cette heure-ci, nous *pliions* bagage
Il ne faut pas que nous *criions* : les enfants dorment !
Vous *criiez* à tel point que c'était insupportable
Il ne faut pas que vous *copiiez* les uns sur les autres

• des verbes comme *agréer, créer* ont le radical *agré-, cré-*: ils ont donc deux *é* au participe passé. Par exemple :

J'ai *agréé* votre demande
Votre demande est *agréée* par le ministre
On a *créé* un centre sportif
Ces statues ont été *créées* à partir de sable

• certains verbes relèvent de deux sous-groupes, par exemple *assiéger* (tableau 15) :

– se termine en *-ger* (tableau 13)
– mais aussi par *-é* + consonne + *er* (tableau 14) : *j'assiège, nous assiégeons ;*
de même *rapiécer* (tableau 14) :
– se termine en *-cer* (tableau 12)
– mais aussi par *-é* + consonne + *er* (tableau 14) : *je rapièce, nous rapiéçons ;*

ou encore *dépecer* (tableau 16) :

– se termine en *-cer* (tableau 12)
– mais aussi par *-e* + consonne + *er* (tableau 16) : *tu dépèces la viande, vous dépecez le lapin.*

• les verbes en *-guer* comme *fatiguer* ou en *-quer* comme *communiquer* gardent leur radical en *-gu-* ou en *-qu-* tout au long de leur conjugaison :

Nous nous *fatiguons,* vous me *fatiguez*
Nous ne *communiquons* plus ? *Communiquez !*
C'est en *communiquant* que l'on comprend autrui

On écrit donc : *la conjugaison* mais *je conjuguais, un rire communicatif* mais *il nous communiqua son fou rire.*

Les différents verbes du deuxième groupe

Les terminaisons pour les verbes du deuxième groupe sont les suivantes :

Terminaisons du deuxième groupe
(type *fin-ir,* tableau 3)

Infinitif *-ir* Participe présent *-issant* Participe passé *-i*

Indicatif présent	-is -is -it -issons -issez -issent	Subjonctif présent	-isse -isses -isse -issions -issiez -issent
imparfait	-issais -issais -issait -issions -issiez -issaient	imparfait	-isse -isses -ît -issions -issiez -issent
futur	-irai -iras -ira -irons -irez -iront	Conditionnel	-irais -irais -irait -irions -iriez -iraient
passé simple	-is -is -it -îmes -îtes -irent	Impératif	-is -issons -issez

Mais notez que le verbe *haïr* (tableau 25) perd l tréma aux trois premières personnes du présent de l'in dicatif :

Je *hais* cet homme [ʒəɛsɛtɔm]
Hais-tu les compromissions ? [ɛtylɛk˜ɔprɔmisj˜ɔ]
Elle *hait* le racisme [ɛ̃lɛlərasism]

et à la 2e personne du singulier de l'impératif :

Ne *hais* point tes parents

Il n'a pas l'accent circonflexe au passé simple de l'ind catif ni à l'imparfait du subjonctif :

Nous le *haïmes,* vous la *haïtes* [aim], [ait]
Il ne fallait pas qu'il la *haït !* [ai]

Le verbe *bénir* connaît un participe passé *bénit, béni* employé comme adjectif dans certaines expressions : *d pain bénit, de l'eau bénite.*

Le participe passé de *maudire* (tableau 80) est *ma dit, maudite* (*maudire* s'oppose aussi à *finir* par son inf nitif en *-ire* au lieu de *-ir*), par exemple :

Il a *maudit* ses enfants. / Sa fille, il l'a *maudite.*

Les différents verbes du troisième groupe

On ne peut pas établir dans le troisième groupe de sous-groupes à partir de terminaisons identiques en rela tion avec l'infinitif : la variation du radical n'est en eff pas systématiquement la même.

Ainsi, on a une vingtaine de verbes en *-ir* qui ont le participe présent en *-ant*, mais qui connaissent au pr sent de l'indicatif deux types de terminaison :

1. type *offr-ir*	2. type *cour-ir*
offr-e	cour-s
offr-es	cour-s
offr-e	cour-t
offr-ons	cour-ons
offr-ez	cour-ez
offr-ent	cour-ent

Mais, quoique se terminant comme *courir,* d verbes comme *mentir, venir, mourir* n'appartienne cependant pas à la même classe, car les terminaisons se greffent pas toutes sur *ment-, ven-* ou *mour-* comm sur *cour-*.

ment-ir	*ven -ir*	*mour -ir*
men-s	vien-s	meur-s
men -s	vien-s	meur-s
men-t	vien-t	meur-t
men-t-ons	ven-ons	mour-ons
men-t-ez	ven-ez	mour-ez
men-t-ent	vien-n-ent	meur-ent

Un verbe comme *cueill-ir* se conjugue bien comr *offr-ir* au présent de l'indicatif, mais s'oppose à lui p le participe passé :

offr-ir / offert *mais* cueill-ir / cueilli

La conjugaison passive

Une phrase passive correspond à une phrase activ par exemple :

Ce garçon a mangé toutes les arachides (phrase activ
Toutes les arachides ont été mangées par ce garç (phrase passive)

Le verbe passif contient l'auxiliaire *être*. Le parti pe passé qui le suit s'accorde avec le sujet sauf s'il lui-même suivi d'un participe passé : *Quand elle a eu aimée, dans sa jeunesse, elle a voulu la gloire.*

Le verbe *aimer* au passif

Infinitif	*être aimé*
Participe présent	*ayant été aimé*
Participe passé	*eu été aimé*
Indicatif présent	suis aimé(e) es aimé(e) est aimé(e) sommes aimé(e)s êtes aimé(e)s sont aimé(e)s
imparfait	étais aimé(e) étais aimé(e) était aimé(e) étions aimé(e)s étiez aimé(e)s étaient aimé(e)s
futur	serai aimé(e) seras aimé(e) sera aimé(e) serons aimé(e)s serez aimé(e)s seront aimé(e)s
passé simple	fus aimé(e) fus aimé(e) fut aimé(e) fûmes aimé(e)s fûtes aimé(e)s furent aimé(e)s
Subjonctif présent	sois aimé(e) sois aimé(e) soit aimé(e) soyons aimé(e)s soyez aimé(e)s soient aimé(e)s
imparfait	fusse aimé(e) fusses aimé(e) fût aimé(e) fussions aimé(e)s fussiez aimé(e)s fussent aimé(e)s
Conditionnel présent	serais aimé(e) serais aimé(e) serait aimé(e) serions aimé(e)s seriez aimé(e)s seraient aimé(e)s
Impératif présent	sois aimé(e) soyons aimé(e)s soyez aimé(e)s

Aux temps composés, le verbe *être* est conjugué avec *avoir*. On aura donc par exemple au passé composé passif : *j'ai été aimé(e)*, au plus-que-parfait passif : *j'avais été aimé(e)*, au futur antérieur passif : *j'aurai été aimé(e)*, etc.

La conjugaison pronominale

Le verbe pronominal est précédé d'un pronom personnel complément accordé avec le sujet :

Je me souviens de cela (*je* et *me* = 1re personne)

*Tu t'*es aperçu de cela (*tu* et *te* = 2e personne)

*Elle s'*est évanouie (*elle* et *s'* = 3e personne)

(À la 3e personne, le pronom complément est nécessairement *se (s')*.)

Si le pronom complément n'est pas de même personne que le sujet, on n'a pas affaire à un emploi pronominal, et l'auxiliaire n'est plus *être* mais *avoir* :

Tu m'as aperçu / *Tu l'as* aperçu(e) de loin

Tu nous as aperçus

Le verbe pronominal se conjugue toujours avec l'auxiliaire *être* aux temps composés. Exemple :

Le verbe *s'évanouir* aux temps composés

Infinitif	*s'être évanoui*	
Participe présent	*s'étant évanoui*	
Participe passé	–	
Indicatif :		
présent (elle)	s'est évanouie (ils)	se sont évanouis
imparfait	s'était évanouie	s'étaient évanouis
futur	se sera évanouie	se seront évanouis
passé simple	se fut évanouie	se furent évanouis
Subjonctif :		
présent	se soit évanouie	se soient évanouis
imparfait	se fût évanouie	se fussent évanouis
Conditionnel	se serait évanouie	se seraient évanouis
Impératif	–	–

Le passé surcomposé

On parle de « passé surcomposé » lorsque l'auxiliaire (conjugué) est suivi de deux participes passés : on a donc trois formes verbales à la suite. Par exemple :

Quand Joachim *a eu fini* son Soda, il s'est levé.

Le verbe *finir* aux temps surcomposés

Infinitif	*avoir eu fini*
Participe présent	*ayant eu fini*
passé	–
Indicatif présent	(il) a eu fini
imparfait	avait eu fini
futur	aura eu fini
passé simple	eut eu fini
Subjonctif présent	ait eu fini
imparfait	eût eu fini
Conditionnel	aurait eu fini
Impératif	–

TABLEAUX DE CONJUGAISON, PRÉSENTATION

Les verbes apparaissent à l'infinitif. Par exemple : 8. AVOIR (*avoir* est l'infinitif)

Ils sont suivis de la forme du participe présent, puis de celle du participe passé. Ainsi :

8. AVOIR Participe présent : *ayant* Participe passé : *eu.*

Puis vient la conjugaison, dont les listes reçoivent leur étiquette au bas des colonnes :

PRÉSENT	IMPARFAIT	PASSÉ SIMPLE	FUTUR	PRÉSENT	PRÉSENT	IMPARFAIT	
INDICATIF				CONDITIONNEL	SUBJONCTIF		IMPÉRATIF

Le futur et le conditionnel sont des terminaisons voisines, qui s'attachent toujours au même radical ; par exemple :

Futur	au rai	se ras	i rons	enver rai	cri eront
Conditionnel	au rais	se rais	i rions	enver rais	cri eraient

C'est pourquoi nous les avons disposées ainsi, l'une à côté de l'autre :

aimerai	-erais
Futur	Conditionnel

INDICATIF				CONDITIONNEL	SUBJONCTIF		IMPÉRATIF
PRÉSENT	IMPARFAIT	PASSÉ SIMPLE	FUTUR	PRÉSENT	PRÉSENT	IMPARFAIT	
1. AIMER	**Participe présent : *aimant***	**Participe passé : *aimé***					
aime	aimais	aimai	aimerai	-erais	aime	aimasse	
aimes	aimais	aimas	aimeras	-erais	aimes	aimasses	aime
aime	aimait	aima	aimera	-erait	aime	aimât	
aimons	aimions	aimâmes	aimerons	-erions	aimions	aimassions	aimons
aimez	aimiez	aimâtes	aimerez	-eriez	aimiez	aimassiez	aimez
aiment	aimaient	aimèrent	aimeront	-eraient	aiment	aimassent	
2. PLIER	**Participe présent : *pliant***	**Participe passé : *plié***					
plie	pliais	pliai	plierai	-ierais	plie	pliasse	
plies	pliais	plias	plieras	-ierais	plies	pliasses	plie
plie	pliait	plia	pliera	-ierait	plie	pliât	
plions	pliions	pliâmes	plierons	-ierions	pliions	pliassions	plions
pliez	pliiez	pliâtes	plierez	-ieriez	pliiez	pliassiez	pliez
plient	pliaient	plièrent	plieront	-ieraient	plient	pliassent	
3. FINIR	**Participe présent : *finissant***	**Participe passé : *fini***					
finis	finissais	finis	finirai	-irais	finisse	finisse	
finis	finissais	finis	finiras	-irais	finisses	finisses	finis
finit	finissait	finit	finira	-irait	finisse	finît	
finissons	finissions	finîmes	finirons	-irions	finissions	finissions	finissons
finissez	finissiez	finîtes	finirez	-iriez	finissiez	finissiez	finissez
finissent	finissaient	finirent	finiront	-iraient	finissent	finissent	
4. OFFRIR	**Participe présent : *offrant***	**Participe passé : *offert***					
offre	offrais	offris	offrirai	-irais	offre	offrisse	
offres	offrais	offris	offriras	-irais	offres	offrisses	offre
offre	offrait	offrit	offrira	-irait	offre	offrît	
offrons	offrions	offrîmes	offrirons	-irions	offrions	offrissions	offrons
offrez	offriez	offrîtes	offrirez	-iriez	offriez	offrissiez	offrez
offrent	offraient	offrirent	offriront	-iraient	offrent	offrissent	
5. RECEVOIR	**Participe présent : *recevant***	**Participe passé : *reçu***					
reçois	recevais	reçus	recevrai	-rais	reçoive	reçusse	
reçois	recevais	reçus	recevras	-rais	reçoives	reçusses	reçois
reçoit	recevait	reçut	recevra	-rait	reçoive	reçût	
recevons	recevions	reçûmes	recevrons	-rions	recevions	reçussions	recevons
recevez	receviez	reçûtes	recevrez	-riez	receviez	reçussiez	recevez
reçoivent	recevaient	reçurent	recevront	-raient	reçoivent	reçussent	

INDICATIF PRÉSENT	INDICATIF IMPARFAIT	INDICATIF PASSÉ SIMPLE	INDICATIF FUTUR	CONDITIONNEL PRÉSENT	SUBJONCTIF PRÉSENT	SUBJONCTIF IMPARFAIT	IMPÉRATIF
6. ATTENDRE	**Participe présent : *attendant***	**Participe passé : *attendu***					
attends	attendais	attendis	attendrai	-rais	attende	attendisse	
attends	attendais	attendis	attendras	-rais	attendes	attendisses	attends
attend	attendait	attendit	attendra	-rait	attende	attendît	
attendons	attendions	attendîmes	attendrons	-rions	attendions	attendissions	attendons
attendez	attendiez	attendîtes	attendrez	-riez	attendiez	attendissiez	attendez
attendent	attendaient	attendirent	attendront	-raient	attendent	attendissent	
7. ÊTRE	**Participe présent : *étant***	**Participe passé : *été***					
suis	étais	fus	serai	-rais	sois	fusse	
es	étais	fus	seras	-rais	sois	fusses	sois
est	était	fut	sera	-rait	soit	fût	
sommes	étions	fûmes	serons	-rions	soyons	fussions	soyons
êtes	étiez	fûtes	serez	-riez	soyez	fussiez	soyez
sont	étaient	furent	seront	-raient	soient	fussent	
8. AVOIR	**Participe présent : *ayant***	**Participe passé : *eu***					
ai	avais	eus	aurai	-rais	aie	eusse	
as	avais	eus	auras	-rais	aies	eusses	aie
a	avait	eut	aura	-rait	ait	eût	
avons	avions	eûmes	aurons	-rions	ayons	eussions	ayons
avez	aviez	eûtes	aurez	-riez	ayez	eussiez	ayez
ont	avaient	eurent	auront	-raient	aient	eussent	
9. ALLER	**Participe présent : *allant***	**Participe passé : *allé***					
vais	allais	allai	irai	-rais	aille	allasse	
vas	allais	allas	iras	-rais	ailles	allasses	va
va	allait	alla	ira	-rait	aille	allât	
allons	allions	allâmes	irons	-rions	allions	allassions	allons
allez	alliez	allâtes	irez	-riez	alliez	allassiez	allez
vont	allaient	allèrent	iront	-raient	aillent	allassent	
10. FAIRE	**Participe présent : *faisant***	**Participe passé : *fait***					
fais	faisais	fis	ferai	-erais	fasse	fisse	
fais	faisais	fis	feras	-erais	fasses	fisses	fais
fait	faisait	fit	fera	-erait	fasse	fît	
faisons	faisions	fîmes	ferons	-erions	fassions	fissions	faisons
faites	faisiez	fîtes	ferez	-eriez	fassiez	fissiez	faites
font	faisaient	firent	feront	-eraient	fassent	fissent	

11. CRÉER **Participe présent : *créant*** **Participe passé : *créé***

Indicatif Présent	Indicatif Imparfait	Indicatif Passé simple	Indicatif Futur	Conditionnel Présent	Subjonctif Présent	Subjonctif Imparfait	Impératif
crée	créais	créai	créerai	-erais	crée	créasse	
crées	créais	créas	créeras	-erais	crées	créasses	crée
crée	créait	créa	créera	-erait	crée	créât	
créons	créions	créâmes	créerons	-erions	créions	créassions	créons
créez	créiez	créâtes	créerez	-eriez	créiez	créassiez	créez
créent	créaient	créèrent	créeront	-eraient	créent	créassent	

12. PLACER **Participe présent : *plaçant*** **Participe passé : *placé***

Indicatif Présent	Indicatif Imparfait	Indicatif Passé simple	Indicatif Futur	Conditionnel Présent	Subjonctif Présent	Subjonctif Imparfait	Impératif
place	plaçais	plaçai	placerai	-erais	place	plaçasse	
places	plaçais	plaças	placeras	-erais	places	plaçasses	place
place	plaçait	plaça	placera	-erait	place	plaçât	
plaçons	placions	plaçâmes	placerons	-erions	placions	plaçassions	plaçons
placez	placiez	plaçâtes	placerez	-eriez	placiez	plaçassiez	placez
placent	plaçaient	placèrent	placeront	-eraient	placent	plaçassent	

13. MANGER **Participe présent : *mangeant*** **Participe passé : *mangé***

Indicatif Présent	Indicatif Imparfait	Indicatif Passé simple	Indicatif Futur	Conditionnel Présent	Subjonctif Présent	Subjonctif Imparfait	Impératif
mange	mangeais	mangeai	mangerai	-erais	mange	mangeasse	
manges	mangeais	mangeas	mangeras	-erais	manges	mangeasses	mange
mange	mangeait	mangea	mangera	-erait	mange	mangeât	
mangeons	mangions	mangeâmes	mangerons	-erions	mangions	mangeassions	mangeons
mangez	mangiez	mangeâtes	mangerez	-eriez	mangiez	mangeassiez	mangez
mangent	mangeaient	mangèrent	mangeront	-eraient	mangent	mangeassent	

14. CÉDER **Participe présent : *cédant*** **Participe passé : *cédé***

Indicatif Présent	Indicatif Imparfait	Indicatif Passé simple	Indicatif Futur	Conditionnel Présent	Subjonctif Présent	Subjonctif Imparfait	Impératif
cède	cédais	cédai	céderai	-erais	cède	cédasse	
cèdes	cédais	cédas	céderas	-erais	cèdes	cédasses	cède
cède	cédait	céda	cédera	-erait	cède	cédât	
cédons	cédions	cédâmes	céderons	-erions	cédions	cédassions	cédons
cédez	cédiez	cédâtes	céderez	-eriez	cédiez	cédassiez	cédez
cèdent	cédaient	cédèrent	céderont	-eraient	cèdent	cédassent	

RAPIÉCER **Participe présent : *rapiéçant*** **Participe passé : *rapiécé***

Indicatif Présent	Indicatif Imparfait	Indicatif Passé simple	Indicatif Futur	Conditionnel Présent	Subjonctif Présent	Subjonctif Imparfait	Impératif
rapièce	rapiéçais	rapiéçai	rapiécerai	-erais	rapièce	rapiéçasse	
rapièces	rapiéçais	rapiéças	rapiéceras	-erais	rapièces	rapiéçasses	rapièce
rapièce	rapiéçait	rapiéça	rapiécera	-erait	rapièce	rapiéçât	
rapiéçons	rapiécions	rapiéçâmes	rapiécerons	-erions	rapiécions	rapiéçassions	rapiéçons
rapiécez	rapiéciez	rapiéçâtes	rapiécerez	-eriez	rapiéciez	rapiéçassiez	rapiécez
rapiècent	rapiéçaient	rapiécèrent	rapiéceront	-eraient	rapiècent	rapiéçassent	

PRÉSENT	IMPARFAIT	PASSÉ SIMPLE	FUTUR	PRÉSENT	PRÉSENT	IMPARFAIT	
INDICATIF				CONDITIONNEL	SUBJONCTIF		IMPÉRATIF
15. ASSIÉGER	**Participe présent : *assiégeant***	**Participe passé : *assiégé***					
assiège	assiégeais	assiégeai	assiégerai	-erais	assiège	assiégeasse	
assièges	assiégeais	assiégeas	assiégeras	-erais	assièges	assiégeasses	assiège
assiège	assiégeait	assiégea	assiégera	-erait	assiège	assiégeât	
assiégeons	assiégions	assiégeâmes	assiégerons	-erions	assiégions	assiégeassions	assiégeons
assiégez	assiégiez	assiégeâtes	assiégerez	-eriez	assiégiez	assiégeassiez	assiégez
assiègent	assiégeaient	assiégèrent	assiégeront	-eraient	assiègent	assiégeassent	
16. LEVER	**Participe présent : *levant***	**Participe passé : *levé***					
lève	levais	levai	lèverai	-erais	lève	levasse	
lèves	levais	levas	lèveras	-erais	lèves	levasses	lève
lève	levait	leva	lèvera	-erait	lève	levât	
levons	levions	levâmes	lèverons	-erions	levions	levassions	levons
levez	leviez	levâtes	lèverez	-eriez	leviez	levassiez	levez
lèvent	levaient	levèrent	lèveront	-eraient	lèvent	levassent	
DÉPECER	**Participe présent : *dépeçant***	**Participe passé : *dépecé***					
dépèce	dépeçais	dépeçai	dépècerai	-erais	dépèce	dépeçasse	
dépèces	dépeçais	dépeças	dépèceras	-erais	dépèces	dépeçasses	dépèce
dépèce	dépeçait	dépeça	dépècera	-erait	dépèce	dépeçât	
dépeçons	dépecions	dépeçâmes	dépècerons	-erions	dépecions	dépeçassions	dépeçons
dépecez	dépeciez	dépeçâtes	dépècerez	-eriez	dépeciez	dépeçassiez	dépecez
dépècent	dépeçaient	dépecèrent	dépèceront	-eraient	dépècent	dépeçassent	
17. GELER	**Participe présent : *gelant***	**Participe passé : *gelé***					
gèle	gelais	gelai	gèlerai	-erais	gèle	gelasse	
gèles	gelais	gelas	gèleras	-erais	gèles	gelasses	gèle
gèle	gelait	gela	gèlera	-erait	gèle	gelât	
gelons	gelions	gelâmes	gèlerons	-erions	gelions	gelassions	gelons
gelez	geliez	gelâtes	gèlerez	-eriez	geliez	gelassiez	gelez
gèlent	gelaient	gelèrent	gèleront	-eraient	gèlent	gelassent	
18. ACHETER	**Participe présent : *achetant***	**Participe passé : *acheté***					
achète	achetais	achetai	achèterai	-erais	achète	achetasse	
achètes	achetais	achetas	achèteras	-erais	achètes	achetasses	achète
achète	achetait	acheta	achètera	-erait	achète	achetât	
achetons	achetions	achetâmes	achèterons	-erions	achetions	achetassions	achetons
achetez	achetiez	achetâtes	achèterez	-eriez	achetiez	achetassiez	achetez
achètent	achetaient	achetèrent	achèteront	-eraient	achètent	achetassent	

INDICATIF PRÉSENT	INDICATIF IMPARFAIT	INDICATIF PASSÉ SIMPLE	INDICATIF FUTUR	CONDITIONNEL PRÉSENT	SUBJONCTIF PRÉSENT	SUBJONCTIF IMPARFAIT	IMPÉRATIF
19. APPELER	**Participe présent : *appelant***	**Participe passé : *appelé***					
appelle	appelais	appelai	appellerai	-erais	appelle	appelasse	
appelles	appelais	appelas	appelleras	-erais	appelles	appelasses	appelle
appelle	appelait	appela	appellera	-erait	appelle	appelât	
appelons	appelions	appelâmes	appellerons	-erions	appelions	appelassions	appelons
appelez	appeliez	appelâtes	appellerez	-eriez	appeliez	appelassiez	appelez
appellent	appelaient	appelèrent	appelleront	-eraient	appellent	appelassent	
20. JETER	**Participe présent : *jetant***	**Participe passé : *jeté***					
jette	jetais	jetai	jetterai	-erais	jette	jetasse	
jettes	jetais	jetas	jetteras	-erais	jettes	jetasses	jette
jette	jetait	jeta	jettera	-erait	jette	jetât	
jetons	jetions	jetâmes	jetterons	-erions	jetions	jetassions	jetons
jetez	jetiez	jetâtes	jetterez	-eriez	jetiez	jetassiez	jetez
jettent	jetaient	jetèrent	jetteront	-eraient	jettent	jetassent	
21. PAYER	**Participe présent : *payant***	**Participe passé : *payé***					
paye *ou* paie	payais	payai	payerai *ou* paierai	-erais	paye *ou* paie	payasse	
payes *ou* paies	payais	payas	payeras *ou* paieras	-erais	payes *ou* paies	payasses	paye *ou* paie
paye *ou* paie	payait	paya	payera *ou* paiera	-erait	paye *ou* paie	payât	
payons	payions	payâmes	payerons *ou* paierons	-erions	payions	payassions	payons
payez	payiez	payâtes	payerez *ou* paierez	-eriez	payiez	payassiez	payez
payent *ou* paient	payaient	payèrent	payeront *ou* paieront	-eraient	payent *ou* paient	payassent	
22. ESSUYER	**Participe présent : *essuyant***	**Participe passé : *essuyé***					
essuie	essuyais	essuyai	essuierai	-erais	essuie	essuyasse	
essuies	essuyais	essuyas	essuieras	-erais	essuies	essuyasses	essuie
essuie	essuyait	essuya	essuiera	-erait	essuie	essuyât	
essuyons	essuyions	essuyâmes	essuierons	-erions	essuyions	essuyassions	essuyons
essuyez	essuyiez	essuyâtes	essuierez	-eriez	essuyiez	essuyassiez	essuyez
essuient	essuyaient	essuyèrent	essuieront	-eraient	essuient	essuyassent	
23. EMPLOYER	**Participe présent : *employant***	**Participe passé : *employé***					
emploie	employais	employai	emploierai	-erais	emploie	employasse	
emploies	employais	employas	emploieras	-erais	emploies	employasses	emploie
emploie	employait	employa	emploiera	-erait	emploie	employât	
employons	employions	employâmes	emploierons	-erions	employions	employassions	employons
employez	employiez	employâtes	emploierez	-eriez	employiez	employassiez	employez
emploient	employaient	employèrent	emploieront	-eraient	emploient	employassent	

Indicatif Présent	Indicatif Imparfait	Indicatif Passé simple	Indicatif Futur	Conditionnel Présent	Subjonctif Présent	Subjonctif Imparfait	Impératif
24. ENVOYER	**Participe présent : *envoyant***	**Participe passé : *envoyé***					
envoie	envoyais	envoyai	enverrai	-rais	envoie	envoyasse	
envoies	envoyais	envoyas	enverras	-rais	envoies	envoyasses	envoie
envoie	envoyait	envoya	enverra	-rait	envoie	envoyât	
envoyons	envoyions	envoyâmes	enverrons	-rions	envoyions	envoyassions	envoyons
envoyez	envoyiez	envoyâtes	enverrez	-riez	envoyiez	envoyassiez	envoyez
envoient	envoyaient	envoyèrent	enverront	-raient	envoient	envoyassent	
25. HAÏR	**Participe présent : *haïssant***	**Participe passé : *haï***					
hais	haïssais	haïs	haïrai	-irais	haïsse	haïsse	
hais	haïssais	haïs	haïras	-irais	haïsses	haïsses	hais
hait	haïssait	haït	haïra	-irait	haïsse	haït	
haïssons	haïssions	haïmes	haïrons	-irions	haïssions	haïssions	haïssons
haïssez	haïssiez	haïtes	haïrez	-iriez	haïssiez	haïssiez	haïssez
haïssent	haïssaient	haïrent	haïront	-iraient	haïssent	haïssent	
26. COURIR	**Participe présent : *courant***	**Participe passé : *couru***					
cours	courais	courus	courrai	-rais	coure	courusse	
cours	courais	courus	courras	-rais	coures	courusses	cours
court	courait	courut	courra	-rait	coure	courût	
courons	courions	courûmes	courrons	-rions	courions	courussions	courons
courez	couriez	courûtes	courrez	-riez	couriez	courussiez	courez
courent	couraient	coururent	courront	-raient	courent	courussent	
27. CUEILLIR	**Participe présent : *cueillant***	**Participe passé : *cueilli***					
cueille	cueillais	cueillis	cueillerai	-erais	cueille	cueillisse	
cueilles	cueillais	cueillis	cueilleras	-erais	cueilles	cueillisses	cueille
cueille	cueillait	cueillit	cueillera	-erait	cueille	cueillît	
cueillons	cueillions	cueillîmes	cueillerons	-erions	cueillions	cueillissions	cueillons
cueillez	cueilliez	cueillîtes	cueillerez	-eriez	cueilliez	cueillissiez	cueillez
cueillent	cueillaient	cueillirent	cueilleront	-eraient	cueillent	cueillissent	
28. ASSAILLIR	**Participe présent : *assaillant***	**Participe passé : *assailli***					
assaille	assaillais	assaillis	assaillirai	-irais	assaille	assaillisse	
assailles	assaillais	assaillis	assailliras	-irais	assailles	assaillisses	assaille
assaille	assaillait	assaillit	assaillira	-irait	assaille	assaillît	
assaillons	assaillions	assaillîmes	assaillirons	-irions	assaillions	assaillissions	assaillons
assaillez	assailliez	assaillîtes	assaillirez	-iriez	assailliez	assaillissiez	assaillez
assaillent	assaillaient	assaillirent	assailliront	-iraient	assaillent	assaillissent	

Indicatif – Présent	Indicatif – Imparfait	Indicatif – Passé simple	Indicatif – Futur	Conditionnel – Présent	Subjonctif – Présent	Subjonctif – Imparfait	Impératif
FAILLIR Participe présent : – Participe passé : *failli*							
–	–	faillis	faillirai	-irais	–	–	
–	–	faillis	failliras	-irais	–	–	–
–	–	faillit	faillira	-irait	–	–	
–	–	faillîmes	faillirons	-irions	–	–	–
–	–	faillîtes	faillirez	-iriez	–	–	–
–	–	faillirent	failliront	-iraient	–	–	
29. FUIR Participe présent : *fuyant* Participe passé : *fui*							
fuis	fuyais	fuis	fuirai	-irais	fuie	fuisse	
fuis	fuyais	fuis	fuiras	-irais	fuies	fuisses	fuis
fuit	fuyait	fuit	fuira	-irait	fuie	fuît	
fuyons	fuyions	fuîmes	fuirons	-irions	fuyions	fuissions	fuyons
fuyez	fuyiez	fuîtes	fuirez	-iriez	fuyiez	fuissiez	fuyez
fuient	fuyaient	fuirent	fuiront	-iraient	fuient	fuissent	
30. PARTIR Participe présent : *partant* Participe passé : *parti*							
pars	partais	partis	partirai	-irais	parte	partisse	
pars	partais	partis	partiras	-irais	partes	partisses	pars
part	partait	partit	partira	-irait	parte	partît	
partons	partions	partîmes	partirons	-irions	partions	partissions	partons
partez	partiez	partîtes	partirez	-iriez	partiez	partissiez	partez
partent	partaient	partirent	partiront	-iraient	partent	partissent	
DORMIR Participe présent : *dormant* Participe passé : *dormi*							
dors	dormais	dormis	dormirai	-irais	dorme	dormisse	
dors	dormais	dormis	dormiras	-irais	dormes	dormisses	dors
dort	dormait	dormit	dormira	-irait	dorme	dormît	
dormons	dormions	dormîmes	dormirons	-irions	dormions	dormissions	dormons
dormez	dormiez	dormîtes	dormirez	-iriez	dormiez	dormissiez	dormez
dorment	dormaient	dormirent	dormiront	-iraient	dorment	dormissent	
SERVIR Participe présent : *servant* Participe passé : *servi*							
sers	servais	servis	servirai	-irais	serve	servisse	
sers	servais	servis	serviras	-irais	serves	servisses	sers
sert	servait	servit	servira	-irait	serve	servît	
servons	servions	servîmes	servirons	-irions	servions	servissions	servons
servez	serviez	servîtes	servirez	-iriez	serviez	servissiez	servez
servent	servaient	servirent	serviront	-iraient	servent	servissent	

INDICATIF Présent	INDICATIF Imparfait	INDICATIF Passé simple	INDICATIF Futur	CONDITIONNEL Présent	SUBJONCTIF Présent	SUBJONCTIF Imparfait	IMPÉRATIF
31. BOUILLIR Participe présent : *bouillant* Participe passé : *bouilli*							
bous	bouillais	bouillis	bouillirai	-irais	bouille	bouillisse	
bous	bouillais	bouillis	bouilliras	-irais	bouilles	bouillisses	bous
bout	bouillait	bouillit	bouillira	-irait	bouille	bouillît	
bouillons	bouillions	bouillîmes	bouillirons	-irions	bouillions	bouillissions	bouillons
bouillez	bouilliez	bouillîtes	bouillirez	-iriez	bouilliez	bouillissiez	bouillez
bouillent	bouillaient	bouillirent	bouilliront	-iraient	bouillent	bouillissent	
32. COUVRIR Participe présent : *couvrant* Participe passé : *couvert*							
couvre	couvrais	couvris	couvrirai	-irais	couvre	couvrisse	
couvres	couvrais	couvris	couvriras	-irais	couvres	couvrisses	couvre
couvre	couvrait	couvrit	couvrira	-irait	couvre	couvrît	
couvrons	couvrions	couvrîmes	couvrirons	-irions	couvrions	couvrissions	couvrons
couvrez	couvriez	couvrîtes	couvrirez	-iriez	couvriez	couvrissiez	couvrez
couvrent	couvraient	couvrirent	couvriront	-iraient	couvrent	couvrissent	
33. VÊTIR Participe présent : *vêtant* Participe passé : *vêtu*							
vêts	vêtais	vêtis	vêtirai	-irais	vête	vêtisse	
vêts	vêtais	vêtis	vêtiras	-irais	vêtes	vêtisses	vêts
vêt	vêtait	vêtit	vêtira	-irait	vête	vêtît	
vêtons	vêtions	vêtîmes	vêtirons	-irions	vêtions	vêtissions	vêtons
vêtez	vêtiez	vêtîtes	vêtirez	-iriez	vêtiez	vêtissiez	vêtez
vêtent	vêtaient	vêtirent	vêtiront	-iraient	vêtent	vêtissent	
34. MOURIR Participe présent : *mourant* Participe passé : *mort*							
meurs	mourais	mourus	mourrai	-rais	meure	mourusse	
meurs	mourais	mourus	mourras	-rais	meures	mourusses	meurs
meurt	mourait	mourut	mourra	-rait	meure	mourût	
mourons	mourions	mourûmes	mourrons	-rions	mourions	mourussions	mourons
mourez	mouriez	mourûtes	mourrez	-riez	mouriez	mourussiez	mourez
meurent	mouraient	moururent	mourront	-raient	meurent	mourussent	
35. ACQUÉRIR Participe présent : *acquérant* Participe passé : *acquis*							
acquiers	acquérais	acquis	acquerrai	-errais	acquière	acquisse	
acquiers	acquérais	acquis	acquerras	-errais	acquières	acquisses	acquiers
acquiert	acquérait	acquit	acquerra	-errait	acquière	acquît	
acquérons	acquérions	acquîmes	acquerrons	-errions	acquérions	acquissions	acquérons
acquérez	acquériez	acquîtes	acquerrez	-erriez	acquériez	acquissiez	acquérez
acquièrent	acquéraient	acquirent	acquerront	-erraient	acquièrent	acquissent	

INDICATIF				CONDITIONNEL	SUBJONCTIF		IMPÉRATIF
PRÉSENT	IMPARFAIT	PASSÉ SIMPLE	FUTUR	PRÉSENT	PRÉSENT	IMPARFAIT	
36. VENIR	**Participe présent : *venant***	**Participe passé : *venu***					
viens	venais	vins	viendrai	-rais	vienne	vinsse	
viens	venais	vins	viendras	-rais	viennes	vinsses	viens
vient	venait	vint	viendra	-rait	vienne	vînt	
venons	venions	vînmes	viendrons	-rions	venions	vinssions	venons
venez	veniez	vîntes	viendrez	-riez	veniez	vinssiez	venez
viennent	venaient	vinrent	viendront	-raient	viennent	vinssent	
37. GÉSIR	**Participe présent : *gisant***	**Participe passé : –**					
gis	gisais	–	–	–	–	–	
gis	gisais	–	–	–	–	–	–
gît	gisait	–	–	–	–	–	
gisons	gisions	–	–	–	–	–	–
gisez	gisiez	–	–	–	–	–	–
gisent	gisaient	–	–	–	–	–	
38. OUÏR	**Participe présent : *oyant***	**Participe passé : *ouï***					
ouïs *ou* ois	–	ouïs	ouïrai	-rais	–	–	
ouïs *ou* ois	–	ouïs	ouïras	-rais	–	–	ouïs *ou* ois
ouït *ou* oit	–	ouït	ouïra	-rait	–	–	
ouïssons *ou* oyons	–	ouïmes	ouïrons	-rions	–	–	ouïssons *ou* oyons
ouïssez *ou* oyez	–	ouïtes	ouïrez	-riez	–	–	ouïssez *ou* oyez
ouïssent *ou* oient	–	ouïrent	ouïront	-raient	–	–	
39. PLEUVOIR	**Participe présent : *pleuvant***	**Participe passé : *plu***					
–	–	–	–	–	–	–	
–	–	–	–	–	–	–	–
pleut	pleuvait	plut	pleuvra	-rait	pleuve	plût	
–	–	–	–	–	–	–	–
–	–	–	–	–	–	–	–
–	–	–	–	–	–	–	
40. POURVOIR	**Participe présent : *pourvoyant***	**Participe passé : *pourvu***					
pourvois	pourvoyais	pourvus	pourvoirai	-rais	pourvoie	pourvusse	
pourvois	pourvoyais	pourvus	pourvoiras	-rais	pourvoies	pourvusses	pourvois
pourvoit	pourvoyait	pourvut	pourvoira	-rait	pourvoie	pourvût	
pourvoyons	pourvoyions	pourvûmes	pourvoirons	-rions	pourvoyions	pourvussions	pourvoyons
pourvoyez	pourvoyiez	pourvûtes	pourvoirez	-riez	pourvoyiez	pourvussiez	pourvoyez
pourvoient	pourvoyaient	pourvurent	pourvoiront	-raient	pourvoient	pourvussent	

INDICATIF				CONDITIONNEL	SUBJONCTIF		IMPÉRATIF
PRÉSENT	IMPARFAIT	PASSÉ SIMPLE	FUTUR	PRÉSENT	PRÉSENT	IMPARFAIT	
41. ASSEOIR Participe présent : *asseyant* Participe passé : *assis*							
assieds	asseyais	assis	assiérai	-rais	asseye	assisse	
assieds	asseyais	assis	assiéras	-rais	asseyes	assisses	assieds
assied	asseyait	assit	assiéra	-rait	asseye	assît	
asseyons	asseyions	assîmes	assiérons	-rions	asseyions	assissions	asseyons
asseyez	asseyiez	assîtes	assiérez	-riez	asseyiez	assissiez	asseyez
asseyent	asseyaient	assirent	assiéront	-raient	asseyent	assissent	
ou* Participe présent : *assoyant* Participe passé : *assis							
assois	assoyais	assis	assoirai	-rais	assoie	assisse	
assois	assoyais	assis	assoiras	-rais	assoies	assisses	assois
assoit	assoyait	assit	assoira	-rait	assoie	assît	
assoyons	assoyions	assîmes	assoirons	-rions	assoyions	assissions	assoyons
assoyez	assoyiez	assîtes	assoirez	-riez	assoyiez	assissiez	assoyez
assoient	assoyaient	assirent	assoiront	-raient	assoient	assissent	
SURSEOIR Participe présent : *sursoyant* Participe passé : *sursis*							
sursois	sursoyais	sursis	surseoirai	-rais	sursoie	sursisse	
sursois	sursoyais	sursis	surseoiras	-rais	sursoies	sursisses	sursois
sursoit	sursoyait	sursit	surseoira	-rait	sursoie	sursît	
sursoyons	sursoyions	sursîmes	surseoirons	-rions	sursoyions	sursissions	sursoyons
sursoyez	sursoyiez	sursîtes	surseoirez	-riez	sursoyiez	sursissiez	sursoyez
sursoient	sursoyaient	sursirent	surseoiront	-raient	sursoient	sursissent	
42. PRÉVOIR Participe présent : *prévoyant* Participe passé : *prévu*							
prévois	prévoyais	prévis	prévoirai	-rais	prévoie	prévisse	
prévois	prévoyais	prévis	prévoiras	-rais	prévoies	prévisses	prévois
prévoit	prévoyait	prévit	prévoira	-rait	prévoie	prévît	
prévoyons	prévoyions	prévîmes	prévoirons	-rions	prévoyions	prévissions	prévoyons
prévoyez	prévoyiez	prévîtes	prévoirez	-riez	prévoyiez	prévissiez	prévoyez
prévoient	prévoyaient	prévirent	prévoiront	-raient	prévoient	prévissent	
43. MOUVOIR Participe présent : *mouvant* Participe passé : *mû*							
meus	mouvais	mus	mouvrai	-rais	meuve	musse	
meus	mouvais	mus	mouvras	-rais	meuves	musses	meus
meut	mouvait	mut	mouvra	-rait	meuve	mût	
mouvons	mouvions	mûmes	mouvrons	-rions	mouvions	mussions	mouvons
mouvez	mouviez	mûtes	mouvrez	-riez	mouviez	mussiez	mouvez
meuvent	mouvaient	murent	mouvront	-raient	meuvent	mussent	

ÉMOUVOIR **Participe présent : *émouvant*** **Participe passé : *ému***

Indicatif Présent	Indicatif Imparfait	Indicatif Passé simple	Indicatif Futur	Conditionnel Présent	Subjonctif Présent	Subjonctif Imparfait	Impératif
émeus	émouvais	émus	émouvrai	-rais	émeuve	émusse	
émeus	émouvais	émus	émouvras	-rais	émeuves	émusses	émeus
émeut	émouvait	émut	émouvra	-rait	émeuve	émût	
émouvons	émouvions	émûmes	émouvrons	-rions	émouvions	émussions	émouvons
émouvez	émouviez	émûtes	émouvrez	-riez	émouviez	émussiez	émouvez
émeuvent	émouvaient	émurent	émouvront	-raient	émeuvent	émussent	

44. DEVOIR **Participe présent : *devant*** **Participe passé : *dû***

Indicatif Présent	Indicatif Imparfait	Indicatif Passé simple	Indicatif Futur	Conditionnel Présent	Subjonctif Présent	Subjonctif Imparfait	Impératif
dois	devais	dus	devrai	-rais	doive	dusse	
dois	devais	dus	devras	-rais	doives	dusses	dois
doit	devait	dut	devra	-rait	doive	dût	
devons	devions	dûmes	devrons	-rions	devions	dussions	devons
devez	deviez	dûtes	devrez	-riez	deviez	dussiez	devez
doivent	devaient	durent	devront	-raient	doivent	dussent	

45. VALOIR **Participe présent : *valant*** **Participe passé : *valu***

Indicatif Présent	Indicatif Imparfait	Indicatif Passé simple	Indicatif Futur	Conditionnel Présent	Subjonctif Présent	Subjonctif Imparfait	Impératif
vaux	valais	valus	vaudrai	-rais	vaille	valusse	
vaux	valais	valus	vaudras	-rais	vailles	valusses	vaux
vaut	valait	valut	vaudra	-rait	vaille	valût	
valons	valions	valûmes	vaudrons	-rions	valions	valussions	valons
valez	valiez	valûtes	vaudrez	-riez	valiez	valussiez	valez
valent	valaient	valurent	vaudront	-raient	vaillent	valussent	

PRÉVALOIR **Participe présent : *prévalant*** **Participe passé : *prévalu***

Indicatif Présent	Indicatif Imparfait	Indicatif Passé simple	Indicatif Futur	Conditionnel Présent	Subjonctif Présent	Subjonctif Imparfait	Impératif
prévaux	prévalais	prévalus	prévaudrai	-rais	prévale	prévalusse	
prévaux	prévalais	prévalus	prévaudras	-rais	prévales	prévalusses	prévaux
prévaut	prévalait	prévalut	prévaudra	-rait	prévale	prévalût	
prévalons	prévalions	prévalûmes	prévaudrons	-rions	prévalions	prévalussions	prévalons
prévalez	prévaliez	prévalûtes	prévaudrez	-riez	prévaliez	prévalussiez	prévalez
prévalent	prévalaient	prévalurent	prévaudront	-raient	prévalent	prévalussent	

46. VOIR **Participe présent : *voyant*** **Participe passé : *vu***

Indicatif Présent	Indicatif Imparfait	Indicatif Passé simple	Indicatif Futur	Conditionnel Présent	Subjonctif Présent	Subjonctif Imparfait	Impératif
vois	voyais	vis	verrai	-rais	voie	visse	
vois	voyais	vis	verras	-rais	voies	visses	vois
voit	voyait	vit	verra	-rait	voie	vît	
voyons	voyions	vîmes	verrons	-rions	voyions	vissions	voyons
voyez	voyiez	vîtes	verrez	-riez	voyiez	vissiez	voyez
voient	voyaient	virent	verront	-raient	voient	vissent	

INDICATIF				CONDITIONNEL	SUBJONCTIF		IMPÉRATIF
PRÉSENT	IMPARFAIT	PASSÉ SIMPLE	FUTUR	PRÉSENT	PRÉSENT	IMPARFAIT	
47. SAVOIR	**Participe présent : *sachant***	**Participe passé : *su***					
sais	savais	sus	saurai	-rais	sache	susse	
sais	savais	sus	sauras	-rais	saches	susses	sache
sait	savait	sut	saura	-rait	sache	sût	
savons	savions	sûmes	saurons	-rions	sachions	sussions	sachons
savez	saviez	sûtes	saurez	-riez	sachiez	sussiez	sachez
savent	savaient	surent	sauront	-raient	sachent	sussent	
48. VOULOIR	**Participe présent : *voulant***	**Participe passé : *voulu***					
veux	voulais	voulus	voudrai	-rais	veuille	voulusse	
veux	voulais	voulus	voudras	-rais	veuilles	voulusses	veux *ou* veuille
veut	voulait	voulut	voudra	-rait	veuille	voulût	
voulons	voulions	voulûmes	voudrons	-rions	voulions	voulussions	voulons
voulez	vouliez	voulûtes	voudrez	-riez	vouliez	voulussiez	voulez *ou* veuillez
veulent	voulaient	voulurent	voudront	-raient	veuillent	voulussent	
49. POUVOIR	**Participe présent : *pouvant***	**Participe passé : *pu***					
peux	pouvais	pus	pourrai	-rais	puisse	pusse	
peux	pouvais	pus	pourras	-rais	puisses	pusses	–
peut	pouvait	put	pourra	-rait	puisse	pût	
pouvons	pouvions	pûmes	pourrons	-rions	puissions	pussions	–
pouvez	pouviez	pûtes	pourrez	-riez	puissiez	pussiez	–
peuvent	pouvaient	purent	pourront	-raient	puissent	pussent	
50. FALLOIR	**Participe présent : –**	**Participe passé : *fallu***					
–	–	–	–	–	–	–	
–	–	–	–	–	–	–	–
faut	fallait	fallut	faudra	-rait	faille	fallût	
–	–	–	–	–	–	–	–
–	–	–	–	–	–	–	–
–	–	–	–	–	–	–	
51. DÉCHOIR	**Participe présent : –**	**Participe passé : *déchu***					
déchois	–	déchus	déchoirai	-rais	déchoie	déchusse	
déchois	–	déchus	déchoiras	-rais	déchoies	déchusses	–
déchoit	–	déchut	déchoira	-rait	déchoie	déchût	
déchoyons	–	déchûmes	déchoirons	-rions	déchoyions	déchussions	–
déchoyez	–	déchûtes	déchoirez	-riez	déchoyiez	déchussiez	–
déchoient	–	déchurent	déchoiront	-raient	déchoient	déchussent	

INDICATIF PRÉSENT	INDICATIF IMPARFAIT	INDICATIF PASSÉ SIMPLE	INDICATIF FUTUR	CONDITIONNEL PRÉSENT	SUBJONCTIF PRÉSENT	SUBJONCTIF IMPARFAIT	IMPÉRATIF
52. PRENDRE	**Participe présent : *prenant***	**Participe passé : *pris***					
prends	prenais	pris	prendrai	-rais	prenne	prisse	
prends	prenais	pris	prendras	-rais	prennes	prisses	prends
prend	prenait	prit	prendra	-rait	prenne	prît	
prenons	prenions	prîmes	prendrons	-rions	prenions	prissions	prenons
prenez	preniez	prîtes	prendrez	-riez	preniez	prissiez	prenez
prennent	prenaient	prirent	prendront	-raient	prennent	prissent	
53. ROMPRE	**Participe présent : *rompant***	**Participe passé : *rompu***					
romps	rompais	rompis	romprai	-rais	rompe	rompisse	
romps	rompais	rompis	rompras	-rais	rompes	rompisses	romps
rompt	rompait	rompit	rompra	-rait	rompe	rompît	
rompons	rompions	rompîmes	romprons	-rions	rompions	rompissions	rompons
rompez	rompiez	rompîtes	romprez	-riez	rompiez	rompissiez	rompez
rompent	rompaient	rompirent	rompront	-raient	rompent	rompissent	
54. CRAINDRE	**Participe présent : *craignant***	**Participe passé : *craint***					
crains	craignais	craignis	craindrai	-rais	craigne	craignisse	
crains	craignais	craignis	craindras	-rais	craignes	craignisses	crains
craint	craignait	craignit	craindra	-rait	craigne	craignît	
craignons	craignions	craignîmes	craindrons	-rions	craignions	craignissions	craignons
craignez	craigniez	craignîtes	craindrez	-riez	craigniez	craignissiez	craignez
craignent	craignaient	craignirent	craindront	-raient	craignent	craignissent	
55. PEINDRE	**Participe présent : *peignant***	**Participe passé : *peint***					
peins	peignais	peignis	peindrai	-rais	peigne	peignisse	
peins	peignais	peignis	peindras	-rais	peignes	peignisses	peins
peint	peignait	peignit	peindra	-rait	peigne	peignît	
peignons	peignions	peignîmes	peindrons	-rions	peignions	peignissions	peignons
peignez	peigniez	peignîtes	peindrez	-riez	peigniez	peignissiez	peignez
peignent	peignaient	peignirent	peindront	-raient	peignent	peignissent	
56. JOINDRE	**Participe présent : *joignant***	**Participe passé : *joint***					
joins	joignais	joignis	joindrai	-rais	joigne	joignisse	
joins	joignais	joignis	joindras	-rais	joignes	joignisses	joins
joint	joignait	joignit	joindra	-rait	joigne	joignît	
joignons	joignions	joignîmes	joindrons	-rions	joignions	joignissions	joignons
joignez	joigniez	joignîtes	joindrez	-riez	joigniez	joignissiez	joignez
joignent	joignaient	joignirent	joindront	-raient	joignent	joignissent	

INDICATIF – PRÉSENT	INDICATIF – IMPARFAIT	INDICATIF – PASSÉ SIMPLE	INDICATIF – FUTUR	CONDITIONNEL – PRÉSENT	SUBJONCTIF – PRÉSENT	SUBJONCTIF – IMPARFAIT	IMPÉRATIF
57. VAINCRE Participe présent : *vainquant* Participe passé : *vaincu*							
vaincs	vainquais	vainquis	vaincrai	-rais	vainque	vainquisse	
vaincs	vainquais	vainquis	vaincras	-rais	vainques	vainquisses	vaincs
vainc	vainquait	vainquit	vaincra	-rait	vainque	vainquît	
vainquons	vainquions	vainquîmes	vaincrons	-rions	vainquions	vainquissions	vainquons
vainquez	vainquiez	vainquîtes	vaincrez	-riez	vainquiez	vainquissiez	vainquez
vainquent	vainquaient	vainquirent	vaincront	-raient	vainquent	vainquissent	
58. TRAIRE Participe présent : *trayant* Participe passé : *trait*							
trais	trayais	–	trairai	-rais	traie	–	
trais	trayais	–	trairas	-rais	traies	–	trais
trait	trayait	–	traira	-rait	traie	–	
trayons	trayions	–	trairons	-rions	trayions	–	trayons
trayez	trayiez	–	trairez	-riez	trayiez	–	trayez
traient	trayaient	–	trairont	-raient	traient	–	
59. PLAIRE Participe présent : *plaisant* Participe passé : *plu*							
plais	plaisais	plus	plairai	-rais	plaise	plusse	
plais	plaisais	plus	plairas	-rais	plaises	plusses	plais
plaît	plaisait	plut	plaira	-rait	plaise	plût	
plaisons	plaisions	plûmes	plairons	-rions	plaisions	plussions	plaisons
plaisez	plaisiez	plûtes	plairez	-riez	plaisiez	plussiez	plaisez
plaisent	plaisaient	plurent	plairont	-raient	plaisent	plussent	
TAIRE Participe présent : *taisant* Participe passé : *tu*							
tais	taisais	tus	tairai	-rais	taise	tusse	
tais	taisais	tus	tairas	-rais	taises	tusses	tais
tait	taisait	tut	taira	-rait	taise	tût	
taisons	taisions	tûmes	tairons	-rions	taisions	tussions	taisons
taisez	taisiez	tûtes	tairez	-riez	taisiez	tussiez	taisez
taisent	taisaient	turent	tairont	-raient	taisent	tussent	
60. METTRE Participe présent : *mettant* Participe passé : *mis*							
mets	mettais	mis	mettrai	-rais	mette	misse	
mets	mettais	mis	mettras	-rais	mettes	misses	mets
met	mettait	mit	mettra	-rait	mette	mît	
mettons	mettions	mîmes	mettrons	-rions	mettions	missions	mettons
mettez	mettiez	mîtes	mettrez	-riez	mettiez	missiez	mettez
mettent	mettaient	mirent	mettront	-raient	mettent	missent	

INDICATIF				CONDITIONNEL	SUBJONCTIF		IMPÉRATIF
PRÉSENT	IMPARFAIT	PASSÉ SIMPLE	FUTUR	PRÉSENT	PRÉSENT	IMPARFAIT	
61. BATTRE	**Participe présent : *battant***	**Participe passé : *battu***					
bats	battais	battis	battrai	-rais	batte	battisse	
bats	battais	battis	battras	-rais	battes	battisses	bats
bat	battait	battit	battra	-rait	batte	battît	
battons	battions	battîmes	battrons	-rions	battions	battissions	battons
battez	battiez	battîtes	battrez	-riez	battiez	battissiez	battez
battent	battaient	battirent	battront	-raient	battent	battissent	
62. SUIVRE	**Participe présent : *suivant***	**Participe passé : *suivi***					
suis	suivais	suivis	suivrai	-rais	suive	suivisse	
suis	suivais	suivis	suivras	-rais	suives	suivisses	suis
suit	suivait	suivit	suivra	-rait	suive	suivît	
suivons	suivions	suivîmes	suivrons	-rions	suivions	suivissions	suivons
suivez	suiviez	suivîtes	suivrez	-riez	suiviez	suivissiez	suivez
suivent	suivaient	suivirent	suivront	-raient	suivent	suivissent	
63. VIVRE	**Participe présent : *vivant***	**Participe passé : *vécu***					
vis	vivais	vécus	vivrai	-rais	vive	vécusse	
vis	vivais	vécus	vivras	-rais	vives	vécusses	vis
vit	vivait	vécut	vivra	-rait	vive	vécût	
vivons	vivions	vécûmes	vivrons	-rions	vivions	vécussions	vivons
vivez	viviez	vécûtes	vivrez	-riez	viviez	vécussiez	vivez
vivent	vivaient	vécurent	vivront	-raient	vivent	vécussent	
64. SUFFIRE	**Participe présent : *suffisant***	**Participe passé : *suffi***					
suffis	suffisais	suffis	suffirai	-rais	suffise	suffisse	
suffis	suffisais	suffis	suffiras	-rais	suffises	suffisses	suffis
suffit	suffisait	suffit	suffira	-rait	suffise	suffît	
suffisons	suffisions	suffîmes	suffirons	-rions	suffisions	suffissions	suffisons
suffisez	suffisiez	suffîtes	suffirez	-riez	suffisiez	suffissiez	suffisez
suffisent	suffisaient	suffirent	suffiront	-raient	suffisent	suffissent	
65. DIRE	**Participe présent : *disant***	**Participe passé : *dit***					
dis	disais	dis	dirai	-rais	dise	disse	
dis	disais	dis	diras	-rais	dises	disses	dis
dit	disait	dit	dira	-rait	dise	dît	
disons	disions	dîmes	dirons	-rions	disions	dissions	disons
dites	disiez	dîtes	direz	-riez	disiez	dissiez	dites
disent	disaient	dirent	diront	-raient	disent	dissent	

MÉDIRE Participe présent : *médisant* Participe passé : *médit*

Indicatif présent	Indicatif imparfait	Indicatif passé simple	Indicatif futur	Conditionnel présent	Subjonctif présent	Subjonctif imparfait	Impératif
médis	médisais	médis	médirai	-rais	médise	médisse	
médis	médisais	médis	médiras	-rais	médises	médisses	médis
médit	médisait	médit	médira	-rait	médise	médît	
médisons	médisions	médîmes	médirons	-rions	médisions	médissions	médisons
médisez	médisiez	médîtes	médirez	-riez	médisiez	médissiez	médisez
médisent	médisaient	médirent	médiront	-raient	médisent	médissent	

66. LIRE Participe présent : *lisant* Participe passé : *lu*

Indicatif présent	Indicatif imparfait	Indicatif passé simple	Indicatif futur	Conditionnel présent	Subjonctif présent	Subjonctif imparfait	Impératif
lis	lisais	lus	lirai	-rais	lise	lusse	
lis	lisais	lus	liras	-rais	lises	lusses	lis
lit	lisait	lut	lira	-rait	lise	lût	
lisons	lisions	lûmes	lirons	-rions	lisions	lussions	lisons
lisez	lisiez	lûtes	lirez	-riez	lisiez	lussiez	lisez
lisent	lisaient	lurent	liront	-raient	lisent	lussent	

67. ÉCRIRE Participe présent : *écrivant* Participe passé : *écrit*

Indicatif présent	Indicatif imparfait	Indicatif passé simple	Indicatif futur	Conditionnel présent	Subjonctif présent	Subjonctif imparfait	Impératif
écris	écrivais	écrivis	écrirai	-rais	écrive	écrivisse	
écris	écrivais	écrivis	écriras	-rais	écrives	écrivisses	écris
écrit	écrivait	écrivit	écrira	-rait	écrive	écrivît	
écrivons	écrivions	écrivîmes	écrirons	-rions	écrivions	écrivissions	écrivons
écrivez	écriviez	écrivîtes	écrirez	-riez	écriviez	écrivissiez	écrivez
écrivent	écrivaient	écrivirent	écriront	-raient	écrivent	écrivissent	

68. RIRE Participe présent : *riant* Participe passé : *ri*

Indicatif présent	Indicatif imparfait	Indicatif passé simple	Indicatif futur	Conditionnel présent	Subjonctif présent	Subjonctif imparfait	Impératif
ris	riais	ris	rirai	-rais	rie	risse	
ris	riais	ris	riras	-rais	ries	risses	ris
rit	riait	rit	rira	-rait	rie	rît	
rions	riions	rîmes	rirons	-rions	riions	rissions	rions
riez	riiez	rîtes	rirez	-riez	riiez	rissiez	riez
rient	riaient	rirent	riront	-raient	rient	rissent	

69. CONDUIRE Participe présent : *conduisant* Participe passé : *conduit*

Indicatif présent	Indicatif imparfait	Indicatif passé simple	Indicatif futur	Conditionnel présent	Subjonctif présent	Subjonctif imparfait	Impératif
conduis	conduisais	conduisis	conduirai	-rais	conduise	conduisisse	
conduis	conduisais	conduisis	conduiras	-rais	conduises	conduisisses	conduis
conduit	conduisait	conduisit	conduira	-rait	conduise	conduisît	
conduisons	conduisions	conduisîmes	conduirons	-rions	conduisions	conduisissions	conduisons
conduisez	conduisiez	conduisîtes	conduirez	-riez	conduisiez	conduisissiez	conduisez
conduisent	conduisaient	conduisirent	conduiront	-raient	conduisent	conduisissent	

70. BOIRE **Participe présent :** ***buvant*** **Participe passé :** ***bu***

INDICATIF PRÉSENT	INDICATIF IMPARFAIT	INDICATIF PASSÉ SIMPLE	INDICATIF FUTUR	CONDITIONNEL PRÉSENT	SUBJONCTIF PRÉSENT	SUBJONCTIF IMPARFAIT	IMPÉRATIF
bois	buvais	bus	boirai	-rais	boive	busse	
bois	buvais	bus	boiras	-rais	boives	busses	bois
boit	buvait	but	boira	-rait	boive	bût	
buvons	buvions	bûmes	boirons	-rions	buvions	bussions	buvons
buvez	buviez	bûtes	boirez	-riez	buviez	bussiez	buvez
boivent	buvaient	burent	boiront	-raient	boivent	bussent	

71. CROIRE **Participe présent :** ***croyant*** **Participe passé :** ***cru***

INDICATIF PRÉSENT	INDICATIF IMPARFAIT	INDICATIF PASSÉ SIMPLE	INDICATIF FUTUR	CONDITIONNEL PRÉSENT	SUBJONCTIF PRÉSENT	SUBJONCTIF IMPARFAIT	IMPÉRATIF
crois	croyais	crus	croirai	-rais	croie	crusse	
crois	croyais	crus	croiras	-rais	croies	crusses	crois
croit	croyait	crut	croira	-rait	croie	crût	
croyons	croyions	crûmes	croirons	-rions	croyions	crussions	croyons
croyez	croyiez	crûtes	croirez	-riez	croyiez	crussiez	croyez
croient	croyaient	crurent	croiront	-raient	croient	crussent	

72. CROÎTRE **Participe présent :** ***croissant*** **Participe passé :** ***crû***, mais ***crue, crus*** (même conjugaison pour **recroître**)

INDICATIF PRÉSENT	INDICATIF IMPARFAIT	INDICATIF PASSÉ SIMPLE	INDICATIF FUTUR	CONDITIONNEL PRÉSENT	SUBJONCTIF PRÉSENT	SUBJONCTIF IMPARFAIT	IMPÉRATIF
croîs	croissais	crûs	croîtrai	-rais	croisse	crûsse	
croîs	croissais	crûs	croîtras	-rais	croisses	crûsses	croîs
croît	croissait	crût	croîtra	-rait	croisse	crût	
croissons	croissions	crûmes	croîtrons	-rions	croissions	crûssions	croissons
croissez	croissiez	crûtes	croîtrez	-riez	croissiez	crûssiez	croissez
croissent	croissaient	crûrent	croîtront	-raient	croissent	crûssent	

ACCROÎTRE **Participe présent :** ***accroissant*** **Participe passé :** ***accru*** (même conjugaison pour **décroître**)

INDICATIF PRÉSENT	INDICATIF IMPARFAIT	INDICATIF PASSÉ SIMPLE	INDICATIF FUTUR	CONDITIONNEL PRÉSENT	SUBJONCTIF PRÉSENT	SUBJONCTIF IMPARFAIT	IMPÉRATIF
accrois	accroissais	accrus	accroîtrai	-rais	accroisse	accrusse	
accrois	accroissais	accrus	accroîtras	-rais	accroisses	accrusses	accrois
accroît	accroissait	accrut	accroîtra	-rait	accroisse	accrût	
accroissons	accroissions	accrûmes	accroîtrons	-rions	accroissions	accrussions	accroissons
accroissez	accroissiez	accrûtes	accroîtrez	-riez	accroissiez	accrussiez	accroissez
accroissent	accroissaient	accrurent	accroîtront	-raient	accroissent	accrussent	

73. CONNAÎTRE **Participe présent :** ***connaissant*** **Participe passé :** ***connu***

INDICATIF PRÉSENT	INDICATIF IMPARFAIT	INDICATIF PASSÉ SIMPLE	INDICATIF FUTUR	CONDITIONNEL PRÉSENT	SUBJONCTIF PRÉSENT	SUBJONCTIF IMPARFAIT	IMPÉRATIF
connais	connaissais	connus	connaîtrai	-rais	connaisse	connusse	
connais	connaissais	connus	connaîtras	-rais	connaisses	connusses	connais
connaît	connaissait	connut	connaîtra	-rait	connaisse	connût	
connaissons	connaissions	connûmes	connaîtrons	-rions	connaissions	connussions	connaissons
connaissez	connaissiez	connûtes	connaîtrez	-riez	connaissiez	connussiez	connaissez
connaissent	connaissaient	connurent	connaîtront	-raient	connaissent	connussent	

INDICATIF – PRÉSENT	INDICATIF – IMPARFAIT	INDICATIF – PASSÉ SIMPLE	INDICATIF – FUTUR	CONDITIONNEL – PRÉSENT	SUBJONCTIF – PRÉSENT	SUBJONCTIF – IMPARFAIT	IMPÉRATIF
74. NAÎTRE	**Participe présent : *naissant***	**Participe passé : *né***					
nais	naissais	naquis	naîtrai	-rais	naisse	naquisse	
nais	naissais	naquis	naîtras	-rais	naisses	naquisses	nais
naît	naissait	naquit	naîtra	-rait	naisse	naquît	
naissons	naissions	naquîmes	naîtrons	-rions	naissions	naquissions	naissons
naissez	naissiez	naquîtes	naîtrez	-riez	naissiez	naquissiez	naissez
naissent	naissaient	naquirent	naîtront	-raient	naissent	naquissent	
75. RÉSOUDRE	**Participe présent : *résolvant***	**Participe passé : *résolu* (en termes de chimie, *résous*)**					
résous	résolvais	résolus	résoudrai	-rais	résolve	résolusse	
résous	résolvais	résolus	résoudras	-rais	résolves	résolusses	résous
résout	résolvait	résolut	résoudra	-rait	résolve	résolût	
résolvons	résolvions	résolûmes	résoudrons	-rions	résolvions	résolussions	résolvons
résolvez	résolviez	résolûtes	résoudrez	-riez	résolviez	résolussiez	résolvez
résolvent	résolvaient	résolurent	résoudront	-raient	résolvent	résolussent	
76. COUDRE	**Participe présent : *cousant***	**Participe passé : *cousu***					
couds	cousais	cousis	coudrai	-rais	couse	cousisse	
couds	cousais	cousis	coudras	-rais	couses	cousisses	couds
coud	cousait	cousit	coudra	-rait	couse	cousît	
cousons	cousions	cousîmes	coudrons	-rions	cousions	cousissions	cousons
cousez	cousiez	cousîtes	coudrez	-riez	cousiez	cousissiez	cousez
cousent	cousaient	cousirent	coudront	-raient	cousent	cousissent	
77. MOUDRE	**Participe présent : *moulant***	**Participe passé : *moulu***					
mouds	moulais	moulus	moudrai	-rais	moule	moulusse	
mouds	moulais	moulus	moudras	-rais	moules	moulusses	mouds
moud	moulait	moulut	moudra	-rait	moule	moulût	
moulons	moulions	moulûmes	moudrons	-rions	moulions	moulussions	moulons
moulez	mouliez	moulûtes	moudrez	-riez	mouliez	moulussiez	moulez
moulent	moulaient	moulurent	moudront	-raient	moulent	moulussent	
78. CONCLURE	**Participe présent : *concluant***	**Participe passé : *conclu***					
conclus	concluais	conclus	conclurai	-rais	conclue	conclusse	
conclus	concluais	conclus	concluras	-rais	conclues	conclusses	conclus
conclut	concluait	conclut	conclura	-rait	conclue	conclût	
concluons	concluions	conclûmes	conclurons	-rions	concluions	conclussions	concluons
concluez	concluiez	conclûtes	conclurez	-riez	concluiez	conclussiez	concluez
concluent	concluaient	conclurent	concluront	-raient	concluent	conclussent	

INDICATIF				CONDITIONNEL	SUBJONCTIF		IMPÉRATIF
PRÉSENT	IMPARFAIT	PASSÉ SIMPLE	FUTUR	PRÉSENT	PRÉSENT	IMPARFAIT	
INCLURE **Participe présent :** ***incluant*** **Participe passé :** ***inclus*** (même conjugaison pour **occlure**)							
inclus	incluais	inclus	inclurai	-rais	inclue	inclusse	
inclus	incluais	inclus	incluras	-rais	inclues	inclusses	inclus
inclut	incluait	inclut	inclura	-rait	inclue	inclût	
incluons	incluions	inclûmes	inclurons	-rions	incluions	inclussions	incluons
incluez	incluiez	inclûtes	inclurez	-riez	incluiez	inclussiez	incluez
incluent	incluaient	inclurent	incluront	-raient	incluent	inclussent	
79. CLORE **Participe présent :** ***closant*** **Participe passé :** ***clos***							
clos	–	–	clorai	-rais	close	–	
clos	–	–	cloras	-rais	closes	–	clos
clôt	–	–	clora	-rait	close	–	
–	–	–	clorons	-rions	closions	–	–
–	–	–	clorez	-riez	closiez	–	–
closent	–	–	cloront	-raient	closent	–	
80. MAUDIRE **Participe présent :** ***maudissant*** **Participe passé :** ***maudit***							
maudis	maudissais	maudis	maudirai	-irais	maudisse	maudisse	
maudis	maudissais	maudis	maudiras	-irais	maudisses	maudisses	maudis
maudit	maudissait	maudit	maudira	-irait	maudisse	maudît	
maudissons	maudissions	maudîmes	maudirons	-irions	maudissions	maudissions	maudissons

Achevé d'imprimer sur les presses de Jouve - N° d'impression : 249529M
Dépôt légal : 4726-09/97 - Collection n° 28 - Édition 01 - 59/4807/0

LA FRANCOPHONIE DANS LE MONDE

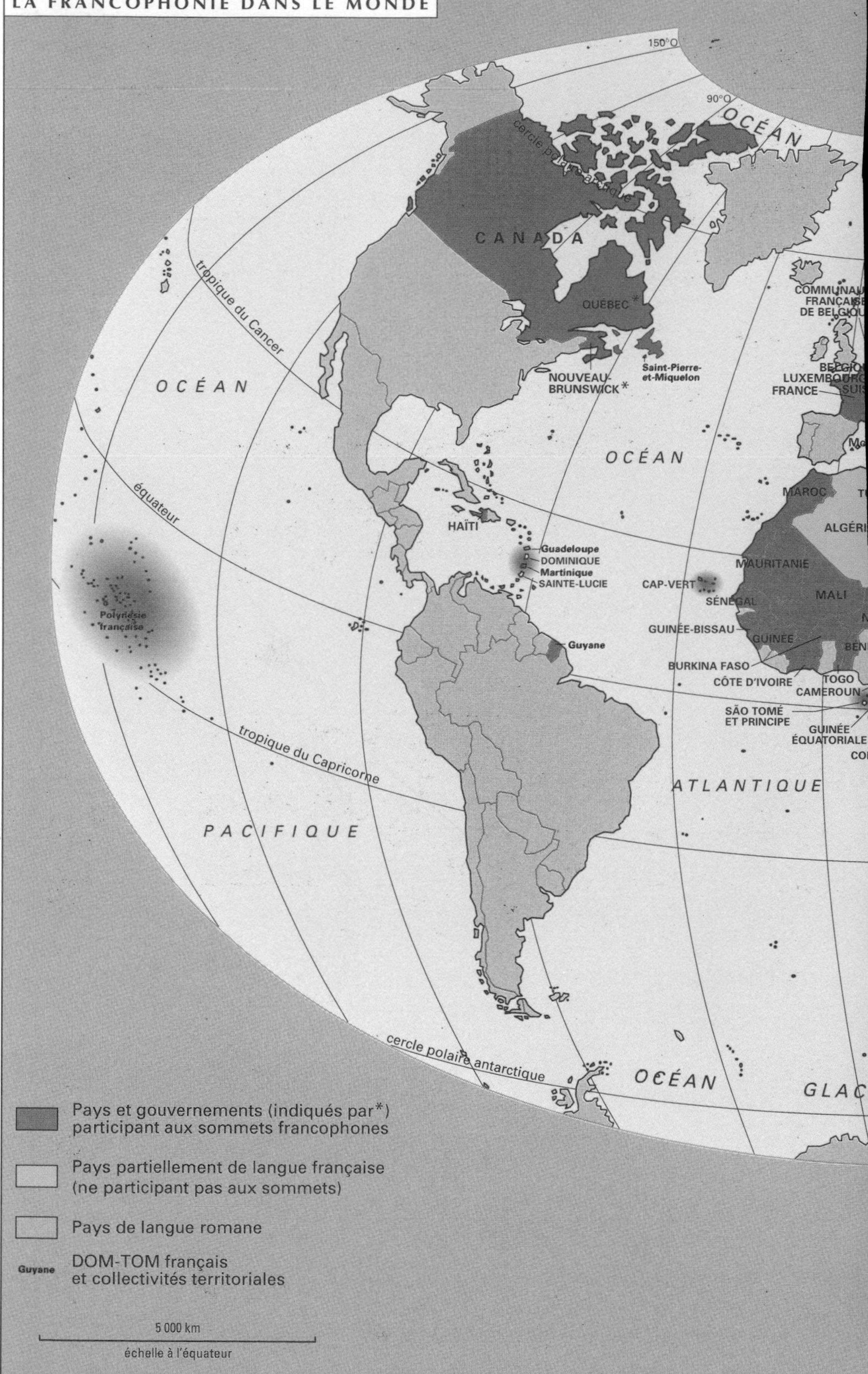